Erman Bürgerliches Gesetzbuch

Erman

Bürgerliches Gesetzbuch

Handkommentar mit
EGBGB, ErbbauVO, HausratsVO, LPartG, ProdHaftG,
UKlaG, VAHRG und WEG

herausgegeben von
Prof. Dr. Harm Peter Westermann

bearbeitet von

Dr. Lutz Aderhold	Roland Klattenhoff
Prof. Dr. Christian Armbrüster	Günter Kuckuk
Prof. Dr. Detlev W. Belling, M.C.L.	Dr. Arndt Lorenz
Priv.-Doz. Dr. Tilmann Bezzenberger	Prof. Dr. Lutz Michalski
Prof. Dr. Petra Buck	Dr. Dr. h.c. Heinz Palm
Priv.-Doz. Dr. Frank Ebbing, LL.M.	Dr. Stefanie Roloff
Priv.-Doz. Dr. Stefan Edenfeld	Prof. Dr. Andreas Roth
Prof. Dr. Horst Ehmann	Prof. Dr. Stefan Chr. Saar
Dr. Hans-Ulrich Graba	Prof. Dr. Ingo Saenger
Prof. Dr. Barbara Grunewald	Prof. Dr. Gottfried Schiemann
Dr. Dr. Herbert Grziwotz	Prof. Dr. Dr. h.c. Wilfried Schlüter
Prof. Dr. Johannes Hager	Michael Schmidt
Eckart Hammermann	Dr. Jürgen Schmidt-Räntsch
Prof. Dr. Dieter Heckelmann	Hans Christian Schwenker
Dr. Jan Hecker, LL.M.	Prof. Dr. Hans Hermann Seiler
Prof. Dr. Elke Herrmann	Dr. Matthias Terlau
Prof. Dr. Gerhard Hohloch	Dr. Eberhard Wagner
Prof. Dr. Heinz Holzhauer	Dr. Frank Wenzel
Paul Jendrek	Prof. Dr. Olaf Werner
Prof. Dr. Dagmar Kaiser	Prof. Dr. Harm Peter Westermann
Prof. Dr. Johann Kindl	Dr. Friedrich Graf von Westphalen

II

11., neubearbeitete Auflage
2004

Aschendorff
Rechtsverlag
Münster

Verlag
Dr. Otto Schmidt
Köln

Zitierempfehlung: Erman/Bearbeiter, BGB, 11. Aufl., § ... Rz ...

Bibliografische Information Der Deutschen Bibliothek

Die Deutsche Bibliothek verzeichnet diese Publikation in der Deutschen Nationalbibliografie; detaillierte bibliografische Daten sind im Internet über <http://dnb.ddb.de> abrufbar.

Aschendorff Rechtsverlag
Unter den Ulmen 96-98, 50968 Köln
Tel.: 02 21/9 37 38-01, Fax: 02 21/9 37 38-9 21

ISBN 3-933188-22-9

© 2004 by Aschendorff Rechtsverlag

Das Werk einschließlich aller seiner Teile ist urheberrechtlich geschützt. Jede Verwertung, die nicht ausdrücklich vom Urheberrechtsgesetz zugelassen ist, bedarf der vorherigen Zustimmung des Verlags. Das gilt insbesondere für Vervielfältigungen, Bearbeitungen, Übersetzungen, Mikroverfilmungen und die Einspeicherung und Verarbeitung in elektronischen Systemen.

Das verwendete Papier ist aus chlorfrei gebleichten Rohstoffen hergestellt, holz- und säurefrei, alterungsbeständig und umweltfreundlich.

Umschlaggestaltung: Jan P. Lichtenford, Mettmann

Satz: ICS, Bergisch Gladbach

Druck und Bindung: Bercker, Kevelaer

Printed in Germany

Inhaltsverzeichnis
Band II

Bürgerliches Gesetzbuch

Buch 2. Recht der Schuldverhältnisse

Seite

Abschnitt 8. Einzelne Schuldverhältnisse
Titel 26. Ungerechtfertigte Bereicherung (§§ 812–822) 2951
Titel 27. Unerlaubte Handlungen (§§ 823–853) 3038

Gesetz über die Haftung für fehlerhafte Produkte 3175

Buch 3. Sachenrecht (§§ 854–1296) 3187

Abschnitt 1. Besitz (§§ 854–872) 3190
Abschnitt 2. Allgemeine Vorschriften über Rechte an Grundstücken (§§ 873–902) 3213
Abschnitt 3. Eigentum (§§ 903–1011) 3265
Titel 1. Inhalt des Eigentums (§§ 903–924) 3265
Titel 2. Erwerb und Verlust des Eigentums an Grundstücken (§§ 925–928) 3312
Titel 3. Erwerb und Verlust des Eigentums an beweglichen Sachen (§§ 929–984) 3327
    Untertitel 1. Übertragung (§§ 929–936) 3327
    Anhang zu §§ 929–931: **Sicherungsübereignung** 3335
    Untertitel 2. Ersitzung (§§ 937–945) 3346
    Untertitel 3. Verbindung, Vermischung, Verarbeitung (§§ 946–952) 3353
    Untertitel 4. Erwerb von Erzeugnissen und sonstigen Bestandteilen einer Sache (§§ 953–957) .. 3369
    Untertitel 5. Aneignung (§§ 958–964) 3375
    Untertitel 6. Fund (§§ 965–984) 3379
Titel 4. Ansprüche aus dem Eigentum (§§ 985–1007) 3389
Titel 5. Miteigentum (§§ 1008–1011) 3447

Verordnung über das Erbbaurecht 3452

Abschnitt 4. Dienstbarkeiten (§§ 1018–1093) 3485
Titel 1. Grunddienstbarkeiten (§§ 1018–1029) 3486
Titel 2. Nießbrauch (§§ 1030–1089) 3501
    Untertitel 1. Nießbrauch an Sachen (§§ 1030–1067) 3503
    Untertitel 2. Nießbrauch an Rechten (§§ 1068–1084) 3519
    Untertitel 3. Nießbrauch an einem Vermögen (§§ 1085–1089) 3526
Titel 3. Beschränkte persönliche Dienstbarkeiten (§§ 1090–1093) 3530

Abschnitt 5. Vorkaufsrecht (§§ 1094–1104) 3538

Abschnitt 6. Reallasten (§§ 1105–1112) 3546

Abschnitt 7. Hypothek, Grundschuld, Rentenschuld (§§ 1113–1203) 3552
Titel 1. Hypothek (§§ 1113–1190) 3555
Titel 2. Grundschuld, Rentenschuld (§§ 1191–1203) 3624
    Untertitel 1. Grundschuld (§§ 1191–1198) 3624
    Untertitel 2. Rentenschuld (§§ 1199–1203) 3648

Abschnitt 8. Pfandrecht an beweglichen Sachen und an Rechten (§§ 1204–1296) 3649
Titel 1. Pfandrecht an beweglichen Sachen (§§ 1204–1258) 3652
Titel 2. Pfandrecht an Rechten (§§ 1273–1296) 3684

Buch 4. Familienrecht (§§ 1297–1921) 3702

Abschnitt 1. Bürgerliche Ehe (§§ 1297–1588) 3719
Titel 1. Verlöbnis (§§ 1297–1302) 3719
Titel 2. Eingehung der Ehe (§§ 1303–1312) 3727

		Seite
Untertitel 1.	Ehefähigkeit (§§ 1303–1304)	3728
Untertitel 2.	Eheverbote (§§ 1306–1308)	3731
Untertitel 3.	Ehefähigkeitszeugnis (§ 1309)	3734
Untertitel 4.	Eheschließung (§§ 1310–1312)	3736
Titel 3. Aufhebung der Ehe (§§ 1313–1318)		3742
Titel 4. Wiederverheiratung nach Todeserklärung (§§ 1319–1320)		3753
Titel 5. Wirkungen der Ehe im Allgemeinen (§§ 1353–1362)		3755
Titel 6. Eheliches Güterrecht (§§ 1363–1563)		3839
Untertitel 1.	Gesetzliches Güterrecht (§§ 1363–1390)	3841
Untertitel 2.	Vertragliches Güterrecht (§§ 1408–1518)	3912
Kapitel 1.	Allgemeine Vorschriften (§§ 1408–1413)	3912
Kapitel 2.	Gütertrennung (§ 1414)	3921
Kapitel 3.	Gütergemeinschaft (§§ 1415–1518)	3923
Unterkapitel 1.	Allgemeine Vorschriften (§§ 1415–1421)	3923
Unterkapitel 2.	Verwaltung des Gesamtguts durch den Mann oder die Frau (§§ 1422–1449)	3929
Unterkapitel 3.	Gemeinschaftliche Verwaltung des Gesamtguts durch die Ehegatten (§§ 1450–1470)	3944
Unterkapitel 4.	Auseinandersetzung des Gesamtguts (§§ 1471–1482)	3953
Unterkapitel 5.	Fortgesetzte Gütergemeinschaft (§§ 1483–1518)	3960
Untertitel 3.	Güterrechtsregister (§§ 1558–1563)	3974
Titel 7. Scheidung der Ehe (§§ 1564–1587p)		3977
Untertitel 1.	Scheidungsgründe (§§ 1564–1568)	3978
Untertitel 2.	Unterhalt des geschiedenen Ehegatten (§§ 1569–1586b)	3988
Kapitel 1.	Grundsatz (§ 1569)	3997
Kapitel 2.	Unterhaltsberechtigung (§§ 1570–1580)	3998
Kapitel 3.	Leistungsfähigkeit und Rangfolge (§§ 1581–1584)	4055
Kapitel 4.	Gestaltung des Unterhaltsanspruchs (§§ 1585–1585c)	4066
Kapitel 5.	Ende des Unterhaltsanspruchs (§§ 1586–1586b)	4077

Verordnung über die Behandlung der Ehewohnung und des Hausrats ... 4083

Untertitel 3.	Versorgungsausgleich (§§ 1587–1587p)	4107
Kapitel 1.	Grundsatz (§ 1587)	4116
Kapitel 2.	Wertausgleich von Anwartschaften oder Aussichten auf eine Versorgung (§§ 1587a–1587e)	4123
Kapitel 3.	Schuldrechtlicher Versorgungsausgleich (§§ 1587f–1587n)	4172
Kapitel 4.	Parteivereinbarungen (§ 1587o)	4179
Kapitel 5.	Schutz des Versorgungsschuldners (§ 1587p)	4182

Gesetz zur Regelung von Härten im Versorgungsausgleich (VAHRG) ... 4184

Gesetz über die Eingetragene Lebenspartnerschaft (LPartG) ... 4207

Titel 8. Kirchliche Verpflichtungen (§ 1588)		4236
Abschnitt 2. Verwandtschaft (§§ 1589–1772)		4236
Titel 1. Allgemeine Vorschriften (§§ 1589–1590)		4238
Titel 2. Abstammung (§§ 1591–1600e)		4240
Titel 3. Unterhaltspflicht (§§ 1601–1615o)		4272
Untertitel 1.	Allgemeine Vorschriften (§§ 1601–1615)	4278
Untertitel 2.	Besondere Vorschriften für das Kind und seine nicht miteinander verheirateten Eltern (§§ 1615a–1615o)	4342
Titel 4. Rechtsverhältnis zwischen den Eltern und dem Kind im Allgemeinen (§§ 1616–1625)		4349
Titel 5. Elterliche Sorge (§§ 1626–1698b)		4378
Titel 6. Beistandschaft (§§ 1712–1717)		4486
Titel 7. Annahme als Kind (§§ 1741–1772)		4495
Untertitel 1.	Annahme Minderjähriger (§§ 1741–1766)	4507
Untertitel 2.	Annahme Volljähriger (§§ 1767–1772)	4556
Abschnitt 3. Vormundschaft, Rechtliche Betreuung, Pflegschaft (§§ 1773–1921)		4565
Titel 1. Vormundschaft (§§ 1773–1895)		4566
Untertitel 1.	Begründung der Vormundschaft (§§ 1773–1792)	4566

Untertitel 2. Führung der Vormundschaft (§§ 1793–1836e) 4585
Untertitel 3. Fürsorge und Aufsicht des Vormundschaftsgerichts (§§ 1837–1847) 4662
Untertitel 4. Mitwirkung des Jugendamts (§ 1851) 4671
Untertitel 5. Befreite Vormundschaft (§§ 1852–1857a) 4672
Untertitel 6. Beendigung der Vormundschaft (§§ 1882–1895) 4674
Titel 2. Rechtliche Betreuung (§§ 1896–1908k) 4682
Titel 3. Pflegschaft (§§ 1909–1921) 4787

Buch 5. Erbrecht (§§ 1922–2385) 4807

Abschnitt 1. Erbfolge (§§ 1922–1941) 4818

Abschnitt 2. Rechtliche Stellung des Erben (§§ 1942–2063) 4851
Titel 1. Annahme und Ausschlagung der Erbschaft, Fürsorge des Nachlassgerichts (§§ 1942–1966) 4852
Titel 2. Haftung des Erben für die Nachlassverbindlichkeiten (§§ 1967–2017) 4876
Untertitel 1. Nachlassverbindlichkeiten (§§ 1967–1969) 4879
Untertitel 2. Aufgebot der Nachlassgläubiger (§§ 1970–1974) 4886
Untertitel 3. Beschränkung der Haftung des Erben (§§ 1975–1992) 4891
Untertitel 4. Inventarerrichtung, unbeschränkte Haftung des Erben (§§ 1993–2013) 4911
Untertitel 5. Aufschiebende Einreden (§§ 2014–2017) 4921
Titel 3. Erbschaftsanspruch (§§ 2018–2031) 4923
Titel 4. Mehrheit von Erben (§§ 2032–2063) 4935
Untertitel 1. Rechtsverhältnis der Erben untereinander (§§ 2032–2057a) 4936
Untertitel 2. Rechtsverhältnis zwischen den Erben und den Nachlassgläubigern (§§ 2058–2063) . 4969

Abschnitt 3. Testament (§§ 2064–2273) 4976
Titel 1. Allgemeine Vorschriften (§§ 2064–2086) 4976
Titel 2. Erbeinsetzung (§§ 2087–2099) 5006
Titel 3. Einsetzung eines Nacherben (§§ 2100–2146) 5013
Titel 4. Vermächtnis (§§ 2147–2191) 5047
Titel 5. Auflage (§§ 2192–2196) 5069
Titel 6. Testamentsvollstrecker (§§ 2197–2228) 5072
Titel 7. Errichtung und Aufhebung eines Testaments (§§ 2229–2264) 5115
Anhang zu § 2233: **Beurkundungsgesetz §§ 27–35** 5122
Titel 8. Gemeinschaftliches Testament (§§ 2265–2273) 5147

Abschnitt 4. Erbvertrag (§§ 2274–2305) 5163

Abschnitt 5. Pflichtteil (§§ 2303–2338) 5192

Abschnitt 6. Erbunwürdigkeit (§§ 2339–2345) 5236

Abschnitt 7. Erbverzicht (§§ 2346–2352) 5240

Abschnitt 8. Erbschein (§§ 2353–2370) 5247

Abschnitt 9. Erbschaftskauf (§§ 2371–2385) 5267

Gesetz über das Wohnungseigentum und das Dauerwohnrecht

I. Teil. Wohnungseigentum (§§ 1–30) 5273
1. Abschnitt. Begründung des Wohnungseigentums (§§ 2–9) 5276
2. Abschnitt. Gemeinschaft der Wohnungseigentümer (§§ 10–19) 5289
3. Abschnitt. Verwaltung (§§ 20–29) 5312
4. Abschnitt. Wohnungserbbaurecht (§ 30) 5336
II. Teil. Dauerwohnrecht (§§ 31–42) 5337
III. Teil. Verfahrensvorschriften (§§ 43–58) 5342
1. Abschnitt. Verfahren der freiwilligen Gerichtsbarkeit in Wohnungseigentumssachen (§§ 43–50) 5342
2. Abschnitt. Zuständigkeit für Rechtsstreitigkeiten (§§ 51, 52) 5352
3. Abschnitt. Verfahren bei der Versteigerung des Wohnungseigentums (§§ 53–58) 5353
IV. Teil. Ergänzende Bestimmungen (§§ 59–64) 5356

Inhaltsverzeichnis

Einführungsgesetz zum Bürgerlichen Gesetzbuch

	Seite
1. Teil. Allgemeine Vorschriften (Art 1–46)	5357
1. Kapitel. Inkrafttreten. Vorbehalt für Landesrecht. Gesetzesbegriff (Art 1, 2) – *nicht kommentiert*	5357
2. Kapitel. Internationales Privatrecht (Art 3–42)	5357
1. Abschnitt. Verweisung (Art 3–6)	5376
2. Abschnitt. Recht der natürlichen Personen und der Rechtsgeschäfte (Art 7–12)	5421
3. Abschnitt. Familienrecht (Art 13–24)	5451
Anhang zu Art 24: Staatsverträge: **Minderjährigenschutzabkommen (MSA)**	5578
4. Abschnitt. Erbrecht (Art 25, 26)	5599
5. Abschnitt. Schuldrecht (Art 27–42)	5625
1. Unterabschnitt. Vertragliche Schuldverhältnisse (Art 27–37)	5625
Anhang I zu Art 37: **Vollmachtstatut**	5694
Anhang II zu Art 37: **Internationales Gesellschaftsrecht**	5696
2. Unterabschnitt. Außervertragliche Schuldverhältnisse (Art 38–42)	5703
6. Abschnitt. Sachenrecht (Art 43–46)	5742
Anhang zu Art 46: **Internationales Enteignungsrecht**	5754
2. bis 4. Teil: *nicht kommentiert*	
5. Teil. Übergangsvorschriften aus Anlaß jüngerer Änderungen des Bürgerlichen Gesetzbuchs und dieses Einführungsgesetzes – nur Art 220 kommentiert	5755
6. Teil. Inkrafttreten und Übergangsrecht aus Anlaß der Einführung des Bürgerlichen Gesetzbuchs und dieses Einführungsgesetzes in dem in Artikel 3 des Einigungsvertrages genannten Gebiet – nur Art 236 kommentiert	5758
7. Teil: *nicht kommentiert*	

Stichwortverzeichnis 5763

Titel 26
Ungerechtfertigte Bereicherung

Schrifttum: *Bälz*, Leistung – Rückgriff – Durchgriff, FS J. Gernhuber, 1993, S 1; *Baur/Wolf*, Bereicherungsansprüche bei irrtümlicher Leistung auf fremde Schuld, JuS 1966, 393; *Böhm*, Ungerechtfertigte Zwangsvollstreckung und materielle Ausgleichsansprüche, 1971; *v Caemmerer*, Leistungsrückgewähr bei gutgläubigem Erwerb, FS Gustav Boehmer, 1954, S 45; *ders*, Bereicherungsansprüche und Drittbeziehungen, JZ 1962, 385; *ders*, Bereicherung und unerlaubte Handlung, FS Ernst Rabel, I, 1954, S 333; *ders*, Irrtümliche Zahlung fremder Schulden, FS Dölle, Band I, 1963, S 135; *Canaris*, Der Bereicherungsausgleich im Dreipersonenverhältnis, FS Larenz, 1973, S 799; *ders*, Der Bereicherungsausgleich im bargeldlosen Zahlungsverkehr, WM 1980, 354; *ders*, Der Bereicherungsausgleich bei sittenwidrigen Teilzahlungskrediten, WM 1981, 978; *ders*, Der Bereicherungsausgleich bei Zahlung des Haftpflichtversicherers an einen Scheingläubiger, NJW 1992, 868; *ders*, Der Bereicherungsausgleich bei Bestellung einer Sicherheit an einer rechtsgrundlos erlangten oder fremden Sache, NJW 1991, 2513; *ders*, Die Gegenleistungskondiktion, FS Lorenz, 1992, S 19ff; *ders*, Der Vorrang außerbereicherungsrechtlicher, insbesondere dinglicher Wertungen gegenüber der Saldotheorie und dem Subsidiaritätsdogma, JZ 1992, 1114ff; *ders*, Gewinnabschöpfung bei Verletzung des allgemeinen Persönlichkeitsrechts, FS Deutsch, 1999, S 85; *Dießelhorst*, Die Natur der Sache als außergesetzliche Rechtsquelle, 1968; *Dörner*, Kondiktion gegen den Zedenten oder den Zessionar, NJW 1990, 473; *Ehmann*, Über den Begriff des rechtlichen Grundes iS des § 812 BGB, NJW 1969, 398; *ders*, Zur causa-Lehre, JZ 2003, 702; *Flessner*, Wegfall der Bereicherung, 1970; *Flume*, Die Entreicherungsgefahr und die Gefahrtragung bei Rücktritt und Wandlung, NJW 1970, 1161; *ders*, Der Wegfall der Bereicherung in der Entwicklung vom römischen zum geltenden Recht, FS Niedermeyer, 1953, S 103; *ders*, Die Zahlungszuwendung im Anweisungs-Dreiecksverhältnis und die Problematik der ungerechtfertigten Bereicherung, NJW 1984, 464; *ders*, Zum Bereicherungsausgleich bei Zahlungen in Drei-Personen-Verhältnissen, NJW 1991, 2521; *ders*, Die Saldotheorie und die Rechtsfigur der ungerechtfertigten Bereicherung, AcP 194, 427; *ders*, Der Bereicherungsausgleich im Mehrpersonenverhältnis, AcP 199, 1; *ders*, Aufwendungen und Erträge bei der Rückabwicklung nichtiger gegenseitiger Verträge als Problematik der Rechtsfigur der ungerechtfertigten Bereicherung, Gedächtnisschrift für Knobbe-Keuk 1997, S 111ff; *ders*, Zur Anwendung der Saldotheorie im Fall der Nichtigkeit eines Grundstücks-Kaufvertrags nach § 138 Abs 1 BGB wegen verwerflicher Gesinnung des Käufers, ZIP 2001, 1621ff; *Gödicke*, Bereicherungsrecht und Dogmatik, 2002; *Götting*, Persönlichkeitsrechte als Vermögensrechte, 1995; *Gursky*, Zur Mitherausgabe von Gebrauchsvorteilen bei der Sachkondiktion, JR 1992, 7; *Hadding*, Der Bereicherungsausgleich beim Vertrag zu Rechten Dritter, 1970; *Haines*, Bereicherungsansprüche bei Warenzeichenverletzungen und unlauterem Wettbewerb, 1970; *Harder*, Minderjährige Schwarzfahrer, NJW 1990, 857; *Hassold*, Zur Leistung im Dreipersonenverhältnis, 1981; *Honsell*, Die Rückabwicklung sittenwidriger oder verbotener Geschäfte, 1974; *ders*, Gefahrtragung und Schadensersatz bei arglistiger Täuschung, MDR 1970, 717; *ders*, Der defekte Mähdrescher – BGH 78, 216, JuS 1982, 811; *Hüffer*, Die Eingriffskondiktion, JuS 1981, 263; *Jakobs*, Eingriffserwerb und Vermögensverschiebung in der Lehre von der ungerechtfertigten Bereicherung, 1964; *Joerges*, Bereicherungsrecht als Wirtschaftsrecht, 1977; *Joost*, Zuwendungen unter Ehegatten und Bereicherungsausgleich nach der Scheidung, JZ 1985, 10; *Kaehler*, Bereicherungsrecht und Vindikation – Allgemeine Prinzipien der Restitution, 1972; *Kellmann*, Grundsätze der Gewinnhaftung, 1969; *Kohte*, Die Konditionssperre nach § 814 1. Alt BGB, BB 1988, 633; *Klinke*, Causa und genetisches Synalagma, 1983; *Knütel*, § 822 BGB und die Schwächen unentgeltlichen Erwerbs, NJW 1989, 2504; *Köndgen*, Wandlungen im Bereicherungsrecht in Dogmatik und Methode. Joseph Esser zum 65. Geburtstag, 1965, S 55; *Kötter*, Zur Rechtsnatur der Leistungskondiktion, AcP 153, 193; *Kohler*, Bereicherungsrechtliche Rückgewähr eines grundpfandrechtlich belasteten Grundstücks, NJW 1991, 1999; *ders*, Bereicherungshaftung in Zessionsfällen, WM 1989, 1629; *ders*, Die gestörte Abwicklung gescheiterter Austauschverträge 1989; *ders*, Rücktrittsrechtliche Bereicherungshaftung, JZ 2002, 682ff; *Koller*, Rechtsgrund und Nichtleistungskondiktion bei Werk- und Dienstleistungen in Mehrpersonenverhältnissen, in: Einheit und Folgerichtigkeit im juristischen Denken, 1998, S 151; *Koppensteiner/Kramer*, Ungerechtfertigte Bereicherung. 2. Aufl, 1988; *Kümpel*, Zum Bereicherungsausgleich bei fehlerhaften Banküberweisungen, WM 2001, 2273; *Kupisch*, Gesetzespositivismus im Bereicherungsrecht, 1978; *ders*, Bankanweisung und Bereicherungsausgleich, WM 1979, Sonderbeil 3; *ders*, Der Bereicherungsanspruch der Bank bei irrtümlicher Durchführung der widerrufenen Anweisung, ZIP 191983, 1412; *ders*, Leistungskondiktion bei Zweckverfehlung, JZ 1985, 101ff, 163ff; *Lass*, Die bereicherungsrechtliche Rückabwicklung des nichtigen Darlehnsvertrags, WM 1997, 145ff; *Lieb*, Bereicherungsrechtliche Fragen bei Forderungspfändungen, ZIP 1982, 1153; *Loewenheim*, Bereicherungsrecht, 1988; *W. Lorenz*, Gläubiger, Schuldner, Dritte und Bereicherungsausgleich, AcP 168, 286; *St. Lorenz*, Bereicherungsrechtliche Drittbeziehungen, JuS 2003, 729; *Martinek*, Der Bereicherungsausgleich bei veranlaßter Drittleistung auf fremde, nicht bestehende Schuld, JZ 1991, 395; *Merle*, Risiko und Schutz des Eigentümers bei Genehmigung der Verfügung eines Nichtberechtigten, AcP 183, 81; *Meyer*, Der Bereicherungsausgleich in Dreiecksverhältnissen, 1979; *Mühl*, Der Bereicherungsausgleich im Drei-Personen-Verhältnis, WM 1984, 1441; *Pinger*, Was leistet der Leistungsbegriff im Bereicherungsrecht?, AcP 179, 301; *ders*, Irrtum im Bereicherungsrecht, MDR 1972, 101, 187; *Reimer*, Die aufgedrängte Bereicherung, 1990; *Rengier*, Wegfall der Bereicherung, AcP 177, 418; *Reuter*, Die Belastung des Bereicherungsgegenstandes mit Sicherungsrechten, FS Gernhuber, 1993, S 369; *Reuter/Martinek*, Handbuch des Schuldrechts, Band 4, Ungerechtfertigte Bereicherung, 1983; *Rümker*, Das Tatbestandsmerkmal „ohne rechtlichen Grund" im Bereich der Eingriffskondiktion, 1972; *Scheyhing*, Leistungskondiktion und Bereicherung „in sonstiger Weise", AcP 157, 371; *Schlechtriem*, Rechtsprechungsübersicht zum Bereicherungsrecht, JZ 1984, 509, 555; *Schnauder*, Grundfragen der Leistungskondiktion bei Drittbeziehungen, 1981; *ders*, Zur Lehre von der Zweckvereinbarung bei der Giroüberweisung, JZ 1987, 68; *Schön*, Steuern im Bereicherungsausgleich, ZHR 155 (1991), 247; *Schwark*, Bereicherungsansprüche bei Banküberweisungen, WM 1970, 1334; *Schwarz*, Die Grundlage der condictio im klassischen römischen Recht, 1952; *Schwintowski*, Das Unternehmen im Bereicherungsausgleich, JZ 1987, 588; *Siemes*, Gewinnabschöpfung bei Zwangskommerzialisierung der Persönlichkeit durch die Presse, AcP 201, 202; *Singer*, Formnichtigkeit und Treu und Glauben, NJW M 1983, 254; *Söllner*, Der Bereicherungsanspruch wegen Nichteintritts des mit der Leistung bezweckten Erfolgs, AcP 163, 20; *Stolte*, Ein Gespenst des Bereicherungsrechts, JZ 1990, 220; *Teichmann*, Die Flugreise-Entscheidung – BGH 55, 128, JuS 1972, 247; *Thielmann*, Gegen das Subsidiaritätsdogma im Bereicherungsrecht, AcP 187, 23; *Weber*, Bereicherungsansprüche wegen enttäuschter Erwartung?, JZ 1989, 25; *Weitnauer*, Der arglistig getäuschte Käufer, NJW 1970, 637; *ders*, Die Leistung, FS v Caemmerer, 1978, S 255; *ders*, Zwischenbilanz im Bereicherungsrecht, DB 1984, 2496; *Welker*, Bereicherungsausgleich wegen Zweckverfehlung?, 1974; *H.P. Westermann*, Die causa im französischen und deutschen Zivilrecht, 1967; *ders*, Doppelmangel bei Bereicherungskette und Dreiecksverhältnis, JuS 1968, 17; *ders*, Bereicherungshaftung des Erwerbers gestohlener Sachen: Zur „Subsidiarität" der Eingriffskondiktion, JuS 1972, 18; *ders*, Die Bewährung des § 817 S 2 BGB, in Rechtsgeschichte und Privatrechtsdogmatik, 2000, S 285ff; *ders*, Bereicherungsrechtliche Rückabwicklung von Börsentermingeschäften, FS Medicus, 1999, S 675; *ders*, Geldentschädigung bei Persönlichkeitsverletzung in: Einheit und Folgerichtigkeit des juristischen Denkens, 1998, S. 125; *Weyer*, Leistungskondiktion und Normzweck des Verbundsgesetzes, WM 2002, 627; *Wieling*, Empfängerhorizont: Auslegung der Zweckbestimmung und Eigentumserwerb, JZ 1977, 291; *ders*, Drittzahlung, Leistungsbegriff und fehlende Anweisung, JuS 1978, 801; *Wilburg*, Die Lehre von der ungerechtfertigten Bereicherung, 1934; *Wilhelm*, Rechtsverletzung und Vermögensentscheidung als Grundlagen und Grenzen des Anspruchs aus ungerechtfertigter Bereicherung, 1973; *J. Wolf*, Der Stand der Bereicherungslehre und ihre Neubegründung, 1980; *Zeiß*, Leistung, Zuwendungszweck und Erfüllung, JZ 1963, 7.

Vorbemerkung

1. Die Grundgedanken. a) Das Bereicherungsrecht gehört neben dem Deliktsrecht zu den Ausgleichsordnungen. Es besteht aus einer Reihe von Ansprüchen, die sich in Voraussetzungen und Folgen teilweise unterscheiden. In einer wechselhaften Geschichte der Kondiktionen, die zwischen Einzeltatbeständen und allgemeinen Prinzipien der Rückgängigmachung ungerechtfertigten Habens schwankt, haben sich als noch hM zu § 812 hauptsächlich die Typen der Leistungs- und der Eingriffskondiktion (Rz 3, § 812 Rz 1) herausgebildet, die von der Lehre und Rspr einem zwar nicht unflexiblen, aber doch auf Regelbildung bedachten System zugrunde gelegt werden (grundlegend Wilburg, S 19f; v Caemmerer, FS Rabel, S 335ff; Gödicke, Bereicherungsrecht und Dogmatik, 2002, S 261ff; zust Larenz/Canaris § 67 I 2). Im wissenschaftlichen Schrifttum wird zwar bisweilen, wenn auch mit unterschiedlichen Ansätzen, versucht, den Bereicherungsanspruch einheitlich zu betrachten und zu charakterisieren (Hauptvertreter Kaehler S 154ff; Kellmann S 97ff; Batsch S 91ff; Kupisch, Gesetzespositivismus, S 14ff; ders, FS v Lübtow, 1980, S 501ff; Bälz, FS Gernhuber, 1993, S 1ff; Wilhelm S 173ff; MüKo/Lieb § 812 Rz 3ff). Gedacht ist etwa an eine Einordnung in ein übergreifendes System des Restitutionsrechts mit als einzigem Grundtatbestand dem der rechtsgrundlosen Erlangung auf Kosten anderer unter Absehen von der Art des Zustandekommens der Bereicherung, oder an eine umfassende Entwicklung des Herausgabeanspruchs aus dem Rechtsgüterschutz oder dem Vorliegen eines Willensfehlers oder schließlich an die Herleitung (auch) der Leistungskondiktion aus mit der Zustandshaftung geschützten subjektiven Rechten (Bälz S 5). Ob derartige Ableitungen begrifflich auch im Alltagsfall nachvollziehbar sind (Bedenken bei Schlechtriem ZHR 149, 327, 331) oder aber der hM Künstlichkeit bei ihrer Kategorienbildung vorzuwerfen ist (Kupisch, FS v Lübtow, S 511; Wilhelm S 117; Kellmann S 97ff; dagegen aber Reuter/Martinek S 36f), verspricht wenig Erkenntnis zu dem Verhältnis der nach dem Gesetzeswortlaut klar hervorgehobenen **Tatbestände der Bereicherung durch Leistung und der Bereicherung „in sonstiger Weise"**, für die der in der neueren Privatrechtsgeschichte erst relativ spät entwickelte Gedanke der Rechtsfortwirkung durch eine „Eingriffskondiktion" (F. Schulz, System der Rechte auf den Eingriffserwerb, AcP 105, 1) zentrale Bedeutung erlangt hat. Damit ist auch nicht die Vereinheitlichung der Kondiktionen in der Weise nicht zu vereinbaren, daß auch die Leistungskondiktion aus dem Gedanken der Rechtsfortwirkung erklärt wird (Kupisch JZ 1985, 161, 163; dagegen Weitnauer JZ 1985, 555), denn die Leistungskondiktion ist in Begründung und inhaltlicher Ausgestaltung eher ein Annex zu – gestörten – privatautonomen Zweckbestimmungen (Reuter/Martinek S 80f). Auch ist zweifelhaft, ob bei der Feststellung der Rechtmäßigkeit oder Rechtsgrundlosigkeit der Bereicherung ihre Ursachen vernachlässigt werden können. Richtig ist freilich, daß die Typenbildung durch die Trennung in Leistungs- und Nichtleistungskondiktion nicht abgeschlossen ist und die begriffliche Verfestigung insbesondere der Leistungskondiktion niemals dahin führen darf, eine systemimmanente Kontrolle der Ergebnisse durch Vergleich mit anderen Methoden der Rückabwicklung zweckverfehlter Vermögenszuwendungen zu betreiben. Ebenso ist die Nichtleistungskondiktion – insbesondere auch unter wirtschaftsrechtlichen Gesichtspunkten (dazu näher Joerges, Bereicherungsrecht als Wirtschaftsrecht, S 71ff; Reuter/Martinek S 39f) – schlüssig in den privatrechtlichen Rechtsgüterschutz einzuordnen.

2 Abzulehnen sind daher auch die Zurückführung des Bereicherungsrechts auf allgemeine Billigkeitserwägungen (RG 120, 299; 147, 280) oder auf den Unterschied zwischen einem formalen und einem materiellen, höherrangigen Recht (Wilburg S 21; v Caemmerer, FS Rabel, S 339; Esser/Weyers § 47, 3). Die Rspr neigt dazu, den Bereicherungsanspruch in besonderem Maße unter den Grundsatz der Billigkeit oder Ausübung nach Treu und Glauben zu stellen (RG 135, 374; BGH 36, 233; 36, 232, 235; 55, 128, 134; BGH WM 1978, 711; JZ 1987, 149; abschwächend RGRK vor § 812 Rz 4). Dies beruht letztlich immer auf der abzulehnenden Vorstellung, daß unbillige Entscheidungen des „gewöhnlichen" Rechts durch das Bereicherungsrecht korrigiert würden, vgl Fikentscher, Schuldrecht, 9. Aufl 1997, § 98 Rz 1064. Richtig ist nur, daß ein Teil der Bereicherungsansprüche dazu dient, vorläufige, um der Eindeutigkeit der Güterzuordnung willen vom Gesetz, hauptsächlich vom Sachenrecht begründete Rechtspositionen im schuldrechtlichen Verhältnis zwischen zwei Personen rückgängig zu machen, und zwar unter eigenständigen Risikowertungen. Einzuräumen ist ferner, daß insbesondere bei der Handhabung des Leistungsbegriffs als des zentralen Elements der Leistungskondiktion (§ 812 Rz 12ff) die Rspr sich scheut, sich auf zwingende und abschließende Definitionen festlegen zu lassen, sondern zur Bewältigung außergewöhnlicher Fallgestaltungen Wertungsspielräume offenzulassen versucht hat.

3 Die Gründe für die Herausgabepflicht im Zuge einer Rückabwicklung der Rechtsfortwirkung finden sich durchweg nicht im Bereicherungsrecht selber, sondern in anderen vertrags- oder sachenrechtlichen Positionen (Reuter/Martinek S 52). Damit sind aber die §§ 812ff wiederum nicht auf den bloßen Vollzug anderweit niedergelegter

Wertungen beschränkt, sondern enthalten eigenständige, normative Entscheidungen zum **Rückabwicklungsrisiko**, etwa im Hinblick auf Insolvenzen und Einwendungen, einschließlich der Bestimmungen zum Umfang konditionenrechtlicher Herausgabeansprüche. Diese Eigenständigkeit schließt nicht aus, daß die bereicherungsrechtliche Abwicklung Einflüssen sachenrechtlicher Wertungen wie etwa der des § 935 unterliegen kann (H.P. Westermann JuS 1972, 18ff). Insgesamt steht das System der Kondiktionen in untrennbarem Zusammenhang mit den schuldrechtlichen Wertbewegungen und dem Rechtsgüterschutz, weshalb die Möglichkeiten einer Typologie der Ansprüche (v Caemmerer, FS Rabel, S 335f; Reeb JuS 1972, 391; zweifelnd Reuter/Martinek S 56ff) nicht überschätzt werden dürfen, dies auch deshalb, weil Anbindungen an die Erfüllungslehre („Rückgriffskondiktion" und Bereicherungsausgleich im Dreipersonenverhältnis) und an außervertragliche Ausgleichssysteme (Verhältnis zwischen Eigentümer und Besitzer gegenüber der „Verwendungskondiktion") in so vielfältiger Form vorkommen, daß es sich verbietet, das gesetzliche System um einige rein schuldrechtliche Gedanken zu gruppieren.

b) Die **Geschichte des Bereicherungsrechts** reicht bis ins römische Recht zurück, das die Ausgestaltung 4 durch das BGB stark beeinflußt hat, s etwa Deutsch, VersR 1996, 1309ff; Kupisch in Schrage (Hrsg), Unjust Enrichment, 2. Aufl 1999, S 237ff. Die besondere Problematik, die sich durch das Nebeneinander von einzelnen Typen und generalklauselartigen Formulierungen des Bereicherungsanspruchs ergab, ist aber ohne historisches Vorbild, so daß die Dogmengeschichte sichere Schlüsse für das Verständnis des Bereicherungsrechts durchweg nicht erlaubt. Das römische Recht entwickelte aus einer begrenzten Urform der klassischen Zeit im justinianischen Recht ein detailliertes System von Kondiktionen mit den Hauptformen condictio indebiti, causa data causa non secuta, causa finita, ob turpem vel iniustam causam, und mit einer allgemeinen und zugleich subsidiären condictio sine causa. Im wesentlichen handelt es sich bei diesen Kondiktionsformen um Vorläufer der heutigen Leistungskondiktion (vgl Schwarz, Die Grundlagen, § 1 bei Note 12), während sonstige Fälle, die sich dem Erwerb ohne Leistung vergleichen ließen, nicht ausgeformt wurden. Die condictio einer Leistung ging konkret auf Rückgabe alles Erlangten (v Lübtow, Beiträge, S 20ff; Flume, FS Niedermeyer, S 103ff). Die Systematisierung der Tatbestände und insbesondere des Eingriffserwerbs im Gemeinen Recht, durch die besonders die Deutung der condictio als grundlose Vermögensverschiebung voll ausgeprägt wurde, hatte zur Folge, daß ganz unterschiedliche Typen in einem Grundtatbestand zusammengefaßt wurden (Wilburg S 15ff), ohne daß sich ein allgemeines Prinzip durchgesetzt hätte (Reuter/Martinek S 7). Wohl gewann in der nicht bruchlos verlaufenen Entwicklung im Gemeinen Recht (zur str Einordnung der Lehre Savignys s Wilhelm, Rechtsverletzung, S 19ff; s aber auch Kupisch, Gesetzespositivismus, S 47ff) die auch ins BGB eingegangene Konzeption der Kondiktionen als persönliche Ansprüche auf Wiederherstellung einer grundlosen Bereicherung aus fremdem Recht Raum, s Prot, II S 682; Staud/Lorenz Rz 4. Der Umfang des Anspruchs wurde nicht mehr durch den Gegenstand einer Vermögensverschiebung, sondern durch seine Auswirkung auf das gesamte Vermögen des Bereicherungsschuldners bestimmt; neuere Übersicht bei Flessner, Wegfall der Bereicherung, S 4ff. Die Klassifizierung erfolgte nach den verschiedenen den Mangel des Rechtsgrundes herbeiführenden Umständen (Motive II 829; zur Entstehung der §§ 812ff ausführlich besonders Wilhelm aaO S 43ff; Reuter/Martinek S 4ff).

Das BGB hat auch die aus geschichtlichen Vorbildern entwickelte Klage aus nützlicher Verwendung (Versions- 5 klage), die ins ALR Eingang gefunden hatte (dazu Kupisch, Die Versionsklage, 1965, S 17ff), nicht übernommen. Eine Bereicherungsforderung dessen, aus dessen Vermögen etwas zum Nutzen eines anderen verwendet worden ist, ohne daß zwischen dem Be- und dem Entreicherten eine durch Leistung oder Eingriff begründete Beziehung bestand, erschien als Fall bloßer Billigkeitshaftung, der den Regeln über Gutglaubenserwerb und der Abstraktheit der Übereignung widersprochen hätte (Reuter/Martinek S 18f). Es besteht eine direkte Verbindung zum Erfordernis der Unmittelbarkeit der Vermögensverschiebung. Dennoch spielen die Rechtsverschiebungen über eine Mittels- oder Zwischenperson eine große praktische Rolle, so daß das Bedürfnis nach einem derartigen Anspruch nicht ganz geleugnet werden kann (anders aber Mot II 871ff; zust v Caemmerer, FS Rabel, S 369ff). Dieser Typ des Bereicherungsanspruchs ist zwar nach der Entscheidung des Gesetzes nicht selbständig entwickelt, tritt aber als zusätzliche Begründung von anderen Ansprüchen gelegentlich wieder auf; für „Unsterblichkeit" der Versionsklage Wieling, Festgabe Zivilrechtslehrer 1934, 1935, 1999, S 683ff. Dasselbe gilt für die von Windscheid entwickelte Voraussetzung (Die Lehre des römischen Rechts von der Voraussetzung, 1850; ders, AcP 78, 161), die in einer Umgestaltung durch Lenel (AcP 74, 213; 79, 49) zu den wichtigsten jüngeren Quellen des Bereicherungsrechts des BGB zählt (s H.P. Westermann, Die causa, S 41ff; Simshäuser AcP 172, 19).

c) Die Lehre von der ungerechtfertigten Bereicherung gehört zu den theoretisch und praktisch am stärksten 6 umstrittenen Teilen des Gesetzes. Wenig geglückt ist insbesondere **das gesetzliche System**. Das betrifft sowohl die Gründe der Ansprüche als auch ihren Umfang. Nach hM enthält § 812 eine Zusammenfassung der grundlegend verschiedenen Tatbestände der Leistungs- und Eingriffskondiktion, auch Nichtleistungskondiktion (s § 812 Rz 1), wobei bezüglich der Leistungskondiktion die Leistung auf nicht (§ 812 I S 1) bzw nicht mehr (§ 812 I S 2) bestehenden Rechtsgrund und die Leistung nach verfehltem Leistungszweck (§ 812 I S 2) in den Folgen gleichgestellt werden. Hierhin gehört systematisch die Leistung auf eine einredebehaftete Forderung (§ 813), die Kondiktion wegen gesetzwidriger Annahme einer Leistung (§ 817) sowie der Sonderfall des § 815. Die im Merkmal der Bereicherung „in sonstiger Weise" in § 812 I S 1 enthaltene, meist zusammenfassend sogenannte Eingriffskondiktion findet eine besondere Ausprägung in der gegen den wahren Berechtigten wirksamen Verfügung eines Nichtberechtigten über eine Sache (§ 816 I) oder eine Forderung (§ 816 II). In diesen Zusammenhang gehört auch § 822, der die in §§ 818–821 für alle Kondiktionsansprüche allgemein geregelte Bereicherungshaftung auf den unentgeltlichen Erwerber eines Bereicherungsgegenstandes ausdehnt. Zum Ganzen Koppensteiner/Kramer, S 3ff, 190ff; Larenz/Canaris § 67 II, III.

Die hauptsächlichen **Streitpunkte** sind: Die in der Wissenschaft etablierte und jetzt auch in der Rspr anerkannte 7 grundlegende Zweiteilung der Kondiktionen in Leistungs- und Nichtleistungskondiktion, die zT auf der im Gemeinen Recht entwickelten Ausrichtung der Bereicherungsansprüche auf die Wiederherstellung einer Vermögensverschiebung beruht. Der für die genannte Zweiteilung konstitutive Leistungsbegriff hat sich besonders in der Diskussion um den Bereicherungsausgleich in den vielgestaltigen Dreipersonenverhältnissen (§ 812 Rz 16ff) als problematisch erwiesen. Ein zweiter Schwerpunkt der wissenschaftlichen Auseinandersetzung ist die Bestimmung von Gegenstand und Umfang des Bereicherungsanspruchs, die infolge eines Bruchs in der geschichtlichen Entwicklung (oben Rz 4) zu Unstimmigkeiten zwischen der Feststellung der Bereicherung und den Gründen des Entreicherungseinwandes (§ 818 III) geführt hat. Die Fragen haben praktisches Gewicht vor allem bei Kondiktion von Nutzungen und Gebrauchsvorteilen, aber auch im Streit um die Rückabwicklung mangelhafter gegenseitiger Verträge nach der sogenannten Saldotheorie, die heute ihrerseits zunehmend angegriffen wird (Canaris, FS Lorenz, S 19ff; Übersicht bei Kohler, Die gestörte Rückabwicklung gescheiterter Austauschverträge, S 158ff; zul wieder Flume JZ 2002, 321; Büdenbender AcP 200, 627ff; wN § 818 Rz 41ff). Schließlich ergeben sich nicht selten Zweifel bezüglich des Verhältnisses der Bereicherungsansprüche zu anderen Rechten wie zB denen aus dem Eigentümer-Besitzer-Verhältnis, s Rz 13. In ständiger Entwicklung befindet sich ferner das normative Vorstellungsbild dessen, was unter dem Zuweisungsgehalt absoluter Rechte zu verstehen ist (§ 812 Rz 65).

8 **2.** Ein Teil der praktischen Wichtigkeit der §§ 812ff folgt aus ihrem weiten **Anwendungsgebiet. a)** Es ist im Privatrecht grundsätzlich unbegrenzt. Ein Bereicherungsanspruch ist daher als Folge jedes Kondiktionstatbestandes, aber auch in zahlreichen Fällen kraft gesetzlicher Verweisung gegeben, so zB nach §§ 516 II S 3, 527, 528, 531, 547, 628, 682, 684, 852, 951, 977, 988, 993, 1301, 1390, 1457, 1973, 1989, 2021, 2196, 2287 (dazu BGH 59, 132, 343), 2329 BGB (vgl RG 81, 204), § 717 III ZPO, Art 89 WG (dazu Canaris WM 1977, 34), Art 58 ScheckG, §§ 81, 143, 144, 183 III InsO, § 50 ZVG; § 48 PatG. Die Verweisung bedeutet in der Regel, daß die Voraussetzungen des § 812 als erfüllt anzusehen sind, dh einen Anspruch, der sich nach Art und Umfang nach Bereicherungsrecht richtet, unmittelbar eintreten (RG 139, 22: Rechtsfolgenverweisung). Zum Fall eines für verfassungswidrig erklärten Gesetzes s § 79 II S 4 BVerfGG. Zur Heranziehung des Bereicherungsrechts, insbesondere der Differenzierung nach Leistungs- und Eingriffskondiktion, für Tatbestände, die unter dem Recht der DDR begründet wurden, Kohler OLG-NL 1994, 145.

9 **aa)** Umstritten ist, ob der Regel entsprechend auch § 852 III aF nur auf die Rechtsfolgen des Bereicherungsrechts verweist, also die Voraussetzungen des Herausgabeanspruchs selbst normiert, wie RG 156, 400; JW 1935, 512 Nr 6 annehmen. Nach anderer Ansicht verlangt § 852 III auch, daß die konditionsbegründenden Tatbestandsmerkmale des § 812 gegeben sind (Rechtsgrundverweisung; v Caemmerer, FS Rabel, S 394–401; Seifert NJW 1972, 1739; RGRK Rz 14; Soergel/Mühl Rz 8). Richtig ist, daß tatbestandliche Voraussetzung eine unerlaubte Handlung ist, deren auch nach Verjährung des Deliktsanspruchs bei ihm verbleibende Vorteile der Schädiger nicht behalten soll (Larenz/Canaris § 83 V 2). § 852 III hat also Klarstellungsfunktion mit der Maßgabe, daß das Merkmal „auf Kosten" in § 812 durch Teilnahme an der unerlaubten Handlung als erfüllt anzusehen ist; wenn dann das Delikt eine Vermögensverschiebung verursacht hat, besteht auch nach Ablauf der kurzen Verjährung der Herausgabeanspruch, der kein Schadensersatzanspruch ist, nach BGH 71, 86, 98 allerdings hierzu. Insgesamt kann somit von einer Rechtsfolgenverweisung ausgegangen werden (s auch § 852 Rz 24; aM Jakobs, Eingriffserwerb, S 116ff). Der nach Verjährung des Schadensersatzanspruchs verbleibende Bereicherungsanspruch ist nach Köln MDR 1996, 589 auch nach 27 Jahren noch nicht verjährt; bei einer die Voraussetzungen der Eingriffskondiktion erfüllenden Handlung des Bereicherten, die wiederkehrende Be- und Entreicherungen (in Gestalt entgangener Lizenzgebühren) nach sich zieht, beginnt die Verjährung jedes einzelnen Kondiktionsanspruchs jeweils mit seiner Entstehung, nicht mit der Verletzungshandlung, da Ansprüche, die noch nicht bestehen, nicht verjähren können (unrichtig dagegen Nürnberg v 8. 7. 2003 – 3 U 215/03). Zu § 951 vgl Rz 13.

10 **bb)** Die Regeln über **Geschäftsführung ohne Auftrag** normieren eine gesetzliche Sonderverbindung und gehen in ihrem Anwendungsbereich den §§ 812ff vor (MüKo/Seiler vor § 677 Rz 15; Koppensteiner/Kramer S 210; s auch BGH NZM 1998, 713), obwohl Erstattungsansprüche auch aus Geschäftsführung ohne Auftrag wie aus ungerechtfertigter Bereicherung folgen können (BGH NJW-RR 1998, 1514; anders noch Köln NJW-RR 1994, 1540). Bei Verwendungen eines Mieters, die – bei gültigem Mietvertrag – nach § 539 I iVm den Regeln der Geschäftsführung ohne Auftrag zu erstatten sind, kommt nach BGH WM 1997, 797 ein Bereicherungsanspruch in Betracht, wenn die Voraussetzungen der auftraglosen Geschäftsführung nicht vorliegen. Insbesondere soll § 817 S 2 einem Anspruch aus Geschäftsführung ohne Auftrag nicht entgegenstehen, auch wenn die vereinbarte Leistung gegen die guten Sitten verstößt (BGH NJW-RR 1993, 200; Stuttgart NJW 1990, 643); das gilt auch beim Regreßanspruch des Bürgen, der ein sittenwidriges Darlehen refinanziert hat, gegen den Hauptschuldner, Stuttgart ZIP 1994, 200. Die berechtigte Geschäftsführung ohne Auftrag wird als Rechtsgrund iSd § 812 verstanden (Esser/Weyers § 46 I 1d), mit der weiteren Folge, daß bei einer unberechtigten Geschäftsführung ohne Auftrag die Rechte des Geschäftsführers aus ungerechtfertigter Bereicherung folgen (Staud/Wittmann vor § 681 Rz 2). Das wird § 684 entnommen, wobei zT der Wertersatz nach § 818 II im Höchstfall auf die nach § 670 zu ersetzenden Aufwendungen beschränkt wird (M. Wolf JZ 1966, 470). § 681 scheidet hier aus, weil eine Geschäftsführung nach den Maßstäben des § 677 nicht möglich ist, wenn die Übernahme des Geschäfts als solchen den Interessen und dem (mutmaßlichen) Willen des Geschäftsherrn widerspricht (Reuter/Martinek S 711). Der Geschäftsführer haftet nicht nach §§ 681 S 2, 677, sondern nach den Grundsätzen der Eingriffskondiktion. Im Falle des § 687 I nimmt man vielfach eine beiderseitige Bereicherungshaftung von Geschäftsführer und Geschäftsherrn an (BGH NJW 1976, 1056; MüKo/Seiler § 687 Rz 7; Staud/Wittmann § 684 Rz 3), nach aM hat nur ein Ausgleichsanspruch der gutgläubige Geschäftsführer, andernfalls sei ein Anspruch aus dem Gesichtspunkt der aufgedrängten Bereicherung zu verneinen (Batsch AcP 171, 218, 227). Nach wieder anderer Ansicht (Willoweit, FS Wahl, 1973, S 285, 288f; s auch Staud/Lorenz § 812 Rz 26a; dagegen Reuter/Martinek S 713f) ist § 684 S 1 anwendbar, wenn bei bestehender Interessenkonformität des Handelns der Fremdgeschäftsführungswille fehlt, nicht aber, wenn das Han-

deln dem Interesse des Geschäftsherrn widerspricht (aufgedrängte Bereicherung). Dies läuft der Abgrenzung zwischen §§ 683 und 684 zuwider.

Wenn eine rechtlich ungültige Geschäftsbeziehung, die bei Gültigkeit zu Leistungen mit Geschäftsbesorgungs- **10a** charakter verpflichtet hätte, durchgeführt wurde, hat die Rspr immer wieder versucht, die Rückabwicklung den Regeln über Geschäftsführung ohne Auftrag zu unterstellen, zT unter Anwendung der schon als solcher problematischen Figur des „auch-fremden-Geschäfts", so BGH 37, 258; BGH NJW 1993, 3196 für Vergütungsanspruch des Unternehmers bei nichtigem Bauvertrag; s auch BGH NJW-RR 1993, 200f; nicht ganz klar zur Haftung einer Gemeinde für nach der Wiedervereinigung auf gemeindeeigenem Grund erbrachte Bauleistungen (BGH DtZ 1996, 345). Dem ist ua wegen der Bedenklichkeit, in solchen Fällen Aufwendungsersatzansprüche ohne verbleibende Bereicherung des Geschäftsherrn zuzusprechen (wofür aber offenbar gelegentlich ein Bedürfnis empfunden wird), nicht zu folgen (krit Canaris NJW 1985, 2404f; Lorenz NJW 1996, 883f; MüKo/Seiler § 677 Rz 41), zumal auch bei Ungültigkeit des Vertrages der Handelnde nicht fremd-, sondern eigennützig handeln will. Fehlt es an einer Leistung (iSd § 812) des Bauhandwerkers an den Bauherren, weil der die tatsächliche Zuwendung veranlassende Dritte vollmachtlos handelte, so kann das Fehlen eines Bereicherungsanspruchs auch nicht durch einen Anspruch aus Geschäftsführung ohne Auftrag aufgefangen werden, Oldenburg MDR 2000, 1373. Auch der gewerbliche „Erbensucher", der ohne zugrundeliegende Vereinbarung unbekannte Erben ermittelt, hat gegen diese weder Ansprüche aus Geschäftsführung ohne Auftrag, noch – weil er nicht „geleistet" hat, § 812 Rz 11 – solche aus ungerechtfertigter Bereicherung, BGH NJW 2000, 72 und dazu Ehmann LM § 677 Nr 40 und Schulze JZ 2000, 523. Auch muß vermieden werden, daß eine Leistung, die gegen ein gesetzliches Verbot verstößt, doch noch vergütet werden muß (Hamm NJW-RR 1998, 811; bedenklich daher BGH NJW-RR 1997, 564, wonach bei einem gegen das RechtsberG verstoßenden Beratungsvertrag das Honorar teilweise unter dem Gesichtspunkt der Geschäftsführung ohne Auftrag oder der ungerechtfertigten Bereicherung beim Berater belassen werden kann, anders insoweit Sachsen-Anhalt StB 1994, 207; s auch BGH 118, 142 für Abschlußprüfer, der verbotswidrig an der Aufstellung des zu prüfenden Jahresabschlusses mitgewirkt hat und Köln OLGRp 2002, 104 für unerlaubte Geschäftsbesorgung durch Buchführungshelfer (Steuerberater); anders erkannte, für den Fall, daß der Steuerberater nicht um den Verstoß gegen ein gesetzliches Verbot wußte, BGH NJW 2000, 1560 ihm einen Bereicherungsanspruch zu. Die Rspr ist teilweise widersprüchlich, was daran liegen dürfte, daß die Nichtigkeit- und Rechtswidrigkeitsfolgen nicht abschwächen lassen. Dem Urteil BGH NJW 1995, 727, das bei Rückabwicklung eines nichtigen Börsentermingeschäfts die Regeln über Geschäftsführung ohne Auftrag nicht erwähnte (so daß Bereicherungsrecht anzuwenden war), steht die Entscheidung BGH NJW 1997, 47 gegenüber, die nach einem nur teilweise durchgeführten und dann gescheiterten sittenwidrigen Anlagevermittlungsvertrag von dem zurückzugewährenden Aufwendungsvorschuß einen Abzug der auftragsgemäß verwendeten Mittel nach Maßgabe der Regeln über Geschäftsführung ohne Auftrag zuließ, so daß ohne Klärung, ob es sich um berechtigte oder unberechtigte Geschäftsführung gehandelt hatte, doch die unwirksame Vereinbarung über die Verwendung der Mittel respektiert wurde. Wenn dies mit der Figur der berechtigten Geschäftsführung ohne Auftrag gerechtfertigt werden sollte, wäre sogar ein Anspruch des Handelnden auf Vergütung seiner Tätigkeit in Betracht gekommen, was offensichtlich unpassend wäre (krit Analyse durch Einsele JuS 1998, 402ff). Bei Rückabwicklung nach Bereicherungsrecht ist in solchen Fällen § 817 S 2 zu beachten, freilich mit der Maßgabe, daß die Kondiktionssperre solche Leistungen nicht umfaßt, die nicht im Vermögen des Empfängers verbleiben sollten (näher § 817 Rz 14). Zum Verhältnis der Kondiktion zu den **Rücktrittsvorschriften** nach der Schuldrechtsmodernisierung s Büdenbender AcP 200, 627ff; Kohler JZ 2002, 682ff; Erman/Bezzenberger § 346 Rz 13ff. Danach kann der Rücktritt auch eine Bereicherungshaftung begründen, im übrigen sind die Ergebnisse der früheren Vergleiche zwischen Rücktritts- und Bereicherungsrecht nicht ungeprüft zu übernehmen (s auch Bamberger/Roth/Wendehorst Rz 20). Bei **bewußt angemaßter Eigen-Geschäftsführung** hat der Geschäftsführer nur Anspruch auf Aufwendungsersatz nach Bereicherungsgrundsätzen (RG 138, 45, 50; Staud/Wittmann § 687 Rz 20). Macht der Geschäftsherr für sich selbst keine Rechte geltend, so sind die §§ 677ff für das Rechtsverhältnis zwischen ihm und dem Geschäftsführer unanwendbar (Schluß aus § 687 II S 1), und umgekehrt hat der Geschäftsführer in diesem Fall keinen Aufwendungsersatzanspruch gem § 684 S 1, 812, da andernfalls der Zweck des § 687 II S 1 umgangen würde (BGH 39, 186, 188f; MüKo/Seiler § 687 Rz 12). § 816 ist auch neben § 187 II anwendbar (RG 138, 47). Nach Reichard AcP 193, 567, 597f ist die Unterstellung der wissentlichen Eigengeschäftsführung unter das Geschäftsführungs- statt unter das Bereicherungsrecht eine historische Fehlentwicklung, zumal § 687 II dem § 819 deckungsgleich sei; sie sei also entbehrlich.

cc) Die Vorschriften der §§ 987ff über das **Verhältnis** des Eigentümers zum Besitzer werden von der Rspr bis- **11** weilen auch gegenüber dem Bereicherungsrecht als abschließende Sonderregelung der Stellung des gutgläubigen unrechtmäßigen Besitzers angesehen (RG 163, 348; BGH 27, 317; 31, 129; 41, 157). Das hängt mit der Vorstellung zusammen, daß die §§ 987ff den gutgläubigen, die Sache jedenfalls rechtmäßig in seinem Besitzer vor unvorhersehbaren Bereicherungs- und Deliktsansprüchen schützen sollen. Aus § 993 ergeben sich in der Tat gewisse Haftungserleichterungen. Die grundsätzliche Kritik an dieser Sonderregelungsthese mit der Folge der uneingeschränkten Anwendbarkeit der §§ 812ff (Pinger, Funktion und dogmatische Einordnung des Eigentümer-Besitzer-Verhältnisses, 1973, S 11ff; s auch Koppensteiner/Kramer S 199ff) hat sich nicht allgemein durchgesetzt (Staud/Gursky vor §§ 987ff Rz 5, 30; Medicus, BR Rz 574), ebensowenig die Annahme, die Leistungskondiktion verdränge die Ansprüche aus § 987ff (Waltjen AcP 175, 109ff; Köbl, Eigentümer-Besitzer-Verhältnis im Anspruchssystem des BGB, 1971, S 250ff). Notwendig ist stets eine Funktionsabgrenzung mit gegenseitiger Abstimmung der Wertungen, MüKo/Medicus § 988 Rz 7, 8. So kann § 993 keinen vollständigen Ausschluß der Kondiktion begründen; daher kann der Besitzer den Erlös aus Veräußerung nicht behalten, sondern muß ihn nach § 816 I herausgeben (BGH 56, 131 gibt dem Eigentümer sogar die Möglichkeit, durch eine Genehmigung nach Verarbeitung die Vor-

Vor § 812

aussetzung für den Anspruch aus § 816 I zu schaffen). Auch bezüglich der Ersparnis bei Verbrauch der Sache besteht ein Bereicherungsanspruch (BGH 14, 7; 29, 157; 36, 59). Soweit dagegen die sachenrechtlichen Regeln über den Erwerb vom Nichtberechtigten hinsichtlich der Sachsubstanz den Gutgläubigen schützen, hat er auch generell Bereicherungsansprüche nicht zu fürchten, soweit er entgeltlich erworben hat (andernfalls § 816 I S 2). Dies gilt auch in den „Einbaufällen", indem jeweils gefragt wird, ob die Sache vor dem einen originären Rechtswechsel herbeiführenden Einbau an den Eigentümer hätte herausgegeben werden müssen, ohne daß Gegenrechte aus dem obligatorischen Geschäft, das dem gescheiterten Erwerb des Besitzers zugrunde lag, hätten geltend gemacht werden können (näher Hager JuS 1987, 877ff).

12 Im Hinblick auf die vom Besitzer gezogenen **Nutzungen** besteht ein Bedürfnis für die Anwendung der §§ 812, 818 deshalb, weil nach der Sonderregelungsthese der rechtsgrundlos besitzende Eigentümer nach Bereicherungsrecht weitergehend haften würde als der gutgläubige Nichteigentümer (§ 993). Deswegen stellt die Rspr (RG 163, 348; BGH 10, 350; 32, 76; 71, 216, 222; 131, 297) den rechtsgrundlosen einem unentgeltlichen Besitzer gleich und wendet § 988 an, was zu einer Haftung nach Bereicherungsrecht führt. Dies wurde auf den Fall übertragen, daß der „nicht-so-berechtigte" Besitzer Nutzungen unter Überschreitung eines ihm gesetzlich zugewiesenen Besitzrechts gezogen hat, BGH NJW 2002, 60 mit Kurzkomm Haertlein EWiR 2001, 1135. Das befriedigt nur solange, als am Rechtsverhältnis nur zwei Personen beteiligt sind. Hat aber der Besitzer die Sache gutgläubig auf Grund eines unwirksamen Vertrages von einem anderen als dem Eigentümer erhalten, so würde die entsprechende Anwendung des **§ 988** im Verhältnis zwischen Eigentümer und Besitzer dem letzteren die Geltendmachung der Gegenrechte aus seinem Verhältnis zu dem Dritten abschneiden. Insofern stehen rechtsgrundloser und unentgeltlicher Erwerb eben nicht gleich, v Caemmerer, FS Boehmer, 1954, S 154f; Staud/Lorenz Rz 40. Nach dieser Ansicht ist aber § 812 neben den §§ 987ff uneingeschränkt anwendbar, und eine Gleichstellung des rechtsgrundlosen mit einem unentgeltlichen Besitzer kommt nur in Betracht, wenn der Besitzer für den Erwerb ein Vermögensopfer gebracht hat, BGH 37, 363, 368. Die Anwendbarkeit der §§ 812ff bedeutet im Ergebnis, daß eine Leistungskondiktion nur dem Dritten zusteht (der sich aber Gegenrechte entgegenhalten lassen muß), während eine Eingriffskondiktion des Eigentümers gegen den Besitzer sich nicht ohne weiteres ausschließen läßt: Will man nicht der Nutzung oder der Fruchtziehung die Qualität als „Eingriff" absprechen oder den Erwerb wegen des an den Dritten gezahlten Entgelts als gerechtfertigt ansehen (vor § 987 Rz 28), so konkurrieren die Leistungskondiktion des Dritten und die Eingriffskondiktion des Eigentümers, was entgegen der hM (Nachweise zu § 812 Rz 83) nicht zu einem Vorrang der Leistungskondiktion führen kann, weil der Eigentümer nicht geleistet hatte. Ein Ausschluß des Bereicherungsanspruchs läßt sich dann nur aus dem Gedanken des § 993 entnehmen, der die Haftung des gutgläubigen Besitzers beschränkt, so daß ihm auch die Abrechnung allein mit seinem Vertragspartner vorbehalten bleiben muß. Zu dieser Lösung RG 129, 310; v Caemmerer, FS Boehmer, S 154f, Fn 42; Köbl Rz 11 S 297f. Weitergehend will Wieling AcP 169, 137ff die Wertung des § 993 generell auf das Bereicherungsrecht ausdehnen, ablehnend Köbl S 228ff; im Ergebnis auch Medicus Rz 601.

13 Str auch, inwieweit neben die Verwendungsersatzansprüche des Besitzers (§§ 994ff) eine **Verwendungskondiktion** tritt (BGH NJW 1999, 1626, 2630), auch: Aufwendungskondiktion. Zunächst sollte darauf geachtet werden, daß auch im Bereich des Nutzungsersatzes die Bereicherungsansprüche des Eigentümers durch das Verhältnis zwischen dem Eigentümer und dem Besitzer nicht ausgeschlossen werden, so daß auch im Hinblick auf die Verwendungen ein Bereicherungsanspruch in Betracht kommt. Beim Eigenbesitzer scheidet freilich die Leistungskondiktion schon tatbestandlich weitgehend aus (M. Wolf AcP 166, 188, 206ff; ebenso Ansprüche aus Geschäftsführung, Willowet, FS Wahl, S 285ff), nicht aber beim Fremdbesitzer, zB dem Mieter, der in Erfüllung einer Pflicht aus unwirksamem Mietvertrag die Mietsache renovieren läßt, Wolf aaO S 214ff; Köbl aaO S 250ff. Demgegenüber will die Rspr (BGH 41, 157, 160; WM 1973, 560; JZ 1996, 366 mit Anm K. Schmidt S 344ff) auf der Grundlage des Ausschließlichkeitsgrundsatzes die Anwendung der §§ 812ff durch §§ 994ff als ausgeschlossen betrachten, was sich wegen der gleichzeitigen Beschränkung des Verwendungsbegriffs auf erhaltende Verwendungen (zust Huber JuS 1970, 519; ähnlich Staud/Lorenz vor § 812 Rz 24; s auch vor § 994 Rz 2; abl Klauser NJW 1965, 513; Jakobs AcP 164, 351; Staud/Gursky vor §§ 994–1003 Rz 7; MüKo/Medicus § 994 Rz 10) für den Besitzer ungünstig auswirkt. Die Frage ist praktisch beim Bau auf fremdem Grundstück sowie bei Verbesserungen eines Mietobjekts durch den zu Unrecht besitzenden Mieter, die der Vermieter nach Rückgabe des Grundstücks durch Verkauf realisiert; deshalb wird das Wegnahmerecht (§ 997) dem Besitzer oft nicht helfen (vgl BGH NJW 1970, 754). Darum billigt man zT außerhalb des engen Verwendungsbegriffs und des dadurch begrenzten Anwendungsbereichs der §§ 994ff dem Besitzer Bereicherungsansprüche zu, gibt also insoweit den Ausschließlichkeitsgrundsatz auf, was insbesondere für den bösgläubigen Besitzer eine gewisse Verbesserung darstellt, Hager JuS 1987, 880; Pinger aaO Rz 11 S 103ff; Schildt JuS 1995, 956f; Larenz/Canaris § 74 I 3; MüKo/Medicus § 996 Rz 11. Dies alles – auch die Ablehnung durch die Rspr – gilt dann nicht nur für die Leistungskondiktion, sondern insbesondere auch für die Nichtleistungskondiktion, die sich an den Rechtsverlust gemäß §§ 946ff anschließt; § 951 verweist insoweit auf die Regelung der Eingriffskondiktion in § 812 (Rechtsgrundverweisung, vgl BGH 35, 356; 40, 272; NJW 1971, 612; Berg AcP 160, 500; Baur/Wolf JuS 1966, 394; Koppensteiner/Kramer S 207). Soweit sich die Aufwendungen als Leistung darstellen, gehen die Regeln der Leistungskondiktion denen über die Nichtleistungskondiktion vor (MüKo/Lieb § 812 Rz 252).

14 Die Entscheidung hängt zunächst vom Verwendungsbegriff ab. Hier ist die Lösung des BGH in der Tat nicht überzeugend, da die Probleme einer ungerechtfertigten Vermögensverschiebung nicht an dieser systematischen Stelle gelöst werden können. Dennoch ist auch bei Anwendung eines engen Verwendungsbegriffs – das ist BGH 41, 157 zuzugeben – eine die Kondiktion ausschließende Ausstrahlung der Regeln der §§ 994ff nicht denkunmöglich (so zutreffend Köbl S 302ff), doch entspricht sie nicht dem § 951 II. Auch leuchtet es nicht ein, den nicht besitzenden Verwender besserzustellen als den Besitzenden, dem die Kondiktionssperre entgegenzuhalten wäre.

Zieht man allerdings aus dieser Lage mit Canaris JZ 1996, 344ff (zust Medicus BR Rz 897) den Schluß, daß eine Aufwendungskondiktion gegen den Eigentümer immer dann bestehe, wenn dieser die Vermögensmehrung (etwa durch Verkauf der wiedererlangten Sache) realisiert hat, so muß § 996 – was der Norm nicht ohne weiteres entnommen werden kann – dahin verstanden werden, daß der nach § 989ff vor einer Verschlechterung der Sache durch den gutgläubigen Besitzer nicht geschützte Eigentümer im Zuge der Verwendungskondiktion gezwungen werden kann, die Werterhöhung zu realisieren, um den Verwendungsersatzanspruch erfüllen zu können (so Canaris S 348). Der bösgläubige Besitzer bleibt dann auf die §§ 994ff beschränkt (so auch Medicus aaO Rz 897). Zur Frage, ob einem Anspruch aus § 988 gem § 818 III der Entreicherungseinwand entgegengehalten werden kann und wie sich dieser zu §§ 994ff verhält, s § 818 Rz 39a. Bremen OLGRp 2000, 285 hat eine Verwendungskondiktion (als Nichtleistungskondiktion) auch wegen Verwendungen auf eine eigene Sache gegeben, an der freilich ein Rückübertragungsanspruch gem. § 1 VermG bestand, weil für solche nach dem 2. 10. 1990 durchgeführte Maßnahmen keine gesetzliche Regelung der Verwendungsersätze bestand. Die in diesem Rahmen stets nötige Abwägung gegen die Interessen des Eigentümers, der bei einer Ersatzpflicht uU genötigt ist, die Sache mit für ihn unzumutbaren Opfern auszulösen oder zu verlieren (vgl Jakobs AcP 167, 350, 356; dagegen Köbl aaO S 307ff), könnte auch im Rahmen des Gedankens der Abwehr einer **„aufgedrängten Bereicherung"** (§ 814 Rz 4 und speziell zum vorliegenden Zusammenhang Haas AcP 176, 1ff) erfolgen, was insbesondere bei Bösgläubigkeit des Verwenders naheliegt (ähnlich MüKo/Lieb § 812 Rz 258). Das scheidet aber wiederum aus, wenn der Eigentümer die ihm zugeflossenen Vorteile für sich nutzbar macht, dazu Canaris aaO S 345. Angesichts der Wertverhältnisse sollte man sich auch nicht scheuen, den Urheber von Umgestaltungsaufwendungen besserzustellen als denjenigen, der nur erhaltende Aufwendungen macht und hierfür nach der Interessenwertung der §§ 994ff keinen Ersatz erhält. Die von Waltjen (AcP 175, 109, 138ff) vorgeschlagene Lösung über ein konkludentes Einverständnis des die Aufwendungen nutzenden Eigentümers wird häufig zu denselben Ergebnissen gelangen. Eine Verwendungskondiktion ohne Konkurrenz mit den §§ 994ff (aM insoweit Meyer NJW 1971, 1317) ergibt sich, wenn der als Eigentümer eingetragene Grundstückskäufer dem **Vorkaufsberechtigten** einen Anspruch auf Erstattung werterhöhender Aufwendungen entgegensetzt (Hamburg NJW 1971, 1317), der auf die Nichtleistungskondiktion gestützt werden kann (Walther NJW 1971, 1846 gegen Meyer aaO; MüKo/H.P. Westermann § 1100 Rz 5; dagegen (für Verwendungen eines Vormerkungsverpflichteten) Kohler NJW 1984, 2849, 2856.

b) Über die Anwendbarkeit des Bereicherungsrechts in **anderen bürgerlich-rechtlichen Teilgebieten** (Ersitzung, Verjährung, Ausschlußfristen) vgl § 812 Rz 80. In privatrechtlichen Sondergebieten ist das Bereicherungsrecht in der Regel anwendbar, so im Urheberrecht gem § 97 III UrhG, s BGH 56, 317. Auch die früheren Bedenken der Rspr (RG 108, 1, 6; 121, 258) gegen die Bereicherungshaftung dessen, der schuldlos ein Gebrauchsmuster oder Warenzeichen verletzt, sind trotz der systematischen Vorrangigkeit der Regeln des Gebrauchsmuster- und Warenzeichenrechts von BGH 68, 90 für das Gebrauchsmusterrecht fallengelassen worden, zögerte für das Warenzeichenverletzung BGH NJW 1966, 825; dann aber Karlsruhe GRUR 1979, 473; BGH 99, 244 und dazu Kaiser GRUR 1988, 501. Siehe dazu eingehend Bälz JZ 1977, 519; Brandner GRUR 1980, 359; Haines, Bereicherungsansprüche bei Warenzeichenverletzungen und unlauterem Wettbewerb, 1970. Ansprüche gegen einen **falsus procurator** richten sich allein nach § 179, Hamburg VersR 1979, 834; offenlassend Köln WM 1983, 1322; s im übrigen § 812 Rz 18. Wenn aus dem **gesellschaftsrechtlich** gebundenen Vermögen einer GmbH verbotswidrige Auszahlungen erfolgt sind, richten sich die Rechtsfolgen allein nach § 31 GmbHG, eine Rückforderung nach Bereicherungsgrundsätzen scheidet aus, BGH 136, 125, näher auch Scholz/H.P. Westermann, GmbHG, 9. Aufl 2000, § 30 Rz 11.

Auf dem Gebiet des **Arbeitsrechts** (zur Bedeutung bereicherungsrechtlicher Ansprüche allgemein Eckert AR- **16** Blattei SD 1620) kommt die Kondiktion in Frage bei irrtümlicher Überzahlung von Arbeitsvergütungen (BAG AP Nr 1 zu § 195; BAG AP Nr 1 zu § 819; BAG AP Nr 5 zu § 812 mit Anm Grunsky AuR 1987, 312; s auch den Kurzkomm EWiR § 818 1/94), was in der gewöhnlichen Verjährungsfrist geltend gemacht werden kann (BAG AP Nr 5 zu § 195 BGB), wenn nicht tarifvertragliche Ausschlußfristen bestehen, dazu Reinicke, FS Schaub, 1988, S 593ff. Allerdings kann eine längere Zahlung nicht geschuldeter Beiträge einen Vertrauenstatbestand setzen, kraft dessen der Arbeitnehmer die Leistung behalten darf, praktisch bei Gratifikationen (Wiedemann Anm AP Nr 121 zu § 242 Ruhegehalt). Besonderheiten gelten bei geringfügiger Gehaltsüberzahlung, BAG ZIP 1994, 726; 1995, 941 mit krit Kurzkomm Kreitner EWiR § 818 BGB 2/95. Mehrfach diskutiert ist die Frage, wie sich die Arbeitsvergütung eines Arbeitnehmers bemißt, der aufgrund seines gerichtlich durchgesetzten **Weiterbeschäftigungsanspruchs** nach Kündigung des Arbeitgebers tätig war, ohne daß es eine Absprache über die Höhe der Vergütung gab. BAG AuR 1993, 125 hat eine bereicherungsrechtliche Rückabwicklung gefordert, wobei die Vergütung entweder dem § 612 II oder (in Ermangelung einer „üblichen" Vergütung) doch dem streitbefangenen Arbeitsverhältnis zu entnehmen ist (Hanau/Rolfs JZ 1993, 321ff; s auch bereits Welker DB 1988, 1596). Bedenklich ist aber, daß das BAG dem Arbeitgeber einseitig die Beweislast dafür aufbürdet, daß der Wert der Arbeitsleistung hinter der Höhe der vertragsmäßigen Vergütung zurückbleibt.

Bei Rückforderung zu Unrecht gezahlter Vergütungen wird häufig ein Entreicherungseinwand berechtigt sein, **17** etwa bei Luxusaufwendungen, nicht aber bei einfachem Verbrauch im Haushalt (LAG Hamm BB 1975, 230; s aber dazu auch § 818 Rz 38). Gutgläubig iSd § 819 wird der Arbeitnehmer schon sein, wenn bei Zahlung wechselnder Bezüge längere Zeit keine Abrechnung erteilt wurde, BAG AP Nr 1 zu § 819 BGB. Das BAG AP Nr 5 zu § 812 nimmt einen Wegfall der Bereicherung an, wenn die Überzahlung geringfügig ist, und der Arbeitnehmer in eine untere oder mittlere Einkommensgruppe fällt; eine diesbezügliche Vermutung ist nicht gerechtfertigt, wohl aber dann, wenn der Arbeitnehmer nur – wenn auch zu Unrecht – seine normalen Bezüge erhalten hat (Grunsky EwiR 1991, 889f, § 818 1/91 zu LAG Düsseldorf, betreffend den Empfang von Vorruhestandsgeld). Rückforderung kommt insbesondere auch im Fall des § 820 I in Betracht. In vertraglichen – auch tarifvertraglichen – Regeln

Vor § 812   Einzelne Schuldverhältnisse

kann vereinbart werden, daß der Arbeitnehmer bei Überzahlung ohne Möglichkeit der Prüfung auf den Entreicherungseinwand zur Rückzahlung verpflichtet ist (BAG AP Nr 2 zu § 611 – Lohnrückzahlung), oder daß von der Rückforderung zu viel gezahlter Bezüge aus Billigkeitsgründen abgesehen werden kann (dann allerdings auch Pflicht des Arbeitgebers, entsprechende Erwägungen anzustellen). Zu beachten ist stets die Frage, ob der Arbeitgeber nicht wegen Verletzung der Pflicht zur ordnungsgemäßen Lohnberechnung auf Schadensersatz haftet (BAG AP Nr 2 zu § 611 BGB Lohnrückzahlung).

18   Sind die Arbeitnehmeranteile zur gesetzlichen Sozialversicherung vom Arbeitgeber nicht richtig berechnet worden, so kann zur Erstattung der festgestellten Rückstände nur das Lohnabzugsverfahren nach § 28g SGB IV betrieben, nicht aber gegen den Arbeitnehmer ein Bereicherungsanspruch erhoben werden, und zwar selbst dann nicht, wenn das Arbeitsverhältnis beendet und der Lohnabzug nicht mehr möglich ist (BAG NJW 1958, 1319).

19   c) Im **öffentlichen Recht** können die §§ 812–822 unmittelbar nur kraft gesetzlicher Verweisung (zB § 87 II BBG; zT wird dann von öffentlich-rechtlichen Bereicherungsansprüchen gesprochen; s Rz 21), sonst lediglich unter sehr engen Voraussetzungen entsprechend angewandt werden. Bei Geld- oder Sachleistungen, die auf Grund eines rechtswidrigen Verwaltungsakts erbracht wurden, regelt § 48 II VwVfG die Rückforderung, allerdings nur subsidiär hinter bundes- oder landesrechtlichen Spezialnormen. Darüber hinaus haben Rspr und Lehre einen **öffentlich-rechtlichen Erstattungsanspruch** aus dem Grundsatz entwickelt, daß eine mit der Rechtslage nicht übereinstimmende Vermögenslage auszugleichen, insbesondere eine rechtsgrundlose Leistung zurückzugewähren ist (BVerwG 4, 215; 18, 308, 314; 25, 72, 81; BSG 29, 6; BAG NJW 1977, 862), zum Grundsätzlichen näher Schoch Jura 1994, 82ff. Auch dieser Anspruch ist gegenüber Sonderregelungen im öffentlichen Recht subsidiär (OVG Münster DVBl 68, 849), er verdrängt aber die Vorschriften des BGB (BVerwG 25, 72, 81). Er kann durch Leistungsklage (BVerwG 24, 225, 227) oder durch Verwaltungsakt (Leistungsbescheid) geltend gemacht werden (BVerwG 28, 153; 29, 310; str). Der Bereicherungsanspruch kommt nach der Rechtsprechung (schon früher BVerwG 15, 234) besonders in Betracht, wenn nach dem Tod eines Berechtigten Bezüge versehentlich weitergezahlt werden. Solche Ansprüche unterliegen dem Privatrecht und sind nicht durch Leistungsbescheid (BVerwG JZ 1990, 862 mit Anm Maurer), sondern durch Klage vor den Zivilgerichten geltend zu machen (VG München NJW 1990, 933), ebenso Koblenz OLGZ 89, 128 für Zahlung von Bezügen an nicht bevollmächtigten Dritten; s auch Schoch aaO. Einer solchen Klage steht nicht entgegen, wenn die Behörde im Rahmen einer Anfechtungsklage des Bereicherungsschuldners wegen seiner eigenen Versorgungsbezüge schon die Aufrechnung mit dem Bereicherungsanspruch erklärt hat, Frankfurt NVwZ 1989, 797. In Einzelfällen ist auf spezielle zivilrechtliche Regelungen zurückzugreifen, wenn die Interessenlage vergleichbar ist (so Mankowski Kurzkomm EWiR § 37 AO 1/96 zur Rspr des BFH zum Rückforderungsanspruch gegen Zessionar bei Leistung auf ein bei diesem geführtes Konto des Zedenten). Zur Anwendung des **§ 818 III**, die früher befürwortet wurde (BVerwG NJW 1958, 154), hat die heute hM anders entschieden, s BVerwG NJW 1985, 2436; BSG 3, 59; Hamm NJW 1973, 574; Frankfurt NJW 1975, 705f, die überall auf den Grundsatz des Vertrauensschutzes im öffentlichen Recht zurückgreift, s auch BVerwG 20, 299. Die Einzelheiten haben §§ 48 II S 6, 7 VwVfG ausgeformt, s auch die Rspr zur Rückforderung überzahlter Dienst- und Versorgungsbezüge im Beamtenrecht an Hand der §§ 87 II BBG, 53 II BRRG; zur Überzahlung nach dem Tode eines Rentenberechtigten Hartmann SozVers 1995, 118f; allgemein zur Rückerstattung von Sozialleistungen bei „Abzweigungsfällen" Heidemann SozVers 1997, 174. Vielfach gehen die Gesetze auch davon aus, daß der Beamte iS der §§ 818 Abs 4, 820 I S 2 verschärft haftet, was sogar die Zustimmung des BVerfG gefunden hat (NJW 1978, 535). Siehe auch § 819 Rz 1, § 820 Rz 3. Gegen die Anwendbarkeit des § 814 Hess VGH WM 1991, 993. Vor allem die Verwaltung selbst kann sich nicht auf den Wegfall der Bereicherung berufen, s OVG Hamburg MDR 1968, 1038; BVerwG 36, 108, so auch in krit Auseinandersetzung mit abweichender Rspr zur Verzinsung von Erstattungsansprüchen Schön NJW 1993, 3289. Der Erstattungsanspruch gegen den Pensionssicherungsverein wegen zu Unrecht gezahlter Beiträge zur Insolvenzsicherung schließt entsprechend § 818 I die Erstattung bezogener Nutzungen ein, BVerwG NJW 1999, 1201. Zur aufgedrängten Bereicherung beim Erstattungsanspruch s OVG Münster NJW 1971, 297; zur entsprechenden Anwendung des § 819 s OVG Berlin JR 1971, 173. Eine Anwendung der §§ 812ff kommt auch bei verfehlten Subventionsleistungen in Betracht, s VGH Mannheim NJW 1978, 2050, namentlich auch bei (aus europarechtlichen Gründen) zu Unrecht gewährten **Beihilfen** und sonstigen **Subventionsleistungen**, näher dazu Ehricke WM 2001, Sonderbeil Nr 3, S 3ff; Rapp/Bauer KTS 01, 1ff.

20   Als **Erstattungsanspruch** werden eine Vielzahl von Anspruchsgrundlagen bezeichnet, die bei bürgerlich-rechtlicher Betrachtungsweise nicht als echte Bereicherungsansprüche angesehen werden können, vielmehr Merkmale anderer Rechtsbeziehungen aufweisen. So wird als Erstattung bezeichnet die Rückgewähr von Leistungen, die kraft Gesetzes oder als Vorschüsse kraft Vorbehaltserklärung (häufig im Recht der Leistungsverwaltung, vgl BSG 7, 226) von vornherein mit einer Rückgabepflicht belastet sind oder die durch schuldhafte Pflichtverletzung oder unlautere Mittel erwirkt waren (vgl zB BVerwG 19, 188, 190; 32, 6; BSG 10, 72, 74). Zur Rückforderung von Überzahlungen einer Krankenversicherung BSG DVBl 1971, 921; zur Ausbildungsförderung BVerwG 49, 286. Als Erstattungsanspruch wird es ferner angesehen, wenn eine Körperschaft oder ein anderer Rechtsträger, der auf Grund einer öffentlich-rechtlichen Pflicht Leistungen bewirkt hat, nicht vom Empfänger, sondern von einem Dritten Ausgleich seiner Aufwendungen verlangt (sogenannter Abwälzungsanspruch, vor allem im Sozialrecht, vgl BSG 16, 151, 156; BVerwG 41, 219; Anwendung in anderen Gebieten des öffentlichen Rechts str, vgl BVerwG 32, 279, 281).

21   Auf Grund dieser Mannigfaltigkeit der als Erstattung bezeichneten Ansprüche ist eine Differenzierung dahingehend notwendig, auf welche Erstattungsansprüche die allgemeinen Grundsätze, die auch in §§ 812ff Ausdruck gefunden haben, entsprechend angewandt werden, und ob dabei zivilrechtliche Erkenntnisse auch auf das öffentliche Recht übertragen werden können. Dies ist möglich zunächst für Ansprüche nach den Vorschriften, die auf das Bereicherungsrecht verweisen (zB § 87 II BBG; § 53 II BRRG sowie die entsprechenden Vorschriften der

LBG), weiterhin bei jener Unterart der Erstattungsansprüche, die in öffentlich-rechtlichen Gesetzestexten mit „Rückforderung" oder „Rückforderungsansprüchen" bezeichnet werden, soweit die Interessenlage dem bürgerlichen Recht kongruent ist (Wolff/Bachof/Stober, Verwaltungsrecht I, 10. Aufl 1994, § 44 Ib 6b) und eine ausdrückliche Regelung fehlt, s auch Reuter/Martinek S 801.

3. Rechtsfolgen im allgemeinen. a) Das Recht, das sich aus dem Bereicherungstatbestand ergibt, ist ein **obligatorischer Anspruch** des Benachteiligten gegen den Bereicherten. Er soll nicht eine Vermögensminderung auf seiten des Benachteiligten, sondern einen grundlosen Vermögenszuwachs auf seiten des Bereicherten abschöpfen (BGH 20, 345, 355; Larenz/Canaris § 67 I) und geht aber auf Herausgabe **des Erlangten** (§ 818). Trotzdem berührt die Eingriffsbereicherung sich hinsichtlich des **Schutzes privater Vermögensrechte des Verletzten** mit dem Deliktsrecht und kann daher wie die Zubilligung eines Schadensersatzanspruchs nicht ohne Blick auf die Handlungsfreiheit des Anspruchsgegners und die Funktionsfähigkeit des Marktes in den betroffenen Gütern gehandhabt werden, H.P. Westermann AcP 178, 150, 184ff in Auseinandersetzung mit Joerges, Bereicherungsrecht, S 42ff. Zu den Zusammenhängen zwischen Schadens- und Bereicherungsrecht s ferner v Caemmerer, FS Rabel, S 376ff; Hagen, FS Larenz, S 867ff. Der Bereicherungsanspruch kann abgetreten, durch einstweilige Verfügung gesichert werden (RG 120, 118) und ein Zurückbehaltungsrecht nach § 273 begründen (OGH 1, 204). Er kann auch sonst als Einrede geltend gemacht werden (vgl § 821). Mit der Bereicherungseinrede kann also die Leistung verweigern, wer ohne rechtlichen Grund eine Verbindlichkeit eingegangen ist (RG 108, 269; 119, 12), auch wer eine Sache rechtsgrundlos übereignet, ihren Besitz jedoch behalten hat und mit der Eigentumsklage auf Herausgabe verklagt wird (RGRK § 821 Rz 2).

b) Verjährung der Kondiktion in der jetzigen Regelzeit von 3 Jahren (§ 195, zur Anwendung auf Bereicherungsansprüche MüKo/Grothe § 195 Rz 7; Pal/Heinrichs § 195 Rz 19; Jauernig § 195 Rz 2). Das gilt dann auch in den in §§ 977, 2287, 1301, 1302 geregelten Sonderfällen. Die Verjährung **beginnt** mit der Entstehung des Anspruchs, bei Kondiktion wegen Rechtsgrundwegfalls und Nichterfolgs nicht mit der Vermögensbewegung, sondern erst mit dem die Rechtsgrundlosigkeit herbeiführenden Ereignis (RG JW 1911, 88); hinzu kommen müssen wohl auch die sonstigen Voraussetzungen des Verjährungsbeginns (§ 199 I), und für Bereicherungsansprüche als grundsätzlich der Regelverjährung unterliegende Ansprüche gilt auch die ultimo-Regelung gem § 199 I sowie schließlich die Regelung des § 199 IV über die zehnjährige Höchstfrist (MüKo/Grothe § 199 Rz 47; Pal/Heinrichs § 199 Rz 40; Bamberger/Roth/Henrich § 199 Rz 48; s auch Erman/Schmidt-Räntsch § 199 Rz 42). Wenn mit dem Bereicherungsanspruch Ausgleich für die Tilgung einer Schuld verlangt wird, ergreift die für den getilgten Anspruch geltende Verjährungsfrist auch die Kondiktion, was insbesondere bei den ausnahmsweise längeren Fristen gem § 196 Bedeutung erlangen kann (zum früheren Recht BGH 70, 389, 398; BGH NJW 2000, 3492; zum geltenden Recht ebenso Jauernig § 195 Rz 2; Pal/Heinrichs § 195 Rz 19). Zur Verjährung der Ansprüche bei der Rückabwicklung nichtiger Ratenkreditverträge s § 818 Rz 11a. Anders ist die Verjährung des vertraglichen Anspruchs des Kreditgebers auf Zahlung von Kreditraten und die in ihnen enthaltenen Tilgungsanteile zu beurteilen, für den nach Aufhebung des (gerade in diesem Bereich umstrittenen, s Hamm NJW 1990, 1672; Canaris ZIP 1986, 273, 279; Schwachheim BB 1990, 2001) § 197 aF jetzt die Regelverjährung gilt (Pal/Heinrichs § 195 Rz 19).

Verwirkung und **Verzicht** möglich, aber nur unter besonderen Umständen anzunehmen (RG 159, 104; BGH WM 1982, 101: Verwirkung; RG 71, 317: Verzicht); denkbar ist eine Verwirkung etwa bei langer Verzögerung einer Rückforderung durch die öffentliche Hand (zurückhaltend freilich BGH WM 1980, 135) oder auch längerer Duldung von Verletzungshandlungen (so für bereicherungsrechtliche Erstattungsansprüche nach Patentverletzung BGH 146, 218). Unzulässige Rechtsausübung kann auch gegen die Kondiktion eingewandt werden (RG 159, 104; BGH NJW 1962, 1675). Beispiele: Der angeblich Benachteiligte hat eine Gegenleistung erhalten, die er nicht mehr zurückgeben kann (BGH aaO; RG 135, 376); er beruft sich treuwidrig auf den Formmangel eines Rechtsgeschäfts (OGH 1, 218 mN); er hat durch arglistige Täuschung die Anfechtung eines Dienstvertrages veranlaßt und fordert für seine geleisteten Dienste mehr, als ihm nach dem Vertrag zustand (BGH JZ 1960, 603); er hat im eigenen Interesse bei dem verschärft haftenden Empfänger den Wegfall der Bereicherung veranlaßt (BGH JZ 1961, 699); er beruft sich, nachdem er selbst die ihm auf Grund nichtigen Vertrages erbrachte (Dienst)leistungen angenommen hat, für die Vergangenheit auf Nichtigkeit (BGH 53, 152); er hat die nicht formgerecht vereinbarte Vertragsleistung nach Prüfung der Honorarrechnung vorbehaltlos bezahlt, LG Berlin VersR 2001, 1546. Zu den Rückforderungsansprüchen des arglistig getäuschten Käufers, der die Kaufsache nicht mehr zurückgeben kann, § 818 Rz 46.

c) Zur **Konkurrenz** der Kondiktionen mit anderen Ansprüchen s Rz 8ff. Bei zweckverfehlenden oder von beiderseitigem Irrtum beeinflußten Leistungen kommen neben der condictio causa data non secuta die Regeln über Fehlen und Fortfall der Geschäftsgrundlage in Betracht. Oft ergeben sich in Bereicherungsfällen auch Schadensersatzansprüche auf das positive (§§ 823, 826) oder negative Interesse (§ 122), bei Unwirksamkeit von Grund- und Verfügungsgeschäften auch dingliche Ansprüche (zum Grundbuchberichtigungsanspruch RG 139, 355; BGH WM 1997, 1155 mit Anm E. Wagner WuB IV A § 138 BGB 3/97), uU auch aus § 1007. Zum Verhältnis zu den Ansprüchen aus §§ 987ff s Rz 11ff. Grundsätzlich sind die Bereicherungsansprüche **subsidiär** gegenüber vertraglichen Erfüllungsansprüchen (hier besteht ein Rechtsgrund, RG 166, 65; BGH 44, 321; 48, 70; NJW 1972, 210; aM BGH 19, 205), gegenüber vertraglichen Ersatzansprüchen (BGH NJW 1963, 1869 für § 326 aF, nach Koblenz NJW-RR 2002, 800 auch gegenüber Ansprüchen eines Mieters wegen überhöhter Betriebskostenvorauszahlungen, die sich durch ergänzende Auslegung aus dem Mietvertrag ergäben; anders ohne Begründung für die positive Vertragsverletzung BGH NJW 1972, 1003) oder Gewährleistungsansprüchen (RG 128, 211; 144, 93; BGH NJW 1963, 806). Zu den als vorrangig behandelten vertraglichen Ansprüchen zählt BGH NJW 1982, 2184, 2186 (ähnlich BGH 84, 1, 10f; Reuter/Martinek S 158) auch Ansprüche aus ergänzender Vertragsauslegung und wegen Wegfalls der

Vor § 812 Einzelne Schuldverhältnisse

Geschäftsgrundlage (so auch BAG NJW 1987, 918 sowie für versicherungsvertragliche Rückgewähransprüche wegen grundlos gezahlten Krankentagegeldes BGH VersR 1992, 479); dies ist jedoch als generelle Lösung abzulehnen (näher § 812 Rz 49, 52, 54); zum Rückforderungsrecht, das für den Fall des Scheiterns eines Vertrages durch Vertragsauslegung ermittelt wird, besonders bei Zahlung von Vorschüssen, s BGH 48, 70; BGH LM Nr 7 zu § 87a HGB; bedenklich daher auch die Annahme, nach vorzeitiger Beendigung eines Bauvertrages habe der Auftraggeber, der eine Überzahlung durch Abschlagszahlungen geltend machen will, keinen Bereicherungsanspruch, sondern könne nur Abrechnung und Auszahlung des Überschusses verlangen (BGH 140, 365; BGH NJW 2002, 1567; BGH NJW-RR 2002, 1097. Bereicherungsansprüche kommen auch in Betracht, wenn auf einen rechtskräftig zuerkannten, nach der mündlichen Verhandlung durch Erfüllung erloschenen Anspruch im Wege der Zwangsvollstreckung geleistet wurde (kein Hindernis liegt im Versäumen der Vollstreckungsabwehrklage, BGH NJW 1982, 1147, 1148 für den Fall einer Unterhaltszahlung nach Ablösung des Unterhalts- durch einen Rentenanspruch durch Versorgungsausgleich; s auch § 812 Rz 46). Ähnlich bei Änderung der Tatsachengrundlage BGH NJW 1984, 126, bei Änderung nach Abschluß eines Verfahrens gem § 144 ZVG Köln WM 1983, 548 sowie bei Begründung einer Bereicherungsklage auf Tatsachen, die nach Rechtskraft eines Kostenfestsetzungsbeschlusses eingetreten sind, OLG Frankfurt Rspr 98, 214. Hat ein Drittschuldner nach Pfändung und Überweisung zur Einziehung auf die Forderung an den Vollstreckungsgläubiger in der irrigen Annahme gezahlt, die gepfändete Forderung bestehe, so kann er vom Vollstreckungsgläubiger kondizieren, BGH 151, 127 mit Anm Walker LM § 812 Nr 293 und Pfeiffer WuB IV A § 812 BGB 1/03.

26 **4. Sonstiges.** Materiell-rechtliche Unvereinbarkeit schließt nicht aus, **prozessual** die Kondiktion und einen anderen Anspruch als Haupt- und Hilfsantrag im Eventual- oder Alternativverhältnis geltend zu machen. Ist ein Anspruch, für den zwei verschiedene Klagegründe in Betracht kommen, nur aus einem Grunde berechtigt, verlangt BGH NJW 1963, 654 (für den Fall eines Bereicherungs- oder Schadensersatzanspruchs aus Urheberrechtsverletzung) Klarstellung in der Urteilsformel. Ein Grundurteil über Bereicherungsansprüche ist möglich. Nach BayObLG BB 1990, 2442 gilt für den Bereicherungsanspruch nicht der Gerichtsstand des Erfüllungsorts. Die Behandlung der Bereicherungsansprüche im **internationalen Privatrecht** (allgemein dazu Einsele JZ 1993, 1025ff; Schlechtriem IPRax 1995, 65ff; Busse, Internationales Bereicherungsrecht 1998; Reuter/Martinek S 764ff, 770f; Staud/Lorenz § 812 Rz 115) wird vielfach differenziert gesehen, wenngleich in Europa Angleichungen vorstellbar erscheinen. Soweit Bereicherungsansprüche als Annex zu fehlgeschlagenen Leistungsbeziehungen anzusehen sind, gilt das hypothetische Schuldstatut, Art 38 EGBGB (BGH WM 1977, 399; 1967, 1042) und bei fehlgeleiteten Leistungen Art 38 III EGBGB. Beim Ausgleich dinglicher Verschiebungen ist grundsätzlich das Recht anwendbar, das den Bereicherungsvorgang beherrscht (BGH NJW 1960, 774), es sei denn, auch diese Ereignisse stünden in engem sachlichen Zusammenhang mit einer das Verhältnis der Beteiligten ergreifenden schuldrechtlichen Regelung (BGH 35, 267); zur Sondersituation bei Beteiligung Dritter Einsele aaO. Dies gilt auch bei der Eingriffskondiktion (Recht des Eingriffsorts, Jauernig/Schlechtriem vor § 812 Rz 20). Zu dem auf den Bereicherungsausgleich bei fehlerhafter Banküberweisung anwendbaren Recht Lorenz NJW 1990, 607.

812 *Herausgabeanspruch*

(1) **Wer durch die Leistung eines anderen oder in sonstiger Weise auf dessen Kosten etwas ohne rechtlichen Grund erlangt, ist ihm zur Herausgabe verpflichtet. Diese Verpflichtung besteht auch dann, wenn der rechtliche Grund später wegfällt oder der mit einer Leistung nach dem Inhalt des Rechtsgeschäfts bezweckte Erfolg nicht eintritt.**
(2) **Als Leistung gilt auch die durch Vertrag erfolgte Anerkennung des Bestehens oder des Nichtbestehens eines Schuldverhältnisses.**

1. Leistungs- und Eingriffskondiktion: Grundsätzliche Voraussetzungen

1 Die wichtigsten Typen von Bereicherungsansprüchen, denen sich die Kondiktionen zuordnen lassen, sind die **Leistungs-** und die **Nichtleistungskondiktion**. Mit dem letzteren, in Ausweitung eines seiner Hauptfälle auch Eingriffskondiktion genannten Anspruchs bezeichnet man den Ausgleich der „in sonstiger Weise" erlangten Bereicherungsgegenstände. Die Versuche, ein beide Typen überspannendes Prinzip zu finden, haben sich nicht durchgesetzt (vor § 812 Rz 1f), ebensowenig die Kritik an der verbreiteten Vorstellung, den Gedanken der Zweckverfehlung und den Aufbau des Leistungsbegriffs auf der Zweckverfolgung zur Bestimmung des Anwendungsbereichs der Leistungskondiktion zu verwenden (hauptsächlich Kupisch, Gesetzespositivismus im Bereicherungsrecht; ders, FS v Lübtow 1980, S 501ff; s auch Harder JuS 1979, 76ff; MüKo/Lieb Rz 25ff; dagegen aber Reuter/Martinek S 113ff). Darin steckt keine begriffsjuristische Übersteigerung der Funktionen des Leistungsbegriffs, wie bisweilen angenommen wird (Kupisch, Gesetzespositivismus, S 63ff; Picker NJW 1974, 1790, 1797; Kellmann, Grundsätze der Gewinnhaftung, S 121f; MüKo/Lieb Rz 5, 27a), sondern eine mit der allgemeinen schuldrechtlichen causa-Lehre (Kötter AcP 153, 196; H.P. Westermann, Die causa, S 181; Weitnauer NJW 1974, 1729; Scheyhing AcP 157, 371ff; Reuter/Martinek S 84ff; Weitnauer JZ 1985, 556; zul Ehmann JZ 2003, 702ff) abgestimmte und auch in die Vorstellungen von der Erfüllung passende (zusammenfassend Reuter/Martinek S 95f) Ableitung der Kondiktion aus einem notwendig vorhandenen Grundelement vertraglicher Beziehungen. Leistungs- und Nichtleistungskondiktion unterscheiden sich hauptsächlich in der Art der Bestimmung der Parteien des Kondiktionsverhältnisses und in den zum Behalten einer Bereicherung berechtigenden Gründen, s auch Medicus, BR Rz 665. Der erste Unterschied schlägt sich darin nieder, daß das Merkmal „auf Kosten" in § 812 I und das daraus abgeleitete Erfordernis der Unmittelbarkeit der Vermögensverschiebung nur im Rahmen der Nichtleistungskondiktion eine Rolle spielt (Kötter aaO S 198ff; Berg AcP 160, 505ff; Weitnauer JZ 1985, 555; Larenz/Canaris § 67 II; Bamberger/Roth/Wendehorst Rz 60). Auch der BGH (BGH 82, 299) unterscheidet weiterhin scharf zwischen Leistungs- und

Nichtleistungskondiktion, wobei bei der Eingriffskondiktion der Zuweisungsgehalt das bei der Leistungskondiktion bestehende Erfordernis der Herkunft des Erlangten aus einer Leistung des Entreicherten ersetze. Hinsichtlich des Rechtsgrundes steht bei der Leistungskondiktion die Erreichung des mit der Leistung verfolgten Zwecks im Vordergrund, die Kondiktion ist Regulierung einer Zweckverfehlung (v Caemmerer, FS Rabel, S 342f; H.P. Westermann aaO S 201; Weitnauer JZ 1985, 556; Zeiß AcP 164, 50ff; Reuter/Martinek S 88f; Jauernig/Schlechtriem Rz 4). Dagegen wird bei der Nichtleistungskondiktion geprüft, ob das objektive Recht, hauptsächlich durch die Zuwendung von Rechtsgütern, eine Entscheidung darüber getroffen hat, ob dem Bereicherten der Gegenstand im Verhältnis zum Entreicherten gebührt (im einzelnen Rz 65). Bezüglich des Umfangs des Bereicherungsanspruchs verweist § 812 für beide Typen einheitlich auf § 818, andere Vorschriften (etwa §§ 814, 817) sind allein auf die Leistungskondiktion gemünzt. Es gibt freilich auch **Überschneidungen** zwischen Leistungs- und Nichtleistungskondiktion, so bei der Beförderung eines „blinden Passagiers" (BGH 55, 128 und dazu Canaris JZ 1971, 557; Lieb NJW 1971, 1289), die ebenso eine Leistung darstellen, wie andererseits bei der irrtümlichen Zahlung einer Bank (BGH 66, 362; 67, 75; 87, 393). Insgesamt rechtfertigen es aber die nicht allzu erheblichen Unterschiede zwischen der hA und den neueren Einheitslehren (Gegenüberstellung bei Stathopoulos, Festgabe für Sontis, 1977, S 204ff) nicht, die entstehenden Differenzierungen bei allen die Praxis berührenden Fragen durchzuspielen.

Einige allgemeine Charakteristika der Leistungskondiktion zeigen ihre Einordnung ins Schuldrechtssystem und zugleich die Bedeutung **ihrer wesentlichen Voraussetzungen**. Die Leistungskondiktion ist zwar ein notwendiges Korrelat zu den durch das Abstraktionsprinzip verursachten Risiken ungerechtfertigter Güterverschiebung, aber nicht nur Ersatz für die Vindikation, sondern Korrektur einer Zweckverfehlung. Der Begriff der Leistung als bewußte und zweckgerichtete Vermögenszuwendung (näher Rz 11) bestimmt die Parteien der Kondiktion (erhält infolgedessen seine eigentliche Bedeutung bei den sogenannten Dreiecksverhältnissen). Er steht aber über das in ihm enthaltene Element der Zweckverfehlung auch in Verbindung mit der Bestimmung des Rechtsgrundes, ohne daß hierdurch ein unbedingter Vorrang der Leistungskondiktion vor der Rückforderung „in sonstiger Weise" erfolgter Güterbewegungen begründet wäre, wenn ihre Rückabwicklung nicht durch die bestehender Leistungsbeziehungen überlagert wird (H.P. Westermann JuS 1972, 18, 21; zust Reuter/Martinek S 79; näher Rz 84ff). 2

2. Der Bereicherte muß „etwas erlangt" haben. a) Problem der Vermögensverschiebung. Das darf nicht, 3
auch nicht im Zusammenhang mit dem Merkmal „auf Kosten", dahin verstanden werden, daß der Entreicherte einen **Schaden** erlitten haben müßte (s BGH 36, 233; BGH NJW 1968, 197; dagegen auch Staud/Lorenz Rz 24, 65). Beim unbefugten Namensgebrauch kann etwa ein Bereicherungsanspruch in Betracht kommen, wenn die Nutzung des fremden Namens zu Werbezwecken eine Beeinträchtigung der Wertschätzung des Berechtigten nicht zur Folge gehabt hat (BGH 81, 75). Damit verbietet es sich auch, bei der Bestimmung des rechtlichen Grundes iSd § 812 auf die Widerrechtlichkeit des Eingriffs abzustellen und demgemäß den Herausgabeanspruch als Wiederherstellung des früheren Zustandes des Vermögens des Bereicherten aufzufassen (Schulz AcP 105, 15, 445, 479f; dazu krit Jakobs, Eingriffserwerb, S 155ff; s aber auch Wilhelm, Rechtsverletzung, S 98ff). Danach ist ferner **keine Vermögensverschiebung** vom Ent- auf den Bereicherten erforderlich. Trotz allem werden immer wieder Parallelen zwischen Schadensersatz und Bereicherungsherausgabe gezogen. Dies ist berechtigt in der Frage der Anerkennung von Positionen als schadensersatzfähiges bzw iSd § 818 II wertersatzfähiges Rechtsgut (s vor § 812 Rz 22), weil es sich insoweit allgemein um die rechtliche Sanktion sozialer Wertvorstellungen handelt. Zu einer bedenklichen Vermischung der Fragen nach dem Entstehen einer Bereicherung und nach dem Umfang und späteren Schicksal des Bereicherungsanspruchs führt es, die herauszugebende Bereicherung durch Gesamtvermögensvergleich festzustellen; dagegen auch Bamberger/Roth/Wendehorst Rz 12. Dies ist schon mit dem Wortlaut des § 812 kaum zu vereinbaren und berücksichtigt nicht, daß das Bereicherungsrecht Leistungen rückabwickelt oder – im Bereich der Nichtleistungskondiktion – die Rechtszuweisung hinsichtlich eines konkreten Gutes durch einen Herausgabeanspruch sanktionieren will. Hinzu kommt, daß bei der Leistung die Bestimmung dessen, was Bereicherungsgegenstand sein kann, vom Parteiwillen und nicht von einer späteren Entwicklung des Empfängervermögens abhängt. Richtig ist es, bei der Bestimmung des Eintritts einer Bereicherung zunächst nur darauf abzustellen, ob sich durch den ins Auge gefaßten Vorgang – Leistung oder Bereicherung „in sonstiger Weise" – eine gegenständliche Vermögensvermehrung ergeben hat. Erst bei der Frage des Wertersatzes gem § 818 II, spätestens aber bei der Anwendung des § 818 III kommt es auf den Wert des Bereicherungsgegenstandes im Empfängervermögen bzw auf dessen per saldo noch bestehende Bereicherung an (so im Ansatz auch BGH 55, 128; s weiter v Caemmerer, FS Rabel, S 368; Lieb NJW 1971, 1289f; Schlechtriem JZ 1984, 557; Rengier AcP 177, 418, 431; aM Flume NJW 1970, 1161; Wilhelm, Rechtsverletzung, S 62ff). Das Problem wird erheblich bei der rechtsgrundlosen Erlangung von Nutzungen und Gebrauchsvorteilen sowie generell bei der Ersparnisbereicherung (Rz 9).

b) Positive Vermögenswerte. Als Bereicherungsgegenstand genügt **jeder Vermögensvorteil**, gleich welcher 4
Art, RG 151, 127, der Gegenstand schuldrechtlicher Verpflichtungen sein kann; zur Frage, ob ein Vermögensvorteil unabdingbar ist, s Rz 6. Zum Vermögen des Bereicherten gehört auch das, was an seinen unmittelbaren Vertreter geleistet ist (RG 79, 285 – Prokurist; 68, 269 – Pfleger), aber noch nicht, was nur an seinen mittelbaren Vertreter (Kommissionär) gelangt ist, wenn es von diesem durch einen besonderen Rechtsakt auf den Empfänger übertragen werden müßte (über Leistung an Vormund oder Pfleger bei Fehlen vormundschaftsgerichtlicher Genehmigung vgl RG 81, 261; Hamburg NJW 1952, 938). Im einzelnen gilt folgendes:

Erwerb positiver Vermögenswerte: Dingliches Recht, Schuldanerkenntnis und -versprechen (s Abs II und 5
Rz 58); Forderung, zB Anspruch aus Bürgschaft (RG 118, 358); Vertragsgenehmigung (RG 110, 214); Anwartschaftsrecht; Verbesserung einer Sache, einer Sachverwertungsmöglichkeit (RG Gruch 51, 976 für Schankkonzessionsmöglichkeit für Grundstück), eines Rechts (RG 61, 42; 73, 175; 146, 355; Rangverbesserung einer Hypothek), Erfüllung und Hingabe an Erfüllungs Statt (KG OLG 2, 74); Stellplatzbaulast (Herausgabe durch Einwilli-

gung in die Löschung, BGH NJW 1995, 53). Eine vollzogene Rechtsänderung ist nicht erforderlich; vorteilhafte Rechtsstellungen genügen, so Grundbucheintragung ohne Rechtsänderung (RG 168, 303 Hypothek; 51, 417 Reallast; Buchposition als Eigentümer, auch neben dem Berichtigungsanspruch des wahren Eigentümers, BGH NJW 1973, 613), sogar die Tatsache, daß eine Bank ohne Zustimmung des Bereicherten die Verfügung über ein Konto nicht zulassen will, Düsseldorf NJW-RR 1996, 1329, Vorzugsstellung bis zum Widerruf eines Patents (BGH DB 2002, 2376), Auflassungserklärung (RG 108, 329; 111, 101; 119, 167), auch wenn sie in ein unwirksames Rechtsgeschäft aufgenommen ist (RG 104, 296); ebenso eine bindende Einigung nach § 873 II (BGH NJW 1970, 1543); ferner eine notwendige Zustimmung zu einer Verfügung, zB verschiedener Rangstellung von Pfandberechtigten (BGH NJW 1970, 463) oder von Hinterlegungsberechtigten (BGH 35, 165, 170; BGH NJW 1972, 1045). Hierher gehören auch die Befreiung von einer Verbindlichkeit (aber nicht von schon verjährter Forderung, Frankfurt NJW-RR 1987, 1072), wobei zu beachten ist, daß in den Fällen der Simultanleistung (Rz 14) keine Schuldbefreiung geleistet wird; Erteilung eines Erbscheins (Staud/Lorenz Rz 74); Stellung als Testamentsvollstrecker (BGH 12, 101); Zuteilung, die im Zwangsversteigerungsverfahren nach Aufstellung des Teilungsplans „verfahrensrechtlich bedenklich", aber unangefochten beschlossen ist (BGH 39, 212). Ferner gehören hierher Früchte und Gebrauchsvorteile fremder Sachen, soweit sie nicht lediglich zur Ersparnis eigener Aufwendungen führen (s Rz 9). Es kann auch sein, daß ein Gegenstand sich seiner Natur nach nicht allein mit dem Willen des Bereicherten zurückübertragen läßt (so für einen in das Unternehmen des Kondiktionsschuldners eingegliederten Kundenstamm, BGH NJW 2002, 53 mit Anm St. Lorenz LM § 812 Nr 287 und Kurzkomm H.P. Westermann EWiR 2002, 515, weil die Kunden den Wechsel „mitmachen" müssen); dann läuft die Rückabwicklung auf einen Wertersatz gem § 818 II hinaus, jedenfalls dann, wenn der Konditionsgläubiger sein Geschäft nicht wieder aufnehmen kann. Daß ein Anspruch sogleich auf Wertersatz gerichtet ist, kommt allerdings im wesentlichen nur bei einem nicht gegenständlichen Vorteil in Betracht, näher Rz 9.

6   Die Kondiktion einer **nicht vermögenswerten Position** ist zwar praktisch selten, aber möglich. Die Frage, ob der Bereicherungsgegenstand einen Vermögenswert hat, spielt erst im Rahmen des Wertersatzanspruchs bei Unmöglichkeit der Herausgabe eine Rolle. AM RG 151, 123; BGH NJW 1952, 417; zweifelnd RGRK Rz 1; gegen das Erfordernis des Vermögenswerts der Bereicherung Canaris JZ 1971, 561; MüKo/Lieb Rz 287. Danach wäre entgegen BGH aaO auch eine schriftliche Ehrenerklärung herauszugeben, nicht dagegen eine bloße Wissenserklärung, die die Erteilung einer Baugenehmigung fördern kann (Koblenz NJW-RR 2002, 1171f). Hat ein Wechsel eine gefälschte Unterschrift, die ihrem Rechtsschein nach eine wechselmäßige Haftung ihres Namensträgers begründen würde, so kann dieser von dem Inhaber des Wechsels nach § 812 I S 1 grundsätzlich die Streichung der Unterschrift verlangen (KG MDR 1968, 495).

7   Str ist die Kondizierbarkeit des **Besitzes**. Da es sich um eine rechtlich anerkannte, manchmal sogar vermögenswerte Rechtsposition handelt, ist Kondiktion grundsätzlich zu bejahen (RG 129, 307; OGH 1, 103; BGH NJW 1953, 58; zust RGRK Rz 3; Bamberger/Roth/Wendehorst Rz 13). Der Einwand (Kurz, Der Besitz als möglicher Gegenstand der Eingriffskondiktion, 1969, S 21ff), dem Besitz weise das Recht keine Zuordnungsfunktion zu, stellt allein auf die Verhältnisse der Nichtleistungskondiktion ab; krit auch Staud/Lorenz Rz 72. Bedenklich ist die Besitzkondiktion, wenn in Wahrheit nicht nur um den Besitz, sondern um zukünftige Nutzungen gestritten und der Herausgabeanspruch mit vertraglichem Besitz- und Nutzungsrecht unterstützt wird. Zur Kondiktion eines dinglichen oder obligatorischen Rechts zum Besitz Kurz aaO S 27ff. Die Besitzdienerschaft ist nicht kondizierbar, weil alle Rechte aus der tatsächlichen Sachherrschaft dem Besitzherrn zustehen, MüKo/Lieb Rz 292.

8   c) Bereicherungsgegenstand ist auch die **Befreiung von Pflichten und Lasten**, so Schulderlaß (RG JW 1911, 488), Verzicht auf dingliches Recht (RG JW 1912, 459) oder auf Anwartschaftsrecht (Königsberg DRZ 33 Nr 6), Entlastungserklärungen, negative Schuldanerkenntnisse (s Abs II und Rz 58). Hat der Gläubiger ihm geschuldete Leistungen (Arbeiten) selbst vornehmen lassen, so ist, falls eine Geschäftsführung ohne Auftrag nicht vorliegt (vgl dazu vor § 812 Rz 10), der Schuldner zwar ungerechtfertigt bereichert (BGH 28, 117: Beseitigung von Grenzüberschreitungen im nachbarschaftlichen Gemeinschaftsverhältnis, Grenzmauer; LG Aachen NJW 1961, 234: Überwuchs; BGH NJW 1964, 1365: Absicherung einer Gefahrenstelle im Flußschiffahrtsverkehr; BGH MDR 1958, 686: Wiederherstellung des früheren Zustands eines Mietraums nicht durch den verpflichteten Mieter, sondern durch den Vermieter). Doch kann die Selbsterfüllung durch den Gläubiger bezüglich der Schuldnerpflichten einen Unmöglichkeitsfall darstellen, so daß die vertraglichen Ersatzansprüche vorgehen (vor § 812 Rz 25). Im übrigen ist ein Bereicherungsanspruch möglich (ganz abl Gursky NJW 1971, 782); zur Erfüllung einer Schuld durch Dritte s Rz 26ff. Muß eine Reisekostenausfallversicherung keine Inanspruchnahme (mehr) befürchten, weil die Fluggesellschaft den Transport, dessen Ausfallen im Versicherungsfall ausgelöst hatte, trotz Insolvenz des Veranstalters durchgeführt hat, so ist der Versicherer bereichert, Köln NVersZ 2002, 235ff.

9   d) Heftig str, ob auch die **Ersparnis von Aufwendungen** Bereicherungsgegenstand sein kann. Beispiel: Benutzung von fremden Gegenständen und Räumen, Inanspruchnahme von Leistungen (etwa Beförderung als „blinder Passagier"), Ausnutzung fremder Arbeit. Soweit in derartigen Fällen nicht wegen „sozialen Kontakts" vertragliche oder vertragsähnliche Beziehungen angenommen werden können (zur Problematik vor § 145 Rz 57ff, zur Lösung über das Bereicherungsrecht vor § 145 Rz 63), kommt ein Bereicherungsanspruch mit verschiedenen Begründungen in Betracht. Früher wurde direkt die Ausgabenersparnis als Bereicherungsgegenstand anerkannt (RG 97, 310 für die Benutzung von Räumen; RG 151, 123 für Nutzung fremder Kapitalbeträge; zum Ausgleich für geleistete Arbeit BGH NJW-RR 1986, 155; BGH 14, 7 bei Verwendung fremden Benzins für eigene Zwecke; BGH 20, 270 bei ständiger Benutzung eines nicht im Gemeingebrauch stehenden Platzes als Halte- oder Abstellplatz; s auch BGH 36, 171; 38, 356; s aber auch Kellmann NJW 1971, 862; Jakobs, Eingriffserwerb, S 54). Dies widerspricht dem Prinzip (Rz 3), daß nicht schon bei der Bestimmung des Bereicherungsgegenstands ein Gesamtvermögensvergleich stattfindet, weil nach § 812 „das Erlangte" jedenfalls herauszugeben ist. §§ 812 und 818 unterscheiden

offensichtlich zwischen dem ursprünglich Erlangten und der „Bereicherung". Daher setzt sich im neueren Schrifttum die Ansicht durch, die den Bereicherungsgegenstand in dem erlangten nicht – gegenständlichen Vorteil, also im Gebrauch, der Beförderung, der Arbeitsleistung erblickt und die Auswirkungen dieses Vorteils im Vermögen des Bereicherungsschuldners erst im Rahmen des § 818 berücksichtigt (Canaris JZ 1971, 561; Koppensteiner NJW 1971, 1774; Koller, Rechtsgrund und Nichtleistungskondiktion, S 170f; Staud/Lorenz Rz 72; MüKo/Lieb Rz 301; Bamberger/Roth/Wendehorst Rz 21; krit Jakobs, Eingriffserwerb, S 37; Kellmann, Grundsätze der Gewinnhaftung, S 91). Dementsprechend ist nicht irgendeine Ersparnis, sondern der nach den Regeln des § 818 zu ermittelnde **Wert des Erlangten** herauszugeben, s auch hierzu das Urteil BGH NJW 2002, 531 m Kurzkomm H.P. Westermann EWiR 2002, 515 betr Herausgabe eines Kundenstamms, ähnlich insoweit auch BGH ZIP 1991, 402, 405f. Das bedeutet auch, daß keine unrealistischen Anstrengungen zur Herausgabe des nicht-gegenständlichen ursprünglichen Bereicherungsgegenstandes unternommen werden müssen. Der Einwand, durch das Erlangte keine sonst erforderlichen Aufwendungen erspart zu haben, etwa weil man sich den Entsprechendes nicht hätte leisten können, ändert also – vorbehaltlich des § 818 III – an der Bereicherung zunächst nichts. Diesem Standpunkt hat sich der BGH in der Flugreise-Entscheidung BGH 55, 128 weitgehend genähert. Zwar lehnt er es ab, den Empfänger einer ihrer Natur nach nicht rückgabefähigen Leistung auf deren Wert unabhängig davon haften zu lassen, ob sie zu einer Vermögensmehrung oder Ersparnis geführt habe. Andererseits wird aber in Unterscheidung zwischen dem „Geleisteten" bzw „Erlangten" und der „Bereicherung" eingeräumt, daß der durch das Empfangene von vornherein nicht Bereicherte von §§ 818ff überhaupt nicht haftet (dazu noch Batsch NJW 1972, 611; Teichmann JuS 1972, 247). Diese Sichtweise gilt für Leistungs- wie für Eingriffskondiktion (MüKo/Lieb Rz 302; abl aber Gursky aaO S 281; Reuter/Martinek S 533). Allgemein ist beim bösgläubigen und beim minderjährigen Bereicherungsschuldner (§ 819 Rz 4, 6) weiter zu differenzieren.

3. Die Leistung. Im Mittelpunkt der Regelung der Leistungskondiktion steht der **Leistungsbegriff**, der die 10
bereicherungsrechtlichen Rückgewähransprüche gegen die Ansprüche auf Herausgabe einer „in sonstiger Weise" erfolgten Bereicherung abgrenzen soll. Freilich werden daran immer wieder Zweifel verschiedener Art laut. Zum Teil werden andere Kriterien als Mittelpunkt des Systems der Kondiktionen aufgebaut (Rz 2), zum Teil wird auch für die als Gruppe an sich beibehaltene Leistungskondiktion die Tragfähigkeit des Leistungsbegriffs verneint (Pikker NJW 1974, 1797; Kupisch, Gesetzespositivismus, S 14ff, 63ff; ders JZ 1997, 213, 215ff; Welker, Bereicherungsausgleich, S 21ff, wenn auch zT mit Analogien zur Ausfüllung einer Gesetzeslücke ähnliches erreicht werden soll (dagegen auch Peters AcP 179, 290f). Die Zweifel (Larenz/Canaris § 70 VI 3), daß mit dem Leistungsbegriff die konditionsauslösenden Momente erfaßt werden können, zwingen nicht zu einem Abschied vom Leistungsbegriff, weil auch die von der hL gewollte Ableitung des konditionsauslösenden Mangels aus der Zweckverfehlung durchaus auf wertenden Überlegungen beruht (s besonders Weitnauer aaO), die an Dignität nicht hinter den etwa von Canaris betonten Prinzipien der Erhaltung obligatorischer Einreden, des Schutzes vor Einreden aus fremdem Recht und der gerechten Verteilung des Insolvenzrisikos zurückstehen. Daß hohen methodologischen Ansprüchen an die Ableitungsfähigkeit der angewendeten Grundsätze in der Vielfalt der bereicherungsrechtlichen Interessenkonflikte genügt werden müsse und von seiner eigenen Lehre genügt werden könne (Canaris WM 1980, 368), hat auch eine aufgeschlossene Kritik bislang nicht zu überzeugen vermocht (Köndgen, Festgabe für Esser, S 55ff; Medicus, Bürgerliches Recht, Rz 668; Staud/Lorenz Rz 6; s auch Koppensteiner/Kramer S 13). Insbesondere kann eigentlich nicht verkannt werden, daß die hL nicht beansprucht, aus dem Leistungsbegriff direkte normative Folgerungen ziehen zu können, sondern nur versucht, das die Bewertung eines Typus von Vermögensbewegungen bestimmende Element, nämlich den Zweck, in einer für die Rechtsanwendung brauchbaren Weise zu beschreiben. Der Leistungsbegriff taugt keineswegs für die Bewältigung aller mit der Bereicherung oder auch nur der Leistungskondiktion zusammenhängenden Probleme und ist deshalb mehr als ein bloßes dogmatisches Kürzel (aM Koppensteiner/Kramer § 7 VIII 1; Reuter/Martinek § 4 II 5c), sondern dient in erster Linie dazu, für die auf die Rückabwicklung willentlicher Vermögenszuwendungen zugeschnittenen Kondiktionen die Frage nach den Parteien des Rechtsverhältnisses einsichtig zu machen. Hierfür ermöglicht es, in den Fällen der Rückabwicklung von Zuwendungen in Dreipersonenverhältnissen die Verschaffung eines Gegenstandes rechtlich einer anderen Beziehung zuzuordnen als derjenigen, in der sie real vorgenommen wurde (Pinger AcP 179, 301ff; zu krit demgegenüber MüKo/Lieb Rz 25). Diese Zuordnung entspricht dem Parteiwillen und den wirtschaftlichen Vorgängen (übereinstimmend insoweit Canaris WM 1980, 370, dagegen Kupisch § 297, 213, 218). In seinen wesentlichen Ansätzen ist der Leistungsbegriff mit seinen Folgen für die „Dreiecksverhältnisse" auch in der **Erfüllungslehre** vorgeprägt und anwendbar, näher Stolte JZ 1990, 220; s aber auch Rz 11. Dagegen können die **sachenrechtlichen** Abwicklungsgeschäfte, mögen sie auch gewisse Rückschlüsse auf die Verfolgung bestimmter Erfüllungs- und Leistungszwecke zulassen, durchaus zwischen anderen Personen als den Parteien des Leistungsgeschäfts stattfinden, in der Tendenz anders Kohler WM 1989, 1629, 1632ff.

a) Unter einer „Leistung" ist die **bewußte und zweckgerichtete Mehrung fremden Vermögens** zu verstehen. 11
Auch die Rspr hat nach anfänglichem Zögern und „doppelgleisigen" Begründungen (etwa BGH 40, 272) diese Begriffsbestimmung voll übernommen und bezeichnet sie jetzt (BGH 58, 184) als gefestigt (BGH 50, 227; 56, 28; 58, 184; 61, 291; 72, 246; 106, 163, 166; BGH NJW 1974, 39; 79, 371; zuletzt BGH 111, 382; BGH WM 1994, 1420f, NJW 1999, 2890; 2001, 1855; im Schrifttum Kötter AcP 153, 193ff; Scheyhing AcP 157, 371; v Caemmerer JZ 1961, 386; Rothoeft AcP 163, 224; Hadding, FS Kroeschell, 1997, S 293, 298; Schnauder AcP 187, 142; Reuter/Martinek S 81ff; RGRK Rz 14; Staud/Lorenz Rz 4; Bamberger/Roth/Wendehorst Rz 18; Jauernig/Schlechtriem Rz 4). Im Bereich der fehlerhaften Banküberweisungen versucht die Rspr nach wie vor, diese Grundsätze unabhängig von möglichen Differenzierungen aus den Einzelfällen durchzuhalten, s zul Kümpel, WM 2001, 2273ff. Der hier verwendete Leistungsbegriff beruht auf mehreren Säulen: Erforderlich ist zunächst eine bewußte Mehrung fremden Vermögens (zum Vermögenswert des Erlangten Rz 6); hierin unterscheidet sich die Leistung

§ 812

iSd § 812, durch die „etwas" ins Vermögen des Bereicherungsschuldners verbracht worden ist, von dem auf ein schuldgemäßes Verhalten (bzw einen entsprechenden Erfolg) ausgerichteten Begriff der Leistung iSd § 241 und der Erfüllungslehre (Kötter AcP 153, 195; H.P. Westermann aaO S 181; aM Jakobs, Eingriffserwerb S 161; für eine Identität der Leistungsbegriffe Weitnauer, FS v Caemmerer, S 255ff; Stolte JZ 1990, 220, 222; gegen das Merkmal der „Bewußtheit" Beuthien JuS 1987, 841). Oft, aber nicht notwendig wird diese Vermögenszuwendung rechtsgeschäftlicher Natur sein, wie der Unterschied zwischen Übereignungen und Arbeitsleistungen zeigt. Im Rahmen rechtsgeschäftlicher Zuwendungen stehen zweiseitige (Übereignung, Belastung) und einseitige Rechtsgeschäfte (Genehmigung des Selbstkontrahierens, RG 110, 214) gleich. Auch Tathandlungen, an die das Gesetz eine zwingende Rechtsfolge knüpft (Einbau, Verbindung oder Vermischung) können Leistung sein (Berg AcP 160, 508). Immer muß aber das Bewußtsein vorliegen, einen Gegenstand in ein fremdes Vermögen zu verbringen. Deshalb leistet in einem berühmten Katheder-Fall (v Caemmerer, FS Rabel, S 352) der Hausmeister, der seine eigene Kohlen für die Zentralheizung verwendet, nicht. Zur Kondiktion des gemäß § 307 ZPO abgegebenen Anerkenntnisses verneinend RG 156, 70; bei entsprechendem Willen der Parteien wäre die Qualifikation als Leistung aber zuzulassen. Im Bewußtsein des Entreicherten, fremdes Vermögen zu mehren, liegt die Sonderproblematik der Erschleichung einer Beförderung (BGH 55, 128), von Gebrauchs- oder Nutzungsmöglichkeiten. Manchmal wird auf seiten desjenigen, dessen Beförderungsleistung oder Darbietung erschlichen wird, ein genereller Leistungswille in bezug auf alle vorliegen, die die gebotene tatsächliche Möglichkeit wahrnehmen; meist dürfte es sich insoweit aber eher um eine Fiktion handeln, so daß für die Bewertung des Geschehens der Eingriff des Bereicherten in das Rechtsgut des Entreicherten den Ausschlag geben sollte (vgl Kellmann NJW 1971, 863; Canaris JZ 1971, 561; aM Reeb JuS 1972, 582).

12   b) Das wichtigste Element, das eine bewußte Vermögenszuwendung zur Leistung macht, ist ihre **Zweckbestimmtheit** (BGH 40, 272; Kötter AcP 153, 196; Scheyhing AcP 157, 376; H.P. Westermann, Die causa, S 181; Weitnauer NJW 1974, 1729; Reuter/Martinek S 84f; Jauernig/Schlechtriem Rz 4; aus dem älteren Schrifttum Siber JhJb 70, 262). Der Zweck setzt die Zuwendung zu den gesetzlichen oder vertraglichen, bereits vorhandenen oder (so bei der Handschenkung oder der Geschäftsführung ohne Auftrag) gewollten Rechtsgrundverhältnissen in Beziehung. Die Rechtsgeschichte unterschied eine Reihe verschiedener causae, denen auch der Charakter einer Leistung bestimmten (causa solvendi, donandi uä; Übersicht bei Reuter/Martinek S 90f; zul wieder Ehmann JZ 2003, 701ff). Im Zeichen umfassender Privatautonomie spielen die Unterscheidungen keine erhebliche Rolle mehr; sie sind in begrenztem Umfang und mit anderer Funktion in den verschiedenen, oft ebenfalls als causae bezeichneten Rechtsgründen für das Behaltendürfen einer Leistung seitens des Empfängers (Rz 44) wirksam; auch dazu Ehmann JZ 2003, 701, 709. Weiterhin hat die Feststellung des mit der Zuwendung verfolgten Zwecks die Bedeutung, daß die Richtung der Zwecksetzung angibt, zwischen welchen Personen „im Rechtssinn" (BGH 48, 73) ein Leistungsverhältnis besteht. In sogenannten Dreiecksverhältnissen können Zuwendungen und Leistungen dabei in der Weise auseinanderfallen, daß eine Zuwendung nicht zwischen den an ihr beteiligten, sondern zwischen anderen Personen als Leistung wirkt, wenn insoweit auf Rechtsgrundverhältnisse Bezug genommen wird. Es muß also nicht jeder Leistung im Verhältnis zwischen den Partnern des Leistungsverhältnisses auch eine Zuwendung zugrunde liegen. Weiterhin kann es angesichts der Komplexität der wirtschaftlichen Beziehungen zwischen mehreren Personen vorkommen, daß eine Zuwendung zu **mehreren Rechtsgrundverhältnissen** in Beziehung gesetzt wird; dies ist bei der abgekürzten Lieferung wie auch bei der Banküberweisung sogar regelmäßig der Fall, wobei übrigens die besonderen Bedingungen bei der angenommenen Anweisung (dazu Beuthien JuS 1987, 841; Medicus BR Rz 679) oder beim Vertrag zugunsten Dritter (Rz 33) auch die Zahl der möglichen Kondiktionen vergrößern können. So ist anerkannt, daß bei der Anweisung (auch im Giroverkehr der Banken) der Angewiesene mit seiner Zuwendung an den Anweisungsempfänger eine eigene Leistung an den Anweisenden erbringt und zugleich eine Leistung des Anweisenden an den Anweisungsempfänger bewirkt (**Simultanleistung**), BGH 40, 272; 61, 289; 66, 372; 87, 393; 102, 152; BGH NJW 1990, 3194; 1999, 2890; 2001, 1855). Dazu gehört auch, daß eine Zuwendung auf eine eigene und eine gleichgerichtete fremde Verpflichtung bezogen sein kann, BGH 70, 389; Weitnauer NJW 1979, 2010.

13   Die **Rechtsnatur** der Zweckbestimmung, insbesondere ihr rechtsgeschäftlicher Charakter, sind str. Die Frage ist wie die nach der Rechtsnatur der Erfüllung (§ 362 Rz 2ff) zu entscheiden; zu dieser Parallele wie Weitnauer, FS v Caemmerer, S 255ff; Stolte JZ 1990, 220ff. Wie ein objektiv erkennbarer Bezug der tatsächlichen Zuwendung auf das Grundgeschäft ihr Erfüllungseignung geben kann, reicht allgemein für eine gültige Zweckbestimmung ein nicht-rechtsgeschäftlicher tatsächlicher Akt aus, der sich auch aus der typischen Bedeutung einer tatsächlichen Zuwendung ergibt, Zeiß JZ 1963, 9; H.P. Westermann, Die causa, S 187ff mit Erörterung der Teilnahme eines Geschäftsunfähigen an der Zweckbestimmung; Beuthien, Zweckerreichung, S 280ff; RGRK Rz 16; aM Ehmann JZ 1968, 549; W. Lorenz JuS 1968, 441; St. Lorenz JuS 2003, 729, 730; auch der BGH (BGH 106, 163, 166; 111, 382) nimmt **rechtsgeschäftsähnlichen** Charakter der **Zweckbestimmung** an, so daß ein Geschäftsunfähiger nicht „leisten" kann. Folgt man dem nicht, so können auch Geschäftsunfähige oder Minderjährige wirksam leisten, während ihnen zur Entgegennahme einer Leistung mit Erfüllungswirkung die Empfangszuständigkeit fehlt. Im Bereicherungsrecht geht es insoweit nur um die Frage der Anwendung von Leistungs- oder Eingriffskondiktion, was für den Minderjährigenschutz im wesentlichen irrelevant ist. Soweit im Gegensatz zur hier vertretenen Ansicht eine rechtsgeschäftliche Zweckbestimmung für erforderlich gehalten wird (Weitnauer, FS v Caemmerer § 270ff; Ehmann NJW 1969, 1833; Schnauder, Grundfragen, S 64ff), kann dies nicht zweiseitig-vertraglich geschehen, sondern ist – entsprechend dem Modell des § 366 – als einseitige empfangsbedürftige Willenserklärung zu sehen (St. Lorenz JuS 2003, 730; Jauernig/Schlechtriem Rz 6; eingehend Reuter/Martinek S 96ff; s auch Larenz/Canaris § 67 II 1c). Dann muß auch eine Anfechtung wegen Irrtums in Betracht kommen, was praktische Bedeutung erhält im Zusammenhang mit dem Wahlrecht des Putativschuldners (Rz 31 und zur Anfechtung Hamm, EWiR § 812 BGB 2/88 mit Anm Martinek; s hierzu auch § 362 Rz 3). In der Praxis wird allerdings vielfach eine – dann vorran-

gige – **Zweckvereinbarung** vorliegen, insbesondere im Rahmen von Mehrpersonenverhältnissen, da hier eine Zuwendung zu mehreren Rechtsgrundverhältnissen in Beziehung gesetzt werden muß, was regelmäßig Berücksichtigung verschiedener Interessen und nicht nur der Erklärung des Zuwendenden erfordert. Der BGH hat sich, wie Schnauder (JZ 1987, 68) feststellt, durch Formulierungen im Urteil NJW 1985, 2700 dem Erfordernis einer Zweckvereinbarung zwar etwas genähert, legt sich aber im übrigen auch insoweit nicht fest. Ähnliches gilt, wenn, etwa in Fällen der abgekürzten Lieferung (Rz 25), im allseitigen Einverständnis durch eine Leistung die Verpflichtung des Anweisenden gegenüber einem dritten Gläubiger erfüllt werden soll, s auch im Fall BGH WM 1983, 792 sowie Schlechtriem JZ 1984, 509, 512. Eine einverständliche Zuordnung von Zuwendungen zu Parteibeziehungen ergibt sich manchmal schon aus der Wahl bestimmter Zahlungswege und Instrumente. Stuttgart (ZIP 1988, 1379 mit insoweit abl Kurzkomm Reuter EwiR 1988, 1083f, § 812 BGB 5/88) läßt sogar eine **Nachholbarkeit** der Zweckbestimmung (s auch BGH 51, 157) aus der Sicht des Leistungsempfängers zu.

c) **Zurechnung vom Empfängerhorizont.** Da die Parteien der Leistungskondiktion durch die Leistungsbeziehungen und nicht durch die Unmittelbarkeit der Vermögensverschiebung oder die Lage der Rechtsgrundverhältnisse bestimmt werden (Rz 16), kommt viel darauf an, aus wessen Sicht bei Beteiligung mehrerer Personen über das Vorliegen von Leistungsbeziehungen zu entscheiden ist. Dies ist praktisch wichtig, etwa beim Einbau von Baumaterialien in ein fremdes Grundstück (BGH 36, 30; 40, 272) oder bei der Einschaltung von Mittelspersonen, die für eigene oder fremde Rechnung handeln (s etwa BGH NJW 1974, 1132) in die Erfüllung von Lieferverträgen (dazu näher Rz 25), ferner in zahlreichen Fällen des bargeldlosen Zahlungsverkehrs; neue Übersicht bei Kümpel WM 2001, 2273ff. Generell handelt es sich um ein Problem des Bereicherungsausgleichs in „**Dreiecksfällen**". Die Rspr läßt sich zum einen von der Vorstellung leiten, daß der Empfänger einer Zuwendung in der Frage, wem er das Empfangene bei Rechtsgrundlosigkeit zurückgeben muß, wem gegenüber er also Bereicherungsschuldner wird, Berücksichtigung seiner Interessen und seiner Einsichtsmöglichkeiten bei Entgegennahme der Zuwendung erwarten kann. Obwohl das finale Moment im Leistungsbegriff nicht für Maßgeblichkeit der Sicht des Zuwendungsempfängers zu sprechen scheint, und obwohl es nicht dahin kommen kann, aus dieser Sicht eine Zuwendung als Leistung einer Person aufzufassen, die gar keine Erklärung abgegeben hat (Reuter/Martinek S 426; insoweit zust MüKo/Lieb Rz 49), ist es verständlich, daß der BGH (BGH 40, 72; BGH JZ 1975, 27 mit Anm v Olshausen; BGH 72, 246, 249; 88, 232, 236; BGH NJW 1986, 251; 1999, 1393; ähnlich ausdrücklich Celle WM 1982, 779; Düsseldorf ZIP 1988, 1383; Hamm OLGZ 89, 207; Köln NJW 1990, 1537; München WM 1993, 413) grundsätzlich – dh mit dem häufigen Vorbehalt der Abweichung in Sonderfällen – den **Empfängerhorizont** für maßgeblich halten will. Dann kann etwa der Bauhandwerker, der aufgrund eines vom Architekten oder Unternehmer im Namen des Bauherrn, aber vollmachtlos geschlossenen Vertrages diesen für seinen Vertragspartner hält, beim Bauherrn nicht kondizieren, wenn dieser annehmen durfte, der Architekt oder Unternehmer habe vereinbarungsgemäß im eigenen Namen gehandelt und sich nun eben mit Hilfe des Handwerkers als Leistungsmittler (wichtig beim Bau schlüsselfertiger Häuser für Rechnung des Bauherrn, BGH 36, 30 – Idealheim-Fall; s auch BGH WM 1959, 926; BGH 40, 272). Ähnlich scheitert die Kondiktion eines Großhändlers, der die vom Einzelhändler bei ihm im Namen des Kunden bestellte Ware direkt an diesen ausliefert, wobei der Kunde meint, er erhalte durch den Grossisten als Leistungsmittler die Leistung seines Vertragspartners – abgekürzte Lieferung (s weiter BGH 58, 184; 72, 246; BGH NJW 1974, 1132; Staud/Lorenz Rz 61; RGRK Rz 170). Der Gläubiger einer Leistung, der das ihm geschuldete Geld durch Banküberweisung erhält, wobei aber die Bank den an sich rechtzeitigen Widerruf der Überweisung übersehen hatte, und der auch von den Zahlungsschwierigkeiten seines Schuldners keine Kenntnis hatte, durfte die Zahlung als Leistung seines Schuldners ansehen (BGH 87, 246; ähnlich bei Einlösung eines gesperrten Schecks BGH 87, 393 und mit Hinweis auf die allseits richtig verstandene Zweckbestimmung das Grundsatzurteil BGH 61, 289). Bei bargeldloser Zahlung auf eine zur Sicherheit auf eine Bank abgetretene Forderung ist aus der Sicht der Bank nicht sie, sondern der Zedent Leistungsempfänger und damit gegebenenfalls Bereicherungsschuldner (Hamm WM 2001, 1064), auch wenn Leistender der Bank ist, die vom Zedenten aus einer Bürgschaft in Anspruch genommen wurde (dazu Anm Eckert WuB I F 1a Bürgschaft 8.02). Der BGH hält an der Maßgeblichkeit des Empfängerhorizonts trotz der Angriffe im Schrifttum (Rz 15) fest (so BGH WM 1984, 423 beim Dauerauftrag; BGH 98, 601 bei Unklarheit, ob der eine fremde Schuld Begleichende dies als Dritter gem § 267 oder als Bürge tat; s auch – sehr weitgehend – LG Hamburg NJW 1983, 287, ferner aus neuerer Zeit BGH 105, 365, 369; 122, 46, 50; BGH NJW 1993, 1578, 1999, 1393f, NJW-RR 2002, 1176f; zur Zahlung auf sicherungszedierten Anspruch als solche an den Zedenten zust Flume NJW 1991, 2523; ders AcP 199, 21; Jauernig/Schlechtriem Rz 45; krit aber Kohler WM 1989, 1629; Tiedtke WM 1999, 518). Die Rspr betont gerade in diesem Zusammenhang immer wieder, es verbiete sich jede schematische Lösung (BGH 50, 227, 229; 58, 184, 187; 66, 362, 364; 67, 75, 77; BGH NJW 1993, 1578; krit dazu Lieb ZIP 1982, 1153; Dörner NJW 1990, 473, 474 [„Bazillus der Rechtsunsicherheit"]). Das spielt besonders eine Rolle bei den Urteilen zur Rückforderung einer zu Unrecht gezahlten Versicherungssumme durch den Versicherer beim Zessionar der Versicherungsforderung, die der BGH im allgemeinen ablehnt (Rz 36); gegen die methodenoffene Argumentationsweise des BGH Jakobs ZIP 1994, 10ff; anders Wilhelm JZ 1994, 585, 590. ZT sind sehr einzelfallbezogene Wertungen notwendig geworden, so zur entgeltlichen Zuwendung aus dem Vermögen eines anderen, BGH NJW 1999, 1393.

Die Lehre ist der Rspr zunächst gefolgt (Baur/Wolf JuS 1966, 393; Beuthien JZ 1968, 323; Zeiß AcP 165, 334f; Loewenheim/Winckler JuS 1983, 195f; im Ausgang auch Wieling JZ 1967, 292, zul auch Bamberger/Roth/Wendehorst Rz 20; Jauernig/Schlechtriem Rz 6). Es gibt aber auch ablehnende Stimmen (Flume JZ 1962, 281; v Caemmerer, FS Dölle, S 158; Weitnauer NJW 1974, 1729; Picker NJW 1974, 1709; Canaris, FS Larenz S 26f; Schnauder NJW 1999, 2841; Hassold, Leistungsbegriff, S 165ff; MüKo/Lieb Rz 49ff), der aber Zustimmung aus dem Gesichtspunkt gegenübersteht, daß ein Wechsel der grundsätzlichen theoretischen Ansätze um der Praktikabilität willen jetzt nicht angebracht sei (s etwa Medicus BR Rz 688). Es geht dabei nicht um eine Präzisierung des Lei-

§ 812 Einzelne Schuldverhältnisse

stungsbegriffs, sondern hauptsächlich um eine richtige **Verteilung von Risiken**, die einmal die Insolvenz des zur Herausgabe Verpflichteten betreffen (jeder soll das Risiko der Insolvenz dessen tragen, mit dem er sich als Vertragspartner eingelassen hat, Celle WM 1982, 779), zum anderen um die richtige Abstimmung von Fragen des dinglichen Rechtsübergangs zur Lage der Leistungsbeziehungen, schließlich um die Relevanz von Einwendungen des Bereicherungsschuldners aus den mit ihm bestehenden schuldrechtlichen Grundverhältnissen. Es kann auch erheblich sein, daß mit einem von mehreren mit der Zuwendung verfolgten Zwecken für den Empfänger erkennbar ein besonderes Interesse verbunden war (so zur Verfolgung mehrerer Zwecke bei Zahlung des Drittschuldners an den vermeintlich vorrangigen Pfändungspfandgläubiger BGH NJW 1982, 174 und dazu näher Seibert JuS 1983, 591, 593). Die Maßgeblichkeit des Empfängerhorizontes gilt aber nicht mehr, wenn die betreffende Erklärung gefälscht war oder vom Geschäftsunfähigen ausging. Auch wenn der störende Umstand wie etwa das Auftreten eines Mittlers mit Anscheinsvollmacht des Empfängers dem letzteren zuzurechnen ist, gilt die Erklärung so, wie sie gemeint war, Wieling JZ 1967, 292. Geht man darüber hinaus und überläßt den Schutz des Empfängers allein dem § 818 III (MüKo/Lieb Rz 48), so müßte generell gefolgert werden, daß der Empfänger eine an den Mittler erbrachte Gegenleistung abziehen kann, obwohl es sich um eine Einwendung aus den Rechtsbeziehungen zu einem anderen als dem Partner des Leistungsverhältnisses handelt. Dies geht gegenüber bewußt flexibel gehaltenen und umfassenden, die Zwecke aller Beteiligten bedenkenden Lösungen, wie sie die Rspr anstrebt (etwa Hamm MDR 1975, 53; BGH WM 1978, 1054), zu weit. § 818 III hilft dem Empfänger nur, wenn er an seinen Vertragspartner schon geleistet hat. Dagegen läßt sich kaum zweifelsfrei begründen, ob eine Bezahlung gegenüber dem tatsächlichen Zuwendenden dem Vertragspartner des Empfängers entgegengehalten werden kann (vgl Baur/Wolf JuS 1966, 396). Ein weiterer Einwand geht dahin, die auf der Ebene des Schuldrechts gefundene Lösung zwinge im Bereich der dinglichen Vollzugsgeschäfte zu fragwürdigen Konstruktionen, so im Fall BGH NJW 1974, 1132 zu einer gewagten Ausdehnung des Gutglaubenserwerbs bei Verfügung durch eine Geheißperson (Weitnauer NJW 1974, 1733). Dies läßt sich durch eine Trennung des Verfügungsgeschäfts und des in ihm enthaltenen Minimalkonsenses (Weitnauer) von der Bestimmung des Zwecks der Übereignung bewältigen, s aber Wieling aaO. Die Maßgeblichkeit des Empfängerhorizontes wirft die Frage nach dem Verhältnis zur Nichtleistungskondiktion auf, s LG Hamburg NJW 1983, 287 und näher Rz 83. Dies schließt nicht aus, daß besondere, atypische Zwecksetzungen berücksichtigt werden können; so ist bei der Leistung auf fremde Schuld der vom Leistenden erklärte Zweck, Zwangsvollstreckung gegen den Schuldner zu verhindern, iSd § 812 I S 2 Alt 2 erheblich, Hamm NJW 1971, 1810. Auch muß die Verwahrung des Leistungsempfängers gegen eine Zweckbestimmung des Zuwendenden berücksichtigt werden (vgl dazu den Fall BGH 72, 246 und insoweit zust Canaris WM 1980, 370; abl Weitnauer NJW 1979, 2008). Zur Verfehlung mehrerer möglicherweise kollidierender Zwecke Rz 26, 51.

16 **4. Bereicherungsausgleich im Dreipersonenverhältnis. a) Grundsätze.** Bei der Leistungskondiktion werden die Beteiligten durch die Lage der Zweckbeziehungen bestimmt. Dieses Merkmal tritt insbesondere beim Bereicherungsausgleich im Dreipersonenverhältnis an die Stelle der Unmittelbarkeit der Vermögensverschiebung, die aus der gesetzlichen Formel „**auf Kosten**" abgeleitet wurde, so auch Larenz/Canaris § 67 II 2. Eine Kondiktion findet, ohne Rücksicht auf den Ablauf der tatsächlichen Zuwendung, stets nur in dem Verhältnis statt, in dem geleistet worden ist. Dies gilt insbesondere dann, wenn die Vermögensverfügung eines Leistungsmittlers (die Übereignung der Ware bei der „abgekürzten Lieferung", die Auszahlung der Valuta beim Scheck oder die Ausführung eines Überweisungsauftrags, der Einbau von Baumaterial durch den Bauhandwerker auf Grund Vertrages mit dem zur schlüsselfertigen Herstellung verpflichteten Architekten oder Unternehmer) auf mehrere Grundverhältnisse bezogen ist und somit in mehrfacher Hinsicht Leistung ist: Bei der Honorierung eines Schecks, ähnlich bei der Banküberweisung, leistet die Bank an den Aussteller und erhält den Gegenwert durch eine Lastschrift auf seinem Konto; der Aussteller bzw Auftraggeber leistet an den Begünstigten. Beim Einbau von Baumaterial ohne direkte Beziehungen des Einbauenden zum Bauherrn leistet der erstere an den Unternehmer, dieser an den Bauherrn. Der Grund für die **Zurechnung der Handlung des Leistungsmittlers** liegt in der Einigung über die mit der Anweisung verfolgten Zwecke, nicht in der – als allgemeines Erfordernis heute aufgegebenen – **Unmittelbarkeit der Vermögensverschiebung** (abw Wilhelm JuS 1973, 1). Kondiziert wird dann nur in dem Verhältnis, in dem eine Leistung ihren Zweck verfehlt hat und infolgedessen rechtsgrundlos iSd § 812 I ist. So für die Anweisung im weitesten Sinne v Caemmerer JZ 1962, 387; Kötter AcP 153, 202; Pinger AcP 179, 309f; St. Lorenz JuS 2003, 729, 730f. In der Rspr haben im Anschluß an BGH 61, 289 (Zahlung auf einen widerrufenen Scheck, kein Anspruch der Bank gegen den Empfänger der vom Anweisenden wirklich geschuldeten Leistung) zahlreiche Urteile zu Anweisungsfällen diese Betrachtungsweise zugrunde gelegt, ebenso für die „Einbaufälle" (BGH 40, 272; 56, 228; Baur/Wolf JuS 1966, 396; W. Lorenz AcP 168, 268; H.P. Westermann JuS 1968, 17; grds abw Canaris, FS Larenz, S 799ff; in anderer Richtung Kupisch, Gesetzespositivismus), wobei allerdings ein Hauptproblem dieser Fälle im Verhältnis von Leistungs- und Eingriffskondiktion liegt (dazu Rz 83f). Im Ergebnis kann man sagen, daß Mängel im **Deckungsverhältnis** zwischen dem anweisenden Schuldner und dem zuwendenden Leistungsmittler zu einer Kondiktion zwischen diesen Parteien führen, während Fehler des **Valuta-Verhältnisses** zwischen dem anweisenden Schuldner und dem drittbegünstigten Zuwendungsempfänger allein mit diesem abgewickelt werden. Kein Bereicherungsanspruch kann mangels Leistungsbeziehungen dem zuwendenden Leistungsmittler gegen den Drittbegünstigten zustehen, auch nicht wegen einer Bereicherung „in sonstiger Weise"; zu den bisherigen noch BGH 87, 393, 395; 88, 332, 234; 89, 376, 378; St. Lorenz JuS 2003, 729, 731; Kümpel WM 2001, 2273ff.

17 Die **Wertgrundlagen** der hM lassen sich wie folgt umschreiben (zum folgenden Wilburg, Die Lehre, S 112ff; v Caemmerer, FS Rabel, S 350ff; Kötter AcP 153, 200; Berg AcP 160, 505; H.P. Westermann, Die causa, S 192; JuS 1968, 17; Baur/Wolf JuS 1966, 394; mit teilweise anderer Zielrichtung auch Canaris, FS Larenz, S 802ff): Die Kondiktion ausschließlich im Leistungsverhältnis soll den Parteien die Einwendungen aus dem Rechtsgrundverhältnis erhalten, sie aber auch darauf beschränken. Denn die Leistungskondiktion ist grundsätzlich Rückabwick-

lung fehlgeschlagener Rechtsgrundbeziehungen. Das bedeutet weiter, jeden Partner vor den Einwendungen zu schützen, die sich aus den Beziehungen seines Kontrahenten zu Dritten ergeben. Eine der Gefahren, die auf diese Weise in ihrer Auswirkung richtig verteilt werden soll, liegt in der Insolvenz des Empfängers rechtsgrundloser Leistungen; s dazu bereits Rz 16. Die genannten Zurechnungsgedanken sind aber wertender und abwägender Diskussion zugänglich und können nicht zur regelbildenden Systemgrundlage erhoben werden. Eine ähnliche Linie der Kombination von Argumentation aus dem Leistungsbegriff und aus Erwägungen zur Risikoverteilung und zum Vertrauensschutz verfolgt auch die Rspr (ausdr BGH 122, 46; krit Kohler Anm WuB IV A § 812 BGB 2/93).

Die genannten Regeln über die Rückabwicklung von Leistungen im Dreipersonenverhältnis gelten nicht, wenn **18** auf seiten des Leistenden oder des Leistungsempfängers wirksame **Stellvertretung** stattfindet; hier handelt es sich nicht um ein Dreiecksverhältnis. Insoweit hat schon die ältere Rspr eine Kondiktion nur zwischen dem Vertretenen und dem Erklärungsempfänger zugelassen (RG 60, 287; vgl weiter Hamburg MDR 1982, 670; Weitnauer, FS v Caemmerer, S 255, 279f; Reuter/Martinek S 508f; Bamberger/Roth/Wendehorst Rz 106; für den Fall des Leistungsempfangs durch Vertreter RG 79, 285; 81, 264). Nach neuerem Verständnis bleibt das Ergebnis dasselbe, weil der bevollmächtigte Vertreter Zweck- und damit Leistungsbeziehungen nur zwischen dem Vertretenen und dem Gegner schafft. Anders demgemäß beim Boten, der eine Sache dem falschen Empfänger überbracht hat (MüKo/Lieb Rz 89) sowie auch bei Zwischenschaltung eines Kommissionärs oder Treuhänders, RG JW 1932, 735; BGH NJW 1961, 1461; LG Hamburg WE 00, 277. Ähnlich für den Strohmann BGH WM 1962, 1174. Hat der Vertreter keine Vertretungsmacht, so schließt dies eine Leistung ausschließlich an den Vertretenen nicht aus, so daß die Leistungskondiktion gegen den Empfänger neben dem Anspruch aus § 179 gegen den falsus procurator steht, RG JW 1919, 715; v Caemmerer, FS Rabel, S 373; Soergel/Mühl Rz 45. Voraussetzung allerdings, daß trotz der unbefugten Vertretung die Zuwendung des Dritten als Leistung an den Vertretenen angesehen werden kann, was nur zutrifft, wenn mit der Rspr (Rz 14) auf den Empfängerhorizont abgestellt wird. Richtig ist jedenfalls, daß die bloße Existenz des Anspruchs aus § 179 oder seine nachträgliche Geltendmachung die Zuwendung nicht automatisch zu der eines Leistungsmittlers oder zur Erfüllung einer Drittschuld (Rz 26) macht, Berg JuS 1964, 140. Wird mit der in der Wissenschaft hL eine Kondiktion gegen den unbefugt Vertretenen angenommen, so stellt sich die weitere Frage, ob der Empfänger die an den „Vertreter" erbrachten Leistungen gemäß § 818 III in Anrechnung bringen kann, s § 818 Rz 40. Vgl im übrigen die „Einbaufälle" (Rz 40). Bei der mittelbaren Stellvertretung bzw der Übereignung an den, den es angeht, liegt in der Regel eine Leistung nur an den Mittelsmann vor; allein in diesem Verhältnis findet die Rückabwicklung statt (Soergel/Mühl Rz 46; RGRK Rz 24). Damit stellt sich aber das Problem, ob nicht wegen der regelmäßigen Weitergabe des Bereicherungsgegenstandes an den mittelbar Vertretenen ein Anspruch gegen diesen nötig ist. Er liefe auf die Zulassung der Versionsklage (dazu vor § 812 Rz 5) hinaus (Reuter/Martinek S 512) und ist allenfalls über eine Analogie zu § 822 zu begründen (s § 822 Rz 1). Ist ein zur Erfüllung einer Forderung vom Schuldner auf das Konto eines Dritten ausgestellter Scheck eingelöst worden, so hat der Kontoinhaber keinen Bereicherungsanspruch gegen den Empfänger, wenn dieser glauben konnte, der Schuldner sei berechtigt, die Leistung durch den Kontoinhaber zu erbringen (Koblenz MDR 1989, 979).

b) **Die Anweisungsfälle** umfassen in weiterem Sinne die **Giroüberweisung**, die Zahlung durch **Scheck** sowie **19** sonstige Anweisungen, für Rechnung des Anweisenden im Rahmen seines Schuldverhältnisses zu einem anderen als selbständig handelnder Leistungsmittler tätig zu werden (s BGH 48, 70 zur Leistung eines Übernahmebetrages bei Ausscheiden aus einer Gesellschaft; BGH NJW 1970, 136 bei Errichtung eines Hauses auf fremdem Boden; w Nachw Rz 12). Im Problemfeld der bargeldlosen Zahlung hat sich gezeigt, daß die Grundsätze der Leistungskondiktion, insbesondere die Feststellung der Lage von Leistungsbeziehungen durch Betrachtung vom Empfängerhorizont (Rz 14), nicht ohne Modifikationen durchgehalten werden können, die die Rspr (Nachw Rz 14) durch die häufig wiederholte, jetzt aber nicht mehr so stark betonte (dazu Kümpel WM 2001, 2273ff; Nobbe WM 2001, Beil 4 S 24; Hadding Anm WuB I D 1 – 1.87; St. Lorenz Anm LM Nr 281 zu § 812 BGB) formelhafte Ablehnung schematischer Lösungen rechtfertigt, die sich aber doch zu einer im wesentlichen brauchbaren Systematik zusammenfassen lassen (ohne die auf die Einzelfallbezogenheit weisende Klausel bereits BGH ZIP 1994, 1098; s dann auch BGH NJW 2001, 1855). Hält man an dem Grundsatz fest, daß die Zuwendung des Geldes noch nicht als Leistung anzusehen ist (so auch MüKo/Lieb Rz 2ff; zust Meyer-Cording, FS Pleyer, 1986, S 89, 93), und daß Fehler im Deckungsverhältnis zwischen Anweisendem und Angewiesenem im Verhältnis des Valutaverhältnisses lediglich zwischen Anweisendem und Zuwendungsempfänger zu regulieren sind (Rz 16 aE), so steht zugleich fest, daß Mängel im Valutaverhältnis nach Gutschrift durch die Empfängerbank die Überweisungsbank als diejenige, aus deren Zentralbankguthaben die Zuwendung erfolgt, nicht berühren (RG 60, 332; BGH 61, 289; 66, 362; 102, 157). Die Bank braucht sich auch um die den **Verwendungszweck** betreffenden Vermerke auf dem Überweisungsbeleg nicht zu kümmern (BGH WM 1957, 1055; BGH JZ 1977, 299; Staud/Lorenz Rz 49), weil sie das Valuta-Verhältnis und die mit der Überweisung verfolgten Interessen nichts angehe (Schleswig OLGRp 2000, 380 m Anm van Look WuB I D 1 Überweisungsverkehr). Anderes gilt für die Empfängerbank im Hinblick auf die der Überweisung beigefügten Anweisungen hinsichtlich der Mittelverwendung (BGH NJW 1991, 2139), wobei der angegebene Verwendungszweck auch Hinweise auf den Leistungsempfänger geben kann (BGH NJW 1993, 1914), den wiederum die den Auftrag ausführende Bank allein der Empfängerbezeichnung und nicht der Kontonummer entnehmen kann (Schleswig aaO). Auch der Vorbehalt dem Überweisungsträger, daß der Empfänger Sicherheiten freigeben soll, kann, wenn der Empfänger dem nicht nachkommt, eine Rückforderung seitens der Bank begründen, München WM 1993, 411; zust Menk, Anm WuB IV A § 812 BGB 1/93. Die Überweisungsbank kann aufgrund seiner Anweisung den Anweisenden belasten und ist nicht berechtigt, im Falle seiner Insolvenz auf den Empfänger durchzugreifen. Sie braucht auch im umgekehrten Fall des Empfängerkonkurses keine Kondiktion ihres Auftraggebers zu fürchten (BGH 53, 139). Eine rechtsgrundlose Überweisung kann folglich nur vom Adressaten kondiziert werden; die Abweichung, die angenommen wurde, als die Empfängerbank nach Kündigung des Girovertrages

§ 812   Einzelne Schuldverhältnisse

den für einen anderen als ihren Kunden bestimmten Betrag mit einem Debet ihres eigenen Kunden auf einem internen Abrechnungskonto verrechnen wollte, ändert am Grundsatz nichts, die Bank unterliegt dann selber der Kondiktion, Nürnberg ZIP 2002, 1762 mit krit Anm Haertlein WuB I D 1 Überweisungsverkehr 1.03 und krit Kurzkomm Toussaint EWiR 2002, 751. Berechnet die Zahlstelle des Schuldners für die Zahlung eine Gebühr, die sie einbehält, so fehlt es insoweit an vollständiger Erfüllung, der Gläubiger hat aber keinen Anspruch gegen die Zahlstelle (Ungeheuer Anm WuB I G 11 1/98 zu AG Köln WM 1998, 2019). **Fehler** der Bank im **Deckungsverhältnis** (etwa Überweisung ohne genügende Deckung) berühren den Empfänger nicht (Meyer-Cording, FS Pleyer, S 90). Dasselbe gilt bei Zahlung durch Scheck oder im Lastschriftverfahren. Eine Ergänzung gilt insoweit durch die mögliche Rückbelastung bereits eingelöster Schecks an die Inkassobank durch die bezogene Bank; sind die an einer Überweisung beteiligten Banken selbst Überweisende und Überweisungsempfänger, kann ein Bereicherungsausgleich (für die Überweisung eines untreuen Bankvorstands auf Konto seiner Ehefrau bei einer anderen Bank) unmittelbar zwischen den Banken stattfinden (Stuttgart OLGRp 2002, 259). Die Rückabwicklung folgt den Grundsätzen der Eingriffskondiktion (LG Essen WM 1983, 1297), wobei aber ein Gegenanspruch aus Treu und Glauben daraus folgen kann, daß die Inkassobank sofortige Verfügung über die Schecksumme gestattet hat. Zu dem bei fehlerhafter Überweisung mit Auslandsberührung anwendbaren Recht W. Lorenz NJW 1990, 607; ob es zutrifft (Celle NJW-RR 2001, 1416 m Anm Schnauder WuB I D 3 Scheckverkehr 3.01), daß eine Inkassobank dem Empfänger den Gegenwert eines Auslandsschecks wegen ihrer Rückbelastung durch die Auslandsbank wieder belasten kann, und zwar unabhängig davon, ob diese Rückbelastung berechtigt war, ist aber allein nach deutschem Recht zu entscheiden.

20   aa) Bei der Risikoverteilung für **Fehlerquellen bei der Anweisung** oder bei ihrer Ausführung kommen die theoretischen Unterschiede im Verständnis der Leistungskondiktion zum Tragen. Soweit eine Schuld des Anweisenden bestand, und er auch einen Überweisungsauftrag erteilt hat, ändert ein späterer, von der Bank aber **übersehener Widerruf** nichts daran, daß aus der Sicht des Empfängers der Anweisende an ihn leistet, welchen Eindruck der Anweisende veranlaßt hat. Deshalb versagt BGH 61, 289 (ebenso BGH 87, 393; 89, 376; BGH WM 1984, 890; aM aber LG Köln WM 1983, 379) der Bank die Kondiktion gegen den Empfänger. Darin folgen ihm viele, weil derartige Mängel aus der Sicht des Empfängers Fehlern im Deckungsverhältnis vergleichbar sind (Schwark WM 1970, 1335; Loewenheim/Winckler JuS 1982, 910, 912; Weitnauer, FS v Caemmerer, S 284; Reuter/Martinek S 432f; im Ergebnis auch Larenz/Canaris § 70 IV 3); anders, wenn eine Zurechnung an den vermeintlich Überweisenden möglich ist (LG Nürnberg/Fürth WM 1997, 871 für Dauerauftrag, zust Meder, Anm WuB I D 1 Überweisungsverkehr 4/97). Zu demselben Ergebnis kommt man, wenn man darauf abstellt, daß hier der Empfänger, weil er seine Forderung durch Erfüllung verloren hat, nicht bereichert ist, wohl aber („in sonstiger Weise") der Anweisende, der seinerseits wegen des Übersehens des Widerrufs einen Ersatzanspruch gegen die Bank hat, wenn ihm ein Schaden entstanden ist (Meyer-Cording S 96f; ähnlich für Maßgeblichkeit des Bestehens der Forderung im Valutaverhältnis Kupisch ZIP 1983, 1412, 1418). Nach wie vor stößt aber die Rspr auch auf Ablehnung (Wilhelm AcP 175, 347f; Kupisch, Gesetzespositivismus, S 75; MüKo/Lieb Rz 67ff). Für das Ergebnis der Rspr spricht die Analogie zwischen dem durch die Anweisung veranlaßten Anschein einer Tilgungsbestimmung und sonstigen Fällen des Rechtsscheins (Canaris WM 1980, 355; ders, JZ 1984, 627, 629; ähnlich Köndgen, FS Esser, 1975, S 70; krit aber MüKo/Lieb Rz 68f), wobei besonders ins Gewicht fällt, daß der (nachträgliche) Widerruf nur im Deckungsverhältnis angesichts der heute verbreiteten EDV-Bearbeitung von Buchungen nur bis zum Ende der Primanoten-Erfassung überhaupt wirksam erklärt werden kann (Düsseldorf WM 1987, 403). Bei einem Dauerauftrag, der trotz Änderung mehrfach versehentlich unverändert ausgeführt wurde, hat BGH WM 1984, 890 folgerichtig einen unmittelbaren Bereicherungsanspruch verneint. Nimmt man demgegenüber eine Direktkondiktion des Angewiesenen gegen den Empfänger an, auch wenn die Forderung im Valutaverhältnis bestand (MüKo/Lieb Rz 70a, 70b), so muß zum Schutz des Empfängers auf § 818 III zurückgegriffen werden, wenn er nun seinerseits an den Anweisenden geleistet hat (s dazu auch Rz 16). Aus der Konzeption des BGH folgt, daß eine Direktkondiktion der Bank in Betracht kommt, wenn der Empfänger um den vorherigen Widerruf der Anweisung wußte (BGH 87, 393; Hamm NJW-RR 1986, 791; ebenso LG München WM 1982, 1187; s auch LG Hamburg WM 1982, 1186; anders Canaris WM 1980, 366). Beim wirksamen, aber von der Bank übersehenen **Widerruf eines Schecks** besteht Einigkeit darüber, daß hier der Vertrauensschutz des Empfängers die Versagung der Direktkondiktion rechtfertigt (BGH 61, 289; zust Wilhelm AcP 175, 324; Larenz/Canaris § 70 IV 3b; Reuter/Martinek S 448ff; MüKo/Lieb Rz 73), so daß die Direktkondiktion entfällt, wenn der Empfänger den Widerruf (desgl die Änderung eines Dauerauftrages) nicht kannte (BGH 89, 376; BGH NJW 1984, 2205). Der Kontoinhaber hat dann einen Rückbuchungsanspruch gegen seine Bank, muß sich aber, wenn die Zahlung an den Scheckempfänger Schuldbefreiung bewirkt hat, diese Bereicherung anrechnen lassen, ohne sich auf den Gesichtspunkt der aufgedrängten Bereicherung berufen zu können, Köln WM 2003, 17 m Anm Thöne WuB I D 3 Scheckverkehr.

21   bb) Anders gestaltet sich die Argumentation bei **Fehlen einer Anweisung**, die nicht durch Rechtsscheinstatbestände aus der Sicht des Empfängers ersetzt wird, BGH WM 1976, 707; 2003, 954, 957; Nobbe WM 2001, Beil 4 S 25: Dabei führt es noch nicht zum Fehlen einer Anweisung, wenn sich die Bank, die die Anweisung erhalten hat, über die Berechtigung des Anweisenden zu dieser Erklärung infolge einer von ihm verübten Täuschungshandlung irrt (BGH 147, 269 – allerdings nicht unbedenklich, weil sich der Anweisungsempfänger, und zwar unabhängig von der Täuschung beteiligt war, nicht darauf verlassen konnte, ihm leiste der Anweisende mittels der Bank, s dazu St. Lorenz Anm LM § 812 Nr 281; Pfeiffer Anm WuB IV A § 812 BGB 3.01; Derleder Kurzkomm EWiR 2001, 861. Zweifelhaft ist auch, ob bei Ausführung eines Überweisungsauftrags nur einer der Inhaber eines „Und-Kontos" nach dem Widerspruch des Mitinhabers der Bereicherungsausgleich nur zwischen der Bank und dem die Überweisung veranlassenden Kontoinhaber stattzufinden hat (Düsseldorf ZIP 2000, 1688 m Kurzkomm Toussaint EWiR 2000, 961: Bei Einlösung eines Schecks, den nur einer der gesamtvertretungsberechtigten Vertreter des Kontoinhabers

unterzeichnet hatte, lehnte jedenfalls BGH 147, 145 m Anm Koller LM § 140 BGB Nr 28 und Hellner WuB I D § Scheckverkehr 5.01 einen Bereicherungsanspruch gegen den Kontoinhaber ab, der vielmehr zwischen der Bank und dem Zuweisungsempfänger zu geschehen habe. Auch sonst hat bei Fehlen einer Anweisung die Rspr in verschiedenen Konstellationen eine **Direktkondiktion** der Bank gegen den Empfänger zugelassen, was notwendig ist, weil sie in diesen Fällen an ihren Kunden keine Leistung erbracht hat. Fehlt dem Scheck, den die Bank eingelöst hat, die Ausstellerunterschrift, so kann die Zuwendung nicht dem Aussteller zugerechnet werden (BGH 66, 362; s auch Düsseldorf ZIP 1993, 1555 mit krit Kurzkomm Rehbein EWiR § 812 BGB 4/93 zu einem von einem nicht allein Vertretungsberechtigten unterschriebenen Scheck, s auch BGH 147, 269 und zur Auszahlung an einen Bevollmächtigten, dessen Vollmacht in einer Weise widerrufen war, daß der Bank die Kenntnis hiervon zuzurechnen war, LG Nürnberg-Fürth WM 2001, 902 m Anm E. Wagner WuB I B 2 Verfügungs- und Vertretungsbefugnis 1.01). Es kommt also zur Direktkondiktion der Bank auch bei im Valutaverhältnis bestehender Forderung (BGH 111, 382; Canaris BB 1972, 774, 778; Meyer-Cording, FS Pleyer, S 91; Kümpel WM 2001, 2276; Reuter/Martinek S 429ff; MüKo/Lieb Rz 74; Staud/Lorenz Rz 51). Andere, ähnlich behandelte Fälle sind die Überweisung an den falschen Empfänger (BGH 66, 372; s auch Dresden BB 1998, 2229 zur Scheckgutschrift auf falsches Konto), die versehentliche Doppelüberweisung (BGH 72, 9; LG Köln WM 1973, 379; Hamburg NJW 1983, 1499), die Zuvielzahlung (BGH NJW 1987, 185 m Anm Canaris JZ 1987, 201; zust im Ergebnis Flume NJW 1987, 635; s auch Schleswig OLGRp 2000, 276), auch die Zahlung eines Drittschuldner in irriger Einschätzung des Umfangs des Einziehungsrechts des Vollstreckungsgläubigers (Düsseldorf WM 2002, 74 m Anm Singer WuB IV A § 812 BGB 2.02). Hierher gehört auch die Gutschrift eines disparischen Orderschecks, dem keine wirksame Anweisung des Ausstellers zugunsten des Einreichers zugrunde lag (Saarbrücken ZIP 1998, 1267). Eine Bank, die ihrem Kunden den Betrag eines später nicht eingelösten Schecks vorläufig gutgeschrieben hatte, wird idR aus dem Girovertrag, sonst aus § 812 vom Kunden, der den Betrag abgehoben hatte, Rückgewähr fordern können (Haertlein ZBB 1996, 368 gegen Hamm ZBB 1996, 396, das einen Darlehensvertrag annahm, sowie Bremen WM 1991, 1252). Die nachträgliche Unwirksamkeit der Überweisung aufgrund Konkurseröffnung (§ 23 KO) wird hierher ebenso gerechnet (BGH 67, 75; zust Kübler BB 1976, 805; Canaris WM 1980, 357) wie das Fehlen einer Einziehungsermächtigung (BGH 69, 186; 80, 357). Nicht hierher gehört dagegen die irrtümlich fehlerhafte Ausführung einer wirksam erteilten Anweisung, es bleibt beim Bereicherungsausgleich im Verhältnis zwischen Anweisendem und Anweisungsempfänger, Köln VersR 2001, 1301 In einigen Fällen war allerdings jeweils dem Empfänger die Unwirksamkeit der Anweisung bekannt, im Fall zur erheblichen Zuvielzahlung stellte der BGH fest, der Zahlungsempfänger habe sich „in Kenntnis aller Umstände bewußt unwissend gestellt". Wenn der Empfänger von der Insolvenz des Anweisenden nichts wußte, ist er ebenfalls einem Durchgriff ausgesetzt, weil die Zuwendung der Masse nicht als Leistung zurechenbar ist und ein Vertrauensschutz gegenüber den Folgen der Konkurseröffnung nicht in Betracht kommt (Canaris WM 1980, 358). Damit bleibt offen, ob bei Fahrlässigkeit des Empfängers hinsichtlich des Fehlens einer gültigen Anweisung eine Direktkondiktion bestehen soll (dafür bei grober Fahrlässigkeit Canaris JZ 1987, 202). Im übrigen hat aber BGH 87, 393 für Widerruf der Anweisung auf die Unkenntnis des Zahlungsempfängers abgestellt, die Frage eines Gutglaubensschutzes des Empfängers bei Fehlen einer gültigen Anweisung aber dahinstehen lassen (BGH 76, 364), s auch BGH 111, 382, 389 zur Anweisung eines Geschäftsunfähigen. Ähnlich bei Erledigung der Anweisung eines Hauptmieters an den Untermieter, an den Vermieter zu zahlen, durch Beendigung des Hauptmietverhältnisses, BGH NJW 1987, 185; Hamburg OLGRp 2001, 365.

Verschiedentlich wird auch bei **Gutgläubigkeit des Empfängers** eine Direktkondiktion wegen des Fehlens **22** einer vom Bankkunden veranlaßten Überweisung angenommen (Hamburg WM 1982, 249, ebenso Sachsen-Anhalt WM 1998, 593 für den Nehmer eines gefälschten Schecks; s ferner Köln ZIP 1996, 1376; Canaris JZ 1987, 202; MüKo/Lieb Rz 45ff), ohne daß es dabei noch auf das Bestehen einer Forderung im Valutaverhältnis ankommen kann (Kümpel WM 2001, 2278; aM insoweit Flume NJW 1987, 636; gegen einen Gutglaubensschutz des Zahlungsempfängers gegenüber dem nicht wirksam Angewiesenen ders AcP 199, 1, 7ff, da der Zahlungsempfänger auf jeden Fall herausgeben müsse). Die Bank muß sich dann nicht mehr, was sie mangels Tilgungsbestimmung des Schuldners und daraus folgender Erfüllungswirkung (Pinger AcP 179, 301, 316; Axer WM 1983, 192, 194) auch gar nicht könnte, an ihren Kunden halten. Gesichert ist diese Lösung indessen nicht, da auch bei Fehlen einer endgültigen Anweisung gefordert wird, daß lediglich im mangelhaften Deckungsverhältnis (und dann möglicherweise „übers Dreieck") zu kondizieren sei (Pfister JR 1969, 47; Wieling JuS 1978, 807f). Dies scheitert aber an der fehlenden Befreiung von der im Valutaverhältnis bestehenden Forderung. Die Überlegung, ob nicht die Bank im Wege einer Rückgriffskondiktion von ihrem Kunden Abtretung seines Bereicherungsanspruchs gegen den Zahlungsempfänger verlangen könnte, führt nicht weiter, da er an den Empfänger nicht geleistet hat und bei bestehender Forderung im Valutaverhältnis wohl auch einer Aufrechnung entgegensehen müßte (zum letzteren Canaris JZ 1987, 202). Daher bleibt die Direktkondiktion der Bank gegen den Empfänger aus dem Gesichtspunkt der Nichtleistungskondiktion (Schwark WM 1970, 1335; Schnauder ZIP 1994, 1098; Nobbe Beil 4 WM 2001 S 25; Medicus BR Rz 677; Larenz/Canaris § 70 IV 2e, ebenso BGH NJW 1994, 2357f), die Köln (ZBB 1998, 109 mit krit Anm Häublein) auch bei Gutgläubigkeit des Empfängers bejaht (dazu auch Schnauder aaO). Hingegen kann der Kunde, der keine Anweisungslage geschaffen hatte, nicht gegen den Zahlungsempfänger vorgehen, sondern hat Anspruch auf Rückgängigmachung der Lastschrift gegen die Bank, Köln ZIP 1992, 1726; Kümpel WM 2001, 2277.

Hierin kann auch eine Lösung des Problems des **gefälschten** Überweisungsauftrags gesehen werden (Köln ZIP 1992, 1726; ZIP 1996, 1376, dazu auch Schnauder ZIP 1994, 1069; Schlechtriem DB 1993, 28); auch eine **betrügerisch** vorgetäuschte Anweisungslage erlaubt es nicht, die Leistung des scheinbar Angewiesenen dem scheinbar Anweisenden zuzurechnen, Köln BKR 2002, 474; zu diesen (außergewöhnlichen) Fällen auch LG Frankfurt/Oder KKZ 2001, 108; LG Detmold KKZ 2001, 283; LG Karlsruhe KKZ 2002, 13. Auch bei **Geschäftsunfähigkeit** des Anweisenden besteht dann kein dem Auftraggeber zuzurechnender Rechtsschein (v Caemmerer JZ 1962, 387; Staud/Lorenz Rz 51). Ein Anlaß zu einer Rückgriffskondiktion gegen den Schuldner besteht hier nicht, da ohne

§ 812 Einzelne Schuldverhältnisse

irgendeine ihm zuzurechnende Tilgungsbestimmung weder eine Leistung an den Empfänger noch eine Erfüllung der Schuld angenommen werden können (zur Tilgungsbestimmung im übrigen § 362 Rz 2, 3). So hat auch der BGH entschieden (BGH 111, 382 bei Geschäftsunfähigkeit des Anweisenden, s auch NJW 1990, 3194; 1994, 2357 für gefälschten Überweisungsauftrag), wobei die Linie auch durchgehalten wurde, als nicht die Bank, sondern der durch die Fälschung gefährdete Bankkunde gegen den Zahlungsempfänger vorging (dazu Kurzkomm Martinek EWiR § 812 BGB 3/90). Dieser hat auch keine Nichtleistungskondiktion gegen den Empfänger, da seine Entreicherung nicht mit der Bereicherung des Empfängers korrespondiert (BGH NJW 1994, 2357; zust Canaris Kurzkomm EWiR § 812 BGB 2/94; Loewenheim Anm WuB IV A § 812 BGB 2/95; Schnauder ZIP 1994, 1098), anders, wenn die gefälschte Überweisung auf kollusivem Zusammenwirken des Empfängers mit einem Bankangestellten beruht, dann kommt ein Anspruch aus § 826 in Betracht (BGH aaO; zu den diesbezüglichen Anforderungen auch BGH 147, 269). Auch beim gefälschten Scheck leistet die Bank nicht an den vermeintlichen Aussteller (Naumburg WM 1998, 593 mit zust Anm Harbeke WuB I D 3 Scheckverkehr 5/98). Sie kann aber, wenn ihr ein Sogfaltsverstoß bei der Hereinnahme zur Last fällt, aus §§ 989, 990 auf Schadensersatz und im übrigen hinsichtlich einer bei ihr verbleibenden Bereicherung auf Wertersatz haften (Köln BB 1995, 1922 mit Kurzkomm Rehbein EWiR Art 21 ScheckG 2/95). Der Lösung über eine Direktkondiktion ist zuzustimmen, weil bei Fehlen einer gültigen Anweisung ein Dreiecksverhältnis nicht entsteht und eine Erfüllung der Schuld im Valutaverhältnis ausbleibt, so daß derjenige, dessen Schuld die Bank durch ihre Leistung erfüllen wollte, nicht in die Rolle eines an den Empfänger Leistenden gedrängt und damit auch nicht zum Kondiktionsschuldner der Bank werden kann (MüKo/Lieb Rz 47, 48 in Auseinandersetzung mit Wieling JZ 1977, 291; JuS 1978, 804; dagegen auch Flume NJW 1991, 2521f, der aber selber dem BGH nur zustimmt, wenn im Valutaverhältnis keine Schuld des Geschäftsunfähigen besteht, während bei bestehender Schuld die vom Geschäftsunfähigen angewiesene Bank sogar eine Tilgungsbestimmung gem § 267 erkläre und dann selber kondizieren könne (AcP 199, 1, 12f; dagegen Staud/Lorenz Rz 53).

23 cc) Keine wesentliche Verschiebung der konditionsrechtlichen Risikoverteilung bewirkt das in den AGB-Banken und Sparkassen vorgesehene **Stornorecht** bei Gutschriften, die infolge eines Irrtums, eines Schreibfehlers oder aus anderen Gründen fehlerhaft vorgenommen werden. Bei der gewöhnlichen Form der Überweisung hilft das Stornorecht der Überweisungsbank nicht, da sie zum Empfänger keine Vertragsbeziehungen hat (v Caemmerer JZ 1962, 387; Möschel JuS 1972, 304). Aber auch bei Überweisung unter Kunden derselben Bank (Hausgiro) erleichtert das Stornorecht lediglich die Geltendmachung bestehender Ansprüche und schafft keine eigenständigen Rückforderungsrechte (BGH WM 1983, 907). Jedenfalls können Irrtümer im Sinne der Klausel nicht bloße Motivirrtümer sein (BGH WM 1972, 285), also auch nicht die irrige Meinung, der Überweisende habe ein entsprechendes Guthaben oder könne darüber verfügen. Die Bank kann somit stornieren, bei Doppel- und Zuvielüberweisung oder Gutschrift beim falschen Empfänger ihr die Kondiktion gestatten (Rz 20), desgl bei gefälschter Überweisung. Kein Grund für die Ausübung des Stornorechts ist dagegen die Anfechtung oder der Widerruf der Anweisung vor Ausführung, s auch Kümpel WM 1979, 381. Das Stornorecht gilt auch gegenüber Belastungsbuchungen (BGH ZIP 1988, 1105). Zweifelhaft, ob gegenüber der Ausübung des Stornorechts der Entreicherungseinwand greift (dagegen Düsseldorf NJW 1985, 2723, allerdings im Zusammenhang einer Stornierung, die zur Wiederherstellung einer Schuld nach Saldenabschluß geschah; ähnlich im Ergebnis Blaurock NJW 1984, 1, 7).

24 dd) Dieselben Regeln gelten im **Lastschriftverkehr**. Ein Durchgriff der Zahlstelle gegen den Lastschriftgläubiger findet nicht aufgrund eines Mangels der Kausalverhältnisse, sondern nur wegen des Fehlens eines wirksamen Abbuchungsauftrages statt. Weder die Zahlstelle noch die erste Inkassostelle haben bei Mängeln ihrer Beziehungen zum Schuldner einen Anspruch gegen den Zahlungsempfänger (im wesentlichen übereinstimmend Kupisch WM 1979, 17f; Canaris WM 1980, 359). Fehlt eine wirksame Einziehungsermächtigung, braucht der zu unrecht Belastete die Lastschrift nicht gegen sich gelten zu lassen, so daß es für eine Kondiktion gegen die Inkassostelle an einer Entreicherung fehlt (BGH 69, 186; Kupisch aaO; Canaris aaO). Die Bank hat dann einen unmittelbaren Anspruch gegen den Gläubiger, ebenso wenn die Einziehungsermächtigung – für den Gläubiger erkennbar – den Zahlungsvorgang nicht erfaßte (Hamm WM 1991, 670); Abweichungen können sich freilich aus dem Lastschriftabkommen ergeben (dazu Sturm Anm WuB I D 2 2/91). Im Fall der angenommenen Anweisung (§ 784) leistet der Annehmende, was möglich ist (Rz 12), bei Zahlung auch auf seine Schuld, Staud/Lorenz Rz 56. Nimmt man dagegen eine Leistung nur auf fremde Schuld an, so kann der Angewiesene trotzdem wegen des Einwendungsausschlusses, der auf die denkbaren Kondiktionen zu übertragen ist (Canaris, FS Larenz, S 806f), nicht kondizieren, sondern muß sich mit dem Anweisenden auseinandersetzen, eingehend dazu Pinger AcP 179, 320f. Eine Ausnahme gilt auch, wenn der Empfänger der Zuwendung nicht nur in Rechtsbeziehungen zum Anweisenden steht, sondern aus selbständigem Rechtsgrund wie Schuldbeitritt oder Erfüllungsübernahme dem Zahlenden auf Rückzahlung haftet (BGH 50, 227; eingehend Rothoeft AcP 163, 215, 233; vgl auch Ehmann NJW 1969, 403). Die Zahlung an einen Dritten kann deshalb auch Leistung an den zur Erfüllungsübernahme Verpflichteten sein, obwohl auch der Zahlende selber sich dem Dritten gegenüber verpflichtet hatte. Zur befreienden Schuldübernahme Rz 29 und § 417 Rz 7.

25 ee) Bei der **abgekürzten Lieferung** sind ebenfalls diejenigen Rechtsverhältnisse abzuwickeln, auf die geleistet worden ist, was sich im Ergebnis auch mit dem Bestreben rechtfertigen läßt, den Erwerber einer Sache nicht mit den Mängeln der schuldrechtlichen Verhältnisses zwischen seinem Vertragspartner und dessen Partner im Deckungsgeschäft (Vormann) zu konfrontieren. So hat BGH 5, 281 im Ergebnis zu Recht bei einem Weiterverkauf und Aufhebung des ersten Kaufvertrages nach direkter Lieferung der Kaufsache vom Erstverkäufer an den Zweitkäufer eine direkte Kondiktion des Lieferanten gegen den Zweitkäufer abgelehnt. Entsprechendes gilt für die direkte Auflassung eines Grundstücks durch den Erstverkäufer an den Zweitkäufer (RG HRR 1932 Nr 511), ebenso bei Zahlung des Kaufpreises an einen Dritten (RG JW 1914, 643), näher dazu Flume AcP 199, 1, 16. Bei der abgekürzten Lieferung ist freilich nicht selten unklar, ob der Lieferant einen durch den Einzelhändler in seinem

Namen abgeschlossenen Vertrag erfüllen oder als Leistungsmittler auftreten will. Insoweit kommt es nach allgemeinen Regeln (Rz 14) auf die Sicht des Käufers an, bedenklich daher RG 98, 64. Ähnlich im Grundsatz bei Zahlungen, die verschiedene Rechtsgrundverhältnisse berühren: Zahlung einer Maklerprovision an einen Dritten, die im Vertrag mit einer Bauträgergesellschaft vereinbart worden war (BGH 58, 184; dazu auch Schlechtriem JZ 1984, 512 und zum Bereicherungsausgleich beim Vertrag zugunsten Dritter Rz 33), schließlich bei Unklarheit, ob eine tatsächlich erfolgte Lieferung dem Produzenten der Ware (der dies annahm) oder einem Mittler als Leistung zugerechnet werden mußte, BGH NJW 1974, 1132. Der BGH, der hier (höchst problematisch, s Weitnauer NJW 1974, 1729, 1732; Picker NJW 1974, 1790, 1794; Reuter/Martinek S 520) von einem **Gutglaubenserwerb** des Empfängers ausgegangen war, weil der Produzent der Ware „auf Geheiß" des Mittlers tätig geworden sei und diesem somit den Schein einer besitzrechtlichen Position verschafft habe (s auch BGH NJW 1986, 1166; Hager ZIP 1993, 1446), mußte dann folgerichtig einen Anspruch aus § 816 I ablehnen und konnte aufgrund der sachenrechtlichen Lage nicht gut eine Leistung des Mittlers leugnen.

c) Bei der **Begleichung fremder Schulden** ist eine Kondiktion zu erörtern beim Zahlungsempfänger, wenn die **26** Schuld nicht bestand, beim Schuldner, wenn ohne gültige Rechtsgrundbeziehung zum Schuldner dessen Verbindlichkeit getilgt wurde (Rückgriffskondiktion, s zum Grundsatz Hamm OLGZ 89, 207; Koppensteiner/Kramer § 10 II; Medicus Rz 950). **aa)** Auch in dieser Fallgruppe ist indessen in mehrfacher Hinsicht zu differenzieren. Bereits der Ausgangspunkt für die im Unterschied zur Leistung mittels eines Dritten als **Leistung eines Dritten** zusammenzufassende Gruppe ist nicht ganz klar: Zahlt jemand ohne Ablösungsrecht gemäß § 267 mit tilgender Wirkung die Schuld eines Dritten, so verfolgt er in aller Regel mindestens einseitig bestimmte Zwecke im Verhältnis zum Schuldner, indem er diesen als Geschäftsführer ohne Auftrag oder als Schenker von seiner Schuld befreien will (Esser/Weyers § 48 III 4; Reeb JuS 1972, 586; s auch Bamberger/Roth-Wendehorst Rz 171). Seine Ansprüche gegen den Schuldner richten sich bei Zweckerreichung nach dem vorhandenen oder angestrebten Grundverhältnis. Besteht die Schuld, auf die gezahlt wurde, nicht, so kann der gem § 267 Leistende Dritte beim Zuwendungsempfänger kondizieren (BGH 113, 62, 68; BGH WM 1967, 483; Staud/Lorenz Rz 43; MüKo/Lieb Rz 108; Larenz/Canaris § 70 V 3b; aM Köndgen FS Esser, 75, S 55, 67f). Nicht selten (§§ 268 III, 426 III, 774 I, 1607 II, 1709 II BGB, 67 VVG) ordnet das Gesetz auch einen Forderungsübergang auf den Zahlenden an. Wird der Zweck insoweit nicht erreicht, etwa weil es an den Voraussetzungen des § 683 fehlt oder die Bürgschaft, auf die gezwungenermaßen gezahlt wurde, nicht bestand, so kann der Zahlende nicht vom Gläubiger kondizieren, der die ihm geschuldete Leistung erhalten hat, wohl aber nach § 684 vom Schuldner (BGH 43, 1; 46, 319; BGH NJW 1976, 144; RGRK Rz 30; Staud/Lorenz Rz 42; MüKo/Lieb Rz 101). Dabei genügt es, wenn der Dritte die Leistung mindestens auch für den wahren Schuldner erbringen wollte, BGH 70, 389, s auch BGH 72, 246; ebenso wie aM MüKo/Lieb Rz 98, der § 267 nur bejahen will, wenn der Zahlende als akzessorisch Haftender eine ihm selbst zugutekommende Leistung erbringen will oder irrtümlich glaubt, dem Schuldner gegenüber zum Eingreifen verpflichtet zu sein (Rz 100). Will der Zahlende die Schuld eines anderen erfüllen und daneben noch weitere Zwecke erreichen, kann die Verfehlung dieses weiteren Zwecks eine Kondiktion rechtfertigen (BGH WM 1987, 663 mit zust Anm Engau WuB IV A § 812 BGB 1/87). Erlischt durch die Zahlung des Dritten auch eine Bürgschaft, so hat der Dritte gegen den Bürgen keinen Bereicherungsanspruch, BGH NJW 1976, 144. Der Kondiktion entgegenstehen kann aber § 814 oder der Gesichtspunkt der aufgedrängten Bereicherung, § 814 Rz 2. Es handelt sich hier lediglich um **Mängel des Deckungsverhältnisses**. Ein Beispiel ist die Leistung des Grundstückskäufers, der einer grundpfandrechtlich gesicherten Schuld des Verkäufers beitreten wollte, aber nach Ablehnung der Schuldübernahme durch den Gläubiger vom Vertrag zurücktrat, BGH 72, 246 und dazu krit Weitnauer NJW 1979, 2008.

Die bei Fehlerhaftigkeit des Deckungsverhältnisses scheinbar klare Lösung wird aber zweifelhaft, wenn dem **27** Schuldner der **Rückgriffsanspruch** des Zahlenden **lästiger** ist als die nahezu verjährte oder aufrechenbare Schuld gegenüber dem Gläubiger. BGH NJW 1964, 1898 deutet die Anwendung des § 814 an, weitergehend Wilburg, Die Lehre, S 66f. AM v Caemmerer, FS Rabel, S 361, weil die in § 814 vorausgesetzte Situation der bewußten Zahlung einer Nichtschuld gerade die Fälle ohne Ausgleich lasse, die mangels anderweitiger Befriedigungsmöglichkeiten des Zahlenden die Rückgriffskondiktion erforderten. Auch hat der Schuldner grundsätzlich keinen Anspruch darauf, den ursprünglichen Gläubiger zu behalten, sondern muß sich etwa eine Abtretung gefallen lassen (Medicus aaO). Deshalb ist aber der von Canaris (FS Larenz, S 845) vorgeschlagenen entsprechenden Anwendung der §§ 404, 406ff auf die Rückgriffskondiktion des Zahlenden zu folgen; s auch Meyer, Bereicherungsausgleich, S 143; MüKo/Lieb Rz 106.

Str die Lage bei **Mängeln des Valutaverhältnisses**. Da bei Zahlung ohne Ablösungsrecht der Zahlende offen- **28** legen muß, daß er für den Schuldner eintritt, bestehen Unterschiede zum Fall der Leistung mittels eines Dritten. Sie haben der hM genügt, bei Nichtbestehen der Schuld dem § 267 Leistenden an den Zahlenden anzusehen und ihm die Kondiktion zuzubilligen, RG 60, 287; RG LZ 1917, 1342; BGH WM 1967, 483; ZIP 1991, 596f; Beuthien JZ 1968, 326; Staud/Lorenz Rz 43; Esser/Weyers § 48 III 4; Larenz/Canaris § 70 V 3b. Hierfür spricht, daß der Zuwendende und der vermeintliche Gläubiger eine Tilgungsabrede gem § 267 getroffen und die Leistung dem Valutaverhältnis zugeordnet haben, während der Scheinschuldner nicht geleistet hat, im Erg ebenso Canaris, FS Larenz, S 846, der jedoch in NJW 1992, 868, 869 das Kriterium einer eigenen Tilgungsbestimmung des Zahlenden zur Unterscheidung von der Drittleistung als unzulänglich erklärt; Meyer, Bereicherungsausgleich, S 85f sowie mit der Deutung des § 267 als „Anweisungslage kraft Gesetzes"; Kupisch, Gesetzespositivismus, S 85f. Im Fall der Zahlung des **Haftpflichtversicherers** an einen **vermeintlichen Gläubiger** des Versicherungsnehmers liegen die Fälle der Leistung eines Dritten (§ 267) und mittels eines Dritten nahe beieinander, weil einerseits der Versicherer seine Zahlung den Ansprüchen des Geschädigten gegen den Versicherungsnehmer (idR ausdrücklich) zuordnet, andererseits der vermeintliche Schadensersatzgläubiger sich darüber klar ist, daß ihm der Versicherungsnehmer und an diesen der Versicherer leistet, was auch der Lage der Rechtsgrundverhältnisse entspricht. BGH

§ 812   Einzelne Schuldverhältnisse

113, 62 (dem folgend BGH NJW 2000, 1718f; 2002, 3772f) läßt eine Direktkondiktion zu, weil es an einer Anweisung des Versicherten gefehlt habe, die in einer Zahlungsaufforderung des Versicherungsnehmers an den Versicherer nicht gelegen habe, und infolgedessen die Regeln über die Leistung eines Dritten anzuwenden seien; das trifft im Ergebnis zu (so auch Flume NJW 1991, 2521, 2523; ders AcP 199, 1, 26f). Der Gegenansicht (krit Vergleich mit der bisherigen Rspr bei Drescher Anm WuB IV A § 812 BGB 1/91; aus dogmatischer Sicht bei Canaris NJW 1992, 868, 868f) ist freilich darin zu folgen, daß ein Weisungsrecht dem Versicherungsnehmer sowenig wie sonst dem Schuldner zuzustehen braucht, für dessen Rechnung der Versicherer gezahlt hat (anders zum Verständnis des Urteils Martinek JZ 1991, 395ff; gegen ihn Flume aaO). Im Fall der Zahlung des Versicherers genügt wohl schon das Einverständnis des Versicherungsnehmers, der einen Schadensfall meldet, um die Leistung an den vermeintlich Geschädigten allein dem Versicherer zuzuordnen; anders Bamberger/Roth/Wendehorst Rz 174. Eine dem Fehlen einer Anweisungslage vergleichbare Situation ist demgegenüber gegeben, wenn der Versicherer ohne Einverständnis des Versicherungsnehmers aufgrund arglistiger Täuschung durch den vermeintlich Geschädigten oder in der Annahme an den Geschädigten leistet, dieser habe einen Direktanspruch gem § 3 PflVG; dann ist eine Direktkondiktion angebracht (Canaris aaO S 871ff). Die Besonderheiten ergeben sich aus der Tatsache, daß angesichts der selbständigen Prüfung des Anspruchs durch den Versicherer zwischen einer Drittleistung nach § 267 und einer Simultanleistung auf Deckungs- und Valutaverhältnis kaum zu unterscheiden ist; gewöhnlich entspricht der Situation des nach § 267 Leistenden die Direktkondiktion, während bei einer „veranlaßten Drittleistung" wiederum der vermeintliche Schuldner die Kondiktion hat (Larenz/Canaris § 70 V 3; dagegen Martinek JZ 1991, 395; Wilhelm JZ 1994, 585, 592). Nach der Gegenmeinung (E. Schmidt JZ 1971, 606f; Köndgen, FS Esser, S 67f; Wieling JuS 1978, 801) kann nur der **Putativschuldner** vom vermeintlichen Gläubiger kondizieren, weil der Dritte ihn zum Leistenden gemacht habe und der Putativgläubiger alle gegen den Putativschuldner bestehenden Einwendungen behalten müsse. Allerdings soll der Ausgleich für den zahlenden Dritten nur durch einen Anspruch auf Abtretung der Kondiktion des Putativschuldners erfolgen, was wegen einer Kumulation der Konkursrisiken führen kann (Reeb JuS 1972, 586). Dies wiegt schwerer als der Nachteil für den Putativgläubiger, dessen Beziehungen zum Putativschuldner durch die Rückgabepflicht gegenüber dem Zahlenden nicht berührt werden. Der Durchgriff ist also zuzulassen, im Ergebnis ebenso Medicus Rz 685; Reuter/Martinek S 467ff; MüKo/Lieb Rz 108.

29   bb) Handelte der Zahlende **ohne Ablösungsrecht** (bei Handlung auf Grund eines Ablösungsrechts – etwa nach § 268 – findet der Zahlende seinen Ausgleich entweder durch cessio legis oder bei Nichtbestehen der Schuld durch einen direkten Bereicherungsanspruch gegen den vermeintlichen Gläubiger) und hielt er sich irrig gegenüber dem Schuldner für verpflichtet, so kommt bei Nichtbestehen der Forderung im Valutaverhältnis ein Ausgleich für die Zweckverfehlung nicht durch einen Anspruch gegen den nicht bereicherten vermeintlichen Schuldner in Betracht. Eine auf Abtretung eines Bereicherungsanspruchs gegen den Empfänger hinauslaufende Kondiktion „übers Dreieck" paßt nicht, weil der Zahlende auch hier seine Zuwendung offen dem Valutaverhältnis zuordnen wollte (im Ergebnis ebenso MüKo/Lieb Rz 100; aM RGRK Rz 32). Nach einer unwirksamen **Schuldübernahme** kann der Drittzahler, da er auf seine vermeintliche Schuld leistete, beim Empfänger kondizieren (MüKo/Lieb Rz 129; Bamberger/Roth/Wendehorst Rz 146), ebenso, wenn eine bestehende Schuld übernommen wurde, weil der Übernehmer sich dazu gegenüber dem Gläubiger für verpflichtet hielt (§ 417 Rz 7). War die Schuld nicht wirksam übernommen, so kann die trotzdem erbrachte Leistung beim Gläubiger kondiziert werden, v Caemmerer, FS Dölle, S 143; Staud/Lorenz Rz 46, 47; MüKo/Lieb Rz 129. Anders nur, wenn der Übernehmer durch Übernahme (und Zahlung) eine Pflicht gegenüber dem Altschuldner erfüllen wollte, § 417 Rz 7. Bei der **Erfüllungsübernahme** hat BGH 72, 246 vor der Genehmigung eine Leistung des Übernehmers nur an den Schuldner angenommen (s auch Rz 26).

30   Handelt der Zahlende als **Bürge**, besteht aber die Bürgenschuld nicht, ist die Bürgschaft zeitlich abgelaufen oder der Höhe nach überschritten, so kann die trotzdem erbrachte Leistung (vorbehaltlich des § 814) vom Bürgen beim Gläubiger kondiziert werden, Koziol ZBB 1989, 16ff; MüKo/Lieb Rz 127; s auch den Fall Hamm WM 2001, 1064 und dazu Rz 14; zum ganzen Wilhelm NJW 1999, 3519. Dasselbe gilt mit Rücksicht auf die Akzessorietät der Bürgschaft (s auch § 767), wenn die gesicherte Forderung nicht bestand (Larenz/Canaris § 70 V 4b; Staud/Lorenz Rz 48); zur Herausgabe der Bürgschaftsurkunde Brandenburg ZIP 1999, 116. Auch bei der Bürgschaft „auf erstes Anfordern" ist eine Direktkondiktion des Bürgen beim Gläubiger anzunehmen, besonders aber bei der (abstrakten) **„Garantie auf erstes Anfordern"**; hier kann die Bank, die das Fehlen des „materiellen Garantiefalls" gegenüber der Inanspruchnahme aus der Garantie nicht einwenden konnte, dies auch nicht im Wege einer Kondiktion gegen den Garantiegläubiger geltend machen, die Rückabwicklung hat im Valutaverhältnis zwischen dem Garantieauftraggeber und dem Begünstigten stattzufinden (BGH NJW 1999, 570; Canaris ZIP 1998, 148; Heemann ZBB 1998, 239; MüKo/Lieb Rz 128a; krit Hahn NJW 1999, 2793; s auch Gröscher JZ 1999, 822; aM noch Düsseldorf mit Kurzkomm Wissmann EWiR § 765 BGB 14/98; Frankfurt NJW-RR 1998, 774). Anders, wenn schon die Inanspruchnahme aus der Garantie für jedermann erkennbar mißbräuchlich war, KG WM 1997, 1377 mit zust Anm Jakobs WuB I F a Bürgschaft 18/97; Canaris aaO. Str ist die Person des Kondiktionsschuldners, wenn nach einem **Pfändungs- und Überweisungsbeschluß** der Drittschuldner an den Vollstreckungsgläubiger zahlt. War der Pfändungsbeschluß unwirksam, so nimmt LG Bremen NJW 1971, 1366 (mit zust Anm Medicus, ebenso Schlosser ZZP 76, 79; Staud/Lorenz Rz 41; aM Kupisch, Gesetzespositivismus, S 84) an, daß der Drittschuldner eine vermeintlich eigene Pflicht leistete und deshalb beim Gläubiger kondizieren kann. Ebenso entscheidet die hM, wenn die gepfändete Forderung, die der Drittschuldner durch Zahlung an den Einziehungsberechtigten erfüllen wollte, nicht oder nicht in dieser Höhe (Düsseldorf WM 2002, 74) bestand, zum Grundsatz BGH NJW 2002, 2871; Larenz/Canaris § 70 V 1d, krit Bamberger/Roth/Wendehorst Rz 141. Entscheidet man hier im Sinne einer Kondiktion lediglich beim (vermeintlichen) Schuldner, so erhält der Gläubiger eine durch nichts begründete Besserstellung, während dem vermeintlichen Drittschuldner der Rückgriff gegen den möglicherweise insolventen Schuldner aufgezwungen wird (näher Canaris, FS Larenz, S 799, 836; Lieb ZIP 1982, 1153, 1156; für

den Fall, daß der Drittschuldner irrig an einen nachrangigen Pfändungsgläubiger gezahlt hat, auch BGH 82, 28; zust Seibert JuS 1983, 591, 593; ausführliche Kritik bei Buciek ZIP 1986, 890).

cc) Viel diskutiert sind die Fälle der Zahlung auf objektiv fremde Schuld im Glauben, selber Schuldner zu sein **31** **(irrtümliche Zahlung fremder Schulden)**. Es kann sich etwa darum handeln, daß der tatsächlich Zuwendende glaubt, aufgrund des für ihn wirkenden Vertragsabschlusses durch einen Mittler auf seine eigene Verpflichtung zu leisten, während der Empfänger den Mittler für seinen Vertragspartner hält, der ihm durch den tatsächlich Zuwendenden eine Leistung erbringt (BGH 36, 30; 40, 272; 58, 184, 188; BGH WM 1978, 1053), aber auch um Irrtümer über den Schuldner gesetzlicher Pflichten (BGH 43, 1 sowie Rz 46) und nach erfolgreicher Irrtumsanfechtung einer Tilgungsbestimmung des leistenden Dritten (Hamm OLGZ 89, 207). Durch die Handlung eines Nichtschuldners kann die Schuld nur erfüllt werden, wenn entweder die Voraussetzungen des § 267 vorliegen oder der Nichtschuldner als Leistungsmittler tätig wird. Das erstere kommt nur in Betracht, wenn eine entsprechende Tilgungsbestimmung des Dritten vorliegt (RG Recht 1922, Nr 24; Lorenz AcP 168, 298). Beherrscht der Irrtum, der Zahlende sei Schuldner, den Leistungsempfänger ebenso wie den Zahlenden, kann es sich nur um eine Leistung auf vermeintlich eigene Schuld handeln, die kondiziert werden kann, der wirkliche Schuldner hat damit nichts zu tun, s auch Flume AcP 199, 1, 31. Im Fall des Mißverständnisses, in dem aufgrund der Umstände des Falles der Zuwendungsempfänger den Eindruck einer Drittleistung für seinen Vertragspartner haben konnte oder mindestens nicht erkennen konnte, ob ihm durch einen Dritten oder mittels eines Dritten geleistet wurde, ist aber nach den allgemeinen Regeln (Rz 14, 15) nach Maßgabe der vom Empfängerhorizont zu beurteilenden Leistungsverhältnisse rückabzuwickeln. Dabei spielt insbesondere auch wieder das Fehlen einer dem wahren Schuldner zurechenbaren Anweisung eine Rolle, so daß, besonders bei Erkennbarkeit dieses Mangels für den Empfänger, direkt gegen diesen ein Bereicherungsanspruch besteht, Hamburg NJW 1983, 1499. Dies alles gilt insbesondere beim **Einbau** von Sachen in ein fremdes Grundstück, den der Eigentümer für eine Leistung seines Vertragspartners, des Unternehmers, hielt, während der Zuwendende glaubte, aufgrund eines Vertrages mit dem Eigentümer zur Leistung verpflichtet zu sein. Soweit nicht auf die Sicht des Zuwendungsempfängers abgestellt wird, kann der Putativschuldner beim Empfänger kondizieren, Wilhelm S 50ff; Canaris, FS Larenz, S 827; MüKo/Lieb Rz 94a.

Eine weitere Möglichkeit, bei der irrtümlichen Zahlung fremder Schulden den Interessen des Zuwendenden **32** Rechnung zu tragen, besteht im **Wahlrecht des Putativschuldners**, auf eine mögliche Kondiktion gegen den Empfänger zu verzichten und durch nachträgliche Erklärung die Situation gem § 267 herzustellen, so daß ein Rückgriffsanspruch gegen den Schuldner besteht. Es kommt an sich nur in Betracht, wenn Zuwendender und Zuwendungsempfänger den ersteren für den Schuldner hielten, nach verbreiteter Ansicht aber in allen Fällen irrtümlicher Zahlung fremder Schuld (Flume JZ 1962, 281; v Caemmerer, FS Dölle, S 147ff; Ehmann NJW 1969, 1833, 1835; Zeiß AcP 165, 337; Schlechtriem NJW 1966, 1795f; Reuter/Martinek S 473f; Larenz/Canaris § 69 III 2c); ähnlich im Ergebnis, wenn dem Leistenden gestattet wird, den Anschein der dem § 267 entsprechenden Tilgungsbestimmung durch Anfechtung zu beseitigen, Canaris, FS Larenz, S 844; zur Anfechtung der Tilgungsbestimmung s auch Rz 30. ZT wird das nachträgliche Wahlrecht auf eine Wirkung ex nunc beschränkt (Wilhelm, Rechtsverletzung, S 175ff; Koppensteiner/Kramer S 41f; Schnauder, Grundfragen, S 183ff). BGH NJW 1964, 1898 hat hinsichtlich der über die versicherungsrechtlichen Höchstgrenzen hinausgehenden Leistungen einer Haftpflichtversicherung das Wahlrecht gelten lassen, weil dem Leistenden für den Fall von Insolvenzen oder zur Abwehr von Einwendungen im Wechsel des Kondiktionsschuldners ermöglicht werden sollte. Wenn BGH NJW 1986, 2700 einem Träger der gesetzlichen Unfallversicherung gestattete, irrtümlich für ein verunglücktes Kind erbrachte Versicherungsleistungen unter Verzicht auf den Rückzahlungsanspruch gegen das Kind vom unterhaltspflichtigen Vater zurückzufordern, so war dies ausschließlich aus § 242 begründet und läßt nicht erkennen, ob die Streitfrage generell entschieden werden sollte (für eine Zulassung des Wahlrechts unter Aufarbeitung der sozialrechtlichen Grundlagen Denck JZ 1987, 127). Indessen ist das Wahlrecht eher abzulehnen (Esser/Weyers § 48 III 6; Staud/Lorenz Rz 60; MüKo/Lieb Rz 76ff; s auch Reuter, Bereicherungsausgleich, S 100ff; Hassold S 124ff; Medicus BR Rz 951; einschränkend Bamberger/Roth/Wendehorst Rz 180f; nur für den Fall der Verfolgung legitimer Interessen zust Larenz/Canaris § 69 III 2c). Eine solche Ausweichmöglichkeit ist, da jeder mindestens das Insolvenzrisiko seines Partners in der Leistungsbeziehung zu tragen hat, kaum gerechtfertigt, zumal sich der Gläubiger und der wirkliche Schuldner nicht ohne Rücksicht auf ihre Einwendungen einem Bereicherungsanspruch gegenübersehen sollen; anders wegen der schuldnerschützenden Wirkung des § 407 auch bei Leistung des Schuldners an den Zedenten § 407 Rz 2.

d) Bereicherungsausgleich beim Vertrag zugunsten Dritter. Eine gegenüber den sonstigen Dreipersonenver- **33** hältnissen besondere Struktur weist der **echte Vertrag zugunsten Dritter** auf. Die Besonderheit liegt darin, daß nicht nur zwischen dem tatsächlich zuwendenden Versprechenden und dem Versprechensempfänger, also im Deckungsverhältnis, sowie zwischen dem Letzteren und dem Dritten, also im Valutaverhältnis, Leistungen im bereicherungsrechtlichen Sinne stattfinden (s auch Larenz/Canaris § 70 V 2a). Hinzu tritt der Umstand einer Verpflichtung des Versprechenden gegenüber dem Dritten. Die heute hM trägt den Besonderheiten des berechtigenden Vertrages zugunsten Dritter dadurch Rechnung, daß sie außer den Leistungen im Deckungs- bzw Valutaverhältnis auch eine bereicherungsrechtlich erhebliche Leistung des Versprechenden an den Dritten annimmt (BGH 58, 184; Lorenz AcP 168, 286, 291; JuS 1968, 441; Hadding, Bereicherungsausgleich S 19ff, 98ff; RGRK Rz 29; weiter Wilhelm JuS 1973, 1, 7; ablehnend E. Schmidt JZ 1971, 603). Das besagt aber noch nichts Entscheidendes zur Frage, in welchem Verhältnis bei Mängeln des Rechtsgrundes abgewickelt werden muß, da es insofern entscheidend darauf ankommt, ob die Leistung des Versprechenden an den Dritten, die in der Tat vorliegen dürfte, an den Mängeln des Deckungs- oder Valutaverhältnisses leidet.

aa) Der **Streitstand:** Nach Lorenz (AcP 168, 286ff) ist der Anspruch des Dritten dem Deckungsverhältnis **34** untergeordnet. Hieraus folgt zunächst, daß gem § 334 Einreden des Versprechenden gegen den Versprechensempfänger dem Dritten entgegengehalten werden können (gilt auch für die Bereicherungseinrede gem § 821). Darüber hinaus sollen Mängel des Deckungsverhältnisses den Wegfall des „inneren Rechtsgrundes" und damit zugleich den Wegfall des äußeren Rechtsgrundes im Verhältnis zum Dritten nach sich ziehen, so daß der Versprechende vom Dritten kondizieren könne. Dies paßt freilich nur für die zwei wichtigen, den Anwendungsbereich des § 328 aber nicht allein ausmachenden Fälle unentgeltlicher oder Versorgungszwecken dienender Valutaverhältnisse (hierfür Lorenz AcP 168, 296; im Ergebnis ähnlich v Caemmerer JZ 1962, 387; E. Schmidt JZ 1971, 607; krit Hadding aaO S 56ff). Es müßte dann danach unterschieden werden, ob der Versprechende eine Leistung erbringt, die nach dem Innenverhältnis zum Versprechensempfänger nur er dem Dritten schuldete (dann – so in den Fällen des § 330 – steht ihm bei Mängeln des Deckungsverhältnisses die Kondiktion gegen den Dritten zu), oder ob ähnlich den Anweisungsfällen der Versprechende die Leistung des Versprechensempfängers an den Dritten vermittelt und damit zugleich seiner Pflicht gegenüber dem Versprechensempfänger nachkommt, so Lorenz aaO; E. Schmidt aaO; noch stärker differenzierend Reuter/Martinek S 485 gegen Hadding S 108f, der die Kondiktion des Versprechenden gegen den Dritten zuläßt, wenn dieser nicht zugleich im Valutaverhältnis zum Versprechensempfänger eine Forderung verloren hat; krit Peters AcP 173, 71, 78f. Zwar ist hier mit Abgrenzungsschwierigkeiten zu rechnen (Peters S 86), doch mag dem mit der Abstellung auf den wirtschaftlichen Schwerpunkt der Leistungsbeziehungen (vgl dazu BGH 58, 184) zu begegnen sein. Noch weitergehend für eine Kondiktion des Versprechenden gegen den Dritten, zT unter Hinweis auf § 813, Lange NJW 1965, 659; Weitnauer, FS v Caemmerer (1978), S 288f; Kupisch, Gesetzespositivismus, S 100f. BGH 58, 184 (NJW 1972, 864 mit krit Anm Canaris S 1197; zust E. Schmidt JZ 1972, 406) hat entgegen der Vorinstanz (Hamburg JZ 1971, 424 m abl Anm Lorenz) bei fehlendem Interesse des Versprechensempfängers an der zugesagten Leistung (gegen die Konstruktion als Vertrag zugunsten Dritter daher zu Recht Canaris aaO) den Dritten als möglichen Schuldner eines Bereicherungsanspruchs angesehen. Nur für derartige Fälle alleiniger Forderungsberechtigung des Dritten und völligen Rückzugs des Versprechensempfängers aus dem Rechtsverhältnis sowie für das unentgeltliche Valutaverhältnis (Analogie zu § 822, insoweit ähnlich Canaris, FS Larenz, S 832f) bejaht Peters aaO eine Kondiktion des Versprechenden gegen den Dritten.

35   Ein „Durchgriff" des Versprechenden auf den Dritten ist nur **ausnahmsweise zuzulassen**, weil trotz des Forderungsrechts des Dritten in der Regel nicht er es ist, dem der Versprechende eine Gegenleistung abverlangt oder Kredit gewährt (hierzu grundlegend Canaris aaO; vgl auch Peters aaO S 88f; Pinger AcP 179, 322ff; MüKo/Lieb Rz 111). BGH 5, 281 (vgl auch BGH NJW 1962, 1051) lehnte daher bei gestörtem Valutaverhältnis im Fall der abgekürzten Lieferung die Rückforderung des Versprechenden beim Dritten ab, zust im Ergebnis v Caemmerer JZ 1962, 387; Lorenz AcP 168, 287; Canaris aaO S 832; MüKo/Lieb Rz 111, für Abwicklung innerhalb der Kausalverhältnisse auch Hassold S 286ff. Der Gesichtspunkt, im Dreipersonenverhältnis tunlichst jedem die Einwendungen zu erhalten und die Risiken aufzubürden, die ihn mit seinem Partner im Leistungsgeschäft verbinden, scheidet nur aus, wenn eine unmißverständliche Unterwerfung eines Leistungsempfängers unter ein ihm fremdes Deckungsverhältnis vorliegt (insoweit ist Lorenz im Ansatz zuzustimmen). Dies ist nach der **Wertung der §§ 822, 816 I S 2** dort der Fall, wo der Dritte im Valutaverhältnis eine unentgeltliche Leistung erlangt, was hier wie allgemein in allen Dreiecksverhältnissen gilt (BGH 88, 232 für den Fall, daß ein Anweisungsempfänger die Leistung vom Anweisenden unentgeltlich erlangen sollte, und in der Person des Anweisenden nicht die Voraussetzungen der §§ 818 IV, 819 vorliegen; ähnlich bereits MüKo/Lieb Rz 119). In dem vom BGH entschiedenen Fall bestand allerdings eine wirksame Anweisung, so daß hiermit die Direktkondiktion gegeben war (Lorenz JZ 1984, 190; Mühl WM 1984, 1441, 1443). Liegen aber die genannten Voraussetzungen vor, so steht dem Versprechenden entgegen Larenz/Canaris § 70 V 2b nicht nur ein subsidiärer Durchgriff gegen den Dritten zu, Peters AcP 172, 82. Zur Wirkung des § 334 s § 813 Rz 1. Wenn der Dritte allein oder anstelle des Versprechensempfängers forderungsberechtigt ist, so ist eine direkte Kondiktion beim Dritten ebenfalls unschädlich, da der Versprechensempfänger einen Schutz seiner Gegenansprüche bei mangelhaftem Deckungsverhältnis offenbar nicht benötigt und dem Versprechenden die Auseinandersetzung allein mit dem Dritten zuzumuten ist (Peters S 84). Bei Mängeln allein im Valutaverhältnis findet nur dort ein Bereicherungsausgleich statt, Hadding S 126ff.

36   bb) Sehr str und auch von der Rspr – unter Berufung auf die Unzulässigkeit schematischer Schlüsse aus dem Leistungsbegriff (oben Rz 14 aE) – widersprüchlich entschieden ist die Frage, ob der Schuldner, der nach **Abtretung einer (vermeintlichen) Forderung** an den Zessionar geleistet hat, von ihm oder vom Zedenten Herausgabe verlangen kann. Dies ist nicht nur eine Frage der Bestimmung der Leistungsverhältnisse nach dem Empfängerhorizont (Rz 14); dennoch geht es durchaus an, die hier gemeinten Fälle mit einer Simultanleistung (des Schuldners an den Zedenten und des letzteren an den Zessionar) zu vergleichen. Infolgedessen wird eine Direktkondiktion des Schuldners beim Zessionar nur ausnahmsweise zugelassen (Canaris ZIP 1998, 494; Larenz/Canaris § 70 V 1a; MüKo/Lieb Rz 121f; Staud/Lorenz Rz 41; s auch Kupisch, Gesetzespositivismus, S 83f). Dafür spricht, daß durch die Abtretung die Stellung des Schuldners nicht verschlechtert werden soll, insbesondere jede Partei ihre Einwendungen erhalten bleiben sollen. Diese Sicht hat BGH 105, 368, bestätigt durch BGH 122, 46, insoweit ähnlich auch BGH 113, 62, im Fall der sicherungsweisen Abtretung einer Versicherungsforderung mit der weiteren Begründung zugrunde gelegt, hierdurch habe der Versicherer seine Leistung an den Versicherungsnehmer erbracht und dieser den ihm gewährten Kredit des Zessionars zurückgeführt (zust Hock MDR 1989, 1066; Kohler WM 1989, 1629; Schlechtriem JZ 1993, 24, 29f, im Ergebnis ebenso Hamburg MDR 1989, 817 sowie Hamm NJW-RR 1992, 1304; LG Dresden mit Kurzkomm Kast EWiR § 812 BGB 2/96; BFH ZIP 1993, 1236). Dem wird entgegengehalten (Dörner NJW 1990, 473, 475), die Leistung des Zedenten an den Zessionar liege in der vorhergegangenen Abtretung, durch die der Zedent seine Verpflichtung gegenüber dem Zessionar erfüllt habe; das erschöpft freilich nicht die Wirkung einer späteren Zahlung nicht. Die Gegenmeinung, die den Putativschuldner auf die Kondiktion beim Zessionar verweist (Peters AcP 173, 83; Schnauder, Grundfragen, S 208; Köndgen, FS Esser, S 55, 66f; Flume AcP 199, 1, 20ff; Bayer JuS 1990, 833; Mankowski ZIP 1993, 1214; Reuter/Martinek § 12 VI 3), hat für sich, daß

idR durch die Abtretung lediglich ein Gläubigerwechsel erfolgt, weshalb es der Schuldner nur noch mit dem Zessionar zu tun hat. Es bleibt also bei einem Zweipersonenverhältnis (Medicus BR Rz 685a), eine Simultanleistung liegt nicht vor (eingehender Vergleich bei Dörner aaO). Der Umstand, daß der Zedent Versicherungsnehmer bleibt und versicherungsrechtlich die Leistung fordern kann, ändert nichts daran, daß diese nach der Zession allein an den Zessionar zu erfolgen hat. Beachtlich ist zwar der auch vom BGH aufgenommene Hinweis (dagegen wiederum Dörner S 475f; krit Larenz/Canaris § 70 V 1a), der zahlende Versicherer müsse im Zuge einer Kondiktion beim Zedenten weiterhin mit dem Risiko der Insolvenz seines Vertragspartners belastet bleiben und dürfe andererseits nicht der Schwäche etwaiger Ansprüche gegen den Zessionar ausgesetzt werden. Dies scheint aber durch die nun einmal bestehende Möglichkeit, den Gläubiger einer Forderung ohne Mitwirkung oder nur Benachrichtigung des Schuldners zu wechseln, normativ vorgegeben. Auch der mehr pragmatische Gesichtspunkt, daß der Zessionar die Leistung effektiv erhalten (Medicus aaO), spricht für die Direktkondiktion beim Zessionar als Regelfall, ebenso unter Hinweis auf die Zahlungsströme und den völligen Ausschluß des Zedenten von der Verfügung über die Versicherungssumme, Wilhelm JZ 1994, 585, 595f; nach den sachenrechtlichen Abwicklungsbewegungen differenzierend Kohler aaO. Um im Einzelfall zu einer Kondiktion gegen den Zedenten zu kommen, sind also Umstände erforderlich, die das Verhältnis der Beteiligten stärker als die bloße Abtretung einer Versicherungsforderung an eine Simultanleistung mittels eines Dritten annähern. So hat BGH 113, 62 (zust Jakobs NJW 1992, 2524; Martinek JZ 1991, 395; krit Canaris NJW 1992, 868, 873) eine Leistung des Versicherers zum Zweck der Freistellung des Versicherten von seiner (am Ende nicht bestehenden) Haftpflicht an den Geschädigten angenommen und die Kondiktion gegen den letzteren zugelassen. Die Judikatur wird deshalb als nicht konsequent angesehen von Wilhelm JZ 1994, 585, 589f; Mankowski ZIP 1993, 1214, 1221. Ein Unterscheidungsmerkmal kann auch kaum darin liegen, daß die Leistung an den Zessionar auf ein besonderes, den Schuldner unter Druck setzendes Verhalten des Zessionars zurückzuführen sei (zur Realitätsnähe dieser Betrachtung krit Dörner aaO S 476f mit der Frage, wie groß denn die Intensität des Drängens habe sein müssen). BGH 122, 46 (zust Nicolai JZ 1993, 1118) hat an der Kondiktion allein beim Zedenten auch für den Fall der Zahlung der Versicherungssumme an den Zessionar (Leasinggeber) nach Vortäuschung des Versicherungsfalls durch den Zedenten/Leasingnehmer festgehalten (in der Begründung abweichend Kohler Anm WuB IVa § 812 BGB 2/93; für eine Kondiktion beim Leasingnehmer auch Sieg VersR 1994, 210); gerade die letztere Entscheidung unterliegt der Kritik durch Wilhelm aaO, der die Widersprüche allerdings zu Unrecht auf den Leistungsbegriff zurückführt. Bei Zahlung des Schuldners an einen nachrangigen Vollstreckungsgläubiger hat BGH 83, 28 eine unmittelbare Kondiktion gegen diesen zugelassen.

e) Bei Fehlerhaftigkeit von Deckungs- und Valutaverhältnis (**Doppelmangel**) entscheidet die hM für eine Rückabwicklung „übers Dreieck", um jedem Beteiligten die Einwendungen aus dem Rechtsverhältnis zu erhalten, auf das er geleistet hat, ihm umgekehrt auch das Risiko der Gegenrechte der jeweiligen Leistungsempfänger zuzuweisen (v Caemmerer JZ 1962, 388; H.P. Westermann JuS 1968, 17; Pinger AcP 179, 318ff; St. Lorenz JuS 2003, 729, 731; Koppensteiner/Kramer S 28f). Wenn es heißt, bereicherungsrechtlich weise der Doppelmangel keine Besonderheiten auf (Kümpel WM 2001, 2273, 2276), so trifft dies nur im Ausgangspunkt zu, wobei klar ist, daß die Bank, die den Widerruf eines Dauerauftrags übersehen hatte, wegen des Erlöschens der diesem zugrundeliegenden Schuld im Valutaverhältnis nicht beim Empfänger kondizieren kann (BGH WM 1984, 423). Vielfach wird es sich nur um das Fehlen einer gültigen Anweisung handeln (so RG 86, 343; RG JW 1932, 735; LG Gießen NJW-RR 1989, 953), wenn überhaupt ein Dreiecksverhältnis vorlag (zweifelhaft in BGH JZ 1962, 404; Lorenz JZ 1968, 53; RGRK Rz 38); zur Unanwendbarkeit der Lehre vom Doppelmangel bei Einsatz elektronischen Geldes als Bankgarantie Kümpel NJW 1999, 313, 317. Wenn sowohl die Grundverhältnisse als auch die Anweisungen nichtig sind, was BGH NJW 1989, 2880 für den Fall des § 123 annimmt, so fragt sich, ob die Rückabwicklung übers Dreieck noch in Betracht kommt (so anscheinend BGH aaO). Dies ist zu bejahen, wenn der Empfänger nicht von der Unwirksamkeit der Anweisung ausgehen mußte, so wohl Hamburg ZIP 1990, 920 m Anm H.P. Westermann S 921ff; zum Schutz des Empfängers vor einer Direktkondiktion auch Mülbert Kurzkomm § 812 BGB 2/90; demgegenüber leugnet Celle NJW 1992, 3178 die Notwendigkeit eines Schutzes des gutgläubigen Leistungsempfängers, die über den Entreicherungseinwand erfolgen könne. Wohl überholt ist die Annahme, daß bei einem Doppelmangel ein Durchgriff stattfinde (BGH 36, 30), da BGH 48, 70 entschied, eine direkte Kondiktion komme dann nicht in Betracht, wenn innerhalb einer „Bereicherungskette" der letzte seinem Vormann auf Grund Vertrages hafte. Beim Vertrag zu Rechten Dritter stellt sich das Problem nur, wenn nicht schon allgemein ein Mangel des Deckungsverhältnisses den Durchgriff des Versprechens gegen den Dritten begründet (Rz 34). Richtig ist auch hier grundsätzlich die **Kondiktion im Dreierring**; abweichend Hadding aaO S 144ff, der in Gestalt eines „doppelspurigen" Bereicherungsausgleichs einen Durchgriff gestattet und daneben, da der Dritte eine dem Versprechensempfänger erbrachte Gegenleistung abziehen könne (bedenklich), eine Kondiktion des Versprechenden gegen den Versprechensempfänger. Immerhin sind Ausnahmen zugelassen worden; so fordert die Rspr etwa bei Rückabwicklung wegen Verstoßes gegen das RechtsberatungsG oder § 56 I Nr 6 GewO Berücksichtigung des Schutzzwecks der verletzten Norm, was im Ergebnis zum Durchgriff führen kann (BGH NJW 1977, 38, 431; 1980, 939; BGH 71, 358, 365). Zum Entreicherungseinwand wegen der an einen Dritten erbrachten Gegenleistung § 818 Rz 40.

Die hM ist hinsichtlich des **Inhalts der Ansprüche** nicht leicht durchzuführen (H.P. Westermann JuS 1968, 21). Zum einen wird angenommen, daß der Bereicherungsanspruch des Zuwendenden gegen seinen Partner im Leistungsgeschäft auf Abtretung des diesem zustehenden Bereicherungsanspruchs gegen den Zuwendungsempfänger gehe (Kondiktion der Kondiktion), Berg AcP 160, 512; NJW 1962, 101; v Caemmerer, FS Rabel, S 334; aM Pinger AcP 179, 319; Staud/Lorenz Rz 55; MüKo/Lieb 39, die den Leistungsgegenstand selbst als erlangt ansehen und dann zum Wertersatz kommen, wenn nicht auch im Valutaverhältnis erfolgreich rückabgewickelt werden kann, s auch Meyer, Bereicherungsausgleich, S 53f und anscheinend Hamburg ZIP 1990, 920. Nach der hM kann der Zuwendungsempfänger seine Einwendungen gemäß §§ 404ff auch dem Bereicherungsanspruch des Zuwen-

§ 812 Einzelne Schuldverhältnisse

denden entgegensetzen, und das Risiko der Entreicherung und der Insolvenz beider Leistungsempfänger hat letztlich der mittelbar Leistende zu tragen (H.P. Westermann JuS 1968, 21; eingehend Meyer, Bereicherungsausgleich, S 34ff, 47ff). Dies als skandalös zu empfinden (Canaris, FS Larenz, S 813ff; abl auch Kupisch, Gesetzespositivismus, S 25, 81; Pinger AcP 179, 319; dagegen aber Koppensteiner/Kramer, S 29), besteht zumindest gegenüber einer Durchgriffslösung wenig Anlaß. Denn sie bürdet dem Leistungsmittler das Entreicherungs- und Insolvenzrisiko beim Zuwendungsempfänger auf, und wenn dieser den Leistungsmittler auf eine dem Leistenden erbrachte Gegenleistung verweisen dürfte (BGH NJW 1954, 1194; V. Wolff JhJb 84, 153; Krawielicki JhJb 81, 350), so träfe ihn schließlich auch das Risiko einer inzwischen eintretenden Insolvenz des Leistenden. Die Problematik verschiebt sich dann auf eine – ebenfalls ungesicherte – Einschränkung des Entreicherungseinwands (Köndgen, Festgabe für Esser, S 73; Pinger aaO; gegen Köndgen besonders Meyer, Bereicherungsausgleich, S 32ff).

39 Die Kondiktion der Kondiktion, an den Anweisungsfällen entwickelt, ist nicht für alle Dreiecksverhältnisse die richtige Lösung; differenzierend daher auch Staud/Lorenz Rz 55. In den **Einbaufällen** (BGH 36, 30; 40, 272) kann bei Doppelmangel der Baustofflieferant vom Unternehmer Ersatz des gemeinen Werts seiner Leistungen (nicht das Vertragsentgelt) verlangen, dieser kondiziert die Wertsteigerung beim Eigentümer, der dann seine Einwendungen aus dem Rechtsgrundverhältnis geltend machen kann (H.P. Westermann JuS 1968, 21); vorausgesetzt ist dabei, daß der Unternehmer nicht aus § 951 gegen den Eigentümer vorgehen kann (s etwa Saarbrücken MDR 2001, 1231 und zur „Subsidiarität" der Nichtleistungskondiktion Rz 83). Bei der **abgekürzten Lieferung** kann der Leistungsmittler, wenn sein Vertragspartner sein Leistungsverhältnis zum Empfänger schon rückabgewickelt hat, die Sache, sonst Abtretung der Kondiktion und Freistellung von den Gegenrechten des Leistungsempfängers verlangen (H.P. Westermann S 22). Weitergehend will Canaris aaO S 819f generell den Kondiktionsschuldner nicht nur zur Abtretung seines eigenen Bereicherungsanspruchs, sondern im Falle der Entreicherung oder der Uneinbringlichkeit des Anspruchs zum Wertersatz verpflichten; s auch Staud/Lorenz aaO; Kupisch S 23, 81. Das ist zutreffend, weil der Gegenstand des Bereicherungsanspruchs mit dem Schicksal des Leistungsgegenstandes wechseln kann (H.P. Westermann aaO). Zu einem unmittelbaren Durchgriff kommt es wiederum, wenn im Valutaverhältnis unentgeltlich geleistet werden sollte (H.P. Westermann S 20; Kupisch, Gesetzespositivismus, S 82; MüKo/Lieb Rz 42). Ein praktisch wichtiger Fall des Doppelmangels ist die Unwirksamkeit von Kauf- und Darlehensvertrag nach den Regeln des **Verbraucherkredits**. An sich leistet hier die Bank aufgrund einer Anweisung des Käufers an den Verkäufer, so daß bei Mängeln eines der beiden Rechtsgrundverhältnisse nach den allgemeinen Regeln abzuwickeln ist. Sind beide Rechtsverhältnisse mangelhaft, was namentlich dann geschehen kann, wenn eine Anfechtung des arglistig getäuschten Käufers auch den Darlehensvertrag vernichtet, so ist grundsätzlich wiederum übers Dreieck abzuwickeln, wobei zT der Käufer nur zur Abtretung seines Kondiktionsanspruchs gegen den Verkäufer haften soll (Esser, FS Kern, 1968, S 87), teils aber auch das Erlangte in der Darlehensvaluta gesehen wird (MüKo/Lieb Rz 133) mit der Folge, daß dann geprüft werden muß, wann der Käufer das grundsätzlich von ihm zu tragende Risiko bezüglich der Verwendung der Valuta über § 818 III auf die Bank abwälzen kann (zum letzten § 818 Rz 40). Der BGH (BGH 71, 358; BGH NJW 1978, 2144; 1979, 1593; 1980, 1155) ging in Fällen, in denen unmittelbar auf Darlehensrückzahlung geklagt worden war, von einem speziellen Schutzbedürfnis des Käufers aus, der „allenfalls" Abtretung des Anspruchs gegen den Verkäufer hafte. Bei Rückabwicklung wegen Widerrufs gem § 1b AbzG hat BGH 91, 9, 11 als Bereicherung nur den Kaufgegenstand, nicht aber die Darlehensvaluta angesehen und entnahm dem Schutzzweck des AbzG das Verbot, den Käufer nach dem Widerruf mit einem auf Zahlung gerichteten Bereicherungsanspruch der Bank zu belasten und ihm das Risiko der Durchsetzung eigener Ansprüche gegen den Verkäufer aufzubürden. Im übrigen ist aber für verbundene Geschäfte iSd § 358 III davon auszugehen, daß der Käufer Abtretung seines Bereicherungsanspruchs gegen den Verkäufer schuldet; mit Rücksicht auf die Kumulierung der Insolvenzrisiken einen subsidiären Durchgriff auf den Verkäufer zuzulassen (so noch Canaris, FS Larenz, S 839), besteht kein Anlaß, weil das Finanzierungsinstitut angesichts seiner engen Zusammenarbeit mit dem Verkäufer dessen Insolvenzrisiko überblicken kann und sich im allgemeinen durch Mithaftung des Verkäufers für das Darlehen sichert. Zur Rückabwicklung verbundener Geschäfte s im übrigen § 813 Rz 3.

40 f) **Wichtige Einzelfälle.** Auch die **Bebauung eines fremden Grundstücks** kann Leistung sein. Errichtet jemand auf fremdem Boden ein Haus, nachdem er sich mit dem Eigentümer über eine spätere Übereignung formlos geeinigt hatte, hält bei ausbleibender Übereignung BGH 35, 356; 44, 321; BGH WM 1961, 700; 1965, 795; 1966, 27 einen Bereicherungsanspruch wegen Zweckverfehlung (§ 812 I S 2 Alt 2) für möglich. Im Schrifttum (Söllner AcP 163, 30) wird eine Nichtleistungskondiktion angenommen, unentschieden BGH NJW 1970, 136. Zu Verwendungen eines Vorkaufsberechtigten vor § 812 Rz 15. Bei **Werk- und Dienstleistungen**, insbesondere beim Einbau von Sachen durch einen Subunternehmer, kann dieser die Tilgungsbestimmung des ihn anweisenden Hauptunternehmers überbracht haben, und es kann auch sonst eine Tilgungsbestimmung des Hauptunternehmers dem Empfänger zugegangen sein, was dann die Direktkondiktion des Subunternehmers wegen Rechtsverlusts (§ 951) ausschließen kann; zu den weiteren Parallelen zur Rechtslage bei den Dreiecksverhältnissen Koller, Rechtsgrund und Nichtleistungskondiktion, S 151ff.

41 Sonstige **Einzelfälle**, die zT in Anwendung des früher herangezogenen Merkmals der Unmittelbarkeit der Vermögensverschiebung entschieden wurden: Wenn eine Leistung, die in einer Verwendung auf eine Sache besteht, im Ergebnis nicht dem Partner der Leistungsbeziehung, sondern dem Eigentümer der Sache wirtschaftlich zugute kommt, kann der Leistende nicht vom Eigentümer kondizieren (Versionsklage), so für den Fall von Handwerkerleistungen an Mieter RGRK Rz 36; vgl auch BGH NJW 1954, 793; BGH 27, 317; s auch Saarbrücken MDR 2001, 1231.

42 Im **Gesamtschuldverhältnis** richtet sich das Verhältnis der Gesamtschuldner untereinander in der Regel nach der vertraglichen oder gesetzlichen Bestimmung, notfalls nach § 426 (BGH NJW 1963, 2067; BGH 43, 227). Bei den zahlreichen Fällen sog unechter Gesamtschulden (vor § 420 Rz 31) kommt dagegen die Rückgriffskondiktion (Rz 26) als Regreßmethode in Betracht, zT über die Verweisung in § 684 S 1. Soweit es sich dabei um Tilgung fremder Schuld handelt, gilt das zu Rz 26ff Gesagte. Danach wird ein Rückgriff hauptsächlich dann in Betracht kommen, wenn die Grundsätze der Geschäftsführung ohne Auftrag nicht passen (RG 82, 206) oder der leistende Gesamtschuldner durch eine seine Verpflichtung gegenüber dem Gläubiger übersteigende Zahlung die insoweit haftenden Mitschuldner befreit (BGH NJW 1964, 1898; 1966, 1262 für den Ausgleich zwischen mehreren Beteiligten eines Kfz-Unfalls, vgl auch Dunz NJW 1966, 1810). Demgegenüber steht bei Verschiedenstufigkeit mehrerer demselben wirtschaftlichen Interesse dienender Schulden dem Zahlenden keine Leistungskondiktion gegen die anderen, der Schuld näherstehenden Verpflichteten zu. Häufig passen spezielle Interessenwertungen wie §§ 830, 840, 255 besser (§ 426 Rz 4). Wo es daran und an der analogen Anwendbarkeit des § 426 fehlt, greift die Rückgriffskondiktion ein, die hier, da der Zahlende in der Regel keinen Leistungszweck geleistet hat, Nichtleistungskondiktion sein wird (v Caemmerer, FS Rabel, S 362f; NJW 1963, 1403). Beispiele: Rückgriff auf den deliktisch Verantwortlichen, wenn der Unterhaltspflichtige (RG 138, 2) oder der Baulastpflichtige (RG 82, 214) Aufwendungen zur Schadensbehebung gemacht hat, vgl auch Düsseldorf MDR 1959, 37. Zum Rückgriff des persönlichen Schuldners einer durch Grundschuld gesicherten Forderung gegen den Ersteher wegen dessen Befreiung von der dinglichen Haftung BGH 56, 22.

Auch bei **Unterhaltszahlungen** durch einen Nichtverpflichteten richtet sich der Ausgleich nicht in erster Linie nach Bereicherungsrecht. Bei entsprechender Willensrichtung des Leistenden ist Geschäftsführung ohne Auftrag denkbar. Vielfach findet eine cessio legis statt, s §§ 1607 II S 2, 1608 S 3, 1615b; neben diesen Vorschriften findet ein Bereicherungsausgleich nur statt, wenn einzelne ihrer Voraussetzungen nicht vorliegen, Gernhuber/Coester-Waltjen, Familienrecht, § 45 V 4. Gewährt ein außenstehender Dritter dem Kind Unterhalt, ohne schenken oder ein Darlehen geben zu wollen, so kann freilich Geschäftsführung für den ihm unbekannten Unterhaltspflichtigen vorliegen. Hält der Zahlende sich irrig selbst für verpflichtet, gilt das in Rz 26ff Gesagte. Bereicherungsrecht wurde angewendet, wenn der „**Scheinvater**" (§§ 1591, 1593) nach erfolgreicher Ehelichkeitsanfechtung vom Kind seine Zahlungen zurückverlangte (BGH 42, 1; 78, 201, 203; allerdings meist aussichtslos wegen § 818 III, BGH NJW 1984, 2188). Ein solcher Anspruch scheidet auch nach der gesetzlichen Regelung in § 1607 III aus, wenn der Leistende um seine Nichtvaterschaft wußte, AG Wipperfürth FamRZ 2001, 783. Hatte der Scheinvater aufgrund einer Überleitung des Unterhaltsanspruchs auf den Träger der Sozialhilfe (§ 90 BSHG) bezahlt, bevor die Ehelichkeit angefochten wurde, so richtet sich sein Bereicherungsanspruch nicht gegen das Kind, das erhalten hat, was ihm zustand, sondern gegen den Träger der Sozialhilfe, dessen Vermögen durch die Zahlung des Scheinvaters vergrößert worden war; ein „bereicherungsrechtliches Dreiecksverhältnis" liegt nicht vor, und auch § 818 III behindert den Anspruch nicht (BGH 78, 201). BGH 43, 1 hat einer „Scheinehefrau", die ihren „Scheinehemann" unterhalten hatte, den Rückgriff auf die Kinder des Mannes versagt. Soweit wegen Unterhaltszahlungen für die Vergangenheit ein Rückgriff nach Bereicherungsrecht stattfindet, ist § 1613 entsprechend anzuwenden (BGH 31, 329; BGH NJW 1984, 2158; Hegmann FamRZ 1973, 435); zur Verjährung anders BGH 32, 13. Zum internen Steuerausgleich zusammenveranlagter Ehegatten aufgrund Bereicherungsrechts Sonnenschein NJW 1980, 259ff.

5. Ohne rechtlichen Grund. Die Frage nach dem **rechtlichen Grund** ist für Leistungs- und Nichtleistungskondiktion nicht ohne weiteres nach denselben Kriterien zu entscheiden. Im Bereich der Leistungskondiktion kommt es zunächst auf die Erreichung bzw Verfehlung des Leistungszwecks an (Rz 1). Dabei genügt jeder gesetzlich erlaubte und nicht sittenwidrige (§ 817) Zweck, der nach dem Parteiwillen maßgeblich sein sollte. Das ist die Erfüllung gesetzlicher (zB Geschäftsführung ohne Auftrag) und vertraglicher Pflichten, aber auch von Pflichten aus gesellschaftlicher Konvention, RG JW 1917, 104. Ein vereinbarter Zweck kann auch verfehlt werden, wenn eine zu erfüllende Schuld tatsächlich bestand, so BGH NJW 1985, 2700 für den Fall der Einigkeit der Parteien über das Konto des Gläubigers, auf das gezahlt werden sollte, und anschließende Fehlleitung der Zahlung auf ein anderes (debitorisches) Konto des Gläubigers (zust Schnauder JZ 1987, 68, 71f; abl Kupisch NJW 1987, 2494; für Gleichsetzung von Rechtsgrund und Forderung und nicht Erreichung eines Leistungszwecks Hadding, FS Kroeschell, 1997, S 293, 299). Dem Rechtsgrundbegriff der hM liegt also eine von der schuldrechtlichen Erfüllungspflicht gelöste subjektive Zweckbestimmung mit der Maßgabe zugrunde, daß Zweckerreichung Rechtsgrund, Zweckverfehlung dagegen ohne Grund für die Kondiktion ist (Schnauder, Grundfragen, S 35ff; Ehmann JZ 2003, 702, 707; eingehend Reuter/Martinek S 107ff, 110; gegen eine Betonung des Zwecks ohne Änderung in der Sache Bamberger/Roth/Wendehorst Rz 24). Die Annahme (Kupisch NJW 1985, 2370, 2375 mit eingehender dogmengeschichtlicher Kritik der hM), Rechtsgrund sei die schuldrechtliche Austauschabrede und nicht der mit der Leistungsvollzug wegfallende (§ 362) Anspruch, leugnet die Relevanz des zwischen der schuldrechtlichen Grundlage und der tatsächlichen Zuwendung bestehenden subjektiven Bindeglieds und knüpft somit an die Kritik des Leistungsverständnisses der hM an (dazu Rz 1ff). Wenn Brandenburg WM 2002, 974 die Rückforderung einer irrtümlich als Masseschuld bezahlten Konkursforderung durch den Insolvenzverwalter nach Bereicherungsgrundsätzen gestattet, obwohl die Forderung bestand, so läßt sich dies systematisch erklären, wenn man die Vorstellung der Begleichung einer Masseschuld in die Zwecksetzung einbezieht; das OLG argumentiert mit dem Schutz der Masseglaübiger, s dazu auch BAG DB 1979, 847; abw LG Stuttgart ZIP 1985, 1518. Im übrigen darf der Insolvenzgläubiger eine Auszahlung nur insoweit behalten, als seine Forderung ins Verteilungsverzeichnis aufgenommen ist und die Zahlung der Quote entspricht. Die **Systematik** der Bereicherungsansprüche ergibt sich sodann daraus, daß die §§ 812 bis 815, 817 zwischen verschiedenen Kondiktionen danach unterscheiden, worin die Rechtsgrundlosigkeit ihre Ursache hat. Daneben legt das Gesetz für diese Fallgruppen unterschiedliche Tatbestände eines Ausschlusses der Kondiktion fest. An solchen Differenzierungen ist auch nicht vorbeizukommen, wenn man im übrigen mit einer im Schrifttum vordringenden Lehre (Wilhelm, Rechtsverletzung, S 98ff; Welker, Bereicherungsausgleich, S 32ff; MüKo/Lieb Rz 139) den Rechtsgrund als Behaltensgrund für ein sonst rechtsverletzendes Haben definiert. Zum Fall eines für verfassungswidrig erklärten Gesetzes s § 79 II S 4 BVerfGG.

§ 812 Einzelne Schuldverhältnisse

45 a) Mit der **condictio indebiti** wird eine Leistung zurückgefordert, die auf eine **in Wahrheit nicht bestehende Schuld** erbracht wurde. Es ist unerheblich, worauf das Nichtvorhandensein der Schuld beruht; auch die Leistung auf eine schon vor der Leistung weggefallene Schuld oder eine Verbindlichkeit, über die Dissens bestand (RG 87, 42), gehört hierher. Ein Irrtum des Leistenden liegt zwar regelmäßig, aber nicht notwendig vor (BGH 37, 371; vgl § 814 Rz 1f). Bisweilen wird aus der condictio indebiti die sogenannte condictio sine causa ausgesondert, die eingreifen soll, wenn eine Leistung auf ein hierdurch zu begründendes Rechtsgrundverhältnis erbracht wird, das aber nicht entsteht (causa credendi bzw donandi), teils auch bei Dissens über das Kausalverhältnis (RGRK Rz 76). Besser, die hierher gerechneten unterschiedlichen Fälle der condictio indebiti zuzuordnen (Staud/Lorenz Rz 78), wobei freilich anerkannt werden muß, daß bei Dissens über den Leistungszweck eine begrifflich nicht zwingend gebotene Leistungskondiktion erfolgt zwischen den Parteien, die untereinander die Zweckabrede treffen wollten (RG 87, 41). Diese Kondiktion kann neben den dinglichen Ansprüchen auf Ausgleich eines wegen des Dissenses gescheiterten Rechtsübergangs stehen. Die Leistung muß an den richtigen Gläubiger erbracht worden sein, so daß der Vertragspartner einer Gesellschaft bürgerlichen Rechts, der auf die Forderung der Gesellschaft an einen der Gesellschafter geleistet hat, diese Zahlung kondizieren kann.

46 **Beispiele** für die condictio indebiti: Erfüllung aufschiebend bedingter oder auflösend bedingter Forderung vor oder nach Bedingungseintritt sowie sonstige Leistungen auf einen schwebend unwirksamen Vertrag (BGH NJW 1976, 104; zur auflösenden Bedingung s Brandenburg ZIP 1998, 1049); Leistung auf eine formungültig eingegangene Verpflichtung (RG 137, 177; 170, 207) oder als – unzulässige – Gegenleistung für den Erlaß eines Verwaltungsakts (RG 135, 374); Leistung auf einen nicht bestehenden Darlehensvertrag (BGH NJW 1979, 1597), auf eine Garantie, deren materielle Voraussetzungen fehlten (Frankfurt ZIP 1998, 148), auf einen gem § 779 ungültigen Vergleich (BGH WM 1973, 383) oder auf ein Rechtsgeschäft, das wegen Geschäftsunfähigkeit eines Partners oder wegen Sittenwidrigkeit (dazu s aber § 817) nichtig ist (RG 111, 151; LG Berlin FamRZ 2001, 419; zur Vereinbarung einer der Höhe nach unzulässigen Miete BGH NJW 1967, 2260; LG Hamburg ZMR 1979, 208). Eine als Mängelbeseitigung verlangte Bauleistung ist rechtsgrundlos, wenn kein Mangel vorlag (Düsseldorf BauR 2001, 1608). Kein Fehlen des Rechtsgrundes dagegen, wenn Ehegatten eine Gesamtgrundschuld dadurch ablösen, daß sie aufgrund unwirksamer weiterer Zweckerklärung eine Schuld nur eines von ihnen tilgen, BGH ZIP 1999, 876. Unter diese Kondiktionsform fallen nicht nur Leistungen in der Annahme, vertraglich verpflichtet zu sein, sondern auch die vermeintliche Erfüllung andersartiger, etwa gesetzlicher Pflichten, zB Unterhaltspflichten, Zweibrücken FamRZ 1998, 834; zu den Ansprüchen eines Scheinvaters Rz 43. Hierbei gehört Überzahlung auf ein vorläufig vollstreckbares Abänderungsurteil (Schleswig SchlHA 98, 185) oder auf eine einstweilige Anordnung (Hamm FamRZ 1998, 1166). Kondizierbar auch die Überlassung von Nachlaßgegenständen durch Testamentsvollstrecker an Erben in der Annahme, die Voraussetzungen des § 2217 lägen vor (BGH 12, 100); ein Grundbuchberechtigter bewirkt eine Löschung oder räumt einen Vorrang ein, weil er sich dazu verpflichtet glaubt (RG 146, 360; RG HRR 30, 1316). Eine als Austauschsicherheit begründete Bürgschaft wird als durch die Bezahlung des einbehaltenen Betrages bedingt betrachtet, ist also rechtsgrundlos, wenn der Auftraggeber den Betrag weiter einbehalten hat; die Bürgschaft ist somit zurückzugeben (Celle NZBau 2001, 93). Bei nichtiger Handschenkung kommt der Rechtsgrund nicht zustande (RG 111, 151), ebenso beim Darlehen (so für den Fall der Valutierung gegenüber dem vollmachtlos vertretenen Darlehensnehmer Hamm NJW 1981, 995). Zur Rückabwicklung nichtiger Darlehensverträge s § 817 Rz 20.

Die condictio indebiti greift schließlich ein, wenn auf eine Schuld ein **Gegenstand geleistet wurde, dem die Erfüllungseignung fehlt** (BGH 7, 123), etwa bei nicht ausreichenden Gattungssachen, § 243 I. Dies gilt allerdings nicht für den vom Käufer trotz einer Falschlieferung gezahlten Kaufpreis, für den der Kaufvertrag, solange der Käufer nicht zurückgetreten ist, den Rechtsgrund bildet, BGH NJW 1997, 1914 mit zust Anm Fritzsche WuB IV A § 459 BGB 1/97. Ein Bereicherungsanspruch entfällt im übrigen, wenn anstelle des von den Parteien ins Auge gefaßten Rechtsgrundverhältnisses ein anderer Rechtsgrund dem Leistungsempfänger erlaubt, die Leistung zu behalten, so Verjährung, Verwirkung, Versäumung einer Ausschlußfrist, rechtskräftiges Urteil. Manchmal ergibt sich umgekehrt ein Bereicherungsanspruch gerade daraus, daß der Entreicherte Einwendungen gegen eine Forderung aus Rechtsgründen nicht geltend machen konnte, nun aber Rückgewähr verlangt, so Jena OLGRp 1998, 98 für den Einwendungsausschluß des Bürgen bei Bürgschaft auf erstes Anfordern.

47 b) Besteht im Augenblick der Leistung ein **Rechtsgrund, fällt** er jedoch **später weg**, so ist, falls nicht eine spezielle Regelung der Folgen des Wegfalls besteht (zB §§ 371, 528, 533, 628, 1144), der allgemeine Tatbestand der **condictio ob causam finitam** (§ 812 I S 2 Alt 1) gegeben. Er unterscheidet sich von der condictio indebiti nicht, so daß gewisse Abgrenzungsschwierigkeiten vernachlässigt werden dürfen, ebenso die streitige Frage, ob der Wegfall ex nunc oder ex tunc wirken muß (für condictio indebiti bei Vernichtung des Rechtsgrundes ex tunc Bamberger/Roth/Wendehorst Rz 34). Somit ist es auch hier gleichgültig, ob auf einen vertraglichen oder gesetzlichen Rechtsgrund geleistet wurde, ob der Wegfall auf Grund einer Gestaltungserklärung oder automatisch geschah. Schwierig ist dagegen manchmal die Abgrenzung zur Kondiktion wegen Nichteintritts des mit der Leistung bezweckten Erfolges (Rz 49).

48 **Einzelfälle:** Eintritt einer auflösenden Bedingung oder eines Endtermins (BGH MDR 1959, 658; RG HRR 1933, Nr 1008; zum Fall der auflösend bedingten Schenkung Jülicher ZEV 1998, 201); Vorschußzahlungen nach Erlöschen der Erfüllungsansprüche durch Rücktritt (BGH NJW 1979, 2389); Wiedererlangung der gestohlenen Sache nach Auszahlung der Versicherungssumme (RG 108, 112; LG Kiel NJW 1950, 350). Über den Fall, daß Ersatz nicht von einem Versicherer, sondern von einem schuldhaft handelnden Verwahrer geleistet worden war, s unter dem Gesichtspunkt des § 812 nicht überzeugend Weimar JR 1959, 92. Verweigert Konkursverwalter nach § 103 InsO Erfüllung eines Vertrages, auf den der Gemeinschuldner bereits eine den Schadensersatzanspruch des Gegners übersteigende Leistung bewirkt hat, so richtet sich die Rückforderung nach Bereicherungsrecht (RG 135, 167; BGH 15, 335; 68, 379), desgleichen der Anspruch auf Rückgabe dessen, was auf Grund eines rechtskräftigen, aber im Wiederaufnahmeverfahren beseitigten Urteils geleistet wurde, RG 91, 195. Für Rückforderung eines auf Antrag des Gläubigers festgesetzten und vom Land beigetriebenen Zwangsgelds nach Prozeßvergleich BHG NJW 1990, 2579. Zu den Ansprüchen des Scheinvaters nach erfolgreicher Ehelichkeitsanfechtung Rz 43. Wird auf eine Forderung geleistet, obwohl eine Arrestpfändung vorlag, so gibt die gepfändete Forderung dennoch einen Rechtsgrund, München NJW 1978, 1438. Bei Dauerschuldverhältnissen, die aus wichtigem Grund gekündigt werden, kann bei Fehlen besonderer Abmachungen oder Gesetzesvorschriften (§ 547) die Rückabwicklung durch Kondiktion erfolgen, soweit Vorleistungen auf die wegen der Kündigung nicht mehr bestehenden Forderungen erbracht wurden, BGH NJW 1967, 2255; BGH NJW 1972, 827. Bei Auflösung eines Vertrages wegen Fortfalls der Geschäftsgrundlage kann nur wegen der Leistungen kondiziert werden, die den nicht mehr durchgeführten Vertragsteil betreffen (vgl RG 147, 208), wenn dies trennbar ist. Wenn ein Leasingvertrag nach der Rspr wegen wirksamem Rücktritt vom Kaufvertrag am Fehlen der Geschäftsgrundlage leidet und rückabgewickelt werden muß, auch wenn der Leasingnehmer die Sache eine Zeit lang benutzt hat (BGH 68, 118, 126; 81, 298, 306; 94, 180, 185; 97, 135; BGH NJW 1985, 796; Kritik bei Schröder JZ 1989, 717; Lieb DB 1988, 2495f), so richtet sich die Rückabwicklung nach Bereicherungsrecht (BGH NJW 1985, 796; 1990, 314f). Der Leasinggeber hat auf dieser Grundlage an den Lieferanten eine Nutzungsentschädigung zu zahlen, der Leasingnehmer kann gezahlte Leasingraten zurückfordern; zum Wegfall der Bereicherung in diesen Fällen § 818 Rz 15. Wenn nach § 139 bei einem verbundenen Geschäft ein Teil nachträglich wegfällt, wird eine erbrachte Erfüllungshandlung rechtsgrundlos (BGH NJW 1991, 105, 106). Ein Baukostenzuschuß kann nach vorzeitiger Beendigung des Mietvertrages auch nach Ablauf der mietrechtlichen Verjährung (§ 548) kondiziert werden, Düsseldorf NZM 2001, 1093; ebenso bei werterhaltenden Investitionen des Mieters BGH NJW-RR 2001, 727.

Die Kondiktion von **Leistungen unter Ehegatten** nach Scheidung der Ehe wurde in Anwendung der Figur condictio ob causam finitam früher für möglich gehalten (BGH NJW 1968, 245; BGH WM 1974, 947; Düsseldorf FamRZ 1981, 770). Daran war fragwürdig, daß die Ehe kaum als Rechtsgrund für nicht als Schenkung deklarierte, unbenannte Zuwendungen angesehen werden kann (Deubner FamRZ 1968, 351; Lieb, Ehegattenmitarbeit, S 118ff; s auch BGH NJW 1983, 2933). Später wurden Ausgleichsansprüche wegen ehebedingter unbenannter Zuwendungen sowohl nach Scheidung (BGH 65, 320) als auch nach Tod (BGH NJW 1976, 2131) zugunsten einer Abwicklung nach güterrechtlichen Regeln bevorzugt, wobei die Kondiktion auch abgelehnt wurde, wenn die Eheleute in Gütertrennung lebten (BGH 82, 227; 84, 361, 363). Obwohl der familienrechtliche Ausgleichsanspruch etwa als Grundlage für Aufwendungsersatzansprüche nicht aufgegeben ist, und, soweit er bejaht wird, Ansprüche aus Geschäftsführung wie aus ungerechtfertigter Bereicherung verdrängt (BGH 116, 167; 129, 259; s auch bereits BGH FamRZ 1984, 775), bleibt doch die grundsätzliche Schwäche, daß das Güterrecht die neben der Ehe einhergehenden Abreden der Ehegatten nicht angemessen bewerten kann. Dies zeigt sich auch, wenn Dritte ehebezogene Zuwendungen erbracht haben, so wurde eine Kondiktion der Schwiegermutter, die dem Schwiegersohn eine Zuwendung zum Erwerb einer Ehewohnung gemacht hatte, nach dem Scheitern der Ehe auch für den Fall versagt, daß die Zuwendung an die Tochter geleistet war und diese das Geld zum gemeinsamen Erwerb der Ehewohnung verwendet hatte, Köln OLGRp 2001, 400 unter Hinweis auf BGH NJW 1995, 1889. Die Abwicklung allein im Rahmen des Zugewinnausgleichs, die das Gesetz vorsieht, läßt die Interessen der Zuwendenden gänzlich außer acht. Anders Oldenburg NJW 1991, 1461, wo das Scheitern der Ehe als Fortfall der Geschäftsgrundlage der Zuwendungen der Eltern an Tochter und Schwiegersohn angesehen wurde. Obwohl die Abwicklung nach Bereicherungsrecht im Hinblick auf die rechtstechnisch genau ausgeformte Wertung der Gründe für die Verfehlung privatautonom gesetzter Zwecke gegenüber der Anpassung wegen Fehlens der Geschäftsgrundlage vorzuziehen wäre (Joost JZ 1985, 7f), ist dieses letztere Instrument nach heute hM (BGH WM 1990, 1585; BGH NJW-RR 1994, 258; Staud/Lorenz Rz 100; MüKo/Lieb Rz 157; Medicus BR Rz 690) an die Stelle der Kondiktion getreten (so auch für Zuwendungen zur Zeit der DDR Naumburg Rspr 97, 122). Eine Kondiktion würde ganz ausscheiden, wenn eine ehebezogene Zuwendung als Schenkung anzusehen wäre; obwohl diese Zuwendungen objektiv unentgeltich sind (BGH 116, 167; BGH NJW 1994, 2545; 2000, 134; aM aber Hamm OLGRp 2000, 376), fehlt es nach hM am subjektiven Tatbestand einer Schenkung, der aber gegeben sein soll, wenn die Zuwendung nicht mit der Erwartung des Fortbestands der Ehe verbunden ist (BGH 116, 167; BGH NJW 1999, 2962; Bamberg NJW-RR 1996, 1347; München NJW-RR 2002, 3). Im letzteren Fall liegt im Scheitern der Ehe der Wegfall der Geschäftsgrundlage (BGH 116, 167, 170; BGH NJW 1999, 2962; Köln FamRZ 2001, 1608. Dennoch wird auch hier eine Ausgleichszahlung nur zugelassen, wenn der güterrechtliche Ausgleich zu ganz untragbaren Ergebnissen führen würde (BGH 115, 132; 119, 392; 129, 266). Insbesondere wird ein Ausgleich ganz abgelehnt, wenn die Zuwendung nicht über eine Maßnahme zur Verwirklichung der ehelichen Lebensgemeinschaft hinausgeht (so Düsseldorf FamRZ 1995, 1146 für Schuldübernahme durch den „Hauptverdiener"). Ein Ausgleich wurde etwa zugebilligt in bezug auf Zuwendungen für die Bebauung eines Grundstücks, die schon während der Verlobungszeit gemacht wurden (Celle NJW-RR 2001, 1675), ebenso bei Überschreibung eines Wertpapierdepots unter Versorgungsgesichtspunkten und Scheitern der Ehe nach kurzer Zeit (BGH FamRZ 1994, 503). Leben die Ehegatten in **Gütertrennung**, werden im wesentlichen dieselben Maßstäbe angewendet. Für Wegfall der Geschäftsgrundlage kommt es darauf an, ob dem Ehegatten, der Zuwendungen gemacht hat, die Bindung an die Folgen der vereinbarten Gütertrennung nicht zuzumuten ist, wobei Dauer der Ehe, das Alter der Eheleute bei der Scheidung, Art und Umfang der während der Ehe beiderseits erbrachten Leistungen und die sonstigen Einkünfte zu berücksichtigen sind (BGH NJW 1989, 1986; 1997, 2747; Düsseldorf NJW-RR 1996, 467). Soweit unbenannte Zuwendungen als Schenkung verstanden werden können, was zT von der Formulierung im notariellen Vertrag abhängt, kommt auch Widerruf wegen grobem Undanks in Betracht (BGH WM 1992, 71; 1993, 1762; Bamberg NJW-RR 1996, 1347), wofür Trennung und Betreiben der Scheidung allerdings nicht genügen. Soweit keine Schenkung vorliegt und die Grundlage einer Vereinbarung nicht im Familienrecht gefunden werden kann, kommt bei Tatbeständen, die als Undank qualifiziert werden könnten, statt der Kondiktion wiederum die Korrektur nach der Geschäftsgrundlagenlehre in

§ 812 Einzelne Schuldverhältnisse

Betracht (BGH WM 1994, 2166; zur Auflagenschenkung BGH JZ 1998, 906 mit krit Anm Lipp S 908f). Zur Behandlung von Schenkung oder unbenannten Zuwendungen im Zugewinnausgleich Kleinle FamRZ 1997, 1383f. Die Kondiktion wegen Wegfalls des Rechtsgrundes bleibt danach als Lösung für Zuwendungen, praktisch hauptsächlich Umbau- oder Ausbauleistungen, die an einem Ehegatte mit Rücksicht auf die bestehende Ehe an einem nicht seinem Ehegatten gehörenden Grundstück hat vornehmen lassen (auch dagegen MüKo/Lieb Rz 157a). Wenn der Ehegatte in das Haus der Schwiegereltern investiert, um dort vereinbarungsgemäß eine unentgeltliche Ehewohnung zu schaffen, so kann dies als Leihvertrag angesehen werden, der den Rechtsgrund für die Aufwendungen abgibt (BGH NJW 1985, 313), dessen Beendigung (nach Scheitern der Ehe) dann aber Bereicherungsansprüche aus Abs I S 2 auslöst (BGH NJW 1990, 1789). Dies ist zu beachten bei Überlegungen des in der Wohnung verbliebenen Ehegatten, Verpflichtungen aus dem an die Stelle des Leihvertrages getretenen Mietvertrag mit den Eltern in die Unterhaltsbemessung gegenüber dem geschiedenen Ehegatten einzubringen. Im umgekehrten Fall der Zuwendungen der Eltern an Tochter und Schwiegersohn hält Oldenburg NJW 1991, 1461 das Scheitern der Ehe für Fortfall der Geschäftsgrundlage. Das in neuerer Zeit vieldiskutierte Problem der durch Scheidung ausgelösten Vergütungsansprüche für die nach § 1356 II geschuldete **Ehegattenmitarbeit** ist nicht mit der condictio ob causam finitam zu lösen, weil die Scheidung eine gem § 1356 II gegebene Pflicht nur für die Zukunft entfallen läßt (Lieb, Ehegattenmitarbeit, S 121). Zur Rolle des Bereicherungsrechts bei der Bewältigung von Ausgleichsansprüchen nach dem Scheitern nichtehelicher Lebensgemeinschaften Rz 57a.

50 **6. Condictio ob rem.** In der Bestimmung ihrer Voraussetzungen und in der Abgrenzung zu verwandten Ansprüchen hat die **Kondiktion wegen des Nichteintretens einer mit der Leistung nach dem Inhalt des Rechtsgeschäfts bezweckten Erfolges** (condictio causa data causa non secuta oder condictio ob rem, § 812 I S 2 Alt 2) der Rechtsanwendung Schwierigkeiten bereitet. Dies betrifft hauptsächlich den Zweckbegriff sowie die Abgrenzung zu dem Institut des Fortfalls der Geschäftsgrundlage, das sich allerdings nach seiner gesetzlichen Regelung in § 313 möglicherweise als vorrangig durchsetzen wird (noch nicht eindeutig in dieser Richtung BGH NJW 1999, 1623, 1626; dafür aber Bamberger/Roth/Wendehorst Rz 37). Die condictio ob rem paßt sich in das System der Bereicherungsansprüche schlecht ein, weil beim normalen Austauschvertrag die Verfehlung der typischen Zwecke durch die Regelung der Leistungsstörungen sanktioniert wird. Keinesfalls kann im gegenseitigen Vertrag, wenn der eine Teil nicht leistet, der andere statt des Erfüllungs- einen Bereicherungsanspruch geltend machen (BGH NJW 1992, 2690), dies auch dann nicht, wenn sich aus dem Vertrag durch ergänzende Auslegung oder aus dem Gesichtspunkt der Anpassung an veränderte Umstände Ansprüche ergeben (BGH DB 1972, 1621; s auch Larenz/Canaris § 68 I 3: Voraussetzung der Kondiktion sei, daß der Leistende keinen erzwingbaren Anspruch auf Herbeiführung des mit der Leistung bezweckten Erfolgs hat; Abreden, die einen Austausch beiderseitiger Leistungen betreffen, werden somit nach den Regeln über die Geschäftsgrundlage abgewickelt, BGH NJW 1992, 2690). Die condictio kann auch nicht die Zweckverfehlung wegen Ungültigkeit der schuldrechtlichen Leistungsgrundlage betreffen, weil insoweit condictio indebiti und ob causam finitam allgemeine Regeln enthalten; vorrangig anzuwenden sind auch Regelungen wie §§ 527, 1301, während die Bestimmungen der §§ 994ff über Verwendungsersatz die condictio nicht ausschließen, etwa bei Bebauung eines Grundstücks durch den Mieter in der (später gescheiterten) Erwartung eines Eigentumserwerbs, BGH NJW 2001, 3118 m Kurzkomm Armbrüster EWiR 2001, 1001. Ihre Stellung ist so insgesamt unklar, woran sich auch nichts ändert, wenn man sie als gesetzlich geregelten Fall der ergänzenden Vertragsauslegung versteht (Gursky JR 2000, 45, 50; folgend Bamberger/Roth/Wendehorst Rz 36). Es handelt sich um ein Überbleibsel einer historisch überholten Betrachtung des Rechtsgeschäfts (v Caemmerer, FS Rabel, S 346; im einzelnen Söllner AcP 163, 23; zur neueren Geschichte Simshäuser AcP 172, 19; s auch Weber JZ 1989, 25, 26f; krit zu dieser Einordnung aber Liebs JZ 1978, 697f). Dennoch ist vor der Illusion zu warnen, die condictio ob rem auf bestimmte Fälle der Zweckverfehlung beschränken zu können, auch wenn einzelne Fallgruppen (Zweckstaffelung, Fehlschlagen eines Verwendungszwecks, fehlgeschlagene Erwartung und Vorleistung auf eine erwartete Gegenleistung [näher Weber aaO]) im Vordergrund der Anwendung stehen. Es gibt immer wieder Umstände, die die Praxis nach einer gesetzesnahen Form der Rückabwicklung fehlgeschlagener Leistungen suchen lassen; auf diese „**Ventilfunktion**" des § 812 I S 2 Alt 2 wird vermutlich auch neben dem Institut der Geschäftsgrundlage nicht leicht zu verzichten sein.

51 Es kommt daher entscheidend auf die Art der **Zweckbestimmung** in dieser Kondiktionsform an. Die Zweckabrede ist mehr als bloßes Motiv, auch wenn die einseitige Erwartung des Leistenden vom Empfänger erkannt worden ist (RG JW 1917, 103; BGH NJW 1973, 612), der vielmehr die Abhängigkeit der Leistung von der Zweckerfüllung akzeptiert haben muß (BGH 44, 321, 324; BGH NJW 1984, 233; BGH 108, 256, 265; BGH NJW 1999, 1623). Andererseits ist sie weniger als die einverständliche Bindung der gewollten Rechtsfolgen an einen ungewissen Umstand. Bedenklich allerdings, eine dem Empfänger bekannte Zweckbestimmung des Leistenden nur deshalb für unerheblich zu halten, weil der Empfänger erklärtermaßen seine eigenen Zwecke verfolgte, so zu Recht Ehmann NJW 1973, 1035 gegen BGH NJW 1973, 612. Da für die condictio ob rem die Verfolgung der geschäftstypischen Zwecke ausscheidet – hier greift der Erfüllungsanspruch bzw das Recht der Leistungsstörungen oder das Gewährleistungsrecht (BGH NJW 1963, 806; 1992, 2690) ein – kommen nur solche Zwecke in Betracht, die über die nach den Vertragsvereinbarungen geschuldete Zweckerreichung hinaus bei beiderseitigem Parteiwillen ein zusätzliches Erfordernis für das Behalten einer Leistung durch ihren Empfänger bilden sollen. Auch wenn einer der typischen Fälle des Rechtsverkehrs verfolgt wird (Erfüllung, Schenkung, Sicherung), kann mit einer hiervon getragenen Zuwendung ein weiterer Zweck verfolgt werden (**Zweckstaffelung**), dessen Verfehlung – vorausgesetzt es handelt sich um mehr als ein bloßes Motiv – zur condictio ob rem führt (RG 66, 132, 134; 132, 238; BGH NJW 1973, 612; Ehmann JZ 2003, 702, 706; zu der Unterscheidung „typischer" und „weiterer" Zwecke; H.P. Westermann, Die causa, S 215ff; zust insoweit Liebs aaO S 700; krit Weber JZ 1989, 25, 28; Bamberger/Roth/Wendehorst Rz 45; MüKo/Lieb Rz 165f; Larenz/Canaris § 68 I 3d, wo eine Vereinbarung über einen auflösend bedingten Behaltensgrund verlangt wird). Der BGH (NJW 1992, 2690) bevorzugt in diesen Fällen die Geschäftsgrundlagenlehre, was an den relevanten Maßstäben nicht viel ändert. Es kann auch genügen, daß ohne einen durch Verpflichtung abgesicherten Zweck eine Leistung erbracht wird, um den Empfänger zu einem nicht geschuldeten und infolgedessen nicht erzwingbaren Verhalten zu veranlassen (BGH ZIP 1990, 721 mit Kurzkomm Reithmann EWiR § 812 BGB 2/90; Welker, Bereicherungsausgleich, S 101; Esser/Weyers § 49 II; Staud/Lorenz Rz 108; Weber aaO S 29). Die Beschränkung allein auf die Leistungen, die nicht auf eine Verpflichtung hin erfolgen (BGH NJW 1975, 776; MüKo/Lieb Rz 160), ist daher zu eng.

Praktisch liegt das Schwergewicht der condictio ob rem auf der einverständlichen (s dazu BGH NJW 1979, 646) Verfolgung von Zwecken (schlüssige Vereinbarung genügt, BGH 44, 321), die auf ein Verhalten des Leistungsempfängers zielen, auf das der Leistende keinen Anspruch hatte (Söllner AcP 163, 33); Beispiel bei Düsseldorf MDR 1998, 843 (Zahlung an eine Prostituierte zwecks Freikaufs) sowie bei Karlsruhe FamRZ 2002, 918: Leistung eines Abkömmlings an seine Eltern in der (fehlgeschlagenen) Erwartung Schlußerbe zu werden (der Bereicherungsanspruch sei als Nachlassenschuld bei der Ermittlung des Pflichtteils nicht zu berücksichtigen). Solange nicht feststeht, daß der Leistungsempfänger diese nach dem „Inhalt des Rechtsgeschäfts" in Aussicht gestellte Leistung nicht erbringen wird, hat er für die ihm erbrachte Leistung einen Rechtsgrund (so grundlegend Welker S 37ff; ihm folgend MüKo/Lieb Rz 160). Eine nur auf Druck des Empfängers zustandegekommene Leistung gehört nicht hierher, Saarbrücken OLGRp 1998, 449. Im Zuge der Privatautonomie können die Parteien den Leistungsaustausch und auch die einseitige Gewährung von Vorteilen durch Schenkung oder zinsloses Darlehen von anderen Erwartungen außerhalb der Handlungen des Leistungsempfängers abhängig machen (so beim Verkauf eines Grundstücks zur Vermeidung der Enteignung; später wird wegen einer Planänderung das Grundstück nicht benötigt). Hier bietet sich die Anwendung der condictio ob rem unter dem Gesichtspunkt an, daß ein über den ersten Zweck hinausgehender **weiterer Zweck** zum **Vertragsinhalt** gemacht worden ist (Staud/Lorenz Rz 106; Rothoeft AcP 163, 225); desgl beim billigen Verkauf eines Teils eines Gastwirtschaftsgrundstücks zum Betrieb einer Minigolfanlage, die dann später nicht genehmigt wird, Liebs aaO S 702 gegen BGH NJW 1975, 776; zu den über den ersten Zweck hinausgehenden Zwecken s RG 106, 93; 132, 238; 147, 201; BGH MDR 1952, 33; WM 1966, 1062 und Hamm NJW 1986, 781 zur Zahlung auf die Verpflichtung aus einem „Leihmutter-Arrangement" in der Erwartung der Adoptionsfreigabe als nicht erzwingbare Gegenleistung, dazu auch Kollhosser JZ 1986, 446; Coester-Waltjen JuS 1987, 193, wobei allerdings auch S 2 zu beachten war. Eine Kondiktion scheidet allerdings aus, wenn eine Vorleistung auf eine zukünftige Gegenleistung zu einem Zeitpunkt erbracht wird, in dem der Leistungsempfänger in seiner Entscheidung noch frei ist, ob er die Leistung erbringen will (BAG NJW 1982, 903f). Trotz der Abgrenzungsschwierigkeiten zwischen condictio ob rem und Rückabwicklung wegen Fehlens der Geschäftsgrundlage befriedigt die hM nicht ganz. Wenn die Parteien einverständlich (oder der Leistende ohne den zumutbaren Widerspruch des Leistungsempfängers) die Leistung außer mit der Erfüllung von Vertragspflichten mit weiteren Zwecken in Bezug setzen, so ist nicht einzusehen, weshalb bei Verfehlung dieses Zwecks eine Umgestaltung des Vertrages nach den Grundsätzen objektiver Risikoverteilung an die Stelle einseitiger Rückforderung treten soll. Der Leistungszweck iS der condictio ob rem ist eben Geschäftsinhalt, die Geschäftsgrundlage nicht. Deshalb ist mit Liebs (aaO S 702) sowie Battes AcP 178, 337, 372f gegen Ansätze in der Rspr (BGH WM 1971, 276; 72, 888; BGH NJW 1975, 776; 1977, 950; s auch vor § 831 Rz 25) ein Vorrang des gesetzlich nicht geregelten Instituts des Wegfalls der Geschäftsgrundlage nicht anzuerkennen.

Die Rückforderbarkeit von Leistungen in Erwartung eines Vertragsschlusses oder einer Gegenleistung, die der Leistende nicht durch Klage erzwingen kann, ist anerkannt in folgenden **Einzelfällen**: Leistung einer Anzahlung auf einen später nicht zustandegekommenen Vertrag (RG 72, 343; 129, 308; BGH JZ 1961, 699), auch bei Kenntnis von der Unwirksamkeit, wenn gezahlt wird in der Annahme, auch der Gegner werde erfüllen (BGH NJW 1976, 237; mit dem Wegfall der Geschäftsgrundlage hatte BGH WM 1971, 276 in einem ähnlichen Fall gearbeitet); nicht dagegen, wenn der Leistungszweck durch Erfüllungsklage durchgesetzt werden konnte (bedenklich daher RG 106, 93). Wenn auf einen (wegen Beurkundung eines anderen als des wirklich gewollten Kaufpreises) formnichtigen Grundstückskaufvertrag Leistungen erbracht worden sind, um den Verkäufer in der Erwartung der Heilung der Formnichtigkeit zur Erfüllung zu veranlassen, so greift die condictio ob rem ein (RG 98, 237, 240; BGH NJW 1976, 237; BGH WM 1980, 104f; Singer WM 1983, 254, 255; MüKo/Lieb Rz 174; Staud/Lorenz Rz 110). Dann ist freilich § 815 zu beachten. Die condictio ob rem wird auch angewendet bei der Vorrangeinräumung für eine Baugeldhypothek, die später nicht valutiert wird (RG 61, 37). Wenn die zur Bestellung einer Grundschuld verpflichtende Sicherungsabrede unwirksam ist, ergibt sich der Anspruch auf Verzicht oder Aufhebung der Grundschuld gegen den Partner des Sicherungsgeschäfts aus § 812 I S 2 (BGH NJW 1985, 800 mit Anm H.P. Westermann WuB I F 3 Grundpfandrecht 1/85). Der Gedanke, daß der Empfänger die Leistung nur für ein Verhalten bekommt, das er nicht schuldet, rechtfertigt die Kondiktion bei Rückforderung einer Bürgschaft, wenn das Disziplinarverfahren gegen den Schuldner, das verhindert werden sollte, doch eingeleitet wird (BGH NJW 1966, 448; Hamm NJW 1971, 1810; Zweibrücken MDR 1977, 227; BGH ZIP 1990, 721 mit Kurzkomm Reithmann EWiR § 812 BGB 2/90); Zahlungen an einen Arbeitnehmer, um ihn an der als unbeschränkten Kündigung zu hindern, auch bezüglich der vermögenswirksamen Leistungen des Arbeitgebers bei vorzeitiger Auflösung des Sparvertrages durch den Arbeitnehmer (BAG NJW 1975, 2040 mit Ausnahme bei tarifvertraglicher Sonderregelung); Schuldversprechen in der Absicht, einem Dritten Kredit zu verschaffen (BGH WM 1963, 666). Wird auf einen Ehemäklervertrag vorgeleistet, und sind die Bemühungen des Maklers erfolglos, so nimmt Karlsruhe OLGZ 82, 233 (s auch § 656 Rz 7) einen Bereicherungsanspruch aus § 812 I S 2 Hs 2 an (zur Abdingung dieses Anspruchs Loddenkemper NJW 1984, 160). Zuwendungen in der später enttäuschten Erwartung, vom Empfänger erbrechtlich bedacht zu werden, gehören ebenfalls hierher (Liebs JZ 1978, 703 gegen BGH NJW 1977, 950, s auch Karlsruhe FamRZ 2002, 918 und dazu Rz 52), ebenso Leistungen, die der Empfänger eines nach § 2302 unwirksamen Versprechens einer Erbeinsetzung gemacht hat, Battes AcP 178, 337, 372ff. Nicht selten sollen Schenkungen, besonders solche im Zuge vorweggenommener Erbfolge, wegen Verfehlung der damit vom Erblasser verfolgten Absichten später rückgängig gemacht werden, ohne daß die Voraussetzungen des groben Undanks vorliegen. Hier kommt unter allerdings engen Voraussetzungen eine Kondiktion in Betracht (s BGH NJW 1984, 233; Karlsruhe NJW 1988, 323; H.P. Westermann, FS Kellermann, 1991, S 505, 524ff). Nach dem Erbfall einen Erbverzicht zu kondizieren, stößt auf Bedenken aus dem Gesichtspunkt der Rechtssicherheit, die aber nicht unüberwindbar erscheinen (H.P. Westermann aaO), wobei weiter zweifelhaft ist, was der Erblasser erhalten hat; dies ist in dem jede Kondiktion eines Zuwendungsverzichts (gem § 2352) leugnenden Urteil BGH NJW 1999, 789 nicht erörtert, wie Skibbe (ZEV 1999, 106) zu Recht feststellt.

54   Stärker in der Nähe des Fortfalls der Geschäftsgrundlage stehen die häufig hierher gerechneten Fälle einer **nachträglichen Sinnlosigkeit** ursprünglich zweckmäßiger Leistungen: Die Straße, zu deren Bau der Anlieger beitragen mußte, wird nicht gebaut (RG 75, 145); ein Grundstück, bei dessen Verkauf neben der Kaufsumme eine bestimmte Verwendung vereinbart war, wird vom Käufer anders verwertet (RG 132, 238); den häufig hierher gezählten Anspruch auf Rückgabe eines enteigneten, dann aber nicht bestimmungsgemäß verwendeten Grundstücks hat BVerfG NJW 1975, 37 direkt aus der Eigentumsgarantie des Art 14 GG abgeleitet; Verkauf eines Hauses in der Annahme, daß der Käufer Mitglied der verkaufenden Genossenschaft ist (RG 147, 201; hier könnte allerdings ein bloßer Motivirrtum vorliegen); Gewinnauszahlungen durch eine Gesellschaft, die später mit Verlust abschließt (RG 85, 43; 92, 82), freilich handelt es sich eher um condictio indebiti, weil die Zahlung im Rahmen eines Vertragsverhältnisses geschah, das auch rückabgewickelt werden muß (RGRK Rz 91 unter Hinweis auf BGH 48, 70). Zweifelhaft sind die Entscheidungen, die **Bauten auf fremdem Boden** in der später fehlgeschlagenen Hoffnung, das Grundstück erwerben zu können, durch Bereicherungsansprüche ausgleichen (BGH 35, 356; 44, 321; 108, 256, 263). Hier ist zwar zweifelhaft, ob die auch für die condictio ob rem erforderliche (Söllner AcP 163, 30) Leistung an den Bereicherten vorliegt (Medicus Rz 693; aM aber zu Recht Lieb, Ehegattenmitarbeit, S 114f), weil der Zuwendende zumindest bewußt fremdes Vermögen mehrt). Die Geschäftsgrundlagenlehre würde hier meist nicht helfen, das Bedürfnis nach einem Ausgleich leuchtet aber ein. BGH NJW 1970, 136 (s auch BGH 108, 256) hält angesichts der Kritik an der condictio ob rem auch eine Nichtleistungskondiktion für möglich; gegen eine Alternativlösung Larenz/Canaris § 68 I 3c: nur Nichtleistungskondiktion.

55   Im Schnittpunkt zwischen Arbeitsrecht, Familienrecht und bürgerlich-rechtlichem Bereicherungsausgleich liegen die **zweckverfehlten Dienst- und Arbeitsleistungen**. Es handelt sich hierbei nicht um Leistungen im Hinblick auf unwirksamen Arbeitsvertrag, sondern um Dienste, die eine dem Leistungsempfänger verwandte oder sonst nahestehende Person in der Annahme erbringt, dadurch zur Bestandserhaltung der Lebensgemeinschaft beizutragen oder dafür durch spätere Zuwendungen, namentlich durch Erbeinsetzung, entschädigt zu werden. Mit Rücksicht auf die Verschiedenartigkeit der durch § 812 I S 2 Alt 2 für erheblich erklärten Zwecke ist zu differenzieren. Manchmal handelt es sich bei den Dienste Leistenden in der Erwartung einer Vergütung, die ihm zwar nicht rechtswirksam versprochen ist, auf die er sich aber verläßt. Hier hat die Konstruktion des BAG, das einen vertraglichen Nachzahlungsanspruch nach § 612 (einschließlich eines vertraglichen Nachzahlungsanspruchs bei der Arbeit gegen Kost und Unterkunft, BAG AP Nr 20–29 zu § 612 BGB) annimmt (BAG 14, 291; BAG NJW 1963, 2188; ähnlich BGH NJW 1965, 1224; vgl auch BGH NJW 1972, 429; zust RGRK Rz 93; Übersicht über die Kritik bei MüKo/Lieb Rz 170), die Erwägung gegen sich, daß jedenfalls die ursprünglich geschuldete oder erwartete, nicht aber eine Ersatzleistung erbracht werden muß. Deshalb geht die Lösung nur auf, wenn der Dienstleistende in einer durch § 612 II auszufüllenden nur allgemeinen Vergütungserwartung handelte. IdR ist dies jedoch nicht der Fall, da der Handelnde an bestimmte Zuwendungen wie Adoption oder Erbeinsetzung denkt (etwa der Fall BGH 44, 321). Dann paßt weniger die Vorstellung eines unentgeltlichen, aber am Wegfall der Geschäftsgrundlage leidenden Dienstvertrages (Canaris BB 1967, 156) als die condictio ob rem (Lieb, Ehegattenmitarbeit, S 112f; s auch Welker S 113f) für Annahme eines faktischen Arbeitsverhältnisses Larenz/Canaris § 68 III 2c; Bamberger/Roth/Wendehorst Rz 48. Zur **Verjährung** s vor § 812 Rz 23; die von der früheren Rspr angenommene Modifikation, daß die Regeln über die Verjährung des vertraglichen Vergütungsanspruchs entsprechend anzuwenden seien (RG 86, 96; BGH 48, 125; BGH NJW 1972, 95) sollte trotz der durch die Änderung der Regelverjährung verringerten Bedeutung des Problems beibehalten werden, ebenso die Maßgabe, daß die Forderungen bis zum Augenblick des Scheiterns der Vergütungserwartung gestundet sind (BAG NJW 1964, 2178; BGH NJW 1965, 1224; RGRK vor § 812 Rz 46; Staud/Lorenz Rz 107).

56   Auch bei **familienhafter Mitarbeit** kann die Annahme einer Leistung für künftiges Entgelt gelegentlich zutreffen. Weitergehend hielt BGH NJW 1965, 1224; vgl auch BGH NJW 1972, 429 eine Vergütungsvereinbarung für möglich, wo nur im Rahmen des Familienrecht Geschuldetes mitgearbeitet wird. Im Vordergrund steht jedoch die Arbeit in Erwartung von Vorteilen, die sich aus der gemeinsamen Nutzung der geschaffenen Werte ergeben, etwa durch Bewohnen eines gemeinsam errichteten Hauses, Gewinn aus einem gemeinschaftlich aufgebauten Unternehmen. Scheitern diese Erwartungen, etwa durch Ehescheidung oder Einsetzen eines anderen Erben, so wird zT ebenfalls mit der Annahme eines stillschweigend vereinbarten Ausgleichs auf Grund von Dienst- oder Gesellschaftsverträgen geholfen (§ 1356 Rz 15). Daneben würde die condictio ob rem wegen der unbestimmten Fassung des Zweckbegriffs zwar tatbestandsmäßig anwendbar sein, ist aber, wie Lieb (Ehegattenmitarbeit, S 116f) zuzugeben ist, wertungsmäßig nicht das richtige Korrektiv, das vielmehr im Familienrecht zu suchen ist (s auch § 1356 Rz 14; anders für die Mitarbeit von Kindern § 1619 Rz 12). Ähnlich sind Arbeitsleistungen zu beurteilen, die in das Grundstück eines Verlobten eingegangen sind und nach Auflösung des Verlöbnisses zurückgefordert werden, wobei jedoch eine geringfügige Erhöhung des Verkehrswerts nicht genügt (Schleswig SchlHA 1998, 24, ähnlich für Einräumung eines dinglichen Wohnrechts Hamm OLGRp 1998, 248). Früher wurde zT auch mit der condictio ob rem operiert, so Stuttgart NJW 1977, 1779 für Mitarbeit im Betrieb des Verlobten oder der künftigen

Schwiegereltern, doch die neuere Wandlung der Rspr zu den ehebedingten Zuwendungen (Rz 49) spricht dafür, daß diese Fragen mit der Geschäftsgrundlagenlehre zu entscheiden sein werden (zur Mitarbeit in einem Unternehmen im Hinblick auf künftige Beteiligung ablehnend Celle NdsRpfl 1959, 246 mangels Zweckvereinbarung). In Betracht kommt auch die Arbeitsleistung in der selbstverständlichen Erwartung späterer Rechtsnachfolge, s Rz 55. Zur Berechnung des Werts der zweckverfehlten Leistungen § 818 Rz 24.

Das vieldiskutierte Problem der Ausgleichsansprüche nach dem Scheitern einer **eheähnlichen Lebensgemein-** 57 **schaft** wurde bisweilen bereicherungsrechtlich gelöst, indem Leistungen zur Verwirklichung der Gemeinschaft, die personal-vermögensmäßiger Art sei, bei Zweckverfehlung durch Trennung der Partner mit der condictio ob rem zurückgefordert werden sollten (eingehend Lipp AcP 180, 582ff; ders, JuS 1982, 22; Finger JZ 1981, 497, 503, 508; restriktiv demgegenüber Diederichsen NJW 1983, 1017, 1024; Battes, Nichteheliches Zusammenleben im Zivilrecht, 1983, S 67ff). Das hat sich aber nicht durchgesetzt. Keinesfalls kann nach Auflösung der Gemeinschaft derjenige, der das Vermögen (Bankkonten, Grundeigentum) des anderen durch seine Leistungen erhöht oder auch nur hauptsächlich durch Aufwendungen aus seinem Einkommen den gemeinsamen Unterhalt finanziert hat, einen bereicherungsrechtlichen Ausgleich in Geld verlangen, da zumindest die laufenden Aufwendungen ihren rechtlichen Grund in der Aufrechterhaltung und Fortführung einer Lebensgemeinschaft fanden, deren jederzeitige Lösbarkeit dem Willen beider Partner entsprach (allgemein zu diesen Gedanken Battes aaO S 67ff; s auch MüKo/Lieb Rz 177a). So kann der Partner einer nichtehelichen Lebensgemeinschaft für Arbeitsleistungen, die er in die dem Vater seiner Partnerin gehörende Wohnung gesteckt hat, von diesem nach dem Tode der Lebensgefährtin keinen Ausgleich verlangen, Hamm FamRZ 2002, 159. Aber auch wenn es grundsätzlich möglich erscheint, daß Aufwendungen, die mehr bezwecken als die Finanzierung und Aufrechterhaltung der Gemeinschaft, sondern außerhalb eines umfassenden Austauschzusammenhangs stehen (Dienst- und Arbeitsleistungen, aber auch Unterhaltung einer betreuungsbedürftigen Person), wegen Zweckverfehlung kondiziert werden können, etwa weil eine vom Leistenden erwartete Vergütung oder Entschädigung ausbleibt (Finger aaO), oder weil die Erwartung, der Empfänger der Zuwendung werde sich nicht von den Zuwendenden trennen und einen wirtschaftlichen Vorteil gemeinsam mit dem Zuwendenden nutzen, durch eine Trennung enttäuscht wird (s BGH FamRZ 1983, 349), wird es häufig an der für die Anwendung der condictio ob rem nötigen Verknüpfung zwischen Leistung und Zweckerreichung fehlen (Hamm NJW 1978, 224; Diederichsen aaO S 1024; ähnlich Steinert NJW 1986, 683, 686). Häufig werden die von einem Partner ins Vermögen des anderen erbrachten Leistungen idR als ersatzlose gedacht sein (BGH FamRZ 1983, 1213), und die Beteiligten suchen auch nicht, obwohl dies an sich naheläge, ein rechtliches Konzept für solche Leistungen, die zu einer fortdauernden Bereicherung einer Seite führen (BGH NJW 1982, 1055; Oldenburg NJW 1986, 1817; Hamm NJW-RR 1990, 1223). Dies rechtfertigt allerdings nicht immer die Versagung eines Ausgleichsanspruchs, wie BGH JZ 1998, 407 für die Zuwendung zur Ablösung eines Grundstückskredits meinte (krit daher Liebs JZ 1998, 408). Ohnehin werden Bereicherungsansprüche häufig an § 814 scheitern (Hamm FamRZ 1958, 61; Saarbrücken FamRZ 1979, 796, 798). Eine Kondiktion wegen Zweckverfehlung kommt daher allenfalls dort in Betracht, wo auch ohne das Bestehen einer eheähnlichen Partnerschaft eine entsprechende Zweckabrede festgestellt werden kann. Im allgemeinen wird eine Abwicklung nach § 730 näherliegen, BGH NJW 1992, 906; 1997, 3371; Koblenz OLGRp 1997, 12; s dazu Liebs aaO S 408f; Weimar MDR 1997, 713.

7. Abs II: Kondiktion eines Schuldversprechens. Nach Abs II gilt als Leistung auch die **vertragliche Aner-** 58 **kennung des Bestehens oder Nichtbestehens eines Schuldverhältnisses**. Die Bedeutung der Vorschrift liegt darin, daß sie den Leistungscharakter bestimmter Erklärungen und damit ihre Kondizierbarkeit bei fehlendem Rechtsgrund klarstellt; sie schafft keine neue Kondiktionsform (RG 108, 332). Somit kann eine Bank Bereicherungsansprüche wegen einer erteilten Gutschrift durch Umbuchung geltend machen, BGH NJW 1991, 2140. Nicht einleuchtend ist darum, wenn allgemein nur das selbständige, von seinem Leistungsgrund losgelöste Versprechen, das sog abstrakte Schuldversprechen oder -anerkenntnis, als Kondiktionsgegenstand iSd § 812 II anerkannt wird (RG 108, 105; RG HRR 1930, 288; 1933, 917; BGH VersR 1953, 316; BGH NJW 1998, 2439 für das in einer wettbewerbsrechtlichen Unterwerfungserklärung liegende Schuldanerkenntnis; Staud/Lorenz Rz 11; Bamberger/Roth/Wendehorst Rz 15); nicht ganz auf dieser Linie BGH 66, 250, 254, wo die Kondiktion einer Leistung trotz eines Anerkenntnisses bejaht wird, das den Gläubiger von sofortigen Maßnahmen hatte abhalten sollen. Da die Leistungskondiktion Rückabwicklung fehlgeschlagener privatautonomer Zuwendungen ist, kommt es vielmehr allein darauf an, welchem Zweck die durch ein Versprechen oder Anerkenntnis begründete Position dienen sollte und ob diese Bestimmung erreicht worden ist (vgl Zeiß AcP 164, 50, 72). Hierbei liegt es auf der Hand, daß das Anerkenntnis, das eine selbständige Verbindlichkeit schaffen will, anders behandelt werden muß als die gewollte Bereinigung möglicher Einreden oder die bloße Beweiserleichterung. Die hM kommt dem im Ergebnis nahe, wenn sie auch für nicht abstrakte Anerkenntnisse in gewissen Ausnahmefällen Kondizierbarkeit bejaht, RGRK Rz 102; so ist auch das fiktive Saldoanerkenntnis gem Nr 15 S 3 AGB-Banken kondizierbar, BGH NJW 1985, 3010; 1995, 321. Soweit bei einem deklaratorischen Schuldanerkenntnis die Kondizierbarkeit verneint wird, muß dann auf die Lehre vom Wegfall der Geschäftsgrundlage ausgewichen werden (Köln WM 1978, 385). Siehe auch Rz 61.

Unter den Zwecken, denen Anerkenntnisse dienen können, sind hervorzuheben: Manchmal soll der Erklärungs- 59 empfänger eine **selbständige**, von der bisherigen Schuld losgelöste **Forderung** iSd § 781 erhalten. Der Erklärende kann für eine solche Zuwendung, deren Eignung als Leistung § 812 II bestätigt, verschiedene Gründe haben, deren Fehlen dann den Rechtsgrund entfallen läßt: Annahme, zur Erfüllung der anerkannten Pflicht herangezogen werden zu können (so RG 154, 389 für die Erstattung von Anliegerkosten; RG 67, 243 für das Versprechen einer Grundstücksübereignung in der Annahme gültiger öffentlich-rechtlicher Pflicht; RG LZ 1915, 23 für das Anerkenntnis auf Grund irrig für wirksam gehaltener Bürgschaft). Geht die Annahme fehl, so kann der Anerkennende das Anerkenntnis als indebitum kondizieren (vgl auch § 821). Häufig dienen abstrakte Anerkenntnisse der Siche-

H. P. Westermann

§ 812 Einzelne Schuldverhältnisse

rung des Erklärungsempfängers gegen einen Dritten; bei den nichtakzessorischen Sicherheiten erfolgt hier eine Sicherungsvereinbarung (s dazu MüKo/Lieb Rz 313), die die causa des Sicherungsgeschäfts darstellt und bei deren Zweckverfehlung (etwa wegen Nichtbestehens der zu sichernden Schuld) die Sicherheit als rechtsgrundlos gewährt zurückgefordert werden kann (aM Zeiß AcP 164, 68ff, der nur die Kondiktion wegen nicht bestehender Pflicht zur Sicherheitsleistung zulassen will, was aber nur dazu verführt, bei bestehender Hauptschuld auch die Pflicht zur Sicherheitsleistung zu leugnen; s auch die Angaben Rz 52). Im Fall der schenkweisen Anerkennung einer Schuld oder eines entsprechenden negativen Schuldanerkenntnisses ist § 518 I S 2 zu beachten. Überhaupt ist das **negative Schuldanerkenntnis** gleich zu behandeln, wenn es, was freilich selten sein wird, einen selbständigen Zweck verfolgt und nicht lediglich die Rechtslage verbindlich ändern will, praktisches Beispiel bei BGH WM 1982, 671; auch die Entlastungserklärung des Pfleglings nach Aufhebung der Pflegschaft kann mit der Begründung kondiziert werden, daß entgegen dem Anerkenntnis einer Forderung tatsächlich bestanden hat, Köln FamRZ 1996, 249.

60 Str, ob ein Anerkenntnis mit der Begründung kondiziert werden kann, das **Anerkannte** sei **unrichtig**. Dies wird im allg zugelassen (RG JW 1908, 31) und ist insbesondere der Grund dafür, daß ein Saldoanerkenntnis im Kontokorrentverkehr kondiziert werden kann, wenn ein in die Abrechnung einbezogener Schuldposten nicht bestand (RG 101, 125; 132, 218; BGH 72, 9, 12; BGH WM 1967, 726; 1975, 556; 1992, 1522 für die Gutschrift einer Forderung aus Sparkassenbrief, über die der Begünstigte nicht verfügen durfte; zum Grundsatz Staud/Lorenz Rz 18; näher Kümpel WM 1979, 378ff; RGRK Rz 108). Hierbei reicht allerdings die Kondizierbarkeit stets nur bis zu dem nach Treu und Glauben unanfechtbar gewordenen Saldo zurück (RG 117, 34; RG LZ 28, 1472). Mißverständlich daher, wenn die ursprüngliche Schuld als causa bezeichnet wird (RG Recht 1920, Nr 2384). Also greift auch hier die Leistungskondiktion ein. Die Praxis hat unrichtige Anerkenntnisse auch in anderem Zusammenhang als kondizierbar angesehen: So das Anerkenntnis eines Gläubigers, daß weitere als die in das Kontokorrent aufgenommenen Forderungen zu seinen Gunsten nicht zu berücksichtigen seien (BGH 51, 348); Gläubiger stellt eine „Ausgleichsquittung" aus mit dem Anerkenntnis, keine Ansprüche mehr zu haben (RG 83, 110); Schuldner einer abgetretenen Forderung stellt einem neuen Zessionar, der die Forderung nicht erworben hat, ein Anerkenntnis aus (RG 83, 184); der Erbe erkennt ein ihn enterbendes Testament an (RG 72, 209; s auch den Fall BGH WM 1991, 1152).

61 Nicht immer dient dabei das Anerkenntnis der Begründung einer selbständigen Forderung iSd § 781. Wollten die Parteien nur eine bisher unübersichtliche und streitige Rechtslage bereinigen, so erreichen sie diesen (Feststellungs-)Zweck auch und gerade dann, wenn das Anerkenntnis materiell von der bisherigen Rechtslage abweicht (zur Struktur dieses Anerkenntnisses eingehend Marburger, Das kausale Schuldanerkenntnis als einseitiger Feststellungsvertrag, 1970, S 55ff). Hier kommt zwar die Kondiktion wegen Irrtums über eine Pflicht zum Anerkennen in Betracht, nicht aber wegen materieller Unrichtigkeit des Anerkannten (BGH NJW 1963, 2316; JZ 1968, 633; RGRK Rz 102 mwN). Diese Zielrichtung ist auch beim schuldbegründenden Anerkenntnis denkbar (RG JW 1910, 1002; BGH WM 1957, 213; 1973, 840), mag sie auch nicht die Regel sein. Dient das Anerkenntnis der Beilegung eines Streits oder einer Unsicherheit über ein Rechtsverhältnis, indem jedenfalls eine klare Rechtslage geschaffen werden soll, so kann der Anerkennende von dieser (wie ein Vergleich wirkenden) Regelung nicht durch einen Bereicherungsanspruch loskommen (BGH NJW 2000, 2501; Koblenz OLGRp 2001, 431; näher Gehrlein DZWiR 2000, 332; Martinek Kurzkomm EWiR 2000, 815; Zumbansen Anm LM § 781 BGB Nr 32). Aus ähnlichen Gründen – abgesehen von prozessualen Bedenken – ist das Anerkenntnis gem § 307 ZPO nicht kondizierbar (RG 156, 74). Das in einer wettbewerbsrechtlichen Unterwerfungserklärung liegende Schuldanerkenntnis ist nicht wegen des späteren Wegfalls der Sachbefugnis des Gläubigers kondizierbar, BGH NJW 1998, 2439 mit Kurzkomm Klaka EWiR § 13 UWG 3/98. Auch das **prozessuale** Geständnis ist nicht kondizierbar, sondern nach § 290 ZPO zu widerrufen (BGH 37, 154), s aber Rz 11. Schließlich wird seit RG 108, 105 allg anerkannt, daß ein Anerkenntnis nicht kondiziert werden könne, wenn es Bestandteil eines gegenseitigen Vertrages war und hieraus nicht ohne Störung des Gleichgewichts herausgelöst werden könne (RG JW 1929, 247; RG 154, 385; RGRK Rz 107; Staud/Lorenz Rz 12; krit Zeiß AcP 164, 72). Darin liegt dogmatisch keine Besonderheit, weil das Anerkenntnis bei gültigem gegenseitigem Vertrag nicht rechtsgrundlos ist. Wird dagegen über eine der Forderungen aus einem gegenseitigen Vertrag noch ein besonderes Anerkenntnis abgegeben, so kommt bei Zweckverfehlung eine Kondiktion in Betracht, ebenso dann, wenn ein gegenseitiger Vertrag auf einer irrig angenommenen Pflicht zum Abschluß beruht (Erbe verkauft Nachlaßgegenstand, weil er sich durch Auflage dazu verpflichtet glaubt).

62 Der Bereicherungsanspruch wird **realisiert** hauptsächlich über § 821, aber auch durch Herausgabeanspruch bezüglich der Unterlagen. Beim rechtsgrundlosen negativen Schuldanerkenntnis geht der Anspruch auf Wiederbegründung der Schuld und Herausgabe der Quittung. Nach einer Abtretung der abstrakten Forderung richtet sich die Bereicherungseinrede gem § 404 nach RG 86, 301 gegen den Zessionar (s aber auch Rz 36). Erkennt der Schuldner die Abtretung an, so kann hierin ein Verzicht auf die Bereicherungseinrede liegen (§ 404 Rz 7; vgl aber Marburger DB 1973, 2125).

63 **8. Die Nichtleistungskondiktion.** Auf der Grundlage einer Einteilung des Bereicherungsanspruchs nach den Ursachen der Bereicherung des Schuldners (Rz 1) bildet die auf Vermögensverschiebungen **in sonstiger Weise** zurückgehende Nichtleistungskondiktion die zweite große Fallgruppe. Das kommt auch im Gesetz zum Ausdruck, indem die §§ 813–815, 817 nur für die Leistungskondiktion gelten. Andererseits besteht bezüglich des Gegenstandes der Kondiktion und des Umfangs der Bereicherungshaftung Übereinstimmung, so daß immer wieder versucht wird, den Bereicherungsanspruch auf einheitliche Formeln zurückzuführen (etwa Batsch, Vermögensverschiebung; Wilhelm, Rechtsverletzung), ohne damit indessen die das Verständnis des Bereicherungsrechts erschwerenden Differenzierungen insbesondere des Bereicherungsausgleichs im Dreipersonenverhältnis überzeugend erledigen zu können (vgl Wilhelm S 100ff; s auch Rz 2). Die Rspr hat die Formulierung als „Nichtleistungskondiktion" akzeptiert (BGH NJW 1994, 2357f; BGH 147, 145, 149; s ferner Wilhelm JZ 1994, 585, 593; Koppensteiner/Kramer § 6 II 1; Kümpel WM 2001, 2273, 2277), womit auch die Fälle erfaßt werden können, in denen eine Zuwendung im Dreipersonenverhältnis kondiziert wird, die Nichtleistung iS der Leistungskondiktion ist. Im übrigen ist die theoretische Diskussion zu den Voraussetzungen der Nichtleistungskondiktion und insbesondere zum Umfang des damit zu erreichenden Rechtsgüterschutzes so vielschichtig (Übersicht bei Weitnauer DB 1984, 2496, 2498, 2501), daß unbestrittene Positionen fast nicht auszumachen sind.

a) Die **Dogmatik der Nichtleistungskondiktion** ist auf folgenden Grundlagen aufzubauen (vgl auch Rz 3): Da **64** es im Bereicherungsrecht nicht darum geht, einen Schaden des Entreicherten auszugleichen (BGH 17, 236; 36, 332), sondern festzustellen, welche nach Berührung mit einem fremden Vermögen (Prot 2, 685) zustande gekommenen Vorteile dem hierdurch Bereicherten und welche dem Inhaber dieses Vermögens gebühren (BGH 20, 355; vgl auch BGH LM Nr 25 zu § 812), kann es auch nicht auf eine unmittelbare Vermögensverschiebung zwischen dem Ent- und dem Bereicherten ankommen (Wilburg, Die Lehre S 111; Kleinheyer JZ 1970, 437; Larenz/Canaris § 67 II 2; aM Batsch, Vermögensverschiebung, S 91ff). Das nach hM (Rz 3) für die Nichtleistungskondiktion erhebliche Merkmal „**auf Kosten**" kann daher auch nicht im Sinne der Rechtswidrigkeit eines Eingriffs in fremdes Vermögen (so aber F. Schulz AcP 105, 478; Jakobs, Eingriffserwerb, S 64; Kellmann, Gewinnhaftung, S 90ff; anders hauptsächlich Wilburg, Rechtsverletzung,S 25ff; Medicus Rz 711f; Reuter/Martinek S 245ff; Wilhelm aaO S 78ff; Larenz/Canaris § 69 I 1) oder einer besonderen Modalität des Bereicherungsvorgangs ausgelegt werden – etwa Unmittelbarkeit der Vermögensverschiebung (so noch BGH 15, 338; 17, 236; 46, 260), Einheitlichkeit des gewinn- und verlustbegründenden Ereignisses (so v Caemmerer, FS Rabel, S 371f; dagegen Wilburg S 108ff) oder schließlich Ursächlichkeit des Vermögensnachteils für den Vorteil (BGH 36, 332). Das Merkmal enthält lediglich die Bestimmung der Parteien der Nichtleistungskondiktion nach Maßgabe der Beteiligung am bereichernden Geschehen (BGH NJW 1985, 1952; Larenz/Canaris § 67 II 2b). In enger Verbindung hiermit steht das Verständnis der Rechtsgrundlosigkeit eines derartigen Erwerbs, womit das Gesetz nicht auf den Vorgang, sondern auf den erreichten Zustand abhebt (Wilhelm aaO S 78ff spricht vom „rechtsverletzenden Haben"; zu Unrecht gegen die Möglichkeit eines rechtswidrigen Erfolgs Kellmann aaO S 91). **Rechtsgrundlosigkeit** ist zu bejahen, wenn die Rechtsordnung für das schuldrechtliche Verhältnis zwischen dem Bereicherten und dem Inhaber des beim Bereicherungsvorgang im weitesten Sinne berührten Vermögens (dies sind die Parteien der Nichtleistungskondiktion) dem ersteren keinen Grund liefert, den Vorteil zu behalten, s auch Bamberger/Roth/Wendehorst Rz 61, 82 (für die „Zuwendungs"- und „Eingriffskondiktion"). Man kann die Frage auch dahin stellen, ob nach der Gesamtheit der eine Güterbewegung beherrschenden Normen diese Bestand haben kann oder muß (Larenz/Canaris § 67 III 2a; Koller, Rechtsgrund und Nichtleistungskondiktion, S 153), zur Bedeutung der Regeln über Gutglaubenserwerb s Rz 80. Das Merkmal „auf Kosten" nur zur Bestimmung der bereicherungsrechtlich geschützten Vermögenssphäre des Entreicherten zu verwenden (MüKo/Lieb Rz 193), vernachlässigt dagegen die Empfängerseite.

b) Danach ist für die Bestimmung des Anwendungsbereichs der Nichtleistungskondiktion vorrangig die Fest- **65** stellung, wann beim Erwerb von Vorteilen durch den Bereicherten das Vermögen eines anderen so betroffen worden ist, daß von einem rechtsgrundlosen Haben auf Kosten dieses anderen gesprochen werden kann. Die hM entscheidet, daß bei der Nichtleistungskondiktion das Merkmal der Leistung des Bereicherungsgläubigers durch die Prüfung ersetzt wird, ob der Erwerb gegen den **Zuweisungsgehalt des verletzten Rechts** verstößt (BGH 87, 299; 99, 385; 107, 117; grundl Wilburg S 28ff; v Caemmerer, FS Rabel, S 353ff; Mestmäcker JZ 1958, 521; im wesentlichen auch Reuter/Martinek S 245ff; Schlechtriem ZHR 1949, 332; Larenz/Canaris § 69 I 1; vgl weiter MüKo/Lieb Rz 204ff). Die Nichtleistungskondiktion, insbesondere die als Unterfall wichtige Eingriffskondiktion (zB § 816 I), wird damit in die Nähe der Ansprüche gerückt, die den Schutz des subjektiven Rechts durch Sanktionen bei seiner Verletzung bewirken, mit der Besonderheit, daß hier die im subjektiven Recht liegende Zuweisung von Substanz und Nutzungsmöglichkeiten für den Fall objektiv zweckwidriger Erwerbsvorgänge verlängert wird (**Rechtsfortwirkungsanspruch**), Wilburg AcP 163, 438; Kleinheyer JZ 1970, 473; Reuter/Martinek S 236f.

Anders als beim Delikt bleibt ein Urteil über den **Unwert** etwaiger **Handlungen** des Bereicherten, die nur einen **66** möglichen Fall des Erwerbs „in sonstiger Weise" darstellen, unerheblich. Dagegen muß die Bestimmung des Zuweisungsgehalts von Gütern unter Berücksichtigung des im Deliktsrecht anerkannten Standes des Güterschutzes getroffen werden (s auch Reuter/Martinek S 245; Larenz/Canaris § 69 I 1c). Die Zubilligung einer Kondiktion vereinigt gleichlaufende Zuweisungen von Substanz, eigener Nutzungsbefugnis, Recht zur entgeltlichen Nutzungsüberlassung sowie Unterlassungsanspruch, was bei Ausdehnung sogar auf die fehlende eigene Nutzungsmöglichkeit des Rechtsinhabers (Rz 68) ein wirtschaftsrechtliches Problem werden kann (dazu in Auseinandersetzung mit Joerges, Bereicherungsrecht, S 42f; H.P. Westermann AcP 178, 150, 184f). Gefahren für die Wettbewerbsordnung (Mestmäcker JZ 1958, 524; ähnl Joerges aaO S 69) entgeht man, wenn man die Zuweisungslehre von vornherein als Appell zur offenen Wertung der rechtlichen Zuweisungsfunktion von Gütern auffaßt, die durch die Rechtsordnung anerkannt oder gesellschaftlich entstanden sind und als wertvoll empfunden werden. Nicht alle Positionen, auch nicht alle deliktsrechtlich geschützten, müssen Zuweisungsgehalt im Sinne des Rechtsfortwirkungsanspruchs haben. Dies übersehen die an sich verständlichen Angriffe auf die Leerformelhaftigkeit der Zuweisungslehre (Kleinheyer JZ 1970, 473; Jakobs, Eingriffserwerb, S 24; Kellmann, Gewinnhaftung, S 90ff). Es trifft auch nicht zu, daß erst der Bereicherungsanspruch aus dem Gesichtspunkt der Rechtsfortwirkung die Zuweisung schafft (Kleinheyer S 473; s auch Mestmäcker JZ 1958, 523). Vielmehr darf ohne Anhaltspunkte für eine Substanz- und Ertragszuweisung, wie sie – gegebenenfalls durch Rechtsfortbildung – aus dem Gesetz zu entnehmen sind, eine Eingriffskondiktion nicht bejaht werden. Wichtige Hinweise auf den absoluten Zuweisungsgehalt eines Rechtsguts gibt die Möglichkeit des Inhabers, über die Substanz und die Nutzung entgeltlich zu verfügen (als alleiniges Kriterium behandelt von MüKo/Lieb Rz 208). Häufig wird auch das Bestehen eines Unterlassungsanspruchs des Rechtsinhabers gegen Zugriffe Dritter die Zuweisung auch des Nutzungs- und Verwertungsrechts anzeigen (Klein-

§ 812 Einzelne Schuldverhältnisse

heyer S 475; Reeb JuS 1973, 93). Doch erstens ist die Einräumung eines Unterlassungsanspruchs bei den Gütern mit zweifelhaftem Zuweisungsgehalt meist nicht eindeutig festgelegt, zum zweiten ist eine Parallelität zwischen Unterlassungsanspruch und Güterzuweisung wegen der prozessualen Struktur der Unterlassungsklage nicht durchweg gegeben; zum Ergebnis s auch Bamberger/Roth/Wendehorst Rz 73.

67 c) **Entstehung einer Bereicherung „in sonstiger Weise".** Eine Übersicht über die zur Nichtleistungskondiktion gehörenden Tatbestände ergibt sich durch Gruppierung nach dem Entstehungsmodus. aa) Am wichtigsten sind die **eigenen Handlungen des Bereicherten.** Eingriffe in fremdes Vermögen verpflichten zur Herausgabe des Erlangten (**Eingriffskondiktion**), wenn das betreffende Rechtsgut dem Inhaber die ausschließliche Nutzung zuweist. Das trifft beim Eigentum zu, ebenso bei beschränkten dinglichen Rechten und nach BGH 99, 385 bei einer Auflassungsvormerkung. Außer den die Verfügung über fremde Sachen oder Forderungen betreffenden Tatbeständen des § 816 und dem durch §§ 946–951 geregelten Fall des Eigentumsverlusts bzw -erwerbs durch Verbindung, Vermischung und Verarbeitung, der auch bei eigenen Handlungen des Bereicherten eingreifen kann, gehören hierher: Verbrauch fremder Sachen (BGH 14, 7 für die Verwendung von Benzin; BGH 32, 130 für den Verbrauch von eingebrachtem Gut der Ehefrau durch den Mann), Nutzung fremder Gegenstände (RG 97, 310; BGH NJW 1968, 197; BGH 44, 241) oder gewinnbringende Überlassung der Nutzung an Dritte durch Verpflichtungsgeschäft (etwa durch Verpachtung oder Vermietung, Celle RdL 2001, 51; zur unberechtigten Untervermietung Rz 71), Belastung eines Kundenkontos durch die Bank ohne Verfügung des Kunden, LG Regensburg WM 1993, 62. Somit führt auch die Nutzung gemeindlicher Grundstücke durch ein Energieversorgungsunternehmen, die ohne Konzessionsvertrag geschieht, zu Bereicherungsansprüchen (BGH 132, 198; Brandenburg OLGRp 1998, 319; Rostock RdE 2001, 115 mit Bemerkungen zum Wegfall der Bereicherung; krit Salje ET 1994, 56), bei deren Bemessung allerdings Besonderheiten des Energiewirtschaftsrechts zu beachten sind, Kühne JZ 1996, 1132. Im übrigen kann bei Eingriffen in fremdes Rechtsgut die Herausgabepflicht Wertersatz oder Abführung des Gewinns umfassen (§ 818 Rz 29). Die Anwartschaft ist als dem Vollrecht strukturell ähnliches Recht auch hier gleich zu behandeln (vgl RG Gruch 51, 975; Celle MDR 1959, 930). Nicht notwendig ein Eingriff in die Substanz der fremden Sache oder ein Schaden des Sacheigentümers. Dennoch ist in dem umstr Fall der Vertauschung der Stromzähler zweier Mieter die Annahme, der Begünstigte habe seinen Strom „über den Zähler" des Benachteiligten erhalten und somit in den Zuweisungsgehalt fremden Rechts eingegriffen (LG Aachen NJW 1984, 2421), nicht richtig, da der Zähler meist dem Lieferanten gehört, der seinerseits dem Benachteiligten, mit dem er unkorrekt abgerechnet hat, den übererhobenen Betrag erstatten muß; KG NJW 1985, 1714 verneint daher direkten Bereicherungsausgleich zwischen den Mietern (zu beiden Entscheidungen Martinek JuS 1985, 596). Bereicherungsanspruch daher bei Verwendung einer Wand zu Reklamezwecken (BGH 22, 395; zur Benutzung von Fernsehsendungen als „Schleichwerbung" und damit ungerechtfertigte Bereicherung der werbenden Firmen Pilger-Preusche NJW 1974, 2308; für eine Haftung nur des Veranstalters MüKo/Lieb Rz 223) oder bei Anbau an eine fremde Giebelmauer (BGH 27, 203 mit Anm Klempt JZ 1970, 323; 1935, 46; BGH NJW 1963, 1868), bei Nutzung halbscheidiger Giebelmauer (BGH 43, 127); bei zeitweiligem Einsatz fremden Kapitals (RG 151, 123). Zum Bereicherungsanspruch als Instrument zur Begründung einer Haftung des Zweitanmelders eines Patents wegen ersparter Entwicklungskosten LG Köln NJW 1985, 2652 mit Anm Deutsch. Die Eingriffskondiktion kommt auch in Betracht bei Nutzung von Sachen, die bisweilen mit der Figur des faktischen Vertrages beurteilt wird, so bei ständigem Parken oder Automatenaufstellung auf einem nicht im Gemeingebrauch stehenden Platz (BGH 20, 270; BGH NJW 1973, 1281; aM BGH 21, 319, 336). Eine öffentlich-rechtliche Regelung des Entgelts schlägt dann uU auch gegenüber demjenigen durch, der die Sache unberechtigt nutzt, KG MDR 1977, 315. Soweit die Anbringung und der Betrieb von Warenautomaten, die in den Luftraum hineinragen, nicht Anliegergebrauch, sondern Sondernutzung ist, steht der Stadt ein Entgelt zu, BGH NJW 1973, 1281. Zu bloß schuldrechtlichen Positionen Rz 72.

68 In allen diesen Fällen kann der Eingreifende nicht einwenden, der Inhaber des Rechtsguts habe aus tatsächlichen oder rechtlichen Gründen die Vorteile nicht ziehen können (RG 105, 408; BGH NJW 1968, 197; München NJW-RR 1996, 539; Hamburg NJW-RR 1999, 1204) oder er – der Bereicherte – hätte die Nutzung gegen Entgelt nicht in Anspruch nehmen wollen (BGH 20, 345; anders für den Fall der Ersparnisbereicherung – Rz 9 – BGH 55, 128). Letzteres ist aber möglicherweise im Rahmen des § 818 III beachtlich, vgl die Flugreise-Entscheidung BGH 55, 128. Der herauszugebende Vorteil kann höher, aber auch niedriger sein als die Einbuße des Betroffenen (BGH 17, 236; 36, 332), auf die es im Gegensatz zum Schadensersatzrecht nicht ankommt, s auch Staud/Lorenz Rz 24.

69 Str ist der Zuweisungsgehalt von **Persönlichkeits- und Immaterialgüterrechten**. Die Furcht vor einer übermäßigen Kommerzialisierung dieser Rechte darf nicht dazu führen, eine dem Inhaber mögliche entgeltliche Nutzung einem dritten Eingreifer unentgeltlich zu gestatten. Man kann daher den Persönlichkeitsgütern einen Zuweisungsgehalt hinsichtlich ihrer wirtschaftlichen Nutzung nicht absprechen (Kleinheyer JZ 1970, 475; Wilburg, Die Lehre, S 40ff; Jakobs, Eingriffserwerb, S 103ff; Götting, Persönlichkeitsrechte S 54ff; Siemes AcP 201, 202ff; zum Anschauungswandel bezüglich der profitablen Verwendung von Persönlichkeitsgütern besonders Schlechtriem, FS Hefermehl, 1976, S 445ff); entscheidend ist stets, ob der Verletzer den Vermögenswert ohne Zustimmung des Inhabers einer geschützten Rechtsposition nicht hätte erlangen können (BGH 78, 90, 89; 81, 75, 80; 99, 244; 107, 117; BGH WM 1981, 129, 131). Der Ausgleich erfolgt im Wege der sog **Lizenzanalogie**, die auch eingreift, wenn ein Lizenzvertrag formunwirksam ist; auszugleichen ist dann der objektive Wert des tatsächlich Erlangten, nicht das im Lizenzvertrag vereinbarte (BGH GRUR 2000, 685). Ein Patent hat Ausschlußcharakter (BGH 41, 84; 68, 99; NJW 1979, 101). Ihm kommt auch ein absoluter Zuweisungsgehalt hinsichtlich vermögensmäßiger Nutzung zu (v Caemmerer, FS Rabel, S 356; RGRK Rz 32). Zum Bereicherungsausgleich bei Verletzung eines Warenzeichens vor § 812 Rz 15. Bei unbefugtem Absatz von Schriftwerken unter Verletzung fremden Urheberrechts bejahte RG 121, 263 eine Bereicherungshaftung, s vor § 812 Rz 15 sowie Ullmann GRUR 1978, 615, dann auch wieder BGH 129, 66 (Eingriff in das urheberrechtliche Verbreitungsrecht nach § 17 UrhG). Dagegen soll bei

Weiterverwendung der Unterlagen eines Erstanmelders (eines Pflanzenschutzmittels) durch einen Zweitanmelder eine Eingriffskondiktion gegen den letzteren selbst dann ausscheiden, wenn die Behörde den Zweitanmelder aufgrund der vom Erstantragsteller vorgelegten Ergebnisse zugelassen hat, BGH 107, 117 mit Kurzkomm Martinek EWiR § 812 BGB 3/89. Reine Persönlichkeitsrechte haben unter bestimmten Umständen unbestreitbaren Vermögenswert, dessen Nutzung durch den Inhaber auch weithin anerkannt wird, Schlechtriem aaO; MüKo/Lieb Rz 219f. Insoweit ist nicht nur auf eine Konkretisierung des Persönlichkeitsrechts durch gesetzliche Vorschrift abzustellen. BGH 20, 345 hat bei schuldloser Verletzung des Rechts am eigenen Bild einen Bereicherungsanspruch in Höhe der üblichen Vergütung der Nutzung des Bildes gewährt (krit Mestmäcker S 525; aM Kleinheyer JZ 1970, 476 mit der zutreffenden Einschränkung, daß ein Anspruch nur besteht, wo die Rechtsordnung eine Verfügung der Person über das Rechtsgut billigen würde). Persönlichkeitsverletzungen durch unbefugten Gebrauch des **Bildes** oder des **Namens** eines anderen führen zu einem Bereicherungsausgleich ohne Rücksicht auf eine Schädigung oder Ansehensminderung des Rechtsinhabers oder Verschulden des Handelnden, der allerdings, soweit das Bild prominenter in der Werbung eingesetzt wird, zT davon abhängig gemacht wird, daß ein Zusammenhang zwischen dem beworbenen Produkt und der dargestellten Person besteht (Beuthien/Hiecke AfP 2001, 353ff). Der Ausgleich geschieht in Höhe der Kosten, die der Verletzer erspart hat, also idR den Betrag, den der Berechtigte für die Erlaubnis hätte angemessenerweise fordern können (BGH NJW 1979, 2205; BGH 81, 75; Karlsruhe NJW 1989, 401; BGH NJW 1992, 2084; Koblenz NJW-RR 1995, 1112; München WRP 1995, 744; LG München NJW-RR 2002, 617; einschränkend bezüglich des Deliktsschutzes LG München ZUM 2002, 238; dazu Canaris JZ 1992, 1114, 1118f; s auch Brandner JZ 1983, 689, 699; Übersicht bei Müller VersR 2000, 797ff). Dieselben Ansprüche erkennt BGH EWiR § 22 KUG 1/87 mit Kurzkomm Schricker auch dem Inhaber des ausschließlichen Verwertungsrechts am Bild einer berühmten Persönlichkeit zu, während München (BB 1997, 1971) dem postmortalen Persönlichkeitsrecht einen Zuweisungsgehalt (für die Hinterbliebenen) abspricht. Bei der Bemessung der Vergütung kann eine Rolle spielen, daß dem Bild auch Werbewirkung für ein vom Verletzer unabhängiges Unternehmen zukommt, dem der Abgebildete unentgeltliche Werbung gestattet hat (BGH NJW 1992, 2084). Die Linie der Rspr wurde in etwa fortgesetzt, als BGH NJW 1995, 861; 1996, 984 (Caroline v. Monaco) in die Berechnung des Schmerzensgeldes wegen Persönlichkeitsverletzung die Vorstellung einbezog, den Verletzergewinn abschöpfen zu dürfen, was besser über die Kondiktion oder auch über Geschäftsführung ohne Auftrag zu begründen wäre (dazu Canaris, Karlsruher Forum 96, 58ff; Taupitz, ebenda S 75ff; Ehmann AfP 95, 654; Canaris, FS Deutsch, 1999, S 85, 88; H.P. Westermann in Einheit und Folgerichtigkeit S 125, 143f; Vollkommer, FS Leisner, 1999, S 599ff; Siemes AcP 201, 202ff; rechtsvergleichend Wagner ZEuP 2000, 200ff; skeptisch insoweit Steffen NJW 1997, 10, 13ff; Gounalakis AfP 1998, 19; dagegen wieder Canaris, FS Deutsch, S 89ff). Der Bereicherungsanspruch hängt auch nicht davon ab, daß sich der Entreicherte auf eine entgeltliche Vermarktung seines Persönlichkeitsrechts eingelassen hätte, Koblenz NJW-RR 1995, 1112.

Im Ergebnis im wesentlichen unstr ist, daß weder Eingriffe in das Recht am eingerichteten und ausgeübten **70 Gewerbebetrieb** (s § 823 Rz 49ff) noch in sonstige das **Unternehmen** schützende Rechtspositionen eine Bereicherungshaftung auslösen (BGH 71, 86; 107, 117, 121; Mestmäcker JZ 1958, 526). Die Begründung, es handle sich hier um Freiheitsschutz und nicht um die Verteidigung eines Rechtsguts, zeigt aber, daß hier Positionen, die in der Gesellschaft anerkannt werden, von der Rechtsordnung wegen der Grundentscheidung für Wettbewerb nicht absolut zugewiesen werden. Man muß einen durch Wettbewerb zum Nachteil des Konkurrenten, möglicherweise sogar durch unmittelbare Verschiebung (Großabnehmer wechselt den Lieferanten) erreichten Vorteil als mit Rechtsgrund erlangt bezeichnen, s H.P. Westermann AcP 178, 185f. Zu Bereicherungsansprüchen bei Wettbewerbsverstößen und Schutzgesetzverletzung Rz 88, vor § 812 Rz 9.

Auch bei Rechtsgütern, deren Zuweisungsgehalt von der Rechtsordnung klar umrissen scheint, ist die Bereiche- **71** rungshaftung nicht selten zweifelhaft. Ein Teil der Fallösungen ist freilich im Hinblick auf das Erfordernis der Unmittelbarkeit der Vermögensverschiebung zu verstehen. Str ist der Fall der **unberechtigten Untervermietung**, der freilich nicht nur durch Bereicherungsansprüche gelöst werden könnte (Übersicht bei Söllner JuS 1967, 449). Demgegenüber lehnt die Rspr Ansprüche aus allen Grundlagen, insb auch der Kondiktion ab, vgl BGH NJW 1964, 1853; zuletzt BGH 131, 297 (auch zur Höhe eines Untermietzuschlags, Düsseldorf NJW-RR 1994. 556). In der Literatur will Diederichsen NJW 1964, 2296 § 816 I analog anwenden; krit auch Larenz/Canaris § 69 I 2a; MüKo/Lieb Rz 221; für Anwendung der allgemeinen Eingriffskondiktion Neumann-Duesberg BB 1965, 730; Reeb JuS 1973, 94; Gebauer Jura 1998, 128, 130; aM Söllner aaO mit dem Hinweis, die Erlaubtheit oder Verbotenheit der Untervermietung ergebe sich nicht aus der Güterzuordnung, sondern aus dem Mietvertrag. Ein Eingriff in ein geschütztes Rechtsgut liegt danach an sich vor, weil die Nutzung durch Untervermietung dem Vermieter vorbehalten war (genau umgekehrt die Rspr, die sie als ein Geschäft des Mieters annimmt, vgl BGH NJW 1964, 1853, s auch LG Hildesheim WuM 1990, 341, 342). Jedenfalls ist ein Eingriff anzunehmen, wenn der Vermieter sich vertraglich bei Zustimmung zur Untervermietung einen Ausgleich ausbedungen hatte (Theuffel JuS 1997, 886 gegen BGH aaO). Soweit nach Mietrecht die Befugnis zur Untervermietung oder ein Anspruch auf die Erlaubnis gegeben ist, besteht ein Rechtsgrund für die gezogenen Vorteile; aM Mutter MDR 1993, 303, der aber dennoch Bereicherungsansprüche ablehnt, weil der Vermieter kündigen oder auf Unterlassung klagen könne. Der Bereicherungsanspruch umfaßt nicht den vollen Untermietzins, sondern erstreckt sich auf den Betrag, um den der Vermieter bei Gestattung der Untervermietung die Miete hätte erhöhen können, s auch MüKo/Lieb Rz 221. Allerdings ist dafür auf die ortsübliche Vergleichsmiete (§ 558) abzustellen, so daß oft kein zusätzliches Entgelt verlangt werden kann. Hingegen lehnt die Rspr auch eine Kondiktion bezüglich des Untermietzuschlages bereits wegen fehlender Tatbestandsvoraussetzungen ab, vgl LG Hildesheim WuM 1990, 341, 342. Eine Ausnahme wurde bisher nur für den Fall gemacht, daß dem Vermietenden selber die Sache in Verfolgung öffentlicher Zwecke überlassen worden war (BGH NJW 2002, 60), um eine Untervermietung handelt es sich dabei eigentlich nicht.

§ 812

Einzelne Schuldverhältnisse

72 Andere Beispiele aus der Praxis ergeben sich manchmal im Zusammenhang mit dem Verlust nur schuldrechtlich gesicherter Positionen ohne absoluten Zuweisungsgehalt. Hat ein Grundstückseigentümer seinem Nachbarn die Bestellung einer **Grunddienstbarkeit** versprochen und sodann das Grundstück unbelastet veräußert, so soll es nach BGH 46, 260 für einen Bereicherungsanspruch des Nachbarn gegen seinen Vertragspartner wegen des bei der Veräußerung erzielten Mehrerlöses an der Unmittelbarkeit der Vermögensverschiebung fehlen, vgl auch den in manchem ähnlichen Fall RG 73, 173 sowie LG Bonn NJW 1977, 1823. Ein Bereicherungsanspruch aus § 951 besteht nur gegen denjenigen, der in das Recht des Verlierenden „eingegriffen" hat, nicht gegen seinen Rechtsnachfolger (BGH WM 1972, 389): Das Tatbestandsmerkmal „auf Kosten" bestimmt die Parteien der Kondiktion (Rz 64). In der früheren Rspr (RG Recht 1913, 849; anders aber RG Recht 1917, 632) wurde bei **gemeinschaftlicher unerlaubter Handlung** die Unmittelbarkeit auch dann bejaht, wenn ein Gegenstand durch das Vermögen des Haupttäters zum letztlich Bereicherten gelangt war (zust RGRK Rz 55) – allenfalls mit der Überlegung zu halten, daß die Sache durch den verbotenen Eingriff nicht ihren Zuweisungsgehalt für den Eigentümer verloren haben kann.

73 **bb)** Die Bereicherung kann auch durch **Handlungen des Entreicherten** zustande kommen, Staud/Lorenz Rz 29. Sie werden allerdings, wie die Zahlung fremder Schulden, meist Leistungen sein. Fehlen einer tatsächlichen Zuwendung die Voraussetzungen, unter denen sie als Leistung anerkannt werden kann, so kommt eine Nichtleistungskondiktion in Betracht, vgl etwa Rz 20 zur Banküberweisung auf Grund eines gefälschten Auftrags (Zuwendungs- oder Durchgriffskondiktion, s Bamberger/Roth/Wendehorst Rz 51ff). Es kommt vor, daß Leistungen im Verhältnis des Leistenden zu einem durch die Leistung wirtschaftlich Begünstigten durch einen Rückgriff ausgeglichen werden, der bei Fehlen einer Leistung auch in diesem Verhältnis als Nichtleistungskondiktion zu qualifizieren ist (s Rz 42 zum Regreß unter Gesamtschuldnern). Stets tritt hier allerdings das Problem des Verhältnisses von Leistungs- und Nichtleistungskondiktion auf, das gemeinhin unter dem Stichwort „Subsidiarität" behandelt wird (Rz 83). Hierher gehören auch **Verwendungen** auf fremde Sachen. Sie können Leistungen sein, zB im Rahmen der Erfüllung eines Werkvertrages, eine Nichtleistungskondiktion kommt dagegen in Betracht, wenn die Verwendung ohne Kenntnis der Person des Eigentümers der verbesserten Sache geschah, Koblenz NJW 1990, 127. Soweit der Entreicherte Besitzer der Sache war, konkurriert die Verwendungskondiktion mit den Verwendungsersatzansprüchen aus §§ 994ff (s vor § 812 Rz 13). Bei fehlendem Besitz ist eine Nichtleistungskondiktion denkbar. Verlangt man für die Zweckbestimmung einer Leistung Geschäftsfähigkeit des Leistenden (Rz 13), so gehören hierher auch Zuwendungen, zB Arbeit, eines nicht voll Geschäftsfähigen.

74 **cc)** Die Bereicherung durch **Handlungen eines Dritten**, praktisch zunächst bei Verbindung, Vermischung und Verarbeitung durch einen Dritten (RG 51, 80; 130, 310), gewinnt eine zusätzliche Problematik, wenn der Vermögenserwerb des Bereicherten auf **staatlichen Hoheitsakt** zurückgeht (s den Fall Düsseldorf NJW-RR 1996, 1329f). Hier ist die Grenze zur häufig getrennt behandelten Fallgruppe der Bereicherung durch gesetzliche Vorschrift (Rz 80) nicht immer genau erkennbar, was tragbar ist wegen der grundsätzlichen Gleichheit der Maßstäbe und Rechtsfolgen. Die Pfändung und **Versteigerung schuldnerfremder Sachen** ist nicht privatrechtliche Verfügung des Gläubigers oder seines Vertreters iSd § 816 (so aber RG 88, 356), weil das Eigentum an der dem Ersteher übergebenen Sache und das Recht am Erlös auf den betreibenden Gläubiger durch staatlichen Hoheitsakt übergehen (RG 156, 395; BGH 55, 20). Der Dritte verliert also zunächst das Sacheigentum und sodann sein Recht an dem durch Surrogation (§ 1247) ihm zugefallenen Erlös. Die heute hM wendet hierauf zu Recht die Regeln über die allgemeine Eingriffskondiktion an, kommt also zu einem Bereicherungsanspruch des Dritten gegen den betreibenden Gläubiger, weil diesem der Erlös schuldrechtlich nicht gebührt (BGH 66, 150; 100, 95, 99; eingehend Gerlach, Ungerechtfertigte Zwangsvollstreckung, S 24ff; MüKo/Lieb Rz 269f; RGRK Rz 43; Staud/Lorenz Rz 77). Auf den guten Glauben des Gläubigers kommt es nicht an. Ähnlich haftet bei der Ersteigerung des Vollstreckungsgegenstandes durch den Gläubiger und Verrechnung gem § 817 IV S 1 ZPO der Gläubiger, der von der Barzahlungspflicht befreit wurde, auf Wertersatz bezüglich der Zahlungsbefreiung (BGH 100, 95 und dazu Krüger JuS 1989, 182; schon vorher RG 156, 400; Neustadt NJW 1964, 1802; Lüke AcP 153, 533; Gerlach S 20ff), ebenso, wenn sich der Gläubiger die Sache nach § 825 ZPO überweisen läßt. Die hM wendet ihre Grundsätze auch an, wenn der Dritte nicht nach § 771 ZPO, sondern nach § 805 ZPO hätte vorgehen können, RG 119, 269. Dieselben Regeln gelten schließlich bei Verwertung eines Gegenstandes durch Werkunternehmer, der von der Sicherungsübereignung der Sache keine Kenntnis hatte, LG Berlin NJW 1973, 630. Bei Verrechnung des Versteigerungserlöses mit der Forderung des betreibenden Gläubigers wie auch bei der Versteigerung einer bestellerfremden Sache durch den Werkunternehmer ist zu prüfen, ob dem Bereicherungsanspruch Verwendungsersatzansprüche entgegengehalten werden können, BGH aaO und Zweibrücken JZ 1986, 341. Die Rspr ist freilich nicht unumstritten geblieben. Die Gegenmeinung (Böhm, Ungerechtfertigte Zwangsvollstreckung und materiellrechtliche Ausgleichsansprüche, 1971; dazu Kaehler JR 1972, 445; Gaul AcP 173, 323; Gerlach S 15ff) hält den Schutz des materiellen Rechts durch Prüfung in der Zwangsvollstreckung für ausreichend und verweist insbesondere auf das in der Trennung von Eigentum und Besitz bereits begründete Risiko; auch wird vertreten (Günther AcP 178, 456ff), es genüge gegen den Schuldner bestehende Anspruch. Hiermit wird der Zwangsvollstreckung eine ihr nicht zukommende Funktion der materiellen Güterverteilung beigelegt. Der Hinweis auf die Zahlungsfiktion in § 819 ZPO (Gloede MDR 1972, 291) berücksichtigt zuwenig, daß die Vollstreckung in eine dem Schuldner nicht gehörige Sache ein Sonderfall ist (vgl v Gerkan NJW 1963, 1141).

75 Der Bereicherungsanspruch geht auf den vollen **Erlös**, nicht nur auf den Wert der verlorenen Sache, da der Erlös an die Stelle der Sache getreten war. Auch bei Zuweisung des Pfandgegenstandes an den betreibenden Gläubiger nach § 817 IV ZPO oder im Verfahren gem § 825 ZPO gilt dasselbe; anders nur, wenn gem § 835 II ZPO eine Forderung dem betreibenden Gläubiger an Zahlungs Statt überwiesen wurde, Gerlach S 59. Der Verlust der Forderung des Gläubigers gegen den Vollstreckungsschuldner tritt nicht ein, wenn der Erlös an den Dritten heraus-

gegeben werden muß (Lüke AcP 153, 540). Str ist die Abzugsfähigkeit der **Vollstreckungskosten**. Sie wird von der heute hM bejaht (BGH NJW 1976, 1092; Lent NJW 1955, 674; Schuler NJW 1962, 1842; Pal/Thomas Rz 39), weil es sich um notwendige Aufwendungen im Vertrauen auf die Gültigkeit des Vollstreckungsvorgangs und nicht um Gegenleistungen an Dritte handelt (aM Nicklisch NJW 1966, 434; differenzierend Gerlach S 60ff). Bei Bösgläubigkeit des Gläubigers kommt ein Anspruch gem § 687 II in Betracht. Vom Ersteher kann der Dritte nicht kondizieren, da insoweit öffentlich-rechtliche Verstrickung der Sache und Zuschlag einen Rechtsgrund abgeben (RGRK Rz 43; vgl auch Kaehler JR 1972, 445).

Bereicherungsansprüche kommen auch in Betracht, wenn im Vollstreckungsverfahren die **Erlösverteilung** 76 **mangelhaft** ist. Ein zu Unrecht übergangener Gläubiger kann vom ranglezten Erlösempfänger kondizieren, auch wenn er am Verteilungsverfahren der §§ 872ff ZPO nicht teilgenommen oder dem Teilungsplan nicht widersprochen hat (RG 42, 247; 58, 156; 153, 252; vgl auch BGH 4, 84; 39, 242; RGRK Rz 44). Ein trotz Anmeldung seiner Forderung im Verteilungsverfahren unberücksichtigt gebliebener Konkursgläubiger kann sich auch nach Beendigung des Insolvenzverfahrens mit dem Bereicherungsanspruch an die Gläubiger halten, die zu viel erhalten haben (RG 23, 54; RG Gruch 34, 1201), aus Gründen der Rechtssicherheit aber nicht, wenn das Recht im Verzeichnis nicht eingetragen war, BGH NJW 1984, 2154; Kuhn/Uhlenbruck § 158 KO Rz 9; zweifelnd MüKo/Lieb Rz 271, der auch (im Anschluß an Weber JZ 1984, 1027) meint, eine Kondiktion stehe nur dem Insolvenzverwalter zu (so auch bei Zahlungen an Gläubiger in einem später gescheiterten Vergleichsverfahren BGH 41, 98), während bei einer vom Schlußverzeichnis abweichenden Erlösverteilung gewöhnlich ein direkter Anspruch des benachteiligten Gläubigers angenommen wurde. Dem Schuldner wurde ein Bereicherungsanspruch zugestanden, wenn vor einem Liquidationsvergleich ein einzelner Gläubiger durch Auszahlung einer Quote den anderen Gläubigern übersteigenden Leistung bereichert wurde (BGH NJW 1978, 1578). Zur Zahlung in irrtümlicher Annahme einer Masseschuld s Rz 44, in irrtümlicher Annahme ausreichender Masse RG 61, 262. Die Außerachtlassung der Rechtsbehelfe aus §§ 771, 805 ZPO begründet keinen Arglisteinwand (RG JW 1906, 15). Über Auszahlungen des Gerichtsvollziehers an einen falschen Gläubiger ohne Verteilungsverfahren s RG 134, 143. Kein Bereicherungsanspruch des Schuldners, wenn § 811 ZPO verletzt oder wenn § 817a ZPO infolge falscher Werteinschätzung nicht zutreffend angewandt ist (München NJW 1959, 1832). Zur Zwangsvollstreckung wegen öffentlich-rechtlicher Geldforderungen BGH 32, 240; zur Rückforderung von Zwangsgeldern (§ 888 ZPO) Köln NJW 1968, 259. Zweifelhaft, ob für Gesetzesverstöße bei der **Liquidation** juristischer Personen etwas anderes gilt. RG 92, 77; 109, 387 hat im Falle der gesetzeswidrigen Benachteiligung eines Gläubigers durch Auskehrung von Überschüssen an Gesellschafter die Unmittelbarkeit verneint, was nur zu halten ist, wenn man davon ausgeht, daß die Liquidation der Haftungsmasse keinen Eingriff in den Zuweisungsgehalt der Forderung darstellt. Dagegen meint RG 124, 201, die formal ordnungsmäßige Liquidation stabilisiere die Rechtslage. Seit BGH 88, 147 mit Anm Grunsky JZ 1983, 898; Hanisch ZIP 1983, 1289 und schon vorher Canaris ZIP 1983, 647 ist anerkannt, daß ein inländischer Gläubiger eines hier anhängigen Insolvenzverfahrens, der **im Ausland** eine (aufgrund des Territorialitätsprinzips gültige) **Einzelzwangsvollstreckung** in das Schuldnervermögen durchgesetzt hat, im Inland der Konkursmasse aus Eingriffskondiktion haftet. Das gilt nicht wenn die Erlöse in einem ausländischen Insolvenzverfahren erlangt sind, Köln ZIP 1989, 321.

Ähnliche Probleme stellen sich in der **Zwangsversteigerung**. Wegen der stabilisierenden Wirkung des 77 Zuschlags kann der Inhaber entgegenstehender, durch den Zuschlag untergegangener Rechte nicht vom Ersteher, sondern nur vom ranglezten Erlösempfänger kondizieren (RG 76, 212; 88, 360; wichtig für Zubehörstücke), vgl auch RG 59, 266; 153, 256 für den Inhaber von Grundpfandrechten oder Dienstbarkeiten, die nicht ins geringste Gebot aufgenommen wurden, s auch Rz 16. Nach BGH 21, 30 (vgl auch BGH 35, 267) sind aber die in § 110 ZVG angeordneten Folgen endgültig und können nicht durch Kondiktion ausgeglichen werden. Ein Teilungsplan hindert nach RG 58, 156; 64, 196; 153, 256 zwar die Änderung des in ihm festgestellten Rangverhältnisses, nicht aber die Kondiktion gegen den ranglezten Erlösempfänger. BGH 39, 242 hält die Position, die in Beteiligter nach Aufstellung des Teilungsplans durch einen „verfahrensrechtlich bedenklichen" Zuteilungsbeschluß erlangt hat, für kondizierbar. Hat aber auf Grund einer falschen Berechnung des Bargebots der Ersteher zu viel gezahlt, so hat er keine Kondiktion gegen den letztrangig befriedigten Grundpfandgläubiger, weil dieser aus dem Vermögen des Schuldners befriedigt worden ist, sondern nur gegen den Schuldner, BGH 68, 276; MüKo/Lieb Rz 273. Hat bei einer durch Sicherungsgrundschuld gesicherten Forderung der persönliche Schuldner die Anmeldung der gegen ihn gerichteten Forderung des Grundschuldgläubigers unterlassen und kann er infolgedessen vom Ersteher nicht mehr Befreiung von seiner Verbindlichkeit verlangen, so hat er, wenn er nunmehr aus der persönlichen Schuld in Anspruch genommen wird, gegen den Ersteher einen Bereicherungsanspruch (BGH 56, 22). War die Grundschuld aber nicht voll valutiert, so hat der frühere Eigentümer gegen den Ersteher nicht schon deshalb einen Bereicherungsanspruch, weil er nach Nichtanmeldung seiner Ansprüche und Erlöschen der Grundschuld sein Recht auf Rückgewähr des nicht valutierten Grundschuldteils nicht realisieren kann, BGH NJW 1974, 2279, bestätigend BGH NJW 1993, 1919. Verliert der Ersteher eines Grundstücks bei der Erlösverteilung Befriedigungsmöglichkeiten aus einer voll valutierten Darlehenshypothek, obwohl er gem § 91 II ZVG erklärt hatte, das Recht solle bestehen bleiben, so billigt ihm BGH NJW 1981, 1601 in der Höhe, in der die Darlehensforderung durch Erlöszuteilung nicht befriedigt ist, gegen den Darlehensschuldner einen Bereicherungsanspruch zu.

Sonstige **Amtshandlungen**, mit denen die Behörde nicht einen Verwaltungsakt erläßt, sondern eine Vermögens- 78 bewegung unter Privatpersonen veranlaßt, werden nach RG 156, 399 nicht ohne weiteres mit §§ 816, 822 gewertet, s auch Rz 69 zum Zuweisungsgehalt von Positionen, die im Rahmen behördlicher Zulassungsverfahren erlangt sind. Ist der Rechtsweg gegeben und liegt die Normsituation des Bereicherungsrechts vor (von RG 117, 43 für das Enteignungsrecht abgelehnt, s vor § 812 Rz 19f), so kann eine Kondiktion Platz greifen, etwa dann, wenn der Amtsakt nichtig (RG 56, 70 für Zwangsvergleich) oder auf Anfechtung aufgehoben ist (BGH 10, 45). Ob mangels

§ 812

materiellen Rechtsgrundes das Ergebnis wirksamer Amtsakte kondiziert werden kann, hängt davon ab, ob sie obligatorische oder dingliche Rechte (konstitutiv) begründen oder nur (deklaratorisch) feststellen, und ob und inwieweit sie eine die Rechtslage stabilisierende Wirkung haben.

79   **Urteile** haben in der Regel keine rechtsbegründende, sondern nur deklaratorische Bedeutung (RG 46, 66; 129, 248; anders Gestaltungsurteile, Gaul JuS 1962, 7). Sie tragen daher nicht schon einen Rechtsgrund in sich (unklar RG Gruch 63, 614). Sie verhindern aber durch die Rechtskraft eine abweichende Beurteilung und stabilisieren so die Rechtslage (BGH LM Nr 10 zu § 322 ZPO; BGH 83, 278, 280). Das wird eingeschränkt durch die Grundsätze des § 826 (Urteilsmißbrauch) und § 767 ZPO (nachträgliche Tatsachen). Sind deren Voraussetzungen erfüllt, so kann das auf Grund des Urteils Erlangte kondiziert werden (hM); Düsseldorf NJW 1985, 153 will in Fällen sittenwidriger Titelverschaffung nur den Deliktsanspruch gelten lassen. Soweit dagegen eine Änderung des Sachverhalts nach dem ersten Urteil geltend gemacht werden darf, kann das aufgrund des Urteils Geleistete nach § 812 zurückgefordert werden, auch ohne daß im Urteil besonders zum Ausdruck gebracht wurde, der Anspruch sei in den derzeitigen Verhältnissen begründet (BGH NJW 1984, 126, 127). Eine einstweilige Anordnung über **Ehegattenunterhalt** trifft aufgrund summarischer Prüfung nur eine vorläufige Regelung und steht deshalb einer Bereicherungsklage nicht entgegen, ohne daß vorab die Anordnung aufgehoben werden muß, BGH NJW 1984, 2095f; s auch Köln NJW-RR 1989, 324. Die Wirkung eines rechtskräftigen Urteils, bereicherungsrechtliche Ausgleichsansprüche auszuschließen, geht auch dem Vollstreckungsbescheid ab (Frankfurt NJW 1961, 1479; MüKo/Lieb Rz 277).

80   dd) Eine Fallgruppe der **Bereicherung kraft gesetzlicher Vorschrift** zu bilden, wirft Abgrenzungsschwierigkeiten zur Bereicherung durch Handlungen eines Dritten auf. Dies gilt besonders bei **Gutglaubenserwerb** nach sachenrechtlichen Vorschriften, der nach hM einen Ausgleich auf der schuldrechtlichen Ebene nicht ausschließt. Viel erörtert wurde insoweit die durch BGH 21, 98 (zust Hoche JuS 1962, 64; Staud/Kutter § 879 Rz 47; MüKo/Wacke § 879 Rz 34) verneinte Frage, ob eine durch § 879 bewirkte, von den Grundsätzen über Anwartschaften des ersten Antragstellers eingreifende Rangbestimmung endgültig oder durch § 812 korrigierbar ist, so Lent NJW 1957, 177; H. Westermann JZ 1956, 656. Der letzteren Ansicht ist zu folgen, weil die Unumstößlichkeit des durch § 879 angeordneten Erwerbs auch im obligatorischen Verhältnis zwischen den Beteiligten durch den Zweck der Norm nicht gefordert ist. Der Erwerb ist somit rechtsgrundlos. Dagegen wird bei Gutglaubenserwerb gem § 932 dem Erwerber das Eigentum endgültig zugeordnet; aus § 816 I folgt, daß nur ein Ausgleich nur zwischen dem früheren Berechtigten und dem nichtberechtigt Verfügenden erfolgen soll. Man könnte diese Konditionsfestigkeit des Erwerbs vom Nichtberechtigten, über die im Ergebnis Einigkeit besteht (BGH 36, 60; 37, 363; 55, 176; BGH NJW 1974, 1132; v Caemmerer, FS Boehmer, S 145ff; RGRK vor § 812 Rz 30), mit dem Hinweis zu begründen suchen, daß nur der Nichtberechtigte in das Eigentum eingegriffen habe (Reeb JuS 1973, 95). Doch da zum Eigentumsübergang auf den Gutgläubigen auch dessen Mitwirkung erforderlich war, sollte besser die gesetzliche und als abschließend erkannte Regelung als Rechtsgrund angesehen werden (H.P. Westermann JuS 1972, 23; Esser/Weyers § 50 IV), jedenfalls nicht der Vertrag mit dem Nichtberechtigten (mißverständlich insoweit BGH 55, 176). Einen Rechtsgrund des Behaltendürfens gibt nach BGH 53, 174 auch § 1056, nach BGH NJW 1977, 48 (mit der Unterscheidung zwischen formalem Rechtserwerb und „innerem Rechtfertigungsgrund") auch § 868 ZPO. Anders die Vorschriften der §§ 946ff, die, wie aus § 951 ersichtlich, nur eine vorläufige dingliche Zuordnung bewirken. Verjährung und Ablauf von Ausschlußfristen schließt in der Regel die Kondiktion aus, BGH 33, 247; BGH NJW 1963, 806. Zum Rechtsübergang gem § 946 s § 946 Rz 1. Zur Ersitzung s § 937 Rz 6.

81   Das Problem der Wertung gesetzlicher Erwerbsvorgänge als Rechtsgrund iSd § 812 steht in engem Zusammenhang mit der Frage nach der Konkurrenz zwischen Leistungs- und Nichtleistungskondiktion (Subsidiarität) beim Bereicherungsausgleich im Dreipersonenverhältnis (dazu Rz 83). Zum dinglich wirksamen, aber rechtsgrundlosen Erwerb vom Nichtberechtigten § 816 Rz 10.

82   ee) Die **Bereicherung durch Naturvorgang** in den Kathederfällen (Anschwemmen von Land, Zufliegen eines Bienenschwarms) wird in der Regel zufällig sein und selten auf Kosten eines Zuweisungsgehalts des Rechts anderer gehen. Ein Rechtsgrund fehlt dann (Staud/Lorenz Rz 30; RGRK Rz 49).

83   **9. Das Verhältnis von Leistungs- und Eingriffskondiktion.** Beim Bereicherungsausgleich im Dreipersonenverhältnis, aber auch beim gutgläubigen Erwerb, stellt sich manchmal die Frage, ob der Bereicherungsgegenstand mit der Leistungs- und mit der Nichtleistungskondiktion, möglicherweise auch von verschiedenen Gläubigern, herausverlangt werden kann. Verbreitet wird hier der bisweilen (RGRK Rz 41) zur Dogmatik der Nichtleistungskondiktion gerechnete – sog **Subsidiaritätsgrundsatz** herangezogen. Er besagt, daß eine Bereicherung „in sonstiger Weise" nur in Betracht kommt, wenn der Bereicherungsgegenstand nicht schon durch Leistung zugewendet worden ist, wobei BGH 40, 278 (s auch BGH 56, 228; Kötter AcP 153, 210; Berg NJW 1964, 720; RGRK aaO) genauer darauf abstellt, daß von niemandem geleistet worden ist, zu stark vereinfachend BGH ZIP 1999, 435, 437; etwas verwirrend auch die Formulierungen bei BGH ZIP 1999, 435. Der Grundsatz ist praktisch geworden in den „**Einbaufällen**", etwa wenn der Unternehmer die ihm vom Baustoffhändler unter Eigentumsvorbehalt gelieferten Baumaterialien mit der Folge eines Eigentumserwerbs durch den Bauherrn (§ 946) einbaut, indem die nach § 951 an sich gegebene Nichtleistungskondiktion des sein Eigentum verlierenden Händlers durch seine Leistung an den Unternehmer als verdrängt betrachtet wird, (dazu Huber JuS 1970, 345; Thielmann AcP 187, 23, 33ff; s auch § 951 Rz 8). Auch wenn der Käufer Aufwendungen auf ein rechtsgrundlos erlangtes Grundstück gemacht hat, steht der Kondiktion der Wertsteigerung im Rahmen der Rückabwicklung nicht die Subsidiarität der Eingriffskondiktion entgegen, BGH NJW 1999, 2890. Dasselbe kann in Betracht kommen, wenn der Vorbehaltskäufer die Sache unberechtigt an einen Bösgläubigen weitergibt, der später gem § 950 Eigentum erwirbt (Berg AcP 150, 514; Huber NJW 1968, 1909; Ehmann NJW 1971, 612; ähnlich auch BGH NJW 1971, 1452), bei einem durch Gesetz

(§§ 946ff) angeordneten Erwerb von Sachen, die wegen Abhandenkommens rechtsgeschäftlich nicht erworben werden konnten (BGH 55, 176, „Jungbullen-Fall", dazu Ehmann aaO; H.P. Westermann JuS 1972, 18; Thielmann aaO S 31f; Larenz/Canaris § 70 III 2b); schließlich beim rechtsgrundlosen, aber dinglich wirksamen Erwerb vom Nichtberechtigten (H.P. Westermann aaO). Nahezu unstr tritt die Nichtleistungskondiktion dort zurück, wo eine Vermögenszuwendung, etwa die Errichtung von Bauten auf fremdem Boden, im Hinblick auf Leistungsbeziehungen zu einem anderen als dem Grundstückseigentümer, meist einem Generalunternehmer oder Architekten, erfolgt (Berg AcP 160, 510; Huber JuS 1970, 343; s § 951 Rz 4 und die Fälle Stuttgart NJW-RR 1998, 1171 sowie BGH BauR 1998 1113, zu Stuttgart aaO auch einschränkend Stürner/Heggen JuS 2000, 328ff; da es an einer Leistungsbeziehung zu dem Begünstigten gefehlt habe). Der BGH hat den in BGH 40, 272 formulierten Subsidiaritätsgrundsatz bei späteren Gelegenheiten (BGH 55, 176; BGH NJW 1971, 1452; s aber demgegenüber LG Bonn NJW 1991, 1360) nicht wieder aufgegriffen, hat ihn aber wohl auch nicht fallenlassen. Eine durch Eingriff in fremdes Rechtsgut begründete Nichtleistungskondiktion wird nicht dadurch verhindert, daß ein Dritter versuchte, mit dem Eingreifenden bzgl des Werts Leistungsbeziehungen zu begründen; mit dem Subsidiaritätsgrundsatz hat das nichts zu tun (BGH NJW 1992, 2084, 2085; bedenkl LS 2 des Urteils).

a) Der Subsidiaritätsgrundsatz ist aus dem Gesetz direkt nicht zu entnehmen. Eine starke Stütze ist aber § 816 I S 1 iVm I S 2, der dem entgeltlichen gutgläubigen Erwerber den Bereicherungsanspruch dessen, der sein Eigentum unmittelbar zugunsten des Gutgläubigen verloren hat, erspart und nur einen Anspruch auf Herausgabe des Erlöses gegen den nichtberechtigt Verfügenden zuläßt (MüKo/Lieb Rz 236; im Ansatz auch Reuter/Martinek S 402; krit Thielmann AcP 187, 2328ff). Außerhalb des Anwendungsbereichs des § 816 I, etwa in den „Einbaufällen", ist weniger ein begrifflich einheitliches Verhältnis von Leistungs- und Eingriffskondiktion als – wie bei allen Konkurrenzen – ein **wertender Vergleich** der den Gewinn und Verlust auslösenden Vorgänge angezeigt, so daß – entgegen MüKo/Lieb Rz 236 – auch der Umstand der freiwilligen, zweckbezogenen Weggabe eines Gegenstandes und nicht nur das Vorliegen eines gesetzlichen Tatbestandes des Erwerberschutzes von Bedeutung ist. Vielfach wird sich das Zusammentreffen der Kondiktionstypen dadurch erledigen, daß für die ohne Leistung geschehene Ent- und Bereicherung ein Rechtsgrund im Gesamtzusammenhang der den Vorgang regelnden Normen gefunden wird, was zur allgemeinen Dogmatik der Nichtleistungskondiktion (Rz 65) paßt (im Ergebnis ähnlich Thielmann S 58). Zu einer solchen Annahme genügt in manchen Fällen die Notwendigkeit eines Vertrauensschutzes, wie er auch durch die Bestimmung der Lage der Leistungsbeziehungen aus der Sicht des Zuwendungsempfängers (Rz 14) bewirkt werden soll. So, wenn BGH 40, 278 im „Elektrogeräte-Fall" eine Eingriffskondiktion nur zuläßt, wenn dem Bereicherten der Gegenstand von niemandem geleistet worden ist (zust Berg NJW 1964, 720; ähnlich Kötter AcP 153, 208; krit MüKo/Lieb Rz 235 und LG Bonn NJW 1991, 1360). Wenn man mit der im Schrifttum hM eine Leistung nur insoweit annimmt, als der Zuwendende leisten wollte, wird der Subsidiaritätsgrundsatz dahin formuliert, daß eine vom Berechtigten ausgehende Leistung seine mögliche Nichtleistungskondiktion wegen derselben Vermögensbewegung verhindere, weil er den Rechtsverlust willentlich erlitten hat (Huber JuS 1970, 343; Reeb JuS 1973, 229; in der Rspr LG Hamburg NJW 1983, 287 sowie – mit Blick auf eine freiwillige, aber nicht als Leistung zu wertende Vermögensmehrung eines anderen – Koblenz NJW 1990, 127). Beide Prinzipien sind jedoch nicht lückenlos durchführbar. Zunächst ist eine begriffliche Ausschließlichkeit der jeweils einschlägigen Kondiktionsform, wie sie manchmal vertreten wird (Huber JuS 1970, 343; Reeb JuS 1973, 228 für Zweipersonenverhältnisse) mit der typologischen Fassung der Kondiktionen (vor § 812 Rz 3) nicht vereinbar (H.P. Westermann JuS 1972, 21). Sie ließe sich auch bei Konkurrenz der Bereicherungsansprüche mehrerer Personen – etwa im Elektrogeräte-Fall oder bei der rechtsgrundlosen Verfügung Nichtberechtigter – nicht durchhalten (Reeb aaO). Eine ausschließliche Maßgeblichkeit des Willens des das Recht verlierenden Eigentümers müßte die Leistungskondiktion etwa des Baumaterialienhändlers gegen den Unternehmer auch dann vor den aus § 951 folgenden Eingriffskondiktion gegen den bereicherten Bauherrn vorgehen lassen, wenn der Bauherr wegen Gutgläubigkeit hinsichtlich des Eigentums an den Baumaterialien nicht erwerben konnte (anders im Ergebnis H.P. Westermann JuS 1972, 23; Huber JuS 1970, 346; Staud/Lorenz Rz 63). Eine Betrachtung ausschließlich aus der Sicht des Bereicherten, wie sie BGH 40, 278 forderte, könnte ein etwaiges Abhandenkommen der Sache für den Bereicherungsausgleich nicht berücksichtigen (anders dann auch BGH 55, 176).

Erfolgsaussichten hat daher der Versuch, auf der Grundlage der **Verwandtschaft der Eingriffskondiktion mit der Vindikation** (Rz 65) jeweils zu prüfen, ob eine tatbestandsmäßig gegebene Eingriffskondiktion wegen der willentlichen Zuordnung des Rechtsverlusts zu den Leistungsbeziehungen, an denen der Berechtigte teilhatte, oder auf Grund der Ausstrahlung der in §§ 932ff gegebenen Wertungen ausgeschlossen wird (H.P. Westermann JuS 1972, 18; Thielmann AcP 187, 34ff; Larenz/Canaris § 70 III 2; MüKo/Lieb Rz 236; Staud/Lorenz Rz 62; aM Reuter/Martinek § 10 II 2b). Die Eingriffskondiktion versagt danach nur, wenn dem früheren Berechtigten der Rechtsverlust entweder wegen seiner Beteiligung am Leistungsgeschäft oder aus Gründen des Verkehrsschutzes zugerechnet werden kann. Demgegenüber wird im Zusammenhang mit den Bemühungen um eine einheitliche Dogmatik des Bereicherungsanspruchs (Wilhelm, Rechtsverletzung, 1973, S 153ff) eine vollständige Harmonisierung des Bereicherungsrechts mit den Regeln über den Gutglaubenserwerb gesucht, wobei die letzteren den Bereicherungsausgleich maßgeblich beeinflussen (Picker NJW 1974, 1790; weniger einseitig will Canaris, FS Larenz, S 855 die Rückabwicklung danach ausrichten, ob der Mangel auf der schuldrechtlichen oder dinglichen Ebene liegt). Ob sich Einheitsformeln gegenüber den differenzierten Fallgestaltungen so gut bewähren werden, wie die scharfe Kritik von Picker (S 1791) hoffen läßt, muß freilich angesichts der grundsätzlichen Gleichwertigkeit von sachen- und schuldrechtlicher Wertung bezweifelt werden.

b) Einzelfälle. Hat in den **Einbaufällen** der Eigentümer die Materialien an den Unternehmer geliefert, so kommt eine Eingriffskondiktion gegen den Bauherrn nicht in Betracht, gleichgültig, ob vor dem Einbau ein Besitzerwerb des Bauherrn stattgefunden hat oder direkt eingebaut worden ist (BGH 40, 272; 56, 228, 240; Nürnberg

NJW-RR 1998, 1171; Berg AcP 160, 509; Rothoeft AcP 163, 237; Zeiß AcP 165, 339; Medicus BR Rz 729). Demgemäß hat der Unternehmer, der ein vom Eigentümer an den Bauherrn verkauftes, aber noch nicht aufgelassenes Grundstück bebaut hat, gegen den Eigentümer keine Ansprüche, weil er an den Bauherrn geleistet hat, Stuttgart NJW-RR 1998, 1171, zu diesem Urteil krit Stürner/Heggen aaO Rz 83. Ist der Bauherr hinsichtlich der Verfügungsbefugnis des Einbauenden bösgläubig, so entfällt der Schutz des § 932, und auch auf schuldrechtlicher Ebene kann er sich nicht darauf einrichten, ihm leiste der Mittelsmann. Deshalb greift die Eingriffskondiktion des früheren Berechtigten, die an die Stelle der vor dem Einbau möglichen Vindikation tritt, ungehindert durch (Huber JuS 1970, 346; H.P. Westermann JuS 1972, 23; Hager JuS 1987, 877, 879; Sundermann WM 1989, 1197, 1202; Larenz/Canaris § 70 III 2b; im Ergebnis ebenso MüKo/Lieb Rz 242). Eine andere Frage ist freilich, ob der Bauherr, wenn er die Abtretung der Werklohnforderung gem § 399 ausgeschlossen und damit einem verlängerten Eigentumsvorbehalt entgegengewirkt hat, als gutgläubig angesehen werden kann (bejahend noch BGH 56, 239; verneinend für einen Weiterverkaufsfall BGH 77, 274 und schon früher Jakobs JuS 1973, 155; Staud/Lorenz Rz 62). BGH ZIP 1991, 178 entscheidet die Frage nicht, da er jedenfalls eine Erkundigungspflicht des Bauherrn verneint (zu möglichen Wertungswidersprüchen E. Wagner JZ 1994, 232f). Wenn der Erwerber die Sache wirksam weiterveräußert, greift § 816 I ein (BGH NJW 1971, 1452; zu dem dort behandelten Problem der Genehmigung nach Verarbeitung der Sache § 816 Rz 8). Der **Erwerber gestohlener Sachen** ist, ohne daß der Gedanke der Subsidiarität der Eingriffskondiktion entgegenstünde, der an die Stelle der Vindikation tretenden Eingriffskondiktion des früheren Eigentümers wegen Verarbeitung (§ 951) ausgesetzt, BGH 55, 176, zust im Ergebnis Ehmann NJW 1971, 612; H.P. Westermann JuS 1972, 18; Medicus Rz 729. Lieferte der Eigentümer selbst in der Annahme, er sei Schuldner der Leistung, Waren an einen Käufer, der den vom Eigentümer eingeschalteten Mittelsmann nicht nur für den Verkäufer, sondern auch im sachenrechtlichen Sinne für den Veräußerer hielt, so führt der von BGH NJW 1974, 1132 bejahte Gutglaubenserwerb des Käufers auf Grund der Einschaltung des Eigentümers als „**Geheißperson**" des Mittelsmannes auf der bereicherungsrechtlichen Ebene zu einer Rückabwicklung übers Dreieck, die aber ebenfalls umstritten ist (Medicus Rz 687ff; MüKo/Lieb Rz 90ff). Lehnt man dagegen, wofür Weitnauer NJW 1974, 1729 und Picker NJW 1974, 1790 gute Gründe vorbringen, eine derartige Ausdehnung des Gutglaubenserwerbs ab, so findet neben der Vindikation eine Leistungskondiktion hinsichtlich des Besitzes statt (so auch Weitnauer aaO S 1733), und zwar je nach der Einschätzung der Lage der Leistungsbeziehungen, abl aufgrund des Subsidiaritätsgrundsatzes für die „Zuwendungskondiktion" Bamberger/Roth/Wendehorst Rz 183.

87 **10. Bereicherungsausgleich bei Verstoß gegen Schutzgesetze.** Im Vergleich zum Schadensrecht als der zweiten wichtigen Ausgleichsordnung hat das Bereicherungsrecht die Entwicklung zum umfassenden Rechtsgüterschutz nicht nachvollzogen. Das hängt mit der Unerheblichkeit einer Vermögenseinbuße beim Bereicherungskläger und mit der Ablehnung der Kategorie der Rechtswidrigkeit in der Dogmatik der ungerechtfertigten Bereicherung (Rz 64) zusammen. Andererseits bestehen hinsichtlich der Anerkennung von Positionen als schadens- bzw wertersatzfähiges Gut unverkennbare Parallelen (Rz 3). Es fragt sich daher, ob – etwa in Übertragung der deliktsrechtlichen Betrachtungsweise eines „Handlungsunrechts" – auch im Bereicherungsrecht der Verstoß gegen Schutzgesetze Ansprüche der durch die verletzte Norm Geschützten auslösen kann. Unter den Schutzgesetzen würden die Vorschriften des **Wettbewerbsrechts**, besonders des **UWG**, eine besondere Rolle spielen, s dazu die Andeutungen von BGH GRUR 1960, 554.

88 Für den Bereich des Wettbewerbsrechts wird zT durch die Gleichsetzung von Rechtsgrundlosigkeit und Rechtswidrigkeit und die weitere Ausdehnung dieser Qualifikation auf die wettbewerbsrechtliche Unlauterkeit die Möglichkeit eines Bereicherungsanspruchs des durch unerlaubten Wettbewerb Behinderten bejaht (Jakobs, Eingriffserwerb, 1964, S 116f; ähnlich von seinem Begriff des „rechtsverletzenden Habens" her Wilhelm, Rechtsverletzung, S 86f). Meist wird eine solche Gleichstellung, außer an den grundsätzlichen Bedenken gegen die Heranziehung der Rechtswidrigkeit, an dem Umstand scheitern, daß durch wettbewerbswidrige Handlungen eine unbestimmte Zahl von Rechtsgutsträgern betroffen ist, die durch Verhaltensnormen, aber nicht durch Zuweisung von Rechtsgütern geschützt sind (Rümker S 64ff; s auch Staud/Lorenz vor § 812 Rz 70), so daß die Möglichkeiten von Bereicherungsansprüchen hier zurückhaltend zu beurteilen sind (Bamberger/Roth/Wendehorst Rz 76). Immerhin sind bei Wettbewerbsverstößen, die in Ausbeutungstatbeständen bestehen, Ansprüche aus Eingriffskondiktion denkbar, die inhaltlich auf die Zahlung einer angemessenen Lizenzgebühr hinauslaufen (eingehend Loewenheim WRP 1997, 913ff). Dabei ergeben sich Ähnlichkeiten mit der Schadensberechnung nach den Grundsätzen der Lizenzanalogie, wie es auch bei der Abschöpfung des Verletzergewinns nach Persönlichkeitsverletzungen (Rz 69) zu beobachten ist. Umfassend dazu Fournier, Bereicherungsausgleich bei Verstößen gegen das UWG, 1998. Doch sind auch Verletzungen von Normen denkbar, die speziell die Vermögensinteressen bestimmter Mitbewerber schützen, Baumbach/Hefermehl, 22. Aufl, Einl UWG Rz 420. Wenn die Rspr (BGH 57, 116; BGH NJW 1977, 1062) etwa beim sklavischen Nachbau den Schaden nach der entgangenen Lizenzgebühr bemißt, so mag dies für eine schadensersatzrechtliche Betrachtung zutreffen, löst aber nicht die Frage, in welche Rechtsposition mit Zuweisungsgehalt für den Entreicherten der Bereicherer eingegriffen hat, was mit der Rechtswidrigkeit des Handelns nicht begründet ist (zutr Reuter/Martinek S 279f und MüKo/Lieb Rz 215f gegen Haines, Bereicherungsansprüche bei Warenzeichenverletzungen und unlauterem Wettbewerb, 1970, S 93ff; Kleinheyer JZ 1970, 476; RGRK vor § 812 Rz 33). Besser ist daher, darauf abzustellen, ob der beeinträchtigte Wettbewerber das Vorgehen hätte untersagen oder entgeltlich gestatten können, s auch Rümker S 69.

89 **11. Rechtsfolge** der ungerechtfertigten Bereicherung ist ein Herausgabeanspruch des Benachteiligten gegen den Bereicherten, doch ist auch an andere Einwände des Entreicherten gegen die ungerechtfertigt erlangte Rechtsposition zu denken. Dies zeigt bei Ansprüchen § 821. Bei einer Absicherung nicht bestehender Verpflichtungen hat der Sicherungsgeber neben dem Rückgewähranspruch auch einen Anspruch auf Unterlassung der Inanspruchnahme der Sicherheit (so BGH WM 1984, 1245, 1247 für Bankgarantie, die ein nicht Börsentermingeschäftsfähiger gegeben hatte). Zum Umfang, zur Wandlung des Inhalts des Anspruchs durch das Schicksal des Bereicherungsgegenstandes im Vermögen des Bereicherten sowie zum Entreicherungseinwand s zu § 818. Zum Einwand der aufgedrängten Bereicherung zu § 814 Rz 2. Über das Verhältnis des Bereicherungsanspruchs zu anderen Ansprüchen vor § 812 Rz 10ff. Über den Beginn des Anspruchs BGH NJW 1970, 136. Bereicherungsansprüche können auch im Urkundenprozeß geltend gemacht werden, näher Dresden WM 1997, 1083 mit Anm Müller-Christmann WuB IV A § 95/98.

12. Im Grundsatz hat der Kondizierende die **Beweislast** für alle Voraussetzungen des Bereicherungsanspruchs, BGH NJW 1995, 727; BGH 128, 167. Dies gilt auch für die Rechtsgrundlosigkeit, also zB dafür, daß er zur Erfüllung einer Verbindlichkeit geleistet hat, die nicht besteht (RG 135, 275; BGH NJW-RR 1991, 574, dies auch im Fall der Aufrechnung, LAG München DB 1989, 280); anders, wenn lediglich in Erwartung der Feststellung der Forderung geleistet wurde, da dann der Empfänger beweisen muß, daß Feststellung zu seinen Gunsten erfolgt ist oder erfolgen muß (BGH NJW 1989, 161; 89, 1606; einschränkend bei unklaren Formulierungen des Zahlenden LG Köln ZIP 1991, 1602). Wird ein Vorschuß auf etwaige Leistungspflicht zurückgefordert, so hat der Empfänger zu beweisen, daß ihm ein entsprechender Anspruch zustand, BGH NJW 2000, 1718; anders Hamburg OLGRp 2000, 462 bezüglich der vom Empfänger behaupteten Abrede, daß die Zahlung nicht als Vorschuss, sondern als Kostenpauschale beim Empfänger verbleiben sollte. Wenn der Kondizierende behauptet, daß die Leistung einen bestimmten Rechtsgrund hat, daß dieser aber fehlt, so trägt er hierfür die Beweislast (RG 49, 49), nicht aber dafür, daß auch kein anderer Rechtsgrund in Betracht kommt (Düsseldorf NJW-RR 1988, 1536), wie überhaupt der Leistende nicht alle theoretisch in Betracht kommenden Rechtsgründe ausschließen muß (BGH NJW-RR 1996, 1211), anders, wenn der Beklagte seinerseits Rechtsgründe behauptet, die dann der Kondiktionsgläubiger ausräumen muß (BGH NJW 1983, 826; NJW-RR 1995, 916; näher Voit Anm WuB IV A § 95/95). Darlegung der Rechtsgrundlosigkeit durch den Kondiktionsgläubiger entbehrlich, wenn bereits die unstreitigen Umstände das Fehlen eines Rechtsgrundes nahelegen, BGH NJW 1999, 2887; s auch BGH NJW 1990, 392. Der Empfänger, dem ein als Vertreter Auftretender geleistet hat, muß nach Harke JZ 2002, 179 beweisen, daß ein auf dem Vertreterhandeln beruhender Rechtsgrund besteht, was sich von der Lösung des BGH nicht allzu weit entfernt. Die Beweislast des Gläubigers umfaßt auch, daß der Rechtsgrund weggefallen ist oder ein Erfolg vorausgesetzt, aber nicht eingetreten ist (RG HRR 1931 Nr 1752). Kondizierender muß beweisen, daß positives oder negatives Schuldanerkenntnis ohne Rechtsgrund erteilt ist (RG Recht 1915, Nr 1527), wie auch der Bestand der durch eine – seitens der Bank erfüllte – Garantie gesicherten Hauptforderung vom Garantiebegünstigten zu beweisen ist, Frankfurt ZIP 1998, 148. Wenn eine Bank eine angeblich rechtsgrundlose Scheckzahlung zurückverlangt, muß sie das Fehlen eines Rechtsgrundes im Valutaverhältnis beweisen, Schnauder WuB IV A § 812 BGB 4/95 gegen Oldenburg WM 1995, 1403. Wer gegen seine Inanspruchnahme aus einer Sicherungsgrundschuld mangels Sicherungsabrede vorgehen will, hat zu beweisen, daß keine die Grundschuld betreffende Sicherungsabrede vorlag, und muß dann auch die vom Gläubiger behaupteten Rechtsgründe widerlegen (BGH NJW 1990, 392). Wer ein indebitum kondiziert, braucht nicht zu beweisen, daß er sich geirrt hat (RG 146, 260 und § 814 Rz 1). So auch für die Kondiktion eines positiven Schuldanerkenntnisses RG JW 1908, 32; ähnlich hat der die Bereicherungseinrede erhebende Wechselschuldner Ungültigkeit oder Wegfall der Grundforderung zu beweisen, Saarbrücken OLGRp 1998, 310. Wer ein negatives Schuldanerkenntnis kondiziert, muß dagegen sowohl das Bestehen der Schuld als auch seinen Irrtum beweisen (RGRK Rz 116). Eine nicht unbedenkliche Beweiserleichterung gewährt Saarbrücken NJW-RR 1989, 1679 (anders aber BGH ZIP 1993, 1312) dem Versicherer, der wegen Fahrzeugdiebstahls gezahlte Kaskoentschädigung zurückverlangt, weil es am äußeren Bild eines versicherten Diebstahls fehlte oder Wahrscheinlichkeit für einen fingierten Versicherungsfall besteht, s dazu auch Knoche MDR 1990, 965ff. Im Fall der Nichtleistungskondiktion muß der Kondizierende beweisen, daß der Anspruchsgegner durch Eingriff in seine Vermögensposition durch die Handlung eines Dritten erlangt hat und hierfür ein Rechtsgrund fehlt, Düsseldorf NJW-RR 1988, 1536; dies soll nach Köln (NJW 1993, 939) auch gelten, wenn der Empfänger eine Leistung ohne Wissen und Wollen des Entreicherten erhalten hat. Dem Kondiktionsschuldner obliegt der Beweis dafür, daß er eine Bankgutschrift zurückgewiesen hat oder sonst der Betrag nicht in seine Verfügungsmacht gelangt ist (BGH NJW 1983, 626), nach BGH JZ 2000, 568 auch dafür, daß er von dem inzwischen verstorbenen Erblasser schenkweise zu Abhebungen über das Konto ermächtigt worden war (abl Schiemann JZ 2000, 570). Über Beweislast bei Leistungen mit Vorbehalt s § 814 Rz 13. Schwierig sind die Beweislastfragen bei der Rückabwicklung von Dreieckfällen besonders im Bereich der bargeldlosen Zahlung. Nach BGH NJW 1983, 220 trägt beim Abbuchungsauftrag die Gläubigerbank, die wegen unberechtigter Rückbelastung von der Schuldnerbank kondizieren will, die Beweislast dafür, daß die Lastschrift bereits vor ihrer Rückgabe eingelöst war und nicht mehr hätte zurückgegeben werden dürfen. Wenn eine Bank irrtümlich auf eine widerrufene Anweisung gezahlt hat und nun von ihrem Kunden kondizieren will, so hat nach BGH 87, 393 dieser zu beweisen, daß der Dritte den Widerruf der Anweisung kannte (und infolgedessen direkt in Anspruch genommen werden konnte).

813 *Erfüllung trotz Einrede*

(1) Das zum Zwecke der Erfüllung einer Verbindlichkeit Geleistete kann auch dann zurückgefordert werden, wenn dem Anspruch eine Einrede entgegenstand, durch welche die Geltendmachung des Anspruchs dauernd ausgeschlossen wurde. Die Vorschrift des § 214 Abs. 2 bleibt unberührt.

(2) Wird eine betagte Verbindlichkeit vorzeitig erfüllt, so ist die Rückforderung ausgeschlossen; die Erstattung von Zwischenzinsen kann nicht verlangt werden.

1. Allgemeines. Wer zur Erfüllung einer Verbindlichkeit leistet, kann nach § 812 kondizieren, wenn die Verbindlichkeit nicht bestand (condictio indebiti). Für den Fall, daß die Verbindlichkeit zwar bestand, aber einer Einrede ausgesetzt war, erweitert § 813 die condictio indebiti für eine Reihe von dauernden Einreden, freilich nicht

§ 813

für alle. Bei aufschiebenden Einreden verliert die Verbindlichkeit die Eigenschaft als Rechtsgrund iSd § 812 nicht, so daß eine Kondiktion ausgeschlossen ist. Bei dauernden Einreden ist die Verbindlichkeit einer nicht bestehenden gleichzustellen, die Leistung ohne rechtlichen Grund und ihre Kondiktion möglich. Das gilt für schuldrechtliche und dingliche Ansprüche (RG HRR 1934, Nr 861), für Erfüllung eigener und fremder Verbindlichkeiten, für Erfüllung und Leistung an Erfüllungs Statt, bei schuldhaftem und unverschuldetem, tatsächlichem und rechtlichem Irrtum (RG 60, 420; vgl § 814). Einreden, die beim Vertrag zugunsten Dritter gem § 334 auch gegen den Dritten erhoben werden können, werden von RG JW 1915, 652 auch für § 813 herangezogen. Dies ist zwar angesichts der grundsätzlichen Regelung des Bereicherungsausgleichs in diesen Fällen (§ 812 Rz 33ff) fraglich, verdient aber letztlich Zustimmung, weil § 334 einen Aspekt der Unterordnung des Dritten unter das ihm fremde Deckungsverhältnis normiert. Stets muß die Einrede schon **zZ der Leistung begründet** sein; später verwirklichte Einredetatbestände rechtfertigen die Kondiktion nicht. Unanwendbar ist § 813, der eine Anspruchsgrundlage enthält, wenn Bereicherungsrecht kraft Verweisung gilt (so RG 139, 22 für § 717 III ZPO).

2 **2. Dauernde Einreden**, für die nicht der Begriff des Prozeßrechts, sondern der des BGB maßgebend ist, sind zB die aus ungerechtfertigter Bereicherung (§ 821), aus unerlaubter Handlung (§ 853), aus anfechtbarer letztwilliger Verfügung nach Ablauf der Anfechtungsfrist (§§ 2083, 2345), aus Verletzung der Pflicht des Hypothekengläubigers zur Benachrichtigung eines persönlichen Schuldners bei der Zwangsversteigerung (§ 1166), aus beschränkter Erbenhaftung bei unzulänglichem Nachlaß oder gegenüber ausgeschlossenen Gläubigern (§§ 1990, 1973; zum letzteren abweichend H. Roth, Die Einrede des bürgerlichen Rechts, 88 S 84ff; wie hier Krampe AcP 191, 163, 169f.; Bamberger/Roth/Wendehorst Rz 5), auch die Einrede der Arglist (unzulässige Rechtsausübung; Beispiel RG 72, 192), sowie sonst aus § 242, soweit sie dauernd wirkt (Naumburg NJW-RR 1999, 1144). Hierher gehört ferner die Einrede des Nichtbestehens der Hauptforderung seitens eines Bürgen, der auf erstes Anfordern zahlen mußte (BGH NJW 1989, 1606). Zum Anspruch eines Rückbürgen gegen den Bürgen aus § 813 Karlsruhe WM 1995, 445 mit Anm Baumann WuB IV A § 812 BGB 3/95.

3 Keine dauernden Einreden sind die des nichterfüllten Vertrages (BGH NJW 1963, 1869; NJW 1982, 1587f), der Stundung, des zeitweiligen Zurückbehaltungsrechts (RG 139, 19), aus § 770 (RG 62, 54; 68, 304). Die Einrede des nicht gehörig erfüllten Vertrages (§ 320 Rz 14), die sich auf die Verkäuferpflicht zur mangelfreien Erfüllung stützt, kann nicht zur Rückforderung nach § 813 führen, da hierfür der Käufer nach § 437 zurückgetreten sein muß. Die Zahlung in Unkenntnis einer Aufrechnungslage hindert den Zahlenden nicht daran, seine Forderung weiter geltend zu machen, auch nicht nach ihrer Verjährung (§ 390 S 2), so daß ihn die durch die Kondiktion erreichbare Wiederherstellung der Aufrechnungslage unangemessen begünstigen würde, RG 120, 280; 144, 94; Staud/Lorenz Rz 11, offenlassend BGH WM 1963, 964). Nicht hierher gehört ferner das Anfechtungsrecht; leistet der Anfechtungsberechtigte vor Kenntnis des Anfechtungsrechts, so kann er nach und nach Anfechtung schon gem § 812 kondizieren, da das Geschäft „als von Anfang an nichtig anzusehen" ist (§ 142); condictio indebiti; Staud/Lorenz Rz 14). Leistet er nach Kenntnis, so liegt darin ein Verzicht auf das Anfechtungsrecht, so daß ein Rückforderungsrecht überhaupt nicht entsteht; der nicht anfechtungsberechtigte Gegner ist dagegen bis zur Anfechtung ohne Einrederecht zur Leistung verpflichtet (RG 151, 376); bewirkt er sie, so kann er sie nach der Anfechtung kondizieren (vgl aber § 142 II); § 814 steht nicht entgegen. Ein Sonderproblem, bei dem § 813 zwar die Anspruchsgrundlage darstellt, das aber auf der Durchsetzung spezieller Wertungen zum Verbraucherkreditrecht beruht, ist die Geltendmachung von Einreden aus einem **verbundenen Geschäft** gegen die Darlehensforderung (früher § 9 III VerbrKrG, jetzt § 359, s § 359 Rz 4f). Hier genügt für die Geltendmachung des Rückforderungsanspruchs das spätere Entstehen der Einrede.

4 **3. Abs I S 2.** Die **Einrede der Verjährung** ist zwar eine dauernde; sie begründet aber nach §§ 813 I S 2, 214 II keine Kondiktion einer Zahlung, Sicherheitsleistung oder vertraglichen Anerkennung (vgl §§ 656 I S 2; 762 I S 2), dies gilt allerdings nur bei freiwilliger Zahlung, nicht, wenn aus der verjährten Forderung vollstreckt worden war, BGH NJW 1993, 3318.

5 **4. Abs II.** Eine **betagte Verbindlichkeit** ist noch keine fällige Schuld. Gleichwohl schließt § 813 II eine Kondiktion der vorzeitigen Leistung aus, um aus Zweckmäßigkeitsgründen ein überflüssiges Hinundherschieben der Leistung zu vermeiden. Dabei ist volle Geschäftsfähigkeit des Leistenden vorauszusetzen (RGRK Rz 16; hM). Ist der Fälligkeitstermin ganz unbestimmt, so kann er nur als Bedingung angesehen und bereits Geleistetes kondiziert werden (Soergel/Mühl Rz 13). Ist nicht die Fälligkeit, sondern die Entstehung der Verbindlichkeit befristet, so ist § 813 II nicht anzuwenden, eine Kondiktion also möglich (RGRK Rz 14; Staud/Lorenz Rz 16). – Für die Zwischenzinsen dehnt § 813 II den Grundsatz des § 272 für wissentlich vorzeitige Leistungen aus auf irrtümlich vorzeitige Leistungen. § 813 II ist abdingbar (RG Recht 1909, Nr 260).

6 Für eine aufschiebend bedingte Verbindlichkeit, die gleichfalls keine fällige Schuld ist, gelten die erwähnten Zweckmäßigkeitsgründe nicht, weil der Eintritt der Fälligkeit ungewiß ist. Wer irrtümlich vorzeitig geleistet hat, kann daher kondizieren (condictio indebiti); causa data non secuta kann dagegen kondiziert werden, wenn der Eintritt der Bedingung bei der vorzeitigen Leistung erwartet worden, aber ausgeblieben ist (vgl § 812 Rz 53, und § 814 Rz 1).

7 **5.** Für die **Beweislast** gelten die allg Regeln (vgl § 812 Rz 90). Wer kondiziert, hat also zu beweisen, daß er zwecks Erfüllung einer Verbindlichkeit geleistet und diese einer dauernden Einrede ausgesetzt war, nicht dagegen, daß er sich geirrt hat. Die gegenüber einem Bankkunden begründete Bereicherungseinrede kann die kontoführende Bank auch einem Sequester und dem **Insolvenzverwalter** entgegenhalten, BGH NJW 1995, 1484.

814 *Kenntnis der Nichtschuld*

Das zum Zwecke der Erfüllung einer Verbindlichkeit Geleistete kann nicht zurückgefordert werden, wenn der Leistende gewusst hat, dass er zur Leistung nicht verpflichtet war, oder wenn die Leistung einer sittlichen Pflicht oder einer auf den Anstand zu nehmenden Rücksicht entsprach.

§ 814

1. Anwendungsbereich. a) § 814 Fall 1 (Kenntnis) behandelt den Irrtum im Rahmen der Leistungskondiktion als „negative Anspruchsvoraussetzung", dh als rechtshindernde Einwendung. Es handelt sich somit um einen gesetzlichen Fall des Verbots widersprüchlichen Verhaltens (BGH 36, 235; 55, 134; BGH NJW 1979, 763; Kothe BB 1988, 633, 634; Larenz/Canaris § 68 III 1; MüKo/Lieb Rz 2; anders Koch, Bereicherung und Irrtum, 1973, S 157ff; Singer, Das Verbot widersprüchlichen Verhaltens, 1993, S 65ff), weshalb § 814 nach Nürnberg NJW-RR 1991, 109 nicht anwendbar ist, wenn der gutgläubige Leistungsempfänger durch den Ausschluß der Kondiktion schlechter gestellt würde. Auf die Art des Irrtums des Leistenden kommt es nicht an; § 814 dient auch dazu, die schwierige Unterscheidung zwischen Tatsachen- und Rechtsirrtum entbehrlich zu machen (Mayer-Maly, FS H. Lange, 1970, S 293; s auch München ZMR 1996, 657). Da Gegenstand von Irrtum und Kenntnis nur vorhandene Rechtsgrundlosigkeit sein kann, ist § 814 nicht anzuwenden, wenn die Rechtsgrundlosigkeit erst später nach der Leistung eintritt, also nur für Kondiktionen ob causam finitam (zB Eintritt einer auflösenden Bedingung) und causa data non secuta (aufschiebende Bedingung, deren Eintritt bei vorzeitiger Erfüllung einer bedingten Verbindlichkeit erwartet wurde, fällt aus; s RG 71, 316; 98, 239; auch 129, 308). Diese Kondiktionen sind in § 815 besonders geregelt. Die verbreitet angenommene generelle Unanwendbarkeit des § 814 auf die condictio ob rem (BGH NJW 1999, 2892f; Köln NJW-RR 1994, 1026f; relativierend Bamberger/Roth/Wendehorst Rz 5), und die Annahme, § 814 gelte nur für die condictio indebiti (RG 71, 316), trifft so nicht zu. Hofft der Leistende, daß der Vertragspartner seine Gegenleistung trotz Ungültigkeit bewirken wird oder die Ungültigkeit später behoben wird, erfüllt sich die Hoffnung aber nicht, so kann er causa data non secuta kondizieren (RG 98, 240; 108, 333; BGH JZ 1971, 557; BGH NJW 1980, 451; 1983, 1907; Köln OLGRp 1998, 100; vgl § 812 Rz 53). § 814 kann nicht entgegenstehen, auch nicht einer Kondiktion wegen verwerflichen Empfangs (§ 817; RG 97, 85; 99, 165; BGH NJW 1983, 783). § 814 verhindert eine Kondiktion also auch nicht, wenn in der Hoffnung auf beiderseitige Vertragstreue auf eine formungültige Verpflichtung geleistet wird. Anders, wenn der Leistende weiß, daß die Schuld nicht entstehen wird (Singer WM 1983, 254, 256). Der Grundsatz sollte aber auch auf Leistungen angewandt werden, die auf eine natürliche Verbindlichkeit oder aus Anstandsrücksicht bewirkt werden. Nach Hess VGH WM 1991, 993 ist § 814 beim öffentlich-rechtlichen Erstattungsanspruch nicht anwendbar. Bei der Rückforderung überzahlter Dienstbezüge gem § 12 BBesG gilt § 814 nicht, BVerwG 116, 74. 1

b) Die Vorschrift erfaßt ihrem klaren Wortlaut nach nur die bewußte Erfüllung einer Nichtschuld und ist damit unanwendbar, wenn der Bereicherte „etwas" im Sinne der Nichtleistungskondiktion oder eine Zuwendung im Sinne der Leistungskondiktion erhalten hat, ohne sie zu wollen, wobei auf der anderen Seite der Entreicherte bewußt ohne Rechtsgrund gehandelt hat, MüKo/Lieb § 812 Rz 258b. Das hiermit angesprochene Problem der **aufgedrängten Bereicherung** hat seinen Schwerpunkt, wenn auch nicht sein alleiniges Anwendungsfeld bei der Verwendungskondiktion (zurückhaltend bei der Erfüllung fremder Verbindlichkeiten Stuttgart NJW-RR 1997, 1553). Seine Behandlung ist unübersichtlich wegen seiner Verflechtung mit den umstrittenen Fragen des Verwendungsersatzanspruchs des Besitzers einer Sache (s vor § 812 Rz 11ff mN), die wiederum nicht ohne Blick auf Regelungen des Verwendungsersatzanspruchs im Rahmen gesetzlicher Vertragstypen (§§ 539 I, 581 II, 601 II) und im Zusammenhang mit der Geschäftsführung ohne Auftrag (§§ 683f) gelöst werden können, s Staud/Lorenz vor § 812 Rz 26. Hierher gehören auch einige Fälle der Erfüllung einer Schuld durch einen nicht selbst verpflichteten Dritten, die manchmal mit einem „Rückgriffskondiktion" genannten, als Leistungs- und gelegentlich auch als Nichtleistungskondiktion qualifizierten Bereicherungsanspruch bewältigt werden müssen (§ 812 Rz 26). Bei den Ansprüchen auf Ersatz von Verwendungen kommt es zur Anwendung der Bereicherungsvorschriften fast durchweg über gesetzliche Verweisungen. Das zwingt zu Vergleichen mit der Risikoverteilung zwischen Eigentümer und gut- bzw bösgläubigem Besitzer (etwa M. Wolf AcP 166, 188, 199ff; Jakobs AcP 167, 350, 359ff; Larenz/Canaris § 72 IV 3e), zwischen Geschäftsführer und Geschäftsherrn (Schindler AcP 165, 499, 507; M. Wolf JZ 1966, 467; Willoweit, FS Wahl, S 285, 294ff), zwischen Rücktrittsberechtigtem und Rücktrittsschuldner (Koller DB 1974, 2385). § 814 gibt also keinen das ganze Problem erfassenden Lösungsansatz, der überhaupt nicht in einer einzigen Norm zu finden ist. Die Rechtsfolge des § 814 tritt nämlich unabhängig davon ein, ob Herausgabe des Erlangten möglich ist, während die Unmöglichkeit der Herausgabe zu den wichtigsten Anwendungsfällen des Problems der aufgedrängten Bereicherung gehört (Koppensteiner/Kramer S 167). Deshalb ist ein weiterer teilweise brauchbarer Lösungsweg der subjektiven Bestimmung des Werts iSd § 818 II zu sehen, der freilich von der hM abgelehnt wird, s § 818 Rz 16f. Wer bei der objektiven Wertbestimmung bleibt, kann mit § 818 III helfen (Larenz, FS v Caemmerer, S 209, 227; Goetzke AcP 173, 289, 319, s auch Larenz/Canaris aaO; MüKo/Lieb § 812 Rz 258ff). 2

Die **Rspr** hat zur aufgedrängten Bereicherung häufiger beim Bau auf fremden Boden Stellung genommen, wobei einesteils der Begriff der Verwendungen, zum anderen die Vorstellung von der Ausschließlichkeit der §§ 994ff eine direkte Behandlung des Problems verhinderten (BGH 10, 171; 39, 186; 41, 157). Auch hat BGH 39, 186 in § 687 II eine den § 812 ausschließende Sonderregelung und damit einen Rechtsgrund für den Empfänger gesehen. Während der Ausschließlichkeitscharakter hier den Bereicherten schützt, bedeutet das Verbot des Rückgriffs auf § 812 bei Aufwendungen des Besitzers im Eigentümer-Besitzer-Verhältnis (vgl vor § 812 Rz 13) einen ersatzlosen Verlust für den Besitzer, wenn §§ 994ff keine Rechte herleiten kann. Bei Miet- und Pachtverträgen wird das Problem gelegentlich außerhalb des Bereicherungsrechts gelöst werden können, und zwar dann, wenn eine Vertragsauslegung dahin möglich ist, daß Ansprüche aus §§ 547, 601, 684, 951, 812 ausgeschlossen sein sollen. Insgesamt ist aber das Bestreben, dem Bereicherten die faktische Enteignung durch eine aufgedrängte Bereicherung zu ersparen, allgemein zu beobachten (bezeichnend die von BGH 41, 157 gefundene Notlösung über den öffentlich-rechtlichen begründeten Ausschluß des allein übriggebliebenen Wegnahmerechts des Besitzers; vgl auch BGH NJW 1965, 816). 3

Erfüllt jemand bewußt, ohne dazu verpflichtet zu sein, die Schuld eines anderen, so wird der Ausgleich zwischen ihm und dem Schuldner regelmäßig auf Grund des von ihm in Bezug genommenen Rechtsgrundverhältnis- 4

§ 814

ses oder nach § 683 erfolgen können. Fehlt es an dem einen wie am anderen, und werden die Mängel des Deckungsverhältnisses nicht durch eine cessio legis ausgeglichen, so kommt die **Rückgriffskondiktion** in Betracht (vor § 812 Rz 10; § 812 Rz 26), s BGH NJW 1964, 1898; WM 1968, 1201; NJW 1976, 144. Wenn jedoch der Geschäftsführer um das Fehlen der Voraussetzungen des § 683 weiß, könnte man § 814 anwenden, allerdings nur in der vom Wortlaut nicht gedeckten Fassung als Voraussetzung einer Fehlbeurteilung der Sachlage durch den Leistenden (v Caemmerer, FS Rabel, S 367; Klauser NJW 1965, 515). Andererseits gibt es Fälle, die an der alleinigen Maßgeblichkeit des Wissens um die fehlende Verpflichtung zweifeln lassen. So würde bei der Rückgriffskondiktion § 814 regelmäßig einen Bereicherungsausgleich versperren, weil der Leistende weiß, daß er fremde Schuld erfüllt und dazu nicht verpflichtet ist. § 814 anzuwenden, wenn der Leistende schutzwürdige Eigeninteressen verfolgte, paßt nicht zu der eng begrenzten Ausnahmeregelung des § 814 (Medicus BR Rz 952; Reuter/Martinek S 545); auch kann der Schuldner regelmäßig nicht erwarten, denselben Gläubiger zu behalten, so daß § 814 normalerweise ausscheiden kann. Im Ergebnis gilt daher § 814 für die Rückgriffskondiktion nicht, BGH NJW 1976, 144; Schlechtriem JZ 1984, 555, 556. Soweit ausnahmsweise der Rückgriffsanspruch „lästiger" ist als der ursprüngliche, ist mit entsprechender Anwendung der §§ 404, 406ff zu helfen (§ 812 Rz 27).

5 Bei den dem Eigentümer unwillkommenen **Verwendungen auf fremde Sachen**, die der Besitzer gemacht hat, werden verschiedene Lösungen vertreten. BGH 23, 61 (vgl auch BGH MDR 1972, 412) wendet § 1001 S 2 analog an, indem der Bereicherte dem Entreicherten die Erlaubnis zur Wegnahme gebe (abl Wolf JZ 1966, 472; Koppensteiner NJW 1971, 1771; Koller DB 1974, 2388). Soweit Bereicherungsrecht zum Zuge kommt (vor § 812 Rz 14), was – wenn überhaupt – im wesentlichen nur in Gestalt der Nichtleistungskondiktion der Fall sein wird, könnte ein Bereicherungsanspruch schon aus dem Gesichtspunkt gelenugnet werden, daß freiwillige Aufwendungen, also die Verwendungen des bösgläubigen Besitzers, nicht dem Zuweisungsgehalt der in Anspruch genommenen Rechte (§ 812 Rz 65) widersprächen (Wolf AcP 166, 200; Reeb JuS 1973, 627; anders wohl Schindler AcP 165, 508, der aber S 513f auch zur Ablehnung des Bereicherungsanspruchs gelangt). Da man aber nicht von der Freiwilligkeit der Aufwendung auf den an sich objektiv zu bestimmenden Zuweisungsgehalt des betroffenen Rechts schließen kann, liegt diese Lösung weniger nahe als der Versuch, in entsprechender Anwendung der Gedanken der §§ 683 iVm 996, 670 alle die Aufwendungen von der Kondiktion auszuschließen, die der Entreicherte bei Anwendung der gebotenen Sorgfalt nicht mit der Folge einer Abwälzung auf den Sacheigentümer hätte machen dürfen (M. Wolf JZ 1966, 457; vgl auch Willoweit, FS Wahl, S 294ff). Aber streng genommen läßt sich dem Gesetz dieser Satz nur für den Einzugsbereich des § 683 entnehmen; offenbar will § 684 hierüber gerade hinausgehen (vgl Koller DB 1974, 2388).

6 Sucht man die Lösung also im eigentlichen Bereicherungsrecht, so ist zunächst eine Differenzierung nach **Gut- oder Bösgläubigkeit** des Verwendenden nicht angebracht, da nun einmal die Maßgeblichkeit des Irrtums nach § 814 auf den Fall der Leistungskondiktion wegen Erfüllung einer Nichtschuld beschränkt ist (dagegen will Wilburg, Die Lehre, S 119; ihm folgend Schindler AcP 165, 513 die Kondiktion nur dann ausschließen, wenn der Entreicherte freiwillig und irrtumsfrei gehandelt hat; anders auch Larenz/Canaris § 72 IV 3b). Entscheidend ist hier wiederum (Rz 2) das Vorliegen einer Bereicherung auf seiten des gewinnenden Teils, und zwar mit der Maßgabe, daß nur die dem Bereicherten wirklich als realisierbar zugeflossenen Werte herausgabepflichtig sind. Auf einer ähnlichen Linie liegt BGH 23, 61, wenn darauf abgestellt wird, daß der Bereicherte die Aufwendungen des Entreicherten nutzt, vgl auch RGRK § 812 Rz 52. Herauszugeben ist auf Grund des subjektiven Einschlags der Wertbestimmung nicht der objektive Verkehrswert, sondern der **subjektive Ertragswert** des Bereicherungsgegenstandes. Zu dieser Lösung, die auf einer Anwendung der Maßstäbe des § 818 III beruht, s v Caemmerer, FS Rabel, S 367; Koppensteiner NJW 1971, 1771; Pinger MDR 1972, 189; für eine Anwendung des § 818 III unter Beibehaltung der objektiven Wertbestimmung Larenz, FS v Caemmerer, S 227; für eine subjektive Wertbestimmung lediglich zur Lösung des Problems der aufgedrängten Bereicherung auch MüKo/Lieb § 812 Rz 262. Die hier vertretene Lösung erlaubt insbesondere eine interessengerechte Beurteilung derjenigen Aufwendungen, die in Arbeitsleistungen bestehen. AM Goetzke AcP 173, 299, 319, dessen Lösung aber wieder nur für den Gutgläubigen gelten kann.

7 **2. Kenntnis.** Der Leistende hat gewußt, daß er zur Leistung nicht verpflichtet war, wenn er positive Kenntnis gehabt hat. Die Kenntnis muß zur Zeit der Leistung vorgelegen haben, was auch der Fall ist, wenn die Leistung von Anfang an bewußt zu anderen Zwecken erbracht worden ist, München OLGRp 1997, 166. Beruht das Nichtverpflichtetsein auf einer Einwendung, so muß sich die Kenntnis auf diese beziehen. Liegen mehrere Einwendungen vor und kennt der Leistende nicht alle, so hat er keine volle Kenntnis und kann kondizieren (RGRK Rz 6). Über Anfechtbarkeit s § 813 Rz 2, 3. Unerheblich ist, ob und inwieweit der Irrtum schuldhaft ist; „**Kennenmüssen**" oder Fahrlässigkeit genügt nicht (BGH WM 1973, 294), auch nicht Kenntnis der Tatsachen, aus denen sich das Fehlen einer rechtlichen Pflicht ergibt, BGH NJW 1981, 279; BGH MDR 1998, 1411. Der Kenntnis kann auch – entgegen LG Frankfurt NJW-RR 1986, 1085 – nicht solches Wissen gleichgestellt werden, das in zumutbarer Weise ohne Mühe erlangt werden konnte. Liegt positive Kenntnis vor, ist bedeutungslos, welche Beweggründe der Leistende hat, ob er schenken, sich vergleichen oder im Kulanzwege auf mögliche Einwände verzichten will (für eine Anwendung lediglich des Grundsatzes von Treu und Glauben in diesen Fällen RGRK Rz 4). § 814 greift aber auch bei Kenntnis vom Fehlen des Rechtsgrundes nicht, wenn der Leistende gar nicht berechtigt war, zu zahlen (so für Rentenzahlungen nach dem Tode des Berechtigten BGH NJW 1979, 763). Str die Anwendbarkeit des § 814, wenn der Leistende nachgab, weil er glaubte, seine Einwände nicht beweisen zu können. Nach hM greift § 814 ein (RG 59, 354; Soergel/Mühl Rz 13; Staud/Lorenz Rz 5), doch ist ein Unterschied zur unfreiwilligen Leistung, die eine Rückforderung nicht ausschließt (Rz 9), kaum einzusehen (so auch RGRK Rz 10).

8 Bei Handeln eines rechtsgeschäftlichen **Vertreters** ist § 166 anwendbar, bei Handeln auf Weisung kommt es auch auf das Wissen des Anweisenden an, BGH NJW 1999, 1024. Die Zurechnung der Kenntnis von **Organen** und **Mitarbeitern** muß im Licht neuerer Entwicklungen der Verantwortlichkeit für die Organisation von unternehmerischen Einheiten gesehen werden. Die Zurechnung des Wissens nur desjenigen Organs, das die konkrete Leistung bewirkt (RG 79, 285, 287; Staud/Lorenz Rz 4), ist mit der allgemeinen Entwicklung des § 166 nicht mehr zu vereinbaren und bürdet das Risiko, daß die Organmitglieder ihr Wissen nicht in die Handlungen der juristischen Person einbringen, dem Empfänger auf. Die Kondiktionssperre greift also bereits bei Kenntnis eines Organwalters ein (Kothe BB 1988, 633, 636; MüKo/Lieb Rz 11). Wenn mehrere gehandelt haben, genügt also die Kenntnis eines von ihnen (so schon früher RG 95, 126, 129 für KG). Außerhalb der Existenz von Organen, deren Handeln und Wissen das der juristischen Person repräsentiert, ist aber bei rechtsgeschäftlichen Vertretern die Zurechnung von Wissen auf den jeweils Handelnden zu beschränken (BGH WM 1964, 87; BGH 73, 202, 204; Köln OLGRp 2000, 481), weil sonst ein nach Abteilungen organisiertes Unternehmen kaum noch Rückforderungsansprüche erheben könnte (so Hamm BB 1995, 2083 für das Verhältnis des die Zahlung veranlassenden Mitarbeiters zu Mitarbeitern der Vertragsabteilung). Hat der Vertreter außerhalb der ihm zugewiesenen Organisationsbereichs gehandelt, ist eine Kondiktion des von ihm wissentlich zu Unrecht Geleisteten möglich; anders, wenn einer von mehreren Gesamtvertretern in Kenntnis der Nichtschuld geleistet hat (Kohte S 636; ähnlich vorher Herschel JZ 1961, 456 zu § 166 II). Über § 814 hinaus ist bei Vorhandensein einer hochtechnisierten Organisation mit ausgeprägter Aufspaltung von Kenntnissen und Informationen wie etwa einer EDV die Kondiktionssperre schon dann anzuwenden, wenn die Organisation der Aufnahme von Informationen die Verarbeitung zur Kenntnis der handelnden Personen geradezu verhindert hat, zum ähnlichen Problem im Rahmen des § 407 s § 407 Rz 4; noch weitergehend aufgrund des Verbots widersprüchlichen Verhaltens Kohte S 636. Ein Kondiktionsausschluß gem § 814 wirkt auch gegen den (späteren) Konkursverwalter des Leistenden, BGH NJW 1991, 560; Henckel ZIP 1990, 137f.

3. Leistung im Sinne der Vorschrift ist wiederum die „bewußte und zweckgerichtete Vermehrung fremden Vermögens" (vgl § 812 Rz 11). Sie muß den Zweck gehabt haben, eine Verbindlichkeit zu erfüllen. Eine unfreiwillige Leistung genügt nicht (RG JW 1938, 1047), zB wenn der Leistende einer drohenden Zwangsvollstreckung entgehen (RG 104, 250; 147, 21) oder diese bei Zug-um-Zug-Leistung ermöglichen will (RG JW 1935, 3093); zur Leistung unter Druck s insoweit BGH NJW 1995, 3052. Hat der Leistende, der auf die Gegenleistung dringend angewiesen war, die überraschende Erhebung eines Zurückbehaltungsrechts nur durch die Erbringung seiner eigenen Leistung abwenden können, so hilft Koblenz NJW-RR 2002, 784 mit der Annahme eines schlüssig erklärten **Vorbehalts**; auch sonst werden an die Erklärung eines Vorbehalts des Leistenden oft keine hohen Anforderungen gestellt (Karlsruhe WM 1997, 1049; s aber auch Koblenz NJW 1994, 134). Leistet der Schuldner unter Vorbehalt, so soll hiermit in der Regel dem Verständnis der Leistung als Anerkenntnis vorgebeugt und die Anwendung des § 814 ausgeschlossen werden (BGH WM 1973, 146; NJW 1984, 2826; BGH WM 1988, 1494; Hamm WM 1996, 569; Köln WM 1997, 1328; für Abschlagszahlungen einer Versicherung ebenso Köln r+s 1995, 265; Köln OLGRp 1994, 307 und näher dazu Filthaut VersR 1997, 525). Die unter Vorbehalt der Rückforderung stehende Leistung ist keine Erfüllung, BGH NJW 1999, 494, einschränkend Frankfurt FamRZ 1993, 436 für den auf den Fall einer Überzahlung beschränkten Vorbehalt. Der Vorbehalt verliert seine Bedeutung nicht, wenn er erkennbar „unter einem starken Zwang" fallengelassen wurde, RG 112, 358. Bringt der Leistende bei Zweifeln an der Verbindlichkeit zum Ausdruck, daß die Leistung dem Empfänger auch bei Nichtbestehen der Schuld verbleiben soll, so kann ein Verzicht oder ein Erlaß des Bereicherungsanspruchs vorliegen (RG 56, 354; 72, 199; Staud/Lorenz Rz 5). Die Auslegung richtet sich nach den Begleitumständen, und zwar nicht nach dem inneren Willen des Leistenden, sondern danach, „wie sich sein Verhalten bei gutgläubig unbefangener Beurteilung darstellt" (RG 97, 140; s auch den Fall LG Köln ZIP 1991, 1602); im kaufmännischen Verkehr spricht das Bedürfnis nach klaren Verhältnissen dafür, daß die Leistung als eine endgültige, die Rechtslage stabilisierende Entschließung des Leistenden aufzufassen ist (RG aaO). Nach diesen Maßstäben ist auch die Leistung „**ohne Anerkennung einer Rechtspflicht**" zu würdigen. Die Formulierung ist undeutlich; einem gewerblich Handelnden ist regelmäßig zuzumuten, klarer auszudrücken, ob nur eine Bindung bezüglich künftiger Nachforderungen des Empfängers verhindert werden soll (so Koblenz NJW 1984, 134 für die Leistungen eines Versicherten; s auch bereits LG Krefeld VersR 1964, 1263), ob nur die Verrechnung auf mehrere Ersatzforderungen vorbehalten bleibt oder ob wirklich eine Rückforderung offengehalten werden soll. Auch nachträgliche Minderung einer bereits erbrachten Leistung unterliegt diesen Regeln, s Hamm NJW 1964, 407. Zur Beweislast Rz 13.

Auch der Kondiktion eines **Schuldanerkenntnisses** kann § 814 entgegengehalten werden; vgl BGH 1, 181f, wo nach einem bewußt wahrheitswidrigen Vaterschaftsanerkenntnis nicht die Kondiktion der Verpflichtungsurkunde, wohl aber gegen die Vollstreckung aus der Urkunde der Arglisteinwand zugelassen wird. Siehe im übrigen § 812 Rz 61.

4. § 814 Fall 2 setzt ebenso wie Fall 1 voraus, daß der Leistende zur Erfüllung einer Rechtspflicht leistet, die in Wirklichkeit nicht besteht; während er aber im Fall 1 das Nichtbestehen der Rechtspflicht kennt, glaubt er im Fall 2 irrig an das Bestehen der Rechtspflicht, doch wird er durch eine **Sittenpflicht oder Anstandsrücksicht** (Begriff § 534 Rz 2, 3) gehalten, dem Empfänger die Leistung zu belassen. Fall 2 liegt also nicht vor, wenn die Leistung von vornherein zur Erfüllung der bestehenden Anstandsrücksicht oder Sittenpflicht bestimmt war, da dann eine Kondiktion schon mangels Rechtsgrundlosigkeit ausgeschlossen ist und es an jedem Irrtum fehlt (s § 812 Rz 44).

Unerheblich ist, ob der Leistende sich der Sittenpflicht oder Anstandsrücksicht bewußt war oder nicht (RG 78, 78). Eine solche **Pflicht** ist zu bejahen, wenn bedürftige nahe Verwandte, die keinen gesetzlichen Unterhaltsanspruch haben, unterstützt werden oder wenn ein Ehemann seine Frau über das angemessene Maß unterhält. Die Kondiktion kann aus diesem Gesichtspunkt auch dann ausscheiden, wenn ein Erbe formwidrige letztwillige Anordnungen des Erblassers ausführt (RG Warn Rspr 1912, 189). Dagegen ist keine Sittenpflicht oder Anstandsrücksicht anzunehmen, wenn ein nichteheliches Kind unterhalten wird von einem Mann, der sich irrtümlich für den Erzeuger hält (RG JW 1910, 752); wenn auf ein Rechtsgeschäft geleistet wird, das wegen Formverstoßes ganz

§ 814 Einzelne Schuldverhältnisse

oder teilweise nichtig ist; der Leistende kann dann kondizieren, es sei denn, daß er arglistig handelt, zB den Formmangel selbst veranlaßt hat (hM; RG 107, 357; 105, 155, s auch Rz 1).

13 **5. Beweislast.** An die Beweislastgrundsätze des § 812 (s § 812 Rz 90) schließen folgende Regeln an: Der Bereicherte hat den Einwendungstatbestand des § 814 zu beweisen (RG 154, 397), insbesondere daß der Leistende das Nichtbestehen der Verbindlichkeit gekannt, also sich nicht geirrt (RG 146, 360), die Leistung freiwillig bewirkt hat oder daß diese einer Sittenpflicht oder Anstandsrücksicht entsprochen (RG 60, 420; 90, 316) oder daß der Leistende bei bloßen Zweifeln mit der Leistung auf Zurückforderung verzichtet hat (RG 154, 397). Ein Vorbehalt verschiebt die Beweislast des Zurückfordernden nicht, BGH MDR 1992, 803; anders für unter Vorbehalt erbrachte Leistungen einer Versicherung Köln r+s 1995, 265 so wie dann, wenn sich aus dem Schuldverhältnis, dem der Anspruch entstammt, etwas anderes ergibt (BGH NJW 1984, 2826; praktisch für die Leistung eines Bürgen auf erstes „Anfordern", BGH NJW 1989, 1606f. Ist ein Vorbehalt streitig, so hält RG 138, 124 den Leistenden für verpflichtet, den Vorbehalt zu beweisen; dies ist wegen des Ausnahmecharakters des Vorbehalts zu billigen, RGRK Rz 12.

815 *Nichteintritt des Erfolgs*
Die Rückforderung wegen Nichteintritts des mit einer Leistung bezweckten Erfolges ist ausgeschlossen, wenn der Eintritt des Erfolges von Anfang an unmöglich war und der Leistende dies gewusst hat oder wenn der Leistende den Eintritt des Erfolgs wider Treu und Glauben verhindert hat.

1 **1. Allgemeines.** § 815 leitet ebenso wie § 814 gegen Leistungskondiktionen aus subjektiven Merkmalen auf seiten des Leistenden Einwendungen ab. Während aber § 814 Erfüllungsleistungen voraussetzt, denen schon zur Zeit ihrer Bewirkung der Rechtsgrund gefehlt hat (in der Regel condictio indebiti, § 812 Rz 45), behandelt § 815 die einen Erfolg bezweckenden Leistungen, die durch den Nichteintritt des Erfolges nachträglich rechtsgrundlos werden (§ 812 Rz 50). Zwei Fälle werden geregelt: 1. der Leistende kennt die Unmöglichkeit des Erfolgseintritts; 2. er verhindert ihn wider Treu und Glauben. In beiden Fällen ist die Kondiktion ausgeschlossen. Bestritten ist, ob diese Regelung auch auf die Kondiktion wegen Rechtsgrundwegfalls (condictio ob causam finitam, § 812 Rz 47) angewendet werden kann mit der Folge, daß allgemein der als unvermeidlich erkannte oder wider Treu und Glauben herbeigeführte Rechtsgrundwegfall die Kondiktion ausschließt. Die Rspr (BGH 29, 171; BGH JZ 1968, 381 mit Anm Lorenz) verneint dies wegen des Ausnahmecharakters der Vorschrift, die Straffunktionen erfülle (krit Lorenz JZ 1959, 467). Die hM ist dem gefolgt (Bamberger/Roth/Wendehorst Rz 2; mit Einschränkungen Staud/Lorenz Rz 3; RGRK Rz 1; aM Soergel/Mühl Rz 1). Freilich führt diese Entscheidung zu der Notwendigkeit, die von anderen Formen der Zweckverfehlung schwer unterscheidbare und insgesamt undeutlich strukturierte condictio ob rem scharf von anderen Ansprüchen abzugrenzen, was den BGH im Verhältnis zur condictio ob causam finitam in Schwierigkeiten gebracht hat (s § 812 Rz 49). Andererseits kommt eine entsprechende Anwendung der ersten Alternative (vorausgesehener späterer Rechtsgrundwegfall) bei der condictio ob causam finitam nicht in Betracht, weil hier auf eine noch bestehende Verbindlichkeit geleistet wurde. In bezug auf den zweiten Fall des § 815 ist aber eine Anwendung auch auf die Kondiktion wegen Rechtsgrundwegfalls nicht ausgeschlossen, wenn nicht die Regeln über den Wegfall der Geschäftsgrundlage besser passen; ebenso MüKo/Lieb Rz 2.

2 **2. Fall 1. Dem Leistenden bekannte unvermeidliche spätere Rechtsgrundlosigkeit** (Zweckverfehlung, dh Unmöglichkeit der Zweckerreichung; Rechtsgrundwegfall). Schon zZ der Leistung muß die Zweckerreichung objektiv unmöglich, der Rechtsgrundwegfall objektiv unvermeidlich gewesen sein, mag das auf rechtlichen oder tatsächlichen Gründen beruhen. Eine nur vorübergehende Unmöglichkeit genügt nicht. Der Leistende muß die Unmöglichkeit (Unvermeidlichkeit) schon zZ der Leistung gekannt haben. Bloße Zweifel genügen nicht, doch kann dann in der Leistung ein Verzicht auf die Kondiktion liegen (RG 71, 317).

3 **3. Fall 2. Vereitelung des Erfolges.** Die Vorschrift, daß bei einer treuwidrigen Verhinderung des Erfolgseintritts (Herbeiführung der Rechtsgrundlosigkeit) die Kondiktion ausgeschlossen ist, ist eine „Einzelanwendung des das BGB beherrschenden Grundsatzes von Treu und Glauben" (RG 58, 409). Sie führt ebenso wie § 162 I zu der Rechtslage, die bei vertragsgemäßem Verhalten der Beteiligten gegeben gewesen wäre (in dieser Parallele zu Larenz/Canaris § 68 III 2). Ein „Strafcharakter" (BGH 29, 171; Rietschel LM § 815 Nr 1 Anm; RGRK Anm 1) kann ihr deshalb schwerlich zugesprochen werden, so auch MüKo/Lieb Rz 3. Nicht erforderlich ist eine auf Erfolgsverhinderung oder Rechtsgrundwegfall gerichtete Absicht des Leistenden oder ein schlechthin unlauteres Verhalten; es genügt, wenn er ohne stichhaltigen Grund Handlungen vornimmt, die, wie er weiß, geeignet sind, den Erfolg zu verhindern. Ist der Sinneswandel freilich verständlich (etwa im Fall Celle MDR 1961, 687; anders im Fall BGH NJW 1980, 451), so kommt ein Ausschluß der Rückforderung in Betracht (s auch die Bemerkungen von Liebs JZ 1978, 699, 701). Auch bei Leistungen unter Familienangehörigen in Kenntnis fehlender rechtlicher Verpflichtung hat es praktische Bedeutung, daß die Rückforderung durch § 815 nur bei treuwidrigem Verhalten verhindert wird (Battes AcP 178, 337, 373). Eine treuwidrige Erfolgsvereitelung liegt zB vor, wenn der Verlobte Geschenke zurückfordert, nachdem er die Verlobung ohne wichtigen Grund aufgelöst oder die Eheschließung verhindert oder den Rücktritt des anderen schuldhaft veranlaßt hat (für analoge Anwendung des § 815 auf den Fall des § 1301 BGH 45, 258 mN). Eine treuwidrige Erfolgsvereitelung ist nicht anzunehmen, wenn der angestrebte Erfolg ohnehin unsittlich war (RG 78, 48 Bordellkauf), auch nicht, wenn nach einem formnichtigen Vertrag der Leistende den nachträglichen Abschluß eines gültigen Vertrags verweigert (RG 72, 342; JW 1910, 17); ausnahmsweise kann aber doch § 815 (vgl BGH JZ 1971, 556) oder gar § 826 in Betracht kommen. Wollten die Parteien einen formnichtigen Vertrag an sich erfüllen, so kann demjenigen, der die Formnichtigkeit nutzt, um sich wegen eines Sinneswandels vom Vertrag zu lösen, § 815 entgegengehalten werden, BGH NJW 1980, 451. Dies darf jedenfalls nicht dahin verstanden werden, daß über den Kondiktionsausschluß allgemein formnichtige Ver-

träge aufrechterhalten werden, sofern nicht aus sonstigen Gründen der Formmangel unbeachtlich ist (eingehend Singer WM 1983, 254, 260f), vgl auch den Fall Stuttgart RdL 1995, 152; einschränkend für das Verhältnis von Auftraggeber und Makler Düsseldorf OLGRp 1993, 317.

4. Beweislast. Ebenso wie § 814 gibt § 815 einen Einwendungstatbestand, dessen Voraussetzungen der Bereicherte, der sich auf ihn beruft, zu beweisen hat, RG JW 1925, 2110; Staud/Lorenz Rz 4. Das gilt auch, wenn ein abstraktes Schuldversprechen geleistet ist, so daß der Empfänger darzulegen und zu beweisen hat, daß der Leistende (Versprechende) die Unmöglichkeit des angestrebten Erfolges gekannt hat (RG 116, 340). 4

816 *Verfügung eines Nichtberechtigten*

(1) Trifft ein Nichtberechtigter über einen Gegenstand eine Verfügung, die dem Berechtigten gegenüber wirksam ist, so ist er dem Berechtigten zur Herausgabe des durch die Verfügung Erlangten verpflichtet. Erfolgt die Verfügung unentgeltlich, so trifft die gleiche Verpflichtung denjenigen, welcher auf Grund der Verfügung unmittelbar einen rechtlichen Vorteil erlangt.

(2) Wird an einen Nichtberechtigten eine Leistung bewirkt, die dem Berechtigten gegenüber wirksam ist, so ist der Nichtberechtigte dem Berechtigten zur Herausgabe des Geleisteten verpflichtet.

1. Systematische Bedeutung. Unter den Fällen der Nichtleistungskondiktion wurden als Entstehungsmodus einer Bereicherung „in sonstiger Weise" die Handlungen des Bereicherten erwähnt, § 812 Rz 67. **Sonderfälle** dieses als „**allgemeine Eingriffskondiktion**" bezeichneten Tatbestandes (BGH NJW 1970, 2059; v Caemmerer, FS Rabel, S 353; Reuter/Martinek S 282, Thielmann AcP 187, 23, 30; Larenz/Canaris § 69 II 1a; abw MüKo/Lieb Rz 12) regeln die Absätze des § 816: Wirksame entgeltliche Verfügung eines Nichtberechtigten über einen Gegenstand – dann kondiziert der frühere Berechtigte vom Verfügenden „das durch die Verfügung Erlangte"; wirksame, aber unentgeltliche Verfügung eines Nichtberechtigten – dann hat der frühere dinglich Berechtigte einen Bereicherungsanspruch gegen den Erwerber; ein Nichtberechtigter verfügt über die Forderung eines anderen, indem er eine Leistung des Schuldners als Erfüllung annimmt – dann kann der wahre Inhaber der getilgten Forderung vom Nichtberechtigten die Leistung herausverlangen. Der „**Eingriff**" liegt im **Gutglaubenserwerb**, der dem Eingreifenden zur Realisierung des Werts der Sache verhilft (Larenz/Canaris § 69 II 1) und durch schuldrechtliche Ausgleichsansprüche abgegolten werden soll. Der dingliche Erwerbsvorgang als solcher soll – abgesehen vom Fall der Unentgeltlichkeit im Verhältnis zwischen Nichtberechtigtem und Erwerber – auch bereicherungsrechtlich nicht rückgängig gemacht werden, der Ausgleich vollzieht sich zwischen dem früheren Berechtigten und dem nichtberechtigt Verfügenden. Wenn man im Gegensatz zur Deutung als Fall des Eingriffserwerbs den Anspruch aus § 816 I als Ersatz für den Zugriff auf den Erwerber als den eigentlichen Bereicherungsschuldner ansieht (MüKo/Lieb Rz 2, 12; dagegen Reuter/Martinek S 287ff), so ändert dies doch nichts daran, daß sich gerade aus § 816 die Unmöglichkeit ergibt, in Fällen des Gutglaubenserwerbs den Erwerber aus ungerechtfertigter Bereicherung in Anspruch zu nehmen (zu der möglichen Begründung des Subsidiaritätsdogmas aus diesem Gedanken krit Thielmann S 28ff). Daher bedarf es gerechtigkeitshalber der in der Eingriffskondiktion anerkannten Rechtsfortwirkung. 1

a) Notwendigkeit besonderer Bestimmungen. Man kann darüber streiten, ob die Vorschriften des § 816 neben dem **allgemeineren Tatbestand der Eingriffskondiktion** in § 812 I selbständige Bedeutung haben (verneinend Reeb JuS 1973, 494 mN; zu § 816 II speziell Kornblum JZ 1965, 202; aM Hadding JZ 1966, 222; wie hier bejahend Reuter/Martinek S 285, 313ff). Die Frage ist akademisch, besonders, wenn man bedenkt, daß § 816 Rückwirkungen auf die Diskussion um die Eingriffskondiktion gehabt hat, etwa indem klargestellt wird, daß der gutgläubig vom Nichtberechtigten Erwerbende das Recht mit Rechtsgrund hat (§ 812 Rz 80). Auch hätte ohne die normative Entscheidung des § 816 I gestritten werden können, ob der Veräußerungserlös, wenn ihn der frühere Berechtigte beansprucht, eigentlich auf seine „Kosten" erlangt sei. Wenn der Eigentümer dem Nichtberechtigten den Besitz iSd § 812 geleistet hat, ohne ihm Eigentum zu verschaffen, soll nach Weitnauer NJW 1974, 1733 der durch Veräußerung an Gutgläubige begründete Anspruch aus § 816 I sogar als Leistungskondiktion zu qualifizieren sein. Auch die Vorstellung der „Rechtsfortwirkung" (§ 812 Rz 65) würde als solche nicht viel helfen, weil sie noch nicht angibt, ob das Eigentum in einem Herausgabeanspruch gegen den neuen Eigentümer oder in einem Wertersatzanspruch gegen den Verfügenden (so aber BGH 29, 162; 47, 130; BGH NJW 1971, 612; BGH 56, 134) „fortwirkt". Die Frage nach dem Umfang des Bereicherungsanspruchs schließlich wird keineswegs einhellig im Sinne einer bloßen Wertersatzpflicht gem §§ 812 I, 818 beantwortet (Rz 19). 2

b) Aus alledem folgt, daß § 816 zumindest die speziellere Regelung gegenüber der allgemeinen Eingriffskondiktion enthält, so daß ihr Prinzip wie bei jener auch als Sanktion für rechtswidrige Eingriffshandlungen dargestellt wird (Blaschczok JuS 1985, 88, 90; näher § 812 Rz 64ff). Was die übrigen **Konkurrenzen** betrifft, so kommt hauptsächlich das Eigentümer-Besitzer-Verhältnis in Betracht. Es enthält aber keine Regelung über die Zuordnung des Substanzwerts der Sache bei Veräußerung; insoweit kommt § 816 I ungehindert zum Zuge (s vor § 812 Rz 11; BGH NJW 1953, 58; BGH 55, 176; Reuter/Martinek S 694; Bamberger/Roth/Wendehorst Rz 3). Ob damit freilich, wie BGH 32, 53 = JZ 1961, 24 mit Anm Raiser annimmt (zust Soergel/Mühl Rz 4; Staud/Lorenz Rz 3), der Eigentümer trotz Genehmigung der Verfügung mit der Folge ihrer Wirksamkeit iSd § 816 (dazu Rz 7) auch noch einen über den Bereicherungsanspruch hinausgehenden Schaden gem §§ 989, 990 ersetzt verlangen kann, erscheint zweifelhaft, ist aber am Ende zu bejahen, weil Schadensersatz von der Bösgläubigkeit des Verfügenden abhängt und folglich bei Zweifeln an der Beweisbarkeit der Bösgläubigkeit die Genehmigung als praktikable Lösung übrigbleiben muß, s auch Reuter/Martinek S 695. Nur ausnahmsweise wird die Genehmigung als Verzicht auf weitergehende Schadensersatzansprüche auszulegen sein. Im übrigen wird durch die Anwendbarkeit des § 816 I, die von der Gut- oder Bösgläubigkeit des Verfügenden nicht abhängt (RG JW 1910, 810), weder ein deliktischer Ersatzanspruch (auch nicht bei Genehmigung der Verfügung des Nichtberechtigten, BGH DB 1976, 814; NJW 1991, 695) 3

§ 816

noch ein Anspruch aus § 687 II ausgeschlossen, RG 138, 45. Auch ob der Berechtigte die Möglichkeit einer Verfügung des Nichtberechtigten schuldhaft herbeigeführt hat, ist bedeutungslos, BGH 37, 363.

4 **2. Voraussetzungen des § 816 I S 1.** Die Voraussetzungen des Anspruchs aus § 816 I S 1 bestehen lediglich darin, daß über einen Gegenstand eine Verfügung getroffen worden ist, die dem Berechtigten gegenüber wirksam ist. **a)** Dabei sind **Verfügungen** Rechtsgeschäfte mit unmittelbarer Einwirkung auf den Verfügungsgegenstand (näher zum Verfügungsbegriff Haedicke JuS 2001, 966ff). Daran fehlt es, wenn jemand als Nichtberechtigter nicht selbst verfügt, sondern nur fremder Verfügung zustimmt. Das RG hat hier Unterschiede zwischen Einwilligung und Genehmigung gemacht (abl RG 137, 356 einerseits, für Anwendung des § 816 I RG 152, 380 andererseits), doch entspricht es dem Eingriffsgedanken am besten, nur denjenigen als Verfügenden und folglich Bereicherungsschuldner anzusehen, der im eigenen Namen das Veräußerungsgeschäft getätigt hat (BGH NJW 1999, 1026; Reuter/Martinek S 294; s aber auch MüKo/Lieb Fn 18), Beispiel: ein Gesellschafter, der einen seiner Gesellschaft übergebenen Scheck, der jemandem anderen zustand, auf seinem Privatkonto einlöst (Düsseldorf NJW-RR 1999, 928). Auch durch mittelbare Stellvertretung kann eine wirksame Verfügung eines Nichtberechtigten erfolgen (Wolf JZ 1968, 414; Bamberger/Roth/Wendehorst Rz 5f; s auch Larenz/Canaris § 69 II 1e und hier Rz 21). Eine analoge Anwendung des § 816 wird erwogen bei unberechtigtem Einbau von Sachen in das Grundstück eines Dritten bzw. bei der Vermischung oder Verarbeitung durch einen (dinglich) Nichtberechtigten, die zugleich Erfüllungsleistungen sind (Larenz/Canaris § 70 III 2a; Staud/Lorenz § 812 Rz 62; zum Problemkreis § 812 Rz 85f). Str ist die Anwendbarkeit des § 816 I auf **Verpflichtungsgeschäfte**, die auf eine Gebrauchs- oder Nutzungsüberlassung hinauslaufen, speziell die Vermietung. Sie verpflichten nach der Rspr (RG 106, 109; 105, 408; zust RGRK Rz 4; MüKo/Lieb Rz 16; ebenso im Ergebnis Reuter/Martinek S 312) zwar nicht nach § 816 I, wohl aber nach der allgemeinen Eingriffskondiktion zur Herausgabe (so auch Larenz/Canaris § 69 II 1d), während ein Teil des Schrifttums für eine Analogie zu § 816 I eintritt (v Lübtow AcP 150, 252; v Caemmerer, FS Rabel, S 358; Esser/Weyers § 50 II 2); für Anwendung der §§ 987ff, hauptsächlich des § 993, Medicus BR Rz 716; das letztere paßt aber nur, wenn der unberechtigt Nutzende Besitzer geworden ist. Zur unberechtigten Untervermietung s § 812 Rz 71. Bei den Verfügungen besteht auch in der Regel keine Schwierigkeiten, festzustellen, wer nach der sachenrechtlichen Lage, auf die allein es ankommt (RG 119, 337), „**Berechtigter**" ist. Ein anderer ist stets Nichtberechtigter, es sei denn, er verfügt kraft einer Ermächtigung des Eigentümers (Reeb JuS 1973, 496; Reuter/Martinek S 294) oder als Treuhänder (BGH NJW 1999, 1026). Die Nichtberechtigung kann auch nachträglich hergestellt werden, etwa durch Anfechtung eines Veräußerungsgeschäfts (§ 142), die die Wirksamkeit einer vom Erwerber vorgenommenen weiteren Verfügung jedoch nicht antasten muß (RG 138, 45). Im Element der fehlenden Berechtigung steckt gleichzeitig die Rechtsgrundlosigkeit des Eingriffs in den Zuweisungsgehalt des durch die Verfügung verletzten Rechts. Nicht rechtsgeschäftliche Handlungen, zB die Vermengung von Sachen mit anderen, sind keine Verfügung, BGH WM 1987, 189, 190.

5 **Hoheitsakte** sind in § 816 I nicht erfaßt. Dies entspricht verbreiteter Meinung (RGRK Rz 3), ist aber nicht leicht zu begründen und ist tragbar nur im Hinblick darauf, daß hoheitliche Eingriffe in fremdes Gut wie zB die Zwangsvollstreckung in schuldnerfremde Sachen unter den Tatbestand der allgemeinen Eingriffskondiktion fallen (s Staud/Lorenz Rz 12 sowie § 812 Rz 74).

6 **b)** Die Verfügung des Nichtberechtigten muß in allen Fällen des § 816 gegen den Berechtigten **wirksam** gewesen sein. **aa)** Das trifft zu in den gesetzlich bestimmten Fällen des **gutgläubigen Erwerbs:** Bei beweglichen Sachen und Forderungen §§ 932ff, 1032, 1207f, 1262, 1272, Art 16 WG, 19 SchG; bei Liegenschaftsrechte §§ 892ff, 1138, 1155ff, 1192; beim Rechtsschein des Erbscheins sowie sonstiger Urkunden und Registereintragungen §§ 2366, 2368, 2370, 1507 BGB; §§ 366ff HGB; §§ 325 II, 898 ZPO; § 81 InsO; entsprechend §§ 135 II, 136, 161 III, 163 BGB. Es macht dabei keinen Unterschied, ob die Verfügung des Nichtberechtigten zum Erwerb eines ihm nicht zustehenden Rechts oder zum Untergang einer bisher bestehenden Belastung führt, s zu § 936 RG 119, 269; zum Untergang eines vorrangigen Pfandrechts infolge Veräußerung der Pfandsache durch einen nachstehenden Pfandgläubiger BGH NJW 1964, 496. Die Art des zwischen Verfügendem und Erwerber bestehenden Rechtsverhältnisses ist, abgesehen von § 816 I S 2, unerheblich, ebenso die Einbringlichkeit der Ausgleichsforderung gegen den Nichtberechtigten. § 816 enthält somit eine folgerichtige Absicherung der Vorschriften über den Gutglaubenserwerb. Zweifelhaft freilich, ob alle Ausdehnungen des Erwerbs vom Nichtberechtigten wie die von BGH NJW 1974, 1132 vorgenommene Annahme eines „Geheißerwerbs" auch bei direkter Zuwendung durch den Eigentümer an den Dritten, der sich auf schuldrechtliche Beziehungen zu einem Mittelsmann verließ (krit Weitnauer NJW 1974, 1729; Picker NJW 1974, 1790; v Olshausen JZ 1975, 29), über § 816 I interessengerecht ausgeglichen werden, wenn der auf eine vermeintlich eigene Schuld leistende Eigentümer unversehens auf einen Herausgabeanspruch gegen den Mittelsmann verwiesen wird, s dazu auch § 812 Rz 15. Doch ist vom Zweck des § 816 her (Rz 1) die Maßgeblichkeit der Fortentwicklungen des Sachenrechts zu bejahen, MüKo/Lieb Rz 23.

7 **bb)** Bei Unwirksamkeit der Verfügung, gleichgültig aus welchem Grunde (fehlender guter Glaube, Abhandenkommen, Mängel des Rechtsscheins) besteht der Vindikationsanspruch des Berechtigten gegen den Erwerber. Die ganz hM gibt dem Berechtigten aber die Möglichkeit, durch **Genehmigung** gem **§ 185** die Verfügung wirksam zu machen und dann nach § 816 I gegen den Verfügenden vorzugehen (RG 106, 45; BGH NJW 1959, 668; BGH JZ 1961, 24 mit Anm Raiser; BGH NJW 1972, 1197; BGH 56, 131; Reuter/Martinek S 304ff; zur Lage bei § 816 II Rz 17). Der Berechtigte hat also die Wahl zwischen der Vindikation gegen den Besitzer (an deren Stelle bei originärem Rechtserwerb durch Vermischung oder Verarbeitung der Anspruch aus §§ 951, 812 tritt) und dem Herausgabeanspruch gegen den Verfügenden, den er durch Genehmigung der Veräußerung ins Leben rufen kann (und zwar bei Veräußerungsketten nach seiner Wahl an der Stelle, wo er den solventesten Schuldner trifft), auch bestehen uU Schadensersatzansprüche gegen Verfügenden, BGH NJW 1991, 695. Unter Hinweis auf dieses Wahlrecht des Berechtigten, das allein dem Schutzgedanken des § 816 I entspreche (zuletzt BGH 56, 131), hat sich die

Rspr der konstruktiven Frage entzogen, ob nicht durch die Genehmigung der Veräußerung der Nichtberechtigte nachträglich zum Berechtigten werde. Dies ist aber auch zu verneinen, da die Genehmigung trotz ihrer Rückwirkung (§ 184 I) nur das dingliche Rechtsgeschäft und nicht das die „Rechtsgrundlosigkeit" zwischen Berechtigtem und Verfügendem bestimmende Recht des Veräußerers zu der Verfügung betrifft, vgl BGH JZ 1961, 24.

Auf den angegebenen Grundlagen ist die hM weitergegangen und hat es ausreichen lassen, wenn die Genehmigung zu einem **Zeitpunkt** erteilt wird, in dem die Vindikation wegen zwischenzeitlichen Rechtserwerbs durch den Besitzer (gem § 950) nicht mehr möglich war, BGH 56, 131 mit Anm Zeiß JR 1971, 375; Bamberger/Roth/Wendehorst Rz 13. Auch dies wird mit dem Satz begründet, dem früheren Berechtigten müsse die Wahl zwischen einem Vorgehen gegen den Veräußerer oder gegen den letzten Besitzer bleiben. Daran fällt auf, daß gewöhnlich die Wirksamkeit einer Genehmigung von der Verfügungsbefugnis des Genehmigenden zZ der Erklärung abhängig gemacht wird. Denkbar wäre noch der Einwand, daß durch die Genehmigung das Recht desjenigen betroffen wird, der zZ der Verfügung Berechtigter war, doch scheinen diese Bedenken überwindbar (Pfister JZ 1969, 623). **8**

Praktische Schwierigkeiten macht die Frage, ob der frühere Berechtigte die endgültige **Genehmigung** so lange **aufschieben** kann, bis die Einbringlichkeit des Herausgabeanspruchs gegen den Verfügenden gesichert ist. Man kann sogar noch darüber hinaus nach einer Möglichkeit suchen, den Eigentümer, dessen Sache nach der unwirksamen Veräußerung verschwunden ist und der sich deshalb notgedrungen mit dem Erlös zufriedengeben will, für den Fall des Wiederauftauchens der Sache auf seinen Herausgabeanspruch zurückgreifen zu lassen (Merle AcP 183, 81, 84). Da die Genehmigung schlüssig erklärt werden kann, konnte die Rspr (BGH NJW 1959, 668; 1960, 860) sie in der Klageerhebung gegen den Nichtberechtigten erblicken. Das bedeutet aber, daß der Kläger das Risiko des Verlusts seiner Ansprüche gegen den letzten Besitzer übernehmen muß und auch nicht mehr auf die Vindikation zurückgreifen kann, wenn die zunächst unauffindbare Sache wieder auftaucht. Mit Rücksicht hierauf wird eine Lösung über eine auflösend bedingte Genehmigung empfohlen (Wilckens AcP 157, 400; eingehend zu/ Merle AcP 183, 90ff), die allerdings Bedenken gegen die Einführung eines Schwebezustandes bei Gestaltungsakten nicht ausräumen kann (Reuter/Martinek S 305; MüKo/Lieb Rz 25; Bamberger/Roth/Wendehorst Rz 12), obwohl das Dogma von der Bedingungsfeindlichkeit von Gestaltungsakten im Rückzug ist (MüKo/H.P. Westermann § 158 Rz 28). Der Schutz des § 161 II für denjenigen, der durch Eintritt einer auflösenden Bedingung wieder Eigentümer würde, und der Grundsatz der Publizität sprechen dafür, den auch bei einer auflösenden Bedingung bestehenden Schwebezustand nicht zu lang auszudehnen. Gegen das Bedenken, es gebe prozessual nicht, wenn über die Rechtmäßigkeit des Urteils erst der Erfolg der Vollstreckung entschiede, ist auf die Möglichkeit eines durch Vollstreckungsgegenklage geltend zu machenden späteren Entfallens des titulierten Anspruchs hingewiesen worden (Merle S 101); aber es ist nicht dasselbe, ob ein Anspruch aufgrund von Erfüllung oder Eintritt einer auflösenden Bedingung sich als nicht mehr begründet erweist, oder ob eine Voraussetzung des Anspruchs gegen den Beklagten von der Befriedigung dieses Anspruchs abhängig gemacht wird. Generell ist aus den genannten Erwägungen eine (schlüssige) Genehmigung nur anzunehmen, wenn der Anspruch aus Abs I oder II gewisse Realisierungschancen hat. Die wohl hM hält es für ausreichend, wenn der Kläger die **Herausgabe Zug um Zug gegen Genehmigung** der Verfügung fordert (Bauernfeind NJW 1961, 109; Staud/Lorenz Rz 9; Koppensteiner/Kramer S 94; MüKo/Lieb Rz 25; zweifelnd RGRK Rz 7). Dabei ist freilich zuzugeben, daß eine gesetzliche Grundlage für eine Verurteilung Zug um Zug fehlt und spätestens mit Beginn der Zwangsvollstreckung – also nicht erst mit ihrem Erfolg – die Genehmigung vorliegen muß (Merle S 86ff). Unter den mehreren konstruktiv nicht ganz befriedigenden Lösungen mutet die herrschende dem Berechtigten und dem Rechtsverkehr die verhältnismäßig geringste Unsicherheit zu. Die Genehmigung kann auch nach Untergang oder Verarbeitung der Sache erfolgen (BGH 56, 131). Das bloße Schadensersatzverlangen gegen den Dieb oder Hehler enthält keine Genehmigung, BGH NJW 1968, 1326. **9**

c) Umstr ist der Bereicherungsausgleich bei einer im Verhältnis zwischen Veräußerer und Erwerber **rechtsgrundlosen**, aber dinglich **wirksamen Verfügung Nichtberechtigter**. Das Problem wurde in der neueren Rspr bei der Entscheidung der sog Spielbank-Fälle gestreift (BGH 37, 363 = JZ 1963, 285 mit Anm Wiethölter; BGH 47, 393 betraf andere Geschäfte desselben Spielers), wobei es entscheidungserheblich nur wird, wenn der Spielvertrag – wie im Fall BGH 37, 363 – nichtig ist. In diesem Urteil wendete der BGH § 816 I S 2 entsprechend an bzw stützte sich – was in der Sache dasselbe ist – auf einen erweiterten Unentgeltlichkeitsbegriff, weil der Spieler für das unterschlagene Geld in Gestalt der Zulassung zum Spiel keinen Gegenwert erhalten habe, auf den der frühere Eigentümer des Geldes zugreifen könne. Die Kritik (Wiethölter aaO; Schlosser JuS 1963, 141) weist mit Recht darauf hin, daß diese Analogie dann auch beim gültigen Spielvertrag eingreifen müßte, was aber dem Gedanken der nur subjektiven Äquivalenz im entgeltlichen Geschäft nicht entspricht und den Gutglaubenserwerb aushöhlen würde. Diese Konsequenz hat BGH 47, 393, insoweit der Kritik folgend, vermieden, so daß die allgemeine Frage der Behandlung des rechtsgrundlosen Gutglaubenserwerbs höchstrichterlich nicht entschieden ist. Die im älteren Schrifttum teilweise vertretene **Einheits-(Durchgriffs-)Kondiktion** des früheren Berechtigten gegen den Erwerber beruht teilweise auf der Gleichstellung von Unentgeltlichkeit und Rechtsgrundlosigkeit (Oertmann Recht 1915, 514; vgl aber auch wieder Rothoeft AcP 163, 221; für Einheitskondiktion auf Grund der Ähnlichkeit der Eingriffskondiktion mit der Vindikation Grunsky JZ 1962, 207). Die Gegenmeinung (v Caemmerer, FS Boehmer, S 154ff; H.P. Westermann, Die causa, S 224ff; Staud/Lorenz Rz 21; Soergel/Mühl Rz 43; Reuter/Martinek S 343ff; MüKo/ Lieb Rz 44) lehnt die Gleichstellung von Unentgeltlichkeit und Rechtsgrundlosigkeit mit dem sonstigen Behandlung der Dreipersonenverhältnisse (§ 812 Rz 16ff) entsprechenden Argument ab, jedem Beteiligten müßten die bereicherungsrechtlichen (§§ 814, 817) und sonstigen Einwendungen gegen seinen Vertragspartner erhalten bleiben. Nicht eigentlich geht es um einen Vorrang der Leistungs- vor der Eingriffskondiktion (eingehend H.P. Westermann aaO), wohl aber um eine folgerichtige Ergänzung des Gutglaubenserwerbs auf schuldrechtlicher Ebene durch Schutz des Vertrauens auf Leistungsfähigkeit des Veräußerers. Das führt zu einer **Doppelkondiktion** **10**

§ 816 Einzelne Schuldverhältnisse

übers Dreieck, so daß ein bereicherungsrechtlicher Durchgriff des früheren Berechtigten gegen den Erwerber nur in Betracht kommt, wenn der dingliche Erwerbsakt fehlerhaft war, der Besitzer aber später originär, zB nach § 950, das Eigentum erwirbt (Canaris, FS Larenz, S 852 mit der Maßgabe, daß der Erwerber sich entsprechend § 986 I S 2 auf ein Besitzrecht des Verfügenden berufen kann; s dazu auch Rz 8).

11   Schwierigkeiten macht für diesen Fall die Bestimmung des **Inhalts der Bereicherungsansprüche**. Diskutiert wird hierbei hauptsächlich die Leistungskondiktion des Verfügenden gegen den Erwerber, die das Eigentum betrifft, das der Bereicherungsgläubiger selbst nicht hatte. Da es angemessen erscheint, daß das Eigentum direkt an den früheren Berechtigten zurückfällt, soll hier ein Anwendungsfall des sog Rückerwerbs vom Nichtberechtigten liegen (v Caemmerer, FS Boehmer, S 145, 154ff; Soergel/Mühl Rz 17; zur Kritik von Wiegand JuS 1971, 62 s Lopau JuS 1971, 233). Wenn diese Kondiktion durchgeführt ist, dürfte gleichzeitig auch der aus § 816 I hergeleitete Anspruch des früheren Berechtigten gegen den Verfügenden erfüllt sein. Der Nichtberechtigte muß die ihm erbrachte Gegenleistung an den Erwerber zurückgeben, was dieser durch Zurückbehaltungsrechte erzwingen kann; diesen Vermögenswert kann der frühere Berechtigte trotz § 816 I nicht für sich beanspruchen, denn damit durchbräche er das nach der Doppelkondiktionslehre gerade aufrechtzuerhaltende Gleichgewicht von Bereicherungsanspruch und Einwendungen jedes Partners aus den Rechtsverhältnissen, an denen er teilhat (Rothoeft AcP 163, 246ff; H.P. Westermann, Die causa, S 228f; zust Reuter/Martinek S 348). Hat der Erwerber noch nicht geleistet, so kann der frühere Berechtigte vom Verfügenden gem § 816 I die Abtretung des Bereicherungsanspruchs auf die Sache verlangen. Um im Ergebnis zu derselben umfassenden Wiederherstellung der früheren Rechtslage zu gelangen, muß man aber wohl mit der hM (v Caemmerer, FS Boehmer, S 145, 161f; im Ergebnis ebenso H.P. Westermann aaO S 227f) dahin entscheiden, daß der frühere Berechtigte allgemein nach § 816 I vom Verfügenden nur die Abtretung der ihm gegen den Erwerber zustehenden Rechte verlangen kann. Das bedeutet insbesondere, daß Einwände des Erwerbers aus §§ 814, 817 voll den früheren Berechtigten treffen (v Caemmerer aaO; RGRK Rz 19; H.P. Westermann aaO); aM Canaris, FS Larenz, S 852f, der einen einwendungsunabhängigen Bereicherungsanspruch des früheren Berechtigten gegen den Verfügenden bejaht, damit aber den Gutglaubensschutz in Gefahr bringt.

12   3. Der **Anspruch aus § 816 I S 2** ist ein echter Bereicherungsanspruch. Er beruht auf dem Gedanken, daß die Unentgeltlichkeitscausa nicht stark genug ist, um den dinglich vollzogenen Erwerb im Verhältnis zum früher Berechtigten zu rechtfertigen; somit wird hier ausnahmsweise (Reuter/Martinek S 329) eine direkte Kondiktion gegen den Erwerber eröffnet. Da der erweiterte Begriff der **Unentgeltlichkeit**, wie ihn etwa auch die Rspr zu § 988 geprägt hat, abzulehnen ist (Rz 10), kommt es allein darauf an, daß der Erwerber für den Gegenstand keine Gegenleistung erbringen sollte und erbracht hat, Reuter/Martinek S 334, wobei das Vermögensopfer des Empfängers weder gleichwertig noch durch einen gegenseitigen Vertrag geboten gewesen sein muß (MüKo/Lieb Rz 48; Bamberger/Roth/Wendehorst Rz 8) Dies ist aus der Sicht der Parteien (BGH JZ 1954, 360 stellt allein auf den Empfänger ab) unter Berücksichtigung der gesamten wirtschaftlichen Verhältnisse zu entscheiden. Ein Vermögensopfer, das Unentgeltlichkeit ausschließt, liegt also auch dann vor, wenn es nicht ausdrücklich festgesetzt ist, so wenn es in der Rechtswirkung der Verfügung selbst liegt (RG 62, 45; 50, 137 für Zahlung und Anerkenntnis bei rechtsbeständiger Schuld). Unentgeltliche Verfügung ist die Schenkung, ein Hofübergabevertrag nur, wenn der unentgeltliche Charakter die Bedeutung etwaiger Pflichten des Übernehmers überwiegt (BGH WM 1964, 614; für eine Teilung Reuter/Martinek S 336 und Larenz/Canaris § 69 II 2). Ehebedingte Zuwendungen sind in diesem Sinne als unentgeltlich zu behandeln, eingehend Sandweg NJW 1989, 965, 973f; s auch BGH 116, 167, 174. Zu Recht hat BGH JZ 1954, 360 die Zuwendung erfüllungshalber in der Hoffnung, der Gläubiger werde dadurch vom Vorgehen gegen den Schuldner vorläufig Abstand nehmen, nicht als unentgeltlich angesehen. Bestritten der Fall der Gewährung dinglicher Sicherheiten ohne besondere Gegenleistung. Gegen die Anwendung des § 816 I S 2 RG Warn Rspr 1933 Nr 158; Staud/Lorenz Rz 29; RGRK Rz 16; im allgemeinen ablehnend auch v Caemmerer, FS Lewald S 453, der mit Recht auf die Art der zu sichernden Forderung abstellt; zust Reuter/Martinek S 336. Eine Gegenleistung liegt auch dann vor, wenn sie an einen Dritten bewirkt wird (RG 112, 368). Wenn der Nichtberechtigte eine vom Dritten empfangene Gegenleistung unentgeltlich an einen Vierten weitergegeben hat, so kann der frühere Berechtigte sich an ihn nach § 816 I halten, muß aber uU mit Wegfall der Bereicherung rechnen, so daß er hilfsweise den Anspruch aus § 822 gegen den Vierten geltend machen kann (RG Recht 1913 Nr 342 und 344).

13   § 816 I S 2 verlangt ausdrücklich, daß der Dritte den rechtlichen Vorteil **unmittelbar** erlangt. Das ist der Fall, wenn der Erwerb ohne weiteres Rechtsgeschäft und ohne Einschaltung eines weiteren Vermögens dem Dritten zugewendet wurde. Zu eng lehnt BGH NJW 1969, 605 aus diesem Grunde Anwendung des § 816 I S 2 ab, wenn ein ungetreuer Angestellter den Vermögensgegenstand zunächst in eigenes Vermögen überführt und ihn erst dann dem Dritten zugewendet hat, zust Reuter/Martinek S 322; MüKo/Lieb Rz 53. Jedenfalls dann, wenn der Verfügende an dem unterschlagenen Geld nicht Eigentum erworben hat (so der Fall Frankfurt WM 1987, 189), möglicherweise wegen des Wertverhältnisses unterschlagenen und eigenen Geldes, kann ein Gutgläubiger wegen § 935 II Eigentümer geworden sein und haftet dann bei Unentgeltlichkeit nach § 816 I S 2 (zur Abgrenzung zu § 822 Frankfurt aaO). Direkte Kondiktion auch dann, wenn der unentgeltliche Erwerb zusätzlich rechtsgrundlos ist (v Caemmerer, FS Boehmer, S 154, 161; Wiedhölter JZ 1963, 288). Ein Fall des unmittelbaren Erwerbs kann auch in gutgläubig lastenfreiem Erwerb eines Grundstücks vom Eigentümer liegen mit der Folge, daß das erloschene Recht wiederhergestellt werden muß (BGH 81, 395). Auch der Gutglaubensschutz aus § 1412 ist bei Vorliegen einer unentgeltlichen Verfügung überwindbar, BGH 91, 288.

14   4. **Anspruch aus § 816 II. a) Befreiende Zahlung.** Die Kondiktion wegen **wirksamer Leistungsannahme durch einen Nichtberechtigten** (Abs II) ist dem Fall der Verfügung Nichtberechtigter im wesentlichen parallel konstruiert (über dogmatische Unterschiede Roth JZ 1972, 150). Die Leistungsannahme durch einen Nichtberechtigten muß auf Grund eines Tatbestandes des Gutglaubensschutzes, in diesem Fall des Schuldnerschutzes, oder

durch Genehmigung des Rechtsinhabers (Rz 17) diesem gegenüber Erfüllungswirkung haben. Es handelt sich somit wieder um eine aus dem Schutz des gutgläubig Leistenden hervorgegangene Rechtsfortwirkung in Gestalt der Eingriffskondiktion des Inhabers der erloschenen Forderung gegen den Empfänger der Leistung. Das wirkt sich vor allem in Fällen der stillen Zession an eine Bank des Bereicherungsgläubigers (§ 398 Rz 6) aus. War diese Abtretung dem zahlenden Schuldner bekannt oder war sie offenkundig, so zahlt er an die Bank (BGH 53, 139, 142; BGH NJW 1972, 1197; 1974, 544; MüKo/Lieb Rz 56; Reuter/Martinek S 356f); das ist nicht der Fall, wenn an die Bank lediglich als Zahlstelle des Gläubigers gezahlt wird. Die Folgen zeigen sich bei der Inanspruchnahme einer Bank, die aufgrund einer ihr erteilten nichtigen Globalzession Forderungen eingezogen hat, durch den Inhaber kollidierender Sicherungsrechte, dem die Unwirksamkeit der Globalzession zugute kommt (§ 398 Rz 21). Sie wird auf § 816 II gestützt, wenn an die Bank mit Wirkung gegen den wahren Gläubiger, den konkurrierenden Sicherungsnehmer, geleistet wurde (näher Rz 16). Zieht die Bank aufgrund unwirksamer Globalzession Forderungen ein, die zu einer Insolvenzmasse gehören, so gestattet es Düsseldorf ZIP 1994, 1974, gegenüber dem Anspruch des Insolvenzverwalters aus Abs II mit der Forderung gegen den Gemeinschuldner aufzurechnen, allerdings vorbehaltlich der Insolvenzanfechtung. Der Insolvenzverwalter eines Bankkunden, über den ein allgemeines Veräußerungsverbot zur Sicherung der Masse verhängt worden war, kann von der Bank Zahlung verlangen, wenn diese einen Dritten zur Zahlung auf das bei ihr geführte Kundenkonto angewiesen hatte, München WM 1994, 1561.

Die Leistung an den Nichtberechtigten **wirkt befreiend** in einer Reihe gesetzlich angeordneter Fälle: Gläubigerwechsel §§ 407, 408 (dazu RG 111, 301; 158, 315; BGH 26, 193; Blaschczok JuS 1985, 88); unrichtige Anzeige eines Gläubigerwechsels §§ 409, 576f, 579; Unkenntnis der Beteiligung mehrerer Gläubiger §§ 720, 1473 II, 1497 II; Zahlung an den Zedenten trotz Wirksamkeit des Abtretungsverbots (§ 354a HGB); Legitimationswirkung echter und hinkender Inhaberpapiere §§ 793, 808; öffentlicher Glaube von Erbschein und Testamentsvollstreckerzeugnis §§ 2367f; Rechtsscheinwirkung des Besitzes § 851; Verfügungen des Versicherungsnehmers über Rechte des Versicherten, insbesondere Annahme der Versicherungssumme nach § 76 VVG (BGH 32, 44, 52). Zu § 407 nach Zwangsversteigerung KG OLGE 34, 99; gegen Anwendung des § 816 II, weil eine Versicherungssumme an einen Insolvenzverwalter entweder als Nichtberechtigten für Grundstücksbestandteile unwirksam oder als Berechtigten für Grundstückszubehör wirksam gezahlt worden sei, RG JW 1906, 557. **15**

b) Hinsichtlich der **Kollision von Sicherungsrechten** an abgetretenen Forderungen ist zunächst davon auszugehen, daß eine durch verlängerten Eigentumsvorbehalt vorausabgetretene Forderung kein zweites Mal abgetreten werden kann. Daher kann der Lieferant die Zahlung des Drittschuldners an die Bank von dieser nach § 816 II kondizieren. Das setzt voraus, daß die Zahlung an die Bank dem Vorbehaltslieferanten gegenüber wirksam ist (Lieb JR 1971, 507, 509) und an die Bank geleistet wurde (dazu schon Rz 14 aE). Das Problem tritt häufiger auf, wenn zwar die Globalzession zugunsten des Vorbehaltslieferanten zeitlich später erfolgte als die zugunsten der Bank, aber aufgrund der Unwirksamkeit der Übertragung an die Bank diese als Nichtberechtigte einzieht. Eine Einziehungsermächtigung des Vorbehaltskäufers wird an dieser Lage idR nichts ändern, da sie nur solche Verfügungen deckt, die den Gegenwert der abgetretenen Forderungen im Ergebnis einem konkurrierenden Gläubiger zuwenden (BGH 32, 361 gegen Flume NJW 1959, 913, 921; Dempewolf NJW 1960, 2035). Eine Leistung an die Bank liegt vor, wenn diese die ihr erteilte Abtretung offengelegt hat; anders, wenn der Schuldner glaubte, an die Bank lediglich als Zahlstelle seines Gläubigers zu leisten, damit rechtlich an den Gläubiger, so daß ein Bereicherungsausgleich zwischen dem Lieferanten als Berechtigten und dem Käufer stattfindet (so noch BGH 53, 193). Die neuere Rspr weicht hiervon ab, wenn hinter der Angabe der Bank als Zahlstelle eine (unwirksame) Globalzession verborgen ist, was der Bank das Argument nimmt, daß der Käufer Leistungsempfänger gewesen sei (BGH 72, 316; s auch Brandenburg WM 1999, 267 mit der Einschränkung, daß die Bank imstande gewesen sein muß, die Forderungen des Vorbehaltslieferanten entsprechenden Gutschriften zuzuordnen; dem BGH im Ergebnis zust Reuter/Martinek S 357f; MüKo/Lieb Rz 61). Das ist unbefriedigend auch deshalb, weil es auf das Vorliegen einer Abtretung an die Bank gar nicht mehr ankommt, sondern es schon genügt, wenn die Bank ihrem Vertragspartner zur Pflicht gemacht hatte, seine Außenstände auf einem bei ihr geführten Konto einzuziehen. Man muß daher diese Lösung auf den Fall beschränken, daß die Bank im eigenen Interesse in den Zahlungsvorgang eingegriffen hat, und nicht nur als Zahlungsmittlerin fungiert hat (Canaris NJW 1981, 249, 258; krit ohne Abweichung im Ergebnis Blaschczok JuS 1985, 88, 92); letztere Rolle macht sie noch nicht zum Leistungsempfänger. Anders auch, wenn die Bank neben einer dinglichen Teilverzichtsklausel die Zahlungen an den Zedenten entgegennimmt, bevor der Vorbehaltslieferant die Abtretung offengelegt hat, da dann die Zahlstellenfunktion der Bank nicht dazu dienen kann, die Rechte des Vorbehaltslieferanten zu untergraben, näher Peters/Lwowski WM 1999, 258, 262f. Weitergehend für Bereicherungsanspruch gegen eine Bank, die die Zahlstellenfunktion ausnutzt, um sich vertragswidrige Vorteile gegenüber anderen Gläubigern des Kunden zu verschaffen, Brandenburg ZIP 1998, 952. Zur Problematik des Entreicherungseinwands in diesen Fällen § 818 Rz 36a. Widerspruchslose Hinnahme einer Lastschrift durch eine Bank ist Leistung an sie, BGH JR 1974, 425 mit zust Anm Berg; im übrigen ist wie bei Abs I der Berechtigte durch Prüfung der Inhaberschaft an der getilgten Forderung festzustellen. Soweit das Zusammentreffen von **Factoring** und **verlängertem Eigentumsvorbehalt** die Factoring-Zession unwirksam macht (dazu näher § 398 Rz 23ff), wird kaum anzunehmen sein, daß das Factoring-Unternehmen als bloße Zahlstelle fungieren kann (Messer NJW 1976, 926). In einem Sonderfall hat BGH NJW 1972, 1197 dem Lieferanten, der unter verlängertem Eigentumsvorbehalt lieferte, einen Anspruch auf das zur Tilgung der Kaufpreisforderung gewährte, aber an einen falschen Lieferanten ausgezahlte Darlehen gegeben. Fraglich ist schließlich, ob die Bank außerhalb der Rolle als Leistungsempfänger iSd § 816 II steht, wenn der Drittschuldner ihr gegenüber die Schuld mit übernommen hat und/oder die Bank noch durch eine Grundschuld gesichert ist, auf die dann die Zahlungen des Schuldners erfolgen sein können (so BGH NJW 1983, 2502, jedoch am Ende nicht entscheidungserheblich); bedenklich wegen Übersicherung der Bank Coester NJW 1984, 2548. **16**

§ 816   Einzelne Schuldverhältnisse

17   c) Folgt die befreiende Wirkung der Zahlung nicht aus einer gesetzlichen Vorschrift, so kann nach hM der Berechtigte diese Wirkung durch **Genehmigung** herbeiführen (BGH LM Nr 6 zu § 816; BGH 55, 34; 56, 173; BGH NJW 1972, 1197; in der neuen Rspr BGH NJW 1985, 267, 272; DB 1987, 1933; NJW 1989, 2622, 2624; im Schrifttum ebenso Bamberger/Roth/Wendehorst Rz 30; RGRK Rz 26; Serick IV S 673; zögernd MüKo/Lieb Rz 63; aM Ehlke WM 1979, 1033; Reuter/Martinek S 354f; Staud/Lorenz Rz 32; Larenz/Canaris § 69 II 3d). Das gibt ihm also ein Wahlrecht, entweder den durch die Zahlung nicht befreiten Schuldner erneut zu belangen oder sich – etwa nach Insolvenz des Schuldners – an den nichtberechtigten Empfänger zu halten, wobei wiederum in der Klageerhebung die Genehmigung erblickt wird (BGH NJW 1972, 1197; 1988, 495; 1989, 2624). Gegen das **Wahlrecht** des Berechtigten wird eingewandt (Esser/Weyers § 50 II 4; zust Reeb JuS 1973, 498), auf diese Weise sei der Berechtigte in der Insolvenz des Schuldners vor den übrigen Gläubigern bevorzugt, da er sich durch Genehmigung der Leistung volle Deckung verschaffen könne. Indessen ist nicht recht einzusehen, daß die Masse außerhalb des Anfechtungstatbestände durch Rückgewähr einer auf eine einwandfreie Forderung erbrachten Zahlung, der dann nur die Konkursforderung des Berechtigten gegenüberstünde, vergrößert werden soll. Roth (JZ 1972, 150) läßt die Genehmigungsmöglichkeit des berechtigten Gläubigers daran scheitern, daß die Genehmigung die für die Erfüllungswirkung unverzichtbare Tilgungsbestimmung des Schuldners in Richtung auf die dem Berechtigten zustehende Forderung nicht herbeiführen könne. Das ist zu begrifflich gedacht. Richtig aber, daß die Genehmigung des Gläubigers nur unter dem Vorbehalt einer Erklärung des leistenden Schuldners steht, die Zahlung an den Nichtberechtigten kondizieren und dem wahren Gläubiger verpflichtet bleiben zu wollen. Diese Wahlmöglichkeit des Schuldners ergibt sich aus dem Schutzcharakter der meisten Schuldnerschutzvorschriften (§ 407 Rz 2; vgl dazu auch Roth aaO; Koppensteiner/Kramer S 100; Staud/Lorenz Rz 32; Larenz/Canaris § 69 II 3d).

18   5. **Rechtsfolge** ist ein **Herausgabeanspruch**, in den Fällen des § 816 I S 1 und II auf das vom Nichtberechtigten Erlangte, im Fall des § 816 I S 2 auf den gutgläubig erworbenen Gegenstand. Wurde an den Zedenten einer Forderung mit befreiender Wirkung durch Scheck geleistet und ist nach Eröffnung des Insolvenzverfahrens über das Vermögen des Zedenten die Schecksumme an den Insolvenzverwalter gezahlt worden, so hat der Zessionar der Forderung nicht das Recht zur Ersatzaussonderung, BGH BB 1990, 2364 (zur KO).

a) **Gläubiger** des Anspruchs ist der frühere Berechtigte, **Schuldner** im Fall des Abs I S 1 und Abs II der verfügende oder die Leistung annehmende Nichtberechtigte (ein Drittempfänger auch dann nicht, wenn er oder ein sonstiger Begünstigter der Verfügung zustimmt. RG 137, 356 – Ausschluß des Versionsanspruchs), im Fall des Abs I S 2 der Drittempfänger, bei Stellvertretung der Vertretene, jeweils ohne Rücksicht auf Verschulden (BGH 37, 363), doch sind hier die Vorschriften über Wegfall der Bereicherung (§ 818 III) und verschärfte Haftung (§ 819) zu beachten.

19   b) **Umfang des Anspruchs.** Der Anspruch geht inhaltlich auf das „durch die Verfügung **Erlangte**". Die Formulierung ist ungenau, da der Nichtberechtigte direkt durch seine Verfügung allenfalls die Befreiung von seiner Pflicht zu eben dieser Verfügung erlangt, was nach der hM in erster Linie gemeint ist, die vom Erwerber erbrachte Gegenleistung (BGH 29, 157; Larenz/Canaris § 72 I 2; RGRK Rz 12; Soergel/Mühl Rz 12). Der hM ist auf der Grundlage des die Auslegung des § 816 bestimmenden Gedankens der Rechtsfortwirkung im Ausgangspunkt beizupflichten. Dementsprechend ist im Fall des Abs II die als Erfüllung angenommene Leistung herauszugeben. Im übrigen können die Gegenleistungen des Erwerbers verschiedener Art sein, so bei Veräußerung einer Sache das Geld oder das Tauschobjekt, bei Bestellung dinglicher Nutzungsrechte eine etwa gezahlte Entschädigung. Bei Belastung eines Grundstücks gegen Auszahlung von Bargeld kann man nicht ohne weiteres die Valuta einer durch das dingliche Recht gesicherten Forderung als Gegenleistung ansehen (so aber RG 158, 47; aM v Caemmerer, FS Lewald, S 449; Schuler NJW 1962, 2332; MüKo/Lieb § 818 Rz 33d, offenlassend BGH NJW 1997, 190, weil sich die Haftung im konkreten Fall durch Zwangsversteigerung erledigt hatte), da durch die Verfügung nur die Sicherung der persönlichen Forderung erlangt ist (gilt wirtschaftlich auch für die Grundschuld). Da dieser Gegenstand nicht herausgabefähig ist und andererseits der Verfügende mit der persönlichen Schuld belastet bleibt, trifft ihn eine notfalls zu schätzende Wertersatzpflicht. Sie kann, wenn er das Darlehen ohne die Sicherheit keinesfalls erhalten hätte, betragsmäßig die Darlehnsvaluta erreichen; mit der Begründung, erlangt sei nur die Befugnis zur „Benutzung" des besicherten Darlehens, gelangt Canaris NJW 1991, 2513, 2520 zu einem Anspruch des Bereicherungsgläubigers auf Zahlung einer „Haftungsvergütung" nach § 818 II, s dazu auch § 818 Rz 6. Eine Beseitigungspflicht des Bucheigentümers, so naheliegend dies Ergebnis sein mag, scheitert daran, daß der Bereicherte nicht die Substanz seines Vermögens angreifen muß (anders Schuler aaO).

20   Viel diskutiert sind die Probleme, die sich ergeben, wenn im Fall des § 816 I S 1 der für die Sache erlangte **Gegenwert vom Verkehrswert abweicht**. Da der Herausgabeanspruch echter Bereicherungsanspruch ist, bestimmt sich sein Umfang nach § 818 (BGH 9, 333), wobei insbesondere Wertungswidersprüche zur inhaltlichen Ausgestaltung der allgemeinen Eingriffskondiktion wegen Ge- oder Verbrauchs fremder Sachen (§ 812 Rz 67) auftreten dürfen (Reeb JuS 1973, 498; vgl auch v Caemmerer, FS Rabel, S 356ff). Hierbei ist nahezu unstreitig, daß eine unter dem Verkehrswert des Gegenstandes liegende Gegenleistung ohne weitergehende Wertersatzpflicht herausgegeben werden muß, weil sonst der Bereicherte über den Umfang seiner Bereicherung hinaus in Anspruch genommen würde (BGH LM Nr 15 zu § 812; ebenso Staud/Lorenz Rz 23; MüKo/Lieb Rz 32; abw nur Reuter/Martinek S 325ff, die mit der Vorstellung, der Verfügende hafte mindestens auf den objektiven Verkehrswert – bei Veräußerung über Wert auch darüber hinaus – in die Kondiktion Elemente der Geschäftsanmaßung und des Schadensersatzes einbringen). Nach der Rspr schuldet der Nichtberechtigte aber Herausgabe des gesamten erlangten Betrages auch dann, wenn dieser den Wert der Sache übersteigt, insbesondere also einen von ihm erzielten **Veräußerungsgewinn** (RG 88, 351; 138, 45; BGH NJW 1953, 58; BGH 29, 157; zust Esser/Weyers § 50 II 2; RGRK Rz 12; Koppensteiner NJW 1971, 1772; MüKo/Lieb Rz 29; Bamberger/Roth/Wendehorst Rz 16). Hierfür spricht insbesondere die Überlegung, daß die Gewinnerzielung dem Inhaber des verletzten Rechtsguts gebühre. Gegen eine Gewinnhaftung sprechen aber auch erhebliche Bedenken. Sie gelten zwar nur zT dem Fall des § 816 I, im übrigen der allgemeinen Eingriffskondiktion, insbesondere wegen der bereicherungsrechtlichen Gewinnhaftung nach Verletzung gewerblicher Schutzrechte (so deutlich v Caemmerer, FS Rabel, S 316f; s im übrigen v Caemmerer JR 1959, 462 in Anm zu BGH 29, 157). Die Gewinnherausgabe soll danach insbesondere mit § 687 II unvereinbar sein und im Ergebnis den gutgläubigen Nichtberechtigten, dessen Aufwendungen, Arbeiten und Fähigkeiten im Gewinn zum Ausdruck kommen, zu scharf haften lassen (zur Berücksichtigung der auf den Verfügenden zurückgehenden Beitragswerte s Kellmann, Grundsätze der Gewinnhaftung, S 40). Da es aus den angegebenen Gründen nicht angeht, die Pflicht zur Herausgabe des „Erlangten" als Sonderfall aufzufassen, ist das Problem in Zusammenhang mit der allgemeinen Regelung des Bereicherungsumfangs in § 818 zu bringen und im einzelnen dort zu diskutieren. Im Grundsatz ist danach von der umfassenden Herausgabepflicht auszugehen, die aber nach Maßgabe eines **subjektiven Wertbegriffs** (§ 818 Rz 17) und der Anwendung des § 818 III auf die Beiträge des Nichtberechtigten zum Gewinn interessengemäß zu korrigieren ist. BGH 29, 157 (zust RGRK aaO) will demgegenüber die Gewinnherausgabepflicht von Fall zu Fall gem § 242 begrenzen; in diese Richtung auch Staud/Lorenz Rz 25. Bei gemeinsamer, aber teilweise unberechtigter Verfügung über mehrere Gegenstände ist die Gegenleistung wertmäßig aufzuteilen, ggf entsprechend § 471 aF (RG 88, 351). Findet die gegen den Berechtigten wirksame Verfügung im Rahmen eines anderen Geschäfts statt, kann der Erlösanteil, der auf den vom Entreicherten stammenden Gegenstand entfällt, auch geschätzt werden, wobei der objektive Verkehrswert weitgehend entscheidend ist, LG Köln WM 1988, 425.

Der Begriff der danach abzusetzenden **Aufwendungen** kann weit gefaßt werden (zB nach RG 170, 67 auch **21** erhöhte Einkommensteuer). Der Schuldner kann erhöhte Kosten aller Art absetzen, deren Betrag nötigenfalls durch eine Schätzung zu ermitteln ist, so auch die ihm zur Last gefallenen Kosten einer anderen Wirtschaftsstufe (Schuler NJW 1962, 1842). Ferner sind absetzungsfähig die Kosten der Bearbeitung oder Erhaltung des Kondiktionsgegenstandes (so BGH WM 1959, 374 im vollständigen Abdruck des Urteils BGH 29, 157; ausführlich dazu Gursky JR 1971, 361 mit der berechtigten Einschränkung, daß es sich um solche Verwendungen handeln muß, die im Augenblick der Veräußerung nach §§ 994ff noch ersatzfähig gewesen wären; s aber auch § 818 Rz 39). Eine Anrechnung des Erwerbspreises, soweit er an den Kondiktionsgläubiger gezahlt wurde, ist, anders als bei der allgemeinen Leistungskondiktion (§ 818 Rz 41) hier unbedenklich (BGH WM 1959, 374; RGRK Rz 13). Zur Anrechnung des an Dritte gezahlten **Erwerbspreises**, die allgemein abgelehnt wird (BGH 9, 333; BGH NJW 1970, 2059; BGH 55, 150), s näher § 818 Rz 40. Wenn der Verfügende als Kommissionär eine dem Kommittenten nicht gehörende Sache veräußert hat, so ist er wegen § 392 II HGB nicht selber Schuldner des Kondiktionsanspruchs, der vielmehr gegen den Kommittenten besteht (Larenz/Canaris § 69 II 1e; MüKo/Lieb Rz 20a gegen die frühere hM, offenlassend BGH 47, 128). Wäre die Sache bei ihm angetroffen worden, hätte sich seine Haftung auf die Herausgabe und den Verlust der Gewinne aus der Kommission beschränkt.

6. Beweislast. Nach allgemeiner Regel (vgl § 812 Rz 91) hat der Kondiktionsgläubiger alle Voraussetzungen **22** seines Anspruchs zu beweisen, insbesondere die Verfügung, Wirksamkeit, Nichtberechtigung, Gegenleistung oder Unentgeltlichkeit; war die Sache abhanden gekommen, so muß der auf Erlösherausgabe Verklagte beweisen, daß der Kläger sein Eigentum trotzdem verloren hat, BGH NJW 1995, 1292. In der Frage der Berechtigung kann allerdings die Vermutung gem § 1006 eine Rolle spielen.

817 *Verstoß gegen Gesetz oder gute Sitten*

War der Zweck einer Leistung in der Art bestimmt, dass der Empfänger durch die Annahme gegen ein gesetzliches Verbot oder gegen die guten Sitten verstoßen hat, so ist der Empfänger zur Herausgabe verpflichtet. Die Rückforderung ist ausgeschlossen, wenn dem Leistenden gleichfalls ein solcher Verstoß zur Last fällt, es sei denn, dass die Leistung in der Eingehung einer Verbindlichkeit bestand; das zur Erfüllung einer solchen Verbindlichkeit Geleistete kann nicht zurückgefordert werden.

1. Zweck und **Anwendungsbereich** beider Sätze des § 817 sind trotz des Wortlauts und der aus den Gesetzge- **1** bungsarbeiten verhältnismäßig deutlichen Entstehungsgeschichte in hohem Maße umstritten. Das liegt daran, daß in dem dem heutigen Kondiktionensystem in mancher Hinsicht nicht entsprechenden (vor § 812 Rz 4) Zusammenspiel der römisch-rechtlichen Regeln die als Vorläufer des § 817 zu verstehende condictio ob turpem causam nur einen Unterfall der condictio ob rem (§ 812 Rz 50ff) bildete (grundl Honsell, Rückabwicklung, S 65ff; Seiler, FS Felgentraeger, 1969, S 379ff). Daher mußte die – an sich durchaus verständliche – Ausdehnung des § 817 S 2 auf alle Typen der Leistungskondiktion ua dazu führen, daß die Vorschrift weit außerhalb ihrer eigentlichen Bestimmung angewendet wurde. Nun ist es sonst keineswegs ausgeschlossen, einem Rechtsinstitut einen über seine historische Funktion hinausgehenden Zweck beizulegen. Was aber insoweit für § 817 angegeben werden kann, befriedigt so wenig und hat zu einem so verbreiteten Unbehagen an der Norm geführt, daß ihre **Zurückführung** auf einen aus der frühen Entwicklungsgeschichte ersichtlichen Grundgedanken legitim erscheint. Aber auch darüber hinaus ist die Judikatur zu § 817 kritisch darauf zu prüfen, ob sie dem heutigen Verständnis von Privatrechtsnormen und vom Sinn staatlicher Rechtsgewährung immer entspricht. Mit – freilich unglücklich ausgedrückten – Einsichten wie der, daß bei der Auslegung des § 817 S 2 „Gesichtspunkte der Gerechtigkeit bewußt außer Betracht bleiben" (BGH 8, 373; neuerdings BGH WM 1993, 1765 mit Anm Köndgen WuB IV A § 817 BGB 1/94; anders aber Oldenburg OLGRp 1995, 23, das die Anwendung des § 817 S 2 aus Billigkeitsgründen verwirft), kann man sich nicht zufriedengeben, näher dazu H.P. Westermann in Rechtsgeschichte und Privatrechtsdogmatik, S 485, 488f, vielmehr ist die Rechtsfindung am Zweck des Verbotsgesetzes auszurichten, obwohl dies mit dem Gesetzeswortlaut nicht immer gut zu vereinbaren ist, Weyer WM 2002, 627, 629.

a) Die **systematische Stellung** des § 817 im geltenden Bereicherungsrecht ist zunächst dadurch bestimmt, daß **2** das Gesetz in anderem Zusammenhang ganz andersartige **Nichtigkeitsfolgen** anordnet, zu denen die Vorenthal-

§ 817 Einzelne Schuldverhältnisse

tung einer Rückabwicklung nicht durchweg paßt. Für die Entscheidung über die Aufrechterhaltung des bestehenden Zustandes mit Hilfe des § 817 S 2 sollte aber nicht unbeachtet bleiben, welchen **Zwecken gesetzliche Verbote** dienen und inwieweit sie die Rückabwicklung eines verbotswidrigen Zustandes fordern bzw ihr sogar entgegenstehen (praktisch zB bei gewerbepolizeilichen Bestimmungen und Vorschriften über Arbeitsvermittlung, desgl BAG NJW 1983, 783 zum Lehrstellenkauf sowie BGH NJW 1990, 2542 zur Kondiktion der Vorleistungen eines Schwarzarbeiters); s im einzelnen Rz 15 und zum Ganzen Weyer WM 2002, 627, 629. Dies ist insbesondere bei der Ausdehnung des Konditionsausschlusses nach S 2 auf die allgemeine Leistungskondiktion (Rz 11) und bei Erweiterungen der Rückforderungssperre über die Kondiktion hinaus zu beachten. Verbotsverletzungen können mit verschiedenen Wirkungsgraden hervortreten. Lassen sie die Gültigkeit des Grundgeschäfts unangetastet und beeinflussen sie auch die Vermögenszuwendung (§ 812 Rz 11) nicht, so kann trotzdem § 817 S 1 einen eigenständigen Rückforderungsanspruch geben. Ist das Grundgeschäft dagegen nichtig, so ist auch die condictio indebiti nach § 812 gegeben (RG 111, 153), der freilich § 814 entgegenstehen kann, was für den Anspruch aus § 817 S 1 nicht gilt (RG 99, 165; BGH WM 1961, 530). Erfaßt die Nichtigkeit Grund- und Erfüllungsgeschäft, so kann der Leistende vindizieren und gegebenenfalls den übertragenen Besitz kondizieren, wobei freilich die Frage nach der Übertragbarkeit des § 817 S 2 auf die Vindikation auftritt (Rz 11). Danach ist die Frage, wie die Verbotsverletzung auf die Gültigkeit des Grund- und Leistungsgeschäfts einwirkt, stets als Vorfrage erheblich (OGH 1, 75), und sie sollte auch, da es an einem abgestuften System der Nichtigkeitsfolgen fehlt, immer wieder die Frage nach einer Korrektur der aus S 2 folgenden Ergebnisse aufwerfen (H.P. Westermann aaO Rz 1 S 481ff).

3 § 817 regelt **nur** besondere Aspekte von **Leistungsverhältnissen**. Es muß daher eine zweckgetragene Vermögenszuwendung vorliegen (BGH NJW-RR 1998, 1284), deren Partnern der zur Anwendung des § 817 führende Gesetzes- oder Sittenverstoß einzeln oder gemeinsam zur Last fällt (RG JW 1925, 1392; RGRK Rz 1). Gerade die Annahme oder das Bewirken der Leistung, nicht der Abschluß des Grundgeschäfts, muß vom gesetzlichen Verbot oder vom Sittenwidrigkeitsurteil erfaßt sein. Nach heute hM kommt § 817 für die Nichtleistungskondiktion nicht in Betracht (KG JW 1932, 957; BGH WM 1967, 1217; MüKo/Lieb Rz 15; RGRK Rz 1; aM für den Fall des § 816 I aber BGH NJW 1956, 338; dagegen Staud/Lorenz § 816 Rz 3). Das würde nicht ausschließen, in der Ausführung eines als nichtig erkannten Werkvertrages, etwa durch Bauleistungen, einen Fall des S 2 zu sehen, anders insoweit Eidenmüller JZ 1996, 890; zur Schwarzarbeit s Rz 15. In Rspr und Schrifttum wird § 817 S 2 häufig auf solche Leistungen beschränkt, die endgültig ins Vermögen des Leistungsempfängers übergehen sollen (RG 100, 159; BGH 19, 205; BGH NJW-RR 1994, 291; Soergel/Mühl Rz 30; RGRK Rz 25). Dies ist in so allgemeiner Formulierung bedenklich, erklärt sich aber teilweise durch das berechtigte Bemühen, den Konditionsausschluß durch Aufspaltung der Leistungen in einen beanstandbaren und einen unbeanstandbaren Teil interessengemäß zu begrenzen, s auch Rz 20.

4 b) Verschiedene Einzelfragen bei der Auslegung des § 817 werden von der grundsätzlichen Einstellung zum **Zweck der Vorschrift** beeinflußt. Dabei wurde für § 817 S 2 in Anlehnung an Mot II 849 häufig, für § 817 S 1 seltener ein **Strafcharakter** angenommen; durch die Pflicht zur Herausgabe des Empfangenen bzw den Ausschluß eines Rückforderungsrechts solle im Volksleben der Sinn für gute Sitten und für die öffentliche Ordnung gestärkt werden (zu § 817 S 2 RG 105, 270; 161, 58; BGH 39, 91; BGH JZ 1951, 716; WM 1967, 1217; offengelassen durch BGH 8, 371; 19, 205; 28, 16. Zu § 817 S 1 Heck AcP 124, 17; Soergel/Mühl Rz 4; Koppensteiner/Kramer S 60). Dagegen spricht vieles. Abgesehen von den grundsätzlichen Zweifeln, ob eine Strafe ins Zivilrecht gehört (Canaris, FS Steindorff, 1990, S 519, 523; Reuter/Martinek S 178; MüKo/Lieb Rz 9), legt § 817 S 2 von zwei vorwerfbar Handelnden dem einen die Nachteile auf und begünstigt den „beatus possidens", wobei der Nachteil überdies in keine erkennbare Beziehung zum Maß der Schuld gesetzt ist (Honsell, Rückabwicklung, S 58ff; Medicus, Gedächtnisschrift Dietz, S 61, 67; s aber zum Erfordernis des Bewußtseins der Sittenwidrigkeit Rz 8). Dem Strafgedanken bei der Deutung des § 817 S 1 wird mit Recht entgegengehalten, der Empfänger dürfe nicht behalten, was er nicht habe annehmen dürfen. Auf der anderen Seite ist nicht zu übersehen, daß angesichts des bedeutenden Wachstums der Zahl von Verbotsnormen und der Verschärfungen der Sittenwidrigkeitskontrolle (s etwa die Fälle LG Bonn DAR 1998, 355; Hamm OLGRp 1984, 141; zur Sittenwidrigkeit des Handelns eines über das Risiko seiner Teilnahme an einem Spiel aufgeklärten Teilnehmers Celle NJW 1996, 2662) das Erfordernis der Strafwürdigkeit des Leistenden eine flexiblere Handhabung des S 2 gestatten würde (Seiler, FS Felgentraeger, 1969, S 379). Auch der Hinweis auf die durch Verbotsnormen und ihre Sanktion gem § 817 S 2 verfolgte Generalprävention (Larenz/Canaris § 68 III 3a; dem folgend Bamberger/Roth/Wendehorst Rz 2) vermag eine unterschiedslose Fortsetzung des Nichtigkeitsurteils in der Konditionssperre angesichts der Fülle der hier verfolgten spezialpräventiven Zwecke nicht zu rechtfertigen. (Für einen Ausschluß des § 817 S 2 unabhängig von den dort genannten Tatbestandsmerkmalen allein in Ansehung des Zwecks der verletzten Norm Weyer WM 2002, 627, 620f).

5 § 817 S 2 wird häufig mit dem Gedanken der **Rechtsschutzverweigerung** für verbotene Geschäfte begründet (RG 99, 161; BGH 9, 233; 28, 164; 35, 103; 36, 395; 44, 16; zust Esser/Weyers § 49 IV 1; Dauner JZ 1980, 495, 499; zurückhaltend Medicus, Gedächtnisschrift Dietz, S 68; Staud/Lorenz Rz 5; krit Honsell, Rückabwicklung, S 60ff). Auf der anderen Seite hat BGH 9, 333 keine Bedenken gehabt, den Rückforderungsanspruch bei der Saldierung gem § 818 II zu veranschlagen, obwohl hiermit eine gerichtliche Stellungnahme unvermeidlich wird. Der Gedanke steht nicht selten neben der Betonung des Strafcharakters (RG 151, 72), wird aber im übrigen zusammengebracht mit Denkfiguren wie dem Verbot der Berufung auf eigenes Unrecht (dazu auch Raiser JZ 1951, 719), zum Teil in der modernen Formulierung des Einwandes der „unclean hands" (Prölss ZHR 132, 35) oder der **Empfängerbegünstigung bei rechts- oder sittenwidrigem Handeln beider Partner** (ausführlich Honsell aaO S 63f). Jedenfalls geht man aber eine vollkommene Rechtsschutzverweigerung, die ein prozessuales Institut wäre, nicht ohne weiteres an.

6 2. Der Fall des § 817 S 1. § 817 S 1 regelt die **verbots- oder sittenwidrige Annahme einer Leistung durch den Empfänger**. Die Vorschrift wird mit Rücksicht auf die in solchen Fällen gem §§ 134 oder 138 eintretende

Nichtigkeit für überflüssig gehalten, weil damit immer ein Bereicherungsanspruch nach § 812 I gegeben sei (Honsell, Rückabwicklung, S 35). In der Tat ist ein Gesetzes- oder Sittenverstoß des Annehmenden bei gültigem Kausalgeschäft nicht leicht vorstellbar, zumal auch die Vindikation eingreifen kann. Genannt werden die einfache Bestechung (§ 331 StGB; s RGRK Rz 5), ferner Erpressung und Hehlerei, doch bestehen jeweils Zweifel bezüglich der Gültigkeit des Versprechens. Dasselbe gilt für den hierher gerechneten Fall der Entgegennahme von Geld für die Unterlassung einer Strafanzeige gegen eine dem Geber nahestehende Person (RG 58, 204). Eine gewisse Bedeutung mag die Vorschrift bei Kenntnis des Leistenden vom Gesetzes- oder Sittenverstoß haben, weil sie einem Konditionsausschluß gem § 814 entgegensteht (Koppensteiner/Kramer S 73; RGRK Rz 5), doch wäre dem auch mit einer Restriktion des § 814 zu begegnen gewesen (MüKo/Lieb Rz 7). Ein nicht schon anderweit abgedeckter Anwendungsbereich des § 817 S 1 ergibt sich, wenn ein „weiterer" Zweck, dessen Verfehlung zur conditio ob rem führen würde (§ 812 Rz 50), an sich erreicht wird, so daß die Kondiktion aus § 812 I S 2 Alt 2 entfiele, aber wegen Sittenwidrigkeit dieses Zwecks die Leistung keinen Bestand haben kann (MüKo/Lieb Rz 5; zust Reuter/Martinek S 181; dieser Fall wird auch als ausschließlicher Anwendungsbereich des S 1 betrachtet Bamberger/Roth/Wendehorst Rz 7).

a) Zweck der Leistung. Nach der Judikatur muß der **unmittelbare Zweck**, dem die Annahme der Leistung 7 dienen soll, gegen Gesetz oder gute Sitten verstoßen (RG 144, 24). Nicht hierher gehören also Verbote, die lediglich den Gegenstand einer Leistung betreffen, zB die Verfügung über ihn ohne Rücksicht auf den Leistungszweck untersagen. Daher ist eine Forderungsabtretung, die zwar § 400 verletzt, aber einem erlaubten Zweck dient, keine Verbotsverletzung iSd § 817 (RG JW 1917, 35). Ist ein Grundstückskaufvertrag nur wegen Formmangels (unrichtige Angabe des Kaufpreises) nichtig, so liegt deshalb in Leistung oder Annahme des Kaufpreises nicht die Verletzung von Gesetz oder guter Sitte (Celle MDR 1962, 821). Es genügt auch nicht, daß gesetz- oder sittenwidrige Motive mitspielen (RG 144, 24), die etwa den Verwendungszweck des Käufers einer an sich neutralen Sache bestimmen. Das Erfordernis der Verbotswidrigkeit des Annahmezwecks wird häufig doch zu einer Nichtigkeit des Grundgeschäfts führen, etwa bei der Annahme von Vermögensvorteilen für die Eingehung einer Ehe (RG Warn 1909, 19) – allerdings vorbehaltlich eines engeren Verständnisses der subjektiven Voraussetzungen (Rz 8). Dasselbe gilt für die Annahme von Schweige- und Schmiergeldern, Titel- und Ordenschacher, Geldzuwendungen für ehebrecherischen Geschlechtsverkehr, für die Zustimmung zur Ehescheidung oder zum Getrenntleben, für Religionswechsel, Abkaufen von Erziehungsrechten, verbotene Adoptionsvermittlung (Oldenburg NJW 1991, 2216), Nichtbeteiligung oder Schiebung bei sportlichen Wettkämpfen; freilich ist stets § 817 S 2 zu beachten. „Verdeckte" Parteispenden können wegen gezielt vermiedener Publizität gegen das ParteienG verstoßen und eine Rückforderung gem § 817 S 1 begründen, näher Salje NJW 1985, 998, 1001ff. Zweifelhaft die Entscheidungen RG 67, 321; BGH 19, 205, nach denen die Annahme einer Sicherheit für Forderungen aus einem sittenwidrigen Vertrag nicht ihrerseits unter § 817 S 1 fällt; jedenfalls wird man ein sittenwidriges Handeln des Pfandgläubigers bzw Sicherungsnehmers mit der Folge der Anwendbarkeit des § 817 S 1 (also ohne Eingreifen des § 814) nicht ausschließen können.

b) Über den Gesetzesverstoß bzw über die Sittenwidrigkeit des Handelns hinausgehende **subjektive Voraussetzungen** stellt § 817 S 1 nicht auf. Da die Vorschrift Strafcharakter nicht hat (Rz 4), genügt ein objektiver Verstoß (MüKo/Lieb Rz 36), während die Rspr außer der Deliktsfähigkeit (Rz 4) verlangt, daß sich der Empfänger des Gesetzes- oder Sittenverstoßes bewußt gewesen sein müsse (RG 105, 270; 127, 151, 73; BGH 50, 91; BGH NJW 1989, 3217; WM 1992, 151; zust Larenz/Canaris § 68 III 3b), wobei es genügt, wenn er sich der Erkenntnis des Gesetzes- oder Sittenverstoßes leichthin verschlossen hat. Bisweilen wird sogar das **Bewußtsein** verlangt, unsittlich zu handeln (RG JW 1936, 2532). Da bei § 817 im Gegensatz zur conditio indebiti die objektive Rechtsgrundlosigkeit nicht genügt, muß beim Gesetzesverstoß Kenntnis oder Kennenmüssen verlangt werden (letzteres reicht nur, wenn fahrlässige Verstöße auch von Gesetzeszweck erfaßt sind). Auf einen unwissentlichen Verstoß ist § 817 nicht anzuwenden (RG 104, 50), wobei allerdings Verbotsgesetze, die nicht nur kurzfristigen Bedürfnissen nach Wirtschaftslenkung ihre Entstehung verdanken, idR als bekannt vorausgesetzt werden dürfen (RG 95, 395; vgl Hammes JR 1950, 14; Soergel/Mühl Rz 19; zur allgemeinen Problematik des Rechtsirrtums in diesem Zusammenhang Mayer-Maly, FS H. Lange, S 293, 302f).

c) Hat der Empfänger selbst gegen ein Verbot verstoßen, so kann das auch seinem **Vertreter** oder **Rechtsnach-** 9 **folger** entgegengehalten werden, weil sie in seine Rechtsstellung einrücken (RG 99, 161 für Erben; vgl auch RG 111, 155). Über den Insolvenzverwalter s aber Rz 18. Hat umgekehrt ein Vertreter des Empfängers verbotswidrig gehandelt, gilt § 166 entsprechend (vgl RG 100, 250 und § 814 Rz 8). Sind auf Grund einheitlichen Vertrages mehrere selbständige Leistungen erbracht, so sind diese nach ihrer Zweckrichtung gesondert zu beurteilen (BGH NJW 1962, 1148).

3. Der Fall des § 817 S 2. § 817 S 2 schließt für den Fall, daß zu der **Verbotsverletzung** des Empfängers eine 10 solche **des Leistenden hinzutritt**, die Kondiktion aus. Für diese Vorschrift gelten voll die Bemerkungen über den gesetzgeberischen Zweck (Rz 4f); sie steht auch im Mittelpunkt der Kritik bezüglich ihrer systematischen Bedeutung und ihrer rechtspolitischen Richtigkeit. Vielfach, auch in der Rspr, wird die rechtspolitisch verfehlte Vorschrift deswegen eng ausgelegt (RG 151, 70; OGH 4, 57; BGH 8, 370; BGH JZ 1964, 511 und 558; BGH 75, 299, 305; Oldenburg OLGRp 1995, 23), ohne daß hierin nun in den verschiedentlichen wissenschaftlichen Restriktionsversuchen (Übersicht bei Honsell, Rückabwicklung, S 32ff; Reuter/Martinek S 207ff) eine für die Praxis verläßlich einheitliche Linie auszumachen wäre. Immerhin scheint die vom BGH (50, 90; NJW 1980, 452) angewendete Restriktion des Rückforderungsverbots auf die Werte, die allein aus dem vom Gesetz mißbilligten Vorgang geflossen sind, eine gewisse Praxisrelevanz erlangen zu können; s auch Rz 12, 15. Unerläßlich ist die Prüfung, ob die Beibehaltung des verbotswidrig geschaffenen Zustandes dem Zweck des verletzten Gesetzes entspricht (eingehend Weyer WM 2002, 627ff; s auch schon Rz 2). Eine andere Frage ist, inwieweit bei Verbots- oder Sittenwidrigkeit

§ 817 Einzelne Schuldverhältnisse

eines Vertrages ein Anspruch aus Geschäftsführung ohne Auftrag in Betracht kommt; dies wird weitgehend bejaht (s dazu vor § 812 Rz 10), was auf die Überzeugungskraft des Kondiktionsausschlusses kein gutes Licht wirft.

11 a) Dem Wortlaut nach ist § 817 S 2 auf den Fall des § 817 S 1 bezogen. Sein **Anwendungsbereich** wäre dann aber ausgehöhlt, da bei verbotenem oder sittenwidrigem Handeln der Parteien immer das Grundgeschäft nichtig und die condictio indebiti anwendbar wäre. Deshalb umfaßt der Kondiktionsausschluß gem § 817 S 2 alle Typen der Leistungskondiktion (heute ganz hM; RG 151, 70; BGH 36, 399; 44, 1, 6; 50, 91; BGH WM 1971, 857; gegen die wenigen abweichenden Stimmen Honsell, Die Rückabwicklung, S 32ff) und gilt auch bei einseitigem Gesetzes- oder Sittenverstoß des Leistungsempfängers (näher Rz 26). Dasselbe gilt für die Ansprüche aus § 531 (BGH 35, 107); zu § 816 s Rz 3. Die Rspr läßt den Einwand nicht zu gegen die Bereicherungseinrede (BGH JR 1958, 299), auch nicht außerhalb des Bereicherungsrechts (RG JW 1917, 35), insbesondere nicht gegen Ansprüche aus Rücktritt vom Kaufvertrag (RG 105, 67), Geschäftsführung ohne Auftrag (BGH 39, 91), unerlaubter Handlung (RG 85, 293); auch nicht gegen den Anspruch auf Nutzungsersatz (BGH 63, 365). Str die Anwendbarkeit des § 817 S 2 gegenüber dem **Vindikationsanspruch** und seinen Nebenfolgen. Die Rspr verneint sie ab, was wegen der schwachen Begründung des Rechtsgedankens auch verständlich ist (s auch Hammes JR 1950, 111; RG 70, 1, 5; BGH 39, 87, 91; 63, 365, 369; BGH NJW 1992, 310; s aber BAG NJW 1968, 1648 zu § 823). Wiegt indessen der Gesetzes- oder Sittenverstoß so schwer, daß er auch das dingliche Geschäft vernichtet, so wirkt es ungereimt, jetzt einen Herausgabeanspruch zuzulassen, der auf der Ebene rein schuldrechtlicher Rückabwicklung wegen § 817 S 2 unterbleiben müßte. Außerdem würde die Zulassung der Vindikation zusammen mit dem Verbot der Kondiktion den Lieferanten noch identifizierbarer Waren vor dem Gläubiger eines Rückzahlungsanspruchs begünstigen. Daher spricht mehr für den Ausschluß auch der Vindikation (v Caemmerer JZ 1950, 650; Prölss ZHR 132, 54; Honsell, Rückabwicklung, S 52ff; Larenz/Canaris § 68 III 3e; ähnlich Staud/Lorenz Rz 14), was allerdings nicht ohne Abstützung im Sinn der jeweiligen Verbotsnorm durchzuhalten ist (näher Rz 15). BGH 63, 365 gibt Nutzungsersatzansprüche des Verpächters in Höhe des objektiven Ertragswerts vermindert um einen Abschlag für Sittenwidrigkeit (dazu Honsell JZ 1975, 439, 441; Reuter/Martinek § 65 IIb; krit Canaris, FS Steindorff, S 528). Im übrigen aber ist die Unterscheidung zwischen mehr oder weniger schweren und demzufolge die Gültigkeit des dinglichen Geschäfts berührenden Mängeln kaum realistisch, Dauner JZ 1980, 498; MüKo/Lieb Rz 25. Gegenüber einem Schadensersatzanspruch aus § 826 kann der Schädiger nicht § 817 S 2 einwenden, weil der Geschädigte mit einer die Sittenwidrigkeit des Geschäfts begründenden Leichtfertigkeit gehandelt habe. Dies folgt schon daraus, daß der vorsätzlich sittenwidrig Schädigende nicht geltend machen kann, der Geschädigte habe sich nicht genügend gesichert; die Behauptung einer auf das Bereicherungsrecht beschränkten Wirkung des § 817 S 2 (BGH NJW 1992, 310, 311 mit Kurzkomm Ackmann EWiR § 817 BGB 1/92) greift demgegenüber zu weit, ebenso Staud/Lorenz aaO.

12 Eine Besonderheit gilt bei verbotener **Arbeitnehmerüberlassung**. BGH 75, 452 (s auch BGH NJW-RR 1986, 732) folgert aus der Tatsache, daß hier ein fiktives Arbeitsverhältnis zwischen Arbeitnehmer und Entleiher zustande kommt, dem Schutz des ersteren diene, daß die Zahlung einer Vergütung durch den Verleiher an den Arbeitnehmer vom Gesetz nicht mißbilligt werde. Deshalb stehe dem Entleiher gegen den Verleiher nach § 817 S 2 zwar kein Wertersatz für die vom Arbeitnehmer geleisteten Dienste zu, wohl aber ein Rückgriff wegen der durch seine Zahlung bewirkten Schuldtilgung; dieser Bereicherungsanspruch unterliegt nach BGH NJW 2000, 3492 m Anm Loritz LM § 812 BGB Nr 275 der für die Schuld geltenden Verjährungsfrist, und zwischen dem Verleiher und dem Entleiher besteht kein Gesamtschuldverhältnis. Die Rechtslage ist eine generelle Restriktion des § 817 S 2 „dunkel" (Bamberger/Roth/Wendehorst Fn 46), krit daher Dauner aaO S 500; Medicus Rz 700, und sollte durch eine Prüfung ersetzt werden, ob das Verbotsgesetz die Bezahlung der Arbeitnehmer mißbilligt. Zur Abgrenzung zwischen unerlaubter Arbeitsvermittlung und Personalberatung Düsseldorf DB 1987, 1937. Zum Ausschluß des § 817 S 2 durch § 23 GüKG s BGH NJW 1963, 104. Zur Schwarzarbeit s Rz 15.

13 b) Die **Voraussetzungen** des § 817 S 2 werden besonders im **subjektiven Bereich** mit Rücksicht auf die rechtspolitische Bedenklichkeit der Ergebnisse nicht selten hochgeschraubt. Erforderlich ist jedenfalls Kenntnis von dem Gesetzes- oder Sittenverstoß, BGH 50, 90, 92; BGH NJW 1983, 1420; Larenz/Canaris § 68 III 3; aM Reuter/Martinek § 6 V 1e, wobei es wiederum genügen soll, wenn der Handelnde den Verstoß zumindest leichtfertig billigend in Kauf genommen hat (KG Berlin, KGRp 2001, 289) oder sich dieser Erkenntnis verschlossen hat (BGH 36, 395, 399). Die Formulierungen schwanken allerdings. So wird auch daß der Leistende in „verwerflicher Gesinnung" gehandelt habe, entsprechend auch im Bewußtsein der Sittenwidrigkeit RG JW 1904, 38; RG 95, 347, 349; BGH 50, 90; BGH NJW 1983, 1420, 1423; BGH 93, 310; einen bewußten und leichtfertigen Verstoß läßt BGH NJW 1993, 2108, genügen, ähnlich Düsseldorf ZBR 1994, 94 zu den ehrlichen wissenschaftlichen Absichten eines Titelkäufers, obwohl sonst § 2 uneingeschränkt angewendet und auch einer Wechselverbindlichkeit entgegengehalten wird, BGH NJW 1994, 187. Dasselbe geschah im vieldiskutierten Fall des „Leihmutter"-Arrangements zur Begründung des Rückforderungsanspruchs, Hamm NJW 1986, 781. Gegen eine Abwägung der beiderseitigen Verstöße aber Köln ZMR 1977, 148. Da der Strafcharakter der Vorschrift heute meist abgelehnt wird (Rz 4), fragt sich allerdings, ob für die zivilrechtliche Betrachtung wirklich die Rechtsschutzverweigerung von vorsätzlichem oder bewußt gegen das Recht verstoßendem Handeln abhängen kann; gegen das Erfordernis des Bewußtseins der Sittenwidrigkeit im „Leihmutter-Fall" Kollhosser JZ 1986, 446; s auch Coester-Waltjen JuS 1987, 193. Die Abwägung, wann ein Kondiktionsausschluß mit der Schwere des gegen den Bereicherten zu erhebenden Vorwurfs vereinbar ist und wann eher die Rückgewährungspflicht zu seinem Verhalten paßt, wird sich über die Maßgeblichkeit von Verschuldensgraden kaum bewerkstelligen lassen; Überlegungen zum Zweck des Verbotsgesetzes verdienen den Vorzug, so zu wettbewerbswidrigen Verträgen Celle WRP 1995, 954, s auch Rz 15 sowie zur Anwendung des § 817 bei verbotenen Spielen Rz 22.

14 Erforderlich bleibt immer, daß der Gesetzes- oder Sittenverstoß **gerade in dem Bewirken der Leistung** liegt, was mit einer Mangelhaftigkeit des Grundgeschäfts nicht unbedingt gesagt ist. Aus diesem Grunde lassen sich

Rechtsgeschäfte, die nur in mittelbarem Zusammenhang mit einem gesetz- oder sittenwidrigen Geschehen stehen, aus dem Anwendungsbereich des § 817 S 2 ausschließen. Dies ist anerkannt für die Bestellung von Sicherheiten (BGH 19, 205; BGH WM 1968, 1083; anders noch RG 73, 143), Kautionen (Kiel SeuffA 70 Nr 216; BGH WM 1969, 1083), für die gläubigerbenachteiligende Sicherungsübereignung (RG Recht 1914 Nr 2349) und andere Treuhandgeschäfte (BGH WM 1972, 383; Larenz/Canaris § 68 III 3d), s auch Rz 12. Mit dem Hinweis auf nur lose Verbindung zu dem sittenwidrigen Grundgeschäft wird begründet, daß ein zur Sicherung begebener Wechsel oder Scheck kondiziert werden könne (Larenz/Canaris § 68 III 3d), doch ist hier, soweit nicht die Ausnahme wegen Eingehung einer Verbindlichkeit greift (dazu Rz 24), Umgehung des Schutzzwecks des S 2 zu besorgen, so daß der Titelkäufer auch die Wechselforderung nicht durchsetzen kann (BGH NJW 1994, 187 mit zust Anm Martinek EWiR § 817 BGB 2/93). § 817 wird abgelehnt schließlich für den Auftrag zur Durchführung verbotener Devisengeschäfte (BGH 28, 255), zur Nichtanwendung des § 817 S 2 auf eine als solche vom Gesetz nicht beanstandete Durchführungsmaßnahme BGH WM 1990, 1324, ebenso für durchlaufende Posten BGH ZIP 1994, 129. Siehe auch BGH WM 1983, 1340: Zahlung des Kaufpreises auf der Grundlage einer Falschbeurkundung verstößt nicht gegen gesetzliches Verbot oder gute Sitten, sowie BGH WM 1990, 1324 zur Sittenwidrigkeit der Weiterleitung einer betrügerisch erlangten Darlehensvaluta, die nur angenommen wird, wenn hierdurch der Taterfolg abgesichert werden sollte. Die Einkleidung dieser Praxis in eine Beschränkung des Leistungsbegriffs auf solche **Leistungen**, die der Empfänger **endgültig behalten** soll (Soergel/Mühl Rz 30; ähnlich Bamberger/Roth/Wendehorst Rz 20), überzeugt weniger als die Überlegung, daß durch die Nichtanwendung des § 817 S 2 auf die Vorbereitungshandlung gesetz- oder sittenwidriger Geschäfte dazu beigetragen werden kann, daß die inkriminierten Handlungen unterbleiben, s auch MüKo/Lieb Rz 23. Zum Sonderfall des Wuchers Rz 20.

Eine weitergehende Beschränkung des Anwendungsbereiches des § 817 S 2 ergibt sich, wenn man von Fall zu Fall prüft, ob der **Schutzzweck** der verletzten Norm die Rückabwicklung verbietet oder eher fordert (Fabricius JZ 1963, 85; Reuter/Martinek S 209; Koppensteiner/Kramer S 64). Dieser Gesichtspunkt wird herangezogen, um bei **Schwarzarbeit** zumindest im Einzelfall die Kondiktion der zu unrecht gezahlten Vergütung zu ermöglichen. Die Rspr verfolgt dabei allerdings keine einheitliche Linie. Wenn sich beide Vertragsparteien des Gesetzesverstoßes bewußt waren, so daß Vertragsansprüche und Ansprüche aus §§ 677ff (dazu BGH 37, 258) ausscheiden (BGH 111, 308), wird teilweise auch ein Bereicherungsanspruch abgelehnt (Koblenz DB 1975, 2125; Köln NJW 1994, 917; ebenso für den Fall, daß nur der Unternehmer sich des Verstoßes bewußt war, LG Bonn NJW-RR 1991, 180; im Schrifttum für den Fall beiderseitiger Kenntnis vom Verstoß Tiedtke NJW 1983, 713, 715; MüKo/Lieb Rz 14; anders Sonnenschein JZ 1976, 497, 501). Neuerdings hat jedoch BGH 111, 308 (dem folgend Oldenburg OLGRp 1995, 23) in Anwendung der §§ 242ff die Berufung des Bestellers auf § 817 S 2 zurückgewiesen. Der BGH meint (ebenso Köhler Kurzkomm EWiR § 817 BGB 1/90), dem ordnungspolitischen Zweck des Verbots geschehe bereits durch die Versagung von Vertragsansprüchen Genüge verbunden mit der Gefahr einer Strafverfolgung sowie der Nachzahlung von Steuern und Sozialabgaben bei Bekanntwerden des Verstoßes. Vor allem soll dem durch eine Vorleistung des Unternehmers begünstigten Besteller der Vorteil nicht unentgeltlich belassen werden. Der Einwand (Tiedtke Kurzkomm EWiR § 817 BGB 2/90; näher ders DB 1990, 2307ff), der Bereicherungsanspruch werde inhaltlich auf dasselbe hinauslaufen wie der Vertragsanspruch, so daß die Präventivwirkung entfalle, soll durch erhebliche Abschläge bei der Wertberechnung berücksichtigt werden, die gerechtfertigt seien, weil der Besteller eine Leistung ohne Gewährleistungsansprüche erhalten hat. Der BGH will die Generalprävention des Gesetzes gleichermaßen auf den Schwarzarbeiter wie den Besteller erstrecken, der zumindest von Vorleistungen nicht profitieren soll; letztlich liegt hierin, wie Tiedtke aaO zuzugeben ist, ein Verzicht auf die Anwendung des § 817 S 2 aus rechtspolitischer Einsicht; abl aber Larenz/Canaris § 68 III 3g; MüKo/Lieb Rz 34. Man muß aber auch sehen, daß die Geltendmachung des Kondiktionsanspruchs für den Schwarzarbeiter bedeutet, daß er die steuer- und versicherungsrechtlichen Folgen der Offenlegung hinnehmen muß, so daß am Ende dieser Gesetzeszweck nicht verfehlt wird (Köhler aaO). Deshalb ist dem BGH zu folgen, der schon früher (NJW 1983, 109) einem Bauherrn, der in einem (wegen des geplanten Einsatzes von Schwarzarbeitern) nichtigen Vertrag eine Festpreisgarantie gegeben hatte, die Berufung auf die Nichtigkeit versagte, weil nach Errichtung des Hauses der Schutzzweck des Gesetzes nicht mehr durch Befreiung auch von der Garantie erreicht werden könne. Auch hierbei muß die Abschreckungswirkung des Gesetzes modifiziert werden (krit Tiedtke NJW 1983, 713, 716). Die praktische Schwierigkeit solcher Wertungen liegt freilich darin, daß die Gesetze sich meist auf das Verbot einer Vermögensbewegung beschränken, wenn sie nicht überhaupt sittlich indifferent sind und hinsichtlich des verbotswidrig herbeigeführten Zustandes eine Entscheidung oder auch nur eine Präferenz für die Interessen eines der Beteiligten nicht erkennen lassen.

Gute Gründe sprechen für den Versuch, im Einklang mit der ursprünglichen Funktion der condictio ob turpem causam § 817 S 2 auf die Leistungen zu beschränken, die einen **nicht in einer bloßen Sachleistung bestehenden sittenwidrigen Erfolg bezwecken** (so eingehend Honsell, Rückabwicklung, S 136ff). Im Mittelpunkt stehen dann die Fälle der Deliktsanstiftung wie die Zuwendungen für Falschaussagen, die schwere Beamtenbestechung, aber auch die Zuwendung von Schweigegeldern für die Mitwirkung an gesetz- oder verbotswidrigen Handlungen (zB BAG NJW 1968, 1648 bei Steuerhinterziehung). Der Nachteil dieser mit dem Wortlaut des Gesetzes nicht zu vereinbarenden Auslegung liegt darin, daß ein wertender Unterschied zwischen der vorher zugesagten Deliktsanstiftung und der Vergütung für eine unerlaubte Sachleistung nicht ohne Blick auf die jeweilige Verbotsnorm bejaht werden kann. Außerdem wäre bei beiderseits erfüllten Verträgen auf der Grundlage dieser Theorie noch für lange Zeit eine Rückabwicklung möglich, die nach überwiegender Meinung verhindert werden muß (v Caemmerer SJZ 1950, 646; Heck AcP 124, 64; Bufe AcP 157, 215; krit zu Honsell Canaris, FS Steindorff, S 522f; Reuter/Martinek S 209), so daß die Notwendigkeit unabweisbar erschiene, doch wieder aus dem Gesichtspunkt des venire contra factum proprium (§ 242) die Kondiktion auszuschließen (Honsell S 143f, 150ff). Ohnehin kann der Leistende gegen den Einwand aus § 817 S 2 bei entsprechenden Voraussetzungen die Arglisteinrede erheben (RG 71, 432;

§ 817 Einzelne Schuldverhältnisse

135, 278), wenn er auch auf diese Weise den Kondiktionsausschluß nicht generell entkräften kann (BGH 8, 348; im einzelnen Honsell S 40ff).

17 Festzuhalten bleibt danach die Anwendbarkeit des § 817 S 2 auch beim **beiderseits erfüllten Vertrag** (nach Bufe AcP 157, 215 soll die Vorschrift nur hier Anwendung finden; ablehnend Prölss ZHR 132, 43f; Flume, Allgemeiner Teil, § 18, 10). Die rechtspolitische Kritik an dem Kondiktionsausschluß richtet sich hauptsächlich gegen die Benachteiligung des Vorleistenden, der seine Leistung nicht zurückverlangen und die Gegenleistung nicht durchsetzen kann (Honsell S 139; s auch Rz 15). Durch die Kondizierbarkeit solcher Leistungen, die nicht im unmittelbaren Zusammenhang mit dem verbotenen Zweck stehen (Rz 10) oder nur vorübergehend ins Vermögen des Leistungsempfängers eingefügt werden sollen (Rz 14), kann immerhin eine Vertiefung und Perpetuierung des rechtswidrigen Zustandes verhindert werden.

18 c) **Einzelne Modalitäten.** Wenn die Norm nicht schon mit der Leistung, sondern **erst später** verletzt wird, kann § 817 S 2 nicht angewandt werden (BGH LM Nr 3 zu § 817). Er ist auch nicht anwendbar auf die Anzahlung für einen noch nicht abgeschlossenen Kaufvertrag, dessen verbotswidriges Zustandekommen möglich, aber nicht sicher war (BGH NJW 1965, 1432). Str, ob auch der **Insolvenzverwalter** als Vertreter des Gemeinschuldners unter § 817 S 2 fällt oder ob er eine verbotswidrige Leistung des Gemeinschuldners zurückfordern kann. Letzteres wurde bejaht von BGH 19, 338 für den Fall, daß auch der Empfänger gegen Gesetz oder Sitte verstoßen hat, auch von BGH NJW 1962, 483, wo die Aufrechnung des Bereicherten zugelassen wird, abgelehnt von Honsell S 50; Medicus Rz 701; Reuter/Martinek S 226. Keinesfalls kann § 817 S 2 verallgemeinernd oder entsprechend in dem Sinne angewandt werden, daß gegenüber dem Insolvenzverwalter sich der Leistungsempfänger auf ein gesetz- oder sittenwidriges Verhalten des Gemeinschuldners berufen könne (BGH JZ 1965, 574 mit insoweit zust Anm von Sieg). Aber darüber hinaus muß auch der Verwalter generell wie andere **Rechtsnachfolger** des verbots- oder sittenwidrig Handelnden (BGH WM 1960, 767 für den Zessionar des Konkursverwalters; BGH NJW 1993, 1457 für Gläubigerwechsel; RGRK Rz 23 für den Erben) und wie der durch den vorwerfbar Handelnden **Vertretene** (RG 100, 246; BGH 36, 399, anders zu Unrecht für das Handeln eines Gemeindeorgans Rostock DtZ 1997, 398), den Einwand aus § 817 S 2 entgegenhalten lassen, so inzwischen BGH 106, 169, 174 mit Kurzkomm Baur EWiR § 817 BGB 1/89. Der Hinweis, daß die Kondiktion bei der Masse und nicht dem vorwerfbar Leistenden zugute komme, begründet nicht, warum der Insolvenzverwalter Rechte haben soll, die dem Gemeinschuldner nicht zustanden. Anders möglicherweise in einem Sonderfall (BGH 36, 394), der die unter den damaligen politischen Machtverhältnissen nützliche, nunmehr aber als sittenwidrig beurteilte Schenkung einer Gemeinde an die Tochter Görings betraf. Der BGH lehnte die Anwendung des § 817 S 2 mit dem fragwürdigen Argument ab, der Gemeinde stehe jetzt der Rechtsschutz zu, den sie seinerzeit nicht habe erlangen können; dies dürfte am Vorliegen der Voraussetzungen des Kondiktionsausschlusses nichts ändern. Gegen die Anwendung des § 817 S 2 auf Schenkungen auf Grund seines Ausgangspunkts (Rz 16) folgerichtig Honsell aaO S 51.

19 4. Von den zahlreichen **Einzelfällen** ist hervorzuheben die Anwendung des § 817 S 2 für den Verstoß gegen Devisenbestimmungen, RG 104, 154; BGH NJW 1956, 338; BGH WM 1962, 263; 1966, 246. Bei Verstoß gegen preisrechtliche Bestimmungen will Frankfurt OLGRp 1997, 133 die Sanktion des § 817 S 2 durch eine Anpassung des Entgelts an das zulässige ersetzen. Die Entscheidung über die Anwendbarkeit des § 817 S 2 fällt häufig bereits bei der Bewertung eines Verhaltens oder einer Vereinbarung als sittenwidrig, s zu Insertionsverträgen über Anzeigen, die Gelegenheiten zum „Telefonsex" anzeigen (LG Bonn NJW 1989, 2544; BGH 118, 182). Sittenwidrig nach BGH WM 1990, 799 ist auch ein Darlehensvertrag, der geschlossen wurde, um einem Dritten unmittelbar die wirtschaftliche Grundlage für einen sittenwidrigen Betrieb zu verschaffen, mit der weiteren Folge, daß sich die Kondiktion auf den Anspruch des Darlehensnehmers gegen den Dritten auf Rückzahlung richtet (BGH WM 1990, 799). Einige vom BGH entschiedene Sonderfälle wecken indessen Zweifel: Nach BGH 37, 258; 50, 91 (ebenso Karlsruhe BB 1965, 202) kann derjenige, der unter Verstoß gegen das RBerG Rechtsberatung betrieben hat, den Wert seiner Tätigkeit, anders den Wert nicht verbotener Nebenleistungen, nicht kondizieren, vgl auch BGH 46, 28 zur Vergütung der Dienste eines im Widerspruch zum AVAVG tätigen Arbeitsvermittlers (Bedenken bei Honsell, Rückwicklung, S 145); zum Anspruch aus Geschäftsführung ohne Auftrag vor § 812 Rz 10. Der Ausschluß des Anspruchs hängt allerdings davon ab, daß der Beauftragte bewußt gegen das Gesetz verstoßen hat (BGH 36, 321). BGH NJW 1978, 323 ließ bei einem Verstoß gegen das RBerG auch fehlendes Unrechtsbewußtsein des Zahlenden zum Ausschluß des § 817 S 2 genügen (auf das Bewußtsein eines Gesetzesverstoßes stellt bei einem Rechtsrat erteilenden Steuerberater richtigerweise BGH NJW 2000, 1560 ab (s dazu die Anm Lorenz LM § 134 BGB Nr 168 und Hensler WuB IV A § 812 BGB 4.00), s auch BGH WM 1978, 951 zur verbotenen Arbeitsvermittlung und oben Rz 13. In den zunehmend häufigen Fällen von Verstößen von Angehörigen der steuerberatenden Berufe gegen Vorschriften des StberG und des RBerG unterstellt die Rspr nicht selten Kenntnis vom Gesetzesverstoß (auch bei einem Ausländer, Köln OLGRp 2002, 104); fordert jedenfalls nicht mehr ein leichtfertiges Sich-Verschließen vor der Kenntnis (Düsseldorf OLGRp 2002, 210). Bedenklich BAG AP Nr 1 zu § 817 BGB, das Zahlungen eines Arbeitgebers, die eine verbotene Urlaubsabgeltung bewirken sollten, in Anwendung des § 817 S 2 dem Arbeitnehmer beließ; vgl auch BAG AP Nr 28 zu Art 12 GG mit krit Anm A. Hueck zur Rückforderung der durch Betriebsvereinbarung vereinbarten übertariflichen Lohnzahlung. Hiermit wird der Schutzzweck der jeweils verletzten Bestimmungen überdehnt (vgl auch Honsell aaO), obwohl im Arbeitsrecht auch sonst verbotswidrige Leistungen oft dem Arbeitnehmer verbleiben (s zu der gegen § 3 I BetrAVG verstoßenden Abfindung zur Abgeltung von Ansprüchen auf betriebliche Altersversorgung Braun NJW 1983, 1590, 1591). Zum Problemkreis des gegen wettbewerbs- und warenzeichenrechtliche Vorschriften verstoßenden Rechtserwerbs und der entsprechenden Geltendmachung von Rechten ausführlich Prölss ZHR 132, 35, 69ff.

20 a) Bei der Rückabwicklung von **Darlehensverträgen**, die wegen überhöhter Zinsen oder unangemessenen Konditionen **sittenwidrig** und daher nach § 138 nichtig sind (eingehend dazu Erman/Palm § 138 Rz 91ff; s auch Lass

WM 1997, 145ff), führt die Anwendung des § 817 S 2 zu Ergebnissen, die vielfach als korrekturbedürftig empfunden werden. Im Ausgangspunkt ist nicht zweifelhaft, daß das Kreditinstitut, wenn die Vertragskonditionen wucherisch sind, durch seine eigene Leistung und auch durch die Annahme der Gegenleistung des Darlehensnehmers sittenwidrig handelt (RG 151, 71; 161, 55). Dagegen fällt dem Darlehensnehmer ein Verstoß nicht zur Last, so daß er nach §§ 812, 817 kondizieren kann, was er geleistet hat (BGH LM Nr 12 zu § 817; Reuter/Martinek S 216). Nachdem die Rspr ursprünglich auch die Darlehensvaluta zur sittenwidrigen Leistung des Darlehensgebers gerechnet und dementsprechend die Rückforderung versagt hatte (RG 151, 70, 71), hat sich seither die Ansicht durchgesetzt, daß das Darlehenskapital von vornherein mit der Pflicht zur Rückgewähr belastet ist, während die eigentliche Leistung des Darlehensgebers in der Überlassung der Valuta zur zeitweiligen Nutzung gegen Vergütung besteht. Daher muß das Kapital nach Ablauf der (rechtsunwirksam) vereinbarten Darlehensfrist oder nach dem Ablauf des nächsten ordentlichen Kündigungstermins (§ 609), gegebenenfalls unter Beachtung eines vereinbarten Tilgungsplans (BGH NJW 1989, 3217) zurückgegeben werden, aber Zinsen werden nicht geschuldet (BGH 99, 333, 338; BGH WM 1982, 1021; NJW 1983, 1420; 1983, 2692, 2695; 1995, 1152f; Köln ZIP 1985, 22, 26) bzw sind zurückzugeben (RG 135, 378). Eine Ausnahme macht Celle OLGRp 2001, 122 für den Fall, daß mit dem Darlehen sittenwidrige Geschäfte (in Form „fortlaufender Schecks" ohne zugrundeliegendes Warengeschäft) bezweckt waren; dann ist auch die Rückforderung der Valuta ausgeschlossen. Die Einhaltung des Tilgungsplans bei der Rückgewähr der rechtsgrundlos erlangten Valuta trägt dem Umstand Rechnung, daß der Darlehensnehmer, soweit er nicht bösgläubig iSd § 819 ist, Vertrauensschutz dahin genießen sollte, daß er die Valuta erst zum vereinbarten Fälligkeitstermin zurückzahlen sollte (näher Lass aaO S 150ff; krit Bodenbrenner JuS 2001, 1172ff im Rahmen einer Auseinandersetzung mit den allgemeinen Rechtsfolgen sittenwidriger Ratenkreditverträge). Demgegenüber will Düsseldorf NJW-RR 1989, 1390 dem Kreditinstitut im Rahmen des gesetzlichen Rückgewährschuldverhältnisses die Kündigung und die Rückzahlung der Restschuld in einem Betrag gestatten. Nach Fälligkeit einzelner Raten hat der säumige Darlehensnehmer unter den Voraussetzungen des § 819 Verzugszinsen zu zahlen (BGH NJW 1989, 3217; krit Lass S 152ff). Darüber hinaus kann der Darlehensnehmer von der bei den Teilzahlungskrediten üblichen Restschuldversicherungsprämie die Hälfte vom Darlehensgeber zurückfordern, in Höhe der anderen Hälfte hat er Versicherungsschutz genossen (BGH NJW 1983, 1420; 1983, 2693; Düsseldorf WM 1985, 349, 351). Schließlich wird dem Darlehensnehmer wegen der dem Darlehensgeber zu unterstellenden Nutzung der bereits gezahlten Zinsen und Kosten ein Herausgabeanspruch aus § 818 II zugebilligt (Derleder JZ 1987, 679, 681). Nach verstrichener Fälligkeit der einzelnen Raten kann der Kreditgeber eine vierprozentige Verzinsung nach §§ 819 I, 818 IV, 291, 246 verlangen, BGH NJW 1989, 3217. Siehe zum Ganzen auch § 358 III. Die Rückforderbarkeit von Raten, die die Bank durch **Vollstreckung** aus einem – wegen Nichtigkeit des Kreditvertrages unrichtigen – Vollstreckungstitel erhalten hat, richtet sich nach § 826 (näher dazu Funke NJW 1991, 2001). Dieselbe Rechtslage nimmt Schleswig WiB 1997, 939 bei einem Darlehen an, das wegen Verstoßes des eingeschalteten Kreditvermittlers gegen das RBerG nichtig war. Anders, wenn das Darlehen wegen des damit verfolgten Zwecks sittenwidrig ist; hier lehnt Düsseldorf OLGRp 1995, 153 einen Anspruch auf Rückgabe ab, ähnlich BGH NJW 1995, 1152, wenn die Zweckverfolgung von vornherein mit einem dem Darlehensgeber bekannten und inzwischen realisierten Risiko behaftet war.

Die Behandlung von Darlehen mit überhöhtem Zinssatz verschafft dem Darlehensnehmer in Gestalt der zinslosen Nutzung des Kapitals für die vereinbarte Zeit einen Vorteil, auf den er keinen Anspruch hatte noch zu erwerben glaubte (Reuter/Martinek S 216). Daher werden verschiedene **Korrekturen** erwogen (zum folgenden auch Roth ZHR 89, 423, 428). ZT wird Teilnichtigkeit des Darlehensvertrages in der Art angenommen, daß die Abrede nur insoweit ungültig ist, als die den üblichen Zinssatz überschreitende Gegenleistung bedingen ist (MüKo/Lieb Rz 17; Bunte NJW 1983, 2674, 2676; Reuter/Martinek S 219; krit Tiedtke ZIP 1987, 1093). Verwandt mit diesem Gedanken ist die Restriktion des § 817 S 2 dahin, daß der Darlehensgeber dem Darlehensnehmer die von ihm benötigte Valuta nicht vor der Zeit wegnehmen und dadurch die sittenwidrig ausgenutzte Notlage nicht wiederherstellen dürfe, wohl aber eine angemessene Vergütung für die Nutzung in Form einer Wertkondiktion verlangen dürfe (Medicus, Gedächtnisschrift Dietz, S 61ff; Staud/Lorenz Rz 12; Reuter/Martinek S 218ff; abl Larenz/Canaris § 68 III 3c). Dieser Gedanke wird mit der Vorstellung in Verbindung gebracht, § 817 S 2 solle dem vorwerfbar Handelnden Rechtsschutz verweigern (Staud/Hopt/Mülbert § 607 Rz 334). Die Praktikabilität beider Lösungen ist gewährleistet, weil die Rspr die Sittenwidrigkeit von Darlehenszinsen hauptsächlich durch die Abweichung vom „Schwerpunktzins" feststellt und infolgedessen den üblichen, vom Darlehensnehmer geschuldeten Zins angeben kann, ohne allzu starke Bedenken wegen der Umgestaltung des Parteiwillens haben zu müssen (dazu Dauner JZ 1980, 505; Canaris WM 1981, 978; krit Derleder NJW 1982, 2401).

b) Jede dieser Lösungen hat Schwächen, da der Wortlaut des § 817 S 2 Anhaltspunkte für eine Einschränkung **21** nicht hergibt (zur Kritik Keßler DB 1984, 655; Reifner JZ 1984, 637). Daß die Wissenschaft dennoch derartige Wege geht, hängt mit der unbefriedigenden Begründung der Sittenwidrigkeit des Darlehensvertrages aus zweifelhaften Marktvergleichen zusammen. Der BGH (BGH 99, 333, 338; NJW 1983, 1420, 1423; 1993, 2108, 1995, 1152) argwöhnt auch, der Kreditgeber könne risikolos überhöhte Zinsen fordern, weil er den üblichen Zins allemal bekommt (zust Tiedtke JZ 1987, 853, 855; Bamberger/Roth/Wendehorst Rz 20). Am besten begründbar ist der Ansatz bei einer nur teilweisen Nichtigkeit des Vertrages, den der BGH auch bei anderen Gelegenheiten benutzt hat (s auch Rz 22). Beim **Mietwucher** besteht zunächst die Besonderheit, daß die Anwendbarkeit des § 817 S 2 auf die Vindikation zu erörtern ist (Rz 11). Bei verbotenen Mietpreiserhöhungen wird nur eine Teilnichtigkeit des Mietvertrages angenommen, der Mieter ist in der Rückforderung zu viel gezahlter Miete nicht durch § 817 S 2 gehindert (näher Kohte NJW 1982, 2803, 2807). Im übrigen wird dem Vermieter, solange nur gegen § 5 WiStG und nicht gegen § 138 verstoßen worden ist, ein Anspruch auf Miete, reduziert auf das gesetzlich zulässige Maß, zugebilligt (BGH 89, 316, 320; krit Hager JuS 1985, 264; Canaris, FS Steindorff, S 528).

c) Bei **Bordellveräußerung** bzw -verpachtung und den damit zusammenhängenden Sicherungsgeschäften wie **22** der Bestellung einer **Restkaufpreishypothek** nimmt BGH 63, 365 Sittenwidrigkeit des Pachtvertrags nur an, wenn der Pächter die Dirnen durch überhöhte Zahlungspflichten ausbeutet, s jetzt auch BGH WM 1990, 799. Das kann trotz der durch das ProstG eingeführten Durchsetzbarkeit von Ansprüchen auf Dirnenlohn noch so gesehen werden. Beim Pachtvertrag ist das nur zur vorübergehenden Nutzung überlassene Grundstück sofort herauszugeben; hier würde die Anwendung des § 817 S 2 dazu beitragen, das sittenwidrige Geschäft abspracheegmäß durchzuführen (BGH 41, 341; Staud/Lorenz Rz 14). BGH 63, 365 ließ darüber hinaus einen – freilich aus §§ 987, 990 abgeleiteten – Anspruch auf den objektiven Ertragswert des Pachtobjekts, vermindert um den Zuschlag für Sittenwidrigkeit, nicht an § 817 S 2 scheitern, was zu seiner Behandlung des wucherischen Darlehens (Rz 20, 20b) nicht paßt, aber einen angemessenen Ausgleich unter zwei sittenwidrig Handelnden ermöglicht (im Kern zust Reuter/ Martinek S 221f; MüKo/Lieb Rz 18; krit Canaris aaO S 528). Vorläufig ist aber diese Sichtweise auf die Fälle des Verkaufs noch nicht übertragen worden, da der BGH auf die Vindikation, wenn eine Übereignung sittenwidrig sein sollte, § 817 S 2 nicht anwendet (Rz 11). Daher wird die Kondiktionssperre folgerichtig auch einem Verwendungsersatzanspruch des Käufers aus §§ 994ff nicht entgegen, BGH 41, 341, 344; s aber auch BGH WM 1983, 393. Eine Rückforderung des Kaufpreises oder einer Anzahlung entfällt, so daß der Verkäufer, wenn er vorleistend gültig übereignet hat, Gefahr läuft, Eigentum und Kaufpreisforderung zu verlieren. Für eine Kaution hat BGH WM 1969, 1083 § 817 S 2 nicht angewendet, weil nur dem Erwerber endgültig zugedachte Leistungen unter die Kondiktionssperre fallen. Wird eine Restkaufgeldhypothek bestellt, so ist sie danach Eigentümergrundschuld gem § 1163 (RG 68, 97), wobei die Klage auf Löschungsbewilligung zwar abgewiesen wurde (RG 71, 432), ohne daß daraus jedoch die Möglichkeit des Vorgehens aus der Hypothek eröffnet worden wäre.

23 d) **Spiel**, Darlehen dazu und zu sonstigen unsittlichen Zwecken. Zur Nichtigkeit von Spielverträgen s § 762 Rz 6. Liegt Nichtigkeit vor, so kann die Kondiktion, mit der die Spielbank den Gewinn vom Spieler zurückfordert, an § 817 S 2 scheitern (BGH 37, 363), ähnlich die Rückforderung eines zum Spiel gegebenen Darlehens (Nürnberg MDR 1978, 669). Bei anderen zu unsittlichen Zwecken gewährten Darlehen sind wiederum die Grundsätze der Rspr (Rz 20) anzuwenden. Danach steht § 817 S 2 nur der Kondiktion der Nutzung entgegen. Jedoch sollte auch die Rückforderung des Kapitals ausgeschlossen sein, wenn sein Verlust infolge eines dem Darlehensgeber bekannten Risikos verloren ist (Beschlagnahme der Schwarzmarktware, Spielverlust). Wenn bei sittenwidrigen, weil praktisch für die Teilnehmer chancenlosen **Gewinnspielen** die Einsätze zurückverlangt werden, soll bei schwer durchschaubarer Risikolage die Kondiktionssperre nicht gelten (BGH NJW 1997, 2314; anders aber Celle NJW 1996, 2660; dem BGH zust Martinek EWiR § 138 BGB 8/97; weitergehend Willingmann NJW 1997, 2932). Das paßt zu den Versuchen, unerwünschte Folgen der Norm durch subjektive Anforderungen zu korrigieren (Rz 13).

24 e) **Sonstiges**. Ist für eine Dienstleistung eine Vergütung gezahlt, die die Sätze einer **Gebührenordnung** überschreitet, so ist darauf abzustellen, ob und inwieweit die Gebührenordnung bindend ist (zB Architektengebührenordnung). Bei Regelverstoß kann § 817 S 1 verwirklicht werden (Annahme der Vergütung durch den Dienstleistenden, s Rz 19). Zur Schwarzarbeit s Rz 15. Zu Fällen der **Gläubigerbenachteiligung** RG 72, 47; 169, 249; JW 1936, 3190.

25 f) Die Rechtsfolge tritt nicht ein, wenn die **Leistung** in einer unvollkommenen Vermögensverschiebung oder in der Eingehung einer **noch nicht erfüllten Verbindlichkeit** besteht. Diese ist nur eine unfertige Leistung, deren Vollendung wegen der Verwerflichkeit nicht erzwingbar sein soll (RG 73, 144). Sie kann daher mit der Bereicherungseinrede abgewehrt, aber auch kondiziert werden. Solche Verbindlichkeiten sind abstrakte Schuldversprechen und -anerkenntnisse, auch Hypothek (RG 71, 434) und sicherungshalber begebene Wechsel (BGH NJW 1994, 187), nicht aber in Zahlung gegebene Schecks, Wechsel (RG JW 1921, 461, s dazu aber auch Rz 14), Grundschulden (RG 73, 144; s dazu auch Rz 14, 21); nicht sollte einer Erfüllung gleichstehen, ferner nicht Erlaß und Verzicht (RG 100, 162), auch nicht kausale Verpflichtungen, weil sie wegen der verwerflichen Verbotsverletzung ohnehin nichtig sind (RG 64, 148). Der Ausnahmeregelung bedarf es freilich nicht, wenn man die Nichtigkeit des schuldrechtlichen Geschäfts auf das abstrakte Verpflichtungsgeschäft ausdehnt (dafür Honsell, Rückabwicklung, S 55; Staud/Lorenz Rz 24).

26 5. Der Fall, daß **nur der Leistende** ein **Gesetz oder Sittengebot verletzt**, ist in § 817 nicht ausdrücklich geregelt. Gilt das Grundgeschäft trotz der Verbotswidrigkeit, so ist für eine Kondiktion weder eine gesetzliche Grundlage noch ein anzuerkennendes Interesse gegeben. Ist das Grundgeschäft nichtig, so liegen zwar die Voraussetzungen des § 812 vor, aber der Kondiktion kann § 817 S 2 entgegengehalten werden, der über § 817 hinaus auf alle Arten von Bereicherungsansprüchen anzuwenden ist (Rz 11). Hinsichtlich der Anwendung des § 817 S 2 gelten die gewöhnlichen Voraussetzungen. Beispiele finden sich etwa bei der verbotenen Rechtsberatung (Rz 19), s aber auch den Fall BGH NJW-RR 1993, 1457. Über Leistungen, die bewußt gegen den Willen des Empfängers ohne Rechtsgrund bewirkt werden, s § 814 Rz 2ff; zum Fall des Wuchers Rz 20.

27 6. Für die **Beweislast** gelten die allgemeinen Regeln. Der Kondizierende hat alle Voraussetzungen des S 1 einschließlich der Verbotsverletzung und des subjektiven Tatbestandes zu beweisen, der Gegner die Einwendungstatsachen des S 2 (RG JW 1925, 1393).

§ 818 *Umfang des Bereicherungsanspruchs*

(1) **Die Verpflichtung zur Herausgabe erstreckt sich auf die gezogenen Nutzungen sowie auf dasjenige, was der Empfänger auf Grund eines erlangten Rechts oder als Ersatz für die Zerstörung, Beschädigung oder Entziehung des erlangten Gegenstands erwirbt.**

(2) **Ist die Herausgabe wegen der Beschaffenheit des Erlangten nicht möglich oder ist der Empfänger aus einem anderen Grunde zur Herausgabe außerstande, so hat er den Wert zu ersetzen.**

(3) **Die Verpflichtung zur Herausgabe oder zum Ersatz des Wertes ist ausgeschlossen, soweit der Empfänger nicht mehr bereichert ist.**

(4) **Von dem Eintritt der Rechtshängigkeit an haftet der Empfänger nach den allgemeinen Vorschriften.**

§ 818 Ungerechtfertigte Bereicherung

1. Systematische Bedeutung des § 818 1
   a) Erlangtes und Bereicherung 2
   b) Modalitäten der Herausgabepflicht, insbesondere bei Gesellschaftsverhältnissen 4
2. Das ursprünglich Erlangte 6
3. Herausgabe der Nutzungen 9
   a) Nutzungen als primärer Bereicherungsgegenstand 10
   b) Nutzungen eines Unternehmens und von Geld .. 11
   c) Nutzungen von Surrogaten 12
4. Herausgabe von Surrogaten 14
5. Abs II: Unmöglichkeit der Herausgabe und Wertersatz
   a) Unmöglichkeit 15
   b) Bestimmung des zu ersetzenden Werts 16
   c) Maßgebender Zeitpunkt 21
   d) Art des Wertersatzes 22
   e) Einzelfälle
       aa) Im Bauwesen 23
       bb) Dienst- und Arbeitsleistungen 24
       cc) Gebrauchsmöglichkeiten............. 26
       dd) Gewinnhaftung................. 29
       ee) Besitz...................... 30
6. Abs III: Entreicherungseinwand
   a) Begriff der Bereicherung............. 31
   b) Einzelne Modalitäten 34
   c) Anrechnung von Verlusten 35
   d) Anrechnung von Aufwendungen, insbesondere Leistungen an Dritte 39
   e) Gegenleistung an Konditionsgläubiger 41
   f) Durchführung des Ausgleichs im einzelnen 47
7. Abs IV: Verschärfte Haftung bei Rechtshängigkeit
   a) Allgemeines 49
   b) Folgen der Rechtshängigkeit............ 50
   c) Verzug 51
   d) Zinspflicht 52
8. Beweislast.................... 53
9. Sonstiges 54

1. Die **systematische Bedeutung des § 818** und das **Verhältnis** der in ihm enthaltenen **Einzelvorschriften** 1 zueinander werden deutlich nur in der Gegenüberstellung zu den sehr allgemeinen Rechtsfolgenanordnungen in §§ 812 I, 816, 817, 822, wonach „das Erlangte" herauszugeben ist. Damit ist die Schwierigkeit vorgegeben, Regeln für Leistungs- und Nichtleistungskondiktion, innerhalb der letzteren für die allgemeine Eingriffskondiktion und den Sonderfall des § 816 I sowie zumindest auch Richtlinien für die Abwicklung in sich ganz verschiedenartiger bereichernder Vorgänge zu entwickeln. Dies erweist sich als verhältnismäßig unproblematisch für die in Abs I zum ursprünglichen Bereicherungsgegenstand geschlagenen Nutzungen und Surrogate. Für die in Abs II geregelte Frage des Wertersatzes bei Unmöglichkeit der Herausgabe und für die dem gutgläubigen, nicht verklagten Konditionsschuldner vorbehaltene Beschränkung des Anspruchs auf die noch vorhandene Bereicherung (Abs III, IV) läßt sich aber ein geschlossenes dogmatisches System, aus dem plausible Lösungen auch nur der wichtigsten Einzelfragen abzuleiten wären, kaum entwickeln (zur Dogmenkritik in diesem Rahmen besonders Goetzke AcP 173, 299). Um so wichtiger ist es, das Ausmaß der erreichten Übereinstimmungen und die Fixpunkte der Diskussion zu bestimmen.

a) Weitgehend durchgesetzt hat sich die Überzeugung, daß zwischen dem erlangten „**etwas**" iSd § 812 I (§ 812 2 Rz 3ff) und „**der Bereicherung**" zu unterscheiden ist (Wilburg, Die Lehre, S 124; v Caemmerer, FS Rabel, S 368, 376f; Larenz/Canaris § 71 I 1; MüKo/Lieb Rz 1; Rengier AcP 177, 418, 431). Herauszugeben ist zunächst der konkrete Bereicherungsgegenstand, vorerst auch ohne Rücksicht auf seinen Vermögenswert und seine Auswirkung im Gesamtvermögen des Empfängers. Hingegen kommt es auf „die Bereicherung", dh das Ergebnis eines oftmals hypothetischen Gesamtvermögensvergleichs beim Konditionsschuldner erst an, wenn der ursprüngliche Bereicherungsgegenstand gar nicht (Abs II) oder jedenfalls nicht ohne Verminderung des Vermögens des Schuldners herausgegeben werden kann (Abs III). Die Flugreise-Entscheidung (BGH 55, 128), die an sich ebenfalls diesen Ausgangspunkt billigt, will trotzdem zur Korrektur möglicher Ungereimtheiten den Begriff der „Bereicherung" als Maßstab für die Begrenzung der Haftung nach den vorhergehenden Vorschriften heranziehen (dies kann freilich auch als bloße Konkretisierung des Gesamtvermögensvergleichs für den Fall der sog Ersparnisbereicherung gedeutet werden, Lieb NJW 1971, 1289; Batsch NJW 1972, 611; aM Goetzke AcP 173, 314f). Aber mit Rücksicht darauf, daß „die Bereicherung" als Veränderung des Gesamtvermögens nach § 818 III, IV offensichtlich für den gutgläubigen Bereicherungsschuldner anders als für den bösgläubigen den Haftungsmaßstab bestimmt, fungiert immer zunächst das zu Unrecht „Erlangte" als Haftungsgrund für alle Fälle eines Bereicherungsanspruchs (Pinger MDR 1972, 101; Gursky JR 1972, 279; MüKo/Lieb Rz 49; Reuter JZ 1991, 873). In den Systementwürfen, die einen abstrakt vermögensorientierten Anspruch des Gläubigers auf Wiederherstellung seines Vermögens anerkennen wollen (Flume NJW 1970, 1161; eingehend Wilhelm, Rechtsverletzung, S 193), könnte besonders die abstrakte Orientierung des Anspruchs des Bereicherungsschuldners den Vorstellungen des Gemeinen Rechts und auch der Gesetzesverfasser entsprechen (grundlegend Flume, FS Niedermeyer, 1953, S 103, 148ff; aM Diesselhorst, Natur der Sache, S 57), für das infolgedessen § 818 III im Mittelpunkt der Regelungen zum Anspruchsinhalt stand, doch kann dies angesichts der gegenüber der späteren Entwicklung des Bereicherungsrechts verhältnismäßig engen, auf wenige Falltypen beschränkten Betrachtungsweise des vorigen Jahrhunderts nicht allein den Ausschlag geben (aM zuletzt wieder Flume, Gedächtnisschrift für Knobbe-Keuk, 1997, S 111f). Das System der §§ 818ff beruht danach auch nicht auf dem Unterschied zwischen Leistungs- und Nichtleistungskondiktion, obwohl namentlich im Hinblick auf die Rolle des Gegenseitigkeitsverhältnisses für den Entreicherungseinwand (Rz 41ff) gewisse Differenzierungen stattfinden müssen. Der Versuch, die Verschiedenheit der Kondiktionsarten in die Bestimmung des Anspruchsinhalts zu verlängern (Reuter/Martinek S 523ff), hat denn auch seine hauptsächliche praktische Bedeutung in § 818 III.

Nicht ganz klar ist ferner, wie in dieses Verhältnis von Haftungsgrund und Haftungsmaßstab die Wertersatz- 3 pflicht bei **Unmöglichkeit** der **Herausgabe** des ursprünglich Erlangten einzuordnen ist. Die Frage hat praktische Bedeutung für die bei der Wertfeststellung anzulegenden Maßstäbe (Rz 16) sowie für den entscheidenden Zeitpunkt (Rz 21). Die wohl hM sieht den Wertersatzanspruch als die Regelung eines mehr rechtstechnischen Problems an, nämlich die Fortsetzung der Rechtsfortwirkung. Wertersatz- und Herausgabeanspruch sind dann nur Entwicklungsstadien ein und desselben Rechts (Koppensteiner NJW 1971, 591; Goetzke AcP 173, 321; Pinger MDR 1972, 102). Zu ersetzen ist danach im Regelfall der objektive (gemeine) Wert des Konditionsgegenstandes, den er für den Leistenden bzw den Inhaber des in seinem Zuweisungsgehalt verletzten Rechtsguts gehabt hätte (RGRK Rz 18 m Nachw aus der Rspr; Pinger aaO; Goetzke AcP 173, 313; mit Einschränkungen auch Canaris JZ 1971, 561; für die Maßgeblichkeit des Werts gerade für das Empfängervermögen Esser/Weyers § 51 I 3; Reeb JuS 1974, 173). Der Streit geht im Grunde darum, ob eine Orientierung des Bereicherungsanspruchs am Gesamtvermögen des Bereicherungsschuldners schon im Stadium der Wertermittlung gem Abs II (so Flume NJW 1970, 1162) oder – mit Beschränkung auf den gutgläubigen Konditionsschuldner – erst im Rahmen des Entreicherungseinwands zum Tragen kommt. Insbesondere das Problem der „aufgedrängten Bereicherung" (§ 814 Rz 2ff), das eine von der Gut- oder Bösgläubigkeit des Empfängers unabhängige Lösung fordert (zB Verwendungen auf fremde Sachen, deren Eigentümer sich bemüht hat, die Verwendung zu verhindern und die Sache wiederzuerlangen), spricht dafür, schon bei der Wertermittlung der Rücksichtnahme auf die Vermögenssituation des Konditionsschuldners nicht auszuschließen. Besonderes gilt für § 951, da insoweit stets und von vornherein nur auf Wertersatz gehaftet wird, § 951 Rz 13f. Klar ist auch, daß nicht eine Entschädigung des Bereicherungsgläubigers geschuldet wird.

4 b) Weitere **Modalitäten der Herausgabepflicht**: Ein **Wahlrecht** zwischen den verschiedenen Ansprüchen aus § 818 besteht nicht, es sei denn auf Grund von allgemeinen Vorschriften, die kraft Verweisung zur Anwendung kommen. **Leistungsort** liegt dort, wo die herauszugebende Sache sich befindet (RG 96, 347). Bei Gläubigermehrheit gelten die Grundsätze der §§ 420ff. **Schuldnermehrheit** ist in der Form einer Gesamtschuld nur denkbar, wenn das tatsächlich Erlangte mehreren Personen bereits in tatsächlicher oder rechtlicher Einheit zugute gekommen ist. Das ist aber nur als Ausnahme denkbar, und es gibt auch nicht einen besonderen Anhaltspunkt an, jeden von mehreren Leistungsempfängern so zu behandeln, als habe er das Ganze erhalten (RG 154, 70). IdR hat jeder Empfänger das selbst Erhaltene zurückzugewähren (BGH WM 1973, 71; BGH NJW 1979, 2206; MüKo/Lieb Rz 6). An den Voraussetzungen einer gesamtschuldnerischen Bereicherung fehlt es etwa, wenn unter mehreren Empfängern von Geld weder eine Gesellschaft noch eine Erbengemeinschaft noch sonst eine Rechtsgemeinschaft besteht (RG LZ 1922, 685), auch wenn an einem formgültigen Kaufvertrag zwar mehrere Verkäufer beteiligt sind, aber nur einer den Kaufpreis erhalten hat (RG JW 1909, 274; Hamburg NJW 1952, 938). Besteht allerdings eine Erbengemeinschaft, so ändert sich durch die Teilung des Nachlasses nichts an der gesamtschuldnerischen Bereicherungshaftung, Haftungsbeschränkung erst unter den Voraussetzungen des § 2060 (BGH WM 1982, 101). Auch wenn eine Gesamtschuld nichtig vereinbart ist, haftet jeder nur auf das von ihm Erlangte (Hamm NJW 1981, 877, 878). Bei Leistung auf ein Gemeinschaftskonto soll nach BGH ZIP 1993, 825 nur derjenige Mitinhaber bereichert sein, dem der Leistende etwas zukommen lassen wollte (krit Selb Kurzkomm EWiR 1993, 657). Über Kondiktion von Leistungen an eine werdende GmbH BGH LM Nr 16 zu § 812. Zum Bereicherungsanspruch nach Liquidation juristischer Personen § 812 Rz 76. Zur Rechtslage bei Berechtigung mehrerer am Gegenstand eines zur Eingriffskondiktion führenden Eingriffs Habermeier AcP 193, 364.

5 Besonderes gilt bei der **BGB-Gesellschaft**. RG 67, 260 hatte nach Anfechtung eines Vertrages eine Fortwirkung der Vertragsbeziehungen und ein Gesamtschuldverhältnis zwischen mehreren Empfängern einer vertraglichen Geldleistung entsprechend § 427 angenommen (krit Fabricius, Gedächtnisschrift für Schmidt, 1966, S 183; Hoffmann NJW 1969, 726; zust jedoch Flume, FS H. Westermann, S 119, 141). Die Entscheidung ist aber angesichts der in Rz 4 geschilderten Unvereinbarkeit von Gesamtschuld und Bereicherungshaftung vereinzelt geblieben (s etwa RG 154, 65), bis BGH 61, 338 mit Anm Reinhardt JZ 1974, 766 die Gesellschafter einer nach dem Bereicherungsvorgang aufgelösten Gesellschaft uneingeschränkt für den Bereicherungsanspruch haften ließ und hierfür § 427 auch bei der bedenklichen Begründung heranzog, der Unterschied zwischen einer vertraglich eingegangenen Verbindlichkeit und einer gesetzlichen Verpflichtung falle „nicht sehr ins Gewicht" (krit Reinhardt aaO; s auch H.P. Westermann ZGR 1977, 552; aM aber Kowalski NJW 1991, 3183, 3188, der Ansprüche aus Leistungskondiktion gegen die Gesellschafter eines Gesamtschuldner annimmt, soweit sie für die Erfüllung des Vertrages ebenfalls einzustehen gehabt hätten). BGH NJW 1985, 1828 (ähnlich Hamburg BB 1984, 14; Frankfurt NJW 1986, 3144; zust MüKo/Ulmer § 714 Rz 45) bejahte eine Bereicherungshaftung der Gesellschafter mit dem Argument, der Gläubiger, der seine Leistung in Erwartung uneingeschränkter Gesellschafterhaftung erbringt, müsse auf diese Haftung auch zurückgreifen können, wenn die Gesellschafter die Leistung auf einen nichtigen Vertrag persönlich entgegengenommen hätten (Anlehnung der Bereicherungsschuld an das Modell der Doppelverpflichtung, Crezelius JuS 1986, 685, 687). Bei der Nichtleistungskondiktion, die nicht als Annex zu Vertragsbeziehungen ausgestaltet ist, konnte eine Haftung der Gesellschafter, deren Vermögen nicht bereichert war, nicht angenommen werden (Nicknig S 58ff; Kornblum S 46f; aM Reinhardt JZ 1974, 768; Meincke DB 1974, 1001f; Thielmann ZHR 136, 397, 405; Flume § 16 IV 6, die Teilschuld in Höhe der Beteiligung am Gesellschaftsvermögen annehmen). Inzwischen hat jedoch ein Wandel im Verständnis der Rechtssubjektivität der BGB-Gesellschaft und ihrer Haftungsverfassung stattgefunden. Mit diesem Umschwung der Rspr (BGH 146, 341), wonach die bislang von Teilen des Schrifttums vertretene Akzessorietätstheorie gelten soll, werden die genannten Fälle argumentativ anders zu lösen sein. Für eine unbeschränkte Haftung neben der Gesellschaft sind nun nicht mehr Einzelfallüberlegungen anzustellen, sondern die Gesellschafter haften aus §§ 812ff nach § 128 HGB analog akzessorisch. Das private Vermögen der Gesellschafter unterliegt damit der unbeschränkten und persönlichen Haftung, ohne daß bei den Gesellschaftern eine tatsächliche Bereicherung vorliegen müßte.

2. Das ursprünglich Erlangte

6 Das Erlangte ist **herauszugeben**. Was erlangt und wie es herauszugeben ist (Gegenstand und Handlungen), ergibt sich aus der Art der Vermögensbewegung (§§ 812, 816, 817, 822). Erlangtes Eigentum ist zurückzuübertragen, gegebenenfalls durch Abtretung des Herausgabeanspruchs nach § 931. Überschneidungen zwischen Heraus-

gabe- und Wertersatzanspruch ergeben sich bei Rückabwicklung eines ungültigen Unternehmenskaufvertrages (s Rz 15). Heftig str ist, ob der zur Herausgabe eines Grundstücks verpflichtete Bereicherungsschuldner, der das **Grundstück** mit einem Grundpfandrecht **belastet** hat, zur Beseitigung dieser Belastung verpflichtet ist (so OGH 1, 79; Reuter JZ 1991, 814) oder nicht (so BGH 112, 376; insoweit zust Canaris NJW 1991, 2513; Kohler NJW 1991, 1999). Der BGH geht davon aus, der Herausgabeanspruch, gerichtet auf Rückgabe der Sache in Natur, begründe keine Verpflichtung, Veränderungen der Sache zu beseitigen; dagegen Flume, Gedächtnisschrift für Knobbe-Keuk, S 111, 130f. Der Schuldner habe lediglich die Vorteile zu erstatten, die er für die Belastungen erhalten hat, wobei an die Verminderung des Verkehrswerts des Grundstücks um den Nominalbetrag des Pfandrechts angeknüpft wird. Ein gutgläubiger Bereicherungsschuldner sei allerdings nach Abs III zum Wertersatz nur gegen Befreiung von der durch das Grundpfandrecht gesicherten Forderung verpflichtet. Dies führt zu einem praktisch fast unübersehbaren Anspruchskarussell (Canaris aaO S 2513), da entweder zuerst der Gläubiger die Schuldbefreiung zu versuchen hat, was ohne Mitwirkung des Gläubigers des Grundpfandrechts gar nicht möglich ist (Canaris S 2514; s auch Kohler S 1999) und den Gläubiger zu einer ungesicherten Vorleistung zwingt, oder dem Schuldner das Risiko aufbürdet, daß der Bereicherungsgläubiger mit der Wertersatzzahlung die persönliche Schuld nicht ablöst oder ablösen kann. Daher wird der Bereicherte Wertersatz oft nicht leisten können, da er das Grundstück als Haftobjekt nicht mehr zur Verfügung hat. Deshalb ist bei Sicherung langfristiger Darlehen auch der von Canaris (aaO S 2515ff; ähnlich Gursky JR 1992, 95, 96f) vorgeschlagene Wertersatz in Gestalt eines Haftungsvergütungsanspruchs in Höhe des Werts der Verbilligung des besicherten gegenüber einem unbesicherten Kredit, der in Anlehnung an die Avalprovision zu ermitteln sein soll, keine ganz befriedigende Lösung (dem zust aber bei Unmöglichkeit der Enthaftung Reuter, FS Gernhuber, S 381; Flume aaO S 133), die jedenfalls voraussetzt, daß eine Ablösung des Kredits nicht möglich ist. Vielfach wird dem bereits der Entreicherungseinwand entgegenstehen (Kohler aaO S 2001). Erlangt hat der Bereicherte nicht das Grundpfandrecht, sondern allenfalls die wirtschaftliche Besserstellung, die darin liegt, durch Besicherung eines Kredits günstigere Konditionen zu erhalten, welcher Vorteil aber nicht nur in den von Canaris genannten Fällen der unentgeltlichen Verpfändung des Grundstücks für Schulden eines anderen, sondern auch (s dazu Kohler S 1999) bei wertbewahrendem Verbauen der Darlehensvaluta auf dem Grundstück eingreifen wird. Der Schuldner ist jedenfalls zur Abtretung des Rückübertragungsanspruchs in bezug auf eine nicht-akzessorische Sicherheit verpflichtet, um hierdurch die über die Rückgabe hinausgehende Inanspruchnahme des Grundstücks als Kreditgrundlage zu ersetzen (durch Ansatz der Kosten für anderweitige Sicherheit, s auch Kohler S 2001). Dies gilt auch bei Gutgläubigkeit. Die Annahme (Reuter, FS Gernhuber, S 381; s auch MüKo/Lieb Rz 33c) eines Leistungsverweigerungsrechts des Kondiktionsschuldners bis zu einer für ihn ohne Opfer möglichen Enthaftung des Grundstücks löst nicht die Frage, ob in einer solchen Situation bereits Unmöglichkeit der (lastenfreien) Herausgabe und Wertersatzpflicht anzunehmen ist (zweifelnd Canaris S 2514; Bedenken auch Reuter JZ 1991, 814). In Abgrenzung zu BGH 112, 376 stellt BGH NJW 2002, 1872 folgendes klar: Wenn das Grundstück, während es noch im Eigentum des Bereicherungsgläubigers ist, zugunsten des Bereicherungsschuldners mit einer Grundschuld (zB zur Kreditsicherung) belastet wurde, hat der Bereicherungsschuldner im Rahmen der Rückabwicklung das Recht abzulösen, wenn der Pfandgläubiger hierzu bereit ist, oder eine Übertragung auf den Bereicherungsgläubiger vorzunehmen hat. Erlangt ist hier die Kreditsicherung durch die vor Eigentumsübergang bestellte Grundschuld (s BGH 145, 44, 50f), die, anders als bei den Fällen der Belastung eines nach Bereicherungsrecht herauszugebenden Grundstücks, noch unverändert vorhanden ist. Da nach Bedienung des gesicherten Kredits die Grundschuld wieder in die Verfügungsgewalt des Bereicherungsschuldners gelange und damit ein nur vorübergehendes Restitutionshindernis vorliege, liege nie zu § 812 II führende Unmöglichkeit nicht vor (zustimmend Armbrüster EWiR 2002, 869f; Kohler Anm WuB IV A § 812 BGB 4.02; kritisch Fritsche NJ 2002, 479f.). Der nach §§ 818 IV, 819 nach den allgemeinen Vorschriften haftende bösgläubige Bereicherungsschuldner ist – als Schadensersatz – zur Beseitigung der Belastung verpflichtet, Canaris aaO S 2517, ebenso bei Sittenwidrigkeit des Kausalvertrages, Hamm OLGZ 94, 55; s auch § 819 Rz 8. Das ganze steht freilich unter dem Vorbehalt anderweitiger **Entreicherung**. Der bösgläubige Bereicherungsschuldner hat den Gläubiger zu entschädigen, und zwar durch Beseitigung der Belastung, wenn dies unmöglich ist, durch Einräumung einer Sicherheit für Nichtinanspruchnahme (v Caemmerer, FS Lewald, 1973, S 443, 451f) und bei Notwendigkeit des Gläubigers, das Grundstück selber als Kreditgrundlage zu nutzen, auch durch Einräumung eines Bardepots in entsprechender Höhe (Canaris aaO S 2517).

Bei Grundstücken ist die **Rückauflassung** zu erklären und der Umschreibung, oder wenn das Eigentum nicht 7 wirksam übertragen war, der Berichtigung zuzustimmen, uU zwecks Umwandlung von Alleineigentum in Gesamthandseigentum (Hamburg MDR 1959, 759). Die Zuschreibung eines Grundstücks zu einem anderen ist unter Ausschöpfung der baurechtlichen Möglichkeiten rückgängig zu machen, BGH NJW 1981, 2689. Unmittelbarer Besitz ist wiedereinzuräumen. Ist nur mittelbarer Besitz erlangt, so ist der Anspruch gegen den unmittelbaren Besitzer abzutreten (RG Recht 1920, Nr 2388). Ist eine (abstrakte) **Forderung** oder ein sonstiges Recht begründet, so ist ein Erlaß oder Verzicht zu erklären, eine etwa ausgestellte Urkunde zurückzugeben und eine entsprechende Eintragung im Grundbuch zu bewilligen (vgl Rüttger NJW 1959, 2147 zu Grundschulden). Über ungerechtfertigte Wechselindossierung s RG LZ 1932, 1368. Ist umgekehrt ein Recht (durch Erlaß oder Verzicht) aufgehoben, so ist es durch entsprechende Willenserklärungen gegebenenfalls mit Urkundenerrichtung wiederherzustellen (RG HRR 1934, Nr 379 – Wiedereintragung einer Hypothek). Der benachteiligte Gläubiger kann auch das Recht selbst geltend machen und dem Einwand des Erlasses mit der Replik der ungerechtfertigten Bereicherung begegnen (RG Recht 1915, Nr 1527). Ist eine Rechtsstellung erlangt, so ist diese zurückzugewähren. Wird zB eine Auflassung kondiziert, so ist auf Abgabe einer Erklärung zu klagen, durch welche die Auflassung rückgängig gemacht wird, also auf Einwilligung in die Aufhebung der Auflassung oder auf Verzicht auf die Rechte aus der Auflassung (RG 111, 101; 108, 336). Ist für den Bereicherten grundlos ein Geldbetrag hinterlegt, so hat er in die Auszahlung an den Benachteiligten einzuwilligen (KG HRR 1938, Nr 1528). Ist das Erlangte ein Sachinbegriff, so muß der Berei-

§ 818 Einzelne Schuldverhältnisse

cherte Auskunft erteilen (RG 90, 138). Ersatz von Kosten kann der Kondizierende nicht verlangen (BGH JZ 1962, 671). Ist ein **Unternehmenskauf** rückabzuwickeln, so ist die schuldrechtliche Einheit des Unternehmens auch bei den Modalitäten der Rückgewähr zu berücksichtigen. Hat der Erwerber das Unternehmen durch seine Tätigkeit in seiner Identität verändert, so kann dies als Fall der Unmöglichkeit der Herausgabe iSd § 818 II anzusehen sein, so daß Wertersatz zu leisten ist (str, s auch Rz 15). Die Herausgabepflicht bezüglich des Unternehmens umfaßt auch good will (s Karlsruhe WM 1989, 1229) oder Kundenstamm, soweit die Möglichkeit besteht, daß die Kunden vom Bereicherungsschuldner zum -gläubiger zurückwechseln. Hierbei besteht allerdings die Schwierigkeit, daß die Entscheidung von Kunden nicht unmittelbar beeinflußt werden kann, so daß für den Teil des Kundenstamms, der dem herausgegebenen Unternehmen nicht verbleibt, Wertersatz geschuldet wird (BGH NJW 2002, 1340 mit zust Kurzkomm H.P. Westermann EWiR 2002, 515f; Lange/Frank Anm WuB IV A § 812 BGB 3.02). Dasselbe gilt, wenn der Erwerber, was häufig zutreffen dürfte, die Kundenbeziehungen seinem bisherigen Unternehmen eingegliedert hat, da er dies nicht herauszugeben braucht (zum ganzen BGH ZIP 1991, 402, 406 gegen die Vorstellung des Berufungsgerichts, den Konditionsschuldner zu einer Reihe von Werbemaßnahmen zur Überleitung des Kundenstammes auf den Gläubiger zu verurteilen). Weitergehend Karlsruhe DB 1998, 717, das Wertersatz für das ganze Unternehmen als geschuldet ansieht, auch wenn einzelne Bestandteile herausgegeben werden könnten. Gewinne sind im Rahmen der Rückabwicklung nach Abs I nicht herauszugeben (Larenz/Canaris § 72 II 3c), zu den Nutzungen s Rz 10. Bei der Unternehmenspacht bleibt es dagegen bei der Herausgabepflicht wie nach Vertragsende (Schwintowski JZ 1987, 558, 592 unter Berufung auf pachtrechtliche Rspr).

8 Der **Zeitpunkt**, nach dem sich das Erlangen bestimmt, fällt mit dem der Vermögensbewegung zusammen, wenn bereits diese rechtsgrundlos war oder eine später eintretende Rechtsgrundlosigkeit ex tunc wirkt (zB Anfechtung § 142). Wirkt ein Rechtsgrundwegfall ex nunc (rechtloses Behalten), so entscheidet der Eintritt der Rechtsgrundlosigkeit. Sind jahrelang Dienste in Erwartung einer späteren Versorgung geleistet, so muß die Zeit des Leistungsempfangs entscheiden (RG Warn 1911, 207; Hamm NJW 1962, 2108; dazu Zeiß NJW 1963, 210; vgl im übrigen § 812 Rz 55 und zum Umfang der Ansprüche Rz 24). Liegt Zweckverfehlung vor, so hängt die Entscheidung von der Art der Leistung und des Zweckes ab. Ist durch die Leistung ein bleibender Wert zugewendet, so kann auf den Zeitpunkt abgestellt werden, in dem die Zweckverfehlung feststeht (BGH 35, 356 – Bau eines Hauses; dazu Rietschel LM § 818 II Nr 11).

3. Herausgabe der Nutzungen

9 Hinsichtlich der Herausgabe von Nutzungen ist zu unterscheiden, ob sie primärer Bereicherungsgegenstand sind (dann folgt Herausgabepflicht aus § 812; ein besonderer Anspruch auf Nutzungsherausgabe kommt nicht in Betracht, wenn für einen nicht mehr herausgabefähigen Gegenstand der Wert unter Zugrundelegung der erwirtschafteten Nutzungen berechnet wird, BGH ZIP 1991, 402, 405), oder ob eine bereicherungsrechtliche Haftung auf Herausgabe der aus einem anderen herauszugebenden Gegenstand tatsächlich gezogenen Nutzungen gem § 818 I besteht. Im letzteren Fall konkurriert der Anspruch mit §§ 987ff (dazu vor § 812 Rz 12) und beschränkt sich – im Rahmen des allgemeinen Nutzungsbegriffs der §§ 100, 99 – auf die wirklich gezogenen Nutzungen (RG Recht 1916, Nr 1292; MüKo/Lieb Rz 7) ohne Berücksichtigung derjenigen, die hätten gezogen werden können, mag dies auch schuldhaft unterlassen worden sein (RG 72, 153; MüKo/Lieb aaO; s aber auch Abs IV und §§ 819, 820). Unerheblich weiter, ob die Nutzungen vom Benachteiligten hätten gezogen werden können (RG 121, 163 für Urheberrecht; wichtig auch bei Vermietung fremder Sachen; s § 812 Rz 68; zur Nutzungsherausgabe im Rahmen der Rückabwicklung eines Leasing-Vertrages nach Wandlung durch den Leasinggeber BGH NJW 1985, 706; NJW 1990, 314, 316; Köln CR 1996, 603). Wegfall der Bereicherung auch in bezug auf gezogene Nutzungen möglich. Nutzungen sind die „aus" dem Gegenstand erlangten Vorteile, nicht die durch Veräußerung erzielten. Die Herausgabepflicht erstreckt sich auf diejenigen Nutzungen, die aus herauszugebenden Surrogaten (Rz 14) gezogen worden sind (Reuter/Martinek S 555; Staud/Lorenz Rz 15, näher Rz 12). Zum Nutzungsausgleich in den Fällen des § 951 Rz 13; zur Herausgabe von Gebrauchsvorteilen eines rechtsgrundlos erlangten Unternehmens BGH ZIP 1991, 402, 405.

10 a) Soweit **Nutzungen primärer Bereicherungsgegenstand sind**, was etwa bei der **fehlerhaften Gebrauchsüberlassung** zutreffen kann, ist der Bereicherte zur Erstattung des objektiven Werts der Nutzung bzw Nutzungsmöglichkeit verpflichtet, unabhängig von der Höhe der tatsächlich erlangten Werte (MüKo/Lieb Rz 10; Reuter/Martinek S 532). Wenn eine Darlehensvaluta rechtsgrundlos erlangt ist, betrifft dies die Nutzungsmöglichkeit, die für die Zukunft durch Rückgabe der Valuta, für die Vergangenheit durch Wertersatz auszugleichen ist (ähnlich Lass WM 1997, 145, 149), und der Konditionsschuldner hat den üblichen **Zinssatz** zu vergüten (RG 151, 123, 127; BGH NJW 1961, 452; NJW 1962, 1148; dazu auch Canaris WM 1981, 978, 986f). Dies ist allerdings eher als Pauschalierung der tatsächlich gezogenen Nutzungen (Staud/Lorenz Rz 11) denn als Kondition der Nutzungen als ursprünglicher Bereicherungsgegenstand zu deuten (so aber MüKo/Lieb Rz 11). Die Unterscheidungen werden auch erheblich bei Nutzungen eines **Unternehmens**, die nach einem fehlgeschlagenen Kauf- oder Pachtvertrag herauszugeben sind; s allerdings Rz 9. Im Grundsatz ist von der Pflicht zur Gewinnherausgabe auszugehen (BGH 7, 208, 218; RGRK Rz 8; Staud/Lorenz Rz 12: nur der objektive Ertragswert). Sind Räume mit gewerblichen Einrichtungen erlangt, so beschränkt die Rspr (RG Recht 1908, 1792; BGH 7, 208, 217; BGH NJW-RR 2000, 382) die Erstattungspflicht auf den objektiven Gebrauchswert. Darüber hinaus fragt sich, ob ein Abzug für die durch persönliche Tüchtigkeit des Bereicherten erzielten Erträge zu machen ist (andeutend BGH LM Nr 7 zu § 818 II; s aber auch BGH LM Nr 3 zu § 987; näher Ballerstedt, FS Schilling, 1973, S 289, 298f; Schwintowski JZ 1987, 588, 593), das ist idR abzulehnen, weil die Gewinnträchtigkeit in dem übertragenen Unternehmen enthalten war (s Larenz/Canaris § 73 II 3c). Die Rspr, wonach die aus § 987 begründete Nutzungsherausgabepflicht (im Fall einer sittenwidrigen Bordellpacht) nach dem objektiven Pachtwert zu bemessen ist (BGH 63, 365), ist stark auf die

Anwendung des § 817 S 2 in Nichtigkeitsfällen (§ 817 Rz 20, 21) ausgerichtet, paßt aber zur Praxis der Behandlung des rechtsgrundlosen Gebrauchs fremden Guts (Rz 26).

b) Die herauszugebenden Nutzungen von erlangtem **Geld** können aus Zinserträgen bestehen (vgl RG Warn **11** Rspr 1918, Nr 182; anders die Verzinsung wegen Rechtshängigkeit, Verzug, Rechtsmangelkenntnis, Rz 52). Sie sind oft nur schwer festzustellen, namentlich wenn das Geld größeren Kassen zugeflossen ist. Zweifelhaft, ob es ausreicht, daß der Bereicherte, wenn er das erlangte Geld nicht gehabt hätte, anderweit hätte Geld aufwenden müssen, denn ersparte Zinsen sind keine Nutzungen (RG 136, 136, insoweit nicht überholt durch RG 151, 127). Vielmehr muß der Beweis aus den Begleitumständen des Einzelfalles und allgemeinen Erfahrungsgrundsätzen abgeleitet werden, wobei ins Gewicht fällt, daß regelmäßig ein Unterschied zwischen Gebrauch des erlangten Geldes durch zinstragende Anlage und Verbrauch durch Einsatz zur Schuldentilgung bei wirtschaftlicher Betrachtung nicht besteht (Flume, Gedächtnisschrift Knobbe-Keuk, S 128f; aM Gretter DB 1995, 516). Daher gibt BGH JZ 1998, 956 mit zust Anm Schlechtriem zu Recht auch im letzteren Fall dem Kondiktionsgläubiger einen Anspruch auf die ersparten Zinszahlungen. Zur Herausgabe von Zinsnutzungen BGH NJW 2000, 1637 (zust Irmen Anm WuB IV A § 197 BGB 2.00; Kurzkomm Klanten EWiR 2000, 951f). Desgl wird Nutzungsertrag von RG 53, 371 für ein Bankinstitut bejaht, von RG 72, 153 für die Staatskasse aber verneint (BGH NJW 2001, 1287, 1288 mit dem Argument, die öffentliche Hand lege die ihr zur Verfügung stehenden Mittel regelmäßig nicht gewinnbringend an, sondern verwende sie im Interesse der Allgemeinheit; s auch Hamm [6. Senat] NJW 2001, 1287; aA BayObLG 1999, 1194; Hamm [15. Senat] NJW-RR 2001, 1440; Frankfurt NJW-RR 2001, 1579, Dresden Rpfleger 2002, 485, 486: 6 %; s auch Köln JurBüro 2001, 312; Zweibrücken Rpfleger 2000, 128, 129). Bedenklich RG Warn Rspr 1918, Nr 182 insofern, als es allgemein der Erfahrung entspräche, daß der Bankier, annimmt, daß „man größere Geldbeträge nicht ungenutzt im Kasten liegen läßt „und Zinsertrag" bis zum Beweise des Gegenteils unterstellt werden darf". Nach der heutigen Rspr haben **Banken**, soweit sie Nutzungen von verlangtem Geld schulden, Zinsen in Höhe von **5 % über dem Basiszinssatz** zu entrichten (§§ 497, 288 I; s auch BGH ZIP 1991, 1479; BGH ZIP 1998, 1063 noch zur Anlehnung an § 11 VerbrKrG); zur Situation bei der Rückabwicklung ungültiger Börsentermingeschäfte Rz 40b. Wenn das Geld in einem Unternehmen gearbeitet hat, ist ohne Nachweis konkreter Vorteile ein Zins zu zahlen (RG 157, 127; BGH 64, 322; BGH NJW 1988, 258; s auch zum Verhältnis zu den Prozeßzinsen Büttner BB 1970, 233). Das greift auch bei Rückabwicklung eines langjährig durchgeführten Darlehensvertrages nach wirksamem Widerruf ein(BGH NJW 1997, 933, 935, zust Hönn WuB IV A § 812 BGB 1/97 noch zum Widerruf nach VerbrKrG), ebenso bei Beträgen, die der Pensionssicherungsverein rechtsgrundlos vereinnahmt hat (BVerwG NJW 1999, 1201). Allerdings hat BGH NJW 1975, 1510 (Anm Kaehler JR 1976, 65) bei Investitionen erlangten Geldes in einem landwirtschaftlichen Betrieb den Nachweis verlangt, daß der Betrieb dem Empfänger laufend Vorteile gewährt hat (s auch Hamburg BB 1984, 14). Stets kann der Empfänger einwenden, daß er nicht mehr bereichert ist (RG 151, 127). Manchmal werden die Nutzungen als Wertmesser bei der Berechnung des Wertersatzes für nicht herausgabefähige Gebrauchsvorteile im Rahmen des Abs II herangezogen (s Rz 27).

Besonderheiten gelten für die Rückabwicklung **nichtiger Darlehensverträge**, besonders Ratenkreditverträge, **11a** wobei die Forderungen des Kreditinstituts durch § 817 S 2 beschränkt sind (dazu § 817 Rz 20). Die Ansprüche des Darlehensnehmers gehen zunächst auf Rückzahlung der Zinsen zuzüglich Nutzungsersatz (Rz 11). Das hat die Frage nach der Behandlung eines **Disagios** nach sich gezogen. Seit der Grundsatzentscheidung BGH 111, 287, wonach es sich dabei um eine laufzeitabhängige Vergütung handelt (näher zu den Folgen MüKo/H.P. Westermann § 608 Rz 4), ist davon auszugehen, daß im Zuge der Rückabwicklung des Darlehensvertrages wie bei vorzeitiger Beendigung ein Bereicherungsanspruch auf anteilige Rückzahlung besteht (zu den Folgen grundlegend BGH NJW 1993, 3257; 1995, 2778; Düsseldorf MDR 1993, 138 für § 609a aF mit Kritik durch Jaeger VersR 1993, 1024). Dieser Anspruch erstreckt sich auf gezogene Nutzungen, wobei mangels spezieller Angaben der Bank der marktübliche Zins zugrunde zu legen ist (Düsseldorf WM 1995, 569 mit Kurzkomm Metz EWiR 1995, 131), und zwar ohne Zinseszins (BGH NJW 1989, 1062 mit insoweit krit Kurzkomm Wehrt EWiR 1998, 449, anders auch Reifner VuR 1996, 81 zum Urteil LG Frankfurt VuR 1996, 81). Nach BGH aaO ist das Disagio nicht laufzeitanteilig, entspr dem Verhältnis von nicht mehr absolvierter zu planmäßiger Laufzeit zu erstatten, sondern es ist zu berücksichtigen, daß sich die planmäßige Darlehenszinslast während der Restlaufzeit reduziert haben würde, weshalb es statthaft ist, den Anteil des verbrauchten Disagios entspr dem Verhältnis bis zur Rückabwicklung gezahlter Zinsen zu den bei planmäßigem Verlauf insgesamt zu zahlenden Zinsen zu ermitteln. Für ab 1987 geschlossene Darlehensverträge kommt nach § 609a aF bzw nunmehr § 489 eine teilweise Rückzahlung des Disagios nur bei einverständlicher Beendigung des Vertrages in Betracht (zu den Folgen Jaeger VersR 1993, 1024 noch zu § 609a aF); doch betrifft den Fall der bereicherungsrechtlichen Rückabwicklung nicht. Was die Verjährung betrifft, so hat sich die Lage mit der Schuldrechtsreform vereinfacht. Bislang ist die Rspr für die Rückzahlung von Kreditkosten, die zu Unrecht an den Darlehensgeber geleistet worden sind, davon ausgegangen, daß der Rückzahlungsanspruch mit jeder einzelnen Ratenzahlung entstanden ist, wobei aber die Ansprüche ihre gemeinsame Ursache in der Vorstellung des Darlehensnehmers hatten, zur Leistung verpflichtet zu sein; dies entspräche einem auf regelmäßig wiederkehrende Zahlungen gerichteten Anspruch, so daß für die Verjährung § 197 aF passe (BGH 98, 174, 181f; BGH NJW 1990, 134, 135; näher Mülbert JZ 1992, 401, 402). Diese Grundsätze sollen aber nach BGH 91, 220 (zust Canaris ZIP 1986, 273, 279) für die Zinszahlungen aufgrund eines nichtigen Annuitätendarlehens nicht gelten, so daß hier nur die Rechnung zu berichtigen und der fälschlich auf Zinsen verrechnete Betrag zur Tilgung zu benutzen sei (ein Bereicherungsanspruch auf Rückzahlung entstehe nur, wenn noch Zahlungen erfolgt sind, obwohl die Valuta bei richtiger Verrechnung schon getilgt war). Dieser Anspruch soll dann nach § 195 aF verjähren. Dies gilt auch für den Anspruch auf anteilige Erstattung des Disagios, BGH NJW 1993, 3257; Düsseldorf WM 1995, 569; BGH JZ 1997, 513 jeweils zu § 609a aF. Zum formularmäßigen Ausschluß Karlsruhe OLGRp 1997, 78. Jetzt unterliegen die genannten Ansprüche wegen Aufhebung des § 197 aF

§ 818 Einzelne Schuldverhältnisse

einheitlich der Regelverjährung des § 195. Fristbeginn ist nach § 199 I am Schluß des Jahres, in dem der Anspruch entstanden ist und der Gläubiger von den den Anspruch begründenden Umständen und der Person des Schuldners Kenntnis erlangt oder ohne grobe Fahrlässigkeit erlangen müßte. Die Ansprüche verjähren nach § 199 IV spätestens zehn Jahre nach ihrer Entstehung. Siehe im übrigen vor § 812 Rz 23.

12   c) **Nutzungen von Surrogaten.** Da § 818 I die Herausgabepflicht auch auf Surrogate des ursprünglichen Bereicherungsgegenstandes ausdehnt, fragt sich, ob auch die aus einem solchen Gegenstand gezogenen Nutzungen herauszugeben sind. Diese Frage ist grundsätzlich zu bejahen (Staud/Lorenz Rz 15; RGRK Rz 9), hängt aber in ihrer praktischen Bedeutung davon ab, ob sich die Pflicht zur Herausgabe von Surrogaten auf rechtsgeschäftlich erlangte Gegenwerte erstreckt. So ist es zu verstehen, wenn RG 133, 283 (anders Braunschweig OLGE 18, 53) die Nutzungen aus einem mit dem rechtsgrundlos Erlangten angeschafften Wert dem Konditionsgläubiger vorenthält. Dagegen wird, unabhängig vom Umfang der Pflicht zur Herausgabe von Surrogaten, der Einwand erhoben, es müsse die ganze Bereicherung abgeschöpft werden (Koppensteiner NJW 1971, 593f). Da die Pflicht zum Nutzungsersatz vorbehaltlich des Abs IV auf konkret gezogene Nutzungen beschränkt ist, ist diese Lösung, die sich mit Koppensteiner mit einer Analogie zu Abs I begründen läßt, der sonst unausweichlichen Einbeziehung der aus dem Surrogat gezogenen Vorteile in die Wertersatzberechnung gem Abs II vorzuziehen.

13   Ein Sonderproblem stellt sich im Zusammenhang mit den Nutzungen, die der wegen eines Baus auf fremden Grund gem §§ 951, 812 in Anspruch genommene **Grundeigentümer** aus dem wertmäßig zu vergütenden Gebäude zieht. Hier hat BGH NJW 1961, 452 auf den Umstand hingewiesen, daß die Nutzungen dem Eigentümer zustehen, während BGH 35, 356 dem Entreicherten zubilligte, der Eigentümer sei um die Nutzung des Ergebnisses von Leistungen des Bauenden bereichert. Demgegenüber ist die von Koppensteiner NJW 1971, 593 in Ausbau des letzteren Urteils begründete These, daß mit dem Wertersatz die Nutzungen aus dem Gegenstand geltend gemacht werden können, dessen Veränderung den Wertersatzanspruch auslöst, zutr aus der besonderen Situation des Bereicherungsausgleichs wegen Rechtsverlusts gem §§ 946ff entwickelt und verdient Zustimmung (aM RGRK Rz 6). BGH WM 1973, 71 (zust Staud/Lorenz Rz 14) weist dem Eigentümer nur den Teil der Nutzungen zu, der auf Grund und Boden entfällt.

4. Herausgabe von Surrogaten

14   Surrogate, die nach § 818 I herauszugeben sind, können (anders als Nutzungen) nicht durch einen allgemeinen, das ganze Recht beherrschenden Begriff bestimmt werden. Wo Surrogate sonst behandelt werden, gibt das Gesetz besondere Merkmale (zB §§ 1370, 1473, 1638, 1646, 2019). Ein Vergleich zeigt, daß § 818 die Grenzen enger ziehen will. Keine Surrogate sind danach solche Werte, die mit dem erlangten Gegenstand erst durch ein Rechtsgeschäft erworben worden sind. Überlegungen, ob nicht entsprechend § 285 auch der Bereicherungsanspruch auf das sog commodum ex negotiatione auszudehnen ist, scheitern daran, daß hier nicht wie in § 285 ein Wahlrecht des Gläubigers zwischen Gegenstandskondiktion und Wertersatz besteht (Koppensteiner NJW 1971, 1772). Gegen die Herausgabe des Veräußerungserlöses im Rahmen des § 818 I daher RG 101, 391; BGH 24, 106; BGH NJW 1983, 868; 1984, 229; BGH NJW 1980, 178 mit Anm Schubert JR 1980, 199; Staud/Lorenz Rz 17; im Ergebnis auch Reuter/Martinek S 551ff; anders MüKo/Lieb Rz 26. Surrogat eines Rechts ist deshalb nur, was in Ausübung des Rechts selbst erworben ist, wie Erfüllung einer Forderung, Tilgung einer dinglichen Last, Erlös eines Pfandes, nicht dagegen der Gegenwert für ein veräußertes Recht. Surrogate einer Sache sind die Versicherungssumme, der Schadensersatzanspruch (auch der aus § 823 I) bei Verlust, Unterschlagung oder Beschädigung, die Entschädigung bei Enteignung; die bei Umwandlung einer Kapitalgesellschaft in eine Personengesellschaft beim früheren Aktionär angefallenen Anteile (BGH 24, 106). Hat der Bereicherte Geld erlangt und mit ihm einen Wert gekauft, so ist dieser kein Surrogat, sondern für das Geld Wertersatz zu leisten (vgl Rz 9). Danach entscheidet sich auch der Schulfall des Losgewinns; war das Los selbst der erlangte Gegenstand, so ist der Gewinn herauszugebendes Surrogat; hatte der Bereicherte Geld erlangt und mit ihm das Los gekauft, so ist der Wert des Geldes zu ersetzen. Über Sonderfälle, in denen der Bereicherte erlangtes Geld mit Verlust umgesetzt hat, s Rz 35, 48.

5. Abs II: Unmöglichkeit der Herausgabe und Wertersatz

15   a) „**Unmöglichkeit** und Außerstandesein" umfaßt zunächst die objektive Unmöglichkeit. Sie liegt vor, wenn das Erlangte in nicht gegenständlichen Vorteilen besteht, etwa geleisteten Diensten (RG LZ 1915, 521), Nießbrauch und Pflege (Koblenz NJW-RR 2002, 512), Gebrauchsvorteilen (RG HRR 1933, 1311), Schuldbefreiung gegenüber Dritten, Errichtung fester Gebäude (RG 97, 251; 147, 396), baulichen Verbesserungen eines Gebäudes (RG HRR 1933, 1008), auch wenn das Erlangte untergegangen ist oder abhanden gekommen ist oder durch Selbständigkeit und untrennbare Verbindung etc verloren ist (§§ 946ff vgl RG HRR 1933, Nr 1180). Eingriffe in ein Grundstück durch Nutzung, auch im Zuge baulicher Veränderungen, führen ebenfalls zu einem bloßen Vergütungsanspruch (s den Fall BGH WM 1981, 129). Stark einzelfallabhängig ist die Entscheidung darüber, ob die Veränderung von Sachen oder Sachgesamtheiten Unmöglichkeit verursacht. Während RG 117, 113 Umbau oder Vergrößerung eines aufstehenden Gebäudes ohne Zweckänderung nicht ausreichen ließ, sah RG 169, 76 (s auch RG 133, 293f) in der Bebauung eines Grundstücks eine Veränderung, ebenso BGH NJW 1981, 268f bei bedeutsamer Verschiebung der Wertverhältnisse von Grundstück und Gebäuden (im Zuge unternehmerischer Maßnahmen). Dies wird auch bei fehlgeschlagenem Unternehmenskauf zumindest nach längerer geschäftsführender Tätigkeit des Erwerbers und seiner Leute häufig der Fall sein (Schwintowski JZ 1987, 588, 590; s auch Schöne ZGR 2000, 86). Wer hier eine engere Lösung befürwortet, muß die Herausgabepflicht durch einen Anspruch auf Aufwendungsersatz abschwächen (MüKo/Lieb Rz 31; dagegen Reuter/Martinek S 565), was kaum interessengerecht ist. Allgemein ist Unmöglichkeit nicht nur bei objektiven Hindernissen anzunehmen, sondern auch bei subjektiver Unmöglichkeit, etwa nach Veräußerung des erlangten Gegenstandes. Das gleiche wird auch bei Erfüllung eines

der in § 275 II oder III als Einrede ausgestalteten Tatbeständen gelten müssen; diese waren vor der Schuldrechtsreform teilweise schon vom Begriff der Unmöglichkeit erfaßt. Außerdem darf ein Bereicherungsschuldner, der gutgläubig und unverklagt ist, nicht strenger haften müssen als ein sonstiger Schuldner nach allgemeinen Regeln. Der Schuldner ist nicht zum Rückerwerb verpflichtet (RG 56, 383; Staud/Lorenz Rz 21; MüKo/Lieb Rz 28; aM Reuter/Martinek S 564), wohl aber zur Beseitigung einer Belastung. Ebenso, wenn der Schuldner sonst zugunsten eines Dritten verfügt hat (RG LZ 1933, 439 – Verfügung über eine Grundbuchrangstelle) oder wenn er eine Verbindung etc zwar wiederaufheben könnte, aber dabei mehr als den Wert des Erlangten einbüßen würde; denn die Herausgabepflicht ist stets durch den Umfang der Bereicherung begrenzt (Abs III, s BGH NJW 1981, 2688). Bei teilweiser Unmöglichkeit ist herauszugeben, was herausgegeben werden kann; wird das Geschenk eines nicht teilbaren Gegenstandes wegen Notbedarfs zurückverlangt, ohne daß ganze Geschenk zur Bestreitung des Unterhalts des Schenkers nötig ist, wird ebenfalls eine Wertersatzpflicht angenommen (BGH 125, 283). Streitig ist die Frage, ob der verarmte Schenker Wertersatz aus dem gesamten Vermögen des Beschenkten verlangen kann (BGH NJW 2001, 1063) oder sich der Anspruch grds nur auf den geschenkten Gegenstand erstreckt (so Siegburg Anm WuB IV A § 528 BGB 1.01). Unerheblich ist, ob der herauszugebende Gegenstand beschädigt, belastet, ohne Wesensveränderung verbessert oder im Wert geändert ist (RG 117, 113), ferner ob die Unmöglichkeit auf Verschulden beruht (RG Warn Rspr 1917, Nr 140; vgl aber Abs IV, §§ 819, 820), auch ob es sich um vertretbare oder unvertretbare Sachen handelt. Wertersatz wird aber nicht geschuldet, wenn eine Reparaturwerkstatt im Rahmen der Gewährleistung Reparaturarbeiten kostenlos durchführen muß und dabei Wertsteigerung verursacht, aM AG Bad Hersfeld NJW-RR 1999, 1211. Ist die Herausgabe von vertretbaren Sachen unmöglich, so ist nicht Gleichartiges zu liefern, sondern der Wert zu ersetzen; das gilt auch für ausländisches Geld (RG JW 1927, 980; s näher Staud/Lorenz Rz 25). Über Geldkonditionen im allgemeinen vgl Rother AcP 166, 137.

b) Bestimmung des zu ersetzenden Werts. Bei Unmöglichkeit der Herausgabe ist Wertersatz zu leisten. Es **16** handelt sich hier um den ursprünglichen Bereicherungsanspruch, der bei später eingetretener Unmöglichkeit einen Inhaltswandel durchmacht (Pinger MDR 1972, 102), bei nicht-gegenständlichen Vorteilen aber von vornherein die Verpflichtung des Konditionsschuldners bestimmt. Abs II enthält daher keinen eigenständigen Gedanken zur Ausgleichsproblematik (Koppensteiner NJW 1971, 591) und zur Risikoverteilung zwischen Konditionsschuldner und -gläubiger, entscheidet insbesondere nicht die Zweifelsfrage nach der Bemessung des „Werts" allein nach **objektiven Kriterien** oder auch nach **subjektiv-konkreten**, auf das Empfängervermögen abstellenden Maßstäben. Dabei kann angesichts der Vielfalt der Konditionsgegenstände, der notwendigen Differenzierung zwischen gut- und bösgläubigem Erwerb (dazu auch MüKo/Lieb Rz 35), sowie der unumgänglichen Rücksichtnahme auf schadensrechtliche Wertungen kein geschlossenes und bis in die Einzelentscheidungen lückenloses System geschaffen werden (s Rz 3; vgl auch Jakobs, Eingriffserwerb, S 125; Kellmann, Gewinnhaftung, S 137). Insbesondere ergeben sich Auslegungsspielräume bei den **nicht-gegenständlichen Vorteilen**, da das System der §§ 812, 818 I, II auf die rechtsgrundlose Erlangung von grundsätzlich herausgabefähigen Sachen zugeschnitten ist. Immerhin erlaubt die systematische Stellung des § 818 nach den bereicherungsrechtlichen Anspruchsgrundlagen den Schluß, daß die Vorschrift für alle Konditionstypen gelten soll. Insbesondere geht es nicht an, für Leistungs- und Nichtleistungskondiktion, deren Abgrenzung nicht selten schwierig ist, grundsätzlich verschiedene Maßstäbe anzulegen (so auch Kellmann aaO S 97f, 106ff; MüKo/Lieb Rz 35; aM Reeb JuS 1974, 172), mag auch bei der Wertermittlung im Einzelfall die Einschätzung, die in einem rückabzuwickelnden Vertrag zum Ausdruck kommt, besonders bedeutsam sein.

Den Ausgangspunkt für die Behandlung der Problemfälle bildet die Erkenntnis, daß der Bereicherungsanspruch **17** auf Herausgabe eines **konkreten Gegenstandes** bzw seines Surrogats oder Werts gerichtet ist, und „die Bereicherung", verstanden als **Differenz** des Vermögens des Konditionsschuldners vor und nach dem bereichernden Vorgang, erst bei der Frage nach der Beschränkung des Anspruchsumfangs erheblich wird (§ 812 Rz 3, 9; § 818 Rz 2). Da aber im Rahmen der Ermittlung der verbleibenden Bereicherung bei nachträglichem Bereicherungswegfall (allein auf diesen Fall bezieht sich Abs III seinem Wortlaut nach) die Auswirkungen des be- und entreichernden Vorgangs im konkreten Empfängervermögen entscheidend sind, empfiehlt es sich, diesen subjektiven Aspekt nicht auf den nachträglichen Bereicherungsfortfall zu beschränken. Schon in diesem Ausgangspunkt anders die Überlegungen von Ehlke WM 1979, 1022, der die Berücksichtigung der Verhältnisse des Bereicherungsschuldners auf Abs III beschränkt wissen will (s auch Goetzke AcP 173, 289). Wenn das Verschwinden eines nicht oder nicht mehr herausgabefähigen Gegenstandes aus dem Empfängervermögen den Bereicherungsanspruch auf das zusammenschrumpfen läßt, was an positiver Wertsteigerung noch vorhanden ist, so würde eine Entscheidung, die nach bestimmungsgemäßem Gebrauch eines konditionierbaren, aber von vornherein nicht herausgabefähigen Vorteils wie Arbeit oder Nutzungsmöglichkeit den Bereicherten auf einen höheren als den ihm konkret zugeflossenen Wert haften ließe, mehr tun als nur eine Bereicherung abzuschöpfen (Koppensteiner NJW 1971, 1769). Hält man an dem Satz, daß der Bereicherungsausgleich im Ergebnis nicht zu einer Schädigung des Herausgabepflichtigen führen darf, als einem „obersten bereicherungsrechtlichen Prinzip" fest (so BGH 55, 128 und Kellmann NJW 1971, 864; Zweifel bei Lieb aaO S 98ff; NJW 1971, 1291; dagegen aber Koppensteiner NJW 1971, 1770 FN 23), so muß der **Wert** iSd Abs II im Ausgangspunkt **subjektiv im Empfängervermögen** bestimmt werden (Koppensteiner aaO; Hagen, FS Larenz, 1973, S 867, 883; Esser/Weyers § 51 II 3; grundsätzlich auch Reeb JuS 1974, 172f; aM MüKo/Lieb Rz 35; RGRK Rz 18; Larenz/Canaris § 72 III 2d). Wenn dieses Verständnis neben einer Deutung des Abs III als Vertrauensschutz für den gutgläubigen Empfänger als denkgesetzlich unmöglich bezeichnet wird, weil bereits in einer subjektiven Wertbestimmung die Gesamtvermögensplanung des Bereicherten als Kriterium eingeht (Reuter/Martinek S 567), so wird übersehen, daß Abs III mit der Berücksichtigung wertmindernder Ereignisse einschließlich persönlicher, im Vertrauen auf die Beständigkeit des Erwerbs getroffener Verfügungen weitergeht als eine Wertermittlung aus der Bedeutung des Bereicherungsgegenstandes für das bzw im Empfängervermö-

§ 818 Einzelne Schuldverhältnisse

gen, und infolgedessen auch auf den gutgläubigen Bereicherungsschuldner beschränkt werden kann (s auch Rz 18 aE). Richtig (auch dazu Reuter/Martinek S 568), daß der Gläubiger von sich aus den subjektiven Wert des Gegenstandes im Empfängervermögen oft nicht wird darlegen können, doch ist eine Abweichung vom Verkehrs- oder Marktwert ohnehin ein vom Empfänger darzulegender Ausnahmetatbestand (s auch Rz 20), und bei Bejahung einer Gewinnhaftung des Bereicherten hat der Gläubiger ebenfalls Schwierigkeiten mit der Ermittlung und Darlegung der Tatsachen.

18 Das führt nicht, wie befürchtet werden könnte, zu einer unvertretbaren Abschwächung der Bereicherungshaftung. Denn die Abkehr von dem nach der Gegenmeinung (Rz 19) zugrundezulegenden objektiven, gemeinen Wert hat auf der anderen Seite grundsätzlich eine **Gewinnhaftung** des Bereicherten zur Folge. Das Bedürfnis nach einer solchen Lösung führt diejenigen, die von einer objektiven Wertbestimmung ausgehen, zu einem Ansatz des Gewinns im Rahmen der Herausgabe von Nutzungen (MüKo/Lieb Rz 16) oder (Larenz/Canaris § 72 III 3c) zu einer Berücksichtigung der Gewinnmöglichkeiten bei der Berechnung des Nutzungswertes. Bei subjektiver Wertbemessung kann der Kondiktionsgläubiger, der sich entgeltungslassen muß, falls der Bereicherungsgegenstand im Empfängervermögen nur eine unter dem Verkehrswert liegende Wertsteigerung hinterlassen hat, seinerseits eine über dem gemeinen Wert liegende Bereicherung für sich beanspruchen (zu diesem Grundsatz Koppensteiner aaO; Reeb aaO; Esser/Weyers aaO). Hierzu paßt auch die nach hM (§ 816 Rz 20) dem § 816 I zu entnehmende Pflicht des Bereicherten, den ganzen Veräußerungserlös herauszugeben, auch wenn er den objektiven Wert übersteigt. Sieht man § 816 I als Spezialfall der Eingriffskondiktion an, so ist kaum einzusehen, daß bei Verbrauch oder Nutzung fremder Güter der Ausgleich ganz anderen Regeln folgen soll als bei Veräußerung. Folgerichtig erwägt die Gegenmeinung (Larenz, FS v Caemmerer, S 209, 228; weitergehend Ehlke aaO S 1033) eine Korrektur der Gewinnhaftung in § 816 I. Schließlich ebnet die subjektive Betrachtungsweise des Werts die Unterschiede zwischen dem gut- und dem bösgläubigen Kondiktionsschuldner nicht zu sehr ein (so aber Goetzke AcP 173, 289). Allerdings beschränkt sich auch für den Bösgläubigen die Bereicherungshaftung als solche auf den subjektiven Wert (so im Ausgangspunkt auch Koppensteiner NJW 1971, 1775, freilich mit Ansätzen einer Korrektur; krit Goetzke aaO S 292). Doch ist eine Deliktshaftung an der Vermögenseinbuße des Inhabers des verletzten Rechtsguts orientiert; ferner legen §§ 818 IV, 819, 820 seine Verpflichtung auf den Wert des ursprünglich Erlangten fest (Canaris JZ 1971, 562) und schneiden ihm die Berufung auf spätere entreichernde Vorgänge ab.

19 Die **Rspr** stellt demgegenüber auf den **objektiven Wert des Bereicherungsgegenstandes** ab, erkennt Erleichterungen aus subjektiven Gesichtspunkten gem Abs III nur dem gutgläubigen Kondiktionsschuldner zu und **verwirft insbesondere eine Gewinnhaftung** des Gutgläubigen bei der allgemeinen Eingriffskondiktion (zum objektiven Wertbegriff RG 147, 398; BGH 5, 201; 10, 180; 17, 239; 36, 321; 55, 128; 82, 299; 99, 244; eingehend Larenz, FS v Caemmerer, S 209ff; Ehlke WM 1979, 1022ff; Goetzke AcP 173, 289; Reuter/Martinek S 566f; MüKo/Lieb Rz 35; ebenso Staud/Lorenz Rz 27; Soergel/Mühl Rz 11; zur Ablehnung der Gewinnhaftung BGH LM Nr 2 zu § 818 II; BGH 82, 299; NJW 1987, 2869; v Caemmerer, FS Rabel, S 376ff; Larenz § 68 II). Bei der allgemeinen Eingriffskondiktion schuldet der Bereicherte das, was üblicherweise für Vorteile der von ihm gezogenen Art zu zahlen ist, bei Verletzung von Immaterialgüterrechten oder Patenten also etwa die übliche **Lizenzgebühr** (BGH 38, 360; 44, 380; Soergel/Mühl Rz 15; zur Anwendbarkeit der für die Eingriffskondiktion geltenden Grundsätze der Lizenzanalogie auch bei der Leistungskondiktion BGH NJW-RR 2001, 1332, dazu auch Jestaedt WRP 2000, 899; aA Düsseldorf GRUR 1999, 45); bei unbefugter Stromentnahme die üblichen Tarife (BGH 117, 29, wonach hier wie bei Patent- oder Gebrauchsmusterverletzung die Berechnung nach Bereicherungs- oder Schadensersatzrecht gleichläuft, BGH BB 1992, 1302 – Lizenzanalogie). Die Maßgeblichkeit des Verkehrswerts wird ua begründet mit der Erwägung, der Zuweisungsgehalt des verletzten Rechts begrenze den Inhalt des Bereicherungsanspruchs (Wilburg, Die Lehre, S 106, 122; dagegen Koppensteiner NJW 1971, 1769 und in bezug auf die Tragweite des Zuweisungsgedankens auch Larenz aaO S 220). Doch wäre es bei einer derartigen Entfaltung des Gedankens der Rechtsfortwirkung folgerichtiger, sogar auf das Vermögen des Entreicherten abzustellen (Pinger MDR 1972, 103), womit dann freilich wieder der grundsätzlich nicht mehr maßgebende Vermögensverlust des Kondiktionsgläubigers zum entscheidenden Kriterium würde. Weiter spielt die Vorstellung eine Rolle, daß zumindest bei nichtgegenständlichen Vorteilen die Bereicherung in der Ersparnis sonst notwendiger eigener Aufwendungen liege (vgl etwa RG 97, 311; 122, 229; BGH 20, 355; BayObLG NJW 1965, 973; BGH NJW 1973, 1283; 1979, 2034; Soergel/Mühl § 812 Rz 65, 200). Doch trifft dies im Ausgangspunkt nicht zu (s § 812 Rz 9), mag auch der Ersparnisgedanke bei der Wertberechnung seinen Platz haben (Rz 24ff).

20 Richtig ist freilich, daß auch auf der Grundlage einer subjektiven Wertbestimmung bestimmte **Typisierungen** unvermeidlich sind, die in manchen Ergebnissen dem objektiven Wertbegriff nahekommen. Dies ergibt sich aus der Überlegung, daß auch der gutgläubige Bereicherte bei der Leistungsannahme und auch beim Eingriff in fremdes Rechtsgut oftmals erkennen läßt, welchen Wert er dem Beitrag des ihm bis dahin nicht zustehenden Guts im Rahmen seines Vermögens beimißt. Insbesondere die Gewinnhaftung bei Eingriffserwerb wird so aus dem Gesichtspunkt einer Verteilung nach Beitragswerten begrenzt (Wilburg aaO S 128ff; Jakobs, Eingriffserwerb, S 123ff; Kellmann, Gewinnhaftung, S 139ff; Haines, Bereicherungsansprüche bei Warenzeichenverletzungen und unlauterem Wettbewerb, 1970, S 110). Auf derselben Linie liegen hinsichtlich der Kondiktion rechtsgrundloser Arbeitsleistungen die Überlegungen, daß ertragreicher oder verfehlter Einsatz von Arbeitskräften Sache des Arbeitgebers sei und seine Haftung weder verschärfen noch begrenzen könne (MüKo/Lieb Rz 36; vgl auch Beuthien RdA 1969, 161). Nicht deutlich insoweit LAG Düsseldorf DB 1990, 222, das bei Rückabwicklung eines erfüllten Arbeitsvertrages für die Anwendung des Abs II auf dasjenige abstellt, was die Parteien vereinbart hätten, wenn ihnen bei Erbringung der Leistungen die Notwendigkeit der Rückabwicklung bekannt gewesen wäre. Da auch auf der Grundlage einer objektiven Wertbemessung neuerdings der konkreten Berechnung nach der Vermehrung des Empfängervermögens gewisse Zugeständnisse gemacht werden (Goetzke AcP 173, 289, 314; einen „individuellen Verkehrswertbegriff" – freilich unter bloßem Hinweis auf die Schwierigkeiten forensischer Wertermittlung – vertritt Ehlke WM 1979, 1026), ist in vielen Einzelproblemen weitgehende Übereinstimmung erzielbar.

c) Die Wertberechnung erfolgt nach hM zum **Zeitpunkt** des Eintretens der Bereicherung durch rechtsgrundlosen Empfang (RG 119, 332; BGH 5, 197; BGH NJW 1963, 1299; Soergel/Mühl Rz 12; differenzierend aber Staud/Lorenz Rz 31; MüKo/Lieb Rz 45, 46; Ehlke aaO S 1030) bzw Nichteintritt des mit einer Leistung bezweckten Erfolges, zB BGH NJW 1995, 33 bei späterem Wegfall des Rechtsgrundes. Damit trägt der Kondiktionsgläubiger das Risiko einer (teilweisen) Entreicherung des Schuldners, ohne von der Wertsteigerung des an sich ihm gebührenden Gegenstandes zu profitieren. Realisiert der dinglich Nichtberechtigte einen solchen Wertzuwachs der ihm nicht gehörenden Sache durch Veräußerung, so muß er nach hM gem § 816 I den gesamten Veräußerungserlös herausgeben (§ 816 Rz 20; insoweit zust Reuter/Martinek S 572). Will man die allgemeine Eingriffskondiktion nicht anders behandeln als den Sonderfall des § 816, so kann bei Verkauf einer rechtsgrundlos erlangten Sache nicht anders zu entscheiden sein. Deshalb ist der Gegenmeinung (Furtner MDR 1961, 649; Koppensteiner NJW 1971, 588; Pinger MDR 1972, 187) zu folgen, die auf den Zeitpunkt der Umwandlung der Herausgabepflicht in einen Wertersatzanspruch abstellt, für Maßgeblichkeit des Zeitpunkts der Wiedererlangung Larenz/Canaris § 72 III 5d; MüKo/Lieb Rz 47. Der ebenfalls als maßgeblich vorgeschlagene (Koppensteiner/Kramer S 178) Zeitpunkt der letzten mündlichen Verhandlung scheidet aus, weil vorher Rechtshängigkeit gem Abs IV eintritt und die Haftung – auch bei weiterer Wertsteigerung – sich nun nach den allgemeinen Vorschriften richtet. Auf den Zeitpunkt einer außergerichtlichen Inanspruchnahme kommt es nicht an, BGH NJW 1962, 580; aM Koppensteiner aaO. Für den Sonderfall des § 951 s § 951 Rz 15.

d) Wertersatz ist in **Geld** zu leisten, nicht durch Naturalrestitution, auch nicht bei vertretbaren Sachen (vgl Rz 15). Es handelt sich daher um eine Gattungsschuld. Ist das Erlangte mit anderen Gegenständen veräußert, so sind die Einzelwerte zu berechnen (RG 75, 361). Die Wertersatzpflicht kann gem Abs III insbesondere durch Aufwendungen des Kondiktionsschuldners begrenzt werden, s Rz 39. Zum Wertausgleich bei Rückforderung des „entgeltlichen Teils" nach Widerruf einer gemischten Schenkung BGH ZIP 1989, 996.

e) Einzelfälle. In der Entscheidung von Einzelfällen ergeben sich Probleme bei der Bestimmung des ursprünglichen Kondiktionsgegenstandes, der Wertbemessung bei nachträglicher oder von vornherein bestehender Unmöglichkeit gegenständlicher Herausgabe sowie bei der Berücksichtigung entreichernder Umstände. **aa)** Der Wert eines **Bauwerks** ist nicht nach den Kosten der einzelnen Arbeiten oder nach den gesamten Baukosten zu bemessen, sondern nach der Erhöhung des Grundstückswerts (BGH 17, 236; Koblenz NJW 1990, 126; MüKo/Lieb Rz 41). Anders BGH NJW 2001, 3184, 3186 für den Fall, daß die erbrachte Leistung der Planung des Grundstückseigentümers entsprach und er sie entgegengenommen hat und nutzte; dann soll dasjenige als Wertersatz zu leisten sein, was er bei eigener Auftragsvergabe für die Arbeiten hätte aufwenden müssen. Das Abstellen auf den Grundstückswert ist angesichts der heute verbreiteten Ertragswertberechnung (BGH 10, 171, 180) ein subjektiver Maßstab, wobei nach der Rspr die Bereicherung auch höher sein kann als der Verlust des Kondiktionsgläubigers (BGH 17, 236; BGH NJW 1962, 2293; s auch Müller JA 1981, 21 mit Bemerkungen zur Methode der Kapitalisierung). Nach Eidenmüller JZ 1996, 890 soll die Änderung des Marktwerts des Grundstücks nur maßgeblich sein, wenn die Kondiktion auf einer Unwirksamkeit wegen Gesetzes- oder Sittenverstoßes beruht, im übrigen sei die übliche Vergütung geschuldet; diese Verbindung zwischen den Nichtigkeitsgründen und dem Inhalt des Anspruchs ist aber nicht systemgerecht. Das Schrifttum hält zum Teil eine Begrenzung des Anspruchs in Höhe der Aufwendungen für notwendig, was freilich im Zusammenhang mit der Abwehr „aufgedrängter Bereicherung" steht (Klauser NJW 1965, 516; Wolf JZ 1966, 467; s auch § 951 Rz 14). Das entspricht nicht den Grundsätzen bereicherungsrechtlicher Rückabwicklung (so auch Koppensteiner NJW 1971, 592), und der Gesichtspunkt der aufgedrängten Bereicherung läßt sich auch bei Anwendung eines subjektiv-konkreten Maßstabs richtig bewerten (s § 814 Rz 6; anders Larenz, FS v Caemmerer, S 225). Zur Wertveränderung infolge Anbaus an eine Giebelmauer Köln NJW 1961, 1820; 1965, 2109; Düsseldorf NJW 1962, 155; 1963, 161 (Raumverlust); zu sonstigem Anbau Düsseldorf NJW 1966, 2312. Ein Bereicherungsanspruch wegen geleisteter Bauarbeiten kann auch bei Rücktritt eines Bauherrn vom Werkvertrag dem hieran schuldlosen Unternehmer zustehen; zum Umfang des Anspruchs BGH BauR 1971, 53. Entsprechendes gilt bei vorzeitiger Beendigung eines langfristigen Mietvertrags, wenn der Wert vom Mieter erbrachter Leistungen für das Mietobjekt nach Bereicherungsrecht zurückzugeben ist; Gegenstand der Bereicherung sind nicht die aufgewendeten Kosten, sondern das Maß der gewinnbringenden Nutzung der fraglichen Leistungen bei anderweitiger Vermietung (BGH NJW-RR 2001, 727; WM 1996, 1265; NJW 1985, 313). Das gleiche gilt für ein auf Dauer angelegtes Leihverhältnis (BGH NJW 2002, 436).

bb) Bei rechtsgrundloser Inanspruchnahme von **Dienst-** und **Arbeitsleistungen** gibt die Praxis als Wertersatzanspruch ein Anrecht auf die übliche (mangels einer solchen) angemessene Vergütung (RG 122, 232; BGH 36, 321; 37, 264; 55, 135; BAG ZIP 1987, 657 mit Kurzkomm Schwerdtner EWiR 1987, 467; Staud/Lorenz Rz 26; Soergel/Mühl Rz 20), wenn nicht mit der Figur des faktischen Arbeitsverhältnisses geholfen werden kann. Bei selbständigen Tätigkeiten, etwa Vermittlung, kann der übliche Maklerlohn gefordert werden (RG 122, 232). Rücksicht auf soziale Notwendigkeiten und Besonderheiten des Einzelfalls, vor allem aber die Befürchtung, mit einer bereicherungsrechtlichen Wertbemessung gem § 818 II der Leistung des Arbeitenden möglicherweise nicht gerecht werden zu können (s besonders BGH 41, 288), haben bisweilen dazu geführt, der Leistungskondiktion einen Bereicherungsanspruch in Höhe des vereinbarten Entgelts zu gewähren (RAG JW 1930, 3010; BGH 41, 282 für „Dienste höherer Art"; BGH 53, 157 = NJW 1987, 2251 sowie BAG NJW 1987, 2251 = DB 1990, 1287), aber nicht über die – unwirksam – vereinbarte Vergütung hinaus (Nürnberg OLGRp 1998, 268). In anderen Fällen wird eine Gebührenordnung zugrunde gelegt (BGH 36, 321 bei Rechtsberatung; BGH NJW 2000, 1560 bei unwirksamem Geschäftsbesorgungsvertrag eines Steuerberaters). Die im Ausgangspunkt objektive Bemessung des Wertersatzes (Rz 19) müßte dazu führen, gegebenenfalls mehr als die unwirksam vereinbarte Gegenleistung zuzuspre-

§ 818 Einzelne Schuldverhältnisse

chen; dieses Ergebnis kann aber mit § 242 korrigiert werden (BGH JZ 1960, 603; s dazu auch Ehlke WM 1979, 1024). Im übrigen bleibt die Frage, ob der Dienstberechtigte mit dem Einwand gehört werden kann, daß er auch ohne den rechtsgrundlos Arbeitenden hätte auskommen können; schließlich muß der allgemeine Entreicherungseinwand richtig angeknüpft werden können (zur Fragestellung Canaris BB 1967, 165; Bydlinski, FS Wilburg, 1965, S 45ff; Beuthien RdA 1969, 161; MüKo/Lieb Rz 36).

25 Kondiktionsgegenstand ist die geleistete Arbeit, unbeschadet der Tatsache, daß insoweit eine Herausgabe in Natur niemals möglich ist (Beuthien RdA 1969, 164; Reeb JuS 1974, 174). Dieselben Regeln gelten beim ungültigen **Arbeitnehmerüberlassungsvertrag**, der Entleiher haftet auch auf den Gewinn (BGH NJW 1984, 1456). Der eingetretene oder ausgebliebene Erfolg der geleisteten Arbeit hat für die Wertfeststellung keine Bedeutung (MüKo/Lieb Rz 36; Beuthien aaO; dagegen will Reeb aaO bereits hierfür Rechtsgedanken zu § 818 III heranziehen). Dies entspricht dem Umstand, daß Nutzen oder Fehleinsatz von Arbeitskräften in den Risikobereich des Arbeitgebers fallen (Rz 20). Danach wäre grundsätzlich auf die vertraglich vereinbarte Gegenleistung abzustellen, auch soweit sie die übliche übersteigt (s BGH 41, 282; vgl auch Kleinheyer JZ 1961, 473; anders wohl Beuthien aaO S 165; Reeb aaO, die den objektiven Wert zugrunde legen wollen). Doch liefe diese Überlegung letztlich darauf hinaus, die Ungültigkeit der Vertragsgrundlage zu negieren. Auf das Vertragsentgelt ist deshalb nur dann abzustellen, wenn darin der subjektive Wert der Dienstleistung für den Kondiktionsschuldner zum Ausdruck kommt. Der Kondiktionsschuldner kann einwenden, er habe durch den Ansatz eines erhöhten Lohnes mehr tun wollen als Arbeit vergüten; auch ist ihm der Entreicherungseinwand nicht verwehrt, wenn die Arbeit aus risikounabhängigen Gründen (also nicht bei einer Unverwendbarkeit der vertragsgemäßen Arbeit) nachträglich entwertet wird. Bei unerlaubter Rechtsberatung durch Steuerberater, die nicht zu erfolgreichen Verhandlungen geführt hat, besteht nach Hamm MDR 1989, 258 kein Bereicherungsanspruch.

26 cc) Nach ähnlichen Grundsätzen ist bei der rechtsgrundlosen Einräumung bzw bei der „in sonstiger Weise" erfolgten Bereicherung durch **Gebrauch oder Verbrauch fremden Guts** zu entscheiden. Das kommt auch bei Rückabwicklung eines erfüllten, aber unwirksamen Kaufvertrages in Betracht, wenn der Käufer auf Herausgabe der Gebrauchsvorteile in Anspruch genommen wird (zur Vergleichbarkeit der Fälle Gursky JZ 1998, 7, 13). Im Ausgangspunkt legt die Rspr die übliche bzw objektiv angemessene Vergütung der Wertberechnung zugrunde (BGH 36, 186; 38, 356 für Urheberrechtsverletzung; BGH 20, 345 bei Verletzung des Rechts am eigenen Bild; RG 97, 252 bei Nutzung von Fabrikräumen, RG 97, 310 bei Nutzung einer Gleisanlage, BGH NJW-RR 2002, 180 bei Nutzung von Wege- und Straßengrundstücken, BGH NJW 1968, 197 bei Nutzung eines Pachtobjekts, BayObLG NJW 1965, 973 bei Entziehung fremden Grundwassers; BGH 44, 380 (ebenso BGH NJW 1982, 1155) bei Warenzeichenverletzungen; in demselben Sinne stellt RG 151, 123 bei Nutzung fremden Kapitals auf den üblichen Zins ab; BGH NJW 1992, 1383 zur unbefugten Stromentnahme; zu den Einzelheiten insoweit Büttner BB 1970, 233). Neuerdings hat der BGH (NJW 1996, 250) eine ursprünglich auf die Rückabwicklung nach §§ 347 S 2 aF, 987 I gemünzte Betrachtungsweise der Berechnung der durch Eigengebrauch erzielten Gebrauchsvorteile, die auf den Teil des Kaufpreises abstellt, der dem Verhältnis der tatsächlichen Benutzungszeit zur möglichen Gesamtnutzungsdauer entspricht (BGH 115, 47; BGH NJW-RR 1995, 364), auf die Berechnung der nach Abs I, II herauszugebenden Gebrauchsvorteile einer rechtsgrundlos gelieferten Sache übertragen. Dies ist fragwürdig, da der Gebrauchsvorteil als solcher den Bereicherungsgegenstand bildet und seine Wertbestimmung im Vermögen des Bereicherten unabhängig von dessen weiterer Gesamtentwicklung betrachtet werden muß, was sich erst im Rahmen des Entreicherungseinwandes ändert. Die Lösung des BGH ebnet die Unterschiede zwischen dem gut- und dem bösgläubigen Kondiktionsschuldner zu sehr ein (hierzu Gursky JR 1998, 6, 12f). Auch in dem zwischen den Fallgruppen stehenden Beispiel der Ausnutzung fremder Vorarbeiten bei der Ausbeutung einer Kiesgrube hat BGH NJW 1979, 2036 auf die angemessene Vergütung für derartige Leistungen abgestellt. Hierher ist auch die rechtsgrundlose Inanspruchnahme von Beförderungsleistungen oder Darbietungen zu rechnen (so das Flugreise-Urteil BGH 55, 128; zust insoweit Canaris JZ 1971, 561), bei der sich allerdings die Würdigung des Entreicherungseinwands des Kondiktionsschuldners als außerordentlich schwierig erwiesen hat (vgl die Kontroverse zwischen Kellmann NJW 1971, 862; Gursky NJW 1969, 2183; Goetzke AcP 173, 289, 314 einerseits; Lieb NJW 1971, 1289; Batsch NJW 1972, 611 andererseits). Die übliche Gebühr hat nach BGH 20, 270 auch derjenige zu zahlen, der rechtsgrundlos auf fremdem Gelände einen Standplatz für sein Fahrzeug in Anspruch genommen hat.

27 Auch hier besteht das gem § 812 I herauszugebende „**Erlangte**" nicht in den Auswirkungen der Nutzung, Beförderung oder dergleichen im Vermögen des Kondiktionsschuldners, sondern in dem **Gebrauchsvorteil** selbst, der durch bestimmungsgemäße Ausnutzung iS des Abs I „erlangt" wird (hiervon geht wohl auch BGH 55, 128 aus; deutlich Canaris JZ 1971, 561; Medicus FamRZ 1971, 250; Batsch NJW 1969, 1743; Koppensteiner NJW 1971, 1774; Pinger MDR 1972, 102; zuletzt Harder NJW 1990, 857, 862). Anders wohl insoweit Lieb(NJW 1971, 1290), der auf die Gebrauchsmöglichkeit abstellt, ohne daß diese Abweichung indessen in der wichtigen Frage nach der Wertberechnung Entscheidendes besagt. Übereinstimmung besteht heute meist darin, daß nicht direkt die Ausgabenersparnis den Bereicherungsgegenstand bildet. Bei konkret-gegenständlicher Erfassung des ursprünglich Erlangten und subjektiver Berechnungsweise des Werts spielt sie aber als Berechnungsfaktor der Bereicherung des Kondiktionsschuldners eine wichtige (BGH 20, 275; vgl auch BGH 55, 128; Gursky NJW 1969, 2184; Kellmann NJW 1971, 865; Koppensteiner NJW 1971, 1774; anders Lieb NJW 1971, 1290), wenn auch nicht die allein ausschlaggebende Rolle. Der Kondiktionsschuldner kann dartun, daß er aus in seiner Person liegenden Gründen den Vorteil günstiger hätte beziehen können (Canaris JZ 1971, 561), und daß für ihn die konkrete Ersparnis unter dem Verkehrswert liegt. Dies ist, da es sich um die Wertermittlung nach Abs II handelt, von Gut- und Bösgläubigkeit des Bereicherten unabhängig. Trotz allem wird nicht selten der Wert der Nutzung oder der Gebrauchsvorteile für den Schuldner der für die Leistung objektiv zu zahlenden Vergütung entsprechen. Allerdings kann auch hier in Fällen der Leistungsbereicherung wie bei der vieldiskutierten Überlassung eines Kraftfahrzeugs auf Grund unwirksamen Mietvertrags (Hamm NJW 1966, 2357; München VersR 1966, 1082; w Nachw bei Batsch NJW 1969, 1743; Gursky NJW 1969, 2183) das vertraglich vereinbarte Entgelt Aufschlüsse über die Wertschätzung des Gebrauchs durch den Bereicherten geben.

Das Flugreise-Urteil (BGH 55, 128) hat weiter die Frage aufgeworfen, ob der Kondiktionsschuldner sich darauf **28** berufen kann, daß für ihn die in Anspruch genommene Leistung keinerlei Ersparnis bedeutet habe, da er sie sich gegen Entgelt nicht habe verschaffen können. Nicht selten wird bei **nicht gegenständlichen Vorteilen** der **Wegfall der Bereicherung**, um den es sich hier handelt, als undenkbar geleugnet (Mestmäcker JZ 1958, 524; Kleinheyer JZ 1961, 475; Batsch NJW 1969, 1745; ähnlich Harder NJW 1990, 857, 862; aM Gursky NJW 1969, 2184; JR 1972, 282; Kellmann NJW 1971, 865; Canaris JZ 1971, 561; Lieb NJW 1971, 1292). Wie aber ein gegenständlicher Vorteil, etwa Geld, durch Aufwendungen entfallen kann, ohne dabei gleichzeitig eine Ausgabenersparnis zu verursachen (sog Luxusaufwendungen), so kann eine zwar bestimmungsgemäße, aber für den Empfänger dennoch nicht vermögensverbessernde Ausnutzung fremder Rechtsgüter und ihm nicht gebührender Vorteile im Ergebnis nicht anders beurteilt werden. Dies nimmt offenbar auch BGH 55, 128 an; ebenso Gursky aaO; Canaris aaO; Kellmann NJW 1971, 865; ähnlich Lieb NJW 1971, 1292; aM Batsch NJW 1972, 612, wobei freilich das weitere Problem bleibt, ob auch diese „Vorverlegung" des besonderen bereicherungsrechtlichen Haftungsprivilegs bei Bösgläubigkeit des Kondiktionsschuldners gem §§ 818 IV, 819 oder in den sonstigen Fällen der Restriktion des Entreicherungseinwands entfällt (s dazu § 819 Rz 4). Gursky (JR 1972, 279, 283) will weitergehend Abs III auch entsprechend anwenden, wenn der Kondiktionsschuldner sich die Vermögensvermehrung auch ohne den bereichernden Vorgang beschafft hätte; bedenklich, weil ein hypothetischer Geschehensablauf dem am konkreten Bereicherungsgegenstand ausgerichteten Anspruch entgegengesetzt wird.

dd) Bei Eingriffen in den Zuweisungsgehalt fremder Rechtsgüter wie Patente, Urheberrechte, Persönlichkeits- **29** rechte, aber auch beim sonstigen Ge- und Verbrauch von Sachen beschränkt sich die Praxis (Rz 26) auf die Verpflichtung zur Zahlung einer angemessenen Lizenzgebühr, allerdings mit der Ergänzung, daß wie bei einer im Lizenzvertrag üblichen Fälligkeitsregelung für die Lizenzgebühr auch der Schutzrechtsverletzer abgelaufene Zinsen zahlen muß (Grundsatz der Lizenzanalogie, BGH NJW 1982, 1151, 1153; BGH 82, 299). Nach der im Schrifttum überwiegenden Ansicht kommt daneben eine **Gewinnhaftung** in Betracht (Rz 18, 19). Die praktische Bedeutung dieser Ansprüche ist durch die Ausdehnung des Schutzes auf weitere Güter (vor § 812 Rz 15) gestiegen. Die Gewinnhaftung bedeutet aber nicht, daß stets der gesamte vom Kondiktionsschuldner erwirtschaftete Gewinn als Wert des rechtsgrundlos erlangten Vorteils herauszugeben wäre. Vielmehr ist eine anteilmäßige Verteilung des Gewinns danach vorzunehmen, welcher Teil gerade mit dem rechtsgrundlos in Anspruch genommenen Gut erzielt wurde (Nachweise Rz 20). Soweit eine Leistungsbereicherung zugrunde liegt, wird wiederum die vertraglich vereinbarte Vergütung Hinweise auf den Wert geben, der der Rechtsgüternutzung im Vermögen des Bereicherten beigelegt wurde, ohne daß dieser Berechnungsfaktor einen anderen, etwa niedrigeren Ansatz ausschließt. Bei der Nichtleistungskondiktion wird nicht selten davon ausgegangen werden, daß die nach der Rspr maßgebende übliche Lizenzgebühr in etwa den Gewinnbeitrag der jeweiligen Nutzungsmöglichkeit wiedergibt, obgleich auch dies nur einen Richtwert darstellt.

ee) Der Wert eines nicht mehr herausgabefähigen **Besitzes** ist nicht nach dem Substanzwert der Sache zu **30** bemessen, sondern nach den Gebrauchsvorteilen (RG 98, 135; 115, 34; BGH NJW 1953, 58; RGRK Rz 20). Zu ihrer Berechnung s Rz 26.

6. Abs III: Entreicherungseinwand

Abs III schließt die Pflicht zur Herausgabe des Erlangten und die Wertersatzpflicht gem Abs II aus, wenn der **31** Empfänger nicht mehr bereichert ist. **a) Begriff der Bereicherung.** Hiermit gibt das Gesetz, das insoweit in Zusammenhang mit Abs IV und § 819 gelesen werden muß, dem gutgläubigen und nicht verklagten Kondiktionsschuldner das Privileg, seine Herausgabe- oder Wertersatzpflicht dahin beschränken zu können, daß er sein Vermögen nicht über den Bestand hinaus in Anspruch nehmen muß, den es ohne den die Kondiktion begründenden Vorgang hätte. Maßgebend ist somit die Absicht, einen **Schaden** vom Bereicherungsschuldner **abzuwenden** (Mugdan II 1183f; RG 118, 187; BGH 1, 81; BGH LM Nr 2 zu § 818 II; BGH 55, 131, 134; BGH WM 1978, 711; BGH NJW 1979, 1598), auf die Gefahr hin, daß dadurch dem Kondiktionsgläubiger eine Einbuße zugemutet wird (dies der Ansatzpunkt der Kritik von Flessner, Wegfall, S 99ff; vgl auch Schnitzler JZ 1972, 272; dagegen aber Koppensteiner/Kramer S 122). Abs III enthält somit eine gewisse Benachteiligung des Gläubigers, um derentwillen häufig von der Schwäche des Bereicherungsanspruchs gesprochen wird. Da das Gesetz aber nicht entscheidet, was es unter einer Entreicherung versteht, ist die Risikoaufteilung auf Kondiktionsgläubiger und -schuldner nach allgemeinen Maßstäben des Rechtsgüterschutzes vorzunehmen. Eine Differenzierung nach Leistungs- und Nichtleistungskondiktion, wie sie Schnitzler (JZ 1972, 272) fordert, ist nur soweit gerechtfertigt, als das Leistungsverhältnis oder die das verletzte Rechtsgut schützenden Normen Hinweise auf die Verteilung der mit dem bereichernden Geschehen zusammenhängenden Vor- und Nachteile geben. Freilich wird im neueren Schrifttum die Besserstellung des gutgläubigen Bereicherungsschuldners, die dem Willen des historischen Gesetzgebers entspricht, verschiedenen **Einschränkungen** unterworfen, die sich daraus ergeben, daß im Zuge einer Orientierung des Bereicherungsanspruchs am Vermögen des Bereicherten statt an einem bestimmten Gegenstand entweder willentliche vermögensmäßige Entscheidungen des Bereicherten bei der Rückabwicklung eines gegenseitigen Vertrages nicht auf den Entreicherten abgewälzt werden sollen (Flume, FS Niedermeyer, 1953, S 103, 104f; ders AcP 194, 427ff; Wilhelm, Rechtsverletzung, S 185), oder ganz allgemein Abs III auf den Wegfall des erlangten Bereicherungsgegenstandes beschränkt wird (Rengier AcP 177, 418, 438ff). Demgegenüber bleibt die hM und insbesondere die Rspr im wesentlichen dabei, daß sie die Haftung des bösgläubigen Bereicherungsschuldners am Bereicherungsgegenstand, die des Gutgläubigen an seinem Vermögen orientiert (Formulierung bei Reuter/Martinek S 580). Allerdings

§ 818 Einzelne Schuldverhältnisse

muß auch nach der Rspr die Vermögensorientierung durch die angedeuteten Risikoabwägungen ergänzt werden. Richtig ist also, § 818 III als eine im Rahmen des Grundgedankens (Schädigungsverbot) mit anderen Rechtsinstituten abstimmungsbedürftige „offene Norm" zu bezeichnen (ähnlich Reuter/Martinek S 584f, 587f).

32 Eine Risikoverteilung erfolgt im Grunde auch, wenn unter Anwendung eines „**wirtschaftlichen Begriffs**" der Bereicherung (RG 75, 362; 170, 67; BGH 1, 81; 9, 335; 14, 79; BGH WM 1972, 564; NJW 1981, 278; RGRK § 812 Rz 57; Staud/Lorenz Rz 33) angenommen wird, der Bereicherungsausgleich gegen den Gutgläubigen sei „von Anfang" auf die per saldo beim Schuldner bestehende Vermögensmehrung beschränkt (RG 163, 360; Soergel/Mühl Rz 21). Dies ist insofern mißverständlich, als der Entreicherungseinwand bei bestehender Herausgabepflicht bezüglich des erlangten Gegenstandes auch durch Erstattungsansprüche (Rz 47) berücksichtigt werden kann. Mit dem wirtschaftlichen Begriff der Bereicherung soll auch die Konstellation erfaßt werden, daß der Bereicherte durch den entreichernden Vorgang sonst notwendige Aufwendungen erspart hat. Entgegen verbreiteter Kritik (Wilburg, Die Lehre, S 142f; Flessner aaO S 99) ist festzuhalten, daß mit der Beschränkung des Bereicherungsanspruchs auf die Vermögensdifferenz noch nicht entschieden ist, welche „entreichernden" Vorgänge in diese Rechnung eingehen. Insoweit bedürfen einige in der Praxis gebrauchte Kriterien der Einschränkung, hauptsächlich die Formel, die auf den Ursachenzusammenhang der entreichernden Vermögensveränderung mit dem die Grundlage des Bereicherungsanspruchs bildenden Tatbestand abstellt (RG 75, 361; 94, 254; 106, 7; 114, 346; 114, 311; BGH 1, 81; BGH LM Nr 7 zu § 818; unter Benutzung der Adäquanzformel auch BGH WM 1961, 275, zurückhaltend aber BGH NJW 1981, 278). Der bloße Ursachenzusammenhang, auch wenn er durch das Adäquanzurteil präzisiert wird, mag eine Strecke weit tragen – so ist ein rechtsgrundlos in einem Krankenhaus Untergebrachter nicht bereichert, wenn er anderwärts hätte kostenlos untergebracht werden können (München NJW-RR 1993, 1240) –, eignet sich aber nicht, um in wertender Weise Risiken den Parteien des Kondiktionsverhältnisses zuzuweisen, was als das entscheidende Kriterium für die Abzugsfähigkeit von Nachteilen bezeichnet wird (BGH 109, 139, 145; BGH NJW 1995, 3317); für den Fall einer Zweckschenkung s auch Düsseldorf MDR 1998, 843. Deshalb wird heute verbreitet eine Abzugsfähigkeit von Nachteilen nur soweit bejaht, als sie notwendig ist, das berechtigte **Vertrauen** des Bereicherungsschuldners in die **Rechtsbeständigkeit** seines Erwerbs zu schützen (Wilburg aaO S 152; Dießelhorst, Natur der Sache, S 58f, 106f; Canaris, FS Lorenz, 1992, S 20; jetzt auch BGH NJW 1976, 1091; Vorbehalte bei MüKo/Lieb Rz 62; krit aber Rengier AcP 177, 418, 430; Kohler, Rückabwicklung, S 133ff; Koppensteiner/Kramer S 128f). Dies ist freilich nicht im Sinne eines allein maßgeblichen Kriteriums zu verstehen, da bei der gegenständlichen Orientierung des Bereicherungsanspruchs der Untergang des ursprünglich Erlangten stets als Entreicherung angesehen werden muß; vielmehr dient der Gedanke des Vertrauensschutzes nur zur richtigen Verteilung des Risikos bei entreichernde Handlungen. Ein Zufallsrisiko trägt auch der Bösgläubige nicht. Den Zweck des Abs III in der Unbilligkeit zu sehen, die darin läge im Zuge der Rückabwicklung der Bereicherung auf das ursprüngliche Schuldvermögen zurückzugreifen (Kohler S 124ff), beschreibt die normative Anordnung, gibt aber ihren Grund nicht an. Läuft im übrigen die Ursächlichkeitsformel Gefahr, dem Kondiktionsgläubiger zu viel an Verlustrisiken aufzubürden, so dürfen doch umgekehrt mit dem Abstellen auf den Vertrauensschutz auch nicht alle die Nachteile auf den Bereicherten überwälzt werden, die ihn auch bei Erwerb mit gültigem Rechtsgrund getroffen hätten (Lieb NJW 1971, 1293).

33 Der Umstand, daß der Bereicherungsanspruch ohne Verschulden des Bereicherten entstehen kann und der schuldhaft Handelnde schärfer haftet, genügt nicht, um die Verantwortungssphären der Beteiligten für zufällige Ereignisse nach der **willentlichen Einordnung** des betroffenen Gegenstandes in das Vermögen des Bereicherungsschuldners zu bestimmen (gegen diese These Flumes auch Reuter/Martinek S 584ff; Canaris, FS Lorenz, S 28; eingehend Kohler, S 216ff; Flume folgend aber Wilhelm, Rechtsverletzung, S 62ff). Die Verbindung zwischen der Vermögensentscheidung des Bereicherten und Nachteilen oder Verlusten in seinem sonstigen Vermögen läßt sich nicht durchweg herstellen und wird auch häufig durch den unwirksamen Vertrag gerade fehlgesteuert sein; zur Unterscheidung müssen normative Kriterien dienen. Bisweilen wird aus gesetzlichen Vorschriften zu entnehmen sein, daß bestimmte Verluste den Kondiktionsgläubiger oder -schuldner treffen müssen. So kann bei Verarbeitung gestohlener Sachen durch einen gutgläubigen Abnehmer des Diebs dem Bereicherungsanspruch aus § 951 nicht der an den Dieb gezahlte Kaufpreis entgegengehalten werden, weil § 935 das Risiko insoweit dem Erwerber aufbürdet (s BGH 55, 176; H.P. Westermann JuS 1972, 18, 24; aM zur Übertragbarkeit des § 935 auf die bereicherungsrechtliche Abwicklung Schnitzler JZ 1972, 270). Beim Barankauf eines Inhaberverrechnungsschecks kann die diskontierende Bank der Leistungskondiktion des Scheckausstellers nicht den an einen Dritten gezahlten Kaufpreis entgegenhalten, sondern hat die mit derartigen Geschäften verbundene Gefahr zu tragen, BGH NJW 1995, 3317. Gelegentlich wird eine Risikoverteilung nach **§ 254** vorgeschlagen (Mestmäcker JZ 1958, 521; Schnitzler aaO), was in der Rspr bisher (BGH 14, 7; 37, 363) abgelehnt wurde, aber zT im Gewand des § 242 (so für den Fall des Unfalls des betrogenen Gebrauchtwagenkäufers – Rz 46 – BGH 57, 137) wiederkehrt (vgl dazu auch Flessner NJW 1972, 2777, 1782).

34 **b) Einzelne Modalitäten.** Im Rahmen des wirtschaftlichen Bereicherungsbegriffs und der **Nachteilsanrechnung** nach Maßgabe der **Verursachung** haben sich in der Praxis weitere Modalitäten herausgebildet. Es sind alle Vor- und Nachteile zu veranschlagen, aus denen ein Saldo gezogen wird, RG 163, 360; vgl auch BGH NJW 1961, 2205, wo freilich mehr an die eigentliche „Saldotheorie" (Rz 41) gedacht ist. Dabei kommt es auf die besonderen Voraussetzungen der Aufrechnung oder des Zurückbehaltungsrechts nicht an (RG 86, 346; 140, 161; RG HRR 1933, Nr 1008); ebensowenig darauf, ob der Bereicherte die Nachteile ausdrücklich geltend macht, sie sind vielmehr von Amts wegen zu berücksichtigen (RG 83, 119; RG JW 1914, 302), auch dann, wenn das Erlangte noch in Natur herausgegeben werden kann. Bei der Qualifizierung eines Nachteils als abzugsfähig kommt es auf das Verschulden nicht an; doch wird gelegentlich eine im eigenen Interesse veranlaßte Vermögensminderung nicht angerechnet, wenn dies der Billigkeit widerspräche (RG 170, 65). Dies läßt sich dahin verallgemeinern, daß Folgen des

Gebrauchs der Sache oder ihres anderweitigen wirtschaftlichen Einsatzes in der Risikosphäre des Schuldners als Entreicherung nicht geltend gemacht werden können, ebensowenig der Verschleiß von Gegenständen, die mit den rechtsgrundlos erlangten Mitteln erworben und wirtschaftlich eingesetzt wurden (BGH NJW 1975, 1510). Ferner kann mit BGH NJW 1962, 1909 berücksichtigt werden, wenn der Bereicherte nach dem Vertrag die Gefahr für einen Verlust zu tragen hatte; dies ist eine der auch sonst zu beobachtenden Fortwirkungen rechtsgeschäftlicher Regelungen trotz des Eingreifens von Nichtigkeitstatbeständen. Auch sonst können abweichende Umstände des Einzelfalls berücksichtigt werden, zB in Arbeitsverträgen eine uneingeschränkte Rückzahlungspflicht bei Lohnüberzahlungen, die eine Haftungsminderung wegen Bereicherungswegfalls ausschließt (BAG NJW 1964, 1242; s auch vor § 812 Rz 16). Bei der häufiger vorkommenden Rückabwicklung eines wegen verbotener Kreditvermittlung nichtigen Darlehensvertrages (§ 56 I Nr 6 GewO) sowie bei anderen nichtigen Darlehensverträgen stellt sich die Frage, wer das Verwendungsrisiko trägt, wenn der Darlehensnehmer mit der rechtsgrundlos erlangten Valuta Anschaffungen macht. Dem Darlehensvertrag entspricht die Einstellung, daß die Verwendung der geliehenen Mittel Sache des Darlehensnehmers ist, so daß die Annahme (BGH 83, 293; s auch Hamm NJW 1981, 993; Düsseldorf NJW 1985, 2733), der Darlehensnehmer sei durch die von seiner Ehefrau ohne sein Wissen durchgeführte Abhebung und Ausgabe des Geldes für einen (dann untergegangenen) Pkw entreichert, in der Tat abzulehnen ist (Reuter/Martinek S 590). Die Verantwortlichkeit für einen Verstoß gegen gewerberechtliche Regeln mag eine andere Risikoverteilung nahelegen (BGH NJW 1979, 1597, 1599). Zur Behandlung der drittfinanzierten Verträge in diesem Zusammenhang Rz 40.

c) Die **Anrechnung von Verlusten** ist grundsätzlich unabhängig von ihrer Art und dem Zeitpunkt ihres Eintretens, soweit die in Rz 32 angegebenen allgemeinen Voraussetzungen vorliegen. Entreicherung kann eintreten durch Untergang, Abhandenkommen (RG 56, 297; RG HRR 1933, Nr 1843 bei Unterschlagung durch Vertreter) oder Weggabe des erlangten Gegenstandes (OGH 1, 289: Bank schreibt den ihr gutgebrachten Betrag einem Dritten gut; BGH 72, 13); Kosten der Abmeldung und private Gutachterkosten für ein Fahrzeug, dessen Käufer den Kaufvertrag mit Erfolg angefochten hat (Oldenburg DAR 1993, 467). Ist an die Stelle des Gegenstandes ein Surrogat getreten, gilt Abs I (Rz 14). Mit Rücksicht auf Abs II bewirkt der Verlust des erlangten Gegenstandes einen Wegfall der Bereicherung nur, soweit kein Vorteil im Vermögen des Kondiktionsschuldners bleibt. So schlägt das commodum ex negotiatione bei der Saldierung zugunsten des Kondiktionsgläubigers zu Buche, so daß er einen Wertersatzanspruch in Höhe der noch verbliebenen Bereicherung hat. Deswegen ist der Schuldner entreichert, wenn er den Gegenstand verschenkt hat (zweifelhaft Hamm MDR 1990, 1011, das Verlust im Glücksspiel nicht ausreichen läßt). Keine Entreicherung, wenn der Kondiktionsschuldner durch den Wegfall des ursprünglichen Bereicherungsgegenstandes **Aufwendungen erspart** hat, die er sonst hätte machen müssen (RG LZ 1924, 96; RGRK Rz 33; eingehend zur Problematik MüKo/Lieb Rz 73f), es sei denn, er hätte den herauszugebenden Gegenstand zu Ausgaben verwendet, die er sich sonst nicht geleistet hätte; sog Luxusausgaben (RG 68, 27; RGRK aaO; Hamm NJW 1977, 824; Flessner S 18; Kohler S 155f). Beispiel bei Gehaltsüberzahlung an Beamte BGH MDR 1959, 109 (s dazu aber Rz 38). In diesen Fällen ist nicht die Ersparnis Bereicherungsgegenstand, sondern sie verhindert lediglich ein Entfallen der Bereicherung durch Untergang des ursprünglichen Bereicherungsgegenstandes. Bedenklich ist demgegenüber der Entreicherungseinwand wegen eines Absinkens des gesamten Vermögens auf einen Stand, der den Betrag des Erlangten nicht mehr erreicht (BGH MDR 1957, 598; NJW 1958, 1725) – allenfalls aus dem Schädigungsverbot zu rechtfertigen (krit auch Staud/Lorenz Rz 34). Tritt der Verlust – etwa bei einer Bank – dadurch ein, daß der Empfänger es im Vertrauen auf die Rechtsbeständigkeit des Erwerbs unterläßt, sich rechtzeitig Sicherheit oder anderweitige Befriedigung zu verschaffen, so läßt BGH 26, 189; BGH NJW 1976, 1091; NJW 1982, 175 den Entreicherungseinwand zu, zum Verzicht auf Realisierung von Gegenansprüchen München NJW-RR 1988, 1391; s ferner Rz 36. Erheblich ist auch der Einwand des rechtsgrundlosen Empfängers, er habe sich bei Kenntnis der Rechtsgrundlosigkeit das Erlangte anderweitig – auch durch eigenen Arbeitseinsatz – billiger oder kostenlos beschaffen können (Gursky JR 1972, 279, 283; BAG AP Nr 13 zu § 612 BGB; Kohler S 148ff).

Streitig die Folgen einer **Weggabe des Bereicherungsgegenstandes**, die nicht rechtsbeständig ist, ohne daß der Rückgewähranspruch durchgesetzt werden kann. BGH 9, 333 hat eine Uneinbringlichkeit wegen § 817 S 2 nicht berücksichtigt; anders mit Recht BGH WM 1961, 947; Frankfurt NJW-RR 1995, 1348; s auch Koblenz BauR 1995, 252. Kann der Bereicherungsschuldner allerdings seine Forderung durch Aufrechnung realisieren, so ist ihm der Einwand versagt (anders OGH 1, 75). Abs III greift nicht ein, wenn der Bereicherte das Erlangte zur Tilgung eigener Schulden verwendet hat (BGH DB 1971, 1348; MüKo/Lieb Rz 77), so daß auch bei rechtsgrundloser Tilgung fremder Schulden der Entreicherungseinwand nicht in Betracht kommt (BGH NJW 1996, 926 mit zust Kurzkomm Martinek EWiR 1996, 257; BGH 56, 317; BGH NJW 1985, 2700). Realisierung der Rückgewährforderung im obigen Sinne ist auch anzunehmen, wenn eine Gutschrift, die die Weggabe des Betrages enthält, rückgängig gemacht werden kann (BGH 26, 194). Abzugsfähig, weil rechtlich an die Inhaberschaft am Kondiktionsgegenstand gebunden, sind **verursachte Ausgaben** wie erhöhte Einkommensteuer (RG 170, 67; s auch BGH NJW 1970, 2059; eingehend Schön ZHR 155, 247ff, 266ff), oder zweckentsprechende Verwertung zweckgebundener Gehaltszulagen (RG 83, 159); in der Anrechenbarkeit von Aufwendungen schlägt sich die Zuweisung bestimmter Entreicherungsrisiken nieder (BGH NJW 1992, 1037).

Im Falle der aus § 816 II folgenden Bereicherungshaftung der Bank, die trotz kollidierender Sicherungsrechte Forderungen ihres Kunden eingezogen hat (§ 816 Rz 16), kommt als Entreicherungstatbestand in Betracht eine **neue Kreditgewährung** an den Kunden (BGH 26, 194; BGH WM 1959, 373f; zust Reuter/Martinek S 358), es sei denn, die Gutschrift für den Kunden konnte noch storniert werden. Beruht die Einziehung der Forderung – und die Verbindlichkeiten des Kunden vermindernde Gutschrift – auf einer sittenwidrigen Zession, so soll der Entreicherungseinwand nicht greifen (BGH 56, 173 mit im Ergebnis zust Anm Lieb JR 1971, 507; aM Olschewski NJW 1971, 2307; weitergehend aber Canaris NJW 1971, 249, 257).

§ 818   Einzelne Schuldverhältnisse

37   Ist das ursprünglich Erlangte noch vorhanden, so ist die im Schrifttum (RGRK Rz 34) anerkannte Abzugsfähigkeit von **Nachteilen**, die mit dem Erwerb in ursächlichem Zusammenhang stehen, nur so vorstellbar, daß Zug um Zug gegen Herausgabe des Bereicherungsgegenstandes die Nachteile ausgeglichen werden müssen (RGRK § 812 Rz 58). Bei **Schäden** ist besonders darauf zu achten, ob ihr Ersatz einen notwendigen Vertrauensschutz für den Kondiktionsschuldner verwirklicht oder ob die Nachteile nur zufällige Folge der Einfügung des Bereicherungsgegenstandes ins Vermögen des Schuldners sind (s auch Staud/Lorenz Rz 40). Somit sind nicht abzugsfähig die Schäden, die der Bereicherungsgegenstand im sonstigen Vermögen des Schuldners anrichtet. Vertrauensschutz gebührt dagegen dem Bereicherungsschuldner, der nach Empfang der Leistung des falschen Schuldners die Forderung gegen den Richtigen hat verjähren lassen (RG 70, 352; BGH 66, 150, 155; MüKo/Lieb Rz 66), der eine sonstige Frist verstreichen läßt (RG Warn 1920, 151), den Verfall einer Vertragsstrafe hinnimmt (Flessner S 19; RG JW 1928, 2444) oder so lange wartet, bis sein Rückgriffsanspruch gegen den wahren Schuldner uneinbringlich geworden ist (BGH WM 1961, 273; BGH 66, 150, 155; MüKo/Lieb Rz 66). Der Ausfall normaler Einkünfte wird häufig nicht auf das Vertrauen des Kondiktionsschuldners in den Bestand seines Erwerbs zurückzuführen sein (s aber RG JW 1911, 40 bei Miete, RG HRR 1933, 1008 bei Pacht).

38   Insbesondere bei Überzahlung von Lohn und Gehalt sowie bei rechtsgrundlos geleistetem **Unterhalt** ist die Frage aufgetreten, inwieweit **erhöhter Lebensaufwand** zu berücksichtigen ist (zur Anwendung des § 818 III im öffentlichen Recht vor § 812 Rz 19). Die Rspr (RG 83, 159; BGH MDR 1959, 109) berücksichtigt mindestens bei Beamten unterer Besoldungsstufen (BVerwG 8, 267; 13, 107; BVerwG MDR 1969, 956; LAG München DB 1989, 332) den Umstand, daß sich der Lebensstandard nach den konkret empfangenen Bezügen richtet. Dies gilt auch für Anschaffungen, selbst für Luxusaufwendungen (BVerwG 13, 107) wie – gegenüber einer Krankenversicherung – für den „Luxus eines Einzelzimmers" im Krankenhaus, Hamm RuS 1996, 113. **Schuldtilgungen** bedeuten idR keinen Wegfall der Bereicherung (BVerwG 28, 75; anders noch BVerwG 15, 19), jedenfalls dann nicht, wenn der Bereicherte nachweist, daß er auf die Schulden auch bei geringeren Unterhaltsbezügen gleich hohe Zahlungen geleistet hat (BGH 118, 383). Beim **Beamten** werden doch nicht selten die Voraussetzungen verschärfter Haftung vorliegen (s § 819 Rz 1). Sonderregeln gelten bei der Ausbildungsförderung (OVG Berlin FamRZ 1976, 564; BVerfG NJW 1978, 535). Der Entreicherungseinwand steht insbesondere der Rückabwicklung nicht geschuldeter **Unterhaltszahlungen** häufig entgegen. Die Rspr läßt es hier für ein Entfallen des Bereicherungsanspruchs genügen, wenn der Empfänger die Beträge restlos für seine Lebensbedürfnisse ausgegeben hat, ohne bleibende Vermögenswerte zu schaffen (BGH NJW 1984, 20, 95; BGH 143, 65), wobei eine Vermutung für eine ersatzlose Verbesserung des Lebensstandards aufgrund der Überzahlungen besteht, wenn der Unterhaltsberechtigte aus der Überzahlung eine Rücklage gebildet hat (BGH 118, 383; BAG ZIP 1994, 726; ähnlich für die Rückgewähr überzahlten Unterhalts Hamm FamRZ 1996, 1406; Zweibrücken FamRZ 1998, 834). Bei laufender Überzahlung von Lohn spricht nach der Rspr die Lebenserfahrung zugunsten des Empfängers dafür, daß die Überzahlung zur Verbesserung des Lebensstandards ausgegeben wurde und insoweit aufgrund mangelnder bleibender Vermögensveränderungen keine Bereicherung bleibt (BGH 118, 383; BGH NJW 2001, 2907). Dies soll vor allem gelten, wenn die Überzahlung verhältnismäßig geringfügig war. Regelmäßig wird das bei Überzahlung von bis zu 10 % der regulären Bezüge angenommen (BAG 79, 115, 121; BAG MDR 2001, 1356, 1357), wobei eine absolute Obergrenze nicht existiert (s BAG MDR 2001, 1302). Zum Vertrauensschutz gegenüber Unterhaltsrückforderung allg Mertens FamRZ 1994, 601. Keine Entreicherung daher, wenn der Bereicherte infolge der Unterhaltszahlung anderweitige sonst anzugreifende Mittel erspart hat (s auch LG Bielefeld WM 1984, 330), während namentlich Unterhaltszahlungen an ein vermögensloses Kind dem Entreicherungseinwand ausgesetzt sind (BGH 78, 201; BGH NJW 1981, 2184). Kürzungen durch das Sozialamt können eine Entreicherung darstellen (Schleswig FamRZ 1998, 1166). Für Überzahlungen seitens einer Zusatzversorgungskasse kann Abweichendes vereinbart werden (BGH VersR 1998, 477).

39   d) **Anrechnung von Aufwendungen, insbes Leistungen an Dritte.** Abzugsfähig sind grundsätzlich **Erwerbsaufwendungen** (näher auch Kohler S 139ff), doch ergibt sich aus den konditionsbegründenden normativen Erwägungen auch insoweit manchmal eine Einschränkung des Entreicherungseinwands, so etwa bei den Aufwendungen eines gewerblichen Sammlers gemeinnütziger Spenden (Hamm NJW-RR 1995, 1010). Nach dem Risikogrundsatz (Rz 32) sind als Entreicherung nicht anzusehen Zahlungen, die der Vertragspartner an Dritte erbringt, um die im fehlgeschlagenen Vertrag versprochene Leistung zu ermöglichen (Hamm MDR 1992, 1151 für Vermessungskosten und Kosten einer Auflassungsvormerkung). Abzugsfähig sind somit die **Vertragskosten**, wenn sie sich wegen der Rechtsgrundlosigkeit des Erwerbs als nutzlos erweisen (Larenz/Canaris § 73 I 2). Dieser Satz erfährt allerdings verschiedene Einschränkungen. Zum einen ist nach BGH 116, 251 der Wille der Parteien des fehlgeschlagenen Vertrages zu berücksichtigen, wer die Kosten letztlich zu tragen haben sollte, daneben gegebenenfalls die Wertungen der §§ 467 aF, 327 S 2 aF, 122 oder auch der §§ 994ff (näher Canaris JZ 1992, 1114ff, dagegen aber Flume, Gedächtnisschrift für Knobbe-Keuk, S 111, 115ff, der die Kosten des nichtigen Vertrages demjenigen aufbürdet, der sie bezahlt hat). Refinanzierungskosten des Käufers läßt BGH 116, 251 nicht als Entreicherung gelten, wenn der Käufer gleichzeitig Verzinsung des gezahlten und des zurückzugebenden Kaufpreises verlangt (zust Canaris aaO S 1118; Flume S 116f). Im ganzen spielt die Vorstellung von der Anerkennung des „faktischen" Synallagma bei der Rückabwicklung gegenseitiger Verträge (Rz 41) eine Rolle.

39a   Die Frage nach der Berücksichtigung von Verwendungen stellt sich häufig beim nichtberechtigten Besitzer einer Sache, der vor der nach § 816 I kondiktionsbegründenden Veräußerung einer Sache Kosten gehabt hat. Unter § 818 III fallen Vergütung für Maklertätigkeit (RG 72, 1), Vertragsbeurkundung, die Zahlung von Mehrwertsteuer (BGH NJW 1970, 2059). Zur Abzugsfähigkeit von **Vollstreckungskosten** § 812 Rz 75. Zu dem im Rahmen des Herausgabeanspruchs abzusetzenden Posten gehören auch **Verwendungen** (s dazu bereits vor § 812 Rz 14, § 816 Rz 21). Auch der ungerechtfertigt um eine Sache Bereicherte, der Verwendungen macht, tut dies im Vertrauen auf die Gültigkeit seines Erwerbs. Für den Fall eines Anspruchs aus § 988, mit dem der rechtsgrundlose gutgläubige Besitzer in Anspruch genommen wird, hat BGH 137, 314 angenommen, daß die Aufwendungen des Besitzers iSd § 818 III einen Abzugsposten auch dann darstellen, wenn es sich um Verwendungen iSd § 994ff nicht handelt, was wegen des vom BGH angenommenen engen Verwendungsbegriffs praktische Bedeutung hat. Allerdings müssen die Aufwendungen im inneren Zusammenhang mit den durch die Nutzung der Sache gezogenen Vorteilen stehen (Medicus Anm WuB IV A § 988 BGB 1/98), was der BGH etwas zu pauschal bejaht (einschränkend insoweit Gursky JZ 1998, 687). Das Urteil ist aber auch im Grundsatz nicht unbestritten (s Reischl JR 1999, 25); zur Rechtslage bei Rückabwicklung gegenseitiger Verträge Rz 42. Für Reparatur- und Transportkosten RG JW 1918, 132; für Kosten der Nutzung und Fruchtziehung s aber auch RG Warn 1919, 196; w Nachw bei Staud/Lorenz Rz 37. Eine Einschränkung gilt, wenn und soweit Aufwendungen dadurch gerechtfertigt erscheinen, daß dem Bereicherten Nutzungen verbleiben (Staud/Lorenz aaO). Zum Gesichtspunkt der aufgedrängten Bereicherung § 814 Rz 5. Anzurechnen sind schließlich auch Kosten der Herausgabe des Erlangten (RG 96, 347) sowie bei Nutzungsherausgabe die Kosten der Fruchtziehung (BGH NJW 1983, 1905, 1907). Wird eine Schenkung nach § 531 II rückabgewickelt, so kann der Beschenkte wegen seiner Aufwendungen auf die Sachen neben dem Entreicherungseinwand gem Abs III auch eine Verwendungskondiktion wegen solcher Aufwendungen haben, durch die eine fortbestehende Wertsteigerung der Sache begründet wurde (BGH NJW 1999, 1626 m Anm H.P. Westermann WuB IV A § 531 BGB 1/2000).

Beim Bereicherungsanspruch gem § 816 I, aber auch bei der Eingriffskondiktion nach § 951 oder im Fall des **40** § 816 II (Messer NJW 1976, 926), stellt sich häufig die allgemeinere Frage der Abzugsfähigkeit der an einen **Dritten** erbrachten **vertraglichen Gegenleistung.** Sie wird in der Rspr meist verneint (RG SeuffA 66, 132; RG 106, 7; Celle MDR 1958, 845; BGH 9, 333; 14, 7; 26, 194; 55, 176; BGH NJW 1970, 2099; BGH DB 1974, 1009; vgl aber auch BGH NJW 1954, 1194), worin die überwiegende Lehre folgt (v Caemmerer, FS Rabel, S 384; Esser/Weyers § 51 II 1; Soergel/Mühl Rz 44; MüKo/Lieb Rz 62; zweifelnd H.P. Westermann JuS 1972, 18, 24; im Ergebnis auch Larenz/Canaris § 73 I 5a; s aber auch V. Wolff JhJb 84, 153; Krawielicki JhJb 81, 350). Von den Argumenten der hM überzeugt der Hinweis auf den dem Herausgabepflichtigen verbleibenden Rückgriff gegen den Mittelsmann (häufig einen Dieb) nicht, eher schon der Vergleich des Rechtsfortwirkungsanspruchs mit der Vindikation, der der Herausgabepflichtige eine an einen Dritten erbrachte Leistung auch nicht hätte entgegenhalten können (Reuter/Martinek S 623; aM hinsichtlich der Vergleichbarkeit der Fälle Schnitzler JZ 1972, 270). Da es um eine Risikoverteilung geht, können auch Gesichtspunkte herangezogen werden, die sich nicht direkt aus Abs III ergeben, etwa die Frage, wer den Vertrauenstatbestand gesetzt hat, auf dessen Grundlage der Bereicherte sich zur Kaufpreiszahlung entschloß, oder wer auf eine Fälschung vertraut hat (s zum Fall der Auszahlung an den Fälscher eines Überweisungsauftrages Köln ZIP 1996, 1376 mit krit Kurzkomm Reuter EWiR 1996, 837). Das wird, da in diesen Fällen die Voraussetzungen des § 932 nicht vorliegen werden, in der Regel der Verkäufer und nicht der Kondizierende sein (Rengier S 435). Berücksichtigt man generell bei der Risikoverteilung den Inhalt des Leistungsverhältnisses bzw den Zweck der das verletzte Rechtsgut schützenden Norm (Rz 31), so ist es denkbar, daß der Gläubiger einer Eingriffskondiktion, seltener der aus dem Gesichtspunkt der Leistungskondiktion Berechtigte (aM Strutz NJW 1968, 141; ganz abl Rengier S 436), in zurechenbarer Weise Anlaß zu gutgläubigen Erwerbsaufwendungen an einen Dritten gegeben hat (RG 98, 65; vgl auch RG 163, 360; BGH 1, 75), etwa durch Genehmigung die Voraussetzungen des § 816 I herbeigeführt hat (Schnitzler aaO). Bei Abhandenkommen einer Sache ist freilich die Wertung des **§ 935** die Nichtabzugsfähigkeit der Aufwendungen zu entnehmen (H.P. Westermann aaO; Esser/Weyers aaO). Dagegen ist die Abzugsfähigkeit nach den angegebenen Zurechnungskriterien zu bejahen, wenn der Dritte zum Personal des Kondiktionsgläubigers gehört, für ihn die Vertragsverhandlungen geführt und die Gegenleistung unterschlagen hat (anders BGH 14, 7; 36, 56). Nach Hamm WM 1982, 833 ist beim Scheckerwerb vom vollmachtlosen Vertreter der an diesen gezahlte Betrag abzugsfähig, weil sonst die Umlauffähigkeit des Schecks gefährdet würde. In Dreiecksverhältnissen (§ 812 Rz 16ff) wirkt gegenüber einer Direktkondiktion des Angewiesenen ein im Valutaverhältnis eingetretener Verlust nicht entreichernd (Celle NJW 1992, 3178). Eine zu Unrecht vereinnahmte Provisionszahlung muß ohne Kürzung um den an einen Untervermittler gezahlten Betrag zurückgegeben werden (München MDR 1998, 1345).

Sind bei **finanzierten Kaufverträgen** Darlehensvertrag (etwa wegen Verstoßes gegen § 56 I Nr 6 GewO) und **40a** Kaufvertrag (etwa nach Anfechtung wegen Täuschung) nichtig, so hat die Rspr (BGH NJW 1978, 2144; BGH 71, 358; BGH NJW 1979, 1597) dem Darlehensnehmer in Anwendung des § 818 III den Einwand gestattet, durch Auszahlung der Valuta an den Verkäufer entreichert zu sein; an der Befreiung von einer Verbindlichkeit fehle es damit.

Bei der Rückabwicklung von fehlerhaften, zumeist wegen fehlender Termingeschäftsfähigkeit des Kunden **40b** unwirksamer **Börsentermingeschäfte**, zu denen auch Geschäfte in Optionsscheinen gehören (BGH ZIP 1994, 693; 1995, 812; 1997, 1961; 1998, 1202; NJW 1999, 920; zur Differenzierung Allmendinger/Tilp, Börsentermin- und Differenzgeschäfte, 1998, S 38ff), entstehen dem Kunden verschiedene Bereicherungsansprüche, deren Problematik sich zT daraus ergibt, daß regelmäßig die Bank die hier vom Kunden angeschafften Gelder auftragsgemäß am Markt anlegt oder die Papiere aus eigenen Beständen liefert (s den Fall BGH ZIP 1998, 1063 und dazu H.P. Westermann, FS Medicus, 1999, S 675ff). Die Rspr lehnt es ab, auch bei unmittelbarem rechtlichen Zusammenhang zwischen der Anschaffung der Gelder und der Verbuchung der Ansprüche der Bank den Rückforderungsausschluß gem § 55 BörsG aF eingreifen zu lassen (Frankfurt ZIP 1993, 1855; BGH NJW 1999, 720; Hamm OLGRp 1998, 285; BGH NJW 2001, 1863, kritisch dazu Reiner JZ 2002, 300, dagegen Flume JZ 2002, 321, 323; kritisch auch Koller/Pfeiffer EWiR 2001, 619), so daß die geleisteten Beträge mit Nutzungen herauszugeben sind (letztere 5 % über dem Basiszinssatz, vgl BGH ZIP 1998, 1063; s auch Köln ZIP 2002, 432 mit Kurzkomm Held EWiR 2002, 675, s auch Rz 11); ähnlich für die Verpflichtung eines englischen Brokers Düsseldorf WM 1996,

1498; s auch Stuttgart ZIP 1996, 2162. Daneben hat BGH NJW 1998, 2529 (ebenso Saarbrücken ZIP 1997, 1961) einen Anspruch auf Prozeßzinsen verneint, wohl aber habe die Bank vereinnahmte Sollzinsen, soweit diese auf die Ansprüche aus den unverbindlichen Termingeschäften entfallen, herauszugeben. Ein Saldoanerkenntnis, in das Forderungen aus wegen des Termineinwandes unwirksamen Geschäften eingegangen sind, ist unwirksam (Frankfurt ZIP 1993, 855), zu den Folgen für den Kontokorrentverkehr Koller Kurzkomm EWiR 1997, 543; ders Anm WuB I G 7 Börsen- und Kapitalmarkt 6/96; Pfeiffer Anm LM § 818 BGB Nr 14; H.P. Westermann aaO S 682ff. Streitig ist die Berechnung der an den Kunden herauszugebenden Nutzungen. Der Anspruch betrifft jedenfalls die der Bank gutgeschriebenen Provisionen (BGH NJW 1998, 529). Im übrigen ist aber zu berücksichtigen, daß der Bank die vom Kunden angeschafften Beträge nicht zur weiteren wirtschaftlichen Disposition zur Verfügung standen, weil sie im Auftrag des Kunden weitergegeben wurden (dazu Schäfer Kurzkomm EWiR 1998, 261). Der BGH läßt dies nicht als Wegfall der Bereicherung gelten (zust Schwark Anm WuB I G Börsen- und Kapitalmarktrecht 1/99), will aber trotzdem Nutzungen nur von effektiv erhöhten Anlagemitteln zusprechen (im Ergebnis zust H.P. Westermann aaO S 686ff; Schwark aaO; Koller Kurzkomm EWiR 1998, 497; ebenso Frankfurt ZIP 1997, 1740; anders Saarbrücken ZIP 1997, 1961; Kälberer ZIP 1997, 1055f; Drygala Kurzkomm EWiR 1997, 989). UU ist jedoch an eine verschärfte Haftung der Bank zu denken (H.P. Westermann aaO S 688f).

41   e) Die **Anrechnung der an den Kondiktionsgläubiger** auf Grund gegenseitigen Vertrages **erbrachten Gegenleistung** ist streitig. Hat bei Rückabwicklung gegenseitiger Verträge jeder Teil einen selbständigen Bereicherungsanspruch auf Rückgabe der von ihm erbrachten Leistung (dies der Ausgangspunkt der **Zweikondiktionentheorie**, Oertmann DJZ 1915, 1063; v Tuhr DJZ 1916, 582), so kann zwar jeder Partner die Rückabwicklung Zug um Zug durchsetzen und bei Vorliegen der Voraussetzungen aufrechnen, doch trägt er gem Abs III das Risiko, daß seine Leistung im Vermögen des Gegners ersatzlos untergegangen ist. Das widerspricht den allgemeinen Regeln über die Gefahrtragung (§ 446), da es danach nicht darauf ankäme, ob der Entreicherte seine Entreicherung eigenverantwortlich verwirtschaftet hat, und da er dabei annehmen durfte, seinerseits wirksam erworben zu haben. Hier knüpft die **Saldotheorie** an, der es in einer bewerteten Ausgestaltung darum geht, die Zweckverbindung der beiderseitigen Leistungen auch bei Rechtsgrundlosigkeit (das sogenannte **faktische Synallagma**, v Caemmerer, FS Rabel, S 386; Pawlowski, Rechtsgeschäftliche Folgen nichtiger Willenserklärungen, 1966, S 46; vgl auch BGH 53, 147; 57, 136; krit Flume AcP 194, 427) in der Weise zu berücksichtigen, daß bei der Rückforderung einer Leistung das Schicksal der ebenfalls herauszugebenden Gegenleistung direkt auf den Bereicherungsanspruch einwirkt; s dazu ausdrücklich BGH 78, 216, BGH NJW 1999, 1181 (zur Problematik, welche gegenseitigen Ansprüche bei verdeckter Sacheinlage zu berücksichtigen sind BGH NJW 1998, 1951 mit Anm Helms, GmbHR 2000, 1079, kritisch Lieb ZIP 2002, 2013). Dies ist bereits eine Fortentwicklung der „klassischen" Saldotheorie, dazu bestimmt, deren Schwächen zu korrigieren und die bereicherungsrechtliche Rückabwicklung an andere Institute, vor allem das Anfechtungs- und das Rücktrittsrecht, anzupassen (Reuter/Martinek S 598, kritisch Büdenbender, AcP 200, 627). Bei gleichartigen Leistungen, wie sie auch bei ersatzweiser Pflicht zur Werterstattung (Abs II) geschuldet sind, besteht nach dem ursprünglichen Verständnis von vornherein nur ein Anspruch auf den Saldo gegen den Partner, der im Ergebnis bereichert ist (s näher Rz 42). Der Forderung auf diesen Saldo, der freilich unter Ansatz aller nach Abs III erheblichen Nachteile jedes Kondiktionsschuldners berechnet wird, steht der Entreicherungseinwand nicht mehr entgegen. Bei ungleichartigen Rückgabepflichten ist eine Saldierung nicht möglich; hier wird der Verknüpfung der Leistungspflichten dadurch Rechnung getragen, daß jeder die Bereicherung seines Partners nur Zug um Zug gegen Herausgabe der seinerseits empfangenen Leistung herausverlangen kann, ohne daß es einer Geltendmachung durch Zurückbehaltungsrecht bedarf (BGH NJW 1963, 1870; 1973, 613; 2001, 1863, 1864; BGH 150, 138).

42   Die Saldotheorie paßt zum immer noch umstrittenen Verständnis der Bereicherungsforderung als eines von vornherein auf die vermögensmäßige Differenz gerichteten Anspruchs (Rz 2; krit besonders Canaris WM 1981, 878, 879; ders, FS Larenz, S 19ff; grundlegend auch die Kritik von Kohler, Rückabwicklung, S 158ff). Sie wird hauptsächlich begründet mit der Erwägung, daß auch ein **unwirksamer gegenseitiger Vertrag** gewisse **Rechtswirkungen** entfalte und kraft der in ihm zum Ausdruck kommenden Zweckverknüpfung jedenfalls der Partner, der die ihm erbrachte Leistung nicht oder nicht mehr unversehrt zurückgeben kann, seine eigene Leistung in eben diesem Umfang nicht zurückfordern könne (das gleiche soll für lediglich unverbindliche Verträge gelten, BGH NJW 2001, 1863). Somit muß sich jeder bei seinem Bereicherungsanspruch den Wert der ihm erbrachten Leistung in Höhe des nicht mehr herausgabefähigen Teils anrechnen lassen. Das ist eigentlich eine Argumentation zu § 818 I; die Saldotheorie korrigiert aber zugleich die für den Fall des Untergangs einer Leistung als problematisch empfundene Risikoverteilung des Abs III, die dem Bereicherungsgläubiger entgegen § 446 die Gefahr für den von ihm geleisteten Gegenstand auferlegt und ihn gleichzeitig verpflichtet, die ihm erbrachte Leistung herauszugeben. Jeder Partner soll also das Risiko für die ihm erbrachte und in seinem Vermögen befindliche Leistung tragen. In dieser Form, wenn auch nicht in bewußtem Verständnis als „Theorie" (dazu im Hinblick auf die Judikatur des RG besonders Flume AcP 194, 427ff), hat sich die Saldotheorie in der Praxis durchgesetzt (RG 54, 141; 137, 336; 170, 67; BGH 1, 81; 53, 144; 57, 139; nach Korrekturen bei BGH 72, 252 sowie 78, 216 wieder auf der Linie der Saldotheorie BGH 126, 105; BGH NJW 1995, 454; 1998, 1951; 2001 1127; 2002, 1050). Sie wird auch im Schrifttum noch vielfach befolgt, wenn auch mit der Tendenz zu tiefgreifenden Berichtigungen unübersehbar ist (v Caemmerer, FS Rabel S 384ff; Esser/Weyers § 51 II 2; Larenz/Canaris § 73 III; Soergel/Mühl Rz 41; RGRK § 812 Rz 61; Reuter/Martinek S 599). Die Kritik (Flume, FS Niedermeyer, S 103; ders NJW 1970, 1161; Dießelhorst, Die Natur der Sache, S 202ff; Honsell MDR 1970, 717; ders JuS 1982, 810, 814; Canaris WM 1981, 978, 979f) setzte bislang weniger an den Ergebnissen als bei der Begründung an und sah Schwächen der Saldotheorie auch darin, daß sie in wichtigen Fällen nicht angewendet wird (Flume AcP 194, 427, 444ff; ders JZ 2002, 321), wozu kommt, daß es bei einer sofortigen Saldierung auf die Risikoverteilung bezüglich des Untergangs oder der Verschlechterung der beim Bereicherungsschuldner befindlichen Sachleistung nicht entscheidend ankommt.

Inzwischen mehren sich die Versuche, auch unabhängig von der Saldierung das aus § 818 III folgende Ergebnis zu korrigieren, wonach sich jeder Teil uneingeschränkt darauf berufen könnte, die ihm vom anderen erbrachte Leistung verloren zu haben und seine eigene Leistung hierdurch ungehindert zurückfordern zu können. Dabei geht es in erster Linie darum, in möglichster Anlehnung an andere gesetzliche Institute wie Rücktritt oder Rückabwicklung eines bedingten Geschäfts nach Ausfall der Bedingung die Entscheidung des Abs III dahin zu reduzieren, daß herausgearbeitet wird, welche **Verluste** oder Fälle von Entwertung dem Bereicherungsschuldner **zuzurechnen** sind. Canaris (FS Lorenz S 33ff, aufgenommen Larenz/Canaris § 73 III) stellt dabei entscheidend darauf ab, wann der Bereicherungsschuldner bei seinem Umgang mit der rechtsgrundlos erlangten Sache davon ausgehen muß, daß er seine eigene Leistung verloren hat und deshalb ein Verhalten an den Tag legen kann, das womöglich zum Verlust seiner eigenen Bereicherung führt. Kohler (Rückabwicklung, bes S 261ff) will in Auswertung des inzwischen weggefallenen § 327 S 2 aF und das damit gegebenen Zusammenhangs mit den Normen des Rücktrittsrechts darauf hinaus, daß die erleichterte bereicherungsrechtliche Haftung nur bei besonderer gesetzlicher Anordnung zur Anwendung kommt, was nur der Fall ist, zugunsten dessen, der die Rückabwicklung nicht zu vertreten hat. Beide Ansätze führen in zahlreichen Einzelheiten zu neuen Betrachtungen und Ergebnissen, die mit der heute im Schrifttum vordrängenden Ansicht darin übereinstimmen, daß bei Rückabwicklung gegenseitiger Verträge Abs III ohne den Schematismus der Saldotheorie interessengerecht modifiziert werden muß (neuere Darstellung auch bei Hoffmann Jura 1997, 416).

Die Saldotheorie hat ihren ursprünglichen Anwendungsbereich beim beiderseits erfüllten Kaufvertrag, wenn der **43** Kaufpreis den Wert des Kaufgegenstandes übersteigt. Ist der Wert der Kaufsache höher, besteht ein Saldo zugunsten des Verkäufers, der dann bei Untergang der Kaufsache wegen Entreicherung des Käufers nicht kondizieren kann. Nicht möglich ist die Saldierung, wenn der Verkäufer **vorgeleistet** hat; er trägt daher gem Abs III die Gefahr des Untergangs, wobei zu bezweifeln ist, ob wirklich die Lockerung des Synallagma, die in der Vorleistung liegt, es rechtfertigen kann, dem Verkäufer das Risiko auch dann aufzubürden, wenn der Käufer den Verlust oder die Verschlechterung zu vertreten hat (Honsell JuS 1982, 814). In einem Fall der Verschlechterung nach Rechtshängigkeit der Ansprüche des Käufers belastete BGH 72, 252 den Verkäufer mit dieser Gefahr (zust Berg NJW 1981, 2337f), desgl sollen Wertminderungen zu Lasten des Verkäufers gehen, die auf bei Übergabe der Sache vorhandenen („weiterfressenden", Honsell JuS 1982, 814) Mängeln beruhen (BGH 78, 216). Anerkannt ist die Nichtanwendung der Saldotheorie bei Beteiligung **Minderjähriger** am abzuwickelnden Vertrag (Diesselhorst aaO S 193; Larenz aaO; RGRK Rz 64). Keine Anwendung auch zum Nachteil eines **geschäftsunfähigen** Vertragspartners, der sich also auf die Rückforderung der von ihm erbrachten Leistung nicht die bei ihm nicht mehr vorhandene Gegenleistung anrechnen lassen muß, selbst wenn er deren Untergang bewirkt hat (BGH 126, 105 mit Kurzkomm H.P. Westermann EWiR 1994, 653; BGH NJW 2000, 3562 mit Kurzkomm Lorenz EWiR 2000, 1105, Ehmann Anm WuB IV A § 818 BGB 2.01; BGH v17. 1. 2003 – V ZR 235/02). Im Urteil BGH NJW 1988, 3011 wurde die Saldotheorie sogar auf die Rückabwicklung eines wegen Geschäftsunfähigkeit unwirksamen Leistungsaustauschs angewendet (Deutungsversuch bei Kohler NJW 1989, 1849f). Diese Ansicht hat der BGH nun (NJW 2000, 3562) endgültig aufgegeben und zutreffend darauf hingewiesen, daß die Saldierung rechtfertigende Verknüpfung der beiderseitigen Leistungen durch den Austauschzweck bei fehlender Geschäftsfähigkeit von vornherein nicht eintreten konnte und deshalb auch nicht die Rückabwicklung bestimmen kann. Daß ohne Saldierung noch vorhandene Bereicherungen abgeschöpft werden müssen, rechtfertigt sich daraus, daß ein nicht voll Geschäftsfähiger das Risiko für den Untergang des ihm rechtsgrundlos geleisteten Gegenstandes im eigenen Vermögen nicht wirksam übernimmt (s auch Canaris FS Lorenz S 35f). Zudem hat der BGH die Anwendung der Saldotheorie in einem wucherähnlichen § 138 I **sittenwidrigen** Geschäft abgelehnt (BGH 146, 298 mit zust Anm Bork JZ 2001, 1138 und die, die Ansicht des BGH ablehnende Erwiderung von Bodenbenner JZ 2002, 186; kritisch auch Flume ZIP 2001, 1621; ders JZ 2002, 321, 324; Kurzkomm Medicus EWiR 2001, 607). Dagegen soll fehlende Börsentermingeschäftsfähigkeit für eine Nichtanwendung der Saldotheorie nicht genügen (BGH NJW 2001, 1863; kritisch Flume JZ 2002, 321, 323). Bei **Insolvenz** des Verkäufers soll die Saldotheorie nur in abgewandelter Form gelten (BGH NJW 2002, 1050, 1052f); dem Anspruch des Insolvenzverwalters auf Herausgabe gezogener Nutzungen nach Insolvenzeröffnung und Rechtshängigkeit soll der Käufer vor Insolvenzeröffnung erbrachte Leistungen nicht entgegenhalten können; auch kann der Käufer bei formnichtigem Kaufvertrag vor Insolvenzeröffnung erbrachte Kaufpreiszahlungen dem Anspruch des Insolvenzverwalters auf Löschung einer Auflassungsvormerkung nicht entgegenhalten (BGH ZIP 2002, 858). Ferner hat der BGH dem **arglistig getäuschten** Käufer, bei dem die Kaufsache untergegangen war, den Bereicherungsanspruch gegen den Verkäufer belassen (BGH 53, 154 unter Hinweis auf die Stellung des Rücktrittsschuldners; allgemeiner Köln VersR 1996, 631; anders, allerdings verfehlt BGH 145, 52; ablehnend auch Ehmann Anm WuB IV A. § 812 BGB 2.01), dies sogar dann, wenn der Käufer am Untergang der Sache ein Verschulden traf (BGH 57, 137), wobei die Risikoverlagerung auf den Verkäufer sich hier mit einer Analogie zur Schlechterstellung des bösgläubigen Bereicherungsschuldners gem §§ 818 IV, 819 begründen ließe (BGH 53, 144; 57, 149; Berg aaO; ebenso im Grundsatz für arglistige Täuschung ein Untermietvertrag Köln NZM 1999, 417. Insoweit, desgl nach Eintritt der verschärften Haftung (Rz 50), will die Rspr die Zweikondiktionenlehre gelten lassen. Indessen ist ein Zusammenhang zwischen den die verschärfte Haftung herbeiführenden Umständen und dem Risiko für die von der Leistung abzuziehende Gegenleistung, wie es die Saldotheorie behandelt, im Grunde nicht ersichtlich. Vielmehr wirken sich die haftungsverschärfenden Umstände auf die Verantwortlichkeit des Bereicherungsschuldners bezüglich der von ihm herauszugebenden Sache aus (vgl auch Tiedtke DB 1979, 1263). Schließlich ist das Abrücken von der Saldotheorie bei verschärfter Haftung auch insofern bedenklich, als sie ursprünglich gerade auch für derartige Fälle entwickelt worden war (RG 139, 213; Honsell MDR 1970, 720; v Caemmerer, FS Larenz, S 621, 636); zum Ganzen s auch Rz 46.

Die Saldotheorie führt in ihrer allgemeinen Fassung zu weit und hat sich, ungeachtet mancher richtiger Ergeb- **44** nisse, gelegentlich eher als Hindernis denn als Begründung für eine gerechte Risikoverteilung bei Abwicklung gegenseitiger Verträge erwiesen. Den Ausgangspunkt sollte daher die dem Gesetz entsprechende Zweikondiktionenlehre bilden, die aber ihrerseits nach der neueren Auslegung des Abs III nicht ohne Rücksicht auf die Wirkungen des Bereicherungsausgleichs auf die Risikoverteilung angewendet werden kann, s auch den Hinweis Rz 42 aE. Bislang überzeugend, wenn auch nicht ohne erhebliche einzelfallbezogene Differenzierungen durchführbar, war der Weg, die bereicherungsrechtliche Rückabwicklung an die in den **Rücktrittsvorschriften** (§§ 346ff) gegebenen Vorbilder anzupassen (krit Flume AcP 194, 427, 444; Büdenbender, AcP 200, 627), wobei eine Entlastung des Bereicherungsschuldners vom Risiko zufälliger Wertverluste und andererseits eine Zurechnung verantwortlich getroffener rechtsgeschäftlicher Verfügungen über den Kondiktionsgegenstand systemgerecht ist. Allerdings ist aufgrund der Änderungen des Rücktrittsrechts mit der Schuldrechtsreform dieser Ansatz dahingehend neu zu überdenken, ob der Wertungsvergleich mit §§ 346ff nun möglicherweise zu anderen Ergebnissen führt.

45 Inhaltlich finden die objektiven Tatbestände der §§ 350ff aF zwar im wesentlichen in § 346 ihre Entsprechung. Mit der Neuregelung ist nun aber auch im Rücktrittsrecht die Frage der Gefahrtragung nicht mehr mit dem Ausschluß des Rücktrittsrechts verbunden, sondern auf die Ebene des Wertersatzes verlagert. Es geht also bei (unverschuldetem) Untergang oder bei Verschlechterung der zurückzugebenden Sache nicht mehr darum, ob ein Rücktritt ausgeschlossen ist, sondern es wird in solchen Fällen entweder nach § 346 II S 1 Nr 3 Wertersatz geschuldet oder ein solcher entfällt nach § 346 III Nr 2 oder 3. Ob mit dieser Neuerung wirklich die Begründung der Saldotheorie erleichtert wird (so die Begründung des Diskussionsentwurfs (Bundesministerium der Justiz, 2000, S 423), soll hier dahinstehen. Das Problem der zufallsbedingten Entreicherung bei der Rückabwicklung läßt sich aber auch nach neuem Recht mit einer Anpassung an die Rücktrittsvorschriften – nun an § 346 – lösen (differenzierend Lorenz, Die Lösung vom Vertrag, insbesondere Rücktritt und Widerruf, in Schulze/Schulte-Nölke, Die Schuldrechtsreform vor dem Hintergrund des Gemeinschaftsrechts, 2001, S 329, 346f; s auch Hager, Das geplante Recht des Rücktritts und des Widerrufs, in Ernst/Zimmermann, Zivilrechtswissenschaft und Schuldrechtsreform, 2001, 429, 441ff; Kohler JZ 2002, 682, 694). Ziel des Bereicherungsausgleichs muß bei der von Fall zu Fall anzustellenden Wertung die Anwendung des § 818 III im Sinne eines Vertrauensschutzes für den Empfänger sein. Ist also der Untergang der Sache Folge eines vom Käufer zu vertretenden Sachmangels, so steht dem Rückforderungsanspruch des Käufers nichts im Wege (ebenso die jetzt hM, Rz 43). Zu weit geht es dagegen, generell dem Kondiktionsschuldner die Gefahr für alle Folgen der „**vermögensmäßigen Entscheidung**" aufzubürden, die in der Übernahme des Bereicherungsgegenstandes in sein Vermögen liege (Flume NJW 1970, 1161; zul wieder AcP 194, 427, 444ff). Denn die Vertragspartner auch bei Unwirksamkeit des Vertrages an der vertraglichen Risikoverteilung festzuhalten (so auch Honsell MDR 1970, 718, weil § 446 keinen gültigen Kauf erfordere; abweichend Weitnauer NJW 1970, 637; Flume aaO arbeitet mit der Kategorie der „Entscheidung in eigener Sache"), leuchtet nicht recht ein, wenn Mangel der Geschäftsfähigkeit und gewisse Willensmängel die Zurechenbarkeit der Entscheidung für den Empfänger doch verhindern sollen. Unterschiede zwischen Sachwert und zurückzugebendem Kaufpreis wirken sich dahin aus, daß der Käufer den Preis zurückfordern kann, soweit er den Sachwert übersteigt (Honsell MDR 1970, 718), während der Rückforderung eines den Preis übersteigenden Sachwerts in der Regel der Entreicherungseinwand entgegensteht (s auch Flume NJW 1970, 1164).

46 Die Nichtanwendung der Saldotheorie zum Nachteil eines arglistig getäuschten Käufers (Rz 43) soll nach § 242 eingeschränkt werden, wenn der Käufer den Untergang verschuldet hat und dies Verschulden im Verhältnis zur Täuschungshandlung des Verkäufers schwer genug wiegt. Immerhin hat die Überlegung des BGH, daß der arglistig täuschende Verkäufer sich entsprechend § 819 I nicht auf die Vorteile der Saldierung berufen und den Kaufpreis behalten dürfe (BGH 53, 149 im Anschluß an Larenz 12. Aufl, § 70 III), auch im System der Saldotheorie einiges für sich (im Ergebnis zust Weitnauer NJW 1970, 637; Diesselhorst JZ 1970, 418). Wenn dies aber zutrifft, ist der Grund für die Abwicklung nach der Zweikondiktionenlehre die Bösgläubigkeit des Verkäufers, und für eine Anrechnung des dem Käufer vorzuwerfenden **Verschuldens am Unfall**, wie sie BGH 57, 137 bejaht, besteht allenfalls dann Raum, wenn man entsprechend der Entwicklung zu § 351 das allgemeine Verbot eines venire contra factum proprium zurückgreift (Huber JuS 1972, 444; ähnlich Flessner NJW 1972, 1781; dem BGH-Urteil stimmen auch Kühne JR 1972, 112 und Herr NJW 1972, 250; Kohler, Rückabwicklung, S 561f zu). Den Vorzug verdient aber die Ansicht, die den Zusammenhang zwischen der Arglist des Verkäufers und der Unfallschuld des Käufers für zu lose und zufallsbedingt hält, um daraus eine gegenseitige Beschränkung der Ansprüche, die letztlich doch immer wieder § 254 zum Vorbild nimmt, abzuleiten (Lieb JZ 1972, 444; Honsell NJW 1973, 350; Staud/Lorenz Rz 43; beg gegen die Tragfähigkeit des § 254 Huber JuS 1972, 442; Koppensteiner/Kramer S 189; anders Canaris, FS Lorenz, S 33f, der es ablehnt, den Käufer auf Kosten des Verkäufers Auto fahren zu lassen, obwohl der Unfall mit der arglistigen Täuschung nichts zu tun hatte. Hält man mit der abweichenden Ansicht die Rückforderung des gezahlten Kaufpreises für möglich, so muß sich der Verkäufer Gebrauchsvorteile anrechnen lassen; zu ihrer Berechnung Hamm NJW 1970, 2297).

47 f) Zur **Durchführung des Ausgleichs** im einzelnen werden die nach Abs III anrechnungsfähigen Verluste mit den herauszugebenden Vorteilen verrechnet. Bei Rückabwicklung gegenseitiger Verträge (Rz 41ff) ist auch auf der Grundlage der Zweikondiktionenlehre der Gedanke der Saldotheorie sinnvoll, daß gleichartige Bereicherungsansprüche ohne besondere Aufrechnungserklärung miteinander saldiert werden (Reeb JuS 1974, 519). Aufrechnung ist nur gegen die Saldoforderung möglich; Gegenstand einer Aufrechnung kann daher nicht die einzelne Position, die in den Saldo eingeht, sein (BGH 145, 52; kritisch Ehmann WuB IV. A § 812 2.01). Bei ungleichartigen Bereicherungsansprüchen ist Zug um Zug abzuwickeln, der Bereicherungsgläubiger muß dies bereits im Klageantrag berücksichtigen (BGH NJW 1990, 316, anders Karlsruhe NJW-RR 1992, 1144; s auch BGH NJW 1999, 1181; BGH 146, 298, 307); kann die Gegenleistung nicht mehr herausgegeben werden, erfolgt Verrechnung des zugeflossenen Gegenwerts, BGH NJW 2001, 1863. Nach BGH NJW 1995, 454 ist mit dem Anspruch des Eigentümers auf Herausgabe der Nutzungen der Anspruch des Besitzers auf Rückzahlung des Kaufpreises in Höhe der gezoge-

nen Nutzungen zu saldieren (krit Finkenauer JuS 1998, 986). Ähnlich, wenn der Bereicherte eine Sache herauszugeben und dagegen geldliche Aufwendungen zu verrechnen hat (RG 117, 112) oder wenn ein Grundstückseigentum oder eine Grundbucheintragung als Gewinn erlangt sind und ein Verlust durch Übernahme einer Hypothek mit persönlicher Haftung oder durch Anzahlung oder deren Hinterlegung erlitten wurde; hier ist auszugleichen, indem der Bereicherte zur Herausgabe verurteilt wird, Zug um Zug gegen Zahlung des Aufwendungsbetrages, Befreiung von der Hypothek und ihrer Verbindlichkeit, Rückgabe der Anzahlung, Einwilligung in die Auszahlung der Hinterlegungssumme (RG 108, 336; 133, 133; RG JW 1927, 1932; BGH NJW 1973, 613, 615; Staud/Lorenz Rz 47). Der rechtsgrundlose Besitzer, der Nutzungen herauszugeben hat, kann diese mit dem Anspruch auf Rückzahlung des Kaufpreises verrechnen (BGH NJW 1995, 454). Nach erfolgter Anfechtung eines Gebrauchtwagenkaufs muß sich der Käufer, der den Wagen inzwischen weiterveräußert hat, bei der Rückabwicklung den gesamten gezahlten Erlös und nicht nur den Wert der Sache anrechnen lassen (Köln VersR 1994, 1434). Bei Rückabwicklung eines Grundstückskaufs kann der Käufer die Kosten einer Auflassungsvormerkung oder der Kaufpreisfinanzierung nicht in Anrechnung bringen (s dazu näher Rz 39). Nach Beendigung eines vertraglich begründeten Besitzrechts sind Nutzungen und Verwendungen zu verrechnen, dem rechtsgrundlosen Besitzer steht gegenüber dem Herausgabeanspruch des Eigentümers ein **Zurückbehaltungsrecht** in Höhe eines zu seinen Gunsten verbleibenden Saldos zu (BGH NJW 1995, 1627 mit Anm Medicus JZ 1996, 153). Der Bereicherte, der aufgrund nichtigen Vertrages eine Darlehenssumme erhalten und Wechsel gegeben hat, braucht das Geld nur Zug um Zug gegen Rückgabe der Wechsel zurückzuzahlen (BGH NJW 1963, 1870).

Beim **Wertersatz** können die Gewinnposten, die in Geld zu ersetzen sind, manchmal **nicht in Geld bemessen** **48** **werden**. Wenn der Bereicherte erlangtes Geld (zB darlehensweise) weitergegeben hat, so besteht seine Bereicherung im Rückzahlungsanspruch gegen den Empfänger; der Wert dieses Anspruchs ist der Maßstab für die Wertersatzpflicht des Bereicherten. Ist die Zahlungsfähigkeit des Drittempfängers zweifelhaft, so kann der Wert des Rückzahlungsanspruchs nicht zuverlässig ermittelt und daher der Bereicherte nur zur Abtretung des Rückzahlungsanspruchs verurteilt werden (RG 86, 348). Wenn nach der Zwangsvollstreckung der Vollstreckungsgläubiger den Erlös als Bereicherung einem nach §§ 771, 805 ZPO berechtigten Dritten herausgeben soll, aber seinen Anspruch gegen den Vollstreckungsschuldner wegen dessen inzwischen eingetretenen Vermögensverfalls nicht mehr realisieren kann, so ist er wegen dieses Verlustes nur verpflichtet, dem Dritten den zweifelhaften Anspruch gegen den Schuldner abzutreten (Stettin HRR 1933, Nr 811, s auch Rz 36, 37). Wenn der Bereicherte erlangtes Geld bestimmungsgemäß zur Herstellung eines Werkes verwandt hat, dieses aber unverwertbar geworden ist, so kann der Geldgeber nicht einen Geldbetrag, sondern nur das Werk kondizieren (RG 118, 185; s auch die Nachw bei Staud/Lorenz Rz 36).

7. Abs IV: Verschärfte Haftung bei Rechtshängigkeit

a) Allgemeines. Von den Gründen, die im normalen Schuldverhältnis unter verschiedenen Voraussetzungen **49** und Wirkungen die Schuldnerhaftung verschärfen, tritt praktisch in der Regel zunächst der Schuldnerverzug (§§ 286ff) und sodann die Rechtshängigkeit (§§ 291, 292) ein. Für Kondiktionen wird das durch § 818 IV dahin geändert, daß die Haftung sich stets erst bei der Rechtshängigkeit verschärft (Ausnahmen §§ 819, 820). Das besagt nicht, daß der Verzug als Verschärfungsgrund ausscheidet, sondern nach Art einer Zeitbestimmung nur, daß die Verschärfungsgründe erst bei Rechtshängigkeit wirksam werden, also auch die Verzugsfolgen nicht vorher eintreten können (vgl RG 93, 272; 110, 435; Lange JZ 1964, 640; Staud/Lorenz Rz 51). **Rechtshängigkeit** betrifft die Klage auf Herausgabe des Erlangten oder Wertersatz (Zweibrücken FamRZ 1998, 834). Es genügt, wenn durch einen Hilfsantrag kondiziert (RG 117, 114), nicht aber, wenn nur außergerichtlich gemahnt wird (RG 93, 272), s aber § 819. Nicht ausreichend nach BGH 93, 183 (ebenso Staud/Lorenz Rz 49) eine den Rechtsgrund der Bereicherung leugnende negative Feststellungsklage, nach BGH 118, 383; 93, 183 und BGH NJW 1986, 205; 1998, 2433 (ebenso Düsseldorf OLGRp 1993, 199; Köln NJW-RR 1998, 1701) auch nicht die Rechtshängigkeit einer Abänderungsklage betreffend die Bemessung eines titulierten Unterhaltsanspruchs. Eine einstweilige Anordnung auf Unterhalt kann jederzeit, auch für die Vergangenheit, durch Urteil abgeändert werden, so daß der Unterhaltsschuldner eine den ausgeurteilten Betrag übersteigende Zahlung zurückverlangen kann. Beträge, die der Unterhaltsgläubiger nach Rechtshängigkeit der Bereicherungsklage ausgegeben hat, bewirken keine Entreicherung (Hamm FamRZ 1998, 1166). Eine Vorverlegung für die verschärfte Haftung maßgeblichen Zeitpunkts auf den Empfang der Unterhaltsleistung (eines geschiedenen Ehegatten an das volljährige Kind) vertritt Hamm NJW-RR 1997, 705 für den Fall der Leistung unter Vorbehalt (zweifelhaft angesichts der Maßstäbe des § 819, s aber § 820 Rz 3).

b) Folgen der Rechtshängigkeit. Nach Rechtshängigwerden muß der Bereicherte damit rechnen, daß er ohne **50** Rechtsgrund besitzt. Damit fällt der Anlaß besonderer Haftungsminderungen weg, und ein Wegfall der Bereicherung scheidet grundsätzlich aus (RG 99, 168; 151, 363; BGH 57, 150; 72, 252; Staud/Lorenz Rz 52). Die Haftung richtet sich nach den allgemeinen Bestimmungen, dh nach §§ 291, 292 und den dort bezogenen Vorschriften (RG JW 1938, 1025); der Kondiktionsgläubiger kann gegebenenfalls auch gemäß § 285 vorgehen (BGH NJW 1975, 203 mit Anm Schubert JR 1980, 199; BGH WM 1985, 89 noch zu § 281 aF); zur Unanwendbarkeit einer der besonderen Voraussetzungen des Abs IV s Rz 14. So gilt für Unmöglichkeit und Verschlechterung §§ 292 I, 989, für Nutzungsunterlassung §§ 292 II, 987, für Verwendungsersatz §§ 292 II, 994 II, 995f (RG 117, 114); letztere Paragraphen sollten entsprechend angewandt werden auch auf Aufwendungen, die nicht Sachverwendungen sind (vgl RG DR 1939, 634, wo auf Einverständnis des Bereicherungsgläubigers, aber unklar auch auf Nützlichkeit abgestellt wird). Danach sind Verluste des Bereicherungsschuldners, die sonst bei der Saldoberechnung zu veranschlagen sind (Rz 35ff), nur noch zu berücksichtigen, wenn es den allgemeinen Vorschriften entspricht (RG JW 1918, 133; HRR 1938, Nr 511), zB wenn erlangtes (unvermischtes) Geld dem Bereicherten entwendet wird, ohne daß er dafür „verantwortlich gemacht" werden kann (RG HRR 1933, Nr 1843). Das kann aus den Rechtshängigkeitsvorschriften oder, wenn diese nicht entgegenstehen, aus dem insoweit fortwirkenden § 818 III abgeleitet werden. In letzterem Falle muß aber auch die besondere Voraussetzung erfüllt sein, daß der Verlust durch Handlungen ermöglicht wurde, die auf dem Vertrauen des Entreicherten in die Rechtsbeständigkeit seines Erwerbs beruhten (Rz 32).

51 **c) Verzug** kann als Haftungsverschärfung von der Rechtshängigkeit ab wirksam werden (s Rz 49). Von seinen Voraussetzungen sind Fälligkeit und Mahnung bei der Rechtshängigkeit stets gegeben (vgl § 286 I S 2). Am Verschulden kann es aber trotz der Rechtshängigkeit fehlen, zB wenn der Bereicherungsschuldner die Kondiktion in unverschuldetem Irrtum für unbegründet hält, was er zu beweisen hat (RG JW 1925, 465); dann verschärft sich die Haftung nur nach Maßgabe der Rechtshängigkeit, nicht der des Verzuges (RG 110, 435; 92, 378). Oft liegt aber bei der Rechtshängigkeit auch Verschulden vor (RG HRR 1931, 1519); dann tritt neben die Haftungsverschärfung der §§ 291, 292 die der §§ 286ff. Der Bereicherte haftet nun auch bei zufälligem Untergang und sonstigem Wegfall der Bereicherung, es sei denn, daß dieser auch ohne den Verzug eingetreten wäre, zB daß die Ursache schon vor dem Verzug gesetzt war (§ 287 S 2; RG JW 1932, 1724 zu § 819); bei Geldschulden hat er auch über die Verzugszinsen hinaus Schaden zu ersetzen, was namentlich bei Geldentwertungsschaden bedeutsam wird. Für Verwendungsersatz, der durch Verzugsvorschriften nicht besonders geregelt wird, bleibt es bei den Regeln der Rechtshängigkeit (vgl RG 117, 112ff). In kritischer Gegenüberstellung der Verzugshaftung des Bereicherungsschuldners und der des Besitzers empfiehlt Lange JZ 1964, 640 überzeugend, keine strengen Anforderungen an die Entschuldbarkeit eines Rechtsirrtums des Bereicherungsschuldners zu stellen, da für ihn die Haftungsgrundsätze teilweise ungünstig sind; jedoch sind auch die Unterschiede zwischen Leistungs- und Eingriffskondiktion zu beachten, die eine einheitliche rechtspolitische Beurteilung problematisch machen.

52 **d) Zinsen** hat der Bereicherungsschuldner für geschuldetes Geld wie folgt zu zahlen: vor Eintritt der Verschärfungsgründe gem § 818 I dann, wenn er Geld „erlangt" und Zinserträge erzielt hat (Nutzungen; § 818 I; Rz 11); bei Rechtshängigkeit gem §§ 291, 288 I in Höhe von 5 % über dem nach § 247 zu ermittelnden Basiszinssatz (Prozeßzinsen; §§ 352, 353 HGB sind nicht anwendbar, auch wenn das rückabgewickelte Geschäft ein Handelsgeschäft war, RG 96, 53, 57; MüKo/Lieb Rz 110); bei Verzug ohne Rechtshängigkeit und ohne Rechtsmangelkenntnis nur gem § 818 I; bei Verzug mit Rechtshängigkeit oder mit Rechtsmangelkenntnis als Verzugs- und Prozeßzinsen (zum Verhältnis Büttner BB 1970, 233); ebenso meistens bei Rechtsmangelkenntnis (§ 819 Rz 9). Prozeß- und Verzugszinsen dürfen in der Regel nicht nebeneinander gefordert werden (RG 92, 285); Entsprechendes wird für herauszugebende Nutzungen und Verzugsschäden gelten müssen (Zweibrücken ZIP 2002, 1680: für denselben Zeitraum können nicht Verzugszinsen und kumulativ die Herausgabe von Kapitalnutzungen verlangt werden). § 288 II, der von einem Zinssatz in Höhe von 8 % über dem Basiszinssatz ausgeht, kann für Bereicherungsansprüche auch dann grundsätzlich keine Anwendung finden, wenn am Rechtsgeschäft kein Verbraucher beteiligt ist. Denn bei Bereicherungsansprüchen handelt es sich nicht um „Entgeltforderungen" iS des § 288 II. Zwar wird dieser Begriff weder in dem für die Umsetzung in deutsches Recht maßgeblichen Art 1 der Zahlungsverzugsrichtlinie noch in der Begründung des Rechtsausschusses definiert; man wird hierunter aber nur solche Forderungen fassen können, die auf Zahlung eines Entgelts für die Lieferung von Sachen oder die Erbringung von Dienstleistungen gerichtet sind (Pal/Heinrichs § 286 Rz 27). Fraglich ist die analoge Anwendung von § 288 II, wenn ein Bereicherungsanspruch ein Äquivalent für die erbrachte Leistung darstellt. Allerdings wäre § 288 II dann stets im Falle einer Leistungskondiktion anwendbar, wenn die Leistung nicht (mehr) herausgegeben werden kann. Diese Fälle würden dann anders zu behandeln sein als diejenigen, bei denen die Leistung noch herausgegeben werden kann. Da eine solche Ungleichbehandlung nicht sachgerecht ist, ist eine analoge Anwendung von § 288 II hier abzulehnen. Hinzu kommt, daß es bei § 812 um die Rückabwicklung von Rechtsgeschäften geht und nicht um den „üblichen" Geschäftsverkehr; Normzweck des § 288 II ist nämlich, im „üblichen" Geschäftsverkehr die Zahlungsmoral zu heben (vgl Bamberger/Roth/Wendehorst Rz 133). Zu erwägen ist jedoch, ob die §§ 497, 506f bei der bereicherungsrechtlichen Rückabwicklung von Verbraucherdarlehen analog angewandt werden sollten (vgl MüKo/Habersack § 11 VerbrKrG Rz 7). Wird mit § 497 bei Verbraucherdarlehensverträgen verhindert, daß der Unternehmer mit dem Verbraucher für den Fall des Verzugs höhere Zinsen als die in § 497 bestimmten vereinbart, so sollte dies auch für die bereicherungsrechtliche Rückabwicklung solcher Verträge gelten.

53 **8. Beweislast.** Der Bereicherungsgläubiger hat zu beweisen, was der Bereicherte erlangt und als Gewinn (auch als Surrogat, Nutzung, Aufwandsersparnis) erworben, gegebenenfalls welchen Wert das Herauszugebende gehabt hat (hM; vgl Oertmann Anm 5). Der Bereicherte hat zu beweisen, daß und inwieweit die Bereicherung weggefallen oder durch Verwendungen oder sonstige Verluste eingeschränkt ist, da es sich hier um eine „rechtsvernichtende Einwendung" handelt (RG 83, 159; BGH NJW 1985, 1905, 1907; Staud/Lorenz Rz 48). Wenn das Erlangte zur Erzielung anderweitiger Vorteile ausgegeben wurde, hat der Bereicherte zu beweisen, daß solche Vorteile nicht eingetreten sind, BGH MDR 1990, 34. Im Rahmen der Abwicklung nach Saldotheorie (Rz 47) hat der Kondiktionsschuldner die Beweislast für die Verminderung des Saldos (BGH NJW 1999, 1181). Soweit bei Beziehern kleinerer und mittlerer Einkommen Verbrauch im Zuge der Lebenshaltung den Entreicherungseinwand begründet (Rz 38), bedarf es keiner näheren Darlegung des Wegfalls der Bereicherung (LAG München DB 1989, 332; LAG Frankfurt DB 1989, 826; BAG MDR 2001, 1356 mit Grenzziehung bezüglich der Geringfügigkeit der Überzahlung bei 10 % der Bezüge). Die Beweislast erstreckt sich nicht auf die Ernsthaftigkeit der Weggabe (BGH JZ 1989, 41 mit insoweit krit Anm Honsell). Wenn der Wegfall ganz oder teilweise infolge Haftungsverschärfung nicht zu berücksichtigen ist, so hat der Bereicherungsgläubiger zu beweisen, daß und wann die Haftung sich verschärft hat und welche Bereicherungskürzung erst später eingetreten ist (BGH NJW 1958, 1725; Staud/Lorenz Rz 48; aA RG JW 1917, 465; RGRK Rz 51). Diese Regeln gelten auch, wenn an einen Geschäftsbeschränkten geleistet ist (Dresden JW 1921, 175; RGRK aaO). Im übrigen gelten bei Haftungsverschärfung die allgemeinen Regeln.

9. Sonstiges. Auskunftserteilung kann der Bereicherte nach der älteren Rspr nicht ohne weiteres verlangen, 54 sondern nur, wenn der Bereicherungsanspruch auf einen „Inbegriff" gerichtet ist (§ 260), so, wenn Nutzungen herauszugeben sind (RG 137, 211; 90, 137). BGH 5, 124 gibt bei Eingriffen in fremde Rechte Ansprüche auf Rechnungslegung; unter dem Einfluß der heute im allgemeinen großzügigeren Praxis wird den älteren Urteilen des RG nicht mehr zu folgen sein.

819 *Verschärfte Haftung bei Kenntnis und bei Gesetzes- oder Sittenverstoß*
(1) Kennt der Empfänger den Mangel des rechtlichen Grundes bei dem Empfang oder erfährt er ihn später, so ist er von dem Empfang oder der Erlangung der Kenntnis an zur Herausgabe verpflichtet, wie wenn der Anspruch auf Herausgabe zu dieser Zeit rechtshängig geworden wäre.
(2) Verstößt der Empfänger durch die Annahme der Leistung gegen ein gesetzliches Verbot oder gegen die guten Sitten, so ist er von dem Empfang der Leistung an in der gleichen Weise verpflichtet.

1. Allgemeines und Voraussetzungen. Von dem Grundsatz des § 818 IV, daß die allgemeinen Haftungsver- 1 schärfungen erst bei der Rechtshängigkeit einsetzen, macht § 819 zwei Ausnahmen (§ 820 eine dritte und vierte), nämlich bei Kenntnis des Empfängers (Abs I) und bei Verwerflichkeit des Empfangs § 819 (II). Allerdings kann man das Regel-Ausnahme-Verhältnis auch umgekehrt sehen (BGH 55, 135; gegen diese Betrachtung allgemein Staud/Lorenz Rz 3).

a) Abs I. Kenntnis hat der Empfänger, wenn er weiß, daß ein Rechtsgrund beim Empfang gefehlt hat oder später weggefallen ist. Dafür genügt Kenntnis, daß gezahlte Vorschüsse nicht verdient sind (s BAG DB 1989, 2385). Wichtig ist der Zeitpunkt des Eintritts der Bösgläubigkeit (s Rz 8). Sie setzt nicht nur Kenntnis der Tatsachen, sondern auch die der Rechtslage voraus (RG 93, 230; Warn Rspr 1927, 91), wobei es freilich genügt, wenn der Empfänger sich der wahren Rechtslage bewußt verschließt (BGH 133, 246; Düsseldorf FamRZ 1997, 769; MüKo/Lieb Rz 2; krit Martinek JZ 1996, 1999; s auch Buck, Wissen und juristische Person, 2001, 66ff, 69ff). In die Prüfung spielt das Vorliegen gerichtlicher Titel hinein; so will BGH NJW 1981, 2183, 2184 bei Zahlungen eines Scheinvaters die Kenntnis der Mutter von der wahren Abstammung des Kindes vor erfolgreicher Ehelichkeitsanfechtung nicht für die Anwendung des § 819 I ausreichen lassen. Kennenmüssen und Zweifel genügen nicht (RG 72, 162; Zweibrücken FamRZ 1995, 175), wobei jedoch gegenüber lebensfremden, womöglich auch nur vorgeschobenen Annahmen des Empfängers bezüglich seiner Berechtigung das Gericht nicht gehindert ist, Kenntnis anzunehmen (Hamm NJW 1977, 1170), s auch Karlsruhe ZIP 1995, 1748; Hamm FamRZ 1997, 431. Es gibt Sachverhalte, die unzweifelhaft auf die Rechtsgrundlosigkeit schließen lassen, s den Fall Hamburg OLGRp 1998, 430. Immerhin muß dem Empfänger die richtige Wertung zumutbar und möglich gewesen sein (Mayer-Maly, FS H. Lange, 1970, S 301f; ähnlich Probst AcP 196, 225, 250ff), während Hamm aaO Kenntnis der die Rechtsfolge begründenden Tatsachen ausreichen läßt. Anders § 87 BBG und die Beamtengesetze der Länder für die Rückforderung überhöhter Bezüge (s dazu auch vor § 812 Rz 19). Hat der Leistende selbst bei der Leistung den Mangel des Rechtsgrundes gekannt und weiß der Empfänger dies, so braucht er nicht mit der Herausgabepflicht zu rechnen (vgl § 814) und ist daher nicht bösgläubig (RG 137, 179; 151, 361; RGRK Rz 5). Beruft sich der Empfänger auf diese Annahme, so hat er sie zu beweisen.

Besonderheit für **anfechtbare Rechtsgeschäfte**: Weiß der Empfänger, daß er selbst oder der Leistende anfech- 2 tungsberechtigt ist, so haftet er nach der Anfechtung infolge ihrer Rückwirkung (§ 142) schon vom Empfang, spätestens von der Kenntniserlangung ab verschärft; die Ungewißheit, ob das Anfechtungsrecht ausgeübt wird, ist also bedeutungslos (RG JW 1932, 1724; BGH WM 1973, 562; Staud/Lorenz Rz 7; RGRK Rz 9; aA RG 101, 389, wonach Kenntnis vom Rechtsgrundmangel zu verneinen ist, „solange die Anfechtung nicht als begründet festgestellt ist"). Kennt der Leistende bei der Leistung sein eigenes Anfechtungsrecht, so verliert er es durch die Leistung (vgl § 813 Rz 3). Hat er bei der Leistung Kenntnis vom Anfechtungsrecht des Empfängers, so kommt § 814 nicht in Betracht, weil er zur Leistung verpflichtet bleibt (RG 151, 376); aber die verschärfte Haftung des Empfängers kann der Leistende jetzt nicht mehr geltend machen (RG aaO). Bedenklich aber, mit dem RG aaO darüber hinaus auch dann § 819 abzulehnen, wenn der Empfänger bei eigener Kenntnis des Mangels auch beim Leistenden entsprechendes Wissen annimmt (s auch Reuter/Martinek S 644). Ähnlich wie den Empfänger einer aufgrund anfechtbaren Geschäfts erbrachten Leistung behandelt die Rspr (BGH WM 1969, 857f; BGH 83, 293, 295; Hamm NJW 1981, 877; BGH NJW 1985, 1828; grundsätzlich zust mit Abschwächungen in der Durchführung Reifner JZ 1984, 637, 642; BGH NJW 1999, 1636f; Jena OLGRp 2000, 328) denjenigen, der ein Darlehen erhalten hat; auch ohne Kenntnis von der Unwirksamkeit des Vertrages habe er gewußt, daß er die Valuta jedenfalls nicht behalten dürfe. Dies überzeugt nicht; das Risiko für die Verwendung des Darlehens liegt ohnehin auch bei Ungültigkeit des Darlehensvertrages beim Kreditnehmer (§ 818 Rz 34), und bei Nutzungen des Darlehens würde der Satz nicht gelten. Für eine Reduktion des § 818 III in solchen Fällen MüKo/Lieb Rz 9; Canaris WM 1981, 981; zur Entscheidung des BGH eingehend Häsemeyer JuS 1984, 176; s auch Bodenbenner JuS 2001, 1172. Bei einem wegen Verstoßes gegen § 56 I Nr 6 GewO nichtigen Darlehensvertrag gestattet die Rspr dem Darlehensnehmer die Berufung auf § 818 III (BGH 71, 358, 365; BGH WM 1979, 550, 552) und müßte bei dem Darlehensnehmer, der über sein verbraucherrechtliches Widerrufsrecht nicht belehrt wurde, ähnlich entscheiden (Canaris, FS Lorenz, S 37ff).

Handelt für den Empfänger beim Empfang ein **Vertreter**, so entscheidet (entsprechend § 166) dessen Kenntnis 3 (RG 79, 287 – Prokurist; BGH NJW 1982, 1585; Köln NJW 1998, 2909 – Kontobevollmächtigter, krit dazu Siegmann NJW 1999, 1163; Karlsruhe ZIP 1995, 1758 – Kontomitinhaber; RG 81, 266; 93, 230; Nürnberg WM 1990, 307 – gesetzlicher Vertreter; RG 72, 155 – Vertreter juristischer Personen, Staat; Warn 1918, 224 – Zwangsverwalter; Köln NJW 2000, 1045f mit Kurzkomm Wissmann EWiR 2000, 431 und Schlewig-Holstein OLGRp 2000, 276; s ferner § 814 Rz 8). Die Rspr geht allerdings in der Kenntniszurechnung bisweilen zu weit, indem sie nicht nur das Wissen eines Vertreters beim Abschluß eines Rechtsgeschäfts über § 166 als Bösgläubigkeit des Vertretenen behandelt, sondern darüber hinaus Personen, denen die Vertretungsmacht für den späteren Bereicherungsschuldner fehlte, hinsichtlich der Begründung des Grundgeschäfts wie auch der Bösgläubigkeit bei Entgegennahme der Leistung behandelt, als wäre der Konditionsschuldner tätig geworden (BGH NJW 1980, 1115 – Darlehensaufnahme durch ein nicht ermächtigtes Organ; BGH 83, 293 – vollmachtlose Darlehensaufnahme durch eine Ehefrau und Verbuchung auf einem Konto, für das die Ehefrau Vollmacht hatte; BGH NJW-RR 2001, 127, mit Anm Zeller EWiR 2000, 1069 – tatsächliche Möglichkeit des Sohnes, Rechte aus einem bestehenden Giroverhältnis der Mutter selbständig wahrzunehmen). Hier werden Schranken der Vertretungsmacht, die sich auch der Leistende entgegenhalten lassen muß, überspielt; derjenige, der ohne sein Zutun zum Leistungsempfänger gemacht worden ist, kann in solchen Fällen nicht als bösgläubig behandelt werden (Canaris JuS 1980, 332, 335; Wilhelm AcP 183, 1, 32ff; Reuter/Martinek S 646; s auch Buck, Wissen und juristische Person, 2001, 188f).

4 Besonderes gilt bei rechtsgrundloser Erlangung **nichtgegenständlicher Vorteile** wie Arbeitsleistungen, Gebrauch und Nutzung fremder Rechtsgüter oder Dienstleistungen. Hier liegt der Wertberechnung gem § 818 II ua die Vorstellung zugrunde, daß der Bereicherte Aufwendungen erspart hat (§ 818 Rz 27). Bejaht man die umstrittene Frage, ob auch bei bestimmungsgemäßer Verwendung des Vorteils, die als solche nicht als Entreicherung iSd § 818 III angesehen werden kann, aus dem Gesichtspunkt der Nutzlosigkeit der Vorteilsverwendung für das Vermögen des Empfängers der Entreicherungseinwand abgeleitet werden kann (§ 818 Rz 28), so ist weiter zu prüfen, ob dies auch gilt, wenn der Empfänger den Mangel des Rechtsgrundes kannte. Die Rechtslage ist angesichts der Diskussion um das Flugreise-Urteil (BGH 55, 128) unübersichtlich. BGH aaO hat mit der Begründung, Wegfall und Nichtentstehung der Bereicherung seien gleich zu behandeln, die „Vorverlegung" des Schutzes auf die von vornherein nutzlose Erlangung nur dem gutgläubigen Konditionsschuldner zugute gehalten und will den Bösgläubigen so behandeln, als ob er etwas erspart und dadurch im Ergebnis sein Vermögen vermehrt hätte. Zu diesem Argument s die vom BGH erwähnten Ausführungen von Jakobs, Eingriffserwerb, S 150f, 160. Dieser Sicht der Dinge (ebenso Gursky NJW 1969, 2184; Kellmann NJW 1971, 865) ist Folgerichtigkeit nicht abzusprechen, so daß die Entscheidung in diesem Punkt einige Gefolgschaft gefunden hat (Canaris JZ 1971, 562; Teichmann JuS 1972, 247, 251). Ähnlich ist auch bei der Miete von Kraftfahrzeugen durch Minderjährige entschieden worden (Nachweise § 818 Rz 27; s besonders Gursky aaO).

5 Dennoch ist nicht zu verkennen, daß hier durch den Hinweis auf die Bösgläubigkeit des Empfängers eine in Wahrheit nicht bestehende Bereicherung fingiert wird (Batsch NJW 1972, 613; s aber auch Lieb NJW 1971, 1292; Koppensteiner NJW 1971, 1775). Für eine derartige Bereicherungshaftung ohne Vermögensvermehrung reicht es nicht aus, wenn man die verschärfte Haftung als Fixierung eines danach nicht mehr verminderbaren Anspruchs auf den Wert betrachtet (s § 818 Rz 50), denn einen Wert hatte das Erlangte bei subjektiver Betrachtung nicht. Da § 819 nicht zu einer allgemeinen Schadensersatzhaftung führt, sondern zu einer Aufteilung nach Geldschulden (hier genügt die Fixierung auf den Wertersatz) und Ansprüchen auf Herausgabe einer Sache (hier gelten §§ 987ff mit Ansprüchen auf Schadensersatz und Nutzungsherausgabe), kann der „verschärften Haftung" bei von vornherein nicht herausgabefähigen Gegenständen eine Haftung ohne Vermögensmehrung nicht ohne weiteres entnommen werden. Liegen aber, was oft der Fall sein wird, auch die Voraussetzungen einer unerlaubten Handlung vor, so ist dem Bereicherten sowohl die Berufung auf zufälligen Untergang zu versagen (die ihm nach den „allgemeinen Vorschriften" der §§ 819 I, 292, 987ff an sich bleibt) als auch eine Haftung nunmehr auf den beim Konditionsgläubiger eingetretenen Schaden auszurichten (s Teichmann JuS 1972, 250f). Allerdings wird in Fällen unbefugten Gebrauchens fremder Rechtsgüter wie gerade im Flugreise-Fall ein Schaden des Rechtsgutinhabers oft nicht festgestellt werden können, so daß im Ergebnis eine Haftung entfällt.

6 Folgt man der trotz allem gut begründeten Ansicht des BGH, so ist noch, wie in den Fällen der Kraftfahrzeugmiete durch Minderjährige oder der „Schwarzfahrt" eines Minderjährigen, die **Erheblichkeit der Kenntnis eines Minderjährigen** zu prüfen. Manchmal wird allgemein auf die Kenntnis des gesetzlichen Vertreters abgestellt (RG JW 1917, 465; Canaris JZ 1971, 562; Batsch NJW 1972, 611; Reuter/Martinek S 654f); andere wollen die §§ 828f entsprechend anwenden (Diesselhorst, Natur der Sache, S 193ff; Soergel/Mühl Rz 6; abl Staud/Lorenz Rz 10). Schließlich wird versucht, zwischen den Typen der Bereicherung zu unterscheiden, indem die Eingriffskondiktion als deliktsähnlich den §§ 827ff unterstellt und bei der Leistungskondiktion die Kenntnis des gesetzlichen Vertreters verlangt wird (RGRK Rz 7; Pawlowski JuS 1967, 305; Gursky NJW 1969, 2184). Ähnlich will auch BGH 55, 128 (zust Teichmann JuS 1972, 250) §§ 827ff dann anwenden, wenn im bereicherungsrechtlich erheblichen Eingriff zugleich eine unerlaubte Handlung liegt. Gegen die Unterscheidung nach Leistungs- und Eingriffskondiktion wird angeführt, daß die Grenzen gelegentlich verfließen und zwischen der Geltendmachung von Schadensersatz und der Kondiktion zu unterscheiden sei. Zu einer Haftung, die den Minderjährigen wie einen Leistungsempfänger stellt, sollte es nicht über den Kopf des gesetzlichen Vertreters hinweg kommen, auf dessen Einsicht daher abzustellen ist; anders Harder NJW 1990, 857, 863, der einen hinsichtlich seiner Nutzungsberechtigung gutgläubigen Minderjährigen (ebenso den bösgläubigen) von der Haftung gänzlich freistellt.

7 **b) Abs II. Verbotswidriger Empfang.** Die Voraussetzungen entsprechen denen des § 817 S 1 (s § 817 Rz 6ff). Sind sie einschließlich der subjektiven (wie Bewußtsein des Empfängers von der Verbotswidrigkeit oder grobe Fahrlässigkeit) schon beim Empfang erfüllt, so tritt die verschärfte Haftung schon mit dem Empfang ein. Das gilt auch bei beiderseitiger Verbots- oder Sittenverletzung (BGH NJW 1958, 1725, s auch München NJW 2000, 2592, 2595: § 819 II analog). Bremen (WM 1991, 1252, 1255) fordert in diesem Zusammenhang auch, daß der Hauptzweck der Leistung verboten oder sittenwidrig war. Erfüllen sich die subjektiven Voraussetzungen erst später, so kann die verschärfte Haftung auch nachträglich nicht einsetzen (so auf Grund des Wortlauts RGRK Rz 13). Allerdings wird hier meist Abs I eingreifen (Staud/Lorenz Rz 13; MüKo/Lieb Rz 14). Bei Rückabwicklung eines Darlehensvertrages aufgrund eines Widerrufsrechts bei Haustürgeschäften kann das Vorliegen eines Verstoßes gegen das Vermittlungsverbot nach § 56 I Nr 6 GewO dem Entreicherungseinwand entspr § 819 entgegengesetzt werden, BGH NJW 1999, 1636 (noch zum mit 1. 1. 2002 aufgehobenen HausTWG).

2. Die Rechtsfolgen gleichen denen des § 818 IV (s § 818 Rz 49–52). Somit ist beim sittenwidrigen Grundstückskauf der Käufer auch zur Freistellung von während seiner Besitzzeit bestellten Grundpfandrechten verpflichtet (Hamm OLGZ 94, 55; s bereits § 818 Rz 6). Besonderes gilt für den **a) Beginn.** Während er im Falle des § 818 IV stets mit dem Rechtshängigwerden zusammenfällt, setzen im Falle des § 819 I die Rechtsfolgen mit der Kenntnis, frühestens aber mit dem Leistungsempfang ein. Der Zeitpunkt der Kenntniserlangung ist daher genau festzustellen (RG JW 1928, 2444). Naturgemäß kann bei Wegfall des Rechtsgrundes (condictio ob causam finitam) und bei Zweckverfehlung (causa data non secuta) die Kenntnis stets erst nach dem Leistungsempfang gewonnen werden; über den Beginn bei Anfechtung s Rz 2. 8

b) Verzug. Während die Verzugshaftung im Falle des § 818 IV nicht vor der Rechtshängigkeit und nicht notwendig zugleich mit ihr einsetzt (§ 818 Rz 49, 51), tritt sie im Falle des § 819 praktisch fast immer ein, sobald dessen Voraussetzungen erfüllt sind. Denn den bösgläubigen oder iSd § 817 verbotswidrig handelnden Empfänger trifft meistens ein Verschulden (§ 286 IV), und eine Mahnung gilt als erfolgt, da die Lage so angesehen werden soll, „wie wenn der Anspruch auf Herausgabe zu dieser Zeit rechtshängig geworden wäre". Kein Verschulden aber, wenn der Empfänger ein Zurückbehaltungsrecht hat (RG HRR 1931, Nr 1519) oder wenn er den Vermögenszuwachs ohne sein Zutun erlangt hat und daher nicht schuldhaft gehandelt haben kann (OGHZ 4, 81 für Banküberweisung); hier kann der Verzug erst bei schuldhafter Säumnis in der Herausgabe einsetzen. Trotz des Verzuges ist ein Wegfall der Bereicherung oder ihre Minderung unter den besonderen, in § 818 Rz 51 angegebenen Voraussetzungen zu berücksichtigen. 9

3. Beweislast. Macht der Bereicherungsgläubiger die verschärfte Haftung nach § 819 geltend, so hat er zu beweisen, daß und wann ihre objektiven und subjektiven Voraussetzungen eingetreten sind (RG 72, 155; JW 1905, 391). Beruft sich dagegen der Schuldner darauf, daß nach seiner Annahme der Leistende selbst den Mangel des Rechtsgrundes gekannt hat, so hat er das zu beweisen. Im übrigen gelten die Regeln § 818 Rz 53. 10

820 *Verschärfte Haftung bei ungewissem Erfolgseintritt*

(1) War mit der Leistung ein Erfolg bezweckt, dessen Eintritt nach dem Inhalt des Rechtsgeschäfts als ungewiss angesehen wurde, so ist der Empfänger, falls der Erfolg nicht eintritt, zur Herausgabe so verpflichtet, wie wenn der Anspruch auf Herausgabe zur Zeit des Empfangs rechtshängig geworden wäre. Das Gleiche gilt, wenn die Leistung aus einem Rechtsgrund, dessen Wegfall nach dem Inhalt des Rechtsgeschäfts als möglich angesehen wurde, erfolgt ist und der Rechtsgrund wegfällt.
(2) Zinsen hat der Empfänger erst von dem Zeitpunkt an zu entrichten, in welchem er erfährt, dass der Erfolg nicht eingetreten oder dass der Rechtsgrund weggefallen ist; zur Herausgabe von Nutzungen ist er insoweit nicht verpflichtet, als er zu dieser Zeit nicht mehr bereichert ist.

1. Allgemeines. Von dem Grundsatz des § 818 IV, daß die allgemeinen Haftungsverschärfungen erst bei der Rechtshängigkeit einsetzen, macht § 820 neben § 819 zwei weitere Ausnahmen (für eine Kennzeichnung als Haftungserweiterung MüKo/Lieb Rz 1). Sie betreffen die Kondiktionen wegen Nichterfolgs (causa data non secuta, Abs I S 1) und wegen Wegfalls des Rechtsgrundes (ob causam finitam; Abs I S 2), also diejenigen Kondiktionen, die auf einem nach der Vermögensbewegung eintretenden Ereignis beruhen. Erhält der Empfänger von dem Ereignis nach dessen Eintritt Kenntnis, so haftet er nach § 819 verschärft. Aber auch für den Fall der bloßen Ungewißheit hat das Gesetz (im Gegensatz zum 1. Entwurf) eine verschärfte Haftung vorgesehen, jedoch nur dann, wenn die Ungewißheit aus dem Inhalt des Rechtsgeschäfts hervorging und beide Beteiligte sich ihrer bewußt waren (§ 820). Beispiele sind Abschlagszahlungen in Erwartung der noch festzustellenden Gesamtforderung (Hamm OLGRp 1992, 190), ferner eine Vereinbarung, mit der der Interessent für ein Grundstück ein Entgelt für Maßnahmen verspricht, die ihm nur bei Ankauf des Grundstücks Vorteile bringen (Hamm DNotZ 1992, 423). Bisweilen wird auch § 820 herangezogen für die Lösung von Problemen bei der Rückabwicklung von Besitzübertragungen, die in der Erwartung der künftigen Entstehens eines vertraglichen Rechtsgrundes stattgefunden haben; das setzt freilich eine Durchbrechung des allgemein angenommenen Vorrangs der §§ 987ff (dazu vor § 812 Rz 11ff) voraus (näher Kohler NJW 1988, 1054). War eine Rücktrittsmöglichkeit vorauszusehen, wird im Rahmen der §§ 346ff die analoge Heranziehung von § 820 I S 2 bejaht (Kohler JZ 2002, 682, 694). 1

2. Voraussetzungen im einzelnen. Objektiv muß der Erfolg unsicher, der Wegfall des Rechtsgrundes möglich gewesen sein, und subjektiv müssen die Beteiligten beim Abschluß des Rechtsgeschäftes den Erfolg als unsicher, den Wegfall des Rechtsgrundes als möglich angesehen haben. Daran fehlt es, wenn sie den Erfolgseintritt und den Fortbestand des Rechtsgrundes für sicher gehalten (BGH JZ 1961, 699), aber auch, wenn sie die Zweckverfehlung oder den Rechtsgrundwegfall nur als eine entfernte Möglichkeit angesehen haben (RG HRR 1938, Nr 511). Das Bewußtsein, daß eine andere Entwicklung niemals ganz ausgeschlossen werden kann (s die plastischen Formulierungen des BGH aaO), genügt nicht. Da der Inhalt des Rechtsgeschäfts entscheidet, genügt es nicht, wenn sich die Ungewißheit aus Umständen außerhalb des Vertrags ergibt (RG HRR 1931, Nr 407). 2

Die hM will § 820 entsprechend anwenden auf Leistungen mit **Vorbehalt**, dh wenn bei einer als geschuldet angesehenen Leistung beide Teile die Nachprüfung der Schuld vorbehalten, also deren Nichtbestehen „nach dem Inhalt des Rechtsgeschäfts" als möglich angesehen haben (RGRK Rz 4). Hierzu gehören die Abschlagszahlungen und Vorschüsse auf Lohn-, Gehalts-, Dienst- und Versorgungsbezüge (s etwa BVerwG NJW 1983, 2042; MüKo/Lieb Rz 6), aber auch Zahlungen eines Kreditkartenunternehmens für den Ankauf von nicht genehmigten Belastungen (Düsseldorf NJW 1984, 2475). Die Annahme, daß die Leistung von Kindesunterhalt durch einen geschie- 3 denen Elternteil wegen des dabei gemachten Vorbehalts nicht dem Entreicherungseinwand unterliege (Hamm NJW-RR 1997, 705), ist wegen der Gleichstellung mit der Haftung eines Bösgläubigen bedenklich. Die Figur eines stillschweigenden Vorbehalts, der dann den Entreicherungseinwand ausschließt, ist im Beamtenrecht, etwa bei Zusammentreffen verschiedener Versorgungsbezüge, mit auffallend sorgloser Billigung durch das BVerfG (NJW 1978, 533) angewandt worden. Ist der Vorbehalt nur vom Leistenden gemacht, so schließt er jedenfalls die Einwendungen aus § 814 aus (vgl § 814 Rz 9). Dagegen wendet München WM 1993, 413 die Vorschrift in Abs I S 1 analog an, weil der Empfänger nicht widersprochen hatte.

4   Erweist sich eine vertraglich ausbedungene **Leistung**, deren Möglichkeit ungewiß war, als **unmöglich**, so haftete der Leistungspflichtige, der die **Gegenleistung** bereits **erhalten** hat, für deren Rückgewähr verschärft nach §§ 323 III aF, 820 (RG 123, 401; BGH NJW 1975, 1510; Meincke AcP 171, 19, 38). Inzwischen verweist der dem § 323 III aF weitgehend entsprechende § 326 IV aber nicht mehr auf Bereicherungsrecht, sonern auf das Rücktrittsrecht. Dagegen ist § 820 mangels der subjektiven Voraussetzungen nicht anzuwenden, wenn auf einen Vertrag Leistungen bewirkt werden in der Erwartung der erforderlichen behördlichen Genehmigung, die mündlich zugesagt ist, aber später versagt wird (RG HRR 1933, Nr 1843). Über Vertretung s § 819 Rz 3, über Rechtsgeschäft eines die vormundschaftsgerichtliche Genehmigung erwartenden Vormundes s RG 81, 262.

5   **Einzelfälle** mit Anwendung des § 820: Auf eine Maklerprovision wird Vorschuß gezahlt (RG SeuffA 74, 174). An einen Kommunalbeamten wird Gehalt gezahlt unter der ausdrücklichen Voraussetzung, daß die städtische Körperschaft sich einverstanden erklären wird (Königsberg JW 1919, 517 mit entsprechender Anwendung von § 819), Leistung auf eine auflösend bedingte Verpflichtung (Staud/Lorenz Rz 6). Ungewißheit kann uU angenommen werden, wenn die Parteien sich einen Rücktritt vorbehalten haben (Frankfurt NJW 1967, 984; Weitnauer NJW 1967, 2314). Auf **Unterhaltsvereinbarungen**, die den gesetzlichen Anspruch nur modifizieren, ist § 820 nicht anwendbar (BGH NJW 1998, 2433; offenlassend noch BGH 118, 383). § 820 entfällt auch bei Unterhaltszahlung auf eine einstweilige Anordnung (BGH NJW 1984, 2095; 1985, 1074; BGH 143, 65 mit skeptischer Anm Berger ZZP 113 (2000), 492) oder einen gerichtlichen Unterhaltsvergleich (Hamm FamRZ 1996, 1406), desgl bei Rechtshängigkeit einer Abänderungsklage (Zweibrücken, FamRZ 1995, 1075).

6   **3. Rechtsfolgen.** Die Haftung wird vom Leistungsempfang ab verschärft wie nach § 818 IV (vgl § 818 Rz 49–52). Wie dort, so kann auch hier unter besonderen Voraussetzungen die Bereicherung mit befreiender Wirkung wegfallen, dh dann, wenn die allgemeinen Vorschriften der §§ 291ff nicht entgegenstehen. Die **Haftungsverschärfung** hat aber nicht das volle Ausmaß, sondern ist in zweifacher Hinsicht schwächer:
a) **Für Verzugsschaden** wird **nicht** gehaftet, da der Leistende selbst die Ungewißheit kennt und deshalb der Empfänger mit der Annahme der Leistung nicht schuldhaft handelt (§ 286 IV). § 287 ist also nicht anwendbar. Das gilt jedoch nur für die Schwebezeit; ist sie abgeschlossen, der Rechtsgrund weggefallen, der Geschäftszweck verfehlt und hat der Schuldner dies erfahren, so haftet er nach § 819 verschärft.

7   b) **Abs II schränkt die Haftung für Zinsen und Nutzungen ein.** Die Pflicht zur Verzinsung setzt erst ein, wenn der Rechtsgrundwegfall oder Nichterfolg tatsächlich eingetreten ist und der Bereicherte das erfahren hat (4 %, § 246), s den Fall BGH NJW 1975, 1510. Nutzungen sind nur in den Grenzen des § 818 III herauszugeben, dh nur insoweit sie als Bereicherung vorhanden sind. Daher haftet der Bereicherte für nicht gezogene Nutzungen selbst dann nicht, wenn er sie hätte ziehen können (RG Recht 1911, Nr 3310). Die verschärfte Haftung erfaßt also nur das Kapital, zu dessen ordnungsmäßiger Erhaltung der Bereicherte verpflichtet sein soll. Über Rechtsmißbrauch s BGH LM Nr 1 zu § 820.

8   **4. Beweislast.** Der Bereicherungsgläubiger, der sich auf die Haftungsverschärfung des § 820 beruft, hat die gekennzeichneten objektiven und subjektiven Voraussetzungen zu beweisen. Im übrigen gelten die Regeln des § 818 Rz 53.

821 *Einrede der Bereicherung*
Wer ohne rechtlichen Grund eine Verbindlichkeit eingeht, kann die Erfüllung auch dann verweigern, wenn der Anspruch auf Befreiung von der Verbindlichkeit verjährt ist.

1   **1. Allgemeines und Voraussetzungen.** Die Rechte des Benachteiligten aus einer ungerechtfertigten Bereicherung werden meist durch einen Herausgabeanspruch verfolgt. Sie können aber auch durch Einrede geltend gemacht werden (vor § 812 Rz 22). Das geschieht namentlich dann, wenn die Bereicherung in der Eingehung einer Verbindlichkeit besteht (vgl § 812 Rz 58ff), so auch bei Verteidigung gegen einen Anspruch aus konstitutivem Schuldanerkenntnis (Saarbrücken MDR 1998, 828). Die Einrede ist an dieselben Voraussetzungen und Grenzen gebunden wie der Bereicherungsanspruch, aus dem sie abgeleitet ist. Sie verjährt daher regelmäßig wie dieser nach § 195 in drei Jahren, wobei sich aber aufgrund Parteivereinbarung für den Anspruch aus der abstrakten Verpflichtung eine längere Verjährung ergeben kann (vor § 812 Rz 23). Ist sie verjährt, so ist das fast stets auch der Anspruch des Bereicherten aus der Verbindlichkeit, so daß die ungerechtfertigte Bewegung realer Vermögenswerte unterbunden ist. Daran fehlt es aber, wenn etwa die Verjährung aus der Verbindlichkeit gehemmt oder unterbrochen oder eine Hypothek oder ein Pfandrecht bestellt war (§ 216 I). Um in diesen praktisch seltenen Fällen die ungerechtfertigte Vermögensbewegung zu verhüten, bestimmt § 821, daß die Einrede auch noch nach der Verjährung des Bereicherungsanspruchs geltend gemacht werden kann (vgl §§ 853, 2083, 2345. Die in § 821 vorausgesetzte Einrede kehrt bei Abwehr von Ansprüchen aus Verträgen oft in Gestalt des allgemeinen Arglisteinwands wieder (RGRK Rz 2). Die Vorschrift hat ferner eine gewisse Bedeutung als Begründung für das Vorgehen des aus einer gültigen, aber rechtsgrundlosen Wechsel- oder Scheckbegebung in Anspruch Genommenen (s BGH 57, 292, 300; BGH NJW 1975, 224; München NJW 1983, 759f). Ein Wechselschuldner kann (im Nachverfahren) seiner

Inanspruchnahme mit der Bereicherungseinrede begegnen, trägt aber die Beweislast für die Rechtsgrundlosigkeit (Saarbrücken OLGRp 1998, 310). Dasselbe hätte gegenüber einem aus anderen Forderungen hervorgegangenen Vereinbarungsdarlehen zu gelten, wenn nicht gleichzeitig ein anderer, möglicherweise auch nur ein künftiger Rechtsgrund vereinbart wurde (s den Fall BGH ZIP 1981, 1071, 1073).

2. Rechtsfolgen. Die Einrede ist nicht von Amts wegen, sondern nur auf Vorbringen des Benachteiligten zu 2 beachten (BGH WM 1992, 1522). Sie gibt ihm das Recht, nicht nur die Leistung zu verweigern, sondern auch zu verlangen, daß der Bereicherte auf eine etwa bestellte Hypothek verzichtet (§ 1169) und ein Pfand herausgibt (§ 1254); bei einer Sicherungsübereignung muß eine Auslegung des Vertrages entscheiden (vgl RG 143, 116). Die Einrede wirkt einerseits nicht nur für den Benachteiligten, sondern auch für Schuldübernehmer, Bürgen, Hypothekengläubiger, Drittverpfänder, unmittelbare Besitzer (§§ 417, 768, 1137, 1211, 986 I; RG JW 1936, 917) und andererseits nicht nur gegen den Bereicherten, sondern auch gegen den Zessionar, an den der Bereicherte seine Rechte aus der Verbindlichkeit abgetreten hat (§§ 404, 405; RG 86, 304), sowie gegen Sequester und Insolvenzverwalter des Gläubigers (BGH NJW 1995, 1484; Brandenburg, WM 1999, 1083, 1085). Die Bereicherungseinrede kann uU auch gegen eine Grundschuld geltend gemacht werden (Köln OLGZ 69, 419), doch ist bei Abtretung einer Sicherungsschuld an einen Zessionar, der vom Sicherungscharakter keine Kenntnis hat, der Gutglaubensschutz zu beachten (BGH NJW 1972, 1463). Im Umfang ist die Einrede an die Grenzen des § 818 III gebunden. Der Bereicherte kann also den Wegfall der Bereicherung geltend machen, so namentlich wenn er Aufwendungen gemacht, Gegenleistungen bewirkt oder Schäden erlitten hat (vgl § 818 Rz 35ff). Insoweit wirkt die Einrede dann nicht (RGRK Rz 5; Staud/Lorenz Rz 9); trotz des Bereicherungswegfalls ist sie aber entsprechend §§ 818 IV, 819 wirksam, wenn sie im Prozeß erhoben ist oder der Bereicherte verwerflich gehandelt hat (vgl RGRK aaO).

822 *Herausgabepflicht Dritter*

Wendet der Empfänger das Erlangte unentgeltlich einem Dritten zu, so ist, soweit infolgedessen die Verpflichtung des Empfängers zur Herausgabe der Bereicherung ausgeschlossen ist, der Dritte zur Herausgabe verpflichtet, wie wenn er die Zuwendung von dem Gläubiger ohne rechtlichen Grund erhalten hätte.

1. Allgemeines. § 822 ist dem § 816 I S 2 verwandt. Auch er setzt eine benachteiligende unentgeltliche Verfü- 1 gung eines anderen zugunsten eines Dritten voraus; während aber dort der Verfügende ein Nichtberechtigter ist, ist er hier ein Berechtigter, der lediglich durch eine Kondiktionsschuld dem Gläubiger verpflichtet war. Während ferner dort der Bereicherungsanspruch gegen den Dritten primär begründet ist, ist er hier nur subsidiär gegeben, dh nur dann, wenn die Kondiktion gegen den Verfügenden erloschen ist (ähnliche Rechtsbehelfe in § 134 InsO). § 822 erstreckt also den gegen den ursprünglich Bereicherten gerichteten Anspruch auf dessen unentgeltlichen Rechtsnachfolger (Knütel NJW 1989, 2505). § 822 ist aber nicht anwendbar auf die Auskehrung des Zwangsversteigerungserlöses, da weder eine rechtsgeschäftliche Handlung noch Unentgeltlichkeit vorliegen (KG WM 2002, 688, 689). Gemeinsam ist beiden Vorschriften, daß sie das Merkmal „auf Kosten" in § 812 I, das an sich eine Bereicherungshaftung des Beschenkten ausschließen würde, wegen der geringeren Schutzwürdigkeit unentgeltlicher Verfügungen fallenlassen. Die Wertung des § 822 einschließlich der „Weitergabe" der bereicherungsrechtlichen Vergünstigung trifft auch auf Fälle der (Rechtsfolgen-)Verweisung auf Bereicherungsrecht zu, so für den Anspruch aus § 528 BGH 106, 354, BGH 142, 300 mit kritischer Anm Lorenz LM BGB § 822 Nr. 5, BGH NJW-RR 2001, 6, BGH NJW-RR 2003, 53; als unentgeltlich sind auch sog unbenannte Zuwendungen anzusehen. Überlegungen, ob § 822 auf die Weitergabe eines erworbenen Gegenstandes durch den Beauftragten an den von ihm mittelbar Vertretenen entspr anzuwenden ist, werden wegen des engen Verständnisses der Unentgeltlichkeit allgemein verworfen (Reuter/Martinek S 512f).

2. Voraussetzungen. a) Der Benachteiligte („Gläubiger") muß gegen den ersten Empfänger einen Bereiche- 2 rungsanspruch auf Herausgabe des Erlangten haben; auf welcher Vorschrift des Bereicherungsrechts dieser Anspruch beruht, ist ohne Bedeutung; es genügt § 816 I S 1 (RG 98, 136), ebenso S 2 und Abs II (Staud/Lorenz Rz 5; RGRK Rz 2), §§ 946, 951 (BGH WM 1972, 389), auch § 822 selbst; wendet also der Dritte das Erlangte einem Vierten unentgeltlich zu, so ist auch dieser herausgabepflichtig, wenn die sonstigen Voraussetzungen (s Rz 4: Erlöschen der Kondiktion gegen den Vormann) erfüllt sind (hM).

b) Der erste Empfänger muß das herauszugebende Erlangte unentgeltlich dem Dritten zugewendet 3 haben. Zum Erlangten iSd § 822 gehören nach hM auch die Nutzungen und Surrogate in dem engeren Sinne des § 818 (s § 818 Rz 14), nach einer vielfach vertretenen Ansicht aber auch die Surrogate in dem weiteren Sinne der §§ 1370, 1473 und öfter, dh auch solche, die der erste Empfänger bei einer Veräußerung rechtsgeschäftlich erworben und dem Dritten unentgeltlich zugewendet hat, die jedoch nur bis zum Wert des ursprünglich Erlangten herauszugeben sind (so Staud/Lorenz Rz 6; MüKo/Lieb Rz 7). Eine Zuwendung an einen Dritten liegt vor, wenn das Erlangte vom Vermögen des Erstempfängers rechtsgeschäftlich in das des Dritten übergeht, nicht aber, wenn der Erstempfänger schon beim Empfang als Vertreter des Dritten gehandelt hat (RG LZ 1917, Sp 1342; vgl § 812 Rz 18). Mangels Rechtsgeschäfts gehören nicht hierher Fund, Ersitzung und der Rechtsübergang vom Vorerben auf den Nacherben (hM). Unentgeltlich (Begriff § 516) sind auch Verwendungen des Ehemannes für das Vermögen seiner Frau (RG JW 1929, 2595) bzw unbenannte Zuwendungen unter Ehegatten (BGH 142, 300).

c) Infolge der Zuwendung muß der Bereicherungsanspruch des Benachteiligten gegen den Erstempfän- 4 ger erloschen sein (RG Recht 1913 Nr 344). Das geschieht namentlich, wenn der Bereicherte das Erlangte selbst ohne Gewinn an den Dritten weitergegeben hat und deshalb nicht mehr bereichert ist (§ 818 III). Beispiel: Versicherungsnehmer gibt die ihm nach § 76 VVG gezahlte Versicherungssumme nicht an den Versicherten, sondern an einen Dritten weiter (OGH VersR 1950, 81 mit Anm Möller). Das geschieht aber nicht, wenn der Bereicherungsanspruch schon vor der Zuwendung verjährt oder infolge Aufwendungen nach § 818 III aufgezehrt ist, weil der ursächliche Zusammenhang zwischen der Zuwendung und dem Verlust des Anspruchs fehlt (hM), auch nicht, wenn die verschärfte Haftung des Erstempfängers nach §§ 818 IV, 819, 820 schon vor der Zuwendung eingesetzt hat und infolgedessen die Herausgabepflicht des Erstempfängers „fortdauert" (RG HRR 1938, Nr 511). Die hM wendet § 822 auch dann nicht an, wenn der Bereicherungsanspruch gegen den Erstempfänger aus tatsächlichen Gründen (Zahlungsunfähigkeit, Auslandsaufenthalt) nicht verwirklicht werden kann, weil ein rechtliches Erlöschen erforderlich sei (BGH NJW 1969, 605; BGH WM 1999, 23 mit Anm Wieling LM Nr 5 zu § 822; Staud/Lorenz Rz 100). UU kann jedoch mit der Insolvenzanfechtung geholfen werden (Kornblum JuS 1970, 440). Für analoge Anwendung des § 822 MüKo/Lieb Rz 6; aM Reuter/Martinek S 367.

5   **3. Rechtsfolgen.** Der Dritte ist herausgabepflichtig, wie wenn er die Zuwendung vom Gläubiger selbst ohne Rechtsgrund erhalten hätte, also nach den Grundsätzen des § 818. Außerdem kann er sich auf solche Haftungsbeschränkungen berufen, die schon vor der Zuwendung in der Person seines Vormannes eingetreten waren (zB durch Aufwendungen; Staud/Lorenz Rz 11).

6   **4. Beweislast.** Nach allgemeinen Grundsätzen hat der Gläubiger alle Voraussetzungen seines Anspruchs zu beweisen, also nicht nur die Unentgeltlichkeit der Zuwendung (hM), sondern auch das Erlöschen seines Anspruchs gegen den Erstempfänger (Staud/Lorenz Rz 13; RGRK Rz 8). Soweit der Dritte sich auf Wegfall der Bereicherung beruft, hat er ihn zu beweisen.

7   **5.** Bei der **Verjährung** des Anspruchs gegen den Dritten ist zu berücksichtigen, daß die Erstreckung der Kondiktion auf ihn den Gläubiger im übrigen nicht besserstellen soll, als er ohne die Weitergabe der Sache stünde. Deshalb ist die während des Verbleibs der Sache beim Erstbereicherten verstrichene Zeit anzurechnen (Reuter/Martinek S 366; Knütel NJW 1989, 2505; aM Staud/Lorenz Rz 11).

Titel 27
Unerlaubte Handlungen

Vorbemerkung

Schrifttum: *Adams*, Ökonomische Analyse der Gefährdungs- und Verschuldenshaftung, 1985; *Bälz*, Zum Strukturwandel des Systems zivilrechtlicher Haftung, 1991; *v. Bar*, Deliktsrecht, in Bundesminister der Justiz (Hrsg), Gutachten und Vorschläge zur Überarbeitung des Schuldrechts, Bd II 1981, 1681; *ders*, Gemeineuropäisches Deliktsrecht, Bd I 1996, Bd II 1999; *ders*, Verkehrspflichten – Richterliche Gefahrsteuerungsgebote im deutschen Deliktsrecht, 1980; *Becker*, Das Recht der unerlaubten Handlungen, 1976; *Brüggemeier*, Deliktsrecht, 1986; *ders*, Prinzipien des Haftungsrechts, 1999; *Buchner/Roth*, Unerlaubte Handlungen, 2. Aufl 1984; *v. Caemmerer*, Wandlungen des Deliktsrechts. Hundert Jahre Deutsches Rechtsleben, FS zum hundertjährigen Bestehen des Deutschen Juristentages, Bd 2, 1960, 49; *Deutsch*, Allgemeines Haftungsrecht, 2. Aufl 1996; *Deutsch/Ahrens*, Deliktsrecht, 4. Aufl 2002; *Esser*, Grundlagen und Entwicklung der Gefährdungshaftung, 1949 (2. Aufl 1969); *M. Fuchs*, Deliktsrecht, 4. Aufl 2003; *Geigel/Schlegelmilch*, Der Haftpflichtprozeß, 23. Aufl 2001; *Hübner*, Zur Reform von Deliktsrecht und Gefährdungshaftung, NJW 1982, 2041; *Kleindiek*, Deliktshaftung und juristische Person, 1997; *Köndgen*, Haftpflichtfunktionen und Immaterialschaden, 1976; *Kötz*, Gefährdungshaftung, in Bundesminister der Justiz (Hrsg), Gutachten und Vorschläge zur Überarbeitung des Schuldrechts, Bd II 1981, 1779; *ders*, Ziele des Haftungsrechts, FS Steindorff 1990, 643ff; *Kötz/Wagner*, Deliktsrecht, 9. Aufl 2001; *Kreuzer*, Prinzipien des deutschen außervertraglichen Haftungsrechts, FS Lorenz 1991, 123ff; *Kupisch/Krüger*, Deliktsrecht, 1983; *Laufs*, Unglück und Unrecht, Ausbau oder Preisgabe des Haftungssystems?, 1994; *Leser*, Zu den Instrumenten des Rechtsgüterschutzes im Delikts- und Gefährdungshaftungsrecht, AcP 183, 568; *Marburger*, Regeln der Technik im Recht, 1979; *ders*, Grundsatzfragen des Haftungsrechts unter dem Einfluß der gesetzlichen Regelungen zur Produzenten- und zur Umwelthaftung, AcP 192, 1; *Mertens*, Deliktsrecht und Sonderprivatrecht – Zur Rechtsfortbildung des deliktischen Schutzes von Vermögensinteressen, AcP 178, 227; *Möllers*, Rechtsgüterschutz im Umwelt- und Haftungsrecht, 1996; *Nipperdey*, Tatbestandsaufbau und Systematik der deliktischen Grundtatbestände, NJW 1967, 1985; *Schlechtriem*, Vertragliche und außervertragliche Haftung, in Bundesminister der Justiz (Hrsg), Gutachten und Vorschläge zur Überarbeitung des Schuldrechts, Bd II 1981, 1581; *ders*, Vertragsordnung und außervertragliche Haftung, 1972; *Spickhoff*, Gesetzesverstoß und Haftung, 1998; *Stoll*, Haftungsverlagerung durch beweisrechtliche Mittel, AcP 176, 145; *ders*, Richterliche Fortbildung und gesetzliche Überarbeitung des Deliktsrechts, 1984; *Taupitz*, Ökonomische Analyse des Haftungsrechts – eine Zwischenbilanz, AcP 196, 114; *Weick* (Hrsg), Entwicklung des Deliktsrechts in rechtsvergleichender Sicht, 1987; *Weyers*, Unfallschäden. Praxis und Ziele von Haftpflicht- und Vorsorgesystemen, 1971; *Wussow*, Das Unfallhaftpflichtrecht, 15. Aufl 2002.

1. Gesetzliches System

1   Das Recht der unerlaubten Handlungen (Deliktsrecht) enthält **keine umfassende Generalklausel**, vielmehr drei „kleine" Generalklauseln und einige Spezialtatbestände. Als „kleine" Generalklauseln sind die Verletzung von Persönlichkeitsgütern und Rechten nach § 823 I, der Verstoß gegen ein Schutzgesetz nach § 823 II und die vorsätzliche sittenwidrige Schädigung nach § 826 anzusehen. Die Sondertatbestände folgen sehr unterschiedlichen Prinzipien: Teils erweitern sie die in § 823 I aufgezählten Rechtsgüter (§§ 824, 825), teils gewähren sie schlichten Billigkeitsausgleich (§ 829), begründen Aufsichts- oder Auswahlpflichten (§§ 831, 832, 833 S 2, 834), schützen den Bürger vor Amtspflichtverletzungen (§ 839) oder gewähren Schadensersatz bei Verletzung von Verkehrssicherungspflichten (§§ 836, 837); in § 833 S 1 ist zu Lasten des Halters eines Luxustieres schließlich eine Haftung ohne Verschulden vorgesehen.

Unter den drei Grundtatbeständen hat **§ 823 I eine herausgehobene Stellung**: Die dort aufgezählten Güter Leben, Körper und Gesundheit sind die Grundlage der Rechtsträgerschaft überhaupt, und das Eigentum ist das wichtigste materielle subjektive Recht; zugleich ist diesen Rechten und Rechtsgütern eine soziale Evidenz eigen. §§ 823 II und 826 knüpfen demgegenüber an bestimmte vom objektiven Recht mißbilligte Verhaltensweisen an (zB Verstoß gegen Strafgesetze, bei § 826 die Kumulation von Sittenverstoß und Schädigungsvorsatz). Der Grundgedanke dieses im Kern auch heute noch überzeugenden Systems (dazu genauer Canaris, FS Larenz 1983, 27 [35ff] mN) ist ein Kompromiß zwischen dem Interesse des Geschädigten am Ausgleich für möglichst alle ihn betreffenden Nachteile und dem Interesse des Schädigers an der Möglichkeit, sich frei zu bewegen, ohne durch die ständige Gefahr von Schadensersatzpflichten gehemmt zu werden. Deshalb ist insbesondere die allgemeine **Vermögenssphäre** in der Regel nicht gegen (primäre) **fahrlässige** Verletzungen geschützt. Ist ein deliktischer Tatbestand rechtswidrig und schuldhaft erfüllt, hat der Geschädigte allerdings nach §§ 249ff Anspruch auf Ersatz allen daraus entstandenen Schadens einschließlich aller Vermögensschäden bis zur Grenze der Adäquanz oder des Schutzzwecks der Norm. Neuerdings wird freilich verstärkt eine ungeschriebene Reduktionsklausel nach § 242 für solche Fälle diskutiert, in denen die Haftung den Schädiger persönlich unverhältnismäßig schwer trifft (vgl BVerfG NJW 1998, 3557; grundlegend Canaris, zuletzt: Grundrechte und Privatrecht, 1999, 51ff; ferner etwa Looschelders VersR 1999, 141).

Durch die **Rechtsfortbildung** der Gerichte, insbesondere des RG und des BGH, haben sich die Gewichte in dieser Interessenabwägung gegenüber der Ausgangslage im Jahre 1900 deutlich verschoben: Der Geschädigte wird umfassender geschützt, und zwar sowohl durch die Erweiterung des Katalogs von Schutzgütern nach § 823 I als auch durch eine Verschärfung der Pflichten zur Vermeidung deliktischer Schädigung. Die wichtigsten Ergebnisse des ersten Weges sind die heute gewährten Ansprüche wegen Verletzung des **Allgemeinen Persönlichkeitsrechts** und des **Rechts am eingerichteten und ausgeübten Gewerbebetrieb**. Der zweite Weg ist durch die Entwicklung zahlreicher **Verkehrspflichten** gekennzeichnet, die den Schutz der Sphäre des Geschädigten von der gleichsam handgreiflichen Verletzung eines Rechtsguts oder eines Schutzgesetzes auf die Verletzung von Verhaltensnormen zur Vermeidung derartiger Rechtsbeeinträchtigungen vorverlegen. In jüngerer Zeit ist vor allem im Bereich der Produzentenhaftung die Haftungsbegründung durch Verkehrspflichtverletzungen um eine Änderung der gesetzlichen **Beweislastverteilung** erweitert worden. Insgesamt kann man aufgrund dieser Entwicklungen heute mit einigem Recht von einer das Gesetzesrecht überlagernden „judiziellen Konzeption" des Deliktsrechts (Mertens) oder geradezu von einem über weite Strecken geltenden „Richterrecht reinsten Wassers" im modernen Haftungsrecht (Kötz/Wagner, DeliktsR, V) sprechen.

2. Verschuldensprinzip und Haftung ohne Verschulden

Grundlage des Deliktsrechts ist das **Prinzip der Verschuldenshaftung**, also die Gewährung von Schadensersatz nur bei vorsätzlicher oder fahrlässiger Verwirklichung des haftungsbegründenden Tatbestandes. Dieser Gedanke der individuellen Verantwortung ist in §§ 823ff sogar strenger durchgeführt als im Recht der Sonderverbindungen; denn anders als § 278 kennt das Deliktsrecht grundsätzlich keine Haftung für fremdes Verschulden; vielmehr setzen §§ 831ff ein eigenes (Aufsichts- oder Überwachungs-)Verschulden des Geschäftsherrn oder Aufsichtspflichtigen voraus. Im BGB selbst ist das Verschuldensprinzip nur in § 829 (Billigkeitshaftung) und in § 833 S 1 (Tierhalterhaftung beim Luxustier) durchbrochen. Diese praktisch vergleichsweise weniger bedeutsamen Fälle zeigen, daß nach der Vorstellung des BGB-Gesetzgebers das Verschulden die Regelvoraussetzung außervertraglicher Schadensersatzhaftung schlechthin bilden sollte. Auch insofern hat sich die Entwicklung – hier freilich durch den Gesetzgeber und nicht durch richterliche Rechtsfortbildung – weit vom Ausgangspunkt entfernt. Bereits vor 50 Jahren hat Esser (JZ 1953, 129) zutreffend von der „Zweispurigkeit" des Haftungsrechts gesprochen; zur „Vielspurigkeit" in der neuesten Gesetzgebung (Gentechnik, Produkthaftung, Umwelthaftung) Deutsch NJW 1992, 73ff.

Im Gegensatz zur Verschuldenshaftung knüpft die **Gefährdungshaftung** als „zweite Spur" an ein grundsätzlich erlaubtes, rechtmäßiges Verhalten des Ersatzpflichtigen an. Zurechnungsgrund ist die Tatsache, daß sich eine Gefahr verwirklicht hat, deren Quelle im Bereich des Ersatzpflichtigen liegt: Wer zu seinem Nutzen eine bestimmte typischerweise gefährliche Sache besitzt oder ein bestimmtes typischerweise gefährliches Verhalten an den Tag legt, muß für die Schadensfolgen aufkommen, wenn sich das typische Risiko verwirklicht hat. Dieser Grundgedanke ist außer für § 833 S 1 hinsichtlich des Luxustieres insbesondere für die spezialgesetzlich geregelten Gefährdungshaftungen nach 1ff HaftpflG, 7 StVG, 33 LuftVG, 22 WHG, 84 AMG, 25f AtomG, 114ff BBergG, 7 BDSG, 11, 32 GentechnG, 1 ProdHaftG, 1 UmwelthG maßgeblich. Hinsichtlich der in § 22 WHG neben der Anlagenhaftung vorgesehenen Handlungshaftung ist freilich str, ob sie überhaupt noch als Gefährdungshaftung oder nur als eine aus dem Rahmen fallende reine Risikohaftung zu verstehen ist (so noch Larenz SchuldR II, 12. Aufl, § 77 IX; anders jetzt Larenz/Canaris II 2 § 84 V 1a).

Die gesetzliche Ausgestaltung dieser Gefährdungshaftungen ist sehr unterschiedlich. Meist sind für die Haftung **Höchstbeträge** vorgesehen. Ua deshalb hat die Rspr stets eine analoge Anwendung der Gefährdungshaftung auf gesetzlich nicht geregelte Fälle abgelehnt. Im Ergebnis kommen der Gefährdungshaftung aber einige Entwicklungen der Rspr zur Verschuldenshaftung nahe, so der objektive Fahrlässigkeitsmaßstab (dazu § 276 Rz 10), die Entwicklung umfassender Verkehrspflichten (§ 823 Rz 74ff) und die Beweislastumkehr bei der Produzentenhaftung (§ 823 Rz 113). Die Unterscheidung zwischen Gefährdungs-und Verschuldenshaftung hat im übrigen durch die Verallgemeinerung des Schmerzensgeldes nach § 253 II nF an Bedeutung verloren. Soweit die Voraussetzungen einer unerlaubten Handlung und einer Gefährdungshaftung nebeneinander vorliegen, besteht zwischen beiden Anspruchsgrundlagen Anspruchskonkurrenz (Ausnahme: § 26 AtomG für die „kanalisierte" Atomhaftung).

Eine Haftung auf Schadensersatz ohne Verschulden tritt ferner beim zivilrechtlichen **Aufopferungsanspruch** ein. Er ist gegeben, wenn der Inhaber eines Rechts mit Rücksicht auf das überwiegende Interesse eines anderen oder der Allgemeinheit einen Eingriff in sein Recht dulden muß. Der wichtigste Fall einer solchen Ausgleichshaftung ist in § 14 BImSchG geregelt. Hiernach kann von dem Inhaber einer störenden behördlich genehmigten Anlage anstelle der Abwehr gem § 1004 nur verlangt werden, daß er Vorkehrungen trifft, um die nachteiligen Wirkungen zu beseitigen; und wenn solche Vorkehrungen technisch nicht möglich oder wirtschaftlich nicht vertretbar sind, besteht lediglich ein Anspruch auf Schadensersatz in Geld. Dazu und zu anderen Aufopferungsfällen, insbesondere nach § 906 II S 2 und dessen analoger Anwendung („Nachbarrechtlicher Ausgleichsanspruch") genauer § 906 Rz 43ff; vgl auch unten zum aufgehobenen § 835. Eine ähnliche Struktur haben die Ansprüche aus materiell unberechtigter Verfahrenseinleitung, insbesondere nach §§ 717 II, 945 ZPO.

3. Deliktsrecht und Unfallrecht

8   Einen Schwerpunkt der praktischen Anwendung des Rechts der unerlaubten Handlung bilden Unfälle. Sie prägen teilweise den besonderen Stellenwert dieses Rechtsgebietes. Gerade hier steht es freilich vielfach neben der Gefährdungshaftung. Vor allem aber wird das Deliktsrecht bei Unfällen durch das **Bestehen von Versicherungen oder anderen sozialen Leistungen** beeinflußt (besonders instruktiv hierzu Kötz/Wagner DeliktsR Rz 211ff; Kötz, Sozialer Wandel im Unfallrecht, 1976; Weyers, Unfallschäden, 1971; Fuchs, Zivilrecht und Sozialrecht, 1992, 157ff).

9   Bis zur **Haftungsersetzung** durch Versicherungsschutz geht dieser Einfluß bei Körperschäden in der gesetzlichen Unfallversicherung: Gegenüber dem Arbeitgeber und den Arbeitskollegen ist der Anspruch aus fahrlässiger unerlaubter Handlung nach §§ 104f SGB VII ausgeschlossen, wenn es zu einem Arbeitsunfall gekommen ist. Entsprechendes gilt seit der Einbeziehung von Kindergartenkindern, Schülern, Berufsschülern und Studenten in die gesetzliche Unfallversicherung für diesen Personenkreis, § 106 SGB VII. Bei grob fahrlässigem Verhalten des Schädigers kann die gesetzliche Unfallversicherung aber nach § 110 SGB VII aufgrund eines selbständigen (nicht übergegangenen) Anspruchs **Regreß** nehmen. Vor allem bei schweren Schäden steht der Geschädigte durch diese Regelung oft schlechter als nach allgemeinem Deliktsrecht, weil im SGB VII kein Schmerzensgeld vorgesehen ist (rechtspolitisch verfehlt und verfassungsrechtlich bedenklich nach BVerfG 34, 118 aber gebilligt). Ein Anspruch gegen Arbeitgeber, Kollegen, Kommilitonen usw nach §§ 823ff neben dem Anspruch aus der gesetzlichen Unfallversicherung ist gegeben, wenn sich der Unfall bei einem nach § 8 II Nr 1–4 SGB VII ebenfalls versicherten Weg (früher: „Teilnahme am allgemeinen Verkehr") ereignet hat (zu deren Abgrenzung Hartung, 25 Jahre Karlsruher Forum, 105ff mN insbesondere 115). Dem SGB VII entsprechen Regelungen im Beamtenrecht (§ 46 BeamtenversorgungsG) und im Soldatenrecht (§ 91a SoldatenversorgungsG), ferner nach §§ 81ff BVG.

10 Andere Versicherungs- und Versorgungsleistungen lassen den Anspruch aus unerlaubter Handlung grundsätzlich unberührt. Dies gilt für die gesetzliche und private Krankenversicherung ebenso wie für die gesetzliche Rentenversicherung und die Lohn- und Gehaltsfortzahlung bei Unfällen. Regelmäßig **geht der Anspruch** des Geschädigten aber auf den Versicherer, Arbeitgeber oder Sozialversicherungsträger **über**, soweit dieser den Geschädigten versorgt (zB §§ 116 SGB X, 67 VVG, 6 EFZG). Dies hat zu einer „Mediatisierung" (MüKo/Mertens vor §§ 823–853 Rz 14; Esser/Weyers § 53, 4) des Deliktsrechts geführt: Da regelmäßig auf der Seite des Schädigers eine **Haftpflichtversicherung**, bei Kfz-Unfällen sogar eine Pflichtversicherung, den Anspruch zu erfüllen hat, werden viele Schadensposten gar nicht mehr zwischen den unmittelbar am Unfall Beteiligten abgewickelt, sondern zwischen den auf beiden Seiten mittelbar beteiligten Schadenskollektiven. Hier bestehen meistens Schadensteilungs- oder Regreßverzichtsabkommen. Wenigstens teilweise individuellen Charakter behält jedoch auch im Unfallbereich der Anspruch des Geschädigten auf Schmerzensgeld und auf Ersatz von Sachschäden, für den aber wiederum in aller Regel nicht der Schädiger selbst, sondern seine Haftpflichtversicherung aufkommt.

11 Die Entwicklung der Haftpflichtversicherung, zumal für Schäden durch Kraftfahrzeuge, bildet eine wesentliche wirtschaftliche und wenigstens indirekt auch rechtspolitische **Voraussetzung für die Wandlungen des Deliktsrechts** seit 1900, vgl dazu Fuchs AcP 191, 318ff mN; Brüggemeier, Prinzipien, 4ff. Die außerordentliche Erweiterung der Haftpflichtansprüche, nicht zuletzt durch die Fortbildungstätigkeit der Rspr (Rz 3), wäre kaum denkbar gewesen, wenn nicht durch die Haftpflichtversicherung für den Schädiger wirtschaftlich tragbar geworden wäre. Andererseits hat der Gesetzgeber selbst die Haftpflichtversicherung institutionell auf vielfältige Weise gefördert: so durch die Einführung der Pflichtversicherung (Rz 10) und der Pflicht zur Deckungsvorsorge, letztere in der Arzneimittel-, Atom-, Gentechnik- und Umwelthaftung. Effektivität und Umfang des Haftpflichtversicherungsschutzes haben zugleich den Fortbestand des privaten Deliktsrechts gegenüber der sonst sozial unumgänglich gewordenen Forderung nach allgemeiner Haftungsersetzung durch Versicherungsschutz gewährleistet (zu solchen Reformplänen zusammenfassend Weyers, Unfallschäden, 1971). Die Änderungen des Deliktsrechts sind jedoch fast durchweg nicht ausdrücklich mit Versicherungserwägungen, sondern mit innerdogmatischen Kategorien (wie insbesondere Verkehrspflichten) begründet worden. Nur ausnahmsweise räumt die Rspr dem **bestehenden Versicherungsschutz** explizit Bedeutung für den deliktischen Anspruch ein, so bei der Billigkeitshaftung (dazu § 829 Rz 5) und der Höhe des Schmerzensgeldes (vgl § 253 Rz 27). Dies ist eine Durchbrechung der grundsätzlich akzessorischen Funktion der Versicherung.

4. Andere Funktionen des Deliktsrechts

12 Außerhalb des Unfallrechts erfüllt das Deliktsrecht **keine einheitliche Funktion**. Der Schwerpunkt liegt zwar in der Regel beim Ausgleich für rechtswidrig erlittene Nachteile. Daneben dient der Anspruch aus unerlaubter Handlung aber teilweise der Genugtuung (vgl § 253 Rz 17f) und der Sanktion. Als zusammenfassende Bezeichnung des Anwendungsgebiets neben den Unfallschäden hat Weyers (Esser/Weyers § 53, 2) die Abgrenzung von Handlungs- und Freiheitsräumen vorgeschlagen. Dies ist jedoch wenig unterscheidungskräftig: Teils geht es darum, den individuellen Bereich vor Übergriffen – zB durch die Medien – zu schützen, teils aber auch darum,

den Privaten – zB durch Schadensersatzpflichten für Demonstrationsschäden – in der Entfaltung seiner uU sogar grundgesetzlich geschützten Rechte zu beschränken. In anderen Fällen wiederum werden Informationsnachteile ausgeglichen oder besonders gefährdete Rechte geschützt. Teilweise tritt das Deliktsrecht sogar an die Stelle nicht geregelter Bereiche wirtschaftsrechtlicher Ordnungen wie im Arbeitskampfrecht. Ein gemeinsamer Nenner für alle Anwendungsgebiete des Deliktsrechts ist daher kaum zu finden.

a) Immer größere Bedeutung hat in den letzten Jahrzehnten der **Schutz des persönlichen Ansehens** und der Privatsphäre erlangt. Durch Anwendung der §§ 824, 823 II und durch die Entwicklung des Allgemeinen Persönlichkeitsrechts (dazu umfassend Anh § 12) sowie des Ersatzes immaterieller Schäden trotz § 253 I ist die moderne Rspr darum bemüht, dem Individuum vor allem Instrumente im Kampf gegen die oft übermächtig empfundenen Medien zur Verfügung zu stellen. Freilich stehen diese Bestrebungen in einem Spannungsverhältnis zur Meinungs- und Medienfreiheit des Art 5 GG. Nach Ansicht vieler betont vor allem das BVerfG dieses Freiheitsrecht zu sehr; andererseits ist der Ausgangspunkt des Gerichts anzuerkennen, daß die Rechtsordnung nicht Verhältnisse schaffen darf, in denen auch zulässige Kritik aus Angst vor möglichen Sanktionen unterbleibt, vgl dazu J Hager AcP 196, 168ff mN. 13

b) Berührungspunkte hat der Schutz der Privatsphäre mit der **Abwehr von Angriffen auf die berufliche oder gewerbliche Existenz** durch Äußerungsdelikte. Die Begründung der Rechtswidrigkeit erfolgt in beiden Fällen auf ähnliche Weise, dazu § 823 Rz 48, 71 f. Oft wird hier wie dort ein Widerrufsanspruch verfolgt. Von ganz anderer Art sind hingegen die Ausgangsfälle für die Entwicklung des Rechts am eingerichteten und ausgeübten Gewerbebetrieb, in denen ein Gewerbetreibender durch unberechtigte Abmahnungen oder ein Arbeitgeber durch einen wilden Streik geschädigt worden ist. In der ersten Fallgruppe müssen besondere Regeln zum Verhalten im **wirtschaftlichen Wettbewerb**, in der zweiten ein allgemeines **Arbeitskampfrecht** entwickelt werden. Die einfachen Tatbestände des privaten Deliktsrechts, vor allem der ursprünglich auf Fixierung durch Einengung angelegte § 823 I, werden durch diese Aufgabe im Grunde überfordert, dazu § 823 Rz 6. Eine besondere Art von Verhaltensregeln im Wirtschaftsleben bildet vielfach auch dann den Mittelpunkt der deliktsrechtlichen Anspruchsbegründung, wenn über § 826 auf den ersten Blick eher die allgemeine Sozialmoral (die „gute Sitte") zugrunde zu legen ist. Insbesondere in den Fällen der Gläubigerbenachteiligung und -gefährdung sowie der Beteiligung an fremdem Vertragsbruch geht es um eine institutionelle, über die unmittelbar beteiligten Parteien hinausgehende Bedeutung von Verträgen, dazu genauer § 826 Rz 28ff. 14

c) In einer Reihe deliktsrechtlicher Entscheidungen steht deutlich der **Sanktionsgesichtspunkt** bei der Gewährung des privaten Schadensersatzanspruchs im Vordergrund. Etwa gegenüber einem Boykott zur Verfolgung ideeller oder politischer Interessen beabsichtigt der Geschädigte zuweilen eher, ein „Zeichen" durch die gerichtliche Zuerkennung eines Schadensersatzanspruchs „zu setzen", wo Polizei und Strafverfolgungsbehörden wirklich oder vermeintlich „versagt" haben. Der Grenzbereich zwischen Schadensausgleich und Kriminalverfolgung ist auch bei der Sanktionierung des Ladendiebstahls erreicht, wo die „Strafe" durch die Belastung mit einer Fangprämie schneller und effizienter verhängt werden kann als auf dem Wege der „offiziellen" Strafverfolgung, dazu § 823 Rz 34. 15

d) Bereits vor dem Inkrafttreten des **UmweltHG** am 1. 1. 1991 (dazu Staud/Kohler, Umwelthaftungsrecht, Bearb 2002 im umfass Lit) hat die Rspr zu erkennen gegeben, daß sie den Besonderheiten einer Schädigung über den „Umweltpfad" auch im Deliktsrecht Rechnung zu tragen bereit ist. Die Schwierigkeit der Anspruchsbegründung liegt hier vor allem im Beweis der **Kausalität** eines Verhaltens für den eingetretenen Schaden und in der Pflichtwidrigkeit eines solchen Verhaltens. Für den Kausalitätsbeweis hat der BGH (BGH 92, 143 [146f]) mit Recht Erleichterungen bis hin zur Beweislastumkehr erwogen. Für den Beweis der Pflichtverletzung durch eine Industrieemission hat er eine Beweislastumkehr nach dem Muster der Produzentenhaftung (§ 823 Rz 120ff) vorgenommen (aaO 150f). Diese Rspr ist nach wie vor relevant, da nach § 18 I UmweltHG eine weiterreichende Haftung nach anderen Vorschriften unberührt bleibt. Infolgedessen kann etwa ein höherer Schaden als 85 Mio Euro aus einer einheitlichen Umwelteinwirkung (§ 15 UmweltHG) geltend gemacht werden. Im übrigen gilt die Haftung nach dem UmweltHG nur für bestimmte, in einer Liste aufgeführte Anlagen (§ 3 UmweltHG). Dafür ist in § 6 I UmweltHG eine Vermutung der Kausalität, wie sie der BGH nur erwogen hatte, nunmehr Gesetz geworden. Sie gilt, wenn die Anlage geeignet ist, den entstandenen Schaden herbeizuführen, greift aber (§ 6 II UmweltHG) nicht ein, wenn der Betreiber der Anlage nachweist, daß die Anlage unter Einhaltung aller Bestimmungen störungsfrei betrieben worden war. Nicht bewältigt wird auch im UmweltHG das Problem der summierten Immissionen. Die sehr unklare Vorschrift des § 7 UmweltHG führt in solchen Fällen vielmehr dazu, daß die Kausalitätsvermutung überhaupt nicht mehr gilt. Wie das allgemeine Deliktsrecht schützt auch das UmweltHG nur individuelle Güter, während die Umwelt selbst in erster Linie ein kollektives Gut ist. Versuche, die Umwelt durch extensive Auslegung in die Rechtsgüter Eigentum und Gesundheit, ins allgemeine Persönlichkeitsrecht oder in den Kreis der sonstigen Rechte einzubeziehen, müssen als gescheitert angesehen werden. Die deliktsrechtliche Anspruchsbegründung knüpft an die üblichen Merkmale einer Verkehrspflichtverletzung oder des Verstoßes gegen ein Schutzgesetz an. In der Verletzung von Standards zur Erhaltung oder Verbesserung der Umwelt kann zugleich der Verstoß gegen eine individualschützende Verkehrspflicht liegen. Bei Verstößen gegen öffentlich-rechtliche Umweltschutzvorschriften ist Anspruchsvoraussetzung vielfach, daß die Norm auch durch Verwaltungsakt gegenüber dem Verursacher konkretisiert worden ist (Medicus JZ 1986, 778 [783] str); außerdem erfüllen nicht alle Maßstäbe die Voraussetzungen einer Rechtsnorm im Sinne des Art 2 EGBGB (bejahend für die Technischen Anleitungen zB Medicus aaO); schließlich ist der individualschützende Charakter solcher Vorschriften nicht immer offensichtlich (weitgehend bejahend zB Diederichsen BB 1988, 917ff). Zur Problematik insbesondere Gutachten von Marburger und Referat von Diederichsen zum 56. DJT 1986; v. Bar, Karlsruher Forum 1987; Gerlach, Privatrecht und Umweltschutz im System des Umweltrechts 1989; MüKo/Mertens vor §§ 823–853 Rz 66ff; Möllers passim, zusammenfassend 378ff; zum europäischen Umwelthaftungsrecht G Hager ZEuP 1997, 9ff. 16

5. Rechtsfolgen des Deliktsanspruchs

17 a) Die im Gesetz vorgesehene Rechtsfolge des Deliktsanspruchs ist die Gewährung von Schadensersatz. Dessen Inhalt richtet sich nach §§ 249ff. Außerdem enthalten §§ 842ff einige Sondervorschriften für den Deliktsanspruch.

18 Über diese Vorschriften hinaus wird bei deliktischen Verletzungen ua **für folgende Schäden** Ersatz geschuldet: Zu den Heilungskosten gehören nach der Rspr (BGH NJW 1979, 598 mN; NJW 1985, 2757; 1991, 2340; genauer Lange/Schiemann Schadensersatz § 6 IX 2) die Kosten für Besuche naher Angehöriger, allerdings nicht die mit (sogar erheblichem) Zeitaufwand verbundene vermehrte elterliche Zuwendung wegen der Verletzung eines Kindes (BGH 106, 28). Bei der Eigentumsverletzung durch Ladendiebstahl kann Ersatz für eine vorher ausgesetzte „Fangprämie" verlangt werden (BGH 75, 230). Bei Äußerungsdelikten kann der Verletzte uU eine Anzeigenaktion zur Richtigstellung unternehmen und die erforderlichen Kosten als Naturalrestitution nach § 249 II S 1 in gewissen Grenzen vom Schädiger verlangen (BGH 66, 182).

19 Andererseits wird der Schadensersatzanspruch im Deliktsrecht eingeschränkt durch den **Schutzzweck der Norm**. Für den Anspruch aus § 823 II ergibt sich dies bereits daraus, daß Ersatz nur wegen der Verletzung von Schutzgesetzen gewährt wird, der Charakter als Schutzgesetz aber nur dadurch festgestellt werden kann, daß gerade der eingetretene Schaden als Schutzobjekt der verletzten Norm verstanden wird. Bei § 823 I dient der Rechtswidrigkeitszusammenhang demselben Zweck wie die Lehre von der adäquaten Kausalität, bietet im Vergleich hierzu aber einen flexibleren Maßstab, so in BGH 27, 137, dazu vor § 249 Rz 35ff und Lange/Schiemann Schadensersatz § 3 IX–XI mN.

20 b) Über den gesetzlich vorgesehenen Schadensersatz ist die Rspr durch die Gewährung von **Unterlassungs- und Beseitigungsansprüchen** an den Verletzer hinausgegangen. Der Gedanke des negatorischen, rein abwehrenden Rechtsschutzes ist in §§ 12, 862, 1004 und in zahlreichen anderen Gesetzen (zB §§ 1, 3, 16 UWG, 97 UrhRG) niedergelegt. Er ist verallgemeinerungsfähig: Wer durch einen anderen in der Ausübung seines Rechts gestört wird, braucht nicht zu warten, bis es zu einem Schaden gekommen ist. Im Unterschied zum Ersatzanspruch setzt der quasinegatorische Rechtsschutz **kein Verschulden** des Störers voraus.

21 Grundlage des Anspruchs ist nicht notwendigerweise – wie in den angeführten gesetzlichen Beispielen – ein Eingriff in ein absolutes Recht oder auch nur in ein Rechtsgut nach § 823 I. Ausreichend ist vielmehr die **Verletzung eines Schutzgesetzes oder einer Verkehrspflicht**. In solchen Fällen bedarf der negatorische Schutz jedoch einer Einschränkung, um die Art Popularklage gegen Pflichtverletzungen zu vermeiden: Anspruchsberechtigt ist nur, wer durch die Pflichtverletzung oder den Gesetzesverstoß konkret und nachhaltig bedroht wird und der Bedrohung nicht in zumutbarer Weise ausweichen kann, v. Bar, 25 Jahre Karlsruher Forum, 84ff.

22 Voraussetzung des Unterlassungs- oder Beseitigungsanspruchs ist hiernach zunächst ein objektiv rechtswidriger Eingriff in ein Rechtsgut oder eine objektiv rechtswidrige Verletzung eines Schutzgesetzes oder einer Verkehrspflicht. Der Unterlassungsanspruch besteht jedoch nur bei einer **Wiederholungsgefahr** oder, falls ein Ersteingriff noch nicht vorliegt, bei der nahe bevorstehenden Gefahr einer ersten Verletzung. Ist bereits eine Verletzung vorgefallen, wird die Wiederholungsgefahr teilweise widerleglich vermutet. Zu weiteren Einzelheiten des negatorischen Anspruchs § 1004 Rz 9ff, 63; Anh § 12 Rz 333ff.

23 Der deliktische Beseitigungs- und Unterlassungsanspruch hat besondere Bedeutung bei den **Äußerungsdelikten** (Verletzungen des Allgemeinen Persönlichkeitsrechts und der geschäftlichen Ehre nach § 824 oder als Eingriff in den Gewerbebetrieb nach § 823 I). Der Unterlassungsanspruch ist in solchen Fällen auch gegen Meinungsäußerungen gegeben (BGH NJW 1982, 2246). Der Beseitigungsanspruch in Gestalt eines **Widerrufs** ist hingegen nur gegenüber **Tatsachenbehauptungen** möglich (BGH 10, 104). Dieser Widerruf ist wegen seines weitergehenden Inhalts auch dann notwendig, wenn bereits eine presserechtliche Gegendarstellung erfolgt ist. Der Verletzte trägt für die Unwahrheit der behaupteten Tatsache die volle Beweislast, während für Schadensersatz- und Unterlassungsansprüche nach § 823 II iVm 186 StGB und nach § 14 UWG das Gegenteil gilt. Denn nach Meinung der Rspr soll niemand gezwungen werden, etwas als unrichtig zu bezeichnen, was möglicherweise wahr ist (BGH 37, 190; zweifelhaft). Soweit der Widerrufsanspruch nur hieran scheitert, kann der Verletzte jedoch einen **eingeschränkten Widerruf** verlangen, wenn wesentliche Anhaltspunkte für die Wahrheit der Behauptung fehlen. Dann hat der Verletzer zu erklären, daß er die Behauptung nicht aufrechterhalte (BGH 37, 190; BGH NJW 1966, 647; 77, 1681; kritisch zur Unterscheidung MüKo/Schwerdtner § 12 Rz 334 mN). Bei schiefen, unvollständigen oder irreführenden Behauptungen besteht ein Richtigstellungsanspruch (BGH 31, 318). Der Widerruf ist selbst dann zu erklären, wenn die unwahre Äußerung zur Wahrnehmung berechtigter Interessen erfolgte und daher rechtmäßig war (BGH 14, 225). Regelmäßig ist der Widerruf öffentlich zu erklären; der Verletzer kann jedoch bei der Erklärung zum Ausdruck bringen, daß er mit ihr einem rechtskräftigen Urteil folge (BVerfG 28, 9). Bei rufschädigenden **Meinungsäußerungen** hat der Betroffene nach BGH 99, 133 das Recht, eine (vorprozessuale) Unterlassungserklärung (unter der Voraussetzung einer gewissen „Kampfparität") zu veröffentlichen.

24 Ausgeschlossen ist die Klage auf Widerruf und Unterlassung ehrverletzender Äußerungen **während der Dauer eines Prozesses** gegenüber dem Vorbringen in diesem Prozeß (BGH NJW 1971, 284), weil sonst der Erstprozeß hypothetisch im Widerrufsstreit mitentschieden werden müßte. Die Vollstreckung des Widerrufsurteils erfolgt nach § 888 I ZPO, nicht nach § 894 ZPO, hM. Ein Ausspruch der vorläufigen Vollstreckbarkeit ist nicht vorzunehmen, da ein „Widerruf des Widerrufs" unangebracht ist (Ritter ZZP 84, 163ff). Dieselbe Erwägung spricht auch gegen die Durchsetzung eines Widerrufs im Wege einstweiligen Rechtsschutzes (MüKo/Schwerdtner § 12 Rz 342).

25 c) Trifft die Haftung aus Delikt mit einem Schadensersatzanspruch aus Vertrag oder einer anderen **Sonderverbindung**, etwa aus positiver Forderungsverletzung (jetzt §§ 241 II, 280 I), zusammen, besteht zwischen beiden

Ansprüchen regelmäßig **Anspruchskonkurrenz** (BGH 9, 301; 66, 319, allg M). Die Voraussetzungen beider Anspruchskomplexe unterscheiden sich jedoch: Ersatz fahrlässig verursachter primärer Vermögensschäden kann nur aus Sonderverbindung verlangt werden; und §§ 278, 280 I S 2 erleichtern dem Gläubiger von Ansprüchen aus Sonderverbindung die Anspruchsbegründung erheblich gegenüber §§ 823, 831. Andere Unterschiede sind durch die Schuldrechtsmodernisierung weitgehend eingeebnet worden: Ersatz des immateriellen Schadens kann nach § 253 II bei vertraglichen und vertragsähnlichen Beziehungen nicht mehr nur in den Fällen der §§ 611a II, 651f II verlangt werden. Die deliktische Verjährungsfrist nach § 852 aF ist nach §§ 195, 199 nF ebenso wie ihre Hemmung nach § 852 II aF nach § 203 nF sogar zum Modell der allgemeinen Verjährungsregelung geworden.

Im Konflikt zwischen vertrags- und deliktsrechtlichen Anspruchsvoraussetzungen **gehen die vertraglichen Voraussetzungen regelmäßig vor**. So gilt eine vertragliche Haftungserleichterung aufgrund ausdrücklicher Vereinbarung oder einer Vorschrift des dispositiven Gesetzesrechts auch für den Deliktsanspruch. Daher hat die Rspr die Beschränkung der Haftung auf schweres Verschulden nach §§ 521, 599, 690, 708 auf den Anspruch aus §§ 823ff angewendet (BGH 43, 192; 46, 316; 93, 23; BGH NJW 1972, 475; aA für § 599 Jauernig/Vollkommer § 599 Rz 2; gegen die – analoge – Anwendung des § 599 auf die „Leihe" aus reiner Gefälligkeit ohne Vertrag auch BGH NJW 1992, 2474). Dasselbe muß für § 300 I gelten. Anders wird für die Haftung von Gesellschaftern (§ 708) und Ehegatten (§ 1359) im Straßenverkehr entschieden. Hier steht der BGH (BGH 46, 313; 53, 352; NJW 1992, 1227) auf dem Standpunkt, es gebe keinen Raum für die Sorgfalt „in eigenen Angelegenheiten"; Verkehrsverhalten betreffe stets auch fremde Rechtsgüter (kritisch zB Medicus BürgR Rz 930). Ohne diese Einschränkung ergreift die Haftungsmilderung des Arbeitnehmers bei betrieblicher Tätigkeit den deliktischen Anspruch, st Rspr des BAG. Ausdrücklich auf die deliktische Haftung erstreckt ist die Regelung des Frachtvertrages nach § 434 HGB (mit Einschränkungen bei Ansprüchen Dritter, Abs II; anders zum früheren § 430 HGB BGH 46, 140). Zur Privilegierung des Luftfrachtführers nach § 48 I S 2 LuftVG BGH 76, 32, zur Konkurrenz des Gewährleistungsrechts aus Kauf- und Werkvertrag mit der Eigentumsverletzung nach § 823 I genauer § 823 Rz 28, 124f.

d) Die Haftung aus unerlaubter Handlung kann auch **durch besondere Vereinbarung** von vornherein ausgeschlossen werden. Grenzen ergeben sich aus §§ 138, 276 III, I, 307, 309 Nr 7, (BGH 67, 359; BGH NJW 1979, 2148), für die Gefährdungshaftungen ferner aus §§ 7 HaftpflG, 8a StVG, 49 LuftVG, 92 AMG, 14 ProdHaftG. Vom vertraglichen Haftungsausschluß ist die Rechtfertigung einer Rechtsverletzung durch **Einwilligung** zu unterscheiden, dazu § 823 Rz 137. Liegt ein wirksamer Ausschlußvertrag vor, kann dieser auch die Haftung anderer Haftpflichtiger für denselben Schadensfall beeinflussen, dazu § 840 Rz 8. Die Möglichkeit, den Ausschlußvertrag konkludent („stillschweigend") abzuschließen, darf nicht zur Fiktion eines Haftungsausschlusses durch den Richter führen (dazu BGH 41, 79; 43,72; BGH NJW 1980, 1680; bedenklich Dresden VersR 1998, 1027). Praktisch wichtig ist dies vor allem für Gefälligkeitsfahrten und für die Mitwirkung am Mannschaftskampfsport.

Erwägenswert ist bei **Gefälligkeiten** jedoch die analoge Anwendung der §§ 521, 599, 690, wonach der unentgeltlich Tätige nur für grobe Fahrlässigkeit haftet oder allenfalls für die Sorgfalt in eigenen Angelegenheiten einzustehen hat: Wenn schon unentgeltliche Verträge eine haftungsbeschränkende Wirkung haben, muß dies erst recht für solche Verhältnisse gelten, die so sehr in der Sphäre der Gefälligkeit bleiben, daß nicht einmal eine vertragliche Bindung herbeigeführt wird, Medicus BürgR Rz 369; Flume AT I § 7, 6. Der entgegenstehenden Rspr (etwa RG 145, 390; BGH 21, 102; BGH NJW 1992, 2474) ist daher grundsätzlich nicht zu folgen. Im praktisch wichtigsten Fall der **Gefälligkeitsfahrt** mit einem Kraftfahrzeug besteht jedoch kein Grund für eine Haftungsbeschränkung: Wer schon gefällig ist, will dem Begünstigten dadurch nicht dessen Direktanspruch gegen die Versicherung (§ 3 Nr 1 PflVG) nehmen (ähnlich MüKo/Mertens vor §§ 823–853 Rz 39 Fn 56). Keine Gefälligkeit liegt bei einer Probefahrt mit einem Vorführwagen oder einem Gebrauchtwagen vor. In der entsprechenden Situation würde nicht einmal ein Entleiher haften. Dennoch hat der BGH in solchen Fällen unter Berufung auf § 242 einen „stillschweigenden Ausschluß" der Haftung angenommen, wenn der eingetretene Schaden nicht durch eine Versicherung gedeckt war (BGH NJW 1979, 643; 1980, 1681). Einige Entscheidungen hierzu beruhen auf dem geradezu anstößigen, inzwischen geänderten Deckungsausschluß nach § 11 Nr 3 AKB aF. Der richtigere Ansatz wäre daher die Verwerfung dieser Bestimmung gewesen. Im allgemeinen sollte man auch hier die Haftungsausschlußfiktion vermeiden. Im Fehlen eines Versicherungsschutzes kann jedoch ein **Mitverschulden** des Halters nach § 254 liegen. Bei einem gewerblichen Kfz-Verkäufer wird dieser Gesichtspunkt meist so schwer wiegen, daß keine Haftung des leicht fahrlässigen Fahrers mehr übrigbleibt.

Gleichfalls nach § 254 zu beurteilen ist das **Handeln auf eigene Gefahr**. Es liegt auf seiten des Verletzten bei einer Gefälligkeitsfahrt vor, wenn dieser sich an der Fahrt trotz Kenntnis gefahrerhöhender Umstände beteiligt hat (grundlegend BGH 34, 355). Das Handeln auf eigene Gefahr spielt auch bei Sportverletzungen eine Rolle, dazu § 823 Rz 104. Allgemein zum Handeln auf eigene Gefahr auch § 254 Rz 49ff.

e) Sinn des Systems beschränkter Generalklauseln, insbesondere des numerus clausus geschützter Rechtsgüter in § 823 I ist es ua, den **Kreis ersatzberechtigter Personen** einzugrenzen: Vor allem aus der Notwendigkeit einer Rechtsgutsverletzung als Voraussetzung der Haftung nach § 823 I, aber auch aus der Zugehörigkeit zum Schutzbereich eines Gesetzes nach § 823 II oder der Betroffenheit durch das sittenwidrige und vorsätzliche Verhalten nach § 826 ergibt sich eine Unterscheidung von unmittelbaren und mittelbaren Schäden. Wer nur einen mittelbaren Schaden erlitten hat, ist deliktsrechtlich „Dritter" und grundsätzlich nicht zur Schadensersatz berechtigt. Dies gilt etwa für den Arbeitgeber, dessen Arbeitnehmer verletzt worden ist: Zwar hat er nach § 6 EFZG einen übergegangenen Anspruch des Arbeitnehmers selbst wegen der Lohn- oder Gehaltsfortzahlung. Ein Ersatz des „Mehrwerts", den der Arbeitgeber aus der Beschäftigung des Arbeitnehmers zieht, ist hingegen nicht vorgesehen. Nur ausnahmsweise können Dritte nach §§ 844f Ansprüche geltend machen, wenn der unmittelbar Verletzte getötet worden ist. Genauer zu den gesetzlichen Ausnahmen einer Schadensverlagerung sowie zur Drittschadensliquidation vor § 249

Vor § 823 — Einzelne Schuldverhältnisse

Rz 130ff. Kein Drittschaden liegt vor, wenn auf dem „Umweg" über einen unmittelbar Verletzten ein Dritter wiederum eine Rechtsgutverletzung erlitten hat, so beim Schockschaden der Mutter durch den Unfall ihres Kindes, dazu § 823 Rz 20.

6. Prozessuales

31 a) Gerichtsstand für die Klagen aus unerlaubter Handlung ist nach § 32 ZPO (nicht ausschließlich) der Begehungsort, dh jeder Ort, wo auch nur ein einzelnes Tatbestandsmerkmal der Handlung verwirklicht worden ist (Stein/Jonas/Schumann ZPO, 21. Aufl § 32 Rz 29ff). Der Ort des Schadenseintritts ist nicht maßgeblich. Ausschlaggebend für die Zulässigkeit ist – wie auch sonst – der Vortrag des Klägers, nicht dessen Beweisbarkeit. Bei Anspruchskonkurrenz mit Vertragsrecht gilt § 32 ZPO nach hM nur für die deliktische Anspruchsbegründung (wenig prozeßökonomisch und daher jetzt ausdrücklich abgelehnt, Soergel/Zeuner Rz 85 mN Fn 34). Die besondere Zuständigkeit nach § 24 UWG schließt § 32 ZPO nicht aus (BGH 41, 314), sofern zugleich die Voraussetzungen einer unerlaubten Handlung in Anspruchskonkurrenz erfüllt sind. Sondervorschriften für die Zuständigkeit: § 20 StVG, für die Haftung wegen einer umweltschädigenden Anlage nach UmweltHG § 32a ZPO; s auch Art 5 Nr 3 EuGVÜ; Art 5 Nr 3 VO (EG) Nr 44/2001, ABl EG L 2001 S 1.

32 b) Der Verletzte trägt nach allgemeinen Regeln die **Beweislast** für alle anspruchsbegründenden Tatsachen einer unerlaubten Handlung, also hinsichtlich des Verhaltens des Schädigers, der Kausalität, des Verletzungserfolges, des Schadens, ferner regelmäßig der Pflichtverletzung und des Verschuldens. Nur soweit die Rechtswidrigkeit indiziert wird (dazu § 823 Rz 146), hat der Schädiger das Vorliegen eines Rechtfertigungsgrundes darzulegen und zu beweisen. Das Gesetz hilft dem Geschädigten in den Fällen der §§ 831 I S 2, 832 I S 2, 833 S 2, 834 S 2, 836 I S 2 und 838 durch eine **Umkehr der Beweislast**: Dort hat der Schädiger zu beweisen, daß ihn kein Auswahl- und/oder Überwachungsverschulden trifft. Zur Entwicklung weiterer Fälle einer Beweislastumkehr durch die Rspr vgl § 823 Rz 141f (Arzthaftung), § 823 Rz 121 (Produzentenhaftung), § 823 Rz 128 (allgemeine Berufshaftung); siehe auch schon oben Rz 16 (Umweltschäden). Der Gedanke von Deutsch (Allg Haftungsrecht Rz 324), im Deliktsrecht allgemein die Beweislast umzukehren, wenn das normwidrige Verhalten das Risiko des Schadenseintritts erhöht hat, hat bisher zu Recht wenig Anhänger gefunden (ausdrücklich ablehnend Stoll AcP 176, 175ff und Soergel/Zeuner § 823 Rz 329). Hiermit verwandt ist jedoch der Gedanke der Ingerenz nach § 848. Auch kann den Schädiger eine letztlich zum Schutz eines Rechtsguts begründete berufliche Pflicht treffen, für die Beweissicherung zu sorgen (vgl zur Dokumentationspflicht des Arztes § 823 Rz 141; zu den Informationserhebungspflichten ausführlich Möllers 86ff, 217ff).

33 Große Bedeutung für das Recht der unerlaubten Handlung haben der **Beweis des ersten Anscheins** (primafacie-Beweis) und die freie Beweiswürdigung nach § 287 ZPO, zu beidem ausführlich vor § 249 Rz 200ff; zu Einzelfällen bei der Arzthaftung § 823 Rz 143, bei der Produzentenhaftung § 823 Rz 122.

34 c) Zum **Internationalen Privatrecht** des Deliktsstatuts vgl Erläuterungen zu Art 40ff EGBGB.

35 7. **Deliktsrecht außerhalb des BGB.** Materielles Deliktsrecht mit der Folge der Anwendbarkeit allgemeiner Vorschriften wie §§ 195, 199 für die Verjährung und § 253 II findet sich in weitem Umfang außerhalb des BGB, zB im Recht des gewerblichen Rechtsschutzes und des Urheberrechts. Zum Recht der unerlaubten Handlungen im weiteren Sinne gehören auch die Gefährdungshaftungen, insbesondere seitdem nach § 253 II nF auch ein Schmerzensgeld verlangt werden kann.

36 8. **Europäisierung des Deliktsrechts.** Vergleichsweise gering ist (vorerst noch) der Einfluß des europäischen Gemeinschaftsrechts auf das deutsche Deliktsrecht. Unmittelbar relevant war die Produkthaftungsrichtlinie, die als ProdHaftG ins innerstaatliche deutsche Recht umgesetzt worden ist, freilich richtiger Ansicht nach in der „Spur" der Gefährdungshaftung (Rz 4). Der Entwurf einer Dienstleistungshaftungsrichtlinie ist zurückgezogen worden. Wieweit es zu Richtlinien zur Arzthaftung oder zur Haftung im Bauwesen kommt, ist noch nicht absehbar. Mittelbaren Einfluß auf das Deliktsrecht hat der europarechtliche Konsumentenschutz durch den Ausschluß von vertraglichen Haftungsprivilegien, vgl insbesondere oben Rz 27 zu §§ 307ff. Zu den weiteren Perspektiven eines europäischen Haftungsrechts v. Bar, Gemeineuropäisches Deliktsrecht I, § 4 (Rz 367ff); Deutsch, Karlsruher Forum 1992, 4ff; zur Europäisierung der – auch deliktischen – Produzentenhaftung Schaub ZEuP 2003, 562ff.

§ 823 Schadensersatzpflicht

(1) Wer vorsätzlich oder fahrlässig das Leben, den Körper, die Gesundheit, die Freiheit, das Eigentum oder ein sonstiges Recht eines anderen widerrechtlich verletzt, ist dem anderen zum Ersatz des daraus entstehenden Schadens verpflichtet.

(2) Die gleiche Verpflichtung trifft denjenigen, welcher gegen ein den Schutz eines anderen bezweckendes Gesetz verstößt. Ist nach dem Inhalt des Gesetzes ein Verstoß gegen dieses auch ohne Verschulden möglich, so tritt die Ersatzpflicht nur im Falle des Verschuldens ein.

1. Überblick	**3. Verletzung des Lebens, des Körpers und der Gesundheit**
a) Rechtsgüterschutz in § 823 I und Verhaltenspflichten in § 823 II 1	a) Leben 16
b) Rechtsfortbildung bei § 823 I 2	b) Körper und Gesundheit 17
c) Der „Mittelbereich" zwischen Abs I und II 6	c) Psychische Verletzungen 19
2. Tatbestandsmäßigkeit nach § 823 I im allgemeinen 12	d) Vorgeburtliche Gesundheitsverletzungen 22
a) Positives Tun und Unterlassen 13	**4. Freiheitsverletzung** 23
b) Kausalität 14	**5. Eigentumsverletzung**
c) Schaden 15	a) Überblick 25

b) Verfügungen und Vollstreckungsmaßnahmen ... 26
c) Substanzschäden ... 27
d) Nutzungsschäden ... 31
6. Verletzung eines sonstigen Rechts
a) Eigentumsähnlichkeit des Rechts ... 35
b) Beschränkt dingliche Rechte ... 37
c) Aneignungsrechte ... 39
d) Immaterialgüterrechte ... 40
e) Anwartschaftsrechte ... 42
f) Besitz ... 43
g) Familienrechtliche Verhältnisse ... 45
h) Allgemeines Persönlichkeitsrecht ... 48
7. Recht am eingerichteten und ausgeübten Gewerbebetrieb
a) Allgemeine Voraussetzungen ... 49
b) Schutzumfang ... 54
c) Subsidiarität ... 61
d) Betriebsbezogenheit und Güter- und Interessenabwägung ... 63
e) Einzelne Fallgruppen
aa) Unberechtigte Schutzrechtsverwarnungen ... 68
bb) Äußerungen über fremde gewerbliche und berufliche Leistungen ... 71
cc) Boykott ... 74
8. Verkehrspflichten zum Schutz der Rechtsgüter des § 823 I
a) Systematische Einordnung ... 75
b) Haftung für Unterlassen und mittelbare Verletzungen ... 77
c) Einzelne Voraussetzungen der Verkehrspflichtverletzung ... 79
d) Aufsichts-, Überwachungs- und Organisationspflichten ... 83
e) Übernahme der Verkehrspflicht durch Dritte ... 85
f) Besonderheiten der Verkehrspflichten bei Kausalität, Verschulden und Beweislast ... 87
g) Gliederung der Fallgruppen typischer Verkehrspflichten ... 88
9. Verkehrspflichten hinsichtlich Sachgefahren und ähnliche Verkehrssicherungspflichten
a) Beherrschung eines Gefahrenbereichs ... 89
b) Eröffnung oder Andauernlassen eines Verkehrs ... 93
c) Verkehrssicherungspflichten an öffentlichen Wegen ... 97

d) Verkehrssicherungspflichten wegen erhöhter Gefährlichkeit von Gegenständen ... 99
e) Verkehrspflichten im Straßenverkehr ... 101
f) Verkehrspflichten bei der Sportausübung ... 102
g) Verkehrspflichten von Demonstrationsteilnehmern ... 106
h) Verkehrspflichten im Arbeitskampf ... 107
10. Produzentenhaftung
a) Deliktische und außerdeliktische Produzentenhaftung ... 108
b) Produzentenhaftung aufgrund der Rechtsfortbildung durch den BGH ... 111
c) Einzelne Produzentenpflichten ... 115
d) Ausdehnung auf Umweltgefahren? ... 120
e) Beweislast ... 121
f) Herstellerbegriff ... 123
g) Ersatzumfang, insbesondere „weiterfressende Mängel" ... 124
11. Deliktische Berufshaftungen, insbesondere Arzthaftung
a) Arzthaftung und allgemeine Berufshaftung ... 126
b) Berufspflichten als besondere Verkehrspflichten ... 127
c) Arzthaftung aus Behandlungsfehlern ... 131
d) Einwilligung in ärztliche Behandlung ... 135
e) Verletzung der ärztlichen Aufklärungspflicht ... 137
f) Prozessuale Fragen der Arzthaftung, insbesondere Beweislast ... 141
g) Berufspflichten anderer Heilberufe ... 145
12. Ausschluß der Rechtswidrigkeit
a) Reichweite der Rechtswidrigkeitsindikation ... 146
b) Einwilligung ... 147
c) Gesetzliche Rechtfertigungsgründe, insbesondere Wahrnehmung berechtigter Interessen ... 148
d) Öffentliche und private Befugnisse zum Eingriff ... 151
13. Verschulden nach § 823 I ... 152
14. Verletzung eines Schutzgesetzes nach § 823 II
a) Funktion des Abs II ... 153
b) Schutzgesetze ... 154
c) Schutzzweck und Schutzbereich ... 157
d) Verschulden nach § 823 II ... 159
e) Anerkannte Schutzgesetze ... 160
f) Nicht als Schutzgesetze anerkannte Normen ... 164

1. Überblick

a) Rechtsgüterschutz in § 823 I und Verhaltenspflichten in § 823 II. Der Wortlaut der gesetzlichen Regelung **1** des § 823 verwirklicht **zwei grundverschiedene Konzeptionen:** § 823 I hebt aus der Fülle der Güter und Rechte einen Katalog besonders schutzbedürftiger oder schützenswerter Positionen heraus und sanktioniert deren schuldhafte Verletzung, wenn diese nicht aus besonderen Gründen gerechtfertigt ist, durch Schadensersatzansprüche. Diese Vorschrift ist also **rechtsgutorientiert.** § 823 II begründet hingegen Ersatzpflichten, wenn jemand schuldhaft gegen ein in einer Rechtsnorm enthaltenes Verhaltensgebot verstoßen hat und durch den Verstoß ein Schaden entstanden ist, dessen Verhinderung im Schutzzweck der verletzten Norm liegt. Diese Vorschrift ist also **verhaltensorientiert.** Die Regelung des BGB unterscheidet sich hiermit grundlegend von den naturrechtlich geprägten Rechtsordnungen, die das allgemeine Verbot des neminem laedere (= schädige niemanden, dazu Schiemann JuS 1989, 345) in Form einer deliktischen Generalklausel gesetzlich niedergelegt haben (zB Art 1382 Code Civil). § 823 II folgt vielmehr nur dem einfachen Gedanken, daß in anderen Bereichen des Rechts geltende Verbote aufgrund der Einheit der Rechtsordnung auch für das Recht der unerlaubten Handlungen maßgeblich sein sollen, und § 823 I schließt die von der lex Aquilia (vermutlich 286 v Chr) begründete römischrechtliche Tradition größtmöglicher tatbestandlicher Fixierung der Ersatzpflichten ab. Die rechtspolitische Tendenz dieser Gesetzgebungstechnik läßt sich als das Streben nach weitgehender **Bewegungsfreiheit für die Bürger** beschreiben. Sie fand zZ der Entstehung des BGB unter dem beherrschenden Einfluß des Liberalismus besonders großes Verständnis. Einige beachtliche Gründe dafür, die rechtspolitische Entscheidung des BGB auch heute noch vorzuziehen, hebt Canaris, FS Larenz 1983, 35ff, hervor.

b) Rechtsfortbildung bei § 823 I. Die **Entwicklung der Rspr** und ihr folgend die der hL hat sich inzwischen **2** von dieser Konzeption weit entfernt. In der Beschreibung zutreffend spricht daher MüKo/Mertens (§ 823 Rz 2 und passim) von einer das Gesetz überlagernden judiziellen Konzeption. Auch die Haftungsbegründung nach **§ 823 I** ist heute in vielen Fällen **verhaltensorientiert.** Gelegentlich gibt sich die Rspr bei § 823 I nicht mehr damit zufrieden, die Kausalität zwischen einem Verhalten und der eingetretenen Verletzung eines Rechtsguts festzustellen, sondern verlangt, daß die Verletzung und der Schaden dem **Schutzzweck** des Gesetzes entsprechen oder – was dasselbe sagt – im Schutzbereich der verletzten Norm (auch: Rechtswidrigkeitszusammenhang) liegt. Hiermit wird ein Element des verhaltensorientierten Abs II in die Auslegung des Abs I hineingetragen. Die Abwägung zwischen dem Bewegungsinteresse des Schädigers und den Bewahrungsinteressen des Geschädigten ist in solchen Fällen nicht schon durch die Betroffenheit des Rechtsguts gesetzlich vorgezeichnet. Die in der Aufnahme des Rechtsguts in den Katalog des § 823 I enthaltene Verhaltensnorm zur Rücksichtnahme auf das Rechtsgut ist vielmehr von Fall zu Fall mit unterschiedlicher Intensität zu entwickeln. Praktische Bedeutung hat dies insbesondere bei psychisch vermittelten und mittelbaren, weiter entfernt liegenden Verletzungsfolgen gewonnen (dazu im einzelnen vor § 249 Rz 45, 54ff). Teilweise wird der Bewertungsvorgang freilich durch die Verwendung empirisch-psychischer Kategorien verdeckt („Herausforderung", BGH JZ 1967, 639; BGH 58, 162; 63, 189; 132, 164; BGH NJW 1979, 712; 1996, 1533, zu den Grenzen BGH NJW 1990, 2885, zusammenfassend Strauch VersR 1992, 932ff).

3   Eine ähnliche Verfahrensweise zeichnet sich beim **Eigentumsschutz** ab, wenn weder das Recht noch die Sachsubstanz verletzt worden ist, sondern allein der Gebrauch der Sache (zB BGH 86, 152: Unzugänglichkeit von Lager- und Ladeeinrichtungen durch einen Dammbruch). Um die Grenze zum gesetzlich nicht vorgesehenen Schutz des Vermögens als solchem einzuhalten, wird zB vom BGH (BGH 63, 203 [206]) nach der Verhaltensweise des Schädigers (Objektbezogenheit des Eingriffs) differenziert. Wiederum genügt die Feststellung einer Betroffenheit des Rechts nicht zur Begründung der Ersatzpflicht, dazu genauer Rz 31ff.

4   Während bei den zuletzt genannten beiden Beispielen die Entwicklung zu einer verhaltensorientierten **Einengung** des Rechtsgüterschutzes verläuft, enthält die Anerkennung des Allgemeinen Persönlichkeitsrechts und des Rechts am eingerichteten und ausgeübten Gewerbebetrieb als „sonstiges Recht" eine wesentliche **Ausweitung** des Schutzbereichs von § 823 I. Gerade deshalb genügt bei diesen Rechten die Betroffenheit, also der Verletzungserfolg, idR nicht zur Haftungsbegründung. Für den Gewerbebetrieb wird sie – der „Herausforderung" oder der „Objektbezogenheit" vergleichbar – vielfach jeweils durch die „Betriebsbezogenheit" des Eingriffs begründet (Rz 63). Auch darin steckt eine Orientierung am Verhaltensunwert, der bei beiden „Rahmenrechten" (Fikentscher) oft überhaupt erst durch eine **Güter- und Interessenabwägung** begründet werden kann.

5   Weder eindeutig haftungserweiternde noch eindeutig haftungsverengende Wirkung haben bei genauer Betrachtung die **Verkehrspflichten**, die den letzten hier zu erwähnenden Bereich von Verhaltensnormen im Rahmen des § 823 I ausfüllen: Am historischen Ausgangspunkt der Entwicklung, bei der Zurechnung eines Unterlassens, dienten die Verkehrspflichten zwar der Begründung des Tatbestandes einer unerlaubten Handlung überhaupt. Bei den in einem positiven Tun enthaltenen Verkehrspflichtverletzungen zeigt das Stichwort der Verkehrspflicht demgegenüber aber an, daß die fragliche Verhaltensweise **„an sich" gerade erlaubt** ist, obwohl sie zu einer (mittelbaren) Beeinträchtigung von Rechtsgütern geführt hat. Verhalten und kausaler Verletzungserfolg sollen entgegen dem ursprünglichen Modell des § 823 I (dazu aber Rz 11) nicht zur Haftungsbegründung genügen, eingehend Rz 75f.

6   c) Der **„Mittelbereich" zwischen Abs I und II**. Insgesamt gelangt man so zu **drei verschiedenen Gruppen** von unerlaubten Handlungen nach § 823: neben dem traditionell erfolgsorientierten § 823 I und dem verhaltensorientierten § 823 II zu einem „Mittelbereich", der zwar bei § 823 I angesiedelt ist, bei dem der Verletzungserfolg und dessen Verursachung durch ein Verhalten des Schädigers jedoch nicht zur Begründung einer tatbestandlich rechtswidrigen unerlaubten Handlung genügt. Offensichtlich paßt das Modell des „Erfolgsunrechts" auf die Erklärung dieses Mittelbereichs nicht. Ob er insgesamt oder ob wenigstens die Verletzung der Verkehrspflichten und der Eingriff in den Gewerbebetrieb deshalb eher bei § 823 II als bei § 823 I anzusiedeln sind, erscheint zunächst von untergeordneter Bedeutung (genauer Streitstand bei Soergel/Zeuner Rz 4 Fn 3–5). Die Zuordnung von Gewerbebetrieb und Allgemeinem Persönlichkeitsrecht zum „sonstigen Recht" unterstreicht jedoch die Notwendigkeit, eine **besondere Begründung für den gleichen Rang** von Beeinträchtigungen dieser Rechte mit der Verletzung „klassischer" Rechte und Rechtsgüter zu geben. Die Verankerung der Verkehrspflichten bei § 823 I verdeutlicht noch einmal die gesetzliche Grundentscheidung gegen die „große Generalklausel". Bleiben die Rahmenrechte und die Verkehrspflichten mit § 823 I verknüpft, tritt die Verbindung mit den anderen Problemzonen dieses Absatzes deutlicher hervor, zB die Verwandtschaft zwischen der Güter- und Interessenabwägung bei den Rahmenrechten und der Überlagerung der Kausalität durch den Schutzzweck der Norm oder der Ähnlichkeit der Betriebsbezogenheit des Eingriffs in den Gewerbebetrieb mit der Objektbezogenheit der Eigentumsverletzung. Dies alles spricht mit der überwiegenden Ansicht für eine **Subsumtion des gesamten Mittelbereichs unter § 823 I** (wie hier für die Verkehrspflichten zB Larenz/Canaris II 2 § 76 III 2; RGRK/Steffen Rz 140; Soergel/Zeuner Rz 4; Staud/Hager Rz E 9; für die Rahmenrechte Rspr-Nachw bei Staud/Hager Rz C 17, D 3f (zum umfassenderen, entschieden verfassungsrechtlich geprägten Ansatz Hagers zum Persönlichkeitsrecht aber Rz C 3ff); Soergel/Zeuner Rz 72, 109ff; Esser/Weyers § 55 II 3e – aA zB MüKo/Mertens Rz 2ff, 124, für die Verkehrspflichten insbesondere v. Bar, Verkehrspflichten 157ff).

7   Die Frage nach den **richtigen Wertungen** zur Begründung von Verkehrspflichten, Schutzzwecken und Güterabwägungen wird in Lit und Rspr durch die Auseinandersetzung um **Verhaltens- und Erfolgsunrecht** (finale und kausale Handlungslehre) belastet (Überblick über den Streitstand bei Soergel/Zeuner Rz 2ff mN). Dieser Streit hat für die praktischen Ergebnisse kaum Bedeutung und ist daher eher rechtsphilosophisch als dogmatisch interessant (ähnlich Kötz/Wagner Deliktsrecht Rz 99ff). Ein „reines" Erfolgsunrecht vermag weder die Offenheit der Rahmentatbestände noch die Verkehrspflichten befriedigend zu begründen. Ein „reines" Handlungsunrecht würde die Begründungsarbeit in Fällen einigermaßen evidenter Rechtsgutverletzungen unnötig erschweren. Das Gesetz selbst kennt in § 823 I und II je unterschiedliche Unrechtsbegründungen. Daher spricht nichts außer theoretischer Reinheit für ein Einheitskonzept zur Erklärung zivilrechtlicher Rechtswidrigkeit.

Vollends verwirrend wirkt der vom GS des BGH (BGH 24, 21) eingeführte **Rechtfertigungsgrund des „sozial-** 8
adäquaten" oder „verkehrsrichtigen" Verhaltens (dazu genauer Wiethölter, Der Rechtfertigungsgrund des verkehrsrichtigen Verhaltens, 1960, sowie etwa Dunz, 25 Jahre Karlsruher Forum, 97; weitere Nachw: Soergel/Zeuner Rz 3): Durch diesen Rechtfertigungsgrund wird das Indikationsmodell (Rz 146), das dem Erfolgsunrecht entspricht, für die **Beweislast** aufrechterhalten, als Konzession an das Verhaltensunrecht aber durch einen nach Inhalt und Voraussetzungen wenig klaren Rechtswidrigkeitsausschluß ergänzt. Schon beim Recht am Gewerbebetrieb wird deutlich, wie begrenzt der Erklärungswert dieser Figur ist. Denn die Schädigung von Konkurrenten durch den Erwerb von Marktanteilen ist nicht erst aus besonderen Gründen gerechtfertigt, sondern macht das ursprüngliche Wesen des Wettbewerbs selbst aus. Im Ergebnis **verteilt** der Rechtfertigungsgrund des verkehrsrichtigen Verhaltens vor allem die **Darlegungs- und Beweislast falsch**: Ist ein Verhalten wirklich sozialadäquat, ist es im wörtlichen Sinne normal, also der Regel gemäß und auch regelrecht. Wer sich so verhält, braucht dies sonst gerade nicht zu beweisen. Der BGH selbst hat denn auch den Rechtfertigungsgrund des verkehrsrichtigen Verhaltens seit geraumer Zeit nicht mehr herangezogen.

Die Bedeutung von Maßstäben des Verhaltensunrechts für den Mittelbereich der Haftung aus § 823 I führt zu 9 der Frage, ob iSd finalen Handlungslehre bei **fahrlässigen Pflichtverletzungen** Rechtswidrigkeit immer erst vorliegt, wenn sich der Täter fahrlässig nach § 276 II verhalten hat. In der Tat ist die Fahrlässigkeit als Verletzung der im Verkehr erforderlichen Sorgfalt wie die Verletzung einer allgemeinen Verkehrspflicht formuliert. Zudem kommt der objektiv-abstrakte Maßstab, der bei der Fahrlässigkeit im Zivilrecht anzulegen ist (dazu § 276 Rz 10 mN), dem Maßstab einer objektiv geltenden Verhaltensordnung mindestens sehr nahe. Dennoch ist zwischen objektiver und subjektiver Pflichtverletzung gerade auch für das Deliktsrecht weiterhin zu unterscheiden: Im Gegensatz zum Schutz der Rechtsgüter gegen handfeste Eingriffe, der überall und gegen jeden gilt, ist der Schutz durch Verkehrspflichten oder etwa durch Verhaltensgebote gegenüber einem Unternehmen situationsbedingt und bis zu einem gewissen Grade rollenbezogen; infolgedessen bedarf die **Formulierung des objektiven Verhaltensgebots** in jeder einzelnen Fallgruppe einer besonderen Begründung. Diese Begründungsaufgabe würde verschleiert, wenn man bei Verhaltensgebot mit der „im Verkehr" allgemein geschuldeten Sorgfalt gleichsetzen würde. Außerdem ist mit der Bejahung eines Verhaltensgebots in solchen Fällen nicht schon zwangsläufig der Vorwurf subjektiver Fahrlässigkeit verbunden, weil etwa das Bestehen eines solchen Gebots bei aller Sorgfalt **für den Täter nicht voraussehbar** war. Gerade dann kann aber ein wenigstens negatorischer Schutz sinnvoll sein (ebenso zB Larenz/Canaris II 2 § 75 II 3d; Soergel/Zeuner Rz 7, aA Esser/Schmidt § 25 IV 1c, vgl auch Nachw aaO Fn 100).

Zur positiven Begründung von Verhaltenspflichten lassen sich zumindest gegenwärtig **keine allgemeingültigen** 10 **Gesichtspunkte** angeben. Billigenswerte Beispiele dafür zählt Soergel/Zeuner Rz 6 auf: Die Pflicht zur Gefahrsteuerung hängt ua von dem Grad der durch ein Verhalten begründeten Gefährdung, der Schwere des denkbaren Verletzungserfolges und dem positiven Wert (der Erwünschtheit) des Verhaltens ab. Dazu ist zu berücksichtigen, wieweit sowohl dem Handelnden als auch dem möglicherweise Betroffenen Sicherungs- und Vorsichtsmaßnahmen möglich und zumutbar sind. Davon hängt dann auch ab, ob Handelnde und potentielles Opfer auf Gefahrsteuerungs- und Abwehrmaßnahmen des jeweils anderen vertrauen können und dürfen.

Gegen die hiernach für den Mittelbereich des § 823 erforderliche **Interessenabwägung** hat sich Fraenkel, Tat- 11 bestand und Zurechnung bei § 823 Abs 1 BGB, 1979, in seiner vielbeachteten (vgl nur Soergel/Zeuner Rz 5; MüKo/Mertens Rz 1, 13f m Fn 15ff) gewendet. Zurechenbar soll, von der Beteiligung nach § 830 abgesehen, stets nur die „unmittelbare" Verletzung der Substanz des Rechtsguts oder der Rechtsinhaberschaft sein. Grundlage dieser Auffassung ist ua der Vorwurf gegen die hM, sie beachte die Handlungsfreiheit des potentiell Haftpflichtigen zu wenig. Diese Wertung wird kaum überzeugen können. Denn die Zivilrechtsordnung insgesamt ist längst nicht mehr einseitig darauf ausgerichtet, dem Individuum Bewegungsfreiheit zu verschaffen, sondern orientiert sich zunehmend an den Opfern und Geschädigten. Dieser Anschauungswechsel ist den Handelnden auch zumutbar, weil die Risiken der erschwinglichen Haftpflichtversicherungsschutz weitgehend „pulverisiert" werden können. Darüber hinaus trifft die historische Analyse Fraenkels für den BGB-Gesetzgeber selbst nicht zu, der mindestens in der 2. Kommission durchaus Ansätze einer tatbestandserweiternden Betrachtungsweise verfolgt hat (Prot Mugdan II 1102, 1123). Schließlich spricht alle historische Erfahrung gegen einen Erfolg von Eingrenzungsversuchen im Sinne Fraenkels: Bereits der römische Prätor hat zB für das Unterlassen und für mittelbare Verletzungen die allzu enge Tatbestandsfassung der lex Aquilia durch actiones utiles (oder: in factum) ergänzt (dazu Kaser, Das römische Privatrecht I, 2. Aufl 1971, 621f und Fraenkel 72ff selbst).

2. Tatbestandsmäßigkeit nach § 823 I im allgemeinen

Tatbestandsmäßig ist nach § 823 I ein Verhalten, das für die Verletzung eines Rechtsguts und den hierin liegen- 12 den oder hierdurch herbeigeführten Schaden ursächlich ist. Teilweise (für die Fälle des Mittelbereichs von § 823) bedarf es zusätzlich einer besonderen Begründung für die Zurechnung des Verletzungserfolges zu dem fraglichen Verhalten.

a) Positives Tun und Unterlassen. Das schädigende Verhalten kann sowohl in einem positiven Tun als auch in 13 einem Unterlassen bestehen. Der traditionelle Unterschied zwischen beiden liegt darin, daß ein Unterlassen allein niemals die Haftung begründen kann. Notwendig ist vielmehr eine **Erfolgsabwendungspflicht** des Unterlassenden. Sie ähnelt der strafrechtlichen Garantenpflicht. Im Zivilrecht gehören die hier in Frage kommenden Pflichten zu den Verkehrs-(sicherungs-)pflichten, dazu Rz 77. Vielfach entspricht jedoch auch schon bei aktiven Handlungen der Verletzungserfolg nicht dem typischen Gehalt der Verhaltensweise: Die Handlung begründet zwar eine Gefahr; diese Gefahr braucht sich aber nicht zu verwirklichen und tut dies in der Mehrzahl der Fälle auch nicht. So ist die Produktion von Kfz für den Markt zwar gefährlich, weil sich jährlich viele Tausende von Unfällen mit diesen Kfz ereignen. Dadurch ist die Produktion selbst aber noch keine tatbestandliche unerlaubte Handlung. Ist gegen den Produzenten ein Vorwurf zu erheben, beruht dieser vielmehr wiederum auf der Verletzung einer besonderen Erfolgsabwendungspflicht, eben einer Verkehrspflicht. In diesem Lichte verliert die Unterscheidung zwischen Handeln und Unterlassen ihre deliktsrechtliche Bedeutung (so grundlegend v. Caemmerer, Ges Schriften I, 481ff). Praktisch bedeutsam ist statt dessen die Unterscheidung zwischen denjenigen stets ein aktives Handeln darstellenden Verhaltensweisen, die wegen ihrer Kausalität für den Verletzungserfolg ohne weiteres den Tatbestand des § 823 I erfüllen, und anderen Verhaltensweisen (aktives Handeln wie Unterlassen), die erst durch **zusätzliche Zurechnungserwägungen** als Tatbestandserfüllung auszuweisen sind.

14   b) Haftungsbegründende und haftungsausfüllende **Kausalität** ergeben sich grundsätzlich aus der Anwendung der **condicio-sine-qua-non**-Formel. Sie ist jedoch oft zu ergänzen durch Erwägungen über die Adäquanz und/oder über den Rechtswidrigkeitszusammenhang, Rz 2 und ausführlich vor § 249 Rz 35ff.

15   c) Der in § 823 I vorausgesetzte **Schaden** ist identisch mit dem Schadensbegriff des allgemeinen Schadensrechts nach §§ 249ff. Regelmäßig liegt ein (erster oder unmittelbarer) Schaden schon in der Rechtsgutsverletzung selbst, bei der Gesundheitsverletzung also zB in der immateriellen Beeinträchtigung des Wohlbefindens. Gelegentlich kann jedoch eine Rechtsgutsverletzung ohne Schaden vorliegen, so beim Gebrauchsdiebstahl an einem konsumtiv verwendeten Luxusgut. Hat die Verletzung zu keinem ersatzfähigen Schaden geführt, ist der Anspruch aus § 823 I ausgeschlossen (vgl BGH 21, 319 [335]; 55, 128 [129]; 58, 48 [50]).

3. Verletzung des Lebens, des Körpers und der Gesundheit

16   a) Das **Leben** ist das wichtigste Rechtsgut des § 823 I. Verletzung des Lebens, also Tötung bedeutet aber auch Beseitigung des Rechtsträgers. Tote haben keine Ansprüche. Ersatzberechtigt aus der Verletzung des Lebens sind die Angehörigen des Verletzten. Für deren Ansprüche enthalten §§ 844ff Spezialregelungen. Rechtspolitisch wird immer häufiger darüber hinaus ein Schmerzensgeld für Angehörige gefordert (vgl zB v. Mayenburg VersR 2002, 278). Diese Forderungen sind in § 253 II nF nicht aufgenommen worden. Soweit der Getötete zuvor noch Ansprüche aus Gesundheitsverletzung erworben hatte, können diese als Teil des Nachlasses auf die Erben übergehen, seit 1. 7. 1990 (Abschaffung des § 847 I S 2 aF) auch der Anspruch auf Schmerzensgeld. Bedeutsam ist dies vor allem bei Geschädigten, die durch die Schwere der Verletzung die **Wahrnehmungsfähigkeit** für ihr Leiden überhaupt **verloren** haben. Auch dies ist eine schwerste Beeinträchtigung, für die ein Schmerzensgeld mit Ausgleichsfunktion angemessen ist (und nicht mehr nur eine Leistung symbolischen Charakters, wie noch nach BGH NJW 1976, 1147; 1982, 2123). In diesem Sinn hat der BGH zunächst in Fällen langdauernder Wirkung einer Persönlichkeitszerstörung entschieden (BGH 120, 1; BGH NJW 1993, 1531). Nunmehr (BGH 138, 388) hat er jedoch klargestellt, daß auch beim alsbaldigen Tod des Verletzten ein Schmerzensgeld zum Ausgleich der Schwerstverletzten in Betracht kommt. Wacht der Verletzte gar nicht mehr aus dem Koma auf und stirbt kurze Zeit nach der Verletzung, ist ein Schmerzensgeldanspruch aber jedenfalls zu verneinen (BGH 138, 388). Zu den sehr unterschiedlichen Beträgen (10 000 bis 135 000 DM), die von der Rspr gewährt worden sind, Lange/Schiemann, 3. Aufl 2003, 441 mN.

17   b) Der **Schutz des menschlichen Körpers** hat kaum eigene Bedeutung neben dem Gesundheitsschutz. Oft werden Körper und Gesundheit undifferenziert in einem Atemzug genannt. Dies ist auch verständlich, weil sich die Rechtsfolgen der Verletzung beider Rechtsgüter vollständig entsprechen (vgl zB Medicus, SchuldR II Rz 779 – gegen ein solches Vorgehen aber Deutsch, 25 Jahre Karlsruher Forum, 93 [94]). Im Vordergrund des Begriffsfeldes „Körper" steht die Unantastbarkeit der persönlich-leiblichen Sphäre (RGRK/Steffen Rz 8; Pal/Thomas Rz 4, vgl auch BGH NJW 1980, 1453; BGH 114, 284: HIV–Infektion schon vor Ausbruch von Aids); als Gesundheitsverletzung ist eher die Störung der körperlichen Funktionen anzusehen. Als Verletzung des Körpers hat BGH 124, 52 die Vernichtung eingefrorenen Spermas bewertet. Die Bewahrung der Übertragungsmöglichkeit für die genetische Information ist aber ein typisches Persönlichkeitsmerkmal und in der Verbindung zu körperlichen Funktionen des Samenspenders gerade verloren. Durch eine Einordnung beim Allgemeinen Persönlichkeitsrecht wird freilich die Ersatzfähigkeit für den immateriellen Schaden auf schwere Eingriffe beschränkt. Diese Voraussetzung kann aber durchaus vorliegen, wenn die Samenspende wie im BGH-Fall zur Erhaltung des Erbgutes wegen drohender Unfruchtbarkeit erfolgte. Für die Einordnung beim Allgemeinen Persönlichkeitsrecht auch insbesondere Taupitz NJW 1995, 745; MüKo/Mertens Rz 73; Soergel/Zeuner Rz 17. – Ein tatbestandlicher Eingriff in die körperliche Integrität ist nach überwiegender Ansicht die ärztliche Behandlung ohne Einwilligung, dazu Rz 135. Den Schwerpunkt auf die Körperverletzung hat BGH 101, 215 auch im Fall einer durch ärztlichen Kunstfehler „herausgeforderten" freiwilligen Nierenspende gelegt.

18   Eher eine Verletzung der körperlichen Integrität als eine Gesundheitsverletzung stellt ferner die **ungewollte Schwangerschaft** dar, wenn man sie überhaupt in den Bereich der Körper- und Gesundheitsverletzung einordnen will (BGH NJW 1980, 1452 [1453]; 1984, 2625; 1995, 2407). Näher liegt mE regelmäßig die Annahme einer Verletzung des Allgemeinen Persönlichkeitsrechts, weil im Vordergrund die Enttäuschung über das Mißglücken der Geburtenregelung steht. Ist die Frau hingegen – etwa aus psychischen Gründen – infolge der ungewollten Schwangerschaft geradezu als krank anzusehen, liegt eine Gesundheitsverletzung vor. Bedeutung hat die Einordnung als Verletzung des Allgemeinen Persönlichkeitsrechts statt als Körperverletzung auch hier vor allem wegen der strengeren Voraussetzungen für das Schmerzensgeld (dazu genauer Schiemann JuS 1980, 709). Der historische Gesetzgeber hat die unerwünschte Schwangerschaft noch nicht als Körper- oder Gesundheitsverletzung betrachtet, wie die Regelung des § 825 aF zeigte (so auch noch RG 96, 224). Zum Unterhaltsersatz bei unerwünschter Schwangerschaft und Geburt § 249 Rz 62ff.

19   c) Der Begriff der **Gesundheitsverletzung** (dazu ausführlich Möllers 29ff) ist vor allem vom gesellschaftlichen Verständnis der Krankheit abhängig: Wird eine Krankheit oder auch schon die Infektion mit Krankheitserregern

(BGH 114, 284) in diesem Sinne durch einen anderen verursacht, liegt regelmäßig eine Gesundheitsverletzung vor. Hiermit ist insbesondere auch eine **psychische Störung** grundsätzlich als Gesundheitsverletzung einzuordnen (so schon RG 85, 335), und zwar auch ohne daß sie erst die Folge einer organischen Verletzung sein muß (BGH NJW 1991, 2347). Bei seelischen Beeinträchtigungen stellt sich jedoch eher als bei organischen Störungen die Frage nach den Grenzen des Schutzbereichs des Rechtsguts Gesundheit. Aber auch der Übergang von psychischen zu somatischen Verletzungen ist fließend; man denke nur an krankmachenden Lärm (dazu BGH VersR 1970, 1107). Keine Gesundheitsverletzung liegt vor, wenn bei dem Betroffenen Kummer, Trauer oder sonstige negative Gemütsstimmungen hervorgerufen worden sind, wie sie bei dem Verlust naher Angehöriger oder bei eigenen schweren somatischen Störungen „normal" sind (BGH 56, 163). Andernfalls käme man insbesondere zu einem Schmerzensgeld Dritter wegen einer Verletzung des Lebens. Dies ist jedoch in § 253 II nicht vorgesehen und wegen § 253 I auch nicht im Wege der Analogie zu begründen.

Einen Ansatz zur Eingrenzung der Gesundheitsverletzung bei psychischen Schäden bietet die Art der Verursachung. Problematisch sind gerade solche psychischen Störungen, die vom Schädiger **mittelbar herbeigeführt** worden sind, sei es, daß zunächst ein anderes Rechtsgut des Verletzten selbst betroffen ist (zB die Ehre), sei es, daß ein Dritter, insbesondere ein naher Angehöriger, getötet oder gesundheitlich geschädigt und der psychische **Schock** erst hierdurch verursacht worden ist. Davon zu unterscheiden sind die **psychischen Folgeschäden** einer Gesundheitsverletzung des Geschädigten selbst. Sie stehen im Rechtswidrigkeitszusammenhang mit der ersten Verletzung. Besondere Schadensdispositionen oder mangelnde psychische „Verarbeitung" durch den Verletzen sollten allenfalls nach § 254 berücksichtigt werden. Die Rspr hat auch hier lange Zeit nach „allgemeinem" und „besonderem" Lebensrisiko differenziert (zuletzt BGH NJW 1991, 747). Neuerdings formuliert BGH 132, 341, der Schädiger habe für Folgeschäden aufgrund einer psychischen Anfälligkeit des Verletzten oder dessen neurotischer Fehlverarbeitung grundsätzlich einzustehen (ebenso zB BGH NJW 2000, 862 mN). Nur wenn der Anlaß als Bagatelle erscheint, so daß die psychische Reaktion schlechterdings nicht mehr verständlich ist, liege eine unangemessene Erlebnisverarbeitung vor, so daß der Folgeschaden nicht mehr zugerechnet werden könne. Aber selbst bei einem Bagatellanlaß soll die Neurose zugerechnet werden, wenn der Geschädigte eine entsprechende Schadensanlage hatte (BGH 137, 142). Die durch Verletzung anderer Rechtsgüter oder gar anderer Personen vermittelten Schadensfälle gehören demgegenüber zum Mittelbereich des § 823, in dem der Schadensersatzanspruch erst durch eine Abwägung und fallbezogene Konkretisierung der Schutzgüter begründet werden kann (Rz 2, 6). Angesichts der Nähe der psychischen Gesundheit zum Persönlichkeitsrecht (Deutsch, 25 Jahre Karlsruher Forum, 96) ist diese Einordnung geradezu vorgezeichnet. Der Rückgriff auf eine „Verkehrsauffassung" (BGH 56, 163 [165f]; BGH NJW 1989, 2317) verdeckt dabei die Wertungsaufgabe mehr als er sie fördert (dem BGH zustimmend unter Aufgabe früherer Bedenken ua MüKo/Mertens Rz 77). Man kann ihr auch nicht dadurch entgehen, daß man „mittelbare" Verletzungen außerhalb von §§ 844f überhaupt nicht für ersatzfähig hält (in dieser Richtung aber BGH NJW 1984, 1405). Je schwerer die Störung ist, um so geringer ist die Bedeutung der nur „mittelbaren" Verursachung (vgl BGH 93, 351: schwerer Hirnschaden eines Neugeborenen infolge eines Schocks der Mutter während der Schwangerschaft). Erschöpft sich die Wirkung auf den Dritten aber darin, daß die psychischen Gegenkräfte gegen eine schon vorhandene Labilität gemindert worden sind, liegt die Zuordnung der Folgen zum **allgemeinen Lebensrisiko** des Dritten besonders nahe (daher im Erg richtig BGH NJW 1984, 1405). Genauer zu den Schockschäden vor § 249 Rz 57ff.

Die Rspr neigt dazu, die schädlichen Folgen für die Gesundheit eher zuzurechnen, wenn ein **anderes Rechtsgut des Geschädigten selbst** verletzt ist (Persönlichkeitsrecht, RG 148, 154; Ehre, BGH NJW 1976, 1143 – dort im Rahmen des „haftungsausfüllenden" Rechtswidrigkeitszusammenhanges). Dem ist zu folgen, weil die tatbestandliche Eingrenzung des § 823 I ua gerade den Sinn hat, die Annahme von Verletzungen solcher Personen zu erschweren, gegen die sich das Verhalten des Schädigers nicht richtet. Wer hingegen einen anderen jedenfalls in irgendeinem seiner Rechtsgüter verletzt, muß den Geschädigten in der Regel so nehmen, wie er ist, einschließlich seiner besonderen Empfindlichkeit. Ein wesentliches Element der Abwägung zur Begründung einer weiteren Verletzung überhaupt ist somit die Finalität oder **Personengerichtetheit des Eingriffs** (ebenso MüKo/Mertens Rz 77). An einem Eingriff in die Gesundheit fehlt es, wenn der Unfallverursacher „nur" seine eigene Schuld auf einen anderen Unfallbeteiligten abwälzt, der sich dadurch so sehr erregt, daß er einen Schlaganfall erleidet (BGH 107, 359); in Betracht kommt jedoch ein Folgeschaden aus und im Schutzbereich von Schutzgesetzverletzungen wie §§ 164, 185 StGB iVm 823 II. Der BGH hat gelegentlich eine zurechenbare Gesundheitsverletzung grundsätzlich verneint, wenn die Erkrankung auf eine Störung der Ehe durch Ehebruch mit dem Ehegatten der Erkrankten zurückgeht (BGH 23, 279; vgl zu entsprechenden Wirkungen der Psychotherapie Deutsch, 25 Jahre Karlsruher Forum, 96). Auch wenn man die Ehe selbst nicht als „sonstiges Recht" anerkennt (dazu Rz 45), ist diese Einschränkung des Gesundheitsschutzes nicht geboten (Soergel/Zeuner Rz 26 mN).

d) Eine Gesundheitsschädigung ist auch zu bejahen, wenn ein Kind infolge von **Verletzungen vor der Geburt** oder sogar vor der Zeugung geschädigt zur Welt kommt (BGH 8, 243; 58, 48; 106, 153). § 1 steht dem nicht entgegen, weil der Verletzungserfolg erst im Zeitpunkt der Rechtsfähigkeit eintritt; und die Überlegung, daß das Kind nur entweder geschädigt oder überhaupt nicht existieren könne, geht fehl, weil es durchaus den Maßstab eines „normalen" gesunden Lebens zur Feststellung des Schadens gibt. Insbesondere maßt sich der Richter durch Zuerkennung von Ersatzansprüchen an das Kind entgegen der neueren Meinung des BGH (BGH 86, 240) kein Urteil über den Wert an, den das Leben eines Geschädigten überhaupt hat. Der Vorwurf gegen den Schädiger beruht nicht darauf, daß er für ein „unwertes Leben" verantwortlich sei, sondern daß das Kind nach seiner Geburt nicht ebensogut wie andere leben kann: Gerade wenn man vom Wert auch solchen Lebens überzeugt ist, sollte man dessen Beschwerlichkeit durch Ersatzansprüche möglichst mildern, soweit die Schädigung einem andern zugerechnet werden kann (ebenso insbesondere Deutsch JZ 1984, 890; NJW 2003, 26; kritisch dazu aber Picker, Schadensersatz für das unerwünschte eigene Leben – „Wrongful life", 1995, 20f m Fn 51). Der BGH bleibt auf halbem Wege stehen, wenn er den Eltern einen vertraglichen und der Mutter zudem uU einen deliktischen Anspruch sogar auf den vollen Unterhalt des Kindes gewährt (BGH 89, 95, zur hieran anknüpfenden spektakulären Kontroverse zwischen BVerfG 88, 203 [296] einerseits, dem BGH und BVerfG 96, 375 andererseits Staud/Schiemann § 249 Rz 208f), bei einem späteren Tod der Eltern das Kind aber ganz unversorgt läßt. Der Mehrbedarf, der durch seine Behinderung entsteht, ist vielmehr als Folge einer **Gesundheitsverletzung des Kindes selbst** anzusehen (abl dazu aber BGH 86, 240; G. Müller NJW 2003, 699f). Die Eltern sind für einen Schaden des Kindes nicht schon deshalb verantwortlich, weil sie die Gefahr der Übertragung von Erbkrankheiten erkennen konnten oder weil sie in ihrer Lebensweise größere Rücksicht auf den etwaigen Nachwuchs hätten nehmen müssen (MüKo/Mertens Rz 79).

4. Freiheitsverletzung

23   Die nach § 823 I geschützte Freiheit wird nach hM eng als **körperliche Bewegungsfreiheit** verstanden. Die allgemeine Entfaltungsmöglichkeit, insbesondere der wirtschaftliche Entscheidungsspielraum, fällt nicht darunter, da sonst die Freiheitsverletzung zum Auffangtatbestand im Sinne einer deliktischen Generalklausel würde (aA Leinemann, Der Begriff Freiheit nach § 823 Abs 1 BGB, 1969). Ein Schutz der wirtschaftlichen Freiheit wird aber teilweise über Wettbewerbsvorschriften sowie den Tatbestand des Eingriffs in den Gewerbebetrieb erreicht; ein Ersatz wegen Verletzung der allgemeinen Handlungsfreiheit kann sich aus der Verletzung des Allgemeinen Persönlichkeitsrechts ergeben (vgl genauer Deutsch, FS Hauß, 43ff).

24   Hauptanwendungsfall der Freiheitsverletzung ist die unberechtigte Verhaftung oder behördliche Einsperrung (vgl BGH NJW 1964, 650). Der Anspruch richtet sich dann aber nach § 839, Art 34 GG. Die bisher ua auf § 823 I gestützte besonders wichtige Haftung des gerichtlich bestellten **Sachverständigen** für ein grob fahrlässig falsches Gutachten, das zur Freiheitsentziehung (zB Unterbringung in psychiatrischer Klinik) geführt hat (BVerfG 49, 304ff gegen BGH 62, 54 und dazu grundlegend Zeuner, Karlsruher Forum 1988, 3ff), ist nunmehr in § 839a geregelt. Eine Haftung aus **leicht fahrlässiger** Verursachung der Freiheitsentziehung nach § 823 I kommt daneben nicht mehr in Betracht (teilweise anders zum früheren Rechtszustand 10. Aufl).

5. Eigentumsverletzung

25   **a) Überblick.** Als Eigentumsverletzung nach § 823 I kommen unberechtigte Verfügungen über das **Eigentumsrecht** ebenso in Frage wie Einwirkungen auf die **Sachsubstanz** (Beschädigung, Zerstörung) und auch bloße Beeinträchtigungen der **Nutzungsmöglichkeit**. Hinsichtlich der Substanz- und Nutzungsschäden ist § 823 I freilich nach hM in weitem Umfang durch §§ 987ff und 2018ff ausgeschlossen, dazu vor § 987 Rz 78ff. Beruht die Besitzerlangung auf einer strafbaren Handlung oder verbotenen Eigenmacht, stellen §§ 992, 2025 die Anspruchskonkurrenz ausdrücklich wieder her. Ohne Einschränkungen sind §§ 823ff ferner auf den (rechtmäßigen wie unrechtmäßigen) Fremdbesitzer anwendbar. Nicht ausgeschlossen sind auch die Ansprüche auf Herausgabe der Sache selbst nach §§ 823, 249 I neben §§ 812, 985. Hat ein Dritter leicht fahrlässig nach § 932 oder sogar grob fahrlässig nach §§ 892f Eigentum oder ein anderes dingliches Recht erworben, schließt die neue sachenrechtliche Zuordnung den Herausgabeanspruch nach §§ 823, 249 I und damit jeden deliktischen Ersatzanspruch aus (BGH WM 191967, 564; vgl auch BGH NJW-RR 1991, 343 zum Eigentumserwerb nach § 946).

26   **b)** Eine Ersatzpflicht wegen schuldhaft unberechtigter **Verfügungen** neben der Pflicht zur Herausgabe des Erlöses nach § 816 I S 1 trifft den Verfügenden selbst (BGH JZ 1984, 230). Wer hingegen als Eigentümer einen Einbau nach § 946 duldet, macht sich hierdurch allein noch nicht gegenüber dem bisherigen Materialeigentümer schadensersatzpflichtig (BGH 56, 228 [237f]; vgl aber BGH 109, 297 und dazu Staud/Hager Rz B 67). Ein Schadensersatzanspruch des (früheren) Eigentümers (auch des Sicherungseigentümers, BGH 100, 95 [107]) kommt aber gegen einen **Pfändungsgläubiger** in Frage, der selbst oder durch einen Anwalt (BGH 58, 207 [216]) eine schuldnerfremde Sache pfänden und versteigern oder sich einen Herausgabeanspruch hat überweisen lassen (BGH 67, 378 [382f]). Fraglich ist hierbei nur, wieweit der Vollstreckungsgläubiger den Eigentümer auf §§ 769, 771 ZPO verweisen kann. Unterläßt der Eigentümer solche Schritte, liegt darin regelmäßig ein Mitverschulden nach § 254. Dies setzt aber voraus, daß der Vollstreckungsgläubiger überhaupt haftet. Aus der bloßen Rechtsbehauptung des Eigentümers wird man noch keine Pflicht des Pfändungsgläubigers zur Rücksichtnahme ableiten können. Unabhängig davon, welcher Vollstreckungstheorie man folgt, sollte der Pfändungsgläubiger nicht schlechter stehen als der unrechtmäßige Besitzer nach § 990 I S 1 und 2, da das Vertrauen in die Ordnungsmäßigkeit des Vollstreckungsverfahrens nicht weniger schutzbedürftig ist als das Vertrauen in den Besitz. Dies muß erst recht gelten, wenn man den Pfändungsgläubiger auch ohne Bestehen eines Pfandrechts als mittelbaren Besitzer ansieht, vgl § 868 Rz 30. Hiernach haftet der Vollstreckungsgläubiger wegen der Pfändung schuldnerfremder Sachen nur, wenn ihm das Eigentum des Dritten von Anfang an infolge grober Fahrlässigkeit unbekannt war oder später bekannt geworden ist (bedenklich daher BGH 67, 378 [382f]; 118, 201 [205ff] – Haftung schon **bei leichter Fahrlässigkeit**; wie hier hingegen Staud/Hager Rz B 72 mN).

27   **c) Substanzschäden.** Am sichersten scheint eine Eigentumsverletzung vorzuliegen, wenn eine Sache zerstört oder beschädigt wird, zB ein Kfz bei einem schuldhaft herbeigeführten Verkehrsunfall schrottreif wird. Auch hier kann jedoch der **Schutzbereich** des Eigentums zweifelhaft sein: Wird der Schaden von einem vertraglichen Gewährleistungsrecht erfaßt, kann gegenüber dem Vertragspartner das Gewährleistungsrecht eine abschließende Regelung enthalten, und bei mittelbaren, auf den Verstoß gegen Verkehrspflichten zurückgehenden Verletzungen stellt sich die Frage, ob die Zurechnung solcher Schäden überhaupt angemessen ist.

28   Das Problem der Konkurrenz zwischen Eigentumsverletzung und Kaufrecht tritt bei der Produzentenhaftung auf und wird in deren Rahmen behandelt, Rz 124f. Für die **Konkurrenz mit § 634a** ist auch nach der Schuldrechtsmodernisierung wegen des unterschiedlichen Verjährungsbeginns nach § 634a II einerseits, § 199 andererseits zu

unterscheiden (aA Mansel NJW 2002, 89, 95f): Ist das neu hergestellte Werk selbst untauglich oder mangelhaft, liegt nach hM zum bisherigen Recht keine Eigentumsverletzung vor, weil der Unternehmer die schadhafte Sache durch seine Werkleistung erst hergestellt hat. Insbesondere ist ein mangelhaftes Bauwerk keine Beschädigung des Grundstücks (BGH 39, 366; krit dazu ua MüKo/Mertens Rz 103; Derleder/Meyer AcP 195, 137, 149ff). Werden jedoch andere Sachen, die selbst nicht Gegenstand der Bearbeitung durch den Unternehmer waren, von dem Mangel in Mitleidenschaft gezogen, liegt eine Eigentumsverletzung vor (BGH 55, 392 – Beschädigung eines Lkw durch fehlerhafte Herstellung eines Achsaggregates, ähnlich BGH NJW 1985, 194 und BGH NJW 1991, 562 zur Haftung des Architekten für Schäden an eingebrachten Sachen eines Mieters). Praktisch bedeutsam ist dies ua, wenn die mangelhafte Werkleistung gerade der Vermeidung „weiterfressender" Schäden dienen sollte (zB undichtes Dach läßt auch nach der „Reparatur" Feuchtigkeit durch, so daß die Möbel beschädigt werden). Wenn die fehlerhafte „Reparatur" den zu beseitigenden Schaden noch vergrößert, liegt auch hierin eine Eigentumsverletzung.

29 Die **mittelbare Eigentumsverletzung** ist vor allem im Zusammenhang mit den **„Stromkabelfällen"** des BGH diskutiert worden: In einem Fall, in dem die Unterbrechung der Energieversorgung zu einem Produktionsstillstand geführt hatte, hat der BGH eine Eigentumsverletzung (und einen Eingriff in den Gewerbebetrieb) abgelehnt (BGH 29, 65), in einem anderen Fall, in dem auszubrütende Eier verdorben waren, hingegen bejaht (BGH 41, 123). Diese unterschiedliche Behandlung läßt sich daraus erklären, daß die in beiden Fällen vorliegende mittelbare Verletzung im Bruteierfall zu einem Substanzschaden, im anderen Fall zu einem Gebrauchsausfallschaden geführt hatte. In der Literatur ist demgegenüber auch die Ersatzpflicht für den Substanzschaden gelegentlich verneint worden (Fraenkel, oben Rz 11, 148f). Verständlich ist diese Auffassung, weil der Unterschied der Ergebnisse beider Fälle trotz der möglichen Differenzierung nach Schadensarten letztlich kaum überzeugt. Die Ablehnung einer Ersatzpflicht, nur weil die Betroffenheit des Rechtsguts mittelbar herbeigeführt worden ist, leuchtet jedoch nicht ein: Fährt ein Kfz-Fahrer auf eine vor einer Ampel haltende Kolonne auf, ist schlechthin nicht einzusehen, weshalb die Betroffenheit des hintersten Pkw grundsätzlich anders zugerechnet werden soll als diejenige des vordersten. Es geht auch nicht an, die Verderbschäden durch den Ausfall einer lebenswichtigen Versorgung generell der Risikosphäre des Anschlußberechtigten zuzuordnen. Wer im Bereich von Versorgungseinrichtungen arbeitet, dem obliegt wegen der ja allgemein bekannten Gefahren eine besondere Vorsicht zur Vermeidung einer Haftung. Soweit der Träger der Versorgungseinrichtung sich von der (vertraglichen) Ersatzpflicht gegenüber seinem Abnehmer wirksam freigezeichnet hat, darf dies dem Schädiger nicht zugute kommen; denn die Ersatzpflicht des unmittelbar Geschädigten gegenüber dem Dritten wäre als Vermögensfolgeschaden aus der Eigentumsverletzung an der unmittelbar geschädigten Einrichtung nach hM vom Schädiger zu übernehmen. – Eine Verantwortlichkeit für die mittelbare Verursachung kommt selbst dann in Betracht, wenn die letzte Ursache vom Geschädigten selbst gesetzt worden ist (Staud/Hager Rz B 87), zB weil das (fehlerhafte) Gewindeschneidemittel, das der Geschädigte zur Bearbeitung eigener Wasserrohre benutzt, zu nur mit erheblichem Aufwand beseitigbaren Rückständen an den Rohren führt (BGH NJW 1994, 517).

30 Eine **Einschränkung** des Ersatzes für solche Folgeschäden **nach der jeweiligen Funktion** des Eigentums befürwortet freilich Marschall v. Bieberstein (FS v. Caemmerer, 1979, 411ff, dazu ausführlich MüKo/Mertens Rz 88–91). Eine funktionelle Differenzierung des Eigentums nach konsumptiver und gewerblicher Nutzung ist dem geltenden Recht aber fremd. Das rechtspolitische Anliegen einer Haftungsbegrenzung ist daher nicht beim Schutzumfang des Eigentums, sondern bei den Obliegenheiten des Eigentümers nach § 254 zu berücksichtigen.

31 d) **Nutzungsschäden.** Durch den Ansatz bei der rechtlichen Umschreibung des Eigentums ist auch die Antwort auf die vieldiskutierte Frage (vgl vor allem Boecken, Deliktsrechtlicher Eigentumsschutz gegen reine Nutzungsbeeinträchtigungen, 1995; eingehend auch Staud/Hager Rz B 89ff mN) vorgezeichnet, ob **primäre Nutzungsschäden** unter den Eigentumsschutz fallen. Die Rspr des BGH hierzu ist unübersichtlich: Neben der ablehnenden Entscheidung zum Stromausfall (BGH 29, 65, siehe Rz 29) steht die Annahme einer Eigentumsverletzung im Fall der zeitweiligen Bewegungsunfähigkeit eines Schiffes (BGH 55, 153; wieder anders BGH 86, 152; vgl ferner BGH 30, 241: Zufahrt zu einem Grundstück, dazu Grüneberg NJW 1992, 945ff). Nach §§ 903, 1004 ist gerade auch die Nutzung ein wesentlicher Teil des Eigentumsrechts. Deshalb sollte die Beeinträchtigung der funktionsgemäßen Nutzung ohne Minderung der Sachsubstanz in der Regel als Eigentumsverletzung angesehen werden (so auch der Ausgangspunkt von Boecken aaO). Daher kann auch die Verursachung eines Verkaufsverbotes eine Eigentumsverletzung sein (BGH 105, 346 – Fischfutter hatte zur Verseuchung eines Teils einer Fischkultur geführt; unverkäuflich war aber die ganze Produktion). Die Grenze zum nicht ersatzfähigen primären Vermögensschaden wird erst überschritten, wenn sich die unerlaubte Handlung gar nicht gegen das Recht, das genutzt werden soll, richtet, sondern gegen den Träger des Rechts oder gegen ein fremdes Recht und Pflichten aus einem Veräußerungsgeschäft (grundlegend hierzu Zeuner, FS Flume I, 1978, 775ff). Der unberechtigte Führerscheinentzug begründet daher ebensowenig eine Eigentumsverletzung am Kfz des Betroffenen (BGH 63, 203) wie die Vereitelung einer Grundstücksveräußerung eine Eigentumsverletzung am Grundstück des Düpierten (aA Willowelt NJW 1975, 1190). Im Gegensatz zu Zeuner (aaO 783f mN Fn 17; ebenso ua MüKo/Mertens Rz 114, 116) betrifft die **Unterbrechung der Stromzufuhr** (und ähnlich die Störung anderer Versorgungseinrichtungen) jedoch nicht nur das vertragliche Leistungsverhältnis zwischen dem Versorgungsunternehmen und dem Abnehmer, sondern das Recht des Abnehmers an der funktionsgerechten Nutzung seines Gerätes selbst (so auch weitgehend Boecken 247ff). Auf diesem Wege kann auch ein fremdverschuldeter Produktionsausfall zu einem Anspruch wegen Eigentumsverletzung führen (zu einem Fall, der richtigerweise als Besitzverletzung zu würdigen gewesen wäre, Rz 43). Während in solchen Fällen mit der Nutzung ein Teil des Eigentumsrechts mindestens eine Zeitlang definitiv vereitelt worden ist, bleibt bei der **Verhinderung einer Verfügung** die Befugnis des Eigentümers zu Verfügungen überhaupt erhalten.

32 Bei Eigentumsverletzungen durch Nutzungsstörungen ist jedoch besonders zu beachten, daß ein Ersatzanspruch nur besteht, wenn die Verletzung zu einem nach §§ 249ff **ersatzfähigen Schaden** geführt hat. Nach richtiger

Ansicht zur Abgrenzung zwischen Vermögens- und Nichtvermögensschäden (vgl Vorlagebeschluß BGH NJW 1986, 2037; teilweise anders aber BGH [GS] 98, 212 [219ff]) kommt ein Anspruch wegen der Nutzungsstörungen deshalb nur bei kommerzieller Verwertung oder bei der Inanspruchnahme eines Ersatzgegenstandes in Betracht. Gerade kommerzielle Nutzungsträger trifft vielfach die Obliegenheit, für Unterbrechungen des Versorgungsnetzes Vorsorge zu treffen (zB durch Notstromaggregat, MüKo/Mertens Rz 118; Staud/Hager Rz B 99). Schließlich können sich Einschränkungen aus dem **Rechtswidrigkeitszusammenhang** ergeben: Wer aufgrund eines schuldhaft verursachten Unfalls oder einer nicht genehmigten Demonstration in eine Verkehrsstockung gerät und dadurch einen geschäftlichen Termin versäumt, ist nicht in seiner rechtlich geschützten „Nutzungsmöglichkeit" beeinträchtigt, die nur darin besteht, sich am Straßenverkehr zu beteiligen, so wie er gerade ist. Auch die bloße Kostenerhöhung bei der Wartung und Reparatur einer Versorgungsleitung infolge der Verlegung einer weiteren Versorgung ist kein rechtswidriger Eingriff in das Eigentum an der zuerst vorhandenen Leitung (BGH NJW-RR 1990, 1172).

33 Da eine Eigentumsverletzung nicht nur bei einem Eingriff in die Substanz einer Sache oder einer Beeinträchtigung des Eigentumsrechts vorliegt, können insbesondere **Immissionen** auf Grundstücke den Tatbestand des § 823 I erfüllen. Die Begrenzung des Eigentumsrechts an Grundstücken durch das Nachbarrecht und durch § 14 BImSchG gilt aber auch für § 823 I. Ein Schadensersatzanspruch wegen schuldhafter Eigentumsverletzung kommt daher nur in Frage, wenn der Betroffene die Beeinträchtigung nicht zB nach § 906 dulden muß (BGH 90, 255 und zuletzt etwa BGH 122, 1 [6] mN). Die Art der Nutzungsbeeinträchtigung kann keine entscheidende Bedeutung haben. Deshalb kommt eine Eigentumsverletzung auch bei wesentlichen ideellen Belästigungen oder Beeinträchtigungen durch Lärm vom Nachbargrundstück in Betracht (ähnlich Soergel/Zeuner Rz 37 gegen BGH 51, 396; 54, 56; BGH NJW 1985, 2823).

34 Vielfach wird auch der **versuchte Diebstahl** als Eigentumsverletzung angesehen (Soergel/Zeuner Rz 35 mN). Im allgemeinen liegt bei dem Versuch einer unerlaubten Handlung jedoch noch keine Rechtsverletzung vor. Zur Begründung der Ersatzfähigkeit von **Abwehrmaßnahmen** (Fangprämien, jedoch nicht allgemeine Überwachungskosten, BGH 75, 230) ist die Annahme einer Eigentumsverletzung auch nicht erforderlich. Vielmehr hat die Schadensersatzbegründung durch die Verletzung eines Schutzgesetzes nach § 823 II ua gerade die Funktion, den Rechtsgüterschutz gegenüber § 823 I zu erweitern und vorzuverlegen. Die versuchte Straftat kann deshalb auch §§ 823 II iVm 242, 22f StGB auch zum Ersatz primärer Vermögensschäden wie der Abwehrkosten gegenüber Ladendiebstählen führen. Keine Eigentumsverletzung liegt ferner in der Herstellung und Verbreitung von **Fotografien** fremder Gebäude (anders aber BGH NJW 1975, 778) oder anderer Gegenstände in fremdem Eigentum. Denn die Aufnahme der äußeren Erscheinung eines Eigentumsobjektes beeinträchtigt nicht die Nutzungsbefugnisse des Eigentümers daran (ebenso MüKo/Mertens Rz 120; Soergel/Zeuner Rz 35). Eine Eigentumsverletzung ist hingegen zu bejahen, wenn der Gebrauch eines Gegenstandes durch Störungen der Ordnung in einem komplexen Gegenstand, einer Sachgesamtheit oder einer Sammlung beeinträchtigt wird, zB durch Löschung einzelner Daten in einer EDV-Anlage (zur Eigentumsverletzung am Datenträger durch Veränderung oder Vernichtung der Software Staud/Hager Rz B 60) oder Verräumen von Büchern in einer Bibliothek (vgl BGH 76, 216, zum deliktischen Schutz von Computer-Programmen auch Rz 40).

6. Verletzung eines sonstigen Rechts

35 a) Trotz der Entscheidung gegen eine „große Generalklausel" hat der Gesetzgeber das Deliktsrecht durch den Schutz „sonstiger Rechte" wenigstens teilweise für eine Erweiterung seines Anwendungsbereichs offengehalten. Historisch sind mit dieser Formulierung auch Rechtspositionen gemeint, die mit der Freiheit und anderen Persönlichkeitsgütern vergleichbar sind (Zeuner, 25 Jahre Karlsruher Forum, 196). Die heute hM verlangt jedoch **Eigentumsähnlichkeit des Rechts** (grundlegend RG 57, 353 [356]) oder in Anknüpfung an die Zuweisungsgehaltslehre bei der Eingriffskondiktion (§ 812 Rz 65f) eine Ausschließungsfunktion und sozialtypische Offenkundigkeit (MüKo/Mertens Rz 123, kritisch zum Merkmal der Offenkundigkeit aber Habersack, Die Mitgliedschaft – subjektives und sonstiges Recht, 1996, 129ff; Hüffer ZHR 161, 869).

36 Sicher ist hiernach jedenfalls, daß dem **Vermögen** als solchem **kein Schutz** als „sonstiges Recht" zukommt (Soergel/Zeuner Rz 47 mN). Nur so läßt sich die Grundentscheidung gegen eine deliktische Generalklausel durchhalten. Zum Problem, das Vermögen zum Schutzobjekt besonderer Verkehrspflichten zu erheben, Rz 76. Zum primären Vermögensbereich und deshalb nicht zu den sonstigen Rechten gehören insbesondere **Forderungsrechte**. Ein Eingriff in den Leistungsgegenstand oder eine Verletzung des Schuldners betrifft den Gläubiger in keinem „absoluten Recht". Freilich kann der Gläubiger vielfach aus abgetretenem und übergegangenem Recht des Schuldners dessen Ansprüche geltend machen (vgl zur Drittschadensliquidation vor § 249 Rz 137). Etwa bei der Gesundheitsverletzung eines Arbeitnehmers beschränkt sich der Anspruch des Arbeitgebers hiernach aber auf die von ihm zu leistende Lohnfortzahlung. Eine Möglichkeit zum Ersatz des durch den Arbeitnehmer erzielbaren „Mehrwerts" besteht nicht. Vorschläge zu einem weiterreichenden deliktischen Forderungsschutz (Löwisch Der Deliktsschutz relativer Rechte 1970; Mincke JZ 1984, 862; Becker AcP 196, 439) können nicht überzeugen, weil sie der Grundentscheidung des Gesetzes gegen den primären Vermögensschutz widersprechen und zur Ausfüllung anerkennenswerter Schutzlücken nicht erforderlich sind. Dies gilt auch für die vor allem von Larenz/Canaris II 2 § 76 II 4g; Canaris, FS Steffen 1995, 86ff befürwortete Einbeziehung der Forderungszuständigkeit in den Schutz des § 823 I (so überzeugend Otte JZ 1969, 253 und Medicus, FS Steffen 1995, 333ff).

37 b) Unter den Schutz der sonstigen Rechte fallen hingegen insbesondere **beschränkte dingliche Rechte**. Soweit das zugrundeliegende Vollrecht nicht deliktisch geschützt wird, kann aber auch das beschränkte dingliche Recht nicht unter § 823 I fallen. Kein sonstiges Recht ist daher das Pfandrecht an einer Forderung (MüKo/Mertens Rz 137; Soergel/Zeuner Rz 53 gegen RG 108, 318; 138, 252). Einen rechtswidrigen Angriff gegen das Pfändungspfandrecht hat RG HRR 1925 Nr 141 auch in der Erhebung einer unbegründeten Klage nach § 771 ZPO gesehen,

jedoch zu Unrecht, da die Ansprüche aus der fahrlässig unberechtigten Einleitung eines Verfahrens nach der ZPO dort (§§ 717 II, 945 ZPO) abschließend geregelt sind; mindestens kann bei der Einleitung eines gesetzlich geregelten Verfahrens die Rechtswidrigkeit nicht allein deshalb indiziert werden, weil dadurch Rechtsgüter des § 823 I beeinträchtigt werden (Soergel/Zeuner Rz 52; Staud/Hager Rz B 133, H 18, im Ergebnis auch BGH 95, 10).

Bei den beschränkten dinglichen Rechten ist zu beachten, daß nicht jede Verletzung des Eigentums zugleich das beschränkte Recht am selben Gegenstand verletzt. Ist zB das **Sicherungsinteresse** eines Hypothekengläubigers durch den Grundstückswert allein gedeckt, verletzt eine Beschädigung des Bauwerks das Recht des Hypothekars nicht (Medicus, SchuldR II Rz 806); anders der Fall von BGH 65, 211 (Verletzung der Hypothek durch den Architekten, der im Einverständnis mit dem Eigentümer Abbrucharbeiten an Rohbauten veranlaßt hatte). In Frage kommt auch ein Rückschaffungsanspruch des Pfandgläubigers (dazu genauer Staud/Hager Rz B 130). Weitere beschränkte dingliche Rechte, die unter § 823 I fallen: Vermieter- und Verpächterpfandrecht (BGH WM 1965, 701); Grunddienstbarkeit (BGH VersR 1964, 1201); Eigentümergrundschuld (RG ZBlFG 1912, 642). Werden gleichzeitig das Eigentum und ein beschränktes dingliches Recht verletzt, steht der Ersatzanspruch dem Eigentümer und dem Inhaber des beschränkten Rechts analog § 1281 gemeinsam zu (so für den ähnlichen Fall der Schädigung einer unter Eigentumsvorbehalt verkauften Sache L. Raiser, Dingliche Anwartschaften, 1961, 79ff; Meinungsüberblick dazu Brox JuS 1984, 660; aA zB BGH 55, 20 [31]; unentschieden MüKo/Bydlinski § 432 Rz 7). **38**

c) Als **eigentumsähnliche** Rechte sind ferner die **Aneignungsrechte** anerkannt, vgl zum Jagdrecht BGH JZ 1982, 647, zum Fischereirecht BGH 49, 231; 50, 73; BGH VersR 1969, 928, zum Wasserentnahmerecht BGH 69, 1; BGH NJW 1976, 46, zum sonstigen Wassergebrauchsrecht Staud/Hager Rz B 136 mN, zum Bergwerkseigentum RG 161, 203. Weitere geschützte Rechte sind zB das Ablösungsgeld nach § 1249 (RG 83, 390 [393]) und das Recht des Eigentümers nach § 907, das aber ohnehin Bestandteil des Eigentums ist (RG 145, 107 [115]). **39**

d) Sicher zu den sonstigen Rechten gehören auch die **Immaterialgüterrechte**, wie Urheberrecht, Patentrecht und gewerbliche Schutzrechte, die freilich weithin spezialgesetzlich geregelt sind, wie jetzt auch die bekannte Marke nach §§ 14f MarkenG (vgl zur ergänzenden Anwendung des § 823 I BGH 26, 52 [59], zur Behandlung der berühmten Marke nach früherem Recht BGH 91, 117 und dazu Staud/Hager Rz D 66 mN), ebenso Namens- und Firmenrecht, siehe § 12 Rz 34. Zu den urheberrechtlich geschützten Werken kann nach § 2 I Nr 1 UrhRG auch ein Computerprogramm gehören (vgl BGH GRUR 1985, 1041 und ausführlich Taeger, Außervertragliche Haftung für fehlerhafte Computerprogramme, 1995). Ein beschränktes Erfinderrecht besteht schon vor der Anmeldung, erschöpft sich jedoch im Recht zur Patenterteilung; ein ausschließliches Nutzungsrecht umfaßt es nicht (BGH 3, 365 [368]; 16, 172 [175], dazu Soergel/Zeuner Rz 61). Betriebsgeheimnisse sind demgegenüber nur nach §§ 823 II iVm den Vorschriften des UWG und 826 sowie allenfalls als Teil des Gewerbebetriebes geschützt (RGRK/Steffen Rz 35; aA Soergel/Zeuner Rz 145 mN). **40**

Sonstige Rechte sind ferner **Mitgliedschaftsrechte** an einer Kapitalgesellschaft (Geschäftsanteile an einer GmbH, vgl RG 100, 274 [278], Aktien) und an einem Verein (BGH 110, 323, sogar im Verhältnis zu den Organen des Vereins selbst). Zu beachten ist jedoch die rechtliche Trennung zwischen Gesellschaft und Gesellschaftern, so daß Schäden des Gesellschaftsvermögens nicht bereits zugleich Verletzungen des Mitgliedschaftsrechts sind (RG 158, 248 [255]). Von grundlegender Bedeutung ist ferner die Parallele des „ausgeübten" laufenden Mitgliedschaft zum eingerichteten und ausgeübten Gewerbebetrieb. Deshalb bedarf es vielfach einer genauen Analyse des Schutzbereichs, ehe ein rechtswidriger Eingriff angenommen werden kann. Die wohl hM behilft sich mit dem Erfordernis des „mitgliedschaftsbezogenen Eingriffs". Diese Kategorie ist jedoch ebenso zweifelhaft wie der betriebsbezogene Eingriff ins Unternehmen (Rz 65). Zu weit gehen dürfte die Annahme von BGH 110, 323 [334], die Auskunft über die Zugehörigkeit des Bootes eines Mitglieds zu einer bestimmten Klasse beeinträchtige den Kern der Mitgliedschaft (Soergel/Zeuner Rz 60, Habersack oben Rz 35, 273). Genauer zum Deliktsschutz der Mitgliedschaft Staud/Hager B 141ff mN. **41**

e) Als Vorstufe des Eigentums ist das **Anwartschaftsrecht** gegen Schädigungen durch Dritte und durch den Eigentümer selbst geschützt. Dies gilt für den Vorbehaltskäufer (seit RG 170, 1 [6]), und zwar auch dann, wenn er nicht Besitzer der Sache ist (BGH 55, 20 [25]), ferner für den Vormerkungsberechtigten gegenüber dem vormerkungswidrigen Erwerber (dazu umfassend und überzeugend Canaris, FS Flume I, 1978, 384ff) und für den besitzenden Sicherungs- und Treugeber (BGH WM 1959, 1004). Dem Vormerkungsberechtigten gegenüber Dritten und nichtbesitzenden Treugeber sind mit Canaris (aaO 387, 424f) die Rechte aus § 869 zu gewähren. Dem Auflassungsempfänger, der den Umschreibungsantrag gestellt hat, spricht der BGH (BGH 49, 197; NJW 1982, 1639) ein Anwartschaftsrecht zu, das gleichfalls wie volles Eigentum geschützt sein soll (BGH 114, 161 zum Anspruch aus §§ 909, 823 II). Schon die Prämisse ist jedoch verfehlt: Der Antrag des Auflassungsempfängers verliert mit einer schlichten Zurückweisung durch das Grundbuchamt seine Kraft; daher kann er nicht schon ein Anwartschaftsrecht begründen (Medicus, BürgR, Rz 469; wN zum Streitstand bei Soergel/Zeuner Rz 56, ablehnend zu dieser Argumentation aber Staud/Hager Rz B 153). Zum Verhältnis des Ersatzanspruchs des Anwartschaftsberechtigten zu demjenigen des Eigentümers Rz 38 aE sowie ausführlich Staud/Hager Rz B 155 mN. **42**

f) Der **Besitz** ist ein tatsächliches Herrschaftsverhältnis über eine Sache und kein Recht. Wird der Besitz hingegen aufgrund eines obligatorischen Rechts ausgeübt, hat er jedenfalls die für § 823 I genügende Ähnlichkeit mit dem Eigentum (zB BGH 62, 243; BGH NJW 1981, 750; für das Nutzungsinteresse zuletzt BGH NJW 1998, 377 [380]). Ein Nutzungsrecht ist immer stärker als der schlichte Besitz. Deshalb hat der nichtberechtigte Besitzer gegen den Nutzungsberechtigten auch dann keinen Anspruch aus § 823 wegen der entgangenen Nutzung, wenn ihm dieser den Besitz durch verbotene Eigenmacht entzogen hat (BGH 73, 355 [362]; 79, 232 [237f]; vgl zur Frage des § 858 als Schutzgesetz Rz 161). Wird die Nutzungsbefugnis hingegen durch einen Dritten gestört, erscheint ein Schutz des redlichen unverklagten Besitzers angemessen, da er die Nutzungen nach §§ 987ff behalten **43**

§ 823 Einzelne Schuldverhältnisse

darf. Auch die Befugnisse des Besitzers nach §§ 994f sind schutzwürdig (vgl zu dem allen insbesondere Medicus AcP 165, 115ff; wN bei Soergel/Zeuner Rz 58; Staud/Hager Rz B 167ff). Sowohl der berechtigte Besitzer als auch der nur mit einzelnen Befugnissen versehene redliche Besitzer kann aber nur den Schaden ersetzt verlangen, der sich aus der Störung seiner Befugnisse ergibt, in der Regel also nicht den Substanzschaden. Dies ist anders beim Werkunternehmer, der zur Herstellung der in seiner Obhut stehenden Sache auf eigene Kosten verpflichtet ist (BGH NJW 1984, 2569). Denn gerade wegen dieser Pflicht des Unternehmers hat der Eigentümer keinen Schaden. Auf denselben Gedanken wäre auch die Gewährung des Schadensersatzes wegen Produktionsausfalls und Auspumpens der Baustelle an eine Bauunternehmergruppe im „Baustromverteiler"-Fall (BGH NJW 1992, 41 zum Innenregreß mehrerer Hersteller) zu stützen gewesen. Der BGH hat jedoch einen Eingriff in den Gewerbebetrieb angenommen. Nach BGH 62, 243 [248] steht der Deliktsschutz auch Mitbesitzern untereinander, nach BGH 32, 194 [205] jedoch nicht dem mittelbaren Besitzer gegenüber dem Besitzmittler zu; zur Begründung dieser Unterscheidung vgl Medicus, BürgR Rz 608; Staud/Hager Rz B 171.

44 Die Teilhabe am **Gemeingebrauch** begründet noch geringere rechtliche Befugnisse als der Besitz. Sie erschöpft sich im Genuß öffentlicher Einrichtungen. Dieser ist ebenso wie bei kollektiven Gütern (Luft, Wasser) privatrechtlich nur faßbar, wenn er mit einem absoluten Recht verbunden ist, wie der Anliegergebrauch des Grundstückseigentümers (BGH 86, 152 [156] für den Wasserstraßenanlieger); zur Diskussion über eine Erweiterung des Deliktsschutzes auf soziale Teilhaberechte und Umweltgüter MüKo/Mertens Rz 127–129; Staud/Hager Rz 185–189, beide mN; vgl auch bereits vor § 823 Rz 16.

45 g) Besonders umstritten ist der Schutz von Rechten auf **familienrechtlicher Grundlage**. Die Rspr gewährt bei Störungen des „räumlich-gegenständlichen Bereichs" der Ehe Beseitigungs- und Unterlassungsansprüche (BGH 6, 360; 34, 80; BGH FamRZ 1963, 553). Dieser Bereich umfaßt neben der Ehewohnung zB das Geschäft, in dem beide Ehegatten arbeiten (Pal/Diederichsen vor § 1353 Rz 7). Schadensersatz wegen **Ehestörungen** hat der BGH hingegen in st Rspr ab (BGH 23, 215; 23, 279; 26, 217; BGH NJW 1990, 706 und hierzu Schwenzer JZ 1990, 441): Zwischen den Ehegatten stelle das Familienrecht eine abschließende Regelung dar; zudem falle die eheliche Treue generell nicht unter den Schutzbereich des Deliktsrechts. Etwas anderes komme nur bei einem Betrug des Ehegatten in Frage (BGH 80, 235). In der Lit ist diese Rspr überwiegend auf Ablehnung gestoßen (Nachw bei Soergel/Zeuner Rz 66). Zwar begründet die Ehe kein eigentumsähnliches Recht. Zur Begründung eines „sonstigen Rechts" ist dies aber auch nicht notwendig (Rz 35). Die eheliche Bindung gehört vielmehr in unserer Kultur zu den elementaren Lebensgütern wie Gesundheit und Freiheit. Ihr Schutzbereich umfaßt jedoch nicht die Ehe als „Versorgungseinrichtung"; insofern sind Unterhaltsrecht und Versorgungsausgleich in der Tat abschließende Regelungen. Dies hindert freilich nicht die deliktsrechtliche Liquidierung des „Abwicklungsinteresses" (Gernhuber/Coester-Waltjen, Familienrecht, 4. Aufl, 1994 § 17 III), wie der Kosten des Scheidungsverfahrens oder einer Ehelichkeitsanfechtung. Der Anspruch richtet sich sowohl gegen den Drittstörer als auch gegen den untreuen Ehegatten. Hier sowenig wie zB den Körper- und Gesundheitsverletzungen durch eine Ehegatten steht die Ehe der Anwendung des allgemeinen Deliktsrechts entgegen (aA zB Medicus, BürgR Rz 619). Faktische Hinderungsgründe werden in § 207 I S 1 berücksichtigt. Gerade diese Regelung setzt jedoch voraus, daß die Ehe regelmäßig die Entstehung von allgemeinen schuldrechtlichen Ansprüchen unter Ehegatten nicht hindert (zur Gegenansicht, die eine Ersatzpflicht erst nach der Scheidung zulassen will, und zu Differenzierungen hinsichtlich der Anspruchsgrundlage unter Ehegatten Nachw bei Soergel/Zeuner Rz 67).

46 Allgemein anerkannt ist die Schutzfähigkeit des **Rechts der elterlichen Sorge**, zB gegenüber der Vorenthaltung des Kindes selbst (so schon RG JW 1913, 202; HRR 1928 Nr 1413). Daher haben die Eltern einen Anspruch auf Erstattung der Kosten für die Rückführung des Kindes, einschließlich der Detektivkosten zur Ermittlung seines Aufenthaltsortes (BGH 111, 168). Eine Verletzung des Kindes ist hingegen nicht zugleich ein Eingriff in das Sorgerecht. Dem verletzten Kind steht freilich ein Anspruch auf Erstattung der Besuchskosten seiner Eltern (einschließlich des besuchsbedingten Verdienstausfalls) als Teil der Heilungskosten zu (BGH 106, 28; BGH VersR 1961, 272; NJW 1990, 1037; 1991, 2340).

47 Als weitere Fälle des sonstigen Rechts werden – außer dem Allgemeinen Persönlichkeitsrecht (Rz 48) und dem Recht am eingerichteten und ausgeübten Gewerbebetrieb (Rz 49ff) – insbesondere diskutiert: das Recht der **Angehörigen eines Verstorbenen** auf Totensorge, wobei freilich das Recht auf Einwilligung in eine Transplantation im TransplantationsG v 5. 11. 1997 abschließend geregelt ist (dazu Staud/Hager Rz C 44), und das Recht am Arbeitsplatz (vgl Rz 60). Mit dem Transplantationsproblem verwandt ist der Fall, daß der Leichnam einer Verstorbenen medizinisch noch als „Brutkasten" für ein vorher empfangenes Kind gebraucht werden kann. Dies kann man angesichts der Schwierigkeiten zeitlicher Abgrenzung – zwei Stunden, zwei Tage, zwei Monate? – kaum generell als unzulässig ansehen. In diesem Fall steht das Einwilligungsrecht zur Fortsetzung der Schwangerschaft nicht nur den Angehörigen, sondern zusätzlich auch dem Erzeuger zu. Es handelt sich jedoch um ein reines Persönlichkeitsrecht, in dessen Schutzbereich nicht die etwaige Belastung mit Unterhalt fällt.

48 h) In der grundlegenden Entscheidung BGH 13, 334 („Schachtbrief") hat der BGH auch das **Allgemeine Persönlichkeitsrecht** als sonstiges Recht iSd § 823 I anerkannt und seitdem in st Rspr daran festgehalten. Im Gegensatz zu den anderen nach § 823 I geschützten Rechten und Rechtsgütern folgt die Rechtswidrigkeit einer Beeinträchtigung des Allgemeinen Persönlichkeitsrechts jedoch nicht dem Indikationsmodell, sondern ergibt sich erst aus einer von Fall zu Fall vorzunehmenden Güter- und Interessenabwägung. Plastisch bezeichnet Fikentscher (Schuldrecht Rz 1216) das Allgemeine Persönlichkeitsrecht daher wie das Recht am eingerichteten und ausgeübten Gewerbebetrieb als **„Rahmenrecht"**, vgl auch schon Rz 4. Wegen dieser zusätzlichen Voraussetzungen für die Rechtswidrigkeit bleibt der deliktische Schutz des Allgemeinen Persönlichkeitsrechts hinter demjenigen der anderen Rechte zurück. Andererseits ist das Allgemeine Persönlichkeitsrecht als „Quellrecht" aller übrigen subjektiven

Rechte auch viel umfassender als diese anderen Rechte. Insofern ist es allein mit dem Recht auf Leben vergleichbar. Dieser Rang des Allgemeinen Persönlichkeitsrechts geht über ein „sonstiges Recht", das gewissermaßen im Anhang zu den grundlegenden Schutzpositionen des Individuums zu behandeln ist, weit hinaus. Dem wird in diesem Kommentar durch die selbständige Behandlung im Anh § 12 Rechnung getragen; zu allen Einzelheiten siehe daher die Erläuterungen dort.

7. Recht am eingerichteten und ausgeübten Gewerbebetrieb

a) Allgemeine Voraussetzungen. Traditionell wird auch das Recht am eingerichteten und ausgeübten Gewerbebetrieb als sonstiges Recht iSd § 823 I eingeordnet (so schon vor dem BGB RG 28, 238; grundlegend ferner RG 58, 23; zusammenfassend BVerfG 66, 116; K. Schmidt JuS 1993, 985ff). Im Unterschied zu den oben Rz 35ff behandelten Rechten fehlt dem Unternehmen als solchem sowohl die Eigentumsähnlichkeit als auch eine sozialtypische Offenkundigkeit. Vielmehr birgt gerade ein deliktsrechtlicher Unternehmensschutz jenseits der absoluten Rechte und der nach § 823 II verbotenen Verhaltensweisen in besonderem Maße die Gefahr, daß die zur Wahrung der Bewegungsfreiheit wesentliche Grenze zwischen Rechtsgüterschutz und allgemeinem Vermögensschutz überschritten wird. Zudem führt die Anerkennung des Gewerbebetriebes als allgemeines Schutzobjekt des § 823 I zu einer nicht begründbaren und daher willkürlichen Privilegierung der unternehmerischen Tätigkeit gegenüber anderen wirtschaftlichen Aktivitäten von der Ausübung eines freien Berufs über die Stellung als Arbeitnehmer bis zum privaten Vermieter oder sogar Kreditnehmer (Larenz/Canaris II 2 § 81 IV 1b). Die Geschichte des zivilrechtlichen Unternehmensschutzes ist daher zugleich eine Geschichte der Eingrenzungsversuche gegenüber dem Recht am Unternehmen. Heute sind folgende Einschränkungen des Rechts am Gewerbebetrieb anerkannt: Der Schutz nach § 823 I ist **subsidiär** gegenüber allen Spezialvorschriften zum Unternehmensschutz (Rz 61f); der Eingriff muß unmittelbar oder **betriebsbezogen** gewesen sein (Rz 63); schließlich muß die Rechtswidrigkeit in jedem einzelnen Fall aufgrund einer **Güter- und Interessenabwägung** festgestellt werden (Rz 66). Durch alle diese zusätzlichen Schutzvoraussetzungen unterscheidet sich das Recht am Gewerbebetrieb von den „klassischen" sonstigen Rechten. 49

Ob es sinnvoll ist, den deliktischen Unternehmensschutz **beim sonstigen Recht** anzusiedeln, kann hiernach stark **bezweifelt** werden (grundlegend v. Caemmerer, DJT-FS 89, 96ff; Überblick über den Meinungsstand: Staud/Hager Rz D 3). Nach einer bis vor das BGB zurückreichenden Rechtsprechungskette (vgl auch Zeuner, 25 Jahre Karlsruher Forum, 196) ist es freilich kaum aussichtsreich, die Berechtigung des Rechts am eingerichteten und ausgeübten Gewerbebetrieb überhaupt in Frage zu stellen. Die noch in der 9. Aufl gebilligte Kennzeichnung als Gewohnheitsrecht (im Anschluß an Staud/Schäfer[12] Rz 150) läßt sich angesichts der fortdauernden gewichtigen Kritik (insbesondere Larenz/Canaris II 2 § 81) nicht halten. Die dogmatische Einordnung als sonstiges Recht, als verhaltensorientierte Generalklausel (zB v. Caemmerer aaO) oder als Bündel von Verkehrspflichten zum Vermögensschutz (MüKo/Mertens Rz 481ff) dient heute allerdings weniger der Legitimation des allgemeinen deliktischen Unternehmensschutzes überhaupt, als vor allem der verallgemeinerungsfähigen **Umschreibung seiner Grenzen**. 50

Die Handhabung des Rechts am Gewerbebetrieb als Auffangtatbestand läßt sich methodisch am ehesten erklären, wenn man in ihm eine Fortbildung auf dem Wege der **Analogie**, nicht der unmittelbaren Anwendung des § 823 I sieht. Denn es gehört zu den methodischen Grundlagen der Analogiebildung, daß sie nur zulässig ist, soweit das Gesetz Lücken läßt. Dies wird durch die Einordnung als sonstiges Recht verdeckt. Den Erfordernissen des Analogieschlusses steht auch das Merkmal der Güter- und Interessenabwägung nahe. Im allgemeinen verweist die Analogiebildung freilich auf eine gattungsmäßige Interessenlage, während die hM bei der Abwägung für den deliktischen Unternehmensschutz ganz auf den Einzelfall abzustellen scheint. Gedanklich lassen sich jedoch **zwei Stufen der Interessenanalyse** unterscheiden: 51

Auf einer **ersten Stufe** ist festzustellen, ob ein Ausschnitt unternehmerischer Tätigkeit betroffen ist, für den im Wege der Analogie ein ähnliches Schutzinteresse wie für das Eigentum und die sonstigen Rechte anerkannt werden kann. Ein solches Interesse ist zB für die Forderungen des Unternehmens zu verneinen, weil die Forderung generell kein sonstiges Recht ist (Rz 36) und Positionen, die bei anderen Rechtsträgern keinen Schutz genießen, in der Hand eines Unternehmers nicht zur deliktisch sanktionierten Rechtsstellung erstarken können (ebenso im Ergebnis BGH NJW 1983, 812). Auf einer **zweiten Stufe** bedarf sodann der Tatbestand der Rechtsverletzung genauerer Betrachtung, weil typischerweise das schädigende Verhalten nicht schon aufgrund der Tatsache, daß es zum Schaden in einem Betrieb geführt hat, rechtswidrig ist; vielmehr ist die rechtswidrige Beeinträchtigung des Gewerbebetriebs in aller Regel die Folge einer **Verkehrspflichtverletzung**. In dieser Erkenntnis liegt der richtige Kern der Auffassungen, die den deliktischen Unternehmensschutz generell als Verstoß gegen Verkehrspflichten zum Schutze fremden Vermögens einordnen (insbesondere MüKo/Mertens Rz 481ff mN). Verkehrspflichten können jedoch unter dem geltenden System des numerus clausus geschützter Rechtspositionen gerade keine neuen Rechtsgüter schaffen (Rz 76). Deshalb erschöpft sich das „Rahmenrecht" am Gewerbebetrieb nicht in einem Bündel von Verhaltensnormen. Ihr **Angriffsobjekt** muß vielmehr gedanklich zunächst einmal als **schutzfähige Position** ausgewiesen werden. Dies wird durch die hier vorgeschlagene Sicht des Rechts am Gewerbebetrieb als einer Analogiebildung zu den Schutzobjekten des § 823 I verdeutlicht. Zugleich findet der richterrechtliche Schutz des Gewerbebetriebs hierdurch den Anschluß an die allgemein anerkannten Grundsätze der methodischen Rechtsfortbildung. Der Vorteil einer solchen Re-Dogmatisierung liegt nicht zuletzt im Begründungszwang für weitere Neubildungen unter einem sonst allzu fungiblen Oberbegriff des Gewerbebetriebs oder des Unternehmensschutzes. 52

Ein solches Vorgehen läßt die Möglichkeit offen, sich bei den **anerkannten Fallgruppen** des Unternehmensschutzes jedenfalls für das Schutzobjekt mit dem Hinweis auf die st Rspr zu begnügen. Ob im jeweiligen Fall auch ein Verkehrspflichtverstoß vorliegt, bedarf hingegen selbst in diesem Bereich meist einer besonderen Begründung (zur Entbehrlichkeit der Betriebsbezogenheit vgl aber Rz 65). 53

§ 823 Einzelne Schuldverhältnisse

54 **b) Schutzumfang.** Während das RG als Objekt des Unternehmensschutzes noch den **Bestand** des Betriebes angenommen hatte, also die Möglichkeit zur gewerblichen Tätigkeit überhaupt (etwa RG 73, 107 [112]; 102, 223 [225]), schützt der BGH den Gewerbebetrieb in „allen seinen Ausstrahlungen" (BGH 23, 163; BGH DB 1971, 571). Diese Umschreibung ist jedoch viel zu weit und gibt auch die eigene Spruchpraxis des BGH keineswegs zutreffend wieder. Denn nach wie vor hält der BGH am Subsidiaritätsgrundsatz fest, dem ein Schutz von „allem, was in seiner Gesamtheit den wirtschaftlichen Wert des konkreten Betriebes ausmacht" (BGH 23, 163), nicht zu vereinbaren ist. Richtig an der Überwindung der RG-Formel ist jedoch die Erkenntnis, daß es nicht erst zu einem Stillstand der Produktion oder der Dienstleistungstätigkeit des Unternehmens kommen muß, damit eine Beeinträchtigung des Gewerbebetriebes vorliegt. Gerade bei solchen Beeinträchtigungen ist auf der Grundlage eines funktionsbestimmten Verständnisses des **Eigentums** (Rz 31) vielmehr meistens bereits dieses Recht betroffen (ebenso Staud/Hager Rz D 9). So liegt es in den „Stromkabelfällen", selbst wenn die Versorgungsstörung nicht zu Verderbschäden, sondern zum Ausfall der Nutzung gewerblicher Anlagen geführt hat (Überblick bei Staud/Hager Rz D 13). Ist der Unternehmensträger nicht Eigentümer, sondern zB Mieter oder Werkunternehmer, gilt Entsprechendes für dessen berechtigten Besitz (anders aber BGH NJW 1992, 41: Gewerbebetrieb, vgl dazu Rz 43 und die Kritik von Larenz/Canaris II 2 § 81 III 5c).

55 Schon in der frühesten Fallgruppe des Rechts am Gewerbebetrieb, bei den unberechtigten Schutzrechtsverwarnungen (RG 45, 59; RG JW 1899, 749), war das physische Substrat des Betriebes nur mittelbar betroffen. Entscheidendes Angriffsobjekt war die **Freiheit des Unternehmens**, von bestimmten Techniken und Verfahrensweisen ohne ein besonderes Schutzrecht Gebrauch zu machen. Unmittelbar beeinträchtigt waren deshalb nicht die sachlichen Investitionen, sondern das „Know-how" des Unternehmens. Das Know-how ist mangels eines Zuweisungsgehaltes kein sonstiges Recht (Rz 35). Eben deshalb kommt sein deliktsrechtlicher Schutz nur im Rahmen des allgemeinen Unternehmensschutzes in Frage. Für einen Schutz unternehmerischer Ziele und Planungen schlechthin fehlt jedoch die Analogiebasis. Die **Vergleichbarkeit mit sonstigen Rechten** wird vielmehr erst durch die organisatorischen und investorischen Maßnahmen des Unternehmens geschaffen. Das Know-how kann also geschützt werden, wenn der Betrieb auf der Grundlage dieser Fähigkeit **„eingerichtet"** ist **und „ausgeübt"** wird. Dadurch haben Kenntnisse und Planungen des Unternehmens eine „Verdinglichung" erfahren, die zwar kein (Immaterialgüter-)Recht begründet, aber eine mit den nach § 823 I geschützten Rechten vergleichbare Position, die wegen der ähnlichen Interessenlage denselben Schutz verdient, dazu genauer Rz 68ff.

56 Besonders eng war diese Verwandtschaft beim **Verwässerungsschutz für die berühmte Marke** vor dem Inkrafttreten des MarkenG (Rz 40), so daß bereits unter dem alten Rechtszustand deren Einordnung als selbständiges sonstiges Recht vorgeschlagen worden war (MüKo/Mertens Rz 153 Fn 323; Soergel/Zeuner Rz 144). Wegen der Unzulässigkeit und Überflüssigkeit einer Analogie (oder, in der Teminologie der hM, wegen der Subsidiarität des Rechts am Gewerbebetrieb) ist das Schutzgut Gewerbebetrieb heute für solche Fälle freilich überhaupt nicht mehr heranzuziehen (dahin tendierend Staud/Hager Rz D 66 und im Ergebnis Piper GRUR 1996, 436). Für die gegen den Gewerbebetrieb gerichteten **Äußerungsdelikte** (Werturteile und wahre, aber schädigende Tatsachen) ist hinsichtlich des betroffenen Objekts zu unterscheiden: Wird – wie in den Warentestfällen – ein Urteil über ein bestimmtes Produkt abgegeben, dann betrifft der Eingriff einen konkreten Ausschnitt des unternehmerischen Know-how, der sich in Investitionen für das Produkt „verdinglicht" hat, so daß eine ähnliche Behandlung wie bei der Verletzung einzelner Rechte angemessen sein kann.

57 Wird hingegen der **Ruf des Unternehmens im allgemeinen** beeinträchtigt, fehlt diesem Eingriffsobjekt die in abgrenzbaren Investitionen verdinglichte Konkretisierung. Schon deshalb scheidet bei Beeinträchtigungen des Rufes eines Unternehmens als Ganzes ein Schadensersatz wegen Verletzung des Rechts am eingerichteten und ausgeübten Gewerbebetrieb entgegen der Rspr aus (vgl aber zB BGH JZ 1966, 478; BGH 45, 296; BGH NJW 1967, 390; BGH WM 1969, 173). Die Geschäftsehre kann freilich einen Teil des **Allgemeinen Persönlichkeitsrechts** bilden und nimmt – auch wenn das Unternehmen von einer juristischen Person getragen wird – infolgedessen am Persönlichkeitsschutz teil (Anh § 12 Rz 290ff) und ausführlich MüKo/Schwerdtner § 12 Rz 199ff). Denn das Allgemeine Persönlichkeitsrecht bedarf als Parallelbildung zu den in § 823 I aufgezählten **Lebensgütern** anders als der einem geschützten **Recht** ähnliche Gewerbebetrieb keiner gegenständlichen Verkörperung (ablehnend gegenüber diesem Erfordernis des Gewerbebetriebs aber ausdrücklich Soergel/Zeuner Rz 151). Auf diesem Wege wird zugleich das in der gegenwärtigen Rspr prekäre Verhältnis zwischen Persönlichkeitsschutz und Unternehmensschutz bereinigt und für das Recht am Gewerbebetrieb gegenüber dem Subsidiaritätsgrundsatz auch des Persönlichkeitsschutzes gewahrt (vgl auch Larenz/Canaris II 2 § 81 III 2c). **Betriebsgeheimnisse** und sonstige **Geschäftsinterna** haben hingegen wiederum die erforderliche Konkretheit als abgrenzbare Folge von Erfahrungen, organisatorischen Maßnahmen, Arbeitsverträgen und Forschungsinvestitionen.

58 **Boykottaufrufe**, die den Gewerbebetrieb um seinen Kundenstamm oder einen Teil davon bringen sollen, betreffen nicht nur das Unternehmen im ganzen, sondern einen wirtschaftlich gesondert bewerteten Ausschnitt. Nicht zu den mit dem Recht am Gewerbebetrieb erfaßten Fällen gehören entgegen der hM die **Streik- und Blockadefälle**. Als Objekt einer Blockade kommt in erster Linie das Eigentum in Frage: Ob ein Schiff durch eine eingestürzte Ufermauer (BGH 55, 153) oder ein Lkw mit einer Ladung Tageszeitungen durch eine Menschenkette oder eine Barrikade an der Ausfahrt gehindert wird (BGH 59, 30), darf keinen Unterschied des rechtlichen Ansatzes begründen. Differenzierungen sind vielmehr erst auf der Ebene der verletzten Verkehrspflichten angebracht, wenn es bei der Ufermauer unmittelbar um die Pflicht zur Unterhaltung und Überwachung geht, bei der Blockade hingegen um einen Verstoß gegen das Verhältnismäßigkeitsgebot bei der Wahrnehmung der Demonstrationsfreiheit. Die Behandlung rechtswidriger Streiks als Eingriffe in ein Recht am Gewerbebetrieb steht in Widerspruch zu der Behandlung von Forderungsrechten bei § 823 I: Wenn in der Einwirkung auf den Schuldner einer Leistung – zu Recht – kein Eingriff in ein absolutes Recht des Gläubigers auf Erfüllung gesehen wird (Rz 36), darf nicht allein

deshalb etwas anderes gelten, weil der Schuldner Arbeitnehmer ist. Richtigerweise ist heute davon auszugehen, daß die **Arbeitskampfregeln** des BAG gewohnheitsrechtliche Bedeutung haben und wegen ihres Schutzzweckes zugunsten einzelner Unternehmer Schutzgesetze nach § 823 II sind (ähnlich insbesondere Seiter, Streikrecht und Aussperrung, 1975, 455ff; Larenz/Canaris II 2 § 81 III 6, aA aber das BAG, zuletzt etwa BAG 58, 364).

Führt der Streik zu Schäden bei Unternehmen, die **nicht Koalitionsgegner** sind, wie der Fluglotsenstreik bei Reiseunternehmen (BGH 69, 128), ist auch dies nach den besonderen Grundsätzen über die Gefahrverteilung im Arbeitskampfrecht zu beurteilen, also etwa danach, ob die privaten Reiseunternehmen in den Schutzbereich des Streikverbots für den öffentlichen Dienst fallen (aA BGH aaO sowie zB Soergel/Zeuner Rz 141). Speziell beim Streik von Trägern öffentlicher Gewalt ist ferner zu berücksichtigen, daß die Amtspflicht nach § 839, Art 34 GG nicht notwendigerweise auf die nach § 823 I geschützten Rechte und Rechtsgüter beschränkt ist, sondern auch den reinen Vermögensschutz zum Ziel haben kann. Dies wird besonders an der neueren Rspr zur Bankenaufsicht deutlich (BGH 74, 144; 75, 120; vgl jetzt aber § 6 III KWG seit der F v 20. 12. 1984, in der Sache beibehalten durch § 4 IV FinDAG v 22. 4. 2002, und krit hierzu MüKo/Papier § 839 Rz 250f). Die Drittbezogenheit der Pflichten zur Luftüberwachung sollte nicht zweifelhaft sein, aber auch nicht, daß der sachliche Schutzbereich der Vorschriften über die öffentliche Gewährleistung einer heute so elementaren Einrichtung wie des Luftverkehrs die Vermögensinteressen der Teilnehmer daran umfaßt. Eine Beschränkung des Vermögensschutzes auf die im Luftverkehr tätigen Unternehmen erscheint als eine willkürliche Privilegierung dieser Unternehmen. **59**

Für die umstrittene Frage, ob der Schutz des Gewerbebetriebs auf den **Idealverein**, die **freiberufliche Praxis** oder das Recht am **Arbeitsplatz** auszudehnen ist (vgl Staud/Hager Rz D 6ff mN), ist selbständig die Analogiefähigkeit zu den Rechten in § 823 I zu prüfen. Soweit das berufliche Ansehen im allgemeinen betroffen ist, liegt auch hier (vgl Rz 57) die Verbindung mit dem Allgemeinen Persönlichkeitsrecht nahe. Hinsichtlich Boykottaufrufen ist etwa die Klientel eines Anwalts oder der Patientenkreis eines Arztes als gleichartige Verfestigung und Konkretisierung des beruflichen Goodwill anzusehen wie der Kundenstamm beim gewerblichen Unternehmen. Für eine Gleichbehandlung mit dem Gewerbebetrieb spricht hier ua die traditionelle Einbeziehung der freiberuflichen Tätigkeit in den Schutzbereich des UWG: Es wäre merkwürdig, wenn der Freiberufler, der gegenüber Handeln zu Zwecken des Wettbewerbs genauso geschützt wird wie ein Gewerbebetrieb, bei Eingriffen zur Verfolgung außerwettbewerblicher Ziele plötzlich anders dastünde als ein Gewerbebetrieb (vgl auch BGH 81, 21; BGH NJW 1996, 2422 zum Schutz der freiberuflichen Praxis nach Art 14 GG). Da Anknüpfungspunkt des Schutzes jedoch nicht die Berufstätigkeit schlechthin ist, sondern deren „Verdinglichung" aufgrund Organisation, Erfahrung und Investition, fehlt jede Analogiegrundlage zu den geschützten Rechten bei einer **Arbeitstätigkeit ohne eine dem Tätigen gehörende organisatorische Einheit** (wie der eigene Gewerbebetrieb oder die selbständige freiberufliche Praxis). Für den deliktischen Schutz des Arbeitsplatzes aber bei Eingriffen Dritter zB MüKo/Mertens Rz 516; Staud/Hager Rz B 191; vgl zu möglichen Konkurrentenansprüchen gegenüber einem „Doping-Sieger" R. Schröder/Bedau NJW 1999, 3365. Beeinträchtigungen eines abhängig Tätigen etwa durch negative Werturteile sind daher wieder nur über das Allgemeine Persönlichkeitsrecht zu erfassen (schon im Ansatz anders wegen des „personalistischen", an Art 12 GG anknüpfenden Verständnisses des Aktivitätsschutzes Soergel/Zeuner Rz 151ff). Eine selbständige organisatorische Einheit als Analogiebasis zum sonstigen Recht kann hingegen auch bei einer ARGE in der Rechtsform der BGB-Gesellschaft vorliegen (vgl BGH NJW 1992, 41). **60**

c) Die **Subsidiarität** des Rechts am Unternehmen (oder genauer: der analog zu den in § 823 I genannten Rechten geschützten wirtschaftlichen Positionen) wirkt in doppelter Richtung: Einerseits besteht keine Lücke, wenn ein ausreichender Schutz in anderen Vorschriften vorgesehen ist; andererseits ist eine Analogie ausgeschlossen, wenn die speziellen Vorschriften das Schutzproblem erkennbar abschließend regeln sollen (BGH 8, 387 [394f]; 55, 153 [159f]; 65, 325 [328]; 105, 346 [350]). Insbesondere sind Beeinträchtigungen durch Wettbewerbshandeln von den wettbewerbsrechtlichen Sondervorschriften abschließend, so daß für die Schutzfrage allein der Umkehrschluß maßgeblich ist (BGH 36, 252 [257]; 43, 359 [361]; gegen die Subsidiarität insoweit Fikentscher, Wirtschaftsrecht II, 1983, § 21 III 3c). Zweifelhaft ist das Verhältnis zum Allgemeinen Persönlichkeitsrecht, da dieses seinerseits einen Auffangtatbestand bildet (RGRK/Steffen Rz 38; Soergel/Zeuner Rz 153 mN). Richtigerweise sollte nach der Art der Betroffenheit unterschieden werden: Etwa beim Ruf eines Unternehmens im ganzen oder auch dem Angehörigen eines freien Berufs geht es typischerweise um das Allgemeine Persönlichkeitsrecht, bei Beeinträchtigungen unternehmerischer Werte, die durch Organisation, Fertigkeiten, Investitionen geschaffen worden sind, hingegen um den Gewerbebetrieb, vgl auch Rz 57. **61**

Der BGH (BGH 69, 128, 139) betrachtet auch und gerade **vorsätzliche** Schädigungen eines Unternehmens als betriebsbezogene Eingriffe in den Gewerbebetrieb. Hierin kommt zum Ausdruck, daß das Recht am Gewerbebetrieb gegenüber § 826 **nicht** subsidiär ist (vgl auch BGH 59, 30 [35]). Nimmt man die methodischen Anforderungen an die Analogiebildung ernst, ist für den von § 826 erfaßten Bereich eine Lücke zu verneinen. Auch gegenüber § 826 muß das Recht am Gewerbebetrieb daher subsidiär sein. **62**

d) **Betriebsbezogenheit und Güter- und Interessenabwägung.** Statt der oben angedeuteten konkreten Analogiebildung wählt die st Rspr gleichsam den umgekehrten Weg: Das Schutzgut Gewerbebetrieb wird ganz allgemein gefaßt, dann aber durch besondere Anforderungen an die Eingriffsart eingegrenzt. Das RG verwendete die Kausalitätskategorie der Unmittelbarkeit. An ihre Stelle ist beim BGH die **Betriebsbezogenheit** des Eingriffs getreten, ohne daß freilich die Unmittelbarkeit vollständig aufgegeben worden wäre (insbesondere BGH 29, 65 [74] und seitdem st Rspr). Schon der Ausdruck „Betriebsbezogenheit" ist wenig glücklich. Vorsatz oder gar Finalität des Eingriffs, an die der Begriff denken läßt, sind gerade nicht Voraussetzung (BGH 69, 128 [139]). Er soll vielmehr solche Eingriffe aus dem Schutzbereich des Rechts am Unternehmen ausgrenzen, die entweder einen anderen Rechtsträger oder ein anderes Rechtsgut betroffen haben. Daher fehlt die Betriebsbezogenheit, wenn das **63** (regelmäßig dem Versorgungsunternehmen zustehende) Eigentum an einem Stromkabel (BGH 29, 65) oder die Gesundheit eines Arbeitnehmers (BGH 7, 30) oder eines Berufssportpartners (BGH NJW 2003, 1040) beeinträchtigt oder das Leben eines Mitinhabers zerstört (BGH NJW 2001, 971) worden ist oder ein Produktmangel zu einem Haftungsschaden bei dem weiterverarbeitenden Werkunternehmer geführt hat (BGH NJW 1974, 1503 [1505], vgl aber zur Eigentumsverletzung durch Produktmängel BGH 117, 183; BGH NJW 1998, 1942 und dazu Rz 124f).

64 Nicht praktikabel ist der von der Rspr befürwortete Übergang von einem Eingriff in das Eigentum zu einem betriebsbezogenen Eingriff in das Unternehmen selbst, wenn **nicht nur einzelne Güter**, sondern zB alle Waren des Lagers vernichtet worden sind (BGH VersR 1961, 832). In diesem letzten Fall ist der Schaden durch den Untergang des Unternehmens als adäquate Folge der Eigentumsverletzung ohne weiteres nach §§ 823 I, 249ff zu ersetzen.

65 Begrenzt man, wie oben (Rz 51ff) vorgeschlagen, die Haftung bereits durch die strengen Voraussetzungen einer Analogiebildung selbst, erscheint eine zusätzliche **Betriebsbezogenheit** oder Unmittelbarkeit des Eingriffs **entbehrlich**. Besteht keine Schutzlücke, ist die Analogie ohnehin unzulässig. Besteht sie aber, wäre es geradezu ein Widerspruch, wollte man Positionen, deren Schutzfähigkeit in ähnlichem Ausmaß wie bei den Rechten des § 823 I festgestellt worden ist, dann anders als diese Rechte nur gegen eine ganz bestimmte Art von Eingriffen schützen (kritisch zur Betriebsbezogenheit ua auch K. Schmidt JuS 1993, 988).

66 Ähnliches gilt für die von der hM generell geforderte **Güter- und Interessenabwägung** (Übersicht etwa bei RGRK/Steffen Rz 46ff, Soergel/Zeuner Rz 115, Staud/Hager Rz D 4 mN): Die Rspr verzichtet in der besonders charakteristischen Fallgruppe der unberechtigten Schutzrechtsverwarnungen weitgehend auf eine Rechtswidrigkeitsprüfung und arbeitet hier mit der Indikation der Rechtswidrigkeit (BGH 38, 200; BGH NJW 1996, 397, aA insbesondere Sack WRP 1976, 733, Soergel/Zeuner Rz 118ff). Hieran zeigt sich, daß die Güter- und Interessenabwägung **kein notwendiges Element** der Haftungsbegründung mit dem Recht am eingerichteten und ausgeübten Gewerbebetrieb ist. Beim hier verfolgten Ansatz ist die Rechtswidrigkeit – wie bei anderen Verkehrspflichtverletzungen – immer dann besonders zu begründen, wenn die Beeinträchtigung auf ein Verhalten zurückgeht, das seinen Unwert nicht schon durch die Ursächlichkeit für den Erfolg in sich trägt, vielmehr im allgemeinen gerade erlaubt ist und erst aufgrund zusätzlicher Umstände verkehrspflichtwidrig erscheint.

67 Besonders deutlich ist die **Parallele zu anderen Verkehrspflichtverletzungen** beim Boykottaufruf, weil die Beeinträchtigung des Kundenstammes als Teil des Gewerbebetriebes nicht unmittelbar vom Verrufer bewirkt wird, sondern erst mittelbar durch die Kunden, die dem Aufruf folgen. Im Bereich der Äußerungsdelikte handelt es sich um Beeinträchtigungen, die sich aus der Öffentlichkeit der Meinungen ergeben. Diese Öffentlichkeit steht in Parallele zu den anderen Formen des erlaubten Rechtsverkehrs, an welche die herkömmlichen Verkehrspflichten anknüpfen. Deshalb ist es gerechtfertigt, demjenigen, der durch seine Äußerung auf diesen Verkehr einwirkt, gewisse Pflichten zur Vermeidung eines Schadens aufzuerlegen. Der Wettbewerb kommt als solcher Verkehr praktisch nicht in Frage, weil die hierfür relevanten Verkehrspflichten im Wettbewerbsrecht abschließend geregelt sind. Spielt sich das Verhalten nicht auf dem „Markt" der Meinungen und Informationen in der Öffentlichkeit ab, fehlt der Ansatz für die Begründung von Verkehrspflichten und somit für eine besondere Güter- und Interessenabwägung. Im Ergebnis ist daher der Rspr darin zu folgen, daß **unberechtigte Schutzrechtsverwarnungen per se rechtswidrig** sind. Dasselbe gilt zB für den Verrat von Betriebsgeheimnissen (für deren Verselbständigung als sonstiges Recht Larenz/Canaris II 2 § 81 III 5b; MüKo/Mertens Rz 153; Soergel/Zeuner Rz 145) außerhalb des Wettbewerbs und der Öffentlichkeit, etwa an eine Behörde. Beruft sich der Eingreifer hier auf die Wahrnehmung berechtigter Interessen, muß folglich er und nicht der Angegriffene die Voraussetzungen dieses Rechtfertigungsgrundes im engeren Sinne darlegen und beweisen.

68 e) **Einzelne Fallgruppen**. Im einzelnen ergeben sich hieraus folgende Grundsätze:
aa) Eine **unbegründete Schutzrechtsverwarnung** liegt vor, wenn sich der Verwarner auf ein ihm in Wahrheit nicht zustehendes Immaterialgüterrecht, insbesondere ein Patent, ein Gebrauchs- oder Geschmacksmuster oder eine Marke beruft und hierdurch der Verwarnte zur Einstellung seiner Gewerbetätigkeit auf dem angesprochenen Gebiet veranlaßt werden soll. Eine vergleichbare Interessenlage besteht auch, wenn der Gewerbetreibende wegen eines Wettbewerbsverstoßes verwarnt wird (ebenso gegenüber einer Gleichsetzung mit den Schutzrechtsverwarnungen aber Larenz/Canaris II 2 § 81 III 4e; Staud/Hager Rz D 63). Das Bestehen einer Lücke für diese Fälle ist gelegentlich geleugnet worden, zB von Häsemeyer, Schadenshaftung im Zivilrechtsstreit, 1979, 68f uö; Larenz/Canaris II 2 § 81 III 4. Eine Abwehr durch einstweiligen Rechtsschutz ist dem Verwarnten schon wegen der Schwierigkeiten, die negative Tatsache glaubhaft zu machen, daß dem Verwarner kein Schutzrecht zusteht, sowie wegen des Schadensersatzrisikos nicht zumutbar. Vor allem aber hat derjenige, der an die Berechtigung der Verwarnung glaubt, gar keinen Anlaß, sogleich den gerichtlichen Rechtsschutz in Anspruch zu nehmen. Von § 1 UWG wird die Verwarnung nicht notwendigerweise erfaßt, da sie mangels positiver Kenntnis des Verwarners über das Fehlen eines eigenen Schutzrechts nicht gegen die guten Sitten im Wettbewerb zu verstoßen braucht (aA Larenz/Canaris II 2 § 81 III 4a). Viel spricht allerdings dafür, die Verwarnung gegenüber den Kunden des angeblichen Schutzrechtsverletzers nach § 14 UWG zu behandeln (dafür insbesondere Schrauder, Wettbewerbsverstöße als Eingriffe in das Recht am Gewerbebetrieb 1970; aA die st Rspr seit RG 88, 437 – dazu etwa BGH NJW 1979, 916 –, weil die Behauptung einer Rechtsverletzung stets Werturteil sei).

69 Die Schutzrechtsverwarnung gehört in den größeren Zusammenhang der Haftung **wegen unberechtigter Verfahrenseinleitung** (grundlegend Hopt, Schadensersatz bei unberechtigter Verfahrenseinleitung, 1968). Die verfahrensrechtlichen Ersatzvorschriften, §§ 717 II, 945 ZPO, bei Schädigung durch die Anrufung eines Gerichts sind nicht abschließend. Es gehört zum festen Bestand der von der Rspr befolgten Grundsätze, daß die Immaterialgüterrechte durch besonders scharfe Schadensersatzsanktionen geschützt werden. Infolgedessen ist die Berufung auf ein solches Schutzrecht ein schweres Geschütz. Dadurch ist aber auch der „Einschüchterungseffekt" einer Verwarnung besonders groß. Deshalb ist derjenige, der aus berechtigter Sorge vor diesen Sanktionen eine gewerbliche Tätigkeit einstellt, schutzbedürftig, BGH 38, 200 [204f]. Noch gefährlicher ist die Lage für den Hersteller bei einer Verwarnung seiner Abnehmer (Staud/Hager Rz D 55). Eben deshalb erscheint hier die strengere Haftung nach § 14 UWG angemessen (Larenz/Canaris II 2 § 81 III 4b). Ob der Angriff gegenüber dem Hersteller durch schriftliche Verwarnung oder ein Gerichtsverfahren vorgetragen wird, ändert dessen Schutzbedürftigkeit nicht entscheidend. Soergel/Zeuner Rz 118ff (vgl auch dort Nachw Rz 118f Fn 49f) zieht hieraus freilich die entgegengesetzte Folgerung, daß wegen der prinzipiellen Legitimität der Inanspruchnahme staatlichen Gerichtsschutzes auch die außergerichtliche Geltendmachung (angeblicher) subjektiver Rechte in der Regel eher als Ausdruck für ein vertretbares Ringen um das Recht denn als rechtswidrige Verletzung anzusehen sei. Wo jedoch die „knappe Ressource" rechtlicher Verfahren und die Drohung mit ihrem Gebrauch zum Instrument der Geschäftemacherei zB durch Abmahnvereine wird, verliert der Hinweis auf die Legitimität der Wahrung subjektiver Rechte seine Durchschlagskraft. Auch ein unberechtigter Insolvenzantrag stellt einen Eingriff in den Gewerbebetrieb dar (aA BGH 36, 18; vgl dazu aber Soergel/Zeuner Rz 125 mN).

Anlaß für eine **haftungsbegründende Rechtswidrigkeitsprüfung** besteht in den Fällen der Gewerbeschädigungen durch unberechtigte Verfahren nicht, da die Verletzung „unmittelbar" geschieht und nicht erst auf den Verstoß gegen eine Verkehrspflicht zurückgeht (siehe Rz 52). Daher ist eine Unterlassungsklage gegenüber der außergerichtlichen Schutzrechtsverwarnung stets bereits dann begründet, wenn dem Verwarner das Schutzrecht nicht zusteht. Besondere Anforderungen stellt die Rspr aber zu Recht an das Verschulden (BGH 62, 29 [39f]; BGH NJW 1979, 916; NJW-RR 1998, 331): Die im Bereich des gewerblichen Rechtsschutzes und des Urheberrechts stets gegebene Möglichkeit, daß das beanspruchte Schutzrecht keinen Bestand haben könnte, genügt nicht. Die Sorgfaltspflicht des Verwarners ist bei ungeprüften Schutzrechten (Gebrauchsmustern) strenger als bei geprüften. Zum Mitverschulden des Verwarnten BGH NJW-RR 1998, 331. 70

bb) Äußerungen über fremde gewerbliche und berufliche Leistungen. Verwarnungen und Äußerungen über fremde gewerbliche und berufliche Leistungen **außerhalb des Wettbewerbs**, zB die Ankündigung medienwirksamer Aktionen oder die Abmahnung angeblich drohender Persönlichkeitsverletzungen, können als Eingriffe in den „Gewerbebetrieb" anzusehen sein. Nach der Rspr gilt dasselbe, wenn der Ruf des Gewerbebetriebes im allgemeinen betroffen ist (BGH JZ 1966, 478; NJW 1967, 390; WM 1969, 173, dazu aber Rz 57). Da alle diese Schädigungen jedoch durch den Gebrauch der Meinungsfreiheit entstanden sind, begründen die Schadensfolgen allein noch nicht die Rechtswidrigkeit der Äußerung. Ein Unterlassungs- oder Schadensersatzanspruch besteht vielmehr nur, wenn die Äußerung **verkehrspflichtwidrig** ist. Dies ist im Wege einer Güter- und Interessenabwägung zu ermitteln. Hierbei ist von einer Vermutung für die Zulässigkeit der freien Rede im geistigen Meinungskampf auszugehen, BGH 45, 296 [308]; 65, 325 [331]. Regelmäßig rechtswidrig ist – wie beim Persönlichkeitsschutz – böswillige und gehässige Schmähkritik, die aber wegen der Meinungsfreiheit wiederum nur in engen Grenzen zu bejahen ist, BGH NJW 2002, 1192. Je größer die Breitenwirkung des Mediums ist, in dem die Meinung geäußert wird, um so strenger sind die Anforderungen an die Fairneß und an das Bemühen um sachliche Überprüfung. Insbesondere bei **Warentests** hat die Rspr das Schwergewicht der rechtlichen Überprüfung auf das Verfahren zur Gewinnung des in der Öffentlichkeit verbreiteten Werturteils gelegt: Die Untersuchung muß neutral, objektiv, sachkundig und mit dem Bemühen um Richtigkeit vorgenommen worden sein (BGH 65, 325 [334], dazu Soergel/Zeuner Rz 129; Staud/Hager Rz D 32, beide mN und seitdem BGH NJW 1987, 2222; 1997, 2593). Die Verbreitung wahrer rufschädigender Tatsachenbehauptungen ist nicht schon deshalb rechtswidrig, weil auch andere Anbieter schädliche Produkte herstellen (BGH NJW 1987, 2747). Die Rspr zieht aber eine Grenze, wenn die Verbreitung der wahren Tatsachen eine „Prangerwirkung" entfaltet. Die konkreten Entscheidungen dazu sind kaum nachvollziehbar: Die Prangerwirkung wurde (im Rahmen der Prüfung einer Persönlichkeitsverletzung) verneint für eine Plakataktion gegen die Klimazerstörung mit Name und Foto des Vorstandsvorsitzenden eines Chemiekonzerns (BGH NJW 1994, 124), hingegen bejaht für die öffentliche Analyse einer im Bundesanzeiger abgedruckten Bilanz eines mittelständischen Unternehmens (BGH NJW 1994, 1784 und hiergegen die berechtigte Kritik von J. Hager ZHR 158, 677ff). 71

Die **satirische Verfälschung** einer Zigarettenwerbung zugunsten einer Antiraucher-Kampagne ist im Hinblick auf die Aggressivität der Zigarettenwerbung und die Gefahren des Rauchens keine verbotene Schmähkritik (BGH 91, 117). Wenn durch unwahre Tatsachenbehauptungen über Investitionsvorhaben nicht Geschäftspartner beeinflußt werden sollen, sondern **von der Planung Betroffene** (die auf diesem Wege zu rechtlichen und politischen Aktionen gegen das Vorhaben veranlaßt werden sollen), liegt kein Fall von § 824 vor; nach BGH 90, 113 soll aber ein Eingriff in den Gewerbebetrieb in Betracht kommen. Gerade hinsichtlich solcher Maßnahmen ist der Gewerbebetrieb freilich weder schon „eingerichtet" noch wird er „ausgeübt". Die **Zugangsmöglichkeit zu einem Markt** wird vielmehr auch sonst nach § 823 I mit Recht nicht geschützt. Hier fehlt die „Verdinglichung" von Goodwill oder Know-how, die erst eine Analogie zu den nach § 823 I geschützten Rechten ermöglicht (aA aber MüKo/Mertens Rz 486; Staud/Hager Rz D 10). 72

Das ist anders beim Verrat oder der Aufdeckung von **betrieblichen Geheimnissen** (vgl zuletzt BGH 107, 117). Mit BGH 80, 25; 138, 311 ist davon auszugehen, daß die unerlaubte Methode der Informationsbeschaffung allein nicht schon die Rechtswidrigkeit des Eingriffs begründet (aA insb Bettermann NJW 1981, 1065). Wenn freilich – wie im entschiedenen Fall – Praktiken einer Redaktionskonferenz aufgedeckt werden, steht die rechtliche Beurteilung in einem schwer zu überwindenden Zwiespalt zwischen zwei Seiten desselben Grundrechts auf Meinungs- und Pressefreiheit. BVerfG 66, 116f läßt die Veröffentlichung rechtswidrig erlangter Informationen nur ausnahmsweise zu, wenn das Informationsinteresse der Öffentlichkeit eindeutig die Nachteile überwiegt, die das rechtswidrige Verhalten des Eingreifers für den Betroffenen und für die „Geltung der Rechtsordnung" nach sich zieht. 73

§ 823   Einzelne Schuldverhältnisse

74   cc) Als Eingriff in den Gewerbebetrieb ist von der Rspr mehrfach der **Boykott** zur Verfolgung nichtwirtschaftlicher Interessen beurteilt worden. Dient der Boykott wettbewerblichen Zielen, kommen allein Ansprüche aus dem Wettbewerbsrecht in Betracht. Richtigerweise gilt dies auch dann, wenn das Ziel zwar außerwettbewerblich ist, zur Erreichung des Boykottzieles aber wettbewerbliche Mittel (zB Androhung einer Liefersperre) eingesetzt werden. Denn wer seine eigene Wettbewerbsposition als Kampfmittel einsetzt, handelt schon hierdurch zu Zwecken des Wettbewerbs, auch wenn damit letztlich ein über das wirtschaftliche Ziel hinausgehender Zweck verfolgt wird (aA BVerfG 25, 256 [264]). Bei der rechtlichen Beurteilung sind freilich weitgehend dieselben Gesichtspunkte maßgeblich, die von der hM bei der Güter- und Interessenabwägung im Rahmen der Prüfung eines Eingriffs in den Gewerbebetrieb herangezogen werden. Jedenfalls liegt der Einsatz wirtschaftlicher Macht zur Einwirkung auf den Willen Dritter nicht im Schutzbereich des Art 5 I GG, der allein den geistigen Meinungskampf gewährleistet (Staud/Hager Rz D 42 mN). Auch bei einem Boykott genügt nach dem oben (Rz 72) entwickelten Ansatz die Beeinträchtigung von **Plänen und Investitionsvorhaben** nicht, um einen Anspruch wegen Verletzung des Gewerbebetriebes zu begründen (vgl aber BGH 90, 113: Aufruf zu Einsprüchen gegen eine geplante Schnellstrecke der Deutschen Bundesbahn). Zivilrechtlicher Rechtsschutz ist in solchen Fällen nur über §§ 823 II iVm 240, 253 StGB und über § 826 zu erreichen. Zur Abwägung zwischen der Meinungsfreiheit und dem Interesse des Unternehmens an der Erhaltung seines Kundenstammes vgl die Beispiele bei MüKo/Mertens Rz 506f; Staud/Hager Rz 40ff.

8. Verkehrspflichten zum Schutz der Rechtsgüter des § 823 I

75   a) **Systematische Einordnung.** Wie oben Rz 5 angedeutet, genügt die Feststellung, daß ein nach § 823 I geschütztes Recht beeinträchtigt ist, nicht immer zur Begründung einer Rechtsverletzung. Vielfach bedarf es zusätzlich des Verstoßes gegen eine **Verkehrspflicht**, um die Haftung zu begründen. Die Einordnung dieser Pflicht in den Tatbestandsaufbau der unerlaubten Handlung ist umstritten: Während die gesetzliche Definition der Fahrlässigkeit nach § 276 II den Maßstab der Verkehrsgemäßheit der Verschuldensfrage zuweist, dient die Verkehrspflicht bei der Haftungsbegründung wegen eines Unterlassens der Begründung des Verletzungstatbestandes im engeren Sinne. Meistens wird die Verkehrspflichtwidrigkeit jedoch als besondere Art der Rechtswidrigkeit behandelt, dann freilich als Rechtswidrigkeit eines „offenen", von Fall zu Fall jeweils ausfüllungsbedürftigen Tatbestandes. Diese Aufbaufrage ist mit dem grundsätzlichen Problem verknüpft, ob die Verkehrspflichten lediglich zur **Konkretisierung der gesetzlich niedergelegten Tatbestände** dienen, oder ob sie im Wege einer „judiziellen Konzeption" dem gesetzlichen Deliktsrecht eine **umfassende Generalklausel** gegenüberstellen (zu dem allen v. Bar, Verkehrspflichten, 145ff; zu den Grenzen etwa Edenfeld VersR 2002, 272ff).

76   Zur Lösung der Frage ist vom gesetzlichen System auszugehen, in dessen Rahmen sowohl die Rechtsverletzung nach § 823 I als auch der Gesetzesverstoß nach § 823 II den Ansatz zur Begründung von Verkehrspflichten bieten. Eine Verselbständigung der Verkehrspflichtverletzung als Haftungsgrund würde demgegenüber das rechtspolitisch durchdachte abgestufte System der drei Grundtatbestände §§ 823 I, II und 826 zerstören (grundlegend Canaris, FS Larenz 1983, 78f, 81ff). Insbesondere sind **Verkehrspflichten zum Schutz fremden Vermögens** nur im Rahmen der auch sonst vermögensschützenden Normen §§ 823 II und 826 anzuerkennen (aA insbesondere MüKo/Mertens Rz 466, 472ff; v. Bar, Verkehrspflichten, 233f). Die Verkehrspflichten zum Schutz des Gewerbebetriebes bilden nur scheinbar eine Ausnahme, vgl Rz 52. Diesem Gesamtbild entspricht es am besten, wenn man die Verkehrspflichtwidrigkeit als zusätzliche Voraussetzung des **Verletzungstatbestandes** einordnet, nicht als allgemeines, womöglich selbständig haftungsbegründendes Merkmal der Rechtswidrigkeit; für die Einordnung bei § 823 I ausdrücklich auch BGH NJW 1987, 2671.

77   b) **Haftung für Unterlassen und mittelbare Verletzungen.** Traditioneller Ausgangspunkt für die Entwicklung von Verkehrspflichten ist die „Verletzung" durch **Unterlassen**. Unterlassungen sind nur widerrechtlich – oder genauer: als Verletzung eines Rechtsgutes zu werten –, wenn für den in Anspruch Genommenen eine Rechtspflicht zum Handeln bestand (etwa BGH 71, 86 [93]). Eine solche Pflicht kann sich aus dem Gesetz ergeben – etwa aus familienrechtlicher Fürsorgepflicht, §§ 1627, 1631. Praktisch besonders wichtig ist die Gefahrabwendungspflicht aus vorangegangenem Tun, wobei es im Zivilrecht nicht darauf ankommt, daß dieses Tun rechtswidrig war (vgl nur Soergel/Zeuner Rz 158 mN).

78   Oft ist es bloße Definitionsfrage, ob man den Grund für die Zurechnung eines Verhaltens im Unterlassen der Gefahrabwendung oder in einem gefährlichen Tun trotz der Möglichkeit der Gefahrabwendung sieht. Zivilrechtlich kommt es hierauf nicht an, vgl schon Rz 13. In beiden Gestaltungen ist entscheidend, ob das Verhalten gegen eine Verkehrspflicht verstößt. Es erscheint daher sinnvoll, die Haftung heute nicht mehr nach der Verhaltensweise, sondern nach der **Typik der Pflichten** zu gliedern (umfassender Katalog bei Staud/Hager Rz E 13ff). Die wichtigsten Anwendungsfälle der Verkehrspflichten sind die herkömmlichen „allgemeinen" Verkehrssicherungspflichten (Rz 88ff), die Pflichten des Warenherstellers (Produzentenhaftung, Rz 108ff) sowie Berufspflichten, vor allem der Angehörigen der Heilberufe (Arzthaftung, Rz 126ff). Auf den Verkehrspflichtgedanken ist ferner die Haftung wegen Verletzung von Organisationspflichten zurückzuführen (sog Organisationsverschulden, dazu Rz 83f und § 831 Rz 25f und ausführlich Kleindiek, Deliktshaftung und juristische Person 1997, 284ff). Besondere Hervorhebung verdienen schließlich die Verkehrspflichten im Straßenverkehr (Rz 101) und bei der Sportausübung (Rz 102ff).

79   c) **Einzelne Voraussetzungen der Verkehrspflichtverletzung.** Die Funktion der Verkehrspflichten als Ausfüllung des allgemeinen Verletzungstatbestandes verbietet eine abschließende Umschreibung der Voraussetzungen für solche Pflichten, vgl schon Rz 10. Der Bezeichnung als Verkehrspflichten am nächsten stehen die Entstehungsgründe der **Eröffnung** eines Verkehrs und der **Einwirkung** auf einen schon bestehenden Verkehr. In beiden Fallgruppen ergibt sich aus der **Gefährlichkeit** des eröffneten oder beeinflußten „Verkehrs", also der Anlockung oder

Beeinflussung eines Publikums, die Pflicht zu Vorkehrungen, damit Dritte nicht zu Schaden kommen (zB BGH 60, 54 [55]; BGH NJW 1980, 283; 1984, 801). Hat jemand die tatsächliche Gewalt über Sachen, die für Dritte gefährlich werden können, falls diese Sachen in den Verkehr gebracht werden, dann kann die Herrschaft über die Sache eine Pflicht begründen, zu verhindern, daß sie überhaupt in den Verkehr gelangt (zB BGH NJW 1971, 459; 1979, 2309; 1981, 113 für die unbefugte Benutzung von Kfz; BGH VersR 1963, 1049 für Waffen; NJW 1968, 1182 für ätzende Flüssigkeiten). Larenz/Canaris II 2 § 76 III 2a faßt diese Fälle zutreffend als „Bereichshaftung" zusammen. Auch die Warenhersteller (Rz 108ff) und die Angehörigen bestimmter Berufe (Rz 126ff) begründen durch ihre Tätigkeit Einwirkungen auf ein Publikum, das grundsätzlich in die Professionalität ihrer beruflichen und gewerblichen Leistungen vertrauen darf. Canaris aaO b ordnet solche durch berufliche Tätigkeit geprägten Fälle einer Übernahmehaftung zu, die mit der Bereichshaftung und der in Rz 77 erwähnten Haftung aus vorangegangenem Tun zu einer „Dreiteilung der Zurechnungsgründe" (aaO e) führen.

Die Intensität der Gefahrabwendungspflicht ist durch eine Abwägung im Einzelfall festzustellen. Verkehrspflichten bestehen allgemein nur, wenn die Verhinderung der Gefahr dem Pflichtigen **zumutbar** ist. Völlige Gefahrlosigkeit braucht er regelmäßig nicht zu garantieren (BGH 112, 74; BGH NJW 1980, 1159; 1994, 3348). Je größer und je wahrscheinlicher die Gefahr ist, um so strenger ist die Gefahrabwendungspflicht. Im Einzelfall kann sich aus dem Fehlen des **Vertrauensgesichtspunktes** ergeben, daß der Geschädigte selbst die Gefahr erkennen und sich gegen sie sichern mußte. Wird ein begrenzter Verkehr für einen sachkundigen Personenkreis eröffnet, ist demnach auch die Verkehrspflicht begrenzt (vgl BGH NJW 2002, 1263 zur Sicherung einer Baustelle gegenüber den Bauhandwerkern). Ein Grundsatz, daß **gegenüber Unbefugten** generell keine Verkehrspflicht bestehe, ist jedoch nicht anzuerkennen (Staud/Hager Rz E 42ff und grundlegend schon J. Schröder AcP 179, 567ff). Soweit die Gefahr nicht beherrschbar ist, folgt daraus nicht ohne weiteres die Pflicht, das gefährdende Verhalten überhaupt zu unterlassen, vgl zur Haftung wegen Entwicklungsgefahren von Produkten Rz 109, 116. Die Beherrschbarkeit ist vielmehr ein Element der Zumutbarkeitserwägungen (v. Bar, Verkehrspflichten, 122f). **80**

In diese Abwägung können ferner unter Zuhilfenahme einer ökonomischen Analyse des Rechts die Gesichtspunkte des **Interesses an der Gefahrenquelle** und der **Kosten der Gefahrenabwehr** eingehen (Ansätze solcher Analyse bei MüKo/Mertens vor § 823 Rz 20f, 59f, § 823 Rz 24; allgemeiner unter dem Stichwort „Steuerungsfunktion des Haftungsrechts" Kötz/Wagner, Deliktsrecht Rz 119ff mN; stärker traditionell-dogmatisch, im Ergebnis aber ähnlich RGRK/Steffen Rz 150 zum Verhältnismäßigkeitsmaßstab; vgl zusammenfassend zuletzt Staud/ Hager Vorbem zu §§ 823ff Rz 14ff). Der finanziellen Belastbarkeit dessen, der zB einen Verkehr eröffnet hat, kommt bei der Abwägung der Zumutbarkeit eine gewisse, nach BGH NJW 1984, 802 aber untergeordnete Bedeutung zu. Im Rahmen der Zumutbarkeit spielt – ausdrücklich oder als stillschweigende Voraussetzung – auch die Möglichkeit der Beteiligten zum Versicherungsschutz eine Rolle, etwa in der Abwägung zwischen dem Bestehen oder auch nur der Möglichkeit einer Haftpflichtversicherung einerseits, einer Kasko-Versicherung andererseits (vgl Geigel/Schlegelmilch Rz 14.13). BGH NJW 1985, 620 betont freilich mit Recht den Vorrang des Schutzes der Betroffenen: Grundsätzlich hat sich die Verkehrspflicht an der schutzbedürftigsten Person auszurichten (Nachw bei RGRK/Steffen Rz 146); besonders hoch sind daher die Anforderungen gegenüber Kindern und Jugendlichen, die Gefahren aus Unerfahrenheit, Unbesonnenheit oder im Spieleifer nicht erkennen oder in ihrer Wirkung nicht richtig einschätzen (BGH NJW 1995, 2631; 1998, 2905; 1999, 2364). **81**

Hierdurch ist das Recht der Verkehrspflichten auch dort, wo nicht der Weg einer Beweislastumkehr beschritten wird (Rz 87), in die **Nähe der Gefährdungshaftungen** geraten. Für die Richtigkeit dieser Entwicklung spricht der gemeinsame Grundgedanke der Gefährdungshaftungen und der Verkehrspflichten: Trotz des erkennbaren Risikos bestimmter Gefahrenquellen werden diese – meist im Interesse des technischen Fortschritts – geduldet; zum Ausgleich wird aber denen, die dem Gefahrenbereich ausgesetzt sind, ein Ersatzanspruch für die Schäden gewährt, die bei ihnen aus der Gefahrenquelle entsprungen sind. Bedenklich ist der Gleichlauf von Gefährdungshaftung und Verkehrspflichtverletzung freilich hinsichtlich des Ersatzumfanges: Besonders typische Gefahren sind meist als Gefährdungshaftungen gesetzlich geregelt, dann aber vielfach nur mit Haftungshöchstsummen; weniger typische Gefahren werden hingegen als Verkehrspflichtverletzungen erfaßt und führen dann zu unbeschränkter Haftung. Dieser Widerspruch ist jedoch kaum durch Zurückdrängen der Verkehrspflichten zu beseitigen. Durch die Erweiterung des Schmerzensgeldes auf Gefährdungshaftungen gemäß § 253 II nF sind die Unterschiede zwischen beiden Haftungsgrundlagen auch deutlich geringer geworden. Zu beachten ist ferner, daß der Grundsatz des Verschuldens als Voraussetzung der Haftung aus Verkehrspflichtverletzung praktisch nach wie vor erhebliche Bedeutung hat, wie sich am klarsten in Fällen der §§ 827f zeigt, vgl zB BGH NJW 1970, 1038; bedenklich hingegen BGH NJW 1987, 1947 (dazu Staud/Hager Rz E 71); weitere Nachw: Soergel/Zeuner § 828 Rz 5. Vgl dazu insbesondere BGH NJW 1985, 620 (621): kein Verschulden eines Schleppliftunternehmers hinsichtlich der Verletzung einer Pistensicherungspflicht, die der BGH erst in dieser Entscheidung begründet hat; ferner BGH NJW 1995, 2631: kein Verschulden der Bahn, die durch „Blitzpfeile" vor den Gefahren der elektrischen Oberleitung gewarnt hatte, obwohl der BGH dies für die Zukunft als nicht ausreichend ansieht. Aber auch schon die objektiven Pflichtmerkmale der Situationsbezogenheit und der Zumutbarkeit erschweren zu Lasten des Geschädigten die Haftungsbegründung durch Verkehrspflichtverletzung, vgl dazu neben dem Fall von BGH 103, 298: Zu Unrecht verlangt der BGH von einem Reiseveranstalter in Deutschland die ständige Überwachung der Sicherheitsstandards eines Vertragshotels auf Gran Canaria (wie hier Larenz/Canaris II 2 § 76 III 7b). Sind hingegen bereits Sicherheitsmängel bekannt geworden, können den Reiseunternehmer sehr wohl situationsbezogene Pflichten zur Abhilfe treffen (vgl Staud/Hager Rz E 71). Soweit ein Lebensbereich durch Gefährdungshaftung erfaßt wird, schließt dies die Anwendung des Verkehrspflichtgedankens auf verwandte Fälle nicht aus, so ausdrücklich § 15 II ProdHaftG, § 18 I UmweltHG. Dasselbe gilt hinsichtlich des Anwendungsbereiches von Schutzgesetzen iSd § 823 II (BGH NJW 1987, 372). **82**

§ 823 Einzelne Schuldverhältnisse

83 d) **Aufsichts-, Überwachungs- und Organisationspflichten.** Eine praktisch besonders wichtige rechtspolitische Funktion der Verkehrspflichten besteht darin, anstelle der als zu eng empfundenen Haftung für Verrichtungsgehilfen nach § 831 eine **Haftung des Geschäftsherrn** ohne die Entlastungsmöglichkeit des § 831 I S 2 zu begründen. § 831 selbst ist der „prominenteste Anwendungsfall" (Brüggemeier, DeliktsR Rz 880) der gesetzlich konkretisierten Verkehrspflichten. Die Verkehrspflicht des § 831 beruht darauf, daß der Geschäftsherr in dem Bereich, dessen Gefahrenpotential ihm zuzurechnen ist, andere für sich arbeiten läßt (vgl § 831 Rz 2). Dies schließt jedoch nicht aus, daß den Geschäftsherrn schon deshalb Verkehrspflichten treffen, weil er eine **komplexe Organisation** geschaffen hat, die wegen ihrer eigenen Dynamik gefahrträchtig ist. Für die Einhaltung dieser Verkehrspflichten ist der Organträger auch dann verantwortlich, wenn das Versagen nicht auf einen ganz bestimmten Gehilfen zurückgeführt werden kann. Dieser Bereich wurde zunächst als „Organisationsverschulden" des Geschäftsherrn eingeordnet. Richtigerweise handelt es sich jedoch um die Verletzung einer Verkehrspflicht und somit **nicht allein** um eine **Frage des Verschuldens** oder gar der Exkulpation nach § 831 I S 2. Als ein Unterfall der Verkehrspflichten aus der Begründung und Unterhaltung einer komplexen Organisation wird vielfach die Pflicht des Trägers der Organisation behandelt, für die Möglichkeit einer Zurechnung des Organhandelns durch die Bestellung verfassungsmäßiger Vertreter zu sorgen (BGH 24, 200, 213 – **Haftung für Organisationsmangel**). Nahe verwandt ist der Fall, daß eine juristische Person zwar Organe hat, daneben aber einen Mitarbeiter in voller Selbständigkeit handeln und entscheiden läßt, ohne ihn zum verfassungsmäßigen Vertreter zu bestellen (BGH 77, 74, 77f; BGH NJW-RR 1996, 867). Im Zusammenhang mit diesen Fällen mit v. Bar, Verkehrspflichten, 96, von einer Verkehrspflicht zum Schutze fremden Vermögens zu sprechen, trifft jedoch nicht den Kern; denn es geht nicht um die Begründung einer Schadensersatzpflicht überhaupt, sondern um die richtige Anwendung und Erweiterung der **Zurechnung** solcher Pflichten **nach § 31** (vgl Kleindiek, Deliktshaftung und juristische Person, zusammenfassend 355ff; Soergel/Zeuner Rz 217). In BGH 109, 297, der Anlaß-Entscheidung ua für die umfassende Untersuchung Kleindieks, hat der BGH auch eine eigene „Garantstellung" des Geschäftsführers einer Bau-GmbH gegenüber einem Lieferanten angenommen, der durch mangelhafte organisatorische Vorkehrungen gegen die Übertretung eines Einbauverbotes sein Vorbehaltseigentum verloren hatte. Der Geschäftsführer einer GmbH trifft oder unterläßt organisatorische Vorkehrungen zum Schutze von GmbH-Kunden aber nicht für sich selbst, sondern für die GmbH, deren Organ er nur ist. Seine etwaige organinterne Organisationspflicht hat nicht „automatisch" Außenwirkung. Er selbst trägt die geschäftlichen Aktivitäten der GmbH nicht und hat auch nicht den unternehmerischen Vorteil davon. Daher ist die BGH-Entscheidung denselben Einwänden ausgesetzt wie die persönliche Haftung von Gesellschaftern und leitenden Angestellten für fehlerhafte Produkte ihres Unternehmens (BGH NJW 1975, 1827 und dazu Rz 123). Im Ergebnis wie hier ua Medicus, FS Lorenz 1991, 155ff; K. Schmidt, Karlsruher Forum 1993, 4ff, beide mN, aA Brüggemeier AcP 191, 33ff, im Ausgangspunkt auch Larenz/Canaris II 2 § 76 III 6d; Staud/Hager Rz E 68.

84 Mit zunehmender Automatisierung und Arbeitsteilung werden die Aufsichts- und Überwachungspflichten, die den Inhaber eines Betriebes selbst treffen, immer wichtiger. Sie verlieren das personale Element einer Aufsicht und Überwachung über andere Menschen. Hiermit **fallen sie aus dem Bereich des § 831 heraus** und lassen sich nur noch den deliktischen Grundtatbeständen zuordnen. An die Stelle einer Haftung für die Rechtsverletzung durch einen Produktionsgehilfen tritt die Haftung für die Gefahren des Produktes selbst (Rz 108ff); der Arzt in der freiberuflichen Praxis muß nicht mehr nur dafür sorgen, daß seine Helfer sorgfältig ausgesucht und angeleitet worden sind, sondern er muß gewährleisten, daß die von seiner „Praxis" – gleichgültig von welcher Person – zu erbringende Dienstleistung dem Standard einer „ordentlichen" Arztpraxis entspricht (Rz 132). Für das Vertrauen des Publikums auf die Sicherheit vor vermeidbaren Gefahren wird es somit unerheblich, ob das Gefahrenpotential auf der mangelhaften Beherrschung von Sachen, Organisationen, technischen Abläufen, anderen Menschen oder von beruflicher Professionalität beruht. Noch über solche umfassenden Verkehrspflichten hinaus geht Brüggemeier, Prinzipien des Haftungsrechts, 1999, 148ff mit der Annahme einer (ungeschriebenen) Unternehmens-Gefährdungshaftung.

85 e) Aus dem Rz 84 formulierten Grundgedanken ist auch die fortdauernde Haftung desjenigen, der seine **Verkehrspflicht auf einen anderen übertragen** hat, nach § 823 zu erklären. Wer zB als Eigentümer eines dem Verkehr zugänglichen Grundstücks streupflichtig ist, kann sich dieser Pflicht nicht vollständig durch Übertragung auf einen Dritten – zB auf einen Mieter oder Pächter oder einen Hausverwalter (vgl BGH NJW 1996, 2646) – entledigen (BGH NJW 1985, 270). Der Delegant bleibt zur Aufsicht und Überwachung des Delegaten verpflichtet, wobei die Anforderungen an die Erfüllung dieser Pflicht streng sind. Freilich darf er im allgemeinen darauf vertrauen, daß der Übernehmer seinen Verpflichtungen nachkommt, solange nicht konkrete Anhaltspunkte dafür bestehen, daß das Vertrauen unberechtigt sein könnte (BGH 142, 227). Der Übernehmer der Verkehrspflicht haftet seinerseits bei Verkehrspflichtverletzung, wenn der Verkehr darauf vertrauen durfte, daß der Übernehmer die Sicherungspflicht erfüllen werde (zB BGH NJW 1982, 2187 zur Übertragung der Sicherung einer Baustelle auf einen Tiefbauunternehmer und zur Weiterübertragung auf den örtlichen Bauführer). Auf das Innenverhältnis zwischen dem ursprünglichen Sicherungspflichtigen und dem Übernehmer, insbesondere auf die Wirksamkeit eines Vertrages, kommt es hierfür nicht an (grundlegend dazu Ulmer JZ 1969, 163ff). Ist der Übernehmer insbesondere als Arbeitnehmer des Übertragenden ganz von dessen Weisungen abhängig, kann das Vertrauen Dritter auf die Einhaltung der Pflichten gerade durch den unmittelbar Handelnden dennoch schutzwürdig sein (Larenz/Canaris II 2 § 76 III 5d, aA aber BGH 48, 98 [103]). Zur Übertragung der Streupflicht auf ein öffentlich-rechtlich zugelassenes Unternehmen vgl MüKo/Mertens Rz 224 Fn 495 mN, zur Übertragung auf den Grundstückskäufer erst mit dem Eigentumserwerb BGH NJW 1990, 111.

86 Eine Verwischung des systematischen **Unterschieds zwischen Vertrags- und Delikthaftung** bedeutet es demgegenüber, auf die Verletzung von Verkehrspflichten § 278 anzuwenden (aA MüKo/Mertens Rz 205). Gewiß war die Ausdehnung der positiven Forderungsverletzung und vor allem der cic nicht zuletzt durch die Schwäche des § 831 veranlaßt. Insofern ist das Nebeneinander der Haftung für das Integritätsinteresse aus Sonderverbindung und aus Verkehrspflichtverletzung in der Tat das Produkt einer gleichsam überschießenden Hilfsbereitschaft der Rspr für den Geschädigten. Dies ändert angesichts des heute erreichten Standes der dogmatischen Entwicklung jedoch nichts an der Anspruchskonkurrenz. Für die Haftung aus Sonderverbindung genügt hiernach bereits ein Verstoß gegen die Verpflichtung, als Partner dieser Verbindung die Rechtsgüter des Geschädigten zu bewahren. Verkehrspflichtig ist hingegen nur, wer gerade über einen einzelnen Sonderverbindungspartner hinaus in einen „Verkehr" hineinwirkt. In Betracht kommt aber die in Rz 83 erwähnte Haftung des Übertragenden für einen Organisationsmangel (Staud/Hager Rz E 62 mN).

f) Aus der Funktion der Verkehrspflichten als Begründung eines Auffangtatbestandes für nicht manifeste (nicht **87** „unmittelbare") Verletzungsformen ergeben sich Besonderheiten hinsichtlich der **Kausalität** und des Schutzbereichs, des Verschuldens sowie der Beweislast. Nach allgemeinen beweisrechtlichen Grundsätzen hat der Geschädigte zunächst das Vorliegen einer mindestens objektiven Pflichtverletzung und die Kausalität gerade dieser Verletzung für den eingetretenen Schaden zu **beweisen**. Steht jedoch ein Verstoß gegen ein Verhaltensgebot zur Vermeidung von Gefahren fest und liegt ein für solche Verletzungen typischer Schaden vor, spricht der Anschein dafür, daß der Schaden auf der Pflichtverletzung beruht (vgl für den Verstoß gegen Unfallverhütungsvorschriften BGH 114, 273; BGH NJW 1978, 2032; 1984, 360; 1994, 945). Im Bereich der Arzthaftung, der Produzentenhaftung und der Haftung für Emissionen kommt darüber hinaus eine Umkehr der Beweislast auch hinsichtlich der haftungsbegründenden Kausalität in Betracht (BGH 92, 143, 150ff; vgl Rz 113, 123). Hinsichtlich des **Schutzbereichs** behandelt der BGH (NJW 1987, 2671) die Verkehrspflichten wie Schutzgesetze nach Abs II, obwohl er ausdrücklich die systematische Zuordnung der Pflichten zu diesem Absatz ablehnt. Zu prüfen ist hiernach, ob der Verletzte zu dem von der Verkehrspflicht geschützten Personenkreis gehört und ob gerade das verletzte Rechtsgut des Geschädigten unter das geschützte Interesse fällt. Die Frage des persönlichen Schutzbereichs betrifft insbesondere das Problem der Verkehrspflichten gegenüber Unbefugten (vgl Rz 80) und gegenüber Kindern (dazu Möllers VersR 1996, 153). Letztere haben einen Sonderstatus (MüKo/Mertens Rz 219), so ist eine Gemeinde verpflichtet, Kinder am Zugang zu einem von ihr aufgegebenen Spielplatz zu hindern (BGH NJW 1978, 1628). Die Grenze des sachlichen Schutzbereichs zeigt sich anderseits in derselben Entscheidung darin, daß die Gemeinde nicht für verpflichtet gehalten wurde, gegen ein bewußtes Risiko-„Spiel" (Abschwingen von einem Hüttendach mit von den Kindern selbst angebrachten Seilen) Vorsorge zu treffen. Generell muß der Verkehrspflichtige damit rechnen, daß sich Kinder auch unbefugt aus Leichtsinn, Spieltrieb oder Unerfahrenheit Gefahren aussetzen (zuletzt BGH NJW 1997, 582; 1999, 2364). Freilich braucht der Verkehrspflichtige nach der Rspr (BGH NJW 1995, 2631) keine Vorsorge gegen Gefahren zu treffen, die von den Kindern leicht erkannt werden können und denen sie ausweichen können (aA Staud/Hager Rz E 45). Auch darf er darauf vertrauen, daß die Eltern ein Mindestmaß an Aufsicht erfüllen (BGH NJW 1994, 3348). Hinsichtlich des **Verschuldens** liegt die Parallele zu § 823 II darin, daß der Verkehrspflichtige nicht die Möglichkeit einer Rechtsgutsverletzung beim Geschädigten, sondern nur die Sicherungspflicht selbst erkennen muß (BGH NJW 1985, 620 und dazu v. Bar JuS 1988, 173; aA Larenz/Canaris II 2 § 76 III 7a). Auch wenn das Verschulden als innere Sorglosigkeit zur objektiven Pflichtverletzung, die bereits die Rechtswidrigkeit begründet, hinzukommen muß, spricht der BGH (NJW 1986, 2757; 1994, 2232) davon, daß die Verletzung der äußeren Sorgfalt das Verschulden „indiziere" oder doch einen Anscheinsbeweis dafür begründe. Das Verschulden fehlt jedoch in den Fällen, in denen eine (neue) Verkehrspflicht erst durch die Rspr begründet wird, Rz 82. Andererseits kann der Verschuldensmaßstab durch besondere Kenntnisse und Fertigkeiten des Pflichtigen strenger als bei anderen sein (BGH NJW 1987, 1479; 1994, 2232).

g) Die generalklauselhafte Weite des Verkehrspflichtgedankens hat dazu geführt, daß eine vollständige Systema- **88** tik aller Verkehrspflichtfälle unmöglich ist, zu den wesentlichen Elementen eines beweglichen Systems der Zurechnungsgründe aber immerhin Larenz/Canaris II 2 § 76 III 3e. Eine lose **Struktur der wichtigsten Fallgruppen** ergibt sich am ehesten aus der Unterscheidung von (1) Pflichten zur Vermeidung der Gefahren, die von bestimmten Sachen ausgehen, (2) Pflichten durch die Teilnahme am Verkehr sowie durch die Veranstaltung oder Aufrechterhaltung eines Verkehrs, (3) Pflichten durch das Inverkehrbringen von Sachen und (4) Berufspflichten, vgl schon Rz 78. Die Fallgruppen (1) und (2) werden vielfach als Verkehrssicherungspflichten im engeren Sinne zusammengefaßt. Im folgenden werden Einzelfälle auf der Grundlage dieser Struktur dargestellt (umfassende Übersicht bei Staud/Hager Rz E 73ff; Zusammenstellung für die Praxis: Patzelt, Verkehrssicherungspflicht, 3. Aufl 2000).

9. Verkehrspflichten hinsichtlich von Sachgefahren und ähnliche Verkehrssicherungspflichten

a) Beherrschung eines Gefahrenbereichs. Historischer Ausgangspunkt der Entwicklung von Verkehrspflicht- **89** verletzungen überhaupt ist die Haftung des **Sachhalters**, unter der Geltung des BGB zuerst entwickelt in RG 52, 373 und RG 54, 53. Wesentlich an diesen Urteilen war ua die **Anknüpfung an §§ 836ff** (vgl zB noch BGH NJW 1985, 1076). Auch die Beweislastumkehr bei der Produzentenhaftung folgt dem Vorbild des § 836 I S 2 (BGH 51, 91, 106f). Die Rspr hat sich freilich längst von der Begründung der Verkehrspflichten als Analogiefälle zu §§ 836ff gelöst. Dadurch sind diese Vorschriften weitgehend zu bloßen Anwendungsbeispielen des allgemeinen Verkehrspflichtgedankens geworden (vgl v. Bar, Verkehrspflichten, 19f mit rechtspolitischer Kritik an §§ 836–838). Über das Ziel des historischen Gesetzgebers hinaus, besondere Pflichten zur fehlerfreien Errichtung und mangelfreien Unterhaltung von Gebäuden und Werken gerade zu Lasten von Grundstücks- und Gebäudebesitzern sowie von Gebäudeunterhaltungspflichtigen zu begründen, zeigen die §§ 836ff aber einen allgemein wichtigen Anlaß für die Entstehung von Verkehrssicherungspflichten: Ist ein Gefahrenraum zugänglich – zB die öffentliche Straße als Umfeld des Gebäudes –, dann ist derjenige, der die **Gefahrenquelle beherrscht** – zB der Eigentümer

§ 823

des bebauten Grundstücks – verpflichtet, soweit möglich und zumutbar der Gefahr zum Schutze der Straßenpassanten gegenzusteuern.

90 Bei solcher Betrachtung besteht kein Unterschied, ob sich wegen unzureichender Wartung des Daches ein Dachziegel löst und auf die Straße fällt (vgl § 836 Rz 4) oder ob eine Dachlawine niedergeht, weil das Dach nicht durch Schneefanggitter gegen den Lawinenabgang gesichert ist; im letzten Fall haftet der für das Dach Zuständige wegen Verletzung einer Verkehrssicherungspflicht (vgl BGH VersR 1955, 82 und Überblick bei Geigel/Schlegelmilch Rz 14.106f). Nur ein kleiner Schritt ist es von derartigen Fällen zur Annahme einer Pflicht, den Gefahren für Verkehrsteilnehmer durch umfallende Bäume entgegenzuwirken, BGH 123, 102: Sogar „natürliche" Vorgänge können demnach eine Verkehrssicherungspflicht begründen, wenn nur jemand als „zuständig" angesehen werden kann, diese Vorgänge zum Schutz anderer zu beeinflussen, vgl BGH NJW 1989, 2947 zur (vermeidbaren) Ansteckung durch Bakterien. Die Gefahrabwendungspflicht ergibt sich aber wie bei der Abgrenzung zwischen Beeinträchtigungen aufgrund menschlichen Verhaltens und den Folgen bloßer Naturzustände für § 1004 nicht allein aus dem Eigentum oder der Beherrschung des Grundstücks (vgl MüKo/Medicus § 1004 Rz 21). Daher besteht zB im allgemeinen keine Verkehrssicherungspflicht, den Felssturz von einem höher gelegenen Grundstück zu verhindern (BGH NJW 1985, 1773). BGH 90, 255, 264 hat dasselbe für den Abfluß von Niederschlagswasser von einem Ackergrundstück ausgesprochen. Soweit jedoch durch eine bestimmte Anbauart (zB Mais) wegen der erhöhten Bodenverdichtung ein verstärkter schädlicher Wasserabfluß nach Kenntnis eines „gewissenhaften Landwirts" vorzusehen und durch den Anbau anderer Feldfrüchte zu vermeiden ist, verdient der Nutzer des höher gelegenen Grundstücks wohl kaum eine Privilegierung gegenüber dem „besonnenen und gewissenhaften Forstwirt" im Falle des umstürzenden Baumes (vgl auch BGH VersR 1983, 242 zur Gefährdung eines Neubaugebietes durch Niederschlagswasser; BGH NJW 1998, 1307 zu den Anforderungen an die Anlegung einer gemeindlichen Kanalisation). Ein Konflikt mit den Wertungen der §§ 906ff kann hierbei nicht entstehen: Die Möglichkeit und wirtschaftliche Zumutbarkeit der Gefahrsteuerung, die in § 906 II S 1 vorgesehen ist, gehört auch zu den Voraussetzungen der Verkehrspflicht, Rz 80f. In Fällen dieser Art ist die Verkehrssicherungspflicht nicht dadurch bedingt, daß Verkehr eröffnet noch einer Sache in Verkehr gebracht. Aber der Umstand, daß **von einer Sache Gefahren für andere ausgehen** können, genügt uU, um eine Sicherungspflicht desjenigen zu begründen, der die Gefahren beherrschen könnte oder müßte. Verkehrssicherungspflichtig ist im selben Sinne nicht nur, wer eine Gefahrenlage schafft, sondern auch, wer sie nur andauern läßt (Soergel/Zeuner Rz 187; Staud/Hager Rz E 13, 16 mN), und zwar auch dann, wenn ihm die Gefahrenlage durch Änderungen des „Umfeldes" erst gleichsam zugewachsen ist. Daneben bleibt freilich gerade für Sachgefahren zu betonen, daß das geltende Recht kein Gebot zur Gefahrvermeidung schlechthin kennt (so richtig Staud/Hager Rz E 25 mN). Nicht jeder Verstoß gegen das moralische Gebot zur mitmenschlichen Rücksichtnahme begründet eine deliktische Verantwortlichkeit (MüKo/Mertens Rz 204).

91 Dem Muster dieser Haftungsbegründung aus einer objektiven Gefahrenlage entsprechen folgende **Einzelfälle:** Gefahren auf einem zugänglichen, aber nicht bestimmungsgemäß einem Verkehr überlassenen Grundstück kann regelmäßig schon durch eine **Warnung** oder ein Verbotsschild begegnet werden (vgl BGH NJW 1985, 1076; 1078). Ist zu erwarten, daß **Kinder** trotz des Verbots auf dem Grundstück spielen, oder sind die Gefahren auf dem Grundstück für Kinder besonders groß, muß der Eigentümer oder sonstige Bestimmungsberechtigte jedoch tatsächliche Sicherungen gegen die Benutzung des Grundstücks vornehmen (BGH FamRZ 1963, 243; VersR 1964, 825; 1973, 621; NJW 1975, 108; 1995, 2631; 1997, 582). Die Tatsache, daß auch die Kinder zum Betreten des Grundstücks nicht befugt sind, kann den Inhaber der Gefahrsteuerungsmacht nicht von der Verkehrspflicht befreien, weil Unerfahrenheit, Bewegungsdrang und geringere Bereitschaft zur Gebotsbefolgung einen Sonderstatus der Kinder als deliktisch geschütztem Personenkreis begründen (MüKo/Mertens Rz 219; vgl a schon Rz 80, 87).

92 Eine ausgedehnte Kasuistik liegt ferner zu Abbruch- und **Baugrundstücken** vor (vgl Pal/Thomas Rz 76f „Bauarbeiten"; Geigel/Schlegelmilch Rz 14.176ff „Baustellen"). Der Bauherr ist jedoch in der Regel entlastet, wenn er die Aufsicht über die Arbeiten einem fachkundigen und als zuverlässig bekannten Bauunternehmer oder Architekten übertragen hat (BGH VersR 1982, 595). Ist der Unternehmer nicht sachkundig genug oder erkennt der Bauherr eine besondere Gefahr durch die Arbeiten, kann daneben der Bauherr selbst haften (BGH 68, 169; 120, 124). Besondere Sicherungspflichten treffen den Grundstückseigentümer und/oder den (Abbruch-)Unternehmer ferner bei Trümmergrundstücken im Hinblick auf benachbarte Häuser und Straßen (BGH VersR 1953, 479; 1960, 1116). Zu Umweltgefahren von einem Müllplatz vgl Staud/Hager Rz E 278 mN und zB LG Mannheim VersR 1976, 374 (Rauchschwaden); zur Haftung des Benutzers auch BGH 63, 119. Groß ist das Gefahrenpotential von **Heizungs- und Tankanlagen** und demzufolge hoch auch die Sicherheitsanforderungen, vor allem an das mit der Bedienung betraute Personal (Rz 129). Verkehrssicherungspflichtig aufgrund der Gefahrbeherrschung kann daneben der Inhaber der tatsächlichen Verfügungsbefugnis sein (dazu Appel/Schlarmann VersR 1973, 993; zum ähnlichen Fall der Verkehrssicherungspflicht eines Wohnungsmieters beim Wasserrohrbruch BGH NJW 1972, 34). Die Pflicht, die von einem Grundstück ausgehenden Gefahren in Grenzen zu halten, kann es gebieten, für eine Umzäunung zu sorgen, vgl für Viehweiden MüKo/Mertens Rz 239 m Fn 551; zur Sicherung eines Stalles durch ein Schloß BGH NJW-RR 1990, 789 (Pferde auf der Autobahn). Die **Umzäunung** darf andererseits nicht selbst eine Gefahr für den vorbeiführenden Verkehr werden (zu Stacheldrahtzäunen Geigel/Schlegelmilch Rz 14.98).

93 **b) Eröffnung oder Andauernlassen eines Verkehrs.** Im Gegensatz zu den unter Rz 89–92 erwähnten Fällen beruhen die besonders typischen und lange Zeit im Vordergrund der Rechtsentwicklung stehenden Verkehrssicherungspflichten nicht auf der bloßen Herrschaft über einen Gefahrenbereich, sondern auf einer engeren **Beziehung der beherrschten Sache selbst zu einem Verkehr:** Die Sache – zB eine öffentliche Straße – dient unmittelbar einem Verkehr. Dieser Verkehr kann durchaus eng begrenzt sein, zB beim Besuch in einem fremden Privathaus. Entscheidend ist, daß nicht schon die Sache selbst gleichsam passiv gefährlich ist, sondern zu einer Gefahrenquelle gerade durch dort stattfindenden Verkehr wird.

Den Übergang von den reinen Sachgefahren zu solchen eigentlichen Verkehrsfällen bilden bei Grundstücken **94** die **Anliegerpflichten**. Zu ihnen gehören die Anlieger-**Streupflichten**: Sie treffen den Anlieger nicht erst kraft Übertragung durch die originär zuständigen Straßenverkehrssicherungspflichtigen, insbesondere die Gemeinden, siehe § 839 Rz 133. Vielmehr stellt der notwendige Kontakt des Anliegergrundstücks nach außen ein selbständiges Verkehrselement dar. Deshalb besteht die Streupflicht uU auch über die Zeit des in der Ortssatzung festgelegten Winterdienstes hinaus, so für **Gastwirte** ua BGH NJW 1985, 270, 482; 1987, 2671; NJW-RR 1993, 27. Hierbei kommt es nicht entscheidend darauf an, ob der Geschädigte den Willen hatte, die Gastwirtschaft aufzusuchen; vielmehr genügt, daß zur Unfallzeit ein Verkehr von und zur Gaststätte überhaupt noch stattfand (RG JW 1910, 65; BGH NJW 1987, 2671). Grundlage dieser Urteile ist die Erwägung, daß ein Vertrauen der Passanten in die Erfüllung der Streupflicht gerade vor einer Gaststätte berechtigt ist, solange der Allgemeinheit der Zugang zur Gaststätte offensteht. Weithin ist die Streupflicht freilich in Einzelsetzen der Länder (Überblick bei Geigel/Schlegelmilch Rz 14.134ff) und in Ortssatzungen geregelt. Dann ergibt sich die Haftung aus § 823 II, und der Rückgriff auf die allgemeine Verkehrssicherungspflicht ist nicht erforderlich. Sind einzelne Verkehrsflächen von einer solchen Schutznorm nicht erfaßt, kommt aber die allgemeine Verkehrssicherungspflicht hierfür in Betracht (vgl BGH NJW 1966, 202 zu einem öffentlichen Parkplatz). Wer eine Feier in einer Festhalle veranstaltet, ist (auch als Mieter der Halle) dafür verantwortlich, daß der Zugang zu den Parkplätzen beleuchtet und auch für ältere Leute ausreichend gesichert ist (BGH NJW 1990, 905).

Der Gesichtspunkt, daß ein Verkehr **in einem Gebäude** oder **auf einem Grundstück** stattfindet, ist für folgende **95** Lebensbereiche besonders wichtig: Bei **Gastbetrieben** sind die Pflichten des Inhabers oder Pächters (vgl BGH NJW 1985, 270) umfassend (ausführlich Staud/Hager Rz E 253ff mN). Neben der Streupflicht (Rz 94) ist auch die Pflicht zur Erhaltung der einzelnen Einrichtungen gegenüber den Pflichten von anderen Hausbesitzern oder -nutzern gesteigert, vgl BGH VersR 1964, 1245 betreffend den Weg zur Toilette (anders aber RG 87, 128 für einen Mann auf dem Zugang zur Damen-Toilette); BGH VersR 1961, 798 und NJW 1988, 1588 zu Kellertreppen hinter einer den Gästen zugänglichen Tür; BGH NJW 1991, 921 zu Gefahren für Gäste durch zu glatten Parkettfußboden in einem Festsaal. Erhöhte Aufmerksamkeit muß der Gastwirt Brandgefahren widmen, vgl BGH NJW-RR 1988, 659 zur Kontrolle und Reinigung einer Küchen- und Grillabzugsanlage. Aber auch wer privat Gäste empfängt, ist ihnen gegenüber verkehrssicherungspflichtig (vgl BGH VersR 1961, 1119; einschränkend BGH VersR 1978, 721 und RGRK/Steffen Rz 224). In entsprechender Weise können sowohl Eigentümer als auch Mieter von **Mietshäusern** wegen des im Hause stattfindenden besonderen Verkehrs zur Gefahrabwendung verpflichtet sein. Schwerpunkte der Sicherungspflicht sind neben der Beleuchtung die Treppen und deren Geländer (zB RG 74, 124; BGH VersR 1974, 263; NJW 1994, 945; vgl auch NJW 1980, 1745: Rutschen von Schülern auf dem Treppengeländer eines Internates). Die Objekte besonderer Gefahrenanfälligkeit innerhalb zugänglicher Gebäude lassen sich leicht ausmalen: Glastüren, Aufzüge, Rolltreppen, Türschwellen, Hotelbadezimmer uä (vgl nahezu umfassend Geigel/Schlegelmilch Rz 14. 102ff sowie Staud/Hager Rz E 191ff). Die Gefahrabwendungspflichten beginnen auch nicht erst im Gebäude selbst, vgl zur Entfernung eines Abdeckrostes auf einem Lichtschacht vor der Eingangstür BGH NJW 1990, 1236. Erhöhte Sorgfalt schuldet, wer einen Verkehr in **Geschäfts- oder Praxisräume** (BGH VersR 1964, 974: Zugang zum Antiquitätengeschäft; VersR 1974, 888: Kaufhaus; NJW 1986, 2757; 1994, 2617: Fußboden in einem Supermarkt bzw Kaufhaus) oder in Dienstgebäude (BGH VersR 1961, 799) leitet. Mehrfach mußte die Rspr die Verkehrssicherungspflichten (der Eigentümer und Grabstelleninhaber) auf **Friedhöfen** wegen umgefallener Grabsteine feststellen (BGH 34, 206; BGH NJW 1971, 2308; 77, 1392).

Ein weiterer praktisch wichtiger Bereich von Verkehrssicherungspflichten betrifft verschiedene **Sportanlagen**, **96** vgl zu Schwimmbädern BGH NJW 1978, 1629; 1980, 392; 1980, 1159; VersR 1982, 492; NJW-RR 1990, 1245; NJW 2000, 1946; zu Skipisten BGH NJW 1982, 762; 1985, 620. Der BGH (NJW 1984, 801) hat ferner den Veranstalter von Eishockeyspielen dazu verpflichtet, die Zuschauer vor hinausgeschleuderten Pucks durch Plexiglasscheiben um das Spielfeld herum zu schützen. Vgl auch zu Fußballplätzen RG 138, 21, zu einem Flugtag BGH NJW 1980, 223, zum Segelflugbetrieb BGH NJW-RR 1991, 281, zum Autobergrennen (Haftung des Rennfahrers) BGH NJW-RR 1991, 472, zu einer Motorsportveranstaltung BGH NJW 1975, 533. Zu den Verkehrspflichten derer, die sich selbst am Sport beteiligen, Rz 102ff. – Ähnliches wie für Sportanlagen gilt für **Kinderspielplätze** (dazu ausführlich Staud/Hager Rz E 285ff): Für sie ergeben sich noch gesteigerte Sicherungspflichten aus der Tatsache, daß in besonderem Maße mit gefahrerhöhendem Verhalten der Kinder gerechnet werden muß. Aus diesem Grund kann sogar die Sicherung gegen die Gefahren einer neben dem Sportplatz liegenden Straße durch ausreichende und deutliche Schutzvorrichtung erforderlich sein (BGH NJW 1977, 1965). Auch ein aufgelassener Spielplatz bedarf – wenn er nur weiterhin zugänglich ist – noch gewisser Sicherungen (BGH NJW 1978, 1628). Bei Abenteuerspielplätzen kann freilich nach dem Charakter des Spielplatzes und wegen der berechtigten Erwartung, daß sie nur von älteren Kindern benutzt werden, eine geringere Sicherungspflicht angebracht sein (BGH NJW 1978, 1626). Maßstab für das Sicherheitsniveau sind die jüngsten Kinder, die als Benutzer in Frage kommen (BGH 103, 338). Auch mit mißbräuchlichem Verhalten der Kinder muß gerechnet werden, wenn die Anlage eine vielleicht nicht geringe Verführungskraft für sie ausübt (BGH NJW 1978, 1629; 1982, 1144). Nur gegen extrem unvernünftige Verhaltensweisen müssen keine Vorkehrungen getroffen werden (BGH NJW 1980, 1159). – Große Bedeutung in der Rspr der letzten Jahre haben Verkehrspflichten für **Schwimmbecken, Gartenteiche** und ähnliche Einrichtungen (vgl zum Erfordernis der Einzäunung eines Löschteiches BGH NJW 1997, 582). Sind Gartenteiche für Kleinkinder erreichbar, muß mit besonders großen Gefährdungen gerechnet werden; freilich darf der Betreiber des Teiches in der Regel gerade wegen dieser Gefahren eine sorgfältige Aufsicht durch die Eltern erwarten (BGH NJW 1994, 3348). Zur Verkehrssicherungspflicht für Spielgerät vgl BGH NJW 1988, 48; 2667.

c) Schon terminologisch zentrale Bedeutung innerhalb der Verkehrssicherungspflichten haben die **öffentlichen** **97** **Verkehrswege**, nicht nur des Kfz-Verkehrs, sondern auch zB Wasserstraßen und Radwege. Hier liegt zugleich die

§ 823 Einzelne Schuldverhältnisse

wichtigste Quelle für die Entstehung der Verkehrssicherungspflichten bereits vor Inkrafttreten des BGB, vgl Soergel/Zeuner Rz 190 mN Fn 7, 208f. Fraglich ist jedoch schon die Einordnung dieser Haftung ins Privatrecht überhaupt. Der alte Streit um die Anwendung des § 823 oder der § 839, Art 34 GG hat viel von seiner Schärfe dadurch verloren, daß der BGH (seit BGH 75, 134; für Teilnahme am Straßenverkehr zuvor schon BGH 68, 217) die Subsidiarität der Amtshaftung für Fälle der Verletzung von Verkehrssicherungspflichten in neuerer Zeit ständig verneint; s dazu eingehend § 839 Rz 29 und 68, 133. Freilich bleibt nach der Rspr systematisch der höchst unbefriedigende Zustand, daß die Verkehrssicherungspflichten der öffentlichen Hand je nach der zufälligen rechtlichen Ausgestaltung durch **landesrechtliche Sondervorschriften** oder deren Fehlen verschiedenen Rechtsgebieten zuzuordnen sind. Wenig überspitzt spricht Mertens (MüKo/Mertens Rz 230) in diesem Zusammenhang von „einer Art mittelalterlichem Partikularrecht"; ähnlich kritisch auch zB Soergel/Zeuner Rz 193. Eine Liste der Landesgesetze mit hoheitlicher Ausgestaltung der Verkehrssicherungspflichten findet sich bei Soergel/Zeuner Rz 190; zu Besonderheiten der Anforderungen in den neuen Bundesländern Staud/Hager Rz E 98ff. Für die **Bundesfernstraßen** trägt nach § 5 I BFernstrG der Bund, für die Ortsdurchfahrten durch Städte über 50 000 bzw 80 000 Einwohner nach § 5 II und IIa BFernstrG die jeweilige Gemeinde die Straßenbaulast. Entgegen dem überkommenen Grundsatz, daß der Träger der Baulast auch die Verkehrssicherungspflicht zu erfüllen hat, ist für Bundesstraßen und Bundesautobahnen anstelle des Bundes das Land, auf dem sich der Fernstraßenabschnitt befindet, als Verwaltungsträger nach Art 90 II GG verkehrssicherungspflichtig (BGH VersR 1983, 639). Für **Wasserstraßen** (dazu Staud/Hager Rz E 184ff) gilt nach BGH 86, 152 weiterhin in erster Linie die privatrechtliche Verkehrssicherungspflicht nach § 823 I.

98 Der Umfang der Straßenverkehrssicherungspflicht beschränkt sich nicht auf den eigentlichen Straßenkörper, sondern umfaßt zB die Bürgersteige, Bankette und Straßenbäume (BGH 123, 102; BGH NJW 1965, 815, ausführlich Staud/Hager Rz E 145ff mN). Besondere Bedeutung hat auch für die Straßenverkehrssicherungspflicht die **Streupflicht** als Teil der allgemeinen Wegereinigungspflicht, vgl schon Rz 94 zur Streupflicht des Anliegers; ausführliche Übersicht bei Geigel/Schlegelmilch Rz 14.132–175; Staud/Hager Rz E 122–144.

99 d) Als weitere Untergruppe der Verkehrssicherungspflichten wegen besonderer Sachgefahren lassen sich die Pflichten wegen der **erhöhten Gefährlichkeit bestimmter Gegenstände** herausheben. Grundlage dieser Pflichten ist nicht die Eröffnung oder das Andauernlassen eines Verkehrs, sondern gerade die Untauglichkeit des Gegenstandes dafür, überhaupt oder doch ohne ausreichende Sachkunde des Benutzers in den „Verkehr" zu gelangen. An der Grenze zu den Pflichten im Straßenverkehr (vgl Rz 101) liegen bestimmte Pflichten hinsichtlich von **Kraftfahrzeugen**: Der Halter und uU der Fahrer sind wegen der latenten Gefährlichkeit des Fahrzeuges dazu verpflichtet, Vorkehrungen gegen die Benutzung durch Unbefugte zu treffen, BGH VersR 1960, 1091; NJW 1971, 459 (dazu aber Staud/Schiemann § 249 Rz 62); vgl zu Schwarzfahrten § 831 Rz 12. Wer ein Kraftfahrzeug einem Jugendlichen ohne Führerschein überläßt, handelt verkehrspflichtwidrig, uU freilich nicht, wenn er selbst noch Jugendlicher ist (BGH NJW 1978, 421; 1991, 418). Die Überlassung des Fahrzeuges an einen Führerscheininhaber mit geringer Fahrpraxis ist noch nicht verkehrspflichtwidrig (BGH VersR 1961, 846); die Überlassung eines Mokicks durch einen 16jährigen an einen 15jährigen ohne Fahrerlaubnis ist – jedenfalls dem 15jährigen gegenüber – nicht ohne weiteres schon verkehrspflichtwidrig (BGH NJW 1991, 418). Andererseits hat der BGH (NJW 1979, 2309) einen Fahrzeugverkäufer für verpflichtet erklärt, sich darüber zu vergewissern, daß der Käufer eine Fahrerlaubnis hat und das Fahrzeug ordnungsgemäß anmeldet, ehe er ihm die Schlüssel übergibt. Unterschlägt derjenige, der die Probefahrt unternimmt, das Fahrzeug, wird der Überlassende aber nicht wegen Verkehrspflichtverletzung haftbar (BGH NJW 1997, 660). Ähnliche Grundsätze gelten für den Eigentümer oder Besitzer von **Schußwaffen**: Eine geladene Pistole darf nicht für andere zugänglich liegen bleiben (RG JW 1930, 920; BGH NJW-RR 1991, 24 – Gebrauch einer Gaspistole durch Minderjährigen). Ein Jäger muß sein Gewehr entladen, wenn er es während einer Jagdpause auf seinen Knien hält (RG JW 1927, 891) oder wenn die Jagd beendet ist (BGH VersR 1958, 851). Eine besondere Sicherungspflicht besteht ferner zB beim Umgang mit ätzenden Flüssigkeiten (BGH NJW 1968, 1182 – Natronlauge). Zu allen diesen Fällen auch Rz 79.

100 Der Produzentenhaftung nahe stehen Fälle, in denen Sachen von einem Gewerbetreibenden jemandem überlassen werden, der erkennbar mit ihnen nicht umgehen kann. Dies können schon Streichhölzer in den Händen eines 5jährigen sein, zu vergleichbaren Anforderungen an die elterliche Aufsichtspflicht § 832 Rz 8. Auch der Drogist, der einem 15jährigen ein **Unkrautvernichtungsmittel** verkauft, das im wesentlichen aus dem als „Granatenfüller" geeigneten Natriumchlorat besteht, verletzt eine besonders wichtige Verkehrspflicht und ist deshalb für den Schaden verantwortlich, der Dritten aus einer von dem 15jährigen herbeigeführten Explosion entsteht, BGH NJW 1973, 615; sehr ähnlich BGH LM § 823 Nr 30 [Aa], vgl andererseits BGH NJW 1986, 1865: keine Haftung eines Jugendlichen, der hochexplosiven Raketentreibstoff hergestellt hatte, gegenüber dem gleichaltrigen Spielgefährten, der das Gemisch durch Hammerschläge zur Explosion gebracht hat (dazu auch § 828 Rz 3). Zum Umgang mit **Feuerwerkskörpern** allgemein vgl BGH VersR 1965, 38; 1966, 524. In der Silvesternacht sind die Anforderungen an den Umgang mit Feuerwerkskörpern nach BGH NJW 1986, 52 jedoch herabgesetzt (zweifelhaft: Im allgemeinen ist es eher ein Anlaß zu gesteigerter Sorgfalt, wenn – wie die Feuerwerksbetrachter an Silvester – besonders viele Personen gefährdet sind). Gleich mehrfach mußte sich der BGH in letzter Zeit mit der Überlassung von Feuerwerkskörpern an Kinder befassen (BGH 139, 43; 79). Er verfolgt dabei eine wohl allzu „tolerante" Linie: Statt die Abgabe solch gefährlicher Produkte an Minderjährige generell als verkehrspflichtwidrig anzusehen, läßt er es grundsätzlich zu, daß sich der Verkehrspflichtige bei „genereller Eignung" des Produkts für Kinder in der Altersgruppe des Erwerbers oder Benutzers auf die behördliche Zulassung und die Produktbeschreibung verläßt. Nur wenn der Abgebende Anhaltspunkte dafür hat, daß der Minderjährige mit der Gebrauchsanweisung oder überhaupt mit dem Risiko nicht umgehen kann, soll eine Haftung in Frage kommen.

101 e) Die nächstliegende Fallgruppe von auf die Teilnahme an einer besonderen „Veranstaltung" bezogenen Verhaltenspflichten bilden die Pflichten im **öffentlichen Straßenverkehr**. Gerade für diesen Bereich enthalten jedoch die Sondervorschriften insbesondere der StVO eine umfassende Verhaltensordnung, die den Rückgriff auf die allgemeinen Verkehrspflichten überflüssig erscheinen läßt. Soweit Lücken in den Spezialvorschriften auftauchen, sind sie – jedenfalls für die Zwecke der zivilrechtlichen Haftungsbegründung – in Analogie zu bestehenden Regelungen oder durch Konkretisierung des allgemeinen Rücksichtnahmegebots in § 1 StVO zu schließen. Die deliktische Haftung ergibt sich dann nicht aus § 823 I, sondern aus § 823 II iVm den Einzelnormen. Deren Darstellung gehört in die Kommentare zum Straßenverkehrsrecht; vgl im übrigen die Hinweise Rz 162. Im Unterschied zu den Fällen bestimmter Sachgefahren (Rz 89ff) liegt der entscheidende Grund für die Entstehung der Pflichten nicht in der Eröffnung oder dem Andauernlassen des Verkehrs, sondern in der Teilnahme daran. Diese Art von Verkehrspflichten ist also nicht sachbezogen, sondern rollenbezogen. Wichtigste Fälle dieser Art von Verkehrspflichten sind die Berufspflichten, insbesondere diejenigen der ärztlichen Berufe, dazu Rz 126ff. Zu den Verkehrspflichten für öffentliche Verkehrsmittel einschließlich Schiffen Staud/Hager Rz E 173–183.

f) Sportausübung. Die Pflichten im Straßenverkehr zeigen jedoch, daß die **rollenbezogenen Verkehrspflichten** keineswegs auf bestimmte Berufe beschränkt sind. Gerade auch typisches **Freizeitverhalten** kann verkehrspflichtrelevant sein. So ist der Veranstalter einer Adventsfeier für die Sicherheit der Teilnehmer verantwortlich (BGH NJW 1990, 905). Wichtigste Fallgruppe hierzu sind die Verkehrspflichten im **Sport**. Traditioneller Ansatz zur rechtlichen Bewältigung von Sportverletzungen ist die Annahme, die Körper- und Gesundheitsverletzung durch einen anderen bei der Sportausübung sei zwar rechtswidrig, bei Einhaltung der „im Sport erforderlichen Sorgfalt" aber nicht verschuldet (vgl noch Deutsch, Allg Haftungsrecht, Rz 294; ähnlich BGH 63, 140). Richtiger wird man die Teilnahme am Sport selbst als grundsätzlich erlaubt ansehen, wenn auch gelegentliche Verletzungen durch den Sport mit Sicherheit zu erwarten sind. Entscheidendes Zurechnungskriterium ist vielmehr auch hier der Verstoß gegen eine Verkehrspflicht. Zutreffend hat daher der BGH bereits in VersR 1957, 290 ausgesprochen, der schuldhafte Verstoß gegen eine dem Schutz des Sportlers dienende Spielregel begründe bei einer Verletzung des Sportlers die Schadensersatzpflicht. Im einzelnen ist mit Mertens (MüKo Rz 319) zweckmäßigerweise zu unterscheiden zwischen Verkehrspflichten bei „**paralleler Sportausübung**" und bei Kampfsport. Ferner kommen Verkehrspflichten der Sporttreibenden gegenüber Außenstehenden und dieser Außenstehenden gegenüber den Sportlern in Betracht. 102

Hauptanwendungsfall der ersten Fallgruppe ist der **Skisport** (dazu und insbesondere zu den FIS-Verhaltensregeln Scheuer DAR 1990, 121ff): Für ihn hat der Internationale Skiverband Regeln aufgestellt, die als Kanon verkehrspflichtgemäßen Verhaltens herangezogen werden können (Hamm NJW-RR 2001, 1537; MüKo/Mertens Rz 323 mN Fn 906f; Staud/Hager Vorbem zu §§ 823ff Rz 59). Ihr Gehalt läßt sich mit Mertens (MüKo Rz 319) in Anlehnung an § 1 StVO auch für andere Sportarten zusammenfassen: Alle Sportteilnehmer sind verpflichtet, ständig aufeinander Rücksicht zu nehmen und sich so zu verhalten, daß kein anderer geschädigt, gefährdet oder mehr als nach den Umständen unvermeidbar behindert oder belästigt wird, vgl im selben Sinne BGH NJW 1982, 2555 zur Eislaufordnung des Münchener Olympia-Stadions. In entsprechender Weise hat BGH 58, 40 die Verpflichtung der Skifahrer festgestellt, stets das vor ihnen liegende Gelände und die anderen Skiläufer zu beobachten, mögliche Hindernisse einzukalkulieren und ihre Geschwindigkeit so einzurichten, daß sie in den Grenzen ihres Könnens jederzeit richtig reagieren, ausweichen und notfalls anhalten können; zahlreiche weitere Beispiele, ganz überwiegend aus dem Skisport, bei Staud/Hager Vorbem zu §§ 823ff Rz 61 mN. 103

Bei **Kampfsportarten**, zB Fußball, Handball, Basketball, Hockey, Boxen und Ringen, ist gleichfalls von den anerkannten und vom Richter überprüften Spielregeln auszugehen. Kommt es trotz regelrechten Verhaltens zu einer Verletzung, ist diese im allgemeinen nicht rechtswidrig. Handelt es sich aber wie beim Boxen um eine Sportart, die Verletzungen des Gegners geradezu als Ziel hat, darf die Einhaltung des sportlichen Regelwerks allerdings nicht zum Freibrief für Verletzungen werden. Grobe Rücksichtslosigkeit ist stets rechtswidrig (MüKo/Mertens Rz 337). Hauptproblemfeld sind die Verletzungen, die zwar auf **regelwidrigem Verhalten** beruhen, aber im Eifer der sportlichen Auseinandersetzung schwer zu vermeiden sind. Es liegt nahe, den von BGH 63, 140 bei einer Verletzung trotz Einhaltung der Regeln verwendeten Gesichtspunkt des venire contra factum proprium auf einige Fälle regelwidrigen Verhaltens zu übertragen zur Haftungsfreistellung bei geringfügigem Regelverstoß BGH NJW 1976, 957 – „gefährliches Spiel"; BGH NJW 1976, 2161 – Foul beim Basketball. In der Tat erscheint es unangemessen, jemandem einen Schadensersatzanspruch zu gewähren, der in einer entsprechenden Situation aller Voraussicht nach selbst die Verletzung eines Sportpartners nicht immer vermieden hätte. Dieser Gedanke liegt den **Milderungen des Haftungsmaßstabes** in §§ 708, 1359 zugrunde, und ein ähnliches Verhältnis spezifischer Nähe zwischen Schädiger und Verletztem ist auch bei der Sportverletzung vorhanden. Durch eine solche Analogie wird der Maßstab des venire contra factum proprium konkretisiert, während die Konstruktion einer Einwilligung hier wie auch in anderen Fällen des Handelns auf eigene Gefahr dem psychischen Sachverhalt nicht gerecht wird. Die **Beweislast** für den Regelverstoß und für das Verschulden trifft – wie sonst im allgemeinen – den Geschädigten (BGH 63, 140, 147), zur Beweiswürdigung Staud/Hager Vorbem zu §§ 823ff Rz 56. 104

Für das Verhalten des Sportlers zum Publikum sind Fälle aus dem Bereich der **Jagdausübung** charakteristisch (dazu ausführlich Staud/Hager Rz E 367–371 mN). So muß ein Jäger damit rechnen, daß sich Menschen im Revier aufhalten. Kann er nicht sicher erkennen, daß sich kein Mensch in Schußrichtung befindet, darf er daher nicht schießen (BGH VersR 1959, 206; 1963, 732). Zur Pflicht, den Straßenverkehr gegen aufgestörtes Wild zu sichern, BGH DB 1976, 720. Zur Sicherungspflicht des Veranstalters **gegenüber Zuschauern** im Stadion und an Rennbahnen siehe Rz 96. Zur Pflicht der Außenstehenden, das Sportgelände nicht zu betreten oder sonst zu stören, vgl MüKo/Mertens Rz 344. 105

g) Ein anderer Bereich konkretisierungsbedürftiger Verhaltensanforderungen an die Teilnehmer ist das **Demonstrationsrecht**. Die Rechtmäßigkeit genehmigter Demonstrationen ergibt sich schon aus Art 5, 8 I GG. Daraus sind 106 aber zugleich Grenzen der Demonstrationsfreiheit abzuleiten: Nicht mehr um typische und deshalb hinzunehmende Behinderungen handelt es sich bei Verhaltensweisen, die auch im allgemeinen Bewußtsein – nicht schon im Rahmen des rechtlich umstrittenen Gewaltbegriffs des § 240 StGB – als Gewalttätigkeiten verstanden werden. Dazu ist neben Körperverletzungen jede Art von substantieller Sachbeschädigung zu rechnen. Wer solche Ausschreitungen selbst aktiv begangen hat, haftet nach § 823 I. Die Frage eines besonderen Verkehrspflichtverstoßes stellt sich in diesen Fällen nicht. Die Verantwortlichkeit eines (Mit-)Demonstranten für die Ausschreitungen anderer Demonstrationsteilnehmer ergibt sich andererseits nicht schon aus § 830 I S 1, vgl § 830 Rz 4 im Anschluß an BGH 89, 383: Die bloß geistige und willensmäßige Solidarität mit aktiven Schädigern genügt nicht zur Begründung der Haftung eines Teilnehmers; weitergehend in der Haftungsbegründung aber noch BGH 59, 30. Der aus dem Strafrecht kommende Ansatz zur Begründung der Haftung aus der Gesinnung des Demonstrationsteilnehmers erscheint vielmehr insgesamt zur rechtlichen Beurteilung des zivilrechtlichen Haftungskomplexes wenig geeignet. Durch die bloße Möglichkeit oder sogar Wahrscheinlichkeit der Teilnahme gewalttätiger Gruppen braucht sich niemand von seiner friedlichen Demonstrationsabsicht abhalten zu lassen. Wann wegen Art und Ausmaß der Gewalttätigkeit auch der friedliche Demonstrant seine Mitwirkung an der Demonstration aufgeben oder abbrechen muß, läßt sich nur situationsbezogen feststellen. Gerade darin zeigt sich der Verkehrspflichtcharakter der hier zu entwickelnden Standards, vgl Rz 10, 79ff.

107 h) Als Verkehrspflichten für einen bestimmten charakteristischen Verhaltensbereich lassen sich schließlich auch die **Arbeitskampfregeln** deuten, wenn man sie nicht – was vorzuziehen ist (Rz 58) – wegen ihrer gewohnheits- und richterrechtlichen Verfestigung als Schutznormen zugunsten einzelner Unternehmer und Arbeitnehmer iSd § 823 II ansieht. Nach dem hier (Rz 58f) verfolgten Ansatz läge die Relevanz der Verkehrspflichten im Arbeitskampf allerdings nicht bei Verletzungen des Rechts am Unternehmen. Auch den „sonstigen Rechten" entsprechende Positionen sind vom typischen Streik nicht betroffen. Gerade deshalb ist ein weitergehender Schutz der Kampfgegenseite, auch des Arbeitnehmers wegen der Vereitelung des Einsatzes seiner Arbeitskraft, nach § 823 II iVm den anerkannten Kampfregeln sachgerecht. Sofern durch einen „wilden Streik" in das Eigentum einschließlich seiner funktionalen Ausstrahlung (Rz 29ff) eingegriffen wird oder es zu Körperverletzungen kommt, müßte aber jedenfalls die „Verkehrspflichtwidrigkeit" des Arbeitskampfverhaltens den Maßstab für die Zurechnung des Schadens bilden (vgl dazu MüKo/Mertens Rz 509f; Soergel/Zeuner Rz 133ff; Staud/Hager Rz D 46ff; ferner Rz 155).

10. Produzentenhaftung

108 a) **Deliktische und außerdeliktische Haftung.** Materiell-rechtlich stellt auch die in den letzten drei Jahrzehnten durch die Rspr entwickelte Produzentenhaftung einen Anwendungsfall der **Haftung wegen Verkehrspflichtverletzungen** dar. Wegen ihrer praktischen Bedeutung, wegen des mindestens terminologischen Einflusses des amerikanischen Rechts (product liability) und neuerdings wegen des EG-Rechts mit seiner Umsetzung ins ProdHaftG ist die Produzenten- oder Produkthaftung aber weitgehend als selbständige Haftungskategorie anzusehen. Zum ProdHaftG im einzelnen die Kommentierung unten im Anh § 853. Nach **§ 15 II ProdHaftG** bleiben die Vorschriften, nach denen ein Ersatzpflichtiger in weiterem Umfang als nach dem ProdHaftG haftet oder nach denen ein anderer für den Schaden verantwortlich ist, unberührt. In weitem Umfang besteht zwischen dem ProdHaftG und den §§ 823ff **Anspruchskonkurrenz**, vgl vor § 823 Rz 25; ein Einfluß des ProdHaftG auf die Deliktsdogmatik erscheint insbesondere hinsichtlich des Herstellerbegriffs möglich und erwünscht, vgl Rz 123.

109 Im Unterschied zur Haftung nach dem ProdHaftG ist die deliktische Produzentenhaftung kein Teilgebiet des Verbraucherschutzes, wenn sie auch weitgehend **zugunsten der Verbraucher** wirkt. Aber schon die Ausgangsentscheidung des BGH zur Rechtsfortbildung der §§ 823ff für fehlerhafte Produkte (BGH 51, 91) betraf einen gewerblichen Abnehmer, vom ProdHaftG nicht geschützt würde (ebenso zuletzt etwa BGH NJW 1998, 1942; 2282). Im Gegensatz zur Haftung nach § 1 ProdHaftG ist die deliktische Produzentenhaftung eine Verschuldenshaftung. Da das Verschulden bei den meisten Fallgruppen nach st Rspr vermutet wird, unterscheidet sich die Haftung nach §§ 823ff aber kaum von einer Gefährdungshaftung, vgl auch Rz 82. Dafür bietet die Deliktshaftung erhebliche Vorteile gegenüber der Haftung nach ProdHaftG: kein Höchstbetrag, kein Selbstbehalt und kein Ausschluß bestimmter Produktgattungen.

110 Außer im ProdHaftG ist der Sachkomplex der Produzentenhaftung unter Teilaspekten in weiteren **Spezialgesetzen** geregelt. Am wichtigsten ist darunter das **AMG**. Einzelheiten zur Arzneimittelhaftung können hier nicht dargestellt werden, vgl dazu Deutsch, Medizinrecht, 4. Aufl 1999, Teil B, insbesondere Rz 876ff mN, und ergänzend Wagner, Das neue Schadensrecht, 2002, 20ff. Hervorzuheben sind zwei Besonderheiten: § 84 AMG enthält neben dem ProdHaftG die einzige Gefährdungshaftung im Produkthaftungsrecht. Ferner sieht das AMG unter dem Eindruck des Contergan-Falles über das ProdHaftG hinausgehend auch eine Haftung für Entwicklungsgefahren vor. Für den gesamten Bereich der Produzentenhaftung beispielhaft ist die Normierung der Instruktionspflicht in § 84 I S 2 Nr 2 AMG. Sie ist besonders streng, wenn das Arzneimittel dazu bestimmt ist, daß Patienten es in dramatischen Situationen selbst anwenden (BGH 106, 273 – Asthma-Spray). Ein weiteres wichtiges Spezialgesetz zur Produzentenhaftung ist das **GerätesicherheitsG** (früher MaschinenschutzG), vgl BGH VersR 1972, 149; NJW 1980, 1219; VersR 1984, 270; Text der wichtigsten hier einschlägigen Vorschriften bei MüKo/Mertens Rz 307. Dieses Gesetz enthält nicht selbst eine Haftungsregelung. Als Schutzgesetz nach § 823 II begründet es jedoch eine Ersatzpflicht bei schuldhaftem Verstoß. Dasselbe gilt etwa für § 8 Lebensmittel- und BedarfsgegenständeG bei gesundheitsschädlichen Lebensmitteln (BGH VersR 1976, 543; unentschieden hinsichtlich des Schutzbereichs und des Verschuldens BGH 116, 104, dazu Brüggemeier ZIP 1992, 415), und für § 3 Nr 2 FuttermittelG bei schädlichen Futtermitteln, BGH NJW 1987, 1694; BGH 105, 346, sowie für §§ 4ff ProduktsicherheitsG (dazu Graf v. Westphalen/Foerste II § 91). Weitere Schutzgesetze im Bereich der Produzentenhaftung zählt § 2 III Nr 1 und 2 ProduktsicherheitsG auf. Für sie gelten die Vorschriften des ProduktsicherheitsG nicht oder nur eingeschränkt. Fundstellen der Gesetze bei Graf v. Westphalen/Foerste II § 90 Fn 37–42, 46–54.

§ 823

b) Produzentenhaftung aufgrund der Rechtsfortbildung durch den BGH. Seit der epochemachenden Entscheidung des BGH (**BGH 51, 91**) im „Hühnerpest-Fall" steht fest, daß die **allgemeine Produzentenhaftung auf § 823 I** beruht. Damit sind andere Konstruktionen zur Haftungsbegründung gegenüber jedermann (zu ihnen BGH 51, 91ff) wohl endgültig überwunden, vgl Vertrag mit Schutzwirkung für Dritte zuletzt aber Schwenzer JZ 1988, 525, 531. Bei vertraglichen Beziehungen zwischen dem Geschädigten und dem Produzenten bleibt die vertragliche Haftung daneben anwendbar. Zur Abgrenzungsfrage hinsichtlich (vertraglicher) Äquivalenz- und deliktischer Integritätsschäden auch Rz 124f. **111**

Als deliktische Haftung ist die Produzentenhaftung trotz einiger Besonderheiten mit dem **Verkehrspflichtgedanken** verbunden geblieben: Materiell-rechtlich beruht die Haftung des Produzenten auf der Verletzung von gerade ihn treffenden Verkehrspflichten. Hiermit ist das Recht der deliktischen Produzentenhaftung im Gegensatz zur Haftung nach dem ProdHaftG (Rz 109) **kein Verbraucherschutzrecht**, sondern ein Mittel auch zum Schutz gewerblicher Abnehmer und Benutzer (vgl BGH 51, 91; 67, 359; 80, 186; 80, 199; BGH NJW 1992, 1225; 1998, 1942; 2282; 1999, 1028 zum Schutz anderer Produzenten, BGH NJW 1975, 1827 zum Schutz eines Arbeitnehmers beim gewerblichen Benutzer). Tragender Gedanke der Herstellerpflichten ist die Verantwortung des Produzenten dafür, daß er ein Produkt **in den Verkehr gebracht** hat, in dessen Unschädlichkeit die Abnehmer und Benutzer unabhängig davon, auf welcher Marktstufe sie mit dem Produkt in Berührung kommen, **vertrauen** dürfen. Erweist sich das Produkt dennoch als fehlerhaft, ist daraus noch nicht zwingend darauf zu schließen, daß die Produktion oder die Auslieferung verkehrspflichtwidrig waren. Nach allgemeinen deliktsrechtlichen Grundsätzen müßte der Geschädigte vielmehr beweisen, daß sein Schaden gerade auf dem Produkt und auf der Tatsache, daß der Hersteller das Produkt schuldhaft mit Mängeln in den Verkehr gebracht hat, beruht. Dies würde die Produzentenhaftung zu einer fast rein theoretischen Hilfe für den Geschädigten machen. Die entscheidende Neuerung der Rspr seit BGH 51, 91 liegt deshalb in den **Beweiserleichterungen**, insbesondere der **Beweislastumkehr** hinsichtlich des Verschuldens, die der BGH seitdem dem Geschädigten gewährt. Dieses Mittel zur praktischen Haftungsdurchsetzung findet seine Vorbilder zB in §§ 831 I S 2, 836 und außerhalb des Deliktsrechts in § 280 I S 2. Die Grundlage für die Beweislastumkehr ist wohl in einer besonderen, zur professionellen Produktion von Gütern gehörenden Verkehrspflicht, den **Produktionsprozeß** selbst im Interesse der Allgemeinheit **transparent** zu gestalten, zu sehen; erfüllt der Hersteller diese Pflicht nicht, muß er die prozessualen Folgen tragen. Bei Begründung der Verschuldensvermutung in BGH 51, 91 war die hieran anknüpfende rechtspolitische Wertung noch stark an der Größe und Komplexität des Herstellerbetriebes orientiert. Nunmehr hat BGH 116, 104 aber im Falle einer salmonellenverseuchten Nachspeise ausdrücklich die Beweislastumkehr auch gegen den Inhaber einer Gaststätte, also eines Kleinbetriebes, angewendet. Diese Haftungsbegründung hat eine Parallele in der Haftung des Arztes wegen Aufklärungs- und Dokumentationsmängeln, Rz 141. Die Rspr selbst begnügt sich in der Regel mit dem topischen Hinweis auf die größere „**Nähe" des Produzenten** zum streitigen Geschehen. Seit BGH 104, 323 ist die Tendenz zu erkennen, für die Begründung der Beweislastumkehr auf die Grundsätze der Arzthaftung zurückzugreifen und folgerichtig auch über die Verschuldensfrage hinaus zu erweitern. Ausdrücklich abgelehnt hat BGH 116, 60 aber die Übertragung der im Arzthaftungsrecht angewandten Beweiserleichterung zur Kausalität zwischen schweren Behandlungsfehlern und einem Schaden (Rz 141 aE) auf die Produzentenhaftung. **112**

Die Beweislastumkehr hinsichtlich des Verschuldens des Produzenten betrifft die **subjektive Vermeidbarkeit** der Verkehrspflichtverletzung, so noch BGH 51, 91. Die Begründung aus dem Transparenzgebot trägt jedoch auch hinsichtlich der **objektiven Pflichtwidrigkeit**, so im Ergebnis ausdrücklich BGH 80, 186, 196. Der Geschädigte bleibt dann immer noch beweispflichtig für die Rechtsgutsverletzung, den Fehler und die haftungsbegründende Kausalität: Diese Tatsachen liegen nicht in jedem Fall im ausschließlichen oder überwiegenden Kenntnisbereich des Herstellers, so daß er auch nicht schlechthin Aufklärung darüber schuldet (BGH 104, 323 [333f] mN). Auch insoweit gewährt die Rspr aber erhebliche Hilfen durch die Möglichkeit des Anscheins- und des Indizienbeweises. Insgesamt ist die deliktische Produzentenhaftung dadurch zwar ein im wesentlichen wirksames, dogmatisch aber recht unübersichtliches Instrument der Schadensabwälzung geworden. **113**

Der allgemeine Verkehrspflichtgedanke im Recht der Produzentenhaftung kann nicht auf den Bereich der industriellen „hardware" beschränkt werden. Deshalb gehört zur deliktischen Produzentenhaftung zum einen auch die Haftung wegen unzureichender oder fehlender **Information über das Produkt**: Über die produktspezifischen Gefahren ist nicht nur aufzuklären; vor ihnen muß auch hinlänglich gewarnt werden (zB BGH 116, 60; BGH NJW 1998, 2905 mN). Zum andern können Informationen selbst die in den Verkehr gebrachten Waren sein, vgl BGH NJW 1970, 1963 zu einer falschen Mengenangabe in einem medizinischen Handbuch; BGH NJW 1973, 843 zu unzutreffenden Angaben in einer Nottestamentsmappe für Bürgermeister; umfassend Foerste, Die Produkthaftung für Druckwerke NJW 1991, 1433; zur Produzentenhaftung von Software-Herstellern Wehlau CR 1990, 95, vgl zum Streitstand, insbesondere zum Merkmal der „Verkörperung" in einem Informationsträger, Staud/Hager Rz F 7. Erleidet zB der Benutzer einer falschen Internet-Information Schäden an seinen nach § 823 I geschützten Rechtsgütern, kommt eine Haftung des Informations-„Lieferanten" wegen der „herausgeforderten" (Selbst-)Schädigung (Rz 2) in Frage. Eine Differenzierung danach, ob sich die Information auf ein vom Informanden mitgeliefertes Produkt oder dem Informationsempfänger gehörendes Gut auswirkt, wäre unter dem Gesichtspunkt der Einhaltung von Verkehrspflichten nicht sachgerecht. Aus dem Ansatz bei der Verkehrspflicht folgt ferner, daß eine Fallgruppenbildung allein nach verschiedenen Pflichten, nicht nach Produktarten in Frage kommt. Zutreffend hat der BGH daher auch bei **Wirkungslosigkeit** des Produkts Schadensersatz für möglich erklärt, wenn der Benutzer durch die Verwendung des Produkts an wirksamen Schutzmaßnahmen gehindert worden ist (BGH 80, 186 – resistenzbegründendes Fungizid; BGH NJW 1985, 194 – undichte Dachdeckfolie; BGH VersR 1986, 1003 – mangelhaftes Dichtungsmaterial; vgl auch Staud/Hager Rz B 86 mN). **114**

115 **c) Einzelne Produzentenpflichten.** Verkehrspflichten des Herstellers bestehen in allen Phasen des Produkt-„Schicksals": beginnend bei der Entwicklung (**Konstruktionsfehler**) über die Herstellung und Kontrolle (**Fabrikationsfehler**) bis zur Kunden- und Benutzerinformation (**Instruktions- und Produktbeobachtungsfehler**). Da die Haftung aber auf der Verletzung von Verkehrspflichten beruht und somit verschuldensabhängig ist, kann der Hersteller nicht für die Gefahrlosigkeit des Produktes schlechthin verantwortlich sein (BGH VersR 1964, 746; NJW 1970, 1963; MüKo/Mertens Rz 282 mN). Entscheidender Maßstab ist, was der Verkehrskreis der Abnehmer und Benutzer bei objektiver Betrachtung für erforderlich hält (BGH VersR 1972, 559; NJW 1990, 906). Wie bei allen Verkehrspflichten (Rz 80) hängt das Maß der verlangten Gefahrsteuerung davon ab, was dem Produzenten zumutbar ist. Drohen von einem Produkt Gefahren für Leben oder Gesundheit, müssen wirtschaftliche Gesichtspunkte jedoch weitgehend zurücktreten (BGH 51, 91, 108). Dem „beweglichen" Begriff der Zumutbarkeit entsprechend sind daher im einzelnen durchaus unterschiedliche Anforderungen möglich: bei einem fachmännischen Benutzerkreis weniger strenge als bei typischer Benutzung durch Laien (BGH NJW 1981, 2514; 1992, 2016), bei Gefährdung von Menschen strengere als bei Gefährdung von Tieren (vgl BGH VersR 1977, 546 und hierzu Kullmann VersR 1988, 655, 656). Eine Basissicherheit ist stets zu gewährleisten. Von einem teureren Produkt darf man aber auch die Einhaltung eines höheren Sicherheitsstandards erwarten (BGH NJW 1990, 906; 908; Staud/Hager Rz F 8 mN).

116 Im **Konstruktionsbereich** hat der Hersteller den Stand von Wissenschaft und Technik zu erforschen und anzuwenden (BGH VersR 1967, 1194). In einer dynamischen Wirtschaft braucht er sich aber nicht ausschließlich am Hergebrachten und Etablierten zu orientieren. Daher wird er nach hM (Soergel/Zeuner Rz 177; MüKo/Mertens Rz 288; Staud/Hager Rz F 19 mN; Medicus, BürgR Rz 650 aE) für sog Entwicklungsfehler nicht haftbar gemacht, vgl aber Rz 110 zum AMG. Gemildert wird dieser Grundsatz durch die Pflicht zur Produktbeobachtung, Rz 119. Zur Konstruktionsphase gehört ferner die sorgfältige Prüfung des Produkts, ehe es in Serie hergestellt werden kann (BGH VersR 1963, 860). Auch die von anderen Herstellern zu liefernden Teile des Produktes sind auf ihre Tauglichkeit zu prüfen (BGH VersR 1970, 469, vgl auch BGH 67, 359; 104, 323). Den Auftragsfertiger bei horizontaler Arbeitsteilung trifft nur eine eingeschränkte Konstruktionsverantwortung gegenüber dem Endabnehmer (nur bei eigener Möglichkeit, die Gefährlichkeit zu erkennen, und begründetem Anlaß für die Annahme, daß der Hauptverantwortliche hierauf nicht genügend Rücksicht nimmt, BGH NJW-RR 1990, 406, vgl aber auch BGH NJW 1998, 1942 mN zur Eigentumsverletzung beim Endhersteller und dazu Rz 124f). Allgemein ist der Hersteller zur Qualitätskontrolle der Produkte von Vorlieferanten verpflichtet (BGH NJW 1975, 1828; WM 1977, 81; BGH 104, 323). Technische Normen zur „Basissicherheit" des Produktes (DIN, VDE-Normen, ISO-Standards uä) sind stets einzuhalten, stellen jedoch kein abschließendes Verhaltensprogramm dar (BGH NJW 1987, 372; 1994, 3349; 1998, 2905).

117 Im Bereich der **Fabrikation und Kontrolle** des Produkts ist der gesamte Betriebsablauf vom Rohstoffeingang bis zur Warenausgangskontrolle so durchzuorganisieren, daß Fehler nach menschlichem Ermessen vermieden werden (dazu grundlegend Steindorff AcP 170, 93, 99). Kontrollen des Fertigproduktes sind – wenigstens stichprobenweise – regelmäßig erforderlich (BGH VersR 1960, 855; NJW 1968, 247; VersR 1972, 559). Kontrollen bilden aber nicht den eigentlichen Inhalt der Verkehrspflicht, sondern die fehlerfreie Herstellung selbst (BGH 105, 346 [352]). Je eher Fehler im Produktionsablauf unvermeidbar erscheinen, desto wichtiger ist die abschließende Qualitätskontrolle. Zu den Einzelheiten des Kontrollmaßstabs insbesondere Kullmann VersR 1988, 655, 657 mN Fn 27ff. Diese Pflichten greifen so lückenlos ein, daß die im Grundsatz immer betonte Möglichkeit des „Ausreißers" (vgl Staud/Hager Rz F 44 mN) praktisch nahezu ausgeschlossen ist (vgl aber immerhin BGH 129, 353, 357f).

118 Für den Bereich der Information von Kunden und Benutzern ist zwischen der anfänglichen **Instruktion** und der laufenden Beobachtung des Produkts zu unterscheiden: Der Hersteller muß über Gefahren und schädliche Nebenwirkungen eines Produkts durch „Waschzettel", Verarbeitungshinweise uä aufklären, wenn durch die – uU mißbräuchliche – Anwendung oder Verwendung des Produkts nicht ganz fernliegenderweise Schäden entstehen können (so bereits BGH VersR 1955, 765; vgl ferner etwa BGH NJW 1972, 2217 für ein Arzneimittel vor dem Inkrafttreten der §§ 84ff AMG; NJW 1975, 1827; BGH 99, 167 [180]; 116, 60; BGH NJW 1998, 2905 mN). Die Grenzen der Instruktionspflicht sind aber überschritten, wenn von dem Produkt grob mißbräuchlich oder höchst leichtsinnig Gebrauch gemacht wird (BGH NJW 1981, 2514 zum „sniffing" eines 15jährigen mit einem Kältemittel; weitere Fälle offensichtlichen Mißbrauchs bei Staud/Hager Rz F 36 mN). Auch über das, was jedem vernünftigen Abnehmer aus dem relevanten Verkehrskreis bekannt ist, braucht nicht aufgeklärt zu werden (BGH NJW 1986, 1863; 1992, 2016; Staud/Hager Rz F 14 mN). Warnt der Hersteller vor der Erwärmung des Wirkstoffes in einer Spraydose über 50 °C, braucht er jedenfalls einen Installateur nicht noch vor der offensichtlich gleichartigen Gefahr bei Erhitzung des mit dem Spraymittel bearbeiteten Metalls unmittelbar nach der Bearbeitung zu warnen (BGH NJW 1987, 372). Dieselbe Warnung genügt jedoch nicht als Aufklärung über die Gefahren durch ein bei der Bearbeitung entstandenes Gas-Luft-Gemisch (BGH aaO). Hier handelt es sich nicht mehr um eine gleichartige Wirkung, sondern um eine typische Nebenwirkung; auf Nebenwirkungen chemischer Erzeugnisse muß aber regelmäßig deutlich hingewiesen werden (BGH 64, 46, 49f – Allergie durch Haartonikum; 116, 60 – Zahnschäden durch „Dauernuckeln" von Kindertee).

119 Die Pflicht zur Warnung und Aufklärung der Produktbenutzer oder Verbraucher endet nicht, wenn das Produkt nach dem Stande der Technik fehlerfrei hergestellt und mit ausreichender Instruktion in den Verkehr gebracht worden ist. Spätere Einsicht in mit dem Produkt verbundene Gefahren begründet zu diesem Zeitpunkt weitere Gefahrabwendungspflichten. Grundlage hierfür ist eine laufende **Produktbeobachtungspflicht** (BGH 80, 199 – „Apfelschorf II" – und seitdem etwa BGH 99, 167; 116, 60; BGH NJW 1990, 906; 1994, 3349; dazu vor allem Michalski BB 1998, 961). Für weiter produzierte Waren versteht sich diese Pflicht als Teil der Produzentenpflichten hinsichtlich der neuen Produkte von selbst, Rz 116. Für schon ausgelieferte Waren wird der Gesichtspunkt wesentlich, daß auch das „Andauernlassen" eines „Verkehrs" Sicherungspflichten im Rahmen der Zumutbarkeit begründet, Rz 93ff: Eine unterschiedliche Wertung für die Duldung des Fußgängerverkehrs auf einem Grundstück einerseits (Rz 91, 94f), für die bewußt und gewollt auf den Markt gebrachte Ware andererseits ist nicht gerechtfertigt. Der Benutzer des Produkts darf vielmehr darauf vertrauen, daß der Hersteller, der kraft seiner inzwischen gewonnenen Sachkunde die Möglichkeit zur Gefahrabwendung hat, ihn im zumutbaren Rahmen ebenso schützt wie der Grundstückseigentümer, der die unmittelbare Herrschaft über die Gefahren dieses Grundstücks ausübt. Die Beobachtungspflicht und die Pflicht des Herstellers, sich selbst über die Verwendungsfolgen eines Produkts zu informieren, erstreckt sich auf solche Gefahren, die sich erst durch die Kombination mit anderen Produkten, zB anderen Medikamenten oder der Motorrad-Lenkerverkleidung eines anderen Herstellers (BGH 99, 167) ergeben (vgl auch BGH NJW 1994, 3349). Freilich wird man dieser Pflicht bei **fremden Produkten** engere Grenzen ziehen müssen als bei eigenen (strenger wohl BGH NJW 1990, 906: generelle Pflicht des Warenherstellers, die Produktentwicklung der wichtigsten Mitbewerber zu beobachten). Hinsichtlich des notwendigen Zubehörs ist das Produkt auch ohne konkreten Anlaß zu beobachten. Bei allgemein gebräuchlichem Zubehör besteht eine Überprüfungspflicht, wenn zu befürchten ist, daß das Zubehör seiner Art nach gefährlich ist (zu alledem BGH 99, 173f). Man unterscheidet passive und aktive Produktbeobachtung (Staud/Hager Rz F 21): Erstere geht von Reklamationen einzelner Kunden aus und trifft auch die Händler (BGH NJW 1994, 517; NJW-RR 1995, 342); letztere erfordert eine eigene laufende Überwachung durch Produkttests, Literaturrecherche, Unfallanalysen und dgl. Die erforderlichen Gefahrsteuerungsmaßnahmen sind nach ihrer Art und der hM zufolge auch nach der Herkunft der Gefahr verschieden. Drohen dem Benutzer Gesundheitsschäden oder erhebliche materielle Einbußen, besteht jedenfalls eine **Warnpflicht** (BGH 80, 199). Sie ist eine Instruktionspflicht aus dem besonderen Anlaß nachträglicher Kenntnis von Gefahren des Produkts. Eine darüber hinausgehende Pflicht zum **Rückruf** und zur Reparatur des Produktes wird heute im Grundsatz einhellig anerkannt (Überblick bei Staud/Hager Rz F 25 mN; eingehend Bodewig, Der Rückruf fehlerhafter Produkte, 1999). Eine entsprechende öffentlich-rechtliche Pflicht ergibt sich gegenüber Verbrauchern aus § 9 ProduktsicherheitsG (dazu und zu den Wirkungen auf § 823 I Marburger, FS Deutsch, 1999, 271, 285f). Von der Rückrufpflicht selbst zu unterscheiden ist die Frage der Kostentragung. Ihre Übernahme durch den Produzenten ergibt sich, auch wenn er wegen Einhaltung des Produktsicherheitsstandards und des Standes der Technik zunächst nicht für das Produkt haftete, in Anknüpfung an den quasi-negatorischen Rechtsschutz (MüKo/Mertens Rz 289; Herrmann BB 1985, 1801). Vielfach wird die Rückrufpflicht auf Fälle beschränkt, in denen die Fehlerhaftigkeit des Produkts dem Hersteller nach den allgemeinen Grundsätzen der Produzentenhaftung anzulasten ist (Schwenzer JZ 1988, 1061 mN). Diese Rückrufpflicht ist jedoch nicht erst eine Folge der Produktbeobachtungspflicht, sondern Gegenstück zum – gegen Verkehrspflichtverletzungen grundsätzlich möglichen – vorbeugenden Rechtsschutz, vgl v. Bar in 25 Jahre Karlsruher Forum, 1983, 80ff und vor § 823 Rz 21. Läßt sich eine schwere Gefahr für den Benutzer oder für Dritte nur durch den Rückruf wirksam abwenden, zB bei fehlerhaften Kfz oder Reifen, dann muß andererseits die Gefahrabwendungsmöglichkeit unabhängig davon bestehen, ob das Inverkehrbringen des Produkts dem Hersteller schon anfänglich zuzurechnen war oder wegen eines Entwicklungsfehlers gerade noch nicht. Zur strafrechtlichen Sanktionierung der Rückrufpflicht BGHSt 37, 106: Wer ein schädliches Produkt auf den Markt gebracht hat, ist auch strafrechtlich Garant gegenüber dem Abnehmer und ist zum Rückruf verpflichtet, wenn der schädliche Erfolg (zB Körperverletzung) anders nicht abzuwenden ist.

d) Ausdehnung auf Umweltgefahren? Die Orientierung der besonderen Verkehrspflichten im Zusammenhang mit der (industriellen) Produktion am gesamten Herstellungs- und Vermarktungsprozeß läßt die Möglichkeit zu, auch für **Industrieabfälle** als „Erzeugnisse mit negativem Wert" (BGH NJW 1976, 46) die Grundsätze der Produzentenhaftung heranzuziehen. Für die Pflicht zur Abwehr von Gefahren der industriellen Produktion ist die Bestimmung des Produkts zum Absatz nicht allein maßgeblich. Bringt der Hersteller Industrieabfälle ins Trinkwasser (BGH aaO) oder schädliche Staubemissionen in die Luft (BGH 92, 143), bringt er auch auf diese Weise etwas in den „Verkehr". Da dies im Rahmen der komplexen Organisation eines Betriebes geschieht, besteht hier genauso wie bei den auf den Markt gebrachten Produkten die Verkehrspflicht zur Kontrolle und Transparenz (vgl Rz 112). Infolgedessen ist eine **Beweislastumkehr** nach denselben Grundsätzen wie bei der „normalen" Produzentenhaftung gerechtfertigt (BGH 92, 143, 150f). Hierdurch wird das private Deliktsrecht freilich immer noch nur ein bescheidenes Hilfsmittel des privaten Umweltschutzes (vgl vor § 823 Rz 16; allgemeiner zur Beziehung zwischen Umwelthaftung und Produkthaftung G. Hager JZ 1990, 397ff; Möllers, Rechtsgüterschutz im Umwelt- und Haftungsrecht, 1996). Die für das Umweltrecht typischen multikausalen Schäden, zB die „neuartigen Waldschäden" (vgl BGH 102, 350), lassen sich wegen ihrer Emittentenferne mit dem Recht der Produzentenhaftung nicht erfassen.

e) Wichtigstes Element der Rspr zur Produzentenhaftung ist die durch BGH 51, 91 begründete **Beweislastregelung**. Für deren Anwendung ist zwischen eigentlichen Produktfehlern und Fehlern im Informationsbereich zu unterscheiden. Entwickelt worden ist die Beweislastumkehr für den Fall eines **Fabrikations- und Kontrollfehlers**. Im Bereich solcher Fehler muß der Hersteller beweisen, daß er die Produzentenverkehrspflichten nicht verletzt hat, vgl schon Rz 112. Für folgende beweisbedürftige Punkte bleibt es aber bei der allgemeinen Beweislastverteilung, also der Beweispflicht des Geschädigten: Schaden und Rechtsgutsverletzung, Verursachung der Verletzung durch einen Produktfehler und Herkunft des Fehlers aus dem Organisations- und Gefahrenbereich des Herstellers (vgl zB BGH 114, 284; BGH NJW 1993, 528). Handelt es sich beim Schaden um die typische Folge eines Produktmangels, kommt freilich zugunsten des Geschädigten zusätzlich ein Anscheinsbeweis dafür in Betracht, daß ein Produktfehler vorliegt und den Schaden verursacht hat (BGH 51, 91 [104] und hierzu teilweise abweichend Weitnauer, 1. FS Larenz, 1973, 905ff). Möglich ist auch ein Beweis der Kausalität und der Fehlerhaftigkeit des Produkts aus Beweisanzeigen (Indizienbeweis, BGH JZ 1971, 29). In einem Sonderbereich nimmt der BGH (BGH 104, 323;

120

121

§ 823　　　　Einzelne Schuldverhältnisse

129, 353; BGH NJW 1993, 528) eine Beweislastumkehr auch hinsichtlich der **Herkunft des Fehlers aus dem Herstellerbereich** an: Bei Verwendung gebrauchter Flaschen durch einen Limonadenabfüller trifft diesen die Verkehrspflicht zur „Statussicherung" (Befundsicherungspflicht), dh zur positiven Vergewisserung über die Mängelfreiheit der Flaschen. Fehlt eine solche Statussicherung und wird gerade dadurch die Aufklärung des Ursachenzusammenhanges erschwert, dann ist die Beweislastumkehr wie bei bestimmten Dokumentationsmängeln des Arztes gerechtfertigt. Dasselbe muß auch für die Verwendung anderer gefahrenträchtiger Rohstoffe und Ausgangsprodukte durch den Hersteller gelten. Zur Ablehnung einer produkthaftungsrechtlichen Parallele zum schweren Behandlungsfehler in der Arzthaftung aber Rz 112 aE.

122　　Bei der Behauptung eines **Instruktionsfehlers** muß der Geschädigte wiederum seinen Schaden und die Kausalität der Informationspflichtverletzung für den Schaden beweisen. BGH NJW 1975, 1827, 1829 mN verlangt vom Geschädigten ferner den Beweis dafür, daß der Schaden bei pflichtgemäßer Instruktion vermieden worden wäre (ebenso zB BGH 106, 273 [284]; 116, 60 [73]). Erleichtert wird ihm dies nach BGH NJW 1972, 2217; BGH 64, 46 (52); 116, 60 (73); BGH NJW 1994, 3349 durch die Möglichkeit eines Anscheinsbeweises. Dogmatisch liegt in der Hypothese, daß der Hersteller seiner Instruktionspflicht nachgekommen ist, aber ein „rechtmäßiges Alternativverhalten"; gerade für die Berufung hierauf trotz Verletzung von Aufklärungspflichten ist sonst die Beweislast des (potentiellen) Schädigers anerkannt (MüKo/Oetker § 249 Rz 218 mN); dasselbe muß dann für die Instruktionspflicht gelten (im Ergebnis ebenso Jauernig/Teichmann Rz 134; Staud/Hager Rz F 42). Über die Beweislast bei Konstruktions- und Fabrikationsfehlern hinaus muß der Geschädigte nach BGH 80, 186, 197ff auch die objektive Pflichtverletzung des Herstellers hinsichtlich der **nachträglich** erforderlich gewordenen Instruktion, also das Bestehen einer **Warnpflicht** (überhaupt oder mit einem bestimmten Inhalt) beweisen. Nur hinsichtlich des subjektiven Pflichtverstoßes (Verschuldens) greift dann die Beweislastumkehr nach dem Muster von BGH 51, 91 ein. Diese Aufspaltung erscheint jedoch künstlich und im Ergebnis für die objektive Pflichtwidrigkeit zweifelhaft: Der **Hersteller** ist kraft der von ihm zu verlangenden **Professionalität** weit eher als der Geschädigte in der Lage, die aktuellen Erfordernisse zur Aufklärung der Produktbenutzer zu kennen und darzulegen. Das Verhältnis von Hersteller und Geschädigtem ist insofern mit der Beziehung zwischen Arzt und Patient vergleichbar; und bei der ärztlichen Aufklärungspflicht hat der Arzt zu beweisen, daß sie erfüllt worden ist (BGH NJW 1978, 587; 1985, 1399). Die unterschiedliche Einkleidung als Voraussetzung eines Rechtfertigungsgrundes bei der Arzthaftung, als Voraussetzung einer Verkehrspflichtverletzung bei der Instruktion durch den Hersteller vermag einen überzeugenden materiellen Unterschied nicht zu begründen (ähnlich Jauernig/Teichmann Rz 134; Staud/Hager Rz F 44; differenzierend Brüggemeier, Deliktsrecht Rz 582f). Hinsichtlich der **anfänglichen** Instruktionspflicht hat der BGH (BGH 116, 60 [72]) klargestellt, daß der Geschädigte nur zu beweisen hat, daß eine Instruktion nötig gewesen wäre oder die erteilte Instruktion falsch war. Es gilt also dasselbe wie bei Fabrikations- und Konstruktionsfehlern.

123　　f) **Herstellerbegriff.** Schwierigkeiten bereitet noch immer die Frage, **wer als Hersteller** iSd Produzentenhaftung **anzusehen ist**, zu wessen Lasten also insbesondere die Beweislastumkehr gelten soll. Ausgangspunkt ist die materielle Haftungsbegründung, nach der es entscheidend darauf ankommt, wer das Produkt „in den Verkehr bringt". Dies scheint für eine Haftung auch von Händlern oder **„Quasi-Herstellern"**, die bloß ihren Namen oder ihre Handelsmarke an dem Produkt anbringen, zu sprechen. Der BGH (VersR 1977, 839; NJW 1980, 1219; 1994, 517) bejaht die Herstellereigenschaft solcher Zwischenglieder in der Absatzkette aber nur ausnahmsweise, da das Vertrauen in der Regel der Professionalität des wirklichen Herstellers entgegengebracht werde und nur unter besonderen Umständen (zB bei besonderer Bekanntheit oder bei außergewöhnlichem Einfluß auf die Hersteller) einem Händler oder Namensgeber. Bei der Gefährdungshaftung nach dem ProdHaftG wird hingegen auch als Hersteller angesehen, wer in Produkt nur unter seinem Namen, Warenzeichen oder anderen Erkennungszeichen vertreibt; dasselbe gilt dort für Importeure in den EG-Raum, § 4 ProdHaftG. Auch eine deliktische Haftung bloßer Vertriebspersonen oder -institutionen kommt nach der Rspr aber in Frage, wenn eine Pflicht des Informationsbereichs (Instruktion oder Produktbeobachtung) verletzt worden ist (BGH 99, 167, 170), vgl zur Untersuchungspflicht eines Kfz-Händlers auch BGH NJW 1969, 1708, zu den Pflichten einer vom Hersteller kontrollierten Vertriebsgesellschaft BGH NJW 1981, 2250. Eine allgemeine Ausdehnung der Delikthaftung auf den Quasi-Hersteller neben dem „eigentlichen" Hersteller (dazu BGH NJW 1987, 372) erscheint auch deshalb wünschenswert, weil dem Geschädigten die Suche nach dem wirklichen hinter dem erkennbaren Hersteller kaum zuzumuten ist, vgl in dieser Richtung immerhin BGH NJW 1995, 1286 mit zust Anm Brüggemeier JZ 1995, 906. In anderer Richtung hat der BGH hingegen die Herstellerhaftung überflüssigerweise erweitert: Seit BGH NJW 1975, 1827 (zuletzt BGH ZIP 2001, 379) wird die Beweislastumkehr auch auf **Kommanditisten und leitende Angestellte** mit herausgehobener und verantwortlicher Stellung im Produktionsbereich angewendet; einschränkend wohl BGH NJW 1987, 372: jedenfalls nicht für Instruktionsfehler; klarstellend dann insbesondere BGH (VI. ZS) 116, 104 (114): Für leitende Mitarbeiter gilt die Beweislastumkehr nur ganz ausnahmsweise, wenn sie aufgrund ihrer besonderen Stellung im Betrieb und etwa einer eigenen Kapitalbeteiligung als „Repräsentant des Unternehmens" anzusehen sind. Hierzu paßt freilich schlecht die Überwälzung der allgemeinen Organisations(-Verkehrs-)pflicht auf einen GmbH-Geschäftsführer durch den II. ZS (BGH 109, 297 und hierzu Rz 83 aE). Der leitende Angestellte bringt das Produkt jedenfalls nicht für sich selbst in den Verkehr; er hat weder den persönlichen Nutzen von der Produktion noch das Unternehmerrisiko, dessen Bestandteil die Verkehrspflicht zur Beherrschung der Produktion ist (vgl MüKo/Mertens Rz 301 mN Fn 862, insbesondere Marschall v. Bieberstein VersR 1976, 411ff; ferner zB Medicus, Bürgerl Recht, Rz 650a; ders GmbHR 2002, 809; dem BGH zust aber Staud/Hager Rz F 34, 47). Besondere Probleme bereitet auch die Passivlegitimation **im arbeitsteiligen Produktionsprozeß** unter Beteiligung mehrerer Herstellerbetriebe. Der Letzt-Hersteller (Assembler) muß dafür sorgen, daß die von ihm verwendeten Einzelteile sicher und geeignet sind (BGH 67, 359, 362; BGH VersR 1988, 930; NJW 1994, 3349). Dies gilt erst recht, wenn er das Halbfabrikat oder das Einzelteil nach seinen Plänen und Anweisungen hat herstellen lassen (BGH 67,

359, 362; BGH NJW 1975, 1827). Daneben haftet der Zulieferer, weil er das Einzelteil in den Verkehr gebracht hat (BGH NJW 1968, 247); vgl auch den treffenden Überblick zu den Problemen der arbeitsteiligen Produktion bei Brüggemeier, Deliktsrecht Rz 589–596.

g) **Ersatzumfang, insbesondere „weiterfressende Mängel".** Liegt ein Schaden aufgrund der Verletzung von Produzentenpflichten vor, muß der Hersteller Ersatz für die beschädigten Rechtsgüter und die Folgeschäden einschließlich der immateriellen Schäden (§ 253 II) leisten. Der Umfang dieser Ansprüche ist auch jetzt noch weiter als nach dem ProdHaftG, Rz 109. Darüber hinaus gewährt der BGH in bestimmten Fällen **Ersatz für das unbrauchbar gewordene Produkt selbst** oder dessen Teile, grundlegend BGH 67, 359: Fehlerhaftigkeit eines Schwimmerschalters führt zur Zerstörung einer ganzen Reinigungsanlage. Der BGH (aaO) betrachtete den Schalter als funktionell begrenztes schadhaftes Einzelteil, durch das die im übrigen einwandfreie Gesamtanlage zerstört worden sei. Zudem habe sich die in der Mitlieferung des Schalters liegende Gefahrenursache erst nach Eigentumsübergang zu einem über den Mangel hinausgehenden Schaden realisiert. Hiermit begegnet der BGH zwei dogmatischen Bedenken: Die Anwendung der Produzentenhaftung auf Schäden am gelieferten Produkt selbst unterläuft die Regelung des **Gewährleistungsrechts** in §§ 434ff (§§ 459ff aF), insbesondere die Verjährung nach § 438 (§ 477 aF); und die deliktische Eigentumsverletzung muß sich gegen Sachen richten, die nicht erst durch die verkehrspflichtwidrige Lieferung selbst Eigentum des Geschädigten werden. Hiervon wiegt das zweite Bedenken von vornherein nicht besonders schwer, da die strikte Befolgung des Kausalitätsdogmas von der Rspr mit Recht bei vorgeburtlichen Gesundheitsverletzungen, insbesondere Schädigungen durch die Zeugung, schon seit langem aufgegeben worden ist (BGH 8, 243 und hierzu Rz 22). Um so größeres Gewicht hatte jedenfalls bis zur Schuldrechtsmodernisierung die Frage der Abgrenzung zwischen vertraglichem Gewährleistungsrecht und Deliktsrecht (dazu vor allem Schaub, Haftung und Konkurrenzfragen bei mangelhaften Produkten und Bauwerken im Deutschen und Englischen Recht, 2000; Gsell, Substanzverletzung und Herstellung, 2003), zumal das Gewährleistungsrecht – mindestens unter Kaufleuten und im Rahmen beruflicher Kontakte – weitgehend abbedungen werden konnte, die deliktische Produzentenhaftung nach hM aber nicht (Staud/Hager Rz F 47 mN; zur versicherungsrechtlichen Bedeutung dieser Unterscheidung Vogt VersR 1979, 896). Nach neuem Schuldrecht (seit 1. 1. 2002) hat diese Konkurrenzfrage insbesondere wegen der Annäherung der Verjährungsfristen nach §§ 438 und 195 voraussichtlich ein deutlich geringeres praktisches Gewicht. Beseitigt worden ist das Problem der „Weiterfresserschäden" dadurch aber nicht, und zwar weniger wegen der nach wie vor unterschiedlichen Länge (zwei Jahre nach § 438, drei Jahre nach § 195) als wegen des unterschiedlichen Fristbeginns: nach § 438 II mit Ablieferung oder Übergabe, nach § 199 I Nr 2 – wie bis dahin nach § 852 I aF – regelmäßig mit Kenntnis von Schaden und Schädiger. Im Sinne der herkömmlichen Unterscheidung handelt es sich beim im „Schwimmerschalterfall" eingetretenen Schaden um einen Mangelschaden, für den nur Gewährleistungsrecht (und nicht positive Forderungsverletzung) anzuwenden gewesen wäre. Daher mußte es systemwidrig scheinen, gerade auf einen solchen Schaden die Delikthaftung anzuwenden. Dennoch hat der BGH wenigstens am Ansatz seiner Doktrin festgehalten: NJW 1978, 2241 (Hinterreifen eines Sportwagens), BGH 86, 256 (Gaszug eines Pkw), NJW 1985, 2420 (Ölablaßrohr eines Kompressors), BGH 101, 337 und NJW 1990, 908 (Korken für Weinflaschen), BGH 117, 183 (Kondensatoren in ABS-Systemen), NJW 1992, 1678 (Nockenwellenantriebsrad im Austauschmotor), NJW 1998, 2282 (Triebkopf für Tieflader), NJW 1999, 1028 (Torfsubstrat für Azaleenzucht); anders aber BGH NJW 2001, 1346 (Bau eines Hauses auf einem mit einer Schlacken-Altlast erworbenen Grundstück). Ohne weiteres fällt nach Meinung des BGH (NJW 1992, 2016) ein Schaden, der durch Instruktionsfehler am Produkt selbst entsteht, in die deliktische Produzentenhaftung. Dabei hat der BGH anstelle des „funktionell abgrenzbaren Teiles" später (BGH 86, 256) das Kriterium der **„Stoffgleichheit"** zwischen dem Schaden und dem anfänglichen Mangelunwert der gekauften Sache verwendet: Nur soweit der Schaden nicht stoffgleich sei, liege die Voraussetzung einer deliktischen Eigentumsverletzung vor. ZB in dem Fall, daß der Führungsschlitten einer Hebebühne fehlerhaft war, hat der BGH (NJW 1983, 812) aber angenommen, daß der Mangel des Teiles (Führungsschlitten) zugleich ein „umfassender Mangel" der Gesamtsache, der Schaden also stoffgleich mit dem Mangelunwert gewesen sei. Diese Abgrenzung ist schwer nachzuvollziehen und daher in der Literatur überwiegend auf Kritik gestoßen, vgl MüKo/Mertens Rz 105ff Fn 193–209 mN; verteidigt wird die Rspr insbesondere von Steffen VersR 1988, 977ff und jetzt von Staud/Hager Rz B 119f. Noch weiter ist BGH 117, 183 gegangen: Entschließt sich der Abnehmer, einen zunächst „nur" funktionslosen, die übrige Sache nicht schädigenden Teil (Kondensator = Regler) auszubauen, und entstehen hierdurch Schäden, sollen sie gleichfalls ersetzt werden, obwohl die Schäden erst durch die eigene Entscheidung des Abnehmers entstanden sind, zu der er sicher nicht iSd Rspr „herausgefordert" worden war (vgl Rz 2 aE); ablehnend auch Brüggemeier/Herbst JZ 1992, 802ff; Hinsch VersR 1992, 1053ff. Wird eine neue Sache hergestellt, die wegen eines Teils insgesamt fehlerhaft ist, und können andere, zunächst fehlerfreie Teile deshalb nicht mehr verwertet werden, soll auch die Entwertung dieser Teile eine Eigentumsverletzung beim Hersteller der Gesamtsache nach § 823 I sein (BGH 138, 230 mit ablehnender Anm Foerste NJW 1998, 2877; Hinsch VersR 1998, 1755; Brüggemeier JZ 1999, 99). Die Beeinträchtigung der Arbeiten zur Herstellung einer neuen Sache aber betrifft nach herkömmlichem Zivilrechtsverständnis einen Mangelfolgeschaden im Vermögen des Verarbeiters, nicht in seinem Eigentum. Mit dieser Entscheidung überschreitet der BGH daher die von § 823 I gezogene Grenze zum Ersatz reiner Vermögensschäden. Zutreffend ist hingegen die Annahme einer Eigentumsverletzung, wenn ein anderer Hersteller einen Schaden dadurch erleidet, daß er für sein nunmehr schadhaftes früheres Eigentum aus Gewährleistung gegenüber Dritten haftet (BGH NJW-RR 1992, 283). 124

Ausgangspunkt für die **Lösung** des Problems „weiterfressender Mängel" sollte nicht der eingetretene Schaden, sondern der **Schutzzweck der verletzten Verkehrspflicht** sein: Verkehrspflichten dienen als prinzipiell jedermann schützende Pflichten dem Schutz des Integritätsinteresses, nicht des – gerade durch eine Vertragsverletzung berührten – Äquivalenzinteresses, also des Interesses, eine Ware ohne „Mangelunwert" geliefert zu bekommen. 125

§ 823 Einzelne Schuldverhältnisse

Die Frage nach dem Inhalt des Äquivalenzinteresses kann nur für den Zeitpunkt sinnvoll beantwortet werden, in dem die Ware auf den Markt der Abnehmer und Benutzer gebracht wird. Zu diesem Zeitpunkt kommt es allein auf die Gesamtsache an. Eine andere Handhabung führt zu absurden Ergebnissen: Gerade bei Fehlerhaftigkeit eines zugelieferten Teils kommt nebeneinander eine Haftung des Zulieferers wegen fehlerhafter Fabrikation oder Konstruktion des Teiles und des Gesamtherstellers wegen mangelhafter Kontrolle des Vorproduktes in Frage. Die zuletzt genannte Kontrollpflicht besteht nicht um des Einzelteils willen, sondern um der Fehlerfreiheit des Gesamtproduktes willen. Verletzt der Gesamthersteller seine Kontrollpflicht, kann Schutzobjekt demnach auch nur der Schaden an den sonstigen Gütern des Geschädigten sein, nicht dessen Äquivalenzinteresse. Der Teil-Lieferant müßte nach der Rspr des BGH, wie gerade die Entscheidung BGH 138, 230 nahelegt, hingegen für den Folgeschaden an den sonstigen Gütern und zusätzlich für das Äquivalenzinteresse haften. Derjenige, der innerhalb der arbeitsteiligen Produktion einen eigenen Aufgabenbereich wahrnimmt, müßte also umfassender haften. Dies kann nicht richtig sein, vgl zu einem weiteren Hinweise auf ein argumentum ad absurdum auch Reinicke/Tiedtke NJW 1986, 10, 13, hiergegen aber Staud/Hager Rz B 115 mN. Das Äquivalenzinteresse sollte daher nach dem Muster des § 1 I S 2 ProdHaftG (zu dessen Interpretation Graf v. Westphalen NJW 1990, 83 [84]; gegen das Argument aus § 1 I S 2 ProdHaftG aber Staud/Hager Rz B 117; Gsell [Rz 124] 182) ganz aus der deliktischen Produzentenhaftung ausgeschlossen werden (für eine der Rspr zu den „Weiterfresserschäden" im Deliktsrecht nahekommende Auslegung sogar des § 1 I S 2 ProdHaftG Staud/Oechsler § 1 ProdHaftG Rn 19f).

11. Deliktische Berufshaftungen, insbesondere Arzthaftung

126 **a) Arzthaftung und allgemeine Berufshaftung.** Ein in mancher Hinsicht **selbständiges Haftungsrecht** hat sich in den letzten Jahrzehnten im Bereich der ärztlichen Verantwortung für Behandlungsschäden entwickelt (vgl MüKo/Mertens Rz 346). Zuweilen wird dieses Gebiet systematisch nicht beim Deliktsrecht behandelt (vgl zB Kötz/Wagner, DeliktsR). Sogar im besonders praxisbezogenen Kommentar von Mitgliedern des BGH (RGRK) ist das Arztrecht aus der durchlaufenden Erläuterung der §§ 823ff ausgesondert worden. Dabei gibt gerade die Rspr besonders wichtige Hinweise auf die Verbindung des Arztrechts zum allgemeinen Haftungsrecht. Eine mehr äußere, aber nicht zu unterschätzende Voraussetzung dieser Verbindung ist die Zuständigkeit des VI. Zivilsenats des BGH für das Arztrecht neben dem allgemeinen Haftungsrecht. Vor allem aber führt der dogmatische Ansatz der Rspr, ärztliche Eingriffe als **tatbestandsmäßige Körperverletzung** einzuordnen, unmittelbar zu § 823 I. Dies wird seine praktische Bedeutung nach der Schuldrechtsmodernisierung und der Einfügung des § 253 II nF wenigstens teilweise behalten. Denn trotz ihrer allgemeinen Formulierung bietet die Beweislastregel des § 280 I S 2 dem Patienten für mögliche Pflichtverletzungen des Arztes nur eine beschränkte Hilfe: Der Arzt schuldet idR nicht den Heilungserfolg, sondern eine kunstgerechte Behandlung. Wenn der vom Patienten gewünschte Erfolg ausbleibt, ergibt sich daraus deshalb nicht schon eine objektive Pflichtverletzung des Arztes nach § 280 I S 1. Sie ist vielmehr vom Patienten erst darzulegen und zu beweisen (Spickhoff NJW 2002, 1762, 2533; Wagner in Dauner-Lieb/Konzen/Schmidt, Das neue Schuldrecht in der Praxis, 2003, 219ff). Aus dieser Schwierigkeit für den Patienten ergibt sich die fortdauernde Relevanz der deliktsrechtlichen Haftung für Aufklärungsfehler (Rz 137ff). Aber auch wenn man diesem Modell der Rechtswidrigkeitsindikation zur Begründung der ärztlichen Haftung (dazu Rz 135) nicht folgt, sollte man versuchen, die Verbindungen des Arzthaftungsrechts mit dem allgemeinen Haftungsrecht zu bewahren und möglichst auszubauen. Die moderne Dogmatik des Deliktsrechts stellt hierfür mit der Kategorie der **Berufspflichten als Teil der Verkehrspflichten** (kritisch dazu aber Larenz/Canaris II 2 § 76 III 3b) eine brauchbare Argumentationsbasis zur Verfügung. Solche Pflichten sind zugleich Schutzpflichten iSd §§ 241 II, 280 I S 1 nF. Die nachstehende Kommentierung ist daher auch als Erläuterung ärztlicher Pflichten nach diesen Vorschriften zu verstehen.

127 **b) Berufspflichten als besondere Verkehrspflichten.** Schon bei den Verkehrssicherungspflichten (Rz 101ff) und den Pflichten der Warenhersteller (Rz 108ff) hat sich ergeben, daß ein weiter Bereich der Verkehrspflichten nicht nur oder überhaupt nicht auf zum Verkehr gebrachte Sachen bezogen ist, sondern auf die Rolle des Pflichtträgers in einem mehr oder weniger genau umschriebenen Verkehr. Die Erwartungen des Publikums in die Einhaltung von Verhaltensstandards sind vielfach besonders umfangreich und zugleich genauer beschreibbar, wenn sie **eine berufliche Rolle** betreffen. Daher hatte v. Bar (in Gutachten und Vorschläge zur Überarbeitung des Schuldrechts I, 1761) eine Haftpflichtnorm folgenden Inhalts vorgeschlagen: „Wer den Schutz von Körper, Gesundheit, Eigentum oder einem sonstigen Recht eines andern zum Gegenstand selbständiger Erwerbstätigkeit macht, ist für diese Güter nach Abs I (das ist der allgemeine Verkehrspflichttatbestand) verantwortlich". Auch ohne die Verwirklichung eines solchen Gesetzgebungsvorschlags lassen sich die **beruflichen Standards als Verkehrspflichten** iSd geltenden Deliktsrechts einordnen, vgl bereits Rz 78, 79 (einschränkend aber Larenz/Canaris II 2 § 76 III 3b: berufliche Rolle als pflichtverstärkendes, aber nicht als pflichtbegründendes Merkmal). Wie Rz 76 darlegt, bedeutet dies freilich eine Begrenzung auf den Schutz der deliktisch anerkannten Rechte und Positionen; ein primärer Vermögensschutz ist auch im Rahmen von Berufspflichtverletzungen deliktsrechtlich nur über §§ 823 II, 826 möglich. Nicht zuletzt aus diesem Grunde handelt es sich bei der Arzthaftung um den wichtigsten Unterfall der deliktischen Berufspflichten nach geltendem Recht; denn sie betrifft in aller Regel die Rechtsgüter Leben, Körper und Gesundheit.

128 Allgemein bilden die Berufspflichten die notwendige **Entsprechung zu den Pflichten der Warenhersteller für den Bereich der Dienstleistungen** (vgl für Kfz-Werkstätten BGH VersR 1978, 722 und hierzu Weick, in Entwicklung des Deliktsrechts in rechtsvergleichender Sicht, 1987, 75, 90f mN). Als Berufspflichten lassen sich im übrigen auch vielfach die Aufsichts- und Organisationspflichten der Träger und Organe komplexer Organisationen auffassen, Rz 83f. Die Verkehrspflichten der Angehörigen bestimmter Berufe sind ebenso wie die Produzentenpflichten ein Mittel, außerdeliktische Standards auf die Haftungsgrundlage des § 823 I zu übertragen. So wie bestimmte technische Normen oder allgemein die Regeln der Technik weithin als Verkehrspflichten der Produzen-

ten anzusehen sind (Rz 116), begründen die anerkannten Standards bestimmter Berufe regelmäßig zugleich Verkehrspflichten iSd §§ 823ff. Daraus ergibt sich auch, daß die Angehörigen hochprofessionalisierter Berufe im besonderen Maße „anfällig" sind für die deliktische Verantwortlichkeit wegen einer Berufspflichtverletzung. Der Gedanke einer allgemeinen Berufshaftung nach Deliktsrecht ist jedoch keineswegs auf die **freien Berufe** beschränkt. Der Verleger einer Zeitung begründet durch seinen Betrieb zB eine besondere Gefahr, daß durch unwahre oder andere rechtsverletzende Veröffentlichungen das allgemeine Persönlichkeitsrecht irgendwelcher Bürger verletzt wird; infolgedessen trifft ihn kraft seiner Berufsrolle eine Organisationspflicht, dafür zu sorgen, daß solche Rechtsverletzungen tunlichst vermieden werden (vgl BGH NJW 1980, 2810 und auch schon BGH 59, 76). Zum ähnlichen Fall der Haftung eines Redakteurs für die pflichtwidrige Unterlassung der Kontrolle eines Artikels BGH NJW 1977, 626. Im ähnlichen Sinne übernehmen Spediteur und Lagerhalter kraft ihres Berufs die Obhut über das ihnen anvertraute Gut auch gegenüber denen, mit denen sie keine Vertragsbeziehung haben (RG 102, 38, 42f; 105, 302; BGH 9, 301; vgl jetzt aber auch § 421 HGB). In diesen Zusammenhang gehört die Haftung des Reiseveranstalters für die Verkehrssicherheit im Hotel eines von ihm unter Vertrag genommenen Leistungsträgers (BGH 103, 298) oder auch des Konzertveranstalters für Gefahren durch die übermäßige Lautstärke von Musikdarbietungen (BGH NJW 2001, 2019). Hier lassen sich auch zwanglos einige schon in Rz 100 behandelte Fälle der Haftung von Drogisten einordnen. Zu einem alle Selbständigen umfassenden Berufsrecht vgl insbesondere Hopt AcP 183, 608, 670; zur Produzentenhaftung als Berufshaftung aaO 709; vgl zur „Berufshaftung" für primäre Vermögensschäden auch § 826 Rz 38, 41.

Die Möglichkeit einer deliktischen Berufshaftung ist aber **nicht** einmal **auf Selbständige begrenzt**: Bei der **129** Arzthaftung ist die Verantwortlichkeit angestellter oder beamteter Chirurgen und Anästhesisten wohl sogar der wichtigste Teilbereich, vgl Rz 133 und § 839 Rz 97. Neben dem Arzt haftet dann regelmäßig der **Krankenhausträger** nach §§ 31, 89, entweder weil das fehlerhafte Verhalten einem fachlich selbständigen leitenden Arzt als „faktischem Organ" unmittelbar anzulasten ist oder weil wegen des Fehlverhaltens eines nachgeordneten Arztes die Grundsätze des Organisationsverschuldens eingreifen, vgl Rz 83f. Außerdem haftet der Krankenhausträger für die Verletzung allgemeiner Verkehrspflichten in seinem Organisationsbereich (BGH NJW 1991, 2960: Duschstuhl; NJW 1991, 98: Desinfektionsspray; BGH 114, 284: Blutkonserven), ferner wenn zZ der Verletzung kein Krankenpersonal da war, das den Schaden hätte verhindern können (vgl BGH NJW 1991, 1540). Zur Pflicht, Medikamente vorzuhalten, BGH NJW 1991, 1543; zur Sicherungspflicht gegenüber Patienten in Selbstmordgefahr BGH NJW 1994, 794. Im Bereich weniger professionalisierter Dienstleistungen gilt durchaus Entsprechendes: So muß sich ein Ölfahrer vergewissern, ob die Tanks, in die er Öl abfüllt, die bestellte Menge Öl fassen können (BGH NJW 1982, 1049). Er muß sich von einwandfreien Funktionieren der Tankanlage während des Befüllens überzeugen (BGH NJW 1983, 1108). Diese und andere Pflichten des Öllieferers beruhen darauf, daß er in der Regel eher als die Bezieher in der Lage ist, die Gefahren beim Befüllen der Tanks zu erkennen und zu beherrschen (BGH NJW 1984, 233; 1993, 2740; 1995, 1150). Genaue Standards für die Vorkehrungen zur Gefahrenvermeidung hat der BGH (NJW 2000, 1946) ferner zB bei Bademeistern entwickelt. Als wichtiger Unterfall der Berufshaftung läßt sich ferner die Haftung des **gerichtlichen Sachverständigen** auffassen, vgl § 839a und Erläuterungen dazu; zum Kunstfehler eines ärztlichen Sachverständigen BGH 59, 310.

Die nach den ärztlichen Pflichten wohl wichtigsten freiberuflichen Verkehrspflichten sind die Pflichten der **130 Architekten**. Sie treffen meist mit Verkehrspflichten von Bauunternehmern und anderen am Bau Beteiligten zusammen. Als verantwortlicher Bauleiter haftet der Architekt auch Dritten für die Sicherheit der Baustelle (BGH VersR 1964, 1250); vgl ferner zur Haftung wegen ungesicherter Glaswände BGH VersR 1968, 470, zur Haftung wegen einer fehlerhaft konstruierten Wendeltreppe BGH VersR 1971, 84, zur Haftung insbesondere gegenüber Kindern BGH NJW 1997, 582. Eine mangelhafte Bauausführung kann auch eine Haftung gegenüber Mietern für beschädigte Waren oder Einrichtungsgegenstände begründen (BGH NJW 1987, 1013; 1991, 562). Grund dafür ist das Vertrauen in ihren besonderen Sachverstand, das die Architekten gegenüber der Allgemeinheit in Anspruch nehmen (BGH aaO). Vgl zu weiteren Fällen der Haftung von Bauunternehmern und Architekten Rz 92. Zur Ablehnung einer Eigentumsverletzung gegenüber dem Bauherrn neben der Haftung des Architekten oder des Bauunternehmers aus Gewährleistungsrecht Rz 28.

c) Arzthaftung aus Behandlungsfehlern (dazu umfassend Katzenmeier, Arzthaftung, 2002, 273ff). Bei wei- **131** tem **umfangreichster Teilbereich** der Berufshaftung ist die Arzthaftung. Sie ist zuweilen (Rz 126) auch deshalb als eigenständige Haftung behandelt worden, weil sich in ihr regelmäßig deliktische und **vertragliche Anspruchsgrundlagen** überschneiden: Der typische Geschädigte aus der Verletzung ärztlicher Berufspflichten ist der Vertragspartner des Arztes oder der Dritte aus einem Arztvertrag mit Schutzwirkung für Dritte. Diese vertragliche Seite der Arzthaftung (Deutsch, MedinzR Rz 174, spricht von einem „gemeinsamen, verschmolzenen Haftungsgrund" aus Vertrag und Delikt) ist hier ebensowenig zu vertiefen wie die Verbindung der ärztlichen Tätigkeiten mit der bestehenden Krankenhausorganisation und dem System der gesetzlichen Krankenversicherungen (vgl Laufs ArztR Rz 48–52, 76 und Lit vor Rz 47, sowie MüKo/Mertens Rz 459–465). Zur Einheitlichkeit der Gesichtspunkte bei deliktischer und vertraglicher Haftung des Arztes Rz 126 sowie MüKo/Mertens Rz 350 mN, BGH NJW 1989, 767, Staud/Hager Rz I 7 mN (Identität vertraglicher und deliktischer Sorgfaltspflichten). Deliktsrechtlich handelt es sich bei den ärztlichen Pflichten gegenüber den Patienten um **berufliche Verkehrspflichten**: Die Durchführung einer Heilbehandlung ist rechtmäßig, und sie ist individuell und gesellschaftlich in hohem Maße erwünscht, vgl zur Ablehnung des Indikationsmodells der Rspr Rz 135, 137. Verletzt der Arzt aber eine berufliche Pflicht und kommt es im Zusammenhang damit zu Beeinträchtigungen des Lebens, des Körpers oder der Gesundheit des Patienten, dann begründet diese Berufspflichtverletzung eine Verletzung der genannten Rechtsgüter, vgl MüKo/Mertens Rz 363, zu Abweichungen vom insoweit mE nicht ganz konsequenten Standpunkt von Mertens hinsichtlich des Eingriffs ohne Einwilligung (MüKo Rz 361f) Rz 135.

132 Das Konzept der Berufspflichtverletzung als Körper- und Gesundheitsverletzung gilt ohne weiteres für den **ärztlichen Kunstfehler**. Der Kunstfehlerprozeß hat freilich lange Zeit eine nachgeordnete Rolle in der Rspr gespielt. Dies lag an den **Beweisschwierigkeiten des Patienten**. In den letzten Jahrzehnten hat sich dieser Sachverhalt erheblich geändert: zum einen wegen einer Reihe von Beweiserleichterungen der Rspr für den Geschädigten im Arzthaftungsprozeß (Rz 141ff), zum andern wegen der zunehmenden Bereitschaft ärztlicher Sachverständiger, einen Kunstfehler auch als das zu bezeichnen, was er ist, vgl zu bedenklichen Folgen ärztlicher Standessolidarität bis in die siebziger Jahre hinein BGH NJW 1971, 241; 1975, 1463; VersR 1979, 939; NJW 1980, 2751. Hiernach fällt die Prognose nicht schwer, daß der Kunstfehlerprozeß in Zukunft noch mehr Gewicht gewinnen wird. Daneben bleibt freilich auf absehbare Zeit die **Verletzung der Aufklärungspflicht** in ihrer Funktion als **Ersatzhaftungsgrund** bei schwieriger Beweislage von erheblicher Bedeutung, auch wenn der BGH (NJW 1978, 588) bereits vor einiger Zeit das rein taktische Ausweichen auf die Aufklärungspflichtverletzung als mißbräuchlich bezeichnet hat. Der Kanon von Berufspflichten, der hinter dem Kunstfehlervorwurf steht, richtet sich nach dem Stand der ärztlichen Wissenschaft und ist deshalb nicht abgeschlossen, ja nicht einmal zu jedem Zeitpunkt überschaubar. Die Flexibilität des Verkehrspflichtmaßstabs (und damit zugleich des Maßstabes arztvertraglicher Schutzpflichten) bringt es auch mit sich, daß oft erst der Richter im Prozeß die Kunstregel genau und verbindlich formuliert, nach der sich der Arzt hätte richten müssen. Nur so konnte es dazu kommen, daß die Rspr selbst zu einem Impulsgeber für die Entwicklung der Medizin werden konnte (vgl Weißauer, FS Spann, 1986, 511, 516f). Im Gegensatz zu dieser rechtstatsächlichen Feststellung liegt die methodische Aufgabe des Richters im Arzthaftungsprozeß freilich darin, die **in der medizinischen Wissenschaft selbst geltenden Standards** zu erkennen und der rechtlichen Beurteilung zugrundezulegen (BGH 113, 297 sowie Laufs, ArztR Rz 338ff, 391 mN; Deutsch, MedizinR Rz 199; Staud/Hager Rz I 19 mN; Katzenmeier [oben Rz 131], 277ff). Als erster Pflichtinhalt ergibt sich hieraus, daß der Arzt sich laufend über den Stand der ärztlichen Wissenschaft unterrichten muß (BGH NJW 1968, 1181; VersR 1978, 82); dazu gehört insbesondere die regelmäßige Lektüre einschlägiger Fachzeitschriften (BGH 113, 297). Als eine Leitlinie, die alle Stufen ärztlicher Behandlung übergreift, hat der Arzt ferner das **Gebot des „sichersten Weges"** zu befolgen (vgl MüKo/Mertens Rz 385, einschränkend aber BGH NJW 1987, 2927; Deutsch VersR 1998, 264). Dieses Gebot besagt freilich nicht, daß der Arzt verpflichtet wäre, jedes Risiko zu vermeiden. Eine solche Defensivmedizin wäre selbst kunstfehlerhaft. Vielmehr muß der Arzt in jedem Zweifelsfall Chancen und Risiken abwägen und danach zwischen den Methoden unter Wahrung des Selbstbestimmungsrechts des Patienten verantwortlich wählen. Dies gilt nicht nur für die Therapie (vgl zur Therapiewahl MüKo/Mertens Rz 381ff und zB BGH NJW 1987, 2927; 1992, 754), sondern auch für bestimmte diagnostische Methoden (vgl MüKo/Mertens Rz 376).

133 In Anlehnung an die Fehlertypologie von MüKo/Mertens Rz 371ff verdienen folgende **Einzelfälle** ärztlicher Berufspflichten besondere Erwähnung: Die Übernahme der Behandlung verpflichtet den Arzt dazu, auch persönlich nach eigenem Augenschein tätig zu werden. Eine „Telefonbehandlung" widerspricht in der Regel den ärztlichen Berufspflichten (BGH NJW 1979, 1248), vgl zur Nicht-Behandlung als Behandlungsfehler insbesondere Brüggemeier, DeliktsR Rz 662f mN. Diagnose- und Therapiefehler lassen sich nicht immer genau trennen, vgl aber die Typologie bei Brüggemeier, DeliktsR Rz 645ff einerseits, Rz 655ff andererseits. Ein erheblicher Teil ärztlicher Behandlungsfehler beruht auf **Fehldiagnosen**. Deshalb ist der Arzt verpflichtet, die aufgrund des Krankheitsbildes naheliegenden Diagnoseverfahren anzuwenden (BGH VersR 1983, 983; 1985, 886). Interpretiert der Arzt Befunde nicht falsch, sondern unterläßt die **Befunderhebung** überhaupt, so kann darin ein schwerer Behandlungsfehler (mit den in Rz 141 dargelegten beweisrechtlichen Folgen) liegen (BGH NJW 1995, 778). Nicht jeder Diagnosefehler wird jedoch von der Rspr als Behandlungsfehler gewertet (mit Recht kritisch dazu Staud/Hager Rz I 25). Bestimmte Vorsorgeuntersuchungen sind mit einzelnen diagnostischen oder therapeutischen Maßnahmen zu verbinden – von der Untersuchung des Herz- und Lungenzustandes vor einer Narkose (BGH VersR 1959, 598) und nach einer Operation (BGH 85, 212, 217; BGH NJW 1987, 2293) bis zur Messung des Augendrucks bei der Verschreibung einer Brille (MüKo/Mertens Rz 375 Fn 1019; weitere Beispiele bei Laufs, ArztR Rz 391 mN). Hinsichtlich der **Therapiewahl** ist der Arzt im Rahmen des wissenschaftlich Vertretbaren grundsätzlich frei (BGH NJW 1982, 2121), vgl zum einzuhaltenden wissenschaftlichen Qualitätsstandard aber BGH 102, 17. Genügen die eigenen Möglichkeiten des Arztes zur Diagnose und Therapie nicht, ist er zur Überweisung an einen Spezialisten oder zu dessen Hinzuziehung verpflichtet (BGH VersR 1966, 853; Oldenburg VersR 1983, 888). Freilich kann er sich umgekehrt darauf verlassen, daß ein überweisender Arzt sorgfältig vorgegangen ist (BGH NJW 1994, 797), es sei denn, er hatte ernsthafte Zweifel oder solche Zweifel mußten sich im aufdrängen (BGH NJW 1998, 1536). Ein ärztlicher **Berufsanfänger** muß sich besonders selbstkritisch seiner Grenzen bewußt sein (BGH NJW 1988, 2298; 1994, 3008). Umgekehrt darf der Arzt die notwendigen Maßnahmen auf Hilfspersonen nur dann übertragen, wenn diese dafür ausreichend qualifiziert sind; grundlegend zur Übertragung einer selbständigen Operation auf einen Anfänger als Behandlungsfehler des übertragenden Oberarztes BGH 88, 248 und dazu Müller-Graff JuS 1985, 352; bekräftigt in BGH NJW 1992, 1560 (ein voll ausgebildeter erfahrener Facharzt muß immer assistieren). Ein Arzt, der Spezialkenntnisse besitzt, muß sie zugunsten eines von ihm zu betreuenden Patienten auch einsetzen und darf Diagnose und Therapie nicht ungeprüft einem noch in der Facharztausbildung stehenden Arzt überlassen (BGH NJW 1987, 1479). Bei zulässiger Delegation einzelner Maßnahmen (zB Injektionen und Infusionen) an **Hilfskräfte** (außer an Assistenten auch an Krankenschwestern und Krankenpfleger; zu Hebammen insbesondere BGH 129, 6; 144, 296; BGH NJW 1996, 2429) meint der BGH dazu, Fehler der Aufsicht, Anleitung und Kontrolle nicht als Verletzung der Verkehrspflichten nach § 831, sondern als ärztlichen Kunstfehler nach § 823 I zu behandeln (vgl § 831 Rz 19, 26 mN), die dann jedoch als schwere Behandlungsfehler ebenso zu einer Beweislastumkehr führen wie § 831 I S 2, siehe Rz 141f. Beim **Einsatz technischen Gerätes** muß sich der Arzt insbesondere, wenn das Gerät für den Patienten vitale Bedeutung hat, zB ein Narkosegerät, mit der Funktionsweise vertraut machen, soweit dies einem naturwissenschaftlich und technisch aufgeschlossenen Menschen möglich und zumutbar ist (BGH VersR 1978, 82); zu den rechtlichen Perspektiven der Apparatemedizin vgl auch MüKo/Mertens Rz 393.

Bei der **Verschreibung von Medikamenten** muß sich der Arzt über Kontraindikationen vergewissern (BGH VersR 1967, 775) und darf nicht ohne erheblichen Grund vom „Waschzettel" des Herstellers abweichen (BGH VersR 1968, 280). Vgl zu weiteren ärztlichen Medikationsfehlern BGH VersR 1963, 439; 1133. Neben diesen Kunstfehlern stehen die gleichsam „klassischen" **Chirurgen- und Anästhesistenfehler**: Zurücklassen von Fremdkörpern in der Operationswunde (RG 83, 71; BGH 4, 138; BGH VersR 1981, 462); unzureichende Überwachung der Narkose (BGH NJW 1974, 1424; 1983, 1374; 1990, 759). Im Zusammenwirken von Chirurg und Anästhesist ist jeder nur für seinen Gefahrenbereich verantwortlich; er muß sich, solange keine offensichtlichen Qualifikationsmängel und Fehlleistungen zutage treten, darauf verlassen können, daß auch der Kollege des anderen Fachgebiets seine Aufgabe sorgfältig erfüllt (BGH NJW 1991, 1539). Zu Injektionszwischenfällen Brüggemeier, DeliktsR Rz 658ff mN, zu einem Infusionszwischenfall BGH 89, 263. Nicht nur wegen der Beratungsfehler (Rz 134) besonders schadensträchtig ist auch die Tätigkeit der **Gynökologen** und Geburtshelfer (vgl BGH 144, 296 – Versäumnis des gebotenen Kaiserschnitts; vgl auch BGH NJW 2000, 2741 – Untätigkeit des erst nach der Geburt hinzugezogenen Neonatologen). Bei Entlassung eines Patienten aus dem Krankenhaus oder aus fachärztlicher Behandlung sind in dem Arztbrief an den nachbehandelnden Arzt neben dem Entlassungsbefund auch sich daraus ergebende besondere therapeutische Konsequenzen und mögliche Komplikationen anzugeben (BGH NJW 1987, 2927).

Durch Änderungen der medizinischen Möglichkeiten und vor allem der ethischen und rechtlichen Bewertungen **134** haben sich neben den eigentlichen Behandlungspflichten besondere **Beratungspflichten** im Zusammenhang mit Sterilisationen und Abtreibungen entwickelt. Zur Einordnung der **ungewollten Schwangerschaft** als Körperverletzung der Mutter durch die Rspr und hM bereits Rz 18. Aufgrund eines Beratungsfehlers kann der Arzt wegen einer unterlassenen Sterilisation oder Abtreibung schadensersatzpflichtig sein, wenn er ohne Rücksicht auf die Möglichkeit hinweist, die Geburt eines Kindes zu vermeiden. Die im Vordergrund stehende Diskussion über den Unterhaltsaufwand für das Kind betrifft vornehmlich den vertraglichen Schadensersatz (BGH 76, 249, 259; 86, 240; 89, 95). Bei Annahme einer Verletzung von Körper und Gesundheit der Mutter steht dieser selbst auch Ersatz der Entbindungskosten, etwaigen Verdienstausfalls und des immateriellen Schadens nach § 253 II zu, aber nur für die Beeinträchtigungen bis einschließlich der Geburt (BGH NJW 1995, 2412), es sei denn, die Belastungen durch das Kind machen die Mutter geradezu krank (G. Müller, FS Steffen, 1995, 366). Ein Ersatzanspruch des behindert zur Welt gekommenen Kindes wird abgelehnt (BGH 86, 240, 250ff und hiergegen insbesondere Deutsch JZ 1983, 451, vgl auch Picker, Schadensersatz für das unerwünschte eigene Leben – „wrongful life", 1995, 113ff).

d) **Einwilligung in ärztliche Behandlung.** Zur dogmatischen Konstruktion der Arzthaftung geht der BGH in **135** st Rspr davon aus, daß der ärztliche Heileingriff – gleichgültig ob berufspflichtwidrig vorgenommen oder nicht – stets den Tatbestand der **Körperverletzung** erfüllt (BGH 29, 46; 176; BGH NJW 1980, 1905). Die Tatbestandsmäßigkeit indiziert zugleich die Rechtswidrigkeit, wenn der Patient in den Eingriff nicht eingewilligt hat, „Indikationsmodell" (vgl RGRK/Steffen Rz 119; ebenso zB Deutsch NJW 1965, 1985, 1988f; Soergel/Zeuner Rz 18; Jauernig/Teichmann Rz 3; Staud/Hager Rz I 3 77; vgl auch MüKo/Mertens Rz 361 und hierzu Rz 131 aE; insbesondere Laufs, ArztR Rz 125 mN Fn 14; Katzenmeier [oben Rz 131] 118ff). Der richtige Kern dieser Auffassung liegt in der Rücksicht auf das **Selbstbestimmungsrecht** des Patienten über seinen Körper. Fraglich ist jedoch, ob es dazu der generellen Einordnung des Heileingriffs in den Tatbestand des § 823 I bedarf. Vielmehr gehört die Entscheidungsfreiheit des Patienten selbst zu den Objekten der ärztlichen Berufspflichten. Ärztliche Eigenmacht ist ein Verstoß gegen die Regeln ärztlicher Kunst und aus diesem Grunde zugleich die Verletzung einer Berufspflicht zum Schutze von Körper und Gesundheit des Patienten, dazu im Zusammenhang mit der einer Einwilligung regelmäßig vorausgehenden Aufklärung Rz 137. Als Rechtfertigungsgrund relevant bleibt die Einwilligung möglicherweise in Fällen wie dem von BGH JR 1978, 518 mit Anm Hruschka zu einer Strafsache: unsinnige, vom Patienten ausdrücklich gewünschte Entfernung sämtlicher Zähne; da kein Heileingriff vorlag, kam eine tatbestandliche Körperverletzung in Betracht.

Willensunfähigkeit des Patienten beseitigt nicht das Erfordernis, eine **Einwilligung** herbeizuführen (BGH 29, **136** 46, 51f). Selbst die unvernünftige Weigerung, sich behandeln zu lassen, ist rechtlich anzuerkennen (BGH 90, 103; BGH NJW 1993, 2378; 1994, 799). Notfalls ist die Einwilligung eines bestellten Pflegers oder Betreuers oder der Angehörigen einzuholen. Auch frühere Äußerungen können als Indiz für den Willen eines nur noch schwer ansprechbaren Patienten herangezogen werden (BGH NJW 1993, 2372). Das Gespräch mit den Angehörigen kann mindestens einen Hinweis auf die mutmaßliche Einwilligung geben. Auch ein Handeln des Arztes unter **mutmaßlicher Einwilligung** des Patienten wird dem Selbstbestimmungsrecht gerecht und entspricht deshalb ärztlicher Berufspflicht, vgl mit demselben Ergebnis unter dem Indikationsmodell bereits RG 151, 349, 355; 163, 129, 138. Die Rechtsfigur der mutmaßlichen Einwilligung ist dann erforderlich, wenn der Patient nicht mehr eigenverantwortlich entscheiden kann (BGH NJW 1987, 2291). Außer in den Fällen der Bewußtlosigkeit ist die Entscheidungsfähigkeit jedoch nur mit großer Vorsicht zu verneinen (zu weitgehend BGH NJW 1993, 2372, vgl dazu Staud/Hager Rz I 117). Grundlage der mutmaßlichen Entscheidung des Patienten können dessen frühere Äußerungen sein (BGH aaO 2374). Freilich muß erwogen werden, ob der Patient in der konkreten Situation seine frühere Auffassung revidiert hätte (MüKo/Mertens Rz 450). Insbesondere der eindeutige frühere Wunsch, keine rein lebensverlängernden Maßnahmen zu ergreifen, ist aber ernst zu nehmen, was praktisch leider immer noch viel zu häufig geschieht (vgl zu entsprechenden Patientenverfügungen hier nur Pal/Diederichsen vor § 1896 Rz 9 mN). Steht das Leben des Patienten auf dem Spiel, kann der Arzt in der Regel von der mutmaßlichen Einwilligung ausgehen (vgl BGH NJW 1966, 1855). Dies gilt auch, wenn sich erst im Laufe einer Operation ein erhöhtes Risiko oder die medizinische Indikation einer Erweiterung ergibt (BGH NJW 1977, 337, vgl dazu Soergel/Zeuner Rz 252 mN). Zur Einwilligung beider Elternteile in die Operation bei einem minderjährigen Kind BGH NJW 1988, 2946.

e) **Verletzung der ärztlichen Aufklärungspflicht.** Im Mittelpunkt des Arzthaftungsrechts steht die Pflicht zur **137** Aufklärung über Art, Folgen und Risiken ärztlicher Maßnahmen, vor allem chirurgischer Eingriffe zur Diagnose und Therapie (auch dazu Katzenmeier, oben Rz 131, 322ff). In der dogmatischen Sicht der Rspr (Rz 135) bildet die Aufklärung einen Baustein des Indikationsmodells: Als Eingriff in die körperliche Unversehrtheit indiziert die ärztliche Maßnahme, auch wenn sie lege artis ausgeführt worden ist, die Rechtswidrigkeit des Eingriffs, es sei denn, die Rechtswidrigkeit ist durch Einwilligung des Patienten ausgeschlossen; und notwendige Voraussetzung der Einwilligung ist die Aufklärung des Patienten über das, worein er einwilligen soll. Demgegenüber ist zu betonen, daß die Qualifikation lege artis vorgenommenen ärztlichen Tuns als Körperverletzung nicht nur einen unangemessenen Sprachgebrauch darstellt, sondern daß eine derartige Diskriminierung des final auf die **Förderung der Gesundheit** und nicht deren Beeinträchtigung gerichteten ärztlichen Verhaltens zB im Vergleich zu dem gleichfalls potentiell „riskanten" Verhalten des Warenproduzenten auch nicht erforderlich ist, um den Patienten **vor ärztlicher Eigenmacht zu schützen**. Aufklärung kann auch therapeutisch geboten sein. Klassisches Beispiel hierfür ist der Hinweis auf das Risiko weiterer Schwangerschaften (BGH NJW 1989, 2320; vgl auch BGH NJW 1992, 741 zur Aufklärung über die Risiken einer von der Schwangeren gewünschten Entbindungsmethode für das Kind). Besondere Bedeutung hat ferner die Aufklärung über Gesundheitsgefahren für Dritte (BGH NJW 1994, 3012 zur erhöhten Ansteckungsgefahr bei Impfung). Aber auch zB der Patient, der sich voreilig aus dem Krankenhaus entfernt, muß – gegebenenfalls durch ausdrückliche Bestellung – auf die Gefahren seines Verhaltens hingewiesen werden (BGH NJW 1991, 748). Der Verstoß gegen die therapeutische Aufklärungspflicht ist ein Behandlungsfehler (BGH 107, 222, vgl dazu BGH 116, 379 – erforderlicher Hinweis auf Eigenblutspende; BGH NJW 1995, 2407 – Notwendigkeit eines Spermiogramms nach Sterilisation; NJW 1997, 3090 – Hinweis auf die Dringlichkeit einer Untersuchung). Eine Komponente dieser Pflicht zur therapeutischen Aufklärung ist die Pflicht zum Hinweis auf eigene Fehler des Arztes, wenn diese weitere Beeinträchtigungen zur Folge haben können (Staud/Hager Rz I 30 mN). Davon zu unterscheiden ist die Frage, ob den Arzt eine Obliegenheit trifft, generell den Patienten auf eigenes Fehlverhalten hinzuweisen. Sie ist abzulehnen, da der Patient gegenüber der Gefahr der Verjährung seiner Ansprüche durch § 199 I Nr 2 hinlänglich geschützt ist. – Eine Verkürzung des Patientenschutzes liegt freilich in der Annahme, daß die Verletzung der allgemeinen Aufklärungspflicht allein um des Selbstbestimmungsrechts des Patienten willen zivilrechtliche Sanktionen nach sich ziehe (so insbesondere Laufs, ArztR Rz 125). Diese Abstrahierung des Selbstbestimmungsrechts von seinem Objekt, der körperlichen Unversehrtheit, vermag nicht zu überzeugen: Sieht man die Aufklärungspflichtverletzung des Arztes parallel zum Behandlungsfehler des Arztes oder zB zur verkehrspflichtwidrigen Produktion von Waren durch den Produzenten, dann ist der aufklärungspflichtwidrige Eingriff ebenso wie das kunstfehlerhafte Arztverhalten oder die körperliche Beeinträchtigung durch ein schuldhaft fehlerhaftes Produkt als „mittelbare", **erst durch den Pflichtverstoß begründete Körperverletzung** einzuordnen. Dazu bedarf es keiner zusätzlichen dogmatischen Konstruktion wie der „Transparenztheorie" (Deutsch NJW 1965, 1985, 1989; auch ders MedizinR Rz 103, 166ff) oder der Lehre vom „doppelten Schutzgut" der Aufklärungspflicht (Brüggemeier, DeliktsR Rz 701f): Auch der Produzent eines Pkws hat nicht schon deshalb eine Körperverletzung begangen, weil der Benutzer des in seinem Betrieb hergestellten Fahrzeugs Knochenbrüche, Blutergüsse und Schürfungen erlitten hat. Sind diese Folgen aber auf ein verkehrspflichtwidriges Verhalten des Produzenten zurückzuführen, dann liegt eine Körperverletzung vor, Rz 5, 13, 78. Diese „Körperverletzung" ist kein „zufälliger" Folgeschaden der Verkehrspflichtverletzung, sondern die Verkehrspflichtverletzung selbst führt erst dazu, daß die Beeinträchtigung des Pkw-Benutzers als rechtswidrige Körperverletzung zu qualifizieren ist. Nur um des schutzwürdigen Rechtsgutes der körperlichen Unversehrtheit willen besteht in diesem Falle die Verkehrspflicht, und sie bedarf nach richtiger Auffassung eines solchen Schutzobjekts, damit durch ihre Verletzung überhaupt ein Delikt begründet werden kann, Rz 76. In ganz entsprechender Weise besteht die berufliche Pflicht des Arztes zur Herbeiführung eines aufgeklärten Einverständnisses (**informed consent**) des Patienten **um des Körpers des Patienten willen**. Im Bereich des Arztrechts benötigte die Dogmatik übrigens schon bisher gelegentlich die Vorstellung mittelbarer Körperverletzungen, wie der Fall der durch eine kunstfehlerhafte Nierenoperation an einem Kind „herausgeforderten" Organspende seiner Mutter zeigt (BGH 101, 215). Mit der Feststellung, daß in der aufklärungspflichtwidrigen Behandlung eine Körperverletzung liegen kann, ist freilich nicht jede körperliche Beeinträchtigung des Patienten durch eine solche Behandlung als Körperverletzung abgestempelt. Für die Aufklärungspflichtverletzung wie für jede Verkehrspflichtverletzung ist vielmehr jeweils der Umfang des **Schutzbereichs der verletzten Pflicht** zu untersuchen, wie vor allem Deutsch (MedizinR Rz 168) zutreffend hervorhebt. Nur ist dieser Schutzbereich nicht auf das Selbstbestimmungsrecht „als solches" beschränkt. – Enger zur Aufklärungspflicht noch Schiemann JuS 1983, 649, 654: rein vertragliche Pflicht ohne Schmerzensgeldsanktion. In der Tendenz umgekehrt sogar für eine Kumulierung von Schadensersatzansprüchen wegen Körper- und Persönlichkeitsverletzungen Hart, FS Heinrichs, 1998, 291ff.

138 Wie bei anderen Berufs- und Verkehrspflichten kann auch bei der Aufklärungspflicht kein für alles gültiger Maßstab angegeben werden: Worüber Aufklärung nötig ist, muß **situationsbezogen** entschieden werden. Die Elemente der Beurteilung stehen in einer komparativen Wechselbeziehung zueinander: Ist zB schnelles ärztliches Handeln geboten, sind die Anforderungen an die Aufklärung geringer, als wenn ein nicht unmittelbar dringlicher Eingriff mit erheblichen Risiken und trotz möglicher Behandlungsalternativen vorgenommen werden soll. Das Maß der notwendigen Aufklärung bestimmen hiernach im wesentlichen drei Faktoren: **Komplikationsdichte, Dringlichkeit der Maßnahme** und **Größe des Risikos** (vgl Tempel NJW 1980, 609, 611f; Soergel/Zeuner Rz 242). Der Patient soll durch die ärztliche Aufklärung „Wesen, Bedeutung und Tragweite" der ärztlichen Maßnahmen in ihren Grundzügen erkennen (BGH NJW 1956, 1106; BGH 29, 176, 181; BGH NJW 1990, 2929). Dazu gehört auch die vom Arzt zu vermittelnde Kenntnis von Behandlungsalternativen, wenn diese unterschiedliche Belastungen, Risiken und Erfolgschancen bieten (BGH 102, 17; 106, 153; 116, 385; zu weiteren Einzelheiten der Belehrung über Alternativen unter Rz 139 sowie umfassend Staud/Hager Rz I 92–94 mN). Der Patient muß aufgrund der Aufklärung seine eigene Entscheidung über die ärztliche Maßnahme eigenverantwortlich in Kenntnis des voraussichtlichen Verlaufs der Krankheit bei Durchführung der vorgeschlagenen Behandlung und ohne sie treffen können (BGH 90, 96, 98). Dazu gehört ebenso eine gewisse Kenntnis der voraussichtlichen **Schmerzen** (BGH NJW 1992, 1558 [1560] mN) wie der Risiken und **Nebenfolgen** (BGH NJW 1988, 1514; 1990, 1528; 1994, 793; 1996, 779). Eine ordnungsgemäße Aufklärung liegt nur dann vor, wenn sie zum richtigen Zeitpunkt stattfindet: Der Patient muß (auch „psychologisch") noch Gelegenheit haben, vor der Operation das Für und Wider abzuwägen (BGH NJW 1992, 2351; 1994, 3009; 1995, 2410; 1998, 2734; 2000, 1788). Eine Aufklärung „unmittelbar vor der Tür zum Operationssaal" genügt jedenfalls nicht (BGH NJW 2000, 1784, 1787). Die Art der Aufklärung hängt zudem von der Kenntnis und Bildung des Patienten ab sowie davon, wie er die Aufklärung verkraftet. Erforderlich ist dabei eine „Parallelwertung in der Laiensphäre" oder – wie der BGH formuliert – eine Kenntnis über die Maßnahmen und deren Folgen „im großen und ganzen" (BGH NJW 1963, 393; 1977, 337; 1980, 633; 1995, 2410). Darüber, daß der Patient eine solche Vorstellung gewonnen hat, muß sich der Arzt aber vergewissern (BGH NJW 1995, 2407). Dem Patienten muß eine allgemeine Vorstellung über der Gefährlichkeit und deren Richtung vermittelt werden; genauere Einzelheiten über Art und Größe der Gefahr kann dann auf dieser Basis der Patient von sich aus erfragen (BGH 90, 103, 108; kritisch dazu Staud/Hager Rz I 101). Hiermit soll vermieden werden, daß die Gefahren durch ihre detaillierte Schilderung einen höheren Stellenwert erhalten, als ihnen in Wirklichkeit zukommt (kritisch hierzu aber MüKo/Mertens Rz 432). Mit Recht ist BGH NJW 1987, 2291 der unrealistischen Forderung entgegengetreten, einen unter Lokalanästhesie stehenden Patienten mitten in der Operation (!) darüber aufzuklären, daß statt eines Abbruchs der Operation möglicherweise ein Weiteroperieren mit anderer Technik (Bypaß statt Katheterisierung) in Betracht kam. Warnend gegenüber einer Überspannung der Aufklärungspflicht auch Soergel/Zeuner Rz 237. Ein **„therapeutisches Privileg"** des Arztes, um dem Patienten Beeinträchtigungen des Heilungs- oder Überlebenwillens zu ersparen, wird **nur in engen Grenzen** anerkannt (kritisch dazu Katzenmeier, oben Rz 131, 360ff): Grundsätzlich hat das Selbstbestimmungsrecht des Patienten den Vorrang, selbst wenn die Entscheidung des Patienten unvernünftig ist (BGH 90, 103); nur wenn die Aufklärung zu einer ernsten und nicht behebbaren Gesundheitsschädigung des Patienten führen würde, kann sie unterbleiben (BGH 29, 176, 182ff). Der Hinweis auf eine infauste Prognose läßt sich keineswegs regelmäßig vermeiden (Laufs, ArztR Rz 140). Die Krebsangst eines Patienten rechtfertigt keinen „schnellen Schnitt" ohne eingehende Aufklärung (BGH NJW 1992, 2354 zur Operation wegen eines vor acht Jahren erhobenen Befundes). Insbesondere darf die Aufklärung nicht aus der Sorge des Arztes heraus unterbleiben, daß der Patient die bei seinem Gesundheitszustand ärztlich gebotene Maßnahme ablehnen könnte (BGH 29, 46, 55f). Andererseits darf der Arzt den Patienten **nicht voreilig** über einen schwerwiegenden Befund unterrichten, wenn der Befund weder gesichert noch eindeutig ist (Köln NJW 1987, 2936). Ein **Verzicht** auf die Selbstbestimmung und somit auch auf die Aufklärung ist grundsätzlich möglich, aber nur mit größter Vorsicht anzunehmen (so richtig Staud/Hager Rz I 100). Zur verfassungsrechtlichen Verankerung der Aufklärungspflicht im Selbstbestimmungsrecht des Patienten vgl auch das Minderheitsvotum Hirsch, Niebler, Steinberger in BVerfG 52, 131, 171ff, 177f. Laufs konstatiert (NJW 1988, 1499, 1505f) einerseits, daß die Ärzteschaft die Aufklärungspflicht als berufliche Aufgabe weithin angenommen habe, verweist (ArztR Rz 115) andererseits auf die Gefährdungen und Verkürzungen (vgl zu einem krassen Fall der Herbeiführung einer Einwilligung mit Nötigungsmethoden BGH NJW 1998, 1784) des notwendigen **Gesprächs zwischen Arzt und Patient**. Idealerweise führt es dazu, daß Arzt und Patient gemeinsam die Abwägung zwischen Nutzen und Risiken vornehmen (vgl BGH NJW 1995, 2410). In diesem Spannungsfeld wird die Aufklärung wohl noch auf geraume Zeit das Kernproblem der Arzthaftung (Soergel/Zeuner Rz 237) bleiben, vgl dazu zuletzt die abgewogene Stellungnahme von Katzenmeier, 350ff.

Ohne Anspruch auf Vollständigkeit verdienen folgende **Einzelfälle** aus der Rspr zur Aufklärungspflicht Erwähnung: Die Pflicht zur Aufklärung über Gefahren erstreckt sich nicht auf die Folgen, die nur durch eine **fehlerhafte Behandlung** entstehen können (BGH NJW 1985, 2193). Auf die Risiken der (schuldlosen) Fehlschlags und der möglichen Verschlimmerung des Gesundheitszustandes ist aber hinzuweisen (BGH NJW 1990, 2929; 1991, 1558). Eine Bagatellisierung der Gefahren wird der Funktion der Aufklärung nicht gerecht (BGH 90, 103; BGH NJW 1994, 793; 1996, 777). Auch auf seltene, aber für die Operation spezifische Folgen muß hingewiesen werden, wenn sie für das weitere Leben des Patienten gravierende Bedeutung haben können (BGH NJW 1996, 3073). **Allgemeine Gefahren**, wie sie bei jeder Operation bestehen (zB Embolie), brauchen dem Patienten nicht dargelegt zu werden, jedenfalls wenn er weiß, daß es sich um einen nicht ganz leichten Eingriff handelt (BGH NJW 1986, 780). Hierbei darf der Arzt voraussetzen, daß der Patient die allgemeinen Risiken operativer Eingriffe, zB das Wundinfektionsrisiko, ohnehin kennt (BGH NJW 1991, 1541; 1992, 743). Ebenso ist eine (Teil-)Aufklärung dann entbehrlich, wenn eine theoretisch mögliche **Behandlungsalternative** im konkreten Fall wegen anderer Verletzungen des Patienten nicht in Frage kommt (BGH NJW 1992, 2353). Ist ein Risiko wenig wahrscheinlich, darf der Arzt die geringe Wahrscheinlichkeit hervorheben, um den Patienten möglichst zu beruhigen (BGH VersR 1987, 200). Zur Aufklärung über Behandlungsalternativen gehört der Hinweis, daß in der Wissenschaft von gewichtigen Stimmen auf Gefahren der vom behandelnden Arzt vorgeschlagenen Methode aufmerksam gemacht worden ist (BGH NJW 1978, 587; 1989, 1541). Andererseits braucht nicht auf möglicherweise weniger gefährliche Verfahren hingewiesen zu werden, wenn diese erst in einigen Großkliniken oder Kliniken mit anderer apparativer Ausstattung angewendet werden können (BGH NJW 1984, 1810; BGH 102, 17, 23; BGH EBE 1989, 27; vgl auch BGH NJW 1988, 1516 zur Entbehrlichkeit der Aufklärung über ein neues, ungewohntes, noch nicht mit bewiesenen Dauererfolgen ausgestattetes Verfahren der Magenchirurgie). Steht hingegen unter medizinisch-fachlichen Gesichtspunkten eine konservative Behandlung als Alternative zu einer Operation zur Wahl, liegt geradezu der klassische Fall einer echten Wahlmöglichkeit des Patienten vor, so daß dieser vollständig aufgeklärt werden muß (BGH NJW 1988, 765; 2000, 1788). Dem „beweglichen" Modell der Aufklärung entsprechend (Rz 138 aA) ist bei einem **diagnostischen Eingriff** in der Regel eine umfassendere Aufklärung erforderlich als bei einem therapeutischen (vgl BGH 90, 96: Schmerzaufklärung bei Rektoskopie). Ist ein diagnostischer Eingriff hingegen dringlich oder sogar überlebenswichtig, gelten die geringeren Aufklärungsmaßstäbe wie bei der Therapie (vgl BGH NJW

§ 823   Einzelne Schuldverhältnisse

1995, 2410). Besonders streng sind die Anforderungen an die Aufklärung bei kosmetischen Operationen (BGH NJW 1991, 2349). Zum vorwiegend persönlichkeitsrechtlichen Problem des AIDS-Testes vgl Laufs, ArztR Rz 160f. Die Beratungspflicht (Rz 134) ist von der Aufklärungspflicht zu unterscheiden, vgl insbesondere Rz 141 zur unterschiedlichen Beweislast für Aufklärungspflicht- und Beratungs (= Behandlungs-)pflichtverletzungen nach der Rspr. – Vgl zu dem allen auch die Leitsätze der Deutschen Krankenhausgesellschaft über die ärztliche Aufklärung (Fassung 1980 bei MüKo/Mertens Rz 423 Fn 1252; in 2. Aufl selbständig veröffentlicht 1986), ausführlicher die 25 Leitsätze von Kern/Laufs, abgedruckt ua bei Laufs, ArztR Rz 162ff.

140   Besondere Probleme bereiten die **äußere Gestaltung** der Aufklärung und die **Rechtsfolgen** einer Aufklärungspflichtverletzung. Da die Aufklärung grundsätzlich situationsbezogen zu erfolgen hat, entzieht sie sich weitgehend der Standardisierung. Unverzichtbar ist vielmehr das persönliche Gespräch zwischen Arzt und Patient (Soergel/Zeuner Rz 245; MüKo/Mertens Rz 442; Brüggemeier, DeliktsR Rz 737). **Formulare** sind wohl nur als Checkliste für den Arzt sinnvoll (vgl BGH NJW 1985, 1399); eine Broschüre für den Patienten als „Basisaufklärung" und darauf aufbauend dann eine „zweite Stufe" individueller Aufklärung erscheint hiernach als nicht unproblematische Methode (vgl Laufs, ArztR Rz 127–131 mN auch zur formularmäßigen Erklärung der Einwilligung). Die Einwilligung auf einem Formblatt für die Anästhesie kann nicht zugleich als Einwilligung in die nachfolgende Operation gewertet werden (BGH NJW 1998, 1784). Aus dem Gesagten ergibt sich zugleich die Notwendigkeit, daß **der behandelnde Arzt** und nicht ärztliches Hilfspersonal aufklärt (BGH NJW 1974, 604). Zu den Richtlinien der deutschen Krankenhausgesellschaft zur Aufklärung und allgemein zu den Organisationspflichten im Hinblick auf die Aufklärung MüKo/Mertens Rz 444 mN. Auch im Fall von BGH NJW 1980, 1905 hatte der aufklärende Arzt die Oberleitung der Operation, so daß die in der Entscheidung statuierte Garantenstellung des Arztes unmittelbar aus seiner Stellung im Behandlungsprozeß verwirklicht. Ist über einen aufklärungsbedürftigen Punkt nicht aufgeklärt worden und hat sich **ein anderes Risiko verwirklicht** (BGH 90, 96ff: mangelnde Aufklärung über die Schmerzbelastung durch Rektoskopie, aber Dickdarmperforation als Eingriffsfolge), dann liegt nach dem Indikationsmodell eine Haftung für Körperverletzung schon wegen der unterlassenen Aufklärung nahe (vgl MüKo/Mertens Rz 455; eindringlich auch Soergel/Zeuner Rz 238f). Dennoch hat der BGH aaO den Rechtswidrigkeitszusammenhang verneint. Bei Anwendung des oben Rz 137 vorgeschlagenen Ansatzes ist diese Entscheidung jedenfalls richtig: Ist über die Schmerzfolge einer Behandlung nicht aufgeklärt worden und erleidet der Patient durch die Behandlung Schmerzen, dann stellen diese Schmerzen eine Körperverletzung dar. Verwirklicht sich jedoch gleichzeitig ein Komplikationsrisiko, über das aufgeklärt worden ist, liegt hinsichtlich dieses Risikos nicht allein deshalb eine Körperverletzung vor, weil die Aufklärungspflicht hinsichtlich der Schmerzfolge verletzt worden ist, vgl BGH NJW 2000, 1784, 1786 (anders aber bei Eintritt eines selbst nicht aufklärungsbedürftigen Folgerisikos, BGH 106, 391; dann gilt gewissermaßen: einmal rechtswidrig – immer rechtswidrig, vgl auch BGH NJW 1991, 2346; 1996, 777; 2001, 2798). Davon zu unterscheiden ist der zum Arzt offenstehende, aber auch von ihm zu beweisende **Einwand**, der Patient hätte bei richtiger Aufklärung gleichfalls in die Behandlung eingewilligt. Dann fehlt nicht die Kausalität der (Aufklärungs-)Pflichtwidrigkeit; sondern der Arzt beruft sich auf **rechtmäßiges Alternativverhalten** (vgl dazu Staud/Schiemann § 249 Rz 107f mN und BGH 89, 95, 103). Allerdings verlangt der BGH für die Belastung des Arztes mit dem Beweis der hypothetischen Einwilligung, daß der Patient zunächst plausibel macht, bei richtiger Aufklärung vor einem echten Entscheidungskonflikt gestanden zu haben (NJW 1990, 2928; 1991, 1543; 2342; 2344; 1994, 799; 1998, 2734). Hätte die ordnungsgemäße Aufklärung überhaupt nicht zu einem Entscheidungskonflikt zwischen zwei Operationsmethoden führen können, dann hat der Patient auch nicht plausibel gemacht, er habe in die ausgeführte Behandlung nur eingewilligt, weil er nicht über eine alternative Methode aufgeklärt worden sei (BGH NJW 1992, 2351).

141   **f) Prozessuale Fragen.** Nach Rspr und hM trägt der Patient die **Beweislast** für das Vorliegen eines Behandlungs- oder Beratungsfehlers und für den Kausalzusammenhang zwischen dem Fehler und der Rechtsverletzung. Daran wird sich voraussichtlich bei einer stärkeren Ausrichtung an der vertraglichen Anspruchsgrundlage und der Anwendung des § 280 I nF nichts ändern, Rz 126. Hingegen trifft den **Arzt die Beweislast dafür, daß er die Aufklärungspflicht erfüllt**, der Patient daher wirksam eingewilligt **hat** und sein Eingriff infolgedessen gerechtfertigt ist (vgl den Überblick bei Laufs, ArztR Rz 420ff mN). Hinsichtlich der Aufklärungspflichtverletzung ist diese Beweislastverteilung auch dann richtig, wenn man den materiellen Grund der Aufklärungspflicht nicht bei der Rechtfertigung durch Einwilligung, sondern bei der Berufspflicht zur Wahrung des Selbstbestimmungsrechts des Patienten sieht, Rz 137: Es gehört geradezu zu den beruflichen Pflichten des Arztes, zu wissen, über welche Umstände und unter welchen Voraussetzungen der Patient aufgeklärt werden muß; deshalb kann es im Prozeß nicht plötzlich die Aufgabe des Patienten sein, dieses Wissen darzulegen und zu beweisen. Darin berührt sich die Berufspflichtverletzung des Arztes mit der Verkehrspflichtverletzung des Produzenten: So wie dieser die Pflicht hat, für die Transparenz des Produktionsvorganges zu sorgen (Rz 112), ist der Arzt verpflichtet, den Bereich seiner Tätigkeit **für den Patienten durchschaubar** zu halten, weil allein er dazu in der Lage ist, für eine solche Durchschaubarkeit zu sorgen. Dieser Grundgedanke kann freilich nicht auf die Fälle der Aufklärungspflichtverletzung beschränkt werden. Zu Recht hat die Rspr vielmehr Beweiserleichterungen bis hin zur Beweislastumkehr zu Lasten des Arztes auch bei **fehlerhafter Dokumentation** angenommen (grundlegend BGH 72, 132, 136ff). Fehlt die gebotene ärztliche Dokumentation oder ist sie unzulänglich, so kann auf Grund des Beweises des Gegenteils durch den Arzt vermutet, daß die erforderliche Maßnahme unterblieben ist (BGH NJW 1988, 2924; 1999, 863; 3408). Damit ist der Beweis eines Arztfehlers erbracht. Die zugrundeliegende materielle Pflicht zur Dokumentation umfaßt nicht nur die normale Grundpflege, sondern auch aus dem Krankheitszustand des Patienten folgende besondere Pflegebedürfnisse wie die Gefahr von Durchliegegeschwüren (BGH NJW 1986, 2365; 1988, 762). Entsprechendes wie bei Dokumentationsmängeln muß gelten, wenn dokumentationsfähige Daten nicht vorhanden sind, weil **Diagnose- und Kontrollbefunde** gar **nicht** erst **erhoben** worden sind (BGH 85, 212 [noch beschränkt auf grobes Verschulden, dazu sogleich]; 99, 391; BGH NJW 1987, 2293). Die Verletzung der materiellen Pflicht, alle für die Diagnose und bei der Therapie notwendigen Befunde zu erheben, hat gerade unter dem beweisrechtlichen Gesichtspunkt zunehmend die Bedeutung einer „dritten Spur" der Arzthaftung neben dem Behandlungsfehler und der unterlassenen Aufklärung erlangt. Vielfach läßt sich prozessual die fehlende Dokumentation und die Verletzung der Befunderhebungspflicht gar nicht trennen: Befunderhebungen müssen dokumentiert werden; das Fehlen einer Dokumentation über die Befunderhebung begründet daher die (widerlegliche) Vermutung für das Unterlassen der Befunderhebung selbst. Dieses Unterlassen wird meist (nach Staud/Hager Rz I 73f immer, anders aber zB BGH NJW 1999, 862) als schwerer Fehler anzusehen sein, so daß sich hieraus dieselben Beweiserleichterungen wie bei groben Behandlungsfehlern ergeben (BGH 132, 47; 138, 1; BGH NJW 1998, 1782; 1999, 860; 862; 1778; 2001, 2792). Die Rspr hat darüber hinaus dem Patienten mit Beweiserleichterungen bis zur Umkehr der Beweislast auch hinsichtlich des **Kausalzusammenhangs** zwischen nachgewiesenem (oder nach den eben erwähnten Grundsätzen vermuteten) ärztlichen Fehlverhalten und den eingetretenen Schäden geholfen, wenn der Arzt einen **groben Behandlungsfehler** verschuldet hat (BGH VersR 1968, 498; NJW 1968, 2291 und seitdem st Rspr, vgl Deutsch VersR 1988, 1ff mN und zuletzt BGH NJW 1998, 1782; 1999, 860; 2001, 2792). Je unwahrscheinlicher der Kausalzusammenhang ist, desto geringer ist freilich das Gewicht der durch den Behandlungsfehler verursachten Aufklärungserschwerung (BGH NJW 1988, 2949; 1995, 778; 1996, 2428). Als „grob" stuft der BGH einen Behandlungsfehler ein, wenn das Verhalten des Arztes eindeutig gegen gesicherte und bewährte medizinische Erkenntnisse und Erfahrungen verstieß (BGH 132, 47; 138, 1; BGH NJW 1986, 1540; 1997, 798 mN; 1998, 1782). Auch ein grober Verstoß gegen die therapeutische Aufklärungspflicht (Rz 137) ist ein schwerer Behandlungsfehler (BGH 107, 222; anders für die Selbstbestimmungsaufklärung BGH NJW 1987, 2291). Hierbei handelt es sich um eine juristische Wertung, die nicht ein Sachverständiger, sondern das Gericht aufgrund der ihm unterbreiteten Fakten zu treffen hat (BGH NJW 1988, 1513). Die Beweisregel ist nicht als Sanktion gegen den schuldhaft handelnden Arzt zu verstehen, sondern greift immer dann ein, wenn aus objektiver ärztlicher Sicht das Verhalten eindeutig gegen gesicherte und bewährte medizinische Erkenntnisse und Erfahrungen verstieß und dadurch die Aufklärung des Behandlungsgeschehens besonders erschwert ist (BGH NJW 1992, 754; 1997, 794; zu weiteren Einzelheiten Katzenmeier [oben Rz 131], 449ff mN).

Der BGH ist mit diesen Modifikationen der sonst gebräuchlichen deliktsrechtlichen Beweisregeln bestrebt, im Arztprozeß möglichst **„Waffengleichheit"** zwischen Arzt und Patient herzustellen. Die Verfolgung dieses Ziels ist auch verfassungsrechtlich geboten, vgl BVerfG 52, 131ff. BGH 85, 212, 216f; BGH NJW 1988, 2303 begründet die Beweislastumkehr vor allem mit der Erwägung, daß der Arzt durch seinen Behandlungsfehler eine Entwicklung der Krankheit in Gang gesetzt hat, die es schwer macht, überhaupt Aussagen über die Krankheitsentwicklung ohne den Fehler zu treffen; deshalb soll der Arzt den Beweis erbringen müssen, daß der Schaden auch bei einem behandlungsfehlerfreien Verlauf eingetreten wäre. Die Pflicht zu ordnungsgemäßer Behandlung ist jedoch von der Pflicht zu unterscheiden, gerade die **Transparenz** des Krankheitsgeschehens herzustellen oder zu erhöhen (vgl Matthies NJW 1983, 335 mN, sowie Soergel/Zeuner Rz 325). Diese Transparenzpflicht besteht allgemein wegen der beruflichen Verantwortung des Arztes für die Krankheit des Patienten. Sie ermöglicht dem Patienten ebensowenig, schon wegen des eingetretenen Schadens die Beweislast auf den Arzt überzuwälzen, wie die Transparenzpflicht des Produzenten dies dem Benutzer eines schädlichen Produkts gegenüber dem Produzenten erlaubt. So wie bei der Produzentenhaftung zunächst die Herkunft des Produktfehlers aus dem Gefahrenbereich des Produzenten dargetan sein muß (vgl Rz 121), muß bei der Arzthaftung mindestens ein **Behandlungsfehler** dargetan werden, der überhaupt geeignet ist, den Schaden herbeizuführen (vgl zum Eignungskriterium Staud/Hager Rz I 54 mN). Erst wenn ein solcher konkreter Anlaß für eine etwaige Haftung des Arztes gegeben ist, tritt für den Beweis der Kausalität die Transparenzpflicht des Arztes in Funktion. Die Beschränkung auf einen groben Behandlungsfehler findet jedoch unter diesen Voraussetzungen keinen Anhaltspunkt im dogmatischen Rahmen des deliktischen Haftpflichtrechts. Ebenso im Ergebnis insbesondere Stoll AcP 176, 145, 157; weitere Nachw: MüKo/Mertens Rz 409 Fn 1135; abl zuletzt aber Katzenmeier (oben Rz 131), 459.

Neben der Beweislastumkehr kommt nach der Rspr auch die Anwendung der Grundsätze über den **prima-facie-Beweis** zur Beweiserleichterung für den Patienten in Betracht (BGH VersR 1978, 82; BGH 114, 284, 290f). Die Beispiele aus der Rspr des BGH sind freilich überwiegend älter, vgl Nachw bei Soergel/Zeuner Rz 334ff; zur OLG-Rspr aus neuerer Zeit aber MüKo/Mertens Rz 407 Fn 1128. Die praktische Bedeutung des Anscheinsbeweises scheint daher im Arzthaftungsprozeß durch die Rspr zum groben Behandlungsfehler stark zurückgedrängt worden zu sein. Als Anwendungsbereich bleibt nach der Rspr aber die Kausalität des „einfachen" (nicht groben) Behandlungsfehlers für den Schaden sowie der Schluß von bestimmten typischen Schäden auf das Vorliegen eines schuldhaften Behandlungsfehlers, vgl zum Fremdkörper in der Operationswunde BGH 4, 138, 144ff, dazu weitere Nachw bei Staud/Hager Rz I 49ff.

Eine Verfahrensbesonderheit des Arzthaftungsrechts ist die Tätigkeit der **Gutachter- und Schlichtungsstellen** (teils auch nur „Schlichtungsstellen" oder „Gutachterkommissionen" genannt) bei den Ärztekammern. Sie werden ohne besondere Schiedsvereinbarung zwischen Arzt und Patient tätig und scheinen eine gewisse Entlastung der gerichtlichen Auseinandersetzung über Behandlungsfehler vor allem auch im Interesse der versicherungstechnischen Regulierung zu bewirken (vgl dazu Matthies, Schiedsinstanzen im Bereich der Arzthaftung: Soll und Haben, 1984).

g) Berufspflichten anderer Heilberufe. Die Grundsätze der Arzthaftung gelten in gleicher Weise für **Zahnärzte**, vgl zum Behandlungsfehler BGH 8, 138, zur Aufklärungspflichtverletzung BGH NJW 1994, 799. Zu den Berufspflichten der **Heilpraktiker** vgl Eberhardt VersR 1986, 110; BGH 113, 297 und hierzu Taupitz NJW 1991, 1505 (Fortbildungs- und Sorgfaltspflichten wie beim Arzt im Falle invasiver Behandlungsmethoden). Nicht sachgerecht wäre jedoch eine Übertragung der Arzthaftungsgrundsätze auf den **Tierarzt** (BGH NJW 1980, 1904). Hingegen trifft der allgemeine Berufspflichtgedanke bei spezialisierten und besonders sachkundigen Tätigkeiten (Rz 127ff) auch für Tierärzte zu (vgl bereits RG 102, 372, 375; ferner BGH NJW 1982, 1327 – dort auch zur Orientierung am Tierschutz als Analogon zur Orientierung des Humanmediziners am Gemeinschaftsgut der Gesundheit).

12. Ausschluß der Rechtswidrigkeit

146 **a) Reichweite der Rechtswidrigkeitsindikation.** Während bei den tatbestandlich offenen Verletzungen die Rechtswidrigkeit durch die Verkehrspflichtwidrigkeit eines Verhaltens positiv festgestellt werden muß (Rz 5, 75ff), indiziert die **unmittelbare Verletzung** eines nach § 823 I geschützten Rechts oder Rechtsguts die Rechtswidrigkeit des Verhaltens. Die Rechtswidrigkeit ist aber ausgeschlossen, wenn das Verhalten des Verletzers ausnahmsweise durch einen **Rechtfertigungsgrund** gerechtfertigt ist. Für diesen Ausnahmetatbestand ist der Verletzer nach der Normentheorie beweispflichtig. Nach hM ist der wichtigste Rechtfertigungsgrund die **Einwilligung**, insbesondere in den ärztlichen Eingriff, vgl Rz 135f. Sowohl bei der Arzthaftung als auch bei Schäden aus der Teilnahme an gefährlichen Sportarten (Rz 104) ist jedoch ein Ansatz vorzuziehen, der von der Rechtmäßigkeit des beruflichen Handelns und der Teilnahme am Sport ausgeht und die Rechtswidrigkeit erst mit der Verletzung von Verkehrs- oder Berufspflichten begründet. Für den Rechtfertigungsgrund der Einwilligung bleibt unter dieser Voraussetzung in den genannten Fallgruppen kein Raum. Noch mehr eingeschränkt wird der Anwendungsbereich der Einwilligung durch die Kategorie des **Handelns auf eigene Gefahr**. Sie schließt nicht die Rechtswidrigkeit aus, sondern führt zur Kürzung des Schadensersatzanspruchs nach dem flexiblen Maßstab des § 254 (grundlegend BGH 34, 355 zur Gefälligkeitsfahrt). Nicht als Rechtfertigungsgrund anzuerkennen ist die Sozialadäquanz oder das verkehrsrichtige Verhalten, dafür aber BGH (GS) 24, 21; vgl dazu Rz 8.

147 **b)** Im verbliebenen Anwendungsbereich der Einwilligung und nach hM auch beim ärztlichen Eingriff stellt sich die Frage nach dem **Rechtscharakter der Einwilligung** und nach den Folgen von Willensmängeln und anderen Wirksamkeitshindernissen. Unproblematisch zu beantworten ist diese Frage nur bei der Einordnung der Einwilligung als Willenserklärung. Dem Muster der §§ 182f entspricht sie aber jedenfalls nicht, da sie gerade kein Rechtsgeschäft, sondern den Realakt der Rechtsverletzung betrifft. Auch eine entsprechende Anwendung der Regeln über die Geschäftsfähigkeit wird mit BGH 29, 33, 36 in der Rspr nicht mehr vertreten, vgl für die Einwilligung in Verletzungen von Persönlichkeitsrechten aber Anh § 12 Rz 253. Sind die gesetzlichen Vertreter nicht erreichbar und steht der Minderjährige nahe vor der Volljährigkeit, genügt hiernach die Einwilligung **des Minderjährigen selbst**. Andererseits reicht gerade bei Verletzungen von Persönlichkeitsgütern und des Allgemeinen Persönlichkeitsrechts die Einwilligung der gesetzlichen Vertreter nicht in jedem Falle aus: Da es um das Selbstbestimmungsrecht des Verletzten geht, kann der Rechtfertigungsgrund durch die gesetzlichen Vertreter die Rechtswidrigkeit der Verletzung nicht beseitigen, soweit die Minderjährige die Einsichtsfähigkeit in die Bedeutung und Tragweite des Eingriffs hat. Dann wird man seine eigene Einwilligung verlangen müssen, zusätzlich aber in der Regel wegen des Rechts und der Pflicht der gesetzlichen Vertreter zur Personensorge auch deren Zustimmung (BGH NJW 1972, 335; 74, 1947; Medicus, Allg Teil des BGB Rz 201; Soergel/Zeuner Rz 231). Fehlt dem Betroffenen die Willensfähigkeit ganz, bleibt nur die Möglichkeit einer Einwilligung durch die gesetzlichen Vertreter oder einen Pfleger (BGH NJW 1966, 1855). Zu den Pflichten und Befugnissen des Betreuers für Volljährige siehe §§ 1904, 1905. Da die Vorschriften über Willenserklärungen nicht passen, ist die Einwilligung auch nicht anfechtbar. Die Einwilligung kann auch konkludent geschehen (BGH NJW 1980, 1903). Ferner sind Einwilligung und Aufklärung, falls nötig, auszulegen (vgl BGH NJW 1999, 863). Eine durch Drohung oder arglistige Täuschung herbeigeführte Einwilligung wird jedoch als nichtig angesehen (BGH NJW 1964, 1177). Die Rechtswidrigkeit bleibt ferner bestehen, wenn die Einwilligung sittenwidrig oder gesetzlich verboten ist (BGH 67, 48, 50f).

148 **c) Gesetzliche Rechtfertigungsgründe, insbesondere Wahrnehmung berechtigter Interessen.** Als weitere Rechtfertigungsgründe ohne nennenswerte praktische Bedeutung sind **Selbsthilfe** (§§ 229, 561, 859f, 910), **Notwehr** (§ 227) und **privatrechtlicher Notstand** (§§ 228, 904), ferner der rechtfertigende Notstand nach **§ 34 StGB** (zu dessen Abgrenzung gegenüber der mutmaßlichen Einwilligung Staud/Hager Rz I 115) zu erwähnen. Erhebliches praktisches Gewicht kommt hingegen dem Rechtfertigungsgrund des § 193 StGB (**Wahrnehmung berechtigter Interessen**) bei allen Äußerungsdelikten zu, außer bei Ehrverletzungen nach §§ 185ff StGB also insbesondere bei Persönlichkeitsverletzungen und Behauptungen über Unternehmen und gewerbliche Leistungen. Soweit die Verletzung der „Rahmenrechte" an der eigenen Persönlichkeit und am Gewerbebetrieb erst aufgrund einer **Güter- und Interessenabwägung** festgestellt wird, ist der Gesichtspunkt des § 193 StGB jedoch bereits in diese Abwägung selbst hineinverlagert (Soergel/Zeuner Rz 255). Teilweise verdrängt wird § 193 StGB auch bei Äußerungen in gerichtlichen und ähnlichen Verfahren, vgl vor § 823 Rz 24; ferner BVerfG NJW 1987, 1929 zur Verfassungswidrigkeit einer Schadensersatzsanktion für eine Anzeige, die sogar wahrscheinlich auf einer wahren, nur nicht beweisbaren Schilderung beruhte. Zu den im Rahmen des Rechtfertigungsgrundes maßgeblichen Kriterien vgl Rz 71f hinsichtlich der Güterabwägung bei Äußerungen über gewerbliche und berufliche Leistungen und § 824 Rz 11 hinsichtlich § 824 II.

149 Als berechtigt anerkannt werden heute nicht mehr nur mindestens mittelbar **eigene Interessen**, sondern auch **Interessen der Öffentlichkeit** (grundsätzlich dazu BGH 31, 308, 312). Einer wie auch immer gearteten besonderen Legitimation zur Wahrnehmung des öffentlichen Interesses bedarf es richtiger Meinung nach nicht (Staud/Hager Rz C 101 mN; dort auch zur Grenze beim Recht des Betroffenen auf informationelle Selbstbestimmung). Hiermit ist § 193 StGB vor allem zu einem Rechtfertigungsgrund für die Medien geworden. Gerade für sie ist freilich die **Informationspflicht** („Pflicht zur Recherche", vgl Hager AcP 196, 189 mN) des Rechtsverletzers als Voraussetzung der Rechtfertigungsmöglichkeit von besonderer Bedeutung; auch zu dieser Pflicht und deren Grenzen § 824 Rz 11.

Im Hinblick auf den Widerrufsanspruch (vor § 823 Rz 23) endet die rechtfertigende Wirkung der Wahrnehmung **150** berechtigter Interessen, sobald die **Unwahrheit** der Behauptung **feststeht**, BGH 37, 187, 191: Dann hätte der Rechtsverletzer die Äußerung nicht mehr tun dürfen, da wissentlich unwahre Behauptungen niemals durch den Rechtfertigungsgrund gedeckt werden; infolgedessen darf er die Behauptung nach Kenntnis ihrer Unwahrheit auch nicht weiter aufrechterhalten.

d) Rechtfertigungsgründe können sich auch aus einem **öffentlichen Amt, öffentlich-rechtlichen Befugnissen 151** oder **privaten Rechten** ergeben. Praktische Bedeutung hatte von diesen Gründen früher allein die Frage des **Züchtigungsrechts**. Durch die Neufassung des § 1631 II hat sich auch diese Frage erledigt: Ein Züchtigungsrecht der Sorgeberechtigten besteht nicht. Erst recht nach heutigem Recht ein Züchtigungsrecht Dritter abgelehnt werden (vgl schon Soergel/Zeuner Rz 264). Das früher gewohnheitsrechtlich angenommene Züchtigungsrecht der Lehrer ist gleichfalls überholt (aA noch BayObLG NJW 1979, 1371).

13. Verschulden nach § 823 I

Die Regelung des § 823 ist Ausdruck des **Verschuldensprinzips**: Die Belastung mit einer Haftung erscheint nur **152** begründet, wenn denjenigen, der ein Recht oder Rechtsgut rechtswidrig verletzt hat, deshalb ein subjektiver Vorwurf trifft. Die Geltung des Verschuldensprinzips kann durch Vereinbarung oder besondere persönliche Nähe (vgl §§ 1359, 1664) eingeschränkt werden, vgl vor § 823 Rz 26. Umfassend zum Verschulden im übrigen die Erläuterungen zu § 276. Speziell für das Deliktsrecht bedürfen nur wenige Punkte der Hervorhebung: Voraussetzung des Verschuldens ist Verschuldensfähigkeit, vgl §§ 827, 828 mit Erläuterungen. Gegenstand des Verschuldens nach § 823 I ist bei den unmittelbaren Verletzungen der Eingriff in das geschützte Rechtsgut (RG 142, 116, 122; BGH NJW 1976, 1143), bei Verletzungen von Verkehrs- und Berufspflichten das Unterlassen gefahrvermeidender Maßnahmen (vgl MüKo/Mertens Rz 49 und oben Rz 87 aE). Auf die aus der Verletzung folgenden weiteren Schäden braucht sich das Verschulden nicht zu erstrecken. Für sie wird schon im Rahmen der Adäquanz oder des Schutzzwecks der Norm gehaftet. – Zum **Vorsatz** gehört zivilrechtlich auch das **Unrechtsbewußtsein** (Vorsatztheorie), BGH 69, 128, 142f; BGH NJW 1985, 134). Durch den Irrtum über das Unrecht wird die verbleibende Fahrlässigkeitshaftung aber regelmäßig nicht ausgeschlossen (vgl immerhin BGH 17, 266, 295 zur Exkulpierung eines Urheberrechtsverletzers in zweifelhafter Rechtslage oder vor einer höchstrichterlichen Entscheidung). Für die **Fahrlässigkeitshaftung** ist gerade im Deliktsrecht die **typisierende Betrachtungsweise** des Zivilrechts (moderne Übersicht: MüKo/Grundmann § 276 Rz 54ff) maßgeblich: Der Haftende hat für die „Gewährleistung einer sozialen Rolle" (MüKo/Mertens[2] Rz 43a) oder für das, was man „von einer Person in der Stellung und Rolle des Handelnden allgemein erwarten kann und muß" (Soergel/Zeuner Rz 269), einzustehen. An einen Jugendlichen sind daher uU geringere Anforderungen zu stellen als an einen Erwachsenen (vgl BGH 39, 281 und dazu auch § 829 Rz 1). Andererseits muß, wer besondere, über das typische Maß hinausgehende Kenntnisse hat, diese auch einsetzen (BGH NJW 1987, 1479 mit Anm Deutsch). Der Rollenbezug des Verhaltensstandards erschöpft sich nicht in den unmittelbar rollenspezifischen Verrichtungen. So ist der Fahrer eines Kfz schon vor Antritt einer Fahrt verpflichtet, sich zu vergewissern, ob er nach seinen körperlichen und geistigen Fähigkeiten überhaupt (noch) imstande ist, den Erfordernissen des Straßenverkehrs zu genügen (vgl BGH NJW 1988, 909 mN). Zur „Gruppenfahrlässigkeit" insbesondere Deutsch HaftungsR, Rz 403ff.

14. Verletzung eines Schutzgesetzes nach § 823 II

a) **Funktion des Abs II.** § 823 II erfüllt gegenüber Abs I vor allem zwei Funktionen: Diese Vorschrift ermög- **153** licht eine **Erweiterung der Schutzobjekte**, insbesondere einen primären Vermögensschutz. Große Bedeutung als Schutzgesetze nach Abs II haben hier neben den Vermögensdelikten des StGB Vorschriften im Zusammenhang mit einer Haftung gewonnen, wie die Versäumung der Insolvenzantragspflicht durch den GmbH-Geschäftsführer nach § 64 GmbHG (BGH 29, 100; 75, 96; 126, 181; 138, 211; BGH NJW 1997, 3021; 1999, 2182) oder der Verstoß gegen die Pflicht des Empfängers von Baugeld zur Weitergabe an die Bauhandwerker nach dem Gesetz zur Sicherung von Bauforderungen (§ 5 GSB; BGH NJW 1982, 1037; 1985, 134; 1986, 1104; WM 2002, 861). Die zweite Hauptfunktion des Abs II besteht darin, den **Schutz von Rechtsgütern** des Abs I **vorzuverlagern**, indem die Schadensersatzsanktion nicht an die schuldhafte Herbeiführung des Verletzungserfolges anknüpft, sondern bereits an die schuldhafte Verletzung bestimmter Gebote gefahrvermeidender Verhaltens. Die Schadensersatzpflicht selbst besteht freilich erst, wenn dieser Verstoß zu einem Schaden geführt hat (zu negatorischen Ansprüchen wegen Verletzung von Schutzgesetzen vor § 823 Rz 21). Diese Funktion deckt sich weithin mit derjenigen von Verkehrspflichten zur Ausfüllung des Unrechtstatbestandes nach Abs I. Solcher Funktionsgleichheit entsprechend behandelt BGH NJW 1987, 2671 Verkehrspflichten und Schutzgesetze weitgehend gleich, vgl dazu bereits Rz 87. Hieraus wird vielfach der Vorschlag abgeleitet, § 823 II als die eigentliche Grundnorm des Deliktsrechts anzusehen (grundlegend Rödig, Erfüllung des Tatbestandes des § 823 Abs 1 BGB durch Schutzgesetzverstoß, 1973), oder die Verkehrspflichten als „ungeschriebenen § 823 III" in einen möglichst engen Zusammenhang mit dem Verstoß gegen ein Schutzgesetz zu bringen (Mertens AcP 178, 227ff; vgl auch schon Larenz, FS Dölle, 1963, 169, 189). In der Tat scheint es eher von rechtspolitischen Zufällen als von der Befolgung eines überzeugenden Systems abzuhängen, ob der effektive Schutz von Rechtsgütern des § 823 I durch Schutzgesetze oder richterrechtlich entwickelte Verkehrspflichten erreicht wird. Insofern hat § 823 II nur haftungspräzisierende Funktion (Canaris, FS Larenz 1983, 27, 51). Immerhin bewirkt § 823 II in solchen Fällen eine **Begründungsentlastung**, da der Richter nicht erst Verhaltenspflichten aufstellen muß, um dann an sie eine Haftung knüpfen zu können. Eine derartige Arbeitsteilung zwischen Gesetzgeber und Richter ist wohl hinzunehmen, solange die Prärogative des Gesetzgebers im allgemeinen gewahrt wird (vgl BVerfG 34, 269 zum methodisch verwandten Problem richterlicher Fortbildung des Persönlichkeitsschutzes). Gerade diese Prärogative wird aber verdeutlicht, wenn § 823 II als Domäne des Gesetzgebers erhalten bleibt. Dadurch bleibt das gesetzliche System zugleich wenigstens insoweit bestehen, als die Entwicklung richterrechtlicher Gefahrsteuerungsgebote weiterhin nur zum Schutze der Rechtsgüter des Abs I zulässig ist, während der **primäre Vermögensschutz** gegen fahrlässiges Verhalten **allein durch Schutzgesetze** erreicht werden kann (vgl zu dem allen insbesondere Canaris aaO, 45–77, 81ff und umfassend Spickhoff [Schrifttum vor § 823 vor Rz 1], vor allem 49ff).

154 b) **Schutzgesetze.** Als Gesetz iSd § 823 II ist nach **Art 2 EGBGB** jede Rechtsnorm anzusehen (RG 135, 242, 245). Dazu gehören nicht nur Gesetze im formellen Sinne, sondern auch zB Rechtsverordnungen wie die StVO, Gemeindesatzungen (zB über die Streupflicht) und Tarifverträge (vgl Knöpfle NJW 1967, 697, 700). Für § 823 II relevant wird eine solche Norm gerade dann, wenn sie nicht selbst eine Schadensersatzfolge enthält. Darin sieht F. Peters JZ 1983, 913ff einen rechtsstaatlich nicht hinnehmbaren Spielraum des Richters zur Feststellung oder Ablehnung einer Sanktion, jedoch kaum mit Recht: So schwierig es sein mag, sichere Kriterien zur Ermittlung des Schutzzwecks einzelner Normen anzugeben (vgl dazu insbesondere Schmiedel, Deliktsobligationen nach deutschem Kartellrecht, 1974, 168ff und passim, sowie Spickhoff aaO 98ff), haben Rspr und Lehre durch einige Hauptlinien der Interpretation solcher Normen die in Frage kommenden Schutzgesetze auf ein „zwar nicht gänzlich überschaubares, aber doch abschätzbares Maß reduziert" (MüKo/Mertens Rz 160).

155 **Richterrecht** kann, mindestens soweit es geradezu zum **Gewohnheitsrecht** erstarkt ist, nicht von vornherein aus dem Kreis für § 823 II tauglicher Normen ausgeschlossen werden (vgl nur Pal/Heinrichs Art 2 EGBGB Rz 1). Freilich kann der Richter die Norm, aus der die Schadensersatzsanktion folgen soll, nicht erst zu diesem Zweck schaffen. Sie muß vielmehr im Rahmen einer etablierten gesetzesvertretenden Ordnung bereits gleichsam bereitliegen. Dies läßt sich zumal unter Geltung des Art 9 III GG für die vom BAG entwickelte Arbeitskampfordnung sagen (vgl Steindorff JZ 1960, 582ff; Seiter, Streikrecht und Aussperrung, 1975, 455ff; MüKo/Mertens Rz 172 und bereits oben Rz 58; ablehnend zB Canaris aaO, 69).

156 **Keine Schutzgesetzqualität** haben hingegen einige Normen unterhalb der genuin staatlichen Ebene von Gesetzgebung und Rspr. Dies gilt für **technische Normen** von privaten Normungsverbänden wie ESO oder DIN (BGH 139, 1 [16] und dazu ausführlich Marburger, oben vor § 823 vor Rz 1, passim); vgl aber zu deren Bedeutung als Mindeststandards im Recht der Verkehrspflichtverletzungen Rz 116. **Verwaltungsverordnungen** mögen zwar rechtsquellentheoretisch dem Modell des Art 2 EGBGB entsprechen, sind aber wegen ihrer Schutzrichtung (Rz 157) keine Gesetze nach § 823 II: Ihnen fehlt die Außenwirkung zugunsten der Bürger (teilweise weiter jedoch Köndgen Umwelt- und Planungsrecht 1983, 345, 351; Staud/Hager Rz G 15; hiergegen MüKo/Mertens Rz 183 mN zur hM). Umstritten ist ferner der Rechtsnormcharakter der **Unfallverhütungsvorschriften** der Berufsgenossenschaften. Sie sind interne Normen der Sozialverwaltung mit dem Ziel, deren Leistungspflicht im Schadensfall zu konkretisieren, nicht Vorschriften zum Schutz der Versicherten vor den Unfallgefahren (st Rspr bis BGH VersR 1969, 827; offengelassen in BGH VersR 1983, 1141; aA Marburger aaO, 477ff; Überblick über den Meinungsstand bei Staud/Hager Rz G 14 mit berechtigter Relativierung). Im Zusammenhang mit kartellbehördlichen **Verwaltungsakten** und im Anschluß an den „Wildtaubenfall" (BGH 62, 265 zu § 27 BJagdG) ist die Frage lebhaft diskutiert worden, inwieweit Vorschriften, die durch behördliche Verwaltungsakte konkretisiert werden, Schutzgesetzeigenschaft haben können. Im jeweiligen Verwaltungsakt selbst kann nach der Regelung des Art 2 EGBGB die Schutznorm jedenfalls nicht gesehen werden (BGH 122, 1; BGH NJW 1995, 132; Schmiedel [Rz 154] 47ff und K. Schmidt, KartellverfahrensR – KartellverwaltungsR – BürgerlichesR, 1977, 365ff). Entscheidend ist vielmehr die Schutzrichtung der materiellen Vorschriften des Gesetzes, in dem die Ermächtigungsgrundlage zum Erlaß des Verwaltungsakts enthalten ist. Ergibt die Auslegung dieser Vorschriften, daß durch sie Individualschutz erreicht werden soll, kann freilich die konkrete Schutzrichtung der Vorschriften noch vom Vollzug durch Verwaltungsakt (zB von der Quantifizierung einer Abschußquote bei § 27 BJagdG) abhängen (BGH 122, 1; Soergel/Zeuner Rz 286; zum Problem rechtswidriger und nichtiger Verwaltungsakte Spickhoff aaO 82ff). Das Fehlen eines Verwaltungsaktes schließt entgegen BGH 62, 265, 270 aber nicht die **Möglichkeit** eines Schadensersatzes etwa wegen einer **Verkehrspflichtverletzung aus** (Canaris aaO, 55f; v. Bar JuS 1988, 169, 172f). Ist der Verstoß gegen eine Untersagungsverfügung als Ordnungswidrigkeit sanktioniert, liegt der Schutzzweck dieser Sanktion in der Herstellung und Aufrechterhaltung der von der Behörde angestrebten Ordnung, nicht in der Wahrung individueller Güter (vgl zum früheren § 22 V GWB in diesem Sinne Canaris aaO, 65f; MüKo/Mertens Rz 179 mN).

157 c) **Schutzzweck und Schutzbereich.** Ein Schutzgesetz im beschriebenen Sinne liegt nur vor, wenn die Norm wenigstens auch **die Interessen des Einzelnen** gezielt **schützen** soll (BGH 66, 388, 390; 84, 312, 314; 100, 13, 14f; 122, 1, 4; 125, 366, 374 mN). Weitergehend zum Erfordernis des Schutzes gerade durch Schadensersatz BGH NJW 1980, 1792 und hierzu H. Schlosser JuS 1982, 657ff; BGH 84, 312 (317: Subsidiarität des Schadensersatzes bei Bußgeldbewehrung); BGH NJW 1991, 418. Mit Recht verweist Staud/Hager Rz G 21 (ähnlich Spickhoff aaO 123f) jedoch auf die in diesem Erfordernis liegende Gefahr des Zirkelschlusses (aA noch 9. Aufl). Insgesamt überwiegen die Entscheidungen bei weitem, die einen individualschützenden Charakter der Gesetze bejahen, und selbst dann, wenn das jeweilige Gesetz in erster Linie den Interessen der Allgemeinheit dient. Zusätzlich müssen jedoch der Schaden und die Art der Schadensentstehung **im persönlichen und sachlichen Schutzbereich** der Norm liegen (Soergel/Zeuner Rz 290 und ausführlich Spickhoff aaO 238ff, jeweils mN). Probleme der Einschränkung von Individualschutz und Schutzbereich ergeben sich vor allem bei Normen mit primär vermögensschützendem Inhalt, weil bei Normen, die einen Schutz der Rechtsgüter des § 823 I bewirken können, offenbar eher das Ziel des Individualschutzes und die Zugehörigkeit des Schadens zum Schutzbereich bejaht werden. Dies steht im Einklang mit der allgemeinen Systematik der §§ 823ff, nach der die Rechtsgüter des § 823 I regelmäßig, das Vermögen als solches hingegen nur ausnahmsweise geschützt werden sollen (vgl Canaris aaO, 30ff). So hat BGH NJW 1988, 1383 dem abstrakten Gefährdungsdelikt des § 227 StGB aF zugunsten des Verletzten den weitreichenden Schutzzweck entnommen, die (grundsätzlich widerlegliche) Vermutung eines Zurechnungszusammenhanges zwischen der Schlägerei und dem Tod des Opfers zu begründen, obwohl ein solcher Zusammenhang im Strafrecht selbst nicht zu bestehen braucht, weil der Tod objektive Bedingung der Strafbarkeit ist. Aus Anlaß der Fälschung von Personalausweisen zum Zweck der Vorlage verfälschter Sparbücher hat BGH 100, 13, 15ff hingegen verneint, daß die Urkundenfälschung nach § 267 StGB überhaupt eine individualschützende Norm sei.

Die **Auslegung der** für § 823 II in Betracht kommenden **Einzelnormen** kann weitgehend nur **im Rahmen ihres** **158** **ursprünglichen Zusammenhangs** erfolgen. Dies gilt ohne weiteres für die historische Auslegung (vgl zu ihr BGH 66, 388, 390; Schmiedel [Rz 154] 153ff; im Ausgangspunkt auch Karollus, Funktion und Dogmatik der Haftung aus Schutzgesetzverletzung, 1992, 361f). Auch die systematische Auslegung muß von der Stellung der potentiellen Schutznorm im Zusammenhang ihres Ursprungsgesetzes ausgehen. Nur der Gesichtspunkt, daß der individuelle Schadensersatzanspruch im Lichte des haftungsrechtlichen Gesamtsystems tragbar erscheinen müsse (BGH aaO), führt von der individuellen Norm zur Stellung des § 823 II im allgemeinen, wie sie Rz 153, 157 vor allem für den primären Vermögensschutz dargelegt worden ist. Deshalb müssen allgemeine Regeln zur Ermittlung des Schutzzwecks und Schutzbereichs entweder hoch abstrakt oder zu schematisch bleiben (vgl zu den Kriterienkataloge von Schmiedel aaO, 168ff [siehe auch MüKo/Mertens Rz 167] und Canaris aaO 175f). Eine Ausrichtung des Vermögensschutzes am Modell des Strafrechts, wie sie Canaris vorschlägt, scheitert mE schon daran, daß **aus der Sanktion nicht auf die Schutzrichtung des** ihr zugrundeliegenden **Verhaltensgebots** geschlossen werden kann (vgl zu dieser Unterscheidung Dörner JuS 1987, 522, 524f). Es leuchtet auch nicht ohne weiteres ein, daß die Schadensersatzsanktion gerade zusätzlich zum materiellen Strafanspruch des Staates verhängt werden soll; die letztgenannte Sanktion unterliegt anderen rechtspolitischen Gründen und Tendenzen (im Erg ähnlich wie hier Soergel/Zeuner Rz 289 aE; Spickhoff aaO 54f mN). Die Statuierung von **Anhörungspflichten** in einem Gesetz dürfte gleichfalls kein sicheres Indiz für den Schutzgesetzcharakter sein, da sie auch bloß der Publizität gegenüber einer politisch interessierten (Teil-)Öffentlichkeit dienen kann (vgl aber BGH 26, 42; 69, 1, 21). Die richtige Auslegung ist alles in allem jedoch vielfach weit weniger problematisch als es hiernach scheint; denn etwa die Diskussion um das Rechtsgut der Strafrechtsnormen oder um subjektiv öffentliche Rechte im Verwaltungsrecht geben wichtige Fingerzeige auf das auch zivilrechtlich maßgebliche Verständnis der jeweiligen Vorschrift; freilich werden nicht nur Interessen geschützt, die den Rang eines subjektiven Rechts haben.

d) Auch der Schadensersatzanspruch nach § 823 II setzt stets **Verschulden** voraus. Dies bestimmt ausdrücklich **159** Abs II S 2. Nicht geregelt ist hingegen die Frage, wie die Anforderungen an das Verschulden je zu bestimmen sind: nach den Kriterien der Norm in ihrem Ursprungszusammenhang oder nach zivilrechtlichen Kriterien. HM (aA aber Stoll, Kausalzusammenhang und Normzweck im Deliktsrecht, 1968, 21ff; Fikentscher, SchuldR Rz 1273) ist zunächst, daß sich das Verschulden allein auf die **Normverletzung**, nicht auf die Verletzung des geschützten Individualinteresses zu beziehen braucht, wenn die Individualverletzung nicht selbst Tatbestandsvoraussetzung des Schutzgesetzes ist (BGH 7, 198 [207]; 34, 375 [381]; NJW 1977, 763; VersR 1987, 1014; ausführlich zuletzt Spickhoff aaO 221ff mN). Eine weitere Einschränkung des Verschuldenserfordernisses ergibt sich daraus, daß bei Vorliegen einer objektiven Schutzgesetzverletzung regelmäßig das **Verschulden vermutet** wird (BGH 51, 91 [103]; 116, 104; BGH VersR 1977, 136; NJW 1985, 1774; Deutsch/Ahrens, vor § 823 vor Rz 1, Rz 229; Spickhoff aaO 307ff mN). Dies gilt aber nur, wenn die Umschreibung des Verhaltens im objektiven Tatbestand bereits den Schluß auf das Verschulden nahelegt (BGH 116, 104; BGH VersR 1984, 270). Wird durch das Schutzgesetz bloß ein bestimmter Verletzungserfolg verboten, kann nicht schon von diesem Erfolg auf das Verschulden des Verursachers geschlossen werden (so BGH 116, 104 zu § 8 Lebensmittel- und Bedarfsgegenständeg). – Die eigenen **Schuldvoraussetzungen des Schutzgesetzes** sind auch für die zivilrechtliche Haftung maßgeblich (schon im Ansatz anders Karollus aaO 220ff, 310ff und passim), nach hM allerdings nicht schlechthin in der Auslegung des Ursprungsgesetzes. In vollem Umfang übernommen wird vielmehr nur der Vorsatz der Straf- und Ordnungswidrigkeitsnormen, obwohl im Zivilrecht sonst (vgl Rz 152) ein eigener, an der Vorsatztheorie orientierter Vorsatzbegriff zugrundegelegt wird (BGH 46, 17 [22]; BGH NJW 1985, 134; BGH 133, 370 [381ff]; kritisch hierzu Dörner JuS 1987, 522ff). Der Fahrlässigkeitsmaßstab wird hingegen als das in § 823 II S 2 geforderte Verschuldensminimum nach zivilrechtlichen Grundsätzen bestimmt, BGH VersR 1968, 378; LM § 823 (Bb) Nr 2. – Auch nach § 823 II sind verschuldensfähig nur natürliche Personen. Neben die Organhaftung juristischer Personen nach § 31 tritt im Falle des Organverschuldens idR die persönliche Haftung der Handelnden (BGH 133, 370; 134, 304; BGH NJW 1997, 133; 1998, 227; 1998, 1484; vgl zum Streitstand Staud/Hager Rz G 33).

e) Als **Schutzgesetze** sind **anerkannt: Aus dem StGB:** § **136 I:** Verstrickungsbruch (vgl RG Warn Rsp 1908, **160** 46); § **142:** Unerlaubtes Entfernen vom Unfallort (vgl RG 172, 11; BGH NJW 1981, 750); § **153:** Falsche uneidliche Aussage (Celle FamRZ 1992, 556); ähnlich §§ **154, 163:** Meineid und fahrlässiger Falscheid, obwohl diese Vorschriften in erster Linie höheren Interessen der Allgemeinheit dienen (vgl BGH NJW 1965, 298; BGH 42, 313 [318]; 62, 54 [57]); § **156:** Falsche Versicherung an Eides Statt, wenn auch der eigentliche Zweck dieser Vorschrift der Schutz des Staates und der Rechtspflege ist (BGH MDR 1959, 118); § **164:** Falsche Verdächtigung; die Vorschrift soll nicht nur die Behörde vor Irreführung, sondern auch den einzelnen vor Mißgriffen irregeleiteter Behörden schützen (BGH JR 1953, 181; vgl aber auch BVerfG NJW 1987, 1929); § **170b aF (jetzt § 170):** zugunsten der Unterhaltsberechtigten, aber auch der Körperschaft, die öffentliche Hilfe gewährt (BGH 30, 162 [172]; vgl auch BGH NJW 1974, 1868); § **176 aF:** Sexueller Mißbrauch von Kindern (BGH NJW 1978, 2027); § **182:** Verführung (RG Warn Rsp 1921, 14); §§ **185–187:** Beleidigung, üble Nachrede, Verleumdung (vgl RG 156, 372 [374]; BGH 95, 212; BGH MDR 1956, 734; NJW 1993, 930); zur Beleidigungsfähigkeit einer Gruppe von Einzelpersonen (Kollektivbeleidigung) vgl BGH NJW 1980, 45 („die Juden"), vgl auch LG Hamburg NJW 1980, 56 („die Frauen"); § **189:** Verunglimpfung des Andenkens Verstorbener (RG 91, 350); § **202:** Verletzung des Briefgeheimnisses (RG 94, 1); § **218:** Abbruch der Schwangerschaft, auch zugunsten der Schwangeren (BGH 7, 198 [207]); § **221:** Aussetzung (RG Recht 1911, 1129); § **222:** Düsseldorf NJW 1958, 1920; §§ **223, 223a:** Körperverletzung (RG 66, 251); § **227 aF (jetzt § 231):** Beteiligung an einer Schlägerei (BGH 103, 197; BGH NJW 1999,

§ 823 Einzelne Schuldverhältnisse

2895); **§ 239:** Freiheitsberaubung (RG Warn Rsp 1917, 118); **§ 240:** Nötigung (BGH NJW 1962, 910); **§ 241:** Bedrohung (RG Gruch 67, 567); **§ 248b:** Unbefugter Gebrauch eines Fahrzeugs (BGH 22, 293 [296]); **§ 253:** Erpressung (RG 166, 46); **§ 257:** Begünstigung, wenn nicht lediglich beabsichtigt ist, den Täter der Strafe zu entziehen, also nur bei vorteilssichernder, nicht bei lediglich strafentziehender Begünstigung (BGH NJW 1958, 1775; BGH MDR 1968, 573); **§ 259:** Hehlerei (RG 94, 191); **§ 263:** Betrug (BGH 57, 137; BGH NJW 1993, 2992; 2002, 2117); **§ 264:** Subventionsbetrug (BGH 106, 204 zum Schutz des staatlichen Vermögens); **§ 264c:** Kapitalanlagebetrug (vgl Jehl DB 1987, 1772; Pleyer/Hegel ZIP 1987, 79 und jetzt BGH 116, 7; BGH NJW 2000, 3346); **§ 266:** Untreue (RG 118, 312; BGH 8, 276; 100, 190; BGH NJW 1999, 2817; zu § 266a vgl Rz 163 RVO § 529 und jetzt BGH 133, 370; 134, 304 und dazu Heger JuS 1998, 1090; BGH NJW 2000, 2993; 2001, 967; 2001, 969 zur Überwachungspflicht eines Organs; 2002, 1122; 2002, 1123 auch zur Beweislast); **§ 283 I Nr 3:** Waren- und Wertpapierverschleuderung (BGH NJW 1964, 1960 zu § 240 I Nr 2 KO aF); **§ 283c:** Gläubigerbegünstigung (RG JW 1935, 516); **§ 286:** Unerlaubte Veranstaltung einer Lotterie, auch zum Schutz des Publikums, nicht der Konkurrenten (RG Warn Rsp 1928, 63); **§ 288:** Vereitelung der Zwangsvollstreckung (RG 143, 267); geschützt ist jedoch nur ein materielles Recht zum Besitz, nicht die ungestörte Durchführung der Zwangsvollstreckung (BGH 114, 305); **§ 292:** Jagdwilderei (BGH VersR 1958, 233); **§ 302a I S 1 Nr 2:** Kreditwucher (RG 159, 99, 101 zu § 302a aF); **§§ 306a, 306d (§§ 306, 309 aF):** Brandstiftung, zum Schutz des Eigentümers und sonstiger dinglicher Berechtigter sowie zum Schutz der Personen, die sich in dem Gebäude aufhalten (vgl BGH 40, 28; BGH NJW 1970, 38; 1977, 2264); **§ 315 (§§ 315, 316 aF):** Strafnormen zum Schutze des Verkehrs (BGH 19, 114 [125]); **§ 317:** BGH NJW 1977, 1147; **§ 323 I aF (jetzt § 319):** Baugefährdung, diese Vorschrift will lediglich Leben und Gesundheit von Menschen schützen, kein Ersatz also für Vermögensschaden (BGH 39, 366); **§ 323c:** Unterlassene Hilfeleistung (vgl Soergel/Zeuner Rz 298 mN; aA Frankfurt NJW-RR 1989, 794); **§ 340:** Körperverletzung im Amt (RG JW 1906, 745). – Zu den Nachfolgevorschriften der früheren Übertretungen des StGB vgl Soergel/Zeuner Rz 299.

161 Aus dem **BGB:** **§ 226:** Schutz gegen Schikane (vgl RG 58, 214); **§ 394:** Aufrechnungsverbot gegenüber unpfändbaren Forderungen (RG 85, 108); **§ 551 III S 1 (§ 550b II S 1 aF):** Sonderung der Mietkaution (LG Hannover NJW-RR 1991, 593); **§ 611a:** Verbot geschlechtsbezogener Diskriminierung (LAG Hamm BB 1997, 844); **§ 618:** Schutzmaßnahmen zugunsten Dienstverpflichteter (RG JW 1907, 829); **§§ 858f:** Verbotene Eigenmacht (BGH 20, 169; 114, 305; vgl aber Medicus, BürgR Rz 621 sowie ausführlich ders AcP 165, 118ff); **§§ 906–909, 1004:** Schutz des Eigentums gegen Immissionen, gefährliche Anlagen, Vertiefungen usw; vgl im einzelnen zu § 906 RG 63, 374, zu § 907 RG 145, 107, zu § 908 RG Recht 1904, 447, zu § 909 BGH 72, 289 [295]; BGH NJW 1981, 50; 1991, 2019, geschützt sind durch § 909 aber nur das Nachbargrundstück, nicht weitere Grundstücke, vgl BGH 12, 75; BGH NJW 1979, 1166 und dazu ausführlich Staud/Hager Rz G 25; zu § 1004 RG 121, 185; BGH 104, 6, zweifelnd BGH JZ 1977, 178; **§ 1027:** Schutz der Grunddienstbarkeit (RG Warn Rsp 1911, 331; RG Recht 1919, 1430); **§§ 1134, 1135:** Schutz der Hypothekengläubiger (RG JW 1936, 3234; RG SeuffA 88, 55; BGH 45, 211; 92, 280; BGH NJW 1983, 746; 1991, 695); **§ 1249:** Ablösungsrechte (RG 83, 390); **§ 2356 II:** Kiel 11, 272.

162 Aus anderen Gesetzen: **ZPO § 138:** Wahrheitspflicht im Prozeß (vgl Hopt, Schadensersatz aus unberechtigter Verfahrenseinleitung, 1968, 269ff; offen gelassen von BGH NJW 1984, 870); **§ 803 I S 2:** Verbot der Überpfändung (RG 143, 118; BGH JR 1956, 185); **§ 817a:** Mindestgebot (München NJW 1959, 1832); **§ 829:** Verfügungsverbot bei Forderungspfändung, nur gegen Schuldner, nicht gegen andere Gläubiger; **§ 840:** Erklärungspflicht des Drittschuldners, zugunsten des Pfandgläubigers (RG 149, 251). – **StPO § 163:** Verfolgungszwang für Polizei (vgl BGH NJW 1974, 312). – **AktG § 92 II:** Pflicht zur rechtzeitigen Anmeldung des Insolvenzverfahrens (RG 159, 211, 233; BGH NJW 1979, 1823 und auch BGH NJW 1979, 1829); zu den Problemen des Anspruchsumfanges sogleich bei GmbHG § 64; **§§ 399f:** Gründerpflichten (RG 157, 213; 159, 211; BGH 105, 121; BGH NJW 1973, 1547). – **GenG § 69:** Pflicht zur Einreichung der Aufkündigungen (RG 59, 49); **§§ 147–148:** Falsche Angaben des Vorstandes über den Vermögensstand der Genossen usw (vgl im einzelnen zu § 147 aF RG 81, 269, zu § 148 aF RG LZ 1914, 864). – **GmbHG § 35a:** Angaben auf Geschäftsbriefen (LG Detmold NJW-RR 1990, 995); **§ 41:** Buchführungspflicht des Geschäftsführers, (BGH 125, 366, 377ff); **§ 64:** Pflicht zur rechtzeitigen Insolvenzantrag (BGH 29, 100; BGH NJW 1993, 2931; BAG NJW 1975, 708); während sich der Ersatzumfang bei Gläubigern, deren Forderungen schon zu dem Zeitpunkt begründet waren, an dem der Insolvenzantrag bei pflichtgemäßem Verhalten gestellt worden wäre, wie auch der vom Insolvenzverwalter geltend zu machende Anspruch (BGH NJW 1994, 2149) auf die verzögerungsbedingte Minderung der Verteilungsquote beschränkt (Quotenschaden), umfaßt der Anspruch der späteren Gläubiger gemäß der Differenzhypothese den gesamten Ausfall, den der Gläubiger durch die Eingehung der Geschäftsbeziehung erleidet (BGH 126, 181; 138, 211; BGH NJW 1995, 398; vgl zur ausufernden Diskussion hierüber Soergel/Zeuner Rz 302 mN); **§ 68 II:** Zeichnung durch Liquidatoren (Frankfurt NJW 1991, 3286; NJW-RR 1998, 1246; aA Baumbach/Hueck/Schulze-Osterloh GmbHG § 68 Rz 13 mN: bloß Ordnungsvorschrift); **§ 82:** Gründungsschwindel (München NJW-RR 1988, 290; 2000, 1130). – **HGB §§ 130a, 177a:** BGH 110, 342; BGH WM 1995, 108. – Die Vorschriften des **UWG,** die den unlauteren Wettbewerb verhindern sollen, dienen dem Schutz der Mitbewerber, BGH 15, 338 (355f); BGH JZ 1980, 147 zu **§§ 1, 3 UWG,** vgl dazu aber BGH NJW 1974, 1503: § 823 II ist nicht anwendbar, soweit die Sonderregelung des § 13 VI UWG eingreift, dazu Herrmann GRUR 1982, 395, 400ff mN; RG Gruch 49, 923 zu **§ 15 UWG;** RG 92, 135; München NJW-RR 1996, 1134 zu **§ 17 UWG;** vgl ferner Düsseldorf BB 1965, 645 und OLGE 65, 34; BGH 41, 314. – **GWB §§ 1, 81 I Nr 1** (früher § 1, 25 I, 38 I Nr 1): gegen Wettbewerber und Marktgegenseite (BGH 64, 232 [237f]); **§ 25 II aF:** BGH 44, 279 (283); **§ 26 II aF:** BGH 36, 91 (100); **§ 27:** BGH 29, 344 (351); vgl auch Rz 156; **EWG-Vertrag Art 85 aF (81 EGV nF):** BGH JZ 1980, 147; NJW 1988, 2175. – Vgl auch zur früheren **ZugabeVO:** BGH NJW 1956, 911 (jetzt noch relevant für §§ 1, 3 UWG).

163 Ferner aus folgenden Gesetzen (in alphabetischer Reihenfolge): **AFG § 141b V:** LG Oldenburg NJW-RR 1986, 581; **§ 225** (aufgehoben mit Wirkung v 1. 8. 1986): BGH ZIP 1985, 997. – **ArbZG (früher ArbZO):** zugunsten

§ 823

jedes Betriebsinhabers gegenüber unlauterem Wettbewerb durch Offenhalten (RG 138, 219). – **AMG § 5:** BGH 51, 91, 103 zu § 6 AMG aF; BGH NJW 1991, 2351. – **ArzneimittelVO** (jetzt VO über apothekenpflichtige ... Arzneimittel 1988): zugunsten der Apotheker gegen Drogisten (BGH 23, 184 [186]). – **BauGB § 34:** BGH 122, 1. – Landesrechtliche Bauvorschriften: bei nachbarschützendem Inhalt (BGH WM 1974, 572 – Geschoßzahl; zu Einzelvorschriften Soergel/Zeuner Rz 307; MüKo/Mertens Rz 196). – **BerufsO der Wirtschaftsprüfer:** BGH WM 1958, 135. – **BeschäftigtenschutzG § 2:** Mästle NJW 2001, 3317ff mN für Ansprüche gegen den ArbG. – **BetrVG §§ 78 S 2, 78a:** zugunsten des auszubildenden Amtsträgers (BAG DB 1975, 1226). – **BörsG § 89:** BGH WM 1984, 127; vgl auch RG Warn Rsp 1918, 208 zu § 94 aF. – **BPersVG § 46 III 6:** BAG MDR 1991, 777. – **BDatenschG:** BGH NJW 1981, 1738. – **BImSchG § 5 I Nr 1 und 2:** zugunsten der Nachbarn (OVG Münster DB 1976, 2199); für Schutz jedes Geschädigten Baur JZ 1974, 657, 660; **§ 22 I Nr 1 und 2:** BGH 122, 1; BGH NJW 1995, 132; 1997, 55. – **BJagdG § 20 I:** BGH DB 1976, 720; **§ 27:** vgl Rz 156 zu BGH 62, 265. – **BPersVG § 8:** BAG DB 1993, 1525. – **Eisenbahnbau- und -betriebsO §§ 11, 17:** BGH VersR 1956, 99 zu §§ 18, 46 aF; **§ 64:** BGH VersR 1957, 465 zu § 80 aF. – **EmbryonenschutzG § 1:** Deutsch NJW 1991,721 (723). – **FuttermittelG § 3:** zum Schutz von Tierhaltern und Verbrauchern vor kranken Tieren (BGH NJW 1987, 1694) und des Futtermittelerwerbers vor Beschlagnahme (BGH 105, 346). – **GentechnG:** Damm JZ 1989, 561 (562) A 12. – **GerätesicherheitsG § 3:** zugunsten von Leben und Gesundheit der Benutzer und Dritter (BGH NJW 1980, 1219; 1983, 812; VersR 1988, 635; vgl auch Rz 110 aE). – **G zur Sicherung von Bauforderungen §§ 1, 2 II, 4** (§ 4 aufgehoben): zugunsten des Baugläubiger bei Vorsatz und fahrlässiger Verbotsirrtum (BGH NJW 1982, 1037; 1985, 134; 86, 1104; NZBau 2002, 342); auch bei Verkauf eines schlüsselfertigen Hauses für jede einzelne Rate (BGH NJW 1986, 1105; vgl auch Rz 153 und Dörner JuS 1987, 522; ausführlich Staud/Peters § 648 Rz 46–53). – **GewO § 12 aF** (aufgehoben): zugunsten der Gläubiger ausländischer juristischer Personen hinsichtlich der Kapitalausstattung (BGH NJW 1973, 1547); **§ 56 I Nr 6:** BGH 71, 358 (362), jedoch nicht zugunsten von Darlehensnehmern wegen der Steuervorteile aus dem finanziellen Beteiligungserwerb (BGH 93, 264 [270]); **§ 105b:** zugunsten der Konkurrenten (RG SeuffA 86, 79); **§ 120a:** RG 105, 336; **§ 144 I Nr 1 lit c iVm § 33a:** BGH VersR 1957, 669 zu § 147 Nr 1 aF iVm § 33 aF; **§§ 135 aF** (aufgehoben), **154 aF:** RG Recht 1912, 3467 (vgl jetzt § 5 I JArbSchG). – **JugendschutzG § 4:** BGH VersR 1978, 921 zu § 3 aF; jedoch nicht für alkoholbedingte Selbstverletzungen eines Jugendlichen. – **KWG §§ 6, 13, 18, 32 iVm 54:** zugunsten der Bankkunden (nicht: deren Geschäftspartnern, BGH WM 1970, 633), BGH WM 1971, 1330; NJW 1973, 321; 1547 (dazu aber Rz 164 – KWG –); BGH 74, 144, 148ff; vgl auch den Vorlagebeschluß mit Entscheidung vor dem EuGH BGH NJW 2002, 2464 zu § 6 IV. – **KunstUG § 22:** Recht am eigenen Bild (RG JW 1929, 2257; BGH 20, 345; 26, 349). – **Lebensmittel- u BedarfsgegenständeG § 8:** BGH 51, 91 (103) zu § 3 aF; BGH 116, 104 (114f); **§ 17 I Nr 2:** RG 170, 155 zu § 4 Nr 2 aF. – **LebensmittelkennzeichnungsVO § 3:** Frankfurt NJW-RR 1999, 30. – **LuftverkehrsO § 6:** RG DR 1939, 867 zu § 70 aF. – **MaBV §§ 3, 4:** Hamm NJW-RR 1999, 530. – **MargarineG § 2 IV aF** (jetzt § 4 VO über Margarine-...erzeugnisse): BGH NJW 1957, 1762. – **MarkenG § 144** (früher § 26 WZG): BGH NJW 1974, 1708. – **Milch- und FettG § 1:** zugunsten von Molkereien mit Gebietsmonopol (BGH DB 1956, 547); vgl jetzt **Milch- und MargarineG** v 25. 7.1990. – **MuSchG §§ 5, 9:** BAG NJW 1983, 1391; 1992, 2173. – **PersBefG §§ 1, 2, 4, 40 I:** zugunsten der Bundesbahn und privater Verkehrsunternehmen (BGH 26, 42 [43]; Frankfurt MDR 1962, 571). – **PflanzenschG § 12 I Nr 6 iVm § 8 IV S 2:** gegen gefährliche Nebenwirkungen (nicht gegen Unwirksamkeit; BGH NJW 1981, 1606), **jetzt § 20 II Nr 6 iVm § 15 III PflSchG.** – **PflichtversicherungsG §§ 5, 6:** zugunsten der Unfallopfer (BGH VersR 1962, 216; NJW 1974, 1086). – **ProduktsicherheitsG:** Nickel/Kaufmann VersR 1998, 948. – **RechtsberatungsG § 1:** zugunsten der Anwälte (BGH 15, 315) und der Klienten (BGH 37, 258). – **ReichsgaragenO § 45 III:** zugunsten von Nachbarn (BGH 40, 306); vgl jetzt § 12 IIIa StVo. – **RVO § 317** (jetzt **§ 198 SGB V, 28a SGB IV**): Frankfurt NJW-RR 1989, 225f; **§ 393** (jetzt **§§ 23f SGB IV**): zugunsten des Sozialversicherungsträgers wegen der Arbeitnehmerbeiträge (nicht: der Arbeitgeberbeiträge), BGH NJW 1976, 2129; **§ 529** (jetzt **§ 266a StGB**): gleichfalls zugunsten des Versicherungsträgers (BGH VersR 1960, 748; 1963, 1034; 1964, 88; 1981, 529; 1985, 1038; meist noch zu § 533 aF); vgl auch zugunsten einer Ersatzkasse BGH 58, 199. – **SchwarzarbG:** Köhler JZ 1990, 466, 471. – **SGB IX § 77** (früher: SchwBG § 11): BAG DB 1981, 899. – **SGB:** vgl oben RVO und ausführlich Staud/Hager Rz G 55 mN. – **SprengstoffG § 40:** BGH LM (Bf) Nr 4 (zu § 9 aF). – **StBerG § 5:** Koblenz NJW 1991, 430. – **StVG §§ 1, 23:** RG Recht 1925, 691; **§§ 2, 21:** BGH VersR 1955, 186; 1959, 277 zu § 24 aF; NJW 1979, 2309; 1991, 418. – **StVO §§ 1, 2 I:** BGH 23, 90, 97; BGH VersR 1996, 1293; **§ 2 II:** Rechtsfahrgebot zugunsten des Überhol- und Gegenverkehrs (nicht des Abbiegers auf der Gegenfahrbahn), BGH NJW 1981, 2301; **§ 3 I:** BGH NJW 1972, 1804; 1974, 1378; 1985, 1950; **§ 5:** BGH NJW 1955, 1316 zu § 10 aF; VersR 1968, 578 (Schutz des verbotswidrig überholenden nachfolgenden Verkehrs); **§ 12 I Nr 6 lit a:** BGH NJW 1983, 1326; **§ 12 III Nr 3:** AG Frankfurt NJW-RR 1990, 730; **§ 14 II:** BGH NJW 1981, 113 (Sicherung gegen Schwarzfahrer auch zugunsten der festnehmenden Polizei); **§§ 15, 17:** BGH VersR 1969, 895 zu § 23 II aF; **§ 25 I S 3:** BGH NJW 1957, 1526 zu § 37 I S 3 aF; **§ 32:** BGH 62, 186 zu § 41 aF; **§ 37 II Nr 1 S 6:** zugunsten des Abbiegers auf der Gegenfahrbahn (BGH NJW 1981, 2301); **§ 41 (Zeichen 274):** BGH VersR 1972, 558 (zum Schutz der Fußgänger in einem Abschnitt mit Geschwindigkeitsbegrenzung). – **StVZO § 4:** RG JW 1937, 158; **§ 27 III:** BGH NJW 1974, 1086; **§ 29d II:** BGH NJW 1982, 988; **§ 38a:** BGH NJW 1981, 113; **§ 41 IX bis XI:** RG JW 1934, 2460; **§ 53a:** BGH VersR 1969, 895. – **TierseuchenG §§ 9 I, 10, 76 II Nr 3:** RG 102, 223; BGH VersR 1964, 728; 1965, 814. – **TrinkwasserVO §§ 3, 8** (jetzt §§ 4, 10): BGH NJW 1983, 2935. – **VAG § 140 iVm § 5 I** (geändert durch G v 28. 6. 1990, BGBl I 1253ff): RG 95, 156; RG JW 1933, 1836 zu §§ 85, 108 II aF; BGH NJW 1973, 1547. – **WaffG § 16:** Karlsruhe VersR 1989, 375; **§§ 45, 55 I Nr 25:** RG 166, 61 zu § 367 StGB. – **WasserHaushG § 8:** BGH NJW 1977, 763 (iVm LandeswasserG, Fall der Rißbildung durch Grundwasserabsenkung); BGH 69, 1 (22); 88, 34 (Abs III und IV, unabhängig von einem Antrag auf wasserrechtliche Gestattung); **§ 18a** (iVm Landesabwasserrecht): BGH ZIR 2002, 563. – **WpHG §§ 21ff:** vgl Holzborn/Foelsch NJW 2003, 932, 937f; **§ 15:** LG Augsburg WM 2001, 1944; aA LG München I WM 2001, 1948.

§ 823 Einzelne Schuldverhältnisse

164 f) **Nicht als Schutzgesetze anerkannt** sind ua folgende Vorschriften: **Aus dem StGB: § 125:** BGH 89, 383 (400f); **§ 145d:** nicht zugunsten des Angezeigten (KG DAR 1975, 18); **§§ 222, 230:** nicht zugunsten von Vermögensinteressen (Düsseldorf NJW 1958, 1920); **§ 248b:** nicht zugunsten der Verkehrsteilnehmer (BGH 22, 293); **§ 265b:** LG Mönchengladbach NJW-RR 1991, 415; **§ 267:** BGH 100, 13 (15ff); **§ 278:** LG Darmstadt NJW 1991, 757; **§ 317:** nicht zugunsten des Netzkunden (BGH NJW 1977, 1147). – **Aus dem BGB: § 573:** nicht hinsichtlich der Umzugskosten bei unberechtigter Kündigung (Hamm MDR 1984, 494 zu § 564b aF); **§ 733:** nicht zugunsten der Gesellschaftsgläubiger (KG JR 1951, 22); **§ 832:** RG 53, 312; **§ 839:** RG 131, 239 (250). – **StPO § 79:** BGH NJW 1968, 787; BGH 62, 54 (57); vgl aber unten zur gleichartigen Vorschrift § 410 ZPO. – **HGB §§ 29, 31**, zur Anmeldepflicht RG 72, 408 (411); **§§ 238ff:** RG 73, 30. – **AktG §§ 37 I S 4, 92 I, 93:** nicht zugunsten der Gesellschaftsgläubiger (BGH NJW 1979, 1829); **§ 92 II:** nicht zugunsten von Ruhegeldempfängern (LAG Berlin ZIP 1982, 211); **§§ 93, 116:** BGH 110, 342 (359ff). – **GenG § 34:** nicht zugunsten der Genossen (RG Warn Rsp 1914, 130). – **GmbHG §§ 7, 9, 41–43, 83f (teilweise aF):** RG 73, 30 (33ff); § 30: BGH 110, 342 § 52: RG 73, 392. – **AdoptionsvermittlungsG §§ 5, 14:** nicht zugunsten von Adoptionswilligen (Düsseldorf NJW-RR 1994, 1349). – **AnfG § 3 I Nr 1:** RG 74, 224 (226). – **AO § 370:** BFH NJW 1997, 1725. – **AVG § 151 (nF) (aufgehoben):** nicht hinsichtlich der Arbeitgeberanteile zugunsten der Versicherung (BGH 84, 312). – **BeschäftigenschutzG § 2:** Frankfurt NJW-RR 2000, 976 für Ansprüche gegen Kollegen. – **BörsG § 84 (aufgehoben):** nicht außerhalb inländischer Börse (BGH WM 1984, 127). – **BFernstrG §§ 9, 9a:** nicht zugunsten des Straßenbaulastträgers (BGH NJW 1975, 47). – **BMantelTarifO-Ärzte § 12 I:** nicht zugunsten der Patienten (LG Darmstadt NJW 1991, 757). – **GaststättenG §§ 2, 28 I Nr 1:** RG 135, 243 zu § 33 GewO aF. – **GüterkraftverkehrsG:** nicht zugunsten der Auftraggeber von Spediteuren uä (BGH NJW 1964, 1224). – **KWG §§ 32, 54:** BGH 125, 366 (dadurch BGH 1973, 1547 wohl überholt). – **Montanunionsvertrag:** BGH 30, 74 (87f). – **OWiG § 130:** BGH 125, 366 (374ff). – **SGB I § 60:** BSG NZA 1990, 867 – **SGB IV Art I § 24 I:** nicht zugunsten der Versicherung für Säumniszuschläge (BGH VersR 1985, 1038). – **StVZO §§ 20ff:** nicht zugunsten des Kreditgebers eines Kfz-Käufers (BGH WM 1979, 17); **§ 21 S 3:** nicht zugunsten des Kfz-Erwerbers (BGH BB 1955, 683); **§§ 27 III, 29d I:** nicht zugunsten der Unfallopfer (BGH NJW 1980, 1792); **§ 29c:** nicht zugunsten von Versicherungsnehmern und versicherten Personen (BGH NJW 1956, 1715; MDR 1978, 1014; Köln NJW 1975, 1746). – **VerlG § 20 I S 1:** Foerste NJW 1991, 1433 (1437 Fn 68). – **VermG § 3 III S 1:** nicht für entgangenes Nutzungsentgelt (BGH NJW 1995, 442). – **WPO §§ 2, 43, 48:** LG Mönchengladbach NJW-RR 1991, 415. – **ZPO § 410:** BGH 42, 313; 62, 54 (kaum mit Recht, vgl Zeuner und Franzki, Karlsruher Forum 1988, 3, 10f, 26f).

824 *Kreditgefährdung*

(1) Wer der Wahrheit zuwider eine Tatsache behauptet oder verbreitet, die geeignet ist, den Kredit eines anderen zu gefährden oder sonstige Nachteile für dessen Erwerb oder Fortkommen herbeizuführen, hat dem anderen den daraus entstehenden Schaden auch dann zu ersetzen, wenn er die Unwahrheit zwar nicht kennt, aber kennen muss.

(2) Durch eine Mitteilung, deren Unwahrheit dem Mitteilenden unbekannt ist, wird dieser nicht zum Schadensersatze verpflichtet, wenn er oder der Empfänger der Mitteilung an ihr ein berechtigtes Interesse hat.

Schrifttum: *Assmann/Kübler*, Testhaftung und Testwerbung, ZHR 142, 413; *v Gamm*, Persönlichkeits- und Ehrverletzungen durch Massenmedien, 1969; *Helle*, Der Schutz der Persönlichkeit, der Ehre und des wirtschaftlichen Rufes im Privatrecht, 2. Aufl 1969; *Kübler*, Öffentliche Kritik an gewerblichen Erzeugnissen und beruflichen Leistungen, AcP 172, 177; *Schricker*, Öffentliche Kritik an gewerblichen Erzeugnissen und beruflichen Leistungen, AcP 172, 203; *Wenzel*, Das Recht der Wort- und Bildberichterstattung, 5. Aufl 2003.

1 1. § 824 erweitert den Schutz durch deliktische Ansprüche auf reine **Vermögensschäden** wegen bestimmter Äußerungen. Vielfach steht § 824 bei vorsätzlicher Begehung in Konkurrenz mit §§ 823 II iVm 186, 187 StGB und auch mit § 826. Anders als nach § 187 StGB genügt jedoch für § 824, daß die Tatsache objektiv unwahr ist; ein Bewußtsein des Täters von der Unwahrheit ist nicht erforderlich, ebensowenig vom kredit- oder erwerbsschädigenden Charakter der Tatsache (RG 115, 74,76). Umstritten ist, ob der Täter hinsichtlich der Eignung der Tatsache zur Kreditgefährdung wenigstens fahrlässig sein muß (dafür zB MüKo/Mertens Rz 79; Soergel/Zeuner Rz 2). Historische Auslegung (vgl Prot Mugdan II 1116) und die Herrschaft des Verschuldensprinzips im Deliktsrecht sprechen dafür, wenigstens Erkennbarkeit der Schädigungseignung zu verlangen. Für den verschuldensunabhängigen Anspruch auf Unterlassen oder Widerruf (Rz 8) ist dieses Merkmal folglich entbehrlich (ebenso Staud/Hager Rz 11). Im Vergleich zu § 186 StGB ist § 824 hingegen enger, weil der Geschädigte die Unwahrheit der Tatsache nachweisen muß, während es bei §§ 823 II iVm 186 StGB Sache des Schädigers ist, sich durch den Nachweis der Richtigkeit der Tatsache zu entlasten. Beweisrechtlich genauso günstig wie bei § 186 StGB steht der Geschädigte nach § 14 UWG. Diese Vorschrift verlangt jedoch ein Handeln zu Zwecken des Wettbewerbs. Nach § 824 geschützt wird auch eine juristische Person (BGH 90, 113 [118f] zur Deutschen Bundesbahn) und eine Gesamthandsgemeinschaft wie die KG (RG HRR 1941, 1005). Gegenüber § 824 ist der Eingriff in den Gewerbebetrieb nach § 823 I subsidiär, vgl § 823 Rz 61. Die Rspr zitiert bei Persönlichkeitsverletzungen oft neben § 824 auch § 823 I (BGH NJW 1994, 2614) oder § 823 II iVm §§ 185ff StGB (BGH aaO sowie NJW 1997, 1148).

2 2. a) Voraussetzung für die Haftung ist die Äußerung von **Tatsachen**, also konkreter – auch innerer (BGH NJW 1998, 1223) – Vorgänge und Zustände aus Vergangenheit und Gegenwart, die sinnlich wahrgenommen werden können oder auf andere Weise beweisbar sind (zB BGH NJW 1982, 2248; 1987, 2225). Künftiges Verhalten ist (noch) keine Tatsache, wohl aber die Absicht dazu (BGH NJW 1998, 1223). Den Gegensatz hierzu bilden **Werturteile**. Die Abgrenzung zwischen beiden Äußerungsarten gehört zu den Hauptproblemen des Deliktsrechts. Sie ist

§ 824

nicht definitorisch vorzunehmen, sondern aus dem Verständnishorizont vernünftiger Kommunikationspartner, vgl insbesondere Kübler AcP 172, 177, 199; zusammenfassend Staud/Hager § 823 Rz C 73ff mN. Schwierigkeiten bereiten vor allem auf Tatsachen gestützte Werturteile. Das Schutzinteresse des Verletzten spricht wegen der Rechtsfolge des § 824 für eine weite Auslegung des Tatsachenbegriffs (in dieser Richtung noch 7. Aufl Rz 6). Der grundrechtliche Schutz der Meinungsfreiheit mit der Vermutung für das Recht der freien Rede (BVerfG 7, 198 [212] und etwa 93, 266 [294f]; BGH 45, 296 [308]; 65, 325 [331]; 139, 95 [101f]; BGH NJW 2002, 1192) verlangt jedoch im Zweifelsfall die Annahme eines Werturteils. Dies gilt jedenfalls dann, wenn der Tatsachengehalt der Äußerung die wertenden Elemente nicht eindeutig überwiegt. Dementsprechend hat BGH 65, 325 (329) Warentests in der Regel als Werturteile angesehen (ein Ausnahmefall zu widerrufbaren Tatsachenaussagen innerhalb eines Warentests: BGH NJW 1989, 1923), ebenso zB BGH NJW 1982, 2246 die Bezeichnung eines Verhaltens als illegal. Der Vorwurf des Betruges soll demgegenüber auch eine Tatsachenbehauptung sein können (BGH NJW 1982, 2248, zweifelhaft; als Werturteil eingeordnet von BGH NJW 2002, 1192). Schon RG 88, 437; 94, 271 hat den Vorwurf einer Patentverletzung als reine Meinungsäußerung bewertet. Bei der Annahme sogenannter „verdeckter", in der Wertung enthaltener Tatsachenbehauptungen ist jedenfalls hiernach besondere Zurückhaltung angebracht, BGH 78, 9; BGH NJW 1987, 1398. Zu alledem ausführlich Staud/Hager § 823 Rz C 77ff mN.

Ebenso wie die Meinungsfreiheit spricht auch die **Wissenschaftsfreiheit** gegen die Anwendung von § 824. Daraus folgt die wohl noch hM, daß wissenschaftliche Thesen regelmäßig keine Tatsachenbehauptungen sind, RG 84, 294; BGH LM § 823 (Ai) Nr 37; BGH NJW 1978, 751 (zum Sachverständigengutachten); offen gelassen in BGH NJW 1989, 2941; zustimmend Soergel/Zeuner Rz 9. MüKo/Mertens Rz 26 widerspricht dem, plädiert jedoch für ein besonderes Wissenschaftsprivileg aufgrund des Art 5 III GG (ebenso Larenz/Canaris II 2 § 88 I 3b, Staud/Hager § 823 Rz C 82). Daran trifft zu, daß wissenschaftliche Thesen gerade dadurch gekennzeichnet sind, daß sie bewiesen werden können. Das Kriterium der Beweisbarkeit zur Unterscheidung von Werturteilen und Tatsachenbehauptungen ist jedoch wissenschaftstheoretisch ohnehin überholt. Ein generelles Wissenschaftsprivileg, das dann auch für § 823 I gelten müßte, schießt hingegen über das Ziel hinaus, weil zB auch die wissenschaftlich scheinbar begründete, aber unzutreffende Empfehlung einer Einweisung in die psychiatrische Klinik eine rechtswidrige Freiheitsberaubung sein kann, vgl § 823 Rz 24. Äußerungen der Kritik an wissenschaftlichen, künstlerischen oder gewerblichen Leistungen sind in der Regel Werturteile, zB RG JW 1921, 1530; BGH 45, 296; BGH GRUR 1968, 314; weitere Nachw: MüKo/Mertens Rz 15.

b) Die Tatsachenbehauptung muß **unwahr** sein. Dafür genügt die unvollständige, entstellende oder übertreibende Darstellung wahrer Tatsachen, RG 75, 61, 63. Maßgeblich ist das Verständnis eines unbefangenen Empfängers der Tatsachenmitteilung, nicht der buchstäbliche Sinn, BGH NJW 1951, 352; 1957, 1149. Bei einer Mischung wahrer und unwahrer Behauptungen kommt es auf den Gesamtgehalt der Darstellung an, BGH NJW 1987, 1403. Auch hierfür ist der Verständnishorizont des jeweils angesprochenen Verkehrskreises maßgeblich, BGH NJW 1988, 1589. Eine Änderung der Tatsachen nach der Äußerung macht die Behauptung nicht nachträglich unwahr, RG 66, 227 (231). Eine Personenverwechslung durch die Schufa soll nach BGH NJW 1978, 2151 (m ablehnender Anm J. Simon NJW 1979, 265) bei Namensgleichheit von zwei Kontoinhabern keine unwahre Meldung sein, weil die Schufa nicht die Aufgabe gehabt habe, die Identität der Person zu überprüfen. Wenn von zwei Angaben einer zusammengesetzten Mitteilung (Person und Konto) die eine nicht zur anderen paßt, ist die Mitteilung insgesamt unwahr, v Bar, Verkehrspflichten, 210. In der Zusammenfassung mehrerer Ladenketten, die unter demselben Namen auftreten, innerhalb eines Preisvergleichs hat BGH NJW 1986, 981 einen Verstoß gegen § 824 gesehen. – Die Behauptung schädlicher wahrer Tatsachen kann nicht nach § 824, wohl aber nach § 823 I (Persönlichkeitsverletzung, „Eingriff in den Gewerbebetrieb", vgl § 823 Rz 71, 73) zu Schadensersatz verpflichten.

c) **Behauptung** ist die Mitteilung eigener oder als eigene übernommener Wahrnehmungen, Verbreitung die Mitteilung fremder Wahrnehmungen, auch ohne sie sich zueigen zu machen, vgl BGH NJW 1970, 187. Wird die Behauptung nur dem Betroffenen gegenüber aufgestellt, liegt der Tatbestand des § 824 nicht vor, da dann die bezeichneten Nachteile in der Regel nicht eintreten können, RG 101, 335 (338f); Gieseke GRUR 1950, 298 (304). Vertrauliche Mitteilung genügt, vgl BGH NJW 1973, 1460 (Haftung des Informanten für eine Pressbreichterstattung), jedoch nicht die Mitteilung allein gegenüber dem Betroffenen, RG 101, 335 (338f). Es kann genügen, wenn nur von einer Möglichkeit, einem Verdacht, einer Wahrscheinlichkeit, uU sogar von einer Unwahrscheinlichkeit gesprochen wird, vgl BGH LM § 824 Nr 18 mN; BGH NJW 1978, 2151, sofern beim unbefangenen Empfänger der Mitteilung der Eindruck entsteht, daß es sich um eine, wenn auch versteckte Tatsachenbehauptung handelt, BGH NJW 1951, 352. Die Verbreitung einer Tatsache kann auch im Abdruck einer Anzeige in der Presse liegen, BGH 59, 76 (vgl Rz 7). Die Sendung kritischer Äußerungen verschiedener Wissenschaftler zu einem Produkt im Fernsehen ist kein Verbreiten dieser Äußerungen durch die Fernsehanstalt, BGH NJW 1970, 187.

3. Die Tatsache muß geeignet sein, den **Kredit zu gefährden** oder andere **Nachteile für den Erwerb oder das Fortkommen** herbeizuführen. Erforderlich ist eine unmittelbare oder betriebsbezogene Beeinträchtigung, kritisch dazu aber Staud/Hager Rz 7. Daran fehlt es zB beim sog Systemvergleich ohne Nennung eines bestimmten Herstellers oder Produkts oder wenigstens leicht nachvollziehbaren Hinweis darauf, BGH NJW 1963, 1871. Werden hingegen in einem Preisvergleich für ein bestimmtes Unternehmen Preise angegeben, die nicht repräsentativ ermittelt worden sind, liegt hierin ein Verstoß gegen § 824, BGH NJW 1986, 981. Nach BGH 90, 113 (119ff) = JZ 1984, 1099 m ablehnender Anm Schwerdtner soll § 824 auch dann ausscheiden, wenn nicht gegenwärtige oder zukünftige Geschäftspartner des Betroffenen beeinflußt werden, sondern nur die Anlieger eines Investitionsvorhabens zur Behinderung des geplanten Ausbaus veranlaßt werden können. Dies ist jedoch zu eng: Unter dem Fortkommen sind ganz allgemein die wirtschaftlichen Zukunftsaussichten des Betroffenen zu verstehen, MüKo/Mertens Rz 38 mN. Dazu gehören die Chancen, Investitionen vorzunehmen. Auch Äußerungen der Art, jemand sei durch unverschuldete Verluste um sein gesamtes Vermögen gekommen, jemand sei krank, Ausländer, bestimmter

§ 824

Konfession oder Partei, gehören hierher. Demnach genügt es, daß der Absatz eines einzelnen Produktes beeinträchtigt werden kann, BGH NJW 1966, 2010 im Gegensatz zu RG JW 1930, 1732. Aktivlegitimiert ist dann nicht nur der Hersteller, sondern zB auch der Alleinvertriebsberechtigte für ein Produkt, BGH NJW-RR 1989, 924. Zur bildlichen Herausstellung eines Produktes durch eine Fernsehreportage über Schadstoffbelastungen, mit denen das Produkt nichts zu tun hat, BGH VersR 1988, 1181.

7 **4.** Erforderlich ist, daß der Täter die Unrichtigkeit der Tatsache gekannt hat oder sie bei der Beachtung der im Verkehr erforderlichen Sorgfalt hätte kennen müssen. Es genügt also jede **Fahrlässigkeit**, allerdings nicht nur hinsichtlich der Unwahrheit, sondern auch der Eignung zur Kreditgefährdung, Rz 1. Besondere Gewissenhaftigkeit ist bei der Mitteilung über Kredit- und Vermögensverhältnisse anderer zu verlangen, auch wenn sie nur zum vertraulichen Gebrauch bestimmt sind, RG JW 1927, 1994. Für die Schriftleitung einer größeren Zeitung ist es zumutbar, jede unter § 824 fallende Nachricht ihrer Berichterstatter auf Richtigkeit zu prüfen, vgl RG JW 1935, 2892; BGH NJW 1993, 930 und auch schon RG 148, 154; ausführlich zur Pflicht zur Recherche Staud/Hager § 823 Rz C 119ff mN. Entsprechendes gilt für andere Massenmedien, vgl MüKo/Mertens Rz 61–77. Zur strengen Sorgfaltspflicht der Stiftung Warentest beim Preisvergleich BGH NJW 1986, 981. Die Sorgfaltspflicht ist jedoch zB nicht für alle Teile einer Zeitung gleich intensiv: Über den Wahrheitsgehalt von Anzeigen braucht sich das Presseunternehmen nur zu vergewissern, wenn die Anzeige offenbar rufgefährdenden Charakter hat oder erkennbar für den Betroffenen erhebliche Bedeutung hat, BGH 59, 76. Umfassend zu den Sorgfaltspflichten der Medien MüKo/Mertens Rz 61–77.

8 **5.** Der Täter hat den durch die Äußerung eingetretenen **Schaden** für Kredit und Erwerb des Betroffenen in der Regel in Geld zu ersetzen. Zu dem Schaden, für den nach § 824 Ersatz zu leisten ist, können nach § 249 II S 1 auch die Kosten einer Anzeige gehören, mit der der Geschädigte der Beeinträchtigung seines wirtschaftlichen Rufes entgegenwirken will, sofern diese Maßnahme zur Schadensverhütung oder -minderung nach den gegebenen Umständen erforderlich ist, sog berichtigende Werbung, BGH 66, 182 (192ff); 70, 39 (42); BGH NJW 1979, 2197; NJW 1986, 981. Der durch Angriffe eines Massenmediums in seinen wirtschaftlichen Interessen Betroffene hat sich aber grundsätzlich zunächst des presserechtlichen Mittels der Gegendarstellung zu bedienen, es sei denn, daß die konkreten Umstände es erfordern, daß der Geschädigte mit eigenen Erklärungen an die Öffentlichkeit tritt, BGH 70, 39 (42). Bei kommerziellen Leistungen und Waren ist regelmäßig eine Werbeanzeige anstelle einer besonderen Gegendarstellung im redaktionellen Teil die angemessene Präsentation des positiven Gegen-Images; zu Inhalt und Grenzen genauer MüKo/Mertens Rz 88 sowie BGH NJW 1986, 981. Der Widerruf als Schadensersatz nach § 249 I ist heute bedeutungslos. Auch bei Verletzung des § 824 stehen jedoch dem Betroffenen die quasi-negatorischen Behelfe der **Unterlassungsklage** und des **Widerrufs** unabhängig vom Verschulden des Verletzers zur Verfügung, RG 148, 114 (122f); 163, 210 (214); BGH 14, 163 (173). Möglich ist auch ein Teilwiderruf, wenn die Äußerung nur teilweise unwahr ist, BGH 66, 182; BGH NJW 1982, 2246. Unwahre Tatsachenbehauptungen braucht der Betroffene auch dann nicht zu dulden, wenn sie zur Wahrnehmung berechtigter Interessen geäußert worden sind. Dies muß selbst dann gelten, wenn die Äußerung in Erfüllung öffentlich-rechtlicher Pflichten oder in Ausübung öffentlich-rechtlicher Befugnisse erfolgt ist, soweit hier überhaupt privatrechtlicher Rechtsschutz in Frage kommt (aA 7. Aufl).

9 **6. a)** Hat der Mitteilende oder der Empfänger der Mitteilung daran ein **berechtigtes Interesse**, tritt die Ersatzpflicht nach Abs II nur ein, wenn die Unrichtigkeit der Tatsache dem Mitteilenden positiv bekannt war; bloße Fahrlässigkeit genügt dann nicht, RG 84, 294 (295). Wissentlich falsch ist die Mitteilung auch dann, wenn jemand etwas zu wissen behauptet, obwohl er sich der Unsicherheit seines Wissens bewußt ist. Bei Vorbringen im Prozeß und bei Eingaben an Behörden ist aber an die Prüfungspflicht in anderer Maßstab anzulegen: Wer sein Recht verfolgt, dem ist es nicht verwehrt, auch von ihm nicht nachgeprüfte oder nicht nachprüfbare Behauptungen aufzustellen, sofern ihre Unhaltbarkeit oder Bedenklichkeit nicht von vornherein auf der Hand liegen, RG 140, 392 (397); BGH 74, 9 (15).

10 **b)** Abs II entspricht im wesentlichen der Regelung des § 193 StGB. Nach hM schließt er aber nicht die Rechtswidrigkeit aus, so daß die irrtümliche Annahme seiner Voraussetzungen die Haftung nicht ausschließt, RG 85, 440 (442). Das legitime Ziel dieser Auffassung, einen **Widerruf** unwahrer Behauptungen auch im Falle des § 824 II zu ermöglichen, kann jedoch schon dadurch erreicht werden, daß jede nachweislich unwahre Behauptung deshalb, weil sie in der Welt ist, eine Störung darstellt, die der Betroffene nicht zu dulden braucht und durch Widerruf bekämpfen kann. Voraussetzung für den Widerruf ist freilich nach BGH NJW 1987, 2225, daß konkret die Gefahr einer Wiederholung der Äußerung besteht. Die logische Zumutung, ein berechtigtes Verhalten für rechtswidrig zu erklären, ist demnach jedenfalls nicht erforderlich. Bei entschuldbarem Irrtum über den Rechtfertigungsgrund scheidet daher eine Schadensersatzpflicht aus, ebenso MüKo/Mertens Rz 44, 82.

11 Die Annahme eines berechtigten Interesses des Mitteilenden oder des Mitteilungsempfängers setzt stets eine umfassende **Güter- und Interessenabwägung** voraus. Dazu gehört eine Prüfungspflicht des Mitteilenden hinsichtlich der Größe der für den Betroffenen drohenden Gefahr, der Dringlichkeit des Mitteilungsinteresses und der Zuverlässigkeit der Erkenntnisquellen, ohne daß die Erfüllung dieser Pflicht schon die Fahrlässigkeit ausschließt; denn dann scheidet § 824 überhaupt aus. Je höher der zu erwartende Verbreitungsgrad, um so intensiver ist die Prüfungspflicht, BGH NJW 1966, 2010. Ein wesentliches Element der Abwägung, das die Prüfungspflicht erheblich relativiert, ist das Grundrecht des Mitteilenden aus Art 5 GG, vgl BGH NJW 1977, 1288 und BVerfG 54, 208 sowie zu der auch hier einschlägigen Vermutung für das Recht der freien Rede Rz 2 mN. Auch zu dieser Abwägung genauer MüKo/Mertens Rz 61–77. Wenn eine Beleidigungsabsicht aus Form oder Umständen hervorgeht, ist in entsprechender Anwendung des § 193 StGB eine Berufung auf Abs II ausgeschlossen, RG JW 1919, 993.

12 **7. Beweislast.** Der Kläger hat die Unrichtigkeit der Tatsache und das Verschulden des Beklagten zu beweisen, RG 115, 74 (79). Dem Beklagten obliegt dagegen der Nachweis eines berechtigten Interesses. Handelt es sich um eine ehrverletzende Behauptung iSd § 186 StGB, ist der Anspruch nach § 823 II schon begründet, wenn die Tatsache nicht erweislich wahr ist. In diesem Fall hat der Beklagte die Wahrheit der Tatsache darzutun. Anders bei einer Widerrufsklage: Hier liegt die Beweislast für die Unrichtigkeit der Behauptung beim Kläger, BGH 37, 187; 69, 181 (182); siehe aber auch vor § 823 Rz 23 zum eingeschränkten Widerruf. Abweichend ist auch die Beweislast bei § 14 UWG geregelt. Hier hat der Kläger nur die geschäfts- oder kreditgefährdende Eigenschaft der behaupteten Tatsache und ferner zu beweisen, daß der Beklagte zum Zwecke des Wettbewerbs gehandelt hat, vgl dazu RG 118, 133. Den Beweis der Unwahrheit der behaupteten Tatsache hat hier der Kläger nicht zu führen; denn § 14 UWG verbietet die Behauptung kreditschädigender Tatsachen schon dann, wenn die Tatsache nicht erweislich wahr ist. Daher obliegt dem Behauptenden der Beweis für die Richtigkeit der Tatsache.

825 *Bestimmung zu sexuellen Handlungen*
Wer einen anderen durch Hinterlist, Drohung oder Missbrauch eines Abhängigkeitsverhältnisses zur Vornahme oder Duldung sexueller Handlungen bestimmt, ist ihm zum Ersatz des daraus entstehenden Schadens verpflichtet.

Die Vorschrift ist neu gefaßt worden durch das 2. SchadensersatzrechtsändG v 25. 7. 2002 (BGBl I 2674). In der 1 aF hatte sie stets ein Schattendasein geführt und war seit der Rspr des BGH zur Gesundheitsverletzung durch eine **ungewollte Schwangerschaft** vollends überholt, BGH 76, 259 = NJW 1980, 1452; NJW 1984, 2625 und hierzu § 823 Rz 17. Gerade wegen der Regelung in § 825 vermag der dogmatische Ansatz des BGH jedoch nicht zu überzeugen. Insofern zu Recht hatte vielmehr RG 96, 224 einen Anspruch wegen Gesundheitsverletzung bei ungewollter Schwangerschaft noch abgelehnt. Im System des historischen Gesetzgebers hatte jedoch bekanntlich das Allgemeine Persönlichkeitsrecht noch nicht den ihm gebührenden Platz gefunden. Die Zugehörigkeit des § 825 zum Persönlichkeitsschutz tritt durch die jetzige geschlechtsneutrale Formulierung besonders deutlich hervor. Ihre wichtigste Funktion ist die Begründung eines Schadensersatzes nach § 253 II wegen des verletzten immateriellen Interesses. Etwaige Vermögensfolgeschäden kommen daneben zwar ebenfalls in Betracht. Die Belastung mit Unterhaltspflichten für ein ungewolltes Kind dürfte jedoch auch künftig von der Rspr an den Tatbestand der Körper- und Gesundheitsverletzung angeknüpft werden.

Fraglich ist bei systematischer Betrachtung der Vorschrift, ob durch sie Ansprüche wegen Verletzung des All- 2 gemeinen Persönlichkeitsrechts und wegen Sexualbeleidigung nach §§ 185 StGB, 823 II ausgeschlossen sind. Der Gesetzgeber wollte ausweislich der Materialien (BT-Drucks 14/7752, 26) bei der Neufassung des § 825 nicht hinter den erreichten Stand der Rechtsentwicklung zurückfallen. Es handelt sich daher um **keine abschließende Regelung**, ebenso zB Cahn, Einführung in das neue Schadensersatzrecht, 2003, Rz 142f.

826 *Sittenwidrige vorsätzliche Schädigung*
Wer in einer gegen die guten Sitten verstoßenden Weise einem anderen vorsätzlich Schaden zufügt, ist dem anderen zum Ersatz des Schadens verpflichtet.

1. Funktion der Vorschrift 1	d) Zu Anfechtungstatbeständen 26
2. Sittenverstoß	6. Fallgruppen
a) Allgemeine Grundsätze 3	a) Einführung in Methode und Gliederung . . 27
b) Tragweite empirischer Elemente 6	b) Vereitelung von Vertragsbeziehungen 28
c) Abwägung 8	c) Gläubigergefährdung und -benachteiligung 31
d) Die subjektive Seite der Sittenwidrigkeit 10	d) Andere Täuschungen und Verfälschungen . . 35
e) Sittenwidrigkeit durch Unterlassen 13	e) Treuwidrige Irreleitung durch Fehlinformation . . 38
3. Vorsätzliche Schädigung	f) Andere Fälle von Vertrauensbruch und
a) Schädigungsvorsatz 14	Informationsmißbrauch 43
b) Rechtswidrigkeitszusammenhang 16	g) Ausnutzung rechtskräftiger Titel 45
4. Rechtsfolgen und prozessuale Durchsetzung	h) Mißbrauch von Wertpapieren und des Widerspruchsrechts im Lastschriftverfahren 48
a) Haftung für Dritte 17	i) Andere Fälle des Rechts- und Institutions-
b) Inhalt des Ersatzanspruchs 18	mißbrauchs 50
c) Andere Rechtsfolgen 21	j) Verletzung der Persönlichkeit und familiärer
d) Exceptio doli 22	Beziehungen 53
5. Konkurrenzen	k) Mißbrauch von Monopol- und Verbandsmacht . . 56
a) Zu anderen Deliktsnormen 23	l) Grobe Mißachtung von Kampf- und Wettbewerbs-
b) Zu anderen Vorschriften des BGB 24	regeln 59
c) Zu Ansprüchen des Wettbewerbs- und Urheberrechts 25	

Schrifttum: *Braun*, Rechtskraft und Restitution, Erster Teil, 1979; Zweiter Teil, 1985; *Deutsch*, Entwicklung und Entwicklungsfunktion der Deliktstatbestände, JZ 1963, 385; *Gaul*, Treu und Glauben sowie gute Sitten in der Zwangsvollstreckung, FS Baumgärtel 1990, 75; *Koller*, Sittenwidrigkeit der Gläubigergefährdung und Gläubigerbenachteiligung, JZ 1985, 1013; *Mayer-Maly*, Was leisten die guten Sitten? AcP 194 (1994) 105; *Mertens*, Deliktsrecht und Sonderprivatrecht – Zur Rechtsfortbildung des deliktischen Schutzes von Vermögensinteressen, AcP 178 (1978), 227; *Schricker*, Gesetzesverletzung und Sittenverstoß, 1970; *K. Simitis*, Gute Sitten und Ordre public, 1960; *Teubner*, Standards und Direktiven in Generalklauseln, Möglichkeiten und Grenzen der empirischen Sozialforschung bei der Präzisierung der Gute-Sitten-Klauseln im Privatrecht, 1971.

1. Funktion der Vorschrift. § 826 gewährt den **umfassendsten Schutz** gegen Schädigungen nach geltendem 1 Deliktsrecht; denn die Vorschrift knüpft die Haftung weder an die Verletzung einzelner Rechte wie § 823 I noch an

§ 826   Einzelne Schuldverhältnisse

den Verstoß gegen gesetzlich und untergesetzlich normierte Verhaltensgebote wie § 823 II. Insbesondere die Sphäre eigener Dispositionen des Geschädigten, in der typischerweise **reine Vermögensschäden** entstehen, ist nach § 826 geschützt. Aber auch zB immaterielle Schäden aus der vorsätzlichen und sittenwidrigen Verletzung von Persönlichkeitsgütern fallen unter § 826. Die Vorschrift ist hiermit die eigentliche Generalklausel des Deliktsrechts, vgl auch vor § 823 Rz 1f. Wegen ihrer systematischen Stellung nach den spezieller ausgestalteten Delikten der §§ 823 I, II und 824 und vor allem wegen der einschränkenden Merkmale des Vorsatzes und des Sittenverstoßes kann sie jedoch nur eine Ergänzungsfunktion als Auffangtatbestand erfüllen, kritisch zur Qualifizierung als Auffangtatbestand aber RGRK/Steffen Rz 1; Larenz/Canaris II 2 § 78 I 2a. Sie ist allerdings nicht gegenüber den speziellen Deliktstatbeständen subsidiär; regelmäßig besteht Anspruchskonkurrenz, Rz 23.

2   Die Verwendung der guten Sitten als Maßstab für die Beurteilung des schädigenden Verhaltens eröffnet die Möglichkeit, das Deliktsrecht in zwei Richtungen an veränderte Verhältnisse anzupassen: Zum einen vermag die gute Sitte formale Rechtspositionen zu überwinden. Dies ist zB bei der Abwehr von Vollstreckungen aus Titeln für sittenwidrige Ratenkredite besonders häufig relevant geworden, dazu genauer Rz 47, vgl aber auch die allgemeine Kritik am Topos der formalen Rechtsposition bei Staud/Oechsler Rz 18. Zum andern verweist die Sittlichkeit auf **Verhaltensstandards**, die gesellschaftlich (schon) anerkannt, rechtlich aber **(noch) nicht zu Normen verfestigt** sind. Auch die Transformation der über das Zivilrechtsnormen stehenden Grundrechte in einfaches Recht hat in diesem Zusammenhang ihren legitimen Platz, vgl BVerfG 7, 198ff. Darin zeigt sich die Entwicklungsfunktion des § 826, grundlegend Deutsch JZ 1963, 385, 390. Im Anschluß an Teubner, vor Rz 1, passim, läßt sich diese Funktion in Unterfunktionen aufspalten: Der Richter hat die Aufgabe, solche allgemein anerkannten Grundgebote des zwischenmenschlichen Zusammenlebens zu ermitteln und anzuwenden, die nicht Charakter und Rang von Rechtsnormen haben (**Rezeptionsfunktion**, vgl dazu aber Rz 6). Haben sich die gesellschaftlichen Wertvorstellungen geändert, hat der Richter auch dies in seine Entscheidungsgrundlagen aufzunehmen (**Transformationsfunktion**). Das Verhalten des Richters bei der Entwicklung der konkreten Fallnormen ist jedoch keineswegs passiv: Zu Recht wird die Notwendigkeit eigener normativer Bewertung der gesellschaftlichen Maßstäbe durch den Richter betont, Jauernig/Teichmann Rz 3, dazu im einzelnen Soergel/Hönn/Dönneweg Rz 32ff. Daraus ergibt sich unvermeidlich ein Anlaß zur Rechtsfortbildung. Die Generalklausel wird so zum Rahmen für die Bildung von Richterrecht (**Legitimationsfunktion**). Die Tragweite der Legitimationsfunktion und die Kriterien der Rechtsfortbildung sind freilich umstritten: Für eine Begrenzung nach Rechtssicherheit und der Entwicklungsfunktion unter Betonung der ethischen und gesetzgeberischen (insbesondere grundgesetzlichen) Fundierung des Sittenmaßstabes zuletzt Soergel/Hönn/Dönneweg Rz 3, 13ff; zur Gute-Sitten-Klausel als „Normbildungsauftrag für die Gerichte" demgegenüber Brüggemeier, DeliktsR Rz 837f mN. Mit Recht betont BGH NJW 1970, 657 jedenfalls die Unabgeschlossenheit der anerkannten Fallgruppen: Gerade bei § 826 kommt es in besonderem Maße auf die Umstände des Einzelfalles an. Schon darin liegt eine spürbare Grenze aller Bemühungen um die Objektivierung der für § 826 relevanten Verhaltensstandards. Andererseits müssen die Forderungen nach Rechtssicherheit und nach Vorhersehbarkeit der Entscheidungen sowie nach dogmatischer Durchdringung der Generalklausel zu einem Mindestmaß an Objektivierung führen.

3   **2. Sittenverstoß. a)** Wegen des Tatbestandsmerkmals der Sittenwidrigkeit wird die Handlungsfreiheit durch § 826 weniger eng begrenzt als die Ausübung von Rechten und die Gestaltung von Rechtsverhältnissen durch das Gebot von Treu und Glauben nach §§ 157, 242. Nicht jede Rücksichtslosigkeit ist bereits sittenwidrig. Daher geht es zu weit, § 826 als Grundlage für die Beachtung der Forderungen wahrer Gerechtigkeit und für die Verwirklichung eines Rechts höherer Ordnung zu bezeichnen, vgl aber BGH 17, 327. Als **Auffangtatbestand** kann § 826 nicht mehr verwirklichen als ein **sozialethisches Minimum** (ähnlich Larenz/Canaris II 2 § 78 II 1b; Soergel/Hönn/Dönneweg Rz 25, 28: rechtsethisches Minimum). Als Formel hierfür verwendet die stRspr seit RG 48, 114, 124f das „Anstandsgefühl aller billig und gerecht Denkenden" (vgl auch schon Prot I 967). Diese Umschreibung, die durch die Gleichsetzung mit dem „gesunden Volksempfinden" und der „nationalsozialistischen Weltanschauung" in RG 150, 1, 4 erheblich diskreditiert ist, führt jedoch mindestens teilweise in die Irre: In einer pluralistischen Gesellschaft ist es vielfach kaum möglich, Konsens über ethische Standards festzustellen; abweichende Ansichten können gerade das Ergebnis eindringlicher moralischer Reflexion sein, so daß ihre Vertreter gewiß nicht aus dem Kreis der „billig und gerecht Denkenden" ausgeschlossen werden dürfen. Außerdem kann es für die rechtliche Beurteilung eines Verhaltens auch nicht auf das Gefühl der Mitglieder einer Rechtsgemeinschaft ankommen; es ist viel zu unbestimmt, um rationaler Argumentation des Richters eine Grundlage geben zu können. Vgl zur Kritik an der Formel insbesondere Haberstumpf, Die Formel vom Anstandsgefühl aller billig und gerecht Denkenden in der Rechtsprechung des BGH, 1976, passim, sowie zuletzt etwa Staud/Oechsler Rz 26, 29ff.

4   In der Literatur wird deshalb vielfach eine **Objektivierung und Funktionalisierung** des Sittenbegriffs vorgeschlagen. Als Vorbild dient etwa die Neufassung des ordre public im Internationalen Privatrecht nach Art 6 EGBGB, vgl Deutsch/Ahrens Rz 233; grundlegend dazu K Simitis, Gute Sitten und orde public, 1970. Die wesentlichen Grundsätze des Rechts, insbesondere die Grundrechte geben zwar wichtige Anhaltspunkte für das nach § 826 relevante sittliche Minimum, erschöpfen es jedoch nicht. ZB bei der Bewertung des vom Schädiger an den Tag gelegten Verhaltens als Kollusion oder als grobe Rücksichtslosigkeit ist kaum ohne einen unmittelbaren Durchgriff auf die moralische Verwerflichkeit solcher Methoden auszukommen; denn der hohe Wert der Freiheit in unserer Rechtsordnung bringt es mit sich, daß Rücksicht auf andere und Fairneß ihnen gegenüber nicht zu den schlechthin zu wahrenden Grundwerten gehören können, sondern daß ein Verstoß gegen sie erst dann zivilrechtliche Sanktionen nach sich zieht, wenn das Maß an Unfairneß und Illoyalität zu einer Reaktion der Rechtsordnung „schreit", vgl RGRK/Steffen Rz 14, 16 sowie BGH 67, 48, 51. Ein noch wichtigeres Vorbild für die Orientierung des § 826 an objektiv(er)en Maßstäben ist die herrschende Interpretation des **§ 1 UWG**, vgl Soergel/Hönn/Dönneweg Rz 15ff mN. Da diese Vorschrift gleichfalls auf die „guten Sitten" verweist, liegt eine solche Parallele nahe. Der Schutzzweck des UWG ist jedoch enger, die Funktion des § 1 in diesem Rahmen weiter als Schutzzweck und

Funktion des § 826: Ziel des UWG ist die Aufrechterhaltung des (fairen) Leistungswettbewerbs, Ziel des BGB hingegen die Herstellung und Wahrung angemessener Privatrechtsverhältnisse schlechthin. § 1 UWG ist die Grund- und Ausgangsnorm für die Regelung des Wettbewerbs, § 826 hingegen bloße Ergänzungsvorschrift, wenn die im BGB ausgeformten spezielleren Mittel des Rechtsschutzes versagen, wie hier insbesondere Soergel/Hönn/Dönneweg Rz 20f.

Methodisch ergibt sich aus dieser Standortbestimmung die Forderung, Sittenwidrigkeit nicht allgemein und 5 abstrakt zu definieren, sondern in der sachhaltigen Diskussion der **konkreten Konfliktfälle** zu ermitteln. Vor Beliebigkeit oder gar richterlicher Willkür schützt die in den Fallgruppen verdichtete Wertungserfahrung, wobei der sozialethische Bezug des Sittenwidrigkeitsurteils die Bewertungsmöglichkeit jenseits der anerkannten Fallgruppen offenhält: Die Rechtsordnung darf vor der unerschöpflichen eigensüchtigen oder neidischen Phantasie der Menschen zu Lasten ihrer Mitmenschen nicht kapitulieren, vgl schon Rz 2 aE. Beim gegenwärtigen Stand der Zivilrechtstheorie ist der erforderliche Bewertungsvorgang am besten durch das von Wilburg, Entwicklung eines beweglichen Systems im bürgerlichen Recht, 1951, geprägte Bild des **„Zusammenspiels beweglicher Elemente"** zu erfassen, vgl insbesondere MüKo/Mayer-Maly § 138 Rz 21ff; kritisch hierzu aber Staud/Oechsler Rz 23. Als Elemente der Abwägung kommen in Betracht (MüKo/Mayer-Maly aaO Rz 26ff): die Absicherung anerkannter Ordnungen einschließlich der Grundrechte, die Abwehr von Freiheitsbeschränkungen, die Abwehr des Machtmißbrauchs, die Verhinderung groben Vertrauensbruchs, die Abwehr von Drittschädigungen, die Abwehr von schweren Äquivalenzstörungen, die Durchkreuzung verwerflicher Gesinnungen sowie die Abwehr mißbilligter Kommerzialisierung und anderer sittenwidriger Zwecke, ähnlich der Katalog bei MüKo/Mertens Rz 17–32; vgl auch Soergel/Hönn/Dönneweg Rz 33–37 und die Kritik an solchen Topoi der Abwägung bei Staud/Oechsler Rz 47ff („geringer Erkenntniswert und zweifelhafter praktischer Nutzen").

b) Die Formulierung des § 826 scheint mit dem Bezug auf die Sitten statt auf die allgemeine Sittlichkeit eine 6 wesentliche **empirische Aufgabe** des Richters zu begründen. Dies kommt auch in der RG-Formel (Rz 3) mit dem Maßstab des Gefühls aller billig und gerecht Denkenden zum Ausdruck. Tatsächlich spielt jedoch die empirisch ermittelte Sozialmoral bei § 826 – anders als teilweise bei § 1 UWG – so gut wie keine Rolle, vgl RGRK/Steffen Rz 19: „kein Tatsachenbegriff". Innerhalb der Rz 5 aufgezählten Elemente der Abwägung hat die empirische Seite der Ermittlung herrschender Sitten gleichfalls keine Bedeutung. Bei Anknüpfung des Sittenwidrigkeitsurteils an das Anstandsgefühl „aller" nach der RG-Formel erscheint die empirische Ermittlung des Maßstabes schon deshalb überflüssig, weil der Richter im Zweifel für sich beanspruchen darf, selbst diesem Kreis anzugehören. Daraus hat die Rspr auch seit langem die Konsequenz gezogen, daß die Konkretisierung des Sittenbegriffs der höchstrichterlichen Revision unterliegt, RG 48, 114, 129; 81, 86, 91; 145, 396, 401. Darin wird der **normative Gehalt** des Durchgriffs auf die scheinbar empirisch zu ermittelnden Sitten deutlich. In Wahrheit dürfte der Maßstab der guten Sitten sogar eher dazu geeignet sein, wirkliche Sitten zurückzuweisen und – wenn nötig – für sittenwidrig iSd § 826 zu erklären, vgl BGH 10, 228, 232. So ist es auch anerkannt, daß ein Verhalten nicht allein deshalb zu akzeptieren braucht, weil es üblich ist, Staud/Sack § 138 Rz 56 mN. In der vorgeblichen Orientierung am Gefühl aller rechtlich und billig Denkenden liegt allerdings ferner die Zurückweisung übertriebener, den Durchschnitt überfordernder richterlicher Maßstäbe, BGH aaO; Soergel/Hönn/Dönneweg Rz 28 mN. Dieser Riegel gegen den Rigorismus wirkt aber wiederum nicht durch die Anknüpfung an empirische Wertvorstellungen der Bevölkerung, sondern eher als Aufforderung an den Richter zu gewissenhafter Selbstprüfung, vgl MüKo/Mertens Rz 13.

Ein empirisches Element der Feststellung der Sittenwidrigkeit scheint wenigstens bei der Anknüpfung an 7 **berufsspezifische Verhaltensstandards**, insbesondere an Maßstäbe der Standesethik, relevant zu sein, BGH 22, 347, 357; BGH NJW 1962, 1766; 1981, 2007. Hierfür spricht die funktionale Äquivalenz von Berufsrecht und Standesethik zur Marktverfassung im fairen gewerblichen Wettbewerb; und für deren Grundnorm § 1 UWG hat die Empirie des Verhaltens der Marktteilnehmer – Kaufleute wie Freiberufler – einen legitimen Platz, vgl BGH NJW 1969, 744 und hierzu Medicus Allg Teil des BGB Rz 681. Wegen der Anwendung des UWG auch auf freie Berufe erscheint freilich die Anwendung des § 826 auf diesen Bereich nicht dringlich. Vor allem aber paßt § 826 als Norm des sozial-ethischen Minimums von vornherein nicht für solche Standesregeln, die allein die innere Verfassung des Berufsstandes betreffen und nicht der **Qualität der Leistungen** an die Mandanten, Patienten, Auftraggeber usw dienen, Soergel/Hönn/Dönneweg Rz 27, 29; RGRK/Steffen Rz 22 mN. Wann eine grobe Enttäuschung des berufsspezifischen Vertrauens in diesem Verhältnis vorliegt, ist aus bestimmten Berufspflichten zu entwickeln, die schon deshalb als Standesregeln nur unvollkommen erfaßt werden können, weil sie auch für Berufsgruppen ohne Standesregeln aufzustellen sind (vgl § 823 Rz 128) und weil die vorhandenen Regeln nur einen kleinen Ausschnitt der wirklichen Pflichten betreffen, dazu im allgemeinen Rz 32ff, 38ff. Die hM sieht freilich in den Standesregeln von Rechtsanwälten, Ärzten, Architekten, Journalisten, Verlegern uä den wichtigsten Bereich empirisch feststellbarer Verhaltensmaßstäbe nach § 826, RG 83, 110; 113, 1; 144, 244; BGH 22, 347, 357; Soergel/Hönn/Dönneweg aaO; RGRK/Steffen aaO. Aber auch von den Vertretern dieser Meinung wird der Bezug beruflicher Standards zur Qualität der geschuldeten Dienstleistungen betont, und jedenfalls werden solche Standesregeln aus dem Bereich der guten Sitten ausgeschlossen, die allein Vermögensinteressen oder der Unterbindung des Wettbewerbs zwischen den Angehörigen des Berufs dienen, Soergel/Hönn/Dönneweg Rz 27 mN. Soweit hiernach Standesregeln als gute Sitten zu rezipieren sind, unterliegen sie in wohl höherem Maße als andere Regeln des sozialethischen Minimums dem **zeitlichen Wandel**, BGH 16, 71, 76; 43, 46, 49 zum Verkauf einer freiberuflichen Praxis. Dies dürfte ein Indiz dafür sein, daß es sich in Wahrheit nicht um Maßstäbe der guten Sitten handelt und sich nur diese Erkenntnis unter der eher irreführenden Bezeichnung des Wertewandels im Ergebnis immer mehr durchsetzt.

c) Wesentliche Bedeutung für die **Abwägung** als Grundlage des Sittenwidrigkeitsurteils über ein bestimmtes 8 Verhalten haben die Bewertungen des **Ziels**, des **Mittels** und der **Ziel-Mittel-Relation**, RG 130, 89, 91; BGH VersR 1965, 849, kritisch zur Begründungstauglichkeit dieser Relation Staud/Oechsler Rz 52. Ausgangspunkt für

§ 826   Einzelne Schuldverhältnisse

die Beurteilung des verfolgten Ziels ist freilich der schon von Gaius (D. 50, 17, 55) formulierte Grundsatz: nullus videtur dolo facere, qui suo iure utitur (keiner handelt dolos, der von seinem Recht Gebrauch macht), vgl BGH 13, 71; 19, 72, 75; BGH NJW 1978, 2031. Stets müssen besondere Umstände hinzutreten, damit § 826 eingreifen kann: Schädigungsabsicht von Anfang an, zB schon beim Erwerb des Rechtes, RG 74, 224, 230; BGH WM 1992, 1184 (Erwerb von Aktien, nur um sich eine Anfechtungsklage „abkaufen" zu lassen), oder bewußtes Zusammenwirken zur Schädigung Dritter (Kollusion), RG 88, 361, 366; BGH NJW 1981, 2184, 2185; 2000, 2896, oder besondere Rücksichtslosigkeit, BGH 27, 172, 180; BGH NJW 1970, 657; vgl auch Rz 28 aE. In den beiden zuletzt genannten Beispielen ergibt sich das Unwerturteil vor allem aus dem eingesetzten Mittel. Nicht weniger verwerfliche Mittel sind etwa Täuschungen und Erpressungen, Rz 35ff (aber nicht die Drohung mit Strafanzeige, um den schuldhaften Schädiger zur Wiedergutmachung zu veranlassen, BGH 25, 217, 221), Ausnutzen von Irrtümern oder von Unerfahrenheit und Willensschwäche (BGH NJW 1979, 162) und das „Trittbrettfahren" bei fremden Leistungen, vgl BGH 60, 168 und hierzu Deutsch/Ahrens Rz 232.

9   Typischerweise ist in den unter § 826 fallenden Sachverhalten weder das Ziel noch das Mittel „an sich" sittenwidrig, sondern erst die **Verknüpfung** von beidem. So darf ein Verband seine Mitglieder nicht um geringer materieller Vorteile willen zum Boykott aufrufen, wenn der Boykott zur Vernichtung des Boykottierten führen würde, vgl schon RG 130, 89 und dazu Rz 60f. Die Verhältnismäßigkeit des Mittels zum eingesetzten Zweck wird durch die **Stellung des Schädigers** beeinflußt: Wer Macht, eine besondere Qualifikation oder exklusive Informationen hat, muß diese Mittel behutsamer einsetzen, als dies etwa im Wettbewerb zwischen annähernd Gleichen oder bei Verwendung allgemein zugänglicher Informationen der Fall wäre, Soergel/Hönn/Dönneweg Rz 50.

10   d) Unabhängig vom Schädigungsvorsatz (Rz 14f) können für die Bewertung eines Verhaltens als sittenwidrig **subjektive Momente** beim Schädiger Bedeutung haben: Ist zB der aus Rachsucht oder Neid geborene Wunsch, einen anderen zu schädigen, das einzige Motiv für das an sich erlaubte Verhalten des Schädigers, dann kann dies die Sittenwidrigkeit begründen, vgl RG 74, 224, 230; 79, 415, 418; BGH WM 1984, 906. Voraussetzung dafür ist jedoch immer, daß die Gesinnung des Schädigers in der äußeren Rücksichtslosigkeit oder Gefährlichkeit seines Verhaltens in Erscheinung tritt. Innerlich bleibende unsittliche Motive müssen schon deshalb unberücksichtigt bleiben, weil sie kaum je objektiv festzustellen sind, vgl RG 138, 373, 375f; RGRK/Steffen Rz 28 aE mN. Umgekehrt kann es den Schädiger vom Vorwurf der Sittenwidrigkeit entlasten, wenn er sich in einem entschuldbaren oder sogar leicht fahrlässigen **Verbotsirrtum** über die Bewertung seines Verhaltens befindet, etwa weil die Rspr den maßgeblichen Verhaltensstandard erst in der Entscheidung über sein Verhalten aufstellt, BGH 27, 264, 273; vgl auch BGH ZIP 1999, 2158 (redliche Annahme eines Rechts, die Weiterveräußerung zu verhindern und sich eine Lizenzgebühr zu sichern durch eine Software-Sperre). Auf die unrichtige Auskunft eines Rechtsanwalts kann er sich aber nicht in jedem Falle verlassen, BGH 74, 281. Leichtfertige oder gewissenlose Unkenntnis der Bewertungsmaßstäbe entlastet den Schädiger nicht, vgl BGH 10, 228, 233.

11   § 826 setzt beim Schädiger nicht das **Bewußtsein der Sittenwidrigkeit** voraus, weil sonst besonders Gewissen- und Rücksichtslose begünstigt würden, RG 79, 17, 23; BGH 8, 83, 87; Soergel/Hönn/Dönneweg Rz 54; zur Vereinbarkeit mit der Relevanz des Verbotsirrtums MüKo/Mertens Rz 44; ausführlich zu den Problemen aufgrund der (sonst) im Zivilrecht geltenden Vorsatztheorie Staud/Oechsler Rz 62ff. Der Schädiger muß jedoch in der Regel die Tatsachen kennen, aus denen sich die Unsittlichkeit ergibt, RG 136, 293, 298; BGH 8, 83, 87f; 74, 281; 101, 380; BGH NJW 1973, 2285. Verschließt er sich bewußt der Kenntnisnahme einer erheblichen Tatsache, steht dies der positiven Kenntnis gleich, BGH NJW 1967, 493; 1975, 1361; 1992, 3167, 3174. Wer sich leichtfertig und gewissenlos verhält, wird sich in der Regel bewußt der Tatsachenkenntnis entziehen, MüKo/Mertens Rz 46. War dem Schädiger eine Tatsache unbekannt, erfährt er sie aber später, kann das Unterlassen der Aufklärung oder die anderweitige Aufrechterhaltung des Zustandes nunmehr sittenwidrig sein, RG 143, 48, 56; BGH NJW 1965, 249; BGH 74, 281, 287.

12   Vor allem bei hoher beruflicher Position und bei durch Macht, Vertrauen oder besonderen Informationsstand herausgehobener Stellung des Handelnden genügt nach der Rspr die **grob leichtfertige oder rücksichtslose** Verletzung von Berufs-(Verkehrs-)pflichten zur Begründung des Vorwurfs, sittenwidrig zu handeln, RG 72, 175, 176; Soergel/Hönn/Dönneweg Rz 55; Staud/Oechsler Rz 82ff mN. Zusammen mit dem Erfordernis nur bedingten Vorsatzes hinsichtlich der Schädigung (Rz 14) hat dies zu einer erheblichen Erweiterung der Haftung aus § 826 für die Verletzung von Verkehrspflichten zum Schutze fremden Vermögens geführt, vgl Soergel/Hönn/Dönneweg Rz 4; MüKo/Mertens Rz 177. Hierauf beruhen zB die Fallgruppen der Haftung für Rat und Auskunft (Rz 38ff), für Angaben „ins Blaue" (BGH NJW 1980, 2460 und Rz 35), für falsche Zeugnisse (BGH 74, 281 und Rz 42) oder Sachverständigengutachten (zu den Grenzen BGH NJW 1991, 3282; vgl auch Staud/Oechsler Rz 223 zur Konkurrenz mit § 839a), für grob leichtfertigen, gewissenlosen Umgang mit anvertrautem fremdem Eigentum (BGH NJW 1991, 634 zur Gefährdung eines Schiffes durch Verstoß des Charterers gegen ein Embargo) und für Gläubigerbenachteiligung, vor allem durch Banken (Rz 31ff). Im Rahmen der Entwicklungsfunktion des § 826 (Rz 2) sind diese Fortbildungen verständlich, weil sie gesellschaftlich besonders wichtige Verhaltensstandards in einem Bereich begründen, der teilweise nicht genügend im Sinne einer optimalen Versorgung des Publikums rechtlich durchgeformt ist, dazu jetzt grundlegend Hirte, Berufshaftung, 1996, 406ff, 413ff. Gerade im Verhältnis zum Publikum hat auch die Zuordnung der besonderen Anforderungen an die **qualifizierten Berufe** zu den guten Sitten ihren Sinn (Rz 7). Eine Gleichsetzung des fahrlässigen Berufspflichtverstoßes mit der Sittenwidrigkeit ist jedoch weder mit dem Wortlaut des § 826 noch mit seiner Ergänzungsfunktion im System des Deliktsrechts vereinbar, Mayer-Maly, Das Bewußtsein der Sittenwidrigkeit, 1971, 40f; vgl auch Hopt AcP 183, 608, 633: „Denaturierung"; weitere kritische Stimmen bei Staud/Oechsler Rz 84. Dennoch sind die Ergebnisse der Rspr meist mit einer anderen Erwägung zu halten: Die Transparenzpflicht des Produzenten (§ 823 Rz 112) und des Arztes (§ 823 Rz 141) deutet auf einen verallgemeinerungsfähigen Ansatz für die praktische Bewältigung von Fällen deliktischer Berufs-

haftung hin. Oft kann nur der qualifiziert Berufstätige selbst beurteilen und prozessual Auskunft geben, ob er die Anforderungen an seinen Beruf erfüllt hat. Daraus ergibt sich auch die Verpflichtung, sich Kenntnis von den die Sittenwidrigkeit begründenden Tatsachen zu verschaffen, vgl für einen Rechtsanwalt BGH WM 1992, 1184. Infolgedessen ist es angemessen, dem Schädiger in solchen Fällen entgegen der allgemeinen Regel die Beweislast dafür aufzubürden, daß er die Kenntnis der relevanten Tatumstände nicht hatte; ähnlich H. Honsell JuS 1976, 621, 628f; Staud/Oechsler Rz 97: prima-facie-Beweis.

e) Sittenwidrig kann jedes Verhalten sein, also auch ein **Unterlassen**, vgl bereits Rz 11 aE. Voraussetzung dafür 13 ist, daß die Pflicht zum Handeln sittlich geboten ist, RG 155, 257, 285; BGH NJW 1963, 148; 1606. Wichtigster Fall ist die sittenwidrige Verletzung von Aufklärungspflichten, insbesondere die sittenwidrige Täuschung beim Vertragsschluß, dazu Rz 35, 41.

3. Vorsätzliche Schädigung. a) Schädigungsvorsatz. Das sittenwidrige Verhalten muß mit dem Vorsatz der 14 Schadenszufügung verbunden sein, damit es zu einer Schadensersatzpflicht führt. Das ist weniger als eine Schädigungsabsicht: Sie braucht weder als Ziel noch als Motiv gegeben zu sein, BGH 8, 387, 393; BGH NJW 1967, 493. Sogar bloß **bedingter Vorsatz** (dolus eventualis) genügt. Die Haftung greift daher ein, wenn der Schädiger das Bewußtsein einer möglichen Schädigung hat und den Schaden dennoch billigend in Kauf nimmt, BGH 59, 1, 2; BGH NJW 1970, 2291; 1972, 1463; 2000, 2896. Hat der Schädiger hingegen mit dem Schaden nicht ernsthaft gerechnet oder hatte er die begründete Überzeugung gewonnen, daß kein Schaden eintreten werde, liegt nicht einmal bedingter Vorsatz vor, BGH NJW 1951, 596; WM 2001, 1454, 1457. Theoretisch ist der Schädigungsvorsatz genau vom Bewußtsein der Sittenwidrigkeit (Rz 11) zu unterscheiden. Vielfach wird jedoch von der Sittenwidrigkeit auf den Vorsatz geschlossen, RG 90, 106, 109; BGH 10, 228, 233; 62, 54, 56; BGH VersR 166, 1032.

Anders als das Verschulden bei § 823 muß der Vorsatz bei § 826 **den Schaden selbst umfassen**. Dazu gehören 15 sämtliche Schadensfolgen, BGH NJW 1951, 596; 1963, 148; 579, freilich nicht der Verlauf des Schadens im einzelnen und sein genauer Umfang BGH NJW 2000, 2896; RGRK/Steffen Rz 34. Eine nur allgemeine Voraussicht einer möglichen Schädigung genügt nicht. Die Meinung, eine bestimmte Folge werde nicht eintreten, schließt den Vorsatz aus, BGH NJW 1963, 579. Der Schädiger braucht nicht im einzelnen zu wissen, wer durch sein Verhalten Geschädigte sein wird, BGH NJW 1956, 1595; 1963, 579; 1979, 1599. Er muß aber wenigstens die Richtung, in der sich sein Verhalten zum Schaden anderer auswirken könnte, und die Art des möglichen Schadens vorausgesehen und gewollt oder gebilligt haben, BGH 108, 134, 143f; BGH NJW 1991, 634; 2000, 2896. Wer ein schriftliches Gutachten erstellt, wird dieses Bewußtsein regelmäßig auch hinsichtlich Dritter haben, die von dem Gutachten Gebrauch machen und auf seine Ergebnisse vertrauen, BGH VersR 1966, 1032; 1034, vgl zu den Grenzen der Haftung für Drittschäden aus Rat und Auskunft aber MüKo/Mertens Rz 63; Hopt AcP 183, 608, 682f und Rz 16.

b) Rechtswidrigkeitszusammenhang. Die früher hM (zB RG 79, 55, 59) sah im Vorsatz das einzige Korrektiv 16 des § 826 zur Schadensbegrenzung. Mit der von M. Wolf NJW 1967, 709 begründeten Lehre ist jedoch auch bei § 826 ein Schaden nur dann zu ersetzen, wenn er in den **Schutzbereich der verletzten (Sitten-)Pflicht** fällt, ebenso BGH 96, 231; BGH NJW 1979, 1599; RGRK/Steffen Rz 40; Soergel/Hönn/Dönneweg Rz 69ff; MüKo/Mertens Rz 52ff; stark einschränkend aber Staud/Oechsler Rz 99ff, 110f. Das Gesetz ordnet nicht die Schadensersatzpflicht als Mittel zur Sanktionierung sittenwidrigen Verhaltens an, sondern der Geschädigte wird trotz des für §§ 823ff maßgeblichen Vorranges der Handlungsfreiheit gegen schädigendes Verhalten gerade dann und nur deshalb geschützt, weil und soweit dieses Verhalten sittenwidrig ist. Deshalb genügt es nicht, wenn der Schaden des Betroffenen – obwohl vom bedingten Vorsatz des Schädigers umfaßt – bloßer Reflex für die sittenwidrige Schädigung eines andern ist, BGH NJW 1979, 1599. Einen solchen Drittbetroffenen als „mittelbar" Geschädigten zu bezeichnen, führt nicht weiter: Soweit ein Verhalten – zB wegen des Verstoßes gegen eine Berufspflicht – auch einem „Dritten" (zB einem Nicht-Vertragspartner) gegenüber sittenwidrig ist, besteht die Schadensersatzpflicht. Gibt aber jemand Kredit, nur weil ein anderer aufgrund falscher Auskunft demselben Schuldner Kredit eingeräumt hat, dann ist der weitere Kreditgeber vom Verbot sittenwidriger Falschauskünfte gegenüber dem anderen Gläubiger nicht mehr geschützt, BGH aaO. Auch gegenständlich haftet der Schädiger **nicht für jeden Schaden des Betroffenen**, nur weil die sittenwidrige Schädigung für den Schaden kausal geworden ist: Wer ein Kfz durch sittenwidrige Täuschung verkauft hat, haftet dem Käufer nicht für Schäden aus einem Unfall mit dem Kfz, der mit der Täuschung nichts zu tun hat, vgl BGH 57, 137, 143 und hierzu Rz 18. Wird hingegen eine Gesellschaft vorsätzlich sittenwidrig ruiniert, stehen auch den nur „mittelbar" betroffenen Ruhegehaltsempfängern der Gesellschaft Schadensersatzansprüche zu, RG LZ 1922, 403. Erleidet der potentielle Dritterwerber in einer Lieferkette aus der Verleitung des Erstlieferanten zum Vertragsbruch einen Schaden, kann der Dritterwerber vom Schädiger Ersatz verlangen, wenn der (bedingte) Vorsatz des Schädigers auch den Schaden aus der Weiterlieferung umfaßt hat; denn den Ausschlag für die Sittenwidrigkeit gibt hier nicht die Schädigung des ersten potentiellen Erwerbers, sondern die grobe Mißachtung der Institution des Vertrages als des zentralen Verteilungsinstruments unserer Wirtschaftsordnung, MüKo/Mertens Rz 58.

4. Rechtsfolgen und prozessuale Durchsetzung. a) Haftung für Dritte. Wie bei anderen Delikten haftet bei 17 § 826 nicht notwendigerweise (nur) der Handelnde. Dem Geschäftsherrn wird **Organhandeln** nach § 31, Handeln des **Verrichtungsgehilfen** nach § 831 zugerechnet. Anders als sonst muß der Verrichtungsgehilfe hier jedoch den subjektiven Tatbestand (Vorsatz) verwirklicht haben, RG 73, 434, 436. Der Geschäftsherr kann aber nach § 826 unmittelbar selbst haften, wenn er die sittenwidrige Schädigung durch einen unvorsätzlich handelnden Gehilfen als Werkzeug begangen hat. Zur Eigenhaftung des Organs oder des Gehilfen BGH NJW 1974, 1371; 1979, 2104; 1984, 2284; WM 1991, 1548. Zur Exkulpationsmöglichkeit eines Mandanten hinsichtlich seines hinter seinem Rücken sittenwidrig handelnden Rechtsanwalts BGH NJW 1979, 1882. Bereits die Stellung des Anwalts als Verrichtungsgehilfe ist jedoch zweifelhaft, vgl § 831 Rz 6.

§ 826 Einzelne Schuldverhältnisse

18   b) Für den **Inhalt des Ersatzanspruchs** gelten §§ 249ff einschließlich 254. Da jeder Vermögensschaden ersatzfähig ist, kann auch Ersatz für bloße Erwerbsaussichten verlangt werden, zB für die Aussicht auf eine Erbschaft, RG 111, 151, 156; weitere Beispiele bei Soergel/Hönn/Dönneweg Rz 81; Staud/Oechsler Rz 118ff. Bei arglistiger Täuschung und Drohung kann der Geschädigte im allgemeinen nur das negative Interesse verlangen, und zwar unabhängig davon, ob er den Vertrag anficht oder nicht. Das positive Interesse (Schadensersatz statt der Leistung) kann nach RG 103, 154, 160 (ähnlich BGH NJW 1998, 983) hingegen nicht nur nach § 463 aF (§§ 437 Nr 3, 440, 280ff nF), sondern auch nach § 826 verlangt werden, wenn der Verkäufer den Käufer über die Mangelfreiheit der Kaufsache getäuscht hat. Ob dies auch dann galt, wenn der Käufer den Vertrag anfocht, ist zweifelhaft, vgl MüKo/Mertens Rz 70 mit Fn 92. Durch § 325 nF hat sich das Problem praktisch weitgehend erledigt. Bei Liquidation des **negativen Interesses** muß der Geschädigte seinerseits das Erhaltene (einschließlich etwaiger Gebrauchsvorteile) herausgeben. Konstruktiv läßt sich dies freilich kaum aus dem Ersatzanspruch herleiten, sondern nur aus Rücktritts- oder Bereicherungsrecht. Daraus ist dann auch die Frage zu entscheiden, welchen Einfluß der vom Geschädigten verschuldete oder der unverschuldete Untergang auf den Anspruch hat: Bis zur Höhe des Werts der erhaltenen Leistungen hat die Rückabwicklungsregelung für das (faktische) Synallagma den Vorrang. Der Schadensersatzanspruch hingegen ist nur auf die Differenz zwischen dem Wert und dem gezahlten Preis gerichtet, aA aber BGH 57, 137 mit dem Ansatz bei § 254; vgl ferner Staud/Oechsler Rz 155 mN zur ausgedehnten, vor allem bereicherungsrechtlichen Literatur, und zum Einfluß der Schuldrechtsmodernisierung auf die Risikoverteilung.

19   Folgende **Besonderheiten** des Ersatzes **bei einzelnen Schädigungen** sind zu erwähnen: Für den Ersatzanspruch wegen vorenthaltenen Unterhalts gilt § 1613 nicht, RG 164, 65, 69. Bei Schmiergeldzahlungen an einen Angestellten liegt ein Schaden des Geschäftsherrn in Höhe des Schmiergeldes nur vor, wenn sonst ein für den Geschäftsherrn mindestens um den Betrag des Schmiergeldes günstigerer Vertrag zustande gekommen wäre. Dafür spricht allerdings der Anschein, BGH NJW 1962, 1099. Bei Gläubigerbenachteiligung oder -gefährdung durch unangemessene Sicherheiten hat der Schädiger den vollen Vertrauensschaden zu ersetzen, RG 143, 48, 53. Bei Sanierungen und Insolvenzverschleppungen ist für die Berechnung des Schadens nur bei Neugläubigern nicht ohne weiteres vom vollen Verlust des Geschädigten auszugehen, bei Altgläubigern hingegen vom Quotenschaden, der durch die Minderung der Insolvenzmasse entsteht. Bei Verleitung zum Vertragsbruch mit Doppelverkauf kann der Erstkäufer vom Zweitkäufer Herausgabe der Kaufsache nach § 249 I verlangen, RG 108, 58. Zur Diskussion um einen arbeitsrechtlichen Wiedereinstellungsanspruch nach § 826 Staud/Oechsler Rz 121 mN.

20   Bei der **Anwendung des § 254** im Rahmen des Ersatzanspruchs nach § 826 ist zu berücksichtigen, daß gegenüber vorsätzlichem Verhalten jedenfalls leicht fahrlässige Mitwirkung des Geschädigten bei der Abwägung unerheblich ist, BGH NJW 1984, 921 (zu einem Fall, in dem selbst grobe Fahrlässigkeit des Geschädigten nicht berücksichtigt wurde: BGH NJW 1992, 310; ebenso BAG NZA 1999, 457). Dies wird gegenüber nur bedingt vorsätzlicher Schädigung eingeschränkt, BGH 47, 110, 117; 57, 137, 145. Gegenüber der Haftung des Geschäftsherrn für vorsätzliches Verhalten eines Gehilfen wird § 254 angewendet, BGH NJW 1984, 921, nicht jedoch für die Haftung des Organträgers bei entsprechendem Verhalten des Organs. Bei der Schadensabwendung oder -minderung kann ein strengerer Obliegenheitsmaßstab als bei der Schadensentstehung angemessen sein.

21   c) **Andere Rechtsfolgen.** Als Teil des Schadensersatzanspruchs oder zu dessen Vorbereitung kann ein **Auskunftsanspruch** des Geschädigten gegeben sein, BGH GRUR 1968, 272; 1974, 351; RG JW 1928, 1210, freilich nur, wenn die Auskunft unschwer erteilt werden kann und der Hauptanspruch so wahrscheinlich besteht, daß nicht die Gefahr einer reinen Ausforschung droht. Ein Anspruch auf Rechnungslegung wird hingegen bei Wettbewerbsverletzungen bisher von der Rspr abgelehnt, BGH GRUR 1969, 292; 1978, 52. Die **Veröffentlichung** des Schadensersatzurteils auf Anordnung des Gerichts kommt als Teil der Wiedergutmachung in Frage, BGH GRUR 1966, 92. Unterlassungs- und Beseitigungsansprüche sind bei sittenwidrigen Schädigungen – auch vorbeugend – wie bei anderen Delikten möglich, vgl vor § 823 Rz 20ff und Staud/Oechsler Rz 122ff.

22   d) Traditionell auf § 826 neben § 242 wird die **exceptio doli** (Arglisteinrede) gestützt. Sie setzt jedoch kein sittenwidriges Verhalten voraus und sollte daher allein als Ausprägung der Grundsätze von Treu und Glauben verstanden werden, MüKo/Mertens Rz 88.

23   **5. Konkurrenzen. a) Zu anderen Deliktsnormen.** Die Regel der Anspruchskonkurrenz zwischen § 826 und anderen deliktischen Tatbeständen (Rz 1 aE) hat eine Ausnahme hinsichtlich der Amtspflichtverletzung: § 839 verdrängt § 826, BGH VersR 1983, 639. Umgekehrt geht § 826 als ausschließende Vorschrift vor, soweit man ein Recht am Unternehmen als Schutzgut nach § 823 I anerkennt, aA aber BGH 59, 30, 34; 69, 128, 139; 80, 25, 27f, doch unter Verstoß gegen die methodischen Voraussetzungen der Lückenfüllung durch Analogiebildung, vgl § 823 Rz 51ff. Staud/Oechsler spricht Rz 135 von „praktischer Subsidiarität" gegenüber anderen Normen des Vermögensschutzes generell.

24   b) **§ 123** steht nach der Rspr selbständig neben § 826 mit der praktischen Folge, daß nach Ablauf der Ausschlußfrist für die Anfechtung nach § 124 gemäß § 826 noch Aufhebung des Vertrages als Naturalrestitution verlangt werden kann, RG 79, 194, 197; BGH NJW 1962, 1196; 1969, 604. Dies ist – wie beim Anspruch aus § 311 II – bedenklich, weil damit der Zweck des § 124 mißachtet wird, Grunsky ZIP 1990, 967f; Staud/Oechsler Rz 149. – Mit der Generalklausel des **§ 138** ist § 826 durch das gemeinsame Merkmal des Verstoßes gegen die guten Sitten eng verwandt. Ein Konkurrenzproblem taucht jedoch kaum auf, da von vornherein die Rechtsfolgen verschieden sind: Nach § 138 besteht keine rechtsgeschäftliche Bindung, nach § 826 wird Schadensersatz geschuldet, der freilich auch auf Aufhebung der Bindung gerichtet sein könnte: Insoweit besteht dann für § 826 neben § 138 kein Bedarf. Zur Möglichkeit, hinsichtlich der Reichweite der Sittenwidrigkeit in beiden Vorschriften zu differenzieren, vgl MüKo/Mertens Rz 92. – **§ 226** hat ua wegen § 826 kaum Bedeutung. Denn der für § 226 erforderliche Nachweis, daß der alleinige Zweck der Rechtsausübung in der Schädigung liege, ist kaum zu erbringen. – Hinsichtlich

des Verhältnisses zu § 242 vgl Rz 22. Regelmäßig ist nur ein grober Verstoß gegen Treu und Glauben sittenwidrig und führt dann zu Schadensersatz nach § 826. – Anspruchskonkurrenz besteht mit §§ 437 Nr 3, 280ff, 2138 II. **§ 2287** ist nach BGH 108, 73, 78 lex specialis. Soweit der Erblasser selbst einen Anspruch aus § 826 gegen den Dritten hatte, kann dieser Anspruch aber auf den Vertragserben übergehen, BGH aaO und NJW 1991, 1952.

c) Zu Ansprüchen des Wettbewerbs- und Urheberrechts. Zwischen den **Anspruchsgrundlagen des UWG** 25 und § 826 besteht Anspruchskonkurrenz. Beide Ansprüche verjähren selbständig nach § 21 UWG und § 195, BGH 36, 252, 256. Der Gerichtsstand nach § 32 ZPO für den Anspruch aus § 826 wird nicht durch § 24 UWG verdrängt, BGH 41, 314, 316. – Auch **GWB** und § 826 sind nebeneinander anwendbar, BGH 41, 271, 278. Zum Problem der Sittenwidrigkeit, wenn die Kartellbehörden ein Verhalten (nur) verbieten können, Hönn, FS Mühl, 1981, 309, 333 und hiergegen MüKo/Mertens Rz 99. – Im Verhältnis zu den Anspruchsgrundlagen des **Urheber- und gewerblichen Rechtsschutzes** ist zu beachten, daß § 826 nicht anzuwenden ist, soweit die besonderen Vorschriften ausdrücklich oder sinngemäß die Anwendung der Deliktsvorschriften und somit auch des § 826 ausschließen. Die Anwendung des § 826 darf nicht dazu führen, einen sonst nicht bestehenden Schutz der Immaterialgüterrechte zu ersetzen, BGH 26, 52, 59.

d) Zu Anfechtungstatbeständen. §§ 7ff AnfG, 133 InsO (früher 31 Nr 1 KO) erfüllen regelmäßig nicht den 26 Tatbestand des § 826, vgl BGH WM 1958, 1278; 1996, 587; 1245. Treten besondere Umstände hinzu, kann neben diesen Vorschriften § 826 angewendet werden, BGH 56, 339, 355; BGH DB 1974, 282; BGH NJW 2000, 3138. – Die Aufzählung relativ eng umrissener Restitutionsgründe in den §§ 578ff ZPO hat die Rspr nicht daran gehindert, daneben eine Durchbrechung der Rechtskraft nach § 826 zuzulassen, siehe Rz 45ff. Die Rspr neigt aber dazu, für diejenigen Fälle, die von §§ 578ff ZPO oder deren entsprechender Anwendung erfaßt werden, die prozessualen Rechtsbehelfe als leges speciales zu behandeln, vgl für § 582 ZPO BGH NJW 1989, 1285.

6. Fallgruppen. a) Von entscheidender praktischer Bedeutung für die Anwendung des § 826 ist die Anknüp- 27 fung an schon entschiedene Fallgruppen zu dieser Vorschrift. In ihnen ist die **Wertungserfahrung** der Rspr und der sie begleitenden Literatur am ehesten konkret faßbar, vgl bereits Rz 5. Zwar wird zu Recht die **Offenheit der Bewertung** in jedem Einzelfall betont und vor einem Präjudizienkult gewarnt, vgl nur Larenz/Canaris II 2 § 78 II 1a. Die entschiedenen Fallgruppen ermöglichen dennoch eine Anknüpfung, die wesentlich zur Entlastung der Begründung beiträgt: Soweit ein Sachverhalt das typische Gepräge einer anerkannten Fallgruppe hat, bedarf es besonderer Argumente, um die Sittenwidrigkeit zu verneinen. Umgekehrt darf freilich niemals die Prüfung des § 826 nicht deshalb abgebrochen werden, weil der Sachverhalt keiner der anerkannten Fallgruppen entspricht. Eine sinnvolle **Gliederung des Fallmaterials** nach materialen Gesichtspunkten ist der Literatur bisher nicht gelungen. Vielfach folgt die Literatur der seinerzeit grundlegenden Übersicht über die Rspr des RG von Coing NJW 1947, 48, 213. Die Schwerpunkte der Rspr haben sich aber seitdem deutlich verschoben. Probleme des Mißbrauchs wirtschaftlicher Macht einschließlich des Kontrahierungszwanges haben sich zB von § 826 in das GWB verlagert. Dafür haben die Fallgruppen der Gläubigerbenachteiligung und der Fehlinformationen eine lebhafte Konjunktur. Daneben ist auch eine gelegentliche Renaissance alter Fallgruppen zu beobachten, zB die Durchbrechung der Rechtskraft seit Etablierung der Rspr zum wucherähnlichen Kredit. Wegen dieser Entwicklung empfiehlt es sich, die Anwendungsfälle des § 826 um jene Bereiche herum zu gliedern, die zZ Rspr und Literatur am meisten beschäftigen. Dies sind: die Desavouierung fremder Vertragsbeziehungen (Verleitung zum Vertragsbruch, „Ausspannen" uä), die Gläubigergefährdung und -benachteiligung, die Fehlinformationen, der Mißbrauch rechtskräftiger Titel und der Mißbrauch von Einrichtungen des Wertpapier- und Zahlungsverkehrs (sehr ähnlich Larenz/Canaris II 2 § 78 IV). Ihrer Darstellung werden im folgenden die ohne jewels ähnlichsten verwandten Fallgruppen an die Seite gestellt. Schließlich bedürfen die Bereiche von Person und Familie und des Machtmißbrauchs, die geringere inhaltliche Beziehungen zu den Hauptfallgruppen haben, noch gesonderter Behandlung (Rz 53ff).

b) Hinsichtlich der **Vereitelung von Vertragsbeziehungen** ist zunächst festzustellen, daß die vorsätzliche 28 Nichterfüllung eines Vertrages in der Regel nicht sittenwidrig ist (zu möglichen Ausnahmen MüKo/Mertens Rz 123) und daß es hierfür eines Rückgriffs auf § 826 auch nicht bedarf, weil Schadensersatz aus dem Recht der Leistungsstörungen geschuldet wird. Erst recht verstößt es nicht gegen die guten Sitten, einen geplanten Vertrag gar nicht erst abzuschließen oder einen bestehenden Vertrag ordnungsgemäß, vor allem durch Kündigung, aufzulösen. Wenn schon das Verhalten des Vertragsschuldners oder potentiellen Vertragspartners nicht sittenwidrig ist, liegt es nahe, dem „Anstifter" oder dem sonst am Vertragsbruch beteiligten Dritten sowie demjenigen, der einen anderen daran hindert, einen Vertrag zu schließen, oder ihn dazu veranlaßt, einen Vertrag aufzulösen, genausowenig Sittenwidrigkeit vorzuwerfen, vgl BGH NJW 1960, 1853; 1961, 1308; 1992, 2152. Auf dieser Grundlage kann die Verleitung zum Vertragsbruch nur unter § 826 fallen, wenn das Vorgehen des Dritten **wegen zusätzlicher Umstände** als besonders anstößig erscheint, BGH NJW 1961, 1308; 1981, 2184; 1994, 128. Dies ist regelmäßig der Fall bei kollusivem Zusammenwirken mit dem Vertragsschuldner (BGH 14, 313, 317; BGH MDR 1972, 854; WM 1973, 15; aber nicht bei Ausübung des Vorkaufsrechts nach § 577 und vorweggenommener Abtretung des Auflassungsanspruchs durch den Mieter an einen Dritten, BGH ZIP 2000, 1152, kritisch dazu Staud/Oechsler Rz 184a), der gezielten, absichtsvollen oder besonders rücksichtslosen (BGH JZ 1996, 416 m Anm Mayer-Maly) Schädigung des Vertragsgläubigers und der Mitwirkung am Vertragsbruch zum Schaden eines Wettbewerbers (BGH NJW 1975, 1361; WM 1981, 624); dazu zusammenfassend MüKo/Mertens Rz 125. Auch ohne diese Merkmale kann Sittenwidrigkeit vorliegen, wenn der Dritte kraft seiner Stellung (im Fall von BGH NJW 1981, 2184: Vertrauensstellung der öffentlichen Hand) zu einer im Vergleich mit anderen Teilnehmern am Privatrechtsverkehr maßvolleren Interessenverfolgung verpflichtet ist und sich hierüber hinwegsetzt, BGH aaO. Entsprechende Grundsätze wie beim „Vertragsbruch" gelten bei der Vereitelung der Erfüllung einseitiger Leistungspflichten, zB aus Vermächtnis (BGH NJW 1992, 2152). Zum Vertragserben vgl hingegen Rz 24 aE. Noch eine Steigerung der „Verleitung zum Vertragsbruch" liegt vor, wenn sich eine Bank über die berechtigten Interessen von Treugebern hin-

§ 826 Einzelne Schuldverhältnisse

wegsetzt und sich für Forderungen gegen den Treuhänder Sicherheiten an Treugut verschafft, BGH NJW 1991, 101 mN.

29 Wichtigster Anwendungsfall der Verleitung zum Vertragsbruch ist der **Doppelverkauf**: Er ist grundsätzlich zulässig (BGH 12, 308 und Rz 28). Aber der Vorwurf der Sittenwidrigkeit ist in diesem Bereich regelmäßig begründet, wenn der Dritte den Verkäufer von allen Vertragsstrafe- oder Schadensersatzansprüchen freistellt, RG JW 1931, 2238. Dies gilt auch dann, wenn die Initiative zur Haftungsfreistellung vom Verkäufer ausgeht, BGH NJW 1981, 2184. Zum Fall eines Doppelverkaufs, der trotz Freistellung von Ersatzansprüchen nicht sittenwidrig ist, Hamm VersR 1987, 509. Der Übernahme von Regreßverpflichtungen steht die Zahlung von Schmiergeldern zum Zwecke des Vertragsbruchs gleich, BGH NJW 1962, 1099; MüKo/Mertens Rz 127 mN Fn 209. Sittenwidrig kann der Doppelverkauf ferner sein, wenn der Vertragspartner über den Kaufvertrag hinaus ein besonderes Vertrauensverhältnis, zB aus Gesellschaftsvertrag, bricht (BGH 12, 308, 318ff). Die Übernahme einer Vertragsstrafe ist auch bei der **Abwerbung von Arbeitskräften** unter Bruch bestehender Verträge ein Indiz für die Sittenwidrigkeit, RG 81, 86, 92. Wie beim Doppelverkauf kann Sittenwidrigkeit in diesem Fall selbst dann vorliegen, wenn die Anregung zum Vertragsbruch vom Verpflichteten, also vom Arbeitnehmer ausgeht, vgl MüKo/Mertens Rz 127; aA Soergel/Hönn/Dönneweg Rz 133. Zu beachten war bis 31. 12. 2002 für die Verleitung von Arbeitnehmern zum Vertragsbruch die Schadensersatzsonderregelung in §§ 125, 133e GewO (aufgehoben durch G v 24. 8. 2002).

30 Die Abwerbung von Arbeitskräften und das „**Ausspannen**" von Kunden **ohne Verleitung zum Vertragsbruch** sind für sich allein nicht sittenwidrig. Sittenwidrigkeit kann aber wiederum durch die Begleitumstände begründet werden, so durch ein planmäßiges (wiederholtes oder massiertes) Vorgehen, RG 149, 114, 121; 151, 87, oder durch Ausbeutung oder Behinderung des bisherigen Arbeitgebers oder Lieferanten, BGH DB 1968, 39 (Abwerbung von Arbeitnehmern in einer Betriebsversammlung durch den ausgeschiedenen Gesellschafter). Sittenwidrig ist ferner das „Ausspannen" von Kunden durch Telefonwerbung oder Hausbesuche, BGH 54, 188, 193, von Arbeitnehmern durch Ausnutzung einer Vertrauensstellung beim Arbeitgeber, BGH NJW 1961, 1308. Die Naturalrestitution besteht in solchen Fällen im Verbot der Beschäftigung für den Zeitraum des unzulässigen Wettbewerbsvorsprungs, BGH aaO und dazu Staud/Oechsler Rz 235 mN. Ersatz für Stellenanzeigen kann der bisherige Arbeitgeber selbst bei Vertragsbruch nur verlangen, wenn er sie bei Einhaltung der Kündigungsfrist durch den Arbeitnehmer hätte vermeiden können, so nunmehr richtig BAG NJW 1981, 2430.

31 c) **Gläubigergefährdung und -benachteiligung** gehören zu den undurchsichtigsten und umstrittensten Fallgruppen des § 826. Hierbei geht es insbesondere um die „Drittwirkung" von Krediten, vor allem seitens der Banken. Wegen dieses Bezugs auf die Rolle der Kreditinstitute handelt es sich weitgehend um eine Spielart der Berufshaftung (zurückhaltend dazu Staud/Oechsler Rz 379): Die Anforderungen an die Banken hinsichtlich der Sittenwidrigkeit sind bemerkenswert strenger als diejenigen an den Schädiger bei anderen Fallgruppen. Dies läßt sich nur aus einer – auch im Gesamtkonzept des KWG mitangelegten – Sonderstellung der gewerblichen Kreditgeber rechtfertigen, MüKo/Mertens Rz 147f; vgl auch Koller JZ 1985, 1013, 1016f unter Betonung des Informationsgesichtspunktes. Von Gläubigergefährdung (im engeren Sinne, Soergel/Hönn/Dönneweg Rz 159) ist meistens dann die Rede, wenn spätere Kreditgeber durch Umfang und Art der Einräumung von Sicherheiten durch den Schuldner gefährdet werden. Ein Unterfall hierzu ist die **Kredittäuschung**, bei der die Kreditwürdigkeit des Schuldners zB von einer Bank gegenüber anderen Kreditgebern vorgetäuscht wird, obwohl die Sicherheiten des Schuldners bereits erschöpft sind. Das bloße Stehenlassen von fälligen Krediten, um die Entwicklung abzuwarten (und nicht um eine Vorzugsstellung zu erreichen), stellt jedoch noch keine Kredittäuschung dar, BGH NJW 2001, 2632. Gläubigerbenachteiligung liegt aber auch vor, wenn durch die Gewährung von **Sanierungskrediten** oder auf andere Weise ein insolvenzreifes Unternehmen zum Schaden anderer Gläubiger am Leben erhalten wird, damit der Kreditgeber noch Vorteile aus dem Unternehmen ziehen kann. Ähnlich liegt der Fall der Insolvenzverschleppung durch die Organe von Kapitalgesellschaften, BGH 108, 134; BGH NJW-RR 1992, 1061 (Geschäftsführer einer GmbH). Dabei ist weder die Terminologie einheitlich noch die Abgrenzung der Unterfälle innerhalb der Fallgruppe eindeutig.

32 Für die Gläubigergefährdung und -benachteiligung **durch Banken** wird in der Literatur eine Objektivierung des Sittenwidrigkeitsmaßstabes gefordert, vgl schon Rz 4. Mertens (ZHR 143, 174ff) hat ein besonderes bewegliches System der Haftungsbegründung vorgeschlagen, das wesentlich differenzierter ist als der oben (Rz 5, 8f) abgesteckte allgemeine Rahmen zur Abwägung nach § 826. Gerade wegen seiner weit getriebenen Differenzierung führt dieses System jedoch kaum über die für § 826 stets im Auge zu behaltende Rücksicht auf alle Umstände des Einzelfalles hinaus. Koller (JZ 1985, 1013ff) möchte auf das Merkmal des eigensüchtigen Verhaltens der Bank verzichten und die Ersatzpflicht unter Anwendung von Erkenntnissen der ökonomischen Analyse des Rechts davon abhängig machen, ob der potentielle Schaden anderer Gläubiger höher ist als die – gesamtwirtschaftlich gesehen – Nachteile durch eine Kreditverweigerung oder durch eine Offenlegung der Kredit(un)würdigkeit. Diese Auffassung überspannt jedoch die Möglichkeit, mit § 826 eine „gute Ordnung" herzustellen: Wegen der Ergänzungsfunktion des § 826 (Rz 1) müssen – in der Terminologie der ökonomischen Analyse – mindestens solche leicht erkennbare Fehlallokationen von Kreditmitteln von der Anwendung des § 826 ausgeschlossen bleiben, bei denen das Verhalten der Bank in der Abwägung der Handlungsalternativen bei objektiver Würdigung ex ante vertretbar erscheint.

33 Hiernach ergeben sich in Anknüpfung an die Rspr vor allem für das Verhalten von Banken bei der Kreditvergabe folgende **Grundsätze:** Kredittäuschung (Rz 31) ist stets sittenwidrig, RG 136, 293, 295; 143, 48, 51; BGH 10, 228, 233; 19, 12, 17; 20, 43, 50. Wird der Schuldner durch die Sicherheiten – wie meist – praktisch vollständig und allein vom Gläubiger abhängig, ergibt sich die Haftung des gewerblichen Kreditgebers gegenüber Drittgläubigern aus einem zusätzlichen Gesichtspunkt: Die **faktische Leitungsmacht** des Kreditgebers im Schuldnerunternehmen verpflichtet ihn, in ähnlicher Weise wie die Organe einer AG oder GmbH dafür zu sorgen, daß insolvenzreife Unternehmen nicht am Leben erhalten werden. Zur Täuschung tritt hier also das Element des Machtmißbrauchs, vgl BGH 75, 96, 114; 90, 381, 399; 96, 231, 235f (zurückhaltend dazu Staud/Oechsler Rz 346f). Freilich wird die Ersatzpflicht in solchen Fällen dadurch beschränkt, daß die Pflicht, die Insolvenz nicht zu verschleppen, allein den Gläubigern, nicht den Gesellschaftseignern (Aktionären) gegenüber besteht, BGH 96, 231, 238 mN. Etwas anderes gilt nach BGH aaO 243 für Aktien, die erst nach der Kreditgewährung emittiert worden sind. In den Fällen faktischer Leitungsmacht wird – nicht nur bei Kreditgewährung durch Banken – auch von stiller Geschäftsinhaberschaft gesprochen, RG 136, 247, 253f, vgl auch noch BGH WM 1965, 475, ferner BGH WM 1986, 237: Beihilfe zur Insolvenzverschleppung durch eine (Auffang-)Gesellschaft, die die Geschäfte einer insolvenzreifen GmbH fortführt. Zu den verwandten Fällen der **Knebelung** mit Täuschung gegenüber Dritten und der **Aussaugung** RG 136, 293, 295; BGH NJW 1979, 2104; vgl auch BGH NJW 1984, 728: Erwerb des Sicherungseigentums am gesamten verbliebenen Aktivvermögen trotz der naheliegenden Möglichkeit, daß Dritte geschädigt werden; ferner BGH NJW 2001, 2632: Veranlassung des Schuldners zum Widerruf von Lastschriftaufträgen, um vorrangig auf das Schuldnerkonto zugreifen zu können. Viele Sachverhalte aus diesem Zusammenhang werden inzwischen durch die Sonderentwicklung des Rechts der **kapitalersetzenden Gesellschafterdarlehen** nur noch am Rande von § 826 erfaßt, vgl hierzu MüKo/Mertens Rz 149 mN und zu den allenfalls verbleibenden Anwendungsfällen des § 826 Staud/Oechsler Rz 316ff, insbesondere 326, zur Haftung einer Prokuristin für zu Unrecht zurückgezahlte Gesellschafterdarlehen nach § 826 BGH 148, 167.

Kernproblem der Gläubigergefährdung sind die „**Sanierungskredite**" der Banken in Fällen, in denen bei objektiver Betrachtung die Kreditgewährung nicht schon von vornherein aussichtslos war und deshalb nicht das Ziel hatte, nur Wege zur Ausplünderung der Insolvenzmasse zu finden, vgl dazu Gawaz, Bankenhaftung für Sanierungskredite, 1997. Bei gesamtwirtschaftlicher Betrachtung muß es hier darum gehen, vielleicht doch aussichtsreiche Sanierungskredite nicht wegen des Risikos einer Schadensersatzpflicht nach § 826 unmöglich zu machen. Die Rspr (BGH 10, 228, 234; 96, 231, 235f; WM 1985, 866) hat die Trennungslinie vor allem in den Beweggründen der Bank gesucht: Nur bei Eigennutz soll eine sittenwidrige Schädigung vorliegen. Der Einwand Kollers (vgl Rz 32) hiergegen, daß es zum Wesen des Kreditgewerbes wie jeder marktwirtschaftlichen Tätigkeit gehöre, den eigenen Nutzen zu verfolgen, trifft nicht den Kern, weil es der Rspr nicht um den „normalen" Eigennutz, sondern um dessen Übersteigerung zur „**Eigensucht**" geht: Der Grundsatz der Gewinnmaximierung muß in den Hintergrund treten, wenn es für alle Beteiligten gar nicht mehr um Gewinnerzielung geht, sondern um die **Gleichbehandlung in der Insolvenz** nach dem Grundsatz der par conditio creditorum, so auch im Ergebnis Staud/Oechsler Rz 367 mN. Vorteile durch Verfälschung des hierfür vorgesehenen Verfahrens sind auch gesamtwirtschaftlich nicht erwünscht, und wenn ein Gläubiger geradezu auf sie zielt, sittenwidrig. Dabei ist die Anforderung an ein Kreditinstitut, sich an die Spielregeln zu halten, wegen der Einfluß- und Informationsmöglichkeiten beim Schuldner und wegen der Professionalität im Umgang mit Krediten besonders hoch. BGH 10, 228, 231ff hat hierfür folgendermaßen differenziert: Gewährt eine Bank Kredit, obwohl der Konkurs des Kreditnehmers ziemlich sicher und erkennbar ist, so sind ihr Schäden Dritter als sittenwidrig und vorsätzlich herbeigeführt zuzurechnen, schon wenn sich die Bank leichtfertig der Erkenntnis verschließt, daß die Vergabe des Sanierungskredits Dritte schädigen könnte. Erscheint die Insolvenz weniger sicher, dann soll die Bank haften, wenn sie nicht vom Sanierungserfolg überzeugt ist. Verlangt die Bank schließlich nachträglich Sicherheiten für den von ihr bereits gewährten Kredit, dann haftet die Bank, wenn sie bei sorgfältiger Prüfung nicht zur Überzeugung gelangt war, daß weder Neugläubiger getäuscht noch Altgläubiger geschädigt werden. Daraus ergibt sich jedenfalls, daß sich die Bank vor allem **über die Aussichten der Sanierung möglichst genau informieren** muß, vgl auch BGH WM 1964, 671. Hierbei ist freilich zu berücksichtigen, daß gerade wirtschaftliche Krisenentscheidungen unter hohem Zeitdruck getroffen werden müssen, Soergel/Hönn/Dönneweg Rz 151; Staud/Oechsler Rz 366; vgl auch Wenzel NZI 1999, 294. Erlangt die Bank durch ihre Kreditentscheidung einen spürbaren Vorteil, liegt darin ein Indiz für eine eigennützige Strategie; in einem solchen Fall ist besonders genau die Vertretbarkeit der Entscheidung im Hinblick auf wirkliche Sanierungschancen zu überprüfen.

d) Andere Täuschungen und Verfälschungen. Soergel/Hönn/Dönneweg Rz 109ff erfassen die vorstehend (Rz 28–34) behandelten Fallgruppen unter dem Gesichtspunkt der **Sittenwidrigkeit des Mittels**. Darin ähneln einige weitere, weniger wichtige Fallgruppen der Verleitung zum Vertragsbruch und der Gläubigergefährdung: Ein besonders typisches Mittel sittenwidriger Zielverfolgung ist die **Täuschung**. Gegenüber Privatpersonen begründet sie nicht nur den Anfechtungsgrund des § 123, sondern in der Regel auch den Vorwurf sittenwidrigen Verhaltens nach § 826, vgl BGH WM 1992, 1184 (Täuschung über das Bestehen einer Aktionärsgruppe, die zur Erhebung einer Anfechtungsklage bereit sei); BGH NJW 1992, 310 (Hehlerverkauf); BGH NJW-RR 1992, 253 (arglistige Täuschung durch Vertreter beim Vertragsschluß); BAG NZA 1995, 935 (Verschweigen eines zweiten Arbeitsverhältnisses trotz Nachfrage). Zur daraus folgenden Konkurrenzfrage Rz 24. Die arglistige Täuschung beim Vertragsschluß erfüllt jedoch nicht die Voraussetzungen eines Schadensersatzanspruchs nach § 826, wenn kein Schaden eingetreten ist, oder der Täuschende keinen (wenigstens bedingten) Schädigungsvorsatz hat. Möglich ist auch sittenwidrige Täuschung bei der Vertragsdurchführung, vgl BGH WM 1977, 410: Täuschung über die Entstehung eines Provisionsanspruchs. Hauptproblemfeld der sittenwidrigen Täuschung sind die Fälle des Schweigens trotz Bestehens einer **Offenbarungspflicht**. Sie besteht, wenn eine Tatsache für den Entschluß des anderen Teils offensichtlich von Bedeutung ist, BGH NJW 1971, 1795. Dies ist zB bei besonderer Fachkunde des Schweigenden der Fall, dazu Rz 40ff. Ein wichtiger Fall ist die Eingehung einer Verpflichtung, obwohl der Schuldner weiß oder wissen muß, daß er – insbesondere wegen drohender Zahlungsunfähigkeit oder Überschuldung – zur Erfüllung gar nicht in der Lage ist, BGH WM 1991, 1548. Ist Schuldner eine juristische Person, trifft die Offenbarungspflicht

§ 826   Einzelne Schuldverhältnisse

auch das handelnde Organ persönlich. Dieses haftet nicht nach § 311 II S 2, sondern nach § 826, vgl BGH aaO. Denn es nimmt nicht ein besonderes persönliches Vertrauen für sich in Anspruch, sondern das „allgemeine Verhandlungsvertrauen". Der Insolvenzverwalter braucht aber Vertragspartner nicht über die Unzulänglichkeit der Insolvenzmasse aufzuklären, BGH 100, 346, 352. Hat er jedoch von sich aus besondere Versprechungen hinsichtlich der Leistungsfähigkeit der Masse gemacht, kann er wegen dieses vorsätzlich geweckten Vertrauens nach § 826 ersatzpflichtig sein, BGH aaO 350ff. Zur Offenbarungspflicht eines Unterhaltsschuldners über eine unerwartete Verbesserung seiner Einkommens- und Vermögensverhältnisse BGH NJW 1988, 1965 (weitere Unterhaltsfälle Rz 54f). Einzelfälle zu den Grenzen der Offenbarungspflicht bei Soergel/Hönn/Dönneweg Rz 113. Auch übertriebene Zusicherungen können sittenwidrige Täuschungen sein, ohne daß die Zusicherung Vertragsinhalt geworden sein muß, RG JW 10, 111. Hierher gehören die Zusicherungen ins Blaue, insbesondere bei gebrauchten Kfz, BGH 63, 382, 388; BGH NJW 1980, 2460; 1991, 3282. Die Offenbarungspflicht trifft nicht nur den formalen Verkäufer, sondern auch den als Vermittler auftretenden Fachhändler, so hinsichtlich eines Blechschadens BGH NJW 1977, 1914. Auch in anderen Fällen kommt eine sittenwidrige Täuschung **durch Dritte** in Betracht, zB über die Kreditgrundlage des Kreditnehmers, BGH WM 1959, 89, oder durch den Kommanditisten einer kaufenden KG über deren Zahlungsfähigkeit, BGH NJW 1984, 2284. Weitere Fälle zur Täuschung durch Dritte bei Soergel/Hönn/Dönneweg Rz 116f.

36   Sittenwidrig ist ferner die arglistige Täuschung von **Behörden und Gerichten** zum Schaden von Privatpersonen, so die Erschleichung eines Patents durch Täuschung des Patentamtes, RG 140, 184, 187; BGH GRUR 1956, 265 (dazu genauer Staud/Oechsler Rz 389ff mN), oder die Erschleichung der Genehmigung eines Gewerbebetriebes, RG Warn Rsp 1914, 251, oder die Anmeldung einer Domain in der Absicht, dadurch die Domain eines anderen zu behindern oder finanziellen Vorteil aus der Behinderungsmöglichkeit zu ziehen (Staud/Oechsler Rz 396 mN). Hierfür ist freilich Voraussetzung, daß der Schutz des Geschädigten vor der Täuschung im Schutzbereich der Anmeldungs- oder Genehmigungsvorschrift liegt, vgl MüKo/Mertens Rz 119. Die sittenwidrige Schädigung ist weder bei solchen behördlichen Verfahren noch bei einem Zivilprozeß durch die eigene Entscheidungsbefugnis der Behörde oder des Gerichts ausgeschlossen. Wegen § 138 ZPO ist insbesondere der **bewußt unwahre Tatsachenvortrag** im Zivilprozeß sittenwidrig, BGH 57, 108, 111 (genauer zu den Voraussetzungen der Sittenwidrigkeit in solchen Fällen Häsemeyer, Schadenshaftung im Zivilrechtsstreit, 1979, 130ff). Bewußt unwahre Behauptungen begründen die Sittenwidrigkeit auch hinsichtlich einstweiliger Verfügungen, BGH WM 1969, 474, und in der Zwangsversteigerung, BGH 53, 47, 50; BGH NJW 1979, 162. Ausgeschlossen ist der Ersatzanspruch des Geschädigten, wenn er gemeinsam mit dem Schädiger das Gericht getäuscht hat, RG JW 1938, 1262. Inhalt der Naturalrestitution nach § 826 ist in solchen Fällen Herausgabe des Titels und Einstellung oder Unterlassung der Zwangsvollstreckung, BGH 26, 391, 394; 42, 194, 204 (letztere Entscheidung zur Anerkennung eines ausländischen Urteils nach § 328 I Nr 4 ZPO). – Zum Verhältnis des Anspruchs aus § 826 zur Rechtskraft des erschlichenen Urteils und zu §§ 578ff ZPO Rz 45.

37   Eng mit der Gläubigergefährdung berührt sich die Fallgruppe der **Versteigerungsverfälschung**: Wie bei der Insolvenz (Rz 34) handelt es sich bei der Zwangsversteigerung um ein förmliches Verfahren zur Wahrung gleicher Bedingungen für alle Teilnehmer. Deshalb verhält sich in der Regel sittenwidrig, wer durch ein Bietungsabkommen höhere Gebote zu Lasten des Grundstückseigentümers (Vollstreckungsschuldners) verhindert, BGH NJW 1961, 1012; 1979, 162; vgl auch BGH NJW 2000, 2810: Nach Gemeinderecht unzulässige Gemeindebürgschaft für einen Bieter als sittenwidrige Verfälschung der Versteigerung. Geschädigt sein kann aber auch der Ersteigerer, zB durch Einsatz eines Strohmannes oder anderer Scheingebotspraktiken zur Erzielung eines höheren Gebotes, RG HRR 1935, 664. Die Rechtskraft des Zuschlages steht der Geltendmachung des Anspruchs aus § 826 nicht entgegen, RG 69, 277, 280; BGH NJW 1979, 162.

38   e) Verwandt mit den Fällen sittenwidriger Täuschung ist die Fallgruppe der „**treuwidrigen Irreleitung durch Fehlinformationen**" (MüKo/Mertens vor Rz 175). Im Gegensatz zu den Täuschungsfällen weiß der Ersatzpflichtige bei dieser Fallgruppe vielfach nicht positiv und nimmt auch nicht bewußt in Kauf, daß die Information falsch ist; zu einer bewußten Irreführung vgl aber BGH NJW 1984, 2284, Rz 35 aE. Vielmehr bejaht die Rspr Sittenwidrigkeit schon dann, wenn die Information leichtfertig und gewissenlos gegeben worden ist, grundlegend BGH WM 1976, 498, vgl auch BGH NJW 1979, 1599 und dazu Rz 12, zuletzt etwa BGH NJW 1991, 3282; 1992, 3167. Die Anwendung des § 826 in diesem Zusammenhang ist problematisch, da es in vielen Fällen nicht so sehr um den Schutz Betroffener vor Verstößen gegen das sozialethische Minimum geht als um die Sicherung der Funktion bestimmter für die moderne Gesellschaft wesentlicher Institutionen wie die Verläßlichkeit von Dienstzeugnissen oder Bilanztestaten. Die Anhänger der **Verkehrspflichten zum Schutze fremden Vermögens** sehen auch in diesem Bereich ein wesentliches Feld für die Bestätigung ihres Ansatzes, vgl MüKo/Mertens Rz 177 sowie eingehend § 823 Rz 469ff; Assmann, Prospekthaftung, 1985, passim, dazu oben § 823 Rz 76, vgl auch die Würdigung durch Soergel/Hönn/Dönneweg Rz 4 mit berechtigten Bedenken gegen die Rspr wegen des Schädigungsvorsatzes. Die Standards, aus denen der Vorwurf leichtfertigen und gewissenlosen Handelns abgeleitet werden kann, ergeben sich jedenfalls typischerweise aus besonderen **Anforderungen an bestimmte Berufe** (Wirtschaftsprüfer oder Rechtsanwälte bei Anlageprospekten, Testprüfer bei Warentests, Wertgutachter über Grundstücke usw) oder an bestimmte Stellungen in Wirtschafts- und Arbeitsleben (Arbeitgeber beim Dienstzeugnis). Es handelt sich bei den Informationsfällen im Rahmen des § 826 daher weitgehend um Verletzungen von Berufspflichten im weiteren Sinne. Grund der Haftung kann auch sein, daß sich zB ein Rechtsanwalt „dumm stellt" und die Sittenwidrigkeit des Ansinnens eines Mandanten nicht zur Kenntnis nimmt, vgl BGH WM 1992, 1184. Im Unterschied zu vertragsrechtlichen oder auf sie gegründeten Konstruktionen (vgl Medicus, SchuldR I Rz 110, 111; solche Konstruktionen eher bevorzugend aber Larenz/Canaris II 2 § 78 IV 3) ermöglicht die Haftung aus sittenwidriger Berufspflichtverletzung auch Drittbetroffenen einen Ersatzanspruch; gerade bei ihnen stellt sich jedoch dann die Frage des Schutzzwecks sowohl der verletzten Berufspflicht als auch des Sittenverstoßes. Auch die Kausalität des Pflichtverstoßes bei einer Information für die Vermögensdisposition kann fehlen, BGH NJW 1973, 321. Der (bedingte) Vorsatz des Auskunftgebers zur Schädigung auch eines Dritten bedarf besonderer Begründung, BGH WM 1976, 498.

Ein erster wichtiger Teilbereich dieser Fallgruppe betrifft falsche **Kreditauskünfte**. Die Auskunftserteilung 39 kann für den Auskunftgeber einer Gratwanderung gleichen: Teilt er wahre Tatsachen mit, ohne daß ein ausreichender Anlaß dafür vorliegt, kann er dem von der Auskunft Betroffenen schadensersatzpflichtig werden, BGH BB 1954, 457; unterläßt er hingegen die Mitteilung relevanter Tatsachen, bejaht die Rspr schnell ein leichtfertiges und gewissenloses Verhalten gegenüber dem Auskunftsuchenden. Außer Banken bei Auskünften über ihre Kunden (BGH NJW 1970, 1737; 1979, 1599; WM 1976, 498) kommen auch ausnahmsweise Bankkunden gegenüber ihrem Kreditinstitut (RG JW 1926, 2918) oder Rechtsanwälte bei Auskünften über einen Mandanten (BGH NJW 1972, 678) als Schuldner eines deliktischen Schadensersatzanspruchs in Frage. Besonders streng sind die Maßstäbe der Rspr gegenüber Wirtschaftsprüfern bei Gutachten oder Testaten, BGH NJW 1956, 1595; 1973, 321; WM 1969, 470; 1977, 52; 1979, 326; ähnlich für Steuerberater BGH NJW 1987, 1758. Entsprechendes gilt bei Wertgutachten über Kreditsicherheiten, insbesondere über Grundstücke, BGH BB 1960, 1301; WM 1966, 1148; 1150; 1970, 878. Die praktische Bedeutung des § 826 in all diesen Fallgestaltungen ist freilich rückläufig angesichts der hohen Konjunktur der (oft „stillschweigenden") Auskunftsverträge mit Schutzwirkungen auch für Dritte, vgl Honsell, FS Medicus 1999, 211ff; Picker, ebendort 397ff, beide mN.

Gleiche Grundsätze gelten für **Sachverständige** bei Auskünften zu anderen Gelegenheiten, etwa bei einem Gut- 40 achten über die Geschäftsführung, BGH WM 1962, 933, oder bei der Unternehmensbilanz aus Anlaß eines Verkaufs, BGH WM 1969, 470, oder bei einem Gutachten als Grundlage einer Anlageempfehlung, BGH WM 1986, 904, oder einer Grundstücksbeleihung, BGH NJW 1991, 3282, oder bei Angaben über Umsatz und Gewinn eines Unternehmens durch einen Steuerbevollmächtigten als Grundlage für einen Beteiligungserwerb, BGH NJW 1986, 180, oder bei der Expertise eines Kunstsachverständigen, BGH WM 1969, 36; BGH 63, 369. Zur Haftung gerichtlicher Sachverständiger vgl jetzt § 839a. Die Haftung wegen grob leichtfertiger, gewissenloser Gutachten durch den gerichtlichen Sachverständigen müßte konsequenterweise auch vom Tatbestand des § 826 umfaßt sein, vgl Rz 12. § 826 kommt ferner für die Haftung eines Testinstituts für fehlerhafte **Warentests** in Frage, wenn die Testmethode bewußt unrichtig oder einseitig ist (BGH 65, 325, 334) oder auch nur leichtfertig und gewissenlos gewählt und angewendet wird. Die Haftung der Initiatoren und Garanten für falsche Angaben in **Prospekten über Kapitalanlageobjekte** ist durch BGH 72, 382; 77, 172; 83, 222 als eigene Haftungskategorie neben dem Deliktsrecht, teilweise unter (analoger) Heranziehung von Vorschriften des BörsG entwickelt worden. Für § 826 bleibt hiernach trotz § 47 II BörsG praktisch wenig Raum; zu den Verbindungen mit anderen Fallgruppen (Gläubigergefährdung, Mißbrauch gesellschaftsrechtlicher Gestaltung) Soergel/Hönn/Dönneweg Rz 201.

Als Sondergruppe leichtfertig oder gar vorsätzlich falscher Auskünfte und Anlageempfehlungen hat mehrfach 41 das Geschäft mit **Warenterminoptionen** die Rspr beschäftigt, vgl den Überblick bei Soergel/Hönn/Dönneweg Rz 201a–g. Ende der 70er Jahre haben sich teilweise skrupellose Geschäftemacher durch überhöhte Prämien für Vermittlung und Beratung beim Kauf Londoner Warenoptionen bereichert. Dabei sind sie so vorgegangen, daß dem Erwerber nur eine Einheitsprämie in Rechnung gestellt wurde, aus der der Anteil des Vermittlers (oft das Doppelte des Londoner Broker-Preises) nicht zu erkennen war. Gelegentlich wurde geradezu der Eindruck erweckt, die Gesamtprämie gehe an den Broker und der Vermittler erhalte nur eine Gewinnprovision, vgl BGH WM 1983, 300; 554. Der BGH hat hier zunächst dadurch gegengesteuert, daß er eine Aufklärungspflicht des Vermittlers über die Zusammensetzung der Prämie aus vorvertraglichem Vertrauensverhältnis statuiert hat, grundlegend BGH 80, 80. Später hat er diese Pflicht mit als Ausdruck des Wissens- und Erfahrungsvorsprungs des in solchen Geschäften gewerbsmäßig tätigen Vermittlers, also als **Berufspflicht** gedeutet und folgerichtig die Haftung bei wenigstens bedingtem Schädigungsvorsatz auf § 826 gestützt, BGH NJW 1982, 2815; WM 1982, 1374; 1983, 1235; 1309; 1985, 81; 1986, 734. Eine vorsätzlich sittenwidrige Verhinderung der Aufklärung liegt vor, wenn der Vermittler seinen Verkäufern nur Listen mit Inklusivprämien zur Verfügung stellt. Verhindert er die Aufklärung, trägt er die Beweislast dafür, daß der Kunde die Option auch bei ausreichender Aufklärung erworben hätte, BGH WM 1984, 221; 961. Über den Umfang der – sehr strengen – Aufklärungspflicht im einzelnen BGH WM 1985, 81; 1994, 2231; BGH 105, 108, 110; 124, 151, 154ff; BGH NJW 2002, 2777 (auch zur Schriftform). Zur Verheimlichung einer „Kick-Back"-Vereinbarung zwischen Broker und Vermittler BGH WM 1989, 1047 (mögliche sittenwidrige Kollusion). Zur Sittenwidrigkeit von Stillhalteoptionen BGH WM 1984, 766. Zur Sittenwidrigkeit der Provisionsschneiderei (Churning) BGH NJW-RR 2001, 51. Zu den Grenzen der Haftung gegenüber geschäftlich erfahrenen und auf Beratung verzichtenden Kunden BGH WM 1996, 1214.

Eine weitreichende Aufklärungspflicht hat ferner der Aussteller von **Dienst- und Arbeitszeugnissen**. Wer die 42 strafbaren Handlungen des Arbeitnehmers, die zu dessen Entlassung geführt haben, verschweigt, handelt gegenüber einem späteren Arbeitgeber sittenwidrig, BGH NJW 1970, 2291. Werden die Untreuehandlungen des Arbeitnehmers erst später offenbar, trifft den Arbeitgeber eine Berichtigungspflicht gegenüber dem neuen Arbeitgeber, BGH 74, 281, 286, vgl Rz 11. Der BGH selbst verweist für das Arbeitszeugnis auf den institutionellen Gesichtspunkt der Funktionsfähigkeit von Arbeitszeugnissen im allgemeinen und übersteigt damit den Rahmen der Korrekturmöglichkeiten durch § 826, vgl MüKo/Mertens Rz 180. Gleichwohl trifft die Entscheidung für den vorliegenden Sachverhalt auch nach § 826 durchaus das richtige Ergebnis. Auch der Aussteller eines Arbeitszeugnisses muß freilich auf die Interessen des unmittelbar Betroffenen Rücksicht nehmen, vgl Rz 39 zur Kreditauskunft. Er darf zB keine Auskunft erteilen, die ohne Grund den Verdacht von Verfehlungen des Arbeitnehmers erweckt, RAG JW 1934, 1259.

f) Wie bei Schäden durch falsche Informationen steht in anderen Fällen der schwere **Mißbrauch fremden Ver-** 43 **trauens** im Vordergrund. Dazu gehört der Mißbrauch der Vertretungsmacht (RG 108, 405, 407f) und anderer treuhänderischer Berechtigungen, zB der Verfügungsermächtigung. Im Innenverhältnis zwischen Auftraggeber und Vertrauensperson ist freilich in der Regel schon ein vertraglicher Schadensersatzanspruch gegeben. Praktisch bedeutsam ist der Ersatzanspruch nach § 826 wegen der Kollusion vor allem gegenüber Dritten, die sich am Vertrauensbruch beteiligt haben, vgl BGH NJW 1954, 1159; 1962, 1099; WM 1980, 953; NJW 2000, 2896. Allgemein zur Haftung der Organe juristischer Personen gegenüber der Gesellschaft und den Gesellschaftern MüKo/Mertens Rz 140; ausführlicher zur Außenhaftung Staud/Oechsler Rz 296ff, zur Innenhaftung gegenüber der Gellschaft aaO Rz 306ff, jeweils mN. Der Vertrauensbruch kann auch in der **Beschaffung und Verwertung von Informationen** liegen. Hinsichtlich Geschäfts- und Betriebsgeheimnissen enthalten hierfür §§ 17ff UWG Sondervorschriften. Zu weiteren Vorschriften des Geheimnisschutzes MüKo/Mertens Rz 143. Die Verletzung dienst- und gesellschaftsrechtlicher Geheimhaltungspflichten allein genügt zur Begründung der Sittenwidrigkeit nicht. Sittenwidrigkeit kann sich aber aus der Art der Beschaffung von Geheimnissen oder der gezielten Schädigungsabsicht oder den Umständen der Beendigung des Arbeitsverhältnisses ergeben, vgl BGH 38, 391; RG 166, 193, 199; BGH NJW 1955, 463. Zum Fall des Einschleichens in eine Redaktionskonferenz zur Aufdeckung von Praktiken der groben Irreführung der Öffentlichkeit und der Verletzung von Persönlichkeitsrechten vgl BGH 80, 25, 30f und hierzu BVerfG 66, 116f sowie § 823 Rz 73.

44   In den Problembereich des Mißbrauchs von Informationen gehört auch die Verwertung von **Insider-Wissen** an der Börse. Inzwischen ist dieser Sachverhalt in §§ 14, 38 WertpapierhandelsG (WpHG) v 26. 7. 1994 strafrechtlich erfaßt. Die Eigenschaft des § 14 WpHG als Schutzgesetz iSd § 823 II ist freilich umstritten (Staud/Hager § 823 Rz G 59 mN). Soweit ein Ersatz für individuelle Schäden überhaupt in Frage kommt, ist hiernach aber jedenfalls § 823 II die sachnähere und praktikablere Grundlage als § 826. Für diese Vorschrift bleibt dann aber möglicherweise ein Anwendungsbereich bei fehlerhaften ad-hoc-Mitteilungen der berichtspflichtigen Unternehmen nach § 15 I WpHG, und zwar trotz der unterdessen zum 1. 7. 2002 eingeführten besonderen Haftungsnorm des § 37c WpHG, vgl Staud/Oechsler Rz 223c.

45   g) **Ausnutzung rechtskräftiger Titel**. Das RG hat die Urteilserschleichung (Rz 36) seit RG 61, 359, 365 als Mittel verwendet, die **Rechtskraft** zivilprozessualer Titel zu **durchbrechen**: „Die Wirkung der Rechtskraft muß da zessieren, wo sie bewußt rechtswidrig zu dem Zweck herbeigeführt worden ist, dem, was nicht Recht ist, den Stempel des Rechts zu geben." Zum Zwecke einer Durchbrechung der Rechtskraft jenseits der Restitutionsgründe in §§ 578ff ZPO (und neben ihnen, BGH 50, 115) ist § 826 seit der nationalsozialistischen Zeit (RG 155, 55) dann auch gegenüber nicht erschlichenen, aber vom Inhaber bewußt ausgenutzten materiell unrichtigen Titeln verwendet worden. Die Literatur hat dem seit jeher fast einhellig widersprochen, Nachweise bei Staud/Oechsler Rz 479. Mindestens die zivilrechtliche Kommentarliteratur ist jedoch in neuerer Zeit auf die Linie der Rspr eingeschwenkt, MüKo/Mertens Rz 171: „feststehendes Richterrecht"; Soergel/Hönn/Dönneweg Rz 232; ebenso Braun, Rechtskraft und Restitution, Teil I, 1979, Teil II, 1985, passim, jedoch nicht mehr (im Gegensatz zur 12. Aufl) Staud/Oechsler Rz 481ff. In dieser Rspr, vor allem in ihrer Erweiterung auf nicht erschlichene Titel, spiegelt sich naturrechtliches Denken (vgl zur NS-Zeit grundlegend Gernhuber, FS Kern 1968, 167ff) und das Selbstbewußtsein der Zivilrichter wider, in solchem Maße Herr des Zivilverfahrens zu sein, daß sie „Gerechtigkeit statt Formalismus" (vgl die gleichnamige Monographie von v Dickhuth-Harrach, 1986, insbesondere 340ff) verwirklichen können, ohne sich in unendlichen Regreß der Diskussion über die Inhalte der Gerechtigkeit zu verlieren. Die Legion abgewiesener Klagen aus § 826 im Vergleich mit den äußerst seltenen Fällen, in denen es wirklich zur Durchbrechung der Rechtskraft nach dieser Vorschrift kommt, spricht für die Vermutung, daß hier die gesellschaftlich knappe „Ressource Zivilprozeß" mit hohen Kosten für einen vergleichsweise sehr geringen Ertrag eingesetzt wird. Das Vertrauen der Zivilgerichte in die entlastende „Legitimation durch Verfahren" (nach dem bekannten Buchtitel Luhmanns, 1969) ist offenbar nicht groß genug, um auf das „Danaergeschenk" (Gaul JZ 1964, 515) der Rechtskraftdurchbrechung nach § 826 verzichten zu können.

46   Eine sittenwidrige Ausnutzung rechtskräftiger Titel liegt außer im Falle der Urteilserschleichung (Rz 36) nach st Rspr vor, wenn der **Titel unrichtig** ist, der Gläubiger die Unrichtigkeit kennt und die Vollstreckung aufgrund **besonderer Umstände** sittenwidrig erscheint, BGH 26, 391, 398; 40, 130, 132f; 50, 115; 101, 380; 103, 44; BGH NJW 1983, 2317; 1986, 1751; 1998, 2818. Diese Voraussetzungen können in der Regel nur berücksichtigt werden, wenn sie der Kläger nicht schon in den Vorprozeß hätte einführen können, BGH 40, 130, 134; 50, 115, 123; BGH NJW 1974, 557; NJW-RR 1988, 957; vgl aber Rz 47 zur teilweise großherzigeren Praxis bei Titeln aufgrund wucherähnlicher Rechtsgeschäfte. Die bloße Tatsache, daß der Titel dem Schuldner fortdauernde Verpflichtungen auferlegt, genügt als „besonderer Umstand" nicht, RG 165, 26, 28; BGH 26, 391; BGH NJW 1983, 2317. Die Durchbrechung der Rechtskraft von einem Mahnverfahren soll im übrigen auf solche Fälle beschränkt bleiben, die eine klar umrissene Typik aufweisen und in denen ein besonderes Schutzbedürfnis des Schuldners hervortritt, BGH 103, 44, 50; BGH NJW 1998, 2818; 1999, 1257, vgl auch Rz 47. Bejaht hat BGH NJW 1983, 2317 die Sittenwidrigkeit in einem Fall, in dem der Sozialhilfeträger gegen einen Unterhaltsschuldner vorging und dieser seine Leistungsunfähigkeit wegen seiner Haft in der DDR nicht im Wege einer Abänderungsklage geltend machen konnte. Als sittenwidrig hat BGH NJW 1986, 1751 ferner das Verhalten einer zunächst erwerbsunfähigen, getrennt lebenden Ehefrau bewertet, die gegenüber ihrem unterhaltspflichtigen Ehemann mit geringem Einkommen nicht offenbart hatte, daß sie unerwartet mit über 56 Jahren eine ganztägige Erwerbstätigkeit hatte aufnehmen können, vgl hierzu auch Rz 55.

47   Im Rahmen der Ausnutzung sittenwidriger Titel stellen die Entscheidungen zum **wucherähnlichen Darlehen** (durchweg zu Fällen vor Inkrafttreten des VerbrKrG) in mancher Beziehung einen besonderen Falltyp dar, so ausdrücklich BGH 103, 44, vgl aus der reichhaltigen Literatur nur Kohte NJW 1985, 2217; Grunsky ZIP 1986, 1361; ders WM 1987, 1349; Funke NJW 1991, 2001; Grün NJW 1991, 2401; dies, Die Zwangsvollstreckung aus Vollstreckungsbescheiden über sittenwidrige Ratenkreditforderungen 1990. Von Bedeutung ist insbesondere der

Gesichtspunkt, daß bei diesen Geschäften die Sittenwidrigkeit in der Ausnutzung eines spezifischen Machtgefälles zwischen dem Kreditinstitut und dem Ratenkreditnehmer liegt. Dieses Machtgefälle kann sich auch in der Realisierung der Forderung schon im Mahnverfahren und dann vor allem in der Zwangsvollstreckung niederschlagen. Konsequent zu diesem Ansatz hat BGH NJW 1987, 3259 Sittenwidrigkeit der Zwangsvollstreckung verneint, wenn der Schuldner anwaltlich beraten war. Dies läßt sich deshalb rechtfertigen, weil dann der wirtschaftliche Schutz des Schuldners durch die Anwaltshaftung verwirklicht werden kann. Freilich hat der jetzt zuständige XI. ZS besonders den Ausnahmecharakter des Anspruchs aus § 826 auch bei Vollstreckungsbescheiden für Konsumentenkredite betont und sich ausdrücklich dafür ausgesprochen, keinen Anreiz zu schaffen, rechtskräftige Entscheidungen wiederaufzurollen, BGH 112, 54 m ablehnender Anm Vollkommer NJW 1991, 31f. Dies gilt erst recht für die Vollstreckung aus einer Hypothek an einem Gewerbegrundstück, BGH NJW 1991, 1884. Bei Erlaß eines Versäumnisurteils würde der BGH offenbar gleichfalls zu Lasten des Schuldners entscheiden, muß nicht noch weitere Umstände zur Begründung der Sittenwidrigkeit hinzukommen, BGH 103, 44. Der BGH verlangt eine „klar umrissene sittenwidrige Typik" mit einem besonderen Schutzbedürfnis, das sich nicht nur in der Gestaltung der materiellen Rechtslage (also insbesondere des wucherähnlichen Kreditvertrages), sondern auch in der prozessualen Durchsetzung der hieraus abgeleiteten Ansprüche ausprägt, BGH NJW 1999, 1257. Da es auf das erkennbare Ergebnis der **Schlüssigkeitsprüfung** ankommt, muß für Vollstreckungstitel aus der Zeit vor Etablierung der neuen Rspr zum wucherähnlichen Geschäft (BGH 80, 153; vgl auch schon BGH NJW 1979, 805) die Sittenwidrigkeit der Vollstreckung verneint werden, ähnlich Kohte aaO 2229: Fehlen des Zurechnungszusammenhanges; zu weiteren Differenzierungen nach Prozentsätzen zu verschiedenen Zeiten Düsseldorf WM 1987, 714. Durch die Neufassung der §§ 688, 690 ZPO bei Erlaß des VerbrKrG hat der Gesetzgeber versucht, sittenwidrige Konsumentenkredite von Anfang an vom Mahnverfahren auszuschließen, vgl dazu Holch NJW 1991, 3177; Braun JuS 1992, 177. Die neueren Entwicklungen im **Bürgschaftsrecht** nach der Entscheidung BVerfGE 89, 214 haben trotz vergleichbarer Struktur im Gegensatz zur Rspr über wucherähnliche Kredite offenbar nicht zu einer Welle von Klagen nach § 826 geführt. Die nach der Entscheidungspraxis des BVerfG die Sittenwidrigkeit begründende krasse finanzielle Überforderung allein genügt jedenfalls noch nicht für den Ausnahmefall der Rechtskraftdurchbrechung, BGH 151, 316. Anderes könnte hiernach allenfalls dann in Betracht kommen, wenn die materielle Unrichtigkeit des Titels auf Grund der Sittenwidrigkeit des Vertrags, zB wegen einer rechtlich zu mißbilligenden Beeinträchtigung der Entscheidungsfreiheit des Bürgen durch den Gläubiger, so eindeutig und schwerwiegend ist, daß allein schon deswegen die Vollstreckung das Rechtsgefühl in schlechthin unerträglicher Weise verletzen würde (aaO 329).

h) Erhebliches praktisches Gewicht haben die Fälle des **Mißbrauchs von Wechseln und Schecks** und des **48** Widerspruchsrechts im Lastschriftverfahren. Die Probleme im Zusammenhang mit den beiden Wertpapieren ergeben sich freilich vor allem durch die unberechtigte Weitergabe oder Entgegennahme des Papiers mit der Folge, daß dem Schuldner eine Einrede gegen den Wertpapieranspruch eingeräumt oder erhalten werden muß. Wie bei der Einrede der Arglist im allgemeinen können die Voraussetzungen für diese Einrede des Wertpapierrechts geringer sein als die Voraussetzungen des Anspruchs aus § 826. Dies ergibt sich aus der Verankerung der Einrede in § 242, nicht in § 826 Rz 22. Vielfach wird die einredeerhaltende Wirkung sowohl der Kenntnis der unmittelbaren Beziehungen zwischen den Vormännern beim Erwerb als auch des bewußten Handelns zum Nachteil des Schuldners ohne Erwähnung einer normativen Grundlage aus allgemeinen Grundsätzen des Wertpapierrechts entwickelt, zB BGH NJW 1988, 700. Relevant wird der sittenwidrige Charakter des Geschehens aber dann, wenn der vorwerfbar Handelnde seinerseits das Wertpapier weitergegeben und dem Schuldner dadurch die Einreden gegenüber dem neuen Erwerber abgeschnitten hat. Allein die Verletzung der Abrede über die (Nicht-)Weitergabe im Innenverhältnis zwischen Schuldner und erstem Nehmer genügt jedoch entgegen der Tendenz der älteren Rspr (vgl Soergel/Hönn/Dönnewein Rz 207 mN) nicht zur Begründung der Sittenwidrigkeit. Sittenwidrig sind Wechsel- und Scheckreiterei uä betrügerische Verwendungen von Wertpapieren, BGH 27, 172; BGH NJW 1961, 2302; 1973, 1366; WM 1969, 334 (auch zur Mitwirkung von Banken). Täuscht der Schuldner arglistig über seine Fähigkeit zur Einlösung des Wertpapiers, kann auch dies sittenwidrig sein, RG JW 1927, 892; 1366 (vgl aber auch Rz 35 zu den Grenzen der Offenbarungspflicht hinsichtlich eigenen Unvermögens). Die Diskontierung von Wechseln in der Hand des Vorbehaltskäufers, die im Innenverhältnis dessen Verkäufer gebühren, ist nicht per se sittenwidrig; anders, wenn die Bank den Käufer zur Diskontierung verleitet, BGH WM 1970, 245, oder weiß, daß der Käufer vor dem Zusammenbruch steht, BGH NJW 1979, 1704. Weiß die Bank, daß der Akzeptant keine Mittel zur Einlösung eines Wechsels hat, handelt sie bei der Diskontierung vom Aussteller nicht sittenwidrig, BGH NJW 1984, 728. Wer erkennt, daß unter seinem Namen Akzepte gefälscht werden, und dies dem Inhaber nicht mitteilt, handelt sittenwidrig, wenn er zB durch Erhalt mehrerer Erwerbsanzeigen vom Inhaber weiß, daß der Inhaber durch die Untätigkeit im Glauben an die Echtheit bestärkt wird, BGH 47, 110, 114. Zum Mißbrauch von Scheckkarten vgl BGH 64, 79, 82; 83, 28, 33.

Beim **Lastschrifteinzugsverfahren** steht dem Schuldner, der zuvor dem Gläubiger die Einziehungsermächti- **49** gung gegeben hat, innerhalb von sechs Wochen ein **Recht zum Widerspruch** gegen die Belastungsbuchung zu. Die Schuldnerbank läßt dann die Lastschrift an die Gläubigerbank zurücklaufen, die ihrerseits zur Rückvergütung an die Schuldnerbank verpflichtet ist und infolgedessen geschädigt wird, wenn sie beim Gläubiger (ihrem Kunden) nicht Regreß nehmen kann. Hierfür gewährt die Rspr der geschädigten Bank einen Schadensersatzanspruch gegen den Lastschriftschuldner, wenn dessen Widerspruch sittenwidrig erscheint, BGH 74, 300; 309; 101, 153. Das ist nur dann der Fall, wenn der Schuldner **keine anerkennenswerten Gründe** für den Widerspruch hat: Fehlen der Ermächtigung, Nichtbestehen der Schuld, Leistungsverweigerungsrechte, insbesondere Zurückbehaltungsrechte, und Aufrechnungsmöglichkeit, BGH 74, 300, 305; 101, 153. Unberechtigt und somit sittenwidrig handelt der Schuldner, wenn er das Widerspruchsrecht nur dazu ausübt, sein Ausfallrisiko auf die Gläubigerbank zu verlagern.

§ 826   Einzelne Schuldverhältnisse

So ist es gegenüber der Gläubigerbank sittenwidrig, wenn der Schuldner dem Gläubiger die Einzugsermächtigung erteilt, um ihm Kredit einzuräumen, dann aber sein Widerspruchsrecht ausübt, BGH 74, 300. Ebenso handelt sittenwidrig, wer das Widerspruchsrecht ausübt, um die Gleichberechtigung der Gläubiger in einem bevorstehenden Insolvenzverfahren zu sichern (Schleswig NJW-RR 2001, 1206), aber auch der Insolvenzverwalter, der zur Vergrößerung der Masse widerspricht, Hamm NJW 1985, 865. Sittenwidrig ist es ferner, wenn der Schuldner durch den Widerspruch das Risiko der Lastschriftreiterei des Gläubigers mit dem widersprechenden Schuldner selbst (!) der Bank des Gläubigers zuschiebt, BGH 74, 309, 315. Entsprechend ist zugunsten des Gläubigers der Fall zu behandeln, daß der Schuldner widerspricht, um mit der zur Deckung erforderlichen Valuta einen anderen Gläubiger noch vor Eröffnung des Konkurses über das Schuldnervermögen zu befriedigen, BGH 101, 153; kritisch zu dem allen aber Denck ZHR 144, 171ff. Die **Schuldnerbank** haftet neben dem Schuldner nicht schon dann, wenn sie weiß, daß ihr Kunde das Widerspruchsrecht mißbraucht, da sie aufgrund des Lastschriftabkommens der Bankverbände verpflichtet ist, den Widerspruch auszuführen, BGH 74, 309. Die Schuldnerbank haftet hingegen, wenn sie den Schuldner auffordert, das Widerspruchsrecht auszuüben, um sich selbst einen Vorteil zu verschaffen, zB das Debet des Schuldners auszugleichen, BGH 74, 309, 313f, oder den Kredit, den ein anderer Gläubiger bei ihr hat, abzulösen, BGH 101, 153; BGH NJW 2001, 2632. Sie haftet auch dann, wenn sie die Lastschriftreiterei kennt und dennoch nicht schon die Einreichung der Lastschrift zurückweist, BGH 74, 309, 315. Ein ähnliches Problem mißbräuchlichen Widerrufs kann im Kreditkartengeschäft nicht mehr auftreten, seitdem der BGH (ZIP 2001, 2084) Rückforderungsklauseln der Kreditkarteninstitute verworfen hat.

50   i) Auch jenseits der Rz 45–49 behandelten Fälle ist das Spektrum **sittenwidrig mißbrauchter Rechte und Institutionen** sehr weit. In diesem Spektrum haben der Mißbrauch fremder Arbeitsergebnisse außerhalb der besonderen gewerblichen Schutzrechte und der Mißbrauch der Gestaltungsfreiheit im Gesellschaftsrecht am ehesten ein eigenes Profil, Rz 51f. Daneben kommt ein ergänzender Rechtsschutz aus § 826 dort in Frage, wo etwa durch Vertragsrecht, Urheberrecht oder gewerblichen Rechtsschutz iVm § 823 bereits Schadensersatzsanktionen vorgesehen sind. So kann in Fällen der Verleitung zum Vertragsbruch (Rz 29) auch das Verhalten des Vertragsschuldners selbst sittenwidrig sein, wenn er den Anlaß zur Freistellungsverpflichtung des Dritten gegeben hat, BGH NJW 1981, 2184. Sittenwidrig kann ferner die Vereitelung des Vertragszwecks durch den Schuldner sein, BGH 12, 308, 318; zu weiteren Fällen Soergel/Hönn/Dönneweg Rz 204f. Zum sittenwidrigen Erwerb eines Patents vgl Rz 36, zum sittenwidrigen Erwerb einer Marke (eines Warenzeichens) RGRK/Steffen Rz 64 mN, zur Anmeldung von Zeichen zur Behinderung und Ausbeutung des Zeicheninhabers Soergel/Hönn/Dönneweg Rz 216, zur Anmeldung einer Domain Rz 36. § 826 ist kein Mittel, Lücken im Immaterialgüterschutz institutionell auszufüllen. Daher ist zB der Nachdruck eines gemeinfreien Werks nicht sittenwidrig, BGH 51, 41, 43. Sittenwidrigkeit läßt sich auch hier nur mit zusätzlichen Umständen, zB Täuschung (Irreführung und Verwechslungsgefahr), begründen, BGH 26, 52, 59.

51   Außerhalb des Kreises gesetzlich geregelter Schutzrechte ist von dem Grundsatz der Wettbewerbsfreiheit auszugehen. Ein **ergänzender Leistungsschutz** nach § 826 kommt daher nur in krassen Fällen in Betracht. Meist sind diese freilich schon nach UWG unzulässig, vgl MüKo/Mertens Rz 181. Das „Schmarotzen an fremder Leistung" kann aber auch dann sittenwidrig sein, wenn kein Wettbewerbsverhältnis zwischen Schädiger und Geschädigtem vorliegt. So sind zB das Plagiat oder die Veröffentlichung fremder Forschungen als eigene sittenwidrig nach § 826, Deutsch NJW 1984, 2611ff. Zu einem vergleichbaren Wettbewerbsfall BGH 60, 168: Nachahmung von Stoff-Design. Historisch gesehen ist hier das Verdikt der Wettbewerbs- und Sittenwidrigkeit meist durch Durchgangsstadium zur Positivierung als gewerbliches oder persönliches Schutzrecht, vgl BGH 33, 20 zur Tonbandaufnahme einer Oper; BGH 39, 352 zur Rundfunkübertragung einer Kabarettvorführung und hierzu nunmehr §§ 70ff UrhG.

52   Die typischen Erscheinungen mißbräuchlicher **gesellschaftsrechtlicher Gestaltungen**, insbesondere im GmbH- und Personengesellschaftsrecht, haben sich so sehr verselbständigt, daß sie regelmäßig nach eigenen Kategorien zu diskutieren und unter institutionellen Gesichtspunkten der jeweiligen Gesellschaftsnormen zu lösen sind. Dies gilt etwa für Scheingründung, Unterkapitalisierung und Durchgriffshaftung, vgl Überblick bei MüKo/Reuter vor § 21 Rz 20ff. In besonders schwerwiegenden Fällen kann daneben § 826 gegeben sein, so bei offensichtlicher Unterkapitalisierung, bei der hierbei regelmäßig vorliegenden dolus eventualis der Gläubigergefährdung auf seiten der Gesellschafter, BGH NJW 1979, 2104; NJW-RR 1988, 1181; ZIP 2002, 1578; H. P. Westermann Jura 1980, 532; Staud/Oechsler Rz 314–332 mN. Zum Verschweigen der schlechten Vermögenslage einer GmbH auch BGH WM 1991, 1548. Vgl. zur Einwirkung auf eine Publikums-KG zum Zweck der Schädigung von Gesellschaftern BGH WM 1984, 1640. Zum Mißbrauch der Machtstellung innerhalb der Gesellschaft auch Rz 58; zum Aktienerwerb, um sich eine Anfechtungsklage „abkaufen" zu lassen, Rz 8 (zu BGH WM 1992, 1184).

53   j) Nicht wegen der eingesetzten Mittel oder wegen der Ausnutzung von Rechten oder Institutionen, sondern wegen der betroffenen Interessen selbst haben Verletzungen der Persönlichkeit und familienrechtlicher Beziehungen ein geringes Gewicht innerhalb der Fallgruppen des § 826. Oft erhalten freilich auch die hierher gehörenden Sachverhalte das Gepräge der Sittenwidrigkeit erst zusätzlich durch die in ihnen eingesetzten Mittel wie arglistige Täuschung oder Rechtsvereitelung, MüKo/Mertens Rz 117. **Persönlichkeitsverletzungen** haben im Rahmen des § 826 heute wegen der Anerkennung des Allgemeinen Persönlichkeitsrechts nur noch geringe Bedeutung. Diese Entwicklung ist zu begrüßen, weil es einerseits dem hohen Wert der Persönlichkeit entspricht, daß im Zivilrecht durch § 823 I ein institutionalisierter Schutz zur Verfügung gestellt wird, und weil andererseits Überdehnungen des § 826 hierdurch vermieden werden, vgl RGRK/Steffen Rz 131 mN zur älteren Rspr zur Anerkennung des Allgemeinen Persönlichkeitsrechts. § 826 bleibt dann ein Mittel, unerträgliche, besonders anstößige Persönlichkeitsverletzungen auch deutlich als solche zu kennzeichnen, vgl den Fall von LG Limburg NJW-RR 1987, 81: symbolische Hinrichtung eines Nachbarn an einem Galgen; aus neuerer Zeit aber auch BGH NJW-RR 1998, 250 zu einem kraß abwertenden Urteil in einem Restaurantführer.

Für den Schutz **familienrechtlicher Beziehungen** nach § 826 ist zunächst zu beachten, daß die Gründe für den 54
Ausschluß des Deliktsschutzes nach § 823 I auch für § 826 gelten, vgl § 823 Rz 45 sowie BGH 23, 215, 221; 26,
217, 221. Die entgegenstehende ältere Auffassung des RG (vgl RG 152, 397) ist überholt. An der Ausschließlichkeit der familienrechtlichen Regelungen hat sich für den Kindesunterhalt auch mit der Aufhebung des § 1593 aF
nichts geändert (vgl dazu Staud/Oechsler Rz 452f). Nicht recht mit diesem Grundsatz zu vereinbaren ist allerdings
die Entscheidung BGH 80, 235, die einem Scheinvater gegen die Mutter und (inzwischen geschiedene) Ehefrau
den Anspruch aus § 826 auf Ersatz für den gezahlten Kindesunterhalt zuspricht, weil die Mutter vor der Eheschließung dem Kläger vorgespiegelt hatte, nur er könne der Vater des zu erwartenden Kindes sein, ähnlich BGH NJW
1990, 706. Regelmäßig schließen die Vorschriften über die Anfechtung der Vaterschaft mit der Folge des
§ 1607 III (früher §§ 1615b und d) die Anwendung des § 826 aus, BGH 14, 358, 359; 45, 356, 358; 46, 58. Hat der
wirkliche Vater den Scheinvater arglistig getäuscht und hierdurch an der Erhebung der Anfechtungsklage gehindert, soll dies allerdings einen Ersatzspruch nach § 826 begründen, MüKo/Mertens Rz 111. Nicht wegen des
abschließenden Charakters bestehender Vorschriften, sondern wegen der Art der Beziehung ist § 826 aber dann
nicht gegeben, wenn die Frau den Mann über die Einnahme empfängnisverhütender Mittel täuscht und der Mann
infolgedessen unterhaltspflichtig wird. BGH 97, 372, 379f hat dies für eine nichteheliche Gemeinschaft entschieden, dazu kritisch Fehn JuS 1988, 602. Dasselbe muß für die Ehe gelten. Hinsichtlich der **Vermögensinteressen**
der Ehegatten außerhalb des Unterhaltsrechts besteht keine familienrechtliche Sperre. Für diesen Bereich kommt
§ 826 ohne weiteres in Frage, und zwar kann die Tatsache der familienrechtlichen Bindung hier sogar als pflichtverstärkendes Moment eine Rolle spielen, vgl BGH NJW 1977, 378 zur Pflicht des Ehegatten – auch nach Ehescheidung – zur Einwilligung in die einkommensteuerliche Zusammenveranlagung; Frankfurt OLGRp 2001, 66
zur unsachlichen Weigerung, am freihändigen Verkauf eines gemeinschaftlichen Grundstücks mitzuwirken. Wendet ein Ehegatte einem Ehestörer etwas zu, was sonst dem anderen Ehegatten zugute gekommen wäre, soll der
zuwendende Ehegatte nach Rz 111, 151, 155f schadensersatzpflichtig sein, vgl dazu auch BGH NJW 1962, 958,
zum Anspruch gegen den Zuwendungsempfänger MüKo/Mertens Rz 116.

Zur Gewährleistung von Unterhaltsansprüchen sind Vereinbarungen sittenwidrig, die den **Unterhaltsschuldner** 55
vermögens- oder einkommenslos stellen. Dies gilt zB für die Übertragung des Geschäfts auf die Ehefrau (BGH
WM 1958, 168) oder auf die Geliebte (BGH NJW 1973, 513). Wegen der Schwere des Sittenverstoßes verdrängen
die Vorschriften über die Anfechtung nach AnfG und InsO § 826 insofern nicht, BGH NJW 2000, 3138. Dem
Unterhaltsgläubiger schuldet auch Ersatz, wer sich den Anteil an einer Familiengesellschaft und die Geschäftsführerbezüge übertragen läßt, um dem Unterhaltsschuldner die Vereitelung der Unterhaltsansprüche zu ermöglichen,
BGH WM 1970, 404. Eine sittenwidrige Schädigung liegt insbesondere in der **Lohnschiebung**, die freilich
heute wegen § 850h ZPO nur noch geringe Bedeutung hat (so richtig Staud/Oechsler Rz 464): Der Arbeitgeber
verpflichtet sich zB, den pfändbaren Teil des Einkommens dem Ehegatten auszuzahlen, oder setzt von vornherein
das („offizielle") Einkommen viel geringer als marktüblich an, BGH WM 1964, 613. Unterlassene Offenbarung
von unerwartetem Verdienst kann bei Vorliegen weiterer Umstände den Anspruch des Unterhaltsschuldners gegen
die Gläubigerin (geschiedene Ehefrau) aus § 826 begründen, BGH NJW 1986, 1751, Rz 46 aE. Allein in der weiteren Entgegennahme des Unterhalts trotz Aufnahme einer Erwerbstätigkeit liegt aber noch keine sittenwidrige
Schädigung, BGH NJW 1986, 2047. Eine Offenbarungspflicht bei längerem eheähnlichen Zusammenleben mit
einem neuen Partner nimmt freilich Koblenz NJW-RR 1987, 1033 an.

k) **Mißbrauch von Monopol- und Verbandsmacht.** Wesentliche Bereiche des **Machtmißbrauchs** im Privat- 56
recht sind heute sondergesetzlich geregelt, insbesondere im GWB. ZB neben dem kartellrechtlichen Diskriminierungsverbot nach § 20 GWB kommt aber § 826 als konkurrierende Grundlage eines Schadensersatzanspruchs in
Frage, vgl nur BGH 29, 344; 41, 271. Inhalt des Ersatzanspruchs kann insbesondere der Vertragsabschluß selbst
sein, also ein **Kontrahierungszwang**, vgl zur Entwicklung der Rspr Kilian AcP 180, 47, 56ff. § 826 hat heute nur
Restbedeutung für individuelle Verbraucher, Arbeitnehmer, politische Parteien und Bürgerinitiativen, Kilian aaO,
82. § 826 kann sich daneben als Regulativ von Preisen und Konditionen eines Monopols oder eines Unternehmens
in monopolartiger Stellung auswirken, vgl Soergel/Hönn/Dönnefeg Rz 168 mN zu den Problemen bei Energieversorgungsunternehmen. Zu ähnlichen Pflichten der Banken MüKo/Mertens Rz 163; vgl auch BGH NJW 1963,
1872; Schadensersatzpflicht einer Bank, die eine Überweisung der Empfängerbank gutschreibt, obwohl sie von
deren unmittelbar bevorstehendem Zusammenbruch weiß. Ob es zur Begründung der diesen Rechtsfolgen wirklich
des Rückgriffs auf § 826 bedarf, ist dogmatisch durchaus zweifelhaft, vgl Staud/Oechsler Rz 429ff mN. Dies
bezieht sich freilich nur auf den Begründungsweg, nicht auf die von der Rspr gefundenen Ergebnisse.

Dem Kontrahierungszwang verwandt (und dessen Anknüpfung an § 826 ähnlich problematisch, Staud/Oechsler 57
Rz 272ff mN) ist der **Aufnahmezwang von Verbänden**. Er kann als Naturalrestitution nach §§ 826, 249 S 1 gegeben sein, wenn der Verband eine erhebliche wirtschaftliche oder soziale Macht hat und die Bewerber auf die Mitgliedschaft für wesentliche eigene Interessen angewiesen sind, BGH 63, 282, 284 für den Deutschen Sportbund,
ähnlich BVerfG NJW-RR 1989, 636; vgl auch BGH NJW 1980, 186, wo jedoch eine Pflicht zur Aufnahme in
einen Anwaltsverein verneint worden ist, ähnlich BGH 93, 151 zur Aufnahme in eine Gewerkschaft bei Zugehörigkeit zu einer gewerkschaftsfeindlichen Partei. Die Beispiele zeigen, daß die Grundsätze für den Aufnahmezwang nicht auf Verbände zur Förderung wirtschaftlicher Interessen beschränkt sind. Die Pflicht zur Aufnahme
gilt aber mit geringeren Einschränkungen als bei anderen Verbänden, wenn die Mitgliedschaft für die berufliche
oder wirtschaftliche Existenz wesentlich ist, vgl RGRK/Steffen Rz 121 mN. Auch die Subventionierung durch die
öffentliche Hand kann eine Aufnahmeverweigerung als sittenwidrig erscheinen lassen, vgl LG Berlin NJW 1962,
206 zur Berliner Volksbühne.

Die Ausübung von **Mehrheitsmacht in Gesellschaften** ist weitgehend durch positive Vorschriften wie im AktG 58
oder durch die gesellschaftsrechtliche Treupflicht, die BGH 65, 15, 18 ausdrücklich auch für die GmbH annimmt,

§ 826   Einzelne Schuldverhältnisse

gebunden. Soweit es um das Verhältnis der Gesellschafter untereinander geht, genügen diese Ansprüche, so daß sich der Rekurs auf § 826 mit seinen strengeren Voraussetzungen erübrigt, vgl dazu den knappen Überblick bei Soergel/Hönn/Dönneweg Rz 174–178a; vgl zur Binnenhaftung des **Geschäftsführers** nach § 43 III GmbHG grundlegend BGH ZIP 2001, 1874. Wird die Mehrheitsmacht zum Schaden Außenstehender, insbesondere von Gesellschaftsgläubigern, mißbraucht, stellt sich die Durchgriffsfrage, für die jedoch § 826 in der Regel zu eng ist, Mertens AcP 178, 227, 232f. Zu einigen Anwendungsfällen auch Rz 52. Mehrheitsmacht allein begründet die Haftung aus § 826 jedenfalls nicht. Hinzukommen muß ein eigensüchtiges Abstimmungsverhalten, RGRK/Steffen Rz 124 mN. Konsequenterweise muß dies erst recht gelten, wenn nicht einmal überlegene Mehrheitsmacht, sondern nur das Stimmrecht einer (qualifizierten) **Minderheit** ausgeübt wird. Daher ist es bedenklich, daß der BGH (WM 1995, 882) allein aufgrund der „undurchsichtigen" (Staud/Oechsler Rz 375) Zweck-Mittel-Relation die Schadensersatzpflicht einer Minderheit gegenüber der Gesellschaft (allerdings nicht: gegenüber den überstimmten Gesellschaftern, BGH aaO 892) angenommen hat, vgl dazu Staud/Oechsler Rz 287f, 371ff mN.

59 l) **Grobe Mißachtung von Kampf- und Wettbewerbsregeln.** Mit einigem Recht behandeln Soergel/Hönn/Dönneweg Rz 179ff unter der Kategorie des Machtmißbrauchs auch den **Wirtschafts- und Arbeitskampf**; denn die hier zu würdigenden Aktionen werden gekennzeichnet durch die Einflußnahme auf andere oder die Erringung von Vorteilen durch den Einsatz von Druck. Vielfach sind freilich gerade die für § 826 relevanten Verhaltensweisen wie Boykottaufruf und Streik eher Mittel der Schwächeren in einer Auseinandersetzung. Früher ist im Zusammenhang mit der Verwendung von „Machtmitteln" zur Verfolgung eigener Interessen oft auch ein wesentlicher Teil des Rechts des **unlauteren Wettbewerbs** behandelt worden. Dieses Gebiet hat sich jedoch so sehr verselbständigt und ausgebreitet, daß seine Darstellung innerhalb einer Kommentierung des § 826 heute nicht mehr möglich ist, wegen der Spezialliteratur aber auch nicht erforderlich erscheint. Zu beachten bleibt jedoch, daß § 826 neben dem UWG anwendbar sein kann, wenn die Voraussetzungen des § 826, die nicht mit denen des § 1 UWG übereinzustimmen brauchen (Rz 4), zusätzlich gegeben sind. In Frage kommen häufig zB die Fallgruppen der Vertragsvereitelung (Rz 28ff), des Leistungsschutzes (Rz 51) und der Diskriminierung (Rz 56). Ist die Sittenwidrigkeit nach § 826 gegeben, dann ist diese Anspruchsgrundlage gegenüber dem UWG nicht – wie nach hM § 823 I wegen Eingriffs in den Gewerbebetrieb – subsidiär. Praktisch bedeutsam ist die Anspruchskonkurrenz vor allem wegen der Verjährungsregelungen nach §§ 21 UWG, 195, 199 I, III.

60 Nach hM werden **Boykott** und **Abkehr** (zur Terminologie Soergel/Hönn/Dönneweg Rz 180) regelmäßig als Eingriffe in den Gewerbebetrieb des Boykottierten erfaßt, vgl nur Soergel/Zeuner § 823 Rz 131 mN. Systematisch wird dies damit begründet, daß das Recht am eingerichteten und ausgeübten Gewerbebetrieb gegenüber § 826 nicht subsidiär ist. Mindestens soweit § 826 durch den Boykott erfüllt ist, ist der Rückgriff auf § 823 I jedoch wegen der methodischen Grenzen der Analogiebildung abzulehnen, § 823 Rz 51ff, 58, 74. Ob § 823 I in Boykottfällen überhaupt Raum bleibt, wenn man diesen Ansatz ernst nimmt, ist zweifelhaft. Der Boykott zu Zwecken des Wettbewerbs verstößt gegen § 1 UWG, soweit nicht besondere Rechtfertigungsgründe vorliegen, und braucht daher hier nicht behandelt zu werden. Der Boykott zur Verfolgung nichtwirtschaftlicher Interessen außerhalb des Kreises der Konkurrenten wird dadurch gekennzeichnet, daß er ein Mittel im Meinungskampf ist und für ihn deshalb die Vermutung zugunsten der „freien Rede" eingreift, BVerfG 7, 198. Ein solcher Boykottaufruf ist nicht sittenwidrig. Eine andere Beurteilung kann jedoch beim Einsatz (wirklicher) wirtschaftlicher Macht oder sozialer Abhängigkeit geboten sein, BVerfG 25, 256, 264. Sittenwidrig kann auch ein Boykottaufruf oder eine Aktion zur massenhaften Einlegung von Rechtsmitteln auf der Grundlage unwahrer Behauptungen sein, vgl BGH 90, 113. Fahrlässige Unkenntnis genügt jedoch nicht, um den Vorwurf der Sittenwidrigkeit zu begründen, Beispiele für zulässige Boykottmaßnahmen bei MüKo/Mertens § 823 Rz 507.

61 Grundsätzlich zulässig ist der Boykott als Mittel des **Arbeitskampfes**, und zwar von beiden Gegnern, vgl Soergel/Hönn/Dönneweg Rz 183f mN. Ist der Arbeitskampf selbst von den Regeln über die Auseinandersetzung der Tarifpartner einschließlich des ultima-ratio-Prinzips nicht gedeckt, kommt Sittenwidrigkeit der einzelnen Kampfmaßnahmen in Frage. Die bloße Tatsache, daß zB ein wilder Streik vorliegt, begründet noch nicht die Sittenwidrigkeit der Kampfmaßnahmen. Gewalttätigkeiten, Drohungen und Hetzparolen tragen das Urteil der Sittenwidrigkeit über den Streik nur, wenn solche Kampfpraktiken den Streik insgesamt prägen, RGRK/Steffen Rz 126, 128; Soergel/Hönn/Dönneweg Rz 181; überholt daher RG 105, 4, 7; 119, 291, 294. Als sittenwidrig angesehen hat BGH 70, 277 die streikähnlichen Aktionen der Fluglotsen, vor allem weil sie Dritte – also nicht nur den Kampfgegner Bundesrepublik Deutschland – in ungewöhnlichem Ausmaß in Gestalt von Millionenschäden für Reiseunternehmen und von Gefährdungen für Leib und Leben von Reisenden beeinträchtigt hatten. Das Urteil sittenwidrigen Verhaltens traf hierbei auch die Koalition, der die meisten der „Streikenden" angehörten, weil sie den Kampf unterstützt hatte, obwohl er nicht von ihr ausgegangen war.

827 *Ausschluss und Minderung der Verantwortlichkeit*
Wer im Zustand der Bewusstlosigkeit oder in einem die freie Willensbestimmung ausschließenden Zustand krankhafter Störung der Geistestätigkeit einem anderen Schaden zufügt, ist für den Schaden nicht verantwortlich. Hat er sich durch geistige Getränke oder ähnliche Mittel in einen vorübergehenden Zustand dieser Art versetzt, so ist er für einen Schaden, den er in diesem Zustand widerrechtlich verursacht, in gleicher Weise verantwortlich, wie wenn ihm Fahrlässigkeit zur Last fiele; die Verantwortlichkeit tritt nicht ein, wenn er ohne Verschulden in den Zustand geraten ist.

1 1. Dem Verschuldensprinzip entsprechend haftet für eine unerlaubte Handlung (außer der reinen Gefährdungshaftung nach § 833 S 1) nur, wer **delikts-, verschuldens- oder zurechnungsfähig** ist. §§ 827, 828 I, II S 1 schließen daher die Haftung aus, § 828 III schränkt sie ein. Die Vorschriften gelten nach § 276 I S 2 für alle Schuldverhältnisse, in denen es auf das Verschulden ankommt, insbesondere also für zu vertretende Leistungsstörungen in Verträgen und für die verschuldensähnliche Obliegenheitsverletzung nach § 254, BGH 9, 316, 317; 24, 325, 327; 34, 355, 366 und § 254 Rz 25, 37b–e, ferner für die Feststellung der Erbunwürdigkeit nach § 2339 Nr 1, BGH 102, 227. Bei Haftung ohne Verschulden hat die meistens erforderliche Haltereigenschaft ähnliche Bedeutung wie das Verschulden. Dies spricht für die Anwendung der §§ 827f auch auf die Gefährdungshaftung, insbesondere nach § 833 S 1: Die Begründung der Haltereigenschaft ist kein Rechtsgeschäft; §§ 104f passen daher nicht (für analoge Anwendung aber zB Esser-Weyers § 63 II 3; Larenz/Canaris II 2 § 84 I 2g). Eine andere Ansicht (Eberl-Borges VersR 1996, 1070; Staud/Oechsler § 828 Rz 40) will ohne normative Grundlage auf den jeweiligen Reifegrad des „Halters" abstellen. Daran ist richtig, daß die in § 828 III geforderte Erkenntnis der Verantwortlichkeit wörtlich nicht auf die Gefährdungshaftung paßt. Dies schließt aber (entgegen Eberl-Borges 1074) eine analoge Anwendung nicht aus (so wohl auch Soergel/Zeuner vor § 827 Rz 2 m Fn 6). Das Haftungsprivileg des § 828 II S 1 paßt aber auf die Gefährdungshaftung jedenfalls nicht. Nach BGH 55, 128 sind §§ 827f auf § 819 I anzuwenden, wenn sich ein Minderjähriger durch eine unerlaubte Handlung eine Bereicherung verschafft hat (zum Meinungsstreit darüber § 819 Rz 6). Der Haftungsausschluß nach §§ 827f wird durch die Billigkeitshaftung nach § 829 gemildert. Außerdem kommt anstelle der Haftung des Verschuldensunfähigen eine Haftung des Aufsichtspflichtigen nach § 832 in Betracht.

2. Zur **Bewußtlosigkeit** und zum **Ausschluß der freien Willensbestimmung** vgl allgemein § 105 Rz 5; § 104 **2** Rz 3f. Auch nicht krankhafte starke Störungen des Bewußtseins können die freie Willensbestimmung ausschließen, etwa bei einem Unfallschock (vgl BGH VersR 1977, 430) oder bei äußerster Erregung (vgl BGH NJW 1958, 266). Bloße Minderung der Verstandes- und Willenskraft genügt nicht, RG 74, 110; ebensowenig Unfähigkeit zu ruhiger und vernünftiger Überlegung, RG 108, 86, 90. Für den Alkoholrausch gelten keine festen Grenzen der Zurechnungsfähigkeit, vgl MüKo/Mertens Rz 3 mN; Staud/Oechsler Rz 13f. Entmündigung hatte für die deliktische Verantwortlichkeit keine unmittelbare Wirkung. Sie begründete allenfalls eine Vermutung für § 827 S 1, RG 108, 86, 90. Entsprechendes wird man für die Anordnung einer Betreuung nach §§ 1896, 1903 annehmen können, Staud/Oechsler Rz 21. Zu § 826 wegen Vorspiegelung der Geschäftsunfähigkeit RG JW 1912, 24.

3. Mußte der Täter mindestens damit rechnen, daß er nach dem Genuß von Alkohol oder anderen Rauschmit- **3** teln einen Schaden verursachen würde, ist er nach den Regeln über die **actio libera in causa** für die im rauschbedingten Zustand der Unzurechnungsfähigkeit begangene Handlung verantwortlich. Darüber hinaus begründet § 827 S 2 schon dann eine Haftung, wenn sich der Täter in den Rausch versetzt hat: Ihn trifft gewissermaßen die Verkehrspflicht, sich nicht in einen solchen Zustand zu bringen. Nach S 2 aE wird das Verschulden an der Herbeiführung der Unzurechnungsfähigkeit widerlegbar vermutet. Da die Rauschtat vom Gesetz einer fahrlässigen Begehung gleichgestellt wird, muß das im Rausch begangene Delikt überhaupt fahrlässig begehbar sein, vgl BGH NJW 1968, 1132. – Schwierigkeiten bereitet die Anwendung des § 827 S 2 im Rahmen des § 61 VVG, da dort neben Vorsatz nur grobe Fahrlässigkeit des Versicherungsnehmers zur Leistungsfreiheit des Versicherers führt. Der BGH (VersR 1967, 944; NJW 1985, 2648) knüpft die grob fahrlässige Berauschung an, jedoch kaum mit Recht, da Grund der Leistungsfreiheit die Bedenkenlosigkeit des Versicherungsnehmers gegenüber der Gefahrerhöhung ist und nicht allgemein gegenüber dem Rausch. Eine Zurechnung der Gefahrerhöhung kommt daher nur nach den Grundsätzen der actio libera in causa in Betracht, nicht nach § 827 S 2 in Betracht, MüKo/Mertens Rz 8; Staud/Oechsler Rz 27; vgl ausführlich auch Knappmann NVersZ 1998, 13.

4. Da Verschulden die Regel und Unzurechnungsfähigkeit die Ausnahme ist, obliegt deren **Nachweis** dem **4** Täter, vgl BGH 39, 103, 108; 98, 135; BGH NJW 1980, 2183. Daß der Täter sich selbst in diesen Zustand versetzt hat, hat der Verletzte zu beweisen. Ist dieser Beweis geführt, kann sich der Täter wiederum durch den Hinweis, daß das ohne Verschulden geschehen sei, entlasten, vgl BGH NJW 1968, 1132.

828 *Minderjährige; Taubstumme*

(1) Wer nicht das siebente Lebensjahr vollendet hat, ist für einen Schaden, den er einem anderen zufügt, nicht verantwortlich.

(2) Wer das siebente, aber nicht das zehnte Lebensjahr vollendet hat, ist für den Schaden, den er bei einem Unfall mit einem Kraftfahrzeug, einer Schienenbahn oder einer Schwebebahn einem anderen zufügt, nicht verantwortlich. Dies gilt nicht, wenn er die Verletzung vorsätzlich herbeigeführt hat.

(3) Wer das 18. Lebensjahr noch nicht vollendet hat, ist, sofern seine Verantwortlichkeit nicht nach Absatz 1 oder 2 ausgeschlossen ist, für den Schaden, den er einem anderen zufügt, nicht verantwortlich, wenn er bei der Begehung der schädigenden Handlung nicht die zur Erkenntnis der Verantwortlichkeit erforderliche Einsicht hat.

Schrifttum: *Ahrens*, Existenzvernichtung Jugendlicher durch Delikthaftung?, VersR 1997, 1064; *Canaris*, Die Verfassungswidrigkeit von § 828 II BGB als Ausschnitt aus einem größeren Problemfeld, JZ 1990, 679; *Goecke*, Die unbegrenzte Haftung Minderjähriger im Deliktsrecht 1997; ders, Unbegrenzte Haftung Minderjähriger? NJW 1999, 2305; *C. Huber*, Das neue Schadensersatzrecht 2003, 147ff; *Looschelders*, Verfassungsrechtliche Grenzen der deliktischen Haftung Minderjähriger, VersR 1999, 141; *Pienitz*, Der Minderjährige im Haftpflichtrecht, 3. Aufl 1970; *Scheffen*, Reformvorschläge zur Haftung von Kindern und Jugendlichen, FS Steffen 1995, 387.

1. Kinder, die das **7. Lebensjahr nicht vollendet** haben, sind für Schäden, die sie verursachen, schlechthin **1** nicht verantwortlich. Maßgebend ist der Zeitpunkt der Vornahme der schädigenden Handlung, nicht der Eintritt des Schadens.

2. a) Kinder und Jugendliche vom **7. bis zum vollendeten 18. Lebensjahr** sind für Schäden, die sie verursa- **2** chen, nicht verantwortlich, wenn sie zZ der schädigenden Handlung die zur Erkenntnis ihrer Verantwortlichkeit erforderliche Einsicht nicht besaßen. Bei der Prüfung des Verschuldens, die genau von der Feststellung des Mangels der erforderlichen Einsicht zu trennen ist (vgl BGH NJW 1979, 864), sind spezifische Eigenheiten ganzer Altersgruppen zu berücksichtigen. Fahrlässiges Verhalten eines Jugendlichen ist daher nur dann zu bejahen, wenn ein Angehöriger seiner Altersgruppe bei Anwendung der im Verkehr erforderlichen Sorgfalt hätte erkennen können, daß sein Handeln zur Verletzung anderer führen könnte oder wenn er – bei Verstoß gegen ein Schutzgesetz iSd § 823 II – hätte erkennen müssen, daß er gesetzwidrig handelte, BGH 39, 281, 283; BGH FamRZ 1965, 132; BGH NJW 1970, 1038; NJW 1984, 1958; NJW 1987, 1947; vgl dazu RGRK/Steffen Rz 8f. Der Minderjährige braucht dabei nicht die Vorstellung zu haben, welche besondere Gefahr droht, sondern nur die Erkenntnis einer allgemeinen Gefahr und eines allgemeinen Schadens, BGH LM § 828 Nr 3. Kritisch zur Abgrenzung Einsicht/Verschulden Soergel/Zeuner Rz 4 im Anschluß an Geilen FamRZ 1965, 401.

2a **b)** Abweichend von dieser Regel des Abs III sieht der mit Wirkung v 1. 8. 2002 eingefügte **Abs II** für den Bereich des **Straßenverkehrs** für Kinder bis zur Vollendung des **10. Lebensjahres** generell den Ausschluß der fahrlässigen Verantwortlichkeit vor. Da Kinder kaum je als Fahrer oder Halter der in der Vorschrift genannten Fahrzeuge in Betracht kommen, liegt ihre eigentliche Bedeutung beim Ausschluß des Mitverschuldens, wenn die Kinder selbst Geschädigte sind. Systematisch gehört die Regelung des § 828 II daher vor allem zu §§ 9 StVG, 4 HaftpflG, 254. Sie greift aber auch dann ein, wenn zB ein Kind durch Spielen auf der Straße einen Kfz-Unfall verursacht. Die Einbeziehung von Unfällen mit einer Schwebebahn erklärt sich aus der Anknüpfung an die Gefährdungshaftungstatbestände des § 1 HaftpflG. Daß Kinder zB als Insassen einer Schwebebahn besondere Defizite bei der Erkenntnis von Gefahren haben, wird man kaum behaupten können. Schon insofern ist der Zweck der Vorschrift nicht genau in ihrem Wortlaut widergegeben. Als Zweck schwebte dem Gesetzgeber der Schutz vor solchen Haftungs- und Schadensrisiken des Kindes vor, die sich aus dessen mangelhafter Einschätzung der Geschwindigkeit im motorisierten Verkehr ergeben (BT-Drucks 14/7752, 27). Die fahrlässige Beschädigung eines parkenden PKW, zB beim Ballspielen, fällt daher nicht unter die Vorschrift (C. Huber aaO § 3 Rz 49ff mit Differenzierungen).

2b Das Haftungsprivileg des Abs II greift nicht ein, wenn das Kind die Verletzung **vorsätzlich** herbeigeführt hat. Wie auch sonst genügt bedingter Vorsatz. Gerechtfertigt ist die Aufhebung des Privilegs nach deren Zweck aber nicht schon, wenn das Kind überhaupt mit Wissen und Wollen gehandelt hat. Unter der vorsätzlichen „Herbeiführung der Verletzung" ist vielmehr auch **der Schaden** zu verstehen, wie im Beispiel des Steinewerfers von der Autobahnbrücke (BT-Drucks 14/7752, 27). Ein solcher Schadensbezug des Vorsatzes wird bisher schon für die Aufhebung des Haftungsprivilegs in der Unfallversicherung bei Jugendlichen angenommen, Hamburg, ZfS 1996, 371. Ebenso für § 828 II S 2 nF C. Huber aaO § 3 Rz 35; Staud/Oechsler Rz 4b, 25, beide mN.

3 **c)** Hat neben dem nach Abs III zurechenbaren Verhalten des Jugendlichen ein **Verschulden des Verletzten** mitgewirkt, kann bei Abwägung nach § 254 die geringere Überlegungsfähigkeit und Besonnenheit des jugendlichen Täters berücksichtigt werden. Entsprechendes gilt, wenn ein Jugendlicher verletzt, eigenes Verschulden aber nach § 254 zur Anrechnung zu bringen ist, vgl BGH 34, 355, 366. Gemeinsames gefährliches Spielen oder Basteln kann aber auch dazu führen, daß sich die Verletzung eines Teilnehmers bei wertender Betrachtung als Verwirklichung einer Selbstgefährdung darstellt. Eine solche Verletzung fällt in das allgemeine Lebensrisiko des Verletzten und nicht in den Schutzbereich der §§ 823ff, BGH NJW 1986, 1865.

4 **3. a)** Die nach § 828 II erforderliche **Einsicht** ist vorhanden, wenn der Täter nach dem Stande seiner geistigen Entwicklung im Zeitpunkt der schädigenden Handlung in der Lage war einzusehen, daß seine Tat allgemein gefährlich, ein Unrecht darstellt und er daher irgendwie für sie einstehen muß, BGH FamRZ 1965, 132; BGH NJW 1979, 864. Der Täter braucht hierbei nicht zu wissen, wie die Vergeltung erfolgt, ob es sich dabei um strafrechtliche Ahndung oder zivilrechtliche Haftung handelt, vgl schon RG 53, 157. Einsicht in diesem Sinne bedeutet nicht, daß der Jugendliche auch die Fähigkeit hat, danach zu handeln. Die Steuerungsfähigkeit ist für die Verschuldensreife nach § 828 III vielmehr unbeachtlich (BGH NJW 1970, 1038), bildet aber ein Merkmal zur Feststellung der Fahrlässigkeit, RGRK/Steffen Rz 6.

5 **b)** Ob die erforderliche Einsicht **zZ der schädigenden Handlung** vorhanden war, kann nur nach der individuellen Entwicklung des einzelnen Täters beurteilt werden. Das schließt die Berücksichtigung allgemeiner Erfahrungssätze nicht aus. So ist zB die Erwägung zulässig, daß in einem bestimmten Alter erfahrungsgemäß die nötige Einsicht für bestimmte Handlungen in der Regel vorhanden zu sein pflege und deshalb auch bei dem Täter, bei dem ein im Verhältnis zum Durchschnitt seiner Altersgenossen geringerer Entwicklungsgrad nicht feststellbar sei, angenommen werden könne, vgl RG Warn Rsp 1912, 13. Annäherung an die obere und untere Altersgrenze allein aber genügt nicht, das Vorhandensein bzw den Mangel der nötigen Einsicht zu begründen, vgl BGH VersR 1970, 374; BGH NJW 1970, 1038; BGH NJW 1987, 1947 einerseits (Deliktsfähigkeit 7- bis 9jähriger); BGH VersR 1959, 732 andererseits (keine Deliktsfähigkeit eines 13jährigen).

6 **4.** Die negative Fassung des **§ 828 III** ergibt, daß es sich dabei um einen **Ausnahmetatbestand** handelt. Die Behauptung der erforderlichen Einsicht gehört daher nicht zur Klagebegründung; insoweit trifft vielmehr den Beklagten die Behauptungs- und Beweislast, vgl BGH NJW 1979, 864. Ist der Mangel der Einsicht nicht behauptet oder bewiesen, ist der jugendliche Täter haftbar wie ein Erwachsener; der Tatbestand der unerlaubten Handlung ist bei ihm objektiv derselbe wie bei Erwachsenen; wie dort trägt daher der **Geschädigte** Behauptungs- und Beweislast für das Verschulden und in diesem Rahmen auch für die Verletzung des altersbedingten typischen Sorgfaltsmaßstabes, BGH NJW 1970, 1038. Zu empirischen Untersuchungen über die Deliktsfähigkeit vgl Wille/Bettge VersR 1971, 878.

7 **5.** Wie bei jeder Schadensersatzpflicht gilt auch bei der Verantwortlichkeit nach § 828 – abgesehen von der Anrechnung eines Mitverschuldens nach § 254 – das Alles- oder Nichts-Prinzip. Dies kann gerade bei Minderjäh-

Unerlaubte Handlungen **§ 829**

rigen dazu führen, daß sie für den Rest ihres Lebens Zahlungspflichten aufgrund ihrer Verantwortung (zB wegen einer fahrlässigen Brandstiftung) ausgesetzt sind, die ihre Leistungsfähigkeit weit übersteigen. Bei Volljährigen erscheint eine derartige Belastung eher hinnehmbar, weil sie durch eine Haftpflichtversicherung vorsorgen können. Minderjährige sind dazu aus eigener Initiative nicht in der Lage, vgl Celle VersR 1989, 709; Canaris JZ 1990, 680. Deshalb wird verstärkt eine Ergänzung des § 828 um eine **Reduktionsklausel** gefordert, vgl hier nur Scheffen, oben vor Rz 1. Auch ohne eine Änderung des Gesetzes wird teilweise eine „ungeschriebene" Reduktionsklausel aus einer Analogie zu § 1629a (vgl Pal/Diederichsen § 1629 Rz 7) oder aus § 242 und dem Gebot verfassungskonformer Auslegung (Canaris JZ 1990, 679ff) vorgeschlagen. Das BVerfG (NJW 1998, 3557) hat eine Vorlage des LG Dessau (NJW-RR 1997, 214) zur Prüfung der Verfassungsmäßigkeit von § 828 wegen dessen vorkonstitutionellen Charakters nicht zur Entscheidung angenommen, aber ebenfalls auf die erwähnten Möglichkeiten zur Milderung von Härten de lege lata hingewiesen, ebenso auf die Restschuldbefreiung nach §§ 286ff InsO. Infolge der Novellierung des Gesetzestextes nach dem 2. SchadensersatzrechtsänderungsG handelt es sich bei § 828 insgesamt um nachkonstitutionelles Recht. Daher stellt sich nunmehr erneut die Frage einer verfassungsgerichtlichen Überprüfung. Vielfach ist die existenzvernichtende Wirkung der Haftpflicht allerdings durch eine korrekte Anwendung des § 76 II Nr 3 SGB IV beim Regreß des Sozialversicherungsträgers gegen den Haftpflichtigen zu vermeiden, Ahrens VersR 1997, 1064. Diese Vorschrift sollte auf den Regreß nach § 67 VVG analog angewandt werden, aA Looschelders VersR 1999, 147. Vgl zu all dem auch Schiemann Karlsruher Forum 1999, 7ff.

829 *Ersatzpflicht aus Billigkeitsgründen*

Wer in einem der in den §§ 823 bis 826 bezeichneten Fälle für einen von ihm verursachten Schaden auf Grund der §§ 827, 828 nicht verantwortlich ist, hat gleichwohl, sofern der Ersatz des Schadens nicht von einem aufsichtspflichtigen Dritten erlangt werden kann, den Schaden insoweit zu ersetzen, als die Billigkeit nach den Umständen, insbesondere nach den Verhältnissen der Beteiligten, eine Schadloshaltung erfordert und ihm nicht die Mittel entzogen werden, deren er zum angemessenen Unterhalte sowie zur Erfüllung seiner gesetzlichen Unterhaltspflichten bedarf.

1. Als **Ausnahme vom Verschuldensprinzip** sieht § 829 vor, daß der Schädiger auch dann haftet, wenn er in einem der Fälle der §§ 823–826 aufgrund der §§ 827f für den Schaden nicht verantwortlich ist. Dies setzt voraus, daß der Schädiger als fiktiv Zurechnungsfähiger objektiv und subjektiv einen der genannten Deliktstatbestände erfüllt hätte, BGH 39, 281, 284. Für Tatbestände außerdeliktischer Haftung gilt die Vorschrift nicht, daher auch nicht beim Zusammentreffen deliktischer mit vertraglicher Haftung (Staud/Oechsler Rz 18, 23), jedoch für die §§ 830ff, die außer § 833 S 1 bei „Luxustieren" nur modifizierte Begehensweisen einer unerlaubten Handlung nach §§ 823–826 enthalten. Bei Anspruchskonkurrenz zwischen Gefährdungshaftung und unerlaubter Handlung ist § 829 gleichfalls anwendbar, BGH 23, 90. Wegen der entsprechenden Anwendung der §§ 827f für die Begründung der Haltereigenschaft für die Gefährdungshaftung (§ 827 Rz 1) ist auch § 829 in diesem Rahmen entsprechend heranzuziehen, Soergel/Zeuner Rz 11. Die Anwendung der Vorschrift ist ferner zu Recht auf folgende Fälle ausgedehnt worden: Wegen völliger Bewußtlosigkeit fehlt es schon an einer „Handlung" (BGH 23, 90, 98; dazu Staud/Oechsler Rz 28ff mN); der Schädiger ist zwar schuldfähig, handelt aber wegen seiner alterstypischen Verhaltensweise nicht fahrlässig (BGH 39, 281; dazu Soergel/Zeuner Rz 11 mN); schließlich gilt § 829 analog auch im Rahmen des § 254 (BGH 37, 102; BGH NJW 1973, 1795; dazu Staud/Schiemann § 254 Rz 44 mN).

2. **Gegenüber § 832** ist die Haftung aus § 829 **subsidiär**. Ob ein aufsichtspflichtiger Dritter nicht vorhanden ist, ob er sich nach § 832 I S 2 entlastet hat oder ob der Anspruch gegen ihn nicht oder nur zum Teil realisierbar ist, ist gleich. Im letztgenannten Falle haften die Aufsichtspflichtige und der Täter als Gesamtschuldner, im Innenverhältnis haftet der Aufsichtspflichtige allein, § 840 II.

3. Voraussetzung des Ersatzes ist, daß die **Billigkeit** ihn „**erfordert**". Maßgeblich hierfür ist eine Abwägung aller Umstände des Falles, nicht nur der ausdrücklich erwähnten (Vermögens-)Verhältnisse der Beteiligten, BGH 127, 186, 192. Dazu gehören die Besonderheiten der Schadensverursachung, BGH 23, 90, 99f; BGH NJW 1980, 1623. Soweit die Verletzung eine billige Entschädigung nach § 253 II für den immateriellen Schaden erfordert, gilt dies genauso für § 829. Die Beschränkung des Schmerzensgeldes im Anwendungsbereich des § 829, wenn der Verletzte aus Gefährdungshaftung volle materielle Entschädigung erhält (vgl. BGH 127, 186, 193), ist durch § 253 II nF mit der Erstreckung des Schmerzensgeldes auf die Gefährdungshaftung überholt. Der angemessene Unterhalt des Schädigers selbst und seiner unterhaltsberechtigten Angehörigen geht der Billigkeitshaftung vor, ebenso die Verpflichtung zum Versorgungsausgleich, MüKo/Mertens Rz 22, 26. Die praktisch im Vordergrund stehende Abwägung der Vermögensverhältnisse führt nur dann zu dem Erfordernis eines Ersatzes, wenn ein wirtschaftliches Gefälle zu Lasten des Geschädigten besteht, BGH NJW 1979, 2096.

Falls die Heranziehung des Schädigers mit Rücksicht auf seine derzeitigen Vermögens- und Einkommensverhältnisse nicht gerechtfertigt erscheint, wohl aber eine solche sich **im Laufe der Zeit** aus Billigkeitsgründen als berechtigt erweisen kann, ist Feststellungsklage möglich, BGH NJW 1979, 2096. Der Urteilsausspruch bedarf dann aber einer Einschränkung, die später eine Schadensabwägung im Rahmen des § 829 ermöglicht, vgl BGH 37, 102, 107. Wenn und soweit Billigkeit eine spätere Heranziehung des Schädigers gestattet, kann der Geschädigte nicht nur die nach Eintritt der Billigkeitsvoraussetzungen fälligen, sondern auch die bereits früher fällig gewordenen Beträge verlangen, RG 169, 394.

4. Hauptproblem des § 829 ist die Frage, ob zu Lasten des Schädigers das **Bestehen einer Haftpflichtversicherung** zu berücksichtigen ist, dazu vor allem Fuchs AcP 191, 318ff; E. Lorenz, FS Medicus 1999, 353ff. Die Akzessorietät der Haftpflichtversicherung gegenüber dem materiellen Haftpflichtanspruch (sog Trennungsgrundsatz, dazu v Bar AcP 181, 289ff) spricht gegen eine Berücksichtigung überhaupt: Die Versicherung dient dazu, den

§ 829   Einzelne Schuldverhältnisse

Schädiger von seiner Haftung freizustellen. Es wird als Zirkelschluß angesehen, daraus zu folgern, daß sich die Haftung nach dem Bestehen einer Versicherung richte, Sieg VersR 1980, 1090; hiergegen aber mit Recht Larenz/Canaris II 2 § 84 VII 1b. Nachdem der Große Senat jedoch die Haftpflichtversicherung beim „billigen Ermessen" zur Bemessung eines Schmerzensgeldes berücksichtigt hatte (BGH 18, 149), war es ein Gebot der deliktsrechtlichen Konsequenz, auch für die Billigkeitshaftung nach § 829 die Haftpflichtversicherung des Schädigers zu beachten. Dies hat die Rspr zunächst bei der Höhe des Anspruchs berücksichtigt, BGH 23, 90, 99f; BGH NJW 1958, 1630; NJW 1979, 2096; zusammenfassend BGH 76, 279 = JR 1980, 459 m Anm Knütel. Freilich ist der Trennungsgrundsatz heute jedenfalls für den Anwendungsbereich des PflVG, vielleicht für alle **Pflichtversicherungen**, nicht mehr rein durchgeführt. Die Pflichtversicherungen haben in der Regel von vornherein die Funktion, neben dem Versicherten auch dessen „Opfer" zu schützen. Wegen dieses Funktionswandels der Haftpflichtversicherung neigt der BGH inzwischen (BGH 76, 279, 283; 127, 186, 191) dazu, eine bestehende Pflichthaftpflichtversicherung auch für den Grund des Anspruchs heranzuziehen. Trotz grundsätzlicher Bedenken gegenüber der Tauglichkeit einer Unterscheidung zwischen Grund und Höhe des Anspruchs (so dezidiert MüKo/Mertens Rz 21, Kötz/Wagner DeliktsR Rz 326ff) hält der BGH (BGH 127, 186, 191) jedoch daran fest, daß jedenfalls das Bestehen einer freiwilligen Haftpflichtversicherung allein nicht die Haftung aus § 829 begründen dürfe. Dies ist kein Ausweg aus der rechtspolitisch unbefriedigenden Lage, da für die sozial besonders relevanten Spielunfälle durch Deliktsunfähige keine Pflichtversicherung besteht, E. Lorenz VersR 1980, 697ff. Die Lösung liegt deshalb eher in einer versicherungsrechtlichen Erweiterung des Deckungsschutzes auf die potentiellen Opfer, Marschall v. Bieberstein BB 1983, 467, 469; Fuchs aaO 338f. Die Einbeziehung der freiwilligen Haftpflichtversicherung in die Vermögensverhältnisse des Schädigers nach § 829 erscheint auch deshalb angemessen, weil der Versicherer bei Abschluß des Versicherungsvertrages ja ohnehin gerade davon ausgeht, daß der Versicherte haftpflichtig werden kann, Larenz/Canaris aaO; im Ergebnis ebenso jetzt E. Lorenz, FS Medicus, 364f. Freilich sollte vermieden werden, daß durch die Verschärfung der Billigkeitshaftung nur das Geldkarussell zwischen den kollektiven Schadensträgern um einen weiteren Posten zu Lasten der Haftpflichtversicherer ergänzt wird.

6   5. Der Geschädigte hat außer den allgemeinen Voraussetzungen des Schadensersatzanspruchs zu **beweisen**, daß der Ersatz von keinem aufsichtspflichtigen Dritten zu erlangen ist, sowie die Voraussetzungen für eine Schadloshaltung nach der Billigkeit.

7   6. Die **Verjährung** des Anspruchs aus § 829 beginnt nicht, bevor der Verletzte von der Unzurechnungsfähigkeit des Täters und davon Kenntnis erlangt hat, daß Ersatz von einem aufsichtspflichtigen Dritten nicht zu erhalten ist, RG 94, 220, 222, vgl dazu auch Rz 4.

830 *Mittäter und Beteiligte*
(1) Haben mehrere durch eine gemeinschaftlich begangene unerlaubte Handlung einen Schaden verursacht, so ist jeder für den Schaden verantwortlich. Das Gleiche gilt, wenn sich nicht ermitteln lässt, wer von mehreren Beteiligten den Schaden durch seine Handlung verursacht hat.
(2) Anstifter und Gehilfen stehen Mittätern gleich.

Schrifttum: *Brambring*, Mittäter, Nebentäter, Beteiligte und die Verteilung des Schadens bei Mitverschulden des Geschädigten, 1973; *Bodewig*, Probleme alternativer Kausalität bei Massenschäden, AcP 185, 506; *Bydlinski*, Mittäterschaft im Schadensrecht, AcP 158, 410; *ders*, Aktuelle Streitfragen um die alternative Kausalität, FS Beitzke, 1979, 3; *Eberl-Borges*, § 830 BGB und die Gefährdungshaftung, AcP 196, 491; *Keuk*, Die Solidarhaftung der Nebentäter, AcP 168, 175; *Kreutzinger*, Die Haftung von Mittätern, Anstiftern und Gehilfen im Zivilrecht, 1985; *Lorenz E.*, Die Lehre von den Haftungs- und Zurechnungseinheiten und die Stellung des Geschädigten in Nebentäterfällen, 1979; *Ries*, Zur Haftung der Nebentäter nach § 830 und § 840 BGB, AcP 177, 543; *Weckerle*, Die deliktische Verantwortlichkeit mehrerer, 1974.

1   1. § 830 regelt **zwei grundlegend verschiedene Fallgruppen**: in einem „strafrechtlichen" Teil (Medicus SchuldR II Rz 931) nach Abs I S 1 und Abs II das bewußte und gewollte Zusammenwirken mehrerer bei einer unerlaubten Handlung, in einem „zivilrechtlichen" Teil (aaO Rz 932) nach I 2 die Unaufgeklärtheit der Schadensentstehung, wenn mehrere unabhängig voneinander einen – insbesondere auch: nur fahrlässige – unerlaubte Handlung begangen haben, die je für sich zur Schadensentstehung geeignet war, ohne daß hinsichtlich irgendeiner dieser Handlungen die Ursächlichkeit für den ganzen Schaden feststeht. In § 830 nicht geregelt ist der Fall der Nebentäterschaft (dazu Rz 5). Eine wichtige Spezialvorschrift zu § 830 I S 2 enthält jetzt § 84 II S 4 AMG.

2   Gemeinsames **Ziel** aller Regelungen des § 830 ist eine **Besserstellung des Geschädigten**, der bei einem einheitlichen Schaden davor bewahrt werden soll, entweder trotz feststehender Fremdverursachung überhaupt keinen Anspruch zu haben (Abs I S 2) oder mehrere Beteiligte nur jeweils zu einem ihrem Tatbeitrag entsprechenden Teil des Schadens heranziehen zu können. Zur Vermeidung dieser Ergebnisse begründet § 830 die Haftung aller Beteiligter als Gesamtschuldner (§ 840). Der **Zurechnungsgrund** ist nur für Abs I S 1 und Abs II eindeutig: Wegen der Willentlichkeit des Gesamtgeschehens und Schwere des Schuldvorwurfs (Bydlinski 430) ist es dem Teilnehmer oder Mittäter zumutbar, auch für den Schaden Ersatz zu leisten, den er nicht selbst herbeigeführt hat. Der Grund für die Belastung mehrerer „Täter" mit dem Risiko der Unaufklärbarkeit nach Abs I S 2 ist hingegen umstritten (Übersicht bei MüKo/Stein Rz 4). Am überzeugendsten dürfte die Begründung sein, daß jeder der mehreren Täter gerade für die Beweisnot des Geschädigten verantwortlich ist: Erst dadurch hat mehr als ein Täter verantwortlich sein können, daß die konkrete Verantwortlichkeit wenigstens eines einzigen unbeweisbar geworden ist. In diesem Gedanken berührt sich § 830 I S 2 mit anderen Fallgruppen deliktischer Haftung wegen erschwerter Beweisbarkeit des Kausalverlaufs, etwa mit der Beweislastumkehr bei fehlerhafter ärztlicher Dokumentation (§ 823 Rz 141). Im Gegensatz hierzu sieht Canaris (Larenz/Canaris II 2 § 82 II 3b) das entscheidende Kriterium der Haftung nach § 830 I S 2 in der konkreten Schadensneigung des Verhaltens, der gegenüber eine Haftungsbe-

freiung ein unverdienter Glücksfall für den Beteiligten wäre. Wegen dieses Ausgangspunktes muß Canaris (aaO c) den Fall des Zusammentreffens eines so gearteten menschlichen Verhaltens mit einem gleichfalls möglicherweise ursächlich gewordenen Zufall ebenso behandeln, den menschlichen Verursacher also haften lassen (so auch Bydlinski, FS Beitzke, 30ff). Dies erscheint jedoch nicht gerechtfertigt, weil dann umgekehrt zum Ausgangspunkt von Canaris die ungeklärte Kausalitätsfrage zu einem Glücksfall für den Geschädigten wird. Ein solches Ergebnis widerspräche dem Grundprinzip für die Schadenstragung: casum sentit dominus. Gerade wegen dieses Prinzips definiert § 830 I S 2 als Schwelle zur Schadensüberwälzung, daß mehrere Beteiligte vorhanden sein müssen. Ablehnend zu Canaris auch Soergel/Zeuner Rz 13, 21.

2. **Mittäterschaft** (Abs I S 1), **Anstiftung** und **Beihilfe** (Abs II) sind iSd §§ 25–27 StGB zu verstehen (allg M etwa BGH 89, 383, 389). Deshalb genügt weder ein Zusammentreffen mehrerer fahrlässiger Handlungen (BGH 30, 203, 206) noch fahrlässige Anstiftung oder Beihilfe (BGH 42, 117, 122; 70, 277, 284), noch Teilnahme an einer fahrlässigen Haupttat (vgl RG 133, 326, 329). Die abweichende Ansicht (insbesondere Deutsch Allg HaftungsR Rz 507) ist schon unter dem Blickwinkel der Einheit der Rechtsordnung abzulehnen. Zudem überzeugt der rechtspolitische Grund für die Privilegierung des Geschädigten gegenüber anderen Opfern einer unerlaubten Handlung gerade (nur), wenn entweder sein Schaden durch das bewußte und gewollte Zusammenwirken mehrerer Täter entstanden ist oder die mögliche Urheberschaft mehrerer zu einer Beweisnot des Geschädigten geführt hat. In der Regel genügt zur Teilnahme und sogar zur Mittäterschaft ein **psychischer oder intellektueller Beitrag** (BGH 63, 124, 126; 105, 121, 133f; 111, 282; BGH NJW 1972, 40, vgl aber Rz 4 aE). Anders als im Strafrecht kann hierbei nach der Rspr wegen der gleichartigen Rechtsfolge uU offenbleiben, ob das Verhalten als Täterschaft oder als Teilnahme zu bewerten ist. Die Tatherrschaft spielt deshalb im Zivilrecht keine entscheidende Rolle. Nicht einmal Kausalität des Tatbeitrags für den Erfolg ist erforderlich. Notwendig folgt aber nach dem Schutzgedanken des § 830 I S 1, II, daß die Mitwirkung wenigstens möglicherweise den Erfolg herbeigeführt hat (Larenz/Canaris II 2 § 82 I 2b; insgesamt kritisch zur „subjektiven Theorie" der Rspr Staud/Belling/Eberl-Borges Rz 22ff, 42f). Ein Exzeß des Haupttäters ist dem Teilnehmer nur zuzurechnen, wenn sich wenigstens dessen bedingter Vorsatz auch auf den Exzeß bezog (Soergel/Zeuner Rz 10 mN). Keine Teilnehmer sind Begünstiger und Hehler.

Vom historischen Gesetzgeber ist § 830 I S 1, II für Fälle wie die **Wirtshausschlägerei** aus dem gemeinen Recht übernommen worden. An **Großdemonstrationen** hat der Gesetzgeber nicht gedacht. Die Anwendung der Vorschrift auf solche Fälle ist freilich nicht schon durch Art 8 GG ausgeschlossen, da das Grundrecht nur friedliche Demonstrationen schützt (BVerfG 69, 315). Hat sich der einzelne Demonstrant friedlich verhalten, genügt für seine Haftung jedoch nicht die Tatsache, daß es zu Ausschreitungen durch **anderen** Teilnehmern gekommen ist (BGH 89, 383, 395). Auch wenn von vornherein mit der Möglichkeit von Gewaltanwendung gerechnet werden mußte, braucht der friedliche Demonstrant auf die Teilnahme nicht zu verzichten, um der Haftung aus § 830 zu entgehen. Aus dieser grundsätzlich vorgezeichneten Einschränkung der Haftung folgert der BGH (391ff), daß selbst die aktiv an Gewalttaten beteiligten Demonstranten nur für diejenigen Schäden haften, die in ihrem **unmittelbaren Aktionsfeld** eingetreten sind. Hinsichtlich der übrigen Schäden gilt, daß von § 830 I S 1, II die Exzesse anderer Tatbeteiligter nicht umfaßt werden (so schon BGH 59, 30, 42; 63, 124, 128; vgl auch schon Rz 3). Diese Rspr, die weithin Zustimmung gefunden hat (MüKo/Stein Rz 13; Soergel/Zeuner Rz 5), sollte zum Überdenken des vielleicht allzu subjektiven Verständnisses der Teilnahme im allgemeinen (Rz 3) Anlaß geben, so auch Staud/Belling/Eberl-Borges Rz 54.

3. § 830 I S 2 greift in den Fällen der **alternativen** und der **kumulativen Kausalität** ein. In beiden Fällen ist jeder der Kausalbeiträge geeignet, den ganzen Schaden herbeizuführen; im ersten Fall bleibt jedoch ungeklärt, ob das Verhalten überhaupt zu dem Schaden geführt hat, und im zweiten Fall läßt sich nicht ermitteln, welcher Schadensanteil auf die einzelne unerlaubte Handlung zurückgeht. Anders als bei § 830 I S 1, II liegt kein bewußtes und gewolltes Zusammenwirken mehrerer vor. Haben mehrere **Nebentäter** selbständig den ganzen Schaden oder je einen abgrenzbaren Teilschaden herbeigeführt, ist § 830 I S 2 **unanwendbar**. Vielmehr liegt dann schon nach allgemeinen Grundsätzen (Kausalität und § 840) bei mehrfacher Verursachung des ganzen Schadens Gesamtschuld, bei Verursachung eines Teilschadens Teilschuld vor (vgl BGH 30, 203).

Maßgebliche Voraussetzung des § 830 I S 2 ist hiernach die **Unaufklärbarkeit der Schadensverursachung**. Alle übrigen Merkmale einer unerlaubten Handlung müssen jedoch vorliegen, also tatbestandsmäßiges, objektiv und subjektiv vorwerfbares Verhalten, und zwar bei allen potentiellen Schädigern (BGH NJW 1994, 932; 1995, 1286). Auch Haftung für vermutetes Verschulden, Billigkeitshaftung und Gefährdungshaftung genügen (BGH 55, 96, 98); ebenso ist die Vorschrift auf eine Pflichtverletzung aus Vertrag (BGH NJW 2001, 2538) oder vorvertraglichem Verhältnis (§ 311 II) anwendbar; bei Zusammentreffen einer unerlaubten Handlung mit der Haftung nach § 906 II S 2 BGH 101, 106; zu differenzierenden Auffassungen insbesondere hinsichtlich der Deliktsfähigkeit Staud/Belling/Eberl-Borges Rz 81. Das Merkmal der Kausalität wird durch die „**Geeignetheit**" für die ungeklärte Herbeiführung des Erfolges ersetzt (BGH 89, 383, 399). Nur wenn zweifelsfrei feststeht, daß der in Anspruch Genommene ein solches das Rechtsgut gefährdendes Verhalten an den Tag gelegt hat, kann § 830 I S 2 zu seinen Lasten angewendet werden. Zusätzlich ist erforderlich, daß **keiner** der Tatbeteiligten **nachweislich** den Schaden verursacht hat; denn § 830 I S 2 knüpft die Haftung daran, daß das gefährdende Verhalten mit einer Beweisnot des Geschädigten zusammenfällt (BGH 67, 14; 72, 355, 358f). Der Geschädigte soll keinen Nachteil dadurch erleiden, daß der Schaden, der ihm durch zurechenbares fremdes Verhalten zugefügt worden ist, nicht nur von einem, sondern von mehreren Schädigern verursacht sein kann. Der Geschädigte soll aber auch keinen Vorteil davon haben, daß zu dem gefährdenden Verhalten außer denjenigen, deren Haftung feststeht, andere Beteiligte beigetragen haben, vgl schon Rz 2 aE.

Nach diesem Grundgedanken der Vorschrift scheidet ein Anspruch aus, wenn der Schaden auch durch **Naturereignisse** oder den **Geschädigten selbst** verursacht worden sein kann (BGH 60, 177, 182; zu Unrecht nicht berück-

§ 830 Einzelne Schuldverhältnisse

sichtigt von BGH NJW 2001, 2538 und dazu kritisch Eberl-Borges NJW 2002, 949; Medicus SchuldR II Rz 933; schon im Ansatz aA Larenz/Canaris II 2 § 82 II 3c). Steht freilich die Quote für die Fremdverursachung fest und bleibt nur unaufklärbar, von wem dieser Anteil an der Gesamtverursachung tatsächlich herbeigeführt worden ist, kann für die Quote mit unaufgeklärter Verursachung § 830 I S 2 angewendet werden, BGH NJW 1994, 932; 1995, 1286. Dasselbe gilt, wenn neben einer selbständigen feststehenden Verursachung eine zusätzliche Verursachung durch mehrere Beteiligte vorliegt, die Zuordnung dieser zusätzlichen Verursachung unter den Beteiligten aber unaufklärbar bleibt (BGH 67, 14, 20; dortiges Bsp: Der Verletzte wird von zwei Personen angestoßen und fällt in einen verkehrspflichtwidrig offenstehenden Schacht; wer den entscheidenden Stoß gegeben hat, läßt sich nicht feststellen). In all diesen Fällen steht fest, daß mindestens einer der Beteiligten die zusätzliche Schadensursache gesetzt haben muß; der Geschädigte darf dann aber nicht den Nachteil davon haben, daß für diesen Verursachungsbeitrag gleich mehrere Beteiligte in Betracht kommen.

8 Eine Beweisnot gerade wegen der Beteiligung mehrerer kann **unabhängig davon** eintreten, **ob** die einzelnen Gefährdungsbeiträge **in räumlichem und zeitlichem Zusammenhang** stehen **oder gleichartig** sind (für beide Merkmale aber die noch zB BGH 55, 86, 94; offengelassen in BGH 101, 106, 112f). Die notwendige Begrenzung des Anwendungsbereichs von § 830 I S 2 ergibt sich bereits aus den oben (Rz 6) dargestellten engen Voraussetzungen (ebenso MüKo/Stein Rz 32; ähnlich Soergel/Zeuner Rz 20; RGRK/Steffen Rz 25; Staud/Belling/Eberl-Borges Rz 103ff).

831 *Haftung für den Verrichtungsgehilfen*

(1) Wer einen anderen zu einer Verrichtung bestellt, ist zum Ersatz des Schadens verpflichtet, den der andere in Ausführung der Verrichtung einem Dritten widerrechtlich zufügt. Die Ersatzpflicht tritt nicht ein, wenn der Geschäftsherr bei der Auswahl der bestellten Person und, sofern er Vorrichtungen oder Gerätschaften zu beschaffen oder die Ausführung der Verrichtung zu leiten hat, bei der Beschaffung oder der Leitung die im Verkehr erforderliche Sorgfalt beobachtet oder wenn der Schaden auch bei Anwendung dieser Sorgfalt entstanden sein würde.

(2) Die gleiche Verantwortlichkeit trifft denjenigen, welcher für den Geschäftsherrn die Besorgung eines der im Absatz 1 Satz 2 bezeichneten Geschäfte durch Vertrag übernimmt.

Schrifttum: *Heiss,* Der dezentralisierte Entlastungsbeweis und die Versuche zu seiner Überwindung, Diss München 1969; *Helm,* Rechtsfortbildung und Reform bei der Haftung für Verrichtungsgehilfen, AcP 166, 389; *Kleindiek,* Deliktshaftung und juristische Person, 1997; *Kupisch,* Die Haftung für Verrichtungsgehilfen (§ 831 BGB), JuS 1984, 259; *Martinek,* Repräsentantenhaftung, 1979; *Medicus,* Zum Anwendungsbereich der Übernehmerhaftung nach § 831 Abs 2 BGB, FS Deutsch, 1999, 291; *Seiler,* Die deliktische Gehilfenhaftung in historischer Sicht, JZ 1967, 525; *Sellert,* Zur Anwendung der §§ 831, 31 BGB auf die Gesellschaft bürgerlichen Rechts, AcP 175, 77; *Steindorff,* Repräsentanten- und Gehilfenversagen und Qualitätsregelungen in der Industrie, AcP 170, 93; *Wicke,* Respondeat Superior, Haftung für Verrichtungsgehilfen im römischen, römisch-holländischen, englischen und südafrikanischen Recht, 2000.

1 **1. Allgemeines. a) Grundgedanke der Vorschrift.** § 831 begründet gemäß dem **Verschuldensprinzip** eine Haftung des Geschäftsherrn für eigenes Verschulden, wenn an seiner Stelle ein Verrichtungsgehilfe tätig geworden ist und den Schaden widerrechtlich verursacht hat. Die Vorschrift fußt hiermit auf einer individualistischen Konzeption: Eine Einstandspflicht für das Verhalten anderer soll sich gegenüber jedermann nicht schon daraus ergeben, daß der Geschäftsherr die Vorteile der Arbeitsteilung nutzt. Darin liegt zugleich der wesentliche Unterschied zur Haftung für Erfüllungsgehilfen nach § 278, die auf der Wertung beruht, daß in einem bestehenden Schuldverhältnis der Schuldner selbst immer der Träger aller für dieses Verhältnis relevanter Pflichten ist. Eine Stellung zwischen § 278 und § 831 nehmen Vorschriften wie §§ 31, 89 (Organhaftung), 3 HaftpflG, 3 BinnSchG, 485, 510 HGB ein: Sie begründen eine Haftung für fremdes Verschulden auch außerhalb von Sonderverbindungen. Diese Vorschriften zeigen, wie wenig selbstverständlich das in § 831 kodifizierte rechtspolitische Prinzip schon im geltenden Deutschen Recht ist. Grundzug der Entwicklung des § 831 seit dem Inkrafttreten des BGB ist denn auch weitgehend die Umgehung der Vorschrift, dazu Rz 3f.

2 Die in § 831 niedergelegten Pflichten des Geschäftsherrn lassen sich als **besondere Verkehrspflichten** begreifen, die sich daraus ergeben, daß der Geschäftsherr ein Gefahrenpotential gerade dadurch geschaffen hat, daß er andere für sich arbeiten läßt. Durch seine herausgehobene Stellung gegenüber dem Gehilfen hat er besondere Möglichkeiten der Gefahrbeherrschung und -vermeidung. Die Rechtsordnung verpflichtet ihn, diese Möglichkeiten auch zu gebrauchen. Deshalb ist er zu sorgfältiger Auswahl, Unterrichtung und Überwachung des Gehilfen angehalten, ferner dazu, dem Gehilfen für dessen Verrichtung keine „Vorrichtungen oder Gerätschaften" zu überlassen, deren Gebrauch vermeidbare Gefahren für Dritte mit sich bringt. Da der Nachweis eines Verstoßes gegen solche Pflichten ohne Einblick in die Organisation und die betriebliche Binnenstruktur des Geschäftsherrn nicht möglich ist, kehrt § 831 I S 2 die **Beweislast hinsichtlich des Pflichtverstoßes und seiner Kausalität** für den Schaden zugunsten des Geschädigten um.

3 **b) Praktische Bedeutung.** Die dem Geschäftsherrn hiernach eröffnete Möglichkeit zum Entlastungsbeweis (**Exkulpation**) ist **heute** auf vielfältige Weise **eingeschränkt**. Der erste von der Rspr beschrittene Weg führt über eine Verschärfung der in § 831 selbst vorausgesetzten Pflichten (dazu Rz 11f, 18ff) und eine vom Schutzzweck der verletzten Pflicht unabhängige Haftung: Nach der Rspr des BGH (NJW 1978, 1681; 1986, 776) braucht sich im Schadensfall nicht derjenige Mangel des Gehilfen ausgewirkt zu haben, den der Geschäftsherr bei der Auswahl oder Überwachung hätte erkennen müssen. Der zweite, praktisch noch wichtigere Weg zur Vermeidung der Exkulpationsmöglichkeit führt über die Erweiterung des Anwendungsbereichs derjenigen Zurechnungsnormen im BGB, die eine Haftung für fremdes Verhalten ohne Exkulpationsmöglichkeit begründen. **§§ 31, 89** werden über den

Wortlaut hinaus auf solche Mitarbeiter der juristischen Person ausgedehnt, die ohne satzungsmäßige Verankerung tatsächlich wichtige Aufgabenbereiche selbständig und eigenverantwortlich erfüllen, RG 157, 228, 236; BGH NJW 1977, 2259; 1984, 921, für angestellte Chefärzte insbesondere BGH 77, 74. In dieselbe Richtung geht die Rspr zum **Organisationsmangel** der Körperschaft, wenn ein verantwortlicher Vertreter für den Bereich der in Frage kommenden deliktischen Verantwortung fehlt, vgl BGH NJW 1980, 2810. Noch bedeutsamer ist die jetzt teilweise durch §§ 241 II, 280 I, 311 II gesetzlich sanktionierte Zurückdrängung des § 831 durch den **§ 278** infolge der Ausdehnung der Schutzpflichten aus Sonderverbindung bei positiver Forderungsverletzung, Vertrag mit Schutzwirkung für Dritte und cic. Schließlich kommt § 831 vielfach wegen der Annahme einer Staatshaftung nach **§ 839, Art 34 GG** nicht zum Zuge, weil die Tatbestandsvoraussetzung der Ausübung eines öffentlichen Amtes immer weiter interpretiert wird. Der dritte Weg zur Vermeidung des § 831 beruht auf der Annahme weitergehender, in **§ 823 I** unmittelbar verankerter Verkehrspflichten des Geschäftsherrn. Hier ist vor allem die Haftung wegen Organisationsverschuldens und wegen der Verletzung von Produzentenpflichten bedeutsam, vgl § 823 Rz 87, 112. Für die Übertragung solcher und anderer Verkehrspflichten auf Dritte ist in der Regel nicht § 831 I einschlägig, sondern ein aus § 823 I zu entwickelnder selbständiger Haftungsgrund, vgl § 823 Rz 85f.

c) Für den **Anwendungsbereich** des § 831 ergibt sich hieraus ie: Neben §§ 31, 89 bleibt für § 831 kein Raum. **4** Wegen der unterschiedlichen dogmatischen Voraussetzungen sind §§ 278 und 831 hingegen je für sich zu prüfen und gegebenenfalls nebeneinander anzuwenden (vgl auch vor § 823 Rz 25f). **§ 254** ist auf den Ersatzanspruch aus § 831 wie auf jeden anderen Schadensersatzanspruch anzuwenden. Innerhalb des § 254 wird auf § 831 – anders als auf § 278 – nicht verwiesen. Da nach der Rspr die Verweisung auf § 278 in § 254 II S 2 nicht für die Entstehung eines Schadens aus unerlaubter Handlung gilt, muß § 831 auf der Seite des Geschädigten wenigstens entsprechend angewendet werden, BGH NJW 1980, 2573. Die hM berücksichtigt jedoch bei der Abwägung zur Bestimmung der Rechtsfolgen von § 254 das bloß vermutete Verschulden nicht. Dies ist inkonsequent, da die Gründe des Gesetzgebers für die Verschuldensvermutung unabhängig von der „Rolle" als Schädiger oder Geschädigter gelten, Staud/Belling/Eberl-Borges Rz 40 mN. Ein Mitverschulden des gesetzlichen Vertreters bleibt hingegen regelmäßig außer Betracht; es kann sich allenfalls durch den hinkenden Gesamtschuldnerausgleich auf den Anspruch des Geschädigten gegen den außenstehenden Schädiger auswirken, vgl § 840 Rz 8. Hinsichtlich des **Verhältnisses zu § 823** ist zu unterscheiden: Neben einer Haftung des Geschäftsherrn aus einer nachgewiesenen oder – soweit möglich (Produzentenhaftung) – vermuteten Verletzung des § 823 ist eine Haftungsbegründung nach § 831 sinnlos und überflüssig, vgl Rz 2. Meistens hat der Geschädigte jedoch neben dem Anspruch gegen den Geschäftsherrn aus § 831 einen selbständigen Anspruch gegen den Gehilfen aus § 823, vgl § 840 II und dazu § 840 Rz 12. Im übrigen ist **Anspruchskonkurrenz** zwischen § 831 und sachlich sich überschneidenden Vorschriften innerhalb und außerhalb des BGB möglich, so mit §§ 701f, ferner mit §§ 3 HaftpflG, 7 StVG, 428, 437, 451, 452, 462, 485f HGB, mit Ansprüchen aus Wettbewerbsrecht, Urheberrecht und gewerblichem Rechtsschutz.

2. Bestellung zu einer Verrichtung. a) Art der Verrichtung. Die Haftung des Geschäftsherrn setzt zunächst **5** eine **Verrichtung des Gehilfen** voraus. Darunter ist jede Tätigkeit zu verstehen, die in Abhängigkeit vom Geschäftsherrn vorgenommen wird, also einfache ebenso wie „höhere" Tätigkeiten (vgl zu letzteren BGH NJW 1978, 1681), faktische Handlungen (BGH 80, 1, 3 für Kfz-Fahrten) wie Rechtsgeschäfte (zur Prozeßvertretung BGH NJW 1962, 1390), entgeltliche wie unentgeltliche Leistungen, grundlegend zum Begriff RG 92, 345, 346.

b) Das Merkmal der Bestellung zu einer Verrichtung weist auf die **Abhängigkeit des Gehilfen** vom Geschäfts- **6** herrn hin. Nach dem Grundgedanken der Vorschrift (Rz 1f) ist eine Haftung des Geschäftsherrn für eigenes Verschulden nur möglich, wenn der Gehilfe in die Herrschafts- und Organisationssphäre des Geschäftsherrn eingegliedert und seinen Weisungen unterworfen ist, vgl insbesondere BGH 45, 311, 313. Diese Abhängigkeit bedeutet nicht, daß der Gehilfe fachlich dem Geschäftsherrn unterlegen oder gar in einem Arbeitsverhältnis von ihm sozial abhängig sein muß. Deshalb können Architekt und Bauunternehmer ausnahmsweise Verrichtungsgehilfen des Bauherrn sein, wenn sie auf dessen Geheiß handeln, vgl auch BGH NJW 1956, 1715; MüKo/Stein Rz 27. Auch ein selbständiges Unternehmen, zB eine GmbH, kann demnach Verrichtungsgehilfe sein, sofern es in einer gewissen Abhängigkeit zu einem „Geschäftsherrn" steht, so daß dieser im Prinzip alle Tätigkeiten des Unternehmens beschränken, unterbinden oder nach Zeit, Art und Umfang näher bestimmen kann, BGH WM 1989, 1047. Der BGH (BB 1957, 306) hat sogar den **Rechtsanwalt** im Rahmen einer Prozeßvertretung als Verrichtungsgehilfen des Mandanten angesehen, jedoch kaum mit Recht, da der Anwalt als unabhängiges Organ der Rechtspflege seine Aufgabe selbständig gegenüber dem Auftraggeber erfüllt (Soergel/Zeuner Rz 20 mN; Jauernig/Teichmann Rz 6). Zur Haftung für einen Anwalt vgl auch BGH NJW 1962, 1390 (Ehrverletzung in einem Schriftsatz), BGH 74, 281 (sittenwidrig unterlassene Berichtigung eines Dienstzeugnisses).

Die **Abgrenzung** zwischen Gehilfenstellung nach § 831 und selbständiger Aufgabenerfüllung läßt sich demnach **7** nicht formelhaft, sondern **nur typisierend** vornehmen. Am einen Ende der Möglichkeiten zur Einschaltung Dritter ist festzustellen: Eine Eingliederung in die Herrschafts- und Organisationssphäre des Geschäftsherrn fehlt jedenfalls, wenn ein selbständiger Unternehmer oder Handwerker die geschuldete Werkleistung in eigener Verantwortung erbringt, BGH 26, 152, 159. Führt der Werkunternehmer nur eine Weisung des Bestellers aus, kann er hingegen im Bereich des angewiesenen Verhaltens bereits Verrichtungsgehilfe sein, vgl Rz 6. Das von der Rspr in diesem Zusammenhang verwendete Kriterium für die Gehilfeneigenschaft, daß der Geschäftsherr die Tätigkeit des unmittelbar Handelnden **jederzeit beschränken oder** durch Widerruf der Bestellung **beenden** könne (BGH 45, 311, 313), erscheint wegen der Kündigungs- und Weisungsrechte des Gläubigers gegenüber selbständigen Schuldnern von Dienstleistungen wenig tauglich, vgl §§ 649, 665, 671 I, 675. Am anderen Ende der Einordnungsskala liegt Abhängigkeit nach § 831 jedenfalls vor, wenn der Gehilfe **Arbeitnehmer** ist und keine leitende Funktion im Betrieb des Geschäftsherrn wahrnimmt, vgl für Krankenhausärzte BGH NJW 1978, 1681, anders (§ 31) für den Chefarzt BGH NJW 1980, 1901. Die angestellte Hebamme ist daher Verrichtungsgehilfin des Krankenhausträgers,

§ 831   Einzelne Schuldverhältnisse

hingegen des Arztes nur bei ärztlicher Tätigkeit auf dessen Weisung, BGH NJW 2000, 2737. Erfüllt der Gehilfe Leitungsaufgaben, gehört er zu den „faktischen" Organen in Erweiterung des § 31, vgl Rz 3. Den Arbeitnehmern gleich stehen haftungsrechtlich freie Mitarbeiter, wenn sie nach Weisungen tätig werden, zB Testesser für einen Restaurantführer, BGH WM 1998, 257; 862. – Eingehende Kasuistik zur Abgrenzung des Verrichtungsgehilfen von der selbständigen Wahrnehmung bestimmter Aufgaben bei RGRK/Steffen Rz 21; Staud/Belling/Eberl-Borges Rz 66, beide mN.

8   c) Die **Bestellung** zu der Verrichtung braucht nicht durch Rechtsgeschäft erfolgt zu sein. Eine rechtsgeschäftlich unwirksame Übertragung der Aufgabe genügt ebenso wie die tatsächliche Betrauung, RGRK/Steffen Rz 17, Soergel/Zeuner Rz 26. Immer ist jedoch ein Wille des Geschäftsherrn zur Übertragung der Verrichtung erforderlich. Eine Begründung der Gehilfeneigenschaft durch Gesetz genügt deshalb nicht, so beim gesetzlichen Vertreter, RG 132, 76, 80, Insolvenzverwalter oder Testamentsvollstrecker, BGH 21, 285; BGH VersR 1957, 297; vgl auch BGH NJW 1979, 864 zur Erfüllung der Aufgaben von öffentlichen Körperschaften im übertragenen Wirkungskreis.

9   Die Bestellung kann **durch Zwischenpersonen** erfolgen, wenn die Bestellung in deren Geschäftskreis liegt, RG JW 1912, 296; vgl aber zum dezentralisierten Entlastungsbeweis Rz 21. Daß die Verrichtung einem Dritten zugute kommt, genügt jedoch nicht, um diesen Dritten auch zum Geschäftsherrn zu machen. Geschäftsherr bleibt vielmehr, wer die Aufsichts- und Weisungsbefugnisse hat, RG 170, 321 (sogar bei gemeinschaftlicher Dienstanweisung durch den Arbeitgeber und den Dritten, zweifelhaft, vgl MüKo/Stein Rz 40). Kann der begünstigte Dritte weder auf die Auswahl des Gehilfen Einfluß nehmen noch ihm Weisungen erteilen, ist allein der Arbeitgeber Geschäftsherr, BGH 80, 1, 3. Liegt ein echtes oder unechtes Leiharbeitsverhältnis vor, wird der Entleiher Geschäftsherr, da ihm das Direktionsrecht zusteht, Soergel/Zeuner Rz 22; BGH VersR 1974, 243; anders BAG NZA 1989, 340 für den Fall, daß der Verleiher für den Bereich, in dem die Rechtsverletzung geschah, weisungsbefugt geblieben ist. Sind Ver- und Entleiher beide weisungsbefugt, können sie ausnahmsweise beide Geschäftsherren sein, BGH Zeitschr für dt und internationales BauR 1995, 133; MüKo/Stein Rz 40.

10 Gleichordnung und nicht Unterordnung prägt das Verhältnis unter **Gesellschaftern** und **Gemeinschaftern**. Sie sind daher nicht wechselseitig Verrichtungsgehilfen, auch wenn sie ausnahmsweise nach Weisungen anderer Gesellschafter oder Gemeinschafter handeln, BGH 45, 311, 313; für die Erbengemeinschaft ebenso Staud/Belling/ Eberl-Borges Rz 66 („Personen-/Organgemeinschaften"). Für alle Gesellschaften, die als solche im Geschäftsverkehr auftreten und ein Gesamthandsvermögen haben, kommt jetzt (nach der Anerkennung der Rechtsfähigkeit der Gesellschaft bürgerlichen Rechts, BGH 142, 315) zur Begründung der Haftung des Gesamthandsvermögens nur noch eine Analogie zu § 31 in Frage, die dann bereits § 831 ausschließt (vgl Rz 4), während Grundlage der persönlichen Haftung der Gesellschafter § 128 HGB (analog) ist, vgl ie Habersack BB 2001, 477ff. Daraus darf jedoch nicht im Umkehrschluß gefolgert werden, daß bei anders organisierten Gesellschaften § 831 für das Verhältnis der Gesellschafter anwendbar wäre.

11 **3. In Ausführung der Verrichtung. a) Abgrenzung zum Handeln „bei Gelegenheit".** Verhalten **in Ausführung** der Verrichtung bedeutet nach der Rspr, daß die widerrechtliche unerlaubte Handlung in einem „unmittelbaren inneren Zusammenhang" mit der Verrichtung steht, zu welcher der Gehilfe bestellt worden ist, zB BGH NJW 1971, 31. Gegenbegriff ist – wie bei § 278 – das Verhalten **bei Gelegenheit** der Verrichtung. Vorsätzliche unerlaubte Handlungen des Gehilfen sind deshalb in der Regel dem Geschäftsherrn nicht zuzurechnen, vgl BGH 11, 151, 153; BGH NJW-RR 1989, 723. Gehört aber zB die Obhut über einen vom Gehilfen unterschlagenen oder gestohlenen Gegenstand gerade zu dessen Aufgaben, ist der Geschäftsherr für das vorsätzliche Vergehen des Gehilfen verantwortlich, BGH 11, 151; 24, 188, 197. Wie hieran deutlich wird, kommt es zur Abgrenzung der Verantwortungssphäre des Geschäftsherrn hinsichtlich der konkreten Tätigkeit des Gehilfen ebenso wie hinsichtlich seiner allgemeinen Aufgabenbeschreibung (Rz 7) auf die begriffliche **Ableitung aus dem Pflichtprogramm des Geschäftsherrn**: Ist es dem Geschäftsherrn nach den für die Verkehrspflichten allgemein geltenden Gesichtspunkten (§ 823 Rz 80) zuzumuten, den Geschädigten vor widerrechtlichem Verhalten eines von ihm eingeschalteten Dritten zu bewahren, dann ist dieser Dritte Verrichtungsgehilfe und die Schädigung erfolgt „in Ausführung" der Verrichtung, grundlegend hierzu MüKo/Stein Rz 27–29, vgl auch RGRK/Steffen Rz 23. Daher kann zB die vorsätzliche sittenwidrige Schädigung durch den Gehilfen dem Geschäftsherrn zugerechnet werden, wenn der Gehilfe eine Auskunft, deren Erteilung er bestellt ist, gerade so erteilt oder unterläßt, daß dadurch die Schädigung bewirkt wird (BGH VersR 1968, 92: betrügerische Kreditauskunft durch den Angestellten einer Auskunftei). Entsprechendes gilt, wenn zB ein Testesser vorsätzlich falsche Angaben für einen Restaurantführer macht (BGH WM 1998, 862); vgl auch BGH NJW 1979, 1882 – insoweit in BGH 74, 281 nicht abgedruckt – zum Unterlassen der Berichtigung eines falschen Dienstzeugnisses durch einen Rechtsanwalt, sowie hierzu Rz 6. Auch eine willkürliche oder irrtümliche **Überschreitung der Grenzen des Auftrags** an den Gehilfen braucht die Verantwortlichkeit des Geschäftsherrn nicht auszuschließen, soweit er entweder von vornherein den Auftrag genauer hätte fassen oder durch ausreichende Überwachung die Überschreitung hätte verhindern können, vgl BGH 11, 151, 153; 49, 19, 23; BGH NJW 1971, 31. Entscheidend ist also wiederum nicht die ontologische Zuordnung der Schädigung zum Aufgabenbereich des Gehilfen, sondern ein Urteil über die Einwirkungsmöglichkeiten des Geschäftsherrn. Für noch weitergehende Haftung des Geschäftsherrn bei Vorsatz des Gehilfen Larenz/Canaris II 2 § 79 III 2d; hiergegen aber Staud/Belling/Eberl-Borges Rz 83.

12 b) Die wichtigste Fallgruppe, für die ein Handeln „in Ausführung" der Verrichtung diskutiert wird, ist die Schädigung durch den **Fahrer eines Kfz**, der sich nicht weisungsgemäß verhalten hat. Die Rspr hat § 831 zB in folgenden Fällen bejaht: Schädigung anderer Verkehrsteilnehmer durch das Schleudern eines Anhängers, den der Fahrer für eine ihm übertragene Fahrt trotz Verbots durch den Geschäftsherrn benutzt hatte, BGH NJW 1971, 31; wei-

sungswidrige Ausdehnung einer Probefahrt vom Werkshof auf die öffentliche Straße, OGH VRS 2, 374; Umweg auf einer erlaubten Fahrt, BGH VersR 1955, 345, vgl auch Rz 20 zu den Überwachungspflichten des Arbeitgebers. Abgelehnt wird hingegen im allgemeinen die Haftung des Geschäftsherrn bei Schwarzfahrten, BGH 1, 388, 390f; BGH NJW 1971, 31; RG 119, 58, 60, kritisch hierzu MüKo/Stein Rz 50. BGH NJW 1965, 391 stellt der Schwarzfahrt die verbotswidrige Mitnahme eines Bekannten auf eine Dienstfahrt gleich (anders noch RG JW 1909, 358). Möglich bleibt hiernach allerdings eine Haftung des Geschäftsherrn, wenn er die **Schwarzfahrt** schuldhaft ermöglicht hat, als Halter nach § 7 III StVG sowie wegen Verletzung seiner allgemeinen Verkehrspflicht nach § 823 I, Soergel/Zeuner Rz 29 mN Fn 27.

4. Andere Haftungsvoraussetzungen. a) Das Merkmal der **Widerrechtlichkeit** der Schadenszufügung enthält zugleich die gesetzliche Aussage, daß Verschulden des Gehilfen für § 831 nicht erforderlich ist. Dies ist gerechtfertigt im Hinblick auf solche Fälle, in denen durch das Verschulden des Geschäftsherrn ein Gehilfe gehandelt hat, der nicht deliktsfähig ist oder dem infolge mangelnder Kenntnisse, Fertigkeiten oder Instruktionen aus seinem Fehlverhalten kein Vorwurf gemacht werden kann. Gerade wegen des mangelnden Verschuldens des Gehilfen erscheint hier der Geschäftsherr selbst in besonderem Maße verantwortlich. Wenn hingegen auch dem Geschäftsherrn kein Verschuldensvorwurf gemacht werden könnte, falls er selbst anstelle des Gehilfen und in derselben Weise wie dieser gehandelt hätte, dann fehlt ein sinnvoller **Verantwortungszusammenhang** zwischen der mangelnden Auswahl, Aufsicht oder Anleitung des Gehilfen und dessen rechtswidriger Verletzung eines Rechtsguts des Geschädigten, RG JW 1936, 2394. Zum selben Ergebnis ist BGH (GS) 24, 21 dadurch gekommen, daß er wegen der Annahme eines Rechtfertigungsgrundes des verkehrsrichtigen Verhaltens schon die Widerrechtlichkeit der Verletzung durch den Gehilfen verneint hat. Diese Konstruktion ist jedoch abzulehnen (dazu § 823 Rz 8). Außerdem schießt sie über das Ziel hinaus, weil dann auch bei verkehrsgerechtem Verhalten des Gehilfen trotz fehlerhafter Vorrichtungen oder Gerätschaften des Geschäftsherrn die Haftung ausscheiden müßte, RGRK/Steffen Rz 31. Bei **schuldlosem** Verhalten des Gehilfen wird der Geschäftsherr regelmäßig nachweisen können, daß der Schaden auch bei sorgfältiger Auswahl des Gehilfen entstanden wäre (Abs I S 2 aE), vgl BGH 12, 94, 96; BGH VersR 1975, 447 und Medicus BürgR Rz 782; ablehnend dazu Larenz/Canaris II 2 § 79 III 2c Fn 48. Hiermit trägt der Geschäftsherr allerdings die Beweislast für die Schuldlosigkeit des Gehilfen. Geht man davon aus, daß den Geschäftsherrn in der entsprechenden Situation anstelle des Gehilfen kein Verschulden träfe, erscheint diese beweisrechtliche Privilegierung aber nicht angemessen: Hätte es der Geschädigte allein mit dem Geschäftsherrn als unmittelbarem „Täter" zu tun, müßte er das Verschulden des Täters als Haftungsvoraussetzung des § 823 I beweisen. Vorzugswürdig ist daher die Auffassung, in **einschränkender Auslegung** des Wortlauts von § 823 I das Verschulden des Gehilfen als Regelvoraussetzung der Geschäftsherrnhaftung anzusehen, so daß der Geschädigte dieses Verschulden beweisen muß, vgl Soergel/Zeuner Rz 32; Kupisch JuS 1984, 250, 252f mN, anders aber BGH NJW-RR 1992, 533; NJW 1996, 3205.

b) Bei der Möglichkeit, daß **mehrere Verrichtungsgehilfen** für den Schaden verantwortlich sind, braucht der Verletzte den genauen Nachweis hinsichtlich der Person des Schädigers nicht zu führen. Es genügt, daß er den Schadensfall so darlegt, daß daraus eine fehlerhafte Tätigkeit irgendeiner Hilfsperson hervorgeht. Der Geschäftsherr hat sich dann in vollem Umfange zu entlasten und einen spezifizierten Entlastungsbeweis zu erbringen, vgl RG 159, 283, 290f; BGH NJW 1973, 1602; Staud/Belling/Eberl-Borges Rz 100 mN.

c) Geschädigter „**Dritter**" iSd Vorschrift kann jeder sein außer dem Geschäftsherrn und dem Verrichtungsgehilfen selbst, insbesondere ein anderer Angestellter desselben Geschäftsherrn, auch wenn er selbst auftragsgemäß an der Verrichtung beteiligt ist, RG JW 1912, 296. Für Personenschäden kommen solche Ansprüche freilich schon wegen der Haftungsersetzung nach §§ 104f SGB VII nur ganz ausnahmsweise in Betracht, vgl vor § 823 Rz 9.

5. Entlastungsbeweis. Der charakteristischste Teil der Regelung des § 831 ist die Möglichkeit des Entlastungsbeweises nach Abs I S 2. Der Geschäftsherr kann ihn führen durch den Nachweis gehöriger Auswahl, Anleitung und Überwachung des Gehilfen, sorgfältiger Beschaffung von Vorrichtungen und Gerätschaften oder fehlender Kausalität des Sorgfaltsverstoßes für den Schaden. Diese Beweisregelung verweist auf die besonderen materiellen Verkehrspflichten des Geschäftsherrn, der sich eines andern bedient. Da es um eine Verschuldenshaftung des Geschäftsherrn geht, kann er sich auch durch den Nachweis seiner eigenen **Deliktsunfähigkeit** entlasten.

a) Schon bei der **Auswahl** des Gehilfen gilt wie bei den Verkehrspflichten des Geschäftsherrn im allgemeinen ein flexibler Pflichtmaßstab, BGH VersR 1983, 668 mN. Er ist um so strenger, je größer das Gefahrenpotential der Verrichtung ist. Für eine untergeordnete Tätigkeit ohne besondere Gefahren wird die Prüfung der körperlichen und der allgemein fachlichen Zuverlässigkeit der bestellten Person in der Regel genügen. Bei gefahrträchtigen Tätigkeiten wie derjenigen als Kfz-Fahrer (BGH VersR 1958, 29; 1970, 327) oder als Arzt (BGH NJW 1978, 1681; vgl aber auch Rz 19, 26) muß sich der Geschäftsherr nicht nur von den Fachkenntnissen überzeugen, sondern auch von den persönlichen Eigenschaften des Gehilfen wie Charakterstärke und Besonnenheit. Für die **charakterliche Beurteilung** können auch solche Tatsachen relevant sein, die mit der technischen Seite der zu übernehmenden Verrichtung nichts zu tun haben, zB die Bestrafung wegen Meineids bei einem Kraftfahrer, RG JW 1931, 3340. Auf die positiven Aussagen in den vorgelegten **Zeugnissen** allein darf sich der Arbeitgeber nicht verlassen, RG JW 1935, 2043. Ob Rückfragen bei früheren Arbeitgebern verlangt werden können (RG Warn Rsp 1933, 97), ist angesichts des heutigen Standards des Persönlichkeitsschutzes von Arbeitnehmern zweifelhaft (aA Köln NJW-RR 1997, 471; Pal/Thomas Rz 13). Fragen an den einzustellenden Arbeitnehmer selbst müssen aber arbeitsrechtlich in dem Maße zulässig sein, wie sie für die Pflichten des Arbeitgebers aus § 831 relevant sind. Genügt das vor der Einstellung gewonnene Bild nicht zur Beurteilung, kann eine Erprobung erforderlich sein. Je undeutlicher das Ergebnis der Überprüfung bei der Einstellung ist, um so höher sind die Anforderungen an die Überwachung (Rz 18). Entsprechende Anforderungen wie für Kfz-Fahrer sind an die Auswahl von Bahnbediensteten (BGH NJW 1955, 1314) oder Straßenbahnfahrern (BGH NJW 1964, 2401) zu stellen.

§ 831 Einzelne Schuldverhältnisse

18 b) Eine Pflicht des Geschäftsherrn zu laufender **Aufsicht und Überwachung** des Gehilfen ist im Wortlaut des § 831 nicht vorgesehen. Die „Auswahl" nach § 831 I S 2 erschöpft sich jedoch nicht in dem einmaligen Vorgang der Einstellung. Vielmehr liegt eine Auswahl auch in der jeweiligen Entscheidung des Geschäftsherrn, gerade in die fragliche Verrichtung den Gehilfen einzuschalten, vgl schon RG 87, 1, 4; 128, 149, 153 gegen die frühere Rspr. Die Pflicht zu sorgfältiger Auswahl ist somit auf den **Zeitpunkt der Schädigung** zu beziehen, BGH 8, 239, 243. Dies kann sich auch zugunsten des Geschäftsherrn auswirken, wenn ein vor langer Zeit ohne die erforderliche Sorgfalt ausgewählter Mitarbeiter durch lange Bewährung nunmehr als tauglicher Gehilfe erscheint, Medicus BürgR Rz 812; Staud/Belling/Eberl-Borges Rz 98. Die allgemeine Überwachungspflicht ist zu unterscheiden von der besonderen in § 831 I S 2 vorgesehenen Leitungspflicht, Rz 22. Diese bestimmt sich nach der Art der Arbeit, die Aufsichtspflicht dagegen nach der Person des Verrichtungsgehilfen.

19 Einen milderen Maßstab der Geschäftsherrnpflichten hat der BGH (insbesondere BGH 1, 383) zunächst für die Einschaltung **angestellter leitender Ärzte** angenommen: Sorgfältige Auswahl genüge, laufende Überwachung sei dem nicht fachkundigen Geschäftsherrn danach nicht mehr zuzumuten. Diese Rspr ist jedoch durch die billigenswerte Behandlung leitender Ärzte als faktische Organe überholt, vgl Rz 3. Hinsichtlich nachgeordneter Ärzte und ärztlichen Hilfspersonals gilt hingegen eine besonders strenge Pflicht zu laufender Aufsicht und Überwachung (vgl für Assistenzärzte BGH NJW 1978, 1681; für Krankenschwestern und Schwesternhelferinnen BGH NJW 1959, 2302; 1979, 1935; für weisungsabhängige Hebammen BGH VersR 1964, 948; NJW 2000, 2737; berechtigterweise weniger streng für diensthabende Stations- und Ambulanzärzte BGH NJW 1989, 769). Auch der Umgang der Gehilfen mit medizinischen Geräten bedarf der Kontrolle und Überwachung, BGH VersR 1960, 371; 1979, 844. Ein über das bloße Überwachungsverschulden hinausgehendes **Organisationsverschulden** nach § 823 liegt vor, wenn Ärzte unmittelbar im Anschluß an anstrengenden Nachtdienst zu schwierigen Operationen eingeteilt werden. BGH NJW 1986, 776 würdigt diesen Sachverhalt jedoch nach § 831 I S 2. Dies steht in Widerspruch zum Ansatz des BGH im Fall einer Anfängeroperation, BGH 88, 248, 256f: Betrauung des unerfahrenen Operateurs als **Behandlungsfehler** des leitenden Arztes (vgl § 823 Rz 133, für Organisationsverschulden nach § 823 I auch BGH NJW 1985, 2189 bei personeller Unterversorgung der Anästhesiologie). Die selbständige Haftungsbegründung mit einem Organisationsverschulden oder einem organisatorischen Behandlungsfehler läßt keinen Raum für die Entlastung hinsichtlich des Einsatzes des unterqualifizierten oder überbeschäftigten Arztes, wohl aber für den Gegenbeweis fehlender Kausalität des Behandlungsfehlers oder Organisationsmangels für den Schaden.

20 Besondere Bedeutung hat die Überwachungspflicht wiederum bei angestellten **Kraftfahrern**. Nach Möglichkeit ist der Fahrer in seiner Fahrweise durch Mitfahren oder Kontrollfahrten zu überwachen, BGH VersR 1966, 364; 1970, 327; 1984, 67; 1997, 2756. Bei sorgfältiger Auswahl und langjähriger Bewährung mag auch das langfristige unfallfreie und verkehrsrechtlich unbeanstandete Fahren zusammen mit dem persönlichen Eindruck und der Auswertung des Fahrtenschreibers genügen, BGH VersR 1961, 330; 1984, 67.

21 c) Der Entlastungsbeweis paßt im Grunde nur auf kleine, leicht überschaubare Verhältnisse, nicht aber bei **Großbetrieben**, in denen es den Unternehmern nicht möglich und nicht zumutbar ist, das ganze Personal selbst auszuwählen und zu beaufsichtigen, diese Aufgabe vielmehr höheren Angestellten übertragen ist. Hier ließ die Rspr mindestens früher den sog **dezentralisierten Entlastungsbeweis** zu, wonach der Geschäftsherr sich entlasten kann durch den Nachweis sorgfältiger Auswahl der mit Personalaufsicht betrauten höheren Angestellten, BGH 4, 1; BGH VersR 1964, 297. Später ist der BGH (NJW 1968, 247; 1973, 1602) von dieser Entlastungsmöglichkeit für den Geschäftsherrn abgerückt. Rechtspolitisch ist der dezentralisierte Entlastungsbeweis bedenklich; denn er privilegiert das Großunternehmen, während der Entschluß des Gesetzgebers gegen eine unbedingte Einstandspflicht ohne Entlastungsbeweis überhaupt gerade mit Rücksicht auf kleine und mittlere Betriebe gefaßt worden ist, vgl Prot Mugdan II 1094. Im Bereich der **Produzentenhaftung** hat die Rspr inzwischen (seit BGH 51, 91) die Verkehrspflichten zur Vermeidung von Produktfehlern definitiv dem Unternehmer selbst auferlegt, der das Produkt in den Verkehr gebracht hat. Hiermit bleibt im Zusammenhang der Produzentenhaftung kein Anwendungsbereich mehr für § 831. Auch der Ausbau der Haftung nach § 823 I wegen eines betrieblichen **Organisationsmangels** (Rz 25f) betrifft vorzugsweise gerade Fehler, die innerhalb eines größeren Betriebes entstanden sind. Teilweise wird denn auch der dezentralisierte Entlastungsbeweis davon abhängig gemacht, daß zuvor der Nachweis ausreichender Organisation geführt worden ist (Jauernig/Teichmann Rz 13). Beim gegenwärtigen Stand der Rspr ist aber kaum ein Fall vorstellbar, in dem das Fehlverhalten eines Gehilfen in Ausführung einer Verrichtung nicht auf einen Organisationsmangel zurückgeführt werden kann (ähnlich Kleindiek, vor Rz 1, 311ff). Es scheint bei alledem nicht übertrieben, den dezentralisierten Entlastungsbeweis insgesamt als überholt anzusehen (vorsichtiger aber zB MüKo/Stein Rz 67). Nur in der dogmatischen Konstruktion, kaum in den praktischen Ergebnissen weichen diejenigen Stellungnahmen vom hier vertretenen Standpunkt ab, die das Organisationsverschulden des Geschäftsherrn als Teil der Verkehrspflicht des Geschäftsherrn in § 831 I zurückverlagern wollen, eine Exkulpationsmöglichkeit hierfür aber nicht zulassen, vgl Staud/Belling/Eberl-Borges Rz 122.

22 d) Die **Leitungspflicht** nach § 831 I S 2 ist nicht mit der allgemeinen Organisations- und Aufsichtspflicht des Geschäftsherrn zu verwechseln, steht ihr freilich nahe. Sie bezieht sich auf die konkrete Verrichtung, bei der es zum Schaden gekommen ist, zB die Abfüllung von Öl durch einen dazu beauftragten Kraftfahrer (BGH NJW 1972, 42), das Verhalten des Linienbuspersonals beim Ein- und Aussteigen von Fahrgästen (BGH VersR 1969, 518), die Verhütung einer Übermüdung eines Fernfahrers, BGH LM Nr 3 zu § 831 (Fc). Die erforderliche Leitung kann in mindestens zeitweiliger persönlicher Präsenz des Geschäftsherrn bestehen oder auch nur – wie meist – in genauen Dienstanweisungen und Richtlinien. Auch der Umfang der Leitungspflicht ist nach den Umständen des Einzelfalles zu bestimmen, RG Recht 24, 27.

23 e) Zu den **Vorrichtungen** gehört die Vorbereitung der Arbeitsstätte selbst, so beim Eisenbahnbetrieb der Gleisanlagen. Zu den **Gerätschaften** zählen zB Material für Baugerüst und Bauzaun, ferner Leitern, Laternen zur nächtlichen Beleuchtung von Baustellen; bei Verrichtungen von Fahrleuten und Kraftfahrern zunächst einmal Pferd und Fahrzeug selbst, vgl BGH VRS 5, 85; ferner zB Zaumzeug und Leine, vgl BGH VersR 1954, 531; Laternen zur Beleuchtung des Fahrzeugs, Schneeketten usw. Vor allem hat der Geschäftsherr für die Verkehrssicherheit des vom Gehilfen zu fahrenden Fahrzeugs zu sorgen, BGH VersR 1953, 117.

f) Der **Nachweis** (keinesfalls: die Darlegung der bloßen Möglichkeit, RG 159, 312, 315) **fehlender Kausalität** 24 des Sorgfaltsverstoßes für den Schaden hat nur geringe Bedeutung, wenn man entgegen der Rspr beim fehlenden Verschulden des Verrichtungsgehilfen schon die allgemeinen Voraussetzungen der Geschäftsherrnhaftung verneint, Rz 13. Insbesondere der Nachweis, daß die Schädigung nicht auf der mangelnden Eignung, sondern auf einem andersartigen Fehlverhalten des Gehilfen beruht, entlastet den Geschäftsherrn nach Abs I S 2 aE nicht (allg M). Als Anwendungsfall dieser Entlastungsmöglichkeit bleibt hiernach im wesentlichen, daß der Geschäftsherr den Gehilfen **auch bei sorgfältiger Überprüfung ausgewählt** hätte, sei es, daß die Unterlagen, die der Geschäftsherr fahrlässigerweise nicht herangezogen hat, den Gehilfen als geeignet hätten erscheinen lassen (RG JW 1921, 526), sei es, daß für die Tätigkeit am Arbeitsmarkt kein geeigneterer Bewerber zu haben gewesen wäre.

6. Von § 831 nicht erfaßte Aufsichts- und Organisationspflichten. Nicht nur die Leitungspflicht (Rz 22), 25 sondern auch die Aufsichts- und Überwachungspflicht (insbesondere Rz 19) steht den **Organisationspflichten** und verwandten Verkehrspflichten nahe, die den Geschäftsherrn unmittelbar aus § 823 I treffen. Primärer Haftungsgrund ist hier nicht, daß der Geschäftsherr ein Gefahrenpotential durch die Betrauung eines Dritten mit Aufgaben geschaffen hat. Vielmehr geht die Haftung darauf zurück, daß **der Geschäftsherr selbst** durch die Teilnahme am allgemeinen Verkehr oder die Schaffung einer gefahrträchtigen Organisation andere mit einer Gefahr in Berührung gebracht hat. Deshalb paßt § 831 für diese Haftung nicht, vgl schon Rz 3 und grundsätzlicher hierzu Kleindiek aaO 292ff; Brüggemeier, Prinzipien des HaftungsR 1999, 117ff. Überträgt der Verkehrspflichtige die Wahrnehmung der Pflicht – soweit dies zulässig ist – auf Dritte, so ist auch die fortbestehende Verantwortlichkeit des Verkehrspflichtigen nach § 823 I zu entwickeln. Für § 831 bleibt bei der **Übertragung von Sicherungspflichten** Raum, wenn der Gehilfe in Ausführung seiner Verrichtung einen Schaden verursacht, der nicht gerade auf der ihm übertragenen, aber unterlassenen primären Sicherung beruht, zB wenn der Übernehmer der Streupflicht ein parkendes Fahrzeug beschädigt, Soergel/Zeuner Rz 12 mN.

Im übrigen erscheint folgende **Abgrenzung** erwägenswert: Beruht der Einsatz des Gehilfen darauf, daß ein 26 tauglicher Gehilfe aufgrund mangelhafter Organisation überhaupt nicht zur Verfügung stand (nur übermüdete Operationsärzte, BGH NJW 1986, 776; keine ausreichende Vertretung für erkrankte Anästhesisten, BGH NJW 1985, 2189), dann liegt ein Organisationsmangel vor. Ist hingegen ein von vornherein schlecht ausgewählter Gehilfe eingesetzt worden oder ist er in der konkreten Situation nicht tauglicher, obwohl ein tauglicher zur Verfügung gestanden hätte, dann ist § 831 anwendbar. In auffälliger Ähnlichkeit zur Konzentration der Pflichten beim **Hersteller von Produkten** ist jedoch mindestens bei der Arzthaftung, wenn nicht bei der **deliktischen Berufshaftung** insgesamt, die Tendenz zu beobachten, die Pflichten beim Freiberufler (zB beim niedergelassenen Arzt) oder bei den Organen der freiberuflichen Dienstleistung (zB beim leitenden Krankenhausarzt) zu konzentrieren. So ist zu erklären, daß die Betrauung eines Anfängers mit einer Operation nicht nach § 831 und nicht einmal als Fall des Organisationsverschuldens nach § 823 I bewertet worden ist, sondern als Behandlungsfehler, BGH 88, 248 und hierzu bereits Rz 19.

7. § 831 II. Wer **durch Vertrag** für den Geschäftsherrn die Auswahl, Ausrüstung und Leitung eines Verrich- 27 tungsgehilfens **übernimmt**, haftet wie der Geschäftsherr selbst (Abs II). Diese Vorschrift soll Lücken im Schutz des Geschädigten schließen, die sich ergeben könnten, wenn der Geschäftsherr seine Verkehrspflichten dadurch ganz oder teilweise abwälzt, daß er sie einfach vertraglich auf Dritte überträgt. Dann soll wenigstens der Übernehmer voll in die Pflichtenstellung des ursprünglichen Geschäftsherrn einrücken. Aus dieser Funktionsbeschreibung ergibt sich, daß Abs II kein Instrument dafür ist, die Eigenhaftung von **Organpersonen** für das Fehlverhalten von Verrichtungsgehilfen einer juristischen Person zu begründen: Die Geschäftsherrnpflichten einer juristischen Person kann von vornherein nur ein Organ erfüllen, für das der Organträger dann nach § 31 haftet. Daher ist der **Anstellungsvertrag** mit dem Organ **kein Übernahmevertrag** nach Abs II. In Konsequenz hierzu muß Abs II auch ausscheiden, wenn der „Übernehmer" ein „faktisches" Organ (leitender Angestellter oder faktischer Geschäftsleiter bei fehlerhafter rechtlicher Organisation) ist, BGH NJW 1974, 1371 mit ablehnender Anm Frank BB 1975, 588; anders noch BGH VersR 1960, 371 und die 9. Aufl im Anschluß an Soergel/Zeuner Rz 55. Der Anwendungsbereich des Abs II ist hiernach sehr beschränkt. Er paßt am ehesten, wenn der (ursprüngliche) Geschäftsherr ein anderes Unternehmen, etwa im Wege des out-sourcing oder der Überlassung von Leiharbeitskräften (Rz 9) mit der Wahrnehmung der Geschäftsherrnaufgaben betraut hat. Dadurch, daß der Übernehmer nunmehr die Geschäftsherrnaufgaben erfüllt, hat er in der Regel eine **neue Gefahr** für den potentiell Geschädigten begründet, weil er jetzt seinerseits für Überwachung, Leitung und die Erfüllung der sonstigen Verkehrspflichten des Abs I zu sorgen hat. Daher ist eine Haftung nach Abs II gerechtfertigt. Die Haftung des ursprünglichen Geschäftsherrn wird dadurch aber nicht in jedem Falle beendet: Mindestens für Auswahl und Überwachung eines finanziell und in seinen Leitungsaufgaben leistungsfähigen Übernehmers bleibt der ursprüngliche Geschäftsherr nach Abs I verpflichtet. Im Ergebnis wie hier MüKo/Stein Rz 68; Larenz/Canaris II 2 § 79 III 7 und jetzt insbesondere Medicus, FS Deutsch, 291ff.

Die Haftung des aus Abs II zum Ersatz Verpflichteten kann nach dem Rz 27 Ausgeführten **neben** die des 28 **Geschäftsherrn** selbst treten; beide Personen sind, wenn sie den Entlastungsbeweis nach Rz 16–24 nicht führen, als Gesamtschuldner haftbar. Der Ausgleich zwischen ihnen richtet sich dann nach dem zugrundeliegenden Rechtsverhältnis; § 840 II findet hier keine Anwendung.

8. Der Verletzte trägt die **Beweislast** für die Voraussetzungen des Abs I S 1 einschließlich der Handlungsfähig- 29 keit des Gehilfen (BGH VersR 1978, 1163) sowie seines Verschuldens nach der Rz 13 begründeten Auffassung,

§ 832   Einzelne Schuldverhältnisse

ferner dafür, daß der Geschäftsherr nach Abs I S 2 die Ausführung der Verrichtung zu leiten oder für sie Vorrichtungen oder Geräte zu stellen hatte (kritisch dazu MüKo/Stein Rz 62). Zur Frage der Benennung eines konkreten Verrichtungsgehilfen vgl Rz 14. Auch für die vertragliche Übernahme der Pflichten nach Abs II trägt der Geschädigte die Beweislast. Der Geschäftsherr hat hingegen alle übrigen Merkmale des Abs I S 2 zu beweisen, ferner Gründe für den Ausschluß der Widerrechtlichkeit und seine eigene Deliktsunfähigkeit.

832 *Haftung des Aufsichtspflichtigen*

(1) **Wer kraft Gesetzes zur Führung der Aufsicht über eine Person verpflichtet ist, die wegen Minderjährigkeit oder wegen ihres geistigen oder körperlichen Zustands der Beaufsichtigung bedarf, ist zum Ersatz des Schadens verpflichtet, den diese Person einem Dritten widerrechtlich zufügt. Die Ersatzpflicht tritt nicht ein, wenn er seiner Aufsichtspflicht genügt oder wenn der Schaden auch bei gehöriger Aufsichtsführung entstanden sein würde.**

(2) **Die gleiche Verantwortlichkeit trifft denjenigen, welcher die Führung der Aufsicht durch Vertrag übernimmt.**

1   1. In derselben Regelungstechnik wie bei § 831 begründet § 832 eine Haftung für **vermutetes Aufsichtsverschulden**: Hat der Aufsichtsbedürftige einem Dritten widerrechtlich Schaden zugefügt, haftet derjenige, der kraft Gesetzes oder Vertrages zur Aufsicht verpflichtet ist, es sei denn, dem Aufsichtspflichtigen gelingt der Entlastungsbeweis hinsichtlich der vollen Erfüllung seiner Pflicht oder hinsichtlich fehlender Kausalität des Pflichtverstoßes für die Verletzung. Grund für die Haftung ist der Verkehrspflichtgedanke. Zwar paßt die Regelung nicht unmittelbar zu einem der „klassischen" Gründe für Verkehrspflichten: vorangegangenes Tun, Bereichshaftung und Übernahmehaftung (nach Larenz/Canaris II 2 § 76 III 3c). Sie steht aber sowohl der Bereichshaftung als auch der Übernahmehaftung nahe: Durch Erziehungsrecht und elterliche Sorge haben die gesetzlich Aufsichtspflichtigen die wirksamste Einwirkungsmöglichkeit auf die von dem Aufsichtsbedürftigen ausgehende Gefahr, und das Gesetz selbst lastet den Pflichtigen die Aufsicht auf, was einer Übernahme der Aufsicht gleich zu bewerten ist. Die Beweislastumkehr zugunsten des Geschädigten ist sachgerecht, weil der Aufsichtspflichtige selbst am ehesten Einblick in die Sphäre hat, aus der die Schädigung stammt. Schäden des Aufsichtsbedürftigen selbst werden diesem Grundgedanken entsprechend von der Vorschrift nicht erfaßt, BGH NJW 1996, 53, vgl dazu Rz 9.

2   2. **Aufsichtsbedürftig** sind Minderjährige stets, Volljährige nur, wenn sie aufgrund ihres geistigen oder körperlichen Zustandes in der konkreten Situation des Schadensfalles nicht die notwendige Selbstkontrolle haben, vgl BGH NJW 1958, 1775. Haftet der Minderjährige entgegen § 828 III selbst, sind Aufsichtspflichtiger und Minderjähriger Gesamtschuldner nach § 840 I. Die Haftung des Minderjährigen aus § 829 setzt hingegen gerade voraus, daß vom Aufsichtspflichtigen kein Schadensersatz erlangt werden kann.

3   3. Kraft Gesetzes **aufsichtspflichtig** über Minderjährige sind nach § 1631 I die Inhaber des Rechts zur Personensorge (leibliche Eltern, §§ 1626 I, 1626a I; nichteheliche Mütter, § 1626a; Adoptiveltern, § 1754 III; Vormund, §§ 1793, 1800; Pfleger, §§ 1909, 1915), ferner Ausbilder (§ 6 BerufsbildungsG, regelmäßig aber nur während der Geschäftszeit und im geschäftlichen Wirkungsbereich, BGH VersR 1958, 549), jedoch nicht Lehrer an öffentlichen Schulen (BGH 13, 25, 26: nur § 839, Art 34 GG), auch nicht Erziehungsbeistand und Bewährungshelfer. Die Haftung der Eltern für Kinder in Fürsorgeerziehung (jetzt: Hilfe zur Erziehung nach §§ 27ff SGB VIII) bleibt bestehen, soweit die Eltern – zB bei häuslichen Aufenthalten – die tatsächliche Aufsicht ausüben können, RG 98, 246. Eine gesetzliche Aufsichtspflicht über Volljährige trifft nur den Betreuer und auch diesen nur, soweit es der Zweck seiner Einsetzung erfordert. Eine entsprechende gesetzliche Regelung wie beim Vormund fehlt zwar im Betreuungsrecht. Es spricht jedoch nichts dafür, daß die Ersetzung der Vormundschaft für Volljährige durch die Betreuung zu Lasten etwa geschädigter Dritter gehen sollte, vgl Staud/Belling/Eberl-Borges Rz 25. Eine Pflegschaft über Volljährige, die eine Aufsichtspflicht iSd § 832 begründen könnte, ist nicht mehr vorgesehen (anders wohl Staud/Belling/Eberl-Borges Rz 24), wäre auch mit der ans Vormundschaftsrecht angelehnten Regelung (§ 1915) nicht recht vereinbar. Keine Aufsichtspflicht haben auch der Gegenvormund (§ 1799), ferner Eltern und Ehegatte über volljährige Geisteskranke, RG 70, 48, 50; 92, 125, 126.

4   Umstritten ist die **Analogiefähigkeit** der gesetzlichen Aufsichtspflichten: Rspr und hM neigen dazu, § 832 als abschließende Regelung zu betrachten, kommen aber trotzdem zu einer Haftung des Aufsichtsführenden nach § 823 I wegen Verkehrspflichtverletzung, RG 70, 48, 50; Staud/Belling/Eberl-Borges Rz 155ff mN. Da § 832 selbst nur eine typische Verkehrspflicht positiviert hat, die Einstandspflicht für Verkehrspflichtverletzung aber zu den Grundlagen unseres Deliktsrechts überhaupt gehört (§ 823 Rz 5ff), war hier noch in der 9. Aufl die Meinung vertreten worden, daß ein vernünftiger Grund für eine Analogiesperre gegenüber § 832 nicht zu erkennen sei (ebenso im Ergebnis MüKo/Stein Rz 10, 12 m Fn 18). Bei dieser Sicht wird aber nicht genügend berücksichtigt, daß die Ausdehnung der Beweislastumkehr nach Abs I auf weitere Fälle vom Gesetzgeber ausdrücklich in Abs II geregelt, dort aber bewußt von der besonderen Voraussetzung eines Übernahmevertrages abhängig gemacht wird, dazu Rz 5.

5   Die Anforderungen an einen **Vertrag zur Übernahme** der Aufsicht (Abs II) sind sehr gering, vgl BGH NJW 1985, 677. In der Betreuung durch Kinder- oder Krankenpfleger, Pflege- oder Stiefeltern, Träger oder Leiter von Kindergärten, Privatschulen, Pensionaten, Waisenhäusern, Heil-, Erziehungs- oder offenen psychiatrischen Anstalten liegt regelmäßig die „stillschweigende" (konkludente) Übernahme der Aufsicht, ebenso in der nicht nur ganz vorübergehenden Aufnahme bei Verwandten. Spielen gelegentlich, wenn auch wiederholt, fremde und eigene Kinder gemeinsam, ergibt sich hieraus allein hingegen keine vertragliche Übernahme der Aufsicht, sondern ein bloßes Gefälligkeitsverhältnis zwischen den Eltern, BGH NJW 1968, 1874. Solche bloß tatsächliche Aufsicht kann jedoch unter dem Gesichtspunkt der Verkehrspflichtverletzung nach § 823 I (dann ohne die Beweislastverteilung des § 832 I S 2) haftungsrelevant sein, BGH aaO.

4. Kernproblem der Vorschrift ist der im Rahmen der **Entlastungsmöglichkeit** nach § 832 I S 2 anzulegende **6**
Maßstab für die gehörige Erfüllung der Aufsichtspflicht. Die reichhaltige Kasuistik läßt sich nur in einem „beweglichen" System erfassen. Ausgangspunkt der Beurteilung sind die Umstände des Einzelfalles: Alter sowie geistige und körperliche Reife des Aufsichtsbedürftigen, Voraussehbarkeit eines gefährlichen Verhaltens, Möglichkeit und Zumutbarkeit der Überwachung im Rahmen eines verständigen Erziehungsziels, BGH NJW 1984, 2574; 1985, 677; 1993, 1003. Hiernach hat das Interesse des Geschädigten an der Schadensvermeidung keineswegs absoluten Vorrang vor dem **Entfaltungsspielraum des Aufsichtsbedürftigen** (anders in der rechtspolitischen Wertung Scheffen, FS Steffen 1995, 387, 392ff). Vielmehr gehört es zum anerkannten Zweck der Erziehung zur Selbständigkeit, einem Minderjährigen die Möglichkeit zum eigenverantwortlichen Handeln zu lassen, BGH NJW 1980, 1044; 1984, 2574. Mit der Senkung der Anforderungen an die Aufsicht muß freilich eine Steigerung des Verantwortungsgrades des **Minderjährigen selbst** nach § 828 III einhergehen. Außerdem bleibt es die Aufgabe des Aufsichtspflichtigen, sich davon zu überzeugen, daß der Aufsichtsbedürftige den ihm überlassenen Freiheitsraum verantwortlich und ohne vermeidbare Gefährdung anderer ausfüllt. Erziehung zur Freiheit ist kein Freibrief für Gleichgültigkeit: Auch in der Unkenntnis vom Tun des Aufsichtsbedürftigen kann eine Verletzung der Aufsichtspflicht liegen, BGH DB 1966, 700; NJW 1980, 1044; NJW-RR 1987, 13. Angesichts der pädagogischen Einsicht in die geringe Wirkung von Verboten ist es umso wichtiger, ein Kind über mögliche Gefahren zu **belehren**, BGH 111, 282. Je geringer der Erziehungserfolg in der Vergangenheit war, um so größer ist der Bedarf an Aufsicht in der Gegenwart, RG 98, 246; BGH NJW 1984, 2574; 1995, 3385; 1996, 1404; 1997, 2047. – Ähnliche Abwägungen wie zwischen dem Erziehungsauftrag der Eltern und dem Freiheitsraum des Kindes sind bei psychisch Kranken oder Behinderten zwischen deren Persönlichkeitsrecht und dem Schutzinteresse anderer vorzunehmen, Staud/Belling/Eberl-Borges Rz 86, vgl auch BGH NJW 1985, 677; Hamm NJW-RR 1994, 863.

Besondere Anforderungen bestehen bei der Teilnahme von Kindern am **Straßenverkehr**: Spielen auf der Fahr- **7**
bahn außer auf Spielstraßen müssen die Eltern verhindern, BGH VersR 1961, 998. Sie haben die Kinder zu verkehrsgerechtem Verhalten anzuleiten, uU einen „Probegang" in Begleitung der Kinder durchzuführen und auf die besonderen Gefahren aufmerksam zu machen, vgl BGH VersR 1962, 360. Die Benutzung eines Fahrrades ist nur von einer gewissen Reife des Kindes an (nicht unter acht Jahren, weniger streng aber BGH NJW-RR 1987, 1430; Hamm NZV 2001, 42) und nach ausreichender Belehrung über die Verkehrsvorschriften und über die Fahrtechnik mit der Aufsichtspflicht zu vereinbaren. Die Benutzung des Fahrrades zu Wettfahrten muß verhindert werden, BGH VersR 1961, 838. Auch schon bei der Benutzung eines Rollers oder eines Dreirades ist dafür zu sorgen, daß sich das Kind der Gefahren bewußt wird, BGH VersR 1958, 85; 1964, 313. – Die Freistellung der 7- bis 10jährigen selbst von der Haftung im Straßenverkehr nach § 828 II nF bedeutet einerseits nicht, daß deren Aufsichtspflichtige nunmehr verpflichtet sind, ihren Schützlingen jede selbständige Berührung mit dem Straßenverkehr zu nehmen; andererseits dürfte eine gewisse Intensivierung der Aufsichtspflicht durchaus in der Konsequenz der gesetzgeberischen Entscheidung gegen eine eigene Haftung des Kindes liegen, C. Huber, Das neue Schadensersatzrecht 2003, § 3 Rz 71 mN.

Eine besonders strenge Aufsichtspflicht besteht ferner bei der Benutzung von **gefährlichem Spielzeug**, Schuß- **8**
waffen, Feuerzeugen, Streichhölzern uä. Sehr zahlreich sind die Fälle von Aufsichtspflichtverletzungen bei zündelnden Kindern mit teilweise sehr hohen Schäden, vgl nur aus den letzten Jahren BGH NJW 1993, 1003; 1995, 3385; 1996, 1404; 1997, 2047. Zur Rechtsunsicherheit bei der Beurteilung solcher Fälle eindrucksvoll Scheffen, FS Steffen 1995, 393 Fn 17. Auch Pfeil und Bogen, Wurfpfeile und Luftgewehre gehören nicht in die Hände Minderjähriger. Der Aufsichtspflichtige darf ihnen solche Gegenstände daher nicht überlassen, vgl BGH FamRZ 1966, 229. Besteht auch nur der Verdacht, daß sich der Aufsichtsbefohlene heimlich den Zugang zu solchen ua gefährlichen Gegenständen verschafft, müssen die Aufsichtspflichtigen das Kind eindringlich über die Gefahr belehren, uU bei ihm nach diesen Gegenständen suchen und gefährliche Gegenstände selbst so verwahren, daß sich der Minderjährige keinen Zugang zu ihnen verschaffen kann, BGH NJW 1983, 2821; 1984, 2574; BGH NJW-RR 1987, 13. Zu Recht hat BGH 111, 282 aber abgelehnt, von den Eltern eines noch nicht Siebenjährigen zu verlangen, daß sie ihr Kind von der Leistung „psychischer Beihilfe" beim Spiel anderer mit dem Feuer fernhalten. In Wahrheit paßt diese ohnehin problematische Kategorie (§ 830 Rz 3f) auf kleine Kinder überhaupt nicht.

5. Im **Verhältnis zum Aufsichtsbedürftigen selbst** haftet der Aufsichtspflichtige aus der Verletzung des Sorge- **9**
verhältnisses (§ 1664) und aus § 823 I. Bei Schädigungen des Aufsichtsbefohlenen durch Dritte kommt eine gesamtschuldnerische Haftung des Aufsichtspflichtigen mit dem Dritten in Betracht, BGH 73, 190. Eine Zurechnung der Verletzung einer Aufsichtsobliegenheit zu Lasten des Aufsichtsbedürftigen nach § 254 widerspricht § 832, der gerade eine Verantwortlichkeit des Aufsichtspflichtigen selbst begründet. Denkbar ist jedoch eine Kürzung des Ersatzanspruchs gegen den Dritten, wenn der Gesamtschuldausgleich wegen der Haftungsmilderung zugunsten der Eltern nach § 1664 „hinkt", vgl § 840 Rz 8.

833 *Haftung des Tierhalters*

Wird durch ein Tier ein Mensch getötet oder der Körper oder die Gesundheit eines Menschen verletzt oder eine Sache beschädigt, so ist derjenige, welcher das Tier hält, verpflichtet, dem Verletzten den daraus entstehenden Schaden zu ersetzen. Die Ersatzpflicht tritt nicht ein, wenn der Schaden durch ein Haustier verursacht wird, das dem Beruf, der Erwerbstätigkeit oder dem Unterhalt des Tierhalters zu dienen bestimmt ist, und entweder der Tierhalter bei der Beaufsichtigung des Tieres die im Verkehr erforderliche Sorgfalt beobachtet oder der Schaden auch bei Anwendung dieser Sorgfalt entstanden sein würde.

Schrifttum: *Wo. Lorenz*, Die Gefährdungshaftung des Tierhalters nach § 833 S 1 BGB, 1992.

§ 833 Einzelne Schuldverhältnisse

1 1. Die Regelung der Tierhalterhaftung ist wohl neben § 831 unter allen gesetzlichen Haftungsgrundlagen des BGB rechtspolitisch am umstrittensten. S 1 begründet eine **Gefährdungshaftung** des Tierhalters, die jedoch entgegen dem Wortlaut des S 1 nach S 2 **nur für „Luxustiere"** gilt. Der Halter eines **Nutztieres** haftet nach S 2 hingegen für sein **Aufsichtsverschulden**. Die Beweislast dafür und für die Ursächlichkeit des Pflichtverstoßes für den Schaden ist freilich zu Lasten des Tierhalters – wie beim Geschäftsherrn nach § 831 und beim Aufsichtspflichtigen nach § 832 – umgekehrt. Wer verschuldensunfähig ist, haftet nach S 2 von vornherein nicht. Im Unterschied zu den meisten anderen Gefährdungshaftungen ist die Haftpflicht nach S 1 in der Höhe unbeschränkt; nach der Einfügung des § 253 II durch das 2. SchadensersatzrechtsänderungsG enthält die Rechtsfolge des Schmerzensgeldes hingegen keine Besonderheit mehr. Die Folgen des § 833 wurden mindestens nach dem bisherigen Recht zuweilen als unangemessen hart empfunden. Schon unter dem alten Rechtszustand konnte die Haftung freilich weitgehend durch Versicherungen aufgefangen werden. Es ist jedoch nicht gerechtfertigt, unter versicherungstechnischen Erwägungen die Vorschrift einengend oder ausdehnend auszulegen (aA MüKo/Stein Rz 4ff). Keine unmittelbare Auswirkungen auf § 833 haben die verwaltungs- und strafrechtlichen Regelungen der letzten Jahre zum Schutz vor Gefahren durch Kampfhunde (Überblick bei Staud/Belling/Eberl-Borges Rz 4). Die Gefährdungshaftung nach § 833 S 1 gilt für sie ohnehin.

2 2. Voraussetzung der Haftung nach beiden Sätzen ist die **Verwirklichung einer Tiergefahr**. Dies setzt zunächst voraus, daß ein Tier den Schaden verursacht hat (für Bienen erstaunlicherweise ausdrücklich festgestellt in RG 158, 388, vgl aber BGH 117, 110 und Rz 4). Die überwiegende Meinung (ua Soergel/Zeuner Rz 2; Staud/Belling/Eberl-Borges Rz 8ff; Pal/Thomas Rz 5; Larenz/Canaris II 2 § 84 II 1a) verneint die Tiereigenschaft von laborgezüchteten **Mikroorganismen**. Begründet wird dies vor allem mit einem abschließenden Charakter des BundesseuchenG. Die Haftung auf § 833 konkurriert jedoch auch sonst mit derjenigen aus § 823, insbesondere wegen Verletzung von Verkehrspflichten; ob solche Pflichten richterrechtlich entwickelt wurden oder in einem Schutzgesetz wie dem BundesseuchenG niedergelegt sind, kann im vorliegenden Zusammenhang keine Bedeutung haben. Die Gefahr unbeherrschbaren tierischen Verhaltens besteht bei Kleinlebewesen in besonderem Maße. Der Schutzzweck der verschärften Haftung nach § 833 paßt daher gerade auch für die Gefahren durch diese Organismen, obwohl der historische Gesetzgeber noch nicht an sie gedacht hat. Auf die naturwissenschaftliche Einordnung als „Tier" in einem engeren Sinne kommt es dafür nicht an, grundlegend Deutsch NJW 1976, 1137; ebenso MüKo/Stein Rz 10; vgl auch BGH NJW 1989, 2947: Verkehrspflichtverletzung bei Gefährdung durch Bakterien, und hierzu Abeltshauser JuS 1991, 366, Deutsch NJW 1990, 751.

3 Die Tiergefahr muß sich in einem **Schaden** an Leben, Körper oder Gesundheit eines Menschen oder in einer Sachbeschädigung verwirklicht haben. Der Begriff der Sachbeschädigung ist bewußt enger als die Rechtsverletzung nach § 823 I. Deshalb ist die Beweislastumkehr nach S 2 nicht (analog) auf die Verletzung des Unternehmens anzuwenden (aA MüKo/Stein Rz 2; vgl auch § 823 Rz 51ff).

4 Die schärfere Haftung des Tierhalters nach beiden Sätzen des § 833 ist nur gerechtfertigt, wenn sich in dem Schaden eine **spezifische Tiergefahr** („durch" das Tier) verwirklicht hat. Vielfach wird diese Gefahr als Ausdruck tierischer Unberechenbarkeit bezeichnet, BGH 67, 129, 130; BGH NJW 1982, 763; 1992, 2474; 1999, 3119. Gemeint sind damit zB Schäden durch Ausschlagen, Beißen, Scheuen, Durchgehen von Pferden, durch Bellen, Beißen, Anspringen von Hunden, Stoßen von Stieren, Schnattern von Geflügel, Stechen von Bienen usw. Solches Verhalten ist jedoch durchaus instinktgemäß und daher auch nicht schlechthin unvorhersehbar. Im Lichte der Verhaltensforschung ist nach dem Schutzzweck des § 833 ist das **Kriterium der Unberechenbarkeit** daher **unbrauchbar**, ebenso die vielfach betonte Voraussetzung eines „willkürlichen" Verhaltens, so richtig Deutsch NJW 1978, 1998, 2000; MüKo/Stein Rz 13ff; Soergel/Zeuner Rz 5ff; Kreft, 25 Jahre Karlsruher Forum, 154. Eine spezifische Tiergefahr ist erst dann nicht mehr anzunehmen, wenn **keinerlei eigene Energie** des Tieres an dem Geschehen beteiligt ist, etwa eine fremde Katze als Wurfgeschoß mißbraucht wird. Ausfluß spezifischer Tiergefahr ist es hingegen, wenn ein Hund einen Artgenossen durch Beschnüffeln ansteckt (MüKo/Mertens Rz 15 gegen RG 80, 237); dasselbe gilt für den Deckakt eines Rüden (BGH 67, 129), richtigerweise auch für Ausscheidungen von Bienen (aA noch RG 141, 406) und für das Ausschlagen eines (nicht ausreichend) gefesselten Hengstes (aA RG 69, 399). Es genügt auch, wenn ein Pferd plötzlich losgaloppiert, der Reiter hierdurch verunsichert wird und deshalb dann beim Stehenbleiben des Tieres vom Pferd fällt, BGH NJW 1999, 3119. Zu Unrecht wurde die Tiergefahr von der Rspr früher bei einem Reitpferd verneint, solange sich das Pferd der **Leitung durch den Reiter** fügt, BGH NJW 1952, 1329; VersR 1966, 1073; anders aber BGH NJW 1992, 2474 und als selbstverständlich vorausgesetzt in BGH NJW 1992, 907; 1993, 2611; 1999, 3119; vgl auch schon BGH NJW 1974, 234. Ein solcher grundsätzlicher Unterschied etwa zur Kfz-Haftung, die nicht auf die seltenen Fälle herrenlos rollender Fahrzeuge beschränkt ist, wäre rechtspolitisch kaum nachvollziehbar (im Ergebnis ebenso zB Kreft aaO 156; MüKo/Stein Rz 16). Eine spezifische Tiergefahr ist ferner zB das Entlaufen, vgl zu Weidevieh auf Straßen BGH VersR 1966, 758; 1976, 1086; NJW-RR 1990, 789, zum Streunen eines Hütehundes BGH NJW 1965, 2397. Das Bestäuben von Blüten durch Bienen ist zwar spezifisch tiergemäß, führt aber nicht zur Haftung nach § 833, weil der Eigentümer der bestäubten Pflanzen solche Einwirkungen nach § 906 II S 1 dulden muß, BGH 117, 110.

5 3. Die Haftung besteht in den Grenzen der (adäquaten) **Kausalität**, somit aber auch dann, wenn der Schaden durch das Tier nur mittelbar herbeigeführt worden ist, zB infolge Herabspringens vom Wagen beim Durchgehen der Pferde, RG JW 1907, 307; infolge des Versuchs, einem bellenden Hund auszuweichen, RG JW 1906, 349 (dort zugunsten eines Unbefugten), oder durchgehende Pferde anzuhalten, RG 50, 219; schließlich zB auch, wenn ein Hund ein Pferd anbellt, das scheut und durchgeht, vgl RG Gruch 50, 668. Vgl ferner Rz 4 zu BGH NJW 1999, 3119. Weitere Fälle mittelbarer Verursachung bei MüKo/Stein Rz 17 mN.

6 Eine wichtige Rolle bei der Einschränkung der Haftung nach § 833 spielt seit jeher der Gedanke des **Schutzzwecks der Norm**, früher meist als stillschweigender Haftungsausschluß konstruiert, vgl Staud/Belling/Eberl-Borges Rz 189ff mN. Für einen **vertraglichen Ausschluß** genügt jedoch weder, daß der Halter das Tier zeitweise völlig der Gewalt des Verletzten unterstellt hat (Trainer, Tierarzt), noch gar die bloße Tatsache, daß der Verletzte das Tier im eigenen Interesse verwendet hat. Ohne eindeutige ausdrückliche Abrede ist ein Ausschluß der Gefährdungshaftung vielmehr abzulehnen, vgl BGH NJW-RR 1988, 655. Hinsichtlich der Verschuldenshaftung können die Umstände dafür sprechen, daß der Halter selbst zZ des Schadenseintritts keine Sorgfaltspflichten trafen, so daß ihm die Entlastung gelingt, Soergel/Zeuner Rz 24. Maßgeblicher Gesichtspunkt für die Einschränkung der Gefährdungshaftung ist nach der neueren Rspr das **Handeln auf eigene Gefahr**, BGH NJW 1977, 2158; 1982, 765; 1986, 2883; 1992, 907; 2474; 1993, 2611, insbesondere beim **Reitsport**. Ob daneben der Schutzzweck des § 833 S 1 noch selbständige Bedeutung hat, ist zweifelhaft (kritisch Jauernig/Teichmann Rz 5). Die Lit plädiert beim Reiten auf fremden Pferden teilweise für eine haftungsausschließende Wirkung des Handelns auf eigene Gefahr. Die Rspr betrachtet diesen Gesichtspunkt hingegen zu Recht – wie auch sonst – als Grundlage einer Abwägung nach § 254, ebenso MüKo/Stein Rz 27. Insbesondere eine Analogie zu dem rechtspolitisch verfehlten § 8a aF StVG oder zu § 8 Nr 3 StVG ist unangebracht (ebenso BGH NJW 1992, 2474), und bei entgeltlicher Überlassung ist das Entgelt gerade auch eine Haftungsvergütung. Eine Reduzierung der Haftung nach § 254 bis zum völligen Haftungsausschluß kommt hiernach erst in Frage, wenn der Reiter Risiken übernommen hat, die über einen gewöhnlichen Ritt hinausgehen, BGH NJW 1986, 2883; zB Zureiten eines merkbar schwierigen Pferdes durch einen zu wenig erfahrenen Reiter, vgl auch den Fall von BGH NJW 1974, 234 sowie zur Teilnahme an einer Fuchsjagd BGH NJW 1992, 907 mit dem wichtigen Hinweis, daß eine Haftungsminderung nur in Frage kommt, wenn sich im Schaden die spezifische Gefahr, die der Geschädigte „in Kauf genommen" hat, verwirklicht hat. Auch gegenüber einem Minderjährigen, der sich ohne ausreichende Reiterfahrung auf ein Pferd setzt, kann der Vorwurf des Mitverschuldens im Rahmen des § 828 III begründet sein, BGH NJW 1993, 2611.

4. Haftpflichtig ist nach beiden Alternativen der Vorschrift der **Halter** des Tieres. Dies ist, wer das Tier nicht nur ganz vorübergehend im eigenen Interesse in seinem Hausstand oder Wirtschaftsbetrieb hat und verwendet. In der Regel ist Halter derjenige, der das Risiko des wirtschaftlichen Verlustes des Tieres trägt, BGH NJW 1977, 2158. Zur Haltereigenschaft Minderjähriger vgl § 827 Rz 1. Wesentlich ist – im Gegensatz zum Tierhüter (§ 834) – ein eigenes Interesse an der Haltung, RG 168, 331, 332; BGH NJW-RR 1988, 655, unwesentlich Eigentum oder Eigenbesitz sowie Sorge für Unterhalt und Obdach, BGH NJW-RR 1990, 789. Mehrere Personen können gleichzeitig Halter desselben Tieres sein, RG JW 1911, 279, vgl auch BGH VersR 1976, 1175 (juristische Person als Halter).

Danach sind Tierhalter zB Nießbraucher und Pächter eines Landgutes, Mieter und Entleiher; letztere aber nur, sofern ihnen das Tier, wenn auch kurzzeitig, zu eigenem selbständigem Gebrauch überlassen und von ihnen während dieser Zeit in ihrem Wirtschaftsbetrieb oder Haushalt eingestellt wird, vgl RG 62, 79, 85; BGH NJW 1971, 509. Durch Aufgabe oder Verlust der Verfügungsgewalt auf kurze Zeit geht die Haltereigenschaft sonst nicht verloren. Tierhalter bleibt daher der Eigentümer des Pferdes auch während der Zeit, in der es sich zum Zureiten beim Trainer befindet; Reitstallbesitzer bezüglich des im Einzelfall zum Reiten vermieteten Pferdes; Pferdebesitzer, der gewerbsmäßig seine Pferde einer Grubenverwaltung vermietet, aber Futter und Streu zu stellen hat und weitgehend die Aufsichtsbefugnis behält, RG Recht 15, 2671; Hundebesitzer während der Zeit, in der die Behörde den Hund in amtliche Verwahrung genommen hat, RG JW 1913, 431; wem ein Tier entläuft, sofern nicht ein anderer es in Besitz nimmt, um es für sich zu behalten, RG SeuffA 75, 21, vgl auch BGH NJW 1965, 2397 und Wilts VersR 1965, 1019. Der Finder eines verlorenen Tieres ist nicht Halter, solange er Ermittlungen nach dem Eigentümer anstellt oder sonst zu erkennen gibt, daß er das Tier nicht im eigenen Interesse in Besitz hat, vgl Nürnberg MDR 1978, 757. Die Tierhaltereigenschaft geht verloren, wenn das Tier gestohlen worden ist. Ist das Tier verkauft, bleibt der Verkäufer Tierhalter bis zur endgültigen Aufgabe seiner tatsächlichen Verfügungsgewalt, also bis zur Übergabe an den Käufer; daher auch noch auf dem Wege dorthin, wenn der Verkäufer das Tier dem Käufer zuzuführen hat, RG JW 1930, 2421, nicht aber, wenn er nur aus Gefälligkeit das Tier wegschaffen hilft. Bei Rücktritt ist der Käufer Halter bis zur tatsächlichen Rücknahme durch den Verkäufer; gleiches gilt beim Kauf auf Probe, vgl RG SeuffA 59, 257. – Eingehende Kasuistik zur Haltereigenschaft bei Geigel/Haag Haftpflichtprozeß Kap 18; Staud/Belling/Eberl-Borges Rz 103ff.

5. Die **Verschuldenshaftung nach S 2** gilt für Haustiere, die für den Beruf oder die Erwerbstätigkeit benutzt werden oder dem Unterhalt dienen. Haustiere sind nach allgemeinem Sprachgebrauch zahme Tiere wie Pferde, Rinder, Schweine, Hunde und Katzen, jedoch nur, wenn sie tatsächlich als Haustiere verwendet werden, hingegen nicht, wenn sie zu wissenschaftlichen Versuchszwecken gehalten werden. Gezähmte wilde Tiere (zB Rehe, Eichhörnchen) erlangen auch dann, wenn sie in der Hauswirtschaft gehalten werden, nicht die Eigenschaft als Haustiere.

Berufstiere sind die mindestens überwiegend zur Berufsausübung benutzten Tiere wie Dienstpferde berittener Polizeibeamter, Jagdhunde eines Försters oder angestellten Jägers, Polizeihunde und der Wachhund eines Schäfers, vgl RG 76, 225.

Der **Erwerbstätigkeit** dienen Tiere, die in gewerblichen oder landwirtschaftlichen Betrieben als Zug-, Last-, Zucht- (auch in Gestüten) oder Schlachtvieh gehalten werden. Dahin gehören insbesondere vom Viehkaufmann lediglich zum Weiterverkauf, RG Warn Rsp 1937, 34, vom Metzger nur zum Schlachten gehaltene Tiere, RG 79, 246, auch Tiere, die lediglich zum Zwecke der Verwertung durch Veräußerung, sei es vom Händler, sei es vom Landwirt gehalten werden, RG Warn Rsp 1912, 389, mögen sie auch in der Hand des Erwerbers zu Luxustieren werden. Es genügt nicht, daß der Halter das Tier nur nebenbei zu einer Erwerbstätigkeit benutzt (zB gelegentliches Vermieten); es muß überwiegend dieser Tätigkeit dienen, BGH NJW 1971, 509. Die **gewerbsmäßige Vermietung von Reitpferden** dient der Erwerbstätigkeit des Vermieters, auch wenn sich die Nutzung durch den jeweiligen

§ 833 Einzelne Schuldverhältnisse

Mieter sonst nicht vom Ausritt des Pferdehalters auf einem Luxuspferd unterscheidet, hM, BGH NJW 1986, 2501; Th. Honsell MDR 1982, 798ff. Die entgegengesetzte Ansicht (MüKo/Stein Rz 32) widerspricht dem klaren Wortlaut der Vorschrift. Der Einsatz von Pferden im Berufssport fällt unter § 833 S 2, Düsseldorf VersR 1993, 115; NJW-RR 2001, 890. Freilich begründet die Gefährlichkeit der Reitpferde für Reiter (nach § 823 I) und Halter (nach § 833 S 2) strenge Verkehrspflichten. Zu Erwerbszwecken bestimmt sind ferner Tiere, die dem Schutz gewerblicher oder landwirtschaftlicher Betriebe dienen, zB Wachhunde des Landwirts, Kaufmanns, Fabrikanten, nicht aber Hunde, die nur zum Schutz privater Häuser oder Wohnungen oder zur Beruhigung für besonders ängstliche Personen gehalten werden. Nicht dazu zählen auch zB Rennpferde, die Liebhaberzwecken dienen, BGH VersR 1955, 116, Reit- und Kutschenpferde, die nicht oder nur ausnahmsweise zu gewerblichen oder landwirtschaftlichen Zwecken gebraucht werden, mögen sie auch Landwirten oder Gewerbetreibenden gehören oder von einem Verein seinen Mitgliedern gegen Entgelt zur Verfügung gestellt werden, BGH NJW 1982, 1589.

12 Dem **Unterhalt** dienen die für den eigenen Haushalt gehaltenen Milchkühe, Ziegen, Schweine, Hühner usw, auch der Blindenhund, den sein Halter zB für den Weg zum Einkauf benötigt, ohne daß der Schaden gerade bei einem solchen Gang eingetreten sein muß, Staud/Belling/Eberl-Borges Rz 140 mN.

13 Die **Verkehrspflichten des Tierhalters** umfassen die Sorge für Verwahrung, Unterhaltung und Leitung des Tieres. Das genaue Maß der Beaufsichtigung läßt sich – wie der Standard von Verkehrspflichten auch sonst – nur situationsbezogen ermitteln. Hierfür sind die dem Halter bekannten Eigenschaften und die Art der Verwendung des Tieres wesentlich, zB sind bei Pferden nach längerer Stallruhe besondere Vorsichtsmaßnahmen zu treffen, vgl BGH JZ 1955, 87; VersR 1962, 808. Ist ein Hund bereits durch Agressivität aufgefallen, muß er einen Maulkorb tragen, wenn die Möglichkeit besteht, daß er mit fremden Personen in Kontakt kommt, Karlsruhe VersR 2001, 724. Der Nachweis des Halters, daß er seiner Aufsichtspflicht im allgemeinen oder früher nachgekommen sei, genügt nicht (vgl BGH VersR 1966, 186 zur Sorgfaltspflicht bei Weidetieren: Der Halter darf sich nicht darauf verlassen, daß die Sicherung des Tores durch eine abhebbare Drahtschlinge bisher auch von Dritten stets wieder verschlossen worden ist). Lediglich das Verhalten des Aufsichtspflichtigen zu der betreffenden Zeit und bei der betreffenden Gelegenheit ist entscheidend. Andererseits braucht der Halter zB nicht dafür zu sorgen, daß sein bisher stets gutartiger, an der Kette laufender Hofhund einen auf dem Hof lebenden Angehörigen nicht vor Freude anspringt, BGH NJW 1983, 1311, oder daß kleine Kinder in einen gegen das Ausbrechen der Tiere genügend gesicherten Pferdekral hineinkriechen, BGH NJW-RR 1992, 981. Stets ist zu fragen, wie sich ein durchschnittlich gewissenhafter Tierhalter in der gleichen Lage normalerweise verhalten hätte. Ungeklärte Umstände bei der Beaufsichtigung und Verwahrung des Tieres gehen regelmäßig zu Lasten des Halters, vgl Celle NJW 1964, 1230. – Zu Einzelfällen von Pflichtverletzungen vgl insbesondere die Übersicht bei Soergel/Zeuner Rz 38–45 und bei Geigel/Haag Haftpflichtprozeß Kap 18 Rz 27–34.

14 **Überläßt** der Tierhalter die **Beaufsichtigung** des Tieres **einem Dritten** (Tierhüter, § 834), wird er nicht ohne weiteres durch den Nachweis entlastet, daß er bei der Auswahl dieses Dritten die im Verkehr erforderliche Sorgfalt beobachtet habe. Der Entlastungsbeweis aus § 833 S 2 und der aus § 831 I S 2 sind voneinander durchaus verschieden. Die Sorgfaltspflicht des Tierhalters kann außer der Bestellung eines tauglichen Tierhüters und dessen Beaufsichtigung weitergehende Maßregeln erfordern, zB die weitere regelmäßige eigene Beobachtung des Tieres oder die Vorhaltung tauglichen Zaumzeugs und tauglicher Leinen für die Pferde, vgl RG 76, 225, 230; BGH VersR 1954, 531. Tatsächlich wird aber der Tierhalter, der einen Hüter bestellt hat, häufig zugleich den Entlastungsbeweis des § 833 S 2 geführt haben, wenn er den Entlastungsbeweis nach § 831 I S 2 erbringt. Insbesondere bei ruhigen Tieren und gewöhnlichen Umständen genügt der Halter seiner Sorgfaltspflicht, wenn er einen zuverlässigen Tierhüter bestellt, von dessen Eignung noch im Zeitpunkt des Schadensfalles er sich durch regelmäßige Beaufsichtigung überzeugt hat.

15 6. Hat **der Verletzte** den Schaden schuldhaft mitverursacht oder hat er für eine mitwirkende Gefährdung einzustehen (zB als Halter eines anderen den Schaden mitverursachenden Tieres), findet § 254 Anwendung, vgl auch Rz 6 zum Handeln auf eigene Gefahr. Haftet der Halter nur aus Gefährdung, ist auf seiten des Verletzten aber schuldhaftes Verhalten gegeben, wird häufig zuungunsten des Verletzten zu entscheiden sein. Liegt beiderseits Gefährdungshaftung oder beiderseits Verschulden vor, ist meist Teilung des Schadens angemessen, wenn nicht das Maß der Gefährlichkeit oder des Verschuldens auf der einen Seite erheblich schwerer wiegt, vgl RG 67, 120; 71,7; BGH VersR 1976, 1090; NJW 1985, 2416 (wertvolle Stute gerät durch ein entlaufenes Rind in Panik). **Mitwirkendes Verschulden** des Verletzten ist insbesondere anzunehmen, wenn er das Tier reizt oder sich leichtsinnig der Tiergefahr aussetzt, sich zB einem Bienenstand zu sehr nähert, RG JW 1939, 288, oder ohne zwingenden Grund nahe an einem Pferd vorbeigeht, BGH JZ 1955, 87. Vgl ferner RG JW 1906, 349: Betreten eines Hofes, auf dem ein bissiger Hund gehalten wird und ein Warnschild angebracht ist; RG Warn Rsp 1914, 161: ein Hundebesitzer will seinen Hund vor Angriffen eines anderen Hundes schützen, greift in den Kampf der Tiere ein und wird verletzt; RG JW 1908, 680: ein Radfahrer regt durch übermäßig schnelles Fahren Hunde auf, die daher das Rad anspringen und den Fahrer zu Fall bringen; BGH VersR 1982, 348: Teilnahme an Reitübungen trotz schlechter körperlicher Verfassung; BGH NJW 1992, 2474: Reiten eines fremden Pferdes unter Benutzung der Reitgerte. Kein eigenes Verschulden liegt zB vor, wenn beim Durchgehen eines Gespannes der Insasse des Wagens abspringt und sich dabei Verletzungen zuzieht, RG JW 1907, 307, oder wenn jemand – um größere Gefahr für die Allgemeinheit zu verhüten – ein durchgehendes Gespann anzuhalten sucht und dabei verletzt wird, sofern er nicht jede Vorsicht und Besonnenheit außer acht gelassen hat, vgl RG Warn Rsp 1909, 99. Wer am Reitunterricht teilnimmt, darf sich auf die Einschätzung seiner Fähigkeiten durch den Reitlehrer verlassen (BGH NJW 1999, 3119), muß freilich den Reitlehrer über die Umstände aufklären, die dessen Entscheidung über die Teilnahme des Schülers am Reitunterricht beeinflussen können, BGH VersR 1982, 348.

7. Mehrere Halter des Tieres (vgl Rz 7 aE), das den Schaden verursacht hat, haften als **Gesamtschuldner**. Gleiches gilt für den Tierhalter und den nach § 834 aufsichtspflichtigen Tierhüter, vgl § 834 Rz 5. Für die Ausgleichung zwischen diesen mehreren Ersatzpflichtigen ist das zwischen ihnen bestehende Rechtsverhältnis maßgebend. Auch die verschiedenen Halter mehrerer Tiere, die zusammen einen Schaden verursacht haben, trifft eine gesamtschuldnerische Haftung. Läßt sich nicht mehr feststellen, wessen Tier den Schaden herbeigeführt hat, ist § 830 I S 2 anzuwenden, BGH 55, 96. Haftet neben dem Tierhalter ein Dritter, der den Schaden schuldhaft mitverursacht hat, ist die Haftung dem Verletzten gegenüber gleichfalls eine gesamtschuldnerische. In ihrem Verhältnis zueinander ist aber der Dritte allein verpflichtet, § 840 III. Entsprechendes gilt, wenn der Dritte Unternehmer einer Eisenbahn ist, der nach § 1 HaftpflG haftet. Dieser Grundsatz ist auch anzuwenden, wenn der Halter selbst verletzt ist, so daß dann der Dritte ihm für den ganzen Schaden haftet. Anders aber, wenn den Halter Verschulden trifft, so daß er nach § 823 haftet. Als Gesamtschuldner haften auch Tierhalter und Kfz-Halter. Anstelle von § 840 III gilt dann § 17 IV StVG als Spezialvorschrift.

8. Bei der Gefährdungshaftung nach S 1 trägt der Geschädigte die **Beweislast** dafür, daß er infolge der spezifischen Tiergefahr eines Tieres geschädigt wurde und daß der in Anspruch Genommene dessen Halter ist. Bei der Verschuldenshaftung nach S 2 muß der Halter beweisen, daß es sich bei dem Tier um ein Haustier mit der Zweckbestimmung des S 2 handelt, und ferner, daß er die zur Aufsicht über das Tier erforderliche Sorgfalt gewahrt hat oder daß der Schaden auch bei Anwendung solcher Sorgfalt entstanden wäre, vgl auch Rz 13. Für das Vorliegen einer mitwirkenden Gefährdung oder eines Mitverschuldens des Verletzten trägt der in Anspruch genommene Halter die Beweislast. Dem Verletzten wird jedoch nach verbreiteter Ansicht der Beweis für die Erfüllung von **Nebenpflichten** auferlegt, wenn er zB als Trainer, Tierarzt oder Hufschmied mit dem Tier in Berührung gekommen ist (grundlegend RG 58, 411, 413). Gründe für eine solche Abweichung von der allgemeinen Beweisregel (zB erheblich erschwerte Aufklärbarkeit für den anderen Teil) liegen jedoch nicht vor, ebenso im Ergebnis MüKo/Stein Rz 25 mN Fn 76. Freilich sind die typischen Sorgfaltspflichten und somit auch die Obliegenheiten eines Trainers oder Tierarztes strenger als diejenigen eines schlichten Reiters.

834 *Haftung des Tieraufsehers*

Wer für denjenigen, welcher ein Tier hält, die Führung der Aufsicht über das Tier durch Vertrag übernimmt, ist für den Schaden verantwortlich, den das Tier einem Dritten in der im § 833 bezeichneten Weise zufügt. Die Verantwortlichkeit tritt nicht ein, wenn er bei der Führung der Aufsicht die im Verkehr erforderliche Sorgfalt beobachtet oder wenn der Schaden auch bei Anwendung dieser Sorgfalt entstanden sein würde.

1. Der **Tierhüter** haftet für Tierschäden im gleichen Umfange wie der Tierhalter nach § 833 S 2, wenn er sich nicht zu entlasten vermag. Seine Haftung beruht also auf vermutetem Verschulden, jedoch steht ihm der Entlastungsbeweis stets, also nicht nur bei Haustieren, offen.

2. Voraussetzung der Haftung ist die **Übernahme** der Haftung **durch Vertrag**. Die bloße Tatsache der Aufsichtsübernahme genügt nicht. Die Vorschrift ist ferner nicht anzuwenden, wenn die mangelhafte Aufsicht dem Tierhalter selbst nach §§ 31, 831 zuzurechnen ist, also auf dessen Organe und Bedienstete zurückgeht, MüKo/Stein Rz 1 mN. Der Vertrag braucht nicht mit dem Tierhalter selbst geschlossen zu sein, RG 168, 331, 333. Die vertragliche Übernahme der Haftung kann auch konkludent erfolgen; nach dem Zweck der Vorschrift genügt wohl sogar, daß der Übernehmer mit Rechtsbindungswillen die Aufsicht führt, ohne daß der Vertrag wirksam sein muß, Staud/Belling/Eberl-Borges Rz 12. Die Übernahme der Aufsicht wird insbesondere häufig aus dem sonstigen Inhalt des Vertrages als Nebenpflicht herzuleiten sein, zB bei Übernahme des Tiertransportes, RG aaO. Nach § 834 kann daher ersatzpflichtig sein, wer ein Pferd zum Zureiten, einen Hund zum Abrichten oder allgemein ein Tier zur Wartung und Pflege übernimmt, ohne selbst Tierhalter zu werden. Auch Verwahrer, Entleiher und Mieter haften nach § 834, wenn sich aus der Entwicklung ihres eigenen Einflusses auf das Tier und dem Verhalten des Vertragspartners berechtigterweise auf die Übernahme der Aufsichtspflicht schließen durfte, BGH NJW 1987, 949; vgl auch BGH NJW 1992, 2474 zur Anwendung des S 2 im Rahmen des § 254 bei Überlassung eines Reitpferdes aus Gefälligkeit.

3. Der Tierhüter haftet aus § 834 für den **Schaden**, den das Tier in der in § 833 bezeichneten Weise **einem Dritten** (nicht jedoch: dem Tierhalter selbst) zufügt, also im Falle der Tötung und körperlichen Verletzung eines Menschen und bei Beschädigung einer Sache, vgl § 833 Rz 3. Bei Verletzung des Tierhüters selbst kann der Halter aus § 833 haftbar sein, RG Warn Rsp 1937, 34. Durch Übernahme der Aufsicht über das Tier wird auf die Haftung des Tierhalters nicht verzichtet, vgl § 833 Rz 6. Auch die Anwendung der Beweislastregel des § 834 S 2 für das **Mitverschulden** des Tierhüters ist abzulehnen, da weder er selbst noch der Halter „Dritte" nach S 1 sind (aA MüKo/Stein Rz 5 mN).

4. Nach der **Beweislastverteilung** des § 834 hat der Geschädigte zu beweisen, daß der in Anspruch Genommene Tierhüter war und daß der Schaden auf einer Tiergefahr beruht. Der Tierhüter muß sodann seine Sorgfalt oder den Schadenseintritt auch bei rechtmäßigem Alternativverhalten beweisen.

5. Neben dem Tierhüter haftet dem Dritten der Tierhalter als **Gesamtschuldner**, RG 60, 313.

835 (weggefallen)

1. Die Vorschrift über die Wildschadenshaftung ist bundeseinheitlich durch das **BJagdG** vom 29. 11. 1952 idF der Bekanntmachung vom 29. 9. 1976 – BGBl I 2849 –, insbesondere dessen §§ 29–35, ersetzt worden. In den ein-

§ 835

zelnen Ländern gelten Sonderbestimmungen zum Jagdrecht, dazu Übersicht bei Soergel/Zeuner Rz 1; Erläuterung der §§ 29ff bei Staud/Belling/Eberl-Borges Rz 3ff.

2. Nach dem BJagdG ist zwischen der **Wildschadenshaftung** (§§ 29–32) und der Jagdschadenshaftung (§ 33) zu unterscheiden. Die Wildschadenshaftung beruht auf dem Gedanken der **Aufopferungsentschädigung**: Entsteht einem Grundstücksberechtigten, der die Schädigung durch jagdbares Wild nicht durch eigene Jagdausübung abwehren darf, ein Schaden, soll der Jagdberechtigte (Jagdgenossenschaft, § 29 I; Jagdpächter, § 29 I S 3) dafür einstehen. Ein Verschulden des Jagdberechtigten ist nicht erforderlich. Die Haftung gilt bundesrechtlich nur für Schäden durch Schalenwild, Wildkaninchen und Fasanen. Landesrechtlich kann die Haftung auf andere Tierarten erstreckt werden. Zu ersetzen ist der Schaden an den Grundstücken selbst und an den noch nicht eingeernteten Erzeugnissen, § 31 I. Auf Personen- oder sonstigen Sachschaden erstreckt sich die Wildschadenshaftung ebensowenig wie auf Schäden außerhalb der betroffenen Grundstücke (zB im Straßenverkehr). § 254 wird durch die Sonderregelung des § 32 BJagdG verdrängt: Danach ist die Ersatzpflicht ausgeschlossen, wenn der Geschädigte die Herstellung der üblichen Schutzvorrichtungen unterlassen hat oder die vom Jagdberechtigten getroffenen Schutzmaßnahmen unwirksam gemacht hat.

3. Bei der **Jagdschadenshaftung** nach § 33 II BJagdG ist der Jagdberechtigte dem Grundstücksberechtigten für jeden Schaden aufgrund mißbräuchlicher Jagdausübung, also durch **Verschulden** des Jagdberechtigten selbst, eines Jagdaufsehers oder eines Jagdgastes, ersatzpflichtig.

4. Der Schaden muß vom Berechtigten bei der Jagdbehörde innerhalb einer Woche oder jeweils bis zum 1. 5. oder 1. 10. **angemeldet** werden, § 34 BJagdG. Zum Verfahren in Wild- und Jagdschadenssachen vgl § 35 BJagdG. Die gerichtliche Geltendmachung des Anspruchs erfolgt ausschließlich vor den Amtsgerichten, § 23 Nr 2 lit d GVG.

5. Eine **weitergehende Haftung** des Jagdberechtigten kann sich aus der Verletzung von Verkehrspflichten ergeben: Der Jäger muß zB mit der Gefahr rechnen, daß sich im Revier Menschen aufhalten, BGH VersR 1959, 206; 1963, 732. Er muß auch uU Vorsorge gegen eine Verkehrsgefährdung durch aufgescheuchtes Wild treffen, BGH DB 1976, 720. Übersicht über weitere Verkehrspflichten bei der Jagd: Staud/Hager § 823 Rz E 367ff mN; seitdem etwa BGH AgrarR 2001, 17. Zur Haftung aus §§ 823 II, 831 I, 832, 833 Staud/Belling/Eberl-Borges Rz 34ff mN.

836 Haftung des Grundstücksbesitzers

(1) Wird durch den Einsturz eines Gebäudes oder eines anderen mit einem Grundstück verbundenen Werkes oder durch die Ablösung von Teilen des Gebäudes oder des Werkes ein Mensch getötet, der Körper oder die Gesundheit eines Menschen verletzt oder eine Sache beschädigt, so ist der Besitzer des Grundstücks, sofern der Einsturz oder die Ablösung die Folge fehlerhafter Errichtung oder mangelhafter Unterhaltung ist, verpflichtet, dem Verletzten den daraus entstehenden Schaden zu ersetzen. Die Ersatzpflicht tritt nicht ein, wenn der Besitzer zum Zwecke der Abwendung der Gefahr die im Verkehr erforderliche Sorgfalt beobachtet hat.
(2) Ein früherer Besitzer des Grundstücks ist für den Schaden verantwortlich, wenn der Einsturz oder die Ablösung innerhalb eines Jahres nach der Beendigung seines Besitzes eintritt, es sei denn, dass er während seines Besitzes die im Verkehr erforderliche Sorgfalt beobachtet hat oder ein späterer Besitzer durch Beobachtung dieser Sorgfalt die Gefahr hätte abwenden können.
(3) Besitzer im Sinne dieser Vorschriften ist der Eigenbesitzer.

Schrifttum: *Petershagen*, Die Gebäudehaftung, 2000.

1. § 836 ist ein Anwendungsfall der allgemeinen **Verkehrs(sicherungs)pflicht**, vgl § 823 Rz 75. Anders als bei § 823, aber ähnlich wie in §§ 831, 832, 833 S 2, 834 wird nach §§ 836–838 das Verschulden des Verpflichteten gesetzlich vermutet. Der Besitzer oder Unterhaltspflichtige eines Grundstücks oder eines mit einem Grundstück verbundenen Gebäudes oder sonstigen Werkes muß sich von dem Verschuldensvorwurf entlasten. Das gilt auch bei öffentlich-rechtlicher Ausgestaltung der Verkehrssicherungspflicht im Rahmen der § 839, Art 34 GG, BGH NJW-RR 1990, 1500. Da es sich nicht um eine Gefährdungshaftung handelt, scheidet ein Anspruch aus §§ 836–838 bei deliktsunfähigen Personen (§§ 827f) aus. § 829 ist aber anwendbar, vgl § 829 Rz 1. Einen besonderen präventiven Abwehranspruch gegen die Gefahren der §§ 836–838 gewährt dem Nachbarn § 908.

2. Gebäude ist ein unbewegliches, fest mit dem Erdboden verbundenes und allseitig umschlossenes Bauwerk, das den Eintritt von Menschen gestattet, auch wenn es noch unvollendet, etwa nur im Rohbau fertiggestellt ist. Zu den Gebäuden gehören Balkons und Loggien, BGH NJW 1985, 1076. Gebäude sind auch Hausruinen, BGH 1, 103; BGH VersR 1952, 207 und 291.

3. Mit dem Grundstück verbundene **Werke** sind alle übrigen einem bestimmten Zweck dienenden und in Verbindung mit dem Erdboden nach bestimmten Regeln der Technik und der Erfahrung hergestellten Gegenstände, Einrichtungen und Anlagen, RG 76, 260. Ob das Werk zu dauerndem oder nur zu vorübergehendem Zweck hergestellt ist, ist gleich. Dahin gehören: Mauern, Zäune, gleich ob aus Eisen oder Holz, RG SeuffA 76, 116; Torpfeiler, Torflügel, BGH NJW-RR 1990, 1423; Grabsteine, BGH NJW 1971, 2308; 1977, 1392, vgl auch § 837 Rz 1; Turmgerüste, RG Recht 1920, 656; Baugerüste, RG JW 1910, 288; BGH VersR 1959, 694; NJW 1997, 1853; 1999, 2593; Tragegerüst und Fußbodenbretter für den Zuschauerraum eines Zirkuszeltes, Hamm NJW-RR 2002, 92. Signal- und Telegrafenmasten, RG JW 1913, 868; Starkstromanlagen, RG 147, 353; befestigte Bänke, durch Einlassen von Pfählen mit dem Grund und Boden verbundene Zelte, Schaubuden, Verkaufsstände, RG JW 1916, 1019; Bretterverschläge, RG HRR 1938, 436; Brücken, BGH LM Nr 12; NJW-RR 1988, 853; Straßenlaternen, RG SeuffA 75, 76; ferner Tiefbauanlagen, zB Kanäle, Gräben, Deiche, Schleusen, RG HRR 1930, 1104; Bahndämme nebst Gleis, RG JW 1908, 196; Staudämme, RG 97, 112, 114; Hafendämme, BGH 58, 149; Böschungen, Brunnen, Baugruben, mit Platten verdeckte Durchlässe zur Ableitung des Regenwassers, RG 76, 260; Kellerschächte, Licht- und Wasserleitungsschächte; unter dem Erdboden liegende Rohrleitungen, RG 133, 1, 6; BGH 55, 229, 235; Öltanks, BGH VersR 1976, 1084; nicht aber: bei Erdarbeiten aufgehäufte Erd- und Schlammassen, RG 60, 138; Bäume und Pflanzen. Zu Firmenschildern vgl RG JW 1916, 1019.

Teile eines Gebäudes oder eines anderen mit einem Grundstück verbundenen Werkes sind nicht nur dessen wesentlichen Bestandteile iSd § 93; auch feste Verbindung ist nicht erforderlich, vgl RG 60, 421. Notwendig ist aber, daß die Sache irgendwie aus baulichen Gründen oder zu baulichen Zwecken am Gebäude oder am sonstigen Werk angebracht oder darin eingefügt ist. Lediglich mechanische Verbindung mit dem Gebäude usw durch Klammern, Nägel und dergleichen genügt regelmäßig nicht, RG 107, 337. Teile sind hiernach Fußböden, Decken, Steinfliesen, RG 52, 236, 238; Erker, Balkon, Schornstein, RG JW 1936, 2913; Gesimsstücke, einzelne Steine, Teile des Verputzes, RG JW 1916, 190; Dachziegel, Dachplatten, BGH VersR 1960, 426; Stufen und Geländer einer Treppe, Ösen zum Einhängen einer Treppe, Balken und Dielen des Fußbodenbelages, RG HRR 1935, 1515; Galeriebrüstung eines Theatersaales, RG JW 1909, 275; Fahrstuhl, RG Warn Rsp 1914, 334; angeschraubte Duschkabine, BGH NJW 1985, 2588; Gardinenhaken, KG JW 1924, 1380; Torflügel, RG JW 31, 3446; Fensterläden, RG 60, 421; Rolläden, RG Warn Rsp 1909, 101; Riegel am Oberfenster, vgl RG 113, 286, 292; nicht aber zB Wandspiegel, der nicht in die Wand eingelassen, sondern nur an ihr aufgehängt, wenn auch am unteren Rand mit Klammern gestützt ist, RG 107, 337.

3. **Einsturz** ist Zusammenbruch des ganzen Gebäudes oder sonstigen Werkes. Als **Ablösung von Teilen** ist jede Trennung oder Lockerung der Verbindung des Teils mit dem übrigen unversehrt gebliebenen Ganzen oder auch nur in seinem eigenen inneren Zusammenhang anzusehen, RG 133, 1, 6; aber auch schon, wenn er sich nur teilweise löst oder im Zusammenhalt lockert. Nicht erforderlich ist, daß das Werk selbst oder ein Teil des Werkes zerstört oder vernichtet wird. Ablösung ist hiernach zB gegeben beim Undichtwerden einer Wasserleitung, RG 133, 1, 6; BGH 55, 229, 235; beim Einbrechen eines Fußbodenbrettes, RG JW 1912, 242, oder eines Gerüstbrettes, BGH NJW 1997, 1853; ferner beim Herausfallen eines Oberfensters, RG 113, 286, 292; Herunterklappen eines Klapp- oder Schiebefensters oder eines Rolladens infolge schadhafter Befestigung, RG Warn Rsp 09, 101; RG HRR 1940, 154; Reißen eines Drahtes einer elektrischen Leitung, RG JW 1938, 1254.

4. Der Einsturz oder die Ablösung von Teilen muß auf einer **fehlerhaften Errichtung** oder **mangelhaften Unterhaltung** beruhen. Diese Kausalitätsvoraussetzung ist von der weiteren Ursachenverknüpfung zwischen dem Einsturz oder der Ablösung und der Rechtsgutverletzung zu unterscheiden. Fehler- oder Mangelhaftigkeit müssen objektiv vorliegen, BGH LM Nr 4; VersR 1956, 627. Sie brauchen nicht die Folge eines verkehrspflichtwidrigen Verhaltens des Grundstücksbesitzers zu sein, sondern können auch dann vorliegen, wenn eine bessere Errichtung oder Unterhaltung dem Besitzer nicht zumutbar war (teilweise anders MüKo/Stein Rz 15ff). Dies ist insbesondere bei der Errichtung durch einen vom Besitzer beauftragten sachkundigen und zuverlässigen Handwerker der Fall, BGH NJW 1985, 2588. Es genügt für die Fehlerhaftigkeit, wenn die Maßstäbe, die unter Berücksichtigung von voraussehbaren Umständen und Einflüssen zur Herstellung oder Erhaltung der Sicherheit erforderlich sind, nicht eingehalten worden sind, BGH VersR 1962, 1106; 1976, 66. Die fehlerhafte Errichtung oder mangelhafte Unterhaltung muß nicht die einzige Ursache des Einsturzes oder der Ablösung sein, BGH 58, 149, 153. So können der Zustand der Einrichtung und Naturereignisse wie Sturm, Regen oder Böen im Zusammenwirken das schädigende Ereignis herbeigeführt haben, BGH NJW 1993, 1782; 1999, 2593. Dann muß der Zustand der Einrichtung nicht einmal die vorwiegende Ursache sein. Geht der Einsturz oder die Ablösung von Teilen auf Naturkatastrophen, unmittelbare Kriegseinwirkungen oder Explosionen zurück, denen auch ein normal errichtetes und unterhaltenes Gebäude nicht widerstehen kann, scheidet eine Haftung nach § 836 aus, RG 76, 260; BGH 58, 149, 153. § 836 kommt auch nicht zur Anwendung, wenn Gebäude oder sonstige Werke auf einem Grundstück in anderer Weise als durch Einsturz oder Ablösung von Teilen das Nachbargrundstück in Mitleidenschaft ziehen, zB durch Grundwasserabsenkung, vgl RG 167, 14ff. Hier besteht eventuell ein Anspruch aus § 823 I oder II iVm § 909 bei nachgewiesenem Verschulden.

5. Der Einsturz oder die Ablösung von Teilen muß außerdem **ursächlich** für eine Verletzung von Leben, Körper, Gesundheit oder Eigentum des Geschädigten gewesen sein. Mittelbare Verursachung genügt. Der Schaden muß nur eine bei gewöhnlichem Geschehensablauf eingetretene Folge des Einsturzes oder der Ablösung sein, BGH 61, 51; BGH NJW 1997, 1853. Die Rechtsgutverletzung muß ferner im **Schutzzweck der Norm** liegen. Dies ist zu verneinen bei einer Schädigung eines an Abbrucharbeiten Beteiligten durch die Abbrucharbeiten, BGH NJW 1979, 309. Zur Haftung gegenüber Dritten in solchen Fällen BGH VersR 1968, 972. IsD Schutzzwecks wird die Haftung von der hM auf solche Ursachenverläufe beschränkt, bei denen Einsturz oder Ablösung von Teilen die „bewegend wirkende Kraft" der Verletzung gewesen ist (RG 172, 156, 161 mN; BGH NJW 1961, 1670; Jauernig/Teichmann Rz 7; Pal/Thomas Rz 10f). Dies ist bejaht worden für Wasserschäden infolge eines Rohrbruchs, aber verneint worden für eine Gasexplosion ebenfalls nach einem Rohrbruch (RG 172, 156) und für die Ölverseuchung durch einen undichten Tank (BGH VersR 1976, 1084). Solche Unterscheidungen sind nicht nachvollziehbar. Die genannte Einschränkung wird vom Schutzzweck der Verkehrspflicht des § 836 auch nicht gefordert (ebenso im Ergebnis Soergel/Zeuner Rz 17; MüKo/Stein Rz 27; Staud/Belling/Eberl-Borges Rz 11, 37ff).

6. **Ersatzpflichtig** ist nach § 836 nicht der Eigentümer, sondern der gegenwärtige (Abs I und III) oder frühere (Abs II) Eigenbesitzer des Grundstücks. Dies sind auch mittelbarer Besitzer und Erbschaftsbesitzer, BGH LM Nr 6. Soweit der Gebäudebesitzer nach § 837 haftet, ist § 836 ausgeschlossen, BGH NJW 1977, 1392. Mehrere Eigenbesitzer sind Gesamtschuldner (§ 840). Verpflichtet ist nach § 836 II ferner jeder, der im letzten Jahre (vgl §§ 187f) vor dem Einsturz oder dem Ablösen von Teilen Eigenbesitzer gewesen ist. Der frühere Besitzer haftet neben dem jetzigen Besitzer als Gesamtschuldner.

§ 836 Einzelne Schuldverhältnisse

9 7. Der Besitzer kann die **Vermutung seines Verschuldens** entkräften, wenn er beweist, daß er während seiner Besitzzeit die zur Abwendung der Gefahr des Einsturzes oder der Ablösung von Teilen erforderliche Sorgfalt beobachtet hat. Dies setzt voraus, daß er durch Überprüfung und Überwachung der Anlage – uU auch erst aufgrund fachmännischen Rates – deren Mängel erkennen konnte. Beruht schon die fehlerhafte Errichtung auf einem Sorgfaltsverstoß des Besitzers, bedarf es zur Haftungsbegründung nicht erst des Rückgriffs auf die Gefahrabwendungspflicht. Für die Beweislast hinsichtlich der Errichtung gilt jedoch aufgrund des Sphärengedankens dasselbe wie hinsichtlich der Überprüfung und Überwachung. Obwohl in § 836 I nicht ausdrücklich erwähnt, kann sich der Besitzer nach dem allgemeinen Grundsatz der Berufung auf rechtmäßiges Alternativverhalten auch dadurch entlasten, daß er beweist, der Schaden wäre bei Anwendung der erforderlichen Sorgfalt gleichfalls eingetreten, Soergel/Zeuner Rz 21 mN Fn 33.

10 Bei der **Errichtung** des Gebäudes genügt der Besitzer im allgemeinen seiner Sorgfaltspflicht, wenn er die Arbeit tüchtigen und zuverlässigen Fachkräften überträgt, BGH VersR 1976, 66; NJW 1985, 2588. UU muß aber der Besitzer trotz Einsatzes von Fachkräften auch selbst noch unmittelbar für bestimmte Sicherungsmaßnahmen sorgen, insbesondere dann, wenn er von einer drohenden Gefahr Kenntnis erlangt (BGH 1, 103, 106), oder wenn ihm Gefahren durch die Handlungsweise des Beauftragten nicht verborgen bleiben durften (BGH VersR 1966, 145; 1976, 66). Daß bei der baupolizeilichen Abnahme keine Mängel festgestellt wurden, entlastet den Eigenbesitzer aber nicht, BGH VersR 1976, 66.

11 Entsprechendes wie für die Errichtung gilt für die fortdauernde **Überwachung**, BGH VersR 1976, 66. Ordnungsgemäße Unterhaltung eines Gebäudes erfordert regelmäßige Überprüfung des baulichen Zustandes durch sachverständige Personen. In welchen zeitlichen Zwischenräumen diese Überprüfung zu wiederholen und in welcher Weise sie vorzunehmen ist, hängt von den Umständen des Einzelfalles, insbesondere von Art, Lage und Beanspruchung des Gebäudes ab. Je älter das Gebäude, um so höher sind die Anforderungen an die Überprüfung, BGH NJW 1993, 1782. Bei besonders dem Wind und dem Wetter ausgesetzten, zur Straße hin gelegenen Teilen ist häufigere Kontrolle notwendig. Besonders dem Publikumsverkehr dienende Gebäude – namentlich Schulen – erfordern erhöhte Sorgfalt, BGH VersR 1955, 692; NJW 1985, 2588. Besteht ein gefährlicher, ordnungswidriger Zustand, rechtfertigt dies in der Regel den Schluß, daß der Überwachungspflicht nicht genügt wurde. Zur Häufigkeit der Kontrollen vgl auch zB BGH NJW 1971, 2308: jährliche Überprüfung der Standfestigkeit von Grabsteinen. Es entlastet den Besitzer nicht, wenn seit Jahren trotz mangelhafter Überwachung des Werkes kein Schaden eingetreten ist. Maßnahmen zur Abwendung der Gefahr können sich sowohl auf den gefahrdrohenden Gegenstand als auch auf die gefährdeten Menschen richten. Gegebenenfalls sind zuverlässige Maßnahmen zur Absperrung der Gefahrenzone zu treffen. Es kann auch genügen, daß der Hersteller eines Baugerüstes wegen der durch Sturm verursachten Gefahr inhaltlich eindeutig und für etwaige Benutzer erkennbar zum Ausdruck gebracht hat, daß das Gerüst zZ nicht betreten werden darf; BGH NJW 1999, 2593. An der Kostenfrage dürfen notwendige Maßnahmen nicht scheitern, RG Recht 1921, 2381. Zu Einzelfällen und dem nach dem Kriege wichtigen Verkehrssicherungspflicht für Ruinengrundstücke Soergel/Zeuner Rz 23f; Staud/Belling/Eberl-Borges Rz 87ff.

12 Ein **früherer Eigenbesitzer** kann sich in gleicher Weise – auf seine Besitzzeit bezogen – entlasten. Außerdem ist er von der Haftung frei, wenn er dartut, daß ein späterer Besitzer, eventuell der jetzige, in der Lage gewesen sei, für die Abwendung der Gefahr Sorge zu tragen.

13 Eine Vermutung für ein Mitverschulden des Besitzers nach § 254 bei **Beschädigungen des Gebäudes durch Dritte** wird durch § 836 nicht begründet, BGH 79, 259: Anders als die Gefährdungshaftungen beruht § 836 nicht auf dem allgemein erhöhten Risiko durch Bauwerke, sondern darauf, daß dem Geschädigten die Aufklärung der Verschuldensfrage nicht zumutbar ist, weil er keinen Einblick in die Sphäre des Bauwerkbesitzers hat. Wer selbst schädigt, bedarf eines solchen beweisrechtlichen Schutzes nicht (aA aber Stoll, 25 Jahre Karlsruher Forum, 189; vgl auch § 834 Rz 3).

14 Der **Geschädigte muß** demnach **nur beweisen**, daß der Anspruchsgegner zZ des Schadensfalles oder innerhalb des vorhergehenden Jahres (Abs II) Eigenbesitzer war (BGH LM Nr 9), ferner, daß der Einsturz oder die Ablösung von Teilen die objektive Folge der fehlerhaften Errichtung oder mangelhaften Unterhaltung war. Dieser Beweispflicht genügt der Geschädigte, wenn er dartut, daß der Einsturz usw unmittelbar durch normale Witterungseinflüsse herbeigeführt worden ist, RG JW 1936, 2913. Beruht der Schaden auf anderen Gründen, zB auf mangelhafter Handhabung, scheidet ein Anspruch aus § 836 aus, vgl RG 113, 286, 292. Schließlich trägt der Geschädigte die Beweislast für die Kausalität zwischen der Fehlerhaftigkeit und der Rechtsgutverletzung. Ist dem Geschädigten der Beweis für dies alles gelungen, muß der Eigenbesitzer das Fehlen eines Sorgfaltsverstoßes beweisen.

15 8. Haftet neben dem jetzigen oder früheren Eigenbesitzer ein Dritter, zB ein Bauunternehmer, sind alle Ersatzpflichtigen dem Verletzten gegenüber **Gesamtschuldner**, § 840 I. Für den Ausgleich zwischen ihnen gilt § 840 III, dh im Innenverhältnis haftet der aus Verschulden (nicht: aus Gefährdungshaftung) verantwortliche Dritte allein. Anders aber, wenn dieser selbst zu dem in den §§ 833–838 bezeichneten Personenkreis gehört. Der Ausgleich zwischen dem früheren und jetzigen Besitzer sowie zwischen dem Besitzer und dem nach § 838 Unterhaltungspflichtigen richtet sich daher nach § 426. Der Normzweck des § 840 III scheidet ferner aus, wenn der Sorgfaltsverstoß des Grundstücksbesitzers nachgewiesen ist, so daß er keine Privilegierung mehr verdient.

837 *Haftung des Gebäudebesitzers*

Besitzt jemand auf einem fremden Grundstück in Ausübung eines Rechtes ein Gebäude oder ein anderes Werk, so trifft ihn anstelle des Besitzers des Grundstücks die im § 836 bestimmte Verantwortlichkeit.

1. § 837 ist eine Ausnahme von § 836. Wo nach dieser Vorschrift der Eigenbesitzer des Grundstücks haften 1
würde, soll an dessen Stelle derjenige treten, der in Ausübung eines Rechts ein auf dem Grundstück errichtetes
Gebäude oder sonstiges Werk besitzt und deshalb die vom Grundstück ausgehenden Gefahren eher beherrschen
kann als der Eigenbesitzer des Grundstücks, RG 59, 8. Der Besitz an dem Grundstück und derjenige an dem auf dem
Grundstück errichteten Gebäude oder anderen Werk müssen also hier auseinanderfallen, BGH NJW-RR 1990, 1423.

2. Das **Recht**, aufgrund dessen das Gebäude oder Werk besessen wird, **muß nicht wirklich bestehen**, RG JW 2
1916, 39. Ob es sich um persönliche, dingliche oder öffentlich-rechtliche Rechte handelt, bleibt gleich, vgl RG
DR 1940, 2105. Jedoch muß das Recht so geartet sein, daß die Verantwortung für die fehlerhafte Errichtung oder
die mangelhafte Unterhaltung anstelle des Eigenbesitzers des Grundstücks den Besitzer des Werkes trifft.

Unter § 837 fallen **zB** Pächter bezüglich des von ihnen für die Dauer der Pachtzeit errichteten Gebäudes; ein 3
Gastwirt bezüglich eines von ihm auf einem gemieteten Platz errichteten Restaurationszeltes, RG Recht 1908,
3265; ein Mieter bezüglich eines von ihm angebrachten Firmenschildes, RG JW 1916, 1019. Nicht hierher gehören
aber Mieter und Pächter eines Grundstücks mit Gebäuden; denn sie sind nach §§ 536, 581 zur Unterhaltung des
gemieteten oder gepachteten Gebäudes nicht verpflichtet, RG 59, 8. Unter § 837 fällt ferner der Bauunternehmer
hinsichtlich des von ihm auf fremdem Boden errichteten Baugerüstes, RG Warn Rsp 1910, 154; vgl auch BGH
NJW 1997, 1853; der Maler, der ein Gerüst zum Anstreichen des Hauses errichtet hat, RG LZ 24, 239; der Zirkus-
betreiber, der sein Zelt auf einem fremden Grundstück aufschlägt, Hamm NJW-RR 2002, 92; wer als Nießbraucher, Erbbauberechtigter, Inhaber einer Grunddienstbarkeit ein Gebäude oder sonstiges Werk mit dem Grundstück
verbunden hat; der Besitzer einer elektrischen Leitungsanlage auf einem fremden Grundstück, RG SeuffA 79,
168; der Inhaber einer Grabstelle hinsichtlich des Grabsteins, BGH NJW 1977, 1392.

838 *Haftung des Gebäudeunterhaltungspflichtigen*
Wer die Unterhaltung eines Gebäudes oder eines mit einem Grundstück verbundenen Werkes für den Besitzer übernimmt oder das Gebäude oder das Werk vermöge eines ihm zustehenden Nutzungsrechts zu unterhalten hat, ist für den durch den Einsturz oder die Ablösung von Teilen verursachten Schaden in gleicher Weise verantwortlich wie der Besitzer.

1. Anders als § 837 stellt § 838 neben die Haftung des Eigenbesitzers des Grundstücks (§ 836) oder des Gebäu- 1
des oder sonstigen Werkes auf dem Grundstück (§ 837) die Haftung dessen, der die **Unterhaltung** des Gebäudes
oder sonstigen Werkes für den Besitzer **übernimmt**.

2. § 838 Hs 1 setzt eine (mindestens konkludente) vertragliche Übernahme der Unterhaltungspflicht voraus. 2
Dem kann eine behördliche Bestellung gleichstehen (BGH 21, 285 für den Konkursverwalter). Gerade die Verantwortlichkeit für Schäden des Gebäudes oder anderen Werkes muß Inhalt der übernommenen Verpflichtungen sein.
Eine eingeschränkte Vertragspflicht, die den Verpflichteten nicht für den Eintritt derartiger Schäden verantwortlich
macht, reicht für die Begründung der Haftung aus § 838 nicht aus, vgl RG JW 1916, 1019; BGH LM Nr 2 zu
§ 836. Daß der Vertrag gerade mit dem Besitzer des Grundstücks oder des darauf errichteten Gebäudes geschlossen worden ist, ist nicht erforderlich. – Unter § 838 Hs 1 fallen namentlich Hausverwalter, vgl dazu BGH 6, 315,
und Verwalter einer Wohnungseigentümergemeinschaft, BGH NJW 1993, 1782, sowie Mieter und Pächter, die entgegen den §§ 536, 581 die Unterhaltung des Gebäudes übernommen haben.

3. Nutzungsrechte iSd § 838 Hs 2 können an dem Gebäude allein oder zugleich an dem Grundstück bestehen. 3
In Betracht kommen Nießbrauch (BGH NJW-RR 1990, 1423) und andere Dienstbarkeiten sowie das tatsächlich
ausgeübte Nutzungsrecht der Eltern am Kindesvermögen nach § 1649 II.

839 *Haftung bei Amtspflichtverletzung*
(1) Verletzt ein Beamter vorsätzlich oder fahrlässig die ihm einem Dritten gegenüber obliegende Amtspflicht, so hat er dem Dritten den daraus entstehenden Schaden zu ersetzen. Fällt dem Beamten nur Fahrlässigkeit zur Last, so kann er nur dann in Anspruch genommen werden, wenn der Verletzte nicht auf andere Weise Ersatz zu erlangen vermag.
(2) Verletzt ein Beamter bei dem Urteil in einer Rechtssache seine Amtspflicht, so ist er für den daraus entstehenden Schaden nur dann verantwortlich, wenn die Pflichtverletzung in einer Straftat besteht. Auf eine pflichtwidrige Verweigerung oder Verzögerung der Ausübung des Amts findet diese Vorschrift keine Anwendung.
(3) Die Ersatzpflicht tritt nicht ein, wenn der Verletzte vorsätzlich oder fahrlässig unterlassen hat, den Schaden durch Gebrauch eines Rechtsmittels abzuwenden.

1. Überblick, Verhältnis zu anderen Anspruchsnormen 1	a) Verhältnis von § 839 und Art 34 GG 20
2. Eigenhaftung des Beamten im privatrechtlichen Funktionskreis 6	b) Öffentliches Amt 21
	c) Ausübung eines öffentlichen Amtes 36
3. Entwicklung und Problematik der Amtshaftung	d) Haftungsrechtlicher Beamtenbegriff 37
a) Historischer Hintergrund 10	e) Amtspflichtverletzung 41
b) Inkongruenz zwischen § 839 und Art 34 GG 11	f) Drittbezogenheit der Amtspflicht 50
c) Reformbestrebungen 13	g) Kausalität 57
d) Rechtslage in den neuen Bundesländern 14	h) Verschulden 58
e) Europäisches Staatshaftungsrecht 16	5. Haftungsausschlüsse und -beschränkungen
4. Voraussetzungen der Amtshaftung gemäß § 839 iVm Art 34 GG	a) Amtspflichtverletzung bei „Urteil in einer Rechtssache" 61

b) Subsidiaritätsklausel (Abs I S 2) 66	Justiz 109
c) Mitverschulden des Geschädigten	Richter, allgemein 110
aa) Schuldhafte Rechtsmittelversäumung 70	Rechtspfleger, allgemein 111
bb) Mitverschulden nach § 254 77	Zivilgericht 112
d) Sondergesetzliche Haftungsausschlüsse 78	Strafgericht 113
6. Verjährung 80	Zwangsvollstreckungsgericht 114
7. Inhalt und Umfang des Schadensersatzanspruchs . . 81	Nachlaßgericht 115
8. Haftender Verwaltungsträger 84	Insolvenzgericht 116
9. Prozessuale Durchsetzung 91	Grundbuchamt 117
10. Regreß 95	Registergericht 118
11. Einzelfälle	Vormundschaftsgericht 119
Abwasserbeseitigung 95a	Staatsanwaltschaft 120
Arbeitsamt 96	Urkundsbeamter der Geschäftsstelle 121
Arzt, Amtsarzt 97	Gerichtsvollzieher 122
Auskünfte, Hinweis- und Warnpflichten 98	Notar 123
Banken- und Versicherungsaufsicht 99	Katasterverwaltung 127
Bauaufsicht, Bauplanung 100	Naturschutzbehörde 128
Bundesprüfstelle für jugendgefährdende Schriften . 101	Polizei 129
Bundeswehr 102	Rettungsdienst 130
Feuerschutz 103	Standesbeamter 131
Finanzverwaltung 104	Straßenverkehrsbehörde, Verkehrssicherungs-
Forst-, Landwirtschaft und Jagdwesen 105	pflicht 132
Fürsorgepflicht, beamtenrechtliche 106	Technisches Hilfswerk 134
Geistliche und Kirchenbeamte 107	TÜV 135
Grundstücksverkehr 108	Zivildienst 136

Schrifttum: *Bender*, Staatshaftungsrecht, 2. Aufl 1974 (die 3. Aufl 1981 behandelt das für verfassungswidrig erklärte Staatshaftungsgesetz); *Bettermann/Nipperdey/Scheuner*, Die Grundrechte, Bd III/2, 2. Aufl 1972, Die Amtshaftung: Art 34, bearbeitet von Bettermann; *Bömer*, Amtshaftung und Vertrauensschutz, NVwZ 1996, 749; *v Bogdandy*, Das deutsche Staatshaftungsrecht vor der Herausforderung der Internationalisierung: zum Verhältnis von rechtlicher Gestaltungsmacht und Schadensverantwortung, AöR Bd 122 (1997), 268; *Bonner Kommentar zum Grundgesetz*, Art 34, Stand September 1970, bearbeitet von Dagtoglou (im folgenden BK/Dagtoglou); *Boujong*, Staatshaftung für legislatives und normatives Unrecht in der neueren Rechtsprechung des Bundesgerichtshofs, FS W. Geiger, 1989, 430; *Broß*, Ausgewählte Probleme aus der Rechtsprechung des Bundesgerichtshofs zum Amtshaftungsrecht, VerwArch 82 (1991), 593; *Bundesministerium der Justiz* (Hrsg), Zur Reform des Staatshaftungsrechts, Bericht – Modelle – Materialien, 1987; *Coester-Waltjen*, Die Anspruchsgrundlagen und Abgrenzungen bei Amtshaftung und Organhaftung, Jura 1995, 368; *Cornils*, Der gemeinschaftsrechtliche Staatshaftungsanspruch, Diss Bonn, 1995; *v Danwitz*, Die gemeinschaftsrechtliche Staatshaftung der Mitgliedstaaten, DVBl 1997, 1; *Detterbeck*, Haftung der Europäischen Gemeinschaft und gemeinschaftsrechtlicher Staatshaftungsanspruch, AöR 125 (2000), 202; *Detterbeck/Windthorst/Sproll*, Staatshaftungsrecht, 2000; *Ehlers*, Die Weiterentwicklung des Staatshaftungsrechts durch das europäische Gemeinschaftsrecht, JZ 1996, 776; *v Einem*, Amtshaftungsansprüche zwischen Hoheitsträgern, BayVBl 1994, 486; *Fetzer*, Die Haftung des Staates für legislatives Unrecht, 1994; *Franckenstein*, Die richtige Baugenehmigung und ihr Schadensersatz, NWVBl 2000, 85; *Galke*, Die Beschränkung der Staatshaftung nach Art 34 GG in der Rechtsprechung des Bundesgerichtshofs, DÖV 1992, 53; *Heidenhain*, Amtshaftung und Entschädigung aus enteignungsgleichem Eingriff, 1965; *Henrichs*, Haftung der EG-Mitgliedstaaten für Verletzung von Gemeinschaftsrecht, Diss Bonn, 1995; *Hösch*, Staatshaftung und Aufopferung, DÖV 1999, 192; *Isensee/Kirchhof* (Hrsg), Handbuch des Staatsrechts der Bundesrepublik Deutschland, Bd VI, § 1989, bearbeitet von Papier; *Jacobs*, Staatshaftungsrecht, 1982; *v Komorowski*, Amtshaftungsansprüche von Gemeinden gegen andere Verwaltungsträger, VerwArch 2002, 62; *Krohn*, Amtshaftung und Bauleitplanung – zur Rechtsprechung des Bundesgerichtshofs, FS K Gelzer, 1991, 281; *ders*, Schutzzweck und Drittbezogenheit von Amtspflichten im öffentlichen Baurecht, ZfBR 1994, 8; *Krohn/Löwisch*, Eigentumsgarantie, Enteignung, Entschädigung, 3. Aufl 1984; *Krohn/Papier*, Aktuelle Fragen der Staatshaftung und der öffentlich-rechtlichen Entschädigung, 1986; *Ladeur*, Zur Bestimmung der drittschützenden Charakters von Amtspflichten im Sinne von § 839 BGB und Art 34 GG – insbesondere bei Aufsichtspflichten, DÖV 1994, 665; *Lochte-Handjery*, Das Verschulden im Rahmen des Amtshaftungsanspruchs, JuS 2001, 1186; *Lüdemann/Windhorst*, Struktur und Reichweite des haftungsrechtlichen Beamtenbegriffs iS von § 839 BGB iV mit Art 34 GG, SächsVBl 1995, 125; *Mader*, Zur Amtshaftung der Gemeinde für rechtswidrige Beschlüsse des Gemeinderats – ausgewählte Probleme der Haftungsbegründung, BayVBl 1999, 168; *Maunz/Dürig*, Grundgesetz, Art 34, Stand Juni 1998, bearbeitet von Papier (im folgenden MD/Papier); *Notthoff*, Die Haftung von Trägern öffentlicher Gewalt für durch Handlungen Privater verursachte Schädigungen, NVwZ 1994, 771; *Ossenbühl*, Staatshaftungsrecht, 5. Aufl 1998; *ders*, Zur Staatshaftung bei behördlichen Warnungen vor Lebensmitteln, ZHR Bd 155 (1991), 155; *ders*, Die Staatshaftung in den neuen Ländern, NJW 1991, 1201; *ders*, Staatshaftung für Altlasten, DÖV 1992, 761; *Papier*, Staatshaftung bei rechtswidriger Genehmigungserteilung, DZWiR 1997, 221; *Pfab*, Staatshaftung in Deutschland, Diss München, 1997; *Ruthig/Baumeister*, Staatshaftung wegen Vollzugs nichtiger Normen, JZ 1999, 117; *Schenke/Guttenberg*, Rechtsprobleme einer Haftung bei normativem Unrecht, DÖV 1991, 945; *Steinberg/Lubberger*, Aufopferung, Enteignung und Staatshaftung, 1991; *J Vogel*, Amtspflichten der Staatsanwaltsanwaltschaft gegenüber Verletzten, wistra 1996, 219.

1. Überblick, Verhältnis zu anderen Anspruchsnormen

1 **a)** Die Bestimmung ist die Anspruchsnorm für Schäden, die ein Beamter in schuldhafter Verletzung seiner Amtspflicht einem Dritten zugefügt hat. § 839 bildet einen **Sondertatbestand** der unerlaubten Handlungen (vgl BGH 34, 375, 380; Verhältnis zu anderen Anspruchsnormen unten Rz 5). Im Gegensatz zu § 823 I gewährt § 839 Ersatz auch bei reinen Vermögensschädigungen. Andererseits gelten spezielle Haftungsausschlüsse (Subsidiaritätsklausel in Abs I S 2; Spruchrichterprivileg in Abs II; Rechtsmittelversäumung gem Abs III).

b) § 839 ist auf alle Amtspflichtverletzungen eines Beamten anzuwenden, gleichgültig, ob sie im öffentlich-rechtlichen oder im privatrechtlichen Funktionskreis des Dienstherrn begangen wurden (vgl BGH 34, 99, 104). Die Unterscheidung beider Funktionskreise hat dennoch weitreichende Bedeutung. Im **privatrechtlichen Funktionskreis** der Verwaltung statuiert § 839 eine persönliche Haftung des Beamten, die allerdings nur selten zum Tragen kommt (Rz 6ff). Im **öffentlich-rechtlichen Funktionskreis** verlagert Art 34 GG die Ersatzpflicht auf den Dienstherrn (Rz 10, 20ff). Es kommt hier zu einer (mittelbaren) Staatshaftung; der Beamte wird von seiner Haftung befreit (BGH 121, 161, 163). 2

c) Das Amtshaftungsrecht auf der Grundlage von § 839 iVm Art 34 GG bildet einen Bestandteil des **Staatshaftungsrechts**. Dieses Rechtsgebiet umfaßt neben diversen Haftungsinstituten für hoheitliches Unrecht auch Restitutions- und Kompensationsregelungen für Nachteile, die infolge rechtmäßiger Ausübung der Staatsgewalt entstehen (vgl Ossenbühl, Staatshaftungsrecht, S 1f). Neben der Amtshaftung gehören zum Staatshaftungsrecht die Entschädigung für Enteignungen, enteignungsgleiche Eingriffe und enteignende Eingriffe, für die Aufopferung immaterieller Rechte und Rechtsgüter, im weiteren Sinne auch Ersatzansprüche aus verwaltungsrechtlichen Schuldverhältnissen und Sonderverbindungen, der Folgenbeseitigungsanspruch sowie der sozialrechtliche Herstellungsanspruch (Überblick bei Soergel/Vinke Rz 7ff). Die in wesentlichen Zügen richterrechtlich ausgeformten Institute des Staatshaftungsrechts entstammen verschiedenen historischen Epochen. Sie fügen sich weder hinsichtlich der Anspruchsstrukturen noch der zugrundeliegenden rechtspolitischen Leitbilder zu einem konsistenten, geschlossenen System (MüKo/Papier Rz 3). Bestrebungen des Gesetzgebers, die Rechtszersplitterung im Staatshaftungsrecht zumindest teilweise zu überwinden, haben bislang nicht zum Erfolg geführt (Rz 13). 3

d) In den meisten **ostdeutschen Bundesländern** gilt neben § 839 das Staatshaftungsgesetz der DDR idF des Einigungsvertrages mit einigen nach 1990 vorgenommenen, von Land zu Land jeweils unterschiedlichen Änderungen fort (Rz 14). Schädigungen durch Bedienstete von **Organen der Europäischen Union** beurteilen sich nach den Haftungsnormen der Gründungsverträge (Rz 16). Die Mitgliedstaaten trifft nach der Rspr des EuGH eine **gemeinschaftsrechtlich begründete Staatshaftung** bei Verletzungen subjektiver Gemeinschaftsrechte (Rz 17). 4

e) Verhältnis zu anderen Haftungsnormen. Die übrigen **Deliktstatbestände der §§ 823ff** sind auf Schädigungen, die den Sondertatbestand des § 839 erfüllen, unanwendbar (BGH 3, 94, 101; 34, 99, 104; NJW 1971, 43, 44; Soergel/Vinke Rz 28 mwN; siehe aber BGH NJW 1996, 3208, 3209 für den Fall, daß ein und dasselbe Verhalten zugleich einem privatrechtlichen und einem öffentlich-rechtlichen Funktionskreis zuzuordnen ist). Andernfalls würden die besonderen Haftungsbestimmungen des § 839 unterlaufen. Anwendbar bleiben die allgemeinen Regelungen der §§ 827, 828, 830 und 840 (Soergel/Vinke Rz 29 mwN), ferner die Beweislastregeln in § 833 S 2 und in § 836 I S 2 (BGH VersR 1972, 1034; BGH NJW-RR 1990, 1500; Hamm VersR 1998, 495). Sondergesetzliche **Gefährdungshaftungstatbestände** können aufgrund ihres strukturell abweichenden Regelungsgehalts neben § 839 zur Anwendung kommen, so etwa § 7 StVG (BGH 105, 65, 66; KG VersR 1992, 1129). § 18 StVG, der eine Haftung für vermutetes Verschulden begründet, wird durch § 839 ausgeschlossen (BGH NJW 1959, 985; Schleswig VersR 1998, 241). 5

Zwischen dem Amtshaftungsanspruch gemäß § 839 iVm Art 34 GG und den wichtigsten übrigen **Ansprüchen des Staatshaftungsrechts** zum Ausgleich hoheitlichen Unrechts besteht **Anspruchskonkurrenz**, soweit sich aus spezialgesetzlichen Bestimmungen nichts anderes ergibt. So können Ansprüche aus § 839 und Ansprüche wegen enteignungsgleichem Eingriff und (rechtswidriger) Aufopferung nebeneinander bestehen (BGH 13, 88, 95; 146, 365, 371). Ferner besteht Anspruchskonkurrenz zu spezialgesetzlichen Entschädigungsansprüchen, wie etwa §§ 56ff InfektionsschutzG und 1ff StrEG, sowie zu Ersatzansprüchen aus verwaltungsrechtlichen Schuldverhältnissen und Sonderverbindungen (BGH NJW 1977, 197, 198). Parallel gegebene Ansprüche aus anderen staatshaftungsrechtlichen Anspruchsgrundlagen fallen grundsätzlich nicht unter die Subsidiaritätsklausel des Abs I S 2 (BGH 63, 167, 171f; NJW 1981, 623, 624). Im Ergebnis überschneiden sich somit bei rechtswidrigem und schuldhaftem hoheitlichen Handeln die Anwendungsbereiche von Amtshaftungsanspruch und einigen anderen Staatshaftungsansprüchen.

2. Eigenhaftung des Beamten im privatrechtlichen Funktionskreis

a) Im privatrechtlichen Funktionskreis der Verwaltung (Abgrenzung zum öffentlich-rechtlichen Funktionskreis Rz 21ff) greift Art 34 GG nach hM nicht (Dreier-Wieland, GG, Rz 28 mwN; aus der Rspr etwa BGH 85, 393, 395). Der **Beamte** haftet daher aus § 839 **persönlich** (BGH NJW 2001, 2626, 2629). Die Vorschrift gilt hier also noch in ihrem ursprünglichen Sinn und behält insoweit auch ihre Funktion, den Beamten vor übermäßigen Haftungsrisiken zu schützen und seine Entschlußfreudigkeit nicht zu lähmen (Rüfner in Erichsen, Allgemeines Verwaltungsrecht, Rz 37). Die von der Rspr entwickelten Haftungserweiterungen finden dementsprechend im privatrechtlichen Funktionskreis keine Anwendung. So gilt hier weiterhin der sogenannte staatsrechtliche Beamtenbegriff im Sinne der Beamtengesetze statt des erweiterten haftungsrechtlichen Beamtenbegriffs des Art 34 GG (BGH VersR 1964, 614; 1996, 202; zum haftungsrechtlichen Beamtenbegriff Rz 37ff). Die einschränkende Auslegung der Subsidiaritätsklausel des Abs I S 2 ist auf Schädigungen im öffentlich-rechtlichen Funktionskreis beschränkt (vgl BGH 85, 393, 396). Auch neigt die Rechtsprechung dazu, Amtspflichten im privatrechtlichen Bereich enger zu fassen als im hoheitlichen Bereich (Rüfner in Erichsen, Allgemeines Verwaltungsrecht, Rz 39). 6

b) Die Eigenhaftung des Beamten kommt praktisch nur selten zum Tragen. Bei Schädigungen des Beamten im privatrechtlichen Funktionskreis wird nämlich meist der **Dienstherr** über eine der zivilrechtlichen Zurechnungsnormen (§§ 31, 89; § 831; § 278 bei bestehenden Schuldverhältnissen) **haftbar** sein (vgl BGH NJW 2001, 2626, 2629; Soergel/Vinke Rz 24; RGRK/Kreft Rz 16; Staud/Schäfer Rz 32). Der Beamte kann dann bei fahrlässigem Handeln den Geschädigten nach Abs I S 2 an den Dienstherrn verweisen, seine eigene Haftung entfällt (BGH NJW 2001, 2626, 2629; Köln VersR 1990, 898). Der Dienstherr kann sich aus Gründen der Gleichbehandlung mit 7 privaten Arbeitgebern seinerseits nicht auf die besonderen Haftungsausschlüsse des § 839 berufen (BGH MDR 1952, 674; VersR 1960, 752, 753; siehe auch RGRK/Kreft Rz 16). Andererseits haftet er nur, wenn das Verhalten des Beamten für sich genommen einen der von der jeweiligen Zurechnungsnorm vorausgesetzten Grundtatbestände erfüllt. Als solcher scheidet § 839 selbst aus (auch als Schutzgesetz iSv § 823 II), da der öffentliche Dienstherr im privatrechtlichen Bereich auch nicht schlechter als ein privater Arbeitgeber stehen soll (RGRK/Kreft Rz 16 mwN). Soweit daher eine amtspflichtswidrige Vermögensschädigung in Frage steht, die weder ein Recht bzw Rechtsgut iSv § 823 I oder ein Schutzgesetz iSv § 823 II verletzt, noch einen sonstigen Deliktstatbestand der §§ 823ff erfüllt, haftet allein der Beamte (Staud/Schäfer Rz 32).

8   c) Als Konsequenz der Geltung des staatsrechtlichen Beamtenbegriffs im privatrechtlichen Funktionskreis (Rz 6) beurteilen sich hier Schädigungen eines **nichtbeamteten Bediensteten** ausschließlich nach allgemeinem Deliktsrecht. Die Möglichkeit der Verweisung auf den Diensthern (vgl Rz 7) besteht somit anders als beim Statusbeamten nicht (BGH 42, 176, 178; RGRK/Kreft Rz 16). Die Ersatzpflicht entfällt folglich nicht, wenn neben dem Bediensteten auch der Diensthern haftet. Diese ungleiche Haftungslage leuchtet sachlich nicht ein (Soergel/Vinke Rz 33).

9   d) Auch Beamte im staatsrechtlichen Sinn haften nach allgemeinem Deliktsrecht statt aus § 839, wenn die Schädigung nicht bei Wahrnehmung ihrer Dienstaufgaben, sondern bei **Ausübung einer privaten Nebentätigkeit** erfolgte, mag diese auch vom Diensthern gestattet sein und in einem gewissen Zusammenhang mit den Dienstaufgaben stehen. Dies ist etwa der Fall bei der ambulanten Patientenbehandlung in öffentlichen Krankenhäusern durch selbst liquidierende beamtete Ärzte (BGH 120, 376, 381 sowie unten Rz 31).

3. Entwicklung und Problematik der Amtshaftung

10   a) **Historischer Hintergrund.** Die für den Amtshaftungsanspruch wegen hoheitlicher Schädigung charakteristische doppelstöckige Konstruktion (Haftungsbegründung durch § 839 – Haftungsverlagerung durch Art 34 GG) ist das Resultat bis heute nachwirkender historischer Einflüsse. Deren Ausgangspunkt ist die gegen Ende des 18. Jahrhunderts zur Verbreitung gelangte, von römisch-rechtlichen Vorstellungen beeinflußte Deutung des Verhältnisses zwischen Landesherr und Staatsdiener als Mandatskontrakt, der nur zu rechtmäßigem Handeln ermächtigen kann (Heidenhain JZ 1968, 487ff mwN). Rechtswidriges Handeln des Staatsdieners lag danach außerhalb seines Mandats und war nicht vom Staat, sondern vom Staatsdiener selbst – als Privatmann – zu verantworten. Dementsprechend konnte der Geschädigte ihn wie andere Bürger vor den Zivilgerichten verklagen. Die Zurechnung rechtswidrigen Handelns an den Staat galt als unvorstellbar (Lehre von der Schuldunfähigkeit des Staates). Die Theorie vom Mandatskontrakt wurde im Laufe des 19. Jahrhunderts im Zuge des Wandels staatstheoretischer Grundanschauungen und auch wegen ihrer unhaltbaren praktischen Folgen – sie verwies die Geschädigten häufig an insolvente Schuldner – allmählich überwunden (siehe aber Ossenbühl, Staatshaftungsrecht, S 8 zu einem teilweisen Rückfall gegen Ende des Jahrhunderts). Das BGB zog jedoch nur für den privatrechtlichen Funktionskreis die Konsequenz einer unmittelbaren Staatshaftung (§§ 31, 89). Für den hoheitlichen Funktionskreis blieb es – allerdings maßgeblich aus kompetenzrechtlichen Gründen (MD/Papier Rz 6 mwN) – bei der Eigenhaftung des Beamten (§ 839), die dann in rasch aufeinanderfolgenden Gesetzen der meisten Gliedstaaten und des Reiches zum Anknüpfungspunkt für die Statuierung einer Schuldüberleitung auf den Diensthern gemacht wurde (Einzelheiten bei RGRK/Kreft Rz 18). Diese Konstruktion einer an die persönliche Beamtenhaftung nur „angesielten" (W. Jellinek JZ 1955, 147, 149), in Entstehung wie Inhalt von jener determinierten und mithin bloß mittelbaren Staatshaftung wurde von der WRV (Art 131) und schließlich von Art 34 GG im Grundsatz übernommen.

11   b) Das **Grundproblem** dieser Konstruktion liegt in der **Inkongruenz zwischen** haftungsbegründender Norm **(§ 839)** und haftungsverlagernder Norm **(Art 34 GG)**. Der in § 839 verankerte normative Maßstab (Amtspflichten im Innenverhältnis zum Diensthern) sowie die der Vorschrift zugrundeliegenden rechtspolitischen Wertungen sind ganz am Bild der persönlichen Beamtenhaftung orientiert und passen daher nicht im Kontext der Staatshaftung, in den sie jedoch über Art 34 GG zwangsläufig versetzt werden (siehe auch Rz 41). Praktisch bemerkbar macht sich dies etwa bei Fällen der amtspflichtwidrigen Mißachtung von Verwaltungsvorschriften und Einzelweisungen, die nicht automatisch rechtswidrig auch im Außenverhältnis sein müssen, ferner (und hier aus Sicht des Bürgers gravierender) bei Fällen, in denen der Beamte Rechte des Bürgers verletzt, ihm jedoch kein Vorwurf der Amtspflichtwidrigkeit gemacht werden kann (etwa weil sein Verhalten weisungsgemäß war oder eine rechtlich bindende Entscheidung einer anderen Verwaltungsbehörde zu beachten war; zum Vorstehenden eingehend MüKo/Papier Rz 9f). Auch das von § 839 aufgestellte Verschuldenserfordernis, der Ausschluß der Naturalrestitution (Rz 81) sowie vor allem die Subsidiarität der Haftung (Abs I S 2) haben zwar bezogen auf die persönliche Eigenhaftung des Beamten jeweils gute Gründe für sich, gehen jedoch im Falle der Staatshaftung an rechtsstaatlichen Erfordernissen (hierzu MD/Papier Rz 12) vorbei und führen letztlich zu unbegründbaren Haftungsprivilegien der öffentlichen Hand.

12   Die Rspr hat diese historisch begründeten Defizite der Amtshaftung durch eine teleologische Norminterpretation abzumildern versucht. So gewährt sie etwa in den Fällen rechtswidrigen Verhaltens infolge interner Bindung des Beamten zumindest einen Anspruch gegen die Körperschaft, von der die Bindung ausgeht (etwa BGH NJW 1993, 3065). Auch wird die Subsidiaritätsklausel bereichsweise nicht angewendet (Rz 68) und ist das Verschuldenserfordernis durch Aufstellung gruppentypischer Verhaltensmuster sowie weitere Objektivierungen und Anonymisierungen (Rz 58, 60) stark relativiert worden (eingehend Soergel/Vinke Rz 20ff). Eine wirklich durchgreifende Korrektur ließ der Gesetzestext freilich nicht zu (vgl aber MD/Papier Rz 33, der auch de lege lata größere Spielräume zur Überwindung der konstruktiv bedingten Mängel der Amtshaftung sieht). Das BVerfG steht auf dem Standpunkt, eine umfassende unmittelbare Staatshaftung sei von Verfassungs wegen, insbesondere durch Art 34 GG, nicht gefordert (NVwZ 1998, 271).

c) **Reformbestrebungen.** Die fortdauernden Mängel des geltenden Amtshaftungsrechts und die (hierdurch nicht unerheblich beförderte) Zersplitterung der Staatshaftung für hoheitliches Unrecht in mehrere Institute führten zu **Reformbestrebungen**, die nach einem eingehenden Diskussionsprozeß und langwierigen parlamentarischen Verfahren (eingehend Ossenbühl, Staatshaftungsrecht, S 438ff) in den Erlaß **des Staatshaftungsgesetzes vom 26. 6. 1981** (BGBl I 553) mündeten. Das Staatshaftungsgesetz sah eine unmittelbare, ausschließliche und in Teilen verschuldensunabhängige Haftung von Trägern öffentlicher Gewalt für hoheitliche Rechtsverletzungen vor (eingehend Bender, Staatshaftungsrecht, 3. Aufl 1981). § 1 des Gesetzes lautete:

§ 1 Haftung der öffentlichen Gewalt

(1) Verletzt die öffentliche Gewalt eine Pflicht des öffentlichen Rechts, die ihr einem anderen gegenüber obliegt, so haftet ihr Träger dem anderen für den daraus entstehenden Schaden nach diesem Gesetz.

(2) Das Versagen einer technischen Einrichtung gilt als Pflichtverletzung, wenn der Träger anstatt durch Personen durch diese Einrichtung öffentliche Gewalt selbständig ausüben läßt und das Versagen einer Pflichtverletzung dieser Personen entsprechen würde.

(3) Personen, die die Pflichtverletzung begehen, haften dem Geschädigten nicht.

Das BVerfG erklärte am 19. 10. 1982 auf einen Normenkontrollantrag mehrerer Landesregierungen hin das Staatshaftungsgesetz mit der Begründung für verfassungswidrig, dem Bund fehle die Gesetzgebungskompetenz zur umfassenden Regelung der öffentlich-rechtlichen Staatshaftung (BVerfG 61, 149). Damit war das Reformprojekt zunächst gescheitert. Nach weiteren rechtspolitischen Initiativen in der Folgezeit kam es 1994 zur Einfügung von **Art 74 I Nr 25** in das Grundgesetz, wonach dem Bund die konkurrierende Gesetzgebungszuständigkeit für das Staatshaftungsrecht zusteht. Gesetze nach Art 74 I Nr 25 GG bedürfen der Zustimmung des Bundesrats (Art 74 II GG). Die verfassungsrechtlichen Hürden, an denen das Staatshaftungsgesetz von 1981 scheiterte, sind somit beseitigt. Die Staatshaftungsreform steht gegenwärtig allerdings nicht auf der politischen Prioritätenliste.

d) **Rechtslage in den neuen Bundesländern.** Der Einigungsvertrag hat festgelegt, daß das **Staatshaftungsgesetz der DDR** vom 12. 5. 1969 (Gbl I 34; geänd durch Gesetz vom 14. 12. 1988, Gbl I 327) im Beitrittsgebiet als Landesrecht fortgilt (Art 9 I, II iVm Anlage II Kap III Sachgebiet B Abschnitt III Nr 1; BGBl 1990 II 1168). In Sachsen sowie im Ostteil Berlins ist das Staatshaftungsgesetz inzwischen aufgehoben worden (GVBl Bln 1995, 607; SächsGVBl 1998, 151). Brandenburg (Bbg GVBl 1993 I 199; 1997, 104), Mecklenburg-Vorpommern (MVGVBl 1992, 314) sowie Thüringen (ThürGVBl 1997, 163) haben Änderungen auf verfahrensrechtlichem Gebiet vorgenommen. In Sachsen-Anhalt wurde das Staatshaftungsgesetz materiell umfassend geändert (Sachs-AnhGVBl 1992, 655) und statuiert nunmehr im wesentlichen nur noch eine Haftung für unmittelbare hoheitliche Eigentumseingriffe (näher zum Ganzen Lühmann NJW 1998, 3001).

Ferner gilt im Beitrittsgebiet für seit dem 3. 10. 1990 begangene Amtspflichtverletzungen § 839 (Art 232 § 10 EGBGB; BGH VIZ 1999, 165). Ansprüche aus dem Staatshaftungsgesetz und Ansprüche aus § 839 können wegen ihres unterschiedlichen Regelungsgehalts nebeneinander zur Anwendung kommen (BGH 143, 18, 23, 26; siehe MüKo/Papier Rz 95 mwN; dort auch zur Konkurrenz mit sonstigen staatshaftungsrechtlichen Ansprüchen; siehe auch Jena OLG-NL 1999, 7 sowie Brandenburg LKV 1999, 242). Infolge seines Rangs als Landesrecht kann das Staatshaftungsgesetz keine Haftung für Amtspflichtverletzungen Bundesbediensteter begründen (Soergel/Klein Anh § 839 Rz 266). Vor dem 3. 10. 1990 begangene rechtswidrige Schädigungen durch staatliche oder kommunale Mitarbeiter oder Beauftragte der DDR beurteilen sich ausschließlich nach dem Staatshaftungsgesetz in der zur Tatzeit (nicht zum Zeitpunkt des Schadenseintritts) jeweils geltenden Fassung (BGH 127, 57, 61).

§ 1 I–III des DDR-Staatshaftungsgesetzes in der heute in Brandenburg, Mecklenburg-Vorpommern und Thüringen geltenden Fassung lautet wie folgt:

§ 1 Voraussetzungen der Haftung

(1) Für Schäden, die einem Bürger oder seinem persönlichen Eigentum durch Mitarbeiter oder Beauftragte staatlicher Organe oder staatlicher Einrichtungen in Ausübung staatlicher Tätigkeit rechtswidrig zugefügt werden, haftet das jeweilige staatliche Organ oder die staatliche Einrichtung.

(2) Ein Schadensersatzanspruch des Geschädigten gegen den Mitarbeiter oder Beauftragten des staatlichen Organs oder der staatlichen Einrichtung ist ausgeschlossen.

(3) Die Schadensersatzpflicht staatlicher Organe und staatlicher Einrichtungen als Teilnehmer am Zivilrechtsverkehr bestimmt sich nach den Vorschriften des Zivilrechts.

Diese Bestimmungen folgen in wesentlichen Zügen den Grundsätzen, die auch das gescheiterte bundesdeutsche Staatshaftungsgesetz vom 26. 6. 1981 (Rz 13) bestimmten. Vom Amtshaftungsanspruch gem § 839 iVm Art 34 GG abweichende Merkmale sind vor allem die Verschuldensunabhängigkeit und Unmittelbarkeit der staatlichen Haftung. Zur Anwendung des DDR-Staatshaftungsgesetzes näher MüKo/Papier Rz 89ff; Soergel/Klein Anh § 839 Rz 259ff; Ossenbühl, Staatshaftung, S 457ff; Christoph NVwZ 1991, 536; Lörler NVwZ 1990, 830 und 1991, 137; Schullan VersR 1993, 283; speziell für die Bereiche Bauordnung und -planung Lühmann ThürVBl 1998, 169.

Einen Sonderkomplex bildet die verschiedentlich versuchte Geltendmachung von auf das Staatshaftungsgesetz gestützten Ersatzansprüchen wegen **Regierungsunrechts**, das durch Bedienstete des DDR-Staatsapparates begangen wurde. Maßgeblich für die rechtliche Beurteilung solcher Maßnahmen ist das materielle Recht der DDR, das unter Berücksichtigung von deren Rechtspraxis so auszulegen und anzuwenden ist, wie das durch die Gerichte der DDR geschehen wäre (BGH NJW 1995, 256, 257). Im Ergebnis dürften schon aus diesem Grund die meisten einschlägigen Ersatzbegehren aussichtslos sein (vgl KG NJW 1998, 245; LG Berlin NJ 1996, 376). Zweifelhaft ist, ob entsprechende Ansprüche gegen die Bundesrepublik oder die Länder und Kommunalkörperschaften im Bei-

§ 839 Einzelne Schuldverhältnisse

trittsgebiet gerichtet werden können (vgl hierzu das BMJ, Schreiben vom 3. 12. 1992, abgedr in VIZ 1993, 150; siehe in diesem Zusammenhang auch Köln VersR 1993, 1522).

16 e) **Europäisches Staatshaftungsrecht.** Art 288 EGV (= Art 215 EGV aF) statuiert in Abs II eine **Unrechtshaftung der Gemeinschaft** im hoheitlichen Funktionskreis. Die Vorschrift, die durch den Vertrag von Amsterdam (ABl EG C 340/1) unverändert blieb, lautet:

> Im Bereich der außervertraglichen Haftung ersetzt die Gemeinschaft den durch ihre Organe oder Bediensteten in Ausübung ihrer Amtstätigkeit verursachten Schaden nach den allgemeinen Rechtsgrundsätzen, die den Rechtsordnungen der Mitgliedstaaten gemeinsam sind.

Näher zu Art 288 II EGV Gilsdorf/Oliver in vd Groeben/Thiesing/Ehlermann, Kommentar zum EU-/EG-Vertrag, 5. Aufl, Bd 5, 1997, Art 215 Rz 12ff; Ossenbühl, Staatshaftungsrecht, S 560ff.

17 Für die deutsche öffentliche Gewalt von Bedeutung ist **der gemeinschaftsrechtliche Staatshaftungsanspruch**, der vom EuGH im Frankovic-Urteil aus dem Jahr 1991 (verb RS C-6/90 und C-9/90; EuZW 1991, 758) rechtsschöpferisch entwickelt und in mehreren Folgeurteilen weiter ausgebaut worden ist. Danach kann ein Mitgliedstaat für Schäden haften, die er einzelnen durch Verstöße gegen das Gemeinschaftsrecht zufügt. Der Anspruch ist vor nationalen Gerichten (welche die Rechtsschöpfung des EuGH akzeptiert haben; etwa BGH 134, 30) geltend zu machen. Anwendungsfälle der gemeinschaftsrechtlichen Mitgliedstaatshaftung bilden unter anderem: Verstöße gegen das Gebot der (richtigen und fristgerechten) Umsetzung von Richtlinien (neben dem Francovic-Urteil: RS C-392/93 EuZW 1996, 274 – British Telecom; verb RS C-283, 291, 293/94 NJW 1997, 119 – Denkavit; verb RS C-178, 179, 188, 190/94 NJW 1996, 3141 – Dillenkofer), Verstöße gegen Primärrechtsnormen (verb RS C-46, 48/93 EuZW 1996, 274 – Brasserie du Pecheur, Factortame) sowie gemeinschaftsrechtswidrige Administrativakte (RS C-5/94 EuZW 1996, 435 – Hedley Lomas). Voraussetzung der Haftung ist nach den vorgenannten Urteilen neben der Gemeinschaftsrechtswidrigkeit des jeweiligen staatlichen Verhaltens: die verletzte Gemeinschaftsrechtsnorm muß bezwecken, dem Geschädigten Rechte zu verleihen; der Verstoß muß „hinreichend qualifiziert" sein; zwischen dem Rechtsverstoß und dem Schaden muß ein unmittelbarer Kausalzusammenhang bestehen. Insbesondere das Merkmal des „hinreichend qualifizierten" Verstoßes hat noch keine klaren Konturen gewonnen (vgl die Vielzahl der Kriterien, die hierfür im Brasserie-Urteil aufgeboten wurden; RS C-46, 48/93 EuZW 1996, 274; vgl auch Detterbeck/Windthorst/Sproll S 57ff) und bietet breiten Raum für einzelfallbezogene Abwägungen (vgl Dengler IStR 1997, 252). Eine gewichtige Rolle soll hierbei spielen, welcher Ermessensspielraum dem nationalen Gesetzgeber auf dem in Frage stehenden Rechtsgebiet noch zusteht (BGHZ 146, 153). Hinsichtlich der näheren Ausgestaltung des Anspruchsinhalts und der prozessualen Durchsetzung ist das gemeinschaftsrechtliche Staatshaftungsrecht auf die Ergänzung durch mitgliedstaatliche Vorschriften angewiesen. Der Mitgliedstaat hat die Folgen der Rechtsverstöße „im Rahmen des nationalen Haftungsrechts" zu beheben (RS C-66/95 EuZW 1997, 338, 340 – Eunice Sutton), wobei ein Verbot der Diskriminierung gegenüber rein nationalen Haftungsfällen gilt und das nationale Recht nicht so ausgestaltet sein darf, daß es den Ersatz praktisch vereitelt oder übermäßig erschwert (RS C-373/95 EuZW 1997, 530, 532 – Maso). Die Einzelheiten dieser gemeinschaftsbezogenen Anwendung des deutschen Staatshaftungsrechts sind streckenweise noch ungeklärt (eingehend Ossenbühl, Staatshaftungsrecht, S 515ff; Detterbeck/Windthorst/Sproll S 61ff; aus der Rspr: neben der vorgenannten Maso-Entscheidung: verb RS C-94, 95/95 EuZW 1997, 434 – Bonifaci; RS C-261/95 EuZW 1997, 538 – Palmisani; zur Abwicklung der Schadensersatzansprüche wegen verspäteter Umsetzung der Pauschalreiserichtlinie siehe Stöhr NJW 1999, 1063). Fest steht mittlerweile, daß ein Geschädigter sich auch bei Geltendmachung des gemeinschaftsrechtlichen Staatshaftungsanspruchs die Regelung des § 839 III entgegenhalten lassen muß (BGH v 9. 10. 2003 – III ZR 342/02).

18 Eine andere Frage ist, ob für gemeinschaftsbezogenes Handeln oder Unterlassen deutscher Behörden eine Haftung nach rein innerstaatlichem **Amtshaftungsrecht** gegeben sein kann (dazu Detterbeck/Windthorst/Sproll S 48ff). Der BGH ist hier bislang zurückhaltend. Für den bloßen **Vollzug rechtswidrigen Gemeinschaftsrechts** ohne zusätzliche eigene Unrechtsbeiträge durch deutsche Behörden soll die Bundesrepublik nicht haften (BGH 125, 27, 38). Auch in den Fällen **normativen Unrechts**, in denen nach gemeinschaftsrechtlichen Maßstäben ein Staatshaftungsanspruch begründet sein kann, wird unter Berufung auf das im innerstaatlichen Recht geltende Merkmal der Drittbezogenheit (Rz 50, 55) eine Amtshaftung nach § 839 abgelehnt (BGH NVwZ 1993, 601 zur fehlenden Anpassung eines nationalen Gesetzes an europäisches Primärrecht).

19 Zur Haftung der Vertragsstaaten bei Verletzungen der **Europäischen Menschenrechtskonvention** siehe Ossenbühl, Staatshaftungsrecht, S 527ff.

4. Voraussetzungen der Amtshaftung gem § 839 iVm Art 34 GG

20 a) **Verhältnis von § 839 und Art 34 GG.** Art 34 GG enthält selbst keine erschöpfende Regelung der Amtshaftung, sondern setzt ein Verhalten voraus, das den Tatbestand des § 839 erfüllt (vgl nur Soergel/Vinke Rz 30). Als bloße Zurechnungsnorm (MD/Papier Rz 11) verlagert Art 34 GG die Haftung auf den Verwaltungsträger, der anstelle und nicht neben dem Beamten haftet (befreiende Schuldübernahme; Bender, Staatshaftungsrecht, Rz 389; BGH 134, 99, 104, 146, 385, 388). Im Grundsatz haftet der Staat daher nur in gleichem Umfang, wie der Amtsträger selbst es müßte, wenn es die Schuldübernahme nicht gäbe; die auf die persönliche Verantwortlichkeit des Amtsträgers zugeschnittenen gesetzlichen Haftungsbeschränkungen, -milderungen oder -privilegien kommen daher mittelbar auch dem Staat zugute (BGH 146, 385, 388). Beide Normen sind jedoch **nicht deckungsgleich**. Art 34 GG nimmt den privatrechtlichen Funktionskreis von der Haftungsübernahme aus („Ausübung eines ... *öffentlichen* Amtes"; BGH 4, 138, 150; 16, 111, 116; 20, 102, 104; MüKo/Papier Rz 120 mwN). Die Haftungsübernahme wird ferner nur „grundsätzlich" angeordnet; dies läßt Raum für sondergesetzliche Haftungsausschlüsse und -beschränkungen (näher Rz 78f). In anderer Hinsicht erweitert Art 34 GG die Haftung, indem der Verwaltungsträger nicht nur für Schädigungen von Beamten im staatsrechtlichen Sinne, sondern auch von sonstigen Personen, die ein öffentliches Amt ausüben, in Anspruch genommen werden kann („jemand"). Das BVerfG geht davon aus, daß der Amtshaftungsanspruch gem § 839 iVm Art 34 GG öffentlich-rechtlicher Natur ist (BVerfG 61, 149, 176ff; aA Bartlsberger NJW 1968, 1697, 1701 mwN). An der Zuweisung zum ordentlichen Rechtsweg (Rz 91) ändert dies nichts.

b) Der Begriff des **öffentlichen Amtes** iSv Art 34 stellt darauf ab, ob der Beamte im **öffentlich-rechtlichen** 21 **Funktionskreis** der Verwaltung tätig geworden ist (vgl nur MüKo/Papier Rz 141). Tätigkeit im öffentlich-rechtlichen Funktionskreis ist dabei synonym mit „hoheitlicher Tätigkeit" oder „Ausübung öffentlicher Gewalt".

aa) Dieses Merkmal liegt stets bei **Rechtshandlungen** vor, die in den **Formen des öffentlichen Rechts** stattfinden (vgl BGH NJW 2000, 2810; Soergel/Vinke Rz 56 mwN), etwa beim Erlaß von Verwaltungsakten oder Satzungen. Umgekehrt scheidet bei Schädigungen durch privatrechtsförmiges Verhalten (zB Kündigung eines privatrechtlichen Vertrages) der Amtshaftungsanspruch gem § 839 iVm Art 34 GG aus. Der Verwaltungsträger haftet hier nur zivilrechtlich (Rz 7; kritisch hierzu Ossenbühl, Staatshaftungsrecht, S 27f, der vor dem Hintergrund des in weiten Bereichen herrschenden Grundsatzes der Wahlfreiheit auf die Gefahr einer Flucht ins private Haftungsrecht hinweist). Bei öffentlich-rechtlicher Form des Verwaltungshandelns erübrigt sich eine nähere Prüfung des Aufgabenbereichs sowie des Bezugs zwischen diesem und dem Verwaltungshandeln. Durch den Einsatz des spezifisch öffentlich-rechtlichen Handlungsinstrumentariums begibt sich die Verwaltung in eine Position rechtlicher Überlegenheit, die eine besondere Schutzbedürftigkeit des Bürgers begründet und im Gegenzug dem Staat eine besondere haftungsrechtliche Verantwortlichkeit zuweist (vgl MüKo/Papier Rz 143). Zur Abgrenzung von öffentlichem und privatem Recht Wolff/Bachof/Stober, Verwaltungsrecht I, 11. Aufl 1999, § 22 Rz 25ff.

bb) Problematisch ist die Einordnung von **Realakten** sowie von **Unterlassungen**. Sie sind für sich genommen 23 rechtlich indifferent. Das Kriterium der Rechtsform des Verwaltungshandelns versagt bei ihnen. Es muß daher auf ihren **Zweck** und **Funktionszusammenhang** abgestellt werden (BGH 42, 176, 179; NJW 2000, 2810; MüKo/Papier Rz 146). Entscheidend ist, ob die eigentliche Zielsetzung, in deren Sinn die Person tätig wurde, hoheitlicher Tätigkeit zuzurechnen ist und ob bejahendenfalls zwischen dieser Zielsetzung und der schädigenden Handlung ein so enger äußerer und innerer Zusammenhang besteht, daß die Handlung ebenfalls als noch dem Bereich hoheitlicher Betätigung angehörend angesehen werden muß. Dabei ist nicht auf die Person des Handelnden, sondern auf seine Funktion, dh auf die Aufgabe, deren Wahrnehmung die im konkreten Fall ausgeübte Tätigkeit dient, abzustellen (BGH 118, 304, 305; 147, 169, 171).

Die **rechtliche Einordnung des betroffenen Aufgabenbereichs** bereitet keine Schwierigkeiten bei der klassisch-hoheitlichen **Eingriffsverwaltung** (zB Polizei, Finanzverwaltung, Wehrverwaltung, Bauaufsicht) auf der einen sowie den **fiskalischen Hilfsgeschäften** (zB Einkauf von Bedarfsgütern) und der **erwerbswirtschaftlichen Betätigung** der Verwaltung auf der anderen Seite. Erstere ist unstreitig dem öffentlich-rechtlichen Funktionskreis zuzurechnen, letztere zählen zum privatrechtlichen Funktionskreis (vgl nur MüKo/Papier Rz 147ff, Ossenbühl, Staatshaftungsrecht, S 26f). Zu differenzieren ist demgegenüber bei **schlicht-hoheitlichen** Verwaltungszwegen, namentlich dem weiten und sich heterogenen Bereich der Leistungsverwaltung. Nach dem Grundsatz der Wahlfreiheit kann die Aufgabenwahrnehmung hier öffentlich-rechtlich oder privatrechtlich ausgestaltet sein, sofern das Rechtsregime nicht – was allerdings häufig der Fall sein wird – dem Verwaltungsträger durch Rechtssatz spezifisch vorgeschrieben wird (Soergel/Vinke Rz 65 mwN) bzw soweit nicht die Aufgabendurchführung einer juristischen Person des Privatrechts übertragen wird (dann stets privatrechtliches Handlungsregime, vgl nur MüKo/Papier Rz 154 mwN). Kann die Zuordnung nicht zweifelsfrei vorgenommen werden, soll nach herrschender Auffassung im verwaltungsrechtlichen Schrifttum (siehe nur MüKo/Papier Rz 146 mwN; siehe auch für die Anstaltsnutzung BGH 38, 49, 51f) von der Vermutung ausgegangen werden, daß der Verwaltungsträger nach Maßgabe des öffentlichen Rechts wirken wollte. Diese Vermutungsregel wird freilich nur selten aktiviert werden müssen, denn Gesetzgeber und Rspr haben für die praktisch wichtigsten Verwaltungszweige schon seit längerem Festlegungen getroffen (Rz 26ff).

Bei der Prüfung, ob ein hinreichend **enger Zusammenhang** zwischen dem schädigenden Verhalten und einer 25 nach Maßgabe des öffentlichen Rechts verfolgten Verwaltungsaufgabe besteht, ist im Grundsatz eine **einheitliche Betrachtungsweise** anzulegen. Es sind nicht nur die typischen Kernakte einzubeziehen, die dem jeweiligen Bereich sein spezifisches Gepräge geben (etwa im Bereich der Eingriffsverwaltung: Einsatz der Schußwaffe, Räumung eines Gebäudes), sondern auch die **Vorbereitungs-, Hilfs- und Nebenverrichtungen**, beispielsweise Dienstfahrten (vgl BGH 42, 176, 179). Die Einheitsbetrachtung darf jedoch nicht zu weit getrieben werden. So ist etwa die Veräußerung eines ausgemusterten Kraftfahrzeugs samt der hierfür getroffenen Vorbereitungs- und Hilfsverrichtungen nicht schon deshalb dem öffentlich-rechtlichen Funktionskreis zuzurechnen, weil sie durch die Polizei, mithin im hoheitlichen Aufgabenbereich erfolgte. Andererseits müssen, um im Interesse praktischer Handhabbarkeit der Amtshaftungsregeln, für die Zerlegung von Verwaltungsaufgaben in Einzelverrichtungen gleichermaßen bestimmte Grenzen gelten. Hier das rechte Mittelmaß zu finden, bereitet in vielen Einzelfällen größte Mühen. Abgrenzungsprobleme tauchen ferner vor allem dort auf, wo öffentlich-rechtlich und zivilrechtlich geordnete Verwaltungsaufgaben beinahe **nahtlos ineinander übergehen** und die schädigende Maßnahme sich im Grenzbereich bewegt (etwa Verkehrsregelung – Verkehrssicherung, Rz 29).

cc) **Einzelne Fallgruppen.** (1) Eine Amtshaftung für **Regierungsakte** hat die Rspr anerkannt (bereits RG 125, 26 273, 279). Die politische Entscheidungstätigkeit der exekutiven Spitzen ist dem Anwendungsbereich der Amtshaftung keineswegs grundsätzlich entzogen. Politische Maßnahmen erfolgen jedoch regelmäßig nur im Allgemeininteresse. Amtspflichtverletzungen wird daher meist der für die Haftung erforderliche Drittbezug (Rz 50ff) fehlen (RGRK/Kreft Rz 224).

§ 839 Einzelne Schuldverhältnisse

27 (2) **Zur Haftung für normatives Unrecht** Rz 55f.

28 (3) Schädigungen bei der **Teilnahme am öffentlichen Straßenverkehr** bilden mit die schwierigsten Anwendungsfälle für das unter Rz 25 genannte Kriterium des „inneren und äußeren Zusammenhangs" zwischen amtspflichtwidrigem Verhalten und hoheitlicher Aufgabe der Verwaltung. Eindeutig fällt die Zuordnung insoweit aus, als der (als öffentlich-rechtlich zu qualifizierende) Aufgabentyp die Verkehrsteilnahme typischerweise mit sich bringt und sich dies gerade auch in der konkreten Fahrt abbildet (Streifenfahrten der Polizei, RG 140, 415, 417; Übungsfahrten der Bundeswehr, BGH NJW 1968, 696, 697; Einsatzfahrten der Feuerwehr, BGH 20, 290, 292), wobei die Amtshaftung auch beim sachlich gebotenen Einsatz privater Beförderungsmittel gegeben ist (BGH NJW 1992, 1227, 1228). Hingegen schwankt die Rspr dann, wenn die Verkehrsteilnahme für den Aufgabentyp allgemein nicht typisch ist (Ausübung eines öffentlichen Amtes gegeben bei Fahrten eines Amtsarztes, BGH 29, 38, 41; hingegen verneint bei Fahrt einer Richterin zum Ortstermin, BGH VersR 1965, 1101, 1102), ferner dann, wenn die konkrete Fahrt von der für den Aufgabentyp allgemein-typischen Art der Verkehrsteilnahme abweicht (Fahrt eines Feuerwehrfahrzeugs zum TÜV sei hoheitsrechtliche Aufgabe, Oldenburg NJW 1973, 1199, 1200; Überführung eines Polizeifahrzeugs in Reparaturwerkstatt sei demgegenüber privatrechtlich-fiskalisches Hilfsgeschäft, OVG Saarland DVBl 1968, 434). Die Rspr ist im einzelnen wie auch prinzipiell vielfach kritisiert worden (vgl nur Ossenbühl, Staatshaftungsrecht, S 35; MD/Papier Rz 146f). Insbesondere ist die Frage aufgeworfen worden, ob die Amtshaftung als Institut, das sich aus dem Gedanken der rechtlichen Überlegenheit bei Einsatz des hoheitlichen Handlungsinstrumentariums legitimiert, nicht auf Dienstfahrten beschränkt werden sollte, die unter Einsatz der Sonderrechte aus § 35 StVO erfolgen (Bender, Staatshaftungsrecht, Rz 460; wohl auch Ossenbühl, Staatshaftungsrecht, S 36). Die Rspr hat den Unterschieden zwischen Dienstfahrten iSv § 35 StVO und anderen Fahrten insofern Rechnung getragen, als sie bei letzteren aus Gründen der Gleichbehandlung aller Verkehrsteilnehmer nicht mehr die Subsidiaritätsklausel des Abs I S 2 anwendet (BGH 68, 217, 220; BGH NJW 1991, 1171; Rz 68).

29 (4) **Verkehrssicherung, Verkehrsregelung.** Die Verwaltungsaufgabe, öffentliche Verkehrsflächen möglichst gefahrlos zu gestalten und zu halten (Verkehrssicherungspflicht), wird nach st Rspr unter Berufung auf eine Analogie zu § 836 bei Fehlen gegenteiliger gesetzlicher Regelungen nach Maßgabe des Privatrechts wahrgenommen (BGH 9, 373, 389; NJW 2000, 1256). Hingegen stellt die Aufgabe, Verkehrszeichen und -einrichtungen so einzurichten, daß der Verkehr auf öffentlichen Flächen gefahrlos und zügig fließt (Verkehrsregelungspflicht), eine öffentlich-rechtlich ausgestaltete Aufgabe dar (BGH NJW 1970, 1126; VersR 2001, 589). Die Zuordnung bestimmter Schädigungen kann im Einzelfall diffizil sein (beispielhaft: nach BGH NJW 1972, 1268 unterfällt die Programmierung von Ampelanlagen der Verkehrsregelungspflicht, hingegen die technische Wartung der Verkehrssicherungspflicht; vgl auch BGH JZ 1971, 430 zum Fall unkenntlich gewordener Zebrastreifen). In den meisten Bundesländern hat allerdings der Gesetzgeber die Verkehrssicherung ausdrücklich einem öffentlich-rechtlichen Regime unterworfen (Überblick bei Soergel/Vinke Rz 120 Fn 41; dort auch zur Rechtslage bei den Bundesstraßen; Beispiel aus der Rspr BGH v 9. 10. 2003 – III ZR 8/03). Zudem kann auch der Straßenverwaltungsträger bei Fehlen einer entgegenstehenden gesetzlichen Regelung durch Organisationsakt die Verkehrssicherung öffentlich-rechtlich ausgestalten (Soergel/Vinke Rz 121 mwN).

30 (5) Bei **öffentlichen Einrichtungen der Daseinsvorsorge** sind privatrechtliche wie öffentlich-rechtliche Benutzungsverhältnisse denkbar. Soweit die Einrichtung als juristische Person des privaten Rechts (Eigengesellschaft) organisiert ist, kann das Benutzungsverhältnis nur privatrechtlich ausgestaltet sein (MüKo/Papier Rz 154 mwN), es sei denn, die Einrichtung wurde mit der Wahrnehmung hoheitlicher Aufgaben rechtssatzmäßig beliehen (vgl aber BGH NJW 1997, 2109: Amtshaftung der Bundesrepublik für Schäden, die ein bei einer privatrechtlich organisierten Beschäftigungsstelle tätiger Zivildienstleistender verursacht). Bei öffentlich-rechtlich organisierten Einrichtungen (Regie- oder Eigenbetriebe, Anstalten öffentlichen Rechts) kommt es auf die Ausgestaltung durch den Gesetzgeber oder, sofern dieser keine Regelung getroffen hat, durch den Einrichtungsträger an, der nach hM ein Wahlrecht hat (Rz 24). Soweit die Rechtsform danach nicht eindeutig bestimmbar ist, sind für die Beurteilung die äußeren Umstände heranzuziehen. Anhaltspunkte für die öffentlich-rechtliche Ausgestaltung sind etwa die Benutzungsregelung durch Satzung, die Erhebung von „Gebühren" statt „Entgelten", der ausdrückliche Verweis auf Regeln der Verwaltungsvollstreckung oder der Umstand, daß Anschluß- und Benutzungszwang besteht (vgl BGH 4, 138, 148; 25, 200, 207; Koblenz NJW-RR 2001, 318). In Zweifelsfällen ist die öffentlich-rechtliche Ausgestaltung zu vermuten (BGH 38, 49, 51). Die rechtliche Ausgestaltung des Benutzungsverhältnisses schlägt auch auf die Beurteilung von Schädigungen Dritter durch (BGH 48, 98; 54, 384, 387; siehe aber auch BGH NVwZ 1983, 763, wo trotz privatrechtlicher Ausgestaltung des Benutzungsverhältnisses ein Amtshaftungsanspruch des außenstehenden Dritten gem § 839 iVm Art 34 GG bejaht wurde). Bei Verletzung der nach den kommunalrechtlichen Vorschriften der Länder gegen die Gemeinden gewährten Ansprüche auf die Benutzung öffentlicher gemeindlicher Einrichtungen ist ein Amtshaftungsanspruch gem § 839 iVm Art 34 GG gegen die Gemeinde auch dann gegeben, wenn das Benutzungsverhältnis privatrechtlich ausgestaltet ist oder sogar die Einrichtung in der Form einer juristischen Person des Privatrechts geführt wird (näher MüKo/Papier Rz 155 mwN).

31 Die **ärztliche Heilbehandlung** in öffentlichen Krankenhäusern stellt keine Ausübung eines öffentlichen Amtes dar, auch wenn sie durch beamtete Ärzte erfolgt (BGH 77, 74, 75). Die beamteten Krankenhausärzte haften persönlich aus § 839 (Eigenhaftung), soweit der stationäre Behandlungsbereich betroffen ist (BGH 95, 63, 67); Haftung des Krankenhausträgers nach §§ 31, 89, 831 möglich (vgl BGH 85, 393; 89, 263). Im Falle der ambulanten Behandlung durch einen selbst liquidierenden Arzt haftet dieser hingegen, auch wenn er Beamter ist, aus § 823, da er insoweit nicht in Wahrnehmung seiner Dienstaufgaben, sondern in privater Nebentätigkeit handelt (BGH 120, 376, 382). Anderes gilt nur dann, wenn der Arzt dem Krankenhausträger gegenüber zur Behandlung verpflichtet ist (aaO, S 383). Ärztliche Maßnahmen, die sich als **Zwangsbehandlung** darstellen, erfolgen hingegen in Ausübung eines öffentlichen Amtes, so daß bei amtspflichtwidrigen Schädigungen ein Amtshaftungsanspruch gem

§ 839 iVm Art 34 GG gegen den Verwaltungsträger gegeben ist (Behandlung zwangseingewiesener psychisch Kranker, BGH 38, 49, 52; polizeilich angeordnete Blutentnahme, München NJW 1979, 608, 609; Behandlung von Strafgefangenen, BGH 21, 214). Auch **Amtsärzte** üben bei den ihnen obliegenden Maßnahmen des öffentlichen Gesundheitsdienstes ein öffentliches Amt aus (BGH VersR 1959, 353; NJW 1994, 2415, 2416). Die ärztliche Behandlung eines Soldaten in einem Sanitätszentrum der Bundeswehr erfolgt ebenfalls in Ausübung eines öffentlichen Amtes (BGH 120, 176, 178; siehe auch BGH NJW 1996, 2431 – Behandlung durch zivile Ärzte auf Veranlassung der Bundeswehr).

Das **Schulverhältnis** sowie der Lehr- und Forschungsbetrieb an **Hochschulen** sind dem öffentlich-rechtlichen 32 Funktionskreis zuzuordnen (RGRK/Kreft Rz 96, 101 mwN). Soweit es hingegen um die Gebäudesicherheit geht, gilt bei Fehlen entgegenstehender gesetzlicher Bestimmungen die privatrechtliche Verkehrssicherungspflicht (MüKo/Papier Rz 166).

(6) Post. Die Tätigkeit der Deutschen Bundespost wurde früher als öffentlich-rechtlich eingestuft (BGH 20, 33 102, 108; 98, 140, 143). Für Schädigungen bei Erbringung postalischer Dienstleistungen galten sondergesetzliche Haftungsvorschriften. Mit den diversen Postreformen der späten achtziger und der neunziger Jahre (Poststrukturgesetz von 1989, BGBl I 1026; Postneuordnungsgesetz von 1994, BGBl I 2325; Postgesetz von 1997, BGBl I 3294, in Kraft getreten zum 1. 1. 1998; zu letzterem Gramlich NJW 1998, 866) entwickelte sich die Rechtslage wie folgt: Die Rechtsbeziehungen im Benutzungsverhältnis zur Deutschen Bundespost Postdienst (nunmehr Deutsche Post AG) wurden mit dem Poststrukturgesetz von 1989 (§ 7 PostG aF) privatrechtlich ausgestaltet (vgl BGH 111, 334, 336). Hoheitlich betätigen sich die Deutsche Post AG sowie andere Lizenznehmer heute nur im Bereich der förmlichen Zustellung, wo sie als beliehene Unternehmer auftreten (§ 33 PostG) und dementsprechend nach § 839 iVm Art 34 GG für Schäden haften (§ 35 PostG). Für Schädigungen außerhalb eines konkreten Benutzungsverhältnisses gelten dieselben Maßstäbe. Oberlandesgerichtliche Entscheidungen, die im Bereich der zunächst noch fortbestehenden Monopolbereiche der vormaligen Deutschen Bundespost Postdienst den Amtshaftungsanspruch gem § 839 iVm Art 34 GG weiter für anwendbar hielten (Nürnberg NJW 1994, 2032; München NJW-RR 1994, 1442), sind mit der Organisationsprivatisierung durch das Postneuordnungsgesetz von 1994 überholt (vgl MüKo/Papier Rz 161), jedenfalls aber mit der Marktliberalisierung durch Erlaß des Postgesetzes von 1997. Aus der bis Ende 2007 der Deutsche Post AG erteilten Exklusivlizenz für Postsendungen bestimmter Größen kann Gegenteiliges nicht hergeleitet werden. Andernfalls würde das Haftungsregime auf sachlich nicht nachvollziehbare und praktisch nicht mehr zu handhabende Weise aufgesplittert (im Ergebnis ebenso Pal/Thomas Rz 142). Im Bereich der **Telekommunikation** gilt heute (erst recht) ein durchwegs privatrechtliches Haftungsregime (vgl nur Soergel/Vinke Rz 81).

(7) Bahn. Schon vor der Neuorganisation des Eisenbahnwesens und der Gründung der Deutsche Bahn AG 34 (Eisenbahnneuordnungsgesetz von 1993, BGBl I 2378) waren die Rechtsbeziehungen im Benutzungsverhältnis privatrechtlicher Natur und auch Schädigungen Dritter nach Privatrecht zu beurteilen (BGH 2, 37, 41; 20, 102, 105). Die bahnpolizeilichen Funktionen, die inzwischen dem Bundesgrenzschutz obliegen (Gesetz vom 23. 1. 1992, BGBl I 178), werden nach wie vor nach Maßgabe des öffentlichen Rechts ausgeübt (Soergel/Vinke Rz 78).

(8) Weitere Einzelfälle. Hoheitliche Funktionen üben aus: Der **Rettungsdienst** im Land NRW (BGH NJW 35 1991, 2954 und dazu Krohn/Schwager DVBl 1992, 321) sowie im Freistaat Bayern (BGH NJW 2003, 1184); soweit der Rettungsdienst privatrechtlich organisiert ist (zB teilweise in Baden-Württemberg), werden die dort eingesetzten Zivildienstleistenden als öffentliche Amtsträger tätig (BGH 118, 304, 306; Zweibrücken OLGRp 2001, 288); berufliche wie freiwillige **Feuerwehr** (BGH 63, 167, 170); **Soldaten** (BGH VersR 1961, 262; NJW 1969, 421, 422), auch Angehörige der in Deutschland stationierten NATO-Streitkräfte aufgrund des NATO-Truppenstatuts (Ansprüche sind insoweit gegen die Bundesrepublik Deutschland geltend zu machen, die in Prozeßstandschaft für den Entsendestaat auftritt; näher MüKo/Papier Rz 362); **Vertrags- und Vertrauensärzte von Sozialversicherungsträgern** und Arbeitsämtern (BGH 63, 265, 270); Organe öffentlich-rechtlicher **Religionsgemeinschaften**, soweit sie aufgrund einer entsprechenden staatlichen Rechtsübertragung ein öffentliches Amt ausüben (BGH 22, 383, 388; näher Soergel/Vinke Rz 98; noch weitergehend BGH NJW 2003, 1308 und BGH NVwZ 2003, 768); die Kfz-Sachverständigen des **TÜV** üben bei den ihnen durch die StVZO übertragenen Prüftätigkeiten hoheitliche Befugnisse aus (BGH VersR 2002, 96; BGH 147, 169, 171; Tätigkeiten, die im Rahmen der Nachprüfung der Lufttüchtigkeit eines Luftfahrtgeräts durch einen genehmigten **luftfahrttechnischen Betrieb nach den Bestimmungen der Verordnung zur Prüfung von Luftfahrtgerät** begangen werden, erfolgen in Ausübung eines öffentlichen Amtes (BGH 147, 169); ebenso BGH 122, 85, 91 für Tätigkeiten von TÜV-Sachverständigen in Anlageüberwachungsverfahren); **Bezirksschornsteinfeger** nehmen bei Bauabnahme und Feuerstättenschau hoheitliche Aufgaben wahr (BGH NJW 1974, 1507, 1508). Sendungen und Programmgestaltungen des **öffentlich-rechtlichen Rundfunks** gehören nach Auffassung des BGH zum privatrechtlichen Funktionskreis (BGH 66, 182, 185; aA MüKo/Papier Rz 170 mwN). Der **Deutsche Wetterdienst** erbringt seine Leistungen in öffentlich-rechtlicher Form (BGH NJW 1995, 1828). Die Durchführung der den **Handwerkskammern** von Gesetzes wegen obliegenden Beratungsdienste stellt sich als Ausübung eines öffentlichen Amtes dar (BGH VersR 2001, 1287). Zu weiteren Fallgruppen siehe Rz 96ff.

c) Ausübung eines öffentlichen Amtes. Die schädigende Handlung muß in Ausübung und **nicht nur „bei** 36 **Gelegenheit"** der Amtstätigkeit vorgenommen worden sein. Erforderlich ist ein innerer Zusammenhang mit der dienstlichen Tätigkeit (BGH 11, 181, 185; 42, 176, 179; NJW 2002, 3172; VersR 1983, 87). Die Rspr folgt insoweit einer recht großzügigen Betrachtungsweise und versperrt sich im Grundansatz einer Zerlegung der Funktionsausübung in Einzelakte (BGH NJW 2002, 3172ff). Der Zusammenhang zur dienstlichen Tätigkeit ist nicht schon deshalb zu verneinen, weil gesetzlichen Vorschriften, Dienstvorschriften oder Einzelweisungen zuwidergehandelt

§ 839   Einzelne Schuldverhältnisse

wird (BGH 1, 388, 394), etwa bei vorschriftswidrigem Schußwaffeneinsatz (vgl BGH 11, 181, 186). Persönliche Gründe, die der Beamte nebenher auf einer Dienstfahrt verfolgt und die ihn zu einem Umweg veranlassen, schließen nicht zwingend den dienstlichen Charakter der Fahrt aus (BGH NJW 1956, 1353). Der innere Zusammenhang zur Amtstätigkeit ist auch bei (rechtswidrigen) Beamtenstreiks oder streikähnlichen Maßnahmen gewahrt (BGH 69, 128, 132). „Bei Gelegenheit" erfolgt eine Handlung im wesentlichen nur dann, wenn der Amtsträger sie zu **rein privaten Zwecken** oder **aus rein persönlichen Beweggründen** vornimmt. Dies ist etwa der Fall bei Benutzung von Behördenfahrzeugen ausschließlich zu privaten Zwecken (BGH NJW 1969, 421, 422; anders BGH 1, 388, 393 sowie BGH 124, 15, 18 zu dem Fall, daß dem Amtsträger gerade die Aufgabe übertragen ist, mißbräuchliche Benutzung der Behördenfahrzeuge zu verhindern) oder bei Schußwaffengebrauch aus persönlicher Rache oder Eifersucht (BGH 11, 181, 186). Bei **Überschreitung der örtlichen oder sachlichen Zuständigkeit** entfällt der Zusammenhang zur Amtsausübung nur dann, wenn die zuständigkeitsüberschreitende Tätigkeit dem Aufgabengebiet des Amtsträgers völlig wesensfremd ist oder der Amtsträger sich überhaupt nicht mehr innerhalb des gesetzlichen Kompetenzbereichs des Dienstherrn bewegt (BGH LM Nr 64 zu Art 34 GG).

37   **d) Haftungsrechtlicher Beamtenbegriff.** Die Haftung nach § 839 iVm Art 34 GG setzt nicht voraus, daß die Schädigung durch eine Person begangen wurde, die nach den gelten Beamtengesetzen zum Beamten ernannt worden ist (sog staatsrechtlicher Beamtenbegriff). Statt dessen gilt der sog haftungsrechtliche Beamtenbegriff, wonach es ausschließlich auf die behördlich veranlaßte Einschaltung in die Ausübung hoheitlicher Tätigkeiten, mithin auf die anvertraute **Funktion** ankommt (vgl Ossenbühl, Staatshaftungsrecht, S 14). Daß der (zufällige) persönliche Status des Schädigers für den Umfang der staatlichen Unrechtshaftung prinzipiell irrelevant ist, bringt Art 34 GG durch das Wort „jemand" zum Ausdruck. Der staatsrechtliche Beamtenbegriff ist jedoch weiterhin maßgeblich für die Eigenhaftung des Schädigers im privatrechtlichen Funktionskreis der Verwaltung (Rz 6ff) sowie im öffentlich-rechtlichen Funktionskreis dort, wo aufgrund sondergesetzlicher Haftungsausschlüsse (Rz 78f) ausnahmsweise die Haftungsübernahme gem Art 34 GG ausscheidet (MüKo/Papier Rz 362).

38   **aa)** Zu den Beamten im haftungsrechtlichen Sinne gehören neben den Beamten im staatsrechtlichen Sinn auch Personen, welche in einem sonstigen **Dienstverhältnis öffentlich-rechtlicher Art** stehen, wie etwa die Richter, Soldaten und Zivildienstleistende (BGH 87, 253, 256; Soergel/Vinke Rz 43). Weiterhin gehören dazu Personen, die in öffentlich-rechtlichen **Amtsverhältnissen** stehen, wie etwa Mitglieder von Bundes- und Landesregierungen, Parlamentsabgeordnete (vgl BGH 14, 319, 321; 78, 72, 70, 74; Soergel/Vinke Rz 43; siehe aber zur eingeschränkten Haftung für legislatives Unrecht unten Rz 55) sowie Organträger bzw -mitglieder von Kommunen (BGH 84, 292, 299; 110, 1, 8; Hamm NVwZ 1995, 1142) und anderen Selbstverwaltungskörperschaften (BGH 81, 21, 25), ferner **Angestellte und Arbeiter im öffentlichen Dienst**, die in einem privatrechtlichen Dienstverhältnis stehen (BGH 2, 350, 354).

39   **bb)** Die funktionelle Fassung des haftungsrechtlichen Beamtenbegriffs hat zur Konsequenz, daß die Amtshaftung gem § 839 iVm Art 34 GG auch für Schädigungen durch solche **Privatpersonen** gegeben sein kann, die zwar gänzlich außerhalb der verfaßten Staatlichkeit stehen, aber von einem Verwaltungsträger in die Ausübung hoheitlicher Funktionen eingeschaltet wurden. Dazu gehören nach gefestigter Auffassung die **Beliehenen** (eingehend Frenz, Die Staatshaftung in den Beleihungstatbeständen, 1991 mwN; MD/Papier Rz 109). Unter bestimmten Voraussetzungen kann eine Amtshaftung auch für **Verwaltungshelfer** bestehen, dh solche Privatpersonen, die in die Ausübung hoheitlicher Funktionen eingeschaltet wurden, ohne daß dies durch Gesetz oder aufgrund einer gesetzlichen Ermächtigung geschah (vgl nur Soergel/Vinke Rz 50f mwN). Die Frage ist allerdings, welche Rolle die bei der Einschaltung begründete Innenbeziehung zum Privaten für die haftungsrechtliche Zurechnung an den Hoheitsträger spielt. Nach allgemeiner Auffassung ist die Zurechnung jedenfalls bezüglich solcher Personen zu bejahen, die lediglich eine unselbständige, strikt weisungsabhängige Hilfsfunktion ausüben, wie etwa Schülerlotsen (etwa Köln NJW 1968, 655; MüKo/Papier Rz 134 mwN). Kontrovers beurteilt werden hingegen die Fälle **selbständiger Werk- und Dienstunternehmer**, die aufgrund privatrechtlicher Verträge Leistungen für Verwaltungsträger erbringen (etwa von der Polizei eingeschaltete Abschleppunternehmer). Der BGH hat hier zunächst für die Zurechnung gefordert, die Behörde müsse in einem solchen Maße Einfluß auf die Tätigkeit des privaten Unternehmers nehmen, daß dieser als ihr bloßes Werkzeug erscheint (sog **Werkzeugtheorie**, BGH 48, 98, 103). Hierdurch wurden im Ergebnis die – überdies von Fall zu Fall anders gelagerten – Merkmale der Innenbeziehung zwischen Schädiger und Verwaltung zum ausschlaggebenden Kriterium für die Bestimmung des Haftungsumfangs der öffentlichen Hand (kritisch daher zu Recht die Lit; etwa Ehlers, Verwaltung in Privatrechtsform, S 505; Ossenbühl JuS 1973, 421; Würtenberger DAR 1983, 155). Dabei kann aufgrund des funktionellen Zuschnitts des haftungsrechtlichen Beamtenbegriffs allein entscheidend sein, ob die Behörde sich auf die Hilfe des Privaten bei der Wahrnehmung der ihr obliegenden öffentlich-rechtlichen Aufgaben bedient hat, der Private mithin im Außenverhältnis als „Erfüllungsgehilfe" der Verwaltung gegenüber dem Geschädigten aufgetreten ist (MüKo/Papier Rz 136). Der BGH hat mittlerweile seine Position modifiziert (BGH 121, 161, 165; 125, 19, 25) und sieht den privaten Unternehmer – jedenfalls im Bereich der Eingriffsverwaltung – dann als Amtsträger an, wenn er mit der hoheitlichen Aufgabe in einer so engen Verbindung steht und bei der Ausführung seiner Tätigkeit einen derart begrenzten Entscheidungsspielraum hat, daß diese Einordnung gerechtfertigt ist. Ob die in dieser Formel immer noch enthaltenen Restriktionen (kritisch MüKo/Papier Rz 136; Nothoff NVwZ 1994, 771) auf Dauer Bestand haben werden, bleibt abzuwarten. In den „Abschleppfällen" wird mit ihr jedenfalls eine Haftung des Verwaltungsträgers im Regelfall zu bejahen sein (anders etwa bei Betrauung von Ingenieuren mit der Planung eines Pumpwerks, BGH 125, 19, 25). Unabhängig von der Frage der unmittelbaren Zurechenbarkeit des Verhaltens Privater kann eine Amtspflichtverletzung darin liegen, daß Maßnahmen des Privaten nicht ordnungsgemäß durch die Behörde **überwacht** wurden (Hamm NVwZ 1999, 223).

cc) Über den haftungsrechtlichen Beamtenbegriff nicht zu lösen ist die Problematik der Schäden durch **Versagen technischer Einrichtungen**, deren sich die öffentliche Verwaltung bedient. Der Wortlaut von § 839 iVm Art 34 GG steht hier einer Haftung unüberwindbar entgegen. Soweit das Versagen nicht durch Amtspflichtverletzungen von Amtsträgern verursacht worden ist (zB fehlerhafte Programmierung), scheidet somit eine Haftung nach § 839 iVm Art 34 GG aus (MüKo/Papier Rz 137). 40

e) Amtspflichtverletzung. Der Amtshaftungsanspruch gegenüber dem Verwaltungsträger setzt nach dem insoweit übereinstimmenden Wortlaut von Art 34 GG und § 839 die Verletzung einer Amtspflicht voraus. Unter Amtspflichten sind die persönlichen Verhaltenspflichten (Handlungs- wie Unterlassungspflichten) des Amtsträgers hinsichtlich der Amtsführung zu verstehen (vgl MüKo/Papier Rz 189; Soergel/Vinke Rz 133). In der Bezugnahme auf die persönlichen Amtsträgerpflichten manifestiert sich der Grundwiderspruch im geltenden Amtshaftungsrecht, der in der doppelstöckigen Konstruktion des Haftungstatbestandes begründet ist (Rz 10, 20). Amtspflichten bestehen nach allgemeinen öffentlich-rechtlichen Maßstäben nur gegenüber dem Dienstherrn. Der Amtsträger steht als Person nur mit diesem, überhaupt in Rechtsbeziehungen (statt aller Ossenbühl, Staatshaftungsrecht, S 42; aA MüKo/Papier Rz 190, der unter Berufung auf den Wortlaut beider Vorschriften die Existenz originär externer Amtspflichten annimmt). § 839 iVm Art 34 GG legt den Amtspflichten dennoch – auf eine dogmatisch schwer erklärliche Weise – Außenwirkung gegenüber dem Bürger bei, dh der Bürger wird für Zwecke des Staatshaftungsrechts zum Pflichtenbegünstigten. Soweit Amtspflichten über Außenrechtspflichten des Verwaltungsträgers gegenüber dem Bürger hinausreichen, kann folglich der Sekundärrechtsschutz weiter reichen als der Primärrechtsschutz. Relevant wird dies vor allem bei Verstößen gegen Verwaltungsvorschriften (vgl Ossenbühl, Staatshaftungsrecht, S 42f). Rechtsstaatlich gravierender ist die zweite Konsequenz, die in der Wahl der persönlichen Amtsträgerpflichten zum Anknüpfungspunkt für die Haftung angelegt ist. Denn diese sind nicht identisch mit den Außenrechtspflichten der Verwaltung gegenüber dem Bürger. Pflichtensubjekt der Außenrechtspflichten ist nach allgemeinen öffentlich-rechtlichen Grundsätzen nur der Verwaltungsträger, nicht der Amtsträger persönlich. Die Rspr versucht, die insofern auch in der Gegenrichtung drohende Kluft zwischen Primär- und Sekundärrechtsschutz mit der Figur der Amtspflicht zu (außen-)rechtmäßigem Verhalten zu überbrücken (BGH 69, 128, 138; 78, 274, 279; 97, 97, 102). Mittels dieser Figur, die sich auch in gesetzlichen Vorschriften niedergeschlagen hat (etwa § 56 I BBG), wird der Pflichtenkreis des Verwaltungsträgers in den persönlichen Pflichtenkreis des Amtsträgers inkorporiert. Die Rechtsprechung führt den Ansatz aber nicht bis zu der Konsequenz fort, eine Amtspflichtverletzung auch dort zu bejahen, wo außenrechtswidriges Verhalten auf einer bindenden innerdienstlichen Weisung beruht (BGH NJW 1959, 1629, 1630; 1977, 713, 714). Sie beläßt es hier beim Vorrang der innerrechtlichen Amtsträgerpflichten vor den außenrechtlichen Pflichten des Verwaltungsträgers, löst jedoch den Konflikt im praktischen Ergebnis zufriedenstellend durch eine Verschiebung der Passivlegitimation: die Erteilung einer außenrechtswidrigen Weisung stellt eine Amtspflichtverletzung des Anweisenden dar, für die dessen Verwaltungsträger haftet (vgl BGH NJW 1977, 713, 714). Gehört der Anweisende zum selben Verwaltungsträger wie der Schädiger, bedarf es nicht einmal dieser Konstruktion. 41

aa) Begründung der Amtspflichten. Die Amtspflichten sind in § 839 und Art 34 GG nicht aufgezählt. Beide Vorschriften setzen Amtspflichten vielmehr voraus und verweisen hierfür auf andere Rechtsquellen (Ossenbühl, Staatshaftungsrecht, S 41f). Als solche kommen aus der innerstaatlichen Rechtsordnung die Verfassungen von Bund und Ländern, Gesetze (namentlich die Beamtengesetze), Rechtsverordnungen, Satzungen, Gewohnheitsrecht, die allgemeinen Rechtsgrundsätze des Verwaltungsrechts sowie Verwaltungsvorschriften (einschließlich Dienstanweisungen, Runderlasse usw) in Betracht. Grundsätzlich können auch aus dem Gemeinschafts- bzw Unionsrecht sowie dem Völkerrecht, soweit es innerstaatlich unmittelbar anwendbar ist (vgl Soergel/Vinke Rz 135 mwN), Amtspflichten folgen. Im Falle privatrechtlich angestellter oder eingeschalteter Amtswalter ergeben sich Amtspflichten auch aus den Anstellungs- bzw Dienst- oder Werkverträgen. 42

bb) Allgemeine Amtspflichten. (1) Der Amtswalter hat die **allgemeine Pflicht zu rechtmäßigem Verhalten**, dh er muß die Aufgaben und Befugnisse des Verwaltungsträgers im Einklang mit dem objektiven Recht wahrnehmen (siehe nur BGH 76, 16, 30; Rz 41). Hierüber wird der Amtswalter auf die Beachtung sämtlicher den Verwaltungsträger bindenden Normen aus den in Rz 42 erwähnten Rechtsquellen verpflichtet, auch insoweit, als diese Normen nicht an ihn als Person („spezifische Amtswalterpflichten"), sondern an den Verwaltungsträger adressiert sind (Außenrechtspflichten). Eingeschlossen sind auch die allgemeinen Rechtsprinzipien für die Ausübung öffentlicher Gewalt, namentlich das Verhältnismäßigkeitsprinzip (vgl BGH 18, 366, 368). Durch die Amtspflicht zu (außen-)rechtmäßigem Verhalten dürfen allerdings nicht die dienst- sowie organisationsrechtlichen Vorgaben, denen der Amtswalter persönlich wie auch der Verwaltungsträger unterliegen, ausgehebelt werden. Der Amtswalter hat innerhalb gewisser Grenzen (vgl § 56 II S 3 BBG) die Amtspflicht, innerdienstliche Weisungen ungeachtet ihrer etwaigen Rechtswidrigkeit zu beachten; insoweit hat die Amtspflicht zu innenrechtsmäßigem Verhalten Priorität vor der Amtspflicht zu außenrechtsmäßigem Verhalten (BGH NJW 1959, 1629; Rz 41). Ordnungsgemäß verkündete Gesetze muß die Verwaltung grundsätzlich ungeachtet ihrer Verfassungsmäßigkeit anwenden (vgl Ossenbühl, Staatshaftungsrecht, S 43; Ipsen NJW 1978, 2569; siehe auch BayObLG NJW 1997, 1514, wonach bei Anwendung verfassungsrechtlich umstrittener Normen jedenfalls das Verschulden entfalle). Im Falle von als rechtswidrig erkannten Rechtsverordnungen und Satzungen (vor allem Bebauungsplänen) besteht hingegen für die Körperschaft, die sie erlassen hat, eine Amtspflicht, sie aufzuheben (BVerwGE 75, 142, 146; Ossenbühl, Staatshaftungsrecht, S 40). Unterschiedlich beantwortet wird die Frage der Bindung der Bauaufsichtsbehörde an rechtswidrige Bebauungspläne (vgl Pietzcker DVBl 1986, 806; Hill, Gutachten D zum 58. DJT, 1990, 100ff; Ruthig/Baumeister JZ 1999, 117). Der BGH verlangt, daß die Behörde ihre Bedenken dem Bauwilligen sowie dem Planungsgeber und der Kommunalaufsicht mitteilt und erst danach über ein Bauersuchen entscheidet (BGH NVwZ 1987, 168, 169; BGH NJW 1994, 3158, 3159). Ob sie ohne weiteres die Rechtswidrigkeit und damit 43

§ 839   Einzelne Schuldverhältnisse

Rechtsunwirksamkeit des Plans zugrundelegen darf, bleibt dabei offen (vgl Soergel/Vinke Rz 136). Höchstrichterliche Rspr ist vom Amtsträger bei seiner Entscheidung in die Erwägungen miteinzubeziehen (vgl BGH 84, 285, 288). Es besteht aber keine prinzipielle Bindung (Ossenbühl in Roellecke, Zur Problematik der höchstrichterlichen Entscheidung, 1982, S 307), es sei denn, ein rechtskräftiges Urteil ist unmittelbar gegen den Verwaltungsträger ergangen (BGH MDR 1962, 201; BGH NJW 1994, 3158). Zur Prüfungs- und Verwerfungskompetenz bezüglich rechtswidriger Gemeinschaftsrechtsnormen siehe Pietzcker in FS Everling, Bd 2, 1995, 1095; siehe auch Rz 18. Nach BGH 87, 9, 18 besteht keine Amtspflicht zur Erfüllung von öffentlich-rechtlichen Verträgen, da andernfalls das vertragliche Haftungsregime und die für die Nichterfüllung gelten speziellen materiellen und prozessualen Regelungen umgangen werden könnten (aA MüKo/Papier Rz 194). Amtspflichten aus öffentlich-rechtlichen Verträgen müssen aber zumindest bezüglich Dritter angenommen werden, die in den vertraglichen Schutzbereich einbezogen sind, denen indes zur Durchsetzung ihrer Positionen kein eigener Rechtsbehelf zur Verfügung steht (offengelassen von BGH 120, 184, 188). Grundsätzlich prüft das über den Amtshaftungsanspruch entscheidende Gericht die Erfüllung der Amtspflicht uneingeschränkt nach. Ein reduzierter Prüfungsmaßstab (Vertretbarkeit) gilt allerdings bezüglich bestimmter staatsanwaltschaftlicher Verfahrenshandlungen (BGH NJW 1994, 3162).

44   (2) Ein Unterfall der allgemeinen Amtspflicht zu rechtmäßigem Handeln ist die Amtspflicht zur **Beachtung der Zuständigkeits-, Verfahrens- und Formvorschriften** (BGH 65, 182, 188; 117, 240, 244; Ossenbühl, Staatshaftungsrecht, S 44ff). Auch hier müssen allerdings allgemein-verwaltungsrechtliche Wertungen haftungsrechtlich berücksichtigt werden. So muß die Heilung eines (nicht nichtigen) formell-rechtswidrigen Verwaltungsakts nach § 45 VwVfG auch auf den Amtshaftungsanspruch durchschlagen (MüKo/Papier Rz 201; Soergel/Vinke Rz 137). Ob entsprechendes auch für die Unbeachtlichkeit von Verfahrens- und Formfehlern nach § 46 VwVfG gilt, ist ungeklärt (dagegen MüKo/Papier Rz 203; dafür Soergel/Vinke Rz 137; teilweise auch Ossenbühl, Staatshaftungsrecht, S 45). Besondere praktische Bedeutung hat die aus dem Untersuchungsgrundsatz abgeleitete Amtspflicht zur **Sachverhaltsermittlung** gewonnen (BGH VersR 1965, 684, 686, NVwZ 1988, 283, 284). Die Behörde hat die Entscheidungsgrundlagen vollständig und sachverständig aufzubereiten, nötigenfalls auch fachlichen Rat einzuholen (BGH NVwZ 1988, 283, 284). Der kommunale Bauplanungsgeber ist bei hinreichend konkretisiertem Verdacht verpflichtet, die Existenz von **Altlasten** im Planungsgebiet zu prüfen (BGH NJW 1989, 976, 977; siehe Schink DÖV 1988, 529; Krohn in FS Gelzer, 1991, 281; Ossenbühl DÖV 1992, 761; jedoch keine Prüfungspflicht „ins Blaue hinein", BGH NJW 1994, 253, 255). Besteht eine Sanierungsmöglichkeit oder können Gesundheitsgefahren durch Auflagen bei einzelnen Baugenehmigungen abgewehrt werden, kann die Pflicht zur Planaufhebung entfallen (BGH UPR 1992, 438). Die vorstehenden Grundsätze werden von der Rspr auch auf die Erteilung von Baugenehmigungen übertragen (BGH 123, 191, 195).

45   (3) **Amtspflichten bei Ermessensentscheidungen.** Die Rspr sah früher Ermessensfehler nur im Falle von Willkür oder Fehlerevidenz als amtspflichtwidrig an (BGH 4, 302, 311; 45, 143, 146). Nunmehr erkennt sie auch Ermessensverstößen unterhalb dieser Schwelle haftungsrechtliche Relevanz zu (BGH 74, 144, 156; 75, 120, 124). Entsprechend den auf Ebene des Primärrechtsschutzes geltenden Wertungen ist jede fehlerhafte Ermessensausübung (vgl § 114 VwGO) als amtspflichtwidrig anzusehen (Ossenbühl, Staatshaftungsrecht, S 46). Zu Kausalitätsfragen bei Ermessensentscheidungen Rz 57.

46   (4) **Amtspflicht zur Unterlassung unerlaubter Handlungen.** Jeder Amtsträger hat sein Amt so auszuüben, daß die in §§ 823ff geschützten Rechte und Rechtsgüter Dritter nicht verletzt werden (BGH 78, 274, 279; NJW 1992, 1310; 1994, 1950, 1951; MDR 2003, 265; vgl aber BGH NVwZ-RR 1993, 450 zum Eingriff in den eingerichteten und ausgeübten Gewerbebetrieb).

47   (5) **Amtspflicht zu rascher Sachentscheidung.** Entscheidungen sind mit der gebotenen Beschleunigung zu treffen, insbesondere Anträge ohne unbegründete Verzögerung zu bearbeiten und bei Entscheidungsreife umgehend zu bescheiden (vgl BGH 30, 19, 26; NVwZ 1994, 405, 406; BGH VersR 2002, 714). Bei komplexen oder umfangreichen Verfahren kann eine Verzögerung allerdings gerechtfertigt sein (MD/Papier Rz 170). Aus § 75 VwGO (Untätigkeitsklage) ist nicht abzuleiten, daß eine Verzögerung erst nach Verstreichen eines Zeitraums von drei Monaten pflichtwidrig ist (BGH NVwZ 1993, 299). Legt ein Bauherr gegen die auf § 15 BauGB gestützte Zurückstellung seines Baugesuchs Widerspruch ein, so hat die Bauaufsichtsbehörde mit Rücksicht auf dessen aufschiebende Wirkung die Amtspflicht, Bearbeitung fortzusetzen, solange kein Sofortvollzug angeordnet wird (BGH NVwZ 2002, 123). Bei Verletzung der Amtspflicht zu rascher Sachentscheidung durch einen Spruchrichter findet Abs II S 1 keine Anwendung (Abs II S 2; Rz 65). Zum Ganzen J. P. Schmidt, Staatshaftung für verzögertes Amtshandeln, 2001.

48   (6) **Amtspflicht zur Erteilung richtiger Auskünfte und Zusagen; Hinweis- und Warnpflichten.** Auskünfte gegenüber dem Bürger sind richtig, unmißverständlich und vollständig zu erteilen (vgl BGH 30, 19, 25; NVwZ 2002, 373; vgl aber die in BGH NJW 1993, 3204, 3205 aufgezeigten Grenzen), insbesondere gegenüber rechtsunkundigen und sozial schwächeren Gesuchstellern (Hamm NJW 1989, 462). Entsprechendes gilt im Interesse der Dispositionssicherheit des Bürgers für Zusagen über künftiges Verhalten (BGH 71, 386, 394 zur culpa in contrahendo bei öffentlich-rechtlichen Verträgen). Ist zu erkennen, daß ein Bürger für ihn nachteilige Maßnahmen beabsichtigt, kann die Verwaltung eine Hinweis- und Warnpflicht treffen (BGH 45, 23, 29; 66, 302, 307), insbesondere wenn der Betroffene in einer besonderen Nähebeziehung zu ihr steht (BGH NVwZ 1996, 512, 513) oder ein längerer Abstimmungsprozeß zwischen Behörde und Betroffenem vorausgegangen ist (BGH EBE 2003, 363). Die Verwaltung darf nicht „sehenden Auges" zulassen, daß der Bürger einen ohne weiteres vermeidbaren Schaden erleidet (BGH NJW 2000, 427, 432). Eine Hinweis- und Warnpflicht besteht nicht, wenn die Behörde die zutreffende Kenntnis der Sach- und Rechtslage durch den Betroffenen voraussetzen durfte (BGH UPR 1993, 145; EBE 2003, 358). Behörden und Stellen, die über Sozialleistungsansprüche zu befinden haben, unterliegen nach § 14 SGB I umfassenden Hinweis- und Beratungspflichten. Diese Pflichten werden jedoch in der Regel erst durch ein entsprechendes Begehren ausgelöst. Allerdings kann auch ohne ein solches Begehren ein Sozialleistungsträger bei Vorliegen eines konkreten Anlasses von sich aus gehalten sein, auf klar zutage liegende Gestaltungsmöglichkeiten hinzuweisen, die sich offensichtlich als zweckmäßig aufdrängen und die von jedem verständigen Leistungsberechtigten mutmaßlich genutzt werden (vgl BGH NVwZ 1997, 1243; FamRZ 1999, 1342). Hinweise auf die Unverbindlichkeit von Auskünften führen grundsätzlich nicht zum Fortfall der Haftung (BGH NJW 2003, 3049). Wie im Falle der Amtshaftung bei rechtswidrigen Genehmigungen (Rz 49) sind nur solche Aufwendungen ersatzfähig, die der Auskunft inhaltlich kongruent sind; hält sich der Empfänger nicht an die in der Auskunft enthaltenen Vorgaben und Hinweise, so handelt er auf eigenes Risiko (BGH VersR 2003, 370).

(7) **Amtspflicht zu konsequentem Verhalten.** Die Behörde ist verpflichtet, sich nicht in Widerspruch zu früherem Verhalten zu setzen, wenn hierdurch schutzwürdiges Vertrauen von Bürgern verletzt wird (BGH 76, 343, 348; 87, 9, 18; VersR 1990, 422; eingehend Bömer NVwZ 1996, 749). Hiermit in Verbindung steht die **Amtspflicht, keine rechtlich ungesicherten Vertrauenstatbestände** durch Erlaß objektiv rechtswidriger Genehmigungen zu schaffen. Sie gilt im Baugenehmigungsverfahren (BGH NVwZ 1995, 620, 622; Beutling/Johlen DVBl 2002, 263; zum Bauvorbescheid Stüer BauR 2000, 1431) ebenso wie im Verfahren der immissionsschutzrechtlichen Anlagengenehmigung (MD/Papier Rz 193) oder im atomrechtlichen Genehmigungsverfahren (BGH 134, 268, 277). Soweit im Vertrauen auf Genehmigungsakte Aufwendungen getätigt wurden, die sich später wegen der Rechtswidrigkeit der Genehmigung als nutzlos erweisen, kann ein Amtshaftungsanspruch gegeben sein (zur häufig problematischen Frage der Drittgerichtetheit in diesen Fällen Rz 53, 56). Der amtshaftungsrechtliche Vertrauensschutz findet allgemein dort eine Grenze, wo unter Anlegung der Maßstäbe aus § 48 II 3 VwVfG das Vertrauen nicht schutzwürdig ist (BGH 134, 268, 283); für die Anwendung des § 254 ist hier im Grundsatz kein Raum (aaO, S 296). Ferner kann sich der Geschädigte dann nicht auf Vertrauensschutz berufen, wenn das verwirklichte Vorhaben in wesentlichen Punkten von der Genehmigung abweicht (BGH NVwZ 1994, 821, 822; VersR 2003, 370). Hingegen schließt die Drittanfechtung einer sofort vollziehbaren Genehmigung den Vertrauensschutz nicht zwingend aus (BGH 134, 268, 285). – Zu spezifischen Amtspflichten in verschiedenen Verwaltungsbereichen siehe Rz 96ff.

f) Drittbezogenheit der Amtspflicht. Der Amtshaftungsanspruch ist nur gegeben, wenn die verletzte Amtspflicht gerade dem Geschädigten gegenüber bestand. Die Amtspflicht muß – wenn auch nicht notwendig allein, so doch auch – dessen Schutz bezwecken (BGH 63, 35, 39; 110, 1, 9; 140, 380, 382). Erforderlich ist mithin eine besondere Beziehung zwischen der verletzten Amtspflicht und dem Geschädigten (BGH 56, 40, 45; 117, 240, 244; 140, 380, 382), die sich aber nicht in bloßer nachteiliger Betroffenheit des Geschädigten erschöpfen darf (BGH 63, 35, 39; 110, 1, 9). Das Erfordernis der Drittbezogenheit bildet ein funktionelles Äquivalent zur Eingrenzung des Kreises der Ersatzpflichtigen auf die unmittelbar Verletzten im zivilen Deliktsschutz der §§ 823ff (vgl BGH NJW 1971, 1699; siehe auch Ossenbühl, Staatshaftungsrecht, S 59). Es ist der haftungsrechtliche Ausdruck der grundsätzlichen Ausrichtung des Verwaltungsrechtsschutzes auf die Wahrung subjektiver Rechte (vgl auch BGH 125, 258, wonach Dritter iSv § 839 stets derjenige sei, dem die Klagebefugnis gem § 42 II VwGO gegen die schädigende Maßnahme zusteht), wobei allerdings die Rspr den personellen Schutzumfang bei § 839 über denjenigen auf Primärebene hinausgezogen hat (vgl Pal/Thomas[58] § 839 Rz 50; BGH 137, 11, 15).

aa) Die Drittbezogenheit fehlt, soweit die Amtspflicht ausschließlich dem **reibungslosen Ablauf des internen Dienstbetriebs** oder der **Wahrung allgemeiner Belange des Gemeinwesens** dient, selbst wenn sich hieraus eine Reflexwirkung zugunsten der Belange Einzelner ergibt (BGH 26, 232, 234; 32, 145, 147; Soergel/Vinke Rz 148 mwN). Bei Ausrichtung auf interne oder allgemeine Belange kann die Amtspflicht aber durchaus den zusätzlichen Zweck haben, Interessen Einzelner zu wahren (BGH NJW 1974, 1764, 1765). Die Drittbezogenheit ist stets zu bejahen, wenn der Amtspflicht ein **subjektives öffentliches Recht** des Geschädigten korrespondiert oder die Amtspflichtverletzung diesem gegenüber eine **unerlaubte Handlung iSd §§ 823ff** darstellt (MüKo/Papier Rz 225; Soergel/Vinke Rz 149; BGH 78, 274, 279). Dies gilt unabhängig davon, ob bei Schädigung eine spezifische Nähebeziehung zwischen Geschädigtem und Verwaltung existierte (etwa anstaltliches Benutzungsverhältnis oder verfahrensrechtliche Beziehung aufgrund eines Genehmigungsantrags) oder der Geschädigte der Verwaltung nur im allgemeinen Staat-Bürger-Verhältnis gegenüberstand.

bb) Zwischen den ausschließlich auf interne oder allgemeine Belange bezogenen Amtspflichten einerseits und andererseits den Amtspflichten, denen subjektive öffentliche Rechte oder Rechte bzw Rechtsgüter iSd §§ 823ff korrespondieren, eröffnet sich ein **Zwischenbereich**, in dem sich die Frage der Drittbezogenheit nur von Fall zu Fall beantworten läßt. Es kommt darauf an, ob sich aus dem Zweck der die konkrete Amtspflicht begründenden und sie umreißenden Bestimmungen sowie aus der besonderen Natur des Amtsgeschäfts ergibt, daß der Geschädigte zu demjenigen Personenkreis zählt, dessen Belange geschützt und gefördert werden sollen (BGH 56, 40, 45; 110, 1, 9; NJW 1994, 2415, 2416; vgl auch Ladeur DÖV 1994, 665, der demgegenüber für eine Bestimmung nach Risikosphären eintritt). Als **Indizien** werden gehandelt: dem Geschädigten ist gegen die Amtshandlung ein verwaltungsgerichtlicher Rechtsbehelf eröffnet (Bender, Staatshaftungsrecht, Rz 509); der Geschädigte war dem Verwaltungshandeln „ausgeliefert"; enger Kontakt zwischen Verwaltung und Geschädigtem, insbesondere Sonderbeziehungen (vgl Ossenbühl, Staatshaftungsrecht, S 59 mwN, 60f). Bloß mittelbares Betroffensein schließt die Drittbezogenheit nicht schlechthin aus (BGH 20, 53, 56; 69, 128, 140), ebensowenig der Umstand, daß der Eingriff sich erst später beim Geschädigten auswirkt (BayObLGZ 1966, 285, 295) oder der Geschädigte nicht unmittelbar am Amtsgeschäft beteiligt ist (BGH 137, 11, 15). Für alle Fälle gilt, daß eine Person, die mit zum Kreis der durch eine Amtspflicht geschützten Dritten zählt, nicht in allen Belangen als „Dritter" anzusehen sein muß (sog Relativität der Drittbezogenheit oder gespaltene Drittbezogenheit). Es muß gerade das beeinträchtigte Interesse vom **sachlichen Schutzzweck** der Amtspflicht umfaßt sein (BGH NJW 1995, 1828; 140, 380, 382; 146, 365, 368). So soll

§ 839 Einzelne Schuldverhältnisse

etwa die Pflicht der Baugenehmigungsbehörde, die statische Berechnung für ein Bauvorhaben ordnungsgemäß zu prüfen, nicht dem Schutz der Vermögensinteressen dienen, die bei Standunsicherheit des Gebäudes infolge einer Fehlberechnung beeinträchtigt werden können (BGH 39, 358, 364; NJW 1993, 384, 385). Die Kennzeichnungspflicht von Deponiegelände im Bebauungsplan hat nicht den Zweck, den Bauherren vor finanziellen Aufwendungen durch den Abtransport des Deponieguts zu bewahren (BGH 113, 367, 373). In Fällen **arbeitsteilig gestalteter Verwaltungsverfahren** kommt es für die Bestimmung der Drittbezogenheit von Amtspflichten intern mitwirkender Verwaltungseinrichtungen darauf an, ob diese kraft ihres Fachwissens die Entscheidung im Außenverhältnis de facto determinieren (BGH 146, 365, 369).

53   cc) **Einzelfälle.** Die Amtspflicht, sich jedes **Amtsmißbrauchs** zu enthalten, obliegt dem Amtsträger gegenüber jedem, der durch den Mißbrauch geschädigt werden könnte (BGH NVwZ 1983, 698, 699). Staatliche **Aufsicht über technische Betriebe und Anlagen** erfolgt auch zum Schutz von Leben, Gesundheit und Eigentum der durch den Betrieb bzw die Anlage gefährdeten Personengruppen, hingegen regelmäßig nicht zum Schutz der Vermögensinteressen des Unternehmers bzw Anlagenbetreibers (vgl BGH NJW 1965, 200, 201). Die Vorschriften über die Erteilung von **Baugenehmigungen, Bauvorbescheiden** und **Teilungsgenehmigungen** dienen grundsätzlich dem Schutz des Antragstellers vor Vermögensschäden (BGH 60, 112, 117; 122, 317, 320; DVBl 1985, 109; siehe aber auch BGH 125, 258, 269: Provisionsinteresse des Architekten, der vom Eigentümer mit der Antragstellung beauftragt war, nicht geschützt; BGH NJW 1993, 384, 385: Prüfung der Statik durch Behörde dient nicht dazu, Bauherren gegen Vermögensschäden bei falscher Berechnung zu schützen; BGH 144, 394: Amtspflicht, eine Baugenehmigung nur dann zu erteilen, wenn die Zuwegung zum Baugrundstück durch Baulast gesichert ist, nimmt Bauherrn nicht das privatrechtliche Risiko ab, daß die Nachbarn die Bewilligung dieser Baulast deswegen verweigern, weil die bestehende Grunddienstbarkeit die beabsichtigte Erweiterung der Nutzung nicht abdeckt). Im Falle der *Erteilung rechtswidriger baurechtlicher Genehmigungen* können neben dem Antragsteller auch Dritte (zB spätere Käufer) geschützt sein, sofern sie das Bauvorhaben verwirklichen wollen und im Vertrauen auf den Bestand der Genehmigung konkrete Vermögensaufwendungen tätigen (BGH NJW 1993, 2303; NJW 1994, 2087; BGH 149, 50, 52ff; siehe aber auch BGH 134, 268). Hingegen ist bei *rechtswidriger Genehmigungsversagung* grundsätzlich nur der Antragsteller geschützt, da die Versagung Dritten gegenüber keine materielle Bestandskraft entfaltet (BGH NJW 1996, 724; vgl aber der Ausnahmekonstellation in BGH VersR 1985, 472). Dies gilt auch hinsichtlich des Grundstückeigentümers, selbst wenn dieser beigeladen wurde (BGH NJW 1994, 2091). Gegenüber Nachbarn werden Amtspflichten dann verletzt, wenn die Baurechtswidrigkeit einer Genehmigung auf nachbarschützenden Normen beruht (BGH 86, 356, 362). Bei rechtswidriger Versagung des Einvernehmen gem § 36 BauGB verletzt auch die Gemeinde Amtspflichten gegenüber dem Antragsteller (BGH 65, 182, 187; DÖV 2003, 295). Zur **Bauleitplanung** Rz 56. Die **Kommunalaufsicht** erfolgt nur im öffentlichen Interesse, sofern nicht die befaßte Behörde eine konkrete Angelegenheit der Aufsichtsbehörde vorgelegt hat (vgl BGH 15, 305, 309; siehe aber auch BGH VersR 2002, 55 sowie Dresden DÖV 2002, 89). Die Tätigkeit im Zulassungsverfahren für **Kraftfahrzeuge** gem § 21 StVZO bezweckt nicht den allgemeinen Vermögensschutz des Autokäufers (BGH DÖV 1973, 243), ebensowenig die Prüfung und Eintragung des Erstzulassungsdatums in den Kfz-Brief (BGH VersR 1982, 242, 243). Hingegen dient die Pflicht der Zulassungsstelle, ein Fahrzeug bei fehlender Haftpflichtversicherung außer Betrieb zu setzen, dem Schutz aller Verkehrsteilnehmer vor Schäden durch nichtversicherte Kfz (BGH NJW 1982, 988; Düsseldorf VersR 1994, 859). Grundsätzlich kommt auch eine Drittbezogenheit der aus dem **Polizei- und Ordnungsrecht** folgenden Amtspflichten in Betracht (BGH 45, 143, 145). Bei Gefährdung wichtiger Individualbelange besteht eine polizeiliche Tätigkeitspflicht zum Schutz des Gefährdeten (Soergel/Vinke Rz 183 mwN). Die Amtspflichten von **Staatsanwälten** zur Verfolgung von Straftaten bestehen grundsätzlich nur im öffentlichen Interesse. Drittbezogenheit gegenüber dem Beschuldigten kann bei unberechtigterweise vorgenommenen Ermittlungshandlungen und Anklageerhebungen gegeben sein (BGH VersR 2001, 586 NJW 1996, 2373; siehe Vogel NJW 1996, 3401), auch im Hinblick auf das Vermögen des Beschuldigten (VersR 2001, 586). Auch gegenüber dem durch die Straftat Geschädigten kann ausnahmsweise die Drittbezogenheit gegeben sein, etwa hinsichtlich der Pflicht zur Sicherstellung der Diebesbeute (BGH NJW 1996, 2373). Bei der dienstlichen Teilnahme im **Straßenverkehr** sind geschützte Dritte iSv § 839 alle Straßenverkehrsteilnehmer, jedoch in sachlicher Hinsicht nur im Gewährleistungsumfang des § 823 (BGH 68, 217, 222). Entsprechendes gilt für die Verletzung (öffentlich-rechtlich ausgestalteter) **Verkehrssicherungspflichten** (BGH VersR 1983, 636). **Wirtschaftsaufsicht:** Die staatliche Versicherungsaufsicht erfolgt nur noch im öffentlichen Interesse (§ 81 I VAG). Entsprechendes gilt für die Bankenaufsicht (§ 6 III KWG). Verfassungsrechtliche Bedenken hiergegen mit unterschiedlichen Begründungen bei Schenke/Ruthig NJW 1994, 2324; MüKo/Papier Rz 251; Cremer, JuS 2001, 643. Zur Frage, ob Sparern und Anlegern durch die einschlägigen EG-Richtlinien das Recht verliehen worden ist, daß Maßnahmen der Bankenaufsicht im EG-rechtlich harmonisierten Bereich entgegen § 6 IV KWG in ihrem Interesse wahrzunehmen sind, siehe BGH WM 2002, 1266. Vorschriften zur staatlichen Wirtschaftsaufsicht schützen im Regelfall nur die Interessen von Konkurrenten (vgl BVerwG DVBl 1965, 364, 365; BGH UPR 1994, 386). Amtspflichten zur Beachtung von **Zuständigkeitsregelungen** sind grundsätzlich drittschützend. Sie sollen unter anderem garantieren, daß der jeweilige Entscheidungsträger die notwendige Fachkompetenz besitzt, bezwecken also eine im Interesse Betroffener liegende Gewähr für richtige Entscheidungen. Der Beamte, der Amtshandlungen unter Überschreitung seiner Zuständigkeit vornimmt, verletzt eine ihm gegenüber jedem dadurch Geschädigten obliegende Amtspflicht, wenn eine innere Beziehung zwischen der Amtshandlung und den durch die zuständige Stelle zu schützenden Belangen des Dritten besteht, dh dessen Interessen dadurch konkret berührt werden (BGH 117, 240, 244).

54   dd) **Haftung unter Hoheitsträgern.** Auch juristische Personen des öffentlichen Rechts können „Dritte" im Sinne des Amtshaftungsrechts sein (BGH 116, 312, 315; 148, 139, 147). Voraussetzung hierfür ist, daß die geschädigte juristische Person dem Amtsträger in einer Weise gegenübersteht, wie es für das Verhältnis zwischen diesem

und seinem Dienstherrn auf der einen und einem Staatsbürger auf der anderen Seite charakteristisch ist (BGH 26, 232, 234; 148, 139, 147; NJW 2003, 1318). Daran fehlt es bei Erfüllung einer gemeinsamen Aufgabe, bei der nicht widerstreitende Interessen verfolgt werden (sog „gleichsinniges Zusammenwirken", etwa im Verhältnis Rentenversicherungsträger – Krankenkassen; BGH 116, 312, 316). Eine amtshaftungsrechtlich relevante Interessensgegnerschaft wird man hingegen bei Schädigung von Selbstverwaltungskörperschaften im eigenen Wirkungskreis durch Amtsträger von Aufsichtsbehörden zu bejahen haben (Soergel/Vinke Rz 189; siehe nunmehr auch BGH NJW 2003, 1318). Soweit der Schaden nach den jeweiligen Regeln über die beamtenrechtliche bzw dienstrechtliche Innenhaftung ersetzt verlangt werden kann, scheidet ein Amtshaftungsanspruch aus (MD/Papier Rz 208f mwN).

ee) Haftung für normatives Unrecht. Ein Amtshaftungsanspruch nach § 839 iVm Art 34 GG ist bei normativem Unrecht nicht durchweg ausgeschlossen (vgl zu dem Problembereich insbes Ossenbühl, Staatshaftungsrecht, S 103ff mwN; Boujong in FS Geiger, 1989, 430ff; Dohnold DÖV 1991, 152ff; Schenke/Guttenberg DÖV 1991, 945ff; Fetzer, Die Haftung des Staates für legislatives Unrecht, 1994; Mader BayVBl 1999, 168). Die für die Rechtssetzung zuständigen Amtsträger handeln im öffentlich-rechtlichen Wirkungskreis der jeweiligen Körperschaft. Sie unterliegen ferner auch bestimmten Amtspflichten (von BGH 56, 40, 44 offengelassen für Parlamentsabgeordnete). Im Falle von **Gesetzgebungsorganen** (Bundestag, Länderparlamente) sowie bei der **Verordnungsgebung** verneint der BGH jedoch mit Rücksicht auf den abstrakt-generellen Charakter von Rechtsnormen die Drittbezogenheit dieser Amtspflichten; sie bestünden nur gegenüber der Allgemeinheit (BGH 56, 40, 46; 102, 350, 367; NVwZ-RR 1993, 450; zur Frage der Haftung nach den Grundsätzen des enteignungsgleichen Eingriffs siehe BGH 111, 349, 353; DVBl 1993, 718). Ausnahmen könnten nur für Maßnahme- oder Einzelfallgesetze bzw -verordnungen in Betracht kommen (vgl BGH 56, 40, 46; BGH NJW 1989, 101; BayObLG NJW 1997, 1514, 1515; zustimmend Ossenbühl, Staatshaftungsrecht, S 105f; unter grundrechtlichen Gesichtspunkten kritisch zur Linie des BGH MüKo/Papier Rz 257 mwN, der allerdings auch hervorhebt, daß es zumindest bei Unterlassungen des Gesetzgebers regelmäßig an einer entsprechenden Pflichtverletzung fehlen wird). Ob die nach der Rspr des EuGH gegebene Haftung von Mitgliedstaaten für gemeinschaftsrechtswidrige Schädigungen Einzelner, die gerade auch bei legislativem Handeln oder Unterlassen greifen kann (Rz 17), die Position des BGH zur innerstaatlichen Rechtslage beeinflussen wird, bleibt abzuwarten. Der Erlaß von **Verwaltungsvorschriften** wird vom BGH nach denselben Maßstäben wie die Gesetz- und Verordnungsgebung behandelt (BGH 91, 233, 249; 102, 350, 368). Hier wird aber häufiger eine individualisierte Beziehung zum Geschädigten vorkommen (vgl etwa BGH 63, 319, 324; Hamm VersR 1993, 1150).

Bei **Satzungen**, insbesondere bei **Bebauungsplänen**, ist das Merkmal der Drittbezogenheit bei Verstößen gegen drittschützende Normen höherrangigen Rechts erfüllt (BGH 84, 292, 300; 92, 34, 51; daher zB keine Drittbezogenheit bei Verstoß gegen Entwicklungsgebot gem § 8 II S 1 BauGB, BGH 84, 292, 301). Praktisch wird dies bei der Nichtberücksichtigung abwägungserheblicher Individualbelange im Rahmen der planerischen Abwägung nach § 1 VI BauGB (BGH 106, 323, 332; 123, 363; näher Boujong WiVerw 1991, 59; Giesberts DB 1996, 361), wobei der BGH hier die Haftung an die zusätzliche und im Ergebnis den Haftungsumfang stark einschränkende Voraussetzung knüpft, daß der Planungsgeber das Gebot der Rücksichtnahme verletzt hat (BGH 92, 34, 52; kritisch hierzu MüKo/Papier Rz 261). Bei Fällen der Überplanung von **Altlasten** greift der BGH hingegen für die Herleitung drittbezogener Amtspflichten nicht auf die Abwägungsklausel in § 1 VI BauGB zurück, sondern auf das in § 1 V BauGB normierte Gebot, bei der Aufstellung von Bauleitplänen die allgemeinen Anforderungen an gesunde Wohn- und Arbeitsverhältnisse zu berücksichtigen; dieses Gebot diene auch dem Schutz Einzelner vor Gefahren für Leib und Leben, die aus der Beschaffenheit des Grund und Bodens drohen können (BGH 106, 323, 332; 109, 380, 385; 113, 367, 369; zur näheren Eingrenzung des Kreises der geschützten Dritten MD/Papier Rz 206 mwN). Bei Verletzung dieser Amtspflicht können auch fehlgeschlagene Vermögensaufwendungen (etwa für einen Haus- oder Grundstückskauf im kontaminierten Gelände) ersetzbar sein (BGH 106, 323, 334; 117, 363, 366). Sie müssen aber in einer unmittelbaren Beziehung zu der Gesundheitsgefährdung stehen (von BGH 121, 65, 67 verneint für den Fall, daß das Haus weiterhin bewohnbar ist und bewohnt ist und der Schaden nur darin liegt, daß aufgrund der Kontaminierung des Planungsgebiets das Haus einen geringeren Marktwert besitzt). Zum Rückgriff auf § 1 V BauGB in **anderen Fällen der Gefährdung von Leben und Gesundheit der künftigen Wohnbevölkerung** siehe BGHZ 140, 380, 382ff; 142, 259, 263ff. Zu den **Normsetzungsakten der Selbstverwaltungsorgane in der gesetzlichen Krankenversicherung** siehe BGH NJW 2002, 1793.

g) Kausalität. Die Amtspflichtverletzung muß den eingetretenen Schaden verursacht haben. Die von § 823 I geläufige Unterscheidung des (haftungsbegründenden) Kausalzusammenhangs zwischen Verletzungshandlung und Rechts- oder Rechtsgutverletzung vom (haftungsausfüllenden) Kausalzusammenhang zwischen Verletzung und eingetretenem Schaden spielt beim Amtshaftungsanspruch im allgemeinen keine Rolle, da § 839 keine Rechts- oder Rechtsgutverletzung voraussetzt. Anders verhält es sich nur dann, wenn Amtspflichten gerade auf die Unterlassung von Rechts- oder Rechtsgutverletzungen gerichtet sind, wie etwa die Amtspflicht, keine unerlaubten Handlungen iSd §§ 823ff vorzunehmen (vgl MüKo/Papier Rz 272; oben Rz 46). Die Ursächlichkeit darf nicht bereits deshalb bejaht werden, weil die Amtspflichtverletzung eine logische Bedingung (conditio sine qua non) des Schadenseintritts bildet. Wie im Schadensersatzrecht allgemein ist zusätzlich eine Wertung nach Maßgabe der sog **Theorie des sozialadäquaten Kausalzusammenhangs** erforderlich. Danach kommt es darauf an, welchen Verlauf das Geschehen bei pflichtgemäßem Verhalten des Amtsträgers genommen hätte, wie sich das Vermögen des Geschädigten dann darstellen würde (BGH 96, 157, 171; 146, 122, 128); die Amtspflichtverletzung darf dabei nicht nur unter besonders eigenartigen, ganz unwahrscheinlichen und nach dem regelmäßigen Verlauf der Dinge außer Betracht zu lassenden Umständen zum Herbeiführen des Schadens geeignet gewesen sein (BGH 3, 261, 267; 96, 157, 171; 137, 11, 19). Im Falle der Pflichtverletzung durch **Unterlassen** einer gebotenen Amtshandlung

§ 839 Einzelne Schuldverhältnisse

ist die Kausalität dann zu bejahen, wenn bei pflichtgemäßem Tätigwerden der Schaden mit an Sicherheit grenzender Wahrscheinlichkeit nicht oder jedenfalls nicht in dieser Höhe eingetreten wäre; die bloße Möglichkeit oder Wahrscheinlichkeit eines Ausbleibens des Schadens reicht nicht (BGH NVwZ 1994, 823, 825). Wenn der Geschädigte oder ein Dritter in völlig unsachgemäßer oder ungewöhnlicher Weise in den Geschehensablauf eingegriffen und eine weitere Ursache gesetzt hat, die den Schaden erst endgültig herbeiführte, kann die Zurechnung unter dem Aspekt des **unterbrochenen Kausalzusammenhangs** ausscheiden (BGH NJW 1988, 1143, 1145). Schafft der Amtsträger hingegen eine Gefahrenlage, bei der Fehlleistungen des Geschädigten oder eines Dritten erfahrungsgemäß vorkommen oder sogar gerechtfertigt sind, ist dem Amtsträger im Regelfall der Schaden zuzurechnen (BGH NJW 1988, 1262, 1263; 1998, 138, 140). Der Ursachenzusammenhang kann – je nach Schutzzweck der verletzten Amtspflicht (BGH DÖV 1993, 307, 308) – entfallen, wenn der Schaden auch bei **rechtmäßigem Alternativverhalten** des Amtsträgers eingetreten wäre (BGH 143, 362, 365; BGH 63, 319, 325 zu einer verfahrensfehlerhaften Entscheidung; BGH 96, 157, 172, dort auch zum Einbau dieser Rechtsfigur in die Tatbestandssystematik; sofern bei einer Alternative lediglich der Schuldvorwurf entfiele, ist diese außer Betracht zu lassen, Köln VersR 1996, 456). Im Falle *gebundener Entscheidungen* ist nicht darauf abzustellen, wie tatsächlich entschieden worden wäre, sondern wie (und zu welchem Zeitpunkt, BGH NVwZ 1994, 405, 407) richtigerweise hätte entschieden werden müssen (BGH NJW 1986, 1925, 1925; NVwZ 1994, 409). Bei *Ermessensentscheidungen* kommt es hingegen für die Prüfung, wie die Dinge bei pflichtgemäßem Handeln verlaufen wären, auf die Praxis der Behörde in gleichen oder ähnlichen Fällen an (BGH NVwZ 1985, 682, 684; RGRK/Kreft Rz 306); zur Maßgeblichkeit einer erkennbar hervorgetretenen früheren behördlichen Absicht siehe BGH 143, 362, 366. Bestanden mehrere Varianten ermessensfehlerfreien Handelns, liegt keine Kausalität vor, wenn nur eine von ihnen zum Schaden geführt hätte, es sei denn, es steht mit an Sicherheit grenzender Wahrscheinlichkeit fest, daß die Behörde diese nicht gewählt hätte (MD/Papier Rz 214). Stützt eine Baugenehmigungsbehörde sich bei rechtswidriger Versagung einer Baugenehmigung zusätzlich zu eigenen Erwägungen auch auf das fehlende Einvernehmen der Gemeinde gem § 36 BauGB (**kumulative Kausalität**), so beseitigt letzteres nicht die Ursächlichkeit der eigenen Amtspflichtverletzung (BGH 118, 263, 267; siehe auch BGH VersR 2002, 712). Zur Möglichkeit der Unterbrechung des Kausalzusammenhangs durch eine bis zum Zeitpunkt der letzten mündlichen Tatsachenverhandlung im Amtshaftungsprozeß vorgenommenen **Heilung** der Amtspflichtwidrigkeit siehe BGH NJW 1995, 394, 395 (rückwirkende Heilung einer fehlerhaften satzungsmäßigen Ermächtigungsgrundlage; anders für den Fall nachträglichen Herstellens der Vollstreckungsvoraussetzungen BGH NJW 1992, 2086, 2087).

58 **h) Verschulden.** Der Beamte muß schuldhaft, also **vorsätzlich** oder **fahrlässig**, die Amtspflicht verletzt haben. Die Unterscheidung beider Schuldformen ist beim Amtshaftungsanspruch praktisch bedeutsam, da hiervon die Anwendung der Subsidiaritätsklausel (Abs. I S 2) abhängt. Vorsatz oder Fahrlässigkeit müssen sich nur auf die Amtspflichtverletzung, nicht auf den eingetretenen Schaden richten (BGH VersR 1984, 379, 380; vgl aber BGH VersR 1973, 417, 419 zur vorsätzlichen Schädigung unbeteiligter Dritter). Nach dem objektivierten **Fahrlässigkeitsmaßstab** des Zivilrechts, der auch (und gerade) im Rahmen des Amtshaftungstatbestands gilt (BGH VersR 2001, 586), ist für die Ermittlung der im Verkehr erforderlichen Sorgfalt (§ 276 I S 2) auf die Kenntnisse und Fähigkeiten abzustellen, die für die Führung des übernommenen Amtes im Durchschnitt erforderlich sind, nicht auf die in der betreffenden Behörde übliche oder nach dem Leistungsniveau des konkreten Amtsträgers zu erwartende Sorgfalt (BGH 134, 268, 274; VIZ 2001, 221; MüKo/Papier Rz 284). Der Sorgfaltsmaßstab ist demnach objektiv-abstrakt und am Bild des „pflichtgetreuen Durchschnittsbeamten" (vgl BGH VersR 1968, 371, 373) ausgerichtet. Je bedeutsamer eine Verwaltungsaufgabe ist, desto höhere Sorgfaltsanforderungen bestehen (BGH WM 1997, 375, 378 für atomrechtliche Genehmigungsverfahren).

59 **aa) Fehler bei Rechtsanwendung und -auslegung.** Jeder Amtsträger muß die für sein Amt erforderlichen Rechts- und Verwaltungskenntnisse besitzen oder sich verschaffen (BGH 117, 240, 249; NJW 2000, 3358; siehe auch BGH 106, 323, 330 zu Mitgliedern kommunaler Vertretungsorgane). Unrichtige Rechtsanwendungen sind dann nicht fahrlässig, wenn sie rechtlich vertretbar und aufgrund sorgfältiger rechtlicher und tatsächlicher Prüfung gewonnen wurden (vgl BGH 119, 365, 369; 146, 153, 165). Soweit gegenteilige höchstrichterliche Entscheidungen vorliegen, ist zusätzlich zu fordern, daß der Amtsträger sich mit ihnen sachlich auseinandersetzt und nur mit sachgemäßer Begründung von ihnen abweicht (Ossenbühl, Staatshaftungsrecht, S 74; MD/Papier Rz 229; enger wohl BGH NJW-RR 1992, 919; NJW 1995, 2918, 2920; vgl aber auch BGH NJW 1963, 1453, 1454). Ist gegen eine Behörde eine gerichtliche Entscheidung ergangen, ist es nicht fahrlässig, wenn sie sich nach gründlicher Prüfung und mit vertretbarer Begründung nicht beugt, sondern ein Rechtsmittel einlegt (BGH NJW 1994, 3158, 3159). Das Verschulden entfällt im Grundsatz stets dann, wenn ein mit mehreren Rechtskundigen besetztes **Kollegialgericht** die Amtshandlung für rechtmäßig gehalten hat (BGH 17, 153, 158; VersR 2001, 586; kritisch Schmidt NJW 1993, 1630). Die in der Rspr entwickelten Ausnahmen von dieser sog Kollegialgerichtsrichtlinie sind allerdings zahlreich: so für grundsätzliche Maßnahmen zentraler Dienststellen, die nach umfassender Abwägung und Prüfung und unter Benutzung allen einschlägigen Materials entscheiden können (BGH NJW 1984, 168, 169), wenn das Kollegialgericht nur summarisch entschieden hat (BGH NJW 1986, 2954), wenn seine Auffassung durch eine falsche Sachverhaltsfeststellung beeinflußt war (BGH NJW 1993, 3065, 3066), wenn es wesentliche Gesichtspunkte unberücksichtigt gelassen hat (BGH NJW 1994, 3162, 3164), wenn es das Verhalten des Amtsträgers aus Gründen gebilligt hat, die dieser selbst nicht erwogen hatte (BGH NVwZ 1994, 405, 407), wenn für die Entscheidung ein reduzierter Prüfungsmaßstab galt (BGH NJW 1998, 751, 752), wenn es eine eindeutige Bestimmung übersehen hat (BGH NJW 1971, 1699, 1701) oder es „sich bereits in seinem Ausgangspunkt von einer rechtlich verfehlten Betrachtungsweise nicht ... freimachen konnte" (BGH NVwZ-RR 2000, 746); kritisch zu diesen weitgehenden Einschränkungen der Kollegialgerichtsrichtlinie MüKo/Papier Rz 286 (Gefahr, daß Amtshaftungsgerichte sich zur „Superinstanz" der Verwaltungsgerichte aufschwingen). Die Anwendbarkeit der Kollegialgerichtsrichtlinie

beschränkt sich auf Fälle, in denen das konkrete, dem geltend gemachten Amtshaftungsanspruch zugrunde liegende Verhalten des Amtsträgers die Billigung eines Kollegialgerichts gefunden hat; bestehen allgemein unterschiedliche Sorgfaltsanforderungen in der Rspr verschiedener Gerichte, vermag dies den Amtsträger nicht zu entlasten (BGH DÖV 2003, 296).

bb) Entindividualisierung, Organisationsverschulden. Bei Unmöglichkeit, die verantwortliche Einzelperson 60 festzustellen, muß der Schädiger nicht individualisiert werden. Es reicht die Feststellung, daß jedenfalls irgendein Amtsträger des beklagten Verwaltungsträgers seine ihm obliegende Amtspflicht verletzt hat, also letztlich das Gesamtverhalten der betreffenden Behörde in einer den verkehrsnotwendigen Sorgfaltsanforderungen widersprechenden Weise amtspflichtwidrig gewesen ist (RG 100, 102; BGH WM 1960, 1304). Soweit eine Amtspflichtwidrigkeit auf ein Organisationsverschulden der Behörde zurückzuführen ist (etwa Überlastung des Personals, fehlende Personalausstattung, fehlende Aufsicht, fehlende Instruktion), ist ein Amtshaftungsanspruch auch dann möglich, wenn kein persönlicher Schuldvorwurf gegenüber individuellen Amtsträgern erhoben werden kann (BGH 66, 302, 312).

cc) Die §§ **827, 828** finden Anwendung (Rz 5). Soweit wegen § 827 ein Verschulden ausgeschlossen ist, kommt eine Billigkeitshaftung nach § 1 II RBHaftG (Rz 79) in Betracht.

5. Haftungsausschlüsse und -beschränkungen

a) Amtspflichtverletzung bei „Urteil in einer Rechtssache". Durch § 839 II S 1 wird die Haftung für Richter- 61 unrecht auf Pflichtverletzungen beschränkt, die eine Straftat darstellen (sog Richterprivileg). Die Haftungsbeschränkung erfaßt jedoch, wie aus den Worten „Urteil in einer Rechtssache" hervorgeht, nur bestimmte richterliche Akte. Zum anderen gilt nach Abs II S 2 das Straftaterfordernis nicht im Falle pflichtwidriger Verweigerung oder Verzögerung der Amtsausübung. Unstreitig gilt die Beschränkung nach Abs II S 1 auch für die über Art 34 GG eingreifende Staatshaftung (MüKo/Papier Rz 317). Da die richterliche Tätigkeit als Ausübung eines öffentlichen Amtes (Rz 21 ff) zu qualifizieren ist (Ossenbühl, Staatshaftungsrecht, S 101), kommt eine Eigenhaftung des Richters aus § 839 im wesentlichen nur für Pflichtverletzungen „bei Gelegenheit" der Amtsausübung in Betracht. Straftaten iSv II 1 können etwa Vorteilsannahme, Bestechlichkeit oder Rechtsbeugung (§§ 332 II, 333 II, 339 StGB) sein.

aa) Als **Grund** für das Richterprivileg läßt sich schwerlich der Schutz richterlicher Unabhängigkeit annehmen 62 (so etwa Leipold JZ 1967, 739; Grunsky in FS L. Raiser, 1974, S 141; wohl teilweise auch BGH 50, 14, 20). Denn dann müßten konsequenterweise sämtliche richterlichen Akte von Abs II S 1 erfaßt sein. Im übrigen stellt eine amtshaftungsrechtliche Nachprüfung die richterliche Unabhängigkeit nicht in Frage (MüKo/Papier Rz 318; Ossenbühl, Staatshaftungsrecht, S 101). Die ratio legis von Abs II S 1 kann nur in der Sicherung der Rechtskraft richterlicher Entscheidungen liegen. Es soll verhindert werden, daß rechtskräftig entschiedene Streitgegenstände im Gewand des Amtshaftungsprozesses wieder aufgerollt und hierdurch Rechtssicherheit und Rechtsfrieden beeinträchtigt werden (MüKo/Papier Rz 319 mwN; vgl auch BGH 64, 347, 349).

bb) Sachliche Voraussetzungen der Haftungsbeschränkung. Aus dem Gesetzeszweck der Rechtskraftsiche- 63 rung erschließt sich, daß der Begriff des „Urteils in einer Rechtssache" nicht auf seinen prozeßtechnischen Sinn reduziert werden kann. Es sind darunter alle Entscheidungen zu verstehen, die ein Prozeßrechtsverhältnis für die Instanz ganz oder teilweise mit bindender Wirkung beenden und in einem geordneten Verfahren mit den wesentlichen Merkmalen eines Urteilsverfahrens, insbesondere der Gewährung rechtlichen Gehörs, zustande kommen (BGH 10, 55, 60; 36, 379, 383). Dazu zählen etwa auch Berichtigungsbeschlüsse gemäß § 319 ZPO (RG 90, 228, 230), Kostenbeschlüsse nach § 91a ZPO (BGH 13, 142, 143), Beschlüsse nach § 383 I StPO (BGH 51, 326, 328), Beschlüsse nach §§ 203, 209 StPO (Dresden StrV 2001, 581), Arrest und einstweilige Verfügung durch Urteil (BGH 10, 55, 60), die einstweilige Anordnung gemäß § 123 VwGO nach mündlicher Verhandlung (Soergel/Vinke Rz 225, dort auch Aufzählung weiterer Fälle). **Keine** urteilsvertretenden Erkenntnisse sind etwa Haftbefehle (BGH 27, 338, 346), Entscheidungen im Prozeßkostenhilfeverfahren (BGH VersR 1984, 77, 79), Arrest und einstweilige Verfügung durch Beschluß (BGH 10, 55, 60) nichtstreitige Entscheidungen der freiwilligen Gerichtsbarkeit (BGH NJW 1956, 1716), Anordnungen in strafprozessualen Ermittlungsverfahren (BGH v 23. 10. 2003 – III ZR 9/03), Unterbringungsanordnungen (BGH NJW 2003, 3052) sowie Entscheidungen in der Zwangsvollstreckung (BGH NJW 2000, 3358). Die Amtspflichtverletzung muß nicht in der Entscheidung als solcher liegen. Ausreichend ist, wenn sie **bei der Entscheidung** begangen wurde, dh in dem der Entscheidung zugrundeliegenden und diese vorbereitenden Verfahren (BGH VersR 1984, 77). Unter Abs II S 1 fallen daher etwa auch Beweisbeschlüsse (BGH LM Nr 5 zu § 839) oder die Versagung rechtlichen Gehörs (BGH 10, 55, 62). Die Rspr verfolgt eine recht großzügige Linie und schließt etwa auch die Verlesung einer Liste der Vorstrafen eines Zeugen ein (BGH 50, 14, 16; kritisch hierzu Ossenbühl, S 103: der Einbezug entferne sich von dem Zweck von Abs II S 1, durch Rechtskraftsicherung in einer Streitsache Rechtssicherheit und Rechtsfrieden zu wahren). Scheidet eine Haftungsbeschränkung nach Abs II S 1 aus, nimmt die Rspr zum Schutz der richterlichen Unabhängigkeit eine Haftung nur in Fällen besonders grober Verstöße an, was praktisch auf eine Haftung für Vorsatz und grobe Fahrlässigkeit hinausläuft (BGH NJW 2003, 3052).

cc) Erfaßter Personenkreis. Dem Richterprivileg unterfallen neben Berufsrichtern auch ehrenamtliche Rich- 64 ter, also Schöffen, Handelsrichter, ehrenamtliche Verwaltungsrichter usw (RG JW 1924, 192), da diese im gleichen Maße rechtsprechende Gewalt ausüben. Mitglieder von Schiedsgerichten sind hingegen keine Richter iSv Abs II S 1, wobei nach der Rspr im Regelfall von der stillschweigenden schiedsvertraglichen Vereinbarung einer dem § 839 II vergleichbaren Haftungsbeschränkung auszugehen ist (BGH 42, 313, 316). Ferner sind Rechtspfleger, Sachverständige, Staatsanwälte oder Mitglieder justizähnlich verfahrender Entscheidungsgremien der Verwaltung keine Richter im amtshaftungsrechtlichen Sinn (Soergel/Vinke Rz 223 mwN).

§ 839 Einzelne Schuldverhältnisse

65 dd) **Verweigerung oder Verzögerung** der Amtsausübung kann nicht Gegenstand oder Voraussetzung einer richterlichen Entscheidung sein, so daß die in Abs II S 2 statuierte Unterausnahme selbstverständlich ist.

66 b) **Subsidiaritätsklausel (Abs I S 2).** Nach Abs I S 2 haben im Falle **fahrlässiger** Amtspflichtverletzungen anderweitig zu erlangende Ersatzansprüche des Geschädigten aus demselben Tatkreis, gleich auf welcher Rechtsgrundlage (BGH WM 1997, 375, 390; NJW 2003, 168 Soergel/Vinke Rz 203 mwN), Vorrang vor dem Amtshaftungsanspruch. Das Fehlen anderweitiger Ersatzmöglichkeiten bildet ein negatives Merkmal des Anspruchstatbestandes (BGH NJW 1996, 3208, 3209). Existieren solche Möglichkeiten, gelangt der Amtshaftungsanspruch von vornherein nicht zur Entstehung. Der private Mitschädiger kann daher keinen gesamtschuldnerischen Ausgleich gem § 840 I, 426 verlangen (BGH 28, 297, 301; VersR 1984, 759, 760); dieser Konsequenz kann auch nicht mittels der Figur des „gestörten Gesamtschuldnerausgleichs" ausgewichen werden, MüKo/Papier Rz 302). I 2 setzt nicht nur die rechtliche Existenz, sondern auch die **Durchsetzbarkeit** eines anderweitigen Ersatzanspruchs sowie die **Zumutbarkeit** seiner Durchsetzung voraus (BGH 120, 124; BGH NJW 1997, 2109, 2110). Daran kann es fehlen, wenn der Dritte nachweisbar vermögenslos ist (MüKo/Papier Rz 314), wenn eine Rechtsverfolgung oder Zwangsvollstreckung im Ausland erforderlich ist (vgl BGH DÖV 1977, 685; eine Einschränkung wird man für EU-Mitgliedsstaaten machen müssen) oder nach den generellen Umständen die Ersatzmöglichkeit rechtlich oder tatsächlich zweifelhaft ist oder ihre Realisierung zwingender familiärer Rücksichtnahme widerspräche (BGH NJW 1979, 1600; NJW 1997, 2109, 2110). Nicht zumutbar iSv Abs I S 2 ist ferner die Durchsetzung von Ersatzansprüchen gegen die EU bzw EG, da diesen erst stattgegeben wird, wenn innerstaatliche Gerichte Ersatzansprüche gegen den Mitgliedstaat abschließend verneint haben (EuGH RS 175/84, Slg 1986, 753; BGH NJW 1972, 383, 384). Sofern der Geschädigte eine früher bestehende Ersatzmöglichkeit schuldhaft versäumt hat, greift Abs I S 2 ein (BGH NVwZ 1993, 1228, 1229; auch bei zwischenzeitlich eingetretener Insolvenz des Dritten, Düsseldorf NWVBl 1997, 192). Hat der Kläger einen zumutbaren Versuch, anderweitigen Ersatz zu erlangen, unterlassen, ist die Klage nur als „zur Zeit unbegründet" abzuweisen (BGH VersR 1973, 443, 444). Einer erneuten Klage nach erfolglosem Nachholen dieses Versuchs steht daher nicht der Einwand der Rechtskraft entgegen (Soergel/Vinke Rz 220 mwN).

67 aa) **Problematik der Subsidiaritätsklausel.** Die Subsidiarität des Amtshaftungsanspruchs gilt grundsätzlich auch bei Pflichtverletzungen im öffentlich-rechtlichen Funktionskreis (BGH 28, 297, 302; 113, 164, 166), obwohl hier die Haftung gem Art 34 GG auf den Verwaltungsträger übergeleitet wird und damit das ursprünglich hinter der Klausel stehende rechtspolitische Kalkül – Schutz des Beamten vor übermäßigen, seine Entschlußfreude und Tatkraft lähmenden Risiken für sein Privatvermögen – nicht mehr aufgehen kann. Dem Staat fällt ein Haftungsprivileg („Verweisungsprivileg") zu, das seinem Sinn und Zweck nach auf den persönlich haftenden Amtsträger gemünzt ist.

68 bb) **Einschränkende Auslegung der Subsidiaritätsklausel.** Der BGH hat den Fortfall der ursprünglichen Funktion der Subsidiaritätsklausel zunächst durch eine neue Sinngebung zu kompensieren versucht (BGH 13, 88, 104: die Klausel diene der finanziellen Entlastung der öffentlichen Hand, die sich aus dem weiten Haftungsumfang des § 839 – gerade im Vergleich zu § 823 – rechtfertige). In seiner neueren Rspr (durchgreifend ab BGH 68, 217) hat der BGH den Anwendungsbereich der Subsidiaritätsklausel schrittweise reduziert, sich hierbei allerdings stark von den jeweiligen Haftungsfunktionen konkurrierender Anspruchsgrundlagen oder den Besonderheiten des in Frage stehenden Lebensbereichs leiten lassen. Zu einer umfassenden, auf die rechtsstaatliche Fragwürdigkeit der Subsidiaritätsklausel gestützten Lösung hat sich der BGH mit Blick auf die richterliche Gesetzesbindung nicht durchringen können (kritisch dazu in prinzipieller Hinsicht wie auch unter dem Gesichtspunkt der Rechtssicherheit MüKo/Papier Rz 298ff, vgl auch Ossenbühl, Staatshaftungsrecht, S 86ff. In folgenden Fallgruppen gelangt Abs I S 2 nach der Rspr nicht mehr zur Anwendung: **Privatrechtliche Versicherungsansprüche** des Geschädigten stellen regelmäßig keine anderweitige Ersatzmöglichkeit dar; der Geschädigte hat sie einerseits durch eigene Leistungen „verdient", andererseits geht aus der cessio legis gem § 67 VVG hervor, daß die Rechtsordnung dem Versicherungsträger grundsätzlich nicht den endgültigen Schaden, sondern nur das Risiko der Durchsetzbarkeit des Ersatzanspruchs zuweist (BGH 79, 35, 37 – private Krankenversicherung; BGH 85, 230, 233 – private Kaskoversicherung; BGH NJW 1987, 2664, 2666 – private Feuerversicherung; anders für Kfz-Haftpflichtversicherung, BGH 91, 48, 54). Entsprechendes gilt für **Ansprüche gegen die gesetzliche Krankenversicherung bei unfallbedingter Krankheit** (BGH 79, 26, 31). Bei Ansprüchen aus einer **Lebensversicherung** kommt Abs I S 2 ebenfalls nicht zur Anwendung; Lebensversicherungen bezwecken nicht Schadensausgleich, sondern dienen – mögen Ansprüche auch durch einen Schadensfall fällig werden – der privaten Kapitalbildung (bereits RG 155, 186, 191). Abs I S 2 kommt ferner nicht auf **Entgeltfortzahlungsansprüche** des Geschädigten gegen seinen Arbeitgeber zur Anwendung; bei diesen handelt es sich ihrer Natur nach um primäre Erfüllungsansprüche, nicht um Schadenskompensationen (BGH 43, 115, 117; 62, 380, 383). Praktisch sehr bedeutsam ist der Ausschluß von Abs I S 2 im Bereich der **Teilnahme am allgemeinen Straßenverkehr.** Abs I S 2 ist unanwendbar, wenn ein Amtsträger bei dienstlicher Teilnahme am Straßenverkehr (Rz 28) schuldhaft einen Unfall verursacht; dies folge aus dem straßenverkehrsrechtlichen Grundsatz der Gleichbehandlung aller Verkehrsteilnehmer (BGH 68, 217, 220; 146, 385, 387; anders bei Inanspruchnahme von Sonderrechten aus § 35 StVO: BGH 113, 164, 168). Der Ausschluß von Abs I S 2 wurde vom BGH auch auf Verletzungen der **Verkehrssicherungspflicht** ausgedehnt, da diese inhaltlich der privaten Verkehrssicherungspflicht entspreche und in engem Zusammenhang mit den Pflichten von Amtsträgern als Teilnehmer am allgemeinen Straßenverkehr stehe (BGH 75, 134, 138; VersR 2001, 589, 590); bei Verletzungen der Verkehrsregelungspflicht bleibt Abs I S 2 aber anwendbar (Hamm NVwZ 1995, 309). Mit einem strukturell abweichenden Begründungsansatz verneint der BGH die Anwendung der Subsidiaritätsklausel bei **Ansprüchen gegen andere Verwaltungsträger**, gleich ob diese auf Amtshaftung oder sonstigen Haftungsinstituten beruhen: die verschiedenen juristischen Personen öffentlichen Rechts bildeten eine wirtschaftliche Einheit, eine wirtschaftliche Entlastung der öffentlichen Hand könne demnach bei Anwendung von Abs I S 2 nicht eintreten (BGH 135, 354, 368). Erst recht gilt dies für Ansprüche aus verschiedenen Anspruchsgrundlagen gegen ein und denselben Verwaltungsträger (BGH 50, 271, 273). Der Anwendbarkeit der Subsidiaritätsklausel steht nicht entgegen, daß der Dritte, gegen den ein anderweitiger Ersatzanspruch iSv Abs I S 2 gegeben ist, seinerseits bei der beklagten Körperschaft Ersatz verlangen kann (BGH NVwZ-RR 1997, 204). Zum Ausschluß der Subsidiaritätsklausel, wenn sich der anderweitig zu erlangende Ersatzanspruch gegen eine privatrechtlich organisierte Beschäftigungsstelle für Zivildienstleistende richtet, siehe BGH NJW 2003, 348.

cc) Die vorerwähnten (Rz 68) Ausschlüsse der Subsidiaritätsklausel gelten nicht für die **Eigenhaftung des** 69 **Beamten** im privatrechtlichen Funktionskreis (vgl BGH 85, 393, 399) sowie im öffentlich-rechtlichen Funktionskreis dort nicht, wo der Haftungsübernahme durch den Verwaltungsträger sondergesetzliche Haftungsausschlüsse (Rz 78f) entgegenstehen (Soergel/Vinke Rz 217). In diesen Fällen behält Abs I S 2 weiterhin seinen ursprünglichen Sinn (Rz 67).

c) Mitverschulden des Geschädigten. aa) Schuldhafte Rechtsmittelversäumung (§ 839 III). Nach Abs III 70 tritt keine Ersatzpflicht ein, wenn der Geschädigte es vorsätzlich oder fahrlässig unterlassen hat, den Schaden durch Gebrauch eines Rechtsmittels abzuwenden. Abs III gilt für die Eigenhaftung des Beamten im privatrechtlichen Funktionskreis wie für die Haftung des Verwaltungsträgers nach § 839 iVm Art 34 GG. Die Regelung greift eine spezielle Form des allgemein in § 254 normierten Mitverschuldens heraus, knüpft daran allerdings weit schärfere Rechtsfolgen als für den Normalfall. Liegt eine schuldhafte Rechtsmittelversäumung gemäß Abs III vor, führt dies zum völligen Anspruchsausschluß. Die Gewichtung und Abwägung der jeweiligen Verantwortlichkeiten mit der Möglichkeit einer elastischen Anspruchsminderung läßt Abs III im Gegensatz zu § 254 nicht zu. § 254 bleibt nur insoweit anwendbar, als das Mitverschulden gerade nicht im schuldhaften Unterlassen der Einlegung eines schadensvermeidenden Rechtsmittels liegt.

(1) Funktion. Ebenso wie die Subsidiaritätsklausel in Abs I S 2 diente Abs III ursprünglich dem Schutz des 71 persönlich haftenden Amtsträgers (siehe Bettermann DÖV 1954, 299, 304). Für die Fälle der Haftungsüberleitung auf den Staat (Art 34 GG) ist der Schutz obsolet geworden. Eine Sinngebung dahingehend, daß die Vorschrift sich weiterhin als Ausdruck des allgemeinen Prinzips des „Verschuldens gegen sich selbst" deuten lasse (vgl BGH 56, 57, 63), überzeugt nicht vollauf. Denn damit bleibt offen, warum anders als bei den übrigen Ausprägungen dieses Prinzips der Weg zur „Schadensteilung" unter Berücksichtigung der individuellen Fallumstände versperrt bleibt. Erklärlich und legitimierbar ist Abs III heute nur noch vor dem Hintergrund des für das Staatshaftungsrecht allgemein charakteristischen **Vorrangs des verwaltungsgerichtlichen Primärrechtsschutzes** (vgl BVerfG 58, 300 – Naßauskiesung). Der Bürger soll staatliches Unrecht prinzipiell mit den Rechtsbehelfen des voll ausgebildeten verwaltungsgerichtlichen Rechtsschutzes abwehren und hat kein Wahlrecht zwischen diesen und der bewußten Hinnahme des Unrechts mit anschließender Schadensliquidation (vgl MüKo/Papier Rz 326 mwN; Schoch Jura 1988, 650). Auf diese Weise werden auch die Anfechtungsfristen der Prozeßordnungen sowie das Institut der Bestandskraft von Verwaltungsakten geschützt (MD/Papier Rz 269).

(2) Rechtsmittel. Die Rspr hat dem Begriff des Rechtsmittels iSv § 839 III eine **weite Auslegung** gegeben. 72 Rechtsmittel seien „alle Rechtsbehelfe, die sich gegen die eine Amtspflicht darstellende Handlung oder Unterlassung richten und sowohl deren Beseitigung oder Berichtigung als auch die Abwendung des Schadens zum Ziel haben und herbeizuführen geeignet sind" (BGH 28, 104, 106; VersR 2001, 1424). Neben den Klagen im prozessualen Sinne fallen darunter etwa auch Widersprüche gegen Verwaltungsakte, Anträge in einstweiligen Rechtsschutzverfahren (BGH NJW 1986, 1107, 1108; BGH 130, 332), Erinnerungen gem § 766 ZPO (RG 150, 323, 328), Anträge zur Vornahme einer Amtslöschung nach § 53 GBO (RG 163, 121, 125), Anträge nach § 6 II GrdstVG (BGH 123, 1, 7), Anträge eines Beamten auf Vornahme einer Beförderung (BGH NVwZ 2003, 502). Einwendungen gegen die Richtigkeit von Auskünften im Rahmen eines familiengerichtlichen Verfahrens (BGH NJW 1998, 138, 141) sowie formlose Rechtsbehelfe wie Gegenvorstellungen (BGH NJW 1978, 1522, 1523), Dienst- und Fachaufsichtsbeschwerden (BGH NJW 1986, 1924), ferner auch bloße (uU mündliche) Erinnerungen an die Erledigung eines Antrags (BGH VersR 1965, 285), nicht jedoch mit Rücksicht auf ihren Ausnahmecharakter die Verfassungsbeschwerde (BGH 30, 19, 28). Ob diese Ausdehnung des amtshaftungsrechtlichen Rechtsmittelbegriffs noch vom Normzweck der Sicherung des Vorrangs des Primärrechtsschutzes gedeckt ist, wird zu Recht bezweifelt (vgl Schoch Jura 1988, 650; Ossenbühl, Staatshaftungsrecht, S 95). Konsequenter wäre es, den Rechtsmittelbegriff auf die Rechtsbehelfe der Prozeßordnungen zu beschränken und die Versäumung sonstiger Rechtsbehelfe von vornherein nur einer Beurteilung nach § 254 zuzuführen (aaO). Soweit Rechtsbehelfe sich nicht **unmittelbar gegen das amtspflichtwidrige Verhalten** als solches richten, fallen sie nicht unter Abs III (BGH VersR 2001, 1424). Wenn also der Rechtsbehelf lediglich auf die Beseitigung der Folgen einer abgeschlossenen Amtspflichtverletzung zielt, tritt kein Ausschluß des Amtshaftungsanspruchs ein (BGH 63, 319, 327 – Leistungsklage auf Rückzahlung einer Abschöpfung; Staud/Schäfer Rz 467, 470). Dies steht auch im Einklang mit dem Normzweck der Vorschrift. Abs III soll nur den Vorrang des verwaltungsgerichtlichen Primärrechtsschutzes sichern, nicht aber einen Vorrang anderer sekundärrechtlicher Haftungsinstitute vor der Amtshaftung begründen. Bei Versäumung anderweitiger Sekundärrechtsbehelfe kann allenfalls ein nach § 254 zu berücksichtigendes Mitverschulden vorliegen (vgl RG 163, 121, 125; MüKo/Papier Rz 328).

(3) Gebrauchmachen. Hierzu kann unter besonderen Umständen nicht nur die (frist- und formgerechte) Ein- 73 legung, sondern auch die Begründung des Rechtsmittels zählen (vgl BGH 56, 57, 59: Rechtsmittel war hier ohne Begründung rein „formell" eingelegt, ohne daß wirklich eine Änderung des Verwaltungsakts erstrebt war). Es darf nicht der Primärrechtsschutz als bloße „Durchgangsstation" zur in Wahrheit erstrebten haftungsrechtlichen Schadensliquidation mißbraucht werden. Nicht zum Gebrauchmachen iSv Abs III zählt hingegen die Fortsetzung eines

§ 839 Einzelne Schuldverhältnisse

genehmigungspflichtigen Vorhabens unter Ausnutzung des Umstands, daß einem Widerspruch gegen eine Stilllegungsverfügung aufschiebende Wirkung zukommt; das Abwarten auf die Entscheidung über die Rechtmäßigkeit des Vorhabens begründet hier auch kein Mitverschulden iSv § 254 (BGH VersR 2002, 571).

74 **(4) Kausalität.** Abs III greift nur ein, wenn die Rechtsmittelversäumung für den Schadenseintritt ursächlich geworden ist. Folglich muß wie im Rahmen der allgemeinen Kausalitätsprüfung (Rz 57) der **hypothetische Geschehensablauf** ermittelt werden. Es muß feststehen, daß bei Einlegung des Rechtsmittels der Schaden nicht eingetreten wäre. Grundsätzlich ist dabei davon auszugehen, daß über das Rechtsmittel rechtmäßig entschieden worden wäre (nuancierend nunmehr BGH v 9. 10. 2003 – III ZR 34/02); bei formlosen Rechtsbehelfen wie Dienstaufsichtsbeschwerden oder Gegenvorstellungen kann es hingegen nur darauf ankommen, ob sie tatsächlich Erfolg gehabt hätten (BGH NJW 1986, 1924, 1925). Ist ein Rechtsmittel nur geeignet, einen **Teil des Schadens** abzuwenden, wendet die Rechtsprechung Abs III hinsichtlich dieses Teils an (BGH NJW 1986, 1924), sie liest also in den Tatbestand ein ungeschriebenes „soweit" hinein.

75 **(5) Verschulden des Geschädigten.** Die Rechtsmittelversäumung ist fahrlässig, wenn nach den Verhältnissen des Verkehrskreises, dem der Geschädigte angehört, das Unterlassen der Rechtsmitteleinlegung als sorgfaltswidrig angesehen werden muß (BGH VersR 1997, 238, 239). Fehlende Rechtskenntnisse sind nicht schlechthin entschuldigend. Gegebenenfalls ist Rechtsrat einzuholen (RG 166, 249, 256). Je nach den Umständen darf der Geschädigte aber auf Erklärungen und Belehrungen eines Beamten vertrauen (BGH NJW 1977, 1287, 1288). Hat der Geschädigte zwar ein Rechtsmittel in Anspruch genommen, nach dessen Erfolglosigkeit jedoch kein stärkeres Rechtsmittel mehr eingelegt, ist darauf abzustellen, ob dem Geschädigten weitere Schritte – auch angesichts ihrer jeweiligen Erfolgsaussichten – zumutbar gewesen sind (vgl Ossenbühl, Staatshaftungsrecht, S 96). Nimmt man den Normzweck von Abs III (Rz 71) ernst, wird man sich im Falle amtspflichtwidriger Schäden, die durch Inanspruchnahme gerichtlichen Primärrechtsschutzes beseitigbar gewesen wären, regelmäßig nicht mit der Einlegung formloser Rechtsbehelfe (Dienstaufsichtsbeschwerde, Gegenvorstellung) begnügen dürfen.

76 (6) Da es sich bei Abs III um einen rechtsvernichtenden Tatbestand handelt, trifft die **Darlegungs- und Beweislast** hinsichtlich der Kausalität der Rechtsmittelversäumung und des Verschuldens den Beklagten (RG 168, 143, 172).

77 **bb) Mitverschulden nach § 254.** § 254 ist im Rahmen von § 839 anwendbar (BGH NJW 1987, 2664, 2666). § 254 führt zur Anspruchsminderung (bis hin zum völligen Ausschluß des Schadensersatzes, Düsseldorf NVwZ-RR 1993, 452) bei schuldhafter Mitverursachung des Schadens oder unterbliebener Schadensminderung durch den Geschädigten. Die Mitverursachung darf aber nicht in der schuldhaften Rechtsmittelversäumung (Rz 70ff) liegen. Andernfalls würden die besonderen Rechtsfolgen von Abs III umgangen. Unter der Sorgfalt, deren Verletzung iSv § 254 vorausgesetzt wird, ist auch im Rahmen von § 839 diejenige zu verstehen, die ein ordentlicher und verständiger Mensch zur Vermeidung eigenen Schadens anzuwenden pflegt (BGH NJW 1987, 2664, 2666). Das Ausmaß der Anspruchsminderung hängt vom Gewicht der jeweiligen Verursachungsbeiträge von Schädiger und Geschädigtem ab. Bei vorsätzlichen Amtspflichtverletzungen mindert Fahrlässigkeit des Geschädigten den Anspruch im Regelfall nicht (BGH VersR 1985, 281, 283). Grundsätzlich ist es dem Bürger nicht vorwerfbar, wenn er sich auf die Richtigkeit der Rechtsauffassung der Behörde verläßt und diese nicht gegenprüft (BGH NJW 1994, 2087, 2089). Dies gilt auch dann, wenn der betroffene Bürger aufgrund seiner Ausbildung oder seiner beruflichen Stellung in der Lage wäre, sich über den der Behörde unterbreiteten Sachverhalt und deren Verhalten eine juristisch begründete Meinung zu bilden (BGH VIZ 2001, 221). Wird ein Genehmigungsbescheid von dritter Seite angefochten, so kann die Fortsetzung des genehmigungspflichtigen Vorhabens ein Mitverschulden des Adressaten nach § 254 begründen, wenn der Bescheid später als rechtswidrig aufgehoben wird (BGH NJW 2001, 3064, 3056). **Zurechnung des Verschuldens Dritter**: Soweit eine schuldhafte Mitverursachung der Schadensentstehung in Frage steht, kommt § 254 II 2 iVm § 278 zur Anwendung, es sei denn, bei Schädigung bestand bereits – wie von § 278 vorausgesetzt – eine schuldrechtliche oder schuldrechtsähnliche Sonderverbindung zwischen Geschädigtem und Schädiger bzw Verwaltungsträger, die über die allgemeinen Amtspflichten iSd § 39 hinausgeht (BGH NJW 1994, 2087, 2089; BGH 146, 365, 370f). Durch die Amtspflichtverletzung selbst entsteht eine solche Sonderverbindung, so daß ab diesem Zeitpunkt § 254 II 2 iVm § 278 bezüglich der Schadensminderungsobliegenheit anwendbar ist (vgl BGH NJW 1980, 2573, 2575). Sofern mangels einer Sonderverbindung § 254 II 2 iVm § 278 bezüglich der Schadensentstehung ausscheidet, kommt eine Zurechnung des Verhaltens von Hilfspersonen über § 831 in Betracht (BGH NJW 1980, 2573, 2575).

78 **d) Sondergesetzliche Haftungsausschlüsse.** Da Art 34 GG die Verantwortlichkeit des Verwaltungsträgers nur „grundsätzlich" anordnet, bleibt Raum für sondergesetzliche Haftungsausschlüsse (BVerfG 61, 149, 199; MD/Papier Rz 239 mwN). Sie müssen allerdings durch oder aufgrund eines formellen Gesetzes angeordnet sein. Haftungsausschlüsse durch Satzungen von Selbstverwaltungsträgern sind unzulässig (vgl BGH 61, 7, 14; Seibert DÖV 1986, 957; aA jedenfalls für Haftungsbeschränkung BayVGH DVBl 1985, 903, 904). Ferner müssen Haftungsausschlüsse sachlich zu rechtfertigen sein und dürfen nicht auf willkürlichen Erwägungen beruhen (BGH 99, 62, 64). Die institutionelle Garantie der Staatshaftung durch Art 34 GG gebietet es, daß Haftungsausschlüsse insgesamt auf eng umrissene Ausnahmefälle begrenzt bleiben (MüKo/Papier Rz 334). Ein Ausschluß der Staatshaftung gem Art 34 GG läßt die **Eigenhaftung** des Beamten nach § 839 wieder aufleben. Der Beamte (im staatsrechtlichen Sinn) haftet dann dem Geschädigten persönlich (BGH 61, 7, 14).

79 Verschiedene Haftungsausschlüsse sind im **Reichsbeamtenhaftungsgesetz** von 1910 (RGBl S 798) sowie in entsprechenden vorkonstitutionellen Ländergesetzen (namentlich dem Preußischen Beamtenhaftungsgesetz von 1909, prGS S 691; wN bei RGRK/Kreft Rz 27ff) geregelt, die zum Teil weiterhin fortgelten (hierzu Art 77 EGBGB sowie RGRK/Kreft Rz 24 mwN; keine Geltung des Preußischen Beamtenhaftungsgesetzes in den neuen

Ländern, Brandenburg LKV 1999, 242). Gem § 5 Nr 1 RBHaftG und entsprechenden landesrechtlichen Vorschriften haftet der Staat nicht für sog **Gebührenbeamte**, die von der Anstellungskörperschaft nur eine Dienstaufwandsentschädigung erhalten und im übrigen ihr Einkommen aus Gebühren bestreiten. Hierzu zählen ua die Bezirksschornsteinfeger im Rahmen der Bauabnahme und Feuerstättenschau (BGH 62, 372, 378), hingegen nicht die Gerichtsvollzieher (BGH 146, 17). Für Notare gilt der spezielle Staatshaftungsausschluß aus § 19 I S 4 BNotO (anders für die baden-württembergischen „Notare im Landesdienst", Gesetz vom 17. 2. 1975, Gbl 116, hierzu BGH NJW-RR 1995, 248). Gem § 5 Nr 2 RBHaftG entfällt die Staatshaftung für Angehörige des **Auswärtigen Dienstes**, soweit deren Verhalten nach einer amtlichen Erklärung des zuständigen Bundesministers politischen oder internationalen Rücksichten entsprochen hat (hierzu BK/Dagtoglou Rz 326). Die Haftung der Bundesrepublik gegenüber nicht im Inland ansässigen **Ausländern** sowie gegenüber ausländischen Staaten (ausgenommen Mitgliedstaaten der EU sowie deren Angehörige) kann die Bundesregierung nach der Neufassung von § 7 RBHaftG durch das Auslandsverwendungsgesetz von 1993 (BGBl I 1394) durch Rechtsverordnung ausschließen, wenn in dem betreffenden ausländischen Staat Deutschen oder der Bundesrepublik für hoheitliche Schädigungen kein gleichwertiger Schadensersatz zusteht. Das früher nach § 7 RBHaftG aF geltende Regel-Ausnahme-Verhältnis wurde damit umgekehrt. Verordnungen der Bundesregierung nach § 7 RBHaftG nF sind bislang nicht erlassen. Zu den (wenigen) fortbestehenden landesrechtlichen Haftungsausschlüssen gegenüber Ausländern und zu den gemeinschaftsrechtlichen Bedenken, die bezüglich Angehöriger anderer Mitgliedstaaten hiergegen bestehen, siehe MüKo/Papier Rz 341ff. Sondergesetzliche Haftungsausschlüsse oder -beschränkungen für **Dienst- und Arbeitsunfälle** von Beamten und anderen öffentlichen Bediensteten ergeben sich aus § 46 Beamtenversorgungsgesetz, § 91a Soldatenversorgungsgesetz sowie §§ 104, 105 SGB VII (hierzu näher Soergel/Vinke Rz 246).

6. Verjährung

Amtshaftungsansprüche unterliegen der **regelmäßigen Verjährungsfrist von drei Jahren** gemäß § 195. Der **80** Fristbeginn richtet sich nach § 199 I; es gelten die absoluten Verjährungshöchstfristen des § 199 III. Bei Verletzung des Lebens, des Körpers, der Gesundheit oder der Freiheit gilt die Verjährungsregelung in § 199 II. Zu den Auswirkungen der Schuldrechtsreform auf die Verjährung im Staatshaftungsrecht siehe Kellner NVwZ 2002, 395ff; Lässig NVwZ 2002, 304.

Kommt es verjährungsrechtlich auf den **Begehungszeitpunkt** an, ist auf die Herbeiführung der Schadensursache, nicht den Schadenseintritt abzustellen (BGH 98, 77, 82). **Kenntnis** iSv § 199 liegt vor, sobald der Geschädigte eine Klage zu begründen vermag, dh alle Anspruchsvoraussetzungen mit Ausnahme des Schadensbetrags vernünftigerweise für gegeben halten muß (vgl Müko/Papier Rz 352). Dabei genügt im allgemeinen, daß der Verletzte die tatsächlichen Umstände kennt, die eine schuldhafte Amtspflichtverletzung als naheliegend, eine Amtshaftungsklage – sei es auch nur als Feststellungsklage – mithin als so aussichtsreich erscheinen lassen, daß dem Verletzten die Erhebung der Klage zugemutet werden kann (BGH NJW 2000, 3358; VIZ 2003, 353). Bei nur fahrlässigen Amtspflichtverletzungen erfordert der Verjährungsbeginn auch die Kenntnis des Geschädigten, daß andere Ersatzmöglichkeiten iSv Abs I S 2 fehlen (BGH 121, 65, 71). In entsprechender Anwendung des § 210 I Nr 1 wird die Verjährung durch Erhebung von Klagen gegen das amtspflichtwidrige Verhalten oder die Einleitung eines Vorverfahrens hiergegen **gehemmt** (vgl BGH 122, 317, 323 zu § 209 I aF; siehe auch BGH NJW 1995, 2778, 2779: Klage gegen Gewinnfeststellungsbescheid unterbricht auch Verjährung des Amtshaftungsanspruchs wegen eines auf den Gewinnfeststellungsbescheid gestützten Steuerbescheides; siehe aber auch BGH VersR 2001, 1424). Dies entspricht dem Vorrang des Primärrechtsschutzes und erleichtert die prozeßökonomisch sinnvolle Nutzung der Verfahrensergebnisse des verwaltungsgerichtlichen Verfahrens im Amtshaftungsprozeß.

7. Inhalt und Umfang des Schadensersatzanspruchs

Inhalt und Umfang des Ersatzanspruchs ergeben sich aus den allgemeinen Regeln der §§ 249–255, 842–847 **81** (BGH 12, 278, 282; Soergel/Vinke Rz 250). Als amtshaftungsrechtliche Besonderheit gilt jedoch ein **Ausschluß der Naturalrestitution gemäß § 249 I**, soweit diese nur durch Vornahme hoheitlichen Handelns bewirkt werden könnte (BGH 121, 367, 374; NJW-RR 2003, 1004). Der Geschädigte ist hier auf Schadensersatz in Geld beschränkt. Aus § 839 iVm Art 34 GG kann somit nicht der Erlaß oder die Änderung von Verwaltungsakten oder die Vornahme schlicht-hoheitlicher Amtshandlungen verlangt werden. Dies hat etwa zur Konsequenz, daß ein Widerruf amtlicher ehrkränkender oder rufschädigender Äußerungen nur über den Folgebeseitigungsanspruch erreichbar ist (MüKo/Papier Rz 291 mwN; vgl aber auch Zweibrücken NVwZ 1982, 332). Der Amtshaftungsanspruch gewährt hier, soweit die Verletzung gewichtig ist, nur ein Schmerzensgeld gemäß § 847 (BGH 78, 274, 278; BGH NJW 1994, 1950, 1952).

Der Ausschluß der Naturalrestitution wird zum einen mit der Stellung und den Funktionen der ordentlichen Gerichte, die über Amtshaftungsklagen entscheiden (Rz 91), begründet. Diese sollen nicht Hoheitsträger zur Vornahme amtlicher Handlungen verurteilen können, da dies nur der Verwaltungsgerichtsbarkeit zustehe (vgl BGH 34, 99, 105; kritisch zu dieser Begründung MüKo/Papier Rz 293). Zum anderen ist der Ausschluß der Naturalrestitution eine Konsequenz der doppelstöckigen Konstruktion des Amtshaftungsanspruchs (Rz 10). Der Anspruch wird auf den Verwaltungsträger so übergeleitet, wie er gegen den Amtsträger als Person gegeben wäre; als Person – dh unabhängig von seiner amtlichen Stellung – ist der Amtsträger aber nicht zur Vornahme amtlicher Handlungen befugt, sondern vermag nur vertretbare Handlungen, wie etwa Geldzahlungen, vorzunehmen (Ossenbühl, Staatshaftungsrecht, S 110f; vgl auch MüKo/Papier Rz 294 zu anderen vertretbaren Handlungen).

Der Ersatzanspruch ist auf den Ausgleich der gesamten unmittelbaren und mittelbaren Vermögensnachteile des **82** Verletzten gerichtet (Soergel/Vinke Rz 251 mwN). Er umfaßt auch entgangenen Gewinn gemäß § 252 (BGH 79, 223, 229; zu damit verbundenen Ermittlungsproblemen vgl Düsseldorf NJW-RR 1993, 1184). Zu den zu ersetzenden mittelbaren Vermögensschäden gehören auch die Kosten der Rechtsverfolgung in sachgerechten Verfahren, die der Verletzte gegen die Amtspflichtverletzung angestrengt hat (BGH 39, 73, 74). Ersatz des positiven Interesses kann nicht verlangt werden (BGH NVwZ 1994, 91; BGH 147, 381, 392). Ersparte Aufwendungen sind grundsätzlich anzurechnen (BGH NJW-RR 1995, 864, 865).

83 Der Figur der Drittschadensliquidation steht die Rspr im Amtshaftungsrecht zurückhaltend gegenüber, da in aller Regel ein sachgerechter Schadensausgleich schon über eine entsprechende Bestimmung der Drittbezogenheit der Amtspflicht (Rz 46) erreicht werden kann (BGH NJW-RR 1996, 724).

8. Haftender Verwaltungsträger

84 Art 34 GG weist die Haftung für Amtspflichtverletzungen dem „Staat" oder der „Körperschaft" zu, „in deren Diensten" der Amtsträger steht. Dieser Wortlaut ist sowohl für eine funktionelle Deutung (wessen Funktionen werden bei der Schädigung wahrgenommen? – Funktionstheorie) als auch für eine institutionelle Deutung (bei welchem Verwaltungsträger ist der Schädiger angestellt? – Anstellungstheorie) offen. Überwiegend wird die Frage praktisch unerheblich, da die Schädiger meist in Ausübung der Funktionen desjenigen Verwaltungsträgers tätig gewesen sein wird, der ihn angestellt hat. Zu beachten ist lediglich, daß dem Haftungsträger grundsätzlich Dienstherrnfähigkeit (§ 121 BRRG) zukommen muß. So haftet etwa für Amtspflichtverletzungen von Hochschullehrern in der Mehrzahl der Länder mangels eigener Dienstherrnfähigkeit nicht die Universität, sondern das Land (BGH 77, 11, 15).

85 a) In denjenigen Fällen, in denen Funktionstheorie und Anstellungstheorie zu unterschiedlichen Ergebnissen führen (Bsp: Handeln kommunaler Amtsträger in staatlichen Auftragsangelegenheiten), folgt die Rspr der sog **Anvertrauenstheorie**. Danach kommt es darauf an, „welche Körperschaft dem Amtsträger das Amt, bei dessen Ausübung er fehlsam gehandelt hat, anvertraut hat", wobei dies „im Regelfall" die Anstellungskörperschaft sei – und zwar grundsätzlich unabhängig von der Art der konkret wahrgenommenen Funktion (BGH 143, 18, 26; VersR 2001, 585). Lediglich dann, wenn kein Dienstherr oder mehrere Dienstherren vorhanden seien, komme es auf die konkret wahrgenommene Funktion an (aaO). In der Mehrzahl der relevanten Fälle führt die Anvertrauenstheorie zu denselben Ergebnissen wie die Anstellungstheorie (was dem Geschädigten vielfach die Identifizierung des Anspruchsgegners erleichtern wird):

86 So haften für Amtsträger, die in **Auftragsangelegenheiten** tätig werden (Wahrnehmung staatlicher Auftragsangelegenheiten durch kommunale Amtsträger; Bundesauftragsverwaltung der Länder) die Anstellungskörperschaften und nicht diejenigen Körperschaften, deren Angelegenheiten wahrgenommen wurden (BGH 87, 202, 205). Entsprechendes gilt in den Ländern, in denen der Kreis die „untere staatliche Verwaltungsbehörde" bildet (BGH NJW 1984, 228; anders bei Amtsträgern, die eine „echte Doppelstellung" einnehmen; Rz 87). Landesrechtliche Bestimmungen (zB Art 35 III, 37 V BayLkrO) können allerdings abweichende Regelungen treffen. Die Haftung der Anstellungskörperschaft tritt auch bei Schädigungen ein, die Amtsträger im Rahmen der **Amtshilfe** für andere Verwaltungsträger verursacht haben (vgl BGH MDR 1960, 827; MüKo/Papier Rz 356).

87 Ist **kein Dienstherr** vorhanden, haftet die Körperschaft, die dem Schädiger die konkrete Funktion übertragen hat. So haftet etwa für Organmitglieder einer Architektenkammer diese selbst (BGH VersR 1991, 1135, 1136). Auf die übertragende Körperschaft ist wegen Fehlens eines Dienstherrn auch in den Fällen der Beliehenen (BGH 122, 85, 88; VersR 2002, 847) sowie der Verwaltungshelfer (Köln NJW 1968, 655) und der als „Erfüllungsgehilfen" eingeschalteten selbständigen Unternehmer abzustellen (Soergel/Vinke Rz 257; MüKo/Papier Rz 360; siehe Rz 39). Auf die Übertragung der konkret ausgeübten Funktion kommt es ferner – hier als **echte Ausnahme zur Haftung der Anstellungskörperschaft** – an: bei **abgeordneten Beamten** (vgl BGH 34, 20, 23; München OLGR 2002, 45), im Falle der **Organleihe** (BGH 117, 240, 249) sowie **bei Beamten mit Doppelstellung** (BGH 87, 202, 204; 99, 326, 330), wie etwa den Landräten (früher Oberkreisdirektoren) in NRW (vgl §§ 6, 37, 47 KreisO NW) oder den Präsidenten der Oberfinanzdirektionen (§§ 5, 10 II des Gesetzes über die Finanzverwaltung, BGBl 1950 I 448, idF vom 30. 8. 1971, BGBl I 1426). Hinsichtlich des nordrhein-westfälischen Landrats ist somit für die Bestimmung der haftenden Körperschaft maßgeblich, ob er in kommunalen Angelegenheiten oder in Wahrnehmung seines staatlichen Amtes (etwa als Kreispolizeibehörde; vgl § 3 I Nr 2 POG NW) gehandelt hat (anders bei den nachgeordneten Bediensteten der Kreisverwaltung, die anders als der Landrat keine statusmäßige Doppelstellung einnehmen; Rz 86).

88 b) Für rechtswidrige **Weisungen** haftet nicht die Körperschaft des weisungsgemäß Handelnden, sondern die Körperschaft des anweisenden Beamten (BGH NVwZ 1985, 682, 683). Entsprechendes gilt für die rechtswidrige Verweigerung rechtlich geforderter **Zustimmungsakte** zum Handeln anderer Verwaltungsträger (BGH NJW 1993, 3065: Gemeinde haftet, wenn rechtswidrige Versagung eines Bauvorbescheids alleine auf ihre Verweigerung des Einvernehmens gem § 36 BauGB gestützt wird; hierzu auch Rz 57). Zur Haftung in Fällen, in denen keine strikte Bindung an den anderen Verwaltungsträger besteht, siehe BGH NVwZ 1994, 825, 826.

89 c) Bei **gemeinschaftlicher Verantwortlichkeit** (etwa München NVwZ 1993, 505: für Schädigung eines Verkehrsteilnehmers war sowohl der Landkreis – wegen Verletzung der Verkehrssicherungspflicht – wie auch das Land – wegen Verletzung der Verkehrsregelungspflicht – verantwortlich) kommt es zur **gesamtschuldnerischen Haftung** mehrerer Verwaltungsträger gem § 840 (vgl hierzu auch Ossenbühl, Staatshaftungsrecht, S 115f, der entgegen BGH NJW 1992, 2691 die Annahme gemeinschaftlicher Verantwortlichkeit im Falle einer rechtswidrigen, sowohl auf eigene Erwägungen der Bauaufsichtsbehörde wie auf das fehlende Einvernehmen der Gemeinde gem § 36 BauGB gestützten Ablehnung eines Baugenehmigungsantrags verwirft und hierin ein reines Kausalitätsproblem sieht).

90 d) Eine andere Frage ist, unter welchen Voraussetzungen eine **Zurechnung des Fehlverhaltens anderer Behörden** vorgenommen werden kann. Die Rspr stellt hier darauf ab, ob die andere Behörde faktisch eigenständig

organisiert und geleitet ist (BGH 129, 17, 21: Flugsicherungsstelle der Bundesanstalt für Flugsicherung braucht sich keine Informationsdefizite zurechnen zu lassen, die dadurch entstanden, daß der Deutsche Wetterdienst nicht rechtzeitig vor Hagel gewarnt hat; vgl auch BGH NVwZ 1996, 512, 514 sowie BGH 146, 365).

9. Prozessuale Durchsetzung

Für den Anspruch auf Schadensersatz gegen den Verwaltungsträger wie auch für den Rückgriff gegen den Amtsträger (Rz 95) darf nach **Art 34 S 3 GG** der **ordentliche Rechtsweg** nicht ausgeschlossen werden. Die Vorschrift begründet nicht aus sich heraus die Zuständigkeit der ordentlichen Gerichte, sondern garantiert sie von Verfassungs wegen (BK/Dagtoglou Rz 357; MD/Papier Rz 305). Sie verwehrt dem Gesetzgeber nicht, zusätzlich die Möglichkeit zur Anspruchsverfolgung vor den Verwaltungsgerichten zu eröffnen. Die einfachgesetzliche Zuweisungsnorm zur ordentlichen Gerichtsbarkeit ist **§ 40 II VwGO**. Gemäß **§ 71 II Nr 2 GVG** sind für Amtshaftungsansprüche erstinstanzlich die Landgerichte ohne Rücksicht auf den Wert des Streitgegenstands sachlich ausschließlich zuständig. Die Vorschrift spricht zwar nur von Ansprüchen gegen Beamte und Richter, gilt aber anerkanntermaßen auch für die Ansprüche gegen den Verwaltungsträger, auf den gem Art 34 GG die Haftung für Amtspflichtverletzungen im öffentlich-rechtlichen Funktionskreis übergeleitet wird (vgl nur MüKo/Papier Rz 375). **91**

a) Die Zuweisung zur ordentlichen Gerichtsbarkeit ist **historisch** zu erklären. Sie geht zurück auf die Zeit vor Bildung einer unabhängigen und rechtsstaatlichen Grundsätzen verpflichteten Verwaltungsgerichtsbarkeit, in der effektiver Rechtsschutz nur vor ordentlichen Gerichten zu erlangen war (BK/Dagtoglou Rz 365). Unter den Bedingungen des modernen, ausgebauten verwaltungsgerichtlichen Rechtsschutzsystems ist die Zuständigkeit der ordentlichen Gerichte für Klagen wegen hoheitlichen Unrechts sachlich überholt. Sie führt zu einer **Rechtswegspaltung** zwischen primärem und sekundärem Rechtsschutz, unter Umständen auch innerhalb des sekundären Rechtsschutzes (etwa bei Anspruchskonkurrenzen zwischen Amtshaftungsanspruch und Folgenbeseitigungsanspruch; siehe Rz 5), mit der Folge, daß der Geschädigte gegebenenfalls verschiedene Rechtswege beschreiten muß. Eine gewisse Besserung ist durch die Neufassung von **§ 17 II GVG** durch die 4. VwGO-Novelle von 1990 (BGBl I 2809) eingetreten. Nach S 1 dieser Vorschrift entscheidet ein zulässigerweise angerufenes Gericht einen einheitlichen Lebenssachverhalt unter allen in Betracht kommenden rechtlichen Gesichtspunkten. Wird daher ein Amtshaftungsanspruch vor dem Landgericht eingeklagt, prüft dieses auch, ob der Antrag aufgrund sonstiger (öffentlich-rechtlicher) Staatshaftungsansprüche begründet ist, selbst wenn es an sich für diese Ansprüche unzuständig ist. Voraussetzung dieser Zuständigkeitskonzentration ist allerdings, daß der Amtshaftungsanspruch nicht von vornherein nach den jeweiligen Umständen völlig fernliegend ist und weiterhin kein Fall der bloßen objektiven Klagehäufung vorliegt (BGH NJW 1991, 1686). In dem umgekehrten Fall, daß ein sonstiger Staatshaftungsanspruch vor dem Verwaltungsgericht eingeklagt wird, soll hM das zusätzliche Prüfung eines Amtshaftungsanspruchs versagt bleiben; dies folge aus S 2 von § 17 II GVG, wonach Art 34 S 3 GG unberührt bleibt (vgl Soergel/Vinke Rz 268 mwN). Die Verwaltungsgerichte befinden auch dann nicht über Amtshaftungsansprüche, wenn mit diesen im Rahmen eines Verwaltungsprozesses **aufgerechnet** wird. Hier sei das Verfahren auszusetzen, um dem Aufrechnenden die Klage vor den Zivilgerichten zu ermöglichen (BVerwG DVBl 1993, 885). Jedenfalls im letzteren Fall wird § 17 II Nr 2 GVG überdehnt. Es ist nicht einzusehen, warum es dem Geschädigten verwehrt sein soll, mittels Geltendmachung einer Aufrechnung freiwillig eine verwaltungsgerichtliche Entscheidung über den Amtshaftungsanspruch herbeizuführen. Art 34 S 3 GG steht dem, da er zusätzliche Rechtswege nicht ausschließt (Rz 91), nicht entgegen. **92**

b) **Öffentlich-rechtliche Vorfragen.** Das Zivilgericht prüft im Rahmen des Amtshaftungsprozesses uneingeschränkt die öffentlich-rechtlichen Vorfragen, namentlich die Rechts- bzw Amtspflichtwidrigkeit des schädigenden Verhaltens nach (BGH 113, 17, 18; siehe Rohlfing, Die Nachprüfbarkeit bestandskräftiger Verwaltungsakte im Amtshaftungsprozeß, 2000). Seine Prüfungskompetenz ist auch bei **Bestandskraft** eines Verwaltungsaktes nicht beschränkt (BGH 113, 17, 19; DVBl 2003, 460), soweit spezialgesetzlich nichts anderes geregelt ist (vgl BGH 121, 131, 134). Hier wird der Anspruch allerdings häufig an Abs III (Rechtsmittelversäumung) scheitern. Ist die Rechtmäßigkeit oder Rechtswidrigkeit eines Verwaltungsakts oder eines behördlichen Verhaltens allerdings durch eine gerichtliche, in **materielle Rechtskraft** erwachsene Entscheidung festgestellt (etwa Verwaltungsakt als rechtswidrig aufgehoben), ist das Zivilgericht hieran gebunden (BGH 113, 17, 20; DÖV 2003, 295). In Ausnahmefällen kann dies abweichend vom allgemeinen Grundsatz der inter-partes-Wirkung der Rechtskraft auch dann gelten, wenn die Parteien des nachfolgenden Amtshaftungsprozesses nicht identisch sind (siehe BGH DVBl 1962, 753). Eine Bindung an die Gründe des verwaltungsgerichtlichen Urteils besteht allerdings nicht (BGH 20, 379, 382). Umgekehrt erwächst die Feststellung des Zivilgerichts über die Rechtmäßigkeit oder Rechtswidrigkeit eines Verwaltungshandelns als bloße Vorfrage nicht in materielle Rechtskraft, so daß ein Verwaltungsgericht daran nicht gebunden ist (Soergel/Vinke Rz 273). Um divergierende Urteile zu vermeiden, besteht für das Zivilgericht die Möglichkeit, wegen einer gleichzeitig anhängigen verwaltungsgerichtlichen Klage das Verfahren gem **§ 148 ZPO** auszusetzen (Ossenbühl, Staatshaftungsrecht, S 123). Verwaltungsgerichtliche Eilentscheidungen nach § 80 V VwGO entfalten keine Bindungswirkung im Amtshaftungsprozeß, da sie nicht in materielle Rechtskraft erwachsen (BGH VersR 2002, 357). Zur Bindungswirkungen von Entscheidungen der Strafvollstreckungskammer über die Rechtmäßigkeit einer Strafvollzugsmaßnahme siehe Frankfurt OLGRp 2001, 103. **93**

c) Der Geschädigte hat im Grundsatz nach allgemeinen zivilprozessualen Grundsätzen die anspruchsbegründenden Tatsachen zu **beweisen** (BGH NJW 1963, 1828; VersR 1975, 40, 541). Zu den anspruchsbegründenden Tatsachen zählt auch die Unmöglichkeit, iSv Abs I S 2 anderweit Ersatz zu erlangen (BGH NJW 2002, 1266). Mit Rücksicht auf den besonderen Charakter des Amtshaftungsanspruchs gelten allerdings einige **Erleichterungen**. So muß der schädigende Amtsträger nicht individualisiert werden (Rz 60). Stehen eine Amtspflichtverletzung und **94**

§ 839 Einzelne Schuldverhältnisse

ein zeitlich nachfolgender, nach allgemeiner Lebenserfahrung auf diese zurückzuführender Schaden fest, braucht der Geschädigte die Kausalität im allgemeinen nicht zu beweisen. Er kann hier dem Beklagten den Nachweis überlassen, daß der Schaden nicht durch die Amtspflichtverletzung verursacht wurde (BGH NJW 1974, 453, 454; 1983, 2241, 2242). Hinsichtlich des Verschuldens genügt im allgemeinen der Beweis eines Sachverhalts, der nach dem regelmäßigen Verlauf der Dinge die Folgerung auf eine verschuldete Pflichtwidrigkeit rechtfertigt (BGH VersR 1963, 856, 857; Soergel/Vinke Rz 278). Der Beklagte hat die schuldhafte und für den Schaden ursächliche Nichtausnutzung eines Rechtsbehelfs (Abs III) zu beweisen (RG 168, 143, 172). Hinsichtlich der Subsidiaritätsklausel (Abs I S 2) genügt die Darlegung, weshalb anderweitiger Ersatz keine Aussicht auf Erfolg hat. Der Beweis, daß gegen einen Dritten nicht alle Anspruchsvoraussetzungen vorliegen, kann nicht verlangt werden (vgl BGH VersR 1978, 252). Sache des Beklagten ist es sodann, andere Ersatzmöglichkeiten aufzuzeigen (BGH DB 1969, 788). Dem Geschädigten kommt die Beweiserleichterung des § 287 ZPO zugute (BGH NJW-RR 1995, 248, 250).

10. Regreß

95 Art 34 GG befreit den Amtsträger nur von seiner Haftung im Außenverhältnis zum Geschädigten. Der Dienstherr kann jedoch Rückgriff beim Amtsträger nehmen und so seinen Haftungsschaden liquidieren. Die Rechtsgrundlagen für diesen Regreß variieren je nach Status des Amtsträgers (vgl § 78 I BBG sowie entsprechende landesrechtliche Bestimmungen; § 24 I SoldG; § 34 I ZDG; § 14 BAT; ferner die für Arbeiter im öffentlichen Dienst geltenden Tarif- und Arbeitsverträge sowie für Beliehene und Verwaltungshelfer die der Einschaltung zugrundeliegenden Rechtsakte bzw Schuldverhältnisse). Nach den beamtenrechtlichen Haftungsnormen haftet der Beamte dem Dienstherrn nur bei **Vorsatz** oder **grober Fahrlässigkeit**. Dies gilt auch dann, wenn der Dienstherr über §§ 31, 89, über § 278 oder über § 831 für eine Schädigung des Beamten im privatrechtlichen Funktionskreis haftet. Entsprechende Vorschriften existieren für die meisten übrigen Amtsträgerkategorien. Soweit sie fehlen (was etwa häufig für die Dienst- oder Werkverträge mit Verwaltungshelfern der Fall sein wird), ergibt sich die Beschränkung auf Vorsatz und grobe Fahrlässigkeit aus **Art 34 S 2 GG** (Soergel/Vinke Rz 262). Art 34 S 2 GG begründet aber selbst keinen Rückgriffsanspruch (Soergel/Vinke Rz 259 mwN). Für die Geltendmachung des Rückgriffsanspruchs wegen hoheitlicher Amtspflichtverletzungen darf der ordentliche Rechtsweg nicht ausgeschlossen werden (Art 34 S 3 GG).

11. Einzelfälle

95a • **Abwasserbeseitigung:** siehe BGH 140, 380; MDR 2002, 759.

96 • **Arbeitsamt.** Die Vermittlungstätigkeit der Bundesanstalt für Arbeit erfolgt nach öffentlichem Recht (BGH 31, 126). Den Arbeitsämtern steht, da sie auch arbeitsmarktpolitische Aufgaben zu erfüllen haben, ein weiter Ermessensspielraum zu; sie haben aber den Umständen des Einzelfalls Rechnung zu tragen (vgl BGH WM 1984, 348). Die Amtspflichten der Bediensteten der Arbeitsämter können diesen auch gegenüber den Arbeitgebern, denen Arbeitslose vermittelt werden, obliegen (BGH 31, 126: Zuweisung eines Arbeiters ohne Führerschein auf Anforderung eines Kraftfahrers; siehe aber auch BGH MDR 1972, 492: Arbeitgeber auch Dritter, wenn das Arbeitsamt die Voraussetzungen für die Gewährung von Kurzarbeitergeld prüft). Zur Rücksichtnahme auf den Gesundheitszustand des Arbeitslosen: BGH MDR 1960, 34. Zur Unterlassung einer Belehrung über die Möglichkeit, die Einstellung durch Gewährung einer Eingliederungshilfe an den Arbeitgeber zu fördern: Karlsruhe VersR 1979, 944.

97 • **Arzt, Amtsarzt.** Siehe Rz 31. Impfarzt muß die Voraussetzungen einer Impfung prüfen (BGH NJW 1990, 2311). Bei Impfung mit Lebendviren Pflicht, den Geimpften bzw die für ihn Sorgeberechtigten auf das erhöhte Ansteckungsrisiko für Kontaktpersonen hinzuweisen (BGH 126, 386, hierzu Kamps MedR 1995, 268; siehe auch Düsseldorf NVwZ-RR 1999, 102). Unter Umständen ist ein Amtsarzt, gegenüber dem der Verdacht auf eine Impfschädigung geäußert wird, zur Belehrung darüber verpflichtet, daß es zur Anerkennung eines Impfschadens einer hierauf gerichteten Antragstellung bedarf (BGH NVwZ-RR 2000, 746). Zu den Sorgfaltspflichten eines Narkosearztes: BGH NJW 1974, 1424. Zu den Betreuungs- und Überwachungspflichten gegenüber Patienten in Heil- und Pflegeanstalten siehe BGH 38, 49, gegenüber Untersuchungsgefangenen BGH NJW 1982, 1328 (auch zur Umkehr der Beweislast bei grobem schuldhaften Behandlungsfehler). Falsches Gutachten über Dienstfähigkeit (Düsseldorf VersR 1970, 1058). Haftung des Krankenhausträgers auch für nachteilige Vermögensdispositionen aufgrund unrichtigen psychiatrischen Gutachtens im Unterbringungsverfahren (BGH NJW 1995, 2412). Zur Drittbezogenheit von Amtspflichten eines Amtsarztes anläßlich der Eignungsuntersuchung zur Erteilung oder Verlängerung der Fahrerlaubnis zur Fahrgastbeförderung: BGH NJW 1994, 2415. Keine Haftung unter Bundesländern bei wechselseitiger Übernahme von Einstellungsuntersuchungen vor Verbeamtungen (BGH 148, 139). Zur Haftung für Verschulden von Amtsärzten bei nebenamtlicher Tätigkeit für eine Landesversicherungsanstalt und von Privatärzten, die als Vertragsärzte für das Gesundheitsamt tätig geworden sind: Celle NJW 1980, 264. Ein behördlich angefordertes Gutachten erfordert die persönliche Untersuchung durch den Amtsarzt (BGH NJW 1959, 2303). Amtshaftungsansprüche, die ausschließlich auf einen truppenärztlichen Behandlungsfehler gestützt werden, können nach Maßgabe des § 91a SVG beschränkt sein (BGH NJW 1992, 744), bis zum völligen Wegfall (BGH 120, 176). Ein mißlungener ärztlicher Heileingriff oder ein sonstiger ärztlicher Behandlungsfehler bei der ärztlichen Betreuung eines Soldaten im Rahmen des Wehrdienstverhältnisses kann ein schädigendes Ereignis darstellen, das zu einer Wehrdienstbeschädigung führt, sofern zwischen der Behandlungsmaßnahme und dem soldatischen Sozialbereich eine „innere Beziehung" bestanden hat. Der Geschädigte ist hier auf Versorgungsansprüche zu verweisen, die im Rechtsweg vor den Gerichten der Sozialgerichtsbarkeit zu verfolgen sind (§ 88 VII SVG), BGH VersR 1991, 811. Zur Haftung des Amtstierarztes zur Kennzeichnung von für den Export bestimmten Tieren: Hamm VersR 1992, 493. Zu den tierärztlichen Pflichten gegenüber dem einzelnen Tierhalter im Rahmen der Tuberkulosebekämpfung bei Rindern: BGH VersR 1958, 150.

Unerlaubte Handlungen § 839

- **Auskünfte, Hinweis- und Warnpflichten.** Siehe Rz 48. Zu Hinweis- und Beratungspflichten von Rentenversicherungsträgern: BGH NVwZ 1997, 1243; Düsseldorf NZA-RR 1997, 33. Zur Haftung von Rentenversicherungsträgern für fehlerhafte Auskünfte: BGH 137, 11; Saarbrücken NVwZ 1995, 199. Auch im förmlichen Verwaltungsverfahren können fehlerhafte Auskünfte Amtshaftungsansprüche auslösen (Karlsruhe NJW 1997, 1992). Zur Amtshaftung wegen behördlicher Produktwarnungen: Ossenbühl ZHR Bd 155 (1991), 329; Nolte/Tremml NJW 1997, 2265. **98**

- **Banken- und Versicherungsaufsicht.** Siehe Rz 53. **99**

- **Bauaufsicht, Bauplanung.** Siehe Rz 43 (Frage der Bindung der Bauaufsichtsbehörde an rechtswidrige Bauleitpläne), Rz 44 (Prüfungspflicht des Planungsgebers sowie der Bauaufsicht im Hinblick auf Altlasten), Rz 49 (Amtspflicht, keine ungesicherten Vertrauenstatbestände durch Erlaß rechtswidriger baurechtlicher Bescheide zu schaffen), Rz 53 (Drittbezogenheit der Amtspflichten der Baugenehmigungsbehörde), Rz 56 (Drittbezogenheit der Amtspflichten des Planungsgebers), Rz 57, 88 (rechtswidrige Verweigerung des gemeindlichen Einvernehmens nach § 36 BauGB). Vgl ferner zu Fragen der Amtshaftung im Baugenehmigungsverfahren bzw bei der Bauleitplanung Jochum NVwZ 1989, 635; Müller NVwZ 1990, 1028; Krohn in FS K. Gelzer, 1991, 281; Ossenbühl DÖV 1992, 761; Raeschke-Kessler DVBl 1992, 683; ders NJW 1993, 2275; Jagenburg NJW 1993, 112; Stangl JuS 1993, 280; Krohn ZfBR 1994, 8; Ibler BauR 1995, 595; Giesberts DB 1996, 361; Landsnicker NVwZ 1996, 745; Papier DZWiR 1997, 221; Mader BayVBl 1999, 168. Zur zeitlichen Begrenzung des Schutzes auf die Dauer der Bindungswirkung des Bauvorbescheids: BayObLG NVwZ 1995, 931. Zur Haftung für Auskünfte im Baugenehmigungsverfahren: BGH NJW 1994, 2087; BGH ZMR 1984, 369. Zur Amtshaftung wegen verzögerter Bearbeitung baurechtlicher Anträge: BGH 60, 112; NVwZ 1993, 299; siehe auch BayObLG NVwZ 1995, 928 für Verzögerung der gemeindlichen Stellungnahme zum Antrag auf Bauvorbescheid. Zum Verschuldensmaßstab bei der Ablehnung eines Bauantrags für den unbeplanten Innenbereich BGH 119, 365. Wird eine beantragte Baugenehmigung von einer vom Antragsteller zu erbringenden Gegenleistung (hier: Geldbeitrag zur Schaffung öffentlicher Parkplätze ohne Auswirkung auf das Bauvorhaben) abhängig gemacht, so stellt diese „Koppelung" eine Verletzung einer dem Antragsteller gegenüber bestehenden Amtspflicht dar (BGH NJW 1983, 2823). Zu den Amtspflichten einer Stadt gegenüber einem mit ihr zusammenarbeitenden gemeinnützigen Wohnungsbauunternehmen beim Vollzug des Wohnungsbindungsgesetzes: BGH MDR 1983, 1001. Zur Mitverantwortung von Bauherrn und Architekt nach § 254 siehe BGH NVwZ 1992, 911: Macht der Bauherr gegen die Bauaufsichtsbehörde einen Amtshaftungsanspruch geltend, weil ihm für ein fehlerhaft geplantes Bauvorhaben eine rechtswidrige Baugenehmigung erteilt worden ist, so muß er dartun, daß er von dem planenden Architekten nicht anderweitig Ersatz erlangen kann. Zur Drittbezogenheit von Amtspflichten einer Gemeinde im Zusammenhang mit dem Beschluß eines Vorhaben- und Erschließungsplans Dresden NVwZ 1998, 993. **100**

- **Bundesprüfstelle für jugendgefährdende Schriften.** Zur Drittbezogenheit der Prüfungspflichten BGH 128, 346 (Amtspflicht zur Bescheidung auch gegenüber antragstellender Filmvertriebsgesellschaft). **101**

- **Bundeswehr.** Siehe Rz 35. Die Verpflichtung militärischer Aufsichtspersonen, die vorschriftswidrige Benutzung von Dienstfahrzeugen im öffentlichen Straßenverkehr zu verhindern, besteht auch gegenüber den gefährdeten Verkehrsteilnehmern (BGH VersR 1983, 638). Zu den Amtspflichten des militärischen Vorgesetzten gegenüber seinen Untergebenen (BGH VersR 1984, 379). Die für die Durchführung militärischer Tiefflüge auf seiten der Nato-Streitkräfte Verantwortlichen trifft gegenüber den Bewohnern von Tiefflugebieten die Pflicht, dafür zu sorgen, daß die Flugzeiten, die in deren gesundheitlichen Interesse festgesetzt worden sind, auch beachtet werden. Werden die zeitlichen Grenzen in erheblichem Umfang nicht eingehalten, haftet die Bundesrepublik für die hierdurch hervorgerufenen Gesundheitsschäden (BGH 122, 363). Zur Drittbezogenheit der Pflicht eines Soldaten, die beim Teilladen der Maschinenkanone eingetretene Waffenstörung zu melden BGH DVBl 1996, 1129. Zur Wehrdienstbeschädigung von Soldaten BGH 97 aE. **102**

- **Feuerschutz.** Rz 35 (hoheitliche Tätigkeit), Rz 28 (Fahrt eines Feuerwehrfahrzeugs zum TÜV). Auch beim Bluttransport ist die Tätigkeit der Feuerwehr hoheitlicher Natur (BGH VersR 1971, 864). Hydrant muß so bezeichnet sein, daß seine schnelle Auffindbarkeit gesichert ist (BGH VersR 1957, 267). **103**

- **Finanzverwaltung.** Allgemein zur Amtshaftung im Bereich der Finanzverwaltung Nissen BB 1995, 649. Zur Amtshaftung wegen Flüchtigkeitsfehlern ders, BB 1996, 133. § 33 FGO schließt den ordentlichen Rechtsweg zur Geltendmachung von Schadensersatzansprüchen gegenüber Steuerbeamten wegen schuldhafter Amtshaftpflichtverletzungen nicht aus (BGH WM 1960, 721 zu § 242 AO aF). Über die näheren Voraussetzungen der Zulässigkeit einer solchen Klage: BGH NJW 1957, 97. Die Zuständigkeit der ordentlichen Gerichte ist nicht gegeben, wenn Klagen in der äußeren Form von Staatshaftungsklagen in Wirklichkeit Ansprüche auf Steuererstattung bezwecken, siehe Rz 73. Veranlagung, Erhebung und Beitreibung obliegt dem Finanzbeamten als Amtspflicht gegenüber dem Steuerschuldner (Düsseldorf NVwZ 1995, 200). Einzelfälle schuldhafter Amtspflichtverletzung von Steuerbeamten: Unbegründete Steuerveranlagung: BGH 39, 77. Verzögerte Sachbehandlung BGH WM 1963, 345. Insolvenzantrag wegen rückständiger Steuerschulden ohne Vorliegen eines Insolvenzgrundes: BGH 110, 253 (zur KO). Unbefugte Preisgabe eines Steuergeheimnisses: BGH NJW 1982, 1648. – Zu den Amtspflichten des Steuerprüfers: BGH NJW 1987, 434. Zur Frage der Zulässigkeit einer Durchsuchung und Beschlagnahme von Geschäftsunterlagen durch Steuerbeamte bei Anfangsverdacht einer Lohnsteuerverkürzung: BGH VersR 1983, 37. Erläßt die Landesfinanzbehörde einen rechtswidrigen Gewerbesteuerbescheid, so verletzt sie keine gegenüber der hebeberechtigten Gemeinde bestehenden Amtspflichten (Saarbrücken NVwZ 1995, 203; BGH DStR 2003, 1940). Die Pflichten zur Amtsermittlung und zur Gewährung rechtlichen Gehörs sind Amtspflichten der Behörde gegenüber dem Steuerpflichtigen (München NJW 1996, 1971). – Ein Schadenersatzanspruch wegen fehlerhaften Steuerbescheids besteht wegen Abs III nicht, wenn der Verletzte keinen Antrag auf Aussetzung der Vollziehung gestellt hat, BGH **104**

§ 839   Einzelne Schuldverhältnisse

VersR 1984, 947. – **Zoll**: Im Sammelzollanmeldungsverfahren kann eine Hinweis- und Warnpflicht gegenüber dem Importeur bestehen, wenn der Behörde Zahlungsschwierigkeiten des Spediteurs/Zulassungsinhabers bekannt sind und aufgrund dieser eine Schädigung des Importeurs in beträchtlicher Höhe droht (BGH NVwZ 1996, 512). Die den Grenzzollstellen nach § 1 IV des Gesetzes über die Haftpflichtversicherung für ausländische Kraftfahrzeuge vom 24. 7. 1956 (BGBl I 667) obliegende Pflicht, ausländische Fahrzeuge, denen die erforderliche Versicherungsbescheinigung fehlt, von der Einreise in die Bundesrepublik zurückzuweisen, besteht als Amtspflicht allen inländischen Verkehrsteilnehmern gegenüber (BGH NJW 1971, 2222).

105 • **Forst-, Landwirtschaft und Jagdwesen.** Die Belange einer ordnungsgemäßen land-, forst- und fischereiwirtschaftlichen Nutzung genießen den Vorrang vor der zahlenmäßigen Hege der den Waldbau schädigenden Wildarten. In der fehlerhaften Festsetzung von Abschußplänen durch die unteren Jagdbehörden kann die Verletzung einer dem Waldeigentümer gegenüber bestehenden Amtspflicht liegen (BGH 91, 243). Vergiftung von Weidetieren durch den Genuß von ungenügend gesicherten Holzimprägnierungsmitteln durch die Forstbehörde: BGH VersR 1964, 438; Tötung von umherstreifenden Hunden, welche die Forstbeamten nicht als Jagdhunde erkennen: BGH VersR 1957, 63, RG 155, 338. Dagegen hat der BGH die Drittbezogenheit der Amtspflichten des Bundesamts (nunmehr Bundesanstalt) für Ernährung und Forstwirtschaft verneint (NJW 1987, 585), ebenso die Haftung für die neuartigen, emittentenfernen Waldschäden (BGH NJW 1988, 478 m Anm v Hippel). Zur Amtspflicht zur Angliederung einer jagdbezirksfreien Fläche an einen benachbarten Jagdbezirk, um dem Eigentümer oder Pächter dieser Grundfläche einen Wildschadensersatzanspruch nach § 29 BJagdG zu verschaffen: BGH VersR 1999, 361. Zur Schutzrichtung der Prüfungs- und Überwachungspflichten der Zulassungsstelle bei der Anerkennung von Saatgut: BGH NVwZ 1994, 1237.

106 • **Beamtenrechtliche Fürsorgepflicht** des Dienstherrn. Sie besteht nicht nur während der Dauer des Beamtenverhältnisses, sondern auch noch nach dessen Beendigung. Zum Inhalt der Fürsorge, die vom Dienstherrn geschuldet wird, gehört auch die Pflicht, den Beamten in Angelegenheiten seines Dienstverhältnisses zu beraten, insbesondere was seine Besoldung und Versorgung betrifft (BGH MDR 1984, 647). Beamter ist zu hören, bevor für ihn ungünstige Schlüsse aus einem Sachverhalt gezogen werden (BGH 22, 258). Zu den Amtspflichten bei disziplinarrechtlichen Ermittlungen siehe BGH NVwZ 2000, 1451; Schleswig, NVwZ-RR 2001, 494. Zu Inhalt und Drittbezogenheit von Amtspflichten in Stellenbesetzungsverfahren: BGH 129, 226 (öffentliche Stellenausschreibung; dazu Czybulka/Biermann JuS 1998, 601); Hamm NVwZ-RR 1998, 535 (Besetzung einer Beförderungsstelle; BGH NVwZ 1994, 825 (Pflichten der Gemeinde als Schulträger im Rahmen der Mitwirkung bei staatlichen Personalentscheidungen). Ist über die Beförderung eines Beamten sachlich entschieden, so gebietet es die Fürsorgepflicht des Dienstherrn, die erforderlichen Vorkehrungen dafür zu treffen, daß die Ernennungsurkunde unverzüglich ausgehändigt werden kann. Entstehen zwischen der Entscheidung über die Beförderung und der Übergabe der Ernennungsurkunde Zweifel, ob der Beamte zur Wahrnehmung des neuen Amtes gesundheitlich geeignet ist, so ist die Übergabe bis zur Ausräumung dieser Zweifel zurückzustellen (BGH VersR 1983, 1031). Zur entsprechenden Anwendung von § 839 III bei Klagen eines Beamten auf Schadensersatz aus verwaltungsrechtlicher Sonderverbindung: BVerwG NVwZ 1999, 542; siehe auch Roth ZBR 2001, 14. Zur Pflicht der Gemeinde, Mitglieder der freiwilligen Feuerwehr gegen Dienstunfälle zu versichern: BGH NJW-RR 1994, 213. Zu Inhalt und Drittbezogenheit der Amtspflichten bei **Staatsprüfungen**: BGH VersR 1998, 1543.

107 • **Geistliche und Kirchenbeamte.** Siehe Rz 35. Es gilt mangels besonderer kirchenrechtlicher Vorschriften § 839 iVm Art 34 GG (vgl BGH 22, 283; 46, 96; Kriele NVwZ 2001, Sonderheft, 28ff). Züchtigung eines Schülers durch Geistlichen: BGH 34, 20; Ausstellung unrichtiger Bescheinigungen durch einen Geistlichen: Düsseldorf NJW 1969, 1350.

108 • **Grundstücksverkehr.** Zur Drittbezogenheit der Amtspflichten bei der Erteilung von Genehmigungen nach dem Grundstückverkehrsgesetz: BGH NVwZ-RR 1995, 1. Der Erlaß eines verspäteten Zwischenbescheids stellt eine Amtspflichtverletzung dar, weil der unrichtige Eindruck erweckt wird, die Entscheidung über den Antrag sei noch in der Schwebe, während die Genehmigung wegen der Fiktion des § 6 II GrdStVG in Wahrheit bereits als erteilt gilt (BGH 123, 1). Zur Amtspflicht, das Genehmigungsverfahren auszusetzen, wenn vermögensrechtliche Ansprüche Dritter angemeldet sind, siehe BGH VersR 2000, 183.

109 • **Justiz.** Zur Beschränkung der Amtshaftung für fehlerhafte spruchrichterliche Tätigkeit (§ 839 III) Rz 61ff.

110 **Richter, allgemein.** Sie müssen die für die Führung ihres Amtes erforderlichen Rechts- und Gesetzeskenntnisse besitzen und sich auch über das einschlägige Schrifttum sowie die Rspr der Obergerichte unterrichten (BGH 36, 144). Eine unrichtige Gesetzesauslegung durch einen Richter ist jedenfalls dann schuldhaft, wenn gegen den klaren, bestimmten und eindeutigen Wortlaut verstoßen wird (BGH NJW-RR 1992, 919; BGH 36, 144). Bei Auslegung unklarer gesetzlicher Vorschriften und Entscheidung noch nicht völlig geklärter rechtlicher Zweifelsfragen handelt der Richter dagegen nicht schuldhaft, wenn er seine Ansicht auf vernünftige Überlegungen stützt (vgl RG 133, 137) und die Rechtsfragen unter Benutzung der zu Gebote stehenden Hilfsmittel gewissenhaft geprüft hat (BGH NJW-RR 1992, 919), unabhängig davon, ob die Auffassung später von den höheren Gerichten mißbilligt wird (BGH 36, 144, 149).

111 **Rechtspfleger, allgemein.** An ihre Sorgfaltspflicht bei der Erledigung ihrer Amtsgeschäfte sind die gleichen Anforderungen zu stellen wie bei Richtern (vgl RG 127, 153). Zur Sorgfaltspflicht des Rechtspflegers bei der Prüfung des Umfangs der ihm gesetzlich übertragenen Aufgaben: BGH MDR 1967, 909.

112 **Zivilgericht.** Amtspflichten grundsätzlich nur gegenüber den Parteien, nicht gegenüber wirtschaftlich vom Ausgang des Prozesses berührten Dritten (Frankfurt VersR 1967, 461). Allerdings bei Beurkundung eines Vergleichs Amtspflichten auch gegenüber Rechtsnachfolger oder Pfandgläubiger einer Partei (RG 129, 37; vgl auch BGH

DRiZ 1963, 233); unrichtige Streitwertfestsetzung auch Amtspflichtverletzung gegenüber Prozeßbevollmächtigtem (BGH VersR 1964, 146). Entscheidung in falscher Besetzung amtspflichtwidrig gegenüber Parteien, da Besetzungsvorschriften nicht nur dem öffentlichen Interesse dienen (BGH NJW 1962, 583). Entsprechendes gilt für verspätete Urteilsabsetzung (Frankfurt VersR 1967, 461). Amtspflicht, Prozeßkostenhilfe nur bei Vorliegen der gesetzlichen Voraussetzungen zu gewähren, besteht hingegen nur im öffentlichen Interesse (Vermeidung unnötiger Prozesse und einer Belastung der Staatskasse), nicht gegenüber Gegner (vgl RG 155, 218; BGH DRiZ 1984, 102). Entsprechendes gilt für Amtspflicht, überflüssige Beweisaufnahmen zu vermeiden (RG 155, 218).

Strafgericht. Amtspflichtverletzung gegenüber Beschuldigtem, wenn unter Vernachlässigung der gebotenen 113 Vorsicht beim Erlaß eines Haftbefehls Umstände nicht berücksichtigt werden, die offensichtlich den dringenden Tatverdacht hätten zerstreuen müssen (vgl RG 62, 367). Zur Verpflichtung des Haftrichters, vor Erlaß des Haftbefehls die Ermittlungsakten durchzuarbeiten: BGH 27, 338.

Zwangsvollstreckungsgericht. Die Amtspflicht zu gehöriger Führung des Schuldnerverzeichnisses obliegt dem 114 damit betrauten Beamten gegenüber allen, die darin seiner Bestimmung gemäß Einsicht nehmen (RG 140, 152). Amtspflichtverletzungen sind etwa die Unterlassung einer Frage des Richters nach dem Versteck des Geldes, wenn der Schuldner angibt, zu Hause Geld versteckt zu haben (BGH 7, 287), die falsche Bezeichnung des Schuldners im Pfändungs- und Überweisungsbeschluß (RG SeuffA 90 Nr 114), die unzulässige Anordnung und Vollziehung von Beugehaft (München NJW-RR 1994, 724). Im **Zwangsversteigerungsverfahren** ist die Einhaltung der gesetzlichen Vorschriften Amtspflicht gegenüber den Beteiligten wie Schuldner, Gläubiger, Bieter (BGH MDR NJW 1991, 2759; NJW 2000, 3358). Amtspflichtverletzungen sind hier etwa die Unterlassung vorgeschriebener Bekanntmachungen (RG 129, 23), Fehler bei der Festsetzung des geringsten Gebots (BGH WM 1977, 592), Ungerechtfertigte Vertagung eines Termins (vgl RG 125, 299), Entfernung aus dem Terminszimmer während der Bietungsstunde (RG 154, 397), Pflicht zur Aufnahme eines Nacherbenvermerks in das geringste Gebot (BGH NJW 2000, 3358). Bei Zwangsversteigerung eines Grundstücks obliegen dem Versteigerungsgericht grundsätzlich keine Amtspflichten gegenüber dem Zedenten eines zur Sicherheit an den Vollstreckungsgläubiger abgetretenen Grundpfandrechts (BGH VersR 2002, 60). Zum Umfang des Amtshaftungsanspruchs des Meistbietenden bei Aufhebung des Zuschlagsbeschlusses wegen eines Zustellungsfehlers siehe BGH VersR 2002, 97 (hierzu Littbarski EWiR 2001, 1091). Zum Zwangsverwaltungsverfahren: BGH WM 1964, 789. Zu Hinweispflichten Köln VersR 1997, 970. Zur Drittgerichtetheit der Amtspflichten des im Rahmen des Zwangsversteigerungsverfahrens mit der Wertermittlung beauftragten Gutachterausschusses BGH BauR 2003, 860.

Nachlaßgericht. Pflicht, sorgfältig die Echtheit eines Testaments zu prüfen (BGH NJW-RR 1991, 515). Amts- 115 pflicht zur Beaufsichtigung des Nachlaßverwalters besteht gegenüber Nachlaßgläubigern und Erben (RG 88, 264). Im Erbscheinerteilungsverfahren sind „Dritte" auch die Nacherben (RG 139, 343 betr Nichterwähnung der Nacherbfolge im Erbschein; vgl auch BGH NJW 1992, 2758). Die Pflicht, bei Erteilung eines Zeugnisses über die Fortsetzung der ehelichen Gütergemeinschaft das Vorhandensein gemeinschaftlicher Abkömmlinge zu prüfen, besteht gegenüber einem einseitigen Abkömmling des verstorbenen Ehegatten nur insoweit, als seine Rechtsstellung durch Verwendung eines unrichtigen Zeugnisses im Rechtsverkehr beeinträchtigt werden kann (BGH 63, 35). Amtspflicht zur zügigen Ausstellung eines Erbscheins regelmäßig nur gegenüber den Erben, nicht mittelbar betroffenen Dritten, wie etwa Gläubigern von Erben (BGH WM 1957, 1165). Zur Pflicht des Nachlaßrichters, sorgfältig nach in gerichtlicher Verwahrung befindlichen Testamenten zu forschen: RG HRR 1934, 1590. Zu den Benachrichtigungspflichten bei der Eröffnung eines Erbvertrages: BGH 117, 287.

Insolvenzgericht. Über den Inhalt und Umfang der gegenüber dem Gemeinschuldner bestehenden Amtspflicht, 116 den Insolvenzverwalter sorgfältig auszuwählen und zu überwachen: BGH VersR 1965, 1194. Die Ablehnung der Insolvenzeröffnung stellt keine Amtspflichtverletzung dar, wenn der Insolvenzgrund der Zahlungsunfähigkeit nur durch erstinstanzlich titulierte Forderungen der antragstellenden Gläubiger nachgewiesen wird und das Gericht der Überzeugung ist, daß die Forderungen trotz ihrer Titulierung zweifelhaft sind (BGH NJW-RR 1992, 919). Nichtentlassung eines Insolvenzverwalters, von dem sich der Rechtspfleger hat bestechen lassen, amtspflichtwidrig (München NJW-RR 1992, 1508).

Grundbuchamt. Amtspflichten gegenüber allen, die im Vertrauen auf die richtige Handhabung der Grundbuch- 117 geschäfte und auf die dadurch geschaffene Rechtslage im Verkehr tätig werden (BGH 124, 100), so zB bei Eintragung des Nacherbenvermerkes nicht nur dem Nacherben, sondern auch dem gegenüber, der später vom Nacherben ein Grundstück kauft (RG 151, 395). Amtspflichtwidrig sind etwa: Erledigung und Eintragung verschiedener Anträge in einer von § 17 GBO abweichenden Reihenfolge (RG 65, 98), Ausfertigung des Hypothekenbriefs abweichend von Entwurf und Grundbuch (RG 77, 423), Zurückweisung eines Antrags auf Eintragung einer Auflassungsvormerkung wegen Nichtzahlung eines Kostenvorschusses, ohne vorher auch dem Begünstigten als weiteren Kostenschuldner Gelegenheit zur Einzahlung zu geben (BGH WM 1981, 1357), Unterlassung der Prüfung einer Abgeschlossenheitsbescheinigung bei Anlegung von Wohnungsgrundbüchern (BGH 124, 100). Keine Pflicht zu umfassender Rechtsbelehrung (BGH 117, 287).

Registergericht. Bei Amtspflichtverletzungen des Registerführers sind „Dritte" nicht nur der unmittelbar Betei- 118 ligte, sondern alle Personen, deren Rechte und Interessen durch eine gesetzeswidrige Eintragung beeinflußt werden können (BGH VersR 1982, 957; RG 140, 174 zum Genossenschaftsregister). Amtspflichtwidrig sind etwa: Eintragung unwirksamer Prokura (RG 127, 153), ungenügende Prüfung bei Eintragung einer neuzugründenden AG (RG 154, 276). Amtspflicht, eine unrichtig gewordene Firmenbezeichnung als unzulässig zu beanstanden oder zu löschen, wenn ihr nicht ein die neue Rechtslage kennzeichnender Zusatz hinzugefügt wird (hier: GmbH & Co) besteht grundsätzlich nur zum Schutz des Publikums vor irreführendem Firmengebrauch, nicht auch im Interesse des Firmeninhabers, um ihn vor einer persönlichen Haftung kraft Rechtsscheins zu bewahren (BGH 84, 285).

§ 839 Einzelne Schuldverhältnisse

119 **Vormundschaftsgericht.** Pflichtverletzung ist jede Verletzung des Kindes- oder Pfleglingsinteresses innerhalb des dem Vormundschaftsgericht übertragenen Aufgabenkreises, etwa Übertragung von Vormundschaften über die Kräfte des Vormunds hinaus (BGH MDR 1962, 641). Amtspflicht gegenüber Mündel zu sorgfältiger Aufklärung und Gesamtwürdigung des Sachverhalts bei Genehmigungsanträgen (BGH WM 1995, 64), dabei genaue Abwägung, ob ideelle Interessen des Mündels es rechtfertigen, einen wirtschaftlich nicht vorteilhaften Vertrag zu genehmigen (BGH NJW 1986, 2829).

120 **Staatsanwaltschaft.** Rz 53 zur Drittbezogenheit der staatsanwaltlichen Amtspflichten gegenüber Beschuldigtem und gegenüber dem durch die Straftat Geschädigten. Gewisse staatsanwaltschaftliche Maßnahmen im Ermittlungs- und Strafverfahren sind im Amtshaftungsprozeß nicht auf ihre Richtigkeit, sondern nur auf ihre Vertretbarkeit zu prüfen (BGH VersR 2001, 586; zur Anwendung im Bußgeldverfahren BGH NJW 1994, 3162). Unberechtigte Anklageerhebung und unberechtigte Einleitung eines Ermittlungsverfahrens folglich nur amtspflichtwidrig, wenn hinreichender Tatverdacht bzw Anfangsverdacht unvertretbarerweise bejaht wurde (BGH NJW 1989, 96; Thode StV 2001, 581). Anders bei Presseerklärungen der Staatsanwaltschaft (BGH NJW 1994, 1950; vgl auch BGH 27, 338). Nach Beendigung des Ermittlungsverfahrens Amtspflicht, alsbald Anklage zu erheben oder Verfahren einzustellen (BGH 20, 178). Zur Sorgfaltspflicht des Staatsanwalts beim Antrag auf Erlaß eines Haftbefehls: BGH 27, 338; BGH v 23. 10. 2003 – III ZR 9/03.

121 **Urkundsbeamter der Geschäftsstelle.** Er handelt – dem Kläger gegenüber – pflichtwidrig, wenn er die Klage im Wechselprozeß verzögert zustellt (BGH MDR 1984, 124), Vollstreckungsbescheide fehlerhaft ausstellt (BGH NJW 1981, 2345), die wegen Verjährungsgefahr eilige Zustellung eines Schriftsatzes nicht überwacht (BGH WM 1983, 985), ein unrichtiges Rechtszeugnis erteilt (BGH 31, 388: nur gegenüber Parteien, nicht gegenüber Dritten).

122 **Gerichtsvollzieher.** Amtspflichten in der Regel nur gegenüber Gläubiger und Schuldner, nur ausnahmsweise gegenüber Dritten (RG 151, 109). Die Einlagerung gepfändeter oder zwangsgeräumter Sachen bei einem Dritten ist in der Regel keine hoheitliche Tätigkeit, sondern geschieht aufgrund eines privatrechtlichen Verwahrungsvertrages (BGH NJW 1984, 1759; siehe auch Köln DGVZ 1994, 171: Lagerhalter kein Verwaltungshelfer). Amtspflichtwidrig gegenüber Gläubiger etwa die unterlassene Benachrichtigung vom Termin zur Abnahme der eidesstattlichen Versicherung (BGH 7, 287), der ungenügende Schutz gepfändeter Sachen vor beeinträchtigenden Maßnahmen des Schuldners (RG 118, 276; BGH MDR 1959, 282), die Nichtausführung oder Nichtbeachtung eines Vollstreckungsauftrags (RG 151, 109). Amtspflichtwidrig gegenüber Schuldner etwa die Unterlassung der Benachrichtigung vom Versteigerungstermin oder von bevorstehender Zwangsräumung eines Grundstücks (RG 147, 136). Als Zustellungsorgan handelt Gerichtsvollzieher amtspflichtwidrig bei Zustellung eiliger Fristsachen durch Post ohne Überwachung der Erledigung und des Verbleibs der Zustellungsurkunde (RG 91, 179). Zur Abgrenzung von Amtshaftung und persönlicher Vertragshaftung bei Pflichtverletzungen eines Gerichtsvollziehers bei einer Sequestration siehe BGHZ 146, 17.

123 **Notar.** Rz 79. Die Rechtsstellung des Notars ist in der Bundesnotarordnung geregelt. Der Notar ist kein Beamter im staatsrechtlichen Sinne, sondern Träger eines öffentlichen Amtes, vgl § 1 BNotO (vgl aber §§ 114ff für Notare in Baden-Württemberg). Die amtliche Tätigkeit des Notars ist in den §§ 20ff BNotO näher bestimmt. Die Haftung des Notars für Amtspflichtverletzungen ist in § 19 BNotO abschließend (also keine Haftung nach §§ 823ff) geregelt: Verletzt der Notar vorsätzlich oder fahrlässig eine einem Dritten gegenüber obliegende Amtspflicht, so hat er diesem den daraus entstehenden Schaden zu ersetzen. Auf diese Haftung finden die Vorschriften des § 839 entsprechende Anwendung, § 19 I S 3 BNotO. Insbesondere gilt auch § 839 III entsprechend (BGH NJW 1974, 639; siehe Jungk DNotZ 2001, 99). Nach dem § 839 I S 2 entsprechenden Vorschrift des § 19 I S 2 BNotO haftet der Notar bei fahrlässigen Amtspflichtverletzungen nur, wenn für den Geschädigten keine andere Ersatzmöglichkeit besteht. Dies ist – wie bei § 839 I S 2 – eine vom klagenden Geschädigten darzulegende und zu beweisende negative Anspruchsvoraussetzung (BGH NJW 1986, 1866). Zur Haftung bei Tätigkeit des Notarvertreters und Notarassessors vgl §§ 19, II, 39, 46 BNotO. Zur Frage, ob die Justizverwaltung bei der allgemeinen Dienstaufsicht Amtspflichten gegenüber den Rechtsuchenden unterliegt: BGH 35, 44; 135, 354. Zum Notariatsverweser § 61 BNotO.

124 Grundsätzlich hat der Notar seine Amtspflichten persönlich zu erfüllen. Bedient er sich seines Büropersonals, muß er, soweit es sich nicht um rein mechanisch zu erledigende Angelegenheiten handelt, durch wirksame Einrichtungen und Überwachung die richtige Ausführung sicherstellen (BGH 31, 5). Für Versehen des Büropersonals haftet er also nicht nach §§ 278, 831, sondern nur – nach § 19 BNotO – insoweit, als ihm selbst ein Verschulden zur Last fällt (BGH NJW 1976, 847); Anwendbarkeit des § 278 jedoch dann, wenn die Hilfskräfte mit selbständigen Vorarbeiten betraut sind, insbesondere mit der Einsicht ins Grundbuch oder in ähnliche öffentliche Register (BGH NJW 1996, 464).

125 Im Rahmen betreuender Tätigkeit auf dem Gebiet vorsorgender Rechtspflege (§ 24 BNotO) kann ein Notar Erfüllungsgehilfe eines Beteiligten sein (BGH NJW 1984, 1748).

126 Dem Notar obliegen Amtspflichten gegenüber allen Personen, deren Interessen durch das Amtsgeschäft berührt werden, auch gegenüber unbeteiligten Dritten, wenn durch die Amtstätigkeit nach Art und Zweckbestimmung des Geschäfts deren schutzwürdige Belange betroffen werden können, sei dies auch nur mittelbar durch Vertrauen auf die Zuverlässigkeit einer Urkunde. Wie allgemein im Beurkundungswesen geht auch hier die Tendenz der Rspr dahin, den Kreis der geschützten Personen möglichst weit zu fassen, vgl BGH NJW 1988, 63. Der Notar haftet etwa gegenüber dem gesetzlichen Erben, der erbrechtliche Ansprüche hätte geltend machen können, wenn der Widerruf einer wechselbezüglichen Verfügung eines gemeinschaftlichen Testaments wirksam gewesen wäre (BGH 31, 5). Notar, der Bestellung eines Grundpfandrechts beurkundet hat, muß die Bank, die bei ihm nach der Sicherheit des Grundpfandrechts anfragt, auf ihm bekannten Nacherbenvermerk im Grundbuch hinweisen (BGH WM

1969, 621). Amtspflichten des Notars regeln die §§ 10ff Beurkundungsgesetz. Bei der **Beurkundung** besteht die Amtspflicht, für die rechtswirksame Errichtung der Urkunde zu sorgen (BGH NJW 1998, 2830). Die Urkunde muß den Willen der Beteiligten vollständig und unmißverständlich in der für das Rechtsgeschäft erforderlichen Form wiedergeben (BGH NJW-RR 1992, 772). Unerfahrene und ungewandte Beteiligte dürfen nicht benachteiligt werden (BGH NJW 1994, 2283). Der Notar muß den zur Erreichung des Ziels sichersten und gefahrlosesten Weg wählen (vgl BGH NJW 1993, 2617). Ist eine notarielle Urkunde aus vom Notar zu vertretenden Gründen inhaltlich fehlerhaft, hat jener den Eintritt eines Schadens möglichst durch umgehende Nachbesserung (Berichtigung, Ergänzung, notfalls Neubeurkundung) zu vermeiden; zusätzliche Gebühren stehen ihm dafür nicht zu (BGH NJW 2002, 1655). Zu **Belehrungs-, Hinweis- und Ermittlungspflichten**: BGH NJW 1981, 451 (Belehrung über Bedeutung des Negativtests), 1987, 1266 (möglichst umfassende Aufklärung des Sachverhalts), 1989, 102 (Möglichkeit einer Sicherung durch Auflassungsvormerkung), 1989, 586 (Unterlagen der Beteiligten zur Kenntnis zu nehmen), WM 1993, 1189 (Belehrung über Sittenwidrigkeit einer Klausel), NJW 1994, 2283 (Ansprechen regelungsbedürftiger Fragen), 1995, 330 (Belehrung über Gefahr einer ungesicherten Vorleistung; Notar kann aber beweisen, daß sich die Beteiligten über die Tragweite ihrer Erklärungen und das damit verbundene Risiko vollauf bewußt waren und die angestrebte Vertragsgestaltung gleichwohl wollten). Zu speziellen Belehrungen im Rahmen der allgemeinen Betreuung (§ 24 BNotO) ist der Notar im wesentlichen nur dann verpflichtet, wenn er befürchten muß, einem Beteiligten drohe wegen der Besonderheit des Geschäfts aus Unkenntnis ein Schaden (BGH NJW 1993, 729). Bei **Beglaubigung** von Unterschriften beschränkt sich Prüfungspflicht des Notars darauf, ob er tätig werden darf (vgl aber BGH DNotZ 1997, 51). Für die **Betreuung** gem § 24 BNotO gilt Subsidiaritätsklausel nicht (19 I S 2 Hs 2). Amtspflichten richten sich hier nach dem übernommenen Auftrag, sie erstrecken sich auf die Erforschung des übereinstimmenden Vertragswillens der Beteiligten, auf die allgemeine Belehrung über die rechtliche Tragweite des Geschäfts sowie auf eine auftragsgerechte, zweckmäßige und rechtlich zulässige Gestaltung des Rechtsgeschäfts (BGH VersR 1993, 1405). **Einzelpflichten**: Identitätsfeststellung (§§ 10, 40 BeurkG), Prüfung der Geschäftsfähigkeit (§ 11 BeurkG), Prüfung der Vertretungsmacht und Verfügungsbefugnis (BGH WM 1997, 1901), Prüfung der Genehmigungsbedürftigkeit eines Rechtsgeschäfts (BGH VersR NJW 1993, 648), Pflicht zur Grundbucheinsicht (§ 21 BeurkG; hierzu BGH NJW 1991, 1113), Vollzugspflicht (§ 53 BeurkG), Vollzugsüberwachung nur, wenn vereinbart oder aufgrund besonderer Umstände im Einzelfall erforderlich (BGH VersR 1969, 902), Pflicht zur Befolgung von Weisungen (etwa BGH NJW 1983, 1801: Einreichung einer Anmeldung zum Handelsregister bis zu bestimmtem Termin).

Katasterverwaltung. Amtshaftung tritt ein, wenn durch Fahrlässigkeit eines Katasterbeamten bei Fortschreibung der Gebäudesteuerrolle unrichtige Bestandsangaben in das Grundbuch gelangt sind (RG 148, 375). Zu den Pflichten eines Katasterbeamten bei Erteilung einer Abzeichnung der Flurkarte: BGH NJW 1973, 1077. **127**

• **Naturschutzbehörde.** Die Verpflichtung, Maßnahmen zu treffen, um ein Naturdenkmal zu erhalten, besteht zwar in erster Linie der Allgemeinheit gegenüber; jedoch Drittbezogenheit gegenüber Verkehrsteilnehmern, die durch mangelhafte oder fehlende Sicherungsmaßnahmen gefährdet sind (BGH VersR 1962, 262). **128**

• Die **Polizei** hat die nach ihrem pflichtgemäßen Ermessen notwendigen Maßnahmen zu treffen, um von der Allgemeinheit oder dem Einzelnen Gefahren abzuwenden, durch welche die öffentliche Sicherheit und/oder Ordnung bedroht wird. Bei Gefährdung wichtiger Individualbelange kann eine Drittbezogenheit gegenüber dem Gefährdeten bestehen (vgl BGH 45, 143, 145; Hamm VersR 1994, 726). Maßnahmen der Gefahrenabwehr dürfen nicht ohne Rücksicht auf deren erkennbare Folge für unbeteiligte Dritte erfolgen (BGH 12, 206). Zu Inhalt und Drittbezogenheit der Amtspflicht zur Bekämpfung und Verhütung strafbarer Handlungen: RG 154, 266; BGH 5, 144; VersR 1958, 691. Zur Amtspflicht der Polizei zum Schutz privater Rechte: Celle NZV 1997, 354 (zur mangelhaften Unfallaufnahme). Beim Umgang mit Schußwaffen ist erhöhte Sorgfalt geboten (BGH VersR 1980, 924). Die Zulässigkeit der Anwendung unmittelbaren Zwangs durch Polizeibeamte schließt die Annahme amtspflichtwidrigen Verhaltens bei Durchführung der Zwangsmaßnahmen nicht aus (BGH VersR 1984, 68). Zur Einweisung eines Räumungsschuldners in die bisherigen Mieträume zur Vermeidung der Obdachlosigkeit: BGH 35, 27. Handelt die Polizei im Rahmen ihrer Eilzuständigkeit anstelle des verkerssicherungspflichtigen Straßenbaulastträgers, kann auch sie sich nicht auf die Subsidiaritätsklausel des Abs I S 2 berufen (Celle NZV 1993, 192; Rz 68). Ein Polizeibeamter, der mit Billigung seines Dienstherrn nach Dienstschluß seine Dienstwaffe nach Hause nimmt und dort verwahrt, handelt insoweit regelmäßig in Ausübung eines öffentlichen Amtes (BGH NVwZ 2000, 467). **129**

• **Rettungsdienst.** Rz 35; allgemein Bloch NJW 1993, 1513; Hausner MedR 1994, 435. Zur Amtspflicht einer Kassenärztlichen Vereinigung, aufgrund ihres Sicherstellungsauftrags die zum Einsatz mit Notarztwagen im Rahmen des Rettungsdienstes erforderlichen Notärzte zur Verfügung zu stellen: BGH 120, 184. **130**

• Dem **Standesbeamten** obliegt gegenüber den Verlobten die Amtspflicht, ihnen in Fällen unmittelbarer Todesgefahr eine unverzügliche Eheschließung zu ermöglichen; diese Amtspflicht soll auch dem Schutz der Verlobten an der Hinterbliebenenrente dienen (BGH FamRZ 1989, 1048). **131**

• Für die **Straßenverkehrsbehörden** besteht die Amtspflicht, die Regelungen und Einrichtungen für den schnellen Kraftverkehr so zu treffen und zu gestalten, daß sie für einen Verkehrsteilnehmer mit durchschnittlicher Aufmerksamkeit durch einen beiläufigen Blick deutlich erkennbar sind. Verkehrszeichen dürfen weder irreführend noch undeutlich aufgestellt sein (BGH MDR 1961, 752; 1963, 116; NJW 1973, 463). An gefährlichen Stellen sind Warnzeichen anzubringen (BGH NJW 1962, 791). Beim Anbringen künstlicher Hindernisse in Straßenraum (etwa Bodenschwellen) ist darauf zu achten, daß hierdurch keine Verkehrsgefährdungen hervorgerufen werden (BGH NJW 1991, 2824). Zur Frage der Haftung beim Versagen einer Verkehrsampel und einem dadurch hervorgerufenen Verkehrsunfall: BGH 91, 48. Insgesamt sind Maßnahmen der Verkehrsregelung auf denjenigen Verkehr auszurichten, der sich nach dem Umfang der Widmung, sonstigen wegerechtlichen Anordnungen und den die **132**

§ 839 Einzelne Schuldverhältnisse

Benutzungsmöglichkeit etwa einschränkenden Straßenzustand bewegen darf (BGH NJW 1966, 1456). Die Verkehrsregelungspflichten stehen selbständig neben den davon zu unterscheidenden (Rz 29) Verkehrssicherungspflichten (BGH NJW 1962, 791). Zur Frage der Drittbezogenheit der Amtspflichten bei der Zulassung von Kfz Rz 53. Zum Nebeneinander von Verkehrsregelungspflicht der Straßenverkehrsbehörde und Verkehrssicherungspflicht des Trägers der Straßenbaulast beim Anbringen von Verkehrszeichen BGH VersR 2001, 589.

133 **Verkehrssicherungspflichten bezüglich öffentlicher Straßen und Wege.** Zuordnung zum privatrechtlichen oder zum öffentlich-rechtlichen Funktionskreis Rz 29. Ihr Inhalt geht dahin, den Verkehrsteilnehmer – soweit dies mit zumutbaren Mitteln geschehen kann – von den von öffentlichen Straßen selbst (ihrem Zustand und ihrer Beschaffenheit) ausgehenden Gefahren für die in § 823 I bezeichneten Rechte und Rechtsgüter zu schützen, die bei zweckgerichteter Benutzung drohen (BGH VersR 1967, 281; zum Gefahrenmaßstab in den neuen Bundesländern Naumburg NZV 1995, 231; Dresden VersR 1997, 594). Der Straßenverkehrsteilnehmer muß sich grundsätzlich den gegebenen Straßenverhältnissen anpassen und die Straße so hinnehmen, wie sie sich ihm erkennbar bietet (BGH NJW 1980, 2195), wobei insoweit auf den durchschnittlichen Teilnehmer abzustellen ist (BGH NJW 1970, 1126 zur Verkehrsregelung). Haushaltliche Engpässe können den Verkehrssicherungspflichtigen grundsätzlich nicht entlasten (vgl BGH VersR 1983, 39; vgl aber auch Frankfurt NVwZ-RR 1995, 4 und BGH 112, 74). Bestandteile der Straße sind auch Gehwege, Radwege, Trenn-, Seiten-, Mittel- und Sicherheitsstreifen (BGH NJW 1980, 2195), ferner Parkplätze (BGH VersR 1968, 399). Erforderliche Maßnahmen zur Verkehrssicherung sind neben der Beseitigung gefährlicher Stellen und dem Anbringen von Schutzvorrichtungen auch die Vorsorge gegen die Entstehung gefährlicher Stellen mittels regelmäßiger Begehung und Besichtigung der Straßen (vgl Frankfurt DAR 1984, 19). Zur Frage, wann eine Gefahr „von der Straße" ausgeht: BGH VersR 1967, 1196 (Gefahr des Herabstürzens von Teilen anliegender Bauwerke geht nicht von der Straße aus, wohl aber Gefahr durch auf der Straße liegende Fremdkörper), BGH 123, 102 (Gefahr der Standunsicherheit von Bäumen am Straßenrand geht von Straße aus). Zur Zumutbarkeit von Verkehrssicherungsmaßnahmen BGH VersR 1966, 583; 1967, 1196. Einen Bestandteil der Verkehrssicherungspflicht bildet die – zT eigens gesetzlich geregelte – Wegereinigungs- und Streupflicht (BGH 31, 73; allgemein Rinne NJW 1996, 3303). Innerhalb geschlossener Ortschaften besteht eine Streupflicht für Fahrbahnen nur an verkehrswichtigen und gefährlichen Stellen (BGH 40, 379; 112, 74) sowie auf Fußgängerwegen (BGH VersR 1967, 226), außerhalb geschlossener Ortschaften nur an besonders gefährlichen Stellen (BGH 31, 73; NJW 1987, 1831) und für Gehwege nur ganz ausnahmsweise (BGH NZV 1995, 144). Regelmäßig beginnt die Streupflicht am frühen Morgen mit dem Einsetzen des Verkehrs und endet am Abend mit dem Aufhören des allgemeinen Tagesverkehrs (BGH 40, 379). Bei einsetzender Glätte steht dem Pflichtigen ein angemessener Zeitraum zur Verfügung (vgl München VersR 1994, 983: 15 Minuten regelmäßig zu kurz). Bei Abwälzung auf die Anlieger verbleibt eine Kontrollpflicht (BGH NJW 1966, 2311). Zur Einschränkung der Subsidiaritätsklausel (Abs I S 2) für den Bereich der Verkehrssicherungspflichten Rz 68.

134 • **Technisches Hilfswerk.** Tätigkeit im Rahmen des Katastrophenschutzes ist hoheitlicher Natur, KG VerkMitt 1982, 37.

135 • **TÜV.** Rz 35. Für Amtspflichtverletzungen eines TÜV-Sachverständigen haftet das Land, das ihm die amtliche Anerkennung erteilt hat (BGH 122, 85, 87; VersR 2002, 96; MDR 2003, 930).

136 • **Zivildienst.** Ersatzpflicht für durch Zivildienstleistende bei Dienstausübung zugefügte Schäden auch dann nach Amtshaftungsgrundsätzen, wenn die Beschäftigungstelle (§ 4 ZDG) privatrechtlich organisiert ist (BGH 118, 304; NJW 1997, 2109; dort auch zur Frage des anderweitigen Ersatzes iSv Abs I S 2, wenn ein Zivildienstleistender als Fahrer schuldhaft einen Verkehrsunfall verursacht; NJW 2003, 348). Es haftet die Bundesrepublik Deutschland ohne Rücksicht darauf, ob Rechtsträger einer Beschäftigungsstelle ein Privatrechtssubjekt oder eine öffentlich-rechtliche Körperschaft ist (BGH VersR 2001, 585; BGH 146, 385).

839a *Haftung des gerichtlichen Sachverständigen*
(1) Erstattet ein vom Gericht ernannter Sachverständiger vorsätzlich oder grob fahrlässig ein unrichtiges Gutachten, so ist er zum Ersatz des Schadens verpflichtet, der einem Verfahrensbeteiligten durch eine gerichtliche Entscheidung entsteht, die auf diesem Gutachten beruht.
(2) § 839 Abs. 3 ist entsprechend anzuwenden.

1 **1. Entstehung.** Die Vorschrift ist durch Art 2 Nr 5 des Zweiten Gesetzes zur Änderung schadensersatzrechtlicher Vorschriften vom 19. 7. 2002 (BGBl I 2673) eingefügt worden. Sie ist während des Gesetzgebungsverfahrens unverändert geblieben. Das Inkrafttreten erfolgte am 1. 8. 2002. Zeitliche Anwendbarkeit dann, wenn das schädigende Ereignis nach dem 31. 7. 2002 eingetreten ist (Art 229 § 8 I EGBGB). Im Jahr 1998 hatte ein nicht zur Verabschiedung gelangter Gesetzentwurf der Bundesregierung eine vergleichbare Bestimmung vorgesehen (BR-Drucks 265/98, 5), die lediglich an einer Stelle vom heutigen Wortlaut abwich („das Verfahren abschließende Entscheidung" statt „gerichtliche Entscheidung", siehe hierzu die Stellungnahme des Bundesrats vom 8. 5. 1998, BR-Drucks 265/98 [Beschluß] sowie Bollweg ZfS Sonderheft 2002, 1). Eine Regelung zur Haftung gerichtlich bestellter Sachverständiger war zuvor bereits in dem 1976 vorgelegten Bericht der ZPO-Reformkommission befürwortet worden; BMJ (Hrsg), Bericht der Kommission für das Zivilprozeßrecht, 1977, S 142f, 358f – Mit der Plazierung der Vorschrift hinter der Amtshaftungsregelung des § 839 wird die Funktion des Gerichtssachverständigen als einer auf Objektivität verpflichteten, dem Gericht nahestehenden Instanz betont (vgl BGH 62, 54, 59: „Gehilfe des Richters"). Die Haftung nach § 839a bildet jedoch keinen Fall der Staatshaftung. Der Gerichtssachverständige nimmt keine staatlichen Aufgaben wahr und ist auch kein Beliehener (Jacobs ZRP 2001, 492). Dementsprechend ist die Anwendung des § 839 auf Schädigungen durch Gerichtssachverständige stets abgelehnt worden (BGH 59, 310; Düsseldorf NJW 1986, 2891).

2. Regelungszwecke. Nach **früherer Rechtslage vor Erlaß der Vorschrift** variierte die Haftung des Gerichts- 2
sachverständigen danach, ob er vereidigt wurde oder nicht (ausf Überblick bei Huber in Dauner-Lieb ua, Das neue
Schuldrecht in der anwaltlichen Praxis, Rz 85ff). Der vereidigte Sachverständige haftete bei fahrlässiger Falschbegutachtung für jeden Vermögensschaden (§ 823 II iVm §§ 154, 163 StGB; BGH BB 1966, 918; Hamm BB
1993, 2407), der nicht vereidigte Sachverständige nach § 826 für Vermögensschäden nur bei vorsätzlicher Falschbegutachtung (BGH 62, 54, 56; Hamm NJW-RR 1998, 1686) sowie nach § 823 I für die Verletzung absoluter
Rechte, letzteres nach der Rspr aber nur nur bei Vorsatz oder grober Fahrlässigkeit (Schleswig NJW 1995, 791;
BVerfG 49, 304, 316ff gegen BGH 62, 54ff, worin selbst eine Haftung für grobe Fahrlässigkeit verneint worden
war). Einer vertraglichen Regelung durch die Parteien war und ist die Haftung nicht zugänglich. Der gerichtlich
bestellte Sachverständige steht in keiner Vertragsbeziehung zu den Parteien (Karczewski VersR 2001, 1076); das
Rechtsverhältnis zwischen dem Träger der Gerichtsbarkeit und dem Sachverständigen entfaltet keine Schutzwirkung zugunsten Dritter (Düsseldorf NJW 1986, 2891; Brandenburg WM 2001, 1920; aA Eickmeier, Die Haftung
des gerichtlichen Sachverständigen, 1993).

Der Gesetzgeber sah die (in der Praxis selten gewordene) Beeidigung nicht als passendes Haftungskriterium an
(BT-Drucks 14/7752, 28; siehe auch bereits BR-Drucks 265/98, 45f). Die neue Vorschrift regelt nunmehr die Haftung des Gerichtssachverständigen für alle Fälle einheitlich, dh ohne Rücksicht auf eine etwaige vorherige Vereidigung. Insofern ist sie Ausdruck eines Bemühens um eine **Erhöhung der wertungssystematischen Konsistenz** der
Regelungsmaterie. Weiterhin hat das Bestreben eine Rolle gespielt, durch die Haftungsbegrenzung auf Vorsatz
und grobe Fahrlässigkeit einer übermäßigen Ausweitung der Verantwortung des Gerichtssachverständigen entgegenzuwirken. Die Gesetzesbegründung spricht in diesem Zusammenhang von der „inneren Freiheit", derer er
bedürfe, um sein Gutachten „unabhängig und ohne Druck eines möglichen Rückgriffs erstatten" zu können (BT
Drucks 14/7752, 28; vgl Wagner NJW 2002, 2062). Wie auch vom BGH in seiner bisherigen Rspr (siehe va BGH
62, 54, 59) wird hiermit letztlich suggeriert, eine schärfere Haftung würde die Objektivität und Unparteilichkeit
des Gerichtssachverständigen in Gefahr bringen (vgl insbes BGH aaO, wo es heißt, es dürfe nicht zugelassen werden, daß der Sachverständige „unter dem Druck und der Drohung eines möglichen Rückgriffs dessen steht,
zu dessen Nachteil die auf seinem Gutachten mitberuhende Entscheidung des Gerichts ergeht"). Somit bildet sich
hinter § 839a zum zweiten das Kalkül einer **funktionell begründeten Haftungspriviligierung** ab, der der besonderen Bedeutung des Gerichtssachverständigen im Prozeß der gerichtlichen Rechtsfindung Rechnung trägt. Dabei
ist freilich zu beachten, daß durch die Erstreckung der Haftung auf bloße Vermögensschäden die Anspruchssitua-
tion Geschädigter für einen Teil der Fälle – nämlich diejenigen der Falschbegutachtung durch unvereidigte Sachverständige – im Vergleich zur bisher geltenden Rechtslage durchaus verbessert wird (kritisch hierzu Jacobs ZRP
2001, 491; gegen ihn Wessel in Praxishandbuch Sachverständigenrecht, 2. Aufl, 2002, S 604).

3. Erfaßt sind alle **gerichtlich ernannten Sachverständigen** (im Unterschied zu den sog Parteigutachtern oder 3
Privatgutachtern), deren Ernennung in einem gerichtlichen Verfahren in einer Prozeßordnung vorgesehen ist (siehe
§ 404 ZPO; Geltung für die Verfahren anderer Gerichtszweige über §§ 98 VwGO, 82 FGO, 46 II ArbGG, 118
SGG; siehe ferner § 73 I StPO). Auch Behörden können zu Sachverständigen ernannt werden (Kilian VersR 2003,
683). Nicht ausgeschlossen sind die Fälle, in denen die gerichtliche Bestellung auf Vorschlag der Parteien erfolgt
(etwa § 404 IV ZPO). Unerheblich sind Verfahrensart und Verfahrensstadium. So kommt etwa eine Haftung auch
bei unrichtiger Erstellung psychiatrischer Gutachten im strafprozessualen Ermittlungsverfahren gemäß § 81 I StPO
in Frage (vgl die Fallkonstellation in BGH 62, 54ff). Zur Frage des Einbezugs der gemäß § 1049 I ZPO von einem
Schiedsgericht bestellten Sachverständigen siehe Wagner NJW 2002, 2063 und Kilian VersR 2003, 684; dort auch
zur Frage einer analogen Anwendung auf Zeugen. Für eine analoge Anwendung auf behördlich bestellte Sachverständige ist mangels Vorliegens einer planwidrigen Regelungslücke kein Raum. Es kann nicht angenommen werden, daß der Gesetzgeber den Fall der behördlichen Bestellung nicht bedacht hat (so aber Huber in Dauner-Lieb
ua, Das neue Schuldrecht in der anwaltlichen Praxis, 2002, Rz 106; wie hier Kilian VersR 2003, 684). Denn in der
Gesetzesbegründung wird ua eine gerichtliche Entscheidung verwertet (Schleswig NJW 1995, 791 – siehe BT-
Drucks 14/7752, 28), die genau dieser Fall zugrundelag. Zudem spricht gegen eine Analogie auch der Umstand,
daß der Gesetzgeber bei Einfügung der Vorschrift in besonderer Weise den Schutz gerichtlicher Funktionsbedin-
gungen im Auge hatte (Rz 2).

4. Der Sachverständige muß im Prozeß ein **unrichtiges Gutachten** erstattet haben. Ob es sich um ein **schrift-** 4
liches oder mündliches Gutachten handelt (diesbezüglich Ermessen des Richters, Rosenberg/Schwab/Gottwald,
Zivilprozeßrecht, 15. Aufl 1993, S 724), spielt keine Rolle; hingegen stellt die mündliche Erläuterung eines
schriftlichen Gutachtens (siehe § 411 III ZPO) keine Gutachtenerstattung dar, so daß hierbei auftretende Fehler
keine Haftung nach § 839a auslösen. Was das Tatbestandsmerkmal der **Unrichtigkeit** betrifft, so läßt sich dieses
nicht in abstrakter Weise, sondern nur über verschiedene Fehlertypen verdeutlichen. Insoweit kommen in Betracht:
die Angabe falscher Tatsachen, Fehlbewertungen (auch durch Anlegen falscher oder überholter Bewertungsmaßstäbe), die Verwendung einer nicht fachgerechten Methodik, das Ausgehen von einer falschen oder unvollständigen Sachverhaltsgrundlage, die Vornahme unlogischer Ableitungen, gravierende Darstellungsmängel (vgl Jess-
nitzer/Frieling, Der gerichtliche Sachverständige, 11. Aufl, 2001, S 336; Müller, der Sachverständige im gerichtlichen Verfahren, 1988, S 628f; Häsemeyer, Schadenshaftung im Zivilrechtsstreit, 1979, S 167f; Blomeyer,
Schadensersatzansprüche des im Prozeß Unterlegenen wegen Fehlverhaltens Dritter, 1972, S 117ff). Unrichtig im
Sinne der Vorschrift dürfte ein Gutachten auch dann sein, wenn es – wiewohl im Ergebnis noch vertretbar –
begründete Zweifel oder mögliche – gleichfalls vertretbare – Gegenauffassungen oder -schlüsse nicht kenntlich
macht (ähnlich Wagner NJW 2002, 2062; Kilian VersR 2003, 684); dem Richter wird hierdurch eine in Wahrheit
nicht vorhandene Eindeutigkeit der wissenschaftlichen Erkenntnislage vorspiegelt, die ihn möglicherweise eine
abweichende Entscheidung von vornherein nicht in Erwägung ziehen läßt. Die **Darlegungs- und Beweislast** für

§ 839a Einzelne Schuldverhältnisse

die Unrichtigkeit des Gutachtens trägt der Anspruchsteller, der im Haftungsprozeß gegen den Gerichtssachverständigen regelmäßig auf Einholung eines weiteren Sachverständigengutachtens dringen wird. Ob sich die diesbezüglich restriktive, um Vermeidung infiniter Kettenprozesse bemühte bisherige Position des OLG Hamm NJW-RR 1998, 1686, 1687 (Beschränkung auf das Vorbringen von Gesichtspunkten, die im Ausgangsprozeß nicht oder unrichtig behandelt worden sind) in der Rspr durchsetzen wird, bleibt abzuwarten.

5   5. Die Haftung tritt nur ein, wenn die Erstattung des unrichtigen Gutachtens **vorsätzlich oder grob fahrlässig** ist. Eine Haftung für einfache Fahrlässigkeit scheidet daher künftig aus (siehe zur vorherigen Rechtslage Rz 2; dort auch zum dahinter stehenden Regelungskalkül). Grob fahrlässig handelt ein Gerichtgutachter dann, wenn er nicht beachtet, was jedem einleuchten müßte (Schleswig NJW 1995, 791, 792), wenn er einfachste, ganz naheliegende Überlegungen nicht anstellt (ebenda), wenn sein Gutachten schlechterdings unverständlich und unverantwortbar ist (BGH VersR 1983, 729). Vorsatz oder Fahrlässigkeit müssen sich auf die Unrichtigkeit des Gutachtens, nicht auf den eingetretenen Schaden beziehen.

6   6. Eine Ersatzpflicht des Sachverständigen tritt nur ein, sofern das Gericht eine **Entscheidung** fällt, durch die der Schaden entsteht. Fälle anderweitiger Erledigung sind nicht erfaßt, auch wenn die Erledigung unter dem Eindruck des unrichtigen Gutachtens erfolgte, zB durch einen Vergleich (vgl die Begründung des Gesetzentwurfs, BT-Drucks 14/7752, 28; siehe aber Rz 11). Auch Entscheidungen im Verfahren des vorläufigen Rechtsschutzes sind einbezogen (ebenso Wagner NJW 2002, 2062 Fn 151), desgleichen bestimmte vorläufige Entscheidungen (zB vorläufige Unterbringung), Entscheidungen im Bereich der freiwilligen Gerichtsbarkeit, Teil- oder Vorbehaltsurteile (siehe BRDrucks 265/1/98, 14). Der Begriff der „Entscheidung" iSv § 839a dürfte weiter reichen als der Begriff des „Urteils" iSv § 839 II.

7   Die gerichtliche Entscheidung **beruht** auf dem unrichtigen Gutachten, wenn sie bei einem richtigen Gutachten anders ausgefallen wäre. Insoweit sind -auch mit Rücksicht auf den Grundsatz der freien richterlichen Beweiswürdigung- strenge Anforderungen zu stellen. Es darf kein vernünftiger Zweifel bestehen, daß die Entscheidung ohne die Unrichtigkeit des Gutachtens einen anderen Inhalts gefunden hätte (enger Kilian VersR 2003, 685). Ist nach der Entscheidungsbegründung, die insoweit heranzuziehen ist, nicht auszuschließen, daß die Entscheidung bei Richtigkeit des Gutachtens ebenso ausgefallen wäre, etwa weil der Richter sie erkennbar auch auf weitere Gesichtspunkte gestützt hat, gelangt der Anspruch nicht zur Entstehung. An der Kausalität fehlt es ferner, wenn das Gutachten zwar streckenweise falsch ist, die Entscheidung sich aber gerade nicht auf die hiervon betroffenen Stellen stützt. Problematisch ist der Fall, daß ein Gutachten in einer Weise unplausibel ist, die auch dem fachlich nicht vorgebildeten Laien auffallen müßte. Stützt sich der Richter auf ein solchermaßen unplausibles Gutachten, „beruht" die Entscheidung auch auf seiner eigenen Sorgfaltswidrigkeit. Den Gerichtsgutachter dürfte dies aber letztlich nicht entlasten können. Seine haftungsrechtliche Schlechterstellung gegenüber dem Richter ist, wie ein Vergleich zu § 839 II ergibt, vom Gesetzgeber gewollt.

8   Schließlich muß der beim Anspruchsteller eingetretene **Schaden** auf der gerichtlichen Entscheidung beruhen. Nicht erfaßt von der Vorschrift sind demnach Schäden, die der Sachverständige zwar verursacht hat, die aber nicht auf eine gerichtliche Entscheidung zurückgehen (zB Schäden, die im Zusammenhang mit einer gesundheitlichen Untersuchung durch den Sachverständigen verursacht werden, siehe etwa die Fallkonstellation in BGH 59, 310; 62, 54).

9   7. Wie im Amtshaftungsrecht entfällt die Ersatzpflicht, wenn der Geschädigte es mindestens fahrlässig unterlassen hat, den **Schaden durch Gebrauch eines Rechtsmittels abzuwenden** (Abs II iVm § 839 III). Der Geschädigte muß also, will er seinen Anspruch nicht verlieren, zunächst gegen die gerichtliche Entscheidung, die auf dem unrichtigen Gutachten beruht, mit Rechtsmitteln vorgehen. Hierdurch wird die Gefahr, daß rechtskräftig abgeschlossene Prozesse im Gewande des Sachverständigenprozesses neu aufgerollt werden (vgl die Begründung des Gesetzentwurfs, BT-Drucks 14/7752, 28), etwas gemildert. Sonstige Fälle einer Anspruchsminderung wegen Mitverschuldens (**§ 254**) bleiben daneben möglich (zB Anspruchsteller stellt Gutachter falsches oder unvollständiges Material zur Verfügung).

10 8. **Anspruchsteller.** Die Vorschrift beschränkt den Kreis der Anspruchsteller auf „Verfahrensbeteiligte". Wer in diese Kategorie fällt, bestimmt sich nach den jeweils anwendbaren Prozeßordnungen. Faktisch betroffen werden zumeist nur die Parteien sein, in seltenen Fällen auch Zeugen (siehe das Fallbeispiel bei Huber in Dauner-Lieb ua, Das neue Schuldrecht in der anwaltlichen Praxis, 2002, Rz 105).

11 9. **Verhältnis zu weiteren Vorschriften.** Die Vorschrift soll die Haftung gerichtlich bestellter Sachverständiger wegen Erstellung unrichtiger Gutachten nach dem eindeutigen Willen des Gesetzgebers **abschließend** regeln (siehe die Begründung des Gesetzentwurfs, BT-Drucks 14/7752, 28; Bollweg ZfS Sonderheft 2002, 4; Pal/Thomas, Rz 1). Die allgemeinen Anspruchsnormen (vgl Rz 2) finden daher keine Anwendung, sofern ein unrichtiges Gutachten eines Gerichtssachverständigen zu einer schadensauslösenden gerichtlichen Entscheidung geführt hat. Ist hingegen durch ein unrichtiges Gutachten ein Schaden verursacht worden, ohne daß eine gerichtliche Entscheidung ergangen ist (etwa: Parteien vergleichen sich unter Eindruck eines falschen Gutachtens), muß eine Haftung nach den allgemeinen Normen möglich bleiben (so auch Vollkommer WuB VI F. § 74a ZVG 1.02), mögen sich hierbei auch gravierende Beweisprobleme auftun; der Geschädigte wäre sonst rechtlos gestellt. Freilich wird man annehmen müssen, daß auch in diesen Fällen die von § 839a vorgeschriebene Haftungsbeschränkung auf Vorsatz und grobe Fahrlässigkeit gilt. Anderes stünde im Widerspruch zu den zwei eingangs aufgeführten (Rz 2) Regelungszwecken, in deren Lichte eine Differenzierung der Sachverständigenhaftung danach, ob eine gerichtliche Entscheidung ergangen ist oder nicht, gleichermaßen unplausibel wäre.

§ 840 Haftung mehrerer

840
(1) Sind für den aus einer unerlaubten Handlung entstehenden Schaden mehrere nebeneinander verantwortlich, so haften sie als Gesamtschuldner.

(2) Ist neben demjenigen, welcher nach den §§ 831, 832 zum Ersatz des von einem anderen verursachten Schadens verpflichtet ist, auch der andere für den Schaden verantwortlich, so ist in ihrem Verhältnis zueinander der andere allein, im Falle des § 829 der Aufsichtspflichtige allein verpflichtet.

(3) Ist neben demjenigen, welcher nach den §§ 833 bis 838 zum Ersatz des Schadens verpflichtet ist, ein Dritter für den Schaden verantwortlich, so ist in ihrem Verhältnis zueinander der Dritte allein verpflichtet.

1. Der Anspruch wegen einer unerlaubten Handlung ist trotz des Vorranges der Naturalrestitution nach § 249 I praktisch meist auf **Schadensersatz in Geld** gerichtet. § 253 II führt zudem von vornherein zu einem Geldersatz. Dies würde bei mehreren Schädigern nach § 420 zu Teilschulden der einzelnen Haftpflichtigen führen. Es wäre jedoch ungerecht, wenn der Gläubiger bei mehreren Schuldnern schlechter stünde als gegenüber einem Alleinschuldner. Deshalb gibt § 840 I dem Gläubiger das Recht, sich **an jeden** der mehreren Schuldner **nach Belieben** wegen des ganzen Schadensersatzes zu wenden (§ 421). Dadurch wird ihm das **Prozeßrisiko** hinsichtlich des Nachweises der einzelnen Tatbeiträge genommen und das **Insolvenzrisiko** hinsichtlich eines Schuldners auf die übrigen Schuldner überwälzt. § 840 setzt stets voraus, daß die Haftung mehrerer nach anderen Vorschriften, zB § 830, begründet ist. Eine selbständige Anspruchsbegründung enthält die Vorschrift nicht, auch nicht für Nebentäter, deren Haftung auf den ganzen Ersatz sich bereits aus Kausalitätserwägungen ergibt, vgl § 830 Rz 5; MüKo/Stein Rz 4.

2. Der Begriff der **unerlaubten Handlung** ist bei § 840 im weitesten Sinne zu verstehen: Er umfaßt nicht nur die im BGB unter diesem Titel geregelte Haftung aus wirklichem (§§ 823ff) und vermutetem Verschulden (§§ 830–832, 833 S 2, 834–838) sowie aus Billigkeits- (§ 829) und Gefährdungshaftung (§ 833 S 1), sondern auch die spezialgesetzlich geregelten Gefährdungshaftungen, zB nach dem StVG und dem WHG. Sonderregelungen zur Gesamtschuld bei mehreren Haftpflichtigen aufgrund derselben Gefährdungshaftung treffen allerdings §§ 93 AMG, 33 AtG, 119 BBergG, 32 II GentechnG, 13 HaftpflG, 41 LuftVG, 5, 6 ProdHaftG, 17, 18 III StVG, 22 I S 2 WHG. Zur Sonderproblematik beim UmwHG, das keine ausdrückliche Regelung enthält, G. Hager NJW 1991, 139f; Staud/Kohler Einl zum UmweltHR Rz 160ff, 199ff. Soweit in Spezialgesetzen die Gefährdungshaftung sachlich und der Höhe nach beschränkt ist, reicht beim Zusammentreffen solcher Haftung mit der Ersatzpflicht nach BGB die Gesamtschuld nur so weit wie die Haftung aus dem Spezialgesetz (BGH 12, 213, 220; 18, 149, 164). Keine Ansprüche aus unerlaubter Handlung sind jedoch Aufopferungsansprüche, zB aus Nachbarrecht: Treffen mehrere solche Ausgleichsansprüche zusammen, besteht keine Gesamtschuld, vgl BGH 72, 289, 297. Haben jedoch die nachbarlichen Einwirkungen erst durch ihr Zusammenwirken den Schaden verursacht, haften auch die Nachbarn als Gesamtschuldner, vgl BGH 66, 70, 74ff. Schließlich nimmt der BGH (BGH 85, 375ff) ein Gesamtschuldverhältnis zwischen einem nachbarrechtlichen Anspruch (zB wegen einer Vertiefung nach § 909) und einem auf Ersatz des gleichen Schadens gerichteten Deliktsanspruch (zB gegen den Architekten, der die Vertiefung schuldhaft verursacht hat) an.

In all diesen Entscheidungen wirkt sich die den § 840 I tragende Idee der **nicht unterscheidbaren Verantwortlichkeit** mehrerer für denselben Schaden (MüKo/Bydlinski § 421 Rz 49, 53) aus. Diese Idee kommt auch dann zum Zuge, wenn die Haftung systematisch nicht aus unerlaubter Handlung konstruiert werden kann, zB bei der Haftung mehrerer Schuldner aus § 311 II, BGH 71, 284. Deshalb kann es nicht darauf ankommen, ob die Haftung eines der Schuldner aus unerlaubter Handlung **zugleich aus Vertrag** begründet ist, vgl RG 61, 56. Entgegen der früher hM (RG 84, 415, 430; ebenso noch Jauernig/Teichmann Rz 3; Pal/Thomas Rz 3) gilt dies auch dann, wenn einer der Schuldner nur aus Vertrag, ein anderer nur aus Delikt haftet. Für das Zusammentreffen der Haftung des Vertragsschuldners aus § 278 und des Erfüllungsgehilfen selbst aus §§ 823ff hat dies im Ergebnis bereits das RG (77, 317, 323f) ausgesprochen, freilich mit der verfehlten Begründung einer „Erfüllungsgemeinschaft". Gegenüber solchen begrifflichen Konstruktionen ist die (analoge) Anwendung des § 840 vorzuziehen, ebenso Staud/Vieweg Rz 15.

3. **Nebeneinander verantwortlich** sind insbesondere Mittäter, Anstifter und Gehilfen (§ 830 I S 1 und II), die nach § 830 I S 2 Beteiligten sowie fahrlässige Nebentäter hinsichtlich des von ihnen mitbewirkten Schadens, ferner Fahrer, Halter und Pflichtversicherer (§ 3 Nr 2 PflVG) eines Kfz, jedoch nicht der Pflichtversicherer und ein Nebentäter oder dessen Versicherer, BGH 69, 153. Gesamtschuldner sind auch zB hinsichtlich der Verletzung eines Kindes der schuldhaft für den Schaden ursächlich gewordene Dritte und der Elternteil, der zu der Schädigung durch die Verletzung seiner Obhutspflicht für das Kind beigetragen hat, BGH 73, 190. Weitere Einzelfälle aus der Rspr bei Soergel/Zeuner Rz 10; MüKo/Stein Rz 7; Staud/Vieweg Rz 23.

4. Hat bei der Begründung des Schadens ein **eigener Beitrag des Geschädigten** mitgewirkt, ist die gesamtschuldnerische Haftung nach § 254 zu kürzen. Dies gilt auch dann, wenn § 254 nicht gegenüber allen Gesamtschuldnern einzeln eingreifen würde: Hat der Geschädigte einen gesamtschuldnerischen Anspruch gegen A aus Vertragsverletzung und gegen – aus Delikt (vgl Rz 3) und hat eine Obliegenheitsverletzung seines eigenen Gehilfen an der Entstehung des Schadens mitgewirkt, mindert das Gehilfenverschulden auch die Haftung gegenüber B, obwohl sich dieser bei Alleinhaftung nach überwiegender Ansicht auf § 254 nicht berufen könnte, vgl BGH 90, 86. Nur so läßt sich vermeiden, daß entweder – beim Innenausgleich der Gesamtschuldner zu kurz kommt oder A über den Gesamtschuldregreß mehr leisten muß, als sich aus seiner Beziehung zum Geschädigten eigentlich ergibt, vgl Rz 7f. Hieran wird deutlich, daß die Verbindung mehrerer Ansprüche zu einer **Gesamtschuld** die Beziehung des Geschädigten **zu jedem einzelnen Gesamtschuldner** entscheidend prägt.

§ 840 Einzelne Schuldverhältnisse

6 Im Widerspruch zu dieser Einsicht hat die frühere Rspr (vgl BGH 12, 213) bei der gesamtschuldnerischen Haftung von Nebentätern eine **Einzelabwägung** vorgenommen und die gesamtschuldnerische Haftung auf den Betrag beschränkt, der sich bei der für den Geschädigten ungünstigsten Abwägung zwischen ihm und einem einzelnen Gesamtschuldner ergeben hätte. BGH 30, 203 hat sich hiervon zu Recht abgewandt, ist jedoch bei der Rückkehr zu der vom Recht der Gesamtschuld vorgezeichneten Lösung auf halbem Wege stehengeblieben. Nunmehr vertritt der BGH in st Rspr eine **kombinierte Einzel- und Gesamtabwägung**: Gesamtschuld soll nur bis zur Höhe derjenigen Quote vorliegen, die sich bei der Einzelabwägung ergibt; da die Summe der Haftung aller Nebentäter höher ist, liegt hinsichtlich dieser weiteren Beträge Teilschuld vor. Diese überaus komplizierte Lösung wird **weiter differenziert** in zwei Richtungen: Wenn sich das Verhalten mehrerer Schädiger (BGH 54, 283) oder eines Schädigers und des Geschädigten (BGH 61, 213) in demselben Ursachenbeitrag ausgewirkt hat, soll auf diese **Haftungs- oder Zurechnungseinheit** nur eine einheitliche Quote entfallen (zuletzt BGH NJW 1995, 1150; 1996, 2023; 2646). Ferner soll die Gesamtabwägung beim Anspruch auf **Schmerzensgeld** zurücktreten, BGH 54, 283. Besser ist demgegenüber die Lösung, den Ausgangspunkt, daß Nebentäter als Gesamtschuldner haften, in voller Konsequenz durchzuhalten. Dies geschieht, indem man sich auf die **Gesamtabwägung** beschränkt: Die Haftung aller Ersatzpflichtiger in ihrer Gesamtheit ist um den Beitrag zur Schadensentstehung zu kürzen, der dem Geschädigten zuzurechnen ist; in der verbleibenden Höhe haften dann jedoch die Schädiger als Gesamtschuldner, wobei freilich ein insolventer Schuldner als von vornherein ausgefallen zu betrachten ist, so daß der Geschädigte am Insolvenzrisiko beteiligt ist, ebenso Soergel/Zeuner Rz 17 mN; ausführlich Staud/Schiemann § 254 Rz 145ff; Lange/Schiemann, Schadensersatz 3. Aufl 2003, 634f mN; dem BGH weitgehend folgend aber zB Staud/Vieweg Rz 45ff. Der Gedanke der Haftungseinheiten ist allein für den Innenregreß der Gesamtschuldner relevant. Für das Schmerzensgeld muß allerdings dann etwas anderes gelten, wenn man ihm eine Genugtuungsfunktion zuspricht (BGH GS 18, 149): Genugtuung als personale Ersatzleistung kann nur individuell und nicht solidarisch erbracht werden, so auch BGH 54, 283, 286f.

7 5. Die Prägung aller einzelner gesamtschuldnerisch verknüpfter Ansprüche durch das Gesamtschuldverhältnis selbst zeigt sich schließlich bei **Störungen des** (hypothetischen) **Innenregresses** unter den Gesamtschuldnern: Fällt einer der Gesamtschuldner aufgrund seiner besonderen Beziehung zum Geschädigten von vornherein aus, führt die Verkürzung der Regreßmöglichkeit des nichtprivilegierten Schuldners zur Kürzung der Haftungsquote im Außenverhältnis zwischen diesem Schuldner und dem Geschädigten. Allgemein anerkannt ist dies inzwischen für die Haftungsprivilegien im innerbetrieblichen Schadensausgleich nach **§§ 104ff SGB VII** (früher 636f RVO, vgl vor § 823 Rz 9): Ist für einen Personenschaden durch einen Arbeitsunfall nebeneinander ein Arbeitskollege, Mitschüler, Kommilitone usw des Verletzten und ein Außenstehender verantwortlich, darf es nicht dabei bleiben, daß der Außenstehende für den ganzen Schaden aufkommen muß, weil § 105 SGB VII zB dem Arbeitskollegen die Verantwortung abnimmt. Dieses Haftungsprivileg ergibt sich gerade aus dem Verhältnis der Arbeitskollegen zueinander, das den Drittschädiger nicht berührt. Der Ausfall des Arbeitskollegen als Schuldner des Geschädigten und somit auch als Regreßschuldner des Drittschädigers im Gesamtschuldausgleich muß sich deshalb so auswirken, daß der Anspruch des Geschädigten gegen den Drittschädiger von vornherein auf die Quote beschränkt wird, die sich bei einem funktionsfähigen Gesamtschuldverhältnis letztlich in dessen Lasten ergeben würde, BGH 51, 37; 55, 11; 61, 51; 110, 114; BGH NJW 1996, 2023. Die Einbindung der deliktischen Verantwortung in eine Gesamtschuld enthält somit für den einzelnen Schädiger neben der Erhöhung des Risikos um die Last der Regreßverwirklichung zugleich eine **Begrenzung des Risikos** gegenüber Störungen des Regresses durch die besondere Beziehung eines potentiell Mithaftenden zum Gläubiger. Nur durch diesen „guten Tropfen" ist die Belastung mit der gesamtschuldnerischen Haftung rechtstheoretisch tragbar.

8 Daraus folgt zugleich, daß die Kürzung des Außenanspruchs beim **„Hinken" des Gesamtschuldnerausgleichs** nicht auf die Fälle der §§ 104ff SGB VII beschränkt werden kann. Dieselbe Lösung muß für die gesetzlichen Haftungsmilderungen der §§ 708, 1359, 1664 gelten (aA zu § 1664 aber BGH 103, 338; Staud/Vieweg Rz 68 mN; wie hier hingegen Soergel/Zeuner Rz 20; ablehnend für das Schmerzensgeld zwischen Ehegatten BGH NJW 1983, 624). Freilich ist bei diesen milderen Haftungsmaßstäben zu beachten, daß sie im Straßenverkehr von vornherein nicht gelten, BGH 53, 352; 61, 101, kritisch dazu Medicus BürgR Rz 930. Auch bei vertraglichen Haftungsbeschränkungen liegt die angemessene Lösung in der Kürzung des Außenanspruchs, Soergel/Zeuner Rz 21 mN Fn 43. Die Konstruktion eines fingierten Gesamtschuldverhältnisses zur Ermöglichung des Regresses (vgl BGH 58, 216, 219) ist abzulehnen. Hat der nach § 104 SGB VII privilegierte Unternehmer vertraglich einen außerhalb des Betriebes stehenden Schädiger von der Haftung freigestellt, sollte der Anspruch des Geschädigten gegen diesen Schädiger nach BGH NJW 1987, 2669 ganz entfallen, weil das Privileg des § 104 SGB VII auch die Haftung ergreife, die sich erst aus einer solchen Dreiecksbeziehung ergeben würde. Hiergegen spricht entscheidend, daß dann die Vereinbarung zwischen den Schädigern als Vertrag zu Lasten des geschädigten Dritten wirken würde. Zu Recht hat daher BGH 110, 114 nunmehr – ohne die frühere Rspr ausdrücklich aufzugeben – die vertragliche Haftungsüberwälzung auf den privilegierten Schädiger unberücksichtigt gelassen, so daß der nicht privilegierte Schädiger (mindestens teilweise) haftet.

9 Im Gegensatz zu den angeführten Störungen des Gesamtschuldverhältnisses führt die **Subsidiarität** der Haftung eines Gesamtschuldners nach § 839 I S 2 zu einer Erhöhung der Haftungsquote der übrigen Gesamtschuldner, BGH 61, 351, 357f. Denn dieses Haftungsprivileg beruht weder auf einer besonderen Beziehung zum Geschädigten noch gar auf dessen Einverständnis. Gleichwohl stehen ihm die Bedenken gegen den Subsidiaritätsgrundsatz im allgemeinen entgegen. Es ist deshalb zu begrüßen, daß der BGH (BGH 68, 217ff) diesen Grundsatz bei der Teilnahme am Straßenverkehr nicht anwendet.

10 6. Der **Ausgleich im Innenverhältnis** richtet sich im allgemeinen nach § 426. Dem in Anspruch genommenen Schuldner steht somit der doppelte Regreßweg nach den beiden Absätzen dieser Vorschrift offen. Die Höhe des

Regresses richtet sich entgegen dem Wortlaut des § 426 I regelmäßig nach dem Rechtsgedanken des § 254, hängt also von den Umständen der Schadensentstehung, insbesondere vom Gewicht der Verursachungsbeiträge ab, dazu genauer Komm zu § 426. Nach der Vereinheitlichung der Verjährungsfristen durch das SchuldModG unterscheidet sich der Regreßanspruch aus §§ 823ff, 426 II kaum noch von demjenigen aus § 426 I, vgl ie MüKo/Bydlinski § 426 Rz 38f, 44. Unterliegt der Deliktsanspruch ausnahmsweise nach § 199 II, III einer längeren Verjährungsfrist, kann die Legalzession vorteilhafter als der selbständige Anspruch aus § 426 I sein, vgl Staud/Vieweg Rz 86.

7. Die Bestimmungen des **§ 840 II und III** ändern den Grundsatz des § 426 teilweise ab und sind anderweitige Bestimmungen iSd § 426 I S 1. Abs II und III beruhen auf der Erwägung, daß im Verhältnis der Gesamtschuldner zueinander die Haftung aus wirklichem Verschulden der aus vermutetem Verschulden vorgehen soll, daß andererseits derjenige, der aus vermutetem Verschulden haftet, keinen Ausgleich bei dem suchen soll, den lediglich eine Gefährdungshaftung trifft. Doch ist das Prinzip in diesen Bestimmungen nicht rein durchgeführt, wie namentlich die Zusammenfassung und Gleichbehandlung von Gefährdungstatbeständen mit Haftungsnormen aus vermutetem Verschulden in Abs III zeigt. Die Rspr hat es daher abgelehnt, aus Abs II und III einen allgemein gültigen Grundsatz abzuleiten, BGH 6, 3, 28; 319, 321f. **11**

Nach Abs II können **Geschäftsherr** (§ 831) und **Aufsichtspflichtiger** (§ 832) bei den Verrichtungsgehilfen und Aufsichtsbedürftigen in vollem Umfange Regreß nehmen. Voraussetzung dafür ist aber, daß diese Personen selbst für den Schaden verantwortlich sind, also nicht nur objektiv rechtswidrig, sondern auch schuldhaft gehandelt haben. Ist das nicht der Fall, haben Geschäftsherr und Aufsichtspflichtiger den Schaden im Innenverhältnis allein zu tragen. Haften Geschäftsherr oder Aufsichtspflichtiger aus nachgewiesenem Verschulden, paßt die Regreßregel nicht, Soergel/Zeuner Rz 28 mN. Wird der Aufsichtsbedürftige nach § 829 zur Haftung herangezogen, haftet im Innenverhältnis der Aufsichtspflichtige allein (Abs II letzter Hs), vgl dazu § 829 Rz 2. Die Haftung des Gehilfen gegenüber dem Geschäftsherrn wird überlagert durch die Grundsätze der **Haftungseinschränkung des Arbeitnehmers bei betrieblicher Tätigkeit.** Sie führen bei leichtester Fahrlässigkeit regelmäßig zur Alleinhaftung des Arbeitgebers und somit des Geschäftsherrn, bei mittlerer Fahrlässigkeit zur Schadensteilung, bei grober Fahrlässigkeit schließlich zu einer Haftungseinschränkung auf die Größenordnung, die dem Arbeitnehmer noch eine angemessene wirtschaftliche Existenz ermöglicht, vgl § 611 Rz 338ff. Läßt man mit der neueren Rspr (BGH 109, 289) das verantwortliche Organ wegen der internen Übernahme der Organisationspflicht neben dem Organträger wegen „Organisationsverschuldens" aus § 823 (§ 823 Rz 83) haften, ist im Innenverhältnis wie nach dem Modell des Abs II allein das Organ zur Schadenstragung verpflichtet. **12**

Ist neben dem **nach §§ 833–838 Ersatzpflichtigen** ein anderer verantwortlich, haftet nach Abs III dieser andere allein. Ergibt sich die Haftung des Dritten jedoch aus Gefährdungshaftung, verliert die Privilegierung dessen, der aus vermutetem Verschulden oder aus der Gefährdungshaftung des § 833 S 1 haftet, ihren Sinn (hM, vgl Soergel/Zeuner Rz 31 mN). Ebenso wie bei Abs II ist die Regreßregel ferner dann unangemessen, wenn der aus §§ 833–838 Verpflichtete zugleich aus nachgewiesenem Verschulden haftet. **13**

841 *Ausgleichung bei Beamtenhaftung*

Ist ein Beamter, der vermöge seiner Amtspflicht einen anderen zur Geschäftsführung für einen Dritten zu bestellen oder eine solche Geschäftsführung zu beaufsichtigen oder durch Genehmigung von Rechtsgeschäften bei ihr mitzuwirken hat, wegen Verletzung dieser Pflichten neben dem anderen für den von diesem verursachten Schaden verantwortlich, so ist in ihrem Verhältnis zueinander der andere allein verpflichtet.

§ 841 betrifft ebenso wie § 840 II und III das Verhältnis mehrerer nach § 840 I als Gesamtschuldner haftender Personen zueinander und stellt eine **weitere Abweichung von** der Regel des **§ 426** dar, vgl Jauernig/Teichmann Rz 1. Da die Amtshaftung bei Haftung anderer wegen des Subsidiaritätsgrundsatzes des § 839 I S 2 schon im Außenverhältnis meistens ausscheidet, ist der Anwendungsbereich der Vorschrift eng begrenzt. **1**

Zu der in § 841 bezeichneten Beamtengruppe gehören der **Vormundschaftsrichter**, vgl BGH Warn Rsp 1965, 335, 339, der Familienrichter, soweit er die Zuständigkeit des Vormundschaftsrichters übernommen hat (insbesondere §§ 1628, 1643ff, 1666, 1671) und der Nachlaß-, Insolvenz- und Vollstreckungsrichter. Eine ähnliche Regelung wie § 841 trifft § 1833 II S 2 für den Fall, daß neben dem Vormund der Gegenvormund oder ein Mitvormund nur wegen Verletzung der Aufsichtspflicht für den Schaden verantwortlich ist. Im Innenverhältnis verantwortlich ist hier der Vormund allein. **2**

842 *Umfang der Ersatzpflicht bei Verletzung einer Person*

Die Verpflichtung zum Schadensersatz wegen einer gegen die Person gerichteten unerlaubten Handlung erstreckt sich auf die Nachteile, welche die Handlung für den Erwerb oder das Fortkommen des Verletzten herbeiführt.

Schrifttum zu §§ 842–846: *Drees,* Schadensberechnung bei Unfällen mit Todesfolge, 2. Aufl 1994; *Schulz-Borck/Hofmann,* Schadensersatz bei Ausfall von Hausfrauen und Müttern im Haushalt, 6. Aufl 2000. *Küppersbusch,* Ersatzansprüche bei Personenschaden, 7. Aufl 2000; *Pardey,* Berechnung von Personenschäden, 2000.

1. Der nach §§ 823ff geschuldete Schadensersatz ist nach §§ 249ff zu bestimmen. Für deliktische Verletzungen der Person enthalten **§§ 842–846** hierzu Spezialregeln, die das allgemeine Schadensrecht teils erläutern und teils – wie insbesondere beim Drittschaden – ergänzen. § 842 soll nach hM lediglich **klarstellen,** daß Nachteile für den Erwerb und das Fortkommen von der Verpflichtung zum Schadensersatz mit umfaßt werden, BGH 26, 77; 54, 45, **1**

§ 842

Einzelne Schuldverhältnisse

52f; 67, 119, 128; Staud/Vieweg Rz 3 mN. Ein Ersatz aller konkreter Erwerbsschäden folgt schon aus § 252. Einer Wiederholung dieser Regelung im Deliktsrecht bedarf es nicht. Vor diesem Hintergrund ließe sich § 842 als ein Hinweis werten, Beeinträchtigungen oder gar den Verlust der Erwerbsfähigkeit auch bei der Bemessung des Schmerzensgeldes zu berücksichtigen, vgl Prot Mugdan II 1116f. Insoweit ist die Vorschrift jedoch gleichfalls überflüssig, da der Ersatz für immaterielle Schäden ohnehin nach Billigkeit und somit unter Berücksichtigung aller Umstände zu erfolgen hat. Es dürfte angemessener sein, § 842 als Grundlage eines Schadensersatzes gerade dann heranzuziehen, wenn ein **konkreter Verdienstausfall nicht entstanden** ist. Hiergegen wird eingewandt, daß die Arbeitskraft nur eine Eigenschaft der Person sei und deren Ausfall folglich nicht Gegenstand eines Schadensersatzes sein könne, BGH 54, 45, 50ff; 69, 34, 37; aA Grunsky, Aktuelle Probleme zum Begriff des Vermögensschadens, 1968, 78. Dieser Einwand trifft jedoch nicht zu, da Gegenstand des Ersatzes nach § 842 sinnvollerweise niemals die ohnehin brachliegende Arbeitskraft sein kann, andererseits die Betrachtung von wirklich geleisteten Tätigkeiten allein unter dem Blickwinkel der dafür erzielten Entgelte zu eng ist und vom BGH mindestens im Bereich der „Hausfrauenschäden" (vgl § 843 Rz 4ff) nicht geteilt wird. § 842 ist daher als Grundlage eines Ersatzes für die Verhinderung des Einsatzes der Arbeitskraft auch dann anzusehen, wenn die Arbeitskraft vor dem Schadensfall nicht gegen Lohn, Gehalt oä eingesetzt worden ist (ausführlich Staud/Schiemann § 251 Rz 107f; ebenso MüKo/Stein Rz 7ff; Soergel/Zeuner Rz 3 mN; Staud/Vieweg Rz 16, Überblick bei Fuchs, ZivilR und SozialR 1992, 218ff).

2   2. § 842 gilt für unerlaubte Handlungen, die **gegen die Person** des Verletzten gerichtet sind, also gegen Leben, Körper, Gesundheit und Freiheit, aber auch gegen die Ehre (RG 163, 40, 45) oder gegen ein anderes Persönlichkeitsrecht. Bei sonstigen Rechtsgutverletzungen, insbesondere bei Eigentumsverletzungen, können sich ähnliche Verdienstausfälle ergeben, die dann nach § 252 zu ersetzen sind (vgl vor allem Marschall v Bieberstein, FS v Caemmerer, 411ff). Spezialregelungen zu § 842 enthalten §§ 86f AMG, 28f AtG, 32 IV GentTG, 5f HaftpflG, 35f LuftVG, 7f ProdHG, 10f StVG, 12f UmweltHG. In § 618 III sowie in § 62 III HGB wird auf § 842 verwiesen.

3   3. Eine genaue Unterscheidung zwischen den Begriffen **Erwerb und Fortkommen** ist weder möglich noch nötig. Durch den Hinweis auf das Fortkommen soll lediglich deutlich gemacht werden, daß auch für solche Erwerbsaussichten Schadensersatz zu leisten ist, auf die der Verletzte noch keinen rechtlich gesicherten Anspruch erworben hat, RG 163, 40, 44; BGH NJW 1985, 791; NJW-RR 1989, 606. Zum Verdienstausfall wegen einer unfallbedingten Verlängerung der Ausbildung BGH NJW-RR 1992, 791. Darüber hinaus gewährt der BGH (BGH 90, 334ff) sogar dann Schadensersatz, wenn die bloße Bereitschaft zum Einsatz der Arbeitskraft durch einen Arbeitslosen infolge der unerlaubten Handlung aufgehoben worden ist, so daß der Arbeitslose Krankengeld statt Arbeitslosengeld oder Arbeitslosenhilfe bezogen hat. Diese Entscheidung widerspricht jedoch dem Ausgangspunkt der st Rspr des VI. ZS des BGH, wonach für die Arbeitskraft als solche kein Ersatz zu leisten ist (Rz 1); sie wird auch durch den hier vertretenen weitergehenden Schutz der Arbeitskraft nicht gefordert, da der Arbeitslose schon vor dem Schadensfall nicht berufstätig sein konnte. Wird die Versorgung eines Arbeitslosen von einem anderen Sozialversicherungsträger statt von der Arbeitsverwaltung übernommen, haben die gewährten Sozialleistungen eben nicht die Funktion eines Schadensausgleichs, sondern allgemeine Versorgungsfunktion. Anderes gilt für Dauerschäden eines zZt der Verletzung vermutlich sonst nur zeitweilig Arbeitslosen, BGH NJW 1997, 937. Die Unsicherheit der Prognose eines Berufsverlaufs muß durch ein weiteres Schätzungsermessen nach § 827 ZPO bewältigt werden, vgl BGH NJW 2000, 3287; NZV 2002, 268.

4   Demnach ist daran festzuhalten, daß ein Arbeitsloser allein aufgrund der Minderung seiner Erwerbsfähigkeit ebensowenig schadensersatzberechtigt ist wie ein Versorgungsempfänger (vgl aber Rz 6), ein Kind ohne eigenes Erwerbseinkommen oder jemand, der ausschließlich von Vermögenseinkünften lebt. Ein Ersatzanspruch kommt jedoch in Frage, wenn der Verletzte seine Arbeitskraft in einer Beschäftigung eingesetzt hat, **die auf dem Arbeitsmarkt nur gegen Bezahlung** übernommen würde und für die auch eine **Ersatzkraft** vergütet werden müßte, so auch der V. ZS des BGH, BGH 131, 220, 226. Wegen des Grundgedankens des § 843 IV ist es hierbei nicht erforderlich, daß eine Ersatzkraft wirklich eingestellt wird, vgl § 843 Rz 8, 20. Außer für Tätigkeiten im Haushalt kommt dies vor allem für die Schädigung von Selbständigen (aA BGH 54, 45ff; zum Gesellschafter-Geschäftsführer aber sogleich Rz 5), uU auch von ehrenamtlich oder karitativ Tätigen in Betracht, LG Karlsruhe NJW-RR 1996, 1239; Staud/Vieweg Rz 148; aA Celle NJW 1988, 2618, vgl hierzu Pardey NJW 1997, 2094 mN.

5   Einem verletzten Lohn- oder Gehaltsempfänger steht ein Ersatzanspruch in Höhe seines vor dem Schadensfall erhaltenen Entgelts zu. Dies gilt unabhängig von der Lohn- oder Gehaltsfortzahlung durch den Arbeitgeber (§ 6 EntgFortzG, zu Einzelheiten und zu Parallelvorschriften wie § 52 BRRG Staud/Schiemann § 252 Rz 27ff; Lange/Schiemann, Schadensersatz 3. Aufl 2003, 738). Aufgrund der formalen Anknüpfung an einen Anstellungsvertrag wird auch der Gesellschafter-Geschäftsführer einer GmbH vom BGH wie ein sonstiger Gehaltsempfänger behandelt (BGH NJW 1978, 40), und zwar selbst als Alleingesellschafter ist, BGH 61, 380; BGH NJW 1977, 1283. Verliert der Verletzte wegen des haftungsbegründenden Unfalls seine Arbeitsstelle, ist der Verdienstausfall auch nach voller gesundheitlicher Wiederherstellung als Folgeschaden zu ersetzen, BGH NJW 1991, 2422, vgl auch BGH NJW 1995, 1023 für den künftigen Schaden bei wenig strukturierter bisheriger Erwerbstätigkeit; BGH NJW 1998, 1633 zu den Verdienstmöglichkeiten aus vereitelter Nebentätigkeit. Zu Schädigungen vor Eintritt in das Berufsleben Staud/Vieweg Rz 146; Staud/Schiemann § 252 Rz 35f und insbesondere Medicus DAR 1994, 442. Die Bemessung des Ersatzes für verhinderte feste Arbeit muß mindestens für die Zeit der Fortzahlung des Entgelts durch den Arbeitgeber nach der **Bruttomethode** erfolgen, also grundsätzlich unter Einschluß der Arbeitgeberanteile zur Sozialversicherung, BGH 42, 76; 43, 378, und des Teils von Sonderzuwendungen (Urlaubs-, Weihnachtsgeld), der auf die Ausfallzeit entfällt, BGH NJW 1996, 2296 mN. Auch für die Zeit nach der Entgeltfortzahlung oder bei einer Fortzahlung unter 100 % hat der Ersatzpflichtige praktisch nahezu den vollen Bruttobetrag der früheren Einkünfte des Verletzten zu ersetzen, weil er nach § 119 SGB X auf alle Fälle dem „normativen" Beitragsre-

greß des Sozialversicherungsträgers ausgesetzt ist, selbst wenn der sozialrechtliche Schuldner der Lohnersatzleistung gar keine entsprechenden Beiträge an den Sozialversicherungsträger (zB Krankenkassen auf das Krankengeld an die BfA für die Anwartschaft auf Altersrente) abführt. Beiträge zur Unfall- und Arbeitslosenversicherung fallen während der Arbeitsunfähigkeit freilich nicht an und sind daher auch nicht vom Schädiger zu ersetzen. Insofern muß die Bruttolohnmethode **modifiziert** werden, Staud/Schiemann § 252 Rz 29, 32. Den entgegengesetzten Ausgangspunkt hat der BGH gewählt mit der „**modifizierten Nettolohnmethode**". Hiernach ist vom Nettoentgelt auszugehen, dieser Betrag jedoch durch Addition bestimmter Steuer- und Abgabelasten zu berichtigen, BGH 87, 181. Diese Methode ist nicht nur überaus kompliziert, sondern hat auch den Nachteil, daß uU noch nach Jahren, wenn sich ein Versorgungsnachteil herausstellt, über dessen Ausgleich gestritten werden muß. BGH 127, 391 betont, daß beide Methoden bei richtiger Anwendung zum selben Ergebnis führen. Auch einen Unterschied hinsichtlich der Behauptungs- und Beweislast sieht der BGH nicht (mehr) als relevant an, für Beibehaltung der Bruttomethode wegen der richtigeren Bewertung der Steuerbelastung aber Staud/Schiemann § 252 Rz 31; eingehend zu den steuerlichen Vor- und Nachteilen Staud/Vieweg Rz 57f. Reine Aufwandsentschädigungen (Spesen, Auslösen) sind nicht zu ersetzen, da ohne die entsprechende Arbeit auch der Aufwand nicht entstehen konnte, BGH MDR 1968, 38. Beim Erwerb aus **gesetz- oder sittenwidriger Tätigkeit** entscheidet der BGH widersprüchlich: Entgangenes Entgelt für Tätigkeiten, die nur unter Verstoß gegen Arbeitsschutzvorschriften (ArbZG) hätten geleistet werden können, wird nicht ersetzt, BGH NJW 1986, 1486; das vereitelte Entgelt für die Tätigkeit einer Prostituierten wird hingegen nach bisheriger Rspr bis zur Höhe des Entgelts einer einfachen unanstößigen Erwerbstätigkeit entschädigt, BGH 67, 119 (auch unter Geltung des ProstituiertenG v 20. 12. 2001, BGBl I 3983, mE zweifelhaft, vgl zu genauerer Kritik unter dem überkommenen Rechtszustand Staud/Schiemann § 252 Rz 17 mN).

Die Schäden, für die nach § 842 Ersatz zu leisten ist, brauchen sich **nicht auf den Wert der Arbeitsleistung selbst zu beschränken**. Kann der Geschädigte zB wegen seiner Einkommensminderung nicht mehr die Hypothekenzinsen zahlen und kommt es infolgedessen zur Zwangsversteigerung seines Grundstücks, ist auch der Verlust hieraus als Folge der Körperverletzung zu entschädigen, RG 141, 169. Ersatzfähig ist außer der Minderung der Arbeitseinkünfte ferner die Minderung von Versorgungseinkünften, wenn dies auf verletzungsbedingt geringere Leistungen zur Schaffung einer Versorgung zurückgeht. Auch die Differenz zwischen hypothetischem Arbeitseinkommen und vorzeitigen Versorgungseinkünften ist auszugleichen, BGH NJW 1982, 984. Für den hypothetischen Eintritt des Rentenalters ohne den Unfall geht der BGH (VersR 1988, 464; 1989, 855; NJW 1995, 3313) – wenig realistisch – vom 65. Lebensjahr aus; ein vorzeitiges Altersruhegeld selbst soll hingegen ab dem 63. Lebensjahr auf den Ersatzanspruch angerechnet werden, so daß kein Anspruch auf den Versorgungsträger übergehen kann, BGH NJW 2001, 1274. Der umgekehrte Fall eines verspäteten Eintritts in das Berufsleben gehört ebenso zu §§ 842, 252, BGH NJW 1985, 791. Haftet der Schädiger nach § 254 nur auf eine Quote, darf der mitschuldige Verletzte Einkünfte aus einer Ersatztätigkeit nicht zunächst voll auf seine eigene Schadensquote anrechnen (BGH NJW-RR 1992, 1050; anders beim Unterhaltsschaden, § 844 Rz 12). BGH JZ 1959, 365 hat noch die Verminderung der Heiratschancen einer Frau als Beeinträchtigung der Versorgungsmöglichkeiten und deshalb als Fortkommensschaden nach § 842 bewertet; dies ist jedoch mit dem heutigen Eheverständnis nicht mehr zu vereinbaren.

4. Da die Schäden für den Erwerb und für das Fortkommen ohnehin nicht genau voneinander zu trennen sind, können **prozessual** geltend gemachte Fortkommensschäden vom Gericht auch zuerkannt werden, wenn sie als Schäden aus dem unmittelbaren Entgeltsbereich zu begründen sind. Für künftige Schäden ist die Feststellungsklage zulässig und notwendig, BGH VersR 1983, 688. Bei nachträglicher Änderung der Verhältnisse kann Abänderungsklage nach § 323 ZPO notwendig sein, vgl BGH 34, 118.

§ 843 *Geldrente oder Kapitalabfindung*

(1) Wird infolge einer Verletzung des Körpers oder der Gesundheit die Erwerbsfähigkeit des Verletzten aufgehoben oder gemindert oder tritt eine Vermehrung seiner Bedürfnisse ein, so ist dem Verletzten durch Entrichtung einer Geldrente Schadensersatz zu leisten.
(2) Auf die Rente findet die Vorschrift des § 760 Anwendung. Ob, in welcher Art und für welchen Betrag der Ersatzpflichtige Sicherheit zu leisten hat, bestimmt sich nach den Umständen.
(3) Statt der Rente kann der Verletzte eine Abfindung in Kapital verlangen, wenn ein wichtiger Grund vorliegt.
(4) **Der Anspruch wird nicht dadurch ausgeschlossen, dass ein anderer dem Verletzten Unterhalt zu gewähren hat.**

1. § 843 enthält wie § 842 eine **Sondervorschrift zu §§ 249, 252**. Für **Dauerschäden** aufgrund einer Körper- oder Gesundheitsverletzung (aber nicht: aufgrund anderer Persönlichkeitsverletzungen, vgl § 842 Rz 2) ist dem Geschädigten eine Rente zu zahlen. Das Deliktsrecht übernimmt hiermit eine wichtige **soziale Versorgungsfunktion** für den Verletzten. Praktisch wird diese Funktion aber heute meistens von den kollektiven Trägern der sozialen Sicherung erfüllt. Gerade § 843 bestimmt daher weitgehend nur noch den Maßstab für Regresse der kollektiven Schadensträger, vgl vor § 823 Rz 10. Die Regelung erweitert den Ersatzumfang gegenüber den §§ 249ff, 842 nicht, sondern trifft vor allem eine Bestimmung über die Art und Weise der Ersatzleistung (Abs I–III) sowie über die Vorteilsausgleichung (Abs IV). Eine – in ihrer Tragweite freilich umstrittene – Klarstellung betrifft den Ersatz von **Bedarfsschäden**, die als Dauerschäden ebenso wie die Erwerbsschäden in der Regel durch eine Rente zu entschädigen sind. Nur ausnahmsweise kann der Ersatz für Erwerbs- und Bedarfsschäden durch eine Kapitalabfindung reguliert werden (Abs III).

2. Eine **entsprechende Anwendung** des § 843 ist in § 618 III und in § 62 III HGB vorgesehen. Aber auch bei anderen Schäden aus Delikt oder Vertragsverletzung kann eine Geldrente iSd Totalreparation nach § 249 sinnvoll

§ 843

sein. Praktisch besonders wichtig ist die Schmerzensgeldrente. Sonderbestimmungen zu § 843 enthalten §§ 89 AMG, 30 AtG, 32 VI GenTG, 8 HaftpflG, 38 LuftVG, 9 ProdHaftG, 13 StVG, 14 UmweltHG.

3 3. Ein Rentenanspruch wegen **Aufhebung oder Minderung der Erwerbsfähigkeit** entsteht nicht schon – wie im Sozialversicherungsrecht – bei einer abstrakt bemessenen, medizinisch feststellbaren Beeinträchtigung, sondern nur bei einer konkreten Einbuße, vgl BGH 54, 45ff; BGH VersR 1978, 1170; Stürner JZ 1984, 412, 461 mN. Übt zB der Geschädigte seine bisherige Tätigkeit trotz der Beeinträchtigung aus, entsteht ihm zivilrechtlich kein Erwerbsschaden. Auch wer vor der Verletzung von seinem Vermögen, von einer Sozialversicherungsrente oder von Arbeitslosenunterstützung gelebt hat, kann keine Schadensersatzrente verlangen (teilweise anders für Arbeitslosigkeit aber BGH 90, 334, vgl dazu § 842 Rz 3). Erhält der Verletzte andererseits weiterhin sein Arbeitsentgelt, obwohl er nicht arbeitsfähig ist, bleibt es bei einem – mindestens fiktiven – Erwerbsschaden des Verletzten, dessen Ersatzanspruch dann regelmäßig auf den Entgeltsschuldner (Arbeitgeber, Krankenversicherung usw) übergeht, vgl Rz 13.

4 Entsprechend den bei § 842 Rz 1, 4 entwickelten Grundsätzen ist die Schadensrente **nicht** in jedem Falle davon abhängig, daß der Geschädigte seine **Arbeitskraft** vor dem Schadensfall **gegen ein vertragliches Entgelt** verwertet hat. Dies ist insbesondere für die Tätigkeit im Haushalt anerkannt, BGH 38, 55; 50, 304 (GS); BGH NJW 1974, 1651. Eine Beschränkung solcher Ersatzleistungen auf Eheleute ist sachlich nicht zu rechtfertigen. Dasselbe muß für die Haushaltsführung in der eingetragenen Partnerschaft (Staud/Vieweg § 842 Rz 130 mN), in der nichtehelichen Gemeinschaft (C. Huber, FS Steffen 1995, 193ff) oder in anderen Betreuungsverhältnissen (zB Schwester für behinderten Bruder, Dunz, FS Steffen, 145) gelten. Maßstab der Entschädigung muß mangels konkreten Entgelts der Preis für eine (fiktive) Ersatzkraft sein, vgl genauer Rz 8. Eine solche Berechnung ist bei Selbständigen sogar noch eher möglich und – entgegen BGH 54, 45 – auch geboten, vgl insbesondere Knobbe-Keuk VersR 1976, 401; MüKo/Stein Rz 29; Staud/Vieweg § 842 Rz 88 mN.

5 Die Entschädigung für **Haushaltstätigkeit** ist vom Gesetz selbst in § 845 vorgesehen, dort jedoch entsprechend der patriarchalischen Auffassung der Gesetzesverfasser als Vermögensschaden des Familienvaters für entgangene „Dienste" ausgestaltet. Durch die Änderung des § 1356 iSd Gleichberechtigung der Ehefrau ist die Verpflichtung zur Leistung von Diensten entfallen. Das eigene Recht der Ehefrau oder bei einer nach § 1356 I S 1 vereinbarten atypischen Arbeitsteilung: des Ehemannes – auf die Führung des Haushaltes hat jedoch nicht dazu geführt, daß nunmehr der Ausfall der häuslichen Arbeitskraft entschädigungslos bleibt. Der Anspruch steht **dem im Haushalt Tätigen selbst** zu, geht aber – wie schon der Anspruch aus § 845 – nicht auf die Kosten einer tatsächlich eingestellten Ersatzkraft, sondern auf den Wert der ausgefallenen Arbeitskraft unmittelbar; insofern ist die Entschädigung „normativ" bestimmt, BGH (GS) 50, 304, 306. Aus dem früheren Anspruch auf Entschädigung für entgangene Dienste hat der BGH (NJW 1974, 41) den Gesichtspunkt übernommen, daß der Verletzte nur für diejenige Arbeitsleistung Ersatz verlangen kann, die er für andere erbracht hätte, **nicht** für den Teil der Haushaltsführung, der **zur Erfüllung des eigenen Lebensbedarfs** dient. Hinsichtlich dieses Eigenanteils kommt allerdings ein Anspruch wegen Bedarfsmehrung in Betracht, BGH NJW 1989, 2539; NJW-RR 1990, 34. Die Unterscheidung der beiden Entschädigungsgründe hat Bedeutung für die Kongruenz des zivilrechtlichen Schadensersatzes mit einer Sozialversicherungsrente und somit für die Aktivlegitimation des Verletzten selbst oder des Sozialversicherungsträgers nach § 116 SGB X (vgl BGH NJW 1985, 735 zum Übergang des Ersatzes für den Erwerbsunfähigkeitsschaden, aber nicht für den Bedarfsschaden auf die Berufsgenossenschaft; BGH 146, 108; BGH NJW 2002, 292 zur Verneinung der Kongruenz des Pflegegeldes nach §§ 36ff SGB XI mit dem Erwerbsschadensersatz). Zu den ersatzfähigen Tätigkeiten können auch Reparatur- und Gartenarbeiten sowie Eigenleistungen beim Hausbau gehören, BGH NJW 1989, 2539.

6 Obwohl die eigenverantwortliche Tätigkeit im Haushalt nach § 1360 S 2 regelmäßig zugleich Unterhaltsleistung ist, ist der Ersatzanspruch nicht nach dem Muster des § 844 II zu entwickeln, sondern nach der **Arbeitsleistung, die** vom Haushaltsführenden vor dem Schadensfall **tatsächlich erbracht worden ist**, vgl zum Maßstab des hypothetischen Stundensatzes einer Ersatzkraft BGH NJW-RR 1990, 34. Dies kann durchaus mehr sein als das, wozu der Geschädigte unterhaltsrechtlich verpflichtet wäre, vgl BGH NJW 1974, 1651. Die Anknüpfung an die tatsächliche Arbeitsleistung statt an den geschuldeten Unterhalt hat zur Konsequenz, daß für die Verletzung des haushaltsführenden Partners einer nichtehelichen Lebensgemeinschaft gleichfalls Schadensersatz wegen der Erwerbsbeeinträchtigung zu leisten ist, MüKo/Stein § 843 Fn 81 zu Rz 28; RGRK/Boujong § 842 Rz 38; Röthel NZV 2001, 329, 333 und Rz 4 mN – anders beim Unterhaltsschaden, § 844 Rz 12, 17. Da die Mitarbeit eines Ehegatten im Geschäft oder Beruf des anderen Ehegatten nach § 1353 heute genausowenig einer Verpflichtung zu „Diensten" entspricht wie die Haushaltstätigkeit, ist auch eine solche Mitarbeit wie eine Erwerbstätigkeit des Verletzten zu behandeln, BGH 59, 172.

7 Bei der Berechnung der Rente für den Erwerbsschaden ist vom **Bruttoentgelt** des Geschädigten oder einer Ersatzkraft auszugehen, vgl dazu § 842 Rz 5. Hierbei sind die Aufstiegschancen des Verletzten zu berücksichtigen, ebenso Veränderungen der Lebensgestaltung, die sich auf die Arbeitsvergütung ausgewirkt hätten (BGH 74, 221: höheres Einkommensniveau in der BRD zugunsten eines verletzten Jugoslawen nach dessen Heirat mit einer Deutschen und dauerndem Wohnsitz in der BRD). Die hier vertretene Anwendung der Bruttomethode widerspricht diesem individualisierenden Vorgehen nicht. Denn sie bringt nur den jeweiligen **Marktwert der Arbeitsleistung** des Geschädigten am besten zum Ausdruck. Für die Herstellung eines möglichst gerechten, den Geschädigten nicht bereichernden Ausgleichs bedarf es zB der Anrechnung eines Steuervorteils nach § 22 Nr 1a EStG nicht: Es ist nicht Sinn der Steuervergünstigung für Renten, die durch eigene Beiträge des Verletzten und durch die Hilfe seiner Solidargemeinschaft erworben sind, dem Schädiger des Rentenempfängers einen Vorteil zu verschaffen (ähnlich Knobbe-Keuk, 25 Jahre Karlsruher Forum, 1983, 134, 139; aA aber die st Rspr, zuletzt BGH NJW 1995, 389;

MDR 1999, 1505, wie die Rspr auch Staud/Vieweg § 842 Rz 58 mN). Die Versagung der Vorteilsausgleichung ist für die Rentenleistung selbst durch die Legalzession (meist § 116 SGB X) ohnehin gesetzlich entschieden.

Beim Erwerbsschaden durch Vereitelung oder Beeinträchtigung der **Haushaltsführung** ist die Bruttovergütung für eine **Ersatzkraft** der richtige Ansatzpunkt, weil gerade diese Vergütung den Marktwert der Arbeitsleistung am ehesten widerspiegelt. Deshalb paßt der Standpunkt des BGH, jedenfalls dem Unterhaltsersatzanspruch nach § 844 II die Nettovergütung zugrunde zu legen (BGH 86, 372; 104, 113), für die Entschädigung an den selbst im Haushalt Tätigen von vornherein nicht, vgl MüKo/Stein Rz 30; ähnlich Soergel/Zeuner § 844 Rz 19; Grunsky NJW 1983, 2465, 2470; wie der BGH aber Staud/Röthel § 844 Rz 141 ff. 8

Die **Qualifikation der** erforderlichen **Ersatzkraft** hängt von der Größe des Haushalts, insbesondere der Zahl seiner Mitglieder, ferner davon ab, ob die Geschädigte die Leitung des Haushalts ganz aufgeben muß oder nicht. Im letzteren Fall wird eine Hauspflegerin (BAT X) genügen, im ersteren ausnahmsweise eine Hauswirtschaftsleiterin erforderlich sein, MüKo/Stein Rz 28; Staud/Röthel § 844 Rz 140, jeweils mN. Statt der BAT-Vergütung kommt bei entsprechenden örtlichen Gegebenheiten auch ein billigerer Tarif oder Arbeitslohn in Betracht, BGH NJW 1982, 2866. Der ersatzbedürftige Zeitaufwand wird sich regelmäßig nur nach § 287 ZPO schätzen lassen. Anhaltspunkte hierfür bieten die Tabellen bei Schulz-Borck/Hofmann (§ 842 vor Rz 1). Knappe Übersicht bei Küppersbusch (§ 842 vor Rz 1) Rz 262 ff. Aktuellster Überblick: Pardey/Schulz-Borck DAR 2002, 289 ff. 9

Nach § 254 II ist der Verletzte verpflichtet, den Erwerbsschaden **möglichst gering zu halten**. Er muß daher die ihm verbleibende Arbeitskraft im Rahmen des Zumutbaren anderweitig verwerten, BGH NJW 1974, 602 mN; vgl auch § 844 Rz 12 zum entsprechenden Problem beim Unterhaltsersatzanspruch bei Tötung. Dies enthält uU die Verpflichtung zur Rehabilitation und Umschulung; die Kosten hierfür hat der Ersatzpflichtige zu tragen, RG 160, 119. Einkünfte aus überobligationsmäßiger Tätigkeit braucht sich der Verletzte aber nicht anrechnen zu lassen, BGH NJW 1974, 602; weitere Einzelheiten bei Staud/Vieweg § 842 Rz 24 ff mN. 10

4. Eine Rente **wegen vermehrter Bedürfnisse** ist für solche wiederkehrenden Aufwendungen zu gewähren, die dem Verletzten wegen der dauerhaften Beeinträchtigung seiner Gesundheit entstehen (vgl grundlegend BGH NJW 1974, 41), zB Kosten für eine Diät (RG 151, 298), für Pflege- und Stärkungsmittel (BGH NJW 1958, 627), für persönliche Versorgung oder medizinische Dauerbehandlung (BGH VersR 1978, 149), laufende Mehrkosten für eine behindertengerechte Wohnung (BGH NJW 1982, 757) oder einen behindertengerechten Pkw (vgl BGH NJW 1970, 1685), aber nicht mehr Verlängerung der Schulausbildung (BGH NJW-RR 1992, 791 – vgl jedoch zum Verdienstausfall § 842 Rz 3). Soweit solche Kosten einmalig entstehen (zB Umbau eines Hauses, vgl BGH NJW 1982, 757), kommt ein Ersatzanspruch nach §§ 249, 251 I statt nach § 843 in Frage, vgl auch vor § 823 Rz 18 zu den Besuchskosten naher Angehöriger. Zur Entschädigung für vermehrte Bedürfnisse wegen der Behinderung von Haushaltstätigkeit zur Deckung des eigenen Bedarfs vgl Rz 5. 11

Nach der Formulierung des § 843 I entsteht der Anspruch nicht erst durch wirklich aufgewendete Kosten, sondern **bereits durch den Eintritt des Bedürfnisses**, RG 151, 298. Nach BGH NJW 1958, 627 soll daher der (in concreto wohl eher unter § 249 S 2 aF fallende) Anspruch auf die Kosten von Stärkungsmitteln fortbestehen, wenn der Geschädigte das Mittel aus Geldmangel tatsächlich nicht gebraucht hat und inzwischen wegen vollständiger Genesung auch nicht mehr gebrauchen kann. Behilft sich der Geschädigte bei objektiv erhöhtem Bedarf, ohne daß höhere Aufwendungen entstehen, bleibt dies unter dem Gesichtspunkt der versagten Vorteilsausgleichung ohne Einfluß auf den Rentenanspruch. Ersatzleistung wegen Erwerbsbeeinträchtigung und Entschädigung wegen Vermehrung der Bedürfnisse sind sachlich voneinander unabhängig. Wer wieder voll erwerbsfähig ist, kann noch an Gesundheitsschäden leiden, die laufende Aufwendungen erforderlich machen, RG 155, 37, 42. Wer andererseits keinen Erwerbsschaden erlitten hat, kann dennoch durch Vermehrung der Bedürfnisse geschädigt sein. Rechtlich sind beide Ersatzgründe jedoch nur Teilglieder eines einheitlichen Schadensersatzanspruchs, BGH VersR 1960, 810. 12

5. Ein **Anspruchsübergang** auf kollektive Schadensträger kommt hinsichtlich der Erwerbsunfähigkeitsrente wie hinsichtlich der Bedarfsrente in Betracht. Nach der Ausgestaltung des Regresses in § 116 SGB X erwirbt zuerst der Sozialversicherungsträger oder Sozialhilfeträger den Anspruch, weil die gesetzliche Überleitung bereits im Zeitpunkt des Unfalles stattfindet. Im Verhältnis zum Regreß des Arbeitgebers (insbesondere § 6 EntgFortzG) wird dies bei einem Teil der Krankenhauskosten relevant: Vom (übergegangenen) Anspruch des Geschädigten auf diese Kosten nach § 249 II S 1 ist ein Betrag für ersparte häusliche Verpflegung abzuziehen. Gerade der Deckung eines solchen allgemeinen Lebensbedarfs dient nach Meinung des BGH das Arbeitsentgelt des Verletzten, so daß der Entgeltfortzahlungsanspruch in der Höhe der häuslichen Verpflegungskosten mit den Leistungen des Sozialversicherungsträgers **kongruent** und deshalb (letztlich zu Lasten des Arbeitgebers) auf ihn übergegangen sei, BGH NJW 1984, 2628; berechtigte Kritik hieran: Kleb-Braun NJW 1985, 663. Die Legalzession des § 6 EntgFortzG greift demgegenüber erst in dem Zeitpunkt ein, in dem der Arbeitgeber die Leistung an den Geschädigten erbringt. Weitere **Legalzessionen für den Erwerbsschaden sind §§ 87a BBG, 52 BRRG und 30 II SoldG**. 13

Sinn des Regreßweges über die Legalzessionen ist eine doppelte Regreßbegrenzung: Übergangsfähig ist immer nur ein Ersatzanspruch aufgrund des Schadens **beim unmittelbar Geschädigten**; der „Mehrwert", den der Arbeitgeber aus der Tätigkeit seines Arbeitnehmers zieht, wird nicht entschädigt, weil der Arbeitgeber **keinen eigenen Ersatzanspruch** aus § 823 hat. Die zweite Begrenzung ergibt sich aus den tatsächlichen Aufwendungen des kollektiven Schadensträgers. Sie wird noch verfeinert durch den Grundsatz der **Kongruenz** zwischen sozialer Leistung und übergangsfähigem Ersatzanspruch. Eine rechtspolitisch zweifelhafte Ausnahme von diesem Grundsatz enthält allerdings § 119 SGB X für die Sozialversicherungsbeiträge des Geschädigten: Sie sind – durchaus iSd oben (Rz 7) vertretenen Bruttotheorie – vom Schädiger zu erstatten, gehen jedoch auf den Sozialversicherungsträ- 14

§ 843 Einzelne Schuldverhältnisse

ger über, ohne daß dieser notwendigerweise die Versorgungslage des Geschädigten mit den Beiträgen verbessert (knappe Übersicht über § 119 SGB X bei Küppersbusch – § 842 vor Rz 1 – Rz 564ff). Wichtige Fälle der Kongruenz beim Anspruchsübergang sind: Erwerbsschadensrente nach § 843 zur Erwerbsunfähigkeitsrente, zum Krankengeld (§ 44 SGB V und dazu BGH NJW 1990, 2933) und zum Verletztengeld in der Unfallversicherung (§§ 45ff SGB VII und dazu BGH 109, 291); Mehrbedarfsrente zu den Leistungen aus der Pflegeversicherung (SGB XI und dazu BGH NJW 1997, 256) einschließlich der Rentenversicherungsbeiträge für eine Pflegeperson (§ 44 SGB XI und dazu BGH NJW 1999, 421). Zu Fällen fehlender Kongruenz Rz 5. Eine besondere Begrenzung des Regresses ergibt sich ferner nach dem Muster des § 67 II VVG aus § 116 VI SGB X, wenn der Schädiger **in häuslicher Gemeinschaft** mit dem Geschädigten lebt. Dieses Regreßverbot erscheint freilich rechtspolitisch nicht mehr unzweifelhaft, seitdem der BGH die zivilrechtlichen Haftungsbeschränkungen zwischen Familienangehörigen (zu eingetragenen und nichtehelichen Partnern Staud/Vieweg Rz 66, 69 mN) im Hinblick auf bestehende Haftpflichtversicherungen für den Straßenverkehr teleologisch reduziert hat, vgl Diederichsen, 25 Jahre Karlsruher Forum, 1983, 141, 143f. Auf § 119 SGB X wird das Angehörigenprivileg nicht erstreckt, BGH 106, 284. Eine letzte Einschränkung der Legalzession ergibt sich bei einem Mitverschulden des unmittelbar Geschädigten, wenn zu dessen Gunsten ein **Quotenvorrecht** besteht, wie nach §§ 6 III EntgFortzG, 87a S 2 BBG. Nach § 116 III SGB X wird beim Mitverschulden hingegen der Anspruchsübergang auf diejenige Ersatzquote hinsichtlich des kongruenten Anspruchs begrenzt, die dem Geschädigten selbst ohne die Legalzession zustünde („relative Theorie"). Zum „absoluten" Vorrecht bei summenmäßig beschränkter Haftung und vollem Ausgleich für den Geschädigten BGH 146, 84, 88.

15   6. **Maßgeblicher Zeitpunkt** für die Rentenbemessung ist – wie auch sonst in Schadensersatzprozessen – der Termin der letzten mündlichen Verhandlung. Hierbei ist jedoch die wahrscheinliche künftige Entwicklung der Verhältnisse zu berücksichtigen, RG 63, 195, 197. Zur Notwendigkeit einer Feststellungsklage oder einer späteren Abänderungsklage vgl Rz 22, 24.

16   Da die **Erwerbsunfähigkeitsrente** nach Maßgabe der tatsächlichen Einbuße unter Berücksichtigung der voraussehbaren Änderung der Verhältnisse zu bestimmen ist, ist sie in der Regel nach der normalen Dauer der in Betracht kommenden Erwerbsfähigkeit **abzustufen und zeitlich zu begrenzen**, BGH NJW 1985, 482; 1995, 3313 mN. Eine gleichbleibende Dauerrente kann aber unter dem Gesichtspunkt begründet sein, daß zwar die geschädigte Erwerbskraft mit fortschreitendem Alter ohnehin nachgelassen hätte, daß aber gerade im Alter die Bedürfnisse als Folge der Verletzung erhöht sein werden. Stets bedürfen das Verlangen und die Festsetzung einer Rente auf Lebenszeit besonderer Begründung, RG JW 1931, 865; 1932, 787. Bestimmt das Urteil über den Endzeitpunkt der Rente nichts, schafft es bezüglich der Dauer der Zahlungsverpflichtung keine Rechtskraft, Düsseldorf DR 40, 2263. Ist eine unverheiratete Frau geschädigt, endigt die Rente nicht mit späterer Eheschließung; es ist auch unzulässig, eine entsprechende Bestimmung im Urteil zu treffen, RG HRR 1934, 1023.

17   Auf die Rente findet § 760 Anwendung (Abs II S 1). Im Urteil ist daher zu bestimmen, daß die Rente **für je drei Monate im voraus** zu zahlen ist. Von dieser Regelung kann das Gericht ohne Zustimmung der Parteien nicht abweichen, RG 69, 296. Hat der Verletzte den Beginn eines Vierteljahres erlebt, gebührt ihm der volle, auf diesen Zeitabschnitt entfallende Betrag, § 760 III. Die in Abs II S 2 vorgesehene **Sicherheitsleistung** spielt heute wegen der meist vorliegenden Leistungspflicht einer Haftpflichtversicherung nur noch eine geringe Rolle, vgl bereits RG 157, 348. Wegen bereits fälliger Beträge kommt die sofortige Vollstreckung (§ 708 Nr 8 ZPO) und deshalb keine Sicherheitsleistung in Betracht, RG aaO. Bei Anordnung der Sicherheitsleistung, die im Ermessen des Gerichts steht, ist nach §§ 232ff zu wählen. Nach Erlaß des Urteils kann bei Verschlechterung der wirtschaftlichen Lage des Verpflichteten noch nachträglich auf Klage gem § 324 ZPO die Anordnung einer Sicherheitsleistung oder deren Erhöhung erfolgen.

18   7. Der Ersatzpflichtige hat kein Recht, die Rente durch **Kapitalabfindung** abzulösen, hingegen kann der Verletzte bei Vorliegen eines wichtigen Grundes Kapitalabfindung fordern (Abs III). Ein wichtiger Grund liegt zB vor, wenn sich nach ärztlichem Urteil die endgültige Erledigung der Angelegenheit voraussichtlich auf den Gesundheitszustand des Verletzten günstig auswirken wird, RG 73, 418, oder wenn ein jugendlicher Verletzter den Wunsch hat, sich selbständig zu machen, RG JW 1933, 840. Gründe in der Person des Schuldners sind zB Wohnsitz im Ausland mit erschwerter Vollstreckung oder überhaupt Schwierigkeiten bei der Durchsetzung des Anspruchs, jedoch nicht bei Bestehen einer Haftpflichtversicherung, RG 93, 209. Kapitalabfindung ist auch dann noch möglich, wenn der **Verletzte schon längere Zeit eine Rente bezogen hat**, vgl BGH NJW 1982, 757.

19   **Gegenüber mehreren** Ersatzpflichtigen wie -berechtigten kann die Entscheidung für eine Kapitalisierung nur **einheitlich** erfolgen, RG 68, 429; BGH 59, 187, 191. Rente und Kapitalabfindung sind zwei verschiedene Arten der Befriedigung desselben Anspruchs; die Klage aus § 843 unterbricht daher die Verjährung für beide Ersatzarten, RG 77, 213, 216. Da die Abfindung ein vollwertiges Äquivalent für die dauernde Ratenzahlung sein soll, sind bei der Berechnung folgende Faktoren zu berücksichtigen: die Laufzeit der Rente, ihre Zahlungsweise, ein angemessener Zinsfuß und voraussichtliche Änderungen der Rentenhöhe, dazu genauer Küppersbusch (§ 842 vor Rz 1) Rz 648ff. Der BGH (BGH 79, 187, ebenso jetzt ua Rosenberg/Schwab/Gottwald, Zivilprozeßrecht, 15. Aufl 1993, § 158 II 2) sieht im üblichen Abzinsungsfaktor von 5 bis 5,5 % einen brauchbaren Anhaltspunkt. Dieser – offenbar an §§ 12ff BewG angelehnte – Faktor entsprach freilich jahrzehntelang nicht den Marktverhältnissen. Die Berücksichtigung künftiger Entwicklungen soll nach BGH aaO die Möglichkeit einer nachträglichen Anpassung der Abfindung nach § 323 ZPO abschneiden. Hiermit verweist der BGH den Tatrichter jedoch auf den Weg der „Spekulation", ja der „Scharlatanerie" (so MüKo/Stein Rz 49). Der vom Gesetz vorgesehenen Ausnahmeregelung der Kapitalabfindung dürfte es eher entsprechen, die Abänderungsklage zuzulassen; ebenso Zöller/Vollkommer, ZPO 23. Aufl 2002, § 323 Rz 28.

8. Abs IV enthält eine Ausprägung des allgemeinen Rechtsgedankens der **versagten Vorteilsausgleichung**: Die **20**
Unterhaltsleistung eines Dritten für den Verletzten soll dem Schädiger nicht zugute kommen, BGH 22, 72, 74f;
50, 304. Hieraus ergeben sich über den Wortlaut der Vorschrift hinaus vier Erweiterungen ihres Anwendungsbereichs: Es genügt, wenn der Dritte den Unterhalt freiwillig leistet, RG 92, 57, 59; BGH 22, 72, 74ff. Die Vorschrift ist ferner anwendbar, wenn der Dritte die Unterhaltsleistung schon erbracht und dadurch den Schaden ausgeglichen hat, BGH 22, 72, 78 mN. Der Regreß des Unterhaltsleistenden hängt nicht davon ab, daß der unmittelbar Geschädigte selbst keinen Anspruch hat; die vordringende Regreßtechnik beruht vielmehr gerade darauf, daß dem Geschädigten der Anspruch zuerkannt wird, damit er ihn an den Unterhaltsleistenden abtreten kann. Dieser hat auf die Abtretung einen Anspruch (vgl Soergel/Zeuner Rz 31), der sich als Nebenpflicht des Berechtigten aus der Unterhaltsbeziehung ergibt. Die Rspr begründet den Regreß freilich noch vielfach mit § 683, vgl BGH NJW 1979, 598. Die dritte Erweiterung des Abs IV bezieht sich auf andere als die in Abs I genannten Schadensersatzansprüche, sei es aus unerlaubter Handlung wie aus Gefährdungshaftung, insbesondere hinsichtlich der Heilungskosten, zu denen auch die Kosten für Besuche naher Angehöriger zu rechnen sind, BGH aaO und seitdem zB NJW 1990, 1037; 91, 2340. Schließlich ergibt sich aus der Vorschrift ein allgemeines Prinzip, daß Leistungen Dritter mit Fürsorge- oder Versorgungscharakter an den Verletzten nicht dem Schädiger, sondern allein dem Geschädigten zugute kommen sollen, Staud/Schiemann § 249 Rz 152 mN; zurückhaltend gegenüber einer Verallgemeinerung aber Lange/Schiemann, Schadensersatz, 3. Aufl 2003, 489.

9. Höhe und Dauer der Rente und Höhe der Kapitalabfindung können in das **richterliche Ermessen** gestellt **21**
werden, sofern das Klagevorbringen genügende Grundlagen für die Bemessung der Rente enthält, RG 140, 211, 213; BGH NJW 1982, 340; 2002, 302. Die Angabe einer Größenordnung des begehrten Betrages ist wohl nicht erforderlich, BGH 132, 341, 350ff. Unzulässig ist aber ein Antrag auf Rentenzahlung „bis zur Wiederherstellung der Arbeitsfähigkeit", RG DR 1944, 290, oder ein Antrag, der nicht erkennen läßt, ob Rente oder Kapitalabfindung verlangt wird, RG 141, 304. An die vom Kläger vorgenommene Verteilung des Schadensbetrages auf Erwerbsbeeinträchtigung und Vermehrung der Bedürfnisse ist das Gericht nicht gebunden, solange nur der verlangte Gesamtbetrag nicht überschritten wird. Änderung der internen Berechnung durch den Kläger ist daher keine Klageänderung. Ersatz von vorübergehenden **Heilungskosten oder Schmerzensgeld sind gegenüber § 843 selbständige Ansprüche**, RG 149, 157, 167; 170, 37, 39.

Hinsichtlich der erst in Zukunft fällig werdenden Raten ist nach §§ 258f ZPO Klage auf **künftige Leistung** **22**
möglich, wenn sich die für die Höhe der Rente maßgebenden Umstände mit einiger Sicherheit überblicken lassen. Ist das nicht der Fall (und sei es auch nur wegen der Erforderlichkeit einer aufwendigen Begutachtung, BGH NJW 2000, 1256), kann zZ nur auf **Feststellung** der Rentenverpflichtung geklagt werden, sofern nicht eine erhöhte oder verminderte Durchschnittsrente wegen der schwankenden Lohn- und Wirtschaftslage in Betracht kommt, vgl RG JW 1935, 2949. Ist eine Erwerbsbeeinträchtigung erst in der Zukunft zu erwarten (zB bei Verletzungen eines Kindes), ist ebenfalls zunächst nur Feststellungsklage möglich. Ist Feststellungsklage erhoben, kann sie auch auf einen Teil des Schadens erstreckt werden, der an sich schon mit der Leistungsklage gefordert werden könnte, RG 142, 291, 293. Stets setzt ein Feststellungsurteil aber voraus, daß überhaupt noch ein (weiterer) Schaden entstehen kann, RG 142, 291, 294.

Praktisch von erheblicher Bedeutung ist die Möglichkeit, über den Grund der Schadensersatzverpflichtung **23**
durch selbständig anfechtbares **Zwischenurteil** nach § 304 ZPO vorab zu entscheiden. Teure und langwierige Beweisaufnahmen über den Betrag, die bei anderer Beurteilung des Grundes in der höheren Instanz gegenstandslos werden würden, können dadurch erspart werden. Erfahrungsgemäß ergibt sich auch häufig die Möglichkeit einer außergerichtlichen Einigung über die Höhe, wenn der Grund der Ersatzpflicht rechtskräftig bejaht worden ist. Für die Vorabentscheidung ist aber erforderlich, daß ein bestimmter Antrag gestellt oder, wenn die Höhe in das richterliche Ermessen gestellt wird, im Klagevortrag ein bestimmter Betrag als Schaden behauptet wird, RG 93, 152. Auf einen unbezifferten Feststellungsantrag kann kein Grundurteil erlassen werden, BGH NJW 1994, 3295; 2001, 155; 2002, 302. Das Zwischenurteil muß den Klagegrund und alle ihn betreffenden Einwendungen erledigen, BGH 72, 34, 36. Aus Zweckmäßigkeitsgründen kann aber die Entscheidung über die Dauer der Rente dem Betragsverfahren vorbehalten werden (RG 171, 173, 176), sofern dies im Grundurteil besonders ausgesprochen worden ist, BGH 11, 181, 183.

Nimmt die Entwicklung der Umstände, die für die Verurteilung zur Rentenzahlung und für die Bestimmung **24**
ihrer Höhe und Dauer maßgebend waren, einen wesentlich anderen als den vorgestellten Verlauf, können beide Teile **nach § 323 ZPO Abänderung** der Entscheidung, Erhöhung oder Herabsetzung, evtl von völligem Wegfall der Rente erreichen. Voraussetzung ist, daß ein Urteil – oder ein ihm nach § 323 IV ZPO gleichgestellter Titel – auf Rentenzahlung vorliegt. Ist die Klage abgewiesen worden, ist § 323 ZPO nicht anwendbar. Zur Frage, ob und wann statt der Klage aus § 323 ZPO eine neue Klage gem § 258 ZPO (Nachforderungs- oder Zusatzklage) erhoben werden kann, vgl BGH 34, 110. Zur Abänderung einer Kapitalabfindung Rz 19.

Wird die Rente beseitigt, ist es zweckmäßig, das **erste Urteil** ausdrücklich **aufzuheben**, damit der Schuldner **25**
sich nach § 775 Nr 1 ZPO gegen jede weitere Zwangsvollstreckung daraus schützen kann. Veränderungen in der Erwerbstätigkeit oder Erwerbsgelegenheit des Berechtigten, aber auch in den allgemeinen wirtschaftlichen Verhältnissen (zB Änderung der Lohn- und Gehaltssätze, allgemeine Teuerung, Währungsverfall, vgl RG 114, 188, 192), auch Änderung der gesetzlichen Vorschriften, vgl RG DR 1944, 115 (aber nicht bloß: Änderung der rechtlichen Beurteilung, BGH NJW 2001, 3618), können die Klage aus § 323 ZPO begründen. Ob die Änderung der Rspr dafür genügt, ist str, vgl Staud/Vieweg Rz 179 mN. § 323 ZPO liegt vor, wenn der Verletzte durch später eintretende Umstände (zB durch Freiheitsstrafe, Erkrankungen und ähnliches) verhindert wird, einer Erwerbstätigkeit nachzugehen. Die Verheiratung einer wegen Erwerbsbeeinträchtigung rentenberechtigten Frau rechtfertigt die

§ 843　　　　　　　　　　　　　　Einzelne Schuldverhältnisse

Abänderungsklage im allgemeinen nicht, RG JW 1917, 604. Ist die Rente nur wegen Vermehrung der Bedürfnisse festgesetzt worden, kann der spätere Eintritt eines Erwerbsschadens nach § 323 ZPO geltend gemacht werden. Andererseits ist die Klage aus § 323 ZPO nicht gerechtfertigt, wenn die Erwerbsverhältnisse sich gebessert, die Bedürfnisse sich aber entsprechend vermehrt haben.

26　Die Rente ist grundsätzlich **nicht pfändbar**, § 850b I Nr 1 ZPO; anders nur unter den Voraussetzungen des § 850b II ZPO. Die Entscheidung darüber steht ausschließlich dem Vollstreckungsgericht zu. Aus der grundsätzlichen Unpfändbarkeit der Rente folgt die Unzulässigkeit ihrer Abtretung (§ 400), Verpfändung (§ 1274 II) und Aufrechnung (§ 394). Daß materiell die Voraussetzungen für eine Pfändung nach § 850b II ZPO vorliegen, ändert daran nichts. Die Unpfändbarkeit hindert aber nicht, daß der Ersatzpflichtige dem Ersatzanspruch des Geschädigten einen Ausgleichsanspruch wegen eigener Schuld des Verletzten an der Herbeiführung des schädigenden Ereignisses entgegenhält, RG DR 1942, 954. Zur Pfändbarkeit der Kapitalabfindung Staud/Vieweg Rz 183 mN.

844 *Ersatzansprüche Dritter bei Tötung*

(1) Im Falle der Tötung hat der Ersatzpflichtige die Kosten der Beerdigung demjenigen zu ersetzen, welchem die Verpflichtung obliegt, diese Kosten zu tragen.

(2) Stand der Getötete zur Zeit der Verletzung zu einem Dritten in einem Verhältnis, vermöge dessen er diesem gegenüber kraft Gesetzes unterhaltspflichtig war oder unterhaltspflichtig werden konnte, und ist dem Dritten infolge der Tötung das Recht auf den Unterhalt entzogen, so hat der Ersatzpflichtige dem Dritten durch Entrichtung einer Geldrente insoweit Schadensersatz zu leisten, als der Getötete während der mutmaßlichen Dauer seines Lebens zur Gewährung des Unterhalts verpflichtet gewesen sein würde; die Vorschrift des § 843 Abs. 2 bis 4 findet entsprechende Anwendung. Die Ersatzpflicht tritt auch dann ein, wenn der Dritte zur Zeit der Verletzung gezeugt, aber noch nicht geboren war.

1　1. §§ 844, 845 durchbrechen zugunsten bestimmter **mittelbar Geschädigter** den Grundsatz, daß nach §§ 823ff nur derjenige geschützt wird, gegen den sich die unerlaubte Handlung richtet, dh in dessen Recht oder geschütztes Rechtsgut durch das deliktische Verhalten eingegriffen wird.

2　Die Ansprüche nach §§ 844f stehen dem Geschädigten zwar aus eigenem Recht zu, gehören also zB nicht zum Nachlaß des Getöteten, sind aber in ihrer Entstehung **vom Verhalten des unmittelbar Verletzten abhängig**. Für das Mitverschulden des Verletzten regelt dies § 846. Aber auch ein vom Getöteten vereinbarter Haftungsausschluß wirkt gegenüber dem aus §§ 844f Berechtigten, RG 117, 102, 104; BGH VersR 1961, 846. Dasselbe ist für gesetzliche Haftungsbeschränkungen anzunehmen, Staud/Röthel Rz 7 mN. Darüber hinaus gilt § 254 I und II schon seinem Wortlaut nach unmittelbar zu Lasten des Ersatzberechtigten, RG 55, 24, 29ff; BGH 4, 170; BGH NJW 1976, 1501.

3　Wegen ihres Ausnahmecharakters und wegen der fehlenden Rechtsgutsqualität der reinen Vermögenssphäre ist eine **analoge Anwendung** der Vorschriften **nicht möglich**. Dies gilt zB für andere Schäden als den Unterhaltsausfall durch die Aufhebung der Familiengemeinschaft einschließlich der Steuervorteile, BGH NJW 1979, 1501. Deshalb kann die Ehefrau eines infolge einer Körperverletzung arbeitsunfähigen Arbeitnehmers von dem Schädiger auch keinen Ersatz dafür verlangen, daß sie nach dem Tod ihres Mannes eine niedrigere Witwenrente erhält, weil während dessen Arbeitsunfähigkeit keine oder geringere Sozialversicherungsbeiträge entrichtet worden sind, BGH NJW 1986, 984. Andere als die §§ 844f näherstehenden Personen haben keinen Anspruch nach diesen Vorschriften, BGH 7, 30. Nach RG 167, 85, 89 sind §§ 844f zugunsten der Hinterbliebenen eines bei einem Rettungsversuch Verunglückten entsprechend anzuwenden. Diese reine Billigkeitsentscheidung ist jedoch durch die Nothelfer-Unfallversicherung nach § 2 I Nr 13a SGB VII (früher § 539 I Nr 9a RVO) rechtspolitisch überholt.

4　§§ 844f gelten **für alle Tatbestände der §§ 823ff**, also auch bei § 829, RG 94, 220, § 833 S 1 und § 839, RG 94, 102; BGH NJW-RR 1994, 603. Entsprechende Anwendung ist vorgeschrieben in § 618 III und in § 62 III HGB. Im übrigen gelten §§ 844f auf dem Gebiete des Vertragsrechtes nicht, RG 112, 290, 296. Die entgegenstehende Ansicht von MüKo/Stein Rz 8 ist mit dem Ausnahmecharakter der Vorschriften nicht zu vereinbaren. Im öffentlichen Recht gelten die §§ 844f auch im Bereich der Amtshaftung hinaus entsprechend, zB bei Krankenhausbehandlung, RG 112, 290, 296f, und im Rahmen des Aufopferungsanspruchs, BGH 18, 286; 34, 23. Sonderregelungen zu § 844 sind §§ 86, 89 AMG; 28, 30 AtG; 32 IV, VI GenTG; 5, 8 HaftpflG; 35, 38, 53 LuftVG; 7, 9 ProdHG; 10, 13 StVG; 12, 14 UmweltHG.

5　2. Die Anspruchsvoraussetzung der **Tötung** liegt dann vor, wenn der Tod die adäquate Folge irgendeiner unerlaubten Handlung gewesen ist. Der Tod braucht für den Täter nicht einmal vorsehbar gewesen zu sein, vgl BGH NJW 1985, 482: Embolie nach Oberschenkelhalsbruch aufgrund einer fahrlässigen Verkehrspflichtverletzung; vgl auch BGH 132, 39, 42 mN.

6　3. **Beerdigungskosten** (Abs I) hat in erster Linie der Erbe (§ 1968), nach ihm derjenige zu tragen, der dem Getöteten unterhaltspflichtig war (§§ 1615 II, 1360a III, 1361 IV, auch nach § 5 LPartG), ferner nach § 1615m der Vater eines nichtehelichen Kindes gegenüber dessen Mutter und schließlich der Träger der Sozialhilfe (§ 15 BSHG). Diese Verpflichtung besteht unabhängig davon, ob der Verpflichtete auch befugt ist, darüber zu bestimmen, in welcher Weise und in welchem Rahmen die Bestattung erfolgen soll, vgl RG 154, 269; BGH 61, 238. Dem hiernach Verpflichteten sind die Beerdigungskosten unabhängig davon zu ersetzen, daß die Beerdigung zu einem späteren Zeitpunkt ohnehin erforderlich gewesen wäre. Einen Ersatzanspruch aus § 844 I hat auch, wer sich vertraglich verpflichtet hat, die Kosten der Beerdigung zu übernehmen, MüKo/Stein Rz 12.

7　Die Kosten einer **angemessenen**, nicht nur notdürftigen Beerdigung sind zu ersetzen, vgl BGH 32, 72, 73; 61, 238, 239. Dazu gehören insbesondere Aufwendungen für die Überführung der Leiche, sofern die Überführung für eine angemessene Bestattung notwendig erscheint, RG 66, 306; für einen Grabstein, RG 139, 393; nicht aber die Kosten für ein Familiengrab, BGH 61, 238, 240; wohl für Trauerkleidung (Einsparung an anderer Kleidung entsteht dadurch in der Regel nicht; einschränkend aber ua Staud/Röthel Rz 64 mN); dagegen nicht Auslagen für laufende Grab- und Denkmalspflege, BGH 61, 238, 239; sicher auch nicht Kosten für eine wegen des Trauerfalles unterlassene Urlaubsreise, BGH NJW 1989, 2317. Der Anspruch nach § 844 I geht auf den Dienstherrn (§ 87a BBG) oder den Sozialversicherungsträger (§ 116 I SGB X) über, weil die Beerdigungskosten dem **Sterbegeld** kongruent sind. Fehlt eine Legalzession, kommt eine Anrechnung des Sterbegeldes nach dem Rechtsgedanken des § 843 IV nicht in Betracht, vgl BGH NJW 1978, 536.

4. Der **Unterhaltsersatzanspruch** nach Abs II ist ein Schadensersatzanspruch, so daß die Grundsätze der Vorteilsausgleichung auf ihn anzuwenden sind, BGH 56, 389, und dazu Rz 16f. Er ist beschränkt auf den Wegfall gesetzlicher Unterhaltspflichten. Vertragliche Übernahme des Unterhalts genügt daher nicht, BGH NJW 1984, 977. Auf einer gesetzlichen Unterhaltspflicht beruhen aber auch Ansprüche aus einer vertraglichen Unterhaltsabfindung, zB nach dem früheren § 1615e, MüKo/Stein Rz 26. Kraft Gesetzes unterhaltsberechtigt sind Ehegatten (§§ 1360ff bei bestehender, §§ 1569ff nach geschiedener und gemäß § 1318 II nach aufgehobener Ehe), Verwandte in gerader Linie (§§ 1601ff, 1615a), angenommene Kinder und Adoptiveltern (§§ 1751 IV, 1754), Lebenspartner (§§ 5, 12, 16 LPartG) sowie die Mutter gegenüber dem nichtehelichen Vater (§ 1615l) und im Fall des § 1615l V des Vaters gegen die Mutter. Auch der Anspruch auf den schuldrechtlichen Versorgungsausgleich hat den Charakter eines gesetzlichen Unterhaltsanspruchs, MüKo/Stein Rz 27. Zwischen Stiefeltern und Stiefkindern besteht keine gesetzliche Unterhaltsbeziehung, BGH NJW 1984, 977. Eine analoge Anwendung der Vorschriften über den Eheunterhalt auf nichteheliche Gemeinschaften ist nicht möglich, vor § 1353 Rz 13f mN; für eine Erstreckung de lege ferenda mit guten Gründen aber Staud/Röthel Rz 34. Notwendig ist, daß das familienrechtliche Verhältnis, auf dem die Unterhaltspflicht beruht, zZ der Verletzung, nicht erst im Zeitpunkt des Todes bestand. Eine Witwe, die den Mann nach der Verletzung, die später zum Tode führte, geheiratet hat, hat daher keinen Anspruch aus Abs II S 1, BGH 132, 39, 42f. Dagegen tritt die Schadensersatzpflicht auch dann ein, wenn der Dritte **zZ der Verletzung** erzeugt, aber noch nicht geboren war, Abs II S 2. Kein Unterhaltsersatzanspruch entsteht, wenn das Kind durch in-vitro-Fertilisation erst nach dem Tode des Verletzten gezeugt wird. Ein solcher Unterhaltsschaden liegt außerhalb des Schutzbereichs der Verletzungsnorm, da er sonst durch eine nach § 4 I Nr 3 EmbryonenschutzG verbotene Fertilisation herbeigeführt worden ist, aA Deutsch NJW 1991, 721, 723; Staud/Röthel Rz 79.

Ein Anspruch aus Abs II S 1 entsteht nur, wenn das Recht auf den Unterhalt **tatsächlich entzogen** worden ist, dh wenn auch alle sonstigen Erfordernisse für die Unterhaltspflicht gegeben waren. Entzogen wird der Unterhalt erst mit dem Tode des Unterhaltspflichtigen; Unterhaltsrückstände umfaßt daher der Anspruch aus § 844 II nicht, BGH NJW 1973, 1076. Die Unterhaltspflicht unter Verwandten auf- und absteigender Linie setzt Leistungsfähigkeit des Verpflichteten, Bedürftigkeit des Berechtigten voraus, §§ 1602f. War der Getötete noch nicht in der Lage, Unterhalt zu gewähren, hat die Ersatzpflicht in dem Zeitpunkt zu beginnen, in dem er dazu voraussichtlich fähig geworden wäre. Fehlt die Bedürftigkeit anfangs, wird der Schadensersatzanspruch wirksam, sobald sie eintritt. In einem solchen Falle ist einstweilen aber Feststellungsklage zulässig, sofern die Wahrscheinlichkeit, daß der Getötete dem Dritten gegenüber später unterhaltspflichtig geworden wäre, nicht ganz fern liegt. Namentlich ist bei der Tötung eines Kindes Feststellungsklage auf Schadensersatz möglich, wenn eine gewisse Wahrscheinlichkeit dafür besteht, daß der Berechtigte von dem getöteten Kinde Unterhalt hätte erlangen können, vgl BGH 132, 39, 45. Hierbei ist die mutmaßliche Leistungsfähigkeit des Kindes an Hand der zZ der Urteilsfindung bekannten Tatsachen zu prüfen: Alter, Gesundheit, geistige Befähigung, Schul- und Berufsausbildung, Arbeitswilligkeit und Erwerbsmöglichkeit sind zu berücksichtigen, BGH 4, 133; BGH MDR 1954, 160. Vgl hierzu aber die Kritik von MüKo/Stein Rz 21.

Geht die Unterhaltspflicht **auf die Erben** des Getöteten über, §§ 1586b, 1615l III S 5, 16 II S 2 LPartG, wird dem Dritten der Unterhaltsanspruch nicht entzogen, es sei denn, daß die Erben zur Leistung tatsächlich nicht in der Lage sind oder die Zahlung nach erbrechtlichen Vorschriften verweigern können. **Erlischt** dagegen die Unterhaltspflicht mit dem Tode, schließt die dann eintretende gesetzliche Unterhaltspflicht einer anderen Person den Ersatzanspruch nicht aus, § 844 II S 1 iVm § 843 IV, BGH 54, 269; 91, 357 zur Adoption einer Unfallwaisen; vgl aber Rz 17 zur Wiederverheiratung. § 843 IV gilt allerdings nicht, wenn der andere den Unterhalt aus Einkünften bestreiten kann, die ihm als Erben des Getöteten zufließen, vgl München VersR 1967, 190 und Rz 16. Kommt der Sozialhilfeträger für den Unterhalt auf, ohne Regreß nach § 116 SGB X nehmen zu können, führt dies wegen der „Subsidiarität" der Sozialhilfe (§ 2 II BSHG) nicht zum Erlöschen des Anspruchs nach § 844 II aufgrund mangelnder Bedürftigkeit, BGH 115, 228; BGH NJW 1999, 2365.

5. Bei **Bemessung der Unterhaltsrente** ist im Unterschied zum Ersatz für die Erwerbstätigkeit in Haushalt und Familie (§ 843 Rz 6) nicht der tatsächlich geleistete, sondern allein der rechtlich geschuldete Unterhalt maßgeblich, BGH NJW 1974, 1373; 174, 1651; 1979, 1501; 1993, 124; NJW-RR 1988, 1238. Soweit freilich der Getötete seiner Unterhaltspflicht nachweisbar tatsächlich nicht nachgekommen ist, entsteht dem Unterhaltsberechtigten nach der maßgeblichen Differenzhypothese (vor § 249 Rz 25f) kein Schaden, BGH NJW 1974, 1373. Unterhalt ist nach heutigem Eheverständnis regelmäßig auch die Mitarbeit im Beruf oder Geschäft des Ehegatten. Wird sie durch Tötung unmöglich, greift der Unterhaltsersatzanspruch ein, BGH 77, 157; BGH NJW 1984, 979. Soweit die Mitarbeit für den Finanzbedarf der Familie nicht erforderlich ist, bleibt der Wegfall der beruflichen Hilfe ohne Entschädigung, BGH 77, 157, 163. Im übrigen ist nach der Art der Unterhaltsleistung des Getöteten zu unterscheiden:

a) Beim Tod des **Alleinverdieners** ist von dessen Nettoeinkommen auszugehen, da sich der Familienbedarf üblicherweise hieran orientiert, st Rspr BGH VersR 1961, 543; 1971, 717; vgl auch BGH NJW-RR 1990, 706 zu einer Einkommensberechnung brutto für netto bei Erstattung der Steuerbeträge durch das Finanzamt. Dazu gehören auch Vermögenseinkünfte und uU sogar der Verbrauch vorhandenen Vermögens, wenn der Standard der Familie und entsprechende Lebenssituationen (zB Berufsausbildung der Kinder) einen Rückgriff auf diese Geldquellen erfordern, vgl BGH NJW 1974, 1236; 1979, 760 und hierzu Rz 16. Andererseits können Beiträge zur Vermögensbildung uU vom Einkommen abgezogen werden, wenn sie zur angemessenen Alterssicherung angelegt worden sind; dies gebietet schon die Gleichbehandlung von Sozialversicherungsträgern und freiwilliger Alterssicherung, vgl BGH VersR 1971, 717. Bei überdurchschnittlich hohem Einkommen ist regelmäßig eine darüber hinausgehende Vermögensbildung anzunehmen, die dann gleichfalls vom unterhaltsrechtlich maßgebenden Einkommen abzuziehen ist, vgl BGH NJW 1985, 1460 und RGRK/Boujong Rz 44. Aufwendungen für ein Eigenheim zieht der BGH (NJW 1985, 49) faktisch gleichfalls vom Nettoeinkommen ab, weil er unterhaltsrechtlich nur den Mietwert einer nach Ortslage, Zuschnitt und Bequemlichkeit vergleichbaren Wohnung als maßgebend ansieht. Dieser Mittelwert gehört freilich ebenso wie die Kosten für Zeitung, Rundfunk, Fernsehen, Telefongrundgebühr, Pkw-aufwendungen zu den „fixen Kosten", die der Geschädigte vorweg erhalten muß, soweit die Getötete sie getragen hat, BGH VersR 1984, 79. Zu diesen Kosten ie BGH NJW 1988, 2365; NJW-RR 1990, 221 (Erhöhung des Unterhaltsersatzes wegen der Erhöhung der fixen Kostenanteile für ein Eigenheim); BGH 137, 237, 241f. (Kindergartenkosten der hinterbliebenen Kinder als fixe Kosten); weitere Fälle bei Staud/Röthel Rz 117 und zur Abgrenzung 118f. Von dem derart „bereinigten" Einkommen sind sodann **Unterhaltsanteile** zu bilden, die wiederum nach der Lebenssituation der Unterhaltsberechtigten variieren können. Die „Düsseldorfer Tabelle" kann nicht unbesehen zur Berechnung des Barunterhalts übernommen werden, weil die wirtschaftliche Situation einer zusammenlebenden Familie besser ist als bei Getrenntleben oder nach der Scheidung, BGH NJW 1985, 1460. Hinsichtlich des Unterhaltsersatzanspruchs der Witwe, die bisher als Hausfrau tätig war, ist die **Schadensminderungspflicht** nach § 254 II S 1 besonders zu beachten. Nach den Umständen des Einzelfalles kann es zB einer jungen, kinderlosen und arbeitsfähigen Witwe selbst dann zugemutet werden, eine ihrem sozialen Standard angemessene bezahlte Arbeit zu übernehmen, wenn sie bei bestehender Ehe keine solche Berufstätigkeit ausgeübt hätte, BGH NJW 1976, 1501. Führt die Witwe trotz bestehender Obliegenheit zu entgeltlicher Erwerbstätigkeit den Haushalt einer nichtehelichen Lebensgemeinschaft, muß sie sich die hypothetischen Einkünfte aus einer außerhäuslichen Tätigkeit auf den Ersatzanspruch anrechnen lassen, BGH 91, 357; vgl dazu auch Rz 17 und zu weiteren Einzelfällen Staud/Röthel Rz 233 mN. Ist der Anspruch der Witwe nach §§ 846, 254 gemindert, dient die entgeltliche Tätigkeit zunächst voll dem Ausgleich des eigenen Schadensteiles, BGH 16, 265; BGH VersR 1976, 877; NJW-RR 1992, 1050. Dieses Quotenvorrecht gilt auch für Renten, BGH FamRZ 1983, 567; 1986, 1194.

13 b) Beim Tod der **Nur-Hausfrau** (oder des Nur-Hausmannes, vgl auch § 5 S 2 LPartG) ist der Wegfall der hauswirtschaftlichen und erzieherischen Tätigkeiten nach § 1360 S 2 als Entzug von Unterhaltsleistungen anzusehen, nicht von Diensten nach § 845, vgl § 843 Rz 5f. Ausgleich für den weggefallenen Unterhalt ist zunächst durch Einstellung einer Ersatzkraft gleicher Qualifikation und Arbeitszeit wie der Getöteten möglich, vgl BGH 86, 372, 376; 104, 113, 120. Wird von dieser Möglichkeit Gebrauch gemacht, sind die Bruttoaufwendungen anerkanntermaßen Grundlage für die Unterhaltsersatzrente. Behilft sich die Familie ohne eine Ersatzkraft, ist der Schaden „normativ" zu bewerten und auf derselben Grundlage wie der Erwerbsschaden der verletzten Hausfrau zu ersetzen, vgl § 843 Rz 5, 8f. Wie beim eigenen Schaden der Hausfrau wird die Arbeitsleistung zur Eigenversorgung nicht berücksichtigt, BGH 56, 389, 393. Gerade beim Hausfrauenschaden ist jedoch zu beachten, daß der Ersatzanspruch nach § 844 II an den rechtlich geschuldeten Unterhalt anknüpft, nicht an die tatsächlich erbrachte Arbeitsleistung, vgl Rz 11. Die **Methode der Ersatzberechnung** entspricht derjenigen beim Erwerbsschaden: Zunächst ist der Zeitbedarf für eine Ersatzkraft zu berechnen. Die so ermittelte Stundenzahl ist dann mit einem vergleichbaren BAT-Satz zu vergüten, wobei örtliche Besonderheiten berücksichtigt werden können, BGH NJW 1982, 2866. Der BGH legt auch beim Unterhaltsersatzanspruch den Nettolohn zugrunde, der durch einen pauschalen Abschlag von 30 % auf den Bruttolohn geschätzt werden kann, BGH 86, 372. Zur Kritik hieran § 843 Rz 8 und MüKo/Stein Rz 45 mN. Auf der Linie seiner Orientierung am Nettolohn liegt es, wenn der BGH bei Einschaltung von Verwandten zur Haushaltsführung statt der Sätze für professionelle Ersatzkräfte nur eine „voll angemessene Entschädigung" zuerkennt, BGH NJW 1982, 2864; 1985, 1460; 1986, 715. Diese Entschädigung kann bis zum bisherigen Nettoeinkommen der Verwandten aus anderer Erwerbstätigkeit reichen, wenn der Verwandte diese Erwerbstätigkeit zur Übernahme der Haushaltsführung aufgegeben hat und soweit der Betrag die Kosten für eine Ersatzkraft nicht übersteigt, BGH NJW 1986, 715. Die Praxis orientiert sich weitgehend an den Tabellen von Schulz-Borck/Hofmann (§ 842 vor Rz 1); dazu zuletzt Pardey/Schulz-Borck DAR 2002, 289.

14 **Mehrere Hinterbliebene** haben nebeneinander je selbständige Ersatzansprüche und sind nicht Gesamtgläubiger, BGH NJW 1972, 1130. Die Aufteilung auf die einzelnen Gläubiger erfolgt nach dem jeweiligen Unterhaltsbedarf, BGH NJW 1983, 1425; NJW-RR 1988, 66; dazu ie Staud/Röthel Rz 152.

15 c) Bei der **Doppelverdienerehe** werden die Verhältnisse zusätzlich dadurch kompliziert, daß beide Ehepartner Barunterhalt sowie uU Naturalunterhalt schulden. Der Naturalunterhalt der Ehegatten kann nicht einfach gegeneinander verrechnet werden, wenn beide die Haushaltsführung übernommen haben, BGH 104, 113; aA noch BGH NJW 1985, 49. Zur Berechnung des Barunterhalts ist davon auszugehen, daß jeder Verdiener im Rahmen seiner Möglichkeiten nach Abzug der eigenen fixen Kosten zum Familienunterhalt beiträgt, also nicht etwa bei geringem Einkommen nur den eigenen Bar-„Unterhalt" bestreitet und die Beiträge für die gemeinsamen Kinder ganz dem Partner überläßt, BGH NJW 1983, 2315. Instruktive Berechnungsbeispiele gibt Küppersbusch (§ 842 vor Rz 1) Rz 296ff.

16 6. Im Wege der **Vorteilsausgleichung** müssen sich Ehegatten den Unterhaltsersatzanspruch um den Betrag mindern lassen, den sie durch den Wegfall ihrer eigenen Unterhaltspflicht ersparen, BGH 56, 389; BGH NJW 1979, 1501. Hatte der getötete Ehegatte mehr Unterhalt geleistet, als seiner gesetzlichen Pflicht entsprach, ist der

Betrag der anzurechnenden Vorteile entgegen dem oben (Rz 11) wiedergegebenen Grundsatz im Wege einer Billigkeitskorrektur herabzusetzen, BGH NJW 1979, 1501; 1984, 977. Wichtigster Diskussionsgegenstand zur Vorteilsausgleichung bei § 844 II ist der vorzeitige Anfall einer **Erbschaft** oder einer **Lebensversicherung**. BGH 8, 325 hatte hierfür die Faustformel entwickelt, daß die Erträge aus der Erbschaft anzurechnen seien, der Stammwert aber nicht. Später ist diese Formel zutreffend dahin präzisiert worden, daß es wegen der Kongruenz zwischen Schaden und Vorteil entscheidend darauf ankommt, aus welcher Quelle der Unterhalt beim Weiterleben des Unterhaltspflichtigen bestritten worden wäre. Hiernach sind die Erträge aus der Erbschaft keineswegs immer, uU aber außer den Erträgen sogar der Stammwert anzurechnen, BGH NJW 1974, 1236. Diese „**Quellentheorie**" ist auch dann anzuwenden, wenn nicht der Unterhaltsberechtigte selbst, sondern ein anderer Unterhaltspflichtiger (zB die Mutter) die Erbschaft erworben hat und aus ihr nunmehr einen höheren Unterhalt schuldet, BGH NJW 1969, 2008. § 843 IV, auf den § 844 II S 2 verweist, paßt insoweit nicht. Hingegen ist die Vorteilsausgleichung zu versagen, wenn dem Geschädigten eine Lebensversicherung, und zwar eine reine Risiko- wie eine Sparversicherung, anfällt, BGH 73, 109 unter Aufgabe von BGH 39, 249. Denn die Prämien für diese Versicherung wären ohne den Todesfall gerade nicht für den Unterhalt verwendet worden. Veräußert der Geschädigte wegen des Verlusts der Mitarbeit des anderen Ehegatten seinen Betrieb, sind auch die Zinsen aus dem Erlös nicht anzurechnen, BGH NJW 1984, 979. Zu weiteren Einzelfragen Staud/Röthel Rz 211ff.

Ein verwitweter Geschädigter muß sich den Unterhalt, den er nach einer **neuen Heirat** (oder Lebenspartnerschaft, dazu Röthel NZV 2001, 329, 330) beanspruchen kann, auf den Unterhaltsersatzanspruch anrechnen lassen. Dies kann dazu führen, daß der Anspruch auf eine Differenzrente bestehen bleibt. Außerdem kann der ursprüngliche Unterhaltsersatz in vollem Umfang aufleben, wenn die neue Ehe aufgelöst wird, vgl BGH 26, 282, 293f; BGH NJW 1979, 268. Die Eingehung einer **nichtehelichen Lebensgemeinschaft** soll nach BGH 91, 357 demgegenüber nicht ohne weiteres den Unterhaltsersatzanspruch berühren (mit Recht kritisch dazu Lange JZ 1985, 90; für eine entsprechende Gesetzesänderung Staud/Röthel Rz 186). Es kommt jedoch eine Verletzung der Obliegenheit zu entgeltlicher Arbeit nach § 254 II S 1 in Betracht, vgl Rz 12. Im Unterschied zur Anrechnung des Unterhalts aus einer neuen Ehe wird der Unterhalt aufgrund einer Adoption nicht berücksichtigt, vgl Rz 10. **17**

7. Die **Dauer der Rentenzahlung** ist nach § 844 II S 1 durch die mutmaßliche Lebenszeit des Getöteten begrenzt. Hiervon gibt es jedoch zwei Ausnahmen: Bei Kindern wird der Anspruch regelmäßig zunächst nur bis zur Vollendung des 18. Lebensjahres gewährt. Etwaige weitere Ansprüche sind durch ein Feststellungsurteil abzusichern, BGH NJW 1983, 2197. Allerdings muß der Richter bei der Festsetzung einer Unterhaltsrente von vornherein alle für die Bemessung in Zukunft maßgeblichen Faktoren im Rahmen einer Prognose unter Ausnutzung der Möglichkeiten, die ihm § 287 ZPO eröffnet, berücksichtigen, BGH NJW-RR 1990, 962. Ein Ehegatte, dessen mutmaßliche Hinterbliebenenrente nach dem natürlichen Tod des anderen Ehegatten nunmehr durch die Tötung verkürzt oder ausgeschlossen ist, kann für die Zeit nach dem mutmaßlichen natürlichen Tod des Partners eine Art Rentenersatzrente verlangen, BGH 32, 246 und hierzu Herzberg NJW 1990, 2525; Drees VersR 1992, 1169. **18**

8. Zu weiteren **Einzelheiten** des Rentenanspruchs einschließlich des Anspruchsübergangs auf kollektive Schadensträger und zur prozessualen Durchsetzung vgl § 843 Rz 7–10, 13–26; zum Übergang des Beihilfeanspruchs eines Beamtenkindes auf den Dienstherrn des getöteten Elternteiles BGH NJW-RR 1989, 608. **19**

845 *Ersatzansprüche wegen entgangener Dienste*
Im Falle der Tötung, der Verletzung des Körpers oder der Gesundheit sowie im Falle der Freiheitsentziehung hat der Ersatzpflichtige, wenn der Verletzte kraft Gesetzes einem Dritten zur Leistung von Diensten in dessen Hauswesen oder Gewerbe verpflichtet war, dem Dritten für die entgehenden Dienste durch Entrichtung einer Geldrente Ersatz zu leisten. Die Vorschrift des § 843 Abs. 2 bis 4 findet entsprechende Anwendung.

1. § 845 ist durch die neuere Rechtsentwicklung **weitgehend** (nach Kilian NJW 1969, 2006 sogar vollständig) **überholt**. Wie zu § 843 Rz 4f ausgeführt, ist die Tätigkeit im Haushalt einer entgeltlichen Erwerbstätigkeit gleichwertig, ihr Ausfall daher als eigener Erwerbsschaden des Tätigen anzusehen, BGH (GS) 50, 304. Beim Tod des unmittelbar Geschädigten haben seine Familienangehörigen nach § 844 II Anspruch auf Ersatz des entgangenen Naturalunterhalts, BGH 51, 109 und dazu § 844 Rz 13. Jedenfalls hinsichtlich des Ehegatten gilt dasselbe für die Mitarbeit im Beruf oder Geschäft des Partners, BGH 59, 172; 77, 157 und dazu § 844 Rz 11. **1**

2. Als möglicher Anwendungsbereich der Vorschrift bleibt hiernach allein **Dienstleistungen von Kindern** nach § 1619. Von diesem Ausgangspunkt aus hat BGH 69, 380 bei Verletzung eines erwachsenen Sohnes, der in der elterlichen Mühle und Landwirtschaft mitgearbeitet hatte, § 845 zwar herangezogen, die Klage der Mutter aber trotzdem abgewiesen, weil der Sohn seine Arbeitskraft inzwischen als Feinmechaniker anderweitig voll nutzte. Im Ergebnis ist dem zuzustimmen, jedoch nicht, weil der Sohn jederzeit seine Dienste im elterlichen Betrieb aus freien Stücken hätte aufgeben können (so aber BGH aaO 386), sondern wegen des Ausnahmecharakters des § 845, vgl § 844 Rz 1, 3. Die Vorschrift sollte aus Billigkeitsgründen nur eine Lücke im Deliktsschutz schließen, die sich wegen der wirtschaftlichen Verflechtung von Tätigkeiten in der Familieneinheit ergab (vgl treffend BGH 77, 157, 164f). Bei der Verletzung des mitarbeitenden Abkömmlings besteht diese Lücke jedoch nicht, da seine Mitarbeit nach §§ 842f als Erwerbstätigkeit anzusehen ist (§ 842 Rz 1, 4), so daß die Vereitelung des Einsatzes der Arbeitskraft stets als eigener Schaden des Verletzten zu ersetzen ist. Des Umweges über das Selbstbestimmungsrecht des Kindes bedarf es hierfür nicht, anders aber im Ansatz auch BGH NJW 1991, 1226. **2**

3. Der hier vorgeschlagene Begründungsweg versagt bei **Tötung des Abkömmlings**. Da § 1619 eine selbständige Pflicht und keine Unterhaltspflicht begründet, kann § 844 II nicht angewendet werden. Infolgedessen besteht **3**

§ 845   Einzelne Schuldverhältnisse

hier wirklich eine Lücke im Deliktsschutz; vgl auch dazu BGH NJW 1991, 1226. Freilich ist zu beachten, daß bei der Mitarbeit erwachsener Abkömmlinge in aller Regel ein wenigstens konkludent geschlossener Dienst- oder Arbeitsvertrag mit atypischer Entgeltgestaltung anzunehmen ist, dazu ausführlich Fenn, Die Mitarbeit in den Diensten Familienangehöriger, 1970, 176ff. Nur wenn ein solches Vertragsverhältnis nicht vorliegt, kommt § 1619 und somit auch § 845 in Betracht. Die Beistandspflicht nach § 1618a genügt zur Begründung einer Dienstpflicht iSd § 845 jedenfalls nicht, Bamberg NJW 1985, 2724.

4   Soweit hiernach § 845 überhaupt anzuwenden ist, gewährt die Vorschrift einen **Rentenanspruch** in Höhe der laufenden Aufwendungen für eine **Ersatzkraft**, vgl § 843 Rz 7ff und speziell zu § 845 BGH 4, 123, 131. Konsequent zur neueren Entwicklung der Rspr zu §§ 843f wäre vom Nettolohn auszugehen, wenn tatsächlich keine Ersatzkraft eingestellt wird. BGH aaO 132 hatte hingegen zutreffend noch den häufig sogar höheren Wert der Dienstleistung eines Kindes im Vergleich zu einer außenstehenden Kraft betont. Erhält die Ersatzkraft Naturalleistungen, die auch für den Getöteten aufzuwenden waren, wie Verpflegung und Wohnung, sind solche Aufwendungen nach BGH aaO bei der konkreten Schadensberechnung nicht zu berücksichtigen. Wieweit gegenüber der abstrakten Berechnung nach den Kosten einer Ersatzkraft eine Vorteilsanrechnung vorzunehmen ist, ist umstritten. RG 152, 208, 212f hatte dies wegen des Wert- (nicht: Schadens-)Charakters des Anspruchs verneint, die heute wohl hM läßt die Vorteilsausgleichung mit Einschränkungen (zB hinsichtlich des ersparten Unterhalts) zu, vgl ausführlich Staud/Röthel Rz 26ff mN. Im Unterschied zur Rente nach §§ 843f fällt diejenige nach § 845 nicht unter § 850b ZPO und ist daher pfändbar.

846   *Mitverschulden des Verletzten*
Hat in den Fällen der §§ 844, 845 bei der Entstehung des Schadens, den der Dritte erleidet, ein **Verschulden des Verletzten** mitgewirkt, so finden auf den Anspruch des Dritten die Vorschriften des § 254 Anwendung.

1   1. Soweit in den Fällen der §§ 844f ein **Mitverschulden** des geschädigten Dritten vorliegt (zB die Ehefrau unterläßt es schuldhaft, ärztliche Hilfe für den verletzten Ehemann herbeizuholen), kann dieses schon unmittelbar nach § 254 die Haftung ganz oder teilweise ausschließen. § 846 erweitert den Anwendungsbereich des § 254 auf das mitwirkende Verschulden des unmittelbar Verletzten, vgl dazu genauer Bemerkungen zu § 254.

2   2. § 846 enthält einen **allgemein gültigen**, auch sonst entsprechend anwendbaren **Rechtsgrundsatz**, RG 170, 311, 315, vgl § 844 Rz 2 (insbesondere zum vereinbarten Haftungsausschluß). Er gilt deshalb für den Vertrag mit Schutzwirkung für Dritte, RG 81, 214. Begehrt ein Dritter, demgegenüber eine Amtspflicht verletzt worden ist, Schadensersatz, paßt die Vorschrift hingegen nicht, weil der Berechtigte nicht erst „mittelbar" geschädigt worden ist (vgl BGH NJW 1956, 260: Eine Urkundsperson verletzt die Amtspflicht gegenüber dem in einem nichtigen Testament eingesetzten Erben; hier braucht sich der Erbe das Mitverschulden des Testators nicht entgegenhalten zu lassen; anders aber jetzt BGH NJW 1997, 2327 unter Berufung auf § 242). Eine entsprechende Erwägung hat für Schockschäden zu gelten (vgl § 823 Rz 20), soweit sie wegen der psychischen Kausalität als unmittelbare Gesundheitsverletzung anerkannt werden, BGH 56, 163, 168ff gegen RG 157, 11. Der BGH aaO rechnet dem Schockgeschädigten das Mitverschulden des verletzten Angehörigen dennoch nach § 242 an. Für diese Billigkeitskorrektur besteht jedoch kein Anlaß (ebenso Deubner JuS 1971, 622, 625f; kritisch auch Staud/Röthel Rz 8 mN).

847 (aufgehoben)

1   Die Vorschrift über das Schmerzensgeld ist durch das 2. SchadensersatzrechtsänderungsG aufgehoben und in der Fassung des § 253 II Teil des allgemeinen Schadensrechts geworden. Für Fälle vor dem 1. 8. 2002 ist noch § 847 aF anzuwenden, vgl 10. Aufl.

848   *Haftung für Zufall bei Entziehung einer Sache*
Wer zur Rückgabe einer Sache verpflichtet ist, die er einem anderen durch eine unerlaubte Handlung entzogen hat, ist auch für den zufälligen Untergang, eine aus einem anderen Grunde eintretende zufällige Unmöglichkeit der Herausgabe oder eine zufällige Verschlechterung der Sache verantwortlich, es sei denn, dass der Untergang, die anderweitige Unmöglichkeit der Herausgabe oder die Verschlechterung auch ohne die Entziehung eingetreten sein würde.

1   § 848 bestimmt – ähnlich der Regelung beim **Schuldnerverzug** nach § 287 –, daß die Haftung dessen, der aus Deliktsrecht zur Rückgabe verpflichtet ist, regelmäßig auch dann besteht, wenn die Sache durch Zufall verschlechtert oder zerstört worden ist oder aus einem anderen zufällig eingetretenen Umstande nicht herausgegeben werden kann. Ohne die Vorschrift wäre nach § 251 I genauso zu entscheiden, Meincke JZ 1980, 677, aA aber Larenz/Canaris II § 83 IV: Haftung für jede Art von Zufall. Der Zufall muß **die Sache als solche**, dh ihre Substanz treffen. Zufallsschäden, die durch Minderung des Kurswertes von Wertpapieren entstehen, fallen daher nicht unter § 848, RG Recht 1907, 762. § 848 letzter Hs ist einer der Fälle, in denen das hypothetische Eingreifen einer **„Reserveursache"** kraft Gesetzes als Befreiungsgrund anerkannt ist. Die Beweislast trifft den Verpflichteten. Es ist nicht erforderlich, daß derselbe Zufall, der die Sache betroffen hat, auf sie auch bei dem Geschädigten eingewirkt haben würde; irgendein anderer Zufall, der dieselben Folgen gehabt hätte, genügt.

849 *Verzinsung der Ersatzsumme*
Ist wegen der Entziehung einer Sache der Wert oder wegen der Beschädigung einer Sache die Wertminderung zu ersetzen, so kann der Verletzte Zinsen des zu ersetzenden Betrags von dem Zeitpunkt an verlangen, welcher der Bestimmung des Wertes zugrunde gelegt wird.

§ 849 entspricht der Regelung des § 290. Sie gilt auch für Haftungstatbestände außerhalb des BGB, insbesondere nach StVG, BGH 87, 38; zu § 60 InsO Düsseldorf NJW-RR 1989, 1253. Die gesetzlichen Zinsen (§ 246) sind ein **pauschalierter Mindestschadensersatz** für die entgangene Nutzung der entzogenen oder beschädigten Sachen. Bei Sachbeschädigung werden nach § 849 Zinsen nur für die nach Wiederherstellung endgültig verbleibenden Minderwert, nicht jedoch für den Herstellungsbetrag gewährt, BGH LM Nr 2. Die Vorschrift ist auch anwendbar bei Wegnahme von Geld, BGH 8, 288, 298. Die Grundsätze über die **abstrakte Nutzungsentschädigung** nach allgemeinem Schadensrecht (BGH – GS – 98, 212) verdrängen einen Anspruch aus § 849 nur für die Zeit, für die eine solche Entschädigung geltend gemacht wird; zB für einen späteren Zeitabschnitt kann der Zinsanspruch erhoben werden, BGH 87, 38. Mit dem „**Zeitpunkt der Wertbestimmung**" ist nicht der Zeitpunkt der letzten mündlichen Verhandlung in dem Schadensersatzprozeß gemeint, sondern regelmäßig der Zeitpunkt des Eingriffs oder des Schadensereignisses, BGH NJW 1965, 392. 1

850 *Ersatz von Verwendungen*
Macht der zur Herausgabe einer entzogenen Sache Verpflichtete Verwendungen auf die Sache, so stehen ihm dem Verletzten gegenüber die Rechte zu, die der Besitzer dem Eigentümer gegenüber wegen Verwendungen hat.

Vgl §§ 994–1003. Wegen seines Anspruchs auf Ersatz von Verwendungen hat der Verpflichtete ein **Zurückbehaltungsrecht**. Anders nur, wenn er die Sache durch vorsätzlich begangene unerlaubte Handlung erlangt hat, §§ 273 II, 1000 S 2. 1

851 *Ersatzleistung an Nichtberechtigten*
Leistet der wegen der Entziehung oder Beschädigung einer beweglichen Sache zum Schadensersatz Verpflichtete den Ersatz an denjenigen, in dessen Besitz sich die Sache zur Zeit der Entziehung oder der Beschädigung befunden hat, so wird er durch die Leistung auch dann befreit, wenn ein Dritter Eigentümer der Sache war oder ein sonstiges Recht an der Sache hatte, es sei denn, dass ihm das Recht des Dritten bekannt oder infolge grober Fahrlässigkeit unbekannt ist.

§ 851 bezweckt den **Schutz des gutgläubigen Ersatzpflichtigen**, der Ersatz für Entziehung oder Beschädigung einer beweglichen Sache zu leisten hat. Die Vorschrift ähnelt den §§ 405ff zum Schuldnerschutz, knüpft den Schutz aber an den Besitz und begrenzt ihn daher wie § 932 auf leichte Fahrlässigkeit des Schuldners. Für das grobe Verschulden des Schuldners zum Zeitpunkt der Ersatzleistung ist allerdings der Ersatzberechtigte beweispflichtig. Von entscheidender praktischer Bedeutung ist, ob der Schädiger bei einem Kfz-Unfall an den durch den Kfz-Brief ausgewiesenen (Schein-)Berechtigten geleistet hat, dazu genauer Staud/Viewg Rz 10 mN. Der Ersatzpflichtige wird abgesehen hiervon regelmäßig frei, wenn er den Ersatz an denjenigen leistet, der Besitzer der Sache im Zeitpunkt der Entziehung oder Beschädigung war. Das Verhältnis zwischen Besitzer und wirklich Berechtigtem bestimmt sich nach § 816 II. 1

852 *Herausgabeanspruch nach Eintritt der Verjährung*
Hat der Ersatzpflichtige durch eine unerlaubte Handlung auf Kosten des Verletzten etwas erlangt, so ist er auch nach Eintritt der Verjährung des Anspruchs auf Ersatz des aus einer unerlaubten Handlung entstandenen Schadens zur Herausgabe nach den Vorschriften über die Herausgabe einer ungerechtfertigten Bereicherung verpflichtet. Dieser Anspruch verjährt in zehn Jahren von seiner Entstehung an, ohne Rücksicht auf die Entstehung in 30 Jahren von der Begehung der Verletzungshandlung oder dem sonstigen, den Schaden auslösenden Ereignis an.

1. Bis zum SchuldModG enthielt § 852 aF vor allem die Verjährungsregelung für Ansprüche aus unerlaubter Handlung. Hierfür gelten nunmehr die allgemeinen Vorschriften §§ 195, 199 und für die Hemmung §§ 203ff. Wie schon § 852 III aF gewährt jetzt § 852 nF dem Deliktsopfer einen **Bereicherungsanspruch**, für den nach dem neu eingefügten S 2 eine vom Deliktsrecht unabhängige **eigene Verjährungsfrist** gilt. Sie entspricht der Fristregelung, die für Deliktsansprüche ausnahmsweise in Fällen der „objektiven" Anknüpfung in § 199 III vorgesehen ist. 1

Der Anspruch aus § 852 hat wie der verjährte Anspruch aus § 823ff **deliktsrechtlichen Charakter**. Will der Täter gegen den Anspruch aus § 852 aufrechnen, steht dieser Gestaltung deshalb § 393 entgegen, BGH 68, 90, 95. Ohne die Regelung des § 852 III aF hätte zweifelhaft sein können, ob der Ersatzpflichtige nach Ende der Verjährungsfrist auch dann zur Herausgabe der Bereicherung verpflichtet war, wenn ausnahmsweise die Voraussetzungen des § 812 nicht vorlagen, weil der Schädiger den Vorteil weder durch Leistung des Geschädigten noch durch Eingriff in eine Position des Geschädigten mit Zuweisungsgehalt erlangt hatte. So lag zB der Fall, daß der Schädiger durch eine unberechtigte Schutzrechtsverwarnung gegenüber dem Geschädigten seine Umsätze zu Lasten des Geschädigten gesteigert hatte, vgl § 823 Rz 55. Hierzu hat BGH 71, 86, 89ff (ebenso BGH 98, 77, 83f; 130, 288, 297) mit Recht entschieden, daß § 852 III aF eine Beschränkung des (fortbestehenden) Deliktsanspruchs auf die Bereicherung anordnete, keine Rechtsgrundverweisung auf §§ 812ff, die ohnehin überflüssig gewesen wäre. Durch die Angleichung der Verjährungsfristen für unerlaubte Handlung und ungerechtfertigte Bereicherung trifft diese Voraussetzung zwar nicht mehr zu. Der Gesetzgeber der Schuldrechtsmodernisierung ist jedoch der Ein- 2 schätzung des § 852 III aF als Rechtsfolgenverweisung gefolgt (BT-Drucks 14/6040, 270). Deshalb ist auch § 852 nF als besonderer deliktsrechtlicher Anspruch mit bereicherungsrechtlichem Inhalt anzusehen, ebenso Staud/Vieweg Rz 17ff mN.

853 *Arglisteinrede*

Erlangt jemand durch eine von ihm begangene unerlaubte Handlung eine Forderung gegen den Verletzten, so kann der Verletzte die Erfüllung auch dann verweigern, wenn der Anspruch auf Aufhebung der Forderung verjährt ist.

1   1. § 853 ist ein Anwendungsfall des Einwandes der unzulässigen Rechtsausübung **(exceptio doli)**. Dieser Einwand besteht schon aufgrund des § 242, kann gemäß § 853 aber auch noch nach der Verjährung des Anspruchs auf Aufhebung der Verbindlichkeit gemäß § 249 I erhoben werden. Wenn der Verletzte bei einem durch arglistige Täuschung zustande gekommenen Vertrag die Erfüllung gemäß § 853 verweigern will, kann der Ersatzpflichtige seinerseits das von ihm Geleistete zurückfordern. Will der Verletzte dies vermeiden, muß er an dem Vertrage festhalten, vgl RG 130, 215.

2   2. § 853 ist auch dann anzuwenden, wenn der Geschädigte die Anfechtungsfrist des § 124 (vgl RG 79, 194, 197; BGH NJW 1979, 1983) oder die Frist nach §§ 133 I 1, 135 Nr 1, 2, 146 I InsO (vgl RG 84, 225, 227 zu § 41 I KO) versäumt hat. Nach Ablauf dieser Fristen bis zum Eintritt der Verjährung des Deliktsanspruchs hat der Geschädigte ohnehin noch den Anspruch aus §§ 823, 826, 249 I, so richtig Staud/Vieweg Rz 4.

Gesetz über die Haftung für fehlerhafte Produkte
(Produkthaftungsgesetz – ProdHaftG)

Vom 15. Dezember 1989 (BGBl. I S. 2198)
Zuletzt geändert durch das Zweite Gesetz zur Änderung schadensersatzrechtlicher Vorschriften
vom 19. Juli 2002 (BGBl. I S. 2674)

Vorbemerkung

1. Grundlagen der Gesetzesentwicklung. Durch das ProdHaftG ist die Richtlinie der EG zur Angleichung der 1 Haftung für fehlerhafte Produkte (ABl EG L 210/29–33 v 7. 8. 1985 – 85/374/EWG) in deutsches Recht umgesetzt worden. Die **Richtlinie** ihrerseits stützt sich vor allem auf Art 100 EWG-Vertrag aF (94. nF). Die Zweifel an der Rechtsgrundlage im Europarecht (MüKo/Cahn vor § 1 ProdHaftG Rz 5 mN Fn 24f) dürften jedenfalls für den Rechtszustand nach Umsetzung in nationales Recht keine Bedeutung mehr haben. Maßgeblicher rechtspolitischer Gedanke ist die Angleichung des **Verbraucherschutz**-Niveaus in den Mitgliedsstaaten. Die Notwendigkeit einer Rechtsangleichung soll sich nach der Präambel zur Richtlinie außerdem aus folgenden Zielsetzungen ergeben: Wettbewerbsverfälschungen durch unterschiedliche Kostenbelastungen infolge verschiedener Produkthaftungssysteme sollen ausgeglichen werden und die Beeinträchtigungen des freien Warenverkehrs überhaupt durch unterschiedliche Rechtsregeln sollen beseitigt werden. Diese Gesichtspunkte treten aber schon in der Amtlichen Begründung zum Entwurf des deutschen ProdHaftG gegenüber dem Verbraucherschutz zurück, vgl BT-Drucks 11/2447. Wenn es auf die Verwirklichung des Verbraucherschutzes ankommt, tritt die Gewährleistung eines Mindeststandards gegenüber dem Angleichungs- und Vereinheitlichungsziel in den Vordergrund. Hierdurch ist vor allem die Regelung des § 15 ProdHaftG gerechtfertigt, wonach weitergehende (Schutz-)Vorschriften des traditionellen Rechts weiterhin anwendbar bleiben. Freilich ist hiernach festzustellen, daß die Ziele der Richtlinie mit dem ProdHaftG kaum vollständig erreicht werden können, MüKo/Cahn vor § 1 Rz 4 mN Fn 15ff und dazu Schaub, Jahrb junger Zivilrechtswissenschaftler 1997, 69, 85 mN.

2. Regelungsgehalt. Die **zentrale Vorschrift** des ProdHaftG ist die Haftungsgrundlage in § 1. Aus den Mate- 2 rialien (BT-Drucks aaO) ergibt sich, daß hiermit wohl eine **Gefährdungshaftung** eingeführt werden sollte. Schon die Begründung zum Regierungsentwurf hat jedoch im Gegensatz zum Referentenentwurf die farblose Bezeichnung „Haftung ohne Verschulden" gewählt. In der wissenschaftlichen Diskussion (dazu ausführlich Staud/Oechsler Einl ProdHaftG Rz 27ff) ist die Rechtsnatur der Haftung nach dem Gesetz heftig umstritten. Dort ist auch von Unrechtshaftung und sogar von Verschuldenshaftung die Rede, vgl den Überblick bei Marburger AcP 192, 1, 10ff sowie Kötz FS Lorenz 1991, 109ff; v Westphalen, Produkthaftungshdb II § 71 Rz 7ff mN; vgl auch MüKo/Cahn § 1 Rz 2 mN insbesondere Fn 2, 3. Die Unklarheit der Einordnung ergibt sich daraus, daß § 1 I zwar die Haftung allein wegen der Fehlerhaftigkeit des Produktes eintreten läßt, der Hersteller sich aber durch den Beweis, daß ein Ausschlußtatbestand nach § 1 II oder III vorliegt, entlasten kann; und diese Tatbestände enthalten mindestens teilweise (vgl II Nr 4 und 5) Exkulpationselemente. Dies war aber auch zB bis zum 2. SchadensersatzrechtsänderungsG bei der Gefährdungshaftung nach § 7 StVG bei einem Kraftfahrer, der alle erdenkliche Sorgfalt angewendet hat, der Fall, so daß die Einordnungsfrage insgesamt eher davon abhängt, welchem Abschnitt der gesetzlichen Regelung man größeres Gewicht gibt. Für die Gesetzesanwendung ist es jedenfalls entscheidend, neben der objektiven Anknüpfung der Haftung nach § 1 I stets die Ausschlußmöglichkeiten nach § 1 II und III mit zu bedenken. Weitergehende praktische Bedeutung hat die systematische Einordnung nach dem gegenwärtigen Erkenntnisstand nicht, ebenso Pal/Thomas § 1 Rz 1.

Die systematische Nähe zu einer Haftung aus vermutetem Verschulden zeigt allerdings, daß die Haftung auf der 3 Grundlage des § 1 eng mit der **allgemeinen deliktischen Produzentenhaftung**, wie sie die Rspr entwickelt hat, verwandt ist. Daher ist auch der Gewinn, den das Gesetz für potentielle Geschädigte bedeutet, recht gering. Im wesentlichen enthält nur die Ausweitung des Herstellerbegriffes in § 4 eine Verbesserung für den Geschädigten. Der von der Haftung nach dem ProdHaftG zweifelsfrei erfaßte „Ausreißer" spielt in der Diskussion über die deliktische Produzentenhaftung fast nur eine theoretische Rolle als Ausschlußfall, vgl aber immerhin BGH 129, 353, 357f; sogar für eine Erleichterung der Beweisführungslasten des Herstellers nach §§ 823ff wegen des ProdHaftG Marburger AcP 192, 15f. Sonst bleibt das Gesetz vielfach hinter der deliktischen Haftung zurück: Schon der Kreis der geschützten Rechte und Rechtsgüter ist nach § 1 I enger als nach § 823 BGB, da „sonstige Rechte" nicht erfaßt werden. Sachschäden an Gegenständen beruflicher oder gewerblicher Nutzung werden gleichfalls nicht ersetzt, § 1 I S 2. Von der Haftung überhaupt ausgenommen waren zunächst noch landwirtschaftliche Erzeugnisse sowie Fischerei- und Jagderzeugnisse, § 2 S 2 aF, der aber aufgrund der Richtlinie 1999/34/EG v 10. 5. 1999 ABl EG 1999 L 141/20 durch G vom 2. 11. 2000 (BGBl I 1478) gestrichen worden ist. Der Ersatz für Personenschäden ist nach § 10 durch einen Höchstbetrag, der Ersatz für Sachschäden nach § 11 durch einen Selbstbehalt beschränkt. Erhöht worden ist das Schutzniveau jedoch durch die Einfügung des Schmerzensgeldes in § 8 S 2. Hiermit ist ein wichtiger „Anreiz" für das Ausweichen in die Verschuldenshaftung (Rz 6) seit 1. 8. 2002 hinfällig.

Neben diesen Vorschriften ist die wichtigste Einzelregelung des Gesetzes § 3 mit der Definition des Fehlers. Sie 4 stimmt weitgehend mit der Typisierung in der deliktsrechtlichen Diskussion überein, umfaßt allerdings nur die drei Kategorien des Konstruktions-, Fabrikations- und Instruktions-(= Darbietungs-)Fehlers. Im ProdHaftG nicht geregelt ist hingegen der Bereich der **Produktbeobachtung**, der nachträglichen Warnung und des Rückrufs, dazu § 823 Rz 119. Deshalb dürften aber weder der Richtliniengeber noch der nationale Gesetzgeber Tadel verdienen: Die theoretische Grundlage und die praktische Erfahrung mit den einschlägigen Sachverhalten sind wohl noch

ProdHaftG Vor § 1 Produkthaftungsgesetz

nicht so gesichert, daß eine durchdachte gesetzliche Regel möglich wäre. Eine öffentlich-rechtliche Pflicht zu Produktbeobachtung und daraus folgend zu Warnung und Rückruf ergibt sich aber aus § 4 II Nr 2 **Produktsicherheitsgesetz**. Über § 823 II hat diese Regelung auch privatrechtliche Bedeutung, Foerste in v Westphalen aaO § 91 Rz 13ff. Schon wegen der Tendenz, Gefährdungshaftungsgesetze eng zu interpretieren (vgl auch Rz 5), bleiben somit für die Produktbeobachtung und deren Folgen allein die Anspruchsgrundlagen aus Gewährleistungsrecht und Deliktsrecht maßgeblich. Nur in begrenztem Umfang besteht auch die Möglichkeit, eine Abfallhaftung als Produkthaftung in einem weiteren Sinne unter das ProdHaftG zu bringen, vgl § 2 Rz 2 aE und zur allgemeinen deliktsrechtlichen Produzentenhaftung § 823 Rz 120.

5   **3. Auslegungsgrundsätze.** Das ProdHaftG ist zwar innerstaatliches deutsches Recht. Da es jedoch eine EG-Richtlinie umsetzt, muß es nach einem feststehenden Grundsatz des EuGH (EuGHE 1984, 1891, 1909 und dazu zB Grundmann ZEuP 1996, 399ff) **im Lichte** des Wortlauts und des Zwecks der **europäischen Richtlinie** ausgelegt werden, Staud/Oechsler Einl ProdHaftG Rz 43ff mN. Wichtigste Auslegungshilfe sind die Erwägungsgründe zur Richtlinie. Daneben ist es im Sinne des Vereinheitlichungsgebots, daß auch Auslegungsergebnisse anderer Mitgliedsstaaten herangezogen werden, MüKo/Cahn vor § 1 Rz 8, zu dem allen auch Schaub (Rz 1), insbesondere 81ff. Dies schließt nicht aus, daß der nationale Gesetzgeber das Vereinheitlichungsziel mit eigenen Absichten zur Klarstellung oder zur Integration in das vorhandene Recht verbunden hat. Insofern ist zu erwägen, ob das ProdHaftG auch zur Korrektur der richterrechtlichen Produzentenhaftung nach §§ 823ff BGB herangezogen werden kann, so Marburger AcP 192, 9f zur Überwindung der kaum durchschaubaren Grundsätze der Rspr über die „weiterfressenden Schäden", vgl § 823 Rz 124f.

6   **4. Konkurrenzen.** Die Anwendung des ProdHaftG auf Arzneimittel ist nach § 15 S 1 ausgeschlossen; insofern ist das AMG, das in § 84 gleichfalls eine Gefährdungshaftung enthält, allein maßgeblich. Nach § 15 II besteht hingegen zu anderen Schadensersatzansprüchen **Anspruchskonkurrenz**, insbesondere also zur Produzentenhaftung nach § 823 BGB, vgl § 823 Rz 108ff. Darüber hinaus ist die Haftung nach dem ProdHaftG Teil der außervertraglichen Haftung, für die §§ 823ff BGB die Funktion einer allgemeinen (Auffang-)Regelung haben. Daher sind zB auf Haftungsfälle mit unklarer Verursachung durch mehrere Hersteller fehlerhafter Produkte oder Produktteile § 830 I S 2 BGB und auf den Gerichtsstand § 32 ZPO anzuwenden; internationalprivatrechtlich gelten Art 40ff EGBGB, vgl MüKo/Cahn vor § 1 Rz 9, auch zur Anwendung des EuGVÜ. Gerade bei der Produkt- und Produzentenhaftung ergeben sich freilich besondere Probleme, vor allem durch das typische Auseinanderfallen von Handlungs- und Erfolgsort, vgl grundlegend Wandt, Internationale Produkthaftung, 1995; Überblick bei Staud/Oechsler Einl zum ProdHaftG Rz 61ff. – Eine Anspruchskonkurrenz mit Vorschriften des UmweltHG dürfte schon vom Sachverhalt her kaum in Frage kommen, höchstens eine Art „Realkonkurrenz", wenn eine Produktionsanlage sowohl schädliche Emissionen verursacht als auch schädliche Produkte ausstößt, die vom Hersteller auf den Markt gebracht werden.

1 *Haftung*
(1) Wird durch den Fehler eines Produkts jemand getötet, sein Körper oder seine Gesundheit verletzt oder eine Sache beschädigt, so ist der Hersteller des Produkts verpflichtet, dem Geschädigten den daraus entstehenden Schaden zu ersetzen. Im Falle der Sachbeschädigung gilt dies nur, wenn eine andere Sache als das fehlerhafte Produkt beschädigt wird und diese andere Sache ihrer Art nach gewöhnlich für den privaten Ge- oder Verbrauch bestimmt und hierzu von dem Geschädigten hauptsächlich verwendet worden ist.
(2) Die Ersatzpflicht des Herstellers ist ausgeschlossen, wenn
1. er das Produkt nicht in den Verkehr gebracht hat,
2. nach den Umständen davon auszugehen ist, daß das Produkt den Fehler, der den Schaden verursacht hat, noch nicht hatte, als der Hersteller es in den Verkehr brachte,
3. er das Produkt weder für den Verkauf oder eine andere Form des Vertriebs mit wirtschaftlichem Zweck hergestellt noch im Rahmen seiner beruflichen Tätigkeit hergestellt oder vertrieben hat,
4. der Fehler darauf beruht, daß das Produkt in dem Zeitpunkt, in dem der Hersteller es in den Verkehr brachte, dazu zwingenden Rechtsvorschriften entsprochen hat, oder
5. der Fehler nach dem Stand der Wissenschaft und Technik in dem Zeitpunkt, in dem der Hersteller das Produkt in den Verkehr brachte, nicht erkannt werden konnte.
(3) Die Ersatzpflicht des Herstellers eines Teilprodukts ist ferner ausgeschlossen, wenn der Fehler durch die Konstruktion des Produkts, in welches das Teilprodukt eingearbeitet wurde, oder durch die Anleitungen des Herstellers des Produkts verursacht worden ist. Satz 1 ist auf den Hersteller eines Grundstoffs entsprechend anzuwenden.
(4) Für den Fehler, den Schaden und den ursächlichen Zusammenhang zwischen Fehler und Schaden trägt der Geschädigte die Beweislast. Ist streitig, ob die Ersatzpflicht gemäß Absatz 2 oder 3 ausgeschlossen ist, so trägt der Hersteller die Beweislast.

1   **1. Zweck der Vorschrift und Überblick.** Abs I enthält die Anspruchsvoraussetzung verschuldensunabhängiger **Gefährdungshaftung** für fehlerhafte Produkte, vgl vor § 1 Rz 2 mN. In den Abs II und III sind demgegenüber Anspruchsausschlußgründe geregelt, für die der Hersteller aber nach Abs IV die Beweislast trägt. Im Gegensatz zum allgemeinen Deliktsrecht kann sich der Hersteller insbesondere nicht darauf berufen, daß er Hilfspersonen sorgfältig ausgewählt und überwacht habe, seien es Gehilfen im eigenen Betrieb oder außenstehende Zulieferer. Andererseits haftet der Hersteller nicht schlechthin für Schäden bei Gebrauch eines von ihm hergestellten Produktes; vielmehr muß der Schaden durch einen **Fehler** des Produkts verursacht worden sein, vgl § 3. Selbst wenn diese Voraussetzung erfüllt ist, genügt nicht jeder Schaden; erforderlich ist eine Verletzung der in § 1 I abschließend aufgezählten Rechte oder Rechtsgüter.

2. Rechtsgutsverletzung nach Abs I und weitere Anspruchsvoraussetzungen. Regelungstechnisch knüpft 2 Abs I an § 823 I an: Wie dort ist Schadensersatz bei Verletzungen **des Lebens, des Körpers und der Gesundheit** zu leisten, freilich nur bis zum Höchstbetrag nach § 14. Ferner sieht Abs I Ersatz bei **Sachbeschädigung** vor. Dieser Begriff ist weiter als die Eigentumsverletzung nach § 823 I, hat aber wegen der weiteren Merkmale des Tatbestandes (Rz 3, 4) deutlich geringere Bedeutung. Die Sachbeschädigung umfaßt auch beschränkte dingliche Rechte, Anwartschaftsrechte und das Recht zum Besitz, MüKo/Cahn Rz 5. Ausgeschlossen ist hiernach wie bei § 823 I vor allem der Ersatz primärer Vermögensschäden, zB des Äquivalenzinteresses beim Erwerb fehlerhafter Produkte, vgl demgegenüber auch zur „Funktionalisierung" des Eigentumsschutzes § 823 Rz 29ff. Ein Schutz des Gewerbebetriebes kommt schon wegen der Beschränkung auf den privaten Ge- oder Verbrauch nicht in Betracht. Auch die Freiheitsverletzung aus dem Katalog des § 823 I BGB ist nicht in § 1 übernommen worden. Wie nach § 823 I BGB sind nur kausale Schäden ersatzfähig. Zwischen dem Fehler und dem Schaden muß also äquivalente und adäquate Kausalität bestehen, und der Schaden muß im Schutzbereich der „Garantie" der Fehlerfreiheit liegen, Staud/Oechsler Rz 33 mN; enger aber M. Wolf, FS Lange 1992, 779, 787ff. Zum Problem der Entschädigung von abstrakten Gebrauchsvorteilen bei richtlinienkonformer Auslegung (im Ergebnis bejahend) v Westphalen, Produkthaftungshdb II § 71 Rz 28ff.

3. Insbesondere: Haftung für Sachschäden, Abs I. Der Ausschluß des **Äquivalenzinteresses** wird durch die 3 Formulierung des Abs I S 2 unterstrichen. Hiernach führt die Fehlerhaftigkeit eines Teils des Produkts zum Ersatz für Schäden außerhalb des Produktes selbst. Dieses Ergebnis ist mit Hinweis auf § 2 S 1 in Zweifel gezogen worden (vor allem von Sack VersR 1988, 439, 444), jedoch zu Unrecht: § 2 S 1 stellt nur klar, daß ein Teilprodukt ebenfalls zur Haftung nach diesem Gesetz führt, obwohl es ja nicht unmittelbar zu privatem Ge- oder Verbrauch bestimmt ist, sondern zum gewerblichen Zweck des Einbaus in Produkte des Endherstellers. § 2 S 1 schließt somit die Lücke zwischen der Zweckbestimmung der Sache nach § 1 I S 2 und der Haftung des Teileherstellers nach § 4 I, die sonst leerliefe. Ein Ersatz für „Weiterfresserschäden" ist nach dem ProdHaftG somit ausgeschlossen, Marburger AcP 192, 6ff mN, ferner MüKo/Cahn Rz 10; Soergel/Zeuner Rz 2; aA v Westphalen aaO § 72 Rz 16ff (unter Aufgabe seiner früheren Auffassung); weitere Lit bei MüKo/Cahn Fn 35ff; Staud/Oechsler Rz 10 (dort Rz 19f eine differenzierende Lösung). Die bewußte Entscheidung des nationalen Gesetzgebers ist zugleich ein Argument gegen die problematische Rspr zu § 823 BGB, vgl § 823 Rz 124 (auch zur abweichenden Ansicht von J. Hager).

Die **Privatnützigkeitsklausel** des Abs I S 2 ist doppelt gefaßt: Die geschädigte Sache (nicht: das Produkt) muß 4 sowohl zum privaten Ge- oder Verbrauch bestimmt als auch tatsächlich so verwendet worden sein. Auf die Eigenschaft des Geschädigten kommt es hierbei nicht an; auch die private Nutzung durch Freiberufler oder Gewerbetreibende wird geschützt. Bei Sachen mit Doppelfunktion (zB teils privat, teils beruflich genutzter Pkw) kommt es zunächst auf die „gewöhnliche" Bestimmung an. Daß diese Bestimmung „ihrer Art nach" objektiv gegeben sein muß, verweist auf wirtschaftliche Begriffe wie Konsumgüter im Gegensatz zu Investitionsgütern. Pkw und PC gehören hiernach zu den in Frage kommenden Sachen, auch wenn sie in erheblichem Umfang nicht privat eingesetzt werden. Gerade deshalb muß kumulativ die weitere Voraussetzung erfüllt sein, daß die beschädigte Sache tatsächlich ganz überwiegend privat verwendet worden ist. Ist die Sache dann „zufällig" gerade im Augenblick der Schädigung zB beruflich genutzt gewesen (Privat-Pkw auf Dienstfahrt), steht dies dem Ersatz nicht entgegen, MüKo/Cahn Rz 16 mN. Umgekehrt fällt der Schaden an dem Berufsfahrzeug eines Rechtsanwalts auch dann nicht unter das ProdHaftG, wenn er bei einer privaten Urlaubsfahrt entstanden ist.

4. Ausschluß der Haftung nach Abs II. Selbst wenn ein Schadensersatzanspruch nach § 1 I begründet ist, 5 kann sich der Hersteller ua nach Abs II unter fünf verschiedenen Voraussetzungen entlasten, die sich aus dem Verhalten des Herstellers, den Eigenschaften des Produktes oder der Art des Fehlers ergeben.

Nr 1 schließt die Haftung aus, wenn der Hersteller das Produkt **nicht in den Verkehr gebracht** hat. Dies ist zB 6 bei Diebstahl oder sonstigem unfreiwilligem Besitzverlust der Fall. Positiv ausgedrückt, haftet der Hersteller, wenn er das Produkt willentlich (und sei es auch irrtümlich, MüKo/Cahn Rz 19; Rolland, Produkthaftungsrecht, 1990 Rz 89) aus seinem Herstellungsbereich herausgegeben hat. Es kommt insoweit also nicht auf das Gesetzesziel des Verbraucherschutzes an: Auch der Fahrer des Händlers, der das Produkt zum Weiterverkauf vom Hersteller abholen läßt, ist bei Vergiftung oder Explosion durch das Produkt geschützt, MüKo/Cahn Rz 21 mN Fn 55. Der Endhersteller und der Quasi-Hersteller hat das Produkt in den Verkehr gebracht, wenn er es Dritten nicht nur vorübergehend zugänglich gemacht hat, also nicht nur bei Auslieferung zum Verkauf von der ersten Handelsstufe an, sondern auch etwa bei Auslieferung zu einer Ausstellung. Der Teilhersteller bringt das Produkt durch Lieferung an den Endhersteller in den Verkehr. Der Importeur haftet nicht, solange er das Produkt noch im eigenen Organisationsbereich hält. Ein Versandhändler, der als Quasi-Hersteller auftritt, haftet vom Beginn des Transportes an.

Nr 2 führt zur Haftungsbefreiung, wenn das Produkt zu dem auch für Nr 1 maßgeblichen Zeitpunkt („Inverkehr- 7 bringen") **noch fehlerfrei** war. Für Konstruktionsfehler scheidet diese Möglichkeit von vornherein aus, für Instruktionsfehler wird sie nur in seltenen Fällen in Frage kommen, vgl MüKo/Cahn Rz 28; v Westphalen aaO § 81 Rz 10. Im wesentlichen besteht die Entlastungsmöglichkeit nur bei Schäden, die auf Fabrikationsfehlern beruhen könnten. Um dies auszuschließen, kann eine „Statussicherung" des Herstellers (vgl BGH 104, 323; BGH NJW 1993, 528; 1994, 1594) sinnvoll sein. Andernfalls müßte der Hersteller beweisen, daß der Schaden durch Einwirkung Dritter, durch Transportschäden oder durch unsachgemäßen Gebrauch beim Benutzer oder Konsumenten entstanden ist. Denkbar ist im Zusammenhang mit der zuletzt genannten Möglichkeit auch eine Entlastung, weil der Schaden durch den üblichen Verschleiß eingetreten ist. Bei vorzeitigem Verschleiß hingegen haftet der Hersteller. Die Formulierung „nach den Umständen davon auszugehen ist" reduziert das Beweismaß gegenüber der nach deutschem Recht üblichen an Sicherheit grenzenden Wahrscheinlichkeit auf eine hohe Wahrscheinlichkeit, MüKo/Cahn Rz 32 mN Fn 79.

ProdHaftG § 1 Produkthaftungsgesetz

8 Nr 3 hilft dem Hersteller, wenn er das Produkt **nicht zu kommerziellen oder beruflichen Zwecken** (und dadurch auch mit der Möglichkeit, die Produkthaftung durch Preiskalkulation und Versicherung „aufzufangen") hergestellt oder (in der zweiten Alternative) vertrieben hat. In der ersten Alternative fehlt die Absicht, durch Verkauf, Vermietung, Verpachtung uä oder auch nur mittelbar zB durch Werbegeschenke letztlich wirtschaftlichen Gewinn zu erzielen. Maßgeblicher Zeitpunkt hierfür ist die Herstellung oder der Import, nicht das Inverkehrbringen. Dieser Unterschied zu Nr 1 und 2 überzeugt kaum. Eine Berichtigung dürfte aber angesichts des Charakters der Produkthaftung als Gefährdungshaftung und als Umsetzung europäischen Rechts (vor § 1 Rz 5) nicht zu rechtfertigen sein, aA Rolland aaO Rz 122; für eine Wertung der Zwecksetzung beim Inverkehrbringen als starkes Indiz für die Absicht bei Herstellung oder Import Pal/Thomas Rz 18; wie hier im Ergebnis MüKo/Cahn Rz 39. Trotz Fehlens der Gewinnerzielungsabsicht kann sich nach der zweiten Alternative jemand, der beruflich mit der Herstellung oder dem Vertrieb eines schädlichen Produktes befaßt ist, nur entlasten, wenn Herstellung oder Vertrieb außerhalb der (haupt- oder neben-)beruflichen Sphäre erfolgte sind.

9 Nr 4 mit der Entlastungmöglichkeit bei Herstellung nach (zum Zeitpunkt des Vertriebes) **zwingenden Rechtsvorschriften** hat geringe praktische Bedeutung, da entsprechende Vorschriften im deutschen Recht selten sind, vgl MüKo/Cahn Rz 45 und den Hinweis aaO Fn 106 auf §§ 35h I, 50 I StVZO. Das ProduktsicherheitsG ist hier nicht einschlägig, weil es nur Sicherheitsanforderungen und keine konkreten Sicherheitsgewährleistungen enthält. DIN-Vorschriften oder VDE-Normen genügen nicht, weil sie nicht eine bestimmte Produktionsweise erzwingen, Pal/Thomas Rz 20; vgl genauer v Westphalen aaO § 72 Rz 66f. Daher entsteht auch nicht der Konflikt zwischen Einhaltung der Vorschrift oder Einstellung der Produktion, der durch die Regelung vermieden werden soll.

10 Nr 5 ermöglicht dem Hersteller die Entlastung bei Vorliegen eines **Entwicklungsfehlers**. Hierin stimmt die Regelung des ProdHaftG mit der allgemeinen Produzentenhaftung überein, steht jedoch in Gegensatz zu § 84 AMG. Ein Entwicklungsfehler im Sinne dieser Vorschrift liegt vor, wenn zZt des Inverkehrbringens nach den objektiv vorhandenen Erkenntnissen der Wissenschaft und Erfahrungen der Praxis der Fehler nicht zu erkennen war, vgl genauer Foerste in v Westphalen, Produkthaftungshdb I, 2. Aufl 1997, § 24 Rz 82ff. Auf die Sorgfalt des Herstellers kommt es hierbei nicht an, MüKo/Cahn Rz 49. Spätere Erkenntnisse sind nach dem ProdHaftG irrelevant, s vor § 1 Rz 4. Fabrikationsfehler sind keine „Entwicklungsfehler" iSd Nr 5, auch wenn sie trotz aller nach dem Stand von Wissenschaft und Technik zumutbarer Vorkehrungen unterlaufen sind, BGH 129, 353, 358f. Bei teleologischer Interpretation der Vorschrift sind vielmehr nur solche Konstruktionen von ihr erfaßt, die beim Stand von Wissenschaft und Technik nicht als fehlerhaft erkannt werden konnten, MüKo/Cahn Rz 48 mN; v Westphalen, Produkhaftungshdb II, § 72 Rz 77f. Daß Wissenschaft und Technik zZt der Inverkehrgabe des Produkts noch kein taugliches Prüfverfahren zum Aufspüren eines „Ausreißers" entwickelt hatten, genügt für Nr 5 demnach nicht, BGH aaO.

11 **5. Ausschluß der Haftung nach Abs III.** Nach §§ 1 I, 4 I S 1 haftet der Hersteller von **Teilprodukten** oder **Grundstoffen** genauso wie der Endhersteller eines Gesamtproduktes. Er kann sich auch genauso nach Abs II entlasten. Zusätzlich steht ihm nach Abs III bei Konstruktionsfehlern des Endproduktes eine weitere Entlastungsmöglichkeit offen. Gedankliche Voraussetzung der Vorschrift ist hierbei, daß gerade der Teil oder der Grundstoff durch die Gesamtkonstruktion fehlerhaft geworden sind oder die mangelhafte Anleitung gerade den Teil oder den Grundstoff betrifft; denn sonst ist bereits die Entlastungsmöglichkeit nach Abs II Nr 2 gegeben. Unter Anleitung ist nicht etwa die Instruktion für die Endabnehmer zu verstehen, die das Gesetz (§ 3 I lit a) „Darbietung" nennt. Vielmehr geht es um Fertigungsvorschriften des Endherstellers gegenüber seinen Zulieferern. Der Auftragsfertiger kann aber nach allgemeinem Deliktsrecht ausnahmsweise selbst verkehrspflichtig sein, wenn er begründeten Anlaß für die Annahme haben muß, daß der Endhersteller nicht genügend Rücksicht auf die Gefährlichkeit nimmt, BGH NJW-RR 1990, 406, noch weitergehend BGH NJW 1996, 2224: volle Einstandspflicht des Zulieferers für die Fehlerfreiheit bei und durch Weiterverarbeitung.

12 6. Abs IV bestätigt zunächst die allgemeinen **Beweislastregeln** für die Haftung nach § 1. Demnach hat der Verletzte den Fehler, den Schaden und den haftungsbegründenden Kausalzusammenhang zwischen beiden zu beweisen (dazu Oldenburg OLGRp 1999, 79) sowie die nicht ausdrücklich erwähnte Tatsache, daß gerade der in Anspruch Genommene Hersteller iSd § 4 ist. Nach der Art des Fehlers wird nicht differenziert. Daher trägt der Geschädigte auch bei Instruktionsfehlern die Beweislast dafür, daß überhaupt eine Instruktion hätte gegeben werden müssen und daß sich der Verletzte bei ordentlicher Instruktion auch nach ihr gerichtet hätte, insoweit teilweise anders als mE bei der Haftung aus § 823 BGB, vgl § 823 Rz 122; für Gleichlauf der Beweislast aber MüKo/Cahn Rz 72. Hinsichtlich des Fehlers und der Kausalität kann der Anscheinsbeweis dem Geschädigten helfen. Für die Haftungsausschlußtatbestände des Abs II Nr 1–5 und Abs III trägt nach Abs IV S 2 der Hersteller die Beweislast. Auch dies würde sich bereits nach allgemeinen Grundsätzen ergeben, da der Ausschluß systematisch als Ausnahmetatbestand gestaltet ist. Zu einer weiteren (ungeschriebenen) Beweislastumkehr wegen unterlassener Aufbewahrung des – möglicherweise – fehlerhaften Produkts Hamm NJW-RR 2001, 1539.

2 *Produkt*
Produkt im Sinne dieses Gesetzes ist jede bewegliche Sache, auch wenn sie einen Teil einer anderen beweglichen Sache oder einer unbeweglichen Sache bildet sowie Elektrizität.

1 Der **Produktbegriff** des § 2 ist denkbar weit, umfaßt daher industrielle wie nichtindustrielle Erzeugnisse, Massenware wie Individualstücke, konsumptive wie investive Güter. Nur kraft ausdrücklicher Ausnahmebestimmung waren zunächst in S 2 aF landwirtschaftliche Erzeugnisse und Jagderzeugnisse ausgeschlossen. Diese schon von der ursprünglichen Richtlinie nicht vorgeschriebene, mit Recht als schlichtes Lobbyistenrecht bezeichnete (Staud/Oechsler Rz 5 mN) Ausnahme ist mit Wirkung v 1. 12. 2000 beseitigt worden, vgl Richtlinie 1999/34/EG ABl EG L 141 v 4. 6. 1999 und G v 2. 11. 2000 BGBl I 1478.

Erste Voraussetzung des Produktbegriffs ist, daß es sich um eine **bewegliche Sache** handelt. Eine genauere Spezifikation enthält die Vorschrift nicht. Daher sind industriell wie handwerklich gefertigte Sachen Produkte im Sinne des § 2, ebenso gebrauchte Sachen. Einbau in eine unbewegliche Sache, insbesondere also in ein Haus, ändert ausdrücklich nichts an der Anwendbarkeit des ProdHaftG. Besonders erwähnt wird die elektrische Energie, um dem Streit über ihre Sacheigenschaft zu entgehen. Öl, Gas, Wasser und Fernwärme gehören schon nach allgemeinen Rechtsgrundsätzen zu den beweglichen Sachen, MüKo/Cahn Rz 5 mN auch zu teilweise abweichenden Ansichten Fn 9. Nicht erfaßt wird von der Haftung der Fall der Stromunterbrechung, weil Nichtlieferung keine Lieferung eines fehlerhaften Produktes ist, Staud/Oechsler Rz 45 mN auch zur Gegenansicht. Ebenso erfüllen Blutkonserven die Definition des § 2, Staud/Oechsler Rz 37f. Arzneimittel auf der Grundlage von Blutplasma dürften aber nach §§ 84 AMG, 15 I ProdHaftG nicht unter das ProdHaftG fallen, Deutsch VersR 1992, 521, 525. Umstritten ist die Produkteigenschaft von Computer-Software. Wegen der gesetzlichen Anknüpfung an den Sachbegriff kommt eine Anwendung des Gesetzes jedenfalls nur bei Verbindung mit einem Träger (Festplatte, Diskette) in Frage, Staud/Oechsler Rz 64ff m Diskussion der abweichenden Ansichten. Unproblematisch ist diese Verbindung bei Verlagserzeugnissen wie auch bei künstlerischen oder unterhaltenden Produkten, zB Filmen, Videos. Hersteller sind jeweils für ihren Bereich sowohl Verlag als auch Autor, genauer MüKo/Cahn Rz 6. Wird ein Produkt nach seinem Ge- oder Verbrauch **Abfall**, ändert dies nicht den Produktcharakter der Sache, ebenso MüKo/Cahn Rz 14. Freilich wird sich der Hersteller eher als bei Produkten, die eigentlich noch funktionstüchtig sein sollten, auf § 1 II Nr 2 berufen können. Andere Abfälle werden nicht „produziert" und in der Regel jedenfalls nicht iSd § 1 II Nr 1 in den Verkehr gebracht (Staud/Oechsler Rz 28 mN), sondern allenfalls entsorgt und fallen daher nicht unter dieses Gesetz. 2

3 *Fehler*

(1) **Ein Produkt hat einen Fehler, wenn es nicht die Sicherheit bietet, die unter Berücksichtigung aller Umstände, insbesondere**
a) **seiner Darbietung,**
b) **des Gebrauchs, mit dem billigerweise gerechnet werden kann,**
c) **des Zeitpunkts, in dem es in den Verkehr gebracht wurde,**
berechtigterweise erwartet werden kann.

(2) **Ein Produkt hat nicht allein deshalb einen Fehler, weil später ein verbessertes Produkt in den Verkehr gebracht wurde.**

1. Nächst § 1 ist § 3 die wichtigste Vorschrift im Haftungssystem des ProdHaftG. Denn der Fehler des Produktes ist das maßgebliche Kriterium zur **Unterscheidung des Tatbestands der Gefährdungshaftung** für Produkte (vor § 1 Rz 2) von einer ordnungsgemäßen, haftungsfreien Produktion. Das Merkmal des Fehlers ist insoweit zB mit der Tiergefahr in § 833 S 1 oder der Betriebsgefahr in § 7 StVG vergleichbar, ist aber nicht wie diese Gefahren mit dem Tier oder dem Kfz immer verbunden, sondern muß zum Vorliegen eines Produktes dazukommen, damit eine Haftung begründet werden kann. 1

Maßstab für die Begriffsbestimmung des Fehlers ist die **berechtigte Sicherheitserwartung**. Dieses Merkmal hat der Produktfehler mit der Verkehrspflichtverletzung nach § 823 I gemeinsam. Daher läßt sich auch die Fehlertypologie der deliktischen Produkthaftung (Konstruktions-, Fabrikations- und Instruktionsfehler) auf die Gefährdungshaftung übertragen (ebenso Staud/Oechsler Rz 1). Mit der Berücksichtigung aller Umstände taucht ferner die Flexibilität bei Begründung von Verkehrspflichten („Zumutbarkeit", § 823 Rz 80f) im Fehlerbegriff des ProdHaftG wieder auf. Dabei wird die Abwägung durch die in lit a-c herausgehobenen Umstände erleichtert, ohne daß deren Aufzählung abschließend wäre. So kann nach dem Benutzerkreis differenziert werden, vgl Staud/Oechsler Rz 21ff. Besonders deutlich ist das bei der Instruktionspflicht: Ein Laie muß eine detailliertere und faßlichere Anleitung erhalten als ein gewerblicher oder beruflicher Benutzer. Hiermit ist auch klar, daß es für die Sicherheitserwartungen nicht auf die Vorstellungen der Allgemeinheit ankommen kann (so aber Pal/Thomas Rz 8; Staud/Oechsler Rz 15), sondern nur auf die Vorstellungen eines verständigen, objektiven Repräsentanten des Kreises typischer Benutzer oder derjenigen, die mit dem Produkt unter normalen, voraussehbaren Umständen in Berührung kommen können, vgl MüKo/Cahn Rz 5f mN Fn 17ff. Absolute Produktsicherheit verlangt § 3 jedenfalls nicht. Eine solche Erwartung ist nicht „berechtigt" im Sinne des Abs I. 2

2. Aus dem Maßstab objektiver Sicherheitserwartungen ergibt sich auch bereits ein weiterer Unterschied des Fehlers nach § 3 zum Fehler oder Mangel im **Gewährleistungsrecht**. Letzterer ist nach §§ 434 I S 1, 633 II S 1 vertragsabhängig, also subjektiv zu bestimmen. Im Verhältnis des Produktfehlers zur **deliktischen** Produzentenhaftung ist zu beachten, daß sich Unterschiede wegen der Verschuldensunabhängigkeit vor allem in zwei Bereichen ergeben: beim „Ausreißer" (vgl aber vor § 1 Rz 3) und beim Zusammenwirken mehrerer Hersteller. Hier ist die Haftung wegen des § 3 ProdHaftG strenger, vgl MüKo/Cahn Rz 3. 3

3. Das Abwägungskriterium der **Darbietung** ist denkbar weit zu verstehen. Neben der Anleitung in einem „Waschzettel" fallen darunter auch jede Art der Beschreibung einschließlich der Darstellung in der Werbung und die Gestaltung von Produkt und Verpackung jeweils zu dem Zeitpunkt, an dem das Produkt in den Verkehr gebracht wird. Bei der Werbung kommt es darauf an, wie weit sie über allgemeine, vielleicht übertreibende Anpreisungen hinausgeht. Werden bestimmte Eigenschaften suggeriert, die in Wahrheit nicht vorhanden sind, und wiegt sich der Benutzer infolgedessen in falscher Sicherheit, liegt darin ein durch die Darbietung bedingter Fehler, MüKo/Cahn Rz 13 mN Fn 37; Staud/Oechsler Rz 45 im Anschluß an BGH 116, 60, 68; vgl auch BGH NJW 1999, 2815 (verborgene Messer in einem Reißwolf) und dazu Möllers VersR 2000, 1177, 1180. Die Anforderungen an die Darbietung insgesamt und insbesondere an eine Instruktion sind davon abhängig, mit welchem Benutzerkreis 4

der Hersteller rechnen muß. Spezialisten brauchen uU weniger Anleitung als Laien, Rz 2. Da nach § 2 auch nicht vertretbare, individuelle Sachen Produkte im Sinne des ProdHaftG sein können, kann die Anforderung an die Darbietung durchaus individuell auf den Abnehmer und die Personen, die mit dem Produkt in Berührung kommen, zugeschnitten sein. Stets ist für die Haftung erforderlich, daß die Darbietung den Schaden (mit)verursacht hat. Wird zB in irreführender Weise für das Produkt geworben, nachdem das schädliche Einzelexemplar schon in den Verkehr gebracht worden ist, haftet der Hersteller aus diesem Gesichtspunkt nicht. Zu den sich hieraus ergebenden Folgeproblemen und – hinzunehmenden – Ungereimtheiten Staud/Oechsler Rz 52ff.

5 4. Mit dem Umstand des (bei Importen: im Inland) **billigerweise zu erwartenden** Gebrauchs werden Fälle grob fehlerhaften und mißbräuchlichen Umganges mit dem Produkt aus der Haftung ausgeschlossen. Gedacht ist etwa daran, daß – wie aus Amerika berichtet – eine Katze im Mikrowellenherd „abgetrocknet" wird, oder an das „sniffing" eines Lösungsmittels (BGH NJW 1981, 2514 und § 823 Rz 118 mN). Relevant ist dies vor allem für die Anforderungen an die Gebrauchsanleitung, aber keineswegs nur an sie. Einen vorhersehbaren unsachgemäßen Gebrauch muß der Hersteller bei der Produktgestaltung und Instruktion berücksichtigen, MüKo/Cahn Rz 18 mN Fn 47. Demnach hat der Hersteller für einen schlichten Fehlgebrauch – im Gegensatz zum Mißbrauch – einzustehen, wenn er mit ihm hätte rechnen müssen und vor ihm nicht hinlänglich gewarnt hat, BGH 116, 60 zur deliktischen Produzentenhaftung. Von vornherein nicht unter den Fehlerbegriff des § 3 fällt ein generell schädlicher Gebrauch, der allgemein bekannt ist, wie der Alkoholkonsum (Hamm NJW-RR 2001, 1654) oder das Rauchen (Frankfurt NJW-RR 2001, 1471).

6 5. Der Hinweis in lit c auf den **Zeitpunkt, in dem das Produkt in den Verkehr gebracht wurde**, kann zu Unsicherheiten führen, weil er auch für die Entlastungsmöglichkeiten des Herstellers nach § 1 II Nr 2, 4, 5 maßgeblich ist, MüKo/Cahn Rz 22. Das Verhältnis der (vom Geschädigten zu beweisenden) Anspruchsbegründung nach § 3 zur Entlastung des Herstellers nach § 1 II muß so verstanden werden, daß in § 3 allein die Sicherheitserwartung zum Zeitpunkt, in dem das Produkt in den Verkehr gebracht wird, maßgeblich ist, in § 1 II hingegen die Fehlerfreiheit selbst. Entspricht das Produkt zum Zeitpunkt der Schädigung nicht der Erwartung, die im Zeitpunkt des lit c hinsichtlich des Sicherheitsstandards berechtigt war, wird zunächst vermutet, daß das Produkt auch schon zum Zeitpunkt des lit c fehlerhaft war. Es bleibt dann Sache des Herstellers, sich nach § 1 II zu entlasten.

7 Da lit a-c die maßgeblichen Umstände nur beispielhaft aufzählen, kommen auch **weitere Gesichtspunkte** für die Annahme der Fehlerhaftigkeit in Betracht, zB der Preis des Produkts. Auch bei Billigprodukten muß jedoch eine Basissicherheit gewährleistet werden, Rolland (§ 1 Rz 6) Rz 44; MüKo/Cahn Rz 23; Staud/Oechsler Rz 88. Sind Sicherheitsvorschriften (zB DIN- und VDE-Normen) nicht eingehalten worden, ist mit der Feststellung dieses Sachverhaltes auch der Fehler des Produkts indiziert. Entsprechendes gilt bei einem Verstoß gegen anerkannte Regeln von Wissenschaft und Technik. Umgekehrt begründet die Einhaltung solcher Vorschriften und Regeln aber noch keine Vermutung für die Fehlerfreiheit, MüKo/Cahn Rz 24 mN zur Gegenansicht Fn 63. In beiden Richtungen entsprechend zu behandeln sind Qualitätssicherungsvereinbarungen zwischen Zulieferern und Endherstellern (MüKo/Cahn Rz 25): Ihre Einhaltung läßt das Produkt auch nicht prima facie fehlerfrei erscheinen; ihre Nicht-Einhaltung begründet die (widerlegliche) Vermutung für die Fehlerhaftigkeit.

8 6. **Abs II** stellt nochmals klar, daß es nach dem Konzept des ProdHaftG allein auf den Zeitpunkt ankommt, in dem das Produkt in den Verkehr gebracht worden ist. Daher ist auch die Produktbeobachtungspflicht im ProdHaftG nicht geregelt, vgl vor § 1 Rz 4. Hat der Hersteller oder einer seiner Konkurrenten später den Produkttyp verbessert, genügt diese Tatsache allein noch nicht, um das früher hergestellte Produkt nunmehr als fehlerhaft erscheinen zu lassen.

4 Hersteller

(1) Hersteller im Sinne dieses Gesetzes ist, wer das Endprodukt, einen Grundstoff oder ein Teilprodukt hergestellt hat. Als Hersteller gilt auch jeder, der sich durch das Anbringen seines Namens, seiner Marke oder eines anderen unterscheidungskräftigen Kennzeichens als Hersteller ausgibt.

(2) Als Hersteller gilt ferner, wer ein Produkt zum Zweck des Verkaufs, der Vermietung, des Mietkaufs oder einer anderen Form des Vertriebs mit wirtschaftlichem Zweck im Rahmen seiner geschäftlichen Tätigkeit in den Geltungsbereich des Abkommens über den Europäischen Wirtschaftsraum einführt oder verbringt.

(3) Kann der Hersteller des Produkts nicht festgestellt werden, so gilt jeder Lieferant als dessen Hersteller, es sei denn, daß er dem Geschädigten innerhalb eines Monats, nachdem ihm dessen diesbezügliche Aufforderung zugegangen ist, den Hersteller oder diejenige Person benennt, die ihm das Produkt geliefert hat. Dies gilt auch für ein eingeführtes Produkt, wenn sich bei diesem die in Absatz 2 genannte Person nicht feststellen läßt, selbst wenn der Name des Herstellers bekannt ist.

1 1. Die Haftung aus dem ProdHaftG richtet sich **gegen den Hersteller**. Wer unter diesen Begriff fällt, ist in § 4 abschließend geregelt. Wegen der Verbindung der Haftung mit dem Vorgang, das Produkt in den Verkehr zu bringen oder (bei Abs II) einzuführen, ist in § 4 vorausgesetzt, daß allein der Unternehmer oder das Unternehmen Hersteller sein können, nicht leitende Mitarbeiter, Gesellschafter oder Organe, zur hiervon abweichenden Rspr bei der deliktischen Produzentenhaftung § 823 Rz 123. Im Interesse des Verbraucherschutzes ist der Herstellerbegriff vor allem in Abs II und Abs III so ausgeweitet, daß dem inländischen Geschädigten möglichst immer ein Anspruchsgegner zur Verfügung steht.

2 2. Nach Abs I S 1 ist zunächst der **„wirkliche" Hersteller** passivlegitimiert. Die Haftung tritt unabhängig davon ein, ob der Hersteller das ganze Produkt („Endprodukt") gefertigt hat oder nur einen Teil oder einen Grundstoff. Wer bloß im Vertrieb des Produktes tätig geworden ist, haftet erst unter den zusätzlichen Voraussetzungen der Abs II (Import) oder III (keine Benennung eines wirklichen Herstellers oder Vorlieferanten). Als Hersteller in diesem Sinne ist in der Regel anzusehen, wer die berechtigten Sicherheitserwartungen nach § 3 in der Eigenschaft eines Herstellers und nicht nur eines Prüfers oder Kontrolleurs („TÜV-geprüft" oä) geweckt hat. Dies trifft zB für die Produktion aus vorgefertigten Teilen („assembler") und die Endmontage, auch nach Plänen anderer Hersteller, zu. Bei der Herstellung eines Produktes in Lizenz ist jedenfalls der Lizenznehmer als derjenige, der das Produkt in den Verkehr bringt, Hersteller, vgl Ann, Die Produkthaftung des Lizenzgebers, 1991; der Lizenzgeber kommt dann als (Quasi-)Hersteller iSd Abs I S 2 in Betracht, wenn er etwa durch sein Waren- oder Gütezeichen die Sicherheitserwartungen (auch) auf sich lenkt, Staud/Oechsler Rz 32; aA Pal/Thomas Rz 3, 6. Zu Franchise-Organisationen vgl MüKo/Cahn Rz 2, 8. Regelmäßig wird auch das Unternehmen an der Spitze eines Konzerns als Hersteller eines Tochterunternehmens in Betracht kommen, wenn es nur irgendwie an Produktentwicklung, Produktablauf (außer reiner Kontrolle) und Vermarktung (außer dem reinen Vertrieb) selbst beteiligt ist, vgl Hommelhoff ZIP 1990, 761ff. Tätigkeiten wie Abfüllen, Verpacken oder Portionieren (Düsseldorf NJW-RR 2001, 458), bei denen die Substanz des Produkts nicht geändert wird (dazu kritisch Staud/Oechsler Rz 23, 28), begründen die Herstellereigenschaft nicht, es sei denn, der Abfüller usw bietet das Produkt zB durch die Beigabe einer von ihm verantworteten Anleitung dar (dann Hersteller nach Abs I S 2).

Hersteller eines **Grundstoffs** (seit 1. 12. 2000 einschließlich land- und jagdwirtschaftlichen Urprodukten) sind **3** wegen Fehlern des gelieferten Stoffes gleichfalls ausdrücklich als Hersteller anzusehen. Neben ihnen (wie auch dem Hersteller eines Teilproduktes) haftet der Hersteller des Endproduktes. In der Bedeutung für die Haftung unterscheidet sich der Hersteller von **Teilprodukten** nicht vom Hersteller eines Grundstoffes. Die Prüfung des Produktes ist auch in diesem Zusammenhang nicht als „Herstellung" anzusehen, MüKo/Cahn Rz 11.

3. Die Effektivität des Schutzes für Produktgeschädigte wird nur dadurch gewahrt, daß derjenige, der als Hersteller erscheint, auch tatsächlich haftet. Dies läßt sich nur durch die Einbeziehung der **Quasihersteller** in den Herstellerbegriff nach Abs I S 2 erreichen. Hierfür ist das objektive Erscheinungsbild maßgeblich, nicht die konkrete Kenntnis oder Einschätzung des Geschädigten. Der Eindruck, daß sich jemand als Hersteller ausgibt, wird im allgemeinen durch die Hinzufügung von Name, Marke oder einem anderen Kennzeichen auf dem Produkt oder seiner Verpackung erweckt. Wer jedoch durch die Kennzeichnung deutlich macht, daß er das Produkt nur vertreibt, ist nicht Quasihersteller. Voraussetzung dafür ist allerdings, daß der „wirkliche" Hersteller erkennbar ist. Bei unbefugter Verwendung fremder Kennzeichen will MüKo/Cahn Rz 16 den Kennzeichenverwender nur nach Abs III haften lassen. Dies erscheint jedoch in Anlehnung an die Behandlung des rechtsgeschäftlichen Handelns unter fremdem Namen nur gerechtfertigt, wenn der Berechtigte, auf den die Kennzeichnung hinweist, das Verhalten des Usurpators genehmigt. Sonst muß derjenige, der mit der Kennzeichnung unberechtigte Erwartungen weckt, wenigstens gerade wegen der Begründung dieser Erwartung haften.

4. Auch die Regelung des **Abs II** dient dazu, Schutzlücken zu schließen. Sie würden bei ausländischen Herstellern wegen der Schwierigkeiten der Rechtsverfolgung im Ausland entstehen können. Im Geltungsbereich des EWR-Vertrages ist hingegen durch die Umsetzung der Richtlinie materiellrechtlich und durch das EuGVÜ verfahrensrechtlich die Effektivität des Rechtsschutzes gewährleistet. Daher sind Importeure aus dem EWR-Gebiet nicht als „Hersteller" haftbar. Sinngemäß sollte dies auf den Re-Importeur von Waren aus einer Produktion im EWR erstreckt werden, Staud/Oechsler Rz 85 gegen die hM, die sich zu sehr am Wortlaut orientiert. Voraussetzung für die Haftung des EWR-Importeurs ist der Vertrieb oder die sonstige Verwertung zu wirtschaftlichen Zwecken, also zur Gewinnerzielung. Import zum Eigenbedarf ohne wirtschaftliche Zielsetzung wird daher nicht erfaßt, und zwar auch dann, wenn der Importeur das Produkt später dann doch noch auf den Markt bringt. Unter den Produkten iSd Abs II wie in der Regelung des Abs I S 1 sind auch Teilprodukte und Grundstoffe zu verstehen.

5. Bei No-name-Produkten, oder wenn der Hersteller nach Abs I oder der Importeur nach Abs II aus anderen **6** Gründen nicht zu ermitteln ist, sieht Abs III eine **Lieferantenhaftung** vor, die genau den Inhalt der Herstellerhaftung hat, also zB die Entlastungsmöglichkeiten des § 1 II einschließt. Teilt der Lieferant dem Geschädigten den Hersteller oder Importeur mit, fällt die Voraussetzung seiner Haftung weg: Hersteller und Importeur sind dann festgestellt. Zur Erfüllung dieser Obliegenheit hat der Lieferant nach Abs III S 1 einen Monat Zeit. Vorher kann er nicht in Anspruch genommen werden. Das heißt aber nicht, daß er danach auf alle Fälle – also auch dann, wenn er verspätet Hersteller oder Importeur benennt oder wenn der Geschädigte ihren Namen anderweitig erfährt – haftet, so aber Schmidt-Salzer/Hollmann, Richtlinie Art 3 Rz 338ff; MüKo/Cahn Rz 22. Eine solche scharfe Sanktion ist zum Schutze des Geschädigten nicht erforderlich und wäre gegenüber dem Grundgedanken des Gesetzes, Produktschäden nicht nur zu entschädigen, sondern nach Möglichkeit von vornherein zu vermeiden, ein Fremdkörper. Die andere Interpretation, die den Lieferanten nach Ablauf der Monatsfrist immer haften läßt, könnte sogar diesem Präventionsziel geradezu entgegenlaufen, weil der Lieferant nach dieser Frist weitgehend das Interesse an der Ermittlung des wirklichen Herstellers verlieren könnte: Für die nun unvermeidbare Einstandspflicht kommt die Haftpflichtversicherung auf, und bloß zur Ermittlung eines Regreßschuldners dürfte den Lieferanten versicherungsrechtlich kaum eine Obliegenheit treffen, im Ergebnis wie hier Staud/Oechsler Rz 121ff mN.

5 *Mehrere Ersatzpflichtige*

Sind für denselben Schaden mehrere Hersteller nebeneinander zum Schadensersatz verpflichtet, so haften sie als Gesamtschuldner. Im Verhältnis der Ersatzpflichtigen zueinander hängt, soweit nichts anderes bestimmt ist, die Verpflichtung zum Ersatz sowie der Umfang des zu leistenden Ersatzes von den Umständen, insbesondere davon ab, inwieweit der Schaden vorwiegend von dem einen oder dem anderen Teil verursacht worden ist; im übrigen gelten die §§ 421 bis 425 sowie § 426 Abs. 1 Satz 2 und Abs. 2 des Bürgerlichen Gesetzbuchs.

ProdHaftG § 5   Produkthaftungsgesetz

1 § 5 S 1 begründet in entsprechender Weise wie § 840 für die Haftung mehrerer aus unerlaubter Handlung bei einer Haftung mehrerer Hersteller eine **Gesamtschuld**. Dies kommt vor allem für die verschiedenen Hersteller (des Endprodukts, von Teilprodukten oder von Grundstoffen) nach § 4 I und auch für den EWR-Importeur nach § 4 II im Verhältnis zum ausländischen Hersteller in Betracht. Der Lieferant haftet nach der hier (§ 4 Rz 6) vertretenen Ansicht hingegen nur subsidiär, solange kein anderer Hersteller festgestellt werden kann; folglich kommt eine gesamtschuldnerische Haftung gemeinsam mit solchen Herstellern nicht in Frage. Möglich ist jedoch eine gleichstufige Haftung mehrerer Lieferanten (zB Groß- und Einzelhändler) nach § 5. Haftet ein Hersteller aus §§ 1, 4 ProdHaftG, ein anderer aus deliktischer Produzentenhaftung (zB wegen unterlassener Warnung) oder aus allgemeinem Deliktsrecht (zB wegen eines Verkehrsunfalls, der sowohl durch einen Produktfehler als auch durch falsches Fahrverhalten herbeigeführt worden ist), ist § 5 nicht anwendbar, ebensowenig beim Zusammentreffen der Gefährdungshaftung nach dem ProdHaftG mit der vertraglichen Haftung, MüKo/Cahn Rz 2. Im ersten Fall kann jedoch eine Gesamtschuld nach § 840 vorliegen. Wird der Hersteller allein in Anspruch genommen, ohne daß nach allgemeinen Regeln eine Gesamtschuld vorliegt, hat der Hersteller nach § 6 II S 2 einen selbständigen Regreßanspruch nach § 5 S 2.

2 Haben mehrere fehlerhafte Produkte verschiedener Hersteller in dem Schaden zusammengewirkt, läßt sich der jeweilige Anteil der Schadensverursachung aber nicht mehr feststellen oder waren mehrere fehlerhafte Produkte geeignet, den ganzen Schaden hervorzurufen, ist durch die Potentialität dieser mehreren Verursacher aber die Inanspruchnahme jeweils eines einzelnen mangels nachgewiesener Kausalität blockiert, dann ist auch im Rahmen der Produkthaftung **§ 830 I S 2 BGB** anwendbar, MüKo/Cahn Rz 3; Staud/Oechsler § 4 Rz 45ff. Der Gesetzgeber des ProdHaftG hat sich jedoch nicht dazu entschließen können, wenigstens für die Haftung mehrerer fehlerhafter Produkte noch darüber hinauszugehen und eine Haftung aller potentiellen Schadensverursacher entsprechend ihrem Marktanteil für Massenschäden einzuführen. Zu solcher „market share liability" nach US-amerikanischem Vorbild Staud/Oechsler § 4 Rz 50ff mN.

3 § 5 S 2 regelt einen selbständigen **Regreßanspruch** im Innenverhältnis; der 2. Hs eröffnet durch die Verweisung nach § 426 II BGB außerdem einen zweiten Regreßweg durch die Legalzession des Anspruchs aus § 1. Ua ist das Erlöschen des Anspruchs nach § 13 I nur für den übergegangenen Anspruch aus § 1 vorgesehen. Der Maßstab des Regresses entspricht der Regelung des § 426 I BGB. Wie dort ist die Abwägung der Verursachungsbeiträge und der sonstigen Umstände in Ermangelung einer Vereinbarung zwischen der Gesamtschuldnern nach § 254 BGB vorzunehmen. Hiernach wird man etwa dem Quasihersteller und dem Importeur gegenüber dem wahren Hersteller den vollen Regreß einräumen müssen. Beruht der Fehler allein auf einem Teilprodukt, hat im Innenverhältnis zwischen dem Hersteller des Endproduktes und demjenigen des Teilproduktes allein der Teilehersteller den Schaden zu tragen.

6 *Haftungsminderung*

(1) Hat bei der Entstehung des Schadens ein Verschulden des Geschädigten mitgewirkt, so gilt § 254 des Bürgerlichen Gesetzbuchs; im Falle der Sachbeschädigung steht das Verschulden desjenigen, der die tatsächliche Gewalt über die Sache ausübt, dem Verschulden des Geschädigten gleich.
(2) Die Haftung des Herstellers wird nicht gemindert, wenn der Schaden durch einen Fehler der Produkts und zugleich durch die Handlung eines Dritten verursacht worden ist. § 5 Satz 2 gilt entsprechend.

1 Im allgemeinen Schadensrecht enthält § 254 BGB einen das Rechtsgefühl besonders ansprechenden, Treu und Glauben konkretisierenden Rechtsgedanken. Daher sieht § 6 für ein Mitverschulden des Geschädigten ausdrücklich die Geltung des § 254 BGB vor. Da für den Schadensersatz – abgesehen von den Sonderregeln §§ 7ff – ohnehin die allgemeinen Vorschriften der §§ 249ff BGB anzuwenden sind, ist diese Verweisungsvorschrift eigentlich entbehrlich. Weil auf § 254 BGB ohne Einschränkung verwiesen wird, gilt die Haftungsminderung entgegen dem Wortlaut § 6 nicht nur bei der Mitwirkung an der **Entstehung**, sondern auch bei der **unterlassenen Schadensminderung** (§ 254 II S 1 BGB). Ferner ist § 254 BGB mit den Erweiterungen durch Rspr und Lehre heranzuziehen, insbesondere also für die mitwirkende Betriebsgefahr, Staud/Oechsler Rz 7 mN. Dies gilt nach dem Schutzzweck des ProdHaftG nicht, wenn sich im Schaden eine Erhöhung der Betriebsgefahr ausgewirkt hat, die gerade auf dem Produktfehler beruht. Bei Mißbrauch oder Fehlgebrauch des Produktes ist zu differenzieren: Ist er so kraß, daß der Hersteller ihn billigerweise überhaupt nicht zu erwarten braucht, ist die Haftung nach § 3 I lit b ganz ausgeschlossen, vgl § 3 Rz 5. Mit einem „leichteren" Fehlgebrauch muß der Hersteller hingegen rechnen; dann ist der Fehlgebrauch oder die Mißachtung der Instruktion ein Fall des § 6.

2 Mit der Verweisung auf § 254 BGB ist auch die Berichtigung des § 254 II S 2 BGB als „Abs III" für Hilfspersonen des Geschädigten bei der Schadensentstehung zu übernehmen. Die Vorschrift ist jedoch nach hM als Rechtsgrundverweisung anzusehen, so daß die Verhaltensweise von Hilfspersonen bei der Schadensentstehung nur zu beachten ist, wenn schon vor dem Schadensfall ein Schuldverhältnis zwischen Schädiger und Geschädigtem bestand, aA aber MüKo/Cahn Rz 5. Dies wird bei der Haftung nach dem ProdHaftG nur selten der Fall sein. Um so wichtiger ist die Übernahme der aus §§ 9 StVG, 4 HPflG, 34 LuftVG bekannten Regelung des **Bewahrungsgehilfen**" für die Fälle von Sachbeschädigungen in § 6 I Hs 2: Dessen Verschulden muß sich der Geschädigte auch ohne vorheriges Bestehen eines Schuldverhältnisses anrechnen lassen. MüKo/Cahn Rz 7 wendet diese Vorschrift auch auf den unberechtigten Inhaber der tatsächlichen Gewalt an. Dies ist jedoch nicht gerechtfertigt und steht mindestens für einige denkbare Fälle im Widerspruch zur Regelung des Abs II S 1. Cahn begründet seine Auffassung mit der sonst bestehenden Sinnlosigkeit der Vorschrift neben der generellen Anwendung des § 278 BGB im Rahmen des § 6. Aber diese Prämisse kann, wie dargelegt, nicht übernommen werden, da sie ohne überzeugenden Grund vom Meinungsstand zu § 254 BGB absieht.

Nach Abs II soll der Hersteller daran **gehindert** werden, seine Haftung im Außenverhältnis **auf andere Scha-** 3
densverursacher abzuwälzen. Die Vorschrift hat also – wie bereits § 5 S 1 im Verhältnis mehrerer Hersteller zueinander – dieselbe Funktion wie § 840 BGB (insbesondere Verhinderung von Teilschulden). Nimmt ein Kraftfahrer einem anderen die Vorfahrt und kann der andere wegen fehlerhafter Bremsen seinen Wagen nicht mehr rechtzeitig zum Stehen bringen, ist der Hersteller der Bremsen nicht nur für den Teil des Schadens ersatzpflichtig, der dem anderen Fahrer wegen der Anrechnung seiner Betriebsgefahr nach Straßenverkehrs- und allgemeinem Haftungsrecht (§ 823 BGB) nicht ersetzt wird, sondern im Außenverhältnis zunächst auch für den Schaden, den der die Vorfahrt mißachtende Fahrer ersetzen muß. Der Hersteller kann dann nur im Innenverhältnis nach Abs II S 2 Regreß nehmen. Zu den Dritten iSd Abs II können auch Mitarbeiter des Herstellers gehören. Sind sie – wie regelmäßig – vor dem Inverkehrbringen des Produktes eingeschaltet gewesen, haftet der Hersteller für sie aber bereits nach § 1. Es kommen insoweit also nur solche Fälle in Betracht, in denen das schon vorher fehlerhafte Produkt durch Mitarbeiter des Herstellers etwa beim Transport noch weiter derart verschlechtert worden ist, daß beide Schadensursachen gemeinsam schließlich den Schaden des Verbrauchers herbeigeführt haben. Solche Fälle werden nur sehr selten vorkommen. Hierher gehört aber auch der unberechtigte Besitzer einer Sache, der nach § 848 BGB oder wegen eigenen Fehlverhaltens für deren Beschädigung oder Verlust haftet, vgl Rz 2. Voraussetzung für die Anwendung der Vorschrift ist, daß „der Schaden ... zugleich" durch den Hersteller und einen Dritten herbeigeführt worden ist. Dies ist nicht der Fall, wenn beide Verursacher selbständige Schadensposten verursacht haben, MüKo/Cahn Rz 11. Der Regreß steht dem Hersteller nach Abs II S 2 unabhängig davon zu, ob mit dem Dritten nach anderen Vorschriften ein Gesamtschuldverhältnis besteht. Die Vorschrift kann daher einseitig (nämlich nur zugunsten des Herstellers) regreßbegründend wirken.

7 Umfang der Ersatzpflicht bei Tötung

(1) Im Falle der Tötung ist Ersatz der Kosten einer versuchten Heilung sowie des Vermögensnachteils zu leisten, den der Getötete dadurch erlitten hat, daß während der Krankheit seine Erwerbsfähigkeit aufgehoben oder gemindert war oder seine Bedürfnisse vermehrt waren. Der Ersatzpflichtige hat außerdem die Kosten der Beerdigung demjenigen zu ersetzen, der diese Kosten zu tragen hat.

(2) Stand der Getötete zur Zeit der Verletzung zu einem Dritten in einem Verhältnis, aus dem er diesem gegenüber kraft Gesetztes unterhaltspflichtig war oder unterhaltspflichtig werden konnte, und ist dem Dritten infolge der Tötung das Recht auf Unterhalt entzogen, so hat der Ersatzpflichtige dem Dritten insoweit Schadensersatz zu leisten, als der Getötete während der mutmaßlichen Dauer seines Lebens zur Gewährung des Unterhalts verpflichtet gewesen wäre. Die Ersatzpflicht tritt auch ein, wenn der Dritte zur Zeit der Verletzung gezeugt, aber noch nicht geboren war.

8 Umfang der Ersatzpflicht bei Körperverletzung

Im Falle der Verletzung des Körpers oder der Gesundheit ist Ersatz der Kosten der Heilung sowie des Vermögensnachteils zu leisten, den der Verletzte dadurch erleidet, daß infolge der Verletzung zeitweise oder dauernd seine Erwerbsfähigkeit aufgehoben oder gemindert ist oder seine Bedürfnisse vermehrt sind. Wegen des Schadens, der nicht Vermögensschaden ist, kann auch eine billige Entschädigung in Geld gefordert werden.

9 Schadensersatz durch Geldrente

(1) Der Schadensersatz wegen Aufhebung oder Minderung der Erwerbsfähigkeit und wegen vermehrter Bedürfnisse des Verletzten sowie der nach § 7 Abs. 2 einem Dritten zu gewährende Schadensersatz ist für die Zukunft durch eine Geldrente zu leisten.

(2) § 843 Abs. 2 bis 4 des Bürgerlichen Gesetzbuchs ist entsprechend anzuwenden.

§§ 7–9 wiederholen für das ProdHaftG einige Grundsätze zum Inhalt des Schadensersatzes, die sich teilweise 1 bereits aus dem **allgemeinen Schadensrecht** ergeben (§ 8), teilweise den Regelungen der **§§ 842ff BGB** und einiger anderer Gefährdungshaftungsgesetze entsprechen. Wie im Deliktsrecht §§ 844f BGB durchbricht § 7 I S 2, II den Grundsatz, daß nur der an eigenen Rechten unmittelbar Verletzte Schadensersatz verlangen kann (vgl § 1). Die Regelung des § 7 I S 1 ergibt sich bereits aus §§ 249 II S 1 iVm 1922 BGB. Praktisch wird sie meist nicht den Erben, sondern den Trägern der Krankenversicherung sowie uU Arbeitgebern wegen ihres Regresses aus Legalzession zugute kommen. Mit dem Anspruch gehen auch etwaige Gegenrechte über, so daß sich der Hersteller auch gegenüber Erben oder Zessionaren auf § 6 berufen kann. Bei den eigenen Ansprüchen der Angehörigen wegen der Beerdigungskosten und des Unterhaltsausfalls nach § 7 I S 2, II fehlt eine § 846 BGB entsprechende Regelung für die Beteiligung des Verstorbenen an der Schadensentstehung, während § 254 BGB und § 6 ihrem Wortlaut nach nicht passen, weil dort auf die Mitwirkung des Geschädigten, also des Angehörigen, abgestellt wird. §§ 846, 254 BGB und § 6 entsprechen aber so sehr einer elementaren Gerechtigkeitsvorstellung (vgl § 6 Rz 1 am Anfang), daß sie auf das Verhalten des Verstorbenen auch ohne eine ausdrückliche Regelung im ProdHaftG anzuwenden sind, MüKo/Cahn Rz 5. Die Erweiterung des § 6 I Hs 2 auf den Bewahrungsgehilfen muß auch in diesem Rahmen angewendet werden.

Für die **Einzelheiten** der Ansprüche ist auf die Erläuterungen zu den Parallelvorschriften des BGB zu verwei- 2 sen: für § 7 I S 1 zu § 249 BGB (vgl auch vor § 823 Rz 18), für § 7 I S 2, II zu § 844 BGB, für § 8 zu § 842 BGB und für § 9 zu § 843 BGB. Nicht ins ProdHaftG übernommen worden ist eine § 845 BGB entsprechende Regelung. Dies ist zu billigen, da § 845 BGB weitgehend obsolet geworden ist. Die dadurch im BGB aufgerissene Lücke beim Schaden wegen der Vereitelung der Haushaltsführung ist auch für das ProdHaftG in der Weise zu schließen,

ProdHaftG § 10 Produkthaftungsgesetz

daß die Tätigkeit des Haushaltsführenden einer Erwerbstätigkeit gleichzustellen und so § 9 anzuwenden ist, vgl dazu § 843 Rz 4f.

10 *Haftungshöchstbetrag*
(1) **Sind Personenschäden durch ein Produkt oder gleiche Produkte mit demselben Fehler verursacht worden, so haftet der Ersatzpflichtige nur bis zu einem Höchstbetrag von 85 Millionen Euro.**
(2) **Übersteigen die den mehreren Geschädigten zu leistenden Entschädigungen den in Absatz 1 vorgesehenen Höchstbetrag, so verringern sich die einzelnen Entschädigungen in dem Verhältnis, in dem ihr Gesamtbetrag zu dem Höchstbetrag steht.**

1   Wie in Gefährdungshaftungsgesetzen vielfach üblich (zB §§ 12 StVG, 9f HPflG, 15 UmweltHG, 37 LuftVG – anders für Militärflugzeuge § 53 LuftVG –) sieht § 10 einen Haftungshöchstbetrag vor, jedoch **nur für Personenschäden**, nicht für Sachschäden (vgl aber § 11). Der Zweck solcher Begrenzungen war ursprünglich versicherungsmathematisch begründet, ist heute aber angesichts der Möglichkeit, auch sehr hohe Risiken versicherungstechnisch zu erfassen und zu bewältigen, zweifelhaft. Der Rat der Europäischen Gemeinschaften hatte sich in Art 16 II der Richtlinie denn auch die Überprüfung der Ermächtigung zur Einführung des Höchstbetrages nach zehn Jahren (seit Bekanntgabe der Richtlinie) vorbehalten. Die Kommission hat in ihrem Überprüfungsbericht (KOM [95] 617 endg v 13. 12. 1995) aber mangels hinreichender praktischer Erfahrungen mit der Anwendung der Richtlinie auf Änderungen des ProdHaftG überhaupt vorläufig verzichtet. § 10 I entspricht nicht ganz der Ermächtigung des Art 16 der Richtlinie: Dort ist die Haftungsbeschränkung nur für Serienschäden zugelassen, nicht – wie in der 1. Alternative von § 10 I – für Großschäden durch ein einziges Produkt (zB Flugzeug, das über Häuserblocks abstürzt); für einen Schluß „a maiore ad minus" bei Auslegung der Ermächtigung in der Richtlinie aber ua MüKo/Cahn Rz 2 mN zum Streitstand Fn 6f; wie hier Staud/Oechsler Rz 6.

2   Nach der geltenden Fassung des Gesetzes kommen als **Gründe für die Begrenzung** der Entschädigung beim Einzelprodukt Fabrikations-, Konstruktions- und Instruktionsfehler, bei der Produktserie wohl nur Konstruktions- und Instruktionsfehler in Betracht. Gleichartige Fabrikationsfehler an mehreren Produkten sind mehrere Fehler und nicht „derselbe" Fehler gemäß dem Wortlaut des Abs I; aA Rolland (§ 1 Rz 6) Rz 4; Staud/Oechsler Rz 8. In den Höchstbetrag einzurechnen sind **alle Ersatzleistungen** für Personenschäden, also auch der Kapitalwert von Renten nach § 9 (Pal/Thomas Rz 4) und Leistungen nach ausländischem Produkthaftungsrecht, selbst wenn dieses Recht keinen Höchstbetrag vorsieht. Mehrere Schädiger haften jeweils bis zum Höchstbetrag. In dieser Höhe besteht dann Gesamtschuld nach § 5, hinsichtlich des über 85 Millionen Euro hinausgehenden Betrages Teilschuld, Staud/Oechsler Rz 9; MüKo/Cahn Rz 5.

3   Durch den Höchstbetrag wird die Ersatzpflicht bei Personenschäden zu einer Art „Insolvenzmasse", an der **alle** Gläubiger nur noch **verhältnismäßig** beteiligt sind. Dies regelt Abs II, ohne jedoch ein Verfahren vorzusehen, wie die Ansprüche der Geschädigten koordiniert werden sollen; kritisch dazu mit Recht MüKo/Cahn Rz 8; Rolland aaO Rz 7; Staud/Oechsler Rz 14.

11 *Selbstbeteiligung bei Sachbeschädigung*
Im Falle der Sachbeschädigung hat der Geschädigte einen Schaden bis zu einer Höhe von 500 Euro selbst zu tragen.

1   Im Gegensatz zu Personenschäden (§ 10) sieht das Gesetz für Sachschäden keinen Höchstbetrag vor. Statt dessen enthält § 11 für jeden einzelnen Sachschaden eine **untere Entschädigungsgrenze** von 500 Euro. Nur der darüber hinausgehende Schaden wird ersetzt, ein Schaden von 750 Euro also nur mit 250 Euro, ein Schaden von 450 Euro überhaupt nicht. Die Vorschrift folgt dem an sich einleuchtenden rechtspolitischen Grundgedanken, daß – wie in weiten Teilen des Versicherungsrechts – Selbstbehalte (Franchisen) die Transaktionskosten mindern; zudem erscheint es nicht unangemessen, daß der Konsument im Rahmen seiner Leistungsfähigkeit selbst am Risiko der tendenziell immer perfekteren Ausstattung mit Konsumprodukten teilhat, da die Haftung des Herstellers ja keine Verschuldenshaftung ist und daher nicht auf vermeidbaren Fehlern beruht. Gerade deshalb läuft freilich die Vorschrift praktisch leer, solange die Rspr bei verschuldeten Produktmängeln die Verschuldensvermutung mit der Folge unbeschränkter Ersatzpflicht nach § 823 I BGB zugrundelegt.

12 *Verjährung*
(1) **Der Anspruch nach § 1 verjährt in drei Jahren von dem Zeitpunkt an, in dem der Ersatzberechtigte von dem Schaden, dem Fehler und von der Person des Ersatzpflichtigen Kenntnis erlangt hat oder hätte erlangen müssen.**
(2) **Schweben zwischen dem Ersatzpflichtigen und dem Ersatzberechtigten Verhandlungen über den zu leistenden Schadensersatz, so ist die Verjährung gehemmt, bis die Fortsetzung der Verhandlungen verweigert wird.**
(3) **Im übrigen sind die Vorschriften des Bürgerlichen Gesetzbuchs über die Verjährung anzuwenden.**

1   Die Verjährungsregelung des ProdHaftG folgt weitgehend der Vorschrift des § 852 aF BGB für die Verjährung von Deliktsansprüchen und somit dem Modell der §§ 195, 199 I BGB nF. Bei der Anwendung des § 12 sind jedoch folgende **Unterschiede gegenüber §§ 195, 199 BGB** zu beachten: Die Verjährungsfrist beginnt nicht erst bei Kenntnis oder grob fahrlässiger Unkenntnis des Geschädigten. Vielmehr genügt jede fahrlässige Unkenntnis. Die dreißigjährige Obergrenze des § 199 II BGB wird durch das Erlöschen des Anspruchs aus dem ProdHaftG zehn Jahre, nachdem das Produkt in den Verkehr gebracht worden ist, ersetzt, § 13. Schließlich kommt eine Übertra-

gung der teilweise sehr subtilen Regeln der Rspr über die Konkurrenz zwischen deliktischen und anderen Verjährungsvorschriften auf § 12 nicht in Frage: Dies würde der Unabdingbarkeit der Haftung nach § 14 und dem Vereinheitlichungsziel der Richtlinie widersprechen, ebenso MüKo/Cahn Rz 2. Für die **Kenntnis oder fahrlässige Unkenntnis** des Schadens und des Schädigers gilt abgesehen von dem leichteren Verjährungsbeginn bei Kennenmüssen dasselbe wie bei § 199 II BGB. Das zusätzliche Erfordernis der Kenntnis oder des Kennenmüssens des Produktfehlers ist konsequent zur zentralen Bedeutung des Fehlers für den Ersatzanspruch, § 3 Rz 1. Mit MüKo/Cahn Rz 5 wird man zusätzlich die Erkennbarkeit des Kausalzusammenhanges zwischen dem Schaden und dem Produktfehler verlangen müssen, aA aber Staud/Oechsler Rz 10. Etwa bei schwieriger Sachverhaltsermittlung durch Sachverständige ist dies bedeutsam. Bei mehreren Schädigern (§§ 4, 5) gilt die Voraussetzung des Abs I hinsichtlich jedes von ihnen selbständig, so daß die Verjährung zu verschiedenen Zeitpunkten eintreten kann, MüKo/Cahn Rz 7 mN.

Für die **Hemmung** der Verjährung hat Abs II nahezu denselben Wortlaut und ganz denselben Sinn wie § 203 BGB. Abs III ist relevant für §§ 197 I Nr 3, 202 II, 214 BGB; vgl Staud/Oechsler Rz 15. 2

13 *Erlöschen von Ansprüchen*
(1) Der Anspruch nach § 1 erlischt zehn Jahre nach dem Zeitpunkt, in dem der Hersteller das Produkt, das den Schaden verursacht hat, in den Verkehr gebracht hat. Dies gilt nicht, wenn über den Anspruch ein Rechtsstreit oder ein Mahnverfahren anhängig ist.
(2) Auf den rechtskräftig festgestellten Anspruch oder auf den Anspruch aus einem anderen Vollstreckungstitel ist Absatz 1 Satz 1 nicht anzuwenden. Gleiches gilt für den Anspruch, der Gegenstand eines außergerichtlichen Vergleichs ist oder der durch rechtsgeschäftliche Erklärung anerkannt wurde.

Neben der Verjährung nach § 12 sieht § 13 eine **Ausschlußfrist** von zehn Jahren für die Ansprüche nach dem ProdHaftG vor. Diese Frist ist nicht einredeweise geltend zu machen, sondern von Amts wegen zu beachten. Im übrigen entspricht ihre Funktion den Höchstfristen des § 199 II, III BGB. Die teilweise kürzere Dauer erklärt sich aus der Kurzlebigkeit von Produktzyklen und der Absicht, das Haftungsrisiko für die Hersteller zeitlich spürbar enger zu begrenzen. Diese Funktion vermag die Vorschrift wegen der Konkurrenz der deliktischen Haftung nach **§ 15 II praktisch auf absehbare Zeit kaum zu erfüllen.** 1

Fristbeginn ist der Zeitpunkt, in dem der Hersteller das konkrete Produkt, dessen Fehler den Schaden verursacht hat, in Verkehr gebracht hat, und zwar auch bei Serienschäden. Der Fristbeginn kann somit für verschiedene Hersteller nach § 4 zu verschiedenen Terminen liegen. Der Lauf der Frist kann weder unterbrochen noch gehemmt werden. Auch eine Verlängerung durch eine besondere Garantie ist nicht möglich. Da es sich um eine Ausschluß-, nicht eine Verjährungsfrist handelt, ist eine Leistung nach Fristablauf entgegen § 214 II BGB kondizierbar. 2

Der Fristablauf tritt nicht ein, wenn eine **Klage** oder ein Mahnverfahren **anhängig** ist, Abs I S 2. Rechtshängigkeit, also insbesondere „demnächst" erfolgende Zustellung, ist nicht erforderlich. Die Einleitung eines Prozeßkostenhilfeverfahrens genügt nicht, Pal/Thomas Rz 5 gegen Mayer VersR 1990, 691, 698. Hat die Klage Erfolg oder erwirkt der Geschädigte schon vorher ein rechtskräftiges Urteil oder einen anderen Vollstreckungstitel (bei ausländischen Urteilen: ein Vollstreckungsurteil nach §§ 722f ZPO), ist die Ausschlußfrist nicht anzuwenden, Abs II S 1. Die Folge ist dann, daß der Anspruch aus dem Titel nunmehr der 30jährigen Verjährung nach § 12 III iVm § 197 I Nr 3 BGB unterliegt. Nach Abs II S 2 stehen dem Vollstreckungstitel ein außergerichtlicher Vergleich und ein **vertragliches Anerkenntnis** gleich. Zur Abgrenzung gegenüber § 212 I Nr 1 BGB, wo auch tatsächliches Verhalten genügt, hat der Gesetzgeber die Formulierung „durch rechtsgeschäftliche Erklärung" gewählt. Damit ist aber nicht eine einseitige Erklärung, sondern ein (deklaratorischer) Vertrag gemeint. Zur Ausdehnung der Vorschrift auf andere Akte, die den Anspruch außer Streit stellen, Staud/Oechsler Rz 11. 3

14 *Unabdingbarkeit*
Die Ersatzpflicht des Herstellers nach diesem Gesetz darf im voraus weder ausgeschlossen noch beschränkt werden. Entgegenstehende Vereinbarungen sind nichtig.

Das Ziel der Vereinheitlichung des Rechtszustandes im Gebiet der Europäischen Gemeinschaften, des Verbraucherschutzes und der Effektivität der Produkthaftung überhaupt wird dadurch gesichert, daß die Ersatzpflicht nach dem ProdHaftG (aber auch nur nach diesem Gesetz, vgl § 15 II) im voraus nicht ausgeschlossen oder beschränkt werden kann. § 14 enthält eine generelle Regelung ohne Rücksicht darauf, ob der Geschädigte privater Verbraucher oder gewerblicher oder beruflicher Benutzer ist. Nicht ausgeschlossen, sondern regelmäßig nach § 3 I lit a sogar erforderlich sind Warnungen vor fehlerhaftem Gebrauch. Sie können zum Ausschluß oder zur Minderung (§ 6) der Haftung führen, aber nicht als generelle Haftungsausschlußvereinbarung, sondern wegen ihres Einflusses auf einzelne Haftungsvoraussetzungen. Irrelevant sind nach dem Grundgedanken des § 14 aber solche Warnungen, die nur das Ziel haben, dem Produktverwender die Haftung oder einen Teil davon zuzuschieben, dazu ausführlich Staud/Oechsler § 3 Rz 59ff, 72ff. – Der Schutzwweck des § 14 erfordert es, daß die Unabdingbarkeit bei Sachverhalten mit Auslandsberührung auch nicht durch die Wahl einer haftungsfreien Rechtsordnung beeinflußt werden darf, MüKo/Cahn Rz 5; aA Staud/Oechsler Rz 10. 1

15 *Arzneimittelhaftung; Haftung nach anderen Rechtsvorschriften*
(1) Wird infolge der Anwendung eines zum Gebrauch bei Menschen bestimmten Arzneimittels, das im Geltungsbereich des Arzneimittelgesetzes an den Verbraucher abgegeben wurde und der Pflicht zur Zulassung unterliegt oder durch Rechtsverordnung von der Zulassung befreit worden ist, jemand getötet,

ProdHaftG § 15

sein Körper oder seine Gesundheit verletzt, so sind die Vorschriften des Produkthaftungsgesetzes nicht anzuwenden.

(2) Eine Haftung aufgrund anderer Vorschriften bleibt unberührt.

1   Die im Delikts- und Gefährdungshaftungsrecht geläufige **Anspruchskonkurrenz** gilt nach Abs II auch im Produkthaftungsrecht. Als Ausnahme sieht aber Abs I vor, daß im Bereich der Arzneimittelhaftung das **AMG** ausschließlich gilt. Die Haftung nach dem AMG unterscheidet sich von derjenigen des ProdHaftG vor allem durch die Einbeziehung von Entwicklungsgefahren und eine andersartige Regelung des Höchstbetrages. Ob der Ausschluß der Arzneimittelhaftung mit der Richtlinie vereinbar ist, ist heftig umstritten (Staud/Oechsler Rz 2f mN). Die praktische Bedeutung des Streites darf aber nicht überschätzt werden, da die Kommission § 15 I nicht beanstandet hat, dazu Rolland, FS Lorenz 1991, 193ff, vgl aaO aber auch zu den dennoch möglichen Folgen: Vorlageverfahren beim EuGH nach Art 177 EGV aF (234 nF), Haftung der BRD für fehlerhafte Umsetzung der Richtlinie (nach der „Francovich"-Doktrin des EuGH, NJW 1992, 165; vgl auch EuGH JZ 1997, 198 m Anm Eidenmüller). ME sprechen die besseren Gründe (insbesondere bei MüKo/Cahn Rz 2) für die Wirksamkeit des Abs I.

2   In § 15 nicht erwähnt wird die Haftung nach dem **AtG**. Auch dieses Gesetz ist aber nach Art 14 der Richtlinie eine exklusive Spezialregelung zum ProdHaftG. Denn in Art 14 der Richtlinie werden Schäden infolge eines nuklearen Zwischenfalles, die in einem von den Mitgliedsstaaten ratifizierten internationalen Abkommen erfaßt sind, von dem Anwendungsgebiet der Produkthaftungsregelung ausgenommen. Und für das sog Pariser Abkommen (BGBl 1985 II 964) trifft diese Voraussetzung zu, vgl zur Anpassung der Produkhaftungsrichtlinie an diese Rechtslage durch Anhang III zum Vertrag über den EWR Staud/Oechsler Rz 8.

3   Als konkurrierende Anspruchsgrundlagen nach Abs II kommen **alle erdenklichen Haftungsgründe** des Zivilrechts in Frage, also keineswegs nur Ansprüche aus Delikt und Spezialgesetzen zur Gefährdungshaftung (außer AMG und AtG), sondern auch zB Gewährleistungsansprüche, vor allem aus Kauf- oder Werkvertrag, und Ansprüche aus einer selbständigen Herstellergarantie, dazu genauer Pal/Thomas Rz 5 mN und jetzt insbesondere Schaub ZEuP 2003, 562ff.

16-19 (Übergangs- und Ermächtigungsvorschriften, nicht abgedruckt)

Buch 3
Sachenrecht

Einleitung

Schrifttum: *Baur/Stürner*, Lehrbuch des Sachenrechts, 17. Aufl 1999; *Brehm/Berger*, Sachenrecht, 2000; *Demharter*, Grundbuchordnung, 24. Aufl 2002; *Eckert*, Sachenrecht, 3. Aufl 2002; *Eichler*, Institutionen des Sachenrechts, 1954–1960; *Heck*, Grundriß des Sachenrechts, 1930; *Klaus Müller*, Sachenrecht, 4. Aufl 1997; *Rosenberg*, Sachenrecht (§§ 854–892), 1919; *Schapp/Schur*, Sachenrecht, 3. Aufl 2002; *Schellhammer*, Sachenrecht nach Anspruchsgrundlagen, 2001; *Schöner/Stöber*, Grundbuchrecht, 12. Aufl 2001; *Schreiber*, Immobilienrecht, 2001; *ders*, Sachenrecht, 4. Aufl 2003; *Schwab/Prütting*, Sachenrecht, 31. Aufl 2003; *Westermann*, Sachenrecht, 7. Aufl 1998; *Wieling*, Sachenrecht Bd 1, Sachen, Besitz und Rechte an beweglichen Sachen, 1990; *ders*, Sachenrecht, 4. Aufl 2001; *Wilhelm*, Sachenrecht, 2. Aufl 2002; *Ernst Wolf*, Lehrbuch des Sachenrechts, 2. Aufl 1979; *Manfred Wolf*, Sachenrecht, 18. Aufl 2002; *Wolff/Raiser*, Sachenrecht, 10. Bearb 1957. Spezielles Schrifttum zu einzelnen sachenrechtlichen Gebieten und Fragen ist bei den Vorbem zu den einzelnen Abschnitten und Titeln aufgeführt.

I. Gegenstand und Wesen des Sachenrechts. 1. Das Sachenrecht ist Zuordnungsrecht. Es weist die Rechtsobjekte den Rechtssubjekten zu bzw regelt die Beziehung einer Sache zu einer Person (MüKo/Quack Rz 1). Das gilt vornehmlich für Sachen (§ 90) bzw Tiere (§ 90a), zum großen Teil aber auch für Rechte. Soweit deren Zuordnung in anderen Rechtsgebieten geregelt ist, gelten gleiche Grundsätze, zB für die §§ 398ff das kennzeichnende Recht der Verfügungen. 1

Zuordnung bedeutet: Das betreffende Rechtsobjekt ist dem Vermögen einer bestimmten Person zugewiesen (praktisch bedeutsam für Vollstreckung und Verfügungen über den Gegenstand), so daß der Person die Herrschaftsmacht zusteht, sie andererseits aber auch für den Gegenstand verantwortlich („zuständig") ist (vgl Westermann/H.P. Westermann § 2 II). Insoweit nähert sich die Zuordnungslehre weitgehend der wohl hM, die als Kennzeichen des dinglichen Rechts die unmittelbare Sachherrschaft hervorhebt und als Wesen der dinglichen Rechte die Rechtsmacht über Rechtsobjekte ansieht (vgl Staud/Seiler Einl § 854 Rz 18ff mwN).

Das Sachenrecht kennt und regelt aber auch Beziehungen von Person zu Person. Das sind die sog **dinglichen Ansprüche**, die in der doppelten Zuordnung eines Gegenstandes begründet sind, zB Eigentum des „Gläubigers" und Besitz des „Schuldners" bei § 985 (vgl Westermann/H.P. Westermann § 2 III; Staud/Seiler Rz 9, 24ff versteht sie entsprechend dem herrschenden Sachenrechtsbegriff als „Hilfsrechte zur Durchsetzung des dinglichen Rechte als Beherrschungsrechte"). Dingliche Ansprüche (zB §§ 985, 861) sind relative Rechte und beruhen auf dinglichen Rechten bzw Rechtspositionen. Insoweit dient der dingliche Anspruch dem Schutz und der Verwirklichung des dinglichen Rechts (Pal/Passenge Einl § 854 Rz 10 mwN; kritisch Picker FS Bydlinski, 2002, S 269, 280: „dogmatischer Irrwisch"). Beide sind damit untrennbar, dh der dingliche Anspruch ist grundsätzlich nicht selbständig übertragbar (Pal/Bassenge Einl § 854 Rz 10).

2. Die sachenrechtlichen Rechte werden als **dingliche Rechte** bezeichnet und damit den Rechten anderer Art, insbesondere den schuldrechtlichen, gegenübergestellt. Das Wesen der Dinglichkeit ist eine alte Streitfrage; zT wird die Absolutheit des Klageschutzes, zT die Unmittelbarkeit der Sachbeziehung (hM) als wesensbestimmend angesehen (vgl Westermann/H.P. Westermann § 2 I; Kühne AcP 140 [1935] 11ff; Staud/Seiler Einl § 854 Rz 17ff). Zutreffend ist die Zuordnung im obigen Sinne als Wesensmerkmal der Dinglichkeit zu bezeichnen. Das umfassendste Zuordnungsrecht an einer Sache ist das Eigentum (vgl vor § 903 Rz 2). Daneben gibt es die **beschränkt-dinglichen Rechte**, die ebenfalls an der Sache bestehen, aber nur einzelne Befugnisse an der Sache zuordnen. Zu unterscheiden sind dingliche Nutzungsrechte, dingliche Verwertungsrechte und dingliche Erwerbsrechte (vgl Übersicht bei Baur/Stürner § 3 II aE). Grds sind alle Vorschriften, die Zuordnungen betreffen, zwingend. 2

3. Die dinglichen Rechte als zuordnende Rechte zeichnen sich durch **besondere Merkmale** aus. **a)** Sie wirken **absolut**, dh nicht nur zwischen zwei Beteiligten, Gläubiger und Schuldner, sondern für und gegenüber jedermann (Baur/Stürner § 4 I; Westermann/H.P. Westermann § 2 II 1; Schwab/Prütting § 3 I; Staud/Seiler Rz 18, 37). Sie sind gegen jeden rechtswidrigen Eingriff geschützt. Die Zuordnung gibt so dem Gegenstand einen festen vermögensrechtlichen Stand; die nur relativ wirkende Zuordnung, zB §§ 883, 888, ist eine systemwidrige Ausnahme (vgl § 873 Rz 2). 3

b) Da alle Rechtsgenossen die Zuordnung gegen sich gelten lassen müssen, besteht ein berechtigtes Bedürfnis, die Zuordnung auch ersichtlich zu machen. Das Sachenrecht strebt deshalb nach **Offenkundigkeit** (zum sog Publizitätsgrundsatz siehe BGH NJW 1979, 715; Baur/Stürner § 4 II; Schwab/Prütting § 4 III; Westermann/H.P. Westermann § 3 I 2). Verlautbarungsmittel im Grundstücks- bzw Liegenschaftsrecht ist die Grundbucheintragung (vgl § 891). Im Recht der beweglichen Sachen gilt der Besitz als Publizitätsmittel (vgl § 1006), wobei freilich der unmittelbare Besitz regelmäßig nur publiziert, daß die Sache nicht herrenlos ist (Bauer, FS Bosch, 1976, S 4f) 4

c) Sachenrechte haben als Folge des Wesens der Zuordnung einen bestimmten **Rang**, während im Recht der Verpflichtungen grundsätzlich der frühere Zugriff die bessere Rechtsstellung schafft. 5

d) Ausfluß des zuordnenden Wesens des Sachenrechts ist die Möglichkeit der **Rechte an eigenen Sachen**, zB einer Dienstbarkeit am eigenen Grundstück (BGH 41, 209) oder eines Eigentümer-Erbbaurechts (BGH NJW 1982, 2381; vgl auch § 873 Rz 4). Die Vorstellung, das beschränkte dingliche Recht sei eine neben dem Vollrecht stehende verselbständigte Zuordnungsform iVm der Verlautbarungsmöglichkeit, erlaubt die Aufrechterhaltung von Rechten an eigenen Sachen, die das Interesse des Eigentümers am Rang fordert. 6

Einl § 854 Sachenrecht

7 4. Aus den Aufgaben der Zuordnung hat sich auch die besondere sachenrechtliche Regelung der **Verfügungen** entwickelt. a) Das **Spezialitätsprinzip** besagt, daß nur ein **bestimmter** Gegenstand, im Gegensatz zur wertmäßigen Begrenzung, mit absoluter Wirkung einem Vermögen zugewiesen werden kann. Dingliche Rechte können nicht an Sachgesamtheiten (vgl vor § 90 Rz 5), sondern nur an Einzelsachen bestehen. Nur dem entsprechende Verfügungen können wirksam vorgenommen werden (Baur/Stürner § 4 III; Staud/Seiler Rz 54, 55; Schwab/Prütting § 4 I). Offenkundigkeit und Bestimmtheit der Verfügungen dienen dem Verkehrsschutz und der Rechtssicherheit (vgl auch vor § 873 Rz 6).

8 b) Im Sachenrecht enthalten die Verfügungsgeschäfte zwecks Manifestation des hierauf gerichteten Willens einen für Dritte erkennbaren („offenkundigen") „**Vollzugsakt**" – Besitzwechsel bzw Eintragung –, während die Verfügungen außerhalb des Sachenrechts in der Regel nur in der Einigung als nicht sichtbarem Willensmoment bestehen.

9 c) Verfügungen (nicht nur die sachenrechtlichen) sind schließlich rechtsgrundunabhängig. Das sog **Abstraktionsprinzip** (vgl Heck, Das abstrakte dingl Rechtsgeschäft, 1937; Stadler, Gestaltungsfreiheit und Verkehrsschutz durch Abstraktion, 1996; Westermann/H.P. Westermann § 4 mwN) soll ebenfalls die Rechtssicherheit fördern: Die absolut wirkenden Verfügungen sollen von den Fehlerquellen der Rechtsgrundgeschäfte freigestellt werden. Die Ungültigkeit des Grundgeschäftes (zB Formnichtigkeit, Anfechtung, Sittenwidrigkeit) berührt grds nicht die Wirksamkeit des Erfüllungsgeschäftes. Mitunter wird freilich versucht, die Rechtsgrundunabhängigkeit zu überwinden (s § 139 Rz 23; § 929 Rz 4; Westermann/H.P. Westermann § 4 IV; Staud/Seiler Einl § 854 Rz 49ff).

10 5. Es gibt eine geschlossene Zahl dinglicher Rechte (sog **numerus clausus der Sachenrechte**), dh dingliche Rechte gibt es nur, soweit das Gesetz sie zuläßt und nur in der vom Gesetz gewollten Form (vgl Staud/Seiler Einl § 854 Rz 38–47; Baur/Stürner § 1 II 2, 3a; Heck § 23; Jauernig/Jauernig vor § 854 Rz 3) Zu den Rechten an Grundstücken siehe vor § 873 Rz 4. Nicht möglich ist die Begründung von Teileigentum, dh eines zeitlich begrenzten Eigentumsrechts mehrerer Personen an einer Sache. Dem wirtschaftlichen Interesse an einer zeitweiligen Nutzung wie ein Eigentümer kann daher nur über Miteigentum bzw auf gesellschaftsrechtlicher Grundlage iVm einer schuldrechtlichen Vereinbarung (Time-Sharing) Rechnung getragen werden. Die §§ 481–487 enthalten verbraucherschützende Regelungen für die schuldrechtliche Absprache, dh für sog Teilzeit-Wohnrechtsverträge. – An beweglichen Sachen gibt es neben dem Eigentum den Nießbrauch und das Pfandrecht.

11 6. **Zwischenerscheinungen** zeigen nur zum Teil die Wesensmerkmale des dinglichen Rechts auf: a) Der **Besitz** ordnet das „äußere", das „tatsächliche Haben" der Sache dem Besitzer mit absoluter Wirkung zu; insoweit „verabsolutiert" er auch schuldrechtliche, mit dem Besitz verbundene Rechte. b) Zwischen unmittelbar zuordnenden und nur einen Schuldner verpflichtenden Erscheinungen steht die **Vormerkung**. Zu ihrer Rechtsnatur siehe § 883 Rz 2. c) Das **dingliche Vorkaufsrecht** des § 1094 enthält die dinglich wirkende Befugnis, in einen Grundstückskaufvertrag des Eigentümers mit einem Dritten einzutreten (§ 1094 Rz 1, 3). d) Zu denken ist in diesem Zusammenhang auch an die bestimmten Rechtssubjekten zugewiesenen dinglichen ausschließlichen **Aneignungsrechte**, §§ 928 II, 958 II (vgl § 928 Rz 9, Staud/Seiler Einl § 854 Rz 23).

12 e) Ohne gesetzliche Regelung sind die **Anwartschaftsrechte** geblieben, die sich als Zwischenstufen in der Entwicklung zum Vollrecht bei allen Rechten finden. Von einem Anwartschaftsrecht ist auszugehen, wenn von einem mehraktigen Entstehungstatbestand eines Rechts so viele Erfordernisse erfüllt sind, daß der Veräußerer den Rechtserwerb nicht mehr einseitig verhindern kann (BGH 89, 41, 44; 83, 395, 399; Baur/Stürner § 3 B III; Westermann/H.P. Westermann § 5 III 4). Zum Anwartschaftsrecht im Liegenschaftsrecht vgl § 925 Rz 55ff; zur Anwartschaft bei Entstehung der Hypothek und sonstiger Pfandrechte vgl Westermann/Eickmann § 95 A I 4 und § 75 I 6. Die auf den Erwerb dinglicher Rechte gerichteten Anwartschaftsrechte sind wie dingliche Rechte zu behandeln (vgl § 929 Rz 19ff, § 925 Rz 59 und Westermann/H.P. Westermann § 5 III 4, § 39 III, IV).

13 7. Vorschriften über die **Behandlung des dinglichen Anspruchs**, wie sie der allgemeine Teil des Schuldrechts für die schuldrechtlichen Ansprüche enthält, fehlen. a) Ob die **Vorschriften des Allgemeinen Teils** des Schuldrechts entsprechend auf den dinglichen Anspruch anzuwenden sind, ist streitig (vgl Baur/Stürner § 5 II 2; Staud/Seiler Einl § 854 Rz 82–86; Westermann/H.P. Westermann § 1 II 2, § 2 III). Sicher sind die Ansprüche nach Schuldrecht zu behandeln, die zwar in einem sachenrechtlichen Tatbestand begründet, in ihrem Fortbestehen von ihm aber unabhängig sind, so zB die Ersatzansprüche nach den §§ 987ff (vgl § 990 II).

14 b) Im übrigen sind auf die sachenrechtlichen Leistungsverhältnisse die §§ 242ff anzuwenden, sofern nicht die gesetzlich gewollte Interessenbewertung verschoben wird. Ob und wieweit das der Fall ist, ist bei den einzelnen Verhältnissen zu bestimmen (Baur/Stürner § 5 II 2; Westermann/H.P. Westermann § 31 IV; Soergel/Stadler Rz 13; Staud/Seiler Rz 82ff). **§ 242** gilt im allgemeinen für jeden dinglichen Anspruch (vgl § 242 Rz 44), sofern nicht schon die Einzelregelung des Sachenrechts einen Ausgleich nach Treu und Glauben enthält. – Anerkannt ist die Anwendung des § 242 zB beim Berichtigungsanspruch (vgl § 894 Rz 31 mwN). Auch einem Anspruch aus § 985 kann § 242 entgegenstehen (vgl BGH 47, 184 [189]; v. Olshausen JZ 1983, 288; kritisch LG Itzehoe JZ 1983, 308). Gleiches gilt für § 861 (vgl BGH NJW 1978, 2157 [2158]; KG NJW 1967, 1915) und Ansprüche aus Grundpfandrechten. Auch die Ausübung einer Grunddienstbarkeit kann unzulässig sein (siehe § 242 Rz 44).

c) Zur – abzulehnenden – Anwendung des **§ 328** auf die dingliche Einigung vgl § 873 Rz 13 mwN, § 328 Rz 2ff; zu derjenigen auf die Einigung iSv § 854 II siehe § 854 Rz 15.

d) Ob die Regelungen der §§ 305ff über die Allgemeinen Geschäftsbedingungen grundsätzlich im Sachenrecht anwendbar sind, wie dies beim AGBG überwiegend angenommen wurde (vgl 10. Aufl mwN), erscheint zweifelhaft. Dafür spricht, daß das Sachenrecht in § 310 IV nicht erwähnt ist (bejahend auch Pal/Heinrichs § 305 Rz 4; Soergel/Stadler Rz 21).

Sachenrecht **Einl § 854**

8. Ergänzungen des Sachenrechts. a) Das 3. Buch des BGB enthält nur das materielle Sachenrecht; das **Verfahrensrecht** für das Grundbuch regelt die **GBO**. Das materielle und das formelle Recht folgen dabei verschiedenen Grundsätzen (zB materielles Einigungsprinzip in §§ 873ff, formelles Konsensprinzip der GBO, vgl vor § 873 Rz 7) sind aber doch innerlich verbunden. Die Einheit ist ferner dadurch gewährleistet, daß weitgehend der materiell-rechtliche Erfolg von einer Eintragung abhängig ist, das Grundbuchamt aber nur einträgt, wenn die Voraussetzungen des formellen Rechts gegeben sind. Verfahrensrechtliche Vorschriften mit sachenrechtlicher Wirkung finden sich ferner in der ZPO, dem ZVG und dem Enteignungsrecht. 15

b) Besonderes formelles und materielles Sachenrecht gilt für **eingetragene See- und Binnenschiffe** und **Schiffsbauwerke** (vgl § 929a Rz 3; zum Schrifttum vgl 10. Aufl Rz 16). Es lehnt sich materiell-rechtlich an die §§ 873ff und formell-rechtlich an die GBO an. Die Schiffshypothek gleicht der Hypothek des BGB. Für **nicht eingetragene Schiffe** gilt das Recht der beweglichen Sachen; vgl §§ 929a, 932a. – Zur Übereignung und Verpfändung von **Luftfahrzeugen** siehe § 929a Rz 5 und Einl § 1204 Rz 19ff. 16

c) Die §§ 1012 bis 1017 wurden durch die **VO über das Erbbaurecht** vom 15. 1. 1919 abgelöst. 17

d) Ohne Vorgänger sind dagegen das Gesetz über das **Wohnungseigentum** und das **Dauerwohnrecht** (WEG) vom 15. 3. 1951 und das **Bergwerkseigentum** nach dem Bundesberggesetz vom 13. 8. 1980 (BGBl I 1310). 18

e) Eine Gruppe von Vorschriften trägt der sozialen Bedeutung des Bodens Rechnung. Ihretwegen hat sich ein besonderes Recht entwickelt, das dem neuzeitlichen **Bodenrecht** sein besonderes Gepräge mit einem starken öffentlich-rechtlichen Einschlag gibt. 19

aa) Bedeutsam ist das **Grundstücksverkehrsgesetz** (GrdstVG) vom 28. 7. 1961 (BGBl I 1091). Es unterwirft die Veräußerung von land- und forstwirtschaftlichem Boden einer **Genehmigungspflicht**, und zwar sowohl die schuldrechtlichen als auch die dinglichen Verträge. Der Eigentumsübertragung gleichgestellt sind die Einräumung und die Veräußerung von Miteigentumsanteilen, die Veräußerung von Erbanteilen an einen anderen als an einen Miterben, wenn der Nachlaß im wesentlichen aus einem land- oder forstwirtschaftlichen Betrieb besteht, und die Bestellung des Nießbrauchs. Die Genehmigungspflicht gilt auch, wenn sich die Teilnehmer einer Gemeinschaft auseinandersetzen, also zB die Miterben durch Teilung in Natur; ferner bei Erfüllung einer Vermächtnisforderung. Genehmigungsfrei bleiben die in § 4 GrdstVG aufgezählten Geschäfte (zur Genehmigungsfreiheit des Verkaufs landwirtschaftlicher Kleinflächen vgl Zweibrücken NJW-RR 1999, 454 und BayObLG NJW-RR 2001, 736); für die in § 8 GrdstVG genannten muß die Behörde die Genehmigung erteilen. Rechtsstaatlichen Prinzipien folgend zählt das Gesetz die Versagungsgründe für die Genehmigung abschließend auf, vgl § 9 GrdstVG. Der Behörde steht danach kein Ermessen zu, wohl aber arbeitet das Gesetz mit einer Anzahl unbestimmter Rechtsbegriffe. Die Genehmigung ist dann zu versagen, wenn die agrarpolitischen Ziele des Gesetzes durch das Geschäft gefährdet würden. Das Gesetz bezweckt, den Grundstücksverkehr in rechtsstaatlichen Formen im Sinne einer vernünftigen Ordnung der Agrarstruktur zu beeinflussen (BGH NJW-RR 2002, 1169 mwN; Westermann/H.P. Westermann § 7 I 2a; vgl auch Mohnhaupt NotBZ 2001, 469f). Ohne die Genehmigung sind die genehmigungspflichtigen Geschäfte schwebend unwirksam, mit Erteilung der Genehmigung werden sie wirksam. Im gesetzlichen Rahmen ist die Erteilung der Genehmigung unter Auflagen und unter Bedingungen zulässig. Die Auflage kann nur dem Erwerber gemacht werden; sie begründet eine Verpflichtung für ihn, deren Erfüllung nicht Wirksamkeitsbedingung des Geschäfts ist (BGH DNotZ 1955, 198). Während des Schwebezustandes sind die Parteien verpflichtet, die Genehmigung nicht zu hintertreiben. Die Eintragung der genehmigungspflichtigen Rechtsänderung im Grundbuch ist erst zulässig, wenn dem Grundbuchamt die unanfechtbare Genehmigungsentscheidung nachgewiesen wird, § 7 GrdstVG. Bei Eintragung ohne Genehmigung ist ein Widerspruch gem § 7 II GrdstVG möglich. 20
Die Versagung der Genehmigung durch die Behörde ist mit Antrag auf gerichtliche Entscheidung nachprüfbar. Zu den Folgen der Rücknahme bzw des Widerrufs einer unanfechtbar erteilten Genehmigung siehe § 925 Rz 77.
Nach §§ 13, 17 GrdstVG kann ein **landwirtschaftlicher Betrieb** (nicht dagegen ein forstwirtschaftlicher) bei Anfall an eine Miterbengemeinschaft kraft gesetzlicher Erbfolge auf Antrag einem Miterben zu Alleineigentum zugewiesen werden; die übrigen Miterben werden dann unter Zugrundelegung des Ertragswerts abgefunden.

bb) Im **Beitrittsgebiet** bestimmt die Grundstücksverkehrsordnung idF v 20. 12. 1993 (BGBl I 2182) für bestimmte Verfügungen eine Genehmigungspflicht, um die Restitution nach dem VermG zu sichern (dazu ausf Eickmann, Grundstücksrecht in den neuen Bundesländern, 3. Aufl 1996 Rz 115ff). 21

cc) Dem GrdstVG ist das **Landpachtverkehrsgesetz** vom 8. 11. 1985 (BGBl I 2075) verwandt. Landpachtverträge bedürfen keiner Genehmigung, müssen aber der Behörde gemeldet werden, die sie aus bestimmten Gründen beanstanden und damit unwirksam machen kann. 22

dd) Sonderrechtscharakter mit sachenrechtlichem Einschlag hat auch das **FlurbereinigungsG** idF v 16. 3. 1976 (BGBl I 46). Das Gesetz läßt landesrechtliche Abweichungen zu, wovon in Gestalt zahlreicher Ausführungsgesetze Gebrauch gemacht worden ist. 23

ee) Das **Forstrecht** ist durch das wachsende Interesse an der Wohlfahrtswirkung der Wälder (insbesondere Einwirkung auf das Klima und den Wasserhaushalt, Erholungswirkung usw) in Bewegung geraten. Das Bundeswaldgesetz als Rahmengesetz erlaubt das Betreten des Waldes (Staats-, Körperschafts-, Privatwald) zur Erholung, zum Radfahren und Reiten jedoch nur auf Wegen. Damit ist der Frage nach einem evtl Gewohnheitsrecht gegenstandslos geworden. Zu den entsprechenden landesrechtlichen Regelungen vgl **Baden-Württemberg**: LWaldG v 4. 4. 1985 (GBl S 106); **Bayern**: BNatSchG idF v 18. 8. 1998 (GVBl S 593); **Berlin**: LWaldG v 30. 1. 1979 (GVBl S 177), **Brandenburg**: LWaldG v 17. 6. 1991 (GVBl S 213); **Hamburg**: LWaldG v 13. 3. 1978 (GVBl S 74); **Hessen**: LForstG idF v 10. 9. 2002 (GVBl S 582) – in Kraft bis 31. 12. 2004; **Mecklenburg-Vorpommern**: LWaldG v 8. 2. 1993 (GVBl S 90); **Niedersachsen**: LWaldG idF v 21. 3. 2002 (GVBl S 112); **Nordrhein-Westfalen**: LForstG v 24. 4. 1980 (GV S 546); 24

Rheinland-Pfalz: LForstG v 2. 2. 1977 (GVBl S 21); **Saarland:** LWaldG v 26. 10. 1977 (GBl S 1009); **Sachsen:** LWaldG v 10. 4. 1992 (GVBl S 137); **Sachsen-Anhalt:** LWaldG v 18. 4. 1994 (GVBl S 520); **Schleswig-Holstein:** LWaldG idF v 11. 8. 1994 (GVBl S 438); **Thüringer** WaldG idF v 25. 8. 1999 (GVBl S 485).

Das historisch gesehen eng mit dem Forstrecht zusammenhängende **Jagdrecht** ist im Bundesjagdgesetz idF vom 29. 9. 1976 geregelt, während das **Fischereirecht** bisher nur landesrechtlich geregelt ist. Der Bund ist nur für die Regelung der Hochseefischerei zuständig.

25 ff) Das **Wasserrecht** hat im Wasserhaushaltsgesetz idF vom 23. 9. 1986 (BGBl I 1529; 1654) eine bundesrechtliche Grundlage erhalten; es ist ein Rahmengesetz, zu dessen Ausführung Landesgesetze ergangen sind (Überblick über die sachenrechtliche Bedeutung bei Westermann/H.P. Westermann § 7 III; Baur/Stürner § 27 VI). Sachenrechtliche Bedeutung hat auch das Recht der Wasser- und Bodenverbände, dessen Grundlage die erste Verordnung über Wasser- und Bodenverbände vom 3. 9. 1937 (RGBl I 933) ist, die aufgrund des Gesetzes über Wasser- und Bodenverbände vom 10. 2. 1937 (RGBl I 188) erlassen wurde. Die Wasser- und Bodenverbände sind Körperschaften des öffentlichen Rechts (siehe hierzu Westermann/H.P. Westermann § 7 III 5).

26 gg) Von wesentlicher sachenrechtlicher Bedeutung war das gesetzliche Vorkaufsrecht der Siedlungsunternehmen, das aber durch die Neufassung des **Reichssiedlungsgesetzes** durch das GrdstVG (siehe Rz 20) zurückgedrängt wurde. Es kann nur noch ausgeübt werden, wenn ein nach dem GrdstVG genehmigungspflichtiges Geschäft nicht genehmigt wird.

27 hh) Zum alten und neuen **Wohnungsbauförderungsrecht** siehe Heimsoeth RNotZ 2002, 88ff.

28 ii) Die moderne Entwicklung hat die Notwendigkeit einer planvollen Ordnung des Raumes immer deutlicher werden lassen. Das **Bundesraumordnungsgesetz** idF vom 18. 8. 1997 (BGBl I 2081) stellt „Grundsätze der Raumordnung" auf, die gem § 3 Bund und Länder binden. Die Grundsätze sind so weit gefaßt, daß für ihre Konkretisierung ein weiter Spielraum bleibt. Die Raumplanung ist in erster Linie Sache der Länder, die dafür Landesplanungsgesetze erlassen haben. Diese bilden die organisatorische Grundlage der planenden Tätigkeit.

29 jj) Das **Baugesetzbuch** in der ab 1. 1. 1998 geltenden Fassung vom 3. 9. 1997 (BGBl I S 2141; [1998] 137) sieht zum Zwecke der Ordnung der städtebaulichen Entwicklung in Stadt und Land die Aufstellung von Bauleitplänen vor, die entweder vorbereitender (Flächennutzungsplan) oder endgültiger (Bebauungsplan) Natur sind (siehe dazu Baur/Stürner § 26 II 3). Zur Sicherstellung und Durchführung dieser Pläne sind verschiedene Eingriffe in das Grundeigentum oder seine bauliche Nutzungsmöglichkeit zulässig. Dazu gehören: Genehmigungsbedürftigkeit bei Grundstücksteilungen (§§ 19–23); Beschränkung der Zulässigkeit baulicher Anlagen, die dem Bebauungsplan widersprechen (§§ 29–33, in Außengebieten § 35); die befristete Veränderungssperre und Zurückstellung der Baugesuche zur Sicherung eines künftigen Bebauungsplans (§§ 14–18); Umlegung und Grenzregelung bei Grundstücken zum Zwecke der Bildung in städtebaulicher Hinsicht zweckmäßig gestalteter Grundstücke (§§ 45–84); das gesetzliche Vorkaufsrecht der Gemeinden an Grundstücken, die in einem Bebauungsplan als Baugrundstücke für den Gemeindebedarf oder als Verkehrs-, Versorgungs- oder Grünflächen festgesetzt oder in ein Verfahren zur Bodenordnung (Umlegung oder Grenzregelung) einbezogen sind (§ 24), sowie unter besonderen weiteren Voraussetzungen auch an anderen Grundstücken (§ 25); schließlich die Enteignung von Grundeigentum und anderen Grundstücksrechten (§§ 85–122) und die Belastung des Grundstückseigentümers mit Erschließungsbeiträgen (§§ 127–135). Zur Entschädigung für die Nachteile, die mit den bezeichneten Eingriffen für den Grundstückseigentümer und andere dinglich Berechtigte verbunden sind, ist eine eingehende gesetzliche Regelung getroffen (§§ 18, 28, 40–44, 93–103). Die früher im Städtebauförderungsgesetz v 18. 8. 1976 (BGBl I 2318) ermöglichte Einschränkung des Eigentums durch Erleichterung der Sanierung und Entwicklung städtischer Bereiche ist nunmehr in §§ 136–191 BauGB geregelt. Eine Überleitungsvorschrift enthält § 235 BauGB.

30 kk) Das **Bundesnaturschutzgesetz** idF vom 25. 3. 2002 (BGBl I 1193) und Ländergesetze ermächtigen ebenfalls zu Eingriffen in das Eigentum bzw dessen Nutzung, die mit planerischen und schützenden Maßnahmen zum Zwecke des Naturschutzes und der Landschaftspflege einhergehen. Zur Eigentumsbeschränkung im Interesse des Verkehrs vgl Baur/Stürner § 26 E.

31 II. **Gebiet der ehemaligen DDR.** Nach dem durch den Einigungsvertrag festgelegten Übergangsrecht finden nach Art 233 § 1 EGBGB auf ein am 3. 10. 1990 bestehendes Besitzverhältnis die ab diesem Zeitpunkt geltenden Vorschriften des BGB Anwendung. Zur Neuordnung des Eigentums in den neuen Bundesländern siehe Westermann/H.P. Westermann § 6 II. Wegen weiterer Einzelheiten vgl auch die Kommentierung zum Sachenrechtsbereinigungsgesetz in der 10. Aufl.

Abschnitt 1

Besitz

Vorbemerkung

Schrifttum: *Baldus*, Abhandenkommen und genereller Besitzaufgabewille, JR 2002, 441; *Bauer*, Zur Publizitätsfunktion des Besitzes bei Übereignung von Fahrnis, FS Bosch 1976 S 1; *Baur*, Gestufter Mitbesitz am Brief bei Tilgungspfandrechten, NJW 1967, 22; *Birk*, Bösgläubiger Besitzdiener – Gutgläubiger Besitzer, JZ 1963, 254; *Bruns*, Besitzerwerb durch Interessenvertreter, 1910; *Diederichsen*, Das Recht zum Besitz aus Schuldverhältnissen, 1965; *Ernst*, Eigenbesitz und Mobiliarerwerb,

1992; *Flume*, Die Gesamthand als Besitzer, Freundesausgabe Hengeler 1972 S 76; *ders*, Die Rechtsstellung des Vorbehaltskäufers, AcP 161 (1962), 385, 397; *Furtner*, Anwendbarkeit des § 864 Abs 2 BGB bei Vollstreckungsschutz, NJW 1955, 698; *Gallois*, Besitzrechtsfragen bei Anlegung von Siegeln an die Sache, AcP 154, 163; *Hagen*, Besitzschutzklage und petitorische Widerklage – eine Fehlkonstruktion?, JuS 1972, 124; *J. Hager*, Das Erlöschen des possessorischen Anspruchs aufgrund des petitorischen Titels, KTS 1989, 515–526; *Hartung*, Besitz und Sachherrschaft, 2001; *Hoche/Westermann*, Besitzerwerb und Besitzverlust durch Besitzdiener, JuS 1961, 73; *Honsell*, Schadensersatz nach verbotener Besitzentziehung JZ 1983, 531; *Hummel*, Gleichstufigkeit beim Mitbesitz, MDR 1967, 967; *Kegel*, Von wilden Tieren, zerstreuten Leuten und versunkenen Schiffen – Zum Verhältnis von Besitz und Eigentum beweglicher Sachen, FS v. Caemmerer 1978 S 150; *Klinkhammer*, Der Besitz als Gegenstand des Bereicherungsanspruchs, 1997; *Kollhosser*, Grundfälle zum Besitz und Besitzschutz, JuS 1992, 215, 393, 567; *Köhler*, Besitzschutz contra Eigentumsschutz bei Sachbeschädigung, JuS 1977, 652; *Kreß*, Besitz und Recht, 1909; *Kuchinke*, Die Besitzlage bei Sachgütern des Gesellschaftsvermögens, FS Paulick 1973 S 45; *Kurz*, Der Besitz als möglicher Gegenstand der Eingriffskondiktion, 1969; *Lange*, Besondere Fälle des § 857, FS Felgenträger 1969 S 295; *Lopau*, Der Rechtsschutz des Besitzes, JuS 1980, 501; *Martens*, Eigenbesitz als wirtschaftliches Eigentum, NJW 1962, 1849; *Medicus*, Besitzschutz durch Ansprüche auf Schadensersatz, AcP 165 (1965), 115; *ders*, Gedanken zum Besitzschutz, FS für Heinz Hübner 1984 S 611; *Mengelkoch*, Welche Beziehungen bestehen zwischen der Gültigkeit des Rechtsverhältnisses und dem Entstehen mittelbaren Besitzes?, JherJB 76 (1926), 53; *Menter*, Verbotene Eigenmacht hinsichtlich der Ehewohnung bei getrennt lebenden Ehegatten, FamRZ 1997, 76; *Michel*, Problem des Erbenbesitzes nach § 857 BGB, 1990; *Müller/Erzbach*, Das Recht des Besitzes aus der vom Gesetz vorausgesetzten Interessen- und Herrschaftslage entwickelt, AcP 142 (1936), 5; *Pawlowski*, Der Rechtsbesitz im geltenden Sachen- und Immaterialgüterrecht, 1961; *Probst*, Mehrfacher gleichstufiger mittelbarer Besitz und gutgläubiger Eigentumserwerb nach § 934 BGB, ZHR 101 (1935), 199; *Schneider*, Fragen des Besitzschutzes, JR 1961, 367; *Schur*, Rechtsschutz bei verbotener Eigenmacht im einstweiligen Verfügungsverfahren, ZMR 2000, 802; *Siebert*, Die besitzrechtliche Grundlage der dinglichen Wirkung der Traditionspapiere, ZHR 93 (1929), 1; *Smid*, Zur Beziehung von possessorium und petitorium im Verfahren für einstweiligen Rechtsschutz, JuS 1982, 892; *Spieß*, Die Auswirkungen der petitorischen Widerklage auf die Besitzklage, JZ 1979, 717; *Steindorff*, Besitzverhältnisse beim Gesamthandsvermögen in OHG und KG, FS Kronstein 1967 S 151; *Weimar*, Die Vererblichkeit des Besitzes, MDR 1965, 109; *ders*, Die Erhaltungsfunktion des Besitzes gem § 986 Abs 2 BGB, JR 1982, 364; *v. Wendt*, Der mittelbare Besitz des BGB, AcP 87 (1897), 40; *ders*, Besitz und Besitzwille, FS für die JurFak Gießen 1907 S 77; *O. Werner*, Besitz- und Eigentumsübertragung am Inhalt eines Schrankfaches, JuS 1980, 175; *Weyland*, Automatenaufstellung – Vertrag, Besitz, Zwangsvollstreckung, Diss Marburg 1989; *Wieling*, Grund und Umfang des Besitzschutzes, De iustitia et iure 1980 S 565; *ders*, Voraussetzungen, Übertragung und Schutz des mittelbaren Besitzes, AcP 184 (1984), 439; *Wieser*, Der Schadensersatzanspruch des Besitzers aus § 823, JuS 1970, 557; *ders*, Zum Schadensersatzanspruch des nichtberechtigten Besitzers, NJW 1971, 597; *Witt*, Die Rechtsfigur des Besitzdieners im Widerstreit zwischen Bestands- und Verkehrsschutz, AcP 201 (2001), 165; *M. Wolff*, Der Mitbesitz nach dem Recht des BGB, JherJ 44 (1902), 143.

1. Begriff des Besitzes. Das Besitzrecht befaßt sich mit der äußeren Einfügung der Sachen in die menschliche Herrschaft, ohne daß es auf das Recht an der Sache oder auf das Recht zum Besitz abstellt. Besitz ist das „äußere Haben" der Sache, die **tatsächliche Sachherrschaft**, ohne Rücksicht auf die Rechtsbeziehung zu ihr (Staud/Bund Rz 13, 14). 1

Gegenstand des Besitzes können nur Sachen und Sachteile sein; dabei sind bewegliche und unbewegliche Sachen gleichgestellt. Möglich ist auch Besitz an Tieren (§ 90a) und öffentlichen Sachen (Bremen MDR 2001, 933, 934). Körperlichkeit des Gegenstandes ist vorausgesetzt; andere Rechtsgüter (zB Unternehmen, Urheberrecht) können nicht besessen werden. Bei ihnen gibt es kein „äußeres Haben", sondern nur die materiell-rechtliche Zuordnung. Wegen des Rechtsbesitzes vgl Rz 7. – Für den Besitz als sachenrechtliche Erscheinung gilt der Bestimmtheitsgrundsatz. Besitz an Sachgesamtheiten als solchen ist nicht möglich (vgl Einl § 854 Rz 7). 2

2. Als **rechtlich geschützte Rechtsposition** ist der Besitz überall da wie ein Recht zu behandeln, wo die an die äußere Beherrschung der Sache geknüpften Rechtsfolgen gemeint sind. Praktisch wird die äußere Beherrschung der Sache weitgehend als Rechtsgut behandelt, so zB bei § 823 I (siehe § 823 Rz 43 mwN) oder bei § 812 (siehe § 812 Rz 7 mwN). Der „Wert" des Besitzes wird freilich von dem Recht am Besitz beeinflußt. So ist zB der rechtswidrige Besitz des Diebes dem Eigentümer gegenüber wertlos (vgl § 823 Rz 43 mwN). Ein die Veräußerung hinderndes Recht iSd § 771 ZPO stellt der Besitz nach wohl noch hM allenfalls bei beweglichen Sachen dar (vgl zum Streitstand Zöller/Herget § 771 ZPO Rz 14 „Besitz"). – Der Besitz des Erben (§ 857) und des mittelbaren Besitzers (§ 868) ist zwar auf der Behandlung des Besitzes als etwas Tatsächliches aufgebaut, aber einem Recht in gewisser Weise angeglichen. 3

3. Arten des Besitzes. a) Beim **unmittelbaren Besitz** übt der Besitzer selbst oder für ihn ein Besitzdiener (§ 855) die tatsächliche Gewalt aus. Beim **mittelbaren Besitz** dagegen besteht die Sachgewalt des mittelbaren Besitzers in einem bestimmten Lebensverhältnis zum unmittelbaren Besitzer (vgl § 868). Der mittelbare Besitz ist übertragbar, § 870, und als Besitz geschützt, § 869. Wenn das BGB von Besitz redet, meint es grundsätzlich beide Besitzarten. Abhandenkommen bedeutet aber nur Verlust des unmittelbaren Besitzes (vgl § 935 Rz 2 und 5). 4

b) Eigen- und Fremdbesitz sind danach zu unterscheiden, ob der Besitzer die Sache für sich oder einen anderen besitzen will (vgl § 872). Erwerb des Eigentums setzt Eigenbesitzerwerb voraus (vgl §§ 929, 937, 955, 958). Auf Eigenbesitz des unmittelbaren Besitzers kann sich kein mittelbarer Besitz aufbauen. 5

c) Nach dem Umfang der Sachbeherrschung werden **Allein- und Mitbesitz** (vgl § 865 Rz 1, § 866 Rz 1) und **Voll- und Teilbesitz** (vgl § 865 Rz 2) unterschieden. Zum **Nebenbesitz** vgl § 868 Rz 22. 6

d) Rechtsbesitz als rechtlich anerkanntes „äußeres Haben" eines Rechts ohne Rücksicht auf die materielle Inhaberschaft erkennt das BGB nur in den §§ 1029, 1090 an. Vom Rechtsbesitz zu unterscheiden ist der Sachbesitz als Folge eines Rechts an der Sache, zB aufgrund Erbbaurechts oder Nießbrauch. Bei der Dienstbarkeit können Rechts- und Sachbesitz nebeneinander dem Dienstbarkeitsberechtigten zustehen. 7

Vor § 854 — Sachenrecht Besitz

8 4. Der Besitz hat verschiedene **Aufgaben**. Da der schuldrechtlich Berechtigte angesichts der Relativität des schuldrechtlichen Rechts gegenüber störenden Dritten andernfalls hilflos wäre, wird der Besitz absolut geschützt. Der Besitzschutz sichert so den Rechtsfrieden (vgl Westermann/Gursky § 8, 3a).

Ferner gilt im Recht der beweglichen Sachen der Besitz als Publizitätsmittel (vgl Einl § 854 Rz 4). Auf den Besitz an beweglichen Sachen gründet das Gesetz eine Eigentumsvermutung, § 1006 (dazu O. Werner JA 1983, 617), und einen Hilfsherausgabeanspruch, § 1007. Der Besitz ist Grundlage eines Rechtsscheins, der gutgläubigen Erwerb ermöglicht (vgl vor § 932 Rz 1). Bei den Grundstücken tritt insoweit die Grundbucheintragung an die Stelle des Besitzes (vgl Einl § 854 Rz 4).

9 5. Im **Strafrecht** gelten die Besitzregelungen des BGB (zB §§ 857, 868) nicht (Tröndle/Fischer § 242 StGB Rz 11). Wo die **ZPO** von „Besitz" redet, ist dagegen grundsätzlich der Begriff des BGB gemeint (RG 61, 92; aber wohl nicht bei § 805 ZPO). Der Begriff „Gewahrsam" ist freilich enger zu definieren (vgl Zöller/Stöber § 808 ZPO Rz 5ff).

10 6. Auf Besitzverhältnisse auf dem Gebiet der **ehemaligen DDR** finden gem Art 233 § 1 EGBGB vom 3. 10. 1990 die Vorschriften des BGB Anwendung (vgl Einl § 854 Rz 31).

854 *Erwerb des Besitzes*

(1) Der Besitz einer Sache wird durch die Erlangung der tatsächlichen Gewalt über die Sache erworben.
(2) Die Einigung des bisherigen Besitzers und des Erwerbers genügt zum Erwerb, wenn der Erwerber in der Lage ist, die Gewalt über die Sache auszuüben.

1 I. Den **Begriff des** von § 854 erfaßten **unmittelbaren Besitzes** bestimmt das Gesetz nur mittelbar, indem es in § 854 den Erwerb, in § 856 den Verlust des unmittelbaren Besitzes mit Erlangung bzw Verlust der tatsächlichen Gewalt gleichstellt (Westermann/Gursky § 9 I 1; zu den sonstigen Besitzarten siehe vor § 854 Rz 4–7).

2 1. **Tatsächliche Gewalt** ist nach wohl hM die Sachbeziehung, die eine solche Möglichkeit gibt, auf die Sache einzuwirken und andere Einwirkungen auszuschließen, daß sie von der Verkehrsanschauung als unmittelbare **Sachherrschaft** angesehen wird. Die Erlangung der tatsächlichen Sachherrschaft muß, wie sich aus den Regelungen der §§ 867 und 872 ergibt, von einem entsprechenden Willen des (angehenden) Besitzers getragen sein (BGH 101, 186, 187 = NJW 1987, 2812 mwN), wobei ein **genereller Besitzwille** genügt (siehe hierzu ausführlich unten Rz 10). In wessen tatsächlicher Herrschaftsgewalt sich die Sache befindet, hängt maßgeblich von der **Verkehrsanschauung**, dh von der zusammenfassenden Wertung aller Umstände des jeweiligen Falles entsprechend den Anschauungen des täglichen Lebens, ab (vgl BGH aaO und Westermann/Gursky § 9 I 4).

3 2. **Maßstäbe für die Beurteilung** geben: das Raumverhältnis, die Einwirkungs- und Ausschließungsmöglichkeit und die erkennbare Einordnung des Gegenstandes in den Machtbereich einer Person. Kegel (FS v. Caemmerer, S 150ff) begreift den Besitz in Anlehnung an das anglo-amerikanische Recht als die überwiegende Wahrscheinlichkeit, den eigenen Willen an einer Sache durchzusetzen (ähnlich M. Wolf Rz 162: „realisierbare Möglichkeit zur Einwirkung auf die Sache"). Dabei sind zB bei Grundstücken geringere Anforderungen zu stellen als bei beweglichen Sachen (Westermann/Gursky § 9 II 4). Maßgebend ist die Verwirklichung tatsächlicher Gewalt, auf die rechtliche Herrschaftsmacht kommt es nicht an. Je mehr das Gewaltverhältnis der Lebensanschauung entspricht, desto geringere Anforderungen sind an die Erkennbarkeit der Herrschaftsausübung zu stellen und umgekehrt: Aufrechterhaltung der tatsächlichen Gewalt braucht nicht fortdauernd erkennbar gemacht zu werden, sofern nur die Ausübungsmöglichkeit feststeht (kurze Unterbrechung ist unschädlich), wohl aber muß eine **Veränderung** ersichtlich gemacht werden.

Der Kraftwagen auf der Straße, der Pflug auf dem Feld, der Holzstapel im Wald, die Bergwiesen im Winter, die Tiere auf der Weide bleiben im **fortdauernden Besitz**, nicht dagegen das Buch auf der Bank im Park, das entlaufene Tier auf dem Weg usw. Besitz bleibt bestehen, selbst wenn der Besitzer vergessen hat, wo er die Sache abgestellt hat, und er dauert so lange an, wie die Sachherrschaft von anderen tatsächlich akzeptiert wird. Dagegen begründen von Anfang an als ganz **vorübergehend gedachte Beziehungen** keinen Besitz (vgl RG 75, 221, 223; RG JW 1919, 379 (Nr 6); München NJW 1970, 667; Staud/Bund Rz 10 mwN). Der Spaziergänger, der sich auf eine Parkbank setzt, und der Gast, der Stuhl und Eßbesteck im Gasthaus benutzt, sind zB nicht als Inhaber einer besitzschutzfähigen Sachbziehung anzusehen (MüKo/Joost Rz 11). Gleiches gilt bei Überlassung aus Gefälligkeit für kurze Zeit. Dagegen wird man dem Kunden (unmittelbaren Fremd-)Besitz an den Waren im Einkaufswagen vor deren Bezahlung zubilligen können (Schulze NJW 2000, 2876ff).

4 3. **Weitere Einzelfälle.** Sachen im **verschlossenen Raum** besitzt der, der ordnungsgemäßen Zugang zum Raum hat und die entsprechenden Schlüssel besitzt. Ob Schlüsselübergabe am Haus Allein- oder Mitbesitz begründet, hängt von den Umständen des Falles ab, insbesondere vom Zweck der Schlüsselübergabe, und von der Frage, ob der Übergeber oder dritte Personen weitere Schlüssel behalten. Behalten eines Zweitschlüssels führt regelmäßig zu Mitbesitz (BGH NJW 1979, 714, 715; ausführlich Westermann/Gursky § 9 II mwN zum Streitstand), es sei denn, dies geschieht unbewußt (Rosenberg Anm 1) bzw es fehlt an der Mitbenutzungsabsicht des Zweitschlüsselinhabers (RG 66, 258, 263; vgl auch Westermann/Gursky aaO). **Ausstellungsgegenstände** auf einem Messefreigelände oder in Messehallen verbleiben im Besitz des Ausstellers, obwohl der Veranstalter eine allgemeine Bewachung und Türkontrolle ausübt (Düsseldorf MDR 1984, 1026). Besitz an einem **Behältnis** erstreckt sich bei einem Briefumschlag auf den Inhalt (RGSt 5, 222, 223f; Westermann/Gursky § 9 II 5), nicht dagegen bei einem bei der Eisenbahn aufgegebenen (verschlossenen) Koffer (Staud/Bund Rz 36 mwN). Es kommt im Einzelfall darauf an, ob sich einem unerlaubten Zugriff auf den Inhalt nennenswerte mechanische Hindernisse entgegenstellen. Beim Stahlkammerfach sind die Besitzverhältnisse streitig. Die Bank und der Fachmieter (zum Mietvertragscharakter vgl RG 141, 99) können wegen des jeweiligen Mitverschlusses das Fach nur gemeinsam öffnen. Im Hinblick darauf vertritt O. Werner die Ansicht (JuS 1980, 175f), am Inhalt eines geschlossenen Stahlkammerfaches bestehe Mitbesitz, nach Öffnung Alleinbesitz des Fachmieters. Demgegenüber nimmt die hM (Celle JW 1927, 73; Westermann/Gursky § 9 II 5 mwN) wohl zu Recht Alleinbesitz des Kunden auch beim geschlossenen Fach an, da der Mitverschluß der Bank nach der Verkehrsanschauung nur Sicherung des Kunden und nicht Sachherrschaftsausübung bedeutet. Gleiches gilt beim zollamtlichen Mitverschluß, der nur unzulässige Verfügungen verhindern soll (RG 112, 38, 40). **Teilbesitz an Bestandteilen** erfordert eine von der Verkehrsanschauung anerkannte Beherrschung des betreffenden Bestandteils, die zB bei Wänden von Miethäusern bejaht wird, sobald Schilder, Reklame oder auch nur Inschriften angebracht sind (vgl RG 80, 281, 284; BGH LM zu § 535 Nr 10; siehe auch § 535 Rz 28).

4. Eine **juristische Person** ist Besitzer, wenn ihre Besitzdiener (zB Fabrikarbeiter, Filialleiter einer AG) die Sachgewalt für sie ausüben oder wenn der unmittelbare Besitzer zu ihr in einem Besitzmittlungsverhältnis steht (Westermann/Gursky § 20 II 1). Die tatsächliche Sachherrschaft, die ein Vertretungsorgan einer juristischen Person innerhalb seines Aufgabenbereichs ausübt, wird der juristischen Person als eigene zugerechnet, so daß nur diese selbst Besitzer ist (BGH NJW 1971, 1358; BGH 56, 73, 77; Staud/Bund Rz 58; MüKo/Joost Rz 32; vgl auch Westermann/Gursky § 20 II 2 mwN zum Streitstand). Die Wirkung des Handelns der Organe für die juristische Person folgt aus der zwischen der juristischen Person und dem Organ bestehenden Identität, die nicht auf rechtsgeschäftliches Handeln beschränkt ist. Der Besitz der juristischen Person ist von der Fortdauer der Organstellung abhängig. Ist die Organstellung beendet, wird die ehemalige Organperson Besitzer. Hat der Handelnde Organstellung für mehrere juristische Personen, ist diejenige Besitzer, auf deren Geschäftsbereich sich die Gewaltausübung bezieht (BGH LM Nr 1 zu Art 11 Bayer LandkreisO; MDR 1971, 915). Begründung eigenen Besitzes der Organe durch erkennbare Einfügung in die eigenständige Herrschaftssphäre ist verbotene Eigenmacht. Wegen § 935 vgl § 935 Rz 6. Mitglieder einer juristischen Person (Vereinsmitglieder, Gesellschafter) können Besitzdiener der juristischen Person oder auch Besitzmittler sein.

5. Bei **Gesamthandsgemeinschaften** haben grundsätzlich die Gesamthänder Mitbesitz, § 866 (BGH NJW 1983, 1114, 1115f). Entsprechend wurden bislang nicht die **BGB-Gesellschaft** als solche, sondern nur ihre Gesellschafter von der traditionellen Auffassung als (unmittelbare) Besitzer angesehen (BGH 86, 300, 307 = NJW 1983, 1114; BGH 86, 340, 344 = NJW 1983, 1123; Staud/Bund § 866 Rz 16 mwN; aA Flume, AT I 1, § 6 II; Soergel/Hadding[11] § 718 Rz 18; MüKo/Ulmer § 718 Rz 27, 29; Wilhelm Rz 189ff). Nachdem der BGH mittlerweile ausdrücklich festgestellt hat, daß die (Außen-)Gesellschaft bürgerlichen Rechts Rechtsfähigkeit besitzt, soweit sie durch Teilnahme am Rechtsverkehr eigene Rechte und Pflichten begründet (BGH 146, 341, 343ff = NJW 2001, 1056), dürfte sie besitzrechtlich wie eine OHG oder KG zu behandeln sein (Pal/Bassenge Rz 14; Soergel/Stadler Rz 15; Petersen Jura 2002, 257 mwN). Zweifel bestehen freilich dann, wenn der einzige Zweck der Außen-GbR im Halten und Verwalten eines einzelnen Gegenstands (zB Grundstück, Luxusyacht oder Rassepferd) besteht (K. Schmidt NJW 2001, 1001).

Die Personengesellschaften des Handelsrechts **(OHG, KG)** sind einer juristischen Person angenähert (§ 124 HGB) und können selbst Besitzer sein, wobei die Sachherrschaft durch die geschäftsführenden Gesellschafter ausgeübt wird (allg M, siehe Westermann/Gursky § 20 III 2 mwN). Üben die andere Gesellschafter bzw Kommanditisten die Sachherrschaft aus, kommt Besitzdienerschaft oder ein Besitzmittlungsverhältnis in Betracht.

Zur Anwendung der Besitzvorschriften bei einer GmbH & Co KG vgl BGH NJW 1972, 43. Bei einer Erbengemeinschaft ist § 857 zu beachten.

6. **Gesetzliche Vertreter**, zB Inhaber der elterlichen Sorge, Vormund, Pfleger, Insolvenz- und Nachlaßverwalter, haben an den von ihnen beherrschten Sachen unmittelbaren Besitz; der „Vertretene" ist mittelbarer Besitzer (Staud/Bund Rz 56 mwN; siehe auch § 855 Rz 8). Der „schwache", dh ohne Verwaltungs- und Verfügungsbefugnis ausgestattete vorläufige Insolvenzverwalter wird ohne eine ausdrückliche Anordnung des Insolvenzgerichts nicht Besitzer des Vermögens des Schuldners oder auch nur einzelner Vermögensgegenstände (Celle ZIP 2003, 87, 88).

7. **Ehegatten** haben unabhängig vom Güterstand grundsätzlich Mitbesitz an der gemeinsam bewohnten Wohnung (gleichgültig, ob gemeinsam gemietet, Celle FamRZ 1971, 28) bzw am Grundstück (Köln DGVZ 1992, 170, 171). Gleiches gilt für gemeinsam benutzten Hausrat, wobei jeweils der Nichteigentümer Besitzmittler (§ 1353) des Eigentümers ist (BGH NJW 1979, 976, 977). Entsprechend sind erwachsene Familienmitglieder untereinander (Düsseldorf NJW-RR 1997, 998) und **Lebensgefährten** (Frankfurt NJW-RR 1986, 470) regelmäßig nicht als bloße Besitzdiener anzusehen (vgl auch KG NJW-RR 1994, 713). Wegen der vollstreckungsrechtlichen Fragen vgl § 1362 und § 739 ZPO.

II. **Erwerb des unmittelbaren Besitzes** erfolgt originär durch **einseitigen Besitzergreifungsakt** oder derivativ durch **Übergabe** des bisherigen Besitzers bzw **Einigung**. Das Gesetz unterscheidet nicht zwischen Erlangung der tatsächlichen Gewalt durch Geben und Nehmen und sonstigen Arten des Besitzerwerbs. Die Verschaffung des Besitzes durch Hingabe ist keine Verfügung über die Sache (Wolff/Raiser § 3 III), sondern nur über den Besitz an ihr. Guter Glaube an den eigenen Besitz oder an den des Rechtsvorgängers kann die tatsächliche Gewalt ebensowenig ersetzen wie dies die rechtliche Herrschaft über die Sache kann. Nur die **Besitzvererbung** ist von der tatsächlichen Gewalt unabhängig (vgl § 857 Rz 1, 4).

1. Obwohl § 854 kein solches Erfordernis erkennen läßt, verlangen Rspr und überwiegendes Schrifttum wohl zu Recht zur Besitzbegründung einen **Erwerbswillen** (RG 106, 135, 136; RG JW 1925, 784f; BGH 27, 360, 362; 101, 186, 187; Koblenz NJW-RR 1994, 1351; Pal/Bassenge Rz 4; Staud/Bund Rz 14f; MüKo/Joost Rz 8; Schwab/Prütting Rz 54; Wolff/Raiser § 10 II), wobei ein (nicht rechtsgeschäftlicher) Wille zur tatsächlichen Beherrschung

§ 854

vorausgesetzt wird, für den natürliche Willensfähigkeit ausreicht, so daß Kinder, Geisteskranke usw Besitz begründen können, sofern sie nur den Beherrschungswillen zu äußern vermögen (vgl Düsseldorf FamRZ 1999, 652, 653). Demgegenüber reicht es nach der Gegenansicht (Westermann/Gursky § 13 I 2 mwN) zur Besitzbegründung idR aus, daß die Sache in einem Organisationsbereich eingefügt wird, der als solcher bereits eine Herrschaftssphäre (Grundgedanke des § 855) darstellt. Nur wo eine solche Einfügung fehle, sei Besitzwille zu fordern. Da die hM keinen bestimmten, auf die Sache bezogenen Willen verlangt, sondern einen allgemeinen Beherrschungswillen für ausreichend hält, ist der Gegensatz der beiden Auffassungen nicht sehr groß (zutr Bamberger/Roth/Fritzsche Rz 25), zumal die hM in den meisten Fällen eines organisierten Herrschaftsbereichs (zB Briefkasten; Opferstock; Tierfalle; Fischreusen; Platz vor der Ladentür, auf dem Waren abgestellt werden) einen generellen Besitzwillen bejaht. Wenngleich für die hM spricht, daß die Begründung einer Herrschaft als notwendig zweckgerichteter Akt ohne eine entsprechende Intention nicht denkbar ist (zutreffend Staud/Bund Rz 15 mwN unter Hinweis auf die §§ 867 und 872), so birgt sie im Einzelfall die Gefahr einer willkürlichen Unterstellung in sich (siehe etwa die Entscheidung BGH 101, 186, 188 = NJW 1987, 2812, 2814, in der der BGH vom Besitzerwerb des Inhabers eines Großmarkts an einem dort verlorenen und noch von keinem Besitzdiener in Gewahrsam genommenen Geldschein ausgegangen ist; ablehnend zu Recht Ernst JZ 1988, 359ff; Staud/Bund Rz 18 mN). Gleichwohl erscheint sie dogmatisch überzeugender.

11 2. Zum **Erwerb der tatsächlichen Gewalt** (vgl Rz 2) sind schärfere Anforderungen zu stellen als bei deren Aufrechterhaltung, da es sich um eine Veränderung der Besitzverhältnisse handelt. Erforderlich ist, daß der Erwerber eine der Sachart entsprechende tatsächliche **Einwirkungsmöglichkeit** erhält (ggf durch Besitzdiener) und Dritte in entsprechender Weise auszuschließen vermag. Die bloße Einräumung einer rechtlichen Befugnis reicht ebensowenig aus wie das Anbringen eines Schildes an einer einbetonierten und auf dem Grundstück belassenen Maschine (Frankfurt aM BB 1976, 573, 574). Der bisherige Besitzer muß seinen Besitz aufgeben (BGH NJW 1979, 714, 715). Andererseits erfordert der Alleinbesitz nicht, daß die Einwirkung Dritter völlig ausgeschlossen ist (RG 151, 184, 187). Zur Frage der Übertragung des unmittelbaren Allein- oder Mitbesitzes durch Schlüsselübergabe vgl Rz 4.

12 3. **Erkennbarkeit der Besitzergreifung** bedeutet, daß sich der Besitzerwerbswille in einem sinnfälligen Vorgang äußert. Einem aufmerksamen Dritten darf nicht verborgen bleiben, daß das alte Besitzverhältnis aufhört und ein neues beginnt. Daher reicht zB die Schlüsselübergabe an einen vom Erwerber bestimmten Angestellten des Übergebers nicht aus, wenn nicht die Änderung des Herrschaftsverhältnisses durch die Art der Aufbewahrung des Schlüssels kundtut (RG JW 1907, 140, 141). Auch eine Haushälterin, die zB ihren Arbeitgeber in dessen Wagen zum Krankenhaus bringt und mit diesem Wagen auch zu den Besuchen im Krankenhaus fährt, tritt damit noch nicht aus ihrer vorgegebenen Rolle als Besitzdienerin heraus und nimmt das Auto dadurch noch nicht in eigenen Besitz (Koblenz NJW-RR 2000, 1606).

13 4. **Übergabe** ist einverständliches Geben und Nehmen. Gleichgestellt ist die einseitige Besitzergreifung durch den Erwerber mit Einverständnis des Übergebenden (vgl BGH NJW 1979, 714, 715). Die Übergabe ist **Realakt**. Eine Anfechtung wegen Willensmängeln mit der Folge, daß die Sache abhanden gekommen ist, ist daher ausgeschlossen (vgl § 935 Rz 3 mN zum Streitstand). Aus dem gleichen Grund müssen die Beteiligten nicht geschäftsfähig sein.

14 5. Die **Einigung des Abs II** muß sich auf den Besitzübergang beziehen; sie ist daher von der Einigung des § 929 über den Eigentumsübergang begrifflich zu scheiden, obwohl – was sehr oft der Fall ist – sie mit ihr zusammenfallen kann (BGH NJW 1979, 714, 715). Es muß tatsächliche Sachherrschaft des Erwerbers gewollt sein; Einräumung einer bloßen Verfügungsbefugnis genügt nicht. Die Einigung kann konkludent erklärt werden (BGH aaO), zB durch Zuschlag bei der Versteigerung beweglicher Sachen, die sich am Versteigerungsort befinden (KG OLGE 16 [1908], 328) oder in der Erlaubnis, verkauftes Holz abzufahren (BGH LM Nr 1 zu § 854 BGB). Der Veräußernde muß Vorbesitzer sein. Guter Glaube des Erwerbers reicht zum Besitzerwerb durch Einigung nicht aus (Staud/Bund Rz 23).

15 Die Einigung ist ein **Rechtsgeschäft**, unterliegt also im vollen Umfang den Vorschriften über Willenserklärungen, (BGH 16, 259, 263; Wolff/Raiser § 11 II; Westermann/Gursky § 13 III 2 mwN). Bedingung und Befristung sind nach den für Willenserklärungen maßgeblichen Regeln zulässig. **Stellvertretung** ist nach Maßgabe der §§ 164ff ebenfalls möglich; freilich muß Gewaltausübung durch den Vertretenen möglich sein. Dabei reicht die durch die §§ 855, 868 vermittelte Einwirkungsmöglichkeit aus. Die **Einigung zugunsten Dritter** wird von der hM abgelehnt (RG 66, 99; Soergel/Stadler Rz 21; Staud/Bund Rz 31 mwN). Dem ist der Besonderheit des Besitzrechts wegen zuzustimmen.

16 6. Das für das Besitzrecht kennzeichnende tatsächliche Moment besteht in der **Möglichkeit der Gewaltausübung**. Sie ist gegeben, wenn die tatsächliche Einwirkung ohne besondere Schwierigkeit möglich ist, und in diesem Zeitpunkt die Einigung iSd Abs II noch besteht (BGH NJW 1976, 1539, 1540 mwN). Die bloße formularmäßige Bezeichnung des Erwerbers als unmittelbarer Besitzer reicht zum Besitzerwerb nicht aus (BGH WM 1969, 657, 659). Der bisherige unmittelbare Besitzer muß den Besitz aufgeben (siehe dazu § 856 Rz 3). **Erkennbarkeit** ist insoweit zu verlangen (BGH BGHRp 2003, 524, 525). Lagerung der Sache in einem nur dem Veräußernden zugänglichen Raum oder auf einem allseitig umzäunten Platz schließt die Gewaltausübung aus. Dagegen ist bereits im Probeeinbau von Heizkörpern ein Besitzaufgabewillen des Handwerkers zu sehen (BGH NJW 1972, 1187, 1188f). Zur Möglichkeit der Gewaltausübung mittels Schlüssels bei Sachen in verschlossenen Räumen vgl Rz 4. Mangels Erkennbarkeit scheidet Besitzübertragung unter Hausgenossen, insbesondere unter Ehegatten, bei unveränderten räumlichen Verhältnissen aus (RG 108, 122, 123; O. Werner JuS 1980, 180, 181).

7. Die Frage, ob **Besitzerwerb durch Stellvertretung** möglich ist, wurde in früherer Zeit sehr kontrovers diskutiert (vgl zum damaligen Streitstand Wolff/Raiser § 13). Heute ist man sich darin einig, daß eine Stellvertretung iSd § 164ff nur beim Besitzerwerb durch Rechtsgeschäft, dh in den Fällen der §§ 854 II (siehe Rz 15) und 870, nicht aber bei § 854 I in Betracht kommt (Staud-Bund Rz 52 mwN). Da es sich hierbei um einen Realakt handelt (Rz 13), scheidet für die Besitzbegründung nach § 854 I die unmittelbare oder entsprechende Anwendung der §§ 164ff (RG 137, 23, 26; BGH 16, 259, 263; Staud/Bund Rz 52; MüKo/Joost Rz 27) aus. Anzuerkennen ist dagegen, daß Handlungen des Besitzdieners, § 855, für den Besitzherrn Besitz begründen können (BGH 8, 130, 132; Staud/Bund § 855 Rz 24; MüKo/Joost § 855 Rz 17; Westermann/Gursky § 10 III 4). Dabei ist dem Besitzherrn die Bösgläubigkeit des „selbständig handelnden Besitzdieners" zuzurechnen (siehe hierzu § 990 Rz 21ff mN zum Streitstand). 17

8. Die **Beweislast** für den Besitz bzw dessen Erwerb trägt derjenige, der sich auf ihn beruft. Die Fortdauer des Besitzes wird vermutet (Pal/Bassenge Rz 19; MüKo/Joost Rz 46; aA Staud/Bund § 856 Rz 25). 18

855 *Besitzdiener*

Übt jemand die tatsächliche Gewalt über eine Sache für einen anderen in dessen Haushalt oder Erwerbsgeschäft oder in einem ähnlichen Verhältnis aus, vermöge dessen er den sich auf die Sache beziehenden Weisungen des anderen Folge zu leisten hat, so ist nur der andere Besitzer.

1. Der **Zweck** der Regelung besteht darin, der tatsächlichen Sachherrschaft eine Einwirkungsmöglichkeit rechtlich gleichzustellen, die durch eine soziale Beziehung vermittelt wird. Folge ist, daß die so mittels einer Organisation beherrschten Dinge besessen werden und – wichtiger – daß das „abhängige Organ" gegenüber dem „Besitzherrn" keinen Besitzschutz genießt. § 855 führt damit gewissermaßen zu einer Verlagerung der Rechtsfolgen des Besitzes (MüKo/Joost Rz 1). Die Vorschrift hat angesichts des außerordentlichen Umfangs des „Handelns für einen anderen" große praktische Bedeutung. 1

2. Der **Begriff des Besitzdieners** ist nach hM durch das Verhältnis der sozialen, nicht lediglich wirtschaftlichen Abhängigkeit des Besitzdieners zum Besitzherrn bestimmt (RG 71, 248, 251; BGH 16, 259; BGH LM § 1006 Nr 2; Düsseldorf NJW-RR 1997, 998; Staud/Bund Rz 6 mwN). Diese Abhängigkeit, nicht die fortdauernde tatsächliche Einwirkungsmöglichkeit, ist entscheidend (Westermann/Gursky § 10 II 1). Das Abhängigkeitsverhältnis kann bei mehreren Personen auf mehreren Stufen bestehen, der eine Besitzdiener wiederum unter einem anderen stehen (BGH WM 1960, 402, 403). Bei Ausübung der Gewalt ist der Besitzdiener an die Weisungen des Besitzherrn gebunden (soziale Unterordnung). Der Besitzdiener hat an der Sache kein eigenes Interesse (Schwab/Prütting Rz 66). Bei § 855 geht es um „Befehl und Gehorsam", bei § 868 dagegen um „Forderung und Verpflichtung" (Wolff/Raiser § 6 III). So ist zB ein Unternehmer, der einen hergestellten Gegenstand zur Nachbesserung erhält, idR nicht Besitzdiener (siehe aber auch Rz 13). Soweit etwa Müller/Erzbach (AcP 142 [1936], 5ff) die Ansicht vertritt, nicht die Weisungsgebundenheit sei das entscheidende Abgrenzungskriterium zum mittelbaren Besitz, sondern die „Fremdnützigkeit der Besitzausübung" bei § 855 gegenüber der „Verschmelzung der Interessen" bei § 868, ist dem entgegenzuhalten, daß es für das Besitzrecht nicht auf das „Warum" der Sachbeziehung ankommt, sondern auf ihr „Wie" (vgl Westermann/Gursky § 10 II 1). 2

3. Die Abhängigkeit äußert sich am sinnfälligsten in der **Einordnung des betreffenden Gegenstandes in eine Organisation** im weitesten Sinn, die als Ganzes ihrem Inhaber gehorcht, wobei diese Beherrschung nicht von dem fortdauernden Einfluß auf die Organisation abhängig ist (RG 138, 265, 270). Neben der beispielhaften Aufzählung von Haushalt und Erwerbsgeschäft kommen auch öffentlich-rechtliche Organisationen (zB Polizei) in Betracht. Die maßgebende Verkehrsanschauung kann auch **ohne organisatorische Einordnung** das Herrschaftsverhältnis bejahen, zB beim Gepäckträger als Besitzdiener des Reisenden. Angesichts des Prinzips von Befehl und Gehorsam im militärischen Dienstbetrieb ist ein Soldat als Besitzdiener militärischer Gegenstände anzusehen (München NJW 1987, 1830). 3

Eine **räumliche Verbindung** mit der Organisation ist nicht erforderlich (vgl RG 71, 248, 251). Danach ist der Reisende selbst bei weiter Entfernung vom Geschäft Besitzdiener bezüglich des Musterkoffers. Eine nur vorübergehende Zugehörigkeit des Besitzdieners zur Herrschaftssphäre, zB im Falle des für einen Tag eingestellten Tagelöhners, reicht aus (RG JW 1908, 527 Nr 12). Weite Entfernung und selbständige Stellung sollen allerdings nach Ansicht des OLG Bamberg (NJW 1949, 716f) gegen die Besitzdienerschaft sprechen. 4

4. Neben der sozialen Abhängigkeit ist ein besonderer **Besitzdienerwille** nach hM nicht erforderlich. „Für einen anderen" bedeutet nur die objektive Herrschaftssphäre, nicht die subjektive Willensrichtung (BGH 8, 130; Pal/Bassenge Rz 3; Staud/Bund Rz 14; Wilhelm Rz 339; Westermann/Gursky § 10 II 2 mwN; aA MüKo/Joost Rz 13). Freilich endet der Besitz des Besitzherrn, wenn der bisherige Besitzdiener seinen eigenen Besitzwillen derart betätigt, daß die Herrschaftsgewalt des bisherigen Beistzherrn endet (Westermann/Gursky aaO; vgl auch unten Rz 11). 5

5. Das Abhängigkeitsverhältnis braucht nicht auf ein **gültiges Dienstverhältnis** begründet zu sein. So kann die Ehefrau, die im Geschäft aushilft (RG 51, 20, 23; BGH LM Nr 3 zu § 855), ebenso wie die im Geschäft der Eltern tätigen Kinder (RG 71, 248, 250f) Besitzdiener sein; ferner kann eine Besitzdienerschaft schon bestehen bzgl Sachen, die vor Beginn des Dienstverhältnisses hingegeben werden (Dresden OLGE 34 [1917], 182, 183). Entspr schließt die **Ungültigkeit des** zugrundeliegenden **Dienstverhältnisses** eine Besitzdienerschaft nicht aus, sofern nur der Inhaber der Sachen den Weisungen des anderen Folge leistet (vgl Pal/Bassenge Rz 2; MüKo/Joost Rz 8). 6

6. Auf das **Recht an der Sache** kommt es nicht an. So können zB Kinder Besitzdiener bezüglich ihrer eigenen Sachen sein. Der **gesetzliche Vertreter** ist unmittelbarer Besitzer und Besitzmittler zugunsten der Kinder, die zugleich mittelbare Besitzer sind (Wolff/Raiser § 6 III 4; wohl auch Westermann/Gursky § 10 II 4). 7

§ 855

8 7. **Vertretungsrecht** und Besitzdienerstellung schließen sich nicht aus (RG 71, 248, 252; RG 99, 208, 209f); der Besitzdiener kann daher uU wirksam Drittbesitz begründen, ohne verbotene Eigenmacht zu verüben (BGH WM 1971, 1268). Zur Bedeutung der Vertretungsmacht für die Frage des Abhandenkommens vgl § 935 Rz 2, 6.

9 8. Daß das soziale Abhängigkeitsverhältnis oder die Person des Besitzherrn ständig **erkennbar** sind, ist nicht erforderlich (Rosenberg Anm III 2e (; Staud/Bund Rz 15; MüKo/Joost Rz 10; Baur/Stürner § 7 C I 3; Westermann/Gursky § 10 II 5; aA aber BGH LM 1006 Nr 2 Bl 2 R und DB 1956, 953; Jauernig/Jauernig Rz 1). Wo aber Besitzveränderungen als Ausfluß des Offenkundigkeitsprinzips nötig sind, muß die Schaffung des Herrschaftsverhältnisses erkennbar gemacht werden, zB in dem Fall, daß ein Angestellter des Verpfänders den Besitz als Besitzdiener des Pfandgläubigers ausüben soll (RG 77, 201, 209; vgl dazu auch Obstfelder ZHR 56 [1905], 126, der bei Aufrechterhaltung des bisherigen Angestelltenverhältnisses ein anderes Besitzverhältnis für ausgeschlossen ansieht). Auch für eine Umwandlung der Besitzdienerstellung in die eines Besitzers ist Erkennbarkeit zu fordern.

10 9. Die **Folge** der Besitzdienerschaft besteht zunächst darin, daß nur der Besitzherr Besitzer ist. Das gilt nicht nur für den Besitzschutz, sondern auch für sonstige Besitzfolgen, zB §§ 929, 1006, 1032, 1205. Auch ist der Besitzdiener nicht passiv legitimiert für die Klage aus §§ 861, 985. Er haftet auch nicht nach §§ 987ff. Der Besitzdiener genießt insbesondere **keinen Besitzschutz gegenüber dem Besitzherrn**; zum Schutz gegenüber Dritten vgl § 860 und § 861 Rz 3. Aus dem ausschließlichen Besitz des Besitzherrn folgt, daß Eingriffe in den Besitz (auch seitens des Besitzdieners) nur nach dem Willen des Besitzherrn zu beurteilen sind. Begründung eigenen Besitzes des Besitzdieners ist ggf verbotene Eigenmacht (vgl § 858 Rz 5, 6). Zu den Folgen vgl § 935 Rz 6.

11 10. Der durch § 855 begründete Besitz **endet** mit der tatsächlichen Gewalt des Besitzdieners. Durch den bloßen Willen, nicht mehr für den Besitzherrn, sondern für sich selbst zu besitzen, kann der Besitzdiener den Besitz des Besitzherrn nicht beenden (BGH NJW 1979, 714, 715); auch nicht durch Äußerung dieses Willens, solange der Besitzdiener und der Gegenstand in der die Besitzdienerschaft begründenden Organisation bleiben (KG OLGE 4, 295 oben). Der Besitz des Besitzherrn endet erst dann, wenn der Besitzdiener sich – wenn auch rechtswidrig – von der Befehlsgewalt frei macht und dem Besitzherrn den Besitz durch äußerlich erkennbare Handlungen entzieht.

12 11. **Einzelfälle.** Besitzdienerschaft wird bejaht für: **Angehörige** im Geschäft (RG 51, 20, 23; 71, 248, 251); grundsätzlich für alle Arten von **Angestellten**, zB Lagerhalter (RG 138, 265, 270), Packer und Lademeister (RG JW 1909, 105 Nr 3); den **Arbeitnehmer**, der mit Vollmacht des Arbeitgebers für diesen Geld von dessen Bankkonto abhebt (LAG Düsseldorf DB 1971, 2069). **Hausangestellte** werden in der Regel auch die ihnen überlassenen Räume als Besitzdiener innehaben; im Einzelfall kann jedoch eine selbständige Herrschaftsmacht der Angestellten und damit eigener Besitz anzunehmen sein. Bei einzelnen Gegenständen (Schränken usw) wird eher Besitz anzunehmen sein. Besitzdiener ist ferner der **Garderobenpächter**, sofern ihm keine eigene Verfügungsmacht über die Räume eingeräumt ist (RG 97, 166, 167). Dies gilt erst recht für die Garderobenfrau als Angestellte des Veranstalters. Besitzdiener ist ferner der **Förster** bezüglich des geschlagenen Holzes (vgl RGSt 14, 305, 307f); der **Jagdaufseher** hinsichtlich erlegten Wildes (RGSt 39, 179, 180); der **Kahnschiffer** auch bezüglich der zu seinem und seiner Familie Aufenthalt bestimmten Räume auf dem Kahn (RAG 5, 266); der **Soldat/Beamte** bezüglich dienstlich anvertrauter Sachen (München NJW 1987, 1830). Der **Spediteur** ist in der Regel Besitzer; die für Besitzdienerstellung des Spediteurs angeführten Entscheidungen des RG (RG 67, 214, 218; 70, 405, 408) sind offensichtlich durch die zollrechtliche Fragestellung beeinflußt. **Verwalter** können Besitzdiener sein (vgl BGH WM 1960, 1148, 1149; RG 99, 208, 209; anders aber KG OLGE 42, 272 und LG Mannheim MDR 1973, 764 für Verwalter mit umfassender Vollmacht; siehe auch § 868 Rz 36). Die **Zweigstelle einer Bank** ist Besitzdiener der Hauptgeschäftsstelle (RG 112, 109, 113).

13 Dagegen führt Überlassung tatsächlicher Gewalt an einen **gleichberechtigten Vertragspartner** in der Regel zu dessen unmittelbarem Besitz und mittelbarem Besitz des Überlassenden, zB bei Auftrag (RG 109, 167, 169), Verwahrung, Hinterlegung und Frachtvertrag (siehe Rz 2) bei Herstellung (RG Recht 1923 Sp 91 Nr 348) und bei Bearbeitung (RG WarnRsp 1929, 332, 333 [Nr 180]). Zumindest eine entsprechende Anwendung des § 855 dürfte aber sachgerecht sein, wenn die Reparatur bzw Bearbeitung einer im Besitz des Auftraggebers befindlichen Sache in dessen Anwesenheit oder Wohnung stattfindet (Westermann/Gursky § 10 IV). Umgekehrt dürfte der Bauherr bzgl der Werkzeuge des Handwerkers allenfalls wie ein Besitzdiener zu behandeln sein (Köln OLGRp 2000, 263). Gleiches gilt im von Gursky (aaO) so bezeichneten Fall des „**loyalen Gefälligkeitsnutzers**" (vgl § 854 Rz 3). Demgegenüber ist der Schuldner, dem der Gerichtsvollzieher **gepfändete Sachen** beläßt, unmittelbar Besitzer bzw dessen Besitzmittler (RG 94, 341f; Schleswig SchlHA 1975, 47, 48; vgl auch § 868 Rz 30). Gleiches gilt bei obrigkeitlicher Beschlagnahme mit Belassung der Sache beim vorherigen Besitzer (Stuttgart OLGE 43 [1924], 89). Zur ordnungsbehördlichen Wohnungseinweisung vgl § 868 Rz 29. Zu den Besitzverhältnissen unter **Ehegatten** vgl § 854 Rz 8, zu denen unter **Gesellschaftern** siehe § 854 Rz 6.

14 12. Die **Beweislast** für die Voraussetzungen des § 855 trägt derjenige, der sich auf das Bestehen eines Besitzdienerverhältnisses beruft (Staud/Bund Rz 31; MüKo/Joost Rz 24; Pal/Bassenge Rz 9).

856 *Beendigung des Besitzes*

(1) Der Besitz wird dadurch beendigt, dass der Besitzer die tatsächliche Gewalt über die Sache aufgibt oder in anderer Weise verliert.

(2) Durch eine ihrer Natur nach vorübergehende Verhinderung in der Ausübung der Gewalt wird der Besitz nicht beendigt.

1. Anwendungsbereich und Normzweck. § 856 ergänzt § 854 und gilt allein für den unmittelbaren Besitz, da dieser in der tatsächlichen Sachherrschaft besteht (MüKo/Joost Rz 1; zum mittelbaren Besitz siehe § 868 Rz 2). Ob es sich dabei um Allein- oder Mitbesitz (uU jeweils als Teilbesitz) an beweglichen Sachen oder Grundstücken handelt, spielt keine Rolle (Pal/Bassenge Rz 1). § 856 dient der Klarstellung.

2. Verlust der tatsächlichen Gewalt bedeutet nach außen erkennbare Beendigung der tatsächlichen Sachherrschaft und bestimmt sich nach der Verkehrsanschauung (vgl § 854 Rz 2). Auf die Beendigung eines etwaigen Rechts zum Besitz kommt es nicht an.

3. Aufgabe der tatsächlichen Gewalt ist willentliche und freiwillige Beendigung der tatsächlichen Sachherrschaft. Die Aufgabe kann in einem willentlichen Handeln (BGH 67, 207, 209 = NJW 1977, 42, 43) oder einem bewußten Nichthandeln liegen, zB in dem Unterlassen der Bemühungen, ein gesunkenes Schiff zu heben (RG Gruchot 69 [1928], 373, 374), oder in der Aufgabe des Versuchs, einen Gegenstand zu finden und zu bergen (RG 143, 168, 169f). Die bloße Erklärung, einem anderen Besitz einräumen zu wollen, führt – außer in den von § 854 II erfaßten Fällen – ebensowenig zum Besitzverlust wie symbolische Übertragungshandlungen (BGH 27, 360, 362). So bedeutet etwa die Aushändigung eines Wohnungsschlüssels an eine Polizeistreife noch keine Besitzaufgabe (AG München WuM 1990, 554f). Vielmehr ist grundsätzlich eine Veränderung der Verhältnisse, auf denen die Sachherrschaft beruht, erforderlich; andernfalls besteht der Besitz, insbesondere an Grundstücken, fort. Deshalb kann auch die Aufgabe des Beherrschungswillens allein den Besitz nicht beenden (Staud/Bund Rz 4 mwN; aA MüKo/Joost Rz 4). Der **Wille**, der den Besitzverlust zum freiwilligen macht, ist kein rechtsgeschäftlicher. Natürliche Willensfähigkeit genügt (Woff/Raiser § 15 I 1; Pal/Bassenge Rz 2; vertiefend Baldus JR 2002, 442ff). Deshalb können uU auch Kinder und Geisteskranke die tatsächliche Gewalt über eine Sache iSv § 856 I aufgeben (vgl Staud/Bund Rz 11 mwN; siehe auch § 935 Rz 4). Zur Übergabe vgl § 854 Rz 13.

4. Der **Verlust der tatsächlichen Gewalt auf andere Art** ist dadurch gekennzeichnet, daß er ohne den Willen des Besitzers eintritt. Besitzverlust auf andere Weise als durch Aufgabe oder Übergabe liegt vor: bei Wegnahme, Beschlagnahme oder Pfändung (bei Mitnahme durch das Staatsorgan); bei dauernder Unmöglichkeit der Sachherrschaft oder sobald Wiedererlangungsmöglichkeit nach gewöhnlichen Umständen nicht mehr besteht, zB bei ins Meer gefallenen Sachen (RG 143, 168, 169f). Insbesondere eine Besitzbegründung durch Dritte beendet oftmals den bisherigen Besitz. Zum Begriff des „Abhandenkommens" siehe § 935 Rz 2.

5. Ob eine **maßgebliche Ausübungsverhinderung** vorliegt, hängt von den Umständen und der Verkehrsanschauung ab. Von Bedeutung ist insbesondere, welches Maß an Beziehung der Natur der Sache nach zu ihrer Beherrschung erforderlich ist. So ist zB die Unmöglichkeit des Zugangs durch winterliche Verhältnisse für den Fortbestand des Besitzes an einer Bergwiese bedeutungslos. Vorübergehend iSv § 856 II ist zB auch eine Verhinderung des Besitzers durch Krankheit oder Reise (RG 51, 20, 23). Gleiches kann für Sachen gelten, die ihr bisheriger Besitzer versehentlich im Eisenbahnwagen zurückgelassen hat (RGSt 38, 444f). Maßgebend ist jeweils die objektive Sachlage, nicht die Vorstellung des Besitzers. – **Haustiere**, die sich üblicherweise mit gewisser Selbständigkeit in der Nähe der Wohnung aufhalten und zum Herrn zurückkehren, zB Hund (RG LZ 1919, Sp 208) oder Katze (RGSt 50, 183, 184f) sind nicht besitzlos. Gleiches gilt uU für Tauben (vgl RGSt 48, 384f).

6. Beweislast. Wer sich auf Besitzbeendigung beruft, muß zumindest eine „Verhinderung in der Ausübung der Gewalt" beweisen (vgl auch § 854 Rz 18). Die Beweislast für eine nur „vorübergehende Verhinderung" trägt derjenige, der sich auf Nichtbeendigung beruft (Pal/Bassenge Rz 5 mwN).

857 *Vererblichkeit*
Der Besitz geht auf den Erben über.

1. Besitzübergang nach § 857 setzt mittelbaren oder unmittelbaren Besitz (RG 83, 223, 229) des Erblassers zur Zeit des Erbfalles voraus. Dagegen geht die tatsächliche Gewalt des Besitzdieners nicht auf den Erben über. Maßgebend ist die Tatsache des Besitzes, nicht das Recht zum Besitz. Auch wo dieses wie zB der Nießbrauch mit dem Erbfall erlischt, gilt § 857 (RG JW 1918, 368 Nr 6). Gleiches gilt in den Fällen, in denen der Erblasser den Besitz als Beauftragter, Testamentsvollstrecker, Insolvenzverwalter usw innehatte (vgl Staud/Bund Rz 9 mwN). Geht das zugrundeliegende Verhältnis nicht über, ist der Erbe freilich nach § 812 zur Herausgabe verpflichtet (Westermann/Gursky § 15 I 4). Zum völlig anders gearteten Erbschaftsbesitzer iSd § 2018 vgl dort.

§ 857 stellt auf das Erbrecht, nicht die tatsächliche Beziehung zur Sache ab. Eine Handlung des Erben zur Ergreifung des Besitzes oder Wille zum Besitz bzw Kenntnis des Erbrechts oder Besitzes des Erblassers ist nicht erforderlich (BGH JZ 1953, 706). Zur Ergreifung der tatsächlichen Gewalt vgl Rz 4.

2. Der **Erbe** wird Besitzer. Dies richtet sich nach Erbrecht. Guter Glaube an die Erbenstellung reicht zum Besitzerwerb nicht aus. Bei Ausschlagung ist der „vorläufige Erbe" niemals Besitzer gewesen, sofern er nicht unabhängig von § 857 mittels tatsächlicher Ergreifung Besitz begründet hat. Vielmehr wird der nunmehr berufene Erbe rückwirkend Besitzer (MüKo/Joost Rz 12); der vorläufige Erbe begeht aber keine verbotene Eigenmacht, wenn er den vorläufig angefallenen Besitz ergreift (vgl Ebenroth/Frank JuS 1996, 794, 796 mwN).

3. Der Besitz geht grundsätzlich **in derselben Art**, wie er beim Erblasser bestand, auf den Erben über; dies gilt für unmittelbaren und mittelbaren (vgl hierzu Bamberger/Roth/Fritzsche Rz 11), Fremd-, Eigen-, Teil- und Mitbesitz. War der Erblasser Besitzmittler des Erben, so ist der Erbe mit dem Erbfall unmittelbarer Besitzer. Im umgekehrten Fall erlischt das Besitzmittlungsverhältnis (vgl Staud/Bund Rz 13). Ein Besitzdiener des Erblassers wird Besitzdiener des Erben (E. Wolf § 2 E I 3); die Position des Besitzdieners selbst vererbt sich jedoch nicht nach § 857, da dieser keinen Besitz hat. Teilten sich Erblasser und Erbe den Besitz, wird der Erbe Alleinbesitzer (BGH NJW 1993, 935, 936f).

§ 857

4 4. Der nur auf § 857 begründete Besitz wird durch **tatsächliche Ergreifung** der Sache verdichtet, wie sich aus §§ 2025 S 2, 2027 II ergibt; damit wird der fiktive Besitz (vgl Rz 5) zu einem tatsächlichen iSd §§ 854 I, 856 I. Ab diesem Zeitpunkt hängt es von der Willensrichtung des Erben ab, ob er Eigen- oder Fremdbesitzer ist (Westermann/Gursky § 15 I 7; Staud/Bund Rz 13 mwN). Die tatsächliche Sachherrschaft kann auch ohne besondere Besitzergreifung entstehen, wenn zB Erbe und Erblasser in Hausgemeinschaft lebten. Auch der in Hausgemeinschaft mit dem Erblasser lebende Miterbe erhält die tatsächliche Gewalt ohne besondere Ergreifung, und zwar ohne daß er damit gegenüber sonstigen Miterben verbotene Eigenmacht verübt. Er ist gegen Wegnahme seitens der anderen Miterben geschützt (Celle Nds Rpfl 1949, 199f). Bis zur Ergreifung der tatsächlichen Gewalt ist der bloße Erbenbesitz durch jeden Eingriff Dritter zu zerstören. Auch schließt die aus § 736 folgende **Anwachsung** bei bestehenbleibender Gesellschaft die Besitzvererbung nach § 857 aus (Staud/Bund Rz 19 mwN), sofern der Erblasser als Gesellschafter überhaupt selbst Besitzer war (siehe hierzu § 854 Rz 6).

5 5. Die **Rechtsnatur des Erbenbesitzes** ist streitig. Er wird von einigen (Baur/Stürner § 8 Rz 2; Rosenberg Bem I) als „vergeistigte Sachherrschaft" bezeichnet, während er von anderen (Heck § 10, 11; Schmelzeisen AcP 1936 [1936], 38, 49ff) als natürliche Entwicklung des durch das Kontinuitätsinteresse bezeichneten Besitzbegriffs aufgefaßt wird. Da es für den Besitz nach § 857 ausschließlich auf die Erbenstellung ankommt, erscheint es demgegenüber sachgerecht, den Erbenbesitz mit der wohl hM als bloße **Rechtsfolgenzuordnung** zu begreifen (Soergel/Stadler Rz 1; Westermann/Gursky § 15 I 2; Staud/Bund Rz 3 mwN). § 857 soll den Nachlaß vor Zersplitterung und ungerechtfertigten Eingriffen schützen, damit der Erbe ungeschmälert den tatsächlichen Besitz iSd § 854 übernehmen kann. Dies kann allein durch das absolute Gleichstellung des fiktiven Erbenbesitzes mit dem auf tatsächlicher Herrschaftsgewalt beruhenden Besitz erreicht werden.

6 6. **Wirkungen.** Der Erbe genießt Besitzschutz nach §§ 861, 862 (LG Köln NJWE-MietR 1996, 269f). Eingriffe Dritter in den Nachlaß bedeuten verbotene Eigenmacht; bei Wegnahme ist die Sache iSv § 935 abhanden gekommen. Was der vorläufige Erbe weggibt, kommt jedoch dem endgültigen Erben nicht abhanden (Ebenroth/Frank JuS 1996, 794, 798; siehe auch Rz 2). Eine Gleichsetzung des gutgläubigen Scheinerben mit dem vorläufigen Erben kommt indes nicht in Betracht (vgl Pal/Bassenge Rz 10; aA Mausfeld/Moselle JuS 1979, 426, 427). Wegen § 935 kommt ein gutgläubiger Erwerb in diesem Fall nur über § 2366 in Frage (vgl § 2366 Rz 7).

Hinsichtlich der **Bösgläubigkeit** bezüglich des Besitzrechtes ist entscheidend, ob das Gesetz auf den Zeitpunkt des Besitzerwerbes durch den Erblasser oder auf einen späteren Zeitpunkt abstellt. Über die §§ 857, 1922 erfolgt eine Vererbung der Pflichtenstellung, nicht eines inneren Zustandes. Deshalb kann der spätere gute Glaube des Erben an das Besitzrecht nicht zum Untergang der Ansprüche aus §§ 989ff, 823, 826 führen (Staud/Gursky § 990 Rz 26, 27). Bösgläubig erlangter Eigenbesitz des Erblassers kommt dem gutgläubigen Erbenbesitzer im Rahmen von § 937 nicht zugute. Ersitzung des Erben beginnt dann mit Ergreifung der tatsächlichen Gewalt (Staud/Bund Rz 13 mwN zum Streitstand). Indes streitet die Eigentumsvermutung des § 1006 für den Erben (BGH NJW 1993, 935, 936). Dieser ist zudem als Besitzer hinsichtlich Ansprüchen aus § 935 oder § 836 (BGH JZ 1953, 706) passivlegitimiert. Strafrechtlich ist § 857 dagegen ohne Bedeutung (vgl vor § 854 Rz 9).

7 7. **Entsprechende Anwendung.** Nach hM gilt § 857 bei Anfall eines Vereins- oder Stiftungsvermögens an den Fiskus (§§ 46, 88) und bei sonstiger Gesamtrechtsnachfolge, zB nach dem Umwandlungsgesetz (siehe § 873 Rz 10) oder den §§ 1416 II, 1483 und 1490 entsprechend (MüKo/Joost Rz 14; Pal/Bassenge Rz 1; Staud/Bund Rz 28 mwN), nicht dagegen bei Entstehung von Verwaltungsrechten, zB des Testamentsvollstreckers oder Insolvenzverwalters (Westermann/Gursky § 15 III mwN). Zur Rechtslage bei Vor- oder Nacherbschaft siehe § 2139 Rz 1).

8 8. **Beweislast.** Der Erbe muß seine Erbenstellung und den Besitz des Erblassers beweisen.

858 *Verbotene Eigenmacht*

(1) Wer dem Besitzer ohne dessen Willen den Besitz entzieht oder ihn im Besitz stört, handelt, sofern nicht das Gesetz die Entziehung oder die Störung gestattet, widerrechtlich (verbotene Eigenmacht).

(2) Der durch verbotene Eigenmacht erlangte Besitz ist fehlerhaft. Die Fehlerhaftigkeit muss der Nachfolger im Besitz gegen sich gelten lassen, wenn er Erbe des Besitzers ist oder die Fehlerhaftigkeit des Besitzes seines Vorgängers bei dem Erwerb kennt.

1 I. **Schutz des unmittelbaren Besitzes. 1.** Der durch § 858 gewährte Schutz ist durch den possessorischen Charakter bestimmt. § 858 bezieht sich nur auf Eingriffe in bestehenden unmittelbaren Besitz (BGH NJW 1977, 1818), setzt also unmittelbaren Besitz des Anspruchstellers zur Zeit der bemängelten Handlung voraus. Verhinderung der Besitzerlangung (RG JW 1931, 2904, 2906) und unterlassene Rückgabe an mittelbaren Besitzer nach Ende des Besitzrechts (BayObLG NJW-RR 1998, 876) reichen nicht aus. Dem mittelbaren Besitzer steht gegen den unmittelbaren Besitzer ebensowenig ein Besitzschutzrecht zu (siehe § 869 Rz 5) wie dem Besitzdiener gegenüber dem Besitzherrn (Pal/Bassenge Rz 2). In umgekehrter Richtung ist dagegen verbotene Eigenmacht möglich.

2 2. Der durch § 858 gewährte Besitzschutz verfolgt den **Zweck**, den öffentlichen Frieden und das staatliche Gewaltmonopol zu wahren: ohne Besitzschutz könnte jedes Recht auf Besitzveränderung mit Gewalt durchgesetzt werden. Praktisch ebenso wichtig ist, daß allein der Besitzschutz dem schuldrechtlich Berechtigten einen absoluten Schutz gewährt (Westermann/Gursky § 8, 3a). Neben den Gewaltrechten der §§ 859, 869 steht die Besitzschutzklage, §§ 861, 862. § 858 ist Schutzgesetz iSd § 823 II (siehe § 823 Rz 161). Der Besitz ist zudem eine kondizierbare Rechtsposition iSv § 812 (siehe § 812 Rz 7).

3 II. **Verbotene Eigenmacht** erfordert eine widerrechtliche Beeinträchtigung des unmittelbaren Besitzes durch Störung oder Entziehung. **1. Störung des Besitzes** ist jede Beeinträchtigung der Sachherrschaft und deren Ausübung, die nicht in einer Besitzentziehung besteht, und zwar in der Weise, daß ein ruhiger befriedeter Zustand in einen solchen der Rechtsunsicherheit verwandelt wird (Pal/Bassenge § 862 Rz 4 mwN). Zumeist handelt es sich darum, daß dem Besitzer Ausschnitte aus den Gebrauchs- und Nutzungsmöglichkeiten genommen werden. Es kann aber für eine Besitzstörung auch schon ein bestimmtes Verhalten genügen, das den Besitzer über den ungestörten Fortbestand seines Besitzes ernstlich beunruhigt (Staud/Bund Rz 14, 15 mwN; aA Westermann/Gursky § 22 I 2). Die Grenzen zwischen Störung und Entziehung sind fließend; sie können auch durch die Vorstellung und den Willen der Beteiligten beeinflußt werden (Braunschweig OLGE 20 [1910], 395). Die Dauer der Beeinträchtigung ist unerheblich. Die Störung kann auch in einem Unterlassen bestehen (vgl RG 134, 231, 234f; LG Berlin WuM 2003, 508, 509 – unterlassene Instandsetzung). Was für den Eigentümer einen Eingriff in die Ausübung des Eigentums bedeutet (siehe § 1004), ist für den Besitzer zumeist eine Besitzstörung.

Einzelfälle: Immissionen, die nicht nach § 906 zu dulden sind, stellen oftmals Besitzstörungen dar (vgl RG 105, 213, 215f; LG Kempten NJW 1995, 970). Zu denken ist insbesondere an **Lärm**, zB durch Tennisplatz (Koblenz DWW 1992, 314, 315), Bauarbeiten (BGH JZ 1954, 613; LG Essen MDR 1969, 924), Musizieren (LG Köln ZMR 1967, 273; LG Düsseldorf DWW 1990, 87; siehe auch Gramlich NJW 1985, 2131), Hunde (LG Bielefeld RdL 1991, 38), Jugendfreizeitstätte (BGH NJW 1993, 1656, 1658; zum sog behindertentypischen Lärm siehe Köln NJW 1998, 763ff). Das Eindringen eines Kranschwenkarms in den **Luftraum** eines Grundstücks ist ebenfalls als Besitzstörung zu werten (Karlsruhe NJW-RR 1993, 91; Zweibrücken OLGRp 1998, 100). Gleiches gilt für das **Zuparken** der Grundstückseinfahrt (Frankfurt aM RuS 1980, 194; AG Tübingen DAR 1984, 231f; Dörner JuS 1978, 667; aA Venroy JuS 1979, 103; siehe hierzu auch Eckert JuS 1994, 626f). Das Abstellen eines Fahrzeugs auf fremdem Parkplatz bzw Grundstück ist Teilentziehung des Besitzes (Karlsruhe OLGZ 1978, 206; LG Frankfurt aM NJW 1984, 183; AG München DAR 1993, 31; siehe auch Schwarz/Ernst NJW 1997, 2550) und berechtigt zur Entfernung nach § 859 III auch ohne konkrete Behinderung (AG Freising DAR 1987, 156; Tinkl SchAZtg 2001, 122; zum polizeilichen Abschleppen von Kraftfahrzeugen vgl Fischer JuS 2002, 446). Die Beeinträchtigung des **Rundfunk- und Fernsehempfangs** (Staud/Bund Rz 52 mwN) stellt dagegen ebenso eine Besitzstörung dar wie das Absperren von **Versorgungsleitungen** (Wasser, Strom, Heizung) bzw des Telefons durch den Vermieter (LG Itzehoe BB 1962, 1346; LG Heilbronn WuM 1965, 46f; LG Mannheim WuM 1963, 167; AG Landau ZMR 1984, 246). Unterbricht das Versorgungsunternehmen wegen dessen Zahlungsverzugs die Zufuhr, dürfte eine verbotene Eigenmacht gegenüber dem Mieter zu verneinen sein (LG Frankfurt aM MDR 1998, 1023f; LG Frankfurt/Oder WuM 2002, 312 mwN; Derleder NZM 2000, 1100; aA LG Aachen NJW-RR 1988, 1522; LG Cottbus NJW-RR 2001, 761). Auch die Behinderung des tatsächlichen Gebrauchs durch **Beschädigung** (Köhler JuS 1977, 652), zB durch unzulässige Vertiefung (BGH 147, 45, 50 = NJW 2001, 1865, 1866), ist zumindest eine Besitzstörung. Eine solche kann auch im Anbringen von **Reklame**einrichtungen (RG 80, 281, 284f) und im Einwurf von Werbematerial in den Hausbriefkasten gegen den zB durch Aufkleber erkärten Willen des Besitzers liegen (BGH 106, 229, 232; Stuttgart NJW-RR 1996, 1516, 1517; siehe auch Brandenburg NJW-RR 1996, 1514f). Dies gilt auch für politische Parteien (LG Bremen NJW 1990, 456; KG NJW 2002, 379f; zur Verfassungsmäßigkeit vgl BVerfG NJW 2002, 2938; aA Löwisch NJW 1990, 437; Brocker NJW 2002, 2072) und Werbeangebote per Telex (LG München MDR 1990, 1012). Die Erhebung einer **unbegründeten Klage** ist ebensowenig als verbotene Eigenmacht zu werten (BGH 20, 169, 171f) wie ein Zwangsversteigerungsantrag gegenüber einem besitzenden Nichteigentümer (RG 116, 363, 365f). Zu gerichtlichen Vollstreckungsmaßnahmen vgl Rz 8.

2. Entziehung ist vollständige und dauernde (siehe § 856 II) Beendigung des unmittelbaren Besitzes (RG 67, 389), wobei Abschwächung von Alleinbesitz zu Mitbesitz oder von Besitz der Gesamtsache zu Teilbesitz ausreicht (Westermann/Gursky § 22 I 1 mwN). Bestehender Besitz muß entzogen werden, Verhinderung der Wiederherstellung eines früheren Besitzstandes genügt nicht (BayObLG NJW-RR 1998, 876). Daher liegt keine verbotene Eigenmacht vor, wenn der jetzige Besitzer dem früheren den Besitz nicht wieder einräumt, selbst wenn dieser ein Recht zum Besitz hat (OGH-BrZ MDR 1948, 472, 473 m zust Anm Bettermann). Dies gilt erst recht, wenn er den Besitz an Räumen zurücküberträgt, aber einen Teil der Einrichtung darin beläßt. Verbotene Eigenmacht kann auch gegenüber einem unmittelbaren Besitzer iSv § 857 verübt werden, der (noch) keine tatsächliche Sachherrschaft innehat (siehe Koblenz NJW-RR 2000, 1606, 1608 und § 2025 Rz 3). Eine Besitzentziehung muß zudem nicht notwendigerweise zu neuem Besitz des Täters oder eines Dritten führen. Verbotene Eigenmacht begeht deshalb auch zB ein Besitzdiener, der eine ihm anvertraute Sache wegwirft (Westermann/Gursky § 22 I 1).

3. Widerrechtlich ist die Besitzbeeinträchtigung, wenn sie ohne Willen des unmittelbaren Besitzers und ohne gesetzliche Gestattung erfolgt.

a) Ohne Willen des unmittelbaren Besitzers erfolgt die Beeinträchtigung bereits dann, wenn es an dessen irgendwie zum Ausdruck gelangter Zustimmung fehlt (RG JW 1928, 497); ein entgegenstehender Wille muß nicht ersichtlich sein. Auf eine etwaige Zustimmung des mittelbaren Besitzers (anders für dessen Klage aus § 869) oder des Besitzdieners kommt es nicht an. Demzufolge ist etwa Jagdausübung, die mit Zustimmung des (nicht als Besitzer geltenden) Jagdpächters, aber gegen den Willen des Grundeigentümers erfolgt, verbotene Eigenmacht (Rostock OLGE 6, 254). Für den ähnlichen Fall des „Abhandenkommens" in § 935 wird zwar gelegentlich vertreten, dies sei nicht der Fall, wenn ein Besitzdiener innerhalb der ihm zugewiesenen Aufgabenbereiches versehentlich, aber gewollt eine Sache des Besitzherrn aushändige (vgl § 935 Rz 6 zum Streitstand). Diese Auffassung kann indes nicht auf § 858 übertragen werden, da hier keine Interessen des rechtlichen Verkehrs geschützt werden sollen.

Eine die Beeinträchtigung erlaubende **Zustimmung** bedarf keiner ausdrücklichen Erklärung; es genügt zB schon, daß der Besitzer seine Gleichgültigkeit am Schicksal der Sache ausdrückt (RG 72, 192, 198). Dagegen ist nicht schon das Unterlassen eines Widerstandes oder der Anrufung der Polizei als Zustimmung aufzufassen (RG WarnRsp 1914 Nr 335). Die Zustimmung muß freiwillig, dh nicht unter dem Druck unerträglich werdender Störungen (RG JW 1928, 497) oder einer massiven Drohung (vgl LG Kiel MDR 1949, 366) erteilt sein, bei der der psychische Zwang einem physischen gleichkommt (MüKo/Joost Rz 8). Sie ist nach hM kein Rechtsgeschäft; es genügt vielmehr – wie bei § 856 (siehe § 856 Rz 3) – ein **natürlicher Wille** (Staud/Bund Rz 18 mwN zum Streitstand). Die Zustimmung eines Volltrunkenen ist unwirksam (RG WarnRsp 1925 Nr 24).

Die Zustimmung muß noch im Augenblick der Besitzbeeinträchtigung vorliegen. Von einer im voraus erklärten Zustimmung wird vermutet, daß sie fortdauert, bis sie widerrufen wird (RG 146, 182, 186; Staud/Bund Rz 19 mwN). Dies gilt auch für die Zustimmung eines Erblassers.

Die §§ 158ff (Staud/Bund Rz 20) und § 138 I (RG JW 1929, 1380) sind entsprechend anwendbar.

7   b) Die **gesetzliche Gestattung** muß das eigenmächtige Vorgehen erlauben; ein dingliches oder obligatorisches Recht auf Besitzeinräumung oder auf Duldung einer Beeinträchtigung gibt noch keine Befugnis zu selbständiger, also ohne gerichtliche Hilfe vorgenommener Rechtsverwirklichung. Selbsthilferechte im vorgenannten Sinne können sein: §§ 227–229, 562b (ggf iVm §§ 581 II, 592 S 4), 859 II–IV, 904, 905 S 2 (Bremen OLGZ 1971, 147, 148), 906 (München NJW-RR 1992, 1097) 910, 962; landesrechtliche Selbstpfändungsrechte, Art 89 EGBGB; §§ 758, 808ff, 883ff, 892 ZPO, § 150 ZVG; §§ 84ff, 102ff, 111ff und Beschlagnahmerecht nach § 127 StPO (RG 64, 385); polizeiliche und verwaltungszwangsverfahrensrechtliche (Naumann DVBl 1950, 133) Eingriffsbefugnisse; § 57 I TKG (BGH 145, 1620 = NJW 2000, 3206, 3207; NJW-RR 2002, 1576; Schäfer/Giebel ZflR 2003, 51; Wüstenberg CR 2002, 801); § 14 BImSchG (MüKo/Joost Rz 11). In den Fällen der §§ 1422 und 2205 BGB bzw § 148 InsO ist die Besitzergreifung ohne Zustimmung gestattet, nicht jedoch bei ausdrücklicher Weigerung des Besitzers (Staud/Bund Rz 23 mwN; MüKo/Joost Rz 10; aA wohl Pal/Bassenge Rz 6).

8   Aus § 867 folgt dagegen **keine Gestattung**, das fremde Grundstück eigenmächtig zu betreten. Gleiches gilt nach hM (Karlsruhe NJW-RR 1993, 91; Staud/Bund Rz 33) für das nachbarrechtliche Hammerschlags- und Leiterrecht. Auch durch Verwaltungsakt zugewiesene Räume dürfen nicht eigenmächtig in Besitz genommen werden (Staud/Bund Rz 54 mwN). Ein Gläubiger, der entgegen den §§ 809, 883 ZPO durch den Gerichtsvollzieher die geschuldete Sache einem nicht zur Herausgabe bereiten Dritten wegnehmen läßt, anstatt nach § 886 ZPO zu verfahren, begeht ebenso verbotene Eigenmacht (LG Bielefeld NJW 1956, 1879, 1880; Staud/Bund Rz 24; aA Lüke NJW 1957, 425; wohl auch MüKo/Joost Rz 11) wie derjenige, der durch unrichtige Angaben Polizeibeamte veranlaßt, ihm den Besitz einer Sache zu verschaffen (Köln NJW-RR 1994, 557). Jedoch dürfte im ersten Fall der Dritte wegen der ungerechtfertigten Vollstreckungsmaßnahme auf staatlichen Rechtsschutz, dh die besonderen Rechtsbehelfe des Verfahrensrechts (§§ 766 oder 771 ZPO; siehe Zöller/Herget § 771 ZPO Rz 12 und 14 unter „Besitz") zu verweisen sein (MüKo/Joost Rz 11 mwN). Die Aufrechterhaltung des im Wege der Zwangsvollstreckung übertragenen Besitzes wird mit Aufhebung des Titels nicht zur verbotenen Eigenmacht (BGH BGHRp 2003, 524, 525 = MDR 2003, 621).

9   Ein **vertragliches** Wegnahmerecht ist wie eine Zustimmung zu behandeln (siehe Rz 6). Der Besitzer kann zB im Rahmen einer Sicherungsvereinbarung die Wegnahme der Sache für den Fall erlauben, daß die Kaufpreiszahlungen nicht pünktlich erfolgen. Es muß freilich deutlich werden, daß dem Sicherungsnehmer nicht lediglich ein Herausgabeanspruch zustehen soll (Schleswig SchlHA 1975, 47, 48). Andernfalls liegt verbotene Eigenmacht vor (Düsseldorf MDR 1971, 1011). Aus den gleichen Gründen berechtigt der Ablauf der Mietzeit den Vermieter nicht zur eigenmächtigen Inbesitznahme der Mietwohnung (Düsseldorf BB 1991, 721); selbst wenn sein Räumungsanspruch bereits tituliert ist, handelt er iSv § 858 I widerrechtlich (LG Kassel WuM 1989, 375; Staud/Bund Rz 46).

10 4. Ein **Verschulden** bzw eine Störungs- oder Entziehungsabsicht des Handelnden ist neben der objektiven Widerrechtlichkeit der Besitzbeeinträchtigung nicht erforderlich (RG 55, 55, 57; 67, 387, 389; Koblenz NJW-RR 2000, 1606, 1608). Etwas anderes gilt nur im Rahmen von § 823 I bzw II. Auch auf Bösgläubigkeit kommt es nicht an (RG 67, 387, 389; OGH-BrZ MDR 1948, 472).

11 III. **Fehlerhafter Besitz.** 1. Die durch verbotene Eigenmacht begründete in § 858 II so bezeichnete **Fehlerhaftigkeit** des Besitzes ist relativ: Während der fehlerhaft Besitzende gegenüber Dritten unbeschränkten Besitzschutz genießt, sieht das Gesetz im Verhältnis zum bisherigen Besitzer Beschränkungen vor (siehe etwa §§ 859 II, III, 861, 862 II). Der Dieb ist also gegenüber einem zweiten Dieb, nicht aber gegenüber dem Bestohlenen besitzrechtlich uneingeschränkt geschützt.

12 2. **Nachfolger im Besitz** iSd Abs II ist jeder, der Besitz an der Sache begründet, also zB auch der zweite Dieb. Kenntnis der Fehlerhaftigkeit iSv § 858 II S 2 Alt 2 muß beim Erwerb bestehen, (grob) fahrlässige Unkenntnis und spätere Kenntnis sind bedeutungslos. Der Besitznachfolger muß wissen, daß der Besitz seines Vorgängers fehlerhaft war; dem steht die Kenntnis vom Besitzrecht eines Dritten nicht gleich (OGH-BrZ MDR 1948, 472, 473).

Der **Erbe** des fehlerhaft Besitzenden muß gemäß § 858 II S 2 Alt 1 die Fehlerhaftigkeit ohne Rücksicht darauf gegen sich gelten lassen, ob er sie kennt oder nicht. Dies gilt immer dann, wenn er den Besitz nach § 857 erwirbt. Bei einem Besitzerwerb vor dem Erbfall findet § 858 II S 2 Alt 2 Anwendung (Staud/Bund Rz 59 mwN). Dagegen nützt dem gutgläubigen Erben eine spätere Ergreifung des Verkehrsbesitzes iSv § 854 nichts. Was für den Erwerb fehlerhaften Besitzes nach § 857 gilt, gilt für andere Fälle des Besitzerwerbs durch Universalsukzession entsprechend (Staud/Bund Rz 60 mwN; Bamberger/Roth/Fritzsche Rz 26).

13 IV. **Beweislast.** Wer sich auf verbotene Eigenmacht bzw fehlerhaften Besitz beruft, muß die Voraussetzungen hierfür beweisen, wobei eine etwaige gesetzliche Gestattung der Gegner zu beweisen hat (Saarbrücken NJW-RR 2003, 1717; Staud/Bund Rz 66; MüKo/Joost Rz 18).

859 *Selbsthilfe des Besitzers*

(1) Der Besitzer darf sich verbotener Eigenmacht mit Gewalt erwehren.

(2) Wird eine bewegliche Sache dem Besitzer mittels verbotener Eigenmacht weggenommen, so darf er sie dem auf frischer Tat betroffenen oder verfolgten Täter mit Gewalt wieder abnehmen.

(3) Wird dem Besitzer eines Grundstücks der Besitz durch verbotene Eigenmacht entzogen, so darf er sofort nach der Entziehung sich des Besitzes durch Entsetzung des Täters wieder bemächtigen.

(4) Die gleichen Rechte stehen dem Besitzer gegen denjenigen zu, welcher nach § 858 Abs. 2 die Fehlerhaftigkeit des Besitzes gegen sich gelten lassen muss.

1. Subjektiver Anwendungsbereich. a) Berechtigt zur Inanspruchnahme der in § 859 geregelten sog Gewaltrechte ist der unmittelbare Besitzer, auch der iSv § 858 II S 1 fehlerhaft besitzende Dieb (RGSt 60, 273, 278; zum Besitzdiener siehe § 860, zum mittelbaren Besitzer § 869). Gleiches gilt nach hM für **gesetzliche Vertreter**, selbst wenn allein der Vertretene Besitz hat (RG 64, 385, 386; Staud/Bund Rz 3; Westermann/Gursky § 23 1; aA MüKo/Joost Rz 3). Der Besitzer kann sich auch der **Hilfe Dritter** bedienen (MüKo/Joost Rz 3; Pal/Bassenge Rz 2; Staud/Bund Rz 3). Ansonsten ist die Verteidigung fremden Besitzes auf § 227 beschränkt. 1

b) Gegner der Selbsthilfe ist derjenige, der den Besitz stört bzw entzieht, im zweiten Fall auch dessen Nachfolger iSv § 858 II S 2. Den Gewaltrechten sind auch etwaige Besitzdiener bzw bei juristischen Personen deren Organe ausgesetzt (Staud/Bund Rz 4). Gleiches gilt für Kinder (RG DJZ 1903, 574) und Deliktsunfähige. Denn auf die **Deliktsfähigkeit** des Gegners kommt es nicht an (Bamberger/Roth/Fritzsche Rz 7). 2

2. Besitzwehr. Die in Abs I geregelte **Verteidigung bestehenden Besitzes** darf nicht weiter gehen, als zur Abwehr nötig ist; andernfalls ist sie ihrerseits widerrechtlich (BGH WM 1968, 1356, 1357; BayObLG NJW 1965, 163; Koblenz MDR 1978, 141; Schleswig SchlHA 1987, 12f). Dies bedeutet freilich nicht, daß die Selbsthilfe nur bei Unmöglichkeit obrigkeitlichen Schutzes zulässig ist (RG HRR 1934 Nr 1282); vielmehr muß bei mehreren Mitteln das den Angreifer am wenigsten gefährdende gewählt werden (Koblenz MDR 1978, 141). Aus § 242 kann sich eine Verpflichtung zu zumutbaren gefahrmindernden Maßnahmen, zB zum Abdecken einer ins Freie gestellten störenden Sache ergeben (BGH WM 1968, 1356, 1357). Eine Güterabwägung wie bei § 904 ist jedoch nicht erforderlich. Eine Schadensersatzpflicht des Besitzwehr Übenden kommt nur bei schuldhafter Überschreitung der ihm gesetzten Grenzen in Betracht. § 231 ist nicht anwendbar (Pal/Bassenge Rz 4). 3

3. Besitzkehr. Die in Abs II und III normierte **gewaltsame Wiederherstellung** des durch verbotene Eigenmacht **entzogenen Besitzes** als Eingriff in den zwar fehlerhaften, aber sonst besitzrechtlich geschützten Besitz ist zeitlich begrenzt. Das Selbsthilferecht des Abs II betrifft bewegliche Sachen und erfordert, daß der Täter auf frischer Tat betroffen und verfolgt wird. „Auf frischer Tat" verlangt zwar einen engen zeitlichen Zusammenhang mit der Wegnahme (RG JW 1931, 2643). Indes genügt hierfür eine spätere alsbaldige Entdeckung (zB nach ca 30 Minuten, siehe Schleswig SchlHA 1987, 12f) und Verfolgung (RGSt 59, 49, 50f), ggf nach notwendiger Vorbereitung (Pal/Bassenge Rz 5). Die Dauer der Verfolgung spielt keine Rolle. Sie darf nach hM (Staud/Bund Rz 17 mwN) bis in die Wohnung des Täters fortgesetzt werden. Bei Grundstücken muß die Besitzkehr gemäß Abs III „sofort" geübt werden, dh so schnell wie nach objektivem Maßstab (ggf unter Berücksichtigung einer notwendigen Vorbereitung) ohne Rücksicht auf Kenntniserlangung von der Entziehung möglich (Düsseldorf ZMR 2001, 220). Der Ausdruck „sofort" ist nicht gleichzusetzen mit dem in § 121 I verwendeten Wort „unverzüglich". Vielmehr schadet dem Inhaber des Rechts zur Besitzkehr auch schuldloses Zögern (Westermann/Gursky § 23, 3). Das gleiche gilt bei Grundstücksteilen, zB einer Wohnung (RG SeuffBl 68, 146), einem Pkw-Stellplatz (LG Frankfurt aM NJW 1984, 183; OVG Saarlouis NJW 1994, 878, 879 mwN) oder einem am Gebäude befindlichen Werbeschild (BGH NJW 1967, 48). Dagegen ist bei Trennung und Entfernung von Grundstücksbestandteilen § 859 II einschlägig (Westermann/Gursky § 23, 3). Ist dagegen die Besitzkehr bezüglich eines Grundstücksteils zugleich Besitzwehr bezüglich des Restgrundstücks, so gilt die Zeitgrenze des Abs III auch für die Besitzwehr (BGH NJW 1967, 48). Die zeitliche Schranke des Abs III wird mitunter sehr großzügig gehandhabt (siehe LG Frankfurt aM NJW 1984, 183; NJW-RR 2003, 311; Karlsruhe OLGZ 1978, 206, 207; AG Braunschweig NJW-RR 1986, 1414). So hat etwa das LG Frankfurt das Abschleppenlassen eines Kraftfahrzeugs vier Stunden nach Entziehung des Besitzes an dem betreffenden privaten Stellplatz (NJW 1984, 183) bzw in den Morgenstunden des nächsten Tages (NJW-RR 2003, 311) noch als von § 859 III gedeckt angesehen (siehe hierzu ausführlich Schwarz/Ernst NJW 1997, 2550 m zahlr Nachw und Tinkl SchAZtg 2001, 121). 4

Bei Überschreiten der in den Abs II und III gezogenen Zeitgrenzen ist die Selbsthilfe vorbehaltlich § 229 rechtswidrig und kann zu einer Schadensersatzpflicht aus § 823 führen (siehe auch Rz 3). 5

4. Beweislast. Die Voraussetzungen des § 859 hat der Besitzwehr bzw Besitzkehr Übende zu beweisen, die fehlende Erforderlichkeit des Abwehrmittels der Gegner (Baumgärtel/Laumen Rz 2; aA MüKo/Joost Rz 16). 6

§ 860 Selbsthilfe des Besitzdieners

Zur Ausübung der dem Besitzer nach § 859 zustehenden Rechte ist auch derjenige befugt, welcher die tatsächliche Gewalt nach § 855 für den Besitzer ausübt.

Der Besitzdiener ist nur zur Ausübung der dem Besitzherrn zustehenden Rechte befugt (Köln JMBl NRW 1956, 180); handelt er dabei etwaigen Weisungen des Besitzherrn zuwider, ist sein Vorgehen rechtswidrig (MüKo/Joost Rz 2). Nach hM darf der Besitzdiener Selbsthilfe nach § 859 auch in Bezug auf solche Sachen üben, die sich zwar nicht in seinem Gewahrsam befinden, aber zu dem Herrschaftsbereich des Besitzherrn gehören, in dem der Besitzdiener tätig ist (Staud/Bund Rz 2 mwN). So darf zB der Kassierer eines Geschäfts auch Besitzschutz für Waren ausüben. Diese Befugnis richtet sich auch gegen andere Besitzdiener des Besitzherrn, wenn diese verbotene Eigenmacht begehen (Köln JMBl NRW 1956, 180; MüKo/Joost Rz 3; Westermann/Gursky § 10 III 3). Dagegen ist der Gewahrsam des Besitzdieners im Verhältnis zum Besitzherrn nicht geschützt (RG 97, 166, 167). Dieser kann ihm daher ohne weiteres den Gewahrsam entziehen bzw Einwirkungen auf die Sache untersagen. 1

§ 861 Anspruch wegen Besitzentziehung

(1) Wird der Besitz durch verbotene Eigenmacht dem Besitzer entzogen, so kann dieser die Wiedereinräumung des Besitzes von demjenigen verlangen, welcher ihm gegenüber fehlerhaft besitzt.

(2) Der Anspruch ist ausgeschlossen, wenn der entzogene Besitz dem gegenwärtigen Besitzer oder dessen Rechtsvorgänger gegenüber fehlerhaft war und in dem letzten Jahre vor der Entziehung erlangt worden ist.

1. Inhalt und Rechtsnatur. Der Anspruch aus § 861 ist **rein possessorischer Natur**, dh Folge der Entziehung des Besitzes an einer beweglichen Sache oder einem Grundstück als etwas Tatsächliches. Auf ein Recht zum Besitz kommt es nicht an (BGH 79, 232, 236 = NJW 1981, 865, 866). Zum Zweck vgl § 858 Rz 2.

Der Anspruch geht auf **Herausgabe der Sache**, nicht auf Herausgabe von Surrogaten, Nutzungen bzw Schadens- oder Wertersatz (Staud/Bund Rz 3). Daher besteht zB beim Sparkassenbuch kein Anspruch auf das abgehobene Geld (Staud/Bund aaO). Wurde Mitbesitz entzogen, kann uU in entsprechender Anwendung des § 869 S 2 Einräumung des Alleinbesitzes verlangt werden (Düsseldorf MDR 1998, 893; Westermann/Gursky § 25, 3). Die Herausgabe hat auf Kosten des Verpflichteten am Ort der Besitzentziehung zu erfolgen (Schleswig SchlHA 1975, 47, 49; MüKo/Joost Rz 4; Staud/Bund Rz 3 mwN; aA Westermann/Gursky § 24 II 3). Daneben besteht ein Auskunftsanspruch über den Verbleib der Sache (Hamburg OLGE 45 [1926] 184, 185).

2. Aktivlegitimiert ist der frühere unmittelbare Besitzer, auch der Fremdbesitzer, nicht aber der Besitzdiener (vgl § 855 Rz 10). Gemäß § 869 kann auch der mittelbare Besitzer den Anspruch geltend machen. Zur Entziehung von Mitbesitz vgl § 866 Rz 5. Der Anspruch steht auch dem fehlerhaften Besitzer zu, freilich nicht im Fall des Abs II (vgl Rz 5). Der Anspruch ist abtretbar (RG Recht 1914 Nr 1839) und vererblich (MüKo/Joost Rz 5).

3. Passivlegitimiert ist, wer gegenwärtig unmittelbar oder mittelbar fehlerhaft besitzt (siehe § 858 Rz 11), nicht aber der Besitzdiener (vgl § 855 Rz 10). Der durch berechtigte Besitzkehr nach § 859 II wiedererlangte Besitz ist nicht fehlerhaft (BGH WM 1966, 774). Der mittelbare Besitz ist fehlerhaft, wenn es der ursprünglich unmittelbare Besitz des mittelbaren Besitzers war, zB wenn ein Dieb die Sache vermietet (vgl KG KGRp 1999, 157, 158) oder ein Gläubiger die durch verbotene Eigenmacht weggenommene Sache nachträglich durch den Gerichtsvollzieher pfänden läßt (Celle NJW 1957, 27; Köln JurBüro 1996, 217, 218). Gleiches gilt, wenn fehlerhafter Besitz von einem Besitzmittler begründet wird. Auch der damit entstandene mittelbare Besitz seines Oberbesitzers ist dann fehlerhaft (Westermann/Gursky § 22 IV 1). Der Anspruch geht in diesen Fällen auf Verschaffung des mittelbaren Besitzes nach § 870 (Celle NJW 1957, 27). Bei Personengesellschaften (vgl § 854 Rz 6–8) sind sowohl die jeweilige Gesellschaft als auch der bzw die besitzende(n) Gesellschafter passivlegitimiert, wenn die Gesellschaft fehlerhaften Besitz erworben hat (Celle NJW 1957, 27; Köln JurBüro 1996, 217). Zum Rückerwerb des früher fehlerhaft Besitzenden vgl Westermann/Gursky § 22 IV 1 aE und Bamberger/Roth/Fritzsche § 858 Rz 27 m Fn 143).

4. Der **Ausschluß des Anspruchs** nach Abs II wegen Fehlerhaftigkeit des entzogenen Besitzes gilt nicht schlechthin, sondern nur dem früheren Besitzer gegenüber, also nicht bei einer Klage des Diebes gegen einen Dritten, wohl aber gegenüber dem Bestohlenen. „Rechtsvorgänger" des Anspruchsgegners ist nicht nur sein Erblasser, sondern auch ein anderer Besitzvorgänger (Staud/Bund Rz 14 mwN). Der Schutz des Abs II greift auch dann, wenn der Anspruchsteller dem Besitzmittler des Anspruchsgegners den Besitz entzogen hatte (RG 69, 197, 198; Pal/Bassenge Rz 13). Er setzt freilich in jedem Fall voraus, daß die verbotene Eigenmacht des Anspruchstellers oder seines Besitzvorgängers (§ 858 II) nicht länger als ein Jahr zurückliegt (MüKo/Joost Rz 9 mwN). Andernfalls steht dem Anspruchsgegner die Einwendung (nicht Einrede) aus Abs II nicht zur Seite. Hat eine Sache mehrmals durch verbotene Eigenmacht den Besitzer gewechselt, so ist der Anspruch aus Abs I nur dann nicht nach Abs II ausgeschlossen, wenn die Reihe der Besitzentziehungen durch verbotene Eigenmacht vom Anspruchsgegner eröffnet wurde (Kiel SchlHA 1925, 110, 111; Staud/Bund Rz 16 mwN).

5. Prozessuale Fragen. Unter Eheleuten bzw Lebenspartnern wird § 861 durch die §§ 1361a, 1361b, die HausratsVO (siehe § 1361a Rz 6; BGH NJW 1983, 47f; Schleswig OLGRp 1997, 28; Köln OLGRp 1997, 98; aA Westermann/Gursky § 24 II 8 mwN; siehe dazu Karlsruhe NJW-RR 2001, 939 und § 1361b Rz 20 mwN zum Streitstand) bzw §§ 13, 14, 17ff LPartG verdrängt, dh eine auf § 861 gestützte Klage vor dem Prozeßgericht wäre **unzulässig**. Das Verfahren müßte nach § 18 I S 1 HausratsVO an das Familiengericht abgegeben werden. Ein Anspruch auf Herausgabe der entzogenen Sache kann sich nicht nur aus § 861 I, sondern auch aus den §§ 823 I, II, 249, aus § 985 iVm § 1006 und aus § 1007 ergeben. Insoweit besteht prozessual ein alle konkurrierenden materiell-rechtlichen Ansprüche umfassender **einheitlicher Streitgegenstand** (MüKo/Joost Rz 13; Pal/Bassenge Rz 17; aA Zöller/Vollkommer ZPO Einl Rz 70 aE; Staud/Bund Rz 20 mwN zum Streitstand). Die Klage aufgrund § 861 macht die betreffende **Sache streitbefangen** iSd § 265 ZPO (Zöller/Greger § 265 ZPO Rz 3; MüKo/Joost Rz 13), dh die Weggabe der Sache nach Klageerhebung hat auf den Prozeß keinen Einfluß, § 265 II ZPO. Dagegen geht die Passivlegitimation bei unfreiwilligem Besitzverlust und Besitzaufgabe verloren. In diesem Fall ist eine Erledigungserklärung ratsam (MüKo/Joost Rz 13). Der Besitzschutzanspruch kann klageweise **verbunden** werden, § 260 ZPO, **mit** einem bereits bestehenden Schadensersatzanspruch, zB wegen entgangener Nutzung, aus § 823 Rz 43). Während eine **Feststellungsklage** regelmäßig unzulässig sein dürfte (Staud/Bund Rz 21), führt nicht selten ein Antrag auf **einstweilige Verfügung** zu einer raschen Befriedigung des Herausgabeverlangens. Eine besondere Dringlichkeit (Verfügungsgrund) muß nicht dargelegt werden (Zöller/Vollkommer § 940 ZPO Rz 8 Stichwort „Herausgabe"; Pal/Bassenge Rz 18 mwN). – **Beweislast.** Der Anspruchsteller ist beweispflichtig für seinen unmittelbaren Besitz zum Zeitpunkt der Besitzentziehung (siehe § 858 Rz 11) und den Besitz des Anspruchsgegners bei Schluß der mündlichen Verhandlung (Ausnahme: § 265 II ZPO, siehe oben).

§ 862 Anspruch wegen Besitzstörung

(1) Wird der Besitzer durch verbotene Eigenmacht im Besitz gestört, so kann er von dem Störer die Beseitigung der Störung verlangen. Sind weitere Störungen zu besorgen, so kann der Besitzer auf Unterlassung klagen.

(2) Der Anspruch ist ausgeschlossen, wenn der Besitzer dem Störer oder dessen Rechtsvorgänger gegenüber fehlerhaft besitzt und der Besitz in dem letzten Jahre vor der Störung erlangt worden ist.

1. Inhalt und Rechtsnatur. § 862 ist die possessorische Ergänzung des § 861 (siehe § 861 Rz 1). Er gewährt einen aus dem gestörten Besitz abgeleiteten, besitzrechtunabhängigen Besitzschutzanspruch für bewegliche und unbewegliche Sachen. Nach Abs I S 1 besteht ein Anspruch auf Beseitigung einer gegenwärtig bestehenden Störung. Darüber hinaus folgt aus Abs I S 2 ein Unterlassungsanspruch zur Verhinderung künftig zu erwartender Besitzstörungen.

2. § 862 setzt eine **Besitzstörung** voraus. Siehe dazu § 858 Rz 3.

3. Aktivlegitimiert sind – wie bei § 861 (siehe § 861 Rz 3) – der unmittelbare (Eigen- oder Fremd-)Besitzer und (iVm § 869) der mittelbare Besitzer, jedoch nicht der Besitzdiener. Auch der iSv § 858 II fehlerhafte Besitz wird in den Grenzen des Abs II (siehe Rz 7) geschützt.

4. Passivlegitimiert bzw **Störer** ist der, dem die verbotene Eigenmacht gem §§ 858–860 zuzurechnen ist, dessen Wille für die Beeinträchtigung oder ihre Fortdauer maßgebend ist, sei es, daß er die Besitzstörung selbst verursacht hat, sei es, daß durch seinen Willen ein den Besitz beeinträchtigender Zustand aufrechterhalten wird. Störer kann auch sein, wer die beeinträchtigende Einwirkung Dritter mittelbar verursacht hat (siehe zum Störerbegriff auch § 1004 Rz 106ff). Zur Inanspruchnahme von Eltern wegen Besitzstörungen durch ihre Kinder siehe Düsseldorf NJW 1986, 2512.

5. Beseitigung der Störung bedeutet mitunter Beseitigung der Störungsquelle, so daß neue Beeinträchtigungen von ihr nicht ausgehen können; bei Eindringen von Gas zB Auswechslung des schadhaften Leitungsstückes (RG 63, 374, 379). Der Beseitigungsanspruch ist kein Schadensersatzanspruch, wenn er auch im Einzelfall zur Wiederherstellung des früheren Zustandes führen kann (Köhler JuS 1977, 653). Daraus folgt, daß § 251 nicht einschlägig ist. Auch eine analoge Anwendung wird von der wohl überwiegenden Meinung abgelehnt (vgl zum Streitstand Staud/Bund Rz 5). Im Einzelfall kann freilich die wirtschaftliche Opfergrenze erreicht sein mit der Folge, daß die Beseitigungspflicht des Störers entfällt und er gemäß § 242 lediglich eine Ausgleichszahlung schuldet (Staud/Bund aaO).

6. Für den **Unterlassungsanspruch** reicht die konkrete Gefahr einer zukünftigen Störung aus. Es muß nicht unbedingt eine Störung vorausgegangen sein, dh Wiederholungsgefahr (vgl zur früheren Rspr RG 63, 374, 379; RG JW 1913, 543 Nr 8) bestehen. Eine drohende Erstgefahr genügt (Pal/Bassenge Rz 11; Westermann/Gursky § 24 III und § 36 IV 2). Jedoch muß zB eine angedrohte Besitzstörung aufgrund konkreter Umstände zumindest unmittelbar bevorstehen (LG Berlin ZMR 1991, 109, 110).

7. Der **Ausschluß des Anspruchs** nach Abs II entspricht § 861 II (siehe § 861 Rz 5). Bei der Jahresfrist kommt es auf den Beginn der Störung an, bei der vorbeugenden Unterlassungsklage auf den Zeitpunkt der ersten Klagemöglichkeit (MüKo/Joost Rz 9). Darüber hinaus gelten die in den §§ 904, 905 S 2, 906 BGB und § 14 BImSchG enthaltenen Beschränkungen des Eigentumsschutzes für den Besitzstörungsanspruch erst recht (RG 105, 213, 216; BGH 15, 146, 148; Westermann/Gursky § 24 III mwN).

8. Prozessuale Fragen. Der **Klageantrag** ist auf Beseitigung bzw Unterlassung der genau zu bezeichnenden Störung zu richten. Das Mittel der Beseitigung oder Verhinderung muß dagegen im Erkenntnisverfahren dem Störer überlassen bleiben, sofern nicht nur eine ganz bestimmte Maßnahme den angestrebten Erfolg gewährleistet (BGH NJW 1977, 146; Düsseldorf NJW 1986, 2512). Die **Beweislast** hinsichtlich der anspruchsbegründenden Umstände (Besitz, Störung, drohende Beeinträchtigung) trägt der Kläger (s auch § 861 Rz 6); nach vorausgegangener Beeinträchtigung ist vielfach Wiederholungsgefahr zu vermuten (MüKo/Joost Rz 10). Anspruchsausschließende Umstände (Rz 7) muß der Beklagte beweisen. Zur **einstweiligen Verfügung** vgl § 861 Rz 6.

§ 863 Einwendungen des Entziehers oder Störers

Gegenüber den in den §§ 861, 862 bestimmten Ansprüchen kann ein Recht zum Besitz oder zur Vornahme der störenden Handlung nur zur Begründung der Behauptung geltend gemacht werden, dass die Entziehung oder die Störung des Besitzes nicht verbotene Eigenmacht sei.

1. Zweck und Anwendungsbereich. Der grundsätzliche Ausschluß der Verteidigung mit dem Recht zum Besitz bzw mit dem Recht zu der betreffenden Handlung folgt aus der possessorischen Natur und dem Zweck der Klagen aus §§ 861, 862. Dem Besitzer soll eine rasche Wiederherstellung des durch verbotene Eigenmacht beeinträchtigten Besitzes ermöglicht werden (BGH 73, 355, 358 = NJW 1979, 1358). § 863 beschränkt daher die Verteidigung des Beklagten grds auf ein Bestreiten des Klagegrundes. Auf das Eigentum oder auf einen schuldrechtlichen oder dinglichen Anspruch des Beklagten kommt es also ebensowenig an (Ausnahme Abs II der §§ 861, 862) wie auf ein Recht des Klägers zum Besitz. Sonstige Klagen aus anderem Rechtsgrund, zB Schadensersatz, §§ 812ff, werden von § 863 nicht erfaßt.

2. Nicht verbotene Eigenmacht ist die Entziehung bzw Störung dann, wenn dem so Handelnden ein Recht zum selbsthilfeweisen Eingriff in den Besitz des hiervon Betroffenen zusteht (siehe dazu § 858 Rz 7). Zulässig ist gegenüber den §§ 861, 862 auch der Einwand unzulässiger Rechtsausübung aus § 242 (siehe Einl § 854 Rz 14 mwN), soweit es sich nicht um die Einwendung „dolo agit, qui petit qoud statim redditurus est" handelt (KG NJW

1967, 1915, 1916f; Pal/Bassenge Rz 2 mwN; siehe auch MüKo/Joost Rz 7; und Staud/Bund Rz 4). Andernfalls würde § 863 umgangen. Soweit der BGH in seiner Entscheidung BGH NJW 1999, 425, 427 (zust KG ZMR 2000, 818, 819) die Ansicht vertritt, der Ausschluß petitorischer Einwendungen des Besitzers gemäß § 863 gelte bei Entscheidungsreife des von dem Besitzer beanspruchten Rechts zum Besitz nach dem Rechtsgedanken des § 864 II jedenfalls dann nicht, wenn über das Besitzrecht letztinstanzlich – wenn auch incidenter – entschieden werde und der Herausgabekläger die Sache sogleich wieder an den Besitzberechtigten herausgeben müßte, dürfte dies mit den Grundgedanken des Besitzschutzes – Sicherung des öffentlichen Friedens und Durchsetzung des staatlichen Gewaltmonopols (§ 858 Rz 2) – nicht in Einklang zu bringen sein (Amend JuS 2001, 128; Soergel/Stadler Rz 4). Der Besitzer kann sich aber auf ein Zurückbehaltungsrecht aus § 273 II, nicht aber aus § 320 (Pal/Bassenge Rz 2 mwN) berufen.

3 3. Eine **petitorische Widerklage**, dh eine auf ein Recht zum Besitz gestützte Widerklage des possessorisch Beklagten ist nach überwiegender Meinung zulässig (BGH 53, 166, 169; 73, 355, 357; Zöller/Vollkommer § 33 ZPO Rz 29; Pal/Bassenge Rz 3; MüKo/Joost Rz 3; aA Staud/Bund Rz 8 mwN). Über eine früher entscheidungsreife Besitzschutzklage kann und muß sofort durch Teilurteil entschieden werden, § 301 ZPO (Zöller/Vollkommer aaO). Bei gleichzeitiger Entscheidungsreife ist nach der Rspr in entsprechender Anwendung von § 864 II die Besitzschutzklage abzuweisen und der petitorischen Widerklage stattzugeben (BGH 73, 355, 359; differenzierend MüKo/Joost Rz 11; Soergel/Stadler Rz 4; zur Kritik vgl Rz 2 aE; Staud/Bund Rz 8; Westermann/Gursky § 24 II 4). Dagegen sind dem Entzieher gemäß § 863 petitorische Einwendungen gegen den possessorischen Besitzschutzanspruch **im einstweiligen Verfügungsverfahren** verwehrt (Schur ZMR 2000, 806; aA KG ZMR 2000, 818, 819; Lehmann-Richter NJW 2003, 1717 mwN zum Streitstand).

864 *Erlöschen der Besitzansprüche*

(1) Ein nach den §§ 861, 862 begründeter Anspruch erlischt mit dem Ablauf eines Jahres nach der Verübung der verbotenen Eigenmacht, wenn nicht vorher der Anspruch im Wege der Klage geltend gemacht wird.

(2) Das Erlöschen tritt auch dann ein, wenn nach der Verübung der verbotenen Eigenmacht durch rechtskräftiges Urteil festgestellt wird, dass dem Täter ein Recht an der Sache zusteht, vermöge dessen er die Herstellung einer seiner Handlungsweise entsprechenden Besitzstands verlangen kann.

1 1. **Zweck.** Nach § 864 erlöschen die in §§ 861, 862 geregelten Besitzschutzansprüche in zwei Fällen: zum einen durch Fristablauf (Abs I) und zum anderen durch rechtskräftige gerichtliche Feststellung eines Rechts des Störers auf Herstellung der eigenmächtig herbeigeführten Besitzlage. Die Ausschlußfrist trägt dem Umstand Rechnung, daß sich die neue Besitzlage im Lauf der Zeit derart verfestigt, daß der Besitz nicht mehr unabhängig von der Berechtigung schützenswert erscheint (MüKo/Joost Rz 1). Die Regelung in Abs II soll unnötige Klagen und das Entstehen entgegengesetzter Vollstreckungsmöglichkeiten verhindern (vgl auch § 863 Rz 3)

2 2. Die in Abs I geregelte **Jahresfrist** ist keine Verjährungsfrist, sondern eine von Amts wegen zu beachtende Ausschlußfrist (RG JW 1903, Beilage 105 [Nr 235]; Düsseldorf OLGZ 1975, 331, 333). Sie beginnt grds mit Abschluß der Entziehungs- bzw Störungshandlung (BGH NJW 1995, 132), und zwar auch bei einer Dauerhandlung (Pal/Bassenge Rz 2). Auf die Fortdauer der Störung kommt es nicht an. Gleiches gilt für die Kenntnis des Besitzschutzberechtigten (Düsseldorf OLGZ 1975, 331, 333), es sei denn, ohne sie liegt eine Störung gar nicht vor (siehe § 858 Rz 3). Bei wiederholten Störungshandlungen setzt jede eine neue Frist in Lauf (BGH NJW 1995, 132). Die Frist ist nach Maßgabe der §§ 187 I, 188 II zu berechnen. Nur die **rechtzeitige** Erhebung der **Besitzschutzklage** (bzw deren demnächstige Zustellung iSv § 270 III ZPO) verhindert das Erlöschen des Anspruchs aus § 861 bzw § 862. Eine auf einen anderen Rechtsgrund (vgl § 861 Rz 6) gestützte Herausgabeklage reicht ebensowenig aus wie ein Antrag auf einstweilige Verfügung bzw die Geltendmachung als Einrede (Staud/Bund Rz 4 mwN). Zur Feststellungsklage vgl MüKo/Joost Rz 3. § 204 II S 2 ist entsprechend anwendbar. Die neue Jahresfrist läuft ab der Anordnung iSv § 251 ZPO (Düsseldorf OLGZ 1975, 331, 333). Wird der Herausgabeanspruch auf die §§ 823 II iVm § 858 gestützt, findet § 864 I keine Anwendung (Pal/Bassenge Rz 1 mwN). Gleiches gilt, wenn Schadensersatz nach § 823 oder ein nachbarrechtlicher Ausgleichsanspruch entsprechend § 906 II S 2 geltend gemacht wird (BGH NJW 2001, 1865, 1867). Die **Beweislast** für die den Ablauf der Jahresfrist begründenden Tatsachen hat der Anspruchsgegner, diejenige für die rechtzeitige Besitzschutzklage der Anspruchsteller.

3 3. Mit dem in Abs II so bezeichneten „**Recht an der Sache**" sind nicht nur dingliche Ansprüche (zB aus § 985) gemeint; ein schuldrechtlicher Besitzverschaffungsanspruch (zB aus § 433 I S 2) reicht nach heute hM aus (Staud/Bund Rz 6 mwN). Die erforderliche **Feststellung durch rechtskräftiges Urteil** setzt zunächst eine Klage bzw Widerklage (vgl dazu § 863 Rz 3) des (Besitzschutz-)Anspruchsgegners gegen den Anspruchsteller voraus (KG OLGRp 1993, 142, 143). Daß eine zB auf § 985 gestützte Klage umgekehrten Rubrums bereits abgewiesen worden ist, genügt nicht (Pal/Bassenge Rz 5). Das Recht des Anspruchsgegners an der Sache muß sich aus einem rechtskräftigen Leistungs- oder Feststellungsurteil (MüKo/Joost Rz 9 mwN; Staud/Bund Rz 5) ergeben. Ein nur **vorläufig vollstreckbares Urteil** steht dem ebensowenig gleich (Westermann/Gursky § 24 II 6; Pal/Bassenge Rz 5; MüKo/Joost Rz 9 mwN; aA Hagen JuS 1972, 125f; Staud/Bund Rz 8; Soergel/Stadler Rz 7; Bamberger/Roth/Fritzsche Rz 9) wie eine einstweilige Verfügung, es sei denn, die einstweilige Verfügung schützt gerade den durch verbotene Eigenmacht geschaffenen Besitzstand (vgl Naumburg JW 1932, 1401 [Nr 12]; Kiel JW 1932, 3640 [Nr 11]; Pal/Bassenge Rz 5; Westermann/Gursky § 24 II 6 aE). Auch ein Enteignungsbeschluß reicht nicht aus (Hamburg OLGE 43 [1924], 208, 209).

4 Zwar muß die rechtskräftige Feststellung nach dem Gesetzeswortlaut an sich **nach der verbotenen Eigenmacht** erfolgen. § 864 II ist indes auf solche Fälle, bei denen das rechtskräftige Leistungs- bzw Feststellungsurteil bereits zum Zeitpunkt der verbotenen Eigenmacht vorlag, **analog** anzuwenden (RG 107, 258, 259; Hager KTS 1989, 526; MüKo/Joost Rz 11; Westermann/Gursky § 24 II 6 mwN). Soweit die Gegner dieser Auffassung (Soergel/Stadler Rz 5; Pal/Bassenge Rz 6; Bamberger/Roth/Fritzsche Rz 13; Staud/Bund Rz 11 mwN) nicht ganz zu Unrecht darauf hinweisen, daß hierdurch ein Anreiz zu illegaler Selbsthilfe geschaffen werden könnte (Amend JuS 2001, 128 mwN), ist dem entgegenzuhalten, daß eine Verurteilung nach den §§ 861, 862 in Fällen der vorliegenden Art keinen praktischen Sinn macht (vgl MüKo/Joost Rz 11). Zudem leuchtet es wertungsmäßig nicht ein, denjenigen Gläubiger, der das ihm günstige Urteil abwartet und erst nach dessen Rechtskraft selbstherrlich durchsetzt, schlechter zu stellen als denjenigen, der ohne ein solches Urteil verbotene Eigenmacht übt (Westermann/Gursky § 24 II 6).

Tritt die Rechtskraft des im obigen Sinne feststellenden Urteils während der Rechtshängigkeit der Besitzschutzklage ein, sollte diese in der Hauptsache für **erledigt** erklärt werden. Erwirkt der Störer dagegen die ihm günstige rechtskräftige Feststellung iSv § 864 II erst nach Schluß der mündlichen Verhandlung und verliert er deshalb den Besitzschutzprozeß, so kann er die gegen ihn gerichtete Vollstreckung mit der **Vollstreckungsgegenklage** nach § 767 ZPO abwehren (MüKo/Joost Rz 12). 5

865 *Teilbesitz*
Die Vorschriften der §§ 858 bis 864 gelten auch zugunsten desjenigen, welcher nur einen Teil einer Sache, insbesondere abgesonderte Wohnräume oder andere Räume, besitzt.

1. Als **Formen unmittelbarer besitzrechtlicher Beteiligung mehrerer** an derselben Sache kommen in Betracht: **Mitbesitz** an der ganzen Sache, vgl § 866; **Teilbesitz** an einem selbständig zu beherrschenden Sachteil; **wechselnder Alleinbesitz**, zB wöchentlich wechselnder Besitz am Auto, der in jeder Beziehung, also auch im Verhältnis der wechselnden Besitzer zueinander, als Alleinbesitz zu behandeln ist. Die besitzrechtliche Behandlung weicht von der der dinglichen Rechte ab. So gibt es zB **keinen** Teilbesitz **an ideellen Bruchteilen** (RG JW 1936, 251 [Nr 9]). 1

2. Teilbesitz ist die von der Verkehrsanschauung anerkannte Sachherrschaft über einen selbständig beherrschbaren Sachteil, gleichgültig, ob er wesentlicher Bestandteil ist oder nicht. Die rechtliche Unselbständigkeit der wesentlichen Bestandteile gilt nicht für das Besitzrecht. Ob die Sache beweglich oder unbeweglich ist, spielt ebenfalls keine Rolle; häufiger kommt Teilbesitz allerdings bei Grundstücken vor. So erlangt zB beim Verkauf von Holz auf dem Stamm der Käufer Teilbesitz an den verkauften, stehenden Bäumen (vgl RG 108, 269, 272), wenn diese durch Forsthammeranschlag oder ähnliches gekennzeichnet werden und dem Käufer der ungehinderte Zugang zum Grundstück zugesagt wird (Westermann/Gursky § 11 I 1). 2

Der **Mieter** hat alleinigen Teilbesitz an der Wohnung (RG 64, 182, 183); Flure, Treppenhäuser usw stehen in der Regel im (Teil-)Mitbesitz aller Mieter (MüKo/Joost Rz 4). Dagegen kann bei Außenantennen Teilbesitz vorliegen (vgl LG Duisburg WuM 1971, 86, 87). Bei flächenmäßiger Aufteilung eines gemeinsam benutzten Raumes (zB Keller) besteht nur Mitbesitz; sind die verschiedenen Nutzungsbereiche dagegen deutlich abgegrenzt, ist Teilbesitz anzunehmen (Westermann/Gursky § 11 I 1; Staud/Bund Rz 3). Bei Aufstellung eines Schranks usw im gemeinsamen Flur dürfte Teilalleinbesitz am Schrank und an der betroffenen Fläche anzunehmen sein. Bei Geschäftshäusern besteht nach Ansicht des RG (RG 80, 281, 284; aA Düsseldorf NJW 1958, 1094f; wohl auch MüKo/Joost Rz 4 Fn 13) ein Anspruch auf Teilbesitz an der entsprechenden Wandfläche für Reklamezwecke, der mit dem Anbringen von Schildern, Kästen, Lichtreklamen, Inschriften usw ergriffen wird (zu den nach örtlicher Verkehrssitte verschieden zu bestimmenden räumlichen Grenzen der hierfür zur Verfügung stehenden Außenfläche vgl Staud/Bund Rz 4 mwN). Dem Vermieter verbleibt unmittelbarer (Mit-)Besitz an ihm zugänglichen Gemeinschaftsräumen und alleiniger Teilbesitz an nicht vermieteten Räumen (Staud/Bund Rz 3). Ein **Wohnungseigentümer** hat alleinigen Teilbesitz an seinem Sondereigentum und soweit er ein Sondernutzungsrecht ausübt (zur Geltendmachung von Besitzschutzansprüchen gegenüber anderen Wohnungseigentümern vgl BayObLG 1990, 115, 119f). 3

3. Die **Behandlung des Teilbesitzes** ergibt sich aus seiner Gleichstellung mit dem Alleinbesitz an der gesamten Sache. Der Teilbesitzer genießt danach im vollen Umfang Besitzschutz, und zwar gleichermaßen gegen Dritte und andere Teilbesitzer. So kann sich zB ein Wohnungsmieter sowohl gegenüber dem Vermieter als auch gegenüber Mietern anderer Wohnungen gegen verbotene Eigenmacht zur Wehr setzen. Begründung und Aufhebung des Teilbesitzes erfolgen nach den §§ 854ff. Zum Teilbesitz als Voraussetzung des Fruchterwerbs nach den §§ 956, 957 siehe RG 108, 269, 271f und Westermann/Gursky § 11 I 2. 4

866 *Mitbesitz*
Besitzen mehrere eine Sache gemeinschaftlich, so findet in ihrem Verhältnis zueinander ein Besitzschutz insoweit nicht statt, als es sich um die Grenzen des den Einzelnen zustehenden Gebrauchs handelt.

1. Mitbesitz ist gegeben, wenn die den Besitz kennzeichnende Sachherrschaft von mehreren gleichstufig ausgeübt wird, der Besitz des einen also durch den gleichen Besitz des/der anderen beschränkt ist (KG NJW-RR 1994, 713, 714). Beim sog **schlichten Mitbesitz** kann jeder die Sachherrschaft allein ausüben, muß freilich Rücksicht auf die anderen Mitbesitzer nehmen. Zu denken ist beispielsweise an ein von allen Mietern gemeinsam zu nutzendes Treppenhaus oder einen Fahrstuhl (BGH 62, 243, 244 = NJW 1974, 1189). Ist dagegen die Ausübung der Sachherrschaft nur durch alle Besitzer zusammen möglich, spricht man von **qualifiziertem bzw gesamthänderischem Mitbesitz** (der nicht Besitz einer Gesamthand bedeutet), zB wenn ein Besitzmittler angewiesen ist, nur 1

§ 866

an alle Oberbesitzer bzw mittelbaren Mitbesitzer gemeinsam herauszugeben (vgl § 868 Rz 8 und § 1206), oder wenn ein Besitzdiener nur den einheitlichen Weisungen aller Besitzherrn Folge leisten darf. Qualifizierter Mitbesitz kann auch vorliegen, wenn ein Raum durch mehrere Schlösser gesichert ist, von denen jeder Mitbesitzer nur eines öffnen, er seinen Besitz also nur unter Mitwirkung der anderen ausüben kann (zum Mitverschluß beim Stahlkammerfach vgl aber § 854 Rz 4 und § 1206 Rz 4). Die Sachherrschaft jedes einzelnen muß sich auf die ganze Sache bzw denselben Sachteil/Bestandteil (§ 865) erstrecken. Ein Mitbesitz nach ideellen Bruchteilen ist nicht möglich. Auch bloßes **Mitbenutzen** reicht oftmals mangels Besitzbegründungswillens nicht aus (RG 108, 122, 123; Hamburg WuM 2000, 356, 357). Mitbesitz setzt eine gemeinsame Sachherrschaft voraus. Diese ist bei **Mitbewohnern** regelmäßig gegeben (vgl § 854 Rz 8). Auf den **Willen** zum Allein- oder Mitbesitz kommt es nicht an. Möglich ist, daß einer der Mitbesitzer Fremdbesitzer ist, während der andere wie etwa im Fall des § 1206 Eigenbesitzer ist (Westermann/Gursky § 11 II 2). Dagegen lehnt die hM die Möglichkeit eines sog **ungleichstufigen Mitbesitzes**, daß also der unmittelbare Besitzer die Sache sowohl für sich selbst als auch für einen Dritten besitzt – zu Recht – ab (vgl § 1154 Rz 8; BGH 85, 263, 265 = NJW 1983, 568, 569; Westermann/Gursky § 11 II 2 mwN in Fn 7).

Auf die Art des zwischen den Mitbesitzern bestehenden **Rechtsverhältnisses** kommt es nicht an; es kann auch ganz fehlen. Bei Gesamthandsverhältnissen wird häufig auch die Sachherrschaft gesamthänderisch sein; entscheidend sind aber die tatsächlichen Verhältnisse (BGH NJW 1983, 1114, 1115; vgl auch § 854 Rz 6).

2   **2.** Zu den Besitzverhältnissen unter **Ehegatten** und Lebensgefährten etc vgl § 854 Rz 8, § 868 Rz 16, zu denen in einem **Miethaus** siehe § 865 Rz 3, zu denen am **Automaten** siehe § 868 Rz 37 „Warenautomaten" und zu denen beim **Stahlkammerfach** vgl § 854 Rz 4.

3   **3.** Die **Behandlung des Mitbesitzes** ergibt sich aus seiner grundsätzlichen Gleichstellung mit dem Alleinbesitz. Einräumung und Aufgabe des Mitbesitzes bestimmen sich nach den §§ 854ff. Wo eine **Übergabe** erforderlich ist (siehe zB §§ 929, 1032, 1205) genügt die Einräumung des Mitbesitzes nicht; hier ist grundsätzlich (vgl aber Pfandrecht § 1206) eine völlige Trennung des Veräußerers von der Sache erforderlich. Zum Mitbesitz als Grundlage für gemeinsamen Fruchterwerb nach §§ 955, 956, 957 oder Ersitzung des Miteigentums nach §§ 937, 900, 927 vgl Westermann/Gursky § 11 II 3. Mitbesitz als solcher begründet keine Gesamtschuldnerschaft zur Herausgabe (Dresden FamRZ 1999, 406, 409). Ein Mitbesitzer kann grds nur zur Übertragung seines Mitbesitzes verurteilt werden (Pal/Bassenge Rz 7).

4   **4. Besitzschutz gegenüber Dritten** kommt sowohl bei verbotener Eigenmacht gegen einen der Mitbesitzer als auch bei Beeinträchtigung des Besitzes aller Mitbesitzer in Betracht, wobei im letzteren Fall auch der einzelne Mitbesitzer nach § 859 oder gerichtlich vorgehen kann (LG Augsburg NJW 1985, 499; Wolff/Raiser § 21 I 2). Der Anspruch des einzelnen Mitbesitzers aus § 861 geht auf Wiederherstellung des Mitbesitzes (BGH LM Nr 8 zu § 854); in analoger Anwendung des § 869 S 2 geht er ausnahmsweise auf Einräumung des Alleinbesitzes, wenn die übrigen Mitbesitzer den Mitbesitz nicht wieder übernehmen wollen oder können (Staud/Bund Rz 24 mwN). Wer im Einverständnis handelt, ist kein Dritter. Hier gelten die Beschränkungen nach § 866 (siehe MüKo/Joost Rz 13 mwN; Köln VersR 1997, 623).

5   **5. Streitigkeiten der Mitbesitzer** betreffend die Grenzen des den einzelnen zustehenden Gebrauchs können sich sowohl auf das zeitliche oder räumliche Verhältnis als auch auf die Gebrauchsart beziehen. Die hM setzt eine solche Streitigkeit einem Streit um Besitzstörung gleich und gewährt Besitzschutz grundsätzlich nur bei Besitzentziehung (BGH 29, 372, 377; 62, 243, 248; Staud/Bund Rz 25 mwN). Im Einzelfall ist freilich zu prüfen, ob nicht Teilbesitz (§ 865) oder zeitweiliger Alleinbesitz (siehe § 865 Rz 1) anstelle von Mitbesitz vorliegt. Besitzschutz kommt ferner in Betracht, wenn ein Mitbesitzer aufgrund der Besitzstörung praktisch vom Gebrauch ausgeschlossen ist (Köln MDR 1978, 405). Im übrigen hilft nur die Klage aus dem Mitbesitz zugrundeliegenden Rechtsverhältnis. UU kann sich der betroffene Mitbesitzer auch auf das allgemeine Notwehrrecht (§ 227) berufen. Auch Ansprüche der Mitbesitzer untereinander aus § 823 I werden durch § 866 nicht ausgeschlossen (BGH 62, 243, 248 = NJW 1974, 1189, 1190f). Bei einem Streit unter Wohungseigentümern bestimmt § 43 I Nr 1 WEG, bei einem solchen unter geschiedenen oder getrennt lebenden Eheleuten betreffend Hausrat oder Ehewohnung regeln die §§ 11, 13 HausratsVO die funktionelle Zuständigkeit.

867 *Verfolgungsrecht des Besitzers*

Ist eine Sache aus der Gewalt des Besitzers auf ein im Besitz eines anderen befindliches Grundstück gelangt, so hat ihm der Besitzer des Grundstücks die Aufsuchung und die Wegschaffung zu gestatten, sofern nicht die Sache inzwischen in Besitz genommen worden ist. Der Besitzer des Grundstücks kann Ersatz des durch die Aufsuchung und die Wegschaffung entstehenden Schadens verlangen. Er kann, wenn die Entstehung eines Schadens zu besorgen ist, die Gestattung verweigern, bis ihm Sicherheit geleistet wird; die Verweigerung ist unzulässig, wenn mit dem Aufschub Gefahr verbunden ist.

1   **1.** Der den Besitzschutz nach §§ 859ff ergänzende **Abholungsanspruch** geht auf **Duldung**; § 867 erlaubt keine Eigenmacht. Nichterfüllung kann Schadensersatzanspruch auslösen (Naumburg OLGE 26 [1913], 4). Ist ungewiß, ob der Gegenstand sich auf dem Grundstück befindet, besteht ein Besichtigungsanspruch entsprechend § 809. Die Duldungspflicht umfaßt auch Vorbereitungshandlungen, die nur auf dem Grundstück vorgenommen werden können, nicht aber weitergehende Handlungen bzgl der Sache (MüKo/Joost Rz 5 mwN). Der Anspruch besteht auch bei Verschulden des Besitzers, es sei denn, er hat den Besitz an der Sache (wie zB beim über den Zaun gekippten Bauschutt) willentlich aufgegeben (Staud/Bund Rz 3 mwN). Ist die Sache in eine bewegliche Sache (zB Schiff oder Fahrzeug) gelangt, die ein anderer besitzt, ist § 867 analog anzuwenden (Staud/Bund Rz 4 mwN).

2   **2. Verpflichtet** ist der unmittelbare (Eigen- oder Fremd-)Besitzer des Grundstückes, der mittelbare Besitzer nur dann, wenn seine Einwilligung erforderlich ist (Soergel/Mühl Rz 4; Staud/Bund Rz 6), dh wenn man ihm Besitz-

schutz zubilligt (Westermann/Gursky § 24 IV; vgl hierzu aber § 869 Rz 4). **Berechtigt** ist der (bisherige) unmittelbare Besitzer. Ein Besitzdiener kann den Anspruch entsprechend § 860 außergerichtlich (Staud/Bund Rz; Pal/Bassenge Rz 2) und im übrigen bei entsprechender Vertretungsmacht (MüKo/Joost Rz 6) im Namen des Besitzers geltend machen. Dem mittelbaren Besitzer ist der Anspruch nur unter den Voraussetzungen des § 869 S 3 zuzubilligen. – Die **Zwangsvollstreckung** erfolgt nicht nach § 894 ZPO, sondern nach den §§ 890, 892 ZPO (Staud/Bund Rz 13; MüKo/Joost Rz 11).

3. Einwendungen. Der Anspruch **erlischt**, wenn der Grundstücksbesitzer oder ein Dritter die Sache in Besitz 3 nimmt. Hatte der bisherige Besitzer bis dahin noch Besitz (zB beim Sturz eines Drachens auf eine fremde Wiese), so fällt die Inbesitznahme unter die §§ 858, 861 (Westermann/Gursky § 24 IV). Andernfalls kommen Herausgabeansprüche nach § 985 oder § 1007 in Betracht. **§ 863** gilt entsprechend (MüKo/Joost Rz 5 mwN), dagegen wohl nicht **§ 864** (Staud/Bund Rz 8; aA MüKo/Joost Rz 5; Pal/Bassenge Rz 2). Ergibt sich aus den konkreten Umständen die Besorgnis eines Schadenseintritts durch die Abholung, steht dem Verpflichteten gemäß S 3 die aufschiebende Einrede der nicht erbrachten **Sicherheitsleistung** (vgl §§ 232ff) zur Seite.

4. Der **Schadensersatzanspruch** nach Satz 2 setzt kein Verschulden voraus (Pal/Bassenge Rz 3; MüKo/Joost 4 Rz 9). Trifft der Schaden nicht den Besitzer, sondern den Eigentümer oder einen Dritten, so steht diesem der Anspruch zu. Die §§ 851, 852 gelten entsprechend (Staud/Bund Rz 11 mwN).

868 *Mittelbarer Besitz*

Besitzt jemand eine Sache als Nießbraucher, Pfandgläubiger, Pächter, Mieter, Verwahrer oder in einem ähnlichen Verhältnis, vermöge dessen er einem anderen gegenüber auf Zeit zum Besitz berechtigt oder verpflichtet ist, so ist auch der andere Besitzer (mittelbarer Besitz).

I. Überblick. 1. Normzweck. § 868 ist Ausdruck eines Bedürfnisses, bestimmte Beziehungen zu einer Sache, 1 die sich aus dem Verhältnis einer Person zu einer anderen ergeben, unter den Schutz des Besitzrechts zu stellen. Das sog Besitzmittlungsverhältnis bzw Besitzkonstitut (siehe Rz 4ff) besteht zwischen einem unmittelbaren (bzw mittelbaren, vgl § 871) Besitzer (dazu vor § 854 Rz 5), dem sog Besitzmittler oder Unterbesitzer, und dem mittelbaren Besitzer (Oberbesitzer). Es unterscheidet sich dadurch vom Besitzdienerverhältnis, daß die Beziehung des mittelbaren Besitzers zur Sache anders als beim Besitzdiener eine völlige oder doch annähernde Gleichstellung mit der tatsächlichen Sachherrschaft des § 854 gerechtfertigt erscheinen läßt. Dabei werden von § 868 unterschiedlichste Fallgruppen erfaßt. Während bei Pfandrecht, Miete und Pacht die Ausübung des unmittelbaren Besitzes im Interesse und in Ausübung eines dinglichen oder schuldrechtlichen Rechts des Besitzmittlers erfolgt, wird beim sog Auftragsbesitz der unmittelbare Besitz in Erfüllung eines Auftrags, dh im weitesten Sinne im Interesse des mittelbaren Besitzers ausgeübt. Ähnlich liegen diese Dinge beim sog Verwaltungsbesitz des gesetzlichen Vertreters und ähnlicher Personen.

2. Bei der Bestimmung des **Wesens** des mittelbaren Besitzes treten die für das Besitzrecht kennzeichnenden 2 Schwierigkeiten offen zutage, die sich aus der Vermischung rechtlicher und tatsächlicher Bestandteile ergeben. Trotz der grundsätzlichen Gleichstellung der Beteiligten beim Besitzmittlungsverhältnis läßt sich der mittelbare Besitz nicht so eindeutig als Sachherrschaft bezeichnen wie etwa im Fall des § 855 der Besitz des Besitzherrn. Seine Rechtsnatur ist daher streitig. Während einige den mittelbaren Besitz als Besitz ohne Sachherrschaft angesehen und ihn dem unmittelbaren gleichgestellt (siehe etwa Siebert ZHR 93 [1993], 1, 19) bzw als „fingierten Besitz" bewertet (vgl v. Wendt AcP 87 [1897], 40, 49) haben, faßt Joost (MüKo/Joost Rz 6) ihn als Rechtsverhältnis auf. Im Hinblick darauf, daß der mittelbare Bersitzer aufgrund einer tatsächlich oder vermeintlich bestehenden schuldrechtlichen Verpflichtung des Besitzmittlers auf die äußeren Schicksale der Sache durchaus einzuwirken vermag, erscheint es demgegenüber sachgerecht, mit der hM den mittelbaren Besitz als „vergeistigte Sachherrschaft" zu bezeichnen (Westermann/Gursky § 17, 5f mwN in Fn 7).

3. Die **Rechtsfolgen** des mittelbaren Besitzes ergeben sich aus seiner grundsätzlichen Gleichstellung mit dem 3 unmittelbaren Besitz, wie dies etwa in §§ 851, 900, 927, 929 S 2, 930, 931, 937, 985, zum Teil auch in § 1007 der Fall ist. Zum Rechtsschutz vgl § 869. Demgegenüber bestehen Unterschiede zwischen mittelbarem und unmittelbarem Besitz im Rahmen der §§ 935 und 1007 bei der Bedeutung des unfreiwilligen Verlustes (vgl Rz 41). Das ist aber in erster Linie auf die Interessenlage beim gutgläubigen Erwerb zurückzuführen.

II. Besitzmittlungsverhältnis. 1. Der mittelbare Besitz kann sich nur auf einem **bestimmten Lebensverhält-** 4 **nis** mit einer besitzrechtlichen Einordnung der Sache aufbauen. Der bloße Wille, für einen anderen zu besitzen, reicht nicht aus. Nicht erforderlich ist das Bestehen eines gesetzlich geregelten Verhältnisses (RG 132, 183, 186). Die Möglichkeit, ein konkretes Besitzmittlungsverhältnis zu vereinbaren, ist nicht auf die in § 868 genannten Vertragstypen beschränkt (Westermann/Gursky § 41 II 2). Es genügt, daß Rechte oder Pflichten zum Besitz erkennbar werden. Die Abrede kann auch stillschweigend erfolgen (BGH NJW 1979, 2308, 2309). Die übliche **Sicherungsübereignung** (siehe ausführlich Anh §§ 929–931) stellt dabei in der Regel ein genügend konkretes Verhältnis dar, sofern nur bestimmte Pflichten des Sicherungsgebers in bezug auf die Sache vereinbart sind, die zeigen, daß im Verhältnis zwischen Veräußerer und Erwerber der Sachwert dem Erwerber zugerechnet wird (BGH WM 1961, 1046, 1048; NJW 1979, 2308, 2309; Hamm NJW 1970, 2067f; Westermann/Gursky § 41 II 2; Staud/Bund Rz 20). Auch die Vereinbarung eines **Eigentumsvorbehalts** ist hinreichend konkret (BGH 10, 69, 71). Neben dem durch Vereinbarung geschaffenen steht das gesetzlich begründete Verhältnis (RG 94, 341, 342); dieses kann auf privatem wie auf öffentlichem Recht (zB Zwangsvollstreckung) beruhen (Schleswig SchlHA 1975, 47, 48).

Auf die Wirksamkeit des Rechtsverhältnisses kommt es entgegen einer früher verbreiteten Lehre (zB Bruns 5 S 157ff; Kreß S 200; Müller/Erzbach AcP 142 [1936], 5, 51) nicht an. Maßgebend ist vielmehr die „vergeistigte

§ 868

Sachherrschaft" des mittelbaren Besitzers, dh seine Einwirkungsmöglichkeit auf dem Weg über den Willen des unmittelbaren Besitzers (Westermann/Gursky § 17 5d; Staud/Bund Rz 16 m zahlr Nachw).

6 **2.** Ein **Besitzwille** beider Teile ist dann erforderlich, wenn der mittelbare Besitz auf einem schuldrechtlich oder dinglich geprägten Verhältnis beruht, das vom Willen der Beteiligten abhängt. Der Wille des unmittelbaren Besitzers, für einen anderen zu besitzen, ist dagegen nicht erforderlich, wenn das Besitzmittlungsverhältnis auf Gesetz beruht (BGH 9, 73, 78ff = NJW 1953, 697 zur Nutzverwaltung des früheren Erbhofrechts; LM Nr 4 zu § 868; Düsseldorf FamRZ 1999, 652, 653; BayObLG 1953, 273, 277; aA MüKo/Joost Rz 17), wie zB bei Eltern-Kind-Verhältnis, Testamentsvollstreckung und Zwangsvollstreckung. So bedarf es etwa bei Kindern auch keines natürlichen Besitzwillens (Düsseldorf FamRZ 1999, 652, 653). Freilich kann zB ein Testamentsvollstrecker das Besitzmittlungsverhältnis zu den Erben dadurch zerstören, daß er seinen – pflichtwidrigen – Eigenbesitzwillen betätigt (Staud/Bund Rz 24). Zu Geschäftsführung ohne Auftrag und Fund vgl Rz 20, 22. Ob der unfreiwillige Verlust des mittelbaren Besitzes (vgl Rz 41) als „Abhandenkommen" zu qualifizieren ist, hängt davon ab, ob der unmittelbare Besitz unfreiwillig verloren wurde (vgl § 935 Rz 2, 5; Westermann/Gursky § 19 II 1).

7 **3.** Die in das Besitzmittlungsverhältnis einbezogenen **Sachen** müssen **bestimmt bezeichnet** sein. Die bloß anteilmäßige Bezeichnung aus einer Menge genügt nicht (RG 52, 385, 390). Dagegen ist die Schaffung eines Besitzmittlungsverhältnisses bzgl aller in einem Raum befindlichen Sachen möglich, auch wenn offen bleibt, welche Sachen Eigentum des Besitzmittlers sind, oder an welchen ihm nur die Anwartschaft zusteht (BGH 28, 16, 28 und WM 1965, 1248f gegen BGH 21, 52, 56ff). An dem Bestimmtheitsgrundsatz ist wegen der inneren Verbindung des Besitzrechts mit den dinglichen Rechten (§§ 929ff, 1032, 1205) festzuhalten. Dies gilt insbesondere bei Sicherungsübereignungen von Warenlagern und sonstigen Sachgesamtheiten (s hierzu Anh §§ 929–931 Rz 6ff).

8 **4.** Die Sachbeziehung des mittelbaren Besitzers muß sich als ein dem Recht des Besitzmittlers gegenüber **übergeordnetes Recht auf den Besitz** darstellen (Westermann/Gursky § 18, 4 mwN in Fn 16). Für die im einzelnen schwierige Abgrenzung ist keine Besitzableitung des Unterbesitzers vom Oberbesitzer zu fordern (Bamberger/Roth/Fritzsche Rz 5), wohl aber Besitzrechtsableitung im Sinne eines rechtsbegründenden Erwerbs des unmittelbaren Besitzes auf Grund der Rechtsstellung des Oberbesitzers, zB Übergabe zu Mietbesitz, aber auch Erwerb durch gesetzlichen Vertreter namens des Kindes. Dabei kann auch ein im eigenen Namen erworbener Besitz derart in ein Abhängigkeitsverhältnis zur stärkeren Stellung des Oberbesitzes gebracht werden, daß nunmehr das Besitzmittlungsverhältnis entsteht. Diese Vereinbarung kann auch schon vor der Begründung des unmittelbaren Besitzes geschaffen werden (RG 100, 190, 193; 109, 167, 170; Westermann/Gursky § 18, 4). Ein solches sog antizipiertes Besitzkonstitut setzt freilich eine hinreichende Bestimmtheit der betreffenden Sache(n) voraus (siehe Rz 7).

9 Der (spätere) Besitzmittler kann das Besitzmittlungsverhältnis auch durch Selbstkontrahieren begründen (sog **Insichkonstitut**), dh aus seinem Eigenbesitz einen dem mittelbaren Besitz zugrunde liegenden Fremdbesitz machen. Dazu ist aber eine Äußerung des entsprechenden Willens derart erforderlich, daß ein mit den Verhältnissen Vertrauter die Umwandlung des Besitzwillens erkennen kann (RG 139, 114, 117; 140, 223, 230; Westermann/Gursky § 20, 4). Ein Vermerk in den Büchern kann oft schon ausreichen, dagegen nicht der bloße, nicht erklärte Wille, für einen anderen zu besitzen. Insbesondere ein geheimer Vorbehalt ist ohne Bedeutung (BGH NJW 1979, 2037, 2038).

10 **5.** Der Oberbesitzer muß gegen den Besitzmittler einen **Herausgabeanspruch** haben. Denn zum einen spricht § 868 von einem Besitz „auf Zeit" und zum anderen setzt die Übertragung mittelbaren Besitzes gemäß § 870 die Abtretung des Herausgabeanspruchs voraus. Daß nach der Absicht der Parteien der Herausgabeanspruch einmal erlöschen soll, wie zB beim Eigentumsvorbehaltskauf, steht einem Besitzmittlungsverhältnis nicht entgegen. Ein bedingter Herausgabeanspruch reicht aus. Er führt nicht etwa zu bedingtem mittelbaren Besitz (Westermann/Gursky § 18, 6). Auch wenn die Herausgabe an Dritte zu erfolgen hat, kann der Gläubiger des Anspruchs mittelbarer Besitzer sein. Steht der Herausgabeanspruch mehreren zu, ist zB ein Notar Treuhänder für mehrere, so liegt mittelbarer Mitbesitz vor. Der Herausgabeanspruch braucht nicht aus dem Rechtsverhältnis zu entspringen, welches die Beteiligten als Besitzmittlungsverhältnis ansehen. Ein Anspruch aus §§ 812, 985 oder Geschäftsführung ohne Auftrag genügt (Staud/Bund Rz 23 mwN).

11 **6. Einzelfälle** (alphabetisch geordnet). Nein: kein Besitzmittlungsverhältnis; ja: Besitzmittlungsverhältnis.

12 • **Auflösend bedingtes Eigentum:** nein: der Vorerbe nicht für den Nacherben (MüKo/Joost Rz 84); ja: regelmäßig besitzt der Sicherungsgeber, der im Besitz der Sache bleibt, für den Sicherungsnehmer (vgl § 930 Rz 4 und Anh §§ 929–931 Rz 5 mwN). Schlägt die Eigentumsübertragung gemäß § 930 fehl, weil der Sicherungsgeber nicht Eigentümer ist, sondern die Sache unter Eigentumsvorbehalt erworben hat, entsteht zunächst bei Gültigkeit der Sicherungsabrede mittelbarer Besitz (BGH 50, 45, 48). Bei Sicherungsübereignung unter Übergabe der Sache nach § 929 ist der besitzende Sicherungsnehmer bis zum Beginn der Verwertung Besitzmittler des Sicherungsgebers (BGH NJW 1961, 777, 778). Mit Beginn der Verwertung endet das Besitzmittlungsverhältnis (vgl BGH LM Nr 8 zu § 929).

13 • **Aufschiebend bedingtes Eigentum:** ja: bei Kauf unter Eigentumsvorbehalt (BGH 10, 69, 71, Staud/Bund Rz 43 mwN). Auch die nachträgliche Vereinbarung des „Vorbehalts" kann ein genügend konkretes Verhältnis iSv § 868 begründen. Die Beteiligten wollen dann ab dem Augenblick der Vereinbarung so zu der Sache stehen, als hätten sie schon vor der Übereignung eine entsprechende Absprache getroffen (zutreffend Westermann/Gursky § 18, 3 mwN in Fn 15; aA BGH NJW 1952, 217; wohl auch MüKo/Joost Rz 58).

14 • **Auftrag:** ja: der Beauftragte ist Besitzmittler bezüglich der ihm vom Auftraggeber überlassenen oder der von ihm im Namen des Auftraggebers erworbenen Sachen. Bei Erwerb im eigenen Namen ist erkennbare Umwandlung des Besitzes in Fremdbesitz zugunsten des Auftraggebers nötig; in der Regel wird aber die Vereinbarung des Auf-

tragsverhältnisses zugleich ein vorweggenommenes Besitzmittlungsverhältnis enthalten (vgl RG 100, 190, 193; 109, 167, 170 und Rz 8). Im Einzelfall kann der Beauftragte aber auch bloßer Besitzdiener des Auftraggebers sein, zB wenn eine Platzanweiserin im Kino bei Aufräumungsarbeiten etwas findet (BGH 8, 130, 132).

- **Behördliche Beschlagnahme:** Daß die Beschlagnahmebehörde Besitzmittler des Vorbesitzers wird, ist zwar je nach Lage des Falles nicht ausgeschlossen (vgl BGH NJW 1993, 935, 936), aber etwa im Verhältnis zwischen Staatsanwaltschaft und Eigentümer bei Beschlagnahme von Diebesgut ebenso zu verneinen (RG WarnRsp 1925 Nr 25 S 36) wie bei fehlender Rückgabeabsicht (Düsseldorf NJW 1951, 444, 445; München NJW 1982, 2330, 2331). Zur Beschlagnahme einer Wohnung mit anschließender Obdachloseneinweisung vgl LG Mainz NJW 1954, 194, 195f m abl Anm Roquette. **15**

- **Ehe:** ja: § 1353 gestattet die Nutzung des im Eigentum des anderen Gatten stehenden Hausrats. Auf Grund dieses Besitzrechts mittelt der mitbesitzende Nichteigentümer dem Eigentümer den Besitz, so daß letzterer insoweit auch mittelbarer Besitzer ist (vgl § 854 Rz 8). **16**

- **Eigentumsvorbehalt:** vgl Rz 13. **17**

- **Eltern-Kind-Verhältnis:** ja, vgl Rz 6. Entsprechendes gilt bei Vormundschaft, Betreuung und Pflegschaft (MüKo/Joost Rz 45). **18**

- **Erbbaurecht:** idR ja (BGH MDR 1970, 669; Staud/Bund Rz 33 mwN). **19**

- **Fund:** ja (Staud/Bund Rz Rz 34; MüKo/Joost Rz 49; aA aber die wohl hM: RG JR 1927 Nr 1114; Düsseldorf NJW 1951, 444, 445; Wolff/Raiser § 8 I 1a; Westermann/Gursky § 19 I 2; Pal/Bassenge Rz 18). Für die Annahme einer Besitzmittlung durch den redlichen Finder spricht seine Verwahrungspflicht (§ 966) und der in aller Regel vorhandene Besitz(wieder)erwerbswille des Verlierers (Staud/Bund aaO). **20**

- **Frachtführer:** ja: idR mittelbarer Besitz des Absenders (RG 102, 38, 41; BGH 32, 204, 205; NJW 1964, 398f; LM Nr 1 zu § 871); ein Besitzmittlungsverhältnis zwischen Frachtführer (bzw Bahn) und Empfänger besteht nur bei besonderem Vertrauensverhältnis oder Zession des Herausgabeanspruchs (Staud/Bund Rz 35). **21**

- **Geschäftsführung ohne Auftrag:** nach hM ja (RG 98, 131, 134; RG HRR 1928 Nr 1805; BGH WM 1956, 1281), auch schon vor Genehmigung (aA Pal/Bassenge Rz 15; Westermann/Gursky § 19 I 2). **22**

- **Hinterlegung:** ja: die Hinterlegungsstelle besitzt für den, dessen Recht durch Urteil oder Einwilligung festgestellt wird (RG 135, 272, 274; Rosenberg JW 1932, 3182). Vorher dürfte mittelbarer Mitbesitz derjenigen vorliegen, die über das Recht streiten (Staud/Bund Rz 40). **23**

- **Kauf:** im Regelfall nein; erst Klauseln wie: „Ware gilt als übergeben" (RG LZ 1922 Sp 589) oder „Käufer hat Recht zur jederzeitigen Herausgabe" (RG Beil DRiZ 1933, 74 Nr 83) genügen nicht zur Begründung eines Besitzmittlungsverhältnisses. Dasselbe gilt, wenn die verkaufte Ware einstweilen beim Verkäufer weiter lagern soll (RG Recht 1909 Nr 844), bei Übergabe eines verkauften, aber noch nicht aufgelassenen Grundstücks (RG 105, 19, 22; Celle OLGE 27, 166), bei Rücktritt (früher: Wandlung) des Käufers und bei Nichtigkeit des Kaufvertrages (RG WarnRsp 1919 Nr 95; Staud/Bund Rz 42). Dagegen besteht aufgrund des vorvertraglichen Schuldverhältnisses ein Besitzmittlungsverhältnis zwischen dem Kunden, der die Ware in den Einkaufswagen legt, und dem Ladeninhaber als Oberbesitzer (Schulze NJW 2000, 2878). – Beim **Versendungskauf** erwirbt der Käufer mittelbaren Besitz mit der Übergabe an die Versendungsperson nur dann, wenn sie seine Vertrauensperson ist (vgl Rz 21 und Staud/Bund Rz 42 mwN). In der Regel ist sie indes lediglich Hilfsperson des Verkäufers. **24**

- **Kommission:** ja: bei Verkaufskommission (vgl RG 118, 361, 364) an den dem Kommissionär übergebenen Sachen (RGSt 62, 353, 357); an dem Geld jedoch nur bei besonderer Vereinbarung (RGSt 62, 31, 32). Bei der Einkaufskommission ist äußerliche Erkennbarkeit erforderlich (RG 63, 16, 17). **25**

- **Lagervertrag:** ja: BGH NJW 1979, 2037, 2038; RG WarnRsp 1934 Nr 134. **26**

- **Leasing:** ja, und zwar sowohl beim sog Operating-Leasing als auch beim Finanzierungs-Leasing (Staud/Bund Rz 46). **27**

- **Leihe:** ja: RG 57, 175, 178; 90, 218, 219; BGH NJW 1979, 2308, 2309. **28**

- **Miete und Pacht:** ja (vgl Gesetzestext), gilt aber nicht für Sachen, die der Mieter eingebracht hat; auch nicht für Gebäude, die der Pächter errichtet hat (RG JW 1934, 1484, 1485). Zum Einzug eines Dritten anstelle des Mieters ohne Wissen des Vermieters vgl München ZMR 1991, 106f. Zur Besitzklage nach ordnungsbehördlicher **Wohnungseinweisung** siehe Lorenz NJW 1996, 2615 Fn 38 u Bamberger/Roth/Fritzsche § 855 Rz 16. **29**

- **Pfändung:** Beläßt der Gerichtsvollzieher die gepfändete Sache dem Schuldner (§ 808 II ZPO), so ist dieser Besitzmittler des Gerichtsvollziehers (RG 94, 341; 118, 276, 277; Schleswig SchlHA 1975, 47, 48), der seinerseits dem Gläubiger den Besitz vermittelt. Dieser wiederum ist Besitzmittler des Schuldners, so daß letzterer nicht nur unmittelbarer Fremdbesitzer, sondern auch mittelbarer Eigenbesitzer dritten Grades ist (Staud/Bund Rz 56 mwN). Nimmt dagegen der Gerichtsvollzieher die Sache in (unmittelbaren) Besitz, so wird der Gläubiger mittelbarer Besitzer ersten und der Schuldner mittelbarer (Eigen-)Besitzer zweiten Grades (Staud/Bund aaO mwN; Bamberger/Roth/Fritzsche Rz 27). **30**

- **Sequestration:** ja: uU mittelbarer Mitbesitz (vgl Celle NJW 1957, 27). **31**

- Zur **Sicherungsübereignung** siehe Rz 12. **32**

- **Spediteur:** ja, Unterspediteur für den beauftragenden Spediteur, dieser für den Auftraggeber (RG 118, 250, 253). **33**

§ 868

34 • **Treuhänder:** maßgebend sind die Umstände des Einzelfalles (vgl RG JW 1913, 432ff; RG 151, 184, 186).

35 • **Verwahrung und ähnliche Verhältnisse:** ja (vgl Gesetzestext; BGH NJW-RR 1998, 1661). Zur sog Sammelverwahrung nach § 5 DepotG siehe MüKo/Joost Rz 83, zu verwahrungsähnlichen Rechtsverhältnissen vgl RG 132, 183, 186; RG JW 1913, 432; JW 1929, 2149; JW 1934, 2971; KGJ 40 (1911), 322, 324f. S auch Rz 20 u 23.

36 • **Verwalter aller Art:** ja: Insolvenzverwalter ist idR Besitzmittler des Schuldners (vgl § 854 Rz 7); Nachlaßverwalter, Nachlaßpfleger und Testamentsvollstrecker (BGH LM § 2203 Nr 1) vermitteln dem (den) Erben Besitz an den betreffenden Nachlaßgegensätnden. Zum Nutzverwalter nach dem früheren Erbhofrecht vgl Rz 6. Siehe auch Rz 18 und 30.

37 • **Warenautomaten** bzw Spiel- und Musikautomaten im Geschäftslokal eines anderen stehen im unmittelbaren Alleinbesitz des Rauminhabers, wenn dieser allein und nicht der Aufsteller den Automat mit Waren oder Geld ausstattet. Der Aufsteller ist dann mittelbarer Besitzer (Staud/Bund Rz 28). Wer den Automat aufgestellt bzw montiert hat, spielt keine Rolle (aA aber wohl Düsseldorf MDR 1985, 497). Davon zu differenzieren sind die Besitzverhältnisse an den Automaten, bei denen aufgrund der Automatenaufstellverträge der Aufsteller ein Zugangsrecht in die fremden Räume (insbesondere Gastwirtschaften) hat. Diese stehen regelmäßig im unmittelbaren Mitbesitz von Aufsteller und Rauminhaber (Hamm NJW-RR 1991, 1526; siehe auch Weyland, Automatenaufstellung, S 72ff), wobei letzterer zumeist den alleinigen Schlüssel zum Aufstellungsraum hat (MüKo/Joost Rz 39).

38 • **Werkvertrag:** ja: der Unternehmer vermittelt dem Besteller den Besitz an Sachen, die dieser ihm zur Verarbeitung (RG WarnRsp 1929, 332, 333) oder Reparatur (Köln VersR 1994, 1428) übergeben hat. Bei Baumaterial (RG 104, 93, 94) etc kann der Besteller Besitzmittler sein.

39 **III. Entstehung des mittelbaren Besitzes.** Der mittelbare Besitz entsteht, sobald seine **zwei Voraussetzungen** vorliegen: unmittelbarer Besitz und Besitzmittlungsverhältnis (Rz 4ff). Die zeitliche Folge ist gleichgültig (Westermann/Gursky § 19 I 1). Auch der Erwerb des mittelbaren Besitzes durch **Stellvertreter** ist angesichts der Natur des Besitzmittlungsverhältnisses (vgl Rz 2) ohne besondere Schwierigkeit anzuerkennen. So schließt nicht selten ein Mietverwalter den mittelbaren Besitz begründenden Mietvertrag als Vertreter des Vermieters. Mittelbarer Besitz kann auch durch **Vertrag zugunsten eines Dritten** (§ 328) erworben werden. Wegen des erforderlichen Besitzwillens beider Teile (vgl Rz 6) macht die hM zu Recht das Entstehen des mittelbaren Besitzes vom Einverständnis des betreffenden Dritten abhängig (RG 135, 272, 274f; JW 1938, 1394; Staud/Bund Rz 79; Westermann/Gursky § 19 I 2).

40 **IV. Zur Übertragung des mittelbaren Besitzes** vgl § 870.

41 **V. Beendigung des mittelbaren Besitzes.** Der mittelbare Besitz endet mit Wegfall des unmittelbaren Besitzes des Besitzmittlers oder des Besitzmittlungsverhältnisses. Vielfach wird das Besitzmittlungsverhältnis dadurch beendet, daß der **Herausgabeanspruch** gleich aus welchem Grund (zB Erlaß oder Bedingungseintritt beim Kauf unter Eigentumsvorbehalt) erlischt. Dagegen führt das Ende des zugrundeliegenden **Rechtsverhältnisses** (zB Ablauf der Miet- bzw Leihzeit) nicht automatisch zum Wegfall des Besitzmittlungsverhältnisses. Etwas anderes gilt freilich dann, wenn der bisherige Besitzmittler die Sache fortan nicht mehr als Fremdbesitzer, sondern als Eigenbesitzer oder für einen neuen Oberbesitzer (BGH-NJW-RR 1999, 1239) besitzt. Hierfür genügt die Erkennbarkeit der **Willensänderung**; eine Erklärung gegenüber dem bisherigen mittelbaren Besitzer ist ebensowenig erforderlich (BGH WM 1965, 1254) wie dessen Kenntnis (Staud/Bund Rz 86 mwN; zur Frage, ob ein „Abhandenkommen" des mittelbaren Besitzes vorliegt, siehe Rz 6).

42 Geht der unmittelbare Besitzer ein neues, mit einem bereits bestehenden Besitzmittlungsverhältnis an sich unvereinbares Besitzmittlungsverhältnis ein und treibt er sodann ein Doppelspiel, indem er den Weisungen beider als Oberbsitzer in Betracht kommenden Personen Folge leistet, so werden diese dadurch zwar nicht zu (mittelbaren) Mitbesitzern. Im Schrifttum wird aber teilweise die Ansicht vertreten, es entstehe gleichstufiger, mittelbarer Besitz (Wolff/Raiser § 8 I, § 15 II, § 69 Fn 22; Baur/Stürner § 52 Rz 24; H. Westermann NJW 1956, 1298; Medicus, FS Hübner, 1984, 611ff; Michalski AcP 181 [1981], 384, 414; wohl auch Soergel/Stadler Rz 21). Gegen diese Lehre vom sog **Nebenbesitz** (siehe hierzu auch § 871 Rz 2) spricht, daß die Bereitschaft des Besitzmittlers, die Sache nach Ablauf der Besitzberechtigung gegenüber dem Oberbesitzer an diesen herauszugeben, nur gegenüber einer Person bestehen kann (Tiedke WM 1978, 446, 451; aA Soergel/Stadler Rz 21; differenzierend Bamberger/Roth/Fritzsche Rz 43). Deshalb liegt in der Eingehung des zweiten Besitzmittlungsverhältnisses zugleich die Beendigung des ersten Besitzmittlungsverhältnisses, dh der betreffende Oberbesitzer verliert seinen mittelbaren Besitz (RG 135, 75; 138, 265ff; BGH 28, 27f; 50, 50f; Pal/Bassenge Rz 2; Tiedke aaO; Westermann/Gursky § 19 II 4 mwN).

869 *Ansprüche des mittelbaren Besitzers*

Wird gegen den Besitzer verbotene Eigenmacht verübt, so stehen die in den §§ 861, 862 bestimmten Ansprüche auch dem mittelbaren Besitzer zu. Im Falle der Entziehung des Besitzes ist der mittelbare Besitzer berechtigt, die Wiedereinräumung des Besitzes an den bisherigen Besitzer zu verlangen; kann oder will dieser den Besitz nicht wieder übernehmen, so kann der mittelbare Besitzer verlangen, dass ihm selbst der Besitz eingeräumt wird. Unter der gleichen Voraussetzung kann er im Falle des § 867 verlangen, dass ihm die Aufsuchung und Wegschaffung der Sache gestattet wird.

1 **1. Allgemeines.** Da die Einwirkungsmöglichkeit des mittelbaren Besitzers auf die Sache bzw seine „vergeistigte" Sachherrschaft auf dem Verhalten des unmittelbaren Besitzers beruht, wird ihm in § 869 **kein** selbständiger **Besitzschutz wegen** der Verletzung des **mittelbaren Besitzes** gewährt; der mittelbare Besitzer erhält lediglich das

Recht, wegen der Verletzung des unmittelbaren Besitzes bestimmte Ansprüche geltend zu machen. Deshalb kommt es allein darauf an, ob gegen den unmittelbaren Besitzer verbotene Eigenmacht begangen worden ist. Dessen Zustimmung zum Eingriff schließt einen Anspruch des mittelbaren Besitzers aus (BGH WM 1977, 218, 220), es sei denn, sie erfolgt nachträglich (Staud/Bund Rz 6 mwN).

2. Die **Rechte** des unmittelbaren Besitzers und die des mittelbaren stehen **selbständig** nebeneinander. Hat der mittelbare Besitzer die Besitzbeeinträchtigung gestattet, so steht ihm zwar kein Besitzschutz zu (KG ZMR 2000, 818f), wohl aber dem unmittelbaren Besitzer. Dagegen wirkt die Erfüllung des einen Anspruchs auch für den anderen. So entsteht mit Wiederherstellung des unmittelbaren Besitzes automatisch auch der mittelbare Besitz wieder. Mittelbarer Besitzer und unmittelbarer Besitzer können getrennt klagen. Auch nach Klagenverbindung (§ 147 ZPO) liegt keine notwendige Streitgenossenschaft vor (Pal/Bassenge Rz 3 mwN). Es findet auch keine Rechtskrafterstreckung statt (Staud/Bund Rz 13).

3. Der mittelbare Besitzer kann bei **Besitzentziehung** (§ 861) grds die **Wiederherstellung der alten Besitzlage** beanspruchen. Herausgabe an sich selbst kann er nur verlangen, wenn der frühere Besitzmitler den unmittelbaren Besitz nicht wieder übernehmen kann oder will (S 2 Hs 2), wobei im zweiten Fall nur eine tatsächliche, keine rechtsgeschäftliche Willensäußerung erforderlich ist. Gleichzubehandeln ist der Fall, daß dessen Recht zum Besitz erloschen ist (Westermann/Gursky § 26 III 1b). Der Anspruch wegen **Besitzstörung** (§ 862) entspricht inhaltlich demjenigen des unmittelbaren Besitzers (Staud/Bund Rz 7).

4. Besitzwehr (§ 859 I) **und Besitzkehr** (§ 859 II, III) stehen dem mittelbaren Besitzer nicht zu (RG 146, 190; Freiburg JZ 1952, 334f; Soergel/Stadler Rz 3; MüKo/Joost Rz 7 mwN; aA Pal/Bassenge Rz 2; Westermann/Gursky § 26 III 2; Staud/Bund Rz 2 mwN), weil § 869 dies nicht vorsieht. Ein Einschreiten des mittelbaren Besitzers kann freilich nach den §§ 227, 229 gerechtfertigt sein.

5. Besitzschutz im Verhältnis zwischen unmittelbarem und mittelbarem Besitzer. Der unmittelbare Besitzer (zB Mieter) genießt vollen Besitzschutz gegen den mittelbaren Besitzer (zB Vermieter) gemäß den §§ 858ff (RG Recht 1910, Nr 3190; Staud/Bund Rz 10 mwN). Dem mittelbaren Besitzer steht dagegen gegenüber dem unmittelbaren Besitzer schon deshalb kein Besitzschutz zu (RGSt 36, 322, 323; Staud/Bund Rz 11 mwN), weil letzterer keine verbotene Eigenmacht iSd § 858 begehen kann. Er kann auch nicht Schadensersatz nach § 823 I beanspruchen (BGH 32, 194, 204). Denn sein mittelbarer Besitz ist insoweit nicht geschützt (Westermann/Gursky § 26 II 1).

870 *Übertragung des mittelbaren Besitzes*
Der mittelbare Besitz kann dadurch auf einen anderen übertragen werden, dass diesem der Anspruch auf Herausgabe der Sache abgetreten wird.

1. An die rechtsgeschäftliche Übertragung mittelbaren (ggf Mit-)Besitzes durch **Abtretung** sind die gewöhnlichen Anforderungen zu stellen, dh es gelten die §§ 398ff, also auch die Schuldnerschutzvorschriften der §§ 404ff. Maßgebend ist die Übertragung des Herausgabeanspruchs aus dem Besitzmittlungsverhältnis; die Beteiligung des unmittelbaren Besitzers ist ebensowenig erforderlich (wenngleich wegen § 407 empfehlenswert) wie eine Mitteilung an ihn. Die Einigung kann in jeder Form erfolgen; vgl im übrigen § 931 Rz 4. Bei Fehlen eines Anspruchs oder Ungültigkeit der Abtretung (zB mangels Geschäftsfähigkeit) erfolgt kein Erwerb des mittelbaren Besitzes. Der „Zessionar" kann regelmäßig auch nicht dadurch mittelbarer Besitzer werden, daß der unmittelbare sich so verhält, als ob das Besitzmittlungsverhältnis zu seinen Gunsten (des „Zessionars") bestünde. Denn es wird in aller Regel am hierfür erforderlichen Herausgabeanspruch fehlen (vgl Westermann/Gursky § 19 III 2 mwN zum Streitstand in Fn 30). Trotz bestehenden Herausgabeanspruchs kann auch dann kein mittelbarer Besitz (mehr) übertragen werden, wenn der (frühere) Besitzmittler erkennbar abgekehrt ist, für den Oberbesitzer sonst ungeeignet ist (vgl § 868 Rz 41). Bei einer Mehrheit von Herausgabeansprüchen, zB aus Eigentum und aus Vertrag, kommt es auf den Anspruch an, auf dem das Besitzmittlungsverhältnis beruht. Da kein Zwang zur Abtretung aller Ansprüche besteht, bietet § 870 die Möglichkeit zur Übertragung des Herausgabeanspruchs und damit des mittelbaren Besitzes ohne gleichzeitige Übertragung des Rechts an der Sache. Bei einer Teilabtretung muß genau bestimmt werden, um welche Sachen es sich handelt (vgl RG 103, 151, 153f). Eine Überweisung des Herausgabeanspruchs zur Einziehung im Wege der Zwangsvollstreckung reicht zur Übertragung nicht aus (RG 63, 214, 218). Dagegen kann in der Übergabe von Traditionspapieren zugleich die Abtretung des Herausgabeanspruches liegen und damit die Übertragung mittelbaren Besitzes (vgl § 931 Rz 8ff).

2. Weist der mittelbare Besitzer seinen Besitzmittler **an**, fortan (nur) für einen Dritten zu besitzen, so findet dadurch keine Übertragung des mittelbaren Besitzes statt. Vielmehr geht das bisherige Besitzmittlungsverhältnis unter und ein neues wird ggf begründet (BGH NJW 1959, 1536, 1639; Westermann/Gursky § 19 III 4; Staud/Bund Rz 13 mwN; aA Wieling AcP 184 [1984], 439, 455f). Dagegen wird man auf den **gesetzlichen Übergang des Vertragsverhältnisses** (incl Herausgabeanspruch) nach § 566 (ggf iVm § 582 II) § 870 zumindest entsprechend anwenden können (Westermann/Gursky § 19 IV 2 aE).

871 *Mehrstufiger mittelbarer Besitz*
Steht der mittelbare Besitzer zu einem Dritten in einem Verhältnis der in § 868 bezeichneten Art, so ist auch der Dritte mittelbarer Besitzer.

1. Ein **mehrstufiger mittelbarer Besitz** liegt vor, wenn zwischen dem unmittelbaren Besitzer und dem obersten mittelbaren Besitzer eine oder mehrere Personen eingeschaltet sind, die als Besitzmittler und mittelbare Besit-

§ 871

zer zugleich fungieren. Es können beliebig viele Besitzstufen übereinanderliegen. Hat zB ein (Haupt-)Mieter seine Wohnung untervermietet, so ist der Untermieter unmittelbarer (Fremd-)Besitzer, der (Haupt-)Mieter mittelbarer (Fremd-)Besitzer erster Stufe und der Vermieter mittelbarer (Eigen-)Besitzer zweiter Stufe. Der oberste mittelbare Besitzer kann mit dem unmittelbaren Besitzer identisch sein. Dies ist zB der Fall, wenn der Gerichtsvollzieher die gepfändete Sache dem Schuldner beläßt: dieser ist dann zugleich unmittelbarer Fremdbesitzer und mittelbarer Eigenbesitzer dritten Grades (siehe § 868 Rz 30).

2 2. Mehrstufiger mittelbarer Besitz **entsteht** zumeist dadurch, daß sich nachträglich bei einem bestehenden Besitzmittlungsverhältnis ein neues Besitzmittlungsverhältnis anlagert. Dies kann am unteren Ende der Besitzleiter geschehen, wie zB im Fall der Untervermietung (Rz 1), oder am oberen Ende, wenn zB ein Vermieter die betreffende Sache einem Dritten gemäß § 930 zur Sicherung übereignet (RG JW 1909, 130, Nr 1; Gruchot 53 [1908], 1050). Die Entstehung des höchststufigen mittelbaren Besitzes ist nicht davon abhängig, daß der unmittelbare Besitzer die Vereinbarung des mittelbaren Besitzers mit dem weiteren mittelbaren Besitzer kennt (BGH NJW 1964, 398). Kontrovers diskutiert wird der Fall, daß ein Vorbehaltskäufer sein Anwartschaftsrecht sicherungshalber gemäß § 930 auf einen Dritten überträgt. Während ein Teil des Schrifttums mittelbaren Nebenbesitz (vgl § 868 Rz 42) annimmt (H. Westermann NJW 1956, 1297, 1298; Michalski AcP 181 [1981], 384, 402ff), soll nach hM (BGH 28, 16, 27; MüKo/Joost Rz 4 mwN) der Dritte bzw Sicherungsnehmer mittelbarer Besitzer erster Stufe, der Vorbehaltsverkäufer mittelbarer (Eigen-)Besitzer zweiter Stufe werden. Der hM ist zu folgen. Zwar vermag sie nicht recht zu erklären, wie sich der Dritte bzw Sicherungsnehmer in das ursprünglich direkte Besitzmittlungsverhältnis zwischen Vorbehaltsverkäufer und Vorbehaltskäufer einzuschieben vermag. Im übrigen geht diese Ungereimtheit aber auf die Anerkennung des Anwartschaftsrechts als selbständiges Recht zurück. Im übrigen führt nur die hM bei § 1006 II zum „richtigen" Ergebnis (vgl Westermann/Gursky § 19 II 4 aE).

3 3. Die **Rechtsstellung des höchststufigen mittelbaren Besitzers** entspricht grds derjenigen des erststufigen mittelbaren Besitzers. Besitzeinräumung an sich selbst gemäß den §§ 861, 869 S 2 kann er jedoch nur verlangen, wenn keiner seiner Besitzmittler zur Übernahme des unmittelbaren Besitzes bereit oder in der Lage ist. Entsprechendes gilt bei den §§ 867, 869 S 3. Die Eigentumsvermutung des § 1006 III gilt dagegen nur für den letztstufigen Besitzer, da er allein Eigenbesitzer ist. Aus dem gleichen Grund kann allenfalls er ersitzen (RG 81, 64, 66).

872 *Eigenbesitz*
Wer eine Sache als ihm gehörend besitzt, ist Eigenbesitzer.

1 1. Das Merkmal, das den Besitz zum **Eigenbesitz** macht, ist der Wille, die Sache „wie ein Eigentümer" zu beherrschen (BGH NJW 1996, 1890, 1893; Staud/Bund Rz 2 mwN). Sein Ausdruck im Rechtsverkehr ist die Eigentumsbehauptung, der Anspruch, die Sache selbständig und andere Personen ausschließend zu besitzen (BGH aaO). Ein Recht zum Besitz ist hierfür ebensowenig erforderlich wie die Überzeugung, Eigentümer zu sein (Staud/Bund Rz 2); auch ein Dieb kann daher Eigenbesitzer sein. Der Eigenbesitzerwille ist wie der Wille zum Besitzerwerb kein rechtsgeschäftlicher, sondern ein natürlicher Wille, der weder eine rechtsgeschäftliche Äußerung noch Geschäftsfähigkeit voraussetzt (Westermann/Gursky § 12 II 1 mwN). Eigenbesitz ist als unmittelbarer und als mittelbarer, als fehlerhafter und fehlerfreier sowohl als Allein- oder Mitbesitz möglich. Ein Besitzer, der nicht Eigenbesitzer ist, wird als Fremdbesitzer bezeichnet (Staud/Bund Rz 6). Ein mittelbarer Eigenbesitzer kann zugleich unmittelbarer Fremdbesitzer sein (vgl § 871 Rz 1), ein unmittelbarer Eigenbesitzer kann das nicht (vgl zum – abzulehnenden – sog ungleichstufigen Mitbesitz § 866 Rz 1).

2 2. **Eigenbesitzerwerb** setzt Erwerb von unmittelbarem (§ 854) bzw mittelbarem (§§ 868, 870) Besitz sowie einen entsprechenden Eigenbesitzerwillen (Rz 1) voraus. Der Eigenbesitz des Erblassers geht gemäß § 857 auch **ohne entsprechenden Willen** bzw Kenntnis auf den Erben über (vgl § 857 Rz 1). Dessen Wille entscheidet erst bei tatsächlicher Besitzergreifung darüber, ob fortan Eigen- oder Fremdbesitz vorliegt (vgl § 857 Rz 4). Nimmt jemand eine fremde besitzlose Sache an sich, von der er nicht weiß, ob sie verloren oder derelinquiert ist, kann bis zur Klärung der Eigentumslage vorläufiger Fremdbesitz angenommen werden, es sei denn, der Finder will die Sache in jedem Fall behalten (Westermann/Gursky § 12 II 1 mwN). Dagegen wird der bisherige Fremdbesitzer zum Eigenbesitzer, wenn er seinen Eigenbesitzwillen, dh die Änderung der Willensrichtung **kundbar** macht (BGH LM Nr 1 zu § 872).

3 3. **Verlust** des Eigenbesitzes tritt ein, wenn der Besitz als solcher verlorengeht oder der Eigenbesitz in Fremdbesitz umgewandelt wird (vgl RG 99, 208, 210), wie dies etwa bei Vereinbarung eines Besitzmittlungsverhältnisses (§ 868) der Fall ist.

4 4. Die **Bedeutung** des Eigenbesitzes liegt vor allem beim Eigentumserwerb gemäß den §§ 900, 927, 937ff, 955, 958; ferner bei den Haftungstatbeständen der §§ 836 III und 988; bei der hypothekarischen Haftung (§§ 1120 und 1127) und bei der Zwangsverwaltung (§ 147 ZVG). Eigenbesitz zählt ferner zum Vermögen iSd § 807 ZPO (Staud/Bund Rz 7 mwN). Schließlich ist der Eigenbesitz Grundlage der Eigentumsvermutung nach § 1006.

5 5. **Beweislast.** Den Eigenbesitz muß derjenige beweisen, der sich hierauf beruft (vgl BGH WM 1964, 1193, 1194). Zugunsten des Besitzers einer beweglichen Sache streitet jedoch eine entsprechende Vermutung (vgl etwa BGH NJW 2002, 2101 mwN und § 1006 Rz 14). Gleiches gilt für das Fortbestehen eines einmal gegebenen Fremdbesitzes (vgl BGH LM Nr 2 zu § 1006).

Abschnitt 2
Allgemeine Vorschriften über Rechte an Grundstücken

Vorbemerkung

I. Begriffe des Liegenschaftsrechts

1. Grundstücksbegriff. a) Grundstück im Rechtssinne („Grundbuchgrundstück""). Während sich die 1
Begrenzung beweglicher Sachen aus ihrer Körperlichkeit ergibt, werden die Grundstücksgrenzen durch menschliche Handlungen bestimmt (Westermann/Eickmann S 558). Das dem Eintragungserfordernis des § 873 zugrundeliegende Grundbuchsystem läßt es zu, als „Grundstück" den räumlich abgegrenzten und vermessenen Teil der Erdoberfläche zu definieren, der auf einem besonderen Grundbuchblatt (§ 3 I GBO) bzw Auszug (§ 3 V GBO) in einem dafür bestimmten Datenspeicher (§ 126 GBO) – oder (im Falle der Zusammenschreibung nach § 4 GBO) auf einem gemeinsamen Grundbuchblatt/in einem gemeinsamen Datenspeicher – unter einer besonderen Nummer eingetragen ist oder (wie in den Fällen des § 3 II GBO) jedenfalls eingetragen werden kann (MüKo/Wacke vor § 873 Rz 3). Zur Entwicklung eines EDV-Grundbuchs vgl Soergel/Stürner Rz 31a.

Für den gesetzlich nicht definierten Grundstücksbegriff des BGB, der GBO und der Verfahrensgesetze (zB ZPO, ZVG, InsO) ist danach das „Grundbuchgrundstück" als Buchungseinheit des Grundbuchs maßgeblich. Gäbe es dieses Grundbuchsystem nicht, so müßte man zur Bestimmung des Verfügungsgegenstandes „Grundstück" auf sichtbare, natürliche Merkmale (zB Zaun, Weg, Wasserlauf) abstellen, die den Nachteil haben, daß sie veränderlich sind. Dadurch würde der sachenrechtliche Bestimmtheitsgrundsatz (Spezialitätsprinzip), wonach dingliche Rechte nur an bestimmten einzelnen Sachen möglich sind (siehe Einl § 854 Rz 7), zumindest beeinträchtigt. Dem GrundstücksverkehrsG (BGH 49, 145; AgrarR 1986, 211) und dem BauGB/der BauNVO (BVerwG DNotZ 1976, 686, 687) liegt der gleiche Grundstücksbegriff zugrunde.

Der Begriff **Flurstück** bzw Katasterparzelle ist nicht mit dem Grundstücksbegriff im Rechtssinne identisch. Er 2
stammt aus dem Vermessungs- und Katasterwesen und wird definiert als ein zusammenhängender Teil der Erdoberfläche, welcher von einer in sich zurücklaufenden Linie umschlossen und in der Flurkarte des Liegenschaftskatasters unter einer besonderen Nummer geführt wird (Pal/Bassenge Überbl vor § 873 Rz 1). Während das Grundbuch die Rechtsverhältnisse des Grundstücks zuverlässig offenlegen soll, werden im Kataster die tatsächlichen Verhältnisse des Grundstücks (Lage, Größe, Bewirtschaftungsart) registriert. Kataster und Grundbuch sind dadurch eng miteinander verbunden, daß das Grundbuch in seinem Bestandsverzeichnis die tatsächlichen Angaben des Katasters, das Kataster die Eigentümerangaben des Grundbuchs aufnimmt. Zwar wird das Grundstück im Grundbuch nach der ihm im Kataster gegebenen Nummer benannt (§ 2 II GBO), aber entscheidend ist, ob es im Grundbuch auf einem besonderen Grundbuchblatt oder unter einer selbständigen Nummer (bei gemeinschaftlichem Grundbuchblatt) geführt wird. Deshalb kann ein Grundstück zwar aus mehreren Flurstücken bestehen; eine Katasterparzelle kann aber nicht mehrere Grundstücke umfassen (BayObLG 1954, 258ff). Allerdings kann ein Anliegerweg, -graben oder -wasserlauf ein Flurstück bilden, das Teile mehrerer Grundstücke umfaßt (BayObLG Rpfleger 1993, 104). Zum vermessungstechnischen Begriff des „Zuflurstücks" vgl § 890 Rz 4.

b) Grundstück im wirtschaftlichen Sinne. Vom „Grundbuchgrundstück" ist der Begriff des Wirtschaftsgrund- 3
stücks zu unterscheiden. Hiermit sind Bodenflächen gemeint, die eine wirtschaftliche Einheit bilden (Pal/Bassenge Überbl vor § 873 Rz 1). Der wirtschaftliche Grundstücksbegriff liegt zB dem RSiedlG (BGH 94, 299ff; NJW 1997, 1073, 1074) und dem BewertungsG (§ 70 I BewG) zugrunde.

2. Rechte an Grundstücken. Hierzu zählen das Eigentum und die beschränkten dinglichen Rechte an einem 4
Grundstück: die Dienstbarkeiten (§§ 1018ff), nämlich Grunddienstbarkeiten, Nießbrauch und beschränkte persönliche Dienstbarkeiten, das Vorkaufsrecht (§ 1094ff), die Reallasten (§§ 1105ff) und die Grundpfandrechte (§§ 1113ff), nämlich Hypothek, Grundschuld und Rentenschuld. Nicht: Vormerkung, Widerspruch und Verfügungsbeschränkungen.

3. Grundstücksgleiche Rechte. Hierunter versteht man Rechte, die gesetzlich den Grundstücken gleichgestellt 5
sind, dh materiell und formell wie Grundstücke behandelt werden (BGH 23, 241, 244; Pal/Bassenge, Überbl vor § 873 Rz 3). Beispiele sind: Erbbaurecht (§ 11 ErbbauVO) und Bergwerkseigentum (§ 9 I BBergG). Auch das Landesrecht kann Rechte zu grundstücksgleichen Rechten erklären (Art 196 EGBGB; zum selbständigen Fischereirecht nach fortgeltendem preuß Landesrecht vgl etwa Hamm NJW-RR 2000, 1328).

Das Wohnungseigentum ist kein grundstücksgleiches Recht (BayObLG 1993, 297ff; Pal/Bassenge Überbl vor § 1 WEG Rz 2; Sauren NJW 1985, 180ff; aA Staud/Gursky Vorb zu §§ 873–902 Rz 23; Soergel/Stürner Rz 4a; MüKo/Wacke Rz 6 mwN), sondern ein echtes, wenngleich als Verbindung von Alleineigentum mit Bruchteilseigentum ausgestaltetes Eigentum am Grundstück (BGH NJW 1986, 1811 mwN).

II. Grundsätze des Liegenschafts- und Grundbuchrechts

Materiell-rechtlich wird das Liegenschaftsrecht getragen vom Grundsatz von **Einigung und Eintragung**, 6
§§ 873, 875, 877, 925. So erwachsen Grundbucheintragungen als solche nicht in formelle Rechtskraft. Vielmehr tritt die der Eintragung entsprechende Rechtsänderung regelmäßig nur bei einem entsprechenden Parteiwillen ein, dh einer Einigung iSv § 873 I bzw einer Aufgabeerklärung iSv § 875 I (sog **materielles Konsensprinzip**). Um rechtsgeschäftlichen Erwerb von Grundstücken außerhalb des Registers zu verhindern, ist neben der Einigung die Eintragung ins Grundbuch erforderlich (**Eintragungszwang**). Dies dient der Rechtssicherheit und dem Verkehrs-

schutz. Gleiches gilt für § 891, wonach das Bestehen eines eingetragenen Rechts und das Nichtbestehen eines gelöschten Rechts widerlegbar vermutet werden (sog **materielle Publizität des Grundbuchs**).

7 Obwohl materielles Liegenschaftsrecht und formelles Grundbuchrecht eng miteinander verknüpft sind, hat das Grundbuchamt die materielle Rechtslage grundsätzlich nicht zu prüfen. Das **Verfahrensrecht** begnügt sich vielmehr mit „Surrogaten", aus deren Vorliegen auf ein wirksames dingliches Rechtsgeschäft geschlossen werden kann (Baur/Stürner § 16 Rz 3). So genügt nach § 19 GBO grds die einseitige Eintragungsbewilligung des Betroffenen (**Bewilligungsgrundsatz** bzw **formelles Konsensprinzip**). Nur im Falle der Grundstücksübertragung (bzw der Erbbaurechtsbestellung, -änderung und -übertragung) kommt es auf die Einigung bzw Auflassung an, § 20 GBO. Nach dem **Voreintragungsgrundsatz** soll das Grundbuchamt aufgrund einer Bewilligung die Eintragung nur vornehmen, wenn der Betroffene und sein Recht im Grundbuch (vorher) eingetragen sind (§ 39 GBO). Ausnahmen enthalten die §§ 39 II und 40 GBO.

Nach dem **Beweisgrundsatz** sind die zur Eintragung erforderlichen Erklärungen etc (außer dem Antrag) grundsätzlich durch öffentliche oder öffentlich beglaubigte Urkunden nachzuweisen, § 29 GBO.

Zur Bewilligung muß nach § 13 GBO ein Eintragungsantrag hinzutreten (sog **Antragsgrundsatz**). Antragsberechtigt ist nach § 13 II GBO der unmittelbar Betroffene, dessen dingliche Rechtsstellung durch die Eintragung gestärkt bzw geschwächt wird. Von Amts wegen wird das Grundbuchamt nur ausnahmsweise tätig (vgl §§ 18 II, 53, 76, 82ff, 84ff, 90ff GBO und GrundbuchbereinigungsG).

8 Zum Zwecke der auch verfahrensrechtlichen Gewährleistung des Verkehrsschutzes gestattet § 12 GBO jedem, der ein berechtigtes Interesse darlegt, die **Einsicht in das Grundbuch**, in die in Bezug genommenen Urkunden sowie in noch nicht erledigte Eintragungsanträge. „Berechtigt" in diesem Sinne ist ein verständiges, durch die Sachlage gerechtfertigtes Interesse, wobei wirtschaftliche Gründe genügen. Der Antragsteller darf nicht aus Neugier oder zu unlauteren oder unbefugten Zwecken handeln (MüKo/Wacke vor § 873 Rz 17 mwN). „Darlegen" des Interesses setzt voraus, daß das tatsächliche Vorbringen des Antragstellers auf die Verfolgung berechtigter Interessen schließen läßt. Eine Glaubhaftmachung iSv § 294 ZPO ist nicht erforderlich. Dem Grundstückseigentümer steht gegen die Gewährung der Einsicht kein Beschwerderecht zu, da er im Verfahren nach § 12 GBO nicht Beteiligter ist (BGH 80, 126, 128f = NJW 1981, 1563, 1564).

III. Die eintragungsfähigen Rechte und Rechtspositionen

9 1. Welche Rechte bzw Rechtspositionen im einzelnen **eintragungsfähig** sind, ist zunächst aus § 892 I S 1 herzuleiten. Danach sind alle privatrechtlichen **dinglichen Rechte** an Grundstücken, alle grundstücksgleichen Rechte sowie die dinglichen Rechte an Grundstücksrechten eintragungsfähig, also Eigentum, Erbbaurecht (als Belastung des Grundstücks und als grundstücksgleiches Recht), Dienstbarkeiten (Grunddienstbarkeit, Nießbrauch, beschränkte persönliche Dienstbarkeit), dingliches Vorkaufsrecht, Reallast, Grundpfandrechte, Pfandrecht und Nießbrauch an Rechten an Grundstücken, Belastung eines Miteigentumsanteils gemäß § 1009.

Dagegen sind Überbau- und Notwegrente nicht eintragungsfähig, §§ 914 II, 917 II S 2; wohl aber sind Verzicht auf die Rente und ihre vertragliche Festlegung eintragungsfähig, § 914 II S 2, § 917 II S 2).

Eintragungen **bedingter Rechte** sind zulässig, falls sie nicht besonders ausgeschlossen sind (vgl zB § 925 II BGB und § 11 I S 2 ErbbauVO). Dagegen gibt es keine bedingte Eintragung.

10 2. Bei **Verfügungsbeschränkungen** ist zu unterscheiden:

11 a) **Absolute Verfügungsbeschränkungen** sind nicht eintragungsfähig. Sie wirken schon kraft Gesetzes gegenüber jedermann (vgl § 1365 und die Regelungen des GrundstücksverkehrsG bei Veräußerung landwirtschaftlicher Grundstücke).

12 b) **Relative Verfügungsbeschränkungen** sind einzutragen, § 892 I S 2. Dabei ist zu unterscheiden zwischen solchen Verfügungsbeschränkungen, die nur bestimmten Personen gegenüber zur Unwirksamkeit führen (§§ 135, 136; Beschlagnahme durch Zwangsversteigerung und Zwangsverwaltung, §§ 20 I, 146 I ZVG; Veräußerungsverbote aufgrund einstweiliger Verfügung, § 938 II ZPO) und anderen Verfügungsbeschränkungen, die zwar gegenüber jedermann wirken, aber auf bestimmte Zwecke (Insolvenz, §§ 80, 81, 21 II Nr 2, 23 III, 32 InsO; Nachlaßverwaltung, § 1984 I S 1; Testamentsvollstreckung, § 2211; Nacherbschaft, §§ 2112ff) begrenzt sind. Gleichzustellen ist die Verfügungsbeschränkung nach § 161 (BayObLG Rpfleger 1994, 343 mwN). Zum Ausschluß der Abtretbarkeit (§ 399 Alt 2) einer Grundschuld vgl Staud/Gursky § 892 Rz 210 mwN.

13 c) **Rechtsgeschäftliche Verfügungsbeschränkungen** sind mangels dinglicher Wirkung (§ 137) grundsätzlich nicht eintragbar. Zu den Ausnahmen vgl §§ 399, 413 BGB; § 28 VerlG, § 5 ErbbauVO, §§ 12, 35 WEG, § 68 II AktG, § 15 V GmbHG.

14 3. Die **persönlichen Verhältnisse** des Eigentümers und der Berechtigten wie Geschäftsunfähigkeit, Betreuung und Verehelichung sind nicht eintragbar. **Ausnahmen** gelten aber für Angaben, die der **Individualisierung** dienen wie etwa Name, Beruf und Wohnort (§ 15 GBVerf) und für güterrechtliche Verhältnisse, die wie etwa bei der Gütergemeinschaft (§ 1416) zu einer Veränderung der Rechtszuständigkeit führen.

15 4. **Öffentlich-rechtliche Rechtsbeziehungen** sind nur eintragungsfähig, wenn das besonders angeordnet ist (BayObLG NJW-RR 2000, 1687 mwN; vgl § 54 GBO für die öffentlichen Lasten). Wo die Eintragung einer öffentlichen Last im Einzelfall durch (ggf Landes-)Gesetze besonders zugelassen ist (zB bei der Entschuldungsrente und bei § 64 III iVm VI BauGB), hat sie nur deklaratorische, nicht aber konstitutive Bedeutung.

16 5. **Besondere Arten der Eintragung** stellen Vormerkung (§ 883 Rz 1) und Widerspruch (§ 899 Rz 1) dar.

17 **IV. Grundbuchfähigkeit.** Natürliche und juristische Personen (des privaten und öffentlichen Rechts) können als Inhaber eines Rechts (vgl Rz 9) im Grundbuch eingetragen werden. Gleiches gilt für rechtsfähige Personenge-

sellschaften iSv § 14 II. Ob auch eine Gesellschaft bürgerlichen Rechts unter ihrem Namen als Eigentümerin eines Grundstücks oder als Berechtigte eines beschränkten dinglichen Rechts in das Grundbuch eingetragen werden kann, ist streitig (ablehnend BayObLG NJW 2003, 70; LG Dresden NotBZ 2002, 384; LG Aachen Rpfleger 2003, 496, 497; Demharter § 19 GBO Rz 108; ders Rpfleger 2001, 329 u Rpfleger 2002, 538; Zöller/Vollkommer § 50 ZPO Rz 18; Prütting, FS Wiedemann, 2002, S 1185; Stöber MDR 2001, 544; Münch DNotZ 2001, 535; Heil NJW 2002, 2158; aA Eickmann ZfIR 2001, 433; Ulmer/Steffek NJW 2002, 330; Wertenbruch NJW 2002, 324, 329; Dümig Rpfleger 2002, 53; ders ZfIR 2002, 796; Demuth BB 2002, 1555; Ott NJW 2003, 1223; Nagel NJW 2003, 1646, 1647). Jedenfalls bei Erbengemeinschaften und Bruchteilsgemeinschaften (einschließlich Wohnungseigentümergemeinschaften) sind die einzelnen Mitglieder nach Maßgabe des § 47 GBO einzutragen (Pal/Bassenge Überbl vor § 873 Rz 9a). Dies dürfte auch für die Gesellschaft bürgerlichen Rechts gelten (vgl Wertenbruch WM 2003, 1785). Zur Grundbuchfähigkeit einer in einem EU-Mitgliedstaat gegründeten Kapitalgesellschaft mit tatsächlichem Verwaltungssitz in Deutschland vgl BayObLG ZIP 2003, 398 u Dümig ZfIR 2003, 191.

873 *Erwerb durch Einigung und Eintragung*
(1) Zur Übertragung des Eigentums an einem Grundstück, zur Belastung eines Grundstücks mit einem Recht sowie zur Übertragung oder Belastung eines solchen Rechts ist die Einigung des Berechtigten und des anderen Teils über den Eintritt der Rechtsänderung und die Eintragung der Rechtsänderung in das Grundbuch erforderlich, soweit nicht das Gesetz ein anderes vorschreibt.
(2) Vor der Eintragung sind die Beteiligten an die Einigung nur gebunden, wenn die Erklärungen notariell beurkundet oder vor dem Grundbuchamt abgegeben oder bei diesem eingereicht sind oder wenn der Berechtigte dem anderen Teil eine den Vorschriften der Grundbuchordnung entsprechende Eintragungsbewilligung ausgehändigt hat.

I. Grundlagen. 1. § 873 gestaltet die rechtsgeschäftlichen Veränderungen von Liegenschaftsrechten zu einem **1 Doppeltatbestand: Einigung** als auf dingliche Rechtsänderungen bezogener und beschränkter abstrakter Vertrag und **Eintragung** als Verlautbarungsmoment stehen gleichberechtigt nebeneinander, so daß nur ihr Zusammenwirken den Erfolg herbeiführt. Die Mitwirkung des Erwerbers als zwingendes Erfordernis soll verhindern, daß Rechte aufgezwungen werden (RG 142, 231, 237). Während bei der Fahrnisübereignung nach § 929 die Parteileistungshandlung der Übergabe genügt, ist nach § 873 die Eintragung, dh ein Hoheitsakt erforderlich.

Das Eintragungsverfahren richtet sich nach der GBO, der GBVerf und nach ergänzendem Landesrecht. **Verlet- 2 zung des formellen Rechts** (siehe dazu vor § 873 Rz 7) ist materiell bedeutungslos.

2. Ausnahmsweises Absehen von der Eintragung im Interesse der Verkehrserleichterung bei der Abtretung **3** der Briefhypothek (§ 1154), der Wertpapierhypothek (§ 1187); für die Grundschuld vgl §§ 1192, 1195. Ebenso für die Nießbrauchsbestellung und Verpfändung dieser Rechte, §§ 1069, 1274, 1291.

3. Absehen von der Einigung bei der Bestellung der Wertpapierhypothek (§ 1188) und der Bestellung der **4** Eigentümergrundschuld (§ 1196). Zulässig ist auch die Bestellung einer Eigentümergrunddienstbarkeit durch einseitige Erklärung des Eigentümers und Eintragung im Grundbuch. Dem steht angesichts des Zwecks der Einigung weder die Einseitigkeit des Bestellungsaktes noch eine grundsätzliche Unmöglichkeit des Rechts an der eigenen Sache entgegen (RG 142, 231ff; auch BGH 41, 209, 211, der allerdings Bedürfnis bzw berechtigtes Interesse voraussetzt). Der Eigentümer kann sich auch ein Erbbaurecht an seinem Grundstück bestellen (BGH NJW 1982, 2381). Daß der Eigentümer sich ein Nießbrauchsrecht am eigenen Grundstück bestellt, ist jedenfalls dann zuzulassen, wenn gleich- oder nachrangige Fremdnießbrauchsrechte bestellt werden (vgl LG Stade NJW 1968, 1678, 1679 mit Anm Harder NJW 1969, 278).

4. Mitunter hängt die Wirksamkeit einer Verfügung nach § 873 von einer **staatlichen Genehmigung** ab (vgl **5** auch § 925 Rz 77). Zu denken ist in diesem Zusammenhang an § 19 I BauGB (Teilung eines Grundstücks), § 22 BauGB (Begründung/Realteilung von Wohnungs-/Teileigentum bzw Wohnungs-/Teilerbbaurecht in Gebieten mit Fremdenverkehrsfunktionen), § 51 BauGB (Grundstücksverfügungen etc in einem sog Umlegungsgebiet), § 144 BauGB (Grundstücksbezogene Rechtsgeschäfte in einem förmlich festgelegten Sanierungsgebiet; vgl zum maßgeblichen Zeitpunkt Celle NotBZ 2002, 226) und § 169 I Nr 3 iVm § 144 BauGB (städtebaulicher Entwicklungsbereich). Weitere Genehmigungserfordernisse finden sich in § 2 GrundstücksverkehrsG, §§ 61 III, 89 I Nr 3 HandwerksO sowie im Kirchenrecht (Hamm NJW-RR 1993, 1106). Siehe weitere Beispiele bei Pal/Bassenge Überbl vor § 873 Rz 26.

II. Anwendungsbereich. 1. Allgemeines. Unter § 873 fallen **nur rechtsgeschäftliche Veränderungen** von **6** Liegenschaftsrechten, dh die Eigentumsübertragung (auch die Einräumung und Übertragung von Miteigentum und die Verwaltungsvereinbarung des § 1010), die Belastung, dh die Bestellung von dinglichen Rechten an Grundstücken und die Belastung dieser Rechte mit Pfandrecht und Nießbrauch. Den Grundstücken stehen die grundstücksgleichen Rechte gleich (vgl vor § 873 Rz 5). Dasselbe gilt für die Inhaltsänderung der dinglichen Rechte, § 877. – Dagegen fallen die Vormerkung und der Widerspruch nicht unter § 873, ebenso nicht die Übertragung und Inhaltsänderung von Rechten an Grundstücksrechten.

2. Bei **gesellschaftsrechtlichen Änderungen** ist zu unterscheiden zwischen dinglichen Folgen als Änderung **7** der persönlichen Beteiligung (§ 873 grundsätzlich nicht anwendbar) und dem Einbringen bzw Ausscheiden eines Liegenschaftsrechts in das bzw aus dem Gesamthandsvermögen (wo § 873 gilt).

Bei **Eintritt oder Austritt eines Gesellschafters** aus der BGB-Gesellschaft (bzw OHG oder KG) gilt gemäß **8** § 738 (ggf iVm §§ 105 II, 161 II HGB) das Prinzip der **Ab- bzw Anwachsung**. Bei gleichbleibendem Bestand des Gesamthandsvermögens führen Änderungen in der Anzahl der Gesamthänder automatisch zu neuen Beteiligungsverhältnissen. Das Grundbuch ist lediglich zu berichtigen. § 873 ist nicht anwendbar (RG 106, 63, 66ff; Hamm OLGZ 1984, 50, 51). Das soll nach Ansicht der Rspr auch dann gelten, wenn aus einer zweigliedrigen BGB-Gesellschaft ein Gesellschafter ausscheidet (BGH 32, 307, 314, 317; BGH NJW 1990, 1171; BayObLG 1983, 191, 193ff; Staud/Gursky Rz 12; aA etwa MüKo/Wacke Rz 15 unter Hinweis auf die Gefahr der Gläubigertäuschung). Dagegen müssen bei Eintritt eines Teilhabers in eine Einzelfirma Grundstücke zugunsten der neugegründeten Gesellschaft aufgelassen und eingetragen werden (LG Dortmund NJW 1969, 137). Denn Abwachsung setzt schon bestehendes Gesellschaftsvermögen voraus.

9 § 873 ist anzuwenden, wenn es um Verfügungen zwischen der Gesamthand und einem oder mehreren Gesamthändern geht (KGJ 31, 373ff) oder Übertragung von einer Gesellschaft an andere personengleiche Gesellschaften des BGB oder des HGB (RG 136, 402, 406; KG OLGZ 1987, 276ff = NJW-RR 1987, 1321f; BayObLG NJW 1982, 109, 110; Hamm MDR 1983, 933 = Rpfleger 1983, 432f). Gleiches gilt bei Übertragung von Erbengemeinschaft auf personengleiche OHG (KG DFG 1940, 57, 58) und für Bildung von Alleineigentum bei Erbauseinandersetzung, ggf infolge einer Teilungsanordnung (MüKo/Wacke Rz 14). Zur Anwendbarkeit des § 873 bei Entnahme des Grundbesitzes aus dem Gesellschaftsvermögen vgl Hofmann NJW 1974, 448.

10 Bei der sog formwechselnden **Umwandlung** (§§ 190–304 UmwG) eines der in § 191 UmwG aufgeführten Rechtsträger besteht die rechtliche und wirtschaftliche Identität des Rechtsträgers fort. Für eine rechtsgeschäftliche Übertragung der Liegenschaften nach § 873 besteht in diesem Fall ebensowenig ein Bedürfnis wie in den übrigen Fällen der Umwandlung nach § 1 UmwG. Denn für Verschmelzung (§§ 2–122 UmwG), Spaltung (§§ 123–173 UmwG) und Vermögensübertragung inländischer Rechtsträger (§§ 174–189 UmwG) sieht bereits das UmwG **Gesamtrechtsnachfolge**, dh Übergang der Liegenschaftsrechte ex lege vor (vgl § 20 I Nr 1, § 131 I Nr 1, § 176 III UmwG). Besondere rechtsgeschäftliche Übertragungsakte für die einzelnen Bestandteile des Vermögens sind hier ebenso entbehrlich wie etwa beim Übergang des Vermögens der Ehegatten auf die Gütergemeinschaft (§ 1416 II).

11 3. Auf **nicht rechtsgeschäftliche Vorgänge** ist § 873 nicht anwendbar, insbes nicht auf Änderung der dinglichen Rechtslage durch Hoheitsakt, zB durch Zuschlagbeschluß, §§ 90, 130 ZVG; durch Enteignung; durch Umlegungsbeschluß, §§ 79ff FlurbG; ebenso nicht auf Änderung infolge Zeitablaufs (zB § 900) oder infolge Eintritts einer Bedingung (vgl dazu § 23 GBO) oder infolge Gesamtnachfolge (zB §§ 1922, 2139, 1416 II, 1483, 1485). Außerhalb des Grundbuchs entsteht auch das Nutzverwaltungsrecht des § 14 HöfeO, während die dingliche Sicherung des dort geregelten Altenteilsrechts unter § 873 fällt. § 873 ist auch in den Fällen der Surrogation unanwendbar, vgl §§ 1075, 1287 BGB, § 848 II S 2 ZPO. Ebenso gilt § 873 nicht für die zahlreichen Fälle der gesetzlichen Entwicklung des Grundpfandrechts, zB §§ 1143, 1163, 1168, 1177, 1182; dagegen verlangt die rechtsgeschäftliche Veränderung des Grundpfandrechts Einigung und Eintragung, zB § 1180.

12 **III. Einigung 1. Rechtsnatur.** Die Einigung ist ein unmittelbar auf die Herbeiführung eines dinglichen Erfolges gerichteter abstrakter Vertrag. Sie ist vom Rechtsgrund der Verfügung unabhängig (vgl zum Abstraktionsprinzip § 139 Rz 23). Für die Einigung gilt das Recht der Willenserklärung (einschließlich Willensmängeln), der Stellvertretung und der Ermächtigung, zB §§ 119, 123, 177; desgl das Recht der Bedingung und der Befristung, §§ 158–163 (Ausnahme: Auflassung, § 925 II). Zu beachten ist, daß die auf das Grundgeschäft bezogene Anfechtung nicht ohne weiteres die Einigung als Erfüllungsgeschäft vernichtet (vgl dazu § 142 Rz 6 und RG 66, 385, 390; 69, 13, 16; 72, 61, 63; 104, 102, 103; 111, 239, 246).
Wegen § 138 vgl § 138 Rz 26f, 38, 53f; zu § 139 vgl BGH JZ 1951, 782. **§ 139** darf nicht zur Aufhebung des Abstraktionsprinzips führen. Aus der Natur der Einigungserklärung folgt auch ihre Ersetzbarkeit durch ein rechtskräftiges Urteil (RG 76, 409, 411; vgl auch Rz 14).

13 § 328 ist nach überwiegender Ansicht nicht anwendbar (vgl zB RG 66, 97, 99f; 98, 279, 282; 124, 217, 221; JW 1930, 3545; BGH 41, 95f; MDR 1965, 564; NJW-RR 1986, 848f; NJW 1993, 2617; Staud/Gursky Rz 108; Soergel/Stadler Einl vor § 854 Rz 19; Bamberger/Roth/Kössinger Rz 14). Nach einer verbreiteten Ansicht in der Literatur (MüKo/Wacke Rz 28; Baur/Stürner § 5 II 2, 4; Westermann/H.P. Westermann § 3 II 4 mwN) sind dagegen Verfügungen zugunsten Dritter grds zulässig. Ein praktisches Bedürfnis wird bei Bestellung dinglicher Nutzungs- und Sicherungsrechte für zB abwesende oder noch ungeborene Personen gesehen (MüKo/Wacke aaO).

14 **2. Inhalt.** Entsprechend dem **sachenrechtlichen Bestimmtheitsgrundsatz** muß die Einigung alle Einzelheiten der herbeizuführenden Rechtsänderung festlegen. Erforderlich ist dazu Erkennbarkeit der Art des Rechts, des Grundstücks, des Berechtigten (und einer etwaigen Mitberechtigung, vgl BGH WM 1979, 206, 208), und Festlegung des Rechtsinhaltes, soweit das Gesetz ihn dem Parteiwillen überläßt. Zum Einigungsinhalt bei der Hypothek vgl § 1115, beim Erbbaurecht § 11 ErbbauVO. Benutzung eines bestimmten Wortlauts ist nicht erforderlich; Einigung ist **formlos** gültig, auch über Bestellung eines Erbbaurechts, § 11 ErbbauVO, Ausnahme bei Eigentumsübertragung, § 925. Die Einigung ist bedingungs- und befristungsfreundlich, ausgenommen nur die Auflassung, § 925 II. Die Bedingung kann auch die Gültigkeit des Grundgeschäfts sein (vgl aber auch Rz 12 sowie § 139 Rz 23). Bei der Annahme einer stillschweigenden Bedingung ist Zurückhaltung geboten (MüKo/Wacke Rz 23). Die Auflassung hinreichend bestimmter **Teilflächen** ist zulässig (BGH 90, 323, 326; MüKo/Wacke Rz 36 mwN). Auch eine Verurteilung zur Auflassung eines Teilgrundstücks ist bereits vor grundbuchlich vollzogener Teilung statthaft (BGH aaO und NJW 1988, 415, 416; MüKo/Wacke Rz 36). Eine Klage auf Abgabe einer Eintragungsbewilligung ist aber mangels Rechtsschutzinteresses grundsätzlich unzulässig, solange eine Bezeichnung des Grundstücks nach Maßgabe des § 28 GBO nicht möglich ist und nicht wenigstens ein vom Schuldner genehmigter Veränderungsnachweis vorliegt, auf den Bezug genommen werden kann (BGH NJW 1988, 415, 417).

15 Die Einigung ist **auslegungsfähig**. Dabei ist zwischen Einigung und Eintragung zu unterscheiden. Während bei der Auslegung der Eintragung nur die aus den Eintragungsgrundlagen ersichtlichen sowie allgemein bekannte

Umstände heranzuziehen sind (siehe Rz 23), richtet sich die Auslegung der Einigung entgegen der früher hM (vgl etwa RG 131, 158, 168; BGH 60, 226, 231 mwN) nach den allgemeinen Regeln, §§ 133, 157 (H. Westermann DNotZ 1958, 259, 261f; Staud/Gursky Rz 61; MüKo/Wacke Rz 38; BGH WM 1978, 194, 196; WM 1985, 876, 878). Trotz übereinstimmender falscher Bezeichnung des betroffenen Grundstücks wirkt die Einigung bezüglich des von beiden Parteien gewollten Grundstücks (falsa demonstratio non nocet; vgl § 925 Rz 38); dies gilt freilich nicht für die Eintragung. Danach tritt der Rechtserfolg nur insoweit ein als die grundbuchmäßige Bezeichnung und die Vorstellung der Parteien sich decken (BGH NJW 2002, 1797, 1798 mwN). Der Rechtsverkehr wird durch die §§ 891ff hinreichend geschützt (Staud/Gursky Rz 61). Zur ausreichenden Bezeichnung einer noch nicht vermessenen Teilfläche in einem – nach § 311b I S 1 (früher § 313 S 1) beurkundungspflichtigen – Grundstückskaufvertrag vgl BGH 150, 334, 337ff = NJW 2002, 2247 mwN, v. Campe NotBZ 2003, 41ff und Kanzleiter NJW 2000, 1919 mwN.

3. Wirksamkeit. Die Wirksamkeit der Einigung setzt **Verfügungsmacht** des Veräußerers voraus. Dabei kommt **16** es auf die materielle Rechtslage, nicht auf die grundbuchmäßige Legitimation an, vgl dazu §§ 39, 40 GBO. Eintragungsbewilligung des Passivbeteiligten ist nur formelles Eintragungserfordernis. Verfügungsberechtigt ist der Inhaber des Rechts, ausreichend sind auch Stellvertretung und Ermächtigung (§§ 182–185). Die **Ermächtigung** kann auch bei Grundstücksgeschäften auf bestimmte Verfügungen beschränkt und dadurch schuldrechtlichen Absprachen angepaßt werden (BGH 106, 1, 5). Für das eheliche Güterrecht vgl **§ 1365**; die Vorschrift gilt auch, wenn das Grundstück, über das verfügt wird, wirtschaftlich das Vermögen des verfügenden Ehegatten ausmacht. Grundstücke fallen nicht unter **§ 1369**. Bei fehlender Verfügungsmacht ist die Einigung schwebend unwirksam; Heilung ist möglich durch Genehmigung, Erwerb des Rechts durch den Verfügenden oder Beerbung des Verfügenden durch den Berechtigten, vgl § 185; weitere Voraussetzungen für Heilung durch Erwerb oder Beerbung ist jedoch, daß im maßgeblichen Zeitpunkt noch eine schuldrechtliche Verpflichtung zur dinglichen Rechtsänderung besteht (BGH NJW 1994, 1470, 1471; Hagen AcP 167 [1967], 481ff; Pal/Heinrichs § 185 Rz 11a; vgl auch Larenz/Wolf, AT § 51 Rz 33). Bei nachträglichem Erwerb wird von mehreren widersprechenden Verfügungen die früheste, dh die zuerst eingetragene, wirksam (Pal/Heinrichs § 185 Rz 12). Zur Verfügung eincs von mehreren Miterben vgl RG 152, 380, 382ff betr § 2040 I; siehe auch § 185 Rz 11.

Die Verfügungsmacht muß noch im Augenblick der Eintragung gegeben sein (vgl BGH WM 1971, 445, 446). Eine Ausnahme für Verfügungsbeschränkungen macht § 878. Die Vollendung des Doppeltatbestandes ist auch maßgebend für die Bösgläubigkeit bei der Anfechtung nach § 3 AnfG und § 133 InsO (vgl BGH 41, 17ff).

Verliert der Verfügende nach der Einigung, aber vor der Eintragung das durch die Verfügung betroffene Recht, so ist, abgesehen vom Erbfall, eine neue Einigung mit dem neuen Inhaber des betroffenen Rechts nötig (vgl BayObLG NJW-RR 1999, 1392, 1393; NJW 1956, 1279; BGH WM 1974, 949). Einen formellen Schutz bieten bei schon beantragter Eintragung die §§ 17, 45 GBO. Die ihnen widersprechende Eintragungsfolge führt aber nicht zur materiellen Unwirksamkeit der Eintragung (vgl auch § 879 Rz 21f). Die Eintragungsbewilligung des Erblassers genügt zur Eintragung des Erwerbers, auch wenn zwischenzeitlich der Erbe eingetragen worden ist (BGH MDR 1968, 138). Es bleibt auch eine dingliche Einigung wirksam, bei der auf Veräußerer- oder Erwerberseite eine Gesamthandsgemeinschaft beteiligt ist, deren personelle Zusammensetzung sich vor der Eintragung ändert (LG Köln RNotZ 2002, 54).

4. Abweichend von den allgemeinen Grundsätzen regelt Abs II die **Bindung an die Einigung**, die mit der Ein- **17** tragung, sonst erst mit Erfüllung der besonderen Voraussetzungen des Abs II eintritt.

Zweck der Regelung ist, den Veräußerer vor übereilten Verfügungen zu schützen; das wird aber insofern nicht erreicht, als der formlos gültig Verpflichtete (Ausnahme: § 925) trotz wirksamen Widerrufs mit Erfolg auf Bewilligung verklagt werden kann. Deshalb schützt § 873 II den Verfügenden letztlich nur bei rechtsgrundlos erklärter Einigung (§ 812) und bei übereilter Vorleistung (Staud/Gursky Rz 148 und MüKo/Wacke Rz 40). Zum Eintritt der Bindung bei der Auflassung und zur Entstehung eines Anwartschaftsrechts vgl § 925 Rz 50ff.

Voraussetzung der Bindung: immer mit Eintragung, sonst mit notarieller Beurkundung der Erklärung beider **18** Teile (§§ 8ff BeurkG, § 127a BGB, §§ 278 VI S 2, 1053 ZPO), mit Abgabe der Erklärung vor dem Grundbuchamt oder mit Einreichung beim Grundbuchamt; dabei soll nach hM auch privatrechtliche Erklärung oder mündlich vor dem Grundbuchamt erklärte, aber nicht protokollierte Erklärung genügen (RG 99, 65, 70; 132, 406, 408; Staud/Gursky Rz 155 mwN). Die dem anderen Teil ausgehändigte **Eintragungsbewilligung** dagegen muß der Form des § 29 GBO entsprechen. Aushändigung ist Übergabe iSd § 929. Die Übergabe kann ersetzt werden durch die **Bevollmächtigung des Notars zum Empfang** und die Weisung des Berechtigten, dem Begünstigten eine Urkunde zu erteilen; eine Übergabe liegt aber vor der Herstellung der Ausfertigung nicht vor (BGH 46, 398ff). Das Besitzkonstitut steht nicht gleich (KG HRR 1925, Nr 1759). Der Veräußerer (Berechtigte) muß Besitz aufgeben, der Erwerber muß Besitz erlangen. Deshalb genügt Einreichung vom Veräußerer beim Grundbuchamt nicht (KG HRR 1930, Nr 975). Die Auflassung kann dagegen nicht (mehr) vor dem Grundbuchamt erklärt werden, vgl § 925 Rz 16.

Die Bindung bedeutet nur **Ausschluß der freien Widerrufsmöglichkeit**, sie schafft keinen selbständigen Ver- **19** pflichtungsgrund (RG 115, 35, 39; Staud/Gursky Rz 176 mwN). Gebunden in diesem Sinne sind beide Beteiligte (KG HRR 1930, Nr 975), nicht nur der Veräußerer. An eine Eintragungsbewilligung, die den Voraussetzungen des § 873 II entspricht, ist der Anbietende gebunden (vgl Frankfurt aM NJW-RR 1995, 785; Demharter § 19 GBO Rz 112 iVm 21ff). Eine berechtigende Bindungswirkung zugunsten Dritter tritt nicht ein (vgl Rz 13). Personen, die weder Partei der Einigung noch Rechtsnachfolger (vgl BGH 32, 367, 369; BayObLG 1973, 139, 141) einer Partei sind, werden nicht gebunden. Der Komplementär einer an der Einigung beteiligten KG ist nicht gebunden, auch wenn er nach der Einigung das Verfügungsobjekt erwirbt (München WM 1984, 1397, 1398).

Auch eine **Verfügungsbeschränkung** führt die bindende Einigung **nicht** herbei (BGH 83, 395, 398; BayObLG Rpfleger 1983, 249). Bis zur Eintragung ist vielmehr der Verfügende zu widersprechenden Verfügungen in der Lage. Zu den §§ 17, 45 GBO vgl Rz 16.

Die bindende Einigung als solche läßt noch kein Anwartschaftsrecht entstehen (dazu § 925 Rz 51 ff). In der bindenden Einigung kann jedoch eine Erklärung dahin zu sehen sein, daß der Veräußerer den Empfänger der Erklärung zur Verfügung über das Recht ermächtigt. Das gilt insbesondere für die Auflassung. Ob eine solche Ermächtigung erteilt ist, ist von den Umständen des Einzelfalles abhängig (dazu BayObLG NJW 1961, 783 u § 925 Rz 54).

20 Die bindende Einigung kann durch formlosen Vertrag der Beteiligten wieder beseitigt werden, solange die Eintragung noch nicht erfolgt ist (MüKo/Wacke Rz 42 mwN). Ist der Erwerber nach § 812 S 1 Alt 1 zur Rückgewähr seiner vorteilhaften Rechtsstellung, dh zur Aufhebung der Einigung (sowie zur Herausgabe einer uU ausgehändigten Eintragungsbewilligung) verpflichtet (RG 108, 329, 333 ff; BGH NJW 1976, 237, 238; Staud/Gursky Rz 171), so kann seine Aufhebungserklärung gemäß § 894 ZPO durch rechtskräftiges Urteil ersetzt werden. Der Veräußerer kann zwecks Verhinderung dinglichen Rechtserwerbs ohne Rechtsgrund im Wege einstweiliger Verfügung ein Erwerbsverbot erreichen, welches die Eintragung und damit zB die Heilung eines formnichtigen Kaufvertrages nach § 311b I S 2 verhindert (vgl § 888 Rz 16).

21 Die **nicht bindende Einigung** ist frei widerruflich. Der Widerruf erfolgt durch Erklärung gegenüber dem anderen Teil. Eine spätere Eintragung kann die Rechtsänderung nicht mehr bewirken.

22 **IV. Eintragung. 1. Inhalt.** Die Eintragung muß die Art des Rechts, seinen Inhalt (soweit er nicht gesetzlich bestimmt ist) und die Person des Berechtigten mit der für das Sachenrecht nötigen **Bestimmtheit und Erkennbarkeit für Dritte** wiedergeben (BGH NJW 1969, 502, 503). Gesetzlich typisierte Rechte wie zB Vorkaufsrecht und Nießbrauch sind durch Bezugnahme auf das Gesetz genügend bestimmt (KGJ 26, 271 ff; weitergehend will Düsseldorf NJW 1957, 1766 bei der Reallast außerhalb des Grundbuchs liegende Umstände berücksichtigen soweit sie nachprüfbar sind und auf sie im Grundbuch hingewiesen wird; zum notwendigen Eintragungsinhalt beim Erbbaurecht vgl § 1 ErbbauVO Rz 1). Bei Dienstbarkeiten und Reallasten muß angesichts der verschiedenen Ausgestaltungsmöglichkeiten der Rechtsinhalt angegeben werden, zB Bezeichnung als Wasserleitungsrecht im Eintragungsvermerk selbst (KG JW 1936, 3477; BGH DNotZ 1969, 486, 487). Auch beim Nießbrauch muß zB Abbedingung des § 1059 S 2 eingetragen werden (BGH NJW 1985, 2827). Bei Rechten, die auf einen Teil des belasteten Grundstücks beschränkt sind, insbesondere Dienstbarkeiten (zB Wegerechte), muß auch die Teilfläche, auf die sich das Recht beziehen soll, aus der Eintragung erkennbar sein (vgl auch § 874 Rz 3). Empfehlenswert ist, bei der Eintragung auf unveränderliche Merkmale in der Wirklichkeit abzustellen oder auf eine vorzulegende und aufzubewahrende Karte Bezug zu nehmen. Dies ist jedoch nicht zwingend erforderlich. Wenn die Teilfläche hinreichend bestimmt ist, reicht nach BGH NJW 1969, 502, 503 eine Bezugnahme auf veränderliche Merkmale aus. Die Beteiligten können die Bestimmung des Ausübungsbereichs einer Dienstbarkeit der tatsächlichen Ausübung überlassen (BGH NJW 2002, 3021). Für die rechtsgeschäftliche Festlegung der Ausübungsstelle einer Leitungsdienstbarkeit reicht es sogar aus, wenn die Eintragungsbewilligung auf die schon vorhandenen Leitungen verweist (BGH NJW 1982, 1039). Bei einem Erbbaurecht muß auch die ungefähre Beschaffenheit des Bauwerks angegeben werden (BGH WM 1973, 1071, 1972; vgl auch BGH WM 1075, 498). Wegen der Zulässigkeit der Bezugnahme vgl § 874.

Zulässig vereinbarte Nebenbestimmungen (**Bedingung** bzw **Befristung**) sind mit einzutragen (MüKo/Wacke Rz 47). Ist ein Recht auflösend bedingt und befristet, müssen beide Umstände eingetragen werden (Köln DNotZ 1963, 48 f für persönliche Dienstbarkeit). Die Einzelheiten der Eintragung und des Verfahrens sind in der GBO geregelt (vgl zu § 873 Rz 7). Verstöße gegen diese Vorschriften führen aber nicht zur materiellen Unwirksamkeit, sofern nur eine zulässige Eintragung den wesentlichen Rechtsinhalt erkennen läßt. Eine Eintragung in der falschen Abteilung ist nicht unwirksam (RG 94, 5, 8). Dagegen macht eine Unklarheit, die den Inhalt der Eintragung nicht mehr erkenntlich sein läßt und auch durch Auslegung nicht zu beseitigen ist, die Eintragung unwirksam. Etwas anderes gilt jedoch dann, wenn der verständliche Teil allein den wesentlichen Erfordernissen genügt (BGH WM 1968, 1087, 1088).

Ist ein **Verstorbener** eingetragen, zu dessen Lebzeiten Antrag und Bewilligung beim Grundbuchamt eingegangen waren, wirkt die Eintragung zugunsten der Erben (RG JW 1926, 1955; KG Rpfleger 1965, 366; Staud/Gursky Rz 91 mwN). Eintragungsvoraussetzungen zu Lasten Verstorbener wirken zu Lasten der Erben (KG JR 1951, 761; BGH 32, 367, 369; MüKo/Wacke Rz 46). – Die Eintragung muß auf dem **Grundbuchblatt** des betroffenen Rechts erfolgen. Bei der Grunddienstbarkeit genügt zB Eintragung beim herrschenden Grundstück nicht. Bei **Doppelbuchung** des Grundstücks genügt beim Erwerb vom Berechtigten Eintragung auf einem der Blätter. – Zum Erwerb vom **Nichtberechtigten** vgl § 892 Rz 10.

23 **2. Auslegung.** Die Eintragung ist auslegungsfähig (RG 139, 118, 130). Auch § 133 gilt (Frankfurt aM Rpfleger 1956, 193 ff). Der Zweck der Eintragung und ihre Wirksamkeit für und gegen Dritte gebieten es, bei der Auslegung der Eintragung nur ihren Wortlaut, die Eintragungsbewilligung, soweit auf sie verwiesen ist, und allgemein bekannte Umstände heranzuziehen, da nur sie einem Dritten erkennbar sind (RG 136, 232, 234; BGH NJW 2002, 1797, 1798; 2002, 3021, 3022 mwN; H. Westermann DNotZ 1958, 259 ff). Das Revisionsgericht kann selbst auslegen und würdigen (RG 136, 232, 234; BGH 37, 147, 149 mwN; LM § 1018 Nr 27). Die Eintragungsbewilligung ist so auszulegen, wie Dritte sie verstehen müssen (RG 131, 158, 168 f; BGH 47, 190, 196; 59, 205, 209). Die Eintragung als solche ist nach ihrem nächstliegenden Inhalt auszulegen. So ist bei fehlender Eintragung des Beginns einer Grundschuldverzinsung davon auszugehen, daß diese vom Tage der Eintragung an laufen soll (RG 136, 232, 235; BGH WM 1971, 1186; siehe auch BGH NJW 1995, 1081, 1082 aE).

Bei eindeutiger Bezeichnung ist bei Eintragung im Grundbuch für eine Auslegung kein Raum (BGH 123, 297, 301; vgl auch BGH ZIP 1997, 2087 f). Zu beachten ist, daß im Verhältnis zwischen Eigentümer und Berechtigten die Auslegung der Abreden unbeschränkt möglich ist, so daß der schuldrechtliche Inhalt der Absprachen über den des dinglichen Rechts hinausgehen kann.

3. Wirkung. Den **Rechtserfolg** führt die Eintragung nur zusammen mit der Einigung herbei; dabei müssen einmal Einigung und Eintragung zur gleichen Zeit gültig nebeneinander stehen (RG 131, 97, 99), ohne daß es auf ihre Reihenfolge oder auf den zeitlichen Zwischenraum ankommt. Daß die Eintragung auf den Willen des Verfügenden zurückgeht oder sonstwie mit der Einigung in innerem Zusammenhang steht, ist nicht erforderlich. Das Willensmoment ist von seiten des Verfügenden ausschließlich in der Einigung enthalten. Der BGH (NJW 1973, 613, 614) läßt inhaltsgleiche Einigung und Eintragung auch dann ausreichen, wenn die Eintragung der Einigung nicht verlautbaren sollte, sondern mit ihr in keinem Zusammenhang steht. Zur Zulässigkeit eines Klarstellungsvermerks vgl BayObLG DNotZ 2002, 731, 732f. Die Eintragung ist **nichtig**, wenn Grundvoraussetzungen des Hoheitsaktes fehlen, zB bei Eintragung durch Privatperson oder unter Zwang (vgl BGH 7, 64ff). Dann findet auch kein Schutz des guten Glaubens statt (Pal/Bassenge Rz 14; aA Lutter AcP 164 [1964], 152). Bei Teilnichtigkeit bestimmt sich die Wirksamkeit der Eintragung analog den §§ 139, 140 (vgl BGH NJW 1966, 1656, 1657).

Bei vorhergehender Eintragung ist das Grundbuch bis zur Einigung unrichtig. Einigung nach Eintragung ist möglich (BGH LM § 873 Nr 1). Wechselt der Inhaber des betroffenen Rechts, ist Einigung mit dem neuen Inhaber erforderlich. Eine schwebend unwirksame Einigung kann nach Löschung der Grundbucheintragung nicht mehr durch Genehmigung nach § 184 I wirksam werden (RG 131, 97, 101; BGH MDR 1971, 380). Zu den Folgen der Eintragung ohne Rücksicht auf die Einigung siehe § 879 II (Rang), § 900 (Buchersitzung), § 891 (gesetzliche Vermutung).

4. Folgen einer Divergenz zwischen Einigung und Eintragung. Soweit Einigung und Eintragung voneinander abweichen, tritt keine Rechtswirkung ein. Dritte werden nach Maßgabe des § 892 geschützt. Aus der Eintragung allein folgt kein Aus- oder Absonderungsrecht bei Insolvenz. Soweit die Divergenz darauf beruht, daß die Einigung hinter der Eintragung zurückbleibt, können Rechte entstehen; ebenso im umgekehrten Fall. Es ist dann jeweils analog § 139 zu entscheiden, ob das Recht wenigstens in dem Umfang entstanden ist, in dem sich Einigung und Eintragung decken (BGH WM 1985, 876, 878). Bei Einigung auf ein bedingtes Recht und Eintragung eines unbedingten entsteht bedingtes Recht (RG 106, 109, 113). Bei Einigung auf Verkehrshypothek und Eintragung einer Sicherungshypothek soll Sicherungshypothek entstehen (RG 123, 169, 171). Bei Divergenz in der Rechtsart tritt grundsätzlich keine Rechtsänderung ein, zB bei Pfandrecht statt Dienstbarkeit, wohl aber uU bei Grunddienstbarkeit statt persönlicher Dienstbarkeit (vgl BGH LM § 1018 Nr 27).

874 *Bezugnahme auf die Eintragungsbewilligung*

Bei der Eintragung eines Rechts, mit dem ein Grundstück belastet wird, kann zur näheren Bezeichnung des Inhalts des Rechts auf die Eintragungsbewilligung Bezug genommen werden, soweit nicht das Gesetz ein anderes vorschreibt.

1. Zweck. § 874 bezweckt, das Grundbuch von Angaben über Einzelheiten der einzutragenden Rechte freizuhalten, um die Übersichtlichkeit zu wahren. Dazu war eine materiell-rechtliche Vorschrift erforderlich, um dem Eintragungszwang des § 873 auch für die nicht im Grundbuch eingetragenen Teile zu genügen.

2. Anwendungsbereich. § 874 ist nach seinem Wortlaut anwendbar auf alle einzutragenden Rechte mit Ausnahme des Eigentums. Hinzu kommt gemäß § 885 II die Vormerkung. Entsprechend anzuwenden ist § 874 nach seinem Zweck auch auf die Belastung von Grundstücksrechten (Staud/Gursky Rz 12f; Soergel/Stürner Rz 3; RGRK/Augustin Rz 3; MüKo/Wacke Rz 7), also für das Pfandrecht an einer Hypothek (KGJ 33, 262, 264) oder den Nießbrauch an einer Reallast (MüKo/Wacke Rz 7). Ebenso ist eine Bezugnahme zur näheren Bezeichnung zulässig bei Verfügungsbeschränkungen (Staud/Gursky Rz 14; MüKo/Wacke Rz 7; Soergel/Stürner Rz 3; Pal/Bassenge Rz 3; aA Dresden OLGE 41, 150, 151; RGRK/Augustin Rz 4; vermittelnd Haegele BWNotZ 1975, 31 mit Fn 16), wobei aber neben der Eintragung ihres Gegenstandes und wesentlichen Inhalts die Angabe der durch das Veräußerungsverbot zu schützenden Person zu fordern ist (RG 89, 152, 159; MüKo/Wacke aaO). Auch beim Rangvorbehalt ist Bezugnahme zur näheren Bezeichnung zulässig, vgl § 891 II (KGJ 48, 179, 181; RG JW 1933, 605; MüKo/Wacke Rz 7 mwN).

3. Ausmaß statthafter Bezugnahme. Eine Bezugnahme ist nur „zur näheren Bezeichnung des Inhalts des Rechts" zulässig. Dagegen müssen die Art des Rechts und der Berechtigte aus dem Grundbuch selbst ersichtlich sein (RG 89, 152, 159; BGH 123, 297, 301); desgleichen der Belastungsgegenstand (BGH ZIP 1997, 2080). Einzutragen ist der Inhaber des Rechts, also zB der Erbe und nicht etwa der für ihn auftretende Testamentsvollstrecker oder Nachlaßverwalter (BGH WM 1961, 800, 801). Auch bei Dienstbarkeiten und Reallasten ist eine schlagwortartige Inhaltsangabe im Grundbuch erforderlich, die nur bezüglich der Einzelheiten durch Bezugnahme ergänzt werden kann (KG JW 1936, 3477; Köln Rpfleger 1980, 467, 468; BGH 35, 378, 383; NJW 1983, 115, 116). Die Art der Dienstbarkeit kann im Grundbuch zB durch Bezeichnung als Wegerecht, Leitungsrecht, Hochspannungsleitungsrecht (BayObLG Rpfleger 1981, 295f) oder Wasserentnahmerecht gekennzeichnet werden (vgl MüKo/Wacke Rz 3 mwN in Fn 11). Bezugnahme auf Pläne, Skizzen und ähnliche Urkunden, die allgemein zugänglich sind, ist zur näheren Bezeichnung des mit der Dienstbarkeit belasteten Grundstücksteils zulässig (vgl BGH 59, 11, 16 = NJW 1972, 1283f; vgl auch BGH ZIP 1997, 2080f; zur Bezugnahme bei „Tankstellendienstbarkeiten" vgl BayObLG NJW 1973, 2024 und RGRK/Augustin Rz 12).

Sondervorschriften, in denen das Gesetz „ein anderes vorschreibt", enthalten §§ 879 III, 881 II, 882, 1115, 1116 II, 1179a V S 2, 1184 II, 1189 I, 1190 I (ggf iVm § 1192), 1199 II BGB, § 800 I S 2 ZPO (vgl KGJ 45, 260, 261f), § 14 ErbbauVO (Erbbaurecht); § 49 GBO (Altenteil etc), § 7 III WEG (Sondereigentum).

§ 874 Sachenrecht Rechte an Grundstücken

5 **4. Bedingung und Befristung** gehören zum wesentlichen Inhalt des betreffenden Rechts und bedürfen daher der Eintragung im Grundbuch (siehe § 873 Rz 22). Eine Bezugnahme ist insoweit unzulässig (KG JFG 13, 75, 76f; LG Darmstadt MDR 1958, 525). Lediglich die Einzelheiten der eingetragenen Bedingung oder Befristung (zB Beginn und Ende) können durch Bezugnahme verlautbart werden (KG HRR 1931, Nr 1459; RG JW 1933, 605; Köln DNotZ 1963, 48; Staud/Gursky Rz 21; MüKo/Wacke Rz 4).

6 **5. Eintragungsbewilligung.** Darunter ist die verfahrensrechtliche Erklärung des § 19 GBO (siehe vor § 873 Rz 7) zu verstehen. Auf die Einhaltung der in § 29 GBO vorgeschriebenen Form kommt es nicht an (KG HRR 1931, Nr 1459). Eine Bezugnahme auf andere Urkunden ist nur zulässig, wenn die Eintragungsbewilligung sie eindeutig einbezieht und sie zu den Grundakten genommen werden (KGJ 48, 175, 177; 50, 131, 133ff). Eine Bezugnahme auf **öffentliche Urkunden**, die die Eintragungsbewilligung ersetzen, ist ebenfalls zulässig. Zu denken ist zB an ein behördliches Eintragungsersuchen iSv § 38 GBO (KG OLGE 8, 301f), an Urteile gemäß §§ 894, 895 ZPO (BGH WM 1961, 800; BayObLG 1962, 24, 38) und an einstweilige Verfügungen (Staud/Gursky Rz 7; MüKo/Wacke Rz 10) für Vormerkung (§ 885 II), Widerspruch (§ 899 II), Veräußerungsverbot (§§ 888 II, 892 I S 2) und Rechtshängigkeitsvermerk (vgl § 892 Rz 26).

7 **6. Form der Bezugnahme.** Ein sich auf die Eintragungsbewilligung beziehender Hinweis in der Eintragung reicht aus. Das Wort „Bezugnahme" ist entbehrlich; ausreichend wäre zB „eine Grunddienstbarkeit auf Haltung einer Wasserleitung gemäß der Bewilligung vom...". Die Bezugnahme kann auf einzelne deutlich abgegrenzte Teile der Urkunde beschränkt werden. Ob die Möglichkeit der Bezugnahme ausgenützt wird oder nicht, steht im Ermessen des Grundbuchamtes. Eine Abweichung von der Eintragungsbewilligung kann durch einschränkenden Vermerk des Grundbuchamtes gemacht werden (Frankfurt aM NJW-RR 1992, 345).

8 **7. Wirkungen.** Wird eine Urkunde in gemäß § 874 zulässiger Weise in Bezug genommen, so gilt sie zusammen mit der „eigentlichen" Eintragung als einheitlicher Grundbuchinhalt (RG 113, 223, 229; BGH WM 1968, 1087f). Der Umfang der Bezugnahme ist durch Auslegung zu ermitteln (KG JFG 1, 284, 285). Maßgebend ist die jeweils bei den Akten befindliche Urkunde (KG JFG 15, 85, 86f). Ein nicht behebbarer Widerspruch zwischen Eintragung und Bezugnahme macht die gesamte Eintragung ungültig. Eine unzulässige Bezugnahme gilt als nicht geschrieben: enthält die Eintragung nicht die erforderlichen Mindestangaben, so ist sie unwirksam. Andernfalls ist zu prüfen, ob das Eingetragene auch ohne Bezugnahme von den Beteiligten gewollt sein würde (MüKo/Wacke Rz 14). Im Zweifel gilt das eingetragene „Minus" als gewollt. Liegt zB hinsichtlich des Zinssatzes einer Hypothek eine gemäß § 1115 I unzulässige Bezugnahme vor, so ist die Hypothek unverzinslich (vgl Haegele BWNotZ 1975, 32).

875 *Aufhebung eines Rechts*

(1) Zur Aufhebung eines Rechts an einem Grundstück ist, soweit nicht das Gesetz ein anderes vorschreibt, die Erklärung des Berechtigten, dass er das Recht aufgebe, und die Löschung des Rechts im Grundbuch erforderlich. Die Erklärung ist dem Grundbuchamt oder demjenigen gegenüber abzugeben, zu dessen Gunsten sie erfolgt.

(2) Vor der Löschung ist der Berechtigte an seine Erklärung nur gebunden, wenn er sie dem Grundbuchamt gegenüber abgegeben oder demjenigen, zu dessen Gunsten sie erfolgt, eine den Vorschriften der Grundbuchordnung entsprechende Löschungsbewilligung ausgehändigt hat.

1 **1. Allgemeines.** Unter **Aufhebung eines Rechts** versteht man seine Beseitigung durch Rechtsgeschäft (RG 66, 285, 288; 73, 173, 174). Eine **teilweise** Aufhebung genügt, zB die Herabsetzung des Zinssatzes einer Hypothek (RG JW 1910, 187; KG HRR 1932, Nr 1657) oder die Enthaftung eines realen Grundstücksteils (bei Fortbestehen der Grundstücksbelastung im übrigen). Im letzteren Fall gilt § 7 GBO entsprechend (RG 101, 117, 120; KGJ 21, 112, 116), ein Verstoß hat jedoch keine materiell-rechtliche Wirkung (vgl Demharter § 7 GBO Rz 34).

Grundsätzlich sind für die Aufhebung die einseitige Aufgabeerklärung des Berechtigten und die Löschung erforderlich. **Ohne Aufgabeerklärung** macht die Löschung das Grundbuch unrichtig; das gelöschte Recht bleibt im bisherigen Rang erhalten (KGJ 33, 277, 278f). Der Berechtigte kann Berichtigung verlangen (RG 82, 20, 23); vorläufige Hilfe gewährt der Widerspruch. Zu den Folgen einer solchen Löschung vgl iü §§ 891 II u 892ff.

Die – rechtsgeschäftliche – Aufhebung ist von anderen Erlöschensgründen zu unterscheiden, zB §§ 142, 158, 163, 901, 1025, 1028, 1061, 1090, 1104 I S 2, 1173ff, 1178, 1181 BGB, §§ 52 I S 2, 91, 158 II ZVG, bei denen die Rechtsänderung ohne Löschung bereits eintritt. Die Löschung im Grundbuch bezweckt dann nur dessen Berichtigung.

2 **2. Anwendungsbereich.** § 875 ist grundsätzlich anzuwenden bei Aufhebung von Rechten an einem Grundstück. Dazu gehören auch die Eigentümergrundschuld (RG 73, 173, 174) und Abbaurechte iS von Art 68 EGBGB (KG JFG 4, 354, 356). Auf Vormerkungen und Widersprüche ist § 875 ebenfalls sinngemäß anzuwenden (vgl BGH 60, 46, 50 für Vormerkung). Bei Aufhebung des Erbbaurechts (vgl § 11 ErbbauVO) ist gemäß § 26 ErbbauVO zusätzlich die Zustimmung des Eigentümers erforderlich.

Das gleiche gilt gemäß § 1183 für die **Aufhebung eines Grundpfandrechts**; die Zustimmung des Eigentümers bedeutet praktisch den Verzicht auf die ihm ansonsten nach 1163 zufallende Eigentümergrundschuld. Dagegen geht bei einem – nicht zustimmungsbedürftigen – **Verzicht** des Berechtigten das Grundpfandrecht auf den Eigentümer über (vgl §§ 1168 I, 1175, 1192). Wegen der Rechte Dritter vgl § 876. Für Nießbrauch und Pfandrecht an Grundstücksrechten ist das Recht der Aufhebung solcher Rechte an beweglichen Sachen maßgebend, vgl zB §§ 1173 II, 1255 und §§ 1072, 1064. § 875 ist nach Maßgabe der §§ 1132 II, 1168 II, 1180 II auf andere Fälle als die Aufhebung entsprechend anzuwenden.

3 **3. Die Aufgabeerklärung** ist eine einseitige, empfangsbedürftige, auf die Aufhebung des Rechts gerichtete Willenserklärung des Berechtigen (Staud/Gursky Rz 22). Sie ist materiell-rechtlich formlos gültig; im Grundbuch-

verfahren ist eine dem § 29 GBO (vgl vor § 873 Rz 7) entsprechende Löschungsbewilligung erforderlich. Ob sie eine Aufgabeerklärung iSd § 875 enthält, ist Auslegungsfrage (BGH 60, 46, 52). IdR dürfte dies der Fall sein (BGH aaO; Hamm DNotZ 1977, 35, 37f). Dies gilt regelmäßig auch umgekehrt (BayObLG DNotZ 1975, 685f).

Die Aufgabeerklärung muß vom **materiell Berechtigten** abgegeben werden. Da eine Hypothek mit der Befriedigung des Gläubigers auf den Eigentümer übergeht (§ 1163 I S 2), ist ein Hypothekengläubiger nach Quittungserteilung nicht mehr zur Aufgabe legitimiert (RG HRR 1931, Nr 1643; KG OLGZ 1965, 92, 95; MüKo/Wacke Rz 6 und 10). Wird ein klagbarer Anspruch auf Rechtsaufgabe tituliert, so gilt die Aufgabeerklärung gemäß § 894 mit Rechtskraft des Urteils als abgegeben, sofern nicht die Verurteilung unter dem Vorbehalt der dinglichen Berechtigung erfolgt (vgl hierzu Oldenburg MDR 1947, 23, 24f). 4

Empfänger der Aufgabeerklärung sind das Grundbuchamt oder wahlweise der Grundstückseigentümer bzw gleich- oder nachstehend Berechtigte als Begünstigte iSd § 875 I S 2 (KGJ 48, 184, 187). Materiell ist immer auch der Grundstückseigentümer Begünstigter; deshalb unterliegt er auch dann, wenn er als Vertreter eines Grundpfandgläubigers die Aufgabeerklärung gegenüber dem Grundbuchamt abgibt, den Beschränkungen des § 181 (BGH NJW 1980, 1577 = JR 1980, 412). Da die Aufgabeerklärung erst mit Zugang wirksam wird, muß in diesem Augenblick die Vertretungsmacht eines Vertreters noch bestehen (KGJ 43, 146, 151). Zum Zugang vgl § 130 Rz 6f. Späterer Tod oder Geschäftsunfähigkeit sind ohne Bedeutung (vgl RG JW 1926, 1955). 5

4. Bindung an die Aufgabeerklärung tritt mit der Löschung (vgl § 46 GBO) sowie unter den Voraussetzungen des § 875 II ein. Dabei entspricht die formelle Löschungsbewilligung der Eintragungsbewilligung iS von § 873 II (vgl § 873 Rz 18–20). Anstelle der Aushändigung der beglaubigten Löschungsbewilligung genügt die notarielle Beurkundung innerhalb eines Vertrages mit dem Begünstigten (KGJ 49, 149, 155; Staud/Gursky Rz 51). 6

5. Rechtserfolg. Die bezweckte Aufhebung des Rechts ist abhängig von dem Zusammenwirken von Löschung und Aufgabeerklärung. Für das zeitliche Verhältnis und die Beziehung von Löschung und Erklärung gilt das zu § 873 Rz 24 Gesagte entsprechend. – Infolge der Einseitigkeit der Aufgabeerklärung gelten die §§ 111, 182 II, 1367 und 1831 (Pal/Bassenge Rz 4; aA MüKo/Wacke Rz 9). Indes muß eine erforderliche Einwilligung nicht vor dem Zugang erklärt werden bzw mit der Aufgabeerklärung zugehen (aA BayObLG 19, 388, 391); da erst die Löschung das Rechtsgeschäft vollendet, genügt es, wenn die Einwilligung bei Löschung vorliegt (Pal/Bassenge aaO; Staud/Gursky Rz 41; Düsseldorf MittRhNotK 1993, 89). 7

876 *Aufhebung eines belasteten Rechts*

Ist ein Recht an einem Grundstück mit dem Recht eines Dritten belastet, so ist zur Aufhebung des belasteten Rechts die Zustimmung des Dritten erforderlich. Steht das aufzuhebende Recht dem jeweiligen Eigentümer eines anderen Grundstücks zu, so ist, wenn dieses Grundstück mit dem Recht eines Dritten belastet ist, die Zustimmung des Dritten erforderlich, es sei denn, dass dessen Recht durch die Aufhebung nicht berührt wird. Die Zustimmung ist dem Grundbuchamt oder demjenigen gegenüber zu erklären, zu dessen Gunsten sie erfolgt; sie ist unwiderruflich.

1. Allgemeines. § 876 **bezweckt** den Schutz der Interessen des Inhabers eines Rechts, welches das aufzuhebende Recht unmittelbar (§ 876 S 1) oder mittelbar (§ 876 S 2) belastet. Denn mit der Aufhebung eines Rechts erlöschen auch seine Belastungen. Deshalb erweitert das Zustimmungserfordernis des § 876 den Aufhebungstatbestand des § 875 zu einem dreigliedrigen Tatbestand, bestehend aus Aufgabeerklärung des Berechtigten, Zustimmung des Dritten und Löschung im Grundbuch. Die Reihenfolge der Einzelakte ist gleichgültig. 1

2. Anwendungsbereich. a) § 876 S 1 ist „an sich" anwendbar bei **rechtsgeschäftlicher Aufhebung** eines Rechts an einem Grundstück bzw eines grundstücksgleichen Rechts, wobei eine teilweise Aufhebung wie bei § 875 genügt. Da jedoch die Aufhebung von nießbrauchs- bzw pfandrechtsbelasteten Rechten (an Grundstücken) in den §§ 1071 I bzw 1276 I spezialgesetzlich geregelt ist, bleiben als belastete Rechte, bei deren Aufhebung § 876 S 1 zu beachten ist, nur die grundstücksgleichen Rechte (zB Erbbaurecht und Bergwerkseigentum; nicht: Wohnungseigentum) übrig (Staud/Gursky Rz 10). 2

Bei Aufhebung eines grundstücksgleichen Rechts ist Zustimmung ausnahmsweise entbehrlich, wenn das Grundstück zu gleichgünstigem Rang für das belastende Recht des Dritten haftet (KG JFG 4, 354, 358f; JFG 14, 395, 397f; BayObLG Rpfleger 1987, 156f; LG Krefeld Rpfleger 1998, 284, 285; MüKo/Wacke Rz 4; Staud/Gursky Rz 15). 3

Darüber hinaus ist § 876 S 1 **analog** anzuwenden, wenn es um die Aufhebung eines Rechtes iSv § 876 S 1 geht, auf das sich ein **vorgemerkter** Anspruch bezieht (KG JFG 9, 218, 219ff; BayObLG Rpfleger 1987, 156f). Auch ein eingetragener **Widerspruch** gegen das aufzuhebende Recht soll nach wohl hM einer Belastung iSv § 876 S 1 gleichstehen (KG HRR 1928, 1463 = DNotZ 1928, 577, 578f; Pal/Bassenge Rz 2; MüKo/Wacke Rz 4). Dem ist nicht zu folgen (vgl § 899 Rz 17, Staud/Gursky Rz 7 und § 899 Rz 13). 4

Bei Aufhebung eines nach § 1059 S 2 BGB, § 857 ZPO zur Ausübung gepfändeten Grundstücksnießbrauchs ist Zustimmung des Pfandgläubigers dagegen zu fordern (BGH 62, 133, 136ff; Köln NJW 1962, 1621; Bremen NJW 1969, 2147, 2148; Staud/Gursky Rz 10, arg: §§ 135, 136; MüKo/Wacke Rz 4, arg: §§ 876, 1071, 1255 II, 1296 analog; aA Frankfurt aM NJW 1961, 1928). 5

Gesetzliche Verweisungen auf § 876 finden sich in folgenden Vorschriften: §§ 877, 880 III, 1109 II, 1116 II, 1132 II, 1168 II, 1180. 6

b) § 876 S 2 betrifft die Aufhebung sog **subjektiv-dinglicher Rechte**. Als subjektiv-dingliche (dh dem jeweiligen Eigentümer eines anderen, „herrschenden" Grundstücks zustehende) Rechte können außer der Grunddienst- 7

§ 876

barkeit (§ 1018) das Vorkaufsrecht und die Reallast bestellt werden (§§ 1094 II, 1105 II). Das Recht zur Mitbenutzung einer Grenzeinrichtung (§ 922) fällt nicht darunter (Staud/Roth § 922 Rz 9). Ob der Inhaber eines Rechtes an dem herrschenden Grundstück (dh der sog „Dritte") der Aufhebung des subjektiv-dinglichen Rechts zustimmen muß, hängt davon ab, ob sein Recht von der Aufhebung „berührt" wird.

8 Hierunter ist eine **rechtliche Beeinträchtigung** zu verstehen (BGH LM ZPO § 3 Nr 40 Bl 2 R = Warn Rspr 1969 Nr 182 [370f]; Pal/Bassenge Rz 3; MüKo/Wacke Rz 5). Beeinträchtigt in diesem Sinne werden grundsätzlich **Reallast- und Grundpfandberechtigte**, da das subjektiv-dingliche Recht als Bestandteil des herrschenden Grundstücks iSv § 96 mithaftet. **Dienstbarkeiten** am herrschenden Grundstück werden dagegen durch die Aufhebung des subjektiv-dinglichen Rechts nur dann beeinträchtigt, wenn die aufgrund der Dienstbarkeit mögliche Nutzung durch das aufzuhebende Recht irgendwie gefördert wird.

9 § 21 GBO enthält keine materiell-rechtlich wirkende Einschränkung des Zustimmungserfordernisses des § 876 S 2, sondern dient nur der Erleichterung des Grundbuchverkehrs (vgl Demharter § 21 GBO Rz 3; MüKo/Wacke Rz 5).

10 3. Die **Zustimmungserklärung** ist eine einseitige, abstrakte empfangsbedürftige Willenserklärung, die eine Verfügung über das Recht des Dritten (Düsseldorf Rpfleger 1993, 337; Staud/Gursky Rz 28 mwN) enthält. Materiell-rechtlich ist sie formlos gültig, grundbuchrechtlich gilt § 29 GBO. Die §§ 111, 180, 1367, 1427 I und 1831 sind anwendbar (Staud/Gursky Rz 32; aA MüKo/Wacke Rz 8; vgl dazu § 875 Rz 7).

11 Zustimmungsberechtigt ist der Inhaber des belastenden Drittrechts (bzw der für ihn Verfügungsbefugte). Maßgeblicher Zeitpunkt ist der Zugang der Zustimmungserklärung (Hamm Rpfleger 1995, 246, 247; MüKo/Wacke Rz 10). Beschränkung bzw Verlust der Verfügungsmacht nach Zugang der Zustimmung beeinträchtigt deren Wirksamkeit nicht (Staud/Gursky Rz 28f). Wird der zustimmungsberechtigte Dritte von dem Inhaber eines aufzuhebenden Rechts (oder einem sonstigen Begünstigten) vertreten, so ist (wie bei § 875, vgl § 875 Rz 5) **§ 181** anzuwenden. Dies gilt auch dann, wenn die Zustimmung gegenüber dem Grundbuchamt erklärt wird (Düsseldorf aaO; Pal/Bassenge Rz 5; Staud/Gursky Rz 40; MüKo/Wacke Rz 9; für § 875 BGH NJW 1980, 1577).

12 Richtiger **Adressat der Zustimmungserklärung** ist gemäß § 876 S 3 das Grundbuchamt sowie jeder Begünstigte. Das sind der Eigentümer, der Inhaber des aufzuhebenden Rechts sowie diesem gleich- oder nachrangig Berechtigte.

13 4. **Unwiderruflichkeit** der Zustimmungserklärung tritt mit Zugang beim richtigen Adressaten ein, § 876 S 3, auch wenn die Aufgabe noch nicht erklärt ist. § 876 S 3 weicht insoweit von § 183 ab. Die wirksam erklärte Zustimmung bindet auch den Rechtsnachfolger, sofern nicht sein guter Glaube über § 892 geschützt wird.

14 5. **Ersatz der Zustimmung** ist durch ein sog **Unschädlichkeitszeugnis** nach Maßgabe des Art 120 EGBGB iVm landesrechtlichen Vorschriften (vgl Pal/Bassenge Art 120 EGBGB Rz 2) möglich.

15 6. **Wirkungen.** Aufgabeerklärung, Zustimmung und Löschung bewirken gemeinsam die Aufhebung des Rechts, wobei es auf das Zusammentreffen, nicht auf die Reihenfolge ankommt. Die ohne erforderliche Zustimmung erfolgende Löschung macht das Grundbuch unrichtig; die Rechtsaufgabe ist materiell-rechtlich schwebend unwirksam (MüKo/Wacke Rz 13; Staud/Gursky Rz 47). Der Schwebezustand endet jedoch mit dem Ablauf einer für die Einholung der Genehmigung angemessenen Wartezeit (BGH Warn Rspr 1969 Nr 182 [371] = LM § 3 ZPO Nr 40 Bl 3 R; MüKo/Wacke Rz 13; aA Staud/Gursky Rz 47). Der Inhaber des belastenden Rechts kann gemäß § 894 Berichtigung verlangen. Gleiches gilt für den Inhaber des gelöschten Rechts, und zwar schon während des Schwebezustands (Pal/Bassenge Rz 1; MüKo/Wacke Rz 13; Staud/Gursky Rz 46 mwN auch für die Gegenmeinung). Andernfalls sähe er sich uU Ersatzansprüchen bei gutgläubig lastenfreiem Erwerb eines Dritten ausgesetzt. Bis Ablauf des Schwebezustandes bzw versagter Genehmigung bleibt er an die Aufgabeerklärung gebunden. Zu möglichen Konvaleszenztatbeständen vgl Staud/Gursky Rz 48.

877 *Rechtsänderungen*

Die Vorschriften der §§ 873, 874, 876 finden auch auf Änderungen des Inhalts eines Rechts an einem Grundstück Anwendung.

1 1. **Allgemeines.** § 877 regelt die **Änderung von beschränkten dinglichen Rechten an Grundstücken und an grundstücksgleichen Rechten**. Erforderlich ist gemäß §§ 877, 873 grundsätzlich die Einigung zwischen dem Grundstückseigentümer und dem Inhaber des besagten Rechts und die Eintragung (in die Spalte Veränderungen), wobei Bezugnahme auf die Eintragungsbewilligung wie bei der Rechtsbegründung zulässig ist (§ 874). Etwaige Drittberechtigte müssen nach Maßgabe des § 876 zustimmen. Dagegen genügt bei Rechten am Rechte die Einigung der Beteiligten (Wolff/Raiser § 40 III; Staud/Gursky Rz 6). Zur Inhaltsänderung bei vorgemerkten Ansprüchen vgl § 883 Rz 35. Gegenüber der Aufhebung des alten und der Bestellung des neuen Rechts liegt der rechtliche Vorteil der Inhaltsänderung darin, daß Identität und Typ des – zu ändernden – Rechts gewahrt bleiben (Staud/Gursky Rz 1).

2 2. **Inhaltsänderung** iSv § 877 ist jede rechtsgeschäftliche nachträgliche Abwandlung der Befugnisse des Berechtigten, die unter Aufrechterhaltung der Identität des Rechts weder Begründung noch Belastung (§ 873), noch Aufhebung (§ 875) ist (MüKo/Wacke Rz 4 mwN).

3 Nicht unter § 877 fallen **gesetzliche Veränderungen**, zB Teilung des herrschenden Grundstücks bei einer Grunddienstbarkeit (§ 1025 S 2) bzw einer subjektiv-dinglichen Reallast (§ 1109 III) oder die Verwandlung der Fremdhypothek in eine Eigentümergrundschuld gemäß § 1177. Gleiches gilt für die kraft Gesetzes eintretende

Umwandlung einer Hypothek zur Gesamthypothek infolge Grundstücksteilung und für die (nicht nach § 876 zustimmungsbedürftige) Umwandlung von grundpfandrechtsbelastetem Grundeigentum in Wohnungseigentum gemäß §§ 3 und 8 WEG (BayObLG NJW 1958, 2016f; Frankfurt aM OLGZ 1987, 266; Hamm OLGZ 1989, 160, 163f; MüKo/Wacke § 876 Rz 2 und § 877 Rz 5; ausführlich Staud/Gursky Rz 61 mwN).

Unter § 877 zu subsumieren sind zB Ausschluß der Übertragbarkeit eines Liegenschaftsrechts, § 399 Alt 2 **4** (Hamm NJW 1968, 1289f = MDR 1968, 768 mwN; Staud/Gursky Rz 14 mwN) und Wiederaufhebung der Unübertragbarkeit (MüKo/Wacke Rz 4 mwN); die Hinzufügung einer Bedingung oder Befristung (KG JFG 13, 75, 78 = JW 1935, 3235, 3236; Staud/Gursky Rz 39 mwN); die Verlängerung eines Rechts (Staud/Gursky Rz 30; für den Nießbrauch: KG JFG 13, 75; für die Erbbaurechtszeit: BayObLG NJW 1960, 1155, 1156); Änderung einer Kündigungsvereinbarung (BGH 1, 294, 305 = NJW 1951, 645), Ersatz der bei einer Reallast zu erbringenden Naturalleistungen durch Geldleistungen (Staud/Gursky Rz 34); Erhöhung von Grundpfandrechtszinsen (BGH NJW 1986, 314, 315); Eintragung einer Barzahlungsklausel bei einer bisher in Wertpapieren tilgbaren Hypothek (KG JW 1933, 2597; JFG 11, 207, 215); Änderung eines Altenteilsrechts durch Auswechseln gemeinsam zu buchender (§ 49 GBO) Befugnisse (KG JW 1934, 2997, 2998 mwN; Staud/Gursky Rz 11; MüKo/Wacke Rz 4); Zusammenfassung mehrerer demselben Gläubiger zustehender und unmittelbar aufeinander folgender Hypotheken zu einer Einheitshypothek (RG 145, 47, 49; Hamm Rpfleger 1992, 13; Schleswig Rpfleger 1991, 150; zur Zusammenfassung von Reallasten vgl BayObLGZ 96, 114) oder Änderung in betragsmäßig geänderte neue Einzelhypotheken mit gleichem Gesamtbetrag (Hamm Rpfleger 1992, 13; Staud/Gursky Rz 18; ablehnend Bestelmeyer Rpfleger 1992, 151). Zur Inhaltsänderung von Gemeinschaftseigentum und Sondereigentum nach WEG vgl Staud/Gursky Rz 43ff; zur Aufhebung eines Sondernutzungsrechts siehe BGH NJW 2000, 3643.

Aufgrund von **Spezialvorschriften** wechselseitig austauschbar sind die Grundpfandrechte, vgl §§ 1116 II, III, **5** 1186, 1198, 1203.

Für **Rangänderungen** gelten die §§ 880, 881 und 1151. Ergänzend kann § 877 herangezogen werden, zB bei **6** nachträglichem Rangvorbehalt (KGJ 39, 193, 195; Staud/Gursky Rz 42; MüKo/Wacke Rz 6) oder bei Rangtausch zwischen Rechten desselben Berechtigten (Staud/Gursky aaO, MüKo/Wacke aaO).

3. Nicht als Inhaltsänderung gilt dagegen die Vereinbarung einer Unterwerfungsklausel iSv § 800 ZPO (KG **7** HRR 1931 Nr 1705; MüKo/Wacke Rz 5; Pal/Bassenge Rz 3; Staud/Gursky Rz 19, arg: ausschließlich verfahrensrechtliche einseitige Erklärung).

Mangels **rechtlicher Identität** (vgl Rz 2) sind Grunddienstbarkeit, Nießbrauch, beschränkte persönliche Dienst- **8** barkeit und Dauerwohnrecht (§ 31 WEG) nicht untereinander nach § 877 umwandelbar. Erforderlich ist vielmehr Aufhebung des bisherigen und Neubestellung des nunmehr gewollten Rechts (Staud/Gursky Rz 11 mwN). Aufhebung und Neubestellung können einheitliches Geschäft iSv § 139 sein, dh einander bedingen (Wolff/Raiser § 40 I 3). – Gleiches gilt im Verhältnis der Grundpfandrechte zur Reallast (Staud/Gursky aaO). Zum Altenteil vgl aber Rz 4.

Keine Inhaltsänderung, sondern – einseitige – **Teilaufhebung** iSv § 875 sind Herabsetzung von Grundpfand- **9** rechtskapital und -zinsen (RG 72, 362, 366; KG HRR 1932, Nr 1657; Soergel/Stürner Rz 2; Pal/Bassenge Rz 4; Staud/Gursky Rz 38 mwN). Umgekehrt ist zB Erhöhung des Grundpfandrechtskapitals als **(Teil-)Neubestellung** zu behandeln (Hamm Rpfleger 1992, 13; MüKo/Wacke Rz 5; für ein einheitliches Recht, aufgeteilt auf zwei verschiedene Rangstellen dagegen wohl Staud/Gursky Rz 27). Gleiches gilt bei Erweiterung der Befugnisse aus einer Dienstbarkeit (BayObLG Rpfleger 1967, 11ff).

4. Zustimmung Drittberechtigter ist nach Maßgabe des § 876 erforderlich, wobei auch in den Fällen des **10** § 876 S 1 Zustimmung des Dritten entbehrlich ist, wenn Beeinträchtigung seiner Rechtsstellung ausgeschlossen ist (BGH 91, 343, 346 = NJW 1984, 2409, 2410 mwN; Hamm OLGZ 1989, 160, 162; BayObLG NJW-RR 1992, 208, 209; Staud/Gursky Rz 58).

Gleich- und nachstehend Berechtigte. Ihre Zustimmung ist erforderlich, wenn die Inhaltsänderung ihre vom **11** Rang bestimmte Rechtsstellung verschlechtert (RG 132, 106, 110; BayObLG NJW 1960, 1155, 1156; MüKo/Wacke Rz 9 mwN); vgl auch § 19 GBO. Dies ist bei einer Erweiterung des geänderten Rechts der Fall (Staud/Gursky Rz 72), zB bei Erhöhung von Nebenleistungen eines Grundpfandrechts außerhalb von § 1119 (KG HRR 1932, Nr 320) oder der Einzelleistungen einer Reallast (vgl Frankfurt aM Rpfleger 1978, 312f); auch bei Erleichterung der Entstehungsbedingungen für ein Recht (KG HRR 1933, Nr 1929; deren Verschärfung/Erweiterung ist dagegen zustimmungsfrei: KGJ 52, 197, 201): Bei gleichzeitiger Erhöhung und Herabsetzung von Nebenleistungen kommt es darauf an, ob Gesamtumfang der Belastung sich erweitert (zB bei Zinserhöhung gegen Strafzinssenkung, Braunschweig JFG 9, 255, 256).

Die **fehlende Zustimmung** macht die Inhaltsänderung nicht unwirksam; vielmehr ist der zustimmungsbedürf- **12** tige Teil des Rechts nachrangig (RG 132, 106, 110), dh insoweit ist die Grundbucheintragung unrichtig (Pal/Bassenge Rz 6; MüKo/Wacke Rz 9; Staud/Gursky Rz 72 mwN). Die Inhaltsänderung bzw Erweiterung ist bei fehlender notwendiger Zustimmung aber unwirksam, wenn sie keinen Rang hat bzw keinen Rang erhalten darf (RG 108, 176, 183; JW 1933, 2597f; Staud/Gursky Rz 72 mwN; MüKo/Wacke Rz 9).

878 Nachträgliche Verfügungsbeschränkungen

Eine von dem Berechtigten in Gemäßheit der §§ 873, 875, 877 abgegebene Erklärung wird nicht dadurch unwirksam, dass der Berechtigte in der Verfügung beschränkt wird, nachdem die Erklärung für ihn bindend geworden und der Antrag auf Eintragung bei dem Grundbuchamt gestellt worden ist.

§ 878 Sachenrecht Rechte an Grundstücken

1. Zweck. Nach den allgemeinen Grundsätzen müssen bei Vollendung eines Rechtsgeschäfts alle seine Wirksamkeitsvoraussetzungen vorliegen, also auch die Verfügungsmacht des Verfügenden (BGH 28, 182, 184f). Die Verfügung über ein Liegenschaftsrecht ist entsprechend ihrer Struktur erst beim Zusammentreffen von Einigung und Eintragung vollendet (§ 873). Die an ihr Beteiligten haben es zwar in der Hand, die Voraussetzungen für die Eintragung zu schaffen; auf die Eintragung als solche haben sie aber keinen Einfluß. Gäbe es den § 878 nicht, so hinge es vom mehr oder weniger zufälligen Zeitpunkt der Eintragung ab, ob eine nachträgliche Verfügungsbeschränkung auf seiten des Berechtigten dem erstrebten Rechtserfolg entgegenstünde oder nicht. Dies wäre nicht nur in hohem Maße unbillig (vgl MüKo/Wacke Rz 1 mwN), sondern auch wirtschaftshemmend, sähe sich doch der Verfügungsbegünstigte veranlaßt, seine evtl Gegenleistung (zB eine Darlehensgewährung) bis zur Eintragung zurückzuhalten (Staud/Gursky Rz 1 und 3). Deshalb erklärt § 878 eine nach bindender Einigung und Stellung des Eintragungsantrags gegen den Berechtigten verhängte Verfügungsbeschränkung im Interesse der rechtserwerbenden Partei für unschädlich (vgl auch RG 135, 378, 381f und BGH NJW-RR 1988, 1274, 1275). Ergänzt wird der Schutz des Erwerbers materiell-rechtlich durch die §§ 130 II und 892 II sowie verfahrensrechtlich durch die §§ 17 und 45 GBO.

2. Anwendungsbereich. § 878 ist nicht nur auf Erklärungen iSv §§ 873, 875, 877, sondern auch auf andere **rechtsgeschäftliche Verfügungen** mit konstitutiver Eintragung anwendbar. Dazu gehören: Bewilligung (BGH 28, 182, 185; Pal/Bassenge § 885 Rz 11; Staud/Gursky Rz 9 mwN) und Aufhebung einer Vormerkung (Köln Rpfleger 1973, 299; Pal/Bassenge Rz 4; Staud/Gursky Rz 9 mwN); Verzicht auf Eigentum am Grundstück (§ 928); einseitige Eigentümererklärung bei Vereinigung (§ 890 I), Zuschreibung (§ 890 II) oder Teilung eines Grundstücks (Pal/Bassenge Rz 4, Staud/Gursky Rz 9; aA Schöner/Stöber, 12. Aufl Rz 113); wohl auch Bestellung und Änderung von Eigentümerrechten (außerhalb des Anwendungsbereichs von § 1196 II; vgl Staud/Gursky Rz 9; Soergel/Stürner Rz 2; Pal/Bassenge Rz 4) und Teilungserklärung nach § 8 WEG (Soergel/Stürner Rz 2; Staud/Gursky Rz 9, arg: § 1196 II analog; Pal/Bassenge Rz 4; aA LG Köln MittRhNotK 1984, 16); Bewilligung und Aufhebung eines Widerspruchs (Pal/Bassenge Rz 4; Staud/Gursky Rz 10); kraft gesetzlicher Fiktion gemäß § 894 ZPO auch rechtskräftige Verurteilung zur Abgabe einer Einigungserklärung bzw einer einseitigen Verfügungserklärung (Staud/Gursky Rz 15 mwN).

Entsprechend anwendbar ist § 878 auch auf unwiderrufliche Grundbucherklärungen, insbes alle Bewilligungen iSv § 19 GBO (Staud/Gursky Rz 11 mwN) und auf die Berichtigungsbewilligung iSv § 22 GBO (Pal/Bassenge Rz 4; Staud/Gursky Rz 10).

Verweisungen auf § 878 finden sich in §§ 880 II S 1, 1109 II S 2, 1116 II S 2, 1132 II S 2, 1154 III, 1168 II S 2, 1180 I S 2, 1188 I und 1196 II BGB; §§ 3 III, 8 II, 9 II SchiffsRG. Der Sache nach auf § 878 verwiesen wird auch in § 140 II InsO, der aufgrund „berichtigender" Auslegung auch anzuwenden ist, wenn der Verfügende („Schuldner") den Eintragungsantrag gestellt hat (vgl Scherer ZIP 2002, 346 mwN; dies übersieht BGH Rpfleger 1997, 271; abweichend Soergel/Stürner Rz 8 und Staud/Gursky Rz 70 mwN zum Streitstand: § 147 [iVm § 140 I] InsO; zur früheren Rechtslage vgl MüKo/Wacke Rz 24 und Staud/Gursky aaO). Dies dürfte für § 8 II AnfG entsprechend gelten. Zum Wahlrecht des Insolvenzverwalters nach § 103 InsO (bzw § 17 KO) vgl Staud/Gursky Rz 69 mwN u Scholtz ZIP 1999, 1699ff.

Nicht anzuwenden ist § 878 dagegen auf eintragungsbedürftige Vollstreckungsakte wie zB die Zwangshypothek (RG 84, 265, 280; BGH 9, 250, 252f; KG DNotZ 1962, 420; Pal/Bassenge Rz 4; Staud/Gursky Rz 12f; Soergel/Stürner Rz 3, aA Wacke ZZP 82 [1969], 377ff; MüKo/Wacke Rz 18 mwN zur Gegenmeinung in Fn 47); bei (erzwungener) Eintragung einer Vormerkung aufgrund einstweiliger Verfügung, § 885 I S 1 Alt 1 (Staud/Gursky Rz 14; Pal/Bassenge Rz 4); bei erzwungenem Widerspruch (Pal/Bassenge Rz 4). – § 878 gilt auch nicht für den Antrag auf Eintragung der Unterwerfung unter die sofortige Zwangsvollstreckung (§§ 794 I Nr 5, 800 I S 2 ZPO).

3. Verfügungsbeschränkung iSd § 878 ist jede **außerhalb des Grundbuchs** entstehende Beeinträchtigung der Verfügungsbefugnis des Berechtigten; ob es sich um eine absolute oder relative Beschränkung handelt, spielt keine Rolle (KGJ 9, 178, 182; Soergel/Stürner Rz 4; Staud/Gursky Rz 24; MüKo/Wacke Rz 19). Gleiches gilt für ihren Entstehungsgrund (vgl Staud/Gursky Rz 24).

Beispiele sind: § 21 II Nr 2 und 80 I InsO; § 1994 BGB; § 23 (ggf iVm § 146 I) ZVG; §§ 829, 857, 935, 938 II ZPO, §§ 290, 443 StPO; §§ 51 I S 1 Nr 1 und §§ 144, 169 BauGB; nach überwiegender Meinung auch Widerruf einer bereits erteilten Einwilligung gemäß § 5 ErbbauVO (BGH NJW 1963, 36f; MüKo/Wacke Rz 12 und 21; Pal/Bassenge Rz 9; ablehnend mit guten Gründen Staud/Gursky Rz 28) bzw gemäß §§ 12, 35 WEG (MüKo/Wacke Rz 12, Pal/Bassenge Rz 9; aA Staud/Gursky Rz 28) sowie Verfügungsbeschränkungen gemäß §§ 1424, 1450 (MüKo/Wacke Rz 21; Pal/Bassenge Rz 9; aA Staud/Gursky Rz 26).

Wie Verfügungsbeschränkungen zu behandeln sind: Beendigung der Amtsstellung von Insolvenzverwalter, Nachlaßverwalter oder Testamentsvollstrecker (Brandenburg VIZ 1995, 365; LG Neubrandenburg MDR 1995, 491; Däubler JZ 1963, 588; Pal/Bassenge Rz 11; Staud/Gursky Rz 57; MüKo/Wacke Rz 13 mit Fn 27; Bamberger/Roth/Kössinger Rz 15; aA KG OLGE 26, 4, 5; Celle NJW 1953, 945; Köln MittRhNotK 1981, 139; LG Osnabrück KTS 1972, 202f; Soergel/Stürner Rz 7); Umwandlung von Allein- in Gesamtberechtigung außerhalb des Grundbuchs, zB gemäß § 1416 (Pal/Bassenge Rz 11; MüKo/Wacke Rz 20; im Ergebnis auch Staud/Gursky Rz 18 mwN); nach Ansicht des OLG Zweibrücken (Rpfleger 2001, 406) auch Eröffnung des Insolvenzverfahrens über das Vermögen eines BGB-Gesellschafters, dessen Rechte im Rahmen der nach § 728 II vorzunehmenden Auseinandersetzung vom Insolvenzverwalter wahrzunehmen sind (aA Keller NotBZ 2001, 397, 400f, der auf fehlende Vertretungsbefugnis abstellt).

Keine Verfügungsbeschränkungen iSv § 878 sind bewilligte oder erzwungene Vormerkungen und Widersprüche zugunsten Dritter, da erst mit Eintragung wirksam (MüKo/Wacke Rz 21, Schutz hier nur über §§ 17, 45

GBO); Verlust der Rechtsinhaberschaft (Frankf aM OLGZ 80, 100, 104; BayObLG RdL 1984, 179; Pal/Bassenge Rz 2; Staud/Gursky Rz 18; aA MüKo/Wacke Rz 20); anders aber bei Gesamtrechtsnachfolge (vgl Baur/Stürner § 19 Rz 23); absolute und relative Erwerbsbeschränkungen (zB „Erwerbsverbot" aufgrund einstweiliger Verfügung, vgl § 888 Rz 16; RG 120, 118; BayObLGZ 1997, 55; Pal/Bassenge Rz 2; aA MüKo/Wacke Rz 25; kritisch auch Staud/Gursky Rz 71f).

4. Berechtigter iSv § 878 ist der Rechtsinhaber bzw sein Stellvertreter. Zur Verfügung durch Miterben vgl KG JFG 13, 92, 94ff. Gleichzustellen sind Verwalter kraft Amtes (Insolvenzverwalter, Testamentsvollstrecker, Nachlaßverwalter; vgl Staud/Gursky Rz 56). Entsprechend anzuwenden ist § 878 auch auf Nichtberechtigten, der als eingetragener („Buch-")Berechtigter (MüKo/Wacke Rz 13; Pal/Bassenge Rz 5 mwN; aA RGRK/Augustin Rz 2) oder der mit Einwilligung des Berechtigten iSv § 185 I (KG DNotZ 34, 284; Köln Rpfleger 1975, 20; Staud/Gursky Rz 6; Pal/Bassenge Rz 6 mwN; aA RG 135, 378; BGH 49, 197; BayObLG 1960, 456, 462) verfügt. Eine nachträgliche Verfügungsbeschränkung in bezug auf den Berechtigten schadet nicht (Pal/Bassenge Rz 6 mwN). Gleiches gilt im Falle einer Genehmigung des Berechtigten nach § 185 II S 2 Alt 1, wenn diese vor Eintritt einer Verfügungsbeschränkung in der Person des Nichtberechtigten bzw in der Person des Berechtigten erteilt worden ist (Pal/Bassenge Rz 7 mwN). 10

5. Folgende **Voraussetzungen** müssen vor Eintritt der Verfügungsbeschränkung erfüllt sein, wobei die Reihenfolge gleichgültig ist: 11

a) Bindende Einigung bzw Aufhebungserklärung. Die Verfügungserklärung des Berechtigten muß bindend sein, §§ 873 II, 875 II (vgl § 873 Rz 17ff und § 875 Rz 6). Bei Bewilligung und Aufhebung einer Vormerkung bzw eines Widerspruchs gilt § 875 II analog (Staud/Gursky Rz 34f; MüKo/Wacke Rz 9; Pal/Bassenge Rz 13 mwN). Zu anderen einseitigen Verfügungserklärungen vgl Staud/Gursky Rz 36. 12

b) Wirksame Antragstellung beim Grundbuchamt. Der beim Grundbuchamt eingegangene Antrag des Erwerbers oder des Verfügenden (zu § 140 II InsO vgl Rz 4) muß (später) zur Eintragung führen. Antragsrücknahme bzw -zurückweisung machen das Verfügungsgeschäft unwirksam. Dagegen lebt bei Aufhebung der Zurückweisung die Schutzwirkung des § 878 wieder auf, es sei denn, die Zurückweisung war rechtmäßig und die Aufhebung beruht auf neuen Tatsachen (BGH 136, 87, 93 = NJW 1997, 2751f). Eine Zwischenverfügung nach § 18 GBO führt noch nicht zur Unwirksamkeit (Brandenburg VIZ 1995, 365; Pal/Bassenge Rz 14 mwN), jedoch nur dann, wenn Mängel bezüglich formeller Eintragungsvoraussetzungen bestehen (Pal/Bassenge Rz 15 mwN). 13

c) Sonstige materiell-rechtliche Wirksamkeitsvoraussetzungen müssen im Zeitpunkt der Verfügungsbeschränkung erfüllt sein. § 878 will den Erwerber bzw Verfügungsbegünstigten nur vor einer nachteiligen Konsequenz des Eintragungszwangs bewahren, ihn aber keinesfalls besser stellen, als er ohne das Eintragungserfordernis stünde (Staud/Gursky Rz 37). 14

Beispiele: Briefübergabe bei Bestellung eines Briefgrundpfandrechts (KG NJW 1975, 878) und Entstehung der gesicherten Forderung bei der Hypothek (vgl Staud/Gursky Rz 37). Gleiches gilt nach zutreffender hM auch für die erforderliche Genehmigung eines Dritten (zB §§ 177, 876 BGB, § 5 ErbbauVO, § 12 WEG; vgl für viele Staud/Gursky Rz 38 mwN); sowie für behördliche (Hamm JMBl NRW 1948, 242, 244; Staud/Gursky Rz 38; Pal/Bassenge Rz 15; aA Köln NJW 1955, 80; MüKo/Wacke Rz 12 mwN) und vormundschaftsgerichtliche Genehmigungen (Hamm JMBl NRW 1951, 93; Staud/Gursky Rz 38; Pal/Bassenge Rz 15; aA MüKo/Wacke Rz 12 mwN). 15

Daß die Eintragung formelles Recht verletzt, ist dagegen bedeutungslos. 16

6. Wirkung. § 878 bewirkt, daß mit der beantragten Eintragung das Verfügungsgeschäft wirksam wird; eine etwa bereits erfolgte Eintragung der Verfügungsbeschränkung steht dem nicht entgegen (KG JW 1932, 2441). Darüber hinaus läßt § 878 die formellrechtliche Antragsberechtigung (wie auch die Bewilligungsberechtigung des Verfügenden) fortbestehen (KG Rpfleger 1975, 88, 89f; Staud/Gursky Rz 47ff; MüKo/Wacke Rz 8; Pal/Bassenge Rz 16; aA etwa Ertl Rpfleger 1980, 41, 44; Venjakot Rpfleger 1991, 284 mwN). Dieser kann freilich seinen Antrag jederzeit zurücknehmen. Zur Antragsrücknahme durch den Insolvenzverwalter vgl Staud/Gursky Rz 69 und MüKo/Wacke Rz 23. 17

§ 879 Rangverhältnis mehrerer Rechte

(1) Das Rangverhältnis unter mehreren Rechten, mit denen ein Grundstück belastet ist, bestimmt sich, wenn die Rechte in derselben Abteilung des Grundbuchs eingetragen sind, nach der Reihenfolge der Eintragungen. Sind die Rechte in verschiedenen Abteilungen eingetragen, so hat das unter Angabe eines früheren Tages eingetragene Recht den Vorrang; Rechte, die unter Angabe desselben Tages eingetragen sind, haben gleichen Rang.

(2) Die Eintragung ist für das Rangverhältnis auch dann maßgebend, wenn die nach § 873 zum Erwerb des Rechts erforderliche Einigung erst nach der Eintragung zustande gekommen ist.

(3) Eine abweichende Bestimmung des Rangverhältnisses bedarf der Eintragung in das Grundbuch.

I. Allgemeines 1. Wesen des Ranges. Der Rang ist das Verhältnis des dinglichen Rechts zu anderen Rechten an demselben Gegenstand. Er wirkt dinglich und unterscheidet sich dadurch vom schuldrechtlichen Anspruch auf Einräumung eines bestimmten Ranges (Sicherung durch Vormerkung möglich) und der schuldrechtlichen Abrede zwischen zwei Rechtsinhabern auf Vorwegbefriedigung des rangschlechteren Rechts. Seine Rechtsnatur wird unterschiedlich beschrieben: als gesetzliche Folge der Dinglichkeit (Planck/Strecker vor § 879 Bem 3), als „Verdrängungswert" eines Rechts im Verhältnis zu konkurrierenden Rechten (Staud/Kutter Rz 2), als Eigenschaft des dinglichen Rechts (RG JW 1933, 605, 606 und HRR 1934 Nr 1009) und als Rechtsinhalt (Wolff/Raiser § 42 m 1

§ 879 Sachenrecht Rechte an Grundstücken

Fn 1; vgl auch Westermann/Eickmann § 79 I 3). Einigkeit besteht aber darin, daß bei einer Rangänderung die für Inhaltsänderungen geltende Regelung des § 877 zumindest entsprechend anwendbar ist (siehe § 877 Rz 6), soweit die § 879ff keine spezielleren Regelungen enthalten.

2 **2. Bedeutung.** Der Rang spielt wirtschaftlich vor allem bei Grundpfandrechten eine große Rolle. Denn er entscheidet über die Befriedigungsaussichten des Gläubigers in der Zwangsversteigerung. So wird das rangbessere Recht vor dem rangschlechteren befriedigt (§§ 11, 109 II, 155 II ZVG) bzw bleibt bestehen, wenn der Inhaber des rangschlechteren Rechts die Zwangsvollstreckung betreibt (§ 52 I S 1 ZVG). Der Rang stellt zudem eine Eigenschaft dar, für die der Verkäufer des betreffenden Rechts einzustehen hat (RG HRR 1934 Nr 1009).

3 **II. Anwendungsbereich 1.** § 879 regelt das Rangverhältnis von **Rechten der Abteilungen II und III**, mit denen ein Grundstück (bzw Miteigentumsbruchteil) oder ein grundstücksgleiches Recht belastet ist. Ein Rangverhältnis zwischen verschiedenen Miteigentumsanteilen eines Grundstücks besteht nicht (KGJ 52, 213, 217). Gleiches gilt für Eintragungen im Bestandsverzeichnis und in Abteilung I; diese stehen weder miteinander noch zu denen der Abteilungen II und III in einem Rangverhältnis (RG 116, 363). Vielmehr geht das Eigentum allen Belastungen nach (vgl Stadler AcP 189 [1989], 425, 431ff; BayObLG NJW-RR 1991, 567).

4 **2. Den rangfähigen Rechten gleichgestellt** sind **Vormerkungen**, die auf Erwerb bzw Veränderung von Grundstücksrechten gerichtet sind, § 883 III (RG 124, 200, 202; 142, 331; Frankfurt aM Rpfleger 1980, 185; MüKo/Wacke Rz 4; Staud/Kutter Rz 8 mwN). Dies gilt auch für **Auflassungsvormerkungen** (KGJ 39, 198; BGH 96, 157, 167 = NJW 1986, 576, 578) und für **Löschungsvormerkungen** (Staud/Kutter Rz 8), wobei jedoch unter mehreren Löschungsvormerkungen kein Rangverhältnis besteht (KG DR 1944, 189; Staud/Kutter Rz 8 mwN; MüKo/Wacke § 883 Rz 57 aE; Pal/Bassenge Rz 5). – § 879 ist auch anwendbar auf **dingliche Vorkaufsrechte** (KG JW 1926, 1016; Staud/Kutter Rz 9 mwN) und **Vereinbarungen nach § 1010** (LG Zweibrücken Rpfleger 1965, 56f). Zu Umstellungsgrundschulden vgl BGH 6, 73, 74 und Staud/Seuffert, 11. Aufl, § 880 Rz 8b.

5 **3. Nicht anzuwenden** ist § 879 auf **Widersprüche** (RG 129, 124, 127; Staud/Kutter Rz 11 mwN; differenzierend MüKo/Wacke Rz 5) und **Verfügungsbeschränkungen** (RG 135, 378, 384; KG JW 1933, 2708 mwN; MüKo/Wacke Rz 6; Pal/Bassenge Rz 6; Staud/Kutter Rz 12 mwN). Letztere sind keine Grundstücksbelastungen, sondern beschränken die Verfügungsbefugnis des Rechtsinhabers. Insoweit sind die §§ 878, 892, 893 einschlägig.

6 Die Frage der Wirksamkeit eines dinglichen Rechts gegenüber einem **Nacherbenvermerk** ist keine Rangfrage, kann aber durch Eintragung ersichtlich gemacht werden (vgl Hamm Rpfleger 1957, 19; OLGZ 1965, 82, 83; KG JW 1935, 3560; 1937, 2972f; MüKo/Wacke Rz 6; näheres bei Staud/Kutter Rz 14). Kein Rangverhältnis besteht auch zwischen Auflassungsvormerkung und Veräußerungsverbot (KG JW 1932, 2441), **Zwangsversteigerungsvermerk** und Eigentumsverzicht (KGJ 38, 226; Staud/Kutter Rz 13; aA Dresden LZ 1930, 132) sowie zwischen Zwangsversteigerungsvermerk und eingetragenen Rechten (KG JW 1935, 2752).

7 **4. Rechte, die ohne Eintragung entstehen,** werden nicht von § 879 erfaßt, und zwar selbst dann, wenn sie eintragungsfähig oder sogar eingetragen sind (BayObLG NJW-RR 1991, 567; vgl Staud/Kutter Rz 17 mwN). Ihr Rang bestimmt sich grundsätzlich nach dem **Zeitpunkt ihrer Entstehung**, zB bei Pfandrechtsumwandlung nach § 1287 S 2 BGB, § 847 II S 2 ZPO; bei mehrfacher Verpfändung des Anspruchs begründet das ältere Pfandrecht die rangbessere Hypothek. **Sondervorschriften** gelten für Überbau- und Notwegrenten (§§ 914 I S 1, 917 II S 2); siehe auch §§ 883 III, 900 II S 2, 1119, 1131 BGB, § 10 I ErbbauVO, §§ 128 I, 130 III ZVG. Zu privilegierten Rechten außerhalb des BGB vgl im übrigen Staud/Kutter Rz 19.

8 **III. Gesetzliche Bestimmung der Rangfolge 1. Allgemeines.** § 879 I unterscheidet nach der Eintragung in derselben oder in verschiedenen Abteilungen. Dafür ist die tatsächliche Eintragung maßgebend, auch wenn sie nach formellem Recht in eine andere Abteilung gehört hätte. Eintragungen in der Veränderungsspalte teilen idR den Rang der Eintragung in der Hauptspalte (RG 132, 110). Nach Vollendung, dh Unterschrift gemäß § 44 S 2 GBO, darf der Eintragungsvermerk vom Grundbuchbeamten nicht mehr geändert werden. Auf die Bekanntmachung der Eintragung kommt es nicht an (Demharter § 44 GBO Rz 70).

9 **2. Bei Rechten, die in derselben Abteilung des Grundbuchs eingetragen sind**, kommt es auf „die Reihenfolge der Eintragungen" (§ 879 I S 1) an. Materiell-rechtlich entscheidend für das Rangverhältnis abteilungsgleicher Rechte ist nicht etwa der Eingang der Anträge oder die – uU fehlende oder falsche – Datumsangabe iSv § 44 I S 1 GBO, sondern die tatsächliche zeitliche Aufeinanderfolge der Eintragungen (KGJ 41, 223f; Wolff/Raiser, § 41 I 1; H. Westermann, 5. Aufl, S 402; Soergel/Stürner Rz 7; Pal/Bassenge Rz 8; MüKo/Wacke Rz 19; Staud/Kutter Rz 36 mwN; dagegen hält Westermann/Eickmann [§ 80 II 2] die räumliche Aufeinanderfolge für konstitutiv).

10 Selbst wenn das früher eingetragene **Recht erst später entstanden** ist (zB weil die Einigung erst später erfolgt bzw wirksam geworden ist), erhält es gemäß § 879 II den besseren Rang (vgl KG HRR 1932, Nr 1823). Sofern nur einmal das Recht entsteht, richtet sich sein Rang nach der Eintragung (zur sog Buchersitzung vgl § 900 II S 2). Bei eingetragener Vormerkung, die freilich wirksam sein muß, findet Vorverlagerung statt (§ 883 III). Zur Frage der Rangwahrung durch fehlerhafte Vollstreckungshandlungen vgl Furtner MDR 1964, 460.

11 **Ob** ein Recht früher eingetragen worden ist als ein anderes, läßt sich im Regelfall der (räumlichen) Anordnung der Eintragungen im Grundbuch entnehmen. Denn die (spätere) Eintragung hat räumlich unmittelbar an die vorangehende (frühere) Eintragung anzuschließen (§ 21 III GBV). Insoweit wird die – maßgebliche – zeitliche Reihenfolge der Eintragungen durch ihre räumliche Plazierung **indiziert** (Staud/Kutter Rz 36; Soergel/Stürner Rz 7; vgl auch Prot III S 89). Steht aber fest, daß eine in diesem Sinne besser plazierte Eintragung durch Ausnutzen eines Zwischenraums später eingeschoben worden ist, so ist das betreffende Recht gegenüber den früher eingetragenen Rechten nachrangig (RG HRR 1935, Nr 1016; Staud/Kutter Rz 35; MüKo/Wacke Rz 19). Gleiches gilt für eine zunächst unwirksame Eintragung, bei der die unterbliebene Unterschrift nach Eintragung eines anderen Rechts nachgeholt wird (MüKo/Wacke Rz 19 mwN).

Im Rahmen von § 892 entscheidet die zeitliche Reihenfolge, wie sie sich für den gutgläubigen Erwerber nach dem Inhalt des Grundbuchs darstellt. Dieser erwirbt das betreffende Recht mit dem aus dem Grundbuch ersichtlichen (vermeintlichen) Vorrang (Staud/Kutter Rz 37; Pal/Bassenge Rz 8). Widerspricht die Datierung der räumlichen Plazierung der Eintragungen, so steht dies einer Gutgläubigkeit nicht entgegen (Staud/Kutter Rz 37; MüKo/Wacke Rz 18; Pal/Bassenge Rz 8). **12**

2. Bei **Rechten, die in verschiedenen Abteilungen des Grundbuchs eingetragen** sind, soll es nach dem Wortlaut des § 879 I S 2 für die Bestimmung des Rangverhältnisses auf die Datumsangabe im Eintragungsvermerk ankommen. Dies bedeutet indes nicht, daß eine versehentliche Rückdatierung wirksam bestellte Rechte einer anderen Abteilung auf einen schlechteren Rang zurückzudrängen vermag (MüKo/Wacke Rz 23). Anhaltspunkte dafür, daß die Verfasser des BGB ein solch unbilliges Ergebnis bei § 879 I S 2 bewußt in Kauf genommen haben könnten, lassen sich der Entstehungsgeschichte (vgl Motive III S 227 und Protokolle II S 89) nicht entnehmen. Es sind auch keine Interessen erkennbar, die es gerechtfertigt erscheinen lassen, einer erwiesenermaßen unrichtigen Datumsangabe rangverdrängende Wirkung zuzuschreiben. Vor diesem Hintergrund ist § 879 I S 2 dahingehend aufzufassen, daß für das Rangverhältnis abteilungsungleicher Rechte das tatsächliche Eintragungsdatum maßgeblich ist (Westermann/Eickmann § 80 II S 3; MüKo/Wacke Rz 23; Pal/Bassenge Rz 9). **13**

Dabei lassen die jeweiligen Datumsangaben im Grundbuch freilich eine bestimmte zeitliche Reihenfolge **vermuten**. Deshalb muß derjenige, der sich auf eine hiervon abweichende Rangfolge beruft, diese darlegen und beweisen (vgl § 891 Rz 19). **14**

Ist das letzte Recht in einer Abteilung versehentlich undatiert geblieben, so geht es allen datierten Rechten in anderen Abteilungen nach. Sind die letzten Rechte in mehreren Abteilungen undatiert, so haben sie den gleichen Rang (Staud/Kutter Rz 61; vgl auch Pal/Bassenge Rz 9). **15**

Zugunsten des gutgläubigen Erwerbs gelten die sich aus dem Grundbuch ergebenden Eintragungsdaten als richtig (§§ 892, 893; vgl Staud/Kutter Rz 74; Pal/Bassenge Rz 9 aE; siehe auch Rz 12). **16**

4. Bei **Wegfall eines Rechts** rücken die nachrangigen Rechte vor (Prinzip der beweglichen Rangfolge). Beim Zusammenfallen mit dem Eigentum bleiben die Rechte aber aufgrund gesetzlicher Vorschriften weitgehend erhalten (§§ 889 und 1163; vgl aber auch §§ 1179a und 1179b); hierin liegt eine gewisse Annäherung an das Prinzip der festen Stelle. **17**

IV. Abweichende Bestimmung des Rangverhältnisses. 1. Allgemeines. Soweit das Gesetz nicht ausnahmsweise etwas anderes bestimmt (vgl zB § 10 ErbbauVO) ist es gemäß § 879 III bei Schaffung **mehrerer** Rechte möglich, den Rang abweichend von der gesetzlichen Rangfolge zu bestimmen. Zur Bestimmung gleichen Ranges vgl BayObLG NJW 1953, 826 und Staud/Kutter Rz 66 mwN. Ein einheitliches Grundpfandrecht hat freilich nur einen Rang und kann nicht zu Teilbeträgen mit unterschiedlichem Rang (bzw mit teilweisem Gleichrang zu anderen Pfandrechten) bestellt werden (Zweibrücken Rpfleger 1985, 54; LG Frankenthal Rpfleger 1983, 142; MüKo/Wacke Rz 28). **18**

2. Voraussetzungen. Erforderlich sind Einigung (bzw einseitige Erklärung bei § 1196 und den entsprechenden Fällen) und Eintragung. Die Einigung kann Gegenstand einer sebständigen dinglichen Abrede sein, ist jedoch idR Teil der Einigung iSv § 873, dh des Bestellungsaktes (vgl RG 128, 276, 279; Wolff/Raiser, § 41 III). Sie ist nicht gleichzusetzen mit der bloß schuldrechtlichen Verpflichtung zur Einräumung eines bestimmten Ranges (Düsseldorf DNotZ 1950, 41; vgl zur Abgrenzung Staud/Kutter Rz 73 mwN). So wirkt bei formularmäßiger Grundpfandbestellung die Angabe einer in Aussicht genommenen Rangstelle idR nur obligatorisch (Frankfurt aM DNotZ 1981, 580). Der Zusatz „notfalls nächstbetroffene" bzw „an bereitester Stelle" steht zumeist der Annahme einer dinglichen Rangbestimmung entgegen (KGJ 26, 295; BayObLG DNotZ 1977, 367; vgl aber auch LG Köln MittRhNotK 1981, 259). Bei der Annahme einer grds möglichen (vgl BayObLG DNotZ 1977, 367) stillschweigenden Rangbestimmung ist Zurückhaltung geboten (MüKo/Wacke Rz 29 mit Fn 70; vgl auch Bauch Rpfleger 1983, 421). – Die Rangeinigung braucht dem Grundbuchamt nicht nachgewiesen zu werden. Die Eintragung soll zwar gemäß § 18 GBV bei allen beteiligten Rechten erfolgen; materiell-rechtlich genügt aber ein Vermerk bei einem der Rechte. Der Vermerk muß die Rangfolge klar und eindeutig ausdrücken; eine Bezugnahme auf die Eintragungsbewilligung ist insoweit nicht zulässig (RG HRR 1931, Nr 1871). **19**

3. Divergenzen zwischen Einigung und Eintragung. Wird entgegen der Einigung über den Rang ein abweichender Rangvermerk eingetragen oder entsteht ohne Rangvermerk gemäß § 879 I iVm II ein der Einigung widersprechender Rang, so ist das vereinbarte Rangverhältnis mangels Eintragung nicht entstanden (Staud/Kutter Rz 67; MüKo/Wacke Rz 31; aA Streuer Rpfleger 1985, 388ff). Ob das Recht als solches mit dem ihm gesetzlich zukommenden Rang entsteht, hängt gemäß § 139 davon ab, ob die Beteiligten es auch ohne den vereinbarten Rang bestellt haben würden (BGH NJW-RR 1990, 206; vgl Staud/Kutter Rz 67f; Soergel/Stürner Rz 15; MüKo/Wacke Rz 31). Hiervon kann zumeist ausgegangen werden, wenn nicht die Umstände des Einzelfalles dem entgegenstehen (vgl zB BGH aaO; Bamberger/Roth/Kössinger Rz 16). **20**

V. Folgen bei fehlerhafter Eintragung. 1. Ein **Grundbuchberichtigungsanspruch** setzt gemäß § 894 voraus, daß das Grundbuch mit der wirklichen Rechtslage nicht in Einklang steht. Da die gesetzliche Rangbestimmung (§ 879 I, II) an den Zeitpunkt der Eintragung anknüpft, macht eine Verletzung der §§ 17, 45 GBO das Grundbuch noch nicht unrichtig (Frankfurt aM FGPrax 1995, 17; Staud/Kutter Rz 45). Ein eingetragener Rangvermerk ist **21**

aber iSv § 894 unrichtig, wenn es an einer entsprechenden dinglichen Rangeinigung iSv § 879 III fehlt oder diese unwirksam ist (Düsseldorf JR 1950, 686f; MüKo/Wacke Rz 31; Staud/Kutter Rz 71; abw Soergel/Stürner Rz 15; vgl auch Rz 20).

22 2. Ob dem durch einen Verstoß gegen die §§ 17, 45 GBO benachteiligten Gläubiger gegenüber dem Begünstigten ein **Bereicherungsanspruch** nach § 812 I S 1 Alt 2 zusteht, ist streitig. Die hM (BGH 21, 98 = NJW 1956, 1314f; Hoche JuS 1962, 60; MüKo/Wacke Rz 34; Staud/Kutter Rz 47 mwN) steht auf dem Standpunkt, die gesetzliche Rangbestimmung des § 879 enthalte zugleich den rechtlichen Grund für den erworbenen Rang. Der bessere Rang sei deshalb nicht rechtsgrundlos iSv § 812 I S 1 Alt 2 erworben. Vorbehaltlich des § 826 könne der Benachteiligte daher nur einen Amtshaftungsanspruch geltend machen.

Dagegen ist einzuwenden, daß § 879 zur Frage des Rechtsgrundes keine Aussage trifft (vgl MüKo/Lieb § 812 Rz 278). Da zudem in den – formell-rechtlichen – Regelungen der §§ 17, 45 GBO das materiell-rechtlich geltende Prioritätsprinzip zum Ausdruck kommt (vgl Lent NJW 1957, 177), spricht vieles dafür, daß auch materiell-rechtlich dem benachteiligten Gläubiger aufgrund der früheren Antragstellung der bessere Rang „gebührt". Dann aber ist der Rangkonkurrent nicht nur „ohne Rechtsgrund" begünstigt (vgl Larenz SchuldR II, 12. Aufl, S 532; Larenz/Canaris SchuldR II/2 § 69 I 3d, S 179f); er hat den besseren Rang auch „auf Kosten" (vgl RG 112, 268; BGH 21, 98; Staud/Kutter Rz 47; zweifelnd MüKo/Lieb § 812 Rz 278; aA MüKo/Wacke Rz 34) des benachteiligten Gläubigers erlangt. Deshalb ist er gemäß § 812 I S 1 Alt 2 dem benachteiligten Gläubiger gegenüber verpflichtet, die zur Rangänderung gemäß § 880 erforderlichen Erklärungen abzugeben (H. Westermann JZ 1956, 655; Soergel/Stürner Rz 12; Stadler AcP 189 [1989], 427; Röwer NJW 1957, 177; Lent NJW 1957, 177f; siehe auch § 812 Rz 80). Dies gilt selbst dann, wenn der Begünstigte gegenüber dem Eigentümer einen Anspruch auf diesen Rang hatte (anders noch Westermann JZ 1956, 655). Eine Unterscheidung – wie bei der Frage des Anwartschaftsrechts (vgl § 925 Rz 56) – danach, ob der Benachteiligte oder der Eigentümer den Eintragungsantrag gestellt hatte, erscheint nicht geboten, da aufgrund der Eintragung feststeht, daß sich die durch den Antrag und die Eintragungsbewilligung begründete Erwartung auf Erwerb des betreffenden Rechts erfüllt hätte.

880 Rangänderung

(1) Das Rangverhältnis kann nachträglich geändert werden.

(2) Zu der Rangänderung ist die Einigung des zurücktretenden und des vortretenden Berechtigten und die Eintragung der Änderung in das Grundbuch erforderlich; die Vorschriften des § 873 Abs. 2 und des § 878 finden Anwendung. Soll eine Hypothek, eine Grundschuld oder eine Rentenschuld zurücktreten, so ist außerdem die Zustimmung des Eigentümers erforderlich. Die Zustimmung ist dem Grundbuchamt oder einem der Beteiligten gegenüber zu erklären; sie ist unwiderruflich.

(3) Ist das zurücktretende Recht mit dem Recht eines Dritten belastet, so findet die Vorschrift des § 876 entsprechende Anwendung.

(4) Der dem vortretenden Recht eingeräumte Rang geht nicht dadurch verloren, dass das zurücktretende Recht durch Rechtsgeschäft aufgehoben wird.

(5) Rechte, die den Rang zwischen dem zurücktretenden und dem vortretenden Recht haben, werden durch die Rangänderung nicht berührt.

1 I. **Begrifflich** ist die Rangänderung durch ihre dingliche Wirkung von schuldrechtlichen Vereinbarungen, insb der der Vorwegbefriedigung zu unterscheiden (vgl auch § 879 Rz 1).

2 II. **Anwendungsbereich.** Zulässig ist die Rangänderung bei allen Rechten, die iSv § 879 rangfähig sind (vgl § 879 Rz 3f), dh bei Rechten an Grundstücken (bzw Miteigentumsbruchteilen) oder an grundstücksgleichen Rechten (vgl § 879 Rz 4). Sie ist auch möglich zwischen einem eingetragenen Recht und einer Vormerkung (RG 55, 279), und zwar unabhängig vom Bestehen eines ziffernmäßigen Wertverhältnisses (KG JFG 10, 224, 225f; NJW 1964, 1479; Staud/Kutter Rz 2; MüKo/Wacke Rz 4).

Einräumung des Vor- und Gleichranges stehen gleich. Der Rangrücktritt eines eingetragenen Rechts zugunsten eines erst einzutragenden ist möglich, da die Rangverschlechterung beim zurücktretenden Recht eingetragen werden kann (RG 157, 24; Frankfurt aM Rpfleger 1980, 185; Staud/Kutter Rz 6 mwN; MüKo/Wacke Rz 5).

Ausgeschlossen ist die Rangänderung, wenn ein eigentliches Rangverhältnis fehlt, zB zwischen einem dinglichen Recht und einem Nacherbenvermerk (vgl § 879 Rz 6), ferner bei öffentlichen Lasten (BGH 6, 70, 74 = NJW 1952, 873; Staud/Kutter Rz 6; MüKo/Wacke Rz 4).

3 III. **Voraussetzungen der Rangänderung** sind Einigung und Eintragung. § 880 II verweist insoweit auf die §§ 873 II und 878.

4 1. Die **Einigung** muß vom **Berechtigten** ausgehen. Daher kann der Eigentümer betreffend eine zukünftige Eigentümergrundschuld nicht wirksam einen Rangrücktritt erklären (RG 84, 80; Konvaleszenz nach § 185 II S 1 Alt 2 ist freilich möglich, vgl MüKo/Wacke Rz 7). Auch eine Vormerkung (etwa aufgrund analoger Anwendung des §§ 1179) ist insoweit nach hM nicht zulässig (RG 84, 80, 84; MüKo/Wacke Rz 7; vgl § 883 Rz 21).

Bei mehreren Rechtsinhabern ist die Rücktrittserklärung aller erforderlich (LG Braunschweig Rpfleger 1972, 365; BayObLG 1998, 187 = NJW-RR 1999, 310).

5 Ein Rangrücktritt kann auch **bedingt oder befristet** sein (RG HRR 1933, Nr 1585; JW 1934, 282; Pal/Bassenge Rz 2). Der Rücktritt zugunsten einer **Baugeldhypothek** kommt besonders häufig vor. Der zugunsten des Baukreditgebers Zurücktretende tut dies idR in der Erwartung, daß die zweckentsprechende Verwendung des Kredits zum werterhöhenden Bau sichergestellt sei. Zwar mag eine entsprechende schuldrechtliche (MüKo/Wacke Rz 8) und dingliche Einigung naheliegen (RG 83, 125; 86, 223; 92, 212). Nach den – strengen – Grundsätzen der Auslegung (vgl § 873 Rz 23 sowie Rz 6) einer Grundbucheintragung, welche für die Wirksamkeit einer Bedingung neben der Einigung konstitutiv ist, muß eine solche Beschränkung jedoch aus der Eintragung erkennbar sein (BGH 60, 226, 230; Wilke WM 1973, 718; krit Mittenzwei NJW 1973, 1196; Staud/Kutter Rz 16; vgl auch MüKo/Wacke Rz 8).

Bei einer Rangänderung zwischen zwei dem gleichen Inhaber zustehenden Rechten genügt dessen einseitige Erklärung anstelle der Einigung (KGJ 49, 243; KG 43, 236; RG 142, 237; Wolff/Raiser § 42 I 1; MüKo/Wacke Rz 7; Staud/Kutter Rz 19 mwN).

2. Die **Eintragung** der Rangänderung ist auch hier Verlautbarungstatbestand und muß sowohl beim zurücktre- 6 tenden als auch beim vortretenden Recht erfolgen (KGJ 45, 291, 293; KG JW 1929, 3346, 3348; Staud/Kutter Rz 22 mwN; RGRK/Augustin Rz 30; nach aA soll Eintragung bei dem zurücktretenden Recht genügen, vgl RG HRR 1931, Nr 1912; BayObLGZ 1988, 333; Soergel/Stürner Rz 5; MüKo/Wacke Rz 9; Pal/Bassenge Rz 3); vgl auch § 18 GBV. Nach dem Bestimmtheitsgrundsatz muß klargestellt werden, welche Rechte in welchem Umfang von der Rangänderung betroffen sind. Eine Bezugnahme auf die Eintragungsbewilligung zur näheren Inhaltsbestimmung ist gemäß § 874 statthaft (MüKo/Wacke Rz 9). Auch Bedingungen (betr die Rangänderung) bedürfen der Eintragung (vgl RG JW 1934, 282; Staud/Kutter Rz 23). – Die Eintragung der Rangänderung ist **entbehrlich**, wenn das Grundbuch in bezug auf ein eingetragenes Recht (wie zB bei einer Hypothek für Zinsrückstände; vgl §§ 1159 I, 1178) ohnehin keine Gewähr für dessen Bestand und keine Auskünfte über den Berechtigten gibt (RG 88, 160, 163).

3. Die **Zustimmung des Eigentümers** ist gemäß § 880 II S 2 bei Grundpfandrechten erforderlich, um sein 7 Interesse in bezug auf eine zukünftige Eigentümergrundschuld (§§ 1163, 1177) zu sichern. Wo dies wie bei § 1178 nicht der Fall ist, ist seine Zustimmung entbehrlich. Gleiches gilt bei Rangänderung unter Teilhypotheken bzw Teilgrundschulden (§§ 1151, 1192), bei Rangrücktritt einer Hypothekenvormerkung (MüKo/Wacke Rz 10; vgl Rz 10 mwN) oder einer Zwangshypothek (vgl KG JFG 12, 304, 308; BGH NJW 1953, 898, 899; BGH 12, 238, 244; MüKo/Wacke Rz 10) oder einer Sicherungshypothek iSv § 848 II S 2 ZPO (MüKo/Wacke Rz 10).

4. Dritte, mit deren Recht (Pfandrecht, Nießbrauch) das zurücktretende Recht belastet ist, müssen gemäß 8 § 880 III zustimmen, da die Rangänderung des zurücktretenden Rechts ihr Recht wertmäßig mindern kann (MüKo/Wacke Rz 12). Bei fehlender Zustimmung ist die Rangänderung nach hM nicht nur im Verhältnis zum Dritten (so aber Wolff/Raiser § 42 I 3; H. Westermann, 5. Aufl, § 82 II 5), sondern absolut unwirksam (KGJ 37, 213, 216ff; MüKo/Wacke Rz 13; Staud/Kutter Rz 29; vgl auch § 876 Rz 15).

IV. Die **Wirkung der Rangänderung** besteht in einer Verdrängung des zurücktretenden Rechts durch das vor- 9 tretende mit dinglicher Wirkung; Zwischenrechte bleiben unberührt (§ 880 V). Eine Rückgängigmachung der Folgen ist nur durch erneute Rangänderung möglich (vgl KG JFG 12, 293; Pal/Bassenge Rz 9). Fehlen Zwischenrechte, so hat die Rangänderung absolute Wirkung (KG JFG 22, 47; HRR 1942, Nr 539; Düsseldorf OLGZ 66, 489).

Den **Zwischenrechten** gegenüber ist die Rangänderung auf den Wert des zurücktretenden Rechts beschränkt, 10 mit dem Rest tritt das vortretende Recht hinter die Zwischenrechte, aber vor das zurücktretende Recht.

Tritt eine **Mehrzahl von Rechten** gleichzeitig oder nacheinander hinter ein anderes Recht zurück, so bleibt ihr 11 Rangverhältnis untereinander nach hM unberührt, falls nicht etwas anderes vereinbart wird (RG 79, 170; KGJ 42, 265; MüKo/Wacke Rz 15; Pal/Bassenge Rz 5; Staud/Kutter Rz 43 mwN). Gleiches gilt, wenn der Gläubiger einer Mehrzahl nachrangiger Rechte gleichzeitig den Vorrang einräumt (KGJ 47, 189; MüKo/Wacke Rz 15; Pal/Bassenge Rz 5; Staud/Kutter Rz 44 mwN). Bei nicht gleichzeitig vollzogenem Vortritt der mehreren Rechte bestimmt dagegen die Eintragung das Rangverhältnis (KG JFG 8, 306, 310f = HRR 1931 Nr 408; KGJ 20, 181, 184; Pal/Bassenge Rz 5; MüKo/Wacke Rz 15; Staud/Kutter Rz 45).

Wird das zurücktretende Recht durch Rechtsgeschäft aufgehoben (zB § 875 oder infolge Zahlung; vgl Staud/ 12 Kutter Rz 35; Pal/Bassenge Rz 7 mwN), so behält das vortretende Recht den ihm eingeräumten Rang (§ 880 IV). Grund ist, daß die Zwischenberechtigten auf eine rechtsgeschäftliche Aufhebung des zurücktretenden Rechts keine gesicherte Anwartschaft haben.

Wird ein bedingtes oder befristetes Recht aufgegeben, so geht gleichwohl der dem vortretenden Recht zuste- 13 hende Rang mit späterem Eintritt der Bedingung oder Befristung verloren (Wolff/Raiser § 42 Fn 20; Staud/Kutter Rz 36f). Zu weiteren nicht von § 880 IV erfaßten Erlöschensgründen betreffend das zurücktretende Recht vgl Staud/Kutter Rz 36f. Ist § 880 IV nicht gegeben, geht also der Rang des vorgetretenen Rechts durch nicht rechtsgeschäftliche Aufhebung des zurückgetretenen Rechts verloren, so gilt wieder das Grundprinzip der beweglichen Rangfolge: die Zwischenrechte rücken vor.

Besteht das zurückgetretene Recht trotz Eintragung nicht, so kommt allenfalls gutgläubiger Erwerb des Vor- 14 rangs gemäß § 892f in Betracht (Staud/Kutter Rz 38; Soergel/Stürner Rz 8; MüKo/Wacke Rz 20; vgl auch § 892 Rz 2). Besteht umgekehrt das vortretende Recht nicht, ist dessen Rangvortritt gegenstandslos (Staud/Kutter Rz 39; MüKo/Wacke Rz 20). Gutgläubiger Erwerb des aufgrund Eintragung scheinbar aufgerückten Rechts durch einen Dritten ist aber möglich (MüKo/Wacke Rz 20).

Zur Rechtslage bei Anfechtung einer Vorrangeinräumung wegen Gläubigerbenachteiligung (§ 11 AnfG) siehe 15 RG 70, 112, 113f; 86, 99ff; BGH NJW 1959, 673 = BGH 29, 230ff und NJW 1995, 2846.

881 *Rangvorbehalt*

(1) Der Eigentümer kann sich bei der Belastung des Grundstücks mit einem Recht die Befugnis vorbehalten, ein anderes, dem Umfang nach bestimmtes Recht mit dem Rang vor jenem Recht eintragen zu lassen.

(2) Der Vorbehalt bedarf der Eintragung in das Grundbuch; die Eintragung muss bei dem Recht erfolgen, das zurücktreten soll.
(3) Wird das Grundstück veräußert, so geht die vorbehaltene Befugnis auf den Erwerber über.
(4) Ist das Grundstück vor der Eintragung des Rechts, dem der Vorrang beigelegt ist, mit einem Recht ohne einen entsprechenden Vorbehalt belastet worden, so hat der Vorrang insoweit keine Wirkung, als das mit dem Vorbehalt eingetragene Recht infolge der inzwischen eingetretenen Belastung eine über den Vorbehalt hinausgehende Beeinträchtigung erleiden würde.

1. Allgemeines. Zweck des Rangvorbehalts ist es, dem Eigentümer bei der Bestellung eines dinglichen Rechts eine gesicherte Möglichkeit zur Schaffung eines rangbesseren Rechts zu geben. Praktisch wird dies vor allem bei der Bebauung eines Grundstücks, wenn zwar der Geldgeber für die zweite Hypothek bereits feststeht, der erste Hypothekar aber noch gefunden werden muß (vgl Beispiele bei Baur/Stürner § 17 Rz 31). Dieselben Zwecke erfüllt einfacher die vorherige Bestellung einer Eigentümergrundschuld, die später unter Umwandlung abgetreten wird. Sie ist ein dem Eigentum gegenüber selbständiges Recht, während der Rangvorbehalt ein dem jeweiligen Eigentümer (§ 881 III) des Grundstücks zustehendes Stück vorbehaltenen Eigentums ist (vgl zur Rechtsnatur eingehend Staud/Kutter Rz 15 mwN sowie LG Köln MittRhNotK 1996, 234; Jansen AcP 152 [1952/53], 508). Daher ist der Rangvorbehalt auch unpfändbar (BGH 12, 238).

2. Begründung des Rangvorbehalts (§ 881 II). Der Rangvorbehalt verlangt zu seiner Wirksamkeit **Einigung und Eintragung** als Teil der Bestellung des mit dem Vorbehalt belasteten Rechts. Dabei gelten die allgemeinen Grundsätze der §§ 873ff. Die nachträgliche Bestellung eines Rangvorbehalts ist entsprechend § 877 zulässig (Wolff/Raiser § 43 Fn 4; Staud/Kutter Rz 4 mwN; Pal/Bassenge Rz 4).

Das vorbehaltene Recht muß bei der Bestellung des Vorbehalts **inhaltlich genau bestimmt** werden. Von einem vorbehaltenen Grundpfandrecht kann bei Eintragung noch auf ein anderes Grundpfandrecht gewechselt werden (KG HRR 1928 Nr 1588; arg: § 1198). Bei Vorbehalt einer Gesamthypothek ist die Bestellung von Einzelhypotheken an den einzelnen Grundstücken gedeckt (LG Bochum DNotZ 1956, 604). Vorbehalt eines ziffernmäßig nicht begrenzten Rechts ist nicht möglich; bei Grundpfandrechten ist der Höchstbetrag des Kapitals und der Nebenleistungen (KGJ 28, 255, 258; 31, 321; Staud/Kutter Rz 8) anzugeben. Nach Frankfurt (NJW 1964, 669, 670 = Rpfleger 1964, 376, 377) deckt ein Vorbehalt für Zinsen nicht die Eintragung von anderen Nebenleistungen (aA Haegele Rpfleger 1964, 377 und Schmitz-Valckenberg NJW 1964, 1477). Ist bei einem Grundpfandrecht kein Zinssatz angegeben worden, kann ein Zinssatz bis zu 5 % eingetragen werden (RG 135, 196; arg: § 1119 I analog), es sei denn, das vorbehaltene Recht ist als unverzinslich bezeichnet (MüKo/Wacke Rz 6; Staud/Kutter Rz 8; RGRK/Augustin Rz 20).

Der Rangvorbehalt kann bedingt oder befristet sein (RG JW 1933, 605; Staud/Kutter Rz 9 mwN). Er kann ferner inhaltlich, zB auf eine bestimmte Person (KG HRR 1930, Nr 1611; HRR 1931, Nr 288) beschränkt werden (Staud/Kutter Rz 9 mwN). Es kann auch ein Rangvorbehalt für den Gleichrang (als „Minus" zum Vorrang) eines eintragungsfähigen Rechts mit dinglicher Wirkung bestellt werden (Soergel/Stürner Rz 4 mwN).

Die **Eintragung** muß bei dem Recht erfolgen, das zurücktreten soll (§ 881 II); sie ist im Grundbuch ersichtlich zu machen. Wegen der näheren Inhaltsbestimmung (Bedingung, Beschränkung etc) ist Bezugnahme auf die Eintragungsbewilligung entsprechend § 874 zulässig (KG HRR 1931, Nr 288; KGJ 48, 179, 182; MüKo/Wacke Rz 9).
Die Eintragungsbewilligung für den Rangvorbehalt zugunsten eines verzinslichen Grundpfandrechts muß den Zeitpunkt des Zinsbeginns angeben; ist der Rangvorbehalt dennoch eingetragen worden, gilt der Zeitpunkt der Eintragung des Grundpfandrechts als Mindestinhalt der Erklärung (BGH 129, 1 = NJW 1995, 1081f).

3. Divergenz zwischen Einigung und Eintragung. Geht der eingetragene Vorbehalt teilweise über die Einigung hinaus bzw fehlt diese ganz, so kann der Inhaber des mit dem Rangnachteil entstandenen Rechts gemäß § 894 Berichtigung des Grundbuchs verlangen (MüKo/Wacke Rz 9).
Bei Einigung mit Vorbehalt und Eintragung des nachrangig zu bestellenden Rechts ohne ihn entscheidet sich nach § 139, ob das besagte Recht als solches entstanden ist oder nicht. Entspricht es dem Parteiwillen, das bestellte Recht als wirksam anzusehen, so kann der Eigentümer von dem Rechtsinhaber aufgrund der schuldrechtlichen Vereinbarung oder gemäß § 812 I S 1 Alt 2 Bewilligung des Vorbehalts verlangen (MüKo/Wacke Rz 9; vgl auch Staud/Kutter Rz 10ff mit zum Teil abweichendem Ergebnis und wN).

4. Die Ausübung des Vorbehalts ist ins Belieben des jeweiligen Eigentümers gestellt. Der Gläubiger einer Zwangshypothek kann die Befugnis nicht ausüben (BGH 12, 238; Frankfurt MDR 1953, 243; Jansen AcP 152 [1952/53], 508, 513ff; ders NJW 1954, 238f und 1291; aA LG Berlin DR 1939, 1532; LG Stuttgart NJW 1954, 1145; MüKo/Wacke Rz 14; Staud/Kutter Rz 18 mwN).

Der jeweilige Eigentümer kann den Rangvorbehalt dadurch ausnutzen, daß er sich mit dem Erwerber des vortretenden Rechts über die Bestellung des Rechts an der vorbehaltenen Stelle einigt (MüKo/Wacke Rz 11; Staud/Kutter Rz 22) und das neu zu bestellende Recht mit dem Vorrang eingetragen wird (vgl Staud/Kutter Rz 22). Dabei ist zu vermerken, daß der Vorrang in Ausübung des Vorbehalts erworben wurde (BayObLG 1956, 456, 463; MüKo/Wacke Rz 12 mwN). Zur Eintragung eines Wirksamkeitsvermerks vgl LG Darmstadt NJW-RR 2003, 233 u § 883 Rz 50.

Anstelle des Rechts kann auch eine Vormerkung eingetragen werden (KG JW 1926, 2546; Staud/Kutter Rz 25). Der Rangvorbehalt kann auch teil- oder stufenweise bis zum Erreichen der vorbehaltenen Höchstsumme ausgenutzt werden (KGJ 40, 236). Das Rangverhältnis solcher Teilrechte bestimmt sich nach den §§ 879ff (MüKo/Wacke Rz 13; Staud/Kutter Rz 27).

5. Wirkungen der Vorbehaltsausübung sind der Rangrücktritt des „belasteten" und der Vortritt des begünstig- 10
ten Rechts; insofern gleicht der Erfolg einer Rangänderung. Bis zur Ausübung ist der Vorbehalt ohne jede Bedeutung für die Rangordnung. Der Vorbehalt wirkt nur gegenüber dem „belasteten" Recht. Wird er bei einem sog Zwischenrecht (dh einem zwischen Eintragung des Rangvorbehalts und seiner Ausübung eingetragenen Recht) nicht wiederholt, so bleibt dieses Recht von der Rangänderung unberührt. Die Regelungen des § 880 IV und V gelten entsprechend (MüKo/Wacke Rz 15 mwN). Bei Ausübung des Rangvorbehalts durch einen eingetragenen Nichteigentümer gilt § 892 zugunsten des gutgläubigen Erwerbers.

6. Die **Verteilung des Zwangsversteigerungserlöses** bei Entstehung von Zwischenrechten (vgl Rz 10) ent- 11
spricht der relativen Rangfolge. Das Zwischenrecht B hat entsprechend der Eintragungsfolge den schlechteren Rang als das mit dem Vorbehalt belastete Recht A (§ 879); das unter Ausnutzung des Vorbehalts eingetragene Recht C hat einen besseren Rang als das mit dem Vorbehalt belastete Recht A (§ 881), aber gemäß § 879 den schlechteren Rang als das vorher eingetragene und durch den Rangvorbehalt nicht berührte Zwischenrecht B.

Ausgangspunkt der **Berechnung** (vgl Staud/Kutter Rz 37) muß das mit dem Vorbehalt belastete Recht A sein, 12
dessen Inhaber bei der Einverständniserklärung zum Vorbehalt mit keinem größeren Vorrang als dem des Vorbehalts zu rechnen brauchte. **1. Beispiel:** A = 10 000 mit Vorbehalt von 10 000; B = Zwangshypothek von 7000; C = Hypothek von 10 000 unter Ausnutzung des Vorbehalts. Bei einem Zwangsversteigerungserlös von 10 000 ergibt sich folgende Verteilung: A muß 10 000, dh die Summe des Vorbehalts vorgehen lassen, erhält also 0. B muß sich die 10 000 von A vorgehen lassen, erhält also ebenfalls 0. C erhält die vollen 10 000. **2. Beispiel:** Bei einem Zwangsversteigerungserlös von 17 000 ergibt sich folgende Verteilung: A erhält (17 000 – 10 000 =) 7000. B erhält (17 000 – 10 000 =) 7000. C erhält den Rest, dh 3000.

Vgl weitere Beispiele bei MüKo/Wacke Rz 18; Staud/Kutter Rz 36 und Pal/Bassenge Rz 12. Zur Frage, wie das geringste Gebot anzusetzen ist, wenn einer der drei Rechtsinhaber die Zwangsversteigerung betreibt vgl Reinhard JW 1923, 262, 264f; Staud/Kutter Rz 39; Dassler/Schiffhauer/Gerhardt/Muth § 114 ZVG Rz 46.

7. Beseitigung des Vorbehalts erfolgt entsprechend § 875 durch Aufgabeerklärung des Eigentümers und 13
Löschung (MüKo/Wacke Rz 10; Westermann/Eickmann § 82 II 3; für Anwendung des § 877 dagegen Wolff/Raiser § 43 III; Ulbrich MittRhNotK 1995, 306; Pal/Bassenge Rz 13; und Staud/Kutter Rz 43 mwN). Ob mit Erlöschen des aufgrund des Vorbehalts bestellten Rechts der Vorbehalt wieder auflebt, ist Auslegungsfrage. In der Regel werden die Beteiligten mehrfache Ausübungsmöglichkeit gewollt haben (KGJ 40, 234, 239; Rieve NJW 1954, 1434; Soergel/Stürner Rz 10 und 14; RGRK/Augustin Rz 15; Staud/Kutter Rz 29). Ein nicht ausgenutzter Vorbehalt erlischt mit dem belasteten Recht (KGJ 40, 234) sowie in der Zwangsversteigerung mit dem Zuschlag nach §§ 52, 91 ZVG (RG JW 1907, 703).

882 *Höchstbetrag des Wertersatzes*

Wird ein Grundstück mit einem Recht belastet, für welches nach den für die Zwangsversteigerung geltenden Vorschriften dem Berechtigten im Falle des Erlöschens durch den Zuschlag der Wert aus dem Erlös zu ersetzen ist, so kann der Höchstbetrag des Ersatzes bestimmt werden. Die Bestimmung bedarf der Eintragung in das Grundbuch.

1. Zweck der Regelung. Erlischt ein Recht, das nicht auf Zahlung eines Kapitals gerichtet ist, durch Zuschlag 1
in der Zwangsversteigerung, so tritt an dessen Stelle in der Regel ein Anspruch auf Wertersatz aus dem Versteigerungserlös (§ 92 I ZVG). § 882 regelt die Bestimmung des Höchstbetrages für den Wertersatz. Dies erleichtert zum einen die Aufnahme in den Teilungsplan (vgl § 114 I S 1 ZVG); zum anderen werden dem Eigentümer weitere Belastungen dadurch erleichtert, daß etwaige nachrangige Berechtigte ihre Befriedigungsaussichten im Zwangsversteigerungsverfahren besser einschätzen können (MüKo/Wacke Rz 1).

2. Anwendungsbereich. § 882 betrifft nur Rechte, die durch den Zuschlag erlöschen (§§ 52, 91 ZVG) und die 2
nicht auf Zahlung eines Kapitals gerichtet sind. Hierzu gehören: Dienstbarkeiten; der Nießbrauch; das Dauerwohnrecht (§ 1193, §§ 31ff WEG; vgl Staud/Kutter Rz 3; MüKo/Wacke Rz 3); Reallasten (KG OLGE 39, 242, 243); altrechtliche, dh vor dem 22. 1. 1919 bestellte Erbbaurechte; dingliche Vorkaufsrechte, sofern sie gemäß § 1097 für mehrere oder für alle Vorkaufsfälle bestellt sind (nicht aber das nur für einen Vorkaufsfall bestellte Vorkaufsrecht, vgl §§ 1098, 512). Gleichzustellen sind Vormerkungen auf Bestellung solcher Rechte (§ 48 ZVG). Gleiches gilt für Auflassungsvormerkungen (Wörbelauer DNotZ 1963, 580ff; 718ff; Staud/Kutter Rz 3; MüKo/Wacke Rz 3).

Nicht von § 882 erfaßt werden: Erbbaurechte nach neuem Recht (vgl § 25 ErbbauVO); Überbau- und Notweg- 3
renten (vgl § 52 II ZVG); Hypotheken und Grundschulden (vgl §§ 1115, 1192); Rentenschulden (vgl § 1199 II iVm § 92 III ZVG) sowie andere nach Landesrecht ablösbare Rechte (vgl Art 113 EGBGB iVm § 92 III ZVG).

3. Bestimmung des Höchstbetrages setzt materiell-rechtlich Einigung (zwischen Eigentümer und Inhaber des 4
Rechts) und Eintragung voraus (§§ 873 bzw 877); formell-rechtlich genügt Eintragungsbewilligung des Eigentümers; bei § 877 des Rechtsinhabers. Zustimmung gleich- oder nachrangig Berechtigter ist nicht erforderlich, da sie gemäß § 115 ZVG Herabsetzung des Ersatzbetrages auf den wirklichen Wert verlangen können.

883 *Voraussetzungen und Wirkung der Vormerkung*

(1) Zur Sicherung des Anspruchs auf Einräumung oder Aufhebung eines Rechts an einem Grundstück oder an das Grundstück belastenden Recht oder auf Änderung des Inhalts oder des Ranges eines solchen Rechts kann eine Vormerkung in das Grundbuch eingetragen werden. Die Eintragung einer Vormerkung ist auch zur Sicherung eines künftigen oder eines bedingten Anspruchs zulässig.

(2) Eine Verfügung, die nach der Eintragung der Vormerkung über das Grundstück oder das Recht getroffen wird, ist insoweit unwirksam, als sie den Anspruch vereiteln oder beeinträchtigen würde. Dies gilt auch, wenn die Verfügung im Wege der Zwangsvollstreckung oder der Arrestvollziehung oder durch den Insolvenzverwalter erfolgt.
(3) Der Rang des Rechts, auf dessen Einräumung der Anspruch gerichtet ist, bestimmt sich nach der Eintragung der Vormerkung.

I. Allgemeines

1 1. **Zweck der Vormerkung.** Verfügungen über Liegenschaftsrechte hängen von Grundbucheintragungen ab. Während der oft langen Zeit bis zur Eintragung besteht für den Erwerbsberechtigten das Risiko, daß die dingliche Rechtsänderung durch Vollstreckungsmaßnahmen Dritter oder durch Verfügungen, Insolvenz oder Tod (bzw aufgrund des Haftungsbeschränkungsrechts der Erben) des Veräußerers vereitelt wird. Vor diesen Gefahren bietet die Vormerkung Schutz (vgl § 48 ZVG; §§ 883 II und III, 888 BGB; §§ 106, 254 II InsO; § 884 BGB), indem sie eine vom Fortbestand des Rechts des Verfügenden am Grundstück nicht abhängige Beziehung des Erwerbsberechtigten zum Grundstück schafft. Da auch künftige und bedingte Ansprüche vormerkungsfähig sind (§ 883 I S 2), verschafft das Rechtsinstitut der Vormerkung darüber hinaus dem Bedürfnis der Praxis nach dinglich gesicherten Ankaufs- und Rückkaufsrechten Geltung (Westermann/Eickmann § 83 I 1b; MüKo/Wacke Rz 2).

2 2. **Rechtsnatur.** Die rechtliche Qualifikation der Vormerkung ist umstritten. Eine allen Erscheinungen und Wirkungen der Vormerkung gerecht werdende begriffliche Fixierung ist bislang nicht gelungen. Dies liegt an ihrer der sonstigen Systematik des BGB widersprechenden Zwischenstellung: Der Anspruch richtet sich nach Inhalt, Entwicklung, Behandlung usw nach dem Schuldrecht; die Beziehung des Gläubigers zum Grundstück und die sich aus ihr ergebende Schutz zeigt die einem dinglichen Recht eigenartigen Wesenszüge. Zwar ist das Rechtsinstitut der Vormerkung einem dinglichen Recht in einer Weise angenähert, daß man von einer „Belastung im weiteren Sinne" bzw von einem „Minus" gegenüber dem zu schaffenden dinglichen Recht sprechen könnte. Gleichwohl erscheint es nicht gerechtfertigt, die Vormerkung als dingliches Recht zu bezeichnen (so aber Heck § 47 IV; Wunner NJW 1969, 113, 114ff; E Wolf § 13 A IIe; dagegen MüKo/Wacke Rz 3 und Staud/Gursky Rz 203; siehe auch Stamm, Die Auflassungsvormerkung, 2003, 58ff: Interpretation als Fiktion der bedingten Verfügung). Die Vormerkung wird vielmehr mit Recht von der Rspr und der hL als **Sicherungsmittel eigener Art**, dh als eine im Grundbuch verlautbarte, mit gewissen dinglichen Wirkungen ausgestattete Sicherung eines auf eine dingliche Rechtsänderung gerichteten Anspruchs qualifiziert (RG 151, 389, 392; BGH 25, 16, 23; 60, 46, 49; BayObLG Rpfleger 1980, 294; Baur/Stürner S 232 Rz 61; Westermann/Eickmann § 83 I 2; MüKo/Wacke Rz 3; Pal/Bassenge Rz 2; Staud/Gursky Rz 202; Schneider DNotZ 1982, 523; Hager JuS 1990, 429, 439). Wegen ihrer **strengen Akzessorietät** zum gesicherten schuldrechtlichen Anspruch ist eine isolierte **Abtretung** der Vormerkung nicht möglich. Vielmehr umfaßt die Abtretung des gesicherten Anspruchs (§ 398) entsprechend § 401 die Vormerkung mit (BGH NJW 1994, 2947f). Gleiches gilt für eine **cessio legis** (§ 412) sowie bei **Verpfändung** (KGJ 35, 317) oder **Pfändung** (vgl Frankfurt aM Rpfleger 1975, 177; Staud/Gursky Rz 221). Zur Eintragungsfähigkeit (nicht Eintragungsbedürftigkeit) vgl Staud/Gursky, Rz 218 u 221.

3 3. **Anzuwendende Vorschriften.** Soweit ausdrückliche Regelungen (vgl §§ 1971, 1974 III, 2016 II) fehlen, sind Vormerkung und dingliche Rechte weitgehend gleich zu behandeln (RG 124, 200, 202; Canaris, FS Flume I, 1978, S 381, 388; MüKo/Wacke Rz 4). So ist zB § 442 II mindestens entsprechend anwendbar auf Vormerkungen betreffend Ansprüche auf Übertragung eines im Grundbuch eintragungsfähigen Rechts (Pal/Putzo Rz 22). Des weiteren ist nach Bewilligung der Vormerkung und Eingang des Antrags auf Eintragung beim Grundbuchamt § 878 anzuwenden (BayObLG NJW 1954, 1120, 1121; BGH 28, 182, 186f; wN § 878 Rz 2) mit der Folge, daß eine nachträgliche Verfügungsbeschränkung in der Person des Vormerkungsschuldners das wirksame Zustandekommen der Vormerkung mit Eintragung nicht verhindern kann. Gleiches gilt für den späteren Vollrechtserwerb. Vgl ferner zu den sog Belastungsverboten RG 134, 181, 182 sowie zum Widerspruch gegen die Vormerkung § 899 Rz 6.

4 4. **Abgrenzung zu ähnlichen Rechtsinstituten.** Ein gesetzliches (§ 135) oder gerichtliches (§ 136) **Veräußerungsverbot** führt bei verbotswidrigen Verfügungen zu deren relativer Unwirksamkeit (§§ 135 I, 136), schafft aber im Gegensatz zur Vormerkung nicht bereits eine Beziehung des Inhabers des vorgemerkten Anspruchs zum Gegenstand. Neben weiteren Unterschieden bei Insolvenz und Zwangsversteigerung (vgl MüKo/Wacke Rz 6) besteht eine wesentliche Abweichung des Veräußerungsverbots auch darin, daß es Ansprüche aller Art, dh auch dingliche Ansprüche sichern kann und nicht wie die Vormerkung auf Ansprüche schuldrechtlichen Charakters beschränkt ist. Zum Erwerbsverbot vgl § 888 Rz 16.

5 Vom **Widerspruch** unterscheidet sich die Vormerkung dadurch, daß der Widerspruch bestehende dingliche Rechte gegen die Gefahren der §§ 892, 893, 902 sichert, während die Vormerkung einen schuldrechtlichen Anspruch auf Erwerb eines dinglichen Rechts schützt. Der Widerspruch protestiert, die Vormerkung prophezeit (Reichel JherJB 46 [1904], 59, 66; Hager JuS 1990, 429, 430) – jener gegen die Grundbuchlage, diese den zukünftigen Grundbuchbestand.

6 Die **Amtsvormerkung** nach § 18 II GBO ist von der Vormerkung des § 883 wesensmäßig verschieden (RG 55, 340, 342f; 62, 375, 377; KG DNotZ 1942, 195). Sie dient nicht der Sicherung eines schuldrechtlichen Anspruchs; vielmehr soll sie den verfahrensrechtlichen Anspruch des Antragstellers auf Erledigung seines Antrags unter Wahrung der in § 17 GBO vorgesehenen Reihenfolge sichern. Entsprechendes gilt für die nach § 76 GBO, §§ 77, 86 I LuftfzRG und § 28 II SchiffsRegO einzutragenden Vormerkungen (nicht aber für §§ 10ff LuftfzRG und §§ 10ff SchiffsRegO, die §§ 883ff nachgebildet sind). Praktisch wirkt die Amtsvormerkung auch anders: mit Eintragungsreife wird das zunächst vorgemerkte Recht an der vorgemerkten Rangstelle eingetragen, und die spätere widersprechende Eintragung tritt im Rang zurück bzw wird von Amts wegen gelöscht (RG 110, 203; MüKo/ Wacke Rz 8). Über den früher gestellten Antrag ist so zu entscheiden, als ob die (Amts-)Vormerkung nicht eingetragen wäre. Wird also nach Eintragung der Vormerkung das Insolvenzverfahren über das Vermögen des Betroffenen eröffnet, so ist dies nach Maßgabe des § 878 unerheblich (siehe § 878 Rz 6f und 17); dagegen ist der Antrag wegen § 89 InsO zurückzuweisen, wenn er auf Eintragung einer Zwangshypothek gerichtet ist (vgl KGJ 39, 167, 173 zu § 14 KO; BGH 27, 310).

Bei wirksamer Zurückweisung des früher gestellten Antrags wird die später beantragte Eintragung vorbehaltlos wirksam. Gleiches gilt, wenn die Zurückweisung auf Beschwerde hin aufgehoben wird. Zwar leben dann grundsätzlich die alten materiell-rechtlichen Wirkungen wieder auf (vgl § 878 Rz 13); jedoch bleiben die zwischen der Zurückweisung und ihrer Aufhebung vorgenommenen Eintragungen bei Bestand (RG 135, 385; BGH 45, 191 = DNotZ 1966, 673), und zwar auch in bezug auf ihren Rang (BayObLG Rpfleger 1983, 101).

5. Entsprechend anzuwenden sind die §§ 883ff auf das dingliche Vorkaufsrecht (§ 1098 II) und das Vorrecht 7 auf Erneuerung eines Erbbaurechts (§ 31 IV ErbbauVO); nicht dagegen auf den in § 25 des Landesenteignungs- und Entschädigungsgesetzes NW vorgesehenen Enteignungsvermerk, der nur dem Zweck dient, ein schwebendes Enteignungsverfahren kundzutun (vgl auch MüKo/Wacke Rz 10 mwN und Staud/Gursky Rz 13 mwN). Das gesetzliche Vorkaufsrecht der Gemeinde (§ 28 II S 3 BauGB) hat die gleichen Wirkungen wie die BGB-Vormerkung (vgl Staud/Gursky Rz 14). Zur Löschungsvormerkung vgl § 1179 BGB iVm § 130a ZVG.

II. Voraussetzungen der Vormerkung

1. Überblick. Entstehungsvoraussetzungen der Vormerkung (vgl auch § 885 Rz 1) sind: ein rechtsgültiger, vor- 8 merkbarer Anspruch (§ 883), die Bewilligung der Vormerkung oder ihre Anordnung im Wege einer einstweiligen Verfügung (§ 885) sowie ihre Eintragung (§ 885). Es kommt auch ein gutgläubiger Erwerb in Betracht (vgl Rz 23ff).

2. Der zu sichernde Anspruch. a) Inhalt. Der Anspruch muß seinem Inhalt nach auf die eintragungsfähige 9 **Veränderung** (dh auf Begründung, Aufhebung oder Übertragung) **eines Liegenschaftsrechts** gerichtet sein. Vormerkbar ist auch ein Anspruch auf Änderung des Inhalts oder des Ranges eines Rechts an einem Grundstück oder eines Rechts an einem solchen Recht. Nicht dazu gehören Ansprüche, die sich auf ein Unterlassen richten (Staud/ Gursky Rz 23 mwN), wie zB Ansprüche aus obligatorischen Verfügungs- oder Belastungsverboten iSv § 137 S 2 (BGH 12, 115, 122; Hamm DNotZ 1956, 151). Gleiches gilt für Ansprüche, die wie bei § 11 I AnfG nur auf Duldung der Zwangsvollstreckung gerichtet sind, dh der Realisierung von Geldansprüchen dienen (RG 60, 423, 425; 67, 39, 40f; Köln NJW 1955, 717, 718; Frankfurt aM NJW 1979, 75, 77; Koblenz MDR 1993, 1016; MüKo/ Wacke Rz 14; Staud/Gursky Rz 26; aA Zöller/Vollkommer § 938 ZPO Rz 12). Nach hM kommt hier die Anordnung eines Veräußerungsverbots durch einstw Verfügung in Betracht (vgl RG 67, 39, 40ff sowie Köln aaO, Frankfurt aM aaO und Koblenz aaO; kritisch MüKo/Wacke Rz 14; Staud/Gursky Rz 26 mwN). Dagegen kann der in § 143 InsO geregelte Anspruch auf Rückgewähr an die Insolvenzmasse durchaus Gegenstand einer Vormerkung sein (MüKo/Wacke Rz 14 mwN; Staud/Gursky Rz 27 mwN). **Mehrere** verschiedene **Ansprüche** können nicht durch eine einzige, sondern nur durch ebenso viele Vormerkungen gesichert werden (BayObLG MittRhNotK 1999, 283, 284 mwN; DNotZ 2002, 293 – Sicherung einer Vielzahl von Erbbaurechten und Dienstbarkeiten aus einem Erbbaurechtsvertrag jeweils durch eine einzige Vormerkung). Kann dagegen ein einheitlicher Anspruch durch verschiedene Vorgänge ausgelöst werden, ist nur eine Vormerkung erforderlich (BayObLG NJW-RR 2003, 450, 451 = Rpfleger 2003, 352 – Ankaufs- bzw Vorkaufsrecht an Miteigentumsanteil zugunsten des anderen Miteigentümers; s auch Westermeier Rpfleger 2003, 347).

Vormerkungsfähig sind nur **schuldrechtliche Ansprüche**. Wo neben dem – nicht vormerkbaren (Oldenburg 10 NJW-RR 2002, 728) – dinglichen Berichtigungsanspruch aus § 894 ein schuldrechtlicher Anspruch aus § 812 steht, ist die Vormerkung des letzteren wirksam. Auch Doppelsicherung durch Widerspruch und Vormerkung ist in solchen Fällen möglich (RG 139, 353, 355; vgl auch Staud/Gursky Rz 35).

Der Rechtsgrund des schuldrechtlichen Anspruchs ist zwar gleichgültig (zB Vertrag, Vermächtnis oder wie bei 11 § 648 [vgl hierzu Soergel/Stürner Rz 25] Gesetz); es muß sich aber um einen **privatrechtlichen Anspruch** iSv § 194 handeln. Rechtsschutzansprüche gegen den Staat gehören nicht dazu. Deshalb können Vollstreckungsmaßregeln (zB Eintragung von Zwangs- oder Arresthypothek, §§ 866, 867, 932 ZPO) nicht durch Vormerkung gesichert werden (RG 56, 9, 15; 60, 421, 426; Warn Rspr 1909, Nr 104; MüKo/Wacke Rz 14; Staud/Gursky Rz 30 mwN). Gleiches gilt, wenn zugunsten des Staates auf dem Grundsück des Steuerschuldners eine Zwangshypothek eingetragen werden soll (BayObLG JW 1922, 911f; Staud/Gursky Rz 30 mwN). Ebensowenig ist die Pfändung eines Grundpfandrechts (§§ 830, 857 ZPO) vormerkungsfähig (RG 56, 10, 14; KGJ 33, 272, 273; MüKo/Wacke Rz 14; Staud/Gursky Rz 30).

Die beabsichtigte Rechtsänderung muß **eintragungsfähig** sein; die Eintragung muß zur Erfüllung des 12 Anspruchs jedoch nicht erforderlich sein. Vormerkbar ist daher zB der Anspruch auf Übertragung oder Verpfändung eines Briefgrundpfandrechts (München OLGE 26, 197; KGJ 33, 280ff; Staud/Gursky Rz 29; MüKo/Wacke Rz 15). Bei Rechtsentstehung außerhalb des Grundbuchs, zB § 1287, ist dagegen ein Widerspruch am Platz. Bei Eintragungsunfähigkeit der beabsichtigten Rechtsänderung ist die Vormerkung unwirksam (RG 55, 270, 272f).

Der vorzumerkende Anspruch muß inhaltlich zumindest eindeutig **bestimmbar** sein (Pal/Bassenge Rz 7; Staud/ 13 Gursky Rz 41). Dies ist zu bejahen, wenn der Leistungsgegenstand später von einer Vertragspartei (BayObLG FGPrax 1998, 48) oder einem Dritten (Düsseldorf Rpfleger 1996, 503) gemäß §§ 315, 317 zu bestimmen ist. Besteht zwischen mehreren Grundstücken die Wahl (§ 262), so kann bei allen Grundstücken eine Vormerkung eingetragen werden (BayObLG 1973, 309, 314; Staud/Gursky Rz 42 mwN). Soll ein unvermessener Grundstücksteil von der Vormerkung erfaßt werden, so muß dieser nach Lage und Größe zweifelsfrei bezeichnet sein (vgl BayObLG DNotZ 1985, 44; Rpfleger 1982, 335). Bei geringem Unterschied zwischen vorgemerkter und später vermessener Teilfläche wirkt die Vormerkung auch für letztere (BGH DNotZ 1971, 95). Ist dagegen die Grundstücksteilfläche lediglich mit einem Flächenmaß (vgl BGH Rpfleger 1968, 44; BayObLGZ 1973, 309, 314) oder einer Zweckbestimmung („den erforderlichen Straßengrund") gekennzeichnet (BayObLG MittBayNot 1972, 228), liegt mangels Bestimmbarkeit des Leistungsgegenstandes ein vormerkbarer Anspruch nicht vor.

14 Gemäß § 9a III ErbbauVO ist ein Anspruch auf künftige Neufestsetzung des Erbbauzinses vormerkungsfähig. Die Anpassung muß der Zeit als auch der Höhe nach bestimmbar sein (Zweibrücken NJW-RR 2000, 1408 mwN; Hamm Rpfleger 1995, 499 u NJW-RR 1999, 1176). Dabei kann auf den Grundstückswert (BGH 22, 220, 226 = NJW 1957, 98, 99), den Lebenshaltungskostenindex des Statistischen Bundesamtes (BGH 61, 209, 212 = NJW 1973, 1838f) oder auf das Einkommen einer bestimmten Berufsgruppe (Hamm NJW 1963, 1502, 1503) abgestellt werden. Eine Gleitklausel ist gem § 9a ErbbauVO bei Erbbaurechten zu Wohnzwecken nur bedingt zulässig.

15 b) Die Vormerkung **bedingter und befristeter Ansprüche (§ 883 I S 2)** setzt voraus, daß das Rechtsverhältnis bereits besteht, also mehr vorhanden ist als eine bloß tatsächliche Aussicht (RG 151, 75; BGH 12, 117; 134, 182; siehe ausf Preuß AcP 201 [2001], 580, 587ff). Ein formnichtiger Vertrag genügt nicht (BGH 54, 56, 62ff; NJW 1983, 1543, 1545; Hager JuS 1990, 429, 431 mwN). Die Eintragung der Vormerkung führt nicht zur Heilung nach § 311b I S 2. Vielmehr fehlt bei Verstoß gegen § 311b I S 1 im maßgeblichen Zeitpunkt der Eintragung ein vormerkbarer Anspruch (BGH 54, 56, 63). Jedoch macht die formgerechte Bestätigung eines nichtigen Grundstückskaufs gemäß § 141 die Vormerkung wirksam, freilich nicht rückwirkend (Frankfurt aM DNotZ 1995, 539). Zur Rechtslage, wenn eine von vornherein unwirksame bzw erloschene Vormerkung nach erneuter Bewilligung bzw sie ersetzender einstweiliger Verfügung einen identischen (neuen) Anspruch sichern soll, vgl § 885 Rz 19. Bedingte und künftige Ansprüche sind jedenfalls vormerkbar, wenn ihre Wirksamkeit bzw Entstehung nicht mehr von der Willkür des Verpflichteten abhängt (MüKo/Wacke Rz 22 mwN). Daß eine der (uU mehreren alternativen [vgl BayObLG NJW-RR 2002, 1594]) Bedingungen des vorzumerkenden Anspruchs in einem künftigen Verhalten des Verpflichteten liegt (Potestativbedingung), steht der Eintragung einer Vormerkung ebensowenig entgegen (BGH 148, 187, 192f = NJW 2001, 2884) wie der Umstand, daß es über den Eintritt des Ereignisses, welches die Bedingung oder einen künftigen Anspruch auslöst, Meinungsverschiedenheiten oder gar Streit geben könnte (BGH 151, 116, 123f = NJW 2002, 2461, 2462f = BGHRp 2002, 813 m Anm Grziwotz = DNotZ 2002, 775 m Anm Schippers; BayObLG NJW-RR 2001, 1529; Düsseldorf Rpfleger 2002, 563; Wacke JZ 2003, 179 – alle zum Rückübereignungsanspruch bei grobem Undank; Schippers DNotZ 2001, 756). Auch der Anspruch aus einem Vertrag, zu dessen Wirksamkeit nur noch die Genehmigung des vollmachtlos vertretenen Erwerbers iSv § 177 I fehlt, ist vormerkungsfähig (KG NJW 1971, 1319). Gleiches gilt, wenn die Entstehung eines künftigen Anspruchs von der Annahme eines verbindlichen Angebots durch den künftigen Berechtigten abhängt (BGH NJW 1981, 446 mwN; weitergehend Hager JuS 1990, 429, 431 mwN), oder wenn nur noch die Zustimmung eines Dritten (BGH NJW 2000, 3496 – Nacherbe; MüKo/Wacke Rz 25 mwN) oder eine behördliche Genehmigung (RG 108, 91, 94; BayObLG MDR 1970, 233; Ganter NJW 1986, 1017) aussteht. Eine Auflassungsvormerkung wird aber gegenstandslos, wenn die nach § 144 II Nr 3 BauGB erforderliche Genehmigung des Kaufvertrages rechtskräftig versagt wird (Zweibrücken Rpfleger 1989, 495f = OLGZ 90, 1f).

16 Ein Anspruch auf Grundstücksübereignung ist auch noch nach erklärter Auflassung vormerkbar (RG 113, 403, 405; KG DNotZ 1971, 415, 420). Denn der zu sichernde Anspruch ist erst mit Eintragung des Eigentumsübergangs erfüllt (MüKo/Wacke Rz 30). Einen etwaigen Rückabwicklungsanspruch des Käufers sichert die Auflassungsvormerkung grundsätzlich nicht (BGH BB 1966, 1368 = WM 1966, 1224f). Das kann anders sein, wenn schon bei Bewilligung der Vormerkung die Erfüllung des Vertrages zweifelhaft war (vgl KG OLGZ 1969, 202 m Anm von Haegele Rpfleger 1969, 49).

17 Ein vormerkungsfähiges **Ankaufsrecht** kann zB durch Vermächtnis begründet werden (BGH 148, 187 = NJW 2001, 2883) oder sich aus einem Kaufvorvertrag ergeben (BGH DNotZ 1963, 230, 232; MüKo/Wacke Rz 33; Staud/Gursky Rz 77). Gegenstand der Vormerkung ist dann der künftige Anspruch auf Eigentumsverschaffung aus dem noch abzuschließenden Kaufvertrag (BGH JR 1974, 513f = LM Nr 13 zu § 883; zur Abgrenzung von sog Vorhand- bzw Vorrechtsverträgen vgl Staud/Gursky Rz 77). Ist ein Ankaufsrecht an mehrere Bedingungen geknüpft, liegt nur ein durch eine einzige Vormerkung zu sichernder Anspruch vor (BayObLG MittRhNotK 1999, 283, 284). Auch der Anspruch auf Eigentumsverschaffung aus einem **schuldrechtlichen Vorkaufsrecht** ist vormerkungsfähig (vgl hierzu auch § 885 Rz 6 sowie Staud/Gursky Rz 76).

18 Auch ein **schuldrechtliches Wiederkaufsrecht iSv § 497, dh der bedingte oder künftige Rückübereignungsanspruch** des Verkäufers kann durch Vormerkung gesichert werden (BGH 58, 78, 82; 75, 288, 289; DNotZ 1995, 204f). Wird das Wiederkaufsrecht des Verkäufers von einer Bedingung abhängig gemacht (zB Weiterverkauf des Käufers, vgl BGH 144, 323; BayObLGZ 24, 70), so liegt darin keine unzulässige Umgehung des § 137 (BayObLG NJW 1978, 700, 701). Auch zugunsten eines Dritten kann ein Wiederkaufsrecht gem § 328 begründet werden (Staud/Gursky Rz 78 mwN), zu Lasten Dritter dagegen nicht (BayObLG DNotZ 1955, 206, 208; Hamm JMBl NRW 1960, 67). Dies gilt auch für Vorkaufs- und Ankaufsrechte. Eine Ausdehnung der Pflichten auf den jeweiligen Grundstückseigentümer ist daher nicht möglich (RG 154, 361; JW 1935, 2155).

19 Eine Vormerkung ist auch zulässig, wenn eine Veräußerung durch den Tod des Verkäufers betagt und zugleich durch die Ausübung eines Ankaufsrechtes bedingt ist (vgl BGH WM 1973, 208). – Eine Auflassungsvormerkung kann aber nicht mit dem Inhalt eingetragen werden, daß zu ihrer Löschung der Nachweis des Todes des Berechtigten genügt (BGH 130, 385).

Die Aussichten eines **Erben** auf Erwerb von Nachlaßgegenständen sind nicht durch Vormerkung zu sichern **20** (KGJ 48, 190, 193; MüKo/Wacke Rz 28 mwN). Gleiches gilt im Falle eines Erbvertrages, da hierdurch die Verfügungsfreiheit des Erblassers nicht beschränkt wird (Düsseldorf MDR 2003, 936; MüKo/Wacke Rz 28, arg: § 2286). Auch Vermächtnisansprüche, selbst wenn durch Erbvertrag begründet (vgl BGH 12, 115f; MüKo/Wacke Rz 28 mwN in Fn 133), sind nicht vormerkbar. Nach überwiegender Meinung steht dem ein Anspruch aus einem formgerechten Schenkungsversprechen unter Überlebensbedingung wegen § 2301 I S 1 gleich (vgl BayObLG Rpfleger 2002, 563, 564 mwN). Entsprechendes gilt, wenn ein auf den Tod des Schuldners befristeter Anspruch unter der Bedingung steht, daß sich der Leistungsgegenstand (zB Miteigentumsanteil) beim Tode des Schuldners noch in dessen Vermögen befindet (BGH NJW 2002, 2874, 2875).

Ein auf den Eintritt des Nacherbfalles befristeter Vermächtnisanspruch kann erst ab diesem Zeitpunkt durch Vormerkung gesichert werden (Schleswig NJW-RR 1993, 11). Vor Eintritt des Nacherbfalles fehlt die Identität von Eigentümer und Schuldner. Macht dagegen der Eigentümer ein bindendes Kaufvertragsangebot, dessen Annahme erst gegenüber dem/den Erben erklärt werden soll, so kommt eine Vormerkung in Betracht (vgl KG DR 1940, 796; Hopp JFG 21, 32; Staud/Gursky Rz 51).

c) Schuldner des Anspruchs muß bei Eintragung der Vormerkung derjenige sein, dessen Eigentum bzw **21** Grundstücksrecht von der künftigen Rechtsänderung betroffen wird (BGH 12, 115, 120; NJW 1997, 861; Pal/Bassenge Rz 14; Staud/Gursky Rz 46 mwN). Es muß sich grds um ein bereits existierendes, nicht erst in Zukunft entstehendes Recht des Schuldners handeln. Eine – auf andere Verfügungen nicht analog anwendbare – Ausnahmeregelung (MüKo/Wacke Rz 17) enthält § 1179, wonach der Eigentümer bereits hinsichtlich einer künftigen Eigentümergrundschuld eine Löschungsvormerkung bewilligen kann. Dagegen ist ein Anspruch gegen den Eigentümer auf Verfügung über eine zukünftige Eigentümergrundschuld nicht vormerkungsfähig (RG 72, 274, 277; 84, 78, 81f; 145, 343, 354; Hamm NJW-RR 1990, 272; Staud/Gursky Rz 48); eine trotzdem eingetragene Vormerkung ist unwirksam (vgl BayObLG 70, 233; aA insoweit RG JW 1933, 2764, 2766 m Anm Legart; KGJ 25, 166, 169, die in der Eintragung nur die Verletzung einer Ordnungsvorschrift [§ 39 GBO] sehen).

Der im Rang nachstehende Gläubiger kann sich jedoch eine Vormerkung von dem derzeitigen Inhaber der Fremdhypothek bewilligen lassen (Celle NJW 1957, 1481; Düsseldorf NJW 1957, 1282f; Frankfurt aM NJW 1957, 1283). Ist der Schuldner nicht Inhaber des Grundstücksrechts bzw Eigentümer, kann er eine Vormerkung grds nicht wirksam bestellen (zum gutgläubigen Erwerb einer Vormerkung vgl Rz 23). Dies gilt auch dann, wenn der Rechtsinhaber der Vormerkungsbestellung durch den nichtberechtigten Schuldner zustimmt (Staud/Gursky Rz 46; aA MüKo/Wacke Rz 17). Auch in den Fällen der §§ 876, 880 III (vgl § 876 Rz 11) kommt eine Vormerkung gegen den nicht mit dem Schuldner identischen Dritten nicht in Betracht (vgl Staud/Gursky Rz 48 und 25; aA MüKo/Wacke Rz 17).

Ein Wechsel des Schuldners ist möglich, aber im Gegensatz zum Gläubigerwechsel nicht eintragungsfähig (KG JR 1927, Nr 1394). Mit der Schuldübernahme erlischt analog § 418 I die Vormerkung (MüKo/Wacke Rz 19). Der Schuldübernehmer müßte ggf eine neue Vormerkung bewilligen. Zur Übertragung des Wohnungseigentums vom Erwerber auf einen Zweiterwerber bei vorgemerktem (künftigen oder bedingten) Rückauflassungsanspruch des Erstveräußerers vgl Hoche NJW 1960, 464f.

d) Der **Gläubiger des Anspruchs** ist in der Regel auch der Inhaber der Vormerkung. Bei (echtem) Vertrag **22** zugunsten eines Dritten iSv § 328 kann der Dritte vorgemerkt werden. Die Person des Dritten muß nach sachlichen Merkmalen eindeutig bestimmbar sein (RG 128, 246, 249; BayObLG DNotZ 1979, 502, 504; Staud/Gursky Rz 55; MüKo/Wacke Rz 20; Pal/Bassenge Rz 11). Zulässig sind etwa Vormerkungen zugunsten des jeweiligen Eigentümers eines anderen Grundstücks (RG 128, 246, 248; BGH 22, 220, 225 = NJW 1957, 98, 99; 28, 99, 103; Bamberger/Roth/Kössinger Rz 35; MüKo/Wacke Rz 20; Staud/Gursky Rz 58); für den Fall einer Grundstücksteilung zugunsten des jeweiligen Eigentümers des einen Teils (KG HRR 1932, 1659f); für den jeweiligen Inhaber einer Hypothek (RG 63, 152, 157; KGJ 32, 213, 214) oder einer Firma (KG DNotZ 1937, 330, 331 = JW 1937, 1023). Auch zugunsten einer KG oder GmbH in Gründung kann bereits eine Vormerkung eingetragen werden (BayObLG 1979, 172; Hamm DNotZ 1981, 582; BayObLG MDR 1985, 846f; NJW-RR 1986, 30; 1987, 334; NJW 1987, 812; MüKo/Wacke Rz 20).

Im Fall des § 328 reicht die Bestimmtheit des Versprechensempfängers aus (BGH 28, 103); vormerkbar ist dann aber auch nur dessen Anspruch (zB auf Übereignung an den Dritten), nicht auch der Anspruch des noch unbestimmten Dritten (BGH NJW 1983, 1543; Oldenburg NJW-RR 1990, 273; Staud/Gursky Rz 59; MüKo/Wacke Rz 20). Soll der begünstigte Dritte von einer namentlich benannten Person erst noch bestimmt werden, so reicht dies für eine Vormerkung zugunsten des Dritten nicht aus (BGH NJW 1983, 1543, 1544; BayObLG MittBayNot 1986, 175f; Hamm MDR 1953, 41; Staud/Gursky Rz 55 mwN; aA etwa Preuß AcP 201 [2001], 580, 606 mwN).

Ansprüche von Gesamtgläubigern (§ 428) sind gemeinsam oder einzeln (vgl § 429 III S 2) durch Vormerkung sicherbar (vgl BayObLG JR 1964, 22 = BayObLGZ 1963, 128ff; 1967, 275, 277f; Köln Rpfleger 1975, 19, 20; LG Oldenburg Rpfleger 1974, 263; MüKo/Wacke Rz 21; Staud/Gursky Rz 64 mwN). Zu Personenmehrheit und Personenwechsel auf Gläubigerseite siehe ausf Preuß AcP 201 (2001), 580, 592ff.

3. Gutgläubiger Erwerb. a) Bei der Frage, ob eine Vormerkung bei Bewilligung durch einen Nichtberechtig- **23** ten gutgläubig erworben werden kann, ist ihre Sonderstellung zwischen Schuldrecht und Sachenrecht (vgl Rz 2) zu beachten. Da das Schuldrecht keinen gutgläubigen Forderungserwerb kennt und § 1138 wegen der unterschiedlichen Interessenlage hier auch nicht entsprechend anwendbar ist (MüKo/Wacke Rz 64 mit Fn 297; Schwab/Prütting Rz 200), ist das **Bestehen des vorzumerkenden schuldrechtlichen Anspruchs** auch für einen gutgläubigen Vormerkungserwerb notwendige Voraussetzung (RG 118, 230, 234; 121, 44, 46; BGH 25, 16, 23 = NJW 1957, 1229; BayObLG Rpfleger 1993, 58). Ein gutgläubiger Erwerb der Einredefreiheit kommt ebenfalls nicht in Betracht (RG 142, 331, 333; Baur/Stürner § 20 IV 2a; Hager JuS 1990, 429; Görner JuS 1991, 1011f; MüKo/Wacke Rz 64).

§ 883

24 b) Dagegen kann sich der gutgläubige Gläubiger auf den öffentlichen Glauben des Grundbuchs in bezug auf die dingliche Gebundenheit des von der Vormerkung betroffenen Grundstücks oder Rechts durchaus berufen (RG 121, 44, 46). Bewilligt ein als Berechtigter im Grundbuch eingetragener Nichtberechtigter („Buchberechtigter") eine Vormerkung, so kommt ein **gutgläubiger (Erst-)Erwerb der Vormerkung** nach § 893 in Betracht (RG 118, 230, 234; 121, 44, 46; BGH 25, 16, 23 = NJW 1957, 1229; 57, 341 = NJW 1972, 434; NJW 1994, 2947; Hager JuS 1990, 437; Görner JuS 1991, 1011f; Pal/Bassenge § 885 Rz 12; Bamberger/Roth/Kössinger Rz 19; MüKo/Wacke Rz 65 mwN; andere halten § 892 für anwendbar: Furtner NJW 1963, 1484; Wunner NJW 1969, 114; Mülbert AcP 197 [1997], 347).

25 Dem „Buchberechtigten" steht der durch Erbschein ausgewiesene Scheinerbe gleich (BGH 57, 341, 343 = NJW 1972, 434f; MüKo/Wacke Rz 65).

26 Der Gläubiger muß bei Stellung des Antrags auf Eintragung der Vormerkung gutgläubig sein (§ 893 iVm § 892 II). Ist die Vormerkung wirksam entstanden, so hindern spätere Bösgläubigkeit des Gläubigers (zB infolge später erfolgter Grundbuchberichtigung; vgl dazu Stamm JuS 2003, 51f) oder ein Widerspruch den vollen Rechtserwerb nicht (RG 121, 44, 46; BGH 57, 341, 343 = NJW 1972, 434f; NJW 1981, 446; MüKo/Wacke Rz 65; Ehricke/Diehn JuS 2002, 671f mwN). Dies gilt auch bei künftigen Ansprüchen (BGH NJW 1981, 446; aA MüKo/Wacke Rz 65 mwN). Der nichtberechtigte Vormerkungsschuldner ist aufgrund des vorgemerkten Anspruchs zu den hierfür erforderlichen Verfügungshandlungen verpflichtet (Schwab/Prütting Rz 197). Deren Wirksamkeit folgt unmittelbar aus einer analogen Anwendung des § 883 II (zutreffend Roloff NJW 1968, 485; i Erg auch RG 121, 44, 47; aA J. Baur JR 1967, 437, der den wahren Berechtigten analog § 883 II für verpflichtet hält, der Verfügung des „Buchberechtigten" iSv § 185 zuzustimmen). Nach gutgläubigem Erwerb einer Auflassungsvormerkung bedarf es zur Eigentumsübertragung nicht der Vorlage einer Eintragungsbewilligung des in Wahrheit Berechtigten beim Grundbuchamt (Karlsruhe NJW-RR 1998, 445ff; Dresden NotBZ 1999, 261 mit Anm Scheel).

27 Eine gutgläubig erworbene Auflassungsvormerkung wirkt zugunsten eines Dritten, an den der Vormerkungsschuldner mit Zustimmung des Gläubigers gemäß § 362 II übereignet (BGH NJW 1994, 2947).

28 Ein gutgläubiger Vormerkungserwerb ist gemäß den §§ 894, 898 ZPO auch möglich, wenn der „Buchberechtigte" zur Abgabe der Bewilligungserklärung für eine Vormerkung verurteilt wird (MüKo/Wacke Rz 69; Schwab/Prütting Rz 199; Pal/Bassenge § 885 Rz 12). Aufgrund einstweiliger Verfügung (§ 885) kann eine Vormerkung dagegen nicht gutgläubig erworben werden, da auf diesen Fall weder § 898 ZPO noch die §§ 892f anwendbar sind (RG 68, 150, 153; BayObLG NJW-RR 1987, 334 und 812; Staud/Gursky § 892 Rz 72; Baur/Stürner § 20 III 2; Schwab/Prütting Rz 199; aA Hüttinger NotBZ 1998, 109f; MüKo/Wacke Rz 70 mwN). Gleiches gilt im Falle des § 895 ZPO (Pal/Bassenge § 885 Rz 12; aA Hüttinger NotBZ 1998, 109).

29 c) Wird ein (tatsächlich bestehender) Anspruch abgetreten, für den im Grundbuch zwar eine Vormerkung eingetragen, jedoch nicht wirksam entstanden ist, so ist ebenfalls ein gutgläubiger **sog Zweiterwerb** der Vormerkung möglich (BGH 25, 16, 23f = NJW 1957, 1229; BGH 60, 46, 50 = NJW 1973, 323; BayObLG NJW-RR 1999, 1689, 1690f; Westermann/Eickmann § 84, IV [S 659]; Wunner NJW 1969, 113; MüKo/Wacke Rz 66; Jauernig/Jauernig § 883 Rz 28; Schwab/Prütting Rz 198; aA Pal/Bassenge § 885 Rz 20; Staud/Gursky § 892 Rz 45–47 mwN; Baur/Stürner § 20 V 1b; Ehricke/Diehn JuS 2002, 673f; Bamberger/Roth/Kössinger § 885 Rz 27f). Daß die Vormerkung entsprechend § 401 mit dem abgetretenen Anspruch übergeht, steht der Annahme eines rechtsgeschäftlichen Vormerkungserwerbs nicht entgegen (vgl MüKo/Wacke Rz 66).

III. Wirkungen der Vormerkung

30 **1. Relative Sicherungswirkung (§ 883 II). a) Allgemeines.** Verfügungen, die die Verwirklichung des vorgemerkten Anspruchs vereiteln oder beeinträchtigen (vgl Rz 35), sind gegenüber dem Vormerkungsgläubiger (nicht gegenüber Dritten) unwirksam (§ 883 II S 1). Die Unwirksamkeit ist insofern **relativ**, als sie nur vom Vormerkungsgläubiger oder – bei einer (Ver-)Pfändung des vorgemerkten Anspruchs – vom Pfandgläubiger (BayObLG NJW-RR 1991, 567) geltend gemacht werden kann (Nürnberg WM 1969, 1427). Die grundsätzlich nur dem Vormerkungsgläubiger gegenüber unwirksamen Verfügungen sind nicht zu vergleichen mit schwebend unwirksamen Rechtsgeschäften iSd §§ 108, 177 (KG NJW 1962, 1446, 1448; 1964, 1479). Auch **inhaltlich** ist die Sicherungswirkung der Vormerkung **begrenzt** (vgl Staud/Gursky Rz 158 mwN). Ist zB ein Anspruch auf Übertragung einer Grundstücksteilfläche durch Vormerkung gesichert, so wäre eine spätere Belastung des gesamten Grundstücks mit einer Hypothek nur in bezug auf die Teilfläche unwirksam. Bei vormerkungswidriger Verfügung wird das Grundbuch nicht unrichtig iSv § 894 (vgl § 894 Rz 12). Die Eintragung eines Widerspruchs (§ 899) bei dem von der relativen Unwirksamkeit betroffenen Recht ist daher nicht zulässig (RG 132, 419, 424).

31 Der Rechtserwerb des Vormerkungsberechtigten wird in vielerlei Hinsicht (vgl etwa § 1127 BGB iVm § 101 VVG; RG 151, 389, 391ff) auf den Zeitpunkt der Vormerkungseintragung zurückbezogen. Dies gilt auch bei Vormerkung künftiger Ansprüche (BGH NJW 1981, 446; zum gutgläubigen Erwerb vgl Rz 26). So bleibt etwa eine im übrigen vermögenslose GmbH auch nach ihrer Löschung im Handelsregister zur Erfüllung des vorgemerkten Anspruchs imstande (BGH 110, 148, 155).

32 Dagegen führt die Vormerkung nicht zu einer Verdinglichung der Schuld in dem Sinne, daß der jeweilige Inhaber des von der Vormerkung betroffenen Rechts Schuldner des vorgemerkten Anspruchs würde. Anspruchsgegner ist nach wie vor ausschließlich der ursprüngliche Schuldner.

Die Eintragung der Vormerkung hat auch keinen Einfluß auf die Verjährung, sofern nicht ihre Bestellung als Anerkenntnis oder sonstiger selbständiger Unterbrechungsgrund aufzufassen ist.

33 Die (relative) Unwirksamkeit der vormerkungswidrigen Verfügung wird nur beachtet, wenn sich der Vormerkungsgläubiger gemäß § 888 I auf sie beruft (Jauernig Rz 14; Soergel/Stürner Rz 37; vgl auch KG NJW 1964,

1479). Damit die Verwirklichung des vorgemerkten Anspruchs nicht an den §§ 19, 39 GBO scheitert, verpflichtet § 888 I den durch die vormerkungswidrige Verfügung Begünstigten dazu, allen Eintragungen und Löschungen zuzustimmen. Bei unrechtmäßiger Löschung einer Vormerkung bleiben ihre Wirkungen erhalten.

b) Keine Grundbuchsperre. Trotz Vormerkung bleibt das betroffene Grundstück bzw das Recht dem Rechtsverkehr erhalten, dh der Schuldner ist an sich an vormerkungswidrigen Verfügungen nicht gehindert. Die Vormerkung führt nicht zu einer Grundbuchsperre (Staud/Gursky Rz 136); eine solche ist nur im Wege einer einstweiligen Verfügung gemäß §§ 935, 938 ZPO möglich. Vormerkungswidrige Verfügungen bedürfen grds nicht der Zustimmung des Vormerkungsgläubigers (RG 132, 419, 424). Eine **Ausnahme** von diesem Grundsatz erscheint aus Gründen der Rechtsklarheit (vgl Staud/Gursky Rz 166) im Falle der vormerkungswidrigen Löschung eines beschränkten Liegenschaftsrechts geboten. Deshalb macht die hM wohl zu Recht deren Wirksamkeit in Analogie zu § 876 von der Zustimmung des Vormerkungsberechtigten abhängig (KG JFG 9, 218, 220; MüKo/Wacke Rz 47; Pal/Bassenge Rz 23; Staud/Gursky Rz 166 mwN). Die Löschung ist also nicht etwa nur gegenüber dem Vormerkungsberechtigten (so aber Wolff/Raiser § 48 Anm 27), sondern absolut (uU schwebend) unwirksam, solange dieser nicht seine (noch mögliche) Zustimmung erklärt hat. 34

c) (Vormerkungswidrige) Verfügungen iSv § 883 II S 1 sind alle Rechtsgeschäfte, durch die ein bestehendes Recht, welches Gegenstand einer Vormerkung ist, unmittelbar übertragen, belastet, aufgehoben oder inhaltlich geändert wird. Zu denken ist zB an einen auf einem Ankaufsrecht beruhenden vorgemerkten Anspruch auf lastenfreien Grundstückserwerb (vgl RG 154, 366). Eine Verfügung im vorgenannten Sinne stellt auch die Bewilligung einer Vormerkung dar. Gleiches gilt für die Bestellung einer öffentlich-rechtlichen Baulast (vgl Staud/Gursky Rz 138 mwN; aA Berghäuser DÖV 2002, 12) und die Aufgabe des Eigentums (§ 928 I). Zur vormerkungswidrigen Aufgabe eines beschränkten Liegenschaftsrechts vgl aber Rz 34. 35

Keine vormerkungswidrige Verfügung stellt die spätere Abtretung einer bei Eintragung einer Auflassungsvormerkung bereits bestehenden Eigentümergrundschuld dar; da sich die Sicherungswirkung einer Auflassungsvormerkung auf eine zum Zeitpunkt ihrer Eintragung bereits bestehende Grundschuld nicht erstreckt (Schleswig NJW 1955, 306), ist die Abtretung der Eigentümergrundschuld in diesem Falle voll wirksam (BGH NJW 1975, 1356). Gleiches gilt bei Pfändung der Eigentümergrundschuld (Düsseldorf MDR 1999, 1497f). Auch die Umwandlung einer Sicherungshypothek in eine Eigentümergrundschuld ist nicht gem § 883 II relativ unwirksam (Düsseldorf aaO). 36

Vermietung und Verpachtung des vormerkungsbelasteten Grundstücks sind zwar keine Verfügungen über das Grundstück; der Schutzzweck des § 883 legt jedoch eine analoge Anwendung bei miet- bzw pachtweiser Überlassung nahe (MüKo/Wacke Rz 42; Pal/Bassenge Rz 21; Wolff/Raiser § 48 Anm 30; Westermann/Eickmann, § 83 IV 3c; Canaris, FS Flume I, S 393 Fn 101; Hager JuS 1990, 434; Staud/Gursky Rz 139 mwN; aA BGH 13, 1; München NJW 1963, 601, 603; RGRK/Augustin Rz 93; Soergel/Stürner Rz 30; Pal/Putzo § 566 Rz 8; Baur/Stürner § 20 IV 1d; Bamberger/Roth/Kössinger Rz 52; siehe auch § 566 Rz 5). Wenn der Vormerkungsgläubiger gegenüber der späteren Bestellung eines Nießbrauchs bzw dinglichen Wohnrechts geschützt ist, so muß dies in bezug auf Miete und Pacht erst recht gelten. Die soziale Schutzfunktion des § 566 steht dem nicht entgegen (Staud/Gursky Rz 139). 37

Den rechtsgeschäftlichen Verfügungen iSv § 883 II S 1 gleichgestellt sind gemäß § 883 II S 2 **Verfügungen, die im Wege der Zwangsvollstreckung oder Arrestvollziehung** erfolgen. Dem Vormerkungsgläubiger gegenüber unwirksam sind zB Eintragung einer Zwangshypothek, Pfändung bzw Überweisung eines vormerkungsbelasteten Rechts oder Zwangsversteigerung eines vormerkungsbelasteten Grundstücks. Gleiches gilt für die Eintragung einer weiteren Vormerkung aufgrund einstweiliger Verfügung (vgl Düsseldorf MDR 1991, 440). 38

Auch rechtsgeschäftliche **Verfügungen des Insolvenzverwalters** werden von § 883 erfaßt (§ 883 II S 2). 39

Ob im Falle eines Rechtsübergangs ex lege eine analoge Anwendung des § 883 II in Betracht kommt, hängt vom jeweiligen Tatbestand ab (vgl Wolff/Raiser § 48 III 1, S 160; Staud/Gursky Rz 141). Nach hM ist der Vormerkungsgläubiger im Wege einer analogen Anwendung des § 883 II vor einem Rechtsverlust des Schuldners durch sog Buchersitzung (§ 900) zu schützen (Staud/Gursky Rz 141; MüKo/Wacke Rz 41 Fn 210). Ob dies auch bei einer Enteignung gilt, ist streitig, aber wohl zu bejahen (MüKo/Wacke Rz 41 Fn 210; Staud/Gursky Rz 141; aA Wolff/Raiser § 48 Fn 29; RGRK/Augustin Rz 94), da andernfalls der Vormerkungsgläubiger ohne rechtliches Gehör etc gleichsam reflexweise „mitenteignet" würde (Staud/Gursky aaO). 40

d) Wirkung in der Zwangsvollstreckung. Zwar sind gemäß § 883 II S 2 auch Zwangsverfügungen dem Vormerkungsberechtigten gegenüber unwirksam (vgl Rz 38); der Vormerkungsgläubiger ist deshalb aber noch kein Inhaber eines „die Veräußerung hindernden Rechtes" iSv § 771 ZPO (BGH NJW 1994, 128, 129f; vgl auch Braunschweig JW 1930, 654, 655); auch § 772 S 2 ZPO ist nicht anwendbar (Staud/Gursky Rz 184 mwN). 41

Grundsätzlich ist die Vormerkung wie ein bedingtes Recht zu behandeln. § 48 ZVG gilt jedoch nur für vorgemerkte Ansprüche, die auf Übereignung oder (zusätzliche) Belastung des Grundstücks gerichtet sind, nicht dagegen für solche Ansprüche, deren Ziel die Aufhebung, Übertragung oder Inhalts- oder Rangänderung eines Rechtes ist (BGH 53, 47, 49 = NJW 1970, 565; MüKo/Wacke Rz 50; Staud/Gursky Rz 186 mwN). 42

Nach dem der Vormerkung zustehenden Rang ist zu unterscheiden, ob sie im geringsten Gebot steht oder nicht (BGH 46, 124, 127f; Kiel SeuffA 67, Nr 155). Die danach als bestehenbleibend in die Versteigerungsbedingungen aufzunehmende (vorrangige) Vormerkung bleibt hinsichtlich ihrer gewöhnlichen Wirkung vom Zuschlagbeschluß unberührt. So kann der Auflassungsvormerkungsberechtigte gegenüber dem Ersteher (nicht gegenüber dem betreibenden Gläubiger) die Rechte aus den §§ 883, 888 geltend machen (Staud/Gursky Rz 190 mwN). 43

44 Geht die Auflassungsvormerkung dem Recht des die Zwangsversteigerung betreibenden Gläubigers nach, so erlischt sie mit dem Zuschlag (§§ 44, 45, 52 S 2, 91 ZVG). An die Stelle des vorgemerkten Anspruchs tritt dann gemäß § 92 ZVG ein Anspruch auf Wertersatz aus dem Versteigerungserlös (MüKo/Wacke Rz 52; Staud/Gursky Rz 191 mwN). Bei der Berechnung des Wertes ist die vom Auflassungsvormerkungsgläubiger geschuldete Gegenleistung nicht in Abzug zu bringen (RG 144, 281, 283; Königsberg JW 1936, 2358; Westermann/Eickmann § 83 IV 3f; aA KG JW 1932, 190; Naumburg LZ 1914, 1924; MüKo/Wacke Rz 52; Wörbelauer DNotZ 1963, 721ff; Keuk NJW 1968, 476, 478f; Blomeyer DNotZ 1979, 528; vgl auch BGH 59, 94, 97). Insoweit kommt nur eine Forderungspfändung der Gläubiger in Betracht (Staud/Gursky Rz 191).

45 **e) Wirkung bei Insolvenz.** Gemäß § 883 II S 2 sind Verfügungen des Insolvenzverwalters dem Vormerkungsberechtigten gegenüber unwirksam. Die Vormerkung begründet bei Insolvenz zwar weder ein Aussonderungsrecht noch ein Absonderungsrecht (BGH 47, 181; Keuk NJW 1968, 476; Staud/Gursky Rz 194 mwN); der Insolvenzverwalter muß aber den vorgemerkten Anspruch gemäß § 106 InsO erfüllen, ohne das Wahlrecht des § 103 InsO zu haben (BGH 149, 1, 5ff = NJW 2002, 213 mwN; Staud/Gursky Rz 194; zur Insolvenzverwalterversteigerung vgl Stöber NJW 2000, 3600). Dies gilt auch für bedingte und künftige Ansprüche (BGH 149, 1, 5 = NJW 2002, 213 mwN; Assmann ZfIR 2002, 11; Stickelbrock MDR 2002, 112; Fritsche DZWIR 2002, 95; Preuß DNotZ 2002, 283 u AcP 201 [2001], 586 u 591); dagegen nicht für die Amtsvormerkung (vgl Rz 6 und Staud/Gursky Rz 201; MüKo/Wacke Rz 54). – Geht der einem vorgemerkten Übereignungsanspruch zugrundeliegende Vertrag auch auf Erstellung eines Bauwerks und ist dieses noch nicht fertig erstellt, so wird auch hier § 103 InsO durch § 106 InsO verdrängt soweit es um den Übereignungsanspruch geht (BGH 79, 103 = NJW 1981, 991; Staud/Gursky Rz 198; MüKo/Wacke Rz 54; Pal/Bassenge Rz 25).

46 **2. Rangwirkung (§ 883 III).** Gemäß § 883 III bestimmt sich der **Rang des Rechtes**, auf desssen Einräumung der vorgemerkte Anspruch gerichtet ist, nach der Eintragungszeit der Vormerkung. Diese **rangwahrende Wirkung der Vormerkung** ist absolut. § 883 III stellt die Vormerkung bezüglich des Ranges den dinglichen Rechten gleich (RG 124, 200, 202f; HRR 1928 Nr 2300; MüKo/Wacke Rz 59). § 888 ist inwoweit gegenstandslos. § 883 III gilt nur für unter Ausnutzung der Vormerkung geschaffene dingliche Rechte (KG HRR 1931 Nr 222 = JW 1931, 1202f), dh die Rechtsbegründung muß Erfüllung des vorgemerkten Anspruchs sein. Freilich kann ein vorgemerkter teilbarer Anspruch auch stufenweise in mehrere dingliche Rechte umgeschrieben werden (Staud/Gursky § 888 Rz 52), zB bei Bauherrenmodellen durch Realgestbestellung für jede künftige Erbbauzinserhöhung oder auf Einräumung einer Sicherungshypothek (BayObLGZ 1962, 323, 325ff = Rpfleger 1963, 383). Jedoch kann der Rang einer Vormerkung zur Sicherung des Anspruchs auf Einräumung einer Bauhandwerkersicherungshypothek für erbrachte Teilleistungen nicht für eine Hypothek zur Sicherung nachfolgender Leistungen genutzt werden (BGH NJW 2001, 3701). Demgegenüber behält die Vormerkung auf Bewilligung einer Gesamtbauhandwerkersicherungshypothek als Vormerkung für eine Einzelhypothek ihre Wirksamkeit, wenn dem Berechtigten nur noch ein Anspruch auf eine Einzelhypothek zusteht. Denn die Einzelhypothek ist ein Minus zur Gesamthypothek (BGH 144, 138 = NJW 2000, 1861).

47 § 883 III bezieht sich nur auf rangfähige dingliche Rechte. Das Eigentum ist nicht rangfähig (BayObLG NJW-RR 1991, 567; vgl § 879 Rz 3 sowie MüKo/Wacke Rz 57). Deshalb kann sich auch der Pfändungsgläubiger (§ 848 II ZPO) eines vorgemerkten Anspruchs auf Grundstücksübertragung gegenüber später gebuchten Rechten nicht auf § 883 III berufen. Gemäß §§ 883 II, 888 kann er jedoch von den Erwerbern jener Rechte Zustimmung zum Rangrücktritt verlangen (KG JFG 8, 318, 321f). Zwischen mehreren Löschungsvormerkungen an demselben Grundpfandrecht besteht ebenfalls kein Rangverhältnis (RG DR 1944, 189).

48 Der **Rang der Vormerkung** selbst ergibt sich aus den §§ 879ff. Wird die Eintragung mehrerer Auflassungsvormerkungen gleichzeitig beantragt, ist deren Eintragung nicht etwa als unzulässig abzulehnen (so aber LG Darmstadt MDR 1958, 35; Stadler AcP 189 [1989], 437; Soergel/Stürner Rz 38). Vielmehr sind sie mit gleichem Rang einzutragen (Holderbaum JZ 1965, 713f; MüKo/Wacke Rz 59; Pal/Bassenge Rz 29; Staud/Gursky Rz 180 mwN). – Wie sich die Konkurrenz der Auflassungsvormerkungen im Stadium der Anspruchserfüllung bzw -durchsetzung auswirkt, ist streitig. Die wohl überwiegende Meinung (Celle VIZ 1996, 104; Naumburg NJW-RR 2000, 1185; MüKo/Wacke Rz 59; Pal/Bassenge Rz 29; Staud/Gursky Rz 181; Wilhelm JZ 1990, 501 Fn 2; Wieling JZ 1982, 839 Fn 48) geht davon aus, die zuerst vollzogene Übereignung sei auch dem anderen Vormerkungsberechtigten gegenüber voll wirksam; entscheidend sei das Prioritätsprinzip. – Im Hinblick auf die Sicherungsfunktion der anderen Vormerkung vermag die „Prioritätstheorie" nicht zu überzeugen. Vielmehr erscheint es sachgerechter, dem anderen Vormerkungsberechtigten die Realisierung seines gleichrangig vorgemerkten Anspruchs in Form von Bruchteilseigentum zu ermöglichen (vgl Lemke JuS 1980, 516f; Lüdtke-Handjery DB 1974, 519; Schöner/Stöber, 12. Aufl Rz 1506). Zwar bliebe dann das Alleineigentum des zuerst Eingetragenen längere Zeit in der Schwebe. Dies ist aber insofern hinnehmbar, als dies bei vormerkungswidrigen Eintragungen auch sonst der Fall ist.

49 **Rangänderung** in bezug auf eine Vormerkung ist zulässig und richtet sich grundsätzlich nach § 880. Bei Aufhebung der zurücktretenden Vormerkung gilt § 880 IV (Staud/Gursky Rz 182). Bei Rangrücktritt einer Hypothekenvormerkung ist nach zutreffender hM § 880 II S 2 nicht entsprechend anzuwenden (KG JFG 13, 418, 419ff = JW 1936, 2446; Staud/Kutter § 880 Rz 27; MüKo/Wacke Rz 10; Pal/Bassenge § 880 Rz 4; Staud/Gursky Rz 182 mwN), dh der Grundstückseigentümer muß nicht zustimmen.

50 **3. Heilung einer vormerkungsbedingten Unwirksamkeit.** Eine relativ unwirksame, weil vormerkungswidrige Verfügung kann absolute Wirksamkeit erlangen. Dies kann zum einen dadurch geschehen, daß die Vormerkung erlischt, ohne daß gleichzeitig der durch sie gesicherte Anspruch vollständig erfüllt bzw durchgesetzt wird (vgl § 886 Rz 6). – Zum anderen ist die vormerkungswidrige Verfügung („ein für allemal") voll wirksam, wenn der Vormerkungsgläubiger ihr entsprechend § 185 I zustimmt, was gemäß § 182 II formlos möglich ist (RG 154, 355,

367; BGH DtZ 1997, 226; LM Nr 2 zu § 883; Gursky DNotZ 1998, 274ff; Jauernig/Jauernig Rz 22). Dagegen wirkt eine schuldrechtliche Verpflichtung, die Vormerkungsfolgen nicht geltend zu machen, immer nur zwischen den Parteien dieser Vereinbarung (RG 142, 331, 334; 143, 159, 164). Im Zweifel dürfte anzunehmen sein, daß der Wille der Beteiligten darauf gerichtet ist, eine absolute Wirksamkeit der vormerkungswidrigen Verfügung herbeizuführen. Es ist zulässig, dies durch einen besonderen Klarstellungs- bzw **Wirksamkeitsvermerk** bei der Eintragung des „an sich" vormerkungswidrigen Rechts offenzulegen (BGH NJW 1999, 2275 = MDR 1999, 796f mit zust Anm Stickelbrock; R Lehmann NJW 1993, 1558 u NJW 1999, 3318; Gursky DNotZ 1998, 274 mwN; ausf Schultz RNotZ 2001, 541; siehe auch § 882 Rz 8). Zu den Kosten vgl Düsseldorf Rpfleger 2000, 568; Köln RNotZ 2001, 243; KG Rpfleger 2002, 591f; BayObLG Rpfleger 2001, 459 und Schultz RNotZ 2001, 541, 562ff.

884 *Wirkung gegenüber Erben*
Soweit der Anspruch durch die Vormerkung gesichert ist, kann sich der Erbe des Verpflichteten nicht auf die Beschränkung seiner Haftung berufen.

Nach § 884 haftet der Erbe in bezug auf einen vorgemerkten Anspruch unbeschränkt und unbeschränkbar. **1** Gemäß § 2016 I entfallen darüber hinaus die sog aufschiebenden Einreden der §§ 2014, 2015. Der Gläubiger des vorgemerkten Anspruchs wird schließlich auch nicht von einem Aufgebot betroffen (§§ 1971 S 2, 1974 III, 2060 Nr 2). Dies gilt auch dann, wenn eine Vormerkung aufgrund einer Bewilligung des Erblassers nach dessen Tod eingetragen worden ist (Staud/Gursky Rz 5; MüKo/Wacke Rz 2; Pal/Bassenge Rz 1; Westermann/Eickmann § 83 III 4), nicht dagegen, wenn der Gläubiger die Vormerkung erst nach dem Erbfall im Wege der einstweiligen Verfügung erlangt hat (vgl § 1990 II und § 2016 II iVm § 1971 S 2).

Ist die Vormerkung für eine Nachlaßverbindlichkeit vom Erben oder durch den Testamentsvollstrecker bewilligt **2** worden, ist dem Erben ebenfalls die Berufung auf die Haftungsbeschränkung versagt (Staud/Gursky Rz 5, 7 mwN).

885 *Voraussetzung für die Eintragung der Vormerkung*
(1) Die Eintragung einer Vormerkung erfolgt auf Grund einer einstweiligen Verfügung oder auf Grund der Bewilligung desjenigen, dessen Grundstück oder dessen Recht von der Vormerkung betroffen wird. Zur Erlassung der einstweiligen Verfügung ist nicht erforderlich, dass eine Gefährdung des zu sichernden Anspruchs glaubhaft gemacht wird.
(2) Bei der Eintragung kann zur näheren Bezeichnung des zu sichernden Anspruchs auf die einstweilige Verfügung oder die Eintragungsbewilligung Bezug genommen werden.

I. Allgemeines. § 885 bestimmt die **materiellen Voraussetzungen**, die neben dem zu sichernden Anspruch **1** (vgl § 883 Rz 9ff) gegeben sein müssen, damit eine Vormerkung entsteht. Erforderlich ist einerseits die Bewilligung des Betroffenen bzw eine einstweilige Verfügung und andererseits die Eintragung. Die gesetzlichen Voraussetzungen für eine Vormerkung müssen gleichzeitig vorliegen, damit eine Vormerkung entstehen soll. **Behördliche Genehmigungen**, die bei Verfügungen über Grundstücke bzw Grundstücksrechte erforderlich sind (vgl § 873 Rz 5), sind bezüglich der Vormerkung oftmals entbehrlich (vgl hierzu Staud/Gursky Rz 17). Ist die eingetragene Vormerkung **teilweise inhaltlich unzulässig**, so kann sie gleichwohl hinsichtlich des zulässigen Restes wirksam sein (BGH NJW 1966, 1656, 1657; NJW 1993, 324, 326; Staud/Gursky Rz 1). § 873 ist neben § 885 nicht anwendbar (BGH 28, 182, 184ff; NJW-RR 1989, 198, 199; Westermann/Eickmann § 83 II 2; Baur/Stürner § 20 III 1a; MüKo/Wacke Rz 15 mit Fn 43; Pal/Bassenge Rz 1; Staud/Gursky Rz 2 mwN; zu den anzuwendenden Vorschriften vgl § 883 Rz 3).

Bei Erweiterung des (vormerkungs-)gesicherten Anspruchs ist eine weitere Vormerkung nach Maßgabe des § 885 erforderlich; wird der Anspruch dagegen eingeschränkt, so paßt sich die Vormerkung dem reduzierten Anspruchsumfang an (vgl MüKo/Wacke Rz 2 und Staud/Gursky Rz 1).

II. Eintragungsbewilligung. Während zur Begründung dinglicher Rechte prinzipiell eine Einigung erforder- **2** lich ist (§ 873), genügt bei der Vormerkung die einseitige Bewilligung des Inhabers des betroffenen Rechts. Die Bewilligung ist eine **einseitige**, empfangsbedürftige, **materiell-rechtliche Willenserklärung**, die das Einverständnis mit der Eintragung der Vormerkung zum Ausdruck bringt (Staud/Gursky Rz 3). Maßgebend für die dingliche Wirkung ist auch bei zusätzlicher Einigung die einseitige Erklärung (RG Gruchot 62 [1918], 117).

Die **formlos** gültige materiell-rechtliche Bewilligung iSv § 885 ist nicht gleichzusetzen mit der für die Eintragung gemäß § 19 GBO notwendigen Eintragungsbewilligung (MüKo/Wacke Rz 15 mwN; aA Trupp JR 1990, 185f), wenngleich freilich beide oftmals in einer Erklärung enthalten sind.

Auf die materiell-rechtliche Bewilligung sind die §§ 104ff anzuwenden (vgl Staud/Gursky Rz 5ff). **3**

Die Bewilligung ist entweder **dem künftigen Vormerkungsgläubiger oder dem Grundbuchamt gegenüber** **4** zu erklären, und zwar vom Inhaber des betroffenen Rechts, der Schuldner des Anspruchs ist. Ist die Verfügungsbefugnis des Rechtsinhabers beschränkt, ist die Zustimmung des hierzu befugten Dritten erforderlich. Insbesondere finden die §§ 185, 878, 893 Alt 2 auf die rechtsgeschäftliche Begründung einer Vormerkung entsprechende Anwendung (Staud/Gursky Rz 8 und 16).

Für den jeweiligen Adressaten muß deutlich werden, welcher Anspruch durch die Vormerkung gesichert werden **5** soll. Insoweit gelten die allgemeinen Regeln für die **Auslegung** empfangsbedürftiger Willenserklärungen. In der endgültigen Rechtsänderung oder Eintragungsbewilligung für diese liegt in der Regel noch nicht die Bewilligung einer sie sichernden Vormerkung (BayObLG Rpfleger 1979, 134f; Pal/Bassenge Rz 8; MüKo/Wacke Rz 19; Staud/Gursky Rz 18 mwN).

6 Die Vormerkungsbewilligung kann sich auch aus der **Umdeutung** eines unwirksamen Verfügungsgeschäfts mit anderem Inhalt ergeben. So kommt etwa bei Eintragung eines inhaltlich unzulässigen dinglichen Vorkaufsrechts mit festem Kaufpreis die Umdeutung in die Vereinbarung eines schuldrechtlichen (persönlichen) Vorkaufsrechts, welches vorgemerkt werden soll, in Betracht (RG 104, 122; Staud/Gursky Rz 18; Staud/Mader § 1094 Rz 31).

7 **Fingiert** wird die Bewilligung nach Maßgabe der §§ 894 und 895 ZPO. Eine Verurteilung des Rechtsinhabers zur Abgabe einer Bewilligungserklärung (§ 894 ZPO) setzt einen diesbezüglichen Anspruch des klagenden Gläubigers voraus. Der zu sichernde Anspruch ist zu unterscheiden von einem etwaigen Anspruch auf Bewilligung einer Vormerkung. Ein solcher Sicherungsanspruch mit Durchsetzbarkeit mittels Erfüllungsklage und Verzugsfolgen entsteht entgegen der wohl überwiegenden Meinung (MüKo/Wacke Rz 3; Schwab/Prütting § 18 V Rz 194, Hager JuS 1990, 433; Wolff/Raiser § 48 II mit Fn 14) nur aufgrund einer besonderen Abrede (Heck § 47 III 4; Westermann/Eickmann § 83 II 2; Pal/Bassenge Rz 8; Staud/Gursky § 883 Rz 19 mwN). Zwar hat die Klage auf Bewilligung einer Vormerkung im Hinblick auf das Sicherungsmittel der einstweiligen Verfügung (§ 885 I S 1 Alt 1 iVm S 2) kaum praktische Bedeutung. Wegen der Folgen des § 25 GBO bei Aufhebung einer einstweiligen Verfügung ist das Rechtsschutzbedürfnis für eine Bewilligungsklage aber zu bejahen (Staud/Gursky Rz 19), und zwar selbst dann, wenn eine Vormerkung aufgrund einstweiliger Verfügung schon besteht (KG HRR 1927, Nr 1021; KGJ 20, 79; MüKo/Wacke Rz 9).

8 Die Vormerkungseintragung gilt gemäß § 895 S 1 ZPO weiterhin als bewilligt, wenn der Schuldner vorläufig vollstreckbar zur Abgabe einer Willenserklärung verurteilt worden ist, auf die eine Grundbucheintragung erfolgen soll. Dabei geht es um die Verurteilung zur Bestellung eines dinglichen Rechts (zB Auflassung, Hypothekenbestellung etc). Ein auf Zahlung gerichtetes Urteil vermag die Bewilligung nicht zu ersetzen (RG JW 1931, 1202; BayObLG Rpfleger 2000, 448 mwN). Die Eintragung einer auf § 895 ZPO beruhenden Vormerkung ist nach heute hM (BGH Rpfleger 1969, 425; Staud/Gursky Rz 20; MüKo/Wacke Rz 20; Stein/Jonas/Brehm, 21. Aufl, § 895 Rz 9) kein Akt der Zwangsvollstreckung, dh Vollstreckungsklausel und Zustellung sind nicht nötig, ggf aber Nachweis einer angeordneten Sicherheitsleistung.

9 § 878 ist auf die gemäß den §§ 894, 895 fingierten Vormerkungsbewilligungen analog anwendbar (Staud/Gursky Rz 16; vgl auch MüKo/Wacke Rz 13 und 20).

10 **III. Einstweilige Verfügung. 1. Inhalt.** Die einstweilige Verfügung muß als Eintragungsgrundlage für eine Vormerkung (vgl § 28 S 1 GBO) den Berechtigten, das betroffene Grundstück bzw Grundstücksrecht (BayObLG Rpfleger 1981, 190; Düsseldorf Rpfleger 1978, 216) und den zu sichernden Anspruch bezeichnen. Richten muß sie sich gegen den von der Vormerkungseintragung Betroffenen, dh gegen den gegenwärtigen Inhaber des vom zu sichernden Anspruch betroffenen Rechts. Bei einer einstweiligen Verfügung zugunsten mehrerer Berechtigter ist das zwischen ihnen bestehende Rechtsverhältnis anzugeben (§ 47 GBO); ist das Gemeinschaftsverhältnis in der einstweiligen Verfügung nicht benannt, so genügt die Angabe im Eintragungsantrag (Frankfurt aM OLGZ 1989, 6, 7f = MDR 1989, 365).

11 2. Für das **Verfahren** gelten die §§ 935ff ZPO mit der sich aus § 885 I S 2 ergebenden Modifikation.

12 Hat der Antragsgegner die Eintragung einer Vormerkung bereits bewilligt, fehlt das für eine einstweilige Verfügung erforderliche Rechtsschutzinteresse (MüKo/Wacke Rz 9 mwN). Dagegen ist eine einstweilige Verfügung zulässig, wenn die Vormerkungseintragung zwar gemäß § 895 S 1 ZPO als bewilligt gilt (vgl Rz 8), der Gläubiger aber eine im Urteil bestimmte Sicherheitsleistung nicht erbringen kann oder will (Celle MDR 1964, 333; Pal/Bassenge Rz 4; MüKo/Wacke Rz 9).

13 Der zu sichernde Anspruch muß schlüssig vorgetragen und glaubhaft (§ 294 ZPO) gemacht sein (Frankfurt aM NJW-RR 1993, 473f). Einer Glaubhaftmachung seiner Gefährdung bedarf es nicht (§ 885 I S 2). Die darin zum Ausdruck kommende Vermutung eines Verfügungsgrundes (Zöller/Vollkommer § 940 ZPO Rz 8 „Bauhandwerkersicherungshypothek") ist widerlegbar (Düsseldorf NJW-RR 2000, 825 mwN). Hat ein **bedingter Anspruch** wegen der entfernten Möglichkeit des Bedingungseintritts keinen gegenwärtigen Vermögenswert, so ist seine Sicherung durch Vormerkung aufgrund einstweiliger Verfügung (nicht aufgrund Bewilligung) gemäß den §§ 916 II, 936 ZPO unzulässig (Staud/Gursky Rz 23 mwN). Auch zur Sicherung von **künftigen Ansprüchen** kann die Eintragung einer Vormerkung im Wege einstweiliger Verfügung erwirkt werden (Westermann/Eickmann § 83 II 3; Stein/Jonas/Grunsky, 22. Aufl, § 935 ZPO Rz 4; Zöller/Vollkommer § 916 ZPO Rz 8; MüKo/Wacke Rz 5; Staud/Gursky Rz 23 mwN; aA RG 74, 158, 159; JW 1926, 2701; Pal/Bassenge Rz 5; Soergel/Stürner Rz 4). Die §§ 926, 936 ZPO stehen dem nicht entgegen, da als Hauptsacheklage eine Feststellungsklage bzw eine solche auf künftige Leistung nach § 259 ZPO in Betracht kommt. Der Antragsteller muß in bezug auf die Sicherung des künftigen Anspruchs auch nicht etwa ein besonderes schützenswertes Interesse darlegen (so aber MüKo/Wacke Rz 5); vielmehr reicht es aus, daß der künftige Anspruch einen gegenwärtigen Vermögenswert iSv § 916 II ZPO besitzt (Staud/Gursky Rz 23).

14 Die in §§ 929 II und III, 936 ZPO geregelten Vollziehungsfristen müssen gewahrt werden, denn andernfalls ist bzw wird die Vormerkung unwirksam. Die einstweilige Verfügung gilt dabei gemäß den §§ 932 III, 936 ZPO mit Eingang des Antrags auf Vormerkungseintragung (§ 13 I S 2 und 3 GBO) bzw des Ersuchens iSv § 941 ZPO, § 38 GBO beim Grundbuchamt als vollzogen (Staud/Gursky Rz 31 mwN).

15 Die Aufhebung der einstweiligen Verfügung gemäß § 938 ZPO gegen Sicherheitsleistung kommt nur in Betracht, wenn der vorgemerkte Anspruch sich auf ein dingliches Recht bezieht, welches auf eine Geldleistung aus dem Grundstück gerichtet ist (RG 55, 140; Staud/Gursky Rz 34 mwN).

16 Da die Eintragung aufgrund einstweiliger Verfügung Vollstreckungshandlung ist, muß die einstweilige Verfügung (im Gegensatz zur Bewilligung) schon bei der Eintragung vorliegen (Staud/Gursky Rz 32 mwN).

IV. Eintragung

1. Inhalt. Die Eintragung muß dem Bestimmtheitsgrundsatz genügen, dh den Berechtigten, den Schuldner und den Anspruch nach Inhalt und Leistungsgegenstand zumindest eindeutig bestimmbar bezeichnen (RG JW 1931, 2743, 2744; BayObLG Rpfleger 1969, 48, 49; BayObLGZ 1977, 155, 157). Im übrigen ist gemäß § 885 II Bezugnahme auf die einstweilige Verfügung oder die Eintragungsbewilligung möglich, zB für die vorzumerkende Unterwerfung des jeweiligen Eigentümers unter die sofortige Zwangsvollstreckung (KG JFG 4, 407ff). Die Eintragung des Erblassers wirkt für den Erben (RG JW 1926, 1955; Pal/Bassenge Rz 9). 17

Die Angabe des Schuldgrundes ist regelmäßig nicht nötig, es sei denn, es besteht Verwechslungsgefahr (RG JW 1928, 498; JW 1934, 2612; RG 133, 267, 270; BGH LM § 883 Nr 1; MüKo/Wacke Rz 25; Staud/Gursky Rz 54 mwN). Die Bezeichnung als Widerspruch ist unschädlich, wenn ersichtlich ist, daß ein ausschließlich schuldrechtlicher Anspruch auf Rechtsänderung gesichert werden soll (RG 55, 340, 343). Ist die „Vormerkung eines Wiederkaufsrechts" eingetragen, so ist bei vernünftiger **Auslegung** ein Rückübereignungsanspruch gemeint (BayObLGZ 1961, 63 = DNotZ 1961, 587; vgl § 883 Rz 18). Zur Klarstellung, daß es sich um eine Vormerkung handelt, ist aber Bezugnahme nicht gestattet (Karlsruhe NJW 1958, 1189; Staud/Gursky Rz 51). Soll die einzutragende Vormerkung nur einen realen Grundstücksteil betreffen, so gilt § 7 GBO nicht (RG HRR 1934 Nr 1222; BGH NJW 1972, 2270; BayObLG Rpfleger 1981, 232; Staud/Gursky Rz 43 mwN). Es muß aber eine jeden Zweifel ausschließende eindeutige Bezeichnung erfolgen (BayObLG DNotZ 1983, 440, 443; 1985, 44, 45; Staud/Gursky Rz 45 mwN). Bei einer Hypothekenvormerkung gilt § 1114 entsprechend (KGJ 28, 111; Staud/Gursky Rz 53). 18

Eine **Umdeutung** von Grundbucheintragungen ist nicht zulässig (vgl Staud/Gursky § 883 Rz 76 mwN). In Betracht kommt nur eine erneute Eintragung aufgrund umgedeuteter Parteierklärung(en) (vgl etwa Rz 6).

Ob eine von vornherein unwirksame bzw erloschene (Auflassungs-)**Vormerkung durch erneute Bewilligung** wieder zur Sicherung eines neuen, deckungsgleichen Anspruchs verwendet werden kann, ist streitig. Der BGH (BGHZ 143, 175 = NJW 2000, 805) und andere (Wacke DNotZ 2000, 643; Schöpflin JA 2000, 535; Grunsky EWiR 2000, 285) sehen in der Löschung der alten und Eintragung einer neuen Vormerkung einen „unnötigen Formalismus". Die Gegenansicht (Zimmer NJW 2000, 2978; Schubert JR 2001, 61; Demharter MittBayNot 2000, 106; Streuer, Rpfleger 2000, 155) hält – zu Recht – aus Gründen der Rechtssicherheit eine Grundbuchberichtigung mit anschließender Neueintragung für erforderlich. Nach beiden Auffassungen bestimmt sich der Rang der neu bewilligten Vormerkung nicht nach der alten Eintragung, sondern nach dem Zeitpunkt der neuen Bewilligung. 19

2. Der **Ort der Eintragung** ist in den §§ 12 und 19 GBV geregelt. Eine Auflassungsvormerkung wird in Abteilung II eingetragen, eine Vormerkung auf ein beschränktes dingliches Recht am Ort für dessen Eintragung. Die spätere Eintragung des betreffenden Rechts erfolgt in der Veränderungsspalte. 20

Nach BayObLG (NJW-RR 2002, 884f mwN) kann ein Anspruch auf eine das gemeinschaftliche Grundstück als Ganzes betreffende Rechtsänderung in einem einzelnen Wohnungsgrundbuch nicht vorgemerkt werden. 21

886 *Beseitigungsanspruch*

Steht demjenigen, dessen Grundstück oder dessen Recht von der Vormerkung betroffen wird, eine Einrede zu, durch welche die Geltendmachung des durch die Vormerkung gesicherten Anspruchs dauernd ausgeschlossen wird, so kann er von dem Gläubiger die Beseitigung der Vormerkung verlangen.

I. Normzweck. § 886 regelt den Fall, daß dem vorgemerkten Anspruch eine dauernde Einrede entgegensteht. Während der Anspruch für den Gläubiger praktisch wertlos ist, werden potentielle Erwerber des von der Vormerkung betroffenen Rechts uU abgeschreckt (Staud/Gursky Rz 1). Deshalb gewährt § 886 dem Einredeberechtigten das Recht, vom Vormerkungsgläubiger die Beseitigung der Vormerkung zu verlangen. Die §§ 1169, 1254 enthalten entsprechende Regelungen für einredebehaftete Hypotheken und Pfandrechte. 1

II. Voraussetzungen des Beseitigungsanspruchs. 1. Dauernde (sog peremptorische) Einrede. Einen Anspruch auf Beseitigung der Vormerkung geben nur die dauernden Einreden, die den Anspruch zwar bestehen lassen, aber seine Durchsetzung dauernd hemmen. Zu denken ist insbesondere an die Einreden der Verjährung (§ 214 I), der Bereicherung (§ 821) und der unerlaubten Handlung (§ 853). Zu weiteren dauernden Einreden vgl Staud/Gursky Rz 4. Bei der Frage der Verjährung des gesicherten Anspruchs ist zu beachten, daß weder § 216 noch § 902 I (vgl RG HRR 1929, Nr 8) analog anwendbar ist (Staud/Gursky Rz 3 mwN). Eine Vormerkung aufgrund einstweiliger Verfügung ist auch keine Vollstreckungshandlung iSv § 212 I Nr 2 (Staud/Gursky aaO). In der Bewilligung einer Vormerkung liegt aber regelmäßig ein Anerkenntnis iSv § 212 I Nr 1. Eine Einrede muß als solche geltend gemacht sein (BGH NJW 1989, 220, 221; aA MüKo/Wacke Rz 3; kritisch auch Staud/Gursky Rz 4a), wobei Hinweis auf ihr Bestehen genügen dürfte. 2

2. Anspruchsberechtigt iSv § 886 sind der Schuldner des vorgemerkten Anspruchs, dessen Rechtsnachfolger sowie Erwerber eines vormerkungswidrigen Rechts, die iSv § 888 I zustimmungspflichtig sind (RG 53, 28, 33; BGH NJW 1989, 220, 221; Pal/Bassenge Rz 9; MüKo/Wacke Rz 3; Staud/Gursky Rz 5 mwN). – Nicht anspruchsberechtigt sind dagegen Inhaber gleich- und nachrangiger Grundstücksrechte (Staud/Gursky Rz 5, arg: § 885 I S 1 aE; aA aber die wohl hM, vgl MüKo/Wacke Rz 3; Pal/Bassenge Rz 9; Bamberger/Roth/Kössinger Rz 6; wN bei Staud/Gursky aaO). 3

3. Anspruchsgegner iSv § 886 ist der jeweilige Vormerkungsgläubiger (BayObLG DNotZ 1976, 371, 374). Ist der vorgemerkte Anspruch mit dem Pfandrecht oder Nießbrauch eines Dritten belastet, besteht auch gegenüber diesem ein (Hilfs-)Anspruch auf Zustimmung (Staud/Gursky Rz 6). 4

5 **4. Anspruchsinhalt.** Der Anspruch geht auf **Beseitigung** der Vormerkung, dh auf materiell-rechtliche Aufgabeerklärung (§ 875 I analog), verfahrensrechtliche Löschungsbewilligung sowie auf Beantragung der Löschung der Vormerkung beim Grundbuchamt. Die Eintragung ist konstitutiv.

6 **III. Erlöschen der Vormerkung aus anderen Gründen.** Mit Erlöschen des gesicherten Anspruchs (zB Eintritt einer auflösenden Bedingung, Fristablauf) wird die Vormerkung unwirksam. Dies gilt auch bei Hypothekenvormerkung. Es entsteht nicht etwa in Analogie zu § 1163 I S 2 eine Eigentümerhypothek (RG 65, 260, 263; BayObLG Rpfleger 1980, 294; Staud/Gursky Rz 14 mwN). Als vollständig erfüllt und damit erloschen gilt aber ein vorgemerkter Anspruch erst dann, wenn vormerkungswidrige Zwischenrechte beseitigt sind (RG 129, 184, 185; BGH WM 1964, 509, 510; BayObLG Rpfleger 1975, 395; Düsseldorf MittRhNotK 1965, 16; Hamm Rpfleger 1992, 474, 475; Staud/Gursky Rz 9 mwN). Wird der Gläubiger des vorgemerkten Anspruchs vom Schuldner beerbt, erlischt der Anspruch grds durch sog Konfusion. Die Vormerkung geht dann mit unter (BGH NJW 1981, 447; Ebel NJW 1982, 724ff; Pal/Bassenge Rz 4; Staud/Gursky Rz 11f; kritisch hierzu Wacke NJW 1981, 1576ff; MüKo/Wacke Rz 6 mwN in Fn 18). § 889 gilt nicht. Rechte Dritter stehen einer Konfusion entgegen.

Die Konfusionswirkung entfällt außerdem rückwirkend nach Maßgabe der §§ 1976, 1991 II, 2143, 2175, 2377 (vgl Staud/Gursky Rz 11f; aA Wilhelm SachenR Rz 2105, wonach die Vormerkung erst untergeht, wenn der Erbe die Möglichkeit der Haftungsbeschränkung verliert).

Macht ein Vorkaufsverpflichteter ein Verkaufsangebot für sein Grundstück, welches nach seinem Tod wirksam angenommen wird (§ 153), so erlischt nach BGH NJW 2000, 1033 eine zugunsten des Vorkaufsberechtigten und Alleinerben des Grundstückseigentümers bestehende, bedingte Vorkaufsvormerkung. Seine Vorkaufsrechtsausübung geht ins Leere. Dem ist zuzustimmen (Soergel/Stürner § 883 Rz 5; aA v. Olshausen NJW 2000, 2872; Wieling JR 2001, 148; Wacke, DNotZ 2001, 302; ders JZ 2001, 380). Denn der vorkaufsberechtigte Alleinerbe erwirbt – eine unbeschränkte Erbenhaftung unterstellt – auch die Verbindlichkeiten und muß diese erfüllen (Lüke DNotZ 2001, 59, 61; Gebauer u Haubold JZ 2000, 680, 682). Etwas anderes gilt nur dann, wenn der Drittkäufer dem Erblasser für den Fall der Ausübung des Vorkaufsrechts ein Rücktrittsrecht eingeräumt hatte oder der Kaufvertrag zwischen den beiden unter der auflösenden Bedingung der Ausübung des Vorkaufsrechts stand (Lüke DNotZ 2001, 59, 63).

7 Die Vormerkung kann unabhängig vom gesicherten Anspruch entfallen, wenn sie (was zulässig ist) aufschiebend bzw auflösend bedingt oder befristet ist (vgl BGH 117, 390, 392; Frankfurt aM Rpfleger 1994, 106; Staud/Gursky Rz 15 mwN). – Gleiches gilt, wenn der Anspruch ausdrücklich ohne die Vormerkung übertragen wird (KGJ 43, 209; Soergel/Stürner Rz 2; Staud/Gursky Rz 16). Auch, wenn die einstweilige Verfügung oder das vorläufig vollstreckbare Urteil iSv § 895 ZPO, auf der bzw dem ihre Eintragung beruht, aufgehoben wird, entfällt die Vormerkung.

8 Die Vormerkung kann auch gesondert analog § 875 aufgehoben werden, und zwar durch eine entsprechende Aufgabeerklärung gegenüber dem Grundbuchamt oder dem Begünstigten (vgl dazu Staud/Gursky Rz 19) und die Löschung der Vormerkung; nicht aber durch Löschung allein (BGH 60, 46, 49ff = NJW 1973, 323, 325; WM 1964, 509, 510; MüKo/Wacke Rz 11; Pal/Bassenge Rz 3; Soergel/Stürner Rz 1; Staud/Gursky Rz 25 mwN). § 1183 ist bei Hypothekenvormerkung nicht analog anwendbar. Bewilligt der Gläubiger einer Auflassungsvormerkung die Löschung „aller eingetragenen Grundstücksbelastungen", so will er damit die (wegen vormerkungswidrig begründeter Zwischenrechte, vgl Rz 6) weiterbestehende Vormerkung nicht aufgeben, solange die Zwischenrechte eingetragen bleiben (BGH 60, 46, 53). Gleiches gilt, wenn der Erwerber beantragt, die Auflassungsvormerkung „Zug um Zug gegen Eintragung der Auflassung" zu löschen, wenn noch vormerkungswidrig eingetragene Zwischenrechte vorhanden sind (Staud/Gursky Rz 19; aA LG Kempten JZ 1991, 416f).

9 Da bei einem Recht an einem Grundstücksrecht zu dessen Aufgabe die bloße Verzichtserklärung genügt, reicht auch zur rechtsgeschäftlichen Aufhebung der Vormerkung, die einen Anspruch auf Bestellung eines solchen Rechts an einem Liegenschaftsrecht sichert, die bloße Aufgabeerklärung aus (Planck/Strecker Anm 1b; Staud/Gursky Rz 18 mwN).

887 *Aufgebot des Vormerkungsgläubigers*

Ist der Gläubiger, dessen Anspruch durch die Vormerkung gesichert ist, unbekannt, so kann er im Wege des Aufgebotsverfahrens mit seinem Recht ausgeschlossen werden, wenn die im § 1170 für die Ausschließung eines Hypothekengläubigers bestimmten Voraussetzungen vorliegen. Mit der Erlassung des Ausschlussurteils erlischt die Wirkung der Vormerkung.

1 **I. Allgemeines.** Während auf seiten des unbekannten Vormerkungsgläubigers unter den Voraussetzungen des § 887 angenommen werden kann, daß dieser keinen Wert mehr auf die mit der Vormerkung verbundene dingliche Schutzlage legt (Staud/Gursky Rz 1), werden dem Eigentümer weitere Verfügungen über das Grundstück durch sie erschwert (MüKo/Wacke Rz 1). Deshalb läßt § 887 es zu, den unbekannten Vormerkungsgläubiger mit seiner Vormerkung per Ausschlußurteil auszuschließen. Entsprechende Vorschriften finden sich in den §§ 1104, 1112, 1170 (auf den § 887 verweist) sowie in § 13 SchiffsRG und in § 6 GBBerG (vgl hierzu Wehrstedt RNotZ 2001, 516).

2 **II.** Gemäß § 887 iVm § 1170 müssen folgende **Voraussetzungen** kumulativ gegeben sein: **1.** Der **Vormerkungsgläubiger** muß **unbekannt** sein. Das ist der Fall, wenn objektiv ungewiß ist, ob der im Grundbuch eingetragene Gläubiger noch lebt bzw wer seine Erben sind. Gleiches gilt, wenn der vermeintliche Gläubiger sein Recht nicht in grundbuchmäßiger Form nachzuweisen vermag (RG 67, 95, 99; KGJ 30, 269; Staud/Gursky Rz 2 mwN). Ist lediglich der Aufenthalt des bekannten Gläubigers unbekannt, kommt dessen Ausschließung nach § 887 nicht in Betracht (Böhringer NotBZ 2001, 200; Staud/Gursky Rz 2 mwN; aA Wehrstedt RNotZ 2001, 519; vgl auch Schöne Rpfleger 2002, 131, 132).

2. Zehn Jahre müssen **vergangen** sein seit der letzten sich auf die Vormerkung beziehenden Eintragung im Grundbuch. Entsprechend § 1170 I S 2 beginnt die Frist mit Fälligkeit des gesicherten Anspruchs bzw bei aufschiebender Bedingung mit deren Eintritt (Staud/Gursky Rz 3 mwN). 3

3. Darüber hinaus darf der Schuldner den vorgemerkten Anspruch **nicht** innerhalb der Frist **iSd § 212 I Nr 1** 4 **anerkannt** haben. Andernfalls beginnt die Frist neu zu laufen.

III. Das **Aufgebotsverfahren** richtet sich nach den §§ 946ff, 988, 1024 ZPO. Antragsberechtigt sind der Eigen- 5 tümer und im Range gleich- und nachstehend Berechtigte iSv §§ 984, 988 ZPO.

IV. Wirkung des Ausschlußurteils. Mit der Verkündung des Ausschlußurteils erlischt die Vormerkung (§ 887 6 S 2); der Anspruch bleibt unberührt. Die Löschung der Vormerkung im Grundbuch erfolgt nach § 22 GBO. Durch das Ausschlußurteil wird die Löschungsbewilligung des bisherigen Vormerkungsgläubigers ersetzt. Ein Vorbehalt iSv § 953 ZPO steht § 887 S 2 entgegen; das Erlöschen der Vormerkung setzt dann voraus, daß der Vorbehalt durch einen Verzicht des Begünstigten oder ein gegen ihn ergangenes Urteil beseitigt ist (RG 67, 95, 96; BGH NJW 1980, 1521, 1522; MüKo/Wacke Rz 7; Staud/Gursky Rz 8).

888 *Anspruch des Vormerkungsberechtigten auf Zustimmung*
(1) Soweit der Erwerb eines eingetragenen Rechts oder eines Rechts an einem solchen Recht gegenüber demjenigen, zu dessen Gunsten die Vormerkung besteht, unwirksam ist, kann dieser von dem Erwerber die Zustimmung zu der Eintragung oder der Löschung verlangen, die zur Verwirklichung des durch die Vormerkung gesicherten Anspruchs erforderlich ist.
(2) Das Gleiche gilt, wenn der Anspruch durch ein Veräußerungsverbot gesichert ist.

I. Allgemeines. 1. Normzweck. Verpflichtet zur Verschaffung des vorgemerkten Rechts ist nur der Schuldner; 1 auf den Inhaber des vormerkungswidrig eingetragenen Rechts geht die Pflicht nicht über (BGH 54, 56, 62; KGJ 51, 192, 196; Staud/Gursky Rz 20). Die aus § 883 II folgende relative Unwirksamkeit der vormerkungswidrigen Rechtsänderung bewirkt, daß dem Schuldner die Erfüllung der Verpflichtung möglich bleibt. Jedoch darf die dazu erforderliche Grundbucheintragung des Vormerkungsberechtigten nach dem formell-rechtlichen Voreintragungsgrundsatz (vgl vor § 873 Rz 7) vom Grundbuchamt ohne die Eintragungs- oder Löschungsbewilligung des von ihr betroffenen Dritterwerbers nicht vollzogen werden (§§ 19 und 39 GBO). Da das Grundbuch aufgrund der Eintragung der vormerkungswidrigen Verfügung nicht unrichtig wird (Hamm FGPrax 1996, 210; Staud/Gursky Rz 3), steht dem Vorgemerkten ein Grundbuchberichtigungsanspruch aus § 894 nicht zu. Er kann jedoch vom vormerkungswidrigen Dritterwerber gem § 888 die erforderliche Eintragungs- bzw Löschungsbewilligung verlangen.

2. Rechtsnatur. Bei § 888 handelt es sich um einen unselbständigen Hilfsanspruch, der nicht durch Abtretung 2 von der Vormerkung getrennt werden kann (RG JW 1927, 1413, 1414; Staud/Gursky Rz 45) und mit der heute ganz hM als dinglicher Anspruch zu qualifizieren ist (MüKo/Wacke Rz 2; Staud/Gursky Rz 44 mwN). Dies gilt auch im Rahmen der §§ 24, 265, 266, 325, 727 ZPO (vgl Rz 11 sowie Staud/Gursky Rz 48 und 14, jeweils mwN).

II. Aktiv- und Passivlegitimation. 1. Anspruchsgegner, dh verpflichtet zur Abgabe der Zustimmungserklä- 3 rung ist der nach Maßgabe der vormerkungswidrigen Eintragung im Sinne der GBO legitimierte Dritterwerber bzw dessen Rechtsnachfolger (RG 113, 403, 407). Auf die Wirksamkeit der vermeintlichen Rechtsnachfolge kommt es nicht an (RG JW 1908, 275). – Wer nach Eintragung einer Auflassungsvormerkung gegenüber dem Grundstücksverkäufer ein Veräußerungsverbot erwirkt, steht einem Dritterwerber gleich, dh der Vormerkungsberechtigte kann von ihm entsprechend § 888l die Einschränkung des Veräußerungsverbots verlangen, soweit dies zur Verwirklichung des vorgemerkten Anspruchs erforderlich ist (BGH, NJW 1966, 1509).

2. Anspruchsinhaber ist der Vormerkungsgläubiger bzw sein Rechtsnachfolger (RG 78, 71, 72f; JW 1927, 4 1413, 1414).

III. Anspruchsinhalt. 1. Der Vormerkungsberechtigte kann vom Dritterwerber dessen gemäß § 19 GBO not- 5 wendige Zustimmung (BayObLG NJW-RR 1990, 722) zu der Verfügung verlangen, zu der der Schuldner des vormerkten Anspruchs verpflichtet ist. Daneben besteht ein Anspruch auf Vorlage des Hypothekenbriefes, soweit dies zur grundbuchmäßigen Erledigung erforderlich ist (KG JFG 5, 324, 327).

Ist lastenfreie Rechtsübertragung vorgemerkt, so ist der Löschung nachträglich eingetragener belastender Rechte zuzustimmen (KG JFG 5, 324). Ob der Vormerkungsberechtigte darüber hinaus auch Verzicht oder Übertragung des vormerkungswidrigen beschränkten dinglichen Rechts an sich verlangen kann (bejahend Pal/Bassenge Rz 5; MüKo/Wacke Rz 11) ist streitig; dagegen spricht, daß § 888 nur dazu dient, dem formell-rechtlichen Voreintragungsgrundsatz zu entsprechen (vgl Rz 1; Staud/Gursky Rz 23 und 25).

Ist der Dritterwerber grundbuchmäßig an Stelle des Schuldners verfügungsbefugt, so hindert ihn die relative 6 Unwirksamkeit seines Rechtserwerbs nicht, gemäß § 267 I den vormerkten Anspruch zu erfüllen, dh selbst die erforderliche Erklärung (zB Auflassung, Eintragungsbewilligung) abzugeben (BGH BB 1958, 1225; KGJ 51, 192, 196; Pal/Bassenge Rz 5; MüKo/Wacke Rz 14; Staud/Gursky Rz 20 mwN). Denn die relative Unwirksamkeit soll nur zugunsten des Vorgemerkten wirken. Verpflichtet ist der Dritterwerber hierzu freilich nicht (vgl Rz 1). Zur Löschung nachrangiger Vormerkungen vgl Dresden, NJW-RR 1999, 1177.

Der Anspruch auf Zustimmung unterliegt nicht der **Verjährung** (§ 902). Bei **Verzug** kommt nach – zutreffender 7 – hM eine Schadensersatzpflicht des Zustimmungspflichtigen nach §§ 280 II, 286 in Betracht (Reinicke NJW 1968, 788ff; Staud/Gursky Rz 47; Soergel/Stürner Rz 3 mwN; Westermann/Eickmann § 83 IV 4c; aA BGH 49, 263 = NJW 1968, 788ff; vgl auch Wilhelm SachenR Rz 2126 m Fn 130).

A. Lorenz

8 **2. Einwendungen und Einreden. a)** Dem **Schuldner** zustehende Einwendungen und Einreden gegen den vorgemerkten Anspruch kann auch der zustimmungsverpflichtete Dritterwerber geltend machen (BGH NJW 2000, 3496). Verzicht des Schuldners auf die Einrede steht dem ebensowenig entgegen (Celle NJW 1958, 385; MüKo/Wacke Rz 4 mwN) wie dessen rechtskräftige Verurteilung zur Erfüllung des vorgemerkten Anspruchs (RG 53, 28; Celle NJW 1958, 385, 386; Pal/Bassenge Rz 6; Staud/Gursky Rz 37 mwN; aA Westermann/Eickmann § 83 IV 4c).

Auf Einreden aus den §§ 273, 320, 322 kann sich der Dritterwerber nach hM ebenfalls berufen (Celle aaO; MüKo/Wacke Rz 4 mwN; Pal/Bassenge Rz 6 mwN; aA RG 144, 281, 283). Er kann seine Zustimmung entsprechend § 770 I auch dann verweigern, wenn dem Schuldner in bezug auf den vorgemerkten Anspruch ein Anfechtungs- oder Rücktrittsrecht zusteht (Arndt DNotZ 1963, 603f; Staud/Gursky Rz 39 mwN). Dies gilt indes nicht, wenn der Schuldner auf sein Gestaltungsrecht verzichtet hat oder es ihm rechtskräftig aberkannt worden ist (Staud/Gursky Rz 39; MüKo/Wacke Rz 4). Sog dauernde Einreden können zum Gegenanspruch aus § 886 führen (vgl § 886 Rz 2).

9 **b)** Zu unterscheiden von den Einreden gegen den vorgemerkten Anspruch sind **Verteidigungsmöglichkeiten des Dritterwerbers** aus seinen Vereinbarungen mit dem Vormerkungsberechtigten. Diese schuldrechtlichen Verteidigungsmöglichkeiten gehen nicht ohne weiteres mit dem vormerkungswidrig eingetragenen Recht auf dessen Erwerber über (vgl RG 142, 331, 334; 143, 159; MüKo/Wacke Rz 5). Zu beachten ist aber in diesem Zusammenhang, daß auch eine (uU konkludent erklärte) dinglich wirkende Zustimmung (analog § 185) des Vormerkungsberechtigten vorliegen kann, durch die die vormerkungswidrige Verfügung volle Wirksamkeit erlangt (RG 154, 355, 367; KG JW 1931, 2742, 2743; ausführlich Staud/Gursky Rz 40).

10 **c) Verwendungen des Dritterwerbers** auf das Grundstück, insbesondere seine Bebauung schließen den Zustimmungsanspruch nicht aus (RG HRR 1933, Nr 1850; Staud/Gursky Rz 41). Es kann sich aber ein Verwendungsersatzanspruch des Dritterwerbers aus einer entsprechenden Anwendung der §§ 994ff, 999 II ergeben (BGH 75, 288, 291; 87, 296ff; Staud/Gursky Rz 56 mwN). Umgekehrt kann der Vormerkungsberechtigte vom Dritterwerber jedenfalls dann in entsprechender Anwendung des § 987 Herausgabe der **Nutzungen** verlangen, wenn sie ihm nach § 292 auch gegenüber dem Rückübertragungsschuldner zustehen (BGH 144, 323, 327f = NJW 2000, 2899 = JR 2001, 331 m krit Anm Probst; Hager DNotZ 2001, 325; weitergehend noch BGH 87, 296 = NJW 1983, 2024; vgl hierzu und zu sonstigen im einzelnen sehr streitigen Ansprüchen im Verhältnis zwischen Vormerkungsberechtigtem und Dritterwerber MüKo/Wacke Rz 16ff und Staud/Gursky Rz 56ff).

11 **IV. Prozessuale Durchsetzung.** Eine bestimmte Reihenfolge des Vorgehens gegen den Schuldner und den zustimmungspflichtigen Dritterwerber braucht der Vormerkungsgläubiger nicht einzuhalten. Er kann nach hM zunächst den Dritterwerber verklagen (BGH 54, 56, 62; BB 1958, 1225; DNotZ 1989, 357, 358 = NJW-RR 1988, 1357; Pal/Bassenge Rz 2; Staud/Gursky Rz 35 mwN; aA Wörbelauer DNotZ 1963, 589ff; MüKo/Wacke Rz 6) oder beide als (einfache) Streitgenossen (Staud/Gursky Rz 49).

Für die dingliche Klage auf Zustimmung gegen den Dritten ist gemäß § 24 ZPO ausschließlich das Gericht der belegenen Sache zuständig (Stein/Jonas/Roth, 22. Aufl, § 24 ZPO Rz 19 mwN). Mit Klageerhebung wird das Grundstück streitbefangen iSd §§ 265, 266, 727 ZPO (BGH 39, 21, 25f = NJW 1963, 813).

12 Dagegen greift § 24 ZPO nicht ein, wenn es um die gerichtliche Geltendmachung des vorgemerkten Anspruchs selbst geht (Stein/Jonas/Schumann aaO). Insoweit ist aber der – zusätzliche – besondere Gerichtsstand des § 26 ZPO gegeben (RG 52, 41; Stein-Jonas-Schumann aaO). Durch die Rechtshängigkeit des vorgemerkten Anspruchs wird das vormerkungswidrig erworbene Grundstück oder Recht nicht streitbefangen (Staud/Gursky Rz 14 mwN).

13 **V. Veräußerungsverbot.** Die rechtsgeschäftlich begründeten Veräußerungsverbote wegen § 137 dinglich bedeutungslos sind und absolute Veräußerungsverbote zur völligen Nichtigkeit der jeweiligen Verfügung führen, werden von § 888 II nur relative Veräußerungsverbote erfaßt, die auf Gesetz oder richterlicher Anordnung beruhen (vgl §§ 135, 136). – Hauptanwendungsfall des § 888 II ist deshalb das durch einstweilige Verfügung iSd § 938 II ZPO begründete Veräußerungsverbot. Im Gegensatz zur Vormerkung kann ein gerichtliches Veräußerungsverbot nach hM neben schuldrechtlichen Ansprüchen auch dingliche Ansprüche sichern (MüKo/Wacke § 883 Rz 6; Soergel/Stürner Rz 11; Pal/Bassenge Rz 10; Staud/Gursky Rz 64 mwN).

14 Ein Veräußerungsverbot wirkt nur negativ. Zwar sind die verbotswidrigen Verfügungen und Rechtsveränderungen durch Zwangsvollstreckung relativ unwirksam; eine dingliche Beziehung des Verbotsgeschützten zum Gegenstand des Veräußerungsverbots begründet das Veräußerungsverbot aber nicht. Deshalb sind auch die §§ 884 BGB und 106 InsO im Falle eines Veräußerungsverbotes nicht einschlägig.

Das Veräußerungsverbot ist auch nicht rangfähig (vgl § 879 Rz 5). Vielmehr steht es im Verhältnis zu dinglichen Rechten, anderen Verfügungsbeschränkungen und Vormerkungen in einer Wirksamkeitsreihenfolge, die sich grds nach dem Prioritätsprinzip richtet (Staud/Gursky Rz 69). Während der Inhaber einer später eingetragenen Vormerkung nach § 888 II zustimmen muß (RG 135, 381), ist das Veräußerungsverbot einer früheren Vormerkung gegenüber wirkungslos (BGH NJW 1966, 1509; KG OLGE 45, 198, 199).

Wirksam wird das Veräußerungsverbot mit Zustellung an den Gegner, dh den Verfügenden, wobei die Vollziehungsfrist der §§ 929 II, 936 ZPO zu wahren ist (RG 51, 129, 132; 135, 378, 384; Staud/Gursky Rz 66): Eintragung im Grundbuch ist zur Wirksamkeit des Veräußerungsverbotes nicht nötig, wohl aber gemäß §§ 136, 135 II, 892 I S 2 zum Ausschluß gutgläubig-verbotsbefreiten Erwerbs (vgl RG 135, 378, 384).

Der Umfang des Verbots wird durch die einstweilige Verfügung festgelegt.

15 Nach wohl noch hM muß das Grundbuchamt ein ihm bekanntes Veräußerungsverbot beachten und eine verbotswidrige Eintragung von der Zustimmung des Verbotsgeschützten in der Form des § 29 GBO bzw der gleichzeitigen Eintragung des Veräußerungsverbots abhängig machen (BayObLG NJW 1954, 1120; KG JW 1938, 3122f;

NJW 1973, 56, 58; Soergel/Hefermehl §§ 135, 136 Rz 18, 23; Pal/Bassenge Rz 10; aA mit guten Gründen MüKo/Wacke Rz 21 mit Fn 54 und Staud/Gursky Rz 67 mwN), wobei aber § 878 zu beachten ist.

VI. Erwerbsverbote sind gesetzlich nicht geregelt. Die hM hält sie jedoch als sichernde Maßnahme im Rahmen von § 938 ZPO für zulässig (RG 117, 287, 291f; 120, 118, 120; BGH NJW 1983, 565; Zöller/Vollkommer § 938 ZPO Rz 13; Pal/Bassenge Rz 5; aA MüKo/Wacke Rz 24f; Staud/Gursky Rz 71), um zB die Heilung eines formungültigen Grundstückskaufvertrages nach § 311b I S 2 zu verhindern. Wirksam wird ein solches Verbot, einen Eintragungsantrag zu stellen bzw nicht aufrechtzuerhalten (vgl Hamm OLGZ 1970, 438ff; BayObLG Rpfleger 1978, 306), mit Zustellung (an den Käufer). Eine Eintragung im Grundbuch ist nicht möglich (KG JW 1938, 2984; JFG 18, 192, 194; BayObLGZ 1997, 55, 57). Dem Grundbuchamt kann die Eintragung des verbotenen Erwerbs nicht untersagt werden (RG 120, 118, 119); es muß aber ein ihm bekanntes wirksam gewordenes Erwerbsverbot auch gegenüber einem vorher gestellten Eintragungsantrag beachten und eine verbotswidrige Eintragung ablehnen (RG 120, 118, 119). § 878 ist nicht anwendbar (§ 878 Rz 9), da sich das Verbot nicht auf die Verfügungsmacht des Veräußerers, sondern auf die „Erwerbsmacht" des Verfügungsbegünstigten bezieht. Bei gleichwohl erfolgter Eintragung ist der Erwerb relativ, dh dem Verbotsgeschützten gegenüber unwirksam (RG 117, 287, 291f; 120, 119; München OLGZ 69, 196; Hamm OLGZ 70, 438; vgl auch § 925 Rz 75). 16

Da die relative Unwirksamkeit des Erwerbs einer Heilung des formungültigen Kaufvertrages nach § 311b I S 2 entgegensteht, kann der Verbotsgeschützte das ohne Rechtsgrund geleistete (relativ unwirksame) Eigentum gemäß § 812 I S 1 Alt 1 kondizieren (MüKo/Wacke Rz 23). Darüber hinaus steht dem Geschützten im Verhältnis zum Erwerber ein Berichtigungsanspruch aus § 894, sicherbar durch Widerspruch (§ 899 BGB, § 53 I S 1 GBO) zu (BayObLG 22, 314; Pal/Bassenge Rz 11; eine analoge Anwendung des § 888 II befürworten dagegen RGRK/Augustin Rz 24 u Böttcher BWNotZ 1993, 25, 32). Hat der Veräußerer trotz Kenntnis von der Unwirksamkeit des Grundstückskaufvertrages die Auflassung erklärt, steht § 814 einem bereicherungsrechtlichen Anspruch entgegen. Dann scheidet ein einstweiliges Erwerbsverbot ebenso aus wie die Eintragung eines Widerspruchs (Köln NotBZ 2001, 270). 17

VII. Auf **Amtsvormerkungen** iSd § 18 II GBO (vgl § 883 Rz 6) findet § 888 keine Anwendung. 18

§ 889 *Ausschluss der Konsolidation bei dinglichen Rechten*

Ein Recht an einem fremden Grundstück erlischt nicht dadurch, dass der Eigentümer des Grundstücks das Recht oder der Berechtigte das Eigentum an dem Grundstück erwirbt.

I. Regelungsinhalt. Gemäß § 889 bleibt ein beschränktes dingliches Recht an einem Grundstück bei Erwerb durch den Grundstückseigentümer bestehen. Das sog Eigentümerrecht wird grds wie ein Fremdrecht behandelt (vgl aber §§ 1177 und 1197). Auch die Rangstelle bleibt dem Eigentümer erhalten. Nachrangige Rechte rücken nicht etwa auf. Wird in mit einem Eigentümerrecht belastetes Grundstück veräußert, bleibt das Recht dem früheren Eigentümer als Fremdrecht erhalten, es sei denn, es wird gesondert übertragen (BayObLG MDR 1984, 145). 1

II. Anwendungsbereich. Anwendbar ist § 889 nicht nur auf alle beschränkten dinglichen Rechte (vgl vor § 873 Rz 4), sondern auch auf Erbbaurechte (KG OLGE 31, 332; München HRR 1942, Nr 538; Staud/Gursky Rz 2 mwN), kraft Gesetzes entstandene Rechte (§§ 1075, 1287), zu Unrecht gelöschte Rechte, Notweg- und Überbaurenten iSd §§ 912 II, 917 II (Staud/Gursky Rz 2 mwN) sowie für die entsprechenden Nutzungsbefugnisse, dh Überbau und Notweg selbst. Auf die Eintragung des betreffenden Rechts kommt es nicht an. 2

III. Nicht von § 889 erfaßte Tatbestände. 1. Nicht anzuwenden ist § 889 wegen § 1178 bei einer sog Rückstandshypothek betreffend Zinsen und andere Nebenleistungen sowie Kosten. Verweisungen auf § 1178 finden sich in den §§ 1192 II (Grundschuld), 1200 I (Rentenschuld), 1107 (Reallast), 914 III iVm 1107 (Überbaurente), 917 II iVm 914 III, 1107 (Notwegrente). 3

2. Vereinigen sich Nießbrauch oder Pfandrecht an einem Grundstücksrecht mit letzterem in einer Person, so erlöschen sie nach Maßgabe der §§ 1072, 1063 bzw §§ 1273 II, 1256. Erwirbt der Eigentümer eines zugunsten eines anderen belasteten Grundstücks Nießbrauch oder ein Pfandrecht an diesem Fremdrecht, so bleibt letzteres bestehen (KGJ 47, 194, 197f). 4

3. Die Bestellung eines Rechts am eigenen Grundstück ist zugelassen in den §§ 1196 (Eigentümergrundschuld), 1199 (Rentenschuld) und 1009 (zugunsten eines Miteigentümers). Gleiches gilt für Eigentümergrunddienstbarkeit, Nießbrauch und Erbbaurecht (vgl § 873 Rz 4). 5

§ 890 *Vereinigung von Grundstücken; Zuschreibung*

(1) Mehrere Grundstücke können dadurch zu einem Grundstück vereinigt werden, dass der Eigentümer sie als ein Grundstück in das Grundbuch eintragen lässt.
(2) Ein Grundstück kann dadurch zum Bestandteil eines anderen Grundstücks gemacht werden, dass der Eigentümer es diesem im Grundbuch zuschreiben lässt.

I. Anwendungsbereich. 1. Grundstücke. § 890 gewährt die Befugnis, mehrere Grundstücke miteinander zu verbinden. Für das BGB, die GBO und die Verfahrensgesetze (zB ZPO, ZVG, InsO) ist das „Grundbuchgrundstück" als Buchungseinheit des Grundbuchs maßgebend. Grundstück ist danach der räumlich abgegrenzte und vermessene Teil der Erdoberfläche, der auf einem besonderen Grundbuchblatt (§ 3 I GBO) bzw Auszug (§ 3 V GBO) in einem dafür bestimmten Datenspeicher (§ 126 GBO) – oder (im Falle der Zusammenschreibung nach § 4 GBO) auf einem gemeinsamen Grundbuchblatt/in einem gemeinsamen Datenspeicher – unter einer besonderen Nummer eingetragen ist oder (wie in den Fällen des § 3 II GBO) jedenfalls eingetragen werden kann (MüKo/Wacke vor § 873 Rz 3). 1

2 2. Andere Verbindungsobjekte. Grundsätzlich ist § 890 nur auf rechtlich selbständige Grundstücke anwendbar. **Ideelle Miteigentumsbruchteile** an einem Grundstück stehen dem Grundstückseigentum nicht generell gleich. Deshalb kann ein Miteigentumsanteil an einem Grundstück mit einem anderen Grundstück nicht verbunden werden (KGJ 28, 68, 70; BayObLGZ 1993, 297; Staud/Gursky Rz 14 mwN).

3 Gleiches gilt entgegen der wohl hM (BayObLGZ 1993, 297, 300; Pal/Bassenge Rz 2; MüKo/Wacke Rz 12; Soergel/Stürner Rz 7; Bamberger/Roth/Kössinger Rz 4) für **grundstücksgleiche Rechte** (vgl vor § 873 Rz 5), insbesondere für das Erbbaurecht (Staud/Gursky Rz 15; MüKo/v Oefele § 11 ErbbauVO Rz 33). Diese können entsprechend § 890 nur mit Rechten gleicher Art verbunden werden. Die Zuschreibung (§ 890 II) eines Grundstücks zu einem **Wohnungseigentumsrecht** (und umgekehrt) ist jedoch wegen praktischer Bedürfnisse zuzulassen (BayObLGZ 1993, 297, 298ff = Rpfleger 1994, 108ff; Hamm NJW-RR 1996, 1100, 1101; MüKo/Wacke Rz 12; Pal/Bassenge § 6 WEG Rz 7; Weitnauer WEG [8. Aufl] § 3 Rz 25b; aA Staud/Gursky Rz 16).

4 Aus dem gleichen Grund werden **sog Zuflurstücke** nach ganz hM wie selbständige Grundstücke behandelt (BGH DNotZ 1954, 197; BayObLG Rpfleger 1974, 148; NJW-RR 1991, 465; Rpfleger 1995, 151, 152), dh sie müssen vor ihrer Ab- bzw Zuschreibung nicht rechtlich verselbständigt werden (MüKo/Wacke Rz 11). Zuflurstücke sind unbenannte, aus Vereinfachungsgründen nicht in das Kataster aufgenommene, sondern mit einer bloßen „Zu"-Nummer versehene Trennstücke von bloß vorübergehender Bedeutung zwecks Grenzverlegung (MüKo/Wacke Rz 11; vgl auch Staud/Gursky Rz 6). Für die Zuschreibung eines Zuflurstücks zu einem anderen soll das aber nicht gelten (BayObLG DNotZ 1958, 388, 389f; Rpfleger 1972, 18; Frankfurt aM Rpfleger 1976, 245; vgl zum Streitstand Staud/Gursky Rz 31).

5 II. Eine **materiell-rechtliche Verbindung bisher selbständiger Grundstücke** ist in verschiedenen Formen möglich. **1.** Bei der **Vereinigung** iSv § 890 I werden selbständige Grundstücke dergestalt miteinander verbunden, daß sie ihre bisherige Selbständigkeit verlieren und zu (nicht wesentlichen) Bestandteilen eines neuen, einheitlichen Grundstücks werden (BGH Rpfleger 1978, 52; Zweibrücken NJW-RR 1990, 782, 783). Hiervon zu unterscheiden ist die in § 4 GBO geregelte sog Zusammenschreibung (Ausnahme von § 3 GBO), bei der es sich um einen rein buchtechnischen Vorgang handelt, der an der Selbständigkeit der Grundstücke, an ihren Belastungen etc nichts ändert.

6 Bereits bestehende Belastungen der früheren Einzelgrundstücke erstrecken sich nach der Vereinigung nicht etwa auf das Grundstück; vielmehr lasten sie unverändert nur auf der bisherigen Fläche (BGH Rpfleger 1978, 52; KG NJW-RR 1989, 1360, 1362; Düsseldorf NJW-RR 2000, 608, 609; Staud/Gursky Rz 26 mwN). War mit einem der Einzelgrundstücke ein Recht verbunden, so wird dieses durch Verbindung zwar zum Bestandteil iSv § 96 des ganzen Grundstücks. Sein Umfang bleibt jedoch unberührt; so beschränkt sich zB die Ausübung einer Grunddienstbarkeit auf den Grundstücksteil, der bisher herrschendes (Einzel-)Grundstück war (BayObLG NJW-RR 2003, 451, 452; MüKo/Wacke Rz 13; Staud/Gursky Rz 26 mwN).
Eine Neubestellung von Rechten ist dagegen nur noch in bezug auf das neue (Gesamt-)Grundstück zulässig.

7 2. Bei der **Zuschreibung** iSv § 890 II wird ein bisher selbständiges Grundstück (oder mehrere) zum (unwesentlichen) Bestandteil eines anderen, des sog Hauptgrundstücks (BayObLGZ 1993, 297, 299). Eine Zuschreibung kann nur zu einem und nicht zu mehreren Grundstücken erfolgen; eine dagegen verstoßende Eintragung ist inhaltlich unzulässig (KG HRR 1941, Nr 602).

8 Hinsichtlich ihrer Wirkungen kann auf die Erläuterungen zur Vereinigung weitgehend verwiesen werden. Eine Besonderheit der Zuschreibung besteht darin, daß sich gemäß den §§ 1131, 1192, 1200 die auf dem Hauptgrundstück lastenden Grundpfandrechte auf das zugeschriebene Grundstück erstrecken, wobei dessen bisherige Belastungen aber im Rang vorgehen (§ 1131 S 2). Umgekehrt gilt das nicht (vgl § 1131 Rz 4).

9 III. Voraussetzungen von Vereinigung bzw Zuschreibung. 1. Materiell-rechtliche Erklärung des Eigentümers. Vereinigung und Zuschreibung setzen zunächst eine hierauf gerichtete **Willenserklärung** des Eigentümers bzw aller Miteigentümer (RG LZ 1927, 630) voraus. Die Erklärung muß erkennen lassen, ob (Bestandteils-)Zuschreibung (iSv § 890 II), Vereinigung (iSv § 890 I) oder bloße Zusammenschreibung (iSv § 4 I GBO) gewollt ist (KGJ 49, 233). Im Zweifel ist von einer Vereinigungserklärung (iSv § 890 I) auszugehen (BayObLG DNotZ 1972, 350; MüKo/Wacke Rz 7). Beantragung der „Zuschreibung" ist als Erklärung iSv § 890 II aufzufassen (KG HRR 1941, Nr 28; MüKo/Wacke Rz 7). Materiell-rechtlich ist die jeweilige Erklärung **formlos** gültig, verfahrensrechtlich ist § 29 GBO zu beachten (RG JW 1937, 896).

10 Die zu verbindenden Grundstücke müssen spätestens bei Eintragung des Gesamtgrundstücks demselben Eigentümer gehören (KGJ 36, 191, 193; BayObLGZ 1954, 258, 263), dh die Eigentumsverhältnisse an den Grundstücken müssen übereinstimmen, bei Personenmehrheiten auch die Miteigentumsanteile (Zweibrücken NJW-RR 1990, 782, 783; Staud/Gursky Rz 11 mwN). Eine Unterschiedlichkeit in etwaigen Belastungen ist gleichgültig.

11 2. Zur rechtswirksamen Verbindung der Grundstücke bedarf es neben der Erklärung der **Eintragung im Grundbuch.** Die zu verbindenden Grundstücke müssen materiell-rechtlich weder räumlich zusammenhängen noch wirtschaftlich eine Einheit bilden (RG 51, 215; MüKo/Wacke Rz 9). Allerdings sollen verfahrensrechtlich die Grundstücke gemäß den §§ 5 II, 6 II GBO grundsätzlich im selben Grundbuchbezirk liegen und unmittelbar aneinandergrenzen (s aber LG Marburg Rpfleger 1996, 341). Außerdem soll eine Verwirrung von der Vereinigung bzw Zuschreibung nicht zu besorgen sein (vgl §§ 5 I und 6 I GBO). Dies ist grundbuchtechnisch, nicht etwa wirtschaftlich zu verstehen.

12 3. Zustimmung Drittberechtigter. Nicht erforderlich ist die Zustimmung von Inhabern beschränkter dinglicher Rechte an den nach § 890 I bzw II zu verbindenden Grundstücken (Staud/Gursky Rz 24 mwN).

IV. Teilung von Grundstücken. Die Grundstücksteilung wird in den §§ 1025, 1026, 1108, 1109 zwar erwähnt, **13** ist jedoch materiell-rechtlich nicht geregelt. Ihre Zulässigkeit wird auf § 903 gestützt (Hamm NJW 1974, 865). Eine Grundstücksteilung setzt eine hierauf gerichtete formfreie Erklärung des Eigentümers bzw aller Miteigentümer (RG LZ 1927, 630) sowie die Eintragung der Teile im Grundbuch unter verschiedenen Nummern voraus. Im Grundbuchverfahren sind die §§ 13, 29 und 30 GBO zu beachten. Zur Beurkundungs- und Beglaubigungsbefugnis der Vermessungsbehörden bei Vereinigung und Teilung von Grundstücken s Reichsgesetz v 15. 11. 1937 (RGBl I S 1257) iVm § 61 I Nr 6 BeurkG (vgl auch MüKo/Wacke Rz 9 mit Fn 17). Die Zustimmung dinglich Berechtigter ist nicht erforderlich, da ihre Rechtsstellung durch die Teilung nicht berührt wird (KG NJW 1969, 470; Staud/Gursky Rz 40).

Aus Bundes- oder Landesrecht (vgl Art 119 Nr 2 EGBGB) können sich Teilungsbeschränkungen ergeben. **14** Besonders hervorzuheben sind in diesem Zusammenhang die Genehmigungserfordernisse nach dem BauGB (vgl auch § 873 Rz 5), insb § 19 I BauGB. Teilung eines Grundstücks iSv § 19 I BauGB ist auch die Aufhebung der Vereinigung von Grundstücken (BayObLG Rpfleger 1974, 311). Das Fehlen einer erforderlichen Genehmigung macht zwar die Teilung materiell unwirksam, steht aber dem gutgläubigen Erwerb eines der (vermeintlich) neugebildeten Grundstücke nicht entgegen (MüKo/Wacke Rz 19; Staud/Gursky Rz 41 mwN). Trägt das Grundbuchamt einen genehmigungsbedürftigen, aber nicht genehmigten Teilungsvorgang ein, so ist auf Ersuchen der Genehmigungsbehörde oder von Amts wegen ein Widerspruch einzutragen (§ 20 III S 1 BauGB, § 53 I S 1 GBO).

Durch die Teilung entstehen rechtlich selbständige Grundstücke. Vor der Teilung vorhandene Lasten bleiben an **15** ihnen bestehen. Bei Grunddienstbarkeiten und beschränkten persönlichen Dienstbarkeiten werden diejenigen Teile, die außerhalb des Ausübungsbereichs liegen, gemäß den §§ 1026, 1090 II frei. Zu den Folgen der Teilung eines sog herrschenden Grundstücks bei Grunddienstbarkeit und Reallast vgl §§ 1025 und 1109.

Eine **Teilung von Amts wegen** hat nach § 7 I GBO zu erfolgen, wenn ein realer Grundstücksteil mit einem **16** dinglichen Recht belastet werden soll. Ein Antrag des Eigentümers ist nicht erforderlich (BayObLG 1956, 470, 476).

891 *Gesetzliche Vermutung*

(1) Ist im Grundbuch für jemand ein Recht eingetragen, so wird vermutet, dass ihm das Recht zustehe.
(2) Ist im Grundbuch ein eingetragenes Recht gelöscht, so wird vermutet, dass das Recht nicht bestehe.

I. Zweck und Systemstellung der Regelung. § 891 schafft eine widerlegbare Vermutung dafür, daß im Grund- **1** buch eingetragene dingliche Rechte für den eingetragenen Berechtigten bestehen und daß gelöschte Rechte nicht bestehen. In den §§ 892, 893 wird die Vermutung auf eine Vollständigkeitsvermutung für Rechte und Verfügungsbeschränkungen ergänzt und zur unwiderleglichen Vermutung zugunsten des gutgläubigen Rechtsverkehrs gesteigert. Zwar haben die Eintragungen im Grundbuch für sich allein keine materielle Wirkung (vgl vor § 873 Rz 6), das Grunduchverfahren schafft aber eine gewisse Garantie für die Übereinstimmung der Eintragungen und Löschungen mit dem materiellen Recht. Darauf baut sich die Vermutung des § 891 auf.

Mit der bloßen Vermutung ist dem Erwerber, der im Vertrauen auf den Grundbuchstand handelt, nicht gedient; daher wird die widerliche Richtigkeitsvermutung des § 891 zur unwiderliglichen Richtigkeitsvermutung des § 892, und daher wird sie durch eine Vollständigkeitsvermutung ergänzt.

II. Positive Vermutung bei eingetragenem Recht (§ 891 I). 1. Eintragung. Vermutungsgrundlage ist die Ein- **2** tragung, wobei hiermit auch zulässigerweise in Bezug genommene Urkunden (vgl § 874) gemeint sind.

Die Eintragung muß **wirksam** sein. Nichtig und deshalb im Hinblick auf § 891 irrelevant ist die von einem Privatmann vorgenommene Eintragung. Gleiches gilt für Eintragungen, die auf einer erheblichen Bedrohung des Grundbuchbeamten beruhen (Staud/Gursky Rz 13; vgl § 873 Rz 24; aA MüKo/Wacke Rz 2). Eintragungen, bei denen zumindest eine der beiden gemäß § 44 I S 2 GBO vorgeschriebenen Unterschriften fehlt, sind nichtig (Staud/Gursky Rz 13). Veränderungen des Grundbuchs durch unbefugte Radierungen sind ebenfalls wirkungslos. Ist der frühere Text rekonstruierbar, bleibt dessen Vermutungswirkung bestehen (Frankfurt aM OLGZ 1982, 56; Staud/Gursky Rz 13 mwN).

Wirksam sind dagegen Eintragungen eines örtlich unzuständigen Grundbuchamtes (§ 7 FGG) oder eines gesetzlich ausgeschlossenen (§ 11 GBO) bzw eines seine innerdienstliche Zuständigkeit überschreitenden Grundbuchbeamten (vgl KG JFG 11, 180). Auch die Verletzung bloßer Ordnungsvorschriften (zB Verletzung der in § 29 GBO geregelten Form) ist bedeutungslos (RG 94, 5, 8; BGH WM 1969, 1352f; MüKo/Wacke Rz 15 mwN), zB die Eintragung eines Grundpfandrechts in Abt II anstatt in Abt III. Zur widersprüchlichen Doppelbuchung vgl Rz 11. Der Grund der Eintragung (Herbeiführung einer dinglichen Rechtsänderung oder Berichtigung des Grundbuchs) spielt keine Rolle.

2. Rechte iSv § 891. Von § 891 erfaßt werden solche Rechte, die zumindest eintragungsfähig (vgl vor § 873 **3** Rz 9) sind. Eintragungsbedürftigkeit ist nicht erforderlich. Demgegenüber gilt eine schlechthin unzulässige Eintragung (zB eines unmöglichen Rechts) als nicht eingetragen (vgl RG 88, 21, 27). Unter § 891 fallen insbes Eigentum (einschließlich Miteigentum), alle beschränkten dinglichen Rechte an einem Grundstück sowie die beschränkten dinglichen Rechte an Grundstücksrechten (Staud/Gursky Rz 3). Auch altrechtliche Grunddienstbarkeiten iSv Art 187 I EGBGB zählen, wenn sie erst einmal im Grundbuch eingetragen worden sind, zu den Rechten iSv § 891ff (BGH 104, 139, 142; Pal/Bassenge Art 187 EGBGB Rz 2; Staud/Gursky Rz 4 mwN). Gleiches gilt für den Verzicht und die vertragliche Festlegung von Überbau- und Notwegrenten (§§ 914 II S 2; 917 II S 2).

4 Für **grundstücksgleiche Rechte** (vgl vor § 873 Rz 5) ist maßgeblicher Ort der Eintragung iSd §§ 891ff das Blatt des belasteten Grundstücks, was Bestehen und Rang des Rechts angeht; für die Übertragung und Belastung des grundstücksgleichen Rechts ist dagegen die Eintragung im Sondergrundbuch maßgebend (vgl §§ 14ff ErbbauVO; RG 57, 32, 38; KG OLGE 30, 15, 16; Dresden JFG 2, 304, 307; Staud/Gursky Rz 9 mwN).

5 Nicht zu den Rechten iSd §§ 891ff gehören **bloße Tatsachenangaben**. Tatsachenangaben sind alle zur Identifizierung oder Beschreibung des Grundstücks gemachten Angaben, zB zur Größe, Beschaffenheit, Bebauung, Lage und Wirtschaftlichkeit.

6 Bei **subjektiv dinglichen Rechten** (vgl Demharter § 9 GBO Rz 2) ist zu unterscheiden: Der Vermerk gemäß § 9 I S 1 GBO auf dem Blatt des herrschenden Grundstücks im Bestandsverzeichnis ist bloße Tatsachenangabe; dagegen fällt die Eintragung auf dem Blatt des belasteten bzw dienenden Grundstücks unter die §§ 891ff (RG 104, 316, 319; BayObLG 1995, 413, 417; Pal/Bassenge Rz 3; MüKo/Wacke Rz 10; Staud/Gursky Rz 8 mwN).

7 Auch die Angaben, die dazu dienen, **bestimmte Flächen** als zum Grundstück bzw Gegenstand des Rechts gehörig zu bezeichnen, fallen unter die §§ 891ff (RG 73, 125, 129; Frankfurt aM OLGZ 1985, 156, 157; BayObLGZ 1987, 410, 412; MüKo/Wacke Rz 11; Staud/Gursky Rz 21 mwN). Im Gegensatz zur Bestimmung des Grenzverlaufs bildet die Angabe des **Flächenmaßes** im Grundbuch wiederum nur eine informatorische Tatsachenangabe (Staud/Gursky Rz 21).

8 Auch Eintragungen über **öffentlich-rechtliche Verhältnisse**, zB die Kennzeichnung einer bestimmten Grundstücksfläche als öffentlicher Weg oder Wasserlauf (RG JW 1910, 813; Gruchot 57 [1913], 987, 989) haben keine Rechte iSd §§ 891ff zum Gegenstand, da hiermit nur private Rechtsverhältnisse gemeint sind (MüKo/Wacke Rz 8; Staud/Gursky Rz 6).

9 **Verfügungsbeschränkungen** und **Widersprüche** sind ebenfalls keine Rechte iSv § 891 (KGJ 52, 166, 168; RG JW 1910, 149). Dagegen wird die **Vormerkung** wie ein solches Recht behandelt, wenn das Bestehen des gesicherten Anspruchs unstreitig oder bewiesen ist (Staud/Gursky Rz 11 mwN).

10 **3. Inhalt der Vermutung gem § 891 I.** Vermutet wird das **Bestehen des eingetragenen Rechts** mit dem vom Grundbuch einschließlich zulässiger Bezugnahme verlautbarten Inhalt, bei einer Hypothek zB in voller Höhe der angegebenen Forderung (RG 124, 335); dagegen keine Vermutung, daß die zur Zeit des Erwerbs eines Wegerechts bestehenden tatsächlichen Verhältnisse dem Inhalt des Wegerechts entsprechen (BGH NJW 1976, 417).

11 Bei einander widersprechenden Grundbucheintragungen, zB bei **(Doppel-)Buchung** derselben Parzelle auf verschiedenen Grundbuchblättern zugunsten unterschiedlicher Personen, entfällt die Vermutungswirkung des § 891 (RG 56, 58, 60ff; BGH DB 1969, 1458; Staud/Gursky Rz 35 mwN; vgl auch § 892 Rz 10).

12 Die Vermutung des § 891 I gilt für denjenigen, der als **Berechtigter** eingetragen ist, sowie für seine Erben bzw sonstige Gesamtrechtsnachfolger (Dresden OLG-NL 1994, 155). Ob der Erbfall bereits vor Beginn des Eintragungsverfahrens bzw vor Eintragung oder erst danach eingetreten ist, spielt keine Rolle (Staud/Gursky Rz 15; Pal/Bassenge Rz 5; aA KG OLGE 41, 25 und MüKo/Wacke Rz 13 mit Fn 43).

Für den als **Gläubiger eines Briefgrundpfandrechts** im Grundbuch Eingetragenen gilt § 891 I grds nur, wenn er zusätzlich den Brief besitzt (BayObLG 1992, 56; Köln MittRhNotK 1995, 321; Staud/Gursky Rz 34 mwN; zur Vermutungswirkung in Zweifelsfällen ausf Joswig ZfIR 2001, 615ff). Bei Eintragung gemeinschaftlicher Rechte entsprechend § 47 GBO bezieht sich die Vermutungswirkung auch auf die Art der Mitberechtigung (KG OLGE 10, 88; BayObLG 1957, 49). Bei **Eintragung mehrerer** ohne Angabe eines Gemeinschaftsverhältnisses gilt § 742 nicht, dh es wird keine Bruchteilsgemeinschaft zu gleichen Anteilen vermutet (KG OLG 1, 301f; MüKo/Wacke, Rz 14), und zwar auch dann, wenn „Miteigentum" ohne Anteilsangabe eingetragen ist (KGJ 27, 143, 147; aA Staud/Gursky Rz 24; Pal/Bassenge Rz 5).

13 Nicht Gegenstand der Vermutung sind die persönlichen Verhältnisse des Eingetragenen, zB **Geschäftsfähigkeit** (MüKo/Wacke Rz 12 mwN) oder Nichtbestehen einer außerhalb des Grundbuchs entstandenen **Verfügungsbeschränkung** (KG NJW 1973, 428, 430; Staud/Gursky Rz 27 mwN). Dies gilt auch bei Eintragung eines bloßen Vorerben ohne Nacherbenvermerk (Staud/Gursky Rz 27; aA Frankfurt aM Rpfleger 1991, 361).

Auch die **Rechtsfähigkeit** des Eingetragenen wird in § 891 I nicht vermutet (Frankfurt aM NJW-RR 1997, 401; KG FGPrax 1997, 212; Westermann/Eickmann § 71 II 3; Staud/Gursky Rz 28 mwN). Gleiches gilt, wenn es darum geht, ob der Eingetragene „wirtschaftlicher Eigentümer" oder lediglich Treuhänder ist (RG JW 1929, 2592; Pal/Bassenge Rz 6; Staud/Gursky Rz 26 mwN; Joswig ZfIR 2001, 712ff). Eine tatsächliche Vermutung dahin ließe sich allenfalls auf § 903 stützen (MüKo/Wacke Rz 14), wobei freilich nach den allgemeinen Beweislastregeln das Vorliegen und nicht das **Fehlen eines Treuhandverhältnisses** ggf zu beweisen wäre (Staud/Gursky Rz 26).

Bei Eintragung von verheirateten Ausländern ist grds vom ausländischen gesetzlichen Güterstand auszugehen (KG NJW 1973, 428, 430 – tatsächliche Vermutung).

14 **4. Zeitpunkt.** Die Vermutung des § 891 I, daß dem Eingetragenen das für ihn gebuchte Recht zusteht, gilt nicht nur für den jeweiligen Zeitpunkt der Geltendmachung, sondern grds für den Zeitraum ab Eintragung (Wolff/Raiser § 44 Fn 3; Staud/Gursky Rz 29; MüKo/Wacke Rz 13; Pal/Bassenge Rz 6; aA RG HRR 1929, Nr 950). Maßgeblich ist dabei grds der Buchstand zur Zeit der Geltendmachung (vgl auch Rz 16).

15 **III. Negative Vermutung bei gelöschtem Recht (§ 890 II). 1. Löschung** eines Rechts (vgl Rz 3) iSv § 890 II geschieht entsprechend § 46 GBO entweder durch Eintragung eines Löschungsvermerks oder durch Nichtübertragung auf ein neues Grundbuchblatt. Bloße Rötung (entsprechend § 17 II S 1 GBV) reicht nicht aus (BayObLG 1995, 413, 418; Demharter § 46 GBO Rz 21).

2. Inhalt der Vermutung gemäß § 890 II. Vermutet wird ab Löschung, daß das betreffende Recht nicht 16 besteht. Grundsätzlich wird nicht vermutet, daß das Recht bis zur Löschung bestanden hat (RG 121, 318, 320). Ist unstreitig oder bewiesen, daß die Löschung nicht die Berichtigung des Grundbuchs, sondern die Aufhebung des Rechts bezweckte, so hebt die Löschung die Vermutung des § 891 I für die vorangegangene Zeit nicht auf (BGH 52, 355, 358f; Wolff/Raiser § 44 I; Staud/Gursky Rz 30 mwN).

Das Nichtbestehen eines nicht eingetragenen eintragungsfähigen Rechts (sog negative Vollständigkeit) wird nicht vermutet (Staud/Gursky Rz 32; Pal/Bassenge Rz 7).

IV. Geltendmachung der Vermutungen. Die Vermutungen des § 891 wirken für und gegen den von der Ein- 17 tragung bzw ihrer Löschung betroffenen „Buchberechtigten" (RG 95, 160, 164; BayObLG 24, 20; MüKo/Wacke Rz 15) bzw seine(n) Gesamtrechtsnachfolger (vgl Rz 12). Jeder, für den das Bestehen oder Nichtbestehen des Rechts von Bedeutung ist, kann sich auf die Vermutungen des § 891 berufen (BGH WM 1970, 557f mwN; Staud/Gursky Rz 44; MüKo/Wacke Rz 15). Sie gelten auch bei einem Rechtsstreit zwischen den Parteien der Einigung, die zur Eintragung geführt hat (BGH aaO; Soergel/Stürner Rz 12; aA BayObLGZ 22, 37), zB im Verhältnis zwischen Grundstückseigentümer und erstem Hypothekengläubiger (BGH WM 1972, 384, 386; Staud/Gursky Rz 42).

Auch in Verfahren der freiwilligen Gerichtsbarkeit (Staud/Gursky Rz 46) sowie in verwaltungsbehördlichen bzw -gerichtlichen Verfahren (MüKo/Wacke Rz 16) ist § 891 zu beachten. Gleiches gilt im Grundbuchverfahren (BayObLG NJW-RR 1989, 718; DNotZ 1993, 335; KG NJW 1973, 57; MüKo/Wacke Rz 16 mwN; vgl § 39 GBO [ggf iVm § 1155] sowie vor § 873 Rz 7).

V. Widerlegung der Vermutung. Wer durch eine Eintragung betroffen ist und an ihrer Widerlegung ein recht- 18 liches Interesse hat, ist hierzu befugt (RG 92, 68, 70; BGH WM 1972, 384, 386; Staud/Gursky Rz 42 mwN).

Zur Widerlegung der Vermutung reicht nicht schon ihre Erschütterung aus (BGH NJW 1980, 1047, 1048), erfor- 19 derlich ist vielmehr der **Beweis ihrer Unrichtigkeit** (RG 116, 177, 181; BGH NJW-RR 1997, 398; Köln Mitt-RhNotK 1983, 52). Der Nachweis, daß die verfahrensrechtlichen Voraussetzungen für eine Eintragung bzw Löschung nicht gegeben waren (BGH WM 1969, 1352), reicht hierfür nicht aus. Gleiches gilt für Eigenbesitz, der der Eintragung widerspricht. Er kommt allenfalls als (zusätzliches) Beweismittel in Betracht (vgl Staud/Gursky Rz 40 mwN). Auch durch Eintragung eines Widerspruchs nach § 899 oder § 53 I S 1 GBO wird die Vermutung nicht widerlegt (BGH BB 1967, 513; WM 1970, 557f).

Für die Widerlegung der Vermutung ist nicht jede denkbare Möglichkeit für den Erwerb bzw Verlust des Rechts auszuräumen. Es reicht vielmehr aus, daß der Beweisbelastete solche Erwerbs- bzw Verlustmöglichkeiten widerlegt, die sich aus dem Grundbuch bzw aus sonstigen Umständen ergeben oder vom Vermutungsbegünstigten vorgetragen sind (BGH NJW 1984, 2157 mwN; NJW 1996, 1890, 1892; Staud/Gursky Rz 39 mwN).

Bei **Grundpfandrechten** genügt zur Widerlegung der Vermutung die privatschriftliche Abtretungserklärung an 20 den Briefbesitzer, § 1154 (vgl BayObLG NJW-RR 1989, 718, 719; 1991, 1398; MüKo/Wacke Rz 18). Bei schriftlicher Rückabtretung und Besitz am Brief gilt wieder § 891 zugunsten des Eingetragenen (KG JW 1939, 562; BayObLG NJW-RR 1991, 1398; MüKo/Wacke aaO).

Solange die Möglichkeit besteht, daß eine Eintragung aufgrund **gutgläubigen Erwerbs** des Eingetragenen rich- 21 tig ist, gilt auch im Grundbuchverfahren zu seinen Gunsten die Vermutung des § 891 I. Zur Rechtslage beim (vermeintlichen) außergrundbuchlichen Erwerb aufgrund guten Glaubens vgl KG NJW 1973, 56, 58f.

892 *Öffentlicher Glaube des Grundbuchs*

(1) Zugunsten desjenigen, welcher ein Recht an einem Grundstück oder ein Recht an einem solchen Recht durch Rechtsgeschäft erwirbt, gilt der Inhalt des Grundbuchs als richtig, es sei denn, dass ein Widerspruch gegen die Richtigkeit eingetragen oder die Unrichtigkeit dem Erwerber bekannt ist. Ist der Berechtigte in der Verfügung über ein im Grundbuch eingetragenes Recht zugunsten einer bestimmten Person beschränkt, so ist die Beschränkung dem Erwerber gegenüber nur wirksam, wenn sie aus dem Grundbuch ersichtlich oder dem Erwerber bekannt ist.

(2) Ist zu dem Erwerb des Rechts die Eintragung erforderlich, so ist für die Kenntnis des Erwerbers die Zeit der Stellung des Antrags auf Eintragung oder, wenn die nach § 873 erforderliche Einigung erst später zustande kommt, die Zeit der Einigung maßgebend.

I. Interessenlage und Rechtsscheinsprinzip. Wie im Recht der beweglichen Sachen ist auch im Liegenschafts- 1 recht der dinglich Berechtigte daran interessiert, daß über sein Recht nicht ohne sein Zutun durch einen Nichtberechtigten verfügt werden kann, zB durch Übertragung an einen Dritten oder Belastung des Rechts. Andererseits wird sich ein Erwerber, der dem Rechtsschein des Grundbuchs traut, auf die hinter dem Grundbuch stehende staatliche Autorität und auf die besondere Sorgfalt der Grundbuchführung berufen. Das **Interesse des Verkehrs**, den Erwerb nach Maßgabe des Grundbuchstandes zu ermöglichen, erscheint bei den erheblichen Werten, um die es sich idR bei Grundstücksgeschäften handelt, besonders schutzwürdig. Daher weitet § 892 die Vermutung des § 891 zugunsten des gutgläubigen Rechtsverkehrs zu einer **unwiderlegbaren Vollständigkeitsvermutung für Rechte und Verfügungsbeschränkungen** aus (vgl § 891 Rz 1). Der Gutglaubensschutz des Liegenschaftsrechts (zu den ostdeutschen Besonderheiten vgl Böhringer NotBZ 2002, 117) basiert ausschließlich auf dem Rechtsscheinsprinzip. Ob der Berechtigte das Auseinanderfallen von Rechtslage und Grundbuch veranlaßt hat, spielt keine Rolle (MüKo/Wacke Rz 4 mwN); für § 892 fehlt eine dem § 935 entsprechende Vorschrift. Es ist auch unerheblich, ob der gutgläubige Erwerber den Inhalt des Grundbuchs kannte oder auf ihn vertraute (BGH Rpfleger 1980, 336). Allein die objektive Stützung des Verfügungsgeschäfts durch die Grundbuchlage reicht aus. Maßgeblich ist der Grundbuchstand im Augenblick der Vollendung des Rechtserwerbs, dh idR bei Eintragung der Rechts-

§ 892

änderung. Änderungen nach Antragstellung wirken für und gegen den Erwerber (RG 123, 21). § 892 II bezieht sich nur auf die Kenntnis der Unrichtigkeit. Der dem Erwerber günstige Grundbuchstand muß spätestens mit seiner eigenen Eintragung herbeigeführt werden (RG 140, 35, 39f; 147, 298, 302; BayObLG NJW 2003, 3785; Staud/Gursky Rz 146 mwN; zum für die Gutgläubigkeit maßgeblichen Zeitpunkt vgl Rz 33ff).

2 **II. Inhalt des Grundbuchs.** Entsprechend dem Zweck des Grundbuchs fallen nur Eintragungen **dinglicher Rechte einschließlich ihres Ranges** (vgl § 891 Rz 3) unter den öffentlichen Glauben. Auch ein zu Unrecht eingetragener Rangvorbehalt kann mit dem Eigentum gutgläubig erworben werden; ebenso der aufgrund seiner Ausübung entstehende Rang. Zur Vormerkung vgl § 883 Rz 23ff.

3 Dagegen nehmen **schuldrechtliche Ansprüche**, zB die Grundlage einer Eigentumsübertragung (BGH 7, 64, 67f = NJW 1952, 1289, 1290 – Schenkung) als eingetragener Erwerbsgrund nicht am öffentlichen Glauben des Grundbuchs teil. Schuldrechtlich Berechtigte können also nicht mittels § 892 Ansprüche gegen den Eigentümer zB aus Miet- oder Pachtverträgen herleiten, die sie mit dem eingetragenen Nichtberechtigten geschlossen haben (vgl KG 106, 111). Für Hypotheken macht § 1138 eine Ausnahme, wobei aber ihr Charakter (KG NJW 1952, 885, 886 – Eintragung einer „Darlehens"-Hypothek) nicht unter den öffentlichen Glauben fällt.

4 Der Rechtsschein erstreckt sich auf alle nach dem Grundbuchsystem **zulässigen** Eintragungen, die sich auf die dingliche Rechtslage beziehen, dh auf Gegenstand und Inhalt des Rechts sowie die Person des Berechtigten.

5 Auf den (wahren) **Erben** geht der zugunsten des buchberechtigten Erblassers sprechende Rechtsschein über (MüKo/Wacke Rz 11 mwN). Auch gutgläubiger Erwerb von einem durch Erbschein ausgewiesenen Scheinerben des Buchberechtigten (dh bei sog Doppelfehler) ist mittels § 2366 iVm § 892 möglich (BGH 57, 341ff = NJW 1972, 434f; Staud/Gursky Rz 36). Ist ein Vorerbe weder eingetragen noch im Besitz eines weitergehenden Erbscheins, so gelten die §§ 2113ff auch dann, wenn ihn der Erwerber redlicherweise für einen Vollerben gehalten hat (BGH NJW 1970, 943).

6 Bei **aufschiebend oder auflösend bedingten** Rechten gibt die Eintragung im Grundbuch keine Auskunft über Eintritt bzw Ausfall der Bedingung. Deshalb kann sich der Erwerber des bedingten Rechts nicht mit Erfolg darauf berufen, ihm sei der Eintritt der auflösenden bzw der Ausfall der aufschiebenden Bedingung nicht bekannt gewesen (RG 144, 26, 28; Staud/Gursky Rz 32 mwN).

7 Nicht zum Rechtsinhalt gehören bloße **Tatsachenangaben** (vgl § 891 Rz 5–7).

8 Gleiches gilt für eine **Unterwerfungsklausel** iSv § 800 ZPO. Eine solche Klausel gehört nicht zum materiellen Inhalt des betreffenden Grundpfandrechts; sie ist vielmehr als ein prozessuales Nebenrecht aufzufassen (Staud/Gursky Rz 34 mwN).

9 Überschreitet die – spätere – **tatsächliche Handhabung einer Grunddienstbarkeit** den Umfang, der ihr nach der Grundbucheintragung (einschließlich der ggf in Bezug genommenen Eintragungsbewilligung) zukommt (vgl zur Auslegung § 873 Rz 23), findet Gutglaubensschutz nach § 892 nur in bezug auf den eingetragenen Umfang der Grunddienstbarkeit statt (vgl BGH NJW 1976, 417, 418; MüKo/Wacke Rz 26 mwN).

10 Zwei **sich widersprechende Eintragungen** heben den Rechtsschein des Grundbuchs auf. Dies gilt insbesondere im Fall der **Doppelbuchung** (vgl § 891 Rz 11) eines Grundbuchs, wenn zB ein Grundstücksteil veräußert und auf einem neuen Grundbuchblatt als selbständiges Grundstück eingetragen worden ist, die Abschreibung auf dem bisherigen Grundbuchblatt aber vergessen worden ist. Der Rechtsschein der einen Eintragung hebt den der anderen auf. Daher ist in einem solchen Fall nach hM wirksamer Erwerb nur vom Berechtigten möglich (RG 56, 58, 62; BGH DB 1969, 1458; Hamm NJW-RR 1993, 1295; Pal/Bassenge Rz 11; Staud/Gursky Rz 25; aA Finkenauer, Eigentum u Zeitablauf – das dominium sine re im Grundstücksrecht, 109ff mwN zum Streitstand). Bei **subjektiv dinglichen Rechten** ist das Grundbuch des belasteten Grundstücks maßgebend (vgl § 891 Rz 6).

11 **Nicht aus dem Grundbuch ersichtliche Rechte** gelten dem gutgläubigen Erwerber gegenüber als nicht bestehend. Das gilt auch für Vormerkungen. Hat die Gemeinde sich ein ihr nach § 24f BauGB zustehendes Vorkaufsrecht nicht gemäß § 28 II S 3 BauGB vormerken lassen, so erwirbt der Erwerber unabhängig von § 892 auch dann vormerkungsfrei, wenn er entgegen § 28 I S 2 BauGB ohne Nachweis der Nichtausübung des Vorkaufsrechts eingetragen worden ist (MüKo/Wacke Rz 17 mwN). Auch nicht eintragungsbedürftige Rechte, die zwar eintragungsfähig aber nicht eingetragen sind, können infolge gutgläubig-lastenfreien Erwerbs erlöschen oder durch Bestellung weiterer Belastungen eine Rangverschlechterung erleiden (MüKo/Wacke Rz 15; Staud/Gursky Rz 23 mwN), zB eine noch nicht eingetragene (BayObLG Rpfleger 1994, 162) oder fälschlich gelöschte (Pal/Bassenge Rz 15) Sicherungshypothek iSv § 848 II S 2 ZPO.

12 Der Schutz des guten Glaubens eines Sonderrechtsnachfolgers erstreckt sich auch darauf, daß bei dem erworbenen Wohnungs- oder Teileigentum **Vereinbarungen** (zB betriebl Konkurrenzschutz) iSv § 10 II WEG mit Wirksamkeit gegenüber dem Sonderrechtsnachfolger über den im Grundbuch ausgewiesenen Bestand hinaus nicht getroffen worden sind (Hamm NJW-RR 1993, 1295, 1297). Für **Beschlüsse** der Wohnungseigentümer gilt die Vollständigkeitsvermutung nicht, vgl § 10 III WEG.

13 Nicht eintragungsbedürftige **altrechtliche Grunddienstbarkeiten** iSv Art 187 EGBGB (vgl auch § 891 Rz 3) nehmen am öffentlichen Glauben teil, sobald sie im Grundbuch eingetragen (worden) sind (MüKo/Wacke Rz 16 mwN). Ab diesem Zeitpunkt ist bei unberechtigter Löschung gutgläubig-lastenfreier Erwerb möglich (BGH 104, 139, 142f = NJW 1988 2037; BayObLG DNotZ 1980, 103f). Eine niemals eingetragen gewesene altrechtliche Grunddienstbarkeit kann dagegen nicht infolge gutgläubigen Erwerbs untergehen, Art 187 I S 1 EGBGB.

Gleiches gilt für **nicht eintragungsfähige Rechte** (zB § 914 II S 1, vgl vor § 873 Rz 9) und **öffentliche** Lasten 14 (Pal/Bassenge Rz 15), zB die nicht eintragungsfähigen Bindungen nach dem WohnungsbindungsG (VG Freiburg NJW 1979, 1843, 1844).

III. Erwerb durch Rechtsgeschäft. Aus dem Zweck des § 892, das Interesse des Verkehrs zu schützen (vgl 15 Rz 1), folgt seine Beschränkung auf den Erwerb „durch Rechtsgeschäft". Anwendbar ist § 892 I S 1 auf **dingliche Erwerbsvorgänge**, zu deren Wirksamkeit eine **rechtsgeschäftliche Mitwirkung** des Erwerbers erforderlich ist. Daß daneben eine Eintragung (RG 128, 276, 278), ggf aufgrund behördlichen Ersuchens iSv § 38 GBO (vgl KG HRR 1929, Nr 1487) Wirksamkeitsvoraussetzung ist, schadet nicht. Wird eine Willenserklärung des Schuldners durch ein rechtskräftiges Urteil ersetzt, § 894 ZPO, so ist § 892 BGB gemäß § 898 ZPO anwendbar (vgl auch BGH 8, 284, 286f). § 892 (iVm § 1138) ist auch einschlägig, wenn zB eine gepfändete Hypothek auf Anordnung des Vollstreckungsgerichts nach § 844 ZPO durch eine Privatperson versteigert wird (BGH LM Nr 6 zu § 892 BGB = JZ 1964, 772; Staud/Gursky Rz 74 mwN). Dagegen ist nach hM § 892 bei Zwangsversteigerung eines Grundstücks (vgl §§ 90, 91 iVm §§ 37 Nr 4 und 5, 52, 57ff ZVG) nicht anzuwenden, dh selbst ein bösgläubiger Ersteher erwirbt schuldnerfremdes Eigentum mit dem Zuschlag (RG 45, 284; 72, 269, 271; 129, 155, 159f; Staud/Gursky Rz 75 mwN; aA MüKo/Wacke Rz 35; vgl auch BayObLG DNotZ 1994, 244, 246f). Allerdings haftet der Ersteher uU gemäß § 826 (BGH NJW 1971, 1751, 1752).

Das dem dinglichen Rechtsgeschäft zugrundeliegende **Grundgeschäft** ist gleichgültig, dh § 892 gilt auch bei 16 Erfüllung einer Vermächtnisschuld oder Schenkung (dort aber Rückgewährpflicht nach § 816 I S 2; vgl BGH 81, 395, 396 = NJW 1982, 761). Daß das Grundgeschäft nichtig ist (BGH NJW 1967, 1272) oder unter § 419 aF (RG 123, 21; BayObLG 1989, 136, 143 = NJW-RR 1989, 907, 909; § 419 wurde zum 1. 1. 1999 aufgehoben) bzw § 25 HGB fällt (Staud/Gursky Rz 70 mwN), spielt für § 892 keine Rolle. Dieser schließt freilich eine Haftung aus § 419 aF auch nicht aus.

Nicht-rechtsgeschäftlicher Erwerb (vgl auch § 873 Rz 11) fällt nicht unter § 892, zB Erwerb durch Aneignung 17 (KG JFG 15, 108, 111f), durch **Forderungsübergang kraft Gesetzes** (vgl §§ 1163, 1164) oder durch **Erbfall** (§ 1922). Rechtsgeschäfte zwecks vorweggenommener Erbfolge stehen dem gleich (RG 123, 52, 56; 136, 148, 150; BayObLG NJW-RR 1986, 882; DNotZ 1987, 781; MüKo/Wacke Rz 37 mwN; aA Hildesheim Rpfleger 1997, 12ff). Auch eine Zwangshypothek (§ 867 I S 2 ZPO) oder eine Arresthypothek (§ 932 ZPO) kann an schuldnerfremdem Grundstück nicht durch gutgläubigen Erwerb begründet werden (BGH WM 1963, 219f; MüKo/Wacke Rz 33 mwN). Tritt der Gläubiger seine Forderung ab, so kann der Zessionar die Hypothek aber gutgläubig erwerben (BGH 64, 194, 196f = NJW 1975, 1282f; Staud/Gursky Rz 73 mwN). Zum gutgläubigen Erwerb einer Vormerkung vgl § 883 Rz 23ff.

Schutzwürdig ist nur derjenige Erwerber, der mit dem Verfügenden weder personengleich noch wirtschaftlich 18 identisch ist. Denn nur ein solcher Erwerber ist auf die Richtigkeit des Grundbuchs angewiesen (RG 129, 119, 121). Deshalb ist nach ganz hM die Anwendung des § 892 auf sog **Verkehrsgeschäfte** beschränkt (Staud/Gursky Rz 78ff mwN). Dazu muß auf Erwerberseite mindestens eine Person stehen, die im Verhältnis zur Veräußererseite bislang Dritter war (RG JW 1930, 3740; Staud/Gursky Rz 88f mwN) und nicht lediglich als Strohmann fungiert (RG 130, 390, 392). Umgekehrt gilt das nicht (RG HRR 1927, Nr 1141).

Daran fehlt es, wenn ein zu Unrecht eingetragener redlicher Nichteigentümer zu seinen eigenen Gunsten eine 19 Eigentümergrundschuld nach § 1196 bestellt oder sich eine Restkaufpreishypothek vorbehält. An einem Verkehrsgeschäft fehlt es auch bei einer Übertragung von einer juristischen Person an ihren einzigen Mitglied bzw ihren einzigen Anteilseigner (RG 126, 46) und umgekehrt (BGH NJW-RR 1998, 1057, 1059). Gleiches gilt bei Übertragung von einer Gesamthandsgemeinschaft auf eine personengleiche andere Gesamthandsgemeinschaft (RG 117, 257, 265ff und SeuffA 83 Nr 190 S 315 – Grundstücksübereignung von Erbengemeinschaft auf personengleiche KG) oder auf einen Gesamthänder (BGH 30, 255 = NJW 1959, 1635; Hamm MittBayNot 1975, 72 – Übertragung von Erbengemeinschaft auf Miterben), selbst wenn der Erwerber aus der Gesamthandsgemeinschaft ausscheidet (RG 129, 119). Gleiches gilt bei Umwandlung von Gesamthandsvermögen in Bruchteilseigentum derselben Personen (vgl KG OLGE 46, 46) und umgekehrt, und zwar selbst dann, wenn dabei Verschiebungen in den Beteiligungsverhältnissen eintreten (Staud/Gursky Rz 80).

Allerdings kann bei **Miteigentum nach Bruchteilen** jeder Miteigentümer über seinen Anteil an dem Grund- 20 stück frei verfügen und steht den Bruchteilen seiner Genossen als Dritter gegenüber. Deshalb wird man den Hinzuerwerb eines weiteren Bruchteils durch einen von mehreren Bucheigentümern als Verkehrsgeschäft ansehen müssen, auf das § 892 anzuwenden ist (KG HRR 1927 Nr 1325; Lutter AcP 164 [1964], S 162f; Pal/Bassenge Rz 8; Staud/Gursky Rz 100; aA KG JW 1927, 2521f; Müko/Wacke Rz 41; Soergel/Stürner Rz 24 mwN). Ob dies auch dann gilt, wenn die Bucheigentümer zugunsten eines (vermeintlichen) Miteigentümers ein Grundpfandrecht bestellen, ist sehr streitig. Da der Erwerber hinsichtlich seines eigenen Buchanteils zugleich auf der Veräußererseite steht, wird man ein Verkehrsgeschäft und damit den gutgläubigen Erwerb eines Gesamtgrundpfandrechts nur in bezug auf die übrigen Miteigentumsbuchanteile bejahen können (Pal/Bassenge Rz 8; ausführlich Staud/Gursky Rz 101 mwN zum Streitstand).

Kenntnis der für ein Nichtverkehrsgeschäft sprechenden Umstände **auf seiten des Erwerbers** ist nicht erforder- 21 lich (MüKo/Wacke Rz 43; Pal/Bassenge Rz 5; Staud/Gursky Rz 94; aA Hamburg MDR 1959, 759; Stettin HRR 1937 Nr 1005). Denn auch bei diesbezüglicher Gutgläubigkeit ist der Erwerber nicht auf die Richtigkeit des Grundbuchs angewiesen (Pal/Bassenge Rz 5).

Streitig ist, ob bei Existenz einer den Betroffenen **unbekannten fortgesetzten Gütergemeinschaft** ein 22 Abkömmling gutgläubig ein Grundstück erwerben kann, welches allein auf den Namen des überlebenden Elternteils eingetragen ist (bejahend Stettin HRR 1937 Nr 1005; Hamburg MDR 1959, 759; Staud/Gursky Rz 83 und 94; aA MüKo/Wacke Rz 43). Da hier schon objektiv kein Veräußerungsgeschäft der fortgesetzten Gütergemeinschaft, sondern ein solches des überlebenden Elternteils vorliegt, ist ein Verkehrsgeschäft und damit § 892 zu bejahen (vgl Staud/Gursky aaO).

23 Auch **schuldrechtliche Beziehungen** zwischen Veräußerer und Erwerber in bezug auf das Grundstück schließen gutgläubigen Erwerb nach § 892 nicht aus, zB bei Grundstücksübereignung vom mittelbaren Stellvertreter auf den vertretenen Auftraggeber nach § 667 (RG 127, 341, 345f; 131, 64, 66; MüKo/Wacke Rz 43).

24 **IV. Ausschluß des gutgläubigen Erwerbs. 1. Widerspruch.** Ist zur Zeit der Vollendung des Rechtserwerbs ein Widerspruch iSv § 899 gegen die Richtigkeit des Grundbuchs wirksam eingetragen und begründet (RG 128, 52, 55), so vermag dessen – geschwächter – Rechtsschein einen gutgläubigen Erwerb nicht mehr zu begründen. Der Widerspruch schließt dann jeden Rechtserwerb aus, der mit dem durch den Widerspruch geschützten Recht kollidiert (vgl auch § 899 Rz 15). Ein Widerspruch gegen das Eigentum wirkt auch gegen jede Rechtsstellung, die aus dem Eigentum abgeleitet ist (RG 129, 124, 127; Stuttgart NJW 1960, 1109; Westermann/Eickmann § 84 II 5b).

Auf die **Kenntnis** vom Widerspruch kommt es nicht an. Mit seiner Löschung wird der Widerspruch wirkungslos (vgl § 899 Rz 18). Zur Frage der Rückwirkung vgl § 899 Rz 19 mwN. Im **Hypothekenrecht** sind § 1139 (Rückwirkung bei Darlehensbuchhypothek) und § 1140 (Widerspruch auf dem Hypothekenbrief) zu beachten.

25 Die §§ 17 und 45 GBO sind bei der Eintragung eines Widerspruchs zu beachten und gewähren einen formell-rechtlichen Schutz gegen überholende Widerspruchseintragungen. Trägt das Grundbuchamt wegen eines behebbaren Mangels zwar nicht den redlichen Erwerber, dafür aber eine **Amtsvormerkung** iSv § 18 II GBO ein (vgl § 883 Rz 6), so vermag ein danach eingetragener Widerspruch den gutgläubigen Erwerb nicht mehr auszuschließen (Medicus AcP 163 [1963], 5; Staud/Gursky Rz 151 mwN).

26 Zu unterscheiden ist der Widerspruch von einem sog **Rechtshängigkeitsvermerk** (vgl Zweibrücken NJW 1989, 1098; Schleswig NJW-RR 1994, 1498; BayObLG NJW-RR 2003, 234 mwN; Soergel/Stürner § 899 Rz 14; Bamberger/Roth/Kössinger § 899 Rz 14; ablehnend Lickleder ZZP 114 [2001], 195ff). Ein solcher Vermerk verhindert zwar nicht den gutgläubigen Erwerb (vgl v Olshausen JZ 1988, 592), er sichert aber die Rechtskrafterstreckung auf den gutgläubigen Rechtsnachfolger, § 325 II ZPO iVm § 892 BGB (vgl Staud/Gursky Rz 213 mwN). Zum sog Insolvenzvermerk vgl Rz 39.

27 **2. Kenntnis des Erwerbers von der Unrichtigkeit. a) Allgemeines.** Der Ausschluß des gutgläubigen Erwerbs bei Kenntnis des Erwerbers von der Unrichtigkeit des Grundbuchs ergibt sich aus dem Rechtsscheinsprinzip und dem Verkehrsschutzzweck.

28 **b) Kenntnis und Rechtsirrtum.** Maßgebend ist die Kenntnis von der dinglichen Rechtslage, auf eine Kenntnis der zur Unrichtigkeit führenden Tatsachen kommt es nicht an. Kennt der Erwerber die Tatsachen, würdigt er sie infolge eines Rechtsirrtums aber falsch, so steht dies seinem gutgläubigen Erwerb nicht entgegen (RG 117, 180, 187; BGH 26, 256, 258; WM 1970, 476; MüKo/Wacke Rz 50 mwN).

Wenngleich selbst **grob fahrlässige Unkenntnis** nicht schadet (Staud/Gursky Rz 128 mwN), so ist doch bei demjenigen, der über die Unrichtigkeit des Grundbuchs in einer Weise aufgeklärt worden ist, daß ein redlich und vom eigenen Vorteil unbeeinflußt Denkender sich der Überzeugung von der Unrichtigkeit nicht entziehen würde, Kenntnis iSv § 892 I S 1 zu bejahen (BGH LM § 892 BGB Nr 5 Bl 2; Hamm NJW-RR 1993, 1295). Dabei reicht Kenntnis der Beurteilung durch die hL bzw durch den die Praxis bestimmenden Gerichtsgebrauch; auf die abweichende subjektive Auffassung des Erwerbers kommt es nicht an (RG JW 1928, 102 und 1361; Staud/Gursky Rz 129; MüKo/Wacke Rz 50). Ob in krassen Ausnahmefällen eine Korrektur des gutgläubigen Erwerbs über § 826 in Betracht kommt (RG 117, 180, 189ff; JW 1929, 581; JW 1934, 1043; Stuttgart OLGZ 1969, 477, 481), erscheint zweifelhaft (ablehnend etwa Staud/Gursky Rz 130 und MüKo/Wacke Rz 49; aA wohl Soergel/Stürner Rz 31).

Gemäß § 142 II steht die Kenntnis von der **Anfechtbarkeit** des dinglichen Erwerbs durch den Voreingetragenen der Kenntnis der Nichtigkeit gleich.

29 Auch derjenige, der aufgrund eines Tatsachenirrtums zutreffend davon ausgeht, das Grundbuch sei unrichtig, ist nicht mehr gutgläubig (Staud/Gursky Rz 122).

30 Ergibt sich die Nichtberechtigung des Verfügenden zwar aus dem – richtigen – Grundbuch, hat der Erwerber den Grundbuchinhalt aber falsch gewürdigt, so ist gutgläubiger Erwerb mangels Rechtsscheinsgrundlage nicht möglich (vgl RG 98, 215, 220).

31 Die **Beweislast** für die Kenntnis des Erwerbers von der Unrichtigkeit hat dessen Gegner (vgl MüKo/Wacke Rz 51).

32 c) Bei **Vertretung** des Erwerbers kommt es gemäß § 166 I auf die Kenntnis des Vertreters an; handelt es sich um eine sog Gesamtvertretung, so genügt die Kenntnis eines Vertreters (RG 59, 400; 78, 353; Staud/Gursky Rz 132 mwN). Dessen Mitwirkung am Erwerbsgeschäft ist nicht erforderlich (RG JW 1935, 2044). Bei einer Gesamthandsgemeinschaft führt die Kenntnis eines Gesamthänders zur Bösgläubigkeit aller (MüKo/Wacke Rz 53). Dagegen ist die Zurechnung der Kenntnis von Mitarbeitern einer juristischen Person oder einer am Rechtsverkehr teilnehmenden nicht rechtsfähigen Organisation nur zu Lasten der juristischen Person bzw nicht rechtsfähigen Organisation, nicht dagegen zu Lasten ihrer Organe oder Mitglieder zulässig (BGH NJW 2001, 359, 360 mwN). § 166 findet auf die nachträgliche Genehmigung vollmachtlosen Handelns so Anwendung, als hätte der Vertreter zum Zeitpunkt seines Handelns die erforderliche Vertretungsmacht gehabt (BGH NJW 2000, 2272, 2273 mwN). – Der bloß beurkundende Notar gilt nicht als Vertreter (RG 81, 82, 86; KG NJW 1973, 56, 58).

33 d) **Maßgeblicher Zeitpunkt (§ 892 II). Fehlt** zum gutgläubigen Erwerb **nur noch die Eintragung**, so schadet dem Erwerber eine nach Stellung des Eintragungsantrags erlangte Kenntnis von der Unrichtigkeit des Grundbuchs nicht mehr (BGH NJW 2001, 359, 360). Durch § 892 II Hs 1 soll der Erwerber vor nachteiligen Folgen einer von ihm nicht veranlaßten Verzögerung der Eintragung geschützt werden (vgl RG 141, 379, 383). Der Antrag muß freilich zur Eintragung führen (RG HRR 1929, Nr 384; MüKo/Wacke Rz 55 mwN; vgl auch § 878 Rz 13).

Wird noch nach Stellung des Antrags auf Eigentumsumschreibung eine dingliche Belastung (zB ein Vorkaufs- 34 recht) zu Unrecht gelöscht und erst danach der Umschreibungsantrag vollzogen, erwirbt der neue Eigentümer (entsprechend dem maßgeblichen Grundbuchinhalt zum Zeitpunkt der Vollendung des Rechtserwerbs) nach BGH NJW 1980, 2413 jedenfalls dann lastenfreies Eigentum, wenn er noch im Zeitpunkt der Eigentumsumschreibung gutgläubig war. Nach Sinn und Zweck des § 892 II Hs 1 dürfte es indes auf den Entstehungszeitpunkt der Buchlage ankommen (Lutter AcP 164 [1964], 176ff; Staud/Gursky Rz 168 mwN; aA RG 116, 351, 354; 140, 35, 38f).

Fehlt außer der beantragten Eintragung noch ein anderes materiell-rechtliches Erfordernis, zB eine privatrechtliche oder öffentlich-rechtliche Genehmigung, so muß die Gutgläubigkeit des Erwerbers nur bis zu dessen Nachholung und nicht etwa bis zur Vollendung der Eintragung andauern (Lutter AcP 164 [1964], 175f; Staud/Gursky Rz 166ff mwN; vgl auch RG 134, 283, 286ff). Zur Anwendung des § 166 siehe Rz 32.

Ist bei Beantragung der Eintragung des verfügende Nichtberechtigte nicht eingetragen, ist Gutgläubigkeit bis zu dessen Eintragung erforderlich (Lutter AcP 164 [1964], 177; Staud/Gursky Rz 168 mwN; aA RG 116, 351, 354; 140, 35, 38f).

Kommt die **Einigung** dagegen ausnahmsweise erst **nach der Eintragung** zustande, so muß der Erwerber im 35 Zeitpunkt der Einigung bzw der Vollendung des Rechtserwerbs gutgläubig sein. Dies gilt grundsätzlich auch dann, wenn es für den Erwerb auf eine Eintragung nicht ankommt, zB bei Übertragung einer Briefhypothek (§§ 1154 I, 1153 I; zum Ersatz der Briefübergabe durch eine Vereinbarung iSv § 1117 II vgl RG 137, 95, 97).

Geht es um den **Erwerb eines aufschiebend bedingten oder befristeten Rechts**, so kommt es für die Beurtei- 36 lung der Gutgläubigkeit auf den letzten zum Erwerb erforderlichen Rechtsakt bzw die Stellung des Eintragungsantrages an (vgl Rz 33–35); Bösgläubigkeit, die zwischen Erwerbstatbestand und Bedingungseintritt entsteht, ist unschädlich (Staud/Gursky Rz 170; MüKo/Wacke Rz 57 mwN; zu § 932 auch BGH 10, 69, 72). Zum gutgläubigen **Vormerkungserwerb** vgl § 883 Rz 26.

3. Kenntnis des Grundbuchamtes. Nach wohl noch hM darf das Grundbuchamt eine Eintragung nicht vorneh- 37 men, wenn feststeht, daß sich der Rechtserwerb nur kraft guten Glaubens vollziehen kann (Frankfurt Rpfleger 1991, 361, 362; BayObLGZ 1994, 66, 71f; Demharter § 13 GBO Rz 12; differenzierend Bamberger/Roth/Kössinger § 892 Rz 25). Dagegen spricht aber die Wertung des § 892 II (Staud/Gursky Rz 176) bzw der mit dem Rechtsscheinprinzip bezweckte Verkehrsschutz (vgl Rz 1 und MüKo/Wacke Rz 70 mwN). Deshalb wird man eine Pflicht bzw Befugnis des Grundbuchbeamten, eine zum gutgläubigen Erwerb führende Eintragung abzulehnen, mit der im Vordringen begriffenen Gegenmeinung (MüKo/Wacke Rz 70 mwN) verneinen müssen. Etwas anderes kommt nur unter den Voraussetzungen eines Amtswiderspruchs (§ 53 I S 1 GBO) in Betracht, für den die Eintragungsfolge der §§ 17 und 45 GBO nicht gilt (Staud/Gursky Rz 176).

4. Verfassungsrechtliche Normen haben den Vorrang vor den §§ 891ff und schließen zB einen gutgläubigen 38 Erwerb von Teilen einer Bundeswasserstraße (vgl Art 89 GG) aus (BGH 110, 148, 155).

V. Verfügungsbeschränkung zugunsten einer bestimmten Person. 1. Allgemeines. Der öffentliche Glaube 39 schützt auch vor eintragbaren relativen Verfügungsbeschränkungen (vgl § 873 Rz 12), wenn diese weder eingetragen noch dem Erwerber bekannt sind (§ 892 I S 2). Nicht eingetragene bzw gelöschte relative Verfügungsbeschränkungen gelten als nicht bzw nicht mehr existent. Damit tragen diejenigen das Risiko der unterbliebenen Eintragung, die als geschützte Personen nicht für die Eintragung der Verfügungsbeschränkung gesorgt haben (MüKo/Wacke Rz 62). § 892 I S 2 setzt voraus, daß das Grundbuch bzgl der Verfügungsmacht des Berechtigten unrichtig ist. Daran fehlt es, wenn nicht über das Vermögen der Eigentümer-GbR, sondern über dasjenige eines ihrer Gesellschafter ein Insolvenzverfahren eröffnet worden ist. Deshalb kommt in diesem Fall die Eintragung eines sog **Insolvenzvermerks** nicht in Betracht (Rostock ZIP 2004, 44f; Dresden ZIP 2003, 130f mwN; zur Grundbuchfähigkeit der Gesellschaft bürgerlichen Rechts vgl vor § 873 Rz 17).

Das Vertrauen darauf, daß eine durch eine eingetragene Verfügungsbeschränkung erlangte Verfügungsbefugnis 40 (zB des Insolvenzverwalters) fortbesteht (wenn die Löschung des Insolvenzvermerks versäumt wurde), wird dagegen nicht geschützt (Pal/Bassenge Rz 16; MüKo/Wacke Rz 68 mwN).

2. Anwendungsbereich. Zu den Verfügungsbeschränkungen im obigen Sinne gehören: **relative Veräuße-** 41 **rungsverbote** (§§ 135 und 136), zB solche infolge Beschlagnahme gemäß den §§ 23, 146 ZVG, § 21 II Nr 2 InsO, § 111c II, V StPO oder aufgrund einstweiliger Verfügung gemäß § 938 II ZPO (vgl Staud/Gursky Rz 193); unter § 892 I S 2 fallen **außerdem** § 161 (vgl BayObLG Rpfleger 1994, 342, 343), Nacherbschaft (§ 2113; vgl RG 83, 437 sowie zur Ersatz(nach)erbschaft JW 1937, 2045, 2046), Nachlaßverwaltung (§ 1984), Testamentsvollstreckung (§ 2211) und Insolvenz (§ 81 InsO). Zu – nicht eintragbaren – Erwerbsverboten vgl § 888 Rz 16.

Dagegen nicht von § 892 I S 2 erfaßt werden – nicht eintragbare – **absolute Verfügungsbeschränkungen** wie 42 zB § 1365 I S 2 (Staud/Gursky Rz 214 mwN), wobei allerdings dessen Anwendung bei Verfügungen über Einzelgegenstände nach hM voraussetzt, daß der Erwerber weiß, daß der Verfügungsgegenstand so gut wie das ganze Vermögen des verfügenden Ehegatten ausmacht (BGH 43, 174, 177). Gutgläubiger Zweiterwerb ist aber denkbar (Köln OLGZ 1969, 171; Zweibrücken FamRZ 1986, 977, 998).

VI. Wirkung der Vollständigkeitsvermutung. Die unwiderlegbare Richtigkeitsvermutung zugunsten des gut- 43 gläubigen Rechtsverkehrs (vgl Rz 1) bedeutet, daß die Verfügung so wirkt, als entspräche der Grundbuchstand der wahren Rechtslage. Zu § 311b I S 2 vgl Rz 48. Bis auf die dem Verfügenden fehlende Rechtsmacht müssen alle übrigen Voraussetzungen des Verfügungsgeschäfts gegeben sein, zB Geschäftsfähigkeit und Vertretungsmacht eines Vertreters. Aus sonstigen Gründen gegebene Angriffsmöglichkeiten gegen das Verfügungsgeschäft, zB aufgrund des AnfG (RG 68, 153), bleiben bestehen.

44 Der gutgläubige, einredefreie Erwerber ist fortan Berechtigter. Dem Folgeerwerber schadet deshalb dessen Kenntnis über das frühere Bestehen von Einwendungen und Einreden grds nicht (BGH NJW-RR 2001, 1097).

45 Zur dinglichen Rechtslage bei Rückübereignung an den nichtberechtigten Verfügenden, die sich wirtschaftlich als Rückgängigmachung des Grundgeschäfts darstellt, vgl § 932 Rz 14.

46 Ist eine Teilungsvereinbarung iSv § 3 WEG bzw eine Teilungserklärung iSv § 8 WEG mit einem Mangel behaftet, tritt bereits mit dem gutgläubigen Erwerb eines der (nicht wirksam entstandenen) Wohnungseigentumsrechte Heilung ein, dh ab diesem Zeitpunkt sind auch die übrigen Wohnungseigentumsrechte existent (BGH 109, 179, 183; Staud/Gursky Rz 183a). Der gleiche Effekt dürfte bei Belastung eines (entgegen dem Grundbuchstand noch gar nicht entstandenen) Wohnungseigentumsrechtes eintreten (vgl Staud/Gursky Rz 183a mwN).

47 **VII. Ausgleichsansprüche.** Gegen den gutgläubigen Erwerber kommt ein Bereicherungsanspruch nur bei unentgeltlichem Erwerb in Betracht (§ 816 I S 2). Der Anspruch geht dann auf Rückgängigmachung der eingetretenen Rechtsverschiebung bzw bei gutgläubig-lastenfreiem Erwerb (vgl BGH 81, 385, 395 = NJW 1982, 98) auf Wiederbegründung des Rechtes (Staud/Gursky Rz 220). Ein Schadensersatzanspruch aufgrund fahrlässiger Eigentumsverletzung des Erwerbers ist abzulehnen (RG 85, 61, 64; 90, 395, 397; LZ 1926, 169; MüKo/Wacke Rz 73; Staud/Gursky Rz 220), da eine solche Haftung mit der in § 892 zum Ausdruck kommenden Wertung nicht in Einklang stünde. Auch ein Anspruch aus § 1004 besteht nicht (BGH 60, 46f). Zu § 826 vgl Rz 28.

48 Im Verhältnis zwischen dem nicht berechtigten Verfügenden und dem Erwerber wird der Verfügungserfolg im Hinblick auf Rechtsmängelhaftung, § 311b I S 2 (BGH 47, 266 zu § 313 S 2 aF) etc so behandelt, als ob der Verfügende berechtigt gewesen wäre.

49 Im Verhältnis zwischen dem (vormals) Berechtigten und dem Verfügenden kommen Schadensersatzansprüche aus Vertrag, aus einer entsprechenden Anwendung der §§ 989, 990, 992 (RG 121, 335f; 133, 283, 285f; 158, 40, 47; JW 1928, 1387, 1388; Staud/Gursky Vorb §§ 987ff Rz 69; § 989 Rz 6), sowie aus § 823 (wobei ggf § 992 zu beachten ist) und § 826 (Schwab/Prütting Rz 234), dagegen mangels fortdauernder Eigentumsbeeinträchtigung kein Anspruch aus § 1004 (BGH NJW 2001, 1069) in Betracht. Ansonsten schuldet der Verfügende jedenfalls gemäß § 816 I S 1 Herausgabe des durch die Verfügung Erlangten (vgl BGH aaO und § 816 Rz 18ff).

893 *Rechtsgeschäft mit dem Eingetragenen*

Die Vorschrift des § 892 findet entsprechende Anwendung, wenn an denjenigen, für welchen ein Recht im Grundbuch eingetragen ist, auf Grund dieses Rechts eine Leistung bewirkt oder wenn zwischen ihm und einem anderen in Ansehung dieses Rechts ein nicht unter die Vorschrift des § 892 fallendes Rechtsgeschäft vorgenommen wird, das eine Verfügung über das Recht enthält.

1 **I. Regelungszweck.** Durch § 893 wird der bereits durch § 892 bezweckte **Schutz des Rechtsverkehrs erweitert**. Geschützt werden auch diejenigen, die an einen Buchberechtigten aufgrund eines eingetragenen Rechts eine **Leistung** bewirken, sowie diejenigen, die mit einem Buchberechtigten ein **Verfügungsgeschäft** abschließen, das von § 892 nicht erfaßt wird. Bei einem Briefrecht (zB Briefhypothek) muß der Buchberechtigte allerdings im Besitz des Briefes sein (RG 150, 348, 356; BGH NJW 1996, 1207).

2 **II. Leistungsbewirkung aufgrund eines im Grundbuch eingetragenen Rechts** bedeutet, daß der Rechtsinhaber auf die Sach- oder Geldleistung kraft des betreffenden dinglichen Rechts ein Anrecht hatte (Staud/Gursky Rz 3) und die Leistung gerade auf die eingetragene dingliche Schuld erfolgte. Die Leistung wirkt dann wie eine an den wahren Berechtigten, wobei ein Recht zur Hinterlegung besteht (Pal/Bassenge Rz 1 und Pal/Heinrichs § 372 Rz 7 mwN). Dies kommt auch bei der Leistung eines Dritten (zB §§ 268, 1143, 1150) in Betracht. Für Leistungen auf obligatorische Ansprüche gewährt § 893 dagegen keinen Schutz (BGH NJW 1996, 1207).

3 Die Leistung auf eine Verkehrshypothek führt wegen § 1138 auch zum Erlöschen der persönlichen Verpflichtung, dagegen nicht die Leistung auf eine Sicherungshypothek (vgl § 1185 II) oder eine Sicherungsgrundschuld (aA Tiedke NJW 1997, 852), weil § 1138 bei diesen Grundpfandrechten nicht gilt (vgl BGH NJW 1996, 1207, 1208). Ein mit dem Grundeigentümer nicht identischer persönlicher Schuldner einer hypothekarisch gesicherten Forderung oder ein für eine solche Forderung bestellter Bürge leisten regelmäßig nur auf diese Forderung und können sich deshalb auf § 893 nicht berufen (MüKo/Wacke Rz 4 mwN).

4 Miet- und Pachtleistungen werden ebenfalls nicht von § 893 erfaßt. Dies gilt auch dann, wenn der Mieter nach unwirksamer Grundstücksveräußerung im Hinblick auf § 566 an den eingetragenen (Nicht-)Erwerber zahlt. Denn die Leistung wird nicht aufgrund von dessen Eigentümerstellung, sondern wegen dessen (vermeintlicher) Vermieterstellung bewirkt (MüKo/Wacke Rz 5; Staud/Gursky Rz 5; Pal/Bassenge Rz 3).

5 Leistungen an einen durch Vormerkung gesicherten Scheingläubiger unterfallen ebenfalls nicht dem Schutz des § 893 Alt 1 (Staud/Gursky Rz 7; MüKo/Wacke Rz 6).

6 **III. Verfügungen über ein Recht iSv § 893** sind Rechtsgeschäfte, durch die das Recht nicht erworben, sondern unmittelbar geändert werden soll (vgl BGH 1, 294, 304).

7 Von § 893 werden ua erfaßt: Inhaltsänderung (§ 877; vgl auch §§ 1023, 1119 II, 1116 III, 1186, 1198, 1203 und 1180), Rangänderung (§ 880), Kündigung eines Grundpfandrechts (§§ 1141, 1193, 1202; vgl BGH 1, 294, 298, 304ff), Aufhebung (§§ 875, 1183) und Verzicht (§ 1168); darüber hinaus bestimmte Zustimmungen Dritter und

gewisse einseitige Rechtsgeschäfte gegenüber dem Grundbuchamt (vgl MüKo/Wacke Rz 7, 8 und Staud/Gursky Rz 27, 25).

Zu den Verfügungen iSv § 893 zählen auch Einwilligung nach § 185 I und Genehmigung nach § 185 II Alt 1 (vgl RG 137, 367); dagegen nicht Erteilung einer Vollmacht (MüKo/Wacke Rz 9; vgl aber RG 90, 395, 400). **8**

Zum gutgläubigen Erwerb einer Vormerkung vgl § 883 Rz 24. **9**

Nicht anwendbar ist § 893 auf eine Besitzüberlassung aufgrund Vermietung und Verpachtung (RG 106, 109, 111f; Staud/Gursky Rz 20 mwN; aA MüKo/Wacke Rz 10). Gleiches gilt für die Prozeßführung eines Buchberechtigten. Ein gegen ihn ergangenes Urteil wirkt grundsätzlich nicht gegen den Berechtigten (MüKo/Wacke Rz 10 mwN). **10**

§ 894 *Berichtigung des Grundbuchs*

Steht der Inhalt des Grundbuchs in Ansehung eines Rechts an dem Grundstück, eines Rechts an einem solchen Recht oder einer Verfügungsbeschränkung der in § 892 Abs. 1 bezeichneten Art mit der wirklichen Rechtslage nicht im Einklang, so kann derjenige, dessen Recht nicht oder nicht richtig eingetragen oder durch die Eintragung einer nicht bestehenden Belastung oder Beschränkung beeinträchtigt ist, die Zustimmung zu der Berichtigung des Grundbuchs von demjenigen verlangen, dessen Recht durch die Berichtigung betroffen wird.

I. Allgemeines. 1. Bedeutung. Weichen Grundbuchinhalt und wirkliche Rechtslage voneinander ab, so wird dadurch nicht nur die Funktion des Grundbuchs, ein zutreffendes und vollständiges Bild der Rechtslage des Grundstücks zu liefern (Staud/Gursky Rz 1), beeinträchtigt. Demjenigen, dessen dingliches Recht im Grundbuch nicht oder nicht richtig eingetragen ist, droht ein Rechtsverlust, zB durch gutgläubigen Erwerb eines Dritten (§§ 892, 893) oder in den Fällen der §§ 900 und 901. Es kann zudem leichter zu einem Rechtsverlust durch Ausschlußurteil (§ 927) kommen. Darüber hinaus ist der Rechtsinhaber mangels Voreintragung (§ 39 GBO) faktisch an wichtigen Verfügungen gehindert (RG 157, 89, 96). Auch für seine Gläubiger wirkt sich die fehlende bzw unrichtige Eintragung nachteilig aus (vgl §§ 17 I, 146 I ZVG, 867 ZPO). – Soll die Vermutung des § 891 für den wirklich Berechtigten wirken, muß dieser die Berichtigung des Grundbuchs erreichen. Durch die Eintragung eines Widerspruchs (§ 899) wird der Berechtigte zwischenzeitlich geschützt. **1**

2. Wege zur Berichtigung. Ein unrichtiges Grundbuch wird vom Grundbuchamt nur in Ausnahmefällen von Amts wegen berichtigt (vgl §§ 53 I S 2, 82a, 84 GBO). Der Beeinträchtigte kann zu der Berichtigung auf zwei Wegen gelangen. Die Berichtigung im **Grundbuchverfahren** kommt in Betracht, wenn der von ihr Betroffene einwilligt (§ 19 GBO) oder die Unrichtigkeit nachgewiesen wird (§ 22, 29 GBO). Daneben ist eine auf § 894 gestützte **Klage gerichtet auf Erteilung der Zustimmung** (iSv § 19 GBO) möglich. **2**

Während man früher von einer unbeschränkten Wahlmöglichkeit zwischen den beiden Rechtsbehelfen ausging (vgl RG Warn Rspr 1914, Nr 126; JW 1925, 1796; HRR 1931, Nr 1049), nimmt die heute wohl hM zu Recht an, daß für eine auf § 894 gestützte Klage das Rechtsschutzinteresse fehlt, wenn das einfachere und kostengünstigere Berichtigungsverfahren nach §§ 22, 29 GBO offensichtlich ebenso sicher zum Erfolg führen würde (Zweibrücken NJW 1967, 1809; Frankfurt aM NJW 1969, 1906f; Pal/Bassenge Rz 1; Staud/Gursky Rz 6; MüKo/Wacke Rz 3). Daß im letztgenannten Verfahren das geltend gemachte Recht nicht rechtskräftig festgestellt wird, steht dem nicht entgegen (vgl Staud/Gursky Rz 6; aA Hoffmann NJW 1970, 148). Erscheint die Berichtigung nach § 22 GBO zweifelhaft, ist eine auf § 894 gestützte Klage aber zulässig (Celle KTS 1977, 47f; Schleswig MDR 1982, 143). – Gleiches gilt bei erfolglosem Abschluß eines Berichtigungsverfahrens nach § 22 GBO. **3**

Zum sog schuldrechtlichen Berichtigungsanspruch vgl Rz 42. **4**

3. Rechtsnatur des Berichtigungsanspruchs nach § 894. Der Berichtigungsanspruch ist Ausfluß des nicht richtig verlautbarten dinglichen Rechts und wird deshalb heute allgemein als **dinglicher Anspruch** qualifiziert (BGH WM 1972, 384, 385; Staud/Gursky Rz 8 mwN; Schwab/Prütting Rz 241; zur Stellung innerhalb der dinglichen Ansprüche vgl Staud/Gursky Rz 14f). Als solcher ist er bei Insolvenz ein **Aussonderungsrecht** iSv § 47 InsO zu behandeln (Pal/Bassenge Rz 5). Entsprechend den §§ 985 und 1004 geht er mit dem dinglichen Recht auf dessen Erwerber über. Eine selbständige **Abtretung** des Anspruchs aus § 894 ist ebensowenig möglich (BGH WM 1972, 384, 385; MüKo/Wacke Rz 23 mwN) wie ein **Verzicht** auf den Berichtigungsanspruch mit der Wirkung seines endgültigen Untergangs (RG JW 1922, 218; Schleswig DNotZ 2000, 775, 777; Staud/Gursky Rz 103 mwN). Ein solcher „Verzicht" kann aber uU eine dingliche Einigung enthalten, die zur nachträglichen Richtigkeit des Grundbuchs führt; ansonsten wird regelmäßig ein (schuldrechtliches) **pactum de non petendo** vorliegen (Pal/Bassenge Rz 12; Staud/Gursky Rz 104). - Zur Anwendbarkeit des § 24 ZPO vgl Rz 39. **5**

II. Unrichtigkeit des Grundbuchs. Ein Berichtigungsanspruch aus § 894 setzt voraus, daß eine **Abweichung zwischen Grundbuchinhalt und wirklicher Rechtslage** in bezug auf ein Recht an einem Grundstück oder ein Recht an einem solchen Recht oder eine relative Verfügungsbeschränkung iSv § 892 I S 2 besteht. Bloß schuldrechtlich wirkende Ereignisse (zB Rücktritt oder Anfechtung nach InsO oder AnfG) machen das Grundbuch nicht unrichtig iSd § 894. **6**

Zum maßgeblichen Inhalt des Grundbuchs iSv § 894 gehören diejenigen Angaben, die die gegenwärtige dingliche Rechtslage kennzeichnen, nicht dagegen solche, die lediglich tatsächliche Umstände (vgl § 891 Rz 5–7) betreffen, wie zB unrichtige Eintragungen in den Spalten 3e (Wirtschaftsart und Lage) und 4 (Größe) des Bestandsverzeichnisses. Diese werden von Amts wegen berichtigt (vgl BayObLG 1987, 410, 412; Oldenburg Rpfleger 1991, 412; Staud/Gursky Rz 16 mwN). Gleiches gilt für eine ungenaue oder unrichtige Bezeichnung des **7**

Berechtigten, zB hinsichtlich Name bzw Firma (KG JFG 1, 368, 371; MüKo/Wacke Rz 12 mwN), Beruf (KG OLGE 15, 345) oder Wohnort des Berechtigten (dessen Identität gleichwohl feststeht). Da sich hier Grundbucheintragung und Rechtslage decken, reicht zur Berichtigung ein **Klarstellungsvermerk von Amts wegen** aus (vgl KG JFG 3, 333, 338; DR 1942, 1796; Staud/Gursky Rz 19 mwN). Die §§ 19 oder 22 GBO (vgl Rz 2) müssen nicht erfüllt sein.

8 Dagegen bezieht sich etwa die **Parzellenangabe** auf die Rechtslage; gehört die dem einen Grundstück zugeschriebene Parzelle tatsächlich zu einem anderen Grundstück, liegt eine Unrichtigkeit iSv § 894 vor (RG 133, 279, 281ff). Gleiches gilt bei einer sog **Doppelbuchung** (vgl § 891 Rz 11 und § 892 Rz 10; MüKo/Wacke Rz 8; Soergel/Stürner Rz 8; aA Staud/Gursky Rz 11, der allein Verfahren nach § 38 GBVerf für statthaft hält). Unrichtig ist auch die Eintragung eines Rechts mit **falschem Rang** (RG 73, 50, 52) oder **ohne eine bestehende Belastung**, zB einer Hypothek für gepfändete Forderung ohne Pfändungspfandrecht (KG HRR 1931, Nr 1048) oder eines Nacherbenvermerks ohne bestehendes Pfandrecht (RG 83, 434, 438). Auch die **irrige Löschung** eines Rechts, zB einer Eigentümergrundschuld (RG 73, 173, 174f; 82, 20, 23), macht das Grundstück iSv § 894 unrichtig.

9 Eine Unrichtigkeit des Grundbuchs iSv § 894 liegt schließlich auch dann vor, wenn eine **altrechtliche Grunddienstbarkeit** (vgl Art 187 I EGBGB) im Grundbuch nicht eingetragen ist (München OLGZ 1990, 100ff; MüKo/Wacke Rz 5; Staud/Gursky Rz 30 mwN; vgl auch § 892 Rz 13).

10 Der **Grund der Unrichtigkeit** ist dagegen bei § 894 gleichgültig. Der anfänglichen Unrichtigkeit einer Eintragung (zB bei Fehlen der Einigung oder einer erforderlichen Genehmigung) steht die nachträgliche infolge einer Rechtsänderung außerhalb des Grundbuchs (zB Anfechtung der Einigung) gleich (MüKo/Wacke Rz 4; Pal/Bassenge Rz 2).

11 Das Grundbuch ist auch unrichtig, wenn eine bestehende **relative Verfügungsbeschränkung** (vgl vor § 873 Rz 12) nicht eingetragen (vgl § 22 I S 2 GBO u Staud/Gursky Rz 37 mwN) oder eine nicht (mehr) bestehende Beschränkung (noch) eingetragen ist. Gegen ein der relativen Verfügungsbeschränkung zuwider eingetragenes Recht kann der Geschützte nach § 888 vorgehen.

12 Ferner ist § 894 (nicht § 1004) einschlägig, wenn eine **Vormerkung** zu Unrecht eingetragen bzw erloschen ist (BGH WM 1966, 1224, 1226; NJW 1983, 565; JZ 1995, 572; Staud/Gursky Rz 35 mwN) bzw wenn sie zu Unrecht gelöscht worden ist (RG 129, 184ff; 132, 419, 424; BayObLGZ 1961, 63, 68). Dagegen führt die Eintragung eines Rechts, die gegen eine Vormerkung verstößt und daher (nur) relativ unwirksam ist (§ 883 II S 1), nicht zu einer Unrichtigkeit des Grundbuchs (Hamm NJW-RR 1993, 529f; vgl auch § 883 Rz 30).

13 Auch ein unberechtigter **Widerspruch** ist über § 894 zu beseitigen (BGH NJW 1969, 93; Staud/Gursky Rz 35 mwN). Die Eintragung eines Rechts entgegen einem eingetragenen Widerspruch macht das Grundbuch aber nicht unrichtig (Pal/Bassenge Rz 2). Gleiches gilt für Veräußerungsverbote, die unter § 888 II fallen (vgl Pal/Bassenge Rz 2).

14 **Nicht einschlägig** ist § 894 bei **unzulässigen Eintragungen**. Diese sind gemäß § 53 I S 2 GBO von Amts wegen zu löschen (KG DR 1942, 1796; Staud/Gursky Rz 17 mwN). Der BGH (NJW 1962, 963) verneint bei einer auf Löschung einer inhaltlich unzulässigen Eintragung gerichteten Berichtigungsklage das Rechtsschutzbedürfnis (zustimmend Furtner DNotZ 1963, 196). Bei **nicht eintragungsfähigen** Einträgen kommt nur ein Beseitigungsanspruch aus § 1004 in Betracht (RG JW 1923, 750 Nr 3; MüKo/Wacke Rz 14; aA Staud/Gursky Rz 17 für den Fall, daß das an sich nicht eintragungsfähige Recht wirklich besteht).

15 **Maßgeblicher Zeitpunkt** ist der Schluß der mündlichen Verhandlung. Heilung der Unrichtigkeit (vgl § 185 und §§ 892, 893) ist möglich.

Die **Beweislast** hat derjenige, der sich auf § 894 beruft, und zwar auch dann, wenn der Anspruchsgegner substantiiert behauptet, die Unrichtigkeit sei nachträglich beseitigt worden (Staud/Gursky Rz 21). Etwas anderes gilt aber (im Gegensatz zur Verkehrshypothek) dann, wenn es um das Bestehen und den Umfang der Forderung bei einer **Sicherungs- oder Höchstbetragshypothek** geht (vgl RG HRR 1936, Nr 687; MüKo/Wacke Rz 33; Staud/Gursky Rz 113; vgl §§ 1184 I, 1185 II, 1190 III, wonach die Vermutung der §§ 1138, 891 nicht gilt).

16 **III. Aktivlegitimation. Berechtigter** ist der, dessen dingliches Recht durch die Unrichtigkeit betroffen ist. Durch die Eintragung einer Grundschuld für einen anderen als den wahren Berechtigten wird der Grundstückseigentümer nicht in seinen Rechten beeinträchtigt (BGH NJW 2000, 2021 mwN). Auch dem schuldrechtlich Berechtigten oder sonstwie Interessierten steht § 894 nicht zur Seite. Bei einer wegen Wuchers nichtigen (§ 138 II) Grundstücksveräußerung kann der Bewucherte nicht über § 894 die Löschung einer nichtigen „Restkaufgeldhypothek" beanspruchen, da er mangels wirksamer Auflassung nicht Eigentümer bzw Berechtigter geworden ist (RG HRR 1939 Nr 1151 = DNotZ 1940, 120, 121). Auch ein bloß Buchberechtigter ist nicht nach § 894 aktivlegitimiert.

17 Bei **Miteigentümern** (§ 1011; vgl RG JW 1911, 280 Nr 10) oder **Miterben** (§ 2039; vgl RG HRR 1930, Nr 1220) ist jeder unabhängig von den anderen berechtigt. Ein Nachlaßpfleger kann den Berichtigungsanspruch als gesetzlicher Vertreter und im eigenen Namen geltend machen (BGH Rpfleger 2001, 32f = MDR 2001, 22). Bei nichtiger Voreintragung können auch die **Inhaber gleich- oder nachrangig eingetragener Rechte** Berichtigung, dh Einräumung des Vorranges verlangen (RG 146, 355, 359; Pal/Bassenge Rz 9).

18 Bei nicht oder unrichtig eingetragener **relativer Verfügungsbeschränkung** (vgl Rz 11) ist der Geschützte Inhaber des Anspruchs aus § 894 (KGJ 52, 141, 143f).

19 Bei **Insolvenz** ist anstelle des beeinträchtigten Rechtsinhabers der Insolvenzverwalter allein befugt, den Anspruch aus § 894 für den Schuldner zu verfolgen (vgl RG 77, 106, 108; Staud/Gursky Rz 58).

Der – nicht abtretbare (Rz 5) – Berichtigungsanspruch kann aufgrund einer **Ermächtigung** von einem Dritten 20
geltend gemacht werden (BGH WM 1966, 1224, 1225; WM 1987, 1406, 1407; NJW-RR 1988, 126, 127; Staud/
Gursky Rz 69 mwN). Dabei erhält der Ermächtigte die Befugnis, den fremden Berichtigungsanspruch im eigenen
Namen geltend zu machen. Rechtshandlungen des Anspruchsinhabers sind gleichwohl wirksam, auch wenn sie der
Vereinbarung mit dem Ermächtigten widersprechen (RG JW 1922, 218). Eine „Abtretung" ist regelmäßig in eine
solche Ermächtigung umzudeuten (BGH WM 1987, 1406, 1407). Nach aA (Soergel/Stürner Rz 26) ist letztere uU
stillschweigend in einer unzulässigen Abtretung enthalten. Die Ermächtigung bedarf keiner Form. Sie ist regelmäßig in der Auflassung eines nicht für den Grundstückseigentümer gebuchten Grundstücks enthalten (RG 112, 260,
266; Staud/Gursky Rz 69 mwN). Wenn, wie oft, vom Ermächtigten das dingliche Recht erworben werden soll, tritt
der Wunsch auf, dem Ermächtigten ein Recht zu geben, unmittelbar selbst eingetragen zu werden. Die Möglichkeit
einer solchen Ermächtigung zur „Selbsteintragung" wird ganz überwiegend abgelehnt (RG 78, 87, 90f; 112, 260,
265; RG WM 1972, 384, 386; Staud/Gursky Rz 70 mwN; aA BayObLG OLGE 40, 260). Auch wenn der Buchberechtigte freiwillig die Eintragung des Ermächtigten bewilligt, dürfte § 39 GBO dessen Eintragung entgegenstehen (RG 133, 279, 282f; Frankfurt aM Rpfleger 1964, 116, 117; Staud/Gursky Rz 70; aA BayObLG OLGE 40,
260; Wolff/Raiser § 46 Fn 27).

In Betracht kommt allenfalls eine rechtsgeschäftliche Übertragung des betreffenden Rechts vom Buchberechtigten auf den Ermächtigten mit Zustimmung des wirklichen Berechtigten (§ 185), die in der Ermächtigung liegen
dürfte (Staud/Gursky Rz 70 mwN).

Zwar ist eine Vollpfändung des Berichtigungsanspruchs mangels Übertragbarkeit nicht zulässig (§ 851 I ZPO), 21
indes ist die Zulässigkeit seiner **Pfändung und Überweisung zur Ausübung** allgemein anerkannt (BGH 33, 76,
83; Pal/Bassenge Rz 5; MüKo/Wacke Rz 24; Staud/Gursky Rz 75 mwN). Hierfür besteht ein praktisches Bedürfnis, da Zwangsversteigerung, Zwangsverwaltung und Eintragung einer Zwangshypothek nach §§ 17 I, 146 I ZVG,
§ 867 ZPO, § 39 I GBO die Eintragung des Schuldners voraussetzen; hierfür bedarf es bei unrichtigem Buchstand
der Grundbuchberichtigung. Mit der Pfändung und Überweisung zur Ausübung erwirbt der Pfandgläubiger die
gleiche Legitimation zur Geltendmachung des Berichtigungsanspruchs wie bei rechtsgeschäftlicher Ermächtigung
(Rz 20). Dagegen erwirbt er **kein Pfandrecht** an dem betreffenden dinglichen Recht selbst (Königsberg SeuffA 62
Nr 147; Colmar OLGE 18, 198), auch nicht bei Durchführung der Berichtigung (Staud/Gursky Rz 76).

Geht der **Berichtigungsanspruch** nur **auf Löschung** einer nicht (mehr) bestehenden Grundstücksbelastung, so 22
ist er nach überwiegender Meinung nicht pfändbar (RG Warn Rspr 1910 Nr 239; Dresden OLGE 18, 235f; Pal/
Bassenge Rz 5; Staud/Gursky Rz 75 aE mwN; aA RG 101, 231, 235; MüKo/Wacke Rz 25; Soergel/Stürner
Rz 28).

IV. Passivlegitimation. Schuldner des Berichtigungsanspruchs ist der durch die Berichtigung buchmäßig 23
Betroffene. Die Betroffenheit kann sich zB auf Bestehen, Inhalt, Rang oder Haftungsgegenstand seiner Buchposition beziehen. Erwirbt nach Rechtshängigkeit einer Berichtigungsklage ein Dritter die Buchstellung des Beklagten, so hat dies auf den Prozeß gemäß § 265 II ZPO keinen Einfluß. Veräußerungsgegenstand ist in einem solchen
Fall die Stellung als Buchberechtigter (RG 121, 379, 381f; BGH MDR 2002, 1185). Ein Berichtigungsverpflichte-
ter braucht indes nicht selbst als (vermeintlicher) Berechtigter eingetragen zu sein; es genügt, daß ohne seine Mitwirkung die Berichtigung nicht erfolgen kann, zB wenn persönlicher Schuldner sich auf § 1164 I beruft (BGH 41,
30, 32 = NJW 1964, 811, 812). Wie die Unrichtigkeit des Grundbuchs entstanden ist, ist gleichgültig. Eine Verpflichtung aus § 894 entsteht auch ohne jedes Zutun des Betroffenen. Bei Löschung einer zu Unrecht eingetragenen Hypothek ist neben der Bewilligung des angeblichen Hypothekengläubigers gemäß § 27 GBO auch die
Zustimmung des Eigentümers erforderlich (RG 72, 362, 367).

Sind mehrere an der betroffenen Buchposition **mitberechtigt**, so müssen alle die Berichtigung bewilligen 24
(MüKo/Wacke Rz 22), es sei denn, einer hat die alleinige Verfügungsmacht. Bei mehreren selbständigen Teilrech-
ten (zB Teilhypotheken) muß jeder eingetragene Teilgläubiger für seinen Teil die Bewilligung erklären (RG 141,
379, 385).

Ist ein mit einer Hypothek belastetes Grundstück für einen anderen als den wirklichen Eigentümer gebucht und 25
wird die Hypothek materiell zu Unrecht gelöscht (sog doppelte Unrichtigkeit), ist der Buchberechtigte für den
Berichtigungsanspruch des Hypothekars passivlegitimiert. Wenn die Bewilligung des Bucheigentümers vorliegt,
darf das Grundbuchamt trotz Kenntnis der Nichtberechtigung des Bewilligenden die Wiedereintragung der Hypothek nicht ablehnen (Staud/Gursky Rz 80).

Bei **Insolvenz** des Buchberechtigten richtet sich der Berichtigungsanspruch gegen den Insolvenzverwalter (vgl 26
KGJ 40, 157, 159; Celle NJW 1985, 204).

V. Anspruchsinhalt. Der Verpflichtete muß eine der Form des § 29 GBO entsprechende Berichtigungsbewilli- 27
gung iSv § 19 GBO abgeben, so daß das Grundbuch mit der materiellen Rechtslage in Übereinstimmung gebracht
werden kann. Die Berichtigungsbewilligung ist nur eine **formell-rechtliche Erklärung** und nicht etwa eine materiell-rechtliche Willenserklärung bzw Verfügung.

Der **Inhalt der abzugebenden Bewilligung** richtet sich nach Art und Umfang der zu beseitigenden Unrichtig- 28
keit des Grundbuchs. Besteht diese darin, daß ein bestehendes Recht nicht (mehr) eingetragen ist, so ist dessen
(Wieder-)Eintragung zu bewilligen (RG 82, 20, 23; 88, 278, 286f; Braunschweig FamRZ 1995, 443, 444 – Nacherbenvermerk), im umgekehrten Fall die Löschung. Die Bewilligung der Löschung eines Bucheigentümers (anstelle
der Eintragung eines anderen) reicht aber nicht aus, denn die Eintragung eines Rechts ohne Angabe des Berechtigten ist inhaltlich unzulässig (BGH NJW 1970, 1544f). Mitunter ist der Anspruch auf Einräumung des Vorranges
gerichtet (vgl Rz 17).

§ 894 Sachenrecht Rechte an Grundstücken

29 Nach Erwerb eines Briefgrundpfandrechts außerhalb des Grundbuchs kann der Rechtsinhaber von einem früheren Rechtsinhaber, der noch im Grundbuch eingetragen ist, nicht die Bewilligung der **Voreintragung des Zwischenerwerbers** verlangen (Staud/Gursky Rz 96, Pal/Bassenge Rz 8; aA RG JW 1938, 1255; Soergel/Stürner Rz 14). Denn eine Berichtigung des Grundbuchs würde dadurch nicht erreicht.

30 Der Eigentümer kann vom Bucheigentümer nach hM anstelle der Berichtigungsbewilligung auch **Auflassung** verlangen (RG 139, 353, 355f; Warn Rspr 1929 Nr 44; MüKo/Wacke Rz 26; Pal/Bassenge Rz 8; vgl auch Staud/Gursky Rz 93). Entsprechend soll er statt der Zustimmung zur Umschreibung einer Hypothek in eine Eigentümergrundschuld vom Buchhypothekar auch sofort die Bewilligung der **Löschung der Hypothek** beanspruchen können (BGH 41, 30, 31; WM 1972, 384, 385; MüKo/Wacke Rz 26; Pal/Bassenge Rz 8).

Für einen **Miterben** als Anspruchsteller (Rz 17) gilt das nicht, da die Miterben über eine zum Nachlaß gehörende Eigentümergrundschuld gemäß § 2040 I nur gemeinsam verfügen können (BGH WM 1972, 384, 385). Auch einem **Pfändungsgläubiger** (Rz 21) fehlt die für eine Löschung erforderliche Verfügungsmacht.

31 **VI. Einwendungen und Einreden.** Bei schuldrechtlichem **Anspruch auf Herbeiführung der** dem Buchstand entsprechenden **Rechtsstellung** kann der nach § 894 Verpflichtete die Berichtigungsbewilligung verweigern. Dies ergibt sich aus einer analogen Anwendung des § 986 I S 1 Hs 2 (Staud/Gursky Rz 102; Wolff/Raiser § 46 IV) bzw aus § 242 (BGH NJW 1974, 1651; Pal/Bassenge Rz 13; MüKo/Wacke Rz 30 mwN). Die Einwendung versagt aber bei Insolvenz des Inhabers des Berichtigungsanspruchs (RG 77, 106, 108f; Staud/Gursky Rz 102 mwN). Der Einwand der unzulässigen Rechtsausübung steht dem Anspruch aus § 894 bei einem **venire contra factum proprium** des Berichtigungsgläubigers entgegen (vgl BGH NJW 1979, 1656). Auch das Berichtigungsverlangen eines **Treuhandeigentümers** kann rechtsmißbräuchlich sein (vgl RG JW 1934, 3054ff m Anm Siebert). In Extremfällen (Staud/Gursky Rz 110) kommt auch **Verwirkung** in Betracht (BGH 122, 308, 314f; OGH 1, 279).

32 Möglich ist darüber hinaus ein **pactum de non petendo** (vgl Rz 5).

33 Ein **Zurückbehaltungsrecht aus § 273 I** kann dem Berichtigungsverpflichteten ebenfalls zustehen, zB wegen einer zurückzuerstattenden Kaufpreiszahlung (BGH NJW-RR 1989, 201; jedoch nicht bei Insolvenz des Berichtigungsberechtigten, siehe BGH NJW 2002, 2313, 2315 = ZfIR 2002, 539, 542 m Anm Volmer; MDR 2003, 1258 zum Gesamtvollstreckungsverfahren) oder aufgrund von Schadensersatzansprüchen (BGH NJW-RR 1990, 847f) oder im Hinblick auf einen gesellschaftsrechtlichen Abfindungsanspruch (BGH NJW 1990, 1171).

34 Ist eine Sicherungsgrundschuld trotz ihrer Eintragung im Grundbuch mangels wirksamer Einigung nicht wirksam entstanden, so kann der buchberechtigte Darlehensgeber dem Berichtigungsanspruch des Grundstückseigentümers nach wohl überwiegender Meinung Schadensersatz- und sonstige Ansprüche nicht nach § 273 I entgegenhalten. Dies wird mit dem in § 1144 (iVm § 1192 II) zum Ausdruck kommenden Rechtsgedanken begründet (BGH NJW 1988, 3260, 3261; Pal/Bassenge Rz 11; MüKo/Wacke Rz 29; kritisch Staud/Gursky Rz 106). Gleiches gilt, wenn eine durch Hypothek gesicherte Forderung nicht entstanden ist und auch nicht mehr entstehen wird (BGH 71, 19, 23 = NJW 1978, 883).

35 Ein Bucheigentümer kann im Hinblick auf ihm zustehende Ersatzansprüche wegen Verwendungen auf das Grundstück ein Zurückbehaltungsrecht aus § 273 II geltend machen (RG 114, 266, 268; 141, 220, 226; 163, 62f; BGH WM 1966, 1244; BGH 75, 288, 293; MüKo/Wacke Rz 29 mwN; vgl auch Staud/Gursky Rz 109, der § 1000 für einschlägig hält). Für einen Buchhypothekar gilt das nicht, da er seine Verwendungen dann nicht auf den herauszugebenden Gegenstand – die eingetragene Hypothek – gemacht hat (BGH 41, 30, 33ff = NJW 1964, 811ff; MüKo/Wacke Rz 29).

36 Klagen mehrere Miterben auf Berichtigung, so kann ein Zurückbehaltungsrecht nicht auf eine Forderung gestützt werden, die dem Buchberechtigten nur gegenüber einem von ihnen zusteht (RG 132, 81; vgl auch BGH 44, 367, 370 zum Einwand des Rechtsmißbrauchs).

37 Die Einrede der **Verjährung** ist ausgeschlossen (§ 898).

38 **VII. Prozessuale Fragen. 1. Rechtsweg.** Für eine auf § 894 gestützte Klage ist der Zivilrechtsweg auch dann gegeben, wenn der Kläger geltend macht, die Unrichtigkeit des Grundbuchs beruhe auf einem nichtigen Staatshoheitsakt (BGH 5, 76, 81ff [85] = NJW 1952, 622f). Ist die Berichtigungsklage dagegen auf Löschung eines Pfändungsvermerks gerichtet, der die Pfändung eines Grundpfandrechts durch das Finanzamt wegen rückständiger Steuern zum Ausdruck bringt, ist der ordentliche Rechtsweg nicht eröffnet, wenn der Kläger geltend macht, die Steuerschuld bestehe nicht (mehr) bzw sei verjährt (BGH NJW 1967, 563f; vgl Staud/Gursky Rz 114).

39 **2. Gerichtsstand.** Bezieht sich die Berichtigungsklage auf das Eigentum oder ein beschränktes dingliches Recht am Grundstück, so ist § 24 ZPO einschlägig (MüKo/Wacke Rz 32 mwN); bezieht sie sich dagegen auf ein Recht oder eine Verfügungsbeschränkung an einem beschränkten dinglichen Grundstücksrecht gilt § 24 ZPO nicht (Staud/Gursky Rz 115; MüKo/Wacke Rz 32).

40 **3.** Das erforderliche (RG 135, 33, 35) **Rechtsschutzbedürfnis** fehlt, wenn auch ein Berichtigungsverfahren nach §§ 22, 29 GBO zweifelsfrei zum Erfolg führen würde (Rz 3). Siehe im übrigen Staud/Gursky Rz 115a.

41 **4. Rechtskraftwirkung.** Die Unselbständigkeit des Berichtigungsanspruchs gegenüber dem dinglichen Recht (Rz 3) führt prozessual dazu, daß bei einer Berichtigungsklage das dingliche Recht Streitgegenstand ist. Bei einem stattgebenden Urteil wird daher das dingliche Recht rechtskräftig festgestellt (RG 158, 40, 43; Jena ZfIR 2001, 779, 780; Pal/Bassenge Rz 14 mwN; zweifelnd BGH NJW-RR 2002, 516, 517 u Soergel/Stürner Rz 32 mwN in Fn 232; aA Zöller/Vollkommer vor § 322 ZPO Rz 36), bei einem klageabweisenden Urteil das Gegenteil (RG JW 1936, 3047 Nr 5; BGH WM 1978, 194, 195). Nach Ansicht des BGH (NJW 1976, 1095f) steht aber die rechtskräftige Abweisung einer auf gesetzliche Erbfolge gestützten Berichtigungsklage einer weiteren Berichtigungs-

klage nicht entgegen, die als Erwerbsgrund gewillkürte Erfolge geltend macht. In keinem Fall erwachsen Feststellungen zum Kausalgeschäft in Rechtskraft (RG JW 1935, 2269ff).

VIII. Andere Anspruchsgrundlagen. Geht die Unrichtigkeit des Grundbuchs auf eine **unerlaubte Handlung** 42 zurück, kann sich ein Anspruch auf Bewilligung einer Berichtigung auch aus den §§ 823, 249 ergeben (Pal/Bassenge Rz 15; Staud/Gursky Rz 121 mwN). Da die §§ 987ff nach ganz hM auf das Verhältnis zwischen wirklichem Rechtsinhaber und Buchberechtigten entspr anzuwenden sind (BGH WM 1964, 677; BGH 75, 288, 292; NJW 1985, 382, 383f; zweifelnd Staud/Gursky Rz 123 mwN), dürfte aber § 992 zu beachten sein (Pal/Bassenge Rz 15).

Ein **schuldrechtlicher Berichtigungsanspruch** kann sich darüber hinaus aus § 812 I S 1 Alt 1 ergeben, wenn die Eintragung des Anspruchsgegners auf einer rechtsgrundlosen Leistung des Berechtigten beruht (RG 139, 353, 355; zu einem Fall von sog Fehleridentität vgl RG 129, 307, 310f). Selbst wenn der Bereicherungsgläubiger lediglich als sog Buchberechtigter verfügt hat, ist der Verfügungsempfänger nach § 812 I S 1 Alt 1 verpflichtet, ihm seine Buchberechtigung an dem Grundstück wieder zu verschaffen (RG JW 1931, 2723). Das gleiche kann ein vorher im Grundbuch nicht eingetragener Veräußerer verlangen, wenn ihm eine Anwartschaft auf den Erwerb des Eigentums zustand (RG 112, 260, 268; 119, 332, 335; BGH NJW 1973, 613, 614 = WM 1973, 298, 299).

Ein solcher schuldrechtlicher Anspruch entfällt aber dann, wenn der im Grundbuch eingetragene „Erwerber" das Eigentum an dem Grundstück zwischenzeitlich auf anderem Wege erlangt hat. In diesem Fall würde die (Wieder-)Eintragung des „Veräußerers" das Grundbuch unrichtig machen. Darauf, daß der eingetragene Eigentümer an der Herbeiführung einer solchen Unrichtigkeit des Grundbuchs mitwirkt, besteht auch schuldrechtlich kein Anspruch (vgl BGH NJW 1973, 613, 614 m Anm Gotzler NJW 1973, 2014).

895 *Voreintragung des Verpflichteten*

Kann die Berichtigung des Grundbuchs erst erfolgen, nachdem das Recht des nach § 894 Verpflichteten eingetragen worden ist, so hat dieser auf Verlangen sein Recht eintragen zu lassen.

I. Zweck. Um dem Voreintragungsgrundsatz (vgl § 873 Rz 7) des § 39 I GBO genügen zu können, ergänzt 1 § 895 den dinglichen Berichtigungsanspruch aus § 894 (nicht auch schuldrechtliche Berichtigungsansprüche) um einen formalen **Hilfsanspruch** (MüKo/Wacke Rz 1).

II. Voraussetzungen. 1. Doppelte Unrichtigkeit. § 895 setzt über § 894 hinaus eine weitere Unrichtigkeit des 2 Grundbuchs (sog doppelte Unrichtigkeit) voraus, nämlich, daß das Recht des Berichtigungsschuldners nicht oder unrichtig eingetragen ist. Ist zB 1. ein Recht an einem Grundstück zu Urecht gelöscht worden und 2. der Erbe des Grundstückseigentümers noch nicht eingetragen, so ist letzterer nach Maßgabe des § 895 verpflichtet, sich als Grundstückseigentümer eintragen zu lassen. Entsprechend kann ein Nacherbe, um die Eintragung eines Nacherbenvermerks (§ 51 GBO) zu erreichen, vom Vorerben verlangen, daß er sich eintragen läßt (RG 61, 228, 232; KJG 52, 140, 144).

2. Notwendige Voreintragung. § 895 setzt weiter voraus, daß die Berichtigung iSv § 894 erst nach der Eintra- 3 gung des Anspruchsgegners „**erfolgen kann**". Zwar ist die Voreintragung in den Fällen der §§ 39 II und 40 GBO an sich entbehrlich; lehnt aber das Grundbuchamt die Berichtigung gleichwohl unter Hinweis auf § 39 I rechtsirrig ab, so reicht dieses tatsächliche Hindernis auch ohne erfolglose Beschwerde (aA wohl RGRK/Augustin Rz 3) nach ganz hM aus, um einen Anspruch aus § 895 zu begründen (Staud/Gursky Rz 7; MüKo/Wacke Rz 3).

III. Anspruchsinhalt. Der Anspruch ist nicht wie bei § 894 auf Zustimmung gerichtet, sondern auf **Herbeifüh-** 4 **rung der Eintragung**. Hierzu bedarf es eines Eintragungsantrages gemäß §§ 13, 14 GBO sowie ggf der Beschaffung von Urkunden (zB Erbschein, vgl § 35 GBO) oder der Berichtigungsbewilligung eines Dritten in der Form des § 29 GBO bzw des Nachweises der Unrichtigkeit von dessen Eintragung gemäß § 22 I GBO. Darüber hinaus ist ein Kostenvorschuß an das Grundbuchamt zu zahlen.

IV. Vollstreckung. Geht der erforderliche Inhalt des Eintragungsantrages aus dem Tenor (ggf iVm den Ent- 5 scheidungsgründen des zusprechenden Urteils) eindeutig hervor (RG 76, 409), so gilt der Eintragungsantrag gemäß § 894 ZPO mit dessen Rechtskraft als gestellt (Staud/Gursky Rz 12 mwN). Andernfalls erfolgt die Vollstreckung nach § 888 ZPO (MüKo/Wacke Rz 5; Staud/Gursky Rz 13 mwN). Zum Nachweis der Unrichtigkeit gemäß § 22 I GBO erforderliche Urkunden muß sich der Gläubiger nach §§ 792, 896 ZPO verschaffen (MüKo/Wacke Rz 5). Muß der Schuldner die Handlung eines Dritten (zB durch Klageerhebung) herbeiführen, so erfolgt die Vollstreckung (gegenüber dem Schuldner) nach § 888 (Staud/Gursky Rz 14; Pal/Bassenge Rz 2 mwN). Zur Zahlung des Kostenvorschusses kann der Schuldner gemäß § 887 gezwungen werden (MüKo/Wacke Rz 5).

896 *Vorlegung des Briefes*

Ist zur Berichtigung des Grundbuchs die Vorlegung eines Hypotheken-, Grundschuld- oder Rentenschuldbriefs erforderlich, so kann derjenige, zu dessen Gunsten die Berichtigung erfolgen soll, von dem Besitzer des Briefes verlangen, dass der Brief dem Grundbuchamt vorgelegt wird.

I. Zweck. Um den §§ 41 und 42 GBO genügen zu können, ergänzt § 896 den dinglichen Berichtigungsanspruch 1 aus § 894 (nicht auch schuldrechtliche Berichtigungsansprüche) um einen weiteren Hilfsanspruch auf Vorlage des Hypotheken-, Grundschuld- oder Rentenschuldbriefs.

II. Voraussetzungen. § 896 setzt zunächst voraus, daß die Vorlage eines der oben genannten Briefe zur Berich- 2 tigung des Grundbuchs **erforderlich** ist. Wann dies der Fall ist, regeln die §§ 41 und 42 GBO. Wo die Briefvorlage ausnahmsweise entbehrlich ist (Ausschlußurteil, § 41 II GBO; Inhabergrundschuld und Inhaberrentenschuld, § 42 S 2 GBO), besteht kein Anspruch aus § 896, es sei denn, das Grundbuchamt verkennt den Ausnahmetatbestand (MüKo/Wacke Rz 2; Staud/Gursky Rz 3; vgl auch § 895 Rz 3).

§ 896

3 **Anspruchsberechtigt** ist der Inhaber des Anspruchs aus § 894. Ermächtigung und Pfändung (RG 59, 313, 318) des Vorlegungsanspruchs sind (wie bei § 894) möglich.

4 **Verpflichtet** iSv § 896 zur Vorlegung des Briefes ist dessen (mittelbarer oder unmittelbarer) Besitzer, uU auch die Hinterlegungsstelle (KG OLGE 15, 347). Der Besitzer muß nicht zugleich Schuldner des Anspruchs aus § 894 sein (RG 47, 158, 161f; 69, 36, 42). Nach hM soll es auf den Briefbesitz zum Zeitpunkt der Klageerhebung ankommen (RG JW 1904, 92 Nr 12; Pal/Bassenge Rz 1; MüKo/Wacke Rz 4; aA Staud/Gursky Rz 7: grds letzte mündliche Verhandlung).

5 **III. Anspruchsinhalt.** Der Anspruchsberechtigte kann (anders als bei den §§ 1144, 1150, 1167) nur **Vorlage** des Briefes **beim Grundbuchamt**, nicht Aushändigung an sich verlangen (RG SeuffA 91 Nr 128). Nach hM soll im Hinblick auf § 62 I GBO zur Eintragung einer unter Übergabe eines Teilhypothekenbriefes vollzogenen Hypothekenteilabtretung im Grundbuch trotz § 1152 S 2 auch die Vorlage des Stammhypothekenbriefes erforderlich sein (KGJ 30, 236, 238; MüKo/Wacke Rz 5; aA Staud/Gursky Rz 6 mwN).

6 **Einreden bzw Einwendungen** aus § 273 II (Pal/Bassenge Rz 1; Staud/Gursky Rz 10; aA KG OLGE 26, 8 Fn 2) und § 986 (RG JW 1936, 1136; Pal/Bassenge Rz 1; MüKo/Wacke Rz 5; aA Staud/Gursky Rz 10) sind zulässig.

7 **IV. Vollstreckung.** Die Zwangsvollstreckung erfolgt gemäß § 883 I ZPO, indem der Gerichtsvollzieher den Brief wegnimmt und dem Grundbuchamt aushändigt (RG Gruchot 50, 1110, 1112; Kiel SeuffA 68 Nr 70; Staud/Gursky Rz 13 mwN).

897 Kosten der Berichtigung

Die Kosten der Berichtigung des Grundbuchs und der dazu erforderlichen Erklärungen hat derjenige zu tragen, welcher die Berichtigung verlangt, sofern nicht aus einem zwischen ihm und dem Verpflichteten bestehenden Rechtsverhältnis sich ein anderes ergibt.

1 § 897 regelt die **Kostentragungslast im Innenverhältnis** zwischen Gläubiger und Schuldner in bezug auf die Grundbuchberichtigung nach den §§ 894 und 895 incl der geschuldeten Erklärungen bzw Handlungen (Pal/Bassenge Rz 1; Staud/Gursky Rz 2). Daß der Gläubiger die Berichtigungskosten zu tragen hat, erscheint idR sachgerecht, da die Berichtigung in seinem Interesse liegt und die vorgenannten Ansprüche ohne Zutun der jeweiligen Schuldner entstehen. Für Prozeßkosten gelten dagegen allein die §§ 91ff ZPO. Auch auf schuldrechtliche Berichtigungspflichten (vgl § 894 Rz 42) ist § 897 nach allgemeiner Ansicht nicht anwendbar (MüKo/Wacke Rz 3).

2 Nach hM besteht bei § 897 eine **Vorschußpflicht** des Berichtigungsgläubigers entsprechend den §§ 369 I, 403 S 2, 799 II S 2, 800 S 2 BGB, Art 187 I S 2 EGBGB (MüKo/Wacke Rz 2). Der Berichtigungsschuldner kann seine Berichtigungsbewilligung bis zur Vorschußleistung (bzw anderweitiger Sicherung) verweigern (Köln MDR 1983, 668; MüKo/Wacke Rz 2; Staud/Gursky Rz 4).

3 Aus einem zwischen den Beteiligten bestehenden **Rechtsverhältnis** kann sich „ein anderes", dh die Kostenlast des Berichtigungsschuldners ergeben. Zu denken ist in diesem Zusammenhang an eine Kostentragungspflicht zB aus §§ 434, 435 S 2, aufgrund unerlaubter Handlung oder arglistiger Täuschung (vgl MüKo/Wacke Rz 3; Staud/Gursky Rz 5). Dagegen dürfte bei einem auf § 812 gestützten Berichtigungsanspruch der Gläubiger die Kosten zu tragen haben (MüKo/Wacke Rz 3; aA wohl Staud/Gursky Rz 7).

898 Unverjährbarkeit der Berichtigungsansprüche

Die in den §§ 894 bis 896 bestimmten Ansprüche unterliegen nicht der Verjährung.

1 § 898 bestimmt, daß die in den §§ 894–896 geregelten Ansprüche auf Grundbuchberichtigung, Voreintragung des Berichtigungspflichtigen und Briefvorlage nicht verjähren. Dies gilt für den Anspruch aus Art 187 I S 2 EGBGB entsprechend (LG Dresden JW 1934, 2354f; LG Osnabrück RdL 1957, 305). Die Unverjährbarkeit dient dem **Zweck**, eine dauerhafte Divergenz zwischen Grundbuchinhalt und wahrer Rechtslage zu verhindern.

2 Nach heute ganz hM kann ein weder im Grundbuch eingetragener noch besitzender Grundstückseigentümer seine Ansprüche aus den §§ 894–896 (mangels Verjährung) auch dann noch durchsetzen, wenn sein **Herausgabeanspruch** gegen den (ebenfalls nicht eingetragenen) Grundstücksbesitzer **aus § 985 schon** gemäß § 197 I Nr 1 (ggf iVm § 198) **verjährt** ist (Wolff/Raiser § 46 Fn 20; Pal/Bassenge Rz 1; MüKo/Wacke Rz 1; Staud/Gursky Rz 2 mwN; aA Planck-Strecker Anm 2; Finkenauer [§ 892 Rz 10], 96ff).

3 Eine **Verwirkung** des Berichtigungsanspruchs aus § 894 wird durch § 898 nicht ausgeschlossen (vgl § 894 Rz 31).

4 Der **Geltungsbereich** des § 898 wird durch die §§ 900 (Buchersitzung) und 901 (Erlöschen nicht eingetragener Rechte) sehr **eingeschränkt**. Denn mit dem Erlöschen nicht eingetragener Rechte wird das Grundbuch richtig mit der Folge, daß auch die in § 898 genannten Ansprüche nicht mehr gegeben sind.

899 Eintragung eines Widerspruchs

(1) In den Fällen des § 894 kann ein Widerspruch gegen die Richtigkeit des Grundbuchs eingetragen werden.

**(2) Die Eintragung erfolgt auf Grund einer einstweiligen Verfügung oder auf Grund einer Bewilligung desjenigen, dessen Recht durch die Berichtigung des Grundbuchs betroffen wird. Zur Erlassung der einstweiligen Verfügung ist nicht erforderlich, dass eine Gefährdung des Rechts des Widersprechenden glaubhaft gemacht wird.

I. Allgemeines. 1. Zweck des Widerspruchs ist es, ein bereits bestehendes dingliches Recht gegen die Gefahren einer fehlenden oder unrichtigen Verlautbarung im Grundbuch zu schützen. Seine Hauptaufgabe besteht darin, den gutgläubig-lastenfreien Erwerb eines Dritten nach §§ 892f zu verhindern (vgl MüKo/Wacke Rz 1 mwN). 1

2. Rechtsnatur. Der Widerspruch ist ein Sicherungsmittel eigener Art, durch das das zu sichernde Recht nicht verändert wird; insbesondere gilt das betreffende Recht fortan nicht etwa mit Eintragung des Widerspruchs selbst als eingetragen (Staud/Gursky Rz 8). Der Widerspruch als solcher hat auch keinen Rang (RG 129, 124, 127; RG Warn Rspr 1931, Nr 106 S 219; vgl § 879 Rz 5). Er schützt vielmehr den Rang des gesicherten Rechts (Westermann/Eickmann § 72 III 2). Auch im übrigen ist der Widerspruch von dem dinglichen Recht, auf das er sich bezieht, abhängig. Er kann deshalb von diesem Recht auch nicht abgetrennt, übertragen, gepfändet oder verpfändet werden (KGJ 36, 178f; 47, 177; Staud/Gursky Rz 17). – Zur Abgrenzung von der Vormerkung siehe § 883 Rz 5 sowie Staud/Gursky Rz 19. 2

II. Voraussetzungen des Widerspruchs. 1. Zulässigkeit. a) Überblick. Da ein Widerspruch gegen die Richtigkeit des Grundbuchs nur „in den Fällen des § 894" eingetragen werden kann, muß eine Grundbuchunrichtigkeit iSv § 894 (vgl § 894 Rz 6ff) vorliegen, dh der Widersprechende muß einen Anspruch gegen den Widerspruchsgegner auf Zustimmung zur Grundbuchberichtigung haben. Da sein Hauptzweck darin liegt, den Berichtigungsgläubiger vor einem Rechtsverlust infolge gutgläubigen Erwerbs zu bewahren, ist die Eintragung eines Widerspruchs in der Regel unzulässig, wenn eine solche Gefahr von vornherein nicht besteht, zB wenn allein fraglich ist, ob der gesicherte (Auflassungs-)Anspruch besteht (Düsseldorf NJW-RR 2000, 1686; Köln OLGRp 2001, 286 = ZfIR 2002, 210). 3

b) Einzelfälle. Ein **Recht, welches nicht gutgläubig erworben werden kann**, kann nicht durch Widerspruch gesichert werden, es sei denn, es droht ein Rechtsverlust durch Buchersitzung etc (vgl Rz 16 sowie Staud/Gursky Rz 23). Unzulässig ist ein Widerspruch daher grundsätzlich beim – nicht übertragbaren – **Nießbrauch** (vgl Köln DNotZ 1958, 487f zur beschr pers Dienstbarkeit). Gleiches gilt bei einer niemals eingetragen gewesenen **altrechtlichen Grunddienstbarkeit** gemäß Art 187 I S 1 EGBGB (vgl § 892 Rz 13). 4

Richtet sich der Widerspruch gegen eine zu Unrecht (noch) eingetragene **Verfügungsbeschränkung**, so ist er unzulässig. Denn der gute Glaube an ihren (Fort-)Bestand wird ohnehin nicht geschützt (KGJ 26, 77, 79f; KG HRR 1930 Nr 239; vgl § 892 Rz 40). Dagegen ist ein Widerspruch gegen ihre zu Unrecht vorgenommene Löschung zulässig (BayObLGZ 1994, 343f; Staud/Gursky Rz 26; MüKo/Wacke Rz 4). 5

Gegen die Eintragung einer **Vormerkung** ist ein Widerspruch insoweit zulässig, als ihr gutgläubiger (Zweit-)Erwerb möglich ist (BGH 25, 15, 24; KG OLGZ 1978, 122, 124; BayObLGZ 1999, 226 = NJW-RR 1999, 1689, 1690 mwN; MüKo/Wacke Rz 5; aA Staud/Gursky Rz 24; vgl auch § 883 Rz 29). So ist etwa bei einer auf Grund einstweiliger Verfügung eingetragenen (unwirksamen) Vormerkung gutgläubiger Erwerb möglich und daher ein Widerspruch zulässig (LG Köln NJW-RR 2001, 306, 307). Auch ein Widerspruch gegen die **Löschung** einer Vormerkung ist zulässig, denn andernfalls liefe der vorgemerkte Gläubiger Gefahr, seine Rechtsposition durch gutgläubig vormerkungsfreien Erwerb zu verlieren (RG 129, 184, 186; 132, 419, 424; MüKo/Wacke Rz 5; Staud/Gursky Rz 24 mwN). 6

Ein **Widerspruch gegen einen Widerspruch** ist ein „rechtliches Unding" (Staud/Gursky Rz 25) und deshalb nach allgemeiner Ansicht nicht zulässig (RG 117, 346, 351f; Staud/Gursky aaO mwN). Auch ein Widerspruch gegen die zu Unrecht erfolgte **Löschung** eines Widerspruchs ist unzulässig, weil das Grundbuch hierdurch nicht iSv § 894 unrichtig geworden sein kann (KG HRR 1931 Nr 674; MüKo/Wacke Rz 6; Staud/Gursky Rz 25 mwN). 7

2. Eintragungsgrundlagen. In der Regel wird ein Widerspruch gemäß § 899 S 2 aufgrund der Bewilligung des Betroffenen oder aufgrund einer einstweiligen Verfügung eingetragen. Insoweit stimmen die Eintragungsgrundlagen mit derjenigen der Vormerkung (§ 885 I S 1) überein. **Ausnahmsweise** kann bei einer Darlehensbuchhypothek die Eintragung eines Widerspruchs nach Maßgabe des § 1139 auch durch einseitigen Antrag des Grundstückseigentümers erwirkt werden. 8

Eine **Eintragungsbewilligung** iSv § 899 S 1 (vgl § 885 Rz 2ff) ist eine **einseitige**, empfangsbedürftige, **materiell-rechtliche Willenserklärung**, die das Einverständnis mit der Eintragung des Widerspruchs zum Ausdruck bringt (Staud/Gursky Rz 31). Sie ist **formlos** gültig und vom Inhaber des betroffenen Rechts entweder dem Grundbuchamt oder dem Widerspruchsberechtigten gegenüber zu erklären (Pal/Bassenge Rz 5). Formell-rechtlich gelten die §§ 19, 29 GBO. 9

Die Bewilligung eines Widerspruchs ist (anders als die Bewilligung einer Vormerkung) **nicht** als **Verfügung** aufzufassen (KG HRR 1928 Nr 842; Pal/Bassenge Rz 5; Staud/Gursky Rz 35 mwN). Denn der Bewilligende begibt sich lediglich seiner faktischen Möglichkeit, aufgrund seiner Buchposition rechtswidrig über ein fremdes Recht zugunsten eines Gutgläubigen zu verfügen. § 878 ist aber nach ganz hM analog anwendbar (Pal/Bassenge Rz 5; Staud/Gursky Rz 35; zu § 185 vgl Staud/Gursky aaO und Planck/Strecker S 309 Anm 3a β iVm S 309 Anm V 2).

Wegen der Voraussetzungen für den **Erlaß einer einstweiligen Verfügung** kann weitgehend auf die Erläuterungen zur Erwirkung einer Vormerkung (§ 885 Rz 10ff) verwiesen werden. Der Antragsteller muß zwar einen Grundbuchberichtigungsanspruch iSv § 894 glaubhaft machen; die Glaubhaftmachung der Gefährdung des (Verfügungs-)Anspruchs ist dagegen wegen § 899 S 2 entbehrlich. 10

Die einstweilige Verfügung muß sich **gegen den** zur Berichtigung des Grundbuchs **nach § 894 Verpflichteten** richten und inhaltlich die Eintragung des betreffenden Widerspruchs anordnen. Will ein Grundpfandgläubiger einen 11

§ 899

Widerspruch gegen eine vor- oder gleichrangig eingetragene, jedoch in Wirklichkeit nicht existierende **Hypothek** bewerkstelligen, muß er nach hM entweder die Bewilligung des vermeintlichen Hypothekengläubigers und (im Hinblick auf § 1163) des Eigentümers beibringen oder gegen beide (einzeln oder gemeinsam) eine einstweilige Verfügung erwirken (KG JFG 5, 352, 354ff; HRR 1931 Nr 737; MüKo/Wacke Rz 12; vgl auch Staud/Gursky Rz 30).

12 Ist ein Widerspruch aufgrund einer – aufhebbaren – einstweiligen Verfügung oder aufgrund eines vorläufig vollstreckbaren Urteils gemäß § 895 ZPO eingetragen worden, so kann er durch eine **nachträgliche** Bewilligungserteilung eine **zweite – sicherere – Eintragungsgrundlage** erhalten, die in der Veränderungsspalte zu vermerken ist (Staud/Gursky Rz 44 mwN).

13 **3. Eintragung. a) Verfahrensrechtlich** ist grundsätzlich ein Eintragungsantrag (§ 13 GBO) erforderlich; eine Eintragung aufgrund einstweiliger Verfügung kann auch auf gerichtliches Ersuchen erfolgen (§§ 38 GBO, 941 ZPO). Bei Briefgrundpfandrechten sind die §§ 41, 42 GBO zu beachten. Richtet sich der Widerspruch gegen die Angaben des Bestandsverzeichnisses zur Grundstücksgrenze, dh gegen die Zugehörigkeit einer bestimmten Teilfläche zum Grundstück, so ist deren grundbuchmäßige Abschreibung (§ 7 GBO) vor Eintragung des Widerspruchs nicht erforderlich (Staud/Gursky Rz 46 aE mwN).

14 **b) Inhalt.** Ein wirksamer Widerspruch setzt voraus, daß sich der **Berechtigte** des durch den Widerspruch zu schützenden Rechts (auch bei Geltendmachung durch Pfändungsgläubiger oder Ermächtigten) und der Inhalt des Berichtigungsanspruchs aus der Eintragung ergeben, so daß zu erkennen ist, **welchem Recht und in welchem Umfang** widersprochen wird (KGJ 23, 133ff; 43, 243, 254; 45, 231; Staud/Gursky Rz 47; MüKo/Wacke Rz 17 mwN; vgl auch BGH NJW 1985, 3070, 3071 zum Amtswiderspruch gemäß § 53 I S 1 GBO). Auch in dem in § 7 II GrdstVG geregelten Fall ist nicht etwa die Behörde, sondern der Berichtigungsgläubiger einzutragen (BayObLGZ 1955, 314, 321; Pal/Bassenge Rz 6; Staud/Gursky Rz 47). Dies gilt auch bei **Insolvenz** des Berechtigten (vgl BayObLGZ 32, 377; Staud/Gursky Rz 47). Denn durch die Eintragung eines Widerspruchs wird die bestehende Rechtslage nicht verändert.

Zur näheren Bezeichnung des Inhalts des zu schützenden Rechts ist **Bezugnahme** auf die Eintragungsgrundlage (vgl Rz 8ff) möglich (MüKo/Wacke Rz 17; Staud/Gursky Rz 47 mwN). Die **Bezeichnung als Widerspruch** ist nicht unbedingt nötig, synonymer Ausdruck (zB „Protest" oder „Verwahrung") reicht jedenfalls aus (MüKo/Wacke Rz 17; vgl auch Staud/Gursky Rz 48 mwN zur fälschlichen Bezeichnung als „Vormerkung").

15 **III. Wirkungen des Widerspruchs.** Die **Hauptwirkung** eines wirksamen Widerspruchs besteht darin, daß er gemäß § 892 I S 1 Hs 2 den öffentlichen Glauben des Grundbuchs zerstört und damit **gutgläubigen Erwerb** von einem Nicht- bzw nicht-so-Berechtigten **verhindert**. Auch ein gutgläubiger Erwerb eines besseren Rechtsinhaltes, Ranges oder der Lastenfreiheit scheidet aus (Staud/Gursky Rz 4). Die betreffende Verfügung des Buchberechtigten ist dann absolut (nicht nur relativ) unwirksam (vgl auch § 892 Rz 24), dh auch Dritte können sich neben dem Widersprechenden hierauf berufen (Staud/Gursky Rz 5; MüKo/Wacke Rz 24; Pal/Bassenge Rz 7).

16 **Weitere rechtserhaltende Wirkungen** des Widerspruchs sind in § 900 I S 3 (Buchersitzung), § 902 II (Unverjährbarkeit eingetragener bzw widerspruchsgeschützter Rechte) und § 927 III (Aufgebotsverfahren) geregelt. In der Zwangsversteigerung ist gemäß § 48 ZVG ein durch Widerspruch gesichertes Recht wie ein eingetragenes Recht zu berücksichtigen.

17 Dagegen ist der Widerspruch **weder** eine **Verfügungsbeschränkung** iSd §§ 892 I S 2, 894 (RG 117, 346, 351f; Pal/Bassenge Rz 7), **noch** führt er zu einer **Grundbuchsperre** (Staud/Gursky Rz 12 mwN). Die Vermutung des § 891 gilt weiter (vgl § 891 Rz 19). Das Grundbuchamt hat Eintragungen bzw Löschungen ohne Rücksicht auf den Widerspruch vorzunehmen (Staud/Gursky Rz 12f).

18 **IV. Erlöschensgründe.** Der Widerspruch wird wirkungslos, wenn die Unrichtigkeit des Grundbuchs oder das zu sichernde Recht wegfällt oder wenn die Eintragungsgrundlage des Widerspruchs beseitigt wird, zB durch wirksame Anfechtung der Bewilligung oder Aufhebung der einstweiligen Verfügung. Gleiches gilt bei **Löschung** (vgl §§ 19, 25 GBO), und zwar unabhängig davon, ob diese zu Recht erfolgt ist oder nicht (KG HRR 1931 Nr 674; Pal/Bassenge Rz 8; Staud/Gursky Rz 57; aA MüKo/Wacke Rz 31).

19 Ob die Wirkungen des Widerspruchs rückwirkend entfallen, hängt davon ab, worauf sein Erlöschen beruht. Während sich bei erfolgreicher Anfechtung der Bewilligung die **Rückwirkung** aus § 142 I herleiten läßt, dürften in Fällen, in denen gesetzliche Anhaltspunkte für eine Rückwirkung fehlen, die bis zu seinem Erlöschen eingetretenen Wirkungen des Widerspruchs erhalten bleiben (Staud/Gursky Rz 58 mwN; für eine weitergehende Rückwirkung Pal/Bassenge Rz 8; MüKo/Wacke Rz 31).

20 **V. Amtlich veranlaßte Widersprüche.** Ein **Amtswiderspruch** nach § 53 GBO hat die gleichen Wirkungen wie ein Widerspruch nach § 899 (BGH 25, 16, 25; MüKo/Wacke Rz 28; Staud/Gursky Rz 60 mwN). Er ist nach Heilung der durch die gesetzeswidrige Eintragung herbeigeführten Unrichtigkeit nicht mehr möglich (RG 65, 98, 103). Gleiches gilt für eine Widerspruchseintragung auf **Anordnung** des Beschwerdegerichts (vgl §§ 71 II S 2, 76, 80 III GBO) und auf **Ersuchen** einer Behörde, zB im Fall des § 7 II GrdstVG (vgl Rz 14 sowie KG OLGE 44, 167, 169 = JW 1925, 1779f; Staud/Gursky Rz 62). Nicht vergleichbar ist dagegen der Widerspruch nach § 18 II GBO (vgl Staud/Gursky Rz 61). Zum sog **Rechtshängigkeitsvermerk** vgl § 892 Rz 26.

900 *Buchersitzung*

(1) Wer als Eigentümer eines Grundstücks im Grundbuch eingetragen ist, ohne dass er das Eigentum erlangt hat, erwirbt das Eigentum, wenn die Eintragung 30 Jahre bestanden und er während dieser Zeit das Grundstück im Eigenbesitz gehabt hat. Die dreißigjährige Frist wird in derselben Weise berech-

net wie die Frist für die Ersetzung einer beweglichen Sache. Der Lauf der Frist ist gehemmt, solange ein Widerspruch gegen die Richtigkeit der Eintragung im Grundbuch eingetragen ist.

(2) Diese Vorschriften finden entsprechende Anwendung, wenn für jemand ein ihm nicht zustehendes anderes Recht im Grundbuch eingetragen ist, das zum Besitz des Grundstücks berechtigt oder dessen Ausübung nach den für den Besitz geltenden Vorschriften geschützt ist. Für den Rang des Rechts ist die Eintragung maßgebend.

I. Systemstellung und Zweck der Regelung. Um den allgemeinen Zweck des Grundbuchs – Kundbarmachung der Rechtslage – zu sichern, bestimmt § 902 I S 1, daß Ansprüche aus eingetragenen Rechten nicht der Verjährung unterliegen (vgl § 902 Rz 1 und Staud/Gursky § 902 Rz 1). Dagegen verjähren Ansprüche aus nicht eingetragenen Rechten nach den allgemeinen Vorschriften. Dies gilt grundsätzlich auch für Ansprüche eines nicht eingetragenen Grundstückseigentümers (vgl aber § 898 Rz 2).

Da ein Erlöschen des Eigentums entsprechend § 901 nicht in Betracht kommt und weil **Eigentum und Buchlage** (MüKo/Wacke Rz 1) **bzw Recht und Besitz** (BGH NJW 1994, 1152) **nicht** auf Dauer auseinander fallen sollen, läßt § 900 I die Ersetzung des Eigentums aufgrund des Grundbuchstandes und Eigenbesitzes zu. Nach dreißigjährigem Eigenbesitz (vgl auch § 927) erwirbt der Bucheigentümer gemäß § 900 I nicht nur die Einrede der Verjährung gegenüber dem Anspruch aus § 985 (siehe § 197 I Nr 1; krit etwa Siehr ZRP 2001, 346f; Armbrüster NJW 2001, 3586 mwN), sondern das Eigentum selbst. Die Ersetzung führt damit zu einer **Verstärkung der Verjährungswirkungen** (vgl Staud/Gursky Rz 2 mwN); dies erscheint aufgrund der langen Untätigkeit des Eigentümers auch gerechtfertigt. Wo dies nicht zutrifft, findet keine Ersetzung nach § 900 I statt (vgl BGH NJW 1994, 1152 mit krit Anm Staud/Gursky Rz 12).

Gemäß § 900 II können auch solche zwar eingetragenen, aber nicht bestehenden Grundstücksrechte Gegenstand einer Ersetzung des Buchberechtigten sein, die entweder zum Besitz eines realen Teiles des Grundstücks berechtigen oder zumindest Besitzschutz genießen.

§ 900 gilt jedoch trotz Eintragung nicht für solche Grundstücke (zB Teile einer Bundeswasserstraße, vgl Art 89 GG), die dem Privatrechtsverkehr entzogen sind (BGH 102, 1, 5; MüKo/Wacke Rz 2; Staud/Gursky Rz 4)

II. Voraussetzungen der Eigentumsersetzung nach § 900 I. 1. Der Ersetzende muß **30 Jahre lang** im Grundbuch als Eigentümer (zu Unrecht) **eingetragen gewesen** sein. Auch ein gebuchter **Miteigentumsanteil** kann ersessen werden (Dresden OLGRp 2003, 407; Celle NdsRpfleger 1957, 287; LG Berlin JW 1933, 2849). Gleiches gilt für **Wohnungseigentum** und **Teileigentum** (Staud/Gursky Rz 7 und 20) sowie für **grundstücksgleiche Rechte** (zB Erbbaurecht, vgl BayObLGZ 1971, 351, 357; Staud/Gursky Rz 20). Die Eintragung muß **rechtsscheinsbegründend** (§ 891) wirken. Bei einer sog Doppelbuchung (vgl § 891 Rz 11) ist daher keine Ersetzung möglich (KG JW 1938, 3046f = JFG 18, 180, 182f; BayObLGZ 1979, 104, 112f; Staud/Gursky Rz 8 mwN; aA Finkenauer [§ 892 Rz 10], 112). Auch die bloße Sicherung eines Eigenbesitzers durch Vormerkung oder Widerspruch (Köln HRR 1936 Nr 1278) reicht für eine Ersetzung nicht aus (MüKo/Wacke Rz 3; Staud/Gursky Rz 7 mwN).

2. Der Eingetragene muß 30 Jahre lang **Eigenbesitzer iSv § 872** gewesen sein, wobei mittelbarer (Eigen-)Besitz nach § 868 genügt (RG Gruchot 44 [1900], 862, 865; BayObLGZ 1979, 104, 111). Ein etwaiger Übergang von Fremdbesitz zu Eigenbesitz muß sich durch eine entsprechende Willenskundgabe äußern (BGH MDR 1971, 915f). Weil § 900 nicht dem Schutz des Begünstigten dient (BGH NJW 1994, 1152), ist **Gutgläubigkeit** des Eigenbesitzers in bezug auf sein vermeintliches Recht **nicht erforderlich** (BGH MDR 1971, 915f; NJW 1994, 1152; BayObLGZ aaO). Der Grund seines Besitzerwerbs spielt ebenfalls keine Rolle (MüKo/Wacke Rz 4 mwN). Die Möglichkeit der Buchersetzung steht auch juristischen Personen des öffentlichen Rechts offen (Bamberger/Roth/Kössinger Rz 2 mwN).

3. Dreißigjährige Ersetzungszeit. Eigenbesitz und Eintragung müssen 30 Jahre lang nebeneinander bestanden haben. Die Berechnung der Frist erfolgt gemäß § 900 I S 2 iVm den §§ 938–944 (vgl auch zur Übergangsregelung in Art 189 II iVm Art 169 EGBGB RG Warn Rspr 1919 Nr 97 und BGH MDR 1972, 224f). Der Lauf der Ersetzungsfrist kann nach Maßgabe der §§ 939 und 900 I S 3 **gehemmt** sein. Der von § 939 unmittelbar erfaßten Geltendmachung des Herausgabeanspruchs aus § 985 dürfte wie bei § 941 aF (vgl dazu Staud/Gursky Rz 14 u MüKo/Wacke Rz 5) diejenige des Berichtigungsanspruchs aus § 894 gleichzustellen sein (vgl BT-Drucks 14/6857, 38 u 69 sowie BT-Drucks 14/7052, 206 zu § 939 BGB-E einerseits u § 898 andererseits).

Gemäß § 940 wird die Ersetzung durch den Verlust des Eigenbesitzes **unterbrochen**. Für den Eigenbesitz des Eingetragenen spricht unabhängig von § 938 bereits die Vermutung des § 891 (Staud/Gursky Rz 12 mwN). Unterbrochen wird die Ersetzung außerdem gemäß § 941 durch Vornahme oder Beauftragung einer gerichtlichen oder behördlichen Vollstreckungshandlung.

III. Wirkung des § 900 I. Soweit Eigenbesitz und Eintragung sich decken erwirbt der Buchberechtigte das betreffende Recht, dh das Grundbuch wird insoweit richtig. Etwaige Belastungen bleiben bestehen (Staud/Gursky Rz 17). Bereicherungsansprüche gegenüber dem Ersetzenden sind zwar denkbar, werden aber idR nach Ablauf der dreißigjährigen Ersetzungszeit verjährt sein (vgl Staud/Gursky Rz 18 mwN). Gleiches gilt für den Anspruch eines Erben aus § 2026 (MüKo/Wacke Rz 6; Staud/Gursky Rz 19).

IV. Ersetzung anderer Grundstücksrechte nach § 890 II. Nach § 890 II ist Ersetzung auch bei solchen Grundstücksrechten möglich, die (ohne bereits von § 890 I erfaßt zu werden, vgl Rz 3) im Grundbuch eingetragen sind und zum Besitz berechtigen bzw deren Ausübung besitzrechtlich geschützt ist. Der Rang des ersessenen Rechtes bestimmt sich gemäß § 900 II S 2 nach der Eintragung (vgl § 879 II).

Zum Besitz berechtigen: der Nießbrauch (§ 1036 I), das Wohnungsrecht (§ 1093 I S 2 iVm § 1036 I) sowie das Dauerwohn- und Dauernutzungsrecht (§ 31 WEG).

§ 900

9 **Besitzschutz genießen** (darüber hinaus): die Grunddienstbarkeiten (§ 1029) und die beschränkten persönlichen Dienstbarkeiten (§ 1090 II). Bei den Dienstbarkeiten ist ein dreißigjähriger Rechtsbesitz iSv § 1029 erforderlich, dh zwischen zwei aufeinanderfolgenden Ausübungshandlungen darf nicht mehr als ein Jahr verstrichen sein (MüKo/Wacke Rz 8; Staud/Gursky Rz 22 mwN; unklar RGRK/Augustin Rz 9). Zugunsten des Buchberechtigten spricht die Vermutung des § 891 (Staud/Gursky Rz 22; MüKo/Wacke Rz 8; Pal/Bassenge Rz 4). Die Voraussetzungen des § 938 braucht er nicht zu beweisen (Pal/Bassenge Rz 4 mwN; aA Planck/Strecker Anm 4b; RGRK/Augustin Rz 9).

10 **Nicht ersitzungsfähig sind** dagegen: Grundpfandrechte (Hypotheken, Grundschulden, Rentenschulden), Reallasten, dingliche Vorkaufsrechte, Rechte an beschränkten dinglichen Grundstücksrechten (MüKo/Wacke Rz 7), Vormerkungen und Widersprüche sowie Rechte an öffentlichen Wegen (RG 125, 108, 110).

901 *Erlöschen nicht eingetragener Rechte*

Ist ein Recht an einem fremden Grundstück im Grundbuch mit Unrecht gelöscht, so erlischt es, wenn der Anspruch des Berechtigten gegen den Eigentümer verjährt ist. Das Gleiche gilt, wenn ein kraft Gesetzes entstandenes Recht an einem fremden Grundstück nicht in das Grundbuch eingetragen worden ist.

1 **I. Zweck.** Wie § 900 (vgl § 900 Rz 1) so dient auch § 901 zum einen dazu, eine lang andauernde Diskrepanz zwischen Grundbuchinhalt und wirklicher Rechtslage zu beenden; zum anderen sollen nicht (mehr) durchsetzbare Rechtspositonen beseitigt werden (Staud/Gursky Rz 1). Deshalb bestimmt § 901, daß zu Unrecht gelöschte Rechte (S 1) bzw ohne Eintragung entstandene Rechte (S 2; zB §§ 1075, 1287 S 2 BGB, § 848 II S 2 ZPO) erlöschen, wenn der Anspruch des Berechtigten gegen den Eigentümer verjährt ist.

2 **II. Voraussetzungen der sog Versitzung nach § 901. 1. Recht an einem fremden Grundstück.** Mit Ausnahme des Eigentums, für das die speziellen Regelungen der §§ 900 I und 927 gelten, bezieht sich § 901 auf **alle eintragungsfähigen Rechte an fremden Grundstücken.** Auch grundstücksgleiche Rechte (abgesehen vom heutigen Bergwerkseigentum) sowie Rechte an (anderen) Grundstücksrechten unterliegen der Versitzung nach § 901 (Staud/Gursky Rz 2).

3 Dagegen ist bei nicht eintragungsfähigen Rechten (zB Überbau- und Notwegrenten, §§ 914 II S 1, 917 II S 2) selbst § 901 S 2 nicht anwendbar. Gleiches gilt für öffentlich-rechtliche Lasten und Abgaben (MüKo/Wacke Rz 2).

4 **2. Verjährung des Anspruchs aus dem Recht. a)** Mit dem **Anspruch des Berechtigten gegen den Eigentümer** ist nicht der (gemäß § 898 unverjährbare) Berichtigungsanspruch aus § 894, sondern der dingliche Hauptanspruch gemeint, aufgrund dessen der Rechtsinhaber Herstellung des dem jeweiligen Recht entsprechenden tatsächlichen Zustandes verlangen kann (vgl Staud/Gursky Rz 8 mwN).

5 Bei **Grunddienstbarkeiten** zB ist in erster Linie an den Anspruch aus § 1027 iVm § 1004 zu denken, daneben an die §§ 1021, 1022 (vgl Staud/Gursky Rz 8). Das gilt gemäß § 1090 II für **beschränkte persönliche Dienstbarkeiten** entsprechend. Beim **Nießbrauch** ist neben dem Anspruch auf Duldung der Rechtsausübung (§ 1030 I) auch der Herausgabeanspruch aus § 1065 iVm § 985 gemeint. Entsprechendes gilt für **dingliche Wohnrechte, Erbbaurechte** und **Dauerwohnrechte** (vgl Staud/Gursky Rz 8). Bei **Grundpfandrechten** geht der dingliche Hauptanspruch iSv § 901 auf Duldung der Zwangsvollstreckung, § 1147 (ggf iVm §§ 1192 I bzw 1200 I), bei **Reallasten** auf Leistung aus dem Grundstück (§§ 1105, 1107). Zum **dinglichen Vorkaufsrecht** vgl Staud/Gursky Rz 8.

6 **b)** Die **Verjährung** des Anspruchs aus dem Recht setzt gemäß § 902 voraus, daß das Recht weder eingetragen noch widerspruchsgesichert ist, und **beginnt** nach Maßgabe der §§ 199ff, wobei im Fall des § 901 S 1 das betreffende Recht (wegen § 902) gelöscht sein muß.

7 Die in Rz 5 aufgeführten Rechtsverwirklichungsansprüche entstehen, soweit sie der Abwehr einer Beeinträchtigung dienen, erst mit Eintritt des jeweiligen Beeinträchtigungszustands, zB mit der Besitzentziehung beim Nießbrauch. Dagegen kommt es beim Anspruch auf Duldung der Zwangsvollstreckung aus § 1147 auf die Fälligkeit der Hypothek und bei Reallast und Rentenschuld auf diejenige der einzelnen Leistung an.

8 Bei **Wiedereintragung** des gelöschten Rechts wird der bisherige Verjährungslauf im Hinblick auf § 902 bedeutungslos. Gleiches gilt bei Eintragung eines Widerspruchs zugunsten eines nicht (mehr) eingetragenen Rechts (vgl § 902 II). Mit deren Löschung beginnt die Verjährung neu zu laufen, sofern nicht ausnahmsweise § 212 II entsprechend anzuwenden ist.

9 Ein Anspruch aus § 1147 kann gemäß § 216 I auch nach Verjährung der gesicherten Forderung noch durchsetzbar sein.

10 **III. Wirkung.** § 901 bewirkt, daß das nicht (mehr) eingetragene Recht (abweichend von § 214 I) erlischt. Damit wird das Grundbuch richtig und der Berichtigungsanspruch entfällt.

11 **IV. Sondervorschriften.** Im Fall des § 1028 I S 2 (ggf iVm § 1090 II) kann eine Grunddienstbarkeit (bzw beschränkte persönliche Dienstbarkeit) ausnahmsweise trotz Eintragung durch Verjährung erlöschen. – Zur Rechtslage bei altrechtlichen Rechten vgl Art 189 III EGBGB.

902 *Unverjährbarkeit eingetragener Rechte*

(1) Die Ansprüche aus eingetragenen Rechten unterliegen nicht der Verjährung. Dies gilt nicht für Ansprüche, die auf Rückstände wiederkehrender Leistungen oder auf Schadensersatz gerichtet sind.

(2) Ein Recht, wegen dessen ein Widerspruch gegen die Richtigkeit des Grundbuchs eingetragen ist, steht einem eingetragenen Recht gleich.

I. Zweck der Regelung. Der Hauptzweck der Verjährungsvorschriften liegt darin, den Schuldner vor der Geltendmachung veralteter Ansprüche zu schützen, deren Fortbestand aufgrund des langen Zeitablaufs und der damit einhergehenden verdunkelten Beweislage zweifelhaft ist. Durch die Verjährung eines solchen Anspruchs soll die Rechtssicherheit wieder hergestellt werden. Demgegenüber gilt bei eingetragenen Rechten gemäß § 891 I die Vermutung ihres Bestehens. Durch Kundbarmachung der Rechtslage im Grundbuch soll ebenfalls die Rechtssicherheit verbessert werden. Dieser Zweck würde bei einer Verjährung der Ansprüche aus eingetragenen Rechten stark beeinträchtigt (Staud/Gursky Rz 1). Deshalb bestimmt § 902 I S 1, daß solche Ansprüche der Verjährung nicht unterliegen. 1

II. Eingetragene Rechte iSv § 902 I S 1 sind solche, die **eintragungsfähig** (vgl vor § 873 Rz 9 und § 891 Rz 3) und **wirksam eingetragen** (vgl § 891 Rz 2) sind. 2

Nach hM (Pal/Bassenge Rz 2; Soergel/Stürner Rz 1; MüKo/Wacke Rz 3; Staud/Gursky Rz 7 mwN) setzt eine Anwendung des § 902 voraus, daß **zumindest** (einer) der **Rechtsvorgänger** (zB Erblasser) des gegenwärtigen Berechtigten eingetragen ist; die Eintragung eines Nichtberechtigten genügt nicht. 3

Der Eintragung des Rechts gleichgestellt ist gemäß § 900 II die Eintragung eines **Widerspruchs** zur Sicherung eines außerhalb des Grundbuchs entstandenen (vgl § 901 Rz 1 aE) bzw zu Unrecht gelöschten Liegenschaftsrechts. Dies gilt für **vormerkungsgesicherte Ansprüche** grundsätzlich nicht (vgl Staud/Gursky Rz 14). 4

III. Ansprüche aus eingetragenen Rechten sind solche, die der Verwirklichung des dinglichen Rechts dienen (vgl § 901 Rz 4f). Zu denken ist an § 985 (ggf iVm §§ 1065 BGB, 34 II WEG oder 11 I S 1 ErbbauVO), nach wohl hM (LG Tübingen NJW-RR 1990, 338; Staud/Gursky Rz 8; MüKo/Wacke Rz 9; Picker JuS 1974, 357ff; Baur JZ 1973, 560; aA BGH 60, 235, 238 = NJW 1973, 703f; Pal/Bassenge § 1004 Rz 45; Bamberger/Roth/Kössinger Rz 5) auch an § 1004 (ggf iVm §§ 1027, 1065, 1090 II BGB, 34 II WEG, 11 I S 1 ErbbauVO), ferner an die §§ 1133–1135 sowie an § 1147 (ggf iVm § 1192 I). Die Verjährung des hypothekarisch gesicherten Anspruchs steht gemäß § 216 I der auf § 1147 gestützten Klage nicht entgegen. 5

IV. Ansprüche iSv § 902 I S 2, nämlich solche, die auf **Rückstände** wiederkehrender Leistungen (vgl §§ 1105, 1199 bzw §§ 1115, 1118, 1192) oder auf **Schadensersatz** (zB §§ 989ff; jedoch nicht § 1004, vgl Rz 5) gerichtet sind, werden vom Grundbuch nicht verlautbart. Deshalb unterliegen sie der Verjährung gemäß den §§ 194ff (vgl auch § 216 III). Entsprechendes dürfte für den dinglichen Verzichtsanspruch aus §§ 1192 I, 1169 gelten (vgl Budzikiewicz ZGS 2002, 276ff). 6

Nicht dazu gehören nach hM **wiederkehrende Tilgungsleistungen** bei Hypotheken (MüKo/Wacke Rz 8; Pal/Bassenge Rz 2; Staud/Gursky Rz 12 mwN; aA RG 54, 88, 93; KGJ 24, 246, 251; RGRK/Augustin Rz 7).

V. Übergangsregelungen: Art 169, 181 I, 184ff EGBGB. 7

Abschnitt 3

Eigentum

Titel 1

Inhalt des Eigentums

Vorbemerkung

I. Inhalt und Gewährleistung des Eigentums	
1. Eigentum iSd BGB 1	b) Gegenstand 7
2. Inhalt der verfassungsrechtlichen Gewährleistung (Eigentumsgarantie, verfassungsrechtlicher Eigentumsbegriff, Individualgarantie) 3	c) Abgrenzung zwischen Enteignung und Inhaltsbzw Schrankenbestimmung (Substanzgarantie, Wesensgehalt, Grds d Verhältnismäßigkeit, Gleichheitssatz, Grundeigentum) 8
II. Entschädigungspflichtige Eigentumsbeeinträchtigung	2. Enteignender und enteignungsgleicher Eingriff
1. Enteignung	a) Rechtsgrundlage 10
a) Begriff	b) Voraussetzungen des enteignungsgleichen Eingriffs 11
aa) Der früher vom BGH vertretene (weitgefaßte) Enteignungsbegriff 5	3. Ausgleichspflichtige Bestimmungen des Eigentumsinhalts 12
bb) Die neuere Rspr des BVerfG (formalisierender Enteignungsbegriff; Legalenteignung, Administrativenteignung, Inhalts- und Schrankenbestimmung) 6	4. Entschädigung
	a) Höhe 13
	b) Entschädigungsbeteiligte 16
	c) Rechtsweg 17

1 **I. Inhalt und Gewährleistung des Eigentums. 1. Eigentum iSd BGB** ist rechtlich eine besondere Art des dinglichen Rechts. Soziologisch ist es die bedeutsamste Erscheinungsform der privaten Rechte überhaupt. Nach historischem Verständnis ist ihm ein unbestrittener Kern von weitgehenden Befugnissen „eigentümlich", kraft deren es sich von allen anderen Rechten abhebt und als Institution des Privatrechts die Rechtsordnung wesentlich prägt (vgl Mayer-Maly, FS Heinz Hübner, 1984, S 145ff). Insoweit ist das Eigentum ein unverzichtbares Element selbstbestimmter Lebensgestaltung. § 903 definiert den Begriff nicht, sondern versucht nur, den Inhalt der dem Eigentümer zustehenden Befugnisse festzulegen (Mot III S 262). Der Wortlaut läßt erkennen, daß das Eigentum als **umfassende Zuordnung** der Sache zu verstehen ist und jedenfalls nach dem Willen des historischen Gesetzgebers ein prinzipiell **umfassendes Voll- oder Herrschaftsrecht** an einer Sache (Staud/Seiler Rz 6) darstellen soll; zugleich verweist er aber auch auf die Begrenzung der Eigentümerbefugnisse durch „das Gesetz oder Rechte Dritter". Korrelat der Sachherrschaft ist die **Verantwortlichkeit des Eigentümers** für die Sache gegenüber der Rechtsgemeinschaft. Zwar geht das BGB von einem einheitlichen Begriff des Eigentums aus, der bewegliche Sachen, Tiere und Grundstücke umfaßt. Jedoch ist der Grad der Bindung an öffentliche Interessen beim Grundeigentum deutlich größer (vgl Einl § 854 Rz 19; Westermann/H.P. Westermann § 28 I 4).

Die Frage nach den Grenzen der Herrschaftsbefugnis und der Dienstbarmachung für die Allgemeinheit, von deren Beantwortung die Inhaltsbestimmung des Eigentums abhängt, ist Ausdruck der ständigen Spannung zwischen Freiheit des einzelnen und Bindung an die Gemeinschaft (vgl dazu Westermann/H.P. Westermann § 28 III). Eine allgemein und zu allen Zeiten geltende Antwort gibt es nicht (vgl auch BGH 6, 270; 43, 205, 54, 293; BVerfG 31, 229, 240; Sendler DÖV 1974, 73 mwN); die Lösung des Spannungsverhältnisses hängt ab von den jeweils herrschenden kulturellen, politischen, ethischen, sozialen und religiösen Anschauungen und Wertungen der Zeit und verändert sich mit ihnen. Dementsprechend ist das Eigentum, insbesondere das Eigentum am Boden, immer wieder Gegenstand lebhafter rechts- und gesellschaftspolitischer Reformdiskussionen. Ergebnis der Reformbestrebungen ist vor allem das BauGB (vgl Einl § 854 Rz 29).

Von den **beschränkten dinglichen Rechten**, die jeweils nur eine bestimmte Herrschaftsbefugnis gewähren, unterscheidet sich das Eigentum durch den Umfang der Sachherrschaft. Das beschränkte dingliche Recht ist eine aus dem umfassenden Mutterrecht abgeleitete Sachbefugnis und insofern ein „Eigentumssplitter".

2 Daneben gibt es „**öffentliches Eigentum**" (§ 4 Hbg WegeG; § 4a Hbg WasserG; § 5 Bad-Württ WasserG; zu § 66 I StrWG M-V vgl Rostock NotBZ 2002, 420f). Die Rspr des BVerfG (24, 367 zu § 4a Hbg WasserG und NJW 1976, 1836 zu § 4 HbgWegeG) und des BVerwG (DVBl 1967, 917 zu § 4 Hbg WegeG) hält die Schaffung öffentlich-rechtlichen Eigentums durch Landesgesetze für zulässig. In den bisher entschiedenen Fällen handelt es sich um öffentliches Eigentum an Wegen, Hochwasserschutzanlagen und um Eigentum am Wasserbett. Das öffentliche Eigentum ist danach Ausdruck der Verpflichtung für die Sache und ordnet wie das privatrechtliche Eigentum die Sache einem Subjekt in vollem Umfang zu. Dem privaten Rechtsverkehr ist das öffentliche Eigentum grundsätzlich entzogen; nur öffentlich-rechtliche Nutzungsverhältnisse sind an ihm möglich. Regelungen des bürgerlichen Rechts sind allenfalls insoweit anwendbar, als sie nicht der Zweckbestimmung der öffentlichen Gegenstände und den aus dem öffentlichen Recht folgenden Beschränkungen entgegenstehen (Staud/Seiler Rz 48). Vom Rechtsinstitut des „öffentlichen Eigentums" zu unterscheiden ist das privatrechtliche Eigentum von juristischen Personen des öffentlichen Rechts, bei dem der privatrechtliche Eigentumsinhalt im Umfang der öffentlich-rechtlichen Zweckbestimmung (zB Gemeingebrauch) zurücktritt (vgl Papier Jura 1979, 93; Pappermann JuS 1979, 794; siehe zu den sog öffentlichen Sachen § 905 Rz 7).

3 **2. Inhalt der verfassungsrechtlichen Gewährleistung.** Das angesprochene Spannungsverhältnis ist auch Grundlage der **verfassungsmäßigen Eigentumsgarantien**, die zu verschiedenen Zeiten unterschiedlich verstanden wurden. Nach der grundlegenden Entscheidung BVerfG 24, 367, 389 dürfen der Privatrechtsordnung nicht solche Sachbereiche entzogen werden, die zum elementaren Bestand grundrechtlich geschützter Betätigung im vermögensrechtlichen Bereich gehören. Kennzeichnend für den rechtlichen Gehalt des Privateigentums sind die Grundmerkmale „Privatnützigkeit", zeitliche Unbegrenztheit und „Verfügungsbefugnis" (vgl die st Rspr zusammenfassend BVerfG 31, 229, 240). Diese Merkmale sind deshalb iSd Institutsgarantie des Art 19 II GG für das **verfassungsmäßig geschützte Institut „Eigentum"** (BVerfG 24, 367; NJW 1976, 1783, 1786) unverzichtbar. Innerhalb des hierdurch abgesteckten Rahmens wirken jedoch, wie das BVerfG im Naßauskiesungsbeschluß (BVerfG 58, 300 = NJW 1982, 745) betont hat, bei der Bestimmung der Rechtsstellung des Eigentümers bürgerliches Recht und öffentlich-rechtliche Gesetze gleichrangig zusammen.

4 Der **verfassungsrechtliche Eigentumsbegriff (Art 14 GG)** wird nach st Rspr des BVerfG nicht aus dem bürgerlichen Recht, sondern aus der Verfassung selbst bestimmt. Kraft des Verfassungsauftrags, eine Eigentumsordnung zu schaffen, die sowohl den privaten Interessen des einzelnen als auch dem Allgemeinwohl gerecht wird (BVerfG 21, 73, 83; 50, 290, 340), bestimmt der Gesetzgeber Inhalt und Schranken des Eigentums (Art 14 I S 2 GG); erst hierdurch wird die konkete Rechtsstellung des Eigentümers im Sinne einer **Individualgarantie** begründet und ausgeformt (BVerfG NJW 1982, 745, 748). Art 14 I GG schützt mithin (nur) einen Bestand von Rechten, die der Gesetzgeber durch die Gesamtheit der inhaltsbestimmenden Rechte dem jeweiligen Rechtsträger zugewiesen hat (BVerfG aaO; 49, 382, 393; Battis JA 1983, 494, 495 mwN; krit Leisner DVBl 1983, 61f; Baur NJW 1982, 1734; Schulte JZ 1984, 297, 299f; vgl ie Rz 10). Damit hat das BVerfG den entgegengesetzten früheren Standpunkt des BGH abgelehnt, daß sich der Bereich der geschützten Eigentumssphäre nicht einseitig vom Interesse des Staates her bestimmen lasse und die Stärke des staatlichen Interesses nicht die Entschädigungslosigkeit rechtfertigen könne (Vorlagebeschluß NJW 1978, 2290, 2293; vgl auch H. Schulte, Zur Dogmatik des Art 14 GG, 1979, S 16ff, 20; anders nach der Entscheidung des BVerfG gemäß § 31 BVerfGG auch der BGH, vgl BGH 28, 223, 226 – Naßauskiesung und BGH 84, 230, 233 – Trockenauskiesung).

5 **II. Entschädigungspflichtige Eigentumsbeeinträchtigungen. 1. Enteignung. a) Begriff. aa)** Mit dem oa (Rz 3 aE) Naßauskiesungsbeschluß des BVerfG ist auch **der früher vom BGH vertretene (weitgefaßte) Enteig-**

nungsbegriff hinfällig geworden. Nach ihm lag ein Enteignungstatbestand (mit der Folge einer Entschädigungspflicht) vor bei allen Eigentumsbeeinträchtigungen durch Eingriffe von hoher Hand, die nicht als Ausprägung der Inhalts- und Schrankenbestimmungen (Art 14 II S 1 GG) zu rechtfertigen waren; ob die Eigentumsbeeinträchtigung gezielt oder nicht gezielt, beabsichtigt oder unbeabsichtigt, rechtmäßig oder rechtswidrig war, spielte dabei keine entscheidende Rolle (vgl etwa BGH 54, 293, 295; 57, 359, 363; DVBl 1973, 137). Von zweitrangiger, mehr terminologischer Bedeutung war demgegenüber die weitere Aufgliederung dieses (übergreifenden) Enteignungstatbestandes. Aus dem Gesamtbereich der Tatbestände hoheitlicher Eigentumsbeeinträchtigungen, die eine Entschädigungspflicht auslösen, faßte der BGH als enteignende Tatbestände ieS alle rechtmäßigen Enteignungstatbestände zusammen (mochte die Enteignung auf einem Gesetz oder auf einer Verwaltungsmaßnahme beruhen) und stellte ihnen unter dem Begriff des enteignungsgleichen Eingriffs alle rechtswidrigen enteignenden Maßnahmen gegenüber (grundlegend BGH 6, 270ff; vgl aus späterer Zeit etwa BGH LM BGB § 839 [Fe] Nr 74). Die Entschädigungspflicht wurde aus der umfassenden Eigentumsgewährleistung des Art 14 I S 1 GG und aus der Gesamtregelung des Art 14 GG entnommen, der entschädigungslose Enteignungen (im Gegensatz zu Art 153 WRV, vgl RG 107, 370, 375; 377, 381) nicht mehr kennt. Vgl näher zum enteignenden und enteignungsgleichen Eingriff Rz 10f und § 906 Rz 50.

Neben diesem (ursprünglich) weitgefaßten Enteignungsbegriff des BGH blieb für den **öffentlich-rechtlichen Aufopferungsanspruch** nach dem Rechtsgrundsatz des § 75 EinlPreußALR, der kraft Gewohnheitsrecht fortgilt (BGH 9, 83, 86; 11, 248, 251; NJW 1958, 709), Raum nur noch bei Eingriffen in nicht vermögenswerte Rechtsgüter wie Leben, Gesundheit und Bewegungsfreiheit (vgl BGH 13, 88, 90; 23, 157, 161; 28, 297, 301; 45, 58, 76; 66, 118). Dieser Anspruch ist im übrigen subsidiär, dh er besteht nicht, soweit die öffentliche Hand bereits anderweitig ausreichende Leistungen, zB durch die Sozialversicherung, erbringt (BGH 20, 81, 83; 28, 297, 301; NJW-RR 1994, 213). Sein Anwendungsbereich wird durch (ihm vorgehende) neuere Spezialgesetze eingeschränkt, vgl etwa für Impfschäden §§ 51ff Bundesseuchengesetz; für Schulunfälle § 2 I Nr 8 SGB VII (vgl dazu Ossenbühl, Staatshaftungsrecht, 5. Aufl, 1998 S 19 m Fn 44). Beispiele aus der Rspr: Behandlung eines Soldaten mit unproblem Medikament zu Forschungszwecken (BGH 20, 61, 65); Verletzung eines zwangsweise in einer Heil- und Pflegeanstalt Untergebrachten durch Mitpatienten (BGH NJW 1971, 1881); vgl weitere Beispiele bei Ossenbühl aaO S 131ff.

bb) Die neuere Rspr des BVerfG definiert den Begriff der Enteignung **formalisierend** in einem wesentlich 6 engeren Sinne, nämlich entsprechend dem Wortlaut des Art 14 III GG als einen zweckgerichteten (finalen) staatlichen Zugriff auf das Eigentum, der die vollständige oder teilweise Entziehung konkreter, dem Schutz des Art 14 I S 1 GG unterliegender Rechtspositionen des einzelnen gerichtet ist (vgl BVerfG 52, 1, 27; 56, 249, 260; 58, 300, 330f – Naßauskiesungsbeschluß; BGH 99, 24; eingehend hierzu Nüßgens/Boujong, Eigentum, Sozialbindung, Enteignung, 1987, S 142ff). Gemäß Art 14 III S 2 GG ist eine solche Enteignung in zwei Formen möglich: Der Gesetzgeber kann durch Gesetz einem bestimmten oder bestimmbaren Personenkreis konkrete Eigentumsrechte entziehen, die aufgrund der allgemeinen Gesetze iSd Art 14 I S 2 GG erworben worden waren – **Legalenteignung** –, oder er kann die Exekutive ermächtigen, konkretes Eigentum einzelner zu entziehen; diese Form der Enteignung aufgrund eines Gesetzes, die sog **Administrativenteignung**, geschieht durch einen behördlichen Vollzugsakt, der (anders als die Legalenteignung) mit Rechtsmitteln angefochten werden kann. In beiden Fällen muß das maßgebliche Gesetz, wenn es nach Erlaß des Grundgesetzes ergangen ist (BVerfG 46, 268, 288; 4, 219, 236f), zugleich Art und Ausmaß der Entschädigung regeln (Art 14 III S 2 GG). Nur auf dieser gesetzlichen Grundlage ist bei nachkonstitutionellen Gesetzen eine Enteignungsentschädigung noch zulässig (zur Zulässigkeit einer Entschädigung für enteignende Maßnahmen aufgrund vorkonstitutioneller Gesetze gemäß Art 153 II WRV vgl BGH 90, 4, 12ff; BGH MDR 1985, 300). Davon scharf zu trennen ist ein Anspruch auf Entschädigung wegen Beeinträchtigung des Eigentums: Der Grundsatz der Verhältnismäßigkeit (Übermaßverbot) und der Gleichheitssatz können es gebieten, eine als **Inhalts- und Schrankenbestimmung** (vgl hierzu Jarass NJW 2000, 2841) getroffene Regelung (vgl etwa BVerfG DÖV 2001, 996 = DVBl 2001, 1427 – Baulandumlegung gemäß §§ 45ff BauGB) mit einer Entschädigungspflicht auszustatten; das Fehlen einer solchen Entschädigungsregelung führt aber nicht zu einem gleichwohl zuzuerkennenden Entschädigungsanspruch, sondern zur Verfassungswidrigkeit der Inhalts- und Schrankenbestimmung (wegen Verstoßes gegen Art 14 I, II GG, BVerfG NJW 1982, 633, 634f; näher dazu Rz 12). Der Betroffene hat danach prinzipiell nicht mehr die Wahl, ob er den Eingriff hinnehmen und dafür eine Entschädigung verlangen („Dulde und liquidiere!") oder ob er ihn abwehren will; er muß sich bei den Verwaltungsgerichten um eine Aufhebung des Eingriffsakts bemühen (BVerfG NJW 1982, 745, 746f). Damit wird die **Eigentumsgarantie** primär **als Bestandsgarantie** und nicht als Wertgarantie verstanden. Soweit allerdings ein verfassungswidriges Gesetz oder ein rechtswidriger behördlicher Vollzugsakt eine als „Eigentum" zu qualifizierende Rechtsposition unmittelbar beeinträchtigt und hiergegen primärer Rechtsschutz nicht zur Verfügung steht, dürfte Art 14 GG, wenn einfachgesetzliche Entschädigungsregelungen fehlen, weiterhin als Anspruchsgrundlage in Betracht kommen (Kreft, FS Geiger, 1989, S 399, 411ff; aA Schmitt-Kammler NJW 1990, 2515, 2518).

b) Gegenstand der Enteignung iSd Art 14 GG, aber auch eines „enteignenden" oder „enteignungsgleichen Eingriffs" (vgl Rz 10) können alle vermögenswerten **Rechte** und **Rechtspositionen** sein, die eines Schutzes wie das Eigentum fähig und bedürftig sind (vgl BVerfG 25, 112, 121; 29, 348, 360; NJW 1982, 745, 748 re und 752 re; BGH 62, 96, 98 m Anm Kreft LM GG Art 14 [A] Nr 48; BGH 64, 382, 390; 66, 173, 176; 94, 373). Das Vermögen als solches genießt keinen „Eigentums"-Schutz (BVerfG 27, 326, 343), jedenfalls sofern der Betroffene nicht auf die Substanz seines Eigentums zurückgreifen muß (BGH 65, 280, 282) und die Geldleistungsverpflichtungen nicht eine „erdrosselnde" Wirkung ausüben (BVerfG 30, 250, 272; 38, 61, 102); erst recht bilden bloße Chancen noch keine dem Rechtssubjekt zugeordneten konkreten Werte (vgl BVerfG 20, 31, 34; 28, 119, 142; 30, 292, 335; BGH 45, 150 – Elbeleitdamm; MDR 1986, 736; NJW-RR 1989, 673 – Langlaufloipe; 132, 181 – Schutz des

Erworbenen, nicht des Erwerbs). Im übrigen muß das Eingriffsobjekt schutzwürdig, insbesondere nicht entgegen gesetzlicher Regelungen erlangt worden sein (vgl BGH NJW 1957, 633 – nicht konzessionierte Gastwirtschaft; JR 2000, 192, 195 – illegales Bachwehr).

Der BGH bejaht weitgehend auch den Schutz **subjektiv-öffentlicher Rechte** durch Art 14 GG (BGH 6, 270, 278; 27, 69, 73). Das BVerfG stellt seit BVerfG 4, 219, 240 darauf ab, ob die Rechtsposition so stark ist, daß ihre ersatzlose Entziehung dem rechtsstaatlichen Gehalt des GG widersprechen würde (BVerfG 40, 65, 83 mwN). Es sieht vor allem solche Rechtspositionen als enteignungsfähig an, die nicht nur auf staatlicher Gewährleistung beruhen, sondern sich als Äquivalent eigener Leistung erweisen (BVerfG 14, 228, 294; 18, 392, 397). Auch das BVerfG (22, 299, 303; 23, 18, 20) und das BSozG (5, 40ff) unterscheiden danach, ob die Position im Zusammenhang mit einer wirtschaftlichen Betätigung steht. Aber auch das Recht, das Eigentum zur privaten Lebensgestaltung zu nutzen, ist geschützt (BGH 99, 24 – Denkmalschutz).

8   c) **Abgrenzung zwischen Enteignung und Inhalts- bzw Schrankenbestimmung.** Für die Praxis liegt die Problematik weniger in der Frage, ob eine Rechtsposition als „Eigentum" zu bewerten ist, sondern darin, wo die Grenze liegt, bis zu der die enteignungsfähige Position reicht und jenseits deren sie keinen verfassungsrechtlichen Eigentumsschutz (oder keinen Eigentumsschutz kraft „einfachen" Gesetzesrechts, vgl Rz 10) mehr genießt. Diese Grenze scheidet die (grds entschädigungslos [vgl aber Rz 12] konkretisierbare) Sozialbindung des Eigentums (Inhalts- und Schrankenbestimmung) von der (nur gegen Entschädigung zulässigen) Enteignung.

Zunächst setzt die **Substanzgarantie** des Art 19 II GG der öffentlichen Gewalt eine Grenze dahin, daß das Eigentum nicht in seinem **Wesensgehalt** angetastet werden darf (BGH 30, 338, 341; 43, 196, 205; 60, 145, 147; vgl auch Rz 5). Außerdem zieht der **Grundsatz der Verhältnismäßigkeit** eine Grenze in der Weise, daß Regelungen, die das „Eigentum" binden und beschränken, nur in dem Maße zulässig sind, wie der sachliche Grund für die Bindung oder Beschränkung dies erfordert und die Regelungen selbst sachgerecht und zumutbar sind (BVerfG 21, 73, 86; 24, 367, 404; NJW 1982, 633, 634). Weiter gebietet der **Gleichheitssatz**, die Elemente der inhaltsbestimmenden Regelung so zu ordnen, daß einer unterschiedlichen Inanspruchnahme der Eigentümer und damit dem unterschiedlichen Gewicht ihrer Belange gegenüber den Belangen der Allgemeinheit hinreichend differenziert Rechnung getragen wird (BVerfG NJW 1983, 633, 635). Schließlich sind auch alle sonstigen Verfassungsnormen zu beachten, zB das Grundrecht auf freie Entfaltung der Persönlichkeit, die Prinzipien der Rechts- und Sozialstaatlichkeit, des Vertrauensschutzes sowie die Gesetzgebungskompetenzen (BVerfG 14, 263, 278; 34, 139, 146; 53, 257, 309; 70, 101, 114; 70, 191, 200).

Im übrigen aber bedeutet Inhalts- und Schrankenbestimmung iSd Art 14 I S 2 GG die generelle und abstrakte Festlegung von Rechten und Pflichten durch den Gesetzgeber, die als Eigentum iSd GG zu verstehen sind. Vom Inkrafttreten solcher Gesetze an gestaltet der Gesetzgeber für die Zukunft den Inhalt des Eigentums (BVerfG 52, 1, 27; 58, 300, 330; NJW 1986, 2188). So bedeutet es zB nur eine Konkretisierung der Sozialpflichtigkeit des Eigentums, wenn gesetzliche oder behördliche Maßnahmen latente „Pflichtigkeiten" und „Beschränkungen" des Eigentums nur zu Lasten eines Teils der in Frage kommenden Eigentümer aktualisieren (vgl BGH 23, 30, 33 Aufnahme in Grünflächenverzeichnis; LM § 839 C Nr 5). Gesetze, die die umweltbelastende Nutzung von Eigentum verbieten oder beschränken, aktualisieren regelmäßig die Sozialbindung (BGH 99, 262).

9   Speziell für das **Grundeigentum** als enteignungsrechtlich geschützte Position gilt folgendes: Grundsätzlich wird das alleinige Verfügungs- und Nutzungsrecht des Eigentümers (§§ 903, 905) nur innerhalb der räumlichen Grundstücksgrenzen geschützt (BGH 61, 253, 255f). Nach der Rspr schützt die verfassungsmäßige Eigentumsgarantie nicht gegen wertmindernde Beeinträchtigungen, die darauf beruhen, daß durch hoheitliche Planung die Nutzbarkeit anderer Grundstücke geändert wird (vgl BGH 48, 46, 49 – Wannsee-Villa; 48, 340, 343 – Verlegung eines Wasserlaufs). Aus den Besonderheiten der Lage eines Grundstücks („Situation") können sich jedoch teils ohne weiteres, teils erst iVm bestimmten Vorschriften und deren Wertungen Abweichungen ergeben, durch die das Eigentum gleichsam einerseits noch enger begrenzt, andererseits aber auch ausgeweitet wird (vgl zum folgenden Kreft, FS Hauß, 1978, S 203, 205ff, 207f; aus jüngerer Zeit s Nüßgens/Boujong, Eigentum, Sozialbindung, Enteignung, 1987, S 21ff; Schwager/Krohn WM 1991, 33ff).

Innerhalb der räumlichen Grundstücksgrenzen konkretisiert sich die Sozialpflichtigkeit des Grundeigentums nach Maßgabe der sog **Situationsgebundenheit** in dem Gebot, auf die besondere Lage des Grundstücks Rücksicht zu nehmen und mit ihr unverträgliche, noch nicht verwirklichte Nutzungsmöglichkeiten zu unterlassen. Wird dem Eigentümer durch behördliche oder gesetzliche Maßnahmen für die Zukunft eine bisher nicht (oder nur unzulässigerweise) praktizierte Art der Verwendung seines Grundstücks untersagt, so wird sein Recht, da es gar nicht so weit reicht, nicht eigentlich beeinträchtigt oder verkürzt (vgl BGH 23, 30, 32 – Bauverbot durch Aufnahme in ein Grünflächenverzeichnis; BGH LM GG Art 14 [Anhang] Nr 60 – Veränderungsverbot beim Eintragung einer Baumgruppe [„Buchendom"] in die Naturdenkmalsliste; BGH NJW 1958, 380 – Umklassifizierung eines Gebiets). Die Enteignungsschwelle ist jedoch überschritten, wenn zB aus Gründen des Denkmalschutzes die Genehmigung zum Abriß eines Gebäudes versagt und der Eigentümer zur Aufrechterhaltung eines unrentablen Zustandes gezwungen wird und dies praktisch einem Veräußerungsverbot gleichkommt (BGH 72, 211, 220ff). Im übrigen wird der geschützte Eigentumsbereich betroffen, wenn dem Eigentümer untersagt wird, das Grundstück so zu nutzen, wie es vernünftigerweise nutzbar war (vgl BGH NJW 1960, 1618; 1964, 202; 1964, 1567; 1977, 945; MDR 1978, 647; BGH 77, 351, 87, 66, 71f; LM GG Art 14 [Ba] Nr 66; 105, 15, 19 – Denkmalschutz). Aus der Lage eines Grundstücks im Außenbereich kann sich ferner eine **„Gebietsvorbelastung"** im Sinne einer erhöhten Störanfälligkeit des Eigentums für entschädigungslos hinzunehmende **Immissionen** (BGH NJW 1977, 894) oder **sonstige Beeinträchtigungen** (BGH NJW 1980, 770 Mülldeponie) ergeben. Umgekehrt kann zugunsten des beeinträchtigten Grundeigentümers die Zumutbarkeitsschwelle dadurch verschoben werden, daß die störende Einrichtung auf dem Nachbargrundstück als Störquelle den Gebietscharakter prägt (BGH aaO; krit Badura Jura 1980,

503). In weitem Umfang wird die Sozialpflichtigkeit des Eigentums erst durch positive Regelungen rechtlich ausgeformt, so zB durch die vielfältigen Beschränkungen des materiellen Baurechts (vgl BVerwG 3, 28, 29; 21, 241, 255). Das Grundeigentum gewährt eine bauliche Nutzung lediglich im Rahmen des jeweiligen Baurechts (BGH WM 1980, 658). Art 14 I GG vermittelt grundsätzlich nur **Bestandsschutz**, nicht aber Erwerbsschutz; das gilt auch für beabsichtigte Betriebserweiterungen (vgl BGH 92, 34, 46 mwN, auch zum „überwirkenden Bestandsschutz"; vgl dazu insbes BVerwG 50, 49, 55ff). Weitere Beschränkungen ergeben sich durch die Bestimmungen des privaten und öffentlichen Nachbarrechts: Was ein Grundstückseigentümer hiernach hinnehmen muß, muß er auch bei hoheitlicher Beeinträchtigung entschädigungslos dulden (BGH NJW 1978, 1051, 1052 mwN). Speziell zu den hinzunehmenden Verkehrsimmissionen vgl BGH 64, 220, 225 (Orientierung an Wertentscheidung des BImSchG, näher hierzu § 906 Rz 19ff).

Außerhalb der räumlichen Grundstücksgrenzen wird die Eigentumssubstanz in gewissem Umfang angereichert. Der Situationsgebundenheit korrespondiert eine **Situationsberechtigung.** Würde durch bauliche Maßnahmen eines Nachbarn die Grundstückssituation nachhaltig verändert und dadurch das Grundeigentum (ausnahmsweise) „schwer und unerträglich" getroffen, so steht dem Eigentümer ein Abwehranspruch („Nachbarklage aus Eigentum") zur Verfügung (BVerwG 32, 173, 179, 50, 282, 287; 92, 34, 43 mwN). Bei einem an einer öffentlichen Straße gelegenen Grundstück gehört zur Substanz des Grundeigentums die Zugänglichkeit vom Grundstück zur Straße und umgekehrt (BGH 48, 58, 60; NJW 1979, 1043; vgl auch abgrenzend BGH WM 1977, 420, 421 mwN). Auch der Anliegergemeingebrauch ist in seinem Kernbereich dem Grundeigentum zuzurechnen (BVerwG 54, 1, 3; NJW 1975, 357), doch muß der Anlieger, sofern nur die Straße als Verkehrsmittler überhaupt erhalten bleibt, den Gemeingebrauch einschränkende Maßnahmen hinnehmen, die aus dem Zweck der Straße folgen (BGH 45, 150, 158f – Elbeleitdamm) und nach Art und Dauer unvermeidbar sind (BGH 57 359, 362f; 70, 212, 221f; MDR 1980, 39).

2. Enteignender und enteignungsgleicher Eingriff. a) Rechtsgrundlage. Der formale Enteignungsbegriff des **10** BVerfG seit der Naßauskiesungsentscheidung (vgl Rz 6) hat den Vorzug definitorischer Klarheit. Er läßt aber entschädigungsbedürftige Tatbestände unberücksichtigt und schafft damit Rechtsschutzlücken, die anderweitig geschlossen werden müssen. Vorübergehend hat Unklarheit geherrscht, ob und inwieweit der BGH seine bisherige Rspr zum enteignenden und enteignungsgleichen Eingriff (vgl Rz 5) würde im Ergebnis aufrechterhalten können. Diese Fragen sind inzwischen weitgehend positiv entschieden (vgl Krohn WM 1984, 825ff; Papier JuS 1985, 184; Nüßgens/Boujong, Eigentum, Sozialbindung, Enteignung, 1987, S 190ff; Ossenbühl, Staatshaftungsrecht, 5. Aufl, S 224ff und 270ff); doch siedelt der BGH diese Haftungsinstitute nicht mehr unmittelbar in der Verfassung (Art 14 GG), sondern auf der Ebene des sog einfachen Gesetzesrechts an. Er sieht in ihnen richterrechtliche **Ausformungen des Aufopferungsgedankens** (§§ 74, 75 EinlPrALR), der im ganzen Bundesgebiet **gewohnheitsrechtlich** gilt (vgl BGH 90, 17, 29ff – enteignungsgleicher Eingriff; 91, 20, 26f – enteignender Eingriff; vgl auch Ossenbühl NJW 1983, 5; Papier NVwZ 1983, 258f; aA zB Schwerdtfeger, Die dogmatische Struktur der Eigentumsgarantie, 1983, S 25ff; ders JuS 1983, 110; Scheunig, FS Bachof, 1984, S 359 m Fn 69, spricht von Verfassungsgewohnheitsrecht). Der Wechsel der dogmatischen Begründung sollte dann allerdings auch terminologisch (durch Rückkehr zum „Aufopferungsanspruch") zum Ausdruck gebracht werden. Für eine auch sachliche Ausweitung des Aufopferungsanspruchs plädiert Schenke (NJW 1991, 1777). Als ein von der Zivilrspr entwickeltes Rechtsinstitut des einfachen Rechts wird der enteignungsgleiche Eingriff auch von der neueren Rspr des BVerfG anerkannt (BVerfG NJW 1992, 36). Die Verlagerung des Eigentumsschutzes auf die Ebene des einfachen Gesetzesrechts hat zur Folge, daß auch juristische Personen des öffentlichen Rechts, die grundsätzlich nicht Träger des Eigentumsgrundrechts sein können (vgl BVerfG 61, 82), solche Entschädigungsansprüche haben können (vgl BGH 87, 66, 71; NVwZ 1986, 689 = MDR 1986, 736). Beim „enteignenden Eingriff" kommt der vom BVerfG proklamierte Grundsatz der Gesetzmäßigkeit der Enteignungsentschädigung nach Ansicht des BGH von vornherein nicht als Hindernis in Frage, denn hier geht es nicht um den zielgerichteten Entzug bestimmter Rechtspositionen (vgl Rz 6), sondern um den Ausgleich von meist atypischen und unvorhergesehenen Nachteilen infolge rechtmäßiger hoheitlicher Maßnahmen, vor allem durch hoheitlich betriebene Anlagen oder den Bau öffentlicher Verkehrswege (vgl § 906 Rz 50); zum enteignenden Eingriff durch Fluglärm vgl BGH JZ 1994, 259; NJW 1995, 1823).

b) Voraussetzungen des enteignungsgleichen Eingriffs. (1) Der Betroffene muß grundsätzlich den verwal- **11** tungsgerichtlichen **„Primärrechtsschutz"** gegen rechtswidrige hoheitliche Eingriffe in das Eigentum in Anspruch nehmen (BGH 90, 17; 91, 20; 110, 12). Kommt er dieser Obliegenheit schuldhaft nicht nach, so steht ihm nach dem Rechtsgedanken des § 254 ein Entschädigungsanspruch aus enteignungsgleichem Eingriff regelmäßig nicht zu; dies gilt freilich nur für solche Nachteile, die er durch Anfechtung hätte verhindern können. (2) Von den vier Voraussetzungen, die ursprünglich den Tatbestand des enteignungsgleichen Eingriffs prägten (Verletzung einer als Eigentum iS des Art 14 GG geschützten Rechtsposition, hoheitlicher Eingriff als Verletzungshandlung, Gemeinwohlbezogenheit des hoheitlichen Eingriffs, Sonderopfer des Verletzten) ist lediglich die **als Eigentum geschützte „Rechtsposition"** (vgl dazu Rz 7) unverändert geblieben. Der BGH hat es ausdrücklich abgelehnt, den Haftungsbereich auf andere Grundrechte, zB die Berufsfreiheit gemäß Art 12 GG zu erstrecken (BGH 111, 349, 355; NJW 1994, 1468; NJW 1994, 2229; BGH 132, 181; vgl Ossenbühl NJW 2000, 2951 mwN). (3) An die Stelle des Sonderopfers ist beim enteignungsgleichen Eingriff die **Rechtswidrigkeit des Eingriffs** getreten. Neben der „Gemeinwohlbezogenheit", die nur für rechtmäßige Eingriffe ihren Sinn hat (Ossenbühl aaO), ist auch diese Finalität entfallen. (4) An die Stelle des finalen Eingriffs ist die **„unmittelbare Auswirkung"** hoheitlichen Handelns getreten (BGH 33, 44, 47; NJW 1964, 104): Hierdurch ist der Anspruch wegen rechtswidriger Eigentumsverletzung gleichsam zu einem „Auffangtatbestand für schädliche Nebenfolgen staatlichen Handelns" erweitert worden (Ossenbühl NJW 2000, 2951 mwN). Mit **Unmittelbarkeit** ist nicht das Setzen der „letzten Ursache" gemeint; maßgeblich ist vielmehr vor allem, ob sich der eingetretene Schaden als Realisierung einer Gefahr darstellt, die sich typischerweise aus der „Eigenart der hoheitlichen Maßnahme" ergibt (BGH 92, 34, 41 = NJW 1984, 2516).

Das unscharfe Kriterium der „Unmittelbarkeit" der Auswirkung ermöglicht sachgerechte Abgrenzungen im Einzelfall, erschwert freilich die Vorhersehbarkeit der Entscheidungen. Bei den neuartigen (emittentenfernen) Waldschäden fehlt es wohl schon an der Unmittelbarkeit des Eingriffs (Zulassung der emittierenden Anlage durch die öffentliche Hand bzw Zulassung der von Anlagen im Gebiet der Bundesrepublik ausgehenden Immissionen, BGH 102, 350, 358). Als rechtswidrige Maßnahmen, die einen enteignungsgleichen Eingriff enthalten, kommen zwar nicht Gesetze im formellen Sinne (BGH 100, 136, 145; 102, 350, 359) und darauf gestützte Akte, wohl aber rechtswidrige untergesetzliche Normen in Betracht, die an eigenen, nicht auf ein Parlamentsgesetz zurückgehenden Nichtigkeitsgründen leiden (BGH 111, 349, 353 – Haftung für verfassungswidrige Rechtsverordnung).

Bloßes **Unterlassen** genügt den Erfordernissen eines „Eingriffs" in der Regel nicht (BGH 12, 52, 56; 35, 209, 211; VersR 1968, 788, 792). Ausnahmsweise ist jedoch das behördliche Untätigbleiben einem in den Rechtskreis des Betroffenen eingreifenden Handeln – und damit einem Eingriff – gleichgestellt worden (vgl BGH 32, 208, 211; 56, 40, 42). Ein solches qualifiziertes Unterlassen nimmt der BGH an, wenn die Behörde gebotenes Handeln förmlich verweigert (BGH 32, 208, 211; 56, 40, 42 mwN). So wurde es als „faktischer Eingriff" aufgefaßt, wenn der Betroffene aufgrund eines eindeutigen Verhaltens der Behörde, das als Ausdruck einer verbindlichen Haltung aufgefaßt werden mußte, verständigerweise davon absah, förmlich um eine Erlaubnis nachzusuchen (vgl BGH Vorlagebeschl v 17. 1. 1980 – III ZR 107/78; NJW 1975, 1783; MDR 1980, 655 mwN; kritisch Ossenbühl, Staatshaftungsrecht, 5. Aufl, S 256f; Schrödter/Schmaltz in Anm zu BGH DVBl 1971, 464 – Verweigerung der Bauerlaubnis; BGH DVBl 1973, 142 – faktische Bausperre; für noch weitergehende Anerkennung qualifizierten Unterlassens Kessler DRiZ 1979, 261, 262). Seit dem Naßauskiesungsbeschluß des BVerfG gilt freilich die Obliegenheit, den verwaltungsgerichtlichen „Primärrechtsschutz" zu suchen (siehe oben).

Den Zivilgerichten dürfte es verwehrt sein, aus dem Gesichtspunkt des enteignungsgleichen Eingriffs eine Entschädigung zuzusprechen, wenn eine begrifflich als Enteignung iSd Art 14 III GG zu qualifizierende Maßnahme rechtswidrig ist, weil eine den Anforderungen der Junktimklausel (Art 14 III S 2 GG) genügende Entschädigungsnorm fehlt. Das Rechtsinstitut des enteignungsgleichen Eingriffs ist dagegen anwendbar, wenn die Verwaltung ein Gesetz, das nur den Inhalt und die Schranken bestimmt (Art 14 I S 2 GG), im Einzelfall so anwendet, daß der Schutzbereich des Art 14 I S 1 GG tangiert wird.

12 **3. Ausgleichspflichtige Bestimmungen des Eigentumsinhalts.** Ein weiteres Rechtsschutzdefizit des formalen Enteignungsbegriffs zeigt sich bei der Anwendung der Natur-, Landschafts- und Denkmalschutzgesetze der Länder (vgl dazu Krohn ZfBR 1994, 5; Rinne NVwZ 1997, 34). Sie sind noch unter dem Eindruck des weiten Enteignungsbegriffs des BGH (Rz 5) konzipiert worden und enthalten **salvatorische Klauseln**, die eine Entschädigung für den Fall vorsehen, daß der Eigentümer anderenfalls durch die Beschränkung in der Nutzung seines Eigentums unzumutbar belastet würde. Eine solche Entschädigung läßt sich seit der Naßauskiesungsentscheidung des BVerfG nicht mehr als Enteignungsentschädigung iSd Art 14 III GG begreifen, denn ihr liegt keine auf den Eigentumsentzug gerichtete, sondern nur eine die Sozialpflichtigkeit des Eigentums aktualisierende Maßnahme zugrunde. Deshalb haben das BVerwG (84, 361; 94, 1, 5) und der BGH (121, 328; 123, 242; 126, 379 = NJW 1994, 3283 = DVBl 1995, 104 mit Anm de Witt, dazu Schlette JuS 1996, 204) aus der Rspr des BVerfG (58, 137 – Pflichtexemplarbeschluß) den Satz abgeleitet, der Gesetzgeber könne grundsätzlich unzumutbare oder gleichheitssatzwidrige Belastungen von Eigentümern im Rahmen inhalts- und schrankenbestimmender Vorschriften durch Zubilligung eines finanziellen Ausgleichs vermeiden. Das BVerfG hat in seiner Entscheidung zu § 13 I S 2 RhPfDSchPflG darauf hingewiesen, daß der Gesetzgeber im Rahmen der Inhaltsbestimmung gehalten sei, unzumutbare Belastungen des Eigentums „in erster Linie" durch Übergangsregelungen, Ausnahme- und Befreiungstatbestände oder sonstige administrative und technische Vorkehrungen zu vermeiden (BVerfG NJW 1999, 2877, 2879; vgl hierzu Roller NJW 2001, 1008ff). Auf dieser dogmatischen Grundlage lassen sich die erörterten salvatorischen Klauseln weitgehend halten (vgl aber Roller aaO S 1009; Rüfner, FS Boujong, 1996, S 644ff; Schoch, FS Boujong, 1996, S 664ff). Sie wandeln sich von enteignungsrechtlichen Entschädigungsnormen in Ausgleichsvorschriften, die dem Zweck dienen, eine dem Eigentümer durch natur-, landschafts- oder denkmalschutzrechtliche Maßnahmen im Einzelfall auferlegte besondere Belastung durch eine Geldleistung auf ein zumutbares Maß herabzumindern und die Folge der Verfassungswidrigkeit zu vermeiden (BGH 126, 379 = NJW 1994, 3283). Die Junktimklausel des Art 14 III S 2 GG ist auf sie von vornherein nicht anwendbar. Das aus dem allgemeinen Rechtsstaatsprinzip abgeleitete Bestimmtheitsgebot sieht der BGH im Anschluß an seine frühere Rspr (BGH 99, 24, 28) als gewahrt an. Bei der Festlegung der ausgleichspflichtigen **Zumutbarkeitsschwelle** entstehen freilich die gleichen Schwierigkeiten wie früher (auf der Grundlage des weiten Enteignungsbegriffs) bei der Abgrenzung der Enteignung von der bloßen Inhaltsbestimmung. Deshalb überträgt der BGH die seinerzeit erprobten Begriffe nun weitgehend auf die Ebene der Inhaltsbestimmung. Voraussetzung der Entschädigungspflicht ist danach die Beeinträchtigung einer eigentumsmäßig geschützten Rechtsstellung, durch die der Eigentümer unverhältnismäßig oder im Verhältnis zu anderen ungleich und damit in unzumutbarer Weise belastet wird (BGH 121, 328). Eine präzisere Formel wäre zwar wünschenswert, sie ist aber nicht in Sicht. Ein Ausgleichsanspruch kommt nur in Betracht, wenn sich die naturschutzrechtlichen Maßnahmen im Rahmen einer zulässigen Inhaltsbestimmung halten (BGH aaO); andernfalls sind diese nichtig. Der Sache nach handelt es sich bei den erörterten salvatorischen Entschädigungsklauseln um einen vermögensrechtlichen Anspruch aus Aufopferung für das gemeine Wohl, so daß der **Rechtsweg** zu den ordentlichen Gerichten gegeben ist (BGH 128, 204; de lege lata zust Schenke NJW 1995, 3145; aA BVerwG 94, 1, 6; Lege NJW 1995, 2745).

4. Entschädigung

Schrifttum: *Aust/Jacobs/Pasternak,* Die Enteignungsentschädigung, 5. Aufl 2002; *Büchs,* Handbuch des Eigentums- und Entschädigungsrechts; *Haager/Kirchberg,* NVwZ 2002, 538; *Kreft,* WM 1977 Sonderbeilage Nr 2; *ders,* WM 1985 Sonderbeilage Nr 6; *Kröner,* Die Eigentumsgarantie in der Rspr des BGH, 2. Aufl, 1969, S 83ff; *Leisner,* NJW 1992, 1409ff; *Nüßgens/*

Boujong, Eigentum, Sozialbindung, Enteignung, S 171ff; *Ossenbühl*, Staatshaftungsrecht, 5. Aufl, 1998, S 207ff; *Rinne/ Schlick*, NVwZ 1997, 34, 38ff; *dies*, NVwZ-Beil II/2000, 3, 8; *Schmidt-Assmann*, NJW 1974, 1265ff.

a) Der Höhe nach muß die **Entschädigung für eine Enteignung** von Verfassungs wegen angemessen sein. Sie 13 braucht jedoch nicht den gesamten Schaden iS der §§ 249ff auszugleichen, insbesondere nicht den entgangenen Gewinn (§ 252). Orientierungspunkt ist der Wert dessen, was dem Betroffenen genommen wurde (vgl BGH NJW 1966, 497; 57, 359, 368; 59, 250, 258). Nutzungsmöglichkeiten, die im Rahmen der Sozialbindung des Eigentums beschränkt worden sind, müssen bei der Ermittlung der Enteignungsentschädigung für die davon unberührte enteignungsfähige Rechtsposition außer Betracht bleiben (BGH 90, 4, 8f; LM GG Art 14 [Ea] Nr 114). Aber auch insoweit kann der Gesetzgeber in Abwägung der Interessen des Betroffenen und der Allgemeinheit eine unter dem vollen Ersatz liegende Entschädigung bestimmen (BGH 59, 250, 254; BVerfG 24, 367, 421) oder eine andere Art der Entschädigung als in Geld vorsehen (zB Übernahme von Flächen nach § 40 II BauGB; vgl BGH 63, 240, 247ff; NJW 1973, 2202, 2205). Eine Regelung allerdings, die Entschädigung erst von der Schwelle der Gefährdung der Rentabilität eines Betriebs an und im übrigen nur in Härtefällen nach Billigkeitsgesichtspunkten vorsieht, überschreitet die zulässigen Grenzen einer Abweichung vom vollen Wertausgleich; sie widerspricht dem Grundsatz der Lastengleichheit und verletzt damit den Garantiegehalt des Art 14 I GG (BGH NJW 1980, 888).

Soweit gesetzlich nichts anderes bestimmt ist, ist für das entzogene oder sonst beeinträchtigte Recht „voller Ersatz" zu leisten (BGH 59, 250, 258; 67, 190, 192f). Zu ersetzen ist der „gemeine Wert" (vgl § 18 LandbeschaffungsG) und damit der „Verkehrswert" (vgl §§ 95 I, 194 BauGB; BGH 39, 198, 200; LM GG Art 14 Ea Nr 57 und Nr 72; NJW 1977, 1725). Auszugleichen ist die Beeinträchtigung der enteignungsrechtlich relevanten Rechtsposition (vgl Rz 7–9). Folgeschäden sind angemessen auszugleichen, wenn sie nicht allgemein jeden Enteigneten treffen können, sondern nur im besonderen Einzelfall als Enteignungsfolge eintreten und daher zum Sonderopfer gehören (*Kröner*, Eigentumsgarantie, S 89; vgl BGH NJW 1963, 1925 – Umzug, Erlangung einer neuen Wohnung; BGH WM 1964, 968 – Erwerbsverlust bei Enteignung eines Gewerbebetriebes; BGH NJW 1965, 1483 und 2101; BGH NJW 1966, 493; BGH 55, 294; BGH WM 1971, 829; 72, 890). Voraussetzung ist allerdings, daß diese Nachteile nicht schon bei der Bemessung der Entschädigung für den Rechtsverlust berücksichtigt worden sind (vgl § 96 BauGB; BGH 95, 28). Sonstige nachteiligen Folgen sind (jedenfalls enteignungsrechtlich) unbeachtlich (vgl BGH 57, 278, 289; 61, 253 = LM GG Art 14 Cc Nr 46 m Anm Kreft; 64, 382, 392ff; NJW 1978, 318; WM 1979, 168, 169; MDR 1979, 650). Für **enteignende** oder **enteignungsgleiche Eingriffe** gilt grundsätzlich nichts Besonderes (BGH NJW 1975, 1880, 1881 mwN; vgl aber auch BGH 13, 395, 397f; 23, 157, 171f). Die Entschädigung für Geruchsimmissionen umfaßt auch einen Ausgleich für konkrete Beeinträchtigungen in der Nutzung des vom Eigentümer selbst bewohnten Hauses, und zwar in Höhe einer fiktiven Mietminderung (BGH 91, 20, 28ff).

Speziell bei **Grundstücken** hängt die Bewertung von den objektiv vorhandenen wertbildenden Faktoren (zB Sand- oder Kiesvorkommen) ab, selbst wenn diese noch nicht voll genutzt worden sind (vgl BGH 28, 160, 163; NJW 1966, 2211, 2213; BGH 63, 240, 244; WM 1975, 141, 142f; NJW 1979, 652, 654; MDR 1980, 39). Eine zukünftige Entwicklung ist werterhöhend zu berücksichtigen, wenn sie bereits so greifbar ist, daß der „gesunde Grundstücksverkehr" sie bei der Preisbildung in Rechnung stellt (BGH 39, 198, 203ff; WM 1971, 829, 830; WM 1972, 795, 797; 1979, 1191, 1192; LM BBauG § 51 Nr 3; vgl auch BVerwG 59, 1649; NJW 1967, 1099). Von besonderer Bedeutung ist die Baulandqualität (BGH WM 1963, 531; vgl auch Hintsche NJW 1968 [1269]). Die **Wertermittlung** richtet sich prozessual nach § 287 ZPO. Eine bestimmte Bewertungsmethode ist dem Gericht oder den Behörden nicht vorgeschrieben (BGH WM 1979, 83, 85). In Betracht kommt – je nach der Fallgestaltung – eine Wertermittlung nach Vergleichspreisen, nach dem Ertragswert, nach dem Sachwert oder auch eine Kombination dieser Methoden (BGH NJW 2002, 3638, 3639f; MDR 1979, 561; vgl aber auch BGH WM 1967, 905, 906; 1973, 153, 154). Bei der Enteignung von Teilflächen ist maßgeblich die Differenz der Grundstückswerte mit und ohne die Teilfläche (BGH NJW 1973, 287; WM 1975, 640, 641; zur Bewertung eines Vorgartengeländes vgl BGH NJW 1973, 287; WM 1975, 640, 641; NJW 1979, 652). Zu den Entschädigungs- und Haftungsfragen bei Veränderungssperre, Zurückstellung und faktischer Bausperre vgl Hager/Kirchberg NVwZ 2002, 538 mwN; zur Entschädigung wegen Eingriffs in ein Jagdausübungsrecht siehe BGH NJW 2002, 3638 (vgl auch Pasternak BayVBl 2001, 742ff).

Maßgeblicher Zeitpunkt. Nach dem Sinn und Zweck der Enteignungsentschädigung, dem Betroffenen die 14 Wiederbeschaffung eines gleichwertigen Vermögensstücks zu ermöglichen, sind für die Festsetzung der Höhe nach zwei Zeitpunkte von Bedeutung: derjenige für die Bestimmung der Qualität des Grundstücks und derjenige für die geldliche Bewertung.

Für die **Bestimmung der Grundstücksqualität** kommt es auf den Zeitpunkt des Eingriffs an (BGH 39, 198, 200; WM 1971, 1156, 1157; MDR 1980, 39), beim förmlichen Enteignungsverfahren mithin auf den Zeitpunkt des Enteignungsaktes, dh auf den Erlaß des Enteignungsbeschlusses oder bei vorangegangener Besitzeinweisung auf deren Zeitpunkt (§ 93 IV BauGB; BGH 30, 281, 283; 63, 240, 242; vgl auch BGH WM 1973, 153). Allerdings kann innerhalb eines sich länger hinziehenden einheitlichen Enteignungsvorgangs auch schon durch vorbereitende Maßnahmen (zB Bausperren, Bauverbote, vorläufige Planungen) ein Grundstück von jeder konjunkturellen Weiterentwicklung ausgeschlossen werden. Eine – zunächst nur vorbereitende – Planung muß dann freilich hinreichend bestimmt sein und die später zur Enteignung führende Planung sicher erwarten lassen (BGH WM 1969, 964; 1971, 598). Durch derartige **„Vorwirkungen einer Enteignung"** wird die enteignungsrechtliche Grundstücksqualität – selbst über einen langen Zeitraum – bereits endgültig fixiert (grundlegend BGH 28, 160 = LM GG Art 14 Cc Nr 14m Anm Pagendarm; BGH NJW 1975, 1781, 1783; BGH 71, 1, 8; NJW 1978, 941 – Vorwirkung über 80 Jahre; BGH MDR 1979, 826 – einverständliche faktische Inanspruchnahme; BGH MDR 1978, 557 – Flächennutzungsplan).

Für die **Preisbemessung** wäre, damit der Betroffene sich einen gleichwertigen Gegenstand wiederbeschaffen kann, grundsätzlich der Zeitpunkt der tatsächlichen Zahlung maßgeblich. Da er nicht exakt vorhersehbar ist, muß von einem ihm möglichst nahekommenden Zeitpunkt ausgegangen werden (BGH 26, 373, 374; WM 1972, 795, 796); dies ist bei behördlicher Festsetzung der Zeitpunkt der Zustellung des Entschädigungsbeschlusses, bei gerichtlicher Festsetzung der Zeitpunkt der letzten Tatsachenverhandlung (BGH 14, 106, 110; 39, 198; 40, 87; NJW 1974, 275, 278; WM 1979, 168, 170). Verzögerungen in der Auszahlung gehen, selbst wenn sie keinen Schuldvorwurf begründen, zu Lasten der öffentlichen Hand (BGH 44, 52, 58; NJW 1976, 125, 1256; zu Einzelheiten dieser sog **Steigerungsrspr** vgl BGH 26, 373; 40, 87; WM 1962, 919, 924; 1975, 956, 959). Ficht der Enteignungsbetroffene die Zulässigkeit der Enteignung dem Grunde nach an, so gehen Preissteigerungen bis zur rechtskräftigen Entscheidung zu seinen Lasten (BGH MDR 1960, 745; NJW 1972, 1317; 1977, 995, 957; NVwZ 1990, 797). Ein angemessenes Kaufangebot fixiert den Verkehrswert (BGH NJW 1980, 1844). Zur „Rückenteignung" vgl BGH 76, 365.

15 Die Grundsätze der **Vorteilsausgleichung** sind anwendbar, da der Betroffene zwar vollen Wertausgleich, aber auch nicht mehr erhalten soll (vgl § 32 BundesleistungsG; § 93 III BauGB; § 17 LandbeschaffungsG, § 13 SchutzbereichsG; BGH NJW 1974, 275, 278). Der Eingriff muß allgemein geeignet gewesen sein, derartige Vorteile mit sich zu bringen, und ihre Anrechnung darf nicht dem Sinn und Zweck der Enteignungsentschädigung widersprechen (BGH NJW 1989, 2117). Keine Anrechnung, wenn sie auch anderen, nicht vom Sonderopfer Betroffenen zugute kommen (BGH 19, 139, 152; MDR 1980, 39; speziell zur Anrechnung von Planungsgewinnen vgl BGH 62, 305 = LM BBauG § 93 Nr 5 m Anm Kreft; BGH WM 1977, 509, 512ff; NJW 1978, 941, 943; ferner BGH 72, 51). **Mitverschulden** des Betroffenen ist bei schuldhaft unterlassener Schadensminderung zu berücksichtigen (vgl § 93 III S 2 BauGB, § 32 II BundesleistungsG, § 8a VIII FStrG; § 13 II SchutzbereichsG; BayObLG 60, 302; BGH LM GG Art 14 Cf Nr 35 Bl 4; LM GG Art 14 Ea Nr 54 – Unterlassen zulässig bleibender Nutzung; vgl auch BGH 65, 253, 255). Wegen des Vorrangs des Primärrechtsschutzes (vgl Rz 6, 11) kann es schon für den Entschädigungstatbestand selbst von Bedeutung sein (BGH 90, 17, 31ff), im übrigen auch für die Frage, ob die eigentumsrechtliche Opfergrenze überschritten ist (BGH NVwZ 1988, 1066 = VersR 1988, 1022). Zur **Verzinsung** vgl BGH 37, 269, 275ff; 43, 120, 122ff; 48, 291, 294; Kußla NJW 1968, 631.

16 b) **Entschädigungsbeteiligte. Berechtigter** ist der „Eigentümer", in dessen Rechtsposition eingegriffen wurde (BGH 23, 235, 240; LM GG Art 14 Cf Nr 17). **Verpflichtet** ist der Begünstigte (vgl § 94 II S 1 BauGB), nicht der eingreifende Hoheitsträger als solcher. Begünstigt kann bei rechtmäßiger Enteignung auch ein Privater sein, bei enteignungsgleichem Eingriff jedoch nur die öffentliche Hand (BGH 10, 255; 23, 157; 40, 49; 60, 126, 143). Begünstigt ist eine Stelle der öffentlichen Hand bereits dann, wenn die Maßnahme der Erfüllung einer ihr obliegenden Aufgabe gedient hat; ein konkreter Vorteil braucht ihr nicht zugeflossen zu sein (BGH 7, 296, 299; 13, 371; WM 1979, 1123; kritisch Kessler DRiZ 1979, 261, 262). Für den vom Betrieb einer Bundesfernstraße ausgehenden Verkehrslärm ist der Träger der Straßenbaulast entschädigungspflichtig (BGH NJW 1980, 582). Der Anspruch **verjährte** früher in 30 Jahren (BGH 13, 88, 98; 72, 273, 275). Nach den seit dem 1. 1. 2002 geltenden neuen Regelungen des BGB tritt Verjährung regelmäßig nach drei Jahren (vgl §§ 195, 199 I; zur Kritik vgl Soergel/Baur § 903 Rz 272 mwN), spätestens jedoch nach 10 Jahren ein (vgl § 199 IV). Eine differenzierende Sonderregelung sieht § 199 II, III für Schadensersatzansprüche vor. In Betracht kommt – jedenfalls für Entschädigungsansprüche wegen enteignenden bzw enteignungsgleichen Eingriffs – auch eine Analogie zu § 54 BGSG (vgl Kellner NVwZ 2002, 399f).

17 c) **Rechtsweg.** Über die **Höhe** der Entschädigung wegen Enteignung (Art 14 III S 4 GG) oder enteignenden Eingriffs (BGH 91, 20, 28) entscheiden die Zivilgerichte. Vgl im übrigen Pal/Bassenge Überbl vor § 903 Rz 18.

903 Befugnisse des Eigentümers

Der Eigentümer einer Sache kann, soweit nicht das Gesetz oder Rechte Dritter entgegenstehen, mit der Sache nach Belieben verfahren und andere von jeder Einwirkung ausschließen. Der Eigentümer eines Tieres hat bei der Ausübung seiner Befugnisse die besonderen Vorschriften zum Schutz der Tiere zu beachten.

1 1. **Allgemeines.** § 903 versucht, den Inhalt der dem Eigentümer zustehenden Befugnisse festzulegen (vgl vor § 903 Rz 1). Die Vorschrift unterscheidet dabei unbeschränkte Einwirkungsbefugnisse (positiver Eigentumskern) und das Recht, Dritte auszuschließen (negativer Eigentumskern). Nach hM (RG 155, 159; BGH 88, 344, 345) sind sog negative Einwirkungen, wie zB Wind-, Aussicht-, Lichtentzug, nicht abwehrbar. Gleiches gilt für Rundfunk- bzw Fernsehempfangsstörungen (BGH aaO) und die Beeinträchtigung der Uneinsehbarkeit (Köln NJW-RR 1992, 526, 527). – Die Freiheit des Einwirkungsbeliebens des Eigentümers wird vermutet; wer eine Beschränkung des Eigentums behauptet, hat sie zu beweisen (Einreden, zB der Arglist, vernichten das Eigentum nicht). Die Bedeutung des § 903 liegt auch darin, daß nur der Eigentümer und grundsätzlich nicht ein Dritter über die Sache (rechtlich) verfügen oder nach seinem Belieben (tatsächlich) mit ihr verfahren darf (Belastung, Veräußerung, Benutzung, Veränderung, Zerstörung).

2 2. **Beschränkungen der Eigentümerbefugnisse** ergeben sich zunächst aus zahlreichen **privatrechtlichen Vorschriften**. Einzelne Regelungen wie zB die §§ 904 S 2, 906 II S 2, 912 II, 917 II und 962 S 2 sehen Ansprüche auf Schadloshaltung als Ausgleich für auferlegte **Duldungspflichten** vor. Außerhalb der gesetzlich geregelten Fälle kommt ein **bürgerlich-rechtlicher Aufopferungsanspruch** (vgl RG 58, 130; 63, 371; 97, 290; 122, 134; 159, 129; 167, 14; 170, 40; und vor § 823 Rz 7) in Betracht. Das RG gab in Anlehnung an §§ 74, 75 Einl ALR den Anspruch dort, wo eine Einwirkung auf ein Recht aus besonderem Grund entschädigungslos – und gegebenenfalls ohne Abwehrrecht – hinzunehmen ist. Der BGH (BGH 16, 366; 48, 98 und 49, 148) ist dem gefolgt, wobei er das Unterscheidungskriterium zwischen dem bürgerlich-rechtlichen Aufopferungsanspruch und dem öffentlich-rechtlichen Entschädigungsanspruch aus enteignendem oder enteignungsgleichem Eingriff darin gesehen hat, ob das

Handeln, das Ursache der nachteiligen Einwirkung ist, privatrechtlicher oder hoheitlicher Natur ist (vgl BGH 49, 148, 150 mwN). Schwierigkeiten ergaben sich aufgrund dieser Unterscheidung vor allem deshalb, weil der BGH zumeist den Begriff des schlicht-hoheitlichen Handelns nicht heranzog, um damit zB den Straßenbau eindeutig in den Bereich des öffentlichen Rechts zu verweisen (vgl BGH MDR 1971, 912; BGH 41, 264 mit Anm Ule und Fittschen JZ 1965, 313). Seitdem der BGH den von den Straßen ausgehenden Bau- und Verkehrslärm als Folge der Planfeststellung und der Widmung (= hoheitliche Akte) behandelt (siehe § 906 Rz 54f), hat sich im Grundstücksrecht, seinem Hauptanwendungsgebiet, der Anwendungsbereich des bürgerlich-rechtlichen Aufopferungsanspruchs wesentlich verengt. Übrig bleiben zunächst die Fälle, in denen § 906 II S 1 nicht unmittelbar, sondern nur analog anzuwenden ist, weil die Einwirkungen nicht in Immissionen bestehen, sondern zB in der Beeinträchtigung des „Kontakts nach außen" (vgl BGH 62, 361, 366; 70, 212, 220 = NJW 1978, 373, 375 – Mannheimer Rosengarten) oder in der Vertiefung eines Grundstücks (entgegen § 909) vorzugehen, daß die Standfestigkeit eines benachbarten Hauses beeinträchtigt wird (BGH 72, 289, 291f; NJW 1980, 1679). Terminologisch ist für derartige Fälle auch der Ausdruck **„nachbarrechtlicher Ausgleichsanspruch"** gebräuchlich. Ein solcher Anspruch ist gegeben, wenn von einem Grundstück im Rahmen seiner privatwirtschaftlichen Nutzung (bei Straßengrundstücken auch im Rahmen privatrechtlich organisierter Ausbauarbeiten) Einwirkungen auf ein anderes Grundstück ausgehen, die über das Maß dessen hinausgehen, was ein Grundstückseigentümer nach den Bestimmungen des Nachbarrechts entschädigungslos hinzunehmen hat, gegen die gemäß § 1004 vorzugehen dem betroffenen Eigentümer jedoch aus besonderen Gründen versagt ist (BGH aaO; BGH 48, 98, 101). Vgl im übrigen hierzu § 906 Rz 43ff. Auch außerhalb des Grundstücksrechts wird der bürgerlich-rechtliche Ausgleichsanspruch bejaht (vgl etwa Hubmann JZ 1958, 4ff; Battis/Krautzberger/Löhr, 7. Aufl, 1999 § 31 Rz 53; Canaris NJW 1964, 1987, 1992).

Die Einordnung des Ausgleichsanspruchs als bürgerlich-rechtlicher Aufopferungs- oder öffentlich-rechtlicher **3** Entschädigungsanspruch ist letztlich eine konstruktive Frage. Bedeutsamer ist, daß zumindest im Grundstücksrecht die für den Anspruch **maßgebende Abgrenzung zwischen entschädigungspflichtigen und anderen Einwirkungen** einheitlich bestimmt wird; das gilt insbesondere im Grundstücksrecht aufgrund von § 906: Was der Grundstückseigentümer an Einwirkungen, die von privatrechtlicher Tätigkeit vom Nachbargrundstück ausgehen, entschädigungslos dulden muß, muß er auch bei hoheitlichem Handeln des Einwirkenden ausgleichslos hinnehmen (so insbesondere BGH 48, 98, 101; NJW 1971, 94, 95; BGH 72, 289, 292 mwN). Für privatrechtliches und hoheitliches Handeln ist damit die Frage der materiell-rechtlichen Abgrenzung des entschädigungspflichtigen vom entschädigungslosen Tatbestand einheitlich zu beantworten. Zu weiteren Duldungspflichten und ihrem Ausgleich vgl § 906 Rz 62ff. Zur Enteignung etc vgl vor § 903 Rz 5ff.

Allgemeine Eigentumsbeschränkungen sind außerdem die für jede Form der Rechtsausübung geltenden **4** §§ 226, 242, 138.

Besondere Eigentumsbeschränkungen finden ihre Grundlage zumeist in **Sonderrechten** wie zB dem für den **5** landwirtschaftlichen Boden (vgl Einl § 854 Rz 19ff). – Eigentumsbeschränkende Wirkung hat weiter die **Planfeststellung**, zB gemäß § 17 FStrG, § 8 LuftVG, § 31 II Krw/-AbfG. Zu denken ist ferner an § 57 TKG (vgl BVerfG NJW 2000, 798; NJW 2001, 2960; NJW 2003, 196 und BGH NJW 2000, 3206; NJW 2002, 678 = JR 2002, 462 m Anm Thiel; NJW-RR 2002, 1576; s auch Schäfer/Giebel ZfIR 2003, 49 und Wüstenberg CR 2002, 801).

Auch das **Baurecht** schränkt das Eigentum ein, indem es durch nachbarschützende Vorschriften für den Nach- **6** barn ein subjektives öffentliches Recht begründet, das im **Verwaltungsrechtsweg** verfolgbar ist. Die grundsätzlichen Fragen des **baurechtlichen Nachbarschutzes** (vgl Muckel JuS 2000, 132; Seidel, Öffentlich-rechtlicher und privatrechtlicher Nachbarschutz 2000) sind in der Rspr weitgehend geklärt. Das einfache Recht ist nach der Schutznormtheorie (Sauthoff BauR 2000, 195; Schmidt-Preuß, FS Hoppe, S 1071) im Lichte des Art 14 I S 1 GG auszulegen (siehe etwa BVerwG BauR 2000, 1318). „Nachbar" ist grds nur ein am betroffenen Grundstück dinglich Berechtigter (vgl Ortloff NVwZ 2001, 1001 mwN). Verfahrensrechtlich wird sein Schutz vor allem durch seine Beteiligung am Baugenehmigungsverfahren gewährleistet. Im Bereich des Bauordnungsrechts erhält das in den Bundesländern höchst unterschiedlich geregelte Abstandsflächenrecht nachbarschützende Vorschriften. Normen des Bauplanungsrechts (vgl Mampel DVBl 2000, 1830; Krebs, FS Hoppe, S 1055) sind nachbarschützend, wenn sie Auswirkungen auf angrenzende wie auf weitere Grundstücke haben. Während die kraft Bundesrechts nachbarschützenden Festsetzungen des Bebauungsplans über die Nutzungsart die im selben Planungsgebiet liegenden Grundstücke vor planwidrigen Vorhaben schützen, ohne daß es auf konkrete Störungen ankommt (OVG Hamburg BauR 2000, 1840; BVerwG NVWZ-RR 2000, 759; NVwZ 2000, 679 u 1054), folgt ein plangebietsübergreifender Nachbarschutz aus § 15 I S 2 BauNVO nur bei konkreter Rücksichtslosigkeit (BVerwG NVwZ 2000, 679). Während bei den §§ 31, 34 I und 35 BauGB Nachbarschutz eine konkrete Unzumutbarkeit voraussetzt (vgl Ortloff NVwZ 2001, 1003 m zahlr Nachw), handelt es sich bei § 34 II BauGB (vgl BVerwG 109, 314 = NVwZ 2000, 1050) um eine – nicht auf die konkrete Rücksichtslosigkeit abstellende – generell nachbarschützende Norm.

Parallel zur Entwicklung des öffentlich-rechtlichen Nachbarschutzes wurde auch der **zivilrechtliche Nachbar-** **7** **schutz** dadurch verstärkt, daß den nachbarschützenden Vorschriften des öffentlichen Rechts die Qualität von Schutzgesetzen iSd § 823 II zuerkannt wurde (vgl § 823 Rz 163 sowie Martini DVBl 2001, 1491 mwN). Mit der quasinegatorischen Unterlassungsklage analog § 1004 iVm § 823 II kann der Nachbar nun seine subjektiv-öffentlichen Rechte auch **vor den Zivilgerichten** durchsetzen, und zwar unabhängig von einem Verschulden des Bauherrn (vgl BGH WM 1974, 572, 573). Zwar sind die sich aus dieser Zweigleisigkeit des Rechtsschutzes ergebenden Probleme noch nicht völlig geklärt, jedoch sind Zivil- und Verwaltungsgerichte um eine Harmonisierung beider Rechtsgebiete bemüht (vgl BGH NJW 2001, 3119 und § 906 Rz 18ff).

3. Gegenstand des Eigentums nach BGB (siehe auch vor § 903 Rz 1) sind nur **Sachen**, § 90, und **Tiere**, § 90a **8** (nicht dagegen Rechte und andere unkörperliche Gegenstände, zB Erfindung), und zwar **einzelne** (bewegliche wie

§ 903

unbewegliche) Sachen, nicht Sachgesamtheiten (zB Bibliothek; bzgl Warenlager vgl §§ 90, 930) oder Rechtsgesamtheiten (zB „Vermögen"); ganze Sachen, nicht Sachteile.

9 **4. Formen des Eigentums.** Das **Bruchteilseigentum** (Miteigentum nach Bruchteilen) unterscheidet sich vom Einzeleigentum nur dem Umfang, nicht der Sache nach. Bruchteilseigentum entsteht bei gemeinsamem Erwerb mehrerer, sei es kraft Rechtsgeschäfts, sei es von Gesetzes wegen (vgl zB für bewegliche Sachen §§ 947, 948, 963, § 6 DepotG). Allgemein gelten neben den §§ 741ff die §§ 1008ff (vgl Westermann/Gursky §§ 29 I 1 und II). Das **Gesamthandseigentum** entsteht nur in den gesetzlich geregelten Fällen: Gesellschaft des bürgerlichen Rechts, OHG, KG, Miterbengemeinschaft und Gütergemeinschaft. Gemeinsame sachenrechtliche Grundsätze für diese Form des Eigentums aufzustellen ist schwierig (vgl dazu Westermann/Gursky § 29 I 2). **Sonstige Formen** des Eigentums kennt das BGB nicht. Das **Sicherungseigentum** (vgl Anh §§ 929–931) unterscheidet sich vom Normalfall des Eigentums nicht der Art, sondern nur der Zweckbindung nach. Bei Inkrafttreten des BGB bestehendes **Stockwerkseigentum** ist erhalten geblieben, neues kann nicht begründet werden, vgl Art 189 I S 3 EGBGB. Zum Wohnungseigentum vgl vor § 873 Rz 5).

10 **5. Tierschutz.** Satz 2 unterstreicht eine Selbstverständlichkeit (Bamberger/Roth/Fritzsche Rz 68).

904 *Notstand*

Der Eigentümer einer Sache ist nicht berechtigt, die Einwirkung eines anderen auf die Sache zu verbieten, wenn die Einwirkung zur Abwendung einer gegenwärtigen Gefahr notwendig und der drohende Schaden gegenüber dem aus der Einwirkung dem Eigentümer entstehenden Schaden unverhältnismäßig groß ist. Der Eigentümer kann Ersatz des ihm entstehenden Schadens verlangen.

1 **1. Allgemeines.** Der offensive Notstand („Angriffsnotstand") führt zu einer Beschränkung des Verbietungsrechts (§ 903) zugunsten der Rechtsgütersphäre eines Dritten. § 904 hat daher als Ausnahme von § 903 hier seine Stelle im BGB gefunden, obwohl er in engem Zusammenhang mit dem in § 228 geregelten defensiven Notstand steht (vgl § 228 Rz 1). § 904 dient der Werterhaltung und entscheidet den Interessenwiderstreit durch (Güter-)Abwägung zwischem drohendem und entstehendem Schaden. Die Gesamtregelung ist als gesetzliche Konkretisierung des allgemeinen Aufopferungsgedankens aufzufassen (Staud/Seiler Rz 3 mwN). § 904 betrifft die **Einwirkung auf eine fremde** (nicht eine eigene, vgl Staud/Seiler Rz 24 und 8) bewegliche oder unbewegliche **Sache**, von der die Gefahr (anders als bei § 228) nicht ausgeht. Nach hM ist eine entsprechende Anwendung auf **alle absoluten Vermögensrechte** geboten, nicht dagegen bei einem Eingriff in höchstpersönliche Rechtsgüter (MüKo/Säcker Rz 2; Soergel/Baur Rz 3; Westermann/H.P. Westermann § 28 II 2b; Ballerstedt JZ 1951, 228; aA RGRK/Augustin Rz 3). § 904 ist auch **nicht anzuwenden bei** Einwirkung auf eine Sache in Ausübung **hoheitlicher Tätigkeit** (BGH 117, 240 = VersR 1992, 1092, 1094 – gezielte Überschwemmung eines privaten Grundstücks zum Schutz der Allgemeinheit vor Hochwasser). Hier kommt eine Entschädigung wegen enteignenden Eingriffs (vgl vor § 903 Rz 10) in Betracht (vgl im übrigen Staud/Seiler Rz 51). **Sonderregelungen** sind enthalten in § 25 II Nr 2 LuftVG; § 700 HGB; § 78 BinSchG sowie in Katastrophenschutzgesetzen der Länder (vgl Pal/Bassenge Rz 1).

2 **2. Voraussetzungen der Notstandslage. a) Gegenwärtige Gefahr.** Darunter ist ein schadendrohendes Ereignis zu verstehen, das sofortige Abhilfe erfordert (Soergel/Baur Rz 5; Staud/Seiler Rz 12 mwN). Das Ereignis muß nicht außergewöhnlich sein (Staud/Seiler Rz 19; aA wohl RG 57, 187, 191). Wenn das Gesetz eine gegenwärtige Gefahr fordert, so deswegen, weil bei einer nicht gegenwärtigen, sondern nur entfernten Gefahr die Aussicht, daß sie sich verwirklicht, nicht so groß ist, daß der Eingriff in fremdes Eigentum gerechtfertigt wäre, vielmehr abgewartet werden kann, ob die Gefahr nicht wieder verschwindet oder doch durch andere Mittel abwendbar ist (BGH LM Nr 3). Ist der Zeitpunkt des Schadenseintritts zwar ungewiß, muß mit seinem Eintritt aber doch jederzeit gerechnet werden, wie zB bei einem einsturzgefährdeten Bauwerk, so ist eine gegenwärtige Gefahr zu bejahen (BGH aaO; Hamm NJW 1972, 1374; Braunschweig OLGRp 1995, 207, 208). Es ist gleichgültig, ob die Gefahr von einer Sache oder von einem Menschen ausgeht, gegen wen sie sich richtet (den Einwirkenden oder Dritten; gegen Personen oder Vermögen des Gefährdeten) und ob sie verschuldet ist oder nicht. Geht die Gefahr von der Sache aus, auf die eingewirkt wird, ist § 228 einschlägig (vgl hierzu näher § 228 Rz 4).

3 **b)** Eine **Einwirkung** ist jede Handlung, die unmittelbar oder mittelbar (RG 156, 187, 190) den Status quo an der Sache verändert (Staud/Seiler Rz 20), zB durch Zerstörung, Beschädigung, Veränderung, Gebrauch, Veräußerung (Staud/Seiler aaO; offengelassen in BGH 2, 37, 45), Weggabe oder Verlagerung (Staud/Seiler aaO; aA Freiburg JZ 1951, 223, 226). Zu denken ist etwa an Betreten fremden Grundstücks bei Bauarbeiten wegen akuter Einsturzgefahr, an Verankern von Schiff in Seenot an Kabel (RG 113, 301f), an Schutzsuchen bei Unwetter, an Durchbrechen der Mauer zum Nachbargrundstück bei Brand oder Verschüttung etc.

4 Nach hM muß die Einwirkung **bewußt und gewollt** vorgenommen werden (BGH 92, 357ff = NJW 1985, 490, 491; RG 113, 301, 302; Staud/Seiler Rz 22f mwN; aA Jauernig/Jauernig Rz 2; Braun NJW 1998, 941, 944). Dem ist zuzustimmen. Denn als Ausnahmevorschrift zu § 903, als „Mittel zur Eigentumsbeschränkung" (Staud/Seiler Rz 23), ist § 904 restriktiv auszulegen. Im übrigen kann bei einer nicht gewollten Einwirkung wie etwa bei einem Ausweichmanöver im Straßenverkehr keine Güterabwägung nach dem Maßstab des überwiegenden Einwirkungsinteresses (vgl Rz 6) stattfinden. Angemessen erscheint in diesen Fällen eine Verschuldensprüfung bzgl der Gefahrenquelle. Denn andernfalls würde die Grenze zur Gefährdungshaftung verwischt (Westermann/H.P. Westermann § 28 II 2c).

5 **c)** Die Einwirkung muß **notwendig** sein. Zum einen muß die betreffende Maßnahme zur Gefahrenabwehr geeignet sein; zum anderen darf kein anderes, ebenso geeignetes Mittel zur Verfügung stehen, welches keinen bzw einen weniger gewichtigen Eingriff in fremdes Eigentum etc zur Folge hätte (MüKo/Säcker Rz 9; Staud/Seiler

Rz 25 mwN). So darf man zB nicht zwecks Krankenrettung das Auto des Nachbarn gewaltsam aus der Garage holen, wenn man leicht telefonieren könnte. Dagegen ist gleichgültig, ob die Einwirkung zum Erfolg führt. Sie muß auch nicht etwa aufgrund einer sittlichen Pflicht (vgl § 323c StGB) geboten sein.

d) Der **drohende Schaden** muß **unverhältnismäßig groß** sein im Vergleich zum Schaden, der dem Eigentümer 6 aus der Einwirkung entsteht. Das **Leben** eines Menschen gilt im Rahmen der gebotenen Güterabwägung immer als erheblich höherwertig. Gleiches gilt für schwere **Körper- oder Gesundheits**verletzungen (Staud/Seiler Rz 27). Bei einem **Tier** wird man im Hinblick auf seinen Affektionswert eine nach § 904 S 1 gerechtfertige Einwirkung bereits dann bejahen können, wenn sein Wert ebenso hoch ist wie derjenige der zerstörten Sache (vgl MüKo/Säker Rz 12). Ist dagegen das bedrohte Rechtsgut gleichfalls eine **Sache bzw ein vermögenswerter Gegenstand**, so ist der drohende Schaden nur dann unverhältnismäßig, wenn er (ohne Berücksichtigung eines ohne Einwirkung entgehenden Gewinns) mindestens 50 % über demjenigen liegt, der dem Eigentümer durch die Einwirkung entsteht (Staud/Seiler Rz 27 mwN). Droht ein (kurzfristiger) Freiheitsverlust oder eine leichte Körperverletzung, ist auf den Einzelfall abzustellen (vgl Staud/Seiler aaO mwN).

3. Rechtsfolgen. a) Liegen die Voraussetzungen des § 904 S 1 vor, so ist der Eingriff in fremdes Eigentum 7 **gerechtfertigt**, dh der Eigentümer muß ihn dulden. Auch Personen, die dinglich oder obligatorisch zum Besitz der betreffenden Sache berechtigt sind oder nach §§ 859ff „an sich" Besitzschutz genießen, sind nicht widerspruchsberechtigt (vgl RG 156, 187, 190; Staud/Seiler Rz 31). Wer sich über seine Duldungspflicht hinwegsetzt, handelt vielmehr rechtswidrig. So befindet sich der Einwirkende seinerseits in einer Notwehrlage, wenn sich der Eigentümer zu Unrecht widersetzt, wenn er es zB ohne beachtliche Gründe mit Gewalt verhindert, daß man sein Auto nimmt, um einen Schwerverletzten zum Arzt zu schaffen (vgl auch Rz 5).

b) Im Falle einer längere Zeit andauernden Gefahr (vgl Rz 2) kommt ein **klagbarer Anspruch** auf Duldung 8 der Einwirkung in Betracht (Hamm NJW 1972, 1344f; MüKo/Säcker Rz 14; Pal/Bassenge Rz 4; vgl auch Staud/Seiler Rz 32).

c) Gemäß § 904 S 2 **kann** der Eigentümer **Ersatz des** ihm durch die Einwirkung auf die Sache entstandenen 9 **Schadens** verlangen. Aktivlegitimiert ist darüber hinaus jeder Duldungspflichtige (vgl Rz 7), den der Schaden trifft (RG 156, 187, 190; Braunschweig OLGRp 1995, 207; MüKo/Säcker Rz 15).

Den **Ersatzpflichtigen** nennt das Gesetz nicht. Die wohl noch hL vertritt die Ansicht, die Schadensersatzpflicht 10 aus § 904 S 2 treffe grds den Einwirkenden (RG 113, 301, 303; BGH 6, 102, 105; Nürnberg OLGRp 1999, 324; Soergel/Baur Rz 23; Bamberger/Roth/Fritzsche Rz 20; Pal/Bassenge Rz 5). Werde der tatsächlich Handelnde als Organ, Repräsentant oder Gehilfe tätig, so sei der „Vertretene" ersatzpflichtig (BGH 6, 102, 103; LM Nr 2 zu § 904; RG 113, 301, 306 – Haftung des Staates bei Eingriff im Allgemeininteresse). Der Handelnde hafte auch dann nicht, wenn er sich bei unterlassener Einwirkung nach § 323c StGB strafbar gemacht hätte (Pal/Bassenge Rz 5; aA Soergel/Baur Rz 23). Sei die Einwirkung zum Schutz des Rechtsguts eines Dritten erfolgt, so könne der ersatzpflichtige Einwirkende beim Begünstigten gemäß den §§ 662ff; 677ff oder §§ 812ff Regreß nehmen (Pal/Bassenge Rz 6; Soergel/Baur Rz 23). Eine im Vordringen begriffene Auffassung hält dagegen den Begünstigten für ersatzpflichtig (LG Essen NZM 1999, 95, MüKo/Säcker Rz 17; Westermann/H.P. Westermann § 28 II 2c; Larenz/Canaris Bd II/2 S 655; Staud/Seiler Rz 38 mwN). Wenngleich es oftmals für den Geschädigten leichter sein mag, den Einwirkenden zu ermitteln (vgl Pal/Bassenge Rz 5; zweifelnd – zu Recht – Staud/Seiler Rz 38), so spricht für die Passivlegitimation des Begünstigten, daß gerade sein höherrangiges Interesse auf Kosten des Geschädigten befriedigt worden ist (vgl Larenz/Canaris aaO). Zudem erscheint es auch unbillig, den hilfsbereiten Einwirkenden das Risiko einer Insolvenz des Begünstigten tragen zu lassen. Deshalb sprechen die besseren Gründe für eine Schadensersatzpflicht des Begünstigten (vgl auch Staud/Seiler aaO mwN zum Streitstand).

Eine Haftung nach § 904 S 2 setzt **weder Verschulden** voraus, **noch** muß der Einwirkende geschäftsfähig oder 11 **deliktsfähig** sein (Staud/Seiler Rz 39). Mehrere Begünstigte haften als **Gesamtschuldner**.

Zu ersetzen sind gemäß §§ 249ff (BayObLG 44 [1994], 140, 146) alle unmittelbaren und mittelbaren Schäden, 12 soweit sie adäquate Folge einer Einwirkung iSv § 904 S 1 sind (BGH NJW 1962, 630, 631; RG 156, 187, 190). Während im allgemeinen Schadensrecht nach wohl noch hL wertmindernd nur solche „Schadensanlagen" berücksichtigt werden, die bereits bei dem ersten schädigenden Ereignis real gegeben waren (zB beschädigtes Gebäude wäre aufgrund bereits vorhandener Baufälligkeit ohnehin eingestürzt), und im übrigen beim Objektschaden Reserveursachen stets unbeachtlich sind (BGH NJW 1994, 999, 1000 mwN; Pal/Heinrichs vor § 249 Rz 102; Larenz SchuldR Bd I § 30 I) hat sich die Rspr im Rahmen von § 904 großzügiger gezeigt. So hat etwa das RG (RG 156, 187, 191) entschieden, eine Notstandshandlung sei für den eingetretenen Schaden nicht ursächlich im Rechtssinne, wenn die durch die Notstandshandlung geschädigte Sache ohne die Einwirkung den gleichen oder einen noch größeren Schaden erlitten hätte (siehe auch Stuttgart [Nebensitz Karlsruhe] NJW 1949, 585). Dem ist zu folgen. Was gemäß § 848 für die Zufallshaftung bei unerlaubter Sachentziehung gilt, muß für die Haftung infolge rechtmäßiger Einwirkung erst recht gelten (vgl auch MüKo/Säcker Rz 15).

§ 254 gilt entsprechend, dh eine verschuldens- bzw gefährdungshaftungsrechtliche Mitverantwortung des Eigen- 13 tümers für die Gefahrenlage kann zu einer Kürzung bzw einem Verlust des Schadensersatzanspruchs aus § 904 S 2 führen (vgl BGH 6, 102, 110 = NJW 1952, 1132; LG Freiburg NJW-RR 1989, 683; Staud/Seiler Rz 41). Bloße Ursächlichkeit der Sache des Eigentümers für die Gefahrenlage reicht dagegen nicht aus (MüKo/Säcker Rz 21). Gleiches gilt für sein Einverständnis mit der Einwirkung (Pal/Bassenge Rz 5 mwN), denn der Eigentümer ist ja nach § 904 S 1 gerade zur Duldung verpflichtet.

Die **Verjährung** des Schadensersatzanspruchs richtet sich nach den §§ 195, 199 I, III, nicht nach § 852 (BGH 14 NJW 1956, 381; Pal/Bassenge Rz 6; zweifelnd Soergel/Baur Rz 25).

15 Eine **analoge Anwendung** des § 904 S 2 erscheint bei Eingriffen in immaterielle Rechtsgüter wie Körper, Freiheit etc geboten, wenn die betreffende Tat nach § 34 StGB (nicht § 904 S 1; vgl Rz 1) gerechtfertigt ist, dh keine zum Schadensersatz nach § 823 verpflichtende unerlaubte Handlung vorliegt (vgl Wilts NJW 1962, 1852f und 1964, 708f; Larenz/Canaris Bd II/2 S 656; MüKo/Säcker Rz 24 mwN). Während in diesem Fall der dadurch Begünstigte haftet (vgl MüKo/Säcker aaO), haftet bei fahrlässigem **Irrtum** über die Voraussetzungen des § 904 S 1 der Einwirkende, und zwar aus § 823 (Pal/Bassenge Rz 6). Bei schuldlosem Irrtum über die tatsächlichen Umstände dürfte § 231 analog anzuwenden sein (Canaris JZ 1971, 399; MüKo/Säcker Rz 26). Zur sog Selbstaufopferung im Straßenverkehr vgl § 677 Rz 14.

905 *Begrenzung des Eigentums*

Das Recht des Eigentümers eines Grundstücks erstreckt sich auf den Raum über der Oberfläche und auf den Erdkörper unter der Oberfläche. Der Eigentümer kann jedoch Einwirkungen nicht verbieten, die in solcher Höhe oder Tiefe vorgenommen werden, dass er an der Ausschließung kein Interesse hat.

1 **1. Allgemeines.** Theoretisch könnte der Eigentümer senkrecht nach oben etwa bis zum Mond und, soweit nicht das Bergrecht öffentlich-rechtliche Grenzen setzt, nach unten bis zur Erdmitte vordringen. Unabhängig von der Frage, ob die Befugnis des Eigentümers, nach oben und unten einzuwirken, noch Eigentum im Sinne des Gesetzes ist, enthält § 905 S 1 den rechtlichen **Schutz der Interessensphäre** und damit ein Herrschafts- und Ausschließungsrecht des Grundeigentümers in den Schranken des Satzes 2 (RG 132, 398; Staud/Roth Rz 2 mwN). Eingriffe anderer in seinen Herrschaftsbereich, wozu sog negative Einwirkungen nicht zählen (vgl § 906 Rz 11), kann der Eigentümer nach § 1004 in den Grenzen seines schutzwürdigen Interesses verbieten, soweit nicht das Gesetz oder Drittrechte (§ 903) entgegenstehen (vgl etwa zu den nachbarrechtlichen Eigentumsbeschränkungen § 906 Rz 83). Sein Recht erstreckt sich auf die senkrechte Luftsäule über und den „Erdkörper" unter dem Grundstück.

2 **2.** Zum sog **Erdkörper** gehören alle Bodenbestandteile (zB Sand oder Kies), die nicht dem sog Bergregal (vgl § 3 BBergG) unterliegen (BGH NJW 1984, 1169, 1172). Die wichtigsten und volkswirtschaftlich bedeutsamsten Bodenschätze sind freilich aus dem Grundeigentum herausgenommen und einer öffentlich-rechtlich geprägten Nutzungsordnung unterworfen (Staud/Roth Rz 30 mwN). Zur entsprechenden Anwendung des § 905 bei sog gemeinwichtigen Anlagen vgl Rz 9. Auch das Grundwasser wird vom Herrschaftsrecht des Grundstückseigentümers nicht erfaßt (BVerfG NJW 1982, 754; vgl auch MüKo/Säcker Rz 5; krit Staud/Roth Rz 6 mwN). Grundwasser ist das gesamte unterirdische Wasser, soweit es nicht künstlich gefaßt ist (BVerwG DVBl 1968, 32). Vorübergehendes Hervortreten (BVerwG DÖV 1969, 755) steht der Qualifizierung als Grundwasser nicht entgegen. Auch ein Baggersee kann Grundwasser sein (Pal/Bassenge Rz 2). Gesetzliche Beschränkungen auf öffentlich-rechtlicher Grundlage sind durch das Wasserhaushaltsgesetz iVm den dazu ergangenen Landeswassergesetzen (vgl auch Art 65 EGBGB) geschaffen worden. Zur Inanspruchnahme privater Grundstücke zum Ausbau des Telekommunikationsnetzes vgl Rz 3 und § 903 Rz 5.

3 **3.** Die Benutzung des **Luftraums** durch Flugzeuge muß Grundeigentümer nach § 1 LuftVG grds entschädigungslos dulden, wobei zu erwägen ist, § 1 LuftVG dahingehend einschränkend auszulegen, daß nur der nach dem jeweiligen Stand der Technik unvermeidbare Lärm hinzunehmen ist (vgl Staud/Roth Rz 21 mwN). Die dem Luftfahrtunternehmer gemäß § 33 LuftVG treffende Gefährdungshaftung ist schon wegen der oft schwierigen Beweisführung (vgl RG 158, 34 – Silberfuchsfarm) ein schwacher Ersatz für das – ausgeschlossene – Verbietungsrecht des Eigentümers. Weitere spezialgesetzliche Regelungen, die die Benutzung des Luftraums betreffen, enthalten § 57 TKG (vgl § 903 Rz 5; Schütz NVwZ 1996; 1053, 1057; Staud/Roth Rz 22) sowie § 32 PBefG. Danach ist der Eigentümer zur Duldung von Telekommunikationslinien bzw von Haltevorrichtungen für elektrische Leitungen verpflichtet.

4 **4.** Besteht **kein Ausschließungsinteresse**, so darf der Eigentümer gemäß § 905 S 2 die betreffende Einwirkung nicht verbieten. Gleiches gilt für Besitzer (Bremen OLGZ 1971, 147), Erbbau- und Dienstbarkeitsberechtigte (vgl § 11 ErbbauVO; §§ 1027, 1065, 1090 II) sowie für sonstige Nutzungsberechtigte (BGH NJW 1981, 573). Das Interesse braucht kein vermögensrechtliches zu sein; auch ein ästhetisches (BGH WM 1981, 129, 130) oder zukünftiges (BGH NJW 1994, 999, 1001 mwN) Interesse ist ausreichend. Das Interesse muß sich auf eine Beziehung zur Benutzung des Grundstücks gründen (RG 150, 216, 226). So kann der Eigentümer zB den Bau eines Eisenbahntunnels unter seinem Grundstück nicht deshalb verbieten, weil er an einem Konkurrenzunternehmen beteiligt ist (BGH WM 1981, 129, 130). Auch das Interesse, sich für die Gestattung der Einwirkung ein Entgelt auszubedingen, genügt nicht (BGH WM 1981, 129, 130). Andererseits spielt es für das Verbietungrecht des Eigentümers keine Rolle, ob sich sein Ausschließungsinteresse aus der unmittelbaren eigenen Nutzung des Grundstücks oder aus der Nutzung durch einen von ihm dazu berechtigten Dritten ergibt, denn zu einer ungehinderten Ausnutzung des Eigentums (§ 903) gehört auch die Möglichkeit, das Grundstück einem anderen zur ungestörten Benutzung zu überlassen (BGH NJW 1981, 573, 574).

5 Das Ausschließungsinteresse ist nicht nach abstrakten Grundsätzen zu beurteilen; maßgebend sind vielmehr die **konkreten Verhältnisse** (BGH WM 1981, 129, 130). Ob ein schutzwürdiges Interesse besteht, richtet sich nach der Verkehrsanschauung, wobei die örtlichen Verhältnisse zu berücksichtigen sind (Staud/Roth Rz 10 mwN). Da es sich bei § 905 S 2 um einen Ausnahmetatbestand handelt, trägt der Einwirkende die **Beweislast** BGH WM 1981, 129, 130; Staud/Roth Rz 42 mwN). Dieser muß indes nur solche, ein Ausschließungsinteresse begründende Umstände ausräumen, auf die sich der Eigentümer beruft. Etwas anderes gilt nur dann, wenn sich ein schutzwürdiges Interesse als Folge einer allgemeinen Erfahrung aufdrängt.

6 Folgende **Einwirkungen** haben die Gerichte ua beschäftigt: Untertunnelung (BGH NJW 1981, 573f; NJW 1982, 2179; RG JW 1912, 869); Tiefspeicher (BGH WM 1981, 129); Versorgungsleitungen in einer Tiefe von

2,3 m (BGH NJW 1994, 999, 1001) bzw 3 m (Düsseldorf NJW-RR 1991, 403f); Fernheizungsrohr 1,79 m tief unter Bahnkörper einer Straßenbahngesellschaft (Bremen OLGZ 1971, 147, 150); Leitungen über Straßen (RG JW 1928, 502, 503; JW 1932, 45, 46; Hamm JW 1927, 2533f) bzw noch wachsenden Bäumen (BGH NJW 1976, 416f); Schwenken eines Turmdrehkrans über Nachbargrundstück (Düsseldorf NJW-RR 1989, 1421; Karlsruhe NJW-RR 1993, 91) bzw dort hineinragende Reklametafel (Hamburg MDR 1969, 576) oder Giebelmauer (RG 88, 39, 41); Drahtseilbahnen in 9,5 m Höhe (Kassel OLGE 18 [1909], 121).

5. § 905 beschränkt auch das Recht des Eigentümers einer **öffentlichen Sache** (vgl vor § 90 Rz 11ff sowie 7 Papier, Recht der öffentlichen Sachen, 3. Aufl, 1998; Soergel/Stadler Einl vor § 854 Rz 60f). Öffentliche Sachen, also zB das Verwaltungsvermögen und die kraft öffentlich-rechtlicher Widmung im Gemeingebrauch stehenden Straßen und Gewässer, unterliegen in aller Regel der bürgerlich-rechtlichen Eigentumsordnung (Staud/Roth Rz 24; zum sog „öffentlichen Eigentum" vgl vor § 903 Rz 2; s auch Schleswig NJW 2001, 1073f, NJW-RR 2003, 1170f zum Meeresstrand), gleichgültig, ob Eigentümer ein Privatmann oder eine öffentliche Körperschaft ist. An ihnen besteht **Gemeingebrauch**, dh die jedem offenstehende Benutzung einer öffentlichen Zwecken gewidmeten Sache im Rahmen der Üblichkeit und Gemeinverträglichkeit. Er reicht so weit, wie die Benutzung der öffentlichen Sache üblicherweise erfolgt. Der Gemeingebrauch an Straßen (vgl zB § 7 FStrG; § 14 StrWG NW) umfaßt deshalb nicht lediglich die Benutzung zum Verkehr, sondern auch den sog **Anliegergebrauch** (vgl zB § 14a StrWG NW), zB kommerzielle Werbung durch sog Nasenschild (BVerwG NJW 1979, 440f); Bauchladen (Köln NVwZ 1992, 100); politische Flugblätterverteilung (OVG Lüneburg NJW 1977, 916f); Straßenmusik (BVerwG NJW 1987, 1836); Hotelschutzdach (RG 132, 398, 402f; BGH NJW 1957, 1396, 1397); Radständer (OVG Lüneburg SchlHA 1963, 80); Bauzaun und Lagerung von Baumaterial auf dem Gehweg in angemessenem Umfang (BGH 22, 395, 397; 23, 157, 168 = NJW 1957, 630, 631f; Köln VRS 63 [1982], 76, 79); sog Laternengaragen (BVerwG DVBl 1979, 155); uU abgestellter Wohnwagenanhänger (BVerwG NJW 1986, 337); dagegen **nicht**: Warenautomat (BVerfG NJW 1975, 357f); aufgestellte Stände (BGH 23, 157, 166f); Imbiß- bzw Eiswagen (HessVGH NVwZ 1983, 48; Stuttgart NVwZ 1984, 468). Was der Bestimmung der Sache nicht entspricht bzw nicht mehr zum Gemein- bzw Anliegergebrauch gehört, ist Sondernutzung (vgl § 8 FStrG; § 18 StrWG NW). Der Gemeingebrauch kann bei besonderen örtlichen Verhältnissen verschieden beurteilt werden. Sein Rahmen wird durch die allgemeine, im Sinne des Fortschritts veränderliche **Verkehrsanschauung** und nicht durch lokale Rückständigkeiten bestimmt (BGH 23, 157, 165; MüKo/Säcker Rz 14). Der Kern des Gemeingebrauchs ist bundesrechtlich geregelt in Art 2 I, 3 I, 14 I GG (vgl dazu BVerwG NJW 1969, 284).

Soweit Gemeingebrauch und Anliegergebrauch reichen, sind Ansprüche des Straßeneigentümers aus § 1004 I 8 ausgeschlossen. Bei einer Sondernutzung des Luftraums kann der Straßeneigentümer dagegen im ordentlichen Rechtsweg sowohl Unterlassung als auch ein privatrechtliches Nutzungsentgelt verlangen (BGH 19, 85 = NJW 1956, 104; Staud/Roth Rz 24 mwN). Gleiches gilt bei einer den Gemeingebrauch beeinträchtigenden „Oberflächennutzung" an Straßen (Staud/Roth Rz 26) bzw einem nicht zulässigen Anliegergebrauch (siehe oben). Durch die im Bereich der Sondernutzungen von öffentlichem Recht gegebenen Rechtsbehelfe die öffentlich-rechtlichen Rechts wird das Privatrecht nicht verdrängt (Papier aaO S 81; Staud/Roth aaO). Ein Sondernutzungsrecht ist ein Recht iSv § 1004 (BGH NJW 1965, 1712, 1714). Die Klage des Gemeingebrauchsberechtigten richtet sich nach dem Eingriff: Die öffentlich-rechtliche Abwehrklage ist gegeben gegen Eingriffe von Hoheitsträgern (OVG Lüneburg DVBl 1964, 153); die Klage aus § 1004 I gegen den Straßeneigentümer und Dritte. Wegen der **res sacrae** und **res religiosae** (Kirchen, Friedhöfe) vgl vor § 90 Rz 14 und Soergel/Stadler Einl vor § 854 Rz 61 mwN.

5. Soweit der Eigentümer nach S 2 (also nicht wegen Gemeingebrauchs, Rz 7) eine Einwirkung in seine Sphäre 9 nach oben oder unten dulden muß, hat er (obwohl das Gesetz hier schweigt) einen **verschuldensunabhängigen Ersatzanspruch** für schädigende Einwirkungen auf das Grundstück gegen den Einwirkenden (Bremen OLGZ 1971, 147; Pal/Bassenge Rz 5; MüKo/Säcker Rz 19; aA Staud/Roth Rz 39 mwN). Ensprechendes gilt für den berechtigten Besitzer (zB Pächter oder Mieter). Dieser Anspruch ist ein Äquivalent der Duldungspflicht. Der in den §§ 867 S 2, 904 S 2, und § 14 BImSchG zum Ausdruck kommende Rechtsgedanke paßt auch hier, weil sich aufgrund des Schadenseintritts (nachträglich) ergeben hat, daß die Einwirkung schadensträchtig war und deshalb ein Ausschließungsinteresse „an sich" bestand (vgl MüKo/Säcker Rz 19).

Ein bürgerlich-rechtlicher Ausgleichsanspruch kommt auch bei analoger Anwendung des § 905 zugunsten einer sog **gemeinwichtigen Anlage** in Betracht, wenn zB ein Grundstückseigentümer aus übergeordneten Interessen vom Tonabbau absehen muß, weil ein Energieversorgungsunternehmen tiefere Schichten zur behälterlosen Speicherung von Gas in Anspruch nimmt (BGH 110, 17, 23).

906 *Zuführung unwägbarer Stoffe*
(1) Der Eigentümer eines Grundstücks kann die Zuführung von Gasen, Dämpfen, Gerüchen, Rauch, Ruß, Wärme, Geräusch, Erschütterungen und ähnliche von einem anderen Grundstück ausgehende Einwirkungen insoweit nicht verbieten, als die Einwirkung die Benutzung seines Grundstücks nicht oder nur unwesentlich beeinträchtigt. Eine unwesentliche Beeinträchtigung liegt in der Regel vor, wenn die in Gesetzen oder Rechtsverordnungen festgelegten Grenz- oder Richtwerte von den nach diesen Vorschriften ermittelten und bewerteten Einwirkungen nicht überschritten werden. Gleiches gilt für Werte in allgemeinen Verwaltungsvorschriften, die nach § 48 des Bundes-Immissionsschutzgesetzes erlassen worden sind und den Stand der Technik wiedergeben.
(2) Das Gleiche gilt insoweit, als eine wesentliche Beeinträchtigung durch eine ortsübliche Benutzung des anderen Grundstücks herbeigeführt wird und nicht durch Maßnahmen verhindert werden kann, die Benutzern dieser Art wirtschaftlich zumutbar sind. Hat der Eigentümer hiernach eine Einwirkung zu dulden, so

§ 906   Sachenrecht   Eigentum

kann er von dem Benutzer des anderen Grundstücks einen angemessenen Ausgleich in Geld verlangen, wenn die Einwirkung eine ortsübliche Benutzung seines Grundstücks oder dessen Ertrag über das zumutbare Maß hinaus beeinträchtigt.
(3) Die Zuführung durch eine besondere Leitung ist unzulässig.

I. Grundzüge	
1. Zweck der Vorschrift	1
2. Grundlinien der Regelung	2
3. Dogmatische Tragweite	4
a) Kreis der Duldungspflichtigen	5
b) Bedeutung für das Deliktsrecht	6
c) Bedeutung für das öffentliche Nachbarrecht . . .	7
d) Bedeutung für andere nachbarliche Beeinträchtigungen	8
II. Unmittelbarer Anwendungsbereich	9
1. Art der Einwirkungen	
a) Benannte Immissionen und „ähnliche Einwirkungen"	10
b) Räumliche Abgrenzung	13
c) Art der Zuführung	14
d) Zurechenbarkeit der Einwirkung	15
2. Voraussetzungen der Duldungspflicht nach § 906 .	16
a) Unwesentliche Beeinträchtigungen	17
b) Wesentliche, aber ortsübliche und nicht wirtschaftlich zumutbar zu verhindernde Beeinträchtigungen	22
aa) Ortsüblichkeit	23
bb) Wirtschaftlich zumutbare Maßnahmen . . .	34
3. Rechtsfolgen der Duldungspflicht	35
a) Maß des entschädigungslos Hinzunehmenden . .	36
b) Summierte Immissionen	37
c) Sachbefugnis	39
d) Höhe des Ausgleichsanspruchs	40
4. Beweislast	41
5. Klageantrag und Urteil	42
III. Nachbarrechtlicher Ausgleichsanspruch analog § 906 II S 2	
1. Anspruchsvoraussetzungen	43
2. Anspruchsinhalt	45
IV. Hoheitliche Immissionen und andere beeinträchtigende Realakte	
1. Grundsätzliches	46
a) Primärer Abwehranspruch (Beseitigung und Unterlassung)	47
b) Sekundärer Abwehranspruch (Entschädigung)	48
aa) Enteignende Eingriffe	49
bb) Enteignungsgleiche Eingriffe	50
2. Hoheitliche Eingriffe	51
a) Hoheitliche Immissionen	52
b) Andere hoheitliche Realakte	53
c) Speziell: Einwirkungen von Verkehrsanlagen .	54
aa) Hoheitlicher Charakter	55
bb) Ortsüblichkeit und Zumutbarkeitsgrenze .	56
d) Umfang der Entschädigung	59
e) Passivlegitimation	61
V. Gesteigerte Duldungspflichten und ihr Ausgleich	62
1. Öffentlich-rechtliche Planfeststellungs-, Genehmigungs- oder Bewilligungsverfahren . . .	63
a) Genehmigung umweltrelevanter Anlagen (§ 14 BImSchG)	64
b) Planfeststellungen	65
c) Wasserrechtliche Bewilligungen	66
d) Keine gesteigerten Duldungspflichten	
aa) Formlose Verwaltungsverfahren	67
bb) Baugenehmigung	68
cc) Bebauungsplanung	69
dd) Baulast	70
ee) Sportausübung	71
2. Gemeinwichtige Betriebe	72
3. Treu und Glauben (nachbarrechtliches Gemeinschaftsverhältnis)	
a) Anwendungsbereich	74
b) Rechtsfolgen	
aa) Kein gesetzliches Schuldverhältnis iSd § 278	76
bb) Ausgleichsanspruch	77
VI. Verjährung	78
VII. Rechtsweg	79
VIII. Nachbarrechte der Länder	83

I. Grundzüge

1   1. Zweck der Vorschrift. Nach dem Grundsatz des § 903 könnte der Eigentümer eines Grundstücks mit seiner Sache nach Belieben verfahren (positiver Eigentumskern) und andere von jeder Einwirkung ausschließen (negativer Eigentumskern). Der faktische Verbund der einzelnen Grundstücke im nachbarlichen Raum führt bei ihrer Nutzung im Zeitalter der Technik und der räumlichen Enge aber oft zu wechselseitigen Beeinträchtigungen. Ein Verbot jeglicher Einwirkungen wäre praktisch nicht durchführbar und würde eine sinnvolle Nutzung jedes einzelnen Grundstücks weitgehend unmöglich machen. Die Nachbarlage der Grundstücke nötigt daher zu gegenseitigem Nachgeben und berechtigt deshalb auch zu sozialer Teilhabe (Bälz, Freundesgabe F. Kübler, S 355ff). § 906 erstrebt (iVm den nachfolgenden Vorschriften des privaten Nachbarrechts, vgl auch Art 124 EGBGB) einen sachgerechten **Ausgleich widerstreitender Interessen** des gestörten Grundstückseigentümers und des einwirkenden Nachbarn. Im übergreifenden Zusammenhang des Nachbarrechts soll die Vorschrift zugleich dazu beitragen, die beste Nutzung des nachbarlichen Raumes zu ermöglichen und dort den Frieden zu erhalten (H. Westermann, FS Larenz, 1973, S 1003, 1006f). Soweit § 906 den Eigentumsabwehranspruch nicht einschränkt, leistet er darüber hinaus einen Beitrag zum Umweltschutz.

§ 906 ist keine starre Norm, sondern im Wege der Auslegung (vor allem der Begriffe „wesentliche Beeinträchtigung" und „ortsübliche Benutzung") **anpassungsfähig** an die bestehenden Verhältnisse, aber auch an bestimmte Entwicklungen (Fortschritte der Technik und des Verkehrs; gewandelte Wertvorstellungen über den Umweltschutz uä, vgl schon RG JW 1936, 3453, aber auch BGH 38, 61; 64, 220). Damit stellt die Vorschrift zugleich ein Steuerungsinstrument für die Raumentwicklung dar (vgl Diederichsen, FS Reimer Schmidt, 1976, S 1ff; Mittenzwei MDR 1977, 99). In ihren Ergebnissen spiegelt die Rspr zu § 906 die rechtspolitischen Prioritäten der jeweiligen Entwicklungsphase wider, insbesondere für lange Zeit die Tendenz zur industriellen Expansion (s etwa RG Gruch 55, 105 – Thaleurteil; RG 154, 161 – Gute-Hoffnungs-Hütte II; zum Ausbau der Verkehrswege RG 159, 129, 139f – Reichsautobahn; BGH 49, 148 – Bergnase; vgl hierzu Schapp, Das Verhältnis von privatem und öffentlichem Nachbarrecht, 1978, S 63ff).

§ 906

2. Grundlinien der Regelung. § 906 wurde zuletzt geändert durch Art 2 § 4 des Sachenrechtsänderungsgesetzes v 21. 9. 1994 (BGBl I 2457, 2489). Davor wurde er neu gefaßt durch Gesetz v 22. 12. 1959 (BGBl I 781), um die vorstehend erwähnten richterlichen Rechtsfortbildungen fortzuführen, die im Zuge der Industrialisierung als unabweisbar notwendig vollzogen worden waren (vgl § 906 II), und um die Reinhaltung der Luft zu sichern (vgl zur Gesamtproblematik Hagen, Der nachbarrechtliche Ausgleichsanspruch nach § 906 II S 2 als Musterlösung und Lösungsmuster, FS Hermann Lange, 1992, S 483ff). Rechtstechnisch grenzt das Gesetz die Rechte und Pflichten der Grundstückseigentümer gegeneinander ab, indem es den **Eigentumsabwehranspruch** (§ 1004) gegenüber bestimmten Beeinträchtigungen in gewissem Umfang **einschränkt.** Die Vorschrift bestimmt, inwieweit (entgegen der Regel nach §§ 903, 1004) die Zuführung von Gasen, Dämpfen, Gerüchen, Rauch, Ruß, Wärme, Geräusch und Erschütterungen sowie ähnliche Einwirkungen von einem Grundstück auf ein anderes zulässig sind; dieser Regelungsbereich entspricht weitgehend der Definition schädlicher Umwelteinwirkungen iSv § 3 BImSchG, dem öffentlich-rechtlichen Gegenstück zu § 906. Eine gemeinsame Wurzel verortet Bälz (Rz 1) in die Gemeinwohlklausel der Eigentumsgarantie nach Art 14 II S 1 GG.

§ 906 beschränkt den Eigentumsabwehranspruch teils ohne jede Kompensation, teils gegen einen angemessenen Ausgleich in Geld. Eine **Duldungspflicht ohne Kompensation** besteht gegenüber solchen Zuführungen (Immissionen), durch deren Einwirkung die Benutzung des Grundstücks nicht oder nur unwesentlich beeinträchtigt wird (§ 906 I). Gegen einen angemessenen **Ausgleich in Geld** sind wesentliche Beeinträchtigungen zu dulden, die durch eine ortsübliche Benutzung des anderen Grundstücks herbeigeführt werden und nicht durch Maßnahmen verhindert werden können, die wirtschaftlich zumutbar sind (§ 906 II). **Keine Duldungspflicht** besteht hiernach gegenüber solchen wesentlichen Beeinträchtigungen, die entweder nicht ortsüblich oder zwar ortsüblich, aber mit zumutbarem wirtschaftlichen Aufwand zu verhindern sind. Gegenüber derartigen (unzulässigen) Immissionen braucht sich der Betroffene nicht darauf verweisen zu lassen, er möge sich – über das normale Maß hinaus – selbst schützen und zB die Fenster dauernd geschlossen halten.

Der **Umfang des Ausgleichsanspruchs** nach § 906 II S 2 bestimmt sich nach den Grundsätzen der Enteignungsentschädigung (BGH 85, 375, 386) und kann daher hinter vollem Schadensersatz (§§ 249ff) zurückbleiben (vgl Rz 40).

Die skizzierte Regelung des privaten Nachbarrechts wird ergänzt und überlagert durch **öffentlich-rechtliche Beschränkungen des Eigentums**, die öffentlich-rechtliche Duldungs- und ggf **Entschädigungspflichten** auslösen können, zB nach § 14 BImSchG (vgl Rz 62ff).

Auch soweit der Eigentumsabwehranspruch ausgeschlossen ist, bleibt es dem Eigentümer freigestellt, sich durch geeignete Vorkehrungen (Schallschutz oä) selbst zu schützen (§ 903, vgl auch § 228). Umgekehrt können den Störer deliktsrechtlich Sicherungspflichten zur Abwehr der von ihm (erlaubterweise) geschaffenen Gefahren treffen (BGH 62, 186, 188 – Straßenglätte aufgrund Zementstaubs).

3. Dogmatische Tragweite. § 906 regelt unmittelbar nur die Frage, ob, unter welchen Voraussetzungen und mit welchen Rechtsfolgen (Ausgleichsanspruch?) ein Grundstückseigentümer Zuführungen der dort genannten Art oder ähnliche von einem anderen Grundstück ausgehende Immissionen dulden muß. Die – geglückte – gesetzliche Interessenabwägung wird aber als sachgerechtes **Regelungsmuster** auch in vielen anderen Fällen zur wertungskonformen Lösung herangezogen. Der Anwendungsbereich der Vorschrift wird dadurch in mehrfacher Hinsicht erweitert (vgl Hagen, FS Hermann Lange, 1992, S 483ff).

a) Kreis der Duldungspflichtigen. Duldungspflichtig sind nicht nur Allein- und Miteigentümer (§ 1011), sondern auch Dienstbarkeitsberechtigte (§§ 1027, 1090 II) und Nießbraucher (§ 1065). Nach der höchstrichterlichen Rspr ist § 906 ferner auf obligatorisch nutzungsberechtigte Besitzer anzuwenden (BGH 147, 45, 50 mwN = NJW 2001, 1865, 1866 = JZ 2001, 1084 mit Anm Brehm, der zu Recht hervorhebt, daß nur der berechtigte Besitzer in den Schutzbereich des § 906 einbezogen sei; vgl hierzu aber auch BGH NJW-RR 2002, 1576, 1577), nicht jedoch auf das Verhältnis unter mehreren Mietern ein und desselben Grundstücks (BGH, Urt v 12. 12. 2003 – V ZR 180/03; aA Düsseldorf VersR 2003, 455, 456, NJW-RR 2003, 1521). Im öffentlichen Recht genießen dagegen nur Grundeigentümer, nicht obligatorisch Nutzungsberechtigte, städtebaulichen Nachbarschutz (BVerwG NJW 1989, 2766 mwN).

b) Bedeutung für das Deliktsrecht. §§ 906ff sind als nachbarrechtliche Sonderbestimmungen maßgebend dafür, ob die von einem Grundstück auf ein anderes ausgehenden Einwirkungen rechtswidrig sind; sie entscheiden deshalb auch für das Deliktsrecht darüber, ob eine **widerrechtliche Handlung (oder Unterlassung)** vorliegt (BGH 44, 130, 134; 90, 255, 259; 117, 110 = NJW 1992, 1389; NJW-RR 2000, 537; Roth JuS 2001, 1661f). Zugunsten von Dritten, die nachbarrechtlich nicht unmittelbar geschützt sind, kann dem § 906 II S 1 für das Deliktsrecht eine gesetzgeberische Aussage zur Pflichtenstellung des Emittenten entnommen werden, und zwar sowohl für die Hinnahme schädlicher, aber ortsüblicher Grundstücksemissionen als auch für die (dem Betroffenen günstigere) Darlegungs- und Beweislast des Emittenten (BGH 92, 143). Noch speziellere gesetzliche Wertungsmaßstäbe können sich allerdings aus Schutzgesetzen iSd § 823 II und deren Konkretisierungen durch bestandskräftige drittschützende Verwaltungsakte, zB durch Bauauflagen, ergeben. Durch sie wird ein abstrakter Gefährdungstatbestand normiert, der den Schutz des Nachbarn vorverlagert, ohne einen Verletzungserfolg iSd § 906 vorauszusetzen. Schon der objektive Verstoß gegen ein solches Schutzgesetz begründet eine quasinegatorische Unterlassungsklage (BGH NJW 1993, 1580; NJW 1995, 132; NJW 1997, 270; zustimmend Broß, FS H. Hagen, 1999, S 357, 364f).

c) Bedeutung für das öffentliche Nachbarrecht. Soweit der Betroffene gemäß § 906 wesentliche Beeinträchtigungen nach privatem Nachbarrecht nicht zu dulden braucht, gilt dies nach öffentlichem Nachbarrecht **im wesentlichen entsprechend** auch für hoheitliche Eingriffe (vgl auch Rz 48). § 906 konkretisiert für den Bereich von Immissionen die Sozialbindung des Eigentums (Enteignungs- und Entschädigungsschwelle) durch die speziel-

§ 906

len Kriterien „wesentlich", „ortsüblich" und „zumutbar" (vgl auch Baur AcP 176 [1976], 97, 106). An die Stelle des privatnachbarrechtlichen primären Abwehranspruchs (§ 1004) tritt gegenüber hoheitlichen Immissionen die öffentlich-rechtliche Folgenbeseitigungsklage, soweit sie nicht wegen überwiegender Belange des Gemeinwohls versagt wird (BGH 72, 289, 293f; 91, 20, 22; vgl Rz 72). Allerdings hat die höchstrichterliche Verwaltungsrspr den Mietern, Pächtern und sonstigen nur obligatorisch Berechtigten bisher die Befugnis verweigert, gegen die Genehmigung emittierender Anlagen zu klagen (BVerwG NJW 1968, 2393; vgl aber auch BVerwG NJW 1983, 1507f). Im Bauplanungsrecht hat das BVerwG einen **allgemeinen Rechtsgedanken entsprechend § 906 II** entwickelt: Ausgleich zwischen störender und gestörter Nutzung durch Anspruch auf schützende Vorkehrungen, notfalls auf angemessenen Ausgleich in Geld (BVerwG 80, 184, 190f). Auch das **nachbarliche Gemeinschaftsverhältnis** (vgl Rz 74ff) hat in das öffentliche Recht Einzug gefunden. Es verpflichtet zB einen Nachbarn, durch zumutbares aktives Handeln mitzuwirken, den wirtschaftlichen Schaden eines Bauherrn möglichst gering zu halten und deshalb im Baugenehmigungsverfahren seine nachbarlichen Einwendungen ungesäumt geltend zu machen (BVerwG 78, 85, 88ff mwN; BVerwG NVwZ 1988, 730). Andererseits verstößt es im Hinblick auf die Zweigleisigkeit des Rechtsschutzes grundsätzlich nicht gegen Treu und Glauben, wenn der Betroffene gegen die Genehmigung baulicher Lärmschutzvorkehrungen des Störers Widerspruch einlegt und gleichzeitig seinen Immissionsabwehranspruch geltend macht (BGH NJW 1995, 132).

8 d) **Bedeutung für andere „nachbarliche Beeinträchtigungen".** § 906 II S 2 betrifft unmittelbar die Ausgleichspflicht für rechtmäßige Immissionen der in § 906 I genannten Arten, zB durch Bodenerschütterungen. Die Vorschrift ist **analog** auch **auf andere Beeinträchtigungen anzuwenden**, wie zB auf Grobimmissionen (BGH 58, 149, 159), Wasserschäden infolge Rohrbruchs beim Nachbarn (BGH VersR 1985, 740), Vertiefungsschäden (BGH 147, 45, 49 mwN = NJW 2001, 1865, 1866) oder Behinderungen des Kontakts nach außen (BGH 62, 361, 366). Die entsprechende Anwendung erstreckt sich – subsidiär – auch auf alle solche rechtswidrigen Immissionen oder sonstige rechtswidrigen Beeinträchtigungen, sofern der betroffene Eigentümer die Einwirkungen aus tatsächlichen Gründen nicht (rechtzeitig) nach § 1004 abwehren kann (BGH 147, 45, 49f mwN = NJW 2001, 1865, 1866). Über das Verhältnis von § 906 zum UmwelthaftungsG ausführlich Jens Peters, Duldungspflicht und Umwelthaftung, 1996.

II. Unmittelbarer Anwendungsbereich

9 § 906 regelt unmittelbar nur die Frage des nachbarlichen Interessenausgleichs bei nichthoheitlichen Immissionen.

10 1. **Art der Einwirkungen. a) Benannte Immissionen und „ähnliche Einwirkungen".** Nach § 906 iVm § 1004 darf der Grundstückseigentümer nur die „Zuführung" von sog **Imponderabilien** (Gase, Dämpfe, Gerüche [vgl Karlsruhe MDR 2001, 1234 – Geruchsimmissionen aus Backstube; LG München NJW-RR 1988, 205 – Komposthaufen], Rauch, Ruß, Wärme, Geräusch, Erschütterungen) sowie **„ähnliche Einwirkungen"** unter näher bezeichneten Voraussetzungen nicht verbieten. Hauptanwendungsfälle bilden Lärm (vgl hierzu Röthel Jura 2000, 61), Erschütterungen oder Luftverunreinigungen, zB durch **gewerbliche Betriebe** (BGH 62, 186 – Fabrik; 66, 70 – Steinbruch; 67, 252 – Schweinemästerei; 70, 102 – Ziegelei; NJW 2001, 3119 – Hammerschmiede) und sonstige Anlagen (zB BGH NJW 1983, 751 – Tennisplatz) oder **Tiere** (LG Schweinfurt NJW-RR 1997 – Hundegebell; LG München NJW-RR 1988, 205 – Hahnengeschrei). **Verkehrslärm** beruht letztlich auf der hoheitlichen Widmung und Eröffnung der öffentlichen Straße für den Verkehr und wird daher in neuerer Zeit nach den (inhaltlich ähnlich ausgestalteten) Grundsätzen über hoheitliche Eingriffe beurteilt (BGH 54, 384, 388; 64, 220, 222; näher hierzu Rz 54f); für **Fluglärm** ist die Behandlung als hoheitliche Beeinträchtigung ebenso geboten (BGH NJW 1995, 1823 mwN). Zum **Schienenlärm** vgl Roth NVwZ 2001, 34 und Staud/Roth Rz 147; zu Lärmimmissionen einer **Buslinie** siehe Köln OLGRp 2002, 309.

Unter **„ähnlichen Einwirkungen"** sind nur den gesetzlichen Beispielen vergleichbare zu verstehen, nämlich grenzüberschreitende **unwägbare** (krit Jauernig JZ 1986, 605, 607f), im allgemeinen sinnlich **wahrnehmbare** Immissionen, die auf natürlichem Wege zugeleitet werden (BGH 90, 255, 258). Darunter fallen zB Staub (BGH 62, 186), Flugasche (RG 156, 315), Ruß, Kälte, Funken, blendendes Licht, (LG Wiesbaden NJW 2002, 615 – Wiesbadener „Glühbirnenstreit"; Zweibrücken MDR 2001, 984 – „Skybeamer"). Gleiches gilt für schädliche Umwelteinwirkungen durch elektromagnetische Strahlung (Düsseldorf MDR 2002, 755 und Stuttgart NJW-RR 2001, 1313, 1314 jeweils mwN; siehe auch Rz 19 aE) und den Bienenflug auf ein Nachbargrundstück (BGH 117, 110, 112 = NJW 1992, 1389; Bamberg NJW-RR 1992, 406; Celle AgrarR 1990, 198; Hamm MDR 1989, 993). Soweit Bienen durch industrielle Abgase oder Obstbaumspritzung geschädigt werden, gilt übrigens § 823 nicht, denn Imker haben kein Recht an fremden Grundstücken (RG 159, 68; BGH 16, 366, 371). Für Immissionen von elektromagnetischen Wellen durch Fernsprech- und Funkanlagen (vgl auch Rz 19 aE) gelten Besonderheiten nach dem Telekommunikationsgesetz (TKG): Schonung bestehender Anlagen auf Kosten späterer (§ 56 TKG). Das Herüberwehen von Laub (Düsseldorf OLGRp 1996, 1; Frankfurt aM OLGRp 1993, 110 und NJW-RR 1991, 1364) und Unkrautsamen (Düsseldorf NJW-RR 1995, 1231f) soll nach Meinung der Rspr der Eigentümer grds nicht abwehren können. Gleiches soll nach Ansicht des BGH (NJW-RR 2001, 1208) für die einen Nachbarweinberg schädigende Verbreitung von Mehltau durch Wind gelten (aA Roth JuS 2001, 1161; vgl hierzu auch Rz 15 aE).

11 **Keine Beeinträchtigungen** iSd § 1004 – und daher unabhängig von den weiteren Voraussetzungen des § 906 zu dulden – sind nach der bewußten Entscheidung des Gesetzgebers die sog **negativen Einwirkungen** (str, vgl zum Meinungsstand Staud/Roth Rz 122ff). Nach hM gibt es keine Abhilfe dagegen, wenn einem Haus die schöne Aussicht oder ein erfrischender Luftzug verbaut wird (RG 161, 369; BGH MDR 1951, 726). Auch die „Abschattung" oder Reflexion von Rundfunk- und Fernsehwellen ist nur eine negative Einwirkung (BGH 88, 344, 347, str), desgl die Verhinderung des Abflusses von Kaltluft von einem Weinberg (BGH 113, 384).

Ideelle Einwirkungen sind ebenfalls keine „Zuführungen" iSd § 906. Sie sind idR auch keine Beeinträchtigungen iSd § 1004 und müssen daher im allgemeinen (BGH NJW 1975, 170) geduldet werden (str, vgl auch § 1004 Rz 20), so bei Verletzung des ästhetischen Empfindens durch Anblick des Nachbargrundstücks: zB Lagerplatz im reinen Wohngebiet (BGH 51, 396 m krit Anm Baur JZ 1969, 432) oder Wand aus Eisenstangen und Blechen (BGH 75, 170 m krit Anm Loewenheim NJW 1975, 826). Dies gilt grundsätzlich auch dann, wenn die Wertschätzung des Grundstücks leidet (BGH 54, 56, 59ff; 73, 272, 274; NJW 1979, 1409); die gegenteilige Auffassung könnte nicht zuletzt zu uferlosen Nachbarstreitigkeiten führen. Allerdings kann das **Landesnachbarrecht** zB durch Anspruch auf eine ortsübliche Einfriedigung insoweit vor ästhetischen Störungen schützen: Zaun aus hohen Welleternit-Platten (Hamm NJW 1975, 1035 m krit Anm Dehner); Kombination zweier – für sich allein ortsüblicher – Einfriedigungen (BGH 73, 272, 274); Einzäunung aus Schwellen und Maschendraht (BGH NJW 1979, 1409). Wird der Rahmen ästhetischer Immissionen bewußt überschritten, zB ein Haus heruntergewirtschaftet, um zunächst dieses Haus „sanierungsreif" und danach möglichst das ganze Viertel spekulationsreif zu machen (vgl Jauernig JZ 1986, 605, 609), so könnte einer der in BGH NJW 1975, 170 offengelassenen „krassen Ausnahmefälle" gegeben sein. **Seelische Beeinträchtigungen** durch Bordelle oder Nacktbäder können nach privatem Nachbarrecht ebenfalls nicht untersagt werden (Celle MDR 1954, 241); dies gilt jedenfalls dann, wenn die anstößige Grundstücksnutzung vom Nachbargrundstück aus nicht sinnlich wahrzunehmen ist (BGH 95, 307, 309f; vgl zur nur mittelbaren Wahrnehmung einer Sportveranstaltung durch Filmaufnahmen KG GRUR 52, 533); für einen Abwehranspruch bei Wertminderung infolge schwerer und unerträglicher Nutzungsbeeinträchtigung durch „sittliche Immissionen" plädiert Jauernig (JZ 1986, 605, 608f) unter Rückgriff auf Art 14 I GG.

Positive körperliche Einwirkungen, die keine Immissionen iSd § 906 sind, kann der Eigentümer ohne die dort genannten Einschränkungen nach § 1004 I abwehren, selbst wenn sie unwesentlich oder ortsüblich sind (vgl aber zur erweiterten Duldungspflicht aus dem nachbarrechtlichen Gemeinschaftsverhältnis Rz 74ff). Solche Einwirkungen sind zB **Flüssigkeiten**, wie zB Öl (vgl Baur JZ 1964, 750) oder Wasser (Nürnberg RdL 1972, 10, 13; zur Ableitung von Niederschlagswasser auf das Nachbargrundstück vgl Düsseldorf NJW-RR 2002, 306 und Köln OLGRp 2003, 63), **feste Körper** (grob-körperliche Immissionen) wie Kugeln, Steine(-splitter), Fels- und Erdbrocken (zB aus Steinbruchsprengungen, RG 141, 408; BGH 58, 149) sowie das willentliche beherrschbare Eindringen von **Tieren**, zB von Hühnern, Kaninchen und Katzen (vgl Köln NJW 1985, 2388; Staud/Roth Rz 118; aA Pal/Bassenge Rz 14), wobei freilich für Katzen das Verbietungsrecht von der Rspr weitgehend ausgeschlossen wird (vgl Nachw bei Staud/Roth aaO). Zu Brieftauben vgl Stollenwerk SchAZtg 2001, 217.

b) Räumliche Abgrenzung. Die Stoffe müssen einem Grundstück von einem anderen zugeführt sein, **nicht notwendig von einem unmittelbar benachbarten Grundstück aus** (RG 105, 216). Die schwersten Schädigungen, zB durch Fabrikabgase, kommen oft aus größerer Ferne (vgl etwa BGH 70, 102 – Fluorabgase einer Ziegelei).

c) Die **Art der Zuführung** ist bedeutungslos (BGH 90, 255, 259 = NJW 1984, 2207). Nur Zuführung durch besonders **dazu bestimmte Leitung** (zB unmittelbar an der Grundstücksgrenze angebrachtes Auspuffrohr) ist nach Abs III stets unzulässig; zufällig als Schall- oder Wärmeleiter wirkende Einrichtungen fallen nicht unter Abs III (RG HRR 1933, Nr 1928 – Eisenbetonträger). Besondere **Häufigkeit** und **Dauer** der Einwirkungen ist nicht vorausgesetzt.

d) Zurechenbarkeit der Einwirkung. Der Einwirkende muß in einer qualifizierten Kausalbeziehung zur Beeinträchtigung des Eigentums stehen; Verschulden oder Kenntnis ist nicht erforderlich (BGH NJW-RR 1996, 659 – eigenmächtiger Betrieb eines Steinbruchs durch Dritten). Vgl zunächst die Ausführungen zum Störerbegriff § 1004 Rz 106ff. Die Einwirkungen brauchen nicht unmittelbar auf menschlicher Tätigkeit zu beruhen, dh auch **Naturereignisse** wie abbröckelndes Gestein, Wachstum von Pflanzen oder Tiereinwirkungen können zuzurechnen sein, und zwar demjenigen, der sie unterbinden kann und hierzu verpflichtet ist (abgrenzend BGH 122, 283 – Sturmschäden; NJW 1995, 2633 – Wolläuse; kritisch etwa E. Herrmann NJW 1997, 153ff)). Die Verpflichtung kann sich aus einem vorangegangenen eigenen Handeln oder aus dem Tun eines Rechtsvorgängers ergeben. Chemische Pflanzenschutz- oder Unkrautvertilgungsmittel, die auf einem Grundstück versprüht und durch den Wind oder wild abfließendes Oberflächenwasser einem anderen Grundstück zugeführt werden, sind zurechenbare Einwirkungen (BGH 16, 366, 274f; 90, 255, 258f), nicht dagegen der Wasserzufluß als solcher (vgl BGH NJW-RR 2000, 537, 538; s auch Rz 12). Der Fall von **Laub, Nadeln, Zapfen und Blütenstaub** kann aufgrund des Anpflanzens der Bäume und Sträucher als Immission zurechenbar sein (Frankfurt aM NJW 1988, 2587; Karlsruhe NJW 1983, 2886; Staud/Roth Rz 169 mwN), desgl das Hineinwachsen von **Baumwurzeln** in Abwasserleitungen (BGH 97, 231; 106, 142; zum Mitverschulden vgl BGH JZ 1995, 410 m Anm Kreissl); daß das Anpflanzen (außerhalb vorgeschriebener Grenzabstände) nicht rechtswidrig ist, steht – wie auch sonst iRd § 906 – nicht entgegen. Die bloße austrocknende Saugwirkung von Baumwurzeln, die nicht die Grenze überschreiten, begründet weder Handlungs- noch Zustandsstörereigenschaft (BGH Nichtannahmebeschl v 9. 11. 1995 – V ZR 336/94); gleiches soll für das Herüberwehen von **Unkrautsamen** (Düsseldorf NJW-RR 1995, 1231f; i Erg zust E. Herrmann NJW 1997, 156f; aA Staud/Roth Rz 169) und für die einen Nachbarweinberg schädigende Verbreitung von **Mehltau** durch Wind (BGH NJW-RR 2001, 1208; aA Roth JuS 2001, 1161) gelten. Die Zurechenbarkeit eines ständigen Zustands (Bodenverunreinigung) besteht fort, auch wenn der Inhaber den Betrieb, von dem die Störung ausgegangen ist, einstellt (BGH NJW 1996, 845).

2. Voraussetzungen der Duldungspflicht nach § 906. Vgl zunächst Rz 3. Das Verbietungsrecht des Eigentümers (§ 1004 I) ist in zwei Fällen ausgeschlossen: (a) gegenüber unwesentlichen Beeinträchtigungen in der Benutzung des Grundstücks, (b) gegenüber (wesentlichen) ortsüblichen Beeinträchtigungen, die durch wirtschaftlich zumutbare Maßnahmen nicht verhindert werden können.

§ 906 Sachenrecht Eigentum

17 **a) Unwesentliche Beeinträchtigungen.** Entscheidend ist nach der zivilrechtlichen Rspr das **Empfinden des normalen Durchschnittsmenschen** im Hinblick auf Natur und Zweckbestimmung des beeinträchtigten Grundstücks (sog differenziert-objektiver Maßstab, vgl etwa BGH LM BGB § 906 Nr 6; BGH 70, 102, 110). Überempfindlichkeit ist ein Los, das jeder selbst tragen muß; etwas anderes gilt freilich, wenn Natur und Zweckbestimmung des Grundstücks der besonderen Störanfälligkeit Rechnung tragen: ein Nervenkranker kann sich nicht über normale Störungen beklagen, wohl aber eine Nervenheilanstalt (ähnlich Krankenhäuser, Kirchen, Schulen oä). Andererseits kann dem betroffenen Eigentümer nicht zugemutet werden (angesichts eines lärmenden Nachtlokals), nachts bei geschlossenem Fenster zu schlafen (vgl auch RG JW 1932, 402 – Lunapark) oder gar sein Schlafzimmer nach der ungestörten Seite hin zu verlegen. Er darf sein Grundstück innerhalb von dessen Grenzen grundsätzlich so nutzen, wie er es für richtig hält (BGH 90, 255, 260f mwN – biologischer Landbau). Maßgeblich ist die konkrete Beschaffenheit des beeinträchtigten Grundstücks; mit welchen Lärmschutzeinrichtungen ein Grundstück nach heutigen Maßstäben ausgestattet sein könnte, ist unerheblich. **Einschränkungen** können sich **ausnahmsweise aus dem nachbarlichen Gemeinschaftsverhältnis** ergeben (BGH NJW 1984, 1242 mwN; vgl Rz 74ff).

18 Im Interesse der Vereinheitlichung zivilrechtlicher und öffentlich-rechtlicher Beurteilungsmaßstäbe erscheint eine **Abstimmung des § 906 mit dem BImSchG** möglich und geboten. Wie BVerwG und BGH übereinstimmend entschieden haben, sind erhebliche Geräuschbelästigungen und damit schädliche Umwelteinwirkungen iSv § 3 I, § 22 I BImSchG zugleich wesentliche Beeinträchtigungen iSv § 906 (vgl BVerwG NJW 1988, 2396, 2397 – Feuersirene; BVerwG JZ 1989, 951 – Sportplatz; BGH 111, 63, 65 – Volksfest). Diese Gleichstellung betrifft aber nur die Intensität der Einwirkung, nicht auch die Bedeutung ihrer Ortsüblichkeit (vgl BGH 111, 63, 72f; vergröbernde Kritik insoweit bei Wagner NJW 1991, 3247). Das BImSchG definiert schädliche Umwelteinwirkungen in § 3 I als „Immissionen, die nach Art, Ausmaß oder Dauer geeignet sind, Gefahren, erhebliche Nachteile oder erhebliche Belästigungen für die Allgemeinheit oder die Nachbarschaft herbeizuführen". Als erhebliche Belästigungen sieht die verwaltungsgerichtliche Rspr alles an, was den Nachbarn auch unter Würdigung anderer öffentlicher und privater Belange, auch der Belange des Anlagenbetreibers, billigerweise nicht mehr zuzumuten ist (BVerwG 50, 282, 288; NJW 1976, 1987; kritisch gegenüber einer solchen nivellierenden Verallgemeinerung Classen JZ 1993, 104). Diese wertende Abgrenzung durch situationsbezogene Abwägung ermöglicht es, für die Erheblichkeit einer Belästigung **nicht auf das Empfinden eines „normalen", sondern eines verständigen Durchschnittsmenschen** abzustellen und damit dem Gebot gegenseitiger Toleranz stärker Rechnung zu tragen (Gaentzsch UPR 1985, 201, 203f). Auf dieser Grundlage differenziert die verwaltungsgerichtliche Rspr in gewissen Grenzen nach Gruppen von Lärmerzeugern und sieht zB Kinderspielplätze auch in reinen Wohngebieten als allgemein zulässig an (BVerwG DVBl 1974, 777; BVerwG NJW 1992, 1779), vereinzelt auch Bolzplätze in allgemeinen Wohngebieten (VG Berlin UPR 85, 99; VGH BW BauR 1984, 151; vgl auch BVerwG NJW 1992, 1779, 1780). Auch der BGH stellt inzwischen auf den „verständigen Durchschnittsmenschen" ab (BGH 120, 239 – Froschteich; Rücksichtnahme auf das veränderte Bewußtsein für Umwelt- und Artenschutz; BGH 121, 248 – Förderung einer kinder- und jugendfreundlichen Umgebung; ebenso Düsseldorf NJW-RR 1996, 211). Vieweg/Röthel (NJW 1999, 969) halten diesen wertungsoffenen Maßstab für verfassungsrechtlich geboten. Ebenso wie die „Erheblichkeit" einer Belästigung iSd § 3 I BImSchG ist die Wesentlichkeit einer Beeinträchtigung iSd § 906 ein unbestimmter Rechtsbegriff, der einer wertenden Ausfüllung zugänglich ist. Deshalb läßt sich auch zur Abgrenzung unwesentlicher von wesentlichen Beeinträchtigungen das fiktive Empfinden eines „normalen" durch das Empfinden eines „verständigen" Durchschnittsmenschen ersetzen. Dies entspricht im übrigen dem Maßstab, den der BGH bei der sachverwandten Frage nach der Sozialbindung eines Grundstücks („Situationsgebundenheit") anwendet; danach ist ein Grundstück aufgrund seiner Lage und Umgebung insoweit mit der Unterlassung bestimmter Nutzungen belastet, als ein vernünftiger und einsichtiger Eigentümer mit Rücksicht auf die besondere Situation von sich aus auf eine bestimmte Verwendung des Grundstücks verzichten würde (vgl BGH 60, 126, 130 mwN). Im Rahmen des § 906 ermöglicht **die normative Anreicherung des Begriffs der Unwesentlichkeit einer Beeinträchtigung** mit dem Kriterium der Verständigkeit eines (gemeinschaftsbezogenen) Durchschnittsmenschen eine elastische Handhabung, wie sie im Rahmen dieser Vorschrift auch sonst geboten und zT schon erreicht ist. Näher zur Harmonisierung der Beurteilungsmaßstäbe im öffentlichen und privaten Immissionsschutzrecht siehe Hagen ZfIR 1999, 413, 415f; kritisch aber etwa Johlen, die Beeinflussung privater Immissionsabwehransprüche durch das öffentliche Recht, 2001, S 72ff und 176.

19 Für die Beurteilung, ob Beeinträchtigungen wesentlich oder unwesentlich sind, lassen sich zwar gewisse Hilfsregeln aufstellen, doch kommt es letztlich auf eine **tatrichterliche Würdigung aller Umstände des Einzelfalles** an (BGH 46, 35; NJW 1992, 1612). Dauerlärm ist im allgemeinen lästiger (und für die Gesundheit schädlicher) als vorübergehender Lärm; aber auch einmalige Immissionen können wesentlich sein (BGH DB 1958, 1039; vgl auch BGH MDR 1964, 220 – Rußeinwirkungen). Hohe Frequenzen sind idR lästiger als niedrige (BGH 56, 35). Zur Nachtzeit oder an Sonn- und Feiertagen stört Lärm mehr als tagsüber an Werktagen (BGH JZ 1969, 636; vgl auch BGH NJW 1983, 751 – Freizeitsport). **Technische Regeln**, zB VDI-Richtlinien oder Verwaltungsvorschriften zum BImSchG (TA-Luft 2002, vgl hierzu Ohms DVBl 2002, 1365 und Hansmann NVwZ 2003, 266), stellen **Richtwerte** auf (vgl hierzu ausführlich Bitzer, Grenz- und Richtwerte im Anwendungsbereich des § 906 BGB, 2001), können aber nicht alle jeweils besonders störenden Umstände berücksichtigen. Die Überschreitung dieser Richtwerte indiziert die Wesentlichkeit (BGH 111, 63, 67: „grundsätzlich"; Koblenz WuM 2003, 573, 574). Eine Ausnahme kann zB vorliegen bei einer Veranstaltung von kommunaler Bedeutung, die nur an einem Tag des Jahres stattfindet und weitgehend die einzige in der Umgebung bleibt (BGH NJW 2003, 3699, 3701). Entsprechend zwingt eine Unterschreitung von Richtwerten nicht dazu, eine Beeinträchtigung als unwesentlich einzustufen, sondern bietet nur einen „Anhalt" für die freie tatrichterliche Würdigung im Zusammenhang mit den sonstigen Beweisergebnissen, wobei sich der Richter der Grenzen der Meßtechnik bewußt bleiben muß (BGH 69, 105, 115ff –

Fluglärm; 70, 102, 107f – Fluorabgase – mit weiterführender Anm Walter NJW 1978, 1158; BGH NJW 1983, 751 – Tennislärm; BGH 121, 248 – Jugendzeltplatz; BGH NJW 1995, 132 und BGH 148, 261, 264f = NJW 2001, 3119 – Gewerbelärm). Bei erheblichen Sachbeschädigungen ist die Zumutbarkeitsgrenze stets überschritten und die Beeinträchtigung als wesentlich einzustufen (BGH NJW 1999, 1029). Für die Beurteilung von Freizeitaktivitäten können in diesem Sinne auch die sog LAI-Hinweise (NVwZ 1988, 135; vgl auch BVerwG NJW 1989, 1292) eine Entscheidungshilfe bieten (BGH 111, 63, 67), desgl erst recht gesetzliche Wertungen, zB einer LärmschutzVO (vgl BGH aaO; BVerwG NJW 1988, 2396, 2397; s hierzu ie Soergel/Baur Rz 17). Die schematische Bildung von Mittelungspegeln reicht nicht aus (BVerwG JZ 1989, 951; BVerwG ZfBR 1991, 219). Tennisplatz-Geräusche sind nach der SportanlagenlärmschutzVO – 18. BImSchV – vom 18. 7. 1991 (BGBl I S 1588, 1790) zu beurteilen (Frankfurt aM SpuRT 1995, 127; Saarbrücken SpuRT 1995, 129); vgl auch Beckmann NWB 2001 Fach 24 S 2209).

Bei Einhaltung der Grenzwerte der 26. BImSchV v 16. 12. 1996 (BGBl I 1966) gelten Gesundheitsgefahren durch elektromagnetische Felder nach mittlerweile gefestigter Rspr (vgl Düsseldorf MDR 2002, 755; VGH Kassel NVwZ 2000, 694; BVerfG NJW 21002, 1638; Köhler/Rott JA 2001, 802) als ausgeschlossen (aA aber wohl BayObLG WM 2002, 382, 384).

Nach § 906 I S 2 und 3 ist eine Beeinträchtigung „in der Regel" unwesentlich, wenn die nach den dort erwähnten Vorschriften ermittelten Werte eingehalten sind; private Umweltstandards (zB DIN-, VDI-, VDE-Normen) fallen nicht darunter. Bei objektiver Gesetzesauslegung („idR") liegt die Bedeutung der 1994 neu eingefügten Sätze 2 und 3 wohl in der Bindung zu bestimmter Verfahren der Lärmermittlung; für die tatrichterliche Würdigung dürfte es bei der bisherigen Handhabung durch die neuere höchstrichterliche Rspr bleiben können (vgl auch Kregel NJW 1994, 2599; offen gelassen in BGH NJW 1995, 300) und bei verfassungskonformer Auslegung auch bleiben müssen (Marburger, FS Wolfgang Ritter, 1997, S 401ff). Die im Bericht des Rechtsausschusses des Bundestages (BT-Drucks 12/7425) vertretene Deutung als Beweislastumkehr stieße wegen der unbestimmten dynamischen Verweisung auch auf Verwaltungsvorschriften beliebigen Datums auf schwerwiegende verfassungsrechtliche Bedenken. Sie wäre überdies ein systemwidriger Eingriff in das private Immissionsschutzrecht und würde die bisher sachgerechte Verteilung der Beweislast (vgl Rz 41) in Schieflage bringen. 20

Die Frage der **summierten Immissionen** ist bislang nicht geregelt worden und mit den Mitteln des privaten Nachbarrechts schwerlich zu bewältigen (vgl H. Westermann, FS Larenz, 1973, S 1003, 1009ff; MüKo/Säcker Rz 45 und 143; Staud/Roth Rz 277ff). Sie stellt sich, wenn Anlagen mehrerer Eigentümer auf ein Grundstück einwirken. Ergibt erst die Summe dieser Einwirkungen eine wesentliche Beeinträchtigung, so scheidet ein Unterlassungsanspruch gegenüber jedem einzelnen Immittenten aus (H. Westermann, aaO S 1012; BGH 66, 70, 75f; aA Pal/Bassenge Rz 35; Soergel/Baur Rz 160; Staud/Roth Rz 278; vgl auch BGH 66, 70, 75f = NJW 1976, 797, 799; zur Frage eines Ausgleichsanspruchs in solchen Fällen vgl Rz 38). 21

b) Wesentliche, aber ortsübliche, durch wirtschaftlich zumutbare Maßnahmen nicht zu verhindernde Beeinträchtigungen. Die Pflicht, in diesem Umfang auch wesentliche Immissionen zu dulden, entspricht dem Charakter des § 906 als Teil des Raumrechts. Jeder muß sich den Besonderheiten des Raumes anpassen, in dem sein Grundstück liegt (Westermann/H.P. Westermann § 63 II 3). 22

aa) Als **ortsüblich** wird – entsprechend dem früheren Text des § 906 – eine solche Benutzung angesehen, die „nach den örtlichen Verhältnissen bei einer Mehrheit von Grundstücken dieser Lage", dh in einem bestimmten Gebiet, im Hinblick auf die von ihm ausgehenden Einwirkungen auf andere Grundstücke „gewöhnlich" ist (BGH NJW 1973, 326). Der Beurteilungsmaßstab ist hiernach gebietsweise unterschiedlich: im Zentrum einer Großstadt, im Fabrik-, Geschäfts- oder Wohnviertel (Verkehrslärm, Lichtreklame uä), in einem Badeort oder auf dem Lande (Stallgeruch). Eine Brauerei in einem Wohnviertel kann nicht auf die Brauereieinwirkungen in einer Industriegegend verweisen (RG 156, 314, 317). Nur die Benutzung ist ortsüblich, die in dem betreffenden Gebiet keine lästigeren Immissionen abgibt, als dort üblich (BGH 38, 61, 62 – Schule; BGH Beschl v 22. 12. 1982 – V ZR 226/81 – Staubbelastung durch Getreidetrocknungsanlage). Ein Betrieb, der die von ihm erzeugten Geräusche bis zur Grundstücksgrenze dämpft (durch größeren Abstand der Lärmquelle von der Grundstücksgrenze oder durch schalldämmende Einrichtungen), kann nicht mit einem Betrieb gleichgesetzt werden, der eine solche Schalldämpfung unterläßt (RG JW 1931, 1189; BGH 30, 273, 279). Die Frage zB, ob der Betrieb einer Schule ortsüblich ist, ist falsch gestellt, denn Schulen sind in fast allen Ortsteilen notwendig und üblich; entscheidend ist, wie weit die mit dem Schulbetrieb notwendig verbundenen Geräusche gedämpft werden (BGH 38, 61, 62; vgl auch BGH NJW 1983, 751 = WM 1983, 176 – Tennisplatz mit nur 0,80 m Abstand vom Wohngrundstück). Die Unüblichkeit kann sich gerade aus der Art der Nutzung, zB mit besonders lästigen Einwirkungen als Folge, ergeben (BGH NJW 1959, 1867). Auch der Ort der Unterbringung einer lästigen Anlage kann die Beurteilung beeinflussen (BGH NJW 1959, 1632 – Garagen). Kinderspielplätze sind auch in reinen Wohngebieten üblich (VGH BW ZfBR 1987, 167 = BauR 1987, 414f). Zur **Gebietsabgrenzung** und Bildung eines Richtwerts in Bereichen, in denen Gebiete unterschiedlicher Qualität zusammenstoßen, vgl BGH NJW 1995, 132. Zur Bedeutung der **Einwirkungszeit** vgl Rz 19; BGH WM 1971, 134, 136. Für **vorübergehende Beeinträchtigungen** gelten die dargelegten Maßstäbe ebenfalls (vgl Karlsruhe NJW 1960, 2241 – „Rummelplatz" in Villenviertel; BGH JZ 1969, 635 – abendliche Operettenaufführungen im Freien; Koblenz WuM 2003, 573 – Veranstaltungen in einem Dorfgemeinschaftshaus; BGH NJW 2003, 3699, 3700f – Veranstaltung von kommunaler Bedeutung). 23

Nach gefestigter Rspr kann schon ein einziger **Großbetrieb** den Charakter des Raumes prägen (BGH 15, 146, 149; 30, 273, 277 – Erzgrube; 59, 278, 381 – Militärflughafen; 69, 105, 111 – Zivilflughafen), desgl ein Bauwerk von überragender Bedeutung (BGH LM § 906 Nr 49 – Porta Nigra). In solchen Fällen wird es zwar nicht so angesehen, als wenn an Stelle des beherrschenden Großbetriebes mehrere kleinere Betriebe in der Gegend ansässig 24 wären, wohl aber wird auf das Maß von Einwirkungen abgestellt, das in weiteren Großräumen von anderen Grundstücken ausgeht, die in gleicher (die nähere Umgebung prägender) Weise benutzt werden (RG WarnRsp 1910, 386 = Gruch 55, 105 – Thale-Urteil; RG 139, 29, 32 – Gutehoffnungshütte I; BGH 30, 273, 277; kritisch Diederichsen Verh 56. DJT, 1986, 48, 56f).

25 Der Grundsatz der **Priorität** (besseres Recht kraft früheren Bestehens) wurde bisher bei § 906 II S 1 nicht anerkannt, weil sonst angeblich jeder Fortschritt gehemmt würde (RG 154, 161, 165 mwN; BGH 15, 146, 148; NJW 1976, 1204; WM 1977, 87); anders bei § 906 II S 2 (vgl Rz 36 und BGH NJW 1995, 1823). Besondere praktische Bedeutung hat diese Frage bei der Interessenabwägung zwischen Gewerbe- oder auch landwirtschaftlichen Betrieben und heranrückender Wohnbebauung erlangt. Mit Hilfe der Konstruktion des **„latenten Störers"** entschied die Rspr diesen Konflikt lange Zeit zu Lasten des Gewerbetreibenden, auch wenn dieser seinen Betrieb mit hohen Investitionen aufgebaut hatte (vgl etwa BGH 45, 23, 25 – Schweinemästerei). Angesichts dieser einseitigen Interessenbewertung regte sich zunehmend Unbehagen (vgl etwa Fröhler/Kormann, Gewerbebetrieb und heranrückende Wohnbebauung, 1981, S 16f; siehe auch Hagen, FS Medicus, 1999, S 161ff).

26 Ein Teil der Problematik ist durch die **verwaltungsgerichtliche Rspr**, dh durch die Anerkennung einer **„offensiven (störungspräventiven) Nachbarklage"** entschärft worden (vgl zur Entwicklung 10. Aufl § 906 Rz 22 und Schlotterbeck NJW 1991, 2669 sowie aus neuerer Zeit VG Weimar ThürVBl 1999, 22 [24] mwN und BVerwG NVwZ-RR 2001, 82). Ein weiterer Interessenausgleich liegt darin, daß man den herangerückten Anwohnern eine Lärmbelästigung zumutet, die zwischen den Richtwerten der TA-Lärm für industrielle Nutzung und Wohnbebauung liegt (OVG Lüneburg GewA 1976, 112f; vgl auch BVerwG 50, 49, 54f = DVBl 1976, 214, 215f; NJW 1983, 2460, 2461); auch weist man auf eine **„Immissionsvorbelastung"** der Grundstücke hin (BVerwG NJW 1983, 2460, 2461; BVerwG 88, 210, 214 = DVBl 1991, 880, 881 – Truppenübungsplatz; näher und krit hierzu Sarringhausen NJW 1994, 1375). Das BVerwG erwägt, im Konflikt zwischen Wohnnutzung und Sportbetrieb Bedeutung dem Umstand beizumessen, **welche Nutzung eher** vorhanden (BVerwG 81, 197 = JZ 1989, 951 – Tegelsbarg) oder eher geplant war (BVerwG NVwZ 1992, 884, 885 – Bolzplatz) und will das Problem des latenten „Störers" durch gegenseitige Rücksichtnahme lösen (BVerwG ZfBR 1995, 316; NVwZ 2000, 1050, 1052).

Auch der BGH beurteilt **im Grenzbereich** zwischen einem reinen Wohngebiet und einem Gewerbegebiet die Frage der Wesentlichkeit von Beeinträchtigungen durch Immissionen in Anlehnung an den **Richtwert für Mischgebiete**. Den Topos der **Gebietsvorbelastung** verwendete er zunächst nur im Zusammenhang mit der (in Anlehnung an § 906 II S 2 zu entscheidenden) Frage, wie weit sich im Blick auf die Situationsgebundenheit des Grundeigentums die enteignungsrechtliche Opfergrenze verschiebt, bis zu welcher dem Betroffenen eine entschädigungslose Hinnahme von Beeinträchtigungen zumutbar ist (BGH NJW 1980, 770 mwN; NJW 1995, 1823; vgl zur Zumutbarkeitskontrolle aus Rz 36). Inzwischen bekennt er sich auch für das private Nachbarrecht zu dem Grundsatz, daß im Grenzbereich von Gebieten unterschiedlicher Qualität die Schutzwürdigkeit der Grundstücksnutzung mit einer spezifischen gegenseitigen Pflicht zur Rücksichtnahme vorbelastet ist, welche die Orientierung an einer „Art von Mittelwert" rechtfertigt (BGH 121, 248 – Jugendzeltplatz). Darüber hinaus hat er in Anlehnung an seine Rspr zur Bestimmung der enteignungsrechtlichen Opfergrenze mittlerweile entschieden, daß demjenigen, der sich in Kenntnis oder grob fahrlässiger Unkenntnis in der Nähe einer vorhandenen Immissionsquelle ansiedele, eine **gesteigerte Duldungspflicht** treffe. Wer gleichsam „sehenden Auges" die absehbaren Beeinträchtigungen in Kauf nehme, müsse solche Immissionen dulden, die die zulässigen Richtwerte nicht überschritten (BGH 148, 261, 269 = NJW 2001, 3119, 3121; vgl auch NJW 2001, 3054, 3056 aE). Zwar vermag das Abstellen auf das „Eigenverschulden an dem Entstehen des nachbarrechtlichen Konflikts" nicht recht zu überzeugen (vgl Roth JZ 2002, 245f; Soergel/Baur Rz 53; Lorenz BGHRp 2001, 777f); im Ergebnis erscheint es aber durchaus sachgerecht, dem Gedanken der zeitlichen Priorität bei dem primären Rechtsschutz des Gestörten nach den §§ 1004 I, 906 dadurch Rechnung zu tragen, daß es (lediglich) auf die Einhaltung der zulässigen Richtwerte ankommt (vgl auch Rz 30). Ergänzt wird das Abwägungsschema des § 906 durch das (privatrechtliche) Gebot der besonderen Rücksichtnahme im **nachbarlichen Gemeinschaftsverhältnis** (§ 242; vgl Rz 74ff).

27 Früher oder später wird man den Begriff der Ortsüblichkeit mit (offenen) rechtlichen **Wertungen** anreichern müssen (Ansätze dazu schon in BGH 38, 61, 62). Technischer Fortschritt sollte sich nicht durch stärkeren Lärm, sondern durch Schalldämpfung auszeichnen. Nach BGH 64, 220, 226 hat die Wertentscheidung des BImSchG aktuelle Bedeutung für die Gewährleistung gesunder Wohnverhältnisse. Diederichsen (FS Reimer Schmidt, 1976, S 8) entnimmt hieraus, daß technischer Fortschritt nicht mehr schlechthin den Vorrang vor Umweltschutz haben dürfe (ähnlich Mittenzwei MDR 1977, 99 – Ortsüblichkeit nach Maßgabe der Umweltverträglichkeit). Nach BGH 140, 1 (= JZ 1999, 468 m Anm Jens Petersen) sind Geruchsbelästigungen aus einer Schweinemästerei nicht ortsüblich, wenn die Anlage ohne Genehmigung betrieben wird.

28 Problematisch ist der Einfluß hoheitlicher Entscheidungen der Gemeinde nach **Bauplanungs-** oder **Bauordnungsrecht**, sei es auf die Ortsüblichkeit, sei es auf den privatnachbarrechtlichen Immissionsschutz insgesamt. Zwischen den extremen Thesen vom Vorrang des Zivilrechts oder des öffentlichen Rechts hat sich die herrschende Zweigleisigkeitsthese etabliert (vgl die eindrucksvolle Verteidigung durch Diederichsen Verh 56. DJT [1986] L 48, 57ff und Marburger Verh 56. DJT [1986] C 102ff), wonach öffentliches und privates Nachbarrecht unabhängig und selbständig nebeneinander bestehen. Eine im öffentlichen Recht vertretene Lehre möchte das Privatrecht nur dann anwenden, wenn der Konflikt öffentlich-rechtlich nicht geregelt ist (vgl die Darstellung bei Peine JZ 1987, 169, 172f). Der BGH hat längere Zeit die hoheitlich raumordnenden Akte für die Bestimmung der Ortsüblichkeit (und auch sonst) als grundsätzlich unerheblich angesehen und mit dem zivilrechtlichen Schrifttum „in erster Linie" auf die tatsächlichen Verhältnisse abgestellt (BGH NJW 1958, 1776; NJW 1962, 2341; LM § 906 Nr 39 = DVBl 1971 m abl Anm Bartlsperger). Eine verbale, aber substanzarme Konzession machte er insofern, als er öffentlich-rechtlichen Planungen „allenfalls einen Anhalt" für die ortsübliche Nutzung entnahm (BGH NJW 1976,

1204); die tatsächliche Nutzung werde, vor allem bei Neubaugebieten, den vorbereitenden Plänen zwar in aller Regel entsprechen, bei schon überbauten Gebieten werde sie sich diesen Plänen zunehmend anpassen, in einer Übergangszeit brauche sie aber der durch den Plan herbeizuführenden Nutzung noch nicht zu entsprechen (BGH LM § 906 Nr 39; dagegen Gaentzsch UPR 1985, 201, 210 mit dem Hinweis, daß die Realisierbarkeit eines Bebauungsplans nicht davon abhängen dürfe, welche der darin vorgesehenen Nutzungsarten als erste verwirklicht wird und damit die dort tatsächlich geübte Nutzung prägt). Allerdings neigt das BVerwG mittlerweile selbst dazu, im Konflikt zwischen Wohnnutzung und Sportbetrieb Bedeutung dem Umstand beizumessen, welche Nutzung eher vorhanden war (BVerwG 81, 197 = JZ 1989, 951 – Tegelsbarg).

Funktionsabgrenzung und Harmonisierung. Auszugehen ist von der prinzipiellen **Gleichrangigkeit des privaten und des öffentlichen Nachbarrechts**. Nur soweit Normen des öffentlichen Rechts das Privateigentum beschränken, kann ein Abwehranspruch von vornherein ausscheiden. Ob und inwieweit dies der Fall ist, kann nur eine Funktionsanalyse der jeweiligen Norm ergeben (vgl Hagen UPR 1985, 192 197; Kleinlein, Das System des Nachbarrechts, S 125). Ein **Bebauungsplan** schließt privatrechtliche Eigentumsabwehransprüche nicht von vornherein aus. Zwar hat er die Aufgabe, „die öffentlichen und privaten Belange gegeneinander und untereinander gerecht anzuwägen" (§ 1 VI BauGB), aber er bestimmt im allgemeinen nur, was in einem Gebiet generell zulässig ist (vgl auch Schmidt-Aßmann, FS Universität Heidelberg, S 107, 129). Diese Regelung kann unterschiedlich weit gehen. Sie kann sich darauf beschränken, ein Baugebiet einer der Gebietskategorien der BauNVO zuzuordnen und damit die Nutzungen nur pauschalierend nach Störungsgraden oder Schutzwürdigkeiten zu gliedern (Schlichter NuR 1982, 124). Sie kann aber auch bestimmte Anlagen im Plan ausweisen und Festsetzungen zum Lärmschutz treffen; doch entscheidet sie selbst dann nicht einmal öffentlich-rechtlich abschließend über die Zulässigkeit eines bestimmten Bauvorhabens, denn über die immissionsschutzrechtliche Zulässigkeit befindet erst die Baugenehmigung (§ 15 BauNVO). Erst recht soll und kann der Bebauungsplan dann nicht von vornherein den privatrechtlichen Nachbarschutz ausschalten. Daß dies vom Gesetzgeber nicht beabsichtigt ist, zeigt das Fehlen einer ausdrücklichen Präklusionsnorm im BauGB (J. F. Baur, Gedächtnisschrift W. Martens, S 545, 552). Nach Vieweg (JZ 1987, 1104ff) entscheidet der Bebauungsplan abschließend nur über das „Ob", nicht aber über das „Wie" einer plangerechten Nutzung. Auch die **Baugenehmigung** präkludiert den Eigentumsabwehranspruch nicht, denn sie verhält sich nur über die Zulässigkeit des Bauvorhabens nach öffentlichem Recht (BVerwG 26, 287, 288; 50, 282, 290) und ergeht daher zutreffend nach allen Landesbauordnungen „unbeschadet der privaten Rechte Dritter" (ebenso Gerlach JZ 1988, 161, 172, der aber trotz gewisser Zweifel dem Bebauungsplan privatrechtsbestimmende Wirkung zuerkennt). Vgl zum Gesamtproblem Hagen NVwZ 1991, 817, 820ff und Rz 72.

Dennoch erscheint er als ein berechtigtes **Anliegen, privates und öffentliches Immissionsschutzrecht** gewissem Umfang **zu harmonisieren**, um zu verhindern, daß auch eine einwandfreie öffentlich-rechtliche Planung zivilrechtlich unterlaufen werden kann. Vieweg begründet dies dogmatisch durch die mittelbare Drittwirkung der Grundrechte bei der Konkretisierung unbestimmter Rechtsbegriffe (NJW 1993, 2570, 2572f). Den systemgerechten Ansatzpunkt bietet eine Fortentwicklung des Begriffs „ortsübliche" Benutzung in § 906 II. Allerdings reicht auch hierfür der Bebauungsplan allein nicht aus, da er nicht einmal den öffentlich-rechtlichen Immissionsschutz regelt. Über die **„konkrete Ortsüblichkeit"** (und die immissionsschutzrechtliche Zulässigkeit) kann vielmehr erst die **Baugenehmigung** entscheiden: Was („trotz" § 15 BauNVO) genehmigungsfähig ist, ist idR auch ortsüblich iSd § 906 (Birk NVwZ 1985, 689, 697; Hagen ZfBR 1995, 61, 64). Vorauszusetzen sind jedoch ein rechtswirksamer Bebauungsplan und eine **rechtmäßige** Baugenehmigung, was eine nachprüfbare und zutreffende Immissionsprognose einschließt (zur Lärmprognose bei Sportanlagen vgl Birk aaO S 694 mwN). Eine unzutreffende Immissionsprognose kann die Ortsüblichkeit nicht prägen, weil der unvorhergesehene Ist-Zustand dann von der Behörde nicht abgewogen worden ist. Soweit das öffentliche Immissionsschutzrecht keine Abhilfe gegen unzumutbare Beeinträchtigungen zuläßt, muß der zivilrechtliche Abwehranspruch als „Notbremse" erhalten bleiben (vgl auch F. Baur JZ 1987, 317, 320), denn der betroffene Bürger braucht im Planungsstadium nicht klüger zu sein als die Behörde. Abwägungsfehler (vom Zivilgericht inzident zu überprüfen) führen zur Unwirksamkeit des Bebauungsplans oder einzelner Festsetzungen, so daß diese schon deswegen die Ortsüblichkeit nicht bestimmen können. So lag es ersichtlich im vieldiskutierten Tennisplatz-Urteil des BGH (NJW 1983, 751).

Ein zusätzliches **Hindernis für die Harmonisierung** privaten Immissionsschutzrechts ergibt sich aus der bundesweiten Tendenz der Länder, das Baurecht zu vereinfachen und sowohl den Bebauungsplan als auch die Baugenehmigung als zentrale Ordnungsinstrumente zurückzudrängen (vgl den Überblick bei Degenhart JZ 1996, 1433). Bloße **Anzeige- oder Genehmigungsfreistellungsverfahren** führen ebenso wie sog **vereinfachte Genehmigungsverfahren** zu einem bedenklichen Abbau verwaltungsbezogenen Rechtsschutzes bis hin zur bloßen **Fiktion einer Baugenehmigung** als Sanktion behördlicher Untätigkeit. Unter solchen rechtlichen Rahmenbedingungen geraten die gedanklichen Grundlagen der Harmonisierung ins Wanken (vgl Martini DVBl 2001, 1488 sowie Blümel, FS Boujong 1996, S 526ff); in dem Maße, in dem der öffentlich-rechtliche Nachbarschutz abgebaut wird (siehe hierzu Matyssek, Nachbarschutz im öffentl BauR in den Fällen der Genehmigungsfreistellung [§ 67 BauO NW]), wächst dem zivilrechtlichen Rechtsschutz unverzichtbare eigenständige Bedeutung zu.

Maßgeblicher **Beurteilungszeitpunkt** für die Frage der Ortsüblichkeit ist die letzte mündliche Verhandlung in der Tatsacheninstanz; dagegen ist unerheblich, ob eine bestimmte Grundstücksnutzung einmal ortsüblich gewesen ist oder bald werden wird (BGH NJW 1976, 1204).

Soweit nach alledem eine plankonforme Immission als ortsüblich anzusehen ist, muß der Immittent darlegen und beweisen, daß er keine ihm zumutbare Abhilfe schaffen kann (s Rz 34). Überdies schuldet er dann im Rahmen des § 906 II S 2 einen angemessenen Ausgleich in Geld (s Rz 35ff; aA Gaentzsch NVwZ 1986, 601, 603f; Kleinlein, Das System des Nachbarrechts, S 126, 133). Alle diese Elemente zusammen ergeben einen ähnlichen Rechts-

34 **bb) Unverhinderbarkeit durch wirtschaftlich zumutbare Maßnahmen.** Wesentliche ortsübliche Beeinträchtigungen sind zu dulden, wenn der Benutzer des immittierenden Grundstücks die Beeinträchtigung durch wirtschaftlich zumutbare Maßnahmen nicht verhindern kann. Die Zumutbarkeit wird typisierend an „Benutzern dieser Art" gemessen **(gemischt subjektiv-objektiver Maßstab)**. Es kommt darauf an, was einem Betrieb dieser Art, also nicht gerade diesem besonderen Betrieb, unter Berücksichtigung des nachbarlichen Verhältnisses, der Vor- und Nachteile, der technisch/organisatorischen Möglichkeiten und der Leistungsfähigkeit zuzumuten ist. Welche Maßnahmen nach dem Stand der Technik möglich sind und im Rahmen der allgemeinen Voraussehbarkeit Erfolg versprechen, ist im wesentlichen in Anlehnung an die Verwaltungsvorschriften zum BImSchG oder an die VDI-Richtlinien zu beantworten, weil die dort angegebenen anlagebezogenen Emissionswerte nach dem Stand der Technik ausgerichtet sind (vgl auch BGH 70, 102, 111). Nach Ansicht des OLG Schleswig (NJW-RR 1986, 884, 886) soll auch der Naturschutz zu berücksichtigen sein (kritisch Allgaier AgrarR 2002, 279ff). Darüber hinaus kommt in Betracht, den in § 906 verwandten Begriff der Zumutbarkeit mit dem in § 17 II BImSchG verankerten Verhältnismäßigkeitsprinzip zu harmonisieren (vgl Hager NJW 1986, 1964; Staud/Roth Rz 238 mwN).

35 **3. Rechtsfolgen der Duldungspflicht.** Nach § 906 II S 2 wird die mit dem Ausschluß des primären Abwehranspruchs (§ 1004) verbundene Duldungspflicht gegenüber wesentlich beeinträchtigenden, unvermeidbaren ortsüblichen Immissionen kompensiert durch einen **nachbarrechtlichen Ausgleichsanspruch**, wenn (und soweit) die Einwirkung eine ortsübliche Benutzung des betroffenen Grundstücks oder dessen Ertrag über das zumutbare Maß hinaus beeinträchtigt. Diese Regelung normiert einen Interessenausgleich nach Billigkeitsgesichtspunkten, bei dem alle besonderen Umstände des Einzelfalles abzuwägen sind (BGH 49, 148, 153 = NJW 1968, 549, 550; NJW-RR 1988, 1291f mwN); sie erweist sich dadurch als sehr flexibel.

36 **a) Maß des entschädigungslos Hinzunehmenden.** Voraussetzung des Anspruchs ist die **Beeinträchtigung der ortsüblichen Benutzung** des Grundstücks oder seines Ertrages **über das zumutbare Maß hinaus**. Diese Zumutbarkeitsschwelle kann sich nach näheren Umständen verschieben. Eine Existenzvernichtung oder -gefährdung, wie von der älteren Rspr vorausgesetzt (RG 159, 129, 138), ist nicht erforderlich. Anders als beim primären Abwehranspruch, der nur das „Entweder oder" kennt, obliegt es dem Beeinträchtigten (nach dem Rechtsgedanken der §§ 254, 242), seinen Betrieb den örtlichen Verhältnissen anzupassen (BGH 28, 225, 231f) und sein Grundstück **selbst zu schützen**, uU auch durch aufwendige **Abwehrmaßnahmen** (BGH 66, 70, 78 = NJW 1976, 797, 799; BGH 79, 45, 53 = NJW 1981, 1369, 1372; vgl auch BGH 117, 110 – „bienenempfindlicher" Anbau von Schnittstauden im Außenbereich). Bei der Abwägung kann eine Rolle spielen, ob der Betroffene den Umfang der Beeinträchtigung selbst **mitverursacht** hat (BGH 59, 378, 382ff; NJW 1981, 1369, 1370) oder ob die maßgeblichen Besonderheiten zur **Sphäre** des Störers oder des Gestörten gehören (BGH WM 1976, 1064, 1066; NJW 1977, 894, 895). Auch der Gesichtspunkt der **Priorität** kann für die Fixierung der Zumutbarkeitsgrenze Bedeutung gewinnen (BGH NJW 1995, 1823 – Ansiedlung in der Lärmschutzzone 1 eines militärischen Flugplatzes). Zum Sonderfall der Immission von Zementstaub auf eine öffentliche Straße mit der Folge kostspieliger Aufwendungen für einen Spezialbelag vgl BGH 62, 186.

37 **b)** Der Ausgleich für **summierte Immissionen** ist noch immer problematisch (vgl etwa Pleyer AcP 165 [1965], 561; H. Westermann, BB 1965, 794; Rummel, Ersatzansprüche bei summierten Immissionen, 1969; Baumgärtel/Laumen, Hdb der Beweislast im Privatrecht, Bd 2 § 906 Rz 21). Hier ist zu unterscheiden: (1) Sind die von jedem einzelnen Grundstück ausgehenden **Beeinträchtigungen** (unter - vorrangiger - Ausschöpfung der Beweiserleichterung nach § 287 ZPO) voneinander **abgrenzbar** („lineare Schadenssteigerung"), so hat jeder Immittent grundsätzlich (nur) nach Maßgabe der von ihm verursachten Beeinträchtigung angemessenen (anteiligen) Ausgleich zu leisten (pro-rata-Haftung), denn eine gesamtschuldnerische Haftung auf den insgesamt angemessenen Ausgleich ist als Grundsatz im Gesetzgebungsverfahren abgelehnt worden (BGH 66, 70, 76). Nur die Frage, ob die ortsübliche Benutzung des betroffenen Grundstücks gegenüber das zumutbare Maß hinaus beeinträchtigt worden ist, bestimmt sich nach der Summe der Einwirkungen. (2) Ist ein bestimmter Teil des Schadens nur durch das **Zusammenwirken der Immissionen** von mehreren Grundstücken zustandegekommen („progressive Schadenssteigerung"), so ist es gerechtfertigt, **für diesen Teil** alle Immittenten **gesamtschuldnerisch** zum angemessenen Ausgleich zu verpflichten, weil insoweit alle eine notwendige Bedingung gesetzt haben (BGH aaO). (3) Sind die **Verursachungsanteile nicht abgrenzbar** und läßt sich nicht feststellen, ob lineare oder progressive Schadenssteigerung vorliegt (non liquet), so tragen die **Immittenten** das Risiko der Unaufklärbarkeit gemeinsam und **haften gesamtschuldnerisch**, denn sie haben durch ihr Zusammenwirken die Beweisnot des Betroffenen herbeigeführt und hätten aufgrund ihrer betriebsinternen Kenntnisse den Ursachenverlauf noch am ehesten ausklären können (vgl BGH 66, 70, 77). Im Anschluß an Medicus (JZ 1986, 778, 782) wird man eine gesamtschuldnerische Haftung aber jedenfalls für die Urheber kleinster Beiträge (zB einzelner Haushalte) ablehnen müssen. Kann jeder von mehreren Immissionsbeiträgen die gesamte Beeinträchtigung bewirkt haben, so ist erst recht eine gesamtschuldnerische Haftung angezeigt (aA beiläufig BGH 72, 289, 297f; 85, 375, 387f).

Hiervon zu trennen ist der Fall, daß für die von **einem einzigen Grundstück** ausgehenden Beeinträchtigungen **mehrere Personen** verantwortlich sind. Diese haften analog § 840 **gesamtschuldnerisch**, und zwar auch dann, wenn die eine aus nachbarrechtlicher Ausgleichspflicht angemessenen Ausgleich schuldet und die andere aus unerlaubter Handlung ersatzpflichtig ist, zB Bauherr und Architekt (BGH 85, 375, 387). – Vgl im übrigen Rz 21.

38 § 906 soll und kann einen sachgerechten Interessenausgleich nur **im kleinnachbarlichen Raum** ermöglichen. Für die Bewältigung großräumiger Immissionsprobleme mit nicht individualisierbaren Kausalverläufen (zB **Waldsterben**) bietet diese nachbarrechtliche Vorschrift keinen geeigneten Anknüpfungspunkt (so auch BGH NJW 1988, 478 zur Frage der Staatshaftung).

c) Sachbefugnis. Schuldner des Ausgleichsanspruchs ist der **„Benutzer"**, dh derjenige, der die Nutzungsart 39 des immittierenden Grundstücks bestimmt, also nicht ohne weiteres der Begünstigte (BGH WM 1976, 1116 = LM § 906 Nr 49). Das ist zB bei Bauimmissionen nicht der Bauunternehmer, sondern der Bauherr (so überzeugend BGH NJW 1966, 42; vgl auch BGH 147, 45, 51f = NJW 2001, 1865, 1867). Benutzer ist auch der Flugplatzunternehmer hinsichtlich des Start- und Landelärms (BGH 58, 149; 69, 105; 69, 118). Überläßt der Eigentümer einem anderen sein Grundstück zur beeinträchtigenden Nutzung, so sind er und der andere Gesamtschuldner des Ausgleichsanspruchs. **Gläubiger** des Anspruchs ist der in der (erlaubten) Grundstücksnutzung Beeinträchtigte, also der Eigentümer oder der sonst zur Nutzung Berechtigte (zB Pächter) (Nachw in Rz 5).

d) Der **Höhe** nach ist der Ausgleichsanspruch gemäß § 906 II S 2 auf einen **„angemessenen Ausgleich in** 40 **Geld"** gerichtet. Nach der Rspr handelt es sich nicht um einen Anspruch auf vollen Schadensersatz, wie er bei rechtswidrig schuldhafter Eigentumsverletzung nach § 823 I iVm §§ 249ff gegeben ist, sondern auf (wenngleich vollen) **Wertausgleich** für den rechtmäßigen Entzug sonst gewährter Eigentümerbefugnisse (BGH 49, 148, 155; Bälz JZ 1992, 57, 71; aA Jauernig JZ 1986, 605, 610f). Maßgeblich ist danach ein **„differenziert-objektiver Maßstab"**, der auf die Verhältnisse eines durchschnittlichen (typisierten) Benutzers des beeinträchtigten Grundstücks abstellt. Entscheidend sind nicht die individuellen Verhältnisse des betroffenen Grundstückseigentümers (einschließlich etwaiger noch nicht verwirklichter Pläne für eine gewinnbringende Grundstücksnutzung); es kommt vielmehr auf die tatsächliche Beschaffenheit und Nutzung des Grundstücks vor Eintritt der zu duldenden Immissionen an. Dementsprechend bemißt die Rspr den angemessenen Ausgleich in Anlehnung an die **Grundsätze zur Enteignungsentschädigung** (BGH 49, 148, 155; 62, 361, 371; 85, 375, 386; 90, 255, 263; 147, 45, 53 = NJW 2001, 1865, 1867; krit Spieß JuS 1980, 100, 102 mwN; siehe hierzu Ossenbühl, Staatshaftungsrecht, 5. Aufl, S 207ff und hier vor § 903 Rz 13–15). **Auszugleichen** ist nur die **Einbuße**, die ein Durchschnittsbenutzer des betroffenen Grundstücks **durch den unzumutbaren Teil der Immissionen** typischerweise erleiden würde (so auch Kleindienst NJW 1968, 1955 und BGH NJW 1988, 3019; Karlsruhe NJW-RR 2002, 86, 87 mwN). Der Anspruch ist am Verkehrswert der tatsächlich entzogenen „Substanz" und nicht an einer hypothetischen Vermögensentwicklung auszurichten (BGH NJW 1972, 1574). Auch die mit konkreten Gebrauchsbeeinträchtigungen verbundene **zeitweilige Störung der Nutzung** stellt einen Substanzverlust dar (vgl BGH 30, 338, 351f; NJW 1963, 2020; BGH 91, 20, 28f mwN). Bei vorübergehender Beeinträchtigung gewerblicher Nutzung ist (vereinfachend) der Ertragsverlust zugrundezulegen (BGH 147, 45, 54 = NJW 2001, 1865, 1867 mwN; Karlsruhe NJW-RR 2002, 86, 87; Elshorst NJW 2001, 3223f), wobei § 287 ZPO anwendbar ist. Die **Form der Entschädigung** (Kapitalabfindung oder Rente) kann den Erfordernissen des Einzelfalles angepaßt werden (so für das frühere Recht BGH NJW 1963, 2020). Zur Anwendung von § 1 AHB vgl BGH WM 1999, 2168.

4. Beweislast. Der **Kläger** hat sein Eigentum, die Einwirkung als solche sowie ggf die besondere Zuleitung zu 41 beweisen; der **Beklagte** als Ausnahmetatbestände die Unwesentlichkeit, die Ortsüblichkeit, die Unmöglichkeit wirtschaftlich zumutbarer Abhilfe, einen Verzicht und dergl (RG JW 1932, 401; BGH WM 1971, 278, 280; BGH 92, 143, 148; 111, 63, 69, 73, 74). Für die Klage auf Schadloshaltung oder auf Ausgleich muß der Kläger die Kausalität der vom Beklagten veranlaßten Immissionen für die Beeinträchtigung seines Grundstücks sowie seinen dadurch herbeigeführten Schaden beweisen. Zum Beweiswert der Überschreitung oder Einhaltung technischer Regeln und zur 1994 erfolgten Neufassung des § 906 I vgl Rz 20.

5. Klageantrag und Urteil. Die **Klage** geht zunächst nur auf **Beseitigung** der Störung, bei Besorgnis weiterer 42 Beeinträchtigungen auch auf **Unterlassung** (vgl § 1004). Die **Verurteilung** geht bei Immissionen allgemein auf das Unterlassen von Störungen bestimmter Art wie zB durch Geräusche oder Gerüche (vgl BGH 121, 248, 251 = NJW 1993, 1656, 1657). Wie der Störer die Einwirkung beseitigt, bleibt grundsätzlich seine Sache. Auf bestimmte einzelne Maßnahmen darf ihn das Urteil allenfalls dann festlegen, wenn sich anders die Beeinträchtigung nicht verhindern läßt (siehe Beispiele bei Staud/Roth Rz 285). Gleiches gilt bei notwendiger umfassender Umgestaltung des Betriebs (vgl BGH 67, 252, 253f – Schweinemästerei). Einzelheiten sind der Zwangsvollstreckung zu überlassen (§§ 890, 887, 888 ZPO). Die **gänzliche Beseitigung** der störenden Anlage oder die **völlige Untersagung** eines Betriebes kann (von § 907 abgesehen) nur dann verlangt werden, wenn anders die unzulässige Einwirkung nicht zu beheben (zB Bedürfnisanstalt) oder die beschränkte Fortführung des Betriebs für den Störer nicht sinnvoll ist (zB Tennisanlage als Stätte für Freizeitsport, BGH NJW 1983, 751). Eine Verpflichtung des Betroffenen zur Bestellung einer Grunddienstbarkeit besteht nicht (BGH NJW 1970, 856f). – Ein **Grundurteil** bei Entschädigung für Immissionen ist möglich: Dem Betragsverfahren kann überlassen bleiben, inwieweit dem lärmbeeinträchtigten Grundstückseigentümer Abwehrmaßnahmen zumutbar sind (BGH 79, 45).

III. Nachbarrechtlicher Ausgleichsanspruch analog § 906 II S 2

1. Anspruchsvoraussetzungen. Nach gefestigter Rspr des BGH kommt ein nachbarrechtlicher Ausgleichsan- 43 spruch auch für **andere** als durch (zulässige) Immissionen herbeigeführte **Beeinträchtigungen** in Betracht, zB für Grobimmissionen (BGH 58, 149, 159 – Abschwemmungen von Marinedamm; BGH NJW 1990, 1910 – herabfallendes Schrotblei von Schießanlage; BGH NJW-RR 1990, 1194 – grenzüberschreitendes Eindringen von Baumwurzeln in Mauerwerk), Vertiefungsschäden (BGH 147, 45 = NJW 2001, 1865), für Schäden auf dem Nachbargrundstück infolge Wasserrohrbruchs (BGH NJW 2003, 2377 = BGHRp 2003, 932 m Anm Dören; WM 1985, 1041 = VersR 1985, 740), für Beeinträchtigungen des Kontakts nach außen als solchen (BGH 62, 361, 362 = NJW 1974, 1869, 1871f) oder des werbenden Kontakts (BGH 70, 212, 220f = NJW 1978, 737, 374; vgl auch Karlsruhe NJW-RR 2002, 86f – eingeschränkter Spargelabsatz wegen Bauarbeiten). Er erfaßt alle von einem Grundstück im Rahmen seiner privatwirtschaftlichen Nutzung auf ein anderes Grundstück ausgehenden Einwirkungen, **soweit** diese das **zumutbare Maß** einer entschädigungslos hinzunehmenden Beeinträchtigung **übersteigen** und der betroffene **Eigentümer** aus besonderen Gründen **gehindert** war, die Einwirkungen gemäß § 1004 (rechtzeitig) **zu**

§ 906

unterbinden. Der Hinderungsgrund wird gegenüber **zulässigen** Einwirkungen idR in einer **Rechtspflicht zur Duldung**, gegenüber **unzulässigen** (rechtswidrigen) Beeinträchtigungen in einem **faktischen Duldungszwang** bestehen, sei es, daß der Betroffene die Gefahr nicht rechtzeitig erkennen konnte (BGH 85, 375, 384; 90, 255, 262; BGH NJW 1990, 1910), sei es, daß er wirksamen Rechtsschutz nicht rechtzeitig erlangen konnte (BGH 72, 289, 294f; BGH NJW 1995, 714). Maßgeblicher Gesichtspunkt ist in allen diesen Fällen nicht die Art der Einwirkung, sondern der Umstand, daß das Eigentum unzumutbar beeinträchtigt wird. Der nachbarrechtliche Ausgleichsanspruch ist zwar **subsidiärer Natur**, dh er kommt nur dann in Betracht, wenn nicht eine andere gesetzliche Bestimmung den konkreten Fall abschließend regelt; eine solche abschließende Regelung kann aber in den Fällen faktischen Duldungszwangs nicht ohne weiteres angenommen werden (BGH 72, 289, 295). Soweit hiernach ein nachbarrechtlicher Ausgleichsanspruch für unzulässige Immissionen oder für zulässige andere Einwirkungen anerkannt wird, handelt es sich um eine einfache Analogie zu § 906 II S 2; soweit der faktische Duldungszwang einer rechtlichen Duldungspflicht gleichgestellt wird, geht es um eine doppelte Analogie. Bei Geltendmachung des Anspruchs durch einen berechtigten Besitzer ist sogar eine dreifache Analogie gegeben (Lorenz BGHRp 2001, 366; zur Kritik am Analogieschluß vgl Wilhelm SachenR Rn 705; Goebel JR 2002, 485, 487ff; siehe auch Axel Schmidt, Der nachbarrechtliche Ausgleichsanspruch, 2000; Bensching, Nachbarrechtliche Ausgleichsansprüche – zulässige Rechtsfortbildung oder Rspr contra legem?, 2002). Als (subsidiärer) Auffangtatbestand schließt der nachbarrechtliche Ausgleichsanspruch eine empfindliche Rechtsschutzlücke. Seine besondere **praktische Bedeutung** erlangt er in den Fällen faktischen Duldungszwangs, in denen ein Anspruch auf (vollen) Schadensersatz aus unerlaubter Handlung (zB nach § 823 II iVm § 909) mangels (nachweisbaren) Verschuldens nicht besteht oder nicht durchsetzbar ist (vgl BGH 147, 45 = NJW 2001, 1865). Auch die Anlagenhaftung gem § 2 I S 1 HaftPflG schließt einen nachbarrechtlichen Ausgleichsanspruch entsprechend § 906 II S 2 nicht aus (BGH NJW 2003, 2377, 2378).

44 Sofern sich der aus faktischen Gründen nicht durchsetzbare Abwehranspruch nicht aus § 1004, sondern aus § 242 (nachbarliches Gemeinschaftsverhältnis, vgl Rz 74ff) ergibt, folgt daraus ebenfalls ein **nachbarrechtlicher Ausgleichsanspruch** analog § 906 II S 2 mit gleichen Rechtsfolgen (BGH 113, 384 = NJW 1991, 1671, 1673; siehe auch Rz 77 sowie ausf Hagen, FS Hermann Lange, 1992, S 483ff).

45 2. **Anspruchsinhalt.** Es gelten die gleichen Grundsätze wie im unmittelbaren Anwendungsbereich des § 906 II S 2 (vgl Rz 40).

IV. Hoheitliche Immissionen und andere beeinträchtigende Realakte

46 1. **Grundsätzliches.** Das Grundeigentum genießt in bestimmtem Umfang Schutz auch gegenüber Immissionen und anderen Eingriffen von hoher Hand. Das Maß dessen, was der Betroffene – sei es ohne, sei es gegen Entschädigung – hinnehmen muß, bestimmt sich auch gegenüber hoheitlichen Eingriffen nach § 906. Vgl zum Folgenden auch vor § 903 Rz 5–17.

47 a) **Primärer Abwehranspruch.** Soweit der Betroffene nach privatem Nachbarrecht, insb nach § 906 Immissionen und ähnliche Beeinträchtigungen nicht zu dulden braucht und daher nach § 1004 untersagen kann, steht ihm grundsätzlich auch gegenüber solchen **hoheitlichen** Eingriffen ein **öffentlich-rechtlicher Störungsabwehranspruch** zu, den er mit der Unterlassungs- und Beseitigungsklage vor den Verwaltungsgerichten verfolgen und in Eilfällen dort auch mit einer einstweiligen Anordnung (§ 123 VwGO) durchsetzen kann (BVerwG NJW 1988, 2396; NJW 1989, 1291; NVwZ 1991, 884; Ossenbühl, Staatshaftungsrecht, 5. Aufl, S 288f mwN u 296ff), soweit ihm ein solcher Anspruch nicht wegen überwiegender Gemeinwohlbelange versagt wird (vgl zu dieser – problematischen – Einschränkung Rz 72). Soweit hoheitliche Immissionen nicht geduldet zu werden brauchen, sind sie rechtswidrig.

48 b) **Sekundärer Abwehranspruch** (Entschädigung wegen enteignenden oder enteignungsgleichen Eingriffs). § 906 bestimmt auch gegenüber hoheitlichen Immissionen nicht nur die Duldungsgrenze, innerhalb dessen der primäre Abwehranspruch ausgeschlossen ist, sondern zugleich die **Opfergrenze**, jenseits deren der Grundeigentümer Einwirkungen nicht mehr entschädigungslos hinzunehmen braucht (vgl Krohn/Löwisch, Eigentumsgarantie, Enteignung, Entschädigung, 3. Aufl Rz 224ff; Nüßgens/Boujong, Eigentum, Sozialbindung, Enteignung, Rz 411ff; Schwager/Krohn, Rechtsprechungsbericht, WM 1991, 33ff).

49 aa) **Enteignende Eingriffe.** Hier handelt es sich um die meist atypischen und unbeabsichtigten Auswirkungen an sich rechtmäßiger hoheitlicher Tätigkeit, die nur bei einzelnen Betroffenen zu Nachteilen führt, welche die Schwelle des enteignungsrechtlich Zumutbaren übersteigen. In Betracht kommen vor allem Geräusch- und Geruchseinwirkungen auf benachbartes Eigentum. Nach der Rspr des BGH begründen solche Immissionen einen Entschädigungsanspruch wegen enteignenden Eingriffs, wenn die Immissionen nicht untersagt werden können, die Einwirkungen sich als unmittelbarer Eingriff in nachbarrechtliches Eigentum darstellen und die Grenze dessen überschreiten, was unter privaten Nachbarn gemäß § 906 ohne Ausgleich hingenommen werden muß (BGH WM 1978, 645 mwN; BGH 72, 289, 292; BGH NJW 1980, 770). Dieser Entschädigungsanspruch stellt somit das öffentlich-rechtliche Gegenstück zum nachbarrechtlichen Ausgleichsanspruch nach privatem Nachbarrecht (vgl dazu Rz 35ff) dar (Krohn WM 1984, 825, 828). Seit dem Naßauskiesungsbeschluß des BVerfG verankert der BGH die Haftungsfigur des „enteignenden Eingriffs" (vgl vor § 903 Rz 10) im allgemeinen Aufopferungsgrundsatz der §§ 74, 75 EinlPrALR (vgl auch § 14 BImSchG) in dessen richterrechtlicher Ausformung (BGH 91, 20, 26ff mwN). Für den speziellen Bereich **hoheitlicher Immissionen** und anderer **nachbarlicher Beeinträchtigungen** käme angesichts der weitgehenden Übereinstimmung in Tatbestand und Rechtsfolgen wohl auch eine Analogie zu § 906 II S 2 in Betracht (vgl auch schon BGH 57, 359, 366 und Krohn/Löwisch aaO Rz 236; aA Jauernig JZ 1986, 605, 611f).

50 bb) **Enteignungsgleiche Eingriffe** (vgl auch vor § 903 Rz 10) setzen voraus, daß in eine als Eigentum geschützte Rechtsposition von hoher Hand unmittelbar eingegriffen und dem Berechtigten dadurch ein besonderes,

anderen nicht zugemutetes Opfer für die Allgemeinheit abverlangt wird (BGH 55, 229 = NJW 1971, 607; LM § 839 [Fe] Nr 74). Ein solcher Anspruch kann im nachbarlichen Bereich gegeben sein, soweit der Grundeigentümer **rechtswidrige hoheitliche Immissionen** oder andere nachbarliche Eingriffe, insbesondere rechtswidrige Vertiefungen (vgl auch BGH 72, 289, 292), nach den Vorschriften des Nachbarrechts oder des Wassernachbarrechts (BGH WM 1978, 645; 82, 1134) an sich nicht zu dulden braucht, sie aber aus besonderen Gründen nicht verhindern kann. Auch an der Rechtsfigur des enteignungsgleichen Eingriffs hält der BGH fest (BGH 90, 17, 29ff; Krohn WM 1984, 825, 827) und begründet sie ebenfalls mit dem gewohnheitsrechtlich anerkannten Aufopferungsgedanken in dessen richterrechtlicher Ausprägung. Für den engeren Bereich **nachbarlicher Eingriffe** könnte auch hier statt dessen wohl an eine Analogie zu § 906 II S 2 gedacht werden (vgl auch Rz 8). Sachlich übereinstimmend mit § 906 II S 2 erfordert die Entschädigung wegen enteignungsgleichen Eingriffs nach der Rspr des BGH Einwirkungen auf ein Grundstück, die das Maß dessen übersteigen, was der Eigentümer auch bei nichthoheitlichen Eingriffen nach § 906 nicht ohne Ausgleich hinzunehmen braucht (BGH VersR 1982, 772f; WM 1983, 995ff).

2. Hoheitliche Eingriffe. Hierfür reichen die Auswirkungen von Maßnahmen im Rahmen der **Erfüllung** 51 **schlicht-hoheitlicher Aufgaben** aus, sofern sie **öffentlich-rechtlich organisiert** sind.

a) Beispiele für solche **hoheitlichen Immissionen** bieten umweltbelastende Anlagen (vgl etwa BGH NJW 52 1976, 1204 – Kläranlage; BGH NJW 1980, 770 – Hausmülldeponie; VG Osnabrück NVwZ 2003, 1010 – Abfallcontainerstandplatz; vgl weitere Beispiele bei Ossenbühl, Staatshaftungsrecht, 5. Aufl, S 289). Sind die Maßnahmen dagegen **privatrechtlich organisiert**, zB durch Beauftragung eines privaten Bauunternehmers mit Straßenbauarbeiten, mit der Errichtung von Kanalisationsanlagen oder mit der Verlegung von Versorgungsleitungen, so ist die Frage der Haftung oder eines angemessenen Ausgleichs privatrechtlich zu beurteilen (BGH VersR 1964, 1070, 1072; LM GVG § 13 Nr 95 aE; BGH 72, 289, 294; BGH WM 1981, 724; BGH 103, 39). Öffentliches Recht ist in diesen Fällen nur anwendbar, wenn die Körperschaft (Behörde) durch die Art ihres Vorgehens, insbesondere durch Weisungen oder sonstige starke Einflußnahmen, sich des privaten Unternehmers gleichsam als eines Werkzeugs oder Mittlers bedient (BGH WM 1973, 390; WM 1980, 468; NJW 1981, 50).

b) Die Entschädigung wegen enteignenden oder enteignungsgleichen Eingriffs erfaßt auch **andere hoheitliche** 53 **Realakte**, die in einer den Schutzbereich des Art 14 I S 1 GG verletzenden Weise benachbartes Eigentum beeinträchtigen. Beispiele bieten Beeinträchtigungen des Anliegergemeingebrauchs (BGH 57, 359; 62, 361; 70, 212, 218; NJW 1980, 1004), dammartiger Ausbau einer Straße unter Verstoß gegen das wasserrechtliche Verbot, wild abfließender Wasser auf tieferliegende Grundstücke abzuleiten (BGH MDR 1976, 1004), oder der Betrieb einer gemeindlichen Hausmülldeponie, die Möwen und Krähen anlockt und dadurch Saatgutverluste auf den benachbarten Feldern herbeiführt (BGH NJW 1980, 770). In Frage kommen auch unzulässige Vertiefungen iSd § 909, zB Anlegung einer Kanalisation, durch die das Grundwasser abgesenkt wird, so daß benachbarte Grundstücke ihre Stütze verlieren (BGH 57, 370; NJW 1978, 1051; WM 1979, 1216; BGH 103, 39), Anlegung einer Erschließungsstraße mit zu steiler Abböschung (BGH NJW 1980, 1679), Ausschachtung einer öffentlichen Straße mit der Folge, daß die Standfestigkeit benachbarter Gebäude beeinträchtigt wird (BGH 72, 289, 291f – Fernmeldekabel der Bundespost).

c) Von besonderer praktischer und theoretischer Bedeutung sind die von **Verkehrsanlagen** und ihrem Bau aus- 54 gehenden Beeinträchtigungen (vgl hierzu H. Westermann, FS Werner Ernst, 1980, S 501ff, bes 512f; Schapp, Das Verhältnis von privatem und öffentlichen Nachbarrecht, 1978, S 123ff; Breuer, Die Bodennutzung im Konflikt zwischen Städtebau und Eigentumsgarantie, 1976, S 304; Schmidt-Aßmann, Schutz gegen Verkehrslärm, in Salzwedel (Hrsg), Grundzüge des Umweltrechts, S 303ff; ders, Verfassungsrechtliche Grundfragen und Systemgedanken einer Regelung des Lärmschutzes an vorhandenen Straßen, 1979; Nüßgens/Boujong, Eigentum, Sozialbindung, Enteignung, Rz 241ff; vgl dazu allgemein Soell, Schutz gegen Fluglärm, in Salzwedel, aaO S 329ff).

aa) **Hoheitlicher Charakter.** Ursprünglich ging man davon aus, daß auch Grundstücke der öffentlichen Hand 55 in den nachbarlichen Raum eingefügt seien und daher das private Nachbarrecht (einschließlich § 906) Anwendung finde (RG 154, 165; BGH 54, 384, 387 mwN; Kleindienst NJW 1968, 1593). Seit einiger Zeit wird statt dessen betont, daß die Planfeststellung (für die vom Straßenbau ausgehenden Immissionen, BGH 54, 384, 388) und die Widmung (oder Umwidmung) der öffentlichen Straßen zum Verkehr (für die eigentlichen Verkehrsimmissionen, BGH 64, 220, 222) als öffentlich-rechtliche Akte die eigentlichen Ursachen der Immissionen sind (vgl auch BGH WM 1975, 985; 1976, 1064, 1065; NJW 1977, 894; WM 1978, 41; 1982, 1134). Zum Flughafenlärm vgl Geulen und Klinger NJW 2001, 1038 und Köln OLGRp 2002, 288; für den Fluglärm eines ausländischen Flughafens mit grenzüberschreitenden Immissionen stellt der BGH auf das jeweilige Zustimmungsgesetz zu dem völkerrechtlichen Vertrag ab (unveröffentlichter Vorlagebeschl v 10. 3. 1978 – V ZR 73/76). Die Einordnung der Verkehrsimmissionen in den Bereich hoheitlicher Beeinträchtigungen hat zur Folge, daß anstelle eines nachbarrechtlichen Ausgleichsanspruchs (§ 906 II S 2) ein Anspruch wegen **enteignenden Eingriffs** in Betracht kommt, soweit nicht überhaupt spezialgesetzliche Regeln eingreifen. Im Bereich der wichtigen Planfeststellungsverfahren geht der Anspruch auf bloße Schutzvorkehrungen unter Ausschluß von öffentlich-rechtlichen Beseitigungs- und Unterlassungsansprüchen (Staud/Roth Rz 62 mwN). Nachdem § 17 IV FStrG entfallen ist (vgl dazu BT-Drucks 11/4310, 94, 96), ist § 75 II S 1, 2 VwVfG als wichtigster Fall zu nennen. In Betracht kommt etwa die Durchsetzung bestimmter Schutzauflagen im Verwaltungsrechtsweg (vgl Staud/Roth Rz 62 mwN).

bb) **Ortsüblichkeit und Zumutbarkeitsgrenze.** Auch für eine Entschädigung wegen enteignenden Eingriffs 56 aufgrund von Beeinträchtigungen der Anlieger durch den **Straßenverkehr** (Lärm, Abgase, Erschütterungen) kommt es abstrakt darauf an, ob die Voraussetzungen des § 906 II S 2 erfüllt sind, denn dieser umreißt insoweit die iSd Art 14 I S 2 GG geschützte „Rechtsposition" des Eigentümers. Besonderheiten ergeben sich aber bei der Bestimmung der Ortsüblichkeit und bei dem Maßstab für das entschädigungslos Zumutbare. Diese Tatbestandsmerkmale hat insbesondere die ältere Rspr so ausgefüllt, daß vom Träger der Verkehrsanlagen Ersatzansprüche möglichst ferngehalten wurden.

57 Die Bestimmung der **Ortsüblichkeit** ist problematisch, weil Straßen größere Gebiete durchschneiden und die Verhältnisse in den einzelnen Teilbereichen oft unterschiedlich liegen. Das gilt vor allem für überörtliche Straßen. Für den fließenden Verkehr bestimmt der BGH die Ortsüblichkeit auch insoweit nach den Verhältnissen des gesamten zu erschließenden Raums (BGH 54, 384, 389f; ebenso schon RG 133, 152, 154 – Omnibuslinie in Berlin-Dahlem). So kommt die Rspr zu einer weitgefaßten Ortsüblichkeit der Verkehrsanlagen auch in Wohnvierteln.

58 Zusätzlich wird das **Maß des entschädigungslos Zumutbaren** nach den Notwendigkeiten des Verkehrs bestimmt, und „die lästigen Auswirkungen des überörtlichen Verkehrs" werden „als Teil der gesamtwirtschaftlichen Lasten angesehen, denen sich auch Eigentümer solcher Grundstücke, die bisher abseits dieser Störquellen gelegen haben, nicht unter Berufung auf eng begrenzte Verhältnisse entziehen können" (BGH 54, 384, 390). Für die Überschreitung der Zumutbarkeitsgrenze hat die ältere Rspr bedenklich strenge Maßstäbe aufgestellt (vgl RG 159, 139 – Existenzgefährdung; BGH 49, 148, 152 – Gesundheitsgefährdung). Diese Entscheidungen sind überholt. Nach der neueren Rspr ist bei der Fixierung der Zumutbarkeitsschwelle des § 906 II S 2 an die Wertentscheidung des BImSchG anzuknüpfen: Für neu angelegte oder wesentlich veränderte Verkehrswege gibt § 42 BImSchG einen öffentlich-rechtlichen Entschädigungsanspruch, wenn die von ihnen ausgehenden Geräuschbeeinträchtigungen die Immissionsgrenzwerte (§ 43 BImSchG) überschreiten und den Anlieger zu Schallschutzmaßnahmen zwingen. Ua hieraus entnimmt BGH 64, 220, 226f (auch für „alte" Verkehrswege) die Wertung, daß eine unzumutbare Beeinträchtigung nicht mehr nur ganz ausnahmsweise bei besonders schweren Beeinträchtigungen angenommen werden darf. Dieses Urteil wurde in späteren Entscheidungen bestätigt (BGH 66, 173, 178; WM 1978, 41; BGH 97, 114, 116) und ergänzt (BGH MDR 1978, 296 – differenzierend für den Außenbereich; zustimmend H. Westermann, FS Ernst, S 517ff). Hiernach ist für die Zumutbarkeit von entschädigungslos hinzunehmenden Lärmbelästigungen durch den öffentlichen Straßenverkehr von einer **Abstufung nach der Gebietsart** auszugehen. Das dem Eigentümer zumutbare Maß von Einwirkungen verringert sich in dem Umfang, in dem die Wohnfunktion des Eigentums rechtlich anerkannt wird. Wohngebiete sind in ihrer Wohnqualität stärker geschützt als der Außenbereich (§ 35 BauGB), der von Wohnbebauung möglichst freigehalten werden soll. Deshalb braucht der Eigentümer eines im Stadtinneren gelegenen Wohngrundstücks die besonders nachteiligen Umwelteinwirkungen einer dem Fernverkehr dienenden Straße im allgemeinen nicht entschädigungslos hinzunehmen (BGH LM GG Art 14 [Cb] Nr 34 = WM 1978, 41 = WuM 1979, 79). Der Eigentümer eines Wohnhauses im Außenbereich muß sich dagegen ohne Entschädigung eher damit abfinden, wenn in der Nähe seines Grundstücks eine Autobahn gebaut wird (vgl – auch zu Fragen der Priorität – BGH NJW 1977, 894; weiter differenzierend BVerwG DVBl 1978, 618); zum maßgeblichen Zeitpunkt für die Beurteilung der Zumutbarkeit des Eingriffs vgl BGH DB 1987, 1680 = WM 1987, 245, 246. Wo die Zumutbarkeitsgrenze jeweils liegt, hängt von den Umständen des Einzelfalles ab (BGH NJW 1986, 1980, 1981f; NJW 1986, 2421, 2422f; WM 1987, 245); Richtwerte in Verwaltungsvorschriften uä können dafür nur eine gewisse Orientierungshilfe geben (BGH WM 1978, 41 mN; vgl auch Rz 19).

59 d) Der **Umfang der Entschädigung** für hoheitliche nachbarliche (enteignende oder enteignungsgleiche) **Eingriffe** richtet sich grundsätzlich nach Enteignungsrecht (BGH 48, 98, 105; 54, 384, 388; 57, 370, 372f). Auszugleichen ist nur der „Substanzverlust" (Minderwert), der jenseits der Zumutbarkeitsgrenze eintritt; näher zur Enteignungsentschädigung Rz 40 sowie vor § 903 Rz 13.

60 Speziell für den **Verkehrslärm** entnimmt BGH 64, 220, 229 dem Anliegen des BImSchG, gesunde Wohnverhältnisse zu schaffen, die Wertung, daß die zu leistende Entschädigung grundsätzlich in einem **Geldausgleich für notwendige Schallschutzvorrichtungen** besteht; eine Entschädigung für eingetretenen **Minderwert** kommt danach erst in Betracht, wenn Schutzmaßnahmen keine wirksame Abhilfe versprechen oder unverhältnismäßig teuer sind (ebenso BGH MDR 1978, 296; WM 1987, 245 – Gleichstellung von alten und neuen Straßen); näher zu dieser Tendenz zur Entwicklung eines Spezialtatbestandes „Ersatzanspruch für Schallschutzmaßnahmen gegen Verkehrslärm" H. Westermann, FS Ernst, S 514ff). Entsprechendes gilt für Fluglärm (BGH NJW-RR 1989, 396f).

61 e) **Passivlegitimation.** Bei hoheitlichen Eingriffen in das Grundeigentum ist Anspruchsgegner regelmäßg derjenige, in dessen **Interesse** der Eingriff vorgenommen worden ist, also der unmittelbar **Begünstigte** (BGH NJW 1983, 1657, 1660f; NJW 1984, 1169).

V. Gesteigerte Duldungspflichten und ihr Ausgleich

62 Einwirkungen, die der Eigentümer nach § 906 nicht zu dulden braucht, muß er unter bestimmten Voraussetzungen aus anderen Gründen dennoch hinnehmen. Auch diese (erweiterten) Duldungspflichten werden kompensiert durch Schadensersatz- oder Ausgleichsansprüche.

63 1. **Öffentlich-rechtliche Planfeststellungs-, Genehmigungs- oder Bewilligungsverfahren.** Der primäre nachbarrechtliche Abwehranspruch (Beseitigungs- oder Unterlassungsanspruch) ist meist ausgeschlossen, soweit dem Eigentümer zuvor in einem förmlichen Verfahren Gelegenheit gegeben war, seine Belange im Rahmen der jeweils gebotenen Abwägung öffentlicher und privater Interessen zu vertreten und Einwände gegen das Vorhaben vorzubringen, von dem sein Grundstück beeinträchtigt wird. Der **zivilrechtliche Nachbarschutz** wird insoweit in modifizierter Form in das öffentlich-rechtliche Verfahren **vorverlagert**. Nach dem **Konzentrationsgrundsatz** werden in jenem Verfahren zugleich alle auf öffentlich-rechtliche Vorschriften gestützten Entscheidungen zusammengefaßt, die Voraussetzungen für das Vorhaben sind. Auf diese Weise soll eine umfassende Abwägung aller Belange erreicht und verhindert werden, daß einmal geschaffene wirtschaftliche Werte später durch Richterspruch entwertet werden.

a) **Genehmigung umweltrelevanter Anlagen (§ 14 BImSchG).** Ein wichtiges Beispiel für die privatrechtsgestaltende Wirkung (Präklusion) bestandskräftiger Genehmigungen bietet das förmliche Verfahren nach dem BImSchG. Nach § 4 BImSchG bedürfen die Errichtung und der Betrieb von Anlagen, die schädliche Umwelteinwirkungen hervorrufen oder in anderer Weise die Allgemeinheit oder die Nachbarschaft gefährden, erheblich benachteiligen oder erheblich belästigen könnten, einer Genehmigung. Ist die Genehmigung unanfechtbar geworden, so ist der **Anspruch auf Einstellung des Betriebes (§ 1004) grundsätzlich ausgeschlossen**; es können nur **Vorkehrungen** verlangt werden, die die benachteiligenden Wirkungen ausschließen. Soweit solche Vorkehrungen nach dem Stand der Technik nicht durchführbar oder wirtschaftlich nicht vertretbar sind, kann lediglich **Schadensersatz** verlangt werden (§ 14 BImSchG). Ob der Betroffene im Genehmigungsverfahren Einwendungen erhoben hat, ist für den Ausschluß seiner privatrechtlichen Ansprüche unerheblich. Der Unterlassungsanspruch lebt auch dann nicht wieder auf, wenn das Unternehmen mögliche Schutzmaßnahmen schuldhaft unterläßt; doch kann die Behörde nachträgliche Anordnungen treffen oder Auflagen machen und bis zu deren Erfüllung den Betrieb ganz oder teilweise untersagen (§§ 17, 20 BImSchG). Mit Baur (JZ 1974, 658) ist dem beeinträchtigten Grundeigentümer auch ein vor dem Verwaltungsgericht zu verfolgender Anspruch gegen die Behörde auf ein solches Vorgehen zu geben. Der Widerruf der Genehmigung kann im Falle des § 21 II S 2 BImSchG erzwungen werden. Den **Unterlassungsanspruch „auf Grund besonderer privatrechtlicher Titel"** läßt § 14 BImSchG unberührt. Darunter fällt aber nicht § 1004; vielmehr muß eine besondere Rechtsgrundlage für den beeinträchtigenden Eigentümer bestehen, zB eine Dienstbarkeit oder ein schuldrechtlicher Vertrag. Über solche Rechte wird im Genehmigungsverfahren nicht entschieden (§ 10 II und VI BImSchG).

Die Ansprüche auf **Vorkehrungen** und auf **Schadensersatz** sind, auch wenn das in § 14 BImSchG nicht ausdrücklich gesagt ist, **nur insoweit** gegeben, **als eine über die entschädigungslose Duldungspflicht des § 906 hinausgehende Beeinträchtigung vorliegt**, denn § 14 BImSchG soll nur einen Ausgleich dafür schaffen, daß genehmigte Anlagen über § 906 hinaus vor nachbarrechtlichen Unterlassungsansprüchen geschützt werden. § 14 greift mithin nicht ein, wenn der betroffene Eigentümer die Einwirkung schon nach § 906 II S 1 nicht verbieten könnte, wenn also die wesentlichen Beeinträchtigungen durch eine nach Art und Ausmaß ortsübliche Benutzung des immittierenden Grundstücks herbeigeführt werden und nicht durch zumutbare Maßnahmen verhindert werden können (BGH 69, 105, 110; vgl auch schon RG 139, 29, 33f; 154, 161, 162 – jeweils zu § 26 GewO und § 148 ABG). Für das **Konkurrenzverhältnis zu § 906** gilt als Faustregel: Ein **Anspruch aus § 14 BImSchG** kommt in Betracht, wenn dem betroffenen Eigentümer an sich (nach § 1004 iVm § 906) ein Verbietungsrecht zustünde, dieses Recht aber infolge der behördlichen Genehmigung nicht ausgeübt werden kann; siehe Baur/Stürner § 25 Rz 33). Ein **Ausgleichsanspruch nach § 906 II S 2** ist gegeben, wenn ein Verbietungsrecht nicht besteht, die Einwirkung aber über den Rahmen des Zumutbaren hinausgeht.

§ 14 BImSchG gibt einen Anspruch auf **„Schadensersatz"**, § 906 II S 2 einen Anspruch auf „angemessenen Ausgleich in Geld". Aus dem bewußt gewählten Wortlaut ist zu schließen, daß § 14 BImSchG auf §§ 249ff verweist und damit vollen Schadensersatz gewährt (Baur JZ 1974, 659; aA Bälz JZ 1992, 57, 71).

§ 14 gilt auch für **nach dem AtomG genehmigte Anlagen** (§ 7 VI AtomG) und für Flughäfen (§ 11 LuftVG).

b) **Planfeststellungen.** Für eine Reihe von Vorhaben sind bundesrechtlich Planfeststellungsverfahren erforderlich, deren Verlauf und privatrechtsgestaltende Wirkungen in ihren Grundzügen den §§ 10ff BImSchG entsprechen. Dies gilt zB für den Bau und die Änderung bestehender Bundesfernstraßen (§ 17 FStrG), Straßenbahnen (§§ 28ff PBefG) und Schienenwege und Anlagen der Eisenbahn (§§ 18, 20 Allg EisenbahnG AEG) sowie für die Herstellung, Beseitigung oder wesentliche Umgestaltung eines Gewässers oder seines Ufers (§ 31 WHG) und für den Ausbau oder Neubau von Bundeswasserstraßen (§ 14 BundeswasserstraßenG). Soweit Spezialgesetze zwar ein Planfeststellungsverfahren vorsehen, aber das Verfahren nicht regeln, gilt die Regelung nach dem VerwaltungsverfahrensG des Bundes (VwVfG). Ist der jeweilige Plan bestandskräftig festgestellt, so sind **Ansprüche auf Unterlassung** des Vorhabens, auf **Beseitigung** oder **Änderung** der Anlage oder auf Unterlassung ihrer Benutzung **ausgeschlossen** (§ 75 II VwVfG). Treten nicht voraussehbare Wirkungen des Vorhabens auf das Recht eines anderen erst nach der Unanfechtbarkeit des Planes auf (vgl Stuttgart NJW-RR 2001, 1313, 1315 mwN), so kann der Betroffene **Vorkehrungen** oä verlangen, welche die nachteiligen Auswirkungen ausschließen (zum Rechtsschutz Dritter gegen Flughafenlärm vgl Geulen und Klinger NJW 2001, 1038 und Köln OLGRp 2002, 288). Sie sind dem Träger des Vorhabens durch Beschluß der Planfeststellungsbehörde aufzuerlegen. Sind solche Vorkehrungen untunlich oder mit dem Vorhaben unvereinbar, so richtet sich der Anspruch auf **angemessene Entschädigung in Geld** (§ 75 II S 2–4 VwVfG).

c) **Wasserrechtliche Bewilligung (§§ 8, 11 WHG).** Die Bewilligung des Rechts, ein **Gewässer** in einer bestimmten Weise zu nutzen, wird ebenfalls in einem förmlichen Verfahren erteilt, in dem die Betroffenen Einwendungen geltend machen können (§ 9 WHG). Ist zu erwarten, daß die Benutzung auf das Recht eines anderen nachteilig einwirkt und erhebt der Betroffene Einwendungen, so darf die Bewilligung nur erteilt werden, wenn die nachteiligen Einwirkungen durch Auflagen verhütet oder ausgeglichen werden. Ist dies nicht möglich, so darf die Bewilligung gleichwohl aus Gründen des Wohls der Allgemeinheit erteilt werden; der Betroffene ist zu entschädigen. Ist die Benutzung bewilligt, so kann der Betroffene gegen den Inhaber der Bewilligung grundsätzlich **keine Ansprüche** geltend machen, die **auf die Beseitigung** der Störung, auf die **Unterlassung** der Benutzung, auf die Herstellung von **Schutzeinrichtungen** oder auf **Schadensersatz** gerichtet sind (§ 11 WHG). Die privatrechtsgestaltende Ausschlußwirkung geht hier also besonders weit. Anders als eine Bewilligung, die ihrem Inhaber ein subjektives öffentliches Recht zur Gewässerbenutzung gewährt, begründet eine **wasserrechtliche Erlaubnis** nur eine öffentlich-rechtliche Benutzungsbefugnis, die private Rechte Dritter unberührt und zivilrechtliche Abwehransprüche offenläßt (BGH WM 1996, 1228, 1229 = NVwZ 1996, 821, 822 zu §§ 15, 16 BadWürtt WasserG). Rspr-Übersichten zum Wasserrecht bei Brück NJW 1974, 1357; Mattern WM 1979, 34, 46ff; Hagen WM 1982, 410, 418f und WM 1984, 677, 688; zum Entzug des Grund- oder Oberflächenwassers durch Vertiefungen § 909 Rz 1, 5.

67 **d) Keine gesteigerten Duldungspflichten im übrigen. aa) Formlose Verwaltungsverfahren.** Häufig ist in den Fachgesetzen vorgesehen, daß bei Vorhaben von unwesentlicher Bedeutung oder unwesentlichen Änderungen planfestgestellter Vorhaben eine Planfeststellung unterbleiben (zB § 17 II FStrG; § 31 III WHG) oder ein vereinfachtes Genehmigungsverfahren durchgeführt werden kann (zB § 19 I BImSchG). Derartige Verwaltungsakte ergehen in einem weniger rechtsförmlichen Verfahren und bieten dem Betroffenen im Vorfeld der Entscheidung weniger Möglichkeiten, Einwände zu erheben und durchzusetzen; sie haben daher keine Konzentrationswirkung und keine privatrechtsgestaltende Ausschlußwirkung (vgl Badura in Erichsen/Ehlers, Allg VerwR [12. Aufl] § 39 Rz 21 [aE], 42; vgl auch BGH NJW 1981, 50). Diese Einschränkung gelten erst recht für die bloßen **Anzeige- oder Genehmigungspflichten** nach dem neueren Bauordnungsrecht der Länder (vgl Rz 31).

68 **bb) Baugenehmigungen** stellen nur fest, daß dem beabsichtigten Bau öffentlich-rechtliche Hindernisse nicht entgegenstehen (BVerwG 26, 287; 50, 282, 290); sie ergehen „unbeschadet der privaten Rechte Dritter" und entfalten schon deswegen keine privatrechtsgestaltende Ausschlußwirkung (BGH NJW 1959, 2013; ebenso schon PrOVG 2, 351, 355; übereinstimmend Schwerdtfeger NVwZ 1983, 199, 201; Hagen NVwZ 1991, 817, 822; Papier in Pikart/Gelzer/Papier, Umwelteinwirkungen durch Sportanlagen, S 120ff; aA Schrödter DVBl 1973, 763, 769; Bartlsperger DVBl 1971, 745, 746). Das wird bestätigt durch § 14 BImSchG: Die im vereinfachten Verfahren erteilte Anlagengenehmigung schließt zwar die Baugenehmigung ein, hat aber trotzdem nicht die Ausschlußwirkung des § 14 BImSchG (zutr Kleinlein, Das System des Nachbarrechts, 1986, S 76f).

69 **cc) Bebauungspläne** schließen den zivilrechtlichen Abwehranspruch nicht aus (BGH NJW 1980, 1679; Hagen UPR 1985, 192, 197; ders NVwZ 1991, 817, 820f; Marburger, Verh 56. DJT [1986] C 104f und Diederichsen ebenda L 58f; 56. DJT Beschl Nr 52; J. F. Baur, Gedächtnisschrift für W. Martens S 545, 551f; vgl auch MüKo/Säcker § 906 Rz 17; aA eine im öffentlichen Recht vordringende Auffassung, vgl Papier aaO S 103ff; Kleinlein aaO S 118ff; nach dem Grade der planerischen Konkretisierung differenzierend Gaentzsch UPR 1985, 201, 207ff; noch anders ders NVwZ 1986, 601; wN bei MüKo/Säcker Fn 42). Sie regeln selbst die öffentlich-rechtliche Zulässigkeit konkreter Bauvorhaben (zB in immissionsschutzrechtlicher Hinsicht) erst iVm der jeweiligen Baugenehmigung abschließend (vgl § 15 BauNVO). Das hat den Eigentumsabwehranspruch nicht ausgeschlossen. Soweit eine Harmonisierung des privaten und des öffentlichen Immissionsschutzrechts geboten ist, bietet die Bestimmung der Ortsüblichkeit iSd § 906 den systemgerechten Ansatz (vgl Rz 25).

70 **dd) Baulasten** (vgl zB § 83 BauO NW) sind nach Landesrecht zulässige, freiwillig übernommene Verpflichtungen von Grundstückseigentümern gegenüber der Baubehörde zu einem ihr Grundstück betreffenden Tun, Dulden oder Unterlassen, das sich nicht schon aus öffentlich-rechtlichen Vorschriften ergibt. Ob die Baulast einen privatrechtlichen Anspruch (und als Korrelat eine privatrechtliche Duldungspflicht) begründet, ist umstritten. Die Rspr tendiert wohl dahin, privatrechtliche Duldungspflichten gegenüber mittelbar begünstigten Dritten zu verneinen (vgl BGH 88, 97, 100ff mwN; differenzierend Lorenz NJW 1996, 2612). Vgl zu den privatrechtlichen Folgen der Baulast auch Schwarz, Baulasten im öffentlichen Recht und im Privatrecht; Masloh NJW 1995, 1993; Prahl ZfBR 1997, 12; Steinkamp MittRhNotK 1998, 117; Meinecke, Die zivilrechtliche Bedeutung der Baulast, 1999.

71 **ee) Sportausübung** ist zwar gesundheits- und sozialpolitisch förderungswürdig, aber ebensowenig wie andere geräuschvolle Tätigkeiten von der Rücksichtnahme auf die Nachbarschaft freigestellt (BVerwG 81, 197 = JZ 1989, 951 – Tegelsbarg). Ein Bebauungsplan, der in der Nachbarschaft zu einem Wohngebiet einen Sportplatz ohne nähere Konkretisierung ausweist, ist idR dahin auszulegen, daß dort nur eine mit der Wohnnutzung verträgliche Sportausübung zulässig ist (BVerwG aaO). In einer solchen plangegebenen Situation sind beide Nutzungen öffentlich-rechtlich mit einer Pflicht zu gegenseitiger Rücksichtnahme belastet (BVerwG ZfBR 1991, 219). Keinesfalls braucht eine zweckwidrige Nutzung des Sportplatzes geduldet zu werden (BVerwG JZ 1990, 347). Die bis dahin vermißten normativen Vorgaben enthält nunmehr aber die **SportanlagenlärmschutzVO 18. BImSchV** v 18. 7. 1991 (BGBl I 1588, berichtigt S 1790), welche die Belange des Sports aufwertet und stärker schützt (näher dazu Tettinger/Kleinschmittger JZ 1992, 107, 113f; Beckmann NWB Fach 24 S. 2209).

72 **2. Gemeinwichtige Betriebe.** Aus dem Grundgedanken des § 14 BImSchG (vormals § 26 GewO) hat die Rspr weitere gesteigerte Duldungspflichten zugunsten von Betrieben entwickelt, deren **Tätigkeit im öffentlichen Interesse** liegt. Ihnen gegenüber dürfen Anwehransprüche **nicht** auf solche Maßnahmen zielen, die den Betrieb **lahmlegen oder erheblich erschweren** (vgl RG 73, 270 – Geräusche einer Rohrpostanlage; RG 159, 129, 135f – Einwirkungen der Autobahn; RG 167, 14, 25 – Grundwasserabsenkungen beim Bau von Untergrundbahnen; BGH 48, 98, 104 – Ernteausfall durch Staubeinwirkungen beim Straßenbau; BGH 60, 119, 122 – Hochspannungsleitung; BGH NJW 1963, 2020 – Lärm eines Clubbetriebs der Stationierungsstreitkräfte; BGHZ 91, 20 – gemeindliche Kläranlage; BGH NJW 2000, 2901 – Drogenhilfezentrum). Auch hiernach kann aber zB ein Anspruch auf Verlegung der Haltestelle eines privatrechtlich betriebenen Omnibusunternehmens begründet sein (BGH NJW 1984, 1242). Gegenüber einer Druckerei hat der BGH (LM § 903 Nr 4) gesteigerte Duldungspflichten abgelehnt. Die undifferenzierte Einschränkung des Abwehranspruchs zugunsten gemeinwichtiger Betriebe dürfte jedenfalls in jenen Bereichen problematisch sein, in denen **spezialgesetzliche Grundlagen** zur verfahrens- und entschädigungsrechtlichen Lösung des Interessenkonflikts vorhanden sind. So hat zB der BGH (NJW 1976, 715f) eine Pflicht, Leitungsmasten uä zu dulden, aufgrund der „Allgemeinen Bedingungen für die Versorgung mit elektrischer Arbeit aus dem Niederspannungsnetz des Elektrizitätsunternehmens" bejaht. Zu Lasten von Grundstückseigentümern, die nicht selbst Stromabnehmer sind, bieten §§ 85ff BauGB und § 12 EnWG uU die Möglichkeit, ein Enteignungsverfahren mit dem Ziel einzuleiten, das Grundstückseigentum mit einer Dienstbarkeit zugunsten des Energieversorgungsunternehmens zu belasten. Ob darüber hinaus eine allgemeine Duldungspflicht gegenüber Energieversorgungsunternehmen besteht, ist zu bezweifeln (vgl BGH NJW 1976, 416, 417). Auch **soweit spezialgesetzliche Grundlagen fehlen**, erscheint es nicht unbedenklich, aus § 14 BImSchG einseitig die belastenden

Regelungselemente zu verallgemeinern, ohne dem betroffenen Grundstückseigentümer vergleichbare Rechte zur Geltendmachung von Einwendungen und zur Erzwingung von Auflagen zuzubilligen (grundsätzlich gegen eine solche Einschränkung des Abwehranspruchs ohne gesetzliche Grundlage auch Papier NJW 1974, 1797, 1798; Martens, FS Schack, S 85, 89ff; MüKo/Säcker Rz 123ff; Staud/Roth Rz 30 mwN; Bamberger/Roth/Fritzsche Rz 73).

Zum **Ausgleich** für die Aufopferung des primären Abwehranspruchs nach § 1004 zugunsten gemeinwichtiger **73** Betriebe erhält der Betroffene einen **privatrechtlichen Aufopferungsanspruch**, der als **nachbarrechtlicher Ausgleichsanspruch** gekennzeichnet wird (BGH 48, 98, 100). Zur **Höhe** des Anspruchs ist umstritten, ob der Betroffene vollen Schadensersatz oder nur „billigen Ausgleich" verlangen kann (BGH aaO S 105). Sieht man den Grund für die Duldungspflicht in dem Rechtsgedanken des § 14 BImSchG und berücksichtigt man, daß § 14 BImSchG **vollen Schadensersatz** gewährt, so liegt es nahe, für den privaten Aufopferungsanspruch ebenso zu verfahren. Im Anschluß an RG 139, 29, 33f (zu §§ 26 GewO, 148 ABG) ist aber ein allgemeiner Rechtsgedanke für alle Arten von Immissionen anzuerkennen, wonach der Grundeigentümer sich das gefallen lassen muß, was sich im Rahmen des § 906 hält, und bei Überschreitung dieser Grenzen nur für die Folgen dessen Ersatz verlangen kann, was über das hiernach zulässige Maß hinausgeht (vgl auch BGH NJW 1988, 3019).

3. Treu und Glauben (nachbarliches Gemeinschaftsverhältnis). a) Anwendungsbereich. Die Rechte und **74** Pflichten von Grundstücksnachbarn werden zwar in erster Linie durch die §§ 905ff (besonders § 906) geregelt, doch erfassen diese Bestimmungen nicht alle Besonderheiten des jeweiligen Falles. Insoweit bleibt Raum für die Anwendung der Regeln von Treu und Glauben auf die Besonderheiten nachbarlichen Zusammenlebens. Aus dem Gebot von Treu und Glauben entspringt eine **Pflicht zu gesteigerter gegenseitiger Rücksichtnahme**, die in Fällen eines unabweisbaren Bedürfnisses ausnahmsweise dazu führen kann, die **Ausübung gewisser** aus dem Eigentum fließender **Rechte** eines Grundstückseigentümers als **unzulässig** oder doch **entschädigungspflichtig** erscheinen zu lassen (BGH LM BGB § 903 Nr 1 u 2; BGH 16, 366, 372f mwN; 28, 110, 114; NJW 2000, 1719f); **äußerstenfalls** kann das Rücksichtnahmegebot auch eine **Pflicht zu positivem Handeln** begründen (Düsseldorf NJW 1953, 1394; BGH 28, 110, 114; Frankfurt aM OLGZ 89, 324 – Beseitigung einer Funkantenne). Diese Konkretisierung von Treu und Glauben, für das nachbarliche Zusammenleben meist als „nachbarliches Gemeinschaftsverhältnis" umschrieben (vgl etwa Westermann/H.P. Westermann § 62 I 2 und V; Bälz, FS Kübler, 1997, S 355ff), setzt keine tatbestandsmäßige Störung iSd § 1004 voraus (vgl Hagen, FS H. Lange, 1992, S 483, 495ff), muß aber eine aus zwingenden Gründen gebotene Ausnahme bleiben (BGH NJW 1995, 2633; NJW 2000, 1719, 1720). Ihr legitimer Anwendungsbereich wird durch die **Atypizität des Einzelfalles oder des** konkreten **Regelungsproblems** gekennzeichnet (BGH NJW-RR 2001, 232, 233).

Im **historischen Ansatz** hat das RG aus dem nachbarlichen Gemeinschaftsverhältnis allerdings auch die Legitimation zur Korrektur des § 906 für einen typischen Interessenkonflikt hergeleitet. Für das Zusammenleben zweier an sich ortsüblicher Grundstücksnutzungen erkannte es Immissionen der Schwerindustrie von einem die Landwirtschaft in ihrer Existenz bedrohenden Ausmaß insoweit nicht mehr als ortsüblich und daher nicht mehr durch § 906 aF gerechtfertigt an (RG 154, 161, 165ff – Gutehoffnungshütte II); damit wurde für den übermäßigen Teil der Einwirkungen der Weg frei für einen Ersatzanspruch (damals nach §§ 148 ABG, 26 GewO). Der BGH interpretierte diese Entscheidung aber dahin, daß dort der Ausgleichsanspruch unmittelbar aus dem nachbarlichen Gemeinschaftsverhältnis abgeleitet worden sei, und entwickelte daraus unversehens einen eigenständigen **Billigkeitsanspruch** auf Teilentschädigung (BGH 30, 273, 280).

Für die **einzelfallgerechte Bewältigung atypischer nachbarlicher Interessenkonflikte** bleibt aber (entgegen **75** BGH 38, 61, 63f; mißverständlich BGH 111, 63, 74) das nachbarliche Gemeinschaftsverhältnis in Extremfällen als Korrektiv nach Treu und Glauben bedeutsam (BGH NJW 2000, 1719f; Westermann/H.P. Westermann § 62 V 3 mwN). **Beispiele:** kriegsbedingte Ausbauchung einer Brandmauer des Nachbargrundstücks (BGH 28, 110); Grobimmissionen durch überfliegende Steine bei Sprengungen im Steinbruch (BGH 28, 225); Abschwemmungen von einem Behelfsdamm (BGH 58, 149, 159); Stehenlassen einer für den Nachbarn unentbehrlichen Grenzwand (BGH 68, 350, 353f); Brandmauererrichtung vor Nachbarfenstern (BGH NJW-RR 2003, 1313, 1314); Duldung (ohne Kostenlast) eines Antennenanschlusses auf einem die Nachbarhäuser „abschattenden" Hochhaus (BGH 88, 344, 351f); Rücksichtnahme bei Anlegung einer Zwischendeponie, die Abfluß kalter Luft von Weinbergen verhindert (BGH 113, 384); Pflicht zu vorübergehender Anlehnung der Rückverankerung einer Bohrpfahlwand im Rahmen eines genehmigten Bauvorhabens auf dem Nachbargrundstück gegen Zahlung eines angemessenen Ausgleichs (Stuttgart NJW 1994, 739); Duldung einer Abwasserdurchleitung (BGH NJW 2003, 1392f).

Den häufigsten, wenn auch nicht immer unter dem Stichwort des nachbarrechtlichen Gemeinschaftsverhältnisses abgehandelten Anwendungsfall von Treu und Glauben unter Nachbarn bilden **Unterschreitungen des Bauwichs** und nach § 912 nicht zumutbare **Überbauten**. Danach ist der Beseitigungsanspruch nach § 1004 dem **Einwand des Rechtsmißbrauchs** ausgesetzt, wenn die Beseitigung für den Überbauenden mit **unverhältnismäßig großen Aufwendungen** verbunden wäre, die ihm bei Berücksichtigung der beiderseitigen Interessen sowie aller sonstigen Umstände billigerweise nicht zuzumuten sind (BGH 62, 388; MDR 1977, 568; BGH 68, 350; WM 1979, 644, 647). Entwickelt wird dieser Gedanke zT in Anlehnung an spezielle positiv-rechtliche Ausprägungen von Treu und Glauben im Schadensrecht (§ 251 II, BGH MDR 1974, 571; BGH 62, 388; MDR 1977, 568), des Nachbarrechts (§ 912 II, BGH MDR 1974, 571; 1977, 568), des Vertragsrechts (§ 633 II S 2, vgl BGH 62, 388; MDR 1977, 568) sowie unter Hinweis auf das nachbarliche Gemeinschaftsverhältnis (BGH 68, 350, 353f). Den gleichen immanenten Grenzen der Zumutbarkeit unterliegt auch der **quasi-negatorische Beseitigungsanspruch** (analog §§ 1004, 823 II) (vgl BGH MDR 1974, 571 – Überschreitung der baurechtlich zulässigen Geschoßzahl). Bei der Bestimmung dieser immanenten Grenzen sind alle relevanten Umstände des Einzelfalles zu berücksichtigen (Umfang der Aufwendungen, Art und Grad des Verschuldens des Störers usw, BGH NJW 1970, 1180).

76 **b) Rechtsfolgen. aa)** Die Konkretisierung von Treu und Glauben im nachbarlichen Gemeinschaftsverhältnis begründet nach hM nur einzelne Pflichten, aber **kein gesetzliches Schuldverhältnis**, auf das § 278 anwendbar wäre (BGH LM § 909 Nr 2; BGH 42, 374; zweifelnd aber BGH NJW 1997, 2234, 2236aE; aA Westermann/H.P. Westermann § 62 V 2, VI 3b; vgl auch Brox JA 1984, 182ff mwN). Deshalb haftet der Grundstückseigentümer für eine von seinem Architekten verursachte unzulässige Vertiefung (vgl § 909) nur nach § 831. Bei einem Überbau muß er sich analog § 166 Vorsatz oder grobe Fahrlässigkeit des Architekten (BGH 42, 63; 42, 374; 62, 243), nicht aber des Bauunternehmers (BGH NJW 1977, 375) zurechnen lassen. Weitere durch die Nichtanwendung des § 278 entstehende Rechtsschutzlücken schließt der BGH durch eine sehr weitgehende Verschärfung der Sorgfaltsanforderungen an den Eigentümer persönlich (vgl etwa BGH LM BGB § 909 Nr 21 – Beauftragung eines Spezialunternehmens mit einer Grundwasserabsenkung) oder – methodenehrlicher – durch Zubilligung eines verschuldensunabhängigen nachbarrechtlichen Ausgleichsanspruchs (vgl Rz 43 und § 909 Rz 5).

77 **bb)** Soweit den Grundstückseigentümer hiernach gesteigerte Pflichten zu einem Handeln, Dulden oder Unterlassen treffen, erhält er als Korrelat einen **Ausgleichsanspruch**. Da seine Rechte über das in § 906 bestimmte Maß hinaus beschnitten werden, kann auch sein Ersatzanspruch über den in § 906 II S 2 vorgesehenen angemessenen Ausgleich hinausgehen (vgl BGH 28, 225, 232 – voller Schadensersatz für Pflicht zur Duldung von „Grobimmissionen"; BGH 58, 149, 160 – Frage vollen Schadensersatzes offengelassen; BGH 28, 110, 114f – Ersatz aller Mehraufwendungen für das Verfüllen des Zwischenraums im „Ausbauchungsfall"). Im allgemeinen kann er aber nur angemessenen Ausgleich analog § 906 II S 2 (vgl dazu Rz 43) verlangen, denn diese gesetzliche Regelung geht ebenfalls auf die Rspr zum nachbarlichen Gemeinschaftsverhältnis zurück (BGH 113, 384). Den Verlust der Bodennutzung infolge der Pflicht, eine auf eigenem Grund errichtete Grenzwand zugunsten des Nachbarn stehen zu lassen, hat der BGH in Anlehnung an eine Überbaurente nach § 912 II bemessen (BGH 68, 350, 355).

VI. Verjährung

78 Die Frage ließ sich **nach altem Recht** für die verschiedenen Ansprüche nicht frei von Wertungswidersprüchen lösen. So unterlag nach hM der Abwehranspruch der normalen (30jährigen) Verjährung (§§ 194 I, 195, 198 aF), die unabhängig vom Wissensstand des Grundeigentümers begann (BGH 125, 56, 63) und durch eine Veräußerung des beeinträchtigten Grundstücks nicht unterbrochen wurde (BGH 60, 235, 239). Deliktische Schadensersatzansprüche (wegen rechtswidriger und schuldhafter Immissionen oder anderer Einwirkungen) verjährten in drei Jahren (§ 852), Ausgleichsansprüche aus (oder analog) § 906 II S 2 und aus enteignendem oder enteignungsgleichem Eingriff verjährten in 30 Jahren (BGH 9, 209; BGH NJW 1995, 714). Für den früheren Anspruch auf Schadloshaltung nach § 26 GewO wurde analog § 852 die dreijährige deliktische Verjährungsfrist angenommen, dagegen sollte für den an seine Stelle getretenen Schadensersatzanspruch nach § 14 BImSchG als Fortwirkung des versagten Abwehranspruchs die allgemeine (30jährige) Verjährung gelten (RGRK/Augustin Rz 62; offengelassen in BGH aaO). Daß hiernach der deliktische Immittent privilegiert wurde (LG Landshut NJW 1986, 2768), ließ sich allenfalls mit seiner inhaltlich weitergehenden Haftung rechtfertigen.

Nach dem seit 1. 1. 2002 geltenden **neuen Recht** tritt Verjährung der vorgenannten Ansprüche regelmäßig nach 3 Jahren (vgl §§ 195, 199 I), spätestens jedoch nach 10 Jahren ein (vgl § 199 IV). Eine differenzierende Sonderregelung sieht § 199 II, III für Schadensersatzansprüche vor. Für Entschädigungsansprüche wegen enteignenden bzw enteignunggleichem Eingriffs ist an eine Analogie zu § 54 BGSG zu denken (Kellner NVwZ 2002, 399f).

Als Übergangsregelung ist Art 229 § 6 IV EGBGB zu beachten.

VII. Rechtsweg

79 Bei Immissionsklagen gegen juristische Personen öffentlichen Rechts ist zu unterscheiden zwischen der Abwehrklage (auf Beseitigung oder Unterlassung) und der Klage auf schützende Vorkehrungen einerseits sowie Ausgleichsansprüchen andererseits.

80 **a)** Bei der **Abwehrklage** kommt es darauf an, ob die störende Nutzung in öffentlich-rechtlicher oder in privatrechtlicher Form geschieht und ob die Vollstreckung des obsiegenden Urteils zur Aufhebung oder Änderung einer hoheitlichen Maßnahme führen würde: **Zivilrechtsweg** bei privatrechtlicher Nutzung einer Festwiese (BGH 41, 264); bei privatrechtlich organisiertem Ausbau einer öffentlichen Straße (BGH 72, 289, 293); bei privatrechtlicher Vermietung eines Jugendzeltplatzes durch die Gemeinde (BGH 121, 248); bei Lärmimmissionen durch den Betrieb der Deutschen Bahn AG (BGH NJW 1997, 744); **Verwaltungsrechtsweg** bei Überschwemmung durch öffentliche Kanalisation (BGH LM GVG § 13 Nr 81); bei Lärm von einem Kinderspielplatz („Bolzplatz"), der im Bebauungsplan vorgesehen, im Vollzug dieser Planung von der Gemeinde eingerichtet sowie in Dienst gestellt und damit einem öffentlichen Zweck gewidmet ist (BGH NJW 1976, 570); bei Lärm einer gemeindlichen Mehrzweckhalle (VGH Baden-Württ DWW 1986, 247f) oder eines von der öffentlichen Hand betriebenen Sportplatzes (BVerwG JZ 1989, 951). Ein öffentliches Interesse allein genügt nicht zur Annahme einer öffentlich-rechtlichen Streitigkeit.

81 **b)** Bei **Klagen auf Vorkehrungen** zur Verhinderung oder Verminderung von Immissionen ist unter den gleichen Voraussetzungen der Zivil- oder der Verwaltungsrechtsweg gegeben (BGH MDR 1972, 225), so zB der Zivilrechtsweg für eine Immissionsabwehrklage, die auf eine nur behördlicher Genehmigung mögliche Verlegung der Haltestelle eines privatrechtlich betriebenen Omnibusunternehmens abzielt (BGH NJW 1984, 1242), oder auf genehmigungsbedürftige Schutzvorkehrungen (BGH NJW 1995, 714). Zur **Durchsetzung** der Einhaltung **einer** in einer Baugenehmigung enthaltenen, bestandskräftigen **Auflage** zum Schutz des klagenden Nachbarn gegen Lärm vgl BGH 122, 1, 3ff = NJW 1993, 1580, 1581f – Ballettschule (siehe hierzu auch Bross, FS Hagen, S 357, 365).

82 **c)** Für **Ausgleichs-, Entschädigungs- und Schadensersatzansprüche** ist in jedem Fall der Zivilrechtsweg gegeben (BGH 49, 148, 149). Das gilt auch für Ansprüche aus einem öffentlich-rechtlichen Benutzungsverhältnis (BGH VersR 1983, 588 – fehlerhaftes Anschlußrohr der öffentlichen Kanalisation).

VIII. Nachbarrechte der Länder

Schrifttum: Baden-Württemberg: *Birk*, Nachbarrecht für Baden-Württemberg, 5. Aufl, 2004; *Pelka*, Das Nachbarrecht in Baden-Württemberg, 18. Aufl, 1997; *Vetter/Karremann/Kahl*, Das Nachbarrecht in Baden-Württemberg, 17. Aufl, 1996; **Bayern:** *Bayer/Lindner*, Bayerisches Nachbarrecht, 2. Aufl, 1994; *Meisner/Ring/Ring*, Nachbarrecht in Bayern, 7. Aufl, 1986; *Schulz*, Das Nachbarrecht in Bayern, 2. Aufl. 2003; *Stadler*, Das Nachbarrecht in Bayern, 6. Aufl, 2000; **Berlin:** *v. Feldmann/Groth/Kayser/Keinhorst*, Handbuch des Nachbarrechts – Berlin –, 2. Aufl, 2002; *Postier*, Nachbarrecht in Berlin, 2003; **Brandenburg:** *Postier*, Nachbarrecht in Brandenburg, 3. Aufl, 2001; **Hessen:** *Hinkel*, Nachbarrecht in Hessen, 6. Aufl, 2003; *Hodes/Dehner*, Hessisches Nachbarrecht, 5. Aufl, 2001; *Hoof/Keil*, Das Nachbarrecht in Hessen, 19. Aufl, 2001; *Rammert*, Nachbarrecht Hessen, 1998; **Niedersachsen:** *Hoof/Keil*, Das Nachbarrecht in Niedersachsen, 10. Aufl, 2000; *Pardey*, Niedersächsisches Nachbarrechtsgesetz, 2. Aufl, 2003; *Rammert*, Nachbarrecht in Niedersachsen, 1998; **Nordrhein-Westfalen:** *Rammert*, Nachbarrecht Nordrhein-Westfalen, 2. Aufl, 2001; *Schäfer*, Nachbarrechtsgesetz für Nordrhein-Westfalen, 12. Aufl, 2002; **Rheinland-Pfalz und Saarland:** *Hülbusch/Bauer/Schlick*, Nachbarrecht für Rheinland-Pfalz und Saarland, 5. Aufl, 1998; **Sachsen:** *Eidam*, Nachbarrecht im Freistaat Sachsen, 1998; *Kayser*, Nachbarrecht in Sachsen, 2001; *Schäfer*, Sächsisches Nachbarrechtsgesetz, 1998; *Stollenwerk*, Sächsisches Nachbarrechtsgesetz, 2003; *Thomas/Schlüter*, Sächsisches Nachbarrecht, 1998; **Sachsen-Anhalt:** *Eidam*, Nachbarrecht in Sachsen-Anhalt, 1998; *Fruhner/Weber*, Nachbarrecht für Sachsen-Anhalt, 1998; *Rammert*, Nachbarrecht Sachsen-Anhalt, 1999; **Schleswig-Holstein:** *Bassenge/Olivet*, Nachbarrecht in Schleswig-Holstein, 11. Aufl, 2002; **Thüringen:** *Bauer/Hülbusch/Schlick/Rottmüller*, Thüringer Nachbarrecht, 4. Aufl, 2002; *Schäfer*, Thüringer Nachbarrechtsgesetz, 1995.

Die Nachbarrechte der Länder bleiben von den nachbarrechtlichen Vorschriften des BGB unberührt (Art 124 **83** EGBGB). Sie können die Eigentumsbeschränkungen des BGB zugunsten der Nachbarn erweitern, nicht aber mildern oder aufheben. Die regionalen Nachbarrechte waren stark zersplittert und unübersichtlich. Fast alle Bundesländer haben eigene Nachbarrechtsgesetze erlassen:

Baden-Württemberg: Gesetz über das Nachbarrecht NRG idF vom 8. 1. 1996 (GBl S 53); **Bayern:** Art 43–54 BayAGBGB vom 20. 9. 1982 (BayRS 400–1-J); **Berlin:** Berliner Nachbarrechtsgesetz NachbG Bln vom 28. 9. 1973 (GVBl S 1654), gilt für ganz Berlin (§ 1 I G über die Vereinheitlichung des Berliner Landesrechts); **Brandenburg:** Brandenburgisches Nachbarrechtsgesetz BbgNRG vom 28. 6. 1996 (GVBl I S 226); **Bremen:** Abgesehen von den Regelungen zur Kommunmauer in §§ 24, 25 AGBGB gibt es kein NachbarrechtsG; **Hamburg:** besitzt kein Landesnachbarrechtsgesetz; **Hessen:** Hessisches Nachbarrechtsgesetz vom 24. 9. 1962 (GVBl I S 417), zuletzt geändert durch Gesetz vom 25. 9. 1990 (GVBl I S 563); **Mecklenburg-Vorpommern:** besitzt kein Landesnachbarrechtsgesetz; **Niedersachsen:** Niedersächsisches Nachbarrechtsgesetz vom 31. 3. 1967 (GVBl S 91), zuletzt geändert durch G vom 20. 11. 2001 (GVBl S 701); **Nordrhein-Westfalen:** Nachbarrechtsgesetz NachbG NW vom 15. 4. 1969 (GV S 190), zuletzt geändert durch Gesetz vom 7. 3. 1995 (GV S 193); **Rheinland-Pfalz:** Nachbarrechtsgesetz v 15. 6. 1970 (GVBl S 198); **Saarland:** Saarländisches Nachbarrechtsgesetz vom 28. 2. 1973 (ABl S 210), zuletzt geändert durch Gesetz vom 16. 10. 1997 (ABl S 1130); **Sachsen:** Sächsisches Nachbarrechtsgesetz SächsNRG vom 11. 11. 1997 (GVBl S 582); **Sachsen-Anhalt:** Nachbarschaftsgesetz NbG vom 13. 11. 1997 (GVBl S 958), zuletzt geändert durch Gesetz v 19. 3. 2002 (GVBl S 130); **Schleswig-Holstein:** Nachbarrechtsgesetz NachbG Schl-H vom 24. 2. 1971 (GVOBl), zuletzt geändert durch Gesetz vom 19. 11. 1982 (GVBl S 256); **Thüringen:** Thüringer Nachbarrechtsgesetz vom 22. 12. 1992 (GVBl S 599).

Zu den wichtigsten privatrechtlichen Bestimmungen des Landesnachbarrechts, insbesondere Fenster- und Lichtschutzrecht, Hammerschlags- und Leiterrecht, Anwenderecht, Trepprecht, Grenzabstände, Dachtraufrecht oder Grenzwände vgl Staud/Albrecht Art 124 EGBGB Rz 14ff sowie Horst, Rechtshdb NachbarR.

Nach § 15a EGZPO haben die Länder die Möglichkeit, dem Verfahren vor dem Amtsgericht ein **obligatorisches Schlichtungsverfahren** vorzuschalten. Hiervon haben bereits diverse Länder Gebrauch gemacht (vgl dazu Zietsch/Roschmann NJW-Beilage zu Heft 51/2001).

907 *Gefahr drohende Anlagen*

(1) Der Eigentümer eines Grundstücks kann verlangen, dass auf den Nachbargrundstücken nicht Anlagen hergestellt oder gehalten werden, von denen mit Sicherheit vorauszusehen ist, dass ihr Bestand oder ihre Benutzung eine unzulässige Einwirkung auf sein Grundstück zur Folge hat. Genügt eine Anlage den landesgesetzlichen Vorschriften, die einen bestimmten Abstand von der Grenze oder sonstige Schutzmaßregeln vorschreiben, so kann die Beseitigung der Anlage erst verlangt werden, wenn die unzulässige Einwirkung tatsächlich hervortritt.

(2) Bäume und Sträucher gehören nicht zu den Anlagen im Sinne dieser Vorschriften.

1. Allgemeines. Während § 1004 seinem Wortlaut nach erst dann eingreift, wenn eine Beeinträchtigung bereits **1** eingetreten ist, greift der durch § 907 gewährte Schutz gegen gefahrdrohende Anlagen bereits im Stadium der bloßen Gefährdung. Nachdem jedoch ein Unterlassungsanspruch nach § 1004 schon dann zugebilligt wird, wenn die Gefahr eines erstmaligen Eingriffs drohend bevorsteht (vgl § 1004 Rz 76 mwN), stellt sich § 907 aus heutiger Sicht als positivierter **Sonderfall des allgemeinen Abwehranspruchs** dar (MüKo/Säcker Rz 1) Er geht freilich insofern weiter, als er auf die Verhinderung der gesamten Anlage zielt, während § 1004 sich gegen die einzelnen Einwirkungen richtet. § 907 ist ein **Schutzgesetz** iSv § 823 II (BGH NJW-RR 2001, 1208; RG 145, 107, 115). Zur Anwendbarkeit auf wasserrechtliche und bergrechtliche Anlagen vgl Staud/Roth Rz 7, 16 u Soergel/Baur Rz 5.

2. Anlagen auf Nachbargrundstücken, von denen unzulässige Einwirkungen drohen. a) In der **Nachbar- 2 schaft** befinden sich alle Grundstücke im möglichen Einwirkungsbereich der Anlage (RG JW 1923, 288).

b) Anlagen sind künstlich geschaffene Werke von gewisser Selbständigkeit und Dauer (BGH BB 1965, 1125), **3** die durch menschliche Tätigkeit („Benutzung") oder ohne sie funktionieren („Bestand"), wie zB Bauwerke, Teiche

§ 907

(RG JW 1910, 654 [Nr 13]; BGH 120, 239, 250); Viehstall, Taubenschlag (Düsseldorf OLGZ 1980, 16), Bienenstöcke, egal, ob angepflockt (LG Lübeck MDR 1970, 506), Sand- und Schlammaufschüttungen, Garagen, die nur über ein benachbartes Grundstück zu erreichen sind, wenn Art und Umfang eine Benutzung bedingen, die über das durch die Dienstbarkeit gesicherte Wegerecht hinausgeht (BGH BB 1965, 1125), Erhöhungen von Straßen (zutreffend MüKo/Säcker Rz 4, Staud/Roth Rz 20, 24; aA BGH NJW 1980, 2580, 2581); dagegen **nicht**: bloße natürliche Geländebeschaffenheit (RG 134, 231, 234f – Felshang), Bodenvertiefungen (vgl § 909), einzelne bewegliche Sachen (RG NJW 1912, 752 [Nr 17]), Baumaterialien (BGH DB 1969, 920, 921), Bäume und Sträucher (vgl § 907 II), zB Weinstöcke (BGH NJW-RR 2001, 1208, 1209).

4 c) Der Begriff der **unzulässigen Einwirkung** ergibt sich aus den allg Vorschriften über Eigentum und Nachbarrecht, insb den §§ 903, 905, 906, und erfaßt bei § 907 neben Imponderabilien auch Grobimmissionen, wobei positive, grenzüberschreitende Einwirkungen durch sinnlich wahrnehmbare Stoffe drohen müssen (Staud/Roth Rz 21 mwN). Bloße negative, ideelle und immaterielle Einwirkungen (vgl § 906 Rz 11) unterfallen § 907 nicht. Im Bereich wassernachbarrechtlicher Vorschriften bestimmen diese sondergesetzlich und abschließend, was als unzulässige Einwirkung iSv § 907 anzusehen ist (BGH NJW-RR 2000, 537, 538). **Mit Sicherheit vorauszusehen** ist die Einwirkung, wenn ihr Eintritt in einem Maße wahrscheinlich ist, das der Sicherheit gleichsteht (RG 134, 254, 256; MüKo/Säcker Rz 10).

5 3. Der **Abwehranspruch** des Eigentümers oder dinglich Berechtigten (§§ 1027, 1090, 1065, vgl auch § 11 ErbbauVO) nach S 1 gegen den Nachbarn (auch Pächter) oder Dritten, der die Anlage errichtet oder unterhält, geht auf **Beseitigung** oder **Unterlassung** ihrer Einrichtung. In Betracht kommt ein Schadensersatzanspruch aus § 823 II (s Rz 1) sowie ein verschuldensunabhängiger Ausgleichs- bzw Entschädigungsanspruch (vgl § 906 Rz 59 und 77). Zur Verjährung vgl § 924. Beweispflichtig ist, wer den Anspruch geltend macht; auch für Unzulässigkeit der Einwirkung (so BGH WM 1955, 998, 999; aA Staud/Roth Rz 45 mwN). Auf obligatorisch berechtigte Besitzer des Grundstücks ist § 907 entsprechend anzuwenden (MüKo/Säcker Rz 17 mwN).

6 4. **Ausnahmen. a)** Genügen die Anlagen den nachbar-, bauordnungs-, feuerpolizei- und gesundheitsrechtlichen Vorschriften, die wenigstens allgemein geeignet sind, die von § 907 erfaßten Einwirkungen (Rz 4) zu verhindern (vgl BGH NJW-RR 2000, 537, 538 – sog Wassernachbarrecht; München NJW 1954, 513, 514 – öffentlich-rechtliche Vorschriften), so muß der Nachbar sie unbeschadet der Erhebung von Einwänden im Verwaltungsverfahren zunächst **dulden** und abwarten, ob die befürchteten schädlichen Einwirkungen tatsächlich eintreten. Abs I S 2 erfaßt neben den genannten landesrechtlichen Vorschriften auch die entsprechenden Regelungen des Bundesrechts (Staud/Roth Rz 41 mwN). Hält eine geplante Anlage den erforderlichen Grenzabstand ein und genügt sie den Schutzmaßregeln, kann die Unterlassung der Herstellung weder nach § 907 I S 1 noch nach § 1004 I S 2 verlangt werden (Staud/Roth Rz 39).

7 b) **Bäume und Sträucher, Abs II**, sind keine Anlagen und unterfallen den §§ 910, 911, 923 sowie den einschlägigen Bestimmungen des Landesrechts (Art 122, 124 EGBGB); vgl auch Rz 3 aE.

908 *Drohender Gebäudeeinsturz*

Droht einem Grundstück die Gefahr, dass es durch den Einsturz eines Gebäudes oder eines anderen Werkes, das mit einem Nachbargrundstück verbunden ist, oder durch die Ablösung von Teilen des Gebäudes oder des Werkes beschädigt wird, so kann der Eigentümer von demjenigen, welcher nach dem § 836 Abs. 1 oder den §§ 837, 838 für den eintretenden Schaden verantwortlich sein würde, verlangen, dass er die zur Abwendung der Gefahr erforderliche Vorkehrung trifft.

1 1. **Zweck.** § 908 erweitert den Eigentümerschutz um einen speziellen vorbeugenden Abwehranspruch, der im Gegensatz zu § 907 nicht voraussetzt, daß der schädigende Einsturz mit Sicherheit zu erwarten ist. Er ist das negatorische Gegenstück zum deliktischen Anspruch aus § 836 (Herrmann JuS 1994, 278). Bei größeren Bauten kommt ihm mit Rücksicht auf das wohl eher erfolgende Eingreifen der Bauaufsicht kaum praktische Bedeutung zu.

2 2. Eine **drohende Gefahr** besteht, wenn der Eintritt eines Schadens in nicht allzu ferner Zukunft aufgrund der gegebenen Verhältnisse (nicht nur ganz entfernt) möglich erscheint (Staud/Roth Rz 9 mwN; Pal/Bassenge Rz 1). Die drohende Gefahr muß gerade auf der Beschaffenheit bzw dem Erhaltungszustand des **Gebäudes** (vgl § 836 Rz 2) oder **Werkes** (vgl § 836 Rz 3) beruhen (RG 70, 200, 206; Staud/Roth Rz 7). Beruht die Gefahr allein auf menschlicher Einwirkung wie zB beim Abbruch des Nachbarhauses (RG aaO; zum Begriff der Nachbarschaft vgl § 907 Rz 2), so droht keine Gefahr iSv § 908. Dagegen steht das bloße Mitwirken menschlicher Handlungen oder von Naturkräften einem Anspruch aus § 908 nicht entgegen (MüKo/Säcker Rz 3; Bamberger/Roth/Fritzsche Rz 6). Gleiches gilt für ein **Eigenverschulden** des Anspruchstellers (LG Lübeck SchlHA 1951; Staud/Roth Rz 10 mwN), es sei denn, er selbst schuldet die Beseitigung des baufälligen Zustands. Denn dann könnte das Verlangen von Abwehrmaßnahmen unzulässige Rechtsausübung sein (MüKo/Säcker Rz 3).

3 3. **Aktivlegitimation.** Neben dem Eigentümer (bzw dinglich Berechtigten, §§ 1027, 1190, 1065, vgl auch § 11 ErbbauVO) steht – wie bei § 907 (vgl Rz 5) – auch dem berechtigten Besitzer der Anspruch zu (Staud/Roth Rz 11 mwN). Hierfür spricht der Gesichtspunkt des Sachbesitzschutzes.

4 4. **Passivlegitimiert** ist, wer bei Verschulden nach den §§ 836–838 schadensersatzpflichtig wäre (vgl § 836 Rz 8 und Erl der §§ 836–838), nicht jedoch der frühere Besitzer (Soergel/Baur Rz 8). Denn § 836 II ist in § 908 nicht genannt. Da es sich bei § 908 um einen verschuldensunabhängigen Abwehranspruch handelt, kommt auch eine Entlastung nach § 836 I S 2 nicht in Betracht (Pal/Bassenge Rz 1).

5. Der zu **Vorkehrungen** Verpflichtete kann unter mehreren gleich geeigneten Maßregeln, zB Reparatur oder Abbruch, **wählen** (Wolff/Raiser § 53 V). Dies muß im Klageantrag/Urteil zum Ausdruck kommen (RG 65, 73, 76; LG Lübeck SchlHA 1951, 25, 26). Erst in der Zwangsvollstreckung nach § 887 ZPO ist die Wahl vom Gäubiger zu treffen. Der Anspruch geht **nicht** auf **unzumutbare** Maßnahmen, zB wenn die Gefahr im Rahmen einer generellen und notwendigen Umgestaltung der Anlage beseitigt werden soll, die allerdings erst später möglich ist; zu berücksichtigen ist auch der Erwerb des Grundstücks in Kenntnis des gefahrbringenden Umstandes (vgl BGH 58, 149, 158 = NJW 1972, 724, 726). Die Beschränkung des Anspruchs ist dann Folge des nachbarrechtlichen Gemeinschaftsverhältnisses. Deshalb steht dem Beeinträchtigten mangels eines Ersatzanspruchs aus § 836 wegen fehlender Zumutbarkeit ein nachbarrechtlicher Ausgleichsanspruch ohne Verschulden zu (vgl BGH aaO). – Eine **Verjährung** des Anspruchs findet gemäß § 924 nicht statt.

6. **Schadensersatzansprüche** können sich aus den §§ 836ff und aus § 823 II ergeben. § 908 ist Schutzgesetz iSd vorgenannten Regelung. Zu möglichen verschuldensunabhängigen **Ausgleichs- bzw Entschädigungsansprüchen** vgl Rz 5 sowie § 906 Rz 43, 49, 73 und 77.

§ 909 *Vertiefung*

Ein Grundstück darf nicht in der Weise vertieft werden, dass der Boden des Nachbargrundstücks die erforderliche Stütze verliert, es sei denn, dass für eine genügende anderweitige Befestigung gesorgt ist.

1. Die Vorschrift behandelt **nachbarliche Eingriffe**. Sie will die natürliche bodenphysikalische Stütze sichern, die sich benachbarte Grundstücke gegenseitig gewähren, und schränkt zu diesem Zweck das Eigentumsrecht zugunsten des benachbarten (vertiefungsgefährdeten) Grundstücks ein (BGH 91, 282; 103, 39). § 909 gewährt Schutz nur vor Vertiefungen **Dritter**; gräbt der Eigentümer des Nachbargrundstücks selbst ab, so kann auch sein Rechtsnachfolger auf der Grundlage von § 909 keine Ansprüche erheben (BGH 103, 39, 42). Eine benachbarte Grundstückslage iSd § 909 ist nicht nur bei unmittelbar aneinandergrenzenden Grundstücken gegeben, sondern bei allen Grundstücken, die im Einwirkungsbereich der Vertiefungsarbeiten liegen (RG 167, 14, 21). Eine **Vertiefung** ist nicht nur gegeben, wenn dem Boden Substanz entnommen wird. Wenn der Zweck des § 909, zu erzwingen, daß bei Baumaßnahmen auf dem eigenen Grundstück auf die Standfestigkeit der Nachbargrundstücke Rücksicht genommen wird, erreicht werden soll, muß der Vertiefungsbegriff weiter bestimmt werden. Ausreichend muß daher jede Einwirkung sein, die dazu führt, daß der Boden des Nachbargrundstücks in der Senkrechten den Halt verliert oder daß die unteren Bodenschichten in ihrem waagerechten Verlauf beeinträchtigt werden (BGH NJW 1980, 224 mwN). Das kann etwa beim Abbruch eines Kellers (BGH aaO; vgl auch BGH VersR 1962, 572, 573), bei einer Senkung des Grundstücksniveaus infolge Auflagerung gewichtiger Stoffe, zB Auskippen von Bauschutt und Erdaushub (BGH NJW 1971, 935; vgl aber Westermann/H.P. Westermann § 62 VI 3a) und beim Abgraben eines Hanges oder seines Fußes durch den Eigentümer des tieferliegenden Grundstücks der Fall sein (BGH WM 1972, 388, 389). Erfaßt werden auch **Grundwassersenkungen** als Folge von Baumaßnahmen, die das Grundwasser auf Nachbargrundstücken sinken lassen und damit die Bebauung, die auf den Grundwasserstand eingestellt war, nachteilig beeinflussen (vgl dazu RG 167, 14, 20f; BGH NJW 1972, 527, 528; NJW 1975, 257, 258; WM 1979, 1216, 1217; NJW 1981, 50, 51). Ohne Beeinträchtigung der Standfestigkeit des Erdreichs liegt in der Grundwasserabsenkung freilich keine Vertiefung (BGH NJW 1977, 763, 764). Zum Konkurrenzverhältnis zwischen § 909 und einschlägigen wasserrechtlichen Vorschriften vgl BGH NJW 1977, 763; NJW 1981, 50, 51 sowie MüKo/Säcker Rz 12. Der BGH wendet § 909 auch auf den **Abbruch unterirdischer Gebäudeteile** (NJW 1980, 224), aber nicht auf Erhöhungen (NJW 1976, 1841) und Baumaßnahmen entsprechend an. Nicht von § 909 erfaßt werden auch Schäden durch Bodenerschütterungen, die zwar anläßlich einer Vertiefung verursacht wurden, jedoch ohne dem Nachbargrundstück die Stütze zu nehmen (BGH NJW 1983, 872, 873). Für den Vertiefungsbegriff ist es gleichgültig, ob es sich um eine dauernde oder **vorübergehende Beeinflussung der Standfestigkeit des Bodens** handelt.
   Adressat des Verbots ist jeder, der an der Vertiefung mitwirkt, zB der Architekt, der Bauunternehmer, der bauleitende Ingenieur und der Statiker (BGH NJW 1996, 3205, 3206 mwN). Jeder dieser Beteiligten haftet nach §§ 823 II, 909, wenn sein Beitrag zu der Vertiefung kausal, pflichtwidrig und schuldhaft ist. Zu den Sorgfaltsanforderungen an den Architekten bei vorliegendem Boden- und Gründungsgutachten vgl BGH NJW-RR 1996, 852f. Der in Mitleidenschaft gezogene Nachbar sollte für die Zurechnung des Vertiefungsrisikos erst in letzter Linie in Betracht kommen. Den Grundeigentümer trifft bei der Durchführung von Vertiefungsarbeiten zwar eine eigenverantwortliche Pflicht zur Überprüfung, ob die beabsichtigte Maßnahme zu einer Beeinträchtigung der Standfestigkeit des Nachbargrundstücks führt. Dieser Verpflichtung genügt er aber idR schon dadurch, daß er sorgfältig ausgewählte, fachkundige Architekten, Ingenieure und Bauunternehmer mit der Lösung der anfallenden bautechnischen Aufgaben und deren sachgemäßen Durchführung betraut (BGH 147, 45, 48 = NJW 2001, 1865, 1866 mwN). Etwas anderes gilt nur dann, wenn für ihn erkennbar eine erhöhte Gefahrenlage gegeben war oder wenn Anlaß zu Zweifeln bestand, ob die eingesetzten Fachkräfte in ausreichendem Maße den Gefahren und Sicherheitserfordernissen Rechnung tragen würden (BGH aaO). Mangels Weisungsgebundenheit sind Architekt, Bauunternehmer, Ingenieur und Statiker keine Verrichtungsgehilfen des Bauherrn iSv § 831 (BGH aaO). Die wohl noch hL verneint auch eine Haftung des Bauherrn über § 278 im Rahmen des nachbarlichen Gemeinschaftsverhältnisses (vgl § 906 Rz 76; Staud/Roth Rz 51; Soergel/Baur Rz 8 mwN; aA MüKo/Säcker Rz 25). Zum verschuldensunabhängigen nachbarrechtlichen Ausgleichsanspruch vgl Rz 5. Zur Abgrenzung und Beurteilung **hoheitlicher Vertiefungen** siehe § 906 Rz 51ff und 59.

2. Verstoß gegen § 909 ist **Störung** des Nachbarn iSd § 1004 (RG 103, 175). Vertiefungsarbeiten sind wegen der möglichen Schädigung des Nachbarn mit besonderer Vorsicht vorzunehmen. Die notwendigen **Schutzvorkeh-**

§ 909

rungen, zB Befestigungsarbeiten hat der Vertiefende auf seinem eigenen Grundstück vorzunehmen (BGH NJW 1997, 2595, 2596). In welchem **Umfang** die Stütze im Einzelfall erforderlich ist, richtet sich nach den örtlichen Verhältnissen, ua nach der vorhandenen oder der zu erwartenden Benutzung des Nachbargrundstücks. Weist ein dort errichtetes Gebäude etwa ein **unzureichendes Fundament** auf, so ist die Stütze auch insoweit erforderlich, als dieser Umstand das Ausschachten einer Baugrube mehr als üblich erschwert (BGH NJW 1969, 2140; NJW 1979, 2515; NJW 1983, 872, 873). Ist die Vertiefung ohne Schädigung des Nachbargrundstücks nicht möglich, so muß sie idR unterbleiben. Ausnahmen sind nach Treu und Glauben möglich (BGH NJW 1977, 1447, 1448 mwN); zum dann bestehenden **nachbarrechtlichen Ausgleichsanspruch** vgl Rz 5. UU hängt die Duldungspflicht dann von einer Sicherheitsleistung für den Schadensausgleich ab (BGH NJW 1987, 2808, 2810). Besteht eine **Pflicht zur Duldung**, so handelt auch der Architekt, der auftragsgemäß die Vertiefung plant und durchführt, nicht rechtswidrig (BGH aaO). Eine Einschränkung der Haftung (nach § 823 II iVm § 909, vgl Rz 5) kommt nur dann in Frage, wenn vom Vertiefenden ganz **ungewöhnliche Opfer** verlangt würden, so daß es unbillig wäre, wenn er sie allein zu tragen hätte (BGH NJW 1981, 50, 51 mwN). Weniger strenge Anforderungen sind zu stellen, wenn es um die Kürzung des nachbarrechtlichen Ausgleichsanspruchs wegen einer Schadensanfälligkeit des betroffenen Grundstücks geht (BGH NJW-RR 1988, 136, 138). So ist etwa eine grundlose Weigerung des Nachbarn, dem Vertiefenden das Betreten des Nachbargrundstücks zu gestatten, nach § 254 gegenüber einem etwaigen Schadensersatzanspruch beachtlich.

3   Eine **baubehördliche Genehmigung** steht der privatrechtlichen Unzulässigkeit der Vertiefung nicht entgegen (BGH 85, 375, 380; WM 1979, 950; Staud/Roth Rz 4 mwN). Umgekehrt kann eine Vertiefung auch ohne Verstoß gegen § 909 rechtswidrig sein, wenn landesrechtliche Vorschriften, zB die nach § 124 EGBGB erlassenen Regelungen über die Gründungstiefe (etwa §§ 11, 21 I NachbG NW), nicht eingehalten wurden (Staud/Roth Rz 6).

4   **3.** Aus § 909 wird ein § 1004 unabhängiger **selbständiger Unterlassungs- und Beseitigungsanspruch** hergeleitet (Pal/Bassenge Rz 9; Staud/Roth Rz 1 mwN; ablehnend Bamberger/Roth/Fritzsche Rz 23). Dieser geht auf Beseitigung der Beeinträchtigung, also auf Vorkehrungen, durch die der gefahrdrohende Zustand behoben wird. Eine Unterlassungklage kann bei Besorgnis weiterer Beeinträchtigungen erhoben werden. Die frühere bzw zu erhaltende Festigkeit des beeinträchtigten Grundstücks muß im Klageantrag bzw Urteilstenor angegeben werden (BGH NJW 1978, 1584f). Soll im Rahmen eines selbständigen Beweisverfahrens geklärt werden, ob die Gefahr besteht, daß das Nachbargrundsück abrutscht, so kann sich aus § 909 ein Anspruch ergeben, dem Sachverständigen das Betreten des Grundstücks, auf dem Abgrabungen vorgenommen worden sind, zu ermöglichen (Karlsruhe NJW-RR 2002, 951).

Zur Beseitigung/Unterlassung **verpflichtet** ist in erster Linie, wer während der Störung Eigentümer oder Besitzer ist (BGH 91, 282, 285 = NJW 1984, 2463, 2464). Unterlassung schulden ggf auch Architekt, Bauunternehmer, bauleitender Ingenieur und Statiker (Staud/Roth Rz 36), aber auch derjenige, der den gefahrdrohenden Zustand vorfand und ihn bestehen ließ, zB der Rechtsnachfolger des vertiefenden Eigentümers. Denn auch das Bestehenlassen beeinträchtigt den Nachbarn (vgl RG 103, 174, 176). **Aktivlegitimiert** sind neben dem (Mit-)Eigentümer auch der Anwartschaftsberechtigte (vgl BGH 114, 161, 163), der Nießbraucher (§ 1065), der Erbbauberechtigte (§ 11 I ErbbauVO), der Dienstbarkeitsberechtigte (§§ 1027, 1090 II) und der berechtigte Besitzer (BGH NJW 2001, 1865, 1866ff = JZ 2001 mit Anm Brehm; Staud/Roth Rz 35 mwN; aA Pal/Bassenge Rz 9). Hat allerdings der Eigentümer des beeinträchtigten Grundstücks das benachbarte Grundstück selbst abgegraben, so hat auch sein (Sonder-)Rechtsnachfolger keinen Anspruch aus unerlaubter Vertiefung (BGH 91, 282, 285 = NJW 1984, 2463, 2464). Beruht die Rechtsnachfolge auf einem Kaufvertrag, so wird auch ein nachbarrechtlicher Ausgleichsanspruch (vgl Rz 5) durch die spezielle Kaufgewährleistung ausgeschlossen (BGH NJW 1988, 1202, 1204).

5   **4.** § 909 ist Schutzgesetz iSd § 823 II (BGH 63, 176, 179 = NJW 1975, 257; BayObLG NJW-RR 2000, 608). **Schadensersatz** (auch gegen den früheren Eigentümer des vertieften Grundstücks) setzt danach Verschulden des Störers voraus (BGH NJW 1977, 763). Zum Verhältnis dieses Schadensersatzanspruchs zu wasserrechtlichen Tatbeständen vgl MüKo/Säcker Rz 12 und Staud/Roth Rz 20f. Die Verletzung von DIN-Normen bei Aushebung einer Baugrube begründet eine widerlegliche **Vermutung für einen Ursachenzusammenhang** mit Schäden auf dem Nachbargrundstück (BGH 114, 273, 276 = NJW 1991, 2021, 2022); zur **Vermutung des Verschuldens** bei Vertiefungsschäden vgl Düsseldorf NJW-RR 1997, 146 und Staud/Roth Rz 61 mwN. Ein verschuldensunabhängiger **nachbarrechtlicher Ausgleichsanspruch** analog § 906 II S 2 kommt in Frage als Korrelat einer rechtlichen Duldungspflicht oder der faktischen Unmöglichkeit, den Abwehranspruch (rechtzeitig) durchzusetzen (vgl etwa BGH NJW 2001, 1865, 1866 mwN = BGHRp 2001, 364 m Anm Lorenz). Dieser Anspruch richtet sich nicht gegen den Störer, sondern gegen den Begünstigten. Ansprüche auf Schadensersatz wegen schuldhafter unerlaubter Vertiefung und auf verschuldensunabhängigen nachbarrechtlichen Ausgleich können im Wege **alternativer Klagehäufung** geltend gemacht werden (BGH NJW-RR 1997, 1374). Zum nachbarrechtlichen Ausgleichsanspruch im übrigen § 906 Rz 43ff. Sind Grundstückseigentümer und Architekt für dieselbe Schadensursache verantwortlich, so haften sie auch dann als Gesamtschuldner (§ 840), wenn den Eigentümer eine nachbarrechtliche Ausgleichspflicht und nur den Architekten eine Haftung aus unerlaubter Handlung trifft (BGH NJW 1983, 872, 875). Die Verursachungsvermutung nach § 830 I S 2 greift auch ein, wenn einer von mehreren möglichen Schadensverursachern aus unerlaubter Handlung haftet und ein anderer wegen nachbarrechtlichen Ausgleichsanspruchs oder wegen enteignungsgleichen oder enteignungsgleichen Eingriffs einstehen muß (BGH 101, 106, 111 = NJW 1987, 2810, 2812). – Erfolgt der Verstoß gegen § 909 bei hoheitlicher Grundstücksnutzung, so kommt ein **Schadensersatzanspruch aus § 839 iVm Art 34 GG** (Bamberger/Roth/Fritzsche Rz 30) und ein **Anspruch aus enteignendem Eingriff** in Betracht (vgl BGH WM 1979, 1216; NJW 1978, 1051 – Drainagewirkung einer gemeindlichen Kanalisation; vgl auch BGH NJW 1980, 1679, 1680 – Vertiefungsschäden durch Straßenbau).

Zur **Verjährung** vgl § 906 Rz 78.

910 Überhang

(1) Der Eigentümer eines Grundstücks kann Wurzeln eines Baumes oder eines Strauches, die von einem Nachbargrundstück eingedrungen sind, abschneiden und behalten. Das Gleiche gilt von herüberragenden Zweigen, wenn der Eigentümer dem Besitzer des Nachbargrundstücks eine angemessene Frist zur Beseitigung bestimmt hat und die Beseitigung nicht innerhalb der Frist erfolgt.
(2) Dem Eigentümer steht dieses Recht nicht zu, wenn die Wurzeln oder die Zweige die Benutzung des Grundstücks nicht beeinträchtigen.

1. **Zweck.** Im Interesse des nachbarlichen Friedens gewährt § 910 in Konkretisierung der in den §§ 903, 905 normierten Ausschließungsbefugnisse (MüKo/Säcker Rz 1) bei Überwuchs und Überhang ein besonderes Selbsthilferecht. 1

2. **Voraussetzungen. a) Berechtigt** sind neben dem (Mit-)Eigentümer der Erbbauberechtigte (§ 11 ErbbauVO) sowie in analoger Anwendung des § 910 I S 1 sonstige dinglich Berechtigte wie zB der Inhaber einer Grunddienstbarkeit (Staud/Roth Rz 5 mwN). Ein obligatorisch Berechtigter wie zB ein Mieter/Pächter kann nach hL das Abschneiderecht nur als Ermächtigter ausüben (Pal/Bassenge Rz 1; Staud/Roth Rz 6; aA MüKo/Säcker Rz 8). Wohnungseigentümern untereinander steht ein Selbsthilferecht nach § 910 nicht zu (Düsseldorf NJW-RR 2002, 81). Zur Geltendmachung bei einem Überwuchs/Überhang von außen vgl LG München DWE 2003, 35. 2

b) **Überwuchs** setzt eine Grenzüberschreitung voraus (vgl KG NJW-RR 2000, 160). § 910 ist auf andere Pflanzen als Bäume oder Sträucher analog anzuwenden, zB auf Schlinggewächse, Ranken, Stauden und Unkraut (Schmid NJW 1988, 29; Staud/Roth Rz 16 mwN). Ergänzt wird der Nachbarschutz durch nach Art 124 EGBGB ergangene landesgesetzliche Regelungen über Grenzabstände (zB §§ 41ff NachbG NW). 3

c) Das Selbsthilferecht setzt bei Zweigen das Setzen und den Ablauf einer **angemessenen Frist** zur Beseitigung voraus. Diese hat sich an gärtnerisch-botanischen Belangen zu orientieren, so daß das Verlangen nach Beseitigung während der Wachstumsperiode oder zur Zeit des Fruchtstandes idR zur Unzeit erfolgt (MüKo/Säcker Rz 4 mwN). Eine Anzeigepflicht gegenüber dem Eigentümer kann sich bei Wurzeln iu § 242 ergeben (vgl Köln ZMR 1993, 567, 568), wobei freilich nachträgliche Maßnahmen zur Vermeidung schädlicher Folgen für einen Baum dem Eigentümer und nicht dem Selbsthilfeberechtigten obliegen (Köln ZMR 1993, 567f). 4

3. Ausgeschlossen ist das Selbsthilferecht gemäß Abs II, wenn die Benutzung des Grundstücks **nicht beeinträchtigt** wird. Maßgebend ist eine objektive Beeinträchtigung der konkreten Grundstücksnutzung. Wird zB dem Erdboden durch eingedrungene Wurzeln Nahrung und Feuchtigkeit entzogen mit der Folge, daß die Fruchtgewinnung verkürzt oder die Bestellung des Grundstücks erschwert wird, so daß der Ertrag des Bodens spürbar vermindert wird, liegt eine Nutzungsbeeinträchtigung vor (MüKo/Säcker Rz 6 mwN). Entsprechendes gilt, wenn durch den Überhang der Wuchs der Bäume eines reinen Ziergartens behindert wird (AG Königstein NJW-RR 2000, 1256; Staud/Roth Rz 18 mwN). Soweit ein Teil der Rspr (Köln NJW-RR 1997, 656; vgl auch NJW-RR 1989, 1147; AG Norden MDR 2003, 739; Pal/Bassenge Rz 3) meint, bei (vermeintlich) unerheblichen Beeinträchtigungen bestehe kein Abschneiderecht, ist dem entgegenzuhalten, daß § 910 II sich in seinem Wortlaut gerade in diesem Punkt von demjenigen des § 906 I S 1 unterscheidet (vgl zu Wortlaut, Geschichte und Systematik des § 910 näher AG Königstein aaO). Es kommt auch auf die Ortsüblichkeit der Nutzung des durch herüberragende Wurzeln bzw Zweige störenden Grundstücks an (AG Würzburg NJW-RR 2001, 953). Dagegen ist ein unmittelbar bevorstehender Bewirtschaftungswechsel beim (dann) gestörten Grundstück beachtlich (Staud/Roth aaO), dh das Selbsthilferecht nicht ausgeschlossen (Soergel/Baur Rz 3; Pal/Bassenge Rz 3 aE). 5

4. **Beschränkungen** des Abschneiderechts können sich aber aus den Art 122 (zB iVm § 23 III S 1 NRG BW – Obstbäume) und 183 EGBGB (Waldbäume) ergeben (vgl Staud/Roth Rz 23 mwN). Gleiches gilt für **Baumschutzsatzungen** (Köln OLGRp 2003, 369; vgl auch Horst DWW 1991, 324f). Zur Reichweite der Duldungspflicht betreffend Einwirkungen von Pflanzungen auf öffentlichen Verkehrsflächen siehe OVG Münster NJW 2000, 754, 755 (dagegen zu weitgehend wohl Düsseldorf OLGRp 2001, 13, 15 = ZMR 2001, 70, 72). 6

5. Das Abschneiderecht aus § 910 **verjährt nicht**, da es nicht von § 194 I erfaßt wird. **Verwirkung** ist in Ausnahmefällen möglich. 7

6. Eine **unzulässige**, verfrühte oder unsachgemäße Beseitigung von Zweigen bzw Wurzeln ist **widerrechtlich**. Der Nachbar kann dann Herausgabe bzw Abholung der Zweige etc gemäß den §§ 861, 985 bzw §§ 867, 1005 beanspruchen. Ein Schadensersatzanspruch aus § 823 I setzt aber voraus, daß der Schaden auf der Pflichtwidrigkeit, zB der unterlassenen Fristsetzung nach § 910 I S 2 beruht (LG Gießen NJW-RR 1997, 655). Dagegen wird derjenige, der **rechtmäßig** überhängende Zweige abschneidet, deren Eigentümer (einschließlich der Früchte) und kann von dem Nachbarn, der an sich aus § 1004 beseitigungspflichtig war, Ersatz der von diesem ersparten Aufwendungen nach §§ 812, 818 verlangen (BGH NJW 1989, 1032; NJW 1986, 2640, 2641; Staud/Roth Rz 3 und 27 mwN). Daneben kommen wegen etwaiger Überwuchsschäden Ansprüche aus den §§ 823 I und 1004 (Düsseldorf NJW 1986, 2648f) in Betracht, nicht dagegen aus § 823 II. Denn § 910 ist kein Schutzgesetz (Staud/Roth Rz 29; Düsseldorf NJW 1975, 739). 8

911 Überfall

Früchte, die von einem Baume oder einem Strauche auf ein Nachbargrundstück hinüberfallen, gelten als Früchte dieses Grundstücks. Diese Vorschrift findet keine Anwendung, wenn das Nachbargrundstück dem öffentlichen Gebrauch dient.

Zwecks Vermeidung von nachbarlichen Streitigkeiten wegen des Auflesens von Fallobst schränkt § 911 S 1 die Rechte des Baumeigentümers über § 910 hinaus ein: Abweichend von den §§ 953ff gehören Früchte, die auf das 1

§ 912 Sachenrecht Eigentum

Nachbargrundstück hinüberfallen, dessen Eigentümer oder dem hier zum Bezug der Früchte Berechtigten. Eine Duldungspflicht des Nachbarn folgt aus § 911 aber nicht (AG Backnang NJW-RR 1989, 785). **Früchte** sind solche im natürlichen Sinne: Obst, Eicheln etc, dagegen nicht Äste. § 99 ist nicht gemeint (Staud/Roth Rz 2). Die **Ursache** des Überfalls (Windstoß, menschliche Einwirkung etc) spielt keine Rolle. **Keine Anwendung** findet § 911 S 1 freilich dann, wenn der (hierzu nicht berechtigte) Nachbar selbst durch Schütteln etc für das Hinüberfallen gesorgt hat (MüKo/Säcker Rz 5; Bamberger/Roth/Fritzsche Rz 3 mwN). Gleiches gilt gemäß S 2 für dem **öffentlichen Gebrauch dienende** Grundstücke, zB öffentliche Straßen, Plätze, Flüsse oder Seen. Kastanien, Eicheln etc dürften aber vielfach gewohnheitsrechtlich frei aneignungsfähig bzw nach der Verkehrsauffassung als herrenlos anzusehen sein (MüKo/Säcker Rz 6; siehe auch Staud/Roth Rz 9 und Soergel/Baur Rz 1 aE).

912 *Überbau; Duldungspflicht*
(1) Hat der Eigentümer eines Grundstücks bei der Errichtung eines Gebäudes über die Grenze gebaut, ohne dass ihm Vorsatz oder grobe Fahrlässigkeit zur Last fällt, so hat der Nachbar den Überbau zu dulden, es sei denn, dass er vor oder sofort nach der Grenzüberschreitung Widerspruch erhoben hat.
(2) Der Nachbar ist durch eine Geldrente zu entschädigen. Für die Höhe der Rente ist die Zeit der Grenzüberschreitung maßgebend.

1 **1. Vorbemerkung.** Ohne § 912 erwürbe der Eigentümer des überbauten Grundstücks gemäß den §§ 93, 94 I, 946 das Eigentum am überbauten Gebäudeteil, und er könnte gemäß § 1004 I von dem Erbauer das Zurücksetzen und damit praktisch einen Teilabbruch des Gebäudes oder, unter Ausnutzung der Situation, uU große Abstandssummen fordern. Im „öffentlichen Interesse an der Verhütung einer wertvernichtenden Zerstörung" (Mot III, 283) bzw **im volkswirtschaftlichen Interesse** (Prot III, 135) soll § 912 **bei sog entschuldigtem Überbau** einen nachbarlichen Interessenausgleich in Form einer **Duldungs- bzw Rentenpflicht** herbeiführen. Die Duldungspflicht schränkt § 903 ein und gehört zum Inhalt des Eigentums (einer Grunddienstbarkeit wesensähnlich, aber nicht wesensgleich – RG 160, 166, 179; vgl auch Wolff/Raiser, 198f; Staud/Roth Rz 35 mwN). Ein Sonderrechtsnachfolger (zB Käufer) ist an eine Zustimmung bzw einen Verzicht seines Vorgängers auf das Verbietungsrecht nur bei Eintragung einer Grunddienstbarkeit etc gebunden (vgl Staud/Roth Rz 70 mwN). Gleiches gilt, wenn der Überbau bereits durchgeführt worden ist. Die Rspr nimmt dann einen entschuldigten Überbau an (BGH NJW 1983, 1112, 1113; NJW 1983, 2023, 2024; NJW-RR 1989, 1039, 1040; Karlsruhe NJW-RR 1988, 524, 525). Nach aA (Ring JA 2000, 416; Staud/Roth Rz 4, 69), die überzeugender erscheint, liegt ein rechtmäßiger Überbau vor. Auch nach der letztgenannten Auffassung wirkt ein etwaiger Rentenverzicht aber nur relativ, dh dem neuen Eigentümer des überbauten Grundstücks steht eine Überbaurente zu (Staud/Roth Rz 69; vgl auch BGH NJW 1983, 1112, 1113). Dafür wird der Überbauende Eigentümer des ganzen Gebäudes (Ring JA 2000, 416). Die Rentenregelung ist selbst bei gerichtlicher Festsetzung wegen ihrer „Versteinerung" (Staud/Roth Rz 47; siehe auch Rz 11) mitunter unbefriedigend. Freilich bietet das Recht auf Grundabnahme, § 915, eine gewissen Ausweg. – Die Beteiligten können auch von der Rentenpflicht absehen und die Rechtsfolgen eines Überbaues durch **Rechtsgeschäft abweichend von § 912** regeln (vgl BGH NJW 1971, 426, 427; NJW 1983, 1112, 1113). Es kann zB vereinbart werden, daß ein Überbau bis auf jederzeitigen Widerruf unentgeltlich gestattet sei (BGH BB 1966, 961).

2 **2. Voraussetzungen. a)** Unter **Gebäude** ist ein Bauwerk zu verstehen, das durch eine räumliche Umfriedung gegen äußere Einflüsse Schutz gewährt und den Eintritt von Menschen gestattet (BGH DB 1972, 2298). Keine Gebäude sind daher: Zäune, Planken, Tore, Denkmäler, Schleusen, Dämme, Hundehütten, freistehende Mauern, Gruben, Abschlußvorrichtungen, Backöfen, Taubenschläge, Pergolas und seitenoffene Carports (Karlsruhe NJW-RR 1993, 665; vgl auch Ring JA 2000, 415 m zahlr Nachw). Entsprechend seinem Werterhaltszweck ist § 912 aber zumindest analog auch auf solche Bauwerke anzuwenden, bei denen wie zB bei Brücken eine Beseitigung der über die Grenze ragenden Teile zu wirtschaftswidriger Zerstörung führen würde (Westermann/H.P. Westermann § 63 I 1; Staud/Roth Rz 6 mwN). Die Grenze muß von einem **einheitlichen** Gebäude überschritten werden. Maßgebend sind die körperliche bautechnische Beschaffenheit und die funktionale Einheit (BGH NJW-RR 1989, 1039), wobei aber nicht zu fordern ist, daß der übergreifende Gebäudeteil nicht entfernt werden kann, ohne daß das ganze Gebäude zerstört oder in seinem Wesen verändert wird (Westermann/H.P. Westermann aaO; aA Hamburg MDR 1965, 295). Es ist auch unerheblich, um wieviel die Grenze überschritten wird und ob der hinübergebaute Teil der wertvollere des Gebäudes ist (Ring JA 2000, 415 mwN). Auch **Zeitbauten** (§ 95 I S 1) werden von § 912 erfaßt, wobei den Inhaber nach hL auch die Pflicht zur Grundabnahme (§ 915) trifft (vgl Staud/Roth Rz 9 mwN; aA Pal/Bassenge § 915 Rz 1).

3 Der **Überbau** kann oberirdisch (Balkon) oder auch unterirdisch (Keller) sein. Ein Überbau liegt auch vor, wenn von bestehenden Fundamenten, zB einer im Krieg zerstörten halbscheidigen Giebelmauer aus in den fremden Luftraum eingegriffen wird (BGH NJW 1970, 97, 98). Es kann auch (nur) eines von mehreren Geschossen eines Hauses als übergebauter Gebäudeteil anzusehen sein (BGH NJW 2002, 54). Ob das überbaute und das Stammgrundstück verschiedenen Personen gehören oder ob sie beim Bau in einer Hand vereinigt waren (sog **Eigengrenzüberbau**) und nachträglich in das Eigentum verschiedener Personen übergehen, spielt keine Rolle (BGH 102, 311, 314f = NJW 1988, 1078; NJW 2002, 54). Wird das überbaute Grundstück zwangsversteigert, hat demnach der Erwerber den Überbau zu dulden.

4 Überbau „bei der Errichtung eines Gebäudes" liegt nicht vor, wenn das Bauwerk infolge Anbaus eines **unerheblichen Gebäudeteils** (vgl Bamberger/Roth/Fritzsche Rz 11 mwN), zB einer Regenrinne (LG Kassel ZMR 1999, 713, 714) oder einer Eingangsumfassung (Braunschweig OLGRp 2003, 162), infolge Reparatur oder Altersschwäche (schiefer Turm zu Pisa, nachträgliche Mauerausbauchung) die Grenze überragt. § 912 ist in den letztgenannten beiden Fällen aber analog anzuwenden (BGH NJW 1986, 2639 mwN). Gleiches gilt, wenn eine durch **Grund-**

dienstbarkeit begründete Baugrenze (zB Abstand einzuhalten oder nicht höher als auferlegt zu bauen) überschritten, also nicht die eigentliche Grenze überbaut wird (BGH 39, 5 = NJW 1963, 807; Staud/Roth Rz 60 mwN). Auch bei bloß schuldrechtlichem Verbot des Höherbauens (vgl Westermann/H.P. Westermann §§ 63 I 2; Staud/Roth Rz 60; aA Wolff/Raiser § 55 Anm 8) bzw einem Verstoß gegen eine **den Abstand** eines Bauwerks von der Grundstücksgrenze **regelnde Vorschrift** ist § 912 analog anzuwenden (Köln NJW-RR 2003, 376; Koblenz NJW-RR 1999, 1394; Karlsruhe NJW-RR 1993, 665, 666; Staud/Roth Rz 59 mwN).

b) Der Bauende muß **Eigentümer** (Miteigentümer, Erbbauberechtigter) des Stammgrundstücks sein. Der Bau 5 eines **Nichteigentümers** (zB Pächters, Nießbrauchers) fällt entsprechend den §§ 183–185 nur dann unter § 912, wenn der Eigentümer dem Bau zustimmt oder der Bauende später das Stammgrundstück erwirbt (vgl BGH 15, 216, 219). Es reicht auch aus, daß dem Überbauenden später ein Erbbaurecht eingeräumt wird (BGH WM 1966, 1303). Dagegen wird der bloße (redliche) Besitzer durch die § 912ff vor einem Abbruch nicht geschützt (Staud/Roth Rz 11; aA MüKo/Säcker Rz 11). **Bau- bzw „Geschäftsherr"** ist der, in dessen Namen und wirtschaftlichem Interesse das Gebäude errichtet wird (BGH 110, 298, 302; NJW 1983, 2022, 2023); entscheidend sind die Verkehrsauffassung und der Standpunkt eines mit den Verhältnissen vertrauten objektiven Beurteilers (BGH NJW 1983, 2022, 2023). Zur Beweislast vgl BGH NJW 1983, 2022f – „Baubetreuer".

c) Der Überbauende muß **ohne Vorsatz oder grobe Fahrlässigkeit** gehandelt haben in Bezug auf Grenzüber- 6 schreitung und fehlende Befugnis (RG 88, 39, 41; BGH WM 1968, 432; WM 1979, 644, 645). Wer glaubte, drüben bauen zu dürfen, zB weil er das Nachbarland schon gekauft hatte oder annahm, der Nachbar sei einverstanden, wird idR geschützt. Grob fahrlässig handelt dagegen derjenige, der im Bereich der Grenze baut, ohne vorher ggf unter Hinzuziehung eines Vermessungsingenieurs sein Eigentum am Baugrund festgestellt zu haben (BGH NJW 2003, 3621, 3622). Maßgebend für die Beurteilung des Verschuldens ist der Zeitpunkt der Grenzüberschreitung (BGH WM 1966, 1303f). Spätere Kenntnis oder grob fahrlässige Unkenntnis schadet nicht, dh der Überbau darf trotzdem entsprechend den Bauplänen zu Ende geführt werden, freilich ohne zusätzliche Grenzüberschreitung (BGH WM 1979, 644, 646; zur Aufstockung vgl Rz 8). Mangelndes Verschulden hat der Überbauer zu **beweisen** (BGH 39 5, 14; 42, 63, 68). **Verschulden beauftragter Personen**, zB des Bauunternehmers und seiner Gehilfen, braucht sich der Bauherr weder nach § 278 noch nach § 831 zurechnen zu lassen (BGH NJW 1977, 375; WM 1979, 644, 645); dagegen hat er das Verschulden seines Architekten als seines „Repräsentanten" (nach § 166 analog) zu vertreten (BGH NJW 1977, 375; BGH WM 1979, 644, 645; krit MüKo/Säcker Rz 18). Hat der Nachbar dem Überbau **ausdrücklich zugestimmt**, bleibt für Vorsatz oder grobe Fahrlässigkeit kein Raum (BGH NJW 1983, 1112, 1113; NJW-RR 1989, 1039, 1040; vgl auch Rz 1).

d) Letzte Voraussetzung ist das **Schweigen** des widerspruchsberechtigten Nachbarn. Berechtigt zum – auch 7 stillschweigend möglichen (BGH 59, 191, 194 = NJW 1972, 1750, 1751) – **Widerspruch** ist der Nachbareigentümer (bei mehreren Berechtigten genügt Widerspruch des einen, bei mehreren Überbauenden Widerspruch gegenüber einem, auch dem Architekten oder Bauleiter). Da formlos wirksam, ist eine Begründung des Widerspruchs nicht erforderlich; auch eine falsche Begründung schadet nicht (BGH 59, 191, 194). Eine **Anfechtung** wegen Willensmängeln ist ausgeschlossen (Staud/Roth Rz 30 mwN). Auf die Ausübung des Widerspruchs kann verzichtet werden (Ring JA 2000, 417); auch eine Rücknahme ist möglich (Posen OLGE 15 [1907], 349, 350). Der Widerspruch muß **„sofort"**, dh so rechtzeitig erklärt werden, daß die bereits übergebauten Gebäudeteile ohne erhebliche Zerstörung wieder beseitigt werden können (RG 109, 107, 109; BGH 59, 191, 196; Staud/Roth Rz 33 mwN). Auf ein schuldhaftes Zögern des Nachbarn kommt es nicht an. Sein Widerspruch kann auch dann verspätet sein, wenn er den Überbau weder kannte noch kennen mußte (Köln NJW-RR 2003, 376, 377 mwN). Für die Rechtzeitigkeit im Einzelfall ist der Widerspruchsberechtigte beweispflichtig.

3. Wirkungen. a) Duldungspflicht. Der schweigende Nachbar hat (ebenso wie sein Rechtsnachfolger) den 8 zwar rechtswidrigen, aber „entschuldigten" Überbau zu dulden (gesetzliche Verschweigungsfolge) und keinen Beseitigungsanspruch aus § 1004. Die Duldungspflicht schränkt § 903 ein und gehört zum Inhalt des Eigentums (vgl Rz 1). Sie erstreckt sich auch auf den Wiederaufbau eines zum Teil zerstörten Gebäudes auf überbauter Fläche (BGH MDR 1961, 401), sofern der restliche Teil noch ein Gebäude iSv Rz 2 ist. Sie umfaßt jedoch eine spätere Aufstockung des Überbaues nicht (BGH 64, 273, 276ff; Ring JA 2000, 418). Zu einem Bauwerk, das zudem nicht den Regeln der Baukunst entspricht, vgl BGH MDR 1973, 39; Staud/Roth Rz 35. Zur Eintragungsfähigkeit der Duldungspflicht vgl Rz 12.

b) Eigentumsverhältnisse am Gebäude. Beim **(rechtswidrigen) „entschuldigten" Überbau** wird der Über- 9 bauende Eigentümer des ganzen Gebäudes, dh auch des auf dem Nachbargrundstück stehenden Bauwerkteils. Die §§ 94, 946 werden durch den analog anzuwendenden § 95 I S 2 verdrängt (BGH 110, 298, 300 = NJW 1990, 1791f mwN; Staud/Roth Rz 42; Ring JA 2000, 418). Es kommt also nicht etwa zu einer lotrecht entlang der gemeinsamen Grundstücksgrenze verlaufenden realen Aufteilung bzw einer vertikalen Aufspaltung des Gebäudes in zwei rechtlich selbständige Gebäudeabschnitte, die jeweils dem Eigentümer des darunter befindlichen Baugrundes gehören. Vielmehr ist **das ganze Gebäude wesentlicher Bestandteil des sog Stammgrundstücks** (Staud/Roth Rz 42 mwN; aA MüKo/Säcker Rz 36ff). Ein fremder Kellermauerrest, auf den der Überbau gesetzt wird, wird Bestandteil des Überbaus (BGH NJW 1969, 1481, 1482). Zum Eigentum an mehreren auf fremden Grundstücken errichteten Gebäude vgl BGH WM 1984, 1283, 1286; zum sog Eigengrenzüberbau siehe Rz 3. Die überbaute Grundfläche verbleibt im Eigentum des Nachbarn. Dieser behält auch die Herrschaft über den Luftraum oberhalb des Überbaues (BGH NJW 1975, 1313; Ring JA 2000, 419).

Die obigen Ausführungen zum Eigentum am Gebäude gelten für den vom Nachbarn gestatteten, also **rechtmäßigen Überbau** (vgl Rz 1) entspr (BGH 62, 141, 145f = NJW 1974, 794). Für die Frage, welches Grundstück als überbauendes bzw Stammgrundstück anzusehen ist, kommt es auf die Absichten und wirtschaftlichen Interessen des Erbauers an; Größe und wirtschaftliche Bedeutung des übergebauten Gebäudeteiles spielen dabei ebensowenig eine Rolle wie der Ort des Baubeginns oder die sonstige handwerkliche Tätigkeit (BGH 110, 298, 301 = NJW 1990, 1791, 1792; 62, 141, 146 = NJW 1974, 794; NJW 1985, 789, 790; s auch Rothe LM Nr 26 zu § 912).

Dem rechtmäßig bzw entschuldigt Überbauenden steht es als Eigentümer des Gebäudes grds frei, den Überbau zu entfernen (BGH 105, 202, 205f = NJW 1989, 221, 222; Ring JA 2000, 419).

10 Beim **rechtswidrigen und nicht** nach § 912 **entschuldigten Überbau** zerfällt das Gebäude eigentumsrechtlich an der Grundstücksgrenze in zwei Teile, §§ 946, 94 I (BGH NJW 1985, 789, 790f; NJW-RR 1989, 1039; Staud/ Roth Rz 76 mwN zum Streitstand). Die §§ 93, 94 II treten bei rechtswidriger Eigentumsverletzung zurück (Ring JA 2000, 420). Der Eigentümer der überbauten Fläche wird nicht nur Eigentümer des auf dieser Fläche stehenden Gebäudeteils; er ist auch zu dessen Nutzung berechtigt (Staud/Roth Rz 77 mwN; Westermann/H.P. Westermann § 63 III) und kann vom Überbauer Herausgabe nach § 985 verlangen. Diesem steht nach der Rspr im Hinblick auf seine Bauaufwendungen weder ein Verwendungsersatzanspruch aus § 996 noch ein Zurückbehaltungsrecht gemäß § 1000 zu (BGH 41, 157, 159ff = NJW 1964, 1125, 1127f; NJW 1996, 52f). Da der BGH auch die Verwendungskondiktion aus § 951 I S 1 (§§ 946, 947 II) iVm § 812 I S 1 Alt 2 ausschließt, bleibt dem Überbauer lediglich das Wegnahmerecht nach § 997 iVm § 258, dh der Abbruch des Überbaus und die anderweitige Verwendung der freiwerdenden Baustoffe. Ein Ausgleichsanspruch nach § 242 wurde dem Überbauer nur in einem Fall zuerkannt, in dem ein Abbruch nach öffentlichem Recht verboten war (BGH 41, 157, 164f). Für den Fall, daß der Eigentümer der überbauten Fläche den Zustand bestehen läßt, wird in der Literatur demgegenüber von vielen ein Ausgleich der Vermögensverschiebung über § 951 (Pal/Bassenge Rz 16 aE; vgl auch Westermann/H.P. Westermann § 63 III) bzw eine Anwendung des § 996 auf sachändernde Verwendungen befürwortet (Staud/Roth Rz 78 mwN; MüKo/ Medicus § 994 Rz 10 mwN), wobei Härten für den Eigentümer über die Regeln der aufgedrängten Bereicherung sollen auszugleichen sein. Da der Überbau rechtswidrig ist, kann der Eigentümer der überbauten Fläche freilich gemäß § 1004 I seine Beseitigung verlangen (Glaser ZMR 1985, 145; Staud/Roth Rz 74; Westermann/H.P. Westermann § 63 III; Bamberger/Roth/Fritzsche Rz 29; aA Westermann/Gursky § 54 S 448). Ein Wertausgleichsanspruch ist dann gegenstandslos (Westermann/H.P. Westermann aaO). Sind dem Überbauenden mit der Beseitigung verbundene, unverhältnismäßig große Aufwendungen bei Berücksichtigung der beiderseitigen Interessen billigerweise nicht zuzumuten, kann der Beseitigungsanspruch ausnahmsweise ausgeschlossen sein (BGH 62, 388, 391 = NJW 1974, 1552, 1553; WM 1979, 644, 647; Glaser ZMR 1985, 145; Ring JA 2000, 419f; aA Nürnberg RdL 1968, 102; krit auch Staud/Roth Rz 75). An seine Stelle tritt dann ein nachbarrechtlicher Ausgleichsanspruch (vgl § 906 Rz 77 aE), dessen Höhe dem Rentenrecht nach § 912 II entspricht (Staud/Roth aaO mwN; vgl auch Picker AcP 176 [1976], 28, 66ff).

11 c) Der **Rentenanspruch** gemäß § 912 II (vgl auch §§ 913–915) ist der Ausgleich dafür, daß der Nachbar den Überbau dulden muß und ihm deshalb Gebrauch und Nutzungen seines Grundeigentums entgehen. Der Anspruch besteht auch dann, wenn der Sonderrechtsvorgänger des Duldungspflichtigen dem Überbau zugestimmt hat (BGH WM 1983, 451, 452). Die **Höhe** der Rente orientiert sich am Verkehrswert der überbauten Fläche (BGH 57, 304, 306 = NJW 1972, 201; BGH 65, 395, 398 = NJW 1976, 699; BGH 97, 292, 296 = NJW 1986, 2639, 2640); fehlt ein solcher (zB bei Straßen), ist das übliche Nutzungsentgelt maßgeblich (BGH 65, 395 = NJW 1976, 669, 670). Maßgeblicher **Zeitpunkt** für die Bemessung ist derjenige der Grenzüberschreitung; dadurch soll ein dauernder nachbarlicher Streit über den jeweiligen Wert ausgeschlossen werden (BGH NJW 1986, 2639, 2640). § 323 ZPO ist daher nicht anwendbar. Nutzt der Nachbar den Überbau (zB Giebelmauer) später durch Anbau aus und erwirbt er dadurch hälftiges Miteigentum, kommt ein Ersatzanspruch des Eigentümers des Überbaus aus §§ 818 II, 951 I in Betracht (BGH NJW 1970, 97, 98). Neben der Rentenpflicht können Schadensersatzansprüche bestehen (vgl BGH NJW 1958, 1288f; Westermann JZ 1958, 745), auch gegen den Überbauenden hinsichtlich des nicht durch die Rente gedeckten Schadens (BGH 57, 304, 308f). Die Rente begrenzt der Höhe nach aber einen etwaigen nachbarrechtlichen Ausgleichsanspruch (BGH 68, 350, 355 = NJW 1977, 1447, 1448). Eine vertragliche Einigung über die Rentenhöhe gilt, sofern sie nicht eingetragen wird, nur zwischen den Partnern. – Der Rentenanspruch ist, als zum Eigentumsinhalt gehörend, **unverjährbar**, bedurfte daher in § 924 keiner Erwähnung. – Bei erst später entdecktem Überbau kann eine Rente auch für die Zeit vor der Entdeckung geltend gemacht werden, soweit nicht etwa die einzelnen Renten (§ 913 II) nach § 195 (bzw § 197 aF) verjährt sind (vgl Staud/Roth § 913 Rz 5 und Soergel/Baur § 913 Rz 2).

12 4. **Eintragung.** Duldungspflicht des überbauten und Rentenlast des Stammgrundstücks sind grundsätzlich nicht eintragungsbedürftig und daher auch nicht eintragungsfähig, wenn es sich lediglich um die Wiederholung der gesetzlichen Verpflichtungen handelt. Dagegen können bestehende Zweifel durch eine Grunddienstbarkeit klargestellt werden (Düsseldorf Rpfleger 1978, 16; Staud/Roth Rz 36 mwN). Aufhebung und Beschränkung der Duldungspflicht sind im Grundbuch des überbauenden Grundstücks als Grunddienstbarkeit zugunsten des überbauten Grundstücks eintragbar, §§ 1018, 873 (nicht § 875; vgl BGH LM Nr 9; Wolff/Raiser 199 Fn 15; Staud/Roth aaO). Wegen der Überbaurente vgl § 914 Rz 2.

13 5. Eine **entsprechende Anwendung** des § 912 kommt nicht nur in den erwähnten Fällen (vgl Rz 4) in Betracht, sondern immer dann, wenn sein tragender Grundsatz, die Erhaltung wirtschaftlicher Werte dies gebietet (Soergel/ Baur Rz 32). Dies ist zB der Fall, wenn ein Haus durch auftretende Erdbewegen über die Grenze geschoben wird (Frankfurt aM NJW-RR 1992, 464; Staud/Roth Rz 62) oder wenn ein Grundstückseigentümer aufgrund öffentlichen Grundbuchglaubens einen Teil seines bebauten Grundstücks verliert (vgl Staud/Roth Rz 63 – „Katasterraub"). Zur – zweifelhaften – Anwendung zwischen Wohnungseigentümern vgl Düsseldorf WuM 2003, 407.

913 *Zahlung der Überbaurente*
(1) Die Rente für den Überbau ist dem jeweiligen Eigentümer des Nachbargrundstücks von dem jeweiligen Eigentümer des anderen Grundstücks zu entrichten.
(2) Die Rente ist jährlich im Voraus zu entrichten.

Das Recht auf Überbaurente ist subjektiv und objektiv dinglich. Es gilt nach § 96 als **Bestandteil des überbauten Grundstücks** und steht dessen Eigentümer nicht etwa persönlich zu. Abs I stellt klar, daß sich ein Neuerwerber nicht auf den öffentlichen Glauben des Grundbuchs berufen kann. Die in Abs II vorgesehene einjährige Zahlungsweise erklärt sich aus dem meist nur geringen Betrag der zu leistenden Rente. Verzugszinsen fallen nicht an, §§ 914 III, 1107, 289. Abweichende Zahlungsmodalitäten können vereinbart werden (vgl § 914 Rz 2). Zur Verjährung vgl § 912 Rz 11 aE. 1

914 *Rang, Eintragung und Erlöschen der Rente*
(1) Das Recht auf die Rente geht allen Rechten an dem belasteten Grundstück, auch den älteren, vor. Es erlischt mit der Beseitigung des Überbaus.
(2) Das Recht wird nicht in das Grundbuch eingetragen. Zum Verzicht auf das Recht sowie zur Feststellung der Höhe der Rente durch Vertrag ist die Eintragung erforderlich.
(3) Im Übrigen finden die Vorschriften Anwendung, die für eine zugunsten des jeweiligen Eigentümers eines Grundstücks bestehende Reallast gelten.

1. Das Recht auf Überbaurente wird **wie** eine subjektiv-dingliche **Reallast** (vgl §§ 1107, 1108, 1109 III, 1110) behandelt (Staud/Roth Rz 8). Daher haftet für sie das Grundstück, daneben der Eigentümer persönlich für die in seiner Eigentumszeit fällig werdenden Renten. Das Rentenrecht geht allen anderen, also auch den älteren Rechten an dem belasteten Grundstück vor (MüKo/Säcker Rz 1), eine vertraglich eingeräumte Rente (Abs II S 2) freilich nur bei einer Vorrangeinräumung, § 880 (Staud/Roth Rz 6 mwN). 1

2. Das Recht auf Überbaurente ist, da Teil des Grundeigentums am überbauten Grundstück (vgl Rz 1), nicht eintragungsfähig (Abs II S 1). Zum öffentlichen Glauben des Grundbuchs vgl § 913 Rz 1. Möglich und nötig ist aber die **Eintragung** dann, wenn das Rentenrecht vertraglich in seinem Inhalt geändert wird (worüber das Gesetz allerdings schweigt) sowie gemäß Abs II S 2 bei Feststellung der Höhe oder Aufhebung durch einseitigen (Staud/Roth Rz 4 mwN) Verzicht, der im Grundbuch des rentenbelasteten (überbauenden) Grundstücks in Abt II Spalte 3 einzutragen ist (BayObLG NJW-RR 1998, 1389; Staud/Roth aaO mwN). 2

3. **Erlöschen.** Das Rentenrecht erlischt durch Beseitigung des Überbaus oder Verzicht (§§ 875, 876 S 2), nicht dagegen durch Zwangsversteigerung (§ 52 II ZVG) oder Ablösung (vgl Art 116 EGBGB). 3

915 *Abkauf*
(1) Der Rentenberechtigte kann jederzeit verlangen, dass der Rentenpflichtige ihm gegen Übertragung des Eigentums an dem überbauten Teil des Grundstücks den Wert ersetzt, den dieser Teil zur Zeit der Grenzüberschreitung gehabt hat. Macht er von dieser Befugnis Gebrauch, so bestimmen sich die Rechte und Verpflichtungen beider Teile nach den Vorschriften über den Kauf.
(2) Für die Zeit bis zur Übertragung des Eigentums ist die Rente fortzuentrichten.

1. Die überbaute Fläche bleibt im Eigentum des nach § 912 duldungspflichtigen Nachbarn als „Schattenrecht". Weil dieser die Beseitigung des Überbaus nicht verlangen kann, gibt § 915 ihm das nach § 924 unverjährbare **Recht auf Grundabnahme**. Es handelt sich um ein **nur dem Eigentümer zustehendes Gestaltungsrecht** (vgl § 916, der nicht auf § 915 verweist). Miteigentümer müssen das Recht zusammen geltend machen; der einzelne kann die anderen nicht zur Übereignung verpflichten. Ohne Rentenrecht (zB bei Verzicht) besteht auch kein Recht iSv § 915 I S 2. Das **Gebrauchmachen** iSv § 915 I S 2 geschieht durch einseitige, empfangsbedürftige Willenserklärung gegenüber dem Rentenpflichtigen; § 311b I findet keine Anwendung (Soergel/Baur Rz 4). Die Erklärung des Grundabnahmeverlangens führt zu einem **Rechtsverhältnis** zwischen den Beteiligten, auf das grds die Vorschriften über den Kauf anzuwenden sind, zB § 435, jedoch nicht § 442 (Staud/Roth Rz 5). Ein Vorkaufsrecht kann nicht ausgeübt werden (Staud/Roth Rz 5 mwN). Die Übertragung erfolgt nach den §§ 873, 925. Der Anspruch auf Rentenzahlung erlischt bereits mit Zahlung des **Wertersatzes** (MüKo/Säcker Rz 4), der sich nach dem üblichen Verkehrswert (Staud/Roth Rz 6) ohne Anrechnung der Rentenzahlungen (Pal/Bassenge Rz 1) bemißt. Mit Rechtsausübung entstandene Ansprüche verjähren nach Kaufrecht. 1

Gestützt auf den Rechtsgedanken des § 915 I hat das RG (133, 293, 295f) dem Verkäufer eines Grundstücks bei einem nichtigen Kaufvertrag und Unmöglichkeit der Herausgabe des Grundstücks durch den Käufer wegen zwischenzeitlich erfolgter wertvoller Bebauung (zusammenhängendes Fabrikgebäude) – wohl zu Recht – einen **Wertersatzanspruch** gegen den Käufer nach § 818 II (siehe auch § 818 Rz 15) nur **gegen Grundstücksübereignung** zugebilligt (abl MüKo/Säcker Rz 5; zum Streitstand vgl Staud/Roth Rz 8). 2

916 *Beeinträchtigung von Erbbaurecht oder Dienstbarkeit*
Wird durch den Überbau ein Erbbaurecht oder eine Dienstbarkeit an dem Nachbargrundstück beeinträchtigt, so finden zugunsten des Berechtigten die Vorschriften der §§ 912 bis 914 entsprechende Anwendung.

§ 916 gewährt jedem Beeinträchtigten ein selbständiges Rentenrecht. Wohnungs- und Teileigentümer bzw Dauerwohnungsberechtigte werden unmittelbar (Staud/Roth Rz 1; MüKo/Säcker Rz 1) bzw analog (Bamberger/Roth/ 1

§ 917   Sachenrecht   Eigentum

Fritzsche Rz 1 mwN) durch § 912 geschützt. Hypotheken- und Grundschuldgläubigern haftet dagegen das Rentenrecht des Eigentümers (§§ 96, 1107, 1126).

917 Notweg
(1) **Fehlt einem Grundstück die zur ordnungsmäßigen Benutzung notwendige Verbindung mit einem öffentlichen Wege, so kann der Eigentümer von den Nachbarn verlangen, dass sie bis zur Hebung des Mangels die Benutzung ihrer Grundstücke zur Herstellung der erforderlichen Verbindung dulden. Die Richtung des Notwegs und der Umfang des Benutzungsrechts werden erforderlichenfalls durch Urteil bestimmt.**
(2) **Die Nachbarn, über deren Grundstücke der Notweg führt, sind durch eine Geldrente zu entschädigen. Die Vorschriften des § 912 Abs. 2 Satz 2 und der §§ 913, 914, 916 finden entsprechende Anwendung.**

1   **1. Allgemeines.** Das in den §§ 917, 918 geregelte Notwegrecht ist Ausdruck schrankensetzender Tätigkeit des Gesetzgebers bzw einer gesetzlich angeordneten Sozialbindung des Eigentums (Säcker/Paschke NJW 1981, 1009ff). Während es auf der einen Seite zu einer **Erweiterung des Eigentuminhalts** führt, bedeutet die Duldungspflicht für den Nachbarn eine **Beschränkung** seines Eigentums. Der Anspruch auf Duldung ist freilich kein eigenmächtiges Benutzungsrecht iSv § 858, sondern muß ggf erst gerichtlich durchgesetzt werden (Staud/Roth Rz 2). Entsprechende Benutzungsrechte können sich aus den §§ 50, 57 TKG für die Erbringer von Telekommunikationsdienstleistungen ergeben. Zu denken ist ferner an spezielle Regelungen in den Bereichen Energieversorgung (vgl § 11 II EnWG), Versorgung mit Wasser und Fernwärme sowie Entsorgung von Abwasser (vgl Art 243 EGBGB). Ein Notwegrecht für Versorgungsleitungen ist auch vielfach landesgesetzlich normiert (vgl Staud/Roth Rz 7; zu § 7e NachG BW siehe BGH NJW 1991, 176). Gleiches gilt für die Benutzung von Waldgrundstücken (siehe zB § 28 WaldG BW sowie Staud/Roth Rz 8). Dagegen wurde von Art 123 EGBGB, der landesgesetzliche Notwegrechte zwecks Verbindung mit einer Eisenbahnstrecke oder einer öffentlichen Wasserstraße vorsieht, bislang kein Gebrauch gemacht (vgl BGH LM Nr 3 zu § 891).

2   **2. Voraussetzungen. a) Zugangsnot, dh fehlende Verbindung mit einem öffentlichen Weg.** Öffentlich ist ein Weg, wenn er ausdrücklich dem öffentlichen Verkehr gewidmet ist (vgl zB § 2 I FStrG oder das jeweilige Landes[straßen]recht) oder von allen Beteiligten (Eigentümer, Straßenbaulastpflichtiger, Ordnungsbehörde) stillschweigend als zum allgemeinen Verkehr bestimmt angesehen wird (MüKo/Säcker Rz 6). Die bloße Duldung durch den Eigentümer eines Privatwegs reicht nicht aus (München NJW 1954, 1452; Hamm NJW 1953, 1519). Über den öffentlichen Charakter eines Weges entscheiden bei Notwegstreitigkeiten die ordentlichen Gerichte (RG JW 1906, 233, 234). Eine zur **ordnungsmäßigen Benutzung notwendige Verbindung fehlt** einem Grundstück jedenfalls dann, wenn dazwischenliegende Grundstücke einen unmittelbaren Zugang von dem öffentlichen Weg aus ausschließen (MüKo/Säcker Rz 7). Fehlt die Verbindung infolge einer Entwidmung bzw Widmungsbeschränkung, so müssen etwaige Rechtsmittel zunächst ausgeschöpft werden (Köln OLGZ 1967, 156, 160), freilich nicht bei fehlender Erfolgsaussicht (Koblenz NJW-RR 1992, 724). Verbindungen zum öffentlichen Wegenetz auf anderer Rechtsgrundlage als auf Eigentum an dem Verbindungsstück können aber ausreichen, um die Zugangsnot zu beheben; bei Streitigkeiten über das Recht oder bei bloß schuldrechtlichen Rechten wie der – grds ohne besonderen Grund zu kündigenden (Saarbrücken NJW-RR 2002, 1385; Hamm NJW-RR 1987, 137, 138) – Leihe (Köln NJW-RR 1992, 1497), bei Miete (Hamburg MDR 1964, 325f) oder Pacht kommt es darauf an, inwieweit das Recht eine hinreichende Sicherung schafft (vgl RG 157, 305, 308). Zugangsnot ist auch dann gegeben, wenn der etwa vorhandene Zugang eine **ordnungsmäßige Bewirtschaftung** nicht gestattet. Ob eine Benutzung ordnungsgemäß ist, hängt von den objektiv zu beurteilenden tatsächlichen Bedürfnissen einer praktischen Wirtschaft ab (BGH MDR 1960, 124 Nr 41; NJW 1964, 1321, 1322), dh insb von der Lage, Größe und Wirtschaftsart der betreffenden Grundstücks (BGH MDR 1976, 917). Die Frage kann für bestimmte Arten der Nutzung unterschiedlich zu beurteilen sein (vgl BGH WM 1976, 1061, 1063). Rein persönliche Bedürfnisse des Eigentümers oder Nutzungsberechtigten (BGH LM Nr 14 zu § 917 = MDR 1979, 127f) oder vorübergehende außergewöhnliche Bedürfnisse (BGH WM 1966, 143, 145; MDR 1979, 127) sind nicht maßgebend. Auch bloße Zeitverzögerungen bei der Benutzung einer an sich ordnungsgemäßen Zufahrt durch Rettungsfahrzeuge begründen kein Notwegrecht (Köln NJW-RR 1992, 213). Bei rechtskräftiger Baugenehmigung kann Ordnungsmäßigkeit nicht wegen Baurechtswidrigkeit verneint und bei rechtskräftiger Versagung nicht mit Baurechtsmäßigkeit bejaht werden (BVerwG NJW-RR 1999, 165f). Ist eine Bebauung beabsichtigt, so ist solange kein Notwegrecht gegeben, wie die Bebauung nach öffentlichem Recht (noch) nicht möglich ist (Staud/Roth Rz 25 mwN). Gleiches gilt, wenn eine **zumutbare** anderweitige Verbindungsmöglichkeit besteht, mag sie auch weniger bequem und kostspieliger sein (Brandenburg MDR 1997, 37); für die Zumutbarkeit kommt es auch im weiteren Verhältnis die entstehenden Kosten zum Gesamtertrag des Grundstücks stehen und nicht darauf, wie sie sich zu den Kosten eines Notwegs verhalten (BGH NJW 1964, 1321, 1322; 1980, 585; Staud/Roth Rz 11 mwN). Zur ordnungsgemäßen Bewirtschaftung eines Gewerbegrundstücks ist die **Zufahrtsmöglichkeit für Kraftfahrzeuge** idR notwendig, wenn sonst keine Möglichkeit zum Be- und Entladen besteht (Pal/Bassenge Rz 6; Staud/Roth Rz 28), dagegen nicht, wenn es sich um den Pkw eines Gastes handelt (BGH LM Nr 2 zu § 917 = MDR 1958, 592) oder dort eine Arzt- oder Anwaltspraxis betrieben wird (BGH NJW 1980, 585, 586f). Die Zufahrt auf ein Wohngrundstück ist jedenfalls dann nicht notwendig, wenn es in der Nähe auf der Straße eine Parkmöglichkeit gibt (BGH 75, 315, 318 = NJW 1980, 585ff; Karlsruhe NJW-RR 1995, 1042f; Saarbrücken NJW-RR 2002, 1385). Notwendig ist sie, wenn die Parkmöglichkeit nicht genügt bzw fehlt (Frankfurt aM ZfIR 2000, 124; LG Aachen MDR 1986, 936). Das Notwegrecht umfaßt nicht die Vornahme von Handlungen, die ihrem Wesen nach über eine bloße Benutzung des Weges als Zugang hinausgehen, zB Be- und Entladen von Fahrzeugen (BGH 31, 159, 161f); es kann sich auch auf einen Teil des Geh- oder Fahrverkehrs beschränken, wenn im übrigen eine ausreichende Verbindung (Nebeneinfahrt) besteht (BGH WM 1976,

1061, 1064). Bei **mehreren** möglichen **Verbindungen** ist nicht etwa stets der kürzeste Weg allein notwendig; vielmehr müssen das Interesse an möglichst geringer Belastung und dasjenige an größtmöglicher Effektivität des Notwegs abgewogen werden (Pal/Bassenge Rz 6 mwN). Aus § 917 kann sich auch ergeben, daß der Nachbar die Verlegung von **Versorgungs- und Entsorgungsleitungen** in seinem Grundstück dulden muß. Dieses sog Notleitungsrecht (BGH NJW 1991, 176; Köln OLGRp 2003, 41, 43; Hamm NJW-RR 1992, 723) läßt sich ggf direkt aus § 917 ableiten, da die „Verbindung" zum öffentlichen Weg nicht selbst ein Weg sein muß (vgl Staud/Roth Rz 4 mwN; siehe auch oben Rz 1).

b) Das **Verlangen des Eigentümers** iSd § 917 ist ebenfalls Voraussetzung für das Entstehen der Duldungpflicht 3 (BGH NJW 1990, 2555, 2556; 1985, 1952; Hamm OLGZ 1985, 222, 224); Es handelt sich um eine empfangsbedürftige Willenserklärung, die bei mehreren Duldungspflichten gegenüber allen abzugeben ist (Pal/Bassenge Rz 7).

c) **Negative Voraussetzung.** Die Zugangsnot darf **nicht** darauf beruhen, daß der Eigentümer selbst oder andere 4 Notwegberechtigte (vgl Rz 5) bzw deren Vertreter/Gehilfen (Staud/Roth § 918 Rz 5; Pal/Bassenge § 918 Rz 1) die bisherige **Verbindung willkürlich aufgehoben** haben, § 918 I (siehe dort).

3. **Folgen. Berechtigt** iSv § 917 I ist der Eigentümer des verbindungslosen Grundstücks; bei Miteigentum sind 5 es wegen § 917 II S 1 nur alle Miteigentümer gemeinsam (Staud/Roth Rz 32; Soergel/Baur Rz 7; Pal/Bassenge Rz 8; aA MüKo/Säcker Rz 16). Inhaber grundstücksgleicher Rechte, zB Erbbauberechtigte, stehen dem Eigentümer ebenso gleich wie Berechtigte iSv Art 68 EGBGB (RG 79, 116, 118). Auch Insolvenzverwalter (§ 80 InsO), Zwangsverwalter (LG Landau NJW 1968, 2013) und Testamentsvollstrecker (Staud/Roth Rz 32) sind aktivlegitimiert, dagegen nicht dinglich (aA MüKo/Säcker Rz 16) oder obligatorisch Berechtigte (Staud/Roth Rz 32 mwN). Sie dürfen aber den Notweg (mit-)benutzen (vgl BGH NJW 1963, 1917, 1918). Der nach § 917 klagende Eigentümer bleibt auch nach Veräußerung seines Grundstücks prozeßführungsbefugt (BGH MDR 1976, 917).

Duldungspflichtig sind die Eigentümer aller Grundstücke, die zwischen dem abgeschnittenen Grundstück und 6 dem öffentlichen Weg liegen. Mehrere Miteigentümer eines einzelnen Grundstücks sind als notwendige Streitgenossen zu verklagen (BGH NJW 1984, 2210; MüKo/Säcker Rz 18 mwN). Das Duldungsverlangen ist ggf auch an Erbbau- bzw Dienstbarkeitsberechtigte (§ 917 II S 2 iVm § 916) und Dauerwohnrechtsinhaber (§ 31 I S 2 WEG) zu richten. Mit dem Ende der Zugangsnot (zB weil eine zeitweilig zerstört gewesene Straße wieder benutzbar ist) entfällt auch die Duldungspflicht. Bis zur Zahlung der fälligen Geldrechte (vgl Rz 10) steht dem duldungspflichtigen Nachbarn idR ein Zurückbehaltungsrecht nach § 273 zu (BGH MDR 1976, 917).

Der vorgenannte Personenkreis und die Nutzungsberechtigten des „belasteten" Grundstücks (vgl Pal/Bassenge 7 Rz 8) haben dessen **notwendige Benutzung** (vgl Rz 2) zu dulden. Bei verschlossenem Zugang muß ein Schlüssel ausgehändigt werden (Nürnberg RdL 1968, 78). Im Gebirge kommt auch eine Seilbahn oder eine Brücke als Notweg in Betracht (Staud/Roth Rz 34 mwN). Die **Herstellungs- und Unterhaltungspflicht** trifft grds den Notwegberechtigten (BGH WM 1995, 1195, 1198 = NJW-RR 1995, 911, 913). Bei Mitbenutzung durch den Wegeigentümer kommt eine Kostenteilung nach § 748 analog in Betracht (Staud/Roth Rz 35). Der Duldungspflichtige kann entsprechend § 1023 I **Verlegung** des Notwegs verlangen (BGH NJW 1981, 1036f; zur Kostentragung vgl Staud/Roth Rz 36). Zur Abgabe einer **Baulast**erklärung ist er nicht verpflichtet (Stuttgart OLGRp 2003, 265 mwN).

Ist nach der Lage der Grundstücke nur ein Weg möglich, ist er der kraft Gesetzes bestimmte Notweg (Wester- 8 mann/H.P. Westermann § 64 II 2). Stehen dagegen etwa Grundstücke verschiedener Eigentümer zur Wahl (vgl LG Verden MDR 1957, 547f) oder geht es um die Lage bzw Breite des Notwegs, so bedarf seine **konkrete Ausgestaltung** der Festlegung **durch Vertrag oder Urteil** (§ 917 I S 2), wobei grds nur ein Urteil (nach § 325 ZPO) gegenüber einem Einzelrechtsnachfolger wirkt (Pal/Bassenge Rz 10), während es hierfür ansonsten der Eintragung einer Grunddienstbarkeit bedarf (Staud/Roth Rz 42). Ob ein den Weg im einzelnen bestimmendes Urteil grds nur deklaratorisch wirkt (vgl Pal/Bassenge Rz 10 mwN) mag dahinstehen; ausüben kann der Berechtigte das Recht jedenfalls erst nach dessen Feststellung (Westermann/H.P. Westermann § 64 II 2). Ohne Gestattung des unmittelbaren Besitzers des „notwegbelasteten" Grundstücks liegt nämlich ansonsten verbotene Eigenmacht vor (Pal/Bassenge Rz 12 mwN zum Streitstand), es sei denn, die eigenmächtige Benutzung des Weges ist nach § 904 gerechtfertigt. Der drohende Schaden darf dann freilich nicht nur im Notwegverlust bestehen. Das Notwegrecht aus § 917 I als solches ist **nicht eintragbar** (Staud/Roth Rz 37 mwN; Pal/Bassenge Rz 11; vgl auch § 912 Rz 12). Es unterliegt als Eigentumsinhalt (Rz 1) dem Schutz des § 1004 I (Koblenz NJW-RR 1992, 724, 725; Staud/Roth Rz 46 mwN); Besitzschutz genießt der Berechtigte bei festliegendem Notweg in analoger Anwendung des § 1029 (Pal/Bassenge Rz 14 mwN; aA Soergel/Baur Rz 15: §§ 861, 862).

Bei **gerichtlicher Geltendmachung** braucht der auf Duldung der Benutzung gerichtete Klageantrag weder 9 deren Richtung und Umfang konkret zu bezeichnen (vgl § 917 I S 2) noch muß ein bestimmter Rentenbetrag angeboten werden (Staud/Roth Rz 43 mwN). Dient das Verbindungsgrundstück hoheitlichen Zwecken, ist vor dem Verwaltungsgericht zu klagen (BGH MDR 1969, 650; Koblenz MDR 1981, 671). Wird der Notwegberechtigte aus § 1004 I gerichtlich auf Unterlassung der Benutzung des Verbindungsgrundstücks in Anspruch genommen, kann er sich mit der Einwendung aus § 1004 II verteidigen (Celle MDR 2000, 81; Staud/Roth Rz 45). Gleiches gilt für den Nutzungsberechtigten (BGH LM Nr 6 zu § 917). Gegenüber einer possessorischen, dh auf verbotene Eigenmacht gestützten Klage (vgl Rz 8) kommt eine petitorische (Duldungs-)Widerklage in Betracht (BGH 53, 166, 169 = NJW 1970, 707; Hagen JuS 1972, 124; siehe auch § 863 Rz 3).

Der **Geldrentenanspruch** (§ 917 II) entsteht, wenn alle Voraussetzungen des Notwegrechts (vgl Rz 2–4) vorlie- 10 gen (BGH 94, 160, 162 mwN = NJW 1985, 1952). Dieser Zeitpunkt bestimmt auch die Höhe der Rente, §§ 917 II S 2, 912 II S 2, die sich nicht nach dem Nutzen des Berechtigten, sondern nach dem Nachteil des Duldungspflichtitigen, genauer: der Minderung des Verkehrswertes, die das gesamte Grundstück durch den Notweg erfährt (BGH 113, 32, 35f = NJW 1991, 564f; Koblenz NJW-RR 1992, 724, 725; Dresden ZMR 2000, 448, 450), richtet. Tritt durch das Duldungsverlangen kein solcher Nachteil ein, so ist die Rente gleich Null (vgl LG Aachen ZMR 1983, 382; Frankfurt aM ZfIR 2000, 124, 127). Bei einem Notwegrecht zugunsten zahlreicher Wohneinheiten einer Ferienwohnanlage kommt eine Bemessung nach hypothetischen Mietentgelten in Frage (BGH NJW-RR 1995, 911). Schuldner der Geldrente ist nicht der Nutzungsberechtigte des verbindungslosen Grundstücks (BGH NJW 1963, 1917f), sondern dessen Eigentümer; Gläubiger ist der Eigentümer des notwegbelasteten Grundstücks, §§ 917 II S 2, 913. Er kann idR die Duldung des Notwegs bis zur Zahlung der Rente verweigern (vgl Rz 6 aE). Ein Recht auf Grundabnahme hat er nicht, da § 917 II S 2 gerade nicht auf § 915 verweist.

11 Verwandte, auf Art 124 EGBGB gestützte **landesrechtliche Institute** sind das Hammerschlags- und Leiterrecht (zB § 24 NachbG NW) und das sog Schwengelrecht (vgl OVG Bremen NVwZ-RR 1990, 62f; siehe auch Pal/Bassenge Art 124 EGBGB Rz 4).

918 *Ausschluss des Notwegrechts*
(1) Die Verpflichtung zur Duldung des Notwegs tritt nicht ein, wenn die bisherige Verbindung des Grundstücks mit dem öffentlichen Wege durch eine willkürliche Handlung des Eigentümers aufgehoben wird.
(2) Wird infolge der Veräußerung eines Teils des Grundstücks der veräußerte oder der zurückbehaltene Teil von der Verbindung mit dem öffentlichen Wege abgeschnitten, so hat der Eigentümer desjenigen Teils, über welchen die Verbindung bisher stattgefunden hat, den Notweg zu dulden. Der Veräußerung eines Teils steht die Veräußerung eines von mehreren demselben Eigentümer gehörenden Grundstücken gleich.

1 1. **Allgemeines.** § 918 ist eine rechtshindernde Einwendung (Staud/Roth Rz 1) bzw eine **Negativvoraussetzung des Notwegrechts** (München NJW-RR 1993, 474). Der Duldungsanspruch nach § 917 entsteht nicht, wenn die **Zugangsnot durch** eine willkürliche **Handlung des Eigentümers** bzw anderer Notwegberechtigter (vgl § 917 Rz 3) herbeigeführt wurde. Die **Beweislast** hierfür trägt der Duldungspflichtige.

2 2. Als **verbindungsaufhebende Handlung** des Eigentümers kommt zB der Abbruch einer Brücke, die Errichtung einer Mauer, das Verschütten eines Zugangs, der Bau eines Hauses (BGH ZMR 1975, 115, 116 = DB 1974, 2469; Brandenburg DtZ 1996, 389 = MDR 1997, 37), die Aufgabe eines Wegerechts (LG Bielefeld MDR 1963, 678; LG Gießen MDR 1995, 257), der Verzicht auf ein Notwegrecht (BGH 53, 166, 171f = NJW 1970, 707, 708) oder die Veräußerung eines Grundstücksteils (Abs II) in Betracht. Sie kann auch in der Zustimmung zu einer hiervon abhängigen Verlegung des öffentlichen Wegs bestehen (Pal/Bassenge Rz 1).

3 3. **Willkürliche Handlung.** Willkürlich ist ein Handeln (nicht: Naturereignis), das die bisherige Verbindung aufhebt, nicht bereits dann, wenn es auf freier Willensentschließung des Eigentümers (oder Rechtsvorgängers) beruht, sondern erst bei Verstoß gegen die Grundsätze ordnungsgemäßer Wirtschaft (vgl § 917 Rz 2) und bei Außerachtlassung gebotener Rücksicht auf nachbarliche Belange (Brandenburg DtZ 1996, 389, 390 = MDR 1997, 37; München NJW-RR 1993, 474f; Staud/Roth Rz 2 mwN). Zwar ist ein subjektives Verschulden weder erforderlich noch ausreichend (Staud/Roth aaO); Willkür im og Sinne setzt gleichwohl voraus, daß die Handlungsfolge der Zugangsaufhebung bei verständiger Betrachtung, dh Aufbietung allgemein zu fordernder Sorgfalt erkennbar war (München NJW-RR 1993, 474, 475).

4 4. Beim **Sonderfall der Grundstücks(teil-)veräußerung** ist ein Notwegrecht zwar trotz selbstverursachter Verbindungsnotlage entgegen § 918 I nicht schlechthin ausgeschlossen; der Kreis der Duldungspflichtigen ist aber nach Maßgabe von § 918 II beschränkt. Die Nachbareigentümer sollen grundsätzlich von der ausschließlich im Verhältnis der getrennten Grundstücke zueinander geschaffenen Notlage nicht betroffen sein (vgl BGH 53, 166, 172 = NJW 1970, 707, 708; Braunschweig OLGE 26 [1913], 29, 31f), sofern diese willkürlich (vgl Rz 3) herbeigeführt worden ist (München NJW-RR 1993, 474f). Der Notweg hat dann über jenes Grundstück zu führen, über das der Eigentümer vor der Veräußerung von dem nunmehr abgeschnittenen Grundstück zu dem öffentlichen Weg gelangen konnte (Staud/Roth Rz 8), wobei sich seine konkrete Ausgestaltung nach den allgemeinen Grundsätzen (vgl § 917 Rz 8) richtet (RG 160, 166, 184). Ein Recht auf Fortsetzung der bisherigen Nutzung eines anderen Grundstücks zur Verbindung mit dem öffentlichen Weg besteht nicht (Braunschweig aaO). Er bindet auch die künftigen Eigentümer der durch Veräußerung getrennten Grundstücke bzw Grundstücksteile (München NJW-RR 1993, 474; OVG Koblenz NVwZ 1995, 225, 226). Der rechtsgeschäftlichen Veräußerung steht die Zwangsversteigerung gleich (RG 157, 305).

919 *Grenzabmarkung*
(1) Der Eigentümer eines Grundstücks kann von dem Eigentümer eines Nachbargrundstücks verlangen, dass dieser zur Errichtung fester Grenzzeichen und, wenn ein Grenzzeichen verrückt oder unkenntlich geworden ist, zur Wiederherstellung mitwirkt.
(2) **Die Art der Abmarkung und das Verfahren** bestimmen sich nach den Landesgesetzen; enthalten diese keine Vorschriften, so entscheidet die Ortsüblichkeit.
(3) Die Kosten der Abmarkung sind von den Beteiligten zu gleichen Teilen zu tragen, sofern nicht aus einem zwischen ihnen bestehenden Rechtsverhältnis sich ein anderes ergibt.

1 1. **Zweck.** Die §§ 919–923 regeln die Rechtsverhältnisse benachbarter Eigentümer an der Grenze und dienen so der Vermeidung nachbarlicher Streitigkeiten. Die Grenzabmarkung (§ 919) soll der Verdunkelung einer unstreitigen (BayObLG RdL 1962, 243; Celle NJW 1956, 632; KG DFG 1937, 188) Grenze vorbeugen, während die Grenzscheidung (§ 920) diese beseitigen will.

2. Der in § 919 geregelte **Mitwirkungsanspruch** fließt aus dem Eigentum (RG 56, 58) und verjährt nicht (§ 924). Ein Verzicht ist nur mit schuldrechtlicher, nicht aber mit dinglicher Wirkung möglich (Staud/Roth Rz 4 mwN).

Berechtigter des – dinglichen – Anspruchs ist der Grundstückseigentümer (bzw Miteigentümer, § 1011), ggf auch der Inhaber einer Vormerkung (Staud/Roth Rz 5, str) bzw eines Erbbaurechts, freilich nur hinsichtlich der hiervon erfaßten Fläche (Pal/Bassenge Rz 1). Zu denken ist auch an die in Art 68 EGBGB aufgeführten Nutzungsberechtigten.

Anspruchsgegner sind die jeweiligen Eigentümer der unmittelbaren Nachbargrundstücke, mehrere Miteigentümer nur gemeinsam (vgl RG JW 1906, 233 [Nr 19], 234 zu § 917). Mieter und Pächter sind dagegen weder aktiv- noch passivlegitimiert.

3. Art und Verfahren der Abmarkung bestimmen sich nach den jeweiligen Abmarkungs- Vermessungs- und Katastergesetzen der Länder (vgl ie Staud/Roth Rz 12). Wo, was regelmäßig der Fall ist, eine aktive Mitwirkung des Nachbarn bei der Abmarkung nicht mehr erforderlich ist, wäre eine Klage auf Duldung der Abmarkung bzw Zustimmung zu den jeweiligen Abmarkungsverfahren zu richten mit Zwangsvollstreckung nach § 894 ZPO (vgl Pal/Bassenge Rz 2). Örtlich zuständig wäre nach § 24 ZPO das Gericht, in dessen Bezirk die Grundstücke liegen. Freilich wird vielfach das Rechtschutzbedürfnis für eine auf § 919 gestützte Klage fehlen (vgl Staud/Roth Rz 3). Wird wegen streitigen Grenzverlaufs auf Feststellung des Eigentums geklagt, kommt die Verbindung mit einer Klage nach § 919 in Betracht. Gleiches gilt für eine auf § 920 gestützte Klage, nicht dagegen für eine Herausgabeklage nach § 985 (Celle NJW 1956, 632, 633).

4. Die **Kosten der Abmarkung** haben die Beteiligten gemäß § 919 III zu gleichen Teilen zu tragen, sofern sie nicht aufgrund besonderer vertraglicher Vereinbarungen oder nach § 823 II BGB iVm § 274 I Nr 3 StGB bzw nachbarschützenden Normen der Abmarkungsgesetze der Länder (Bamberger/Roth/Fritzsche Rz 5 mwN) einen Beteiligten allein treffen. Zu den Vermessungskosten vgl AG Viechtach NJW-RR 2001, 1457. Hiervon zu trennen sind die Kosten eines Rechtsstreits, über die nach §§ 91ff ZPO entschieden wird.

5. Wirkung. Die von den Beteiligten anerkannte Abmarkung begründet die **Vermutung der Richtigkeit** und widerlegt diejenige des § 891 bei Abweichung von abgemarkter und eingetragener Grenze. Kenntnis der abgemarkten Grenze hindert gutgläubigen Erwerb, § 892 I S 1. Die Abmarkung bewirkt weder eine Änderung des Grenzverlaufs bzw der Eigentumsverhältnisse noch dinglicher Rechte Dritter.

920 *Grenzverwirrung*

(1) Lässt sich im Falle einer Grenzverwirrung die richtige Grenze nicht ermitteln, so ist für die Abgrenzung der Besitzstand maßgebend. Kann der Besitzstand nicht festgestellt werden, so ist jedem der Grundstücke ein gleich großes Stück der streitigen Fläche zuzuteilen.

(2) Soweit eine diesen Vorschriften entsprechende Bestimmung der Grenze zu einem Ergebnis führt, das mit den ermittelten Umständen, insbesondere mit der feststehenden Größe der Grundstücke, nicht übereinstimmt, ist die Grenze so zu ziehen, wie es unter Berücksichtigung dieser Umstände der Billigkeit entspricht.

1. Allgemeines. Jeder Nachbar hat einen dem Eigentum entspringenden öffentlich-rechtlichen Anspruch (vgl § 924) auf Grenzscheidung, also auf rechtschaffenden (konstitutiven) Richterspruch (vgl Wolff/Raiser S 205). Der Anspruch erlischt weder durch Verzicht noch durch Zeitablauf (§ 924).

2. Eine sog Grenzscheidung nach § 920 setzt eine **Grenzverwirrung**, dh eine Unsicherheit über den Verlauf der Grenze zwischen zwei Grundstücken voraus. Eine solche liegt nicht vor, wenn nach § 891 eine Vermutung für das Eigentum des einen Beteiligten an dem streitigen Grenzstreifen spricht und nicht widerlegt werden kann (vgl Celle NJW 1956, 632, 633). Wenn einer der beteiligten Nachbarn glaubt, sein Eigentum bis zu einer bestimmten Grenze nachweisen zu können, kommt ein Vorgehen gestützt auf §§ 985, 1004 oder im Wege der Eigentumsfeststellungsklage in Frage. Gelingt ihm oder dem Gegner der Beweis bzw Gegenbeweis nicht, so bleibt nur ein Grenzscheidungsverfahren nach § 920 übrig, besonders dann, wenn keine ordnungsgemäße Abmarkung (§ 919) der Grenze vorliegt. Die Grenzscheidungsklage kann hilfsweise für den Fall erhoben werden, daß die Eigentumsklage unbegründet ist, weil die behauptete Grenze nicht bewiesen werden kann (BGH NJW 1965, 37, 38). Beantragt der Kläger eine bestimmte Grenzlinie (was er nicht muß – vgl Wieser, Prozeßrechts-Komm zum BGB, Rz 2), darf das Gericht zwar die Grenzlinie anders ziehen, dem Kläger aber wegen § 308 I S 1 ZPO kein größeres als das beantragte Stück zuteilen (BGH NJW 1965, 37; Wieser aaO; Soergel/Baur Rz 4).

3. Inhalt. Grenzscheidung will mögliches in wirkliches Eigentum verwandeln, wobei es in erster Linie auf die Wahrscheinlichkeit, notfalls auf die Billigkeit ankommt. Daher ist zunächst der fehlerfreie, gegenwärtige Besitzstand maßgebend. Läßt sich ein solcher wie zB bei unkultiviertem Grundbesitz nicht feststellen (Abs I S 2), ist jedem ein gleich großes Stück zuzuteilen. Aus Abs II ergibt sich, daß die Billigkeit dem Besitzstand und der Realteilung vorgehen kann (Staud/Roth Rz 13 mwN). Unter feststehender Größe der Grundstücke ist deren tatsächlicher Flächeninhalt zu verstehen (BGH MDR 1969, 469).

4. Da es sich sozusagen um einen Streit der Grundstücke miteinander handelt, sind auch **nur** die beteiligten (Mit-)**Eigentümer** (aktiv und passiv) **legitimiert**, nicht aber sog Realberechtigte wie zB Nießbraucher oder Grundpfandgläubiger (Staud/Roth Rz 8; Bamberger/Roth/Fritzsche Rz 6 mwN; aA Westermann/H.P. Westermann § 65 III 2); diesen bleibt es freilich unbenommen, gegen etwaige Beeinträchtigungen ihres dinglichen Rechts vorzugehen.

5 5. Das **Urteil** (mit Wirkung nach § 325 ZPO) setzt die Grenzen (**konstitutiv**) fest und begründet Eigentum am Grenzstreifen ohne Auflassung (vgl dazu Wolff/Raiser § 57 II; Staud/Roth Rz 17 mwN). Die Grundbuchberichtigung geschieht aufgrund des Urteils nach § 22 GBO. Eine Zwangsvollstreckung aus dem Urteil findet (von den Kosten abgesehen) nicht statt. Es kann aber anschließend jeder Beteiligte nach § 919 vorgehen. Stellt sich nachträglich heraus, daß der streitige Streifen im Eigentum eines **Dritten** stand, so bleibt diesem die Durchführung seiner Rechte unbenommen, dh ihm gegenüber entfaltet das Urteil keine Gestaltungswirkung (Staud/Roth Rz 19 mwN). Ansonsten aber verliert das Urteil durch nachträgliche Nachweisung des richtigen Grenzzugs seine Wirkung nicht, es sei denn, es kommt zu einer Wiederaufnahme des Verfahrens (Wolff/Raiser S 206 Fn 7).

6 6. Ein **Grenzfeststellungsvertrag** (oder -vergleich) ist überall nach § 311b formbedürftig, wenn mindestens ein Nachbar davon ausgeht, daß er eine ihm gehörige Fläche übereignet (RG JW 1906, 302 [Nr 7], 303; Nürnberg DNotZ 1966, 33). Der ansonsten formfreie Vertrag hat konstitutive Wirkung, wenn die Grenze endgültig festgelegt werden soll (Staud/Roth Rz 21). Bei grobem Vermessungsfehler kommt aber ein Wegfall der Geschäftsgrundlage (vgl § 313 II) in Betracht (BGH MDR 1979, 743f).

921 *Gemeinschaftliche Benutzung von Grenzanlagen*

Werden zwei Grundstücke durch einen Zwischenraum, Rain, Winkel, einen Graben, eine Mauer, Hecke, Planke oder eine andere Einrichtung, die zum Vorteil beider Grundstücke dient, voneinander geschieden, so wird vermutet, dass die Eigentümer der Grundstücke zur Benutzung der Einrichtung gemeinschaftlich berechtigt seien, sofern nicht äußere Merkmale darauf hinweisen, dass die Einrichtung einem der Nachbarn allein gehört.

1 1. Zweck. Der Gesetzgeber hat mit § 921 eine gesetzliche Vermutung für ein Recht benachbarter Grundstückseigentümer zur gemeinschaftlichen Benutzung von Grenzeinrichtungen geschaffen, deren Ursprung oft weiter zurückreicht und angesichts der Lage zwischen den Grundstücken und des manchmal unsicheren Grenzverlaufs die rechtlichen Verhältnisse ebenso leicht streitig werden wie sie schwierig zu ermitteln sind (BGH NJW 2000, 512, 513). § 921 dient der Streitvermeidung, wobei sich freilich die Frage, ob die konkrete Ausgestaltung einer Grundstückseinfriedung unter Berücksichtigung des ortsüblichen Erscheinungsbildes ästhetisch zumutbar ist, nach Landesrecht regelt (MüKo/Säcker Rz 1).

2 2. Kennzeichen einer **Grenzeinrichtung** ist, daß sie in ihrem aktuellen Zustand **von der Grundstücksgrenze** (nicht notwendigerweise in der Mitte) **durchschnitten** wird (BGH NJW 2000, 512, 513 mwN) und beiden Grundstücken nutzt, auf denen sie errichtet ist (BGH NJW-RR 2001, 1528, 1529 mwN). Die „Einrichtung" setzt keine bauliche Anlage voraus und muß nicht von den Eigentümern der Grundstücke hergestellt worden sein. Deshalb kommt zB auch eine wildwachsende Hecke als Grenzeinrichtung iSv § 921 in Betracht (Staud/Roth Rz 5). Dagegen ist eine ohne Zustimmung des Grundstücksnachbarn errichtete Mauer keine Grenzeinrichtung iSd §§ 921, 922, weil eine solche **nicht willkürlich oder** gar **gegen den Willen des Nachbarn** geschaffen werden kann (BGH NJW 1984, 2463, 2464; vgl auch NJW 2000, 512, 514 mwN). Zwar muß die Einrichtung keine Grenzscheidungsfunktion haben (BGH NJW 2003, 1731f; 1985, 1458, 1459; Pal/Bassenge Rz 1 mwN); sie muß aber **objektiv vorteilhaft für beide Grundstücke** sein, wie zB ein begehbarer Zwischenraum zwischen zwei Gebäuden (BGH WM 1966, 143, 145), eine gemeinschaftliche (Garagen-)Zufahrt auf der Grenze (BGH NJW 2003, 1731, 1732; LG Zweibrücken MDR 1996, 46; Mannheim NJW 1964, 408f; Düsseldorf MDR 1968, 322) oder der Lärm- und Sichtschutz durch eine Hecke (BGH NJW 2000, 512, 513). In Betracht kommt auch ein Brunnen (Pal/Bassenge Rz 1 mwN), nicht aber ein Gebäude über der Grenze (BGH NJW 2003, 1731, 1732; RG 70, 200, 205). Eine sog Grenzwand, dh eine Wand, die unmittelbar an der Grenze zum Nachbargrundstück ganz auf dem Grundstück des Erbauers errichtet wird (vgl etwa § 19 NachbG NW), ist ebenfalls keine Grenzeinrichtung iSv § 921 (MüKo/Säcker Rz 3 mwN). Sie wird es auch nicht etwa dadurch, daß der Nachbar sie für einen Anbau nutzt (BGH NJW-RR 2001, 1528, 1529 mwN) oder daß sie ohne Zutun ihres Errichters auf das Nachbargrundstück driftet (Frankfurt aM NJW-RR 1992, 464). Zur sog Nachbarwand vgl Rz 5–11.

3 3. **Rechtsfolgen.** Aus § 921 folgt die gesetzliche **Vermutung eines gemeinschaftlichen Benutzungsrechts** der betreffenden Grundstückseigentümer in dem von § 922 konkretisierten Umfang. Das gemeinschaftliche (wegen § 96 nicht gesondert übertragbare) Nutzungsrecht, welches hinsichtlich der von der Grenzeinrichtung besetzten Fläche eine grunddienstbarkeitsähnliche Eigentumsbeschränkung darstellt, ist **nicht eintragungsfähig** (Staud/Roth Rz 12). Nach hL gilt die Vermutung auch bei unsicherem Grenzverlauf, wenn also möglicherweise nur scheinbar eine Grenzeinrichtung vorliegt (LG Heidelberg DWW 1985, 182, 183; BGH 143, 1, 4 = NJW 2000, 512, 513; Staud/Roth Rz 2 mwN), es sei denn, „**äußere Merkmale**" (zB Zaunpfosten oder Aushub eines Grabens nur auf einer Seite) weisen darauf hin, daß die Einrichtung einem der Nachbarn allein gehört. Die **Beweislast** hat derjenige, der Alleineigentum beansprucht (Pal/Bassenge Rz 3). Ohne **besondere Abrede** gelten die Vorschriften über die Gemeinschaft (vgl auch Rz 12), soweit nicht in § 922 etwas anderes bestimmt ist. Eine vertragliche Regelung bedarf der Eintragung als Grunddienstbarkeit, § 1018, um dinglich zu wirken (Westermann/H.P. Westermann §§ 65 IV 1).

4 Zum **Eigentum an der Grenzeinrichtung** enthält § 921 keine Regelung bzw. Vermutung. Die wohl hM (RG 162, 209, 212; Düsseldorf NJW-RR 1991, 656, 657; Pal/Bassenge Rz 4; Staud/Roth Rz 17 mwN) geht von einer **lotrechten Teilung** aus. Danach gehört grds jedem Nachbarn der auf seinem Grundstück stehende Teil der Einrichtung. Ideelles Miteigentum nach Bruchteilen ist nur ausnahmsweise, nämlich dann anzunehmen, wenn es sich um eine mit dem Erdboden nicht fest verbundene Anlage, zB einen aus losen Steinen aufgeschichteten Steinwall handelt (Staud/Roth Rz 18 mwN).

4. Unter einer **Nachbarwand** (auch halbscheidige Giebelmauer bzw. Kommunmauer genannt) ist eine auf der Grenze zweier Grundstücke errichtete Wand zu verstehen, die (im Gegensatz zur Grenzwand, vgl Rz 2 aE) mit einem Teil ihrer Dicke auf dem Nachbargrundstück steht und den Bauwerken beider Grundstücke als Abschlußwand oder zur Unterstützung oder Aussteifung dient oder dienen soll (vgl zB § 7 NachbG NW). Das Recht der Nachbarwand ist in den Landesnachbargesetzen zT ausführlich geregelt (vgl Staud/Roth Rz 20). Schon das Vorhandensein der Mauer mit der Möglichkeit des Anbaus dient dem Vorteil beider Grundstücke. Daher sehen einige in ihr schon in der Zeit vor dem Anbau eine **Grenzeinrichtung** iSv §§ 921, 922 (BGH LM Nr 8 zu § 912 BGB; WM 1969, 1355; Soergel/Baur Rz 12; wohl auch Westermann/H.P. Westermann § 65 IV 2 [S 534]; differenzierend Bamberger/Roth/Fritzsche Rz 21). Dem halten die Anhänger der Gegenansicht (Celle NJW 1958, 224; Staud/Roth Rz 22; Pal/Bassenge Rz 7; vgl zum Streitstand auch Schäfer, NachbarrechtsG NRW, § 7 Rz 6 mwN) entgegen, daß idR der Erbauer bis zum Anbau Alleineigentümer der Wand sei (vgl Rz 7), während die §§ 921, 922 vom Miteigentum der Grundstücksnachbarn ausgingen. Dem ist zu folgen.

Bei den **Eigentumsverhältnissen an der Nachbarwand**, welche Einfluß haben auf das Recht zum Ausbau und die Pflicht zur Erhaltung, ist zu unterscheiden zwischen dem Rechtszustand vor dem Anbau (Rz 7) und demjenigen nach dem Anbau (Rz 9), ferner danach, ob ein sog entschuldigter Überbau vorliegt oder nicht. Eine gesetzliche Befugnis zur Grenzüberschreitung gibt es nicht; soweit die Wand die Grenze überschreitet, richten sich die Eigentumsverhältnisse an ihr nach den zum Überbau entwickelten Grundsätzen (vgl § 912 Rz 9f). Auf öffentlich-rechtliche Vorgaben (zB geschlossene Bauweise, Reihenhäuser) bzw das Vorhandensein einer baurechtlichen Erlaubnis kommt es dabei nicht an.

Ist der **Überbau (unrechtmäßig und) entschuldigt**, wird der Bauende (zunächst) Eigentümer der gesamten Wand (BGH 27, 197, 199 = NJW 1958, 1180, 1181; 57, 245, 248 = NJW 1972, 195, 196). Er kann diese allein nutzen und hat sie auch allein zu unterhalten (Karlsruhe NJW-RR 1990, 1164). Die Wand ist nur Scheinbestandteil des Nachbargrundstücks (Schäfer, NachbarrechtsG NRW, § 7 Rz 4 mwN). Entsprechendes gilt bei rechtmäßigem, dh mit Zustimmung des Nachbarn erfolgtem Überbau (RG 83, 142, 146; BGH aaO und NJW 1971, 426, 427; vgl iü § 912 Rz 9; zum Bau durch beide vgl Rz 10).

Liegt dagegen ein **unrechtmäßiger, nicht** nach § 912 **entschuldigter Überbau** vor, zerfällt die Wand eigentumsrechtlich an der Grundstücksgrenze in zwei Teile, dh das Eigentum an ihr wird lotrecht real (vertikal) geteilt (BGH 27, 204, 206ff = NJW 1958, 1182f). Jeder Nachbar darf seinen Wandteil dann allein nutzen und hat ihn allein zu unterhalten (Staud/Roth Rz 27).

Ein **Anbaurecht des Nachbarn** folgt bei **gestattetem bzw rechtmäßigem Überbau** idR aus der vertraglichen Abrede (Westermann/H.P. Westermann § 65 IV 3 [S 535]; Staud/Roth Rz 28). Die meisten Landesnachbarrechtsgesetze sehen zudem ein solches Anbaurecht vor (vgl § 12 I NachbG NW; § 3 I hess NRG; § 7 I nds NRG; § 5 I NRG Rh-Pf; § 6 I NachbG Schl-H; § 6 I Saarl NRG; § 6 I NachBG Bln; § 7 BbgNRG; § 6 I NbG SAnh; § 5 Thür NRG). Im übrigen wird es **bei lediglich entschuldigtem Überbau** aus Gewohnheitsrecht (Westermann/H.P. Westermann § 65 IV 3 [S 535]; wohl auch MüKo/Säcker Rz 15 – „Herkommen"; abl Staud/Roth Rz 28) bzw aus dem durch den Überbau konkretisierten nachbarrechtlichen Gemeinschaftsverhältnis (Westermann/H.P. Westermann aaO; Staud/Roth Rz 30) hergeleitet (aA Pal/Bassenge Rz 5: Zustimmung des Eigentümers/Überbauers erforderlich). Da die Nachbarwand vor dem Anbau gerade keine Grenzeinrichtung iSd §§ 921, 922 ist (vgl Rz 5), kann der anbauende Nachbar sich weder auf § 922 S 1 (so aber BGH LM § 912 Nr 8) noch auf § 921 (aA Soergel/Baur Rz 12; vgl hierzu Rz 5) berufen. **Bei unentschuldigtem Überbau** kann der Eigentümer schon aufgrund seines Eigentums (vgl Rz 7) jederzeit anbauen (Staud/Roth Rz 31 mwN).

Sonderrechtsnachfolger sind jedenfalls nach Eintragung einer entsprechenden Grunddienstbarkeit an Abreden der Voreigentümer betreffend die Nachbarwand gebunden (Neustadt NJW 1958, 635); darüber hinaus allenfalls dann, wenn die Wand bereits in Bau ist, die Abrede also schon eine gewisse nach außen hin erkennbare Vergegenständlichung erfahren hat (Staud/Roth Rz 23; Pal/Bassenge Rz 8; vgl auch Schäfer, NachbarrechtsG NRW, § 8 Rz 8 mwN).

Ideelles Miteigentum an der Mauer entsteht bei entschuldigtem oder berechtigtem Überbau erst dann, **wenn der Nachbar** an die Nachbarwand **anbaut**, und zwar unabhängig davon, ob dies gleichzeitig oder nachträglich geschieht (BGH 27, 197, 203 = NRW 1958, 1180, 1181f; 57, 245, 248f = NJW 1972, 195; 78, 397, 398 = NJW 1981, 866, 867 mwN). Mit Vollendung des Rohbaus wird (bzw bleibt) die Nachbarwand eigentumsrechtlich nicht etwa vertikal geteilt (so noch RG 53, 307, 311; 162, 209, 212); sie wird vielmehr in ihrem gesamten Umfang wesentlicher Bestandteil (§ 94 II) beider Grundstücke. Der Miteigentumsanteil des Nachbarn ist umso größer, je mehr er die Nachbarwand in den Anbau einbezieht. Baut er über die ganze Nachbarwand hin an, wird er Miteigentum zu 1/2 (BGH 57, 245, 247 mwN); nutzt er die Wand dagegen nur anteilig, zB zu 50 %, so wird er auch nur Miteigentümer zu 1/4 (vgl BGH 36, 46, 54ff = NJW 1962, 149, 151f; Karlsruhe NJW-RR 1990, 1164). Die beiden Grundstücke bleiben in jedem Fall bis zur Grenze im jeweiligen Alleineigentum der beiden Nachbarn (Staud/Roth Rz 36). Für den Fall, daß später eines der Häuser abgerissen oder zerstört wird, bleibt das Miteigentum an der Nachbarwand grds bestehen (BGH 43, 127, 129f = NJW 1965, 811; BGH 57, 245, 247; Düsseldorf OLGZ 1992, 198, 200; Köln NJW-RR 1993, 87; aA Hodes NJW 1965, 2088, 2089f). Bei einseitigem Wiederaufbau einer (zB im Krieg) überwiegend zerstörten halbscheidigen Giebelmauer wird aber Alleineigentum an der gesamten Wand begründet (vgl BGH 27, 197, 203 = NJW 1958, 1180, 1182; Köln NJW-RR 1993, 87f).

Für einen **Anbau** reicht es aus, wenn die Nachbarwand ohne tragende Funktion in das Skelett des Nachbargebäudes eingefügt wird und dessen Abschlußwand bildet (Karlsruhe NJW 1967, 1232) bzw wenn sie dessen Wand erst die nötige Standsicherheit vermittelt (BGH 36, 46, 51f). Das bloße Nebeneinander standsicherer (vgl BGH NJW 1963, 1868, 1869) oder durch isolierende Dehnungsfuge verbundener Wände (LG Bonn ZMR 1971, 89)

§ 921

11 reicht nicht aus. Die Wände müssen zu einer Sacheinheit zusammengefügt sein (Düsseldorf ZMR 1969, 20; Staud/Roth Rz 32; Pal/Bassenge Rz 8). Zum Anbau an eine Grenzwand siehe BGH NJW-RR 2001, 1528 mwN.

11 Der anbauende Nachbar schuldet dem bisherigen Alleineigentümer der Nachbarwand **Wertersatz** für das durch den Anbau erworbene Miteigentum. Die Höhe des sog Ablösungs- bzw Ausgleichsanspruchs bestimmt sich nach dem entsprechenden Bruchteil des objektiven Mauerwertes zur Zeit des Anbaus (BGH 27, 197, 203; 36, 46, 53; 53, 5, 8; Düsseldorf NJW-RR 1987, 531), und zwar ohne Abzug für eine (fortan) ersparte Überbaurente (Karlsruhe MDR 1960, 761). Der Anspruch wird mit Fertigstellung des Anbaus im Rohbau fällig (Köln NJW 1961, 1820f; Staud/Roth Rz 42). Da bei (unrechtmäßigem und) unentschuldigtem Überbau durch den separaten Anbau das bisherige Alleineigentum der Nachbarn an ihrem Mauerteil (vgl Rz 7) nur in ideelles Miteigentum umgewandelt wird (Rz 10), steht in diesem Fall dem Erbauer der überbauten Wand kein Wertersatzanspruch zu (Westermann/H.P. Westermann § 65 IV 3 [S 535]; Staud/Roth Rz 39). Zu weiteren Einzelheiten des Wertersatzes vgl Staud/Roth Rz 39ff; Pal/Bassenge Rz 10 sowie die in Rz 8 angeführten Landesnachbarrechtsgesetze.

12 5. Auf das Rechtsverhältnis, das zB durch eine Nachbarwand als gemeinsame Grenzeinrichtung geschaffen wird, ist **§ 278 anwendbar**, da § 922 S 4 auf die §§ 741ff (743 II) und damit auf das Recht der Sonderverbindungen verweist (Staud/Roth Rz 52 mwN und § 922 Rz 12; Westermann/H.P. Westermann aaO mit Fn 32; aA BGH 42, 374, 380 = NJW 1965, 389, 390). Vgl auch § 922 Rz 4.

922 *Art der Benutzung und Unterhaltung*

Sind die Nachbarn zur Benutzung einer der in § 921 bezeichneten Einrichtungen gemeinschaftlich berechtigt, so kann jeder sie zu dem Zwecke, der sich aus ihrer Beschaffenheit ergibt, insoweit benutzen, als nicht die Mitbenutzung des anderen beeinträchtigt wird. Die Unterhaltungskosten sind von den Nachbarn zu gleichen Teilen zu tragen. Solange einer der Nachbarn an dem Fortbestand der Einrichtung ein Interesse hat, darf sie nicht ohne seine Zustimmung beseitigt oder geändert werden. Im Übrigen bestimmt sich das Rechtsverhältnis zwischen den Nachbarn nach den Vorschriften über die Gemeinschaft.

1 1. **Zweck.** Durch § 922 wird die nach § 921 zu vermutende gemeinsame Berechtigung zur Benutzung der Grenzeinrichtung konkretisiert. Der wichtigste Fall des § 922 ist die Nachbarwand (vgl § 921 Rz 5ff). Abweichende Parteivereinbarungen (vgl § 746) wirken nur schuldrechtlich, sofern keine entsprechende Grunddienstbarkeit (§ 1018) bestellt wird.

2 2. Das in § 922 S 1 geregelte **Benutzungsrecht** beginnt und endet nicht an der Grundstücksgrenze. Vielmehr darf grds jeder Eigentümer die gesamte gemeinschaftliche Einrichtung (jedoch nicht das Nachbargrundstück) benutzen. **Beschränkt** wird das Benutzungsrecht freilich **durch den Zweck** der jeweiligen Grenzeinrichtung, welcher sich aus ihrem objektiven Merkmalen ergibt, und **das Mitbenutzungsrecht des Nachbarn**. So wird zB der Anbau an eine Nachbarwand von ihrem Zweck erfaßt (§ 921 Rz 8), nicht dagegen ihre (ohne Zustimmung erfolgte) Erhöhung (BGH 64, 273, 276) oder der Einbau eines Fensters (BGH 29, 372, 375 = NJW 1959, 1364; RG 162, 209, 213). Ein Grenzgraben ist zur Aufnahme von Oberflächenwasser bestimmt (Staud/Roth Rz 3); bei Zuführung übermäßiger Wassermengen kann eine Beeinträchtigung des nachbarlichen Mitbenutzungsrechts vorliegen (MüKo/Säcker Rz 3 mwN). Der Anspruch auf eine bestimmte Benutzung der Grenzeinrichtung setzt voraus, daß der Grundstücksnachbar an der begehrten Ausübung ein Interesse hat (BGH WM 1966, 143, 145), wobei das ästhetische Interesse am Schutz des Erscheinungsbildes ausreichend ist (BGH NJW 1985, 1458, 1459f). Im Streitfall ist gemäß den §§ 922 S 4, 745 II, III nach billigem Ermessen zu entscheiden. Das Benutzungsrecht ist **nicht sonderrechtsfähig**, dh es kann nicht Gegenstand einer besonderen Verfügung sein. § 747 S 1 findet keine Anwendung (Staud/Roth Rz 12). Gegen die **Beeinträchtigung** seines Mitbenutzungsrechts kann sich der Nachbar nach § 1004 I (BGH 143, 1, 5 = NJW 2000, 512, 514) bzw § 1027 analog (Staud/Roth Rz 5 mwN) zur Wehr setzen, im Verschuldensfall auch nach § 823 II iVm §§ 1004, 922 S 3, 249 S 1 (Bamberger/Roth/Fritzsche Rz 13) oder nach §§ 922 S 4, 743 II, 280. Der Anspruch ist unabhängig von seiner Rechtsgrundlage unter dem Gesichtspunkt der Zumutbarkeit begrenzt (BGH NJW 2000, 512, 514 mwN; vgl auch Köln OLGRp 1999, 316f). Besitzschutz kommt wegen § 866 nur bei einem völligen Entzug des Mitbenutzungrechts in Betracht (BGH 29, 372, 377 = NJW 1959, 1364, 1365).

3 3. Zu den **Unterhaltungskosten** zählen nicht die (vom Erbauer allein zu tragenden) Kosten der Errichtung (Staud/Roth Rz 8), sondern diejenigen Aufwendungen, die erforderlich sind, um die Grenzeinrichtung in einer ihrem Zweck entsprechenden Beschaffenheit zu erhalten (Staud/Roth Rz 6), zB Nachpflanzen bzw Beschneiden von Bäumen oder Sträuchern einer Allee bzw Hecke (Staud/Roth Rz 7), Erneuerung morscher Zaunpfosten (BGH NJW 1985, 1458, 1459), Niederreißen einer gemeinsamen Giebelmauer bei Gefahr (BGH 16, 12, 16f), Sanierung einer Nachbarwand (freilich ohne Berücksichtigung von Mietausfällen; vgl Hartz/Streiter JuS 2002, 383). Diese Kosten sind – soweit die gemeinschaftliche Nutzungsberechtigung reicht (vgl Düsseldorf OLGZ 1992, 198, 200f) – gemäß § 922 S 2 nicht nur wie bei einer Gemeinschaft (vgl §§ 742, 748) im Zweifel, sondern **stets zu gleichen Teilen** zu tragen, und zwar auch dann, wenn die Einrichtung – zulässigerweise – nur von einem Nachbarn benutzt worden ist (Karlsruhe MDR 1971, 1011, 1012; Rank ZMR 1984, 181f; Bamberger/Roth/Fritzsche Rz 8; Staud/Roth Rz 6; aA MüKo/Säcker Rz 5 aE). Nach erfolgtem Anbau an eine **Nachbarwand** haben demnach die beteiligten Grundstückseigentümer die Unterhaltungskosten (nur) entsprechend ihrem Miteigentumsanteil (vgl § 921 Rz 10) zu tragen (vgl Karlsruhe NJW-RR 1990, 1164f; Soergel/Baur Rz 5; Schäfer, NachbarrechtsG NRW, § 7 Rz 8 mwN). Nicht dazu rechnen aber Aufwendungen, die als Folge eines von einem Nachbarn veranlaßten, gegen § 922 S 3 verstoßenden Eingriffs in die Bestands- und Funktionsfähigkeit einer gemeinsamen Giebelmauer notwendig werden, zB für Isolierung (BGH 78, 397, 399f = NJW 1981, 866; NJW 1989, 2541 aA wohl Hamm MDR 1979, 757, 758; zur Rechtslage bei einer Grenzwand [s dazu § 921 Rz 2 aE] vgl LG Berlin Das Grundeigentum

1993, 1039 mwN) oder Stützmauer (Zweibrücken AgrarR 1979, 81; Hamm MDR 1979, 757) nach Abriß eines Anbaus.

4. Die **Verwaltung** steht nach § 922 S 3 iVm §§ 744 (vgl Köln ZMR 1969, 244), 745 beiden Nachbarn gemeinsam zu. Eine durch äußere Einflüsse ganz oder überwiegend zerstörte Grenzeinrichtung braucht nicht neu errichtet zu werden (vgl BGH NJW 1985, 1458, 1459; zu den Kosten der Neuerstellung vgl Staud/Roth Rz 8). Zu Ihrer Aufhebung ist die Zustimmung eines Dritten iSv § 876 nicht erforderlich (§ 876 Rz 7). Vgl auch § 921 Rz 12. An gezogenen Früchten der Grenzeinrichtung gebührt den Nachbarn nach § 743 I ein gleicher Anteil. 4

923 *Grenzbaum*

(1) **Steht auf der Grenze ein Baum, so gebühren die Früchte und, wenn der Baum gefällt wird, auch der Baum den Nachbarn zu gleichen Teilen.**

(2) **Jeder der Nachbarn kann die Beseitigung des Baumes verlangen. Die Kosten der Beseitigung fallen den Nachbarn zu gleichen Teilen zur Last. Der Nachbar, der die Beseitigung verlangt, hat jedoch die Kosten allein zu tragen, wenn der andere auf sein Recht an dem Baume verzichtet; er erwirbt in diesem Falle mit der Trennung das Alleineigentum. Der Anspruch auf die Beseitigung ist ausgeschlossen, wenn der Baum als Grenzzeichen dient und den Umständen nach nicht durch ein anderes zweckmäßiges Grenzzeichen ersetzt werden kann.**

(3) **Diese Vorschriften gelten auch für einen auf der Grenze stehenden Strauch.**

Grenzbaum ist ein Baum dann, wenn er dort, wo er aus der Erde tritt, von der Grenze durchschnitten wird (München NJW-RR 1992, 1369; KG NJW-RR 2000, 160). Wegen seiner organischen Struktur wird er vom Gesetz zT anders behandelt als die eigentlichen Grenzeinrichtungen iSv § 921 (Westermann/H.P. Westermann § 65 V). Entsprechendes gilt für einen Strauch, der auf der Grenze steht, § 923 II. 1

Die **Eigentumsverhältnisse** sind beim Grenzbaum mitunter kompliziert. Solange er mit dem Grund und Boden verbunden ist, besteht an dem Grenzbaum nach wohl hL vertikal geteiltes Eigentum, dh er gehört dem jeweiligen Nachbarn insoweit als sich sein Stamm auf dessen Grundstück befindet (vgl § 94 und München OLGRp 1994, 197; Staud/Roth Rz 4 mwN; aA LG München NJW 1976, 973; Oldenburg MDR 2002, 694; MüKo/Säcker Rz 1: Miteigentum zu gleichen Teilen). Entsprechend gehören die ungetrennten Früchte (im natürlichen Sinn) demjenigen, über dessen Grundstück sie hängen (Staud/Roth aaO). Mit Trennung bzw Fällung des Baumes entsteht – vom Ausnahmefall des § 923 II S 2 (s Rz 5) abgesehen – Miteigentum der Nachbarn bzw Fruchtziehungsberechtigten (vgl § 954) zu je 1/2 (Pal/Bassenge Rz 1; Staud/Roth Rz 5). Ob dies auch dann gilt, wenn lediglich die Früchte getrennt werden (bejahend Staud/Roth aaO; Bamberger/Roth/Fritzsche Rz 3; wohl auch Mot III 279), erscheint zweifelhaft. Gemäß § 953 dürfte in diesem Fall zunächst derjenige Nachbar (Allein-)Eigentümer der betreffenden Früchte bleiben, dem sie auch schon vor ihrer Trennung gehörten (siehe oben). Freilich ist er schuldrechtlich ggf zum Ausgleich verpflichtet. Dies folgt aus § 923 I, wonach den Nachbarn die Früchte zu gleichen Teilen „gebühren". 2

Nach Maßgabe des § 923 II kann jeder Nachbar von dem anderen die **Zustimmung zur Beseitigung**, nicht etwa die Beseitigung als solche (Staud/Roth Rz 7) verlangen. Bei einer Grenzeinrichtung geht § 922 S 3 vor (vgl LG Frankfurt aM NJW-RR 1992, 88,89). Einwendungen können sich über § 923 II S 4 (Baum als unersetzliches Grenzzeichen) hinaus aus dem öffentlichen Recht, zB einer Baumschutzsatzung (vgl MüKo/Säcker Rz 5; Staud/Roth aaO; aA mwN Soergel/Baur Rz 1), oder – in Ausnahmefällen – aus den §§ 226, 242 (München NJW-RR 1992, 1369; LG München NJW 1976, 973; AG Sinsheim NJW-RR 1987, 142) ergeben. Eine **Verjährung** des Zustimmungsanspruchs findet nicht statt, § 924. Notfalls muß auf Zustimmung geklagt werden (vgl § 894 ZPO); eine eigenmächtige Beseitigung ist unzulässig (BGH NJW 1976, 973). 3

Gegenüber einem **Schadensersatzanspruch aus § 823 I** ist die Berufung auf sog rechtmäßiges Alternativverhalten zulässig (Oldenburg MDR 2002, 694; Staud/Roth Rz 7). Bei einem Baum sind die Herstellungskosten idR so hoch, daß § 251 II S 1 anzuwenden ist (vgl BGH NJW 1975, 2061ff; Celle NJW 1983, 2391; KG NJW-RR 2000, 160, 161). Es sind dann nicht die Herstellungskosten zu erstatten, sondern nur der verbleibende Minderwert des Grundstücks (KG NJW-RR 2000, 160, 161 mwN; vgl auch München OLGRp 1994, 197). 4

Bei einem **Verzicht** des Nachbarn **auf seine Rechte am Baum**, der auch nach Beseitigung des Grenzbaums noch erklärt werden kann (Staud/Roth Rz 9), wird der andere Nachbar mit dem Fällen des Baumes Alleineigentümer, wobei er dann auch allein die Kosten der Beseitigung zu tragen hat, § 923 II S 3. 5

Zu **Obst- und Waldbäumen** vgl Staud/Mayer zu Art 122 und 183 EGBGB. 6

924 *Unverjährbarkeit nachbarrechtlicher Ansprüche*

Die Ansprüche, die sich aus den §§ 907 bis 909, 915, dem § 917 Abs. 1, dem § 918 Abs. 2, den §§ 919, 920 und dem § 923 Abs. 2 ergeben, unterliegen nicht der Verjährung.

Rechte verjähren nicht, nur die Ansprüche. Daher ist zB § 912 nicht erwähnt. Die Unverjährbarkeit der aufgeführten Ansprüche wird – wenig überzeugend (vgl Staud/Roth Rz 1) – auf ihre fortwährende Neuentstehung bzw – wie bei §§ 919, 920 – auf ein öffentliches Interesse gestützt. Die Kostenerstattungsansprüche nach § 919 III und § 923 II S 2 verjähren nach § 195. 1

Titel 2

Erwerb und Verlust des Eigentums an Grundstücken

Vorbemerkung

1 **I. Erwerb des Eigentums an Grundstücken. 1.** Der **rechtsgeschäftliche Grundstückserwerb** durch Übereignung ist in den §§ 873 und 925 geregelt. § 925 enthält eine Sondernorm zu Form und Inhalt der nach § 873 neben der Eintragung erforderlichen Einigung.

2 **2. Andere Erwerbsgründe.** Nicht von den §§ 873, 925 erfaßt wird der Grundstückserwerb im Wege der **Gesamtrechtsnachfolge, zB** aufgrund der §§ 1922 (**Erbgang**), 2139 (Eintritt der Nacherbfolge) oder 2033 (Nachlaßerwerb), wenn ein Grundstück zum Nachlaß gehört. Zu denken ist in diesem Zusammenhang auch an die §§ 45f, 88 (**Anfall des Vermögens** eines untergegangenen rechtsfähigen Vereins bzw einer erloschenen Stiftung) sowie an § 1416 (**Begründung einer ehelichen Gütergemeinschaft**).

3 Bei der **Änderung von Gebietskörperschaften** (Einverleibung einer Gebietskörperschaft in eine andere, Vereinigung mehrerer Gebietskörperschaften zu einer neuen oder Teilung einer Gebietskörperschaft in mehrere) geht kraft Gesetzes, staatlichen Hoheitsaktes oder öffentlich-rechtlichen Vertrages das Vermögen des untergegangenen Rechtssubjektes im Wege der Gesamtrechtsnachfolge auf die erweiterte bzw neu entstandene Gebietskörperschaft über (KG JFG 3, 333, 336; KGJ 41, 208; KGJ 41, 213, 214; 16, 153; RG 87, 284; HRR 1933, Nr 1236 BayObLGZ 6, 466; Staud/Pfeifer § 925 Rz 31).

4 Auch in den Fällen der **Umwandlung** nach § 1 UmwG besteht für eine rechtsgeschäftliche Übertragung der Liegenschaften nach den §§ 873, 925 kein Bedürfnis. Vgl § 873 Rz 10.

5 Bei **Eintritt oder Austritt eines Gesellschafters** in bzw aus einer BGB-Gesellschaft (bzw OHG oder KG) gilt gemäß § 738 (ggf iVm §§ 105 II, 161 II HGB) das Prinzip der Ab- bzw Anwachsung. Vgl hierzu § 873 Rz 8. Die §§ 873, 925 sind nicht anwendbar.

6 Gleiches gilt bei Erwerb des Grundstückseigentums durch **Aneignung** nach § 927 II oder nach § 928 II und durch **Buchersitzung** nach § 900 I S 1.

7 Auch bei Grunderwerb durch **hoheitlichen Akt** liegt kein abgeleiteter (derivativer), sondern ursprünglicher (originärer) Eigentumserwerb vor, zB in folgenden Fällen: Zuschlagsbeschluß (§ 90 ZVG; vgl BGH NJW 1990, 2744 mwN), Umlegungsplan (§§ 71f BauGB; vgl BayObLG 1980, 108), Grenzregelungsbeschluß (§§ 82f BauGB; vgl BayObLG 1981, 8 = NJW 1981, 1626), Flurbereinigungsplan (§ 61 FlurbG), Grenzscheidungsurteil (§ 920; vgl KG OLG 20, 405), Enteignungsbeschluß (vgl vor § 903 Rz 7; Bremen Rpfleger 1968, 28; Staud/Pfeifer Rz 31 mwN).

8 **II. Verlust des Eigentums an Grundstücken.** Das Grundeigentum geht bei **rechtsgeschäftlicher Eigentumsübertragung** (vgl Rz 1) auf seiten des Veräußerers verloren. Dies gilt bei **Gesamtrechtsnachfolge** (vgl Rz 2–4) für den bisherigen Rechtsinhaber entsprechend.

9 Bei Austritt eines Gesellschafters aus einer BGB-Gesellschaft (bzw OHG oder KG; vgl Rz 5 und § 873 Rz 8) wächst sein Anteil am Gesellschaftsvermögen den übrigen Gesellschaftern zu (sog **Anwachsung**, § 738, ggf iVm §§ 105 II, 161 II HGB), dh er verliert seine Mitberechtigung an einem evtl zum Gesellschaftsvermögen gehörenden Grundstück.

10 Ferner kann ein Eigentümer sein Grundstückseigentum verlieren durch **Ausschlußurteil** im Aufgebotsverfahren (§ 927 I S 1 BGB iVm § 925 ZPO), durch **Aufgabe** (§ 928 I) und infolge sog **Buchersitzung** (§ 900 I S 1).

11 Darüber hinaus kann das Grundstückseigentum verloren gehen durch **hoheitlichen Akt** (vgl Rz 7), der es dem einen nimmt und dem anderen gibt, ohne daß ein Fall der Rechtsnachfolge vorläge.

12 Schließlich kann das Eigentum am Grundstück dadurch **erlöschen**, daß das Grundstück durch ein Naturereignis, zB Meeres- bzw Stromesgewalt, Bergsturz oder Erdbeben untergeht.

925 *Auflassung*

(1) Die zur Übertragung des Eigentums an einem Grundstück nach § 873 erforderliche Einigung des Veräußerers und des Erwerbers (Auflassung) muss bei gleichzeitiger Anwesenheit beider Teile vor einer zuständigen Stelle erklärt werden. Zur Entgegennahme der Auflassung ist, unbeschadet der Zuständigkeit weiterer Stellen, jeder Notar zuständig. Eine Auflassung kann auch in einem gerichtlichen Vergleich oder in einem rechtskräftig bestätigten Insolvenzplan erklärt werden.

(2) Eine Auflassung, die unter einer Bedingung oder einer Zeitbestimmung erfolgt, ist unwirksam.

I. Allgemeines

1 **1. Normzweck.** § 925 dient dazu, **einwandfreie und klare Unterlagen für die Grundbucheintragung** zu gewährleisten. Während dieser Zweck im übrigen durch den formell-rechtlichen Bewilligungsgrundsatz des § 19 GBO sichergestellt wird (vgl vor § 873 Rz 7), sollen bei der Eigentumsübertragung als dem bedeutendsten dinglichen Rechtsgeschäft Risiken wie Irrtum, Dissens und Geschäftsunfähigkeit möglichst ausgeschlossen werden (MüKo/Kanzleiter Rz 1). Außerdem soll der Zeitpunkt der Einigung über den Eigentumsübergang einwandfrei feststehen (Soergel/Stürner Rz 1).

2. Anwendungsbereich. Als Sondernorm betreffend den in § 873 als „Einigung" bezeichneten dinglichen Ver- 2
trag zwischen Veräußerer und Erwerber gilt § 925 nur **bei Übertragung des Eigentums** an einem Grundstück
(Staud/Pfeifer Rz 2f); dagegen ist er auf andere Erwerbsgründe (vgl vor § 925 Rz 2–7) nicht anwendbar.

II. Gegenstand der in § 925 als **Auflassung** bezeichneten dinglichen Einigung können sein: **1. Eigentum am** 3
Grundstück. Hiermit ist ein Grundstück im Rechtssinne, ein sog **Grundbuchgrundstück** (vgl vor § 873 Rz 1)
gemeint, also ein räumlich abgegrenzter und vermessener Teil der Erdoberfläche, der auf einem besonderen
Grundbuchblatt (§ 3 I GBO) bzw Auszug (§ 3 V GBO) in einem dafür bestimmten Datenspeicher (§ 126 GBO)
oder (im Falle der Zusammenschreibung nach § 4 GBO) auf einem gemeinsamen Grundbuchblatt/in einem
gemeinsamen Datenspeicher unter einer besonderen Nummer eingetragen ist oder (wie in den Fällen des § 3 II
GBO) jedenfalls eingetragen werden kann (MüKo/Wacke vor § 873 Rz 3).

Die §§ 873, 925 gelten auch bei Übertragung **öffentlicher Grundstücke** (BGH NJW 1969, 1437; vgl auch vor 4
§ 903 Rz 2).

Soll ein **buchungsfreies Grundstück** (§ 3 II GBO) übereignet werden, so muß zunächst ein Grundbuchblatt 5
angelegt werden, und zwar im Hinblick auf § 39 GBO auf den Namen des Veräußerers (RG 164, 385, 388; KJG
49, 160f). Art 127 EGBGB läßt jedoch landesgesetzliche Abweichungen von den §§ 873, 925 BGB zu, wenn die
Übereignung an einen buchungsfreien Erwerber erfolgen soll. Vgl zum Landesrecht Staud/Hönle Art 127 EGBGB
Rz 7 und Pal/Bassenge Rz 7.

Ob darüber hinaus die Übertragung von **Grundstücken** bei Veränderungen **im Bestand kirchlicher Körper-** 6
schaften allein durch oder aufgrund eines Kirchengesetzes möglich ist (so Hamburg NJW 1983, 2572; Mainusch
NJW 1999, 2148 mwN; wohl auch Soergel/Stürner Rz 4; aA Oldenburg DNotZ 1972, 492; Hamm OLGZ 1980,
170 = Rpfleger 1980, 148; MüKo/Kanzleiter Rz 12), erscheint zweifelhaft. Jedenfalls gebietet es das verfassungsrechtlich geschützte kirchliche Selbstbestimmungsrecht nicht, den Kirchen entsprechend Art 126 EGBGB die
Befugnis einzuräumen, für den Bereich des staatlichen Rechts einen Übergang des Eigentums an einem Grund-
stück mit der Wirkung anzuordnen, daß das Grundbuch unrichtig wird (Demharter § 20 GBO Rz 9; Staud/Pfeifer
Rz 30). Dies läßt sich durch eine Veröffentlichung im kirchlichen Amtsblatt nicht kompensieren (so aber Mainusch
NJW 1999, 2149).

2. Eigentum an einem realen Grundstücksteil. Eine noch nicht im Grundbuch abgeschriebene (vgl § 2 III 7
GBO), noch nicht rechtlich verselbständigte Teilfläche kann bereits Gegenstand einer rechtsgeschäftlichen Einigung bzw Auflassung sein, wenn ihre Grenzen hinreichend genau bestimmt sind (BGH 90, 323, 326 = NJW 1984,
1959; NJW 1988, 415; BayObLG NJW-RR 1986, 505; NJW-RR 1988, 330; Köln Rpfleger 1992, 153). Zur Eintragung bedarf es zwar einer katastermäßigen Vermessung, für eine wirksame Auflassung genügt aber bereits eine
mit der Urkunde durch Schnur und Siegel verbundene amtliche oder nichtamtliche Karte (BGH 59, 15) oder eine
Bestimmung der Teilfläche anhand von Wegen (BGH NJW 1969, 132) oder Pflöcken (München DNotZ 1971,
544) etc. Weicht nach der Vermessung die Größe des vermessenen Grundstücks von der zunächst angenommenen
ungefähren Fläche ab, stimmen dagegen Lage und Zuschnitt des vermessenen Grundstücks mit der Beschreibung
der Teilfläche in der Auflassungserklärung überein, so ist die Flächendifferenz regelmäßig ohne Bedeutung (LG
Wuppertal MittRhNotK 1984, 167). Ist die Teilfläche zweifelsfrei bestimmt und festgelegt, ist auch eine Verurteilung zur Auflassung möglich (BGH NJW 1982, 441; NJW 1988, 415, 416). Ob hierzu vor grundbuchlich vollzogener Teilung wie bei der Klage auf Abgabe einer Eintragungsbewilligung (vgl § 873 Rz 14) zumindest ein Veränderungsnachweis erforderlich ist (vgl BGH 90, 323, 326; BayObLG NJW 1986, 505, 506; aA MüKo/Kanzleiter
Rz 20; wohl auch Staud/Pfeifer Rz 84), erscheint zweifelhaft. Jedenfalls vermag eine ohne Veränderungsnachweis
erfolgte Verurteilung zur Abgabe der Auflassungs- bzw Übereignungserklärung die formell-rechtlich erforderliche
(vgl Rz 73) Eintragungsbewilligung des Veräußerers nicht zu ersetzen (vgl § 873 Rz 14; BGH NJW 1986, 1867,
1868; Staud/Pfeifer Rz 84; zur grundbuchlich erforderlichen Identitätserklärung bei Bezeichnung eines nach Auflassung abvermessenen Teilgrundstücks vgl Köln Rpfleger 1992, 153 und LG Saarbrücken MittRhNotK 1997,
364f). Zu den geringeren Anforderungen für die Eintragung einer Auflassungsvormerkung vgl § 883 Rz 13.

3. Miteigentum nach Bruchteilen (§ 1008). Die **Übertragung von Bruchteilseigentum** an einem Grundstück 8
erfolgt ebenfalls gemäß den §§ 873, 925 (vgl RG 146, 364; Staud/Pfeifer Rz 17, 56 und 63). Dabei muß der übertragene Anteil hinreichend bestimmt sein, am besten durch Angabe seiner Größe (vgl RG 76, 413).

Soll **Wohnungseigentum** begründet werden, so bedarf es gemäß den §§ 3 und 4 WEG einer Teilungserklärung 9
der Miteigentümer in der Form der Auflassung, § 4 II S 1 WEG. Bei Übertragung von Wohnungseigentum gilt
§ 925 direkt (vgl ausführlich Staud/Pfeifer Rz 19 mwN und MüKo/Kanzleiter Rz 4). Zur Teilung eines Wohnungs-
eigentumsgrundstücks vgl Frankfurt aM NJW-RR 1990, 1042 = DNotZ 1991, 604 mit Anm Herrmann).

4. Grundstücksgleiche Rechte. Auch den Grundstücken gleichgestellte Rechte (vgl vor § 873 Rz 5), insb lan- 10
desgesetzlich geregelte iSv Art 196 EGBGB, können Gegenstand einer Auflassung sein (Staud/Pfeifer Rz 22).
Gleiches gilt für solche Erbbaurechte, die bei Inkrafttreten der ErbbauRVO (am 22. 1. 1919) bereits begründet
waren (vgl § 38 ErbbauRVO und § 1017 aF). Dagegen gilt § 925 für Erbbaurechte, für die die ErbbauRVO gilt,
nicht (vgl § 11 I S 1 ErbbauRVO), wenngleich freilich eine Erbbaurechtsübertragung, die unter einer Bedingung
oder Zeitbestimmung erfolgt, auch nach § 11 I S 2 ErbbauRVO unwirksam ist.

III. Wechsel des Rechtsträgers

Übertragung des Grundstückseigentums iSv § 925 setzt **Übergang von einer Rechtspersönlichkeit auf eine** 11
andere voraus.

12 Daran fehlt es, wenn sich nur die Rechtsform des Eigentümers ändert, zB wenn eine OHG bzw KG in eine BGB-Gesellschaft umgewandelt wird (RG 155, 75; KG DR 1939, 1820f; KG JFG 12, 280; BayObLG NJW 1952, 28) oder umgekehrt (BGH 146, 341, 346 = NJW 2001, 1056, 1057; BayObLG NJW-RR 2002, 1363, 1364 m zust Anm K. Schmidt JuS 2003, 91; s aber auch BayObLG NJW 2003, 70, 72 und vor § 873 Rz 17) oder eine OHG in eine KG (RG 55, 126); wenn eine aus allen Miterben gebildete BGB-Gesellschaft sämtliche Erbanteile erwirbt (KG DR 1944, 455); wenn an die Stelle der als Eigentümerin eingetragenen Vor-GmbH (nicht: Vorgründungsgesellschaft, vgl BGH NJW 1984, 2164) die GmbH mit ihrer Eintragung in das Handelsregister tritt (BGH 20, 281; 45, 338, 348f; Staud/Pfeifer Rz 51 mwN; zur Vor-KG vgl BayObLG 1985, 214 = Rpfleger 1985, 353). Gleiches gilt im Verhältnis zwischen dem nicht rechtsfähigen Verein vor und dem eingetragenen Verein nach der Eintragung in das Vereinsregister (MüKo/Kanzleiter Rz 5). An einer Übertragung auf eine andere Rechtspersönlichkeit fehlt es auch dann, wenn ein Grundstück von einer Hauptniederlassung auf eine Zweigniederlassung desselben Unternehmens (und umgekehrt) übertragen werden soll (LG Freiburg BwNotZ 1982, 66; Staud/Pfeifer Rz 27), was bei abweichender Firma zulässig ist (RG 62, 7; KG JFG 15, 104f), oder wenn es um die Übertragung von einer Verwaltungsstelle des Staates auf eine andere geht (RG 59, 404; MüKo/Kanzleiter Rz 5 mit Fn 17; anders aber bei Übertragung vom Krankenkassenverband auf Ortskrankenkasse, vgl Karlsruhe OLG 43, 180).

13 Dagegen liegt ein Wechsel des Rechtsträgers schon dann vor, wenn **zwar die gleichen Personen** auf Veräußerer- und Erwerberseite stehen, **jedoch in anderer rechtlicher Organisationsform** (MüKo/Kanzleiter Rz 6), zB bei Übertragung von Grundstücken einer OHG auf personengleiche BGB-Gesellschaft (RG 136, 402, 406); bei Übertragung von Erbengemeinschaft bzw BGB-Gesellschaft auf personengleiche OHG (KG JFG 21, 168; Hamm DNotZ 1958, 416; Rpfleger 1983, 432; vgl auch RG 117, 257, 264f); bei Aufteilung einer BGB-Gesellschaft in verschiedene personengleiche BGB-Gesellschaften (BayObLG 1980, 299 = Rpfleger 1981, 58); gleiches gilt bei Übertragung auf gesellschaftergleiche GmbH (RG 74, 6, 9).

14 Der **Eigentümer** wechselt auch dann, **wenn sich** in der **Zuordnung des Eigentums** etwas **ändert**, zB wenn Miteigentum nach Bruchteilen auf eine Gesamthand übertragen werden soll und Bruchteilseigentümer und Gesamthänder die gleichen Personen sind (RG 65, 227, 233), wenn unter den gleichen Miteigentümern die Miteigentumsanteile geändert werden sollen (RG 56, 96, 101; 76, 409, 413; BayObLGZ 1958, 263, 269) oder unter ihnen räumliche reale Grundstücksteilung erfolgt; wenn Gesamthandseigentum in Bruchteilseigentum umgewandelt wird (RG 105, 246, 251).

15 Eine Eigentumsübertragung iSv § 925 liegt erst recht vor bei Auseinandersetzung einer Erbengemeinschaft gemäß § 2042ff durch Grundstücksübereignung auf Miterben oder Dritte (RG 57, 432, 434; KGJ 28, 126). Gleiches gilt bei Auseinandersetzung einer ehelichen Gütergemeinschaft (RG DR 1944, 292; RG 20, 256, 259; 67, 61, 62; Staud/Pfeifer Rz 23; zur Auseinandersetzung einer fortgesetzten Gütergemeinschaft vgl KGJ 36, 200, 201; BayObLG JW 1926, 992), bei ehevertraglicher Zuweisung eines Gesamtgutsgrundstücks zum Vorbehaltsgut eines der Ehegatten (KG JFG 15, 192, 194; vgl auch BayObLG Rpfleger 1958, 345; BayObLGZ 6, 295) und bei nachträglicher Aufhebung der Vorbehaltsgütergemeinschaft durch Einbringung in das Gesamtgut (KGJ 52, 136, 140; Colmar OLGZ 7, 54, 55; BGH NJW 1952, 1330; Staud/Pfeifer Rz 23; aA Staud/Thiele § 1416 Rz 33; MüKo/Kanzleiter Rz 10). Zur eingetragenen Lebenspartnerschaft vgl Soergel/Stürner Rz 16a. Eine Auflassung ist auch erforderlich, wenn das auf den Namen einer GmbH eingetragene Grundstück auf den/die Inhaber sämtlicher Geschäftsanteile umgeschrieben werden soll oder wenn das Grundstück einer AG auf eine andere AG übereignet werden soll, die sämtliche Aktien jener erworben hat (RG 62, 70).

IV. Form der Auflassung

16 **1. Zuständige Stellen.** Zuständig für die Entgegennahme der Auflassung sind seit dem 1. 1. 1970 **nicht mehr** wie zuvor **Grundbuchämter und Amtsgerichte**, vielmehr bestimmt § 925 I S 2 in seiner heutigen Fassung, daß jeder Notar zuständig ist (vgl auch § 20 II BNotO).

17 a) Nach hM kann ein in Deutschland gelegenes Grundstück nur vor einem **deutschen Notar** aufgelassen werden (Köln Rpfleger 1972, 134; KG Rpfleger 1986, 428 = NJW-RR 1986, 1462; Staud/Pfeifer Rz 80 mwN; MüKo/Kanzleiter Rz 13 mwN), und zwar auch außerhalb seines Amtsbezirks bzw außerhalb des Bundeslandes, in dem er zum Notar bestellt ist (§ 2 BeurkG). Das gilt gemäß § 64 BeurkG auch für Notare bzw Bezirksnotare, die nach dem badischen FGG bestellt worden sind.

18 Unwirksam sind die Entgegennahme der Auflassung und ihre Beurkundung aber dann, wenn ein deutscher Notar sie im Ausland vornimmt (vgl Rz 19 und Staud/Pfeifer Rz 80 mwN). Gleiches gilt für die Auflassung eines deutschen Grundstücks vor einem ausländischen Notar (KG OLGZ 1986, 319, 320 mwN; Demharter § 20 GBO Rz 15; Staud/Pfeifer Rz aaO). Nimmt ein Notar die Auflassung entgegen, der gemäß § 3 BeurkG an der Beurkundung nicht mitwirken soll, so ist zwar die Beurkundung verbotswidrig, die Auflassung ist aber gleichwohl wirksam (BGH 22, 312 = NJW 1957, 459; NJW 1992, 1101, 1102). Denn die Beurkundung der Auflassungserklärungen ist in § 925 I nicht vorgeschrieben (vgl Rz 25; BGH NJW 1992, 1101, 1102; NJW 1994, 2768).

19 b) Die **Konsularbeamten** der Bundesrepublik Deutschland sind gemäß § 12 Nr 1, §§ 19, 24 KonsularG vom 11. 9. 1974 (BGBl I 2317) als **weitere Stelle** iSv § 925 I S 2 zuständig bei Auflassung im Ausland. Eine Entgegennahme der Auflassung im Inland wäre unwirksam (Staud/Pfeifer Rz 81). Im Land Baden-Württemberg ist darüber hinaus der **Ratsschreiber** zuständig (vgl § 61 IV BeurkG iVm § 32 III S 2 des badischen FGG) für die Auflassung in Erfüllung eines von ihm beurkundeten Vertrages (Staud/Pfeifer Rz 81 mwN). Die zulässige Auflassung im **Rückerstattungsverfahren** (vgl § 61 I Nr 10 BeurkG) spielt heute praktisch keine Rolle mehr. Zu früheren Zuständigkeiten vgl 9. Aufl Rz 19.

c) In einem gerichtlichen Vergleich kann eine Auflassung ebenfalls erklärt werden (§ 925 I S 3), nicht dage- 20 gen in einem sog Schiedsspruch mit vereinbartem Wortlaut (§ 1053 ZPO; vgl Demharter ZfIR 1998, 446) oder einem Anwaltsvergleich iSv § 796a ZPO (Soergel/Stürner Rz 20 mwN). Als **Gerichte** kommen zunächst die ordentlichen und besonderen Gerichte der streitigen und freiwilligen Gerichtsbarkeit aller Rechtszüge in bürgerlichen Rechtsangelegenheiten in Betracht. Hierunter fallen auch Vollstreckungsgericht (Saarbrücken OLGZ 1969, 210) und Landwirtschaftsgericht (BGH 14, 381; vgl auch LM Nr 2 zu § 22 LwVG mit Anm Pritsch und BGH MDR 1999, 1150, 1151). Darüber hinaus ist an Strafgerichte in Privatklage- und Adhäsionsverfahren (MüKo/Kanzleiter Rz 14; Pal/Bassenge Rz 8) und an Verwaltungs-, Finanz- und Sozialgerichte (BVerwG NJW 1995, 2179; Walchshöfer NJW 1973, 1103; Pal/Bassenge Rz 8; MüKo/Kanzleiter Rz 14; aA BayVGH BayVBl 1972, 664; Staud/Pfeifer Rz 82) sowie an Arbeitsgerichte in allen Instanzen (Pal/Bassenge Rz 8) zu denken. In einem Vergleich vor einem ausländischen Gericht kann die Auflassung nicht beurkundet werden (Zöller/Geimer § 328 ZPO Rz 129).

Der **Begriff des Vergleiches** entspricht demjenigen des § 127a (MüKo/Kanzleiter Rz 14). Protokollierung 21 gemäß den §§ 159ff ZPO ist nach bisher hM Wirksamkeitsvoraussetzung für eine im Rahmen eines Prozeßvergleichs erklärte Auflassung (OGHZ 2, 114; Neustadt DNotZ 1951, 465; Staud/Pfeifer Rz 82 mwN). Bei der Vergleichsfeststellung im Wege eines Beschlusses nach § 278 VI S 2 ZPO dürfte die Beurkundungswirkung nach § 127a nicht eintreten (Zöller/Greger § 278 ZPO Rz 25 mwN; aA wohl Thomas/Putzo/Reichold[25], § 278 ZPO Rz 17 iVm § 794 Rz 30). Nach überwiegender Ansicht muß die Auflassung sachlich mit der (zumindest teilweisen) Verfahrensbeendigung zusammenhängen und darf nicht nur bei Gelegenheit erklärt worden sein (Neustadt DNotZ 1951, 465; Staud/Pfeifer Rz 82; Pal/Bassenge Rz 9 mwN). Die Zweckverbindung des Vereinbarten mit dem eingetretenen Erfolg, der völligen oder teilweisen Beilegung des anhängigen Verfahrens, dürfte indes bereits eine hinreichende Gewähr gegen einen Mißbrauch der Beurkundungsbefugnis des Gerichts bieten (BGH MDR 1999, 1150, 1151).

Strittig ist, ob es zum **Nachweis der Vollmacht eines Prozeßbevollmächtigten** gegenüber dem Grundbuchamt 22 genügt, daß er im Vergleichsprotokoll angeführt ist (Saarbrücken OLGZ 1969, 210; Frankfurt Rpfleger 1980, 291; Walchshöfer NJW 1973, 1102). Um etwaigen Bedenken aus § 29 GBO (Pal/Bassenge Rz 30 mwN) zu begegnen, sollte in die Verhandlungsniederschrift aufgenommen werden, daß Vollmacht erteilt ist bzw wird. Zur unwiderruflichen Vollmacht vgl Rz 28.

d) In einem rechtskräftig bestätigten Insolvenzplan kann eine Auflassung schließlich auch noch wirksam 23 erklärt worden sein (§ 925 I S 3 iVm §§ 248 I, 254 I InsO).

2. Erklärung der Auflassung. Die Einigung bzw Auflassung muß bei gleichzeitiger Anwesenheit beider Teile 24 vor einer zuständigen Stelle (vgl Rz 16–19) **erklärt** werden. Eine mündliche Erklärung ist nach dem Wortlaut des § 925 S 1 entgegen der früher hM (KG OLG 3, 428; Braunschweig OLG 45, 210; RGRK/Augustin Rz 71) nicht erforderlich. Als Erklärung iSd vorgenannten Regelung genügt vielmehr jedes Erklärungsmittel, welches den auf Eigentumsübertragung gerichteten Willen des Veräußerers bzw Erwerbers unmißverständlich ausdrückt (Pal/Bassenge Rz 3; MüKo/Kanzleiter Rz 18; Staud/Pfeifer Rz 86). Das bloße Zurkenntnisnehmen der Einigungserklärung des Veräußerers, ohne dieser zu widersprechen, bringt nicht unmißverständlich eine inhaltsgleiche Willenserklärung des Erwerbers zum Ausdruck (BayObLG DNotZ 2001, 557, 559). Ob in der Übergabe einer schriftlichen Auflassungserklärung an den Notar deren Abgabe zu sehen ist (MüKo/Kanzleiter Rz 18; aA RG 131, 406; Pal/Bassenge Rz 3), ist im Einzelfall durch Auslegung zu ermitteln.

Für die materiell-rechtliche Wirksamkeit der Auflassung kommt es auf ihre **Beurkundung** (vgl §§ 8ff BeurkG) 25 zwar grundsätzlich nicht an (BGH NJW 1992, 1101, 1102; 1994, 2768; Bamberger/Roth/Grün Rz 20; aA Pajunk, Die Beurkundung als materielles Formerfordernis der Auflassung, 2002, 109ff, 137ff, 154ff). Sie ist aber als **verfahrensrechtlicher Nachweis** iSd §§ 20 und 29 GBO erforderlich (BayObLG NJW-RR 2001, 734, 736 mwN). Eine mit öffentlicher Beglaubigung der Unterschriften versehene Erklärung (§§ 129 BGB; 39f BeurkG) genügt nicht. Sie beweist nur die Echtheit der Unterschrift und den Zeitpunkt ihrer Abgabe, nicht dagegen, daß die Form des § 925 gewahrt wurde (KG HRR 1936, 137). Auch ein Tatsachenzeugnis des Notars (§§ 36f BeurkG) reicht als verfahrensrechtlicher Nachweis nicht aus (BayObLG NJW-RR 2001, 734, 736 mwN; Demharter § 20 GBO Rz 27; Staud/Pfeifer Rz 76 mwN; aA Celle MDR 1948, 252; LG Oldenburg Rpfleger 1980, 224; Fuchs/Wissemann Rpfleger 1977, 9; 1978, 431). In Betracht kommt aber ein Nachtragsvermerk des Notars (vgl BayObLG DNotZ 2001, 557, 559 und Reithmann DNotZ 2001, 563, 564).

Nimmt das Grundbuchamt die Umschreibung ohne genügenden Nachweis der materiell-rechtlich wirksamen Auflassung vor, so geht das Eigentum gleichwohl rechtswirksam über (RG 99, 65; 132, 406, 408; BGH 22, 312, 315). Das Landesrecht sieht mitunter bei buchungsfreien Grundstücken (vgl Art 127 EGBGB) Beurkundung der Auflassung materiell-rechtlich vor (vgl Pal/Bassenge Rz 7).

3. Mitwirkung der zuständigen Stelle besteht darin, daß die betreffende Amtsperson hierzu bereit die Erklä- 26 rung entgegennimmt (RG 132, 409; Staud/Pfeifer Rz 75). Nimmt die Auflassung ein Notar entgegen, der gemäß § 3 BeurkG an der Beurkundung nicht mitwirken soll, ist die Auflassung gleichwohl wirksam (vgl Rz 18). Nach der Ordnungsvorschrift des § 925a soll die Amtsperson die Auflassung nur entgegennehmen, wenn die nach § 311b I S 1 erforderliche Urkunde über das Grundgeschäft vorgelegt oder gleichzeitig errichtet wird. Ein Verstoß hiergegen macht die Auflassung nicht unwirksam (vgl § 925a Rz 3).

4. Gleichzeitige Anwesenheit beider Teile. a) Veräußerer und Erwerber müssen bei Abgabe ihrer Auflassungs- 27 erklärungen vor der zuständigen Stelle **gleichzeitig**, nicht notwendig persönlich **anwesend** sein. § 128 gilt nicht (vgl BGH 29, 10).

§ 925

28 **b) Vertretung.** Stellvertretung ist auf beiden Seiten zulässig. Das Erfordernis gleichzeitiger Anwesenheit ist aber nicht erfüllt, wenn der Vertreter des Auflassungsempfängers im Namen einer erst noch zu benennenden Person handelt (AG Hamburg NJW 1971, 102; LG Aurich Rpfleger 1987, 194f; vgl auch BayObLG Rpfleger 1984, 11f; Staud/Pfeifer Rz 83; MüKo/Kanzleiter Rz 16; Pal/Bassenge Rz 5). Die Erteilung einer **Auflassungsvollmacht** bestimmt sich nach § 167, ihr Erlöschen nach § 168. Die Vollmacht muß **im Zeitpunkt der Auflassung** (noch) vorliegen (KG OLG 40, 45; DNotZ 1962, 615; Staud/Pfeifer Rz 72). Ist sie aufschiebend bedingt, muß die Bedingung zu diesem Zeitpunkt eingetreten sein (KGJ 53, 141, 143; OLG 42, 161). Die Vollmacht ist materiell-rechtlich **grundsätzlich formfrei**, bedarf also nicht der Form des § 925 (§ 167 II); dem Grundbuchamt gegenüber ist sie freilich in der Form des § 29 GBO nachzuweisen. Der Nachweis dafür, daß die Vollmacht bereits zur Zeit der Auflassung bestanden hat, kann auch durch eine in öffentlicher oder in öffentlich beglaubigter Form abgegebene sog Vollmachtsgeständniserklärung oder Vollmachtsbestätigung erbracht werden (BGH 29, 366, 368; Demharter § 19 GBO Rz 77 und § 29 GBO Rz 10 mwN; zur Prozeßvollmacht vgl Rz 22).

Würde andernfalls der Zweck einer Formvorschrift umgangen, so unterliegt die Auflassungsvollmacht **ausnahmsweise** selbst der **Beurkundungsform** (vgl § 167 Rz 4). Dies ist etwa der Fall, wenn die Vollmacht unwiderruflich ist und deshalb einer bindenden Verpflichtung zur Veräußerung bzw zum Erwerb eines Grundstücks gleichsteht (RG 110, 320; BGH WM 1967, 1039; Staud/Pfeifer Rz 71). Gleiches gilt, wenn auf andere Weise eine endgültige Bindung des Vollmachtgebers in rechtlicher oder tatsächlicher Hinsicht begründet wird (RG 104, 238; 108, 126; BGH NJW 1975, 39; Schleswig NJW-RR 2001, 733; Staud/Pfeifer Rz 71 mwN).

29 Die **Vertretung beider Teile durch denselben Vertreter** ist gemäß § 181 zulässig, wenn es ihm von beiden gestattet worden ist oder wenn die Auflassung ausschließlich der Erfüllung einer Verbindlichkeit dient (RG 89, 371; 94, 147, 150; BGH NJW 1975, 1885; München, DNotZ 1951, 31; Hamm DNotZ 1978, 434; 1983, 371; Hieber DNotZ 1951, 212; Staud/Pfeifer Rz 70). Der Verkäufer kann den Käufer bevollmächtigen, an sich selbst aufzulassen (RG 94, 147; Düsseldorf DNotZ 1970, 27). Wird der Käufer dabei verpflichtet, eine Restkaufgeldhypothek zu bestellen, so gilt die Vollmacht im Zweifel nur für den Fall, daß die Restkaufgeldhypothek gleichzeitig eingetragen wird (BGH WM 1966, 376, 378). Die Vollmacht des Käufers ist vererblich (KG JW 1939, 482). Umgekehrt kann der Veräußerer vom Erwerber zur Entgegennahme der Auflassungserklärung bevollmächtigt werden (BayObLG 1985, 318), wobei eine solche Auflassungsvollmacht zugunsten des Insolvenzverwalters des Verkäufers nicht gilt (vgl BayObLG Rpfleger 1978, 372).

30 Bei **Vertretung ohne Vertretungsmacht** sind die §§ 177, 182ff maßgeblich (vgl RG 104, 259; 152, 380; KG JW 1937, 3230; BayObLG Rpfleger 1984, 11). Gleiches gilt, wenn nur einer von mehreren Gesamtvertretern (zB Eltern) aufläßt (Lange NJW 1961, 1893; MüKo/Kanzleiter Rz 16). Eine wirksame Genehmigung (§ 184) setzt voraus, daß der Vertretene bzw sein Erbe (Hamm Rpfleger 1979, 17) sie gegenüber dem Vertreter oder dem anderen Teil erklärt (BGH 29, 366, 370). Die Vertragsteile können auch die Urkundsperson zur Entgegennahme der Genehmigung ermächtigen (BGH LM Nr 2 zu § 29 GBO). Im Zweifel ist nach § 15 GBO zur Beantragung der Eintragung ermächtigter Notar auch zur Entgegennahme der Genehmigung eines Vertragsteiles als ermächtigt anzusehen (BGH 29, 366, 371; Staud/Pfeifer Rz 74). Die Auflassung eines Nichtberechtigten wird gemäß § 185 II auch dann wirksam, wenn er selbst später Eigentümer wird (KG OLG 5, 419; ; MüKo/Kanzleiter Rz 16). Ein Urteil auf Abgabe der Auflassungserklärung stellt keine Genehmigung einer Auflassungserklärung dar, die ein Vertreter ohne Vertretungsmacht für den Schuldner abgegeben hat (BayObLG Rpfleger 1983, 390, 391).

31 Auch bei **Handeln unter fremdem Namen** auf Veräußerer- bzw Erwerberseite ist eine Genehmigung möglich (MüKo/Kanzleiter Rz 16). Liegt zum Zeitpunkt der Auflassung bereits die Zustimmung des Namensträgers vor, ist eine Genehmigung freilich entbehrlich (MüKo/Kanzleiter aaO Fn 66). Die Auflassungserklärung des unter seinem Namen Handelnden ist nicht etwa nichtig (so aber RG 106, 198, 199; ihm folgend Staud/Pfeifer Rz 69). Da im Zweifel auch der andere Teil nicht mit ihm, sondern mit dem Namensträger kontrahieren will, liegen vielmehr zwei einander entsprechende Auflassungserklärungen vor. Warum ein Irrtum des die Auflassungserklärungen entgegennehmenden Notars über die Identität des unter fremdem Namen Handelnden zur Nichtigkeit der Auflassung führen sollte, ist nicht ersichtlich.

32 Bei einer Auflassung an einen sog **mittelbaren (verdeckten, stillen) Stellvertreter** erwirbt dieser Eigentum. Die zu verneinende Frage, ob eine Auflassung als sog **Geschäft wen es angeht** zu behandeln sein kann (offengelassen von BGH WM 1978, 12), ist wegen des Erfordernisses der (objektiv auszulegenden) Eintragung im Grundbuch ohne praktische Bedeutung.

33 **c) Auflassung durch Nichtverfügungsberechtigten.** Der Auflassende muß **verfügungsberechtigt** sein. **Daran fehlt es** zB, wenn der Auflassende das Eigentum an dem aufgelassenen Grundstück zwischen Auflassung und Eintragung des Auflassungsempfängers verliert (BGH LM Nr 6 zu § 185 BGB; vgl auch Staud/Pfeifer Rz 113) oder wenn Miterben entgegen § 2040 I in Unkenntnis darüber, daß zur Erbengemeinschaft weitere Miterben gehören, ein zum Nachlaß gehöriges Grundstück auflassen (BGH 19, 138f; vgl auch LG Aurich Rpfleger 1987, 194, 195). Die von einem Nichtverfügungsberechtigten erklärte Auflassung ist gemäß § 185 I von Anfang an wirksam, wenn der Berechtigte bereits vorher eingewilligt hat (RG 129, 286; 152, 382); rückwirkend wird sie gemäß § 185 II ua dann, wenn der Berechtigte sie nachher genehmigt (RG 134, 283, 286; 135, 378, 382; BayObLGZ 1960, 462) oder wenn der Nichtverfügungsberechtigte nachträglich Eigentümer wird (KG OLG 5, 419). Die Zustimmung des Berechtigten unterliegt nicht der Form des § 925 (MüKo/Kanzleiter Rz 16), dem Grundbuchamt gegenüber ist sie aber nach § 29 GBO nachzuweisen. Zur Ermächtigung aufgrund Auflassung vgl Rz 54.

34 **d)** In einigen Bundesländern gilt das **Erfordernis der gleichzeitigen Anwesenheit** beider Teile **ausnahmsweise nicht**, wenn das Grundstück durch einen Notar versteigert worden ist (vgl § 20 III BNotO) und die Auflassung noch in dem Versteigerungstermin stattfindet. Landesgesetzliche Vorschriften iSv Art 143 II EGBGB existieren zB in Bremen (§ 18 AGBGB), in Hessen (§ 23 AGBGB), in Rheinland-Pfalz (§ 20 AGBG) und im ehemaligen Land Preußen (Art 26 § 2 AGBGB; vgl hierzu Staud/Hönle Art 143 EGBGB Rz 5). Die früheren AGBGB gelten in den neuen Bundesländern nicht fort (vgl Staud/Hönle aaO). – Zu denken ist auch an die landesgesetzlichen Abweichungen zu § 925 in bezug auf buchungsfreie Grundstücke (vgl Art 127 EGBGB und Rz 5).

5. Ersetzung einer Auflassungserklärung durch Urteil. Die Auflassungserklärung des Veräußerers kann wie die des Erwerbers durch ein auf Abgabe einer entsprechenden Erklärung lautendes rechtskräftiges Urteil ersetzt werden (§ 894 ZPO), wobei Verurteilung zur Bewilligung der Grundbuchberichtigung nicht genügt (vgl KGJ 21, 297, 302f). Gibt der andere Vertragsteil seine Auflassungserklärung vor der zuständigen Stelle ab (vgl Celle DNotZ 1979, 308f), so muß dabei der Verurteilte zwar nicht anwesend sein (MüKo/Kanzleiter Rz 17; Staud/Pfeifer Rz 84), das bereits erwirkte rechtskräftige Urteil muß jedoch vom anderen Vertragsteil nach überwiegender Meinung vorgelegt werden (KGJ 44, 221, 223; 49, 179, 183; BayObLG Rpfleger 1983, 390, 391; Arndt DRiZ 1966, 262; MüKo/Kanzleiter Rz 17 Fn 69; aA Meyer/Stolte Rpfleger 1983, 391; Staud/Pfeifer Rz 84). Bei Verurteilung zur Abgabe der Auflassungserklärung Zug um Zug gegen Erbringung einer Gegenleistung bedarf es wegen § 894 I S 2 ZPO der Vorlage einer gemäß den §§ 726, 730 ZPO erteilten vollstreckbaren Ausfertigung des rechtskräftigen Urteils (Düsseldorf, JurBüro 1987, Sp 1823; MüKo/Kanzleiter Rz 17 mwN). Wird die vollstreckbare Ausfertigung erst später erteilt, ist die Auflassung unwirksam (RG HRR 1928 Nr 215). **35**

Aufgrund eines vorläufig vollstreckbaren Urteils kommt lediglich die Eintragung einer Vormerkung in Betracht (§ 895 ZPO). **36**

V. Inhalt der Auflassung

1. Auslegung. Die Auflassung muß einander entsprechende Erklärungen der Parteien enthalten, wonach das Eigentum an dem betreffenden Grundstück (Rz 3) oder Grundstücksteil (Rz 7) vom Veräußerer auf den Erwerber übergehen soll. Die Auflassungserklärungen sind **auslegungsfähig** (BayObLG BWNotZ 1994, 20). Abzustellen ist zunächst auf den Wortlaut und Sinn, wie er sich für einen unbefangenen Betrachter als nächstliegende Bedeutung der Erklärung ergibt (BayObLG aaO mwN). Erklären zB die als Miteigentümer an einem Grundstück je zur Hälfte Eingetragenen, daß sie einem Dritten einen halben Miteigentumsanteil überlassen und an ihn auflassen, so hat diese Erklärung die nächstliegende Bedeutung, daß jeder Miteigentümer die Hälfte seines Miteigentumsanteils auf den Erwerber übertragen will (BayObLGZ 1977, 189, 191 = DNotZ 1978, 238f). Die Auflassungserklärungen sind als Grundbucherklärungen beim **Grundbuchamt** im Eintragungsverfahren nach den gleichen Grundsätzen auszulegen, die für die Grundbucheintragung gelten (vgl § 873 Rz 23; Staud/Pfeifer § 925 Rz 38 mwN). Insbesondere darf das Grundbuchamt eine Auflassung nicht abweichend vom Wortlaut der beurkundeten Eintragungsunterlagen auslegen, solange der Wortlaut nicht offensichtlich unrichtig oder unvollkommen ist (BayObLG DNotZ 1995, 56, 57f). Demgegenüber hat das **Prozeßgericht** bei der Auslegung einer Auflassung durch Berücksichtigung aller aufzuklärenden Umstände den wirklichen Willen iSv § 133 zu erforschen (vgl BayObLG aaO). Es gelten insoweit die allgemeinen Rechtsgrundsätze über Rechtsgeschäft und Vertrag, insbesondere über Irrtum und Dissens (MüKo/Kanzleiter Rz 22). **37**

2. Irrtum, Dissens, falsa demonstratio. Haben die Parteien zwar äußerlich einander entsprechende, objektiv eindeutige Erklärungen abgegeben und entspricht bei einer von ihnen das Erklärte ihrem Willen, während die andere nicht das tatsächlich bezeichnete Grundstück, sondern einen anderen Teil der Erdoberfläche im Sinn hatte, so ist die Auflassung nicht nichtig, sondern für die sich falsch ausdrückende Partei wegen **Irrtums über den Inhalt** der Erklärung (§ 119 I Alt 1) anfechtbar (RG 58, 233, 236; WarnRsp 1910 Nr 270; Staud/Pfeifer Rz 67 und 118). Stimmen die Erklärungen zwar äußerlich überein, sind sie aber objektiv mehrdeutig und hat jede Partei etwas anderes, voneinander Abweichendes gemeint, so liegt ein **versteckter Einigungsmangel (Dissens)** iSd § 155 vor, der zur Nichtigkeit der Auflassung führt (RG 66, 122; 68, 9; 78, 376; RG 165, 199; Staud/Pfeifer Rz 66). Bei unbewußter Falschbezeichnung des Auflassungsgegenstandes (**falsa demonstratio**) ist das beiderseits Gewollte maßgebend, wenn der Parteiwille übereinstimmt (vgl § 873 Rz 15; BGH NJW 2002, 1038, 1039 mwN; MüKo/Kanzleiter Rz 22; Staud/Pfeifer Rz 68; Soergel/Stürner Rz 37; Hagen DNotZ 1984, 283). Ist das Grundstück so, wie es sich örtlich darstellt und vom Veräußerer besessen wird, nicht grundbuchmäßig bezeichnet, kommt es für den Gegenstand der Auflassung darauf an, wie konkret die gemeinsamen Vorstellungen der Parteien über das Grundstück in seinen örtlichen Grenzen waren (RG Recht 1914 Nr 627; Hamm NJW-RR 1992, 152; Pal/Bassenge Rz 12; MüKo/Kanzleiter Rz 22 mwN in Fn 109). Verfahrensrechtlich muß der tatsächliche Inhalt der Auflassung nach Maßgabe der §§ 20 und 29 GBO nachgewiesen werden (vgl Rz 25). **38**

Haben die Parteien mehrere Grundstücke aufgelassen und versehentlich ein Grundstück miterwähnt, welches nicht übereignet werden sollte, so liegt diesbezüglich keine wirksame Auflassung vor (BGH DNotZ 1996, 172; WM 1978, 194). Berichtigung ist formlos möglich (MüKo/Kanzleiter Rz 22 Fn 111). Zur Frage von Dissens und Erklärungsirrtum bei Abweichung des bezifferten Flächenmaßes von demjenigen, welches sich aus den angegebenen Grenzlinien ergibt, s BGH MDR 1967, 477 und WM 1980, 1013. Läßt ein Alleineigentümer in der Annahme, er sei lediglich Gesamthandseigentümer, mit dem vermeintlich anderen Gesamthandseigentümer sein Grundstück an einen Erwerber auf, so bezieht sich die Auflassung auf das ganze Grundstück (RG 125, 131, 133). Eine Umdeutung in Auflassung eines Miteigentumsanteils ist nicht möglich (Frankfurt aM Rpfleger 1975, 174f). Zu erwägen ist allenfalls eine Anfechtungsmöglichkeit wegen Irrtums (RG 125, 131, 133).

Ein **Ersatzgrundstück**, das nach § 72 BauGB, § 68 FlurbG an die Stelle des aufgelassenen Grundstücks tritt, wird ohne Wiederholung von der alten Auflassung erfaßt (BayObLG Rpfleger 1972, 366; 1980, 293; Frankfurt aM, NJW-RR 1996, 974; Pal/Bassenge Rz 15).

3. Auflassung an mehrere Erwerber. Wird an mehrere Erwerber aufgelassen, so liegt materiell-rechtlich nur dann eine wirksame Auflassung vor, wenn sich aus ihr das konkrete Gemeinschafts- bzw Beteiligungsverhältnis **39**

der Erwerber iSv § 47 GBO ergibt (BGH 82, 346 = Rpfleger 1982, 135; BayObLGZ 1983, 118; Köln Rpfleger 1980, 16; Staud/Pfeifer Rz 54; MüKo/Kanzleiter Rz 21; Pal/Bassenge Rz 16; Hieber DNotZ 1959, 463f; aA LG Lüneburg Rpfleger 1994, 206). Es genügt, daß sich das gewollte Gemeinschaftsverhältnis aus einer Bezugnahme auf Angaben zum Grundgeschäft (Düsseldorf DNotZ 1977, 611) oder anderweitig im Wege der **Auslegung** (LG Saarbrücken Rpfleger 1971, 358; Staud/Pfeifer Rz 54 mwN) ergibt. Ein unzulässiges Gemeinschaftsverhältnis kann in ein zulässiges **umgedeutet** werden (MüKo/Kanzleiter Rz 21). Ist an Eheleute „in Gütergemeinschaft" aufgelassen worden, obwohl deren Güterstand ein anderer ist, so ist die Auflassung dahingehend umzudeuten, daß die Ehegatten Miteigentümer je zur Hälfte werden sollen (BayObLGZ 1983, 118). Fehlen hinreichende Angaben zum Gemeinschaftsverhältnis der Erwerber und ergibt es sich, wie zB bei Eheleuten, auch nicht aus dem Gesetz (MüKo/Kanzleiter Rz 21), so können die diesbezüglichen Erklärungen nach Maßgabe des § 925 (also unter Mitwirkung des Veräußerers) materiell bzw nach § 29 GBO formell wirksam **nachgeholt** werden.

Eine **Änderung** der Auflassung in bezug auf das wirksam vereinbarte Gemeinschaftsverhältnis durch die Erwerber allein ist nur **mit** ausdrücklicher oder konkludenter **Vollmacht** des Veräußerers möglich. Eine solche konkludente Bevollmächtigung wird man im Regelfall ebenso annehmen können wie die **Ermächtigung** der Erwerber durch den Veräußerer (vgl Rz 54), an sich selbst in einem anderen Gemeinschafts- bzw Beteiligungsverhältnis aufzulassen (Köln Rpfleger 1980, 16).

40 **4. Auflassung zugunsten eines Dritten** steht mit dem Wortlaut des § 925 nicht in Einklang und ist daher nicht zulässig (vgl § 873 Rz 13 mwN sowie Staud/Pfeifer Rz 52).

41 **5. Ausschluß von Bedingung und Zeitbestimmung (§ 925 II). a) Unwirksam** ist eine Auflassung nach § 925 II, wenn sie unter einer Bedingung (§ 158) oder einer Zeitbestimmung (§ 163) erfolgt. Im Interesse der Rechtssicherheit des Grundstücksverkehrs soll das Grundbuch über die Eigentumsverhältnisse klare Auskunft geben. Dahinter muß das praktische Bedürfnis für das Rechtsinstitut des Eigentumsvorbehalts zurückstehen (vgl aber Rz 48f).

42 Ist die Auflassung nach § 925 II unwirksam, so kommt eine spätere **Heilung** durch Eintritt der aufschiebenden bzw auflösenden Bedingung nicht in Betracht (Staud/Pfeifer Rz 93; Pal/Bassenge Rz 19).

43 Ggf ist durch **Auslegung** zu ermitteln, ob die Auflassung unter einer Bedingung erfolgt ist. Allein der Umstand, daß sich der Veräußerer im schuldrechtlichen Grundgeschäft ein Rücktrittsrecht vorbehalten hat, reicht im Zweifel zur Annahme einer bedingten Auflassung nicht aus (BGH NJW 1976, 237; Düsseldorf JMBl NRW 1957, 160; Oldenburg Rpfleger 1993, 330; Hagen DNotZ 1984, 287; Staud/Pfeifer Rz 95).

44 **Bedingungen iSv § 925, die zur Unwirksamkeit** der Auflassung **führen**, sind zB: Wirksamkeit des Grundgeschäfts (Celle DNotZ 1974, 731); Eheschließung (Colmar OLG 5, 251f; BayObLG OLG 14, 7; 42, 161; aA BGH NJW 1952, 1330, 1331: Rechtsbedingung; kritisch – zu Recht – MüKo/Kanzleiter Rz 25 und Staud/Pfeifer Rz 97) bzw Scheidung (Stuttgart Justiz 1967, 218; BayObLG NJW 1972, 2131; LG Aachen Rpfleger 1979, 61); Widerrufsvorbehalt bei Auflassung im Rahmen eines Prozeßvergleichs (BGH 88, 364, 367 = NJW 1984, 312; NJW 1988, 415; Celle DNotZ 1957, 660; Soergel/Stürner rz 39; aA zu Unrecht BVerwG NJW 1995, 2179, 2180).

45 Eine **unzulässige Zeitbestimmung** läge zB in einer Vereinbarung, daß das Eigentum mit dem Tod des Veräußerers auf den Erwerber übergehen soll (KG OLGE 41, 157; LG München DNotZ 1950, 32, 35).

46 **b) Dagegen sind zulässig: aa) Rechtsbedingungen.** Hierunter sind gesetzliche Wirksamkeitsvoraussetzungen für die Eigentumsübertragung zu verstehen, zB Genehmigung des Vormundschaftsgerichts (KG HRR 1938 Nr 1526; Celle DNotZ 1957, 660); Genehmigung einer Behörde (KG HRR 1938 Nr 1526; anders aber, wenn deren Erteilung innerhalb bestimmter Frist zur rechtsgeschäftlichen Bedingung erhoben wird, vgl RG Recht 1924 Nr 345; Staud/Pfeifer Rz 97); Genehmigung des Berechtigten (KGJ 36, 198; BGH NJW 1952, 1330); (Zwischen-) Eintragung des noch nicht berechtigten Veräußerers (RG JW 1930, 132; BayObLGZ 7, 388); Genehmigung des vollmachtlos Vertretenen (KGJ 22, 146; BayObLG Rpfleger 1984, 11); Entstehung der AG, an die der ein Grundstück einbringende Gründer aufläßt (Collmar OLG 6, 486; vgl auch BGH 45, 339; BayObLG NJW 1984, 497).

47 Bei (aufschiebend) bedingter Genehmigung wird die Auflassung mit Eintritt der Bedingung (erst) wirksam (Staud/Pfeifer Rz 96); als bedingte Auflassung iSv § 925 II ist diese Fallgestaltung dagegen nicht aufzufassen (KGJ 44, 191, 195f; anders aber bei auflösend bedingter Genehmigung, vgl Staud/Pfeifer aaO mwN).

48 **bb) Eintragungsvorbehalte.** Die Eintragung des Erwerbers kann trotz unbedingter Auflassung zulässigerweise gemäß § 16 II GBO (uU stillschweigend) davon abhängig gemacht werden, daß zugunsten des Veräußerers eine Kaufpreisresthypothek, ein Nießbrauch oder eine Rückauflassungsvormerkung eingetragen wird (vgl KGJ 43, 200; KG JFG 1, 335, 337; MüKo/Kanzleiter Rz 27).

49 **cc) Vereinbarungen** sonstiger Art **über das Hinausschieben des grundbuchmäßigen Vollzuges** der (unbedingten) Auflassung sind ebenfalls zulässig (vgl BGH LM 3 zu § 925; LG München DNotZ 1950, 33, 35; Düsseldorf NJW 1954, 1041; Hamm Rpfleger 1975, 250; MüKo/Kanzleiter Rz 27 mwN). Nach wohl hM kann aber gegenüber dem Grundbuchamt auf das Recht, die Eintragung zu beantragen (§ 13 GBO), nicht wirksam verzichtet werden (LG Frankfurt aM Rpfleger 1992; Demharter § 13 GBO Rz 57; Staud/Pfeifer Rz 145 mwN; aA wohl Hamm Rpfleger 1975, 250).

VI. Bindung an die Auflassung

50 Ab wann die Auflassung für Veräußerer und Erwerber verbindlich, dh nicht mehr einseitig widerruflich ist, ist streitig. Die wohl noch hM hält es für ausreichend, daß die Parteien ihre Auflassungserklärungen nach Maßgabe des § 925 wirksam abgegeben haben (BayObLG 57, 231; Soergel/Stürner Rz 42; RGRK/Augustin Rz 28; Jauer-

nig/Jauernig Rz 16). Demgegenüber muß nach im Vordringen begriffener Ansicht darüber hinaus eine der Bindungsvoraussetzungen des § 873 II (vgl § 873 Rz 18) erfüllt sein (Bassenge Rpfleger 1977, 8; Pal/Bassenge Rz 29; Baur/Stürner § 22 Rz 11; Medicus DNotZ 1990, 279; MüKo/Kanzleiter Rz 29; Staud/Pfeifer Rz 111). Dem ist zuzustimmen. Da die in § 873 II aufgeführte notarielle Beurkundung der Einigung (vgl §§ 8ff BeurkG) bei der Auflassung vor einem Notar im Hinblick auf die verfahrensrechtlichen Erfordernisse (§§ 20, 29 GBO) praktisch stets erfolgt, wird die Streitfrage freilich kaum einmal relevant (vgl Staud/Pfeifer Rz 111). Zur Bindung bei mehrfacher Auflassung und Erbfolge siehe BayObLGZ 1973, 139ff und BayObLG NJW-RR 1999, 1392.

VII. Folgen der Auflassung

1. Die **Auflassung als solche** verstärkt zwar die Erwerbsaussicht des Auflassungsempfängers, weil dieser regelmäßig unter Vorlage der formgerechten Auflassung seine Eintragung im Grundbuch erreichen kann (vgl § 13 I GBO). Die Auflassung selbst verschafft ihm indes (noch) **keine gesicherte Rechtsposition iS eines Anwartschaftsrechts** (vgl BGH 106, 108, 111; aA BayObLGZ 1972, 242; Hoche NJW 1955, 652; Soergel/Stürner § 873 Rz 14; Reinicke/Tiedtke NJW 1982, 2281, 2282f.). Nach hM liegt ein dem Vollrecht vergleichbares Anwartschaftsrecht erst dann vor, wenn von einem mehraktigen Entstehungstatbestand eines Rechts schon so viele Erfordernisse erfüllt sind, daß der Veräußerer den Rechtserwerb nicht mehr einseitig verhindern kann (vgl BGH 89, 41, 44; 83, 395, 399; Baur/Stürner § 3 II 3; Westermann/H.P. Westermann § 5 III 4). Die Auflassung beschränkt weder den Veräußerer in seiner Verfügungsbefugnis (RG 55, 340, 341; 113, 403, 407; BGH 45, 186, 190; 49, 197, 200; BayObLG Rpfleger 1983, 249) noch schützt sie den Erwerber vor einem Verlust der notwendigen Verfügungsbefugnis auf seiten des Veräußerers (vgl Medicus DNotZ 1990, 279). So kann dieser die Erfüllung des Eigentumsverschaffungsanspruchs (vgl Rz 53) des Auflassungsempfängers trotz möglicher Verbindlichkeit der Auflassung (vgl Rz 50) noch dadurch vereiteln bzw beeinträchtigen, daß er das Grundstück anderweitig aufläßt oder mit dinglichen Rechten belastet und den Eintragungsantrag stellt (vgl Celle NJW 1958, 870f; Hieber DNotZ 1959, 350). Die Auflassung wirkt nicht etwa als Sperre gegenüber Eintragungen, die mit ihr in Widerspruch stehen (RG 55, 340, 341; 81, 64, 67f). Auch Zwangsvollstreckungsmaßnahmen Dritter (Hager JuS 1991, 1, 2) können den Rechtserwerb des Auflassungsempfängers gefährden. Daher kann dessen Erwerbsaussicht als solche nicht als Anwartschaftsrecht im obigen Sinne qualifiziert werden.

Die Rechtsstellung des „bloßen" Auflassungsempfängers wird weder durch die §§ 878 BGB, 13, 17, 19 GBO **52** (Staud/Pfeifer Rz 133) noch durch § 823 I (BGH 45, 186 = NJW 1966, 1019; BGH 49, 197, 201) bzw § 771 ZPO geschützt. In Betracht kommt **allenfalls ein Schadensersatzanspruch aus § 826** (vgl Soergel/Stürner § 873 Rz 14d). Aus der Auflassung folgt **kein Recht zum Besitz** (Celle NJW 1958, 870) oder zur Aussonderung bei Insolvenz des Veräußerers; in der Regel auch **nicht** die **Bewilligung einer Vormerkung** (§ 885 Rz 5 mwN).

Die vermögensrechtliche Position des Auflassungsempfängers kann im Gegensatz zum mit der Auflassung noch **53** nicht erfüllten schuldrechtlichen Anspruch auf Grundstücksübereignung (vgl BGH NJW 1994, 2947, 2948 mwN; Frankfurt aM NJW-RR 1997, 1308; MüKo/Kanzleiter Rz 38) nach wohl überwiegender Auffassung vom Auflassungsempfänger **weder übertragen bzw verpfändet** werden, **noch** ist sie als solche **pfändbar** (BGH 106, 108 = NJW 1989, 1093; Jena Rpfleger 1996, 100; Medicus DNotZ 1990, 276; aA KG JFG 4, 339; BayObLG JFG 9, 233, 234; MüKo/Kanzleiter Rz 32).

Hiervon zu unterscheiden ist die **(Auslegungs-)Frage, ob** der **Empfänger der Auflassung iSv § 185** als **54** **ermächtigt** anzusehen ist, als Nichtberechtigter über das Grundstück (des Auflassenden) zu verfügen. Nach vorherrschender Meinung ist dies im Regelfall zu bejahen, weil es im allgemeinen dem Willen des Auflassenden nicht widerspricht, wenn für den Fall der Weiterveräußerung der Umweg der Zwischeneintragung des Auflassungsempfängers vermieden wird (BGH NJW 1997, 936, 937 mwN; Pal/Bassenge Rz 22; MüKo/Kanzleiter Rz 41; kritisch Schneider MDR 1994, 1057ff mwN). § 39 GBO steht verfahrensrechtlich nicht entgegen, da der Berechtigte eingetragen ist (Demharter § 39 GBO Rz 11; zur Anwendung des § 878 bei späterer Verfügungsbeschränkung vgl § 878 Rz 10). Ein solcher Ermächtigungswille kann freilich dann nicht unterstellt werden, wenn die Rechtsstellung des Auflassenden von der Weiterauflassung berührt würde (BGH NJW 1997, 936, 937; Hamm NJW-RR 2001, 376, 377), wie zB dann, wenn die Gefahr besteht, daß die vom Auflassungsempfänger dem Veräußerer bewilligte Kaufgeldhypothek (KG JFG 2, 316) oder Rückauflassungsvormerkung (Düsseldorf OLGZ 1980, 343) nicht oder nicht mit dem richtigen Rang eingetragen wird. Ohne Hinzutreten weiterer Umstände kann allein aufgrund der Auflassung auch nicht davon ausgegangen werden, daß der Auflassende zugleich seine Zustimmung zur Eintragung einer Auflassungsvormerkung zugunsten des Dritterwerbers (BayObLG DNotZ 1973, 298; BayObLGZ 1972, 397, 400) oder zur Belastung des Grundstücks (BayObLG NJW 1971, 1140) erteilen wollte (Staud/Pfeifer Rz 126; MüKo/Kanzleiter Rz 41 mwN).

2. Anwartschaftsrecht. a) Entstehung. Ein **Anwartschaftsrecht** (vgl Rz 51) erwirbt der Auflassungsempfänger **55** nach hM zum einen dann, **wenn** sein **Anspruch auf Eigentumsverschaffung durch Vormerkung** (§§ 883, 885) **gesichert** wird (BGH 83, 395, 399; 106, 108; NJW-RR 1992, 1178, 1180; Hamm NJW 1975, 879; Düsseldorf Rpfleger 1981, 199; MüKo/Kanzleiter Rz 34; Pal/Bassenge Rz 25; aA Mülbert AcP 202 [2002], 226ff, 236ff; Staud/Pfeifer Rz 140 jeweils mwN; kritisch auch Habersack JuS 2000, 1147f und Hager JuS 1991, 3f mwN im Hinblick auf die akzessorische Natur dieser Rechtsposition) **bzw sobald** er den **Antrag auf Eintragung der** bewilligten **Auflassungsvormerkung gestellt** hat (Düsseldorf aaO; MüKo/Kanzleiter aaO). Allein die Vormerkung ohne Auflassung reicht nicht aus (BGH 89, 41, 44f; 103, 175, 179).

Zum anderen entsteht ein Anwartschaftsrecht des Auflassungsempfängers nach hM dann, **wenn er seine Ein- 56 tragung beim Grundbuchamt beantragt** (BGH 49, 197, 200; 83, 395, 399; 106, 108, 111; Pal/Bassenge Rz 24; MüKo/Kanzleiter Rz 34 mwN; krit Habersack JuS 2000, 1147 mwN; ablehnend Mülbert AcP 202 [2002], 236ff).

§ 925

Ein Antrag des Veräußerers reicht dagegen nicht aus, da er ihn nach § 31 GBO jederzeit wieder zurücknehmen könnte (BGH 45, 186, 190; 83, 395, 398).

57 Zwar ist den Kritikern der hM zum Anwartschaftsrecht zuzugestehen, daß im ersten Fall (Rz 55) der Schutz des Auflassungsempfängers vor einer nachträglichen Verfügungsbeschränkung des Veräußerers iSv § 878 (zB Insolvenz) allein auf der vom schuldrechtlichen Eigentumsverschaffungsanspruch abhängigen Vormerkung beruht (Hager JuS 1991, 3f mwN; vgl auch MüKo/Kanzleiter Rz 34 Fn 165). Es trifft auch zu, daß im zweiten Fall (Rz 56) die mögliche Nichtbeachtung des § 17 GBO durch das Grundbuchamt den Erwerb eines zu Unrecht vor dem Auflassungsempfänger Eingetragenen nicht hindert. Gleichwohl erscheint es sachgerecht, die in den angegebenen Fällen über die §§ 883 II, 888 bzw § 17 GBO geschützte Rechtsstellung des Auflassungsempfängers mit der hM als Anwartschaftsrecht zu qualifizieren. Denn das Erfordernis einer gesicherten Rechtsposition bedeutet in diesem Zusammenhang nicht, daß ihre Zerstörung unter allen Umständen ausgeschlossen sein muß (BGH 49, 197, 202) bzw der Vollrechtserwerb des Anwartschaftsberechtigten gleichsam „automatisch" eintritt (MüKo/Kanzleiter Rz 34). Selbst eine bereits erworbene Eigentümerstellung kann bekanntlich durch gutgläubigen Erwerb eines Dritten verloren gehen. Deshalb muß es für ein Anwartschaftsrecht genügen, wenn die Beeinträchtigung der Rechtsposition nach dem normalen Verlauf der Dinge ausgeschlossen ist (BGH 49, 197, 202; Düsseldorf Rpfleger 1981, 199, 200). Mit der Anerkennung des Anwartschaftsrechts wird nicht etwa der numerus clausus der dinglichen Rechte gesprengt. Als Durchgangsform bei der Entstehung des Vollrechts „Eigentum" teilt das Anwartschaftsrecht vielmehr dessen Charakter.

58 Eine **Verfügungsbeschränkung**, die den Veräußerer erst trifft, wenn der Auflassungsempfänger den Eintragungsantrag schon gestellt hat, wirkt sich nicht aus (vgl § 878). Gleiches gilt zB bei Insolvenz des Auflassungsempfängers, wenn dieser sein Anwartschaftsrecht bereits übertragen hat (Hager JuS 1991, 6 mwN).

59 b) Die **Übertragung** des Anwartschaftsrechts erfolgt nach hM nicht im Wege der Abtretung nach den §§ 398, 413, sondern **durch Auflassung** entsprechend § 925 (BGH 49, 197, 202; 83, 395, 399; BayObLG NJW-RR 1988, 330; MüKo/Kanzleiter Rz 36). Der BGH begründet dies mit der Wesensähnlichkeit des Anwartschaftsrechts mit dem Vollrecht (vgl BGH 83, 395, 399). Ob daneben jedenfalls im Falle einer Auflassungsvormerkung eine Eintragung des Anwartschaftsrechtserwerbers zulässig wäre (für den Fall der Verpfändung vgl Nachw zu Rz 62), erscheint sehr zweifelhaft (Hager JuS 1991, 4 mwN); erforderlich ist eine solche Eintragung nach hM jedenfalls nicht (BGH 49, 197, 202; Pal/Bassenge Rz 26; Schreiber JURA 2001, 628). Während einige aber gleichsam als minus zur Umschreibung beim Vollrecht einen Antrag des Erwerbers auf Eintragung bzw Umschreibung der Vormerkung materiell-rechtlich für notwendig halten (MüKo/Kanzleiter Rz 36; Schneider MDR 1994, 1062), kann der Erwerber nach hM als Folge der hiervon nicht abhängigen Anwartschaftsübertragung die Eigentumsumschreibung vom Eigentümer auf sich beantragen und erwirbt mit deren Vollzug das Eigentum unmittelbar vom Eigentümer, ohne daß der Veräußerer des Anwartschaftsrechts zustimmen müßte (vgl BGH 49, 197, 205; Hoche NJW 1955, 652; Demharter § 20 GBO Rz 43; MüKo/Kanzleiter Rz 36). Eine Zustimmung des Eigentümers zur Übertragung des Anwartschaftsrechts ist dagegen nach allg M nicht erforderlich (BGH 49, 197, 205; 83, 395; Pal/Bassenge Rz 26; Hager JuS 1991, 4 mwN).

60 Ob neben der Übertragung des Anwartschaftsrechts immer auch wahlweise **Verfügungen über den Erfüllungsanspruch** möglich sind (vgl Pal/Bassenge Rz 21 mwN), erscheint zumindest dann fraglich, wenn es sich um die Übertragung eines vormerkungsabhängigen Anwartschaftsrechts handelt (vgl Rz 55). Da die akzessorische Auflassungsvormerkung mit dem durch sie gesicherten Erfüllungs- bzw Eigentumsverschaffungsanspruch steht und fällt (Baur/Stürner § 20 Rz 25; Hager JuS 1990, 430), ist eine wirksame Übertragung des vormerkungsabhängigen Anwartschaftsrechts ohne gleichzeitigen Übergang des Eigentumsverschaffungsanspruchs nicht denkbar. Daher bedarf es einer gesonderten Abtretung dieses Anspruchs neben der Auflassung des Anwartschaftsrechts entsprechend § 925 nicht (aA Hager JuS 1991, 4 mwN in Fn 55; wohl auch Pal/Bassenge Rz 26). Aus dem gleichen Grund steht der Verlust des Erfüllungs- bzw Eigentumsverschaffungsanspruchs nicht im Belieben des Auflassungsempfängers, der sein vormerkungsabhängiges Anwartschaftsrecht wirksam übertragen möchte bzw schon übertragen hat.

61 c) **Gutgläubiger Erwerb.** Ein redlicher Ersterwerb des Anwartschaftsrechts nach Maßgabe des § 892 II ist möglich (vgl Hager JuS 1991, 5). Dagegen kommt ein gutgläubiger (Zweit-)Erwerb vom Nichtanwartschaftsberechtigten mangels Eintragung bzw Rechtsschein nicht in Betracht (Hager aaO; Pal/Bassenge Rz 26).

62 d) Die **Verpfändung** des Anwartschaftsrechts richtet sich gemäß § 1274 I S 1 nach den für seine Übertragung geltenden Vorschriften, erfordert also eine Auflassung entsprechend § 925 (BGH 49, 197, 202f; 106, 108, 111; MüKo/Kanzleiter Rz 37; Hager JuS 1991, 5 mwN; aA Köbl DNotZ 1983, 214f), wobei freilich die beiderseitigen Willenserklärungen auf die Bestellung eines Pfandrechts gerichtet sein müssen. Eine Eintragung ist nach hM nicht erforderlich; ein Teil der Lehre hält sie aber bei einem vormerkungsabhängigen Anwartschaftsrecht für zulässig (vgl Demharter § 26 GBO Rz 53; MüKo/Damrau § 1274 Rz 38 mwN; zur Kritik vgl Hager JuS 1991, 5 Fn 75). Eine Mindermeinung verlangt je nach Entstehung des Anwartschaftsrechts (vgl Rz 55f) als minus zur Eintragung beim Vollrecht die Stellung eines Antrags auf Eintragung einer Sicherungshypothek nach § 1287 bzw auf Eintragung eines Verpfändungsvermerks (MüKo/Kanzleiter Rz 37 mwN). Dagegen ist eine Benachrichtigung des Veräußerers entsprechend § 1280 nach allgemeiner Ansicht entbehrlich (vgl etwa MüKo/Damrau § 1274 Rz 37).

63 Wird der Auflassungsempfänger als neuer Eigentümer eingetragen, so erwirbt der Pfandgläubiger nach § 1287 S 2 Hs 1 kraft Gesetzes automatisch eine Sicherungshypothek (BGH 49, 197, 205; MüKo/Damrau § 1274 Rz 38; Hager JuS 1991, 5 mwN).

e) Die **Pfändung** des Anwartschaftsrechts des Auflassungsempfängers vollzieht sich mangels Grundbucheintragung nicht wie die Zwangsvollstreckung in das Vollrecht (Grundstückseigentum), sondern nach § 857 ZPO, also nach den mobiliarrechtlichen Grundsätzen der Vollstreckung in Vermögensrechte. Zur Wirksamkeit des Pfändungsbeschlusses genügt gemäß § 857 II die Zustellung an den Auflassungsempfänger; einer Zustellung an den Grundstücksveräußerer entsprechend § 875 I iVm § 829 II, III bedarf es nach hM nicht, da dieser nicht als Drittschuldner anzusehen ist (BGH 49, 197, 203; Thomas/Putzo § 857 Rz 10; MüKo/Kanzleiter Rz 37; Pal/Bassenge Rz 27; aA LG Wuppertal NJW 1963, 1255; Hoche NJW 1955, 933). Dem ist zuzustimmen. Denn Gegenstand der Pfändung ist nicht der schuldrechtliche Eigentumsverschaffungsanspruch des Auflassungsempfängers, sondern sein Anwartschaftsrecht. Da der Grundstückseigentümer nach dem normalen Verlauf der Dinge dieses Recht nicht mehr beeinträchtigen kann, besteht kein Anlaß, ein Verfügungsverbot an ihn zu richten. 64

Mit Pfändung des Anwartschaftsrechts kann der Auflassungsempfänger hierüber nicht mehr allein, dh ohne den Gläubiger verfügen. Weder kann er sein Anwartschaftsrecht übertragen noch es aufheben. So kann der Gläubiger sich dem Antrag des Auflassungsempfängers auf Grundbucheintragung anschließen; letzterer kann dann die Eintragung durch Rücknahme seines Eintragungsantrages nicht mehr verhindern (Zöller/Stöber § 848 ZPO Rz 13). Mit der Umschreibung des Grundstückseigentums auf den Auflassungsempfänger wandelt sich das Pfandrecht an dem Anwartschaftsrecht nach hM in entsprechender Anwendung des § 848 II S 2 ZPO iVm § 857 I ZPO in eine Sicherungshypothek an dem Grundstück um (BGH 49, 197, 206; MüKo/Kanzleiter Rz 37; Hager JuS 1991, 6 mwN), aus der der Gläubiger gemäß § 848 III die Zwangsversteigerung oder Zwangsverwaltung betreiben kann. Deren Eintragung hat den Charakter einer Grundbuchberichtigung. Der Pfändungsgläubiger ist also nicht darauf angewiesen, eine Zwangshypothek nach § 866 ZPO (bzw Arresthypothek nach § 932 ZPO) zu beantragen, die erst mit ihrer Eintragung im Grundbuch entsteht und die die vorherige oder mindestens gleichzeitige Eigentumsumschreibung voraussetzt (BGH 49, 197, 206). Der hM ist zuzustimmen. Wenn die vor Auflassung zulässigerweise erwirkte Pfändung des Anspruchs auf Eigentumsverschaffung mit Umschreibung des Eigentums auf den Vollstreckungsschuldner kraft Gesetzes eine Sicherungshypothek entstehen läßt, so muß dies erst recht gelten, wenn das Anwartschaftsrecht des seinem Ziel näher gerückten Auflassungsempfängers gepfändet wird. 65

f) Die Rechtsstellung des Anwartschaftsberechtigten wird als „**sonstiges Recht**" durch § 823 I (BGH 49, 197, 201; vgl auch § 823 Rz 42) und durch § 826 (MüKo/Kanzleiter Rz 35) geschützt. Ein Recht zum Besitz folgt aus dem Anwartschaftsrecht nicht (Celle NJW 1958, 870; vgl auch MüKo/Kanzleiter Rz 35). 66

g) Ein (nicht vormerkungsabhängiges) Anwartschaftsrecht **erlischt**, wenn der Auflassungsempfänger seinen **Antrag zurücknimmt oder** dieser vom Grundbuchamt **zurückgewiesen** wird (BGH 45, 186, 191; WM 1975, 255, 256). Legt der Auflassungsempfänger gegen die Zurückweisung seines Eintragungsantrages erfolgreich Erinnerung bzw Beschwerde ein, so leben die alten Wirkungen nach hM lediglich ex nunc wieder auf (BGH 45, 186, 191), dh zwischen Zurückweisung des Antrages und deren Aufhebung vorgenommene Eintragungen haben Bestand (RG 135, 385; BGH aaO; Hager JuS 1991, 4 mwN in Fn 61) und zwar auch hinsichtlich ihres Ranges (BayObLG Rpfleger 1983, 101). Wird die Beschwerde auf neues Vorbringen gestützt, so hat ihre Einlegung die Bedeutung eines neuen Antrags (Demharter § 18 GBO Rz 17). Ein Anwartschaftsrecht erlischt im übrigen dann unter, **wenn** seine **Voraussetzungen wegfallen**, insb die Auflassung aufgehoben wird (vgl Rz 74ff). 67

3. Auflassung und Eintragung gemeinsam bewirken die Übertragung des Grundstückseigentums vom Veräußerer auf den Erwerber. Dazu müssen Auflassung und Eintragung **gleichzeitig** vorliegen und sich decken. Eine zeitliche Reihenfolge ist materiell-rechtlich nicht vorgeschrieben. Nach der verfahrensrechtlichen Ordnungsvorschrift des § 20 GBO soll die Einigung der Eintragung vorangehen. Zur Zeit der Eintragung darf die Auflassung nicht wirksam widerrufen (Rz 50) oder kondiziert (Rz 75) sein. Andererseits kann sich zB eine durch nachträgliche behördliche Genehmigung erst wirksam gewordene Auflassung nicht mehr auswirken, wenn die entsprechende Eintragung inzwischen gelöscht worden ist. 68

Stimmen Auflassung und Eintragung inhaltlich nicht überein, kommt eine Rechtsänderung nur in dem Umfang in Betracht, in dem Auflassung und Eintragung sich decken. Dies hängt entspr § 139 davon ab, ob die Aufrechterhaltung dieses Teils des Rechtsgeschäfts dem hypothetischen Parteiwillen entspricht (Staud/Gursky § 873 Rz 180). 69

Bleibt der Inhalt der **Auflassung hinter** dem Umfang der **Eintragung zurück**, geht das Eigentum insoweit über, als Einigung und Eintragung sich decken. Dies gilt zB dann, wenn die beurkundete Auflassung sich ua auf ein Grundstück bezieht, das nach dem maßgeblichen übereinstimmenden Willen der Parteien (falsa demonstratio non nocet, vgl Rz 38) nicht übereignet werden sollte. Obwohl hier die Eintragung möglicherweise dem beurkundeten Inhalt der Auflassung entspricht, tritt die Rechtsänderung nur im gewollten Umfang ein. Bezüglich des über die Einigung hinausgehenden Teils der Eintragung ist das Grundbuch unrichtig und kann berichtigt werden, wenn der wahre Inhalt der Auflassung durch freiwillige Erklärung in der Form des § 29 GBO oder durch Urteil festgestellt ist. Dagegen wird auch der nicht durch die Auflassung gedeckte Teil der eingetragenen Rechtsänderung nachträglich wirksam, wenn die Parteien die Auflassung entsprechend ändern (Staud/Gursky Rz § 873 Rz 184). 70

Bleibt die **Eintragung hinter der Auflassung zurück**, ist entsprechend § 139 zu entscheiden, ob das Recht wenigstens in dem Umfang entstanden ist, in dem sich Auflassung und Eintragung decken (vgl § 873 Rz 25 mwN). In der Regel ist davon auszugehen, daß die weitergehende Einigung auch den Willen der Beteiligten zur Übertragung des Eigentums an dem der Eintragung entsprechenden geringeren Teil des Auflassungsobjekts umfaßt (Staud/Pfeifer Rz 115). Im übrigen kann die Eintragung nachgeholt werden, ggf nach Feststellung der wahren Tragweite der Auflassung. 71

Läßt ein Eigentümer zwei Grundstücke an verschiedene Käufer auf und werden bei der Eintragung die jeweiligen Grundbuchblätter verwechselt, so muß zunächst wieder der Veräußerer als Berechtigter eingetragen werden 72

§ 925 Sachenrecht Eigentum

(berichtigende Eintragung, vgl § 894), ehe die Erwerber eingetragen werden können (rechtsändernde Eintragung). Dies folgt aus dem Voreintragungsgrundsatz, § 39 GBO (vgl vor § 873 Rz 7 und RG 133, 279, 282f mwN).

73 Eine **Eintragungsbewilligung** ist trotz Auflassung **nicht entbehrlich**. Zwar enthält § 20 GBO eine Ausnahme vom formellen Konsensprinzip (vgl vor § 873 Rz 7). Gleichwohl ist neben dem Nachweis der Einigung nach hM grundsätzlich auch eine Eintragungsbewilligung erforderlich (Demharter § 20 GBO Rz 2 mwN). Im Regelfall ergibt sich im Wege der Auslegung, daß die materiell-rechtliche Auflassung die formell-rechtlich erforderliche Eintragungsbewilligung enthält (BayObLG DNotZ 1975, 685; Behmer Rpfleger 1984, 307).

Auch der nach § 13 GBO notwendige Antrag ist in der Auflassung iVm ihrer Vorlage beim Grundbuchamt durch einen Antragsberechtigten (bzw Vertreter oder Boten) regelmäßig enthalten (MüKo/Kanzleiter Rz 44).

VIII. Aufhebung und Kondiktion der Auflassung

74 **Bis zur Grundbucheintragung** ist die **Aufhebung** der Auflassung durch formlosen Vertrag möglich (BayObLG 1954, 141, 147; 1972, 397, 401; wN bei BGH MittRhNK 1993, 310, 312). Ein bereits entstandenes Anwartschaftsrecht steht dem nicht entgegen (Staud/Pfeifer Rz 89 mwN). Auch § 29 GBO ist nicht einschlägig (BayObLG 1967, 13, 16; Demharter Anh § 13 GBO Rz 29 aE). Mit der Aufhebung der Auflassung ist die regelmäßig vorliegende Ermächtigung des Erwerbers zur Weiterveräußerung (vgl Rz 54) als widerrufen anzusehen (vgl BayObLGZ 1972, 397). Liegt der Auflassung zB wegen Formmangels (§§ 125, 311b I S 1) kein wirksames schuldrechtliches Grundgeschäft zugrunde, kann der Veräußerer vom Erwerber als Bereicherungsschuldner iSv § 812 die Einwilligung in die Aufhebung der Auflassung verlangen (BGH NJW 1994, 2480, 2481; RG 108, 329, 333), sofern nicht § 814 dem entgegensteht (RG aaO). Die formgerechte und daher bindende Auflassung schließt einen einseitigen Widerruf des Veräußerers aus (Rz 50) und ermöglicht es dem Erwerber, seine Eintragung selbst dann noch zu betreiben, wenn der Veräußerer bereits eine Bereicherungsklage erhoben hat. Darin liegt seine Bereicherung iSv § 812 (RG 111, 98, 101f). Erst nach rechtskräftiger Verurteilung des Erwerbers zur Einwilligung in die Aufhebung der Auflassung ist der Veräußerer an diese nicht mehr gebunden (RG 111, 98, 101). Bis dahin kann durch Eintragung des Erwerbers noch Heilung des Formmangels beim Grundgeschäft eintreten (§ 311b I S 2) mit der Folge, daß der Bereicherungsanspruch des Veräußerers entfällt und dieser sein Eigentum verliert.

75 Will der Veräußerer den Verlust seines Eigentums verhindern, muß er im Wege einer einstweiligen Verfügung ein sog Erwerbsverbot erwirken (vgl § 888 Rz 16).

76 Ist der Erwerber mit seiner Eintragung (ohne rechtlichen Grund iSv § 812) Eigentümer geworden, so kommt eine Aufhebung der Auflassung nicht mehr in Betracht. Vielmehr ist eine förmliche Rückübertragung des Eigentums am Grundstück gemäß §§ 873, 925 erforderlich (Staud/Pfeifer Rz 90).

IX. Weitere Voraussetzungen der Übertragung des Grundstückseigentums

77 Mitunter hängt die Wirksamkeit der Auflassung und damit der Grundstücksübereignung nach §§ 873, 925 von einer **staatlichen Genehmigung** ab (vgl dazu § 873 Rz 5 sowie Staud/Pfeifer Rz 102 und MüKo/Kanzleiter Rz 46ff). Wird die Genehmigung unanfechtbar versagt, wird die Auflassung endgültig unwirksam (BGH 67, 34 = NJW 1976, 1939; MüKo/Kanzleiter Rz 46b mwN). Jedenfalls bis zur Unanfechtbarkeit kann die Genehmigungsverweigerung von der zuständigen Behörde noch widerrufen und die Genehmigung nachträglich erteilt werden (Staud/Gursky Vorb zu §§ 182ff Rz 57 mwN). Dagegen hat es bei der Unwirksamkeit sein Bewenden, wenn der unanfechtbar gewordene Versagungsbescheid nachträglich aufgehoben wird (Pal/Heinrichs § 275 Rz 39). Eine unanfechtbar erteilte Genehmigung kann nach Maßgabe der §§ 48, 49 VwVfG zurückgenommen bzw widerrufen werden, wobei die öffentlichen und privaten Belange abzuwägen sind (BVerwG NJW 1978, 338; Hamm OLGZ 1978, 304; Staud/Gursky Vorb zu §§ 182ff Rz 56 mwN). Dabei wird der Widerruf rechtmäßig erteilten behördlichen Zustimmung kaum jemals in Betracht kommen (Staud/Gursky aaO). Daß in einem solchen Fall die bereits wirksam gewordene Eigentumsübertragung nachträglich (wieder) schwebend unwirksam wird (vgl Hamm Rpfleger 1978, 374, 375), wird man nicht annehmen können; vielmehr dürfte die einmal eingetretene privatrechtsgestaltende Wirkung der Genehmigung bestehen bleiben (BGH WM 1966, 640; DNotZ 1969, 617; BayVGH BauR 1976, 409; zu § 18 II BImSchG siehe BVerwG DVBl 2003, 209, 210; vgl auch Pawlowski JZ 2000, 917ff; aA Bamberger/Roth/Grün Rz 50).

Zu denken ist zB **bei Beteiligung Minderjähriger** an die nach Maßgabe der §§ 1643 I, 1821 I Nr 1, 5, 1909ff erforderliche **Genehmigung des Vormundschaftsgerichts**.

Fehlen die im Einzelfall erforderlichen vorgenannten Genehmigungen, so ist die Grundstücksübertragung regelmäßig schwebend unwirksam (MüKo/Kanzleiter Rz 45, 46a).

78 Für die sog **steuerliche Unbedenklichkeitsbescheinigung** nach § 22 I S 1 GrEStG gilt das nicht. Zwar darf das Grundbuchamt ohne ihr Vorliegen (auch in Zweifelsfällen, vgl Zweibrücken NJW-RR 2000, 1686f) die Eigentumsumschreibung grds nicht vornehmen (zu Ausnahmen in NRW vgl NJW 2000, 125; in SchlH vgl NJW 2000, 2803; in Bayern vgl NJW 2000, 1169); geschieht dies dennoch, so geht das Eigentum am Grundstück wirksam über (Staud/Pfeifer Rz 104). Zum Grunderwerbsteuerrecht siehe bei Soergel/Stürner vor § 873 Rz 60ff.

Gleiches gilt bei Fehlen des nach § 28 I S 2 BauGB erforderlichen Nachweises (sog **Negativzeugnis**; vgl Grziwotz, Grundbuch- und Grundstücksrecht Rz 561) über die Nichtausübung bzw das Nichtbestehen eines gemeindlichen Vorkaufsrechts iSd §§ 24ff BauGB (vgl Staud/Pfeifer Rz 105 und MüKo/Kanzleiter Rz 48, jeweils mit weiteren Beispielen).

925a *Urkunde über Grundgeschäft*

Die Erklärung einer Auflassung soll nur entgegengenommen werden, wenn die nach § 311b Abs. 1 Satz 1 erforderliche Urkunde über den Vertrag vorgelegt oder gleichzeitig errichtet wird.

1. Zweck des § 925a ist es, sicherzustellen, daß das Beurkundungsgebot nach § 311b I S 1 nicht über die Heilung nach § 311b I S 2 umgangen wird (MüKo/Kanzleiter Rz 1). Sein Anwendungsbereich deckt sich mit dem des § 925 und dem des § 311b I. Er umfaßt regelmäßig alle Fälle, in denen zur Erfüllung eines dem Beurkundungszwang unterliegenden Übereignungsanspruchs eine Auflassung erforderlich ist (vgl Staud/Pfeifer Rz 5).

Adressat des § 925a ist derjenige, der die Auflassung entgegennimmt. Das ist **regelmäßig ein Notar** (vgl § 925 I S 2), nicht das Grundbuchamt (§ 925 Rz 16). Hat der Notar die Auflassung entgegengenommen und beurkundet, so darf das Grundbuchamt die Umschreibung nicht von der Vorlage der Schuldurkunde abhängig machen (Schleswig SchlHA 1960, 341; Pal/Bassenge Rz 1). Es darf nur die Vorlage der Auflassung selbst verlangen (§ 20 GBO). 2

§ 925a ist eine bloße **Ordnungsvorschrift**. Ihre Einhaltung ist keine Wirksamkeitsvoraussetzung der Auflassung. Ein Verstoß kann aber haftungs- und dienstrechtliche Folgen für den jeweiligen Amtsträger haben (Staud/Pfeifer Rz 10). 3

§ 926 *Zubehör des Grundstücks*

(1) Sind der Veräußerer und der Erwerber darüber einig, dass sich die Veräußerung auf das Zubehör des Grundstücks erstrecken soll, so erlangt der Erwerber mit dem Eigentum an dem Grundstück auch das Eigentum an den zur Zeit des Erwerbs vorhandenen Zubehörstücken, soweit sie dem Veräußerer gehören. Im Zweifel ist anzunehmen, dass sich die Veräußerung auf das Zubehör erstrecken soll.

(2) Erlangt der Erwerber auf Grund der Veräußerung den Besitz von Zubehörstücken, die dem Veräußerer nicht gehören oder mit Rechten Dritter belastet sind, so finden die Vorschriften der §§ 932 bis 936 Anwendung; für den guten Glauben des Erwerbers ist die Zeit der Erlangung des Besitzes maßgebend.

I. Anwendungsbereich und Normzweck. Der Erwerber eines Grundstücks erwirbt stets zugleich auch das Eigentum an dessen wesentlichen Bestandteilen (§§ 93, 94), da diese nicht sonderrechtsfähig sind (§ 93). Für **Grundstückszubehör** (§§ 97, 98) gilt dagegen § 926, der anders als etwa § 311c (vgl Düsseldorf, OLGZ 1993, 73 = DNotZ 1993, 342) zwischen veräußereigenen (Abs I) und veräußererfremden Zubehörstücken (Abs II) unterscheidet. Analog anzuwenden ist § 926 bei **unwesentlichen Grundstücksbestandteilen** (RG 158, 362, 368f; Frankfurt aM NJW 1982, 653, 654), sofern sie dem Veräußerer gehören. Andernfalls kommt nur deren gutgläubiger Erwerb gemäß den §§ 932ff in Betracht. Die Übertragung sonstiger beweglicher Sachen (zB sog Scheinbestandteile iSv § 95) richtet sich allein nach den §§ 929ff. Zur Bestellung und Aufhebung eines Nießbrauchs bzw Bestellung eines dinglichen Vorkaufsrechts vgl §§ 1031, 1062 bzw § 1096. 1

§ 926 I S 1 dient der **Erhaltung der wirtschaftlichen Einheit** von Grundstück und Zubehör (Prot III 179, 218; Jauernig/Jauernig Rz 2), indem er für bewegliche Sachen, die zur Zeit des Grundstückserwerbs dessen Zubehör sind und dem Veräußerer gehören, die Eigentumsverschaffung erleichtert. Ohne § 926 würden Zubehörstücke, die versehentlich nicht übergeben worden sind, Eigentum des Veräußerers bleiben. 2

II. Zubehörerwerb vom Berechtigten (§ 926 I). Was unter **Zubehör** bzw **Zubehörstücken** iSv § 926 I zu verstehen ist, ergibt sich aus den §§ 97, 98. Die Zubehöreigenschaft muß im Zeitpunkt des Übergangs des Grundeigentums gegeben sein (Augsburg OLGE 34, 177) und allein in bezug auf das übereignete Grundstück bestehen (Breslau OLGE 35, 291). Die irrige Annahme des Erwerbers, es handle sich um Zubehör, genügt nicht (KG OLG 14, 80). Auf Besitz des Veräußerers bzw Besitzerlangung des Erwerbers kommt es ebenfalls nicht an. Der Veräußerer ist an einer Veräußerung des Zubehörs vor Umschreibung des Grundstücks nicht gehindert. § 878 gilt aber bei Verfügungsbeschränkung entsprechend (Staud/Pfeifer Rz 10). Die Zubehörstücke müssen dem Veräußerer in demselben Rechtsumfang und demselben Rechtsinhalt gehören wie das Grundstück selbst (vgl RG 97, 102, 107 zur Unterscheidung zwischen Allodialeigentum und Familienfideikommiß nach prALR). Dagegen geht bei Veräußerung eines Grundstücks durch den Vorerben das Eigentum am Zubehör auch dann über, wenn letzteres dem Vorerben unbeschränkt von der Nacherbfolge gehört (RG 97, 102, 106). 3

Die **Einigung über den Zubehörübergang** ist gemäß § 926 I S 2 im Zweifel **in der Einigung iSv §§ 873, 925 enthalten**. § 926 I S 2 trägt der allgemeinen Lebenserfahrung Rechnung, daß der Veräußerungswille gewöhnlich nicht nur das Grundstück umfaßt, sondern auch dessen im Eigentum des Veräußerers stehendes Zubehör (LG Gießen, NJW-RR 1999, 1538). Wer den Eigentumsübergang aller oder einzelner Zubehörstücke (vgl RG Recht 1921, Nr 570) bestreitet, muß dartun und ggf beweisen, daß sie ausdrücklich oder aus den Umständen erkennbar ausgenommen worden sind (vgl Staud/Pfeifer Rz 14; Baumgärtel/Laumen, Beweislast, § 926 Rz 1 mwN). 4

Zubehörstücke können auch selbständig gemäß den §§ 929ff veräußert werden (RG Gruchot 48 [1904], 1064 1065), dh nicht lediglich als Nebensache des Grundstücks. In einem solchen Fall gilt die Vermutung des § 926 I S 2 nicht (Augsburg OLGE 34, 177; Baumgärtel/Laumen, Beweislast, Rz 2; Staud/Pfeifer Rz 14), zB dann, wenn sich die Parteien ausdrücklich einigen, daß das Eigentum am Zubehör mit der Übergabe und nicht gleichzeitig mit dem Grundstück übergehen soll. 5

III. Zubehörerwerb vom Nichtberechtigten (§ 926 II). Gehören Zubehörstücke nicht dem Veräußerer, so ist gutgläubiger Erwerb gemäß den §§ 932ff möglich. Hinsichtlich der erforderlichen Einigung gilt die Vermutung des § 926 I S 2 nicht. Die Veräußerung fremden Eigentums ist rechtswidrig, und es kann nicht angenommen werden, das Gesetz wolle einen Regelfall unterstellen, in dem der Wille der Beteiligten auf einen Gesetzesverstoß gerichtet ist (Düsseldorf OLGZ 1993, 73, 74f = DNotZ 1993, 342; LG Saarbrücken NJW-RR 1987, 11; LG Gießen NJW-RR 1999, 1538; Staud/Pfeifer Rz 16 mwN; aA Augsburg OLGE 34, 177; wohl auch MüKo/Kanzleiter Rz 6 Fn 9). Der gute Glaube des Erwerbers vermag nur den Mangel des Eigentums zu heilen, nicht dagegen fehlenden Veräußererwillen bzw fehlende Zubehöreigenschaft (KG OLGE 14, 80). Daneben ist Besitzerlangung des Erwer- 6 bers erforderlich. Hat der Erwerber den Besitz an den Zubehörstücken aufgrund der Veräußerung erlangt, muß der betroffene Dritte den bösen Glauben des Erwerbers im Zeitpunkt der Besitzerlangung beweisen (Baumgärtel/Laumen, Beweislast, Rz 3 mwN).

7 **IV. Rechte Dritter.** Gemäß § 926 II iVm § 936 erlöschen an Zubehörstücken bestehende Rechte Dritter, wenn der Erwerber hinsichtlich ihres Nichtbestehens im maßgebenden Zeitpunkt gutgläubig ist, mit Erwerb des Zubehöreigentums, im Fall des § 926 I aber erst mit Besitzerlangung, wenn sie dem Eigentumserwerb nachfolgt (Pal/Bassenge Rz 3; MüKo/Kanzleiter Rz 6; Soergel/Stürner Rz 3; Staud/Pfeifer Rz 19).

927 *Aufgebotsverfahren*

(1) Der Eigentümer eines Grundstücks kann, wenn das Grundstück seit 30 Jahren im Eigenbesitz eines anderen ist, im Wege des Aufgebotsverfahrens mit seinem Recht ausgeschlossen werden. Die Besitzzeit wird in gleicher Weise berechnet wie die Frist für die Ersitzung einer beweglichen Sache. Ist der Eigentümer im Grundbuch eingetragen, so ist das Aufgebotsverfahren nur zulässig, wenn er gestorben oder verschollen ist und eine Eintragung in das Grundbuch, die der Zustimmung des Eigentümers bedurfte, seit 30 Jahren nicht erfolgt ist.

(2) Derjenige, welcher das Ausschlussurteil erwirkt hat, erlangt das Eigentum dadurch, dass er sich als Eigentümer in das Grundbuch eintragen lässt.

(3) Ist vor der Erlassung des Ausschlussurteils ein Dritter als Eigentümer oder wegen des Eigentums eines Dritten ein Widerspruch gegen die Richtigkeit des Grundbuchs eingetragen worden, so wirkt das Urteil nicht gegen den Dritten.

1 **I. Zweck und Anwendungsbereich.** Wie § 900 (Buchersitzung) bezweckt, ein dauerndes Auseinanderfallen von Grundbucheintragung und wirklicher Rechtslage zu verhindern, so soll § 927 das Auseinanderfallen von tatsächlicher Herrschaftsmacht und rechtlicher Inhaberschaft (zu den Gründen vgl Saenger MDR 2001, 134f) beenden (Staud/Pfeifer Rz 1). Deshalb erhält ein Eigenbesitzer, der ein Ausschlußurteil erwirkt hat, ein Aneignungsrecht an dem damit herrenlos gewordenen Grundstück.

2 § 927 findet auch **Anwendung** auf **reale Grundstücksteile** (Staud/Pfeifer Rz 4), auf **Miteigentum nach Bruchteilen** (Pal/Bassenge Rz 1) und auf **Wohnungs- und Teileigentum** (Staud/Pfeifer Rz 4 mwN), **nicht** dagegen auf einzelnen Anteil an einer Gesamthand (vgl AG Aurich NJW-RR 1994, 1170; Soergel/Stürner Rz 1; Staud/Pfeifer Rz 5; aA MüKo/Kanzleiter Rz 3). Ausschluß aller Gesamthänder nach § 927 ist aber möglich (Bamberg, NJW 1966, 1413; Staud/Pfeifer Rz 5 mwN). Zum Gebiet der früheren DDR siehe Bamberger/Roth/Grün Rz 3 u 10 sowie Pal/Bassenge Art 237 EGBGB.

3 **II. Voraussetzungen. 1.** Der Antragsteller muß **dreißigjährigen Eigenbesitz** (§ 872) glaubhaft machen, wobei mittelbarer (§ 868) Eigenbesitz genügt (RG Gruchot 44 [1900], 862, 865). Die Berechnung der Besitzzeit erfolgt gemäß § 927 I S 2 nach den §§ 938–944. Die Besitzzeit des Rechtsvorgängers wird angerechnet (§ 943). Erwerbstitel und guter Glaube an ein Recht zum Besitz sind nicht erforderlich (Staud/Pfeifer Rz 9).

4 **2.** Ist im Grundbuch **kein Eigentümer eingetragen** (vgl § 927 I S 3), so bestehen neben dem dreißigjährigen Eigenbesitz für die Durchführung des Aufgebotsverfahrens keine weiteren Voraussetzungen. Dies ist zB der Fall, wenn das betreffende Grundstück aus Versehen oder wegen § 3 II GBO kein Grundbuchblatt erhalten hat oder wenn der frühere Eigentümer sein Eigentum an dem Grundstück aufgibt (§ 928 I) und der Fiskus es sich noch nicht angeeignet hat (§ 928 II). Gleichzustellen ist der Fall, daß ein Nichteigentümer (das kann der Eigenbesitzer sein) eingetragen ist (BGH WM 1978, 194; Schleswig SchlHA 1954, 52; LG Bielefeld RdL 1960, 185). Denn mit Eigentümer iSv § 927 I S 3 ist der materiell-rechtlich wahre Eigentümer gemeint (Staud/Pfeifer Rz 10). Die für den bloß Buchberechtigten sprechende Vermutung des § 891 muß aber widerlegt werden (vgl § 891 Rz 19); Glaubhaftmachung der Nichtberechtigung gemäß § 980 ZPO genügt nicht (Siebels MittRhNK 1971, 459; Staud/Pfeifer Rz 10; aA MüKo/Kanzleiter Rz 4).

5 **3.** Ist zum maßgeblichen Zeitpunkt des Antrags auf Einleitung des Verfahrens (RG JW 1936, 2399; MüKo/Kanzleiter Rz 4) der (zu seinen Lebzeiten) **wahre Eigentümer eingetragen**, so ist das Aufgebotsverfahren nur zulässig, wenn die Voraussetzungen des § 927 I S 3 vorliegen. Der Eigentümer muß danach **entweder tot** (zum Nachweis seines Todes genügt es, daß er für tot erklärt ist, vgl Baumgärtel/Laumen, Beweislast, Rz 2 mwN) **oder verschollen** iSv § 1 VerschG (vgl AG Bergheim MDR 2002, 1431; aA Pal/Bassenge Rz 2) sein. Bei einer OHG ist der Tod des letzten Gesellschafters (LG Köln RhNotZ 1931, 171), bei einer juristischen Person deren Auflösung (BGH WM 2003, 1955 = MDR 2003, 924f; Pal/Bassenge Rz 2) maßgeblich. Ob die Erben unbekannt bzw nicht zu ermitteln sind, spielt keine Rolle (LG Köln MittRhNotK 1985, 215). Auf die seit dem Tod bzw der Verschollenheit verstrichene Zeit kommt es ebenfalls nicht an.

6 Es darf aber **seit 30 Jahren keine Eintragung** im Grundbuch erfolgt sein, die der Zustimmung des Eigentümers (unabhängig von deren tatsächlicher Erteilung; vgl Staud/Pfeifer Rz 11) bedurfte (vgl zB §§ 873, 875, 877, 880, 1183 BGB; §§ 19, 20, 22 II, 27 GBO). Als eine solche gilt auch die von einem Bevollmächtigten des Eigentümers bewilligte Eintragung (Staud/Pfeifer Rz 11 mwN), nicht dagegen eine Eintragung, die ein Abwesenheitspfleger veranlaßt hat (MüKo/Kanzleiter Rz 4 mwN). Wird das Aufgebotsverfahren zulässigerweise auf Antrag oder mit Zustimmung des Eigentümers durchgeführt, so müssen die seinem Schutz dienenden Voraussetzungen und Fristen des § 927 I nicht vorliegen (vgl Bamberg NJW 1966, 1413; LG Amberg MittRhNotK 1964, 1).

7 **III.** Das **Aufgebotsverfahren** ist in den §§ 946–959, 977–981 (und 1024 I) ZPO geregelt. Antragsbefugt ist (sind) der (die) Eigenbesitzer (§ 979 ZPO). Das Antragsrecht ist pfändbar (RG 76, 357).

IV. Wirkungen des Ausschlußurteils. 1. Im Regelfall geht durch das Ausschlußurteil nicht nur das Eigentum 8 des eingetragenen Berechtigten, sondern **jedes Eigentum an dem** betreffenden **Grundstück unter.** Das Grundstück wird herrenlos (RG 76, 357, 359; BGH NJW 1980, 1521). Sogar das etwaige Eigentum des Antragstellers, der wegen der unklaren Rechtslage oder infolge ihrer Verkennung das Aufgebot beantragt hat, wird vernichtet. Mit dem Eigentum erlöschen auch die ihm anhaftenden, aus etwaigen Nacherbenrechten sich ergebenden Verfügungsbeschränkungen, es sei denn, das Ausschlußurteil enthält einen diesbezüglichen Vorbehalt (RG 76, 359f; Staud/Pfeifer Rz 15).

Nicht ausgeschlossen wird derjenige, der im Aufgebotsverfahren sein Recht als Eigentümer (ein schuldrechtlicher Eigentumsverschaffungsanspruch genügt nicht, vgl BGH 76, 169, 172 = NJW 1980, 1521) angemeldet und einen entsprechenden **Vorbehalt** im Urteil erwirkt hat (§ 953 ZPO). Auch das Recht desjenigen, der **nach Einleitung des Aufgebotsverfahrens** und vor Erlaß des Ausschlußurteils **als Eigentümer eingetragen** oder durch **Widerspruch** gegen die Richtigkeit des Grundbuchs gesichert worden ist, bleibt bestehen. 9

2. Derjenige, der das Ausschlußurteil erwirkt hat, erwirbt gemäß § 927 II das **Recht, sich das Eigentum anzu-** 10 **eignen.** Hierzu bedarf es der Eintragung des Aneignungsberechtigten in das Grundbuch, die dieser als Begünstigter beantragen kann. Der **formell-rechtlich** gemäß § 13 GBO erforderliche **Antrag** ist dann zugleich Ausdruck seines Aneignungswillens und damit rechtsgeschäftliche, **nach materiellem Recht** notwendige, aber an keine besondere Form gebundene, amtsempfangsbedürftige **Willenserklärung** (vgl Staud/Pfeifer Rz 24).

Im Hinblick auf § 30 GBO bedarf der Eintragungsantrag der Form des § 29 GBO (Demharter Anh § 44 GBO Rz 6; Staud/Pfeifer Rz 30; aA Jena ZflR 2003, 63, 64; Pal/Bassenge Rz 5; MüKo/Kanzleiter Rz 7; Saenger MDR 2001, 134, 135). Formell-rechtlich ist darüber hinaus die Vorlage der Ausfertigung des Ausschlußurteils als Nachweis iSv § 22 I GBO für das Erlöschen des Eigentums des Bucheigentümers und das Aneignungsrecht erforderlich. Dagegen ist eine Unbedenklichkeitsbescheinigung des Finanzamtes (vgl § 925 Rz 78) entbehrlich (Zweibrükken NJW-RR 1986, 1461; Demharter § 20 GBO Rz 48, 49 und Anh § 44 GBO Rz 7; Saenger MDR 2001, 134, 136; Staud/Pfeifer Rz 29 mwN).

Hat ein **Dritter** sein Recht als Eigentümer im Aufgebotsverfahren angemeldet und einen entsprechenden Vorbe- 11 halt im Ausschlußurteil erwirkt, hängt der Eigentumserwerb des Aneignungsberechtigten von der wirksamen Zustimmung bzw einem Verzicht des Dritten ab, dessen Erklärung durch Urteil (§ 894 ZPO) ersetzt werden kann (RG 67, 95, 100; KG KGJ 33, 210, 211; Staud/Pfeifer Rz 25). Gleiches gilt, wenn während des Verfahrens ein Dritter als Eigentümer eingetragen worden ist. Da ihm gegenüber das Ausschlußurteil nicht wirkt (§ 927 III), muß der Aneignungsberechtigte die für den Dritten wirkende Eigentumsvermutung (§ 891) im Wege der Feststellungsklage oder der Klage auf Grundbuchberichtigung nach § 894 (vgl Pal/Bassenge Rz 5 und Baumgärtel/Laumen, Beweislast, Rz 3 mwN) widerlegen oder die Zustimmung des Eingetragenen erwirken (KG OLG 15, 353; Pal/Bassenge Rz 5). Dagegen hindert die Eintragung eines Widerspruchs zugunsten des Dritten während des Verfahrens die spätere Eintragung des Aneignungsberechtigten nicht (KGJ 33, 210, 212). Der Dritte kann aber dann wegen § 927 III seinerseits die Grundbuchberichtigung betreiben, sofern er sein Eigentum beweisen kann (Baumgärtel/Laumen, Beweislast, Rz 4).

Nicht vom Ausschlußurteil betroffen ist neben dem Dritten iSv § 927 II (Rz 11) auch derjenige, der nach 12 Erlaß des Ausschlußurteils eingetragen wird. Hat dieser gemäß § 892 gutgläubig das durch das Ausschlußurteil herrenlos gewordene Grundstück erworben (vgl Staud/Pfeifer Rz 16), so kann ihm gegenüber das Aneignungsrecht nicht mehr durchgesetzt werden. Andernfalls muß der Aneignungsberechtigte die Berichtigung des Grundbuchs (zB nach § 894) oder die Zustimmung des Buchberechtigten erwirken (Pal/Bassenge Rz 5 mwN).

Das Aneignungsrecht nach § 927 II ist nach hM ein dingliches Recht eigener Art (Staud/Pfeifer Rz 18 mwN). 13 Der Aneignungsberechtigte kann vom Bucheigentümer Zustimmung zur Grundbuchberichtigung, dh Löschung von dessen Eintragung verlangen (§ 894) und sein Aneignungsrecht durch Widerspruch gemäß § 899 sichern lassen (Staud/Pfeifer Rz 19; Pal/Bassenge Rz 4). Eine Vormerkung kommt nicht in Betracht (Staud/Pfeifer Rz 18 mwN). Das Aneignungsrecht kann durch Einigung (ohne Eintragung) entsprechend § 925 I übertragen werden (MüKo/Kanzleiter Rz 8; Pal/Bassenge Rz 4). Es ist auch verpfändbar und pfändbar (§ 857 ZPO). Mit Eintragung des Aneignungsberechtigten als Eigentümer entsteht für den Pfandrechtsgläubiger kraft Gesetzes eine Sicherungshypothek (Staud/Pfeifer Rz 20).

Der **Eigentumserwerb** nach § 927 II **ist ursprünglich** und nicht abgeleitet (RG 76, 357, 360; LG Aachen Mitt 14 RhNotK 1971, 405). Er tritt ein, wenn die materiell-rechtlichen Voraussetzungen vorliegen. Ist der Aneignungsberechtigte bereits als Eigentümer eingetragen, so geht das Eigentum unmittelbar mit Erlaß des Ausschlußurteils auf ihn über (MüKo/Kanzleiter Rz 7 mwN). Ein gutgläubig lastenfreier Erwerb nach § 892 bezüglich zu Unrecht gelöschter Belastungen kommt nicht in Betracht. Alle Belastungen – auch Vormerkungen und Widersprüche – **bleiben bestehen.** Deren Inhaber können gegen den neuen Eigentümer in gleicher Weise vorgehen wie gegen den bisherigen. Für die Zeit bis zur Aneignung dürften die §§ 58 und 787 ZPO entsprechend anzuwenden sein (vgl § 928 Rz 7). Gleiches gilt für § 566 (MüKo/Kanzleiter Rz 7 zu § 571 aF).

Dem durch sachlich unrichtiges Urteil ausgeschlossenen bisherigen Eigentümer steht **kein Bereicherungsan-** 15 **spruch** zu (LG Koblenz NJW 1963, 254). Unter den Voraussetzungen der §§ 957ff ZPO ist gegen das Ausschlußurteil eine **Anfechtungsklage** zulässig (Staud/Pfeifer Rz 15).

928 *Aufgabe des Eigentums, Aneignung des Fiskus*

(1) **Das Eigentum an einem Grundstück kann dadurch aufgegeben werden, dass der Eigentümer den Verzicht dem Grundbuchamt gegenüber erklärt und der Verzicht in das Grundbuch eingetragen wird.**

§ 928

(2) **Das Recht zur Aneignung des aufgegebenen Grundstücks steht dem Fiskus des Bundesstaats zu, in dessen Gebiet das Grundstück liegt. Der Fiskus erwirbt das Eigentum dadurch, dass er sich als Eigentümer in das Grundbuch eintragen lässt.**

1 **I. Allgemeines. 1. Zweck und Bedeutung.** Wie der Eigentümer einer beweglichen Sache, so soll auch der Grundstückseigentümer die Möglichkeit haben, das Eigentum an seinem Grundstück aufzugeben (MüKo/Kanzleiter Rz 1). Eine hierauf gerichtete Verpflichtung (zB gegenüber einem Aneignungsberechtigten) bedarf der Form des § 311b I (vgl Staud/Pfeifer Rz 17 mwN). § 928 spielt im Rechtsleben keine große Rolle. Denn dem Eigentümer eines mit Hypotheken überlasteten Grundstücks bietet er keinen Anreiz zur Aufgabe des Grundstücks, weil die den Hypotheken zugrunde liegenden persönlichen Forderungen bestehen bleiben. Die Aufgabe ist grundsätzlich auch dann zulässig, wenn sich der Eigentümer dadurch den **öffentlichen Verpflichtungen** entziehen will (BayObLG Rpfleger 1983, 308; Pal/Bassenge Rz 1; aA Stöckle/Röckeisen NJ 1993, 67, 68). Auch das Motiv, die **polizeiliche Zustandsverantwortlichkeit** zu beenden, genügt als solches nicht, um die Aufgabe des Eigentums gemäß § 138 als sittenwidrig zu qualifizieren (VGH Mannheim NVwZ 1996, 1036; vgl aber auch NJW 1997, 3259 mwN; aA Schmidt-Jorzig, FS Scupin, 1983, S 819, 822f). **Im Einzelfall** kommt aber die Aufrechterhaltung der persönlichen Verpflichtung des Verzichtenden unter dem Gesichtspunkt eines **Umgehungsgeschäfts** in Betracht (MüKo/Kanzleiter Rz 8; Staud/Pfeifer Rz 33).

2 **2. Anwendungsbereich.** Das Eigentum an **Grundstücken** und realen **Grundstücksteilen** kann aufgegeben werden. Nicht gebuchte Grundstücke (vgl § 3 II GBO) müssen vorher gebucht werden, damit der Verzicht im Grundbuch eingetragen werden kann. **Gesamthandseigentümer** können nur gemeinsam verzichten. **Nicht anwendbar** ist § 928 auf **Miteigentumsanteile** (BGH 115, 1 = NJW 1991, 2488 mwN; KG NJW 1989, 42; LG Koblenz NJW-RR 2003, 234 mwN; Staud/Pfeifer Rz 8; aA MüKo/Kanzleiter Rz 2a; Kanzleiter NJW 1996, 905); auf **Wohnungs- und Teileigentum** (BayObLG NJW 1991, 1962; NJW-RR 1994, 403; Celle MDR 2004, 29 mwN; aA MüKo/Kanzleiter Rz 2b) oder Sondereigentum (Röll DNotZ 1993, 159); auf Erbbaurechte (§ 11 ErbbauVO), andere **grundstücksgleiche Rechte** und **selbständige Gerechtigkeiten** (Art 68, 196 EGBGB). Durch Verzicht werden diese nicht herrenlos und aneignungsfähig, sondern das Grundstück wird von der entsprechenden Belastung frei.

3 **II. Aufgabe des Grundstückseigentums. 1. Voraussetzungen. a)** Die Aufgabe des Eigentums an einem Grundstück setzt zunächst eine **Verzichtserklärung** des verfügungsberechtigten Eigentümers voraus, dh eine einseitige, abstrakte, gegenüber dem Grundbuchamt abzugebende Willenserklärung. Ein bedingter bzw befristeter Verzicht ist entsprechend § 925 II unwirksam. Eine gleichwohl vorgenommene Eintragung beseitigt das Eigentum nicht. Materiell-rechtlich ist der Verzicht formlos wirksam, formell-rechtlich gilt § 29 GBO. Mit Zugang beim zuständigen Grundbuchamt ist die Verzichtserklärung gemäß § 130 I, III unwiderruflich (vgl RG 82, 74; Staud/Pfeifer Rz 13 mwN). § 878 ist entsprechend anwendbar (Pal/Bassenge Rz 2). Der Eigentümer kann die Eigentumsaufgabe dadurch noch verhindern, daß er den Eintragungsantrag zurücknimmt (Karlsruhe KGJ 48, 255, 256f).

4 **b)** Neben dem Verzicht ist dessen **Eintragung in das Grundbuch** erforderlich (KG HRR 1931 Nr 1860). Auch wegen § 39 GBO muß ein nicht gebuchtes Grundstück vorher eingetragen werden (MüKo/Kanzleiter Rz 4). Berechtigt, die Eintragung des Verzichts zu beantragen, ist der Eigentümer (§ 13 GBO), nicht dagegen der zukünftige Aneignungsberechtigte. Wird der Antrag zurückgenommen (§ 31 GBO), darf das Grundbuchamt den Verzicht nicht mehr eintragen (Karlsruhe KGJ 48, 255, 257; Staud/Pfeifer Rz 15). Neben dem formfreien Antrag muß eine Eintragungsbewilligung (§ 19 GBO) des Eigentümers in der Form des § 29 GBO vorliegen, die in der Regel in der Verzichtserklärung enthalten ist (BayObLG Rpfleger 1983, 308).

5 **c)** Eine **Besitzaufgabe** ist **nicht erforderlich**. Ein aus dem Eigentum fließendes Besitzrecht geht mit Wirksamkeit des Verzichts verloren (Staud/Pfeifer Rz 16). Behält der Verzichtende den Eigenbesitz, kann er, falls eine Aneignung (vgl Rz 9) unterbleibt, gemäß § 927 wieder Eigentümer werden.

6 **2. Wirkungen.** Mit Eintragung des Verzichts im Grundbuch wird das **Grundstück herrenlos**. Gleiches gilt für alle **wesentlichen Bestandteile** und für diejenigen **unwesentlichen Bestandteile**, die dem (vormaligen) Eigentümer gehören. Die gemäß § 96 als Bestandteile des Grundstücks geltenden subjektiv-dinglichen Rechte werden subjektlos (MüKo/Kanzleiter Rz 7 mwN). Weil § 928 eine dem § 926 entsprechende Regelung nicht enthält, richtet sich die Aufgabe des Eigentums am **Grundstückszubehör** ausschließlich nach Fahrnisrecht (§ 959).

7 **Rechte Dritter am Grundstück** (zB Hypothek, Reallast, Vormerkung) bleiben bestehen (RG 82, 73, 74). Eine **Eigentümergrundschuld** verwandelt sich in eine Fremdgrundschuld des bisherigen Eigentümers (Soergel/Stürner Rz 2 mwN). Gegen letzteren können dingliche Rechte nicht mehr geltend gemacht werden (RG 89, 360, 367). Um den Inhabern dinglicher Rechte bereits vor Aneignung des herrenlosen Grundstücks (§ 928 II) die Rechtsverfolgung durch Klage und Zwangsvollstreckung zu ermöglichen, ist auf ihren Antrag gemäß den §§ 58, 787 ZPO ein („Eigentums"-)**Vertreter** zu bestellen (KGJ 50, 50, 52; 51, 192, 195). Nach hM ist der Vertreter nicht Partei kraft Amtes, sondern gesetzlicher Vertreter des künftigen Eigentümers (München MDR 1972, 155; Stein/Jonas/Bork § 58 Rz 6; Zöller/Vollkommer § 58 ZPO Rz 1 mwN; aA Pal/Bassenge Rz 3; Soergel/Stürner Rz 2). Er kann das herrenlose Grundstück an den Inhaber einer Auflassungsvormerkung auflassen sowie einer von diesem erklärten Auflassung gemäß § 185 zustimmen. § 39 GBO ist in diesen Fällen nicht anwendbar (KGJ 51, 192, 197; Demharter § 39 GBO Rz 6). Im Wege der einstweiligen Verfügung kann gemäß § 938, 848 ZPO ein **Sequester** bestellt werden zur einstweiligen Regelung der Verhältnisse und Verhütung von Schäden (KG OLGE 15, 297; Staud/Pfeifer Rz 36). Dagegen ist die Bestellung eines Pflegers gemäß § 1913 nicht zulässig, da diese Vorschrift die Personen- und nicht die Gütersorge im Auge hat (Karlsruhe KGJ 49, 282, 284; KGJ 50, 50, 53; RGRK/Augustin Rz 7; Staud/Pfeifer Rz 34; aA MüKo/Kanzleiter Rz 8).

An den **persönlichen Verpflichtungen des (früheren) Grundstückseigentümers** ändert sich grundsätzlich 8
nichts. Dies gilt auch für Ansprüche gegen den Verzichtenden auf Übertragung des Eigentums oder auf Bestellung eines beschränkten dinglichen Rechtes am Grundstück. Die persönliche Haftung des verzichtenden Eigentümers aus einer Reallast (§ 1108) erlischt aber für die Zukunft (Staud/Pfeifer Rz 27). War der Verzichtende **Schuldner einer Hypothekenforderung**, so bleibt er auch nach Aufgabe des Grundstückseigentums persönlich verpflichtet. Erbringt er die geschuldete Leistung, so geht die Hypothek analog § 1164 auf ihn und nicht etwa gemäß § 1163 auf den Aneignungsberechtigten (bzw den neuen Eigentümer) über. Tilgt der Aneignungsberechtigte (bzw der neue Eigentümer) die Hypothek, dann ist nicht etwa § 1143 zu Lasten des früheren Eigentümers anzuwenden; vielmehr gilt dann § 1163, ggf iVm § 1177 (Wolff/Raiser § 63 Anm 5; Pal/Bassenge Rz 3; Staud/Pfeifer Rz 28; aA MüKo/Kanzleiter Rz 8).

III. Aneignung. Aneignungsberechtigt ist gemäß § 928 II das Bundesland, in dessen Gebiet das Grundstück 9
liegt (vgl auch Art 129 und 190 EGBGB). Das Aneignungsrecht ist ein dingliches Recht eigener Art. Insoweit gelten die Ausführungen zu § 927 II betreffend Übertragung nach § 925 I etc entsprechend (vgl § 927 Rz 10 und 13). Das Grundstückseigentum wird mit der Eintragung im Grundbuch erworben (RG 82, 74; KG JFG 8, 214). Der hierauf gerichtete Antrag unterliegt der Form des § 29 GBO. Der Eigentumserwerb ist ursprünglich, dh nicht abgeleitet. Gleichwohl kann der Inhaber einer Auflassungsvormerkung sein Recht auch gegen den als Eigentümer bereits eingetragenen (vormals) Aneignungsberechtigten durchsetzen. § 892 gilt nicht (Zweibrücken OLGZ 1981, 139, 141). Dagegen ist § 566 entsprechend anzuwenden (RG 103, 167; Pal/Bassenge Rz 4).

Das Aneignungsrecht ist ein **sonstiges Recht** iSv § 823 I (Schleswig NJW 1994, 949) mit der Folge, daß der 10
Fiskus Schadensersatz verlangen kann, wenn ein Dritter das Grundstück schuldhaft beschädigt hat, während es herrenlos war (Pal/Bassenge Rz 4). Eine Schadensersatzpflicht kommt auch dann in Betracht, wenn **Erzeugnisse und sonstige Bestandteile** des Grundstücks (§ 953) während dessen Herrenlosigkeit getrennt und gemäß § 958 I von einem unbefugten Dritten erworben werden (vgl MüKo/Kanzleiter Rz 10). Dagegen dürften die §§ 987ff nicht anwendbar sein (Schleswig NJW 1994, 949; Pal/Bassenge Rz 4; Staud/Pfeifer Rz 32; aA MüKo/Kanzleiter Rz 10).

Ein **Verzicht** des Fiskus auf das Aneignungsrecht aus § 928 II ist möglich (BGH 108, 278 = NJW 1990, 251, 11
252; Staud/Pfeifer Rz 24) und kann im Grundbuch eingetragen werden (Staud/Pfeifer Rz 24; MüKo/Kanzleiter Rz 9; aA AG Unna Rpfleger 1991, 16). Wirksamkeitsvoraussetzung ist die Eintragung des Verzichts aber nicht (LG Hamburg NJW 1966, 1715; Staud/Pfeifer aaO; MüKo/Kanzleiter aaO; aA Süß AcP 151 [1950/51] 26 Fn 25; Pal/Bassenge Rz 4). Nach wirksamem Verzicht des Fiskus kann sich jeder Dritte das herrenlose Grundstück aneignen, und zwar durch eine entsprechende Erklärung gegenüber dem Grundbuchamt und Eintragung in das Grundbuch. Eigenbesitz oder ein Verfahren entsprechend § 927 sind nicht erforderlich (BGH 108, 278, 282 = NJW 1990, 251, 252f; Pal/Bassenge Rz 4; Staud/Pfeifer Rz 25; Soergel/Stürner Rz 4).

Titel 3

Erwerb und Verlust des Eigentums an beweglichen Sachen

Untertitel 1

Übertragung

Vorbemerkung §§ 929–931

1. §§ 929–931 regeln den **Erwerb des Eigentums durch Rechtsgeschäft** mit dem Berechtigten, §§ 932–936 1
den gutgläubigen Erwerb. **Sonstige Fälle des Eigentumserwerbs** sind zahlreich. Die wichtigsten sind:

a) Besondere Arten des rechtsgeschäftlichen Erwerbs. §§ 926, 1646; §§ 18 III, 26 S 3 DepotG; §§ 363, 448, 2
475g, 647 HGB; für Schiffe vgl §§ 2ff, 78 SchiffRegG und §§ 929a, 932a.

b) Sehr zahlreich sind die Fälle des **Eigentumsübergangs kraft Gesetzes.** Um eine Wirtschaftseinheit zu 3
erhalten, geht bei Einverleibung in ein Inventar Eigentum nach §§ 588 II S 2, 589 II, 1048 I S 2 über. In Betracht kommen ferner §§ 946ff; § 6 I DepotG (Verbindung, Vermischung, Verarbeitung); Fruchterwerb §§ 953ff, vgl dazu §§ 910, 911; ferner §§ 937ff, 973, 984. Zahlreich sind die Fälle des Eigentumserwerbs durch Gesamtnachfolge oder ähnliche Vorgänge, vgl dazu §§ 46 S 1, 88 S 3, 1416 II, 1485, 1922, 2139. Vgl ferner §§ 1370, 2019, 2111. **Eigentumsübergang durch Hoheitsakt** §§ 55, 90 II ZVG; durch Zuweisung nach der HausratsVO; §§ 817, 825 ZPO (Übergabe ist erforderlich, vgl RG 126, 21; 153, 261); § 16 BLG; Einziehung im Strafverfahren oder als polizeiliche Maßnahme.

2. Die **rechtsgeschäftliche Übereignung** ist ein **Doppeltatbestand**: Einigung als Willens- und Übergabe als 4
Vollziehungsmoment. Praktische Erwägungen in Verbindung mit der Gleichstellung von unmittelbarem und mittelbarem Besitz haben zwar zum Verzicht auf die Veränderung des unmittelbaren Besitzes geführt, wohl aber bleibt auch in den Fällen der §§ 930, 931 die Übereignung formell ein Doppeltatbestand (Einigung und Schaffung eines Besitzmittlungsverhältnisses bzw Abtretung des Herausgabeanspruchs).

§ 929 Einigung und Übergabe

929 *Einigung und Übergabe*
Zur Übertragung des Eigentums an einer beweglichen Sache ist erforderlich, dass der Eigentümer die Sache dem Erwerber übergibt und beide darüber einig sind, dass das Eigentum übergehen soll. Ist der Erwerber im Besitze der Sache, so genügt die Einigung über den Übergang des Eigentums.

1 **I. Grundsätze. 1. Einigung und Übergabe** zusammen sind für den Eigentumsübergang erforderlich. In diesem zusammengesetzten Tatbestand stellt die Einigung das Willensmoment dar, die Übergabe steht daneben als gleichwertiges Erfordernis. Sie ist Verlautbarungstatbestand und Begründung der tatsächlichen Sachherrschaft. Gleichzeitigkeit von Einigung und Übergabe ist nicht erforderlich.

2 **2.** Der für die Verfügungsgeschäfte kennzeichnende **Bestimmtheitsgrundsatz** ist in § 929 insbesondere dadurch gewahrt, daß Besitz nur an individuell bestimmten Gegenständen möglich ist. Danach können immer nur individuell bestimmte Gegenstände übereignet werden. Übereignung einer Quote aus einer größeren Menge ist nicht möglich, vielmehr verlangt § 929 die Aussonderung bestimmter Gegenstände, vgl RG 103, 153; zu den Folgen für die Sicherungsübereignung vgl Anh §§ 929–931 Rz 6. Zur Bestimmtheit vgl BGH 21, 52, 56; 28, 16, 20; NJW 1979, 956f, FamRZ 1988, 255. Bestimmbarkeit genügt nicht, BGH WM 1974, 19, 20.

3 **II. Einigung. 1. Erfordernisse.** Die Einigung ist eine auf die Übereignung gerichtete Willenseinigung, RG 64, 145. Sie muß die zu übereignenden Sachen mit der sachenrechtlichen Bestimmtheit bezeichnen. Wegen der Person des Erwerbers vgl Rz 26. Eine Form ist nicht nötig. Jede Handlung, die den Willen ausdrückt, zu übertragen und zu erwerben, genügt; BGH DB 1970, 344. Die Einigung als solche ist ein dinglicher Vertrag, str, aber hM, vgl Staud/Wiegand Rz 8 mwN.

4 Die Einigung ist ein **abstraktes Geschäft**, dh erforderlich und ausreichend ist Willensübereinstimmung über die Rechtsänderung. Einverständnis über den Rechtsgrund oder auch nur Vorliegen eines Rechtsgrundes ist für die Übereignung nicht erforderlich. Das Grundgeschäft und die Übereignung können nicht zu einem einheitlichen Geschäft im Sinne des § 139 zusammengefaßt sein. Angesichts der Bedingungsfreundlichkeit der Übereignung beweglicher Sachen kann eine Abhängigkeit der Übereignung von dem zugrunde liegenden Rechtsgrund nur dadurch erreicht werden, daß die Gültigkeit des zu erfüllenden Grundgeschäfts zur Bedingung der Einigung gemacht wird. Für die Annahme einer rechtsgeschäftlich gesetzten Bedingung ist aber nicht nur erforderlich, daß die Parteien den erstrebten Erfolg von dem bedingenden Ereignis abhängig machen wollten, sondern sie müssen sich auch der Ungewißheit bewußt sein, vgl Goldmann Gruchot 56, 169; Marcuse Gruchot 66, 159; Staud/Wiegand Rz 31 mwN; zum Ganzen auch BGH NJW 1982, 275, 276.

5 **2.** Die Einigung ist nach der Übergabe **bindend**, auch wenn eine etwa vereinbarte aufschiebende Bedingung noch nicht eingetreten ist, vgl BGH 20, 88, 97. Die Einigung ist *vor* Übergabe aber beiderseits widerruflich, BGH NJW 1979, 213f; 1978, 696f; RG 83, 20; RGRK/Pikart § 929 Rz 52. Es besteht jedoch die Vermutung, daß der einmal erklärte Übereignungswille fortbesteht, BGH WM 1977, 218; RG 135, 366f; RGRK/Pikart § 929 Rz 54. Will der Veräußerer von der erfolgten Einigung abgehen, so ist das Abgehen nur wirksam, wenn es dem anderen Teile mindestens erkennbar ist, BGH NJW 1979, 213f; 1978, 696f; womöglich ist sogar Zugang einer neuen abweichenden Erklärung erforderlich.

6 **3.** Eine Einigung zugunsten eines Dritten ist nicht möglich, BGH 41, 95f; RG 124, 221; Wolff/Raiser § 66 I 1 Anm 4.

7 **4.** Die Einigung kann, anders als im Liegenschaftsrecht (§ 925 II), bedingt oder befristet sein.
a) Bedingung. aa) Sowohl **aufschiebende** (insbesondere Eigentumsvorbehalt) als auch **auflösende** (zB auflösend bedingte Sicherungsübereignung, vgl ausführlich Anh §§ 929–931) **Bedingung** möglich. **Eigentumserwerb** erfolgt bei aufschiebender Bedingung grundsätzlich erst mit Bedingungseintritt; bei auflösender Bedingung erfolgt automatischer Rückerwerb des Veräußerers mit Bedingungseintritt, wobei aber der gutgläubige Zweiterwerber nach § 161 geschützt ist. Zur Bindung an die Einigung bereits vor Bedingungseintritt vgl Rz 5.
bb) Bedingung kann auch die Gültigkeit des Kausalgeschäftes sein, vgl Rz 4; bei Übergabe vor Abschluß des Kausalgeschäftes wird eine solche bedingte Einigung vermutet; ebenso LG Aachen MDR 1958, 514. Die bedingte Einigung kann auch **stillschweigend** vereinbart werden, wie zB bei Nichtaushändigung des Kfz-Briefs (BGH WM 1965, 1136) und beim Telefonieren mit Münzen (Düsseldorf NJW 1988, 1335, 1336: Anschlußherstellung als Bedingung; ähnlich bei Selbstbedienungszapfsäulen, Düsseldorf JR 1982, 343; aM Hamm NStZ 1983, 266). Die Bedingung kann vor Bedingungseintritt noch **geändert** werden; das Eigentum geht dann erst bei Eintritt der neu vereinbarten Bedingung über, BGH 42, 53, 58.

7a **cc)** Der häufigste Fall bedingter Einigung ist der **Eigentumsvorbehalt** bis zur vollständigen Zahlung des Kaufpreises (oder sonstiger Forderungen, vgl zB BGH NJW 1978, 632f für erweiterten Eigentumsvorbehalt). Vgl hierzu § 449, zum Anwartschaftsrecht des Käufers auch Rz 19ff.
(1) Der Eigentumsvorbehalt kann bereits im **Kaufvertrag** vereinbart sein. Dann liegt in der Übergabe das Angebot zur bedingten Übereignung, das durch die Besitzergreifung durch den Käufer angenommen wird. Eigentumsvorbehalt kraft **Handelsbrauch** (§ 346 HGB) wird abgelehnt für Lieferungen von Lebensmittelgroßhändlern an Wiederverkäufer (Hamm NJW-RR 1993, 1444), dagegen bejaht für Lieferungen von Herstellern an Händler in der Textilbranche (LG Marburg NJW-RR 1993, 1505).
(2) Ohne solche Vereinbarung liegt in der Übergabe der Ware durch den Verkäufer grundsätzlich das Angebot zur bedingungslosen Übereignung, BGH NJW 1979, 213. Ein **nachträglicher** (vertragswidriger) **Eigentumsvorbehalt** kann durch einseitige Erklärung des Verkäufers, etwa im Lieferschein, spätestens bei Besitzübergabe wirksam werden (zB BGH NJW 1953, 217; 1975, 1699), aber nur unter strengen Anforderungen. Erforderlich ist Zugang des Eigentumsvorbehalts im Rechtssinne, BGH NJW 1979, 2199. Dieser ist anzunehmen, wenn der Käu-

fer oder eine für die Ausgestaltung von Verträgen zuständige Person (nicht aber irgendein Bediensteter des Käufers, BGH NJW 1979, 2199; 1982, 1749) Kenntnis von dem Eigentumsvorbehalt erlangt hat oder die Kenntnisnahme zumutbar war. Die Kenntnisnahme ist insbesondere dann zumutbar, wenn der Verkäufer sich in seinen AGB, die insoweit wegen einer sog Abwehrklausel in den AGB des Käufers (zur Berufung des Käufers auf eine Abwehrklausel in AGB, die zum Eigentumsvorbehalt nichts sagt, BGH NJW 1985, 1838) nicht Vertragsbestandteil werden, einen Eigentumsvorbehalt ausbedungen hat, vgl BGH NJW 1982, 1751; 1982, 1749 und dazu Ulmer/ H. Schmidt JuS 1984, 18.

(3) Eine **nach unbedingter Übereignung** erfolgende Erklärung des Verkäufers ist bedeutungslos. Möglich ist aber Vereinbarung über Änderung der Bedingung (oben Rz 7) oder über die Umwandlung des Volleigentums in Vorbehaltseigentum als Rückübertragung mittels Besitzkonstituts; vgl dazu § 868 Rz 13 und BGH 64, 395.

(4) Der Käufer erwirbt **Volleigentum** mit Bedingungseintritt; mit einseitig erklärbarem Verzicht des Verkäufers auf den Eigentumsvorbehalt (BGH NJW 1958, 1231, aber str, aM Jauernig/Jauernig § 929 Rz 63) oder über §§ 949 S 1, 950 II. Vgl zum Erlöschen des Eigentumsvorbehalts im übrigen § 455 Rz 39.

b) Die **befristete** Einigung ist zulässig (BGH LM Nr 2 zu § 163). Dann beginnt oder endet die Eigentümerstellung des Erwerbers mit Ablauf der Frist, BGH MDR 1960, 100. **8**

III. Übergabe. 1. Übergabe iS v § 929 bedeutet, daß der bisherige unmittelbare Besitzer sich seines Besitzes **9** vollständig entäußert und mit dem Willen des bisherigen Eigentümers ein anderer – auf seiten des Erwerbers, dazu Rz 12ff – den unmittelbaren Besitz erlangt, vgl RGRK/Pikart § 929 Rz 26ff.

2. Die Übergabe nach § 929 S 1 verlangt also im Unterschied zu den sonstigen Übergabearten eine **Übertra- 10 gung des unmittelbaren Besitzes.** Dafür ist Begründung tatsächlicher Gewalt iS v § 854 erforderlich, vgl 854, besonders § 854 Rz 3. Bloße symbolische Handlungen, wie zB die Anbringung von Tafeln oder die bloße Bestellung eines Treuhänders, Übergabe durch Zeichen usw genügten nicht, BGH NJW 1979, 714f mwN (dort Übergabe von Wohnungsschlüsseln); RG 74, 148; 77, 201. Auch die bloße Gestattung der Besitzergreifung genügt nicht, RG 153, 261. Andererseits sind besondere Besitzbegründungshandlungen – neben der Gewaltbegründung – nicht erforderlich, RG 74, 356. Die Übergabe setzt begrifflich Freiwilligkeit des Besitzverlustes des Veräußerers, nicht aber unbedingt ein Geben und Nehmen des Besitzes voraus, vgl RG 153, 261; BGH WM 1963, 125. Einseitige Besitzergreifung durch den Erwerber mit Einverständnis des Veräußerers kann genügen, BGH NJW 1979, 714 mwN.

3. Zur Übertragung von Alleineigentum muß der Veräußerer seinen Besitz vollständig verlieren, dh er darf **11** auch nicht **Mitbesitzer** bleiben, BGH NJW 1979, 714. UU kann aber die Einräumung des Mitbesitzes zugleich die Vereinbarung eines Besitzkonstituts iS v § 930 sein, RG LZ 1918, 498. Vgl zur Eigentumsübertragung zwischen Ehegatten Rz 29.

4. Einfachster Fall ist die Übertragung des unmittelbaren Besitzes vom Veräußerer auf den Erwerber. **12**

a) Dem stehen die Fälle gleich, in denen auf der einen und/oder anderen Seite ein **Besitzdiener** auftritt, § 855. Übergabe liegt auch vor, wenn der bisherige Besitzer zum Besitzdiener des Erwerbers wird, Jena Recht 1910, 2831, oder der Besitzdiener des Veräußerers zum Besitzdiener des Erwerbers, RG Recht 1912, 3371.

b) Der **Besitzdiener** selbst **kann Eigentum erlangen**, indem er mit dem Eigentümer die Beendigung der Besitzdienerstellung bezüglich der betreffenden Sache vereinbart. Die Rspr, RG LZ 1920, 695; Warn Rsp 1924, 104, begnügt sich mit schlichter Einigung. Wo aber die Besitzdienerstellung in einer Einfügung des Besitzdieners und der Sache in eine die Herrschaftsgewalt ausdrückende Organisation begründet ist, muß die Änderung der Besitz- und Eigentumsverhältnisse ersichtlich gemacht werden; vgl § 855 Rz 11.

5. Auf seiten des Veräußerers und/oder des Erwerbers können aber auch **Besitzmittler** oder **Geheißpersonen 13** auftreten. Dann sind folgende Konstellationen möglich. **a)** Es genügt, wenn der Erwerber **mittelbaren Besitz** erlangt, BGH WM 1976, 153, sofern ein Dritter (und nicht der Veräußerer, dann § 930) Besitzmittler ist. Dies ist auch durch ein nachträglich (gegebenenfalls durch Insichgeschäft, RG 140, 230) begründetes Besitzmittlungsverhältnis möglich, RGRK/Pikart § 929 Rz 35. Die Übergabe kann also erfolgen, indem der Veräußerer seinen Besitzmittler anweist, die Sache an den Erwerber oder auf dessen Anweisung an dessen Besitzmittler zu übergeben, BGH NJW 1986, 1167. Als Übergabe zu behandeln ist auch die Anweisung des mittelbaren Besitzers an den Besitzmittler, von nun an für den Erwerber zu besitzen, RG JW 1938, 1394; BGH 92, 288. Ausschließlich durch Vereinbarung zwischen Veräußerer und Drittem kann aber das Besitzmittlungsverhältnis zwischen dem Besitzmittler und dem Erwerber nicht geschaffen werden, vgl § 868 Rz 39.

b) Auf seiten des Veräußerers und des Erwerbers können auch **Geheißpersonen** eingeschaltet sein. **13a**

aa) Unproblematisch kann der **Veräußerer** Geheißpersonen (die im Unterschied zu Rz 13 keine Besitzmittler sind) anweisen, dem Erwerber Besitz zu verschaffen, BGH 36, 56. Dies kann auch durch Einschaltung weiterer Personen erfolgen (mittelbares Geheiß), BGH NJW 1973, 141.

bb) Schwieriger gestaltet sich die Übergabe durch den Veräußerer (A) auf Geheiß des **Erwerbers** (B) an einen **13b** Dritten (C), der nicht dessen Besitzdiener oder -mittler ist. Da hier der Erwerber nicht ohne weiteres Besitz erlangt, könnte es an der Übergabe fehlen (Durchbrechung des Traditionsprinzips). Jedenfalls bei **Streckengeschäften**, bei denen von vornherein C als Zweiterwerber Eigentümer werden sollte, läßt der BGH eine solche Übergabe für den Erwerb des B aber ausreichen, BGH NJW 1982, 2371; 1986, 1166; s auch Padeck Jura 1987, 460; Hager ZIP 1993, 1446; und wohl auch außerhalb solcher Streckengeschäfte, BGH NJW 1973, 141, 142; offengelassen in JZ 1978, 104, 105; dagegen Frankfurt NJW-RR 1986, 470; Jauernig/Jauernig § 929 Rz 17; vgl auch Baur/Stürner § 51 III; v Caemmerer JZ 1963, 586; Martinek AcP 188, 573ff.

6. Zur Übergabe von **Traditionspapieren** vgl § 931 Rz 8. Bezüglich **besitzloser Sachen** vgl § 931 Rz 2. **14**

§ 929   Sachenrecht   Eigentum

15   **7. Erkennbarkeit der Besitzveränderung** als äußeres Kennzeichen der Eigentumsübertragung ist kein besonderes Erfordernis der Übergabe, vielmehr ist die Ersichtlichmachung der Änderung der Gewaltverhältnisse ein Bestandteil des allgemeinen Besitzveränderungsrechts, vgl § 854 Rz 3, 13 und RG 151, 184: „sinnfällige Verwirklichung der Herstellung der tatsächlichen Gewaltverhältnisse". Die Rspr betont die Erkennbarkeit besonders bei der Übergabe als Bestandteil der Pfandrechtsbestellung, vgl dazu RG 66, 258; 74, 149; 77, 208.

16   **8.** Für die **Übereignung nach § 929 S 2** genügt die schlichte Einigung über den Eigentumsübergang. Dabei ist es nicht erforderlich, daß der Erwerber bisher Besitzmittler des Veräußerers war, BGH 56, 123. Durch den Veräußerer vermittelter mittelbarer Besitz des Erwerbers fällt unter S 2, RG 126, 25 (hier hilft § 930). Übergabe dadurch, daß der unmittelbare Besitzer von nun an für den Erwerber besitzen will, fällt richtiger Ansicht nach unter § 929 S 1, vgl BGH NJW 1959, 1536; WM 1969, 1145; anders RG JW 1938, 1394 und die hM mit Anwendung von S 2. Zum Mitbesitz bei S 2 vgl Huber LZ 1930, 1310. S 2 erspart nur die Übergabe durch Hin- und Rückgabe der Sache; für die Einigung gilt nichts Besonderes.

17   **IV. Sache im Sinne des § 929. 1.** § 929 gilt für bewegliche Sachen; bezüglich ihrer bestimmten Bezeichnung vgl Rz 2. Dazu gehören auch Luftfahrzeuge (dazu Schölermann/Schmid-Burgk WM 1990, 1137, 1138). Unwesentliche Grundstücksbestandteile fallen unter § 929, Warn Rsp 1912, 80, RG JW 1928, 561. Für Grundstückszubehör vgl § 926. Briefe sind bewegliche Sachen, das Eigentum wird in der Regel an den Empfänger übergehen, RG 69, 403, das Urheberrecht aber beim Briefschreiber verbleiben, BGH 13, 334. Auch Bargeld wird nach § 929 S 1 übereignet (BGH NJW 1990, 1913). Denn Bargeld ist eine Sache, wie sich aus § 607 I iVm II, wonach die für vertretbare Sachen geltenden §§ 607ff auf die Überlassung von Geld keine Anwendung finden (s dazu die neuen nur für Gelddarlehen geltenden Vorschriften der §§ 488ff), und aus § 935 II ergibt; dasselbe gilt unter Berücksichtigung des § 244 I auch für ausländisches Geld (Füllbier NJW 1990, 2797).

18   **2.** Bezüglich **künftiger Sachen** ist die Einigung möglich, Eigentumsübergang infolge der Notwendigkeit der Übergabe erst mit Möglichkeit der Gewaltausübung durch den Erwerber, vgl dazu Müller Gruchot 54, 226.

19   **3.** Übertragbar sind auch **Anwartschaftsrechte**, insbesondere die aus bedingter Übereignung beim Eigentumsvorbehaltskauf, zB BGH NJW 1984, 1185; zum Anwartschaftsrecht vgl auch § 449. (Praktisch vor allem Übertragung der Anwartschaft als Kreditsicherungsmittel.) Die Übertragung der Anwartschaft ist zu unterscheiden: von der Übertragung der Rechte aus dem Grundgeschäft, zB dem Kauf; von der Übertragung angeblichen Eigentums (§§ 932ff) und der Übertragung des demnächstigen Eigentums. Was übertragen werden soll, ist Auslegungssache. Steht unter den Beteiligten fest, daß der Veräußerer nicht Eigentümer ist, und ist sofortige Sicherung des Erwerbers gewollt, liegt Übertragung des Anwartschaftsrechts nahe, vgl RG 140, 223.

20   Die **Übertragungsform** wird jetzt fast einheitlich nach § 929 bestimmt; erforderlich ist also Einigung und Übergabe; die Übergabeersatzmittel gelten. Das ist, nachdem BGH 20, 93 die Rspr des RG, nach der für unmittelbaren Eigentumserwerb des Erwerbers der Anwartschaft Zustimmung des Eigentumsvorbehaltsverkäufers erforderlich war, aufgegeben hat, als gesichert anzusehen; vgl auch BGH 28, 21 m Nachw; zur Anwendbarkeit von § 930 vgl BGH 56, 123. Ist dem Vorbehaltskäufer verboten, ohne Zustimmung des Vorbehaltsverkäufers über sein Anwartschaftsrecht zu verfügen, so gilt § 137, nicht §§ 399, 413, BGH NJW 1970, 699. Überträgt der Vorbehaltskäufer nicht nur das Anwartschaftsrecht, sondern das dem Vorbehaltsverkäufer gebührende Eigentum, ist dies unter den Voraussetzungen des § 935 I S 1 oder dann wirksam, wenn eine Einwilligung des Eigentümers vorliegt (§ 185 I), die sich auf Verfügungen im ordentlichen Geschäftsverkehr erstreckt (BGH NJW 1989, 895, 896f). Nicht im Rahmen des ordentlichen Geschäftsverkehrs hält sich nach Karlsruhe VersR 1996, 202 im Küchenhandel die Übereignung an einen Leasinggeber im Rahmen eines „Sale-and-lease-back"-Vertrages. Ausreichend ist auch eine nachträgliche Zustimmung (§ 185 II S 1 Alt 1). Der BGH (DB 1989, 2598) fordert allerdings, daß der Zustimmende noch im Zeitpunkt der Genehmigung Verfügungsmacht besitzt (hM; aM RGRK/Steffen, § 184, 6; Pfister JZ 1969, 623).

21   Folgerichtig ist das Anwartschaftsrecht auch für §§ 562, 1120 dem Eigentum an der Sache gleichzustellen. Das ist seit BGH 35, 85 (m Nachw) für §§ 1120ff und BGH NJW 1965, 1475 für das Vermieterpfandrecht absolut herrschende Meinung. Nach der letzten Entscheidung spielt es auch keine Rolle, ob der Erwerber des Anwartschaftsrechts die Mittel zur Zahlung des Kaufpreises zur Verfügung gestellt hat. Der Hypothekengläubiger und der Vermieter haben gegenüber Dritten und dem Grundstückseigentümer bzw Mieter die Stellung, die sie hätten, als wäre die Sache Eigentum des Grundeigentümers bzw Mieters. Nach BGH 117, 200 soll das Vermieterpfandrecht auch gegenüber den nach Raumsicherungsübereignung in die Miträume unter Eigentumsvorbehalt eingebrachten Sachen vorrangig sein; im Ergebnis zustimmend Krüger JuS 1994, 905; Nicolai JZ 1996, 219; ablehnend Gnamm NJW 1992, 2806; für Gleichrangigkeit beider Rechte Staud/Emmerich § 559 Rz 40; Fischer JuS 1993, 542. Entwicklungen des Kaufvertrages mit Rückwirkungen auf das Anwartschaftsrecht, ggf sogar dessen Aufhebung, vgl BGH 92, 290f, müssen sie aber gelten lassen.

22   Für die **Pfändung** geht die hM von der Rechtsnatur des Anwartschaftsrechts aus; folglich ist Pfändung nach § 857 ZPO neben der Pfändung der Sachen empfehlenswert, vgl Schönke/Baur, Zwangsvollstreckung § 30 III. Der Gläubiger, der das Anwartschaftsrecht gepfändet hat, kann durch Zahlung des Restkaufpreises die Bedingung für den Eigentumsübergang herbeiführen; gegen automatische Umwandlung des Pfandrechts am Anwartschaftsrecht in ein Pfandrecht an der Sache BGH NJW 1954, 1325; Rühl, Eigentumsvorbehalt und Abzahlungsgeschäft, 1930 S 172; Holtz, Das Anwartschaftsrecht aus bedingter Übereignung als Kreditsicherungsmittel, Diss Kiel 1932 S 65; Reinicke aaO S 37; für die Umwandlung Letzgus, Übertragung der Anwartschaft des Käufers, 1938 S 49; Emmerich, Pfandrechtskonkurrenzen, Berlin 1909, S 56. Vgl auch § 925 Rz 62ff.

23   Umstritten ist, ob das Anwartschaftsrecht ein **Recht zum Besitz** gewährt. Dabei ist zwischen dem Recht gegenüber Dritten (bedeutsam für eine Herausgabeklage des Anwartschaftsberechtigten gegen einen Dritten) und gegen-

über dem Eigentumsvorbehaltsverkäufer zu unterscheiden. BGH 10, 71 lehnt das Recht gegenüber Dritten ab, während die überwiegende Literatur mit Recht in entsprechender Anwendung von § 985 einen Herausgabeanspruch aus dem Anwartschaftsrecht gewährt, vgl dazu Raiser, Dingliche Anwartschaftsrechte, S 37; Baur/Stürner § 59 V 5b; Serick, Eigentumsvorbehalt und Sicherungsübereignung Bd I S 276; Lohmeier AcP 153, 250; Karlsruhe JZ 1966, 272 gibt mit Verweisung auf BGH 30, 377, wo das Anwartschaftsrecht als starkes Recht gekennzeichnet ist, einen Herausgabeanspruch aus § 985. Daneben besteht der Anspruch aus dem Eigentum des Eigentumsvorbehaltsverkäufers gegen Dritte, das Verhältnis der beiden Herausgabeansprüche zueinander ist nach Maßgabe des § 986 zu bestimmen, vgl Pal/Bassenge Rz 42.

Gegenüber dem Anspruch des Eigentumsvorbehaltsverkäufers aus § 985 gibt der bestehende Kaufvertrag dem Eigentumsvorbehaltskäufer ein Recht zum Besitz. Nach BGH MDR 1970, 920 auch bei Verzug bis zum Rücktritt, str, anders Pal/Bassenge Rz 40 mwN (Recht zum Besitz erlischt bereits mit Verzugseintritt), vgl dazu ausführlich Blomeyer, JZ 1968, 691. Bei Verletzung des Anwartschaftsrechts ist § 823 anwendbar, BGH 55, 20; zum Umfang des Schadensersatzanspruchs vgl BGH aaO und Serick Bd I S 278 mwN. Zum Schutz des Anwartschaftsrechts s auch Müller-Laube JuS 1993, 529.

Gutgläubiger Erwerb des Anwartschaftsrechts (zu unterscheiden vom gutgläubigen Erwerb des Eigentums 24 bei Verfügung durch den Anwartschaftsberechtigten als Nichtberechtigten) ist nicht möglich, soweit es die „schuldrechtliche Seite" angeht, zB der Kaufvertrag ist ungültig, dem Erwerber gegenüber hat der Veräußerer eine höhere Anzahlung (= größeren Umfang des Anwartschaftsrechts) vorgespiegelt. Wohl aber ist gutgläubiger Erwerb eines bestehenden Anwartschaftsrechts durch einen Nichtberechtigten möglich, zB bei doppelter Veräußerung des Anwartschaftsrechts durch den Eigentumsvorbehaltskäufer an verschiedene Dritte. Veräußert ein Nichtberechtigter das Eigentum unter Eigentumsvorbehalt, erwirbt der Gutgläubige das Anwartschaftsrecht nach §§ 932ff.

V. Erwerb durch Vertreter. 1. Stellvertretung im Sinne des § 164 ist ohne Schwierigkeit bei der Einigung 25 angesichts ihrer rechtsgeschäftlichen Natur möglich. Die Übergabe als Besitzbegründung ist Realakt und läßt daher Vertretung im eigentlichen Sinne nicht zu, vgl § 854 Rz 17. Entsprechend dem erweiterten Übergabebegriff kann aber Vornahme der Einigung mit einem Stellvertreter und Übergabe an einen als Besitzdiener (vgl Rz 12), dazu § 854 Rz 17, oder als Besitzmittler (vgl Rz 13), dazu § 868 Rz 14, 39 und § 930 Rz 9, oder als Geheißperson (vgl Rz 13a, 13b) des Erwerbers Handelnden, zum Eigentumserwerb des Vertretenen führen.

2. Verdeckte Stellvertretung. Eine Form des Handelns für einen anderen ist auch das sogenannte **Geschäft** 26 **mit dem, den es angeht.** Seine Anerkennung beruht auf dem Bedürfnis, den Vertretenen unmittelbares Eigentum erwerben zu lassen, auch wenn nicht aufgedeckt wird, daß der Handelnde für einen anderen erwerben will, dem Veräußernden aber die Person des Erwerbers gleichgültig ist. Der Vertretene wird unmittelbar Eigentümer ohne Durchgangserwerb des Handelnden.

Voraussetzung ist Einigung und Übergabe. Zur Übergabe vgl Rz 25. Ist dem Veräußerer die Person des Erwerbers gleichgültig und hat der Handelnde die Rechtsmacht und den Willen, für den „Vertretenen" zu erwerben, so kann entsprechend der Besonderheit der Interessenlage auf die von § 164 geforderte Aufdeckung des Fremdinteresses des Handelnden verzichtet werden. Es kommt dann für den Erfolg des Übereignungsgeschäfts allein auf den Willen des auf der Seite des Erwerbers Handelnden an, vgl RG 109, 169; nicht etwa tritt mittels Surrogation das mit fremdem Geld Erworbene bezüglich der dinglichen Rechtslage an die Stelle des Geldes, RG LZ 1920, 695. Der Wille, für den mittelbar Vertretenen zu erwerben, wird vermutet, soweit der Handelnde mit dem Erwerb eine Pflicht gegenüber dem Vertretenen erfüllt. RG 100, 193 läßt den Gegenbeweis auch zu, falls treuwidriges Handeln vorliegt. Die Vermutung des § 1006 gilt.

Auf seiten des Veräußerers genügt es, daß nach der objektiven Sachlage ihm die **Person des Erwerbers gleich-** 27 **gültig** sein konnte, so von Lübtow ZHR 112, 240; ein eventueller Wille, an den mittelbar Vertretenen zu übertragen, ist nicht nötig; vgl statt aller RG 99, 208; 100, 193; Soergel/Mühl Rz 22 mwN.

Die unmittelbare Fremdwirkung gilt für den dinglichen Erfolg, für die **schuldrechtlichen Verpflichtungen** bleibt es bei der Beschränkung auf die handelnden Personen (hier sind das regelmäßige Offenlegungsinteresse und -prinzip bestimmend); nur soweit es nach der objektiven Sachlage dem Verkäufer gleichgültig sein kann, wer sein Vertragspartner ist, können die entstehenden schuldrechtlichen Rechte (praktisch vor allem die Gewährleistungsansprüche) dem dinglichen Recht gleichgestellt werden, str, wie hier von Lübtow ZHR 112 (1948), 234 und 240.

3. Läßt man die **Einigung zugunsten Dritter**, vgl oben Rz 6, zu, so kann sie in Verbindung mit einer Übergabe 28 oder einem Ersatz der Übergabe zum Eigentumserwerb des Dritten führen. Zum Eigentumserwerb durch Insichkonstitut vgl § 930 Rz 9.

VI. Einzelfälle. 1. Einwurf eines Geldstückes in einen **Automaten** überträgt das Eigentum RGSt 35, 115; 58, 29 49; ähnlich bei Einwurf in eine Sammelbüchse.

2. Eigentumsübertragung zwischen **Ehegatten** ist, wenn die Sachen im Mitbesitz stehen, zwar nicht nach § 929, wohl aber nach § 930 möglich, vgl BGH 73, 253. Zum Erwerb durch einen oder durch die beiden Ehegatten vgl Schlottmann DJ 1941, 624 und Marthaus DJ 1941, 821; ferner OHG NJW 1950, 593 (Willensrichtung des Handelnden, Anhalt dafür: Herkunft der Mittel) und BGH 12, 399. Nach § 1357 I angeschaffter Hausrat wird nicht schon kraft Gesetzes Miteigentum, vielmehr erfolgt dies erst durch die Begründung von Mitbesitz (§ 929 S 1; BGH NJW 1991, 2283, 2284). Sonderregelung für Haushaltsgegenstände in § 1370. Zur Eigentumszuordnung bei nichtehelicher Lebensgemeinschaft s Hamm NJW 1989, 909.

3. Ob **Geld**, das dem Beauftragten zum Zweck der Geschäftsbesorgung übergeben wird, sein Eigentum wird, ist Auslegungsfrage, RG 101, 308. Für den Übereignungswillen spricht, daß Geld beliebig auswechselbar ist und der nicht besitzende Geldeigentümer nur schwach geschützt ist, Kaser AcP 143, 1ff. Bei bestimmter Summe zu bestimmtem Zweck nimmt RG Gruchot 53, 1042 an, daß Eigentumsübertragungswille nicht besteht; ebenso RGSt

§ 929 Sachenrecht Eigentum

Warn Rsp 1918, 117; anders RG Recht 1914, 2799 für Einkaufskommission. Haushaltsgeld wird im Zweifel zweckgebundenes Treuhandeigentum der Frau (BGH NJW 1986, 1869).

4. Zu den Eigentumsverhältnissen in **Schankwirtschaften** vgl Jonodan LZ 1931, 1305; zur Zahlung an den Kellner vgl oben Rz 10; zu den Eigentumsverhältnissen von Leergut im Getränkezwischenhandel s Martinek JuS 1989, 268ff.

5. Sonderregelung für **Schiffe** vgl § 929a, insbesondere Rz 2.

6. Mit Übergabe der **Schlüssel** einer Wohnung kann der Besitz an dieser und an den dort befindlichen Sachen übergehen, BGH NJW 1979, 714; dort auch zur Zurückbehaltung eines Schlüssels.

7. Siegelung im Weinhandel will Schulz JW 1927, 2409, als Übergabe ansehen; aM mit Recht Lüttger JW 1926, 1404.

30 **8.** Beim **Versendungskauf** ist die Absendung der Ware Offerte des Verkäufers zur Einigung, RG 108, 25, und zwar, falls nicht zuvor – schuldrechtlich – ein Eigentumsvorbehalt vereinbart wurde, als Angebot zur unbedingten Übereignung, BGH NJW 1979, 214. Zur Wirksamkeit eines bei der Lieferung erklärten – vertragswidrigen – Eigentumsvorbehalts vgl Rz 7a. Die Abnahme der Ware wird in der Regel zugleich Annahme als Eigentum bedeuten, möglich ist aber ein anderer Wille des Empfängers, RG LZ 1914, 857. Überwiegend wird aber Trennung von Abnahme iSd § 433 und Annahme iSd § 929 als Regelfall angesehen, wobei der Empfänger seinen Willen, die Sache als Eigentum zu behalten, nochmals kundtun muß. Konkludente Erklärung, uU auch Stillschweigen genügt, so RG 108, 25, 27; SeuffA 62, 230; Wolff/Raiser § 66 I 4b; Staud/Wiegand Rz 114. Nach RG 108, 25 soll auch der Verlust des Rügerechts nach § 377 HGB noch nicht automatisch zum Eigentumserwerb des Käufers führen, ähnlich RG SeuffA 50, 260.

Eigentumsübertragung vor Empfang der Ware setzt Besitzmittlerstellung des Frachtführers zugunsten des Empfängers voraus. Das ist aber in der Regel nicht der Fall; aM für den Fall vorheriger Zahlung Joerges JW 1921, 329; zutreffend ist Annahme eines Besitzkonstituts bei Absendung namens des Käufers, auf die Aushändigung der Ware kommt es dann nicht an, RG LZ 1921, 337.

31 **9.** Bewegliche Gegenstände, die Eltern mit Mitteln des Kindes für dieses erwerben, werden gemäß § 1646 I ohne Durchgangserwerb der Eltern Eigentum des Kindes. Verwenden die Eltern teilweise eigene Mittel, wird das Kind im Verhältnis seines Anteils Miteigentümer (RG 152, 349, 355; Staud/Wiegand Rz 107).

32 **10.** Zur Übereignung des Inhalts eines Schrankfachs vgl Werner JuS 1980, 175. Zu den Besitzverhältnissen vgl § 854 Rz 4.

929a *Einigung bei nicht eingetragenem Seeschiff*

(1) Zur Übertragung des Eigentums an einem Seeschiff, das nicht im Schiffsregister eingetragen ist, oder an einem Anteil an einem solchen Schiff ist die Übergabe nicht erforderlich, wenn der Eigentümer und der Erwerber darüber einig sind, dass das Eigentum sofort übergehen soll.

(2) Jeder Teil kann verlangen, dass ihm auf seine Kosten eine öffentlich beglaubigte Urkunde über die Veräußerung erteilt wird.

1 **1.** § 929a gilt nur für nicht eingetragene **Seeschiffe** und Anteile an diesen. Die Schiffspart (Eintragung in das Schiffsregister ist vorausgesetzt), dh der Anteil am Reedereivermögen geht nach § 503 HGB durch Einigung und Eintragung im Schiffsregister über, BGH MDR 1969, 556.

Das Seeschiff unterscheidet sich vom Binnenschiff durch seine Bestimmung zur Seefahrt; wo objektive Unterscheidung nicht möglich ist, entscheidet der Wille des Eigentümers.

§ 929a ist durch Art 2 Nr 15, 16 DVO zum Gesetz über Rechte an Schiffen vom 21. 12. 1940 (RGBl I 1609) eingefügt und entspricht § 474 HGB aF. Die Vorschrift bezweckt, eine Möglichkeit zu schaffen, Seeschiffe ohne besitzrechtliche Veränderung zu übereignen. So soll der besonderen Lage (weite Entfernung vom Eigentümer, Notwendigkeit schneller Veräußerung) Rechnung getragen werden.

2 **2. Voraussetzungen.** Das Seeschiff darf nicht im Schiffsregister eingetragen sein. Auf den Grund der Nichteintragung (zB Eintragungsunfähigkeit) kommt es nicht an. Die Einigung entspricht der in § 929. Sofort bedeutet, daß die Parteien den Eigentumsübergang ohne jede besitzrechtliche Veränderung vollziehen wollen. Der Erfolg braucht nicht als sofortiger gewollt zu sein, Wüstendorfer, Neuzeitliches Seehandelsrecht, 1950, S 78. § 929a gilt nur für die Eigentumsübertragung. Für die Verpfändung und Nießbrauchbestellung gilt für die nicht eingetragenen Schiffe, Anteile an ihnen und für nicht eingetragene Schiffsbauwerke das allgemeine Recht, also Einigung und Übergabe erforderlich, vgl §§ 1030ff, 1204ff. Zum IPR s BGH NJW 1995, 2097 (Recht des Heimathafens).

3 **3.** Für **eingetragene See- und Binnenschiffe und Schiffsbauwerke** gilt ein besonderes Schiffssachenrecht, und zwar formelles (SchiffsRegO idF vom 26. 5. 1994, BGBl 1994, 1133, dazu DVO idF vom 30. 11. 1994, BGBl 1994, 3631), und materielles Recht (Gesetz über Rechte an eingetragenen Schiffen und Schiffsbauwerken vom 15. 11. 1940 (RGBl I 1499). Das Register ist dem Grundbuch nachgebildet. Das materielle Schiffssachenrecht enthält insbesondere Sondervorschriften für die Belastung: möglich sind bei Schiffen nur Hypothek, Nießbrauch nur als Teil eines Vermögensnießbrauchs; Schiffsbauwerke können nur mit Hypotheken belastet werden. Die Schiffshypothek ist, mit Abweichungen im einzelnen, dem Grundpfandrecht nachgebildet.

4 Für die Übereignung ist zu unterscheiden: für Binnenschiffe und Schiffsbauwerke ist Einigung und Eintragung nötig (entsprechend § 873); für Seeschiffe genügt schlichte Einigung, also auch hier Verzicht auf jede „Verlautbarungsänderung".

5 Für **Luftfahrzeuge** gilt nur bezüglich der Verpfändung das Gesetz vom 26. 2. 1959 (BGBl I 57), dazu Schwenk, Die Kreditsicherung bei der Beleihung von Luftfahrzeugen, BB 1966, 497; für die Übereignung gelten § 929ff.

§ 930 *Besitzkonstitut*

Ist der Eigentümer im Besitz der Sache, so kann die Übergabe dadurch ersetzt werden, daß zwischen ihm und dem Erwerber ein Rechtsverhältnis vereinbart wird, vermöge dessen der Erwerber den mittelbaren Besitz erlangt.

I. Grundsätzliches. 1. § 930 bezweckt, Eigentumsübertragungen ohne Veränderung des unmittelbaren Besitzes 1 an der Sache zu ermöglichen. Mittels der Gleichstellung von mittelbarem und unmittelbarem Besitz, vgl § 868 Rz 3, hält das Gesetz in § 930 an dem Übereignungssystem fest: Einigung als Willensmoment und ein besitzrechtliches Moment als tatsächlicher Vollzug der Übereignung. Auf die Offenkundigkeit der Rechtsänderung für Dritte ist in § 930 verzichtet. § 930 gilt für bewegliche Sachen aller Art (Staud/Wiegand Rz 6).

II. Voraussetzungen. 1. Für die **Einigung** gilt nichts Besonderes. Auch § 930 verlangt einen Willen zur Ände- 2 rung der dinglichen Rechtslage. § 930 ist daher vom Fall des Aufschubs der Übereignung zu unterscheiden, vgl den Sachverhalt in RG SeuffA 78, 221. Der **Bestimmtheitsgrundsatz** gilt für die Einigung und für das Besitzmittlungsverhältnis. Vgl dazu insbesondere Anh §§ 929–931 Rz 6.

2. Der Veräußerer muß im **Besitz der Sache** sein, und zwar bei aufschiebend bedingter Übereignung noch im 3 Augenblick des Bedingungseintritts, Staud/Wiegand Rz 8; dagegen automatischer Rückfall des Eigentums ohne Rücksicht auf Besitz bei auflösender Bedingung. Zur vorweggenommenen Besitzmittlungsvereinbarung vgl Rz 6. Mittelbarer Besitz genügt, RG Warn Rsp 1920, 13 (hier Wahl zwischen Übereignung nach §§ 930 und 931), zur Übertragung von Miteigentum genügt auch Mitbesitz des Veräußerers, RG 139, 117; vgl auch RG SeuffA 76, 216. Bei Mitbesitz zwischen Veräußerer und Erwerber reicht es aus, daß der Veräußerer den unmittelbaren Mitbesitz als Besitzmittler des Erwerbers ausübt.

3. An die Stelle der Übergabe des § 929 S 1 tritt die **Schaffung eines Besitzmittlungsverhältnisses** zwischen 4 Veräußerer und Erwerber, vgl dazu § 868 Rz 4ff. Zur Anweisung des Veräußerers an seinen Besitzmittler, von nun an für den Erwerber zu besitzen vgl § 929 Rz 13. **Erforderlich** für § 930 ist, daß bestimmte, auf die Sache bezogene Pflichten des Veräußerers begründet werden, die dem Erwerber einen neben dem Eigentum bestehenden Herausgabeanspruch geben, vgl Westermann, § 40 II 2. Zum Bestimmtheitserfordernis hinsichtlich des Verpflichteten bei gleichzeitiger Sicherungsübereignung mehrerer Gegenstände durch verschiedene Firmen, die nicht derselben Person gehören, vgl Hamburg BB 1964, 193. Gegen das „Konkretheitserfordernis" Heck, Sachenrecht, § 56, 7 und Exkurs 5, der sich mit jedem Nachweis der Ernstlichkeit des Übereignungswillens begnügt; ebenso Lange NJW 1950, 567; für die Vereinbarung eines „individualisierten Konstituts" die hM, RG 49, 173; 54, 396; 98, 133; BGH NJW 1953, 217; nach RG 118, 364 genügt aber „jede Handlung, die objektiv zur Besitzübertragung ausreicht"; auch der Glaube, das Eigentum sei schon übergegangen, steht nach RG 118, 364 dem Besitzkonstitut nicht entgegen, anders noch RG SeuffA 76, 20, ablehnend auch Hoeniger JW 1928, 54.

Besitzmittlungsverhältnisse sind außer den in § 868 aufgezählten Verhältnissen auch die genügend konkretisierten **Sicherungsabreden** (vgl Anh §§ 929–931 Rz 5); zum „nachträglichen Eigentumsvorbehalt" vgl § 868 Rz 12; zum Kauf vgl § 868 Rz 16. Denkbar ist auch, daß die Parteien einem öffentlich-rechtlichen Verhältnis privatrechtliche Nebenwirkungen beilegen, nicht grundsätzlich anders RG 143, 323. Für die Vereinbarung eines Besitzmittlungsverhältnisses nach § 868 – und damit auch für eine Übereignung nach § 930 – kann es ausreichen, wenn mit dem unmittelbaren Besitzer eine Übernahme der laufenden Kosten, bei Tieren zB der Unterbringungs- und Fütterungskosten, vereinbart wird (BGH JuS 1999, 500 = NJW-RR 1998, 1661 = EWiR 1/1999 § 930 BGB (Medicus).

4. Wenn auch § 930 ein vereinbartes Besitzkonstitut verlangt, muß mit der hM ein **gesetzlich entstandenes** 5 **Besitzmittlungsverhältnis** zumindest dann ausreichen, wenn die Beteiligten die gesetzliche Rechtsfolge wollten, vgl RG 108, 122 = JW 1925, 352 mit Anm von Wieruszowski, der dies nur für den Fall des früheren § 1373 gelten lassen will; RG SeuffA 81, 9. Zutreffend wird es allein auf den Willen zur Eigentumsübertragung ankommen, wie das in § 929 S 2 für den Fall unmittelbaren Besitzes entsprechend geregelt ist, vgl Westermann Sachenrecht § 40 II 3; im Ergebnis ebenso Stuttgart JW 1931, 1386; Baer JW 1931, 2140. RG 126, 25 will bei mittelbarem Besitz des Erwerbers und unmittelbarem Besitz des Veräußerers die schlichte Einigung nicht genügen lassen, also Unterschied zwischen bestehendem und anläßlich der Übereignung geschaffenem Besitzmittlungsverhältnis machen. – **Gesetzliche Besitzmittlungsverhältnisse** sind die **elterliche Sorge** (BGH NJW 1989, 2542, 2543f) und auch die **Ehe** (BGH 73, 253; BGH NJW 1992, 1162, 1163). Bezüglich des Hausrats genügt dieses Besitzmittlungsverhältnis den Anforderungen des § 930, BGH 73, 253. Für sich allein kein Besitzmittlungsverhältnis begründet die **nichteheliche Lebensgemeinschaft**.

5. Da die Einigung und der Besitzveränderungstatbestand zeitlich auseinanderfallen können, vgl § 929 Rz 1, 6 kann die Einigung schon erfolgen, wenn der Veräußerer noch nicht Besitzer (und auch noch nicht Eigentümer) ist, sog antizipiertes Besitzkonstitut. Erforderlich ist aber, daß der Wille auf eine für die Zukunft wirksame Übereignung geht. Im Zeitpunkt der Einigung braucht sich die Vorstellung der Parteien nicht schon auf konkrete, individuell bestimmte Sachen zu richten. Die Einigung muß nur so sein, daß im Zeitpunkt des Eigentumsübergangs klar erkennbar ist, welche Gegenstände übereignet sind, BGH WM 1966, 94; vgl näher Anh §§ 929–931 Rz 6.

6. Die hM (vgl zB RG 73, 415; 140, 231; Siebert, Das rechtsgeschäftliche Treuhandverhältnis, 1935 S 132) ver- 7 langt, daß der Veräußerer nach Erwerb des unmittelbaren Besitzes die Eigentumsübertragung auch äußerlich kenntlich macht. Dabei genügt **Erkennbarkeit für die Beteiligten**, RG 99, 210. BGH NJW 1964, 398 läßt die Grundsatzfrage offen, läßt aber auf jeden Fall Erkennbarkeit für den Erwerber ausreichen. Die hM stützt sich auf den rechtspolitisch zu fordernden Offenlegungszwang im Übereignungsrecht. Die Anforderungen an die Ausführungshandlung sind aber nicht hoch: so zB genügt bei nachzuschaffenden Stücken die Einverleibung in das Inventar, RG Warn Rsp 1912, 214, ebenso die Einfügung in ein bestimmtes Lager, RG JW 1917, 217, Warn Rsp 1929,

§ 930

150; oder Benutzung der Ersatzstücke im Gewerbebetrieb, RG LZ 1916, 383. Zutreffend ist es, die Ausführungshandlung überhaupt für überflüssig anzusehen, da § 930 auf Offenbarung verzichtet. Das gilt für das antizipierte Besitzkonstitut ebenso wie für das gewöhnliche, so von Lübtow ZHR 112, 260; Wolff/Raiser, § 66 1b.

8 7. Das **Ergebnis** des vorweggenommenen Besitzkonstituts ist automatischer Anfall des Eigentums an den Erwerber, sobald der Veräußerer Eigentümer und Besitzer geworden ist. Zunächst wird aber der Veräußerer für die sog „logische Sekunde" Durchgangseigentümer mit den eventuellen Folgen aus §§ 562, 1120 usw, vgl RG 140, 223 (Gegensatz zum Geschäft mit dem, den es angeht, vgl dazu § 929 Rz 26).

9 8. Da Einigung und die Vereinbarung des Besitzkonstituts als Rechtsgeschäft **Stellvertretung** zulassen, kann der Veräußerer auch **mit sich selbst** als Vertreter des Erwerbers oder Vertreter beider Parteien, RG 86, 262, durch **Besitzkonstitut** nach § 930 Eigentum übertragen, sofern § 181 das zuläßt; heute allg A. Erforderlich ist aber, daß der Wille, Besitz und Eigentum zu übertragen, nach außen deutlich geäußert wird, vgl § 868 Rz 9.

931 *Abtretung des Herausgabeanspruchs*
Ist ein Dritter im Besitz der Sache, so kann die Übergabe dadurch ersetzt werden, daß der Eigentümer dem Erwerber den Anspruch auf Herausgabe der Sache abtritt.

1 1. **Grundsätzliches.** § 931 stellt eine weitere Form der Eigentumsübertragung ohne Veränderung des unmittelbaren Besitzes dar. Die Abtretung des Herausgabeanspruchs ist der Übergabe gleichgestellt. Einigung und Abtretung sind wie Einigung zur Schaffung des Besitzmittlungsverhältnisses Rechtsgeschäfte. Vornahme in einer Handlung möglich; steht der Wille auf Vollzug der Übereignung fest und sich die Beteiligten des Besitzes des Dritten bewußt, ist Wille auf Abtretung anzunehmen, vgl RG JW 1910, 184; Reichel IherJb 53, 149 und unten Rz 4. Da Übereignung nach § 931 auch möglich ist, wenn der Veräußerer nicht mittelbarer Besitzer ist, führt § 931 im Grunde genommen das Vertragsprinzip in das Übereignungsrecht ein, vgl Westermann Sachenrecht § 41 V.

2 2. Voraussetzung ist **unmittelbarer Besitz eines Dritten**. Ist der Veräußerer unmittelbarer Besitzer, so ist nur § 930 oder § 929 anwendbar (vgl RG 143, 275), ist er mittelbarer Besitzer, so kommen §§ 929, 930, 931 in Betracht. Bei **besitzlosen Sachen** ist § 931 entsprechend anwendbar, so daß schlichte Einigung ausreicht, ebenso Heck, SachenR § 57 III; Wolff/Raiser, SachenR § 67 II 2; Staud/Wiegand Rz 17; Pal/Bassenge Rz 2; Avenarius JZ 1994, 511; dagegen Oertmann AcP 113, 78ff; RG Recht 1918, 1536 (für Sachen, an denen infolge ihrer Lage Besitz ausgeschlossen ist).

3 3. Der **Anspruch** muß ein Herausgabeverlangen bzw eine Inbesitznahme ermöglichen; ein Recht auf bloße Vorlage reicht nicht aus, RG 69, 43. Zur Übertragung von Miteigentum genügt der Anspruch auf Herausgabe gegen den Miteigentümer, RG 69, 40. Der Anspruch muß bestehen, RG JW 1934, 1485; BGH WM 1969, 242 = LM Nr 7 zu § 931. Einredefreiheit ist aber nicht erforderlich. Unrichtig daher Furtner NJW 1964, 764, wonach Verkäufer nicht abtreten kann, solange das Anwartschaftsrecht besteht. Richtiger ist, Übertragung auflösend bedingten Eigentums anzunehmen, welches bei Erlöschen des Anwartschaftsrechts auch in der Person des Zessionars erlischt. Bezüglich zukünftiger Ansprüche vgl Rz 7. Mittelbarer Besitz des Veräußerers ist nicht nötig, Abtretung eines gesetzlichen Herausgabeanspruchs (zB §§ 823; 812; nicht § 985) genügt. Nicht erforderlich ist, daß dem Erwerber die Person, gegen die sich der Herausgabeanspruch richtet, bekannt ist, BGH NJW 1994, 133. Ist der Veräußerer mittelbarer Besitzer, werden im Zweifel die Beteiligten alle Ansprüche aus dem Eigentum und aus dem Besitzmittlungsverhältnis abtreten wollen. Wo aber Unterscheidung gemacht wird, muß der Anspruch aus dem Besitzmittlungsverhältnis abgetreten werden. Str, wie hier Last IherJ 63, 67; Siber, Passivlegitimation aus der rei vindicatio, 1907, S 246ff; Wolff/Raiser § 67 II 2; Planck/Brodmann Bemerkung 3a; Staud/Wiegand Rz 11; nach BGH NJW 59, 1536, 1538 ist die Abtretung in § 931 die nach § 870; danach ist auf die Abtretung des Anspruchs aus dem Besitzmittlungsverhältnis abzustellen; für einen Zwang zur Abtretung aller Ansprüche mit dem Schwergewicht auf dem dinglichen Anspruch nach RG 52, 394. Steht dem Eigentümer gegen den Dritten allein ein Anspruch aus § 985 zu, der nicht isoliert abgetreten werden kann (BGH NJW-RR 1986, 158), erfolgt die Übereignung nach § 931 **allein** durch die **dingliche Einigung** (Staud/Wiegand Rz 14; Soergel/Mühl § 931 Rz 4; Baur/Stürner § 51 VI 1b; anders BGH WM 1964, 426ff). Das gilt erst recht dann, wenn der Dritte ein Recht zum Besitz hat, wie beim Erwerb des bösgläubigen Dritten von demjenigen, der aufgrund relativer Verfügungsbeschränkung (§§ 135, 136) Nichtberechtigter ist (BGH NJW 1990, 2459f).

4 4. Die **Abtretung** unterliegt entsprechend § 413 den §§ 398ff, also formlos (auch konkludent), RG 135, 88, ohne Mitwirkung oder Benachrichtigung des Besitzers als Schuldner möglich. Danach Erklärung der Abtretung Auslegungsfrage. Anforderungen bei feststehendem Willen, Eigentum zu übertragen, gering, vgl Rz 1. Ausdruck des Willens, die Einwirkung auf den Besitzer der Sachen zugunsten des Erwerbers aufzugeben, genügt; ebenso die Erklärung, der Grundschuldbrief solle vom Notar dem Erwerber ausgehändigt werden, RG Warn Rsp 1935, 22, oder der Erwerber solle den Brief herausverlangen, RG 85, 433. Dagegen Bevollmächtigung des Spediteurs zur Empfangnahme der Waren noch keine Abtretung des Herausgabeanspruchs, Dresden JW 1934, 2723.

5 Abtretung auch in **allgemeinen Geschäftsbedingungen** möglich, falls in ihnen sofortiger Vollzugswille mit genügender Bestimmtheit ausgedrückt ist. In RG 135, 88 nahm das RG Vollendung der Abtretung durch spätere Urkundenaushändigung an. Der **Schuldnerschutz** der §§ 404ff gilt gegenüber dem Anspruch aus dem Besitzmittlungsverhältnis, für seine Erstreckung gegenüber dem dinglichen Anspruch sorgen §§ 986 II, 936 III. Die Einreden schließen aber den Eigentumsübergang nicht aus.

6 Die Einigung muß sich auf eine **bestimmte Sache** beziehen. Es kommt also nicht darauf an, daß der Herausgabeanspruch selbst genügend bestimmt ist, sondern die Gegenstände, auf die sich der Herausgabeanspruch bezieht, müssen ausreichend bestimmt sein; vgl BGH WM 1969, 242 = LM Nr 7 zu § 931. Bei Sachgesamtheiten also Individualisierung, nicht aber Aufzählung aller Sachen nötig, RG 52, 385; bei Übereignung des gesamten Lagers genügt dessen Bezeichnung, RG 132, 188, auch spätere Bestimmung der zunächst nicht im einzelnen bestimmten Gegenstände ausreichend; für die Abtretung genügt mengenmäßige Bezeichnung und Bezeichnung des Warenlagers nach Ort und Inhaber.

Nach Köln VersR 1993, 379 genügt bei einem Vollstreckungstitel „Verurteilung zur Zahlung Zug-um-Zug gegen Übereignung" nur ausnahmsweise die Abtretung des Herausgabeanspruchs nach § 931 als Gegenleistung und sind dann an die Abtretung besondere Anforderungen zu stellen.

5. Das **zeitliche Verhältnis** von Einigung und Abtretung ist wie bei § 929, vgl § 929 Rz 1 und 5, zu beurteilen. Abtretung zukünftiger Ansprüche reicht aus, sofern der Bestimmtheitsgrundsatz gewahrt ist. Automatisch mit Entstehung des Anspruchs geht dieser dann über. Sofern die Einigung erfolgt ist, geht damit auch das Eigentum über. Die Einigung muß allerdings in diesem Zeitpunkt noch fortbestehen, BGH LM Nr 7 zu § 931 BGB. Bei Doppelabtretung des Herausgabeanspruchs entscheidet daher nicht ohne weiteres die Priorität. 7

6. Die **Übergabe der Traditionspapiere** ist eine unabhängig neben § 931 stehende Art der Übereignung; eine für die besondere Traditionswirkung nicht ausreichende Übertragung kann unter § 931 fallen, so für die Abtretung der Rechte aus dem Konossement, RG 119, 215 (vgl aber BGH LM Nr 1); für ein ungültiges Indossament beim Lagerschein mit Stützung auf § 140 RG SeuffA 67, 83. Neben der Übergabe der Traditionspapiere als Übergabemittel bleiben die übrigen Formen der Übereignung der Ware, auf die sich das Traditionspapier bezieht, anwendbar. Nach der Rspr des BGH, vgl BGH LM Nr 1 zu § 931; BGH 49, 160, 163 (vorher schon RG 119, 215, 217) gilt aber § 931 deshalb nicht, weil der Anspruch auf Herausgabe im Papier verbrieft und mit ihm untrennbar in der Form verbunden ist, daß der Anspruch nicht ohne Übergabe des Papiers abtretbar ist. Nach der Rspr ist es dabei bedeutungslos, ob der Abtretungsempfänger vom Vorhandensein des Traditionspapiers weiß oder nicht. Auch § 934 ändert daran nichts. Ausführlich dazu Schnauder NJW 1991, 1642ff. 8

Diese Ansicht schützt den Inhaber des Traditionspapiers (im Fall der Entscheidung des Orderlagerscheins) stark. Der Umstand, daß der Veräußerer mittelbarer Besitzer ist und der Besitzmittler der Weisung des mittelbaren Besitzers folgt und für den Erwerber besitzt, bleibt demgegenüber bedeutungslos. Es liegt eine Art „Doppellegitimation" vor (vgl die Fälle der Doppelbuchung und ihre Behandlung, § 892 Rz 10), bei der der BGH sich für einen einseitigen Schutz des durch das Traditionspapier Legitimierten entscheidet. Das ist nicht unproblematisch, sicher aber vertretbar. Nach der herrschenden Repräsentationstheorie ist Eigentumsübertragung an abhanden gekommenen Sachen mittels Übergabe der Traditionspapiere nicht möglich, BGH 68, 18: Seekonnossement; vgl auch BGH NJW 1958, 1485; Glaser NJW 1958, 451. **Übergabe der nicht zu den Traditionspapieren gehörigen Urkunde** kann Erklärung der Abtretung bedeuten, so in aller Regel beim Frachtbriefdoppel, st Rspr, vgl RG 102, 96; Warn Rsp 1908, 584; 1922, 77; das gilt insbesondere bei der Klausel „Netto Kasse gegen Dokumente", RG JW 1919, 182. Hinterlegungsschein der Bank ist kein Traditionspapier; die Übergabe fällt auch idR nicht unter § 931, RG LZ 1916, 1007. Bei Namenslagerschein vgl BGH NJW 1979, 2037, bei Pfandschein BGHSt 27, 160. 9

Der **Lieferschein** gibt dagegen dem Empfänger keine so starke Stellung, daß seine Übergabe in der Regel als Abtretung des Herausgabeanspruchs angesehen werden kann, dazu müssen schon besondere Umstände hinzukommen, vgl BGH NJW 1971, 1608. Der Lieferschein ist vielmehr Anweisung, wenn er auf vertretbare Sachen geht, Ermächtigung zur Geltendmachung des Herausgabeanspruchs bei nicht vertretbaren Sachen. Der Lieferschein kann aber als Anweisung des mittelbaren Besitzers Bedeutung haben, vgl dazu § 929 Rz 13. Bei Übergabe von Zollniederlagescheinen Auslegung entscheidend, RG Warn Rsp 1933, 22. 10

Anhang zu §§ 929–931

Sicherungsübereignung

1. Begriff. Unter Sicherungsübereignung versteht man die Übereignung beweglicher Sachen zum Zweck der Sicherung einer Forderung des Erwerbers der Sachen gegen den Sicherungsgeber oder einen Dritten; im Fall der Nichtbefriedigung der Forderung werden die übereigneten Sachen zum Zweck der Befriedigung des Gläubigers verwertet. Die Sicherungsübereignung ist praktisch weitgehend an Stelle des Pfandrechts getreten, das mit seinem Zwang zur Übergabe (§ 1205) das Bedürfnis nach Verwendung von Werten zur Sicherheit unter Aufrechterhaltung der Nutzungsmöglichkeit für den Sicherungsgeber nicht befriedigen kann. Die Zulässigkeit ist heute nicht mehr zweifelhaft. Dabei wird zum Teil angenommen, daß hier unter Überwindung des Grundsatzes von der geschlossenen Zahl der dinglichen Rechte ein neues dingliches Recht entstanden sei, so Schwister JW 1933, 1764; richtig ist wohl, das Sicherungseigentum als **Eigentum mit fiduziarischer Bindung** anzusehen. Danach ist ein durch das Eigentum bestimmtes Außen- und ein durch den Sicherungszweck bestimmtes Innenverhältnis zu unterscheiden. 1

2. Gegenstände der Sicherungsübereignung sind **bewegliche Sachen** und das **Anwartschaftsrecht** des Vorbehaltskäufers. Die auch als Gegenstände denkbaren Grundstücke scheiden praktisch aus, da würde infolge des Grundbuchsystems bei ihnen die typische Problematik der Sicherungsübereignung nicht auftauchen; möglich und zulässig ist unter den Voraussetzungen des § 95 Sicherungsübereignung von Gebäuden auf Grundstücken Dritter, vgl Fritz BB 1963, 1083. Sicherungsübereignung von Maschinen usw, die wesentliche Bestandteile eines Grundstücks sind, ist nicht möglich, wohl aber, wenn sie Zubehör eines Grundstücks sind, allerdings wird die Haftung für Grundpfandrechte an dem Grundstück bei Übereignung nach § 930 nicht beseitigt, vgl §§ 1121, 1122 (vgl aber im Fall des § 929: BGH 92, 290f). Ausführlich dazu vgl Serick, Eigentumsvorbehalt und Sicherungsübereignung 2

Bd II S 8ff. Zum Sicherungsrecht der Bank am Scheck bei Einziehungsauftrag vgl BGH NJW 1977, 1880; WM 1977, 49. Zur Abtretbarkeit und Pfändbarkeit des Nutzungsrechts des Schuldners an einem sicherungsübereigneten Pkw s Schleswig SchlHA 1990, 55. Zu **Warenlagern** und **Sachgesamtheiten** s Rz 6. Zur Belastung von in Mieträume eingebrachtem Inventar mit einem vorrangigen Vermieterpfandrecht für den Fall, daß die Sicherungsübereignung erst mit Einbringen der Sachen wirksam wird, vgl LG Berlin GrundE 2001, 927.

Auch nach § 811 ZPO **unpfändbare Sachen** können zur Sicherheit übereignet werden, hM; BGH BB 1961, 463; WM 1962, 243; für Nichtigkeit nach § 138 Liefeldt JW 1935, 1208; LG Göttingen BB 1951, 769; Serick aaO Bd II S 15 hält mit Recht die Sicherungsübereignung unpfändbarer Gegenstände, die nur bezweckt, den sonst nicht möglichen Zugriff im Wege der Zwangsvollstreckung auf den betreffenden unpfändbaren Gegenstand zu ermöglichen, für sittenwidrig; krit Jauernig/Jauernig § 930 Rz 30: es sei stets auch Sicherungszweck verfolgt; für Ungültigkeit der Übereignung nach § 930, für Gültigkeit bei Übergabe an Gläubiger, da dann Vermutung für Entbehrlichkeit spricht, Schmelzeisen AcP 143, 80 und 84. Der Zwangsvollsteckung auf Herausgabe steht § 811 ZPO nicht entgegen, wohl aber, falls der Gläubiger Geldvollstreckung in die sicherungsübereignete Sache betreibt.

3 3. a) **Grundgeschäft** der Übereignung ist der **Sicherungsvertrag**, nicht etwa die gesicherte Forderung. Er enthält Regelungen über das Innenverhältnis zwischen Sicherungsgeber und -nehmer (Rz 13) sowie über das Verwertungsrecht des Sicherungsnehmers (Rz 15). Die Unwirksamkeit des Sicherungsvertrages berührt die abstrakte Übereignung grundsätzlich nicht (aber Rückforderung aus § 812 möglich). Daher bleibt der Sicherungsnehmer auch dann Eigentümer, wenn die Sicherungsverträge ausgetauscht werden (vgl LG München WM 1995, 41). Anders aber, wenn der Vertrag auch – wie meist – die Vereinbarung des Besitzkonstituts enthält. Dann fehlt es bei Unwirksamkeit des Vertrages an einem Tatbestandsmerkmal der Übereignung nach § 930 (Jauernig/Jauernig § 930 Rz 39; Baur/Stürner § 57 IV 1; dagegen Staud/Wiegand Anh § 929 Rz 90). Unwirksamkeitsgründe können insb § 138 (Knebelung, Übersicherung) und § 307 sein (vgl Rz 16).

b) Das Entstehen oder Bestehen der **gesicherten Forderung** berührt die Übereignung grundsätzlich nicht; die Sicherungsübereignung ist nicht akzessorisch mit der gesicherten Forderung verknüpft; kein automatischer Übergang des Sicherungseigentums nach § 401 bei Abtretung der Forderung (vgl § 401 Rz 4).

Nach BGH NJW 1994, 2885 kann aber die Nichtigkeit der Forderung nach § 139 die des Sicherungsvertrages bewirken, dann Rückforderung aus § 812. Die Sicherungsübereignung kann allerdings auch aufschiebend (zB durch Entstehen der Forderung) und/oder auflösend (zB durch Erfüllung der Forderung) bedingt sein. Nach BGH NJW 1991, 353 muß dafür aber ein Anhaltspunkt in der Parteierklärung gegeben sein. Für weitgehende Auslegung als auflösend bedingt Lange NJW 1950, 569, ihm zuneigend Baur/Stürner § 57 III 1b; nach Wolff/Raiser § 180 II 2 soll als den Interessen beider Teile entsprechend im Zweifel Bedingtheit angenommen werden; dagegen Lent NJW 1957, 1182; Schütz NJW 1957, 1541. Ohne solche Bedingung findet kein automatischer Rückfall des Sicherungseigentums an den Sicherungsgeber bei Befriedigung der gesicherten Forderung statt, BGH NJW 1984, 1185; 1987, 1884. Eine entsprechende Vereinbarung (kein automatischer Rückfall) in Formularverträgen von Banken verstößt nicht gegen § 307.

4 4. Die **Vollziehung der Übereignung** nach § 929 ist selten (vgl aber BGH 92, 288; MDR 1969, 749: Eigentumserwerb durch die Finanzierungsbank, wenn der Kfz-Brief weisungsgemäß der Bank übersandt und das Fahrzeug dem Händler ausgehändigt wird). Übergabe an „Treuhänder" als Besitzmittler des Sicherungsnehmers fällt unter § 929. Neben Übergabe nach § 931 (vor allem bei Einlagerung der Waren bei einem Dritten) kommt vor allem Übergabe nach § 930 in Betracht.

5 Die Sicherungsvereinbarung stellt, sofern sie genügend bestimmte Pflichten des Sicherungsgebers begründet, ein Besitzmittlungsverhältnis dar, RG Warn Rsp 1932, 39, offen gelassen von BGH WM 1979, 758, vgl auch § 930 Rz 4. Auch hier konkretes Besitzmittlungsverhältnis gefordert, hM nimmt verhältnismäßig leicht, auch stillschweigend vereinbartes, Konstitut an; vgl Machleid JZ 1959, 146; BGH WM 1979, 758; MDR 1970, 410; einschränkend Hamm NJW 1970, 2067 m Anm Reich NJW 1971, 757. Umdeutung einer § 930 nicht entsprechenden Sicherungsübereignung in schuldrechtliche Verpflichtung lehnt RG DR 1943, 298 als Regel ab; entscheidend ist aber das der mißglückten Sicherungsübereignung zu Grunde liegende Kausalgeschäft, aus dem sich Pflicht zur Sicherung ergibt. Bei sofortiger Ausdehnung der Sicherungsübereignung auf später vom Sicherungsgeber zu erwerbende Gegenstände müssen die für die Übereignung zukünftiger Sachen zu § 930 Rz 6, 7 und zu § 931 Rz 7 aufgestellten Erfordernisse gegeben sein. Zu Mehrfachverfügungen eines Sicherungsgebers s Giesen AcP 203 (2003), 210ff.

Nicht einfach zu entscheiden sind die **Besitzverhältnisse**, wenn eine Sache, die unter Eigentumsvorbehalt des Verkäufers (V) steht, vom Vorbehaltskäufer = Sicherungsgeber (SiG) an den Dritten (SiN) zur Sicherheit übereignet wird. Entweder ist SiG zur gleichen Zeit Besitzmittler des V und des SiN (ein Fall des von der hM abgelehnten Nebenbesitzes), oder aber SiG ist unmittelbarer (Fremd-)Besitzer, SiN ist mittelbarer (Fremd-)Besitzer erster Stufe und V ist mittelbarer (Eigen-)Besitzer zweiter Stufe (so BGH 28, 16, 27; mit Bedenken ebenso Baur/Stürner § 59 V 2b).

6 5. Bei Sicherungsübereignungen von **Warenlagern** und sonstigen **Sachgesamtheiten** ist auf die **Bestimmtheit** der übereigneten Gegenstände besonders zu achten. Ausführlich dazu Serick aaO Bd II S 148ff.

a) Bei Sachgesamtheiten mit **festem Bestand** verlangt der BGH in st Rspr, daß die zu übereignenden Gegenstände im Zeitpunkt der Einigung über den Eigentumsübergang so bestimmt bezeichnet werden, daß jeder, der die Vereinbarung der Vertragspartner kennt, die übereigneten Sachen ohne Schwierigkeit von anderen unterscheiden kann, BGH NJW 1992, 1161 mwN. Dazu reicht die sog All-Formel aus, BGH NJW 1986, 1985; 1991, 2144. Es **genügt**, wenn sich die Einigung auf sämtliche in einem besonderen Raum aufbewahrten und im Alleineigentum des Schuldners stehenden Gegenstände einer Sachgesamtheit bezieht (sog **Raumsicherungsvertrag**) oder wenn die Gegenstände, die übereignet werden sollen, in geeigneter Weise gekennzeichnet werden (sog **Markierungsver-**

trag). Soll nur ein Teil einer Menge übereignet werden, bedarf es einer eindeutigen Abgrenzung gegenüber dem nichtübereigneten Teil, BGH NJW 1984, 803. Nach BGH WM 1960, 1226 kann es genügen, wenn wenigstens Weisungen für eine besondere Aufbewahrung erteilt waren. Unbestimmt kann nach BGH 28, 28 und WM 1965, 1248 entgegen BGH 21, 52 bleiben, ob der Sicherungsgeber Eigentümer ist oder bloß ein Anwartschaftsrecht hat; vgl dazu Geißler KTS 1989, 787, 796ff und Serick aaO Bd II S 178ff, 181. Hinreichende Bestimmtheit wurde zB angenommen bei im einzelnen bezeichnetem Vieh (BGH NJW 1963, 504), Containern einer bestimmten Gattung (BGH NJW 1994, 133) sowie auch dann, wenn die Sachen, die von der Übereignung ausgenommen sein sollen, eindeutig (etwa durch Fähnchen an den fraglichen Büchern) gekennzeichnet sind (BGH NJW 1992, 1161; BGH NJW-RR 1994, 1537). **Nicht hinreichend bestimmt** ist die Übereignung hingegen, wenn Sachen in einem Warenlager übereignet werden sollen, das auch von anderen als dem Sicherungsgeber genutzt wird (Frankfurt ZIP 1994, 1438); wenn die Abgrenzung nur funktional und nicht äußerlich erkennbar erfolgt („Handbibliothek Kunst", BGH NJW 1992, 1161; NJW-RR 1994, 1537); wenn nur solche Waren übereignet werden sollen, die „frei von Rechten Dritter" (BGH NJW 1992, 1156, 1157) sind oder nur solche von der Übereignung ausgenommen werden sollen, „die unter Eigentumsvorbehalt stehen"; „die unpfändbar sind" (BGH FamRZ 1988, 255); wenn 75 Ferkel auf einem Hof übereignet werden sollen, diese aber nicht von den übrigen Ferkeln auf dem Hof abgegrenzt sind (BGH NJW 1984, 803).

b) Bei Sachgesamtheiten mit **wechselndem Bestand** hängt die Wirksamkeit der Übereignung nach BGH WM 1979, 300 davon ab, ob hinsichtlich der später hinzutretenden Sachen durch ein einfaches, nach außen erkennbares Geschehen ohne weiteres deutlich ist, welche Sachen übereignet werden sollen. Inventurhefte können insoweit ausreichen, auch wenn zwischen der Inventur und der Sicherungsübereignung Warenbewegungen stattgefunden haben. Bestimmt genug ist auch die Übereignung aller zum „Hausinventar des gemeinsam bewohnten Einfamilienhauses" gehörenden Sachen, BGH WM 1979, 557; ob später nachgewiesen wird, welche Gegenstände im einzelnen dazu gehört haben, ist dabei nicht entscheidend.

c) Auch der **Sicherungsgeber** muß **hinreichend bestimmt** sein. So zB, wenn mehrere Unternehmen, die nicht derselben Person gehören, gleichzeitig Gegenstände übereignen, vgl Hamburg BB 1964, 193.

d) Maßgebend ist der **Zeitpunkt des Vertrags**, Unklarheit infolge späterer Entwicklung (Einbringung schwer feststellbarer, nicht übereigneter Gegenstände) ist bedeutungslos, so RG 132, 188; BGH NJW 1958, 945; gegen RG 113, 57. RG 129, 63 nimmt Unbestimmtheit der Übereignung an, falls mit Sicherheit sehr baldige Unklarheit zu erwarten ist. Die Entscheidung ist bedenklich, wenn auch rechtspolitisch das Streben nach Bestimmtheit und Klarheit zu begrüßen ist. Für **künftige Sachen** ist nach hA, kritisch dazu vgl § 930 Rz 7, außerdem eine Ausführungshandlung zu fordern, die in der Regel zugleich die Bestimmtheit sicherstellen wird.

Zum **weiteren Ausbau der Sicherung** durch vorweggenommene Abtretung der aus dem Verkauf an sicherungsübereigneten Sachen entstehenden Forderungen vgl § 398 Rz 18; zur „Verlängerung des Eigentumsvorbehalts" über die Verarbeitung hinaus vgl § 950 Rz 8ff; Serick aaO Bd IV S 115ff; Flume NJW 1950, 841; vgl auch Neustadt NJW 1964, 1802 (über gekoppelte Sicherungsübereignung vgl Lange NJW 1951, 751). Oft wird weiterer Ausbau der Sicherung durch Zusammenfassung der verschiedenen Klauseln für Knebelung sprechen, vgl BGH NJW 1952, 1169 und unten Rz 16.

6. Die **Stellung des Sicherungsnehmers nach außen** ist durch das Eigentum an der Sache bestimmt. Sicherungseigentümer eines auf fremdem Grundstück unter den Voraussetzungen des § 95 errichteten Gebäudes ist gegenüber Grundstückseigentümer nicht Störer iSd § 1004, wenn er nicht im unmittelbaren Besitz des Gebäudes ist, BGH BB 1964, 820. Die aus dem Sicherungszweck folgenden Bindungen sind lediglich schuldrechtlicher Natur. In der **Insolvenz des Sicherungsgebers** gibt die hM dem Sicherungsnehmer in Anlehnung an die Behandlung des Pfandrechts nur ein Absonderungsrecht, um die gleichzeitige Geltendmachung der gesicherten Forderung und des Eigentums zu verhindern, vgl BGH NJW 1978, 632; RG 91, 15; 145, 193; Serick aaO Bd III S 291ff; vgl auch BGH WM 1979, 1306. Demgegenüber gewährt der Eigentumsvorbehalt grundsätzlich ein Aussonderungsrecht. Ist dagegen bei einem erweiterten Eigentumsvorbehalt das Sicherungsgut voll bezahlt und steht nur noch die Bezahlung der mitgesicherten übrigen Forderungen aus, dann gleicht die Stellung des Vorbehaltseigentümers der des Sicherungseigentümers, so daß ihm nur ein Absonderungsrecht zugebilligt werden kann, BGH NJW 1971, 799. Die Sicherungsübereignung ist keine unentgeltliche Leistung iSd § 134 InsO (Koblenz v 18. 9. 2003 – 5 U 520/03).

Bei **Einzelvollstreckung gegen den Sicherungsgeber** gibt die vorherrschende Rspr dem Sicherungsnehmer die Klage aus § 771 ZPO, so RG 124, 73 für die gleichliegende Frage in § 301 RAO; BGH 12, 234; 20, 88; 80, 296; zustimmend Bötticher MDR 1950, 705; Lange NJW 1950, 565; Mittelstein MDR 1951, 720; ausführlich nach Darstellung des Standes der Meinungen für die Bejahung von § 771 auch Serick aaO Bd III S 206ff mit der Begründung, die Klage aus § 771 ZPO müsse dem Sicherungsnehmer gewährt werden, da sonst der wirtschaftliche Plan, der der Sicherungsübereignung zugrunde liege, nicht gewährleistet sei; den Drittgläubigern will Serick mit der Verpflichtung zur Freigabe bei Übersicherung helfen; für Anwendung von § 805 ZPO Caspari JW 1935, 674; Baumbach/Lauterbach/Albers/Hartmann § 771 ZPO Rz 26 mwN. Reformvorschlag bei Münzel MDR 1951, 129ff. Im Interesse des vollstreckenden Gläubigers muß verlangt werden, daß der Sicherungsnehmer ihm sein Recht vor Klageerhebung glaubhaft macht, vgl Baumbach/Lauterbach/Albers/Hartmann § 93 ZPO Rz 82, Freigabe unmittelbar nach Glaubhaftmachung ist rechtzeitig im Sinne des § 93 ZPO. Exceptio doli gegen Drittwiderspruchsklage des übersicherten Sicherungsnehmers, vgl RG JW 1921, 1246; Mittelstein MDR 1951, 721.

Bei **Vollstreckung gegen den Sicherungsnehmer** hat nach übereinstimmender Ansicht der Sicherungsgeber auf Grund der Sicherungsabrede das Recht aus § 771 ZPO bzw auf Aussonderung, letztere aber nur nach Befriedigung der gesicherten Forderung, vgl statt aller Serick aaO Bd III S 213. Das Recht des Sicherungsgebers aus § 771

ZPO endet aber mit Verwertungsreife des Sicherungsgutes, BGH 72, 141. Ist der Erlös höher als die gesicherte Forderung des Sicherungsnehmers, gebührt der Überschuß dem Sicherungsgeber. Dieser braucht deshalb auch nicht zu dulden, daß der Gläubiger des Sicherungsnehmers sich daraus wegen eines höheren Betrages befriedigt. Der Sicherungsgeber wird deshalb in der Zwangsvollstreckung zwar nicht allgemein, aber doch insoweit widersprechen können, wie der Gläubiger Befriedigung wegen des Mehrbetrages sucht.

12 Als Eigentümer vermag der Sicherungsnehmer auch entgegen der schuldrechtlichen Bindung gegenüber dem Sicherungsgeber über die Sache zu verfügen, ohne daß es auf Gutgläubigkeit des Empfängers ankommt. Liegt aber die Veräußerung ganz außerhalb des Sicherungszwecks oder erfolgt sie nach Tilgung der gesicherten Forderung, so kann der Erwerb in Kenntnis des Sicherungszwecks des Eigentums eine unter § 826 fallende Ersatzpflicht auslösen. Außerdem strafrechtlicher Schutz (§ 266 StGB). Damit auch § 823 II. Für auflösend bedingte Übereignung vgl § 161. Bei Übereignung nach § 931 hat Sicherungsgeber Einwendungen aus § 986 II.

13 7. Das **Innenverhältnis zwischen Sicherungsgeber und -nehmer** ist durch den Vertrag bestimmt, RG HRR 1941, 682. Nach Erlöschen der gesicherten Forderung ist der Sicherungsnehmer zur Rückübereignung der Sache verpflichtet; bei bedingter Übereignung automatischer Rückfall des Eigentums, vgl Rz 3. Nach RG 92, 280 kann der Sicherungsgeber auch gemäß dem entsprechend anwendbaren § 1233 Rückgabe der Sachen Zug um Zug gegen Zahlung der gesicherten Forderung verlangen. Dagegen ist der Sicherungsnehmer nicht gezwungen, bei Geltendmachung der Forderung Rückgabe der Sachen anzubieten, RG Recht 1913, 3258; RG JW 1914, 76 verweigert dem Sicherungsgeber auch das Einrederecht aus § 320.

14 Bei Sicherungsübereignung von zur Veräußerung bestimmten Warenlagern ist im Zweifel anzunehmen, daß der Sicherungsgeber ermächtigt ist, Waren im ordentlichen Geschäftsbetrieb (also keine weitere Sicherungsübereignung) zu veräußern. Ausreichende Sicherung schafft die vorweggenommene Vereinbarung der Übereignung der vom Sicherungsgeber anzuschaffenden Waren und die vorweggenommene Abtretung der Kaufpreisforderungen, vgl dazu § 398 Rz 4. Die zum Teil vorkommende Vereinbarung der Abführung der Einzahlung des Erlöses auf ein bestimmtes Bankkonto (insbesondere bei Banken als Sicherungsnehmer) wirkt nur schuldrechtlich.
Zur Veräußerung durch den Sicherungsnehmer vgl Rz 12.

15 8. Das **Verwertungsrecht des Sicherungsnehmers** ist durch den Sicherungsvertrag bestimmt, BGH NJW 1980, 226; RG 83, 53; 143, 113; insbesondere durch AGB, vgl die Darstellung bei Serick aaO Bd II S 451ff, BB 1970, 541. Vgl auch BGH 130, 59; zu den Rechtsfolgen unwirksamer Verwertungsklauseln in AGB BGH 130, 115. Wo dem Sicherungsnehmer ein freies Verwertungsrecht eingeräumt ist, hat er auch die Interessen des Sicherungsgebers zu berücksichtigen, RG 76, 347; BGH WM 1962, 673; 1970, 219, 221; dabei Haftung nach Art des Auftrags für jede Sorgfalt, RG JW 1914, 76. Zu den Rechtsfolgen einer unwirtschaftlichen Verwertung von Sicherungsgut s Düsseldorf BB 1990, 1016f. Der Sicherungsnehmer ist grundsätzlich nicht verpflichtet, mit der Verwertung sofort zu beginnen, und muß die Interessen des Sicherungsgebers schonen, BGH WM 1967, 397. Im Einzelfall kann der Sicherungsnehmer danach verpflichtet sein, Befriedigung nur aus den Nutzungen des Sicherungsgutes zu suchen. Dagegen wird ein Recht des Sicherungsnehmers, gegen den Willen des Sicherungsgebers nur diese Nutzungen in Anspruch zu nehmen, im allgemeinen nicht angenommen werden können, BGH NJW 1980, 226; vgl auch Köhler WM 1977, 243.
Bei Fehlen vertraglicher Regelung sind die Vorschriften über den Pfandverkauf teilweise entsprechend heranzuziehen, vgl die Nachw bei Staud/Wiegand Anh §§ 929–931 Rz 226; Dresden OLG 35, 327; dh die, die die Verwertung der Pfandsache (= Sicherungsgut) regeln, so insbesondere §§ 1220, 1221, 1243, 1244. Die Vorschriften des Pfandrechts, die sich auf die Beziehungen des Pfandgläubigers zu Dritten beziehen, und die, die aus Strukturmerkmalen des Pfandrechts folgen (zB Folgen der Akzessorietät), gelten für die Sicherungsübereignung nicht, da in Beziehung zu Dritten es auf das Eigentum des Sicherungsnehmers ankommt und die typischen Strukturmerkmale des Pfandrechts das Sicherungseigentum eben nicht hat; vgl BGH BB 1961, 235, 463; ausführlich Serick aaO Bd II, § 19 IV 2; Bd III, § 38 I 2; für freies Verwertungsrecht RG Warn Rsp 1914, 7 und anscheinend auch RG Gruchot 64, 482; Staud/Wiegand Anh §§ 929–931; Pal/Bassenge § 930 Rz 19; vgl zur Rspr Soergel/Mühl § 930 Rz 59 mN.
Verfallklausel kann entgegen § 1229 vereinbart werden, ist aber nur bei völlig sicherer Vereinbarung anzunehmen; in diesem Sinne auch die hM, vgl BGH NJW 1980, 226, 227; RGRK/Pikart § 930 Rz 72; Serick aaO Bd III S 486f (der aber angemessene Wartefrist und vorherige Androhung verlangt); aM Gaul AcP 168, 351, 368ff; ihm folgend Soergel/Mühl § 930 Rz 60; Staud/Wiegand Anh §§ 929–931 Rz 234.
Immer hat der Sicherungsnehmer die Möglichkeit, in die übereignete Sache die Zwangsvollstreckung zu betreiben, vgl München BB 1971, 1260. Dann ist, anders als bei Herausgabeurteil, § 811 ZPO zu beachten.
Die Verjährung der gesicherten Forderung steht dem Verwertungsrecht hier ebensowenig wie beim Eigentumsvorbehalt entgegen, § 216 II, vgl BGH 70, 96, 98f; 34, 191, 198f.

16 9. **Grenzen** zulässiger Sicherungsübereignung ergeben sich aus §§ 134, 138, 307 (früher § 9 AGBG), 826.
a) aa) Schutz des **Sicherungsgebers durch § 138**. Eine den Sicherungsgeber zu sehr in seiner wirtschaftlichen Bewegungsfreiheit beengende Übereignung ist als **Knebelung** nichtig; vgl die zu § 138 Rz 128 aufgeführte Rspr und BGH 7, 111; BGH NJW 1955, 1272; JR 1956, 98 und 99; ausführlich Serick aaO Bd III S 73ff mit Zusammenstellung der wesentlichen Indizien (S 77ff); einschränkend Lange NJW 1950, 568; kritisch Flessa NJW 1953, 84 und Barkhausen NJW 1953, 1412; 1955, 1272; ferner Hamburg MDR 1951, 354; LG Flensburg NJW 1953, 1432; Nürnberg BB 1953, 956. Maßgebend für die Frage der Sittengemäßheit sind neben dem Umfang der Übereignung die den Schuldner verpflichtenden Vereinbarungen. Hier genügt einseitiger Sittenverstoß des Sicherungsnehmers gegenüber dem Sicherungsgeber; Westermann, Interessenkollisionen bei Sicherungsrechten an Fahrnis und Forderungen, Karlsruhe 1954, S 10ff.

bb) Die lange Zeit umstrittenen (vgl zur Entwicklung BGH NJW 1997, 1570; ZIP 1997, 1185; BB 1997, 329; Canaris ZIP 1996, 1577; ders ZIP 1997, 813; Serick WM 1997, 345; ders NJW 1997, 1529; alle mit umfangr Nachw) Wirksamkeitsanforderungen an **formularmäßig bestellte, revolvierende Globalsicherungen** und der Schutz des Sicherungsgebers in solchen Fällen wurden nunmehr vom Großen Senat des BGH für Zivilsachen geklärt (NJW 1998, 671). Danach sind für solche Globalsicherungen weder eine ausdrückliche Freigaberegelung noch eine zahlenmäßig bestimmte Deckungsgrenze noch eine Klausel für die Bewertung der Sicherungsgegenstände Wirksamkeitsvoraussetzungen. Der Sicherungsgeber hat im Falle nachträglicher Übersicherung einen ermessensunabhängigen Freigabeanspruch auch dann, wenn der Sicherungsvertrag keine oder eine ermessensabhängig ausgestaltete Freigabeklausel enthält. Dieser folgt gem § 157 aus dem fiduziarischen Charakter der Sicherungsabrede sowie der Interessenlage der Parteien. Enthält die Sicherungsabrede keine ausdrückliche oder eine unangemessene Deckungsgrenze, so beträgt diese Grenze (unter Berücksichtigung der Kosten für die Verwaltung und Verwertung der Sicherheit), bezogen auf den realisierbaren Wert der Sicherungsgegenstände, 110 % der gesicherten Forderungen. Nach Ansicht des Großen Senats lassen sich allgemeingültige Maßstäbe für die Bewertung der Sicherungsgegenstände bei Eintritt des Sicherungsfalles im voraus nicht festlegen. Um den Sicherungsgeber vor den besonderen Schwierigkeiten, eine Übersicherung zu beweisen, zu bewahren und den Freigabeanspruch nicht zu entwerten, stellt der Große Senat eine aus den §§ 232ff abgeleitete einfache Vermutungs- und Beweislastregelung auf: Die Grenze für das Entstehen des Freigabeanspruchs für Sicherungsgut liegt regelmäßig bei 150 % des Schätzwertes (bei sicherungsübereigneten Waren ist der Schätzwert der Marktpreis im Zeitpunkt der Entscheidung über das Freigabeverlangen). Derjenige, der behauptet, diese Freigabegrenze sei im Streitfall unangemessen, muß dies substantiiert darlegen und beweisen (BGH GSZ NJW 1998, 671, 676f; vgl auch BGH DB 1998, 1404; kritisch zur Entscheidung des Großen Senats Serick BB 1998, 801ff).

cc) Zur Sittenwidrigkeit des Sicherungsgeschäfts wegen **anfänglicher Übersicherung** und zur Abgrenzung dieser von der Frage der Wirksamkeit im Hinblick auf nachträgliche Übersicherung (oben bb) s BGH ZIP 1998, 684, 685.

b) Schutz **sonstiger Gläubiger** des Sicherungsgebers. Handeln die Parteien der Sicherungsübereignung übereinstimmend in dem Bewußtsein, daß die Übereignung der wesentlichen Werte die sonstigen Gläubiger schädigen könne, liegt den Gläubigern gegenüber ein **Sittenverstoß** vor. Folge des § 138 ist Nichtigkeit der Übereignung, so daß andere Gläubiger des Sicherungsgebers ohne Rücksicht auf die Sicherungsübereignung vollstrecken können. Das gilt aber nur dann, wenn nicht die milderen Rechtsfolgen des Anfechtungsgesetzes eingreifen. 17

Kreditbetrug verpflichtet den Sicherungsnehmer zum Ersatz des Vertrauensschadens, den die durch ihn zur Kredithingabe an den Sicherungsgeber bestimmten Gläubiger erlitten haben, RG 136, 247 = JW 1932, 2522; vgl dazu Anm von Bauer-Mengelberg JW 1932, 2699; kritisch auch Lange NJW 1950, 568, der einen Ausgleich mittels § 254 anstrebt. Der Tatbestand des Kreditbetruges erfordert eine vom Sicherungsnehmer ausgehende Täuschungshandlung über die Kreditwürdigkeit des Sicherungsgebers, die auch in einer Verletzung einer von der Rsp entwickelten Offenlegungspflicht bestehen kann. Zur Offenlegung ist der Sicherungsnehmer aber nur bei besonderen Umständen verpflichtet, vgl RG 136, 247; 136, 293; 143, 48. 18

Die vom Kreditbetrug unterschiedene **Gläubigergefährdung** (RG 136, 247 will hier keine Schadensersatzpflicht anerkennen, sondern nur dem anderen Gläubiger die Vollstreckung ermöglichen) verlangt kein betrügerisches Verhalten des Sicherungsnehmers, sondern begnügt sich mit der Erkenntnis, daß der Sicherungsnehmer die Gefahr für spätere Gläubiger erkannte und in Kauf nahm, RG 143, 48 will aber auch hier und in den Fällen der Konkursverschleppung (zum Tatbestand vgl auch RG 136, 293), der Aussaugung und der stillen Geschäftsinhaberschaft Anspruch auf das negative Interesse geben. Sehr weitgehend in der Sorgfaltspflicht BGH 10, 228 (Überprüfung durch neutrale Sachkundige gefordert, aber in BGH 20, 43 nicht mehr gefordert); ferner soll schon grobe Fahrlässigkeit für Sittenwidrigkeit ausreichen. Überspannung der Pflicht zur Rücksichtnahme auf zukünftige Gläubiger in BGH 20, 43: Kredithingabe zur Finanzierung eines Auftrages gegen Versprechen späterer Abtretung erfüllungshalber verpflichtet Gläubiger zur Prüfung der Gefährdung der Altgläubiger des Schuldners und anderer Gläubiger, denen aus der Ausführung des Auftrages Ansprüche entstehen (kritisch Westermann JR 1956, 99). Weitere Entscheidungen: BGH MDR 1951, 604 (mit Anm Paulus JZ 1951, 686); KG NJW 1955, 1558; kritisch zu h Rspr Barkhausen NJW 1953, 1665; Meyer/Cording JZ 1953, 666; Westermann JR 1956, 102. 19

Gefahr für den Sicherungsnehmer früher außerdem wegen dem zum 1. 1. 1999 aufgehobenen § 419, BGH 12, 232; WM 1964, 741; BGH 80, 296; aber auch NJW 1986, 1985. Ferner kann Anfechtung möglich sein.

Vorbemerkung §§ 932–936

1. Der Verkehrsschutzgedanke verlangt eine **Möglichkeit des gutgläubigen Erwerbs**. Grundlage ist der Rechtsschein des Besitzes, vgl § 1006 und Westermann JuS 1963, 17; kritisch Hübner, Der Rechtsverlust im Mobiliar-Sachenrecht, Erlangen 1955, S 56ff. Aber im Gegensatz zu § 892, der das Rechtsscheinprinzip ausnahmslos durchführt, wird in §§ 932ff das Rechtsscheinprinzip durch das Veranlassungsprinzip (§ 935) durchbrochen. Gutgläubiger Erwerb ist danach nur möglich, wenn der Eigentümer den Unterschied von Eigentums- und Besitzlage bewußt geschaffen hat, vgl dazu § 935 Rz 1 und Westermann § 45 III 2. Zur geschichtlichen Entwicklung vgl v Lübtow, Hand wahre Hand, Berlin 1955. Einschränkung des Rechtsscheinprinzips ferner in § 933, vgl dazu § 933 Rz 1. § 934 verlangt für den gutgläubigen Erwerb, daß der Erwerber Besitzer wird und der Eigentümer jede besitzrechtliche Beziehung zur Sache verliert. Gutglaubensschutz ist Verkehrsschutz. Er betrifft daher nur rechtsgeschäftlichen Erwerb. Keine analoge Anwendung auf andere Erwerbsarten, zB im Wege der Zwangsvollstreckung, vgl BGH 9, 253. 1

Vor §§ 932–936 Sachenrecht Eigentum

2 **2.** §§ 932ff beziehen sich nur auf den guten Glauben an das Eigentum. **Fehlende Verfügungsmacht** des Eigentümers vermögen §§ 932ff nicht zu ersetzen. Der Unterschied zu §§ 892, 893 folgt aus dem unterschiedlichen Umfang des Rechtsscheins: der Besitz sagt über die Verfügungsmacht des Besitzers nichts aus, wohl aber gibt das Grundbuch die relativen Verfügungsbeschränkungen wieder. An Stelle einer allgemeinen Schutzvorschrift zugunsten des Erwerbers treten für das Recht der beweglichen Sachen eine Reihe von Einzelbestimmungen, die die fehlende allgemeine Vorschrift weitgehend ersetzen; vgl §§ 135 II, 136, 161 III, 2113 III, 2129 II, 2211. Gegenüber den **Verfügungsbeschränkungen der Ehegatten** in § 1369 gibt es keinen Gutglaubensschutz, vgl § 1369 Rz 7; Bosch FamRZ 1957, 195; Boehmer FamRZ 1959, 4; Hartung NJW 1959, 1020; aM Funk NJW 1959, 135. Das gleiche gilt für die Verfügungsbeschränkungen des Gesamtgutsverwalters nach §§ 1423ff. § 1369 wirkt auch, wenn der nichtverfügende Ehegatte Eigentümer ist oder wenn einer der Ehegatten den Haushaltsgegenstand unter Eigentumsvorbehalt gekauft hat, Lorenz JZ 1959, 107; aM Ziege NJW 1957, 1580; Zunft NJW 1958, 130. Dagegen fehlt der Schutz bei Verfügungen des Gemeinschuldners, vgl auch § 1984 I S 2.

Guter Glaube an die vom Eigentum abgeleitete Verfügungsmacht wird nur in Ausnahmefällen geschützt, vgl §§ 1244, 2368 III; § 366 HGB. Auch Glaube an Identität wird in §§ 932ff nicht geschützt (anders Art 16 WechsG).

932 *Gutgläubiger Erwerb vom Nichtberechtigten*
(1) Durch eine nach § 929 erfolgte Veräußerung wird der Erwerber auch dann Eigentümer, wenn die Sache nicht dem Veräußerer gehört, es sei denn, dass er zu der Zeit, zu der er nach diesen Vorschriften das Eigentum erwerben würde, nicht in gutem Glauben ist. In dem Falle des § 929 Satz 2 gilt dies jedoch nur dann, wenn der Erwerber den Besitz von dem Veräußerer erlangt hatte.
(2) Der Erwerber ist nicht in gutem Glauben, wenn ihm bekannt oder infolge grober Fahrlässigkeit unbekannt ist, dass die Sache nicht dem Veräußerer gehört.

1 **1.** In § 932 ist der **Normalfall des gutgläubigen Erwerbes** geregelt: für den Veräußerer spricht der Rechtsschein, und der Erwerber erhält durch den unmittelbaren Besitz für seinen Erwerb zuungunsten des bisherigen Eigentümers rechtfertigende tatsächliche Beziehung zur Sache. Wie immer in §§ 932ff wird nur das Eigentum des Veräußerers ersetzt, alle sonstigen Voraussetzungen des § 929, insbesondere eine gültige Einigung, müssen gegeben sein. § 932 gilt auch für Verfolgungen eines Minderjährigen über einen fremden Gegenstand, da der sich aus § 816 I S 1 ergebende Rechtsnachteil nur mittelbar durch das Veräußerungsgeschäft entsteht (indifferentes Geschäft; LG Köln JuS 1991, 855; str; aM Medicus, Bürgerliches Recht, Rz 542).

2 **2. Veräußerung nach § 929 S 1** verlangt Übergabe des unmittelbaren Besitzes, dh der Veräußerer muß bis zum Augenblick der Veräußerung Besitzer sein, RG 72, 309. Innehabung als Besitzdiener reicht nicht aus; der Besitzdiener kann sich aber vor der Veräußerung zum Besitzer machen; in der Regel wird das aber Abhandenkommen sein, vgl § 935 Rz 6. Ferner muß der Erwerber Besitzer werden. Übergabe an Besitzdiener oder Besitzmittler des Erwerbers genügt. Es reicht auch aus, daß der Besitzer auf Geheiß des Veräußerers, der nicht mittelbarer Besitzer sein muß (BGH NJW 1973, 141; einschränkend Wadke JZ 1973, 141), dem Erwerber die Sache übergibt; BGH 36, 56. Str ist, ob sich der Besitzer wirklich dem Geheiß des Veräußerers unterordnen muß (so v Caemmerer JZ 1963, 586; Soergel/Mühl Rz 6 mwN) oder ob der Anschein hierfür aus Sicht des Erwerbers reicht (so BGH NJW 1974, 1132, 1134; Staud/Wiegand Rz 24 mwN).

3 Die **Zusatzregelung für § 929 S 2** bedeutet, daß der Besitz des Erwerbers auf den Veräußerer zurückgehen muß. Verschaffung des mittelbaren Besitzes ausreichend; aM wohl RG Warn Rsp 1929, 182, ausreichend auch Übergabe durch Dritte auf Geheiß des Veräußerers, wenn dieser des Besitzes völlig entledigt, BGH NJW 1971, 1453. Übergabe durch Traditionspapiere steht der Übergabe der Sache gleich, vorausgesetzt, daß der Aussteller des Papiers die Sache noch besitzt, sog Repräsentationstheorie (hM), str, nach der absoluten Theorie ist der Besitz an der Sache gleichgültig.

4 **3.** Auf die **Art des Grundgeschäfts** kommt es nicht an; auch der unentgeltlich Erwerbende erwirbt das Eigentum, wird aber schuldrechtlich zur Rückgabe nach § 816 I S 2 verpflichtet, sonst aber kein Anspruch aus § 812, BGH 36, 60. Auch Übereignung zu Sicherungszwecken fällt unter § 932; ferner Erzwingung der Besitzübertragung durch den Gerichtsvollzieher, Sichtermann MDR 1953, 154. Zum Treuhandeigentum vgl Siebert, Das rechtsgeschäftliche Treuhandsverhältnis, Marburg 1933, S 149, 219, 295, 358; Kiehl JW 1922, 787; RG JR 1925, 1876.

5 **4. Gutgläubigkeit** des Erwerbers ist Voraussetzung des Rechtserwerbs. Auf die Vorstellung des Veräußerers kommt es nicht an. Gutgläubigkeit ist in § 932 II als für das ganze BGB geltender Grundsatz negativ bestimmt: Ausschluß bei Kenntnis und grob fahrlässiger Unkenntnis vom Nichteigentum des Veräußerers. Maßgebend ist der Glaube an das Eigentum (bezüglich Verfügungsbeschränkungen vgl vor § 932ff Rz 2) des Veräußerers, guter Glaube an die Verfügungsbefugnis steht nicht gleich; ausgenommen § 366 HGB (neben § 932 anwendbar, BGH 77, 276). Maßgebend ist die **Kenntnis von der Rechtslage**, so daß der Erwerber auch gutgläubig sein kann, wenn er die seinem Erwerb entgegenstehenden Tatsachen kennt, sie aber – ohne grobe Fahrlässigkeit, vgl Rz 9 – falsch würdigt, BGH NJW 1961, 777. Guter Glaube an das Eigentum eines zustimmenden Dritten, der die Sache besitzt oder den besitzende Veräußerer als Eigentümer bezeichnet, reicht aus, Westermann, Sachenrecht § 46, 2; anders die hM (BGH 10, 81, 86 läßt aber auch sonstige Beziehungen des Dritten zur Sache ausreichen); BGH MDR 1955, 346; Hoche NJW 1953, 1506. Im Fall des § 142 II muß sich der gute Glaube auf die Nichtanfechtbarkeit beziehen. Maßgebend sind die Umstände, die die Anfechtbarkeit ergeben; Kenntnis oder Kennenmüssen der Rechtsfolge ist nicht nötig, BGH WM 1987, 1282. Bei **Erwerb durch mehrere Gesellschafter** müssen alle handelnden Gesellschafter gutgläubig sein, vgl BGH WM 1959, 35 (für die Gesamthand). Das folgt aus der Wirksamkeit der Kenntnisnahme durch einen Vertreter bei Gesamtvertretung. § 28 BGB und § 125 II S 3 HGB drücken

insoweit einen allgemeinen Grundsatz aus. Schulze LZ 1921, 675 verlangt bei Einbringen in eine Gründungsgesellschaft auch Gutgläubigkeit des Einbringenden.

Beim Erwerb durch mehrere zu Miteigentum ist bei teilweiser Bösgläubigkeit Miteigentum der Gutgläubigen **6** und des bisherigen Eigentümers anzunehmen.

Beim **Erwerb durch Vertreter** kommt es gem § 166 auf dessen Gutgläubigkeit an; in den Fällen des § 166 II **7** aber Gutgläubigkeit des Vertreters und Vertretenen erforderlich, vgl § 166 Rz 13ff. Bei Gesamtvertretung Gutgläubigkeit aller Vertreter nötig. Vertretung in diesem Sinne aber nur bei der Einigung möglich, RG 137, 28; Kenntnis dessen, an den als Besitzmittler oder Besitzdiener des Erwerbers die Sache übergeben wird, ist gleichgültig. Unzutreffend bewertet RG 77, 24 auch die Bösgläubigkeit des nach § 897 ZPO vorgehenden Gerichtsvollziehers nach § 166. Analoge Anwendung bei anfechtbarem Geschäft; vgl auch § 142 II. Es schadet also nur grobe Fahrlässigkeit.

Beweislast für die Bösgläubigkeit hat der, der sie behauptet, RG HRR 1935, 177; BGH NJW 1982, 38. Rechtsirrtum, der die Bösgläubigkeit ausschließen soll, hat der Behauptende zu beweisen, ebenso gebotene Nachforschungen über Eigentumsverhältnisse, BGH WM 1987, 1282.

5. Die **Kenntnis** muß sich auf das Fehlen des Eigentums des Veräußerers beziehen; auf die Kenntnis der **8** zugrunde liegenden Tatsachen kommt es nicht an, RG JW 1911, 96; doch schließt ein grobfahrlässiger Irrtum Gutgläubigkeit aus.

6. Nur **grob fahrlässige Unkenntnis** schadet; Unterscheidung zwischen grober und nicht grober Fahrlässigkeit **9** nach den allgemeinen Maßstäben. Auszugehen ist von den objektiven Erfordernissen, die der Personengruppe entsprechen, zu der der Erwerber gehört, Staud/Wiegand Rz 49. Die so bestimmten Sorgfaltspflichten „müssen in ungewöhnlich grobem Maße verletzt worden sein, es muß das unbeachtet geblieben sein, was im gegebenen Fall jedem einleuchten müßte", RG 141, 131 und neuer zB BGH NJW 1994, 2093, 2094. Das gilt auch für Rechtsirrtum; vgl dazu BGH 10, 14, 16; WM 1978, 1209.

Schwierig und praktisch bedeutsam ist, wieweit den Erwerber eine **Nachprüfungspflicht** trifft, insbesondere **10** bedeutsam für Zusammenstoß mit Eigentumsvorbehalt. Die Rspr bezeichnet das grundsätzlich als Frage tatrichterlicher Würdigung, so BGH BB 1973, 401. Anhaltspunkte können geben: Art der veräußerten Sache und die sich daraus ergebende Üblichkeit des Eigentumsvorbehalts (zB für neuen Kraftwagen), BGH 10, 17; ebenso grundsätzlich bei hochwertigen Konsumgütern, LG Ansbach WM 1989, 1777, 1778; Art des Geschäfts (gewöhnliches Umsatzgeschäft oder Sicherungsübereignung), die wirtschaftliche Gesamtlage (scharfer Maßstab in Krisenzeiten, RG 141, 132) und die Lage und Persönlichkeit des Veräußerers. RG Gruchot 72, 213; HRR 1935, 177 und wohl auch die hM verlangen Nachprüfung nur bei besonderen Umständen des Falles; weitergehend RG 141, 132; ebenso halten RG 143, 14; 147, 331 Erklärung des Veräußerers, daß kein Eigentumsvorbehalt mehr bestehe, für nicht ausreichend und verlangen eigene Prüfung des Erwerbers, etwa durch Nachfrage bei den Lieferanten des Veräußerers; vgl auch BGH LM § 366 HGB Nr 4; BGH 14, 121; Düsseldorf MDR 1994, 473; nach BGH BB 1973, 401 reicht unter Umständen Versicherung des Veräußerers – auch schriftliche – nicht aus. Gegen die soweit ausgedehnte Nachprüfungspflicht Schantz AcP 142, 67. In der Tat wird man eine Nachprüfungspflicht nur bei besonderen Umständen annehmen können, die einen sorgfältigen Käufer Verdacht schöpfen lassen. Mit Rücksicht auf die weite Verbreitung des Eigentumsvorbehalts wird von der Rspr eine Nachprüfungspflicht beim Erwerb von Waren von einem zahlungsschwachen Verkäufer angenommen, vgl BGH Warneyer 1969 S 680, 681, nicht aber bei der Sicherungsübereignung als Anlaß der Kreditgewährung, BGH JZ 1970, 187 = BB 1970, 150 unter Bezugnahme auf BGH LM § 932 Nr 22.

Offensichtlich aA BGH WM 1969, 242, 244 bezüglich des Sicherungseigentums eines Finanzierungsinstituts, das den Eigentumsübergang abgelehnt hat, unter Berufung auf Serick aaO Bd II, § 23 III 2. Dem Erwerber als Regel die Rücksichtnahme auf einen Eigentumsvorbehalt auferlegen, heißt das vom Eigentumsvorbehaltsverkäufer veranlaßte Auseinanderfallen von Rechtsschein und Rechtslage außer acht lassen. Problematisch auch angesichts der Verbreitung des verlängerten Eigentumsvorbehalts, inwieweit der Erwerber bei Verarbeitungsprodukten mit Nichteigentum des Veräußerers rechnen muß. Auch hier dürfen wegen der Rechtssicherheitswirkung der §§ 946ff die Anforderungen nicht überspannt werden, vgl dazu BGH 18, 233. Wer aber als Kaufmann vom Verarbeiter Waren bezieht und in seinen AGB die Abtretung des Kaufpreisanspruchs des Veräußerers gegen ihn ausschließt, und damit den verlängerten Eigentumsvorbehalt des Lieferanten seines Veräußerers vereitelt, handelt grob fahrlässig, wenn er sich überhaupt nicht nach den Eigentumsverhältnissen erkundigt, BGH 77, 287. Ebenso der gemäß § 181 befreite Testamentsvollstrecker, wenn er persönlich ein vermeintlich zum Nachlaß gehöriges Gemälde erwirbt, ohne die Unterlagen des Erblassers durchgesehen zu haben, aus denen sich die Eigentumsverhältnisse ergeben, BGH NJW 1981, 1271. Zum gutgläubigen Erwerb im Falle eines Kfz-Kaufs aus Nachlaßmitteln durch Testamentsvollstrecker und anschließende Schenkung an einen Dritten s Hamm JuS 2001, 921.

Zu den Anforderungen an die Sorgfalt einer Pfandkreditanstalt und zu deren Substantiierungslast BGH NJW 1982, 39.

Als **besondere Umstände**, deren Außerachtlassung grobe Fahrlässigkeit bedeutet, sind anerkannt: Erwerb ohne **11** Rücksicht auf einen Ladeschein, von dem der Erwerber wußte, RG 119, 219. Erwerb eines Kraftwagens ohne **Kraftfahrzeugbrief** (zur Rechtsnatur BGH NJW 1978, 1854) wird in der Regel grob fahrlässig sein. Vgl BGH MDR 1959, 207; MDR 1962, 126; BB 1963, 1278; NJW 1965, 687; KG NJW 1960, 2243; Hamburg BB 1962, 657. Das gilt nach BGH NJW 1996, 2226 auch unter Kraftfahrzeughändlern, die mit gebrauchten, aus beendeten Leasingverträgen stammenden Fahrzeugen handeln. Zum Erwerb in einer Zwangsversteigerung auf Anordnung des Finanzamtes durch privaten, öffentlich bestellten Auktionator unter Hinweis darauf, daß Kfz-Brief nicht vorliegt, BGH 119, 75. Zur Möglichkeit eines gutgläubigen Erwerbs der Betriebsausstattung des Schuldners vom

§ 932

Insolvenzverwalter s Celle ZInsO 2002, 326. Das ist aber nur eine allgemeine Regel, letztlich kommt es auch nach der Rspr des BGH auf die Umstände des Einzelfalls an, so daß zB beim Kauf von fabrikneuen Kraftfahrzeugen von zuverlässigen Händlern der Käufer nicht grob fahrlässig zu sein braucht, wenn er sich den Brief nicht vorlegen läßt, BGH 30, 374, 380; vgl auch BGH WM 1970, 252; anders bei Kenntnis des Käufers davon, daß der Kraftfahrzeugbrief bei einer Bank hinterlegt worden ist (Karlsruhe NJW-RR 1989, 1461). Zur Frage des gutgläubigen Erwerbs von fabrikfremden Neuwagen durch die Niederlassung eines Autoherstellers, wenn eine veräußernde Privatperson Fahrzeugbriefe ohne Haltereintragung vorlegt BGH NJW 1996, 314. Der Ersatz-Kraftfahrzeugbrief steht dem Kraftfahrzeugbrief nicht gleich, LG Tübingen MDR 1954, 101. Jedenfalls muß sich der Käufer eines im Ausland zugelassenen Kfz die Papiere grundsätzlich im Original vorlegen lassen (BGH NJW 1991, 1415). Besonders sorgfältige Prüfung fordert BGH NJW 1994, 2022 auch bei reimportierten Gebrauchtwagen, wenn sich aus dem Fahrzeugbrief nicht die Identität des früheren Halters ergibt. Sind Umstände vorhanden, die Verdacht erregen müssen, muß der Erwerber eines Gebrauchtwagens sich außerdem bei dem letzten im Brief eingetragenen Halter erkundigen, wenn er dem Vorwurf grober Fahrlässigkeit entgehen will, BGH NJW 1975, 735; BGH 77, 274, 277; Schleswig DAR 1985, 26; Düsseldorf NJW 1989, 906, 907; Stuttgart NJW-RR 1990, 635. Dagegen muß die Reparaturwerkstatt, der ein Vertragspfandrecht wegen ihrer Forderung aus dem Reparaturauftrag eingeräumt wird, sich den Brief grundsätzlich nicht vorlegen lassen, BGH 68, 323. Zur Überprüfungspflicht des Erwerbers einer betriebserlaubnispflichtigen Baumaschine, wenn der Veräußer lediglich eine Ablichtung der Betriebserlaubnis vorweist BGH NJW 1993, 1649. Zum **Autotelefon** BGH NJW 1981, 226. Zum Namenslagerschein, aus dem der Erwerber schließen kann, daß der Veräußerer Eigentümer ist, vgl BGH WM 1969, 242. Eine **Bank** handelt beim Ankauf gestohlener Wertpapiere grob fahrlässig, wenn sie die Bekanntmachung des Diebstahls in der mit Oppositionen belegten Sammelliste übersieht oder die Wertpapiere nach einer veralteten Oppositionsliste überprüft hat, LG Wiesbaden NJW 1991, 45f. Zur groben Fahrlässigkeit einer Bank beim Erwerb abhanden gekommener Inhaberpapiere vgl BGH NJW 1994, 2093. Grobe Fahrlässigkeit liegt auch dann vor, wenn 100 000 Lire von einem 11jährigen Kind entgegengenommen und in DM umgetauscht werden (LG Köln JuS 1991, 855). Zum gutgläubigen Erwerb einer Telefonanlage beim Erwerb eines Hotels Oldenburg MDR 1995, 430.

12 Nach RG 143, 14, zustimmend RG 147, 331, kann die Verletzung der Prüfungspflicht nicht durch den Nachweis, daß auch bei Nachprüfung das Nichteigentum des Veräußerers nicht festgestellt worden sei, ausgeglichen werden. S auch Staud/Wiegand Rz 85; ablehnend Schantz AcP 142, 67.

13 **7. Zeitpunkt der Gutgläubigkeit.** Da die Gutgläubigkeit Voraussetzung für den Rechtserwerb ist, muß sie grundsätzlich bis zur Vollendung des Rechtserwerbs bestehen, also bis Einigung und Übergabe vollzogen sind. Bei **aufschiebend bedingter Übereignung**, also insbesondere bei Eigentumsvorbehalt, wird überwiegend Gutgläubigkeit bis zur Übergabe für ausreichend angesehen, so Wolff/Raiser, § 69 II 2a; BGH 10, 73. Der Eigentümer kann die ihn benachteiligende Zahlung durch Pfändung des Anspruchs verhindern.

14 **8.** Liegen die Voraussetzungen des § 932 vor, wird der Erwerber unbeschränkter Eigentümer, kann also jetzt auch einem „Bösgläubigen" wirksam übereignen. Bei Rückübereignungen an den nichtberechtigt Verfügenden, die sich wirtschaftlich als Rückgängigmachung der Grundgeschäfte darstellen, **sog mittelbarer bösgläubiger Erwerb**, spricht alles für die Annahme der Wiederentstehung des ursprünglichen Eigentums, so zB bei Wandlung, Rücktritt, Anfechtung der Grundgeschäfts, so die hM, zB Wolff/Raiser § 69 IV; v Caemmerer, FS Boehmer, 1954 S 158ff; Lopau JuS 1971, 233ff; Baur/Stürner § 52 IV 2; Schwab//Prütting SachenR § 35 VI; aM Wiegand JuS 1971, 62; Pal/Bassenge Rz 17 mwN unter Berufung auf das Abstraktionsprinzip. RG 67, 20 mit der Verneinung der Wiederentstehung des ursprünglichen Eigentums bei konkursrechtlicher Anfechtung steht nicht unbedingt entgegen. Konstruktionsversuch bei Ewald JherJ 76, 233. **Leichte Fahrlässigkeit beim Erwerb** verpflichtet den Erwerber nicht zum Schadensersatz gegenüber dem früheren Eigentümer, der Rechtsverlust, den der Eigentümer erleidet, wird vom Gesetz im Verhältnis zum Erwerber gerechtfertigt, BGH JZ 1956, 490; BB 1960, 1183. Zur Schadensersatzpflicht eines bösgläubig erwerbenden Gebrauchtwagenhändlers bei Weiterveräußerung an einen gutgläubigen Dritten (bei Mitverschulden des ehemaligen Berechtigten) Celle VRS 90 (1996), 18. Auch „**Volkseigentum**" kann gutgläubig erworben werden, falls nicht § 935 eingreift; unzutreffend KG Ost NJW 1951, 570.

15 **9.** Für die Ausgleichsfragen gilt das zu § 892 Rz 47f Gesagte entsprechend. Zur Frage der entsprechenden Anwendung des § 932 auf den Erwerb nach §§ 946ff s § 951 Rz 5ff, 8f; vgl auch BGH NJW 1964, 399.

932a *Gutgläubiger Erwerb nicht eingetragener Seeschiffe*

Gehört ein nach § 929a veräußertes Schiff nicht dem Veräußerer, so wird der Erwerber Eigentümer, wenn ihm das Schiff vom Veräußerer übergeben wird, es sei denn, dass er zu dieser Zeit nicht in gutem Glauben ist; ist ein Anteil an einem Schiff Gegenstand der Veräußerung, so tritt an die Stelle der Übergabe die Einräumung des Mitbesitzes an dem Schiff.

1 § 932a entspricht dem § 929a und dem § 933. Gutgläubiger Erwerb des nicht im Schiffsregister eingetragenen Seeschiffs und des Anteils setzt Besitzveränderung voraus. Für ein im Schiffsregister eingetragenes Schiff gelten dagegen allein die Grundsätze des Grundstücksrechts; §§ 2, 3 SchiffsRegG (BGH NJW 1990, 3209).

933 *Gutgläubiger Erwerb bei Besitzkonstitut*

Gehört eine nach § 930 veräußerte Sache nicht dem Veräußerer, so wird der Erwerber Eigentümer, wenn ihm die Sache von dem Veräußerer übergeben wird, es sei denn, dass er zu dieser Zeit nicht in gutem Glauben ist.

1. § 933 bedeutet einen Ausschluß des gutgläubigen Erwerbes bei der nach § 930 vollzogenen Übereignung. **1**
Der in § 933 zugelassene Erwerb auf Grund der Übergabe fällt grundsätzlich auch ohne gesetzliche Sonderregelung unter § 932. Dagegen geht Eigentum bei Übergabe und anschließender Rückgabe an den Veräußerer als Besitzmittler des Erwerbers, ohne Rücksicht auf die zeitlichen Folgen über; Wahl dieser Form ohne besonderen Anlaß legt aber Bösgläubigkeit des Erwerbers nahe. Hierbei ist aber zur Übergabe wirkliche Sachherrschaft des Erwerbers vorausgesetzt, eine „bloß symbolische Übergabe" reicht dafür nicht aus, vgl München NJW 1970, 667. Erlangt aber der Erwerber Sachherrschaft, kommt es auf die Dauer seines Besitzes nicht an. Der **Grund der Regelung** ist darin zu suchen, daß Eigentümer und Erwerber beide dem besitzenden nichtberechtigt Verfügenden das gleiche Vertrauen schenken. In diesem Falle geht das Beharrungsinteresse des Eigentümers dem Erwerbsinteresse des Gutgläubigen vor, bis die besitzrechtliche Beziehung des Veräußerers zur Sache aufhört.

2. Die **Übergabe** ist die des § 929, RG 137, 24; BGH ZIP 1996, 1218. Einräumung von Mitbesitz genügt nicht, **2**
BGH NJW 1979, 714f. Ausreichend ist, daß der Veräußerer den Besitz völlig verliert (auch den mittelbaren) und der Erwerber zumindest den mittelbaren Besitz erwirbt, RG 137, 24. Es genügt nicht, daß der Veräußerer irgendwie den Besitz der Sache erhält, vielmehr ist erforderlich, daß er den Besitz gerade von dem Veräußerer mit dessen Willen erlangt, BGH JZ 1970, 253. Die nachträgliche Übergabe muß auf Grund des Veräußerungsgeschäfts erfolgen, darf nicht auf einen anderen Rechtsgrund zurückgehen, zB Leihe, oder eigenmächtig sein, vgl BGH JZ 1972, 165 mit Anm Serick BB 1972, 277. Andere als ursprünglich vorgesehene Ausführungsart schadet aber nicht, so spätere einverständliche Ansichnahme durch den Erwerber zum Zweck der Unterbringung der Sache bei einem Dritten, RG SeuffA 90, 144; oder Wegnahme durch Gerichtsvollzieher auf Grund eines Herausgabetitels, vgl Sichtermann MDR 1953, 154; oder Herausgabe durch Konkursverwalter, Augsburg SeuffA 70, 154, selbst wenn damit ein vermeintlicher Aussonderungsanspruch erfüllt werden sollte, BGH NJW 1959, 2206 (RG 81, 141 steht nicht entgegen, dort fehlte es an der vorangegangenen Einigung); Eigentumserwerb auch, falls der unmittelbare Besitzer, der bis dahin für den nichtberechtigt Verfügenden besitzt, mit dem Erwerber vereinbart, aufgrund eines Besitzmittlungsverhältnisses für diesen besitzen zu wollen, BGH NJW 1959, 1536, 1539. Übergabe nach § 933 liegt aber nicht vor, wenn der Veräußerer die Sache ohne Wissen des Erwerbers an einen Dritten übergibt, der zu dieser Zeit weder Besitzdiener noch Besitzmittler des Erwerbers ist. Das gilt auch dann, wenn der Dritte später mit dem Erwerber ein Besitzmittlungsverhältnis vereinbart, BGH LM 6 zu § 933; JR 1978, 154 mit Anm Berg. Übergabe nach § 933 fehlt auch dann, wenn der Erwerber die Sache ohne Wissen des Veräußerers durch einseitige Wegnahme an sich bringt, und zwar selbst dann, wenn der Veräußerer den Erwerber früher zur Wegnahme ermächtigt hatte, BGH NJW 1977, 42; vgl auch Deutsch JZ 1978, 385. Nach der wohl hM genügt auch nachträgliche Genehmigung des Veräußerers nicht; vgl zum Streitstand Staud/Wiegand Rz 22.

3. Die Einigung braucht bei der Übergabe nicht wiederholt zu werden, Staud/Wiegand Rz 13, muß aber nach **3**
hM bis zur Übergabe fortbestehen (vgl dazu § 929 Rz 5). Die Gutgläubigkeit muß noch im Augenblick der Übergabe bestehen; für sie gilt nichts Besonderes. Eigentumserwerb ferner, wenn der Nichtberechtigte Eigentümer wird, zB bei Eigentumsvorbehaltskauf zahlt, vgl § 185. Zwischenzeitlich begründete Rechte zB, durch Pfändung oder weitere „Übereignung nach § 930" schaden dem ersten Erwerber nicht (Staud/Wiegand Rz 32).

4. Die unwirksame Übereignung kann in eine wirksame Übertragung eines Anwartschaftsrechts des Verfügen- **4**
den **umgedeutet** werden, str, vgl Staud/Wiegand Rz 5; RG 140, 223; BGH NJW 1959, 1536. Vgl auch § 140 Rz 1. Ohne Übergabe zwar kein Eigentumserwerb, aber Erwerb mittelbaren Besitzes (BGH 50, 48f) und damit Möglichkeit eines Dritten, nach § 934 Fall 1 vom Erwerber Eigentum zu erlangen; s dazu auch § 934 Rz 2.

934

Gutgläubiger Erwerb bei Abtretung des Herausgabeanspruchs
Gehört eine nach § 931 veräußerte Sache nicht dem Veräußerer, so wird der Erwerber, wenn der Veräußerer mittelbarer Besitzer der Sache ist, mit der Abtretung des Anspruchs, anderenfalls dann Eigentümer, wenn er den Besitz der Sache von dem Dritten erlangt, es sei denn, dass er zur Zeit der Abtretung oder des Besitzerwerbes nicht in gutem Glauben ist.

1. Grundsätzliches. Bei der Regelung des gutgläubigen Erwerbs durch Übereignung nach § 931 geht das **1**
Gesetz von der Gleichstellung des mittelbaren und des unmittelbaren Besitzes sowohl für die Rechtsscheinwirkung als auch für die Sachbeziehung aus. Es unterscheidet daher grundsätzlich **zwei Fälle**; der Veräußerer ist mittelbarer Besitzer, oder er ist es nicht. Die Gleichstellung des Erwerbs des mittelbaren Besitzes mit dem unmittelbaren unterscheidet die Fälle der §§ 933, 934. Die Schaffung mittelbaren Besitzes genügt für den gutgläubigen Erwerb nicht, wohl aber seine Übertragung. Mittelbaren Besitz des verfügenden Nichtberechtigten unterscheiden sich daher Übergabeersatz nach § 933 durch Verschaffung des weiter gestuften mittelbaren Besitzes des Erwerbers (kein Eigentumserwerb) und Abtretung des Herausgabeanspruchs und damit des mittelbaren Besitzes (Eigentumserwerb des Gutgläubigen) scharf. Vereinbarung, daß der Erwerber in das Besitzmittlungsverhältnis zwischen dem verfügenden Nichtberechtigten und dem unmittelbaren Besitzer eintreten solle, kann Abtretung des Herausgabeanspruchs sein, BGH NJW 1959, 1536. (Die gesetzgeberische Unterscheidung wird oft kritisiert, vgl Wacke, Besitzkonstitut als Übergabesurrogat in Rechtsgeschichte und Dogmatik, 1974, S 50ff.)

2. Hat der **Veräußerer** einen Herausgabeanspruch (zB aus Leihe, Miete) und **mittelbaren Besitz** (außer dem **2**
Herausgabeanspruch ist der mittelbare Besitz vom Verhalten des unmittelbaren Besitzers abhängig, vgl § 868 Rz 4, 41), genügt die wirksam erklärte Abtretung. Ausreichend auch, daß Veräußerer Mittelglied in einer Besitzerkette ist, RG JW 1910, 814. Mit der Abtretung gehen Besitz (mittelbarer) und Eigentum über, und zwar auch dann, wenn der Veräußerer mittelbarer Fremdbesitzer war, BGH WM 1977, 1091f. Die Rechte des unmittelbaren Besitzers bleiben erhalten, vgl § 936 III, § 986 II; und zwar richtiger Ansicht nach auch das Eigentum des Besitzers, vgl Westermann Sachenrecht § 50, 3; Gutgläubigkeit bis zur Abtretung reicht aus (RG 138, 268 bezieht sich

nur auf den zweiten Fall). Schlägt die Sicherungsübereignung gemäß §§ 929, 930 fehl, weil der Sicherungsgeber die Sache unter Eigentumsvorbehalt erworben hat, so erlangt der Erwerber zumindest bei wirksamer Sicherungsabrede mittelbaren Besitz und kann daher gemäß § 934 Hs 1 einem Gutgläubigen Eigentum verschaffen, BGH 50, 45, zustimmend Lange JuS 1969, 162. Der Anspruch gegen den Lagerhalter auf Herausgabe eingelagerter Ware, der in einem Namenslagerschein verbrieft ist, kann nur unter Beachtung der vereinbarten Formerfordernisse übertragen werden. Der gute Glaube an die Nichtverbriefung und das Fehlen besonderer Formerfordernisse ist nicht geschützt, BGH NJW 1979, 2037; dazu Hager WM 1980, 666.

3 3. **Fehlt** dem Veräußerer der **mittelbare Besitz** (auch bei bestehendem Herausgabeanspruch), geht das Eigentum erst im Augenblick über, in dem der Erwerber den Besitz erlangt. Der Besitz muß auf Grund des Veräußerungsgeschäfts erlangt sein, vgl § 933 Rz 2. Danach genügt es, daß der unmittelbare Besitzer auf die Anweisung des Veräußerers hin für den Erwerber besitzt oder ein späterer Besitzer dem Erwerber die Sache auf Anweisung des Veräußerers hin oder auch auf Verlangen des Erwerbers herausgibt, das mit dem Veräußerungsgeschäft begründet wird, oder der Besitzer besitzt die Sache auf Grund dieser Tatsache als Besitzmittler des Erwerbers. Die Erlangung mittelbaren Besitzes genügt also, RG 89, 349; 138, 267; BGH NJW 1959, 1536; BGH WM 1969, 242; BGH NJW 1978, 696. Der Erwerber muß bis zur Besitzerlangung gutgläubig sein, im übrigen gilt das zu § 932 Gesagte entsprechend. Besonderheiten gelten, wenn bezüglich des veräußerten Gegenstands ein Traditionspapier vorhanden ist. Hier ist nach der Ansicht von BGH 49, 160, 163 eine Abtretung des Herausgabeanspruchs nur möglich, wenn gleichzeitig das Papier übergeben wird. Daran ändert sich auch nichts, wenn der Erwerber nicht weiß, daß ein Traditionspapier ausgestellt ist. Vgl dazu § 931 Rz 8.

4 4. Die hM lehnt den **Nebenbesitz** ab, vgl § 868 Rz 42; (aM Michalski AcP 181, 384, 398ff); sie läßt gutgläubigen Erwerb danach auch zu, wenn der unmittelbare Besitzer sowohl für den Erwerber als auch für den ursprünglichen Eigentümer besitzt. Anderer Ansicht nach ist hier der gutgläubige Erwerb ausgeschlossen, da der Eigentümer und der Erwerber die gleiche besitzrechtliche Beziehung zur Sache haben.

935 *Kein gutgläubiger Erwerb von abhanden gekommenen Sachen*
(1) Der Erwerb des Eigentums auf Grund der §§ 932 bis 934 tritt nicht ein, wenn die Sache dem Eigentümer gestohlen worden, verloren gegangen oder sonst abhanden gekommen war. Das Gleiche gilt, falls der Eigentümer nur mittelbarer Besitzer war, dann, wenn die Sache dem Besitzer abhanden gekommen war.
(2) Diese Vorschriften finden keine Anwendung auf Geld oder Inhaberpapiere sowie auf Sachen, die im Wege öffentlicher Versteigerung veräußert werden.

1 1. Die Ausnahme des § 935 für **abhanden gekommene Sachen** ist nicht nur aus der Entwicklung des deutschen Rechts (Anfangsklage und Spurfolge) zu erklären, sondern auch darin begründet, daß in den Fällen des § 935 das Auseinanderfallen von Rechtslage und Rechtsschein nicht vom Eigentümer veranlaßt ist, AM v Lübtow, Hand wahre Hand, 1955, S 221. Das Gesetz läßt sich durch diesen Umstand bei der Bewertung der entgegengesetzten Interessen von Eigentümer und Erwerber zugunsten des Eigentümers bestimmen (vgl dazu vor §§ 932ff Rz 1). § 935 gilt auch bei Veräußerung mittels Übergabe der Traditionspapiere, vgl § 931 Rz 8.

2 2. **Abhandenkommen** ist unfreiwilliger Verlust des unmittelbaren Besitzes, Wolff/Raiser, § 69 I 1; vgl auch RG 101, 225 für den Begriff des Abhandenkommens überhaupt; vgl auch München NJW-RR 1993, 1466. Diebstahl und Verlust sind nur beispielhaft aufgezählt, maßgebend ist der objektive Tatbestand, auf die Strafbarkeit des Täters kommt es nicht an, vgl zB § 247 StGB; bezüglich „Verloren" vgl zu § 965. Die strafrechtliche Abgrenzung von Diebstahl und Unterschlagung ist nur als Anhaltspunkt verwertbar. Daß der Eigentümer durch das zum Verlust des unmittelbaren Besitzes führende Ereignis zunächst mittelbarer Besitzer wird, steht nach RG 71, 252; 106, 6 dem Abhandenkommen nicht entgegen, wenn die Sache später vom Besitzmittler weitergegeben wird. Vertretungsmacht des Verfügenden für den Berechtigten schließt das Abhandenkommen aus; dabei gilt auch § 56 HGB.

3 Der für die **Freiwilligkeit** bestimmende Wille ist nicht rechtsgeschäftlicher Natur. Anfechtung der Übergabe mit dem Erfolg, den Besitzverlust zum unfreiwilligen zu machen, ist ausgeschlossen, Planck/Brodmann Anm 2; Wolff/Raiser § 15 Fn 7; str; für Behandlung als Abhandenkommen bei Anfechtung wegen Drohung Heck, SachenR § 60, 5; Baur/Stürner § 52 V 2b bb; Staud/Wiegand Rz 11; aM BGH 4, 10, 34 (Abhandenkommen nur bei unwiderstehlicher physischer Gewalt oder gleichstehendem seelischen Zwang).

4 **Weggabe im Zustand der Geschäftsunfähigkeit** ist angesichts der Bedeutungslosigkeit des Willens des Geschäftsunfähigen als Abhandenkommen zu behandeln (München NJW 1991, 2571), nicht dagegen bei **Geschäftsbeschränktheit**, bei der auf die Urteilsfähigkeit im Einzelfall abgestellt wird (Staud/Wiegand Rz 10; MüKo/Quack Rz 9; Pal/Bassenge Rz 3; anders RGRK/Pikart Rz 14 und Hamburg OLGZ 43, 225, die ein Abhandenkommen grundsätzlich verneinen). Das Abhandenkommen **wirkt solange**, bis die Sache in die Verfügungsgewalt des Eigentümers zurückkommt oder er der Verfügung über sie zustimmt. Beschlagnahme durch die Staatsanwaltschaft genügt mangels ihrer Besitzmittlerstellung für Beendigung nicht, RG Warn Rsp 1925, 25; wohl aber setzt sich der originäre Eigentumserwerb zB nach §§ 946ff gegenüber dem Abhandenkommen durch. Bei Umarbeitung, ohne daß neue Sache hergestellt wird, wirkt Abhandenkommen fort, aM KG OLG 12, 125, für den Fall, daß die abhanden gekommene Sache mit anderen vermischt wird.

5 3. **Einzelfragen.** Aufgabe des Besitzes durch den **mittelbaren Besitzer** ist kein Abhandenkommen, vgl den lehrreichen Tatbestand in RG Warn Rsp 1924, 124. § 935 I S 2 ist nicht auf den Fall entspr anwendbar, daß die Sache einem unmittelbaren Besitzer abhanden kommt, der dem Eigentümer den Besitz nicht vermittelt; Düsseldorf JZ 1951, 269 mit zust Anm Raiser; Pal/Bassenge Rz 2; Staud/Wiegand Rz 6; MüKo/Quack Rz 7, Wolff/Raiser § 69 I 2; aM Braun JZ 1993, 391.

Aneignung oder Weggabe der Sache durch den **Besitzdiener** bedeutet nach hM Abhandenkommen; vgl statt 6
aller RG 71, 252; 106, 6; Wolff/Raiser § 69 I 1; Weimar MDR 1962, 21, Baur/Stürner § 52 V 2a leugnen für den
Fall Abhandenkommen, daß der Besitzdiener von Einzelweisungen des Besitzherrn abweicht; aM Müller–Erzbach
AcP 142, 1ff. Zutreffend ist zu unterscheiden: wo der Besitzdiener nach außen vom Besitzer nicht zu unterscheiden
ist, bedeutet Veruntreuung durch ihn kein Abhandenkommen. Das Ergebnis entspricht dem Rechtsschein und Veranlassungsprinzip; vgl auch Westermann § 49 I 6. Wenn **Organpersonen der juristischen Person** Vertretungsmacht haben, sind die von ihnen veruntreuten Sachen nicht abhanden gekommen; im übrigen schließt ihre selbständige Sachgewalt Abhandenkommen aus, BGH 57, 186. **Veruntreuung durch Ehegatten** bestimmt die hM entsprechend der grundsätzlichen Anlehnung des Besitzrechts an das Güterrecht nach dem Güterstand, vgl dazu Warn Rsp
1922, 16 und Hamburg OLG LZ 1923, 614. Nimmt man Mitbesitz an, vgl § 854 Rz 8, kommt die Sache abhanden,
so auch Staud/Wiegand Rz 8. Für die **Erbschaft** gilt § 857, danach ist der Erbe sofort mit dem Erbfall Besitzer;
Eingriffe bedeuten Abhandenkommen der aus der Erbschaft entfernten Sachen, wie zB im Fall der Veräußerung
durch den Erbschaftsbesitzer iSd § 2018 (Olze JuS 1989, 377f). **Rechtmäßige hoheitliche Eingriffe** sind kein
Abhandenkommen. Vgl auch KG JR 1949, 48; Kassel HEZ 2, 318. Abhanden gekommen sind auch außerhalb der
Rückerstattungstatbestände die den Juden widerrechtlich fortgenommenen Sachen, LG Berlin JR 1948, 25.

Auch dem besitzenden Miteigentümer kann die Sache bezüglich seines Miteigentumsanteils abhanden kommen;
vgl Heck, SachenR § 60, 7; Staud/Wiegand Rz 7.

Ist die Sache abhanden gekommen, so sind es auch ihre **Bestandteile**, auch wenn sie von der Sache getrennt 7
werden, nicht aber die bestimmungsgemäß gewonnenen **Früchte**, Staud/Wiegand Rz 16; RGRK/Pikart Rz 23; aM
Wolff/Raiser § 69 I 3, der Tierjunge als abhanden gekommen ansieht, wenn sie beim Abhandenkommen des Muttertieres schon erzeugt sind.

4. Die Zulassung gutgläubigen Erwerbs für **Geld** (zur Notwendigkeit der Gutgläubigkeit vgl RG 103, 288) 8
beruht auf dem insoweit vordringlichen Verkehrsschutzbedürfnis. Geld ist alles im Umlauf befindliche staatlich
anerkannte Papier- und Metallgeld; **ausländisches Geld** ist gleichgestellt (LG Köln JuS 1991, 855). Bei Veräußerung eines Geldstückes als Schmuckstück (auch wenn es sich um noch gültiges Geld handelt) gilt die Ausnahme
nicht, str, wie hier RGRK/Pikart Rz 31; Staud/Wiegand Rz 24. Als **Inhaberpapiere** gelten auch Briefmarken,
Lose, ausländische Inhaberpapiere, ferner die Inhabermarken wie Biermarken (und für mit dem Andreaskreuz versehene und deshalb dem Geschäftsverkehr entzogene Briefmarken, Frankfurt OLGZ 89, 198), Theaterkarten, Fahrkarten usw, Staud/Wiegand Rz 25. Besonderheit für die Gutgläubigkeit in § 367 HGB. Zur Wertpapierbereinigung
vgl § 21 Wertpapierbereinigungsgesetz: Ausschluß gutgläubigen Erwerbs, dazu BGH 8, 230.

5. **Orderpapiere** fallen selbst dann nicht unter die Ausnahme, wenn sie blanko indossiert sind; vgl aber für den 9
Erwerbsvorgang Art 16 II WG, Art 21 ScheckG und § 365 HGB. Die Frage, ob das Abhandenkommen für den
Verpflichteten eine Einredemöglichkeit schafft, regeln Art 17 WG und Art 22 ScheckG. Auch für Legitimationspapiere gilt die Ausnahme nicht.

6. Die Ausnahme für die **öffentliche Versteigerung** ist geschichtlich (Gedanke der Verschweigung) und darin 10
begründet, daß sich hier der Erwerber kaum über die Herkunft der Sache erkundigen kann, Heck, SachenR,
§ 60, 2. Begriff in § 383 III. Hierzu gehört auch die **freiwillige** öffentliche Versteigerung (BGH NJW 1990, 899,
900). Auch hier ist Gutgläubigkeit Erwerbsvoraussetzung (Wolff/Raiser § 69 I 4b will den vom bösgläubigen
Ersteher Erwerbenden Eigentümer werden lassen). Zum Umfang des guten Glaubens Kuhnt MDR 1953, 641.
§ 935 gilt nicht für die öffentlich-rechtliche Versteigerung, insbesondere für die nach der ZPO, hier erfolgt ein
Eigentumsübergang kraft hoheitlicher Gewalt.

7. **Beweislast** für das Abhandenkommen als Ausnahmetatbestand liegt bei demjenigen, der den Eigentumser- 11
werb bestreitet; das ist idR der Eigentümer, Staud/Wiegand Rz 28.

8. **Ausgleichsfragen.** Ist infolge des Abhandenkommens die Verfügung unwirksam geblieben, hat der Eigen- 12
tümer gegen den „Verfügenden" keinen Anspruch aus § 816 I; wohl aber kann er nach Genehmigung der Verfügung aus § 816 vorgehen, vgl § 816 Rz 2; er verliert dann aber sein Eigentum. Ebenso bei sofortiger Wirksamkeit
der Verfügung. Weitere Ansprüche können aus dem Eigentümer-Besitzer-Verhältnis folgen. Im Verhältnis zwischen dem Verfügenden und dem anderen Teil kann eine Rechtsmängelhaftung Ansprüche geben; vgl für den
Kauf §§ 433 I S 2, 435ff. In der Regel wird der Verkäufer für den Rechtsmangel Schadensersatz zu leisten haben,
vgl §§ 437 Nr 3, 440, 280, 281, 283, 311a.

9. Das nach Art 934 des schweizerischen ZGB entstandene Lösungsrecht des gutgläubigen Erwerbers einer 13
abhanden gekommenen Sache, vgl RG 41, 152, erlischt, wenn die Sache in die Bundesrepublik gebracht und dort
weiter veräußert wird, BGH 100, 321.

936 *Erlöschen von Rechten Dritter*

(1) Ist eine veräußerte Sache mit dem Recht eines Dritten belastet, so erlischt das Recht mit dem
**Erwerb des Eigentums. In dem Falle des § 929 Satz 2 gilt dies jedoch nur dann, wenn der Erwerber den
Besitz von dem Veräußerer erlangt hatte. Erfolgt die Veräußerung nach § 929a oder § 930 oder war die
nach § 931 veräußerte Sache nicht im mittelbaren Besitz des Veräußerers, so erlischt das Recht des Dritten
erst dann, wenn der Erwerber auf Grund der Veräußerung den Besitz der Sache erlangt.**

**(2) Das Recht des Dritten erlischt nicht, wenn der Erwerber zu der nach Absatz 1 maßgebenden Zeit in
Ansehung des Rechts nicht in gutem Glauben ist.**

**(3) Steht im Falle des § 931 das Recht dem dritten Besitzer zu, so erlischt es auch dem gutgläubigen
Erwerber gegenüber nicht.**

L. Michalski

§ 936

1. 1. Wie das Eigentum kann auch die Lastenfreiheit gutgläubig erworben werden. Erlöschen nach § 936 können Nießbrauch und Pfandrechte aller Art, einschließlich der gesetzlichen Pfandrechte, auch Pfändungspfandrechte, vgl BGH WM 1962, 1177; Lücke JZ 1955, 486 (str). Gleichzustellen ist das Anwartschaftsrecht, zB das des Vorbehaltskäufers. Keine Belastung iS § 936 ist ein schuldrechtliches Besitzrecht; dazu gehört auch das kaufmännische Zurückbehaltungsrecht des § 369 HGB, da es kein dingliches Recht ist (beachte aber § 986 II für Übereignung nach § 931). Das Recht des Inhabers der elterlichen Gewalt ist von der Zugehörigkeit des Gegenstandes zum Kindesvermögen abhängig.

Besondere Vorschriften gelten für den **Pfandverkauf**, § 1242; für im See- oder Binnenschiffsregister eingetragene Schiffe, vgl § 16 SchiffsRegG; für die Hypothekenhaftung von Zubehörstücken §§ 1120ff; vgl ferner den auf den ersten Erwerber beschränkten Ausschluß gutgläubigen Erwerbs in § 5 des Pachtkreditgesetzes idF vom 5. 8. 1951 (BGBl I 494), vgl dazu Stillschweig JW 1926, 2605; zum Inventarbegriff vgl RG 142, 201. Eine im **Ausland** bestellte **Autohypothek** ist anzuerkennen, wenn das Fahrzeug endgültig im Inland verbleiben soll (BGH NJW 1991, 1415).

2. 2. Voraussetzung ist Erwerb des Eigentums an der Sache, ferner müssen bezüglich des zu beseitigenden dinglichen Rechts die Voraussetzungen der §§ 932ff gegeben sein. Art des Eigentumserwerbs gleichgültig, vgl auch § 926 II. Da §§ 932–934 entsprechend gelten, ist auch Erwerb der Lastenfreiheit durch Besitzkonstitut nicht möglich. Auch § 935 gilt trotz der scheinbar anders wirkenden Paragraphenfolge, allgemeine Ansicht; also kein lastenfreier Erwerb, falls die Sache dem Pfandgläubiger abhanden kam.

3. Die Übergabe mittels **Traditionspapiers** steht auch für § 936 der Übergabe der Sache gleich; vgl § 932 Rz 2. § 366 HGB gilt; sonst aber ist guter Glaube an das lastenfreie Eigentum vorausgesetzt, auch hier Schutz des guten Glaubens an die Verfügungsmacht nur in den besonderen Fällen, vgl vor §§ 932ff Rz 2. Bei Veräußerung von Sachen auf dem Mietgrundstück trifft den Erwerber eine Pflicht, sich nach Mietrückständen zu erkundigen, RGSt 71, 86; Warn Rsp 1913, 359. AG Hannover MDR 1970, 329 ist der Ansicht, daß der Erwerber von gebrauchten Möbeln aus der Wohnung des Mieters nicht ohne weiteres deswegen gutgläubig ist, weil er es als peinlich und unzumutbar empfindet, beim Vermieter wegen des Vermieterpfandrechts Nachfrage zu halten; der Erwerber ist vielmehr grob fahrlässig, BGH NJW 1972, 43. Partielle Gutgläubigkeit (Kenntnis des Pfandrechts bei Irrtum über die Höhe der gesicherten Forderung), die bei § 892 anzuerkennen ist, gibt es für § 936 nicht, der Erwerber in solchen Fällen gilt als bösgläubig, aM Wolff/Raiser § 70 I 2.

4. 3. Abs III schützt die **mit Besitz verbundenen Rechte Dritter** bei Veräußerung nach § 931. Mittelbarer Besitz genügt, KG OLG 41, 184 (Dritter als Besitzmittler des Berechtigten). Zum Schutz des Vorbehaltskäufers durch § 936 III beim gutgläubigen Zwischenerwerb s Döring NJW 1996, 1443.

5. 4. Ausgleich für das Erlöschen des Rechts wie bei § 932, vgl § 892 Rz 47 und § 935 Rz 12. „Durch die Verfügung erlangt" ist beim Erlöschen eines Pfandrechts der dem Kaufpreis entsprechende Betrag der Forderung; beim Nießbrauch die Summe, um die der Kaufpreis geringer gewesen wäre, wenn der Nießbrauch erhalten geblieben wäre.

Untertitel 2

Ersitzung

937 *Voraussetzungen, Ausschluss bei Kenntnis*
(1) Wer eine bewegliche Sache zehn Jahre im Eigenbesitz hat, erwirbt das Eigentum (Ersitzung).
(2) Die Ersitzung ist ausgeschlossen, wenn der Erwerber bei dem Erwerb des Eigenbesitzes nicht in gutem Glauben ist oder wenn er später erfährt, dass ihm das Eigentum nicht zusteht.

Schrifttum: *Bauer,* Ersitzung und Bereicherung im klassischen römischen Recht und die Ersitzung im BGB, 1988; *Finkenauer,* Gutgläubiger Erbe des bösgläubigen Erblassers – das Bernstein-Mosaik, NJW 1998, 960; *Knütel,* Bösgläubiger Erblasser – gutgläubiger Erbe, FS H. Lange, 1992, S 903; *Krämer,* Bernsteinzimmer-Mosaik: Ersitzung durch den gutgläubigen Erben des bösgläubigen Besitzers?, NJW 1997, 2580.

1 I. Allgemein. Das Rechtsinstitut der **Ersitzung** läßt den Eigentumserwerb an einer fremden beweglichen Sache zu, wenn der Ersitzende sie 10 Jahre im Eigenbesitz (§ 872) gehabt hat und sowohl bei Besitzerwerb gutgläubig war als auch nachträglich den Mangel nicht erfahren hat. Die Ersitzung bewirkt, daß der Eigenbesitzer das Eigentum an der Sache erwirbt, und zwar gemäß § 945 lastenfrei. Dadurch unterscheidet sich die Ersitzung von der **Verjährung** des Herausgabeanspruchs aus § 985; diese läßt den Bestand des Eigentums und des Anspruchs unberührt. Auch die **Verwirkung** ist keine Ersitzung. Mit dem Rechtsinstitut der Ersitzung begegnet das Gesetz der dauernden Aufspaltung von Eigentum und Besitz (Westermann § 51 I 2). Die Ersitzung bereinigt die Rechtslage und dient damit dem Verkehrsschutz (MüKo/Quack Rz 1). Für den Ersitzenden selbst begründet sie einen intensivierten Vertrauensschutz. Die **praktische Bedeutung** der Vorschriften über die Ersitzung ist jedoch gering. In den meisten der in Betracht kommenden Anwendungsfälle wird der Eigentumswechsel bereits durch redlichen Erwerb (§§ 929ff, 932ff) erfolgen. Relevant ist die Ersitzung insbesondere für den Erwerb abhanden gekommener Sachen (§ 935) sowie im Falle der Veräußerung von Sachen durch oder an Geschäftsunfähige (Baur/Stürner § 53 Rz 85).

2 II. Gegenstand der Ersitzung. 1. Ersitzungsfähig sind das **Eigentum an beweglichen Sachen** und nach § 1033 der **Nießbrauch** an ihnen. Ob die Sachen privat oder öffentlich sind, ist ohne Belang (Westermann § 51 I 3; Soergel/Mühl Rz 1). Auch ein „Abhandenkommen" iSd § 935 I steht der Ersitzung nicht entgegen. Für das Eigentum und andere zum Besitz berechtigende Rechte an **Grundstücken** läßt § 900 eine Ersitzung („Tabularersitzung" oder „Buchersitzung") zu, Grundstückszubehör (§ 97) und Scheinbestandteile (§ 95) unterfallen aber § 937 (MüKo/Quack Rz 9). Der Eigentumserwerb an einem Grundstück im Aufgebotsverfahren gem § 927 ist keine Ersitzung. Ausgeschlossen ist eine Ersitzung, wenn für die Sache ein allgemeines Erwerbsverbot besteht, relative Veräußerungsverbote nach §§ 135, 136 schließen eine Ersitzung dagegen nicht aus.

2. Andere Rechte als das Eigentum und der Nießbrauch an Sachen, wie zB Pfandrechte, sind nicht ersitzungsfähig. **3**

3. Das **Eigentum an Rektapapieren** kann nicht nach § 937 ersessen werden, da das Eigentum an einem Rekta- **4** papier stets dem Inhaber der durch das Rektapapier verbrieften Forderung zusteht (das Recht am Papier folgt dem Recht an der Forderung, § 952). Möglich ist aber die Ersitzung des **Eigentums an Inhaber- und Orderpapieren**, soweit dem nicht im Einzelfall eine negative Orderklausel entgegensteht (beachte aber eine etwaig vorrangige Eigentumszuweisung bspw über § 929 S 1 iVm §§ 932 I, 935 II; Art 14 I, 16 II WG; Art 14ff, 21 ScheckG; §§ 363ff, 365 I HGB, Art 16 II WG – vgl nur Brox Wertpapierrecht Rz 474, 568, 668, 695, 716). Bei Orderpapieren wird es allerdings aufgrund der Indossierung meist am „guten Glauben" fehlen. Denkbar wäre dieser lediglich in Kombination mit einem Blanko- oder gefälschten Indossament.

III. Eigenbesitz hat, wer die Sache als ihm gehörend besitzt (§ 872). Das kann auch ein mittelbarer Besitzer **5** sein. Es genügt natürlicher Besitzwille. Geschäftsfähigkeit des Ersitzenden ist für die Begründung des Eigenbesitzes nicht erforderlich (BVerwG MDR 1957, 634 Nr 64; Westermann § 51 II 1; Staud/Wiegand Rz 4; MüKo/Quack Rz 13). Die **Beweislast** für zehnjährigen andauernden Eigenbesitz trägt der Ersitzende. Zu seinen Gunsten besteht aber eine Vermutung der Fortdauer des Eigenbesitzes, wenn er die Sache zu Beginn und zum Ende seiner Besitzzeit in Eigenbesitz gehabt hat (§ 938). Bei **Mitbesitz** (§ 866) wird Miteigentum ersessen (Rz 8).

IV. Die 10-Jahres-Frist beginnt mit Erlangung des Eigenbesitzes. Für die Berechnung der Frist sind § 187 I **6** und § 188 II maßgebend.

V. Bei Besitzerwerb ist **guter Glaube** (§ 932 II) erforderlich. Gegenstand des guten Glaubens ist nicht das **7** Eigentum des Veräußerers, sondern das eigene Recht des Ersitzenden. Der Ersitzende ist somit dann nicht gutgläubig, wenn ihm bei Erwerb des Eigenbesitzes bekannt war oder infolge grober Fahrlässigkeit unbekannt geblieben ist, daß er das Eigentum (bzw den Nießbrauch, § 1033) nicht erworben hat (Brehm/Berger § 28 Rz 1). Nachträgliche grobe Fahrlässigkeit schadet nicht; nur wenn der Erwerber später seine Nichtberechtigung positiv erfährt, ist die Ersitzung ausgeschlossen. Entzieht sich der Besitzer bewußt der Erlangung der Kenntnis seiner Nichtberechtigung, so ist sie ihm zuzurechnen (§§ 242, 162 I; Staud/Wiegand Rz 9). **Nachträglicher guter Glaube** kommt dem Eigenbesitzer zugute, wird aber nur selten anzunehmen sein. Beweispflichtig ist der Ersitzende, bloßes „Vergessen" der eigenen Nichtberechtigung reicht nicht aus. Ist der Eigenbesitzer mittelbarer Besitzer, so ist sein Glaube, nicht der des unmittelbaren Besitzers maßgebend. Bei **Geschäftsunfähigen** und **beschränkt Geschäftsfähigen** ist auf die Kenntnis desjenigen abzustellen, dessen natürlicher Besitzwille für den Besitzerwerb ausschlaggebend war; dies kann der gesetzliche Vertreter, uU aber auch der Geschäftsunfähige bzw beschränkt Geschäftsfähige selbst sein (MüKo/Quack Rz 17). Erwirbt die nicht voll geschäftsfähige Person eigenständig den Besitz, so beurteilt sich ihre Bös- oder Gutgläubigkeit anhand des Maßstabs der §§ 827, 828 (vgl auch § 990 Rz 27).
Der bösgläubige Besitzer kann nicht ersitzen. Ihm steht nach Ablauf der Verjährungsfrist gegenüber dem Herausgabeanspruch des Eigentümers nur ein Leistungsverweigerungsrecht gem § 214 zu.

VI. Rechtsfolgen. 1. Eigentumserwerb. Der gutgläubige Eigenbesitzer **erwirbt** nach Ablauf von 10 Jahren **8** das **Eigentum** originär und lastenfrei (§ 945). Der Eigentumsherausgabeanspruch des bisherigen Eigentümers aus § 985 erlischt. Mitbesitzer erwerben **Miteigentum** (Rz 5). Nur derjenige Mitbesitzer kann jedoch einen Eigentumsanteil ersitzen, in dessen Person sämtliche Voraussetzungen der Ersitzung erfüllt sind. Bösgläubigkeit eines Mitbesitzers hindert nur dessen Eigentumserwerb, nicht auch den Eigentumserwerb der übrigen Mitbesitzer.

2. Umstritten ist das Verhältnis der Ersitzung zu **schuldrechtlichen Herausgabeansprüchen**. Ist derjenige, der **9** das Eigentum an einer Sache ersessen hat, möglicherweise bestehenden schuldrechtlichen Herausgabeansprüchen noch unterworfen oder werden diese durch die Ersitzung abgeschnitten? Soll also die sachen- oder die schuldrechtliche Regelung vorgehen? Bis zur Reform des BGB durch das Gesetz zur Modernisierung des Schuldrechts vom 26. 11. 2001 (BGBl I 3138) kam dieser Frage größte Bedeutung zu, da die regelmäßige Verjährungsfrist bis dahin 30 Jahre betrug (§ 195 aF), schuldrechtliche Herausgabeansprüche nach Ablauf der 10jährigen Ersitzungsfrist also häufig noch nicht verjährt waren. Mit der Reform wurde die regelmäßige Verjährungsfrist aber auf 3 Jahre verkürzt (§ 195). Anders als nach altem Recht werden schuldrechtliche Herausgabeansprüche nach neuem Recht daher zum Zeitpunkt des Eigentumserwerbs durch Ersitzung zumeist schon verjährt sein, so daß sich das genannte Konkurrenzproblem nicht mehr stellt. In einigen Fällen beträgt die Verjährungsfrist aber auch nach neuem Recht noch 30 Jahre (§ 197; ua für rechtskräftig festgestellte Ansprüche); zudem können Parteien die Verjährung der zwischen ihnen bestehenden Ansprüche durch Vereinbarung einer längeren als der in § 195 vorgesehenen Verjährung unterwerfen (§ 202 II). Jedenfalls im Hinblick darauf bedarf die Frage, inwieweit der Eigentumserwerb durch Ersitzung schuldrechtlichen Herausgabeansprüchen vorgeht, weiterhin der Klärung.

a) HM. Nach zutreffender hM bleiben **vertragliche Rückgabeansprüche** (zB aus Miete, Leihe, Verwahrung) **10** trotz Ersitzung bestehen (RG 130, 69; Baur/Stürner § 53 Rz 91; Staud/Wiegand Rz 22; MüKo/Quack Rz 24). Zwar kann ein unmittelbarer gegen den mittelbaren Besitzer auch bei Vorliegen eines Miet-, Leih- oder Verwahrungsvertrages etc ersitzen. Der sachenrechtliche Verkehrsschutz, den § 937 schafft, findet seine Grenze aber in diesem Verpflichtungsverhältnis der Parteien untereinander. Nach erfolgter Ersitzung wandelt sich der Anspruch auf Rückgabe in einen Anspruch auf Rückübereignung der ersessenen Sache um, da nur so der vertragsgemäße

Zustand wiederherzustellen ist. Ebenso liegt es bei Bereicherungsansprüchen, die der Abwicklung fehlgeschlagener Leistungen dienen (**Leistungskondiktion**). Waren zB bei einem Veräußerungsvertrag das Verpflichtungs- und das Verfügungsgeschäft vom gleichen Unwirksamkeitsgrund betroffen und hat der Erwerber deshalb kein Eigentum, sondern nur den Besitz an einer Sache erlangt, ist er trotz nachfolgender Ersitzung dem Leistenden gemäß § 812 I zur Herausgabe verpflichtet. Dies folgt daraus, daß den neuen Eigentümer diese Pflicht auch getroffen hätte, wenn er sofort Eigentümer geworden wäre; eine Besserstellung ist nicht gerechtfertigt (so auch RG 130, 69, 73; Baur/Stürner § 53 Rz 91; v Caemmerer, FS Boehmer, S 145ff; MüKo/Quack Rz 24; Westermann § 51 III 2b; Soergel/Mühl Rz 7. AA Pal/Bassenge vor § 937 Rz 2). Bestehen zwischen dem früheren Eigentümer und dem Ersitzenden aber keine vertraglichen Beziehungen und liegen auch die Voraussetzungen einer Leistungskondiktion nicht vor, so ist ein Anspruch aus § 812 I wegen Bereicherung „in sonstiger Weise" (**Eingriffskondiktion**) nicht gegeben. Der Eigentumserwerb ist in diesem Fall durch § 937 gerechtfertigt (Baur/Stürner § 53 Rz 91; MüKo/Quack Rz 24; Staud/Wiegand Rz 22). Eine Ausnahme hiervon gilt aber wiederum dann, wenn der Erwerber den Besitz unentgeltlich erworben hat (§ 816 I S 2).

11 b) Eine **Mindermeinung** will der Ersitzung dagegen grundsätzlich Vorrang vor schuldrechtlichen Rückgabeansprüchen einräumen. Begründet wird dies damit, daß durch die Ersitzung die Rechtslage auch in schuldrechtlicher Hinsicht endgültig bereinigt werden soll. Die Vertreter der Mindermeinung schließen dies daraus, daß das Gesetz im Falle eines Eigentumserwerbs durch Ersitzung, anders als in den Fällen der Verbindung/Vermischung/Verarbeitung (§ 951 S 1) und des Fundes (§ 977 S 1), nicht auf das Bereicherungsrecht verweist und aus den Motiven (III, 350ff), welche die frühere Unterscheidung zwischen einer Ersitzung cum titulo und sine titulo ausdrücklich verworfen haben. Eine rein formelle Zuweisung des Eigentums durch Ersitzung, wie die hM sie vertritt, würde dem Rechtsinstitut der Ersitzung zudem jede Bedeutung nehmen. Nach Ansicht der Mindermeinung ist deshalb davon auszugehen, daß die Ersitzung **vertragliche Rückgabeansprüche** schlechthin abschneidet. Gleiches gilt für Ansprüche aus **Leistungskondiktion** (§ 812 I), denen ein Erwerber im Falle der Unwirksamkeit des Verfügungsgeschäfts ausgesetzt sein kann. Um eine ersitzungsrechtliche Ungleichbehandlung der Fälle fehlgeschlagenen und wirksamen Eigentumserwerbs zu verhindern, soll § 937 darüber hinaus auch auf die Fälle wirksamen Eigentumserwerbs auf fehlerhafter vertraglicher Grundlage anzuwenden sein; der gutgläubige Erwerber muß nach Ablauf der „Ersitzungsfrist" so behandelt werden, als ob er ersessen hätte, so daß ein Anspruch aus § 812 I gegen ihn ausscheidet (Kipp, FS Marwitz, S 221ff; v Gierke ZHR 111, 39, 70f). Schließlich sollen nach der MM auch Ansprüche aus **Eingriffskondiktion** durch eine Ersitzung ausgeschlossen werden, ungeachtet dessen, ob der Erwerb entgeltlich oder unentgeltlich (§ 816 I S 2) erfolgt ist.

12 VII. Der **Erbschaftsbesitzer** kann sich gegenüber dem wahren Erben nicht auf Ersitzung berufen, so lange der Erbschaftsanspruch nicht verjährt ist (§ 2026; vgl § 944 Rz 6).

13 VIII. **Unbestellt zugesandte Sachen.** Problematisch ist die Einordnung der Fälle des § 241a I. Verbraucher, die unaufgefordert Sachen zugesandt bekommen, erhalten hieran gem § 241a I zwar kein Eigentum, aber eigentümerähnliche Rechte. Sie dürfen die Sachen unbefristet nutzen, verbrauchen oder auch vernichten, ohne dem Versender und Eigentümer ersatzpflichtig zu werden. Darüber hinaus soll sogar eine Geltendmachung des formell noch bestehenden Eigentumsherausgabeanspruchs durch den Versender und Eigentümer ausgeschlossen sein (Lorenz JuS 2000, 841; Brehm/Berger § 7 Rz 59. AA Casper ZIP 2000, 1602, 1605ff). Die Rechtsstellung der Empfänger der Sachen ist also derjenigen eines Eigentümers sehr ähnlich. Die Empfänger der Sachen sind gleichwohl keine gutgläubigen Eigenbesitzer iSd § 937, da sie wissen (müssen), daß ihnen das Gesetz formell keine Eigentümerstellung verleiht. § 937 muß auf diese Fälle aber entsprechende Anwendung finden. Es wäre inkonsequent, einem Empfänger, dem von Gesetzes wegen eigentumsähnliche Befugnisse zugestanden werden und der deshalb die Sache einem Eigenbesitzer vergleichbar unbefristet besitzen darf, nach 10 Jahren die Ersitzung mit dem Hinweis zu verweigern, er wäre nicht gutgläubig (so aber, dem Wortlaut nach konsequent, Riehm Jura 2000, 512). Empfänger von Sachen iSd § 241a I erwerben daher nach Ablauf von 10 Jahren gem § 937 Eigentum hieran. Für eine Anwendung des § 937 spricht auch, daß in den Fällen des § 241a nur so ein dauerhaftes Auseinanderfallen von Besitz und Eigentum an den zugesandten Waren verhindert werden kann.

938 *Vermutung des Eigenbesitzes*
Hat jemand eine Sache am Anfang und am Ende eines Zeitraums im Eigenbesitz gehabt, so wird vermutet, dass sein Eigenbesitz auch in der Zwischenzeit bestanden habe.

1 1. Die Beweislast für Besitz und Eigenbesitzwillen während der Ersitzungsfrist des § 937 trägt der Ersitzende (§ 937 Rz 3). § 938 erleichtert diese Beweisführung, indem er eine **gesetzliche Vermutung** für den Fortbestand des Eigenbesitzes statuiert, sofern der Ersitzende Eigenbesitz zum Zeitpunkt des Beginns und des Endes der Ersitzungsfrist nachweist.

2 2. Die Vermutung des § 938 ist **widerlegbar** (§ 292 ZPO). Weist der Gegner nach, daß zu einem Zeitpunkt während des Laufs der Ersitzungsfrist Besitz oder Eigenbesitzwillen nicht bestand, gelten §§ 940, 942. Die Ersitzung wird unterbrochen. Ein vorübergehender Verlust des Eigenbesitzes, wie etwa im Falle der Sicherungsübereignung (§ 943 Rz 5), kann jedoch nach § 943 unschädlich sein.

939 *Hemmung der Ersitzung*
(1) Die Ersitzung ist gehemmt, wenn der Herausgabeanspruch gegen den Eigenbesitzer oder im Falle eines mittelbaren Eigenbesitzes gegen den Besitzer, der sein Recht zum Besitz von dem Eigenbesitzer ableitet, in einer nach den §§ 203 und 204 zur Hemmung der Verjährung geeigneten Weise geltend gemacht wird. Die Hemmung tritt jedoch nur zugunsten desjenigen ein, welcher sie herbeiführt.

(2) Die Ersitzung ist ferner gehemmt, solange die Verjährung des Herausgabeanspruchs nach den §§ 205 bis 207 oder ihr Ablauf nach den §§ 210 und 211 gehemmt ist.

I. Allgemein. Der Eigentümer darf nicht dem Risiko eines Rechtsverlustes ausgesetzt sein, solange er sich aktiv um die Durchsetzung seiner Ansprüche bemüht. Nach §§ 203, 204 ist deshalb die Verjährung seiner Ansprüche gehemmt, solange Verhandlungen hierüber geführt werden oder der Eigentümer sie in der dort beschriebenen Weise auf (schieds-)gerichtlichem Wege verfolgt. Abs I ordnet an, daß unter den gleichen Voraussetzungen auch die **Ersitzung gehemmt** ist, um einen Rechtsverlust auf diesem Wege zu vermeiden. 1

II. Verhandlungen und Rechtsverfolgung. 1. Gegenstand der Verhandlungen bzw der Rechtsverfolgung muß die **Geltendmachung des Herausgabeanspruchs** aus § 985 sein. Ob der Eigentümer seinen Herausgabeanspruch gegen den unmittelbaren Eigenbesitzer oder dessen Besitzmittler geltend macht, ist für den Eintritt der Hemmung unerheblich. Für die Hemmung ausreichend ist also zB sowohl die Erhebung einer Klage gegen den vermeintlichen Eigentümer als auch gegen den Mieter der streitbefangenen Sache, soweit der Vermieter sich als Eigentümer geriert. Auch Maßnahmen gegenüber einem Zwischenbesitzer iSv § 940 führen zur Hemmung der Ersitzung, da dessen Besitzzeit dem Eigenbesitzer gem § 940 II zugerechnet wird und dies deshalb auch für eine Hemmung bewirkende Maßnahmen gelten muß (Westermann § 51 II 4. AA Soergel/Mühl § 941 Rz 2. Alle Nachweise noch zu § 941 idF vor Inkrafttreten des SchuldModG v 26. 11. 2001). Die Hemmung tritt nur zugunsten desjenigen ein, der die Verhandlungen führt bzw die Rechtsverfolgung betreibt. Klagt also ein Nichtberechtigter auf Herausgabe der Sache, wird dadurch der Lauf der Ersitzungsfrist nicht gehemmt. Maßnahmen durch einen Miteigentümer nach § 1011 hemmen die Ersitzung aber auch zugunsten der übrigen Miteigentümer (MüKo/Quack § 941 Rz 9 idF vor Inkrafttreten des SchuldModG v 26. 11. 2001), wie im übrigen ganz allgemein bei zulässiger Prozeßstandschaft eine Klageerhebung auch zugunsten des wahren Eigentümers zur Hemmung der Ersitzung führt. 2

2. Eine **außergerichtliche Geltendmachung** des Herausgabeanspruchs durch den Eigentümer oder durch Anwaltschreiben hemmt den Lauf der Ersitzungsfrist nicht, schließt aber die Ersitzung nach § 937 II aus, sofern der Ersitzende durch die Geltendmachung positive Kenntnis von seiner Nichtberechtigung erhält. Gleiches gilt für die Verfolgung von **Besitzschutzansprüchen**, etwa aus § 1007. Die Beantragung oder Vornahme von **Vollstreckungshandlungen** durch den Eigentümer führt nicht lediglich zur Hemmung, sondern weitergehend zur Unterbrechung der Ersitzung (§ 941). 3

3. Die Tatbestände des Abs I führten früher nicht zur Hemmung, sondern zur Unterbrechung der Ersitzung, vgl § 941 idF bis zum **Inkrafttreten des SchuldModG** v 26. 11. 2001. 4

III. Verhinderung an der Rechtsverfolgung. Der Eigentümer darf auch dann nicht dem Risiko eines Rechtsverlustes ausgesetzt sein, wenn er aus rechtlichen oder tatsächlichen Gründen an der Verfolgung seiner Ansprüche gehindert ist. Nach §§ 205 bis 207 ist deshalb die Verjährung seiner Ansprüche gehemmt, solange der Schuldner vereinbarungsgemäß zur Leistungsverweigerung berechtigt ist, der Eigentümer aufgrund höherer Gewalt seinen Anspruch nicht geltend machen kann oder ihm die Verfolgung seiner Ansprüche aus familiären oder diesen vergleichbaren Gründen nicht möglich ist. §§ 210, 211 sehen darüber hinaus eine Hemmung des Ablaufs der Verjährung vor, solange der Eigentümer nicht voll geschäftsfähig und ohne gesetzlichen Vertreter oder der Anspruch Teil eines Nachlasses ist. In all diesen Fällen tritt gem Abs II gleichzeitig eine **Hemmung der Ersitzung** ein, um auch einen Rechtsverlust des Eigentümers durch Ersitzung zu vermeiden. 5

IV. Wirkung der Hemmung. Rechtsfolge der Hemmung ist, daß die während der Dauer der Hemmung verstrichene Zeit nicht in die Ersitzungsfrist eingerechnet wird. Die Ersitzungsfrist wird also um die Dauer der Hemmung **verlängert** (§ 209). Eine Ausnahme hiervon bildet die Ablaufhemmung nach §§ 210 und 211. In den Fällen der Ablaufhemmung statuiert das Gesetz lediglich eine Mindestverjährungs- bzw **Mindestersitzungsfrist** nach Eintritt des die Hemmung auslösenden Ereignisses. Diese beträgt 6 Monate, soweit die reguläre Verjährungs- bzw Ersitzungsfrist nicht bereits früher abgelaufen wäre. 6

940 *Unterbrechung durch Besitzverlust*

(1) Die Ersitzung wird durch den Verlust des Eigenbesitzes unterbrochen.
(2) Die Unterbrechung gilt als nicht erfolgt, wenn der Eigenbesitzer den Eigenbesitz ohne seinen Willen verloren und ihn binnen Jahresfrist oder mittels einer innerhalb dieser Frist erhobenen Klage wiedererlangt hat.

I. Allgemein. Der Eigenbesitz muß während der gesamten Ersitzungsfrist fortbestehen. Ein **Verlust des Eigenbesitzes** führt nach Abs I zur **Unterbrechung der Ersitzung**, sofern nicht die Ausnahme des Abs II vorliegt. 1

II. Verlust des Eigenbesitzes. Eigenbesitz kann durch Besitzverlust überhaupt oder auch nur durch Aufgabe des Eigenbesitzwillens verloren werden. **Verlust des Besitzes** meint Verlust der tatsächlichen Sachherrschaft iSd §§ 854, 855, 868. Der Tod eines Besitzers führt nicht zum Besitzverlust, da der Besitz des Erblassers ohne weiteres auf die Erben übergeht (§ 857; vgl auch § 943 Rz 4). Eine **Aufgabe des Eigenbesitzwillens** ohne Besitzverlust wird insbesondere in den Fällen der Eigentumsübertragung unter Vereinbarung eines Besitzmittlungsverhältnisses (§§ 930, 933), also zB bei der Sicherungsübereignung (vgl dazu aber auch § 943 Rz 5), anzunehmen sein. 2

III. Unterbrechung der Ersitzung. Die Rechtsfolgen einer Unterbrechung ergeben sich aus § 942. 3

IV. Ausnahmen. Die Unterbrechung gilt als nicht erfolgt, wenn die in Abs II genannten Voraussetzungen erfüllt sind. 4

1. Unfreiwilliger Besitzverlust. Der Verlust des mittelbaren oder unmittelbaren Eigenbesitzes muß unfreiwillig erfolgt sein. Dies ist insbesondere im Falle des Abhandenkommens einer Sache gem § 935 zu bejahen. Im übrigen 5 ist auf den dem Besitzverlust zugrundeliegenden natürlichen Willen abzustellen. Willensmängel iSd §§ 116ff sind für die Frage der Freiwilligkeit oder Unfreiwilligkeit des Besitzverlustes nicht relevant. Durch Anfechtung nach §§ 119ff kann eine Besitzaufgabe daher nicht zu einer unfreiwilligen werden (BGH 4, 33ff; BGH NJW 1953, 1506). Es können aber natürlich Umstände, die eine Anfechtung rechtfertigen würden, gleichzeitig zur Unfreiwilligkeit des Besitzverlusts führen. So ist Unfreiwilligkeit des Besitzverlustes immer dann anzunehmen, wenn der Ersitzende durch widerrechtliche Drohung (§ 123 I) zur Besitzaufgabe gedrängt worden ist.

6   **2. Wiedererlangung des Eigenbesitzes.** Neben der Unfreiwilligkeit des Besitzverlusts ist die Wiedererlangung des Eigenbesitzes erforderlich. Wiedererlangung bedeutet nicht zwingend die Wiederherstellung der ursprünglichen Besitzform. Es reicht aus, wenn abweichend vom früheren unmittelbaren jetzt nur mittelbarer Eigenbesitz erlangt wird. Auf welchem Weg die Wiedererlangung erfolgt, ist unerheblich. Selbst eine Wiedererlangung des Besitzes durch verbotene Eigenmacht verhindert die Unterbrechung des Laufs der Ersitzungsfrist (MüKo/Quack Rz 6). Unerheblich ist auch, von wem der Besitz zurückerlangt wird. Schädlich ist nur, wenn ein Dritter zwischenzeitlich Eigentum an der Sache erlangt hat. Hat nach Besitzverlust und vor Wiedererlangung des Besitzes ein Dritter Eigentum an der Sache erlangt, tritt Unterbrechung ein, weil das Interesse des neuen Eigentümers an der Sicherung seines Eigentums dem Interesse des Ersitzenden vorgeht. Gelangt der Besitz trotz zwischenzeitlichen Eigentumserwerbs durch einen Dritten wieder in die Hände des ursprünglichen Besitzers, kann die Ersitzung daher nur unter den Voraussetzungen des § 937, dh insbesondere nur bei Gutgläubigkeit und nach Ablauf der vollständigen 10-Jahres-Frist, erfolgen. Der Eigenbesitz muß **binnen Jahresfrist** (§§ 187 I, 188 II) oder auf Grund einer binnen dieser Frist erhobenen Klage wiedererlangt worden sein.

7   **3. Gutgläubigkeit nach Wiedererlangung.** Da im Falle des Vorliegens der Voraussetzungen des Abs II keine Unterbrechung der Ersitzung erfolgt, kann einer Vollendung der Ersitzung nach Wiedererlangung des Eigenbesitzes nur positive Kenntnis der Nichtberechtigung entgegenstehen. Grob fahrlässige Unkenntnis des Ersitzenden von seiner Nichtberechtigung hindert die Ersitzung nicht (§ 937 II).

941 *Unterbrechung durch Vollstreckungshandlung*
Die Ersitzung wird durch Vornahme oder Beantragung einer gerichtlichen oder behördlichen Vollstreckungshandlung unterbrochen. § 212 Abs. 2 und 3 gilt entsprechend.

1   **1.** Betreibt der Eigentümer die Durchsetzung seines Herausgabeanspruchs, führt dies grundsätzlich nur zur Hemmung der Ersitzung (§ 939). Nach Beendigung des die Hemmung auslösenden Tatbestandes läuft die Ersitzungsfrist weiter, die bis zur Hemmung verstrichene Zeit kommt dem Ersitzenden zugute (§ 209). Die Ersitzungsfrist wird also lediglich um die Dauer der Hemmung verlängert. Abweichend von diesem Grundsatz ordnet § 941 an, daß die **Beantragung einer Vollstreckungshandlung die Ersitzung** nicht nur hemmt, sondern **unterbricht**. Anders als im Falle der Hemmung läuft die Ersitzungsfrist im Falle der Unterbrechung nach Beendigung des die Unterbrechung auslösenden Tatbestandes nicht weiter, sondern sie beginnt neu zu laufen. Nach einer erfolglosen Zwangsvollstreckung beträgt die Ersitzungfrist demzufolge erneut 10 Jahre (§§ 937, 942).

2   Die Regelung soll ausschließen, daß der Eigentümer zum Ende der Ersitzungsfrist hin gezwungen wird, durch ständig neue Vollstreckungsmaßnahmen den Eintritt der Ersitzung zu verhindern. Der Eigentümer, der einen vollstreckbaren Titel über seinen Anspruch erwirkt und die Zwangsvollstreckung eingeleitet hat, hat alles ihm Mögliche zur Durchsetzung seines Anspruchs getan. Er darf durch eine drohende Ersitzung nicht zu ständig neuen, oft aussichtslosen Vollstreckungsversuchen gezwungen werden.

3   **2.** Die **Unterbrechung** der Ersitzung **gilt als nicht erfolgt**, wenn dem Vollstreckungsantrag nicht stattgegeben wird oder der Vollstreckungsantrag oder die Vollstreckungshandlung zurückgenommen wird (§ 212 II, III ZPO).

4   **3.** § 941 idF bis zum **Inkrafttreten des SchuldModG** v 26. 11. 2001 sah weitere Unterbrechungstatbestände vor, die heute aber nur noch zur Hemmung der Ersitzung gem § 939 I führen.

942 *Wirkung der Unterbrechung*
Wird die Ersitzung unterbrochen, so kommt die bis zur Unterbrechung verstrichene Zeit nicht in Betracht; eine neue Ersitzung kann erst nach der Beendigung der Unterbrechung beginnen.

1   **1.** Mit der Unterbrechung **endet die laufende Ersitzung**. Einmal unterbrochen kann die Ersitzung nicht fortgesetzt werden. Möglich ist nur der Beginn einer vollständig neuen Ersitzung nach Beendigung der Unterbrechung. Dafür ist erforderlich, daß sämtliche Voraussetzungen des § 937 gegeben sind, dh der Ersitzende muß nach Beendigung der Unterbrechung den Eigenbesitz an der Sache zurückerlangen, und er muß im Hinblick auf seine Berechtigung gutgläubig sein.

2   **2.** Da die unterbrochene Ersitzung, anders als im Falle der Hemmung, nicht fortgesetzt wird, **verfällt die** bis dahin **verstrichene Ersitzungszeit**. Sie wird im Rahmen einer möglicherweise nachfolgenden, neuen Ersitzung nicht angerechnet (ebenso § 212 für die Verjährung). Die neu begonnene Ersitzung unterliegt also uneingeschränkt der 10-Jahres-Frist des § 937. Eine Ausnahme hiervon gilt nur für den Fall, daß die Sache durch **Rechtsnachfolge** in den Eigenbesitz eines Dritten gelangt (§ 943).

943 *Ersitzung bei Rechtsnachfolge*
Gelangt die Sache durch Rechtsnachfolge in den Eigenbesitz eines Dritten, so kommt die während des Besitzes des Rechtsvorgängers verstrichene Ersitzungszeit dem Dritten zugute.

I. Allgemein. Häufig wird der Eigenbesitzer den Besitz auf einen Dritten übertragen, bevor zu seinen Gunsten **1** die Ersitzungsfrist von 10 Jahren abgelaufen ist. Würde eine solche Übertragung stets den Lauf einer neuen 10-Jahres-Frist in Gang setzen, würde eine Ersitzung selten beendet werden, die mit dem Institut der Ersitzung angestrebte Rechtssicherheit würde verfehlt. § 943 ordnet deshalb an, daß die zugunsten eines Rechtsvorgängers verstrichene Ersitzungszeit seinem Rechtsnachfolger zugutekommt. Die **Ersitzungsfrist des Rechtsnachfolgers wird** also um die zugunsten seines Rechtsvorgängers verstrichene Ersitzungszeit **verkürzt.** Dem Erwerber des Eigenbesitzes kommt dabei nicht nur die Ersitzungszeit seines unmittelbaren Rechtsvorgängers, sondern aller seiner Rechtsvorgänger zugute (Frankfurt/M MDR 1976, 223; Staud/Wiegand Rz 6; Soergel/Mühl Rz 2).

II. Anrechnungsvoraussetzungen. 1. Rechtsnachfolge meint Gesamt- oder Einzelrechtsnachfolge (Westermann § 51 II 3b; Staud/Wiegand Rz 1; MüKo/Quack Rz 6. AA Knütel, FS H. Lange, 1992, S 903, 916; Krämer NJW 1997, 2580, 2581, die § 943 nur bei Einzelrechtsnachfolge anwenden wollen). **Einzelrechtsnachfolge** setzt abgeleiteten Besitzerwerb, also körperliche Übergabe mit Willen des bisherigen Besitzers oder Einigung gemäß § 854 II, voraus. Eine rechtsgeschäftlich wirksame Verfügung ist nicht erforderlich. **Gesamtrechtsnachfolge** liegt insbesondere im Falle des Erwerbs des Eigenbesitzes von Todes wegen vor. **2**

2. Ersitzung. Voraussetzung für die Anrechnung der Ersitzungszeit ist, daß sowohl in der Person des Rechtsvorgängers als auch in der Person des Rechtsnachfolgers alle Tatbestandsvoraussetzungen der Ersitzung (§ 937) vorliegen. Der Rechtsvorgänger muß also Eigenbesitzer (§ 872) sein, der Rechtsnachfolger Eigenbesitz begründen und beide müssen zum Zeitpunkt der Übertragung des Besitzes im Hinblick auf ihre Berechtigung gutgläubig sein. **3**

III. Einzelfälle. 1. Erwerb von Todes wegen. Besonderheiten bestehen für den **Erwerb des Eigenbesitzes von 4 Todes wegen.** Der Erbe tritt gem § 857 kraft Gesetzes in den Besitz des Erblassers ein, ohne daß er hierfür tatsächliche Sachherrschaft erlangen muß. Die Erlangung der tatsächlichen Sachherrschaft iSd § 854 folgt in der Regel erst später nach, wenn der Erbe den Nachlaß in Besitz nimmt. Diese Konstruktion hat Einfluß auf den **Zeitpunkt, zu dem der Erbe** hinsichtlich seiner Berechtigung **gutgläubig sein muß.** Zum Zeitpunkt des Besitzerwerbs kraft Gesetzes gem § 857 hat der Erbe idR noch keine Möglichkeit, sich eine Vorstellung von seiner Berechtigung an der Sache zu machen; häufig wird er nicht einmal um seine Erbschaft oder die Existenz der Sache als Teil des Nachlasses wissen. Die zugunsten des Erblassers begonnene Ersitzungsfrist läuft daher zu seinen Gunsten weiter, sofern er nicht ausnahmsweise um die Zugehörigkeit der Sache zum Nachlaß weiß und bösgläubig ist. Nimmt der Erbe den Nachlaß nachfolgend in Besitz, muß er aber auch zu diesem Zeitpunkt noch gutgläubig sein. Nur unter dieser weiteren Voraussetzung kommt ihm die verstrichene Ersitzungszeit zugute; ist der Erbe bösgläubig, wird die Ersitzung mit Inbesitznahme der Erbschaft unterbrochen. Sollte die Ersitzungsfrist zum Zeitpunkt der Inbesitznahme des Nachlasses bereits abgelaufen sein, vermag eine dann bestehende Bösgläubigkeit des Erben den Eigentumserwerb durch Ersitzung allerdings nicht mehr zu verhindern. Der Erbe kann also in Unkenntnis seines Erbrechts und ohne eigene tatsächliche Sachherrschaft die Ersitzung vollenden. **Gutgläubig ist der Erbe** nur dann, wenn er an die Berechtigung des Erblassers *und* an seine eigene Berechtigung an der Sache glaubt (vgl auch § 944 Rz 3). **Grob fahrlässige Unkenntnis** des Erben von der Nichtberechtigung des Erblassers oder seiner eigenen Nichtberechtigung an der Sache führt zur Bösgläubigkeit iSd § 937 und dazu, daß dem Erben die zugunsten des Erblassers verstrichene Ersitzungszeit nicht zugute kommt (MüKo/Quack Rz 8. AA Staud/Wiegand Rz 5; RGRK/Pikart Rz 3; Soergel/Mühl Rz 5). Und schließlich ist auch noch die **Gutgläubigkeit des Erblassers** für die Anrechnung der verstrichenen Ersitzungszeit erforderlich. War der Erblasser zum Zeitpunkt des Erbfalls im Hinblick auf seine Berechtigung an der Sache nicht gutgläubig iSd § 937, kommt die verstrichene Ersitzungszeit dem Erben nicht zugute. Dieser kann aber eine neue Ersitzung beginnen, sofern er bei Inbesitznahme des Nachlasses gutgläubig iSd § 937 ist (Baur/Stürner § 53 Rz 89; Westermann § 51 II 3c; Finkenauer NJW 1998, 960. AA Krämer NJW 1997, 2580; Knütel, FS H. Lange, 1992, S 903).

2. § 943 findet auch auf die Fälle der **Sicherungsübereignung** Anwendung. Im Falle der Unterbrechung der **5** Ersitzung durch eine Sicherungsübereignung (§ 940 Rz 1) kann sich eine Anrechnung der verstrichenen Ersitzungszeit für den Sicherungsnehmer und im Falle der Rückübereignung auch für den Sicherungsgeber aus § 943 ergeben (MüKo/Quack Rz 3).

944 *Erbschaftsbesitzer*
Die Ersitzungszeit, die zugunsten eines Erbschaftsbesitzers verstrichen ist, kommt dem Erben zustatten.

I. Allgemein. Stirbt ein Ersitzender, so soll gem § 943 die zu seinen Gunsten bereits verstrichene Ersitzungszeit **1** dem Erben als Rechtsnachfolger des Erblassers zugute kommen. Der für eine Anwendung des § 943 erforderliche Besitz des Erben an der Sache ergibt sich zunächst aus der gesetzlichen Fiktion des § 857, bis der Erbe durch Inbesitznahme des Nachlasses tatsächliche Sachherrschaft an der Sache und damit Besitz iSd § 854 erlangt (§ 943 Rz 4). Nimmt allerdings nicht der Erbe, sondern ein **Scheinerbe (Erbschaftsbesitzer, § 2018)** den Nachlaß in Besitz, endet die zugunsten des Erben wirkende gesetzliche Besitzfiktion, ohne daß der Erbe an der Sache Besitz iSd § 854 erlangt. Der Scheinerbe, nicht der Erbe wird Besitzer der Sache. Die Voraussetzungen für ein Weiterlaufen der Ersitzungsfrist des Erblassers zugunsten des Erben nach § 943 wären in dieser Situation nicht mehr erfüllt, die Ersitzung würde durch den Besitzverlust des Erben unterbrochen (§ 940). Selbst wenn der Scheinerbe die Sache nachfolgend an den wahren Erben herausgibt, würde dies ein Weiterlaufen der vom Erblasser begonnenen Ersitzungsfrist gem § 943 nicht begründen können, da der Scheinerbe nicht Rechtsnachfolger des Erblassers und der Erbe nicht Rechtsnachfolger des Scheinerben ist.

§ 944

2 § 944 wirkt diesem Problem entgegen, indem er anordnet, daß die Ersitzungszeit, die zugunsten eines Erbschaftsbesitzers (des Scheinerben) verstrichen ist, dem Erben zustatten kommt. Nach § 944 ist der wahre Erbe für die Zwecke der Ersitzung also so zu behandeln, als sei der Scheinerbe Rechtsnachfolger des Erben und er selbst Rechtsnachfolger des Scheinerben. Damit wird die Anwendung des § 943 zugunsten des Erben möglich, auch wenn ein Scheinerbe den Nachlaß in Besitz genommen hat. Dem wahren Erben kommt die Besitzzeit des Erblassers, die Zeit der gesetzlichen Besitzfiktion und die Besitzzeit des Scheinerben als Ersitzungszeit zugute.

3 **II. Voraussetzungen. 1. Erbschaftsbesitzer** (Scheinerbe) ist derjenige, der aufgrund eines ihm in Wirklichkeit nicht zustehenden Erbrechts etwas (die zu ersitzende Sache), aus der Erbschaft erlangt hat (§ 2018). Dem Erbschaftsbesitzer steht derjenige gleich, der die Erbschaft durch Vertrag von dem Erbschaftsbesitzer erworben hat (**Erbschaftserwerber**, § 2030). Nimmt ein Dritter, der nicht Erbschaftsbesitzer oder Erbschaftserwerber ist, die Sache (etwa aufgrund eines ihm vermeintlich zustehenden Eigentumsrechts) an sich, findet § 944 keine Anwendung. In diesem Fall wird der (fiktive) Besitz des Erben unterbrochen, ein Weiterlauf der Ersitzungsfrist des Erblassers zugunsten des Erben ist dann nur nach Maßgabe des § 940 II zu erreichen.

4 **2.** Inwieweit die **Ersitzungsvoraussetzungen** (Eigenbesitz und Gutgläubigkeit iSd § 937) **in der Person des Erbschaftsbesitzers** vorliegen müssen, ist umstritten. Nach einer Ansicht soll eine Anwendung des § 944 nur möglich sein, wenn der Erbschaftsbesitzer hinsichtlich seines eigenen Erbrechts und hinsichtlich der Berechtigung des Erblassers an der Sache gutgläubig ist (MüKo/Quack Rz 5). Eine andere Ansicht verlangt weniger weitgehend nur Gutgläubigkeit des Erbschaftsbesitzers hinsichtlich der Berechtigung des Erblassers an der Sache (Westermann § 51 II 3d; Staud/Wiegand Rz 1). Der Wortlaut des § 944 („Ersitzungszeit" des Erbschaftsbesitzers) und die Tatsache, daß § 944 eine Anwendungslücke des § 943 schließen will, spricht dafür, mit der erstgenannten Ansicht das Vorliegen *aller* Ersitzungsvoraussetzungen in der Person des Erbschaftsbesitzers zu verlangen. Ist der Erbschaftsbesitzer im Hinblick auf sein Erbrecht nicht gutgläubig, muß der Erbe daher nach § 940 II vorgehen, will er die Unterbrechung der Ersitzungsfrist vermeiden. Eine Anrechnung der Ersitzungszeit des Erbschaftsbesitzers zugunsten des Erben gem § 944 ist zudem dann ausgeschlossen, wenn **der Erbe** selbst während der Besitzzeit des Erbschaftsbesitzers hinsichtlich der Berechtigung des Erblassers an der Sache **bösgläubig** ist. Es besteht nämlich kein Anlaß, den Erben während der Besitzzeit des Erbschaftsbesitzers besser zu stellen, als während der Zeit seines fiktiven Besitzes gem § 857 (vgl dazu § 943 Rz 4).

5 **III. Rechtsfolgen.** Bei Vorliegen der Voraussetzungen des § 944 **kommt die Ersitzungszeit des Erbschaftsbesitzers dem Erben zustatten.** Der Erbe wird für die Zwecke der Ersitzung so zu behandeln, als wäre der Erbschaftsbesitzer Rechtsnachfolger des Erben und er selbst Rechtsnachfolger des Erbschaftsbesitzers (MüKo/Quack Rz 1). Auf seine Ersitzungszeit wird nach Maßgabe des § 943 die Ersitzungszeit des Erblassers und die Zeit der Besitzfiktion (§ 857) und zusätzlich gem § 944 die Ersitzungszeit des Erbschaftsbesitzers angerechnet. Der Erbe wird daher Eigentümer, wenn unter Einrechnung der Ersitzungszeit des Erbschaftsbesitzers für ihn die 10-Jahres-Frist verstrichen ist, ohne daß es auf eine tatsächliche Besitzbegründung durch den Erben ankommt (MüKo/Quack Rz 7). Hatte zB der Erblasser die Sache bereits 8 Jahre gutgläubig im Eigenbesitz gehabt, was dem Erben nach §§ 857, 943 zustatten kommt, so wird die Ersitzung zugunsten des Erben nach zweijähriger Ersitzungszeit des Erbschaftsbesitzers vollendet und der Erbe damit Eigentümer.

6 **IV. Ersitzung durch den Erbschaftsbesitzer.** Der Erbschaftsbesitzer kann die Sache unabhängig von der Ersitzung durch den Erben selbst ersitzen, sofern die Voraussetzungen des § 937 in seiner Person erfüllt sind, er die Sache also 10 Jahre lang in Eigenbesitz hält. Mit der Ersitzung erwirbt der Erbschaftsbesitzer das Eigentum an der Sache. Gegenüber dem Erben hat dieser Eigentumserwerb jedoch so lange keinen Bestand, wie der Erbschaftsanspruch noch nicht verjährt ist (Kipp/Coing, Erbrecht § 106 VII 2). Bis zur Verjährung des Erbschaftsanspruchs kann der Erbe von dem Erbschaftsbesitzer gem § 2026 nämlich jederzeit die Rückübereignung der ersessenen Sache (§§ 929ff) verlangen (§ 2026 Rz 2).

945 *Erlöschen von Rechten Dritter*

Mit dem Erwerb des Eigentums durch Ersitzung erlöschen die an der Sache vor dem Erwerb des Eigenbesitzes begründeten Rechte Dritter, es sei denn, daß der Eigenbesitzer bei dem Erwerb des Eigenbesitzes in Ansehung dieser Rechte nicht in gutem Glauben ist oder ihr Bestehen später erfährt. Die Ersitzungsfrist muss auch in Ansehung des Rechts des Dritten verstrichen sein; die Vorschriften der §§ 939 bis 944 finden entsprechende Anwendung.

1 **I. Allgemein.** §§ 937–944 ermöglichen einen Eigentumserwerb durch Ersitzung. Die mit der Ersitzung verfolgten Ziele, der Schutz der Interessen des Ersitzenden und die Bereinigung der Rechtslage (§ 937 Rz 1), ließen sich aber nur unvollkommen erreichen, wenn das Eigentum an einer Sache nicht lastenfrei, sondern nur mit evtl bestehenden dinglichen Belastungen erworben werden könnte. § 945 ordnet deshalb an, daß auch **beschränkte dingliche Rechte** an einer Sache (dingliche Lasten) durch Ersitzung untergehen können. Liegen die in § 945 genannten Voraussetzungen vor, erlöschen die an der betroffenen Sache bestehenden beschränkten dinglichen Rechte. Vergleichbare Regelungen finden sich in § 936 (lastenfreier rechtsgeschäftlicher Erwerb) und § 949 (lastenfreier Erwerb durch Verbindung, Vermischung).

2 **II. Voraussetzungen. 1. Ersitzung.** Die Voraussetzungen der Ersitzung ergeben sich im einzelnen aus §§ 937ff. Der Ersitzende muß bei Erwerb des Eigenbesitzes **gutgläubig** gewesen sein und die Sache **10 Jahre in Eigenbesitz** halten. Das Vorliegen dieser Ersitzungsvoraussetzungen ist für jedes einzelne Recht an der Sache **gesondert zu prüfen**. Von Bedeutung wird dies, wenn Hemmungs- oder Unterbrechungstatbestände (§§ 939–942) nur für einige der an einer Sache bestehenden beschränkten dinglichen Rechte erfüllt sind oder wenn der Ersitzende im Hinblick auf einige der bestehenden beschränkten dinglichen Rechte bösgläubig ist, im Hinblick auf andere aber nicht.

2. Eigentumserwerb. Seinem Wortlaut nach sieht § 945 ein Erlöschen von beschränkten dinglichen Rechten durch Ersitzung nur vor, wenn zugleich **Eigentum ersessen** wird. Nach zutreffender und ganz hM ist entsprechend § 945 aber auch eine **selbständige Ersitzung der Lastenfreiheit** möglich, wenn das Eigentum schon auf andere Weise erworben wurde (MüKo/Quack Rz 1; Baur/Stürner § 53 Rz 90; Mot III 356, Prot III 238). Der Eigenbesitzer, der wirksam Eigentum erworben hat, darf nicht schlechter gestellt werden als derjenige, dessen Eigentumserwerb zunächst gescheitert ist.

III. Rechtsfolgen. 1. Durch Ersitzung erlöschen die an der Sache bestehenden beschränkten dinglichen Rechte Dritter. Anwartschaftsrechte stehen beschränkten dinglichen Rechten gleich. Dem Wortlaut des § 945 nach erlöschen durch Ersitzung nur die beschränkten dinglichen Rechte, die **vor dem Beginn des Eigenbesitzes bestanden**. Bestellt der Eigentümer also nach Beginn des Eigenbesitzes durch Abtretung des Herausgabeanspruchs einen Nießbrauch oder ein Pfandrecht an der Sache, könnten dem Wortlaut der Vorschrift nach diese nicht durch Ersitzung untergehen. Läßt man, wie oben vertreten, eine selbständige, vom Eigentumserwerb unabhängige Ersitzung der Lastenfreiheit zu, ist es jedoch konsequent, den Anwendungsbereich des § 945 auch insoweit zu erweitern, daß beschränkte dingliche Rechte an einer Sache durch Ersitzung erlöschen können, die **nach Beginn des Eigenbesitzes entstanden** sind, sofern im Hinblick auf diese beschränkten dinglichen Rechte die Ersitzungsvoraussetzungen der §§ 937ff gegeben sind (aA die hM, vgl MüKo/Quack Rz 2).

2. Schuldrechtliche Verpflichtungen in Bezug auf die Sache fallen nicht unter § 945. Schuldrechtliche Herausgabeansprüche können gegenüber einem Ersitzenden daher auch nach dessen Eigentumserwerb noch geltend gemacht werden (§ 937 Rz 6). Ist der Ersitzende nur **mittelbarer Besitzer**, so erlöschen zudem beschränkte dingliche Rechte an der Sache, die dem unmittelbaren Besitzer zustehen, nicht (MüKo/Quack Rz 6). § 936 III ordnet dies für die Fälle des rechtsgeschäftlichen Erwerbs ausdrücklich an, für die Ersitzung kann nichts anderes gelten. Keine „Rechte Dritter" iSd § 945 sind Beschränkungen, die an einer **öffentlichen Sache** kraft der Widmung bestehen. Solche können daher auch nicht durch Ersitzung erlöschen.

Untertitel 3

Verbindung, Vermischung, Verarbeitung

Vorbemerkung §§ 946–952

1. Wie sich aus § 93 ergibt, können wesentliche Bestandteile einer Sache nicht Gegenstand besonderer Rechte sein. Werden Sachen dergestalt miteinander verbunden, daß sie wesentlicher Bestandteil einer neuen Sache (genauer: eines Grundstücks, einer einheitlichen Sache) werden, müssen daher die Eigentumsverhältnisse neu geordnet werden. Es ist zu regeln, in welcher Form sich die Rechte an den ursprünglich selbständigen Sachen an der neu entstandenen Sache fortsetzen. Den dabei entstehenden Interessenkonflikt zwischen den an den ursprünglich selbständigen Sachen dinglich Berechtigten regeln die §§ 946ff. Die §§ 946ff bezwecken also die **Neuordnung der dinglichen Rechtslage** und die **Lösung der dabei entstehenden Interessenkonflikte** im Falle der Verbindung, Vermischung oder Verarbeitung von Sachen, und zwar
- **zwischen mehreren Stoffeigentümern** (§§ 946–949) im Falle der Verbindung einer beweglichen Sache mit einem Grundstück (§ 946) und im Falle der Verbindung beweglicher Sachen miteinander zu wesentlichen Bestandteilen einer einheitlichen Sache (§ 947); gleichbehandelt werden die untrennbare Vermischung oder Vermengung von Fahrnis (§ 948) **(Verbindung und Vermischung)**;
- **zwischen Stoffeigentümer und Verarbeiter**, der aus fremdem Stoff eine neue Sache herstellt (§ 950) **(Verarbeitung)**.

Das Gesetz sieht vor, daß einem der Beteiligten das **Alleineigentum** an der neuen Sache (§§ 946, 947 II, 950) oder mehreren Beteiligten das **Miteigentum** (§ 947 I) hieran zugeordnet wird. Das Eigentum an der neuen Sache wird originär erworben, das Eigentum an den ursprünglich selbständigen Sachen erlischt. Für beschränkte dingliche Rechte, die Dritten an den ursprünglich selbständigen Sachen zustanden, treffen §§ 949, 950 II eine darauf abgestimmte Regelung.

2. Ziel der §§ 946ff ist es, die durch die Verbindung, Vermischung oder Verarbeitung entstandenen Konfliktlagen zu lösen, ohne dabei die neu geschaffenen wirtschaftlichen Werte zu zerstören. § 951 I S 2 bestimmt daher, daß die Wiederherstellung des früheren Zustandes auch schuldrechtlich nicht verlangt werden kann. Die durch die Verbindung, Vermischung oder Verarbeitung bewirkte **dingliche Rechtsänderung** soll grundsätzlich **endgültig** sein. Entgegenstehende Abreden (zB Eigentumsvorbehalt) haben sachenrechtlich keine Wirkung. Auch eine spätere Trennung vermag die erfolgte Rechtsänderung nicht wieder aufzuheben. Die §§ 946ff sollen jedoch nicht zu einer ungerechtfertigten Vermögensverschiebung führen. Soweit jemand nach §§ 946ff einen Rechtsverlust erleidet, steht ihm daher gem § 951 I S 1 ein **schuldrechtlicher Ausgleichsanspruch** oder auch ein **Wegnahmerecht** (§ 951 II) zu.

3. § 952 trifft Sondervorschriften für das Eigentum an einer **Schuldurkunde** oder einer Urkunde über ein sonstiges Recht, kraft dessen eine Leistung gefordert werden kann. Das Eigentum an der Urkunde steht dem Gläubiger zu; §§ 929ff sind nicht anwendbar.

4. Nicht unter die §§ 946ff fällt der Eigentumserwerb durch **Einverleibung in ein Inventar** (§§ 582 II S 2, 1048, 2111).

§ 946 Verbindung mit einem Grundstück

946 Wird eine bewegliche Sache mit einem Grundstück dergestalt verbunden, dass sie wesentlicher Bestandteil des Grundstücks wird, so erstreckt sich das Eigentum an dem Grundstück auf diese Sache.

1 **I. Allgemein.** Das Gesetz sieht ein Grundstück im Verhältnis zu einer beweglichen Sache stets als Hauptsache an. Werden bewegliche Sachen mit einem Grundstück verbunden und dadurch zu dessen wesentlichem Bestandteil, so **erwirbt** daher **der Grundstückseigentümer** originär das lastenfreie (§ 949) **Alleineigentum** an diesen Sachen, ohne daß es auf das Wertverhältnis zwischen dem Grundstück und der beweglichen Sache ankommt.

2 Wodurch die **Verbindung** erfolgt, ist gleichgültig, maßgeblich ist allein der tatsächliche Vorgang der Verbindung. Im Falle der Verbindung tritt die Rechtsänderung (außer im Hinblick auf § 95, dazu vgl Rz 5) unabhängig vom Willen des Verbinders, auch bei Bösgläubigkeit des Verbinders oder des Grundstückseigentümers, auch zugunsten und zu Lasten Geschäftsunfähiger und auch bei abhanden gekommenen Sachen ein. Eine Verbindung kann nicht bedingt erfolgen und der Eigentümer kann die Wirkung des § 946 nicht durch Aufhebung der Verbindung wieder rückgängig machen (Westermann § 52 I 4; Soergel/Mühl Rz 8; Stuttgart ZIP 1987, 1129; Kohler JuS 1990, 530ff; zum Wegnahmerecht des Eigentümers der verbundenen Sache vgl § 951 II).

3 Voraussetzung für den Eigentumserwerb ist nur, daß die Sache durch die Verbindung zum **wesentlichen Bestandteil** des Grundstücks geworden ist. Ob dies der Fall ist, bestimmt sich nach §§ 93ff. §§ 93, 94 regeln die Voraussetzungen, unter denen eine Sache als wesentlicher Bestandteil eines Grundstücks anzusehen ist. § 95 ordnet an, daß Sachen, die nur zu vorübergehenden Zweck oder in Ausübung eines bestehenden Rechts mit einem Grundstück verbunden werden, nicht Bestandteil des Grundstücks sind (Rz 7). Wird eine Sache nach den Bestimmungen der §§ 93ff trotz Verbindung kein wesentlicher oder womöglich überhaupt kein Bestandteil des Grundstücks, so ändert sich die Eigentumslage nicht. § 946 ist **zwingendes Recht**.

4 **II. Wesentliche Bestandteile eines Grundstücks** iSd §§ 93, 94 **sind: 1. mit dem Grund und Boden fest verbundene Sachen**, insbesondere Gebäude (§ 94 I). Ob die Verbindung „fest" ist, beurteilt sich nach den Umständen des Einzelfalls. Für eine feste Verbindung spricht, daß eine Loslösung nur durch umfangreiche bauliche Arbeiten und unter Aufwendung erheblicher Kosten möglich ist (RG 158, 362; § 94 Rz 3). Eine nur durch Schrauben oder andere leicht lösbare Bindemittel hergestellte Verbindung wird man regelmäßig als lose ansehen haben (RG 87, 43). Es kann aber auch schon allein auf Grund der Schwerkraft eine feste Verbindung vorliegen, zB bei einer auf Rollen gelagerten Brücke oder bei einem Gasbehälter. Daher darf man nicht schematisch nur nach der Art der Verbindung unterscheiden. Bei unterirdischen Anlagen ist maßgebend, ob sie nach Zweckerfüllung entfernt oder belassen werden sollen (BGH NJW 1960, 1003 – Luftschutzstollen).

5 **2. Sachen, die in ein** mit dem Grund und Boden fest verbundenes **Gebäude zu dessen Herstellung eingefügt** sind (§ 94 II). Dazu gehört nicht nur das zur Herstellung jeder Baulichkeit Notwendige (BGH 40, 272, 275), sondern auch, was dem Gebäude seine besondere Eigenart gibt (BGH NJW-RR 1990, 158 – Heizungsanlage; BGH NJW-RR 1990, 587 – Einbauküchen; BGH NJW 1987, 3178 – Notstromaggregat in Hotel; BGH NJW 1979, 712 – in einem Rohbau als Teil einer Heizlage verbrachte Heizkessel; LG Köln NJW 1979, 1608 und AG Nördlingen, VersR 1983, 721 – fertig zugeschnittener und lose verlegter Teppichboden; weitere Beispiele § 94 Rz 8ff). Auch was nach der Herstellung, sei es auch nur zur Vervollkommnung des Gebäudes, eingefügt wird, kann wesentlicher Bestandteil werden und dadurch in das Eigentum des Grundstückseigentümers übergehen (BGH NJW 1970, 895 – Ölheizungsanlage). Auf Einbauten in **Gebäude, die** ihrerseits nur **Scheinbestandteile** (§ 95) eines Grundstücks **sind**, findet § 946 entsprechende Anwendung; der Gebäudeeigentümer erwirbt durch den Einbau das Eigentum an den eingebauten Sachen (MüKo/Quack Rz 16; Staud/Wiegand Rz 12). §§ 946, 94 II finden auch Anwendung auf die Verbindung einer beweglichen Sache mit einem **eingetragenen Schiff**. Daher geht ein Eigentumsvorbehalt an einem Schiffsmotor unter, wenn er in ein eingetragenes Motorschiff eingefügt wird (BGH 26, 225, 229; Staud/Wiegand Rz 12; MüKo/Quack Rz 16, 18).

6 **3. Bodenbestandteile** unter den Voraussetzungen des § 93. Diese Vorschrift bleibt neben § 94 anwendbar. Sie gewinnt praktische Bedeutung zB für die Frage, wann Maschinen als wesentliche Bestandteile eines Gebäudes anzusehen sind (RG 130, 266). Zu dem Verhältnis der §§ 93ff zueinander vgl RG 90, 198.

7 **III. Durch § 95 wird der Bestandteilsbegriff erheblich eingeschränkt. Danach sind keine Bestandteile eines Grundstücks (Scheinbestandteile): 1. Sachen, die zu vorübergehenden Zwecken** mit dem Grund und Boden oder einem aufstehenden Gebäude **verbunden** worden sind (§ 95 I S 1, II). Entscheidend ist der Wille des Verbinders, sofern er mit dem äußeren Sachverhalt und der besonderen Gestaltung der zugrundeliegenden Rechtsbeziehungen vereinbar ist (RG 158, 362; BGH NJW 1959, 1487). Eine Erklärung des Verbinders, er baue die unter **Eigentumsvorbehalt** stehende Sache nur zu vorübergehenden Zwecken ein, kann daher unerheblich sein (BGH 53, 324, 327; 104, 298; Staud/Wiegand Rz 4; Thamm BB 1990, 866, 868; Westermann § 52 I 3). Zugunsten des **Mieters** oder **Pächters** spricht eine tatsächliche Vermutung, daß die Verbindung nur in seinem Interesse und daher nur vorübergehend erfolgt ist (BGH 10, 175; BGH 8, 1; RG 87, 43). Weder eine lange Vertragsdauer noch eine massive Bauweise stehen der Vermutung entgegen. Widerlegt wird sie durch den Nachweis der Absicht, die verbundene Sache auch nach Beendigung des Vertragsverhältnisses dem Grundstückseigentümer zu belassen (BGH 8, 8 für Gebäude), vorausgesetzt, daß der Mieter nicht vertraglich zur Entfernung verpflichtet ist (BGH 10, 176; BGH WM 1964, 426; BGH WM 1973, 560, 562). Gleiches gilt, wenn die Gesellschafter einer **GbR** auf dem zur Nutzung eingebrachten Grundstück des einen von ihnen ein Bauwerk errichten (BGH NJW 1959, 1487). Ein **Übernahmerecht des Grundstückseigentümers** deutet auf eine dauernde Verbindung hin, enthebt aber nicht von der Prüfung aller Umstände des Einzelfalls. Rechnen die Beteiligten mit dem alsbaldigen Grundstückserwerb, so spricht dies gegen eine Verbindung zu vorübergehendem Zweck (BGH WM 1961, 179). Ebenso wenn einem Mie-

ter nach dem Mietvertrag die Verpflichtung, die von ihm errichteten Anlagen bei Auflösung des Mietverhältnisses zu entfernen, nur für den Fall auferlegt ist, daß die Vermieterin es nicht vorzieht, die Anlagen zu einem zu vereinbarenden Preis zu übernehmen (BGH WM 1964, 426). Gegen dauernde Verbindung spricht es, wenn der Grundstückseigentümer jederzeit Beseitigung verlangen kann. Wird der **vorübergehende Zweck** erkennbar **in einen dauernden umgewandelt**, findet § 946 keine Anwendung. Für § 95 ist nämlich allein der Zeitpunkt der Verbindung maßgebend (BGH 23, 57, 59; BGH NJW 1956, 1273; Staud/Wiegand Rz 8; MüKo/Holch § 95 Rz 9; RGRK/Pikart Rz 23). Für eine Änderung der Eigentumslage ist daher außer der Änderung der Zweckbestimmung noch eine Einigung zwischen dem bisherigen Sacheigentümer und dem Grundstückseigentümer nach § 929 S 2 erforderlich (Soergel/Mühl Rz 7; MüKo/Quack Rz 11). Nur in dem Sonderfall einer späteren Vereinigung des Eigentums am Grundstück und an der mit ihm verbundenen Sache kann der Wegfall der ursprünglichen Zweckbestimmung genügen, um die Sache zum wesentlichen Grundstücksbestandteil zu machen (RG 97, 105; Staud/Wiegand Rz 8). Die Vereinigung des Eigentums an der eingefügten Sache und dem Grundstück führt jedoch nicht ohne weiteres dazu, daß die Absicht, die Sache nur zu einem vorübergehenden Zweck zu verbinden, entfällt. Der dahingehende Wille des Eigentümers ist deshalb aus den gesamten Umständen und der Interessenlage konkret zu ermitteln (BGH NJW 1980, 771; K. Schmidt JuS 1980, 447; RGRK/Pikart Rz 25).

2. Gebäude oder andere Werke, die in Ausübung eines dinglichen Rechts an einem fremden Grundstück mit diesem Grundstück **verbunden** worden sind (§ 95 I S 2). **a)** Folgende Rechte kommen in Betracht: **aa) Erbbaurecht** (§ 12 ErbbauVO). Nach § 12 ErbbauVO gilt das auf Grund des Erbbaurechts errichtete Bauwerk als wesentlicher Bestandteil des Erbbaurechts (§ 12 I S 1 ErbbauVO), nicht zugleich des Grundstücks (§ 12 II Hs 2 ErbbauVO); gleiches gilt für bei Bestellung des Erbbaurechts vorhandene Gebäude (§ 12 I S 2 ErbbauVO). Das Eigentum am Bauwerk steht demnach stets dem Erbbauberechtigten zu; erst mit dem Erlöschen des Erbbaurechts wird es Grundstücksbestandteil (§ 12 III ErbbauVO). **bb) Grunddienstbarkeit** (§§ 1018ff) **und Nießbrauch** (§§ 1030ff) (RG 106, 49). Verpachtet ein Nießbraucher das Grundstück, so ist auch das vom Pächter errichtete Gebäude kein Grundstücksbestandteil (BGH LM Nr 2 zu § 95). **cc) Beschränkte persönliche Dienstbarkeit** (§§ 1090ff). **dd) Recht auf Duldung eines entschuldigten Überbaus** (§§ 912 I, 95 I S 2). Im Falle des „**entschuldigten Überbaus**" wird der auf den überbauten Grundstück stehende überbaute Gebäudeteil wesentlicher Bestandteil des Stammgrundstücks. Die Eigentumsverhältnisse an der überbauten Grundstücksfläche ändern sich nicht (Mot 3, 287). §§ 912 I, 95 I S 2 gelten entsprechend, wenn nach einem Eigengrenzüberbau die Grundstücke in das Eigentum verschiedener Personen übergehen (RG 160, 166; siehe auch § 912 Rz 3), wenn bei Errichtung eines Gebäudes im Einverständnis mit dem Grundstücksnachbarn über die Grenze gebaut wird (BGH 62, 141) oder wenn ein Nichteigentümer (zB Pächter) den Überbau vornimmt, der Eigentümer diesen aber als verfügungsähnliche Handlung entsprechend §§ 185, 184 genehmigt (BGH 15, 219). In all diesen Fällen ist § 946 nicht anwendbar. Liegen die Voraussetzungen des § 912 I dagegen nicht vor, weil der Überbauende das Eigentum des Nachbarn vorsätzlich oder grob fahrlässig verletzt hat, so sind auf den „**unentschuldigten Überbau**" die §§ 946, 94 anwendbar (BGH 27, 204). Das Gebäude wird wesentlicher Bestandteil beider Grundstücke nach realen Teilen, die Eigentümerrechte am Gesamtgebäude sind demgemäß geteilt. Diese Lösung widerspricht zwar § 94, wonach das Gebäude als einheitliche Sache gelten hat, an der nach § 93 nur einheitliche Rechte bestehen können (Ebel AcP 141, 183, 186). Sie ist aber gleichwohl zum Schutz der Interessen des Eigentümers des überbauten Grundstücks geboten (BGH 27, 204, 208). Bei einseitig bebauter **Giebelmauer** gilt § 912 I. Der auf überbautem Grundstück stehende Teil ist wesentlicher Bestandteil des Stammgrundstücks. Bei beidseitiger Bebauung der Giebelmauer entsteht Miteigentum zu ½ beider Grundstückseigentümer, gleichgültig, ob sie zusammen oder nacheinander bauen (BGH 27, 197; Köln OLGRp 2000, 329; kritisch dazu Gollnick AcP 157, 460).

b) Erlischt das dingliche Recht an dem Grundstück, so hat dies keinen Einfluß auf die durch die Verbindung entstandene Eigentumslage. Es tritt nicht „nachträglich" eine Rechtsänderung gem §§ 946, 949 ein (Staud/Wiegand Rz 9). Anders nur im Falle eines Erbbaurechts wegen § 12 III ErbbauVO.

IV. Zum rechtlichen Schicksal der an den mit dem Grundstück verbundenen Sachen bestehenden **beschränkten dinglichen Rechten** vgl § 949. Zu **Ausgleichsansprüchen** derjenigen, die durch § 946 einen Rechtsverlust erleiden, und zu **Wegnahmerechten** vgl § 951.

947 *Verbindung mit beweglichen Sachen*

(1) Werden bewegliche Sachen miteinander dergestalt verbunden, dass sie wesentliche Bestandteile einer einheitlichen Sache werden, so werden die bisherigen Eigentümer Miteigentümer dieser Sache; die Anteile bestimmen sich nach dem Verhältnis des Wertes, den die Sachen zur Zeit der Verbindung haben.
(2) Ist eine der Sachen als die Hauptsache anzusehen, so erwirbt ihr Eigentümer das Alleineigentum.

I. Allgemein. Anders als im Falle der Verbindung einer beweglichen Sache mit einem Grundstück (§ 946 Rz 1) kann bei der **Verbindung beweglicher Sachen** miteinander zu wesentlichen Bestandteilen einer einheitlichen Sache (§ 93) nicht ohne weiteres eine der ehemals selbständigen Sachen als Hauptsache angesehen werden. Die Neuordnung der dinglichen Rechtslage und die Lösung der dabei entstehenden Interessenkonflikte (vgl vor § 946 Rz 1) müssen daher differenziert erfolgen. § 947 weist das Eigentum an der einheitlichen Sache abhängig von der Bedeutung und dem Wert der verbundenen Sachen allen oder einem der Eigentümer der verbundenen Sachen zu. Grundsätzlich werden die Eigentümer der verbundenen Sachen **Miteigentümer** der einheitlichen Sache, und zwar im Verhältnis des Wertes, den die verbundenen Sachen zum Zeitpunkt der Verbindung hatten. Nur soweit eine der verbundenen Sachen ausnahmsweise als Hauptsache anzusehen ist, erhält ihr Eigentümer das **Alleineigentum** an der einheitlichen Sache.

§ 947

2 Die dingliche Rechtsänderung erfolgt durch die Verbindung **unabhängig vom Willen des Verbinders** und der übrigen Eigentümer. Weder böser Glaube noch Geschäftsunfähigkeit des Verbinders oder der übrigen Eigentümer können daher die dingliche Rechtsänderung nach § 947 hindern. Auch ein früheres Abhandenkommen der verbundenen Sachen hindert den Rechtsverlust nicht. Die Wirkung des § 947 kann nicht durch Aufhebung der Verbindung wieder rückgängig gemacht werden (RGRK/Pikart Rz 19); den Eigentümern der verbundenen Sachen kann aber ein Wegnahmerecht zustehen (vgl § 951 II). Wodurch die Verbindung erfolgt, ist gleichgültig, maßgeblich ist allein der tatsächliche Vorgang der Verbindung. Voraussetzung für die Rechtsänderung ist nur, daß die Sachen durch die Verbindung zu **wesentlichen Bestandteilen** einer **einheitlichen Sache** geworden sind. Ob dies der Fall ist, bestimmt sich nach § 93. Wird eine Sache nach den Bestimmungen des § 93 trotz Verbindung kein wesentlicher oder womöglich überhaupt kein Bestandteil einer einheitlichen Sache, so ändert sich die Eigentumslage an den verbundenen Sachen nicht. § 947 regelt nur die Verbindung von Fahrnis, die Vermischung von Fahrnis findet ihre Regelung in § 948. Zum Verhältnis des § 947 zu § 950 (Verarbeitung) siehe Rz 11. § 947 ist zwingendes Recht.

3 **II. Voraussetzungen. 1. Einheitliche Sache.** Durch die **Verbindung von Fahrnis** muß eine **einheitliche Sache** entstanden sein, nicht nur eine Sachgesamtheit mehrerer selbständiger Sachen. Die bisherigen Einzelsachen müssen ihre körperliche Selbständigkeit verloren haben und nur noch **Bestandteile** des Ganzen darstellen (RG 157, 244; BGH 18, 228 – Fahrgestell, Karosserie und Motor eines Autos). Maßgebend ist die Verkehrsauffassung. Eine leicht lösbare Verbindung schließt das Entstehen einer einheitlichen Sache nicht aus, sofern die bestimmungsgemäße Benutzung der ganzen Sache erst durch die Verbindung ermöglicht wird (zB ein in einen Schlepper eingebauter Motor, BGH 18, 228). Anders, wenn häufige Auswechslung bestimmungsgemäß vorgesehen ist (zB mehrere Bohrer einer Bohrmaschine, RG 157, 244). Werden Sachen in ein Gebäude eingefügt, das nur zu vorübergehenden Zwecken mit dem Grundstück verbunden wurde und deshalb kein Bestandteil des Grundstücks ist (§ 95 I), sondern als bewegliche Sache gilt, so ist auch dies an sich eine Verbindung von Fahrnis; diese Fälle unterfallen gleichwohl § 946 analog (§ 946 Rz 5). § 947 findet auf sie keine Anwendung (MüKo/Quack Rz 16; Staud/Wiegand Rz 2).

4 **2.** Die verbundenen Sachen müssen **wesentliche Bestandteile** (§ 93) der einheitlichen Sache (Rz 3) geworden sein. Für die Beantwortung der Frage, ob eine Sache wesentlicher Bestandteil einer einheitlichen Sache geworden ist, ist es ohne Bedeutung, ob eine Trennung zur Zerstörung oder Wesensänderung der *einheitlichen Sache* führen würde. Es ist auch unerheblich, ob durch eine Trennung die bisherige Nutzungsmöglichkeit der einheitlichen Sache entfällt. Entscheidend ist allein, ob *die Einzelteile* durch die Trennung zerstört, in ihrem Wesen verändert (BGH 18, 229; 20, 156, 162; 26, 225) oder erheblich wertgemindert (§ 93 Rz 4) würden. Die §§ 947, 93 schützen nicht das Interesse an der Erhaltung der Einheit schlechthin, zumal dieses Interesse ohnehin gering sein dürfte, wenn eine Trennung und Wiederverwendung der Teile möglich ist (BGH 18, 232; 20, 154).

5 Ob ein Bestandteil durch die Trennung „**sein Wesen verändern**" würde, ist vorwiegend nach wirtschaftlich-technischen Gesichtspunkten zu bestimmen (BGH 20, 157). Keine Wesensänderung liegt vor, wenn das Einzelteil nach der Trennung in der bisherigen Art wirtschaftlich genutzt werden kann, mag es auch zu diesem Zweck wieder mit anderen Sachen verbunden werden müssen.

6 Deshalb ist der serienmäßig hergestellte **Motor eines Kraftfahrzeugs** nicht dessen wesentlicher Bestandteil, ungeachtet dessen, ob sich das KFZ noch beim Hersteller befindet oder schon weiterveräußert wurde (BGH 18, 226; 61, 80; Staud/Wiegand Rz 5; unzutreffend daher RG 152, 98, wonach ein auswechselbarer **Schiffsmotor** als wesentlicher Bestandteil anzusehen sein soll, weil das Schiff ohne ihn nur ein unfertiger, seeuntauglicher Schiffskörper sei; der BGH sieht einen serienmäßig hergestellten Motor eines im Schiffsregister eingetragenen Motorschiffes als wesentlichen Bestandteil des Schiffes iSd §§ 94 II, 946 an, weil er das Schiff einem Gebäude gleichstellt, BGH 26, 225). Anders liegt es uU bei Spezialanfertigungen. **Technisch selbständige Geräte oder Apparate**, die als Hilfsgeräte den Betrieb des Ganzen ermöglichen, behalten grundsätzlich auch nach der Trennung ihr eigenes Wesen und sind deshalb keine wesentlichen Bestandteile der Sache, in die sie eingefügt wurden (BGH 20, 158 für serienmäßig hergestellte und katalogmäßig gehandelte Meßgeräte, die für Apparate verschiedener Hersteller verwendet werden können). Anders liegt es nur dann, wenn das Einzelteil nur für das hergestellte Gerät verwendet werden kann, also durch die Trennung wirtschaftlich wertlos würde (BGH 20, 159, 162). Einzelne **Schrauben und Hebel einer Maschine** oder einzelnes Rades in einem Getriebe sind nach Ansicht des BGH grundsätzlich wesentliche Bestandteile der Sache, in die sie eingebaut worden sind (BGH 20, 154, 157f). Mit der vorgenannten Definition läßt sich dies nicht begründen, sondern nur mit dem im Verhältnis zum Wert der Hauptsache geringen Wert dieser Einzelteile. Im Interesse des Erhalts des wirtschaftlichen Werts der Hauptsache müssen derart untergeordnete, geringwertige Einzelteile als deren wesentliche Bestandteile behandelt werden. Insgesamt ist zu beachten, daß die Unterscheidung zwischen wesentlichen und unwesentlichen Bestandteilen durch den Fortschritt der technischen und wirtschaftlichen Entwicklung maßgebend beeinflußt wird (BGH 18, 232). Mancher Bestandteil, der früher als wesentlich anzusehen gewesen wäre, ist es unter den heutigen, geänderten technischen und wirtschaftlichen Bedingungen nicht mehr.

7 **III. Rechtsfolgen. 1.** Werden mehrere bewegliche Sachen dergestalt miteinander verbunden, daß sie wesentliche Bestandteile einer einheitlichen Sache werden und ist keine der verbundenen Sachen als Hauptsache anzusehen (Rz 7), so entsteht **Miteigentum** der bisherigen Stoffeigentümer an der einheitlichen Sache (§ 947 I). Auf das Rechtsverhältnis der Miteigentümer finden die §§ 1008ff, §§ 741ff Anwendung (Baur/Stürner § 53 Rz 9), jedoch bestimmen sich (abweichend von § 742) die Miteigentumsanteile nach dem Wertverhältnis der verbundenen Sachen zueinander. Maßgebend für den Wertvergleich ist der objektive Verkehrswert zum Zeitpunkt der Verbindung. Die Auseinandersetzung der Miteigentümergemeinschaft erfolgt gem §§ 749, 752 durch Teilung in Natur.

2. Alleineigentum. Ist eine der verbundenen Sachen als **Hauptsache** anzusehen, so ist sie wie das Grundstück 8 in § 946 rechtsbestimmend. In diesen Fällen entsteht daher durch die Verbindung kein Miteigentum an der einheitlichen Sache, sondern der Eigentümer der Hauptsache erwirbt das Alleineigentum hieran.

Ob verbundene Sachen gleichberechtigt oder im Verhältnis von **Haupt- und Nebensache** zueinander stehen, 9 bestimmt sich nach der **Verkehrsanschauung** (Baur/Stürner § 53 Rz 9; BGH 20, 163). Weder das Wertverhältnis noch das Verhältnis des räumlichen Umfangs ist für sich allein entscheidend (BGH 20, 159, 163). Es kommt in der Regel darauf an, ob die übrigen Bestandteile fehlen können, ohne daß das Wesen der einheitlichen Sache dadurch beeinträchtigt wird (Baur/Stürner § 53 Rz 9; BGH 20, 159, 163; RG 152, 98). So ist zB ein in ein Gehäuse eingefügter Apparat Hauptsache, wenn er auch ohne das Gehäuse seinen Hauptzweck erfüllen kann, dieses also vornehmlich dem Schmuck dient. Dagegen ist das Gehäuse nicht lediglich Nebensache, wenn das Gerät ohne das Gehäuse zwar in Tätigkeit gesetzt werden kann, praktisch aber nicht benutzbar ist (BGH 20, 159). Beurteilt der Verkehr eine Sache überwiegend nach ihrem Wert (zB Schmucksache), so muß auch die Frage, was als Haupt- oder Nebensache anzusehen ist, nach dem Wert der Einzelteile beurteilt werden. Der Wertunterschied muß dann so groß sein, daß die übrigen Bestandteile fehlen können, ohne den Geldwert der einheitlichen Sache erheblich zu mindern. Meist wird nach der Verkehrsauffassung die funktionsbestimmende Sache als Hauptsache anzusehen sein, zB ein Radioapparat gegenüber dem Gehäuse, ein Buch im Verhältnis zum Einband (vgl aber auch BGH 20, 163). Bei Verbindung gleichartiger Sachen kann an sich keine von ihnen Hauptsache sein; in diesen Fällen ist aber eine entsprechende Anwendung von Abs II möglich, sofern die verbundenen Sachen fast ausschließlich im Eigentum einer Person standen (vgl auch § 948). § 947 ist entsprechend anwendbar, wenn die verbundenen Sachen zu rechtlich verschieden zu behandelnden Gütermassen desselben Eigentümers gehören (zB zum Gesamtgut und zum Vorbehaltsgut, §§ 1416, 1418). War die Hauptsache abhanden gekommen, so gilt das auch für die zusammengefügte einheitliche Sache (Westermann § 52 II 2).

3. Zum rechtlichen Schicksal der an den verbundenen Sachen bestehenden **beschränkten dinglichen Rechten** 10 vgl § 949. Zu **Ausgleichsansprüchen** derjenigen, die durch § 947 einen Rechtsverlust erleiden, und zu **Wegnahmerechten** vgl § 951.

IV. Werden die zusammengefügten Sachen keine wesentlichen, sondern nur **einfache Bestandteile**, wie es 11 infolge technischer Entwicklung oft der Fall sein wird, so tritt keine Rechtsänderung ein. Es bestehen mehrere selbständige Eigentumsrechte an den zusammengefügten Sachen. Die Sicherheit des Rechtsverkehrs leidet darunter nicht, denn Dritte werden durch §§ 932ff BGB, § 366 HGB geschützt und erwerben ggf durch redlichen Erwerb Alleineigentum an der einheitlichen Sache mit all ihren Bestandteilen (BGH 18, 233). In der Zwangsvollstreckung sind die verschiedenen Eigentümer wie Miteigentümer gemäß § 771 ZPO zur Widerspruchsklage berechtigt (RG 144, 241; RGRK/Pikart Rz 9). Ist die Zusammenfügung mit dem Willen der Eigentümer zu einem dauernden gemeinschaftlichen Zweck erfolgt, kann Gesamthandseigentum (§ 718) entstanden sein. Wegen Eigentumserwerb durch Einverleibung in ein **Inventar** vgl §§ 1048 I S 2, 2111 II.

V. Eigentumsvorbehalt, Verbindungsklauseln. Die Regelung des § 947 ist **zwingendes Recht**. 12

1. Beim **Kauf unter Eigentumsvorbehalt** können die Parteien deshalb nicht vereinbaren, daß entgegen § 947 13 andere Stofflieferanten keinen Miteigentumsanteil an der einheitlichen Sache erhalten (BGH LM Nr 4 zu § 947; Serick BB 1973, 1407f) bzw der Lieferant der Hauptsache kein Alleineigentum an der Sache erhält. Um den Eigentumsvorbehalt von Stofflieferanten zu erhalten, neigt die Rspr in den entsprechenden Fällen dazu, die zu einer einheitlichen Sache miteinander verbundenen Sachen nicht als wesentliche Bestandteile anzusehen oder, wenn sich dies nicht vermeiden läßt, jedenfalls keine der verbundenen Sachen als Hauptsache anzusehen, damit die Vorbehaltslieferanten zumindest Miteigentümer nach § 947 I werden (Baur/Stürner § 53 Rz 9; Serick BB 1973, 1406). Ein möglicher Eigentumsverlust der Stofflieferanten nach § 950 (Verarbeitung) läßt sich dadurch allerdings nicht verhindern.

2. In der Praxis finden sich nicht selten sog **Verbindungsklauseln**, nach denen ein Stofflieferant (oder ein Kre-14 ditgeber) das Eigentum an der durch die Verbindung der gelieferten (finanzierten) Sachen entstandenen einheitlichen Sache erhalten soll. Solche Klauseln können die Rechtsfolgen der §§ 947ff ebenfalls nicht ausschließen, sondern nur als **vorweggenommene Übereignung** der einheitlichen Sache (§§ 947 II, 929 S 1, 930) (bzw als vorweggenommene Übertragung des Miteigentumsanteils idF § 947 I) verstanden werden. Zum Eigentumserwerb des Stofflieferanten (des Kreditgebers) führen sie daher nur nach einem **Durchgangserwerb** des Verbinders und auch nur, soweit dieser zum Zeitpunkt seines Eigentumserwerbs noch verfügungsbefugt ist.

Hat der Verbinder **mehrere solcher vorweggenommenen Übereignungen** vereinbart (zB sowohl zugunsten des 15 Lieferanten als auch zugunsten einer kreditgebenden Bank) stellt sich die Frage, welche dieser Vereinbarungen sich durchsetzt, wer also nach der Verbindung von dem Verbinder das Eigentum an der einheitlichen Sache erhält. Dies hängt vor allem von der in Rspr und Literatur unterschiedlich beantworteten Frage ab, inwieweit man Nebenbesitz an einer Sache für möglich hält.

Hält man Nebenbesitz an einer Sache für möglich (dafür Medicus BR Rz 558ff; Michalski AcP 181, 384, 16 414; dagegen BGH 50, 45; BGH NJW 1979, 2037, 2038; MüKo/Joost § 868 Rz 20; Westermann § 19 II 4; Musielak JuS 1992, 719, 720; RGRK/Kregel § 868 Rz 9; Soergel/Mühl § 868 Rz 26f. Zum Nebenbesitz vgl Medicus in FS Hübner, 1984, S 611; Picker AcP 188, 533ff), so kann durch mehrere vorweggenommene Übereignungen entweder Miteigentum der Begünstigten oder Alleineigentum einer der Begünstigten entstehen, was sich aus folgenden Überlegungen ergibt: Die Übereignung nach §§ 929 S 1, 930 erfolgt durch ein antizipiertes Besitzmittlungsverhältnis, dh der durch die vorweggenommene Übereignung Begünstigte (der Lieferant/die Bank) erwirbt mit Bedingungseintritt (Verbindung der Sachen, die zum Eigentumserwerb des Verbinders führt) das Eigentum an

§ 947 Sachenrecht Eigentum

der einheitlichen Sache, weil er sich mit dem zukünftigen Eigentümer (dem Verbinder) hierüber (dh über den Eigentumsübergang) geeinigt hat (§ 929 S 1) und der zukünftige Eigentümer (der Verbinder) bereits vorab seine Bereitschaft erklärt hat, die Sache für den Begünstigten (den Lieferanten/die Bank) zu besitzen (antizipiertes Besitzmittlungsverhältnis, § 930). Die Besitzmittlungsvereinbarung ersetzt die für eine Übereignung der Sache nach § 929 S 1 an sich erforderliche Übergabe. Ein Eigentumsübergang nach §§ 929 S 1, 930 findet aber nur dann statt, wenn der Besitzmittlungswille des zukünftigen Eigentümers (des Verbinders) zum Zeitpunkt des Bedingungseintritts (Verbindung der Sachen, Eigentumserwerb des Verbinders) noch fortbesteht. Kann dies aber der Fall sein, wenn der Verbinder nach einer ersten vorweggenommenen Übereignung eine weitere vornimmt? Ändert der Verbinder nicht mit der neuerlichen vorweggenommenen Übereignung seinen Besitzmittlungswillen dahingehend, daß er zum Zeitpunkt seines Eigentumserwerbs nun zugunsten des durch die zweite vorweggenommene Übereignung Begünstigten besitzen will? Oder übt er den Besitz an der Sache vielleicht für alle diejenigen aus, mit denen er eine vorweggenommene Übereignung vereinbart hat? Die letztgenannte Möglichkeit besteht nur, wenn man die Möglichkeit des Nebenbesitzes bejaht. Der Verbinder kann und wird ggf sowohl dem Lieferanten als auch der Bank (Neben-)Besitz vermitteln, beide erwerben mit Bedingungseintritt **Miteigentum** an der einheitlichen Sache gem §§ 929 S 1, 930. Ob diese sachenrechtlich mögliche Rechtsfolge aber im Einzelfall auch eintritt, hängt davon ab, ob einer der vorweggenommenen Übereignungen aus anderen Überlegungen **Priorität** zukommt. Dies wird man nach den gleichen Kriterien beantworten müssen, nach denen über die Priorität von mehrfach vorgenommenen Vorwegabtretungen einer Forderungen entschieden wird (vgl dazu Hennrichs JZ 1993, 225ff; Staud/Busche Einl §§ 398ff Rz 97ff, 105f; MüKo/Roth § 398 Rz 147ff; Baur/Stürner § 59 Rz 53ff; Fikentscher, Schuldrecht, Rz 604, 610; Brehm/Berger Rz 21ff; Erman BB 1959, 1109; Beuthien BB 1971, 375; Neuhof NJW 1993, 2840).

17 Aus dem Vorgesagten ergeben zugleich die Konsequenzen einer Ablehnung des Nebenbesitzes für die hier zu beantwortende Frage (Rz 15), welche von mehreren vorweggenommenen Übereignungen sich durchsetzt. **Lehnt man die Möglichkeit des Nebenbesitzes ab**, kann ein Besitzmittlungsverhältnis zum Zeitpunkt des Bedingungseintritts (Verbindung der Sachen, die zum Eigentumserwerb des Verbinders führt) exclusiv nur mit einem der durch die vorweggenommenen Übereignungen Begünstigten (dem Lieferanten oder der Bank) bestehen. Nur dieser erwirbt daher Eigentum an der Sache, und zwar **Alleineigentum**. Dabei wird man idR davon ausgehen müssen, daß der Verbinder grundsätzlich demjenigen den Besitz vermittelt, mit dem er zuletzt eine vorweggenommene Übereignung der Sache vereinbart hat (Staud/Wiegand Anh §§ 929–931 Rz 283; BGH WM 1960, 1223, 1225). Mit der neuerlichen Vereinbarung eines Besitzmittlungsverhältnisses ist das früher vereinbarte Besitzmittlungsverhältnis widerrufen worden. Es kann daher nur das letzte Bestand haben. Ein geheimer Vorbehalt des Verbinders, das zuletzt vereinbarte Besitzmittlungsverhältnis nicht zu wollen, wäre unbeachtlich (§ 116; Staud/Bund § 868 Rz 25; Soergel/Mühl § 930 Rz 4). Möglich ist allenfalls, daß die zuletzt vereinbarte vorweggenommene Übereignung, zB nach der im Zusammenhang mit der Globalzession entwickelten sog „Vertragsbruchtheorie" (vgl Baur/Stürner § 59 Rz 50ff, 54), unwirksam ist.

18 **VI. Verhältnis zu § 950.** Die Verbindung beweglicher Sachen, die sie zu wesentlichen Bestandteilen einer einheitlichen Sache macht, kann einen Verarbeitungsakt darstellen, die „einheitliche Sache" iSd § 947 kann daher zugleich eine „neue Sache" im Sinne des § 950 sein. Ggf stellt sich die Frage, welche Regelung Vorrang genießt, § 947 oder § 950. Es ist von folgendem auszugehen. Ist eine der durch Verarbeitung verbundenen Sachen als Hauptsache anzusehen, entsteht weder eine einheitliche (§ 947 I) noch eine neue (§ 950) Sache, der Eigentümer der Hauptsache erhält daher nach § 947 II das Alleineigentum an der Sache. Im übrigen kommt § 950 Anwendungsvorrang vor § 947 I zu. Der Verarbeiter erlangt daher gem § 950 Alleineigentum an der Sache, sofern durch die Verarbeitung eine neue Sache entstanden ist und der Wert der Verarbeitung nicht erheblich geringer als der Wert des Stoffes ist (RG 161, 113; BGH LM Nr 4 zu § 947; BGH 18, 227; Serick BB 1973, 1405). Nur soweit die Wertrelation nicht nach § 950 zum Alleineigentum des Verarbeiters führt, findet § 947 I Anwendung; die bisherigen Stoffeigentümer werden Miteigentümer der einheitlichen Sache. Diese Rechtsfolge ist zwingend (Serick BB 1973, 1407f).

948 *Vermischung*
(1) Werden bewegliche Sachen miteinander untrennbar vermischt oder vermengt, so findet die Vorschrift des § 947 entsprechende Anwendung.
(2) Der Untrennbarkeit steht es gleich, wenn die Trennung der vermischten oder vermengten Sachen mit unverhältnismäßigen Kosten verbunden sein würde.

1 **I. Allgemein.** Sachen, die untrennbar miteinander vermischt wurden, können nicht Gegenstand gesonderter Rechte sein. § 948 ordnet daher durch Verweis auf § 947 die Eigentumsverhältnisse an solchen Sachen neu.

2 **II. Voraussetzungen.** Wie § 947, so setzt auch § 948 nur voraus, daß die Sachen tatsächlich miteinander vermischt worden sind. Ein darauf gerichteter Wille desjenigen, der die Vermischung vorgenommen hat oder ein entsprechender Wille der Eigentümer der vermischten Sachen ist nicht erforderlich (vgl § 947 Rz 2). **Untrennbarkeit** (§ 948 I) liegt vor, wenn eine Aussonderung gegenständlich unmöglich ist oder die einzelnen Sachen nicht mehr identifiziert werden können. Die Unterscheidung zwischen **Vermischung** (flüssiger oder gasförmiger Körper, zB zweier Weinsorten) und **Vermengung** (fester Körper, zB Stahlstangen, BGH NJW 1958, 1534) in § 948 I ist rein sprachlicher Natur, ihr kommt keine weitergehende praktische oder rechliche Bedeutung zu. Ist eine Trennung zwar möglich, aber nur mit **unverhältnismäßigen Kosten**, so steht dies der Untrennbarkeit gleich (§ 948 II). Unverhältnismäßig sind Kosten, die nicht wesentlich hinter dem Wert der Trennstücke zurückbleiben. § 948 findet nur Anwendung, soweit die Untrennbarkeit reicht. Ist eine Trennung vermengter oder vermischter Sachen teilweise

möglich, so findet § 948 daher nur auf den nicht trennbaren Teil Anwendung, hinsichtlich der trennbaren Sachen bleiben die Eigentumsverhältnisse unverändert (RGRK/Pikart Rz 12).

III. Die **Rechtsfolgen** richten sich nach § 947. **1.** Ist keine der vermischten Sachen als Hauptsache anzusehen, 3 entsteht **Miteigentum** am Mischbestand (§ 947 I). Die Anteile bestimmen sich nach dem Wertverhältnis der vermischten Sachen zueinander (§ 947 I Hs 2). Lassen sich die Quoten der einzelnen Beteiligten an der Gesamtmenge nicht ermitteln, was etwa bei Vermischung gleichartiger Vorbehaltswaren mehrerer Lieferanten der Fall sein kann, so greifen zunächst die allgemeinen Grundsätze der Beweislast ein (BGH NJW 1958, 1534 mit Anm Hoche; Soergel/Mühl Rz 4; Reinicke/Tiedtke WM 1979, 186, 189). Gelingt einer Partei der ihr obliegende Nachweis ihrer Beteiligungsquote nicht, so ist die Höhe des Anteils analog § 287 ZPO zu schätzen, vorausgesetzt, daß greifbare Anhaltspunkte für eine Schätzung vorhanden sind (Weitnauer, FS Baur, 1981, S 709, 719f). Nur soweit keine Anhaltspunkte für eine Schätzung vorliegt, kommt eine Anwendung des § 742 in Betracht, nach dem die Miteigentümer im Zweifel zu gleichen Teilen berechtigt sind (Westermann § 52 IIIa; Flume NJW 1959, 922).

Steht die Quote für den Zeitpunkt der Vermischung fest und wird die **Gesamtmenge nachträglich verändert**, 4 steht dies einer Anwendung des § 948 nicht entgegen; § 948 ist vielmehr auf jede Vermischung erneut anwendbar. Sind also zB A und B aufgrund Vermischung je zur Hälfte Miteigentümer einer Menge von 1000 Einheiten geworden, so bleibt dieses Beteiligungsverhältnis auch bestehen, wenn A 500 Einheiten entnimmt und veräußert. Fügt A wiederum 500 Einheiten hinzu, so erhöht sich sein Anteil gemäß § 948 entsprechend, dh die Beteiligung beträgt jetzt ¾ zu ¼. Bei häufigen Veränderungen kann die Quote des anderen Teils (des B) dadurch auf ein Minimum herabsinken. Soweit ein Miteigentümer (der B) sein Miteigentum durch unberechtigte Verfügung (des A) verliert, stehen ihm Schadensersatzansprüche aus § 823 I, möglicherweise auch Ausgleichsansprüche aus § 816 I oder § 687 II in Verbindung mit §§ 681 S 2, 667 zu.

Die **Auseinandersetzung** der Miteigentümergemeinschaft erfolgt gem §§ 749, 752 durch Teilung in Natur. Bei 5 der Vermengung von Geld wird dem Besitzer des Mischbestandes zwar ein einseitiges Aussonderungsrecht zugestanden (vgl Rz 8). Diese Ausnahme ist auf andere gleichartige Sachen aber nicht ohne weiteres übertragbar, da hier Konfliktlagen denkbar sind (zB Streit über die Qualität vermischten Getreides), die in dem gesetzlich geregelten Teilungsverfahren ausgetragen werden müssen (MüKo/Quack Rz 10).

2. Alleineigentum. Ist eine der vermischten Sachen als **Hauptsache** anzusehen, so erwirbt deren Eigentümer 6 Alleineigentum an der Gesamtmenge (§ 947 II). Wie bei § 947, so ist auch bei § 948 insoweit die Verkehrsauffassung entscheidend (§ 947 Rz 8). Zahlen- oder mengenmäßiges Übergewicht einer der vermischten Einheiten kann ausreichen, um diese als Hauptsache anzusehen (Staud/Wiegand Rz 8; MüKo/Quack Rz 4). Dies ist jedoch nicht zwingend. Insbesondere bei der Vermischung gleichartiger Sachen ist eine Bevorzugung des mengenmäßigen Übergewichts oft nicht veranlaßt, da eine Realteilung hier problemlos möglich ist, zB bei Einfüllung eines Sacks Getreides in einen gefüllten Getreidespeicher oder bei der Vermischung von Geld (Baur/Stürner § 53 Rz 11; RGRK/Pikart Rz 14).

3. Zum rechtlichen Schicksal der an den vermischten Sachen bestehenden **beschränkten dinglichen Rechten** 7 vgl § 949. Zu **Ausgleichsansprüchen** derjenigen, die durch § 948 einen Rechtsverlust erleiden vgl § 951.

4. Stellt die Vermischung gleichzeitig eine **Verarbeitung** dar, so kann statt des § 947 I der § 950 anwendbar 8 sein, vgl dazu § 947 Rz 12.

IV. § 948 findet auch Anwendung auf die **Vermengung von Geld.** An dem Gesamtbestand entsteht also grund- 9 sätzlich Miteigentum. Nur sofern nach der Verkehrsauffassung eine der Teilmengen als Hauptsache anzusehen ist, erwirbt der Eigentümer dieser Teilmenge Alleineigentum am Gesamtbestand. Das ist zB bei einem ständigen Schwankungen unterliegendem Kassenbestand anzunehmen. Numerisches Übergewicht einer der Teilmengen für sich allein ist dagegen nicht ausreichend, um diese Teilmenge als Hauptsache anzusehen (vgl Rz 5). Die Teilung eines Gesamtbestandes, an dem Miteigentum besteht, kann nach §§ 749, 752 erfolgen, der Besitzer des Gesamtbestandes darf die Teilung aber auch im Wege einseitiger Aussonderung der entsprechenden Einzelbeträge vornehmen. Konfliktlagen, die eine einseitige Aussonderung ausschließen und die Anwendung der §§ 749, 752 zwingend gebieten, sind bei der Teilung eines Gesamtbestandes an Geld nicht denkbar. Beim Geld steht nicht die Substanz, sondern die Funktion im Vordergrund. Die Berechtigten haben deshalb kein schützenswertes Interesse an der Zuweisung bestimmter Geldstücke, sondern nur daran, den von ihnen beigetragenen Geldwert zurückzuerhalten. Auch über den Wert der von ihnen beigetragenen Geldstücke kann kein Dissens entstehen. Das Recht auf Aussonderung steht jedoch nur dem Besitzer des Gesamtbestandes, nicht auch den übrigen Miteigentümern zu (MüKo/Quack Rz 8).

V. **Sondervorschriften** enthalten § 963 für vereinigte Bienenschwärme, § 469 HGB für die Sammellagerung 10 vertretbarer Sachen und §§ 5ff DepotG für die Sammelverwahrung von Wertpapieren (vgl BGH DB 1957, 452, die Unterschiede zu § 948 hervorhebend).

949 *Erlöschen von Rechten Dritter*

Erlischt nach den §§ 946 bis 948 das Eigentum an einer Sache, so erlöschen auch die sonstigen an der Sache bestehenden Rechte. Erwirbt der Eigentümer der belasteten Sache Miteigentum, so bestehen die Rechte an dem Anteil fort, der an die Stelle der Sache tritt. Wird der Eigentümer der belasteten Sache Alleineigentümer, so erstrecken sich die Rechte auf die hinzutretende Sache.

I. **Allgemein.** § 949 regelt das **rechtliche Schicksal beschränkter dinglicher Rechte an Sachen, die mit** 1 **anderen Sachen verbunden** (oder vermischt, § 948) **werden.** Werden Sachen miteinander verbunden, so ändern

§ 949

sich nach Maßgabe der §§ 946–947 die Eigentumsverhältnisse an diesen Sachen. Grundsätzlich entsteht Miteigentum an der durch die Verbindung entstandenen Sache, wobei sich die Miteigentumsanteile nach dem Wert der verbundenen Sachen bestimmen; das Eigentum an den verbundenen Sachen erlischt (§ 947 I). Ist aber eines der verbundenen Sachen ein Grundstück, so erstreckt sich das Eigentum am Grundstück auf die verbundenen beweglichen Sachen; der Grundstückseigentümer wird Alleineigentümer der Gesamtsache, das Eigentum an den verbundenen beweglichen Sachen erlischt (§ 946). Gleiches gilt, wenn ausschließlich bewegliche Sachen miteinander verbunden werden aber eine der Sachen als Hauptsache anzusehen ist (§ 947 II).

2   Die §§ 946–948 regeln indes nur das Schicksal des Eigentumsrechts an den verbundenen Sachen. Welches rechtliche Schicksal beschränkte dingliche Rechte an einer Sache erleiden, wenn diese Sache mit anderen Sachen verbunden wird, ist in § 949 geregelt. **Anwartschaftsrechte und Zurückbehaltungsrechte** an einer Sache stehen beschränkten dinglichen Rechten gleich, auch solche Rechte sind **Rechte Dritter** iSd § 949 (MüKo/Quack Rz 2).

3   **II. Voraussetzungen und Rechtsfolgen.** § 949 setzt voraus, daß der Eigentümer zumindest einer Sache sein Eigentum aufgrund der §§ 946–948 verloren hat. Ist dies der Fall, regelt § 949 das rechtliche Schicksal beschränkter dinglicher Rechte an den verbundenen Sachen **abhängig vom Schicksal des Eigentumsrechts** an diesen Sachen. Im einzelnen gilt folgendes.

4   1. **Lastenfreier Erwerb und Erstreckung (Sätze 1 und 3).** Wird eine belastete Nebensache mit einem Grundstück oder einer beweglichen Hauptsache verbunden (§§ 946, 947 II, 948 iVm § 947 II), so erlischt mit dem Eigentum an der Nebensache auch das an ihr bestehende beschränkte dingliche Recht; die Rechte, die auf dem Grundstück oder der Hauptsache ruhen, erstrecken sich dagegen wie das Eigentum an der Hauptsache auf die verbundenen wesentlichen Bestandteile und damit auf die ganze Sache.

5   2. **Dingliche Surrogation (Satz 2).** Entsteht bei der Verbindung oder Vermischung von beweglichen Sachen Miteigentum (§ 947 I, § 948 iVm § 947 I; vgl auch §§ 1066, 1258), so tritt der Miteigentumsanteil an die Stelle der verbundenen Sache; Rechte an einer verbundenen Sache setzen sich daher als Rechte am Miteigentumsanteil fort.

6   III. § 949 gilt entsprechend für die Verbindung oder Vermischung **eigener Sachen**, die mit Rechten Dritter belastet sind. Zwar können im Falle der Verbindung mehrer Sachen desselben Eigentümers keine Miteigentumsanteile entstehen, die nach § 949 S 2 an die Stelle des Eigentums an den verbundenen Sachen treten. Das hindert jedoch nicht, von der Belastung eines Bruchteils der Gesamtsache auszugehen, der sich nach dem Verhältnis des Wertes der verbundenen Einzelsachen an der Gesamtsache errechnet (RG 67, 425; RGRK/Pikart Rz 4; MüKo/Quack Rz 5).

950 *Verarbeitung*

(1) Wer durch Verarbeitung oder Umbildung eines oder mehrerer Stoffe eine neue bewegliche Sache herstellt, erwirbt das Eigentum an der neuen Sache, sofern nicht der Wert der Verarbeitung oder der Umbildung erheblich geringer ist als der Wert des Stoffes. Als Verarbeitung gilt auch das Schreiben, Zeichnen, Malen, Drucken, Gravieren oder eine ähnliche Bearbeitung der Oberfläche.

(2) Mit dem Erwerb des Eigentums an der neuen Sache erlöschen die an dem Stoffe bestehenden Rechte.

Schrifttum: *Dolezalek,* Plädoyer für Einschränkung des § 950 BGB (Verarbeitung), AcP 195 (1995), 392; *Flume,* Der verlängerte und erweiterte Eigentumsvorbehalt, NJW 1950, 841; *Hoffmann,* Verarbeitungsklausel und § 450 BGB, NJW 1962, 1798; *Kötter,* Die Tauglichkeit der Vorausabtretung als Sicherungsmittel des Geld- und Warenkredits, 1960; *Laufke,* Zum Eigentumserwerb nach § 950, FS Hueck, 1959, S 69; R. *Möhring,* Konkurrenz von Verarbeitungsklauseln, NJW 1960, 697; *Neumann-Duesberg,* Verlängerter Eigentumsvorbehalt des Baustofflieferanten an eingebauten Baustoffen, DB 1965, 1845; *Nikkel,* Verbindung, Vermischung, Verarbeitung in der Produkthaftpflichtversicherung, VersR 1990, 702; *Nierwetberg,* Rechtspositionen von Lieferant und Produzent nach Verarbeitung im verlängerten Eigentumsvorbehalt, NJW 1983, 2235; *Otte,* Wesen, Verkehrsanschauung, wirtschaftliche Betrachtungsweise – ein Problem der §§ 93, 119 II, 459 und insbesondere 950, JuS 1970, 154; *Paulus,* Die Herstellervereinbarung als konkursfeste Sicherheit des Bestellers eines Software-Erstellungsvertrages, JR 1990, 405; *Rothkegel,* Eigentumserwerb bei Verarbeitung, 1974; *Schmidt, K.,* Ersatzaussonderung bei Eigentumsvorbehalt, JuS 1990, 237; *Serick,* Konfliktloses Zusammentreffen mehrerer Verarbeitungsklauseln, BB 1972, 277; *Serick,* Verbindungsklauseln als Kreditsicherungsmittel, BB 1973, 1405ff; *Serick,* Kollisionsfälle im Bereiche der Verarbeitungsklauseln, BB 1975, 381; *Wadle,* Das Problem der fremdwirkenden Verarbeitung, JuS 1982, 477; *Wagner,* Teilbarkeit der Herstellereigenschaft in § 950 BGB?, AcP 184 (1984), 14; *Zeuner,* Die fremdwirkende Verarbeitung als Zurechnungsproblem, JZ 1955, 195.

1   **I. Allgemein.** Wie bei der Verbindung mehrerer Sachen zu wesentlichen Bestandteilen einer einheitlichen Sache (§ 947), so stellt sich auch im Falle der Verarbeitung eines fremden Stoffes zu einer neuen Sache zwangsläufig die Frage, wie sich die tatsächliche Veränderung rechtlich auswirkt, wem die Sache gehören soll. § 950 löst den Interessenkonflikt zwischen Stoffeigentümer und Verarbeiter zugunsten des Herstellers. Das Eigentum an der durch Verarbeitung hergestellten, neuen Sache wird dem Hersteller zugeordnet, falls nicht der Wert der Verarbeitung erheblich geringer ist, als der Wert des Stoffes. Die Unterscheidung zwischen Verarbeitung und **Umbildung** in § 950 ist rein sprachlicher Natur und hat keine weitergehende rechtliche Relevanz.

2   Der **Hersteller erwirbt** das **Eigentum** originär. Grundlage des Eigentumserwerbs ist allein die Verarbeitung als Realakt. Ein auf den Eigentumserwerb gerichteter **rechtsgeschäftlicher Wille** des Herstellers ist daher **nicht erforderlich.** Der Hersteller erwirbt das Eigentum an der neuen Sache unabhängig davon, ob er geschäftsfähig ist und ob er hinsichtlich seines Eigentums an dem Stoff oder seiner Berechtigung zur Verarbeitung gut- oder bösgläubig ist. Dem Eigentumserwerb des Herstellers steht es auch nicht entgegen, wenn der verarbeitete Stoff abhandengekommen ist. Der Eigentumserwerb nach § 950 ist endgültig, eine spätere Rückgängigmachung der Verarbeitung,

sofern eine solche überhaupt möglich ist, läßt das ursprüngliche Eigentum an dem verarbeiteten Stoff nicht wieder aufleben.

Besondere Bedeutung hat § 950 im **Kreditsicherungsrecht** erlangt. Während die Lieferanten von Rohstoffen und Halbfabrikaten den Eigentumsvorbehalt auf die neue Sache zu erstrecken suchen, erstreben die Banken, es durch Sicherungsübereignung als Kreditunterlage zu gewinnen. In diesem Konflikt wirkt sich § 950 zugunsten der Banken aus, denn der Eigentumsvorbehalt der Stoffeigentümer erlischt durch die Verarbeitung. Diese Rechtslage hat zu der Streitfrage geführt, ob § 950 zwingend oder durch Parteivereinbarung änder- oder abdingbar ist (vgl Rz 8ff). 3

II. Voraussetzungen. 1. Durch die Verarbeitung muß eine **neue Sache** entstanden sein. Es kommt darauf an, ob der Stoff nach der Verkehrsauffassung durch die vorgenommenen Handlungen eine Wesensänderung erfahren hat. Hat die Verarbeitung zu einer wesentlichen Substanzveränderung geführt, hat sich durch die Verarbeitung der wesentliche wirtschaftliche Verwendungszweck geändert oder kommt der durch die Verarbeitung entstandenen Sache gegenüber der Ausgangssache eine eigenständige und weitergehende Funktion (BGH NJW 1995, 2633) zu, so spricht dies für das Entstehen einer neuen Sache (Westermann § 53 II 3). Ein **Indiz** für das Entstehen einer neue Sache ist es auch, wenn das Ergebnis der Verarbeitung im allgemeinen Sprachgebrauch einen anderen Namen erhält, als der verarbeitete Stoff (zB Stoff + Futter + Knöpfe = Anzug oder Holz + Furniere + Beschläge = Schrank, nicht aber bei der Beschriftung eines Autos, Baur/Stürner § 53 Rz 18; Köln ZIP 1991, 1606). Als neue Sachen kommen nicht nur fertige Produkte in Betracht; auch **Halbfabrikate** können neue Sachen iSd § 950 sein (zB Erz-Eisen). § 950 kann deshalb auf verschiedenen Produktionsstufen nacheinander Anwendung finden. Wurde ein Stoff bereits vorher bearbeitet, so ist für die Beurteilung der Frage, ob die Verarbeitung zum Entstehen einer neuen Sache geführt hat, von der Sache in der bisherigen Form, nicht vom Rohstoff auszugehen (zB Einbaufenster, nicht Holz oder Glas). Ob eine Wiederherstellung des alten Zustandes möglich ist, ist für die Frage des Entstehens einer neuen Sache unerheblich. Durch eine bloße **Verbindung zweier Sachen**, die wieder getrennt werden können, wird aber keine neue Sache iSd § 950 hergestellt (und meist auch keine einheitliche Sache iSd § 947). Die bloße **Zerstörung** einer Sache kann nicht als Herstellung einer neuen Sache durch Verarbeitung eines Stoffes angesehen werden, sie ist das Gegenteil davon (zB Zerschneiden von Bildern, RGSt 57, 160; Einschmelzen von Kunstsachen, RGRK/Pikart Rz 13). Auch **Pflege, Ausbesserung oder Reparatur** einer Sache, die nur auf Erhaltung vorhandener Eigenschaften und Gebrauchsfunktionen gerichtet sind, führen nicht zur Herstellung einer neuen Sache (zB Reparatur eines PKW; Restaurierung alter Bilder, RG 138, 50). Gleiches gilt für die Veredelung eines Wildlings (RGJW 1928, 2448), das Mästen eines Jungkalbs (BGH NJW 1978, 697) und das Abrichten eines Tieres für einen besonderen Gebrauchszweck (Westermann § 53 II 3). Ein **Kunstwerk** kann über mehrere Jahre hinweg durch fortlaufende Bearbeitung in mehreren Entwicklungsschritten jeweils als neue Sache entstehen (Stuttgart NJW 2001, 2889). Das Arbeitsprodukt muß stets eine **bewegliche Sache** sein; für Grundstücke gilt ausschließlich § 946. 4

2. Verarbeitung ist eine bewußte menschliche Tätigkeit, die auf die Herstellung einer neuen Sache ausgerichtet ist. Erforderlich ist also neben dem Herstellungserfolg auch subjektiv eine Herstellungsabsicht (MüKo/Quack Rz 13; Dolezalek AcP 195, 403). Entsteht eine neue Sache ausschließlich durch Naturkraft, so greift § 950 nicht ein (möglicherweise aber §§ 953ff, zB bei Hundezucht). Als Verarbeitung gelten auch gewisse Arten der **Bearbeitung der Oberfläche** (§ 950 I S 2), auch diese müssen aber auf die Herstellung einer neuen Sache gerichtet sein. Das ist bei bestimmungsgemäßer Bearbeitung eines Stoffes grundsätzlich zu bejahen (zB Bedrucken von Papier, Bemalen einer Leinwand, Belichten eines Films). 5

3. Wertverhältnis. Der Eigentumserwerb des Herstellers ist ausgeschlossen, wenn der **Wert der Verarbeitung** erheblich geringer ist, als der **Wert der verarbeiteten Stoffe** (§ 950 I S 1). Das ist der Fall, wenn der Verarbeitungswert nur ca 40 % des Wertes des Stoffes erreicht (MüKo/Quack Rz 18; BGH NJW 1995, 2633; Düsseldorf OLGRp 2001, 417). Der **Wert der Verarbeitung** bemißt sich nicht nach dem tatsächlichen Aufwand (Produktionskosten); sonst wäre eine Arbeit schutzfähig, je umständlicher sie ausgeführt worden ist. Maßgebend ist allein die durch die Verarbeitung bewirkte Erhöhung des Sachwertes (MüKo/Quack Rz 16). Um den Wert einer Verarbeitung zu ermitteln, muß daher der Wert der verarbeiteten Stoffe vom Wert der neuen Sache abgezogen werden (BGH 18, 226, 228; 56, 88, 90). Die Differenz ist der Wert der Verarbeitung iSd § 950. Dabei ist zu beachten, daß sich eine Produktion in verschiedenen Stufen vollziehen und es so zu mehreren „Verarbeitungen" iSd § 950 kommen kann; ein einheitlich zu wertender Produktionsvorgang darf jedoch nicht künstlich aufgespalten werden (BGH LM Nr 4 zu § 947). Bei der Bemessung des **Stoffwertes** ist der Verkehrswert der verwendeten Stoffe zugrunde zu legen. Das gilt auch, soweit nicht Rohstoffe, sondern fertige Erzeugnisse Verwendung finden. Beim Umschmelzen einer silbernen Schale in einen Leuchter ist daher der Wert der Schale, nicht der Rohstoffwert des Silbers maßgebend (Westermann § 53 II 4). Ist gestohlener Schmuck zerlegt und aus den Bestandteilen neuer Schmuck hergestellt worden, ist nicht auf den Wert der Bestandteile, sondern auf den Wert des Schmucks vor seiner Zerlegung abzustellen (Karlsruhe OLGRp 1999, 61). Hat der Hersteller zugleich eigene Stoffe mit verarbeitet, so erhöht sich dadurch nicht der Wert seiner Arbeitsleistung, sondern der Stoffwert, da bei der Berechnung des Stoffwertes alle verarbeiteten Stoffe zu berücksichtigen sind, auch die des Herstellers (BGH 20, 159; 18, 226, 228; Westermann § 53 II 4). Rechtfertigt das Verhältnis des Verarbeitungswertes zum Stoffwert nicht den Schutz der Arbeitsleistung, so fällt das Eigentum an der hergestellten Sache dem Stoffeigentümer zu; werden Stoffe mehrerer Eigentümer verarbeitet, finden die §§ 947, 948 Anwendung, die auf das Verhältnis der Stoffwerte zueinander abstellen, den Wert der Arbeit jedoch nicht berücksichtigen; Rechte Dritter erlöschen ggf nach Maßgabe des § 949. 6

4. Hersteller ist nicht notwendigerweise der unmittelbare Verarbeiter (hM, BGH 14, 117), sondern derjenige, der in ökonomischer Hinsicht den Verarbeitungsvorgang lenkt und das wirtschaftliche Risiko der werteschaffenden Arbeit trägt, also zB das Risiko des Absatzes (Westermann § 53 III 2d). Nach dieser Definition scheidet als Her- 7

§ 950

steller zB der unselbständige Arbeitnehmer aus, dessen Arbeitskraft dem Unternehmen zugeordnet ist (Brehm/Berger § 28 Rz 17; BGH 20, 159). Wer Hersteller der in einem Krankenhaus angelegten Karteien über den Krankheitsbefund von Patienten ist, hängt davon ab, ob die Krankenkarteien wesentlich der Behandlung der Patienten dienen und sie deshalb im Rahmen des Dienstverhältnisses für den **Klinikbetrieb** hergestellt werden oder ob die Karteien für private wissenschaftliche Forschungszwecke des Chefarztes bestimmt sind (BGH NJW 1952, 661). Im Falle von archäologischen Grabungsmaterialien ist der Professor, der die Ausgrabungen vorgenommen hat, als Hersteller der Grabungsmaterialien angesehen worden (BGH 112, 243, 255ff). Beim **Werkvertrag** (§ 631) ist der Besteller als Hersteller anzusehen, da er den Stoff für die Werkerstellung zur Verfügung stellt und die Werkerstellung in seinem wirtschaftlichen Interesse und nach seinen Vorgaben erfolgt (BGH 14, 117, „Lohnmälzungsvertrag"). Beim **Werklieferungsvertrag** (§ 651), wo der Auftragnehmer die Stoffe für die Werkerstellung zur Verfügung stellt, ist dagegen der Auftragnehmer als Hersteller anzusehen. Dies ergibt sich schon daraus, daß das Gesetz beim Werklieferungsvertrag (anders als beim Werkvertrag) eine Pflicht zur Übereignung des Werkes auf den Besteller statuiert; diese Regelung wäre entbehrlich, würde der Besteller bereits nach § 950 Eigentum an dem Werk erlangen (Westermann § 53 III 2d). **Stellvertretungsrecht** (§§ 164ff) hat für die Frage, wer als Hersteller anzusehen ist, keine Bedeutung. Die Verarbeitung ist ein Realakt, Stellvertretung ist dabei nicht möglich.

8 Umstritten ist, ob derjenige, der die Verarbeitung unmittelbar vornimmt, durch rechtsgeschäftliche Vereinbarung mit einem Dritten (**Verarbeitungsklauseln**) festlegen kann, wer als Hersteller iSd § 950 anzusehen ist (zum Meinungsstand ausführlich Staud/Wiegand Rz 21ff). Der Frage kommt besondere Bedeutung zu, weil § 950 zwingendes Recht, der Eigentumserwerb des Herstellers daher nicht disponibel ist. In der Praxis besteht an einer von § 950 abweichenden Regelung des Eigentumserwerbs aber erheblicher Bedarf, da Stofflieferanten das Eigentum an der durch die Verarbeitung der gelieferten Stoffe entstandenen Sache regelmäßig als Sicherheit für die Erfüllung ihrer Forderungen benötigen. Eine vorweggenommene rechtsgeschäftliche Übertragung des Eigentums vom unmittelbaren Verarbeiter (Hersteller) auf den oder die Stofflieferanten (**vorweggenommene Sicherungsübereignung**) wäre zwar möglich, bietet den Stofflieferanten aber insoweit eine geringe Sicherheit, als dabei ein Durchgangserwerb des Verarbeiters stattfindet und deshalb andere vorweggenommene Sicherungsübereignungen, etwa zugunsten einer kreditgebenden Bank, der Vereinbarung mit den Stofflieferanten vorgehen können (zur identischen Problematik bei der Verbindung von Sachen vgl § 947 Rz 14ff). Dieser Weg bietet daher kein vollkommenes Sicherungsmittel für den Stofflieferanten. Der von den Stofflieferanten angestrebte **direkte Eigentumserwerb** ist nur möglich, wenn diese und nicht der unmittelbare Verarbeiter der Stoffe als Hersteller iSd § 950 angesehen werden können. Erforderlich wäre also eine Vereinbarung zwischen Stofflieferanten und unmittelbarem Verarbeiter, nach der die Stofflieferanten als Hersteller anzusehen sind und deshalb gem § 950 originär das Eigentum an der durch die Verarbeitung entstehenden Sache erwerben. Ein einfacher **verlängerter Eigentumsvorbehalt** der Stofflieferanten würde dagegen an der zwingenden Wirkung des § 950 scheitern (Rz 11).

9 **Die Rspr hat es zugelassen**, daß der unmittelbare Verarbeiter durch Vereinbarung mit einem Dritten festlegt, „für wen" herzustellen ist (BGH 14, 114; 20, 159, 163f; 46, 117f; Hofmann NJW 1962, 1798). Dieser soll dann als Hersteller im Sinne des § 950 gelten. Als „Hersteller kraft Parteiwillens" ist nach Ansicht der Rspr insbesondere ein Lieferant anzusehen, der Rohstoffe unter Eigentumsvorbehalt mit der Abrede liefert, daß die Verarbeitung für ihn, den Lieferanten, zu geschehen hat (BGH 20, 159; Möhring NJW 1960, 697, 701; Soergel/Mühl Rz 9). Trifft der unmittelbare Verarbeiter mit mehreren Stofflieferanten eine solche Vereinbarung, so werden diese Miteigentümer iSd § 947. Dies soll sich aus einer entsprechenden Auslegung der vereinbarten Verarbeitungsklauseln ergeben. Die Miteigentumsquoten können aber auch in den Lieferverträgen ausdrücklich festgelegt werden. So kann zB vereinbart werden, daß einem Stofflieferanten das Miteigentum an der neuen Sache im Verhältnis des Rechnungswertes (dh des Kaufpreises) der Vorbehaltsware zu den anderen verarbeiteten Waren zusteht (BGH 79, 16, 23) oder daß ein Stofflieferant das Miteigentum an der neuen Sache nur zu dem Anteil erwirbt, der sich aus dem Verhältnis des Wertes des von ihm gelieferten Stoffes zum Wert der neuen Sache ergibt (BGH 46, 117; dazu Serick BB 1972, 277ff; Karlsruhe WM 1979, 343, 346).

10 **Die Ansicht der Rspr**, die letztlich ausschließlich auf den Willen des Verarbeiters abstellt, „für einen anderen" zu verarbeiten und damit den Begriff des Herstellers zu dessen Disposition stellt, **vermag nicht zu überzeugen**. Bei der Festlegung, wer als Hersteller anzusehen ist, muß von der vorgenannten **objektiven Betrachtungsweise** unter Berücksichtigung der Lebensanschauung ausgegangen werden (BGH 20, 163; ebenso für § 912 I BGH NJW 1983, 2022f). Hersteller ist derjenige, der in ökonomischer Hinsicht den Verarbeitungsvorgang lenkt und das wirtschaftliche Risiko der wertschaffenden Arbeit trägt, also das Risiko des Absatzes (Westermann § 53 III 2d). Nach dieser Betrachtungsweise kann eine reine Willensäußerung des unmittelbaren Verarbeiters, die mit den tatsächlichen Gegebenheiten nicht übereinstimmt, die Person des Herstellers nicht ändern (Westermann § 53 III 2e). So ist die Erklärung eines Vorbehaltskäufers, für den Stofflieferanten herstellen zu wollen, mit dem äußeren Sachverhalt nicht vereinbar. Wer kauft, will die Sache für sich, und zwar endgültig. Verarbeitet er die gekaufte Sache, so geschieht dies im eigenen Interesse und auf eigenes Risiko. Schlägt die Verarbeitung fehl oder findet das Produkt keinen Absatz, so bleibt seine Zahlungspflicht bestehen. Die Interessen des Stofflieferanten beschränken sich darauf, den Kaufpreis zu erhalten. Wird dieser bezahlt, so würde mit dem Eigentumsvorbehalt auch die „vereinbarte" Herstellereigenschaft entfallen. Am Produktionsvorgang selbst ist der Stofflieferant unmittelbar nicht interessiert. Bei objektiver Betrachtung kann der Stofflieferant und Vorbehaltsverkäufer daher nicht als Hersteller angesehen werden. Bei der Verarbeitung von Rohstoffen und Halbfabrikaten, die dem Käufer unter verlängertem Eigentumsvorbehalt geliefert worden sind, wird daher idR nicht der Stofflieferant, sondern der Vorbehaltskäufer als Hersteller anzusehen sein (Westermann § 53 III 2e).

11 **III. Rechtsfolgen.** Nach § 950 erwirbt der Hersteller das Eigentum an der neuen Sache. Diese **Rechtsfolge ist zwingend**. Die Parteien eines Liefervertrages können daher nicht vereinbaren, daß statt des Herstellers der Lieferant das Eigentum an der durch die Verarbeitung der gelieferten Sachen neu entstandenen Sache gem § 950 originär erwirbt (Westermann § 53 III 1; BGH 14, 114 und 20, 159). Möglich ist nur eine vorweggenommene rechtsgeschäftliche Sicherungsübereignung der neuen Sache von dem Hersteller auf den Stofflieferanten, die dazu führt, daß zunächst der Hersteller originär und nachfolgend der Stofflieferant von diesem das Eigentum an der neuen Sache erwirbt (zu weiteren Gestaltungsmöglichkeiten Rz 8ff). Die vorstehend vertretene Ansicht ist indes keineswegs unumstritten. Ausgehend von der Annahme, daß § 950 nur der Regelung des Interessenkonflikts zwischen dem Stoffeigentümer und dem Verarbeiter diene, hält eine **Gegenansicht** den Eigentumserwerb durch den Hersteller für abdingbar, da ein regelungsbedürftiger Konflikt nicht bestehe, wenn die Rechtsbeziehungen zwischen Stoffeigentümer und Verarbeiter von diesen im voraus geklärt seien (so insbesondere Flume, NJW 1950, 843; Dolezalek AcP 195, 392; Baur/Stürner § 53 Rz 15). § 950 bezweckt jedoch nicht nur die Lösung des Interessenkonflikts zwischen dem Verarbeiter und dem Stofflieferanten, sondern auch die Lösung des Interessenkonflikts zwischen den Gläubigern des Verarbeiters (Westermann § 53 III 2e). Folgt man gleichwohl der Ansicht, nach der die Regelung der Eigentumszuweisung in § 950 dispositiv ist, wird man im Falle einer den § 950 verdrängenden Vereinbarung statt dessen § 947 anwenden müssen. Die verschiedenen Stofflieferanten erhalten dann nach Maßgabe dieser Vorschrift Miteigentum an der neuen Sache.

IV. Weitere Rechtsfolgen. Mit dem Eigentumserwerb des Herstellers an der neuen Sache erlöschen auch die am Stoff bestehenden **Rechte Dritter** (§ 950 II). Das gilt entsprechend bei der Verarbeitung eigener Sachen (abweichend MüKo/Quack Rz 21). 12

V. Ausgleichsansprüche. § 950 regelt, wem das Eigentum an einer Sache zufällt, die durch Verarbeitung eines Stoffes entsteht. Der Interessenkonflikt zwischen den Stoffeigentümern und dem Hersteller der neuen Sache wird zugunsten des Herstellers gelöst. Dieser erhält das Eigentum an der neuen Sache, das Eigentum und die beschränkten dinglichen Rechte an dem verarbeiteten Stoff erlöschen. Diese Neuordnung der dinglichen Rechtslage ist endgültig. § 950 beabsichtigt jedoch keine Vermögensverschiebungen zugunsten des Herstellers. Diejenigen, die aufgrund des § 950 einen Rechtsverlust erleiden, haben daher einen **schuldrechtlichen Ausgleichsanspruch** gegen den begünstigten Hersteller gem § 951. 13

VI. Zum Verhältnis des § 950 zu §§ 947, 948 vgl § 947 Rz 18. 14

951 *Entschädigung für Rechtsverlust*

(1) Wer infolge der Vorschriften der §§ 946 bis 950 einen Rechtsverlust erleidet, kann von demjenigen, zu dessen Gunsten die Rechtsänderung eintritt, Vergütung in Geld nach den Vorschriften über die Herausgabe einer ungerechtfertigten Bereicherung fordern. Die Wiederherstellung des früheren Zustands kann nicht verlangt werden.

(2) Die Vorschriften über die Verpflichtung zum Schadensersatz wegen unerlaubter Handlungen sowie die Vorschriften über den Ersatz von Verwendungen und über das Recht zur Wegnahme einer Einrichtung bleiben unberührt. In den Fällen der §§ 946, 947 ist die Wegnahme nach den für das Wegnahmerecht des Besitzers gegenüber dem Eigentümer geltenden Vorschriften auch dann zulässig, wenn die Verbindung nicht von dem Besitzer der Hauptsache bewirkt worden ist.

Schrifttum: *Baur/Wolf*, Bereicherungsanspruch bei irrtümlicher Leistung auf fremde Schuld – Das Wegnahmerecht des Nichtbesitzers, JuS 1966, 393; *Berg*, Bereicherung durch Leistung und in sonstiger Weise in den Fällen des § 951 Abs 1 BGB, AcP 160, 505; *Berg*, Bereicherungsanspruch bei Leistung eines Dritten, JuS 1964, 137; *v Caemmerer*, Bereicherungsansprüche und Drittbeziehungen, JZ 1962, 385; *Canaris*, Der Bereicherungsausgleich im Dreipersonenverhältnis, FS Larenz, 1973, S 799; *Eichler*, Der unentschuldigte Überbau, JuS 1965, 479; *Feiler*, Aufgedrängte Bereicherung bei den Verwendungen des Mieters und Pächters, 1968; *Götz*, Der Vergütungsanspruch gemäß § 951 Abs 1 S 1, 1973; *Haas*, Die Verwendungsersatzansprüche im Eigentümer-Besitzer-Verhältnis und die aufgedrängte Bereicherung, AcP 176, 1; *Huber*, Bereicherungsansprüche beim Bau auf fremdem Boden, JuS 1970, 342, 515; *Jakobs*, Die Begrenzung des Verwendungsersatzes, AcP 167, 350; *Klauser*, Aufwendungsersatz bei Neubauten und werterhöhenden Verwendungen auf fremdem Grund und Boden, NJW 1965, 513; *Lorenz*, Bereicherungsausgleich beim Einbau fremden Materials, FS Serick, 1992, 255; *Mauser*, Die Voraussetzungen des Vergütungsanspruchs gem § 951 Abs 1 BGB, 1965; *Reimer*, Die aufgedrängte Bereicherung, 1990; *Scheyhing*, Zum Bereicherungsanspruch nach § 951 BGB, JZ 1956, 14; *Schindler*, Die aufgedrängte Bereicherung, AcP 165, 499; *Sturm*, Zum Bereicherungsanspruch nach § 951 Abs 1 S 1 BGB, JZ 1956, 361; *H.P. Westermann*, Doppelmangel bei Bereicherungskette und Dreiecksverhältnis, JuS 1968, 17; *Wieling*, Vom untergegangenen, schlafenden und aufgewachtem Eigentum bei Sachverbindungen, JZ 1985, 511.

I. Allgemein. Im Falle der Verbindung, Vermischung oder Verarbeitung von Sachen können die hieran vorher bestehenden dinglichen Berechtigungen (Eigentum, dingliche Lasten) aus praktischen oder rechtlichen Gründen oftmals nicht aufrecht erhalten werden. Die §§ 946–950 ordnen deshalb die dinglichen Berechtigung an solchen Sachen neu. Mit der kraft Gesetzes eintretenden Neuordnung der dinglichen Rechtslage sollen jedoch keine ungerechtfertigten Vermögensverschiebungen herbeiführt werden. § 951 I S 1 sieht daher einen Vermögensausgleich zugunsten derjenigen vor, die durch die Neuordnung der dinglichen Rechtslage einen Rechtsverlust erleiden und verweist zu diesem Zweck auf das Bereicherungsrecht (§§ 812ff). 1

Neben diesem Vergütungsanspruch aus § 951 I S 1 können weitere schuldrechtliche Aufwendungs- oder Ersatzansprüche bestehen (§ 951 II S 1). Eine Wiederherstellung des vor der Verbindung usw bestehenden Zustands können die Betroffenen grundsätzlich nicht verlangen (§ 951 I S 2), § 951 II S 2 sieht aber unter gewissen Voraussetzungen ein Wegnahmerecht vor.

§ 951 enthält kein zwingendes Recht (Hamm OLGRp 1993, 227; Frankfurt/M OLGRp 1993, 61). Die Parteien können die aus § 951 I S 1 folgende Vergütungspflicht also abweichend regeln oder sie auch ganz ausschließen.

§ 951

Ebenso kann die Abtretung von Vergütungsansprüchen aus § 951 I S 1 ausgeschlossen oder beschränkt (§ 399), also zB von der Zustimmung des Schuldners oder eines Dritten abhängig gemacht werden (BGH 40, 156, 160; 51, 113).

2 **II. Voraussetzungen.** Einen **Rechtsverlust** erleidet, wer auf Grund der §§ 946, 947 II, § 948 iVm § 947 II, § 949 S 1, § 950 sein Eigentum oder ein sonstiges dingliches Recht verliert; nicht dagegen, wer nach § 947 I, § 948 iVm § 947 I zwar sein Eigentum bzw sein sonstiges dingliches Recht verliert, dafür aber einen Miteigentumsanteil bzw ein dingliches Recht am Miteigentumsanteil (§ 949 S 2) erwirbt. Auch wer Arbeit aufwendet, ohne dadurch gem § 950 I Eigentum zu erwerben, erleidet keinen Rechtsverlust iSd § 951; § 951 ist auf diese Fälle nicht anwendbar, der Betroffene kann aber evtl einen Ausgleich über §§ 677ff oder § 812ff erhalten.

3 § 951 enthält eine **Rechtsgrundverweisung**, keine Rechtsfolgenverweisung (Brehm/Berger § 28 Rz 32). Ein Anspruch besteht daher nur dann, wenn sämtliche Voraussetzungen für einen Kondiktionsanspruch nach §§ 812ff erfüllt sind, insbesondere muß die Vermögensverschiebung ungerechtfertigt sein (BGH 41, 157, 163; BGH 40, 272, 276; Westermann § 54 Nr 1; Sturm JZ 1956, 361; Imlau NJW 1964, 1999). Nach den §§ 812ff kann eine zum Ausgleich verpflichtende ungerechtfertigte Bereicherung entweder durch Leistung des Entreicherten an den Empfänger oder in sonstiger Weise erfolgen. Im ersten Fall ist eine Leistungskondiktion, im zweiten Fall eine Eingriffskondiktion (besser: Nichtleistungskondiktion) gegeben. § 951 erfaßt jedoch nur die Fälle der **Eingriffskondiktion**, da im Falle einer Leistung der Rechtsverlust nicht auf einer Anwendung des §§ 946ff beruht.

4 **III. Fallkonstellationen.** Die Frage, ob ein Rechtsverlust auf einer Leistung oder auf §§ 946ff beruht, ob also Leistungskondiktionsrecht (§ 812 I S 1 Alt 1) oder Nichtleistungskondiktionsrecht (§§ 951 I S 1, 812 I S 1 Alt 2) Anwendung findet, ist nicht immer leicht und eindeutig zu beantworten. Zur Abgrenzung der Leistungskondiktion von der Nichtleistungskondiktion im allgemeinen vgl Erl zu § 812. Für § 951 sind insbesondere die Fälle von praktischer Bedeutung, in denen ein **Bauunternehmer (U)** fremdes Material des **Materialeigentümers (ME)** für die Errichtung eines Hauses im Auftrag und auf dem Grundstück des **Bauherrn (GE)** verwendet. **Im einzelnen ist dabei wie folgt zu unterscheiden.**

5 1. War der Materialeigentümer ME (zB ein Baustofflieferant) dem Bauunternehmer U **zur Lieferung des Materials vertraglich verpflichtet** und hat der U das Material nach Erhalt an den Bauherrn/Grundstückseigentümer GE aufgrund eines zwischen ihnen bestehenden Vertrages eingebaut, so hat ME keinen Vergütungsanspruch gegen den GE aus §§ 951 I S 1, 812 I S 1 Alt 2; er kann nur seine vertraglichen Rechte oder ggf einen Kondiktionsanspruch gegen U geltend machen (BGH 56, 228, 240; BGH 27, 326; BGH NJW 1954, 794; Baur/Stürner § 53 Rz 28; Westermann § 54 Nr 2; Soergel/Mühl Rz 4; Ehmann NJW 1971, 612). Dies folgt aus dem Grundsatz des Vorrangs der Leistungskondiktion (§ 812 Rz 83), nach dem Vermögensverschiebungen aufgrund einer Leistung stets nur im Leistungsverhältnis (hier also im Verhältnis ME – U oder im Verhältnis U – GE) kondiziert werden können. Die Leistung des U an GE besteht in der rechtsgeschäftlichen Übertragung des Eigentums an den Materialien vor dem Einbau. Hat eine solche rechtsgeschäftliche Übertragung des Eigentums vor dem Einbau nicht stattgefunden, so ist die Leistung des U an GE in dem Einbau der Materialien als solchem zu sehen. Zwar erfolgt der Eigentumserwerb in diesem Fall kraft Gesetzes (§ 946). Aber die Handlungen des U verlieren dadurch nicht den Charakter einer bewußten und zweckgerichteten Mehrung des Vermögens des GE; die Zuwendung ist als einheitliches Ganzes zu werten (BGH 56, 228, 241).

6 Ob der U zum Zeitpunkt des Leistung der Materialien an GE bereits Eigentum daran erlangt hatte oder ob er, weil die **Lieferung** des ME an ihn **unter Eigentumsvorbehalt** erfolgte, nur Besitzer war, ist nach den vorstehenden Ausführungen für die Frage, ob dem ME ein Vergütungsanspruch gegen GE aus § 951 I S 1 zukommt, nicht entscheidend. Der ME hat auch dann keinen Kondiktionsanspruch gegen den GE, wenn ME und U **Lieferung unter verlängertem Eigentumsvorbehalt** vereinbart haben, im Bauvertrag zwischen U und GE die Abtretung des Werklohnanspruchs aber von der Zustimmung des GE abhängig gemacht worden ist (§ 399). In diesem Fall verliert der ME zwar durch den Einbau sein Eigentum an dem Material ohne wie vereinbart Inhaber der Werklohnforderung des U gegen den GE zu werden. Ursache dafür ist aber ausschließlich das nicht vertragsgetreue Verhalten des U. Der ME muß sich daher auch in dieser Situation an den U, seinen Vertragspartner, halten. Ein Anspruch des ME gegen den GE aus Eingriffskondiktion gem §§ 951 I S 1, 812 I S 1 Alt 2 scheitert wiederum am Vorrang der Leistungskondiktion. Etwas anderes gilt nur dann, wenn der GE von dem verlängerten Eigentumsvorbehalt und der daraus folgenden fehlenden Berechtigung des U zur Übereignung wußte oder davon hätte wissen müssen. In diesem Fall hätte GE das Eigentum an den Materialien im Wege rechtsgeschäftlicher Übertragung nicht erwerben können, da die Voraussetzungen für einen gutgläubigen Erwerb nicht gegeben waren (§§ 929 S 1, 932, 935). In einer solchen Situation wäre es nicht interessengerecht, dem ME sowohl den Eigentumsherausgabeanspruch nach § 985 als auch den Vergütungsanspruch nach § 951 I S 1 zu versagen, weil der GE gem § 946 Eigentum an den Materialien erlangt hat und dies im Gesamtkontext einer vertraglich geschuldeten Zuwendung durch U geschehen ist. Ggf muß deshalb der Vorrang der Leistungskondiktion zurücktreten und § 951 I S 1 zugunsten desjenigen, der den Rechtsverlust erlitten hat (also ME), Anwendung finden (Huber NJW 1968, 1905/1907; Huber JuS 1970, 342, 346; Westermann § 54 Nr 2. AA MüKo/Rz 7. Vgl auch Canaris, FS Larenz, 1973, S 853ff). Der GE haftet aber nicht ohne weiteres auch auf Schadensersatz nach § 823 I, weil er mit der Vereinbarung des Abtretungsverbots den Untergang des Vorbehaltseigentums des ME mitverursacht hat (BGH 56, 228, 237ff. AA Huber NJW 1968, 1905, 1907). Den Bauherrn trifft keine Rechtspflicht, auf mögliche Zessionare, wie Warenkreditgeber, besondere Rücksicht zu nehmen (BGH 51, 113, 117). Eine Schadensersatzpflicht kann deshalb nur dann zu bejahen sein, wenn der Bauherr positiv weiß, daß sein Bauunternehmer unbefugt unter Eigentumsvorbehalt gelieferte Baustoffe verwendet, nichts oder zu wenig dagegen unternimmt (BGH 56, 228, 239).

7 Ein Kondiktionsanspruch des ME wäre im übrigen auch dann ausgeschlossen, wenn der ME die **Sachverbindung im Auftrage und für Rechnung des** U selbst vorgenommen hätte (BGH 27, 326; LM Nr 14 zu § 812;

Staud/Gursky Rz 7). Der Einbau des Materials wäre in diesem Fall als Leistung des ME an U und des U an GE anzusehen, eine kondiktionsrechtliche Rückabwicklung käme daher nur als Leistungskondiktion im Verhältnis ME – U und im Verhältnis U – GE in Betracht, nicht aber als Eingriffskondiktion im Verhältnis ME – GE.

2. Auch wenn der zwischen dem Materialeigentümer ME (zB ein Baustofflieferant) und dem Bauunternehmer **8** U bestehende **Vertrag über die Lieferung von Material nichtig** war, hat der ME gegen den Bauherren und Grundstückseigentümer GE keinen Anspruch aus § 951 I S 1 auf Zahlung einer Vergütung. Die Rückabwicklung fehlerhaft erbrachter Leistungen erfolgt ausschließlich zwischen den Vertragspartnern. Das gilt selbst dann, wenn die Leistung weitergereicht wurde und auch der Vertrag zwischen dem Erst- und Zweitempfänger (U und GE) unwirksam ist, also ein sog „**Doppelmangel**" in der Bereicherungskette vorliegt (Baur/Stürner § 53 Rz 31; Medicus, BR, § 27 II 1b; Lorenz JZ 1968, 53; H.P. Westermann JuS 1968, 19; Huber JuS 1970, 344; Berg JuS 1964, 137; Staud/Gursky Rz 8; BGH 48, 70. AA BGH 36, 30; RGRK/Pikart Rz 11; Soergel/Mühl Rz 3; Canaris, FS Larenz, 1973, S 799, 853ff für den Fall, daß der Mangel die dinglichen Rechtsgeschäfte betrifft). Die Rückabwicklung muß ggf in der Form geschehen, daß ME den Wert seiner Leistung bei U und U den Wert seiner Leistung bei GE kondiziert.

Es ist aber wiederum die unter Rz 6 festgestellte **Ausnahme** zu beachten. Wäre eine rechtsgeschäftliche Über- **9** tragung des Eigentums von U auf GE nicht möglich gewesen, weil der GE im Hinblick auf die Berechtigung des U zur Verfügung über das Material bösgläubig war (§§ 929 S 1, 932, 935), wäre es nicht interessengerecht, dem ME sowohl seinen Herausgabeanspruch aus § 985, als auch einen Vergütungsanspruch aus § 951 I S 1 zu versagen. In diesem Fall muß daher der Vorrang der Leistungskondiktion zurücktreten und zugunsten des ME § 951 Anwendung finden (Huber NJW 1968, 1905, 1907; Huber JuS 1970, 342, 346; Westermann § 54 Nr 2. Vgl auch Canaris, FS Larenz, 1973, S 853ff).

3. Besteht ein wirksames **Vertragsverhältnis über die Lieferung des Materials nur zwischen dem Material- 10 eigentümer ME und dem Bauunternehmer U**, nicht aber zwischen U und dem Bauherrn/Grundstückseigentümer GE, ist die Anwendung des § 951 zu Lasten des GE möglich. Hat zB der U mit den von ME an ihn gelieferten Materialien ein Gebäude auf dem Grundstück des GE errichtet, weil er dies irrtümlich für sein eigenes Grundstück hielt, so steht dem U ein Vergütungsanspruch gegen den GE aus § 951 I S 1 zu. Der GE hat in diesem Fall das Eigentum an den Materialien nicht durch Leistung erlangt, der Vorrang der Leistungskondiktion steht einer Anwendung des § 951 daher nicht entgegen. GE ist durch den Einbau, also in sonstiger Weise, bereichert worden. Die Voraussetzungen einer Eingriffskondiktion gem §§ 951 I S 1, 812 I S 1 Alt 2 liegen damit vor. Gleiches gilt, wenn über die Lieferung der Materialien **überhaupt kein Vertrag** geschlossen wurde, also weder zwischen ME und U, noch zwischen U und GE und die Materialien deshalb überhaupt nicht Gegenstand einer Leistungsbeziehung geworden sind. Das wäre etwa der Fall, wenn sich U in obigem Beispiel irrtümlich für den Eigentümer des Grundstücks und der Materialien gehalten hätte. Inhaber des Vergütungsanspruch wäre in diesem Fall allerdings der ME, nicht der U.

4. Fraglich ist, ob § 950 Anwendung findet, wenn ein **Vertragsverhältnis über die Lieferung des Materials 11 nur zwischen dem Bauunternehmer U und dem Bauherrn/Grundstückseigentümer GE** besteht, nicht aber zwischen U und dem Materialeigentümer ME. Richtigerweise folgt die Antwort wiederum aus dem Grundsatz des Vorrangs der Leistungskondiktion. Bekommt der GE das Eigentum an den Materialien von U zugewandt, kann er nur in diesem Leistungsverhältnis Kondiktionsansprüchen ausgesetzt sein. Ein Anspruch des ME aus Eingriffskondiktion gem §§ 951 I S 1, 812 I S 1 Alt 2 scheidet aus.

IV. Rechtsfolgen. 1. Vergütungspflicht. Dem Grunde nach **vergütungspflichtig ist derjenige**, zu dessen Gun- **12** sten die Rechtsänderung eintritt, also bei § 946 der Grundstückseigentümer, bei § 947 II der Eigentümer der Hauptsache, bei § 950 der Hersteller. Mitglieder einer Grundstücksgemeinschaft haften nicht als Gesamtschuldner in Höhe der Wertsteigerung des ganzen Grundstücks, sondern jedes einzelne Mitglied haftet nur in Höhe der Bereicherung seines Anteils (BGH WM 1973, 71). Bei Verbindung mit Sondereigentum haftet nur derjenige, dem das Sondereigentum zusteht (zB bei angebrachten Tapeten der Eigentümer der Eigentumswohnung; MüKo/Quack Rz 15). Wendet der nach §§ 951 I S 1, 812 I S 1 Alt 2 Verpflichtete die durch Verbindung usw werterhöhte Sache unentgeltlich einem Dritten zu, so ist dieser entsprechend § 822 ersatzpflichtig. § 951 ist kein zwingendes Recht. Die aus § 951 Berechtigten und Verpflichteten können daher vereinbaren, daß Vergütungsansprüche aus dieser Vorschrift nicht entstehen sollen (BGH NJW 1959, 2163). Ob auch der werterhöhten Sache dinglich Berechtigte nach § 951 verpflichtet sein kann, ist umstritten (dafür MüKo/Quack Rz 16; dagegen RG 63, 423; KG WM 2002, 688; Staud/Gursky Rz 21). Jedenfalls in den Fällen, in denen ein aus Sicherungsgründen dinglich Berechtigter (zB ein Hypotheken- oder Pfandgläubiger) die Sache verwertet, wird man eine Vergütungspflicht annehmen können, soweit der Sicherungsnehmer aufgrund der wertsteigernden Verbindung usw in größerem Maße Befriedigung erlangt hat und das Sicherungsrecht bereits vor der Verbindung usw bestand. Begründen läßt sich dies mit einer entsprechenden Anwendung des § 822, da die wertsteigernde Verbindung usw dem Sicherungsnehmer im Falle der Verwertung in gleicher Weise wie eine unentgeltliche Zuwendung zugute kommt (MüKo/Quack Rz 16).

2. Der Anspruch nach § 951 I S 1 ist auf Vergütung in Geld, dh auf **Wertersatz** gemäß § 818 II gerichtet. Die **13** Norm gewährt nur für den Eigentums- oder Rechtsverlust an einer Sache einen Ausgleich. Im Falle der Verarbeitung (§ 950) ist der Verkehrswert der verarbeiteten Sache, im Falle der Verbindung oder Vermischung (§§ 947 II, 948 I) die dadurch bewirkte Werterhöhung zu vergüten. Das ist die Bereicherung iSd § 812 I S 1 Alt 2. Der Arbeitsaufwand anläßlich einer Verbindung oder Vermischung wird als solcher nicht vergütet, sondern nur mittelbar erfaßt, soweit er zu einer Werterhöhung geführt hat. Ein direkter Ausgleichsanspruch für die geleistete Arbeit kann sich aber evtl aus § 812 I oder aus §§ 677ff ergeben (BGH 10, 171, 179; Staud/Gursky Rz 25. AA Jakobs AcP 167, 350, 373ff mit der Begründung, daß es insoweit an einer Vermögensverschiebung fehle).

14   3. Berechnung des Wertersatzes. Die Berechnung des Umfangs der auszugleichenden Bereicherung (also des Wertes der verarbeiteten Sache bzw der durch die Verbindung usw bewirkte Werterhöhung) erfolgt im einzelnen nach den gleichen Grundsätzen wie bei § 818 II. Auf die dortigen Ausführungen kann daher verwiesen werden (§ 818 Rz 16ff). Folgendes gilt ist jedoch zu beachten. Der Erwerb von Eigentumsrechten nach §§ 946ff und die damit verbundene Vergütungspflicht (§ 951 I S 1) trifft den Grundstückseigentümer (§ 946) bzw den Eigentümer der Hauptsache (§ 947 II, § 948 iVm § 947 II, § 950) ohne sein Zutun, wenn der Eigentümer der Nebensache oder ein Dritter die Verbindung usw vornimmt. Insbesondere in den Fällen der Bebauung fremder Grundstücke kann dies zu erheblichen Zahlungspflichten führen, die den Grundstückseigentümer zu von ihm nicht gewünschten und nicht veranlaßten Vermögensdispositionen zwingen. Nicht immer wird eine objektiv bestehende Werterhöhung von dem Grundstückseigentümer auch als solche empfunden werden. Dies insbesondere dann nicht, wenn er eine andere Nutzung seines Grundstücks geplant hatte, er also zB ein Bürogebäude errichten wollte, der Dritte aber eine Freizeitsportanlage errichtet hat. In solchen Fällen stellt sich das Problem, inwieweit der Verpflichtete auch für eine ihm **aufgedrängte Bereicherung** Vergütungszahlungen nach § 951 I S 1 schuldet. Es besteht Einigkeit darüber, daß die Vergütungspflicht einzuschränken ist. Die Begründungsansätze variieren jedoch. Der BGH hat die Vergütungspflicht nach § 951 I S 1 in einem Fall verneint, in dem der Grundstückseigentümer ein auf seinem Grundstück errichtetes Bauwerk mit nur mit erheblichem Aufwand hätte wirtschaftlich nutzen können und er das Bauwerk deshalb dem Ersteller zum Abbruch überließ (BGH 23, 61, 64f). In anderen Entscheidungen wurde in Vergütungsanspruch deshalb verneint, weil ein gegenläufiger Anspruch des Grundstückseigentümers auf Beseitigung des Bauwerks bejaht worden ist, der dem Vergütungsanspruch entgegengesetzt werden konnte (BGH NJW 1965, 816; Celle MDR 1954, 294). Westermann nimmt einen Ausschluß des Vergütungsanspruchs aus § 951 I S 1 in den Fällen an, in denen die Bebauung durch einen berechtigten Fremdbesitzer (Mieter, Pächter) erfolgte, ohne daß sich dieser mit dem Grundstückseigentümer über die Bebauung oder die Höhe der dafür geschuldeten Ausgleichszahlung geeinigt hat; diesen sei die unberechtigte Bebauung in qualifizierter Weise vorwerfbar (Westermann § 54 Nr 5; ähnlich Baur/Stürner § 53 Rz 33). Eine andere Ansicht will im Falle aufgedrängter Bereicherung den erforderlichen Schutz des Grundstückseigentümers dadurch bewirken, daß sie die Bereicherung nicht rein nach objektiven Kriterien, sondern unter Berücksichtigung subjektiver Kriterien ermittelt. Der ausgleichspflichtige Wertzuwachs beim Grundstückseigentümer soll sich nach dem konkreten Nutzen bemessen, den der Grundstückseigentümer unter Berücksichtigung seiner individuellen Verhältnisse, Nutzungsvorstellungen und Vermögensdispositionen von der Verbindung hat (Stuttgart BauR 1972, 388; offenbar auch MüKo/Quack Rz 21; dagegen Westermann § 54 Nr 5). Diesem Ansatz ist zuzustimmen. Er erlaubt eine im Einzelfall angemessene Ermittlung des Vergütungsanspruchs aus § 951 I S 1.

15   4. Maßgeblicher Zeitpunkt für die Berechnung der auszugleichenden Bereicherung ist grundsätzlich der Eintritt der Rechtsänderung nach §§ 946ff. Im Falle der Errichtung eines Gebäudes auf einem fremden Grundstück, die sich über einen längeren Zeitraum erstreckt, ist der Zeitpunkt der Fertigstellung des Bauwerks oder der Einstellung der Bauarbeiten maßgebend (BGH NJW 1962, 2293; NJW 1954, 266; BGH WM 1973, 73; Baur/Stürner § 53 Rz 32. AA Staud/Gursky Rz 31). Bebaut ein berechtigter Besitzer ein fremdes Grundstück in der begründeten Erwartung eines späteren Eigentumserwerbs, ist für die Berechnung nach Ansicht des BGH (BGH 35, 356, 358) der Zeitpunkt maßgebend, in dem feststeht, daß sich diese Erwartung nicht erfüllen werde. Der Grundstückseigentümer muß keinen Ersatz für die Nutzungen leisten, die er aus einem Bauwerk in der Zeit zwischen Rechtserwerb und Zahlung der Vergütung zieht; § 818 I ist insoweit nicht anwendbar (BGH NJW 1961, 452).

16   5. Entreicherung. Der aus § 951 I S 1 Verpflichtete ist zur Zahlung einer Vergütung nur insoweit verpflichtet, wie er durch die Verbindung usw bereichert worden ist. **Fällt die Bereicherung nachträglich** ganz oder teilweise **weg**, so entfällt deshalb auch seine Vergütungspflicht (§ 818 III). Leistungen an Dritte mindern die Bereicherung jedoch nicht. Wer also zB gestohlenes Material kauft und durch Verarbeitung Eigentum erlangt, kann den gezahlten Kaufpreis nicht abziehen (BGH 55, 176, 179; Lehmann, FS Nipperdey, 1955, S 31; Baur/Stürner Rz 32; von Caemmerer, FS Rabel, 1954, S 386); er muß sich an seinen Vertragspartner halten. Dies ist interessengerecht, da der Käufer die Sache vor dem Einbau an den Eigentümer hätte herausgeben müssen und auch dabei keinen Anspruch gegen den Eigentümer auf Ersatz des gezahlten Kaufpreises gehabt hätte. Zum Wegfall der Bereicherung vgl im übrigen die Kommentierung zu § 818 III. Eine Berufung des Verpflichteten auf den Wegfall der Bereicherung ist ausgeschlossen, wenn er gem §§ 818 IV, 819 verschärft haftet.

17   V. Wegnahmerechte. §§ 946ff wollen die Zerschlagung wirtschaftlicher Werte, die durch Verbindung usw einer Sache mit anderen Sachen geschaffen worden sind, verhindern. Folgerichtig gewährt § 951 demjenigen, der aufgrund der §§ 946ff einen Rechtsverlust erlitten hat, vorrangig einen Anspruch auf Wertersatz (§ 951 I S 1). Die Wiederherstellung des früheren Zustandes, also der Rückgängigmachung der Verbindung usw, kann nicht verlangt werden (§ 951 I S 2), und sie wird insbesondere in den Fällen der Vermischung häufig auch gar nicht möglich sein.
1. Wo das Gesetz aber ausdrücklich ein Wegnahmerecht vorsieht, wird dieses Wegnahmerecht durch § 951 nicht ausgeschlossen (§ 951 II S 1 Alt 3). **Vertragliche Wegnahmerechte** sieht das Gesetz etwa in § 539 II (Mieter), § 581 II iVm § 539 II (Pächter), § 601 II S 2 (Entleiher), § 1049 II (Nießbraucher), § 1093 I S 2 iVm § 1049 II (Wohnungsberechtigter), § 1216 S 2 (Pfandgläubiger) und § 2125 II (Vorerbe) vor. All diese Vorschriften gewähren dem zeitweilig Nutzungsberechtigten das Recht, eine **Einrichtung** (Einbauschränke, Waschbecken, Badewannen, Heizboiler etc), die er mit der Hauptsache verbunden hat, wegzunehmen. Dieses Recht hat der zeitweilig Nutzungsberechtigte auch dann, wenn er sein Eigentum an der Einrichtung gem §§ 946ff verloren hat. Macht er von dem Wegnahmerecht Gebrauch, muß er allerdings die Hauptsache auf eigene Kosten in den Zustand zurückversetzen, in der sie sich vor der Verbindung mit der Einrichtung befand (§ 258 S 1). Entscheidet sich der Nutzungsberechtigte für die Wegnahme, so entfällt mit dessen Ausübung der Vergütungsanspruch aus § 951 I S 1, da der Eigentümer der Hauptsache von diesem Zeitpunkt an nicht mehr bereichert ist (§ 818 III).

2. Sonstige Wegnahmerechte. Außerhalb bestehender vertraglicher Beziehungen sieht § 997 ein besonderes 18 Wegnahmerecht zugunsten desjenigen vor, der einem Vindikationsanspruch (§§ 985ff) ausgesetzt ist. Dieses Wegnahmerecht wird durch § 951 II S 2 auf alle Fälle ausgeweitet, in denen ein Vergütungsanspruch gem § 951 I S 1 besteht (Westermann § 54 Nr 6; MüKo/Quack Rz 24; Wieling JZ 1985, 516). Der Eigentümer der Hauptsache kann die Wegnahme aber dadurch abwenden, daß er dem Wegnahmeberechtigten eine Entschädigung anbietet, die mindestens dem Wert der wegzunehmenden Sache abzüglich der mit der Trennung verbundenen Kosten entspricht (§ 997 II). Tut er dies nicht und entscheidet sich der Wegnahmeberechtigte für die Wegnahme, muß er die dadurch entstehenden Kosten tragen, einschließlich der Kosten für die Wiederherstellung des ursprünglichen Zustandes der Hauptsache (§§ 997 I S 2, 258 S 1).

3. Rechtsnatur. Das Wegnahmerecht ist in allen Fällen ein **rein schuldrechtlicher Anspruch**, der sich gegen 19 den Eigentümer der Hauptsache richtet und diesen verpflichtet, die Trennung und Aneignung der Einrichtung durch den Wegnahmeberechtigten zu dulden (Westermann § 54 Nr 6; MüKo/Quack Rz 26). Das Wegnahmerecht gewährt daher keinen Anspruch auf Aussonderung in der Insolvenz des Eigentümers der Hauptsache (AA BGH 101, 42 für das Wegnahmerecht gem § 547a aF = § 539 II). Es findet auch kein automatischer Rückfall des Eigentums an der Einrichtung im Falle einer Trennung statt.

VI. Weitere Rechte. Neben dem Wegnahmrecht und dem Vergütungsanspruch aus § 951 I S 1 können weitere 20 Ansprüche desjenigen bestehen, der durch die §§ 946ff einen Rechtsverlust erleidet. § 951 II S 1 stellt dies ausdrücklich klar und nennt einige in Betracht kommende Anspruchsgrundlagen, ohne daß die Aufzählung abschließend wäre.

1. Schadensersatzansprüche aus unerlaubter Handlung. Hat derjenige, der die Verbindung usw herbeige- 21 führt hat, dabei rechtswidrig und schuldhaft gehandelt, können demjenigen, der dadurch einen Rechtsverlust erlitten hat, Schadensersatzansprüche gem §§ 823ff zustehen. Der Anspruch auf Schadensersatz bemißt sich nach den §§ 249ff, kann also über den Anspruch auf Vergütung nach § 651 I S 1 hinausgehen und auch auf Wiederherstellung des ursprünglichen Zustands gerichtet sein.

2. Geschäftsanmaßung. Handelte derjenige, der die Verbindung usw vorgenommen hat, dabei im Rahmen 22 einer unechten Geschäftsführung ohne Auftrag (§ 687 II), hat er mit der Verbindung usw also wissentlich unbefugt in fremde Rechte eingegriffen, so ist er dem Geschäftsherrn auch ohne weitergehendes Verschulden zum Schadensersatz und zur Herausgabe des durch die Geschäftsführung erlangten Gewinns verpflichtet (§§ 687 II iVm §§ 677, 678, 681, 682).

3. Ersatzansprüche wegen Verwendungen. Neben der Vergütungspflicht aus § 951 I S 1 können auch Verwen- 23 dungsersatzansprüche aus anderen Vorschriften bestehen. So im Falle des Mieters (§ 539 I), Pächters (§ 581 II iVm § 539 I), Entleihers (§ 601 II S 1), Nießbrauchers (§ 1049 I), Pfandgläubigers (§ 1216 S 1), Vorerben (§ 2125 I). Im Anwendungsbereich der §§ 994ff sind Ansprüche nach § 951 I S 1 dagegen ausgeschlossen (vor § 994 Rz 43).

4. Ansprüche gegen den Vormann. Ein zunächst gegen den Dritten nach § 951 I S 1 entstandener Bereiche- 24 rungsanspruch schließt einen Anspruch aus § 816 I S 1 gegen den vorher verfügenden Nichtberechtigten auf das Erlangte nicht aus. Der Eigentümer einer gestohlenen Sache kann daher die Verfügung eines Nichtberechtigten noch genehmigen und nach § 816 I S 1 den von ihm erzielten Erlös herausverlangen, wenn der Dritterwerber an der veräußerten Sache nach §§ 946ff das Eigentum erworben hat (BGH 56, 131). Es liegt insoweit nicht anders als bei rechtsgeschäftlichem Eigentumserwerb.

952 *Eigentum an Schuldurkunden*

(1) Das Eigentum an dem über eine Forderung ausgestellten Schuldschein steht dem Gläubiger zu. Das Recht eines Dritten an der Forderung erstreckt sich auf den Schuldschein.

(2) Das Gleiche gilt für Urkunden über andere Rechte, kraft deren eine Leistung gefordert werden kann, insbesondere für Hypotheken-, Grundschuld- und Rentenschuldbriefe.

I. Allgemein. Zweck einer Schuldurkunde ist stets, dem Inhaber der Forderung den Nachweis seiner Berechti- 1 gung und die Durchsetzung seiner Forderung zu erleichtern. Diesen Zweck kann eine Schuldurkunde nur erfüllen, wenn sie im Eigentum des Inhabers der Forderung steht. § 952 ordnet deshalb für alle Schuldurkunden an, daß der Inhaber der Forderung gleichzeitig Eigentümer der über sie ausgestellten Urkunde ist (Weimar MDR 1975, 992). Der Inhaber einer Forderung erwirbt das Eigentum an der über sie ausgestellten Urkunde originär mit ihrer Errichtung. Wer die Urkunde errichtet oder wo und unter welchen Umständen sie errichtet wird, ist für den Eigentumserwerb nicht relevant. Es erwirbt stets der Forderungsinhaber, nicht der Aussteller der Urkunde oder der Eigentümer von Papier oder Tinte das Eigentum an der Schuldurkunde. § 952 ist insoweit Sondervorschrift zu § 950 I S 2. Übertragen wird das Eigentum an der Schuldurkunde automatisch mit der Forderung, über die sie ausgestellt ist. Der Eigentumsübergang am Papier vollzieht sich bei Schuldurkunden also nicht nach sachenrechtlichen Regeln (§§ 929ff), sondern kraft Gesetzes (das Recht am Papier folgt dem Recht aus dem Papier; zur abweichenden Regelung bei Inhaber- und Orderpapieren vgl aber Rz 4). § 952 ist damit auch Sondervorschrift zu den §§ 929ff.

Ausnahmen von § 952 sind dann denkbar, wenn das Papier nicht vorrangig der Verkörperung der Forderung 2 sondern einem anderen Zweck dient. Wird zB ein Schuldbekenntnis auf die Rückseite eines Gemäldes gesetzt, so ist § 952 unanwendbar, der Forderungsinhaber wird nicht gleichzeitig Eigentümer des Gemäldes und das Eigentum am Gemälde geht nicht gleichzeitig mit der Übertragung der Forderung über. Im übrigen ist § 952 aber **zwingendes Recht** (MüKo/Quack Rz 27; Staud/Gursky Rz 16, 24; Westermann § 55 Nr 2. AA RG 91, 157; RGRK/Pikart Rz 2; Soergel/Mühl Rz 1).

§ 952

3   **II. Anwendungsbereich.** § 952 findet Anwendung auf Inhaber- und Orderpapiere, auf Rektapapiere, auf Legitimationspapiere und auf alle sonstigen Urkunden, kraft derer eine Leistung gefordert werden kann.

4   **1. Inhaber- und Orderpapiere. a) Inhaberpapiere** sind zB Inhaberschuldverschreibungen (§§ 793ff, 807), Inhaberaktien (§ 10 AktG), Inhabergrundschuldbriefe und Inhaberrentenschuldbriefe (§§ 1195, 1199). **Orderpapiere** sind zB Wechsel (Art 11 I WG), Schecks (Art 14 I ScheckG), Namensaktien (§ 68 I AktG) und kaufmännische Papiere iSd § 363 HGB, wenn sie an Order lauten (im übrigen Rz 7).

5   **b) Kennzeichnend für Inhaber- und Orderpapiere ist**, daß sie das Recht, für das sie ausgestellt sind, in der Weise verkörpern, daß die Übertragung des Rechts durch Übertragung der Urkunde erfolgt (das Recht aus dem Papier folgt dem Recht am Papier). Für die Übertragung des Rechts ist also ein auf die Urkunde bezogener sachenrechtlicher Übertragungsakt erforderlich und ausreichend. Bei Inhaberpapieren besteht der Übertragungsakt in der Einigung über die Übertragung des Eigentums am Papier und der Übergabe des Papiers gem §§ 929ff; bei Orderpapieren muß noch ein bestätigender Vermerk auf der Urkunde (Indossament) hinzukommen.

6   Da bei Inhaber- und Orderpapieren die Übertragung der Forderung an die Übertragung des Eigentums an der Urkunde gekoppelt ist, hat § 952 für diese Art von Schuldurkunden nur geringe Bedeutung. Das Zusammenfallen von Forderungsinhaberschaft und Eigentum an der Urkunde in einer Person ist bereits durch die Übertragungsform sichergestellt. § 952 findet auf in Inhaber- oder Orderpapieren verbriefte Forderungen aber dann Anwendung, wenn die betroffene Forderung ausnahmsweise einmal unter Abweichung von der üblichen Übertragungsform übertragen worden ist. So kann zB eine Wechselforderung auch durch einfache Abtretung gem § 398ff übertragen werden (vgl Art 11 WG „kann"; ebenso Art 14 ScheckG); der Übergang des Eigentums an der Urkunde (dem Wechsel) erfolgt in diesem Fall nach § 952. Gleiches gilt, wenn ein protestierter Wechsel gem § 20 I S 2 WG übertragen wird (Baur/Stürner § 53 Rz 38f).

7   **2. Rektapapiere. a)** § 952 nennt als Beispiele für Rektapapiere den Schuldschein, den der Schuldner zum Beweis für das Bestehen einer Schuld ausstellt (§ 371 Rz 2; § 405 Rz 2; RG 116, 173) und Hypotheken-, Grundschuld- und Rentenschuldbriefe, soweit diese nicht auf den Inhaber lauten. Weitere, vom Gesetz nicht ausdrücklich erwähnte Beispiele sind bürgerlich-rechtliche Anweisungen (§§ 783ff), Wechsel und Schecks mit negativer Orderklausel (Art 11 II WG; Art 14 II ScheckG) und kaufmännische Urkunden des § 363 HGB, wenn sie nicht an Order lauten.

8   **b) Kennzeichnend für Rektapapiere ist**, daß die Übergabe der Urkunde als solche nicht den Übergang der verbrieften Forderung bewirkt, sondern die Forderung durch Abtretung gem §§ 398ff übertragen werden muß. Das bedeutet nicht, daß die Übergabe der Urkunde für den Übergang der Forderung in jedem Fall entbehrlich wäre. Die Übergabe der Urkunde kann für den Übergang der Forderung durchaus erforderlich sein, sie ist für sich genommen eben nur nicht ausreichend hierfür. Verständlich wird dies am Beispiel der Briefhypothek. Bei der Briefhypothek ist zur Entstehung wie zur Übertragung der Hypothekenforderung die Übergabe des Hypothekenbriefes erforderlich (§§ 1117, 1154). Durch eine Übergabe des Hypothekenbriefes allein entsteht die Hypothek jedoch nicht und sie kann allein dadurch auch nicht übertragen werden. Hinzukommen muß eine Einigung zwischen dem Hypothekenschuldner und dem Hypothekengläubiger (bzw zwischen dem Zedenten und dem Zessionaren) über die Entstehung (bzw die Übertragung) der Hypothekenforderung. Erst nach Übergabe des Hypothekenbriefes und mit dieser Einigung erwirbt der Hypothekengläubiger auch das Eigentum am Hypothekenbrief, und zwar **gem § 952**. Entsprechendes gilt etwa auch für die Anweisung (§ 792 I S 3).

9   **3.** Von § 952 erfaßt werden auch die qualifizierten **Legitimationspapiere** iSd § 808, insbesondere also Sparbücher (BGH WM 1972, 701). Legitimationspapiere dienen dem Nachweis der Berechtigung an einer Forderung. Der Schuldner kann mit schuldbefreiender Wirkung an denjenigen leisten, der das Legitimationspapier vorlegt, ungeachtet dessen, ob dieser tatsächlich Inhaber der Forderung ist. Legitimationspapiere stehen damit den Rektapapieren nahe, unterscheiden sich hiervon aber dadurch, daß die durch sie bekundeten Forderungen in Entstehung und Übertragung von dem Papier gänzlich unabhängig sind und die Vorlage des Papiers keinen Anspruch des Vorlegenden auf Zahlung begründet.

10 **4. Sonstige Schuldurkunden iSd 952.** Unter § 952 fallen nicht nur Urkunden über schuld- und sachenrechtliche Ansprüche sondern auch solche, die andere, insbesondere mitgliedschaftsrechtliche Rechte oder dingliche Rechtsverhältnisse bekunden (Baur/Stürner § 53 Rz 40). Beispiele sind der (in der Praxis seltene) GmbH-Anteilsschein, der Pfandschein und die Versicherungspolice (AG Mölln VersR 1978, 131). Auf den Kraftfahrzeugbrief findet § 952 analoge Anwendung (BGH NJW 1978, 1854; 83, 2139; Staud/Gursky Rz 9; Schlechtriem NJW 1970, 2088; Brehm/Berger § 28 Rz 30). Der GmbH-Gesellschafter, der Pfandscheininhaber, der Versicherungsnehmer und der KfZ-Eigentümer sind gem § 952 stets auch Eigentümer der über ihr Recht ausgestellten Urkunde. Auch auf einen Pferdepaß findet § 952 grundsätzlich Anwendung (Hamm NJW 1976, 1849; LG Karlsruhe NJW 1980, 789).

11 **5. Keine Schuldurkunden iSd § 952** sind Vertragsurkunden, die Ansprüche mehrerer Parteien begründen und über den eigentlichen Anspruch hinausgehend weitergehende Regelungen enthalten (RGRK/Pikart Rz 18; MüKo/Quack Rz 6). Gleiches gilt für gerichtliche oder notarielle Urkunden, an ihnen steht dem Gläuber das Eigentum nur zu, soweit es sich um eine ihm erteilte Ausfertigung handelt (RGRK/Pikart Rz 19). Im übrigen ist bei öffentlichrechtlichen Urkunden ihr Zweck entscheidend; so findet § 952 zwar auf den KFZ-Brief (analoge) Anwendung, nicht aber auf die Waffenbesitzkarte (MüKo/Quack Rz 11).

12 Wird ein Gegenstand als Schuldurkunde zweckentfremdet, also etwa eine verhältnismäßig unbedeutende Forderung auf der Rückseite eines wertvollen Gemäldes beurkundet, so ist § 952 **unanwendbar** (Rz 2)

III. Rechtsfolgen. 1. Entstehen und Übertragung des verbrieften Rechts. § 952 ordnet an, daß der Inhaber des verbrieften Rechts stets auch Eigentümer der über das Recht ausgestellten Urkunde ist. Nach § 952 erwirbt der Rechtsinhaber daher das Eigentum an der Schuldurkunde kraft Gesetzes **originär** mit ihrer Ausstellung, sofern das verbriefte Recht bereits entstanden ist. Entsteht das Recht erst später (etwa nach Eintritt einer Bedingung), erwirbt er das Eigentum mit Entstehen des Rechts. Wer zu diesem Zeitpunkt im Besitz der Urkunde ist, ist für den Eigentumserwerb nicht relevant. Fälligkeit des Rechts (der Forderung) ist für den Eigentumserwerb nicht erforderlich. Wird das verbriefte Recht **übertragen**, so geht das Eigentum an der Urkunde nach § 952 auf den neuen Gläubiger über.

Steht das verbriefte Recht mehreren **gemeinschaftlich** zu, erlangen die Berechtigten gemeinschaftlich Eigentum an der Urkunde. Die Form des Eigentums richtet sich nach der Art der Rechtsgemeinschaft, die an dem Recht besteht. So erlangen Erben einer Forderung mit dem Erbfall Gesamthandseigentum an der Urkunde, da die Erbengemeinschaft eine Gesamthandsgemeinschaft ist. Gesamtgläubiger (§ 428) einer Forderung sind dagegen Miteigentümer einer über die Forderung ausgestellten Urkunde. Bei Teilabtretung entsteht durch die Abtretung Miteigentum des alten und neuen Gläubigers an der Urkunde.

Bei einem echten **Vertrag zugunsten Dritter** wird nur der Dritte Inhaber der Forderung. Er ist daher auch Alleineigentümer der über die Forderung ausgestellten Urkunde. Daß der Versprechensempfänger gem § 335 Leistung an den Dritten verlangen kann, macht ihn nicht in der Weise zum Mitberechtigten, daß er Miteigentum an der Urkunde erlangt (Staud/Gursky Rz 15; Baur/Stürner § 53 Rz 42. AA Westermann § 55 II 1). Im Falle der Einrichtung eines **Sparkontos** für einen anderen ist daher zu fragen, wer Inhaber der Forderung gegen die Bank werden sollte, der Einzahlende, der Kontoinhaber oder beide. Abhängig davon erlangt entweder eine der Personen Eigentum an dem Sparbuch oder beide erlangen Miteigentum hieran.

Bestehen oder entstehen an dem verbrieften Recht **Rechte Dritter** (Pfandrecht, Nießbrauch, Pfändungspfandrecht), erstrecken sich diese Rechte auch auf die Urkunde (§ 952 I S 2). So erwirbt etwa der Pfandgläubiger einer Forderung auch ein Pfandrecht an der die Forderung verbriefenden Urkunde.

2. Streitig ist die Rechtslage bei **Erlöschen des verbrieften Rechts**. Erwirbt der Schuldner automatisch das Eigentum an der Urkunde, wenn er die Schuld bezahlt, oder hat er nur einen schuldrechtlichen Rückgabeanspruch gemäß § 371? Dem Grundgedanken des § 952 entspricht es, das Eigentum an der Urkunde bei Erlöschen des Rechts analog § 952 auf den Schuldner übergehen zu lassen (Baur/Stürner § 53 Rz 44. AA MüKo/Quack Rz 30; Westermann § 55 II 2; Staud/Gursky Rz 18; RGRK/Pikart Rz 9). Dies gilt auch, soweit Sondervorschriften einen Anspruch auf „Aushändigung" der Urkunden vorsehen (vgl Art 39 I WG – Wechsel und § 34 I ScheckG – Scheck; Baumbach/Hefermehl Art 39 WG Rz 3 und Art 34 ScheckG Rz 1).

3. Anfechtung. Werden die Willenserklärungen, die zur Entstehung oder zur Übertragung des verbrieften Rechts geführt haben, erfolgreich angefochten, so wird damit auch der an die Entstehung/die Übertragung gekoppelte Eigentumserwerb gem § 952 unwirksam. Das Eigentum an der Schuldurkunde steht damit dem in der Urkunde bezeichneten Schuldner bzw dem Zedenten zu.

Untertitel 4

Erwerb von Erzeugnissen und sonstigen Bestandteilen einer Sache

Vorbemerkung §§ 953–957

Schrifttum: Denck, Gestattung des Fruchterwerbs im Konkurs des Gestattenden, JZ 1981, 331; *Heerma*, Die Rechtsstellung des Aneignungsberechtigten gem §§ 956, 957 BGB, 1964; *Ilgner*, Der Herzschrittmacher als Rechtsobjekt, Diss 1990; *Richter*, Die Pfändbarkeit von Getreide auf dem Halm des Landpächters nach Abtretung seines Aneignungsrechts, JurBüro 1970, 567; *Schnorr von Carolsfeld*, Soziale Ausgestaltung des Erwerbs von Erzeugnissen, AcP 145 (1939), 27; *Wehrens*, Verträge über die Ausbeute von Bodenbestandteilen, 1959; *Weimar*, Erwerb von Erzeugnissen und sonstigen Bestandteilen einer Sache, MDR 1974, 990.

1. Ungetrennte Erzeugnisse und sonstige wesentliche Bestandteile einer Sache sind nicht Gegenstand besonderer Rechte. Sie teilen das rechtliche Schicksal der Hauptsache mit der sie verbunden sind. Das Eigentum an der Hauptsache erstreckt sich auf sie (§ 93). Mit Trennung von der Hauptsache werden sie jedoch zu selbständigen Sachen und können fortan Gegenstand besonderer Rechte sein. Für den Fall der Trennung muß deshalb geregelt werden, wer das Eigentum an den getrennten Erzeugnissen und wesentlichen Bestandteilen erwirbt. Diesem Zweck dienen die §§ 953–957.

2. Wer das Eigentum an den getrennten Erzeugnissen und Bestandteilen **erwirbt**, ist abhängig von den Rechtsverhältnissen an der Muttersache. Das Gesetz weist das Eigentum grundsätzlich dem Eigentümer der Muttersache zu. Dies gilt jedoch nur, soweit nicht besondere dingliche oder obligatorische Erwerbsrechte bestehen, die dem generellen Erwerbsanspruch des Eigentümers der Muttersache vorgehen. Im einzelnen sind den §§ 953ff folgende Prioritäten zu entnehmen. **Oberste Priorität** genießt derjenige, der aufgrund eines obligatorischen Nutzungsrechts zur Aneignung der Erzeugnisse und Bestandteile berechtigt ist. Ein solches obligatorisches Nutzungsrecht kann durch den Eigentümer (§ 956 I), einen anderen Erwerbsberechtigten (§ 956 II) oder auch durch einen Scheinberechtigten (§ 957) eingeräumt werden. Dem obligatorisch Berechtigten nachgeordnete **zweite Priorität** genießt der gutgläubige Eigenbesitzer der Muttersache (§ 955 I) oder der gutgläubige Fremdbesitzer, der die Muttersache in Ausübung eines vermeintlich bestehenden dinglichen Nutzungsrechts besitzt (§ 955 II). **Dritte Priorität** kommt dem Inhaber eines dinglichen Nutzungsrechts an der Muttersache zu (§ 954) und nur soweit auch ein solches nicht besteht, erwirbt der Eigentümer der Muttersache das Eigentum an den getrennten Erzeugnissen und Bestandteilen (§ 953).

Die §§ 953ff sind also gleichsam „rückwärts" zu lesen, um die Reihenfolge der zum Eigentumserwerb Berechtigten zu ermitteln. Dies darf aber nicht darüber hinwegtäuschen, daß der in § 953 geregelte Eigentumserwerb des Eigentümers der Muttersache der gesetzliche Regelfall ist. Dieser erwirbt also das Eigentum an getrennten Erzeugnissen und Bestandteilen, soweit nicht das Bestehen einer der höhere Priorität verleihenden Nutzungsrechte dargelegt und bewiesen werden kann.

3 3. Nicht nur die Priorität, auch die **formellen Anforderungen an den Eigentumserwerb** und der **Umfang des Eigentumserwerbs** sind abhängig davon, in welcher Form der Erwerbsberechtigte an der Muttersache berechtigt ist.

Der Eigentümer der Muttersache (§ 953) erwirbt das Eigentum an allen getrennten Erzeugnissen und Bestandteilen ohne weiteres mit der Trennung. Genau genommen erwirbt er das Recht gar nicht, da sich sein Eigentumsrecht ja auch schon vor der Trennung auf die Erzeugnisse und Bestandteile der Muttersache erstreckt (§ 93), sondern der Gegenstand seines ursprünglich bestehenden Eigentumsrechts wandelt sich mit der Trennung nur in mehrere selbständige Rechtsobjekte um. Wer die Trennung bewirkt und wer zum Zeitpunkt der Trennung im Besitz der Muttersache ist, ist für den Eigentumserwerb des Eigentümers der Muttersache unerheblich.

Der dinglich Berechtigte (§ 954) erwirbt das Eigentum an den Erzeugnissen und Bestandteilen mit der Trennung, so weit sein dingliches Recht reicht. Auch für seinen Eigentumserwerb ist es ohne Bedeutung, wer die Trennung bewirkt und wer zum Zeitpunkt der Trennung im Besitz der Muttersache ist. Gleiches gilt für den Eigenbesitzer (§ 955 I) und für den gutgläubigen Fremdbesitzer, der die Muttersache aufgrund eines vermeintlich bestehenden dinglichen Nutzungsrechts besitzt (§ 955 II); diese erwerben Eigentum aber nur an Früchten (§ 99) der Muttersache, nicht auch an anderen abgetrennten Erzeugnissen und Bestandteilen.

Der obligatorisch Berechtigte (§§ 956, 957) erwirbt das Eigentum an den Erzeugnissen und Bestandteilen mit der Trennung, so weit sein obligatorisches Recht reicht und er zum Zeitpunkt der Trennung noch im Besitz der Muttersache ist. Ist er zum Zeitpunkt der Trennung nicht mehr im Besitz der Muttersache, erwirbt er das Eigentum erst, wenn er die getrennten Erzeugnisse und Bestandteile in Besitz nimmt.

4 4. Ob die Muttersache ein Grundstück oder eine bewegliche Sache ist, ist für die Anwendung der §§ 953ff ohne Bedeutung. Bei den Trennstücken muß es sich aber um bewegliche Sachen handeln. **Fehlt der Sachcharakter** (wie zB bei Pachtzinsen), finden die §§ 953ff keine Anwendung.

5 5. §§ 953 regeln nur, wer Eigentum an den abgetrennten Erzeugnissen und Bestandteilen erwirbt, nicht auch deren **vermögensrechtliche Zuordnung**. Ob die Trennstücke dem neuen Eigentümer auch rechtlich zustehen, er sie also behalten darf, ergibt sich nicht aus den §§ 953ff, sondern aus dem Inhalt des dem Nutzungsrecht zugrundeliegenden Vertrages, aus den für das Nutzungsrecht geltenden gesetzlichen Bestimmungen (zB §§ 1039, 2133) oder aus § 101. Besteht kein obligatorisches oder dingliches Nutzungsrecht, finden §§ 987ff Anwendung.

953 *Eigentum an getrennten Erzeugnissen und Bestandteilen*
Erzeugnisse und sonstige Bestandteile einer Sache gehören auch nach der Trennung dem Eigentümer der Sache, soweit sich nicht aus den §§ 954 bis 957 ein anderes ergibt.

1 I. Allgemein. § 953 stellt den **Grundsatz** auf, daß Erzeugnisse und sonstige Bestandteile einer Sache auch nach der Trennung dem Eigentümer der Muttersache gehören. Nach § 953 erwirbt also der Eigentümer der Hauptsache mit der Trennung das Eigentum an den Trennstücken. Wer die Muttersache zum Zeitpunkt der Trennung in Besitz hat oder wer die Trennstücke in Besitz nimmt, ist für den Eigentumserwerb nicht von Bedeutung. Umstritten ist, ob mit der Trennung ein neues Eigentumsrecht entsteht (RGRK/Pikart Rz 9) oder nur das bestehende Eigentum an den Trennstücken aufrechterhalten wird (sog Kontinuitätserwerb; Staud/Gursky Rz 4; Westermann § 57 I 3). Praktische Relevanz hat diese Streitfrage jedoch nicht. Der Eigentumserwerb erfolgt jedenfalls kraft Gesetzes, und die an der Muttersache bestehenden dinglichen Rechte Dritter erfassen jedenfalls auch die Trennstücke (§§ 1120ff, Hypothek; § 1192 I iVm §§ 1120ff, Grundschuld; § 1212, Pfandrecht; §§ 810, 824 ZPO, Pfändungspfandrecht; § 21 I ZVG, Beschlagnahme). Zu beachten ist, daß die in den §§ 954 bis 957 genannten Erwerbstatbestände dem § 953 vorgehen (vor § 953 Rz 2).

2 II. Voraussetzungen für den Eigentumserwerb. 1. Erzeugnisse und sonstige Bestandteile. Der Begriff des **Erzeugnisses** iSd § 953 entspricht demjenigen in § 99 I. Zu den **sonstigen Bestandteilen** gehören stets die wesentlichen Bestandteile (§ 93) der Muttersache. Einfache Bestandteile sind dagegen nur dann sonstige Bestandteile iSd § 953, wenn sie schon vor der Trennung dem Eigentümer der Muttersache gehörten (Baur/Stürner § 53 Rz 47). Stehen einfache Bestandteile einer zusammengesetzten Sache im Eigentum verschiedener Personen (§ 947 Rz 11), so ändert sich die vor der Trennung bestehende Eigentumslage mit der Trennung nicht. § 953 ist darüberhinaus unanwendbar auf Dritten gehörende „Scheinbestandteile" iSd § 95, die gar keine Bestandteile sind (Baur/Stürner § 53 Rz 47).

3 § 953 ist auf abgetrennte **Körperteile**, wie zB Haare, Organe oder Sperma (BGH NJW 1994, 127), und auf mit dem Körper verbundenes prothetisches Material, wie zB Zahngold oder Herzschrittmacher (Ilgner, Der Herzschrittmacher als Rechtsobjekt, 1990; Taupitz JZ 1992, 1089, 1092), entsprechend anwendbar (MüKo/Quack Rz 6; Westermann § 58 II 1b).

4 2. **Trennung** ist der äußere Vorgang, durch den die Erzeugnisse oder Bestandteile von der Muttersache gelöst und selbständige bewegliche Sachen werden. Die Trennung ist kein Rechtsgeschäft. Ob sie zufällig (BGH NJW

1965, 811) oder beabsichtigt vorgenommen wird, ist für den Eigentumsübergang nach § 953 ohne Bedeutung (MüKo/Quack Rz 7). Gleichgültig ist auch, von wem die Trennung herbeigeführt wird. Die Trennung muß nicht einmal durch die Handlung eines Menschen erfolgen, sie kann zB auch durch Naturereignisse bewirkt werden.

3. Weitere Voraussetzungen. An andere Voraussetzungen als die Trennung ist der Eigentumserwerb nach § 953 nicht geknüpft. Der Sacheigentümer braucht weder Besitz an der Muttersache noch an den Trennstücken zu haben. 5

III. Sonderregelungen, die dem § 953 vorgehen, sind außer den bereits genannten §§ 954ff (vor § 953 Rz 2) auch die §§ 910, 911 (Nachbargrundstück), § 923 (Grenzbaum) und §§ 810, 824 ZPO (Pfändung und Versteigerung ungetrennter Früchte). 6

954 *Erwerb durch dinglich Berechtigten*

Wer vermöge eines Rechts an einer fremden Sache befugt ist, sich Erzeugnisse oder sonstige Bestandteile der Sache anzueignen, erwirbt das Eigentum an ihnen, unbeschadet der Vorschriften der §§ 955 bis 957, mit der Trennung.

1. Allgemein. Nach § 954 erwirbt der an einer Sache dinglich Berechtigte das Eigentum an Erzeugnissen und sonstigen Bestandteilen, die von dieser Sache getrennt werden. Der Eigentumserwerb erfolgt kraft Gesetzes mit der Trennung. Wer die Muttersache zum Zeitpunkt der Trennung in Besitz hat oder wer die Trennstücke in Besitz nimmt, ist für den Eigentumserwerb nicht von Bedeutung. Der **Eigentumserwerb des dinglich Berechtigten** erfolgt also nach den gleichen Regeln, wie derjenige des Eigentümers der Muttersache (§ 953). Das Erwerbsrecht des dinglich Berechtigten genießt gegenüber dem Erwerbsrecht des Eigentümers aber Priorität (vor § 953 Rz 2). Besteht ein dingliches Erwerbsrecht, so erwirbt also der dinglich Berechtigte, nicht der Eigentümer der Hauptsache das Eigentum an den Trennstücken. Dem Erwerbsrecht des dinglich Berechtigten gehen wiederum die in §§ 955–957 geregelten Erwerbsrechte vor. Zu den Begriffen „Erzeugnisse" und „sonstige Bestandteile" siehe § 953 Rz 2. Zum Begriff der „Trennung" siehe § 953 Rz 4. 1

Dingliche Nutzungsrechte, die ein Erwerbsrecht iSd § 954 begründen, sind zB Grunddienstbarkeiten (§§ 1018ff), beschränkte persönliche Dienstbarkeiten (§§ 1090ff), der Nießbrauch an Sachen (§§ 1030ff) und das Nutzungspfandrecht an beweglichen Sachen (§ 1213). Auch das Erbbaurecht nach der ErbbauVO gehört hierzu (Baur/Stürner § 53 Rz 49; Staud/Gursky Rz 2). 2

2. Der **Umfang des Eigentumserwerbs** richtet sich nach dem Inhalt des eingeräumten Nutzungsrechts („vermöge eines Rechts"). Nur in dem Umfang seiner dinglichen Nutzungsberechtigung erwirbt der Berechtigte Eigentum an den Trennstücken. Bei gutgläubiger Überschreitung der Grenzen des Nutzungsrechts kann ein Eigentumserwerb gem § 955 in Betracht kommen (§ 955 Rz 4ff). – Es ist denkbar, daß die rechtliche Möglichkeit zum Eigentumserwerb an Trennstücken weiter geht, als die im Verhältnis zum Eigentümer der Muttersache bestehende Befugnis hierzu. Ist dies der Fall und mißachtet der Erwerbsberechtigte die ihm obliegenden Grenzen, so ist er dem Eigentümer der Muttersache zum Ausgleich verpflichtet. So darf zB der Nießbraucher (§§ 1030ff) Früchte (§ 99) nur im Rahmen einer ordnungsmäßigen Wirtschaft ziehen (§ 1036 II). Mißachtet der Nießbraucher diese Beschränkung, erlangt er zwar Eigentum an den Übermaßfrüchten (§ 1039 I S 1), er ist dem Eigentümer der Muttersache aber schuldrechtlich zum Ausgleich verpflichtet (§ 1039 I S 2). 3

3. Rechte Dritter. Mit der Abtrennung von Erzeugnissen und sonstigen Bestandteilen stellt sich auch die Frage, ob beschränkte dingliche (Sicherungs-)Rechte an der Muttersache an den Trennstücken fortbestehen. Ist die Muttersache ein Grundstück und ist dieses mit einer **Hypothek** oder **Grundschuld** belastet, so erlangt der an dem Grundstück dinglich Nutzungsberechtigte lastenfreies Eigentum an getrennten Früchten und sonstigen Bestandteilen; auf die Rangfolge der Rechte kommt es nicht an (§ 1120; § 1192 I iVm § 1120; Baur/Stürner § 53 Rz 49). Anders liegt es beim **Pfandrecht an beweglichen Sachen**. Ein Pfandrecht an der Muttersache erstreckt sich auch auf die getrennten Erzeugnisse und sonstigen Bestandteile (§ 1212). Dies gilt aber wiederum dann nicht, wenn der Eigentumserwerb sich auf einen gegenüber dem Pfandrecht rangbesseren Nießbrauch an der Sache gründet (§ 1212, §§ 1209, 1208, 1032). Von der Frage, ob ein (Sicherungs-)Pfandrecht (§ 1204 I) an der Muttersache als Belastung an getrennten Früchten fortbesteht (§ 1212), ist die andere Frage zu unterscheiden, ob das Pfandrecht als Nutzungsrecht (§ 1213) Grundlage für einen Eigentumserwerb gemäß § 954 ist. 4

955 *Erwerb durch gutgläubigen Eigenbesitzer*

(1) Wer eine Sache im Eigenbesitz hat, erwirbt das Eigentum an den Erzeugnissen und sonstigen zu den Früchten der Sache gehörenden Bestandteilen, unbeschadet der Vorschriften der §§ 956, 957, mit der Trennung. Der Erwerb ist ausgeschlossen, wenn der Eigenbesitzer nicht zum Eigenbesitz oder ein anderer vermöge eines Rechts an der Sache zum Fruchtbezug berechtigt ist und der Eigenbesitzer bei dem Erwerb des Eigenbesitzes nicht in gutem Glauben ist oder vor der Trennung den Rechtsmangel erfährt.

(2) Dem Eigenbesitzer steht derjenige gleich, welcher die Sache zum Zwecke der Ausübung eines Nutzungsrechts an ihr besitzt.

(3) Auf den Eigenbesitz und den ihm gleichgestellten Besitz findet die Vorschrift des § 940 Abs. 2 entsprechende Anwendung.

I. Allgemein. § 955 läßt einen gutgläubigen Eigentumserwerb **an Sachfrüchten** (§ 99 I) zu. **Erwerbsberechtigt sind** der gutgläubige Eigenbesitzer, dem entgegen seiner eigenen Vorstellung keine Berechtigung zum Eigenbesitz bzw kein Recht zur Fruchtziehung zusteht (Abs I), und der gutgläubige Nutzungsbesitzer, dem entgegen 1 seiner eigenen Vorstellung kein dingliches Fruchtziehungsrecht zusteht (Abs II). Ist jemand, ohne Eigentümer zu sein, zum Eigenbesitz berechtigt (zB der Käufer eines Grundstücks nach der Übergabe, jedoch vor der Eintragung), so folgt sein Erwerbsrecht allein aus Abs I S 1. Die Frage der Gutgläubigkeit stellt sich in diesem Fall nicht. Zu beachten ist, daß die Erwerbsrechte nach §§ 956, 957 dem in § 955 geregelten Erwerbsrecht vorgehen (vor § 953 Rz 2). Zum Begriff der „Trennung" siehe § 953 Rz 4.

2 **II. Gegenstand des Erwerbs** nach § 955 sind Erzeugnisse und sonstige „zu den Früchten der Sache gehörende" Bestandteile der Sache. Nur an Trennstücken, die gleichzeitig Bestandteile und Früchte der Muttersache sind (bzw waren), kann dem Wortlaut des § 955 nach also Eigentum erworben werden. Der Wortlaut des § 955 ist insoweit enger, als der der §§ 953f, 956f, die einen Eigentumserwerb an getrennten Erzeugnissen und ohne Einschränkung an allen sonstigen Bestandteilen vorsehen. Die etwas kompliziert geratene Formulierung des § 955 I läßt sich auf die Formel vereinfachen, daß nach § 955 nur das Eigentum an **Früchten iSd § 99 I** erworben werden kann. Früchte werden nämlich stets auch Bestandteile sein, und Erzeugnisse zählen qua definitione zu den Früchten iSd § 99 I. Das Eigentum an Bestandteilen, die nicht Früchte iSd § 99 I sind, kann nicht nach § 955 erworben werden.

3 Der Eigentumserwerb nach § 955 erfolgt unabhängig davon, ob die Fruchtziehung im Rahmen ordnungsmäßiger Wirtschaftsführung erfolgt. Verläßt der Erwerbsberechtigte die Grenzen ordnungsmäßiger Wirtschaftsführung, ist er dem Eigentümer der Muttersache aber schuldrechtlich zur Herausgabe der Übermaßfrüchte verpflichtet (§§ 993, 818ff). Auch im übrigen besagt § 955 nicht, daß der Erwerb ein endgültiger ist. Diese Frage regeln vielmehr die **§§ 987ff**. Danach muß der Besitzer trotz Eigentumserwerbs die Früchte herausgeben, soweit er sie nach Eintritt der Rechtshängigkeit (§ 987) oder auf Grund unentgeltlich erlangten Besitzes (§§ 988, 818ff) gezogen hat.

4 **III. Erwerb durch gutgläubigen Eigenbesitzer (Abs I). 1. Eigenbesitzer.** § 955 I statuiert zum einen ein Erwerbsrecht für den Eigenbesitzer, dem entgegen seiner Vorstellung **kein Recht zum Eigenbesitz** zusteht (§ 955 I S 2 Alt 1). Eigenbesitzer ist, wer die Sache als ihm gehörend besitzt (§ 872). Mittelbarer Besitz (§ 868) kann hierfür genügen, häufig wird bei Bestehen eines Besitzmittlungsverhältnisses aber der Besitzmittler ein dem § 955 I vorgehendes Erwerbsrecht gem § 955 II oder gem § 956, 957 haben. Das Recht zum Eigenbesitz fehlt im allgemeinen dann, wenn der Eigenbesitzer nicht Eigentümer ist (vgl aber auch Rz 11).

5 Zum anderen statuiert § 955 I ein Erwerbsrecht für den Eigenbesitzer, der zwar zum Eigenbesitz, entgegen seiner Vorstellung aber **nicht zur Fruchtziehung berechtigt** ist (§ 955 I S 2 Alt 2). Insoweit wird also durch § 955 der Sacheigentümer selbst geschützt, wenn er in Unkenntnis eines bestehenden dinglichen Nutzungsrechts iSd § 954 an seiner Sache Früchte zieht.

6 **2.** Der Eigenbesitzer muß im Hinblick auf seine Berechtigung zum Eigenbesitz bzw hinsichtlich seines Rechts zur Fruchtziehung gutgläubig sein. Anders als bei § 932 II bezieht sich der für § 955 erforderliche **gute Glaube** nicht auf das Eigentum des Veräußerers, sondern auf das eigene Recht des Besitzers. Guter Glaube fehlt daher, wenn dem Besitzer bei Erwerb des Besitzes bekannt oder infolge grober Fahrlässigkeit unbekannt gewesen ist, daß er das Recht zum Eigenbesitz nicht erworben hat oder daß einem Dritten das Recht zur Fruchtziehung zusteht. Nachträgliche grobe Fahrlässigkeit führt dagegen, ebenso wie bei §§ 937 II, 990 I, nicht zum Wegfall der Gutgläubigkeit. Nur wenn der Besitzer vor der Trennung positiv erfährt, daß er zum Eigenbesitz oder zur Fruchtziehung nicht berechtigt ist, ist ein Eigentumserwerb gem § 955 I wegen Bösgläubigkeit des Eigenbesitzers ausgeschlossen. Ob der Eigenbesitzer durch Erhebung einer Klage auf Herausgabe positive Kenntnis von seiner Nichtberechtigung erlangt, ist Tatfrage. Eine allgemeine Gleichstellung von Rechtshängigkeit und Bösgläubigkeit (wie bei §§ 987, 989) ist jedenfalls nicht möglich. Zum Begriff der Gutgläubigkeit siehe im übrigen die Erl zu § 932 II.

7 **3.** Die an der Muttersache bestehenden dinglichen **Rechte Dritter** erstrecken sich wie bei § 953 auf die getrennten Früchte (§§ 1120ff, Hypothek; § 1192 I iVm §§ 1120ff, Grundschuld; § 1212, Pfandrecht; §§ 810 ZPO, Pfändungspfandrecht; § 21 I ZVG, Beschlagnahme); zu einer Besserstellung gegenüber dem Eigentümer besteht kein Anlaß.

8 **IV. Erwerb durch gutgläubigen Nutzungsbesitzer (Abs II). 1. Nutzungsbesitzer.** Wie der gutgläubige Eigenbesitzer (Rz 4ff), so erhält auch der gutgläubige Nutzungsbesitzer durch § 955 ein Erwerbsrecht an Früchten der in seinem Besitz befindlichen Sache. Nutzungsbesitzer ist derjenige, der eine Sache als Fremdbesitzer, aber aufgrund eines vermeintlich bestehenden dinglichen Nutzungsrecht iSd § 954 besitzt. Geschützt wird nicht nur der unrechtmäßige Nutzungsbesitzer, dessen vermeintliches dingliches Nutzungsrecht nicht entstanden ist (zB aufgrund §§ 104ff), sondern auch der rechtmäßige Nutzungsbesitzer, der ein im Range vorgehendes Fruchtziehungsrecht eines Nichtberechtigten nicht kennt oder die Grenzen eines bestehenden Nutzungsrechts überschreitet. Die Erwerbsvoraussetzungen im einzelnen entsprechen denjenigen beim gutgläubigen Eigenbesitzer (Rz 4ff). Das Erwerbsrecht des gutgläubigen Nutzungsbesitzers geht dem Erwerbsrecht des gutgläubigen Eigenbesitzers aber vor.

9 **2. Guter Glaube** fehlt dem Nutzungsbesitzer, wenn ihm bei Erwerb des Besitzes an der Muttersache bekannt oder infolge grober Fahrlässigkeit unbekannt ist, daß er kein Nutzungsrecht erworben hat, ihm ein Nutzungsrecht im Rang vorgeht oder sein Nutzungsrecht minderen Umfang hat. Nachträglich schadet nur positive Kenntnis von diesen Umständen (Rz 6).

10 **3.** Der gutgläubige Nutzungsbesitzer erwirbt die Früchte in der gleichen Weise belastet bzw unbelastet von an der Muttersache bestehenden **Rechten Dritter**, wie ein tatsächlich dinglich Nutzungsberechtigter (dazu § 954 Rz 4)

11 **V. Erwerb durch berechtigten Eigenbesitzer (Abs I S 1).** Berechtigter Eigenbesitzer ist in aller Regel der Eigentümer der Sache. Dessen Erwerbsberechtigung an getrennten Früchten ergibt sich aber bereits aus § 953, so daß § 955 auf ihn keine Anwendung findet. Ist ausnahmsweise aber einmal ein Nichteigentümer berechtigter Eigenbesitzer (zB der Käufer eines Grundstücks nach der Übergabe, jedoch vor der Eintragung), findet § 955 I S 1 Anwendung. Gutgläubigkeit ist – selbstverständlich – nicht erforderlich.

VI. Vorübergehender Besitzverlust (Abs III). Voraussetzung für den gutgläubigen Eigentumserwerb nach § 955 ist der **Eigen- oder Nutzungsbesitz an der Sache im Zeitpunkt der Trennung der Früchte.** Von dieser Voraussetzung macht **Abs III** durch Verweis auf § 940 II folgende **Ausnahme.** Verliert der Eigen- oder Nutzungsbesitzer den Besitz unfreiwillig und erlangt er ihn binnen Jahresfrist (§ 187 I, § 188 II) oder auf Grund einer binnen dieser Frist erhobenen Klage zurück, so **gilt der Besitzverlust als nicht erfolgt.** Ggf folgt daraus, daß der Eigen- oder Nutzungsbesitzer auch an den in der Zwischenzeit getrennten Früchten das Eigentum erwirbt, und zwar, da Besitzverlust negiert wird, schon mit der Trennung; im Falle der Wiedererlangung des Besitzes zerstört grobe Fahrlässigkeit nicht seine Gutgläubigkeit. Abs III kann einen zwischenzeitlichen Eigentumserwerb der nach §§ 953, 954 Berechtigten aber nur ausschließen, wenn diese nicht selbst den Besitz an der Sache erlangt haben. Sind sie Besitzer geworden oder hat ein Dritter kraft gutgläubigen Eigen- oder Nutzungsbesitzes oder gem §§ 929ff Eigentum an getrennten Früchten erlangt, so ändert Abs III daran nichts (Westermann § 57 II 3b). 12

In der Zeit zwischen Verlust und Wiedererlangung des Besitzes besteht ein **Schwebezustand.** Der Eigen- oder Nutzungsbesitzer hat aufschiebend, der nach §§ 953, 954 wirklich Berechtigte auflösend bedingtes Eigentum (Westermann § 53 II 3b). Wiedererlangung des Besitzes ist Bedingungseintritt und löst die Fiktion fortbestandenen Besitzes aus; die Rechtsfolgen des § 955 treten daher entgegen §§ 158, 159 mit rückwirkender Kraft ein. 13

Streitig ist, ob Abs III **Wiedererlangung des Besitzes an der Muttersache** (so Westermann § 57 II 3b; Soergel/Mühl Rz 6) **oder an den Früchten** voraussetzt. Beide Möglichkeiten müssen als gleichwertig und jede für sich als ausreichend angesehen werden. Daß Besitzerlangung an der Muttersache genügt, folgt schon aus dem Wortlaut des § 940 II; dafür spricht weiter, daß der Eigenbesitzer oft in Unkenntnis von der Fruchtziehung zunächst nur die Muttersache herausverlangen wird. Andererseits muß Besitzerwerb an Früchten genügen, wenn die Muttersache nicht mehr vorhanden ist. 14

VII. Ausnahmen. Die Erwerbsrechte gem §§ 956, 957 gehen dem in § 955 geregelten Erwerbsrecht vor, was insbesondere im Falle des gutgläubigen mittelbaren Eigenbesitzes relevant werden kann (Rz 4). 15

§ 935 ist auf den Erwerb von Früchten einer Sache nach § 955 unanwendbar, da es sich hier um einen ursprünglichen Eigentumserwerb handelt (Westermann § 57 II 3c; MüKo/Quack Rz 6; Staud/Gursky Rz 9; RGRK/Pikart Rz 4; Soergel/Mühl Rz 5; Medicus, BR, § 23 VI 3). 16

956 *Erwerb durch persönlich Berechtigten*

(1) Gestattet der Eigentümer einem anderen, sich Erzeugnisse oder sonstige Bestandteile der Sache anzueignen, so erwirbt dieser das Eigentum an ihnen, wenn der Besitz der Sache ihm überlassen ist, mit der Trennung, anderenfalls mit der Besitzergreifung. Ist der Eigentümer zu der Gestattung verpflichtet, so kann er sie nicht widerrufen, solange sich der andere in dem ihm überlassenen Besitz der Sache befindet.

(2) Das Gleiche gilt, wenn die Gestattung nicht von dem Eigentümer, sondern von einem anderen ausgeht, dem Erzeugnisse oder sonstige Bestandteile einer Sache nach der Trennung gehören.

I. Allgemein. § 956 regelt den Fall, daß jemand nur obligatorisch zum Erwerb des Eigentums an Trennstücken berechtigt ist (wie zB der Pächter). Im Falle **obligatorischer Erwerbsberechtigung** erhält der Berechtigte das Eigentum an getrennten Erzeugnissen und sonstigen Bestandteilen der Muttersache nicht wie nach §§ 953, 954 ohne weiteres mit der Trennung. Der Eigentumserwerb erfolgt vielmehr nur unter der weiteren Voraussetzung, daß der obligatorisch Erwerbsberechtigte zum Zeitpunkt der Trennung im Besitz der Muttersache ist oder er den Besitz an den Trennstücken erlangt. Rechtliche Grundlage des Eigentumserwerbs ist eine sog **„Aneignungsgestattung"** (besser: **„Erwerbsgestattung",** Westermann § 57 III 1; MüKo/Quack Rz 1) durch den Gestattungsberechtigten. Diese Gestattung hat Verfügungscharakter. Streitig ist, wie sich der Eigentumserwerb im einzelnen rechtlich vollzieht. 1

1. Vielfach wird angenommen, daß es sich bei § 956 nur um einen besonderen Anwendungsfall des § 929 handele, um eine Übereignung künftiger Sachen (**Übertragungstheorie**; so RG 78, 35; 108, 269; Zitelmann IherJ 70, 1ff, 28ff; RGRK/Pikart Rz 1; Pal/Bassenge Rz 1). Das Gestattungsgeschäft soll mit der Einigung nach § 929 identisch sein oder doch wenigstens eine Übereignungsofferte enthalten, die durch Besitzübernahme der Muttersache oder durch Besitzergreifung an den Trennstücken konkludent angenommen werde (RG 78, 35 wertet die Ausübung des Besitzes an der Muttersache im Zeitpunkt der Trennung als Annahme). Die nach § 929 erforderliche Übergabe wird durch Besitzüberlassung an der Muttersache oder Besitzergreifung an den Trennstücken als erfüllt angesehen, je nachdem ob der Besitz an der Muttersache überlassen ist oder nicht. 2

2. Nach der **Aneignungstheorie** ist die Gestattung ein einseitiges Rechtsgeschäft, durch das für den Empfänger ein Recht auf Erwerb des Eigentums an den Trennstücken begründet wird. Ist der Besitz an der Muttersache überlassen und dauert er fort, so handelt es sich um ein Anfallrecht. Mit der Trennung erwirbt der Berechtigte das Eigentum. Ist der Besitz an der Muttersache nicht überlassen, so handelt es sich um ein Aneignungsrecht; zur Vollendung des Eigentumserwerbs muß die Besitzergreifung hinzukommen. Die Aneignungstheorie wird der von § 956 vorgesehenen Art der Eigentumszuweisung und der systematischen Stellung der Vorschrift im Gesetz eher gerecht, als die Übertragungstheorie. Ihr ist daher zu folgen (Medicus JuS 1967, 385, 391; MüKo/Quack Rz 2. Ebenso Westermann § 57 III 2b; Staud/Gursky Rz 8f, die jedoch die Gestattung als zweiseitiges Rechtsgeschäft ansehen). 3

§ 956

4 3. Der BGH hat die theoretische Frage, ob der Übertragungs- oder der Aneignungstheorie zu folgen ist, offengelassen (BGH 27, 360, 366ff). Eine Entscheidung zwischen beiden Theorien ist deshalb nicht nötig, weil sie in der entscheidenden Frage, zu welchem Zeitpunkt der Gestattende rechtszuständig und verfügungsbefugt sein muß, zum gleichen Ergebnis kommen. Beides, die Rechtszuständigkeit und die Verfügungsbefugnis des Gestattenden müssen grundsätzlich in dem Augenblick gegeben sein, in dem die Verfügung wirksam wird (RG 78, 35; Baur/Stürner § 53 Rz 59; Westermann § 57 III 2c; MüKo/Quack Rz 6). Das ist nicht der Augenblick der Gestattung, sondern entweder der Augenblick der Trennung oder der Augenblick der Besitzergreifung an den Trennstücken (Rz 9ff).

5 II. Gestattung. 1. Begriff. Die Gestattung ist eine Willenserklärung, mit der der Gestattende über sein Erwerbsrecht an den Trennstücken verfügt. Diese Verfügung ist, wie alle Verfügungen, **abstrakt**, also von dem Vorhandensein und der Wirksamkeit des zugrundeliegenden Verpflichtungsgeschäfts (zB einem Kauf- oder Pachtvertrag) unabhängig (Baur/Stürner § 53 Rz 59; Westermann § 57 III 2). **Berechtigt, die Erwerbsgestattung auszusprechen**, ist derjenige, dem das Eigentum an den Trennstücken ohne die Gestattung zustehen würde. Das ist der Eigentümer (Abs I) oder derjenige, dem ein Erwerbsrecht nach den §§ 954ff zusteht (Abs II), also der dinglich Nutzungsberechtigte (§ 954), der gutgläubige Eigen- und Nutzungsbesitzer (§ 955; guter Glaube des Gestattungsempfängers ist nicht nötig, Staud/Gursky Rz 18) oder der selbst kraft Gestattung gemäß § 956 Erwerbsberechtigte. Über den Wortlaut des Abs II hinausgehend läßt RG 108, 269 zutreffend auch die Weitergestattung durch den nichtbesitzenden Aneignungsberechtigten (§ 956) zu (so auch RGRK/Pikart Rz 21; Staud/Gursky Rz 19), sofern nicht die Weitergabe vertraglich ausgeschlossen ist. Der Gestattende darf darüber hinaus nicht in seiner Verfügungsbefugnis beschränkt sein.

6 Der Gestattende muß **zu dem Zeitpunkt** rechtszuständig (also Eigentümer, dinglich Berechtigter usw) und verfügungsbefugt sein, in dem der Eigentumserwerb an den Trennstücken vollendet wird (Rz 9ff).

7 2. Widerruf. Eine Erwerbsgestattung ist bis zum Eigentumserwerb an den Trennstücken grundsätzlich **widerruflich**. Dies gilt auch dann, wenn der Gestattende (zB aufgrund eines Kauf- oder Pachtvertrages) schuldrechtlich zur Gestattung verpflichtet ist. Widerruft er die Gestattung vor dem Widerruf wirksam, auch wenn der Gestattende sich damit pflichtwidrig verhält und sich evtl schadensersatzpflichtig macht. Nach Abs I S 2 ist der **Gestattende** aber dann **an die Erwerbsgestattung gebunden**, kann sie also nicht widerrufen, wenn zwei Voraussetzungen vorliegen. Der Gestattung muß (erstens) eine entsprechende Verpflichtung (zB ein Kauf- oder Pachtvertrag) zugrunde liegen und dem Gestattungsempfänger muß (zweitens) der Besitz der Sache überlassen sein. Ob die Gestattung durch den Eigentümer oder einen nach Abs II Berechtigten erfolgt, ist für die Frage der Bindung ohne Bedeutung.

8 3. Rechtsnachfolger. Parallel zur Frage der Bindung des Gestattenden ist auch die Frage der **Bindung eines Rechtsnachfolgers des Gestattenden** zu beantworten (Baur/Stürner § 53 Rz 62). Der Rechtsnachfolger ist an eine von seinem Rechtsvorgänger erklärte Erwerbsgestattung gebunden, wenn er Partei des der Gestattung zugrundeliegenden Verpflichtungsvertrages (zB des Pachtvertrages) geworden und der Begünstigte im Besitz der Muttersache ist. Gebunden ist damit etwa der Erbe des Gestattenden aufgrund der in § 1922 angeordneten Universalsukzession. Ebenso der Erwerber eines verpachteten Grundstücks, da er gem §§ 566, 578 iVm § 581 in den Pachtvertrag eintritt, und der Insolvenzverwalter im Rahmen der §§ 103, 108, 110f InsO. Ganz allgemein ist ein Rechtsnachfolger dann an eine Gestattungserklärung gebunden, wenn er die aus dem der Gestattung zugrundeliegenden Vertragsverhältnis folgenden Verpflichtungen im Wege der Schuldübernahme übernimmt oder die Gestattung genehmigt (§ 185; Baur/Stürner § 53 Rz 62).

9 III. Eigentumserwerb. Wodurch und zu welchem Zeitpunkt das Eigentum an Trennstücken übergeht ist abhängig davon, ob der obligatorisch Erwerbsberechtigte zum Zeitpunkt der Trennung Besitz an der Muttersache hat, oder nicht.

10 1. Besitz an der Muttersache (§ 956 I S 1 Alt 1). Ist der gem § 956 Erwerbsberechtigte im Besitz der Muttersache, erfolgt sein Eigentumserwerb an den Trennstücken im Zeitpunkt der Trennung kraft des ihm zustehenden Anfallrechtes (Rz 3). Wie die Trennung erfolgt, ist ohne Bedeutung. Der Besitz des Erwerbsberechtigten muß vom Gestattenden abgeleitet sein. Auch **mittelbarer Besitz** an der Muttersache genügt, nur darf der Gestattende dann nicht unmittelbarer Besitzer sein (BGH 27, 360; Baur/Stürner § 53 Rz 63). Hat der Erwerbsberechtigte den Besitz an der Muttersache durch **verbotene Eigenmacht** erlangt, so erwirbt er das Eigentum an den Trennstücken erst mit deren Besitzergreifung (Westermann § 57 III 2e). Auch die Einräumung von **Teilbesitz** (§ 865) an ungetrennten Bestandteilen genügt für den Eigentumserwerb nach § 956 (RG 108, 269; Staud/Gursky Rz 31; Soergel/Mühl Rz 8. AA RGRK/Pikart Rz 12). Teilbesitz kann zB dadurch eingeräumt werden, daß zum Abholzen verkaufte Bäume mit dem Namen des Aneignungsberechtigten gekennzeichnet werden.

§ 956 I S 1 Alt 1 setzt voraus, daß der Besitz an der Muttersache zur Zeit der Trennung fortdauert. Ein **vorübergehender unfreiwilliger Besitzverlust** kann jedoch entsprechend § 955 III, § 940 II unbeachtlich sein (Westermann § 57 III 3a).

11 2. Kein Besitz an der Muttersache (§ 956 I S 1 Alt 2). Wurde dem nach § 956 Erwerbsberechtigten der Besitz der Muttersache nicht überlassen oder hat er ihn wieder verloren, so erwirbt er das Eigentum an den Trennstücken erst mit der **Besitzergreifung an den Trennstücken**. Wann diese Besitzergreifung vorliegt, ist Tatfrage. Das Fällen von Bäumen auf fremdem Grundstück genügt regelmäßig nicht, da es an dauernder Einwirkungsmöglichkeit fehlt; anderes kann gelten, wenn der Aneignungsberechtigte die Bäume gefällt und danach vereinbarungsgemäß mit seinem Namen gekennzeichnet hat. Erlangt der Aneignungsberechtigte nicht gleichzeitig mit der Trennung auch Besitz an den Trennstücken, wird zwischenzeitlich der sonst Erwerbsberechtigte Eigentümer. Der Aneignungsberechtigte (Gestattungsempfänger) hat dann ein (relatives) Aneignungsrecht hieran. Das setzt jedoch voraus, daß sich die Gestattung auf eine bestimmte Sache bezog (zB Verkauf eines Hauses zum Abbruch oder von Holz auf dem Stamm). Hatte die Gestattung keinen bestimmten Inhalt (zB Erlaubnis zum Pilzesammeln), so kann sich der Gestattungsempfänger Sachen, die er nicht selbst getrennt hat, nicht aneignen.

Eine Vereinbarung, daß das Eigentum an Trennstücken auch ohne Besitzüberlassung an der Muttersache schon im Zeitpunkt der Trennung gem § 956 übergehen soll, ist unwirksam. Sie kann allenfalls nach allgemeinen sachenrechtlichen Grundsätzen (§§ 929ff) zum Eigentumserwerb an den Trennstücken führen (Staud/Gursky Rz 32). 12

IV. Der **Umfang des Eigentumserwerbs** richtet sich nach dem Inhalt der Gestattung. Zumeist wird der Inhalt der Gestattung mit den Verpflichtungen aus dem der Gestattung zugrundeliegenden Vertrag übereinstimmen. Ist dies einmal nicht der Fall und erwirbt der Erwerbsberechtigte Eigentum an Trennstücken, die ihm nach den Bestimmungen des Verpflichtungsvertrages nicht zustehen, ist er dem Gestattenden zur Herausgabe verpflichtet. 13

V. Zu den Begriffen „**Erzeugnisse**" und „**sonstige Bestandteile**" siehe § 953 Rz 2. Zum Begriff der „**Trennung**" siehe § 953 Rz 4. 14

957 *Gestattung durch den Nichtberechtigten*

Die Vorschrift des § 956 findet auch dann Anwendung, wenn derjenige, welcher die Aneignung einem anderen gestattet, hierzu nicht berechtigt ist, es sei denn, dass der andere, falls ihm der Besitz der Sache überlassen wird, bei der Überlassung, anderenfalls bei der Ergreifung des Besitzes der Erzeugnisse oder der sonstigen Bestandteile nicht in gutem Glauben ist oder vor der Trennung den Rechtsmangel erfährt.

I. **Allgemein.** Der Erwerb des Eigentums an getrennten Erzeugnissen und sonstigen Bestandteilen einer Muttersache aufgrund einer Erwerbsgestattung gem § 956 setzt voraus, daß der Gestattende selbst Rechtsinhaber ist (§ 956 Rz 5). Ist er dies nicht, liegen aber alle sonstigen Voraussetzungen für einen Eigentumserwerb nach § 956 vor, **überwindet § 957 die fehlende Berechtigung des Gestattenden** und ermöglicht dem gutgläubigen Gestattungsempfänger den Eigentumserwerb an den Trennstücken. Freilich vermag § 957, wie auch § 932 (vor § 932 Rz 2), nur die fehlende Rechtsinhaberschaft zu überwinden. Beruht die fehlende Berechtigung des Gestattenden darauf, daß er in seiner Verfügungsbefugnis beschränkt oder geschäftsunfähig ist, hilft § 957 daher nicht weiter. 1

II. **Voraussetzungen. 1. Besitz.** § 957 schützt den guten Glauben des Gestattungsempfängers an ein in Wahrheit nicht bestehendes Erwerbsrecht des Gestattenden. Jeder gutgläubige Erwerb ist aber die Folge eines Rechtsscheins; diesen kann im Falle des § 957 nur der **Besitz des Gestattenden an der Muttersache** vermitteln. Entgegen dem Wortlaut des § 957 ist daher der Besitz des Gestattenden an der Muttersache Voraussetzung für die Erlangung einer Erwerbsberechtigung nach § 957 (RG 108, 269; Westermann § 57 III 4b; Baur/Stürner § 53 Rz 66). 2

2. Gegenstand des **guten Glaubens** ist das Gestattungsrecht des Gestattenden. Der Gestattungsempfänger muß diesen also für den Eigentümer (§ 953), dinglich Nutzungsberechtigten (§ 954) oder Erwerbsberechtigten (§ 956) halten. Gutgläubig ist der Gestattungsempfänger wenn ihm **zum Zeitpunkt des Besitzerwerbs an der Muttersache** die fehlende Berechtigung des Gestattenden nicht bekannt war und seine Unkenntnis auch nicht auf grober Fahrlässigkeit beruht (vgl § 932 II). War der Gestattungsempfänger zum Zeitpunkt des Besitzerwerbs an der Muttersache gutgläubig, schadet nachträgliche grobe Fahrlässigkeit nicht. Nur wenn der Gestattungsempfänger nach der Besitzerlangung an der Muttersache positive Kenntnis von der Nichtberechtigung erhält, entfällt seine für den Eigentumserwerb an den Trennstücken erforderliche Gutgläubigkeit. Anderes gilt, sofern der Gestattungsempfänger keinen Besitz an der Muttersache erlangt. In diesem Fall ist er nur dann als gutgläubig anzusehen, wenn ihm **zum Zeitpunkt der Inbesitznahme der Trennstücke** weder bekannt noch infolge grober Fahrlässigkeit unbekannt ist, daß der Gestattende nicht Rechtsinhaber ist. 3

3. **Abhandengekommene Sachen.** Umstritten ist, ob § 935 entsprechende Anwendung findet, so daß ein Eigentumserwerb gem § 957 ausscheidet, wenn die Muttersache abhandengekommen oder gestohlen worden ist. Dies ist für Früchte zu verneinen (§ 955 Rz 8). Im Hinblick auf den Erwerb von sonstigen Bestandteilen muß § 935 dagegen entsprechende Anwendung finden (Baur/Stürner § 53 Rz 66; Staud/Gursky Rz 8). 4

Untertitel 5

Aneignung

958 *Eigentumserwerb an beweglichen herrenlosen Sachen*

(1) Wer eine herrenlose bewegliche Sache in Eigenbesitz nimmt, erwirbt das Eigentum an der Sache.

(2) Das Eigentum wird nicht erworben, wenn die Aneignung gesetzlich verboten ist oder wenn durch die Besitzergreifung das Aneignungsrecht eines anderen verletzt wird.

Schrifttum: *Ernst*, Eigenbesitz und Mobiliarerwerb, 1992; *Hammer*, Herrenlosigkeit von Greifvögeln, AgrarR 1991, 185; *Hammer*, Eigentum an Wildtieren, NuR 1992, 62; *Lorz*, Jagd und Aneignung, NuR 1980, 112; *Müller*, Darf der Jagdberechtigte über Wild verfügen, das mit der Jagd zu verschonen ist?, NuR 1979, 137.

I. **Allgemein.** Der freien Aneignung unterliegen herrenlose bewegliche Sachen (Abs I), sofern ihre Aneignung nicht gegen ein gesetzliches Verbot oder das ausschließliche Aneignungsrecht eines Dritten verstößt (Abs II). Der Anwendungsbereich der §§ 958ff ist gering, da herrenlose Sachen, die zudem keinem geregelten Aneignungsrecht 1

§ 958

unterliegen, heute selten sind. In Betracht kommen vor allem wild lebende, aber keinem Jagd- oder Fischereirecht unterliegende Tiere (§ 960) und derelinquierte Sachen (§ 959).

2 II. **Voraussetzungen. 1.** § 958 gilt für **bewegliche Sachen**; die Aneignung von Grundstücken regelt § 928 II. **Herrenlose Sachen** sind Sachen, die in niemandes Eigentum stehen, mag ein Eigentumsrecht daran noch nie bestanden haben (§ 960 I) oder mögen frühere Eigentumsrechte erloschen sein (§§ 959, 960 II, III; 961).

3 2. Die Aneignung erfolgt durch **Begründung unmittelbaren** (§§ 854, 855) **oder mittelbaren** (§ 868) **Eigenbesitzes (Okkupation)**. Dafür ist objektiv die Erlangung tatsächlicher Gewalt und subjektiv der Wille, die Sache als eigene zu besitzen, erforderlich (§ 872). Wird der Besitz ohne Aneignungswillen erlangt, bleibt die Sache zunächst herrenlos. Der Besitzer (zB ein Mieter, Verwahrer oder vermeintlicher Finder), kann das Eigentum dann aber durch bloße Bildung des Eigenbesitzwillens erlangen (§ 872 Rz 2).

4 3. Im Gegensatz zur Dereliktion (§ 959) ist die Aneignung kein Rechtsgeschäft. Es genügt daher (ebenso wie bei §§ 937, 955) **natürlicher Besitzwille**, so daß auch Kinder und Geschäftsunfähige durch Aneignung Eigentum erwerben können (Baur/Stürner § 53 Rz 72; Soergel/Mühl Rz 5; Westermann § 58 IV). Stellvertretungsrecht (§§ 164ff) ist nicht anwendbar. Wohl aber kann man mit Hilfe eines Besitzdieners (§ 855) oder Besitzmittlers (§ 868) okkupieren. Wer einen Hund zum Apport veranlaßt, erwirbt den Besitz bereits mit dem Zugriff des Hundes.

5 III. **Rechtsfolgen.** Die Aneignung verschafft **originäres Eigentum**. Im Falle der Dereliktion (§ 959) erlischt das an der Sache bestehende **Recht eines Dritten** (zB Pfandrecht) zwar weder durch die Eigentumsaufgabe noch durch Aneignung (§ 959 Rz 6); der Okkupant kann aber entsprechend § 945 Lastenfreiheit ersitzen (MüKo/Quack Rz 21).

6 IV. **Ausnahmen (Abs II).** Ein Eigentumserwerb findet unter den in Abs II genannten Voraussetzungen nicht statt.

7 1. **Verbot.** Eine Sache bleibt im Falle ihrer Okkupation zum einen dann herrenlos, wenn eine **Aneignung verboten** ist. Ob das Gesetz ein Aneignungsverbot bezweckt, ist jeweils durch Auslegung zu ermitteln. Vorschriften über Schonzeiten bei Wild sowie Verbote bestimmter Erlegungs- und Fangarten begründen idR kein Aneignungsverbot (MüKo/Quack Rz 10). §§ 19, 22 BJagdG dienen nur dem Schutz des lebenden Wildbestandes, hindern daher nicht die Aneignung eines erlegten oder verendeten Tieres (str); anders nur bei absoluter Wildschonung (Staud/Gursky Rz 10). Aneignungsverbote enthalten auch das BNatSchG und die Artenschutzverordnungen der Bundesländer (MüKo/Quack Rz 10).

8 2. **Bestehende Aneignungsrechte.** Verletzt eine Okkupation das ausschließliche **Aneignungsrecht eines Dritten**, insbesondere also bei Bestehen fremden Jagdrechts (§§ 1ff BJagdG), Fischereirechts oder Bergrechts (§§ 8, 9 BBergG; BGH 11, 104; BGH 17, 223 für bergrechtliche Aneignungsrechte an Haldenmineralien), erlangt weder der Besitzergreifende (so aber Wilhelm, Sachenrecht, Rz 465) noch der Aneignungsberechtigte Eigentum an der Sache. Ergreift also zB eine nicht zur Jagd berechtigte Person (ein Wilderer) unter Verletzung fremden Aneignungsrechts den Besitz, so bleibt die Sache herrenlos (Westermann § 58 IV; MüKo/Quack Rz 23; RGRK/Pikart Rz 12; BayObLG NJW 1955, 32). Gleiches gilt für von einem frei herumlaufenden Hund getötetes Wild; es unterliegt dem Aneignungsrecht des Jagdberechtigten. Ein gutgläubiger Dritter kann Eigentum auch an herrenlosen Sachen erwerben.

9 V. **Einzelfälle.** Der menschliche **Leichnam** ist keine Sache (Westermann § 58 II 1b) und unterliegt daher auch keinem Aneignungsrecht (§ 90 Rz 6). Ebenso MüKo/Quack Rz 25 der aber Sacheigenschaft annimmt. Vgl auch Staud/Gursky Rz 3f. Haben der Verstorbene oder nach seinem Tode die nächsten Angehörigen die Entnahme von Organen aus der Leiche gestattet, so gilt für diese aber § 958 (MüKo/Quack Rz 25). Sacheigenschaft ist auch für künstliche Gliedmaßen, Goldzähne, Herzschrittmacher usw anzunehmen; einem Aneignungsrecht wird aber häufig das Persönlichkeitsrecht des Verstorbenen entgegenstehen. Ist dies nicht der Fall, steht das Aneignungsrecht den Erben zu (Weimar JR 1979, 363, 364; Goergens JR 1980, 142). Wegen **Anlandungen** an Ufergrundstücke vgl Art 65 EGBGB.

959 *Aufgabe des Eigentums*

Eine bewegliche Sache wird herrenlos, wenn der Eigentümer in der Absicht, auf das Eigentum zu verzichten, den Besitz der Sache aufgibt.

1 I. **Allgemein.** Im Gegensatz zur Aneignung (§ 958 Rz 4) ist die **Eigentumsaufgabe (Dereliktion)** ein Rechtsgeschäft, und zwar ein einseitiges (hM).

2 II. **Voraussetzungen.** Die Dereliktion setzt sich zusammen aus einer nicht empfangsbedürftigen **Willenserklärung** (Baur/Stürner § 53 Rz 70; MüKo/Quack Rz 3f. AA Westermann § 58 II 2b) und einem Realakt, der **Besitzaufgabe**.

3 1. **Willenserklärung.** Die Willenserklärung muß **auf Eigentumsaufgabe gerichtet** sein. Das ist bei einem **Verzicht** auf das Eigentum **zugunsten einer bestimmten Person** im Zweifel nicht der Fall, darin wird eher eine Eigentumsübertragung zu sehen sein (RG 83, 229). Ebenso liegt im Zweifel keine Dereliktion vor, wenn ein Abzahlungsverkäufer auf seinen Eigentumsvorbehalt verzichtet (BGH NJW 1958, 1231. Vgl auch BGH WM 1963, 212; BGH 19, 326). In der Bereitstellung von **Sammelgut**, das zu karitativen Zwecken gesammelt werden soll, ist eine Übereignung an den Veranstalter zu sehen, keine Dereliktion (Baur/Stürner § 53 Rz 69; MüKo/Quack Rz 6). **Vernichtungsabsicht** schließt die Absicht zur Eigentumsaufgabe aus (Fritsche MDR 1962, 714). Dies gilt aber nur, soweit dem Eigentümer wirklich an einer Vernichtung der Sache gelegen ist und er sich der Sachen nicht lediglich entledigen will (Westermann § 58 II 2b). Echte Vernichtungsabsicht wird regelmäßig bei zur Entsorgung gebrachten Dokumenten gegeben sein. Sie kann auch dann vorliegen, wenn ein Künstler selbstgemalte Bilder zum **Sperrmüll** gibt (LG Ravensburg NJW 1987, 3142). Mangels Dereliktion ist eine Aneignung solcher Sachen durch Dritte nicht möglich. Bei reinen „**Abfällen**" wird dagegen in der Weggabe regelmäßig auch eine Eigentumsaufgabe gesehen werden können (Staud/Gursky Rz 3, 8. AA LG Ravensburg NJW 1987, 3142; MüKo/Quack Rz 14). Schließlich liegt auch bei **vergessenen Sachen** wegen fehlender Verzichtsabsicht keine Eigentumsaufgabe vor (Faber JR 1987, 313/315; Baur/Stürner § 53 Rz 69).

Die allgemeinen **Vorschriften über Willenserklärungen** finden auf die Erklärung einer Eigentumsaufgabe 4 Anwendung (MüKo/Quack Rz 4). Es ist daher **Geschäftsfähigkeit** des Erklärenden erforderlich. Die Eigentumsaufgabe ist nach §§ 119, 123 **anfechtbar** (MüKo/Quack Rz 9; Westermann § 58 II 2b); ggf gilt der Eigentumsverlust rückwirkend als nicht geschehen (§ 142 I). War inzwischen eine Aneignung der Sache erfolgt, muß die Anfechtung entsprechend § 143 IV S 1 dem Okkupanten gegenüber erklärt werden (§ 143 Rz 8; Westermann § 58 II 2b). Die Wirkung der Anfechtung bezieht sich allein auf die Willenserklärung der Eigentumsaufgabe; die Besitzaufgabe wird aufgrund der Anfechtung nicht zu einer unfreiwilligen iSd §§ 935, 1007 II (§ 935 Rz 3; Baur/Stürner § 53 Rz 70). Dereliktion setzt **Verfügungsmacht** über das Eigentum voraus. Fehlt sie (zB beim Insolvenzschuldner wegen § 81 InsO), so ist die Wirksamkeit der Dereliktion von der Genehmigung des Berechtigten nach § 185 II abhängig (MüKo/Quack Rz 10).

2. Besitzaufgabe. Neben der Willenserklärung ist Besitzaufgabe, dh eine freiwillige Beendigung tatsächlicher 5 Sachherrschaft durch Handeln oder bewußtes Nichthandeln (§ 856 I) erforderlich. Im Falle **mittelbaren Besitzes** reicht zur Dereliktion eine einseitige, an den Besitzmittler gerichtete Verzichtserklärung (Westermann § 58 II 2b; Staud/Gursky Rz 6); ein Erlaßvertrag ist nicht erforderlich (AA MüKo/Quack Rz 11). Hat der Eigentümer den **Besitz schon früher verloren**, so genügt zur Dereliktion entsprechend § 929 S 2 die bloße (nicht empfangsbedürftige) Erklärung der Eigentumsaufgabe.

III. Rechtsfolgen. Mit der Dereliktion erlischt das Eigentum an der betroffenen Sache. Sie wird herrenlos. 6 Rechte Dritter (Nießbrauch, Pfandrecht) bleiben trotz Eigentumsaufgabe an der Sache bestehen.

IV. Gegenstand einer Dereliktion nach § 959 können nur bewegliche Sachen sein; für Grundstücke gilt 7 § 928 I; für eingetragene Schiffe § 7 SchiffRG. Nicht Gegenstand einer Dereliktion können Sachen sein, für die ein Dereliktionsverbot besteht. Ob umweltschutzrechtliche Vorschriften ein solches Verbot enthalten, ist umstritten (dafür MüKo/Quack Rz 14; K. Schmidt, JuS 1988, 230; dagegen BayObLG RPfleger 1983, 308). Ein praktisches Bedürfnis für diese Annahme besteht jedenfalls nicht, da mit der Dereliktion die öffentlich-rechtliche Verantwortlichkeit für die Abfallbeseitigung nicht endet.

960 *Wilde Tiere*

(1) Wilde Tiere sind herrenlos, solange sie sich in der Freiheit befinden. Wilde Tiere in Tiergärten und Fische in Teichen oder anderen geschlossenen Privatgewässern sind nicht herrenlos.

(2) Erlangt ein gefangenes wildes Tier die Freiheit wieder, so wird es herrenlos, wenn nicht der Eigentümer das Tier unverzüglich verfolgt oder wenn er die Verfolgung aufgibt.

(3) Ein gezähmtes Tier wird herrenlos, wenn es die Gewohnheit ablegt, an den ihm bestimmten Ort zurückzukehren.

I. Allgemein. Herrenlose Sachen sind heute selten. Außer den in § 959 genannten derelinquierten Sachen gehö- 1 ren dazu insbesondere die in § 960 genannten wilden Tiere.

II. Wilde Tiere. § 960 bezieht sich nur auf wilde Tiere. Ob ein Tier ein wildes Tier iSd § 960 ist, richtet sich 2 nach der Tiergattung als solcher, nicht nach den Eigenschaften des einzelnen Tieres (Westermann § 58 II 1a; MüKo/Quack Rz 3). **Keine wilden Tiere sind** solche, die normalerweise (dh gattungsmäßig) unter menschlicher Herrschaft leben, also **Haustiere** (zB Pferd, Schwein, Hund, Katze). Auf solche Tiere ist § 960 nicht anwendbar; es gilt allein § 959, Eigentumsaufgabe ist also nur durch eine entsprechende Willenserklärung und Besitzaufgabe möglich. Haustiere, die „verwildern" oder streunen werden dadurch nicht herrenlos sie werden auch nicht zu wilden Tieren iSd § 960. **Wilde Tiere sind solche**, die nicht Haustiere sind (zB Meeresfische, Rehe, Hirsche, Wildschweine, Füchse, Löwen, Zebras, auch Bienen). **Gezähmt ist ein wildes Tier**, wenn es so an den Menschen gewöhnt ist, daß es durch den menschlichen Willen beherrscht wird (Westermann § 58 II 1a).

III. Für die Zwecke des **Herrenloswerdens** wilder Tiere ist zu unterscheiden, ob das wilde Tier gezähmt 3 (Abs III) oder ungezähmt (Abs I und II) ist.

1. Ungezähmte wilde Tiere (Abs I und II). Bei ungezähmten wilden Tieren ist weiter zu unterscheiden zwi- 4 schen solchen die in Freiheit und solchen die in Gefangenschaft leben.

a) Ungezähmte in Freiheit lebende wilde Tiere sind stets herrenlos (Abs I S 1). 5

b) Ungezähmte in Gefangenschaft lebende Tiere scheinen dem Wortlaut des Abs I S 2 nach niemals herren- 6 los zu sein. Dem ist indes nicht so. Die bloße Aufnahme in einen Tiergarten oder ein Privatgewässer führt noch keinen Eigentumswechsel herbei. Hinzukommen muß eine Aneigung oder eine Übereignung des Tieres. Fehlt es daran, sind auch Tiere in Tiergärten und Fische in Privatgewässern herrenlos. Abs I S 2 stellt nur klar, daß wilde Tiere in Tiergärten und Fische in geschlossenen Privatgewässern nicht als in Freiheit befindlich anzusehen sind (Westermann § 58 II 1a). Als Tiergarten kann nicht jede eingehegte Fläche gelten. Neben sicherer Umschließung, die freien Wildwechsel verhindert, kommt es auf die tatsächliche Beherrschungsmöglichkeit an. Diese fehlt, wenn

§ 960

7 das Fangen oder Erlegen des Wildes wie bei normaler Jagdausübung wesentlich vom Zufall abhängt (Westermann § 58 II 1a; MüKo/Quack Rz 9). Maßgebend ist die Verkehrsauffassung (RGSt 42, 75; 60, 275 stellen dagegen ausschließlich auf die Art der Umschließung ab).

7 Besteht Eigentum an einem **ungezähmten in Gefangenschaft lebenden Tier**, so wird das Tier auch gegen den Willen des Eigentümers wieder herrenlos, **wenn es die Freiheit wiedererlangt** und der Eigentümer nicht unverzüglich (§ 121 I) die Verfolgung aufnimmt oder diese aufgibt (Abs II; LG Bonn NJW 1993, 940). Die Verfolgung durch Beauftragte genügt. Erforderlich ist aber eine reale, auf Wiedererlangung gerichtete Handlung. Öffentliche Verlustanzeigen und Aufforderungen zur Rückgabe reichen allein nicht aus.

8 2. **Gezähmte wilde Tiere (Abs III).** Während bei Haustieren (Rz 2) die Gewohnheit, an den für sie bestimmten Ort zurückzukehren, die Regel ist, bildet sie bei wilden Tieren (Rz 2) die Ausnahme. Legt ein gezähmtes wildes Tier die Gewohnheit, zurückzukehren, ab, so wird es gegen den Willen des Eigentümers herrenlos. Der Unterschied zu gefangenen wilden Tieren (Abs II) besteht darin, daß das Herrschaftsmittel des Menschen über das Tier nicht äußere Gewalt, sondern Einflußnahme auf den Tierinstinkt ist. Auch ohne daß dies in Abs III ausdrücklich erwähnt wird, hindert Verfolgung des Tieres durch den Eigentümer auch hier den Eintritt der Herrenlosigkeit (MüKo/Quack Rz 18).

961 *Eigentumsverlust bei Bienenschwärmen*

Zieht ein Bienenschwarm aus, so wird er herrenlos, wenn nicht der Eigentümer ihn unverzüglich verfolgt oder wenn der Eigentümer die Verfolgung aufgibt.

Schrifttum: *Gaisbauer*, Der ausgezogene Bienenschwarm, DWW 1980, 250; *Gercke*, Die rechtliche Bewertung der Bienen, NuR 1991, 59; *Gercke*, Das Bienenrecht, 1985; *Schulz*, Die historische Entwicklung des Rechts der Bienen, 1990; *Schwendner*, Handbuch Bienenrecht, 1989; *Schwendner*, Die Biene als nachbarrechtliches Streitobjekt, AgrarR 1990, 193.

1 Gegenstand der Regelung ist der Bienenschwarm in seiner Gesamtheit. Auf einzelne Bienen finden §§ 961ff keine Anwendung (sondern § 960). Diese sind im Schwarm als dessen wesentliche Bestandteile zu behandeln (Westermann § 58 V). Der Schwarm wird unter denselben Voraussetzungen herrenlos wie nach § 960 II ein gefangenes wildes Tier, das die Freiheit wiedererlangt (§ 960 Rz 7). Der herrenlos gewordene Schwarm unterliegt freier Aneignung.

962 *Verfolgungsrecht des Eigentümers*

Der Eigentümer des Bienenschwarms darf bei der Verfolgung fremde Grundstücke betreten. Ist der Schwarm in eine fremde nicht besetzte Bienenwohnung eingezogen, so darf der Eigentümer des Schwarmes zum Zwecke des Einfangens die Wohnung öffnen und die Waben herausnehmen oder herausbrechen. Er hat den entstehenden Schaden zu ersetzen.

1 1. Der verfolgende Schwarmeigentümer hat besondere **Selbsthilferechte**, die nicht an die Voraussetzungen der §§ 867, 1005 geknüpft sind und über diese hinausgehen. § 962 gewährt keinen Anspruch auf Gestattung, sondern erlaubt eigenmächtiges Betreten usw. Gegenwehr durch den Grundstückseigentümer ist rechtswidrig. Vorherige Sicherheitsleistung wegen des zu erwartenden Schadens kann der Grundstückseigentümer nicht verlangen. Die Bienenwohnung, in die der Schwarm eingezogen ist, muß unbesetzt gewesen sein. War sie besetzt, gilt § 964.

2 2. Der durch Ausübung des Selbsthilferechts entstandene Schaden ist ohne Rücksicht auf Verschulden zu ersetzen.

963 *Vereinigung von Bienenschwärmen*

Vereinigen sich ausgezogene Bienenschwärme mehrerer Eigentümer, so werden die Eigentümer, welche ihre Schwärme verfolgt haben, Miteigentümer des eingefangenen Gesamtschwarms; die Anteile bestimmen sich nach der Zahl der verfolgten Schwärme.

1 1. § 963 regelt einen Anwendungsfall des § 948. In Abweichung von §§ 948, 947 entscheidet über die entstehenden Miteigentumsanteile aber nicht das Wertverhältnis, sondern die Zahl der vereinigten Bienenschwärme. § 949 ist entsprechend anwendbar. Voraussetzung ist, daß das Eigentum an den Einzelschwärmen bis zur Vereinigung fortbesteht. War bei Vereinigung mehrerer Einzelschwärme einer von ihnen bereits gem § 961 herrenlos, weil der Eigentümer ihn nicht verfolgt oder die Verfolgung aufgegeben hat, so bleibt dieser bei Berechnung der Miteigentumsanteile außer Betracht (RGRK/Pikart Rz 1ff).

2 2. Bei **Aufhebung der Gemeinschaft** ist Teilung in Natur gemäß § 752 regelmäßig ausgeschlossen, denn der entstehende Bruchteil ohne die Königin wäre wertlos.

964 *Vermischung von Bienenschwärmen*

Ist ein Bienenschwarm in eine fremde besetzte Bienenwohnung eingezogen, so erstrecken sich das Eigentum und die sonstigen Rechte an den Bienen, mit denen die Wohnung besetzt war, auf den eingezogenen Schwarm. Das Eigentum und die sonstigen Rechte an dem eingezogenen Schwarme erlöschen.

1 Entgegen §§ 946, 947 entsteht beim Einzug eines Schwarmes in eine fremde besetzte Bienenwohnung kein Miteigentum, sondern **Alleineigentum**. Alle Rechte am einziehenden Schwarm erlöschen. Auch ein Anspruch aus ungerechtfertigter Bereicherung ist nicht gegeben; eine § 951 entsprechende Ausgleichsnorm fehlt. Diese Regelung beruht auf der Billigkeitserwägung, daß der durch den einziehenden „Hungerschwarm" erfahrungsgemäß entstehende Schaden eine nennenswerte Wertsteigerung verhindert (Westermann § 58 V). War die Bienenwohnung unbesetzt, gilt § 962.

Untertitel 6
Fund

Vorbemerkung §§ 965–984

Schrifttum: *Deneke-Stoll*, Zur Person des Finders nach §§ 565ff BGB, FS Schwab, 1990, S 43; *Dubischar*, Fundbesitz im Selbstbedienungsmarkt, JuS 1989, 703; *Edenfeld*, Reformfragen des Fundrechts, JR 2001, 485; *Eith*, Der Fund in der Behörde, MDR 1981, 189; *Faber*, Eigentumserwerb an sog vergessenen Sachen, JR 1987, 313; *Kunz*, Der Fund in einer „Verkehrsanstalt" am Beispiel der DB, MDR 1986, 537; *Kunz*, Kraftfahrzeugdiebstahl und Finderlohn, ZfV 1989, 404; *Lins*, Das Fundrecht des BGB, 1994; *Mittenzwei*, Fundbesitz als Gegenstand des Deliktsschutzes und der Eingriffskondiktion, MDR 1987, 883; *K. Schmidt*, Besitz an verlorenen Sachen im Supermarkt, JuS 1988, 72; *Schreiber*, Eigentumserwerb durch Fund, Jura 1990, 446.

1. Das BGB behandelt den Fund wegen der Möglichkeit des Eigentumserwerbs durch den Finder (§§ 973, 974) im Sachenrecht. Hauptinhalt der §§ 965ff ist jedoch ein gesetzliches Schuldverhältnis zwischen Finder und Empfangsberechtigtem. Es verpflichtet den Finder zur Anzeige (§ 965), Verwahrung (§ 966), Ablieferung (§ 967) und Herausgabe (§§ 969, 977), den Empfangsberechtigten zur Erstattung von Aufwendungen (§ 970) und zur Zahlung des Finderlohnes (§ 971).

2. Das Gesetz unterscheidet zwischen dem **einfachen Fund** (§§ 965–977), dem **Verkehrsfund** (§§ 978–983) und dem **Schatzfund** (§ 984). Die Unterscheidung ist von Bedeutung, da Rechte und Pflichten des Finders und auch die Begrifflichkeiten bei den verschiedenen Fundalternativen erheblich voneinander abweichen.

3. Welche Behörde die **zuständige Behörde** iSd §§ 965ff ist, ergibt sich aus den landesrechtlichen Ausführungsbestimmungen.

965 *Anzeigepflicht des Finders*
(1) Wer eine verlorene Sache findet und an sich nimmt, hat dem Verlierer oder dem Eigentümer oder einem sonstigen Empfangsberechtigten unverzüglich Anzeige zu machen.

(2) Kennt der Finder die Empfangsberechtigten nicht oder ist ihm ihr Aufenthalt unbekannt, so hat er den Fund und die Umstände, welche für die Ermittlung der Empfangsberechtigten erheblich sein können, unverzüglich der zuständigen Behörde anzuzeigen. Ist die Sache nicht mehr als zehn Euro wert, so bedarf es der Anzeige nicht.

I. Findbare Sachen. Nicht jede Sache, die im umgangssprachlichen Sinne „verloren" ist, gilt auch iSd § 965 als verloren. „Verloren" und damit „findbar" im Sinne der §§ 965ff ist eine Sache nur dann, wenn sie **nicht herrenlos aber besitzlos** ist (Baur/Stürner § 53 Rz 78; Westermann § 59 I 2; MüKo/Quack Rz 3).

1. **Herrenlos** ist eine Sache, wenn niemand Eigentum an ihr hat. Solche Sachen unterliegen der Aneignung (§ 958), sie können daher nicht findbar iSd §§ 965ff sein (VG Gießen NVwZ-RR 2002, 95). Nicht findbar sind damit alle **derelinquierten Sachen** (§ 959). Anderes gilt nur dann, wenn die Dereliktion angefochten worden ist (§ 959 Rz 4).

2. **Besitzlos** ist eine Sache, wenn niemand mehr Besitz iSd §§ 854ff an ihr hat. Worauf der Besitzverlust beruht, ist gleichgültig. Es ist insbesondere nicht erforderlich, daß der Besitzverlust unfreiwillig eingetreten ist (aA MüKo/Quack Rz 4). Stellt zB ein Dieb das von ihm gestohlene Fahrzeug an einer vom Tatort entfernten, dem Eigentümer nicht bekannten Stelle ab, so ist das Fahrzeug eine besitzlose Sache, weil der Eigentümer den Besitz verloren und der Dieb den Besitz aufgegeben hat (Rz 6).

Auf die **Dauer des Besitzverlustes** kommt es nicht an. Eine Sache ist verloren, sobald sie besitzlos ist. Eine andere Frage ist, ob die nur vorübergehende Entfernung einer Sache überhaupt zum Besitzverlust iSd § 856 führt. Nach § 856 II wird durch eine ihrer Natur nach vorübergehende Verhinderung in der Ausübung der Gewalt der Besitz nicht beendet. Vorübergehend ist eine Verhinderung, wenn die Lage der Sache bekannt und eine Wiedererlangung unschwer möglich ist. An einer im weiterfahrenden Zug liegengelassenen Sache geht der Besitz verloren, da die Wiedererlangung des Besitzes unsicher und nur mit Mühen möglich ist (Westermann § 59 I 2).

Besitzverlust liegt nur vor, wenn **jeglicher Besitz aufgegeben** wird. Wird eine Sache lediglich innerhalb des Hauses „verlegt", so findet kein Besitzverlust statt, die Sache ist daher iSd § 965 nicht verloren und deshalb auch nicht findbar (enger Westermann § 59 I 2). In **Betrieben mit Publikumsverkehr** (Kaufhäuser etc) mag ein allgemeiner Besitzerwerbswille des Inhabers an den in seinen Räumen befindlichen Sachen bestehen; jedenfalls kleinere in solchen Räumlichkeiten im natürlichen Wortsinn „verlorene" Sachen müssen aber gleichwohl als besitzlos gelten, da sie bis zur Sicherstellung durch einen Angestellten dem Zugriff einer Vielzahl von Personen ausgesetzt sind, die die Sache ungehindert mitnehmen könnten (Westermann § 59 I 2; MüKo/Quack Rz 9). Auch solche Sachen sind mithin iSd § 965 verloren und damit findbar (Ernst JZ 1988, 359ff. AA BGH 101, 186, 190 für einen in einem Selbstbedienungs-Großmarkt verlorenen Geldschein. Offengelassen in BGH 8, 130 für ein Kino). Finder ist derjenige, der die Sache an sich nimmt (Rz 7), auch wenn er die Sache an den Inhaber der Räume (des Kaufhauses) oder einen seiner Angestellten herausgibt (aA Baur/Stürner § 53 Rz 78, der den Inhaber der Räume für den Finder hält).

3. **Einzelfälle und Ausnahmen.** Verloren und damit findbar ist zB eine **gestohlene**, vom Dieb weggeworfene **Sache** bzw ein vom Dieb abgestelltes Auto (LG Aachen MDR 1990, 245; Hamm NJW 1979, 725 – dazu Gottwald

JuS 1979, 247), nicht aber eine vom Dieb versteckte Sache (VGH Bremen DVBl 1956, 628), weil sie im Besitz des Diebes und daher nicht besitzlos ist. Verloren und damit findbar sind auch eine Geldbörse, die unbemerkt auf die Straße fällt oder ein entliehenes Buch, das der Entleiher wegwirft, weil er sich über dessen Inhalt empört (Baur/Stürner § 53 Rz 78). Nicht verloren sind dagegen ein in der Bibliothek verstelltes Buch oder eine Schmuckkassette, die der Eigentümer in seinem Garten vergraben und dann nicht mehr „finden" kann (Baur/Stürner § 53 Rz 78). Auf verlorene **Sachen**, die sich in den Geschäftsräumen oder den Beförderungsmitteln **einer öffentlichen Behörde** etc befinden, sind nicht die §§ 965ff, sondern die §§ 978ff anwendbar. Zu Sachen, die in privaten Räumen oder privaten, der Öffentlichkeit zugänglichen Räumen (Kaufhäusern etc) aufgefunden werden, soeben Rz 5.

7 II. Nach § 965 I ist **Finder**, wer eine verlorene Sache „**findet und an sich nimmt**". Der etwas mißglückte Wortlaut erweckt den Eindruck, daß Finder nur ist, wer die Sache als erster sinnlich wahrnimmt (findet, entdeckt) und in Besitz nimmt. Letztlich entscheidend ist jedoch allein die Inbesitznahme. Auch wer eine Sache in Besitz nimmt, auf die ihn ein Dritter aufmerksam gemacht hat, ist Finder im Sinne des § 965 (Baur/Stürner § 53 Rz 79; Westermann § 59 I 3; BGH 8, 130; LG Frankfurt NJW 1956, 874; Staud/Gursky Rz 8). Da eine Besitzbegründung erforderlich ist, ist andererseits nicht Finder, wer eine Sache nur zur Besichtigung aufnimmt und sofort wieder am Fundort niederlegt, also nicht mitnimmt. Besitzergreifung kann auch durch ein Werkzeug (zB apportierenden Hund), durch einen Besitzdiener (§ 855) oder durch einen Besitzmittler (§ 868) geschehen. Finden ist eine tatsächliche Handlung, kein Rechtsgeschäft. Deshalb kann ein **Geschäftsunfähiger** Finder sein. Auf ihn sind die §§ 965ff nur insoweit nicht anwendbar, als für ihn durch das darin vorgesehene gesetzliche Schuldverhältnis Pflichten entstehen würden. Ist eine Inbesitznahme nicht möglich, so reicht auch eine andere Form der Sicherstellung. So zB bei einem aufgefundenen, vom Dieb stehengelassenen PKW die Benachrichtigung der Polizei (Westermann § 59 I 2; Hamm, NJW 1979, 725, 726; LG Aachen MDR 1990, 245).

8 III. Zur Person des **Verlierers** bzw des **Empfangsberechtigten** vgl § 969 Rz 2, 3.

9 IV. Rechtsfolgen des Fundes. 1. Pflichten des Finders. Mit der Besitzerlangung entsteht ein **gesetzliches Schuldverhältnis** zwischen dem Finder und dem Berechtigten (dh dem Verlierer, dem Eigentümer oder dem sonst Empfangsberechtigten, dazu § 969 Rz 3), das der GoA (§§ 677ff) ähnlich ist. Der Finder muß dem Berechtigten den **Fund anzeigen**. Die Anzeige ist Rechtshandlung und muß unverzüglich (§ 121 I iVm § 968) und ohne Rücksicht auf den Wert der Sache erfolgen. Ist dem Finder kein Berechtigter bekannt und ist die Sache mehr als 10 Euro wert, hat der Finder den Fund der zuständigen Behörde anzuzeigen, gegebenenfalls Ermittlungsangaben zu machen (Abs II). Nachforschungen zum Zwecke der Ermittlung des Berechtigten muß der Finder nicht vornehmen. Neben der Anzeigepflicht trifft den Finder eine Pflicht zur **Verwahrung** (§ 966) oder **Ablieferung** (§ 967) der Sache. Bei Verletzung der Anzeigepflicht verliert der Finder den Anspruch auf Finderlohn (§ 971 II) und das Recht auf den Eigentumserwerb an der Fundsache (§ 973 II S 2). Darüber hinaus kann er im Falle einer Pflichtverletzung zum Schadensersatz verpflichtet sein (§§ 280, 823, 968). Ein **beschränkt geschäftsfähiger Finder** haftet dem Berechtigten nicht nach den Bestimmungen der §§ 965ff (RGRK/Pikart Rz 11). Seine Haftung kann sich aber (entsprechend § 682) in eingeschränktem Umfang aus unerlaubter Handlung (§§ 823, 827–829, 968) oder aus ungerechtfertigter Bereicherung (§§ 812ff) ergeben.

10 2. Rechte des Finders. Der Finder erhält durch den Fund einen schuldrechtlichen **Anspruch auf Finderlohn** (§ 971) **und Aufwendungsersatz** (§ 970) gegen den Berechtigten. Darüber hinaus erlangt er ein Erwerbsrecht an der Fundsache (§§ 973, 974, 977), das einem Anwartschaftsrecht nahe kommt. Er ist daher gegen rechtswidrige und schuldhafte **Besitzentziehung** nach § 823 geschützt; ferner können ihm Ansprüche aus §§ 812ff zustehen (Mittenzwei MDR 1987, 883ff).

966 *Verwahrungspflicht*
(1) Der Finder ist zur Verwahrung der Sache verpflichtet.
(2) Ist der Verderb der Sache zu besorgen oder ist die Aufbewahrung mit unverhältnismäßigen Kosten verbunden, so hat der Finder die Sache öffentlich versteigern zu lassen. Vor der Versteigerung ist der zuständigen Behörde Anzeige zu machen. Der Erlös tritt an die Stelle der Sache.

1 1. **Verwahrung**. Die **Verwahrungspflicht** aus Abs I entsteht mit der Besitzergreifung (§ 965 Rz 7). Der Finder darf die Sache danach nicht mehr aufgeben, es sei denn, daß sie völlig wertlos ist (RGRK/Pikart Rz 2). Die für die vertragliche Verwahrung geltenden §§ 688ff finden entsprechende Anwendung, soweit in den §§ 965ff nichts Abweichendes bestimmt ist (zB § 966 II, Versteigerungsrecht; §§ 965 I, 969, Befreiung durch Abgabe an einen Empfangsberechtigten; § 968, Haftung). Mit der Verwahrungspflicht ist eine **Erhaltungs- und Unterhaltspflicht** verbunden sein (zB Fütterung eines zugelaufenen Hundes, Staud/Gursky Rz 1). Solange die Verwahrungspflicht des Finders dauert, ist er zum Besitz und zur Ziehung der Nutzungen der Sache auch berechtigt (vgl auch vor § 987 Rz 29).

2 2. Unter den in Abs II genannten Voraussetzungen ist der Finder zur **Versteigerung** der Sache berechtigt und verpflichtet (oder dazu, die Sache abzuliefern, vgl § 967). Auf die Versteigerung findet § 383 Anwendung. Ist die Versteigerung der Sache zulässig (Abs II S 1) so erwirbt der Ersteigerer das Eigentum durch Einigung und Übergabe von dem Finder. Dieser hat gesetzliche Verfügungsmacht (Westermann § 59 II 1; Bertzel AcP 158, 113ff nimmt Vertretungsmacht an). Liegen die Voraussetzungen für eine Versteigerung nach Abs II S 1 nicht vor, sieht der Ersteigerer sie aber gutgläubig für gegeben an, so erwirbt er das Eigentum entsprechend § 1244 (hM Westermann § 59 II 1; MüKo/Quack Rz 4). Soweit eine Versteigerung praktisch nicht oder nicht rechtzeitig möglich ist, darf der Finder die Sache freihändig verkaufen (§ 385; MüKo/Quack Rz 3).

3 3. Abs II S 3 ordnet eine **dingliche Surrogation** an. Der Eigentümer der verlorenen Sache erwirbt das Eigentum am Erlös. Finderrechte und -pflichten beziehen sich fortan auf den Erlös.

967 Ablieferungspflicht
Der Finder ist berechtigt und auf Anordnung der zuständigen Behörde verpflichtet, die Sache oder den Versteigerungserlös an die zuständige Behörde abzuliefern.

1. Die zuständige Behörde tritt nicht als Verwahrer an die Stelle des Finders. Zwischen ihr und dem Empfangsberechtigten entsteht vielmehr ein eigenständiges **öffentlich-rechtliches Verwahrungsverhältnis**. Im Falle einer Pflichtverletzung haftet die Behörde nach § 839 iVm Art 34 GG. 1

Auch die Rechte und Pflichten der Behörde im Verhältnis zum Finder sind öffentlich-rechtlicher Natur und bestimmen sich nach Landesrecht, soweit die §§ 975, 976 nicht schon die erforderlichen Regelungen enthalten. 2

2. Die Vorschrift ist für den Finder von großer Bedeutung. Sie gibt ihm die Möglichkeit, sich von den Finderpflichten zu befreien, ohne seine Finderrechte zu verlieren (§ 975). 3

968 Umfang der Haftung
Der Finder hat nur Vorsatz und grobe Fahrlässigkeit zu vertreten.

Die **Haftung** des Finders wird durch § 968 gegenüber derjenigen eines unentgeltlichen Verwahrers (§§ 690, 277) eingeschränkt. Sie entspricht der eines auftragslosen Geschäftsführers bei dringender Gefahr (§ 680). 1

Eine **Pflichtverletzung** des Finders liegt zB vor, wenn er die Sache nicht ordnungsgemäß verwahrt, sie zu Unrecht versteigert oder die Fundsache an einen Nichtberechtigten herausgibt. Ansprüche auf **Schadensersatz** können sich zB aus §§ 280, 823 ergeben. 2

Der **nicht voll geschäftsfähige** Finder haftet nur in dem in § 682 vorgesehenen Umfang (vgl auch § 965 Rz 7). 3

969 Herausgabe an den Verlierer
Der Finder wird durch die Herausgabe der Sache an den Verlierer auch den sonstigen Empfangsberechtigten gegenüber befreit.

1. **Allgemein.** Der Finder ist zur Herausgabe der Fundsache an den Eigentümer oder an einen sonstigen Empfangsberechtigten verpflichtet. Mehrere Empfangsberechtigte sind Gesamtgläubiger iSd § 428. Der Finder kann daher die Sache nach seiner Wahl an jeden der Empfangsberechtigten mit schuldbefreiender Wirkung herausgeben (Westermann § 59 II 2d; Staud/Gursky Rz 3). 1

2. **Herausgabe an den Verlierer.** Die **Herausgabe** der Fundsache **an einen Nichtberechtigten** befreit den Finder nicht von seinen Finderpflichten, er kann dadurch im Gegenteil dem Berechtigten gegenüber sogar schadensersatzpflichtig werden. § 969 macht hiervon eine Ausnahme, sofern der Finder die Fundsache an den Verlierer herausgibt. Die Herausgabe der Fundsache an den Verlierer wirkt für den Finder auch dann schuldbefreiend, wenn dieser nicht empfangsberechtigt war. **Verlierer** ist der letzte unmittelbare Besitzer der Sache, sofern er seinen Besitz unfreiwillig verloren hat. Dies kann auch der Dieb oder der Hehler einer Sache sein. Ein Besitzdiener (§ 855) kann nicht selbst Verlierer iSd § 969 sein, weil er nicht selber Besitzer ist und deshalb auch keinen Besitz verlieren kann; Verlierer ist ggf derjenige, für den der Besitzdiener besessen hat. Die Herausgabe der Fundsache an den gegenwärtigen Besitzdiener eines Empfangsberechtigten wirkt für den Finder schuldbefreiend. Hat der Finder **positive Kenntnis von der Nichtberechtigung** des Verlierers, wirkt keine Herausgabe der Fundsache an ihn für den Finder schuldbefreiend. § 969 ist in diesem Sinne einschränkend auszulegen (Westermann § 59 II 2d). 2

3. **Sonstige Empfangsberechtigte** sind alle, die dem Finder gegenüber ein Recht zum Besitz der Sache haben, also der Eigentümer (§ 985) oder ein Pfandgläubiger (§ 1065) oder Nießbraucher (§ 1227) und jeder frühere rechtmäßige oder unrechtmäßige Besitzer, dem ein Herausgabeanspruch nach § 1007 zusteht. Wurde die Sache bei Absendung oder Übergabe verloren, ist auch der Adressat Empfangsberechtigter (zB der Empfänger bei einem verlorenen Paket, Westermann § 59 I 4). Nicht empfangsberechtigt ist, wer dem Eigentümer oder einem anderen Empfangsberechtigten gegenüber einen schuldrechtlichen Anspruch auf Besitzverschaffung hat, aber noch nicht im Besitz der Sache war. Es ist nicht die Aufgabe des Finders, schuldrechtliche Verpflichtungen, die uU nach verschiedenen Seiten bestehen können, zu erfüllen (RGRK/Pikart Rz 5. AA MüKo/Quack § 965 Rz 20). 3

970 Ersatz von Aufwendungen
Macht der Finder zum Zwecke der Verwahrung oder Erhaltung der Sache oder zum Zwecke der Ermittlung eines Empfangsberechtigten Aufwendungen, die er den Umständen nach für erforderlich halten darf, so kann er von dem Empfangsberechtigten Ersatz verlangen.

1. Der Finder kann wie ein auftragsloser Geschäftsführer (§§ 683, 670) **Aufwendungsersatz** verlangen. **Erstattungsfähig** sind Aufwendungen, die der Finder zur Verwahrung oder Erhaltung der Sache und zur Ermittlung des Empfangsberechtigten (zB Zeitungsanzeige) macht. Für **reine Tätigkeiten** des Finders (zB das Ausführen eines Hundes) gewährt § 970 keinen Ersatz; dies gilt auch dann, wenn diese Tätigkeiten üblicherweise gegen Entgelt vorgenommen werden (Westermann § 59 II 4). Verpflichtet zur Zahlung des Aufwendungsersatzes ist der Empfangsberechtigte (§ 969 Rz 3), der die Fundsache vom Finder zurücknimmt oder die Aufwendungen genehmigt hat (§ 972 Rz 3). 1

Gewährt eine Sache **Nutzungen**, so sind dem Finder auch die gewöhnlichen Erhaltungskosten nicht zu erstatten (§ 994 I S 2 analog; RGRK/Pikart Rz 3; Pal/Bassenge Rz 1. AA Staud/Gursky Rz 1; MüKo/Quack Rz 1), da ihm für die Zeit seines Besitzes diese Nutzungen zustehen (§ 973 Rz 1). Übersteigen die Aufwendungen den Wert der Nutzungen, hat der Finder insoweit einen Aufwendungsersatzanspruch. 2

§ 970

3 2. Die **zuständige Behörde** (§ 967) kann den privatrechtlichen Anspruch auf Aufwendungsersatz aus § 970 nicht geltend machen. Sie ist auf öffentlich-rechtliche Ansprüche verwiesen.

4 3. Der Aufwendungsersatzanspruch aus § 970 besteht selbständig neben dem Anspruch auf **Finderlohn** aus § 971.

971 *Finderlohn*

(1) Der Finder kann von dem Empfangsberechtigten einen Finderlohn verlangen. Der Finderlohn beträgt von dem Werte der Sache bis zu 500 Euro fünf vom Hundert, von dem Mehrwert drei vom Hundert, bei Tieren drei vom Hundert. Hat die Sache nur für den Empfangsberechtigten einen Wert, so ist der Finderlohn nach billigem Ermessen zu bestimmen.
(2) Der Anspruch ist ausgeschlossen, wenn der Finder die Anzeigepflicht verletzt oder den Fund auf Nachfrage verheimlicht.

1 1. Der **Anspruch auf Finderlohn** besteht neben dem Anspruch auf Aufwendungsersatz aus § 970. Verpflichtet zur Zahlung des Finderlohns ist der Empfangsberechtigte (§ 969 Rz 3), der die gefundene Sache vom Finder zurücknimmt oder den Finderlohn „genehmigt" hat (§ 972 Rz 3). Ist durch Auslobung (§§ 657ff) eine Belohnung für die Wiederbeschaffung ausgesetzt, so besteht Anspruchskonkurrenz. Die Belohnung wird auf den Finderlohn angerechnet. Zahlungen an den Überbringer wirken schuldbefreiend, auch wenn dieser nicht mit dem Finder identisch ist (§ 851 analog; Westermann § 59 II 4).

2 2. Die **Höhe des Finderlohns** richtet sich nach dem Wert der Sache zZt der Herausgabe oder im Falle der Versteigerung (§ 966 II) nach dem Erlös. Nach billigem Ermessen ist der Finderlohn zu bestimmen, falls die Sache nur für den Empfangsberechtigten von Wert ist (zB bei Fotos oder Erinnerungsstücken). Gleiches muß für Sachen gelten, bei denen der nach dem gemeinen Wert berechnete Finderlohn nicht der Bedeutung des Fundes entsprechen würde (zB Legitimationsurkunden wie ein Sparkassenbuch etc).

3 3. Verletzt der Finder seine Anzeigepflicht aus § 965, besteht kein Anspruch auf Finderlohn. Gleiches gilt wenn der Finder den Fund auf Nachfragen verheimlicht, selbst wenn er den Fund vorher der zuständigen Behörde angezeigt oder gar die Fundsache abgeliefert hat (§ 967).

972 *Zurückbehaltungsrecht des Finders*

Auf die in den §§ 970, 971 bestimmten Ansprüche finden die für die Ansprüche des Besitzers gegen den Eigentümer wegen Verwendungen geltenden Vorschriften der §§ 1000 bis 1002 entsprechende Anwendung.

1 1. **Allgemein.** Der Anspruch auf Aufwendungsersatz und Finderlohn gem §§ 970, 971 ist nur **eingeschränkt durchsetzbar**. Es gelten die §§ 1000–1002. Der Finder hat ein Zurückbehaltungsrecht an der Fundsache. Ob er aber auch Zahlung verlangen kann, hängt von dem Verhalten der Empfangsberechtigten ab.

2 2. Der Finder hat gegenüber den an der Fundsache Berechtigten ein **Zurückbehaltungsrecht**. Er kann die Herausgabe der Sache verweigern, bis er den Finderlohn und den ihm zustehenden Aufwendungsersatz erhält (§ 1000 S 1).

3 3. Einen durchsetzbaren **Zahlungsanspruch** erhält der Finder erst dann, wenn ein Empfangberechtigter (§ 969 Rz 3) die Aufwendungen bzw den Finderlohn „**genehmigt**" oder **die Sache annimmt** (§ 1001 S 1). Dieser ist dem Finder danach zur Zahlung von Finderlohn und Aufwendungsersatz verpflichtet. Hat der Empfangsberechtigte die Sache angenommen, ohne eine Genehmigung zu erteilen, kann er sich von seiner Zahlungspflicht nachträglich wieder befreien, indem er dem Finder die Fundsache zurückgibt (§ 1001 S 2). Die Genehmigung gilt allerdings schon dann als erteilt, wenn der Berechtigte die ihm vom Finder unter Vorbehalt seiner Ansprüche angebotene Fundsache annimmt (§ 1001 S 3).

4 Der Finder kann den Empfangsberechtigten auch zur **Genehmigung** seiner Ansprüche **auffordern**. Verweigert der Berechtigte die Genehmigung, gilt § 974. Der Finder erwirbt nach Ablauf einer von ihm gesetzten Frist das Eigentum an der Fundsache, wenn der Berechtigte sich nicht zur Befriedigung seiner Ansprüche bereiterklärt (im einzelnen dazu siehe §§ 974, 1003).

5 4. **Erlöschen und Verjährung der Ansprüche.** Gibt der Finder die Sache vor Befriedigung seiner Ansprüche heraus, erlöschen diese binnen eines Monats, sofern sie nicht innerhalb dieser Frist gerichtlich geltend gemacht oder vom Berechtigten genehmigt werden (§ 1002). Genehmigte Ansprüche verjähren in 3 Jahren (§ 195).

973 *Eigentumserwerb des Finders*

(1) Mit dem Ablauf von sechs Monaten nach der Anzeige des Fundes bei der zuständigen Behörde erwirbt der Finder das Eigentum an der Sache, es sei denn, dass vorher ein Empfangsberechtigter dem Finder bekannt geworden ist oder sein Recht bei der zuständigen Behörde angemeldet hat. Mit dem Erwerb des Eigentums erlöschen die sonstigen Rechte an der Sache.
(2) Ist die Sache nicht mehr als zehn Euro wert, so beginnt die sechsmonatige Frist mit dem Fund. Der Finder erwirbt das Eigentum nicht, wenn er den Fund auf Nachfrage verheimlicht. Die Anmeldung eines Rechts bei der zuständigen Behörde steht dem Erwerb des Eigentums nicht entgegen.

1 1. **Eigentumserwerb.** Mit Fristablauf **erwirbt der Finder** originär und lastenfrei (Abs I S 2) das **Eigentum** an der Fundsache. Der Eigentumserwerb erfolgt **ex nunc** (Westermann § 59 II 5a; Staud/Gursky Rz 6; Baur/Stürner

§ 53 Rz 78; MüKo/Quack Rz 5). Dem Finder gebühren aber auch die **Nutzungen**, die er während seiner Besitzzeit gezogen hat (Staud/Gursky Rz 6; MüKo/Quack Rz 5, anders aber offenbar bei § 970 Rz 1). Zu beachten ist, daß die Empfangsberechtigten die Fundsache auch nach Eigentumserwerb von dem Finder und neuen Eigentümer befristet noch herausverlangen können (§ 977).

Ein **Eigentumserwerb** des Finders **ist** im Falle des **Wertfundes** (Wert der Fundsache > 10 Euro) **ausgeschlossen**, wenn dem Finder vor Fristablauf ein Empfangsberechtigter bekannt wird oder ein solcher sein Recht der zuständigen Behörde mitgeteilt hat (Abs I iVm § 965 II). Im Falle des **Kleinfundes** (Wert der Fundsache ≤ 10 Euro) ist der Eigentumserwerb des Finders ausgeschlossen, wenn ihm vor Fristablauf ein Empfangsberechtigter bekannt geworden ist oder wenn der Finder den Fund auf Nachfrage (auch eines Dritten) innerhalb der Frist verheimlicht hat (Abs II). 2

Das **Anwartschaftsrecht** des Finders auf Erwerb des Eigentums an der Fundsache **ist veräußerlich und vererblich** (Baur/Stürner § 53 Rz 82; MüKo/Quack Rz 6. AA Westermann § 59 II 5a – vererblich, aber nicht veräußerlich). Im Falle der Übertragung erlangt der Erwerber mit Fristablauf unmittelbar das Eigentum an der Fundsache, es findet kein Durchgangserwerb des Finders statt. Überträgt der Finder dagegen nicht sein Anwartschaftsrecht, sondern tritt er bei der Veräußerung der Fundsache als Eigentümer auf, scheitert der Eigentumserwerb regelmäßig an § 935; nach Fristablauf kann die Übertragung gem § 185 II Wirksamkeit erlangen. 3

2. Frist. Der **Lauf der 6-Monats-Frist** beginnt beim Wertfund (Abs I) mit der Erstattung der Anzeige (§ 965), beim Kleinfund (Abs II) mit dem Fund, dh mit der Besitzbegründung (§ 965 Rz 7). Die Berechnung erfolgt gemäß § 187 I, § 188 II. Auch eine verspätete Anzeige, durch die der Finder seine Finderpflicht verletzt, setzt den Lauf der Frist in Gang (Staud/Gursky Rz 2). 4

3. Ist der Finder noch im Besitz der Sache, bedarf sein Erwerbsanspruch keiner **Geltendmachung**. Der Finder erwirbt das Eigentum kraft Gesetzes und kann es ohne weiteres einem nachfolgenden Herausgabeverlangen der früher Berechtigten entgegenhalten. Hatte der Finder die Fundsache gemäß § 967 bei der zuständigen Behörde abgeliefert, so steht ihm nach Fristablauf gegen diese ein öffentlich-rechtlicher Herausgabeanspruch zu, der im Verwaltungsrechtsweg geltend zu machen ist (VGH Bremen DVBl 1956, 628. AA Staud/Gursky vor §§ 965ff Rz 4 – Zivilrechtsweg). 5

974 *Eigentumserwerb nach Verschweigung*

Sind vor dem Ablauf der sechsmonatigen Frist Empfangsberechtigte dem Finder bekannt geworden oder haben sie bei einer Sache, die mehr als zehn Euro wert ist, ihre Rechte bei der zuständigen Behörde rechtzeitig angemeldet, so kann der Finder die Empfangsberechtigten nach der Vorschrift des § 1003 zur Erklärung über die ihm nach den §§ 970 bis 972 zustehenden Ansprüche auffordern. Mit dem Ablauf der für die Erklärung bestimmten Frist erwirbt der Finder das Eigentum und erlöschen die sonstigen Rechte an der Sache, wenn nicht die Empfangsberechtigten sich rechtzeitig zu der Befriedigung der Ansprüche bereit erklären.

I. Allgemein. § 974 stellt neben § 973 die **zweite Möglichkeit des Eigentumserwerbs** durch den Finder dar. Sie gelangt zur Anwendung, wenn vor Ablauf der 6-Monats-Frist Empfangsberechtigte (§ 969 Rz 3) bekannt geworden sind und ein Eigentumserwerb des Finders nach § 973 daher nicht mehr möglich ist. 1

II. Voraussetzung für den Eigentumserwerb nach § 974 ist, daß die Empfangsberechtigten die Ansprüche des Finders nach §§ 970–972 nicht genehmigen, obwohl sie vom Finder hierzu unter Fristsetzung aufgefordert worden sind. 2

1. Aufforderung mit Fristsetzung. Der Finder muß **allen Empfangsberechtigten**, die bekannt sind oder ihre Rechte bei der zuständigen Behörde angemeldet haben, eine angemessene Frist zur Genehmigung des von ihm geltend gemachten Anspruchs auf Finderlohn (§ 971) und Aufwendungsersatz (§ 970) setzen. Werden nachträglich weitere Empfangsberechtigte bekannt, so muß der Finder (nur) diesen gegenüber erneut eine Frist setzen. 3

Angemessen ist die Frist, wenn sie den Empfangsberechtigten ausreichend Zeit läßt, die Berechtigung der geltend gemachten Ansprüche zu prüfen, sich die erforderlichen Geldmittel zu verschaffen und das weitere Vorgehen miteinander abzustimmen. Das Setzen einer unangemessenen Frist ist wirkungslos; die Frist muß neu gesetzt werden (Staud/Gursky Rz 1; Pal/Bassenge Rz 1). 4

2. Genehmigung der Ansprüche. Die Empfangsberechtigten haben drei Alternativen, auf die Fristsetzung zu reagieren. 5

a) **Äußern sich die Empfangsberechtigten** innerhalb der gesetzten Frist **nicht**, so erwirbt der Finder mit Ablauf der Frist lastenfreies Eigentum an der Fundsache. Waren jedoch noch weitere Empfangsberechtigte vorhanden, so hat der fruchtlose Ablauf der Frist nur die Wirkung eines Ausschlusses der Empfangsberechtigten, denen gegenüber sie gesetzt war (RGRK/Pikart Rz 3). 6

b) **Erklären sich die Empfangsberechtigten** oder auch nur ein Empfangsberechtigter zur Befriedigung der Ansprüche **bereit**, so erlangt der Finder damit einen Anspruch auf Finderlohn und Aufwendungsersatz in der von ihm geltend gemachten Höhe (§ 972 Rz 3). Ein Eigentumserwerb des Finders ist danach nicht mehr möglich. Erforderlichenfalls muß der Finder den anerkannten Anspruch im Klagewege geltend machen. 7

c) **Bestreiten die Empfangsberechtigten** oder auch nur ein Empfangsberechtigter **die Ansprüche** des Finders ganz oder der Höhe nach, so muß der Finder seine Ansprüche gerichtlich feststellen lassen und den bzw dem Berechtigten sodann eine neue Frist zur Befriedigung dieser Ansprüche setzen (§ 1003 II; Staud/Gursky Rz 2). 8

§ 975 Sachenrecht Eigentum

Klage und Fristsetzung können miteinander verbunden werden (RG 137, 98ff). Lassen die Berechtigten die Frist verstreichen, erwirbt der Finder lastenfreies Eigentum an der Fundsache.

975 *Rechte des Finders nach Ablieferung*
Durch die Ablieferung der Sache oder des Versteigerungserlöses an die zuständige Behörde werden die Rechte des Finders nicht berührt. Lässt die zuständige Behörde die Sache versteigern, so tritt der Erlös an die Stelle der Sache. Die zuständige Behörde darf die Sache oder den Erlös nur mit Zustimmung des Finders einem Empfangsberechtigten herausgeben.

1   1. **Allgemein.** § 975 regelt zwei unterschiedliche Fragenkomplexe. Zum einen die **Folgen einer Versteigerung der Fundsache durch die zuständige Behörde** (Satz 2) und zum anderen die Befugnis der Behörde zur **Herausgabe der Fundsache an den Berechtigten** (Satz 3). Die Norm ist auch insoweit von Bedeutung als sie klarstellt, daß der Finder **durch Ablieferung der Sache** (§ 967) **keinen Rechtsverlust** erleidet (Satz 1). Der Finder kann sich also seiner Finderpflichten, insbesondere seiner Verwahrungspflicht, dadurch entziehen, daß er die Sache an die zuständige Behörde abliefert, ohne daß er dadurch seine Finderrechte einbüßt.

2   2. Das Recht der Behörde zur **Versteigerung der Sache** richtet sich nach landesgesetzlichen öffentlich-rechtlichen Bestimmungen, nicht nach § 966 II. Gleiches gilt für das Recht der Behörde, Aufwendungen aus dem Erlös zu decken. Im Falle der der Versteigerung der Fundsache durch die zuständige Behörde erlangt der Finder kraft dinglicher Surrogation am Versteigerungserlös dieselben Rechte, die er zuvor an der Fundsache hatte (Satz 2).

3   3. **Herausgabe der Sache.** Satz 3 soll den Finder vor dem Verlust seines Zurückbehaltungsrechtes (§ 972) an der Fundsache schützen. Verweigert der Finder seine Zustimmung zur Herausgabe der Fundsache bzw des Erlöses, kann sie durch eine erfolgreiche Herausgabeklage der Berechtigten ersetzt werden (§ 894 ZPO).

976 *Eigentumserwerb der Gemeinde*
(1) Verzichtet der Finder der zuständigen Behörde gegenüber auf das Recht zum Erwerb des Eigentums an der Sache, so geht sein Recht auf die Gemeinde des Fundorts über.
(2) Hat der Finder nach der Ablieferung der Sache oder des Versteigerungserlöses an die zuständige Behörde auf Grund der Vorschriften der §§ 973, 974 das Eigentum erworben, so geht es auf die Gemeinde des Fundorts über, wenn nicht der Finder vor dem Ablauf einer ihm von der zuständigen Behörde bestimmten Frist die Herausgabe verlangt.

1   **I. Allgemein.** Die Vorschrift regelt das rechtliche Schicksal der Fundsache, wenn ein Empfangsberechtigter nicht zu ermitteln ist und der Finder kein Interesse an der Sache hat.

2   **II. Verzicht des Finders. 1. Verzichtserklärung.** Der Verzicht ist eine formlose, einseitige Willenserklärung, die der zuständigen Behörde gegenüber abzugeben ist; die örtliche Zuständigkeit der Behörde ist unerheblich (Staud/Gursky Rz 1. AA MüKo/Quack Rz 1). Er enthält zugleich die Zustimmung zur Herausgabe der Fundsache an den Berechtigten. Die Annahme des Verzichts durch die Behörde oder Gemeinde ist nicht erforderlich; diese können nicht ablehnen.

3   2. **Rechtsfolgen des Verzichts.** Mit der Erklärung des Verzichts geht das Finderrecht auf die Gemeinde über. Der Finder verliert durch den Verzicht also jeden Anspruch auf den Erwerb der Fundsache oder eines möglicherweise erzielten Versteigerungserlöses. Aufwendungen und Finderlohn sind ihm von der Gemeinde zu erstatten, soweit der Wert der Sache oder der Erlös ausreicht. Ansprüche auf Finderlohn und Aufwendungsersatz bestehen jedoch erst, wenn die Gemeinde das Eigentum an der Fundsache erworben hat und auch nur, wenn der Finder mit dem Verzicht auf den Eigentumserwerb nicht gleichzeitig auch auf diese Ansprüche verzichtet hat, wovon im Zweifel aber nicht auszugehen ist (Staud/Gursky Rz 2; RGRK/Pikart Rz 3).

4   **III. Eigentumserwerb ohne Verzichtserklärung.** Auch ohne ausdrückliche Verzichtserklärung des Finders kann das Eigentum an der Fundsache auf die Gemeinde übergehen. Das ist dann der Fall, wenn der Finder die Fundsache an die zuständige Behörde abliefert (§ 967), er nachfolgend durch Fristablauf usw Eigentum hieran erwirbt (§§ 973, 974), die Behörde ihm eine Frist zur Abholung der Sache setzt und der Finder die Sache nicht bis zum Ablauf der gesetzten Frist bei der Behörde herausverlangt (Abs II). Der Finder hat ggf auch keinen Anspruch auf Finderlohn oder Aufwendungsersatz (Staud/Gursky Rz 3). Die Gemeinde erwirbt aber nur dann das Eigentum, wenn zuvor der Finder das Eigentum erworben hatte. Es darf ihm deshalb keine Frist gesetzt werden, die vor Erwerb des Eigentums durch ihn abläuft. Hat der Finder nicht die Fundsache, sondern den Versteigerungserlös (§ 966 II) abgeliefert oder hat die Behörde die Fundsache versteigert, so erwirbt die Gemeinde statt des Eigentums an der Fundsache den Versteigerungserlös.

977 *Bereicherungsanspruch*
Wer infolge der Vorschriften der §§ 973, 974, 976 einen Rechtsverlust erleidet, kann in den Fällen der §§ 973, 974 von dem Finder, in den Fällen des § 976 von der Gemeinde des Fundorts die Herausgabe des durch die Rechtsänderung Erlangten nach den Vorschriften über die Herausgabe einer ungerechtfertigten Bereicherung fordern. Der Anspruch erlischt mit dem Ablauf von drei Jahren nach dem Übergang des Eigentums auf den Finder oder die Gemeinde, wenn nicht die gerichtliche Geltendmachung vorher erfolgt.

1   **I. Allgemein.** Der Eigentümer verliert spätestens 6 Monate nach dem Fund (bzw nach der Anzeige des Fundes) das Eigentum an der Fundsache (§§ 973, 974). Der Eigentumserwerb des Finders (bzw der Gemeinde, § 976) ist dann aber noch nicht endgültig. § 977 gewährt dem Eigentümer das Recht, noch binnen 3 Jahren ab dem Zeitpunkt

des Eigentumsverlustes **Herausgabe der Sache** nach den Vorschriften über die ungerechtfertigte Bereicherung (§§ 812ff) zu verlangen.

II. Voraussetzungen. Der Anspruch nach § 977 besteht immer dann, wenn aufgrund der §§ 973, 974, 976 ein Rechtsverlust eingetreten ist. Die Vorschrift enthält einen Rechtsfolgenverweis auf die §§ 812ff. 2

1. Verpflichteter. Zur Herausgabe verpflichtet ist derjenige, der das Eigentum an der Fundsache erworben hat, also entweder der Finder oder die Gemeinde. Ist der Verpflichtete zur Rückübertragung nicht in der Lage, muß er **Wertersatz** leisten (§ 818 II). Wurde die Sache unentgeltlich einem Dritten zugewandt, ist dieser verpflichtet (§ 822). 3

2. Berechtigter. Ansprüche aus § 977 stehen nicht nur dem Eigentümer zu, sondern jedem, der nach §§ 973, 974, 976 einen Rechtsverlust erleidet. Das sind diejenigen, denen an der Fundsache ein beschränktes dingliches Recht zustand, das mit dem Eigentumserwerb des Finders erloschen ist (§ 973 I S 2). Nicht ersatzberechtigt sind dagegen Personen, denen nur ein schuldrechtliches Recht zum Besitz an der Sache zustand. Nicht ersatzberechtigt ist auch der Finder gegenüber der Gemeinde im Falle des § 976 II. 4

Der Anspruch aus § 977 besteht auch, wenn der Ersatzberechtigte sein Recht an der Sache verloren hat, weil er sich auf Aufforderung des Finders hin nicht zur Zahlung von Finderlohn und Aufwendungsersatz bereiterklärt hat (§ 974) (aA MüKo/Quack Rz 3). Das ist nicht ganz einsichtig, weil diese Personen den Rechtsverlust durch ihr Verhalten bewußt herbeigeführt haben, des von § 977 beabsichtigten Schutzes also nicht bedürfen. Der Wortlaut des § 977 ist insoweit aber eindeutig (Westermann § 59 II 5c; Staud/Gursky Rz 2). 5

3. Die Frist von drei Jahren ist eine **Ausschlußfrist.** Bestimmungen über die Verjährung finden keine Anwendung (Westermann § 59 II 5c; Staud/Gursky Rz 3. AA Wendt AcP 92, 168ff). 6

§ 978 *Fund in öffentlicher Behörde oder Verkehrsanstalt*

(1) Wer eine Sache in den Geschäftsräumen oder den Beförderungsmitteln einer öffentlichen Behörde oder einer dem öffentlichen Verkehr dienenden Verkehrsanstalt findet und an sich nimmt, hat die Sache unverzüglich an die Behörde oder die Verkehrsanstalt oder an einen ihrer Angestellten abzuliefern. Die Vorschriften der §§ 965 bis 967 und 969 bis 977 finden keine Anwendung.
(2) Ist die Sache nicht weniger als 50 Euro wert, so kann der Finder von dem Empfangsberechtigten einen Finderlohn verlangen. Der Finderlohn besteht in der Hälfte des Betrags, der sich bei Anwendung des § 971 Abs. 1 Satz 2, 3 ergeben würde. Der Anspruch ist ausgeschlossen, wenn der Finder Bediensteter der Behörde oder der Verkehrsanstalt ist oder der Finder die Ablieferungspflicht verletzt. Die für die Ansprüche des Besitzers gegen den Eigentümer wegen Verwendungen geltende Vorschrift des § 1001 findet auf den Finderlohnanspruch entsprechende Anwendung. Besteht ein Anspruch auf Finderlohn, so hat die Behörde oder die Verkehrsanstalt dem Finder die Herausgabe der Sache an einen Empfangsberechtigten anzuzeigen.
(3) Fällt der Versteigerungserlös oder gefundenes Geld an den nach § 981 Abs. 1 Berechtigten, so besteht ein Anspruch auf Finderlohn nach Absatz 2 Satz 1 bis 3 gegen diesen. Der Anspruch erlischt mit dem Ablauf von drei Jahren nach seiner Entstehung gegen den in Satz 1 bezeichneten Berechtigten.

1. Allgemein. Die §§ 978 bis 981 enthalten **Sondervorschriften für den** Fund in behördlichen Geschäftsräumen und Beförderungsmitteln (sog „Verkehrsfund"). §§ 965 bis 977 sind mit Ausnahme des § 968 (Haftung des Finders) auf einen Verkehrsfund **nicht anwendbar** (Abs I S 2). Die Behörde oder Verkehrsanstalt ist kein Finder im Sinne des § 965. Sie hat daher weder einen Anspruch auf Finderlohn noch Finderpflichten. Ihre Rechte und Pflichten ergeben sich allein aus §§ 979 bis 981. **Finder** iSd § 978 ist derjenige, der die verlorene Sache an sich nimmt. Auch dessen Rechte und Pflichten richten sich beim Verkehrsfund aber nicht nach §§ 965ff, sondern nach §§ 978ff. 1

„**Verloren"** iSd § 978 ist eine Sache auch dann, wenn sie sich in den Räumen der genannten Institutionen befindet und diese kraft ihrer Organisationsgewalt und ihres allgemeinen Besitzwillens Besitz hieran erlangen (MüKo/Quack Rz 2; BGH 101, 186, 192; Staud/Gursky Rz 1). Nach der für den einfachen Fund geltenden Definition des § 965 wären solche Sachen nicht als verloren anzusehen, weil sie nicht besitzlos sind (§ 965 Rz 1 und 3; zu in privaten Geschäftsräumen „verlorenen" Sachen vgl § 965 Rz 5). 2

2. Öffentliche Behörde oder Verkehrsanstalt. Was unter den **Geschäftsräumen** und **Beförderungsmitteln** einer öffentlichen Behörde oder einer dem öffentlichen Verkehr dienenden Verkehrsanstalt zu verstehen ist, ist streitig. Da es sich bei den §§ 978ff um Sondervorschriften handelt, wird man die Begriffe eng auslegen müssen (Rother BB 1965, 249 befürwortet eine analoge Anwendung der §§ 978ff auf alle Räume, in denen bestimmungsgemäß Publikumsverkehr stattfindet; dagegen Eith MDR 1981, 190). Kaufhäuser, Hotels, Gasthäuser, Wärmehallen, Ausstellungen, Theater, Konzertsäle, Kirchen, Banken usw fallen daher nicht unter die §§ 978ff (MüKo/Quack Rz 6; dazu § 965 Rz 5, 6). Die Anwendung ist auf staatliche oder kommunale Behörden (zB Rathäuser, Landratsämter, Bezirksregierungen, Landesversicherungsanstalten, Polizeibehörden, Gerichte etc) und auf Verkehrsanstalten (Personen-und Frachtverkehrsunternehmen, zB Deutsche Bahn AG, Deutsche Post AG, die Lufthansa AG, kommunale Verkehrsbetriebe etc, evtl auch große Bus- oder Taxiunternehmen) beschränkt, bei letzteren aber ohne Rücksicht darauf möglich, ob sie im Staats- oder Privateigentum stehen (RG 108, 259; MüKo/Quack Rz 6; Soergel/Mühl Rz 3). Zu öffentlichen Geschäftsräumen rechnen auch Flure und Treppen. Verkehrsanstalten müssen einigen Umfang haben, weil sonst von einer „Anstalt" nicht die Rede sein kann. Eine Speisewagengesellschaft hat das LG Frankfurt in einer frühen Entscheidung (LG Frankfurt/M NJW 1956, 873) nicht als Verkehrsanstalt angesehen (zum Fund in einer „Verkehrsanstalt" am Beispiel der DB Kunz MDR 1986, 537ff). 3

§ 978 Sachenrecht Eigentum

4 **3. Rechte und Pflichten des Finders.** Der Finder hat die **Fundsache** unverzüglich (§ 121 I) an die Behörde (bzw einen Mitarbeiter der Behörde) usw **abzuliefern** (Abs I S 1). Kommt er dieser Pflicht nach, ist er nicht Bediensteter der Behörde usw (Abs II S 3) und beträgt der Wert der Fundsache mehr als 50 Euro (Abs II S 1), gewährt ihm § 978 II und III einen Anspruch auf **Finderlohn**. Der Finderlohn beträgt jedoch lediglich die Hälfte des Finderlohns, den der Finder bei einem einfachen Fund gem § 971 I erhalten würde (Abs II S 2). Dem Finder steht auch nicht das in den §§ 972, 975 S 3 vorgesehene **Zurückbehaltungsrecht** zu. Die Behörde muß den Finder lediglich über die Herausgabe der Fundsache an den Berechtigten in Kenntnis setzen (Abs II S 5). Über die Pflicht zur Ablieferung hinaus obliegen dem Finder keine weiteren Pflichten. Er muß die Fundsache nicht verwahren usw, wie es die §§ 965ff vorsehen.

5 **Schuldner des Finderlohns** ist der Berechtigte (§ 969 Rz 3), der die Fundsache wiedererlangt oder den Anspruch auf Finderlohn genehmigt (Abs II S 1 und S 4 iVm § 1001). Etwas anderes gilt nur dann, wenn die Sache versteigert wurde und der Versteigerungserlös nach Maßgabe des § 981 nicht an den ursprünglich Berechtigten, sondern an eine der in § 981 I genannten Personen (Bund, Bundesstaat, Gemeinde, Verkehrsunternehmen) gefallen ist. In diesem Fall ist diese Person zur Zahlung des Finderlohns verpflichtet (Abs III).

6 Der **Anspruch auf Finderlohn erlischt** drei Jahre nach seiner Entstehung, soweit er sich gegen eine der in § 981 I genannten Personen richtet (Abs 3 S 2). Richtet sich der Anspruch auf Finderlohn gegen den ursprünglich Berechtigten, sieht das Gesetz keine Erlöschensregelung vor. Die Verjährung des Anspruchs ergibt sich aus den §§ 195ff.

979 *Öffentliche Versteigerung*
(1) Die Behörde oder die Verkehrsanstalt kann die an sie abgelieferte Sache öffentlich versteigern lassen. Die öffentlichen Behörden und die Verkehrsanstalten des *Reichs*, der *Bundesstaaten* und der Gemeinden können die Versteigerung durch einen ihrer Beamten vornehmen lassen.
(2) Der Erlös tritt an die Stelle der Sache.

1 **1. Allgemein.** § 979 erlaubt der Behörde oder Verkehrsanstalt (zum Begriff § 978 Rz 3) die öffentliche **Versteigerung der Fundsache** beim **Verkehrsfund** (§ 978). Abgesehen von Satz 2 enthält die Vorschrift aber keine Durchführungsvorschriften für die Versteigerung.

2 **2. Anwendbare Vorschriften.** Wird die Fundsache von einer öffentlich-rechtlichen Einrichtung versteigert, richten sich die Rechte und Pflichten nach landesgesetzlichen öffentlich-rechtlichen Vorschriften. Wird die Fundsache von einer privaten Verkehrsanstalt (einem Verkehrsunternehmen) durchgeführt, finden die §§ 383, 156 Anwendung. Da das Gesetz nicht ausdrücklich auf § 383 verweist, wird man neben § 383 auch die ergänzende Bestimmung des § 385 anwenden können, nach denen der Verkehrsanstalt berechtigt ist, Sachen mit Börsen- oder Marktpreis **aus freier Hand zu verkaufen** (Westermann § 59 III 3; RGRK/Pikart Rz 6; Staud/Gursky Rz 2. Zweifelnd MüKo/Quack Rz 4). Die §§ 384, 386 sind dagegen unanwendbar, da insoweit die Sonderbestimmungen der §§ 980, 981 eingreifen.

3 **3. Rechtsfolgen der Versteigerung.** Eine zulässige Versteigerung führt zum **Eigentumserwerb des Ersteigerers**. Der Versteigerungserlös tritt an die Stelle der Fundsache (§ 979 II).

4 **4.** Handelt es sich bei der Fundsache um **Geld**, kommt eine Versteigerung nicht in Betracht. Gefundenes Geld wird aber wie ein Versteigerungserlös behandelt (vgl § 981 II S 2).

5 **5.** An die Stelle des „**Reichs**" und der „**Bundesstaaten**" sind die Bundesrepublik Deutschland und die Länder getreten.

980 *Öffentliche Bekanntmachung des Fundes*
(1) Die Versteigerung ist erst zulässig, nachdem die Empfangsberechtigten in einer öffentlichen Bekanntmachung des Fundes zur Anmeldung ihrer Rechte unter Bestimmung einer Frist aufgefordert worden sind und die Frist verstrichen ist; sie ist unzulässig, wenn eine Anmeldung rechtzeitig erfolgt ist.
(2) Die Bekanntmachung ist nicht erforderlich, wenn der Verderb der Sache zu besorgen oder die Aufbewahrung mit unverhältnismäßigen Kosten verbunden ist.

1 **1. Zulässigkeitsvoraussetzung** für eine Versteigerung beim Verkehrsfund (§ 978) ist, daß in der in § 982 genannten Weise auf den Fund hingewiesen wurde und bis zur Versteigerung (nicht: bis zum Fristablauf) kein Empfangsberechtigter (§ 969 Rz 3) seine Rechte an der Fundsache angemeldet hat (Abs I).

2 **2. Entbehrlich** ist eine Bekanntmachung nur bei verderblichen Waren oder wenn die Lagerung mit unverhältnismäßigen Kosten verbunden wäre (Abs II). Verderbliche Waren sind vor allem Lebensmittel, aber auch alle sonstige Waren die nach geringer Zeit wertlos werden (zB Zeitungen). Aufbewahrungskosten sind unverhältnismäßig, wenn sie in der Zeit bis zur Versteigerung mindestens die Höhe des voraussichtlichen Versteigerungserlöses erreichen (MüKo/Quack Rz 2).

981 *Empfang des Versteigerungserlöses*
(1) Sind seit dem Ablauf der in der öffentlichen Bekanntmachung bestimmten Frist drei Jahre verstrichen, so fällt der Versteigerungserlös, wenn nicht ein Empfangsberechtigter sein Recht angemeldet hat, bei *Reichs*behörden und *Reichs*anstalten an den *Reichs*fiskus, bei Landesbehörden und Landesanstalten an den Fiskus des *Bundesstaats*, bei Gemeindebehörden und Gemeindeanstalten an die Gemeinde, bei Verkehrsanstalten, die von einer Privatperson betrieben werden, an diese.

(2) Ist die Versteigerung ohne die öffentliche Bekanntmachung erfolgt, so beginnt die dreijährige Frist erst, nachdem die Empfangsberechtigten in einer öffentlichen Bekanntmachung des Fundes zur Anmeldung ihrer Rechte aufgefordert worden sind. Das Gleiche gilt, wenn gefundenes Geld abgeliefert worden ist.
(3) Die Kosten werden von dem herauszugebenden Betrag abgezogen.

1. Die öffentliche Versteigerung einer Fundsache ist beim **Verkehrsfund** (§ 978) erst nach der in § 980 I vorgesehenen Bekanntmachung mit Fristsetzung zulässig. **Abs I** knüpft an diese Bekanntmachung an, indem er anordnet, daß 3 Jahre nach fruchtlosem Ablauf der gesetzten Frist der erzielte **Ersteigerungserlös an die** die Versteigerung **durchführende Institution fällt**.

Die Frist, für deren Berechnung §§ 187, 188 gelten, ist eine **Ausschlußfrist**. Nach ihrem Ablauf bestehen keine Ansprüche (auch kein Bereicherungsansprüche) der ehemals Berechtigten mehr.

2. Ist ein **Bekanntmachung nach § 980 I nicht erfolgt** (vgl Abs II), so muß die die Versteigerung vornehmende Institution selbst eine Bekanntmachung des Fundes veranlassen. Die Drei-Jahres-Frist des Abs I beginnt ggf erst mit dieser Bekanntmachung (Abs II S 1). Ist die **Fundsache Geld**, findet eine Versteigerung nicht statt. Das Geld fällt vielmehr als solches an die verwahrende Institution, wenn sie eine Bekanntmachung des Fundes veranlaßt und binnen drei Jahren nach der Bekanntmachung kein Empfangsberechtigter (§ 969 Rz 3) seine Rechte geltend macht (Abs II S 2). Geld sind alle in- und ausländischen Zahlungsmittel.

3. Abzuziehende **Kosten** (**Abs III**) sind die Kosten der Versteigerung, der Aufbewahrung und der Pflege, nicht dagegen der Finderlohn.

4. An die Stelle des „**Reichs**" und der „**Bundesstaaten**" sind die Bundesrepublik Deutschland und die Länder getreten.

982 *Ausführungsvorschriften*
Die in den §§ 980, 981 vorgeschriebene Bekanntmachung erfolgt bei *Reichs*behörden und *Reichs*anstalten nach den von dem *Bundesrat*, in den übrigen Fällen nach den von der Zentralbehörde des *Bundesstaats* erlassenen Vorschriften.

1. An die Stelle der **Reichsbehörden** und **Reichsanstalten** sind die Bundesbehörden und Bundesanstalten getreten. Für sie gilt noch die Bekanntmachung vom 16.6.1898 (BGBl III S 403ff = RGBl S 912); anstelle des **Bundesrats** ist heute gem Art 129 GG der Bundesminister des Innern zuständig.

2. An die Stelle der **Bundesstaaten** sind die Bundesländer getreten. Welche **Landesbehörde** zuständig ist ergibt sich aus dem einschlägigen Landesrecht.

983 *Unanbringbare Sachen bei Behörden*
Ist eine öffentliche Behörde im Besitz einer Sache, zu deren Herausgabe sie verpflichtet ist, ohne dass die Verpflichtung auf Vertrag beruht, so finden, wenn der Behörde der Empfangsberechtigte oder dessen Aufenthalt unbekannt ist, die Vorschriften der §§ 979 bis 982 entsprechende Anwendung.

1. § 983 ist ein **Auffangtatbestand**, der öffentliche Behörden zur Verwertung von Sachen ermächtigt, die sich in ihrem Besitz befinden und von ihr herausgegeben werden müssen, ohne daß hierfür eine vertragliche Grundlage besteht oder die §§ 965ff, 978ff direkt anwendbar wären. In Betracht kommt vor allem sichergestelltes Diebesgut, sichergestellte Kraftfahrzeuge, wenn deren Eigentümer oder dessen Aufenthalt nicht bekannt ist, und Fundsachen, deren Finder nicht mehr festzustellen sind (Löffler NJW 1991, 1705). Die Vorschrift ist nur auf öffentliche Behörden anwendbar, private Gesellschaften oder Verkehrsanstalten (vgl § 978) können nach § 983 vorgehen.

2. Vertragliche Herausgabepflichten iSd § 983 sind insbesondere die nach §§ 372ff und der HinterlegungsO abzuschließenden öffentlich-rechtlichen Verwahrungsverhältnisse.

984 *Schatzfund*
Wird eine Sache, die so lange verborgen gelegen hat, dass der Eigentümer nicht mehr zu ermitteln ist (Schatz), entdeckt und infolge der Entdeckung in Besitz genommen, so wird das Eigentum zur Hälfte von dem Entdecker, zur Hälfte von dem Eigentümer der Sache erworben, in welcher der Schatz verborgen war.

Schrifttum: *Dörner*, Zivilrechtliche Probleme der Bodendenkmalpflege, 1992; *Fechner*, Rechtlicher Schutz archäologischen Kulturguts, 1991; *Gursky*, Eigentumserwerb an einem bei Abbrucharbeiten entdeckten Schatz, JZ 1988, 670; *Hönes*, Das Schatzregel, DÖV 1992, 425; *Hönes*, Das Schatzregal im Dienste des Denkmalschutzes, NuR 1994, 419; *Kemper*, Eigentumsverhältnisse beim Schatzfund, JA 1988, 392; *K. Schmidt*, Eigentumserwerb beim Schatzfund, JuS 1988, 569; *K. Schmidt*, Begriff des Schatzfundes, JuS 1992, 966; *Schroeder*, Grundgesetz und Schatzregal, JZ 1989, 676.

I. Allgemein. Der **Schatzfund** gem § 984 ist die dritte vom Gesetz geregelte Alternative des Fundes. Auf ihn finden die für den einfachen Fund (§§ 965ff) und den Verkehrsfund (§§ 978ff) geltenden Vorschriften keine Anwendung. Kennzeichnend für den Schatzfund ist die lange Verborgenheit der Sache und die dadurch hervorgerufene Unsicherheit über die Person des Eigentümers. Die lange Zeit des Verborgenseins muß **kausal** für die Nichtfeststellbarkeit des Eigentümers sein. Ist der Eigentümer aus anderen Gründen nicht feststellbar (zB Treibgut nach einem Schiffsunglück), finden §§ 965ff Anwendung. Die Unsicherheit muß sich aber nicht notwendiger Weise auf die Person des Eigentümers beziehen. Es reicht auch aus, wenn unsicher ist, ob die Sache überhaupt im

§ 984

Eigentum eines anderen steht oder nicht vielleicht derelinquiert (§ 959) worden ist, da § 984, anders als §§ 965ff, 978ff (§ 965 Rz 2), auch auf herrenlose Sachen Anwendung findet. Ebenso ist Besitzlosigkeit der Sache, anders als bei §§ 965ff, 978ff (§ 965 Rz 2), nicht erforderlich (Baur/Stürner § 53 Rz 84).

2 **II. Schatz. 1. Begriff.** Schatz kann jede bewegliche Sache sein, auch wenn sie derelinquiert wurde oder noch nie in jemandes Eigentum gestanden hat (Rz 1). § 984 ist dann zumindest entsprechend anzuwenden, zB auf Fossilien, Knochen von historischem Wert (Baur/Stürner § 53 Rz 84; Westermann § 60 Nr 1). Voraussetzung ist nur, daß wegen der langen Dauer des Verborgenseins der Sache nicht mehr feststellbar ist, in wessen Eigentum die Sache steht oder ob überhaupt jemand Eigentum an der Sache zusteht. Grundsätzlich ist zu vermuten, daß eine Sache, die sich in einer anderen Sache verbirgt, im Eigentum des Eigentümers der verbergenden Sache steht. Nur besondere Umstände (zB Alter, andere Eigenschaften der Sache, Art des Verstecks) können diese Vermutung entkräften und damit Unsicherheit über die Person des Eigentümers begründen. Steht auf der Sache der Name des Eigentümers, so wird dieser meist noch zu ermitteln sein, so daß kein Schatz vorliegt (Hamburg MDR 1982, 409).

3 **2. Einzelfälle.** Schatz iSd § 984 sind zB Silbermünzen aus dem Jahre 1750, die beim Ausschachten eines Kellers gefunden werden (Baur/Stürner § 53 Rz 84). Sachen, die in **Ruinengrundstücken** verschüttet sind, sind noch nicht Schatz, sondern Fundsache; sie können aber im Laufe der Zeit Schatz werden.

4 **III.** Der **Eigentumserwerb** nach § 984 erfolgt kraft Gesetzes unmittelbar durch **Entdeckung und Inbesitznahme**.

5 **1. Entdecken** ist die sinnliche Wahrnehmung des Schatzes, durch die der Schatz seiner Verborgenheit entrissen und dem Verkehr wieder zugänglich wird. Der Entdecker erwirbt durch seine Wahrnehmung ein **Anwartschaftsrecht** auf das Miteigentum, dessen Umwandlung in Eigentum nur noch von der Inbesitznahme der Sache abhängig ist (RGRK/Pikart Rz 10).

6 Die Tätigkeit des Entdeckens ist **Realakt**. Es kann daher auch der Geschäftsunfähige entdecken. Wer einen Schatz vermutet und andere in seinem Auftrage nachforschen läßt, ist Entdecker (RG 70, 308; RGRK/Pikart Rz 9; Staud/Gursky Rz 9). Bei einer geplanten und gezielten Schatzsuche ist daher nicht der hierzu angestellte Arbeitnehmer, der den Schatz „findet", sondern der Arbeitgeber als Geschäftsführer und Leiter der Schatzsuche der Entdecker (Baur/Stürner § 53 Rz 84; Westermann § 60 Nr 2). Handelt es sich aber nicht um eine gezielte Schatzsuche, so ist beim Schatzfund im Regelfall der Arbeitnehmer als Entdecker anzusehen (Westermann § 60 Nr 2; Gursky JZ 1988, 665ff), so zB im Falle eines Schatzfundes bei Abbrucharbeiten durch einen Arbeiter des Abbruchunternehmens (Baur/Stürner § 53 Rz 84; BGH 103, 101, 107 – „Lübecker Schatzfund"). Eine generelle Anweisung des Arbeitgebers an seine Mitarbeiter, während der Arbeit auf Schätze zu achten und sie ggf bei ihm abzugeben, ist nicht ausreichend, die in seinem Auftrag durchgeführten Arbeiten zu einer Schatzsuche zu machen. Eine solche Anweisung ist rein formal, der tatsächliche Zweck der Arbeiten kann dadurch nicht geändert werden; sie werden dadurch nicht zu einer Schatzsuche. Auch im Falle einer derartigen Anweisung entdeckt also der Arbeiter und nicht der Arbeitgeber den Schatz (aA Westermann § 60 Nr 2; MüKo/Quack Rz 3; Gursky JZ 1988, 670). Ein Grenzfall sind Tiefbauarbeiten in einem historischen Stadtkern unter archäologischer und denkmalpflegerischer Aufsicht. Bei solchen Arbeiten ist der Auftraggeber der Grabungsarbeiten als Entdecker anzusehen, sofern der aufgefundene Schatz nicht völlig außerhalb der Erwartungen der die Arbeiten beaufsichtigenden Fachleute liegt (Nürnberg OLGRp 1999, 325).

7 **2. Inbesitznahme** ist Begründung tatsächlicher Gewalt (§ 854). Wer den Schatz in Besitz nimmt, ist unerheblich; erforderlich ist lediglich ein Kausalzusammenhang zwischen der Entdeckung und der Inbesitznahme (Westermann § 60 Nr 3; RGRK/Pikart Rz 10).

8 **3. Erwerbsberechtigte.** Das Eigentum steht dem Entdecker und dem Eigentümer der Sache, in der der Schatz verborgen ist, **je zur Hälfte** zu. Anders als bei den §§ 965ff, 978ff (§ 965 Rz 7) ist für die Erwerbsberechtigung nach § 984 also nicht entscheidend, wer die Sache in Besitz nimmt, sondern wer sie entdeckt (Westermann § 60 Nr 2). Zwischen dem Entdecker und dem Eigentümer der den Schatz bergenden Sache besteht eine Bruchteilsgemeinschaft (§§ 741ff). Die bergende Sache wird häufig ein Grundstück, kann aber auch eine bewegliche Sache sein (zB Geheimfach in einem Schrank). Ist die den Schatz bergende Sache mit Rechten Dritter belastet, so erstrecken sich diese Rechte nicht auf das Miteigentum an dem Schatz (vgl § 1040 für Nießbrauch).

9 **IV. Anzeige.** Eine **Anzeigepflicht** besteht weder für den Entdecker noch für den Eigentümer der den Schatz bergenden Sache, sofern nicht besondere Schatzregale (Rz 10) bestehen (Staud/Gursky Rz 18, 21). Der Entdecker muß aber dem Eigentümer der den Schatz bergenden Sache den Schatz mitteilen oder ihm zugänglich machen.

10 **V. Sonderregelungen.** Für **kulturhistorisch oder wissenschaftlich bedeutsame Funde**, die **herrenlos** sind oder deren Eigentümer nicht ermittelt werden kann, können die **Länder** bestimmen, daß sie mit der Entdeckung in das Eigentum der öffentlichen Hand fallen oder zumindest abgeliefert werden müssen. Solche Regelungen haben mittlerweile alle Bundesländer erlassen (Staud/Gursky Rz 21). Ein solches Schatzregal verstößt nicht gegen Art 14 GG oder andere verfassungsrechtliche Bestimmungen (BVerwG NJW 1965, 1932; BVerfG 78, 205ff. Kritisch Schroeder JZ 1989, 676ff).

Titel 4
Ansprüche aus dem Eigentum

Vorbemerkung §§ 985ff

Schrifttum: *Blomeyer,* Das Besitzrecht des Vorbehaltskäufers, JZ 1968, 691; *Derleder,* Zum Herausgabeanspruch des Eigentümers gegen den mittelbaren Besitzer, NJW 1970, 929; *Diederichsen,* Das Recht zum Besitz aus Schuldverhältnissen, 1965; *Eckert,* „Verjährung" des Eigentumsrechts in einem halben Jahr?, MDR 1989, 135; *Gast,* Das zivilrechtliche System des Eigentumsschutzes, JuS 1985, 611; *Gröbl,* Das Verhältnis des Eigentumsherausgabeanspruchs zu besonderen schuldrechtlichen Rückgabeansprüchen, 1965; *Grunsky,* Die Veräußerung der streitbefangenen Sache, 1968; *Kaehler,* Bereicherungsrecht und Vindikation, Allgemeine Prinzipien der Restitution, dargestellt am deutschen und englischen Recht, 1972; *Kindl,* Das Eigentümer-Besitzer-Verhältnis: Vindikationslage und Herausgabeanspruch, JA 1996, 23; *Kohler,* Schwebende Vindikationslagen, NJW 1988, 1054; *Lange,* Eigentumsvorbehalt und Herausgabeanspruch des Vorbehaltsverkäufers, JuS 1971, 511; *Medicus,* Ansprüche auf Herausgabe, JuS 1985, 657; *Medicus,* Ansprüche auf Geld, JuS 1983, 897; *Michalski,* Anwendungsbereich, Funktion und dogmatische Einordnung des Eigentümer-Besitzer-Verhältnisses, FS Gitter, 1995; *Müller-Laube,* Herausgabepflicht und Rückgewährschuld – Die Stellung des Besitzers im Verhältnis zum Eigentümer und Obligationsgläubiger, AcP 183 (1983), 215; *Neumayer,* Die sogenannte Vindikationszession (§ 931 BGB) im dogmatischen Spannungsfeld zwischen Übereignung und procuratio in rem, FS H. Lange, 1970, S 305; *v Olshausen,* Die verwechselten Grundstücke oder § 242 BGB im Sachenrecht, JZ 1983, 288; *Peters,* Die Ansprüche aus dem Eigentum, AcP 153 (1954), 454; *Peters,* Das Pfandrecht als Recht zum Besitz, JZ 1995, 390; *Pinger,* Funktion und dogmatische Einordnung des Eigentümer-Besitzer-Verhältnisses, 1973; *Plambeck,* Die Verjährung der Vindikation, 1997; *Raiser,* Eigentumsanspruch und Recht zum Besitz, FS Wolff, 1952, S 4; *Remien,* Vindikationsverjährung und Eigentumsschutz, AcP 201 (2001), 730; *Richardi,* Die Vindikationslage und ihre Nebenfolgen, JA 1975, 693; *Ritscher,* Die Vindikation im System des Bürgerlichen Rechts, 1981; *Roth,* Grundfälle zum Eigentümer-Besitzer-Verhältnis, JuS 1983, 518, 710, 897, 1087; *Roussos,* Zurückbehaltungsreinrede und Besitzrecht nach § 986 BGB, JuS 1987, 606; *Schiemann,* Das Eigentümer-Besitzer-Verhältnis, Jura 1981, 631; *Schreiber,* Das Eigentümer-Besitzer-Verhältnis, Jura 1992, 356 und 533; *Seidel,* Das Zurückbehaltungsrecht als Recht zum Besitz iSd § 986 BGB?, JZ 1993, 180; *Waltermann,* § 986 Abs 2 BGB als Ausdruck einer Verdinglichung schuldrechtlicher Rechtspositionen durch das Gesetz?, Jura 1993, 521; *Wieser,* Zur Rückgabepflicht des Vorbehaltskäufers bei Konkurs des Verkäufers, NJW 1970, 913; *Zeuner,* Zum Verhältnis zwischen Vindikation und Besitzrecht, FS Felgentraeger, 1969, S 423. Vgl auch die Schrifttumshinweise vor § 987 und vor § 994.

1. §§ 985ff dienen dem Schutz des Eigentümers, dessen Eigentum durch Entziehung oder Vorenthaltung des Besitzes oder in sonstiger Weise beeinträchtigt wird. Sie finden auf bewegliche wie auf unbewegliche Sachen Anwendung und geben dem Eigentümer **folgende dingliche, verschuldensunabhängige Ansprüche: a)** auf **Herausgabe** der Sache gegen den Besitzer, sofern dem Besitzer kein Recht zum Besitz zusteht (§§ 985, 986); **b)** auf **Beseitigung** eingetretener oder **Unterlassung** künftig zu besorgender Störungen, sofern der Eigentümer nicht zu deren Duldung verpflichtet ist (§ 1004); **c)** auf **Abholung** beweglicher Sachen von einem fremden Grundstück (§ 1005). 1

2. Das Gesetz regelt den vorstehend genannten **Anspruch auf Herausgabe der Sache (§§ 985, 986)** in den §§ 985–1003 ausführlich. Das ist deshalb erforderlich, weil sich das Interesse des Eigentümers nicht auf die reine Herausgabe der Sache beschränkt. Er wird von dem unrechtmäßigen Besitzer gezogene Nutzungen herausverlangen und für Verschlechterungen der Sache Schadensersatz geltend machen wollen. Ist die Herausgabe der Sache unmöglich, wird er Ersatz hierfür verlangen wollen. Unter welchen Voraussetzungen solche **Nebenansprüche zum Herausgabeanspruch** aus §§ 985, 986 gegeben sind, ist den **§§ 987–993** zu entnehmen. Umgekehrt wird der Besitzer die Sache nicht herausgeben wollen, ohne Ersatz für die von ihm auf die Sache gemachten Verwendungen zu erhalten. Inwieweit dem Eigentümer im Zusammenhang mit seinem Herausgabeanspruch eine solche **Verpflichtung zum Verwendungsersatz** obliegt, ergibt sich aus den **§§ 994–999**. §§ 1000–1003 regeln Einzelheiten zur Durchsetzung des Verwendungsersatzanspruchs des Besitzers. 2

Aufgrund ihres Regelungsgehalts stehen die §§ 987ff in **Anwendungskonkurrenz** zu den §§ 823ff (unerlaubte Handlung), §§ 812ff (ungerechtfertigte Bereicherung), §§ 677ff (Geschäftsführung ohne Auftrag) und zu möglichen vertraglichen Ansprüchen. Inwieweit die §§ 987ff eine Geltendmachung dieser konkurrierenden Anspruchsgrundlagen ausschließen, ist die wohl schwierigste Frage bei der Anwendung des Vindikationsrechts (dazu vor § 987 Rz 69ff und vor § 994 Rz 33ff). 3

3. Die **§§ 985ff finden** nicht nur im Verhältnis des Besitzers zum Eigentümer, sondern **auch im Verhältnis des Besitzers zu anderen an der Sache dinglich Berechtigten Anwendung.** Das Gesetz ordnet dies im Wege der Verweisung für den Nießbraucher (§ 1065), den Pfandgläubiger (§ 1227), den Erbbauberechtigten (§ 11 I ErbbauVO), den Wohnungseigentümer (§ 13 I WEG) und den Dauerwohnberechtigten (§ 34 II WEG) an. Im Verhältnis des Besitzers zu Inhabern von Grundpfandrechten (Hypothek, Grundschuld, Rentenschuld) finden §§ 985ff dagegen keine Anwendung, da Grundpfandberechtigte kein Recht zum Besitz an der Sache haben, der für die Vindikationslage konstitutive Besitzherausgabeanspruch in diesem Verhältnis also gar nicht bestehen kann (Baur/Stürner § 11 Rz 1). 4

985 *Herausgabeanspruch*
Der Eigentümer kann von dem Besitzer die Herausgabe der Sache verlangen.

I. Allgemein. § 985 gibt dem Eigentümer einen **Anspruch auf Herausgabe seiner Sache** gegen den Besitzer, der sie ihm unrechtmäßig vorenthält. Es handelt sich um einen **dinglichen Anspruch**, auf den aber schuldrechtli- 1

§ 985 Sachenrecht Eigentum

che Regelungen Anwendung finden, soweit dem nicht sachenrechtliche Bestimmungen oder Grundätze entgegenstehen (Rz 31; Baur/Stürner § 11 Rz 43; Medicus BR Rz 445ff).

2 **II. Anspruchsvoraussetzungen. 1. Vindikationsfähige Sachen.** Der Herausgabeanspruch aus § 985 erstreckt sich auf **bewegliche** und **unbewegliche Sachen**. Bei unbeweglichen Sachen kann er zusammen mit einem möglichen Grundbuchberichtigungsanspruch aus § 894 geltend gemacht werden.

3 **Geld** kann von dem Eigentümer nach § 985 herausverlangt werden, so weit es bei dem Besitzer noch physisch und individualisierbar vorhanden ist. Wurde das Geld aber auf ein Bankkonto eingezahlt oder für Anschaffungen verwendet, besteht ein Herausgabeanspruch aus § 985 nicht mehr; eine sog „Geldwertvindikation" ist nicht möglich (Baur/Stürner § 11 Rz 42; MüKo/Medicus Rz 16f; Brehm/Berger § 7 Rz 65. Zur Geldwertvindikation vgl auch Kaser AcP 143, 1ff; Simitis AcP 159, 406, 454ff).

4 **Sachgesamtheiten** können als solche nicht vindiziert werden, sondern nur die zugehörigen Einzelsachen (Brehm/Berger § 7 Rz 60ff). Die Geltendmachung der Vielzahl von Herausgabeansprüchen kann aber aus praktischen Gründen in einem Antrag zusammengefaßt werden (§ 260 ZPO). Eine Verurteilung zur Herausgabe der Sachgesamtheit (Warenlager, Gastwirtschaft, Briefmarkensammlung) ist ggf möglich, wenn genau feststeht, welche Einzelsachen zur Gesamtheit gehören; die Feststellung darf nicht der Zwangsvollstreckung überlassen bleiben (RGRK/Pikart Rz 23).

5 Von dem Anspruch auf Herausgabe einer Sachgesamtheit gemäß § 985 ist der Anspruch auf Herausgabe eines **Inbegriffs** zu unterscheiden, der nach den entsprechenden Sondervorschriften erfolgt (zB Mündelvermögen, § 1890; Nachlaß, §§ 2018, 2130, 2205, 2374).

6 **2. Berechtigter. a) Der Eigentümer als originär Berechtigter.** Der Herausgabeanspruch steht grundsätzlich **jedem Eigentümer** zu, **der nicht unmittelbarer Besitzer ist**. Im Falle klageweiser Geltendmachung muß das Eigentum zum Zeitpunkt der letzten mündlichen Verhandlung bestehen; ein Erwerb während des Prozesses kann also genügen (RG 57, 46, 47). Auch der **Sicherungseigentümer** und der **Leasinggeber** hat den Anspruch aus § 985 (MüKo/Medicus Rz 3).

7 Der **Miteigentümer** hat einen modifizierten Herausgabeanspruch aus § 985. Von Dritten kann er die Herausgabe der Sache an alle Miteigentümer gemeinsam oder die Hinterlegung der Sache für alle Miteigentümer (§§ 1011, 432), von anderen Miteigentümern die Einräumung des Mitbesitzes verlangen. Zum **Gesamthandseigentümer** vgl Müko/Medicus Rz 6.

8 Beim **Vorbehaltskauf** steht der Anspruch aus § 985 dem Vorbehaltskäufer zu. Dieser ist zwar nur Inhaber eines Anwartschaftsrechts, nicht Eigentümer. § 985 findet wegen der vergleichbaren Interessenlage auf das **Anwartschaftsrecht** aber entsprechende Anwendung (Soergel/Mühl § 929 Rz 79; Baur/Stürner § 59 Rz 3, 46f. AA MüKo/Medicus Rz 4; RGRK/Pikart Rz 5. Vgl auch Staud/Gursky vor § 985 Rz 6). Dem Vorbehaltsverkäufer steht der Anspruch aus § 985 aufgrund seines auflösend bedingten Eigentums zwar ebenfalls zu. Er kann aber nur die Herausgabe an den Vorbehaltskäufer verlangen, sofern dieser ihm gegenüber nach dem Kaufvertrag zum Besitz berechtigt ist (analog § 986 I S 2; dazu Raiser, Dingliche Anwartschaften, 1961, S 76; Serick, Eigentumsvorbehalt, Bd I § 11 V 3a).

9 **b) Übertragung, Ermächtigung, (Ver-)Pfändung des Herausgabeanspruchs.** Der Herausgabeanspruch ist mit dem Eigentumsrecht untrennbar verbunden. Er erlischt mit diesem und ist **nicht selbständig abtretbar** (MüKo/Medicus vor § 985 Rz 5; Baur/Stürner § 11 Rz 44; Neumayer, FS Lange, 1970, S 305, 323). Die §§ 398ff finden auf einen Herausgabeanspruch nach § 985 daher keine, auch keine entsprechende Anwendung.

10 Zulässig ist aber die **Ermächtigung eines Dritten** zur Geltendmachung des Anspruchs im eigenen Namen (§ 185 I; BGH NJW 1983, 112, 113; BGH NJW-RR 1986, 158; Soergel/Mühl Rz 2), auch auf Herausgabe an den Ermächtigten. **Verwalter kraft Amtes** (Insolvenzverwalter, § 80 InsO; Testamentsvollstrecker, § 2205) können Ansprüche aus § 985 kraft ihres Verwaltungsrechts geltend machen.

11 Eine **Pfändung** des Herausgabeanspruchs ist zulässig (§ 857 III ZPO; Staud/Gursky, Rz 3; Pal/Bassenge, Rz 1). Einer **Verpfändung** steht dagegen § 1274 II entgegen (Staud/Gursky Rz 3; MüKo/Medicus vor § 985 Rz 6; Pal/Bassenge Rz 1).

12 **c) Verlust des Eigentums.** Der **Herausgabeanspruch entfällt**, wenn der Eigentümer sein Eigentum verliert. Neben rechtsgeschäftlicher Übertragung (§§ 929ff, 873, 925ff) kommen als Gründe für einen Eigentumsverlust vor allem die in den §§ 937ff geregelten Tatbestände originären Eigentumserwerbs in Falle der Ersitzung, Verbindung, Vermischung oder Verarbeitung der Sache durch den Besitzer oder einen Dritten in Betracht. Denkbar ist auch, daß der Eigentümer sein Eigentum an der Sache aufgibt (Dereliktion, § 959 bzw § 928 I).

13 **3. Verpflichteter.** Der Herausgabeanspruch aus § 985 richtet sich gegen den jeweiligen Besitzer (§ 854), gleichviel, ob er unmittelbarer oder mittelbarer, Eigen- oder Fremdbesitzer ist. Er richtet sich aber nur gegen den **unrechtmäßigen Besitzer**, also den Besitzer, der kein Recht zum Besitz hat (§ 986). Gegen einen Besitzdiener (§ 855) kann sich der Anspruch aus § 985 nicht richten, da dieser keinen eigenen Besitz an der Sache hat (Brehm/Berger § 7 Rz 42; Staud/Gursky Rz 53).

14 **Mitbesitzer** haften gemeinschaftlich auf Herausgabe, soweit die Herausgabe der Sache nur einheitlich erfolgen kann. Ist den einzelnen Mitbesitzern aber die Herausgabe des auf sie entfallenden Mitbesitzanteils möglich, können sie hierauf individuell in Anspruch genommen werden. Zur Frage der Haftung von **Gesamthandsgemeinschaften** auf Besitzherausgabe vgl MüKo/Medicus Rz 13. Zum **mittelbaren Besitzer** vgl Rz 22.

Die **Art der Besitzerlangung** ist für den Anspruch aus § 985 unerheblich. Der Besitzer braucht den Besitz nicht 15 direkt vom Eigentümer oder eigenmächtig erlangt zu haben.

Der Herausgabeanspruch entfällt, wenn der **Besitzer den Besitz verliert**. Dem Eigentümer kann in diesem Fall 16 aber ein Schadensersatzanspruch gem §§ 989, 990, 992 (vor § 987 Rz 62ff) zustehen. War der Herausgabeanspruch zum Zeitpunkt des Besitzverlusts bereits rechtshängig, so kann der Prozeß überdies gegen den bisherigen Besitzer fortgeführt werden (§ 265 ZPO). Ein stattgebendes Urteil erwächst auch gegen den Rechtsnachfolger in Rechtskraft (§ 325 I ZPO) und kann gegen ihn vollstreckt werden (§ 727 ZPO), sofern er bei Besitzerwerb nicht gutgläubig gewesen ist (§ 325 II ZPO).

4. **Gegenrechte.** Der Herausgabeanspruch besteht nicht, wenn der Beklagte ein **Recht zum Besitz** hat 17 (§ 986 I). Das Recht zum Besitz kann dinglich oder schuldrechtlich sein. Es muß aber gegenüber dem Eigentümer der Sache bestehen. Das ist der Fall, wenn das Besitzrecht auf einem Rechtsverhältnis zwischen dem unmittelbaren Besitzer und dem Eigentümer beruht oder wenn der unmittelbare Besitzer sein Besitzrecht von einem mittelbaren Besitzer (zB Vermieter) ableitet, der seinerseits dem Eigentümer gegenüber zum Besitz berechtigt ist.

Entfällt das Besitzrecht nachträglich, so ist der Anspruch aus § 985 ab diesem Zeitpunkt (wieder) gegeben. Im 18 Falle einer **Veräußerung der Sache** bleiben schuldrechtliche Besitzrechte aber auch gegenüber dem Rechtsnachfolger des Eigentümers bestehen, sofern die Veräußerung nach §§ 929, 931 oder §§ 929, 930 (BGH 111, 142, 146) erfolgt ist (§ 986 II; sog „Erhaltungsfunktion des Besitzes", Baur/Stürner § 11 Rz 40). Dingliche Besitzrechte bleiben von einer Veräußerung der Sache, außer im Falle des gutgläubig lastenfreien Erwerbs (§ 936), naturgemäß unberührt.

Steht dem Besitzer kein Besitzrecht gegenüber dem Eigentümer zu, ist ein **Herausgabeverlangen** nach § 985 19 gleichwohl unbegründet, wenn es **gegen Treu und Glauben verstößt** (§ 242) (zweifelnd LG Itzehoe JZ 1983, 308, dazu v Olshausen JZ 1983, 288ff). Das ist **zB der Fall, wenn** a) die Sache unter großem Aufwand und unter Duldung des Eigentümers zu einer wirtschaftlich völlig neuen **umgestaltet** worden ist (RG 133, 293, 296; vgl aber auch §§ 946ff, 950), b) gegenseitige **Rücksichtnahme im Nachbarrecht** es erfordert (RG 169, 180, 182), c) erhebliche und langfristig wirksame **Verwendungen gemacht** worden sind (RG HRR 1934, 1024), d) ein Grundstückseigentümer, der aufgrund einer **Baulast** zur Duldung einer Garage zugunsten des jeweiligen Eigentümers eines Nachbargrundstücks verpflichtet ist, vom Begünstigten Herausgabe und Räumung der Garage verlangt, solange die Baulast besteht und nicht anzunehmen ist, die Baubehörde werde auf sie verzichten (BGH 79, 201, 210; vgl auch § 1004 Rz 60), e) der Besitzer ein **Anwartschaftsrecht** auf Eigentumserwerb hat (BGH 10, 69, 75; zum Kauf unter Eigentumsvorbehalt vgl aber auch § 986 Rz 36).
In diesen und vergleichbaren Fällen schließt § 242 Herausgabeansprüche nach § 985 aus, vernichtet aber nicht das Eigentum. Der Anspruch kann später wieder durchsetzbar werden (zB wenn dem Besitzer eine angemessene Nutzung ermöglicht wurde).

Das Herausgabeverlangen einer Sache nach **Ablauf eines Pachtvertrages**, um den Pächter zur Vereinbarung 20 einer höheren Pacht zu veranlassen, ist keine unzulässige Rechtsausübung (BGH LM Nr 30 zu § 985).

III. **Anspruch auf Herausgabe.** Der Anspruch aus § 985 ist auf Herausgabe der Sache, dh auf **Verschaffung** 21 **des unmittelbaren Besitzes an der Sache** gerichtet. Die Übernahme der Sache muß dem Eigentümer vom Besitzer ermöglicht werden. Das kann etwa erfordern, daß der Besitzer die Sache aus einem Lager herausnimmt und für den Eigentümer zur Abholung bereitstellt (BGH 104, 304, 306). Mit einer bloßen Duldung der Wegnahme erfüllt der Besitzer seine Verpflichtungen aus § 985 nicht (anders zB iFd § 867, § 1005, § 539 II).

Ist der Anspruchsgegner **mittelbarer Besitzer**, so kann der Eigentümer nur die **Übertragung des mittelbaren** 22 **Besitzes** (§ 870) verlangen. Der Eigentümer kann den mittelbaren Besitzer nicht auf Verschaffung des unmittelbaren Besitzes in Anspruch nehmen (Baur/Stürner § 11 Rz 41. AA die hM noch mit Blick auf § 283 BGB idF bis zum Inkrafttreten des SchuldModG vom 26. 11. 2001, BGH 53, 29, 31; Soergel/Mühl Rz 13; MüKo/Medicus Rz 10; Brehm/Berger § 7 Rz 45f).

Die Sache ist vom Besitzer **an dem Ort herauszugeben**, wo sie sich bei Eintritt der Bösgläubigkeit oder 23 der Rechtshängigkeit befindet. Dort muß der Besitzer die Sache zur Abholung durch den Eigentümer bereitstellen (BGH 79, 211, 214 unter Verweis auf § 269; 104, 304, 306; BGH NJW 1981, 752f; Peters AcP 153, 454. AA Gursky JZ 1984, 604, 609; MüKo/Medicus Rz 22, wonach die Sache vom Besitzer an dem Ort herauszugeben ist, wo sie sich befindet, eine Ortsverlagerung aber eine Schadensersatzpflicht analog §§ 989, 990 begründet).

Die **Kosten der Herausgabe** trägt der Besitzer insoweit, als sie durch die Bereitstellung an diesem Herausgabe- 24 ort entstehen (BGH 104, 304, 306; Brehm/Berger § 7 Rz 67). Im übrigen trägt der Eigentümer die Kosten der Herausgabe. Stellt der Besitzer die Sache aber nicht an dem Herausgabeort bereit und muß der Eigentümer die Sache deshalb an einem anderen Ort abholen, so kann er Ersatz seiner hierdurch entstandenen Aufwendungen nach § 684 iVm § 812ff verlangen. Dieser Anspruch ist nicht durch § 993 I Hs 2 ausgeschlossen, da sich die § 987ff ausschließlich auf die Nebenansprüche des Eigentümers gegen den Besitzer beziehen, während die für den Rücktransport aufgewendeten Beträge zum Herausgabeanspruch gehören (BGH 79, 211, 215).

IV. **Verjährung.** Der Anspruch aus § 985 verjährt in **30 Jahren** (§ 197 I Nr 1; kritisch dazu Remien AcP 201, 25 730ff). Auf Beginn und Lauf der Verjährung finden die §§ 200ff Anwendung. Das Eigentum an beweglichen Sachen kann allerdings schon nach 10 Jahren durch Ersitzung auf den Besitzer übergehen (§ 937).

V. **Konkurrenzen.** § 985 gewährt dem Eigentümer einer Sache einen Herausgabeanspruch gegen deren 26 unrechtmäßigen Besitzer. Herausgabe- bzw Rückgabeansprüche des Eigentümers können sich außer aus § 985 aber auch aus einer Reihe weiterer Anspruchsgrundlagen ergeben. Es stellt sich ggf die Frage, ob diese Anspruchsgrundlagen neben § 985 Anwendung finden oder durch ihn verdrängt werden. Im einzelnen:

§ 985 Sachenrecht Eigentum

27 **1. Rückgabeansprüche aus Vertrag.** Zwischen dem Herausgabeanspruch aus § 985 und einem Rückgabeanspruch aus vertraglichem oder gesetzlichem Schuldverhältnis besteht **nach zutreffender hM** Anspruchskonkurrenz. Die verschiedenen Anspruchsgrundlagen sind **nebeneinander anwendbar** (BGH 34, 122f; BGH JZ 1980, 767; BGH 85, 11, 13; MüKo/Medicus Rz 28; Brehm/Berger § 7 Rz 71f; Roth JuS 1997, 518, 522; Staud/Gursky Rz 31; RGRK/Pikart Rz 7; Berg JuS 1971, 522; Schirmer JuS 1983, 265, 266).

28 Ein Herausgabeanspruch nach § 985 besteht deshalb auch dann, wenn der Eigentümer nach **Rücktritt vom Kaufvertrag** einen vertraglichen Rückgabeanspruch (§ 346) gegen den Vorbehaltskäufer hat (BGH 34, 122, 123f; Westermann § 30 I 4). Auch bei **Beendigung eines Mietverhältnisses** hat der Eigentümer gegen den Mieter einen Herausgabeanspruch aus § 985 und einen Rückgabeanspruch aus § 546.

29 Nach einer Mindermeinung soll bei Bestehen vertraglicher Rückgabeansprüche der Anspruch aus § 985 dagegen verdrängt werden (Raiser JZ 1958, 681; 683 und JZ 1961, 529; Schwerdtner JuS 1970, 64ff).

30 **2. Sonstige Rückgabeansprüche.** Auch **andere als vertragliche Rückgabeansprüche** sind neben § 985 anwendbar. So zB a) Ansprüche aus besserem Besitz gem **§ 1007** (MüKo/Medicus Rz 26; Brehm/Berger § 7 Rz 76); b) possessorische Besitzentziehungsansprüche aus **§ 861** (MüKo/Medicus Rz 26; Brehm/Berger § 7 Rz 76); c) Ansprüche aufgrund rechtsgrundlos erbrachter Leistung gem **§ 812 I S 1 Alt 1** (Leistungskondition, Brehm/Berger § 7 Rz 74; Michalski, FS Gitter, S 577, 581; RG 170, 257, 259ff; 129, 307, 311); d) Schadensersatzansprüche gem **§§ 823ff, 249 S 1** (MüKo/Medicus Rz 26; Brehm/Berger § 7 Rz 76); e) Erbschaftsansprüche gem **§§ 2018ff, 2029** (Brehm/Berger § 7 Rz 76).

31 **VI. Anwendbarkeit des allgemeinen Schuldrechts.** Obschon § 985 ein dinglicher Anspruch ist, finden die Vorschriften des allgemeinen Schuldrechts auf ihn Anwendung, soweit dem nicht sachenrechtliche Grundsätze oder der Vorrang der §§ 987ff entgegenstehen. Vgl dazu vor § 987 Rz 88ff.

32 **VII. Prozessuales. 1. Gerichtsstand** für die Herausgabeklage ist grundsätzlich der allgemeine Gerichtsstand (§ 12 ZPO), bei Grundstücken der Gerichtsstand des Belegenheitsortes (§§ 24, 26 ZPO).

33 **2. Klageantrag; Unmöglichwerden der Herausgabe.** Der Klageantrag muß auf **Herausgabe der Sache** gerichtet sein. Wird dem verklagten Besitzer die Herausgabe unmöglich, so kann der Kläger, um eine Abweisung zu vermeiden, gemäß § 264 Nr 3 ZPO die Klage umstellen und Schadensersatz (zB aus § 989) verlangen. Unzulässig ist es aber, direkt auf Herausgabe oder Schadensersatz zu klagen, denn es besteht kein Wahlschuldverhältnis; ebenso unzulässig ist eine Klage auf Schadensersatz mit der Befugnis, die Ersatzleistung durch Herausgabe der Sache abzuwenden (RGRK/Pikart Rz 76f; Soergel/Mühl § 985 Rz 19).

34 Wird die Klage gegen einen mittelbaren Besitzer gerichtet, so kann nicht Herausgabe der Sache, sondern nur **Abtretung des Herausgabeanspruchs** verlangt werden (Rz 22). Der Eigentümer kann den unmittelbaren und den mittelbaren Besitzer einzeln oder zusammen als Streitgenossen verklagen. Für den Fall, daß ein unmittelbarer Fremdbesitzer allein verklagt wird vgl § 76 ZPO.

35 **3. Prozeßführungsbefugnis; Rechtsnachfolge.** Veräußert der **Kläger** die Sache nach Rechtshängigkeit, so bleibt er prozessführungsbefugt (§ 265 II S 1 ZPO), muß jedoch den Antrag dahingehend ändern, daß er nunmehr Herausgabe an den Rechtsnachfolger verlangt (sog „Relevanztheorie"; MüKo/Medicus Rz 7. AA Brehm/Berger § 7 Rz 43). Anderes gilt nur dann, wenn das Urteil ausnahmsweise nicht gegen den Rechtsnachfolger wirkt, weil dieser gutgläubig war (§ 325 II ZPO). In diesem Fall ist der Veräußerer nach der Veräußerung nicht mehr prozessführungsbefugt (§ 265 III ZPO).

36 Veräußert der Beklagte die Sache nach Rechtshängigkeit, so kann er trotz Besitzverlustes zur Herausgabe verurteilt werden (RG 121, 379, 381f). Der Kläger kann den Titel nach § 727 ZPO gegen den Rechtsnachfolger des Beklagten umschreiben lassen, soweit das Urteil gem § 325 ZPO auch gegen ihn wirkt. Häufig wird dies wegen § 325 II ZPO aber nicht der Fall sein.

37 Eine **gewillkürte Prozeßstandschaft** ist zulässig, wenn der Prozeßführende vom Rechtsinhaber ermächtigt ist und ein rechtliches Interesse an ihr hat (BGH NJW-RR 1986, 158). Der ermächtigte Nichteigentümer kann Herausgabe an sich selbst verlangen.

38 **4. Darlegungs- und Beweislast.** Der Kläger ist beweispflichtig für **sein Eigentum** und für den **Besitz des Beklagten** an der Sache.

39 Zum **Nachweis seines Eigentums** kann sich der eingetragene Kläger bei **Grundstücken** auf die Vermutung des § 891 stützen. Bei **beweglichen Sachen** muß der Kläger sein Eigentum dagegen entgegen der Vermutung des § 1006 nachweisen.

40 Den **Besitz des Beklagten** hat der Kläger im allgemeinen hinreichend nachgewiesen, wenn er dartut, daß der Beklagte tatsächliche Sachherrschaft ausübt. Der Beklagte hat ggf nachzuweisen, daß er zB nur Besitzdiener ist.

41 **5. Rechtskraft.** Die Rechtskraft des Urteils **erstreckt sich objektiv** auf Bestehen oder Nichtbestehen des Herausgabeanspruchs aus § 985 und der zu diesem Anspruch bestehenden Nebenansprüche aus §§ 987ff. Die Rechtskraft **erstreckt sich nicht** auf einen evtl gleichzeitig gegebenen Beseitigungsanspruch aus § 1004 (BGH 28, 153) oder auf andere konkurrierende, im Prozeß nicht geltend gemachte Herausgabeansprüche. Wird der Herausgabeanspruch aus § 985 abgewiesen, so ist es daher zulässig, aus einem anderen Rechtsgrund auf Herausgabe zu klagen, etwa aus Vertrag (zB § 604) oder aus § 812 I (RG JW 1935, 2269). Ein stattgebendes Urteil besagt auch nichts über etwaige Ansprüche auf Ersatz für vor Rechtshängigkeit gezogene Nutzungen (BGH NJW 1983, 164, 165).

42 **Subjektiv wirkt das Urteil** stets für die **Rechtsnachfolger** der Parteien, gegen sie nur bei Bösgläubigkeit (§ 325 II ZPO). Guter Glaube muß sich nicht nur auf Mängel im Recht des Vorgängers, sondern auch auf die

Ansprüche aus dem Eigentum § 986

Rechtshängigkeit beziehen (BGH 4, 283, 285). Gegen den **Miteigentümer** wirkt die Rechtskraft nicht (RG 119, 163, 168f). Die Abweisung der Herausgabeklage gegen den unmittelbaren Besitzer steht der Klage gegen ihn als mittelbaren Besitzer auf Abtretung des Herausgabeanspruchs nicht im Wege (BGH 2, 164, 171. AA Lauterbach NJW 1951, 837, 839; Staud/Gursky Rz 66ff).

6. Zwangsvollstreckung. Das Herausgabeurteil gegen einen unmittelbaren Besitzer wird durch den Gerichtsvollzieher vollstreckt. Die Vollstreckung erfolgt bei beweglichen Sachen durch Wegnahme der Sache gem § 883 ZPO, bei Grundstücken nach Maßgabe des § 885 ZPO. Das Herausgabeurteil gegen einen mittelbaren Besitzer bedarf keiner solchen Vollstreckung, die von ihm geschuldete Abtretung des Herausgabeanspruchs gilt mit Rechtskraft der Verurteilung als erfolgt (§ 894 ZPO). 43

986 *Einwendungen des Besitzers*

(1) Der Besitzer kann die Herausgabe der Sache verweigern, wenn er oder der mittelbare Besitzer, von dem er sein Recht zum Besitz ableitet, dem Eigentümer gegenüber zum Besitz berechtigt ist. Ist der mittelbare Besitzer dem Eigentümer gegenüber zur Überlassung des Besitzes an den Besitzer nicht befugt, so kann der Eigentümer von dem Besitzer die Herausgabe der Sache an den mittelbaren Besitzer oder, wenn dieser den Besitz nicht wieder übernehmen kann oder will, an sich selbst verlangen.
(2) Der Besitzer einer Sache, die nach § 931 durch Abtretung des Anspruchs auf Herausgabe veräußert worden ist, kann dem neuen Eigentümer die Einwendungen entgegensetzen, welche ihm gegen den abgetretenen Anspruch zustehen.

I. Allgemein. Seinem Wortlaut nach gewährt § 985 dem Eigentümer einer Sache einen Herausgabeanspruch 1 gegen jeden Besitzer. § 986 relativiert diesen Anspruch wieder, indem er klarstellt, daß ein Anspruch aus § 985 nicht besteht, soweit der Besitzer zum Besitz an der Sache berechtigt ist.

II. Besitzrecht. Ein Recht zum Besitz iSd § 986 kann sich sowohl aus einem Recht an der Sache (**dingliches** 2 **Besitzrecht**) als auch aus einer schuldrechtlichen Sonderbeziehung des Besitzers zu dem Eigentümer oder zu einem mittelbaren Besitzer ergeben (**obligatorisches Besitzrecht**). Im einzelnen kommen folgende Besitzrechte in Betracht.

1. Dingliche Besitzrechte sind solche, die **aufgrund eines beschränkten dinglichen Rechts** an der Sache 3 bestehen. So sind etwa der Inhaber eines Pfandrechts (§§ 1204ff, 1253 I), der Nießbraucher (§ 1036 I), der Inhaber eines Wohnrechts (§ 1093), der Erbbauberechtigte (§ 11 I ErbbauVO) und der Dauernutzungsberechtigte (§ 31 WEG) kraft ihres dinglichen Rechts iSd § 986 zum Besitz der Sache berechtigt. Nicht jedes beschränkte dingliche Recht an einer Sache berechtigt aber auch zu ihrem Besitz. So hat zB der Hypothekengläubiger (§§ 1113ff) kein Besitzrecht an dem belasteten Grundstück. Zum Anwartschaftsrecht vgl Rz 36 und vor § 994 Rz 21f.

Dingliche Besitzrechte sind **absolute Rechte**. Sie wirken nicht nur gegen den Eigentümer, sondern gegen jeder- 4 mann.

Zur Bestellung beschränkter dinglicher Rechte ist der Eigentümer berechtigt. Es ist aber auch ein **gutgläubiger** 5 **Erwerb** solcher Rechte vom Nichtberechtigten möglich (vgl zB zum Pfandrecht §§ 1207, 932 und vor § 994 Rz 22).

Ein Sonderfall des dinglichen Besitzrechts ist der **berechtigte Überbau** (§ 912). Auch er gibt dem überbauen- 6 den Nachbarn an dem bebauten fremden Grund und Boden ein Recht zum Besitz (BGH 27, 204, 205f). § 946 findet auf den berechtigten Überbau keine Anwendung (§ 946 Rz 8).

2. Obligatorische Besitzrechte sind solche, die **aufgrund einer schuldrechtlichen Sonderbeziehung** 7 bestehen. Typische Beispiele sind Besitzrechte aufgrund eines Mietvertrages (RG 109, 128, 130f), eines Pacht-, Leih-, oder auch eines Kaufvertrages (zum Kauf unter Eigentumsvorbehalt Rz 36).

Obligatorische Besitzrechte **bestehen** grundsätzlich nur **bis zur Beendigung des zugrundeliegenden schuld-** 8 **rechtlichen Verhältnisses**. In Ausnahmefällen kann das Besitzrecht aber fortwirken. So ist der Vermieter/Verpächter bis zur Ausübung des Wegnahmerechts nach §§ 539 II, 552 (= § 547a idF vor Inkrafttreten des Mietrechtsreformg v 19. 6. 2001) zum Besitz an den eingebrachten Sachen berechtigt (BGH 81, 147, 151). Ein zB wegen ausstehender behördlicher Genehmigung **schwebend unwirksamer Vertrag** rechtfertigt den bereits eingeräumten Besitz, da die Parteien während des Schwebezustandes gebunden sind. Das Besitzrecht entfällt erst, wenn die Genehmigung rechtskräftig versagt worden ist (vgl dazu auch Kohler NJW 1988, 1054, 1055f).

Ein **ungültiger, aber tatsächlich durchgeführter Vertrag** kann in besonders gelagerten Fällen ausnahmsweise 9 ein Recht zum Besitz geben, so zB im Falle eines Formmangels, wenn es nach den Beziehungen der Beteiligten und nach den gesamten Umständen mit Treu und Glauben unvereinbar wäre, die vertragliche Vereinbarung wegen Formmangels unausgeführt zu lassen (BGH NJW 1965, 812, 813; BGH 29, 6, 10; 21, 59, 66; 20, 338, 344; RG 153, 59, 60f).

Vertraglich eingeräumte Besitzrechte bestehen **unabhängig davon, ob der Anspruch auf die** vereinbarte 10 **Gegenleistung verjährt ist**. Der Käufer einer Sache behält daher das Recht zum Besitz einer ihm vom Verkäufer übergebenen aber nicht übereigneten Sache, auch wenn der Erfüllungsanspruch verjährt ist (BGH 90, 269, 270; RG 138, 296, 298f; 144, 62, 65f. Anders beim Kauf unter Eigentumsvorbehalt, vgl Rz 36). Er verliert das Besitzrecht erst dann, wenn der Verkäufer vom Kaufvertrag wirksam zurücktritt oder der Kaufvertrag auf andere Weise wegfällt.

Der das Besitzrecht begründende Vertrag muß keinem Vertragstypus des BGB entsprechen. Auch ein **Vorver-** 11 **trag** kann genügen (BGH ZMR 1967, 105, 107). Der Verleger hat am Manuskript des Verfassers ein Besitzrecht, jedoch nur für die Dauer des **Verlagsvertrages** (BGH GRUR 1969, 551, 552 mit Anm Bappert = JZ 1970, 105 mit Anm Steindorff).

12   Zur Frage **zwischen wem** die obligatorischen Besitzrechtsverhältnisse bestehen müssen vgl Rz 21ff.

13   **3. Familien- oder erbrechtliche Rechte.** Auch aus familienrechtlichen Beziehungen kann sich ein Besitzrecht ergeben (vgl Schulz, Ehewohnung und Hausrat in der ungestörten Ehe, 1982, S 119ff; dazu Holzhauer AcP 184, 194ff). So hat jeder Ehegatte ein aus der Verpflichtung zur ehelichen Lebensgemeinschaft (§ 1353 I) folgendes Besitzrecht an der Ehewohnung samt Hausrat. Im Falle einer Ehescheidung und bei **getrennt lebenden Ehegatten** endet dieses Recht grundsätzlich erst, wenn gem §§ 18a, 3ff HausratsVO über die Ehewohnung und die Hausratsverteilung entschieden worden ist (BGH 71, 216, 222ff; Brehm/Berger § 7 Rz 50; zum Besitzrecht am Familienheim beim Scheitern einer Ehe auch Graba NJW 1987, 1721ff, 1782).

14   Hat eine Ehefrau bei Eingehung der Ehe in Räumen, die für diesen Zweck auf dem Grundstück des Mannes gebaut worden sind, eine Arztpraxis gegründet und trennen sich die Eheleute nach zehn Jahren, so kann der Mann die Herausgabe der Räume nicht verlangen, solange die Ehe noch nicht geschieden ist (Düsseldorf MDR 1988, 673, unter Hinweis auf BGH 37, 38).

15   Im **Erbfall** haben neben dem Besitzer (§ 857) auch der Nachlaßverwalter (§ 1985) und der Testamentsvollstrecker (§ 2205) ein Recht zum Besitz.

16   **4. Öffentlich-rechtliche Rechte.** Ein Besitzrecht kann ferner auf öffentlichem Recht beruhen, zB im Falle der Beschlagnahme (BGH 27, 204, 205) oder Einweisung. Diese muß, ob dauernd oder vorübergehend, verwaltungsrechtlich gültig sein (LG Berlin JR 1948, 131f).

17   **5.** Ob **Zurückbehaltungsrechte** Besitzrechte iSd § 986 sind, ist umstritten. Vor allem die Rspr geht davon aus, daß Zurückbehaltungsrechte als absolute (§§ 972, 1000, 2022) oder relative (§ 273) Besitzrechte iSd § 986 anzusehen sind (BGH NJW 1995, 2627, 2628; NJW-RR 1986, 282; WM 1966, 1086, 1088; BGH 64, 122, 124f; Zweibrücken OLGRp 1999, 362. AA für § 1000 RGRK/Pikart Rz 16; Westermann § 33 VI 1; Roussos JuS 1987, 606; Seidel JZ 1993, 180, 184f für § 320).

18   Gegen diese Ansicht sprechen aber einige Besonderheiten des Zurückbehaltungsrechts. Im Falle einer Herausgabeklage führen Zurückbehaltungsrechte, anders als Besitzrechte, nicht zur Abweisung der Klage. Es erfolgt Verurteilung zur Herausgabe der Sache Zug um Zug. Zurückbehaltungsrechte gewähren dem Beklagten darüber hinaus nur eine Einrede, wogegen es sich bei den Besitzrechten iSd § 986 um Einwendungen handelt (Rz 41).

19   Zurückbehaltungsrechte gewähren daher **kein Besitzrecht** iSd § 986 (Baur/Stürner § 11 Rz 4 Fn 1; Medicus JZ 1996, 151, 153; MüKo/Medicus Rz 17; Staud/Gursky Rz 28; Brehm/Berger § 7 Rz 51; Soergel/Mühl Rz 2). Demgemäß sind auch die §§ 987ff im Verhältnis zwischen dem Eigentümer und dem Besitzer einer Sache anwendbar, selbst wenn dem Besitzer ein Zurückbehaltungsrecht an der Sache zusteht.

20   **6.** Ein Besitzrecht eigener Art gewährt § 241a I im Falle der **Zusendung unbestellter Sachen**. Der Empfänger braucht diese Sachen dem Eigentümer nicht herauszugeben (§ 937 Rz 13). Das Besitzrecht nach § 241a I ist aber nicht übertragbar. Überträgt der Empfänger den Besitz an den Sachen auf einen Dritten, kann der Eigentümer sie von dem Dritten daher gem § 985 herausverlangen (Brehm/Berger § 7 Rz 59).

21   **III. Wirkung obligatorischer Besitzrechte.** Dingliche Besitzrechte wirken als absolute Rechte stets gegen den jeweiligen Eigentümer einer Sache, unabhängig davon, ob er oder ein Rechtsvorgänger sie bestellt oder ob der Inhaber das dingliche Besitzrecht gutgläubig erworben hat. Obligatorische Besitzrechte wirken dagegen grundsätzlich nur zwischen den Parteien des schuldrechtlichen Sonderverhältnisses, auf das sich das Besitzrecht gründet. Bei obligatorischen Besitzrechten ist daher stets zu prüfen, ob sie auch dem Eigentümer der Sache gegenüber ein Recht zum Besitz begründen.

22   **1. Vereinbarung zwischen Eigentümer und Besitzer.** Obligatorische Besitzrechte wirken zunächst dann gegen den Eigentümer einer Sache, wenn er selbst Partei des Sonderrechtsverhältnisses ist, auf das sich das Besitzrecht gründet. Ist der Eigentümer also zB selbst Vermieter der Sache, so ist dieser ihm gegenüber ohne weiteres zum Besitz berechtigt.

23   **2. Vereinbarung zwischen mittelbarem und unmittelbarem Besitzer.** Problematisch ist die Wirkung eines obligatorischen Besitzrechts gegen den Eigentümer einer Sache aber dann, wenn nicht er, sondern ein Dritter Partei des Sonderrechtsverhältnisses ist, auf das sich das Besitzrecht gründet. Hat zB ein Nichteigentümer die Sache vermietet, besteht das Besitzrecht zunächst nur zwischen dem Nichteigentümer und dem Mieter. Ob der Mietvertrag dem Mieter auch ein Recht zum Besitz gegenüber dem Eigentümer der Sache gibt, hängt davon ab, ob der das Besitzrecht gewährende Nichteigentümer seinerseits dem Eigentümer gegenüber zum Besitz und zur Überlassung des Besitzes an Dritte berechtigt ist.

24   **a) Mittelbarer Besitzer ist zum Besitz und zur Besitzüberlassung berechtigt (Abs I S 1).** Nach § 986 I kann ein Nichteigentümer durch Vereinbarung mit einem Dritten diesem ein gegenüber dem Eigentümer wirksames Recht zum Besitz einräumen, sofern er selbst dem Eigentümer gegenüber zum Besitz (Abs1 S 1) und zur Überlassung des Besitzes der Sache an Dritte (Abs I S 2) berechtigt ist (zB erlaubte Untervermietung oder -verpachtung, § 540, 581 II; vgl auch § 603 S 2 – Leihe und § 691 – Verwahrung).

25   Daß der Nichteigentümer **mittelbarer Besitzer** ist, ist entgegen dem Wortlaut des § 986 I nicht unbedingt erforderlich (BGH 111, 142, 146f; BGH 90, 269, 270; RG 105, 19, 21; Brehm/Berger § 7 Rz 53; MüKo/Medicus Rz 18; Staud/Gursky Rz 37). Es kann sich zB auch um einen Weiterverkäufer handeln, dem die Kaufsache zwar übergeben, aber noch nicht übereignet worden ist.

Der Nichteigentümer braucht entgegen dem Wortlaut des § 986 I dem Eigentümer gegenüber auch nicht unbedingt **selbst zum Besitz der Sache berechtigt** zu sein. Es genügt, daß er diesem gegenüber berechtigt ist, die Sache dem Dritten zu überlassen. So kann der Nichteigentümer ein Grundstück im eigenen Namen auch mit Wirkung gegen den Eigentümer vermieten, sofern dieser **eingewilligt hat** (§ 185 I; RG 124, 28, 31f). Im Falle der Einwilligung des Eigentümers erlangt der Dritte ein eigenständiges Recht zum Besitz der Sache, auch wenn der das Recht einräumende Nichteigentümer selbst nicht zum Besitz der Sache berechtigt ist. Fehlt die Einwilligung, kann der Besitzer allerdings auch gutgläubig kein (obligatorisches) Besitzrecht erwerben (vgl auch vor § 994 Rz 22).

Vermietet ein gewerblicher Zwischenvermieter Wohnungen, erlangen die Mieter hierdurch ein eigenes Besitzrecht gegenüber dem Eigentümer, das auch nach Beendigung des Hauptmietvertrages fortbesteht. Das gilt selbst dann, wenn die Mieter wußten, daß sie von einem Zwischenmieter gemietet haben (BVerfG 84, 197, 199 = NJW 1991, 2272). Diese vom BVerfG entwickelte Ausnahme dürfte allerdings nicht verallgemeinerungsfähig sein.

b) Mittelbarer Besitzer ist zum Besitz aber nicht zur Besitzüberlassung berechtigt (Abs I S 2). Ist der das Besitzrecht einräumende Nichteigentümer zwar selbst zum Besitz, nicht aber zur Besitzüberlassung an Dritte berechtigt, so ist das dem Dritten gewährte Besitzrecht dem Eigentümer gegenüber nicht wirksam. Der Eigentümer kann Herausgabe der Sache verlangen.

Er kann aber nur **Herausgabe** der Sache **an den mittelbaren Besitzer** (dh den zum Besitz berechtigten Nichteigentümer) verlangen. Herausgabe an sich selbst kann der Eigentümer nur dann verlangen, wenn der mittelbare Besitzer den Besitz nicht wieder übernehmen will oder kann (§ 986 I S 2). Zudem dann, wenn der Eigentümer das zwischen ihm und dem mittelbaren Besitzer bestehende Besitzrecht zB durch Kündigung beseitigt hat.

Die Regelung des (§ 986 I S 2) entspricht derjenigen des § 869 S 2. Sie dient dem Schutz des Zwischenbesitzers und muß daher auch gelten, wenn der berechtigte Besitzer die Sache nicht einem Dritten übergeben hat, sondern ihm die Sache zB entwendet wurde, so daß der aktuelle Besitzer kein Besitzmittler des berechtigten Besitzers ist (MüKo/Medicus Rz 23).

3. Übertragung des Eigentums. Für den Fall, daß nach Bestellung eines Besitzrechts das Eigentum an der Sache übertragen wird vgl Rz 32.

IV. Erhaltungsfunktion des Besitzes (Abs II). Überträgt der Eigentümer das Eigentum an der Sache auf einen Dritten, stellt sich die Frage, ob bestehende Besitzrechte auch dem neuen Eigentümer gegenüber bestehen bleiben. Es ist zu unterscheiden zwischen dinglichen und obligatorischen Besitzrechten.

Dingliche Besitzrechte gelten stets auch dem neuen Eigentümer gegenüber, soweit dieser die Sache nicht gutgläubig lastenfrei erworben hat (§ 936). Und selbst wenn der Erwerber die Sache gutgläubig lastenfrei erwirbt, erlöschen die dinglichen Rechte nicht, die zum Zeitpunkt der Veräußerung einem unmittelbaren Besitzer der Sache zustehen (§ 936 III). So lange ein zum Besitz Berechtigter unmittelbaren Besitz an der Sache hat, ist die Fortgeltung seines dinglichen Besitzrechts daher sichergestellt.

Obligatorische Besitzrechte wirken dagegen grundsätzlich nur gegenüber demjenigen, mit dem sie vereinbart worden sind (Rz 21ff). Im Falle einer Veräußerung der Sache könnte der Besitzer dem neuen Eigentümer daher Besitzrechte, die er mit dem früheren Eigentümer vereinbart hat, nicht entgegenhalten. Obligatorische Besitzpositionen wären damit weitgehend ungeschützt. Um dem entgegenzuwirken ordnet § 986 II an, daß im Falle einer **Veräußerung nach §§ 929, 931** (durch Abtretung des Herausgabeanspruchs) Besitzrechte des unmittelbaren Besitzers der veräußerten Sache auch dem neuen Eigentümer gegenüber fortbestehen. Damit wird eine Stabilität obligatorischer Besitzrechte erreicht, die derjenigen dinglicher Besitzrechte nahekommt. Auf eine **Veräußerung nach §§ 929, 930** (durch Vereinbarung eines weiteren Besitzkonstituts) findet § 986 II wegen der vergleichbaren Interessenlage entsprechende Anwendung (MüKo/Medicus Rz 21; BGH 111, 142, 146). Auf die **Veräußerung von Grundstücken** (§§ 925ff) findet § 986 II dagegen keine Anwendung (vgl insoweit aber §§ 566, 578, 581 II).

Nach Ansicht des BGH (BGH NJW 1975, 1121, 1122; zustimmend MüKo/Medicus Rz 20) finden auf das Verhältnis zwischen Besitzer und neuem Eigentümer darüberhinaus die **§§ 404, 407** entsprechende Anwendung.

V. Besondere Beachtung verdient der weit verbreitete **Kauf unter Eigentumsvorbehalt**.

Beim Kauf unter Eigentumsvorbehalt hat der Vorbehaltskäufer bis zum Bedingungseintritt (vollständige Zahlung des Kaufpreises) ein **Anwartschaftsrecht** an der Sache. Dieses Anwartschaftsrecht gibt ihm ein dingliches, gegen jedermann wirkendes Recht zum Besitz der Sache (Karlsruhe NJW 1966, 885f; Baur/Stürner § 59 Rz 47; Pal/Bassenge § 929 Rz 41; Soergel/Mühl § 929 Rz 68. AA Staud/Gursky Rz 13; RGRK/Pikart Rz 9; MüKo/Medicus Rz 9. BGH 10, 69, 72, 75 und 30, 374, 377 stellen auf § 242 ab). Zudem hat der Vorbehaltskäufer auch ein **obligatorisches Besitzrecht** im Verhältnis zum veräußernden Eigentümer aus dem Kaufvertrag.

Gerät der Vorbehaltskäufer in **Zahlungsverzug**, so kann der Vorbehaltsverkäufer die Herausgabe der Sache grundsätzlich erst verlangen, wenn er vom Kaufvertrag zurückgetreten ist (§ 449 II; vgl dazu auch §§ 216 II, 323 II Nr 1; BGH 54, 214). Erst der Rücktritt führt zum Wegfall des Anwartschaftsrechts und des obligatorischen Besitzrechts. Im Einzelfall kann sich aus dem Inhalt des Vertrages aber auch ergeben, daß § 449 II abbedungen ist und der Vorbehaltskäufer den Besitz nur so lange behalten darf, wie er seine Pflichten aus dem Kaufvertrag ordnungsgemäß erfüllt. Ggf besteht der Anspruch auf Herausgabe nach § 985 auch ohne Rücktritt vom Vertrag.

Das Besitzrecht entfällt nicht dadurch, daß das Recht auf Übereignung der Sache verjährt (BGH 90, 269, 270; vgl auch § 216 II). Ist der Anspruch auf die Kaufpreiszahlung aber **verjährt** und verweigert der Vorbehaltskäufer deswegen die Zahlung, kann der Vorbehaltsverkäufer die Sache herausverlangen (BGH 34, 191; 70, 96, 99; MüKo/Medicus Rz 14. AA Staud/Gursky Rz 14).

§ 986   Sachenrecht Eigentum

40 **Veräußert ein Vorbehaltskäufer** die Vorbehaltsware außerhalb des ordnungsgemäßen Geschäftsverkehr an einen bösgläubigen Dritten, so erlangt dieser kein Besitzrecht gegenüber dem Vorbehaltsverkäufer (BGH NJW 1989, 895, 897).

41 VI. Umstritten ist, ob ein Besitzrecht iSd § 986 eine **Einrede** oder eine **Einwendung** begründet. Der Wortlaut des § 986 I („kann ... verweigern") deutet auf eine **Einrede** hin, die der Beklagte erheben muß. Gleichwohl ist davon auszugehen, daß ein Recht zum Besitz eine **Einwendung** begründet, die im Prozeß von Amts wegen zu beachten ist, wenn sie sich aus dem Parteivorbringen ergibt (BGH 82, 13, 18; Soergel/Mühl Rz 2; MüKo/Medicus Rz 25; Baur/Stürner § 11 Rz 26; Westermann § 30 I 2. AA RGRK/Pikart Rz 24).

42 Die **Beweislast** für das Bestehen seines Besitzrechts trägt der Beklagte (BGH 82, 13; 17; RGRK/Pikart Rz 25). Ist die Entstehung eines Besitzrechts unstreitig oder bewiesen, wird dessen Fortdauer vermutet, so daß der Eigentümer dann den Wegfall des Besitzrechts darlegen und beweisen muß (MüKo/Medicus Rz 26).

Vorbemerkung §§ 987–993

A. Allgemein 1	I. Verpflichtung zur Nutzungsherausgabe 52
B. Anwendungsrelevante Begriffsdefinitionen 6	1. Des redlichen, unverklagten Besitzers 53
I. Besitzer 8	2. Des redlichen, aber verklagten Besitzers („Prozeßbesitzers") 57
1. Redlicher Besitzer 9	3. Des unredlichen Besitzers 58
2. Unredlicher (bösgläubiger) Besitzer 10	4. Des Deliktsbesitzers 60
3. Prozeßbesitzer 11	5. Nutzungsherausgabe als Schadensersatz 61
4. Deliktsbesitzer 12	II. Verpflichtung zum Schadensersatz wegen Verlusts oder Verschlechterung der Sache 62
II. Besitz 13	1. Des redlichen, unverklagten Besitzers 63
1. Rechtmäßiger und unrechtmäßiger Besitz 14	2. Des redlichen, aber verklagten Besitzers („Prozeßbesitzer") 66
2. Eigen- und Fremdbesitz 15	3. Des unredlichen Besitzers 67
C. Anwendungsbereich der §§ 987–993 im Überblick 16	4. Des Deliktsbesitzers 68
I. Grundsatz 17	F. Konkurrenz der §§ 987–993 zu anderen Anspruchsgrundlagen 69
II. Ausnahmen vom Grundsatz 19	I. Grundsatz 71
D. Anwendungsbereich der §§ 987–993 im einzelnen 24	II. Ausnahmen vom Grundsatz 72
I. Grundsatz 25	1. Fremdbesitzerexzeß 73
1. Unrechtmäßigkeit des Besitzes 27	2. Veräußerung der Sache durch den redlichen unrechtmäßigen Besitzer 74
2. Redlicher oder unredlicher Besitzer 33	3. Sonstige Fälle der Eingriffskondiktion und Verbrauch der Sache 75
3. Eigenbesitzer oder Fremdbesitzer 34	4. Rechtsgrundloser Besitz 76
II. Ausnahmen vom Grundsatz	III. Die Konkurrenzen im einzelnen 77
1. Exzeß des rechtmäßigen Fremdbesitzers (Lehre vom „nicht so Berechtigten") 36	1. Zum Recht der unerlaubten Handlung (§§ 823ff) . 78
2. Der nicht mehr berechtigte Besitzer 41	2. Zum Recht der ungerechtfertigten Bereicherung (§§ 812ff) 82
3. Exzeß des unrechtmäßigen redlichen Fremdbesitzers („Fremdbesitzerexzeß") 46	3. Zum allgemeinen Schuldrecht (§§ 280ff) 88
E. Das Haftungssystem der §§ 987–993 im Überblick 48	4. Zum Recht der Geschäftsführung ohne Auftrag (§§ 677ff) 93

Schrifttum: *Batsch,* Vermögensverschiebung und Bereicherungsherausgabe in den Fällen unbefugten Gebrauchs bzw sonstigen Nutzens von Gegenständen, 1968; *Berg,* Ansprüche aus dem Eigentümer-Besitzer-Verhältnis, JuS 1971, 522, 636 und JuS 1972, 83, 193, 323; *Brox,* Die Haftung des Besitzers für Zufallsschäden, JZ 1965, 516; *Büttner,* Der Anspruch auf Herausgabe von Kapitalnutzungen, BB 1970, 233; *Dimopoulos-Vosikis,* Die bereicherungs- und deliktsrechtlichen Elemente der §§ 987 bis 1003 BGB, 1966; *Ebenroth/Zeppernick,* Nutzungs- und Schadensersatzansprüche im Eigentümer-Besitzer-Verhältnis, JuS 1999, 209; *Emmerich,* Das Verhältnis der Nebenfolgen der Vindikation zu anderen Ansprüchen, 1966; *Gast,* Das zivilrechtliche System des Eigentumsschutzes, JuS 1985, 611; *Georgiades,* Die Anspruchskonkurrenz im Zivilrecht und Zivilprozeßrecht, 1967; *Haas,* Die Verwendungsersatzansprüche im Eigentümer-Besitzer-Verhältnis und die aufgedrängte Bereicherung, AcP 176 (1976), 1; *Hager,* Grundfälle zur Systematik des Eigentümer-Besitzer-Verhältnisses und der bereicherungsrechtlichen Kondiktionen, JuS 1987, 877; *Harder,* Quasi rem suam neglexit – Überlegungen zur Anspruchskonkurrenz oder Gesetzeskonkurrenz bei der Veräußerung fremder Sachen, in FS Mühl, 1981, S 267; *Hönn,* Nutzungsherausgabe und Verwendungsersatz im Eigentümer-Besitzer-Verhältnis, JA 1988, 529; *Jahr,* Schadensersatz wegen deliktischer Nutzungsentziehung, AcP 183 (1983), 725; *Jochem,* Eigentumsherausgabeanspruch (§ 985 BGB) und Ersatzanspruch (§ 281 BGB), MDR 1975, 177; *Kaiser,* Die Nutzungsherausgabe im Bereicherungsrecht, 1987; *Kaysers,* Der Verwendungsersatzanspruch des Besitzers bei vertraglichen Leistungen, 1968; *Kindl,* Das Eigentümer-Besitzer-Verhältnis: Schadensersatz und Nutzungen, JA 1996, 115; *Köbl,* Das Eigentümer-Besitzer-Verhältnis im Anspruchssystem des BGB, 1971; *Kohler,* Schwebende Vindikationslagen, NJW 1988, 1054; *Kohler,* Die gestörte Rückabwicklung gescheiterter Austauschverträge, 1989; *Koppensteiner/Kramer,* Ungerechtfertigte Bereicherung, 2. Aufl 1988; *Krause,* Die Haftung des Besitzers nach den §§ 989–993 BGB, 1965; *Lange,* Verzugshaftung des Bereicherungsschuldners und des Besitzers, JZ 1964, 640; *Löwisch*, Die Zufallshaftung im Eigentümer-Besitzer-Verhältnis unter besonderer Berücksichtigung der Haftung aus Verzug, Diss 1968; *Lorenz*, Mala fides superveniens im Eigentümer-Besitzer-Verhältnis und Wissenszurechnung von Hilfspersonen, JZ 1994, 549; *Mager*, Besonderheiten des dinglichen Anspruchs, AcP 193 (1993), 68ff; *Medicus*, Ansprüche auf Herausgabe, JuS 1985, 657; *Medicus*, Besitzschutz durch Ansprüche auf Schadensersatz, AcP 165 (1965), 115; *Michalski*, Anwendungsbereich, Funktion und dogmatische Einordnung des Eigentümer-Besitzer-Verhältnisses, FS Gitter, 1995, S 577; *Mühl*, Vindikation und Kondiktion, AcP 176 (1976), 396; *Müller*, Deliktsrechtliche Haftung im Eigentümer-Besitzer-Verhältnis, JuS 1983, 516; *Pinger*, Die Nebenfolgen der Vindikation im Anspruchsystem des BGB, JR 1973, 268; *Pinger*, Die Rechtsnatur der §§ 987–1003 BGB, MDR 1974, 184; *Raiser*, Die Subsidiarität der Vindikation und ihrer Nebenfolgen, JZ 1961, 529; *Rosenlöcher*, Die Entwicklung des Eigentümer-Besitzer-Verhältnisses, 1991; *Rüber*, Konkurrenz von § 557 mit §§ 987ff und § 812 BGB, NJW 1968, 1611; *Schilken*, Wissenszurechnung im Zivilrecht, 1983; *Schwerdtner*, Verzug im Sachenrecht, 1973; *Verse*, Verwendungen im Eigentümer-Besitzer-Verhältnis, 1998; *Waltjen*, Das Eigentümer-Besitzer-Verhältnis und Ansprüche aus ungerechtfertigter Bereicherung, AcP 175 (1975), 109; *Wieling*, Die Nutzungen des gutgläubigen Besitzers, insbesondere in fehlgeschlagenen Vertragsverhältnissen, AcP 169 (1969), 137; *Wieling*, Zur Dogmatik des Schadensersatzes im Eigentümer-Besitzer-Verhältnis, MDR 1972, 645; *Wilhelm*, Kenntniszurechnung kraft Kontovollmacht?, AcP 183 (1983), 1; *Zeuner*, Zum Verhältnis zwischen Vindikation und Besitzrecht, FS Felgentraeger, 1969, S 423. Vgl auch die Schrifttumshinweise vor § 985 und vor § 994.

A. Allgemein. I. §§ 987 bis 993 regeln die **Ansprüche des Eigentümers** einer Sache gegen deren unrechtmäßigen Besitzer **auf Schadensersatz** wegen Verschlechterung oder einer Unmöglichkeit der Herausgabe der Sache sowie **auf Herausgabe gezogener oder auf Ersatz versäumter Nutzungen.** Im Anschluß daran behandeln §§ 994ff die Gegenansprüche des Besitzers aufgrund gemachter Verwendungen. §§ 987ff finden auf **bewegliche und unbewegliche Sachen** gleichermaßen Anwendung. 1

Das Haftungssystem der §§ 987ff ist grundsätzlich **abschließend**. Andere vertragliche oder gesetzliche Anspruchsgrundlagen finden daneben keine Anwendung. Soweit die §§ 987ff keine Ansprüche auf Schadensersatz, Nutzungsherausgabe oder Verwendungsersatz gewähren, bestehen solche Ansprüche zwischen einem Eigentümer und einem unrechtmäßien Besitzer daher auch nicht. Freilich gibt es von diesem Grundsatz eine Reihe von Ausnahmen, die die Anwendung der §§ 987ff und die Beurteilung möglicher Konkurrenzen im einzelnen sehr verkomplizieren. 2

Wesentliches Ziel der §§ 987ff ist es, ein **abgestuftes Haftungssystem** abhängig von dem Grad der Fehlerhaftigkeit des Besitzes zu errichten. So soll der deliktische Besitzer umfassend haften, der redliche und unverklagte Besitzer soll dagegen vor einer Inanspruchnahme durch den Eigentümer geschützt werden. 3

II. Die durch die §§ 987ff gewährten Ausgleichsansprüche sind **schuldrechtliche Nebenansprüche** zu dem Eigentumsherausgabeanspruch (Vindikationsanspruch) aus § 985. Sie setzen demgemäß ein Vindikationsverhältnis zwischen dem Eigentümer und dem Besitzer voraus. Die Ansprüche stehen dem Eigentümer zu, in dessen Person sie entstanden sind. Im Gegensatz zum Eigentumsherausgabeanspruch gem § 985 sind sie selbständig abtretbar; sie gehen daher bei einem Eigentümerwechsel nicht automatisch auf den Erwerber über (Soergel/Mühl vor § 987 Rz 13; MüKo/Medicus vor §§ 987–1003 Rz 2; Staud/Gursky vor §§ 987–993 Rz 32). Ansprüche aus den §§ 987ff verjähren nach § 195 in drei Jahren. 4

III. Die **§§ 987ff finden** nicht nur im Verhältnis des Besitzers zum Eigentümer, sondern **auch im Verhältnis des Besitzers zu anderen an der Sache dinglich Berechtigten Anwendung**, was sich aus einer Reihe von gesetzlichen Verweisungen ergibt (vgl vor § 985 Rz 4). 5

B. Anwendungsrelevante Begriffsdefinitionen. Ob und mit welchen Rechtsfolgen die §§ 987ff Anwendung finden, hängt davon ab, wie der Besitzer die Sache besitzt. Ist er rechtmäßiger oder unrechtmäßiger Besitzer, ist er Eigen- oder Fremdbesitzer und ist er redlicher, unredlicher, Prozeß- oder Deliktsbesitzer? Erst nach Beantwortung dieser Fragen ist eine Anwendungsentscheidung möglich. 6

Selbst auf der Grundlage eines klaren Verständnisses der vorgenannten Begriffe bleibt die Anwendung der §§ 987ff schwierig, da die verschiedenen Besitzalternativen in unterschiedlicher Weise miteinander kombiniert sein können. Ohne klares Verständnis der vorgenannten Begriffe ist der Versuch einer Anwendung der §§ 987ff aber hoffnungslos. Nachfolgend werden die für §§ 987ff relevanten Begriffe daher zusammenfassend definiert. 7

I. Besitzer. Die **Definition** des Begriffs „Besitzer" ergibt sich aus § 854. Besitzer ist, wer willentlich die tatsächliche Herrschaft über eine Sache ausübt. Zum Zwecke der Ausübung der tatsächlichen Sachherrschaft kann sich der Besitzer der Hilfe Dritter bedienen. **§§ 987ff differenzieren** zwischen redlichem, unredlichem, Prozeß- und Deliktsbesitzer. Der redliche Besitzer wird besser gestellt als der unredliche Besitzer oder der Prozeßbesitzer. Diese sind immerhin noch besser gestellt als der Deliktsbesitzer. Eine analoge Anwendung der §§ 987ff auf **Nichtbesitzer** ist nicht möglich (Brehm/Berger § 8 Rz 16). 8

1. Redlicher Besitzer. Redlich ist der Besitzer, der bei Besitzerwerb seine mangelnde Besitzberechtigung nicht oder höchstens leicht fahrlässig nicht kennt (§ 990 I S 1 iVm § 932 II) und auch nach Besitzerwerb keine positive Kenntnis davon erhält (§ 990 I S 2). 9

2. Unredlicher (bösgläubiger) Besitzer. Unredlich ist der Besitzer, der **bei Besitzerwerb** seine mangelnde Besitzberechtigung kennt oder infolge grober Fahrlässigkeit nicht kennt (§ 990 I S 1 iVm § 932 II) oder nach Besitzerwerb positive Kenntnis davon erhält (§ 990 I S 2). 10

3. Zum **Prozeßbesitzer** wird ein Besitzer, wenn gegen ihn Klage auf Herausgabe der Sache erhoben (§§ 253 I, 261 I ZPO) wird (§§ 987, 989). 11

12   **4. Deliktsbesitzer** ist der Besitzer, der sich den Besitz schuldhaft durch verbotene Eigenmacht oder durch eine Straftat verschafft hat (§ 992). Daß die verbotene Eigenmacht schuldhaft erfolgt sein muß, ergibt sich nicht aus dem Wortlaut des § 992, aber aus dem Sinn und Zweck der Regelung (§ 992 Rz 6).

13   **II. Besitz.** Die **Definition** des Begriffs „Besitz" ergibt sich aus § 854. Besitz ist die willentlich ausgeübte tatsächliche Herrschaft über eine Sache. **§§ 987ff** differenzieren zwischen rechtmäßigem und unrechtmäßigem Besitz sowie zwischen Eigen- und Fremdbesitz. Anwendbar sind die §§ 987ff grundsätzlich nur auf den unrechtmäßigen Besitz, nicht auf den rechtmäßigen Besitz. Die Unterscheidung zwischen Eigen- und Fremdbesitz hat dagegen nur Bedeutung für das Vorliegen bestimmter Anwendungsausnahmen.

14   **1. Rechtmäßiger und unrechtmäßiger Besitz.** **Rechtmäßig** ist der Besitz, wenn dem Besitzer ein dingliches Besitzrecht oder ein schuldrechtliches Recht gegen den Eigentümer auf Überlassung des Besitzes zusteht (§ 986 Rz 2ff; Baur/Stürner § 11 Rz 24). **Unrechtmäßig** ist der Besitz, wenn dem Besitzer kein dingliches Besitzrecht und auch kein schuldrechtliches Recht gegen den Eigentümer auf Überlassung des Besitzes zusteht.

15   **2. Eigen- und Fremdbesitz.** **Eigenbesitz** liegt vor, wenn der Besitzer die Sache als Eigentümer oder wie ein Eigentümer besitzt (§§ 872, 854). **Fremdbesitz** liegt vor, wenn der Besitzer die Sache aufgrund eines bestehenden oder vermeintlichen Besitzrechts, das obligatorischer (zB Miete) oder dinglicher (zB Pfandrecht) Art sein kann, besitzt.

16   **C. Der Anwendungsbereich der §§ 987–993 im Überblick.** Es gibt keine abschließende und dogmatisch unangreifbare Formel zur Bestimmung des Anwendungsbereichs der §§ 987ff. Der Anwendungsbereich erschließt sich über die Kenntnis eines Grundsatzes und einer Reihe von Ausnahmen hierzu.

17   **I. Grundsatz.** §§ 987ff regeln die Rechte und Pflichten des Besitzers einer Sache gegenüber deren Eigentümer aus dem Besitzverhältnis. Sie finden aber **nur** dann Anwendung, **wenn der Besitz unrechtmäßig ist**, dem Besitzer also kein dingliches Besitzrecht an der Sache und auch kein schuldrechtliches Besitzrecht gegen den Eigentümer auf Überlassung des Besitzes zusteht (§ 986), der Eigentümer gegen den Besitzer also einen Herausgabeanspruch gem § 985 hat („Vindikationslage"; Baur/Stürner § 11 Rz 24).

18   Ob es sich um Fremd- oder Eigenbesitz, redlichen, unredlichen, Prozeß- oder Deliktsbesitz handelt, ist für die Frage der Anwendbarkeit der § 987ff dem Grunde nach nicht relevant. Die §§ 987ff finden dem Grunde nach **auf alle diese Besitztatbestände** Anwendung.

19   **II. Ausnahmen vom Grundsatz.** Zu dem vorstehend genannten Grundsatz sind eine Reihe von Ausnahmen anerkannt.

20   **1. Exzeß des rechtmäßigen Fremdbesitzers (Lehre vom „nicht so Berechtigten").** Nach einer in der Literatur vertretenen Ansicht sollen die §§ 987ff ausnahmsweise dann Anwendung finden, wenn dem Besitzer gegen den Eigentümer zwar ein Recht zum Fremdbesitz zusteht, der Besitzer aber die Grenzen seines Besitzrechts überschreitet (Lehre vom „nicht so Berechtigten"). Die hM in Literatur und Rspr lehnt eine **Anwendung** der §§ 987ff **auf diese Fälle** rechtmäßigen Besitzes jedoch zu Recht ab (zum Meinungsstreit und zum vergleichbaren Fall einer pflichtwidrigen Veräußerung der Sache Rz 36ff).

21   **2. Der nicht mehr berechtigte Besitzer.** Unterschiedliche Ansichten bestehen auch zu der Frage, inwieweit die §§ 987ff Anwendung finden, wenn der **Besitz ursprünglich rechtmäßig war, dann aber unrechtmäßig** geworden ist, weil das das Besitzrecht begründende Rechtsverhältnis (zB der Mietvertrag) weggefallen ist (und nicht fortwirkt, vgl § 986 Rz 8).

22   Die Rspr und Teile der Literatur wenden §§ 987ff auf das gesamte Besitzverhältnis, vor und nach Wegfall des Besitzrechts, an. Teile der Literatur gehen dagegen davon aus, daß §§ 987ff nur ab Wegfall des Besitzrechts Anwendung finden können. Und eine dritte, zutreffende Literaturansicht schließt eine Anwendung der §§ 987ff auf solche Besitzverhältnisse vollständig aus (zum Meinungsstreit Rz 41ff und vor § 994 Rz 13ff).

23   **3. Exzeß des unrechtmäßigen redlichen Fremdbesitzers („Fremdbesitzerexzeß").** Nach der Lehre vom Fremdbesitzerexzeß haftet der unrechtmäßige redliche Fremdbesitzer dem Eigentümer für Verschlechterungen und eine Unmöglichkeit der Herausgabe der Sache nach den allgemeinen Regeln (§§ 823ff). Er kann sich nicht auf den Haftungsausschluß gem § 993 I Hs 2 berufen (dazu Rz 46ff).

24   **D. Der Anwendungsbereich der §§ 987–993 im einzelnen.** Vorstehend wurde der Anwendungsbereich der §§ 987ff überblicksartig dargestellt. Nachfolgend wird der Anwendungsbereich der §§ 987ff näher erläutert.

25   **I. Grundsatz.** §§ 987ff finden nur dann Anwendung, wenn der **Besitz unrechtmäßig ist**, dem Besitzer also kein dingliches Besitzrecht und auch kein schuldrechtliches Recht gegen den Eigentümer auf Überlassung des Besitzes zusteht (Baur/Stürner § 11 Rz 24). Diese Einschränkung ergibt sich zwar nicht aus dem Wortlaut der §§ 987ff, aber aus ihrem Regelungsgehalt. Die §§ 987ff sind Nebenansprüche zu dem Herausgabeanspruch aus § 985. Sie können daher nur dann gegeben sein, wenn ein solcher Herausgabeanspruch besteht (BGH 81, 1517, 1518). Zudem ist das Bestehen von Ansprüchen auf Nutzungsherausgabe, Schadens- und Verwendungsersatz gem §§ 987ff abhängig davon, ob der Besitzer in Bezug auf seine Besitzberechtigung redlich oder unredlich ist. Wer ein „Recht zum Besitz" gegenüber dem Eigentümer hat, kann bezüglich seiner Besitzberechtigung aber weder redlich noch unredlich sein. Die §§ 987ff können sich auch deshalb nur auf das Verhältnis des Eigentümers zu einem unrechtmäßigen Besitzer beziehen (Baur/Stürner § 11 Rz 24; BGH 27, 320; 34, 122, 128; 31, 129, 132; NJW 1961, 499, 500). Einer Anwendung der §§ 987ff muß somit stets die Feststellung der Unrechtmäßigkeit des Besitzes vorhergehen.

Ob es sich um Fremd- oder Eigenbesitz, redlichen, unredlichen, Prozeß- oder Deliktsbesitz handelt, ist für die Frage der Anwendbarkeit der § 987ff dem Grunde nach nicht relevant. Die §§ 987ff finden dem Grunde nach auf alle diese Besitztatbestände Anwendung. **26**

1. Unrechtmäßigkeit des Besitzes. Unrechtmäßig besitzt der Besitzer, dessen Besitz gegenüber dem Eigentümer weder durch einen schuldrechtlichen Besitzverschaffungsanspruch noch durch ein dingliches Recht an der Sache gerechtfertigt ist. Nur auf einen solchen Besitzer finden die §§ 987ff Anwendung. Hat der Besitzer dagegen ein Recht zum Besitz, das den Herausgabeanspruch aus § 985 ausschließt, so ist er **rechtmäßiger Besitzer**. Inwieweit zwischen dem Eigentümer und dem rechtmäßigen Besitzer einer Sache Nutzungsherausgabe-, Schadensersatz- oder Verwendungsersatzansprüche bestehen, ergibt sich nicht aus den §§ 987ff, sondern aus den allgemeinen, auf das Rechtsverhältnis anwendbaren gesetzlichen und vertraglichen Bestimmungen. **27**

Der Besitz einer Sache ist auch dann rechtmäßig, wenn der Eigentümer nach dem konkreten Inhalt des Besitzrechts **die Sache** von dem Besitzer zwar **jederzeit herausverlangen kann**, dies aber noch nicht getan hat. So sind zB **Entleiher** und **Verwahrer** trotz § 604 III, § 695 rechtmäßige Besitzer, denn sie verlieren das Recht zum Besitz erst durch Rückforderung. (Staud/Gursky vor §§ 987–993 Rz 14; Pal/Bassenge vor § 987 Rz 6). Auch bei **rechtmäßiger Geschäftsführung ohne Auftrag** (§§ 677, 683 S 1) ist der Geschäftsführer zum Besitz der Sache berechtigt und verpflichtet, bis der Geschäftsherr die Sache herausverlangt (BGH WM 1956, 1279, 1281). **28**

Der **Finder** ist wegen § 966 rechtmäßiger Besitzer, bis der Berechtigte oder die zuständige Behörde (§ 967) die Sache herausverlangt. Doch gilt dies nur für den redlichen Finder. Der unredliche Finder, der den Fund verheimlicht (vgl §§ 965, 978 I), ist nicht (mehr) zum Besitz berechtigt und daher unrechtmäßiger Besitzer (Soergel/Mühl vor § 987 Rz 11. Im Ergebnis auch MüKo/Medicus vor §§ 987–1003 Rz 14; Westermann § 32 I). **29**

Ist das den Besitz rechtfertigende **Rechtsverhältnis** (zB der Miet-, Pacht oder Kaufvertrag) **nichtig**, so ist der Besitz unrechtmäßig (zu möglichen Ausnahmen vgl § 986 Rz 9), die §§ 987ff sind daher anwendbar (beachte aber Rz 84ff). Gleiches gilt für die **Aufhebung einer Beschlagnahme** (BGH 32, 76, 95f). **30**

Der BGH hat die §§ 987ff auf einen rechtmäßigen Fremdbesitzer angewendet, der die Sache unbefugt veräußert hatte (BGH 31, 129, 132f). Begründet hat der BGH dies damit, daß der rechtmäßige Fremdbesitzer sich durch die **unbefugte Veräußerung** für eine logische Sekunde zum unrechtmäßigen Eigenbesitzer der Sache mache. Der BGH konnte dem Eigentümer so einen durchsetzbaren Schadensersatzanspruch zusprechen (§ 990 I S 1), obschon der Anspruch aus § 823 I nach § 852 bereits verjährt war. Tatsächlich dürfte es sich bei einem solchen Fall aber um die Überschreitung eines bestehenden Besitzrechts handeln, auf die die §§ 987ff nicht anwendbar sind (Rz 36ff, Lehre vom „nicht so Berechtigten"). **31**

Ein nur **zur Zurückbehaltung** (§§ 1000, 273) **berechtigter Besitzer** ist, da ein Anspruch aus § 985 an sich gegeben ist, unrechtmäßiger Besitzer (§ 986 Rz 17ff; MüKo/Medicus vor §§ 987–1003 Rz 12). **32**

2. Redlicher oder unredlicher (unrechtmäßiger) **Besitzer.** Die Unterscheidung zwischen redlichem und unredlichem Besitz ist für die Frage der Anwendbarkeit der §§ 987ff dem Grunde nach nicht von Bedeutung. §§ 987ff finden auf beide Besitzarten Anwendung, nur die angeordneten Rechtsfolgen weichen voneinander ab. **33**

3. (Unrechtmäßiger) Eigenbesitzer oder Fremdbesitzer. §§ 987ff sind auf den unrechtmäßigen **Eigenbesitzer** (vermeintlicher Eigentümer, § 872; zB Dieb, Hehler, Erwerber bei nichtiger Übereignung) zugeschnitten, gelten aber nach ganz hM auch für den unrechtmäßigen **Fremdbesitzer** (vermeintlicher Mieter, Pächter, Nießbraucher). Das Gesetz differenziert nicht zwischen diesen Alternativen. Entscheidend für die Anwendbarkeit der §§ 987ff ist nur das Bestehen des Herausgabeanspruchs. **34**

Die Art der vermeintlichen Besitzberechtigung ist für die Frage der Anwendbarkeit der §§ 987ff aber insoweit relevant, als für den unrechtmäßigen Fremdbesitzer eine Anwendungsausnahme vertreten wird (Lehre vom sog „Fremdbesitzerexzess", Rz 46ff), für die es beim unrechtmäßigen Eigenbesitzer keine Entsprechung gibt. **35**

II. Ausnahmen vom Grundsatz. 1. Exzeß des rechtmäßigen Fremdbesitzers (Lehre vom „nicht so Berechtigten"). §§ 987ff finden keine Anwendung auf den rechtmäßigen Besitzer (Rz 17). Rechte und Pflichten eines zum Besitz berechtigten Besitzers gegenüber dem Eigentümer ergeben sich allein aus dem zwischen ihnen bestehenden, das Besitzrecht begründenden Sonderrechtsverhältnis (zB Mietvertrag). **36**

Nach einer in der Literatur vertretenen Ansicht sollen die §§ 987ff abweichend von diesem Grundsatz aber dann Anwendung finden, wenn der Besitzer zum Fremdbesitz berechtigt ist und er die Grenzen des ihm zustehenden Besitzrechts überschreitet. Diese **Lehre vom „nicht so Berechtigten"** hält eine entsprechende Anwendung der §§ 987ff, neben oder unter Ausschluß deliktischer Ansprüche, für geboten (Zeuner, FS Felgentraeger, 1969, S 423, 430f). **37**

Die **hM** in Literatur und Rspr **folgt dieser Lehre jedoch zu Recht nicht** (BGH 59, 51, 58; Baur/Stürner § 11 Rz 27; Staud/Gursky vor §§ 987–993 Rz 13; MüKo/Medicus vor §§ 987–993 Rz 1; Soergel/Mühl vor § 987 Rz 12; Westermann § 32 I. Offen gelassen in BGH NJW 2002, 60, 61). Überschreitet ein Besitzer sein Besitzrecht, so stehen dem Eigentümer vertragliche und deliktische Ansprüche zu. Wo aber weder die einschlägigen gesetzlichen noch die vertraglichen Regelungen Ersatzansprüche des Eigentümers vorsehen, sollten diese auch nicht über ein Anwendung der §§ 987ff konstruiert werden. **38**

Die praktische Bedeutung des Streits wird am **Beispiel** der unberechtigten Untervermietung deutlich. Der Vermieter kann vom Mieter die im Wege unberechtigter Untervermietung gezogenen Nutzungen (die Miete) nicht nach §§ 535ff herausverlangen. Sieht auch der Mietvertrag eine solche Herausgabepflicht nicht vor, kommt daher nur ein Anspruch aus §§ 990 I, 987 I in Betracht. Dieser ist nur gegeben, wenn man der Lehre vom „nicht so **39**

Berechtigten" folgt (einen solchen Anspruch verneinend BGH 59, 51, 58; BGH NJW 1964, 1853; BGH 131, 297, 307; für den Fall, daß die – überschrittene – Nutzungsberechtigung des Vermieters nicht auf einem Hauptmietvertrag, sondern auf gesetzlicher Zuweisung beruht, bejaht der BGH dagegen einen Anspruch des Eigentümers auf Herausgabe der Untermiete gem § 812 I S 1, BGH NJW 2002, 60, 61).

40   Eine **vergleichbare Fallgestaltung** liegt vor, wenn der berechtigte Fremdbesitzer (zB Mieter) sich pflichtwidrig zur **Veräußerung der Sache** entschließt. Nach Ansicht des BGH wird der berechtigte Fremdbesitzer zum unberechtigten Eigenbesitzer, wenn er die Sache zum Verkauf anbietet und sich damit wie ein Eigentümer geriert. Zum Zeitpunkt der Veräußerung sei der Besitz folglich zum unrechtmäßigen Besitz mutiert, so daß die §§ 987ff Anwendung finden und der Eigentümer den Kaufpreis nach § 990 I S 1 vom Besitzer herausverlangen kann (BGH 31, 129). Richtigerweise wird man diesen Fall jedoch ebenso wie jeden anderen Fall der Überschreitung eines bestehenden Besitzrechts behandeln und daher eine Anwendung der §§ 987ff ablehnen müssen (so auch Baur/Stürner § 11 Rz 27; Raiser JZ 1961, 125).

41   **2. Der nicht mehr berechtigte Besitzer.** Unterschiedliche Ansichten bestehen zu der Frage, inwieweit die §§ 987ff auf ein Besitzverhältnis Anwendung finden, wenn der Besitzer ursprünglich ein Recht zum Besitz hatte, dies aber nachträglich weggefallen ist. Finden die §§ 987ff nur ab dem Zeitpunkt der Beendigung Anwendung, weil der Besitz ab diesem Zeitpunkt unrechtmäßig ist? Müssen die §§ 987ff vielleicht auf das Besitzverhältnis insgesamt, vor und nach Wegfall der Besitzberechtigung, angewendet werden? Oder bleibt die Anwendung der §§ 987ff auch nach Beendigung des Besitzrechts ausgeschlossen, weil der Besitz ursprünglich rechtmäßig war?

42   Die wohl hM geht davon aus, daß die §§ 987ff jedenfalls **ab Wegfall des Besitzrechts** Anwendung finden (BGH 34, 122; 51, 250; BGH 71, 216, 224; 75, 288, 292; 87, 274; BGH NJW 2001, 3118, 3119; Berg JuS 1970, 12ff; Staud/Gursky vor §§ 987–1003 Rz 17). Ab diesem Zeitpunkt sei der Besitz unrechtmäßig, die Voraussetzungen der §§ 987ff erfüllt und eine Anwendung der §§ 987ff daher geboten.

43   Die Rspr und Teile der Literatur gehen über diese Ansicht sogar noch hinaus und wenden die §§ 987ff **auf das gesamte Besitzverhältnis** an. Begründet wird dies damit, daß der ursprünglich rechtmäßige Besitzer nicht schlechter stehen dürfe, als der von Anfang an unrechtmäßige (BGH 34, 122, 130f; BGH 51, 250; BGH 75, 288, 292f; BGH NJW 1996, 921; BGH NJW 1998, 992ff).

44   Und nach einer dritten, zutreffenden Ansicht ist die **Anwendung** der §§ 987ff auf ursprünglich rechtmäßige Besitzverhältnisse **vollständig ausgeschlossen**, auch wenn das Besitzrecht nachträglich wegfällt (Baur/Stürner § 11 Rz 30; MüKo/Medicus vor §§ 987–1003 Rz 19; Brehm/Berger § 8 Rz 13; Roth JuS 1998, 518, 522). Daß die §§ 987ff nicht auf das gesamte Besitzverhältnis Anwendung finden können, folgt schon daraus, daß der Besitzer durch den Wegfall des Besitzrechts nicht rückwirkend zum unrechtmäßigen Besitzer wird. Aber auch nach Wegfall des Besitzrechts bleibt für eine Anwendung der §§ 987ff kein Raum. Die Abwicklung solcher Besitzverhältnisse muß vielmehr abhängig von dem ursprünglich bestehenden Besitzrecht nach den dafür geltenden Bestimmungen (Vertragsrecht, §§ 346ff) erfolgen.

45   Zur Frage des Bestehens von Verwendungsersatzansprüchen (§§ 994ff) des nicht mehr berechtigten Besitzers vgl auch vor § 994 Rz 13ff.

46   **3. Exzeß des unrechtmäßigen redlichen Fremdbesitzers** („Fremdbesitzerexzeß"). §§ 987ff und damit auch die Haftungsausschlußregelung des § 993 I Hs 2 finden auf alle unrechtmäßigen Besitzer Anwendung, auf den unrechtmäßigen Eigen- wie auf den unrechtmäßigen Fremdbesitzer. Uneingeschränkt durchgehalten würde dieser Grundsatz aber zu folgendem, merkwürdigem Ergebnis führen: Der berechtigte Fremdbesitzer (zB Mieter), der sein Besitzrecht überschreitet und die Sache beschädigt, müßte dem Eigentümer hierfür nach §§ 823ff auf Schadensersatz haften. Der unrechtmäßige Fremdbesitzer, der sein vermeintliches Besitzrecht überschreitet, könnte sich dagegen (soweit er redlich ist) auf den Haftungsausschluß gem § 993 I Hs 2 berufen und würde nicht auf Schadensersatz haften.

47   Es besteht Einigkeit, daß dieses Ergebnis nicht richtig sein kann. Der vermeintliche Fremdbesitzer verdient nur insoweit Schutz, als er sich im Rahmen des Besitzrechts hält, das er zu haben glaubt. Er darf nicht besser stehen als ein zum Besitz berechtigter Fremdbesitzer. Nach der Lehre vom Fremdbesitzerexzeß haftet daher **der unrechtmäßige redliche Fremdbesitzer** dem Eigentümer sowohl für Verschlechterung und eine Unmöglichkeit der Herausgabe der Sache nach den allgemeinen Regeln (§§ 823ff). Er **kann sich nicht auf den Haftungsausschluß** gem § 993 I Hs 2 berufen (Wieling MDR 1972, 645, 651; Baur/Stürner § 11 Rz 32; Gursky, Das Eigentümer-Besitzer-Verhältnis, S 56ff; RG 157, 132, 135; BGH 46, 140, 146; Köln OLGRp 2000, 261).

48   **E. Das Haftungssystem der §§ 987–993 im Überblick.** Die §§ 987–993 regeln, welche Ansprüche der Eigentümer einer Sache gegen deren Besitzer hat. Sie unterscheiden zwischen dem Anspruch auf **Herausgabe der Nutzungen** und dem Anspruch auf **Schadensersatz** wegen Verschlechterung oder Unmöglichkeit der Herausgabe der Sache.

49   Die §§ 987–993 finden grundsätzlich nur dann Anwendung, wenn dem Besitzer kein Recht zum Besitz zusteht (**unrechtmäßiger Besitz**). Steht dem Besitzer gegen den Eigentümer ein Recht zum Besitz zu (rechtmäßiger Besitz), regeln sich die Rechte und Pflichten des Besitzers nicht nach §§ 987ff, sondern nach den allgemeinen vertraglichen oder gesetzlichen Bestimmungen.

50   Zur näheren Bestimmung der dem Eigentümer gegen den unrechtmäßigen Besitzer gem §§ 987–993 zustehenden Ansprüche ist zwischen **redlichem, unredlichem, Prozeß- und Deliktsbesitz** sowie zwischen Eigenbesitz und **Fremdbesitz** zu differenzieren.

Nachfolgend werden die dem Eigentümer zustehenden Ansprüche überblicksartig dargestellt. Zur Definition der von den §§ 987–993 verwandten Begriffe (rechtmäßiger und unrechtmäßiger Besitz/redlicher, unredlicher, Prozeß- und Deliktsbesitz/Eigen- und Fremdbesitz) vgl Rz 6ff. Zur Frage, inwieweit im Anwendungsbereich der §§ 987–993 konkurrierend auch andere Anspruchsgrundlagen Anwendung finden können, vgl Rz 69ff. 51

I. Verpflichtung zur Nutzungsherausgabe. Die §§ 987–993 sehen eine Pflicht des unrechtmäßigen Besitzers gegenüber dem Eigentümer zur Herausgabe von Nutzungen vor. Welche Nutzungen im einzelnen herauszugeben sind hängt davon ab, ob der Besitzer redlich, unredlich, Prozeß- oder Deliktsbesitzer ist. 52

1. Nutzungsherausgabepflicht des redlichen, unverklagten Besitzers. Der redliche, unverklagte Besitzer (Rz 9ff) ist zur Herausgabe gezogener Nutzungen (§§ 100, 99) nicht verpflichtet (§ 993 I Hs 2). Dies gilt für den **Eigenbesitzer** und für den **Fremdbesitzer** gleichermaßen. Es sind aber **drei Ausnahmen** zu beachten. 53

Der redliche unverklagte Besitzer muß gezogene Nutzungen dann herausgeben, wenn er den **Besitz** an der Sache **unentgeltlich erlangt** hat (§ 988). 54

Der redliche unverklagte Besitzer muß gezogene Nutzungen auch dann herausgeben, wenn er den **Besitz** an der Sache **rechtsgrundlos erlangt** hat (§§ 812 I S 1 Alt 1, 818 I oder § 988 analog). 55

Und der redliche unverklagte Besitzer muß **gezogene Übermaßfrüchte** stets nach §§ 812ff herausgeben (§ 993 I Hs 1). 56

2. Nutzungsherausgabepflicht des redlichen, aber verklagten Besitzers („Prozeßbesitzer"). Der Prozeßbesitzer (Rz 11) ist dem Eigentümer ab Rechtshängigkeit zur Herausgabe aller gezogenen Nutzungen (§ 987 I) sowie zum Ersatz aller schuldhaft versäumten Nutzungen (§ 987 II) und aller nicht mehr vorhandenen Nutzungen verpflichtet. Dies gilt für den **Eigenbesitzer** und für den **Fremdbesitzer** gleichermaßen. 57

3. Nutzungsherausgabepflicht des unredlichen Besitzers. Der unredliche Besitzer (Rz 10) ist (vergleichbar dem Prozeßbesitzer) ab Beginn seiner Bösgläubigkeit dem Eigentümer zur Herausgabe aller gezogenen Nutzungen (§§ 990, 987 I) sowie zum Ersatz aller schuldhaft versäumten Nutzungen (§§ 990, 987 II) und aller nicht mehr vorhandenen Nutzungen verpflichtet. Gerät er mit der Herausgabe der Sache in Verzug, tritt eine Verschärfung der Haftung nach §§ 990 II, 287 ein. Der Besitzer hat dem Eigentümer dann auch alle Nutzungen zu ersetzen, die er nicht gezogen hat, der Eigentümer aber gezogen hätte. Dies gilt für den **Eigenbesitzer** und für den **Fremdbesitzer** gleichermaßen. Es ist aber **eine Ausnahme** zu beachten. 58

Ist der unredliche Besitzer **Besitzmittler** eines Dritten, so ist er nur dann nach §§ 990, 987 zur Nutzungsherausgabe verpflichtet, wenn auch der Dritte (also der mittelbare Besitzer) unredlich oder auf Herausgabe verklagt ist (§ 991 I). Solange dies nicht der Fall ist, haftet der Besitzmittler trotz Unredlichkeit nur wie der redliche, unverklagte Besitzer. 59

4. Nutzungsherausgabepflicht des Deliktsbesitzers. Der Deliktsbesitzer (Rz 12) ist dem Eigentümer zur Herausgabe aller gezogenen Nutzungen verpflichtet. Und er ist dem Eigentümer zum Ersatz aller schuldhaft versäumten Nutzungen, aller nicht mehr vorhandenen Nutzungen und aller Nutzungen, die er nicht gezogen hat, der Eigentümer aber gezogen hätte, verpflichtet (§§ 992, 823, 249, 848). Dies gilt für den **Eigenbesitzer** und für den **Fremdbesitzer** gleichermaßen. 60

5. Nutzungsherausgabe als Schadensersatz. Ein Anspruch auf Nutzungsherausgabe kann sich daneben auch **als Teil eines Schadensersatzersatzanspruches** (dazu Rz 62ff) ergeben. Dies gilt insbesondere für Nutzungen, die der Eigentümer gezogen hätte, wenn sein Eigentum nicht durch die schadensverursachende Handlung beeinträchtigt worden wäre. 61

II. Verpflichtung zum Schadensersatz wegen Verlusts oder Verschlechterung der Sache. Die §§ 987–993 sehen eine Schadensersatzpflicht des unrechtmäßigen Besitzers gegenüber dem Eigentümer vor, wenn die Sache verschlechtert wurde oder die Herausgabe unmöglich geworden ist. Die Voraussetzungen der Haftung sind abhängig davon, ob der Besitzer redlich, unredlich, Prozeß- oder Deliktsbesitzer ist. Der redliche Besitzer haftet nicht, der unredliche und der Deliktsbesitzer haften für Verschulden und der Deliktsbesitzer haftet auch ohne Verschulden. 62

1. Schadensersatzpflicht des redlichen, unverklagten Besitzers. Der redliche, unverklagte Besitzer (Rz 9ff) haftet dem Eigentümer für Beschädigung, Zerstörung oder sonstige Unmöglichkeit der Herausgabe der Sache überhaupt nicht (§ 993 I Hs 2). Dies gilt für den **Eigenbesitzer** uneingeschränkt. **Für den Fremdbesitzer** sind aber **zwei Ausnahmen** zu beachten. 63

Der redliche, unverklagte **Fremdbesitzer** haftet dem Eigentümer dann auf Schadensersatz (§§ 823ff), wenn er mit seiner schadensverursachenden Handlung den Rahmen seines vermeintlichen Besitzrechts überschritten hat (sog „**Fremdbesitzerexzeß**"; Rz 46ff). 64

Der redliche, unverklagte Fremdbesitzer haftet dem Eigentümer zudem dann auf Schadensersatz, wenn er **Besitzmittler** (zB Mieter) ist und er dem mittelbaren Besitzer (zB dem Vermieter) aufgrund des zwischen ihnen bestehenden Rechtsverhältnisses Schadensersatz leisten muß (§ 991 II). Die Haftung ist auf den dem mittelbarem Besitzer geschuldeten Schadensersatz beschränkt. 65

2. Schadensersatzpflicht des redlichen, aber verklagten Besitzers („Prozeßbesitzer"). Der Prozeßbesitzer (Rz 11) haftet dem Eigentümer ab Rechtshängigkeit für schuldhaft (§ 276) verursachte Verschlechterungen und für eine schuldhaft verursachte Unmöglichkeit der Herausgabe der Sache auf Schadensersatz (§ 989). Dies gilt für den **Eigenbesitzer** und für den **Fremdbesitzer** gleichermaßen. 66

67 **3. Schadensersatzpflicht des unredlichen Besitzers.** Der unredliche Besitzer (Rz 10) haftet (vergleichbar dem Prozeßbesitzer) dem Eigentümer ab Beginn seiner Bösgläubigkeit für schuldhaft (§ 276) verursachte Verschlechterungen und für eine schuldhaft verursachte Unmöglichkeit der Herausgabe der Sache auf Schadensersatz (§§ 990 I, 989). Gerät er mit der Herausgabe der Sache in Verzug, tritt eine Verschärfung der Haftung nach §§ 990 II, 287 ein. Der Besitzer haftet dem Eigentümer dann auch für eine zufällige Verschlechterung und für eine zufällige Unmöglichkeit der Herausgabe der Sache auf Schadensersatz. Dies gilt für den **Eigenbesitzer** und für den **Fremdbesitzer** gleichermaßen.

68 **4. Schadensersatzpflicht des Deliktsbesitzers.** Der Deliktsbesitzer (Rz 12) haftet dem Eigentümer für jede Verschlechterung und für jede Unmöglichkeit der Herausgabe der Sache auf Schadensersatz, auch ohne daß ihn hieran ein Verschulden trifft (§§ 992, 823, 249, 848). Dies gilt für den **Eigenbesitzer** und für den **Fremdbesitzer** gleichermaßen.

69 **F. Die Konkurrenz der §§ 987–993 zu anderen Anspruchsgrundlagen.** Die §§ 987–993 regeln die Ansprüche des Eigentümers einer Sache gegen deren unrechtmäßigen Besitzer. Im Verhältnis des Eigentümers einer Sache zu deren Besitzer können neben den in §§ 987ff vorgesehenen Ansprüchen aber auch eine Reihe weiterer gesetzlich vorgesehener Anspruchsgrundlagen (§§ 823ff, 812ff, 677ff) tatbestandlich gegeben sein. Es stellt sich ggf die Frage, ob diese Anspruchsgrundlagen neben den § 987ff Anwendung finden oder durch sie verdrängt werden. Dieser Problemkreis wird nachfolgend dargestellt.

70 Zu beachten ist, daß sich das Konkurrenzproblem nur im Anwendungsbereich der §§ 987ff überhaupt stellt. War der **Besitzer zum Besitz berechtigt** (war er zB Mieter, Pächter, Käufer etc), ergibt sich daher kein Konkurrenzproblem, da die §§ 987ff auf den berechtigten Besitzer nicht anwendbar sind. Die §§ 987ff regeln zudem nur Ansprüche wegen Nutzung oder Verschlechterung der Sache (§§ 987–993) und wegen Verwendungen auf die Sache (§§ 994–999). Ansprüche wegen **Verbrauch, Verarbeitung** oder **Veräußerung** der Sache bestehen daher neben und unabhängig von den §§ 987ff (Brehm/Berger § 8 Rz 9).

71 **I. Grundsatz.** Die Konkurrenz der §§ 987ff zu anderen Anspruchsgrundlagen wird durch § 993 I Hs 2 bestimmt. § 993 I Hs 2 ordnet an, daß der Besitzer, wenn die in §§ 987 bis 992 bezeichneten Voraussetzungen nicht vorliegen, weder zur Herausgabe von Nutzungen noch zum Schadensersatz verpflichtet ist. Daraus folgt der **Grundsatz**, daß die §§ 987ff für das Verhältnis des Eigentümers zum Besitzer eine **erschöpfende Sonderregelung** enthalten, die alle aus einem solchen Verhältnis entstehenden Nebenansprüche regeln und weitergehende Ansprüche aus allgemeinen Vorschriften, insbesondere solche aus unerlaubter Handlung und Bereicherung, ausschließen (BGH 41, 157, 158; BGH 56, 73, 77; BGH NJW 1952, 257; RG 163, 348, 351f; Soergel/Mühl vor §§ 987ff Rz 14ff; Staud/Gursky vor §§ 987–993 Rz 35). – Dieser Grundsatz gilt, wird aber durch **eine Reihe von Ausnahmen** durchbrochen.

72 **II. Ausnahmen vom Grundsatz.** Trotz § 993 I Hs 2 sind neben den §§ 987ff auch Ansprüche nach anderen Anspruchsgrundlagen gegeben, wenn folgende Ausnahmesituationen vorliegen.

73 1. Nach der Lehre vom **Fremdbesitzerexzeß** haftet der unrechtmäßige redliche Fremdbesitzer dem Eigentümer für Verschlechterungen und eine Unmöglichkeit der Herausgabe der Sache nach den allgemeinen Regeln (§§ 823ff). Er kann sich nicht auf den Haftungsausschluß gem § 993 I Hs 2 berufen (dazu Rz 46ff).

74 2. **Veräußert der redliche unrechtmäßige Besitzer die Sache**, so kann der Eigentümer den Veräußerungserlös nach § 816 herausverlangen. Er wird daran nicht durch § 993 I Hs 2 gehindert, obschon die §§ 987ff anwendbar sind und die Voraussetzungen der §§ 989, 990 nicht vorliegen (dazu Rz 82).

75 3. **Sonstige Fälle der Eingriffskondiktion und Verbrauch der Sache.** Neben §§ 987ff anwendbar sind auch die Tatbestände der Eingriffskondiktion. Der Besitzer ist dem Eigentümer zur Herausgabe des durch den „Eingriff" Erlangten verpflichtet. In Betracht kommen vor allem die Fälle des § 951 (Eigentumserwerb durch Verbindung, Vermischung oder Verarbeitung) und des Verbrauchs der Sache durch den Besitzer (§ 812 I S 1 Alt 2) (dazu Rz 83). Darüberhinaus auch der Fall, daß der kraft Gesetzes zum Besitz einer Sache Berechtigte diese unter Überschreitung seines gesetzlichen Besitzrechts vermietet (BGH NJW 2002, 60, 61).

76 4. **Rechtsgrundloser Besitz.** In Abweichung von § 993 I Hs 2 muß schließlich auch ein redlicher unrechtmäßiger Besitzer von ihm gezogene Nutzungen herausgeben, wenn er den Besitz an der Sache rechtsgrundlos erlangt hat (zB weil der Veräußerer geschäftsunfähig, die Veräußerung daher unwirksam gewesen ist). Dies folgt entweder aus einer analogen Anwendung des § 988 oder aus einer direkten Anwendung der §§ 812 I S 1 Alt 1, 818 I (dazu Rz 84).

77 **III. Die Konkurrenzen im einzelnen.** Die vorstehenden Ausführungen zur Ausschließlichkeit des Haftungssystems der §§ 987–993 und zu den dazu bestehenden Ausnahmen ergeben folgendes Bild über die Möglichkeit der Anwendung konkurrierender Anspruchsgrundlagen.

78 1. **Verhältnis zum Recht der unerlaubten Handlung (§§ 823ff).** Die §§ 823ff können im Anwendungsbereich der §§ 987–993 (nur) wie folgt Anwendung finden.

79 a) **Deliktsbesitzer (§ 992).** Der Deliktsbesitzer haftet aufgrund der ausdrücklichen **gesetzlichen Anordnung** in § 992 dem Eigentümer nach §§ 823ff.

80 b) **Fremdbesitzerexzeß.** Der unrechtmäßige Fremdbesitzer, der die Grenzen seines vermeintlichen Besitzrechts überschreitet und sich dafür in Bezug auf die Abwehr des Herausgabeanspruchs hinaus einer Eigentumsverletzung schuldig macht, haftet dem Eigentümer nach §§ 823ff (Lehre vom sog „Fremdbesitzerexzeß"; dazu Rz 46ff).

81 c) **Vorsätzliche sittenwidrige Schädigung.** Stets anwendbar ist auch § 826 (MüKo/Medicus § 993 Rz 12).

2. Verhältnis zum Recht der ungerechtfertigten Bereicherung (§§ 812ff). Die §§ 812ff können im Anwen- 82
dungsbereich der §§ 987–993 (nur) wie folgt Anwendung finden. **a) Verfügung.** Verfügt der redliche unrechtmäßige Besitzer über die Sache, so kann der Eigentümer den **Verfügungserlös** nach § 816 I S 1 herausverlangen. Er wird daran nicht durch § 993 I Hs 2 gehindert, obschon die §§ 987ff anwendbar sind und die Voraussetzungen der §§ 989, 990 nicht vorliegen (Baur/Stürner § 11 Rz 36, 38; RG 163, 353; BGH NJW 1953, 58). Im Falle einer unentgeltlichen Verfügung über die Sache kann der Eigentümer von dem Empfänger nach **§ 816 I S 2** die Sache **herausverlangen.**

b) Neben §§ 987ff anwendbar sind auch die Tatbestände der **Eingriffskondiktion**, soweit sie sich auf einen 83
Eingriff in die Substanz der Sache oder deren Surrogate gründen (**§ 812 I S 1 Alt 2**). Der Besitzer ist dem Eigentümer zur Herausgabe des durch den „Eingriff" Erlangten verpflichtet. In Betracht kommen vor allem die Fälle des § 951 (Eigentumserwerb durch Verbindung, Vermischung oder Verarbeitung) und des Verbrauchs der Sache durch den Besitzer (§ 812 I S 1 Alt 2) (BGH 14, 7, 8f; BGH 55, 176 „Jungbullenfall"; BGH WM 1971, 133; Baur/Stürner § 11 Rz 37; MüKo/Medicus § 994 Rz 10. Vgl auch Staud/Gursky vor §§ 987–993 Rz 39ff).

c) Rechtsgrundlose Besitzerlangung (§ 988 analog oder § 812 I S 1 Alt 1). In Abweichung von § 993 I Hs 2 84
muß schließlich auch ein redlicher unrechtmäßiger Besitzer von ihm gezogene Nutzungen herausgeben, wenn er den **Besitz** an der Sache **rechtsgrundlos erlangt hat** (zB weil der Veräußerer geschäftsunfähig, die Veräußerung daher unwirksam gewesen ist). Die Abweichung von § 993 I Hs 2 ist erforderlich, weil sich ansonsten unterschiedliche Herausgabepflichten ergeben würden, abhängig davon, ob nur der Kaufvertrag oder sowohl der Kaufvertrag als auch die Übereignung unwirksam sind. Ist nur der Kaufvertrag nichtig, muß der Käufer das ihm geleistete Eigentum samt Nutzungen herausgeben (§§ 812 I S 1 Alt 1, 818 I). Sind dagegen der Kaufvertrag und die Übereignung unwirksam, ist der Käufer redlicher unberechtigter Eigenbesitzer iSd §§ 987ff und gem § 993 I Hs 2 zur Herausgabe der Nutzungen nicht verpflichtet. Der Verkäufer darf aber im Falle der Unwirksamkeit beider Rechtsgeschäfte nicht schlechter stehen, als im Falle der Unwirksamkeit nur des Kaufvertrages. Eine Korrektur dieses Ergebnisses ist daher jedenfalls erforderlich.

Nur worauf der Nutzungsherausgabeanspruch gestützt werden kann, ist umstritten. Nach Ansicht der Rspr hat 85
der Eigentümer gegen einen Besitzer, der den Besitz rechtsgrundlos erlangt hat, einen Nutzungsherausgabeanspruch **analog § 988** (RG 163, 348, 352, 357; BGH 10, 350, 357; 32, 76, 94; 71, 216, 226; 109, 179, 191; BGH NJW 1972, 480; NJW 1983, 164f; KG Grundeigentum 2001, 1060). Die herrschende und vorzugswürdige Meinung in der Literatur stützt den Anspruch auf eine direkte Anwendung der **§§ 812 I S 1 Alt 1, 818 I**, wobei die §§ 987ff daneben anwendbar sein sollen (so Baur/Stürner § 11 Rz 38; Westermann § 31 II 2; Staud/Gursky vor §§ 987–993 Rz 41ff, 48; MüKo/Medicus § 988 Rz 6ff und § 993 Rz 7; Soergel/Mühl § 988 Rz 2). Eine andere Literaturansicht stützt den Anspruch ebenfalls auf §§ 812 I S 1 Alt 1, 818 I, hält die §§ 987ff daneben aber nicht für anwendbar (Michalski, FS Gitter, 1995, S 577, 589ff; Hager JuS 1987, 877, 880).

Der Unterschied zwischen der Ansicht der Rspr und den Literaturansichten zeigt sich, wenn der Besitzer die 86
Sache rechtsgrundlos **von einem Dritten erworben** hat. Hier ist nach Ansicht der Rspr ein Anspruch des Eigentümers gegen den Besitzer auf Ersatz der Nutzungen analog § 988 gegeben. Daß der Besitzer den Besitz nicht von dem Eigentümer erlangt hat, ist für den Anspruch aus Sicht der Rspr ohne Belang. Nach der Literaturansicht würde ein Anspruch des Eigentümers auf Nutzungsersatz dagegen nicht gegeben sein, da der Besitzer den Besitz nicht durch Leistung des Eigentümers erlangt hat und die Voraussetzungen für eine Leistungskondiktion daher nicht gegeben sind.

Einen völlig anderen Ansatz vertreten Brehm/Berger § 8 Rz 33 (ebenso Wieling AcP 169, 137ff). Nach der von 87
Brehm/Berger (wieder) vorgeschlagenen Lösung sollen dem rechtsgrundlosen Besitzer die Nutzungen verbleiben. Die Angleichung von Kondiktions- und Vindikationsrecht soll dadurch erfolgen, daß § 818 I Alt 1 für unanwendbar erklärt wird, dem Kondiktionsgläubiger also wie dem Vindikationsgläubiger der Nutzungsherausgabeanspruch versagt wird.

3. Verhältnis zum allgemeinen Schuldrecht (§§ 280ff). Obschon es sich bei den Ansprüchen nach §§ 987– 88
993 um Nebenansprüche zu dem dinglichen Herausgabeanspruch aus § 985 handelt, sind einige Vorschriften des allgemeinen Schuldrechts auf sie anwendbar. So zB § 278 im Fall der Beschädigung der Sache durch eine Hilfsperson des Besitzers, § 254 im Fall eines Mitverschuldens des Eigentümers bei der Beschädigung der Sache und § 300 I im Fall eines Verzugs des Eigentümers mit der Rücknahme der Sache (Westermann § 31 V 1ff; MüKo/Medicus Rz 39f). Selbständige Anspruchsgrundlagen des allgemeinen Schuldrechts (§§ 280ff) können dagegen im Anwendungsbereich der §§ 987ff nur in den nachgenannten Ausnahmefällen Anwendung finden.

a) Ansprüche wegen **Schuldnerverzugs gem §§ 280, 281, 286ff** (= § 286 I idF vor Inkrafttreten des Schuld- 89
ModG v 26. 11. 2001) können im Eigentümer-Besitzer-Verhältnis gegen einen **unredlichen Besitzer** geltend gemacht werden, was sich aus der ausdrücklichen gesetzlichen Anordnung in § 990 II ergibt. Eine Anwendung der Verzugsvorschriften auf den **redlichen Besitzer** ist dagegen ausgeschlossen (§ 993 I Hs 2; BGH 85, 11, 13; Westermann § 31 V 3; MüKo/Medicus § 985 Rz 37; Staud/Gursky § 990 Rz 90f, 92).

b) Schadensersatz wegen Pflichtverletzung (§§ 280ff). Ansprüche des Eigentümers auf **Schadensersatz statt** 90
der Leistung gem §§ 280, 281, 283 (= § 280 I idF vor Inkrafttreten des SchuldModG v 26. 11. 2001) sind im Anwendungsbereich der §§ 987ff ausgeschlossen.

Im Falle der **Verletzung von Nebenpflichten** (zB Informations- oder Aufklärungspflichten im Zusammenhang 91
mit der Rückgabe der Sache) kann dagegen ein Anspruch des Eigentümers gegen den Besitzer auf Schadensersatz wegen Pflichtverletzung gem § 280 I bestehen (MüKo/Medicus Rz 38).

Vor §§ 987–993   Sachenrecht Eigentum

92   c) **Herausgabe des Ersatzvorteils (§ 285).** Auch § 285 (= § 281 idF vor Inkrafttreten des SchuldModG v 26. 11. 2001) findet im Eigentümer-Besitzer-Verhältnis keine Anwendung (Westermann § 31 V 3a; Baur/Stürner § 11 Rz 44; MüKo/Medicus Rz 33ff; RG 115, 31, 33; RG 157, 40, 44f).

93   **4. Verhältnis zum Recht der Geschäftsführung ohne Auftrag (§§ 677ff).** Liegt zwischen Eigentümer und Besitzer eine **berechtigte GoA** vor, so ist der Besitzer dem Eigentümer gegenüber zum Besitz berechtigt. Die §§ 987ff sind daher nicht anwendbar, ein Konkurrenzproblem stellt sich nicht (BGH 31, 129, 132; Baur/Stürner § 11 Rz 24 Fn 1; Soergel/Mühl vor § 987 Rz 11). Im Falle einer **unberechtigten GoA** können dem Eigentümer Ansprüche aus § 678 zustehen.

94   Ansprüche aus **unechter GoA** (§ 687 II) bestehen neben solchen aus §§ 987ff, und zwar sowohl Ansprüche auf Schadensersatz (§ 678; BGH WM 1956, 1279, 1281) als auch Ansprüche auf Herausgabe des Erlangten (§§ 681 S 2, 667; BGH 39, 186, 188f; Staud/Gursky vor §§ 987ff Rz 66).

987 *Nutzungen nach Rechtshängigkeit*
(1) Der Besitzer hat dem Eigentümer die Nutzungen herauszugeben, die er nach dem Eintritt der Rechtshängigkeit zieht.
(2) Zieht der Besitzer nach dem Eintritt der Rechtshängigkeit Nutzungen nicht, die er nach den Regeln einer ordnungsmäßigen Wirtschaft ziehen könnte, so ist er dem Eigentümer zum Ersatz verpflichtet, soweit ihm ein Verschulden zur Last fällt.

1   **I. Allgemein.** Erhebt der Eigentümer einer Sache gegen deren Besitzer Herausgabeklage gem § 985, so wird der Besitzer dadurch zum sog „**Prozeßbesitzer**" (vgl vor § 987 Rz 11). Er **haftet** ab dem Zeitpunkt der Rechtshängigkeit der Klage **auf Nutzungsausgabe** nach § 987.

2   Ob der Besitzer an die Rechtmäßigkeit seines Besitzes glaubt, ist für § 987 unerheblich. Die Erhebung der Klage wird sicher nicht immer dazu führen, daß der Besitzer nun das Fehlen seiner Besitzberechtigung kennt (§ 990 Rz 5). Aber die **Rechtshängigkeit hat „Warnwirkung"** (Baur/Stürner § 11 Rz 7; Westermann § 32 II 1). Der Besitzer weiß jetzt, daß er möglicherweise nur eine Art Verwalterstellung innehat, daher zur ordnungsmäßigen Nutzung verpflichtet ist und bei Prozeßverlust die Nutzungen herausgeben muß (Brehm/Berger § 8 Rz 34). Dies allein ist Grundlage für die von § 987 angeordnete Verpflichtung zur Nutzungsausgabe.

3   § 987 wird durch § 989 ergänzt, der dem Eigentümer ab dem Zeitpunkt der Rechtshängigkeit einen Anspruch auf Schadensersatz gewährt.

4   **II. Anspruchsvoraussetzungen.** Die Haftung nach § 987 setzt voraus, daß eine Herausgabeklage rechtshängig gemacht und ihr stattgegeben wird.

5   **1. Rechtshängigkeit** iSd § 987 tritt mit Zustellung der **Klage auf Herausgabe der Sache** gem § 985 ein (§§ 261, 253 ZPO). Bei einem Grundstück kann die Klage auf Herausgabe des Grundstücks oder **auf Zustimmung zur Berichtigung des Grundbuchs** gerichtet sein (§ 894; RG 158, 40, 45). Die Erhebung einer Eigentumsfeststellungsklage gem § 256 ZPO (BGH 93, 183, 186; Staud/Gursky Rz 2. AA Brehm/Berger § 8 Rz 22) oder einer Drittwiderspruchsklage gem § 771 ZPO (RG 61, 430, 432) führt dagegen nicht zur Rechtshängigkeit iSd § 987.

6   Daß mit der Herausgabeklage gleichzeitig auch ein Anspruch auf Herausgabe von Nutzungen geltend gemacht wird, ist nicht erforderlich. Die Geltendmachung dieser Ansprüche kann in einem späteren Verfahren erfolgen.

7   **2. Stattgebendes Urteil.** Eine Verpflichtung zur Nutzungsausgabe aus § 987 besteht nur, wenn der Eigentümer mit der Herausgabeklage gem § 985 Erfolg hat, der Klage also stattgegeben wird. Bei Rücknahme oder Abweisung der Klage kann die Verpflichtung erst mit einer neuen, erfolgreichen Klageerhebung entstehen. Eine Rückwirkung auf den Zeitpunkt der ersten Klageerhebung ist nicht möglich. Oft wird der Besitzer jedoch durch die erste Klageerhebung bösgläubig werden und deshalb aus §§ 990, 987 haften.

8   Wird mit einer Klage zunächst nur der Anspruch auf Herausgabe der Sache (§ 985) geltend gemacht, hat das stattgebende Urteil **Rechtskraftwirkung** für einen nachfolgenden Prozeß über das Bestehen von Nutzungsausgabeansprüchen nach § 987ff (BGH LM Nr 3 zu § 987). Der Besitzer kann in dem nachfolgenden Prozeß also nicht mehr geltend machen, er sei zur Herausgabe der Sache nicht verpflichtet. Die Verurteilung zur Herausgabe der Sache hat aber keine Rechtskraftwirkung für den Anspruch auf Herausgabe der vor Rechtshängigkeit gezogenen Nutzungen (BGH NJW 1983, 164; § 985 Rz 41). Insoweit gilt § 988.

9   **3. Fehlen der Besitzberechtigung.** Die Haftung aus § 987 setzt voraus, daß der Besitzer dem Eigentümer gegenüber nicht zum Besitz berechtigt ist und dies auch früher nicht war (str, vgl vor § 987 Rz 41ff, 44).

10   **4. Ein minderjähriger Besitzer** haftet aus § 987 nur nach Maßgabe der §§ 828, 829 (Baur/Stürner § 11 Rz 7. Str, vgl Koether-Ruchatz NJW 1973, 1444; Ebel JA 1983, 296f).

11   **III. Nutzungsherausgabe.** Der Prozeßbesitzer hat die Nutzungen herauszugeben, die er nach Rechtshängigkeit gezogen hat (Abs I). Für entgegen den Regeln einer ordnungsmäßigen Wirtschaft nicht gezogene Nutzungen hat er Ersatz zu leisten (Abs II).

12   **1. Was „Nutzungen"** iSd § 987 sind, ergibt sich aus §§ 100, 99. Zur näheren Beschreibung kann daher auf die Kommentierung dieser Vorschriften verwiesen werden. Zu beachten ist, daß § 987 nur einen Anspruch auf Herausgabe von Nutzungen einer unrechtmäßig besessenen Sache gewährt. Es muß sich also um **unmittelbare** (§ 99 I) **oder mittelbare** (§ 99 III) **Sachfrüchte** oder um **Vorteile aus dem Sachgebrauch** (§ 100) handeln (MüKo/Medicus Rz 5; BGH 63, 365, 368; Staud/Gursky Rz 2).

Die herausverlangten Vermögenswerte müssen **Nutzungen der herauszugebenden Sache** sein. Fraglich ist dies 13
insbesondere dann, wenn der Besitzer unter Zuhilfenahme der herauszugebenden Sache (insbesondere eines
Grundstücks) ein Gewerbe betreibt. Sind **Erträge des Gewerbes** Nutzungen der Sache oder beruhen sie allein auf
dem Tätigwerden des Besitzers und Gewerbetreibenden? Grundsätzlich ist davon auszugehen, daß der Ertrag aus
einem Gewerbe keine Sachnutzung ist, weil er vorrangig auf den persönlichen Leistungen und Fähigkeiten des
Gewerbetreibenden beruht (BGH 7, 208, 218). In Einzelfällen ist gleichwohl ein Anspruch aus § 987 bejaht worden (BGH 7, 208, 218 – Fleischerei; BGH 63, 365, 368 – Bordell; BGH NJW 1978, 1578). Medicus hält in solchen
Fällen (nur) den Marktwert der Sachnutzung für erstattungsfähig, sofern der Nutzer die fremde Sache nicht wissentlich unberechtigt als eigene Sache nutzt (dann Herausgabe des vollen Ertrags gem §§ 687 II S 1, 681 S 2, 667;
MüKo/Medicus Rz 13f).

2. Nicht gezogene Nutzungen (Abs II). Nicht gezogene Nutzungen kann der Besitzer naturgemäß nicht her- 14
ausgeben. Er muß dem Eigentümer hierfür grundsätzlich auch keinen Ersatz leisten. Eine Ausnahme gilt gem
Abs II nur für Nutzungen, die der Besitzer nach den Regeln einer ordnungsmäßigen Wirtschaft hätte ziehen können und schuldhaft nicht gezogen hat. Für solche **„versäumte Nutzungen"** ist der Besitzer dem Eigentümer zum
Ersatz verpflichtet.

Der **Verschuldensmaßstab** ergibt sich aus § 276. Für **Gehilfen** haftet der Besitzer gemäß § 278. Ein **Mitver-** 15
schulden des Eigentümers ist nach § 254 zu berücksichtigen (MüKo/Medicus Rz 23). Für das Entstehen der
Ersatzpflicht ist es aber ohne Belang, ob der Eigentümer selbst die Nutzungen gezogen hätte oder hätte ziehen
können.

Zu ersetzen ist der **objektive Wert der versäumten Nutzungen**. Den Ersatz eines **weitergehenden Schadens** 16
(zB wegen Verwilderung eines Forstbestandes) kann der Eigentümer nicht aus § 987 II, wohl aber uU aus § 989
verlangen.

3. „Herausgabe". § 987 regelt nicht, wie der Besitzer die Nutzungen herauszugeben hat. Es ist wie folgt zu 17
unterscheiden.

a) Sachfrüchte, an denen der Besitzer Eigentum erworben hat (vgl §§ 955, 957), muß der Besitzer dem 18
Eigentümer gem § 987 nach §§ 929ff übereignen. Soweit eine solche „Herausgabe" von Sachfrüchten nicht
(mehr) möglich ist, ist die Pflicht zur Herausgabe als Verpflichtung zum **Wertersatz** zu verstehen.
Dem Eigentümer ist der objektive Wert der Nutzungen zu ersetzen. Der Besitzer haftet dem Eigentümer aber nur
insoweit auf Wertersatz, als die Sachfrüchte in seinem Vermögen wertmäßig noch vorhanden sind. Ist dies nicht
der Fall, haftet er nur, sofern er den Wegfall des Wertes gem §§ 276, 278 zu vertreten hat oder sofern er sich mit
der Herausgabe in Verzug befand (§§ 990 II, 286, 287 S 2; MüKo/Medicus Rz 18; Staud/Gursky Rz 15). Unmöglich ist eine Herausgabe etwa dann, wenn der Besitzer die herauszugebenden Sachfrüchte verbraucht oder mit
eigenen Sachen ununterscheidbar vermischt hat.

b) Sachfrüchte, an denen nicht der Besitzer (vgl § 955 I S 2), sondern der Eigentümer (vgl § 953) **das Eigen-** 19
tum erworben hat, kann der Eigentümer schon nach § 985 herausverlangen (Medicus JuS 1985, 657). Es besteht
ggf also nicht nur hinsichtlich der Muttersache, sondern auch hinsichtlich der Sachfrüchte ein Eigentümer-Besitzer-Verhältnis (Brehm/Berger § 8 Rz 38). An diesen Sachfrüchten muß der Besitzer dem Eigentümer daher nur
den **Besitz verschaffen**. Ist dies nicht mehr möglich, können dem Eigentümer **Schadensersatzansprüche** gem
§§ 990, 989, 992 oder **Herausgabe- bzw Bereicherungsansprüche** gem §§ 816 I, 812 I S 1 Alt 2 zustehen
(MüKo/Medicus Rz 2).

c) Gebrauchsvorteile (§ 100) können naturgemäß nicht herausgegeben werden (RG 93, 280, 283; BGH 39, 20
186, 187; Staud/Gursky Rz 15f). Insoweit besteht also stets nur ein Anpruch auf **Wertersatz** (§ 818 II). Gebrauchsvorteile sind zB der Mietwert eines Hauses, eines technischen Gerätes (BGH WM 1978, 1208, 1209) oder eines
PKWs und der Pachtwert einer Fabrik (RG 97, 245, 252).

d) Ist der Besitzer zur Zahlung von Wertersatz verpflichtet und hat er gleichzeitig Verwendungsersatzansprüche 21
gegen den Eigentümer aus §§ 994ff, können diese miteinander verrechnet werden („**Saldotheorie**", vgl § 994
Rz 28).

IV. Verjährung. Ansprüche aus § 987 verjähren nach §§ 195, 199 in der regelmäßigen Verjährungsfrist von 22
3 Jahren. § 197 I Nr 1 findet keine Anwendung (Pal/Heinrichs § 197 Rz 3).

V. Konkurrenzen. Zur Möglichkeit der Anwendung konkurrierender Anspruchsgrundlagen neben § 987 vgl 23
vor § 987 Rz 69ff.

988 *Nutzungen des unentgeltlichen Besitzers*
Hat ein Besitzer, der die Sache als ihm gehörig oder zum Zwecke der Ausübung eines ihm in
Wirklichkeit nicht zustehenden Nutzungsrechts an der Sache besitzt, den Besitz unentgeltlich erlangt, so ist
er dem Eigentümer gegenüber zur Herausgabe der Nutzungen, die er vor dem Eintritt der Rechtshängigkeit
zieht, nach den Vorschriften über die Herausgabe einer ungerechtfertigten Bereicherung verpflichtet.

I. Allgemein. Ein **redlicher, unverklagter Besitzer** ist dem Eigentümer der Sache weder zum Ersatz von Nut- 1
zungen noch zum Schadensersatz verpflichtet (§ 993 I Hs 2). Zu diesem Grundsatz bestehen nur zwei Ausnahmen.
Der redliche, unverklagte Besitzer muß die sog „**Übermaßfrüchte**" herausgeben (§ 993 I Hs 1). Und er ist nach
§ 988 zur Herausgabe aller gezogenen Nutzungen verpflichtet, sofern er den **Besitz** an der Sache **unentgeltlich
erlangt** hat. **Rechtsgrundlose Besitzerlangung** wird von der Rspr der unentgeltlichen Besitzerlangung gleichgestellt (Rz 18).

2 **II. Anspruchsvoraussetzungen.** Im einzelnen besteht der Anspruch nach § 988 unter folgenden Voraussetzungen:

3 **1. Redlicher Eigen- oder Fremdbesitz.** Der Besitzer muß die Sache **als ihm gehörig oder zum Zweck der Ausübung eines vermeintlichen Nutzungsrechts** besitzen und er muß **unverklagt** sein.

4 § 988 bezieht sich also nur auf den **redlichen Besitzer.** Der verklagte Besitzer haftet bereits nach § 987, der unredliche Besitzer nach §§ 990, 987 auf die Herausgabe von Nutzungen.

5 Nach dem Wortlaut des § 988 muß der Besitzer **Eigenbesitzer** sein oder er muß als Fremdbesitzer an das Bestehen eines **dinglichen Nutzungsrechts** („Nutzungsrechts *an der Sache*") glauben. Es besteht aber Einigkeit darüber, daß § 988 auch Anwendung findet, wenn der Besitzer an das Bestehen eines **obligatorischen Nutzungsrechts** glaubt (RG 163, 348, 353; BGH 71, 216, 225; Baur/Stürner § 11 Rz 53; MüKo/Medicus Rz 3).

6 **2. Unentgeltliche Besitzerlangung.** Der Besitzer muß den Besitz an der Sache unentgeltlich erlangt haben. Dabei kommt es nicht darauf an, ob der Besitzer für die Besitzerlangung tatsächlich ein Vermögensopfer erbracht hat. **Maßgebend ist die Entgeltpflicht** des Besitzers. Schon das verbindliche Versprechen einer Gegenleistung macht die Besitzerlangung zu einer entgeltlichen (BGH 32, 76, 94ff; BGH WM 1995, 1848, 1854; MüKo/Medicus Rz 5; Staud/Gursky Rz 5). Unentgeltlich ist zB der Besitzerwerb auf Grund einer dem Eigentümer gegenüber unwirksamen Leihe oder Schenkung, auf Grund vermeintlicher Aneignung oder auf Grund eines unwirksamen Testaments oder vermeintlichen gesetzlichen Erbrechts.

7 Hat der Besitzer nur für einen **Teil der Besitzzeit** ein Entgelt zu leisten, findet § 988 (nur) auf den unentgeltlichen Teil Anwendung. Der Besitzer muß die in dieser Zeit gezogenen Nutzungen an den Eigentümer herausgeben (BGH 32, 76, 95; NJW 1972, 480).

8 **3. Nutzungen vor Rechtshängigkeit.** § 988 gewährt nur für solche Nutzungen einen Anspruch auf Herausgabe, die vor Eintritt der Rechtshängigkeit einer Herausgabeklage gezogen worden sind. Mit Erhebung einer Herausgabeklage gem § 985 wird der Besitzer zum Prozeßbesitzer und es findet § 987 Anwendung.

9 **III. Nutzungsherausgabe.** § 988 enthält einen Rechtsfolgenverweis auf das Bereicherungsrecht (Brehm/Berger § 8 Rz 37; Roth JuS 1997, 897, 899). Der Besitzer ist zur Herausgabe der gezogenen Nutzungen nach §§ 812ff, 818 verpflichtet.

10 **1. Zum Begriff „Nutzungen"** vgl §§ 100, 99 und § 987 Rz 12.

11 **2. Herausgabe oder Wertersatz.** Hinsichtlich der Verpflichtung zur Herausgabe ist zu unterscheiden.
a) Sachfrüchte, an denen der Besitzer Eigentum erworben hat (vgl §§ 955, 957), muß der Besitzer dem Eigentümer gem § 988 nach §§ 929ff **übereignen.** Soweit eine solche „Herausgabe" von Sachfrüchten nicht (mehr) möglich ist, ist der Besitzer zur Zahlung von **Wertersatz** verpflichtet (§ 818 II). Dem Eigentümer ist der objektive Wert der Nutzungen zu ersetzen. Unmöglich ist eine Herausgabe etwa dann, wenn der Besitzer die herauszugebenden Sachfrüchte verbraucht oder mit eigenen Sachen ununterscheidbar vermischt hat.

12 **b) Sachfrüchte, an denen nicht der Besitzer** (vgl § 955 I S 2), sondern der Eigentümer (vgl § 953) **das Eigentum erworben hat,** kann der Eigentümer schon nach § 985 herausverlangen (Medicus JuS 1985, 657). An diesen Sachen muß der Besitzer dem Eigentümer nur den **Besitz verschaffen.** Ist dies nicht mehr möglich, können dem Eigentümer **Schadensersatzansprüche** gem §§ 990, 989, 992 oder **Herausgabe- bzw Bereicherungsansprüche** gem §§ 816, 812 I S 1 Alt 2 zustehen (MüKo/Medicus Rz 2).

13 **c) Gebrauchsvorteile** (§ 100) können naturgemäß nicht herausgegeben werden. Insoweit besteht also stets nur ein Anpruch auf **Wertersatz** (§ 818 II; RG 93, 280, 283; BGH 39, 186, 187; Staud/Gursky Rz 11f). Gebrauchsvorteile sind zB der Mietwert eines Hauses, eines technischen Gerätes (BGH WM 1978, 1208, 1209) oder eines PKWs und der Pachtwert einer Fabrik (RG 97, 245, 252). Die **Höhe** des Wertersatzes richtet sich im Falle des Eigengebrauchs nach dem objektiven Ertragswert der Gebrauchsvorteile. Anderenfalls sind nur die tatsächlich gezogenen Nutzungen (zB die von einem Dritten gezahlte Miete) herauszugeben (BGH NJW 2002, 60, 61. AA Brandenburg VIZ 2002, 241).

14 **3. Entreicherung.** Ein **Anspruch** auf Wertersatz ist **ausgeschlossen,** soweit der Besitzer nicht mehr bereichert ist (§ 818 III). Das ist der Fall, wenn die gezogenen Nutzungen in natura nicht mehr vorhanden sind und sie sich auch wertmäßig nicht mehr im Vermögen des Besitzers befinden. Zur Entreicherung im einzelnen vgl die Kommentierung zu § 818 III.

15 Als Entreicherung kann der Besitzer bei § 988 auch sämtliche Kosten der Fruchtziehung und alle Verwendungen, die nach den §§ 994 I S 2, 995 S 2 nicht ersatzfähig sind, geltend machen (BGH NJW 1998, 989, 990; BGH 137, 314, 316f; Brandenburg VIZ 2002, 241; Baur/Stürner § 11 Rz 12; Brehm/Berger § 8 Rz 37). Hat der Besitzer durch die Ziehung der Nutzung umgekehrt eigene Aufwendungen erspart, so ist er um die ersparten Aufwendungen bereichert und insoweit zum Wertersatz verpflichtet.

16 **4. Saldotheorie.** Ist der Besitzer zur Zahlung von Wertersatz verpflichtet und hat er gleichzeitig Verwendungsersatzansprüche gegen den Eigentümer aus §§ 994ff, können diese miteinander verrechnet werden (vgl § 994 Rz 28).

17 **5. Zum Ersatz nicht gezogener Nutzungen** ist der Besitzer nach § 988 nicht verpflichtet.

18 **IV. Rechtsgrundloser Besitzerwerb.** Die Rspr wendet § 988 entgegen der herrschenden Literaturansicht auf solche Fälle analog an, in denen der Besitzer den Besitz zwar nicht unentgeltlich, aber rechtsgrundlos erlangt hat, weil das der Besitzerlangung zugrundeliegende Rechtsgeschäft (zB der Kaufvertrag) unwirksam ist (vgl dazu vor § 987 Rz 30, 84ff).

Ansprüche aus dem Eigentum § 989

V. Verjährung. Ansprüche aus § 988 verjähren nach §§ 195, 199 in der regelmäßigen Verjährungsfrist von 3 Jahren. § 197 I Nr 1 findet keine Anwendung (Pal/Heinrichs § 197 Rz 3). 19

VI. Konkurrenzen. Zur Möglichkeit der Anwendung konkurrierender Anspruchsgrundlagen neben § 988 vgl vor § 987 Rz 69ff. 20

989 *Schadensersatz nach Rechtshängigkeit*

Der Besitzer ist von dem Eintritt der Rechtshängigkeit an dem Eigentümer für den Schaden verantwortlich, der dadurch entsteht, dass infolge seines Verschuldens die Sache verschlechtert wird, untergeht oder aus einem anderen Grunde von ihm nicht herausgegeben werden kann.

I. Allgemein. Erhebt der Eigentümer einer Sache gegen deren Besitzer Herausgabeklage gem § 985, so wird der Besitzer dadurch zum sog „**Prozeßbesitzer**" (vgl vor § 987 Rz 11). Er **haftet** ab dem Zeitpunkt der Rechtshängigkeit der Klage (§§ 261 I, 253 I ZPO) **auf Schadensersatz** nach § 989. 1

Ob der Besitzer an die Rechtmäßigkeit seines Besitzes glaubt, ist für § 989 unerheblich. Die Erhebung der Klage wird sicher nicht immer dazu führen, daß der Besitzer nun das Fehlen seiner Besitzberechtigung kennt. Aber die **Rechtshängigkeit hat „Warnwirkung"** (Baur/Stürner § 11 Rz 7; Westermann § 32 II 1). Der Besitzer weiß jetzt, daß er möglicherweise nur eine Verwalterstellung innehat, daher zum ordnungsmäßigen Umgang mit der Sache verpflichtet ist und diese evtl wieder herausgeben muß. Er haftet daher für jede schuldhaft verursachte Verschlechterung oder Unmöglichkeit der Herausgabe der Sache. 2

§ 989 wird durch § 987 ergänzt, der dem Eigentümer ab dem Zeitpunkt der Rechtshängigkeit einen Anspruch auf Nutzungsersatz gewährt. 3

II. Anspruchsvoraussetzungen. 1. Rechtshängigkeit und stattgebendes Urteil. Die Haftung aus § 989 setzt voraus, daß eine **Herausgabeklage** rechtshängig gemacht und ihr stattgegeben wird. Insoweit kann auf die Ausführungen zu § 987 verwiesen werden, die hier entsprechend gelten (§ 987 Rz 5ff). 4

2. Beeinträchtigung des Herausgabeanspruchs. Der Ersatzanspruch des Eigentümers aus § 989 ist an die Verletzung des Herausgabeanspruchs aus § 985 geknüpft. Er setzt voraus, daß die herauszugebende Sache verschlechtert wurde, untergegangen ist oder aus einem anderen Grunde vom Besitzer nicht herausgegeben werden kann und der Besitzer dies zu vertreten hat. 5

a) Verschlechterung der Sache. „Verschlechterung" meint vor allem **Beschädigung**, also Beeinträchtigung der Sachsubstanz. Diese muß nicht auf einem aktiven Tun des Besitzers beruhen, sondern kann auch Folge einer Vernachlässigung der Sache durch den Besitzer sein (zB Verfall eines Hauses, Erkrankung von Tieren, Verkommen eines Landgutes). 6

Als Verschlechterung im Sinne des § 989 ist auch die **Entwertung von Geldscheinen** durch eine Währungsreform angesehen worden (BGH JZ 1951, 717; RGRK/Pikart Rz 8. AA Staud/Gursky Rz 8). Bloßer **Preisrückgang einer Ware** genügt jedoch nicht. Die **Belastung eines Grundstücks** mit einer Hypothek stellt zumindest im übertragenen Sinne eine Verschlechterung dar, in diesem Fall kann § 989 daher auf das Verhältnis des Bucheigentümers zum wirklichen Eigentümer des Grundstücks entsprechend anwendbar sein (RG 121, 335, 336; 158, 40, 44; BGH LM Nr 10 zu § 989 BGB; Staud/Gursky Rz 6). 7

Auch die **Abnutzung** einer Sache durch normalen Gebrauch fällt unter § 989. Der Eigentümer hat hier ein Wahlrecht. Er kann entweder nach § 987 Ersatz für die gezogenen Gebrauchsvorteile oder nach § 989 Schadensersatz für die Abnutzung verlangen, nicht aber beides (MüKo/Medicus Rz 3 Fn 2; Staud/Gursky Rz 6, 15). 8

Zur Haftung eines **Mitbesitzers** wegen Beschädigung der gemeinschaftlichen Sache vgl BGH NJW 1974, 1189. 9

b) Untergang der Sache. „Untergang" meint vor allem **Zerstörung**, also physische Vernichtung der Sache. Beispiele sind der Tod eines Tieres, das Verbrennen eines PKW und das Verderben von Nahrungsmitteln. Auch eine Beschädigung kann als Untergang der Sache anzusehen sein, wenn sie wirtschaftlich einem Totalverlust gleichkommt (RGRK/Pikart Rz 10). Ebenso der Verbrauch der Sache und der Verlust ihrer rechtlichen Selbständigkeit gem §§ 946ff (MüKo/Medicus Rz 5) 10

c) Sonstige subjektive Unmöglichkeit der Herausgabe. Subjektiv unmöglich ist dem Besitzer die Herausgabe der Sache zB dann, wenn er sie verloren hat oder die Sache ihm gestohlen worden ist. Eine nur vorübergehende Verhinderung an der Herausgabe bewirkt noch keine Unmöglichkeit (Pal/Bassenge § 989 Rz 5; Staud/Gursky Rz 10). 11

Veräußert der Besitzer die Sache während des Prozesses an einen Dritten, so wird die Herausgabe unmöglich, wenn die Sache trotz §§ 325, 727 ZPO von dem neuen Besitzer nicht mehr zu erlangen ist, etwa weil der Dritte gutgläubig war (§ 325 II ZPO) oder er nicht mehr auffindbar ist. 12

4. Verschulden. § 989 statuiert eine **verschuldensabhängige Haftung**. Der Besitzer ist nur dann zum Schadensersatz verpflichtet, wenn er die Beeinträchtigung des Herausgabeanspruchs zu vertreten hat. 13

Der **Haftungsmaßstab** ergibt sich aus § 276 (MüKo/Medicus Rz 7; Staud/Gursky Rz 14; RGRK/Pikart Rz 14). Der Besitzer hat **Vorsatz** und **jede Fahrlässigkeit** zu vertreten. Befindet sich der Eigentümer in Annahmeverzug, kommt dem Besitzer die Haftungserleichterung des § 300 I zugute (Staud/Gursky Rz 20). Er haftet dann nur noch für Vorsatz und grobe Fahrlässigkeit. 14

Verschulden ist regelmäßig zu bejahen, wenn der Besitzer die Sache nach Rechtshängigkeit **veräußert** oder an einen Dritten **herausgibt** (MüKo/Medicus Rz 8; Staud/Gursky Rz 17). Auch einen Verlust der Sache aufgrund von 15

§ 989

Zwangsvollstreckungsmaßnahmen gegen sein Vermögen hat der Besitzer idR zu vertreten (MüKo/Medicus Rz 8; RG 139, 353, 355). Abnutzungen durch einen **Gebrauch der Sache** nach Rechtshängigkeit sind schuldhaft verursacht, soweit der Gebrauch nicht dem Erhalt der Sache dient (RG 145, 79, 83; Staud/Gursky Rz 15; RGRK/Pikart Rz 14).

16 **III. Schadensersatz.** Der Schadensersatzanspruch wird anhand der §§ 249ff ermittelt (Celle MDR 2002, 274; Celle NJW 2001, 607). Der Eigentümer kann jedoch nur Ersatz für den Verlust oder die Verschlechterung der Sache verlangen. § 989 gibt keinen Anspruch auf Ersatz des Vorenthaltungs- oder Verzugsschadens. Solche Schäden kann der Eigentümer nur nach § 992, §§ 823ff bzw § 990 II ersetzt verlangen (RG 72, 269, 274).

17 **Entgangenen Gewinn** kann der Eigentümer ersetzt verlangen, soweit nicht allein die Vorenthaltung der Sache ursächlich gewesen ist (§ 252; MüKo/Medicus Rz 11; BGH NJW 1982, 1749, 1750; Staud/Gursky Rz 21; Soergel/Mühl Rz 9. AA Wieling MDR 1972, 645f).

18 Trägt der Eigentümer eine Mitschuld an seinem Besitzverlust oder an der Beeinträchtigung seines Herausgabeanspruchs, kann ihm der Besitzer den **Einwand anspruchsmindernden Mitverschuldens** (§ 254) entgegenhalten (Frankfurt/M WM 1999, 1318; Celle NJW 2001, 607; Naumburg EWiR 1998, 613; RG 93, 281f; Staud/Gursky Rz 31; MüKo/Medicus Rz 12). Für ein Verschulden seiner Hilfspersonen haftet der Eigentümer wie für eigenes Verschulden (§§ 254 II S 2, 278; MüKo/Medicus Rz 12. AA RG 119, 152, 155).

19 Der ersatzpflichtige Besitzer kann sich zudem auf § 255 berufen und Abtretung der dem Eigentümer zustehenden Ansprüche gegen Dritte verlangen.

20 **IV. Verjährung.** Ansprüche aus § 989 verjähren nach §§ 195, 199 in der regelmäßigen Verjährungsfrist von 3 Jahren. § 197 I Nr 1 findet keine Anwendung (Pal/Heinrichs § 197 Rz 3).

21 **V. Konkurrenzen.** Zur Möglichkeit der Anwendung konkurrierender Anspruchsgrundlagen neben § 989 vgl vor § 987 Rz 69ff.

990 *Haftung des Besitzers bei Kenntnis*

(1) War der Besitzer bei dem Erwerb des Besitzes nicht in gutem Glauben, so haftet er dem Eigentümer von der Zeit des Erwerbs an nach den §§ 987, 989. Erfährt der Besitzer später, dass er zum Besitz nicht berechtigt ist, so haftet er in gleicher Weise von der Erlangung der Kenntnis an.
(2) Eine weitergehende Haftung des Besitzers wegen Verzugs bleibt unberührt.

1 **I. Allgemein.** Das Gesetz regelt die Verpflichtung des unrechtmäßigen Besitzers zur Nutzungsherausgabe und zum Schadensersatz in systematisch etwas eigentümlicher Weise. Die Anspruchsvoraussetzungen werden im einzelnen in den für den Prozeßbesitzer geltenden §§ 987, 989 genannt. § 990, der die **Haftung des unredlichen Besitzers** regelt, verweist dann nur noch auf diese Vorschriften. Es hätte näher gelegen, die Haftung des unredlichen Besitzers zum Grundfall zu machen, da ihr im Vergleich mit der Haftung des Prozessbesitzers die größere Bedeutung zukommt.

2 Der Unterschied zwischen §§ 987, 989 und § 990 besteht allein darin, daß der Besitzer nach §§ 987, 989 ab dem Zeitpunkt der Rechtshängigkeit einer gegen ihn gerichteten Herausgabeklage haftet, wohingegen er nach § 990 **ab dem Eintritt seiner Bösgläubigkeit** haftet. Im übrigen sind die Haftungsvoraussetzungen und der Haftungsumfang nach §§ 987, 989 und § 990 identisch. Eine wichtige Besonderheit enthält nur § 990 II, der eine verschärfte Haftung des unredlichen Besitzer vorsieht, wenn dieser sich im Verzug befindet.

3 Zur **Einschränkung** des Nutzungsherausgabeanspruchs gegenüber dem mittelbaren Besitzer vgl § 991 I.

4 **II. Anspruchsvoraussetzungen.** Die Voraussetzungen für einen Anspruch des Eigentümers einer Sache gegen deren unrechtmäßigen, unredlichen Besitzer auf Nutzungsherausgabe oder Schadensersatz ergeben sich im einzelnen aus den §§ 987, 989. Auf die dortigen Ausführungen kann daher verwiesen werden.

5 Statt der in den §§ 987, 989 geforderten Rechtshängigkeit einer Herausgabeklage ist bei § 990 aber erforderlich, daß der Besitzer bei Besitzerwerb bösgläubig ist („**Bösgläubigkeit bei Besitzerwerb**", Abs I S 1) oder dass der bei Besitzerwerb gutgläubige Besitzer später erfährt, daß ihm kein Recht zum Besitz zusteht („**Bösgläubigkeit nach Besitzerwerb**", Abs I S 2).

6 **1. Bösgläubigkeit bei Besitzerwerb (Abs I S 1).** Wann ein Besitzer iSd Abs I S 1 „nicht in gutem Glauben", also bösgläubig ist, beurteilt sich nach den gleichen Kriterien, wie bei § 932 I B. **Bösgläubig** ist ein Besitzer, wenn er weiß oder grob fahrlässig nicht weiß, daß er kein Recht zum Besitz der Sache hat. Dieser Gutglaubensmaßstab gilt aber nur **zum Zeitpunkt des Besitzerwerbs**. Nach Besitzerwerb gilt ausschließlich Abs I S 2.

7 **a) Zeitpunkt des Besitzerwerbs.** „Besitzerwerb" iSd Abs I S 1 ist die Erlangung der **unmittelbaren tatsächlichen Sachherrschaft** mit dem **Willen, den Besitz auszuüben** (§ 854). Eine Erlangung der Sachherrschaft ohne Besitzwille oder mit Besitzmittlungswillen reicht nicht aus.

8 Auf den Zeitpunkt diesen Besitzerwerbs stellt Abs I S 1 ab. Dabei setzt § 990 voraus, dass der erworbene **Besitz unrechtmäßig** ist. Denn nur auf den unrechtmäßigen Besitz finden die §§ 987ff überhaupt Anwendung. Wird rechtmäßiger Eigen- oder Fremdbesitz erlangt, ist § 990 daher insgesamt nicht anwendbar. Dies gilt nach der hier vertretenen Ansicht auch dann, wenn der Besitzer zunächst rechtmäßig den Besitz an der Sache erwirbt, das Besitzrecht dann aber wegfällt, weil der rechtmäßige Fremdbesitzer sich als Eigenbesitzer geriert oder weil das den Besitz rechtfertigende Sonderrechtsverhältnis (zB der Mietvertrag) beendet wird (vor § 987 Rz 44).

Nach Ansicht der Rspr (vor § 987 Rz 41ff) finden die §§ 987ff dagegen auch auf **ursprünglich rechtmäßige** 9
Besitzverhältnisse Anwendung, wenn das Besitzrecht später wegfällt. Folgt man dieser Ansicht, stellt sich die
Frage, ob für § 990 auf den Zeitpunkt der Begründung des Besitzes oder auf den Zeitpunkt des Wegfalls des
Besitzrechts abzustellen ist. Man wird auf den Zeitpunkt des Wegfalls des Besitzrechts abstellen müssen, weil das
Eigentümer-Besitzer-Verhältnis erst in diesem Augenblick entsteht und kein Anlaß besteht, einen rechtmäßigen
Besitzer, der sein Recht zum Besitz verliert, gegenüber einem ursprünglich unrechtmäßigen Besitzer haftungs-
rechtlich zu begünstigen (so auch BGH 31, 129, 132ff für den Fall, daß ein rechtmäßiger Fremdbesitzer zum
unrechtmäßigen Eigenbesitzer wird; MüKo/Medicus Rz 7).

b) **Positive Kenntnis** von der fehlenden Besitzberechtigung liegt nach einer Definition der Rspr vor, „wenn der 10
Besitzer über den Mangel seines Rechts in einer Weise aufgeklärt worden ist, daß ein redlich Denkender, der vom
Gedanken an den eigenen Vorteil nicht beeinflußt ist, sich der Überzeugung seiner Nichtberechtigung nicht verschließen würde" (BGH 26, 256; 32, 76, 92; Naumburg NJW-RR 1999, 233. Ähnlich Düsseldorf VersR 2000,
460). Ein **Rechtsirrtum** kann nach dieser Definition positive Kenntnis ausschließen, wenn eine rechtliche Beurteilung des Besitzers nicht nur eine weiteres möglich ist (MüKo/Medicus Rz 4; BGH NJW 1977, 31, 34).

c) **Grob fahrlässige Unkenntnis.** Bösgläubig ist nicht nur, wer weiß, daß sein Besitz gegenüber dem Eigen- 11
tümer nicht gerechtfertigt ist, sondern auch, wer dies infolge grober Fahrlässigkeit nicht weiß (§ 932 II). **Grobe
Fahrlässigkeit** ist zu bejahen für ein Handeln „bei dem die erforderliche Sorgfalt nach den gesamten Umständen
in ungewöhnlich großem Maße verletzt worden ist und bei dem dasjenige unbeachtet geblieben ist, was im gegebenen Fall jedem hätte einleuchten müssen" (BGH 10, 14, 16; MüKo/Medicus Rz 5).

Im Gegensatz zum gutgläubigen Eigentumserwerb (§§ 929ff, 932ff), wo sich der gute Glaube auf das Eigentum 12
des Veräußerers beziehen muß, kommt es bei § 990 auf den **guten Glauben an die eigene Besitzberechtigung** an
(BGH NJW 1977, 31, 34). Wer allerdings bei Besitzübertragung bezüglich des Eigentums und der Verfügungsmacht des Vormanns gutgläubig ist, wird dies in der Regel auch bezüglich der von diesem Vormann abgeleiteten
eigenen Besitzberechtigung sein (BGH WM 1975, 115, 117). Die für § 932 entwickelten Grundsätze sind daher
weitgehend verwertbar.

Besonderheiten bestehen aber insoweit, als der Besitzerwerber bei § 990 auch im Falle des Erwerbs eines **obli-** 13
gatorischen Besitzrechts gutgläubig sein kann. Hält zB ein **Untermieter** den Hauptmieter für berechtigt, die
Sache unterzuvermieten, so ist er bei Besitzerwerb gutgläubig iSd § 990, wenn dies ohne grobe Fahrlässigkeit
geschieht. Hat ein **Käufer** den Besitz an der Sache aufgrund eines unwirksamen Kaufvertrages erworben, so soll
er gutgläubig iSd § 990 sein, wenn er ohne grobe Fahrlässigkeit von seinem späteren Eigentumserwerb ausgeht
(RG JW 1936, 2912; DR 1942, 1278; MüKo/Medicus Rz 5).

Unterschiede zwischen § 932 und § 990 zeigen sich zB auch bei der **Reparatur eines PKW**. Die hM verlangt 14
für den gutgläubigen Erwerb des Eigentums an einem PKW gem §§ 929 S 1, 932 zu Recht, daß der Käufer sich
den KFZ-Brief hat aushändigen lassen. Für den gutgläubigen Erwerb eines Unternehmerpfandrechts wird als ausreichend angesehen, daß vom Auftraggeber der KFZ-Schein vorgelegt wird, was schon aus Praxisgründen die einzig richtige Ansicht ist. Um gutgläubig iSd § 990 zu sein, muß sich der Werkunternehmer aber weder den KFZ-
Brief noch den KFZ-Schein aushändigen lassen. Er darf darauf vertrauen, daß derjenige, der im Besitz des PKW
ist, ihm den Reparaturauftrag erteilt und ihm zum Zwecke der Reparatur den Besitz am PKW überläßt, hierzu
auch berechtigt ist. Etwas anderes kann allenfalls bei sehr aufwändigen oder sehr ungewöhnlichen Reparaturauf-
trägen gelten.

Unter welchen Voraussetzungen der unrechtmäßige **Besitzer eines Schecks**, insbesondere also eine den Scheck 15
einlösende Bank, im Hinblick auf die fehlende Besitzberechtigung als bösgläubig anzusehen ist, hängt vom
Umfang der Erkundigungspflicht ab, die sich nach Lage des Einzelfalls bestimmt (st Rspr des BGH, vgl BGH 5,
285, 290; NJW 1969, 322; WM 1968, 1299; ZIP 1989, 908; NJW 1992, 316; NJW 1992, 3235; WM 1993, 736;
ZIP 1993, 337; NJW 1993, 1066; NJW 1993, 1583; ZIP 1994, 1012; WM 1997, 1092, 1093; WM 1997, 2395;
NJW-RR 1998, 255; NJW 2000, 2585; ZIP 2001, 1529. Ebenso KG NJW-RR 1994, 1391; KG NJW-RR 1996,
495; LG München NJW 1997, 1197; Brandenburg OLG-NL 2001, 27. Vgl auch Haertlein ZBB 2001, 7ff; Höser
MDR 1984, 628ff; Reiser WM 1984, 1557ff; Aden NJW 1994, 413, 416; Pal/Bassenge Rz 10ff; Baumbach/Hefer-
mehl Art 21 SchG Rz 5aff).

2. Bösgläubigkeit nach Besitzerwerb (Abs I S 2). Für die Zeit nach Besitzerwerb gibt Abs I S 2 den Maßstab 16
der Gutgläubigkeit vor. Der bei Besitzerwerb unrechtmäßige, aber gutgläubige Besitzer (Abs I S 1) wird nachfolgend nur und erst dann zum bösgläubigen Besitzer, wenn er **positive Kenntnis** (Rz 10) von seiner fehlenden
Berechtigung zum Besitz der Sache erhält (BGH 26, 256; BGH 32, 76, 92; BGH JZ 1963, 255ff mit Anm Isele).
Leitet der unmittelbare Besitzer sein vermeintliches Besitzrecht nicht vom Eigentümer, sondern von einem Dritten
ab, ist Abs I S 2 nur dann erfüllt, wenn er Kenntnis von seiner eigenen und von der fehlenden Besitzberechtigung des Dritten hat (Naumburg NJW-RR 1999, 233).

Die Regelung beruht auf der richtigen Überlegung, daß der Besitzer nach dem Besitzerwerb keinen Anlaß hat, 17
sich fortlaufend mit der rechtlichen Zugehörigkeit der Sache zu befassen. Bei auftauchenden Zweifeln trifft ihn
grundsätzlich auch **keine Erkundigungspflicht**. Entzieht sich der Besitzer allerdings bewußt einer Kenntnisnahme, ist er so zu behandeln, als habe er positive Kenntnis von seiner fehlenden Besitzberechtigung (vgl auch
§ 937 Rz 7).

Rechtshängigkeit einer Herausgabeklage gem § 985 bewirkt zwar automatisch die Haftung nach §§ 987, 989. 18
Sie führt aber nicht notwendig auch zur Kenntnis der fehlenden Besitzberechtigung iSv § 990. Gutgäubigkeit trotz
Rechtshängigkeit wird man insbesondere dann annehmen können, wenn die zu entscheidenden Rechtsfragen

§ 990 Sachenrecht Eigentum

schwierig oder umstritten sind. Ob mit Rechtshängigkeit der Herausgabeklage auch positive Kenntnis des Besitzers von seiner fehlenden Besitzberechtigung herbeigeführt wurde, gewinnt selbständige Bedeutung, wenn die Herausgabeklage zurückgenommen oder als unzulässig abgewiesen wird (§ 987 Rz 7).

19 **3. Nachträgliche Gutgläubigkeit.** Bösgläubigkeit kann entfallen, wenn der Besitzer nachträglich Informationen erhält oder Umstände erfährt, die objektiv und mit überzeugender Wirkung auf das Bestehen eines (tatsächlich nicht bestehenden) Besitzrechts hindeuten (MüKo/Medicus Rz 8; Soergel/Mühl Rz 24. AA Gursky JR 1986, 225, 226f; Staud/Gursky Rz 32ff, 33).

20 **4. Beteiligung Dritter an der Besitzausübung.** Für die Frage der Gut- oder Bösgläubigkeit ist auf die Person des Besitzers abzustellen, dh desjenigen, der die tatsächliche Sachherrschaft erwirbt (§ 854 I). Diese Person wird in aller Regel leicht zu identifizieren sein. Probleme können aber dann entstehen, wenn Hilfspersonen an der Besitzausübung beteiligt sind.

21 a) **Zurechnung der Gut- oder Bösgläubigkeit.** Ob und inwieweit **dem gutgläubigen Besitzer** die Bösgläubigkeit seiner Hilfsperson (seines Besitzdieners, § 855) zugerechnet werden kann, ist umstritten (Hoche JuS 1961, 73, 75ff; Birk JZ 1963, 354ff; Kiefner JA 1984, 189ff). Als mögliche Zurechnungsnormen kommen die §§ 161 I, 278, 831 I in Betracht.

22 § 278 kann jedoch schon deshalb keine Anwendung finden, weil er ein bestehendes Schuldverhältnis voraussetzt (BGH 16, 259, 262). Mit dem Besitzerwerb wird das Schuldverhältnis zwischen dem Eigentümer und dem Besitzer aber erst begründet (Lorenz JZ 1994, 549, 550ff). Ebenso sind die **§ 166 I und § 831 I** jedenfalls nicht unmittelbar anwendbar. Nach § 166 I wird eine fremde Willenserklärung, nach § 831 I fremdes Verhalten zugerechnet. Beide Normen sind für die Zurechnung von Kenntnis und Kennenmüssen somit ungeeignet.

23 Nach wohl hM soll die Zurechnung von Kenntnis und Kennenmüssen einer Hilfsperson des Besitzers **analog § 166 I** erfolgen (BGH 32, 53; 41, 17, 21; 83, 293, 295f; Schilken, S 269ff; Raiser JZ 1961, 26; Staud/Gursky Rz 42ff, 47; Brehm/Berger § 8 Rz 20; Richardi AcP 169, 385, 393ff; Kiefner JA 1984, 189, 192; Limbach JuS 1983, 291, 293f).

24 Es dürfte aber richtiger sein, **§ 831 BGB analog** anzuwenden (so auch Baur/Stürner § 5 Rz 15; MüKo/Medicus Rz 12; Birk JZ 1963, 354ff). Der unrechtmäßige Besitzerwerb gleicht einem deliktischen Eingriff, § 831 ist daher die von ihrem Regelungsgehalt her näher liegende Norm (Baur/Stürner § 5 Rz 15). Zudem findet § 831 im Falle einer Sachverletzung vor Besitzerwerb Anwendung. Es ist nicht ohne weiteres einsichtig, wieso dann anläßlich des Besitzerwerbs die schärfere Zurechnungsnorm des § 166 I zur analogen Anwendung gelangen soll (MüKo/Medicus Rz 12).

25 Dem **bösgläubigen Besitzer** wird die Gutgläubigkeit seiner Hilfspersonen nicht zugerechnet. Seine Haftung aus § 990 kann nicht dadurch entfallen, daß er sich beim Besitzerwerb einer gutgläubigen Hilfsperson bedient hat (MüKo/Medicus Rz 9; BGH 16, 259, 264). Ist der Besitzherr bösgläubig, so kommt es daher auf die Gutgläubigkeit seiner Hilfspersonen nicht an.

26 b) **Sonderfälle.** Beim Besitzerwerb durch eine **juristische Person** kommt es für die Frage der Gut- oder Bösgläubigkeit grundsätzlich auf die handelnde Organperson an. Deren Gut- oder Bösgläubigkeit bei Besitzerwerb wird der juristischen Person unmittelbar zugerechnet (§ 31). Die Organperson selber haftet nicht nach § 990, sie kann aber bei Vorliegen der Voraussetzungen nach §§ 812ff oder §§ 823ff herausgabe- bzw ersatzpflichtig sein (BGH 56, 73, 77). Inwieweit der juristischen Person auch Kenntnisse anderer Angestellter oder Vertreter zugerechnet werden können, ist insbesondere für **Unternehmen** im einzelnen umstritten (vgl dazu BGH ZIP 1996, 548, 550ff; Bohrer DNotZ 1991, 124ff; Grunewald, FS Beusch, 1993, S 301; Lorenz JZ 1994, 549, 553ff). Zur Rechtslage bei **Hereinnahme von Schecks durch Banken** vgl die Nachweise bei Rz 15.

27 Erwirbt eine **nicht voll geschäftsfähige Person** unrechtmäßig Besitz, so beurteilt sich ihre Bös- oder Gutgläubigkeit iSd § 990 anhand des Maßstabs der §§ 827, 828 (hM, Pal/Bassenge Rz 6; MüKo/Medicus Rz 15; Soergel/Mühl Rz 16. AA Brehm/Berger § 8 Rz 21. Zum Meinungsstand ausführlich Staud/Gursky Rz 38ff). Erfolgt der Besitzerwerb durch den gesetzlichen Vertreter, so wird dessen Gut- oder Bösgläubigkeit bei Besitzerwerb dem Vertretenen unmittelbar zugerechnet. Der gesetzliche Vertreter selber haftet nicht nach § 990, kann aber bei Vorliegen der Voraussetzungen nach §§ 812ff oder §§ 823ff herausgabe- bzw ersatzpflichtig sein.

28 **IV. Verzug (Abs II).** Abs II ordnet an, daß eine weitergehende **Haftung** des Besitzers **wegen Verzuges** „unberührt bleibt", also neben den §§ 987ff besteht. Die Vorschrift bezieht sich nur auf den unredlichen Besitzer (nicht auch auf den Prozeßbesitzer). Dieser haftet nach den allgemeinen Vorschriften, wenn er mit der Rückgabe der Sache in Verzug gerät.

29 Unter welchen Voraussetzungen der Besitzer mit der Rückgabe der Sache in Verzug gerät, ergibt sich im einzelnen aus §§ 280 I und II, 286. Wichtigste Rechtsfolge des Schuldnerverzuges ist, daß der Besitzer auch für eine zufällige Verschlechterung, einen zufälligen Untergang und ein zufälliges sonstiges Unmöglichwerden der Herausgabe haftet (§ 287). Er haftet auch für den Vorenthaltungsschaden (also den Schaden, den der Eigentümer durch die *Verspätung* der Rückgabe erlitten hat), der nach §§ 989, 990 ansonsten nicht ersatzfähig ist, und für nach §§ 987, 990 an sich nicht herauszugebende Nutzungen.

30 **V. Verjährung.** Ansprüche aus § 990 verjähren nach §§ 195, 199 in der regelmäßigen Verjährungsfrist von 3 Jahren. § 197 I Nr 1 findet keine Anwendung (Pal/Heinrichs § 197 Rz 3).

31 **VI. Konkurrenzen.** Zur Möglichkeit der Anwendung konkurrierender Anspruchsgrundlagen neben § 990 vgl vor § 987 Rz 69ff.

§ 991 Haftung des Besitzmittlers

(1) Leitet der Besitzer das Recht zum Besitz von einem mittelbaren Besitzer ab, so findet die Vorschrift des § 990 in Ansehung der Nutzungen nur Anwendung, wenn die Voraussetzungen des § 990 auch bei dem mittelbaren Besitzer vorliegen oder diesem gegenüber die Rechtshängigkeit eingetreten ist.

(2) War der Besitzer bei dem Erwerb des Besitzes in gutem Glauben, so hat er gleichwohl von dem Erwerb an den im § 989 bezeichneten Schaden dem Eigentümer gegenüber insoweit zu vertreten, als er dem mittelbaren Besitzer verantwortlich ist.

I. Allgemein. Die §§ 987, 989, 990 gewähren dem Eigentümer einer Sache Schadensersatz- und Nutzungsherausgabeansprüche gegen deren (verklagten oder unredlichen) unrechtmäßigen Besitzer. Sie differenzieren nicht danach, ob es sich bei dem Besitzer um einen Eigen- oder um einen Fremdbesitzer und auch nicht danach, ob es sich um einen mittelbaren oder um einen unmittelbaren Besitzer (Besitzmittler) handelt. 1

Dieses Haftungssystem wird von § 991 nicht in Frage gestellt. § 991 hält **für die Haftung des Besitzmittlers gegenüber dem Eigentümer** nur **zwei Sonderregelungen** bereit, die die §§ 987, 989, 990 ergänzen. 2

Nach **Abs I** haftet ein Besitzmittler (zB ein Pächter) dem Eigentümer nur dann gem §§ 990, 987 auf Herausgabe der Nutzungen, sofern auch der mittelbare Besitzer (zB ein Verpächter) dem Eigentümer zur Nutzungsherausgabe verpflichtet ist. Abs I schränkt die Haftung des Besitzmittlers also ein. Ziel der Regelung ist es, den redlichen mittelbaren Besitzer vor möglichen Regreßansprüchen des Besitzmittlers zu schützen. 3

Nach **Abs II** haftet der redliche Besitzmittler (zB ein Pächter) dem Eigentümer auf Schadensersatz gem § 989, soweit er dem mittelbaren Besitzer (zB dem Verpächter) zum Schadensersatz verpflichtet ist (Koblenz NJW 2002, 617). Abs II erweitert also die Haftung des Besitzmittlers, denn als redlicher Besitzer wäre er dem Eigentümer nach § 989 an sich nicht zur Leistung von Schadensersatz verpflichtet. Der Regelung liegt der Gedanke zu Grunde, daß der Besitzmittler der Haftungsprivilegierung des § 993 I Hs 2 nicht bedarf, wenn er die Grenzen des zwischen ihm und dem mittelbaren Besitzer bestehenden Besitzmittlungsverhältnisses überschreitet. 4

Beide Sonderregelungen sind **eng auszulegen**. So kann § 991 I nicht auf den Anspruch aus § 989 ausgedehnt werden (MüKo/Medicus Rz 6). Zu beachten ist weiter, daß § 991, wie die §§ 987ff allgemein (vor § 987 Rz 17, 25), nur Anwendung findet, wenn der **Besitzer** (dh hier: der Besitzmittler) dem Eigentümer gegenüber **nicht zum Besitz berechtigt** ist. Das in Abs I erwähnte „Recht zum Besitz" bezieht sich nur auf das Verhältnis des Besitzmittlers zum mittelbaren Besitzer, nicht zum Eigentümer. 5

II. Kein Anspruch auf Nutzungsherausgabe (Abs I). 1. Regelungsziel. § 991 I regelt die **Situation**, daß zwar der Besitzmittler (der unmittelbare Besitzer) unredlich iSd § 990 ist, nicht aber der mittelbare Besitzer. In dieser Situation könnte der Eigentümer vom Besitzmittler (zB einem Pächter) gem §§ 990, 987 Nutzungsherausgabe verlangen, obschon die Nutzungen dem Besitzmittler im Verhältnis zum mittelbaren Besitzer (zB einem Verpächter) und dem mittelbaren Besitzer im Verhältnis zum Eigentümer zustehen. Der mittelbare Besitzer wäre dem Besitzmittler aufgrund des zwischen ihnen bestehenden Sonderrechtsverhältnisses (zB eines Pachtvertrages) zum Schadensersatz verpflichtet (im Fall des Pachtvertrages gem §§ 581 II, 536ff), weil der Besitzmittler die ihm versprochene Leistung (die Nutzungen der Sache) nicht erhält bzw wieder herausgeben muß. 6

Zur Vermeidung dieser Rechtsfolgen **ordnet § 991 I an**, daß der Eigentümer von einem Besitzmittler Nutzungsherausgabe nur dann verlangen kann, wenn beide, der Besitzmittler und der mittelbare Besitzer unredlich iSd § 990 sind. Der redliche mittelbare Besitzer wird also vor Regressansprüchen des Besitzmittlers geschützt. Ist der mittelbare Besitzer nicht unredlich iSd § 990, haftet der Besitzmittler dem Eigentümer gegenüber nur nach § 988 (unentgeltlicher Erwerb), § 993 I Hs 1 (Übermaßfrüchte) oder direkt nach § 987 (ab Rechtshängigkeit) auf Nutzungsherausgabe. Bei **mehrstufigen Besitzverhältnissen** findet § 991 I schon dann Anwendung, wenn nur einer der Oberbesitzer redlich und unverklagt ist (MüKo/Medicus Rz 5; Staud/Gursky Rz 4). 7

2. Einschränkende Auslegung. Die Regelung ist sinnvoll, geht aber zu weit. Sie schließt dem Wortlaut nach Nutzungsherausgabeansprüche des Eigentümers auch in dem Fall aus, daß gar keine Regreßansprüche des Besitzmittlers gegen den mittelbaren Besitzer bestehen, etwa weil der Besitzmittler seine Nichtberechtigung positiv gekannt hat (im Fall des Pachtvertrages gem §§ 581 II, 536ff, 536b). Dafür gibt es aber keine Rechtfertigung. § 991 I ist daher dergestalt **einschränkend auszulegen**, daß er nur Anwendung findet, soweit Regressansprüche des Besitzmittlers gegen den mittelbaren Besitzer bestehen würden (MüKo/Medicus Rz 7. AA Staud/Gursky Rz 3). 8

3. Haftung des mittelbaren und des unmittelbaren Besitzers. Haften der mittelbare Besitzer und der Besitzmittler nach §§ 990, 987, so kann der Eigentümer wählen, von wem er die Nutzungen herausverlangt. Solange die Zwangsvollstreckung gegen einen Besitzer nicht zur vollen Befriedigung geführt hat, bleibt die Haftung des anderen bestehen (BGH LM Nr 10 zu § 987). 9

4. Mögliche **Schadensersatzansprüche** des Eigentümers gegen den Besitzmittler gem §§ 990, 989 **bleiben** von der Regelung des § 991 I **unberührt**. 10

III. Anspruch auf Schadensersatz (Abs II iVm § 989). 1. Regelungsziel. Abs II regelt die **Situation**, daß eine herauszugebende Sache iSd § 989 verschlechtert usw worden ist, wobei der die Verschlechterung usw verursachende Besitzmittler redlich war und dem Eigentümer deshalb nicht auf Schadensersatz haftet (§ 993 I Hs 2), er aber gleichzeitig im Verhältnis zum mittelbaren Besitzer pflichtwidrig gehandelt hat und daher ihm gegenüber dem Grunde nach schadensersatzpflichtig ist. 11

Konkret ist **zB der Fall** gemeint, das der Eigentümer seine Sache einem Dritten überläßt und der Dritte die Sache verpachtet, ohne daß er dem Eigentümer gegenüber dazu berechtigt ist. Der Pachtvertrag ist ungeachtet des- 12

§ 991

sen, daß die Verpachtung unbefugt erfolgt ist, wirksam. Er gibt dem Pächter aber kein Besitzrecht gegenüber dem Eigentümer. Überschreitet der Pächter nun sein Pachtrecht und erleidet die Pachtsache dadurch Schaden (schlägt der Pächter etwa den verpachteten Wald kahl), so ist er dem Eigentümer gegenüber wegen § 993 I Hs 2 nicht zum Schadensersatz verpflichtet. Dem Verpächter wäre er zwar wegen der Verletzung des Pachtvertrages zum Schadensersatz verpflichtet, dieser hat aber idR als Nichteigentümer keinen ersatzfähigen Vermögensschaden.

13 Um in dieser Situation eine zufällige, ungerechtfertigte Entlastung des Besitzmittlers zu verhindern, **ordnet § 991 II an**, daß auch der redliche Besitzmittler dem Eigentümer insoweit nach § 989 auf Schadensersatz haftet, wie er dem mittelbaren Besitzer gegenüber zum Schadensersatz verpflichtet wäre. Die Regelung ist der Drittschadensliquidation im Falle zufälliger Schadensverlagerung vergleichbar.

14 2. Der **Haftungsmaßstab** ergibt sich auch für das Verhältnis zum Eigentümer aus dem Besitzmittlungsverhältnis (Koblenz NJW 2002, 617). Haftet der Besitzmittler danach (zB nach dem Pachtvertrag) nur für grobe Fahrlässigkeit, so tritt auch gegenüber dem Eigentümer nur bei grob fahrlässig verursachter Verschlechterung usw der Sache eine Schadensersatzpflicht gem § 989 ein. Das gilt auch zum Nachteil des Besitzmittlers, zB wenn der Pächter nach seinen Vereinbarungen mit dem Verpächter für Zufall haften muß (MüKo/Medicus Rz 10. AA Staud/Gursky Rz 15; RGRK/Pikart Rz 10f).

15 3. **Haftungsumfang**. Der Besitzmittler haftet nach §§ 991 II iVm § 989 aber nur in dem in § 989 vorgesehenen Umfang, also nur auf Ersatz für den Verlust oder die Verschlechterung der Sache, nicht auch auf Ersatz des Vorenthaltungs- oder Verzugsschadens.

16 4. **Ansprüche des Oberbesitzers.** Der **mittelbare Besitzer** kann **seinen eigenen Schaden** gegen den Besitzmittler selbständig geltend machen (MüKo/Medicus Rz 12; Staud/Gursky Rz 18). Soweit die Ansprüche sich decken, kann der mittelbare Besitzer aber nur Leistung an sich, evtl auch Leistung an sich und den Eigentümer gemeinsam verlangen. Leistung an sich kann der mittelbare Eigentümer nur fordern, wenn er den Eigentümer bereits befriedigt hat. Mit einer **Leistung an den mittelbaren Besitzer** wird der Besitzmittler von seiner Leistungsverpflichtung gegenüber dem Eigentümer nicht befreit, es sei denn es liegen die Voraussetzungen der §§ 851, 893 vor.

992 *Haftung des deliktischen Besitzers*

Hat sich der Besitzer durch verbotene Eigenmacht oder durch eine Straftat den Besitz verschafft, so haftet er dem Eigentümer nach den Vorschriften über den Schadensersatz wegen unerlaubter Handlungen.

1 I. **Allgemein.** Die §§ 987ff stellen ein grds geschlossenes Haftungssystem dar (dazu und zu den Ausnahmen vor § 987 Rz 69ff). Der unrechtmäßige Besitzer haftet dem Eigentümer nur nach §§ 987ff. Dies gilt auch für etwa bestehende Schadensersatzansprüche. Soweit nach den §§ 987ff kein Anspruch auf Schadensersatz gegeben ist, kann der Eigentümer einen solchen daher auch nicht aus den allgemeinen zivilrechtlichen Vorschriften herleiten. § 993 I Hs 2 stellt dies ausdrücklich klar.

2 Die mit den §§ 987ff bewirkte Haftungsprivilegierung gilt aber nicht uneingeschränkt. Ein Besitzer, der sich den Besitz durch verbotene Eigenmacht oder durch eine Straftat verschafft hat (sog „**Deliktsbesitzer**") **haftet** dem Eigentümer neben den §§ 987ff auch **nach §§ 823ff** auf Schadensersatz. § 992 stellt dies fest und schränkt insoweit die Ausschließlichkeitsregelung in § 993 I Hs 2 wieder ein.

3 II. **Anspruchsvoraussetzungen.** § 992 setzt voraus, daß der Besitzer sich den Besitz durch verbotene Eigenmacht oder durch eine Straftat verschafft hat.

4 1. **Verbotene Eigenmacht.** § 858 enthält eine **Legaldefinition** des Begriffs „verbotene Eigenmacht". Für die Begriffsbestimmung kann daher auf die dortigen Ausführungen verwiesen werden.

5 Zu beachten ist, daß sich die verbotene Eigenmacht **gegen den Eigentümer** richten muß. Nur dann wird das Eigentum durch Besitzentziehung verletzt. Entsprechend § 869 genügt auch verbotene Eigenmacht gegen den Besitzmittler des Eigentümers, nicht aber gegen irgendeinen Dritten.

6 Der Besitzer muß die verbotene Eigenmacht des weiteren **schuldhaft** iSd § 276 begangen haben (Baur/Stürner § 11 Rz 8; Soergel/Mühl Rz 4). Fehlendes Verschulden bei der Besitzerlangung wird nicht durch ein späteres Verschulden bei Beschädigung der Sache ersetzt (Soergel/Mühl Rz 4; Staud/Gursky Rz 10. AA MüKo/Medicus Rz 5).

7 2. **Straftat.** Straftatbestimmungen iSd § 992 sind nur solche, die dem Schutz des Eigentümers dienen und sich gerade auf die Art der Besitzbegründung richten, insbesondere also § 240 StGB (Nötigung zur Sachherausgabe), § 242 StGB (Diebstahl), § 248a StGB (Unbefugter Gebrauch von KFZ), § 249 StGB (Raub), §§ 255, 253 StGB (Erpressung), § 259 StGB (Hehlerei), § 263 StGB (Betrug) und auch § 246 StGB (Unterschlagung). AA Staud/Gursky Rz 14).

8 Ein Verstoß gegen abgaben-, zoll- oder gewerberechtliche Vorschriften kann zwar Strafbarkeit, aber keine Haftung nach § 992 begründen (RG 105, 84, 86; BGH NJW 1951, 643; Staud/Gursky Rz 13).

9 3. § 992 erlaubt die Anwendung der §§ 823ff im Eigentümer-Besitzer-Verhältnis, gibt aber nicht die Voraussetzungen für einen Schadensersatzanspruch vor. Es handelt sich um einen **Rechsgrundverweis** (Brehm/Berger § 8 Rz 51). Der Eigentümer hat daher nur dann einen Anspruch auf Schadensersatz gegen den Deliktsbesitzer gem §§ 992, 823ff, wenn neben den Voraussetzungen des § 992 auch die Voraussetzungen eines der Haftungstatbestände der §§ 823ff gegeben sind.

Die §§ 823ff statuieren eine verschuldensabhängige Haftung. Ein Anspruch aus §§ 992, 823ff setzt also **doppel-** 10
tes Verschulden voraus (AA MüKo/Medicus Rz 5). Zum einen hinsichtlich der verbotenen Eigenmacht (Rz 6)
und zum anderen hinsichtlich der Eigentumsverletzung. Für **Hilfspersonen** haftet der Besitzer gem § 831. Die
Hilfsperson, die selber keinen Besitz an der Sache erlangt, haftet direkt nach §§ 823ff (BGH 56, 73, 77; BGH WM
1967, 562, 563).

III. **Rechtsfolgen.** Die zusätzliche Haftung des Deliktsbesitzers **aus §§ 823ff** neben derjenigen aus § 987ff ist 11
unter folgenden Gesichtspunkten von Bedeutung.

1. **Haftung für leichte Fahrlässigkeit.** Der Deliktsbesitzer haftet schon bei leicht fahrlässig verursachter Ver- 12
letzung des Eigentums auf Schadensersatz (§§ 823ff, 276). Daß er unredlich (§ 990) oder verklagt (§ 989) ist, ist
nicht erforderlich.

2. **Zufallshaftung.** Stellt schon die Besitzentziehung eine schuldhafte unerlaubte Handlung dar, haftet der 13
Besitzer gem § 848 auch für eine zufällige Eigentumsbeeinträchtigung. Daß er unredlich ist und sich mit der Rückgabe der Sache in Verzug befindet (§§ 990 II, 286, 280 I und II), ist nicht erforderlich.

3. Der **Umfang des** nach §§ 823ff geschuldeten **Schadensersatzes** bestimmt sich nach §§ 249ff und geht über 14
den nach §§ 989, 990 geschuldeten hinaus. So hat der Deliktsbesitzer nach §§ 823ff auch den Vorenthaltungsschaden (das ist der Schaden, den der Eigentümer durch die *Verspätung* der Rückgabe erlitten hat) zu ersetzen. Daß er
unredlich ist und sich mit der Rückgabe der Sache in Verzug befindet (§§ 990 II, 286, 280 I und II), ist nicht erforderlich.

IV. **Verjährung.** Schadensersatzansprüche aus §§ 992, 823ff verjähren nach Maßgabe der §§ 195, 199 in 3 bzw 15
30 Jahren (beachte aber auch § 852 für die Verjährung von Herausgabeansprüchen).

V. **Konkurrenzen.** Zur Möglichkeit der Anwendung konkurrierender Anspruchsgrundlagen vgl vor § 987 16
Rz 69ff.

993 *Haftung des redlichen Besitzers*
(1) **Liegen die in den §§ 987 bis 992 bezeichneten Voraussetzungen nicht vor, so hat der Besitzer die gezogenen Früchte, soweit sie nach den Regeln einer ordnungsmäßigen Wirtschaft nicht als Ertrag der Sache anzusehen sind, nach den Vorschriften über die Herausgabe einer ungerechtfertigten Bereicherung herauszugeben; im Übrigen ist er weder zur Herausgabe von Nutzungen noch zum Schadensersatz verpflichtet.**
(2) **Für die Zeit, für welche dem Besitzer die Nutzungen verbleiben, findet auf ihn die Vorschrift des § 101 Anwendung.**

I. **Allgemein.** Die Vorschrift enthält eine der zentralen Regelungen der §§ 987ff. Nach **Abs I Hs 2** hat der 1
Eigentümer einer Sache gegen deren unrechtmäßigen Besitzer keine Ansprüche auf Nutzungsherausgabe oder
Schadensersatz, soweit solche nicht in den §§ 987–992 vorgesehen sind. Die **Abgeschlossenheit des Haftungssy-
stems** der §§ 987ff findet also hier ihren gesetzlichen Ausdruck.

Darüber hinaus enthält die Vorschrift eine eigenständige Anspruchsgrundlage für die Herausgabe von Nutzun- 2
gen. Nach **Abs I Hs 1** muß der unrechtmäßige Besitzer dem Eigentümer die sog „**Übermaßfrüchte**" herausgeben.

Abs II schließlich regelt die **Verteilung der Nutzungen** zwischen dem Eigentümer und dem Besitzer einer 3
Sache in zeitlicher Hinsicht. Er setzt voraus, daß dem Besitzer die Nutzungen nach Maßgabe der §§ 987–993 verbleiben.

II. **Abschließendes Haftungssystem (Abs I Hs 2).** Die §§ 987ff regeln die Ansprüche des Eigentümers einer 4
Sache gegen einen unrechtmäßigen Besitzers auf Nutzungsherausgabe oder Schadensersatz grundsätzlich
abschließend. Abs I Hs 2 bringt dies zum Ausdruck. Zu diesem Grundsatz sind jedoch eine Reihe von Ausnahmen
zu beachten. Das sich aus dem Grundsatz des Abs I Hs 2 und den dazu bestehenden Ausnahmen ergebende Haftungssystem ist im einzelnen im Rahmen der Vorbemerkung zu §§ 987–993 dargestellt (vor § 987 Rz 48ff).

III. **Übermaßfrüchte (Abs I Hs 1).** Der unrechtmäßige, aber redliche und unverklagte Besitzer einer Sache ist 5
deren Eigentümer zur Herausgabe von Nutzungen grundsätzlich nicht verpflichtet. Abs I Hs 1 macht hiervon
jedoch eine Ausnahme für die sog „Übermaßfrüchte" (zu den weiteren Ausnahmen vor § 987 Rz 53ff). Gezogene
Übermaßfrüchte muß auch der redliche und unverklagte Besitzer an den Eigentümer nach §§ 812ff herausgeben.

Übermaßfrüchte sind Früchte (§ 99), die nach den Regeln einer ordnungsmäßigen Wirtschaft nicht als Ertrag 6
der Sache anzusehen sind (Abs Hs 1; vgl auch §§ 581, 1039, 2133). Dazu gehören auch solche, die aufgrund
höherer Gewalt über das normale Maß hinaus gezogen werden mußten (zB Notschlachtung von Tieren, Holzschlag
wegen Sturmschäden).

Die Herausgabe richtet sich nach den Vorschriften über die Herausgabe einer ungerechtfertigten Bereicherung 7
(§§ 812ff). Abs I Hs 1 ist jedoch **Rechtsfolgenverweis**. Die tatbestandlichen Anspruchsvoraussetzungen der
§§ 812ff müssen daher nicht vorliegen. Relevant ist insbesondere § 818. Danach muß der Besitzer Wertersatz leisten, wenn die Nutzungen nicht mehr in natura herausgegeben werden können. Er ist zum Wertersatz aber dann
nicht verpflichtet, wenn sie auch wertmäßig in seinem Vermögen nicht mehr vorhanden sind (vgl im einzelnen die
Ausführungen zu § 818).

IV. **Verteilung der Nutzungen (Abs II).** Verbleiben dem Besitzer nach den Regelungen der §§ 987–993 die 8
Nutzungen der Sache, so konkretisiert Abs II dieses Recht in zeitlicher Hinsicht. Nach Abs II iVm § 101 erhält der

§ 993

Besitzer unmittelbare Sachfrüchte (§ 99 I) insoweit, als sie vor Eintritt der Unredlichkeit bzw. der Rechtshängigkeit von der Sache getrennt werden. Andere Früchte stehen dem Besitzer anteilig oder insoweit zu, als sie vor Eintritt der Unredlichkeit bzw. Rechtshängigkeit fällig werden (vgl im einzelnen die Ausführungen zu § 101).

9 **V. Verjährung.** Ansprüche aus § 993 verjähren nach §§ 195, 199 in der regelmäßigen Verjährungsfrist von 3 Jahren. § 197 I Nr 1 findet keine Anwendung (Pal/Heinrichs § 197 Rz 2).

10 **VI. Konkurrenzen.** Zur Möglichkeit der Anwendung konkurrierender Anspruchsgrundlagen neben § 993 vgl vor §§ 987–993 Rz 69ff.

Vorbemerkung §§ 994–1003

A. Allgemein 1	II. Verwendungsersatzanspruch des redlichen aber verklagten Besitzers („Prozessbesitzer") 25
B. Anwendungsrelevante Begriffsdefinitionen 6	III. Verwendungsersatzanspruch des unredlichen Besitzers 26
I. Besitz und Besitzer 7	IV. Verwendungsersatzanspruch des Deliktsbesitzers . 27
II. Verwendung	V. Wegnahmerecht des Besitzers 28
1. Begriff der Verwendung 8	VI. Durchsetzbarkeit des Verwendungsersatzanspruchs 30
2. Differenzierungen 9	
C. Anwendungsbereich der §§ 994ff im Überblick	
I. Grundsatz und Ausnahmen vom Grundsatz 12	
II. Lehre vom „nicht mehr Berechtigten" 13	E. Konkurrenz der §§ 994–999 zu anderen Anspruchsgrundlagen 33
1. Allgemein 14	I. Grundsatz 34
2. Ansprüche eines Werkunternehmers 18	II. Ausnahmen vom Grundsatz
D. Das Haftungssystem der §§ 994–1003 im Überblick 23	1. Vertragliche Ansprüche 36
I. Verwendungsersatzanspruch des redlichen unverklagten Besitzers 24	2. Ungerechtfertigte Bereicherung (§§ 812ff) 40
	3. Geschäftsführung ohne Auftrag (§§ 677ff) 44

Schrifttum: *Berg,* Der Verwendungsanspruch des Werkunternehmers bei Reparatur einer bestellerfremden Sache, JuS 1970, 12; *Beuthien,* Verwendungsansprüche des nunmehr und des früher unrechtmäßig besitzenden Werkunternehmers, JR 1962, 255ff; *Canaris,* Das Verhältnis der §§ 994ff zur Aufwendungskondiktion nach § 812 BGB, JZ 1996, 344; *Dimopoulos-Vosikis,* Die bereicherungs- und deliktsrechtlichen Elemente der §§ 987 bis 1003, 1966; *Feiler,* Aufgedrängte Bereicherung bei den Verwendungen des Mieters und Pächters, 1968; *Firsching,* Der Verwendungsanspruch des Unternehmers gegen den Eigentümer, AcP 162 (1963), 440; *Furtner,* Steht dem von einem Dritten beauftragten Werkunternehmer auch dem Eigentümer gegenüber ein Anspruch auf Verwendungsersatz zu?, MDR 1962, 95; *Gursky,* Der Einfluß von Verwendungen auf die Erlösherausgabepflicht nach § 816 Abs 1 Satz 1 BGB, JR 1971, 361; *Haas,* Die Verwendungsersatzansprüche im Eigentümer-Besitzer-Verhältnis und die aufgedrängte Bereicherung, Diss 1971; *Haas,* Die Verwendungsersatzansprüche im Eigentümer-Besitzer-Verhältnis und die aufgedrängte Bereicherung, AcP 176 (1976), 1; *Helling,* Das Zurückbehaltungsrecht des Werkunternehmers bei Verwendungen auf eine dem Besteller nicht gehörende Sache, BB 1969, 854; *Imlau,* Der Verwendungsersatzanspruch des unrechtmäßigen Fremdbesitzers gegen den Eigentümer, MDR 1957, 263; *Jakobs,* Die Begrenzung des Verwendungsersatzes, AcP 167 (1967), 350; *Kaysers,* Der Verwendungsersatzanspruch des Besitzers bei vertraglichen Leistungen, 1968; *Kraft,* Verwendungsansprüche des Werkunternehmers gegen den Eigentümer der reparierten Sache, NJW 1963, 1849; *Möhrenschlager,* Der Verwendungsersatzanspruch des Besitzers im anglo-amerikanischen und deutschen Recht, 1971; *Müller K.,* Der Anspruch auf Aufwendungsersatz im Rahmen von Schuldverhältnissen, JZ 1968, 769; *Münzel,* Ansprüche des Unternehmers auf Verwendungsersatz gegen den Eigentümer?, NJW 1961, 1377; *Münzel,* Die Rechte des Werkunternehmers gegen den Eigentümer aus Aufträgen von Nichteigentümern, MDR 1952, 643; *Pinger,* Funktion und dogmatische Einordnung des Eigentümer-Besitzer-Verhältnisses, 1973; *Raiser,* Verwendungsansprüche des Werkunternehmers, JZ 1958, 681; *Raiser,* Zum gutgläubigen Erwerb gesetzlicher Besitzpfandrechte, JZ 1961, 285; *Riedel,* Der Verwendungsanspruch des Werkunternehmers, NJW 1960, 1237; *Rittberg, Graf von,* Die aufgedrängte Bereicherung, 1969; *Schindler,* Die aufgedrängte Bereicherung beim Ersatz von Impensen, AcP 165 (1965), 499; *Schönfeld,* Verwendungsansprüche des Werkunternehmers bei Unwirksamkeit des Werkvertrages, JZ 1959, 301; *Schwerdtner,* Der Verwendungsanspruch des Werkunternehmers bei Reparatur einer bestellerfremden Sache, JuS 1970, 64; *Wolf,* Die Verwendungsersatzansprüche des Besitzers im Anspruchssystem, AcP 166 (1966), 188. Vgl auch die Schrifttumshinweise vor 985 und zu § 987.

1 **A. Allgemein. I.** §§ 994 bis 1003 sehen **Gegenrechte des unrechtmäßigen Besitzers** einer Sache gegen das Herausgabeverlangen des Eigentümers vor. Sie gewähren dem Besitzer Verwendungsersatzansprüche, die der Eigentümer befriedigen muß, bevor er die Sache herausverlangen kann.

2 Die §§ 994ff versuchen, einen schwierigen **Interessenkonflikt** zu lösen. Einerseits soll der Besitzer, wenn er die Sache schon herausgeben muß, wenigstens Ersatz für seine Verwendungen auf die Sache erhalten, die ja jetzt nicht mehr ihm, sondern dem Eigentümer zugute kommen. Andererseits soll dem Eigentümer die Rücknahme seiner Sache aber nicht dadurch ungerechtfertigt erschwert werden, daß er Verwendungen ersetzen muß, die er so nicht getätigt hätte und die für ihn nach seinen subjektiven Vorstellungen über die weitere Nutzung der Sache möglicherweise auch gar keinen Wert haben. Um in dieser Situation einen angemessenen Interessenausgleich herbeizuführen, differenzieren die §§ 994ff nach der Art der gemachten Verwendung (notwendig/nützlich) und der

Ansprüche aus dem Eigentum **Vor §§ 994–1003**

Qualität des Besitzes (redlich/unredlich). Sie stellen dadurch ein **abgestuftes**, den Interessen des Besitzers und des Eigentümers angepaßtes **Anspruchssystem** zur Verfügung.

Die §§ 994ff regeln den Anspruch des unrechtmäßigen Besitzers auf Verwendungsersatz grundsätzlich **abschlie-** 3 **ßend**. Soweit die §§ 994ff keinen Anspruch auf Verwendungsersatz gewähren, besteht ein solcher Anspruch daher auch nicht. Von diesem Grundsatz gibt es allerdings eine Reihe von **Ausnahmen** (Rz 33ff, 36ff).

II. Durchsetzbar sind die einem Besitzer gegen den Eigentümer zustehenden Verwendungsersatzansprüche 4 nur nach Maßgabe der §§ 1000–1003.

III. Die §§ 994ff finden nicht nur im Verhältnis des Besitzers zum Eigentümer, sondern **auch im Verhältnis** 5 **des Besitzers zu anderen an der Sache dinglich Berechtigten Anwendung**, was sich aus einer Reihe von gesetzlichen Verweisungen ergibt (vgl vor § 985 Rz 4).

B. Anwendungsrelevante Begriffsdefinitionen. Das insgesamt komplizierte Anspruchssystem der §§ 994ff 6 beruht auf einer Reihe von **begrifflichen Differenzierungen**. Die §§ 994ff sind wie die §§ 987ff nur auf den unrechtmäßigen, nicht auf den rechtmäßigen Besitz anwendbar. Inwieweit ein Verwendungsersatzanspruch besteht, hängt davon ab, ob der Besitzer redlich oder unredlich, Prozeß- oder Deliktsbesitzer ist; darüber hinaus unter anderem davon, ob es sich bei den gemachten Verwendungen um notwendige oder nicht notwendige („nützliche") Verwendungen handelt. Zum besseren Verständnis werden die in §§ 994ff ständig wiederkehrenden Begriffe nachfolgend zusammenfassend definiert.

I. Besitz und Besitzer. Zu den Begriffen rechtmäßiger und unrechtmäßiger Besitz sowie zu den Begriffen red- 7 licher, unredlicher, Prozeß- und Deliktsbesitzer vgl vor § 987 Rz 8ff, 13ff.

II. Verwendung. 1. Der **Begriff der Verwendung** ist umstritten. Nach **Ansicht des BGH** sind Verwendungen 8 alle „Maßnahmen, die darauf abzielen, den Bestand der Sache als solcher zu erhalten oder wiederherzustellen oder den Zustand der Sache zu verbessern" (BGH 10, 171, 177; 41, 157, 160; 87, 104, 106; 109, 179, 182; BGH NJW 1996, 921, 922; ebenso Klauser NJW 1965, 513, 514). Nach einer vom **RG** vertretenen und heute auch in der **Literatur** befürworteten Ansicht sind Verwendungen dagegen alle Vermögensaufwendungen, „die einer Sache zugute kommen sollen" (RG 152, 100, 101; Baur/Stürner § 11 Rz 55; Medicus BR Rz 878; Soergel/Mühl § 994 Rz 2). Der letztgenannte Verwendungsbegriff ist weiter und führt deshalb eher zu einem Verwendungsersatzanspruch, als der des BGH. Zum Verwendungsbegriff im einzelnen § 994 Rz 3ff.

2. Differenzierungen. Das Gesetz unterscheidet zwischen „**notwendigen Verwendungen**" (§ 994) und nicht 9 notwendigen Verwendungen. Nicht notwendige Verwendungen bezeichnet das Gesetz als „**nützliche Verwendungen**" (§ 996).

a) Notwendige Verwendungen (§ 994) sind Verwendungen, die erforderlich sind, um die Sache in ihrer Sub- 10 stanz und Nutzbarkeit zu erhalten. Ein Sonderfall der notwendigen Verwendungen sind die **gewöhnlichen Erhaltungskosten** (§ 994 I S 2).

b) Nützliche Verwendungen – nicht notwendige Verwendungen – (§ 996) sind Verwendungen, die nicht erfor- 11 derlich sind, um die Sache in ihrer Substanz und Nutzbarkeit zu erhalten. § 996 unterscheidet zwischen „wertsteigernden" und „nicht wertsteigernden" nützlichen Verwendungen. **Wertsteigernd** ist eine Verwendung dann, wenn sie den Wert der Sache zum Zeitpunkt der Herausgabe an den Eigentümer noch erhöht.

C. Anwendungsbereich der §§ 994ff im Überblick. I. Grundsatz und Ausnahmen vom Grundsatz. 12 §§ 994ff finden wie die §§ 987ff nur dann Anwendung, wenn der **Besitz unrechtmäßig** ist, dem Besitzer also kein dingliches Besitzrecht und auch kein schuldrechtliches Recht gegen den Eigentümer auf Überlassung des Besitzes zusteht (Baur/Stürner § 11 Rz 24). Ob es sich um Fremd- oder Eigenbesitz, redlichen, unredlichen, Prozeß- oder Deliktsbesitz handelt, ist für die Anwendbarkeit der §§ 994ff dagegen nicht relevant. Die §§ 994ff finden auf alle diese Besitztatbestände Anwendung. Zu diesem Grundsatz sind allerdings eine Reihe von Ausnahmen zu beachten. Der Anwendungsbereich der §§ 994ff entspricht grundsätzlich dem der §§ 987ff. Auf die dortigen Ausführungen zur Bestimmung des Anwendungsbereichs kann daher verwiesen werden (vor § 987 Rz 16ff).

II. Einer eigenständigen Betrachtung bedarf hier nur die **Lehre vom „nicht mehr Berechtigten"**, weil ihr für 13 das Bestehen von Verwendungsersatzansprüchen besondere Bedeutung zukommt.

1. Allgemein. Die Lehre vom „nicht mehr Berechtigten" befaßt sich mit der Frage, inwieweit die §§ 987ff, 14 994ff Anwendung finden, wenn der Besitzer einer Sache zwar anfangs zum Besitz berechtigt ist, das Besitzrecht aber nachfolgend wegfällt. Vgl dazu zunächst vor § 987 Rz 41ff.

Nach wohl hM kann der Besitzer jedenfalls für die **ab Wegfall des Besitzrechts gemachten Verwendungen** 15 Ersatz verlangen. Da jetzt eine Vindikationslage besteht, sollen ab diesem Zeitpunkt auch die §§ 994ff anwendbar sein (BGH 34, 12; 51, 250; BGH 71, 216, 225f; 75, 288, 292f; 87, 274; Berg JuS 1970, 12, 14ff; Staud/Gursky vor §§ 994–1003 Rz 40).

Noch weitergehend bejaht vor allem die Rspr eine Anwendung der §§ 994ff. Sie gewährt im Falle eines Wegfalls 16 des Besitzrechts auch für **vor Wegfall des Besitzrechts gemachte Verwendungen** einen Ersatzanspruch aus §§ 994ff. Der ursprünglich rechtmäßige Besitzer dürfe nicht schlechter stehen, als der von Anfang an unrechtmäßige (BGH 34, 122; BGH 51, 250; BGH 75, 288, 292f; BGH 87, 274; BGH NJW 1996, 921; BGH NJW 1998, 989, 990f). Dies gilt allerdings nur, soweit das das Besitzrecht begründende Rechtsverhältnis keine Regelungen enthält (BGH NJW-RR 2000, 895, 896).

Eine dritte und zutreffende Ansicht **verneint** dagegen die **Anwendbarkeit der §§ 994ff** auf ursprünglich recht- 17 mäßige Besitzverhältnisse **insgesamt** (Baur/Stürner § 11 Rz 30; MüKo/Medicus vor §§ 987–1003 Rz 19; Brehm/

Berger § 8 Rz 13; Roth JuS 1998, 518, 522). Daß Verwendungsersatzansprüche aus §§ 994ff für Verwendungen vor Wegfall des Besitzrechts nicht gegeben sein können, folgt schon daraus, daß der Besitzer durch den Wegfall des Besitzrechts nicht rückwirkend zum unrechtmäßigen Besitzer wird. Aber auch nach Wegfall des Besitzrechts bleibt für eine Anwendung der §§ 994ff kein Raum. Die Rückabwicklung solcher Besitzverhältnisse muß vielmehr abhängig von dem ursprünglich bestehenden Besitzrecht nach den dafür geltenden Bestimmungen (§§ 346ff) erfolgen.

18   **2. Ansprüche eines Werkunternehmers.** Die Relevanz der Lehre vom „nicht mehr Berechtigten" wird deutlich am **Beispiel** des vom BGH entschiedenen Falles eines Werkunternehmers, der im Auftrag eines Vorbehaltskäufers eine Sache repariert.

19   Ob Verwendungen auf eine Sache in zwei-, drei- oder mehrgliedrigen Rechtsbeziehungen erfolgen, ist für die Frage der Erstattung nicht entscheidend. Die §§ 994ff sind in einer drei- oder mehrgliedrigen Rechtsbeziehung ebenso wie in einer zweigliedrigen Rechtsbeziehung dann und nur dann anwendbar, wenn der Besitzer dem Eigentümer gegenüber nicht zum Besitz berechtigt ist.

20   So hat **zB ein Werkunternehmer**, der auf Grund eines **Werkvertrages mit einem Vorbehaltskäufer** ein ihm von diesem übergebenes Auto repariert, keinen Verwendungsersatzanspruch gem §§ 994ff gegen den Vorbehaltsverkäufer. Der Werkunternehmer, der von einem dem Eigentümer gegenüber zur Vornahme von Reparaturen und Tragung der dadurch entstehenden Kosten verpflichteten Benutzer eine Sache zur Instandsetzung erhält, ist nämlich nicht nur diesem, sondern auch dem Eigentümer (Vorbehaltsverkäufer) gegenüber als **rechtmäßiger Fremdbesitzer** anzusehen (BGH 34, 122, 128; Baur/Stürner § 11 Rz 24f).

21   **Tritt der Vorbehaltsverkäufer aber vom Kaufvertrag zurück**, wird der Werkunternehmer ab diesem Zeitpunkt zum unrechtmäßigen Fremdbesitzer. Inwieweit ihm für seine Verwendungen danach ein Ersatzanspruch gem §§ 994ff zusteht, beurteilt sich nach der vorstehend ausgeführten Lehre vom „nicht mehr Berechtigten". Diese Ansicht gewährt dem Werkunternehmer jedenfalls für solche Verwendungen einen Ersatzanspruch gem §§ 994ff, die er **nach dem Rücktritt** des Vorbehaltsverkäufers vom Kaufvertrag gemacht hat (Staud/Gursky vor §§ 994–1003 Rz 40. AA Beuthien JuS 1987, 841, 845; MüKo/Medicus Rz 28). Der BGH (BGH 34, 122; 51, 250; 75, 288, 292ff; 87, 274; Köln NJW 68, 304; vgl auch vor § 987 Rz 41ff) hat dem Werkunternehmer noch weitergehend einen Ersatzanspruch gem § 987 auch für solche Verwendungen zugestanden, die er **vor dem Rücktritt** des Vorbehaltsverkäufers vom Kaufvertrag gemacht hatte. Er begründet dies damit, daß der ursprünglich rechtmäßige Besitzer nicht schlechter stehen dürfe, als ein von Anfang an unrechtmäßiger Besitzer. Nach der vorstehend vertretenen Ansicht stehen dem Werkunternehmer dagegen überhaupt **keine Verwendungsersatzansprüche** gem §§ 994ff zu, auch wenn das ursprünglich rechtmäßige Besitzverhältnis nachträglich durch Rücktritt des Vorbehaltsverkäufers vom Kaufvertrag zu einem unrechtmäßigen Besitzverhältnis geworden ist. Der Werkunternehmer ist auf seine vertraglichen Ansprüche gegen den Käufer (seinen Auftraggeber) und auf evtl zustehende dingliche Rechte verwiesen.

22   Solche **dinglichen Rechte des Werkunternehmers** können an der von ihm reparierten Sache durchaus bestehen. Der Werkunternehmer kann zwar nach der Rspr des BGH und nach Ansicht eines Teiles der Literatur **kein gesetzliches Unternehmerpfandrecht** an Sachen erwerben, die dem Besteller nicht gehören, auch wenn er gutgläubig ist (BGH 34, 153; 34, 122, 124, 127; BGH NJW 1983, 2141; Reinicke/Tiedtke JA 1984, § 202, 213f. Unter Verweis auf §§ 647, 1257 aA Baur/Stürner § 55 Rz 40; MüKo/Medicus, § 994 Rz 25, der eine Befugnis des Vorbehaltskäufers zur Begründung des gesetzlichen Pfandrechts entsprechend § 185 annimmt; wie Medicus auch Benöhr ZHR 135, 144ff). Er kann an solchen Sachen aber ein **vertragliches Pfandrecht** gutgläubig erwerben (§§ 1207, 932f). Voraussetzung dafür ist, daß er nicht weiß, daß die Sache einem Dritten gehört und seine Unkenntnis nicht auf grober Fahrlässigkeit beruht. Die Vereinbarung des vertraglichen Pfandrechts kann auch auf einer Allgemeinen Geschäftsbedingung (Pfandklausel) des Werkunternehmers beruhen (BGH 68, 323, 326; BGH NJW 1981, 227. AA Picker NJW 1978, 1417; Reinicke/Tiedtke JA 1984, § 202, 204ff, 208). Der Werkunternehmer kann zudem ein **gesetzliches Pfandrecht an dem Anwartschaftsrecht des Käufers** auf Erwerb des Eigentums erwerben (BGH 35, 85ff; NJW 1965, 1475f; Baur/Stürner § 55 Rz 41). Tritt allerdings der Verkäufer wegen Zahlungsverzugs des Käufers vom Kaufvertrag zurück, so erlischt das Anwartschaftsrecht und damit auch das gesetzliche Pfandrecht hieran (§ 986 Rz 38).

23   **D. Das Haftungssystem der §§ 994–1003 im Überblick.** Die §§ 994ff gewähren dem Besitzer, der nach § 985 zur Herausgabe einer Sache verpflichtet ist, Anspruch auf Ersatz für die von ihm auf die Sache gemachten Verwendungen. Für welche Verwendungen der Besitzer Ersatz verlangen kann, hängt von seiner Redlichkeit ab. Vereinfacht gesagt kann der unredliche Besitzer nur Ersatz notwendiger Verwendungen verlangen, der redliche Besitzer darüber hinaus auch Ersatz nicht notwendiger (nützlicher) aber wertsteigernder Verwendungen. Neben dem Anspruch auf Verwendungsersatz oder im Falle des Fehlens eines solchen Anspruchs steht dem Besitzer auch ein Wegnahmerecht gem § 997 zu. Der Verwendungsersatzanspruch ist nur beschränkt durchsetzbar, Einzelheiten regeln die §§ 1000–1003.

24   **I. Verwendungsersatzanspruch des redlichen unverklagten Besitzers.** Der redliche, unverklagte Besitzer kann von dem Eigentümer Ersatz für notwendige Verwendungen mit Ausnahme der gewöhnlichen Unterhaltungskosten (§§ 994 I, 995 S 2) und für nützliche wertsteigernde Verwendungen (§ 996) verlangen. Dies gilt für den Eigenbesitzer wie für den Fremdbesitzer gleichermaßen.

25   **II. Verwendungsersatzanspruch des redlichen aber verklagten Besitzers („Prozeßbesitzer").** Der Prozeßbesitzer kann von dem Eigentümer nur für notwendige Verwendungen Ersatz verlangen und dies auch nur dann, wenn die Voraussetzungen einer GoA (§§ 677ff) zugunsten des Eigentümers vorlagen (§ 994 II iVm §§ 683, 684). Dies gilt für den Eigenbesitzer wie für den Fremdbesitzer gleichermaßen.

III. Verwendungsersatzanspruch des unredlichen Besitzers. Der unredliche Besitzer kann von dem Eigentümer nur für notwendige Verwendungen Ersatz verlangen und dies auch nur dann, wenn die Voraussetzungen einer GoA (§§ 677ff) zugunsten des Eigentümers vorlagen (§§ 994 II iVm §§ 683, 684). Dies gilt für den Eigenbesitzer wie für den Fremdbesitzer gleichermaßen.

IV. Verwendungsersatzanspruch des Deliktsbesitzers. Der Deliktsbesitzer kann von dem Eigentümer nur für notwendige Verwendungen Ersatz verlangen und dies auch nur dann, wenn die Voraussetzungen einer GoA (§§ 677ff) zugunsten des Eigentümers vorlagen (§ 850 iVm § 994 II iVm §§ 683, 684). Dies gilt für den Eigenbesitzer wie für den Fremdbesitzer gleichermaßen.

V. Wegnahmerecht des Besitzers. Hat der Besitzer mit der herauszugebenden Sache eine andere Sache als deren wesentlichen Bestandteil verbunden, gewährt ihm § 997 ein Wegnahmerecht. Das Wegnahmerecht steht **jedem Besitzer**, also sowohl dem redlichen, als auch dem unredlichen, dem Prozess- wie dem Deliktsbesitzer zu und ist auch unabhängig davon, ob es sich um einen Fremd- oder um einen Eigenbesitzer handelt. Es sind aber **drei Ausnahmen** zu beachten.

Das Wegnahmrecht besteht nicht, wenn die Verbindung eine gewöhnliche Erhaltungsmaßnahme darstellt (§§ 997 II Alt 1, 994 I S 2), die Wegnahme für den Besitzer keinen Nutzen hat (§ 997 II Alt 2) oder der Eigentümer dem Besitzer den Wert der Sache abzüglich der Abtrennungskosten erstattet (§ 997 II Alt 3).

VI. Durchsetzbarkeit des Verwendungsersatzanspruchs. Der durch §§ 994ff gewährte Verwendungsersatzanspruch ist **nicht uneingeschränkt durchsetzbar**. Das Gesetz gibt dem Eigentümer die Möglichkeit, die Zahlung des Verwendungsersatzes zu verweigern, sofern er dafür auf die Rückforderung der Sache verzichtet (§ 1001). Bis er sich entschieden hat und ggf gezahlt, hat der Besitzer ein Zurückbehaltungsrecht an der Sache (§ 1000).

Will der Besitzer Klarheit darüber erlangen, ob der Eigentümer zur Zahlung von Verwendungsersatz bereit ist, kann er ihn zu einer Stellungnahme hierüber auffordern. Äußert sich der Eigentümer danach nicht, darf der Besitzer die Sache verwerten (§ 1003 I). Bestätigt der Eigentümer seine Bereitschaft zur Zahlung von Verwendungsersatz, muß der Besitzer die Sache Zug-um-Zug gegen Zahlung herausgeben (§ 1000); das Wahlrecht des Eigentümers erlischt (§ 1001). Bestreitet der Eigentümer den Anspruch auf Verwendungsersatz, muß dieser gerichtlich festgestellt werden (§ 1003 II).

Gibt der Besitzer die Sache heraus, bevor der Eigentümer sich zur Zahlung von Verwendungsersatz geäußert hat, besteht das Risiko, daß er seinen Verwendungsersatzanspruch verliert (§ 1002).

E. Konkurrenz der §§ 994–999 zu anderen Anspruchsgrundlagen. Die §§ 994ff regeln Verwendungsersatzansprüche des Besitzers einer Sache gegen deren Eigentümer. Im Verhältnis des Besitzers einer Sache zu deren Eigentümer können neben den in §§ 994ff vorgesehenen Ansprüchen aber auch andere Anspruchsgrundlagen tatbestandlich gegeben sein. Es stellt sich ggf die Frage, ob diese Anspruchsgrundlagen neben den §§ 994ff Anwendung finden oder durch sie verdrängt werden.

I. Grundsatz. Die §§ 994ff stellen grundsätzlich eine **abschließende Sonderregelung** dar (BGH 41, 157; 39, 186, 189; 87, 296, 301; RG 163, 348, 352). Ein unrechtmäßiger Besitzer kann dem Herausgabeanspruch des Eigentümers (§ 985) nur die sich aus den §§ 994ff ergebenden Verwendungsersatzansprüche entgegensetzen.

Die §§ 994ff wollen den Eigentümer, der seine Sache herausverlangt, davor schützen, daß ihm gegen seinen Willen Leistungen des Besitzers aufgedrängt werden. Andere Anspruchsgrundlagen müssen im Anwendungsbereich der §§ 994ff daher grundsätzlich ausgeschlossen sein (BGH 87, 296, 301). Dies gilt auch für § 255 (BGH 29, 157, 162). Aber der Grundsatz der Ausschließlichkeit gilt, ebenso wie bei den Ansprüchen des Eigentümers nach §§ 987ff (vor § 987 Rz 69ff), **nur mit Ausnahmen**.

II. Ausnahmen vom Grundsatz. 1. Vertragliche Ansprüche. Ansprüche nach §§ 994ff bestehen nur, soweit dem keine vorrangigen vertraglichen Beziehungen zwischen dem Besitzer und dem Eigentümer der Sache entgegenstehen (BGH NJW 1955, 340, 341; RG 142, 417, 422). Im Einzelnen gilt Folgendes.

a) Bestehendes vertragliches Schuldverhältnis. Zu beachten ist, daß sich ein Konkurrenzproblem nur im Anwendungsbereich der §§ 994ff überhaupt stellt. Besteht zwischen Eigentümer und Besitzer ein wirksames vertragliches Schuldverhältnis und ist der Besitzer aufgrund dieses Schuldverhältnisses zum Besitz an der Sache berechtigt (ist er zB Mieter, Pächter, Käufer etc) finden die §§ 994ff keine Anwendung. Ein Konkurrenzproblem stellt sich daher nicht.

b) Beendetes vertragliches Schuldverhältnis. Umstritten ist die Rechtslage, wenn der Besitzer nach Beendigung eines Vertragsverhältnisses Verwendungen auf die Sache macht. Nach der hier vertretenen Ansicht finden allein die vertraglichen Regelungen Anwendung. Vgl dazu die Ausführungen zur Lehre vom „nicht mehr Berechtigten" (Rz 13ff; vor § 987 Rz 22, 41ff).

c) Übertragung der Sache. Vertragliche Vereinbarungen zwischen dem Besitzer und einem früheren Eigentümer der Sache können dem Erwerber der Sache gegenüber fortwirken. Hat zB der Eigentümer eines Grundstücks durch Vereinbarung mit dem Besitzer Verwendungsersatzansprüche ausgeschlossen, so kann der Besitzer solche auch dem Rechtsnachfolger gegenüber nicht geltend machen (BGH NJW 1979, 716).

2. Das Recht der ungerechtfertigten Bereicherung (§§ 812ff). Die Frage nach einer konkurrierenden Anwendung der §§ 812ff stellt sich vor allem für **nützliche** Verwendungen, also in Konkurrenz zu § 996. Für **notwendige** Verwendungen des redlichen Besitzers sieht das Gesetz in § 994 I über §§ 812ff hinausgehende Ersatzansprüche vor. Für notwendige Verwendungen des unredlichen Besitzers ordnet § 994 II iVm § 684 S 1 ausdrücklich eine Anwendung der §§ 812ff an.

41 Die Anwendbarkeit der §§ 812ff im Eigentümer-Besitzer-Verhältnis ist im einzelnen umstritten (zum Streitstand MüKo/Medicus § 994 Rz 30 und § 996 Rz 9ff; Staud/Gursky vor §§ 994–1003 Rz 43ff). Man wird von folgendem ausgehen können.

42 **a) Leistungskondiktion (§ 812 I S 1 Alt 1).** Liegt in den Verwendungen eine bewußte und zweckgerichtete Zuwendung des Besitzers an den Eigentümer, so ist, wenn ein Rechtsgrund hierfür fehlt, **die Leistungskondiktion gem § 812 I S 1 Alt 1 gegeben** (Medicus, BR, Rz 892f; Staud/Gursky vor §§ 994–1003 Rz 45). Die Voraussetzungen einer Leistungskondiktion werden jedoch selten vorliegen. So will der Eigenbesitzer, egal ob er redlich oder unredlich ist, nicht an den Eigentümer leisten. Denkbar ist aber zB, daß einem Mieter (Fremdbesitzer), der nach dem Mietvertrag statt Miete zu zahlen größere Reparaturen an der Mietsache vornehmen soll, bei Nichtigkeit des Vertrages eine Leistungskondiktion auf Ersatz des Wertes zusteht, der dem Eigentümer durch die Reparaturarbeiten des Mieters zugeflossen ist. Die Leistungskondiktion ist ggf neben den §§ 994ff gegeben (Medicus, BR, Rz 894).

43 **b) Eingriffskondiktion (§ 812 I S 1 Alt 2).** Hat der Besitzer mit der Verwendung keine Leistung an den Eigentümer erbracht, so stehen ihm Ersatzansprüche nur gem §§ 994ff zu. Ansprüche aus Eingriffskondiktion sind daneben grundsätzlich ausgeschlossen (BGH NJW 1996, 52; BGH 41, 157, 158f; BGH 41, 341, 346; Staud/Gursky vor §§ 994–1003 Rz 43ff; Brehm/Berger § 8 Rz 62; Waltjen AcP 175, 109, 134; Haas AcP 176, 1, 16ff, 20. AA Canaris JZ 1996, 344ff, 347f mwN. Vgl auch MüKo/Medicus § 996 Rz 9ff und Soergel/Mühl vor § 994 Rz 3ff. Zum Begriff der Verwendung § 994 Rz 3ff). Dies gilt nach der Rspr des BGH aber nicht für Bereicherungsansprüche wegen Baumaßnahmen auf fremdem Grund und Boden, die von einem ursprünglich berechtigten Besitzer (vgl vor § 987 Rz 41ff) in der begründeten Erwartung gemacht wurden, später Eigentum an dem Grundstück zu erwerben (condictio ob rem) (BGH NJW 2001, 3118, 3119; dazu K. Schmidt JuS 2001, 1226).

44 **3. Das Recht der Geschäftsführung ohne Auftrag (§§ 677ff). a) Echte GoA.** Liegt zwischen Eigentümer und Besitzer eine **berechtigte GoA** (§ 683) vor, so ist der Besitzer dem Eigentümer gegenüber zum Besitz berechtigt. Die §§ 987ff sind daher nicht anwendbar, ein Konkurrenzproblem stellt sich nicht (vor § 987 Rz 93; Baur/Stürner § 11 Rz 24 Fn 1; Soergel/Mühl vor § 987 Rz 11).

45 Im Falle einer **unberechtigten GoA** können dem Besitzer zwar Ansprüche aus §§ 684, 683 oder §§ 684, 812ff (Rz 40) zustehen (vor § 987 Rz 93; MüKo/Medicus § 994 Rz 29; Staud/Gursky vor §§ 994–1003 Rz 50). Die Voraussetzungen einer unberechtigten GoA werden aber nur selten vorliegen. Beim Eigenbesitzer fehlt es nämlich stets, beim Fremdbesitzer nicht selten am erforderlichen Fremdgeschäftsführungswillen (§ 687).

46 Bedeutung kommt den Vorschriften über die echte GoA (§§ 677ff) daher vor allem insoweit zu, als § 994 II auf sie verweist (§ 994 Rz 29ff).

47 **b)** Im Falle einer **unechten GoA** (§ 687 II) kommen Ansprüche des Besitzers nach §§ 687 II S 2, 684 S 1 in Betracht (vor § 987 Rz 94).

994 *Notwendige Verwendungen*

(1) Der Besitzer kann für die auf die Sache gemachten notwendigen Verwendungen von dem Eigentümer Ersatz verlangen. Die gewöhnlichen Erhaltungskosten sind ihm jedoch für die Zeit, für welche ihm die Nutzungen verbleiben, nicht zu ersetzen.

(2) Macht der Besitzer nach dem Eintritt der Rechtshängigkeit oder nach dem Beginn der in § 990 bestimmten Haftung notwendige Verwendungen, so bestimmt sich die Ersatzpflicht des Eigentümers nach den Vorschriften über die Geschäftsführung ohne Auftrag.

1 **I. Allgemein.** § 994 gewährt dem Besitzer einer Sache als Gegenrecht zum Herausgabeanspruch des Eigentümers (§ 985) einen Anspruch auf Ersatz der notwendigen Verwendungen, die er auf die Sache gemacht hat. Ersatzansprüche für andere als notwendige Verwendungen (nützliche Verwendungen) sind in § 996 geregelt.

2 **II. Anspruchsvoraussetzungen.** § 994 setzt voraus, daß der Besitzer **Verwendungen** auf die herauszugebende Sache gemacht hat, daß es sich dabei um **notwendige** Verwendungen handelt und daß der Besitzer zum Zeitpunkt der Verwendung **redlich** gewesen ist (Abs I). War der Besitzer zum Zeitpunkt der Verwendung unredlich, kann er Verwendungsersatz nur nach den Vorschriften über die GoA (§§ 677ff) verlangen (Abs II; vgl § 994 Rz 29ff).

3 **1. Verwendungen.** Der **Begriff** der Verwendung **ist umstritten**. Der Streit ist deshalb von Bedeutung, weil über die Definition des Begriffs „Verwendung" auch der Umfang bestehender Ersatzansprüche mitbestimmt wird. Faßt man den Begriff der Verwendung weit, erhält der Besitzer entsprechend umfassend Verwendungsersatzansprüche nach §§ 994ff. Faßt man den Begriff der Verwendung dagegen eng, so kann der Besitzer für einen Großteil seiner Aufwendungen im Zusammenhang mit dem Besitz an der Sache keinen Ersatz verlangen.

4 **a) Definitionen.** Nach der engen **Definition des BGH** sind Verwendungen alle „Maßnahmen, die darauf abzielen, den Bestand der Sache als solcher zu erhalten oder wiederherzustellen oder den Zustand der Sache zu verbessern" (BGH 10, 171, 177f; 41, 157, 160; 87, 104, 106; 109, 179, 182; 131, 220, 222f; BGH NJW 1996, 921, 922; ebenso Klauser NJW 1965, 513, 514).

5 Nach einer vorzugswürdigen, vom **RG** vertretenen und heute auch in der **Literatur** befürworteten weiteren Definition sind Verwendungen dagegen alle Vermögensaufwendungen, „die einer Sache zugute kommen sollen" (RG 152, 100, 101; Baur/Stürner § 11 Rz 55; MüKo/Medicus Rz 6, 10; Brehm/Berger § 8 Rz 63; Medicus, BR, Rz 878; Soergel/Mühl Rz 2; Staud/Gursky vor §§ 994–1003 Rz 5; Jakobs AcP 167, 350, 360; Roth JuS 1997, 1087, 1089; Schindler AcP 165, 499, 504f; Wolf AcP 166, 188, 193).

§ 994 Ansprüche aus dem Eigentum

b) Subjektive und objektive Anforderungen. Beide Definitionen stimmen insoweit überein, als sie neben objektiven Anforderungen auch ein **subjektives Element** enthalten. Die gemachten Aufwendungen müssen mit der Absicht getätigt worden sein, daß sie der Sache zugute kommen. Fehlt es an dieser Absicht, handelt es sich nicht um Verwendungen iSd § 994.

Werden mit der Aufwendung auch andere Nebenzwecke verfolgt, schließt dies eine Einordnung als Verwendung iSd § 994 aber nicht aus (BGH NJW 1955, 340, 341). Es braucht sich auch nicht um freiwillig getätigte Aufwendungen zu handeln (MüKo/Medicus Rz 7).

c) Werden die Aufwendungen aber mit der Absicht getätigt, daß sie der Sache zugute kommen sollen und sind sie nach den vorstehenden Definitionen dazu auch objektiv geeignet, handelt es sich um Verwendungen, selbst wenn sie der Sache tatsächlich nicht zugute gekommen sind. Auch **fehlgeschlagene Verwendungen** sind ersatzfähig iSd § 994. Beispiele sind die Errichtung einer Stützmauer, wenn das Gebäude gleichwohl einstürzt und die Beauftragung eines Tierarztes, wenn das Tier gleichwohl stirbt (MüKo/Medicus Rz 6).

d) Einzelfälle. Als Verwendungen iSd § 994 kommen grundsätzlich nur Vermögensaufwendungen in Betracht. Die **Einsetzung eigener Arbeitskraft** kann aber dann als Verwendung anzusehen sein, wenn sie eine andere bezahlte Arbeitskraft ersetzt; ob der Besitzer die Tätigkeiten im Rahmen seines Gewerbes oder Berufs erbringt oder ob ihm dadurch anderweitiger Verdienst entgeht, ist nicht relevant (BGH NJW 1996, 921, 922; Baur/Stürner § 11 Rz 55. AA MüKo/Medicus Rz 12).

Kosten für den Erwerb der Sache (Kaufpreis, Transportkosten etc) sind keine Verwendung iSd § 994, da sie der Sache objektiv nicht zugute kommen (Baur/Stürner § 11 Rz 55; BGH NJW 1980, 2245, 2247; BGH NJW 1983, 1479, 1480).

Inwieweit **sachändernde Verwendungen** als Verwendungen iSd § 994 anzusehen sind, hängt vor allem davon ab, welchen der vorgenannten Definitionen (Rz 3ff) man folgt. Nach der engen Definition des **BGH** sind sachändernde Verwendungen keine Verwendungen iSd § 994, weil sie weder der Erhaltung noch der Wiederherstellung einer Sache dienen und auch nicht den vorgegebenen Zustand einer Sache verbessern (BGH 10, 171, 177f; BGH NJW 1964, 1125, 1127; BGH WM 1969, 295, 296). Dem Verwender steht für solche Verwendungen nach Ansicht des BGH daher nur das Wegnahmerecht gem § 997 oder in besonderen Fällen ein Ersatzanspruch nach Treu und Glauben (§ 242) zu (BGH 41, 157, 164f). Nach der weiteren Definition des **RG und der Literatur** können sachändernde Verwendungen dagegen durchaus Verwendungen iSd § 994 sein, sofern sie der Sache zugute kommen. Eine sachändernde Verwendung ist zB die **Bebauung** eines vorher unbebauten Grundstücks mit einem Wohnhaus, einer Lagerhalle oder einem Fabrikgebäude (BGH 10, 171, 177f; 41, 157, 160f). Wird ein abschüssiges Grundstück durch den **Bau einer Stützmauer** vor dem Abgleiten geschützt, so ist darin aber auch nach der engen Definition des BGH eine Verwendung iSd § 994 zu sehen, da die Bebauung darauf zielt, den Bestand des Grundstücks zu erhalten. Gleiches gilt für den **Wiederaufbau eines Hauses**, durch den die Tauglichkeit des Grundstücks für den alten Zweck wiederhergestellt wird (BGH 41, 341, 346).

2. Notwendige Verwendungen. Die **Notwendigkeit** einer Verwendung ist **rein objektiv zu bestimmen**. Sie ist bei allen Verwendungen gegeben, die dem Erhalt der Substanz und der Nutzbarkeit der Sache dienen oder zur ordnungsmäßigen Bewirtschaftung der Sache erforderlich sind; daß der mit der Verwendung beabsichtigte Erfolg auch eingetreten ist, ist nicht erforderlich (MüKo/Medicus Rz 14f, 17; Brehm/Berger § 8 Rz 66. AA BGH 48, 264, 272).

Dient die Sache selbst einem bestimmten **wirtschaftlichen Zweck**, wie zB eine Fabrik oder eine Gastwirtschaft, so muß diese Zweckbestimmung Berücksichtigung finden. Umbauten und Investitionen sind hier nicht nur notwendig, wenn sie die Lebensfähigkeit, sondern auch, wenn sie die Ertragsfähigkeit des Betriebes erhalten oder steigern können (RG 117, 112, 115; 139, 353, 357; MüKo/Medicus Rz 16; RGRK/Pikart Rz 39; Soergel/Mühl Rz 3).

Dienen Maßnahmen aber lediglich den **eigenen gewerblichen Zwecken des Besitzers** und nicht der wirtschaftlichen Zweckbestimmung der Sache, handelt es sich nicht um notwendige Verwendungen, wie überhaupt **Aufwendungen des Besitzers für seine Sonderinteressen** niemals notwendige Verwendungen iSd § 994 sind (BGH 64, 333, 339; Baur/Stürner § 11 Rz 15).

Beispiele für notwendige Verwendungen sind Reparaturkosten zur Wiederherstellung eines beschädigten Kraftfahrzeugs, Arztkosten für die Behandlung eines erkrankten Tieres, Fütterungskosten für Tierbestand (RG 52, 166) und Kosten für die Hebung eines Wracks (BGH NJW 1955, 341).

Gewöhnliche Erhaltungskosten und Aufwendungen, die der Besitzer zur Bestreitung von **Lasten** der Sache macht, sind notwendige Verwendungen, aber gesondert gesetzlich geregelt (§ 994 I S 2 bzw § 995 S 1).

3. Redlicher Verwender. Den Anspruch auf Verwendungsersatz § 994 hat der Besitzer, der die **Maßnahmen selbst vorgenommen oder** der sie **veranlaßt** hat (BGH 34, 122, 132; 131, 220, 227. AA Beuthien JuS 1987, 841, 845f; Staud/Gursky vor §§ 994–1003 Rz 20; MüKo/Medicus Rz 28). Das kann dazu führen, daß der Anspruch auf Verwendungsersatz mehreren Personen zusteht. Läßt zB der Käufer ein ihm unter Eigentumsvorbehalt verkauftes Auto reparieren, so sind beide, der Vorbehaltskäufer und der Werkunternehmer, Verwender iSd § 994.

Der **Besitz** des Verwenders muß zum Zeitpunkt der Verwendung **unrechtmäßig** gewesen sein, dh ihm darf kein Recht zum Besitz der Sache zugestanden haben. Auf einen rechtmäßigen Besitzer findet § 994, wie die §§ 987ff ganz allgemein, keine Anwendung (vor § 987 Rz 17). Ob § 994 Anwendung findet, wenn der Verwender ursprünglich ein Recht zum Besitz hatte, das aber zum Zeitpunkt der Verwendung nicht mehr bestand, ist umstritten (vgl dazu vor § 994 Rz 41ff).

§ 994

19 Schließlich **muß der Verwender** zum Zeitpunkt der Verwendung **redlich gewesen sein (Abs II)**. Das ist dann der Fall, wenn er im Hinblick auf sein vermeintlich bestehendes Besitzrecht gutgläubig war und gegen ihn keine Herausgabeklage rechtshängig gewesen ist. Gutgläubig ist der Verwender, wenn er seine fehlende Besitzberechtigung zum Zeitpunkt des Besitzerwerbs nicht kannte, die fehlende Kenntnis nicht auf grober Fahrlässigkeit beruhte und er auch nach Besitzerwerb keine positive Kenntnis von dem Fehlen seines Besitzrechts erlangt hat (§§ 990, 932 II). War der Verwender zum Zeitpunkt der Verwendung unredlich, so können sich Verwendungsersatzansprüche nach Abs II nur aus den Vorschriften über die GoA (§§ 677ff) ergeben.

20 **III. Verwendungsersatz.** Liegen die Voraussetzungen des § 994 vor, kann der Verwender Ersatz seiner Verwendungen verlangen. Ausgenommen sind jedoch die sog gewöhnlichen Erhaltungskosten.

21 **1. Anspruchsinhalt.** Der Verwender kann von dem Eigentümer **Ersatz seiner gesamten Vermögensaufwendungen** verlangen.

22 Ob der **Wert der Sache** durch die Verwendungen noch **erhöht** ist, ist für das Bestehen des Anspruch ohne Bedeutung. Der Eigentümer haftet nicht deshalb auf Ersatz der Verwendungen, weil sie den Wert der Sache erhöht haben, sondern weil er selbst die Verwendungen hätte tätigen müssen, wenn der Verwender es nicht an seiner Stelle getan hätte (RG 139, 353, 357).

23 Der **Ersatzanspruch** des Verwenders ist **der Höhe nach nicht beschränkt**, auch nicht auf den Wert evtl von ihm herauszugebender Nutzungen. Er ist jedoch nach Maßgabe der §§ 1001 bis 1003 nur **beschränkt durchsetzbar** (vor § 994 Rz 30f).

24 **2. Gewöhnliche Erhaltungskosten (Abs I S 2).** Eine Ausnahme von der umfassenden Erstattungspflicht macht Abs I S 2. Danach sind dem Verwender gewöhnliche Erhaltungskosten für die Zeit **nicht zu erstatten**, in der ihm nach den Regeln der §§ 987ff **die Nutzungen der Sache verbleiben**.

25 **Gewöhnliche Erhaltungskosten** sind regelmäßig wiederkehrende Ausgaben zur laufenden Unterhaltung der Sache und regelmäßige Lasten (vgl § 995 S 1). Beispiele sind Wartungs- und Reparaturkosten, Fütterungs- und Pflegekosten.

26 Der Anspruchsausschluß nach Abs I S 2 setzt nicht voraus, daß der Wert der Nutzungen dem Wert der gewöhnlichen Erhaltungskosten entspricht. Nur wenn der **Wert der Nutzungen** in einem klaren, unüblichen Mißverhältnis zum **Wert der gewöhnlichen Erhaltungskosten** steht, kann der Verwender trotz Abs I S 2 Ersatz hierfür verlangen.

27 Es ist auch nicht relevant, ob der Verwender die Nutzungen gezogen hat, oder ob nicht. Entscheidend ist allein, **ob dem Verwender die Nutzungen nach** den Wertungen der **§§ 987ff** verbleiben (dazu vor § 987 Rz 52ff).

28 **3.** Der BGH vertritt die Ansicht, daß die **Saldotheorie** auf den Verwendungsersatzanspruch des Besitzers und den Nutzungsherausgabeanspruch des Eigentümers entsprechende Anwendung findet (BGH NJW 1995, 2627 = JZ 1996, 151ff mit Anm Medicus; vgl dazu auch K. Schmidt JuS 1996, 169). Beide Ansprüche können daher miteinander verrechnet werden. Eine Leistungsverpflichtung besteht nur für denjenigen, zu dessen Lasten sich eine Differenz ergibt.

29 **IV. Unredlicher Verwender (Abs II).** War der Verwender zum Zeitpunkt der Verwendung unredlich, also hinsichtlich seiner Besitzberechtigung bösgläubig oder auf Herausgabe verklagt (Rz 19), kann er gem Abs II nur nach den **Vorschriften der GoA (§§ 677ff)** Ersatz hierfür verlangen.

30 Voraussetzung für einen Ersatzanspruch nach Abs II iVm §§ 677ff ist, daß die **Verwendung** iSd § 994 I **objektiv notwendig** war und **dem wirklichen oder mutmaßlichen Willen des Eigentümers entsprochen** hat (§ 683), durch § 679 gedeckt oder vom Eigentümer genehmigt worden (§ 684 S 2) ist. Abzustellen ist auf den Eigentümer zZt der Verwendung.

31 Der Besitzer braucht die Verwendung aber **nicht auch subjektiv** für den Eigentümer gemacht zu haben. § 994 II verweist nicht auf die Grundvoraussetzungen der Geschäftsführung ohne Auftrag. Wäre es so, könnte ein Eigenbesitzer nie Ansprüche aus Abs II iVm §§ 677ff herleiten, da es bei ihm stets am Fremdgeschäftsführungswillen fehlen würde (Brehm/Berger § 8 Rz 74: partielle Rechtsgrundverweisung).

32 Liegen die vorgenannten Erfordernisse der §§ 683, 679, 684 S 2 nicht vor, so kann der Besitzer Ersatz für seine Verwendungen nur nach den Vorschriften über die Herausgabe einer ungerechtfertigten Bereicherung verlangen (§ 684 S 1 iVm §§ 812ff; MüKo/Medicus Rz 19, 30; RGRK/Pikart Rz 50. AA Staud/Gursky Rz 26, der § 994 II nur als Verweisung auf § 683, nicht aber § 684 S 1 ansieht). Zu ersetzen ist die objektive Werterhöhung der Sache (§ 818 II), der Anspruch ist aber auf die Höhe der tatsächlichen Aufwendungen beschränkt (Klauser NJW 1965, 513, 516f; MüKo/Medicus Rz 20).

33 **V. Verjährung.** Ansprüche aus § 994 verjähren nach §§ 195, 199 in der regelmäßigen Verjährungsfrist von 3 Jahren. Zum Beginn der Verjährung vgl § 1001 Rz 2.

34 **VI. Konkurrenzen.** Zur Möglichkeit der Anwendung konkurrierender Anspruchsgrundlagen neben § 994 vgl vor § 994 Rz 33ff.

995 *Lasten*

Zu den notwendigen Verwendungen im Sinne des § 994 gehören auch die Aufwendungen, die der Besitzer zur Bestreitung von Lasten der Sache macht. Für die Zeit, für welche dem Besitzer die Nutzungen verbleiben, sind ihm nur die Aufwendungen für solche außerordentliche Lasten zu ersetzen, die als auf den Stammwert der Sache gelegt anzusehen sind.

1. Allgemein. § 995 stellt klar, daß **Aufwendungen** zum Bestreiten von Lasten notwendige Verwendungen und damit **nach § 994 ersatzfähig** sind. 1

Lasten iSd § 995 sind alle Leistungsverpflichtungen, die dem Verpflichteten aufgrund seiner Berechtigung oder seines Besitzes an der Sache entstehen. Ob die Leistungsverpflichtungen öffentlich-rechtlich oder privatrechtlich sind, ist nicht relevant. Beispiele sind Grundsteuern, Anliegerbeiträge, Hypotheken- und Grundschuldzinsen, Rentenleistungen und Sachversicherungsprämien. 2

2. § 995 differenziert für die Frage der **Ersatzfähigkeit** zwischen **regelmäßigen** und **außerordentlichen** Lasten. Die Unterscheidung entspricht derjenigen in § 994 I zwischen gewöhnlichen und außergewöhnlichen notwendigen Verwendungen. 3

a) Regelmäßige Lasten sind solche, die als laufende Ausgaben auf die Zeit der Nutzung bezogen werden können (zB Grundsteuern, Hypothekenzinsen, Sachversicherungsprämien). Sie sind iSd § 995 S 2 als nicht „auf den Stammwert der Sache gelegt" anzusehen. Aufwendungen zur Bestreitung regelmäßiger Lasten sind vom Eigentümer in gleichem Umfang wie notwendige Verwendungen iSd § 994 S 1 zu ersetzen (§ 995 S 1). Soweit sie sich aber auf eine Zeit beziehen, für welche dem Besitzer nach den Regelungen der §§ 987ff die Nutzungen verbleiben, ist ein Ersatzanspruch ausgeschlossen (§ 995 S 2). 4

b) Außerordentliche Lasten sind solche, die nicht auf die Zeit der Nutzung bezogen werden können, sondern nachhaltig darüber hinaus wirken (zB Erschließungskosten, Tilgungsleistungen; MüKo/Medicus Rz 4). Sie sind iSd § 995 S 2 als „auf den Stammwert der Sache gelegt" anzusehen. Aufwendungen zur Bestreitung außerordentlicher Lasten sind vom Eigentümer stets in gleichem Umfang wie notwendige Verwendungen iSd § 994 S 1 zu ersetzen (§ 995 S 1). 5

3. § 995 ist auf den **Bucheigentümer** eines Grundstücks entsprechend anwendbar. Dieser kann nach § 995 daher die Aufwendungen zur Bestreitung von Grundstückslasten ersetzt verlangen (RG 133, 283, 287; Soergel/Mühl Rz 5). 6

§ 996 *Nützliche Verwendungen*

Für andere als notwendige Verwendungen kann der Besitzer Ersatz nur insoweit verlangen, als sie vor dem Eintritt der Rechtshängigkeit und vor dem Beginn der in § 990 bestimmten Haftung gemacht werden und der Wert der Sache durch sie noch zu der Zeit erhöht ist, zu welcher der Eigentümer die Sache wiedererlangt.

I. Allgemein. Die Vorschrift ergänzt § 994, der die Ersatzpflicht des Eigentümers für notwendige Verwendungen regelt. Ob und in welchem Umfang der Besitzer von dem Eigentümer Ersatz für seine auf die Sache gemachten nicht notwendigen Verwendungen verlangen kann, hängt nach § 996 von der Qualität seines Besitzes (redlich/unredlich) und davon ab, ob die Sache durch die Verwendung noch werterhöht ist. 1

II. Welche Verwendungen als „**nicht notwendige Verwendungen**" iSd § 996 anzusehen sind, ergibt sich aus der Abgrenzung zu §§ 994, 995. Alle Verwendungen, die keine „notwendigen Verwendungen" iSd §§ 994, 995 sind, sind nicht notwendige Verwendungen iSd § 996. Zum Begriff der Verwendung § 994 Rz 3ff. 2

III. Anspruchsvoraussetzungen. Ersatz für nicht notwendige Verwendungen kann unter den folgenden Voraussetzungen verlangt werden. 3

1. Der Anspruchsteller muß **redlicher Verwender** gewesen sein. Insoweit kann auf die Ausführungen zu § 994 verwiesen werden (§ 994 Rz 19). Der Anspruchsteller muß die Verwendung selbst vorgenommen oder veranlaßt haben, er muß zum Zeitpunkt der Verwendung unrechtmäßiger Besitzer der Sache und darf nicht bösgläubig oder verklagt gewesen sein. Der **unredliche Verwender** hat keinen Anspruch auf Ersatz seiner nützlichen Verwendungen. Er ist auf das Wegnahmerecht nach § 997 beschränkt. 4

2. Werterhöhung. Die Sache muß durch die Verwendung noch werterhöht sein. 5

Die Werterhöhung ist **nach objektiven Kriterien** zu bestimmen. Ist die Werterhöhung nach den subjektiven Interessen des Eigentümers aber geringer anzusetzen, so ist der geringere Wert maßgebend, solange der Eigentümer nicht den höheren objektiven Wert für sich realisiert (zB durch Veräußerung der Sache; Jakobs AcP 167, 350, 359; Haas AcP 176, 1, 26; MüKo/Medicus Rz 5; iE auch Canaris JZ 1996, 344, 345f. AA Staud/Gursky Rz 5ff). Der Verwender kann auch keinen höheren als den von ihm selbst aufgewendeten Betrag als Wertausgleich beanspruchen (vgl § 994 Rz 32). 6

Für die Wertbestimmung kommt es, anders als bei § 994, grundsätzlich auf den **Zeitpunkt** an, in dem der Eigentümer die Sache nach § 985 wiedererlangt, da erst dann die Werterhöhung für den Eigentümer effektiv geworden ist. Gerät der Eigentümer in Annahmeverzug (§ 293ff; Rechtsgedanke des § 300) oder genehmigt er die Verwendungen (§ 1001 S 1 Alt 2) kann auch darauf abzustellen sein. Es kommt auf den jeweils früher eintretenden Umstand an (MüKo/Medicus Rz 4). 7

IV. Nach Ansicht des BGH findet im Hinblick auf den Verwendungsersatzanspruch des Besitzers und den Nutzungsherausgabeanspruch des Eigentümers die **Saldotheorie** entsprechende Anwendung (§ 994 Rz 28). 8

V. Verjährung. Ansprüche aus § 996 verjähren nach §§ 195, 199 in der regelmäßigen Verjährungsfrist von 3 Jahren. Zum Beginn der Verjährung vgl § 1001 Rz 2. 9

VI. Konkurrenzen. Zur Möglichkeit der Anwendung konkurrierender Anspruchsgrundlagen neben § 996 vgl vor § 994 Rz 33ff. 10

§ 997 Wegnahmerecht

(1) Hat der Besitzer mit der Sache eine andere Sache als wesentlichen Bestandteil verbunden, so kann er sie abtrennen und sich aneignen. Die Vorschrift des § 258 findet Anwendung.

(2) Das Recht zur Abtrennung ist ausgeschlossen, wenn der Besitzer nach § 994 Abs. 1 Satz 2 für die Verwendung Ersatz nicht verlangen kann oder die Abtrennung für ihn keinen Nutzen hat oder ihm mindestens der Wert ersetzt wird, den der Bestandteil nach der Abtrennung für ihn haben würde.

1   I. Allgemein. § 997 gewährt dem Besitzer, der mit der Sache eine andere Sache als deren wesentlichen Bestandteil verbunden hat, ein **begrenztes Wegnahmerecht**. Dieses Wegnahmerecht ist von Bedeutung, soweit dem Besitzer kein Ersatzanspruch für seine Verwendungen zusteht, insbesondere also für nicht notwendige Verwendungen des unredlichen Besitzers, und soweit der Besitzer ein besonderes Interesse am Rückerhalt der verbundenen Sache hat, das durch Wertersatz nicht zu befriedigen ist.

2   **II. Wegnahmevoraussetzungen. 1. Verbindung als wesentlicher Bestandteil** (Abs I S 1). Die verbundene Sache muß wesentlicher Bestandteil (§§ 93f) der anderen Sache geworden sein, so daß das **Eigentum** an ihr gem §§ 946, 947 II auf den Eigentümer der Hauptsache **übergegangen** ist. Ist dies nicht der Fall, kann die Wegnahme bereits aufgrund des weiterbestehenden Eigentumsrechts an der verbundenen Sache erfolgen, der Besitzer bedarf des besonderen Wegnahmerechts nach § 997 also nicht.

3   Auch wenn der Besitzer nach § 947 I **Miteigentum** an der einheitlichen Sache **erlangt** hat, ist § 997 nicht anwendbar (OGH NJW 1950, 542; Staud/Gursky Rz 4). Die Auseinandersetzung erfolgt ggf nach §§ 749ff.

4   Anders als zB in §§ 539 II, 581 II (Mieter bzw Pächter) und § 601 II S 2 (Entleiher; weitere Beispiele sind §§ 1049 II, § 1093 I S 2 iVm § 1049 II, § 1216 S 2 und § 2125 II) braucht die eingefügte Sache bei § 997 keine „**Einrichtung**" zu sein. § 258 ist wegen der ausdrücklichen Verweisung in Abs I S 2 gleichwohl auf jede Wegnahme nach § 997 anwendbar.

5   Daß der **verbindende Besitzer Eigentümer** der verbundenen Sache war, ist für eine Anwendung des § 997 nicht erforderlich (AA Staud/Gursky Rz 7; Wieling JZ 1985, 511, 518). Das Wegnahmerecht besteht aber dann nicht, wenn das Eigentum an der verbundenen Sache bereits zum Zeitpunkt der Verbindung dem Eigentümer der Hauptsache zustand (Soergel/Mühl Rz 6).

6   **2. Wiederherstellung des alten Zustands** (Abs I S 2 iVm § 258). Der Besitzer muß im Falle einer Wegnahme die Sache, von der die Abtrennung erfolgt, auf seine Kosten wieder in den vorigen Stand versetzen. Hat der Eigentümer den Besitz an der Sache bereits wieder erlangt, muß er die Wegnahme nur dulden, wenn ihm der Wegnahmeberechtigte **Sicherheit** hierfür **geleistet** hat (§ 258 S 2). Vgl hierzu im einzelnen die Ausführungen zu § 258.

7   **3. Qualität des Besitzes.** § 997 setzt des weiteren voraus, daß der Besitzer die Sache zum Zeitpunkt der Verbindung **unrechtmäßig** besessen hat und sein Besitz auch ursprünglich nicht rechtmäßig war (str vgl vor § 994 Rz 13ff).

8   Besteht bzw bestand zwischen dem Besitzer und dem Eigentümer ein den Besitzer zum Besitz der Sache berechtigendes Vertragsverhältnis, können sich Wegnahmerechte zB aus §§ 459 S 2 (Wiederkauf), 539 II (Miete), § 581 II iVm 539 II (Pacht), 601 II S 2 (Leihe); § 1049 II (Nießbrauch), § 1093 I S 2 iVm § 1049 II (Wohnrecht) oder § 1216 S 2 (Pfandrecht) ergeben. Soweit es an einer Sondervorschrift fehlt, kommen die §§ 346ff in Betracht. § 997 findet daneben keine Anwendung.

9   **Im übrigen** ist die Qualität des Besitzes jedoch nicht relevant. Das Recht aus § 997 steht grundsätzlich jedem unrechtmäßigen Besitzer zu, dem redlichen wie dem unredlichen und dem Fremd- wie dem Eigenbesitzer.

10 **4. Ausschlußgründe (Abs II).** Ausgeschlossen ist das Wegnahmerecht nach § 997, **wenn** die Verbindung der gewöhnlichen Erhaltung der Sache diente und **der Besitzer nach § 994 I S 2 keinen Ersatz verlangen kann**, er also für den relevanten Zeitraum die Nutzungen behält (Abs II Alt 1). Die Verwendungen werden in diesem Fall als durch die Nutzungsmöglichkeit ausgeglichen angesehen.

11 Des weiteren dann, **wenn die Abtrennung für den Besitzer keinen Nutzen hat** (Abs II Alt 2). Das ist zB bei Tapeten und idR auch bei Pflanzen der Fall. Es soll vermieden werden, daß der Besitzer das Wegnahmerecht nur einfordert, um den Eigentümer zu beeinträchtigen oder eine hohe Ausgleichzahlung zu erzwingen. Die Sperre des Abs II Alt 2 geht insoweit über diejenige des § 226 (Schikaneverbot) hinaus. Dem Wegnahmeverlangen muß aber kein wirtschaftliches Interesse zu Grunde liegen. Ein bestehendes Affektionsinteresse des Besitzers kann die Abtrennung durchaus rechtfertigen.

12 Die Wegnahme ist zudem dann ausgeschlossen, **wenn dem Besitzer der Wert ersetzt wird**, den die Sache nach der Wegnahme für ihn haben würde (Abs II Alt 3). Bei der Wertberechnung sind die Kosten der fiktiven Abtrennung und der Wiederherstellung der Hauptsache abzuziehen, da diese gem § 258 von dem Besitzer zu tragen wären (Staud/Gursky Rz 22. AA RG 106, 147, 149; RGRK/Pikart Rz 15; MüKo/Medicus Rz 9). Ob die Ersatzleistung durch den Eigentümer der Hauptsache oder durch einen interessierten Dritten (zB einem Pfandgläubiger) erfolgt, ist nicht relevant.

13 Und schließlich ist eine Wegnahme nach § 997 auch dann ausgeschlossen, **wenn die Hauptsache durch die Wegnahme irreparablen Schaden erleiden würde**. Diese schon aus rein wirtschaftlichen Gründen gebotene Ausnahme ergibt sich daraus, daß der Besitzer gem § 258 zur Wiederherstellung der Hauptsache verpflichtet ist. Wo ihm dies nicht möglich ist, kann ein Wegnahme nicht zulässig sein.

14 **III. Abtrennung und Aneignung (Wegnahme).** Der Wegnahmeberechtigte darf, so lange er Besitzer der Sache ist, die **Wegnahme jederzeit durchführen** (MüKo/Medicus Rz 15). Einer vorherigen Zustimmung des

Eigentümers bedarf es nicht. Der Besitzer kann aber uU nach § 242 verpflichtet sein, den Eigentümer vor der Abtrennung zur Ersatzleistung aufzufordern (Abs II Alt 3), um diesem die Möglichkeit zu geben, die Sache im gegenwärtigen Zustand zu erhalten (RGRK/Pikart Rz 14).

Nach Rückgabe der Sache wandelt sich das Recht des Besitzers um in ein **Recht auf Duldung der Wegnahme**. 15 Hat der Eigentümer den Besitz an der Sache zurückerlangt und verweigert er die Wegnahme, so muß der Berechtigte daher auf Gestattung der Wegnahme gegen Sicherheitsleistung für den damit verbundenen Schaden klagen (§§ 997 I S 2, 258 S 2), nicht auf Herausgabe.

Verlangt der Eigentümer die Herausgabe der Sache, kann der Besitzer diese nicht mit Hinweis auf sein Wegnah- 16 merecht verweigern. § 997 gibt dem Besitzer **kein Zurückbehaltungsrecht** (BGH WM 1961, 179, 181; anders § 1000 bei Bestehen von Verwendungsersatzansprüchen).

Das **Wegnahmerecht richtet sich** nicht nur gegen den Eigentümer, dem die Sache herausgegeben worden ist, 17 sondern auch gegen dessen Rechtsnachfolger und an der Sache berechtigte Dritte, was sich aus einer entsprechenden Anwendung des § 999 II ergibt (MüKo/Medicus Rz 17; Staud/Gursky Rz 14). Es ist **schuldrechtlicher Natur** (BGH NJW 1954, 265, 266). In der **Insolvenz des Verpflichteten** besteht das Wegnahmerecht wegen seiner schuldrechtlichen Natur nicht (AA MüKo/Medicus Rz 18).

Der Berechtigte darf die **Wegnahme nicht auf bestimmte** verwertbare **Teile beschränken** (BGH NJW 1970, 18 754, 755), da dies mit seiner Pflicht zur Wiederherstellung der Hauptsache (§§ 997 I S 2, 258) nicht vereinbar wäre.

Der Eigentümer der Hauptsache muß in absehbarer Zeit Klarheit darüber erlangen, ob er die Sache im gegen- 19 wärtigen Zustand weiter nutzen kann oder ob sie aufgrund der Ausübung des Wegnahmerechts in den ursprünglichen Zustand zurückversetzt wird. Das **Wegnahmerecht ist** daher analog § 1002 **befristet**. Es kann nur binnen eines Monats (bei Mobilien) bzw binnen sechs Monaten (bei Immobilien) nach Herausgabe der Sache an den Eigentümer geltend gemacht werden (Hamm BB 1977, 418f; Staud/Gursky Rz 18; MüKo/Medicus Rz 19. AA RGRK/Pikart Rz 4; Soergel/Mühl Rz 4).

Die Wegnahme erfolgt durch **körperliche Abtrennung und Aneignung** der Sache. Da die Aneignung kein 20 Rechtsgeschäft ist, ist Geschäftsfähigkeit nicht erforderlich. Natürlicher Besitzwille reicht aus (§ 958 Rz 4). Dem Besitzer, der die Verbindung vorgenommen hat, steht das Aneignungsrecht auch dann zu, wenn er nicht **Eigentümer der verbundenen Sache** gewesen ist (RGRK/Pikart Rz 8; Soergel/Mühl Rz 6. AA Staud/Gursky Rz 7; MüKo/Medicus Rz 22; Brehm/Berger § 8 Rz 89). Der frühere Eigentümer der verbundenen Sache, auf dessen Kosten der Besitzer das Aneignungsrecht erlangt hat, hat gegen diesen aber einen Anspruch auf Herausgabe der getrennten Sache, ggf auch auf Wertersatz nach §§ 951, 812 I, 818.

IV. Konkurrenzen. Neben dem **Wegnahmerecht** aus § 997 kann auch ein **Verwendungsersatzanspruch** nach 21 §§ 994ff bestehen. Der Berechtigte hat ggf die Wahl, welches dieser Rechte er geltend macht (BGH NJW 1954, 265; MüKo/Medicus Rz 6; Staud/Gursky Rz 2).

998 *Bestellungskosten bei landwirtschaftlichem Grundstück*

Ist ein landwirtschaftliches Grundstück herauszugeben, so hat der Eigentümer die Kosten, die der Besitzer auf die noch nicht getrennten, jedoch nach den Regeln einer ordnungsmäßigen Wirtschaft vor dem Ende des Wirtschaftsjahrs zu trennenden Früchte verwendet hat, insoweit zu ersetzen, als sie einer ordnungsmäßigen Wirtschaft entsprechen und den Wert dieser Früchte nicht übersteigen.

I. Allgemein. § 998 ergänzt § 102. Er gewährt dem Besitzer eines landwirtschaftlichen Grundstücks einen 1 Ersatzanspruch auch für die Verwendungen auf **noch nicht geerntete Früchte**, die als wesentliche Bestandteile mit dem Grundstück herauszugeben sind.

II. Anspruchsvoraussetzungen. Es muß ein **landwirtschaftliches Grundstück** herauszugeben sein, dh das 2 Grundstück muß für die in § 585 I S 2 genannten Zwecke genutzt werden.

Die Früchte, auf die die Kosten verwendet wurden, dürfen zum Zeitpunkt der Herausgabe des Grundstücks hier- 3 von **noch nicht getrennt** sein. Sie müssen aber nach den Regeln einer ordnungsmäßigen Wirtschaft **noch vor Ende des Wirtschaftsjahres zu trennen** sein. Maßgebend ist das seit Bestellung der Frucht laufende Jahr (MüKo/Medicus Rz 3; RG 141, 227; Staud/Gursky Rz 3). Für Verwendungen auf erst später zu trennende Früchte gilt § 998 nicht, insoweit hat der Besitzer nur die Ansprüche nach §§ 102, 994, 996, 997. Insbesondere mehrjährige Pflanzen unterfallen damit nicht § 998, es sei denn sie stehen kurz vor der Ernte.

Die **Qualität des Besitzes** ist ohne Belang. Der Anspruch auf Ersatz der Kosten nach § 998 steht jedem Besitzer 4 zu, auch dem bösgläubigen und dem Prozeßbesitzer.

III. Beschränkungen. Wie der Ersatzanspruch nach § 102, so ist auch der **Ersatzanspruch** nach § 998 **durch** 5 **den Wert der Früchte begrenzt**. Dieser Wert ist auf den Zeitpunkt der Wiedererlangung des Grundstücks durch den Eigentümer zu berechnen. Die vom Eigentümer bis zur Ernte noch aufzuwendenden Kosten sind daher vom geschätzten späteren Erntewert abzuziehen (Staud/Gursky Rz 5).

Außerdem ist der Ersatzanspruch auf **die nach einer ordnungsmäßigen Wirtschaftsführung erforderlichen** 6 **Aufwendungen** beschränkt. Unnötig hohe Kosten sollen nicht zu Lasten des Eigentümers gehen.

Durchsetzbar ist der Anspruch aus § 998 nur nach Maßgabe der §§ 1000–1003. 7

§ 998

8 **IV. Verjährung.** Ansprüche aus § 998 verjähren nach §§ 195, 199 in der regelmäßigen Verjährungsfrist von 3 Jahren. Zum Beginn der Verjährung vgl § 1001 Rz 2.

9 **V. Konkurrenzen.** Zur Möglichkeit der Anwendung konkurrierender Anspruchsgrundlagen neben § 998 vgl vor § 994 Rz 33ff.

999 *Ersatz von Verwendungen des Rechtsvorgängers*

(1) Der Besitzer kann für die Verwendungen eines Vorbesitzers, dessen Rechtsnachfolger er geworden ist, in demselben Umfang Ersatz verlangen, in welchem ihn der Vorbesitzer fordern könnte, wenn er die Sache herauszugeben hätte.

(2) Die Verpflichtung des Eigentümers zum Ersatz von Verwendungen erstreckt sich auch auf die Verwendungen, die gemacht worden sind, bevor er das Eigentum erworben hat.

1 **I. Allgemein.** § 999 regelt den **Verwendungsersatz im Falle eines Wechsels der Beteiligten**, nämlich des Besitzers der herauszugebenden Sache (Abs I) oder des zum Ersatz verpflichteten Eigentümers (Abs II).

2 **II. Besitzerwechsel (Abs I).** Im Falle eines Besitzerwechsels **gehen Verwendungsersatzansprüche** des Vorbesitzers aus §§ 994ff nach Abs I auf seinen Rechtsnachfolger **über**. Dies kann auch im Wege mehrfacher Rechtsnachfolge geschehen, sofern nur auf jeder Stufe sämtliche Voraussetzungen des Abs I erfüllt sind.

3 1. Die **Nachfolge** in den Besitz kann **kraft Gesetzes** erfolgen, wie zB im Falle der Erbschaft (§ 857).

4 Möglich ist aber auch eine **rechtsgeschäftliche Nachfolge**. Dafür ist erforderlich, daß der Vorbesitzer dem Nachbesitzer den Besitz überträgt (§§ 854, 870) und der Besitzübertragung ein Veräußerungsgeschäft zugrunde liegt (RG 129, 199, 204; Staud/Gursky Rz 1). Eine Unwirksamkeit der Veräußerung (zB wegen Nichtberechtigung des Übertragenden) schadet nicht. Es muß aber wenigstens der Tatbestand eines solchen Geschäfts vorliegen. Durch bloße Vorstellungen der Beteiligten oder rein wirtschaftliche Vorgänge kann eine rechtsgeschäftliche Rechtsnachfolge in den Besitz iSd § 999 nicht erfolgen (RG 129, 199, 200ff).

5 Die Begründung eines **Besitzmittlungsverhältnisses** führt nicht zu einer Besitznachfolge. § 999 ist in diesem Falle daher nicht anwendbar. Verwendungsersatzansprüche verbleiben bei dem mittelbaren Besitzer (RG 158, 394, 397f).

6 2. **Übergang des Anspruchs.** Der Verwendungsersatzanspruch geht **in der Art und in dem Umfang** auf den neuen Besitzer über, wie er zugunsten des früheren Besitzers bestanden hat. Auch ein bösgläubiger Nachbesitzer kann deshalb Verwendungsersatzansprüche eines Vorbesitzers aus §§ 994 I, 996 geltend machen. Der Verwendungsanspruch geht in voller Höhe über; er ist nicht auf die Höhe evtl bestehender Rückgriffsansprüche des Besitzers gegen seinen Vorbesitzer beschränkt (Gursky AcP 171, 82ff; MüKo/Medicus Rz 7f. AA Freiburg JZ 1953, 404; RGRK/Pikart Rz 5; Soergel/Mühl Rz 3).

7 Die Parteien, dh der Vor- und der Nachbesitzer, können **vereinbaren**, daß Verwendungsersatzansprüche nicht mit dem Besitz übertragen werden. Ggf verbleiben sie dem Vorbesitzer. Dieser hat nach Besitzverlust aber nicht mehr die in § 1000 vorgesehenen Durchsetzungsmöglichkeiten.

8 **III. Eigentümerwechsel (Abs II).** Im Falle eines Eigentümerwechsels **gehen Ersatzpflichten** aus §§ 994ff nach Abs II auf den neuen Eigentümer **über**. Dies gilt auch im Falle eines mehrfachen Eigentümerwechsels. Verpflichtet ist stets der jeweils aktuelle Eigentümer.

9 1. **Nachfolge.** Im Gegensatz zu Abs I muß es sich bei Abs II **nicht** um eine „**Rechtsnachfolge**" handeln. Daher verpflichtet auch originärer Eigentumserwerb (zB gem §§ 937, 946ff) zum Ersatz früher gemachter Verwendungen.

10 Der **Erwerber in einer Zwangsversteigerung** haftet aber nicht nach § 999 für ausstehenden Verwendungsersatz (§ 93 II ZVG).

11 Hat ein **Vorerbe** einem Dritten ein Nachlaßgrundstück übereignet, so entsteht erst nach Eintritt des Nacherbfalls ein Eigentümer-Besitzer-Verhältnis gegenüber dem Nacherben. Auf Verwendungen, die der Dritte vor dieser Zeit vorgenommen hat, als er selbst Eigentümer war (§ 2113 I), ist § 999 II nicht anwendbar (BGH NJW 1985, 382, 383f).

12 2. **Übergang der Verpflichtung.** Die Ersatzverpflichtung geht **in der Art und in dem Umfang** auf den neuen Eigentümer über, wie sie gegenüber dem alten Eigentümer bestanden hat. Der neue Eigentümer ist daher in gleicher Weise zum Ersatz verpflichtet, wie sein Vorgänger. Dem Besitzer steht auch dem neuen Eigentümer gegenüber wegen der betroffenen Verwendungen das Zurückbehaltungsrecht aus § 1000 und das Wegnahmerecht aus § 997 zu.

13 Eine vom Vorgänger ausgesprochene **Genehmigung der Verwendungen** (§ 1001) bindet den neuen Eigentümer aber nicht (RGRK/Pikart Rz 11; MüKo/Medicus Rz 14; Westermann § 33 V 2). Er behält daher die Möglichkeit, die Sache nicht anzunehmen oder zurückzugeben und sich so von seiner Verpflichtung zum Verwendungsersatz zu befreien.

14 § 999 setzt voraus, daß der Besitzer gegen den früheren Eigentümer einen Anspruch auf Verwendungsersatz hatte. Er greift daher **nicht** ein, **wenn Verwendungsersatzansprüche** durch Vereinbarung mit dem Voreigentümer **ausgeschlossen waren** (BGH NJW 1979, 716).

1000 *Zurückbehaltungsrecht des Besitzers*

Der Besitzer kann die Herausgabe der Sache verweigern, bis er wegen der ihm zu ersetzenden Verwendungen befriedigt wird. Das Zurückbehaltungsrecht steht ihm nicht zu, wenn er die Sache durch eine vorsätzlich begangene unerlaubte Handlung erlangt hat.

I. Allgemein. § 1000 gewährt dem Besitzer wegen seiner Verwendungsersatzansprüche aus §§ 994ff (ggf iVm § 999) ein **Zurückbehaltungsrecht** an der Sache. Der Besitzer muß dem Herausgabeverlangen des Eigentümers gem § 985 so lange nicht entsprechen, bis dieser die Ersatzansprüche des Besitzers befriedigt hat.

An sich würde sich ein **Zurückbehaltungsrecht** des Besitzers schon **aus § 273** ergeben. § 273 setzt aber einen fälligen Anspruch voraus (§ 273 II). Fällig ist der Verwendungsersatzanspruch des Besitzers aber nicht, bevor der Eigentümer ihn nicht genehmigt hat (§ 1001 S 1). § 1000 schließt die sich daraus ergebende Lücke. Die §§ 273 III, 274 finden auf das Zurückbehaltungsrecht des Besitzers aus § 1000 entsprechende Anwendung.

Das Zurückbehaltungsrecht aus § 1000 ist für den Besitzer **von erheblicher Bedeutung**, weil er seine Verwendungsersatzansprüche verlieren kann, wenn er die Sache vor Erfüllung der Ansprüche an den Eigentümer herausgibt (§ 1002). Zudem gewährt ihm § 1003 ein Verwertungsrecht, das er nur ausüben kann, so lange er sich im Besitz der Sache befindet.

Das Zurückbehaltungsrecht gibt dem Besitzer aber **kein Recht zum Besitz** iSd § 986 (str, vgl § 986 Rz 17ff).

Entsprechend anwendbar ist § 1000 in den Fällen der §§ 972, 1065, 1227, 2022 I S 2. Auch auf den Grundbuchberichtigungsanspruch nach § 894 findet § 1000 entsprechende Anwendung (vgl dazu § 894 Rz 35). Der Bucheigentümer kann seine Zustimmung zur Berichtigung also so lange verweigern, bis ihm Ersatz für seine Verwendungen auf das Grundstück geleistet worden ist (Staud/Gursky Rz 15; MüKo/Medicus Rz 10. AA RG 163, 62, 63; BGH 41, 30, 34f; BGH 75, 288, 293).

II. Das **Zurückbehaltungsrecht** gibt dem Besitzer ein **Leistungsverweigerungsrecht**. Die Geltendmachung der Einrede im Prozeß führt zur **Verurteilung Zug um Zug** (§ 274).

Das Zurückbehaltungsrecht hat **jeder Besitzer**, auch der mittelbare. Es gilt auch für **unveräußerliche und unpfändbare Sachen** und **erfaßt stets die ganze Sache**, selbst wenn die Verwendungen nur einen Teil betrafen (Staud/Gursky Rz 7; Soergel/Mühl Rz 2). Ausnahmen können sich aus § 242 ergeben (vgl Rz 10).

Es **erlischt im Falle der Herausgabe** der Sache an den Eigentümer mit dem Anspruch nach § 1002 und entsteht dann auch bei Wiedererlangung der Sache nicht neu (BGH 51, 250; BGH 87, 274, 278ff; 101, 307, 316; MüKo/Medicus Rz 8. AA Staud/Gursky Rz 8).

III. Ausschluß. Nach **Satz 2** entsteht das Zurückbehaltungsrecht aus § 1000 nicht, wenn der Besitzer die Sache durch eine **vorsätzliche unerlaubte Handlung** gegen den Eigentümer oder gegen einen Dritten erlangt hat (ebenso § 273 II). Dem Rechtsnachfolger eines solchen Besitzers (§ 999 I) steht das Zurückbehaltungsrecht aber zu, soweit er im Hinblick auf die Umstände der Besitzverschaffung seines Vorgängers gutgläubig war. Haben der Eigentümer und der Besitzer bei der Besitzverschaffung **gemeinsam gegen ein gesetzliches Verbot verstoßen**, ist das Zurückbehaltungsrecht nicht ausgeschlossen, was sich aus dem Rechtsgedanken des § 817 S 2 ergibt (RG 110, 356, 365f; RGRK/Pikart Rz 14. AA MüKo/Medicus Rz 6, der nach dem Schutzzweck der Norm differenziert).

Die Entstehung eines Zurückbehaltungsrechts nach § 1000 ist **zudem dann ausgeschlossen, wenn** 1. sich dies aus einer vertraglichen **Vereinbarung** oder **gesetzlichen Sonderregelung** ergibt; wendet man entgegen der hier vertretenen Ansicht (vor § 994 Rz 13ff) die §§ 994ff neben vertraglichen Abwicklungsregelungen an, so kann sich zB der Mieter gegenüber dem Eigentumsherausgabeanspruch des Vermieters wegen §§ 570, 578 I nicht auf § 1000 berufen. 2. eine Zurückbehaltung der Sachen gegen **Treu und Glauben** (§ 242) verstoßen würde (BGH NJW 1972, 1752f); so wenn die Verwendungen im Verhältnis zum Sachwert ganz geringfügig sind (RG 61, 128, 133); uU auch, soweit unpfändbare Sachen herausverlangt werden (Staud/Gursky Rz 7). 3. dem Besitzer für seine Ansprüche **anderweitig Sicherheit geleistet wird**; dies ergibt sich schon aus einer entsprechenden Anwendung des § 273 III (RG 137, 324, 354f). Die Sicherheit muß aber tatsächlich geleistet werden und nicht nur angeboten sein (RGRK/Pikart Rz 7). 4. der Entstehung des Zurückbehaltungsrechts **öffentliche Interessen** entgegenstehen; ein solches wurde für den Fall bejaht, daß die ordentliche Bewirtschaftung eines landwirtschaftlichen Grundstücks nicht gewährleistet ist. Relevant können öffentliche Interessen im Hinblick auf § 1000 aber nur sein, wenn sie durch eine gesetzliche Regelung zum Ausdruck gebracht und geschützt werden, wie zB in § 24 I GrdstVG. Die Berufung auf ein nur allgemeines öffentliches Interesse reicht zum Ausschluß des Zurückbehaltungsrechts nicht aus (MüKo/Medicus Rz 7; Staud/Gursky Rz 10).

§ 1001 Klage auf Verwendungsersatz

Der Besitzer kann den Anspruch auf den Ersatz der Verwendungen nur geltend machen, wenn der Eigentümer die Sache wiedererlangt oder die Verwendungen genehmigt. Bis zur Genehmigung der Verwendungen kann sich der Eigentümer von dem Anspruch dadurch befreien, dass er die wiedererlangte Sache zurückgibt. Die Genehmigung gilt als erteilt, wenn der Eigentümer die ihm von dem Besitzer unter Vorbehalt des Anspruchs angebotene Sache annimmt.

I. Allgemein. Der Ersatzanspruch des Besitzers aus §§ 994ff **entsteht** mit der Verwendung (Staud/Gursky Rz 1). Er kann ab diesem Zeitpunkt Gegenstand von Verfügungen sein, also zB auch abgetreten werden (§§ 398ff).

Er ist jedoch zunächst mangels Fälligkeit noch **nicht durchsetzbar** (MüKo/Medicus Rz 17). Eine Geltendmachung des Anspruchs ist erst möglich, wenn entweder der Eigentümer die **Sache wiedererlangt** oder die **Verwendungen genehmigt** hat (Satz 1). Vorher ist der Anspruch weder klagbar noch verjährbar, kann keinen Verzug begründen und nicht zur Aufrechnung gestellt werden. Er gibt dem Besitzer nur ein Zurückbehaltungsrecht gemäß § 1000, das er dem Herausgabeverlangen des Eigentümers gem § 985 entgegensetzen kann.

§ 1001 Sachenrecht Eigentum

3   II. Mit **Wiedererlangung der Sache** durch den Eigentümer wird der Anspruch durchsetzbar. Der Eigentümer kann sich von der Verpflichtung zur Leistung von Verwendungsersatz aber durch **Rückgabe** der Sache wieder befreien (Satz 2).

4   1. **Wiedererlangung** bedeutet **Erlangung des** unmittelbaren **Besitzes** an der Sache **durch den Eigentümer**. Erlangung mittelbaren Besitzes durch den Eigentümer reicht aus, sofern der Ersatzberechtigte selbst nicht Besitzer bleibt. Von wem der Eigentümer den Besitz erlangt, ist nicht relevant (Raiser JZ 1958, 683; MüKo/Medicus Rz 2. AA Köln NJW 1957, 224). Wird die Sache an einen Nichtberechtigten herausgegeben, können sich die Verwendungsersatzansprüche gegen diesen richten, sofern die Herausgabe gutgläubig erfolgt ist (§§ 407, 893 analog; MüKo/Medicus Rz 5).

5   Bei einem **Grundstück** steht es der Besitzerlangung gleich, wenn der Eigentümer wieder eingetragen oder das Grundstück zwangsversteigert wird (RGRK/Pikart Rz 7; Soergel/Mühl Rz 2).

6   Gerät der Eigentümer in **Annahmeverzug** (§§ 293ff), steht dies einer Wiedererlangung nicht gleich. Der Ersatzberechtigte muß nach § 1003 vorgehen.

7   2. **Rückgabe.** Der Eigentümer kann sich nach Satz 2 von der Verpflichtung zur Zahlung von Verwendungsersatz dadurch wieder befreien, daß er die Sache dem Ersatzberechtigten zurückgibt. Ausreichend ist auch, wenn der Eigentümer dem Ersatzberechtigten die Sache anbietet, dieser sie aber nicht annimmt und dadurch gem §§ 293ff in **Annahmeverzug** gerät (RGRK/Pikart Rz 13; MüKo/Medicus Rz 8. AA Staud/Gursky Rz 18 und Soergel/Mühl Rz 5, die Hinterlegung der Sache unter Rücknahmeverzicht gem § 378 verlangen).

8   Mit der Rückgabe soll dem Besitzer ein Vorgehen nach § 1003 ermöglicht werden. Rückgabe bedeutet daher nur **Besitz-, nicht Eigentumsverschaffung**. Stellen Ersatzansprüche einem **mittelbaren und einem unmittelbaren Besitzer** zu, so hat die Rückgabe an letzteren zu geschehen (RGRK/Pikart Rz 13).

9   Mit der Rückgabe verliert der **Ersatzanspruch** seine Durchsetzbarkeit. Der Besitzer ist wieder auf seine Rechte aus §§ 1000, 1003 angewiesen.

10   Bis zur Rückgabe trägt der Ersatzberechtigte das Risiko einer vom Eigentümer **nicht verschuldeten Verschlechterung oder** eines vom Eigentümer nicht verschuldeten **Untergangs der Sache** (Soergel/Mühl Rz 5. AA MüKo/Medicus Rz 9). Der Eigentümer kann sich deshalb auch durch Rückgabe einer verschlechterten Sache von seiner Verwendungsersatzpflicht befreien, wenn die Verschlechterung ohne sein Verschulden eingetreten ist. Er muß evtl erlangte Ersatzansprüche aber an den Ersatzberechtigten herausgeben (§ 285). Ist die Sache untergegangen, tritt die Herausgabe des Ersatzanspruchs des Eigentümers an die Stelle der Rückgabe der Sache. Besteht kein Ersatzanspruch, kann der Eigentümer die Zahlung von Verwendungsersatz wegen des zufälligen Untergangs der Sache verweigern. Hat der Eigentümer die **Verschlechterung oder** den **Untergang** der Sache nach Rückerlangung aber **zu vertreten** (§ 276), so muß er dem Ersatzberechtigten im Falle der Rückgabe nach Satz 2 den durch die Verschlechterung entstandenen Schaden ersetzen (Staud/Gursky Rz 15; Soergel/Mühl Rz 5). Ist die Sache untergegangen, tritt die Leistung von Schadensersatz durch den Eigentümer an die Stelle der Rückgabe der Sache.

11   III. **Genehmigung der Verwendungen.** Statt aufgrund Wiedererlangung der Sache kann der Verwendungsersatzanspruch des Besitzers auch durch Genehmigung seitens des Eigentümers zu einem durchsetzbaren Anspruch erstarken.

12   Die Genehmigung des Eigentümers ist eine **einseitige, empfangsbedürftige Willenserklärung**. Sie muß gegenüber dem Besitzer erklärt werden. Dies kann ausdrücklich oder stillschweigend, vor oder nach Wiedererlangung der Sache geschehen. Die Genehmigung kann nach Vornahme der Verwendungen als **Zustimmung** (§ 184) oder vor Vornahme der Verwendungen als **Einwilligung** (§ 183) erteilt werden (BGH BGHRp 2002, 868). Mit der Genehmigung **erlischt das Recht** des Eigentümers auf Rückgabe der Sache **nach Satz 2**.

13   Nimmt der Eigentümer die Sache vom Berechtigten zurück und hat dieser die Sache dem Eigentümer unter Vorbehalt seiner Ansprüche angeboten, **gilt dies nach Satz 3** zwingend **als Genehmigung**. Eine Erklärung des Eigentümers, die Sache ohne Anerkennung der vom Besitzer geltend gemachten Ansprüche zurückzunehmen, wäre unwirksam (Brehm/Berger § 8 Rz 81). War der Besitzer zur Zurückbehaltung der Sache nicht berechtigt, tritt die Genehmigungswirkung nach Satz 3 jedoch nicht ein. Satz 3 ist zudem abdingbar. Die Wirkung des Satzes 3 tritt daher auch dann nicht ein, wenn die Parteien vereinbaren, daß mit der Wiedererlangung keine Genehmigung verbunden sein soll.

14   Ob mit der **Genehmigung** der Verwendungsersatzanspruch des Besitzers nur **dem Grunde nach oder** auch **der Höhe nach** anerkannt wird, ist Auslegungsfrage (RGRK/Pikart Rz 9f; Soergel/Mühl Rz 3). Die Durchsetzbarkeit des Verwendungsersatzanspruchs tritt schon mit einer Genehmigung dem Grunde nach ein. Beschränkt sich die Genehmigung darauf, muß der Ersatzberechtigte die Höhe seiner Ansprüche notfalls im Klagewege klären lassen.

1002 *Erlöschen des Verwendungsanspruchs*

(1) Gibt der Besitzer die Sache dem Eigentümer heraus, so erlischt der Anspruch auf den Ersatz der Verwendungen mit dem Ablauf eines Monats, bei einem Grundstück mit dem Ablauf von sechs Monaten nach der Herausgabe, wenn nicht vorher die gerichtliche Geltendmachung erfolgt oder der Eigentümer die Verwendungen genehmigt.

(2) Auf diese Fristen finden die für die Verjährung geltenden Vorschriften der §§ 206, 210, 211 entsprechende Anwendung.

1. Erlöschen durch Fristablauf (Abs I). Gibt der Besitzer die Sache freiwillig an den wirklichen Eigentümer 1
oder dessen Besitzmittler heraus, so beginnt die in Abs I genannte besondere **Ausschlußfrist**. Nach Ablauf der
Ausschlußfrist **erlischt der Verwendungsersatzanspruch** des Besitzers aus §§ 994ff.

Der freiwilligen **Herausgabe** steht es gleich, wenn der Besitzer die Fortnahme **auf Grund eines** vollstreckbaren 2
Urteils dulden muß, weil er im Prozeß die Zurückbehaltungseinrede (§ 1000) nicht erhoben hat (RG 109, 104, 107; MüKo/Medicus Rz 5). Nach Ansicht des BGH steht der Herausgabe an den Eigentümer die **Herausgabe an einen Besitzmittler** gleich (BGH NJW 1983, 2140, 2141 – Sicherungsgeber iFd Sicherungsübereignung; zum Fall des Vorbehaltskaufs vgl auch § 985 Rz 8). Dies kann jedoch nur dann richtig sein, wenn der Besitzmittler vom Eigentümer auch ermächtigt worden ist, nach § 1001 zu entscheiden, ob die Verwendungsersatzansprüche genehmigt werden oder die Sache zurückgegeben wird (Gursky JZ 1984, 604, 610).

Der **Anspruch erlischt nicht**, wenn der Besitzer ihn vor Ablauf der Ausschlussfrist **gerichtlich geltend macht** 3
oder der Eigentümer den **Anspruch genehmigt**. Die **Genehmigungsfiktion** nach § 1001 S 3 steht auch bei § 1002 einer ausdrücklichen Genehmigung durch den Eigentümer gleich (RGRK/Pikart Rz 1; Soergel/Mühl Rz 3). Die Geltendmachung des Zurückbehaltungsrechts aus § 1000 ist aber nicht als gerichtliche Geltendmachung iSd § 1002 anzusehen.

Ein **Erlöschen** des Ersatzanspruchs nach Abs I **ist endgültig**. Der erloschene Ersatzanspruch lebt auch dann 4
nicht wieder auf, wenn der ehemals Ersatzberechtigte den Besitz später wiedererlangt. Der Ablauf der Frist ist im Prozeß **von Amts wegen zu beachten**.

2. Hemmung des Fristlaufs (Abs II). Die Ausschlußfrist des Abs I ist **keine Verjährungsfrist**. Sie ist aber in 5
einigen Beziehungen einer Verjährungsfrist gleichgestellt.

So ist der **Lauf** der Ausschlußfrist nach Maßgabe der **§§ 206, 209 gehemmt**, wenn der Ersatzberechtigte seinen 6
Anspruch wegen höherer Gewalt nicht geltend machen kann. Für nicht voll geschäftsfähige Ersatzberechtigte und in Nachlaßfällen besteht nach Maßgabe der §§ 210, 211 eine **Ablaufhemmung**.

Auf die **Fristberechnung** finden die §§ 186ff Anwendung. 7

1003 *Befriedigungsrecht des Besitzers*

(1) Der Besitzer kann den Eigentümer unter Angabe des als Ersatz verlangten Betrags auffordern, sich innerhalb einer von ihm bestimmten angemessenen Frist darüber zu erklären, ob er die Verwendungen genehmige. Nach dem Ablauf der Frist ist der Besitzer berechtigt, Befriedigung aus der Sache nach den Vorschriften über den Pfandverkauf, bei einem Grundstück nach den Vorschriften über die Zwangsvollstreckung in das unbewegliche Vermögen zu suchen, wenn nicht die Genehmigung rechtzeitig erfolgt.
(2) Bestreitet der Eigentümer den Anspruch vor dem Ablauf der Frist, so kann sich der Besitzer aus der Sache erst dann befriedigen, wenn er nach rechtskräftiger Feststellung des Betrags der Verwendungen den Eigentümer unter Bestimmung einer angemessenen Frist zur Erklärung aufgefordert hat und die Frist verstrichen ist; das Recht auf Befriedigung aus der Sache ist ausgeschlossen, wenn die Genehmigung rechtzeitig erfolgt.

I. Allgemein. Da der Ersatzberechtigte abgesehen von der Einrede des Zurückbehaltungsrechts (§ 1000) kein 1
Mittel hat, den Eigentümer zur Zahlung von Verwendungsersatz zu zwingen (vgl § 1001), gibt ihm § 1003 ein **selbständiges Befriedigungsrecht** an der Sache.

Der Ersatzberechtigte ist aber nur unter **drei Voraussetzungen** zur Verwertung der Sache befugt. Der Ersatzbe- 2
rechtigte muß **Besitzer der Sache** sein, er muß den Eigentümer unter Fristsetzung **zur Genehmigung** dieses Anspruchs **auffordern** und der Eigentümer muß auf die Fristsetzung hin **untätig bleiben**.

II. Verwertungsvoraussetzungen. 1. Der Ersatzberechtigte muß noch im **Besitz der Sache** sein, wenn er nach 3
§ 1003 vorgehen will. Mit dem Verlust des Besitzes verliert der Ersatzberechtigte daher die in § 1003 vorgesehenen Verwertungsmöglichkeiten. Das gilt selbst dann, wenn er den Besitz unfreiwillig verloren hat.

2. Aufforderung zur Genehmigung. Der Besitzer muß den Eigentümer unter **betragsmäßiger Nennung** sei- 4
nes Anspruchs zur Genehmigung auffordern und ihm hierfür eine **Frist setzen**. Die Angabe eines ungerechtfertigt hohen Betrages ist unschädlich, der Eigentümer muß ggf gem Abs II widersprechen. Nennt der Ersatzberechtigte eine unangemessen kurze Frist für die Genehmigung, so ist auch dies unschädlich. Er setzt damit den Lauf der angemessenen Frist in Gang. Das völlige Fehlen einer Fristsetzung nimmt der Aufforderung dagegen ihre Wirkung.

Die Aufforderung zur Genehmigung ist eine **empfangsbedürftige Willenserklärung**, die an den Eigentümer zu 5
richten ist. Sie ist **entbehrlich**, wenn der Eigentümer die Genehmigung bereits vorher ausdrücklich und endgültig abgelehnt hat. Der Besitzer kann in diesem Fall sofort nach Abs II vorgehen (RG 137, 98, 100; BGH NJW 1961, 499, 502; MüKo/Medicus Rz 2).

3. Verhaltensalternativen des Eigentümers. Der zur Genehmigung aufgeforderte Eigentümer hat **drei Hand-** 6
lungsalternativen. Er kann untätig bleiben, den geltend gemachten Verwendungsersatzanspruch bestreiten oder diesen genehmigen.

a) Untätigbleiben. Erklärt sich der Eigentümer innerhalb der gesetzten Frist nicht, so gelten die Verwendungs- 7
ersatzansprüche in der beanspruchten Höhe als festgestellt und der Besitzer kann die Befriedigung aus der Sache suchen (RGRK/Pikart Rz 6; Soergel/Mühl Rz 3).

§ 1003 Sachenrecht Eigentum

8 **b) Bestreitet** der Eigentümer innerhalb der Frist den Anspruch dem Grunde oder der Höhe nach, muß der Besitzer gem Abs II **Klage auf Feststellung** seines Anspruchs erheben. Eine Leistungsklage ist nicht möglich, da § 1001 einen direkten Leistungsanspruch ausschließt.

9 Nach Erlangung des beantragten **Feststellungsurteils** muß der Ersatzberechtigte erneut eine Erklärungsfrist setzen, und erst nach fruchtlosem Ablauf auch dieser Frist kann er die Sache verwerten. Soll ein Grundstück verwertet werden, muß der Ersatzberechtigte den Eigentümer zusätzlich noch auf Duldung der Zwangsvollstreckung verklagen, da er für die Zwangsvollstreckung in das Grundstück einen Vollstreckungstitel benötigt. Er kann aber alle erforderlichen Anträge zu einer Klage verbinden (RG 137, 98, 101f; RGRK/Pikart Rz 13).

10 **c) Genehmigt** der Eigentümer den geltend gemachten Anspruch fristgemäß, so kann der Besitzer seinen Ersatzanspruch nach § 1001 S 1 durchsetzen. Das Befriedigungsrecht aus § 1003 besteht nach Genehmigung nicht mehr.

11 **III.** Bei der **Verwertung der Sache** ist zu beachten, daß das Befriedigungsrecht des Besitzers **kein dingliches Recht** ist, sondern ein bloßes Verwertungsrecht eigener Art (RG 71, 424, 426; RGRK/Pikart Rz 4). Es **geht** daher auch **später entstandenen dinglichen Rechten nach**.

12 **1. Art der Verwertung.** Die Verwertung geschieht bei **beweglichen Sachen** nach den Vorschriften über den Pfandverkauf (Abs I S 2), also nach den §§ 1228 I, 1233ff. Eigentum an der Sache kann der Besitzer nur erwerben, indem er mitbietet und den Zuschlag erhält (§ 1239).

13 Bei **Grundstücken** erfolgt die Verwertung im Wege der Zwangsverwaltung oder der Zwangsversteigerung (§ 866 I ZPO). Anders als bei der Verwertung beweglicher Sachen ist hierfür ein vollstreckbarer Titel gerichtet auf Duldung der Zwangsvollstreckung erforderlich. Die Eintragung einer Sicherungshypothek, die von § 866 I ZPO ebenfalls als eine Möglichkeit der Vollstreckung in Grundstücke genannt wird, kommt nicht in Betracht, da diese Maßnahme nicht zu der von § 1003 beabsichtigten Befriedigung des Ersatzberechtigten führt (Staud/Gursky Rz 12; RGRK/Pikart Rz 10).

14 **2. Verwendung des Erlöses.** Aus dem **Erlös** kann sich der Besitzer befriedigen. **Übersteigt der Erlös** den Verwendungsersatzanspruch, so steht er insoweit kraft dinglicher Ersetzung dem Eigentümer zu (§ 1247 S 2 BGB bzw § 92 I ZVG analog). **Reicht er nicht aus**, so behält der Besitzer insoweit seinen Verwendungsersatzanspruch, kann ihn aber wegen § 1001 S 1 nicht durchsetzen. Dies gilt auch, wenn der Eigentümer die Sache selbst ersteigert hat, denn er hat sie dadurch nicht iSd Abs I aufgrund seines Eigentums wiedererlangt (Staud/Gursky Rz 14; MüKo/Medicus Rz 15; RGRK/Pikart Rz 4).

1004 *Beseitigungs- und Unterlassungsanspruch*

(1) Wird das Eigentum in anderer Weise als durch Entziehung oder Vorenthaltung des Besitzes beeinträchtigt, so kann der Eigentümer von dem Störer die Beseitigung der Beeinträchtigung verlangen. Sind weitere Beeinträchtigungen zu besorgen, so kann der Eigentümer auf Unterlassung klagen.

(2) Der Anspruch ist ausgeschlossen, wenn der Eigentümer zur Duldung verpflichtet ist.

A. Allgemein 1	I. Begriffsbestimmung 106
B. Anwendungsbereich 4	II. Tätigkeitsstörer 111
I. Eigentum 5	III. Untätigkeitsstörer
II. Sonstige dingliche Rechte 7	1. Begriffsbestimmung 119
III. Sonstige absolute Rechte 8	2. Möglichkeit der Beendigung 120
IV. Sonstige Rechte 10	3. Zurechnung der Beeinträchtigung 122
C. Rechtswidrige Beeinträchtigung 12	IV. Mehrere Störer 137
I. Beeinträchtigung (Abs I)	V. Beispiele und Fallgruppen 140
1. Begriffsbestimmung 13	**G. Quasinegatorischer Abwehranspruch** 151
2. Beispiele und Fallgruppen. 16	I. Ehrkränkende oder kreditschädigende Tatsachen-
II. Rechtswidrigkeit/Duldungspflicht (Abs II) 32	behauptungen 152
1. Zivilrechtliche Duldungspflichten 39	1. Voraussetzungen 153
2. Öffentlichrechtliche Duldungspflichten 49	2. Inhalt und Durchführung des Widerrufs 159
D. Beseitigungs-, Unterlassungs- und Ausgleichsanspruch 63	3. Vollstreckung 164
I. Beseitigungsanspruch (Abs I S 1) 64	4. Beispiele und Fallgruppen 166
II. Unterlassungsanspruch (Abs I S 2) 76	II. Allgemeines Persönlichkeitsrecht 171
III. Abgrenzung des Beseitigungsanspruchs zum Schadensersatzanspruch 82	**H. Verjährung** 174
IV. Ausgleichsanspruch 94	**J. Prozessuales**
E. Berechtigter 103	I. Klageantrag 176
F. Verpflichteter ("Störer")	II. Wechsel des Berechtigten 178
	III. Klageänderung 180
	K. Konkurrenzen 181

§ 1004 Ansprüche aus dem Eigentum

Schrifttum: *Bacher*, Die Beeinträchtigungsgefahr als Voraussetzung für Unterlassungsklagen im Wettbewerbsrecht und in anderen Gebieten des Zivilrechts, 1996; *Baur*, Der Beseitigungsanspruch nach § 1004 BGB, AcP 160 (1961), 465; *Böhm*, Unterlassungsanspruch und Unterlassungsklage, 1979; *Brehm*, Nachfolge in dingliche Unterlassungspflichten?, JZ 1972, 225; *Buchholz/Radke*, Negatorische Haftung und Billigkeit, Jura 1997, 454; *Elshorst*, Ersatzansprüche benachbarter Grundstücksbesitzer gegen Bauherren bei Beeinträchtigungen durch Baumaßnahmen, NJW 2001, 3222; *Fritzsche*, Unterlassungsanspruch und Unterlassungsklage, 2000; *Gursky*, Zur neueren Diskussion um § 1004 BGB, JR 1989, 397; *Heinze*, Rechtsnachfolge in Unterlassen, 1974; *Herrmann*, Der Störer nach § 1004 BGB, 1987; *Herrmann*, Die Haftungsvoraussetzungen nach § 1004 – Neuere Entwicklungen und Lösungsvorschlag, JuS 1994, 273; *Herrmann*, Natureinflüsse und Nachbarrecht (§§ 1004, 906 BGB) – drei Entscheidungen, NJW 1997, 153; *Hohloch*, Die negatorischen Ansprüche und ihre Beziehungen zum Schadensersatzrecht, 1976; *Jehner*, Die Bestimmung des Störers im Sinne von § 1004 I 1 BGB und die Begründung seiner Haftung, 1971; *Künzl*, Zur Abwehr ideeller Immissionen, NJW 1984, 774; *Martens*, Negatorischer Rechtsschutz im öffentlichen Recht, 1973; *Mertens*, Zum Inhalt des Beseitigungsanspruchs aus § 1004 BGB, NJW 1972, 1783; *Picker*, Der negatorische Beseitigungsanspruch, 1972; *Picker*, Negatorische Haftung und Geldabfindung, FS H. Lange, 1992, S 625; *Picker*, Zur Beseitigungshaftung nach § 1004 BGB – eine Apologie, FS Gernhuber, 1993, S 315; *Schmieder*, Kunst als Störung privater Rechte, NJW 1982, 628; *Schneider*, Problemfälle aus der Prozeßpraxis – Die Fassung des Klageantrags bei der Beseitigungsklage aus § 1004 BGB, MDR 1987, 639; *Schwabe*, Der Anspruch des Einzelrechtsnachfolgers im Grundstückseigentum aus § 1004 BGB bei schuldrechtlicher Duldungsverpflichtung seines Rechtsvorgängers, 1986; *Stärk*, Die Abwehr der unästhetischen Immission, 1974; *Steinbach*, Der Eigentumsfreiheitsanspruch nach § 1004 BGB im System der Ansprüche zum Schutz des Eigentums, 1992; *Stickelbrock*, Angleichung zivilrechtlicher und öffentlich-rechtlicher Haftungsmaßstäbe beim Störerbegriff des § 1004 BGB, AcP 197 (1997), 456; *Stollenwerk*, „Katzenjammer" zwischen Nachbarn, DWW 2002, 22–24; *Vollkommer*, Analoge Anwendung des § 867 S 2 BGB auf die Beseitigungspflicht des Störers nach § 1004 I BGB?, NJW 1999, 3539; *Werner/Hildebrandt*, Unterlassungs- und Schadensersatzansprüche des durch nachbarliche Baumaßnahmen beeinträchtigten Gewerbebetriebes, NJW 1982, 2219; *Wetzel*, Die Zurechnung des Verhaltens Dritter bei Eigentumsstörungstatbeständen unter besonderer Berücksichtigung der Wissenszurechnung, 1971.

A. Allgemein. § 1004 dient, ebenso wie § 985, dem Schutz des Eigentümers. Die Vorschriften ergänzen sich gegenseitig. § 985 gewährt dem Eigentümer einen **Anspruch auf Herausgabe** der Sache, wenn sie ihm unrechtmäßig **vorenthalten** wird. Und § 1004 gibt dem Eigentümer einen **Abwehranspruch**, wenn er in seinen Eigentumsrechten (§ 903) in anderer Weise als durch Entziehung unrechtmäßig **beeinträchtigt** wird. Gemeinsam gewährleisten §§ 985, 1004 einen umfassenden Eigentumsschutz. 1

Der Gesetzgeber hat den Eigentumsherausgabeanspruch in den §§ 985ff sehr ausführlich geregelt. Den nicht minder bedeutenden Anspruch auf Abwehr anderer Eigentumsbeeinträchtigungen hat er dagegen nur in § 1004 und dort auch nur sehr allgemein geregelt. Inhalt und Ausgestaltung des Abwehranspruchs aus § 1004 sind daher im einzelnen umstritten. 2

Nach § 1004 I kann der Eigentümer die Beseitigung einer gegenwärtigen und die Unterlassung einer drohenden künftigen Beeinträchtigung verlangen. Abhängig von der konkreten Form der Beeinträchtigung handelt es sich bei dem **Abwehranspruch** aus § 1004 also entweder um einen **Beseitigungsanspruch** (Abs I S 1; Rz 64ff) oder um einen **Unterlassungsanspruch** (Abs I S 2; Rz 76ff). 3

B. Anwendungsbereich. Dem Wortlaut nach regelt § 1004 nur den Fall der Beinträchtigung des **Eigentumsrechts an Sachen**. Die Rspr hat den Anwendungsbereich des § 1004 aber weit darüber hinaus ausgedehnt und der Vorschrift einen **allgemeinen Abwehranspruch** gegen die Beeinträchtigung einer **Vielzahl von Rechten** entnommen. 4

I. Eigentum. Seinem Wortlaut nach findet § 1004 I zunächst Anwendung im Falle einer Beeinträchtigung des **Eigentums an Sachen**. Ob das beeinträchtigte Eigentumsrecht Privatpersonen oder juristischen Personen des öffentlichen Rechts zusteht, ist ohne Belang (BGH 14, 294, 296 – Friedhof; 49, 68; 60, 365, 366; BGH NJW 1961, 308 – Rathaus; MüKo/Medicus Rz 15). 5

Erfaßt werden auch das **Anwartschaftsrecht** (MüKo/Rz 17; vgl auch § 985 Rz 8) und das **Sicherungseigentum** (MüKo/Rz 19). Bei herrenlosen Sachen soll das **Aneignungsrecht** des Staates dem Eigentum gleichstehen (RG 137, 266; Soergel/Mühl Rz 84. AA MüKo/Medicus Rz 18). 6

II. Über seinen Wortlaut hinaus findet § 1004 auch auf die Beeinträchtigung **sonstiger dinglicher Rechte** an Sachen Anwendung. Dies folgt aus einer Vielzahl gesetzlicher Verweisungen, so für die Grunddienstbarkeit (§ 1027), den Nießbrauch (§ 1065), die beschränkte persönliche Dienstbarkeit (§§ 1090 II, 1027), das Pfandrecht (§ 1227), das Erbbaurecht (§ 11 I ErbbauVO) und das Dauerwohnrecht (§ 34 WEG; Stuttgart NJW 1970, 102f; München NJW 1968, 994, 995). 7

III. Sonstige absolute Rechte. Darüber hinaus sehen andere Vorschriften ohne Verweis einen dem des § 1004 entsprechenden Schutz vor (zB §§ 12, 862, 1053, 1134; § 37 II HGB; §§ 14 V, 15 IV MarkenG). 8

In Fortbildung dieser gesetzlichen Regelungen ist heute anerkannt, daß § 1004 einen **allgemeinen negatorischen Abwehranspruch** zum Schutz **aller absoluten Rechte** gewährt (Brehm/Berger § 7 Rz 10). So werden analog § 1004 zB auch gewerbliche Schutzrechte (RG 125, 391, 395), Urheberrechte (RG 153, 1, 27), das Recht am eingerichteten und ausgeübten Gewerbebetrieb (BGH 3, 270, 278f; 28, 320, 328; 29, 65, 70; 43, 359, 360f; 90, 113, 121; BGH NJW 1998, 2059f; NJW 1985, 1643), das allgemeine Persönlichkeitsrecht (Rz 171ff), das Jagd- und Fischereirecht (RG 144, 268), ein Wasserbenutzungsrecht (RG 90, 52, 60) und ein durch Verleihung einer Badekonzession erworbenes Nutzungsrecht am Meeresstrand (BGH 44, 27, 30f; zweifelnd MüKo/Rz 15) geschützt. 9

IV. Sonstige Rechte. Die Rspr ist bei der analogen Anwendung des § 1004 auf alle absoluten Rechte (Rz 9) nicht stehengeblieben, sondern hat darüber hinausgehend analog § 1004 einen **allgemeinen quasinegatorischen** 10

§ 1004 Sachenrecht Eigentum

Abwehranspruch zum Schutz bloßer **Rechtsgüter** und **rechtlich geschützter Interessen**, insbesondere deliktisch geschützter Güter (§§ 823, 824, 826), entwickelt. Wer unter Verstoß gegen ein Schutzgesetz ein fremdes Rechtsgut beeinträchtigt, ist analog § 1004 verpflichtet, die fortwirkende Beeinträchtigung zu beseitigen. Das ist seit RG 60, 6, 7 ständige Rspr und heute Gewohnheitsrecht (BGH 30, 7, 14; BGH LM Nr 6 zu § 812 BGB; BGH LM Nr 132 zu § 1004 BGB; RG 116, 151,153; RG 148, 114, 119; RG 163, 210, 214ff; Brehm/Berger § 7 Rz 10; Baur/Stürner § 12 Rz 3).

11 Zu den durch § 1004 geschützten Rechtsgütern zählen neben den in § 823 genannten zB der **Kredit** (§ 824; RG 140, 392, 402), das **Fortkommen** und die **Freiheit der Willensbestimmung** (BGH LM Nr 6 zu § 812). Ebenso die **Ehre** (BGH LM Nr 6 zu § 812) und die **eheliche Lebensgemeinschaft**, die nicht nur Rechtsgüter, sondern auch Persönlichkeitsrechte sind und als solche geschützt werden (Rz 171ff; Art 5 II, 6 GG; Medicus BR Rz 616).

12 **C. Rechtswidrige Beeinträchtigung.** Der Abwehranspruch aus § 1004 setzt in seinen beiden Erscheinungsformen (Beseitigungs- und Unterlassungsanspruch) eine **Beeinträchtigung** des Eigentums an einer Sache bzw die Beeinträchtigung eines anderen von § 1004 geschützten Rechts oder Rechtsguts (Rz 7ff) voraus (Abs I). Die Beeinträchtigung muß **rechtswidrig** sein (Abs II). Sie muß aber **nicht schuldhaft** sein, der Abwehranspruch aus § 1004 besteht auch gegen nicht schuldhaft verursachte Beeinträchtigungen.

13 **I. Beeinträchtigung (Abs I). 1. Begriffsbestimmung.** Eine **Beeinträchtigung** iSd § 1004 liegt vor, wenn der Eigentümer (besser: der Berechtigte, vgl Rz 103ff) in seiner Rechtsausübungsfreiheit behindert wird (aA Picker, der unter „Beeinträchtigung" eine unbefugte Rechtsanmaßung durch einen Dritten versteht, Picker, Der negatorische Beseitigungsanspruch, 1972, S 50ff; Picker AcP 183, 369, 513; Picker, FS Gernhuber, 1993, S 315ff. Picker folgend Staud/Gursky Rz 17ff. Gegen die Ansicht von Picker MüKo/Medicus Rz 23). Die Beeinträchtigung kann aus dem Tun eines anderen (**Tätigkeitsstörer**, Rz 111ff) oder aus der Aufrechterhaltung eines Zustands durch einen anderen (**Untätigkeitsstörer**, Rz 119ff) resultieren.

14 Daß das Verhalten des Störers einen **Vermögensschaden** herbeiführt, ist nicht erforderlich. Eine Beeinträchtigung iSd § 1004 kann sogar dann gegeben sein, wenn das Verhalten des Störers zu einer Bereicherung des Berechtigten führt, da § 1004 nicht das Vermögen, sondern die Ausübungsfreiheit des Berechtigten schützt. In solchen Fällen wird indes besonders sorgfältig zu prüfen sein, ob den Berechtigten nicht eine Duldungspflicht trifft (Rz 38ff) oder ob der Geltendmachung eines Abwehranspruchs vielleicht das Schikaneverbot (§ 226) entgegensteht (RG 54, 433, 434; JW 1936, 673f).

15 Keine Beeinträchtigung iSd § 1004 ist die **Entziehung oder Vorenthaltung des Besitzes an einer Sache**. In diesen Fällen steht dem Eigentümer gegen den unrechtmäßigen Besitzer der Herausgabeanspruch aus § 985 zu. Der Abwehranspruch nach § 1004 ist nur gegen eine Beeinträchtigung des Eigentums in anderer Weise als durch Entziehung oder Vorenthaltung des Besitzes gegeben. Allerdings können beide Ansprüche gleichzeitig gegeben sein (RG 160, 166, 172f; BGH LM Nr 14 zu § 1004; MüKo/Medicus Rz 20. Zur Abgrenzung Baur AcP 160, 490ff).

16 **2. Beispiele und Fallgruppen. a) Immissionen etc.** Wichtigster Anwendungsfall des § 1004 ist die Beeinträchtigung des Eigentumsrechts an Grundstücken. Das Recht eines Grundstückseigentümers wird zB beeinträchtigt, wenn jemand über das Grundstück geht, Schutt darauf wirft oder wenn der Nachbar gefahrdrohende Anlagen auf seinem Grundstück unterhält (§ 907), durch Vertiefung seines Grundstücks dem anderen Grundstück die erforderliche Stütze entzieht (§ 909) oder über die Grenze baut (§ 912). Ganz allgemein ist die Zuführung unwägbarer Stoffe (Imponderabilien), wie Staub, Asche, Gase und elektrische Ströme als Beeinträchtigung anzusehen (§ 906). Gleiches gilt für die Störung des Rundfunk- oder Fernsehempfangs durch den Betrieb nichtentstörter Geräte oder durch Reflektoren (Hulvershorn NJW 1961, 1448f) und für die Bescheinung eines Nachbargrundstücks mit künstlichem Licht (LG Wiesbaden NJW 2002, 104; vgl auch Zweibrücken MDR 2001, 984).

17 **Naturereignisse** führen nicht selten zu einer Beeinträchtigung des Eigentums an Grundstücken, etwa wenn entwurzelte Bäume auf ein Nachbargrundstück fallen oder Regenfälle Erdreich auf ein Nachbargrundstück schwemmen. Wird eine Beeinträchtigung durch ein Naturereignis verursacht, kann hierfür aber regelmäßig niemand als Störer verantwortlich gemacht werden (Brehm/Berger § 7 Rz 11; Rz 122ff).

18 **b)** Von den Beeinträchtigungen im Sinne des § 1004 sind **einfache negative Einwirkungen** abzugrenzen, die keinen Abwehranspruch nach § 1004 begründen (MüKo/Medicus Rz 28f). Um solche handelt es sich, wenn ein Eigentümer sein Grundstück innerhalb der Grenzen seiner Eigentumsbefugnisse (§ 903) nutzt und dadurch mittelbar Nachteile für das Nachbargrundstück entstehen. Einache negative Einwirkungen sind zB der **Verlust von Licht und Aussicht** durch Neubauten oder Pflanzen (BGH LM Nr 1 zu § 903; Celle MDR 1954, 241f; Düsseldorf NJW 1979, 2618); – ganz allgemein **Schattenwurf**; anders bei gezieltem Schattenwurf oder Schattenwurf durch Windkraftanlagen; – die Abschattung von Fernsehwellen durch ein Hochhaus und die Reflexion von **Funk- oder Fernsehwellen** durch ein Hochhaus, da die Wellen nicht vom Hochhaus ausgehen (BGH 88, 344, 348).

19 **In besonderen Fällen** können einfache negative Einwirkungen aufgrund der aus dem nachbarlichen Gemeinschaftsverhältnis entspringenden Pflicht zur gegenseitigen Rücksichtnahme (§ 242; Art 14 II S 1 GG; BayObLG WuM 2002, 328) **unzulässig** sein oder einen **Ausgleichsanspruch** des betroffenen Nachbarn begründen (Rz 94ff; BGH 28, 110, 114; 58, 149, 158f; 68, 350, 353ff; LM Nr 1 zu § 903; Nr 1 zu § 906).

20 **c) Ideelle und immaterielle Einwirkungen** sind nach hM nicht als Beeinträchtigungen iSd § 1004 anzusehen (BGH 51, 396, 398; 54, 56, 59f; WM 1974, 1226f; BGH 95, 307, 309. AA AG Münster NJW 1983, 2887 – abl dazu Künzl NJW 1984, 774f). Bei solchen nur die Empfindungen des Eigentümers verletzenden Immissionen soll es sich nicht um „ähnliche Einwirkungen" im Sinne des § 906 handeln, weil sie weder auf das Grundstück und die

dort befindlichen Sachen einwirken, noch typischerweise geeignet sind, das gesundheitliche Wohlbefinden der sich auf dem Grundstück aufhaltenden Personen zu beeinträchtigen. Auch wird befürchtet, daß eine Anwendung des § 1004 auf ideelle Einwirkungen zu einer uferlosen und damit unvertretbaren Ausweitung führt (BGH 51, 396, 398).

Ein **Bordell** (BGH NJW 1985, 1458), eine **Leichenhalle**, ein **Schrottplatz** (BGH NJW 1970, 1541) oder ein **Lagerplatz für Baumaterialien** (BGH NJW 1969, 1208) in einer Wohngegend stellen danach keine Beeinträchtigung dar, gegen die sich der Eigentümer nach § 1004 I wehren könnte (BGH 95, 307, 308ff; Staud/Gursky Rz 76). Auch im Aufstellen häßlicher **Reklametafeln** oder **anstoßerregenden Benehmen** im Freibad ist danach keine Beeinträchtigung zu sehen (RG 76, 130, 131f). 21

Entgegen der hM besteht aber kein zwingender Grund, den Begriff der Beeinträchtigung so eng zu fassen und ihn auf körperliche Einwirkungen zu beschränken. Andere Einwirkungen, wie die Darbietung eines häßlichen oder abstoßenden Anblicks, können für den Betroffenen in ähnlicher Weise belastend sein. Dann aber ist es nicht gerechtfertigt, den das Eigentum beeinträchtigenden Charakter ideeller oder immaterieller Einwirkungen schlechthin zu verneinen (Baur JZ 1969, 431, 432f; Grunsky JZ 1970, 785ff; Künzl NJW 1984, 774, 775f; Hamburg NJW 1988, 2052 – Gartenzwerge). Auch der BGH, der eine Anwendung des § 1004 auf ideelle oder immaterielle Einwirkungen grundsätzlich verneint, läßt letztlich offen, ob nicht in besonders krassen Fällen dem beeinträchtigten Nachbarn ein Abwehranspruch zuzubilligen ist (BGH WM 1974, 1227). Jedenfalls im Falle der Verletzung des allgemeinen Persönlichkeitsrechts wird eine Beeinträchtigung ganz allgemein bejaht und dem Betroffenen der Abwehranspruch aus § 1004 zugebilligt (Rz 171ff; Staud/Gursky Rz 78; MüKo/Medicus Rz 31). 22

Bejaht man auch bei ideellen oder immateriellen Einwirkungen eine Beeinträchtigung des Eigentums im Sinne des § 1004 I, so folgt daraus noch nicht, daß dem betroffenen Eigentümer stets ein Abwehranspruch zusteht. Diese Frage bestimmt sich, ebenso wie bei körperlichen Einwirkungen, nach § 906 (Köln NJW 1998, 764ff). Unter dem Aspekt der Ortsüblichkeit wird es vor allem auf die Lage der Grundstücke ankommen (Wohn- oder Industriegebiet). Einwirkungen, die nur das ästhetische Empfinden des Nachbarn verletzen, wird dieser meist hinzunehmen haben (BGH 51, 399; 54, 56, 59f; Staud/Gursky Rz 79). – So hat Frankfurt/M den Mitgliedern einer WEG zB einen Anspruch auf Unterlassung der Nutzung einer Wohnung zum Zwecke der **Prostitution** durch eine Miteigentümerin zugestanden (Frankfurt/M ZMR 2002, 616). Das LG Düsseldorf hat einen Anspruch auf Beseitigung eines **Kakteengewächshauses** auf einem Balkon mit der Begründung bejaht, dies verändere den optischen Gesamteindruck des Gebäudes, wodurch das Eigentumsrecht der Miteigentümer verletzt werde (Düsseldorf NZM 2002, 131). 23

Zu beachten ist, daß von der Quelle ideeller oder immaterieller Einwirkungen gleichzeitig auch Beeinträchtigungen im engeren Sinne ausgehen können. So zB ggf der von einer Leichenhalle ausgehende Geruch oder der von einem Schrottplatz ausgehende Lärm. 24

Problematisch ist, ob das **Fotografieren** einer Sache und die Verwertung der Aufnahmen eine zur Abwehr berechtigende Beeinträchtigung des Eigentums darstellt. Nach BGH NJW 1989, 2251ff stellt das **nicht genehmigte Fotografieren** eines fremden Hauses und die **gewerbliche Verwertung** der Fotografie keine Beeinträchtigung fremden Eigentums dar, wenn die Fotografie ohne Betreten des Hausgrundstücks von einer allgemein zugänglichen Stelle aus, zB von einer öffentlichen Straße aus, angefertigt wird. In einer früheren Entscheidung, in der der Gebäudeeigentümer das Betreten seines Grundstücks und die Anfertigung von Gebäudeaufnahmen gestattet hatte, ist der BGH dagegen davon ausgegangen, daß eine gewerbliche Verbreitung der Aufnahmen nur mit ausdrücklicher Erlaubnis des Gebäudeeigentümers zulässig ist, weil die gewerbliche Nutzung des Eigentums vorbehaltlich seiner Sozialbindung dem Eigentümer zusteht (BGH NJW 1975, 778; Schmieder NJW 1975, 1164; Gerauer GRUR 1988, 672ff). 25

d) Behinderung des Zugangs und der Nutzung. Eine Beeinträchtigung iSd § 1004 liegt auch dann vor, wenn der Eigentümer gehindert wird, seine Sache zu nutzen (BGH 55, 153, 159; 63, 203, 206; NJW 1977, 2264, 2265; Karlsruhe NJW 1978, 274 – Behinderung der Ausfahrt; BGH NJW 1998, 2058, 2059 – Behinderung des Zugangs). Problematisch ist hier aber die Abgrenzung zu den Fällen der Entziehung oder Vorenthaltung des Besitzes, die nicht von § 1004, sondern von § 985 erfaßt werden (Rz 15). 26

e) Beschädigung oder Zerstörung einer Sache. Der Begriff „Beeinträchtigung" umfaßt auch die Beschädigung (oder gar Zerstörung) einer Sache. Dem Eigentümer einer Sache steht zur **Vermeidung einer** drohenden **Beschädigung** seiner Sache daher der Abwehranspruch nach § 1004 in Gestalt des **Unterlassungsanspruchs** zur Verfügung. 27

Nach erfolgter Beschädigung der Sache ist eine Abwehrsituation aber nicht mehr gegeben und § 1004 deshalb nicht mehr anwendbar. Der Eigentümer kann daher nicht den Abwehranspruch in Gestalt des **Beseitigungsanspruchs** geltend machen, um eine Ausbesserung oder Wiederherstellung der Sache zu verlangen. Der Anspruch auf Beseitigung nachteiliger Einwirkungsfolgen ist ein Schadensersatzanspruch. Dieser setzt typischerweise (vgl §§ 823ff) Verschulden voraus. Das Verschuldenserfordernis des Schadensersatzrechts darf nicht dadurch umgangen werden, daß der verschuldensunabhängige negatorische Abwehranspruch aus § 1004 zu einem Folgebeseitigungsanspruch erweitert wird (Stoll AcP 162, 203, 220ff). Zur Abgrenzung des Abwehranspruchs aus § 1004 zum Schadensersatzanspruch im einzelnen Rz 82ff. 28

g) Bloße **Vorbereitungshandlungen** können Beeinträchtigungen sein, wenn sie in eine Rechtsverletzung münden und dem Berechtigten ein Zuwarten nicht zuzumuten ist. 29

So kann der Eigentümer einer Sache gegen eine **drohende rechtsgeschäftliche Verfügung** durch den Besitzer nach § 1004 I S 2 vorgehen (Staud/Gursky Rz 31). Die Beeinträchtigung liegt hier in der drohenden Gefahr des 30

Eigentumsverlustes. Ist die Verfügung erfolgt, so scheidet § 1004 dagegen aus. Der Eigentümer ist auf Ersatzansprüche nach §§ 987ff und §§ 823ff bzw auf den Surrogationsanspruch aus § 816 oder § 687 II iVm §§ 681 S 2, 667 verwiesen.

31 Errichtet ein Nachbar eine **Anlage**, deren bestimmungsgemäßer Gebrauch zu einer rechtswidrigen Beeinträchtigung führen muß, ist der Abwehranspruch schon vor ihrer Fertigstellung und Ingebrauchnahme gegeben (RGRK/Pikart Rz 31, 89).

32 **II. Rechtswidrigkeit/Duldungspflicht (Abs II).** Nicht jede Beeinträchtigung (Rz 13ff) begründet einen Abwehranspruch des Berechtigten. Der Abwehranspruch nach § 1004 I ist vielmehr nur dann gegeben, wenn die Beeinträchtigung **rechtswidrig** ist. **Rechtmäßige** Beeinträchtigungen muß der Berechtigte hinnehmen. Abs II bringt dies zum Ausdruck indem er formuliert, daß der Abwehranspruch ausgeschlossen ist, wenn der Eigentümer (besser: „der Berechtigte", vgl Rz 103ff) **zur Duldung verpflichtet** ist (Baur/Stürner § 12 Rz 8).

33 Es sind also **drei Eskalationsstufen** zu unterscheiden. Handlungen eines Dritten können von so geringer Bedeutung sein, daß der Berechtigte durch sie in seiner Rechtsausübungsfreiheit nicht betroffen ist (1. Stufe). Solche Handlungen sind keine Beeinträchtigungen und werden von § 1004 deshalb nicht erfaßt. Beispiele sind die vorgenannten einfachen negativen Einwirkungen (Rz 18) nach hM auch die ideellen und immateriellen Einwirkungen (Rz 20ff). Handlungen eines Dritten, die darüber hinausgehen, von dem Berechtigten aber geduldet werden müssen (2. Stufe) werden von § 1004 zwar erfaßt, begründen aber nach Abs II keinen Abwehranspruch. Und gegen Handlungen eines Dritten, die den Berechtigten in seiner Rechtsausübungsfreiheit einschränken und von diesem nicht geduldet werden müssen (3. Stufe), gewährt § 1004 einen Abwehranspruch.

34 Zu beachten ist, daß es nicht auf die **Rechtswidrigkeit des Verhaltens**, sondern auf die **Rechtswidrigkeit der Beeinträchtigung** ankommt (Picker Anm JZ 1976, 370f). Eine ursprünglich rechtmäßige Handlung kann daher auch später noch zu einer rechtswidrigen Beeinträchtigung führen, die einen Abwehranspruch nach § 1004 zu begründen in der Lage ist.

35 So kann gegenüber **ehrkränkenden Kundgebungen** ein Widerrufsanspruch (Rz 152ff) auch bestehen, wenn die ehrverletzende Tatsachenbehauptung in Wahrnehmung berechtigter Interessen aufgestellt wurde und daher zunächst eine Duldungspflicht begründete, sich später jedoch ihre Unrichtigkeit herausstellte (BGH 37, 187, 191; 57, 325, 333; NJW 1958, 1043; 59, 2011; 60, 672; Baur AcP 160, 465, 480f; Schlosser JZ 1963, 309, 313).

36 Abs II faßt das Erfordernis der Rechtswidrigkeit negativ. Daraus folgt, daß die **Rechtswidrigkeit** einer Beeinträchtigung **indiziert** wird. Jede Beeinträchtigung gilt als rechtswidrig, soweit nicht eine Duldungspflicht des Berechtigten aufgezeigt werden kann. Der Darlegung einer besonderen Duldungspflicht bedarf es nur dann nicht, wenn sich die Rechtswidrigkeit der Beeinträchtigung, wie zB bei Eingriffen in das allgemeine Persönlichkeitsrecht oder in den eingerichteten und ausgeübten Gewerbebetrieb, ohnehin nur auf Grund einer umfassenden Güter- und Interessenabwägung feststellen läßt (BVerfG 7, 198, 203ff, 212 – Lüth; BGH 45, 296, 306f – Höllenfeuer; BGH GRUR 1969, 304, 305; 1969, 624, 627).

37 Abs II ist, ebenso wie der vergleichbare § 986 (986 Rz 41), eine rechtshindernde **Einwendung** (Baur/Stürner § 12 Rz 11; Staud/Gursky Rz 165. AA RG 144, 268, 271). Die **Beweislast** für das Bestehen einer Duldungspflicht trifft den Störer (zum Begriff des Störers Rz 106ff).

38 **Duldungspflichten**, die die Rechtswidrigkeit einer Beeinträchtigung ausschließen, können **zivilrechtlicher** oder **öffentlichrechtlicher** Natur sein.

39 **1. Zivilrechtliche Duldungspflichten.** Im Bereich des Zivilrechts können sich Duldungspflichten aus Gesetz oder aus Rechtsgeschäft ergeben.

40 **a) Gesetzliche Duldungspflichten.** Das Gesetz gestattet Eingriffe in die Rechtsausübungsfreiheit zB unter dem Gesichtspunkt der **Notwehr** (§ 227), des **Notstandes** (§§ 228, 904), der **Selbsthilfe** (§ 229), der **berechtigten GoA** (§§ 677ff) und der **Wahrnehmung berechtigter Interessen** (§ 193 StGB; BGH 13, 210, 217; LM Nr 6 zu § 812 BGB; Schmitz MDR 1959, 891ff, 971ff) und nach §§ 867, 962, 1005 (**Verfolgungsrecht**). Der Handelnde ist aber nur so lange gegen den Abwehranspruch geschützt, wie die Rechtfertigung fortwirkt. Daher besteht zB ein Anspruch auf Widerruf (Rz 152ff), wenn sich eine ursprünglich gerechtfertigte Äußerung nachträglich als unwahr herausstellt.

41 Auch **nachbarrechtliche Vorschriften** (§§ 906ff) sehen eine Vielzahl von Duldungspflichten vor (BGH 90, 255, 267, 268; WM 1960, 1276, 1278). Von Bedeutung ist insbesondere § 906 II S 1, nach dem Beeinträchtigungen auf Grund einer ortsüblichen Nutzung des Nachbargrundstücks zu dulden sind, soweit sie durch wirtschaftlich zumutbare Maßnahmen nicht verhindert werden können (BGH NJW 2001, 3119 = JZ 2002, 243; vgl dazu Roth JZ 2002, 245). Dem betroffenen Nachbarn steht ggf nur ein Ausgleichsanspruch nach § 906 II S 2 zu. Weitere Duldungspflichten ergeben sich zB aus § 906 I (unwesentliche Immissionen; BGH_WM 1960, 1270, 1278), § 917 (Notwegerecht), § 907 I S 2 (gefahrdrohende Anlagen) und § 912 (entschuldigter Überbau).

42 Darüber hinaus kann sich eine Duldungspflicht in besonders gelagerten Ausnahmefällen auch aus dem **nachbarlichen Gemeinschaftsverhältnis** und dem daraus folgenden Rücksichtsgebot ergeben (§ 242; BGH LM BGB § 903 Nr 1 – Entziehung von Licht; BGH 28, 110 – Wirkung einer durch Kriegsereignisse ausgebauchten Grenzmauer; 28, 225, 227ff – Zuführung fester Körper; Mühl NJW 1960, 1133, 1135f; Pleyer JZ 1959, 167, 305ff; BGH 58, 149, 158f – Ablösung von Teilen eines Dammes; 72, 1400, 1401; 77, 536f). Soweit ein Nachbar zur Duldung von Beeinträchtigungen verpflichtet ist, steht ihm hierfür uU ein **Ausgleich in Geld** zu (dazu Rz 94ff).

b) Hinsichtlich der **rechtsgeschäftlichen Duldungspflichten** ist zwischen solchen aus **dinglichen Rechten** an 43
der Sache und aus **schuldrechtlichen Verträgen** zu unterscheiden. Darüberhinaus können sich Duldungspflichten
aus einseitig und meist gefälligkeitshalber erteilten **Erlaubnissen** ergeben.

Duldungspflichten begründende **dingliche Rechte** sind zB der Nießbrauch (§§ 1030ff) und die Grunddienstbar- 44
keit (§§ 1018ff). Art und Umfang der Duldungspflichten ergeben sich aus dem Inhalt des jeweiligen dinglichen
Rechts. Der Natur des dinglichen Rechts entsprechend treffen diese Duldungspflichten auch den Rechtsnachfolger
des Eigentümers der belasteten Sache. Inwieweit eine Rechtsnachfolge auch auf Seiten des dinglich berechtigten
Störers möglich ist, hängt von dem Inhalt des konkreten dinglichen Rechts ab (vgl §§ 1059, 1059a, 1061 – Nießbrauch und § 1018 – Grunddienstbarkeit).

Duldungspflichten begründende **schuldrechtliche Verträge** sind zB der Miet- (§§ 535ff), Pacht- (§§ 581ff) und 45
der Leihvertrag (§§ 598ff). Art und Umfang der Duldungspflichten ergeben sich hier aus dem Inhalt des jeweiligen
Vertrages. Der Einzelrechtsnachfolger des Verpflichteten ist an solche Vereinbarungen nur gebunden, soweit dies
gesetzlich vorgesehen ist (§§ 566, 578, 581 II – Miete, Pacht) oder er diese rechtsgeschäftlich übernimmt. Auf Seiten des schuldrechtlich berechtigten Störers ist eine Rechtsnachfolge möglich, soweit das die Duldungspflicht
begründende Recht abgetreten werden kann (§§ 398ff).

Erteilt der Berechtigte **einseitig die Erlaubnis** zu Beeinträchtigung seines Rechts, zB der Eigentümer die 46
Erlaubnis zum Betreten oder Befahren seines Grundstücks, wird auch dadurch eine Duldungspflicht begründet
(Baur/Stürner § 12 Rz 9. AA Brehm/Berger § 7 Rz 15). In Ermangelung einer schuldrechtlichen Verpflichtung ist
diese zwar stets frei widerruflich. Sie rechtfertigt die Beeinträchtigung aber für die Vergangenheit. Darüberhinaus
kann der Berechtigte auch nach § 242 gehindert sein, die Erlaubnis zur Unzeit oder ohne Vorankündigung zu
widerrufen.

Dritte können sich auf eine bestehende Duldungspflicht analog § 986 I S 1 berufen (BGH NJW 1958, 2061; 47
MüKo/Medicus Rz 57; Brehm/Berger § 7 Rz 14).

So kann der **Grundstückspächter** sein vom Notwegerecht des Verpächters abgeleitetes Recht dem Nachbarn 48
entgegenhalten (BGH NJW 1963, 1918). – Der **Lieferant**, der die Mieter einer Siedlung beliefert, kann sich dem
Siedlungseigentümer gegenüber auf das Recht der Mieter zur Benutzung eines Privatwegs berufen (LG Münster
MDR 1961, 234); gleiches gilt für die Besucher von Mietern oder Wohnberechtigten gegenüber dem Hauseigentümer. – Eine Markenartikelfirma kann sich gegenüber dem Hauseigentümer auf den Duldungsanspruch des Mieters
für die **am Geschäft angebrachte Reklame** berufen (Köln NJW 1955, 1072).

2. Öffentlichrechtliche Duldungspflichten. Duldungspflichten können sich auch aus dem öffentlichen Recht 49
ergeben.

a) Grundrechte des Störers. Bei Anwendung des § 1004 ist zunächst zu beachten, daß das bürgerliche Recht 50
mit der in den Grundrechten verwirklichten Wertordnung im Einklang stehen muß (BVerfG 7, 205). Die Pflicht
zur Duldung einer Beeinträchtigung kann sich daher im Einzelfall daraus ergeben, daß dem Störer ein **Grundrecht**
zur Seite steht.

So muß im Hinblick auf das Grundrecht der Meinungs- und Pressefreiheit auch eine scharfe, schonungslose und 51
ausfallende **Kritik** hingenommen werden, wenn sie sachbezogen ist. Eine Pflicht zur Duldung von Kritik, die auf
eine vorsätzliche Ehrkränkung hinausgeht, besteht dagegen nicht (BGH NJW 1974, 1762, 1763; 79, 266; LM Nr 5
zu § 823 und Nr 42 zu § 847). – Dagegen kann ein **Mieter** unter Verweis auf seine Meinungsfreiheit nicht verlangen, daß der Grundstückseigentümer das Anbringen auffälliger Wahlplakate duldet (BVerfG 7, 230). – Auch der
Eigentümer von auf öffentlicher Straße aufgestellten **Kabelverteilerschränken** kann sich des wilden Beklebens
der Schränke mit Zetteln kraft seines Eigentumsrechts erwehren; weder das Recht auf freie Meinungsäußerung
noch das Recht auf Gemeingebrauch an der Straße verpflichten ihn zur Duldung (Karlsruhe Justiz 1977, 422). –
Und auch der **Arbeitgeber** braucht als Eigentümer von Schutzhelmen, die er seinen Arbeitnehmern überläßt, nicht
zu dulden, daß auf den Schutzhelmen von Gewerkschaftsmitgliedern Aufkleber mit dem Gewerkschaftsemblem angebracht
werden (BAG NJW 1979, 1847). – Zur Frage, unter welchen Voraussetzungen die Kunstfreiheit (Art 5 III GG)
einer Unterlassungsklage einer Handelsgesellschaft entgegenstehen kann, mit der diese die Aufführung eines ihren
Ruf beeinträchtigenden **Theaterstücks** zu verhindern sucht, siehe BGH NJW 1975, 1882.

b) Behördliche Erlaubnisse, Verfügungen etc. Duldungspflichten können sich des weiteren aus einem 52
Hoheitsakt der Justiz oder Verwaltung ergeben, der die Störung im Verhältnis zum Eigentümer rechtfertigt.

aa) So nimmt eine gerichtliche **einstweilige Verfügung oder Anordnung** einer durch sie gedeckten Eigen- 53
tumsstörung schon kraft ihrer Tatbestandswirkung die Rechtswidrigkeit (BGH LM Nr 1 zu § 926 ZPO). Der
Eigentümer ist darauf verwiesen, die Aufhebung der Verfügung zu erwirken.

bb) Die **Widmung** einer Sache **zum Gemeingebrauch** verpflichtet deren Eigentümer zur Duldung aller Ein- 54
wirkungen, die der Gemeingebrauch mit sich bringt (BGH 60, 366f). Dies gilt auch für Sachen, die sich in Privateigentum befinden. Die Grenzen des Gemeingebrauchs lassen sich nicht einheitlich bestimmen, sondern ergeben
sich aus den Umständen des Einzelfalls. Relevant sind zB Art und Dichte des Verkehrs auf einer dem Gemeingebrauch gewidmeten Straße. Die Errichtung fest installierter, dauerhafter Einrichtungen auf **im Eigentum Dritter**
stehenden Grundstücken werden von einem Recht auf Gemeingebrauch in aller Regel nicht gedeckt (Köln NJW
1998, 1405 für ein auf städtischem Grund ohne Erlaubnis errichtetes Mahnmal – „Klagemauer" auf der Kölner
Domplatte).

cc) Baugenehmigungen regeln nur das öffentlich-rechtliche Verhältnis zwischen Begünstigtem und Behörde. 55
Privatrechtliche Abwehransprüche zB der Nachbarn bleiben unberührt (BGH NJW 1959, 2013, 2014; BayObLG

§ 1004 Sachenrecht Eigentum

NJW-RR 1991, 19). Aus der Erteilung einer Baugenehmigung kann der Begünstigte daher keine Duldungspflichten Dritter herleiten.

56 dd) Anderes gilt für die **Genehmigung einer gewerblichen Anlage** auf der Grundlage des **BImSchG** (§§ 4ff BImSchG). Nach Erteilung der Genehmigung kann die **Einstellung eines Betriebes** auf Grund privatrechtlicher Abwehransprüche, die sich auf das allgemeine Immissionsrecht (§ 906) gründen, nicht mehr verlangt werden (§ 14 BImSchG, Staud/Gursky Rz 172; § 906 Rz 64. Vgl aber auch Roth NVwZ 2001, 34). Der Eigentümer muß die von der genehmigten Anlage ausgehenden Störungen kraft öffentlichen Rechts dulden. Auf privatem Nachbarrecht beruhende Einwendungen können nur im Genehmigungsverfahren geltend gemacht werden (§ 10 BImSchG).

57 § 14 BImSchG gewährt an Stelle des Abwehranspruchs einen Anspruch auf Vorkehrungen, die die benachteiligenden Wirkungen ausschließen. Falls Vorkehrungen zum Ausschluß der benachteiligenden Wirkungen nach dem Stand der Technik nicht durchführbar oder wirtschaftlich nicht vertretbar sind, kann nach § 14 BImSchG **Schadensersatz** verlangt werden. Dieser Anspruch setzt, ebenso wie der Abwehranspruch aus § 1004, kein Verschulden voraus, auch nicht für die Zeit vor der Klageerhebung (BGH 15, 150f und 28, 225 für den früheren § 26 GewO). § 14 BImSchG ist auf **Anlagen zur Erzeugung und Behandlung von Kernbrennstoffen** (§ 7 VI AtomG) und auf **Flugplatzanlagen** (§ 11 LuftVG) entsprechend anwendbar.

58 **Einwendungen, die auf besonderen privatrechtlichen Titeln beruhen**, seien sie dinglicher (zB Dienstbarkeiten) oder schuldrechtlicher (zB Unterlassungsvereinbarung) Natur, werden (anders als nachbarrechtliche Einwendungen) durch die rechtskräftig erteilte Genehmigung nach § 14 BImSchG nicht ausgeschlossen (§ 10 III S 3 BImSchG).

59 Ebenso begründet die Genehmigung einer **nicht genehmigungsbedürftigen Anlage** (§§ 22ff BImSchG) und die **Genehmigung im vereinfachten Verfahren** (§ 19 BImSchG) keine den Abwehranspruch aus § 1004 ausschließenden Duldungspflichten.

60 ee) Inwieweit **Baulasten** privatrechtliche Duldungspflichten begründen, ist umstritten. Baulasten sind freiwillig übernommene, öffentlich-rechtliche Verpflichtungen von Grundstückseigentümern gegenüber der Baubehörde zu einem ihr Grundstück betreffenden Tun, Dulden oder Unterlassen, das sich nicht schon aus objektivem öffentlichen Recht ergibt (zB §§ 70f LBO BW). Sie begründen öffentlich-rechtliche Baubeschränkungen, die dazu dienen, nachbarrechtliche Hindernisse auszuräumen. Inhalt und Umfang einer Baulast liegen nicht generell fest, sondern werden unter Berücksichtigung der öffentlich-rechtlich zu sichernden bauordnungsrechtlichen Zielsetzung vereinbart.

61 Ob Baulasten privatrechtliche Ansprüche gewähren, ist gesetzlich nicht geregelt. Die sich aus der Baulast für den Grundstückseigentümer ergebende Duldungspflicht nach § 1004 II kann aber jedenfalls nicht weiter gehen, als die vom Grundstückseigentümer übernommene öffentlich-rechtliche Verpflichtung.

62 ff) Problematisch ist auch, in wie weit in nicht geregelten Fällen wegen des Vorliegens eines **überwiegenden öffentlichen Interesses** Duldungspflichten bestehen können. Der BGH hat dies im Zusammenhang mit der Errichtung von Hochspannungsleitungen bejaht (BGH 60, 119, 122f), im Zusammenhang mit der Errichtung von Niederspannungsleitungen von Versorgungsunternehmen im Hinblick auf bestehende gesetzliche Regelungen aber verneint (BGH 66, 37, 41).

63 **D. Beseitigungs-, Unterlassungs- und Ausgleichsanspruch.** Der von § 1004 gewährte **Abwehranspruch** besteht als **Beseitigungs-** (Rz 64) und als **Unterlassungsanspruch** (Rz 76). Ein **Verschulden** des Störers ist für das Bestehen des Abwehranspruchs in beiden Alternativen nicht erforderlich. Muß der Berechtigte eine Beeinträchtigung dulden, kann ihm an Stelle des Abwehranspruchs ein **Ausgleichsanspruch** zustehen (Rz 94).

64 I. Beseitigungsanspruch (Abs I S 1). 1. Regelungszweck. Der Beseitigungsanspruch ist auf die **Beseitigung einer** in der Vergangenheit eingetretenen und noch **fortwirkenden Beeinträchtigung** gerichtet, die den Eigentümer in anderer Weise als durch Entziehung oder Vorenthaltung des Besitzes in der ungestörten Ausübung seines Eigentums hindert. **Ziel** ist die Beseitigung der fortdauernden Störungsquelle, nicht die Beseitigung bereits eingetretener Störungsfolgen, insbesondere nicht die Wiedergutmachung von Schäden (BGH 28, 110, 113; Baur AcP 160, 465, 487). Die Beseitigung der Störungsfolgen kann nur mit einem Schadensersatzanspruch nach §§ 823ff, 249ff verlangt werden, der Verschulden voraussetzt (Rz 82ff).

65 2. Art und Umfang der Beseitigung richten sich nach Art und Umfang der Beeinträchtigung. Die **Entscheidung**, mit welchen Mitteln die Beeinträchtigung zu beseitigen ist, bleibt grds **dem Störer überlassen** (MüKo/Medicus Rz 63). Das Gericht sieht deshalb gewöhnlich davon ab, bestimmte Maßnahmen anzuordnen (BGH NJW 1960, 2335; LM Nr 25 zu § 906 BGB). Gewährleistet jedoch nur eine bestimmte Maßnahme die Beseitigung der Störung, so kann diese Maßnahme angeordnet werden, damit der Eigentümer einen möglichst bestimmten Vollstreckungstitel hat (BGH 29, 314, 317; 67, 252, 254). Ist eine vollständige Beseitigung nicht sofort möglich, so ist der Störer zunächst zur **Minderung der Störung** verpflichtet (MüKo/Medicus Rz 63).

66 Ein Wohnungsnachbar, der durch **Tennisplatzlärm** gestört wird, kann als Schutzmaßnahme nicht die Errichtung einer Lärmschutzwand verlangen, wenn die Einhaltung zeitlich begrenzter Spielzeiten ausreicht (Celle NJW 1988, 424). Der Störer kann sich aus als die aufwändigere Maßnahme ergreifen, wenn er sie (zB im Interesse einer intensiven Nutzung der Tennisanlage) vorzieht. – Wurde durch Weitergabe **gespeicherter Daten** das allgemeine Persönlichkeitsrecht einer Person verletzt (Rz 171ff), so besteht die Verletzung solange fort, wie der Datenempfänger über die Daten ohne Kontrolle verfügen kann; der Verletzte kann daher vom Empfänger die Vernichtung oder Herausgabe des Datensatzes verlangen (BGH 91, 233, 241). – Wird durch den **Betrieb einer Anlage** gestört, die bei umfassender Umgestaltung und unter entsprechenden Betriebsmaßnahmen störungsfrei benutzt werden kann,

und steht fest, daß die Beeinträchtigung des Nachbarn sich ohne die Umgestaltung nicht beheben läßt, so kann der Betrieb so lange untersagt werden, wie der Störer die Anlage oder die Betriebsführung nicht entsprechend ändert (BGH 67, 252, 254 – Schweinemästerei; NJW 1983, 751 – geräuschvolle Tennisanlage; RG 162, 349, 351ff, 359).

Der negatorische Beseitigungsanspruch ist niemals auf **Ersatz entgangenen Gewinns** (§§ 252) oder auf **Schadensersatz in Geld** gerichtet; §§ 252, 249 S 2, 251 I sind nicht anwendbar. Zur Anwendbarkeit von § 251 II und zu möglichen Ausgleichsansprüchen des Berechtigten siehe Rz 99ff, 94ff. 67

3. Die **Kosten**, die zur Beseitigung der Beeinträchtigung erforderlich sind, **trägt der Störer**. 68

Beseitigt der Eigentümer die Beeinträchtigung selbst, so kann er die Kosten unter den Voraussetzungen der GoA (§§ 677ff) ersetzt verlangen (BGH NJW 1990, 2058; BGH NJW 1966, 1360; RG 167, 55, 59; Staud/Gursky Rz 152f; Baur/Stürner § 12 Rz 22). Liegen die Voraussetzungen für einen Anspruch aus GoA nicht vor, so bestimmt sich die Ausgleichspflicht nach den Vorschriften über die **ungerechtfertigte Bereicherung** § 812ff (BGH NJW 1989, 1032; BGH NJW 1986, 2640; BGH JZ 1992, 310, 312; MüKo/Medicus Rz 75; Baur/Stürner § 12 Rz 22. AA Gursky NJW 1971, 782ff). 69

Obschon es sich bei dem Beseitigungsanspruch nicht um einen Schadensersatzanspruch handelt, findet **§ 254** auf ihn Anwendung. Hat der Verletzte die Beeinträchtigung **mitverursacht**, ist er daher analog § 254 anteilig zur Kostentragung verpflichtet (BGH NJW 1995, 395; NJW 1996, 321, 323; BGH 28, 225, 232; RG 138, 327, 329f; 154, 161, 167; Mühl AcP 176, 396, 401. AA Roth AcP 180, 263, 282ff; Staud/Gursky Rz 151). Ebenso wie der Beseitigungsanspruch kein schuldhaftes Verhalten des Störers voraussetzt, so setzt auch die Mitverantwortlichkeit kein Verschulden des gestörten Berechtigten voraus (BGH 110, 313, 317). 70

Baut der Eigentümer einer Ackerfläche neben einer auf dem Nachbargrundstück schon vorhandenen Pappelreihe einen Tennisplatz, so trifft ihn eine erhebliche Mitverantwortung an der durch das **Wurzelwachstum** verursachten Beeinträchtigung seines Eigentums (Tennisplatzbelag) (BGH 135, 235, 239ff).

4. **Pflichtverletzung.** Gerät der Störer mit der Beseitigung einer Beeinträchtigung in Verzug, so haftet er dem Berechtigten verschuldensunabhängig für jeden hieraus resultierenden Schaden (§§ 280, 281, 286, 287 S 2; Baur/Stürner § 12 Rz 21). 71

§ 1004 ist ein **Schutzgesetz** im Sinne des § 823 II (RG 121, 185, 189). Bei schuldhafter Verletzung der sich aus § 1004 ergebenden Beseitigungspflicht können dem Berechtigten daher auch Schadensersatzansprüche nach § 823 II iVm § 1004 zustehen (BGH 104, 6, 16). 72

5. **Verwirkung.** Der Beseitigungsanspruch kann nicht mehr geltend gemacht werden, wenn der Berechtigte ihn verwirkt hat. Dafür müssen, neben dem Ablauf einer längeren Zeitspanne, besondere Umstände vorliegen, die darauf schließen lassen, daß der Berechtigte den Beseitigungsanspruch nicht mehr geltend machen will (Hamburg ZMR 2002, 451; BayObLG NZM 2002, 128; Nürnberg OLGRp 2002, 158; Zweibrücken ZMR 2002, 219). Der Ablauf einer landesrechtlichen Frist für die Geltendmachung eines Anspruchs auf Beseitigung von Anpflanzungen schließt den Beseitigungsanspruch nach § 1004 nicht ohne weiteres aus (LG Trier MDR 2002, 149 zu § 51 I S 1 Nachbargesetz Rheinland Pfalz). 73

6. Durch das Bestehen eines **Selbsthilferechts** des Eigentümers (zB gem § 910) wird der Beseitigungsanspruch nicht ausgeschlossen (BGH 60, 235, 241f; NJW 1979, 2515; 1986, 2640, 2641; LG Heidelberg NJW 1967, 1917; LG Berlin MDR 1969, 141). Beide Ansprüche stehen dem Eigentümer wahlweise zu. Die Kosten der Beseitigung fallen dem Störer auch im Falle der Selbsthilfe zur Last (BGH 60, 235, 243; Staud/Gursky Rz 153. AA Picker JuS 1974, 357, 361f). 74

7. Die **Vollstreckung** des Beseitigungsanspruchs erfolgt nach § 887 ZPO (Vertretbare Handlung – Ersatzvornahme) oder nach § 888 ZPO (unvertretbare Handlungen – Beugezwang). 75

II. Unterlassungsanspruch (Abs I S 2). 1. Regelungszweck und Voraussetzungen. Der Unterlassungsanspruch ist auf die **Verhinderung einer künftigen Beeinträchtigung** gerichtet. Entgegen dem Wortlaut des § 1004 I S 2 ist er nicht erst dann gegeben, wenn eine Beeinträchtigung bereits stattgefunden hat und **Wiederholungsgefahr** besteht, sondern auch schon dann, wenn die Gefahr eines erstmaligen Eingriffs drohend bevorsteht (**Erstbegehungsgefahr**; BGH 2, 394; BayObLG NJW-RR 1987, 1040, 1041; RG 101, 335, 339f; 151, 239, 245; Münzberg JZ 1967, 689; MüKo/Medicus Rz 80). Bereits die ernstliche Bedrohung mit einem ersten Eingriff beeinträchtigt das geschützte Recht, Rechtsgut oder Interesse. 76

Hat eine rechtswidrige Beeinträchtigung bereits stattgefunden, so besteht eine tatsächliche Vermutung für das Vorliegen der Wiederholungsgefahr (MüKo/Medicus Rz 81; BGH NJW 1999, 356, 358f; GRUR 1972, 435, 437). Ansonsten ist der Kläger für die (Erst-)Begehungsgefahr **darlegungs- und beweispflichtig**. 77

Wie jede Leistungsklage setzt auch die Unterlassungsklage ein allgemeines **Rechtsschutzbedürfnis** im Sinne eines Interesses an gerichtlicher Geltendmachung voraus (BGH GRUR 1973, 208 mit Anm Storck). Besteht Begehungsgefahr, so trifft den Störer eine gegenwärtige Leistungspflicht. Die Unterlassungsklage ist daher keine Klage auf künftige Leistung, deren prozessuale Zulässigkeit nach § 259 ZPO vom Vorliegen eines besonderen Rechtsschutzbedürfnisses abhängig wäre. 78

2. **Unterlassung.** Auch bei einem Unterlassungsanspruch ist es grundsätzlich dem Störer überlassen, wie er die Gefahr einer künftigen Beeinträchtigung ausräumt. Der Urteilsspruch lautet deshalb in der Regel allgemein auf Unterlassung von Störungen bestimmter Art. 79

3. **Pflichtverletzung.** Im Falle einer pflichtwidrigen Fortsetzung der Beeinträchtigung kann der Störer dem Beeinträchtigten gem § 823 II iVm § 1004 schadensersatzpflichtig werden. 80

§ 1004 Sachenrecht Eigentum

81 4. Die **Vollstreckung** eines Unterlassungsanspruchs erfolgt nach § 890 ZPO. Im Falle einer Zuwiderhandlung kann das zuständige Gericht den Störer zur Zahlung eines Ordnungsgelds oder zur Ordnungshaft verurteilen.

82 III. **Abgrenzung des Beseitigungsanspruchs zum Schadensersatzanspruch. 1. Allgemein.** Der negatorische **Beseitigungsanspruch** aus § 1004 I mit seiner Abwehrfunktion muß klar von einem **Schadensersatzanspruch** (§§ 823ff) und dessen Ausgleichsfunktion unterschieden werden. Während der **Störer**, der rechtswidrig die Rechtsausübungsfreiheit eines Dritten beeinträchtigt, nach § 1004 verschuldensunabhängig verpflichtet ist, eine fortdauernde Beeinträchtigung zu beenden, hat der **Schädiger** nach § 823 Ersatz zu leisten, wenn er einem Dritten durch eine rechtswidrige und schuldhafte (§ 276) Verletzung seines Rechtsguts einen Schaden zugefügt hat (BGH WRP 2002, 532, 533).

83 Zwischen einem auf Wiederherstellung des früheren Zustands gerichteten Schadensersatzanspruch (§§ 823ff, 249ff) und einem auf Abwehr einer Beeinträchtigung gerichteten negatorischen Anspruch aus § 1004 besteht also ein **wesensmäßiger Unterschied**. Der Abwehranspruch nach § 1004 ist nicht auf den Ausgleich eines zugefügten Schadens gerichtet, sondern soll nur die Rechtsausübungsfreiheit des Berechtigten gewährleisten. Er besteht verschuldensunabhängig, während ein Schadensersatzanspruch grundsätzlich nur im Falle eines schuldhaften Fehlverhaltens gegeben ist.

84 2. **Grundsatz.** Über die Notwendigkeit einer genauen **Abgrenzung zwischen Schaden** (§§ 823ff, 249ff) **und Beeinträchtigung** (§ 1004) besteht angesichts der unterschiedlichen Voraussetzungen des Schadensersatz- und des Abwehranspruchs kein Zweifel. Wie die Abgrenzung indessen vorzunehmen ist, ist ein bis heute umstrittenes Problem (Staud/Gursky Rz 134f).

85 Die zutreffende und **herrschende Meinung** differenziert zwischen Schaden und Beeinträchtigung, indem sie auf die **Art der Beeinträchtigung abstellt**. Sie geht davon aus, daß die Beseitigung **bereits eingetretener und abgeschlossener** Einwirkungsfolgen nicht nach § 1004 I S 1, sondern nur als Schadensersatz nach §§ 823ff, 249ff verlangt werden kann (BGH 28, 110, 113; MüKo/Medicus Rz 59ff; Brehm/Berger § 7 Rz 28). Nach Baur/Stürner kann nur der „contrarius actus" der störenden Tätigkeit und die Beseitigung der störenden Anlage verlangt werden, Baur/Stürner § 12 Rz 20; dagegen Staud/Gursky Rz 134. Nach Picker kann nur die Beendigung der Rechtsanmaßung velangt werden, Picker, Der negatorische Beseitigungsanspruch, 1972, S 157; ebenso Staud/Gursky Rz 137).

86 Dem Berechtigten steht daher zB gegen die **drohende Beschädigung einer** in seinem Eigentum stehenden **Sache** zwar der Unterlassungsanspruch nach § 1004 I S 2 zu, da die Beschädigung (Veränderung, Zerstörung) zweifellos in seine Rechtsausübungsfreiheit eingreifen würde. **Nach abgeschlossener Beschädigung** der Sache steht ihm aber kein Beseitigungsanspruch gem § 1004 I S 1 zu, auf Grund dessen er die Wiederherstellung oder Ausbesserung der Sache verlangen könnte (Mertens NJW 1972, 1783, 1786; RGRK/Pikart Rz 90).

87 Sind **Tiere** eines Nachbarn auf das Grundstück des anderen Nachbarn gelaufen und haben sie dort Pflanzen abgefressen, kann der betroffene Nachbar von dem Halter nach § 1004 I S 1 Unterlassung weiterer Beeinträchtigungen verlangen. Der Halter kann zum Zwecke der Erfüllung des Unterlassungsanspruchs die Tiere einsperren, einen Zaun errichten oder jede andere geeignete Maßnahme ergreifen, die ein nochmaliges Überlaufen effektiv verhindert. Der betroffene Nachbar hat gegen den Halter aber keinen Beseitigungsanspruch nach § 1004 I S 2, auf Grund dessen er zB die Ausbesserung seines Zaunes, die Neubepflanzung des Gartens oder Ersatz der zerstörten Pflanzen verlangen könnte. Insoweit kommt nur ein Schadensersatzanspruch in Betracht (hier ausnahmsweise verschuldensunabhängig, vgl § 833 S 1). – Hat jemand auf fremdem Grund und Boden eine **Anlage errichtet**, so liegt in der Existenz der Anlage eine fortdauernde Beeinträchtigung der Rechtsausübungsfreiheit, gegen die sich der Eigentümer mit dem Beseitigungsanspruch nach § 1004 I S 1 wenden kann. Dagegen steht dem beeinträchtigten Eigentümer kein Beseitigungsanspruch wegen der Beschädigung des Grundstücks (zB gefällte Bäume, Bodenveränderung) zu.

88 3. **Beeinträchtigungen durch Beeinträchtigungsfolgen.** Problematisch ist die von der hM vorgenommene Abgrenzung, wenn Beeinträchtigungsfolgen ihrerseits Quelle neuer, andauernder Beeinträchtigungen sind.

89 Wird zB durch einen Steinwurf das **Fenster eines Hauses zerstört**, ist der fensterlose Zustand eine bereits eingetretene Beeinträchtigungsfolge. Dem Hauseigentümer steht daher nach hM kein Beseitigungsanspruch gerichtet auf die Einsetzung eines neuen Fensters zu. Er hat nur einen Beseitigungsanspruch gerichtet auf die Entfernung des Steines und einen Unterlassungsanspruch gerichtet auf das Unterlassen weiterer Steinwürfe.

90 Nun wird der Hauseigentümer aber wegen des fensterlosen Zustands in der Nutzung seines Hauses beeinträchtigt (starker Luftzug, Eindringen von Feuchtigkeit etc). Muß der Störer (der Steinewerfer) aber dann nicht das Fenster ersetzen, um die fortdauernde Beeinträchtigung des Hauseigentümers bei der Nutzung des Hauses zu beenden?

91 Dies wurde früher zT bejaht (Nachweise bei RG 127, 29, 34f; offengelassen in BGH 28, 110, 113). Zu Unrecht. Sachschäden werden nahezu regelmäßig Quelle neuer, fortwirkender Beeinträchtigungen sein (Baur AcP 160, 488; Mertens NJW 1972, 1783, 1785). Würde man dies als hinreichenden Grund für die Gewährung eines Beseitigungsanspruchs nach § 1004 I S 1 akzeptieren, ließen sich abwehrfähige Eigentumsbeeinträchtigungen und ersatzpflichtige Schäden nicht mehr abgrenzen. Abwehr- und Schadensersatzanspruch wären ggf nämlich auf das gleiche Ziel gerichtet: die Wiederherstellung des früheren störungsfreien Zustands. Im Ergebnis würde bei Schadensverursachungen das Verschuldens- durch das Verursachungsprinzip ersetzt.

92 4. Die folgenden **Beispiele** zeigen, daß die **Rspr** bei der Abgrenzung des Beseitigungsanspruchs (§ 1004) vom Schadensersatzanspruch (§§ 823ff) sehr **uneinheitlich** vorgegangen ist (weitere Beispiele bei Staud/Gursky Rz 138f).

Dringt infolge eines **Rohrbruchs** Gas in die Wohnungen eines Hauses ein, so besteht die Beseitigung der fort- 93
dauernden Beeinträchtigung allein in der Auswechslung des schadhaften Rohres, nicht aber im Ersatz der durch
eine Explosion entstandenen Gebäudeschäden (RG 63, 374, 378f; Baur AcP 160, 465, 487; Staud/Gursky Rz 138).
– Wird infolge eines **Damm- oder Rohrbruchs** ein Grundstück überschwemmt, so kann die Schließung der
Dammlücke, bzw die Auswechslung des Rohres, nicht aber Ersatz der angerichteten Wasserschäden verlangt werden (BayObLG SeuffA 58, 106; Staud/Gursky Rz 138). – Wurde durch den **Bruch einer Wasserleitung** der
Humus eines Grundstücks weggeschwemmt, kann nach Stuttgart OLGR 41, 162 mit dem Beseitigungsanspruch
verlangt werden, daß das Grundstück mit neuem, dem weggespülten gleichwertigen Erdreich bedeckt wird (so
auch Baur AcP 160, 465, 487. AA Mertens NJW 1972, 1783, 1786 Fn 33). – Dringt durch ein **schadhaftes Lei-
tungsrohr** Wasser in einen Keller, so kann außer der Auswechslung des Rohres eine Trockenlegung des Kellers
nur verlangt werden, wenn durch im Keller noch befindliches Wasser das Eigentum beeinträchtigt wird (LG Göttingen NdsRpfl 1951, 101; Mertens NJW 1972, 1783, 1784 und 1786 Fn 33). – Ist von dem Betriebsgrundstück
einer Reinigung Perchlorethylen in das **Erdreich** des Nachbargrundstücks eingedrungen, ist in der **Kontamina-
tion** eine andauende Beinträchtigung iSd § 1004 zu sehen (BGH JZ 1996, 682. AA Staud/Gursky Rz 138). – Im
Haldenbrand-Fall wurde angenommen, daß nicht nur das Löschen des Feuers auf dem Bahndamm, sondern auch
die Beseitigung der durch den Brand verursachten Zerstörungen des Bahndamms und der Bahnanlagen verlangt
werden konnte, weil das Weiterbrennen des Feuers unmittelbar mit den Veränderungen des Bahndamms zusammenhängt, so daß der eine Vorgang nicht von dem anderen zu trennen sei (RG 127, 29, 34f. Dagegen Staud/Gursky
Rz 138). – Die Bundesrepublik wurde zur Beseitigung einer auf einem Haus errichteten **Flakstellung** verurteilt,
einschließlich der Schäden am Haus (BGH 18, 253, 265f). – Als Eigentümerin eines **Truppenübungsplatzes**
wurde die Bundesrepublik verurteilt, nicht nur das weitere Herabfließen von Sandmengen auf das Nachbargrundstück zu verhindern, sondern auch die angeschwemmten Sandmengen zu beseitigen, nicht aber auch die vom Sand
zerstörten Pflanzen zu ersetzen (BGH 49, 340, 347f). – Gerät ein **Tanklastzug** unverschuldet von der Straße ab
und kippt um, so daß auslaufendes Öl sich auf ein Grundstück ergießt, so stellt die Verseuchung des Erdreichs eine
Beeinträchtigung dar, die vom Störer zu beseitigen ist (BGH NJW 1987, 187f; 96, 845ff; Baur JZ 1964, 354, 356.
AA Staud/Gursky Rz 138).

IV. Ausgleichsanspruch. 1. Allgemeiner (nachbarrechtlicher) Ausgleichsanspruch. Das Gesetz sieht in § 14 94
BImschG und in § 906 II S 2 Ausgleichsansprüche für den Fall vor, daß ein Berechtigter Einwirkungen auf sein
Grundstück dulden muß. Aus diesen Vorschriften ist ein **allgemeiner Rechtsgrundsatz** abgeleitet worden, nach
dem der Eigentümer einer Sache, insbesondere eines Grundstücks, für Schäden, die er durch störende Einwirkun-
gen erleidet, eine Entschädigung verlangen kann, wenn sein Abwehranspruch nach § 1004 aus übergeordneten
Interessen ausgeschlossen ist.

Dieser sog „nachbarrechtliche Ausgleichsanspruch" setzt eine dem Grunde nach abwehrfähige Einwirkung auf 95
ein Grundstück voraus, die aber aus besonderen rechtlichen oder tatsächlichen Gründen hingenommen werden
muß (BGH 85, 375, 384f). Bei solchen Einwirkungen, die auf privatwirtschaftlicher Benutzung beruhen und über
das Maß dessen hinausgehen, was ein Grundstückseigentümer nach § 906 entschädigungslos dulden muß, besteht
ein **bürgerlich-rechtlicher Aufopferungsanspruch** (BGH 48, 98, 101; Hubmann JZ 1958, 489, 490ff. Kritisch
Papier NJW 1974, 1797, 1799; Kimminich NJW 1973, 1479, 1481f; Ladewig DB 1973, 1387, 1388).

Gewöhnlich wird es sich um Fälle handeln, in denen das Eigentum durch von Nachbargrundstücken ausgehende 96
Immissionen beeinträchtigt wird, die im öffentlichen Interesse hinzunehmen sind. Wichtigste Fallgruppe sind **Einwirkungen durch gemeinwichtige und lebenswichtige Betriebe** und Anlagen (BGH 29, 314, 317; 48, 98, 104 –
Autobahn; 60, 119, 122f – Hochspannungsleitung; 49, 148, 150 – Straßenlärm; 54, 384, 387f – Fernverkehrsstraße;
68, 350, 353f – Grenzwand; 28 – Aushubarbeiten; 159, 129, 137ff; 167, 14, 25).

Ein nachbarrechtlicher Ausgleichsanspruch kommt darüber hinaus aber auch dann in Betracht, wenn eine nach 97
§ 906 rechtswidrige und deshalb abwehrfähige **Beeinträchtigung** vom Eigentümer oder Besitzer des Grundstücks
aus besonderen Gründen **nicht verhindert werden kann** (BGH 72, 289, 292; 85, 375, 384; 90, 255, 262f; 110, 17,
23f).

Der **Anspruch** richtet sich **gegen den Störer**, da der Entschädigungsanspruch an die Stelle des Abwehran- 98
spruchs tritt.

2. Freiwillige Ausgleichszahlung (§§ 251 II, 242). Streitig ist, ob sich der Störer analog § 251 II von seiner 99
Beseitigungspflicht durch eine Entschädigung des Beeinträchtigten in Geld befreien kann, wenn die Beseitigung
der Beeinträchtigung nur mit unverhältnismäßig hohem Aufwand möglich ist.

Davon ist auszugehen. Dem § 251 II liegt ein allgemeiner Rechtsgedanke zugrunde. Das Verlangen nach Herstel- 100
lung eines an sich gebotenen Zustandes ist rechtsmißbräuchlich, wenn ihm der in Anspruch Genommene nur unter
unverhältnismäßigen, vernünftigerweise nicht zumutbaren Aufwendungen entsprechen könnte. Dieser Rechtsgedanke ist auch für den Abwehranspruch des § 1004 zu beachten. Entscheidend für eine Anwendung des § 251 II
spricht zudem, daß ein schuldlos Handelnder nicht schlechter stehen darf, als ein schuldhaft Handelnder. (im
Ergebnis ebenso BGH LM Nr 132 zu § 1004; BGH 62, 388, 391; WM 1974, 572, 573; 1979, 783, 784; NJW 1968,
1281, 1283; Soergel/Mühl Rz 114; Mühl AcP 176, 396, 401. AA BGH LM Nr 14 zu § 1004; RG 51, 408, 411; 93,
100, 105f; RGRK/Pikart Rz 102; Baur/Stürner § 12 Rz 21; Picker AcP 176, 28, 37f; Staud/Gursky Rz 150, weil die
Analogie zu § 251 II eine dauerhafte Rechtsusurpation des Störers sanktioniere; MüKo/Medicus Rz 67, weil der
innere Kern des Eigentums nicht durch eine Art privater rechtswidriger Enteignung angetastet werden dürfe).

Zudem kann auch aus § 242 in besonders gelagerten Fällen folgen, daß der Störer berechtigt ist, statt zu beseiti- 101
gen, Wertersatz zu leisten.

§ 1004   Sachenrecht   Eigentum

102   **3. Staatshaftung.** Erfolgt die **Beeinträchtigung durch hoheitliche Handlungen**, kann statt des vorgenannten privatrechtlichen ein öffentlich-rechtlicher Ausgleichsanspruch gegeben sein (vgl BGH 122, 76, 77, 48, 98, 102ff; 54, 384, 387f; Faber NJW 1968, 47f; Schack NJW 1968, 1914, 1915).

103   **E. Berechtigter** ist der **Inhaber des beeinträchtigten** und von § 1004 geschützten (Rz 4ff) **Rechts oder Rechtsguts.**

104   In Betracht kommt, dem Wortlaut des § 1004 entsprechend, vor allem der **Eigentümer einer Sache.** Der aus einer Eigentumsbeeinträchtigung herrührende **Abwehranspruch** nach § 1004 I ist, ebenso wie der Herausgabeanspruch aus § 985, untrennbar mit dem Eigentum verbunden und daher **nicht selbständig abtretbar** (BGH 60, 235, 240; § 985 Rz 9). Er geht mit der Übertragung des Eigentums auf den neuen Rechtsinhaber als Rechtsnachfolger über (BGH 98, 235, 241).

105   **Miteigentümer** haben in Ansehung der ganzen Sache das Recht auf Abwehr von Störungen gegen Dritte; untereinander haben Miteigentümer dagegen nur die Rechte aus §§ 743ff (KG NJW 1953, 1592; RGRK/Pikart Rz 39).

106   **F. Verpflichteter („Störer"). I. Begriffsbestimmung.** Der Abwehranspruch richtet sich gegen denjenigen, dem die Beeinträchtigung zugerechnet wird, den sog **Störer** (Brehm/Berger § 7 Rz 21). Das Gesetz bestimmt jedoch nicht näher, wer als Störer anzusehen ist.

107   Bei der Bestimmung der Person des Störers ist davon auszugehen, daß die Beeinträchtigung fremden Rechts sowohl durch eine **Handlung**, aber auch durch **die bloße Aufrechterhaltung eines Zustands**, der dem Inhalt des Rechts widerspricht, geschehen kann. **Verschulden** ist nicht erforderlich (Baur/Stürner § 12 Rz 2). Das Verhalten muß aber **willensgetragen** und für die Fortdauer der Beeinträchtigung zumindest **mitursächlich** sein.

108   Aus diesen Vorgaben leitet die hM einen **zweigeteilten Störerbegriff** ab. Störer ist nach hM zum einen derjenige, der durch eine eigene Handlung die Beeinträchtigung eines von § 1004 geschützten Rechts oder Rechtsguts verursacht oder verursacht hat (sog „**Handlungsstörer**") und zum anderen derjenige, auf dessen Willen die Beeinträchtigung wenigstens mittelbar zurückzuführen ist, weil er die Störungsquelle beherrscht (sog „**Zustandsstörer**"; BGH NJW 1985, 1773; BGH 14, 163, 174; 19, 126, 129; 29, 314, 317; 41, 393, 397; 49, 340, 347; 90, 255, 266; RG 103, 174, 176; 159, 129, 136; RG JW 1936, 3454; Soergel/Mühl Rz 86; Brehm/Berger § 7 Rz 22; Baur/Stürner § 12 Rz 13f. Kritisch dazu Picker, der eine Haftung nach § 1004 nur als Zustandshaftung für möglich hält, Picker, Der negatorische Beseitigungsanspruch, 1972, S 25ff; Picker AcP 183, 369, 513; Picker, FS Gernhuber, 1993, S 315ff. Picker folgend Staud/Gursky Rz 97ff. Gegen die Ansicht von Picker MüKo/Medicus Rz 23).

109   Diese auch aus dem öffentlichen Recht bekannte (zum Verhältnis Baur/Stürner § 12 Rz 30ff) **Unterscheidung** zwischen Handlungs- und Zustandßtörer ist indes **kaum praktikabel**. Die bloße Herrschaft über eine Störungsquelle, mit anderen Worten die bloße Möglichkeit der Verhinderung einer Beeinträchtigung, vermag nämlich noch keine Abwehrpflicht zu begründen. Hinzukommen muß, daß das Unterlassen der Verhinderung der Beeinträchtigung pflichtwidrig wäre. Pflichtwidriges Unterlassen aber steht einer Handlung gleich (arg e § 241 I S 2). Es sind daher kaum Fälle vorstellbar, in denen jemand Zustandsstörer ist und nicht (wegen pflichtwidrigen Unterlassens der Verhinderung der Beeinträchtigung) gleichzeitig auch Handlungsstörer (vgl Staud/Gursky Rz 94f).

110   Klarer läßt sich der Begriff des Störers nach der **von Medicus** (MüKo/Medicus Rz 36ff) **vorgeschlagenen Definition** bestimmen. Ausgehend von den gleichen Vorgaben wie die hM (Rz 108) unterscheidet Medicus zwischen dem **Tätigkeitsstörer** und dem **Untätigkeitsstörer**. Er gelangt damit nicht zu anderen Ergebnissen als die hM, erreicht aber eine begrifflich klarere Abgrenzung

111   **II. Tätigkeitsstörer** ist, wer durch **aktuell andauerndes positives Tun** die Beeinträchtigung eines von § 1004 geschützten Rechts oder Rechtsguts **verursacht**. Die Tätigkeit muß **willensgetragen** sein.

112   **1. Aktuell andauerndes positives Tun.** Der Handelnde ist nur so lange Tätigkeitsstörer, wie sein beeinträchtigendes positives Tun andauert. Danach kann gegen ihn als Tätigkeitsstörer (bei Vorliegen einer Wiederholungsgefahr) noch ein Unterlassungsanspruch (Abs I S 1), jedenfalls aber kein Beseitigungsanspruch (Abs I S 2) mehr bestehen.

113   Daß jemand in der Vergangenheit durch eigenes positives Tun die Quelle für eine fortdauernde Beinträchtigung geschaffen hat, macht ihn nicht zum Tätigkeitsstörer. Vergangens Verhalten kann nur die Grundlage für eine Inanspruchnahme als Untätigkeitsstörer sein (Rz 119ff).

114   **2. Verursachung.** Das positive Tun muß für die Beeinträchtigung ursächlich sein.

115   **Mittelbare Verursachung** ist ausreichend, sofern dem Handelnden die Beeinträchtigung zugerechnet werden kann (BGH NJW 1982, 440; Düsseldorf NJW 1986, 2512). Der Handelnde muß die Beeinträchtigung auch nicht allein verursachen. **Mitverursachung** reicht aus.

116   So kann ein **Unternehmen** für das Verhalten von anfahrenden Lkw-Fahrern verantwortlich sein, wenn der **LKW-Verkehr** durch den Betrieb des Unternehmens veranlaßt ist (BGH NJW 1982, 440). Einem Unternehmen können ganz allgemein die Beeinträchtigungen zuzurechnen sein, die von Kunden, Lieferanten und Besucher ausgehen (BGH NJW 1982, 440; MüKo/Medicus Rz 44). – Beeinträchtigungen durch Fluglärm können dem **Flugplatzbetreiber** zuzurechnen sein (BGH 69, 105, 112f; BGH 59, 378, 380 – Militärflugplatz). – Ein **Webseitenbetreiber** kann für den Inhalt, den Dritte in sog Communities auf der Webseite einstellen, verantwortlich sein (LG Köln MMR 2002, 254 – Fotomontage Steffi Graf; zum Persönlichkeitsschutz im Internet ausführlich Helle JZ 2002, 593). Dagegen ist die **DENIC** Domain Verwaltungs- und Betriebsgesellschaft eG nicht als Störer für die Inhalte der Webseiten verantwortlich, deren Domain-Namen sie registriert (LG Wiesbaden NJW 2001, 3715; Dresden CR 2001, 408); sie muß einen registrierten Domain Namen nur löschen, wenn ihr ein entsprechendes, gegen den Anmelder gerichtetes, rechtskräftiges und zwangsvollstreckbares Urteil vorgelegt wird (Naumburg MMR 2002, 57). Zum Problem der Haftung eines **Providers** für die Inhalte der Webseiten seiner Kunden Spindler CR 2001, 324. – Dagegen kann der **Post** ein **lärmendes Verhalten Dritter**, das mit dem bestimmungsgemäßen Betrieb einer Telefonzelle nichts zu tun hat, nicht zugerechnet werden, so daß ein negatorischer Anspruch auf Beseitigung der Telefonzelle nicht gegeben ist (VGH Mannheim NJW 1985, 2351, 2352). – Ein **Bauunternehmen**, das mehrere Architekten um den Entwurf für die Erweiterung seines Verwaltungsgebäudes bittet und den Abschluß von Architektenverträgen für ein Entgelt anbietet, das unter den Mindestsätzen der Honorarordnung für Architekten und Ingenieure liegt, haftet nicht wegen Beteiligung an dem **Wettbewerbsverstoß eines Architekten** als Störer, wenn ihm wegen mangelnder Erkennbarkeit eines Verstoßes und der Unsicherheit der Rechtslage eine Prüfungspflicht nicht zuzumuten ist, er vielmehr davon ausgehen kann, daß die Architekten selbständig prüfen, ob ihr Wettbewerb gegen Berufsrecht verstößt (BGH GRUR 1997, 313, 315 – Architektenwettbewerb; vgl auch BGH WRP 1997, 1059, 1060f – Branchenbuch-Nomenklatur).

3. Willensgetragene Tätigkeit. Obschon der Abwehranspruch aus § 1004 auch gegen ein nicht schuldhaftes 117 Verhalten bestehen kann, muß doch der Störer als der für die Beeinträchtigung Verantwortliche erscheinen. Das ist nur dann der Fall, wenn das beeinträchtigende Tun auf einem Willensentschluß des Handelnden beruht.

Ist der Handelnde außerstande, sein Verhalten selbst zu bestimmen, kann er nicht nach § 1004 als Tätigkeitsstö- 118 rer in Anspruch genommen werden (BGH NJW 1955, 1474 – **Handeln auf Befehl** der Besatzungsmacht). Daß der Handelnde einem Dritten gegenüber zur Vornahme seiner (beeinträchtigenden) Handlung **schuldrechtlich verpflichtet** ist, steht einer Inanspruchnahme aber nicht entgegen (BGH NJW 1983, 751 – Betrieb einer störenden Anlage).

III. Untätigkeitsstörer. 1. Begriffsbestimmung. Untätigkeitsstörer ist, wer **ohne Tätigkeitsstörer zu sein** 119 (Rz 111ff) die **Möglichkeit der Beendigung** einer Beeinträchtigung hat, sofern ihm die **Beeinträchtigung zugerechnet** werden kann (MüKo/Medicus Rz 38).

2. Möglichkeit der Beendigung. Die Möglichkeit der Beseitigung kann sich daraus ergeben, daß der Betrof- 120 fene **die Quelle der Störung beherrscht** (zB Besitzer oder Eigentümer einer störenden Anlage ist). Oder aber auch daraus, daß der Betroffene **Einfluß** auf jemanden **nehmen kann**, der zur Beendigung der Beeinträchtigung in der Lage ist.

Untätigkeitsstörer kann daher zB derjenige sein, der von einer unzulässigen, von ihm nicht veranlaßten **Werbe-** 121 **maßnahme** begünstigt wird, wenn er zur Verhinderung nur den Wunsch zu äußern bräuchte, die Werbung möge unterbleiben (Frankfurt OLGRp 1975, 224). – Der Eigentümer eines Grundstücks kann für **Störungshandlungen seines Mieters** verantwortlich sein, wenn er ihn von einem nach dem Mietvertrag unerlaubten, fremdes Eigentum beeinträchtigenden Gebrauch der Mietsache nicht abhält (RG 134, 231, 234; 47, 162, 163f) oder an dem Verstoß sogar mitgewirkt hat (BGH WM 1966, 1300, 1302). – Ist das Recht, ein **verkauftes Grundstück** zu nutzen, auf den Käufer übergegangen, jedoch der Verkäufer noch Eigentümer, so kann dieser nicht auf Unterlassung von Störungen in Anspruch genommen werden, die von dem Besitzer oder von dem Zustand des Grundstücks ausgehen (BGH NJW 1998, 3273).

3. Zurechnung der Beeinträchtigung. Die Beeinträchtigung muß dem Betroffenen **zurechenbar** sein. Anders 122 als beim Tätigkeitsstörer ist beim Untätigkeitsstörer eine positive Feststellung seiner Verantwortlichkeit für die Beeinträchtigung Voraussetzung für eine Inanspruchnahme nach § 1004.

a) Eigentum. Umstritten ist, ob **von einer Sache ausgehende Beeinträchtigungen** ohne weiteres deren Eigen- 123 tümer zugerechnet werden können.

Die Vertreter der sog **Eigentumstheorie** bejahen dies. Die Zurechnung soll sich „aus dem verpflichtenden Sinn- 124 gehalt des Eigentums" gemäß Art 14 II GG ergeben (vgl Kübler AcP 159, 236, 277ff; Pleyer AcP 156, 291, 302ff und JZ 1961, 499). Der Eigentümer, der die Vorteile einer Sache genieße, sei verpflichtet, auch nicht auf Menschenhand zurückzuführende Störungszustände zu beseitigen. Der Eigentumstheorie fehlt jedoch die von ihr behauptete Grundlage. Es gibt keinen Rechtssatz, der dem Eigentümer schon aus dem Gesichtspunkt verkehrsüblicher Rücksichtnahme kraft seines bloßen Eigentums eine Haftung für von der Sache ausgehende Beeinträchtigungen auferlegt (BGH 28, 110, 112; 90, 255, 266; 114, 183, 187; RG 134, 231, 233f; 149, 205, 212; Baur AcP 160, 465, 477ff; MüKo/Medicus Rz 38; Brehm/Berger § 7 Rz 25). Das wäre eine Gefährdungshaftung, die unabhängig von der Gefährlichkeit einer Sache besteht. Kraft seines Eigentums kann den Eigentümer nur eine **Pflicht zur Duldung**, nicht zur Vornahme von Abwehrmaßnahmen treffen (Rz 129).

Nach **herrschender** und zutreffender **Meinung** sind daher **von einer Sache ausgehende Beeinträchtigungen** 125 **nur zurechenbar**, wenn sie sich **auf ein menschliches Zutun zurückführen lassen** (Baur/Stürner § 12 Rz 16). Nur wenn durch ein vorangegangenes Handeln des Eigentümers oder eines seiner Rechtsvorgänger eine Vorbedingung für das Entstehen der Beeinträchtigung geschaffen wurde, kann sich eine Haftung des Eigentümers ergeben. Das ist **zB** der Fall,

wenn ein Nachbargrundstück durch **Katzen** gestört wird (Köln NJW 1985, 2338; AG Diez NJW 1985, 2339; 126 LG Augsburg NJW 1985, 499; AG Passau NJW 1983, 2885; Dieckmann NJW 1985, 2311ff; ausführlich dazu Stollenwerk DWW 2002, 22ff); – wenn **Tauwasser** durch Zuschütten des natürlichen Abflusses abgelenkt wird; – wenn eine künstliche **Aufschüttung** unter dem Einfluß der Witterung auf das Nachbargrundstück abrutscht (RG 51, 408, 411f); – wenn abfließendes **Niederschlagswasser** mit ausgebrachten Chemikalien verunreinigt ist (BGH NJW 1984, 2207 – Unkrautvernichtungsmittel); – wenn die **Ablösung von Erdreich** durch Anschneiden eines Steilhangs ermöglicht wurde (BGH NJW 1996, 659). – Nicht aber, wenn sich in einem künstlich angelegten Teich

§ 1004 Sachenrecht Eigentum

übermäßig quakende **Frösche** angesiedelt haben, soweit deren Existenz naturschutzrechtlich geschützt ist (LG Hanau NJW 1985, 500; BGH 120, 239).

127 Entsteht eine **Beeinträchtigung allein aufgrund der natürlichen Beschaffenheit oder der Lage** eines Grundstücks oder als Folge eines **Naturereignisses**, ist sie dem Eigentümer nicht zurechenbar (BGH 90, 255, 266; NJW 1985, 1773f; 1995, 2633, 2634; Baur/Stürner § 12 Rz 16; Baur AcP 160, 465, 479; Lutter/Overrath JZ 1968, 345ff; MüKo/Medicus Rz 21). So ist der Grundstückseigentümer zB nicht als Untätigkeitsstörer anzusehen,

128 wenn sich ein auf seinem Grundstück befindlicher, **überhängender Felsblock** zu lösen droht oder bereits auf das Nachbargrundstück gefallen ist (BGH NJW 1985, 1773f); – wenn ein gesunder **Baum** durch einen Sturm **entwurzelt** worden ist (BGH NJW 1993, 1855); – wenn **abfließendes Niederschlagswasser** den Garten des Nachbarn überspült (BGH NJW 1991, 2770ff; BGH NJW 1984, 2207); – wenn **herabfallende Blüten, Blätter, Nadeln** (Düsseldorf NJW-RR 1990, 144; Frankfurt NJW 1988, 2618; Karlsruhe NJW 1983, 2886; Schmidt NJW 1988, 29) oder **wanderndes Ungeziefer** (BGH NJW 1995, 2633) das Nachbargrundstück erreichen.

129 Der Grundstückseigentümer ist nicht verpflichtet, auf seinem Grundstück Vorkehrungen zu treffen, die solche Einwirkungen auf das Nachbargrundstück verhindern. Er ist nur zur **Duldung** der erforderlichen Maßnahmen durch den beeinträchtigten Nachbarn verpflichtet (BGH NJW 1985, 1774; MüKo/Medicus Rz 79).

130 b) **Rechtsnachfolge und Dereliktion.** Geht das Eigentum an einer Sache auf einen anderen über, so **haftet der Rechtsnachfolger** für von dieser Sache ausgehende, zurechenbare (Rz 122ff) Beeinträchtigungen. Mit dem Erwerb des Eigentums übernimmt der Erwerber also zB auch die Verantwortung für eine auf dem erworbenen Grundstück errichtete Anlage (BGH NJW 1966, 1360, 1361; 68, 1327ff; 89, 2541, 2542. AA BayObLG München NJW-RR 2002, 660 – Rechtsnachfolger nur zur Duldung der Beseitigung der Beeinträchtigung verpflichtet).

131 Der **Rechtsvorgänger haftet nur fort**, wenn ihm die Einwirkungsmöglichkeit auf die Sache verblieben ist, zB der frühere Eigentümer Nießbraucher geworden ist. Sonst ist grundsätzlich der Rechtsnachfolger allein verantwortlich, wenn er den störenden Zustand der ihm gehörenden Sache nicht beseitigt. Er kann sich nicht darauf berufen, daß der Störungszustand von seinem Rechtsvorgänger geschaffen wurde (BGH NJW 1968, 1327; LM Nr 14 zu § 1004).

132 Durch **Dereliktion** kann sich der Eigentümer einer Sache, von der eine zurechenbare Beeinträchtigung ausgeht, nicht von seiner Haftung nach § 1004 befreien (BGH 40, 18, 19ff; 41, 393, 397f; MüKo/Medicus Rz 43a. AA Staud/Gursky Rz 112).

133 c) **Schaffung einer Gefahrenquelle.** Unabhängig vom Eigentum an einer Sache sind **Beeinträchtigungen** auch dann zurechenbar, wenn sie **Folge einer** von dem Betroffenen **geschaffenen Gefahrenquelle** sind. Beispiele sind die Errichtung eines Bauwerks oder einer technischen Anlage, aber auch die Organisation einer Massenveranstaltung.

134 Ob die Gefährdung bzw die **Beeinträchtigung** von Anfang an bestanden hat oder erst **später eingetreten** ist, ist grundsätzlich unerheblich. Wer zB ein Gebäude errichtet, dem sind auch später durch einen Verfall des Gebäudes entstehende Beeinträchtigungen zurechenbar (MüKo/Medicus Rz 39).

135 **Grenzen der Zurechenbarkeit** können sich aus der Art der Beteiligung an der Schaffung der Gefahrenquelle und aus dem weiteren Schicksal der Gefahrenquelle, insbesondere aus deren weiterer Nutzung, ergeben.

136 So ist es einem **Bauunternehmer**, der im fremden Auftrag ein Gebäude errichtet hat, nicht zurechenbar, daß dieses auf Grund späterer Vernachlässigung verfällt (MüKo/Medicus Rz 39). – Dem **Hersteller eines PKWs** sind fortgesetze Verkehrsverstöße des Nutzers nicht zurechenbar; dem Halter des PKWs dagegen uU schon. – Beeinträchtigungen durch **Trümmer eines bombenzerstörten Hauses** können dem (ehemaligen) Nutzer und Errichter des Gebäudes nicht zugerechnet werden, da es sich dabei nicht um typische von einem Gebäude ausgehende Gefahren handelt (BGH NJW 1956, 382 mit abweichender Begründung; Düsseldorf NJW 1953, 1394).

137 IV. **Mehrere Störer.** Für eine Beeinträchtigung können mehrere Störer **gleichzeitig verantwortlich** sein. Dabei kann die Mitverantwortung auf voneinander unabhängigem Verhalten beruhen, die Störer können aber auch Täter und Gehilfe, Auftraggeber und Beauftragter, mittelbarer und unmittelbarer Besitzer, Besitzer und Besitzdiener etc sein.

138 Sind mehrere Personen für eine Beeinträchtigung verantwortlich, findet **keine Abstufung** nach Art und Umfang des Tatbeitrages oder nach dem Grad des Interesses der einzelnen Beteiligten an der Verwirklichung der Störung statt. Der Eigentümer kann nach seiner Wahl gegen denjenigen vorgehen, der die Beeinträchtigung nach seiner Ansicht am ehesten beseitigen wird. Er braucht sich nicht an einen anderen Störer verweisen zu lassen (Baur/Stürner § 12 Rz 19).

139 **Jeder Störer haftet** jedoch nur **in dem Maße**, wie er an der Beeinträchtigung mitwirkt. Der Inhalt des Unterlassungs- oder Beseitigungsbegehrens hat sich also nach dem konkreten Tatbeitrag zu richten. Von einem bloßen Gehilfen kann nur die Unterlassung seiner Gehilfentätigkeit verlangt werden (BGH NJW 1976, 799, 800). Nur sofern sich die Tatbeiträge nicht trennen lassen, kommt **Gesamtschuld** in Betracht (MüKo/Medicus Rz 63; Düsseldorf MDR 1984, 400. Zum Rückgriffsanspruch BGH NJW 1987, 187; Peters JZ 1987, 198).

140 V. **Beispiele und Fallgruppen. Arbeitnehmer**, die unselbständig tätig sind, sind nicht als Störer zur Beseitigung einer von ihnen bewirkten Beeinträchtigung verpflichtet; verantwortlich ist allein der Unternehmer (Ballerstedt JZ 1953, 389, 390; Pleyer AcP 161, 500ff, 515; BGH NJW 1983, 751. AA Brehm/Berger § 7 Rz 24). Sie können aber zur Unterlassung verpflichtet sein (MüKo/Medicus Rz 36a; Staud/Gursky Rz 125). Arbeitnehmer mit eigenem Entschließungsspielraum und entsprechendem Verantwortungsbereich können ganz allgemein als Störer haften (BGH DB 1979, 544f; Brehm/Berger § 7 Rz 24).

Ansprüche aus dem Eigentum § 1004

141 Bei Aufstellung ehrkränkender Behauptungen durch einen **Beamten** in Ausübung seines Amtes ist grundsätzlich der Beamte als Störer anzusehen. Der Widerrufsanspruch (Rz 152ff) kann aber gegen den Beamten selbst nur geltend gemacht werden, wenn die Behauptung eine rein persönliche Äußerung darstellt. Im übrigen richtet sich der Anspruch gemäß Art 34 GG allein gegen die für die Amtsführung verantwortliche öffentliche Körperschaft. Sie ist Störerin, wenn sie das Fortbestehen des Störungszustandes duldet, obwohl sie zu einer Richtigstellung in der Lage ist (BGH 34, 99, 108; BGH NJW 1963, 1203; Bettermann JZ 1961, 482f).

142 **Eltern** können für die Störung ihrer Kinder als Störer verantwortlich sein, wenn sie in der Lage sind, die Störung zu verhindern (Düsseldorf NJW 1986, 2512f).

143 Zur Störereigenschaft des **Eigentümers eines Grundstücks** siehe Rz 123ff. Der Eigentümer eines Hauses, das infolge eines technischen Defektes an elektrischen Leitungen oder Geräten in Brand gerät und das Nachbargrundstück beschädigt, ist Störer (BGH WM 1999, 2168ff).

144 Der **Eigentümer eines** als **Steinbruch** ausgebeuteten Hanggrundstücks muß als Störer die daraus für das Nachbargrundstück entstehende Steinschlaggefahr abwehren, auch wenn ein Dritter den Steinbruch unberechtigt ohne Zustimmung und ohne Wissen des Grundstückseigentümers betrieben hat (BGH LM § 1004 Nr 224).

145 Streitig ist, ob der **Eigentümer eines Trümmergrundstücks** als Störer für davon ausgehende Beeinträchtigungen des Nachbargrundstücks (zB durch das Herabfallen von Trümmern oder das Eindringen von Feuchtigkeit) haftet. – Handelt es sich um Folgen einer **Gasexplosion**, ist dies mitunter bejaht worden, weil der Eigentümer durch Errichtung des Baues den störenden Zustand mitverursacht habe (LG Hagen NJW 1953, 266; Weskott NJW 1953, 1109f; Bartsch NJW 1956, 1266, 1267). Aus dem vorangegangenen Tun folge die Rechtspflicht zur Beseitigung der Störungsquelle. Überwiegend ist jedoch eine Haftung des Eigentümers aus § 1004 abgelehnt worden (BGH 19, 126, 129; Düsseldorf NJW 1953, 1394f; Hamm NJW 1954, 273; Hamburg MDR 1956, 352; Hodes NJW 1954, 1345, 1346). – Handelt es sich um Folgen von **Kriegseinwirkungen** (Bombenschäden), ist auf das nachbarliche Gemeinschaftsverhältnis und die Pflicht zu gegenseitiger Rücksichtnahme abgestellt worden (BGH 28, 110, 114; 68, 350, 354; 101, 290, 294; RG 167, 14, 25f). Die mittelbaren Folgen der Kriegseinwirkung können danach nicht einseitig auf den wirtschaftlich ohnehin schwer getroffenen Eigentümer des Trümmergrundstücks abgewälzt werden. Er kann aber nach Lage des Falls verpflichtet sein, dem Nachbarn die Beseitigung der Störungsquelle zu gestatten (Düsseldorf NJW 1953, 1394, 1395) oder die Kosten notwendiger Schutzmaßnahmen des Nachbarn zu übernehmen (BGH 28, 110, 115). – In Ausnahmefällen kann der Eigentümer auch als Störer haften, wenn er die Trümmeraufräumung oder den **Wiederaufbau** grundlos **hinauszögert**.

146 Wer sich an Kommunikation in einem **Internet Chat Room** beteiligt und dabei die vorgegebenen Regeln mißachtet, kann Störer sein (LG Bonn NJW 192000, 961, 962).

147 **Rundfunk- und Fernsehbetreiber** müssen sich eine von ihnen ausgestrahlte ehrverletzende Kritik eines Dritten nicht schon dann als eigene zurechnen lassen, wenn sie sie in einer Sendung aufgreifen, um sich mit dem Gegenstand der Kritik selbst kritisch zu beschäftigen; anders aber, wenn sich der Verbreiter mit der Kritik eines Dritten identifiziert (BGH 66, 182, 188f; enger BGH NJW 1986, 2503, 2504 – Störereigenschaft auch bei Distanzierung bejaht). – Sind vom Betriebsgelände einer Firma Bodenverunreinigungen in das Nachbargrundstück eingedrungen, so bleibt das **Unternehmen** Störer für diese Beeinträchtigung, auch wenn sie ihren Betrieb inzwischen ganz eingestellt hat (BGH BB 1996, 610f).

148 Störer ist der **Vormund eines Geisteskranken**, von dem ständig eine benachbarte Familie beleidigt wird (BGH MDR 1961, 222).

149 Der Eigentümer oder Besitzer einer Wohnung, der sich durch einen Aufkleber an seinem **Briefkasten** gegen den Einwurf von Werbematerial wehrt, kann von dem **Werbenden** als Störer gem §§ 1004, 903, 862 Unterlassung verlangen, wenn dennoch Werbematerial eingeworfen wird (BGH 106, 229, 231ff; Frankfurt/M NJW 1996, 934; Frankfurt/M NJW 1988, 1854). Das Verbot erstreckt sich nicht auf Zeitungen, Zeitschriften, Anzeigenblätter, wohl aber auf die Wahlwerbung politischer Parteien (KG Berlin NJW 2002, 379, 380). Es gilt entsprechend auch für **E-Mail-Werbung** (Schmittmann K & R 2002, 135ff).

150 Nicht nur Autor und Verleger (BGH NJW 1952, 660), sondern auch der (Allein-) Importeur einer ausländischen **Zeitschrift** kann als Störer wegen einer in der Zeitschrift abgedruckten wahrheitswidrigen Behauptung anzusehen sein (BGH NJW 1976, 799, 800). Auch wenn eine Zeitung Äußerungen Dritter wiedergibt und sich von ihrem Inhalt distanziert, leistet der Verleger einen entscheidenden Tatbeitrag zur Verbreitung der Äußerung und kann deshalb Störer sein (BGH NJW 1986, 2503, 2504f).

151 **G. Quasinegatorischer Abwehranspruch.** § 1004 gewährt nicht nur im Falle der Beeinträchtigung von Eigentumsrechten einen Abwehranspruch, sondern auch im Falle der Beeinträchtigung anderer Rechte und Rechtspositionen (Rz 4ff). Anerkannt ist insbesondere ein sog quasinegatorischer Unterlassungs- oder Beseitigungsanspruch im Falle der Behauptung von **ehrkränkenden oder kreditschädigenden Tatsachen** oder im Falle einer **Verletzung des allgemeinen Persönlichkeitsrechts**.

152 **I. Ehrkränkende oder kreditschädigende Tatsachenbehauptungen** begründen für den Verletzten einen quasinegatorischen Abwehranspruch (Rz 10) in Form eines **Widerrufsanspruchs** analog §§ 12, 823, 1004 (BGH 10, 104f; 14, 164, 173ff; 34, 99, 102f; 66, 182, 187; 89, 198ff; Siebrecht JuS 2001, 337).

153 **1. Voraussetzungen.** Der Widerrufsanspruch ist unter folgenden Voraussetzungen gegeben.

154 Es muß eine **Tatsache behauptet** worden sein, **die objektiv unwahr oder nicht erweislich wahr** ist. Das ist auch dann der Fall, wenn ein komplexes und sachgemäß nur vollständig darstellbares Geschehen verkürzt wieder-

§ 1004

155 Die durch die Tatsachenbehauptung eingetretene **Beeinträchtigung** des Betroffenen **muß fortwirken**. Das ist nur dann der Fall, wenn die Behauptungen bestimmten Dritten oder der Öffentlichkeit zur Kenntnis gelangt sind oder gelangen können. Ohne solche, den Verletzten belastende „Außenwirkung" besteht kein Anlaß, dem Beklagten einen Widerruf abzuverlangen, da dieser ggf nur dazu dienen würde, dem Verletzten, ohne daß dies zum Schutz seiner Ehre in seiner sozialen Umwelt erforderlich wäre, durch eine Ehrenerklärung Genugtuung zu verschaffen und den Verletzer in unzumutbarer Weise zu demütigen (BGH 89, 198, 202).

156 Darüber hinaus muß der **Widerruf notwendig und geeignet** sein, den **Störungszustand zu beseitigen**.

157 Auf eine **Wiederholungsgefahr** kommt es, anders als beim Unterlassungsanspruch, dagegen nicht an (RG 166, 193, 205; BGH LM Nr 6 zu § 14 UWG).

158 Es ist auch **kein Verschulden** erforderlich. Bei Verschulden kann neben dem quasinegatorischen aber auch ein deliktischer Widerrufsanspruch gegeben sein.

159 2. **Inhalt und Durchführung des Widerrufs.** Der Verletzte kann einen uneingeschränkten Widerruf verlangen, wenn die **vollständige Unrichtigkeit der Behauptung feststeht** (BGH 37, 187; 69, 181, 182; NJW 1960, 672; NJW 1966, 647, 649; GRUR 1970, 370, 372; Helle NJW 1961, 1896, 1897; Schnur GRUR 1979, 139).

160 Steht die Unrichtigkeit der Behauptung nicht fest, hat jedoch die Beweisaufnahme keine ernstlichen Anhaltspunkte für die Wahrheit des Vorwurfs ergeben, so kann der Verletzte (nur) eine eingeschränkte Erklärung dergestalt verlangen, daß der Vorwurf nach dem Ergebnis der Beweisaufnahme nicht aufrechterhalten werden könne.

161 **Ist die Behauptung nur zum Teil unwahr**, so steht dem Verletzten nicht schlechthin ein Anspruch auf Widerruf, sondern nur ein Anspruch auf Widerruf in Form einer Richtigstellung zu (BGH NJW-RR 1987, 754, 755).

162 Der zum Widerruf Verpflichtete kann seiner Erklärung den **Hinweis hinzufügen**, daß er den Widerruf in Erfüllung eines rechtskräftigen Urteils abgibt (BVerfG 28, 1, 10; BGH 69, 181, 183f). Er darf einen uneingeschränkten Widerruf jedoch nicht in seiner Wirkung abschwächen (zB durch den Zusatz, er halte seine früheren Behauptungen doch für wahr, BGH 68, 331, 338).

163 Die konkrete **Art der Durchführung** des Widerrufs ist im Urteil zu bestimmen.

164 3. Die **Vollstreckung** erfolgt grundsätzlich nach § 888 ZPO, nicht entsprechend § 894 ZPO. Dies gilt jedenfalls dann, wenn der Urteilstenor ins Einzelne gehende Handlungsanweisungen für den Widerruf enthält (Celle InVo 2002, 301).

165 Der Widerruf gilt nicht mit Rechtskraft eines stattgebenden Urteils als abgegeben (BGH NJW 1962, 1438. AA Frankfurt JZ 1974, 62, 63 mit Anm Leipold; Helle NJW 1963, 129, 131ff). § 894 ZPO findet keine analoge Anwendung, da die Fiktion des § 894 ZPO für die durch § 1004 bezweckte Beseitigung der fortdauernden Beeinträchtigung nicht ausreichend ist.

166 4. **Beispiele und Fallgruppen.** Bei reinen **Meinungsäußerungen oder Werturteilen** ist ein Anspruch auf Widerruf nicht gegeben (zur Abgrenzung Nürnberg OLGRp 2002, 258; München ZUM 2001, 809; Karlsruhe ZUM 2001, 883, 887). Beinhaltet eine Äußerung eine Tatsachenbehauptung, tritt diese aber hinter der Wertung zurück, wie etwa bei substanzarmen Äußerungen im politischen Meinungskampf, so ist auch die Tatsachenbehauptung im Hinblick auf das Recht zur freien Meinungsäußerung (Art 5 I GG) als Werturteil anzusehen (BVerfG NJW 1983, 1415, 1416).

Wegen Meinungsäußerungen, die sich als **Schmähung Dritter** darstellen, kann dagegen ein Widerrufsanspruch bestehen. Insoweit kommt dem Persönlichkeitsschutz Vorrang zu (BVerfG NJW 1991, 95f). Als Schmähung ist eine Meinungsäußerung anzusehen, wenn sie jenseits auch polemischer und überspitzter Kritik in der Herabsetzung der Person besteht. Diese Voraussetzung wird nur in seltenen Ausnahmefällen gegeben sein. So ist zB die wörtliche oder sinngemäße Behauptung, Angeln verstärke die Empfindungslosigkeit und Ignoranz gegenüber dem Leben und trage erheblich zur Verrohung der Gesellschaft bei durch das Angeln könne der Grundstein gelegt werden, daß sich Menschen zu Gewalttätern entwickeln, vom Recht der freien Meinungsäußerung (Art 5 I GG) noch gedeckt (Stuttgart OLGRp 2002, 277. Vgl auch AG Schöneberg ZMR 2001, 982).

167 Die **Kundgabe einer Rechtsauffassung** als Äußerung subjektiver Wertung kann zwar falsch oder richtig, nicht aber wahr oder unwahr sein und ist deshalb einem Widerruf nicht zugänglich (BGH NJW 1982, 2246, 2247). Anders liegt es, wenn die Rechtsauffassung nicht als solche kenntlich gemacht ist, sondern beim Adressaten zugleich die Vorstellung von konkreten in der Wertung enthaltenen Vorgängen hervorruft, die als solche mit den Mitteln des Beweises überprüfbar sind (BGH NJW 1982, 2248, 2249).

168 Ein Anspruch auf Widerruf ehrverletzender oder geschäftsschädigender **Prozeßbehauptungen** einer **Partei** oder eines **Anwalts** besteht nicht, es sei denn, die Behauptungen seien bewußt oder zumindest leichtfertig unwahr oder ohne jeden inneren Zusammenhang mit der Ausführung und Verteidigung der Interessen der Prozeßbeteiligten in diesem Prozeß aufgestellt (BGH NJW 1971, 284; NJW 1962, 243ff; Hamburg MDR 1973, 407. Kritisch Weitnauer JZ 1962, 486, 489ff). Ebenso kann ein Verfahrensbeteiligter nicht von einem vernommenen **Zeugen** den Widerruf seiner Aussage oder eine Geldentschädigung im Verfahren vor den Zivilgerichten verlangen, so lange der Zivil- oder Strafprozeß nicht abgeschlossen ist (BGH NJW 1986, 2502, 2503; 65, 1803; Walter JZ 1986, 1057, 1058ff). Die Grundsätze über den Ausschluß gesonderter Abwehrklagen gegenüber Parteivorbringen und Zeugenaussagen im gerichtlichen Verfahren gelten aber **nicht** für Abwehransprüche gegen **widerrechtlich erlangte Beweismittel**, zB Tonbandaufzeichnungen (BGH NJW 1988, 1016). Unrichtige Tatsachenbehauptungen von **Privatgutachtern** sind hinzunehmen, wenn das Gutachten ausschließlich in einem Prozeß verwertet wird und deshalb nur in diesem Rahmen möglicherweise als Beeinträchtigung fortwirkt (Frankfurt NJW 1969, 557; Karlsruhe MDR 1969, 574f). Beeinträchtigende **Werturteile** sind im Prozeß erlaubt, selbst wenn stark vergröbernde Schlagworte gebraucht werden; nur bei außergewöhnlich schweren Beeinträchtigungen kann nach Lage des Falles das Recht des Verletzten vorgehen (BGH MDR 1973, 304f).

Ein Anspruch auf Widerruf einer **ärztlichen Diagnose** besteht grundsätzlich nicht (BGH LM Nr 181 zu § 1004 BGB). **169**

Bei einer ungerechtfertigten **Herabsetzung durch einen Beamten** steht dem Betroffenen nur dann ein Widerrufsanspruch gegen den Diensthern zu, wenn diesem das Verhalten des Beamten zuzurechnen ist (Koblenz NJW 1987, 1660). **170**

II. Allgemeines Persönlichkeitsrecht. Auch im Falle einer Verletzung des allgemeinen Persönlichkeitsrechts (§ 823 I; BGH 24, 72ff; 26, 349, 351ff) steht dem Verletzten ein Abwehranspruch nach § 1004 zu (BGH 27, 284, 289ff; 30, 7, 14; 39, 124, 131; 50, 133, 137ff, 142f – Mephisto; 91, 233, 239 – Datenschutz; 107, 384, 390f – Emil Nolde, BGH NJW 1988, 1016ff; BAG NJW 1986, 1065). Gleiches gilt für die aus diesem Recht abzuleitenden einzelnen Persönlichkeitsrechte (vgl § 823 Rz 2ff). **171**

Es ist aber zu beachten, daß sich die Rechtswidrigkeit einer Beeinträchtigung des allgemeinen Persönlichkeitsrechts nur auf Grund einer **Abwägung** der widerstreitenden Rechte und Interessen nach dem Grad ihrer Schutzwürdigkeit bestimmen läßt (BGH 13, 334, 338; 30, 7, 11f; 31, 308; 36, 77, 79ff; BVerfG 7, 198, 203, 210). **172**

Ein Hauseigentümer, in dessen **Briefkasten** gegen seinen ausdrücklichen Willen **Werbematerial** eingeworfen wird, kann von dem Werbenden Unterlassung verlangen, auch wenn dieser die Werbung durch einen Dritten besorgen läßt (Rz 149). – Verletzt eine unwahre Tatsachenbehauptung auf der **Titelseite einer Illustrierten** fortlaufend die Persönlichkeit des Betroffenen, so kann dieser vom Verleger die Veröffentlichung eines Widerrufs auf der Titelseite der Illustrierten verlangen (BGH 128, 1, 10 – Caroline v Monaco; Kupfer Jura 2001, 169ff). – Wird eine **Videoüberwachung** nachbarlicher Flächen nicht nur angedroht, sondern über die bloße Androhung hinaus zugleich eine Kamera in einer Weise installiert, die eine permanente überwachende Aufzeichnung ermöglicht, wird in unzulässiger Weise in das Persönlichkeitsrecht des Betroffenen eingegriffen, und zwar unabhängig davon, ob tatsächlich Aufnahmen erstellt werden (LG Braunschweig NJW 1998, 2457, im Anschluß an BGH NJW 1995, 1955, 1957). – **Bildnisse aus dem Bereich der Zeitgeschichte** dürfen jedoch auch ohne Einwilligung der Betroffenen oder deren Erben verbreitet werden (§ 23 I Nr 1 KUG; BGH NJW 1902, 2317, 2318 – Marlene Dietrich). **173**

Zum allgemeinen Persönlichkeitsrecht siehe im übrigen ausführlich Anh § 12 Rz 1ff, 317ff.

H. Verjährung. Ansprüche aus § 1004 verjähren nach §§ 195, 199 in der regelmäßigen Verjährungsfrist von 3 Jahren. **174**

§ 197 I Nr 1 findet keine Anwendung (Pal/Heinrichs § 197 Rz 3). **175**

J. Prozessuales. I. Klageart und Klageantrag. Der Beseitigungs- oder Unterlassungsanspruch ist im Wege der **Leistungsklage** geltend zu machen. **176**

Nach § 253 II Nr 2 ZPO muß die Klage einen **konkreten Klageantrag** beinhalten. Dies ist bei einem auf § 1004 gestützten Beseitigungsanspruch aber oft nicht möglich, da der Störer die Wahl hat, wie und mit welchen Mitteln er eine Störung beseitigt. Es ist in diesen Fällen daher ausreichend, wenn der Kläger die zu beseitigende Beeinträchtigung konkret benennt und die Bestimmung der Art der Beseitigung dem Störer oder dem Gericht überläßt. **177**

II. Wechsel des Berechtigten. Der Abwehranspruch aus § 1004 I ist, ebenso wie der Herausgabeanspruch aus § 985, untrennbar mit dem Eigentum verbunden und daher nicht selbständig abtretbar (BGH 60, 235, 240; § 985 Rz 9). Er geht mit der **Übertragung des Eigentums** auf den neuen Rechtsinhaber als Rechtsnachfolger über (BGH 98, 235, 241). Zulässig ist allenfalls eine Ermächtigung zur gerichtlichen Geltendmachung im eigenen Namen, wenn der Ermächtigte, zB ein Mieter, ein eigenes schutzwürdiges Interesse hieran hat (§ 185 I analog). **178**

Da der Anspruch dem Eigentümer als solchem zusteht, ist im Falle der Veräußerung des betroffenen Grundstücks während eines Prozesses § 265 ZPO anzuwenden (BGH 18, 223, 225). Durch den Eigentumswechsel wird die Befugnis des klagenden früheren Eigentümers zur Weiterführung des Prozesses nicht berührt. **179**

III. Klageänderung. Der Übergang vom vindikatorischen (§ 985) zum negatorischen (§ 1004) **Anspruch** oder umgekehrt ist keine Klageänderung. Der **Übergang vom Abwehr- zum Ausgleichsanspruch** ist eine Klageänderung (BGH MDR 1969, 648). **180**

K. Konkurrenzen. Bei einer **unrichtigen Eintragung im Grundbuch** hat der Eigentümer gegen den Buchberechtigten den **Berichtigungsanspruch aus § 894**. Dieser ist ein besonders geregelter negatorischer Anspruch und geht dem § 1004 vor (BGH 5, 76, 82). Gleiches gilt für **gegenstandslos gewordene Eintragungen** (Widersprüche, Vormerkungen; MüKo/Medicus Rz 7). Wegen der Berichtigungskosten siehe § 897. **181**

Wegen einer von einem Nichtberechtigten **wirksam vorgenommenen Belastung eines Grundstücks** (zB einer vom Bucheigentümer einem redlichen Gläubiger bestellten Hypothek, vgl § 892) kann der wahre Eigentümer nicht nach § 1004 Beseitigung der Belastung, sondern nur **Schadensersatz analog §§ 989ff** verlangen (RG 121, 335, 336; 158, 40, 45; MüKo/Medicus Rz 7, 24). **182**

Gegen **falsche Eintragungen in anderen Büchern** (zB dem Kataster oder dem Baulastenbuch) kann dem Berechtigten dagegen der Beseitigungsanspruch aus § 1004 zustehen, da es hier an einer dem § 894 vergleichbaren Vorschrift fehlt. **183**

§ 1004 Sachenrecht Eigentum

184 Der **Besitzer** wird gegen Beeinträchtigungen zusätzlich durch § 862 geschützt.

185 Bei schuldhaften Beeinträchtigungen kommen neben § 1004 auch **Schadensersatzansprüche nach §§ 823ff** in Betracht.

186 Und auch **Ansprüche aus §§ 907–910** können neben dem Abwehranspruch aus § 1004 bestehen (MüKo/Medicus Rz 77).

1005 *Verfolgungsrecht*

Befindet sich eine Sache auf einem Grundstück, das ein anderer als der Eigentümer der Sache besitzt, so steht diesem gegen den Besitzer des Grundstücks der in § 867 bestimmte Anspruch zu.

1 **1. Allgemein.** § 1005 schließt eine Lücke zwischen § 985 und § 1004. Befindet sich eine Sache auf einem fremden Grundstück, ohne daß sie sich im Besitz des Grundstücksbesitzers befindet, gewährt weder § 985 noch § 1004 einen Anspruch auf Abholung der Sache. Für einen Anspruch aus § 985 fehlt es am Besitz des Grundstückseigentümers. Und ein Anspruch aus § 1004 besteht nicht, weil der Grundstückseigentümer, der den Zutritt zu seinem Grundstück verwehrt, lediglich Rechte aus dem Grundstückseigentum ausübt. Um dem Eigentümer der Sache in dieser Situation die Abholung zu ermöglichen, gewährt § 1005 ihm die Rechte aus § 867.

2 **2. Voraussetzungen.** Voraussetzung für den Anspruch aus § 1005 ist, daß sich die Sache **auf einem fremden Grundstück befindet**. Zudem darf der **Grundstücksbesitzer nicht gleichzeitig** auch **Besitzer der Sache** sein, da in diesem Fall bereits § 985 eingreift. Und die **Sache** darf mit dem Grundstück **nicht** dergestalt verbunden worden sein, daß sie **wesentlicher Bestandteil des Grundstücks** iSd §§ 94, 946 geworden ist, da sich in diesem Fall das Eigentum an dem Grundstück auch auf die Sache erstrecken würde.

3 Unerheblich ist, auf welche Weise die Sache auf das Grundstück gelangt ist. § 1005 findet auch dann Anwendung, wenn die Sache dem Eigentümer abhanden gekommen oder von ihm bewußt auf das Grundstück verbracht worden ist (offen gelassen in BGH NJW 1956, 1273, 1274f). Der Anspruch besteht sogar dann, wenn die Sache sich stets auf dem Grundstück befunden hat.

4 **3. Rechtsfolgen.** Nach § 1005 hat der Besitzer des Grundstücks dem Eigentümer die **Aufsuchung und Wegschaffung** der Sache zu gestatten. Die Einzelheiten ergeben sich aus § 867.

5 Der Anspruch aus § 1005 ist petitorischer Natur; materiellrechtliche **Einwendungen** des Grundstücksbesitzers sind daher uneingeschränkt zulässig.

6 Die **Kosten** der Aufsuchung und Wegschaffung trägt der Eigentümer; dieser ist auch für den dadurch evtl verursachten Schaden ersatzpflichtig. Der Grundstückseigentümer kann Sicherheitsleistung (§§ 232ff) verlangen, wenn nicht mit dem Aufschub Gefahr verbunden ist.

7 Für den Sonderfall **herüberfallender Früchte** ist § 911 zu beachten. § 962 gewährt ein eigenständiges Recht zum Betreten fremder Grundstücke bei der **Verfolgung von Bienenschwärmen**.

1006 *Eigentumsvermutung für Besitzer*

(1) Zugunsten des Besitzers einer beweglichen Sache wird vermutet, dass er Eigentümer der Sache sei. Dies gilt jedoch nicht einem früheren Besitzer gegenüber, dem die Sache gestohlen worden, verloren gegangen oder sonst abhanden gekommen ist, es sei denn, dass es sich um Geld oder Inhaberpapiere handelt.
(2) Zugunsten eines früheren Besitzers wird vermutet, dass er während der Dauer seines Besitzes Eigentümer der Sache gewesen sei.
(3) Im Falle eines mittelbaren Besitzes gilt die Vermutung für den mittelbaren Besitzer.

Schrifttum: *Hadding*, Die Eigentumsvermutung nach § 1006 BGB im Herausgaberechtsstreit, JuS 1972, 183; *Krebs*, Die Eigentumsvermutung aus § 1006 I 1 BGB beim Auszug aus einer gemeinschaftlichen Wohnung, FamRZ 1994, 281; *Leipold*, Beweislastregeln und gesetzliche Vermutungen, 1966; *Medicus*, Ist Schweigen Gold? Zur Widerlegung der Rechtsvermutungen aus §§ 891, 1006 BGB, FS F. Baur, 1981, S 63; *Picker*, Mittelbarer Besitz, Nebenbesitz und Eigentumsvermutung in ihrer Bedeutung für den Gutglaubenserwerb, AcP 188 (1988), 511; *Werner*, Grundprobleme des § 1006 BGB, JA 1983, 617; *Winkler*, Die Rechtsvermutungen aus dem Besitz, 1969; *Wolf, M.*, Die Eigentumsvermutung des § 1006 BGB, JuS 1985, 941.

1 **A. Allgemein.** Die Vorschrift regelt die **Beweislastverteilung** bei Streitigkeiten, in denen das Eigentum an einer beweglichen Sache in Frage steht. Sie stellt die **Vermutung** auf, daß der **aktuelle Besitzer** einer Sache auch deren Eigentümer ist (Abs I). Kann diese Vermutung widerlegt werden, gilt die Eigentumsvermutung zugunsten des **früheren Besitzers** (Abs II). Besteht ein Besitzmittlungsverhältnis, gilt die Eigentumsvermutung nach Abs I oder 2 zugunsten des **mittelbaren Besitzers** (Abs III).

2 Das Gesetz schließt von der Besitzsituation auf das Eigentum, weil der Besitz beweglicher Sachen häufig anläßlich ihrer Veräußerung übertragen wird (§§ 929ff). § 1006 enthält also eigentlich eine **Eigentumserwerbsvermutung**. Es wird vermutet, daß der Besitzer den Besitz anläßlich einer Eigentumsübertragung erhalten hat und deshalb aktuell Eigentümer ist (BGH NJW 1975, 1699, 1700; NJW 1984, 1456, 1457; NJW 1994, 939, 940; Köln OLGRp 1999, 304; Staud/Gursky Rz 7; MüKo/Medicus Rz 13; Brehm/Berger § 7 Rz 81).

3 **B. Anwendungsbereich. I.** § 1006 findet nur auf **bewegliche Sachen** Anwendung. Für Grundstücke findet sich eine ähnliche Regelung in § 891.

II. Hausrat von Ehegatten und nichteheliche Lebensgemeinschaft. § 1362 enthält eine besondere Eigentumsvermutung hinsichtlich des Hausrats von **Ehegatten**. So weit der Anwendungsbereich dieser Vorschrift reicht, geht sie § 1006 vor (MüKo/Medicus Rz 5). Im übrigen findet § 1006 aber auch auf den Hausrat von Ehegatten Anwendung. Ehegatten haben idR Mitbesitz an ihren Hausratsgegenständen. Die Vermutung des § 1006 spricht daher für Miteigentum. In einer nichtehelichen Lebensgemeinschaft begründet § 1006 eine Vermutung für Miteigentum der **Partner** an allen gemeinsam genutzten Gegenständen des gemeinsamen Haushalts; ausgenommen hiervon sind nur die von den Partnern bereits früher angeschafften Gegenstände, hieran besteht Alleineigentum desjenigen, der die Sache erworben hat (Düsseldorf MDR 1999, 233).

III. Wertpapiere etc. Auf **Schuldurkunden** iSd § 952 findet § 1006 keine Anwendung, da das Eigentum an ihnen nicht nach §§ 929ff übertragen wird (BGH WM 1972, 701; BGH NJW 1972, 2268, 2269).

Auf **Geld, Inhaberpapiere** und **depotverwahrte Wertpapiere** (BGH NJW 1997, 1434: Oder-Depot) ist § 1006 dagegen anwendbar. Im übrigen bestehen für **Wertpapiere** eine Reihe von **Sonderregeln** (Art 16 WG, Art 19 ScheckG, § 365 I HGB, § 68 I AktG).

Bei **KFZ-Briefen** wird vermutet, daß der Besitzer des Fahrzeugs Eigentümer des KFZ-Briefs ist, nicht aber umgekehrt (MüKo/Medicus Rz 3; vgl auch § 952 Rz 10).

C. Eigentumsvermutung zugunsten des aktuellen Besitzers (Abs I). § 1006 I statuiert eine Eigentumsvermutung zugunsten des aktuellen Besitzers.

I. Voraussetzungen. Die Eigentumsvermutung des § 1006 I beruht auf der **Annahme**, daß der **Besitzerwerb anlässlich einer Eigentumsübertragung** stattgefunden hat. Daraus ergeben sich besondere Voraussetzungen für die Eigentumsvermutung und auch die Widerlegbarkeit der Eigentumsvermutung.

1. Erwerb von Eigenbesitz. Die Eigentumsvermutung des § 1006 I besteht nur, wenn der Besitzer Eigenbesitzer (§ 872) ist und die Sache **von Anfang an in Eigenbesitz** gehabt hat (Brehm/Berger § 7 Rz 83; siehe aber auch Rz 22). Nur dann kann nämlich die dem § 1006 zugrunde liegende Annahme zutreffen, daß der Besitzerwerb anlässlich einer Eigentumsübertragung erfolgt ist.

Steht fest, daß der Besitzer den Besitz nicht anläßlich einer Eigentumsübertragung erworben hat, ist die Vermutung des Abs I S 1 **widerlegt** (§ 292 ZPO; Brehm/Berger § 7 Rz 81f). Das ist zB der Fall, wenn die Sache nach eigenem Vortrag des Besitzers zunächst zur Verwahrung (vgl BGH NJW 1984, 1456, 1457; NJW-RR 1989, 651; NJW-RR 1989, 1453) oder zur Leihe (Hamm OLGRp 2000, 237) übergeben wurde. Allgemein ist erforderlich, daß die gegen eine seinerzeitige Übereignung sprechenden Indizien deutlich überwiegen (BVerwG VIZ 2002, 459).

Hat der aktuelle Besitzer (zB als Mieter) **zunächst Fremdbesitz** und erst später Eigenbesitz **erlangt**, muß er seinen Eigentumserwerb nachweisen, ohne sich auf die Vermutung des § 1006 berufen zu können. Eine Vermutung des Inhalts, daß der Wechsel von Fremd- zu Eigenbesitz anlässlich eines Eigentumserwerb stattgefunden hat, ist § 1006 nicht zu entnehmen (Staud/Gursky Rz 7; MüKo/Medicus Rz 14).

Mitbesitz begründet eine Vermutung für Miteigentum (§ 1008) zugunsten all derer, deren Nichtberechtigung nicht nachgewiesen ist (Düsseldorf NJW-RR 1994, 866). Dies gilt auch für die in einer nichtehelichen Lebensgemeinschaft gemeinsam benutzten Sachen (Düsseldorf NJW 1992, 1706, 1707; Hamm NJW 1989, 909).

Dafür, daß der Besitzer nicht Eigenbesitzer ist, trägt der Kläger die **Beweislast** (BGH NJW-RR 1989, 651f; BGH NJW 1994, 939, 940; MüKo/Medicus Rz 10).

2. Abhandenkommen (Abs I S 2). Ist die Sache einem früheren Besitzer abhanden gekommen, besteht ihm gegenüber **keine Eigentumsvermutung** zugunsten des aktuellen Besitzers (Koblenz NJW-RR 2000, 1606). Diese Ausnahme folgt daraus, daß ein gutgläubiger Erwerb abhanden gekommener Sachen gem § 935 I nicht möglich ist. Was bedeutet, daß der aktuelle Besitzer selbst dann nicht Eigentümer der Sache geworden sein kann, wenn er den Besitz an der Sache anläßlich einer rechtsgeschäftlichen Übertragung gem §§ 929ff erlangt hat. Der in Abs I S 1 vogesehenen Eigentumsvermutung fehlt damit die Grundlage.

Anderes gilt nur für **Geld oder Inhaberpapiere**. Diese können gutgläubig erworben werden, auch wenn sie abhandengekommen sind (§§ 932ff, 935 II). Für sie gilt daher auch die Eigentumsvermutung nach Abs I S 1.

II. Eigentumsvermutung. Liegen die Voraussetzungen vor, wird der **Eigentumserwerb** des Besitzers an der Sache **vermutet**.

Nach Ansicht des BGH gilt die Vermutung für den Eigentumserwerb **und** für den Fortbestand des Eigentums (BGH NJW 1993, 935, 936). Eine gesonderte **Vermutung für den Fortbestand des Eigentums** ist aber an sich entbehrlich (Brehm/Berger § 7 Rz 82). Steht nämlich fest, daß der Besitzer das Eigentum erworben hat, trägt der Kläger bereits nach allgemeinen Regeln die Beweislast dafür, daß der Besitzer sein Eigentum wieder verloren hat.

D. Die Eigentumsvermutung zugunsten des früheren Besitzers nach Abs II wird von Bedeutung, wenn die Eigentumsvermutung zugunsten des aktuellen Besitzers nach Abs I widerlegt werden konnte.

In **Voraussetzung** und **Inhalt** entspricht die Vermutung derjenigen nach Abs I. Der Wortlaut, nach der die Eigentumsvermutung „**während der Dauer des Besitzes**" gilt, ist mißverständlich. Es soll lediglich zum Ausdruck gebracht werden, daß die Eigentumsvermutung aus Abs II zu derjenigen aus Abs I subsidiär ist (MüKo/Medicus Rz 20).

E. Eigentumsvermutung zugunsten des mittelbaren Besitzers (Abs III). Besteht ein Besitzmittlungsverhältnis, gilt die Eigentumsvermutung der Abs I und 2 für den mittelbaren Besitzer.

§ 1006

22 F. § 1006 schließt von dem Besitz auf das Eigentum, nicht aber auf das Bestehen anderer dinglicher oder schuldrechtlicher Besitzrechte (Baur/Stürner § 10 Rz 5; MüKo/Medicus Rz 6). Eine Ausnahme gilt aufgrund gesetzlicher Verweisung nur für den **Nießbrauch** (§ 1065) und für das **Pfandrecht** (§ 1227). Zugunsten des Besitzers einer Sache wird daher vermutet, das ein von ihm behaupteter Nießbrauch bzw ein von ihm behauptetes Pfandrecht besteht.

1007 *Ansprüche des früheren Besitzers, Ausschluss bei Kenntnis*

(1) Wer eine bewegliche Sache im Besitz gehabt hat, kann von dem Besitzer die Herausgabe der Sache verlangen, wenn dieser bei dem Erwerb des Besitzes nicht in gutem Glauben war.

(2) Ist die Sache dem früheren Besitzer gestohlen worden, verloren gegangen oder sonst abhanden gekommen, so kann er die Herausgabe auch von einem gutgläubigen Besitzer verlangen, es sei denn, dass dieser Eigentümer der Sache ist oder die Sache ihm vor der Besitzzeit des früheren Besitzers abhanden gekommen war. Auf Geld und Inhaberpapiere findet diese Vorschrift keine Anwendung.

(3) Der Anspruch ist ausgeschlossen, wenn der frühere Besitzer bei dem Erwerb des Besitzes nicht in gutem Glauben war oder wenn er den Besitz aufgegeben hat. Im Übrigen finden die Vorschriften der §§ 986 bis 1003 entsprechende Anwendung.

Schrifttum: *Hörer*, Die Besitzrechtsklage, Klagegrundlage und Praktikabilität, 1974; *Koch*, § 1007 BGB – Neues Verständnis auf der Grundlage alten Rechts, 1986; *Weber*, § 1007 BGB – Prozessuale Regelungen im materiell-rechtlichen Gewand, 1988.

1 **A. Allgemein.** § 1007 gewährt dem früheren Besitzer einer Sache einen **Herausgabeanspruch gegen** deren aktuellen Besitzer. Die Regelung gleicht derjenigen des § 985. Während sich bei § 985 aber Eigentümer und Besitzer als Anspruchsteller und -gegner gegenüberstehen, sind bei § 1007 der frühere und der aktuelle Besitzer Anspruchsteller bzw -gegner. § 985 setzt ein Eigentümer-Besitzer-Verhältnis voraus, § 1007 dagegen gleichsam ein Besitzer-Besitzer-Verhältnis (MüKo/Medicus Rz 11).

2 Der sog **petitorische Besitzschutzanspruch** aus § 1007 hat in der Rspr bis heute **keine Bedeutung** erlangt. Wer von einem anderen die Herausgabe einer Sache verlangt, stützt sich hierzu eher auf sein Eigentum (§ 985), auf einen schuldrechtlichen Herausgabeanspruch (zB aus Mietvertrag) oder auf einen Besitzschutzanspruch nach § 862.

3 Für § 1007 bleiben nur die sehr seltenen **Fallkonstellationen**, in denen weder der Kläger noch der Beklagte ein Recht zum Besitz nachweisen kann. In diesen Fällen gibt § 1007 dem früheren Besitzer einen Herausgabeanspruch gegen den aktuellen Besitzer, sofern dieser bei Besitzerwerb bösgläubig war oder die Voraussetzungen des Abs II vorliegen.

4 Anwendung finden könnte § 1007 etwa in folgendem **Beispielsfall** (weitere Beispiele bei Baur/Stürner § 9 Rz 27ff; Brehm/Berger § 4 Rz 28f). A hat einen gestohlenen Computer in gutem Glauben erworben, ihn bei B in Reparatur gegeben, der ihn dem bösgläubigen C veräußert. A kann auf Grund seines gutgläubig erworbenen Besitzes (Eigentümer ist er ja nicht geworden, § 935 I) den Computer von C herausverlangen (Abs I), müßte ihn aber seinerseits dem Eigentümer herausgeben (§ 985).

5 **B.** Der Herausgabeanspruch aus § 1007 besteht nur unter engen, in der Vorschrift etwas unverständlich zum Ausdruck gebrachten **Voraussetzungen**.

6 I. § 1007 findet nur Anwendung auf **bewegliche Sachen**. Der Besitz an Grundstücken kann nach § 1007 nicht herausverlangt werden (MüKo/Medicus Rz 4. AA der BGH in einer wohl nicht verallgemeinerungsfähigen Entscheidung, BGH NJW 1952, 1410, 1411).

7 II. **Voraussetzungen in der Person des Verpflichteten. 1.** Zur Herausgabe verpflichtet ist der aktuelle **Besitzer**. Verliert er den Besitz, so besteht auch der Herausgabeanspruch nach § 1007 nicht mehr.

8 **2. Bösgläubigkeit bei Besitzerwerb (Abs I).** Der Besitzer muß bei Besitzerwerb bösgläubig gewesen sein. Zur Bestimmung des Begriffs kann auf die zu § 932 entwickelten Grundsätze zurückgegriffen werden. Nachträgliche Kenntnis von der Nichtberechtigung reicht nicht.

9 **3. Weitere Voraussetzungen bei Gutgläubigkeit (Abs II).** War der Besitzer bei Besitzerwerb gutgläubig, kann die Herausgabe verlangt werden, wenn die weiteren Voraussetzungen des Abs II vorliegen:

10 Die **Sache** muß dem früheren Besitzer gestohlen worden, verloren gegangen oder sonst **abhanden gekommen** sein. Zum Begriff des Abhandenkommens vgl die Ausführungen zu § 935.

11 Dem Besitzer darf **kein Besitzrecht** an der Sache zustehen. Abs II S 2 bringt dies nur unvollkommen zum Ausdruck, indem er formuliert, der Anspruch bestehe nicht, wenn der Besitzer Eigentum an der Sache erworben hat. Eigentum des Besitzers an der Sache schließt einen Herausgabeanspruch ebenso aus, wie jedes andere Besitzrecht (Brehm/Berger § 4 Rz 27). Für die Anforderungen an das Besitzrecht gilt Entsprechendes wie bei § 986 (MüKo/Medicus Rz 7).

12 Die **Sache** darf dem aktuellen Besitzer **nicht** seinerseits **früher abhanden gekommen** sein.

13 Und es darf sich bei der Sache **nicht** um **Geld oder Inhaberpapiere** handeln. Geld oder Inhaberpapiere können von einem gutgläubigen Besitzer auch unter den weiteren Voraussetzungen des Abs II nicht herausverlangt werden.

III. Voraussetzungen in der Person des Berechtigten. Derjenige, der die Herausgabe verlangt, muß **früher** 14 **im Besitz** der Sache gewesen sein. Er kann mittelbarer oder unmittelbarer, Eigen- oder Fremdbesitzer gewesen sein.

Er muß **bei Besitzerwerb gutgläubig** oder der Besitzerwerb muß rechtmäßig gewesen sein (Abs III S 1 Alt 1). 15 Hat der frühere Besitzer nach Besitzerwerb Kenntnis von seiner fehlenden Besitzberechtigung erlangt, steht dies einem Anspruch aus § 1007 nicht entgegen.

Und er darf den **Besitz nicht aufgegeben** haben (Abs III S 1 Alt 2). Besitzaufgabe ist die willentliche Lösung 16 jeder besitzrechtlichen Beziehung zur Sache (MüKo/Medicus Rz 6).

C. Rechtsfolgen. I. Herausgabe (Abs I). Liegen die Voraussetzungen des § 1007 vor, so hat der frühere Besit- 17 zer gegen den aktuellen Besitzer einen Anspruch auf Herausgabe der Sache.

II. Sonstige Ansprüche (Abs III S 2). Darüber hinaus bestehen zwischen dem früheren Besitzer und dem aktu- 18 ellen Besitzer die gleichen **Aufwendungs-, Verwendungs-, Schadensersatz-, Nutzungsersatz- und Nutzungsherausgabeansprüche**, die zwischen dem Eigentümer und dem Besitzer nach den §§ 987ff gegeben sind.

D. Konkurrenzen. Neben § 1007 können Herausgabeansprüche insbesondere nach den §§ 812ff, 861, 985 oder 19 2018 bestehen.

Titel 5

Miteigentum

Vorbemerkung

I. Arten des Eigentums an einer Sache. **a)** Alleineigentum eines einzelnen (Einzelperson oder juristische Per- 1 son). **b)** Gemeinschaftliches Eigentum mehrerer (Rz 2).

II. Gemeinschaftliches Eigentum möglich in der Form des **a)** Miteigentums nach Bruchteilen (Rz 3–12), 2 **b)** Gesamthandseigentums (Rz 13, 14).

III. Römischrechtlichen Ursprungs (communio incidens), aber deutschrechtlich umgestaltet ist das Miteigen- 3 tum im Sinne des 5. Titels.

1. Rechtsnatur. Das Eigentum an der Sache ist sämtlichen Miteigentümern in ihrer Gesamtheit zugeordnet, der 4 einzelne Anteilsberechtigte ist nicht Eigentümer der ganzen Sache; gleichwohl findet keine reale Teilung der Sache, sondern eine ideelle, dh gedachte, aber ziffernmäßig ausgedrückte Teilung des Eigentumsrechts statt. Der Rechtsanteil des Miteigentümers bildet ein selbständiges dingliches Recht und hat die Natur des Eigentums. Daher sind für ihn, soweit nichts Abweichendes vorgeschrieben ist, die für das Eigentum an der Sache geltenden Regeln anzuwenden, vgl BGH 36, 369; Koblenz MDR 1978, 669. Die Miteigentumsanteile sind folgerichtig auch „Sachen" im Sinn der §§ 562, 581 II, 1258 und nicht Rechte im Sinn des § 1273 (RG 146, 335). Die Befugnisse des Miteigentümers entsprechen grundsätzlich den sich aus dem Alleineigentum ergebenden, jedoch ist zu berücksichtigen, daß der Miteigentümer in einer Rechtsgemeinschaft mit den übrigen Teilhabern steht, deren Interessen nicht beeinträchtigt werden dürfen. Das Miteigentum gewährt somit gewisse teilbare Eigentumsbefugnisse im Verein mit der Mitberechtigung an den unteilbaren, vgl Eichler aaO S 156. Insofern ist zu beachten, daß das Miteigentum einen Unterfall der Gemeinschaft nach Bruchteilen darstellt. Daher sind – soweit sich aus §§ 1008–1011 nichts anderes ergibt – §§ 741ff anzuwenden. Wegen § 741 ist es als Regelfall des gemeinschaftlichen Eigentums anzusehen. Wer etwas anderes behauptet, muß es beweisen.

2. Ausgestaltung. Anteile im Zweifel gleich (§ 742). Jeder Beteiligte kann über seinen Anteil frei verfügen 5 (§ 747); über die gemeinsame Sache können jedoch nur alle zusammen verfügen. Jeder ist zum Gebrauch befugt, insoweit sich dies mit dem Recht der anderen verträgt (§ 743 II). Jedem gebührt ein entsprechender Bruchteil der Früchte (§ 743 I) und entsprechender Anteil der Lasten und Kosten (§ 748). Die Verwaltung erfolgt durch alle gemeinsam, notwendige Erhaltungsmaßregeln kann jeder einzelne vornehmen (§ 744). Für die Regelung der Verwaltung und Benutzung genügt Mehrheitsbeschluß (§§ 745f). Besteht Miteigentum am Grundstück, so wirkt Regelung gegen den Sondernachfolger des einzelnen nur bei Eintragung im Grundbuch (§ 1010 I). Jeder kann jederzeit Aufhebung der Gemeinschaft verlangen (§§ 749 I, 758). Vertraglicher Ausschluß dieses unverjährbaren Rechts wirkt bei Grundstücken gegen den Rechtsnachfolger nur bei Eintragung im Grundbuch (§§ 749 II, III, 750, 1010 I). Die gemeinschaftliche Sache kann auch zugunsten eines Miteigentümers belastet werden (§ 1009 I). Wird Grundstück mit einem Realrecht (zB Grunddienstbarkeit) belastet, so können herrschendes und dienendes Grundstück im Eigentum eines Miteigentümers des anderen Grundstücks stehen (§ 1009 II). Jeder kann die Ansprüche aus dem Eigentum gegen Dritte hinsichtlich der ganzen Sache geltend machen, Herausgabe kann er jedoch nur an alle fordern.

3. Entstehung. a) Durch Rechtsgeschäft. Allgemeine Vorschriften maßgeblich: Also bei Grundstücken 6 §§ 873ff, 925, nach Ordnungsvorschrift des § 47 GBO sind entweder die Anteile der Berechtigten in Bruchteilen oder das für die Gemeinschaft maßgebliche Rechtsverhältnis im Grundbuch zu vermerken (BGH NJW 1979, 421; 1981, 176). Erforderlich ist eine genaue Bruchteilsangabe (RG 54, 86); Angabe „zu gleichen Teilen" genügt (RG

Vor § 1008 Sachenrecht Eigentum

76, 413). Erwerben mehrere in Bruchteilsgemeinschaft einen Erbanteil, so fragt es sich, ob die Bruchteilsgemeinschaft im Grundbuch eines zum Nachlaß gehörenden Grundstücks einzutragen ist. Dafür Düsseldorf Rpfleger 1968, 188; Köln Rpfleger 1974, 109; dagegen BayObLG Rpfleger 1968, 187; mit Recht, denn die Bruchteilsgemeinschaft besteht am Erbanteil, nicht aber am Grundstück, hinsichtlich dessen die Gesamthandsgemeinschaft nunmehr mit den Erwerbern fortbesteht. Insofern ist das Grundbuch unrichtig geworden und zu berichtigen. Wird entgegen einer Auflassung zu Alleineigentum Miteigentum eingetragen, so entsteht dieses nicht; auch kann deshalb keine Hypothek an einem Miteigentumsanteil begründet werden (Koblenz MDR 1978, 669). Bei beweglichen Sachen gelten §§ 929ff. Das Eigentum an einem massiven, von zwei Parteien gemeinschaftlich errichteten Gebäude, das nicht wesentlicher Bestandteil eines Grundstücks ist, vgl § 95, kann in der Regel nicht in der Weise aufgeteilt werden, daß verschiedene Personen Alleineigentümer je einer Haushälfte werden; es steht in ihrem hälftigen Miteigentum. Daher sind die §§ 742ff und 1008 anzuwenden (BGH MDR 1970, 576). **b) Kraft Gesetzes**, zB gemäß §§ 947f, 963, 984, 921, 923, 2157 BGB, § 6 DepotG; § 469 II HGB.

7 **4. Übertragung** des Anteils – gemäß § 747 zulässig – erfolgt nach den allgemeinen Vorschriften, vgl Rz 6. Kann nicht mit dinglicher Wirkung beschränkt werden. Die Verfügung über Alleineigentum kann nicht in eine Verfügung über den Anteil umgedeutet werden; vgl BGH LM Nr 19 zu § 932; Frankfurt Rpfleger 1975, 174. Die Quotenänderung ist wie die Übertragung zu behandeln. Zur Umwandlung von Miteigentum in Alleineigentum durch Insichgeschäft vgl OLG BZ in DRsp 113, 33.

8 **5. Belastung** – gemäß § 747 zulässig – wird in den §§ 1066, 1095, 1106, 1114, 1192 I, 1200 I, 1258 besonders erwähnt. Bestellen mehrere Grundstücksmiteigentümer zur Sicherung gemeinsamer Verbindlichkeiten eine Grundschuld, verstößt die formularmäßige Abrede, wonach die Grundschuld am eigenen Miteigentumsanteil auch alle bestehenden und künftigen Verbindlichkeiten des anderen Miteigentümers sichert, gegen § 305c I (BGH ZIP 2002, 932). Sie kann auch zugunsten eines Miteigentümers geschehen, vgl BayObLG 58, 201 hinsichtlich des Vorkaufsrechts. Begrifflich ausgeschlossen mit Grunddienstbarkeit, beschränkt persönlicher Dienstbarkeit und Erbbaurecht; vgl BGH 36, 187, 189; KG DNotZ 1975, 105; aA gegen die hM für den Fall eines Gesamterbbaurechts am ideellen Miteigentumsanteil eines Zuwegungsgrundstücks Diekgräf DNotZ 1996, 338, 348.

9 **6. Zwangsvollstreckung. a)** Bei beweglicher Sache und Schiffspart durch Pfändung des Anteils gemäß § 857 ZPO (BGH NJW 1993, 935); pfändet der Gläubiger eines Miteigentümers die ganze bewegliche Sache, so können die übrigen Miteigentümer dem gemäß § 771 widersprechen (RG 144, 241). **b)** Bei Grundstücken gemäß §§ 864, 866 ZPO, nicht durch Pfändung des Anteils; aA Furtner NJW 1969, 871: auch hier durch Pfändung des Anteils gemäß § 857 ZPO. Nach zutr Ansicht ist Anspruch auf Aufhebung der Gemeinschaft nicht isoliert pfändbar. Vielmehr erwirbt der Gläubiger zugleich mit der Anteilspfändung auch den gem § 751 S 2 unentziehbaren Anspruch auf Aufhebung der Gemeinschaft (s § 749 Rz 9). Für den Fall der Insolvenz gilt § 84 InsO.

10 **7. Landesrechtlicher Vorbehalt** in Art 131 EGBGB, **Übergangsvorschriften** in Art 173, 182 EGBGB.

11 **8. Sonderfälle. a)** Gemeinschaftliches Eigentum nach dem Wohnungseigentumsgesetz (WEG) vom 15. 3. 1951 (BGBl I 175). Das **Wohnungseigentum** (Teileigentum) stellt eine Abart des Miteigentums nach Bruchteilen dar. Es handelt sich um Eigentum, das sich zusammensetzt aus Eigentum nach Bruchteilen an den gemeinschaftlichen Teilen des Hausgrundstücks und aus Sondereigentum an einer Wohnung (oder an nicht zu Wohnzwecken dienenden Räumen eines Gebäudes). Bestritten wird, ob das Sondereigentum im Miteigentum, zu dem es gehört, einschränkt, so §§ 3, 7 WEG (hM, vgl BGH 49, 251; Köln Rpfleger 1984, 268; MüKo/Schmidt § 1008 Rz 36) oder ob es sich vom Miteigentum dogmatisch unterscheidet. Vieles spricht für die Ansicht Merles (Das Wohnungseigentum im System des bürgerlichen Rechts, 1979), das Wohnungseigentum als grundstücksgleiches Recht eigener Art zu beschreiben (Staud/Gursky § 1008 Rz 4).

12 **b)** Miteigentum (Gemeinschaft) der Anteilinhaber nach §§ 6, 10 I, 17 III des Gesetzes über **Kapitalanlagegesellschaften. c)** Sammelverwahrung von Wertpapieren gemäß §§ 5ff **Depotgesetzes. d)** Miteigentum an **See-** oder **Binnenschiffen** ist unabhängig von Registrierung im Schiffsregister möglich (MüKo/Schmidt § 1008 Rz 40; aA AG Bremerhaven MDR 1950, 110 m abl Anm Lindenmaier).

13 **IV. Gesamthandseigentum.** Deutschrechtlichen Ursprungs. Setzt Gemeinschaft zur gesamten Hand voraus.
1. Fälle sind im Gesetz geschlossen aufgeführt und zwar **a)** im BGB: Vermögen der Gesellschaft (§§ 705ff, 718ff), des nichtrechtsfähigen Vereins (§ 54), Gesamtgut der ehelichen Gütergemeinschaft (§§ 1416ff), fortgesetzte Gütergemeinschaft (§ 1485ff). Nachlaß der Erbengemeinschaft vor Auseinandersetzung (§ 2032ff). **b)** Außerhalb des BGB: Vermögen der OHG (§ 105 HGB), der KG (§ 161 II HGB), der Reederei (§ 489 HGB). **c)** Im Landesrecht gemäß Art 113, 164, 181 II EGBGB, insbesondere Realgemeinden und ähnliche Verbände. Andere als die erwähnten Fälle können rechtsgeschäftlich nicht geschaffen werden. Die Interessenten müssen vielmehr eine der gesetzlich vorgesehenen Gemeinschaften eingehen (RG SeuffA 88 Nr 8).
2. Rechtsnatur. Eigentum steht einer Personengemeinschaft zu, jedoch nicht nach – realen oder ideellen – Bruchteile, sondern ungeteilt in personenrechtlicher Verbundenheit. Der einzelne hat – keinen besonderen Eigentumsanteil. Sein Anteil am Gesamthandsvermögen ergibt sich rechnerisch erst nach Auflösung der Gemeinschaft. Er kann deshalb auch nicht im Grundbuch erscheinen. Nach der Ordnungsvorschrift des § 47 GBO ist das für die Gemeinschaft maßgebende Verhältnis im Grundbuch zu vermerken.

14 **3.** Seine **Ausgestaltung** erfährt das Gesamthandseigentum vom Personenrecht her. Der einzelne kann über das Gesamthandseigentum nicht verfügen, lediglich unter bestimmten Voraussetzungen über seine Beteiligung an der Gesamthandsgemeinschaft (zB § 2033 I), siehe Kommentierung zu § 705 und § 741 Rz 2. Die Gesamthandsgemeinschaften sind entsprechend ihrem Zweck verschieden geregelt.

1008 *Miteigentum nach Bruchteilen*
Steht das Eigentum an einer Sache mehreren nach Bruchteilen zu, so gelten die Vorschriften der §§ 1009 bis 1011.

Zum Miteigentum generell vgl zunächst vor § 1008 Rz 1–11. Neben den Spezialnormen der §§ 1008–1011 gelten die Regeln der Bruchteilsgemeinschaft, §§ 741–758, s die dortige Kommentierung. 1

Das **Miteigentum nach Bruchteilen** besteht aus ideellen Anteilen, die Eigentum sind. Auf jeden Anteil sind 2 grundsätzlich die Vorschriften für das Alleineigentum anzuwenden (BGH 36, 368, s vor § 1008 Rz 5–9). Grds steht jedem Miteigentümer **Mitbesitz** zu (RG 69, 40); jedoch wird Besitzverhältnis idR durch Verwaltungsmaßnahme nach §§ 744, 745 geregelt sein.
Miteigentumsanteile sind „Sachen" im Sinne der §§ 562, 581 II, 1258. Verkauf des Anteils bleibt Verkauf einer Sache (§§ 433ff!). Belasten Miteigentümer gemeinschaftlich das Grundstück mit einer Hypothek, so entsteht an den einzelnen Grundstücksbruchteilen Gesamthypothek (RG 146, 365; KG JR 1957, 420). Der einzelne kann über seinen Anteil frei verfügen (§ 747 S 1). Über die ganze Sache oder einen realen Teil von ihr können aber nur alle Miteigentümer gemeinschaftlich verfügen (§ 747 S 2).

Die Größe jedes Anteils bestimmt sich nach dem Rechtsverhältnis. Im Zweifel sind die Anteile gleich groß 3 (§ 742). Erwerben zB nicht in Gütergemeinschaft lebende Eheleute Grundstücke, so sind sie, falls Erwerbsurkunde nicht anderes ergibt, zu gleichen Teilen berechtigt (BayObLG MDR 1983, 763). die Miete eines im Miteigentum stehenden Grundstücks ist von der Gemeinschaft einzuziehen und für notwendige Ausgaben des Grundstücks zu verwenden, dem einzelnen Miteigentümer steht nur Anteil am Überschuß zu; nur an diesen kann sich der Gläubiger des Miteigentums halten (RG 89, 77). Wird gemeinschaftliche Sache statt Anteils gepfändet, so können die übrigen Miteigentümer nach § 771 ZPO widersprechen (RG 114, 241).

Eine **Bruchteilsgemeinschaft** an einem **Miteigentumsanteil (Unterbeteiligung)** kann rein dinglich (sachen- 4 oder grundbuchrechtlich) nicht bestehen. Wird zB der an einem Grundstück bestehende Miteigentumsanteil von einem Drittel auf 3 Personen zu Bruchteilen übertragen, so entsteht hinsichtlich des Drittels keine besondere Bruchteilsgemeinschaft, die Erwerber treten vielmehr mit je einem Neuntel in die das Grundstück betreffende Bruchteilsgemeinschaft ein (KG RJA 16, 299 = KGJ 51, 198; BGH WM 1979, 333; BGH 49, 250; 13, 141; BayObLG 58, 201; Rpfleger 1979, 302; MüKo/Schmidt Rz 17). Zur weiteren Aufteilung des Bruchteilseigentums siehe auch BGH 49, 250. Sie ist nur bei gleichzeitiger Teilveräußerung möglich. Eine **Vorratsteilung** in der Hand des alten Miteigentümers gibt es nicht. Umgekehrt verschmelzen zwei Bruchteile zu einem, wenn ein Miteigentümer zu seinem bisherigen Anteil einen weiteren erwirbt (BayObLG 1918, 163; LG Köln RhNk 1977, 32). Belastete Anteile bestehen aber für die Zwangsvollstreckung als fiktive fort (BayObLG NJW-RR 1996, 1041). Die zwischen den bisherigen Miteigentümern getroffene, im Grundbuch eingetragene Regelung der Verwaltung und Benutzung des Grundstücks wirkt gemäß § 1010 auch gegen die neuen Miteigentümer (KG aaO; LG Berlin NJW 1956, 471).

Für das eine besondere Abart des Miteigentums darstellende **Wohnungseigentum** – dazu siehe vor § 1008 5 Rz 11 – ist dagegen ein Miteigentum nach Bruchteilen zu bejahen (Neustadt DNotZ 1960, 149; vgl auch BayObLG NJW 1958, 2116; Riedel JZ 1951, 625; Weitnauer DNotZ 1960, 115); nicht dagegen ein Wohnungseigentum am Wohnungseigentum (Unterwohnungseigentum), Köln Rpfleger 1984, 268.

1009 *Belastung zugunsten eines Miteigentümers*
(1) Die gemeinschaftliche Sache kann auch zugunsten eines Miteigentümers belastet werden.
(2) Die Belastung eines gemeinschaftlichen Grundstücks zugunsten des jeweiligen Eigentümers eines anderen Grundstücks sowie die Belastung eines anderen Grundstücks zugunsten der jeweiligen Eigentümer des gemeinschaftlichen Grundstücks wird nicht dadurch ausgeschlossen, dass das andere Grundstück einem Miteigentümer des gemeinschaftlichen Grundstücks gehört.

Wird die ganze Sache **zugunsten eines Miteigentümers belastet**, so müssen alle, auch der Erwerber, zustimmen. Dieser handelt dann zugleich als Berechtigter und Verpflichteter. § 1009 gestattet dies entgegen dem Grundsatz des § 181 (RG 47, 209). Dem Grundbuchamt ist an sich auch die Eintragungsbewilligung des auf seiten der Veräußerer stehenden Erwerbers vorzuweisen. Stellt dieser jedoch den Eintragungsantrag, so kann sich das Grundbuchamt mit den Eintragungsbewilligungen der übrigen Miteigentümer begnügen, weil damit stimmt er stillschweigend deren Verfügung zu; allerdings bedarf der Eintragungsantrag dann der Form des § 29 GBO. Wird für den Miteigentümer eine Hypothek bestellt, so ist diese am ganzen Grundstück und an den übrigen Anteilen Fremdhypothek, am eigenen Anteil Eigentümergrundschuld (KG JR 1957, 420; MüKo/Schmidt Rz 6). Die Zwangsvollstreckung kann der Miteigentümer in das ganze Grundstück und die übrigen Anteile, nicht aber in seinen eigenen betreiben (Staud/Gursky Rz 3; Wolff/Raiser § 145 IV). §§ 1063, 1177, 1197, 1256 kommen also nicht zum Zuge, soweit die Belastung des ganzen Grundstücks in Frage steht. 1

Abs II betrifft die subjektiv-dinglichen Rechte: Grunddienstbarkeit (§ 1018), Vorkaufsrecht (§ 1094 II), Reallast 2 (§ 1105 II). Aus § 1009 II, 1095 folgt, daß Vorkaufsrecht auch am dem Anteil eines Miteigentümers zugunsten des jeweiligen Inhabers eines anderen Anteils des gemeinschaftlichen Grundstücks eingeräumt werden kann, vgl BayObLG 1958, 201; Anwendungsbeispiel BGH NJW 1962, 1344.

Auf das **Gesamthandseigentum** ist § 1009 auch nicht entsprechend anwendbar (aA Stuttgart OLG 15, 410); 3 dafür besteht kein Bedürfnis, da sich die Gesamthand wegen ihrer rechtssubjektiven Verselbständigung als Zuordnungssubjekt ohnehin von den Gesamthändern vollkommen unterscheidet (MüKo/Schmidt Rz 2; Staud/Gursky Rz 9).

§ 1010 Sondernachfolger eines Miteigentümers

(1) Haben die Miteigentümer eines Grundstücks die Verwaltung und Benutzung geregelt oder das Recht, die Aufhebung der Gemeinschaft zu verlangen, für immer oder auf Zeit ausgeschlossen oder eine Kündigungsfrist bestimmt, so wirkt die getroffene Bestimmung gegen den Sondernachfolger eines Miteigentümers nur, wenn sie als Belastung des Anteils im Grundbuch eingetragen ist.

(2) Die in den §§ 755, 756 bestimmten Ansprüche können gegen den Sondernachfolger eines Miteigentümers nur geltend gemacht werden, wenn sie im Grundbuch eingetragen sind.

1 Bei **beweglichen Sachen** wirken Vereinbarungen über Verwaltung und Benutzung oder Aufhebung der Sache gem §§ 746, 751 grundsätzlich gegenüber Sondernachfolger. Abs I bewirkt für **Grundstücke** insoweit eine Ausnahme als die dingliche Wirkung von der Grundbucheintragung abhängig gemacht wird.

2 Verwaltung und Benutzung: §§ 744ff, Ausschluß der Aufhebung: §§ 749ff. Diese Vorschriften bleiben maßgeblich, soweit sie *für* den Sondernachfolger wirken (München NJW 1955, 637). *Gegen* ihn wirken sie erst ab Eintragung, selbst wenn er bösgläubig, das heißt, wenn ihm die unter den Miteigentümern getroffene Regelung bekannt ist, ja sogar, wenn er in dem Vertrag mit dem bisherigen Miteigentümer besonders und ausdrücklich auf sie hingewiesen worden ist. Zur Eintragung des Ausschlusses der Aufhebung der Gemeinschaft s BayObLG Rpfleger 1976, 304. Vereinbarungen über die Teilung des Grundstücks sind nicht eintragungsfähig (Frankfurt Rpfleger 1976, 397). Mit Rücksicht auf die fragwürdige Vorschrift des § 1010 I hat der BGH in seiner Entscheidung 40, 326 es dem Veräußerer zur Pflicht gemacht, in anderer Weise dafür zu sorgen, daß sich der Erwerber an die vereinbarte Regelung hält. Denn der Veräußerer ist nach wie vor an die Regelung gebunden und darf nichts tun, was diese vereiteln könnte. Die Pflicht des Veräußerers folgt unmittelbar aus der Regelung selbst. Sonach haftet er den anderen Miteigentümern für einen bestimmten Leistungserfolg und wird auch ohne ein Verschulden schadensersatzpflichtig, wenn dieser nicht eintritt. Im übrigen verbleibt es auch hier bei den §§ 749, 750, 751 S 2 und § 84 II InsO. Trotz entgegenstehender Eintragung bleiben sonach das Kündigungsrecht des Miteigentümers aus wichtigem Grund und – bei zeitlichem Ausschluß – das im Zweifel an den Tod eines Teilhabers geknüpfte Aufhebungsrecht erhalten, auch wirkt nicht das eingetragene Teilungsausschluß gegen Pfändungsgläubiger und in der Insolvenz. Von dieser hA weichen zum Teil ab Hoffmann JuS 1971, 23 Fn 21; Furtner NJW 1957, 1620 und 1969, 871.

3 **Sondernachfolger** iSd Vorschrift ist nur der sachenrechtliche Rechtsnachfolger, so daß § 1010 nicht für schuldrechtliche Rechtsnachfolge gilt, zB nicht für Gläubiger eines Miteigentümers, der Mietansprüche gepfändet hat (RG 89, 179; anders Frankfurt NJW 1958, 65).

4 **Eintragungsfähig** sind zB Abreden, daß bestimmte Gegenstände (Leiter) gemeinschaftlich benutzt und unterhalten werden (KG OLG 43, 5); daß Aufhebung durch Zwangsversteigerung erst bei bestimmtem Mindestgebot (KGJ 33, 24; Köln OLG 70, 276) oder nur nach Zustimmung Dritter (KGJ 51, 198) erfolgen dürfe; „Stockwerkseigentum" in Form der gegenseitigen Einräumung eines Benutzungsrechtes nach Stockwerken und Ausschluß der Teilung (BayObLG Rpfleger 1973, 246, 247); daß periodischer Mieteinnahmen ausgekehrt werden (Frankfurt NJW 1958, 65). Eine Nutzungsregelung für Doppelstockgaragen, an dessen Sondereigentum eine Bruchteilsgemeinschaft mehrerer Miteigentümer besteht, kann nach § 15 I WEG auch als Inhalt des Sondereigentums im Bestandsverzeichnis des Grundbuchs eingetragen werden (BayObLG NJW-RR 1994, 1427; Frankfurt Rpfleger 2000, 212). **Nicht eintragungsfähig** sind zB Abreden über Lasten- und Kostentragung der gemeinschaftlichen Sache (Hamm DNotZ 1973, 546; aA BayObLG DNotZ 1993, 391 mwN); über Art und Weise der Durchführung der Aufhebung (Teilungsabreden Frankfurt Rpfleger 1976, 397); über Beschränkung der durch § 747 gewährten Verfügungsbefugnis etwa durch Zustimmung eines anderen Miteigentümers (Hamm DNotZ 1973, 551; Walter DNotZ 1975, 518, 529; aA Rendtorff JurBüro 1976, 993).

5 Die Eintragung ist nach hM **Belastung**, keine Verfügungsbeschränkung (vgl KGJ 52, 113; Hamm DNotZ 1973, 546; BayObLG DNotZ 1976, 745); sie ist im Rangverhältnis zu anderen Belastungen des Miteigentumsanteils (LG Zweibrücken Rpfleger 1965, 56). Die Eintragung richtet sich nach §§ 873ff und §§ 19ff GBO und hat konstitutive Wirkung (Staud/Gursky Rz 6). Nur und jeder Miteigentümer, dessen Anteil betroffen ist, muß Eintragungsbewilligung abgeben (BGH MDR 1981, 846). Grundsätzlich ist der jeweilige Miteigentümer als Berechtigter anzusehen. Ein Anspruch auf Abgabe einer Eintragungsbewilligung besteht ohne weitere materielle Zustimmungserklärung schon auf der Grundlage der vereinbarten Benutzungsregelung (Frankfurt DNotZ 1990, 298). Soll die Auseinandersetzung bis zu einem bestimmten Zeitpunkt ausgeschlossen sein, so muß die Eintragung ergeben, zu wessen Gunsten dies gilt. Denkbar ist auch, daß nur die zZ der Antragstellung eingetragene Miteigentümer oder sogar im Grundbuch nicht eingetragener Dritter berechtigt sein sollen, vgl LG Bielefeld Rpfleger 1960, 289; zur Eintragung zugunsten Dritter s Hamm JMBl NRW 1960, 162 und DNotZ 1973, 546; BayObLG DNotZ 1976, 745. Nach Pöschel (BWNotZ 1974, 79ff) und Staud/Gursky Rz 11 bedarf es einer Angabe des/der Berechtigten der Belastung nicht, da dies grundsätzlich alle übrigen Miteigentümer seien. Nach § 874 ist für den Inhalt der Vereinbarung die Bezugnahme auf die Eintragungsbewilligung zulässig. Eintragung „Verwaltungs- und Benutzungsregelung" genügt (BayObLG Rpfleger 1973, 246; Walter DNotZ 1975, 527). Zur Kennzeichnung der Grundstücksteile, auf die sich Vereinbarung bezieht, kann in der Eintragungsbewilligung auf eine allgemein zugängliche Karte (Lageplan, Skizze uä) Bezug genommen werden, wobei Karte als Orientierungshilfe die Lage des Grundstückes erkennen lassen muß (Hamm DNotZ 1973, 546). Endet die Gemeinschaft, so wird die Belastung gegenstandslos; sie kann daher für die Zeit danach nicht gesichert werden (BayObLG MittBayNot 1964, 275).

6 **Abs II.** Eintragung der Ansprüche aus §§ 755, 756 erfolgt nach hM ebenfalls als **besondere Belastung** in Abt II, nicht als Sicherungshypothek oder Vormerkung (Staud/Gursky Rz 18). Der Anspruch aus § 755 belastet das ganze Grundstück; der Anspruch aus § 756 den Anteil des/der schuldenden Miteigentümer.

Zur Frage, ob eine Bruchteilsgemeinschaft an einem Miteigentumsanteil (**Unterbeteiligung**) bestehen kann, 7
siehe § 1008 Rz 4.

Der § 1010 steht entgegen LG München I BayNotV 1972, 294 einer Verwaltungs- und Benutzungsregelung zwi- 8
schen Eigentümer eines Grundstücks und dem Nießbraucher an einem ideellen Bruchteil dieses Grundstücks
(siehe dazu § 1066 Rz 4) nicht entgegen. § 1010 gilt nicht für Miterbengemeinschaft (KG DNotZ 1944, 15) und
sonstige Gesamthandsgemeinschaften (BayObLG 1952, 246).

1011 *Ansprüche aus dem Miteigentum*
Jeder Miteigentümer kann die Ansprüche aus dem Eigentum Dritten gegenüber in Ansehung der ganzen Sache geltend machen, den Anspruch auf Herausgabe jedoch nur in Gemäßheit des § 432.

I. **Miteigentümer** kann **folgende Ansprüche** geltend machen: **1.** Gegen **Dritte**. Ansprüche a) aus Eigentum – 1
und zwar aus dem Gesamteigentum; dafür muß er Miteigentum aller nachweisen, wobei ihm allerdings § 1006
zugute kommt; aa) dingliche: §§ 894, 903, 985ff, 1004, 1005; bb) persönliche: §§ 987, 989, 990; b) aus Besitz:
§§ 859, 861f, 867, 1007; c) aus unerlaubter Handlung: §§ 823ff (BGH NJW 1993, 727), soweit nicht durch Sonderregelung der §§ 987ff ausgeschlossen; d) aus ungerechtfertigter Bereicherung, vgl BGH NJW 1953, 59. Herausgabe kann er nur an alle fordern (§ 432; BGH NJW 1993, 935); an sich selbst nur, wenn die übrigen dem zustimmen (Köln FamRZ 1959, 460) oder die Sache nicht besitzen wollen oder können (Wolff/Raiser § 84 III 1b; Pal/Bassenge Rz 2). Hierunter fallen auch Ansprüche auf Nutzungen und Schadensersatz (§§ 987, 989, 990, 823ff), soweit in natürlichem oder wenigstens in rechtlichem Sinn unteilbar; letzteres trifft zu, wenn nach dem Innenverhältnis Miteigentümer nur insgesamt über das Geforderte zu bestimmen haben (BGH NJW 1953, 59); sind sie teilbar, so kann jeder nur seinen Teil fordern, weil es insoweit an einer Gemeinschaft fehlt. Auf Feststellung seines und aller Miteigentümer Anteils kann er klagen (RGRK Anm 1, Pal/Bassenge Rz 2); ebenso gem § 771 ZPO. Eine Klage auf Feststellung der Nichtigkeit eines Mietvertrages durch einen der Miteigentümer, die zugleich Vermieter sind, unterfällt nicht dem Anwendungsbereich des § 1011, sondern § 62 Alt 2 ZPO (Celle NJW-RR 1994, 854). § 1011 kann auch auf die Anmeldung vermögensrechtlicher Ansprüche auf Rückgabe an alle Miteigentümer angewendet werden. Die Anmeldung eines Miteigentümers gilt jedoch nicht gleichzeitig als Antrag der übrigen Miteigentümer, so daß ein solcher Antrag auch nicht die Anmeldefrist für die übrigen Miteigentümer wahrt (BVerwG ZIP 1998, 804).

Das zwischen einem Miteigentümer und Dritten ergangene Urteil äußert **keine Rechtskraft** für oder gegen die 2
übrigen Miteigentümer (BGH 79, 247 mwN; aA für Rechtskraft eines der Klage stattgebenden Urteils, MüKo/Schmidt Rz 8 mwN). Hat ein Miteigentümer aber der Klage **zugestimmt**, so erwächst das Urteil auch ihm gegenüber in Rechtskraft (BGH NJW 1985, 2825). Klagt nur ein Miteigentümer, so handelt er in **gesetzlicher Prozeßstandschaft**; er kann jedoch allein klagen, wenn er ein Recht aus dem Miteigentumsbruchteil selbst geltend macht, wie zB den Anspruch aus der Beeinträchtigung einer Grunddienstbarkeit gemäß §§ 1027, 1004 (BGH NJW-RR 1999, 166). Klagen mehrere Miteigentümer gemeinsam, so sind sie *keine* notwendigen Streitgenossen (BGH 92, 351 = NJW 1985, 385; aA bislang hM, zB RG 60, 270).

2. Gegen **Miteigentümer** sind seine Ansprüche naturgemäß auf sein Teilrecht beschränkt; Besitzschutz dem- 3
entsprechend nur im Rahmen des § 866 (RG 69, 40), anders, wenn Besitzverhältnis abweichend vereinbart (RG 146, 336). Ansprüche ergeben sich schließlich aus §§ 743, 744, 745 II, 748, 1004.

II. Auf Miteigentümer zur gesamten Hand ist § 1011 nicht entsprechend anzuwenden (BGH WM 1964, 651). 4

1012-1017 (weggefallen)

Verordnung über das Erbbaurecht

vom 15. Januar 1919 (RGBl. I S. 72, 122), zuletzt geändert durch das Gesetz zur Änderung des Rechts der Vertretung durch Rechtsanwälte vor den Oberlandesgerichten (OLG-Vertretungsänderungsgesetz – OLG-VertrÄndG) vom 23. Juli 2002 (BGBl. I S. 2850)

Vorbemerkung

Schrifttum: *Böttcher,* Praktische Fragen des Erbbaurechts, 4. Aufl 2002; *Dedekind,* Der Konflikt zwischen Erbbauzinsreallast und Finanzierungspfandrecht, MittRhNotK 1993, 109; *Dieckgräf,* Gesamterbbaurecht am ideellen Miteigentumsanteil eines Zuwegungsgrundstücks, DNotZ 1996, 338; *Eichel,* Neuregelung des Erbbauzinses nach dem Sachenrechts-Änderungsgesetz, MittRhNotK 1995, 193; *Grauel,* Verlängerung der Laufzeit eines Erbbaurechts und Aufhebung eines Erbbaurechts, ZNotP 1998, 456; *Grauel,* Teilung eines Erbbaurechts, ZNotP 1997, 21; *Habel,* Rechtliche und wirtschaftliche Fragen zum Untererbbaurecht, MittBayNot 1998, 315; *Handschumacher,* Zinssicherung in der Zwangsversteigerung des Erbbaurechts, 1993; *Ingenstau/Hustedt,* Kommentar zum Erbbaurecht, 8. Aufl 2001; *Klados/Schlaffke,* Anpassung des Erbbauzinses bei Fehlen einer Anpassungsklausel, ZMR 1997, 389; *Klar,* Die neue Erbbauzinsreallast, BWNotZ 1995, 142; *Klawikowski,* Neue Erbbauzinsreallast, Rpfleger 1995, 145; *Linde/Richter,* Erbbaurecht und Erbbauzins, 3. Aufl 2001; *Maaß,* Auswirkungen des Sachenrechtsänderungsgesetzes auf die Vereinbarung des Erbbauzinses, NotBZ 1997, 44; *Maaß,* Die Beendigung des Erbbaurechts, NotBZ 2002, 389; *Mayer-Maly,* Das alte und das neue Leitbild des Erbbaurechtsvertrages, NJW 1996, 2015; *Mohrbutter/Mohrbutter,* Die Neuregelung des Erbbauzinses, ZIP 1995, 806; *v Oefele,* Änderung der Erbbauzinsreallast durch das Sachenrechtsänderungsgesetz, DNotZ 1995, 643; *v Oefele,* Zur Rechtsacheeigenschaft des Bauwerks gemäß § 1 Abs. 2 ErbbauVO, MittBayNot 1992, 29; *v Oefele/Winkler,* Handbuch des Erbbaurechts, 3. Aufl 2003; *Panz,* Zum Rang des Erbbaurechts, BWNotZ 1991, 133; *Panz,* Nochmals: Die Neuregelung des § 9 ErbbauVO, BWNotZ 1996, 5; *Stöber,* Die nach Inhaltsvereinbarung bestehenbleibende Erbbauzins-Reallast, Rpfleger 1996, 136; *Streuer,* Gleitklausel beim Erbbauzins, Rpfleger 1997, 18; *Volmer,* Erbbauzinsreallast mit automatischer Gleitklausel?, ZfIR 1997, 452; *Weber,* Rangvorbehalt bei der neuen Erbbauzinsreallast – Zur Problematik nach dem Sachenrechtsbereinigungsgesetz, Rpfleger 1998, 5; *Winkler,* Das Erbbaurecht, NJW 1992, 2514; *Wufka,* Einzelne Problembereiche des Erbbaurechts, MittBayNot 1989, 13.

I. Allgemeines

1 **1. Rechtsquellen. a)** Übergangsvorschriften für vor Inkrafttreten des BGB bestehende Einrichtungen: Art 181f, 184, 189, 196 EGBGB. Landesrecht Art 131, 133 EGBGB.

2 **b)** §§ 1012–1017 BGB für vor Verkündung (22. 1. 1919) der VO über das Erbbaurecht vom 15. 1. 1919 (RGBl I 72) begründete Erbbaurechte (§§ 35, 38).
c) ErbbauVO für danach entstandene Erbbaurechte.
d) §§ 1 I Nr 2, 112 SachenRBerG betrifft Erbbaurechte, die unter § 5 II EGZGB-DDR v 19. 6. 1975 (GBl I 517) fallen.

3 **2. Wesen.** Das auf einem Grundstück lastende, veräußerliche und vererbliche Recht, auf oder unter der Oberfläche des Grundstücks ein Bauwerk zu haben (§ 1012 BGB, § 1 I). Nur Recht, keine Pflicht zum Bauen, es sei denn, daß vertraglich besonders vereinbart, vgl § 2 Nr 1. Liegenschaftliche Gerechtigkeit besonderer Art:

4 **a) Dingliches Recht** (entfällt daher bei rein schuldrechtlichen Beziehungen wie zB Pachtvertrag) an fremder Sache, dh am Grundstück, das im Eigentum des Bestellers verbleibt und vom Berechtigten als Baugrund verwandt werden soll (RG 61, 2); in der Hauptsache nicht für andere Zwecke, zB Pflanzungen, landwirtschaftliche Nutzung. Erstreckung auf nicht bebauten Grundstückteil zulässig. (§ 1013 BGB, § 1 II). Beschränkung auf Gebäudeteil, zB Stockwerk, unzulässig (§ 1014 BGB, § 1 III). Zum landesrechtlichen Stockwerkseigentum s Art 182 EGBGB.

5 **b) Grundstücksgleiches Recht** (§ 1017 BGB, § 11 I 1), daher weitgehend den für das Grundeigentum geltenden Vorschriften unterstellt, insbesondere den §§ 93ff, 303, 311b I, 416, 436, 438, 442, 446, 448, 648, 753, 836f, 861ff BGB, – im Rahmen des § 1017 BGB auch §§ 925f BGB (anders § 11), 927 BGB (str, anders § 11) – 985ff, 1004, 1009, 1011, 1424, 1807 I Nr 1 BGB, II (vgl §§ 18ff), 1821 BGB; §§ 864ff, 932 ZPO (für Zwangsvollstreckung gilt auch das ZVG); § 22 II GBO; sowie sonstige sich auf Grundstücke beziehende Rechtsvorschriften, soweit sich nicht aus deren Inhalt, Sinn und Zweck oder aus den Vorschriften über das Erbbaurecht ein anderes ergibt (RG 108, 70); zur Anwendung des § 571 BGB aF (= § 566 BGB) siehe BGH MDR 1972, 223; nicht anzuwenden §§ 905 (RG 1972, 305), 928 BGB (Rostock RJA 8, 278) und gemäß § 11 die §§ 925, 927, 928 BGB. Weil das Erbbaurecht grundsätzlich wie ein Grundstück behandelt wird, kann es auch belastet werden.

6 **c)** Steht einer bestimmten Person zu **(subjektiv-persönlich)**, aber nicht höchstpersönlich, sondern im Gegensatz zum Grundsatz bei den beschränkt-persönlichen Dienstbarkeiten veräußerlich und vererblich; dieses Erfordernis ist unabdingbar (KGJ 35 A 252). Vereinbartes Veräußerungsverbot fällt unter § 137 BGB, bindet daher Dritten nicht; seine Eintragung im Grundbuch ist unzulässig. Bestr, ob die im Verhältnis Grundstückseigentümer zu Erbbauberechtigten wirksame schuldrechtliche Verpflichtung (§ 137 II BGB) durch Vormerkung gesichert werden kann: dagegen mit Recht Staud/Rapp § 1 Rz 26, dafür die allerdings zu § 1012 BGB ergangene Entscheidung des KG RJA 9, 271); zulässig ist es dagegen, die bei einem Verstoß gegen ein Veräußerungsverbot als Folge eintretende Rückübertragungspflicht durch eine Vormerkung zu sichern. Dagegen sind Beschränkungen der Veräußerlichkeit als Inhalt des Erbbaurechts und nicht nur mit schuldrechtlicher Wirkung zulässig. Die ErbbauVO zählt in den §§ 5–8 derlei Beschränkungen auf, die zum Inhalt des Erbbaurechts gemacht werden können. Personal-, nicht Realrecht. Jedoch kann es einem anderen Grundstück als Bestandteil zugeschrieben werden (§ 890 II BGB), auch kann es gemäß § 890 I BGB mit einem Grundstück vereinigt werden. Diese Verbindung kann aber der

Erbbauberechtigte jederzeit wieder einseitig lösen; anders beim Vorkaufsrecht (§ 1103 BGB) und der Reallast (§ 1110 BGB). Erbbaurecht kann für Grundstückseigentümer bestellt werden (Düsseldorf NJW 1957, 1194, Weitnauer DNotZ 1958, 352) sogenanntes Eigentümererbbaurecht (siehe § 1 Rz 18).

§§ 15, 32ff SachenRBerG sehen das Erbbaurecht als eine Möglichkeit der Lösung der Probleme der Nutzungsrechte im Beitrittsgebot vor. Diese Vorschriften gehen den Bestimmungen der ErbbauVO vor (§ 60 I SachenRBerG), schließen ihre Anwendbarkeit aber regelmäßig nicht aus (vgl Vossius SachenRBerG, 2. Aufl 1996, vor § 32 Rz 2). **7**

d) Entgelt (**Erbbauzins**) nicht wesentlich, aber zulässig und üblich (RG 61, 3; § 9). Angemessener Erbbauzins vermeidet bei einem Betriebsgrundstück, das mit einem Erbbaurecht belastet wird, eine steuerpflichtige Entnahme auch bei einer Privatnutzung (BFH BStBl II 1998, 665). Dessen dingliche Sicherung durch Einigung und Eintragung als dem jeweiligen Grundstückseigentümer zustehende Reallast (§§ 1105ff BGB) in das Erbbaugrundbuch. Für neue Erbbaurechte vgl § 9. **8**

e) Aus dem Erbbaurecht kann der Erbbauberechtigte gegen den Grundstückseigentümer keinen Anspruch auf Fernhaltung lästiger **Konkurrenz** herleiten, wie er allenfalls einem gewerblichen Mieter gegen den Vermieter zusteht (vgl Karlsruhe DRsp 154, 54 b). **9**

3. Entstehung durch **a) Rechtsgeschäft**, und zwar Einigung und Eintragung (§ 873 BGB). **aa)** früher **Einigung** in der Form der Auflassung (§ 1015 BGB), jetzt nach § 11 sachlich-rechtlich formlos, aber verfahrensrechtlich formbedürftig (§ 37 ErbbauVO; §§ 20, 29 GBO); Ausnahme vom formellen Konsensgrundsatz. Die Einigung muß alles umfassen, was nach § 1 den Begriff und Inhalt des Erbbaurechts ausmacht und was darüber hinaus gemäß den §§ 2–8 durch Abrede noch zum Inhalt des Erbbaurechts gemacht werden soll. Bestellung zulässig unter aufschiebender Bedingung (§ 158 I BGB) oder Zeitbestimmung (§ 163 BGB). Für neue Erbbaurechte ausdrückliches Verbot der auflösenden Bedingung (§ 1 IV S 1). Eigentümererbbaurecht wird durch einseitige Erklärung des Grundstückseigentümers bestellt. **bb)** Erfordernis für das Entstehen des Erbbaurechts ist ferner seine Eintragung in der Lastenabteilung des für das Grundstück bestehenden Grundbuchblattes, denn das Erbbaurecht ist seiner Rechtsnatur nach eine Belastung des Grundstücks, an dem es besteht. Gleichzeitig wird für das Erbbaurecht ein besonderes Grundbuchblatt – das Erbbaugrundbuch – angelegt. Dazu siehe zu § 14 Rz 1. **10**

Der auf Begründung eines Erbbaurechts zielende **Verpflichtungsvertrag** unterliegt nach § 11 dem **Formzwang** des § 311b I S 1 BGB. Auch dessen Satz 2 ist anwendbar. Dem Erfordernis notarieller Beurkundung unterliegen alle Abreden, die in innerem Zusammenhang mit dem Erbbaurechtsvertrag als solchen stehen, sie können nicht zum Gegenstand eines gesonderten Vertrags gemacht werden (BGH DNotZ 1967, 495). Jedoch genügt ein notariell beurkundeter, schuldrechtlicher Erbbaurechtsbestellungsvertrag dem Beurkundungs- und Bestimmungserfordernis auch dann, wenn er die nähere Bestimmung der zu belastenden Grundstücke einem Vertragspartner oder einem Dritten überläßt (BGH MDR 1973, 1013). Ein Erbbaurechtsbestellungsvertrag wird nicht dadurch unwirksam, daß der Erbbauberechtigte das Gebäude nur zum Teil auf dem Erbbaugrundstück und zum Teil auf anderem Gelände errichtet; er ist vielmehr nur dann nichtig, wenn die Parteien derlei von vornherein vereinbarten (BGH MDR 1973, 1013). **11**

Solange das Erbbaurecht noch nicht im Grundbuch eingetragen und der Erbbauvertrag noch nicht dinglich vollzogen ist, hat die Rechtsbeziehung zwischen den Parteien rein schuldrechtlichen Charakter. Die Parteien können deshalb auch die Rechte aus § 326 BGB geltend machen, insbesondere zurücktreten (BGH MDR 1961, 490). Ist das Erbbaurecht aber eingetragen, so kommt der Schutzgedanke des § 1 IV S 1 gegenüber einem **Rücktrittsrecht** zum Tragen. Ein vertragliches Kündigungsrecht ist dann unwirksam; ein gesetzliches Kündigungsrecht wegen Verletzung einer Vertragspflicht ist jedenfalls dann zu versagen, wenn gegen eine Verpflichtung verstoßen wird, welche die Parteien zum Inhalt des Erbbaurechts gemacht haben, zB gegen sogenannte Bebauungsklausel (BGH WM 1961, 1148). Auch die für die Kündigung von Dauerschuldverhältnissen entwickelten Grundsätze sind dann nicht anwendbar (BGH aaO; aA Hamburg MDR 1962, 132). Das Rücktrittsverbot gilt nicht nur für den Grundstückseigentümer, sondern auch für den Erbbauberechtigten bei einer Leistungsstörung auf Seiten des Grundstückseigentümers (BGH MDR 1969, 745). Hönn NJW 1969, 1669 möchte bei wesentlichen Störungen dem Grundstückseigentümer wie dem Erbbauberechtigten gemäß § 242 BGB einen Heimfallanspruch nach § 2 Nr 4 zubilligen, den der BGH MDR 1961, 490 jedoch offengelassen hat. Ob die Rechtslage anders wäre, wenn eine Vereinbarung rein schuldrechtlichen Charakters vorläge, hat der BGH WM 1961, 1148 offengelassen. **12**

Behördliche Genehmigungen und Grunderwerbsteuer. Die Bestellung, Verlängerung und Aufhebung eines Erbbaurechts unterliegt der Grunderwerbsteuer (§ 2 II Nr 1 GrEStG, vgl FinMin Bad-Württ DB 2002, 710 u Boruttau/Viskorf, GrEStG, 15. Aufl 2002, § 2 Rz 146ff; vgl auch § 2 Rz 3). Eine Genehmigung nach dem GrdStVG ist nicht erforderlich (Hamm OLG 66, 367 und BGH 65, 345, uA Lange, GrdStVG, 1962, § 2 Anm 3g). **13**

Gemäß § 51 I Nr 1 BauGB dürfen von der Bekanntmachung des Umlegungsbeschlusses bis zur Bekanntmachung des Umlegungsplanes (§ 71 BauGB) im Umlegungsgebiet nur mit schriftlicher Genehmigung der Umlegungsstelle Verfügungen über ein Grundstück getroffen werden. Unter die Verfügungen fällt auch die Einigung über die Begründung eines Erbbaurechts (Ernst/Otte in Ernst/Zinkahn/Bielenberg/Krautzberger, BauGB, § 51 Rz 5). **14**

Die Bestellung eines Erbbaurechts bedarf auch im förmlich festgelegten Sanierungsgebiet (§ 144 II Nr 1 BauGB) und im städtebaulichen Entwicklungsbereich (§ 169 I Nr 5 BauGB) der Genehmigung. Genehmigungspflichtig ist auch die Aufteilung in Wohnungs- und Teilerbbaurechte (§ 30 WEG) in einem Satzungsgebiet nach § 22 BauGB (§ 22 I S 2 BauGB). Demgegenüber ist die Erbbaurechtsbestellung keine Teilung iSv § 19 BauGB. Ein gemeindliches Verkaufsrecht besteht beim Kauf von Erbbaurechten nicht (§ 24 II BauGB). **15**

16 **b) Buchersitzung (§ 900 II BGB).** Voraussetzungen: Das Erbbaurecht muß 30 Jahre zu unrecht für einen Berechtigten im Grundbuch eingetragen gewesen sein, und der Berechtigte muß das Grundstück während dieser Zeit im – wenn auch nur mittelbaren – Eigenbesitz (§§ 868, 872 BGB) gehabt haben. Guter Glaube beim Erwerb oder während der Dauer des Eigenbesitzes ist nicht erforderlich, anders die Regelung des § 937 II BGB (Ersitzung beweglicher Sachen).

17 **c) Enteignung.** Die Ermächtigungsgrundlagen sind in Fachgesetzen enthalten. So lassen §§ 85ff BauGB die Bestellung eines Erbbaurechts zur Durchführung eines Bebauungsplanes im Weg der Enteignung zu. Der Grundstückseigentümer kann jedoch zum Abschluß eines Erbbaurechtsvertrages nicht gezwungen werden; er kann die Bestellung eines Erbbaurechts dadurch abwenden, daß er die Enteignung seines Grundstücks verlangt, § 92 II S 1 BauGB (s Krohn in FS Weyreuther, 1993, S 421, 423). Im Rahmen einer Umlegung nach dem BauGB kann ein Erbbaurecht als Abfindung nur mit Einverständnis des betroffenen Eigentümers bestellt werden (§ 59 IV Nr 3 BauGB, vgl Dieterich, Baulandumlegung, 4. Aufl 2000, Rz 267 u 295a).

18 **4. a) Übertragung.** Einigung und Eintragung im Erbbaugrundbuch (§ 873 BGB). Materiellrechtlich formlose Einigung ist in grundbuchmäßiger Form nachzuweisen (§§ 20, 29 GBO; §§ 11, 37). Übertragung unter Bedingung oder Befristung unzulässig (§ 11 I 2). Auf Übertragung zielender Verpflichtungsvertrag bedarf nach § 11 der notariellen Beurkundung nach § 311b I. Unbedenklichkeitsbescheinigung des Finanzamts ist erforderlich (§ 2 II Nr 1 GrEStG; vgl Hofmann, GrEStG, 7. Aufl 2001, § 2 Rz 20. Zum Erwerb eines mit einem Erbbaurecht belasteten Grundstücks siehe FinMin Bad-Württ ZfIR 2001, 510). Die Veräußerung eines Erbbaurechts ist gemäß §§ 51 I S 1 Nr 1, 144 II Nr 1 und 169 I Nr 3 BauGB genehmigungspflichtig (Löhr in Battis/Krautzberger/Löhr, BauGB, 8. Aufl 2002, § 51 Rz 20).

19 **b) Teilung.** Ist der Erbbauberechtigter befugt, mehrere Bauwerke auf dem Grundstück zu haben, so können hinsichtlich der einzelnen Bauwerke selbständige Erbbaurechte begründet werden; es handelt sich in Rechtssinn nicht um Teilerbbaurechte (vgl § 30 I WEG). Das Grundstück ist entsprechend in selbständige Einzelgrundstücke aufzuteilen, vgl BayObLG 20, 405; diese sind von den übrigen Erbbaurechten jeweils freizustellen (§§ 875f BGB). Ob ein Erbbaurecht teilbar ist, ergibt sich nur aus der Natur des Rechts im Einzelfall. Jedenfalls darf die neue Grundstücksgrenze nicht durch ein bereits stehendes Bauwerk gehen. Wird Erbbaurecht in Einzelrechte geteilt, so wird damit auch der Inhalt des bisherigen Rechts geändert und dieses teilweise aufgehoben. Der Grundstückseigentümer und die am Erbbaurecht dinglich berechtigten müssen daher der Teilung zustimmen (§ 26 ErbbauVO, §§ 875, 876, 877 BGB). Dies muß in der Form des § 29 GBO nachgewiesen werden. Vgl Neustadt Rpfleger 1961, 152; BGH MDR 1974, 393 und Grauel ZNotP 1997, 21ff.

20 **5. Inhaltsänderung.** Einigung und Eintragung (§§ 877, 873 BGB). Verfahrensrechtlich Einigung nachzuweisen (§§ 20, 29 GBO; §§ 11, 37). Ist Erbbaurecht mit dem Recht eines Dritten belastet, so bedarf es nach §§ 876, 877 BGB auch noch dessen Zustimmung, wenn er durch die Inhaltsänderung beeinträchtigt wird (Böttcher ZfIR 2002, 693, 703).

21 **6. Belastung.** § 873 BGB. Erforderlich Einigung und Eintragung im **Erbbaugrundbuch**. Möglich mit beliebigem, am Grundstück bestellbarem Recht (§ 11). Die Belastung mit einer Grunddienstbarkeit darf nicht den Rahmen der dem Erbbauberechtigten zustehenden Befugnisse überschreiten: Wer auf Grund des Erbbaurechts nur ein Wohngebäude haben darf, kann das Erbbaurecht beispielsweise nicht mit einer Tankstellendienstbarkeit belasten (BayObLG DNotZ 1958, 542); zulässig dagegen beschränkte persönliche Dienstbarkeit für Netzstation (KG RPfleger 1991, 496).

22 Die Frage, ob ein Erbbaurecht mit einem Erbbaurecht, dem sogenannten **Untererbbaurecht** belastet werden kann, war früher heftig umstritten (vgl Stahl-Sura DNotZ 1981, 604, 607f; s auch Habel MittBayNot 1998, 315ff). Dagegen wurde eingewandt, daß das Erbbaurecht seinem Wesen nach einen Baugrund, also ein reales Grundstück voraussetzen würde. An dessen Stelle könnte nicht ein Recht treten, auch wenn es einem grundstücksgleich wäre. Im übrigen würde ein Untererbbaurecht zur Unübersichtlichkeit des Grundbuchs und, insbesondere im Fall einer Zwangsversteigerung, zu zahlreichen Zweifelsfragen Anlaß geben. Nach § 11 I S 1 gehört zu den entsprechend anwendbaren Vorschriften über Grundstücke auch die gesetzliche Begriffsbestimmung für Grundstücke (vgl RGRK/Räfle § 1 Rz 20). Deshalb kann dem praktischen Bedürfnis genügt und ein Untererbbaurecht anerkannt werden (BGH 62, 179 m Anm Mattern LM ErbbauVO § 1 Nr 9). Diese Auffassung verdient schon aus Gründen juristischer Folgerichtigkeit den Vorzug. Andernfalls wäre auch die Belastung mit an Erbbaurechten bestellbaren Grunddienstbarkeiten abzulehnen. Das Untererbbaurecht muß sich im Rahmen des belasteten Erbbaurechts halten. Umstr ist, ob das Untererbbaurecht räumlich und zeitlich dem Obererbbaurecht entsprechen darf oder der Obererbbauberechtigte selbst ein Bauwerk „haben" muß, also das Untererbbaurecht räumlich oder zeitlich hinter dem Obererbbaurecht zurückbleiben muß (so MüKo/v Oefele Rz 34; RGRK/Räfle § 1 Rz 21; Habel MittBayNot 1998, 315, 316, aA Schöner/Stöber, Grundbuchrecht, 12. Aufl 2001, Rz 1701; Bamberger/Roth/Maaß § 1 Rz 33); dies dürfte – ausgenommen den Fall der verkappten Übertragung – zu verneinen sein, da das „Haben" des Bauwerks iSv § 1 I nicht zwingend eine unmittelbare Besitzposition, sondern das „Eigentumsrecht" meint. Es ist in dessen Erbbaugrundbuch in der Abteilung II einzutragen. Für das Untererbbaurecht ist ein eigenes Erbbaugrundbuch anzulegen. Beim Heimfall des Obererbbaurechts erlischt das Untererbbaurecht mit allen Belastungen (BGH 62, 179, 184).

23 **Gesamtgrundpfandrecht** liegt vor, wenn zugleich Grundstück und Erbbaurecht belastet sind (München JFG 23, 151). Hypotheken, Grund- und Rentenschulden am Erbbaurecht erstrecken sich auf Bauwerk, wenn dieses dem Erbbauberechtigten gehört (§§ 1120ff BGB). Beendigung des Erbbaurechts wirkt sich auf Belastung aus, vgl §§ 29, 33.

7. Erlöschen. a) Rechtsgeschäftliche Aufhebung (§§ 875, 876, 878 BGB, § 11); bei neuen Erbbaurechten muß aber Grundstückseigentümer sachlich-rechtlich zustimmen (§ 26). Die gemäß § 875 BGB erforderliche Löschung muß im Grundbuch des mit dem Erbbaurecht belasteten Grundstücks erfolgen. **b)** Verjährung (§ 901 BGB). **c)** Enteignung, vgl Rz 17. Zur Aufhebung in der amtlichen Umlegung gegen Entschädigung siehe § 61 BauGB. **d)** Grundstücksteilung (entsprechende Anwendung des § 1026 BGB). **e)** Endtermin (§ 163 BGB, § 27). Die Zeitdauer können die Parteien ab Eintragung oder ab einem anderen Zeitpunkt vor oder nach dieser bestimmen (vgl LG Würzburg Rpfleger 1975, 249).

f) Dagegen nicht durch Untergang des Bauwerks (§ 13) oder durch Vereinigung (§ 889 BGB). Beim Heimfall, der gemäß § 2 Nr 4 ErbbauVO mit dinglicher Wirkung vereinbart werden kann, erlischt das Erbbaurecht nicht, sondern steht als Recht an eigener Sache dem Grundstückseigentümer zu (§ 889 BGB).

8. Verhältnis des Grundstücksgrundbuchs zum Erbbaugrundbuch. Maßgeblich ist bei Widerspruch **a)** für Entstehen, Dauer und Erlöschen des Erbbaurechts die Eintragung in das Grundbuch des belastenden Grundstücks, **b)** für Inhalt, Übertragung und Belastung des Erbbaurechts die Eintragung im Erbbaugrundbuch (§ 14). **c)** Bei Inhaltsänderung maßgeblich Erbbaugrundbuch (§ 14). Für Änderung von aufschiebenden Bedingungen, Anfangs- und Endterminen bleibt aber das Grundbuch des Grundstücks maßgebend (vgl Demharter, GBO, 24. Aufl 2002, Anh § 8 Rz 47ff).

II. Abweichungen gegenüber BGB-Regeln

1. In Kraft getreten am 22. 1. 1919. Mit Gesetzeskraft versehen durch Übergangsgesetz vom 4. 3. 1919 (RGBl I 285). Für die am 22. 1. 1919 bestehenden Erbbaurechte bleiben die bisherigen Gesetze, insbesondere also die §§ 1012–1017 BGB maßgebend (§ 38). ErbbauVO sollte die für das Rechtsleben unzulängliche Regelung des BGB durch eine der sozialen Bedeutung des Erbbaurechts entsprechende ersetzen und entstandene Streitfragen klären.

2. Wesentliche Abweichungen gegenüber dem Recht des BGB:

a) §§ 925 und 927 BGB finden keine Anwendung (§ 11). Auflösende Bedingungen sind unzulässig (§ 1 IV).

b) Eigentumsverhältnisse – nach Beendigung des Erbbaurechts – am vom Berechtigten übernommenen Bauwerk und am von Berechtigten seinerzeit erworbenen Bauwerk sind durch § 12 geregelt. Ferner ist nach § 34 der Erbbauberechtigte nicht befugt, beim Erlöschen des Erbbaurechts oder beim Heimfall das Bauwerk wieder wegzunehmen, während früher umgekehrt der Grundstückseigentümer nicht berechtigt war, das im Eigentum des Berechtigten verbleibende Bauwerk gegen Ersatz des Wertes zu behalten. Dafür hat beim Erlöschen und beim Heimfall der Berechtigte einen Anspruch auf Entschädigung (§§ 27ff, 32ff). Auch kann sich der Berechtigte ein Vorrecht auf Erneuerung des Erbbaurechts einräumen lassen (§§ 2 Nr 6; 31).

c) Zwangsversteigerung bringt Erbbaurecht nicht zum Erlöschen (§ 25).

d) Bei alten Erbbaurechten entstehen zwischen den Beteiligten – von Sicherung durch Vormerkung oder Hypothek, von Bestellung einer Dienstbarkeit oder Reallast abgesehen – nur schuldrechtliche Beziehungen. Bei neuen Erbbaurechten wirken die wichtigsten Vereinbarungen insofern dinglich, als sie für und gegen jeden Dritten wirken (§§ 2, 5, 7 I S 2, 27 I S 2, 32 I S 2), vgl § 2 Rz 1.

e) Grundstückseigentümer kann Veräußerung oder Belastung des Erbbaurechts mit Hypothek, Grundschuld oder Rentenschuld oder Reallast von seiner Zustimmung abhängig machen (§ 5 II S 1).

f) Beleihbarkeit des Erbbaurechts ist erleichtert, vgl § 1 IV S 1 – keine auflösende Bedingung –, § 10 – erste Rangstelle –, §§ 12, 29 – erweiterter Haftungsgegenstand –, §§ 18ff – Mündelsicherheit –, § 25 – Bestehenbleiben des Erbbaurechts bei Zwangsversteigerung –, §§ 2 Nr 4 und 6 II und 9 III und 32f – Bestehenbleiben der auf dem Erbbaurecht lastenden Hypotheken, Grund- und Rentenschuld sowie Reallast beim Heimfall –.

3. Das 1919 recht unbekannte Rechtsinstitut ist nunmehr weit verbreitet. Nach der Währungsreform hat es wesentlich zur Förderung des Wohnungsbaues beigetragen. Ein neues Anwendungsgebiet hat sich für den Bereich der neuen Bundesländer durch das Sachenrechtsbereinigungsgesetz v 21. 9. 1994 (BGBl I 2457) ergeben (vgl Rz 7).

I. Begriff und Inhalt des Erbbaurechts

1. Gesetzlicher Inhalt

1 *[Begriff, gesetzlicher Inhalt]*
(1) Ein Grundstück kann in der Weise belastet werden, daß demjenigen, zu dessen Gunsten die Belastung erfolgt, das veräußerliche und vererbliche Recht zusteht, auf oder unter der Oberfläche des Grundstücks ein Bauwerk zu haben (Erbbaurecht).
(2) Das Erbbaurecht kann auf einen für das Bauwerk nicht erforderlichen Teil des Grundstücks erstreckt werden, sofern das Bauwerk wirtschaftlich die Hauptsache bleibt.
(3) Die Beschränkung des Erbbaurechts auf einen Teil eines Gebäudes, insbesondere ein Stockwerk, ist unzulässig.

ErbbauVO § 1   Erbbaurechtsverordnung

(4) Das Erbbaurecht kann nicht durch auflösende Bedingungen beschränkt werden. Auf eine Vereinbarung, durch die sich der Erbbauberechtigte verpflichtet, beim Eintreten bestimmter Voraussetzungen des Erbbaurecht aufzugeben und seine Löschung im Grundbuch zu bewilligen, kann sich der Grundstückseigentümer nicht berufen.

1   **1. Zwingender Inhalt.** § 1 bestimmt zwingend den Inhalt des Erbbaurechts, von dem die Parteien bei der Bestellung nicht abgehen dürfen. Grundbuchrichter hat zu prüfen, ob die Einigung den gesetzlichen Erfordernissen entspricht. Aus ihr müssen sich Art, Inhalt und Umfang der Benutzungsbefugnis ergeben. Sie muß auch dritten Personen, insbesondere etwaigen späteren Berechtigten und Verpflichteten zweifelsfrei aufzeigen, was mit ihr gewollt war (BGH LM Nr 3 zu § 1 ErbbauVO). Denn ganz allgemein kann ein ErbbauR an einem Grundstück nicht erworben werden; ihm ist wesentlich, daß der Berechtigte ein bestimmtes Bauwerk oder wenigstens ein Bauwerk bestimmter Art haben darf. Daher ist vertraglich festzulegen, welches oder doch wenigstens welche Art von Bauwerk Gegenstand des ErbbauR sein soll (vgl BayObLG MDR 1958, 691). Das heißt: Dingliche Einigung, Eintragungsbewilligung und Grundbucheintragung müssen mindestens die ungefähre Beschaffenheit des Bauwerks oder der zulässigen mehreren Bauwerke bezeichnen. Außerhalb dieser liegende Umstände können im Grundbucheintragungsverfahren bei der Frage, ob das ErbbauR von den Parteien hinreichend bestimmt ist, nicht berücksichtigt werden (vgl KG RPfleger 1979, 208). Die Anforderungen hängen von den Umständen des Falles ab. In der Regel wird es genügen, wenn hervorgeht, wie die Grundstücksbebauung ungefähr beschaffen sein soll, welche Nutzungsart vorgesehen ist, sowie ob es sich bloß um ein einzelnes Bauwerk oder um mehrere handeln soll (sog **gemäßigter Bestimmtheitsgrundsatz**). Beispiele: ein Wohnhaus, mehrere Wohnhäuser, mehrere (vgl Brandenburg OLGRp 1999, 209) Wohn- und Wirtschaftsgebäude, mehrere Gebäude im Rahmen einer Wohnsiedlung (vgl dazu BGH 47, 190 mit Anm Rothe in LM Nr 2 zu § 1 ErbbauVO; BGH WM 1975, 498; Frankfurt Rpfleger 1975, 305). Bloße Wiedergabe des Gesetzeswortlauts genügt nicht (BGH MDR 1969, 380; Frankfurt OLGZ 1983, 165). Zulässig ist Erbbaurecht für Gebäude aller Art in Übereinstimmung mit einem noch zu erstellenden Bebauungsplan (BGH 101, 143) oder überhaupt in baurechtlich zulässiger Art (BGH 126, 12). Dauernde Unzulässigkeit der Bebauung ist mit dem Inhalt des ErbbauR unvereinbar und hindert dessen Entstehung (BGH 96, 385, 388). Anders bei Ungewißheit über die spätere Zulässigkeit der Bebauung; zerschlägt sich später die Erwartung der Bebaubarkeit, so geht das ErbbauR nicht unter (BGH 101, 143, Bauerwartungsland). Anders auch bei behebbaren planungsrechtlichen Hindernissen (Köln ZfIR 2003, 86). Zur Frage, inwieweit bei Erbbaurechtsverträgen Mängel der dinglichen Einigung die schuldrechtlichen Vereinbarungen berühren, siehe BGH LM Nr 3 zu § 1 ErbbauVO. Fehlt es am zwingenden Inhalt der Einigung, so darf Eintragung nicht erfolgen, gleichwohl vorgenommene ist wirkungslos.

2   Die §§ 2–8 enthalten Vorschriften für eine etwaige vertragsmäßige Erweiterung des gesetzlichen Inhalts mit dinglicher Wirkung.

3   **2. Belasteter Gegenstand. a)** Grundstück = räumlich abgegrenzter Teil der Erdoberfläche, der im Bestandsverzeichnis eines Grundbuchblattes unter besonderer Nummer gebucht ist (RG 84, 265, 270). In besonderen Fällen (vgl § 3 I GBO) ist die Buchung nicht erforderlich für die Annahme eines Grundstücks. Das ErbbauR belastet das ganze Grundstück, doch darf nur die für den Baugrund und die Erstreckungsfläche benötigte Fläche benutzt werden, die Nutzung im übrigen verbleibt dem Grundstückseigentümer (BayObLG Rpfleger 1984, 313 und KG NJW-RR 1992, 214).

4   **b)** Bestimmter (realer) Teil nur bei Abschreibung und Eintragung als selbständiges Grundstück (§ 7 I GBO). Zulässig ist dagegen die Belastung des ganzen Grundstücks und die Beschränkung der Ausübung auf einen Teil des Grundstücks (KG OLG 14, 86; vgl Rz 12). Wird dieser später als mit dem ErbbauR belastetes, selbständiges Grundstück eingetragen, so erlischt das ErbbauR am übrigen Grundstück (vgl BayObLG DNotZ 1958, 409; s dazu Rz 12). Nicht aber allein an einem ideellen Bruchteil eines Grundstücks; also nicht auch an dem Bruchteilsanteil eines Miteigentümers oder an dem Anteil eines Gesamthänders (BayObLG 20, 405). Dies schließt es nicht aus – jedenfalls nach § 3 IV und V GBO gebuchte – Miteigentumsanteile zB für gemeinschaftliche Zufahrtswege und Hofflächen, auf die sich das Erbbaurecht nach Abs II erstreckt, mit dem Erbbaurecht mitzubelasten, nicht jedoch für Bauwerke (vgl Diegräf DNotZ 1996, 338, 348; aA die noch hM, so zB Schöner/Stöber, Grundbuchrecht, 12. Aufl 2001, Rz 1117 mwN). Zulässig, daß mehrere Miteigentümer ein ErbbauR an dem im Miteigentum stehenden Grundstück zugunsten eines Miteigentümers bestellen (siehe § 1009 Rz 2). Entsprechendes gilt für Miterben hinsichtlich eines zum ungeteilten Nachlaß gehörenden Anwesens (vgl Staud/Rapp Rz 4, LG Düsseldorf DNotZ 1955, 155).

5   **c)** Ein ErbbauR ist als Gesamterbbaurecht auch auf mehreren selbständigen Grundstücken verschiedener Eigentümer zulässig (Hamm Rpfleger 1960, 403; BGH 65, 345; BayObLG Rpfleger 1989, 503). Zur Einbeziehung eines selbständigen Grundstücks in ein bestehendes Erbbaurecht siehe Grauel ZNotP 1998, 71ff. Zum Gesamterbbaurecht s im übrigen Rz 10.

6   **d) Berechtigung.** Recht, Bauwerk zu haben. Bauwerk = durch Verwendung von Arbeit und Material in Verbindung mit dem Erdboden hergestellte Sache (BGH 117, 19). Über und unter der Erdoberfläche möglich, auch beides gleichzeitig (zB Haus mit Keller). Kann bereits vorhanden oder erst zu errichten sein. Beispiel: Gebäude, Denkmal (Stuttgart OLG 8, 122), Grabgewölbe (Stuttgart aaO), Keller (RG 56, 260), Straße (LG Kiel SchlHA 1972, 169), Tennisplatz und Kindergarten (LG Itzehoe Rpfleger 1971, 304), Gleisanlage der Bahn (RG 61, 3, KGJ 29 A 130), Träger der Drahtseilbahn (Kiel OLGZ 1926, 126), Kanalisationsanlagen (RGRK/Räfle Rz 27), Wasserkanal mit eingemauertem Schacht (RG JW 1910, 148), Flußwehr (BayObLG 14, 254), unterirdische Tankanlagen, Parkhochhaus (BGH LM Nr 10 zu § 1 ErbbauVO), die durch Planierung, Aufschüttung und dergleichen geschaffene Sportanlage – mit den etwa errichteten Baulichkeiten (Umkleide-, Duschräumen, Kassen usw) bildet sie eine wirtschaftliche Einheit, vgl BGH 117, 19 (Golfplatz); Campingplatz mit dazugehörigen Baulichkeiten (LG Pader-

born MDR 1976, 579), Straßen mit Befestigung, der durch Erdarbeiten geschaffene, mit Mauer, Leichenhaus und Kapelle versehene Friedhof.
Nicht erforderlich, daß Bauwerk den Grund und Boden des belasteten Grundstücks berührt, zB Brücke, Viadukt (RGRK/Räfle Rz 25). Die Inanspruchnahme des Luftraums und eine „Verbindung" mit dem Boden durch die Schwerkraft genügen (ebenso RGRK/Räfte Rz 26, aA Staud/Rapp Rz 11).

Kein Bauwerk: lose in den Erdboden versenkte Rohrleitungen ohne besonderen Schacht (KGJ 29 A 133), nur **7** festgeschraubte Maschinen (BayObLG 6, 596), Baracke, Wohnlaube. Bloße Erdarbeiten, zB Gräben, Planierungen, Erdaufschüttungen und Gärten für sich allein genügen nicht.

Der Erbbauberechtigte kann befugt sein, mehrere Bauwerke auf einem Grundstück zu haben. Dann läßt sich das **8** ErbbauR in Teilerbbaurechte aufspalten, die jeweils auf einen realen Grundstücksteil beschränkt sind, der vom Grundstück abgeschrieben und als selbständiges Grundstück eingetragen wird (KGJ 51, 228, Staud/Rapp § 11 Rz 16). Wird das ErbbauR in Einzelrechte geteilt, so wird damit auch der Inhalt des bisherigen Rechts geändert und dieses teilweise aufgehoben. Der Grundstückseigentümer und die am ErbbauR dinglich Berechtigten müssen daher der Teilung zustimmen (§ 26 – BGH MDR 1974, 393 –, §§ 875, 876, 877 BGB). Dies muß in der Form des § 29 GBO nachgewiesen werden (vgl Neustadt Rpfleger 1961, 152).
Zur näheren Bezeichnung des Bauwerks siehe Rz 1.

Die **Eigentumsverhältnisse** am Bauwerk regelt § 12. Siehe § 12 Rz 1ff. **9**

3. Sonderformen. a) Wird Grundstück geteilt, so entsteht **Gesamterbbaurecht** (KGJ 51, 228). Im Sinn einer **10** Gesamtbelastung kann ein einheitliches Erbbaurecht von vornherein an mehreren Grundstücken begründet werden; davon geht auch § 6a I GBO aus (vgl auch Hamm NJW 1963, 1112; LG Düsseldorf Rpfleger 1971, 356; BGH 65, 345; Stuttgart NJW 1975, 786; BayObLG 84, 105). Ein Gesamterbbaurecht entsteht nachträglich auch dadurch, daß ein bereits bestehendes Einzelerbbaurecht auf ein weiteres selbständiges Grundstück ausgedehnt wird (BayObLG Rpfleger 1984, 313). Das dann entstandene Gesamterbbaurecht ist als ein einziges, einheitliches, an mehreren Grundstücken bestehendes Recht aufzufassen, das nur einheitlich belastet werden kann. Belastungen aus der Zeit vor dem Erbbaurecht in seinem erweiterten Bestand ergreifen auch die später hinzugekommenen Grundstücke (Hamm NJW 1963, 1112; Neustadt Rpfleger 1963, 241). Zum Fall, daß der Erbbauberechtigte sein Gebäude zum Teil auf eigenem, zum Teil auf fremdem, mit dem ErbbauR belastetem Grundstück hat, s Düsseldorf DNotZ 1974, 698: ErbbauR darum nicht unwirksam. Nach Köln Rpfleger 1985, 355, müssen die Grundstücke benachbart sein (aA Böttcher MittBayNot 1993, 129); auch § 6a I S 1 geht hiervon aus (zur Ausnahme s § 6a I S 2 GBO). Zum Bebauen benachbarter Grundstücke auf Grund einzelner Erbbaurechte (sog Nachbarerbbaurecht) s Rz 19. Ein Gesamterbbaurecht an einem Grundstück und einem Erbbaurecht ist unzulässig (§ 6a II GBO).

b) Stehen auf einem Grundstück **mehrere Gebäude**, so kann ErbbauR auf eines von ihnen **beschränkt** werden. **11** Dagegen ist es nach hM unzulässig, mehrere Erbbaurechte mit gleichem Rang zu bestellen, selbst wenn die Ausübung auf verschiedene Teile des Grundstückes beschränkt ist (Frankfurt DNotZ 1967, 688; RGRK/Räfle § 1 Rz 12; aA LG Kassel Rpfleger 1955, 231; Weitmann DNotZ 1953, 355, 366), vgl auch Weitnauer DNotZ 1958, 413 u § 10 Rz 1.

c) Mitunter wird ErbbauR zwar an dem ganzen Grundstück begründet, **vereinbarungsgemäß** aber **nur an** **12** **einem Teil ausgeübt**, ohne daß dieser gemäß § 7 GBO abgeschrieben wird. Diese Beschränkung kann auch **mit dinglicher Wirkung** vorgenommen werden (Hamm DNotZ 1972, 486). Gleichwohl belastet das ErbbauR das ganze Grundstück. Wird das belastete Grundstück später geteilt, so ist § 1026 entsprechend anzuwenden (BayObLG DNotZ 1958, 409; Staud/Rapp Rz 21). Der Erbbauberechtigte kann ein Interesse daran haben, das ganze Grundstück mit dem ErbbauR zu belasten, obwohl er nur einen Teil für das Bauwerk benötigt (siehe dazu Rz 13).

4. Nicht überbaute Flächen (Abs II). a) Eine Erstreckung des Erbbaurechts kommt dann in Betracht, wenn **13** dem Erbbauberechtigten mit dem Baugrund allein noch nicht gedient ist, er vielmehr einen Zugang, Hof, Garten oder dergleichen benötigt. Um ein Wiederaufleben der abgeschafften Erbpacht zu verhindern, verlangt das Gesetz, daß das Bauwerk gegenüber dem sonst genutzten Grundstücksteil wirtschaftlich die Hauptsache bleibt. Bei einem Landgut oder einer Gärtnerei treten die Wohn- und Wirtschaftsgebäude dagegen gegenüber dem landwirtschaftlich oder gärtnerisch genutzten Grund und Boden zurück (vgl Kiel JW 1932, 1978 und BayObLG NJW-RR 1991, 718, 720, aA zu landwirtschaftl Betrieb Jena FGPrax 1996, 45); anders wenn Grund und Boden lediglich als Zugang, Hof, Werk- oder Lagerplatz, Bleich- oder Trockenplatz, Zier- oder Obstgarten, Park benötigt wird. Hauptsache sind die Gebäude bei einer Schweinezüchterei (BayObLG 1920, 139, 142), Pelztierfarm. Diese Fragen sind im Einzelfall nach der Verkehrsanschauung zu beurteilen (BayObLG DNotZ 1958, 409). Entscheidend sind nicht die Größenverhältnisse und in erster Linie auch nicht ein Wertvergleich, sondern der faktische Vergleich zwischen Haupt- und Nebensache (vgl ie v Oefele MittBayNot 1992, 29, 30). Bei einem Vorstoß gegen § 1 II tritt nicht zwingend Nichtigkeit des Erbbaurechts insgesamt ein (so aber BayObLG NJW-RR 1991, 718), sondern nur Unwirksamkeit der Erstreckung, wenn der Rest sinnvoll bleibt (§ 139 BGB, ebenso v Oefele MittBayNot 1992, 29, 31).

b) Das Recht auf Inanspruchnahme des Nebenlandes gehört zum Inhalt des ErbbauR. Hieraus folgt: **aa)** bei **14** einer ursprünglichen Erstreckung muß sich Einigung ausdrücklich hierauf beziehen; allerdings wird regelmäßig davon auszugehen sein, wenn der Erbbauberechtigte zur Nutzung des Bauwerks darauf angewiesen ist (zB Zugang); **bb)** erfolgt die Erstreckung erst nachträglich oder wird eine bereits eingeräumte wieder aufgehoben, so handelt es sich um eine Inhaltsänderung des Erbbaurechts. Die als Baugrund nicht benötigte Fläche kann auch zugunsten des jeweiligen Grundstückseigentümers mit einer Grunddienstbarkeit belastet werden (BayObLG 1959, 365).

ErbbauVO § 1

15 **5. Erbbauberechtigter. a)** Berechtigter kann nur eine bestimmte natürliche oder juristische Person sein. Das ErbbauR ist ein subjektiv-persönliches Recht; als ein subjektiv-dingliches läßt es sich nicht begründen. Es ist veräußerlich und vererblich.

16 Berechtigt können zugleich auch mehrere Personen (**Miterbbauberechtigte**) sein, wenn sie in einer Bruchteils- oder Gesamthandsgemeinschaft stehen (Staud/Rapp Rz 4). Dagegen nicht als Gesamtgläubiger im Sinn von § 428 BGB (aA KG JW 1935, 3564; LG Hagen DNotZ 1950, 381; LG Bielefeld Rpfleger 1985, 248 u 10. Aufl), da nicht nur dingliches Recht, sondern grundstücksgleiches Recht (wie hier auch MüKo/v Oefele Rz 64). Gemäß § 47 GBO ist das Gemeinschaftsverhältnis der mehreren Berechtigten zu bezeichnen. Ein Änderungsverlangen gegenüber dem Grundstückseigentümer können sie nur gemeinsam stellen (BGH NJW-RR 1998, 1387).

17 **b) Besteller** kann ein beliebiger Grundstückseigentümer sein: Einzelperson, Miteigentümer zur gesamten Hand, zB Gesellschaft, Erbengemeinschaft, letztere kann auch einem Miterben an einem zum ungeteilten Nachlaß gehörenden Grundstück ein Erbbaurecht bestellen (LG Düsseldorf DNotZ 1955, 155); Miteigentümer nach Bruchteilen; juristische Person, auch Körperschaft des öffentlichen Rechts.

18 Zulässig ist auch, daß Grundstückseigentümer ein **Eigentümererbbaurecht** an seinem Grundstück bestellt (arg § 2 Nr 4 und Nr 7, die auch eine Vereinigung der Rechtsstellung als Grundeigentümer und Erbbauberechtigter gestatten), vgl Düsseldorf NJW 1957, 1194; Weitnauer DNotZ 1958, 352; Haegele Rpfleger 1967, 284 und BGH NJW 1982, 2381 unter Hinweis darauf, daß nach BGH 41, 209 auch die Bestellung einer beschränkten persönlichen Dienstbarkeit am eigenen Grundstück zulässig ist.

19 **6. Beschränkung auf Gebäudeteil (Abs III).** Die Vorschrift (vgl § 1014 BGB) betrifft nur Gebäude, nicht auch sonstige Bauwerke, zB Brücken oder selbständige Tiefgaragen (RGRK/Räfle Rz 49). Der zu einem Gebäude gehörige Keller kann ausnahmsweise selbständiges „Bauwerk" und damit Gegenstand eines Erbbaurechts sein (RG 56, 260), sofern er nicht Gebäudeteil ist (KG JW 1933, 1334). ErbbauR kann auf Nebengebäude beschränkt werden, die mit dem Hauptgebäude in räumlichem Zusammenhang stehen, sofern sie nur nach der Verkehrsanschauung als selbständige Gebäude anzusehen sind (BayObLG DNotZ 1958, 409 mit Anm Weitnauer). Auch ein vertikal abgeteilter Gebäudeabschnitt, der sich mit dem übrigen Gebäudeteil unter einem Dach befindet, kann als selbständiges Gebäude angesehen werden (BayObLG DNotZ 1958, 409 und Düsseldorf DNotZ 1974, 698). Weitergehend wird man auch ein ErbbauR für einen vertikal abgegrenzten Gebäudeteil für zulässig erachten können (ebenso Weitnauer DNotZ 1958, 415). § 1 III nennt zwar das Stockwerkseigentum nur als Beispiel. Allerdings sind die bei einer vertikalen Teilung auftretenden Probleme unabhängig von einer Erbbaurechtsbestellung. Eine diesbezügliche Einschränkung ergibt somit wenig Sinn. Zulässig ist damit auch ein ErbbauR mit der Befugnis zu grenzüberschreitender Bebauung auf Grund einzelner Erbbaurechte (**Nachbarerbbaurecht**, dafür auch Ingenstau/Hustedt Rz 76ff; Linde/Richter Rz 65ff; Soergel/Stürner Rz 16; Staud/Rapp Rz 34; ferner Stuttgart NJW 1975, 786 und OLG Düsseldorf DNotZ 1974, 698; dagegen RGRK/Räfle Rz 52; MüKo/v Oefele Rz 52 und 10. Aufl; BGH MDR 1973, 1013 enthält nur ein ablehnendes obiter dictum, offen gelassen von BGH NJW 1985, 789). Ein Gesamterbbaurecht als Alternative ist mangels Mitwirkungsbereitschaft einzelner Eigentümer häufig nicht möglich. Bis zu einer höchstrichterlichen Klärung sollte die Vertragspraxis dennoch auf ein Gesamterbbaurecht hinwirken. Abs III hat durch die Einschränkung in § 30 WEG kaum noch praktische Bedeutung bei abgeschlossenen Einheiten.

20 **7. Bedingung, Aufhebungsverpflichtung (Abs IV).** Das Verbot einer auflösenden Bedingung und Aufhebungsverpflichtung soll eine unkontrollierte Beendigung des ErbbauR verhindern und damit die Beleihbarkeit erhöhen.

21 **a) S 1.** Der auflösenden Bedingung ist gleichzusetzen ein ungewisser Endtermin, zB Tod des Berechtigten oder Verpflichteten. Denn wird zB das ErbbauR auf Lebenszeit des Berechtigten bestellt, so werden die Rechtssicherheit, Veräußerlichkeit und Beleihbarkeit in gleicher Weise beeinträchtigt wie durch eine auflösende Bedingung. Ebenso ist die von dem nicht befreiten Vorerben ohne Zustimmung des Nacherben vorgenommene Bestellung des ErbbauR unwirksam, wenn sie auf die durch den Tod des Vorerben bestimmte Dauer der Vorerbschaft begrenzt ist (BGH MDR 1969, 918; so auch Ingenstau/Hustedt Rz 110; dagegen Hönn NJW 1970, 138; Winkler DNotZ 1970, 651). Nach Celle Rpfleger 1964, 213 soll es nicht zu beanstanden sein, wenn ein ErbbauR auf Lebenszeit, mindestens jedoch auf 50 Jahre, bestellt wird (krit dazu Diester Rpfleger 1964, 214). Eine zeitliche Begrenzung des ErbbauR auf 99 Jahre mit automatischer Verlängerung um je 5 Jahre bei Nichtkündigung ist zulässig. Diese Klausel kommt einer gestatteten aufschiebenden Bedingung gleich (vgl BGH MDR 1969, 918; vgl auch König MittRh NotK 1989, 261, 262f: Verlängerungsoption). Rechtsfolge des Verstoßes gegen Abs IV S 1: ErbbauR ist als ganzes nichtig (BGH WM 1980, 877).

22 Dagegen wird der Grundsatz der Vererblichkeit des ErbbauR nicht dadurch verletzt, daß ein Heimfallanspruch des Grundstückseigentümers für den Fall des Todes des Berechtigten ausbedungen wird (Hamm MDR 1965, 574); dazu vgl auch § 2 Rz 6 und 7. Zulässig ist ferner: aufschiebende Bedingung, Anfangstermin, bestimmter Endtermin. Bei einem zeitlich befristeten ErbbauR muß das Ende des Rechts aus dem Grundbuch selbst oder der Eintragungsbewilligung ersichtlich sein. Es genügt nicht, daß der Endtermin sich aus dem sonstigen Inhalt der Akten feststellen läßt (vgl Frankfurt Rpfleger 1974, 59). Auch zeitlich unbefristete Erbbaurechte („auf immerwährende Zeiten") sind möglich (LG Deggendorf MittBayNot 1987, 254).

23 **b) S 2.** Eine schuldrechtliche Verpflichtung zur Aufgabe des ErbbauR ist unwirksam, stellt aber den Bestand des ErbbauR nicht in Frage (BGH MittRhNotK 1974, 23). Eine Vormerkung zur Sicherung eines derartigen Anspruchs kann nicht in das Grundbuch eingetragen werden. Die Verpflichtung, ein Erbbaurecht aufzugeben, wirkt nicht gegenüber den Grundpfandrechtsgläubigern, so daß das Argument der Erhaltung der Beleihbarkeit für

S 2 nicht verwandt werden kann (so aber zB Ingenstau/Hustedt Rz 104). Nach dem Gesetzeswortlaut tritt zudem nur relative Unwirksamkeit gegenüber dem Grundstückseigentumer, nicht gegenüber einem Dritten, dem ein entsprechender Anspruch eingeräumt wurde, ein (aA Staud/Rapp Rz 39). Der Erbbauberechtigte kann sich deshalb (beispielsweise gegenüber der Gemeinde) verpflichten, einen Teil der „Erstreckungsfläche" (Abs II) von seinem Erbbaurecht für eine Straßenfläche freizugeben. Erfolgt die Vereinbarung mit dem Eigentümer kann ein Vertrag zugunsten Dritter gewollt sein. Entsprechende Klauseln sind stets auszulegen. Ob auflösende Bedingung oder nur schuldrechtliche Verpflichtung vereinbart, ist ebenfalls Auslegungsfrage (BGH WM 1980, 877). Zulässig ist dagegen nach § 2 Nr 4 eine – dinglich wirkende – Vereinbarung dahin, daß der Berechtigte beim Eintreten bestimmter Voraussetzungen das ErbbauR auf den Grundstückseigentümer zu übertragen habe (Heimfall). Wegen der Belastungen des ErbbauR alsdann vgl § 33. Demgegenüber dürfte nach dem Gesetzeszweck die Begründung eines nicht von bestimmten Voraussetzungen abhängigen Aufhebungsanspruchs unzulässig sein (ähnlich Bamberger/Roth/Maaß Rz 47; unklar Ingenstau/Hustedt § 26 Rz 11).

Zum Rücktrittsrecht des Grundstückseigentümers und des Erbbauberechtigten siehe vor § 1 Rz 12. **24**

8. Zum **Untererbbaurecht** siehe vor § 1 Rz 22. **25**

2. Vertragsmäßiger Inhalt

2 *[Vereinbarter Inhalt]*
Zum Inhalt des Erbbaurechts gehören auch Vereinbarungen des Grundstückseigentümers und des Erbbauberechtigten über:
1. die Errichtung, die Instandhaltung und die Verwendung des Bauwerkes;
2. die Versicherung des Bauwerkes und seinen Wiederaufbau im Falle der Zerstörung;
3. die Tragung der öffentlichen und privatrechtlichen Lasten und Abgaben;
4. eine Verpflichtung des Erbbauberechtigten, das Erbbaurecht beim Eintreten bestimmter Voraussetzungen auf den Grundstückseigentümer zu übertragen (Heimfall);
5. eine Verpflichtung des Erbbauberechtigten zur Zahlung von Vertragsstrafen;
6. die Einräumung eines Vorrechts für den Erbbauberechtigten auf Erneuerung des Erbbaurechts nach dessen Ablauf;
7. eine Verpflichtung des Grundstückseigentümers, das Grundstück an den jeweiligen Erbbauberechtigten zu verkaufen.

1. Verdinglichung von Vereinbarungen. a) Normzweck: Rechtsnachfolger des Grundstückseigentümers oder **1** des Erbbaurechtsnehmers sollen in best Hinsicht an die vertraglichen Vereinbarungen gebunden werden können (BGH 109, 230). Die in Nr 1–7 aufgeführten Vereinbarungen wirken, wenn Einigung und Eintragung vorliegen (§§ 873f, 877, §§ 11, 14f, 17, 37 VO) folgendermaßen dinglich, andernfalls nur schuldrechtlich: **aa)** Bis zu einer etwaigen späteren Vertragsänderung (§§ 877, 876) binden sie auch den Rechtsnachfolger im Grundeigentum und im ErbbauR, worauf sich auch Dritte verlassen können; unmittelbare Rechtsansprüche können Dritte aber nicht herleiten (BGH LM ErbbauVO § 2 Nr 7). **bb)** Ihnen ist nicht die Wirkung eines Grundpfandrechts oder einer Reallast beigelegt. Daher haftet bei einem Verstoß gegen sie nicht das ErbbauR als solches, sondern nur der jeweilige Erbbauberechtigte oder Grundstückseigentümer, soweit er persönlich verpflichtet ist; für seinen Vormann braucht er nicht aufzukommen (Staud/Ring Rz 5f). Dies wirkt sich zB bei dem Zahlungsverzug hinsichtlich Hypothekenzinsen als privater Last (§ 2 Nr 3) und der Verwirkung einer Vertragsstrafe (§ 2 Nr 5) aus.

b) Den Parteien steht es frei, über Nr 1–7 hinaus Vereinbarungen zu treffen. Sie wirken dann jedoch nicht in **2** dem unter Rz 1 dargelegten Sinn dinglich, sondern nur schuldrechtlich. Beispiel ist die Übernahme der Verkehrssicherungspflicht (BayObLG 1999, 252). Unter Umständen lassen sich vereinbarte Pflichten durch Eintragung einer Vormerkung, Dienstbarkeit, Reallast oder Sicherungshypothek dinglich sichern, wenn die allgemeinen sachenrechtlichen Voraussetzungen hierfür gegeben sind.

2. Zu Nr 1 (bauwerksbezogene Pflichten). Eine Pflicht zum Bauen (innerhalb einer bestimmten Frist auch **3** mit Einzelheiten der Art der Bauausführung) besteht nur auf Grund besonderer Abrede (Kiel OLG 1926, 126). Sie umfaßt auch die Pflicht zur Erschließung, jedoch bezogen auf die für das Erbbaurechtsgebäude erforderliche Erschließung, nicht auf die Erschließung des Grundstücks insgesamt (so aber Ingenstau/Hustedt Rz 13 u MüKo/v Oefele Rz 12); der Unterschied wird praktisch relevant, wenn der Umfang der Bebauung nach dem Erbbaurechtsvertrag unter dem baurechtlich Zulässigen bleibt. Grunderwerbsteuerrechtlich ist die Gebäudeherstellungspflicht ohne Relevanz (BFH DStRE 2003, 304). Geht die Vereinbarung dahin, ein Wohnhaus nach Maßgabe des im Zeitpunkt der Bestellung gültigen Bebauungsplans zu errichten, so ist, wenn später ein neuer Plan aufgestellt wird, dieser für die Errichtungspflicht maßgebend, es sei denn, er schreibt eine wesentlich andere Art der Bebauung vor (BGH LM ErbbauVO § 2 Nr 7). Nr 1 betrifft auch Abreden über spätere bauliche Veränderungen; diese können an die Zustimmung des Grundstückseigentümers gebunden werden (BGH 48, 296, 298; BGH NJW-RR 1986, 1269; BayObLG NJW-RR 1987, 459 mwN). Nr 1 gilt auch für eine Regelung des dem Eigentümer eingeräumten Rechts, das Bauwerk zu besichtigen (LG Lüneburg MDR 1955, 36; LG Regensburg Rpfleger 1991, 363; str) oder seiner Vermietung zu widersprechen (BGH DNotZ 1968, 302; aA BayObLG Rpfleger 2002, 140: Zustimmung zur Vermietung nicht Inhalt des Erbbaurechts). Eine Instandhaltungspflicht besteht gesetzlich nicht, kann aber vereinbart werden. Nr 1 spricht übrigens nur von der Instandhaltung und Verwendung des Bauwerks, nicht des Grundstücks. Handelt Erbbauberechtigter vertragswidrig, so kann Grundstückseigentümer gegen ihn gemäß

ErbbauVO § 2 Erbbaurechtsverordnung

§ 1004 BGB vorgehen und einen etwaigen Schaden aus Vertragsverletzung oder unerlaubter Handlung geltend machen; Grenze gem § 242 BGB (BayObLG NJW-RR 1987, 459). Verwendungsabreden sind unter sozialen (Wohnbedürfnisse von Einheimischen und im Rahmen der Wohnraumförderung), wirtschaftlichen (Zweckbindung für eine fremdenverkehrsgewerbliche Nutzung) und ideellen (kirchliche und karitative Zwecke) Aspekten zulässig; allerdings darf die öffentliche Hand dabei nicht gegen öffentlich-rechtliche Vorgaben verstoßen. Die vertragswidrige Verwendung eines im Rahmen eines ErbbauR errichteten Bauwerks begründet noch keinen Anspruch schlechthin auf dessen Beseitigung. Zur Abgrenzung des Erbbaurechtsinhalts und des Abwehranspruchs im einzelnen vgl BGH MDR 1972, 939 und Anm Mattern in LM Nr 2 zu § 2 ErbbauVO. Verstößt Dritter, zB Mieter, Pächter des Erbbauberechtigten gegen Vereinbarung, so unterliegt auch er, als Störer, dem Abwehranspruch aus § 1004 BGB und uU einem Schadensersatzanspruch aus unerlaubter Handlung (vgl Staud/Rapp Rz 15). Unzulässig ist eine Architektenbindung (Art 10 § 3 MRVerbG).

4 **Zu Nr 2 (Erhaltung des Bauwerkes). a) Versicherung.** Vereinbart werden kann die Art der Versicherung und die Tragung der Kosten. Möglich nur bezgl Sachversicherung (nicht: Haftpflichtversicherung). Auch der nähere Inhalt des Versicherungsvertrages fällt hierunter. Zur Mitteilungspflicht des Versicherers s § 23. **b) Wiederaufbau.** Eine Pflicht hierzu besteht nur auf Grund besonderer Abrede. Ob sie unter allen Umständen, zB auch bei Zerstörung durch höhere Gewalt, gelten soll, richtet sich nach dem erklärten oder zu ermittelnden (§ 157) Parteiwillen, letztlich nach Treu und Glauben (§ 242). Von Bedeutung kann auch das Bestehen oder die Möglichkeit einer Versicherung sein.

5 **Zu Nr 3 (Lastentragung).** Ohne Vereinbarung trägt der Grundstückseigentümer die Lasten des Grundstücks und der Erbbauberechtigte die Lasten des Erbbaurechts (nicht nur des Gebäudes). Eine abweichende Vereinbarung, mit der regelmäßig dem Erbbauberechtigten die öffentlichen Lasten des Grundstücks auferlegt werden, gilt nur zwischen den jeweiligen Grundstückseigentümer und dem Erbbauberechtigten; der Dritte, an den zu zahlen ist, erlangt keine Rechte aus ihr. Die dingliche Wirkung beschränkt sich darauf, daß der jeweilige Grundstückseigentümer und der Erbbauberechtigte für die während der Dauer seines Rechts angefallenen Beträge aufzukommen haben, vgl Rz 1 (weitergehend: auch Haftung für Rückstände, ausgenommen der Ersteher in der Zwangsversteigerung Linde/Richter Rz 101). Privatrechtliche Lasten sind Reallasten sowie Grundschuld- und Hypothekenzinsen (nicht dagegen der Hauptbetrag). Die öffentlichen Lasten und Abgaben bestimmen sich nach öffentlichem Recht (BGH NJW 1981, 2127). Zu öffentlichen Abgaben gehören Steuern, Gebühren und Beiträge; sie müssen sich auf das Grundstück oder Gebäude beziehen und dürfen nicht an die Person des Abgabepflichtigen anknüpfen. Beispiele sind Erschließungsbeiträge, Anliegerbeiträge, Grundsteuer, naturschutzrechtliche Kostenerstattungsforderungen, nicht dagegen Kosten für Grundstücksanschlüsse, bei denen es sich um ein öffentlich-rechtliches Leistungsentgelt handelt.

6 **Zu Nr 4 (Heimfall).** Heimfall (vgl §§ 3f, 6, 9, 32ff) bedeutet nicht, daß das ErbbauR aufgelöst wird, sondern daß es dem Grundeigentümer zufällt und in dessen Person als Eigentümererbbaurecht fortbesteht (BGH NJW 1982, 2381). Das Heimfallrecht gibt dem Grundeigentümer einen dinglichen Anspruch, von dem Erbbauberechtigten oder dessen Rechtsnachfolger beim Vorliegen bestimmter Voraussetzungen die Übertragung des ErbbauR zu verlangen. Die Übertragung erfordert die Einigung und Eintragung. Keineswegs tritt der Rückfall oder Übergang des ErbbauR kraft Gesetzes ein (BGH NJW 1976, 402). Der Grundeigentümer kann seine Doppelstellung als Eigentümer des Grundstücks und als Erbbauberechtigter dadurch aufgeben, daß er entweder das ErbbauR zum Erlöschen bringt oder es auf einen Dritten überträgt. Gemäß § 3 kann er den Heimfallanspruch auch derart ausüben, daß er von dem Erbbauberechtigten die Übertragung des ErbbauR an einen von ihm bezeichneten Dritten verlangt (BGH MDR 1966, 141). Das Heimfallrecht muß an bestimmte Voraussetzungen geknüpft sein. Es muß sich aber nicht um besonders gewichtige Gründe handeln (BGH LM ReichsheimstättenG Nr 7). Die Vertragsfreiheit wird zum Schutz des Erbbauberechtigten beim Verstoß gegen eine Veräußerungs- und Belastungsbeschränkung (kein Heimfall) und beim Zahlungsverzug mit dem Erbbauzins (mindestens zwei Jahresbeträge) durch § 6 II, 9 IV eingeschränkt. Heimfall kann zB bedungen werden für Nichteinhalten von gemäß § 2 Nr 1–3 übernommenen Verpflichtungen, Belastung mit anderen als den in § 5 V genannten Rechten, Zahlungsverzug mit dem Erbbauzinses (aber § 9 III) oder Eröffnung des Insolvenzverfahrens (Konsequenz: Anspruch auf Aussonderung) über das Vermögen des Erbbauberechtigten, Zwangsversteigerung oder Zwangsverwaltung des ErbbauR; für den Fall, daß Erbbauberechtigter den Bau nicht fristgemäß erstellt (BGH WM 1973, 1074) oder ihn nicht der vorgesehenen Zweckbestimmung zuführt (BGH NJW 1984, 2213; BGH DNotZ 1985, 370); für den Fall, daß ein Erwerber des ErbbauR nicht in die schuldrechtlichen Bedingungen des Bestellungsvertrags eintritt (Oldenburg DNotZ 1988, 911); auch für den Fall des Todes des Erbbauberechtigten (Hamm MDR 65, 574 u Karlsruhe NJW-RR 2002, 413), nicht jedoch für den Fall des bloßen Verlangens des Eigentümers (LG Oldenburg Rpfleger 1979, 383). Zulässig als Grund auch kirchenfeindliches Verhalten, str für Kirchenaustritt (vgl Braunschweig DNotZ 1976, 603 u LG Oldenburg Rpfleger 1979, 383). Der Eigentümer braucht seinen Heimfallanspruch nicht auszuüben (vgl Rz 7). Der Heimfall und das Mitbestimmungsrecht eines Dritten bei ihm sind nicht eintragungsfähig (LG Münster NJW 1954, 1246; Karlsruhe NJW-RR 2002, 413). Für den Heimfallanspruch reicht es aus, daß seine Voraussetzungen im Zeitpunkt der Ausübung vorliegen, eine spätere Erfüllung der verletzten Pflicht ist grundsätzlich unbeachtlich (BGH NJW 1985, 1464; WM 1988, 786), Ausnahmen sind nach § 242 BGB möglich (BGH WM 1988, 786).

7 Macht der Grundstückseigentümer von seinem Heimfallrecht Gebrauch, so hat er dem Erbbauberechtigten eine angemessene Vergütung für das ErbbauR, nicht nur für das Bauwerk, zu zahlen (§ 32). Die auf dem ErbbauR ruhenden Belastungen bleiben zT bestehen. UU übernimmt der Grundstückseigentümer sogar die persönliche Schuld (§ 33). Zur Verjährung des Heimfallanspruchs s § 4. Bis zum dinglichen Vollzug des Heimfallanspruchs hat der Grundstückseigentümer Anspruch auf den Erbbauzins (BGH NJW-RR 1990, 1095). Er wird durch die Geltendmachung des Heimfallanspruchs nicht gebunden und kann vom Heimfallverlangen bis zu dessen Vollzug

Abstand nehmen (BGH aaO). Umgekehrt kann der Erbbauberechtigte einen zweifelhaften Heimfallanspruch wirksam anerkennen, auch wenn er das ErbbauR schon verkauft und eine Übertragungsvormerkung bestellt hat (str BGHR ErbbauVO § 33 Abs 1 – Vormerkung 1).

Zu Nr 5 (Vertragsstrafe). Heimfallanspruch und Vertragsstrafe (§§ 339ff BGB, § 4) können nebeneinander für denselben Fall einer Pflichtverletzung des Erbbauberechtigten (nicht des Eigentümers), zB unpünktliche Zahlung des Erbbauzinses, vereinbart werden, Grundstückseigentümer kann aber nur eines geltend machen (analog § 340, str). Für verwirkte Strafe haftet das ErbbauR als solches nicht (vgl BGH DNotZ 1991, 391). Der Anspruch auf Vertragsstrafe (= Geldleistung) kann aber durch Hypothek gesichert werden. Bei zu hoher Strafe richterliches Milderungsrecht gemäß § 343 BGB, bei allgemeinen Geschäftsbedingungen § 309 Nr 6 BGB. Zur Verjährung des Anspruchs auf Strafe siehe § 4. In der Praxis vereinbaren die Beteiligten mitunter, daß der Erbbauberechtigte bei gewissen Vertragsverletzungen einen erhöhten Erbbauzins zu zahlen habe. Hält sich die Abrede im Rahmen des § 2, so handelt es sich bei diesem sogenannten **Strafzins** um eine besondere Art von Vertragsstrafe (vgl Stuttgart NJW 1958, 2019, 2020). Eine als Inhalt des ErbbauR vereinbarte Vertragsstrafe wirkt gegen den Ersteher des ErbbauR nur dann, wenn auch die strafbewehrte Hauptverpflichtung zulässiger Inhalt des ErbbauR ist (BGH 109, 230). 8

Zu Nr 6 (Vorrecht auf Erneuerung). Vgl §§ 31, 39. 9

Zu Nr 7 (Ankaufsrecht). § 2 Nr 7 bezieht sich nur auf solche Abreden, die während der Dauer des ErbbauR dem Erbbauberechtigten ein Ankaufsrecht gewähren sollen (vgl § 39). Daher kann nicht als Inhalt des ErbbauR mit dinglicher Wirkung ein Ankaufsrecht für den Fall vereinbart werden, daß der Grundstückseigentümer nach Erlöschen des ErbbauR durch Zeitablauf die ihm obliegende Entschädigung nicht zahlen kann oder will (Hamm MDR 1974, 315). Den näheren Inhalt des Erwerbsrechts, insbesondere wann es ausgeübt werden darf, können die Parteien frei vereinbaren. Es setzt nicht voraus, daß der Grundstückseigentümer das Grundstück verkaufen will, bereits mit einem Dritten in Kaufverhandlungen eingetreten ist oder einen Kaufvertrag abgeschlossen hat. Den Kaufpreis können sie von vornherein festlegen oder seine Bestimmung sich vorbehalten, sofern er wenigstens bestimmbar ist (BGH 71, 276, 280). Es handelt sich entweder um einen aufschiebend bedingten Kauf oder um ein Angebot des Eigentümers (unklar Böttcher Rz 175 u 179). Sein Kaufrecht übt der Erbbauberechtigte im ersten Fall durch einseitige, formlose empfangsbedürftige Willenserklärung gegenüber dem Grundstückseigentümer aus, im zweiten Fall durch Annahme. Damit kommt der Kaufvertrag zu den festgelegten Bedingungen zustande. Aus ihm ergibt sich ein Anspruch auf Auflassung. Die Vereinbarung gemäß Nr 7 gibt dem Erbbauberechtigten zwar nicht die Rechtsstellung eines durch eine Vormerkung Geschützten, § 883 II ist nicht anwendbar; jedoch kann er, wenn der Eigentümer das Grundstück veräußert hat, infolge der dinglichen Wirkung der Abrede sein Kaufrecht auch gegenüber dem Erwerber des Grundstücks ausüben (BGH NJW 1954, 1444). Spätere dingliche Belastungen des Grundstücks muß der das Grundstück erwerbende Erbbauberechtigte hinnehmen. Eine Vormerkung zur Sicherung kann bereits vor Ausübung im Grundbuch eingetragen werden (Ingenstau/Hustedt Rz 72, str). Die Kaufberechtigung können die Parteien darauf beschränken, daß Grundstückseigentümer das Grundstück an Dritten verkauft; allerdings gelten dann §§ 1094ff nicht entsprechend (RGRK/Räfle 2 Rz 45, str). Den Parteien ist es aber unbenommen, ein dingliches Vorkaufsrecht gemäß § 1094 sowohl zugunsten des Erbbauberechtigten am Grundstück als auch zugunsten des Grundstückseigentümers am ErbbauR zu bestellen. Vereinigen sich Eigentum und ErbbauR in einer Person, so ist dies auf den Bestand des ErbbauR ohne Einfluß (§ 889); es entsteht ein EigentümererbbauR (dazu siehe § 1 Rz 18). Als Inhalt des ErbbauR kann jedoch nicht mit dinglicher Wirkung die **Verlängerung** des ErbbauR auf unbestimmte Zeit nach dessen Erlöschen durch Zeitablauf vereinbart werden (Hamm MDR 1974, 315). 10

Eine **Verpflichtung** des Erbbauberechtigten **zum Ankauf** des Grundstücks kann nur schuldrechtlich vereinbart werden (vgl Hagen LM BGB § 138 [Aa] Nr 25). Derartige Vereinbarungen sind grundsätzlich zulässig, können aber im Einzelfall unzulässig sein (BGH 68, 1; 75, 15 m Anm Räfle LM BGB § 138 [Bc] Nr 30a; BGH LM BGB § 138 [Bc] Nr 27). Ankaufsverpflichtungen, die wegen eines übermäßig belastenden Bindungszeitraums gegen die guten Sitten verstoßen, können nur bei Individualverträgen analog § 139 BGB mit einer angemessenen zeitlichen Bindung aufrechterhalten werden, im AGB-Vertrag sie nichtig. Die Geltendmachung des Ankaufverlangens steht, vor allem wenn das auf Grund des ErbbauR errichtete Bauwerk Wohnzwecken dient, unter dem Vorbehalt von Treu und Glauben und darf insbesondere nicht zur Unzeit erfolgen, wobei der soziale Schutzzweck der ErbbauRVO mitzuberücksichtigen ist. Nicht zu beanstanden ist die Vereinbarung, daß sich der Kaufpreis nach dem Verkehrswert des Grundstücks im Zeitpunkt des Kaufes bemessen soll; für eine entsprechende Anwendung des § 9a ist dabei kein Raum (BGH LM BGB § 138 [Bc] Nr 27 mwN). Bei Auslegung des Begriffs „Verkehrswert" in einer solchen Kaufzwangklausel ist das Erbbaurecht nicht als Belastung zu berücksichtigen (BGH NJW 1989, 2129, 2131; vgl auch BGH NJW-RR 1989, 1037). Die Ankaufsverpflichtung bindet den Erbbaurechtsnehmer auch dann, wenn er das ErbbauR (befugtermaßen) veräußert, ohne sie wirksam an den Erwerber weiterzugeben (BGH NJW 1989, 2129). 11

In **Allgemeinen Geschäftsbedingungen** kann sich eine solche Ankaufverpflichtung als unzulässige Überraschungsklausel iSv § 305c BGB (BGH 75, 15, 20) oder wegen unangemessener Benachteiligung des Erbbauberechtigten gem § 307 BGB (BGH 114, 338) als unwirksam erweisen; eine geltungserhaltende Reduktion kommt dann nicht in Betracht. Zu berücksichtigen sind vor allem der erstmalige Zeitpunkt des Ankaufsverlangens (nicht vor Tilgung von Baudarlehen), der Bindungszeitraum (30 Jahre wohl noch zulässig) und die Frist für die Kaufpreiszahlung (6 Monate nach Ausübung wohl noch zulässig); vgl DNotI-Report 1997, 121.

3. Bestritten ist, ob das ErbbauR im Hinblick auf § 2 mit **Grunddienstbarkeiten** zugunsten des Erbbaugrundstücks belastet werden kann. Dies ist trotz der Amtl Begründung wegen der Wirkung auch gegenüber Dritten zu bejahen (ebenso Staud/Rapp Rz 7; aA 10. Aufl). S ferner § 11 Rz 4. 12

§ 3 [Heimfallanspruch]

Der Heimfallanspruch des Grundstückseigentümers kann nicht von dem Eigentum an dem Grundstück getrennt werden; der Eigentümer kann verlangen, daß das Erbbaurecht einem von ihm zu bezeichnenden Dritten übertragen wird.

1. Der **dingliche Heimfallanspruch** gilt gemäß § 96 BGB als Bestandteil des Grundstücks und zwar, weil er nicht vom Eigentum am Grundstück zu trennen ist, als wesentlicher. Daraus folgt einmal, daß er, falls das Grundstück veräußert wird, kraft Gesetzes auf den Erwerber übergeht, selbst wenn der Übergang ausdrücklich ausgeschlossen wurde, ferner daß über ihn nicht gesondert verfügt werden kann (BGH WM 1980, 938). Deshalb kann er weder verpfändet noch gepfändet werden (§ 851 I ZPO; Düsseldorf DNotZ 1974, 177). Von einer Zwangsvollstreckung in das Grundstück wird er erfaßt. Auch ein benannter Dritter erwirbt gegen Erbbauberechtigten keinen mittelbaren Anspruch (arg § 3 Hs 1). Der Dritte ist vielmehr stets auf die Mitwirkung des Grundstückseigentümers angewiesen. Mitbestimmungsrecht kann Drittem nicht mit dinglicher Wirkung eingeräumt werden; derartige Abrede schuldrechtlich gültig, durch Vormerkung indes nicht sicherbar (vgl LG Münster NJW 1954, 1246, siehe auch Alberty NJW 1953, 691). Die dem Grundstückseigentümer gemäß Hs 2 zustehende Befugnis ist als dingliches Recht nicht abdingbar (v Oefele/Winkler Rz 4.102 und Ingenstau/Hustedt Rz 7; aA Soergel/Stürner Rz 2 und Pal/Bassenge Anm 1).

2. Macht Grundstückseigentümer von der ihm in Hs 2 eingeräumten Befugnis Gebrauch, so kann er vom Erbbauberechtigten nur die **Übertragung** des dinglichen Rechtes **an einen Dritten**, nicht aber auch den Abschluß eines schuldrechtlichen, kaufähnlichen Geschäfts mit dem Dritten verlangen (Düsseldorf DNotZ 1974, 177). Entspricht der Erbbauberechtigte dem Verlangen des Grundstückseigentümers, so wird Dritter unmittelbarer Rechtsnachfolger des Erbbauberechtigten. Andernfalls muß Grundstückseigentümer gegen Erbbauberechtigten auf Abgabe der Einigungserklärung gegenüber dem Dritten klagen, und dieser muß seinerseits die Einigung erklären (§ 873 BGB). Der Kläger, nicht der Dritte, muß das rechtskräftige Urteil dem Grundbuchamt vorlegen, weil es nur dem Kläger gegenüber wirkt (BayObLG Rpfleger 1983, 480).

3. Da der Heimfallanspruch als Inhalt des ErbbauR von der Eintragung des ErbbauR selbst mit umfaßt wird, erübrigt es sich, ihn gemäß § 9 GBO auf dem Grundbuchblatt des Grundstücks einzutragen (Staud/Rapp § 2 Rz 20). Eine Vormerkung kann nach Ausübung des Heimfallrechts (allerdings bei Ausübung zugunsten eines Dritten nur für den Eigentümer) im Grundbuch eingetragen werden (str, aA hM, s nur Schöner/Stöber, Grundbuchrecht Rz 1147).

§ 4 [Verjährung]

Der Heimfallanspruch sowie der Anspruch auf eine Vertragsstrafe (§ 2 Nr. 4 und 5) verjährt in sechs Monaten von dem Zeitpunkt an, in dem der Grundstückseigentümer von dem Vorhandensein der Voraussetzungen Kenntnis erlangt, ohne Rücksicht auf diese Kenntnis in zwei Jahren vom Eintreten der Voraussetzungen an.

1. Ausnahme von § 902 BGB. Es handelt sich um eine Kombination einer subjektiven und einer objektiven Anknüpfung (vgl § 159 BGB). Die Ansprüche des Eigentümers können wegen dessen untätigen Verhaltens in bes Ausnahmefällen schon vor Eintritt der Verjährung als verwirkt gelten (vgl Staud/Rapp Rz 5). § 4 kommt auch für den sogenannten **Strafzins** in Betracht (dazu siehe § 2 Rz 8).

2. Jede neue Vertragswidrigkeit, auch die wiederholte, setzt eine neue Verjährungsfrist in Lauf.

§ 5 [Veräußerungs- und Belastungszustimmung]

(1) Als Inhalt des Erbbaurechts kann auch vereinbart werden, daß der Erbbauberechtigte zur Veräußerung des Erbbaurechts der Zustimmung des Grundstückseigentümers bedarf.

(2) Als Inhalt des Erbbaurechts kann ferner vereinbart werden, daß der Erbbauberechtigte zur Belastung des Erbbaurechts mit einer Hypothek, Grund- oder Rentenschuld oder einer Reallast der Zustimmung des Grundstückseigentümers bedarf. Ist eine solche Vereinbarung getroffen, so kann auch eine Änderung des Inhalts der Hypothek, Grund- oder Rentenschuld oder der Reallast, die eine weitere Belastung des Erbbaurechts enthält, nicht ohne Zustimmung des Grundstückseigentümers erfolgen.

1. Mit dinglicher Wirkung – damit Ausnahme von § 137 BGB –, vorausgesetzt, daß Einigung und Eintragung vorliegen (§§ 873f, 877 BGB; §§ 11, 14f, 17, 37), sonst nur schuldrechtliche Wirkung. Aufnahme in Grundbuchtext (§ 56 II GBV) dagegen nur verfahrensrechtlich erforderlich. **Veräußerung** ist die dingliche Übertragung des ErbbauR, deshalb nicht die Bestellung eines dinglichen Vorkaufsrechts und eines Untererbbaurechts. Der Veräußerung des ErbbauR steht die Abtretung eines Erbanteils auch dann gleich, wenn der Nachlaß nur aus einem Grundstück besteht (BayObLG Rpfleger 1968, 985), ebenso die Übertragung eines BGB-Gesellschaftsanteils, sofern keine Umgehung (ebenso Tönnies MittRhNotK 1991, 115, abw Köln MittRhNotK 1991, 114). Dagegen bedarf es der Zustimmung, wenn ErbbauR im Wege der sogenannten vorweggenommenen Erbfolge veräußert wird (LG Münster MittRhNotK 1969, 19). Ist Erbengemeinschaft Grundstückseigentümerin, so sieht Hamm DNotZ 1967, 499 in der Veräußerung des ErbbauR eine Verfügung über einen Nachlaßgegenstand, die das Einverständnis aller Miterben erfordert. Die im voraus für bestimmte Fälle erteilte Zustimmung (zB Zuschlag in ZV) ist als Inhalt des ErbbauR eintragungsfähig (Braunschweig OLGZ 72, 187), nicht dagegen der Ausschluß der Zustimmung für bestimmte Fälle (BayObLG 1999, 252). Die Aufteilung eines ErbbauR in Wohnungs-(Teil-)ErbbauR bedarf selbst bei einem für den Veräußerungsfall vereinbarten Zustimmungserfordernis nicht der Zustimmung (BayObLG DNotZ 1978, 626, zur Weitergeltung LG Itzehoe Rpfleger 2000, 495), ebensowenig die Teilung des ErbbauR und die Aufhebung des Zustimmungserfordernisses (BayObLG Rpfleger 1989, 503).

2. Dingliche Wirkung (§ 873 BGB, § 5 II 1) nur bei **Belastung** mit einem der angeführten Rechte, also Grundpfandrechten und Reallasten, hierunter fallen auch Sicherungshypotheken gemäß §§ 648, 1287 BGB (BayObLG 1996, 107, vgl § 6 Rz 1), ferner mit Dauerwohnrecht wegen § 42 II WEG (Stuttgart NJW 1952, 979). Nicht dagegen, wenn es sich zB um Vorkaufsrecht, Dienstbarkeit, Nießbrauch oder lediglich den Inhalt von Belastungen betreffende Vereinbarungen handelt, wie, daß Hypothek nur für einen bestimmten Gläubiger oder nur zu einem bestimmten Zweck bestellt werden dürfe (KG 20, 15; BayObLG NJW 1959, 2165); hier entsprechend § 137 BGB nur schuldrechtliche Wirkung (aber Verstoß Heimfallrecht möglich). Zur Eintragung einer Vormerkung siehe § 6 Rz 2. Entfällt bei Rangvorbehalt nach § 9 III S 1 Nr 2 (vgl § 9 Rz 26).

3. Zustimmungserfordernis für **Inhaltsänderung** einer Belastung gilt gemäß Abs II S 2 auch, wenn die Parteien bei der Abrede an diesen Fall nicht besonders gedacht haben. Weitere Belastung liegt zB in Erhöhung des Zinsfußes, der Leistungen aus der Reallast und ihrer Ablösungssumme, in Unterwerfung nach § 800 ZPO (bestr vgl Böttcher Rpfleger 1985, 1, 5), in Vereinbarung von Verfallsklauseln, in Erschwerung der Kündigungsmöglichkeit; nicht dagegen in Auswechselung der Hypothekenforderung, des Hypothekengläubigers, in Umwandlung von Hypothek in Grundschuld (str) und umgekehrt.

4. Die **Zustimmung** (§§ 182ff) des Eigentümers, der bei Umschreibung Grundstückseigentümer ist, ist bis zur Vornahme der Eintragung im Grundbuch gemäß § 183 frei widerruflich. Ist jedoch die Einigung des Erbbauberechtigten und des Hypothekengläubigers mit der Zustimmung des Grundstückseigentümers gemäß § 873 II BGB bindend geworden und ist der Eintragungsantrag beim Grundbuchamt eingegangen, so bleibt bei Widerruf der Zustimmung der Wiedereintritt der Verfügungsbeschränkung des Erbbauberechtigten auf die Einigung gemäß § 878 BGB ohne Einfluß (BGH LM Nr 2 zu § 5; Düsseldorf MittRhNotK 1996, 276). Ein gesetzlicher Vertreter eines Minderjährigen bedarf der Genehmigung des Familien- bzw Vormundschaftsgerichts gemäß § 1821 I S 1 BGB (aA hM, wie hier MüKo/v Oefele Rz 4). Einer willkürlichen Verweigerung der Zustimmung baut das in § 7 vorgesehene richterliche Nachprüfungsrecht vor, insofern ist zur Sicherung grds keine Abwicklung eines Erbbaurechtskaufs über Notaranderkonto erforderlich. Das Zustimmungsrecht steht lediglich dem Grundstückseigentümer zu. Dieser kann es nicht auf einen Dritten übertragen (vgl Ingenstau/Hustedt Rz 15).

5. Wirkungen eines Verstoßes ergeben sich aus §§ 6ff.

§ 6 [Folgen bei Verstoß gegen Zustimmungserfordernis]

(1) Ist eine Vereinbarung gemäß § 5 getroffen, so ist eine Verfügung des Erbbauberechtigten über das Erbbaurecht und ein Vertrag, durch den er sich zu einer solchen Verfügung verpflichtet, unwirksam, solange nicht der Grundstückseigentümer die erforderliche Zustimmung erteilt hat.

(2) Auf eine Vereinbarung, daß ein Zuwiderhandeln des Erbbauberechtigten gegen eine nach § 5 übernommene Beschränkung einen Heimfallanspruch begründen soll, kann sich der Grundstückseigentümer nicht berufen.

1. Das ohne vorherige Zustimmung (Einwilligung, § 183 BGB) vorgenommene Rechtsgeschäft, und zwar a) Verfügung des Erbbauberechtigten über das ErbbauR, sei es durch dessen Veräußerung oder Belastung, b) Übernahme einer schuldrechtlichen Verpflichtung zu solcher Verfügung, ist absolut, dh gegen jedermann schwebend unwirksam (vgl BGH NJW 1960, 2095). Aus ihm können gundsätzlich (vgl aber Rz 3) keinerlei Rechte, insbesondere auf Erfüllung oder Schadensersatz, hergeleitet werden. Das gleiche gilt für die Zwangsversteigerung des ErbbauR (BGH 100, 107). Auch Sicherungshypothek gemäß §§ 648, 1287 BGB kann nur mit Zustimmung des Grundstückseigentümers eingetragen werden.

Sofort wirksam sind aber solche Abreden, welche die Parteien gerade im Hinblick auf die noch ausstehende Zustimmung getroffen haben, zB Rücktrittsrecht für den Fall, daß die Zustimmung nicht bis zu einem bestimmten Zeitpunkt erteilt wird (BGH ZIP 1986, 37). Bei Vormerkung ist zu unterscheiden: a) Vom Erbbauberechtigten bewilligte ist auch ohne Zustimmung des Eigentümers einzutragen (Hamm MDR 1952, 213; Nürnberg MDR 1967, 213; Haegele Rpfleger 1967, 286; aA Metzger NJW 1953, 1009; LG Tübingen NJW 1956, 874, die die Zustimmung des Grundstückseigentümers für erforderlich halten, weil die Vormerkung jedenfalls den Rang späterer Eintragungen beeinträchtige). b) Die auf Grund einer einstweiligen Verfügung von einem Dritten gegen den Erbbauberechtigten erwirkte ist ebenso zu behandeln, denn der freiwillig erteilten Bewilligung steht die durch einstweilige Verfügung ersetzte gleich (RGRK/Räfle Rz 6) c) Die einen gesetzlichen Anspruch (zB aus § 648 BGB sichernde Vormerkung ist ohne weiteres eintragbar (Hamm MDR 1952, 765; Karlsruhe Rpfleger 1958, 281; Nürnberg OLGZ 1967, 22; Köln OLGZ 1967, 193).

2. Das Geschäft kann aber durch nachträgliche Zustimmung (Genehmigung, § 184 BGB) des Grundstückseigentümers oder deren Ersetzung (§ 7) wirksam werden. Während des Schwebezustandes sind die Parteien gegenseitig gebunden und können nicht einseitig widerrufen (RG 64, 154). Aus § 242 BGB kann sich die Verpflichtung ergeben, die Voraussetzungen für die Zustimmung des Eigentümers zu schaffen. Bei schuldhafter Verletzung dieser Pflicht kann im Wege des Schadensersatzes (Naturalrestitution) Erfüllung des Vertrages geschuldet werden, BGH U v 14. 10. 1988 – V ZR 157/87 – unveröff. Zustimmung bedarf nach § 182 II BGB nicht der für das Rechtsgeschäft bestimmten Form, aber § 29 GBO. Genehmigung wirkt gemäß § 184 I BGB auf Zeitpunkt der Vornahme des Rechtsgeschäfts zurück. Grundbuchmäßige Durchführung vgl § 15.

3. Die erforderliche Zustimmung kann gemäß § 7 durch Beschluß des Amtsgerichts ersetzt werden. Deswegen bleiben die Vertragsparteien auch nach Verweigerung der Zustimmung durch den Eigentümer für eine zumutbare Zeit an die schwebend unwirksame Verfügung gebunden (BGH ZIP 1986, 36).

ErbbauVO § 6

5 **4. Abs II. Schutzzweck:** Das ErbbauR soll dem Erbbauberechtigten als Kreditunterlage dienen können; eine entgegenstehende Vereinbarung ist deshalb nicht durchsetzbar (ebenso MüKo/v Oefele Rz 8, aA BayObLG Rpfleger 1991, 303; nichtig). Dagegen darf das Verbot anderer Belastungen (Nießbrauch, Dienstbarkeiten) mit einem Heimfallanspruch bewehrt werden (Hamm OLG 86, 14); gleiches soll für eine nur schuldrechtliche Vereinbarung und ein daran anknüpfendes Heimfallrecht gelten (BayObLG MittBayNot 1992, 197, im Hinblick auf den Gesetzeszweck aber wenig überzeugend).

7 *[Zustimmungsverweigerung und -anspruch]*
(1) Ist anzunehmen, daß durch die Veräußerung (§ 5 Abs. 1) der mit der Bestellung des Erbbaurechts verfolgte Zweck nicht wesentlich beeinträchtigt oder gefährdet wird, und daß die Persönlichkeit des Erwerbers Gewähr für eine ordnungsmäßige Erfüllung der sich aus dem Erbbaurechtsinhalt ergebenden Verpflichtungen bietet, so kann der Erbbauberechtigte verlangen, daß der Grundstückseigentümer die Zustimmung zur Veräußerung erteilt. Dem Erbbauberechtigten kann auch für weitere Fälle ein Anspruch auf Erteilung der Zustimmung eingeräumt werden.
(2) Ist eine Belastung (§ 5 Abs. 2) mit den Regeln einer ordnungsmäßigen Wirtschaft vereinbar, und wird der mit der Bestellung des Erbbaurechts verfolgte Zweck nicht wesentlich beeinträchtigt oder gefährdet, so kann der Erbbauberechtigte verlangen, daß der Grundstückseigentümer die Zustimmung zu der Belastung erteilt.
(3) Wird die Zustimmung des Grundstückseigentümers ohne ausreichenden Grund verweigert, so kann sie auf Antrag des Erbbauberechtigten durch das Amtsgericht ersetzt werden, in dessen Bezirk das Grundstück belegen ist. Die Vorschriften des § 53 Abs. 1 Satz 1, Abs. 2 und des § 60 Abs. 1 Nr. 6 des Reichsgesetzes über die Angelegenheiten der freiwilligen Gerichtsbarkeit gelten entsprechend.

1 1. Schutzvorschrift des § 7 begründet ein weitgehend **zwingendes gesetzliches Schuldverhältnis** (BGH U v 16. 12. 1994 – V ZR 163/93 – unveröff). Sie kann nicht abbedungen oder eingeschränkt, wohl aber durch Vereinbarung auf weitere Fälle erweitert werden. Anspruch auf Zustimmung ist höchstpersönlich, er kann nicht abgetreten (KG JW 1938, 1039) und auch nicht gepfändet (München JFG 17, 179) werden. Die hM hält, wie beim Berichtigungsanspruch, eine Abtretung sowie Pfändung und Überweisung des Anspruchs zur Ausübung im Rahmen einer gewillkürten Prozeßstandschaft für zulässig (BGH 33, 76; Hamm OLG 64, 574); danach kann der an sich unveräußerliche Anspruch auf Zustimmung gemäß § 851 I ZPO in Verbindung mit § 857 ZPO gepfändet und einem Dritten zur Ausübung überwiesen werden. Somit kann im Zwangsvollstreckungsverfahren das Ersetzungsverfahren im Einklang mit dem Sinn und Zweck des § 8 nicht nur der Erbbauberechtigte, sondern auch ein Hypothekengläubiger, der betreibende Gläubiger (BGH 100, 107, nicht der Meistbietende) oder der Insolvenzverwalter beantragen (vgl Köln Rpfleger 1969, 300; Hamm OLGZ 1966, 574; BGH 100, 107). § 7 setzt voraus, daß ErbbauR und Vereinbarung des § 5 bereits eingetragen sind (KG JFG 13, 366). Erbbaurechtskäufer kann dem Verkäufer eine Frist zur Einleitung des Ersetzungsverfahrens setzen (BGH WM 2001, 210). Verfahren der freiwilligen Gerichtsbarkeit ist zwingend vorgeschrieben, Klage daher unzulässig. Das Gericht der freiwilligen Gerichtsbarkeit ist aber auf die Prüfung des gesetzlichen Zustimmungsanspruchs beschränkt; für einen davon abweichenden schuldrechtlichen Zustimmungsanspruch (vgl Rz 3) und einen Streit über die Wirksamkeit einer erteilten Zustimmung ist das Prozeßgericht zuständig (BGH 98, 362). Der Entscheidung sind die tatsächlichen Verhältnisse zZt der Beschlußfassung zugrunde zu legen (KG JW 1938, 1039). Eine Zustimmungserteilung kann ausgelegt werden (Düsseldorf MittRhNotK 2000, 388).

2 **Zweck** der Bestellung des ErbbauR ist zunächst die Verwendung des Bauwerks, aber auch die nachhaltige Erzielung der Erbbauzinsen (BGH 100, 107; Oldenburg NJW-RR 1991, 23 gegen KG DNotZ 1984, 384; aA RGRK/Räfle Rz 2). Maßgeblich sind aber nicht nur die von dem Eigentümer bei der Bestellung des ErbbauR verfolgten Interessen, sondern auch die des Erbbauberechtigten bei objektiver Betrachtung der wirtschaftlichen Verhältnisse (vgl Hamburg OLGZ 1988, 385). Als Richtschnur kann dabei dienen, daß die Verfügungsbeschränkung den Eigentümer gegen eine spekulative Ausnutzung des ErbbauR schützen soll (vgl Hamm MDR 1968, 242; Hamburg NJW 1968, 554; Karlsruhe WM 1972, 97). So kann eine Belastung vertretbar sein, wenn sie dem Erbbauberechtigten ermöglicht, das auf dem Erbbaugrundstück vorgesehene Bauwerk zu erstellen (BayObLG Rpfleger 1974, 357); desgleichen, wenn das für einen Gewerbebau bestellte ErbbauR belastet wird, um diesen zu ermöglichen (Frankfurt DNotZ 1978, 105); uU auch, wenn das für Wohnzwecke vorgesehene ErbbauR zur Finanzierung eines Gewerbebetriebs des Erbbauberechtigten dienen soll (BayObLG Rpfleger 1989, 97). Dem Erbbauberechtigten selbst muß jedenfalls ein der Belastung entsprechender Gegenwert zufließen (Hamm OLGZ 1985, 269). Gleichwohl darf die grundsätzliche Veräußerlichkeit eines ErbbauR (§ 1 I) nicht durch gesteigerte Forderungen an die Verkaufsbedingungen in Frage gestellt werden (BayObLG DNotZ 1973, 237). Die Zustimmung kann a) verweigert werden, wenn der Erbbauberechtigte die schuldrechtlichen Verpflichtungen gegenüber dem Eigentümer vertragswidrig nicht an den Rechtsnachfolger weitergibt (Hamm DNotZ 1976, 543; Celle DNotZ 1984, 387; vgl auch Oldenburg Rpfleger 1985, 203), b) nicht davon abhängig gemacht werden, daß der Erbbauberechtigte zusätzliche Verpflichtungen, zB der Anhebung des Erbbauzinses, eingeht (Hamm aaO) oder sich einer schuldrechtlichen Gleitklausel unterwirft (Frankfurt Rpfleger 1979, 24). Räumt der Grundstückseigentümer mit seiner Erbbauzinsreallast einem Grundpfandrecht den Vorrang ein, so kann er in der Zwangsversteigerung des ErbbauR (vgl dazu § 8) nicht mit der Begründung widersprechen, daß er in der Versteigerung mit seiner Erbbauzinsreallast ausfalle (BGH 100, 107). Auch eine Insolvenz des Erbbauberechtigten steht einer Zustimmung nicht von vornherein entgegen (Karlsruhe NJW-RR 2002, 413). Die Entscheidung wird grundsätzlich erst mit Rechtskraft wirksam. Rechtsmittel: Wird Zustimmung ersetzt, so sofortige, wird sie verweigert, so einfache Beschwerde; alsdann weitere Beschwerde.

Abs I S 2 will unbeschadet dessen, ob bei einer Veräußerung des ErbbauR ein Anspruch gemäß Abs I S 1 besteht, dem Erbbauberechtigten ermöglichen, für weitere, ausdrücklich vereinbarte Fälle die ohne triftigen Grund verweigerte Zustimmung ersetzen zu lassen, zB für bauliche Veränderungen (vgl BayObLG NJW-RR 1987, 459 mwN). Eine derartige Erweiterung der Zustimmungspflicht ist Inhalt des ErbbauR.

2. Abs II schafft für den Anspruch auf Zustimmung zu einer **Belastung** des ErbbauR einen zusätzlichen speziellen Maßstab (vgl bereits Rz 2). Die Belastung muß im Rahmen des wirtschaftlichen Verhältnisses des ErbbauR und eines vernünftigen wirtschaftlichen Verhaltens bleiben (Hamm NJW 68, 554). Dem Erbbauberechtigten – nicht notwendig dem Bauwerk – muß ein der Belastung entsprechender Gegenwert zufließen (Hamm Rpfleger 1985, 291), zulässig deshalb Hypothek für private Schuld (LG Köln NJW-RR 2000, 682). Ordnungsgemäßer Wirtschaft entspricht es nicht, wenn ein Darlehen am ErbbauR dinglich gesichert werden soll, das bis zum Tod des Erbbauberechtigten tilgungsfrei gestellt ist (Hamm NJW-RR 1991, 20), oder bei einer Grundschuld nach der Zweckerklärung jederzeit eine Neuvalutierung möglich ist (Hamm MittRhNotK 1995, 201). Grds ist eine Belastung nur innerhalb der Beleihungsgrenze zulässig (ca 70 % des Verkehrswertes, vgl LG Köln NJW-RR 2000, 682). Vertragliche Anspruchserweiterungen sind im Rahmen des Abs II lediglich schuldrechtlich, nicht dinglich möglich.

3. Abs III kommt auch dann in Betracht, wenn Grundstückseigentümer sich weigert, die formlos erteilte, sachrechtlich gültige Zustimmung in die Form des § 29 GBO zu bringen (Linde/Richter Rz 141) oder sie von der vorherigen Zahlung der Gebühr für die notarielle Beglaubigung abhängig zu machen (Hamm Rpfleger 1992, 58; zur Erstattungspflicht dem Grunde nach vgl BGH 125, 105). Auch eine kirchenaufsichtliche Genehmigung kann nach Abs III ersetzt werden (Hamm NJW-RR 1993, 1106). Kein Verlust des Rechtsschutzbedürfnisses bei Übertragungspflichtig an Vorkaufsberechtigten (BayObLG ZfIR 1999, 403). Hat der Grundstückseigentümer die Zustimmung zur Belastung des ErbbauR grundlos verweigert, kann die Ausübung des Heimfallanspruchs gegen Treu und Glauben verstoßen, obwohl der Erbbauberechtigte nicht nach § 7 III vorgegangen ist (BGH NJW-RR 1993, 465 – nicht fristgerechte Bebauung). Schadensersatz wegen Verletzung einer Pflicht aufgrund schuldhafter Verweigerung der Zustimmung kann der Erbbauberechtigte aber nicht verlangen, wenn er den Schaden nach § 7 III hätte verhindern können (BGH WM 1995, 770).

4. Die Abs I und II behandeln lediglich die dinglichen Verfügungen der Veräußerung und Belastung, können aber ergänzend auch – zumindest entsprechend – auf die zugrunde liegenden schuldrechtlichen Verträge (§ 6 I) anzuwenden sein (vgl RGRK/Räfle Rz 3).

8 [Schutz bei Zwangsverfügungen]
Verfügungen, die im Wege der Zwangsvollstreckung oder der Arrestvollziehung oder durch den Insolvenzverwalter erfolgen, sind insoweit unwirksam, als sie die Rechte des Grundstückseigentümers aus einer Vereinbarung gemäß § 5 vereiteln oder beeinträchtigen würden.

1. **Schutzzweck. a)** Die Rechtsposition des Grundstückseigentümers aufgrund eines Zustimmungsvorbehalts gem § 5 soll gegen Umgehung durch Zwangsvollstreckungsmaßnahmen geschützt werden; gilt auch für Eigentümererbbaurecht (Hamm OLGZ 85, 159). Außerhalb des Zustimmungsvorbehalts sind Vollstreckungsakte ohne weiteres zulässig (Celle Rpfleger 1985, 22). Regelung entspricht den §§ 135 I S 2, 161 I S 2, 184 II, 458 S 2, 883 II S 2, 2115 BGB. Jedoch handelt es sich um eine absolute Unwirksamkeit (BGH 33, 76); daher können sich auch Dritte auf sie berufen. An sich unwirksame Verfügung kann durch freiwillige oder entsprechend § 7 III ersetzte Zustimmung des Grundstückseigentümers gültig werden (vgl RGRK/Räfle Rz 11). Die Anordnung der Zwangsversteigerung eines ErbbauR und die Fortführung des Verfahrens setzen Zustimmung nicht voraus. Diese muß jedoch vor der Entscheidung über den Zuschlag erteilt oder ersetzt sein (BGH 33, 76). § 7 III ist, obwohl auf ihn der § 8 nicht ausdrücklich verweist, gleichwohl anzuwenden (BGH aaO). Zur Frage, wer antragsberechtigt ist, siehe § 7 Rz 1.

b) Wird die Zwangsvollstreckung von einem persönlichen Gläubiger betrieben, so gilt folgendes: Vereinbarung nach § 5 I steht der Erteilung des Zuschlags im Zwangsversteigerungsverfahren (BGH 33, 76; BayObLG 1960, 473) entgegen, nicht der Eintragung einer Zwangs- oder Arresthypothek (§§ 867, 932 ZPO), nicht der Zwangsverwaltung: Vereinbarung nach § 5 II steht der Eintragung einer Zwangs- oder Arresthypothek entgegen, nicht der Zwangsversteigerung oder Zwangsverwaltung. Die nach § 1287 BGB erworbene Sicherungshypothek und die nach § 648 BGB vorgesehene Bauwerkshypothek fallen unter die §§ 5, 6 und nicht unter § 8 (vgl § 6 Rz 1). Erlangt dagegen der Gläubiger kraft Gesetzes eine Sicherungshypothek gemäß § 848 II ZPO, so ist § 8 anzuwenden, weil es sich um einen Erwerb im Wege der Zwangsvollstreckung handelt (vgl Ingenstau/Hustedt Rz 5; siehe auch Hamburg JW 1929, 801). Durch Eintragung unwirksamer Zwangshypothek wird Grundbuch unrichtig; gemäß § 53 I S 1 GBO ist von Amts wegen Widerspruch einzutragen. Beeinträchtigter Grundstückseigentümer hat Rechte aus §§ 771, 928, 766 ZPO. Zur zwangsweisen Eintragung einer Vormerkung für Sicherungshypothek siehe § 6 Rz 1.

c) Entsprechendes gilt für Verfügungen – freihändige und im Wege der Zwangsvollstreckung (§ 165 InsO) – des Insolvenzverwalters sowie für die von einem Erben gemäß § 175 ZVG oder von einem Miterben nach § 180 ZVG betriebene Zwangsversteigerung. Die schuldrechtliche Verpflichtung des Insolvenzverwalters zu einer Veräußerung oder Belastung fällt nicht unter § 8, denn im Gegensatz zu § 6 ist hier nur von Verfügungen die Rede (hM).

d) Zur Anfechtungsklage gem § 3 II S 2 AnfG aus Anlaß der Übertragung des ErbbauR durch den Berechtigten an einen Verwandten bedarf es nicht der Zustimmung des Grundstückseigentümers, weil hierdurch erst die Voraussetzungen für die Zwangsvollstreckung geschaffen werden sollen (BGH NJW 1966, 730 zu § 3 I Nr 2 AnfG aF).

ErbbauVO § 8   Erbbaurechtsverordnung

5   **2. Sonderfall: Zwangsvollstreckung des Hypothekengläubigers in Erbbaurechte.** An Zustimmung des Grundstückseigentümers ist gebunden:
 a) nur die Veräußerung: Hypothekengläubiger kann Zwangsverwaltung betreiben. Nach der früher hA durfte der Hypothekengläubiger auch die Zwangsversteigerung betreiben. Denn ein Eigentümer, der die Belastung auch nur zulasse, müsse die Zwangsversteigerung als einen wesentlichen Inhalt der Belastung in Kauf nehmen. Erst recht gelte dies, wenn der Eigentümer der Belastung ausdrücklich zugestimmt habe so zB LG Hof NJW 1954, 1247; LG Frankfurt NJW 1959, 772; LG Lübeck SchlHA 1962, 248; Lutter DNotZ 60, 235). Nach nunmehriger hM muß auch in dem auf Grund einer Belastung des ErbbauR durchgeführten Zwangsversteigerungsverfahren die Zustimmung des Grundstückseigentümers vor der Erteilung des Zuschlages vorliegen oder gemäß § 7 III ersetzt werden (BGH 33, 76; 100, 107, 112f). Danach liegt in Zustimmung zur Belastung noch nicht Zustimmung zum Zuschlag. Letztere ist eine Art gesetzlicher Versteigerungsbedingung für die Erteilung des Zuschlags an den Meistbietenden (BayObLG DNotZ 1961, 266) und folgerichtig auch dann erforderlich, wenn der Grundstückseigentümer selbst die Zwangsversteigerung betreibt. Deshalb sollte sich der Gläubiger bereits bei der Belastung des ErbbauR die Zustimmung des Grundstückseigentümers zu einer etwaigen Zwangsversteigerung geben oder sich gegenüber der Erbbauzinsreallast den Vorrang einräumen lassen (vgl zu letzterem BGH 100, 107 u § 7 Rz 1 aE). Die Zustimmung ist auch eintragungsfähig (LG Frankfurt NJW 1959, 772; LG Bremen MDR 1957, 99).

6   b) nur die Belastung: Hypothekengläubiger kann Zwangsversteigerung und Zwangsverwaltung betreiben.

7   c) Veräußerung und Belastung: Hypothekengläubiger kann Zwangsverwaltung betreiben; hinsichtlich der Zwangsversteigerung gilt das oben (Rz 5) Gesagte.

3. Erbbauzins

9 *[Erbbauzins]*
(1) Wird für die Bestellung des Erbbaurechts ein Entgelt in wiederkehrenden Leistungen (Erbbauzins) ausbedungen, so finden die Vorschriften des Bürgerlichen Gesetzbuches über die Reallasten entsprechende Anwendung. Die zugunsten der Landesgesetze bestehenden Vorbehalte über Reallasten finden keine Anwendung.
(2) Der Anspruch des Grundstückseigentümers auf Entrichtung des Erbbauzinses kann in Ansehung noch nicht fälliger Leistungen nicht von dem Eigentum an dem Grundstück getrennt werden.
(3) Als Inhalt des Erbbauzinses kann vereinbart werden, daß
1. die Reallast abweichend von § 52 Abs. 1 des Gesetzes über die Zwangsversteigerung und die Zwangsverwaltung mit ihrem Hauptanspruch bestehenbleibt, wenn der Grundstückseigentümer aus der Reallast oder der Inhaber eines im Range vorgehenden oder gleichstehenden dinglichen Rechts die Zwangsversteigerung des Erbbaurechts betreibt und
2. der jeweilige Erbbauberechtigte dem jeweiligen Inhaber der Reallast gegenüber berechtigt ist, das Erbbaurecht in einem bestimmten Umfang mit einer der Reallast im Rang vorgehenden Grundschuld, Hypothek oder Rentenschuld zu belasten.

Ist das Erbbaurecht mit dinglichen Rechten belastet, ist für die Wirksamkeit der Vereinbarung die Zustimmung der Inhaber der der Erbbauzinsreallast im Rang vorgehenden oder gleichstehenden dinglichen Rechte erforderlich.
(4) Zahlungsverzug des Erbbauberechtigten kann den Heimfallanspruch nur dann begründen, wenn der Erbbauberechtigte mit dem Erbbauzinse mindestens in Höhe zweier Jahresbeträge im Rückstand ist.

1   **1. Vorbemerkung.** § 9 kommt nur in Betracht, wenn die Beteiligten den Erbbauzins rechtsgeschäftlich als eine **reallastartige Verpflichtung** begründen wollen. Er gilt nicht, wenn sie ihn nur schuldrechtlich vereinbaren. Dann unterliegt der Erbbauzinsanspruch den allgemeinen Grundsätzen, kann insbesondere abgetreten, verpfändet und gepfändet werden. Abs II ist neu gefaßt durch Art 11a I EuroEG v 9. 6. 1998 (BGBl I S 1242). Abs III ist eingeführt durch Art 2 § 1 SachenRÄndG v 21. 9. 1994 (BGBl I S 2457). Hierdurch wurde bisheriger Abs III zu Abs IV.

2   **2. Gegenleistung.** Entgelt nicht wesentlich, auch schenkungsweise. Entgelt kann bestehen a) in einmaliger Abfindung, b) in wiederkehrenden Leistungen (Erbbauzins). Zu b): Sachleistungen zB Roggen, Weizen, Holz, Kohle, Stahl zulässig (Schleswig MDR 1951, 679; LG München DNotZ 1952, 220); es kann auch nach Wahl des Gläubigers Sach- oder Geldleistung vereinbart werden (Celle DNotZ 1955, 316), unterschiedliche Höhe und Zeitabschnitte möglich. Bleibt auch bei fehlender öffentlichrechtlicher Baubefugnis bestehen (Düsseldorf DNotZ 2001, 705). Erbbauzins kann nicht für den gegenwärtigen Grundstückseigentümer persönlich, sondern nur für den jeweiligen bestellt werden. Er gehört auch **nicht** zum **Inhalt des ErbbauR** (BGH 81, 358), sondern ist eine Belastung des Erbbaurechts. Seine dingliche Sicherung erfolgt durch Einigung und Eintragung als Reallast (§§ 873ff; 1105ff BGB, §§ 11, 14); für die einzelnen Zinsen gelten die Vorschriften über Hypothekenzinsen (§ 1107 BGB), Rückstände verjähren in 3 Jahren (§§ 197 II, 902 I S 2, und zwar auch bei notarieller Zwangsvollstreckungsunterwerfung); bei Heimfall (§ 2 Nr 4) erlischt dingliche Haftung (§ 1178 BGB). Nach Abs I S 1 iVm § 1105 Abs I S 2 BGB ist auch **gleitender Erbbauzins** als Inhalt der Reallast möglich; dabei kann die Erhöhung auch von einem Verlangen des Gläubigers anhängig gemacht werden (BGH 111, 324). Der Erbbauzins beträgt – regional unterschiedlich – zwischen 3 und 8 % des Grundstückswertes jährlich (vgl Linde/Richter Rz 152).

3   Die **Erbbauzinsreallast** kann als subjektiv-dingliches Recht nur zugunsten des jeweiligen Grundstückseigentümers eingetragen werden; wird hiergegen verstoßen, so ist die unzulässige Eintragung im Grundbuch von Amts

wegen zu löschen (§ 53 I S 2 GBO, vgl BayObLG NJW 1961, 1263, aA v Oefele/Winkler Rz 6.21). Wie jedes andere dingliche Recht erlischt die Reallast gemäß § 91 ZVG, wenn sie nicht in das geringste Gebot fällt (BGH 81, 358, 361; vgl auch § 24 Rz 1). Bleibt sie bestehen, so gebühren die nach dem Zuschlag fällig werdenden Erbbauzinsen dem Ersteher. Wenn die ErbbauVO die wiederkehrenden Erbbauzinsleistungen nach den Regeln der Reallasten behandelt, so bedeutet dies, daß der Grundstückseigentümer sich im Weg der Zwangsvollstreckung in das ErbbauR befriedigen kann (Celle DNotZ 1955, 315, BayObLG DNotZ 1955, 316). Der Erbbauberechtigte haftet für die während der Dauer seines Rechts fällig werdenden Beträge auch persönlich (§ 1108, vgl BGH NJW 1979, 102), soweit nichts anderes vereinbart wird. Erbbauzins muß nicht die 1. Rangstelle erhalten (Soergel/Stürner Rz 2). Keine Unterwerfung unter die sofortige Zwangsvollstreckung gemäß §§ 800, 794 Nr 5 ZPO gegen den jeweiligen Erbbauberechtigten, weder hinsichtlich der Erbbauzinslast in ihrer Gesamtheit noch hinsichtlich der einzelnen Erbbauzinsraten (vgl BayObLG NJW 1959, 1876). Erbbauberechtigter kann sich aber persönlich wegen seiner Verpflichtung der sofortigen Zwangsvollstreckung unterwerfen und sich verpflichten, bei einer Veräußerung des ErbbauR auch seinen persönlichen Zwangsvollstreckungsunterwerfung zu veranlassen (Staud/Rapp Rz 11). Von Erbbauzinsbeträgen sind Verzugszinsen nicht zu entrichten (vgl Rz 22; anders bei nur schuldrechtlich wirkenden Klauseln (BGH NJW-RR 1992, 591); vgl im übrigen Rz 6ff.

Mittelbar dinglich sichern läßt sich der Anspruch auf den Erbbauzins auch noch über eine Vertragsstrafe (§§ 339ff) im Sinne des § 2 Nr 5.

3. Vereinbarungsinhalte. a) § 9 gilt nur für den **dinglich gesicherten Erbbauzins**. Bis zum 1. 10. 1994 mußte **4** der Erbbauzins nach Höhe und Zeit für die ganze Erbbauzeit im voraus bestimmt sein, Bestimmbarkeit war nicht ausreichend. Danach mußte die Fälligkeit aller Leistungen datumsmäßig feststehen und die Höhe für die ganze Erbbauzeit im voraus bestimmt sein (vgl DNotI-Report 2001, 177). Das Sachenrechtsbereinigungsgesetz ließ eine Erbbauzinsgleitklausel durch eine sich automatisch anpassende Erbbauzinsreallast zu (BayObLG 1996, 159; vgl Maaß NotBZ 1997, 44 u Vollmer ZfIR 1997, 452). Die erneute Änderung durch das EuroEG läßt Wertsicherungsvereinbarungen als Inhalt der Erbbauzinsreallast zu, wenn anhand objektiver Kriterien zumindest im Zeitpunkt der Erhöhung der neue Umfang bestimmbar ist.

Für die Vertragsgestaltung stehen deshalb rein schuldrechtliche Anpassungsklauseln, die Verdinglichung einer **5** schuldrechtlichen Anpassungsverpflichtung durch eine entsprechende Vereinbarung über den Inhalt und Umfang der Reallast (aA Pal/Bassenge Rz 9; Hustedt RNotZ 2002, 277, 278, wie hier Eichel RNotZ 2001, 535), die dingliche Anpassungsverpflichtung sowie die in der Praxis nunmehr übliche Ausgestaltung der **primären Reallast** als rein dingliches Recht nach § 1105 I BGB mit einer **Gleitklausel** zur Verfügung (Mohrbutter/Mohrbutter ZIP 1995, 806).

b) Schon die bis 30. 9. 1994 geltende gesetzliche Regelung hat zugelassen, daß der Grundstückseigentümer mit **6** dem Erbbauberechtigten zusätzliche **Vereinbarungen schuldrechtlicher Natur** trifft. Sie wirken nur im Verhältnis dieser beiden Parteien und berühren die Rechtsstellung sonstiger Erbbaurechts- oder Grundstücksgläubiger nicht (BGH 22, 220); zur Rangsicherung durch Vormerkung und zur Frage einer Bindung des Einzelrechtsnachfolgers vgl Rz 13ff. Die Parteien können rein schuldrechtlich auch vereinbaren, daß neben dem dinglich zu sichernden Erbbauzins der Grundstückseigentümer am **Umsatz** eines auf dem Erbbaugrundstück betriebenen Gewerbes zu **beteiligen** (BGH MDR 1970, 497, vgl Claussen WiB 1995, 974) oder zur **Übernahme** von **Erschließungskosten** verpflichtet sei (BFH DB 1981, 1372; BB 1995, 494; Spindler DB 1994, 650).

Anders als der dingliche Erbbauzins (Rz 3, 22) unterliegt der schuldrechtlich vereinbarte nicht dem Zinseszinsverbot des § 289 S 1 (BGH NJW-RR 1992, 591), da es sich rechtstechnisch nicht um einen Zins, sondern um wiederkehrende Leistungen handelt. Bei Veräußerung des Grundstücks geht ein schuldrechtlicher Erbbauzinsanspruch nicht entsprechend § 566 auf den Erwerber über (BGH NJW 1972, 198).

Zulässig war stets eine schuldrechtliche Abrede dahin, daß der Erbbauzins **veränderten Umständen anzupassen** **7** ist und daß der Erbbauberechtigte in eine entsprechende dingliche Änderung des Erbbauzinses einzuwilligen hat. Derlei Vereinbarungen widersprachen auch nicht dem Bestimmtheitsgebot des § 9 II aF (BGH 22, 220; Zweibrücken MittBayNot 2001, 77). Anpassungsklauseln müssen den Anpassungsgrund und -maßstab regeln. Der Beginn der Erbbauzinsverpflichtung kann frühestens mit Eintragung der Reallast erfolgen. Eine Erhöhung der ersten Rate (Ingenstau/Hustedt § 9 Rz 17) ist umständlich; bis zur Eintragung kann eine schuldrechtliche Nutzungsentschädigung in gleicher Höhe und Fälligkeit wie der zukünftige Erbbauzins vereinbart werden. Als zulässige **Bemessungsmaßstäbe** bieten sich an: Steigerung des Bodenwerts (vgl dazu Rz 11), des Ertragswertes, des Volkseinkommens, Mieterhöhungen, Lohn- und Gehaltserhöhungen, Veränderung der allgemeinen wirtschaftlichen Verhältnisse, Lebenshaltungsindex. Auch eine Anpassung an den Umfang der künftigen Bebauung ist zulässig, desgl eine Anpassung mit **Rückwirkung** (BGH U v 18. 9. 1987 – V ZR 265/85 – unveröff). Bei der Bestellung eines **Eigentümererbbaurechts** kann der Eigentümer mit sich selbst keine schuldrechtliche Wertsicherungsklausel vereinbaren (BGH NJW 1982, 2381), wohl aber eine dingliche (ebenso Eichel RNotZ 2001, 535, 536).

Können sich die Beteiligten über die **Höhe** des Erbbauzinses nicht einigen, so ist zunächst im Weg der Auslegung gemäß §§ 133, 157 BGB festzustellen, welchen Maßstab sie wirklich ihrer Abrede zugrunde gelegt haben **8** (vgl BGH WM 1971, 356; ZMR 1971, 127). Auch ergänzende Vertragsauslegung kommt in Betracht (BGH WM 1984, 406). Führt dies nicht weiter, so sind die §§ 315f BGB anzuwenden, wonach im Zweifel der Grundstückseigentümer entscheidet (vgl BGH MDR 1968, 138; 1978, 651). Scheitert die vertraglich vorgesehene Einigung, so ist notfalls der Erbbauzins durch Urteil neu festzusetzen (BGH NJW 1996, 1054). Dabei beantwortet sich nach dem Inhalt der Änderungsklausel und deren Auslegung auch die Frage, von welchem **Zeitpunkt** ab (uU auch rückwirkend) der höhere Erbbauzins zu zahlen ist (BGH NJW 1996, 1748). Hat ein Schiedsgutachter über die Höhe der Anpassung zu entscheiden, kann ihm für die Ausübung seines Ermessens ein Kriterium vorgegeben werden (BGH NJW 1996, 452).

9 **Einzelfälle:** Im allgemeinen handelt es sich um Individualvereinbarungen, deren Auslegung der Tatsacheninstanz obliegt. Ist auf den **Grundstücks-** oder **Bodenwert** abzustellen, so ist angesichts des Bodenwuchers und der Spekulationspreise zu prüfen, ob der Verkehrswert oder nicht eher der Ertragswert maßgeblich sein soll (vgl Hönn NJW 1968, 827; BGH MDR 1970, 496; 1977, 128; Hamburg MDR 1970, 49). Zur Anknüpfung an „die gesetzliche Erhöhung der **Geschäftsraummiete**" vgl BGH WM 1969, 769, an die Erhöhung oder Ermäßigung der **Bezüge** eines **Beamten** vgl BGH DNotZ 1977, 411; zur Frage, ob die Weihnachtszuwendungen hierunter fallen, s BGH LM BGB § 157 (Ge) Nr 30; vgl auch BGH NJW 1980, 1741 („Grundgehalt"); zur **„Änderung der Währung"** s Hamburg MDR 1970, 79. Was die Parteien unter der **Änderung der allgemeinen wirtschaftlichen Verhältnisse** verstehen, kann der Tatrichter je nach Sachlage unterschiedlich beurteilen. Bezweckt die Klausel einen Ausgleich des Kaufkraftschwundes, kommt eine Anpassung nach dem Lebenshaltungskostenindex in Betracht (BGH NJW 1980, 183). Soll der Lebensstandard gesichert werden, so kann die Einkommensentwicklung mitberücksichtigt werden (BGH NJW 1982, 2382), desgl die Entwicklung der Grundstückspreise (BGH NJW 1979, 1543 – gewerbliche Nutzung; BGH NJW 1980, 183). Vgl aber auch Rz 11. Für eine „**erhebliche**" oder „**wesentliche**" Änderung der allgemeinen wirtschaftlichen Verhältnisse genügt eine Änderung um mehr als 10 % (BGH NJW 1995, 1360; vgl auch BGH WM 1967, 1248 u NJW 1992, 2088). Bei der Prüfung, ob die Anpassungsvoraussetzungen **erneut** eingetreten sind, darf nicht ein Maßstab angelegt werden, der überhöhte frühere Anpassungen ausgleicht (BGH NJW 1992, 2088: anders im Falle des § 9a).

10 Eine (eng auszulegende, BGH 81, 135) Schranke der Vertragsfreiheit ergab sich bis 31. 12. 1998 aus § 3 WährG. Für **Gleitklauseln** im Rahmen von Erbbauzinsvereinbarungen gilt grundsätzlich § 2 I PreisG. Eine wichtige Ausnahme vor der Genehmigungspflicht enthält § 1 Nr 4 PrKV für Klauseln in Erbbaurechtsbestellungsverträge und Erbbauzinsreallasten mit einer Laufzeit von mindestens 30 Jahren. Genehmigungsfrei sind danach Gleitklauseln im Erbbaurechtsvertrag, wenn das Erbbaurecht eine Laufzeit von mindestens 30 Jahren hat; der Erbbauzins kann auf kürzere Dauer verändert sein. Auch spätere Umstellungen auf eine Gleitklausel bedürfen keiner Genehmigung, wenn das Erbbaurecht noch eine Laufzeit von 30 Jahren hat (v Heynitz MittBayNot 1998, 398, 403, teilw abw Kluge MittRhNotK 2000, 409, 426). Spannungsklauseln und Leistungsvorbehalte (vgl BGH NJW 2002, 1421) bedürfen keiner Genehmigung (§ 1 Nr 1 u 2 PrKV). Zuständig ist das Bundesamt für Wirtschaft und Ausfuhrkontrolle.

11 Dient das gemäß dem Erbbauvertrag errichtete Bauwerk **Wohnzwecken**, so wird das Recht des Grundstückseigentümers, auf Grund einer Änderungsklausel eine Erhöhung des Erbbauzinses zu verlangen, durch die **Billigkeitsschranke** des § 9a begrenzt. Ob diese Grenze aber überhaupt erreicht wird, hängt von der unabhängig hiervon auszulegenden Änderungsklausel ab (BGH 1975, 279, 283; BGH WM 1982, 767). Ist bei einem nicht Wohnzwecken dienenden ErbbauR eine Anpassung für den Fall vereinbart, daß sich der Verkehrswert gegenüber dem zuletzt maßgebenden um mehr als 10 % erhöht, so ist Ausgangspunkt nicht der wahre Verkehrswert, sondern der zuletzt vereinbarte oder gerichtlich festgestellte (BGH WM 1999, 1715).

12 Der **Zeitpunkt der Erhöhung** hängt von der Anpassungsklausel ab und ist im Wege der Auslegung zu ermitteln. Danach ist auch eine rückwirkende Erhöhung möglich (BGH WM 1971, 352; NJW 1979, 811; BGH 81, 135, 146). Ein die Einigung ersetzendes **Urteil** wirkt aber nicht ohne weiteres auf den Zeitpunkt des Erhöhungsverlangens zurück (BGH LM BGB § 157 (Ge) Nr 28 und WM 1978, 578). Die Erhöhung tritt dann jedenfalls mit der Klageerhebung ein (BGH 81, 135, 146). Verzögert der Erbbauberechtigte seine Mitwirkung an der Anpassung des Erbbauzinses, so kann der Grundstückseigentümer Ersatz des hieraus entstehenden Verzugsschadens verlangen (BGH WM 1978, 578; 1979, 163 und 728).

13 Schuldrechtliche Änderungs- oder Anpassungsklauseln wirken nur unter den Vertragsparteien. Den **Einzelrechtsnachfolger** des Erbbauberechtigten binden sie nur, wenn dieser in die Verpflichtung eintritt (BGH 81, 135, 144). Auch der Erhöhungsanspruch des Grundstückseigentümers geht bei Veräußerung des Grundstücks nur kraft Vereinbarung auf den Erwerber über (BGH NJW 1972, 198; NJW 1983, 986).

14 c) Der Anspruch darauf, daß der neu festzusetzende Erbbauzins als **Reallast** im Grundbuch eingetragen werde, kann durch **Vormerkung** gesichert werden (BGH 22, 220); diese hat auch rangsichernde Wirkung. Eine Vormerkung ist nicht erforderlich, wenn eine Anpassungsverpflichtung oder -vereinbarung Inhalt der Erbbauzinsreallast ist. Ob der Anpassungsmaßstab anerkannt werden kann, hängt davon ab, ob er hinreichend **bestimmt** oder wenigstens bestimmbar ist (Hamm FGPrax 1995, 136).

15 **Bestimmbarkeit** ist zu **bejahen**, wenn abgestellt wird auf: den **Grundstückswert** (BGH 22, 220; BGH MDR 1999, 860); **Bodenwert** (BGH MDR 1970, 496; MittBayNot 1996, 99; Hamburg MDR 1970, 49); die **Miet-** und **Wohnungskosten**, die **Miete** (BGH WM 1969, 769; 1970, 353); die **Höhe** des **Lohnes** oder **Gehalts** (für Tariflohn eines städtischen Handwerkers Oldenburg NJW 1961, 2261, aA Oldenburg DNotZ 1956, 253 und NJW 1958, 480; für Beamtengehalt Hamm DNotZ 1964, 346; BGH WM 1964, 561; 1967, 1220; MDR 1977, 213; für Gehalt eines Justizsekretärs Düsseldorf DB 1978, 2166); die **Steigerung** des **Volkseinkommens** (Schleswig WM 1969, 1429); **geänderte Verhältnisse** (BGH WM 1969, 64; NJW 1975, 211; NJW 2001, 1930, soweit nicht im Einzelfall unbillig); **Lebenshaltungskostenindex** (LG Oldenburg DNotZ 1969, 41: Preisindex für mittlere Verbrauchergruppe; LG Kaiserslautern DNotZ 1969, 364; BayObLG DNotZ 1969, 492: Lebenshaltungskostenindex des statistischen Bundesamtes; Hamm ZMR 1970, 192; aA Düsseldorf OLGZ 67, 461 und 68, 67; vgl auch BGH NJW 1973, 142; NJW 1983, 1309; MittBayNot 1996, 97). Zur Gewichtung unterschiedlicher Kriterien bei allgemein gehaltenem Maßstab („allgemeine wirtschaftliche Lage") s BGH MDR 2001, 625.

Bestimmbarkeit ist zu **verneinen**, wenn abgestellt wird auf: den Verkaufswert von Grundstücken in gleicher oder ähnlicher Lage (Hamm NJW 1967, 2362; vgl aber BGH MDR 1999, 860) oder auf die Pacht für in gleicher oder ähnlicher Lage genutzte Grundstücke (Düsseldorf Rpfleger 1969, 51). Gleiches gilt, wenn Anpassung jederzeit und ohne außergewöhnlichen Anlaß verlangt werden kann (Schleswig SchlHA 1970, 60).

Eine **Vormerkung verbraucht sich nicht**, wenn die Erhöhung – erstmals – geltend gemacht wird; sie sichert auch weitere Erhöhungen, denn der obligatorische Anspruch auf Anpassung geht nicht dadurch unter, daß ihm einmal entsprochen wird. Gleiches gilt bei einer Anpassungsverpflichtung, die Inhalt der Reallast ist. **16**

d) Bei **Fehlen einer Änderungs- oder Anpassungsklausel** (meist nur noch bei älteren Erbbaurechtsverträgen, vgl v Baudissin ZflR 2000, 505 u Klados/Schlaffke ZMR 1997, 389) kann eine Erhöhung des Erbbauzinses wegen der **Geldentwertung** in der Regel **nicht** verlangt werden (BGH NJW 1974, 1186; 1976, 846; LM ErbbauVO § 9 Nr 15). Eine Ausnahme kommt nur wegen **Fortfalls der Geschäftsgrundlage** des schuldrechtlichen Vertrages über die Bestellung des ErbbauR (nicht auch der dinglichen Rechtsbeziehung, BGH 96, 371, 376) in Betracht. Hierfür bestehen **2 Voraussetzungen**: (1) Die **Grenze** des vom Erbbaurechtsbesteller **übernommenen Risikos muß überschritten** und (2) das ursprünglich festgelegte **Verhältnis zwischen Leistung und Gegenleistung** (Äquivalenzverhältnis) infolge des Kaufkraftschwundes so stark **gestört** sein, daß die benachteiligte Vertragspartei in der getroffenen Vereinbarung ihr Interesse nicht mehr auch nur annähernd gewahrt sehen kann (st Rspr, vgl etwa BGH 77, 194, 197; 86, 167, 169; 90, 227, 228). Dies ist bei einem Anstieg der Lebenshaltungskosten für ein 4-Personen-Arbeitnehmerhaushalt mittleren Einkommens um mehr als 150 % der Fall (BGH 91, 32; 97, 171; BGH 94, 260; BGH 97, 171). **17**

Für die Frage, **wann** der (den Kaufkraftschwund widerspiegelnde) **Anstieg der Lebenshaltungskosten** die hiernach insoweit maßgebliche Grenze von 150 % überschritten hat, ist grundsätzlich nicht auf die Jahresindizes, sondern auf die **Monatsindizes** abzustellen (BGH 87, 198, 201; 91, 32, 34; 94, 260; 97,171, 176). Beurteilungsgrundlage ist der **gesamte Zeitraum** zwischen dem Vertragsschluß und der letzten mündlichen Tatsachenverhandlung (nicht – wie in Fällen mit Anpassungsklausel – dem Erhöhungsverlangen, BGH 77, 194, 199; 90, 227, 229; 91, 32, 34; 94, 257, 260); dies gilt auch, wenn das mit dem ErbbauR belastete Grundstück veräußert worden und der Erwerber in die Rechte des Bestellers eingetreten ist (BGH 96, 371, 377).

Die vorgenannten Grundsätze über die Grenze des übernommenen Risikos und der Zumutbarkeit einer Störung des Äquivalenzverhältnisses gelten auch für **gewerblich genutzte ErbbauR** (BGH 97, 171, 176).

Andere Billigkeitskriterien kommen **nicht** in Betracht, denn die Erhöhung soll nur die Folgen der Veränderung der wirtschaftlichen Verhältnisse ausgleichen, nicht aber Vereinbarungen korrigieren, die in Kenntnis der seinerzeitigen Verhältnisse getroffen worden sind (BGH 77, 194, 202; 90, 227, 231; 94, 260; 96, 371). **Ohne** die vorgenannten Voraussetzungen besteht ein Erhöhungsanspruch selbst dann nicht, wenn die Parteien von einer Wertsicherungsklausel nur deshalb abgesehen haben, weil sie irrigerweise solche Vereinbarungen für unzulässig hielten (BGH LM ErbbauVO § 9 Nr 15). Ist der Gläubiger des Erhöhungsanspruchs mit dem dinglich Erbbaurechtsverpflichteten identisch, so kann er verlangen, daß die Eintragung der Erhöhung in das Erbbaugrundbuch bewilligt wird (BGH 96, 371, 379).

Die **Veräußerung** des ErbbauR berührt den Anspruch des Bestellers gegen den Veräußerer wegen Wegfalls der Geschäftsgrundlage nicht (BGH 111, 214). Dem Veräußerer kann aufgrund ergänzender Vertragsauslegung des Kaufvertrages gegen den Käufer ein Anspruch auf Freistellung von dem erhöhten Erbbauzins zustehen (BGH aaO).

Der **Umfang der Anpassung** (in Fällen ohne Anpassungsklausel) ist **analog § 9a I S 2** zu ermitteln, denn dort hat der Gesetzgeber selbst zum Ausdruck gebracht, daß die Erhöhung, die der eingetretenen **Änderung der „allgemeinen wirtschaftlichen Verhältnisse"** angelichen wird, im Rahmen der Billigkeit liegt (BGH 77, 194, 200). Anders als bei der Frage, ob dem Grunde nach eine Erhöhung wegen Fortfalls der Geschäftsgrundlage gerechtfertigt ist, stellt die Rspr für den Umfang der Erhöhung nicht nur auf den **Kaufkraftschwund** (bzw die ihn ausdrückende Erhöhung der Lebenshaltungskosten), sondern auch auf die **Entwicklung** der **Einkommensverhältnisse** ab und bildet hieraus als Anpassungsfaktor einen **Mittelwert**. Näher hierzu § 9a Rz 6. **18**

e) Unbenommen bleibt es den Parteien, den Erbbauzins **einvernehmlich neu festzusetzen**. Eine solche Vereinbarung bedarf nicht nach § 11 II iVm § 311b I BGB der notariellen Beurkundung (BGH NJW 1986, 932), denn der Erbbauzins wird – auch durch Eintragung – nicht Inhalt des ErbbauR. Der Neufestsetzung kann aber durch Einigung und Eintragung im Grundbuch unter Beachtung der Form des § 29 GBO dingliche Wirkung beigelegt werden (BGH 22, 220, 222). Einer nachträglichen Erhöhung müssen die gleich- und nachrangigen Berechtigten zustimmen (§§ 877, 876 S 1 BGB); eine nachträgliche Ermäßigung bedarf der Zustimmung der am Grundstück Realberechtigten (§§ 877, 876 S 2 BGB). Eine **rückwirkende** Erhöhung des Erbbauzinses hat nur schuldrechtlichen Charakter und kann im Grundbuch nicht eingetragen werden (Frankfurt Rpfleger 1973, 136; s aber auch BayObLG 1959, 520, 534). Eine einvernehmliche Anpassung, die vom Erbbaurechtsvertrag abweicht, gilt bei späteren Anpassungen nur, wenn eine Änderung gewollt war (BGH MDR 1992, 872; MDR 2002, 632). **19**

Besteht eine durch Vormerkung gesicherte schuldrechtliche Anpassungsvereinbarung, so erhält die neue Erbbauzinsreallast für den Erhöhungsbetrag den Rang der Vormerkung (§ 883 III). Eine Zusammenfassung mehrerer Reallasten zu einer einheitlichen ist zulässig (BayObLG 1996, 114). Bei einer dinglichen Anpassungsverpflichtung als Inhalt der Reallast sind eine Einigung und Eintragung erforderlich; die Eintragung wird jedoch als Inhaltsänderung der Erbbauzinsreallast in der Veränderungsspalte vermerkt (BayObLG 1996, 114). Eine Zustimmung der dinglich Berechtigten am Erbbaurecht ist nicht erforderlich (hM, s nur BayObLG 1996, 114 u Eichel MittRhNotK 1995, 193, 195, aA Klawikowski Rpfleger 1995, 145, 146). Bei der dinglichen Anpassungsvereinbarung als Inhalt der Reallast treten die Erhöhungen kraft Gesetzes ein; einer Einigung und Eintragung bedarf es nicht. Wenn eine **20**

ErbbauVO § 9 Erbbaurechtsverordnung

bisherige schuldrechtliche Erhöhungsverpflichtung samt Vormerkung in eine „Automatik umgewandelt" wird, ist dagegen die Zustimmung der hiervon betroffenen dinglich Berechtigten erforderlich (ebenso Kluge MittRhNotK 2000, 425 u Eichel RNotK 2001, 535, 538, aA Böttcher Rz 303a). Wird mit der **„Umstellung"** eine Veräußerung nach § 9 III verbunden, so müssen auch die dem Erbbauzins im Range vorgehenden Berechtigten zustimmen (Abs III S 2).

21 4. Das **Recht auf den Erbbauzins** und auf noch nicht fällige Leistungen gehört zu den **wesentlichen Bestandteilen** des Grundstücks. Es kann daher weder selbständig übertragen noch verpfändet noch nach § 864 I ZPO werden. Es teilt stets das rechtliche Schicksal des Grundstücks, mag dieses übertragen, belastet oder der Zwangsvollstreckung unterworfen werden. Wird das Grundstück veräußert oder zwangsversteigert, so geht der Anspruch auf die noch nicht fälligen Leistungen auf den Erwerber über; nur die bereits fälligen Ansprüche können gesondert übertragen, verpfändet und gepfändet werden (§§ 1159, 1273 BGB, §§ 829, 835 ZPO).

22 5. Für den **Heimfallanspruch** (Abs IV) ist – anders als für die fristlose Kündigung nach § 543 II S 1 Nr 3a – nicht Zahlungsverzug mit 2 aufeinanderfolgenden Jahresraten vorausgesetzt, ausreichend auch nicht zeitlich folgende Raten.

23 6. Auf **Erbbauzinsen** sind, wie sich aus § 9 I 1, §§ 1107, 289 S 1 BGB ergibt, **keine Verzugszinsen** zu entrichten (st Rspr BGH NJW 1970, 243; 1980, 2519 NJW-RR 1992, 591). Gemäß § 291 S 1 BGB kommen damit auch **keine Prozeßzinsen** in Betracht (BGH NJW 1979, 1543). Das Recht auf Ersatz des **Verzugsschadens** nach § 289 S 2 BGB bleibt jedoch **unberührt** (BGH NJW 1979, 1545). Auch Verzug bei der Mitwirkung an der **Neufestsetzung** des Erbbauzinses verpflichtet zum Ersatz des hierdurch entstehenden Schadens (vgl Rz 11).

24 7. **Zwangsversteigerung, Rangvorbehalt** (Abs III). § 9 III regelt den Sicherungskonflikt zwischen Kreditgeber und Grundstückseigentümer bei der Beleihung des ErbbauR. Bei der Zwangsversteigerung des Erbbaurechts aus einem Grundpfandrecht bleibt der Erbbauzins als Teil des geringsten Gebotes bestehen, wenn er diesem Recht vorgeht (§§ 44 I, 52 ZVG). Hat er Rang danach, so fällt er weg (§ 91 I ZVG); der Ersteher erwirbt ein Erbbaurecht ohne Erbbauzins (BGH 81, 358; Winkler NJW 1985, 940). Als Ausweg diente in der Praxis die sogenannte Stillhalteerklärung, in der sich der Grundstückseigentümer und der Gläubiger verpflichteten den Erbbauzins nicht zu kapitalisieren bzw diesen bestehen zu lassen (vgl v Oefele/Winkler Rz 6.258; Kümpel WM 1998, 1057; vgl auch zur Insolvenzverwalterversteigerung Stöber NJW 2000, 3600).

25 a) **Bestehenbleibensvereinbarung** (s dazu Stöber Rpfleger 1996, 136) als Inhalt des Erbbaurechts verhindert bei Zwangsversteigerung aus dem Erbbauzins vorgehenden oder gleichstehenden Recht abweichend von §§ 91 I, 52 I, 44 I ZVG Erlöschen des Erbbaurechts. Zwangsversteigerung aus Erbbauzinsreallast deshalb nur wegen fälliger Einzelleistungen möglich. Die laufenden und zwei Jahre rückständigen Erbbauzinsen fehlen in Rangklasse § 10 I Nr 4 ZVG, ältere rückständige Erbbauzinsen in § 10 I Nr 8 ZVG, bei Zwangsversteigerung ihretwegen in § 10 I Nr 5 ZVG (str, Böttcher Rz 379b, aA v Oefele DNotZ 1995, 643, 647); bei Versteigerung aus nachrangigem Recht fallen die laufenden u zwei Jahre rückständigen Erbbauzinsen in den bar zu zahlenden Teil des geringsten Gebots. Bei Zwangsversteigerung aus Rang des § 10 I Nr 1 bis 3 ZVG fällt der Erbbauzins nicht in das geringste Gebot und erlischt mit dem Zuschlag. Auch ohne Vereinbarung nach Nr 2 isoliert möglich.

26 b) **Rangvorbehalt** (s dazu Weber Rpfleger 1998, 5) als Inhalt des Erbbaurechts gibt dem Erbbauberechtigten, insbesondere einem Ersteher, das Recht zur Beleihung vor dem Erbbauzins bei dessen Bestehenbleiben nach Nr 1. Nur im Zusammenhang mit Vereinbarung nach Nr 1, aber „einfacher" Rangvorbehalt nach § 880 BGB auch möglich; bei Vorliegen der Voraussetzungen gegebenenfalls Umdeutung. Bei Rangvorbehalt keine zusätzliche Eigentümerzustimmung nach § 5 II (Weber Rpfleger 1998, 5, 7).

27 c) **Begründung** im Erbbaurechtsvertrag oder nachträglich durch Einigung und Eintragung als Inhalt des Erbbaurechts. Bezugnahme möglich (Mohrbutter/Mohrbutter ZIP 1995, 806, 810, str). Zustimmung der der Erbbauzinsrealllast vorgehenden oder gleichstehenden Berechtigten (Abs III S 2); Ausnahme entgegen Gesetzeswortlaut wegen fehlender rechtlicher Beeinträchtigung nicht denkbar (aA Pal/Bassenge Rz 19). Zustimmung nachrangig Berechtigter nicht erforderlich (str, v Oefele DNotZ 1995, 643, 646, aA Eichel MittRhNot 1995, 193, 199).

28 8. Landesrechtliche Vorbehalte (vgl Art 113, 115, 120 EGBGB) finden keine Anwendung (Abs I S 2).

9a *[Grenze für Erbbauzinserhöhung]*
(1) **Dient das auf Grund eines Erbbaurechts errichtete Bauwerk Wohnzwecken, so begründet eine Vereinbarung, daß eine Änderung des Erbbauzinses verlangt werden kann, einen Anspruch auf Erhöhung des Erbbauzinses nur, soweit diese unter Berücksichtigung aller Umstände des Einzelfalles nicht unbillig ist. Ein Erhöhungsanspruch ist regelmäßig als unbillig anzusehen, wenn und soweit die nach der vereinbarten Bemessungsgrundlage zu errechnende Erhöhung über die seit Vertragsabschluß eingetretene Änderung der allgemeinen wirtschaftlichen Verhältnisse hinausgeht. Änderungen der Grundstückswertverhältnisse bleiben außer den in Satz 4 genannten Fällen außer Betracht. Im Einzelfall kann bei Berücksichtigung aller Umstände, insbesondere**
1. **eine Änderung des Grundstückswertes infolge eigener zulässigerweise bewirkter Aufwendungen des Grundstückseigentümers oder**
2. **der Vorteile, welche eine Änderung des Grundstückswertes oder die ihr zugrunde liegenden Umstände für den Erbbauberechtigten mit sich bringen,**
ein über diese Grenze hinausgehender Erhöhungsanspruch billig sein. Ein Anspruch auf Erhöhung des Erbbauzinses darf frühestens nach Ablauf von drei Jahren seit Vertragsabschluß und, wenn eine Erhöhung des

Erbbauzinses bereits erfolgt ist, frühestens nach Ablauf von drei Jahren seit der jeweils letzten Erhöhung des Erbbauzinses geltend gemacht werden.

(2) Dient ein Teil des auf Grund des Erbbaurechts errichteten Bauwerks Wohnzwecken, so gilt Absatz 1 nur für den Anspruch auf Änderung eines angemessenen Teilbetrages des Erbbauzinses.

(3) Die Zulässigkeit einer Vormerkung zur Sicherung eines Anspruchs auf Erhöhung des Erbbauzinses wird durch die vorstehenden Vorschriften nicht berührt.

1. Vorbemerkung. § 9a eingefügt durch Gesetz vom 8. 1. 1974 (BGBl I 41). In Kraft getreten am 23. 1. 1974. **Übergangsbestimmungen** in Art 2 des Gesetzes. Sie lauten:

(1) **Für nach dem Inkrafttreten dieses Gesetzes fällig werdende Erbbauzinsen ist** § 9a der Verordnung über das ErbbauRecht in der Fassung des Artikels 1 Nr. 1 dieses Gesetzes auch bei Vereinbarungen des dort bezeichneten Inhalts anzuwenden, die vor Inkrafttreten dieses Gesetzes geschlossen worden sind.

(2) Ist der Erbbauzins auf Grund einer solchen Vereinbarung vor dem Inkrafttreten dieses Gesetzes erhöht worden, so behält es hierbei sein Bewenden. Der Erbbauberechtigte kann jedoch für die Zukunft eine bei entsprechender Anwendung der in Absatz 1 genannten Vorschrift gerechtfertigte Herabsetzung dann verlangen, wenn das Bestehenbleiben der Erhöhung für ihn angesichts der Umstände des Einzelfalles eine besondere Härte wäre.

Gilt infolge Verzugs des Erbbauberechtigten mit der Mitwirkung bei der Erhöhung des Erbbauzinses § 9a so kann ein ersatzpflichtiger Verzugsschaden gegeben sein (BGH MDR 1978, 652).

2. Wohnerbbaurecht. § 9a soll der sozial unerwünschten übermäßigen Anhebung von Erbbauzinsen entgegenwirken, zu der es auf Grund vereinbarter Anpassungsklauseln kommen kann (BGH 68, 152; 73, 225, 227; 75, 279, 282; NJW 1980, 588). Die Regelung **beschränkt** sich deshalb auf ErbbauR, die zu **Wohnzwecken** bestellt sind, aber einschließlich Nebengebäude (zB Garage, Geräteschuppen etc). Sie erfaßt nicht solche, die **gewerblichen** oder **industriellen** Zwecken dienen, zB Hotels, Ferienwohnungen, Pflegeheime. Maßgeblich ist die vertragliche Zweckbestimmung (BGH U v 15. 11. 1996 – V ZR 132/96 – unveröff), nicht eine davon abweichende vertragswidrige Nutzung. **Gemischt** genutzte Bauwerke behandelt Abs II (dazu Rz 11). Der Schutzzweck des § 9a greift nicht, wenn die Entwicklung des **Bodenwerts** hinter dem Anstieg der allgemeinen wirtschaftlichen Verhältnisse **zurückbleibt;** dann ist für die Erhöhung des Erbbauzinses infolge Wegfalls der Geschäftsgrundlage (nicht aber aufgrund einer Anpassungsklausel) die Entwicklung des Bodenwerts maßgeblich (BGH 119, 220). Die Anpassung geht dann von dem vereinbarten prozentualen Wertverhältnis zwischen Erbbauzins und Bodenwert aus, wird aber durch das Ausmaß der Änderung der allgemeinen wirtschaftlichen Verhältnisse begrenzt (BGH aaO).

3. Erhöhungsvereinbarung. Die Billigkeitsschranke des § 9a betrifft nur solche Erbbauzinserhöhungen, die in **Erfüllung eines Anspruchs** aus einer **Anpassungsklausel** vorgenommen werden (BGH NJW 1980, 588; U v 4. 2. 1983 – V ZR 289/81). Sie gilt nicht für nur **relative** Erhöhungen, zB aufgrund der Vereinbarung, der Erbbauzins solle auch nach Wegfall eines Teiles der ursprünglichen Erbbaurechtsfläche (für Erschließungszwecke) dem Gesamtbetrag nach gleichbleiben (BGH U v 4. 2. 1983 – V ZR 289/81). Die Regelung bezieht sich nur auf den **Umfang** eines Erhöhungsanspruchs, nicht auf dessen Voraussetzungen (BGH LM ErbbauVO § 9a Nr 6). § 9a gilt für Anpassungsklauseln **aller Art**, also Gleit- und Spannungsklauseln sowie Leistungsvorbehalte (ebenso Kluge MittRhNotK 2000, 409, 426, aA Pal/Bassange Rz 2). Die Vorschrift setzt nicht voraus, daß die Parteien überhaupt eine bestimmte Bemessungsgrundlage vereinbart haben (BGH 68, 152). Sie gilt aber nicht, wenn die Parteien den Erbbauzins zunächst nicht festsetzen, sondern dies später nachzuholen beabsichtigen (BGHRp 2003, 216).

4. Unbilligkeit. a) Für die Frage, wann der Erhöhungsanspruch unbillig ist, stellt das Gesetz eine **Auslegungsregel** auf. Sie greift ein, „wenn und soweit die nach der vereinbarten Bemessungsgrundlage zu errechnende Erhöhung über die seit Vertragsabschluß eingetretene Änderung der allgemeinen wirtschaftlichen Verhältnisse hinausgeht" (§ 9a I S 2).

b) Unter „**Vertragsabschluß**" iSd § 9a I S 2 ist nicht die auf Grund der Anpassungsklausel getroffene Erhöhungsvereinbarung zu verstehen, sondern die Vereinbarung der Anpassungsklausel selbst (BGH 68, 152, 154f). Wird die ursprüngliche Anpassungsklausel später geändert, so kann die spätere Vereinbarung zum zeitlich maßgebenden Bezugspunkt werden (BGH LM ErbbauVO § 9a Nr 17). Dies ist etwa der Fall, wenn die Anpassungsklausel eine grundlegende, nicht nur Nebenpunkte betreffende, Änderung erfahren hat (BGH NJW 1980, 588) oder wenn außer einer – selbst unwesentlichen – Änderung der Anpassungsklausel zugleich der Erbbauzins auf eine neue Basis gestellt worden ist (BGH NJW 1981, 2567; WM 1983, 1360), zB auch dadurch, daß bei nominell gleichbleibendem Erbbauzins das ErbbauR auf ein weiteres Grundstück erstreckt wird (BGH WM 1988, 720). Dies ist jedoch nicht bei einem einmaligen Entgegenkommen einer Partei der Fall (BGH ZfIR 2002, 544).

c) Die Beurteilung der **Änderung der allgemeinen wirtschaftlichen Verhältnisse** geht von einer möglichst umfassenden Sicht aus. Es ist aber unmöglich, alle Veränderungen zu berücksichtigen. Angesichts der sozialpolitischen Zielsetzung des § 9a beschränkt sich die Rspr darauf, an diejenigen Daten anzuknüpfen, die „handgreiflichsten" die allgemeine wirtschaftliche Lage des Durchschnitts der Bevölkerung widerspiegeln. Dies sind einerseits die Entwicklung der **Lebenshaltungskosten** und andererseits die Entwicklung der **Einkommensverhältnisse** (BGH 75, 279, 283ff; BGH 77, 188, 190ff; NJW 1982, 2382). Aus der Summe der prozentualen Veränderung dieser beiden Größen ist sodann ein (hälftiger) Mittelwert zu bilden, der zugleich die in einem Prozentsatz ausgedrückte Grenze des vertraglichen Erhöhungsanspruchs bestimmt. **Im einzelnen** wurden die **Lebenshaltungskosten** bisher nach einem Vier-Personen-Arbeitnehmerhaushalt mittlerer Einkommens bestimmt. Dieser Index wurde ab 2003 eingestellt (vgl Reul DNotZ 2003, 85, 94); an seine Stelle dürfte trotz der Abweichung der Verbraucherindex für Deutschland treten. Die **Einkommensverhältnisse** sind nach einem **Mittelwert** der Bruttoeinkünfte der **Industriearbeiter** sowie der **Angestellten in Industrie und Handel** zu bestimmen; dabei sind die für die Gesamtbevölkerung der Bundesrepublik Deutschland maßgebenden Zahlen heranzuziehen ohne Berücksichtigung

ErbbauVO § 9a Erbbaurechtsverordnung

regional unterschiedlicher Entwicklungen und ohne Beschränkung auf männliche Arbeitnehmer (BGH 87, 198). Maßgebende Werte für den Abschluß der Entwicklung sind die **Monatsindizes**, die vor der Stellung des **Erhöhungsverlangens** zuletzt veröffentlicht worden sind (BGH aaO). Es ist also ein Vergleich anzustellen zwischen dem Durchschnittswert aus Lebenshaltungskosten und Einkommen im Zeitpunkt der Anpassungsvereinbarung und dem entsprechenden Durchschnittswert im Zeitpunkt des Erhöhungsverlangens. Der daraus resultierende Prozentsatz markiert die **Billigkeitsgrenze** für die vertragliche Erhöhung des Erbbauzinses. **Berechnungsformel**: (Lebenshaltungskostenanstieg + Einkommensanstieg) : 2 = Erhöhungsgrenze. Dabei ist Einkommensanstieg = (Anstieg der Arbeiterlöhne + Anstieg der Angestellteneinkommen) : 2.

7   d) Neben der Auslegungsregel des § 9a I S 2 verweist Satz 1 für die Billigkeitswertung auf die „Berücksichtigung aller **Umstände des Einzelfalles**". Dabei sind die Interessen beider Vertragspartner gegeneinander abzuwägen. Umstände, die in der Risikosphäre einer Partei fallen, bleiben außer Betracht (BGH NJW 2001, 1930). Im Interesse klarer und einheitlicher Maßstäbe hat sich die Rspr insoweit betont zurückgehalten. Ohne Bedeutung ist, ob der ursprüngliche Erbbauzins unangemessen hoch war, denn § 9a soll nicht im Interesse einer Partei den vertraglichen Interessenausgleich nachträglich korrigieren (BGH 73, 225). Persönliche Verhältnisse wie Alter, Krankheit oder Armut fallen grundsätzlich in den Risikobereich des Erbbauberechtigten oder Eigentümers und müssen ebenfalls außer Betracht bleiben (BGH aaO, str aA v Oefele/Winkler Rz 6.199). Unbeachtlich ist nach Abs 1 S 3 auch die Wertentwicklung des Erbbaugrundstücks, mag zB der **Grundstückswert** nicht in einem der vereinbarten Erbbauzinserhöhung entsprechenden Umfang angestiegen (BGH aaO) oder auf Aufwendungen des Erbbauberechtigten zurückzuführen sein (BGH WM 1979, 837); das gleiche gilt für eine Wertbeeinträchtigung des Erbbaugrundstücks durch nachträglich eingetretene Umstände (Errichtung eines Krematoriums, Bau einer Autobahn oder einer Industrieansiedlung, BGH NJW 82, 2382, str aA von Hoyningen–Huene NJW 1979, 1547).

8   e) Ebenso wie für das Unterschreiten der Regelgrenze des § 9a I S 2 sieht § 9a I S 4 für das **Überschreiten der Regelgrenze** die Berücksichtigung aller Umstände des Einzelfalles vor. Eine Änderung des Grundstückswertes kann danach ausnahmsweise ein weitergehendes Erhöhungsverlangen rechtfertigen, wenn die Werterhöhungen aus der Sphäre des Eigentümers kommen oder unabhängig davon dem Erbbauberechtigten Vorteile bringen.

9   f) Die **Sperrfrist** des § 9a I S 5 ist zwingend (BGH WM 1988, 1729); sie schließt aber nicht aus, daß schon vor ihrem Ablauf die Erhöhung des Erbbauzinses für die Zeit danach verlangt wird (BGH NJW 1983, 986). Dabei ist unerheblich, ob die maßgebliche Anpassungsklausel eine Fristenregelung enthält (BGH aaO). Vertraglich vorgesehene längere Sperrfristen bleiben maßgeblich. Das Fehlen einer vertraglichen Bestimmung darüber, in welchen zeitlichen Abständen ein Erhöhungsverlangen frühestens geltend gemacht werden darf, verstößt wegen § 9a I S 5 nicht gegen den Bestimmtheitsgrundsatz (Hamm NJW-RR 1996, 268). Zu den **Rechtsfolgen** eines Verstoßes gegen die vorgeschriebene Abstandsfrist vgl Rz 10.

10   5. Die **Rechtsfolgen** eines Verstoßes gegen § 9a I sind umstritten. Unstrittig ist nur, daß ein Erhöhungsanspruch aufgrund einer Anpassungsklausel nicht durchsetzbar ist, soweit er über die gesetzliche Billigkeitsschranke nach Satz 1 und 2 hinausgeht (rechtshindernde Einwendung). Problematisch ist aber, ob insoweit eine entsprechend der Anpassungsklausel getroffene Erhöhungsvereinbarung unwirksam ist und hierauf geleistete Zahlungen deshalb nach § 812 BGB zurückverlangt werden können (so MüKo/v Oefele Rz 4; Pal/Bassenge Rz 3; aA Dürkes BB 1980, 1609, 1617; Staud/Rapp Rz 5). Der BGH (NJW 1983, 986) läßt diese Frage offen, bejaht aber einen Bereicherungsanspruch für eine Zahlung, die aufgrund einer nach § 9a I S 5 zeitlich unzulässigen Erhöhungsvereinbarung geleistet worden ist. Dann darf im Rahmen von Satz 1 und 2 nichts anderes gelten (zutr Räfle WM 1982, 1038, 1046). Einen **Rechtsnachfolger** des Erbbauberechtigten bindet die Anpassungsklausel nur dann, wenn er in die Klausel eingetreten ist; dies gilt auch, wenn der Anspruch auf Eintragung einer höheren Erbbauzinsreallast durch eine Vormerkung gesichert ist (BGH NJW-RR 1987, 74).

11   6. Im Fall **gemischtgenutzter** Bauwerke (Abs II) gilt § 9a I nur für den Anspruch auf Änderung eines angemessenen **Teilbetrages** des Erbbauzinses. Hier kommt es auf das Verhältnis zwischen dem Wohnwert, dh dem Wert der Nutzung zu Wohnzwecken, und dem Wert der gewerblichen oder industriellen Nutzung an.

12   7. Abs III stellt klar, daß es bei der Zulässigkeit einer **Vormerkung** zur Sicherung des Anspruchs auf Erhöhung des Erbbauzinses bleibt (vgl dazu § 9 Rz 14–16). Diese ist auch bei Unbestimmtheit der Erhöhungsklausel und eingetretener Unbilligkeit der Erhöhung wirksam.

4. Rangstelle

10 *[Rang]*
(1) Das Erbbaurecht kann nur zur ausschließlich ersten Rangstelle bestellt werden; der Rang kann nicht geändert werden. Rechte, die zur Erhaltung der Wirksamkeit gegenüber dem öffentlichen Glauben des Grundbuchs der Eintragung nicht bedürfen, bleiben außer Betracht.
(2) Durch landesrechtliche Verordnung können Bestimmungen getroffen werden, wonach bei der Bestellung des Erbbaurechts von dem Erfordernisse der ersten Rangstelle abgewichen werden kann, wenn dies für die vorhergehenden Berechtigten und den Bestand des Erbbaurechts unschädlich ist.

1   1. **Rangerfordernis (Abs I S 1)**. Zwingende Vorschrift im Interesse der Beleihbarkeit, um Erlöschen bei Zwangsversteigerung zu vermeiden. Im Hinblick auf diesen Zweck ist die weite Gesetzesformulierung bedenklich. Auch der Schutz des Haftungsverbundes vor dem Entzug von Bausubstanz durch § 12 (so Ingenstau/Hustedt Rz 1)

erfordert nicht die erste Rangstelle in Abt II u III des Grundbuches. Gleichwohl macht Verstoß gegen das Erfordernis der ersten Rangstelle nach hM Eintragung rechtlich unzulässig, so daß sie von Amts wegen zu löschen ist (§ 53 I S 2 GBO; vgl auch Hamm MDR 1976, 499). Der gestellte Eintragungsantrag ist nach dieser Ansicht zurückzuweisen. Die erste Rangstelle braucht allerdings nicht schon im Zeitpunkt der dinglichen Einigung, muß aber bei der Eintragung des ErbbauR verfügbar sein (LG Aachen MittRhNotK 1968, 542). Gilt auch gegenüber einem Vorkaufsrecht (KG JW 1926, 1016), einer Vormerkung zur Sicherung eines Rechts am Grundstück und einer Auflassungsvormerkung (KG KGJ 39, 198) sowie einen Rangvorbehalt beim Erbbaurecht. Wird ein Vorkaufsrecht des jeweiligen Erbbauberechtigten im gleichen Rang mit dem ErbbauR eingetragen, so wird auch nach hM hierdurch die 1. Rangstelle des ErbbauR nicht in Frage gestellt (BGH NJW 1954, 1443); für persönliches Vorkaufsrecht gilt gleiches, wenn es im Einzelfall einem subjektiv-dinglichen Vorkaufsrecht gleichkommt (Düsseldorf NJW 1956, 875). Vormerkung zur Sicherung eines Anspruchs auf Erbbaurechtsbestellung bedarf unstrittig nicht der ersten Rangstelle (Staud/Rapp Rz 6). § 10 bezieht sich nur auf Rechte und Belastungen, die zueinander in einem **Rangverhältnis** im Sinne des § 897 BGB stehen können. Ist das nicht der Fall, so bleiben sie ebenso deshalb außer Betracht. § 10 I S 1 verbietet nur, durch **Rechtsgeschäft** ein ErbbauR zu einem **schlechteren Rang** als dem ersten zu begründen; eine **kraft Gesetzes** eingetretene **Rangverschlechterung** trifft er **nicht**. Daher kann ein zu Unrecht gelöschtes ErbbauR nach gutgläubigem Zwischenerwerb von Grundpfandrechten Dritter auch an anderer als an erster Rangstelle wieder in das Grundbuch eingetragen werden (vgl BGH MDR 1969, 128; ebenso Staud/Rapp Rz 13 u Linde/Richter Rz 237). Der BGH räumt ein, daß diese Rechtsansicht wegen der §§ 12 und 25 bei einer etwaigen Zwangsversteigerung des Grundstücks zu Schwierigkeiten führen kann, und erwägt, ob diese Vorschriften dann zugunsten der gutgläubigen Grundpfandgläubiger unberücksichtigt zu bleiben haben. Grundbuchlicher Nacherbenvermerk, der in Abteilung II voreingetragen ist, hindert die erstrangige Erbbaurechtsbestellung nicht (Hamburg DNotZ 1967, 373; Hamm NJW-RR 1989, 717). Dem ist zu folgen, denn stimmt der Nacherbe zu, so verfügt der Vorerbe wirksam, ohne daß ein Rangproblem zum Tragen käme. Lehnt er dies ab, so kann das Landesrecht nicht zu einer vom Bundesrecht abweichenden Beurteilung führen; es ist also rechtlich bedeutungslos. Bestellt aber der nicht befreite Vorerbe ohne Zustimmung des Nacherben ein ErbbauR auf die Dauer seiner durch seinen Tod begrenzten Vorerbschaft, so ist die Bestellung im Hinblick auf **§ 1 IV S 1** unwirksam (BGH MDR 1969, 918). Im übrigen stehen **Verfügungsbeschränkungen** des Grundstückseigentümers, zB der Zwangsversteigerungsvermerk des § 19 ZVG, der Umlegungsvermerk des § 54 I BauGB, der Insolvenzvermerk (§ 32 InsO), der Sanierungsvermerk (§ 143 II S 2 BauGB), der Entwicklungsvermerk (§ 165 IX S 3 BauGB), der Eintragung eines ErbbauR nicht entgegen. Die hM läßt – wie auch Abs II – **Erbbaurechte ohne erste Rangstelle** zu. Dies zeigt, daß eine teleologische Reduktion von Abs I S 1 nicht vornherein unzulässig ist. Handelt es sich bei dem vorrangigen Recht um kein Verwertungsrecht und betrifft der Ausübungsbereich des vorrangigen Rechts denjenigen des Erbbaurechts samt Erstreckungsfläche nicht, hindert entgegen der hM Abs I die Eintragung eines Erbbaurechts nicht. Dies muß konsequenterweise auch für mehrere gleichrangige Erbbaurechte gelten, deren Ausübungsflächen sich nicht überschneiden. Eine **Verpflichtung zum Rangrücktritt** kann sich aus einer Vereinbarung ergeben. Sie soll dann nicht bestehen, wenn nach Erlöschen des Erbbaurechts bei einer Versteigerung das zurücktretende Recht aus dem Entschädigungsanspruch nach § 27 ausfällt (BGH DNotZ 1994, 692, 693). Ist dies nicht der Fall, kann eine Verweigerung des Rangrücktritts dem Schikaneverbot (§ 226) unterfallen (vgl v Oefele/Winkler Rz 2.100). Zur Belastung eines Grundstücks mit mehreren ErbbauR siehe auch § 1 Rz 11.

2. Rechte, die der **Eintragung nicht bedürfen** zB Notweg- und Überbaurenten (§§ 914, 917), Grunddienstbarkeiten, die vor Inkrafttreten des BGB entstanden sind (Art 187 I EGBGB), gesetzliche Vorkaufsrechte zB nach §§ 24ff BauGB, hindern die Eintragung des Erbbaurechts nicht (Abs I S 2). Abs II läßt aufgrund landesrechtlicher Anordnung (zB Bad Württ VO v 17. 1. 1994, GBl S 49) eine abweichende Rangstelle zu.

5. Anwendung des Grundstücksrechts

11 *[Grundstücksgleiches Recht]*
**(1) Auf das Erbbaurecht finden die sich auf Grundstücke beziehenden Vorschriften mit Ausnahme der §§ 925, 927, 928 des Bürgerlichen Gesetzbuchs sowie die Vorschriften über Ansprüche aus dem Eigentum entsprechende Anwendung, soweit sich nicht aus dieser Verordnung ein anderes ergibt. Eine Übertragung des ErbbauR, die unter einer Bedingung oder einer Zeitbestimmung erfolgt, ist unwirksam.
(2) Auf einen Vertrag, durch den sich der eine Teil verpflichtet, ein Erbbaurecht zu bestellen oder zu erwerben, findet der § 311b Abs. 1 des Bürgerlichen Gesetzbuchs entsprechende Anwendung.**

1. Beurkundungserfordernis. Abs II unterwirft den schuldrechtlichen Vertrag über die **Bestellung** des ErbbauR dem **Beurkundungserfordernis** nach **§ 311b I BGB**. Dies gilt aber auch für Verpflichtung, bereits bestehendes ErbbauR zu **übertragen**, gleichgültig, ob im Einzelfall bereits die Verpflichtung besteht, das ErbbauR unter bestimmten Voraussetzungen zu übertragen (Oldenburg Rpfleger 1961, 240; vgl auch BGH 16, 334; NJW 1960, 526; aA Düsseldorf NJW 1950, 913). Hat sich dagegen eine Baugenossenschaft in ihrer Satzung verpflichtet, ihren Genossen zum Erwerb von Eigenheimen ErbbauR zu übertragen oder zu verschaffen, so unterliegt die spätere satzungsgemäße „Zuteilung" nicht der Form des § 311b I BGB (BGH 15, 177 mit Anm Fischer LM Nr 2 zu § 51 GenG). Nach der geänderten Fassung des Abs II unterliegt mit Wirkung vom 1. 7. 1973 auch der Vertrag, durch den sich der eine Teil zum **Erwerb** eines ErbbauR verpflichtet, der Form des § 311b I. Der Beurkundungszwang erstreckt sich auf alle Abreden, die in unmittelbarem Zusammenhang mit dem Verpflichtungsgeschäft ste-

hen (BGH WM 1964, 182; vgl auch BGH 74, 346). **Heilung** von Formmängeln analog § 311b I S 2 ist möglich (vgl BGH 29, 6; NJW 1978, 1577; 1981, 2293; 1983, 1543, 1545). Das Grundbuchamt darf die Eintragung eines nicht beurkundeten ErbbauR verweigern, da es gegen Abs II verstößt (aA Oldenburg DNotZ 1985, 712; vgl dazu auch Wufka DNotZ 1985, 651, 664).
Nachträgliche Vereinbarungen über Änderungen des Erbbauzinses sind schon deswegen nicht beurkundungsbedürftig, weil der Erbbauzins nicht Inhalt des ErbbauR ist (BGH NJW 1986, 932). Ein Formmangel des schuldrechtlichen Vertrags auf Übertragung eines ErbbauR wird auch geheilt, wenn der Käufer des ErbbauR später das mit dem ErbbauR belastete Grundstück erwirbt und nicht mehr als Erbbauberechtigter, sondern als Eigentümer in das Grundbuch eingetragen wird und der Verkäufer des ErbbauR mit Rücksicht hierauf die Löschung des ErbbauR bewilligt hat (BGH LM Nr 3 zu § 1). Ändert aber ein Grundstückseigentümer einen Erbbaurechtsvertrag formlos dahin, daß er sich verpflichtet, nach Beendigung des ErbbauR das Grundstück zu übereignen, so wird die Formnichtigkeit dieser Vereinbarung keineswegs durch die Eintragung des ErbbauR geheilt (BGH 59, 269). Da auch § 892 BGB anzuwenden ist, entsteht eine Hypothek zugunsten eines gutgläubigen Gläubigers an dem für rechtswirksam gehaltenen ErbbauR selbst dann, wenn dieses nicht besteht (BGH WM 1963, 533). Das ErbbauR gilt dann insoweit als bestehend mit der Folge, daß die Realgläubiger ihre Rechte auch im Weg der Zwangsversteigerung geltend machen können. Der Ersteher erlangt mit dem Zuschlag das ErbbauR (vgl RGRK/Räfle Rz 13; Mohrbutter/Riedel NJW 1957, 1500). Handelt es sich dagegen um inhaltlich unzulässige Eintragungen, so ist ein gutgläubiger Erwerb ausgeschlossen (Frankfurt Rpfleger 1975, 305).

2 2. Da ErbbauR ein **grundstücksgleiches Recht** ist (Abs I, vgl vor § 1 Rz 6), kann es auch mit einer **Grunddienstbarkeit** belastet werden. Die Belastung darf aber nicht den Rahmen der dem Erbbauberechtigten zustehenden Befugnisse überschreiten: Wer auf Grund des ErbbauR nur ein Wohngebäude errichten darf, kann das ErbbauR nicht mit einer Tankstellendienstbarkeit belasten (BayObLG DNotZ 1958, 542). Uneingeschränkt zulässig ist eine Grunddienstbarkeit zugunsten eines ErbbauR. Zulässig ist es auch das Grundstück und das ErbbauR mit einer inhaltsgleichen Dienstbarkeit zu belasten, wobei die Dienstbarkeit am Grundstück aufschiebend bedingt durch das Erlöschen des Erbbaurechts sein kann (BayObLG DNotZ 1960, 105; Rutenfranz DNotZ 1965, 464). Wird das ErbbauR mit einem Nießbrauch belastet, so handelt es sich um Sachnießbrauch (nicht Rechtsmißbrauch, §§ 1069, 1072 nicht anwendbar). Zur Frage, ob das ErbbauR mit einem **Untererbbaurecht** belastet werden kann siehe vor § 1 Rz 22. Zur Anwendung des § 890 BGB siehe vor § 1 Rz 7. Ist ErbbauR mit einer Reallast belastet, so kann der Erbbauberechtigte im Insolvenzverfahren des Reallastberechtigten mit einer Geldforderung gegen die erst nach Eröffnung des Insolvenzverfahrens fällig werdenden Leistungen aus der Reallast aufrechnen (vgl BGH DNotZ 1978, 482). Zufolge der Verweisungsnorm des § 11 bedarf der Verzicht des Erbbauberechtigten, dessen ErbbauR durch einen Überbau beeinträchtigt wird, auf die Überbaurente der Zustimmung der Gläubiger von das ErbbauR belastenden Grundpfandrechten (Schlesw-Holst OLG DRsp 154, 66c) Die Aufhebung eines Erbbaurechts bedarf nicht der Zustimmung der am Erbbaurecht dinglich Berechtigten, wenn deren Rechte nach Wegfall des Erbbaurechts mit gleicher Rangstelle am Grundstück weiterbestehen (LG Bayreuth MittBayNot 1997, 39).

3 3. Wird ErbbauR vertraglich auf ein dem zunächst belastendes Grundstück gemäß § 890 II **zugeschriebenes Grundstück** erstreckt, so ergreifen die auf dem ErbbauR ruhenden dinglichen Belastungen ohne weiteres das ErbbauR in seinem erweiterten Bestand (vgl Hamm MDR 1974, 230).

6. Bauwerk. Bestandteile

12 *[Bauwerk, sonstige Bestandteile]*
(1) Das auf Grund des Erbbaurechts errichtete Bauwerk gilt als wesentlicher Bestandteil des Erbbaurechts. Das gleiche gilt für ein Bauwerk, das bei der Bestellung des Erbbaurechts schon vorhanden ist. Die Haftung des Bauwerks für die Belastungen des Grundstücks erlischt mit der Eintragung des Erbbaurechts im Grundbuch.
(2) Die §§ 94 und 95 des Bürgerlichen Gesetzbuchs finden auf das Erbbaurecht entsprechende Anwendung; die Bestandteile des Erbbaurechts sind nicht zugleich Bestandteile des Grundstücks.
(3) Erlischt das Erbbaurecht, so werden die Bestandteile des Erbbaurechts Bestandteile des Grundstücks.

1 1. **Eigentumsverhältnisse am Bauwerk. a)** Erbbauberechtigter wird mit (Neu-)Errichtung des Bauwerks (auch durch Dritten, zB Ehegatten) dessen Eigentümer. Dies selbst dann, wenn der Umfang und die Art des Baues nicht dem Inhalt des Erbbauvertrages entsprechen. Grundstückseigentümer braucht aber vertragswidrig errichtetes Bauwerk nicht zu dulden (§§ 1004, 823). Baut der Erbbauberechtigte über den ihm laut Erbbauvertrag zugewiesenen Teil des Grundstücks hinaus, so wird der **Überbau** grundsätzlich wesentlicher Bestandteil des Grundstücks und damit Eigentum des Grundstückseigentümers. Jedoch sind die §§ 912ff entsprechend anzuwenden. Dh: Hat der Erbbauberechtigte die Grenze ohne Vorsatz und ohne grobe Fahrlässigkeit überschritten, so wird der überbaute Teil wesentlicher Bestandteil des gesamten Bauwerks und damit des ErbbauR und also Eigentum des Erbbauberechtigten. Beim entschuldigten Grenzüberbau auf ein fremdes Grundstück oder ErbbauR (§ 916 BGB) ist der übergebaute Teil des einheitlichen Geländes (vgl zum Begriff BGH NJW 1982, 756) wesentlicher Bestandteil des „Stammgrundstückes" (RG 166, 166), dh des Grundstückes, das nach den Absichten und wirtschaftlichen Interessen des Bauherrn (oder Geschäftsherrn, vgl BGH NJW 1983, 2022) den baulichen Schwerpunkt bilden soll (BGH 62, 141; BGH NJW 1985, 789). Läßt sich ein Stammgrundstück nicht feststellen, so wird Eigentum an dem Gelände auf der Grenzlinie real (vertikal) geteilt (BGH NJW 1985, 789). Ebenso bei nicht entschuldigtem Grenzüberbau (vgl auch BGH 27, 204, 207; 57, 245, 249; 62, 141, 143; BGH NJW 1982, 756). Entsprechendes gilt für den sog Eigengrenzüberbau, dh für die Überbauung mehrerer Erbbaugrundstücke derselben Erbbauberechtigten mit einem einheitlichen Gebäude (vgl auch BGH 64, 333, 335f).

2. Das bei Bestellung des ErbbauR bereits **vorhandene Bauwerk** erwirbt der Erbbauberechtigte mit Entstehung des ErbbauR kraft Gesetzes zu Eigentum (arg Abs I S 2, Abs III; so auch Staud/Rapp Rz 11; Pal/Bassenge Rz 2; Ingenstau/Hustedt Rz 12). Bei auf einen Teil des Grundstückes beschränktem ErbbauR nur das Eigentum der darauf befindlichen Bauwerke (Zweibrücken FGPrax 1996, 131). Mit der Eintragung des ErbbauR im Grundbuch erlischt die Haftung des Bauwerkes für die Belastungen des Grundstücks. Die Grundstücksgläubiger sind aber durch § 10 I geschützt. Das Bauwerk gilt als wesentlicher Bestandteil des ErbbauR. Hieraus folgt: aa) Das Bauwerk haftet für die dinglichen Belastungen des einem Grundstück gleichgestellten ErbbauR. bb) Über das Bauwerk kann nicht gesondert vom ErbbauR verfügt werden. cc) Wird über das ErbbauR verfügt, so wird hiervon das Bauwerk betroffen. Das Bauwerk gilt als unbewegliche Sache ebenso wie Bauwerke, die wesentliche Bestandteile eines Grundstücks sind, dessen Rechtsnatur teilen.

2. Besitzverhältnisse. a) Am vom ErbbauR erfaßten Grundstück: Erbbauberechtigter unmittelbarer, Grundstückseigentümer mittelbarer Besitzer (BGH MDR 1970, 66). Erbbauberechtigter hat – auch dem Grundstückseigentümer gegenüber – das Recht der Selbsthilfe (§ 859 BGB) und kann die Besitzentziehungsklage (§ 861 BGB) sowie die Besitzstörungsklage (§ 862 BGB) erheben, während der Grundstückseigentümer nur im Rahmen des § 869 BGB lediglich die in den §§ 861, 862 BGB bestimmten Ansprüche geltend machen kann. **b)** Am Bauwerk: Erbbauberechtigter alleiniger Besitzer. Nur ihm stehen der Besitzschutz und die Rechte aus dem Besitz zu (vgl Weitnauer DNotZ 1968, 303).

3. Nach § 94 BGB werden **Erzeugnisse** des mit dem ErbbauR belasteten Grund- und Bodens wesentliche Bestandteile des ErbbauR, damit Eigentum des Erbbauberechtigten und von den Belastungen des ErbbauR erfaßt. Wichtig für den Fall der Erstreckung (§ 1 II, vgl Rz 13). Nach § 95 BGB werden dagegen a) Sachen, die nur zu einem **vorübergehenden Zweck** mit dem Erbbaugrund verbunden oder in das Erbbaugebäude eingefügt werden, b) Gebäude oder andere Werke, die in Ausübung eines Rechts an einem ErbbauR (Dienstbarkeit, Nießbrauch) mit dem Erbbaugrund verbunden werden, nicht Bestandteil des ErbbauR, sie verbleiben daher im Eigentum des bisher Berechtigten. Von den Belastungen des ErbbauR werden sie nicht erfaßt. Errichtet ein Mieter auf dem gemieteten Grundstück mit Zustimmung des Eigentümers in der diesem bekannten Erwartung, der Eigentümer werde ihm das in Aussicht gestellte ErbbauR demnächst bestellen, ein massives Bauwerk, so ist dieses als wesentlicher Bestandteil des Grundstücks (§ 94 BGB) zu behandeln, auch dann, wenn das ErbbauR nicht bestellt wird. § 95 I S 2 BGB kommt nicht in Betracht (BGH LM Nr 14 zu § 951); der Ausgleich findet über die §§ 946, 951 BGB statt.

4. Erlischt das **ErbbauR** (Aufhebung § 26, Zeitablauf § 27), so werden alle wesentlichen und unwesentlichen Bestandteile des ErbbauR zu Bestandteilen des Grundstücks. Insbesondere das Bauwerk wird von den Belastungen frei, es fällt in das Eigentum des Grundstückseigentümers und haftet ohne weiteres für die Belastungen des Grundstücks. Erlischt das ErbbauR durch Zeitablauf, so hat der Erbbauberechtigte einen Anspruch auf Entschädigung (§§ 27ff); diese haftet den Realgläubigern (§ 29). Beim Heimfall (§§ 2 Nr 4; 32f) bleibt Bauwerk Bestandteil des auf den Grundstückseigentümer übergehenden ErbbauR. Die Rechte der Realgläubiger bleiben bestehen (§ 33). Zwangsversteigerung des Grundstücks ist ohne Einfluß auf den Bestand des ErbbauR (§ 25). Weder beim Erlöschen noch beim Heimfall des ErbbauR ist der Erbbauberechtigte befugt, das Bauwerk wegzunehmen oder sich dessen Bestandteile anzueignen (§ 34). Für Zubehör des Bauwerks gelten § 12 III und § 34 nicht. Gehörte es dem Erbbauberechtigten, so darf er es wegnehmen. § 12 III kommt auch für die mit dem ErbbauR verbundenen subjektiv-dinglichen Rechte nicht in Betracht. Sie erlöschen sogar dann, wenn der Erbbauberechtigte selbst Eigentümer des Grundstücks wird (vgl LG Verden NdsRpfl 1964, 250 hinsichtlich eines Wegerechts; krit Pal/Bassenge Rz 5.

5. Zum **Nachbarerbbaurecht** s § 1 Rz 19. Hier ist strittig, ob beim Erlöschen oder Heimfall des ErbbauR am Bauwerk Miteigentum (Schraepler NJW 1973, 738; 1974, 2076) oder vertikal geteiltes Alleineigentum (Rothoeft NJW 1974, 665; Krämer DNotZ 1974, 647) entsteht.

13 *[Untergang des Bauwerks]*
Das Erbbaurecht erlischt nicht dadurch, daß das Bauwerk untergeht.

1. Bauwerksuntergang ohne Auswirkungen auf Erbbaurecht. Vereinbarung, daß mit dem Untergang des Bauwerks ErbbauR erlöschen solle, ist unzulässig (§ 1 IV). Für diesen Fall läßt sich aber gemäß § 2 Nr 4 Heimfallrecht begründen. Der Erbbauberechtigte ist befugt, das Bauwerk wieder zu errichten. Mangelt es an einer entsprechenden Abrede, so ist er hierzu aber nicht verpflichtet. Die Bestandteile des Bauwerks werden mit dessen Zerfall bewegliche Sachen, die Eigentum des Erbbauberechtigten sind, selbst wenn das Bauwerk bei Entstehen des ErbbauR bereits vorhanden war.

2. Auswirkungen auf **Erbbauzins**. Erbbauberechtigter kann Untergang des Bauwerks nicht zum Anlaß nehmen, Herabsetzung des Erbbauzinses zu verlangen (BGH LM § 157 D Nr 1).

II. Grundbuchvorschriften

14 *[Grundstücks- und Erbbaugrundbuch]*
(1) Für das Erbbaurecht wird bei der Eintragung in das Grundbuch von Amts wegen ein besonderes Grundbuchblatt (Erbbaugrundbuch) angelegt. Im Erbbaugrundbuch soll auch der Eigentümer und jeder spätere Erwerber des Grundstücks vermerkt werden. Zur näheren Bezeichnung des Inhalts des Erbbaurechts kann auf die Eintragungsbewilligung Bezug genommen werden.
(2) Bei der Eintragung im Grundbuch des Grundstücks ist zur näheren Bezeichnung des Inhalts des Erbbaurechts auf das Erbbaugrundbuch Bezug zu nehmen.
(3) Das Erbbaugrundbuch ist für das Erbbaurecht das Grundbuch im Sinne des Bürgerlichen Gesetzbuchs. Die Eintragung eines neuen Erbbauberechtigten ist unverzüglich auf dem Blatte des Grundstücks zu vermerken. Der Vermerk kann durch Bezugnahme auf das Erbbaugrundbuch ersetzt werden.
(4) Werden das Grundbuch und das Erbbaugrundbuch in maschineller Form geführt, so genügt es für die Eintragung nach Absatz 1 Satz 2, daß lediglich der Eigentümer des belasteten Grundstücks gemäß der jeweils letzten Eintragung im Grundbuch dieses Grundstücks vermerkt ist.

1 1. **Grundbücher.** Das ErbbauR wird von Amts wegen doppelt eingetragen: a) im Grundbuch des zu belastenden Grundstücks, b) in dem anzulegenden Erbbaugrundbuch. Zu a). Diese Eintragung ist unerläßlich, um das ErbbauR als eine Grundstücksbelastung gemäß § 873 BGB in der Person des Erstberechtigten entstehen zu lassen. Sie ist ferner maßgeblich für den rechtlichen Weiterbestand des ErbbauR: seinen Rang, seine Dauer, sein Erlöschen, Widerspruch, Vormerkung. Zu b). Für alles weitere, insbesondere für den näheren Inhalt des ErbbauR, alle das ErbbauR betreffenden späteren Rechtsvorgänge, wie Übertragung (insbes den neuen Erbbauberechtigten, vgl OVG Münster NWVBl 1997, 311), Belastung, Inhaltsänderung – nicht aber Erlöschen –, für Verfügungsbeschränkungen der Erbbauberechtigten, Zwangsversteigerungs- und Zwangsverwaltungsvermerke ist das Erbbaugrundbuch maßgeblich. Zu a) und b): Dem Grundbuch und dem Erbbaugrundbuch kommen, soweit sie maßgeblich sind, auch die Rechtsvermutung des § 891 BGB und der öffentliche Glaube des § 892 BGB zu.

2 2. Im übrigen sind die §§ 14–17 nur **Ordnungsvorschriften.** Dies gilt insbesondere für Abs I S 2 und Abs III S 2. Diese Vermerke nehmen an dem öffentlichen Glauben des Grundbuchs, in das sie eingetragen werden, nicht teil. Auf Grund der Gesetzesänderung vom 30. 7. 1973 (BGBl I 910) kann der Vermerk über den neuen Erbberechtigten durch Bezugnahme auf das Erbbaugrundbuch ersetzt werden.

3 3. Zur Durchführung der Eintragungen vgl §§ 54ff GBVerfg.

4 Abs IV bringt eine Erleichterung für den Fall, daß das Erbbaugrundbuch, wie durch das RegVBG v 20. 12. 1998 (BGBl I 2911) ermöglicht, in maschineller Form geführt wird.

15 *[Zustimmungserfordernis nach § 5]*
In den Fällen des § 5 darf der Rechtsübergang und die Belastung erst eingetragen werden, wenn dem Grundbuchamte die Zustimmung des Grundstückseigentümers nachgewiesen ist.

1 1. Der Nachweis erfolgt in der **Form** des § 29 GBO (notarielle Beglaubigung). Im Fall des § 7 III ist eine Ausfertigung des rechtskräftigen Beschlusses vorzulegen. § 15 gilt auch für Verfügungen, die im Wege der Zwangsvollstreckung oder Arrestvollziehung oder durch den Insolvenzverwalter erfolgen (KG JW 1933, 704; BayObLG 60, 472; Hamm Rpfleger 1985, 233).

2 2. § 15 ist eine **Ordnungsvorschrift.** Das bedeutet: Liegt die erforderliche Zustimmung vor, so ist die Eintragung, die ohne den vorgeschriebenen Nachweis vorgenommen wird, wirksam; fehlt hingegen die Zustimmung, wird sie auch nicht ersetzt, so ist die Verfügung unwirksam, der durch sie Begünstigte kann sich nicht auf den öffentlichen Glauben des Grundbuchs berufen. Das Grundbuch ist jedermann gegenüber unrichtig. Gemäß § 53 I S 1 GBO hat das Grundbuchamt vom Amts wegen einen Widerspruch einzutragen (vgl KG JW 1933, 704; LG Hamburg JW 1929, 801). Hat der Grundstückseigentümer die Zustimmung verweigert, so sind die Vertragsparteien wegen der Möglichkeit gerichtlicher Ersetzung (§ 7 III) noch für eine zumutbare Zeit an das schwebend unwirksame Verfügungsgeschäft gebunden (BGH ZIP 1986, 36).

16 *[Erbbaurechtslöschung]*
Bei der Löschung des Erbbaurechts wird das Erbbaugrundbuch von Amts wegen geschlossen.

1 1. **Grund** der Beendigung: Aufhebung durch Rechtsgeschäft (§ 26), Löschung im Grundbuch zum Erlöschen des ErbbauR notwendig; oder Zeitablauf (§ 27), Enteignung (siehe vor § 1 Rz 17), hier Löschung nur Berichtigung des Grundbuchs, weil ErbbauR bereits außerhalb desselben beendet.

2 2. § 16 ist eine Ordnungsvorschrift. Gutgläubige Dritte können aus der unterbliebenen Schließung keine Rechte herleiten.

17 *[Bekanntmachung von Eintragungen]*
(1) Jede Eintragung in das Erbbaugrundbuch soll auch dem Grundstückseigentümer, die Eintragung von Verfügungsbeschränkungen des Erbbauberechtigten den im Erbbaugrundbuch eingetragenen dinglich Berechtigten bekanntgemacht werden. Im übrigen sind § 44 Abs. 2, 3, § 55 Abs. 1 bis 3, 5 bis 8, §§ 55a und 55b der Grundbuchordnung entsprechend anzuwenden.

(2) Dem Erbbauberechtigten soll die Eintragung eines Grundstückseigentümers, die Eintragung von Verfügungsbeschränkungen des Grundstückseigentümers sowie die Eintragung eines Widerspruchs gegen die Eintragung des Eigentümers in das Grundbuch des Grundstücks bekanntgemacht werden.
(3) Auf die Bekanntmachung kann verzichtet werden.

§ 17 ist eine Ordnungsvorschrift; wird gegen sie verstoßen, so uU Schadensersatzanspruch wegen Verletzung einer Amtspflicht nach §§ 12, 55 GBO. 1

Nach Abs I S 2, eingefügt durch RegVBG v 20. 12. 1993 (BGBl I 2182), gelten die Möglichkeiten der Bezugnahme auf die Eintragungsbewilligung gemäß den genannten Vorschriften entsprechend. 2

III. Beleihung
1. Mündelhypothek

18 *[Mündelsichere Hypothek]*
Eine Hypothek an einem Erbbaurecht auf einem inländischen Grundstück ist für die Anlegung von Mündelgeld als sicher anzusehen, wenn sie eine Tilgungshypothek ist und den Erfordernissen der §§ 19, 20 entspricht.

1. Das ErbbauR kann als **grundstücksgleiches** Recht (vgl § 11 I) mit jeder Art von Hypotheken, Grund- und Rentenschulden belastet werden. Die §§ 18–20 behandeln nur die Frage, wann eine auf dem ErbbauR eingetragene Hypothek als **mündelsicher** anzusehen ist. Dazu vgl auch § 1807 I Nr 1 BGB, ferner §§ 238 I, 1079, 1083, 1288 I 1, 2119 BGB. Die §§ 18–20 sprechen nur von Hypotheken. Auf Grund- (und Renten-)schulden sind sie nicht anzuwenden. 1

2. Die Tilgungshypothek ist eine Hypothek, deren Kapital nicht auf einmal fällig wird, sondern – unbeschadet einer Verzinsung – auf Grund eines Tilgungsplanes durch Zahlung kleinerer Raten allmählich getilgt wird. 2

3. Grundstückseigentümer und Erbbauberechtigter können vereinbaren, daß nur Tilgungshypotheken aufgenommen werden dürfen. Als Inhalt des ErbbauR kann auch mit dinglicher Wirkung das Recht des Grundstückseigentümers auf Zustimmung zur Belastung derart vereinbart werden, daß eine ohne diese Zustimmung vorgenommene Belastung unwirksam ist (vgl §§ 5, 15). 3

19 *[Beleihungsgrenze]*
(1) Die Hypothek darf die Hälfte des Wertes des Erbbaurechts nicht übersteigen. Dieser ist anzunehmen gleich der halben Summe des Bauwerts und des kapitalisierten, durch sorgfältige Ermittlung festgestellten jährlichen Mietreinertrags, den das Bauwerk nebst den Bestandteilen des Erbbaurechts unter Berücksichtigung seiner Beschaffenheit bei ordnungsmäßiger Wirtschaft jedem Besitzer nachhaltig gewähren kann. Der angenommene Wert darf jedoch den kapitalisierten Mietreinertrag nicht übersteigen.
(2) Ein der Hypothek im Range vorgehender Erbbauzins ist zu kapitalisieren und von ihr in Abzug zu bringen. Dies gilt nicht, wenn eine Vereinbarung nach § 9 Abs. 3 Satz 1 getroffen worden ist.

Beleihungsgrenze. Der kapitalisierte Erbbauzins plus Hypothekenbetrag darf nicht die Hälfte des Wertes des ErbbauR übersteigen. Wert des ErbbauRechts = Bauwerthälfte + Hälfte des kapitalisierten jährlichen Mietreinertrags. Ein nicht kapitalisierter Erbbauzins bleibt außer Betracht (Abs I S 2). 1

20 *[Tilgung]*
(1) Die planmäßige Tilgung der Hypothek muß
1. unter Zuwachs der ersparten Zinsen erfolgen,
2. spätestens mit dem Anfang des vierten auf die Gewährung des Hypothekenkapitals folgenden Kalenderjahrs beginnen,
3. spätestens zehn Jahre vor Ablauf des Erbbaurechts endigen und darf
4. nicht länger dauern, als zur buchmäßigen Abschreibung des Bauwerks nach wirtschaftlichen Grundsätzen erforderlich ist.
(2) Das Erbbaurecht muß mindestens noch so lange laufen, daß eine den Vorschriften des Absatzes 1 entsprechende Tilgung der Hypothek für jeden Erbbauberechtigten oder seine Rechtsnachfolger aus den Erträgen des Erbbaurechts möglich ist.

Bei der Tilgungshypothek werden während der gesamten Laufzeit der Hypothek gleichbleibend Zinsen für das ganze Kapital entrichtet, obwohl sich dieses durch die Tilgung ständig verringert. Die zuviel gezahlten Zinsen werden deshalb auf das Kapital angerechnet (Abs I Nr 1). 1

2. Sicherheitsgrenze für sonstige Beleihungen

21 *[Beleihung für Hypothekenbanken/Versicherungsunternehmen]*
(1) Erbbaurechte können nach Maßgabe der §§ 11, 12 des Hypothekenbankgesetzes von Hypothekenbanken und nach Maßgabe des § 54a des Versicherungsaufsichtsgesetzes von Versicherungsunternehmen beliehen werden, wenn eine dem § 20 Abs. 1 Nr. 3 und 4 entsprechende Tilgung vereinbart wird.
(2) Auf einen der Hypothek im Range vorgehenden Erbbauzins ist die Vorschrift des § 19 Abs. 2 entsprechend anzuwenden.

1   1. § 21 regelt, unter welchen Voraussetzungen das ErbbauR unter Berücksichtigung eines kapitalisierten Erbbauzinses (Abs II) von Hypothekenbanken und Versicherungsunternehmen beliehen werden kann. Hierfür gelten die Vorschriften des Hypothekenbankgesetzes (vgl Bellinger/Karl HypothekenbankG 2. Aufl 1995 § 12 Rz 121ff), wobei die Tilgung nach § 20 I Nr 3 u 4 einzuhalten ist. § 54a VAG, der im wesentlichen auf das HypothekenbankG verwies, wurde aufgehoben durch Gesetz v 21. 12. 2000 (BGBl I 1857, 1860; übersehen von Bamberger/Roth/Maaß Rz 1).

2   2. Bei Verstoß Hypothek nicht unwirksam, aber Verstoß des Instituts gegen Vorschriften über Deckung. Deshalb Rechtsaufsichtliche Maßnahmen möglich; hierzu Einsichtsrecht.

3. Landesrechtliche Vorschriften

22 *[Landesrechtliche Sonderregeln]*
Die Landesgesetzgebung kann für die innerhalb ihres Geltungsbereichs belegenen Grundstücke
1. die Mündelsicherheit der Erbbaurechtshypotheken abweichend von den Vorschriften der §§ 18 bis 20 regeln,
2. bestimmen, in welcher Weise festzustellen ist, ob die Voraussetzungen für die Mündelsicherheit (§§ 19, 20) vorliegen.

1   Vgl § 1807 II BGB.

IV. Feuerversicherung. Zwangsversteigerung

1. Feuerversicherung

23 *[Benachrichtigungspflicht]*
Ist das Bauwerk gegen Feuer versichert, so hat der Versicherer den Grundstückseigentümer unverzüglich zu benachrichtigen, wenn ihm der Eintritt des Versicherungsfalls angezeigt wird.

1   1. Eine gesetzliche **Versicherungspflicht** besteht **nicht**. Die Parteien können sie jedoch gemäß § 2 Nr 2 vereinbaren. Da eine dem § 1128 entsprechende Vorschrift fehlt, wird der Grundstückseigentümer sich zweckmäßig dahin sichern, daß die Versicherungssumme nur zum Wiederaufbau verwendet werden darf. Für den Fall, daß der Erbbauberechtigte das Bauwerk nicht entsprechend wiederherstellt, kann er sich auch gemäß § 2 Nr 4 ein Heimfallrecht vorbehalten. Im übrigen vgl §§ 81–107c VVG.

2   2. Benachrichtigungspflicht bezweckt den **Schutz** des Grundstückseigentümers. Unverzüglich ist ohne schuldhaftes Zögern (§ 121 BGB). Handelt Versicherer pflichtwidrig, so macht er sich gegebenenfalls schadensersatzpflichtig. Schutz allerdings unzureichend, da kein Recht des Grundstückseigentümers an der Versicherungsforderung (v Oefele/Winkler Rz. 2.66).

2. Zwangsversteigerung

a) des Erbbaurechts

24 *[Beteiligteneigenschaft]*
Bei einer Zwangsvollstreckung in das Erbbaurecht gilt auch der Grundstückseigentümer als Beteiligter im Sinne des § 9 des Gesetzes über die Zwangsversteigerung und die Zwangsverwaltung (Reichsgesetzbl. 1898 S. 713).

1   1. Zwangsvollstreckung eines Gläubigers des Erbbauberechtigten wegen persönlicher oder dinglich gesicherter Forderung erfolgt nach § 11 ErbbauVO; §§ 866ff, 870, 932 ZPO; §§ 1ff, 146ff ZVG. In Betracht kommen: Eintragung einer Zwangssicherungshypothek oder Arresthöchstbetragshypothek, Zwangsversteigerung oder Zwangsverwaltung. § 8 ist zu beachten. Mit dem Zuschlag erwirbt der Ersteher das ErbbauR. Die zur Sicherung des Erbbauzinses eingetragene Reallast erlischt, wenn sie nicht in das geringste Gebot fällt (BGH 81, 358, 361). Daß mit der

Zwangsversteigerung auch ein etwa gegebener Heimfallanspruch gegen den früheren Erbbauberechtigten hinfällig wird, ist eine zwangsläufige Folge des Erlöschens der Erbbauzinsreallast und kein Grund, dieses Recht in der Zwangsversteigerung anders zu behandeln als sonstige dingliche Rechte (BGH U v 6. 11. 1981 – V ZR 145/80 – unveröff – in Ergänzung von BGH 81, 358).

2. Besondere Zwangsvollstreckungsfälle: a) Zwangsversteigerung oder Zwangsverwaltung auf Antrag des Insolvenzverwalters (§§ 172ff ZVG), b) Zwangsversteigerung auf Antrag des Erben (§§ 175f ZVG), c) Zwangsversteigerung zwecks Aufhebung einer Gemeinschaft (§§ 180ff ZVG).

3. Der Grundstückseigentümer ist kraft Gesetzes, dh ohne besondere Anmeldung, an allen wichtigen Vorgängen des Zwangsvollstreckungsverfahrens zu beteiligen; vgl die §§ 41 I, 105 II; 59 I, 67 I ZVG; auch ist er gemäß § 97 I ZVG beschwerdeberechtigt.

b) des Grundstücks

25 *[Bestehenbleiben]*
Wird das Grundstück zwangsweise versteigert, so bleibt das Erbbaurecht auch dann bestehen, wenn es bei der Feststellung des geringsten Gebots nicht berücksichtigt ist.

Ausnahme von §§ 52 I S 2, 91 I, 92 ZVG, gilt auch für Belastungen des ErbbauR. Vgl aber § 59 I ZVG, dh das ErbbauR erlischt durch den Zuschlag, wenn alle dadurch in ihren Rechten Beeinträchtigten dem als Versteigerungsbedingung zustimmen.

V. Beendigung, Erneuerung, Heimfall
1. Beendigung
a) Aufhebung

26 *[Zustimmung bei Aufhebung]*
Das Erbbaurecht kann nur mit Zustimmung des Grundstückseigentümers aufgehoben werden. Die Zustimmung ist dem Grundbuchamt oder dem Erbbauberechtigten gegenüber zu erklären; sie ist unwiderruflich.

1. Einseitiger Verzicht auf ErbbauR wegen § 11 I S 1 unzulässig. Die Zustimmung bedarf sachlich-rechtlich keiner Form, verfahrensrechtlich der des § 29 GBO. Des weiteren muß Zustimmung etwaiger Drittberechtigter vorliegen (§ 876 BGB). Die Zustimmung, eine einseitige, abstrakte, empfangsbedürftige Willenserklärung, muß dem Grundbuchamt oder dem Erbbauberechtigten gegenüber erfolgen. Sie kann durch Urteil gemäß § 894 ZPO, nicht aber nach § 7 III ersetzt werden. Die gemäß § 875 BGB erforderliche Löschung muß im Grundbuch des mit dem ErbbauR belasteten Grundbuchs erfolgen. Gemäß § 16 wird das Erbbaugrundbuch von Amts wegen geschlossen. Zur Aufhebung eines ErbbauR durch einen Umlegungsplan vgl § 61 I S 1 BauGB.

2. Verpflichtung zum Verzicht auf ErbbauR bedarf notarieller Beurkundung, wenn zugleich das errichtete Bauwerk dem Vertragsgegner überlassen werden soll (Frankfurt/M HEZ 1, 28).

3. Eine Aufteilung des ErbbauR in Einzelrechte hat eine teilweise Aufhebung des ErbbauR zum Inhalt (vgl dazu § 1 Rz 8). Sie bedarf daher der Zustimmung des Grundstückseigentümers (vgl BGH NJW 1974, 498). Das gilt auch für eine Teilaufhebung des ErbbauR durch Aufteilung des Erbbaugrundstückes in mehrere Grundstücke, denn dadurch entstehen Teilerbbaurechte, das bisherige ErbbauR am Gesamtgrundstück wird jeweils auf die daraus gebildeten realen Teile beschränkt (BGH U v 3. 11. 1978 – V ZR 25/75 – unveröff).

Wird das ErbbauR aufgehoben, so erlöschen die hieran bestellten dinglichen Rechte; eine „Übertragung" der Rechte auf das Grundstück ist nur durch Neubestellung seitens des Grundstückseigentümers möglich (BayObLG Rpfleger 1984, 145), allerdings entsprechende Auslegung möglich.

b) Zeitablauf

27 *[Konsequenzen des Zeitablaufs]*
(1) Erlischt das Erbbaurecht durch Zeitablauf, so hat der Grundstückseigentümer dem Erbbauberechtigten eine Entschädigung für das Bauwerk zu leisten. Als Inhalt des Erbbaurechts können Vereinbarungen über die Höhe der Entschädigung und die Art ihrer Zahlung sowie über ihre Ausschließung getroffen werden.
(2) Ist das Erbbaurecht zur Befriedigung des Wohnbedürfnisses minderbemittelter Bevölkerungskreise bestellt, so muß die Entschädigung mindestens zwei Dritteile des gemeinen Wertes betragen, den das Bauwerk bei Ablauf des Erbbaurechts hat. Auf eine abweichende Vereinbarung kann sich der Grundstückseigentümer nicht berufen.

(3) Der Grundstückseigentümer kann seine Verpflichtung zur Zahlung der Entschädigung dadurch abwenden, daß er dem Erbbauberechtigten das Erbbaurecht vor dessen Ablauf für die voraussichtliche Standdauer des Bauwerks verlängert; lehnt der Erbbauberechtigte die Verlängerung ab, so erlischt der Anspruch auf Entschädigung. Das Erbbaurecht kann zur Abwendung der Entschädigungspflicht wiederholt verlängert werden.
(4) Vor Eintritt der Fälligkeit kann der Anspruch auf Entschädigung nicht abgetreten werden.

1 1. **Erlöschen.** ErbbauR erlischt mit Zeitablauf ohne weiteres, Grundbuch wird unrichtig, Löschung in der Regel nach §§ 22 I, 24 GBO, sonst über § 894 BGB. Der Erbbauberechtigte ist beim Erlöschen des ErbbauR nicht berechtigt, das Bauwerk wegzunehmen oder sich dessen Bestandteile anzueignen (§ 34). Dafür muß der Grundstückseigentümer ihn hinsichtlich des Bauwerks entschädigen.

2 2. **Entschädigungsberechtigter/verpflichteter (Abs I).** a) Entschädigungsberechtigt ist der Erbbauberechtigte zZt des Erlöschens, der das Eigentum am Bauwerk einbüßt, gleichgültig, ob er das Bauwerk errichtet oder übernommen hat, weil es auch dann sein Eigentum geworden ist (vgl dazu § 12 Rz 1; zur Restitution dieses Anspruchs s BVerwG VIZ 2000, 405), ferner derjenige, dem der Erbbauberechtigte den Anspruch abgetreten hat. Vor Eintritt der Fälligkeit kann der Anspruch nicht abgetreten werden (§ 27 IV); danach müssen nach dem Sinn des § 29 etwa vorhandene Realgläubiger der Abtretung zustimmen.

3 b) Zahlungsverpflichtet ist der Grundstückseigentümer zZt des Erlöschens persönlich, darüber hinaus haftet nach § 28 das Grundstück. c) Als Inhalt des ErbbauR getroffene Vereinbarungen über die Entschädigung bedürfen der Einigung und Eintragung. Haben die Beteiligten keine Vereinbarung über die Höhe der Entschädigung getroffen, so ist eine angemessene, dh dem gemeinen Wert zZt des Erlöschens des ErbbauR entsprechende Entschädigung zu leisten. Auch ein völliger Ausschluß der Entschädigung ist zulässig (vgl aber Abs II).

4 3. **Entschädigung bei Wohnraumförderung (Abs II S 1).** Waren die Wohnungen gemäß § 7 des I. WoBauG (vgl auch § 33 II. WoBauG aF) steuerbegünstigt, so reicht dies für sich allein nicht aus, um Abs II S 1 anzuwenden (LG Frankfurt DNotZ 1969, 299, KG OLGZ 1981, 265, vgl §§ 5ff WoFG). Allerdings geben diese Kriterien im Regelfall einen maßgeblichen Anhaltspunkt. Nicht maßgeblich ist, wer das Bauwerk errichtet hat, sondern wer wirtschaftlich die Kosten getragen hat (str, vgl MüKo/v Oefele Rz 8 u Ingenstau/Hustedt Rz 10). Gemeiner Wert ist der Verkehrswert (BGH NJW 1981, 1045). Eine abweichende Vereinbarung (Abs II S 2) ist nicht schlechthin nichtig, sondern dem Erbbauberechtigten und den Realgläubigern des § 29 gegenüber unwirksam (aA Ingenstau/Hustedt Rz 10: absolut nichtig); gleiches gilt für einen Pfändungsgläubiger und Zessionar. Eine abweichende Vereinbarung ist entsprechend dem eindeutigen Gesetzeswortlaut auch dann nicht zulässig, wenn der Grundstückseigentümer selbst das Bauwerk errichtet hat (so aber Pal/Bassenge Rz 2); der Wert des Bauwerks wird bei der Gegenleistung für die Bestellung oder Übertragung des Erbbaurechts berücksichtigt werden (vgl Soergel/Stürner Rz 2).

5 4. **Verlängerungsrecht (Abs III).** Verlängerung (auch mehrfache, Abs III S 2) bedarf als Inhaltsänderung (vgl BayObLG 1959, 527) gemäß §§ 877, 873, 876 BGB a) der Einigung zwischen Grundstückseigentümer und Erbbauberechtigtem, b) der Eintragung im Grundbuch des belasteten Grundstücks und im Erbbaugrundbuch, c) der Zustimmung etwaiger Realberechtigter des belasteten Grundstücks, nicht der am ErbbauR Berechtigten, weil zu deren Vorteil. Recht des Eigentümers, kein Anspruch des Erbbauberechtigten. Lehnt der Erbbauberechtigte die Verlängerung ab (auch konkludent durch nicht rechtzeitige Annahme eines entsprechenden Angebots), wozu er nicht der Zustimmung der Realberechtigten des § 29 bedarf; so erlischt der Entschädigungsanspruch auch mit Wirkung gegen diese; ihnen stehen nur Ansprüche gegen den Erbbauberechtigten zu (§§ 214 II, 280, 826 BGB). Das Verlängerungsrecht kann als Inhalt des Erbbaurechts auch vertraglich ausgeschlossen werden. Das Verlängerungsangebot kann nicht rechtzeitig gemacht werden, daß die Verlängerung des ErbbauR noch vor dessen Ablauf im Grundbuch vollzogen werden kann (BGH NJW 1981, 1045), dh eine Eintragung im Grundbuch vor Zeitablauf möglich ist; entsprechend dem Rechtsgedanken des § 878 BGB dürfen Verzögerungen in der Sphäre des Grundbuchamtes nicht zu Lasten der Beteiligten gehen (aA hM, zB MüKo/v Oefele Rz 10; Staud/Rapp Rz 15; RGRK/Räfle Rz 15, die unter Bezugnahme auf BGH NJW 1981, 1045, der aber nur von der Möglichkeit der Verlängerung spricht, den Vollzug der Eintragung fordern). Ein verspätetes Verlängerungsangebot kann rechtsmißbräuchlich sein und wendet dann die Entschädigungspflicht nicht nach § 27 III ab.

6 5. **Rechte am Erbbaurecht.** Mit dem ErbbauR erlöschen die auf ihm lastenden dinglichen Rechte. Dafür erhalten die Realgläubiger gemäß § 29 Rechte an der Entschädigungsforderung. Deshalb kann der Erbbauberechtigte auf den entstandenen Entschädigungsanspruch (anders als auf die Verlängerung, vgl Rz 5) wirksam nur verzichten, wenn die Realberechtigten zustimmen (Staud/Rapp Rz 13).

28 *[Entschädigung]*
Die Entschädigungsforderung haftet auf dem Grundstück an Stelle des Erbbaurechts und mit dessen Range.

1 Der **Austausch der Grundstücksbelastung** vollzieht sich mit gleichem Rang ohne weiteres, Grundbuch wird unrichtig. Es entsteht ein dingliches Recht eigener Art (vgl auch Maaß NotBZ 2002, 389, 392ff); Entschädigungsforderung ist als solche – nicht als Hypothek (aA Soergel/Stürner Rz 1; Staud/Rapp Rz 1) – an die Stelle des ErbbauR zur Berichtigung des Grundbuchs einzutragen (wie hier RGRK/Räfle Rz 1; MüKo/v Oefele Rz 1); ihre Übertragung erfordert Einigung und Eintragung, ihre Pfändung erfolgt nach §§ 857 VI, 829f ZPO. An ihr setzen sich die Rechte etwaiger Realberechtigter fort (§ 29).

29 *[Verwertungsgläubiger]*
Ist das Erbbaurecht bei Ablauf der Zeit, für die es bestellt war, noch mit einer Hypothek oder Grundschuld oder mit Rückständen aus Rentenschulden oder Reallasten belastet, so hat der Gläubiger der Hypothek, Grund- oder Rentenschuld oder Reallast an dem Entschädigungsanspruch dieselben Rechte, die ihm im Falle des Erlöschens seines Rechtes durch Zwangsversteigerung an dem Erlöse zustehen.

1. Vgl § 92 ZVG zur **Rechtsposition** der Gläubiger. Das gleiche Recht steht den Gläubigern von Überbau- und Notwegrenten (§§ 914 III, 917 II S 2 BGB) zu. 1

2. Ist die Entschädigungsforderung des § 28 im Grundbuch des belastenden Grundstücks eingetragen, so ist das sich aus § 29 ergebende Recht des Gläubigers dort zu **vermerken**. Ist das nicht geschehen, so kann der Realgläubiger die Berichtigung des Grundbuchs gemäß § 22 GBO oder über § 894 BGB erwirken. Dies ist zur Verhinderung eines gutgläubigen Erwerbs auch empfehlenswert. 2

3. Die Realberechtigten nehmen eine Rechtsstellung **wie Pfandgläubiger** an der Entschädigungsforderung ein. Daher sind die §§ 1277, 1282ff BGB anzuwenden (hA). Für das Rangverhältnis sind die §§ 10ff ZVG maßgeblich. 3

4. Bestritten ist, ob ohne Rücksicht auf einen etwaigen Entschädigungsanspruch das ErbbauR im Grundbuch des belasteten Grundstücks gelöscht und das **Erbbaugrundbuch** geschlossen werden können. Nach Staud/Rapp Rz 10 kann dies erst geschehen, wenn die Zustimmung noch vorhandener Realgläubiger in der Form des § 29 GBO beigebracht oder deren Befriedigung in gleicher Weise nachgewiesen wird. Nur wenn eine Entschädigungsforderung gemäß § 27 ausgeschlossen ist, genüge der Antrag des Grundstückseigentümers (ebenso RGRK/Räfle Rz 5). Diese Auffassung knüpft an den Gedanken des § 130 ZVG an. Sie ist abzulehnen, weil die Vorschriften des Verteilungsverfahrens des ZVG hier nicht anzuwenden sind (vgl Rz 3). Die Löschung und Schließung können vielmehr sofort erfolgen (ebenso Ingenstau/Hustedt Rz 9). MüKo/v Oefele Rz 3 nimmt doppelte Surrogation kraft Gesetzes an, so daß nur einheitliche Grundbuchberichtigung möglich ist. 4

30 *[Miet-/Pachtverträge]*
(1) Erlischt das Erbbaurecht, so finden auf Miet- und Pachtverträge, die der Erbbauberechtigte abgeschlossen hat, die im Falle der Übertragung des Eigentums geltenden Vorschriften entsprechende Anwendung.
(2) Erlischt das Erbbaurecht durch Zeitablauf, so ist der Grundstückseigentümer berechtigt, das Miet- oder Pachtverhältnis unter Einhaltung der gesetzlichen Frist zu kündigen. Die Kündigung kann nur für einen der beiden ersten Termine erfolgen, für die sie zulässig ist. Erlischt das Erbbaurecht vorzeitig, so kann der Grundstückseigentümer das Kündigungsrecht erst ausüben, wenn das Erbbaurecht auch durch Zeitablauf erlöschen würde.
(3) Der Mieter oder Pächter kann den Grundstückseigentümer unter Bestimmung einer angemessenen Frist zur Erklärung darüber auffordern, ob er von dem Kündigungsrechte Gebrauch mache. Die Kündigung kann nur bis zum Ablauf der Frist erfolgen.

1. Abs I betrifft das Erlöschen durch Aufhebung (§ 26) oder Zeitablauf (§ 27), Abs II und III das Erlöschen durch Zeitablauf; Abs II S 3 regelt jedoch den Fall, daß das ErbbauR zB gemäß § 26 bereits vor der ihm gesetzten Frist erlischt. 1

2. Entsprechend anzuwenden sind die §§ 566ff, 573c, 595 BGB. 2

3. Wird ErbbauR **zwangsversteigert** (§ 24), so sind gemäß § II die §§ 57ff ZVG, 566ff BGB maßgeblich. Dient Zwangsversteigerung der Aufhebung einer Gemeinschaft oder wird sie vom Insolvenzverwalter betrieben, so steht dies einer freiwilligen Veräußerung gleich, vgl § 183 ZVG. Veräußert dagegen der Verwalter das ErbbauR freiwillig, so hat nach § 111 InsO der Erwerber gegenüber einem Mieter ein Sonderkündigungsrecht, das allerdings gemäß § 57c ZVG eingeschränkt ist (vgl hierzu Marotzke, Ggs Verträge im neuem Insolvenzrecht, 2. Aufl 1998 Rz 6.22). 3

Veräußert der Erbbauberechtigte sein ErbbauR, so sind gemäß § 11 auf die laufenden Miet- und Pachtverträge die §§ 566ff, 573c, 595 BGB anzuwenden, wenn die Verträge sich auf das ErbbauR, auf Teile desselben oder auf einen für das Bauwerk nicht erforderlichen Teil des Grundstücks im Sinne des § 1 II beziehen. 4

Dieselben Rechtsfolgen wie bei einer Veräußerung gelten auch beim **Heimfall** des ErbbauR (vgl Ingenstau/Hustedt Rz 2). 5

2. Erneuerung

31 *[Vorrecht auf Erneuerung]*
(1) Ist dem Erbbauberechtigten ein Vorrecht auf Erneuerung des Erbbaurechts eingeräumt (§ 2 Nr. 6), so kann er das Vorrecht ausüben, sobald der Eigentümer mit einem Dritten einen Vertrag über Bestellung eines Erbbaurechts an dem Grundstück geschlossen hat. Die Ausübung des Vorrechts ist ausgeschlossen, wenn das für den Dritten zu bestellende Erbbaurecht einem anderen wirtschaftlichen Zwecke zu dienen bestimmt ist.
(2) Das Vorrecht erlischt drei Jahre nach Ablauf der Zeit, für die das Erbbaurecht bestellt war.

ErbbauVO § 31 Erbbaurechtsverordnung

(3) Die Vorschriften der §§ 505 bis 510, 513, 514* des Bürgerlichen Gesetzbuchs finden entsprechende Anwendung.

(4) Dritten gegenüber hat das Vorrecht die Wirkung einer Vormerkung zur Sicherung eines Anspruchs auf Einräumung des Erbbaurechts. Die §§ 1099 bis 1102 des Bürgerlichen Gesetzbuchs gelten entsprechend. Wird das Erbbaurecht vor Ablauf der drei Jahre (Absatz 2) im Grundbuch gelöscht, so ist zur Erhaltung des Vorrechts eine Vormerkung mit dem bisherigen Range des Erbbaurechts von Amts wegen einzutragen.

(5) Soweit im Falle des § 29 die Tilgung noch nicht erfolgt ist, hat der Gläubiger bei der Erneuerung an dem Erbbaurechte dieselben Rechte, die er zur Zeit des Ablaufs hatte. Die Rechte an der Entschädigungsforderung erlöschen.

1 1. Das **Erneuerungsrecht** setzt voraus, daß die Beteiligten es gemäß § 2 Nr 6 zum Inhalt des ErbbauR erhoben haben. Es ist zu unterscheiden: (1) von einer Verlängerung des ErbbauR (dazu vgl § 27 Rz 5), (2) von einem Vorkaufsrecht am ErbbauR.

2 Während bei einer Verlängerung das bestehende ErbbauR durch eine Inhaltsänderung zeitlich fortgesetzt wird (vgl Schulte BWNotZ 1961, 315, 322; König MittRhNotK 1989, 261, 263) und bei einem Vorkaufsrecht der Vorkaufsberechtigte sein Recht geltend machen kann, wenn der Erbbauberechtigte mit einem Dritten einen Kaufvertrag über das bestehende ErbbauR geschlossen hat, kann bei einem Erneuerungsvorrecht der Erbbauberechtigte, dessen ErbbauR ausläuft, sein Recht nur geltend machen, wenn der Grundstückseigentümer mit einem Dritten einen Vertrag über die Bestellung eines neuen ErbbauR rechtsgültig abgeschlossen hat (Abs I S 1). Ferner darf das für den Dritten bestellte Erbbaurecht keinen anderen Verwendungszweck haben (Abs I S 2).

3 2. Die **Drei-Jahres-Frist** (Abs II) ist eine Ausschlußfrist.

4 3. Übt der Berechtigte sein Vorrecht aus – formlose Erklärung gegenüber dem Grundstückseigentümer genügt –, so kommt zwischen ihm und dem Grundstückseigentümer ein Erbbauvertrag unter den mit dem Dritten vereinbarten Bedingungen zustande (§ 464 II). Das Vorrecht führt somit nicht zur Übertragung eines bereits bestehenden ErbbauR, sondern dogmatisch zu der Bestellung eines ErbbauR durch Einigung und Eintragung.

5 4. Gegenüber Dritten ist Bevorrechtigter nach §§ 883 II, 888 I, 1099ff BGB geschützt (Abs IV). Eintragung der Vormerkung von Amts wegen (§ 17 II S 3 GBVfg). Abs IV S 3 gilt nur bei Erlöschen durch Fristablauf, nicht durch Aufhebung (§ 26, KG DR 1944, 624). Der Schutz des Berechtigten ist ungenügend, letztlich liegt es in der Hand des Grundstückseigentümers, ob das Recht überhaupt im konkreten Fall greift. Deshalb wird in der Praxis als Alternative ein schuldrechtlicher Verlängerungsanspruch des Erbbauberechtigen vereinbart. Er kann – anders als eine aufschiebend bedingte Verlängerung – nicht Inhalt des Erbbaurechts sein. Er kann aber auch durch eine Vormerkung gesichert werden, die Rang unmittelbar nach dem Erbbaurecht haben sollte (vgl v Oefele/Winkler Rz 4.154).

6 5. Rechte der Realgläubiger (§ 20) leben kraft Gesetzes mit ihrem früheren Rang wieder auf, soweit sie nicht inzwischen getilgt sind, dafür erlöschen Rechte an Entschädigungsforderung (Abs IV). Grundbuchberichtigung gemäß § 894 BGB, § 22 GBO. Dagegen ist nicht geregelt, ob auch die Entschädigungsforderung des alten Erbbauberechtigten selbst erlischt, wenn dieser von dem Vorrecht Gebrauch macht. Es ist nicht anzunehmen, daß sie ohne weiteres erlischt; ihre dingliche Sicherung an der ihr Kraft Gesetzes zustehenden ersten Rangstelle muß allerdings entfallen, weil diese dem neuen ErbbauR zukommt. Es muß den Parteien überlassen bleiben, die hiernach erforderlichen Abreden zu treffen (vgl Staud/Rapp Rz 20).

3. Heimfall

32 *[Rechtsfolgen beim Heimfall]*
(1) Macht der Grundstückseigentümer von seinem Heimfallanspruche Gebrauch, so hat er dem Erbbauberechtigten eine angemessene Vergütung für das Erbbaurecht zu gewähren. Als Inhalt des Erbbaurechts können Vereinbarungen über die Höhe dieser Vergütung und die Art ihrer Zahlung sowie ihre Ausschließung getroffen werden.

(2) Ist das Erbbaurecht zur Befriedigung des Wohnbedürfnisses minderbemittelter Bevölkerungskreise bestellt, so darf die Zahlung einer angemessenen Vergütung für das Erbbaurecht nicht ausgeschlossen werden. Auf eine abweichende Vereinbarung kann sich der Grundstückseigentümer nicht berufen. Die Vergütung ist nicht angemessen, wenn sie nicht mindestens zwei Drittel des gemeinen Wertes des Erbbaurechts zur Zeit der Übertragung beträgt.

1 1. § 32 setzt voraus, daß die Beteiligten eine Vereinbarung gemäß § 2 Nr 4 zum Inhalt des ErbbauR gemacht haben. Die **Vergütung** ist eine Entschädigung für den Rechtsverlust, den der Erbbauberechtigte durch die Übertragung des ErbbauR erleidet (BGH 111, 154); sie ist für das ErbbauR und nicht bloß für das Bauwerk zu leisten. Der – nicht eintragungsfähige – Vergütungsanspruch ist lediglich schuldrechtlicher Natur: er entsteht erst mit der Übertragung des ErbbauR (BGH 111, 154 unter Aufgabe von BGH NJW 1976, 895). An ihm entstehen keine Rechte der Realgläubiger; diese sind gemäß § 33 geschützt. Ist er fällig, so kann er abgetreten, gepfändet und verpfändet werden. Strittig ist, ob der Anspruch bereits vor Fälligkeit abgetreten werden kann. Dies ist zu bejahen (s nur BGH NJW 1976, 895 und RGRK/Räfle Rz 2 mit Recht). Haben die Beteiligten über die Höhe der Vergütung keine Vereinbarung getroffen, so ist eine angemessene Vergütung zu gewähren. Deren Höhe richtet sich nicht nur

---

* Nunmehr §§ 464 bis 469, 472, 473.

im Rahmen des § 32 S 3, sondern generell nach dem Verkehrswert zZ der Erfüllung des Heimfallanspruchs (BGH 116, 161). Er ist aus dem realen Wert des Bauwerks, dem Ertragswert des ErbbauR und dem Wert für vorzeitigen Rückfall der Bodennutzung zu berechnen (vgl BGH WM 1975, 256; 1976, 402; MüKo/v Oefele Rz 3). Auch die Notwendigkeit von Um- oder Ausbauarbeiten kann ins Gewicht fallen (BGH NJW 1981, 1045, 1047).

2. Anspruchsberechtigt ist, wem das ErbbauR zu der Zeit zusteht, wenn der Grundstückseigentümer seinen Heimfallanspruch geltend macht (Staud/Rapp Rz 10). **Anspruchsgegner** ist der Grundstückseigentümer, der vom Heimfallrecht Gebrauch macht, gleichgültig, ob er das ErbbauR für sich oder gemäß § 3 für einen Dritten in Anspruch nimmt. Der Anspruch auf Heimfallvergütung begründet gegenüber dem Heimfallanspruch ein Zurückhaltungsrecht nach § 273 I BGB (BGH 111, 154).

3. Auch beim Heimfall bedarf es einer Unbedenklichkeitsbescheinigung (§§ 1 I Nr 2, 22 GrEStG, vgl Boruttau/ Viskorf GrEStG 15. Aufl 2002 Rz 12).

33 [Verwertungsrechte]

(1) Beim Heimfall des Erbbaurechts bleiben die Hypotheken, Grund- und Rentenschulden und Reallasten bestehen, soweit sie nicht dem Erbbauberechtigten selbst zustehen. Dasselbe gilt für die Vormerkung eines gesetzlichen Anspruchs auf Eintragung einer Sicherungshypothek sowie für den Bauvermerk (§ 61 des Gesetzes über die Sicherung der Bauforderungen vom 1. Juni 1909, Reichsgesetzbl. S. 449). Andere auf dem Erbbaurecht lastende Rechte erlöschen.
(2) Haftet bei einer Hypothek, die bestehenbleibt, der Erbbauberechtigte zugleich persönlich, so übernimmt der Grundstückseigentümer die Schuld in Höhe der Hypothek. Die Vorschriften des § 416 des Bürgerlichen Gesetzbuchs finden entsprechende Anwendung. Das gleiche gilt, wenn bei einer bestehenbleibenden Grundschuld oder bei Rückständen aus Rentenschulden oder Reallasten der Erbbauberechtigte zugleich persönlich haftet.
(3) Die Forderungen, die der Grundstückseigentümer nach Absatz 2 übernimmt, werden auf die Vergütung (§ 32) angerechnet.

1. Gilt nur für Heimfall (§§ 2 Nr 4). Ein vertraglicher Ausschluß ist nicht zulässig. § 5 II bietet wegen § 7 II nur unzureichenden Schutz. Daraus, daß bei einem Heimfall des ErbbauR die in Abs I aufgeführten Belastungen **bestehen bleiben**, kann nicht gefolgert werden, daß sie schlechthin als Belastungen des Grundstücks anzusehen sind (Hamm NJW 1969, 2052). Als Reallasten bleiben auch etwaige Überbau- und Notwegrenten (§§ 914 III, 917 II BGB) und ein auf dem ErbbauR für den Grundstückseigentümer etwa eingetragener Erbbauzins bestehen.

Die **mit dem ErbbauR verbundenen Rechte** (§ 96 BGB) bleiben unangetastet, zB Wegerecht. Bestehen bleiben ferner Dauerwohn-, Dauernutzungsrecht (§§ 42 II, 31 WEG). Geht das ErbbauR aus anderen Gründen auf den Grundstückseigentümer über, so bleiben alle Belastungen bestehen.

2. Grundstücksrechte können dem **Erbbauberechtigten** im Hinblick auf die §§ 1143, 1163, 1168, 1170, 1171, II, 1177, 1192, 1196 BGB; §§ 868, 932 ZPO **zustehen**. Sie erlöschen, und zwar kraft Gesetzes, sobald das ErbbauR durch Einigung und Eintragung auf den Grundstückseigentümer übergeht. Grundbuch wird unrichtig. Berichtigung gemäß 22 GBO, § 894 BGB.

Ist der **Grundstückseigentümer** oder der von ihm gemäß § 3 bezeichnete Dritte selbst der Gläubiger einer Hypothek, Grund- oder Rentenschuld, so verwandeln sich diese in Eigentümergrundpfandrechte. Gleiches gilt für die Reallast, insbesondere die Erbbauzinsreallast.

3. Vormerkung im Sinne des Abs I S 2 zB aus § 648 BGB. Andere erlöschen grundsätzlich; Ausnahmen: solche, die nach Abs I S 1 bestehenbleibende Rechte betreffen und das ErbbauR nicht beeinträchtigen, zB zur Sicherung des Anspruchs auf Aufhebung dieser Rechte. Hat der Erbbauberechtigte das ErbbauR verkauft und eine Übertragungsvormerkung bestellt, so kann er gleichwohl einen zweifelhaften Heimfallanspruch wirksam anerkennen; das Heimfallrecht geht der Vormerkung vor (BGHR ErbbauVO § 33 I Vormerkung 1). § 61 GSB ist nicht wirksam geworden.

4. Andere auf dem ErbbauR lastende **Rechte erlöschen.** Es kommen in Betracht: Dienstbarkeit (§§ 1018, 1090 BGB), Nießbrauch (§ 1030 BGB), Vorkaufsrecht (§ 1094 BGB, vgl im übrigen Rz 3, 4).

5. Schuldübernahme (Abs II). Für Grundpfanddarlehen haftet der Eigentümer persönlich. Wird das ErbbauR gemäß § 3 einem vom Grundstückseigentümer bezeichneten Dritten übertragen, so tritt an die Stelle des Grundeigentümers (str, ebenso RGRK/Rüfle Rz 5, aA Staudinger/Rapp Rz 8). Maßgeblicher Zeitpunkt für den Übergang der persönlichen Schuld auf den Grundstückseigentümer ist die Erfüllung des Heimfallanspruchs durch Einigung und Grundbucheintragung (BGH 111, 154).

6. Anrechnung (Abs III). Grundpfanddarlehen sind zur Vermeidung einer Doppelzahlung auf die Vergütung einzurechnen. Nicht geregelt sind die Fälle, daß die vom Grundstückseigentümer übernommenen Schulden mehr ausmachen als die von ihm zu zahlende Vergütung oder daß eine Vergütung gemäß § 32 I S 2 ausgeschlossen ist. Da eine Haftung insoweit nicht entfällt, ist dem Grundstückseigentümer ein Ausgleichsanspruch aus ungerechtfertigter Bereicherung zuzusprechen (vgl hierzu Ingenstau/Hustedt Rz 59).

7. Hat der Grundstückseigentümer den Heimfallanspruch geltend gemacht und durchgesetzt, so steht sein Recht der Fortsetzung des von einem persönlichen Gläubiger des Erbbauberechtigten betriebenen Zwangsversteigerungsverfahrens entgegen (vgl AG Arnsberg Rpfleger 1979, 274).

4. Bauwerk

34 *[Abbruch des Bauwerks]*
Der Erbbauberechtigte ist nicht berechtigt, beim Heimfall oder beim Erlöschen des Erbbaurechts das Bauwerk wegzunehmen oder sich Bestandteile des Bauwerkes anzueignen.

1   1. Dient dem Erhalt wirtschaftlicher Werte beim Heimfall und beim Erlöschen. Als Erlöschungsgründe kommen in Betracht: Aufhebung (§ 26) und Zeitablauf (§ 27).

2   2. § 34 betrifft wesentliche und unwesentliche **Bestandteile**; nicht dagegen Scheinbestandteile (§ 95 BGB) und Zubehör (§§ 97, 98 BGB). Er ist im übrigen abdingbar, allerdings kann nicht als Inhalt des Erbbaurechts ein Recht zum Abbruch vereinbart werden; Regelung wirkt nur schuldrechtlich.

3   3. Umgekehrt ist der Erbbauberechtigte auch nicht verpflichtet, auf Verlangen des Grundstückseigentümers das Bauwerk wegzunehmen (vgl LG Düsseldorf MittRhNotK 1987, 129).

4   4. § 34 ist als Schutzgesetz im Sinne des § 823 II BGB anzusehen.

VI. Schlußbestimmungen

35 *[Inkrafttreten]*
Diese Verordnung hat Gesetzeskraft und tritt am Tage der Verkündung in Kraft. Gleichzeitig treten die §§ 1012 bis 1017 des Bürgerlichen Gesetzbuchs und § 7 der Grundbuchordnung außer Kraft.

1   1. Vgl Übergangsgesetz vom 4. 3. 1919 (RGBl I 285).

2   2. Verkündung erfolgte am 22. 1. 1919.

3   3. Für bereits bestehende ErbbauR bleiben gemäß § 38 die bisherigen Gesetze, also §§ 1012–1017 und GBO § 8 (neuer Fassung), maßgeblich.

36 *[Verweisungsänderung]*
Soweit in Reichs- oder Landesgesetzen auf die §§ 1012 bis 1017 des Bürgerlichen Gesetzbuchs verwiesen ist, treten an deren Stelle die entsprechenden Vorschriften dieser Verordnung.

1   Es sind ersetzt: § 1012 BGB durch § 1 I, § 1013 BGB durch § 1 II, § 1014 BGB durch § 1 III, § 1015 BGB durch § 11 I, § 1016 BGB durch § 13, § 1017 BGB durch § 11 I.

37 *[Änderungen der GBO, gegenstandslos]*

38 *[Bereits bestehende Erbbaurechte]*
Für ein Erbbaurecht, mit dem ein Grundstück zur Zeit des Inkrafttretens dieser Verordnung belastet ist, bleiben die bisherigen Gesetze maßgebend.

1   Vgl § 35 Rz 3; Umwandlung in „ErbbauR neuen Rechts" durch Inhaltsänderung (§ 877 BGB) möglich (Staud/Rapp Rz 4, aA Pal/Bassenge Rz 1).

39 *[Kostenbefreiung]*
Erwirbt ein Erbbauberechtigter auf Grund eines Vorkaufsrechts oder einer Kaufberechtigung im Sinne des § 2 Nr. 7 das mit dem Erbbaurecht belastete Grundstück oder wird ein bestehendes Erbbaurecht erneuert, so bleiben reichs-, landesgesetzliche und kommunale Gebühren, Stempel- und Umsatzsteuern jeder Art insoweit außer Ansatz, als sie schon bei Begründung des Erbbaurechts entrichtet worden sind.

1   Vorkaufsrecht, persönlich oder dinglich (§§ 463, 1094 BGB); Kaufberechtigung vgl § 2 Nr 7; Erneuerungsvorrecht vgl § 2 Nr 6. Gilt nicht für Kosten notarieller Beurkundungen.

Abschnitt 4
Dienstbarkeiten

Einleitung

1. Begriff. a) Dienstbarkeiten gewähren dem Berechtigten einen Ausschnitt aus den Eigentümerbefugnissen. **1** Sie sind **dingliche Rechte** auf beschränkte Nutzung einer Sache, eines Rechts oder eines Vermögens. Sie schränken damit den Eigentümer des belasteten Gegenstandes in dessen Benutzung ein. Sie sind dinglich im Unterschied zu inhaltlich ähnlichen schuldrechtlichen Verhältnissen (zB Miete, Pacht). Nutzung heißt Fruchtgenuß, Gebrauch oder sonstiger Sachvorteil. Unmittelbare Einwirkung auf den belasteten Gegenstand erforderlich, der zufolge der Verpflichtete seitens des Berechtigten etwas dulden oder unterlassen muß. Jedoch keine Hauptverpflichtung zum Tun. Beschränkt, weil gemessen an den Rechten des Eigentümers sachlich geringere und teilweise zeitlich begrenzte Nutzung (allg Stürner AcP 94 [1994], 265ff u Heß AcP 98 [1998], 489ff).

b) Landesrechtliche Vorbehalte gemäß EGBGB Art 65 (Wasserrecht), 66 (Abbaurecht), 69 (Fischerei), 80 II **2** (Pfründe), 83 (Waldgenossenschaft), 96 (Altenteil), 112–117 (Bahn, Flurbereinigung, Ablösung, Belastungsbeschränkungen und -verbote), 120 (Unschädlichkeitszeugnis), 128 (buchungsfreie Grundstücke), 133 (Kirchenstühle, Begräbnisplatz). **Übergangsvorschriften** vgl Art 164 (Realgemeinden), 182 (Stockwerkseigentum), 184, 187, 189, 191 (alte Rechte) sowie Art 233 §§ 3, 4 und 5 EGBGB, §§ 5, 8 und 9 GBBerG (neue Länder).

c) Von den Dienstbarkeiten als „vereinbartem Nachbarrecht" sind die **gesetzlichen Eigentumsbeschränkun-** **3** **gen** zu unterscheiden, so zB die Pflicht, einen Notweg oder eine Versorgungsleitung zu dulden; diese gesetzlichen Rechte sind, weil keine dinglichen Rechte an fremden Grundstücken, auch nicht eintragungsfähig (KG JFG 3, 330). Eine Verdinglichung ist aber durch Eintragung einer Dienstbarkeit möglich, sofern dies die gesetzliche Regelung vorsieht oder die Dienstbarkeit einen über die gesetzliche Duldungspflicht hinausgehenden Inhalt hat.

2. Arten. a) Grunddienstbarkeit. Berechtigter, nämlich jeweiliger Eigentümer eines anderen Grundstücks, **4** darf das belastete Grundstück in bestimmter Beziehung benutzen. Das Recht ist mit dem Eigentum an dem herrschenden Grundstück verbunden, dessen Bestandteil (§ 96).

b) Nießbrauch. Bestimmte Person hat das Recht, grundsätzlich sämtliche Nutzungen des belasteten Gegen- **5** standes zu ziehen. Zu Abgrenzungsschwierigkeiten zwischen Dienstbarkeit und Nießbrauch vgl Schöner DNotZ 1982, 416.

c) beschränkte persönliche Dienstbarkeit. Bestimmte Person hat das Recht, das belastete Grundstück in ein- **6** zelnen Beziehungen zu benutzen.

– Möglicher Gegenstand der Dienstbarkeit: bei a)–c) Grundstück, bei b) auch bewegliche Sachen und Rechte. **7**
– Möglicher Inhalt der Dienstbarkeit: bei a) und c) beschränktes Nutzungsrecht, bei a) mit Vorteil für berechtigtes Grundstück, bei b) umfassendes Nutzungsrecht.
– Möglicher Berechtigter: bei a) jeweiliger Grundstückseigentümer, bei b) und c) individuell bestimmte Person.

Nießbrauch und beschränkte persönliche Dienstbarkeit sind unvererblich und unübertragbar (§§ 1059, 1061, **8** 1090 II, 1092 I 1); ist eine juristische Person oder eine rechtsfähige Personengesellschaft der Berechtigte, so sind sie gemäß §§ 1059aff, 1092 II, III ausnahmsweise übertragbar. Eine Grunddienstbarkeit ist nur zusammen mit herrschendem Grundstück übertragbar (§ 93). Eine Übertragung auf den Erbbauberechtigten ist nach hM nicht möglich (Hamm DNotZ 1981, 264), wohl aber eine schuldrechtliche Überlassung der Ausübung (vgl Grziwotz, Grundbuch- und Grundstücksrecht, 1999 Rz 393). Nicht möglich ist es, am herrschenden Grundstück eine Grunddienstbarkeit des Inhalts zu bestellen, daß der „Drittberechtigte" einen Teil der Nutzungsbefugnis desjenigen erhält, für den die Dienstbarkeit bestellt wurde.

d) Dauerwohnrecht und Dauernutzungsrecht gemäß §§ 31ff WEG (nur für bestimmte Person, aber vererblich **9** und übertragbar).

e) Baulasten sind öffentlich-rechtliche Verpflichtungen gegenüber der Baubehörde (nicht zulässig in Bayern **10** und Brandenburg), die in das Baulastenverzeichnis eingetragen werden (vgl Horst DWW 2000, 110; Schmidt/ Vogel ZfIR 2001, 334; Wenzel BauR 2002, 569; s ferner Berghäuser/Berg DÖV 2002, 512).

f) Durch den Einigungsvertrag ist zunächst die Zahl der an einem Grundstück bestehenden dinglichen Rechte **11** um die **Mitbenutzungsrechte** insoweit erweitert worden, als der Eigentümer des betroffenen Grundstücks (nicht der Zwangsverwalter, LG Frankfurt/O VIZ 2002, 113) bei der Entstehung früher mitgewirkt hat (Art 233 § 5 EGBGB; §§ 321, 322 ZGB DDR; vgl Rostock VIZ 2000, 428; LG Arnstadt VIZ 2001, 449). Ihr Inhalt ist einer Grunddienstbarkeit ähnlich. Sie bestehen unabhängig von ihrer Eintragung, wenn der Eigentümer in der Zeit vom 25. 12. 1993 bis 31. 12. 2000 ihr Bestehen anerkannt und die Eintragung im Grundbuch bewilligt hat (Berichtigungsbewilligung) oder vor dem 31. 12. 2000 die Anerkenntnis- und Berichtigungsbewilligung durch Klageerhebung oder eine gleichstehende Maßnahme nach § 209 II aF verlangt wurde; sie können aber gem Art 233 § 5 III EGBGB eingetragen werden. Hierbei handelt es sich um eine Grundbuchberichtigung iS von § 894, die gem § 19 oder § 22 GBO durchzuführen ist. Dabei ist § 874 zu berücksichtigen. Das Recht muß also schlagwortartig (zB Wegerecht) und als Mitbenutzungsrecht iSd §§ 321, 322 ZGB DDR gekennzeichnet werden, da sich der Inhalt des Rechts gem Art 233 § 3 I EGBGB nach dem ZGB DDR richtet. Die Eintragung könnte etwa lauten: „. . . Wegerecht im Sinne eines Mitbenutzungsrechts gemäß ZGB DDR . . ." Wird die Berichtigung unterlassen, ist seit 1. 1.

2001 ein gutgläubiger Wegerwerb oder eine vorrangige Eintragung eines anderen Rechts eines Dritten dann möglich, wenn der Eintragungsantrag für den Rechtserwerb nach dem 31. 12. 2000 beim Grundbuchamt gestellt wurde (Art 233 § 5 II S 1 EGBGB). Außerdem kann das Mitbenutzungsrecht in der Zwangsversteigerung erlöschen, wenn es nicht in das geringste Gebot aufgenommen worden ist. Eine Ausnahme gilt für Mitbenutzungsrechte zum Zwecke der Durchführung staatlicher oder wirtschaftlicher Maßnahmen gemäß § 321 IV ZGB DDR sowie für Leistungen und Anlagen für die Versorgung mit Energie und Wasser und die Beseitigung von Abwasser, für Telekommunikationsanlagen und Versorgungsanlagen der früheren Reichsbahn; bis zum Ablauf des 31. 12. 2010 ist diesbezüglich ein gutgläubiger „Wegerwerb" nicht möglich (vgl §§ 8 III, 9, 9a GBBerG; BVerfG MDR 2003, 803; Böhringer NotBZ 2002, 117, 120f). Für Mitbenutzerverhältnisse, die keine Mitbenutzungsrechte sind, sehen §§ 116 I, 118 SachenRBerG einen Anspruch auf Dienstbarkeitsbestellung gegen Entgelt vor (vgl BGH ZfIR 2003, 287; BGHRp 2003, 850; Dresden VIZ 2000, 428; Vossius, SachenRBerG, 2. Aufl 1996, § 116 Rz 1ff). Ein Anspruch auf Bestellung einer Dienstbarkeit für eine Meliorationsanlage (= Bewässerung) mußte bis zum Ablauf des 31. 12. 2000 gestellt werden (§ 10 MeAnlG). Diese Rechte können nicht neu vereinbart werden. Das Gesetz sieht nur ihr Fortbestehen als dingliche Rechte an. Die Übertragung des Mitbenutzungsrechts ist ähnlich wie bei der Grunddienstbarkeit geregelt (§ 322 II ZGB DDR). Danach geht das Recht auf den jeweiligen Rechtsnachfolger des Berechtigten über, wenn es im Grundbuch eingetragen ist oder wenn der Übergang zwischen den beteiligten Nachbarn oder mit Zustimmung des Eigentümers des betroffenen Grundstücks vereinbart wird.

12 Die Aufhebung erfolgt durch Vertrag der Beteiligten oder bei Übereignung des Grundstücks durch Vertrag zwischen Veräußerer und Erwerber, in dem der Übergang dieser Verpflichtung auf den Erwerber ausgeschlossen wird (§ 297 II S 2 ZGB DDR iVm Art 233 § 3 II EGBGB). Ist das Recht eingetragen, so finden die Vorschriften des BGB ausschließlich Anwendung (Art 233 § 3 II EGBGB), gleichgültig wann es eingetragen wurde. Das Mitbenutzungsrecht erlischt (§ 322 III ZGB DDR) durch Zeitablauf, Bedingungseintritt usw, sofern dies als sein Inhalt vereinbart ist, oder wenn es länger als vier Jahre nicht ausgeübt wird, gleichgültig ob und wann es im Grundbuch eingetragen ist (Art 233 § 3 I EGBGB). §§ 5ff GBBerG enthalten weitere Fälle des Erlöschens für Dienstbarkeiten und Mitbenutzungsrechte. Gegenüber einem gutgläubigen Erwerber tritt ein Rechts- bzw Rangverlust erst ein, wenn bis 1. 1. 2001 kein Eintragungsantrag gestellt ist (Art 233 § 5 II S 1 EGBGB). In der Zwangsversteigerung war auf Mitnutzungsrechte bis 31. 12. 2000 § 9 EGZVG anwendbar (Art 233 § 5 II S 3 EGBGB). Seit diesem Zeitpunkt bleiben sie nur bestehen, wenn sie bei der Feststellung des geringsten Gebots als bestehenbleibend berücksichtigt sind (§ 52 I S 1 ZVG; ausgenommen Dienstbarkeiten nach § 3 I MeAnlG bis 31. 12. 2005); im übrigen erlöschen sie mit Wertersatzanspruch (§§ 52 I S 2, 92 ZVG).

Titel 1
Grunddienstbarkeiten

Vorbemerkung

1 **1. Zweck.** Sie sollen die wirtschaftliche Nutzung des herrschenden Grundstücks fördern. Daher sind sie mit diesem untrennbar verbunden (§ 1018) und nichtig, wenn sie dem herrschenden Grundstück keinen Vorteil bieten (§ 1019).

2 **2. Inhalt.** Benutzungs-, Unterlassungs- und Duldungsdienstbarkeiten (vgl §§ 1018, 1020 S 2, 1021f). Zwischen Eigentümer und Berechtigtem besteht ein **gesetzliches Begleitschuldverhältnis** (Hess AcP 198 [1998], 488, 502: „Binnenverhältnis"), aus dem sich für den Eigentümer und den Berechtigten Nebenpflichten ergeben (BGH 95, 144, 146; 106, 348, 350; BGH NVwZ 1990, 192). Es hat in erster Linie eine rechtsbegrenzende Funktion; Handlungspflichten können sich aus ihm nur ausnahmsweise ergeben (ähnlich Staud/Mayer § 1018 Rz 136). Es besteht zwischen den jeweils Beteiligten und muß nicht rechtsgeschäftlich übertragen werden (Hess AcP 198 [1998], 488, 493: „Sukzessionswirkung"). Es ist von dem schuldrechtlichen Grundverhältnis und flankierenden schuldrechtlichen Vereinbarungen zu unterscheiden (vgl Amann DNotZ 1989, 531).

3 **3. Entstehung. a)** Regelmäßig auf vertraglicher Grundlage. Erforderlich sind:

4 **aa) Einigung,** formlos, Bedingung, aufschiebende (Hamm Rpfleger 1976, 95), auch auflösende (BayObLG MittBayNot 1998, 256) zB für den Fall, daß bestimmte Person Eigentümer des herrschenden Grundstücks wird (BayObLG KGJ 44, 357; 46, 221), und Befristung zulässig. Das auslösende Ereignis muß mit genügender Bestimmtheit feststellbar sein (BayObLG Rpfleger 1985, 488). Keine Bestellung zugunsten Dritter (BayObLG MittBayNot 2003, 126), aber meist formfreie Einigung gegeben. Um die Eintragung herbeizuführen, genügt grundbuchrechtlich Eintragungsbewilligung des Eigentümers des dienenden Grundstücks (§§ 19, 29 I S 1 GBO). Dies kann auch der Inhaber eines Erbbaurechts sein (KG Rpfleger 1991, 496), allerdings nur im Rahmen der eigenen Befugnisse des Erbbauberechtigten. Die Zustimmung des Inhabers eines vorrangigen Rechts ist jedenfalls nicht erforderlich, wenn dieser kein ausschließliches Nutzungsrecht hat (Hamm Rpfleger 1981, 105); dies gilt aber auch bei einem ausschließlichen Nutzungsrecht, weil sich die Berechtigung schon aus dem Rang ergibt. Soll eine auf Errichtung einer Anlage gerichtete Dienstbarkeit das gesamte Grundstück belasten, so ist es grundsätzlich möglich, von einer Bestimmung der Lage und Größe des Ausübungsbereiches in der Eintragungsbewilligung abzusehen (KG NJW 1973, 1128). Der Übergang eines an der einzutragenden Dienstbarkeit möglichen Anwartschaftsrechts auf den Erwerber des Grundstücks setzt Einigung und Aushändigung der gemäß § 873 II bindend gewordenen Bewilligung in der Form von § 19 GBO voraus (Köln OLGZ 1968, 453). Herrschendes und dienendes Grundstück können demselben Eigentümer gehören; § 181 steht dem nicht entgegen (hM, RG 142, 234; BGH 41, 209 zu § 1090). Zur Bestellung dieser „**Eigentümergrunddienstbarkeit**" tritt an die Stelle der Einigung die einseitige Erklärung des Grundstückseigentümers. Wenn vor Eintragung der Eigentümergrunddienstbarkeit das herrschende Grundstück in das Eigentum eines Dritten übergeht, ist dessen Bewilligung erforderlich (Hamm Rpfleger 1973, 137).

bb) Eintragung. (1) Notwendig auf dem **Grundbuchblatt** des dienenden Grundstücks (BayObLG Rpfleger 1987, 101). (2) **Wesensart** des Rechts muß sich **schlagwortartig** aus dem Eintragungsvermerk selbst ergeben (BayObLG DNotZ 1989, 572; DNotZ 1991, 259; Hamm ZfIR 1998, 52), „Benützungsbeschränkung" genügt nicht (Köln Rpfleger 1980, 467 u BayObLG MDR 1990, 631), desgleichen nicht „Nutzungsrecht" an bestimmten Räumen (Zweibrücken ZfIR 1997, 300). Ausreichend dagegen zB Wegerecht, Weiderecht, Wasserleitungsrecht (BGH NJW 1983, 115f; 1982, 1054; KG JW 1936, 34, 77; Hamm DNotZ 1954, 207; BayObLG DNotZ 1989, 572), Hochspannungsleitungsrecht (BayObLG Rpfleger 1981, 295, KG JW 1936, 34, 77; Hamm DNotZ 1954, 207). Insoweit ist auch Kennzeichnung in der Eintragungsbewilligung nicht ausreichend (Köln MDR 1981, 51); aber „Benutzung vorhandener Anlagen der Ver- und Entsorgung" genügt dem Bestimmtheitsprinzip (BayObLG DNotZ 1989, 568). BayObLG MDR 1959, 220 läßt den Ausdruck „Tankstellenrecht" oder „Tankstellendienstbarkeit" genügen, selbst wenn das Benutzungsrecht ein ausschließliches, dh mit dem Verbot verknüpft ist, auf dem belasteten Grundstück eine Konkurrenz-Tankstelle zu errichten (ebenso KG Rpfleger 1959, 20; Stuttgart Rpfleger 1959, 22; Hamm NJW 1961, 1772). In Ausnahmefällen kann die Nutzungsart aus der Bezeichnung des Rechtsinhabers abgeleitet werden (Deutsche Reichsbahn BayObLG Rpfleger 1986, 297, Elektrizitäts-Gesellschaft BayObLG Rpfleger 1981, 479). Eine materiellrechtlich unwirksame Grunddienstbarkeit muß gemäß § 53 I S 2 GBO von Amts wegen gelöscht werden (Köln MDR 1957, 429; Hamm ZfIR 1998, 52). Zu weitgehend, wenn bei „Geh-, Fahr- und Leitungsrecht" Tornutzungsrecht ausdrücklich angegeben werden muß (so aber Nürnberg MDR 2000, 636), dagegen ist Einzäunungsrecht als Ausweitung ausdrücklich zu nennen. Maßgeblich ist die Rechtslage im Zeitpunkt der Eintragung (Hamm NJW-RR 1995, 914). Auch der nähere **Inhalt** ist bestimmt zu bezeichnen (vgl § 1018 Rz 8; zur Bestimmtheit von Einschränkungen vgl BGH 92, 351; zur Ungenauigkeit BayObLG Rpfleger 1989, 230 u 361). Bezeichnet der Grundbucheintrag als Ausübungsstelle eines Wegerechts „den 2 m breiten Weg, der zum Feldweg nach B führt", so kann dies bestimmt genug sein (BGH MDR 1969, 469; zur fehlenden Angabe der Wegbreite, Stuttgart Rpfleger 1991, 198. Siehe ferner zu Abstandsflächen BayObLG MittBayNot 1968, 215). Hier genügt aber – anders als bei der Kennzeichnung des Rechts – Bezugnahme auf Eintragungsbewilligung (§ 874; KGJ 53, 155). Sie ist aber auch erforderlich, soweit die dingliche Einigung den Inhalt präzisiert (Ausübungsstelle BGH 90, 181; NJW 1981, 1781; Rpfleger 1991, 49; BayObLG Rpfleger 1984, 12: keine Bezugnahme auf nicht beigefügten Bauplan). Soll die tatsächliche Ausübung maßgeblich sein, so besteht insoweit das Eintragungserfordernis nicht (BGH 90, 181, 183; BGH MDR 2002, 1000; aA Hamm NJW 1981, 1632). Die Formulierung „derzeit gewählte Trasse" enthält die Festlegung eines Ausübungsbereichs (BayObLG MittBayNot 1992, 399). **Nachrichtlicher Vermerk** (sog Herschvermerk) auf dem Grundbuchblatt des herrschenden Grundstücks freigestellt (§§ 9, 21 GBO; § 7 GBV). Für den gutgläubigen Erwerb maßgeblich Eintragung auf dem dienenden Grundstück (BayObLG Rpfleger 1987, 101).

Wird trotz ordnungsgemäßer Bewilligung die Dienstbarkeit **unrichtig eingetragen**, so kann sich nach Treu und Glauben für den Dienstbarkeitsbesteller die Verpflichtung ergeben, die zur Entstehung der vereinbarten Dienstbarkeit nötigen Erklärungen gegenüber dem Grundbuchamt erneut abzugeben und diese Pflicht im Falle einer Weiterveräußerung des belasteten Grundstücks auch dem Käufer aufzuerlegen (BGH MDR 1971, 737 für den Fall einer beschränkt persönlichen Dienstbarkeit). Die Eintragung hat insofern keine Heilungswirkung, als sie eine inhaltlich unzulässige Dienstbarkeit nicht rechtswirksam machen kann; sie ist von Amts wegen zu löschen (§ 53 I S 2 GBO). Wird bei Teilung des Grundstücks eine Grunddienstbarkeit fehlerhaft mit unzulässigem Inhalt auf das neue Grundbuchblatt übertragen, so gilt dies als Löschung gem § 46 II GBO und ermöglicht gutgläubig lastenfreien Erwerb (Köln Rpfleger 1982, 463).

cc) Landesrechtliche Vorbehalte bestehen ua gemäß Art 115 EGBGB (Belastungs- und Inhaltsverbote) und für nicht buchungspflichtige Grundstücke gemäß Art 128 EGBGB.

Genehmigungspflicht gemäß § 51 BauGB von der Bekanntmachung des Umlegungsbeschlusses bis zur Bekanntmachung des Umlegungsplans. Versagung der Genehmigung, wenn Dienstbarkeit Umlegungsplan gefährdet. Vgl auch die Genehmigungspflicht gemäß §§ 144 II Nr 2, 169 I Nr 3 BauGB in Sanierungs- und Entwicklungsgebiet. Genehmigungspflicht nach § 9 GrdstVG entfällt für Wegerecht in einem Grundstückskauf (Oldenburg DNotZ 1967, 394). Fehlt es an der erforderlichen behördlichen Genehmigung, so ist die Einigung schwebend unwirksam. Durch die nachträgliche Genehmigung wird die Einigung rückwirkend voll wirksam, so daß die Grunddienstbarkeit wirksam entstanden ist, wenn sie im Zeitpunkt der Genehmigung noch im Grundbuch eingetragen ist. Dies gilt selbst dann, wenn zwischen Eintragung und behördlicher Genehmigung ein mehrmaliger Eigentumswechsel liegt (vgl Hamm NJW 1961, 560).

dd) Das obligatorische **Grundgeschäft** bedarf keiner Form (vgl BGH NJW-RR 1993, 1035). Stillschweigende Verpflichtung zur Bestellung einer Grunddienstbarkeit denkbar, zB Grundstückseigentümer verkauft von mehreren Grundstücken, von denen das eine den Zwecken des anderen dient (RG JW 1912, 361, 851). Umdeutung eines wegen Verstoßes gegen § 311b I nichtigen Grundstücksveräußerungsvertrags in Vertrag über Bestellung einer Grunddienstbarkeit möglich (vgl RG 110, 392). Macht sich der Grundstückseigentümer die Erfüllung eines auf Bestellung einer Grunddienstbarkeit gerichteten, schuldrechtlichen Vertrages dadurch unmöglich, daß er das Grundstück an einen Dritten veräußert, so kann sein Vertragsgegner keineswegs gemäß § 285 den Geldbetrag verlangen, um den sich der Kaufpreis im Falle des Bestehens der Grunddienstbarkeit vermindert hätte (BGH 46, 260 zu § 281 aF). Als **Gegenleistung** für die Bestellung einer Grunddienstbarkeit kann, sofern keine unentgeltliche Einräumung erfolgt, vereinbart werden a) eine einmalige, b) eine fortlaufende Zahlung. Letztere kann durch eine Reallast zugunsten des jeweiligen Eigentümers des dienenden Grundstücks dinglich gesichert werden (Karlsruhe DNotZ 1968, 433). Aber auch andere Gegenleistung (zB wechselseitige Dienstbarkeitsbestellung, Grundstücksfläche, Vorkaufsrechtseinräumung) sind in der Praxis üblich. Die Gegenleistung kann nicht Inhalt der Grunddienstbarkeit sein; jedoch kann die Entstehung und der Bestand der Dienstbarkeit, aber auch das Recht zu ihrer Ausübung von der Entrichtung abhängig gemacht werden (str für Rechtsausübung, vgl BGH 54, 18 bejahend u Müko/Falkenberg Rz 7 verneinend); keine automatische Abhängigkeit (LG Aachen RdE 2001, 78).

10 b) Durch Ersitzung (§ 900 II; LG Meiningen OLG-NL 1994, 115); Voraussetzung ist dreißigjähriger Rechtsbesitz (Zweibrücken MittRhNotK 2000, 10). Ein gewohnheitsrechtlicher Erwerb kommt dagegen nicht in Betracht (Hamm NJW-RR 1987, 137, 138).

11 c) Eine Rechtslage, wie sie durch Begründung einer Grunddienstbarkeit zu erreichen ist, läßt sich mitunter mittels eines Staats- oder Verwaltungsakts schaffen. Beispiele sind gesetzlich oder aufgrund Rechtsvorschrift begründete Rechte, fremden Boden insbesondere zum Führen von Versorgungsanlagen und Leitungen, zum Gehen und Fahren zu benutzen; vgl §§ 9 I Nr 21, 41, 126 I S 1 Nr 1, 150 I, 169 I Nr 5 BauGB. S ferner § 86 I Nr 1 BauGB, §§ 37, 39 FlurberG sowie § 13 EnWG, § 50 TKG (BVerfG NJW 2000, 798; NJW 2001, 2960; NJW 2003, 196; BGH MDR 2000, 1241; DÖV 2002, 342; ZfIR 2002, 824; BVerwG NVwZ 2000, 316; BayVBl 2001, 753; VGH München NVwZ-RR 2002, 70; OVG Münster NVwZ-RR 2002, 530; Frankfurt NJW 1997, 3030; Düsseldorf NJW 1999, 956; Oldenburg NJW 1999, 957; München MMR 2000, 91; vgl auch Kirchner MittBayNot 2000, 202f u Wilrich NVwZ 2003, 787), § 8 AVB FernwärmeV, § 8 AVB WasserV, § 8 AVB GasV u § 8 AVB EltV (vgl auch zB Art 24 II 3 BayGO) sowie teilweise die Landesnachbarrechtsgesetze (s ferner Käser/Beck BWNotZ 2002, 83). Es ist allerdings zu prüfen, ob die hiernach zulässige Nutzung einer dinglichen Umsetzung durch eine Dienstbarkeit bedarf oder eine unmittelbare Gestattung vorliegt (vgl Böhringer VIZ 2003, 55).

12 **Altrechtliche Grunddienstbarkeiten**, dh solche, die nach den vor dem BGB geltenden Gesetzen entstanden sind, und zwar einschließlich derjenigen, die nach 1900 bis zu dem Zeitpunkt, in welchem das Grundbuch als angelegt anzusehen ist (Art 186 EGBGB), entstanden sind (Art 189 EGBGB), bedürfen auch im Hinblick auf den öffentlichen Glauben des Grundbuchs keiner Eintragung. Auf Antrag des Berechtigten oder des Eigentümers sind sie aber einzutragen (EGBGB Art 187). Eine Eintragung ohne Bewilligung erfordert den Nachweis des Entstehens und des Fortbestandes in der Form des § 29 GBO (BayObLG NJW-RR 2001, 161; vgl auch Düsseldorf RNotZ 2001, 44). Inhaltsänderung richtet sich nach Art 184 S 2 EGBGB. Keine Bestandsbeeinträchtigung durch gutgläubigen Grundstückserwerb (§ 8 GBBerG, Art 187 EGBGB; zu altr Dienstbarkeiten s auch Oldenburg NdsRPfl 76, 13; München Rpfleger 1984, 461; Hamm MDR 1987, 234; BGH Rpfleger 1988, 353; BayObLG DNotZ 1989, 164; 1991, 160; München ZMR 1997, 586; BayObLG NJW-RR 1998, 304).

13 **4. Inhaltsänderung** (§ 877). Verlegungsrecht richtet sich nach § 1023. Grunddienstbarkeit ist unteilbar, kann also nicht für Miteigentumsanteil oder an ihm bestehen. Wird herrschendes oder dienendes Grundstück geteilt, so sind §§ 1025ff maßgeblich. Eine Grunddienstbarkeit läßt sich nicht in eine beschränkte persönliche Dienstbarkeit umwandeln oder umgekehrt. Dieses Ergebnis kann nur durch Aufhebung der einen und Neubegründung der anderen erreicht werden (Hamm Rpfleger 1989, 448).

14 **5. Übertragung.** Weil untrennbar von herrschendem und dienendem Grundstück, nur zusammen mit herrschendem Grundstück übertragbar (§§ 93, 96, 873, 925). Auch eine „Berechtigungsübertragung" durch Bestellung einer Dienstbarkeit oder Baulast am herrschenden Grundstück mit dem Recht, die Berechtigung (teilweise) auszuüben, ist grds nicht möglich (vgl Koblenz OLGZ 1992, 347). Belastung inhaltlich unzulässig; dies folgt aus §§ 1069 II und 1274 II, die übertragbare Rechte voraussetzen. Mit der Übereignung des künftigen herrschenden Grundstücks geht eine bindend gewordene Einigung (§ 873 II) auf den Erwerber über (Hamburg NJW-RR 1990, 1297).

15 **6. Erlöschen.** Durch Aufhebungsvertrag oder einseitige Aufgabeerklärung (§§ 875f BGB, Art 120 II Nr 2 EGBGB) nebst Löschung im Grundbuch (bei nicht eingetragener Grunddienstbarkeit entfällt Löschung). Eintritt einer auflösenden Bedingung (§ 158) (BayObLG MDR 1983, 227) oder eines Endtermins (§ 163); Kündigung nur, wenn als auflösende Bedingung vereinbart (vgl BayObLG MittBayNot 1990, 39). Buchversitzung, wenn Grunddienstbarkeit zu unrecht gelöscht ist, sobald der Anspruch des Berechtigten auf Duldung der Benutzung verjährt ist (§ 901). Sogar die eingetragene Grunddienstbarkeit erlischt abweichend von § 902, wenn der Anspruch des Berechtigten auf Beseitigung einer die Ausübung hindernden Anlage auf dem belasteten Grundstück verjährt ist (§ 1028 I S 2). Vereinigung des herrschenden und dienenden Grundstücks oder Zuschreibung als Bestandteil (KGJ 51, 260); nicht dagegen, wenn beide Grundstücke sich in der Hand eines Eigentümers vereinigen (§ 889), wohl aber die nicht eingetragene altrechtliche Dienstbarkeit (BGH 56, 374, 379). Teilung des dienenden oder herrschenden Grundstücks nach Maßgabe der §§ 1025 S 2, 1026. Wird das mit einer Grunddienstbarkeit belastete Grundstück mit einem Teil des herrschenden Grundstücks zu einem neuen Grundstück vereinigt, so erstreckt sich die Grunddienstbarkeit nicht auf den zum dienenden Grundstück hinzugekommenen Grundstücksteil (vgl BGH LM Nr 26 zu § 1018). Enteignung (Art 109 EGBGB). Aufhebung im Zuge der Flurbereinigung gemäß § 49 I FlurberG oder der Umlegung gemäß § 86 BauGB. Zuschlag des dienenden Grundstücks bei Zwangsversteigerung, wenn Grunddienstbarkeit – sei es auch zu Unrecht – nicht ins geringste Gebot aufgenommen wird (§ 91 ZVG). Ebenso bei Erlöschen auf nur einem WERecht, wenn das ganze Grundstück belastet ist (zB Wegerecht); eine teilweise Löschung hinsichtlich einer Einheit ist unzulässig (BayObLG MDR 1983, 935). Ein Verbot des Geltendmachens von Bergbauschäden und eine Fremdenverkehrsdienstbarkeit können dagegen auf jedem WERecht gesondert

gelöscht werden (Hamm OLGZ 1981, 53; LG Göttingen NJW-RR 1997, 1105; vgl auch Hamm Rpfleger 1980, 468).

Grunddienstbarkeit erledigt sich, wenn durch tatsächliche Veränderung ihre **Ausübung** dauernd **unmöglich** 16 wird oder der Vorteil für das herrschende Grundstück dauernd und gänzlich fortfällt (BGH NJW 1984, 2157f; Köln Rpfleger 1980, 389), zB Weidegerechtigkeit durch Bebauung des Grundstücks, bei Bergrutsch, dauernder Überschwemmung (vgl BGH DRsp 154, 29a; BGH WPM 1966, 739; 1970, 193); Wegerecht bei Widmung als öffentliche Straße (Düsseldorf MDR 1995, 471; MittBayNot 1997, 390, 391; Dresden VIZ 1997, 244; s auch BayObLG 1971, 1), wenn Straßenbaulastträger öffentl Hand, nicht dagegen bei lediglich anderweitiger Erreichbarkeit (BayObLG ZfIR 2003, 341); Überbauung eines Bewässerungsgrabens reicht nicht (BayObLG MDR 1986, 936), desgleichen, daß lange Zeit keine Bestattungen mehr erfolgten (BGH VIZ 1999, 225) oder anderweitige Zufahrt besteht (Koblenz DNotZ 1999, 511). Gemäß § 84 GBO kann Grundbuchamt sie von Amts wegen löschen. Gleiches muß gelten, wenn Ausübung der Dienstbarkeit infolge ergangener Gesetze aus rechtlichem Grund dauernd unmöglich ist (BayObLG NJW-RR 1986, 1206; NJW-RR 1988, 781; DNotZ 1999, 307 – Anschluß- und Benutzungszwang an gemeindliche Einrichtung ohne Befreiungsmöglichkeit). Dagegen beeinträchtigt eine zeitweilige Einstellung des durch eine Grunddienstbarkeit begünstigten Gewerbebetriebs weder den Bestand noch das Recht zur Ausübung der Dienstbarkeit (BGH MDR 1980, 130).

Weitere Ausübung der Grunddienstbarkeit kann wegen grundlegender Veränderung der maßgeblichen Verhält- 17 nisse aufgrund von Treu und Glauben vorübergehend oder für immer **rechtsmißbräuchlich** und damit unzulässig (Düsseldorf RdL 1969, 70 u Koblenz DNotZ 1999, 511 bei Unverhältnismäßigkeit von Nutzen und Beeinträchtigung) werden; letzterenfalls kann Löschung der Grunddienstbarkeit oder Verzicht auf Grunddienstbarkeit verlangt werden (RG 169, 183; BGH WPM 1970, 193). Die Mißbräuchlichkeit kann nur aus dem dinglichen Rechtsverhältnis zwischen den Parteien selbst abgeleitet werden (BGH LM Nr 41 zu § 242 [D]). Gründe, die das schuldrechtliche Grundverhältnis oder die Sicherungsabrede betreffen, können nur zu einem bereicherungsrechtlichen Anspruch führen.

Dagegen rechtfertigt ein **Überschreiten der Befugnisse** aus der Dienstbarkeit keineswegs einen Anspruch auf 18 Löschung. Vielmehr steht dem mit der Dienstbarkeit Belasteten der Abwehranspruch aus § 1004 zu. Er kann sich gegen jede Beeinträchtigung seines Eigentums, die nicht durch die dingliche Belastung gedeckt ist, mit der Beseitigungsklage, falls weitere Störungen zu besorgen sind, mit der Unterlassungsklage zur Wehr setzen (vgl BGH MDR 1965, 563).

7. Schuldrechtliche Vereinbarungen. a) Was den Inhalt der Grunddienstbarkeit bildet, kann einer Partei auch 19 durch rein schuldrechtliche, nur die Vertragsteile bindende Abrede gewährt werden (vgl Horst DWW 1997, 103ff). So schließt die öffentliche Hand über die Nutzung ihrer Grundstücke meist dienstbarkeitsähnliche „**Gestattungsverträge**". Bei unentgeltlicher Gestattung liegt regelmäßig Leihe vor (Saarbrücken NJW-RR 2002, 1385). Wird zusätzlich Grunddienstbarkeit bestellt, so ist in der Regel eine derartige – zusätzliche – schuldrechtliche Verpflichtung zu verneinen. Ob ein Anspruch auf Bewilligung einer entsprechenden öffentlich-rechtlichen Baulast besteht, ist streitig (vgl § 1018 Rz 16). Gleichwohl ist das gleichzeitige Nebeneinanderbestehen eines schuldrechtlichen (persönlichen) und eines dinglichen Nutzungsrechts nicht ausgeschlossen (vgl BGH NJW 1974, 2123). **b)** Die dingliche Dienstbarkeit kann ferner durch die schuldrechtliche Vereinbarung (Zweckbestimmung) konkretisiert und eingeschränkt werden (**Sicherungsdienstbarkeit**). Allerdings problematisch, wenn eine an sich unzulässige Dienstbarkeit durch diese Vinkulierung (Soergel/Stürmer § 1090 Rz 13) bzw Blockierung (MüKo/Falckenberg § 1018 Rz 46) rechtmäßig werden soll (vgl auch § 1018 Rz 17).

1018 *Gesetzlicher Inhalt der Grunddienstbarkeit*

Ein Grundstück kann zugunsten des jeweiligen Eigentümers eines anderen Grundstücks in der Weise belastet werden, dass dieser das Grundstück in einzelnen Beziehungen benutzen darf oder dass auf dem Grundstück gewisse Handlungen nicht vorgenommen werden dürfen oder dass die Ausübung eines Rechtes ausgeschlossen ist, das sich aus dem Eigentum an dem belasteten Grundstück dem anderen Grundstück gegenüber ergibt (Grunddienstbarkeit).

1. Zur **Entstehung** und zum **Erlöschen** vgl vor § 1018 Rz 3ff. 1

2. **Belasteter Gegenstand. a) Grundstück** = räumlich abgegrenzter Teil der Erdoberfläche, der im Bestands- 2 verzeichnis eines Grundbuchblatts unter besonderer Nummer gebucht ist (RG 84, 270); privates oder öffentliches Grundstück, kann auch Gewässer sein (vgl Königsberg OLG 15, 362 – Straßenanliegerrecht an öffentlichem Weg; RG 105, 191 – Fischereigerechtigkeit an öffentlichem Fluß). Realer Grundstücksteil (vgl jedoch § 7 GBO, wenn Grundbuchverwirrung zu besorgen ist); davon jedoch zu unterscheiden Beschränkung der **Rechtsausübung** auf Teil des im ganzen belasteten Grundstücks (§§ 1023, 1026, vgl KGJ 50, 131; Bremen NJW 1965, 2463; Hamm OLG 1967, 456), wobei der betreffende Teil in der Eintragungsbewilligung oder dem sie ersetzenden Urteil (§ 894 ZPO) und im Grundbuch zu bezeichnen ist (BGH NJW 1981, 1781; Hamburg OLGZ 36, 161); „wie bisher" genügt (BGH NJW 1982, 1039; vgl auch BGH MDR 1984, 564; 2002, 1000). Nicht dagegen ideeller Bruchteil (BGH 36, 189; vgl auch BayObLG Rpfleger 1991, 299). Eine Grunddienstbarkeit kann sich als Gesamtbelastung auf mehrere Grundstücke erstrecken (BayObLG 1955, 174; Rpfleger 1990, 111), sofern nur diese in der gleichen Art benutzt werden (KG JW 1937, 2606; BayObLG DNotZ 1991, 254, 256; LG Hildesheim NJW 1960, 49; LG Braunschweig DRsp 154, 62a; MüKo/Falckenberg Rz 20; Demharter § 48 Rz 8; aA Soergel/Stürner § 1018 Rz 39c; Hampel Rpfleger 1962, 126 u Böttcher MittBayNot 1993, 129, 134, die sich darauf stützen, daß das Wesen der Gesamtbelastung in voller Befriedigung aus jedem der belasteten Grundstücke bestehe. Bei der Grund-

§ 1018

dienstbarkeit geht es jedoch nicht um haftungsrechtliche Fragen, sondern um die Benutzung eines Grundstücks). Dienstbarkeit an gewidmeter öffentlicher Verkehrsfläche möglich, aber Widmung kann Ausübung der Dienstbarkeit entgegenstehen (vgl BayObLG 1971, 1). Bei Vereinigung des belasteten Grundstücks mit anderen Grundstücken erstreckt sich die Belastung nicht auf die „neuen" Grundstücksteile (Hamm DNotZ 2003, 355).

3 b) **Wohnungs-/Teileigentum** (vgl Zimmermann Rpfleger 1981, 333ff.). Sondereigentum kann belastet werden, wenn allein aus ihm fließende Rechte betroffen sind. Ob ein Sondernutzungsrecht umfaßt wird, ist str (BGH 107, 289, 294f; Düsseldorf NJW-RR 1986, 1076; BayObLG 1974, 396; DNotZ 1990, 496 – Kfz-Stellplatz, m Anm Amann; BayObLG DNotZ 1998, 125; Zweibrücken ZflR 1999, 524; vgl auch Hamburg ZMR 2001, 380; Hamm Rpfleger 1980, 469). Ein Sondernutzungsrecht an einer Grunddienstbarkeit auf einem Nachbargrundstück setzt voraus, daß die Dienstbarkeit zugunsten sämtlicher Wohnungseigentümer/Teileigentümer besteht (BayObLG 1990, 124; Köln Rpfleger 1993, 335).

4 c) **Grundstücksgleiche Rechte**, zB Erbbaurecht (§ 11 ErbbauVO; vgl KG NJW-RR 1992, 214), nach Landesrecht (Art 63, 68 EGBGB) zB Abbaurecht (KG DR 1940, 1781).

5 3. „**Herrschendes Grundstück**". a) Als **Berechtigter** ist ins Grundbuch der **jeweilige Eigentümer** eines bestimmt bezeichneten – nicht notwendig unmittelbar benachbarten (vgl KGJ 52, 175; München MDR 1983, 934; LG Deggendorf MittBayNot 1991, 262) – Grundstücks oder grundstücksgleichen Rechts (zB Wohnungseigentum Stuttgart BWNotZ 1991, 115, Zweibrücken MittBayNot 1993, 86; vgl BGH DB 1978, 2069 zu Bergwerkseigentum) einzutragen. Eine Übertragung auf den Erbbauberechtigten ist nicht möglich (Hamm DNotZ 1981, 264), wohl aber die Überlassung zur Ausübung (vgl Einl § 1018 Rz 8). Unzulässig zugunsten eines an ideellem Grundstücksbruchteil Berechtigten und des Eigentümers einer bestimmten Wohnung, an der kein Wohnungseigentum gebildet wurde (Frankfurt aM MittBayNot 2003, 383). Gemäß § 1009 kann eine Grunddienstbarkeit begründet werden, wenn der Eigentümer des dienenden Grundstücks zugleich Miteigentümer des herrschenden Grundstücks ist oder umgekehrt; auch beim Eigentümergrunddienstbarkeit zulässig (vgl zu § 1018 Rz 4). Eine Grunddienstbarkeit zugunsten aller jeweiligen Grundbesitzer eines Dorfes ist zulässig (KGJ 53, 170; vgl auch Frankfurt Rpfleger 1980, 185 aus dem Weg Nr 138 zufließende Wasser aufnehmen). Soll Grunddienstbarkeit zugunsten eines Grundstücksteils bestellt werden, so ist dieser vorher als selbständiges Grundstück abzuschreiben, jedoch kann die Ausübung auf den Vorteil für einen realen Teil des herrschenden Grundstücks beschränkt werden (KGJ 53, 170). Bei Vereinigung des herrschenden Grundstücks mit anderen erweitert sich die Ausübung der Berechtigten auf das ursprünglich herrschende Grundstück beschränkt (BayObLG ZflR 2003, 238). b) Ein einheitliches Wegerecht für den jeweiligen Eigentümer mehrerer Grundstücke kann nach einer Ansicht nur erfolgen, wenn diese derselben Person gehören und das Wegerecht allen herrschenden Grundstücken dient (vgl Frankfurt NJW 1969, 469; LG Wuppertal MittRhNotK 1974, 252; dem ist nicht zu folgen. Eine einheitliche Grunddienstbarkeit zugunsten der jeweiligen Eigentümer mehrerer Grundstücke setzt nicht das Eigentum ein- und derselben Person voraus (hM, BayObLG MittBayNot 1983, 168; Herget NJW 1966, 1060; MüKo/Falckenberg Rz 23). Das gleiche Eigentum ist nur von Bedeutung dafür, daß in diesem Fall ausnahmsweise kein Berechtigungsverhältnis angegeben werden muß (BayObLG NotBZ 2002, 265; ZflR 2003, 23). Die Eintragung mehrerer Grundstückseigentümer kann als Gesamtberechtigte (§ 428) oder zu bestimmten Bruchteilen bei teilbaren Leistungsgegenständen erfolgen. Wird kein Berechtigungsverhältnis angegeben, entstehen ranggleiche Einzelrechte (Schöner/Stöber, Grundbuchrecht, 12. Aufl 2001 Rz 1124; Mayer MittBayNot 2002, 288, 290).

6 c) Bei **altrechtlichen Grundstücksbelastungen** ist von dem Sprachgebrauch des Gesetzes und des einschlägigen Schrifttums zur Zeit ihrer Begründung auszugehen (s Rz 9). Eine unter der Herrschaft des Preußischen Allgemeinen Landrechts begründete Fahrgerechtigkeit für eine bestimmte Person „als Besitzer" eines näher bezeichneten Grundstücks ist als Grunddienstbarkeit anzusehen, denn nach damaligem Sprachgebrauch verwendete man die Bezeichnung „Besitzer eines Grundstücks" in dem Sinn, der nach der heutigen Gesetzessprache nur die Bezeichnung „Eigentümer" zuläßt (Hamm DRsp 154, 66a). Zum Umfang eines altrechtlichen, mit einer radizierten Mühlengerechtigkeit verbundenen Wasserbenutzungsrechts siehe BayObLG 1971, 247.

7 d) Ist im Grundbuch ein Überfahrtsrecht für eine bestimmte Person und „**deren Rechtsnachfolger**" eingetragen und ergibt sich darüber hinaus auch aus der Eintragungsbewilligung nicht mehr, so handelt es sich nicht um eine Grunddienstbarkeit; es kann aber eine beschränkte persönliche Dienstbarkeit gegeben sein (BGH MDR 1965, 195; vgl Hamm MittBayNot 2001, 320). Umgekehrt kann mit der Bewilligung einer „beschränkten persönlichen Dienstbarkeit zugunsten des jeweiligen Eigentümers eines Grundstücks" eine Grunddienstbarkeit gewollt sein (BGH MDR 1969, 380).

8 4. **Zulässiger Inhalt**. Den Inhalt der Grunddienstbarkeit regeln die §§ 1018ff abschließend und zwingend. Verstoß hiergegen macht Grunddienstbarkeit nichtig (KGJ 21, 310), allerdings landesrechtliche Vorbehalte gemäß Art 115 EGBGB. Grunddienstbarkeit darf grundsätzlich nur in einem Dulden oder Unterlassen bestehen. Eine Verpflichtung des Eigentümers des dienenden Grundstücks zur Leistung kann nicht Hauptbestandteil, wohl aber Nebenbestandteil der Grunddienstbarkeit sein (vgl §§ 1020 S 2, 1021, s dazu auch BayObLG Rpfleger 1976, 397). Grunddienstbarkeit muß dem herrschenden Grundstück einen weiteren Vorteil bieten (s § 1019). Auf Grund öffentlichen Rechts bestehende Befugnisse, zB Fischereirecht kraft Regals (Kassel OLGZ 1925, 393), Einwirkungen auf Grundstücke, die ohnehin nach Bergrecht oder Wasserrecht zulässig sind (RG 119, 213; 130, 354; KG JW 1938, 2129), Gemeingebrauch am Fluß (RG HRR 1932, 134) können nicht Gegenstand einer Grunddienstbarkeit sein (vgl RG 130, 354; KG HRR 1941, 447); anders, wenn Geltungsbereich des Gesetzes zweifelhaft (KG JFG 3, 331, Celle DNotZ 1958, 421), sich eine Rechtspflicht erst aufgrund eines Verwaltungsaktes ergibt oder Sicherungen für den Wegfall gesetzlicher Beschränkungen geregelt werden (vgl Grziwotz, Grundbuch- u Grundstücksrecht, Rz 416). Zulässig sind insbes zu Bauleitplänen parallele Dienstbarkeiten (ebenso BGH MDR 1967, 661 u Hamm

FGPrax 1996, 171; anders Quack Rpfleger 1979, 281, 282f). Das Bestehen einer Grunddienstbarkeit hindert nicht die Eintragung einer inhaltsgleichen beschränkten persönlichen Dienstbarkeit und umgekehrt (vgl BayObLG 1982, 246).

5. Inhalt und Umfang. a) Zur **Ermittlung** des Inhalts und Umfangs einer Grunddienstbarkeit ist grundsätzlich streng vom **Wortlaut** (BGH MDR 1993, 1201) und **Sinn** der Eintragung (kein einheitliches Recht, wenn selbständiges Gehrecht und selbständiges Fahrtrecht eingetragen ist, BayObLG Rpfleger 1985, 486; Recht zur Wasserentnahme BGH DNotZ 1989, 562) und der Eintragungsbewilligung, auf die zulässigerweise Bezug genommen wird, so wie er sich für einen unbefangenen Betrachter (BGH MDR 1991, 421; 1988, 1044; NJW-RR 1995, 15) als nächstliegende Bedeutung des Eingetragenen ergibt, auszugehen (BGH 92, 355). Dabei ist gleichsam im Rahmen einer Wechselwirkung (aA MüKo/Falckenberg Rz 11: Vorrang der Auslegung) der **Bestimmtheitsgrundsatz** zu beachten (nicht ausreichend: RG 117, 323, 326 – „deutschstämmige" Landarbeiterfamilien; Frankfurt MDR 1983, 130 – Ausübung „in zumutbarer Weise"; Düsseldorf MittRhNotK 1979, 72: keine Maßnahmen, die den „allgemein anerkannten Grundsätzen der Denkmalpflege" widersprechen; Düsseldorf MittRhNotK 1995, 319, 320 – Grundstücksnutzung nach „Maßgabe der Satzung und der satzungsgemäß gefaßten Beschlüsse"; wohl aber Konkretisierung durch Urteil OVG Saarlouis NJW 1999, 1348; 1½geschossige Bauweise BGH MDR 2002, 691; str für dynamische Verweisung auf Gesetz und kirchenfeindliches Verhalten, wohl nicht bestimmt, teilw abw Heß AcP 197 [1997], 489, 508). Zum Begriff „nötiges Wasser" im Rahmen eines Wasserbezugsrechts s BGH NJW-RR 1988, 1229. Zum Zweck der „sofortigen Be- und Entladung von Fahrzeugen" bei einem Fahrtrecht s BGH NJW-RR 1991, 457. Die Ausübungsstelle kann auch der tatsächlichen Ausübung überlassen bleiben (BGH 90, 181). Bei altrechtlichen Belastungen ist der Sprachgebrauch zur Zeit ihrer Entstehung maßgebend (vgl Hamm DRsp 154, 66a; s Rz 6). **Umstände**, die **außerhalb** dieser **Urkunden** (Bezugnahme auf Akten unzulässig BayObLG Rpfleger 1984, 12) liegen, dürfen nur berücksichtigt werden, wenn sie nach den besonderen Verhältnissen des Einzelfalles für jedermann ohne weiteres erkennbar sind (BGH 92, 351; 90, 184; MDR 1965, 195; MDR 2002, 691; NJW 1976, 417, der aber mit Recht darauf hinweist, daß kein Gutglaubensschutz eines späteren Erwerbers dahin bestehe, die zZ des Erwerbs bestehenden tatsächlichen Verhältnisse entsprächen dem Inhalt des Wegerechts, vgl Karlsruhe OLGZ 1986, 70 u NJW-RR 1990, 663). Unter Umständen kann auch das obligatorische Grundgeschäft herangezogen werden, wenn es in den maßgeblichen Urkunden zumindest andeutungsweise zum Ausdruck kommt. Die obligatorischen Pflichten beschränken sich im übrigen auf die ursprünglichen Beteiligten und gelten für deren Rechtsnachfolger nur aufgrund der allgemeinen Vorschriften (insbes Abtretung, Vertragsübernahme und Gesamtrechtsnachfolge). Grundsätzlich ist bei der Auslegung von den Verhältnissen zur Zeit der Bestellung der Dienstbarkeit auszugehen (BGH WM 1971, 1186, 1188). Weil Grunddienstbarkeiten regelmäßig ohne zeitliche Begrenzung bestellt werden, daher oft über längere Zeiträume gelten sollen, kann bei ihrer Auslegung von den **wirtschaftlichen** und **technischen Veränderungen** der **Verhältnisse** aber nicht abgesehen werden. Diesen ist Rechnung zu tragen, wenn Treu und Glauben das verlangen (BGH LM Nr 73 zu § 256 ZPO; RG 169, 182; München MittBayNot 2003, 219). Einen Anhalt für die Auslegung der Grunddienstbarkeit kann die stillschweigende Duldung einer bestimmten Ausübungsart geben. Fehlt es an einer eindeutigen ausdrücklichen Vereinbarung, so kommt es nicht auf den seinerzeitigen Willen der ursprünglichen Vertragsparteien an, sondern darauf, was die gegenwärtigen oder künftigen Beteiligten auf Grund der Bestellungsurkunde als objektiven Inhalt ansehen dürfen (BGH DNotZ 1959, 240; 1960, 242). Im Zweifel richtet sich das **Ausmaß** der **Benutzung** nach den jeweiligen Bedürfnissen – Wirtschaftslage, Benutzungsart – des herrschenden Grundstücks (RG JW 1916, 143; BGH LM Nr 73 zu § 256 ZPO). Auf die im **Bestandsverzeichnis** des Grundbuchs enthaltenen Angaben über die Kulturart des herrschenden Grundstücks kommt es allerdings dann nicht an, wenn der Text des Bestandsverzeichnisses offenkundig überholt ist und mit der wirklichen Grundstücksbeschaffenheit im Zeitpunkt der (Wege-)Rechtsbestellung nicht mehr im Einklang steht (BGH MDR 1971, 738).

b) Inhaltsanpassung. aa) Von der anfänglichen Inhaltsbestimmung ist die nachträgliche Anpassung bei Veränderung der bei Bestellung gegebenen Verhältnisse zu unterscheiden. Der Umfang einer Grunddienstbarkeit liegt nicht von vornherein für alle Zeiten fest, sondern kann sich nach dem jeweiligen Bedürfnis des herrschenden Grundstücks unter Berücksichtigung der wirtschaftlichen und technischen Entwicklung ändern (vgl Ricken WM 2001, 979ff). Dies gilt insbesondere bei zeitlich unbegrenzten Dienstbarkeiten. Der aktuelle Umfang ist deshalb unter Berücksichtigung von § 242 zu konkretisieren. Er kann deshalb bei einer **Bedarfssteigerung** auch wachsen. Diese muß sich aber in den Grenzen einer der Art nach gleichbleibenden Benutzung des herrschenden Grundstücks (nicht damit vereinigter Teilflächen, BayObLG ZflR 2003, 238) halten und nicht auf eine zur Zeit der Dienstbarkeitsbestellung nicht voraussehbare oder gar willkürliche Benutzungsänderung zurückzuführen sein (s nur BGH LM § 1018 Nr 23–25; München Rpfleger 1984, 461; Karlsruhe NJW-RR 1990, 663; RGRK/Rothe Rz 19 sowie unten Rz 14).

bb) Bei der Bestellung vereinbarte Beschränkungen sind auch bei nachträglichen Änderungen zu beachten. Eine unzulässige **Überschreitung** des **Benutzungsumfangs** kann gegeben sein, wenn die Steigerung der Bedürfnisse in veränderten Umständen ihren Grund hat, die bei der Bestellung der Grunddienstbarkeit nicht vorausgesehen werden konnten (BGH NJW 1959, 2059). Ist eine Grunddienstbarkeit darauf gerichtet, daß auf dem belasteten Grundstück nur Wohnhäuser im Villenstil für eine oder zwei Familien errichtet werden dürfen, so folgt aus dieser Baubeschränkung eine entsprechende Nutzungsbeschränkung, dh die Häuser dürfen nur als Wohnung für eine oder zwei Familien dienen. Jedoch kann die im Laufe der Jahrzehnte in der betreffenden Gegend eingetretene Veränderung der Wohnverhältnisse, nämlich der Erbauung oder Errichtung von Zwei-, Drei- und Vierfamilienhäusern dazu führen, daß dieser Inhalt der Grunddienstbarkeit nach Treu und Glauben anzupassen ist (Hamburg MDR 1963, 679). Hierfür müssen sich aber Anhaltspunkte aus der Dienstbarkeit ergeben (zB „Wohnhäuser für ... wie in der Umgebung"). Umgekehrt sind ebenso unmißverständliche Hinweise erforderlich, um einen vereinbarten

§ 1018 Sachenrecht Dienstbarkeiten

Nutzungszweck annehmen zu können (vgl BGH NJW 1985, 385). Eine bestimmte Nutzungsart bei Bestellung genügt hierfür nicht (vgl zum Umfang eines Wegerechts bei Umstellung des herrschenden Grundstücks von Zimmer- auf Appartementvermietung BGH LM § 1018 Nr 23; zur Auslegung gegenseitiger, halbscheidiger Giebelmauern s BGH LM § 1018 Nr 24 – Gestaltung oder Beschränkung auf Grenzbebauung).

12 cc) Die Veränderung der tatsächlichen Lebensverhältnisse kann auch zu einer **Einengung** und **Verringerung** des **Umfangs** einer Grunddienstbarkeit führen.

13 c) **Benutzungsdienstbarkeit (Alt 1). aa) Benutzung** des dienenden Grundstücks in **einzelnen,** wenn auch mehrfachen **Beziehungen.** Die Grunddienstbarkeit darf nach hM die Benutzung des gesamten Grundstücks nicht völlig ausschöpfen, so daß dem Eigentümer keine Nutzungsmöglichketen mehr verbleiben (BayObLG DNotZ 1980, 540; KG OLGZ 1915, 359; KGJ 39, 216; unzulässig nach BayObLG MDR 1992, 52 u FGPrax 1995, 226 Nutzung von Wohnungseigentum zu Wohnzwecken, zulässig dagegen nach BayObLG NJW 1988, 594 Nutzung von Teileigentum als Kfz-Stellplatz; diese Differenzierung leuchtet nicht ein). Nutzung in einzelnen Beziehungen liegt nach dieser Ansicht nicht vor, wenn – auch nur auf einen Grundstücksteil beschränkt (Zweibrücken DNotZ 1982, 444; BayObLG MDR 1986, 673; KG Rpfleger 1991, 411) – eine umfassende Nutzung, also nicht nur hinsichtlich spezifizierter Nutzungsmöglichkeiten gewährt wird (BayObLG 1986, 54; ZfIR 2003, 597: beliebige Nutzung). Wird dagegen nur eine bestimmte Befugnis eingeräumt (KG NJW 1972, 1128), einer Mischanlage (BayObLG Rpfleger 1990, 111) oder einer Scheune (BGH DNotZ 1993, 55, 56; LG Regensburg Rpfleger 1987, 295 mit Anm Dietzel) soll eine Vermutung für eine restliche Nutzungsmöglichkeit durch den Eigentümer sprechen, die mit Rücksicht auf das gesamte Grundstück beurteilt wird (BGH DNotZ 1993, 55; Dietzel Rpfleger 1987, 296; MüKo/Falckenberg Rz 28; danach bedenklich Terrassenalleinnutzungsrecht BayObLG Rpfleger 1985, 486). Diese Betrachtungsweise, die formale und materiale Aspekte vermischt, überzeugt nicht. Sie würde in der Konsequenz dazu führen, daß bei einer Grundstücksteilung eine Dienstbarkeit unwirksam werden könnte, da dem Eigentümer auf dem neugebildeten Grundstück keine Restnutzung mehr verbliebe (s zum Streitstand Ertl MittBayNot 1988, 53ff, Adamczyk MittRhNotK 1998, 105, 112; Schippers MittRhNotK 1996, 197, 198f; Schöner DNotZ 1982, 416ff). Die „Restnutzungstheorie" ist deshalb abzulehnen. Entscheidend für die Abgrenzung von Dienstbarkeit und Nießbrauch kann allein der Inhalt der Bestellung sein (ebenso Soergel/Stürner Rz 12; Staud/Mayer Rz 101). Zulässig ist auch ein Mitbenutzungsrecht neben dem Eigentümer am ganzen Grundstück (BayObLG Rpfleger 1981, 353), allerdings – zur Abgrenzung vom Quotennießbrauch – nur für eine bestimmte Nutzung (zB Wohnen, weitergehend Staud/Mayer Rz 93). **bb)** Jeder vorteilhafte, fortgesetzte oder wiederholte – nach hM nicht bloß einmalige (KGJ 39, 216; RG 60, 317; aber wohl unrichtig, da sonst künftiges einmaliges Nutzungsrecht dinglich nicht sicherbar) – unmittelbare oder mittelbare Gebrauch (RG 130, 354), zB Bauberechtigung (KGJ 39, 215), Recht zum Überbau wegen § 1 IV WEG (Hamm Rpfleger 1984, 98), Betreten zwecks Besichtigung (KGJ 36, 221); Durchfahrt (RG Gruch 68, 529); Unterhaltung einer Pilzzucht oder Geflügelfarm (LG Kleve MDR 1963, 218); Wohnungsbelegung (München MittBayNot 1999, 479); Entnahme von Bodenbestandteilen, auch wenn die Ausübung des Rechts zur völligen Ausbeutung führt (KGJ 24, 118); Eisentnahmerecht (RG Warn Rsp 1922, 346); Wasserentnahmerecht (München OLGZ 1931, 337); Recht, Feldbahnen oder Leitung über das Grundstück zu führen; Fischereirecht (RG Warn Rsp 1912, 310); Recht, Früchte zu gewinnen; Recht auf Notausgang; Quellrecht; Wasserableitungsrecht (Augsburg OLGZ 1936, 160); Wasserstaurecht (Königsberg OLGZ 1941, 167); Wegerecht bedeutet auch Befahren mit Kraftfahrzeugen (Karlsruhe OLGZ 1986, 70); Befahren (BGH DB 1977, 206); Geh- und Fahrtrecht einschl Verkehrssicherungspflicht (BayObLG NJW-RR 1990, 600); Garagenbenutzung (BGH DNotZ 1976, 18); Weiderecht; Recht auf Zugang (Hamburg OLGZ 1912, 128); Grundstücksnutzung durch Ausbau, Unterhaltung und Benutzung als öffentliche Straße (LG Passau MDR 1971, 927 zur Belastung mit einer beschränkten persönlichen Dienstbarkeit); Recht, Grundstück als Ausgleichs- und Ersatzfläche zu nutzen (Oldenburg NdsRpfl 1998, 223); ausschließliches Biervertriebsrecht (BGH NJW 1985, 2474, str, vgl auch Rz 17).

14 cc) **Erstreckung auf** nicht voraussehbare, insbesondere **willkürlich geänderte Benutzungsart** wird in der Regel **abzulehnen** sein, zB Errichtung einer Fabrik oder eines Gartenbaubetriebs auf bisher landwirtschaftlich genutzten Grundstücken (RG 131, 166; BGH NJW 1959, 1059; MDR 1963, 577; MDR 2003, 985). Eine lediglich durch die Entwicklung des Verkehrs herbeigeführte Erschwerung wird dagegen im Zweifel zu dulden sein. Bei unbeschränktem Wegerecht müssen aus Änderung der gewerblichen Nutzung sich ergebende Erschwerungen grundsätzlich hingenommen werden (Celle HEZ 1, 155). Fahrgerechtigkeit ohne Beschränkung auf Art des Fahrzeugs wird Verkehr mit Kraftfahrzeugen mitumfassen (Königsberg HRR 37, 1442; LG Stuttgart DRsp 154, 22a; Hamm DRsp 154, 31a; BGH 92, 351: Beschränkung auf bestimmten Zweck bedarf eindeutiger Anhaltspunkte). Entwicklung neuer Verkehrsmittel ist zu berücksichtigen (Kraftwagen statt Handkarren oder Pferdefuhrwerk, vgl RG JW 1930, 3851). Eine Grunddienstbarkeit zum „Gehen und Fahren" berechtigt, wenn sie laut Eintragung oder Eintragungsbewilligung auf einen Grundstücksteil beschränkt ist, zur schonenden Benutzung der gesamten Fläche des belasteten Grundstücks; sie umfaßt aber nicht das Recht, das Grundstück als Garagenvorplatz und Abstellfläche für Kraftfahrzeuge zu benutzen, wohl aber als Wendefläche (Düsseldorf MittRhNotK 1997, 133). Ein Wegerecht darf nur in einem Umfang ausgeübt werden, wie es sich aus den Bedürfnissen des herrschenden Grundstücks ergibt und dem Berechtigten selbst Vorteil bietet. Dürfen die Mieter der auf dem herrschenden Grundstück gelegenen Garagen einen Überweg über das dienende Grundstück nehmen, so darf der Eigentümer des herrschenden Grundstücks nicht zulassen, daß eine unbestimmte Anzahl anderer Personen, die sein Grundstück aus anderen Gründen aufsuchen wollen, den Überweg benutzt (Oldenburg NdsRPfl 1976, 11). Unterhält der Berechtigte auf dem herrschenden Grundstück und Nachbargrundstücken einen einheitlichen Geschäftsbetrieb, so ist die im Hinblick auf die Nachbargrundstücke gesteigerte Benutzung des dienenden Grundstücks widerrechtlich (vgl BGH NJW 1965, 2340); gleiches gilt für hinzugepachtete Flächen (BGH NJW-RR 2003, 1237). Ein zugunsten einer

Gaststätte eingetragenes Geh- und Fahrtrecht gewährt den Besuchern der Gaststätte nicht die Befugnis, den Weg über das dienende Grundstück zugleich auch zum Besuch eines von dritter Seite auf dem herrschenden Grundstück neben der Gaststätte angelegten Tennisplatzes zu benutzen (BGH LM Nr 14 zu § 1018). Ob weitere Benutzungsart geringere einschließt, zB Befugnis zum Fahren die zum Gehen, kann nicht einheitlich entschieden werden (vgl RG Gruch 68, 529 [nein] und SeuffA 77, 58 [ja]. Vgl auch Rz 9ff). Die langjährige Duldung einer über das bestehende dingliche Recht hinausgehenden Nutzung des belasteten Grundstücks kann dieses Recht ohne entsprechende Eintragung weder rechtsgeschäftlich noch etwa durch Ersitzung erweitern. Möglich ist aber, daß durch eine obligatorische Vereinbarung, also auf schuldrechtlicher Grundlage, das Ausmaß der Nutzung erweitert wird (BGH MDR 1963, 577).

dd) Mitnutzungsrechte. (1) Grundsätzlich bleibt der Eigentümer neben dem Dienstbarkeitsberechtigten nutzungsberechtigt; er darf nur das Recht des Dienstbarkeitsberechtigten nicht beeinträchtigen. Nur, soweit dem Dienstbarkeitsberechtigten im zulässigen Umfang (vgl. Rz 13) ein ausschließliches Nutzungsrecht ausdrücklich eingeräumt ist, ist der Eigentümer von der Mitnutzung ausgeschlossen. Soweit das Recht des Eigentümers besteht, kann er auch Dritten die Benutzung gestatten; er kann ihnen sogar (nachrangig) Dienstbarkeiten einräumen. Anders ist dies nur, wenn dem Dienstbarkeitsberechtigten ein ausschließliches Nutzungsrecht eingeräumt wurde, das entweder faktisch oder aufgrund Vereinbarung eine entsprechende Nutzung des Eigentümers ausschließt. **(2)** Der Dienstbarkeitsberechtigte kann sein Recht nicht übertragen. Aber diejenigen Personen, die mit ihm das herrschende Grundstück nutzen, können auch die Benutzungsdienstbarkeit in Anspruch nehmen (vgl Löscher Rpfleger 1962, 432). Im Einzelfall können deshalb auch Angestellte, Familienangehörige, Kunden, Mieter (LG Cleve DRsp 154, 15a) und Pächter benutzungsberechtigt sein (so auch BGH MDR 1971, 738). Die gilt auch für Besucher (aA LG Memmingen MDR 2000, 329 für Fahrtrecht). 15

d) Unterlassungsdienstbarkeit (Alt 2). aa) Nichtvornahme gewisser **erlaubter Handlungen** als Beschränkung der tatsächlichen Herrschaft des Grundstückseigentümers, **nicht** seiner rechtlichen **Verfügungsmacht** (unzulässig ist ein Verbot zu vermieten, BayObLG MDR 1982, 754), und zwar ebenso wie bei der 1. Alt. in einzelnen genau zu bezeichnenden Beziehungen. Dem Eigentümer muß und wird stets etwas an Recht bleiben (KG DR 1940, 1782). Die Handlung, die Grundstückseigentümer zu unterlassen hat, muß ihm an sich gestattet sein (KGJ 36, 219; deshalb nicht Lagerung von Atomwaffen, vgl AG Siegen Rpfleger 1984, 57 u LG Siegen Rpfleger 1984, 5 m Anm Tröster). Beispiele: Nichterrichtung von Fabrik, Futtersilo, Gaststätte, Schweinemästerei, Stall; (KG OLGZ 1915, 372; Hamburg OLGZ 1939, 233); Zwischenmauer (BayObLG DNotZ 1991, 480); Unterlassung der Baumhaltung (Celle OLGZ 1926, 81); des Fensteröffnens (BGH DNotZ 1990, 493); Fensterschließungspflicht (BGH 107, 289); Einschränkung des Musizierens; Einhaltung bestimmten Bauabstands (KG OLGZ 1931, 335) oder Duldung der Bebauung bis an die Grenze, was nach hM im Einzelfall zur **Übernahme** einer **Baulast** verpflichten kann (BGH JR 1989, 419 m Anm Grziwotz; LM § 242 Nr 40; DNotZ 1993, 57; NJW 1992, 2885; MDR 1994, 686; NJW-RR 1995, 15; Düsseldorf MittRhNotK 1997, 260; Düsseldorf DNotI-Report 1999, 170; LG Konstanz NVwZ 1992, 1022; einschränkend Frankfurt NVwZ 1988, 1162; Karlsruhe NVwZ 1992, 1021; LG Braunschweig NJW 1985, 272; LG Bochum BauR 2002, 610; ausführlich Boecker BauR 1985, 149ff; Broß VerwArch 1995, 483ff; Grziwotz BauR 1990, 20ff; Klam ZNotP 2003, 89ff; Reithmann ZfIR 1998, 269ff u Steinkamp MittRhNotK 1998, 117ff; zur Amtspflicht vgl BGH DÖV 2001, 168); Bebauungsverbot (KGJ 36, 22); Baubeschränkung (BGH NJW 1965, 2398; MDR 2002, 691); besteht ein gesetzlich begründetes, öffentlich-rechtliches Bauverbot, so darf für ein gleichlaufendes, privatrechtliches Bauverbot grundsätzlich keine Grunddienstbarkeit eingetragen werden. Das gilt aber nicht, soweit das öffentlich-rechtliche Bauverbot durch eine Baulast, einen Bebauungsplan oder eine Abstandsflächenübernahme nach Art 7 BayBO u § 7 SächsBauO geregelt ist (vgl Rz 8 u Hamm DNotZ 1976, 545); Wohnverbot, -beschränkung (KGJ 36, 220; Darmstadt RJA 10, 72); Nutzung als Austragshaus in der Form eines Besetzungsrechts (vgl BayObLG MDR 1981, 52; MDR 1982, 755 u MDR 1989, 820; LG München II MittBayNot 2002, 400); Beschränkung der Nutzung für den Fremdenverkehr (BayObLG MDR 1982, 319; MDR 1985, 847; MittBayNot 1989, 273; vgl auch Ertl MittBayNot 1985, 177ff u Kristic MittBayNot 2003, 263ff); Ferienparkbetriebsrecht (BGH MDR 2003, 733); Beschränkung der Benutzung einer Durchfahrt (RG JE 09, 688); Gewerbebetriebsbeschränkung (BayObLG Rpfleger 1976, 250); Unterlassen jeglichen lästigen Gewerbes, Wettbewerbsverbote (BayObLG JFG 5, 339, vgl auch RG 161, 90 für österreichisches Recht). Zulässig ist Grunddienstbarkeit in Form einer Baubeschränkung zur Erhaltung des Charakters einer Villengegend (BGH JZ 1967, 322). Zur Wirksamkeit einer in einem Vertrag zu Gunsten Dritter übernommenen Verpflichtung einer Gemeinde, eine Grunddienstbarkeit bau- und benutzungsbeschränkenden Inhalts unter Berücksichtigung der Anliegerinteressen und der Wahrung des Zwecks einer Villensiedlung auszuüben, siehe BGH MDR 1971, 657. Eine als „Baubeschränkung" eingetragene Grunddienstbarkeit kann nicht als gleichzeitige „Gebäudenutzungsbeschränkung" ausgelegt werden (Hamburg MDR 1985, 1029), und zwar auch nicht mittels einer Bezugnahme auf die Eintragungsbewilligung. Denn hierdurch kann nur die nähere Bezeichnung eines dinglichen Rechts ersetzt werden, das im Grundbuch wenigstens stichwortartig soweit bezeichnet ist, daß seine rechtliche Natur und seine besondere Art erkennbar werden (vgl BGH NJW 1965, 2398). War die Bestellung einer Grunddienstbarkeit, die das Errichten gewerblicher Betriebe verbietet, seinerzeit städteplanerisch und damit öffentlich-rechtlich motiviert, so ergibt sich daraus, daß die parallel erlassenen, öffentlich-rechtlichen Schranken der Grundstücksbenutzung weggefallen sind, noch nicht, daß die Grunddienstbarkeit erlöschen oder unausübbar werden müßte. 16

bb) Gewerbebetriebsbeschränkung (vgl Baetge RabelsZ 1995, 645ff; Freudling BB 1990, 940ff). **(1) Bezugsbindungen** zugunsten einer bestimmten Erzeugerfirma (... andere Erzeugnisse als die der Firma X dürfen ... nicht verkauft ... werden ...) können unstreitig nicht Gegenstand einer Dienstbarkeit sein (BGH 29, 244, 251; Rpfleger 1975, 171; NJW 1985, 2474; BayObLG 1976, 218, 222; 1997, 129, 133; Zweibrücken MittBayNot 2001, 481, 482), weil der Eigentümer dadurch in seiner wirtschaftlichen Entscheidungsfreiheit eingeschränkt wird, nicht 17 aber im tatsächlichen Gebrauch. **(2)** Ein ausschließliches Vertriebsrecht zugunsten einer Firma (... ist es nur der ... gestattet, auf dem dienenden Grundstück eine Tankstelle zu errichten ...) ist dagegen nach hA zulässig (BGH NJW 1985, 2474; LG Aachen MittRhNotK 1997, 363; aA LG Siegen Rpfleger 1983, 100). Es handelt sich in diesem Fall um eine Benutzungsdienstbarkeit mit einer **Ausschließlichkeitsregelung**. **(3)** Soll ein Verbot von Handlungen als Dienstbarkeit eingetragen werden, wie dies auch bei Wettbewerbsverboten der Fall ist (**Verbotsdienstbarkeit**), so muß es sich unmittelbar auf die aus dem Eigentum fließende Freiheit auswirken, das Grundstück in tatsächlicher Hinsicht zu benutzen. Dies kann nur der Fall sein, wenn auf dem Grundstück überhaupt kein Gewerbe oder kein bestimmtes ausgeübt werden darf. Dagegen ist das Recht zur freien Auswahl des Warenlieferanten kein Ausfluß des Eigentums am Grundstück. Wer in dem auf seinem Grundstück eingerichteten Unternehmen an Erzeugnisse eines bestimmten Herstellers gebunden ist, insbesondere nur solche des Dienstbarkeitsberechtigten oder einer von diesem gebilligten Firma vertreiben darf, wird nicht in der Ausübung seiner Eigentumsbefugnisse, sondern in der rechtsgeschäftlichen Freiheit, in der Wirtschaftsführung seines Unternehmens beeinträchtigt. Kriterien der tatsächlichen Benutzungsmöglichkeit und damit einer Dienstbarkeit zugänglich sind die Art eines Gewerbes (Handels-, Handwerks-, Fabriksbetrieb), der Umfang von Immissionen und ferner die Art der Waren, die auf dem Grundstück bearbeitet, gelagert oder vertrieben werden, während dies für die Unterscheidung nach Hersteller oder Marken bestimmter Waren nicht der Fall ist. Allerdings ist diese Abgrenzung der hM, wie die „Flaschenbierentscheidungen" (BGH NJW 1962, 486, 487; NJW 1981, 383, 384; BayObLG 1997, 129, 132: Weißbier als Warengattung) zeigen, wenig überzeugend. Die Grenze darf nicht zu eng gezogen werden, da es sich sonst um eine Bezugsbindung handelt, bei der das Konkurrenzprodukt nicht benannt, sondern nach seinen Merkmalen beschrieben wird. Verbotsdienstbarkeiten können **(a) abstrakte** (MüKo/Falckenberg Rz 4: isolierte; Amann DNotZ 1986, 578, 582: kongruente) sein, die lediglich als Totalvorbehalt wirken oder den Abschluß einer vertraglichen Vereinbarung vorbereiten sollen. Sie können nach hM unbedingt und ohne zeitliche Limitierung erfolgen, selbst wenn der Zwang zum Abschluß einer Bezugsverpflichtung damit bezweckt ist (BGH NJW 1985, 2474; WM 1988, 765; DNotZ 1988, 572 u 576 mit Anm Amann; DNotZ 1990, 169; NJW-RR 1992, 593; BayObLG DNotZ 1986, 620; Karlsruhe NJW 1986, 3212). Allerdings darf das schuldrechtliche Angebot dann nicht unangemessen sein; nur auf dieser schuldrechtlichen Ebene wirkt sich nach hM § 242 aus. **(b) Sichert** eine Dienstbarkeit dagegen eine schuldrechtliche Verpflichtung, indem von dem dinglichen Verbot nicht Gebrauch gemacht wird, wenn eine bestehende Bezugsbindung eingehalten wird (sog Sicherungsabrede; vgl BGH 74, 293, 294; DNotZ 1988, 572; BayObLG 1997,129, 133; Walter/Maier NJW 1988, 377, 387), sind die Bindungen strenger. Dann kann auch die Dienstbarkeit den durch § 138 gesetzten zeitlichen Grenzen unterliegen (BGH DNotZ 1980, 43; MDR 1980, 46; LG Aachen Rpfleger 1985, 230; vgl aber BGH WM 1984, 820 u BayObLG MDR 1986, 57 zur Bezugspflicht vor Fernwärme und BayObLG 2000, 140 u BayObLG MittBayNot 2001, 317 zu Wohnungsbesetzungsrechten; zur Sicherungsdienstbarkeit vgl Amann DNotZ 1986, 578; DNotZ 1989, 531ff u Adamczyk MittRhNotK 1998, 105ff). Mit Beendigung der Bezugsbindung kann jedenfalls auch die Dienstbarkeit kondiziert werden (München DWW 2000, 159; aA BGH NJW 1988, 2364 u NJW-RR 1989, 519: Löschungsanspruch nur aus dem Begleitschuldverhältnis; vgl auch Heß AcP 98, 489ff u Dirnberger BayGTZ 2001, 31ff). Die von der hM akzeptierte Verdinglichung von Wettbewerbsverboten und Bezugsbindungen begegnet Bedenken. In nicht wenigen Fällen wird es sich bereits um ein Scheingeschäft handeln, da das dingliche Geschäft – anders als zB der Sicherungsrahmen bei der Grundschuld – nicht gewollt ist. Jedenfalls liegt ein eklatant funktionswidriger Gebrauch des sachenrechtlichen Instituts vor (ebenso Westermann/Gursky § 123.1; Joost NJW 1981, 1090; MüKo/Joost § 1090 Rz 9ff; MüKo/Falckenberg § 1018 Rz 45ff; Karlsruhe DB 1978, 631; AK/Ott Rz 10; vgl auch Prütting Beschränkungen des Wettbewerbs durch Dienstbarkeiten, in GS Schultz, 1987 S 287ff u Münch ZHR 157 [1993] 559ff). Jedenfalls im Lichte der europäischen Wettbewerbsregeln (Art 81 II EGV) wird das deutsche Abstraktionsprinzip kaum als „Barriere" einer Kontrolle standhalten (ähnlich Staud/Mayer Rz 122; vgl. EuGH EuZW 2001, 715).

18 cc) Die Unterlassung muß ferner dem herrschenden Grundstück, nicht bloß dessen Eigentümer persönlich zugute kommen (vgl München MDR 1983, 934 u § 1019 Rz 2).

19 **e) Rechtsausschlußdienstbarkeit (Alt 3).** Ausschluß der Ausübung **von Rechten,** die sich aus dem Eigentum des dienenden Grundstücks gegenüber dem herrschenden ergeben. Gedacht ist vornehmlich an die Nachbarrechte der §§ 903ff. Beispiele: Dingliche Verpflichtung, das Notwegrecht nicht auszuüben; Duldung naher Bäume einschl Baumwurf (BayObLG DNotZ 1991, 253), von Bauwerken, Fenstern, Grenzzäunen, von schädlichen Einwirkungen über § 906 hinaus, uU ohne Entschädigung (BayObLG DNotZ 1991, 253; RG 119, 211; LG Köln Rpfleger 1994, 56); Verzicht auf Rechtsmittel, bedenklich wg Art 19 IV GG, wenn gegenüber Behörde (Immissionsdienstbarkeit ändert nichts am Gebot der bauleitplanerischen Abwägung, BVerwG BauR 2002, 1209); gesteigerte Duldungspflicht m Bereich des Wasser- oder Bergrechts, zB Grunddienstbarkeit auf Duldung der lediglich nach dem Gesetz zulässigen Einwirkungen, aber unter Verzicht auf die aus § 148 PrAllgBergG erwachsende Entschädigung (RG 130, 350; 166, 105, 110; BGH NJW 1977, 1967; vgl BGH MDR 1970, 998; für § 130 BadBergG vgl Hamm MDR 1965, 650); nicht Verzicht auf Ansprüche nach § 24 BBodSchG, da nicht zum Inhalt des Eigentums gehörend (aA LG Chemnitz v 17. 1. 2001 – 12 T 4120/00 – nv). Nicht zulässig ist es, die Rechte aus einer Grundkündbarkeit durch eine Grunddienstbarkeit „abzubedingen" (vgl KG OLGZ 1904, 305).

20 **6. Unzulässiger Inhalt.** Als Inhalt einer Grunddienstbarkeit kann nicht vereinbart werden: **a)** rein schuldrechtliche Verpflichtung zu einem Tun – anders wenn als Nebenbestandteil –, zB Pflicht, Grundstück zu bebauen (KG OLGZ 1934, 192), Pflicht, Hotel für bestimmte Zeit in gewissem Umfang zu erhalten (HRR 1928, 319), Pflicht zur Freistellung von Kosten. Zur Verkehrssicherungspflicht vgl Köln Rpfleger 1990, 409; BayObLG DNotZ 1991, 257. Das Recht oder die Pflicht zur Vornahme einer einmaligen Handlung (Gebäudeabbruch) kann nicht allein den Inhalt einer Dienstbarkeit bilden (BGH 41, 209), wohl aber als unselbständiger Teil einer auf Unterlassung gerichteten Dienstbarkeit (zB Bebauungsverbot, vgl BayObLG DNotZ 1966, 538). **b)** Verbote, Verfügungen über das

Grundstück zu treffen, zB es zu veräußern (BayObLG 1953, 84; LG Lübeck MDR 1997, 824), es zu teilen (Rostock OLGZ 1921, 407), zu verpachten (KGJ 51, 297), es nur mit Zustimmung eines Dritten zu veräußern (Schleswig ZfIR 1997, 548), von anderen Lieferanten etwas zu beziehen (KG FGG 6, 285; Saarbrücken DNotZ 1953, 411; BayObLG 1953, 295); **c)** Bestellung eines Jagdrechts § 3 I S 3 BJagdG; **d)** die Entgeltlichkeit oder Unentgeltlichkeit (vgl BayObLG 1979, 278, zu zul Konstruktionen s vor § 1018 Rz 9).

1019 *Vorteil des herrschenden Grundstücks*
Eine Grunddienstbarkeit kann nur in einer Belastung bestehen, die für die Benutzung des Grundstücks des Berechtigten Vorteil bietet. Über das sich hieraus ergebende Maß hinaus kann der Inhalt der Dienstbarkeit nicht erstreckt werden.

1. Anwendungsbereich. Gilt auch für landesrechtliche Dienstbarkeit (Art 115 EGBGB), nicht aber für alte 1 Rechte (Art 184 EGBGB, vgl RG 169, 183).

2. Vorteilsbegriff. Vorteil muß **wirtschaftlicher,** wenngleich nicht unbedingt geldlicher Natur sein und seine 2 Grundlage in den privatrechtlichen Beziehungen beider Grundstücke finden; Vorliegen ausschließlich öffentlich-rechtlicher Interessen genügt nicht (aber zu eng RG 61, 338; 111, 384). Bloße Annehmlichkeit oder Befriedigung anerkannter ästhetischer oder sozialpolitischer Zwecke reicht aus (RG 61, 342), zB Baubeschränkung aus architektonischen (BGH LM Nr 2 zu § 1019), hygienischen Gründen, um einer Gegend einen bestimmten Charakter zu erhalten (KGJ 45, 229; vgl auch BGH NJW 1983, 115). Wertsteigerung für herrschendes Grundstück nicht erforderlich und auch nicht ausreichend (KGJ 52, 175). Künftiger Vorteil genügt, wenn nach dem normalen Verlauf der Dinge zu erwarten (BGH NJW 1984, 2157). Bei der Eigentümergrunddienstbarkeit (vgl. vor § 1018 Rz 4) ist keine Verkaufsabsicht erforderlich, inbes bei Sicherung baurechtlicher Anforderungen (enger – allerdings unter Bezugnahme auf Entscheidungen zur beschränkten persönlichen Dienstbarkeit – Bamberger/Roth/Wegmann § 1018 Rz 19f). Der Vorteil muß sich nicht aus der Eintragung/Bewilligung ergeben (BayObLG MDR 1981, 142).

3. Vorteilsbezug. a) Der Vorteil muß mit Benutzung **des herrschenden Grundstücks** verknüpft sein; bloß per- 3 sönlicher Vorteil für dessen einzelnen Eigentümer genügt nicht. Beispiel: Die dem dienenden Grundstück zu entnehmenden Bodenbestandteile sollen in einem auf dem herrschenden Grundstück errichteten Betrieb verarbeitet werden. Wichtig für Konkurrenzverbot. Die Unterlassung des Wettbewerbs muß dem auf dem herrschenden Grundstück für gewisse Dauer eingerichteten (KGJ 52, 175) oder jedenfalls in Aussicht genommenen (RG Recht 24, 394) Gewerbebetrieb und damit wenigstens mittelbar dem herrschenden Grundstück selbst zum Vorteil gereichen (LG Deggendorf MittBayNot 1991, 262: räumliche Nähe nicht erforderlich). Vorteil muß also bei einer der gegenwärtigen oder beabsichtigten Benutzungsformen des herrschenden Grundstücks zutage treten. Hierbei genügt es, wenn ein begehrter Vorteil nach dem natürlichen Verlauf der Dinge zu erwarten ist. Beim herrschenden Grundstück sind die natürlichen Anlagen (Lage, Beschaffenheit) und die durch menschliche Tätigkeit für gewisse Dauer berechnete wirtschaftliche Gestaltung (Zweckbestimmung) zu berücksichtigen (BGH NJW 1983, 115; KG JFG 6, 279). Änderung oder Umstellung des Gewerbes oder Betriebs kann zum Erlöschen der Grunddienstbarkeit führen.

Für ein Grundstück, auf dem sich eine Brauerei befindet, ist es zwar von Vorteil, wenn auf einem zum Betrieb 4 einer Gastwirtschaft eingerichteten Grundstück nur Bier dieser Brauerei ausgeschenkt wird. Damit ist aber erst ein Erfordernis für die Belastung mit einer Grunddienstbarkeit erfüllt. Hinzukommen muß noch, daß das Verbot, Bier von anderen Brauereien zu beziehen, sich auf den tatsächlichen Gebrauch des Grundstückes, auf die Ausübung der Eigentumsbefugnisse an ihm auswirkt. Dies ist nicht der Fall (vgl § 1018 Rz 17). Durch eine Vereinbarung, die für einen Betrieb benötigten Waren lediglich von einem bestimmten Lieferanten zu beziehen, wird nämlich der Vertragspartner nur in seiner rechtsgeschäftlichen, nicht in seiner tatsächlichen Freiheit und überdies in der Regel nur zugunsten der berechtigten Person eingeschränkt (vgl BGH 29, 244).

b) Das von den Parteien inhaltlich bestimmte Maß bietet den äußersten Umfang der Benutzung; seine Erweite- 5 rung durch ergänzende Auslegung ist unzulässig (SeuffA 86, 269). Jedoch ist es neuzeitlichen **Bedürfnissen,** insbesondere der Entwicklung des Verkehrs **anzupassen** (RG 131, 166; 126, 373) und ist eine voraussehbare Veränderung wirtschaftlicher Verhältnisse zu berücksichtigen (RG JW 1930, 3852; Celle HEZ 1, 155; vgl hierzu auch § 1018 Rz 9ff). Allerdings darf hierdurch keine Mehrbelastung des dienenden Grundstücks eintreten. Hat Eigentümer des herrschenden Grundstücks auf diesem und einem benachbarten Grundstück ein einheitliches Gebäude und einen einheitlichen Gewerbebetrieb errichtet, so wird die Ausübung des eingeräumten Wegerechts auch nicht etwa nur zeitweise unzulässig. Dessen Umfang bemißt sich vielmehr nach dem Durchschnittsmaß der Nutzung aus der Zeit vor Erweiterung des Betriebs (BGH 44, 171). Die Beteiligten können im übrigen bereits bei Bestellung der Grunddienstbarkeit die künftige Entwicklung berücksichtigen. Sinkt der Bedarf des herrschenden Grundstücks, so vermindert sich in gleichem Umfang das Ausmaß der Grunddienstbarkeit, fällt der Vorteil gänzlich fort, so erledigt sich die Grunddienstbarkeit (Königsberg OLGZ 1941, 167; vgl vor § 1018 Rz 16).

4. Fehlender Vorteil. Mangelt es an einem **Vorteil,** so ist Bestellung nichtig (BGH NJW 1985, 1025) und 6 gemäß § 53 I S 2 GBO von Amts wegen zu löschen. Dem Grundbuchamt obliegt insoweit eine Prüfungs- und Ablehnungspflicht (KGJ 52, 178; Colmar OLGZ 1906, 120). Gleichwohl erfolgte Eintragung kann uU als die einer beschränkten persönlichen Dienstbarkeit umgedeutet werden (ebenso Soergel/Stürner Rz 7, aA MüKo/Falckenberg Rz 7); aber nicht, wenn der Antrag ausdrücklich auf Eintragung einer Grunddienstbarkeit lautet (BayObLG JW 1928, 1513, München NJW 1957, 1765). Verstößt die Eintragung gegen S 2, so ist sie nur in Ansehung des Übermaßes nichtig, im übrigen bleibt sie bestehen; auch hier ist eine Umdeutung (§ 140) möglich. Beim dauernden und gänzlichen Fortfall des Vorteils erlischt die Grunddienstbarkeit (vgl vor § 1018 Rz 16).

§ 1019 Sachenrecht Dienstbarkeiten

Vorbemerkung §§ 1020–1023

1 **1.** Die §§ 1020–1023 begründen zwischen dem Eigentümer des herrschenden und des dienenden Grundstücks ein **gesetzliches Schuldverhältnis**, aus dem sich für die Beteiligten und ihre Rechtsnachfolger (teilweise) auch ohne besondere Abrede gesetzliche Pflichten ergeben. Wer gegen sie schuldhaft verstößt, ist zum Ersatz des eingetretenen Schadens verpflichtet (vgl Staud/Mayer Rz 1). Bei einer Verletzung von Pflichten gilt § 280 (früher: positive Vertragsverletzung); § 278 ist anwendbar (BGH 95, 144, 146). Eine Eintragung der Pflichten im Grundbuch ist nur dort möglich, wo dies zugelassen ist (zB § 1021 I S 1, unklar Frankfurt OLGZ 1983, 34, 35).

2 **2. Begleitschuldverhältnis.** Inwieweit daneben ein weiteres Begleitschuldverhältnis besteht und welche Rechte und Pflichten sich daraus ergeben, ist str (vgl vor § 1018 Rz 2).

1020 *Schonende Ausübung*
Bei der Ausübung einer Grunddienstbarkeit hat der Berechtigte das Interesse des Eigentümers des belasteten Grundstücks tunlichst zu schonen. Hält er zur Ausübung der Dienstbarkeit auf dem belasteten Grundstück eine Anlage, so hat er sie in ordnungsmäßigem Zustand zu erhalten, soweit das Interesse des Eigentümers es erfordert.

1 **1. Rücksichtnahmegebot.** Je nachteiliger die Ausübung, desto schonender soll sie erfolgen (vgl BGH NJW 1991, 176). § 278 ist anwendbar (BGH 95, 144). Dem Gedanken des § 242 entsprechend muß der Berechtigte unwesentliche Erschwernisse auf sich nehmen, zB bei einem Wegerecht das Abschließen des Tores zur Nachtzeit gegen Überlassen eines Schlüssels dulden (Karlsruhe NJW-RR 1991, 785 u Frankfurt NJW-RR 1986, 763; wohl auch tagsüber, wenn Gefahren für Kinder oder Tiere; nach Koblenz DNotZ 1999, 511 nicht hinzunehmen dagegen der Einbau einer Schranke ohne triftige Gründe; hinzunehmen ist Fensterverschluß bei Anbau (München NJWE-MietR 1996, 193) und den Fortschritten der Kultur und Technik Rechnung tragen, auch wenn er dazu geringfügige Aufwendungen machen muß. Aber ohne besondere Gründe keine Verpflichtung, oberirdische Leitungen unterirdisch zu verlegen. Unter Umständen (zB Gesundheitsgefährdung) wird Berechtigter verpflichtet sein, Schutzmaßnahmen zu treffen (BGH LM Nr 31 zu § 242 [D] u Köln MDR 1997, 545). Jedoch ist er im Regelfall nicht verpflichtet, im Interesse einer schonenden Ausübung, wenn auch nur teilweise, auf die Grunddienstbarkeit zu verzichten. Macht Berechtigter keinen schonenden Gebrauch, so kann Eigentümer aus dem gesetzlichen Schuldverhältnis und § 823 Schadensersatz verlangen und gemäß § 1004 auf Unterlassung klagen. Wird weitere Rechtsausübung wegen Veränderung der maßgeblichen Verhältnisse rechtsmißbräuchlich, so kann Eigentümer entsprechend § 1169 Verzicht auf Grunddienstbarkeit fordern (vgl vor § 1018 Rz 16).

2 **2. Anlagenunterhaltung. a) Anlage** ist eine von Menschenhand für gewisse Dauer geschaffene besondere Einrichtung, ohne welche die Dienstbarkeit nicht ordnungsgemäß ausgeübt werden kann (vgl RGRK/Rothe Rz 5). Ein Betreten durch Menschen ist nicht erforderlich. Nicht ausreichend sind bloße Grundstücksveränderungen und das Aufstellen von jederzeit entfernbaren Maschinen. Beispiele: befestigter oder ausgebauter Weg (RG 131, 158; vgl auch BayObLG 1990, 8, 10; Celle MDR 2000, 81; Dresden OLG-NL 2000, 153); Versorgungsleitungen (Soergel/Stürner Rz 5); gärtnerischen Anlagen (str, Köln MittRhNotK 1990, 219, 220); Teich (str, aA Staud/Mayer Rz 12).

3 **b) Unterhaltungspflicht** trifft Berechtigten kraft Gesetzes. Einer Eintragung bedarf es nicht (BayObLG 1965, 272); anders in den Fällen der §§ 1021 II, 1022 S 2. Gleichgültig ist, wer Eigentümer der Anlage ist (RG HRR 1940, 1248). Aus § 1022 – arg „seine" Anlage – kann nicht gefolgert werden, daß sie dem Berechtigten gehören müsse; es kommt nur darauf an, daß der Berechtigte sie hält, dh sie benutzen berechtigt ist. Ohne Belang ist ferner, ob Anlage vom Verpflichteten nur mitbenutzt und nicht ausschließlich genutzt wird (RG 112, 370; Köln MDR 1990, 1013; aA Köln NJW-RR 1996, 16: keine Anwendung bei Mitbenutzungsrecht des Eigentümers; Soergel/Stürner Rz 5; Staud/Mayer Rz 14); dies bedeutet freilich nicht, daß der Berechtigte sie in diesem Fall allein unterhalten müßte. Eigentümer des dienenden Grundstücks kann vom Berechtigten gemäß § 1004 Erhaltung der Anlage verlangen ohne Rücksicht darauf, wodurch (auch bei Zufall) wem sie beschädigt oder zerstört worden ist (anders Stuttgart OLGZ 1941, 162: nur bei schuldhafter Nichtinstandhaltung). Denn der Dienstbarkeitsberechtigte beeinträchtigt dadurch das Eigentum am dienenden Grundstück, daß er die Unterhaltungspflicht verletzt. Trifft ihn ein Verschulden, so haftet er auf Schadensersatz. Bei gemeinsamer Nutzung ist strittig, ob sich auch der Eigentümer ohne vertragliche Abrede an den Kosten der Unterhaltung und der Verkehrssicherung hinsichtlich der Anlage des Dienstbarkeitsberechtigten beteiligen muß (abl RG HRR 1940, 1268 u Celle MDR 2000, 81; bejahend Köln MDR 1990, 1013).

1021 *Vereinbarte Unterhaltspflicht*
(1) Gehört zur Ausübung einer Grunddienstbarkeit eine Anlage auf dem belasteten Grundstück, so kann bestimmt werden, dass der Eigentümer dieses Grundstücks die Anlage zu unterhalten hat, soweit das Interesse des Berechtigten es erfordert. Steht dem Eigentümer das Recht zur Mitbenutzung der Anlage zu, so kann bestimmt werden, dass der Berechtigte die Anlage zu unterhalten hat, soweit es für das Benutzungsrecht des Eigentümers erforderlich ist.
(2) Auf eine solche Unterhaltungspflicht finden die Vorschriften über die Reallasten entsprechende Anwendung.

1 **1. Unterhaltung** bedeutet auch Erneuerung und uU (§ 242) Modernisierung (vgl RGRK/Rothe Rz 2, aA RG 131, 158, 177). Einbeziehung in den Inhalt der Grunddienstbarkeit bei Bestellung (§ 873) oder durch spätere Inhaltsänderung (§ 877).

Unterhaltungspflicht des **Verpflichteten** (Abs I S 1). Vertragliche Abweichung von § 1020 S 2. Unterhaltungspflicht stellt sich als Erweiterung der Grunddienstbarkeit dar, nicht etwa als Reallast (RG 60, 92; 131, 163) und bedarf deshalb der Eintragung in das Grundbuch des dienenden Grundstücks (§§ 873, 877, vgl Stettin OLGZ 1904, 293, anders SchlHA 1920, 129). Bezugnahme auf Eintragungsbewilligung reicht aus (KG JFG 20, 281). Die Unterhaltspflicht unterliegt jedoch den Vorschriften über die Reallast (§§ 1105ff, insbesondere 1108; statt § 1109 aber § 1025). Beispiel für Anlage: Begräbnisplatz (LG Torgau DJ 1936, 691), Durchfahrt, gärtnerische Ausgestaltung (KG JFG 6, 282), Rasen (AG Wedding NJW-RR 2002, 1173), Kanal (RG 79, 377), Stauschleuse (RG 60, 87), Treppenweg (RG 56, 378), Wehranlage (RG 111, 92). Unterhaltungspflicht kann auch darin bestehen, die erforderlichen Kosten zu tragen (KG JFG 6, 282). Parteien können auch eine Teilung der Pflicht oder der Kosten vereinbaren (KG JFG 6, 286), und zwar sowohl bezogen auf Prozentsätze also auch auf Bestandteile der Anlage und die Art der vorzunehmenden Maßnahmen.

2. Unterhaltungspflicht des **Berechtigten** (Abs I S 2). Über § 1020 S 2 hinausgehende vertragliche Übernahme durch den Berechtigten ist bei Mitbenutzung der Anlage durch den Eigentümer möglich. Eintragung auf dem herrschenden Grundstück nicht erforderlich (MüKo/Falckenberg Rz 7; Pal/Bassenge Rz 1; RGRK/Rothe Rz 5; KG RJA 16, 287; anders Soergel/Stürner Rz 3), da es sich nur um die Einschränkung eines einheitlichen Rechts handelt. Dem Eigentümer und dem Berechtigten steht es auch in diesem Fall der **Mitbenutzung** frei, festzulegen, in welchem Verhältnis sie sich an der Unterhaltung der Anlage zu beteiligen haben. Daher können sie ua vereinbaren, daß jeder von ihnen einen dem Umfang seines Gebrauchs entsprechenden Kostenteil zu übernehmen habe (vgl KG NJW 1970, 1686). Mangels Vereinbarung trifft jeden die Unterhaltspflicht, soweit diese seine Benutzung erfordert (str RG HRR 1940, 1243; Köln MDR 1990, 1013); nach überwiegender Ansicht besteht keine Verpflichtung gegenüber den anderen (so RGRK/Rothe Rz 4). Bei nachträglich eingetragenen Dienstbarkeiten ist mangels Vereinbarung jeweils nur das (verbleibende) Verhältnis des Eigentümers zum jeweiligen Berechtigten maßgebend; dies ist unbefriedigend, da der Rangbessere die Mehrnutzung (§§ 1004, 1027) kaum nachweisen kann (so aber Volmer MittBayNot 2000, 387, 389). Nur bei Annahme einer Unterhaltspflicht mehrerer Nutzungsberechtigter (§ 1020 Rz 3) ergibt sich eine billige Lösung (Unterhaltspflicht nach Nutzung).

§ 1022 *Anlagen auf baulichen Anlagen*

Besteht die Grunddienstbarkeit in dem Recht, auf einer baulichen Anlage des belasteten Grundstücks eine bauliche Anlage zu halten, so hat, wenn nicht ein anderes bestimmt ist, der Eigentümer des belasteten Grundstücks seine Anlage zu unterhalten, soweit das Interesse des Berechtigten es erfordert. Die Vorschrift des § 1021 Abs. 2 gilt auch für diese Unterhaltungspflicht.

Grunddienstbarkeit muß sich im **Halten der baulichen Anlage** erschöpfen (RG 112, 370). Ansonsten kommen die §§ 1020f in Betracht. Die gesetzliche Unterhaltungspflicht bedarf nicht der Eintragung, wohl aber die abweichend von ihr vereinbarte. Für die Unterhaltungspflicht des Berechtigten gilt auch § 1020 S 2.

§ 1023 *Verlegung der Ausübung*

(1) Beschränkt sich die jeweilige Ausübung einer Grunddienstbarkeit auf einen Teil des belasteten Grundstücks, so kann der Eigentümer die Verlegung der Ausübung auf eine andere, für den Berechtigten ebenso geeignete Stelle verlangen, wenn die Ausübung an der bisherigen Stelle für ihn besonders beschwerlich ist; die Kosten der Verlegung hat er zu tragen und vorzuschießen. Dies gilt auch dann, wenn der Teil des Grundstücks, auf den sich die Ausübung beschränkt, durch Rechtsgeschäft bestimmt ist.
(2) Das Recht auf die Verlegung kann nicht durch Rechtsgeschäft ausgeschlossen oder beschränkt werden.

1. Anspruchsinhalt. Der gesetzliche, unabdingbare (Abs II), unverjährbare (§ 902) Anspruch auf Verlegung ergibt sich aus der Pflicht zur schonenden Ausübung (§ 1020). Er steht nur dem Eigentümer des belasteten, nicht des herrschenden Grundstücks zu. Ein entsprechender Anspruch kann sich aber aus § 242 ergeben (BGH MDR 1999, 88: kein Anspruch auf Verlegung, wenn sich Berechtigter die unmittelbare Zufahrt auf dem eigenen Grundstück verbaut).

Von dem Fall der Verlegung einer aufgrund Vereinbarung oder sich aus dem Wesen des Rechts an bestimmter Stelle fixierten Grunddienstbarkeit ist der einer Regelung der Ausübung einer nicht genau fixierten zu unterscheiden. Letzterer unterliegt nicht der Eintragung, weil keine Inhaltsänderung (KG NJW 1973, 1128; RGRK/Rothe Rz 4; zur Abgrenzung dieser beiden Fälle s BGH LM Nr 1 zu § 1023. Zu den Anforderungen, die an die Bestimmtheit der Grunddienstbarkeit zu stellen sind, siehe vor § 1018 Rz 5.

2. Voraussetzungen. a) Grundstück ist in seiner Gesamtheit belastet, die Grunddienstbarkeit wird aber ihrer Art nach oder auf Grund der vertraglichen Vereinbarung nur auf einem Teil des Grundstücks ausgeübt, **b)** besondere Beschwer des Eigentümers, gleichgültig, ob von Anfang an oder erst nachträglich eingetreten, Erfordernis erheblicher Nachteile und nicht bloßer Unannehmlichkeiten, **c)** andere, ebenso geeignete Stelle für die Ausübung auf demselben Grundstück (im Rechtssinn) ist vorhanden; unerhebliche Erschwerung ist dem Berechtigten aber nach § 242 zuzumuten. Verlegung auf anderes Grundstück kann gemäß § 1023 selbst dann nicht verlangt werden, wenn es mit dem belasteten eine wirtschaftliche Einheit bildet. Die hM (MüKo/Falckenberg Rz 7 u Soergel/Stürner Rz 6, anders Staud/Mayer Rz 14) gibt gemäß § 242 (anders MüKo/Falckenberg Rz 7: analog § 1023) ausnahmsweise einen Anspruch auf Verlegung. Dann muß aber die bisherige Dienstbarkeit aufgehoben und an dem anderen Grundstück neu begründet werden. Abweichende Baulast macht andere Stelle an demselben Grundstück nicht ungeeignet (Düsseldorf MittRhNotK 2000, 293, 294). **d)** Verpflichteter hat Kosten zu tragen und vorzuschie-

§ 1023 Sachenrecht Dienstbarkeiten

ßen. Hierzu gehören nicht nur die Herstellungsaufwendungen bzw. Beseitigungskosten, sondern auch die Kosten bei Notar und Grundbuchamt. Eine abweichende Vereinbarung ist trotz Abs II möglich.

4   3. Anspruch geht auf **Inhaltsänderung** der Grunddienstbarkeit durch Einigung (ggfs Ersatz gemäß § 894 ZPO) und Eintragung (§ 877, vgl KG OLGZ 1908, 301 und NJW 1973, 1128; BGH LM Nr 16 zu § 1018 und Nr 1 zu § 1023). Beeinträchtigter Eigentümer kann gegen uneinsichtigen Berechtigten auch nach § 1004 vorgehen.

5   4. Bei Begründung der Grunddienstbarkeit kann sich der Grundstückseigentümer das Recht ausbedingen, daß die Grunddienstbarkeit auf sein Verlangen verlegt werde. Außerdem können gegenüber der besonderen Beschwerlichkeit erleichterte Voraussetzungen für ein Verlegung vereinbart werden. Dieses **vertragliche Verlegungsrecht** ist als Beschränkung der Grunddienstbarkeit eintragungsfähig und -bedürftig (Düsseldorf DRsp 154, 27c).

6   5. Für eine schuldrechtliche **Benutzungserlaubnis** gilt gemäß § 242 Gleiches, wenn die Parteien nichts anderes vereinbart haben.

7   6. Zu den Streitigkeiten zwischen **Straßenbaubehörden und Versorgungsunternehmen** darüber, wer die Kosten einer durch Straßenausbau erforderlich gewordenen Neuverlegung zu tragen hat, ist die Rspr nicht einheitlich: Nach BGH 37, 353 (aber Sonderfall) kommt das Recht, die Versorgungsleitungen in dem fremden Eigentum zu belassen, einer beschränkten persönlichen Dienstbarkeit nahe; deshalb hat der Eigentümer des Straßenkörpers entsprechend §§ 1090 II, 1023 diese Kosten zu tragen (ebenso BayObLG 1969, 169 zum BayStrWG und FStrG; BGH BGHRp 2002, 820f – Schmutzwasserkanal). Nach BGH 51, 319 besteht bei nur obligatorischem Recht am Straßengrundstück keine Grundlage für die Auffassung, im Verhältnis zwischen Versorgungsunternehmen und Straßeneigentümer sollten die Verlegungskosten letzterem zur Last fallen, soweit nicht vertragliche Vereinbarungen entgegenstehen. Nach BGH 52, 229 (ergangen zum LStrG NRW) hat im Falle eines Straßenausbaus das Versorgungsunternehmen die Kosten einer dadurch erforderlich gewordenen Verlegung der Leitungen zu tragen. Nach BGH 61, 124 (ergangen zum LStrG NRW) gehören zu den mit der Straße im Zusammenhang stehenden Pflichten, die nach § 10 I LStrG NRW mit dem Eigentum an der Straße auf den Träger der Straßenbaulast übergehen, auch die in einem Konzessionsvertrag übernommenen Verlegungskosten. BGH MDR 1974, 654 knüpft an BGH 52, 229 an: Hat nach Aufstufung einer Gemeindestraße der neue Straßeneigentümer die von der Gemeinde in die frühere Gemeindestraße verlegte Versorgungsleitung zu dulden, so sind die bei einem Straßenausbau anfallenden Verlegungskosten von der Gemeinde zu tragen. Gründet das Recht des Versorgungsunternehmens, öffentliche Straßenflächen in Anspruch zu nehmen, auf einer straßenrechtlichen Sondernutzungsgenehmigung nach dem Recht der DDR, so hat entsprechend §§ 8 IIa, 10 FStrG das Versorgungsunternehmen die Verlegungskosten zu tragen (BGH 138, 266, 274; VIZ 1998, 397; VIZ 1999, 239; BGH 144, 29, 45; VIZ 2000, 303; BGH 148, 129, 135); anders ist dies, wenn die beschränkte persönliche Dienstbarkeit nach § 9 I GBBerG besteht (BGHRp 2002, 562, 563; vgl auch BGH VIZ 2002, 303 u Schmidt-Räntsch RdE 1994, 214ff; zum Rechtsweg s BGH LKV 2001, 335).
Analoge Anwendung von § 1023 zu Lasten des Straßeneigentümers, wenn die Versorgungsanlage (ohne Verlegung) infolge Ausbaus der Straße nur geändert werden muß (BGH WM 1981, 498).

8   Analoge Anwendung von § 1023 I 1 im Falle von § 918 II (BGH 79, 307).

1024 *Zusammentreffen mehrerer Nutzungsrechte*
Trifft eine Grunddienstbarkeit mit einer anderen Grunddienstbarkeit oder einem sonstigen Nutzungsrecht an dem Grundstück dergestalt zusammen, dass die Rechte nebeneinander nicht oder nicht vollständig ausgeübt werden können, und haben die Rechte gleichen Rang, so kann jeder Berechtigte eine den Interessen aller Berechtigten nach billigem Ermessen entsprechende Regelung der Ausübung verlangen.

1   1. **Anwendungsbereich.** Gleichrang ergibt sich insbesondere aus Gleichrangeinräumung und nach einer Minderansicht auch aus Teilung des herrschenden Grundstücks (AK/Ott Rz 1; vgl § 1025 Rz 2). Nicht beim Zusammentreffen mit Eigentum, dem Grunddienstbarkeit vorgeht (RG 105, 186, 191), mit Bergwerkseigentum (RG JW 1915, 528), Reallast, Vorkaufsrecht oder Grundpfandrecht; wohl aber mit anderer Grunddienstbarkeit, mit beschränkter persönlicher Dienstbarkeit, mit Nießbrauch, mit Erbbaurecht, mit Dauerwohn- und Dauernutzungsrecht und mit landesrechtlichem Nutzungsrecht.

2   2. **Ausübungsregelung.** Hat eines der zusammentreffenden Rechte den Vorrang, so behält es hierbei sein Bewenden. Andernfalls – unverjährbar (§ 902) – Anspruch auf vertragliche Regelung (ggfs Ersetzung gemäß § 894 ZPO) und Eintragung (str, wie hier KG HRR 1934, 161; Soergel/Stürner Rz 1; Jauernig Rz 1; aA Pal/Bassenge Rz 2), wobei der Klageantrag entsprechend dem Rechtsgedanken des § 745 II auf einen billigen Interessenausgleich gerichtet ist (str, wie hier Staud/Mayer Rz 9, aA hM s nur Soergel/Stürner Rz 2; vgl auch BGH NJW 1993, 3326). Ferner ist eine Klage aus §§ 1004, 1027 mit dem Antrag, jede Rechtsausübung zu unterlassen, die einer bestimmt zu bezeichnenden Art widerspricht, zulässig (aA RGRK/Rothe Rz 4, der nur diese Klage zuläßt). Diese Unterlassungsklage ist nach der hier vertretenen Ansicht bereits vor Abschluß der Vereinbarung oder im Falle des Scheiterns einer vertraglichen Regelung möglich (BGH LM Nr 1 zu § 1024). Die Ausübungsregelung muß sich innerhalb der Schranken der Dienstbarkeit halten und ändert ihren Inhalt nicht; sie wirkt sich nicht auf das Verhältnis zum Eigentümer aus (keine Streitverkündung) und entfällt, wenn eines der Rechte erlischt.

1025 *Teilung des herrschenden Grundstücks*
Wird das Grundstück des Berechtigten geteilt, so besteht die Grunddienstbarkeit für die einzelnen Teile fort; die Ausübung ist jedoch im Zweifel nur in der Weise zulässig, dass sie für den Eigentümer des belasteten Grundstücks nicht beschwerlicher wird. Gereicht die Dienstbarkeit nur einem der Teile zum Vorteile, so erlischt sie für die übrigen Teile.

1. Teilung. Wird das belastete Grundstück geteilt, so kommt Abschreibung (§ 1026) in Betracht. § 1025 regelt 1 demgegenüber Teilung des herrschenden Grundstücks und Erlöschen an Teil von ihm. Grundstück ist geteilt, wenn es in mehrere (grundbuchrechtlich) selbständige Grundstücke zerlegt ist (KGJ 53, 171).

2. S 1 ist nur Auslegungsregel. Wird Eigentümer durch Fortbestand der Grunddienstbarkeit auf den einzelnen 2 Teilen beeinträchtigt, so Anspruch aus § 1004. Mitberechtigte bilden Gemeinschaft im Sinne der §§ 741 ff (§ 745 für Innenverhältnis; s BayObLG NJW-RR 1990, 1043; Westermann/Gursky § 122 III, 4b; MüKo/Falckenberg Rz 2; Soergel/Stürner Rz 1). Wird die Grunddienstbarkeit im Grundbuch der abgeschriebenen Teile eingetragen, so dient dies lediglich der Berichtigung; Eintragung der Teilung aber nicht notwendig (BayObLG 1995, 153). Soll die Grunddienstbarkeit gelöscht werden, so bedarf es der Bewilligung der Eigentümer aller Teile (KG NJW 1975, 697). Jeder Berechtigte kann Rechte aus Dienstbarkeit geltend machen. S 1 Hs 2 gilt nicht, wenn keine Regelung des Umfangs der Ausübung vorliegt, sondern sich nach jeweiligem Bedürfnis des herrschenden Grundstücks richtet. Auslegungsregel gilt nicht, wenn Grundstücksfläche mit herrschendem Grundstück vereinigt und dies später wieder rückgängig gemacht wird (BayObLG NJW-RR 2003, 451).

3. Nach S 2 **erlischt** Grunddienstbarkeit (zB Abstandsflächenübernahme, Wegerecht) insoweit kraft Gesetzes 3 ohne Löschung (KGJ 24, 120). Berichtigungsanspruch nach § 894; § 22 GBO. Ist zweifelhaft, ob die Dienstbarkeit nur einem Teil zum Vorteil gereicht oder welchem, so können die Beteiligten unter Einschluß des Eigentümers sich hierüber vertraglich einigen, andernfalls müssen sie den Prozeßweg beschreiten.

4. Die **Unterhaltspflicht** der §§ 1020 S 2, 1021 I S 2 trifft die Eigentümer der Teilstücke, an denen die Grund- 4 dienstbarkeit fortbesteht; im Fall des § 1025 S 2 somit nur noch Eigentümer des Grundstücks, für das Dienstbarkeit fortbesteht. Entsprechendes gilt für den Unterhaltsanspruch der §§ 1021 I S 1, 1022 S 1.

1026 *Teilung des dienenden Grundstücks*

Wird das belastete Grundstück geteilt, so werden, wenn die Ausübung der Grunddienstbarkeit auf einen bestimmten Teil des belasteten Grundstücks beschränkt ist, die Teile, welche außerhalb des Bereiches der Ausübung liegen, von der Dienstbarkeit frei.

1. Regelung der **Teilung** des dienenden Grundstücks; wird das herrschende Grundstück geteilt, so kommt 1 § 1025 in Betracht. Zur Teilung vgl § 1025 Rz 1. Grunddienstbarkeit besteht grundsätzlich an jedem Teilgrundstück fort und ist mitzuübertragen (BayObLG Rpfleger 1983, 143; RGRK/Rothe Rz 1; MüKo/Falckenberg Rz 1, aA noch BayObLG 1954, 286, 290; Rpfleger 1977, 442, 443: Einzeldienstbarkeiten).

2. Abschreibung. a) Es werden nur Trennstücke frei, auf denen die Grunddienstbarkeit nach ihrer Natur oder 2 dem Inhalt des Bestellungsvertrags nicht ausgeübt werden kann (KG OLGZ 1945, 220; BGH MDR 2002, 1000), im übrigen bleibt sie bestehen und ist bei Abschreibung mitzuübertragen (vgl BayObLG 1954, 286). Aus dem Inhalt der Grunddienstbarkeit muß sich ergeben, daß ihre Ausübung von Rechts wegen auf einen bestimmten Teil beschränkt ist (BayObLG DNotZ 1984, 565 Grenzabstandsdienstbarkeit); das ist der Fall, wenn der Berechtigte, sei es nach der Art der Dienstbarkeit, sei es auf Grund rechtsgeschäftlicher Vereinbarung, dauernd rechtlich gehindert ist, bestimmte Teile des belasteten Grundstücks zu benutzen (KG Rpfleger 1969, 52; BayObLG 1954, 286, 294). Die Festlegung eines Ausübungsbereichs liegt auch vor, wenn zu Instandhaltungsarbeiten an einer räumlich konkretisierten Anlage das dienende Grundstück betreten werden darf, da es sich nur um ein ohnehin gesetzlich bestehendes Nebenrecht handelt. Gegenwärtige tatsächliche Verhältnisse, nämlich lediglich eine bestimmte Praxis der Ausübung, begründen dann keinen Ausschluß der Ausübung, wenn ihre Änderung möglich ist (Rpfleger GBR 31, 309; LG Chemnitz RdE 1999, 242). Abschreibungsmöglichkeit besteht auch bei der Begründung von Wohneigentum/Teileigentum (Hamm DNotZ 2001, 216). Zur entspr Anwendung auf Dauerwohnrechte s BayObLG NJW-RR 1996, 1397; zu Forstrechten s Mayer MittBayNot 1994, 333. Im umgekehrten Fall der Vereinigung von Flurstücken, die mit der gleichen (beschränkten persönlichen) Dienstbarkeit belastet sind, ist Verwirrung des Grundbuchs nicht zu besorgen, wenn bei der Eintragung des Erwerbs des durch die Vereinigung entstehenden, neuen Grundstücks die auf den bisherigen Flurstücken lastenden Dienstbarkeiten als ein Recht übertragen werden (BayObLG 1977, 442; DNotZ 1997, 398).

b) Werden die Voraussetzungen des § 1026 in der Form des § 29 GBO dargetan – sie können sich aus dem 3 Inhalt der Grunddienstbarkeit, der Katasterkarte oder dem Gutachten eines öffentlich bestellten Sachverständigen ergeben (zur Beweislast s BGH NJW 1984, 2157) –, so wird Grunddienstbarkeit ohne Zustimmung des Berechtigten bei Abschreibung nicht mitübertragen und erlischt (§ 46 II GBO; vgl KGJ 24, 118; BayObLG 1971, 1). Wurde sie versehentlich mitübertragen, so erfolgt Berichtigung nach § 894; § 22 GBO (BayObLG NJW-RR 1987, 1101). Das Grundbuchamt darf die Grunddienstbarkeit selbst dann nicht auf den außerhalb ihres Ausübungsbereichs gelegenen, abgeschriebenen Grundstücksteil mitübertragen, wenn die Beteiligten dies beantragen (BayObLG 1954, 286; vgl auch BayObLG MittBayNot 1994, 318). Bei der Abschreibung eines von einer Auflassungsvormerkung nicht betroffenen Grundstücksteils ist dem Vormerkungsberechtigten rechtliches Gehör zu gewähren, sofern eine Rechtsbeeinträchtigung nicht von vornherein ausgeschlossen ist (zB entfernte Teilfläche, teilw abw BayObLG MittBayNot 1999, 478; vgl Opitz Rpfleger 2000, 367 ff).

3. Die **Unterhaltungspflicht** der §§ 1021 I S 1 und 1022 S 1 trifft die Eigentümer der Teilstücke, an denen die 4 Grunddienstbarkeit fortbesteht. Entsprechendes gilt für den Unterhaltsanspruch der §§ 1020 S 2 und 1021 I S 2.

1027 *Beeinträchtigung der Grunddienstbarkeit*

Wird eine Grunddienstbarkeit beeinträchtigt, so stehen dem Berechtigten die in § 1004 bestimmten Rechte zu.

§ 1027

Sachenrecht   Dienstbarkeiten

1   **1. Voraussetzungen. Beeinträchtigung** bedeutet völlige Verhinderung oder teilweise Störung der Ausübung. Objektive Widerrechtlichkeit genügt, Verschulden nicht erforderlich (RG 51, 414). Beispiel: Beeinträchtigung eines Durchfahrtsrechts durch Verengung der Straße, eines Wegerechts durch Torverengung oder Anbringung eines verschließbaren Tores (KG OLGZ 1918, 148; RG 126, 373; Frankfurt OLGZ 1989, 88, 90; einschränkend bei Schlüsselaushändigung und Grund für Toreinbau Zweibrücken OLGZ 1968, 143, 144), eines Wasserrechts durch Abschluß eines Pachtvertrags auf Gewinnung von Eis, einer Fischereiberechtigung durch Selbstausüben der Fischerei (RG 105, 191). Wörtliches Bestreiten kann genügen (Bamberg BayZ 1906, 446), ferner Vornahme der verbotenen Handlung, zB Errichtung eines Gebäudes auf Fläche, die unbebaut bleiben soll (RG 47, 359), bei zulässigem Wettbewerbsverbot Verpachtung des Grundstücks zum Zweck des zu unterlassenden Gewerbes (München BayZ 1928, 79).

2   **2. Berechtigter** ist Eigentümer, jeder Miteigentümer (§ 1011), Erbbauberechtigter (§ 11 ErbbauVO), Nießbraucher (§ 1065) des herrschenden Grundstücks; nicht dagegen Pächter, Mieter, diese haben aber Besitzschutz (§ 1029). An die Stelle der dinglich Berechtigten treten der Insolvenzverwalter, der Zwangsverwalter, der Testamentsvollstrecker.

3   **3. Anspruchsgegner** ist nicht der Eigentümer des belasteten Grundstücks als solcher (Naumburg OLGZ 1915, 361), sondern der Störer. Es kann dies auch der Eigentümer sein, wenn er duldet, daß ein anderer, dem er das Grundstück zum Gebrauch überlassen hat, die Beeinträchtigung vornimmt und sie nicht beseitigt (RG 47, 162; BGH NJW 1992, 1101). Bei Miteigentümern kann eine Streitgenossenschaft bestehen (LG Wuppertal DWW 2001, 28).

4   **4. Anspruch** geht auf **a)** Beseitigung der Störung oder **b)** Unterlassung; dieser wird nicht dadurch ausgeschlossen, daß daneben auch strafrechtlicher Schutz besteht. Ansprüche sind bei eingetragener Grunddienstbarkeit gemäß § 902 unverjährbar (so noch BGH 39, 5, 11; wie hier auch Soergel/Stürner § 1028 Rz 1; vgl auch Volmer ZfIR 1999, 86, 87; aA hM, zB BGH 60, 235, 237; MüKo/Falckenberg Rz 7 u RGRK/Rothe Rz 7: Verjährung wie § 1004, dh nach §§ 195, 199, vgl Mansel/Budzikiewicz, Das neue Verjährungsrecht, 2002, § 4 C IV 1); Ausnahmen § 1028. Folgt man der hM, so sollte die Verjährungsfrist verlängert werden (Amann DNotZ 2002, 94, 123). Str, ob daneben auch noch **c)** entsprechend §§ 912ff Ansprüche auf Rentenzahlung (BGH 39, 5; Hamm DRsp 150, 34c; AG Solingen DWW 2000, 130; RG JW 1932, 1047 verneint). Ausnahmsweise entfällt der Anspruch auf Beseitigung und Unterlassung, wenn und soweit der Berechtigte die Beeinträchtigung dulden muß. Dies ist insbesondere der Fall, wenn diese von einer mit behördlicher Genehmigung errichteten gewerblichen, von einer gemeinnützigen oder hoheitlichen Anlage ausgeht (vgl dazu und zur Entschädigungspflicht § 1004 Rz 96).

5   **d)** Liegt auf seiten des Störers Verschulden vor, so kann Berechtigter gemäß §§ 823ff **Schadensersatz** verlangen; Dienstbarkeit ist ein „sonstiges Recht" im Sinn des § 823 I; § 1027 ist Schutzgesetz im Sinne des § 823 II (RG Warn Rsp 1911, 331). Ausnahmsweise bedarf es für Schadensersatzansprüche keines Verschuldens auf seiten des Störers, wenn Berechtigter Störung dulden muß, weil sie von einer genehmigten gewerblichen oder gemeinnützigen Anlage ausgeht (vgl § 14 BJmSchG; § 30 III WHG; § 26 AtG; § 75 II VwVfG; RG 101, 105; 122, 137; 155, 156; 159, 72). Ist Eigentümer des belasteten Grundstücks der Störer, so haftet er auch wegen positiver Verletzung des zwischen ihm und dem Berechtigten bestehenden gesetzlichen Schuldverhältnisses (vgl vor § 1020 Rz 1).

1028   *Verjährung*

(1) Ist auf dem belasteten Grundstück eine Anlage, durch welche die Grunddienstbarkeit beeinträchtigt wird, errichtet worden, so unterliegt der Anspruch des Berechtigten auf Beseitigung der Beeinträchtigung der Verjährung, auch wenn die Dienstbarkeit im Grundbuch eingetragen ist. Mit der Verjährung des Anspruchs erlischt die Dienstbarkeit, soweit der Bestand der Anlage mit ihr in Widerspruch steht.

(2) Die Vorschrift des § 892 findet keine Anwendung.

1   **1. Ausnahme** von § 902 I S 1; wäre überflüssig, wenn ohnehin Verjährung nach allg Regeln (vgl § 1027 Rz 4).

2   **2. Voraussetzungen.** Errichtung einer dauernden, mit dem Grund und Boden des dienenden Grundstücks verbundenen, die Grunddienstbarkeit beeinträchtigenden Anlage, zB Anpflanzung, Damm, Gebäude, Graben, Mauer. Unwesentlich, wer sie errichtet hat und aus welchem Grunde, ob bösgläubig oder nicht. Der Anspruch auf Beseitigung der Störung verjährt nur, wenn die Störung während der Regelverjährung der §§ 195, 199 (nicht § 196) von derselben Anlage ausgegangen ist. Wird nach Wegfall einer störenden Anlage eine andere errichtet, so entsteht ein neuer Beseitigungsanspruch, für den die Verjährungsfrist jeweils neu zu laufen beginnt (vgl BGH NJW 1967, 1609; zur Möglichkeit der Verjährungsunterbrechung s Hamburg FGPrax 1996, 211).

3   **3. Rechtsfolge.** Anspruch auf Beseitigung (§ 1027) verjährt gemäß §§ 195, 199. Wechsel in der Person des Eigentümers des herrschenden oder dienenden Grundstücks ist wegen § 198 ohne Einfluß. Grunddienstbarkeit erlischt kraft Gesetzes, soweit ihr die Anlage widerspricht (BayObLG 1959, 489), im übrigen bleibt sie bestehen. Grundbuch wird unrichtig und kann gemäß § 894; § 22 GBO berichtigt werden.

4   **4. Kein Gutglaubensschutz** (Abs II) Gutgläubiger rechtsgeschäftlicher Erwerber des herrschenden Grundstücks wird in seiner Annahme, Grunddienstbarkeit bestehe, nicht geschützt (vgl HRR 1934, 1676). Haftung des Veräußerers gemäß § 435 S 2. Gutgläubiger Erwerb möglich, wenn Dienstbarkeit erloschen ist, aber Anlage dann beseitigt wird (so auch Soergel/Stürner Rz 2, aA Staud/Mayer Rz 5).

1029 *Besitzschutz des Rechtsbesitzers*
Wird der Besitzer eines Grundstücks in der Ausübung einer für den Eigentümer im Grundbuch eingetragenen Grunddienstbarkeit gestört, so finden die für den Besitzschutz geltenden Vorschriften entsprechende Anwendung, soweit die Dienstbarkeit innerhalb eines Jahres vor der Störung, sei es auch nur einmal, ausgeübt worden ist.

1. **Bedeutung.** Dem Rechtsbesitz an der Grunddienstbarkeit wird Besitzschutz gewährt, wenn **a)** Sachbesitz am herrschenden Grundstück vorliegt, **b)** die Dienstbarkeit, die zufolge a) ausgeübt wird, für den Eigentümer eingetragen ist, also wenigstens vermutungsweise (§ 891) besteht, **c)** sie wenigstens einmal im letzten Jahr vor der Störung ausgeübt worden ist. 1

2. **a) Besitzer** ist der unmittelbare Besitzer (§ 854), gleichgültig, ob Eigenbesitzer (§ 872), Mitbesitzer (§ 866), Besitzmittler (§ 868); berechtigt ferner der mittelbare Besitzer (§§ 868, 870, 871) im Rahmen des § 869, sowie der Besitzdiener (§ 855) im Rahmen des § 860. Wird Besitz aufgegeben (§ 856), so erlischt Besitzschutz. 2

b) Eintragung genügt, auch wenn sie zu Unrecht erfolgt ist; für zu Unrecht gelöschte Grunddienstbarkeit dagegen kein Besitzschutz, selbst wenn gegen Löschung Widerspruch eingetragen ist. 3

c) Schon durch einmalige Ausübung wird der Besitzschutz für ein Jahr erworben, jedoch nicht für längere Zeit, auch wenn die Grunddienstbarkeit nur in längeren Zeitabständen ausgeübt werden kann. Wohl hat aber der Eigentümer des herrschenden Grundstücks die Rechte aus § 1027. Berechtigter muß mit dem Willen, die Dienstbarkeit auszuüben, handeln (Stuttgart OLGZ 1906, 255, anders hM zB Pal/Bassenge Rz 2; RGRK/Rothe Rz 3; Soergel/ Stürner Rz 2: es genügt objektive Verwirklichung). Berechtigter braucht nicht persönlich auszuüben, sofern nur Dritter, zB Angehöriger, Angestellter, Besucher in seinem Auftrag oder Interesse handelt. Besteht Dienstbarkeit darin, daß gewisse Handlungen nicht vorgenommen werden dürfen, so genügt zur „Ausübung" schlichte Unterlassung: besonderes Verbot der Vornahme nicht erforderlich (BayObLG 1933, 292), mit Zuwiderhandlung beginnt dann Jahresfrist. Ist Berechtigter zum Halten einer Anlage befugt, so läuft Frist solange nicht, als Anlage vorhanden ist. 4

3. Rechtsbesitzer wird **gestört**, wenn er in der Ausübung der Grunddienstbarkeit vollständig gehindert oder anderweitig beeinträchtigt wird. Die für den Besitzschutz geltenden Vorschriften finden sich in den §§ 858ff. Der Störer kann einwenden, der Besitz sei fehlerhaft (§§ 861 II, 862 II). Gewährt Grunddienstbarkeit den Sachbesitz einer Anlage auf dienendem Grundstück, so finden die §§ 858ff unmittelbare Anwendung. Gleiches gilt für den Überbau. 5

Titel 2
Nießbrauch

Vorbemerkung

1. **Begriff.** Der **Nießbrauch** ist ein **höchstpersönliches dingliches Recht,** grundsätzlich **sämtliche Nutzungen** des belasteten Gegenstandes zu ziehen. Er erfaßt also die Nutzungen eines Gegenstandes im ganzen. Einzelne Nutzungen können ausgeschlossen sein (§ 1030 II). Das Recht auf einzelne Nutzungen ist kein Nießbrauch, es ist als dingliches Recht nur am Grundstück, und zwar in der Form der beschränkt persönlichen Dienstbarkeit (§ 1090), nicht aber an beweglichen Sachen zugelassen. 1

Höchstpersönlich, dh unvererblich (§§ 1061, 1068), und **unübertragbar** (§§ 1059, 1068), jedoch kann die Ausübung des Nutzungsrechts einem anderen überlassen werden (§ 1059 S 2). Ausnahmsweise ist der einer juristischen Person oder rechtsfähigen Personengesellschaft eingeräumte Nießbrauch in bestimmten Fällen übertragbar, s §§ 1059a bis 1059e. 2

Nutzungsgegenstand können sein: **a) Sachen** (§§ 1030–1067), bewegliche wie unbewegliche, verbrauchbare und nicht verbrauchbare; **b) Rechte** (§§ 1068–1084) sowie als vom Gesetz besonders geregelte Fälle: **c) Vermögen** (§§ 1085–1088). 3

d) Erbschaft (§ 1089). Beim sog **Nießbrauchsvermächtnis** steht dem Bedachten gegen den Beschwerten nur ein schuldrechtlicher Anspruch auf Bestellung des Nießbrauchs zu; vgl § 1089 Rz 2. Gegenüber den anderen Dienstbarkeiten ist der Nießbrauch ein umfassendes Nutzungsrecht mit weitreichender Lastentragungspflicht, jedoch darf die **Substanz** des genutzten Gegenstandes **nicht angetastet werden.** Zur Abgrenzung von Nießbrauch und Dienstbarkeit s Schöner, DNotZ 1982, 416ff. Unzulässig ist es aber auch, die Nutzung von vornherein auf eine einzelne Nutzungsart oder auf verschiedene Nutzungsrechte zu beschränken; hierfür gibt es das Rechtsinstitut der beschränkten persönlichen Dienstbarkeit nach §§ 1090ff (BayObLG Rpfleger 1981, 439). 4

2. **Heutige Anwendungsfälle. a) Versorgungsnießbrauch** am Nachlaß auf Grund einer erbrechtlichen Verfügung zugunsten des überlebenden Ehegatten. Dieser wird gegenüber dem gesetzlichen Erbrecht (§ 1931) besser gestellt, ohne daß an sich das Erbrecht der Kinder geschmälert würde. **b) Grundstücksnießbrauch** bei Gutsübernahme (Altenteil). **c) Sicherungsnießbrauch.** Der Geldgeber erhält den Nießbrauch am Grundstück des Darlehensgebers und kann so die Mieten selbst einziehen – Ersatz für Antichrese; vgl RG 67, 378; 101, 105; 106, 119. Zum aktuellen Stand der Dienstbarkeiten zwischen Wirtschafts- und EG-Recht s Stürner AcP 194, 265ff. 5

Vor § 1030   Sachenrecht   Dienstbarkeiten

6   **3. Besondere Bedeutung** gewinnen einzelne Vorschriften über den Nießbrauch dadurch, daß sie auf das Recht des **Vorerben** (§§ 2100ff) entsprechend anzuwenden sind, vgl §§ 2128, 2129, 2135. Es handelt sich aber nur um nießbrauchsähnliche, nicht nießbrauchsgleiche Rechtseinrichtungen (RG HRR 1936, 336). Es besteht kein Nießbrauch der Ehegatten an den Sondergutsmassen (§ 1417 III S 2), der Eltern am Kindesvermögen (§ 1649 II).

7   **4. Entstehung. a)** Durch dinglich abstraktes Rechtsgeschäft:

8   **aa) bei Grundstücken:** Einigung und Eintragung im Grundbuch (§§ 873f), der Inhalt des Grundbuchs gilt zugunsten des gutgläubigen Nießbraucherwerbers als richtig (§ 892), Einräumung des unmittelbaren Besitzes ist nicht erforderlich. Zur Frage, ob die Bestellung eines unentgeltlichen Nießbrauchs an einem Grundstück für einen Minderjährigen diesem lediglich einen rechtlichen Vorteil bringt, siehe BGH MDR 1971, 380 und BFH BB 1990, 1186. Jedenfalls kann eine schwebend unwirksame Einigung über die Bestellung eines Nießbrauchs an einem Grundstück nach der Löschung des Nießbrauchs im Grundbuch nicht mehr genehmigt werden (BGH aaO).

9   **bb) bei beweglichen Sachen:** Einigung und Übergabe oder Übergabeersatz (§ 1032 S 2), ein gutgläubiger Erwerb ist unter den gleichen Voraussetzungen wie beim Eigentumserwerb möglich (§ 1032 S 2), unmittelbarer Besitz ist keine unabdingbare Voraussetzung für den Begriff des Nießbrauchs, vgl BGH LM Nr 1 zu § 2203.

10   **cc) bei Rechten** nach den für die Übertragung des betreffenden Rechts maßgeblichen Vorschriften (§ 1069), regelmäßig also formlose Einigung (§§ 398, 413), bei Orderpapieren und Wechseln: Einigung und Übergabe oder Übergabeersatz (§§ 929ff) der indossierten oder nicht indossierten Urkunde – ein etwaiges Indossament braucht sich nicht als „Nießbrauchsindossament" erkennen zu geben –, bei Inhaberpapieren und mit Blankoindossament versehenen Orderpapieren: Einigung und Übergabe oder Übergabeersatz (§§ 929ff) des Papiers, hilfsweise Einräumung des Mitbesitzes an diesem (§ 1081 II), bei Rektapapieren nach den für die Übertragung des betreffenden Rechts maßgeblichen Vorschriften, der Nießbrauch erstreckt sich hier ohne weiteres auf das Papier (§ 952 I S 2), bei Rechten am Grundstück regelmäßig: Einigung und Eintragung (§ 873), bei Briefhypothek, Briefgrund- und Briefrentenschulden: außer Einigung und Übergabe des Briefs entweder Eintragung der Belastung im Grundbuch oder schriftliche Belastungserklärung (vgl § 1154).

11   Die **Einigung** bezieht sich natürlich nur auf die **Begründung des Nießbrauchs.** Eine Bestellung unter einer Bedingung oder Befristung ist zulässig. Eine auflösende Bedingung stellt das Recht dar, den Nießbrauch unter bestimmten Voraussetzungen und mit bestimmten Fristen zu „kündigen" (BayObLG MittBayNot 1991, 39). Das **obligatorische Kausalgeschäft,** das die Verpflichtung zur Bestellung begründet, kann sein: Vermächtnis, Schenkungsversprechen, Gutsüberlassungsvertrag. Der bei Grundstücken für die Eintragung im Grundbuch auf Dauer zu gewährleistenden Bestimmbarkeit der Gegenleistung genügt dann aber nicht die Bezugnahme auf einen örtlichen Mietspiegel (BayObLG Rpfleger 1979, 382). Das Kausalgeschäft ist im Rahmen des § 311b II formgebunden. Ein Vermächtnis kann lediglich die Verpflichtung zur Bestellung des Nießbrauchs begründen, denn es äußert keine dingliche Wirkung (§ 2174, KG 13, 15; 16, 253). Das Grundbuchamt ist weder verpflichtet noch berechtigt, die Wirksamkeit des der dinglichen Rechtsänderung zugrunde liegenden Rechtsgeschäfts zu prüfen und die Eintragung der Rechtsänderung davon abhängig zu machen (BayObLG MittBayNot 1991, 39).

12   Eine behördliche Genehmigung ist erforderlich nach § 2 II Nr 3 GrdstVG vom 28. 7. 1961 (BGBl I 1091); § 51 I S 1, § 169 I Nr 5 iVm § 144 BauGB.

13   **b) Kraft Gesetzes. aa) Ersitzung,** bei Liegenschaften Buchersitzung (§ 900), bei Fahrnis zehnjähriger gutgläubiger Nießbrauchsbesitz (§§ 1033, 937), **bb) Surrogation** (§ 1075 I); § 63 BauGB, § 68 FlurbG idF vom 16. 3. 1976 (BGBl III 7815–1); **cc)** Verwaltungstreuhand: § 61 BauGB.

14   **5. Erlöschen. a)** Auf Grund **Rechtsgeschäfts:** bei einem Grundstück durch Verzicht und Löschung im Grundbuch (§ 875), bei Fahrnis durch Verzicht (§§ 1062, 1064), bei einem Recht durch einseitige Aufgabeerklärung, die bei einem Nießbrauch an einem Grundstücksrecht keiner Löschung gemäß § 875 bedarf (§§ 1072, 1064). Zur Frage, ob ein Grundstückseigentümer nach dem zum 1. 1. 1999 aufgehobenen § 419 haftete, wenn der Inhaber eines das Grundstück belastenden Nießbrauchs, der sein ganzes Vermögen darstellt, den Nießbrauch durch einseitige Erklärung (§ 875) aufhebt, s BGH 53, 174 mit Anm von Rietschel in LM Nr 20/21 zu § 419 BGB und BGH NJW 1971, 422 mit Anm von Mattern in LM Nr 23 zu § 419 BGB. Fallen die Nutzungen eines Grundstücks durch Verzicht des Nießbrauchers auf den Nießbrauch an den Grundstückseigentümer zurück, so steht demjenigen, dem der Nießbraucher vorher Mietforderungen abgetreten hatte, kein Bereicherungsanspruch gegen den Eigentümer auf Herausgabe des von diesem durch das Einziehen der Mieten Erlangten zu (BGH 53, 174).

15   **b) Kraft Gesetzes. aa)** Wegfall des Berechtigten: Tod der natürlichen, Erlöschen der juristischen Person bzw rechtsfähigen Personengesellschaft (§ 1061), s aber § 1059a. **bb)** Untergang der Sache oder des Rechts; besteht aber Nießbrauch an einem Hausgrundstück, so erstreckt er sich ohne weiteres auf ein vom Eigentümer an Stelle des zerstörten wiederaufgebautes (neues) Haus (BGH MDR 1964, 493). **cc)** Enteignung, Aufhebung im Zuge einer Flurbereinigung gemäß § 49 FlurbG idF vom 16. 3. 1976 (BGBl III 7815–1); § 61 BauGB. **dd)** auflösende Bedingung oder Befristung (§§ 158 II, 163). **ee)** gutgläubiger Erwerb eines anderen, bei Grundstück (§ 892), bei Fahrnis (§ 936), Buchersitzung bei Grundstück (§ 901), lastenfreie Ersitzung bei Fahrnis (§ 945), **ff)** bei Fahrnis und bei Recht in der Regel Vereinigung von Eigentum und Nießbrauch in einer Hand (§§ 1063, 1072), bedarf bei einem Grundstücksrecht nicht der Löschung gemäß § 875, bei Grundstück ist Vereinigung ohne Einfluß (§ 889); zum Wert des Nießbrauchs bei Vereinigung des Nießbrauchsrechts mit dem Grundstückseigentum s Schleswig Jur-Büro 1999, 388, **gg)** bei Grundstück infolge Zwangsversteigerung (§§ 91, 92, 121 ZVG).

16   **6.** Zwischen dem **Nießbraucher und dem Eigentümer** – nicht dem Besteller (Ausnahme: §§ 1067, 1068ff) – entsteht **kraft Gesetzes** zugleich auch ein **schuldrechtliches Verhältnis** nach Maßgabe der §§ 1034, 1036 II,

1037–1039, 1041–1047, 1049–1057 mit beiderseitigen Rechten und Pflichten. Ihr schuldrechtlicher Charakter ändert nichts daran, daß sie den **Inhalt** des **dinglichen Rechts** gestalten, denn sie regeln das Rechtsverhältnis des Nießbrauchers zum jeweiligen Eigentümer des Grundstücks. Hiervon abgesehen können sich für den Nießbraucher in seinem Verhältnis zum **Besteller** besondere Verpflichtungen aus dem Grundgeschäft oder späteren Abreden ergeben; vgl Staud/Frank vor §§ 1030ff Rz 18. BayObLG DNotZ 1973, 299 läßt es dahingestellt, ob als Inhalt eines Nießbrauchs vereinbart und in das Grundbuch eingetragen werden kann, daß der Nießbraucher von der Erhaltungspflicht des § 1041 S 1 entbunden werde; es weist aber mit Recht darauf hin, daß dem Eigentümer durch einen **Nießbrauch** nur **Duldungs-**, nicht jedoch **Leistungspflichten** auferlegt werden können, wie etwa die Verpflichtung zur Wiederaufforstung eines durch den Nießbraucher abgeholzten Waldes.

In diesem Zusammenhang ist die Frage aufzuwerfen, ob **Gesetzesbestimmungen** des Nießbrauchsrechts **vertraglich abgeändert** werden können. a) Zu verneinen ist dies schlechthin für Vorschriften, die das Wesen des Nießbrauchs bestimmen, sein Entstehen und das Verhältnis des Nießbrauchers, Eigentümers oder Bestellers zu Dritten regeln. Soweit Abreden den dort niedergelegten Grundsätzen widersprechen, sind ihnen eine dingliche Wirkung und die Eintragung versagt. Hierunter fallen Vereinbarungen, die den § 1037 I oder § 1039 I S 2 außer Kraft setzen oder darauf hinauslaufen, daß entgegen § 1041 S 1 der Nießbraucher von der Erhaltungspflicht entbunden wird mit der Folge, daß an seiner Stelle der Eigentümer einer öffentlich-rechtlichen Erhaltungspflicht, zB zur Wiederaufforstung, nachzukommen hat; so jetzt BayObLG DNotZ 1978, 99; aA LG Ulm BWNotZ 1977, 173. Unzulässig ist auch die Änderung eines für Gesamtberechtigte (§ 1030 Rz 5) bestellten Nießbrauchs in einen Sukzessiv-Nießbrauch des Inhalts, daß er für den einen auflösend und für den anderen aufschiebend bedingt durch den Tod des einen bestellt wird (LG Schweinfurt MittBayNotK 1982, 69). Dagegen kann sich der Eigentümer des in § 1051 eingeräumten Rechts, Sicherheitsleistung zu verlangen, mit dinglicher Wirkung begeben (BayObLG DNotZ aaO; Wolff/Raiser § 117 Anm III, 3; Staud/Frank vor § 1030ff Rz 14; aA RGRK § 1030 Rz 7). 17

b) Vorschriften, die das gesetzliche Schuldverhältnis zwischen dem Eigentümer und Nießbraucher betreffen, können dagegen grds mit dinglicher Wirkung geändert und abbedungen werden. Solche Abreden sind auch eintragungsfähig (BayObLG DNotZ 1973, 299). Dritten gegenüber wirken sie nur bei Kenntnis oder Eintragung.

7. Landesrechtliche Vorbehalte: vgl EGBGB Art 80 II (Pfründenrecht), Art 96 (Altenteilsrecht), Art 120 I (Unbedenklichkeitszeugnis), Art 128 (buchungsfreie Grundstücke), Art 164 (Realgemeinden). Übergangsvorschrift: vgl Art 184 S 1, 185, 189 EGBGB. 18

Untertitel 1

Nießbrauch an Sachen

1030 *Gesetzlicher Inhalt des Nießbrauchs an Sachen*
(1) Eine Sache kann in der Weise belastet werden, dass derjenige, zu dessen Gunsten die Belastung erfolgt, berechtigt ist, die Nutzungen der Sache zu ziehen (Nießbrauch).
(2) Der Nießbrauch kann durch den Ausschluss einzelner Nutzungen beschränkt werden.

1. Vgl zunächst Vorbemerkung. Der **Nießbrauch** ist seinem Wesen nach eine **Dienstbarkeit**. Daher können dem Grundstückseigentümer durch den Nießbrauch nur **Duldungs-**, nicht aber **Leistungspflichten** auferlegt werden; vgl BayObLG DNotZ 1973, 299. 1

2. Belasteter Gegenstand. Bewegliche und **unbewegliche Sachen**, auch verbrauchbare (§ 1067). An mehreren Sachen kann ein Nießbrauch nur als Mehrheit von Einzelrechten (KGJ 43, 347), nicht aber als einheitliches Recht bestellt werden; dies trifft auch auf **Sachinbegriffe** zu, daher ist eine Bestellung an den einzelnen dazugehörigen Stücken erforderlich, vgl § 1035 Rz 2. **Reale** räumlich abgrenzbare **Teile** eines Grundstücks (LG Tübingen BWNotZ 1981, 140), zu beachten ist jedoch § 7 GBO, Miteigentumsanteile (§ 1066) und andere ideelle Anteile (BayObLG 1930, 342, LG Rudolfstadt NJ 1950, 123), und zwar ohne den in § 7 GBO vorgeschriebenen Weg; anders in den §§ 1095, 1106, 1114. **Grundstücksgleiche** Rechte, vgl § 1017; § 11 ErbbauVO, Art 63, 68 EGBGB, nicht dagegen die **Teilfläche eines Sondereigentums** (LG Nürnberg–Fürth Rpfleger 1991, 148). **Eingetragene Schiffe**. Nicht belastungsfähig sind wesentliche Bestandteile eines Grundstücks zB ein einzelnes Stockwerk (RG 164, 196); im Einzelfall wird eine Vereinbarung, einen Nießbrauch daran zu bestellen, in die Verpflichtung, eine beschränkte persönliche Dienstbarkeit einzuräumen, umgedeutet werden können. Auch ein Dauerwohnrecht nach § 31 WEG kommt in Betracht. Zur Eintragungsfähigkeit eines Quotennießbrauchs s LG Köln MittRhNotK 1999, 246. 2

Nießbrauch am Grundstück schließt nicht die gleichzeitige Einräumung eines Altenteilsrechts zugunsten des Nießbrauchers aus (LG Göttingen NdsRPfl 1948, 172), ebenso wie ein Nießbrauch auch Inhalt eines Altenteils sein kann (KG OLGE 40, 52). 3

Der Nießbrauch erfaßt auch die **Bestandteile** sowie die **subjektiv dinglichen Rechte** (§§ 93ff, 96), unwesentliche Bestandteile allerdings nur, wenn sie dem Eigentümer der belasteten Sache gehören. Ein einmal begründeter Nießbrauch setzt sich an Bestandteilen auch nach deren Trennung fort. Der an einem Grundstück bestellte Nießbrauch ergreift das Grundstück in seinem jeweiligen Bestand und erstreckt sich ohne weiteres auf die mit dem Grundstück neu verbundenen, wesentlichen Bestandteile (§§ 93, 94), daher auch auf ein – statt eines zerstörten – wieder aufgebautes Haus (BGH MDR 1964, 493). Er erstreckt sich aber nicht auf nachträglich vereinigte oder als Bestandteil zugeschriebene Grundstücke (§ 890 I, II), denn es fehlt hier an einer dem § 1031 entsprechenden Vorschrift. Erfaßt wird auch eine Versicherungsforderung (§ 1046), nicht aber der Ersatzanspruch des Eigentümers 4

§ 1030 Sachenrecht Dienstbarkeiten

gegen einen Dritten wegen Zerstörung oder Beschädigung. Bezüglich des **Zubehörs** vgl § 1031. Zur Abfindung bei Flurbereinigung s § 49 FlurberG idF vom 16. 3. 1976 (BGBl III 7815–1).

5 **3. Berechtigter.** Bestimmte **natürliche** oder **juristische Person** sowie **rechtsfähige Personengesellschaft** (BGB-Gesellschaft, KG, OHG, vgl RG 16, 1), vgl 1059a II. Dann müssen aber folgerichtig auch andere Gemeinschaften zur gesamten Hand fähig sein, Nießbrauchsrechte zu erwerben, vgl Staud/Frank Rz 44, ferner RG 155, 75, 85 zum rechtsähnlichen Fall der beschränkt-persönlichen Dienstbarkeit. Bestellung für **mehrere** als Gesamtberechtigte gemäß § 428 (KG JFG 10, 312; BayObLG 1955, 155; 1975, 194; Düsseldorf RhNotK 1967, 129; OVG NW v 8. 7. 2003 – 22 A 1969/01) und als Bruchteilsberechtigte gemäß §§ 741ff (RG DR 1944, 774) ist zulässig. § 47 GBO erfordert dann aber auch die Eintragung eines das Rechtsverhältnis näher kennzeichnenden Zusatzes („als Gesamtberechtigte gemäß § 428/§ 741"; BGH DNotZ 1981, 123). Wird Nießbrauch für mehrere nach Bruchteilen bestellt, so sind im Innenverhältnis die §§ 741ff, 1010f entsprechend anzuwenden. Erlischt er in der Person eines der Berechtigten, so üben fortan Eigentümer und restliche Nießbraucher Besitz und Verwaltung gemeinsam aus, es sei denn, daß an die Stelle des ausgeschiedenen ein neuer Nießbraucher getreten ist. Daraus folgt, daß der Nießbrauch auch originär nur zu einem Bruchteil bestellt werden kann (KG JFG 13, 447; BayObLG 1930, 342). Str ist, ob die Unübertragbarkeit des Nießbrauchs (§ 1059) dieses beschränkt dingliche Recht wegen § 1417 II vom Gesamtgut ausschließt und zum Sondergut macht, BayObLG JFG 9, 177; Staud/Frank Rz 47 verneint das. Soll ein Nießbrauch für Eheleute eingetragen werden, so muß sich aus dem Antrag oder aus der Eintragungsbewilligung oder den im Zusammenhang damit in der Form des § 29 GBO abgegebenen Erklärungen der Beteiligten klar ergeben, welcher Art das Gemeinschaftsverhältnis der Nießbrauchsberechtigten ist. Das Gemeinschaftsverhältnis ist gemäß § 47 GBO im Grundbuch einzutragen. Vgl Oldenburg DNotZ 1959, 46. **Bedingter oder befristeter** Nießbrauch ist zulässig, vgl vor § 1030 Rz 11, zB Bestellung für A nach dessen Tod für B (Hamburg OLG 31, 296) oder für die Zeit nach dem Tod des Nießbrauchers (KGJ 25, 290; KG OLG 15, 367). Der aufschiebend bedingte Nießbrauch an einem Grundstück ist eintragungsfähig, vgl Staud/Frank § 1059 Rz 7. Ein zeitlich begrenztes Nießbrauchsrecht kann nach seinem Ablauf nur dadurch verlängert werden, daß es neu bestellt und eingetragen wird. Andernfalls entstehen bei seiner vereinbarten Fortsetzung zwischen den Beteiligten nur obligatorische Beziehungen (OLG Britische Zone MDR 1949, 470). Bei einem Nießbrauch zur Sicherung einer Forderung des Nießbrauchers (RG 106, 111) – zulässig, selbst wenn die Forderung bereits hypothekarisch gesichert ist – wird in der Regel vereinbart sein, daß der Nießbrauch mit der Tilgung der Forderung erlöschen solle (RG 106, 111, KGJ 25, 290); wo nicht, ist eine schuldrechtliche Pflicht zur Aufgabe des Nießbrauchs nach Tilgung der Forderung anzunehmen (KG OLG 15, 370; KG OLG 18, 150; BGH WM 1966, 653); bei entsprechendem Parteiwillen gilt dies auch für eine Abtretung der Forderung (KG OLG 15, 370).

6 Bestritten ist, ob ein **Nießbrauch an einer eigenen Sache** bestellt werden kann. Dagegen RG Recht 1920, 665; KGJ 51, 291; OGH brZ 1, 258. Einschränkend Düsseldorf NJW 1961, 561: Nießbrauch am eigenen Grundstück ist nur grundsätzlich unzulässig. Dafür (am eigenen Grundstück) bei rechtlichem Interesse LG Stade NJW 1968, 1678; LG Hamburg DNotZ 1969, 39; LG Verden DRsp 134, 94b; LG Koblenz Rpfleger 1962, 16 mit Anm von Haegele; Westermann § 121 II; Pal/Bassenge Rz 4. Ebenso bei unabweislich praktischem Bedürfnis AG Ulm BWNotZ 1981, 15 (Nießbrauch ist aber nicht eintragungsfähig). Dafür schlechthin Harder NJW 1969, 278; DNotZ 1970, 267, v Lübtow NJW 1962, 275. Wenn man es neuerdings für zulässig erachtet, daß für den Eigentümer eines Grundstücks bei rechtlichem Interesse eine beschränkte persönliche Dienstbarkeit bestellt wird (BGH 41, 209, s § 1090 Rz 2), so wird Gleiches auch für den Nießbrauch am eigenen Grundstück gelten müssen. So jetzt auch Staud/Frank Rz 27f und wohl auch Soergel/Stürner Rz 3.

7 **4. Inhalt des Nießbrauchs. a)** Der Nießbraucher darf **alle Nutzungen** (§§ 100ff) der Sache, ihrer Bestandteile (vgl Rz 4) und des Zubehörs ziehen, auch Übermaßfrüchte – insoweit jedoch eine Ersatzpflicht gemäß § 1039 – und zwar aus eigenem Recht (RG 68, 13, Kassel OLG 26, 89). Das Eigentum erwirbt er an den unmittelbaren Früchten, insbesondere wenn er unmittelbarer Besitzer ist, durch Trennung (§§ 954ff), an den mittelbaren, zB Miete oder Pacht, durch Einziehen. Gläubiger der Miet- oder Pachtforderung wird er, wenn das Miet- oder Pachtverhältnis schon bestand, mit Bestellung des Nießbrauchs, andernfalls, sobald ein Miet- oder Pachtverhältnis entsteht, vgl RG 124, 329, allerdings unbeschadet des Rechts vorgehender Hypothekengläubiger (RG JW 1913, 330), denn Nießbrauchsbestellung ist keine Verfügung iSd § 1124, der Nießbraucher muß den voreingetragenen Hypothekengläubiger, der auf Grund eines dinglichen Titels pfändet, weichen, vgl RG 81, 146. Von wann ab sie ihm „gebühren", ergibt sich aus § 101. Der Nießbraucher kann die Miete oder Pacht, obwohl er deren Gläubiger ist, wegen Forderungen gegen den Eigentümer für sich pfänden lassen (RG 64, 420; 86, 135). Dagegen soll – wenig folgerichtig – nach RG 80, 316 eine Abtretung seitens des Eigentümers an den Nießbraucher nach Bestellung des Nießbrauchs – nicht vorher, hier soll die spätere Nießbrauchsbestellung wirkungslos sein (RG Recht 1913, 2842 und 2853) – unwirksam sein; dagegen mit Recht Soergel/Stürner Rz 15, Westermann § 121 III 2b; Wolff/Raiser § 116 Anm 4.

8 **b)** Der Nießbraucher hat das **Recht,** die belastete Sache in **Besitz** zu nehmen und zu benutzen (§ 1036) sowie zu vermieten und zu verpachten. Der unmittelbare Besitz ist jedoch keine unabdingbare Voraussetzung des Nießbrauchs (BGH DNotZ 1954, 399). Der Ausschluß vom Besitzrecht und von den dadurch erst ermöglichten Nutzungen läßt jedoch kein wirksames Nießbrauchsrecht entstehen (Hamm Rpfleger 1983, 144).

9 **c)** Der Nießbraucher kann bei der **Zwangsvollstreckung** wegen eines Anspruchs gegen den Eigentümer **Widerspruchsklage** erheben (ZPO § 771), so zB bei Pfändung von Mietforderungen (RG 81, 150; 93, 123). Eine Zwangsvollstreckung in diese hat nur dann Erfolg, wenn der Nießbraucher der Vollstreckungsschuldner ist, weil dieser ohne Abtretung Gläubiger geworden ist (RG Warn Rsp 1915, 79). Bei einer Zwangsvollstreckung in **bewegliche Sachen** kann der Nießbraucher, wenn er sie im Besitz hat, auch gemäß §§ 766, 809 ZPO Erinnerung einlegen. Ein Gläubiger des Eigentümers kann nur dessen Anspruch auf Herausgabe nach Beendigung des Nießbrauchs (§ 1055; §§ 846f ZPO) pfänden. In der **Insolvenz** des Eigentümers hat der Nießbraucher gemäß § 47 InsO ein Aussonderungsrecht. Bei einer **Zwangsversteigerung** in das dem Nießbrauch unterliegende Grundstück ist zu unterscheiden: Der rangbessere Nießbrauch kommt in das geringste Gebot und bleibt nach Zuschlag bestehen (§§ 44, 52 I S 1 ZVG); der rangschlechtere erlischt mit Zuschlag (§§ 52 I S 2; 91 I ZVG); als Ersatz erlangt der Nießbraucher einen Anspruch auf Zahlung einer Geldrente aus dem Versteigerungserlös (§§ 92 II, 121 ZVG). Die Anordnung der **Zwangsverwaltung** – selbst wenn der betreibende Hypothekengläubiger dem Nießbraucher vorgeht – ist nur zulässig, wenn der Nießbraucher zustimmt oder ein Duldungstitel gegen ihn vorliegt (BGH WM 2003, 845 m zust Anm Hintzen, WuB VI.F. § 146 ZVG 1.03). Ist der betreibende Gläubiger rangbesser, so kann der Zwangsverwalter das Grundstück in Besitz nehmen und verwalten; ist der Nießbraucher rangbesser, so wird die angeordnete Zwangsverwaltung auf Erinnerung des Nießbrauchers beschränkt: Der Zwangsverwalter muß sich mit dem mittelbaren Besitz und den Befugnissen des Eigentümers gegen den Nießbraucher begnügen. Nur beim Nießbrauch an einem Vermögen (§ 1085) haben die persönlichen Gläubiger des Bestellers – nicht des Eigentümers – gemäß § 1086 iVm §§ 737f ZPO ein unmittelbares Zugriffsrecht an den einzelnen, dem Nießbrauch unterliegenden Gegenständen.

5. **Abs II.** Eine **Beschränkung** kann qualitativ oder quantitativ sowie bei Bestellung des Nießbrauchs oder nachträglich – als Inhaltsänderung (§ 877) – erfolgen. **a)** Das Nutzungsrecht ist **qualitativ** beschränkt, wenn der Nießbraucher die wirtschaftlich wesentliche Nutzungsberechtigung erhält und nur einzelne Nutzungsbefugnisse herausgenommen werden. Davon streng zu trennen ist der umgekehrte Fall, bei dem der Nießbraucher nur einzelne Nutzungen zustehen, die wesentlichen Nutzungsrechte aber beim Eigentümer bleiben. Als dingliches Recht ist letzteres nur bei Grundstücken mittels einer beschränkt persönlichen Dienstbarkeit (§ 1090) zulässig, deren Inhalt aber nicht die Nutzung der gesamten Grundstücksfläche (Köln DNotZ 1982, 442) oder eines Grundstücksteils umfassen darf (Zweibrücken DNotZ 1982, 444). 10

b) Eine **quantitative** Beschränkung ist gegeben, wenn dem Nießbraucher zwar alle Nutzungsbefugnisse der belasteten Sache zustehen, diese ihm aber nur zu einem rechnerischen Bruchteil (Quote) gebühren, und der verbleibende Rest dem Eigentümer zufällt (sog Quotennießbrauch), BGH v 6. 6. 2003 – V ZR 392/02; Soergel/Stürner Rz 10 mwN. § 748 findet dann nur insoweit Anwendung, als Lasten und Kosten der gemeinschaftlichen Berechtigung zu Nutzungsziehungen betroffen sind (BGH aaO). Die Ausübung der Besitz- und Verwaltungsrechte steht beiden Nutzungsberechtigten gemeinschaftlich zu, Soergel/Stürner aaO. Vom Quotennießbrauch zu unterscheiden ist der Bruchteilsnießbrauch, bei dem die Sache nicht als ganzes, sondern nur zu einem Bruchteil belastet ist, vgl § 1066 Rz 4. Der Quotennießbrauch ist im Grundbuch eintragungsfähig, LG Wuppertal Rpfleger 1995, 209.

6. Eine **Erweiterung** der Rechte des Nießbrauchers, insbesondere durch Überlassen der Verfügungsbefugnis (sog. Dispositionsnießbrauch), wirkt wegen der numerus clausus nicht dinglich (KG OLG 10, 69; BayObLG JW 1929, 3503; für eine dingliche Wirkung Friedrich NJW 1996, 32f). Der Eigentümer kann dem Nießbraucher unabhängig vom Nießbrauch das Recht einräumen, über Nießbrauchsgegenstände **zu verfügen** (§ 185), vgl Staud/ Frank vor §§ 1030ff Rz 21; die Verfügungsmacht des Eigentümers kann jedoch Dritten gegenüber hierdurch weder beschränkt noch ausgeschlossen werden; vgl § 137 S 1; Celle DNotZ 1974, 731. 11

1031 *Erstreckung auf Zubehör*
Mit dem Nießbrauch an einem Grundstück erlangt der Nießbraucher den Nießbrauch an dem Zubehör nach den für den Erwerb des Eigentums geltenden Vorschriften des § 926.

1. Zubehör vgl §§ 97ff. 1

2. Entsprechende Anwendung des § 926 bedeutet: Erlangt der Eigentümer mit dem Eigentum am Grundstück auch das an dem zur Zeit der Bestellung (Eintragung des Nießbrauchs ins Grundbuch) vorhandenen Zubehör, so erwirbt der Nießbraucher daran im Zweifel (§ 926 I S 2) auch den Nießbrauch. Es bedarf keiner Übertragung nach § 1032. Die Parteien können allerdings etwas anderes vereinbaren. Gehört das Zubehör dem Besteller, so ist es mit der Bestellung des Nießbrauchs am Grundstück (§§ 873ff) belastet, gehört es ihm nicht, so tritt dies mit der Besitzergreifung durch den gutgläubigen Nießbraucher gem § 926 II iVm §§ 932ff ein. Rechte Dritter gehen dem Nießbrauch entsprechend § 936 nach, vgl § 1032 S 2. An Zubehörstücken, die nach der Bestellung des Nießbrauchs in das Eigentum des Bestellers fallen, muß der Nießbrauch gemäß § 1032 bestellt werden (Hamburg OLG 38, 29). 2

3. Handelt es sich bei der Hauptsache um Fahrnis, so müssen die Zubehörstücke übergeben werden, wenn an ihnen der Nießbrauch entstehen soll, vgl § 1032. 3

1032 *Bestellung an beweglichen Sachen*
Zur Bestellung des Nießbrauchs an einer beweglichen Sache ist erforderlich, dass der Eigentümer die Sache dem Erwerber übergibt und beide darüber einig sind, dass diesem der Nießbrauch zustehen soll. Die Vorschriften des § 929 Satz 2, der §§ 930 bis 932 und der §§ 933 bis 936 finden entsprechende Anwendung; in den Fällen des § 936 tritt nur die Wirkung ein, dass der Nießbrauch dem Recht des Dritten vorgeht.

1. Die **Bestellung** des Nießbrauchs an **beweglichen Sachen** erfolgt in der gleichen Weise, wie die Übertragung des Eigentums. Jedoch bezieht sich die **Einigung** nicht auf die Übertragung des Eigentums, sondern auf die **Einräumung des Nießbrauchs.** Diese kann unter einer Bedingung oder Befristung erfolgen (Hamburg OLG 31, 296; KG OLG 31, 339). Weil Übergabeersatz genügt, kann der Nießbrauch entstehen, ohne daß der Nießbraucher jemals unmittelbaren Besitz erhalten hat. Für Zubehör gilt Gleiches. Bei Grundstücken kommt dagegen über 1

§ 1031 der § 926 zum Zug. Im Schiffsregister nicht eingetragene Binnen- oder Seeschiffe werden deshalb wie bewegliche Sachen behandelt, weil im § 1032 S 2 eine Verweisung auf § 929a fehlt. An **eingetragenen Schiffen** kann ein Nießbrauch nur unter bestimmten Voraussetzungen durch Einigung und Eintragung begründet werden, vgl §§ 9, 82 SchiffsG. Ein Nießbrauch an Schiffsbauwerken entfällt: sie werfen keine Nutzungen ab.

2   2. **Gutgläubiger Erwerb** des Nießbrauchs entsprechend §§ 932–935. Dabei begründet § 1058 eine unwiderlegliche Vermutung zugunsten des gutgläubigen Nießbrauchers. In Abweichung von § 936 bringt der gutgläubige Erwerb Rechte Dritter an der Sache, zB ein Pfandrecht oder einen anderen Nießbrauch, nicht zum Erlöschen, läßt sie aber zurücktreten. Fehlt es am guten Glauben hinsichtlich des Rechts des Dritten, so steht der Nießbrauch dem Rechte des Dritten im Rang nach.

1033 *Erwerb durch Ersitzung*

Der Nießbrauch an einer beweglichen Sache kann durch Ersitzung erworben werden. Die für den Erwerb des Eigentums durch Ersitzung geltenden Vorschriften finden entsprechende Anwendung.

1   1. Vgl §§ 937ff BGB, Art 185 EGBGB. Die §§ 943f sind nicht bei natürlichen, sondern wegen §§ 1059, 1059a nur bei juristischen Personen und rechtsfähigen Personengesellschaften (vgl § 1059a II) anwendbar. Nach Wolff/Raiser § 115 Fn 7 und Pal/Bassenge Rz 1 kommt aber die Besitzzeit des gutgläubigen Nichteigentümers dem Nießbraucher zugute. Mittelbarer Besitz genügt (§ 941). Bei Nießbrauch am Grundstück ist § 900 II maßgeblich.

2   2. Rechte Dritter gehen nicht unter, sie treten entgegen § 945 lediglich zurück (§ 1032 S 2).

1034 *Feststellung des Zustands*

Der Nießbraucher kann den Zustand der Sache auf seine Kosten durch Sachverständige feststellen lassen. Das gleiche Recht steht dem Eigentümer zu.

1   1. Für die Rückgabe der Sache nach Beendigung des Nießbrauchs ist der Zustand zZ der Bestellung maßgeblich. Das Verfahren regelt sich nach FGG § 164, 15, 19. Eine entsprechende Vorschrift enthält § 2122.

2   2. Nießbraucher und Eigentümer können das Verlangen jederzeit, nicht nur bei Beginn des Nießbrauchs stellen. Dem mit dem Eigentümer nicht identischen Besteller steht das Feststellungsrecht nicht zu (s LG Fulda NJW-RR 1989, 777).

1035 *Nießbrauch an Inbegriff von Sachen; Verzeichnis*

Bei dem Nießbrauch an einem Inbegriff von Sachen sind der Nießbraucher und der Eigentümer einander verpflichtet, zur Aufnahme eines Verzeichnisses der Sachen mitzuwirken. Das Verzeichnis ist mit der Angabe des Tages der Aufnahme zu versehen und von beiden Teilen zu unterzeichnen; jeder Teil kann verlangen, dass die Unterzeichnung öffentlich beglaubigt wird. Jeder Teil kann auch verlangen, dass das Verzeichnis durch die zuständige Behörde oder durch einen zuständigen Beamten oder Notar aufgenommen wird. Die Kosten hat derjenige zu tragen und vorzuschießen, welcher die Aufnahme oder die Beglaubigung verlangt.

1   1. Entsprechend anzuwenden ist diese Vorschrift auf den Nießbrauch an Rechten (§ 1068), am Vermögen (§ 1085), an der Erbschaft (§ 1089).

2   2. Zum **Sachinbegriff** vgl vor § 90 Rz 5 und § 92 II. Gegenstand des Nießbrauchs sind die einzelnen dazu gehörigen Sachen, daher ist Bestellung an diesen nötig.

3   3. Zum – jederzeit zulässigen – Verlangen nach Mitwirkung vgl RG 126, 106; Zwangsvollstreckung gemäß § 888 ZPO.

4   4. Wirkung der Unterzeichnung: Geständnis, daß die aufgeführten Sachen mit einem Nießbrauch belastet sind.

5   5. Die zur Aufnahme des amtlichen Verzeichnisses zuständigen Behörden bestimmt das Landesrecht, vgl § 200 FGG. In erster Linie ist das der Notar (§ 20 BNotO). Es können aber auch andere Stellen sein (s § 61 BeurkG).

1036 *Besitzrecht; Ausübung des Nießbrauchs*

(1) Der Nießbraucher ist zum Besitz der Sache berechtigt.
(2) Er hat bei Ausübung des Nutzungsrechts die bisherige wirtschaftliche Bestimmung der Sache aufrechtzuerhalten und nach den Regeln einer ordnungsmäßigen Wirtschaft zu verfahren.

1   1. **Recht auf Besitz.** Wesenserfordernis des Nießbrauchs. Sein Ausschluß würde das Nießbrauchsrecht hinfällig machen. Grundsätzlich steht dem Nießbraucher der unmittelbare, dem Besteller – auch wenn er nicht Eigentümer ist (dieser muß sich an den Besteller halten) – der mittelbare Besitz zu. Ausnahmsweise besteht ein Anspruch des Nießbrauchers auf den mittelbaren Besitz, wenn ein Dritter gemäß § 868 zB als Mieter oder Pächter unmittelbarer Besitzer ist. Der Erwerb des unmittelbaren Besitzes ist somit keine unabdingbare Voraussetzung für den Begriff des Nießbrauchs. Mitbesitz genügt nur bei Bruchteilsbesitz, beim Ausschluß einzelner Nutzungen (§ 1030 II) und bei § 1081. Der Nießbraucher hat den **Besitzschutz** der §§ 858ff. Behält sich bei einem Gutsüberlassungsvertrag der Übergeber Nießbrauch und Verwaltung vor, so muß gegebenenfalls der Übernehmer weichen, wenn er durch sein Verhalten ein Zusammenleben unmöglich macht, vgl SeuffA 79, 36.

2   2. Die **Sacherhaltungspflicht** des Nießbrauchers ist Ausfluß des gesetzlichen Schuldverhältnisses zwischen Nießbraucher und Eigentümer, vgl vor § 1030 Rz 16. Maßgeblicher Zeitpunkt für die wirtschaftliche Bestimmung:

Bestellung, Vollendung der Ersitzung. Der Nießbraucher eines Waldgrundstückes hat dieses nach Kahlschlag aufzuforsten (Nürnberg RdL 1959, 219; BayObLG 1972, 366). Zur Bestandserhaltungspflicht und zum Sicherungsinteresse bei Aufgabe eines landwirtschaftlichen Betriebszweigs s BGH NJW 2002, 434. Ein schuldhafter Verstoß gegen die Regeln ordnungsmäßiger Wirtschaft macht gemäß §§ 823, 276 und wegen positiver Verletzung des gesetzlichen Schuldverhältnisses schadensersatzpflichtig.

1037 *Umgestaltung*
(1) Der Nießbraucher ist nicht berechtigt, die Sache umzugestalten oder wesentlich zu verändern.
(2) Der Nießbraucher eines Grundstücks darf neue Anlagen zur Gewinnung von Steinen, Kies, Sand, Lehm, Ton, Mergel, Torf und sonstigen Bodenbestandteilen errichten, sofern nicht die wirtschaftliche Bestimmung des Grundstücks dadurch wesentlich verändert wird.

1. Ergänzt den § 1036 II und ist auch auf Verbesserungen sowie Wertsteigerungen anwendbar, OLGZ 92, 2; Pal/Bassenge Rz 1. Unwesentliche Veränderung ist gestattet (§ 242), nicht dagegen die ohne Zustimmung des Eigentümers erfolgende Umgestaltung einer großen Wohnung in drei kleinere, sofern sie zu nicht unbedeutenden Eingriffen in die bauliche Substanz führt (BGH NJW 1983, 932). Eine entsprechende Zustimmung des Eigentümers kann nicht in das Grundbuch eingetragen werden (LG Köln MittRhNotK 1986, 24). Ändert der Nießbraucher unzulässigerweise die wirtschaftliche Bestimmung, so erwirbt er an den dadurch gewonnenen Früchten mit Trennung gleichwohl Eigentum, muß aber dem Eigentümer nach Beendigung des Nießbrauchs deren Wert ersetzen (RG 80, 229). Den Abreden, die hiergegen verstoßen, sind eine dingliche Wirkung und die Eintragung versagt, vgl BayObLG DNotZ 1978, 99 und vor § 1030 Rz 16, 17.

2. Abs II enthält eine Ausnahmeregelung zu Abs I; vgl § 1038; Art 67f EGBGB.

1038 *Wirtschaftsplan für Wald und Bergwerk*
(1) Ist ein Wald Gegenstand des Nießbrauchs, so kann sowohl der Eigentümer als der Nießbraucher verlangen, dass das Maß der Nutzung und die Art der wirtschaftlichen Behandlung durch einen Wirtschaftsplan festgestellt werden. Tritt eine erhebliche Änderung der Umstände ein, so kann jeder Teil eine entsprechende Änderung des Wirtschaftsplans verlangen. Die Kosten hat jeder Teil zur Hälfte zu tragen.
(2) Das Gleiche gilt, wenn ein Bergwerk oder eine andere auf Gewinnung von Bodenbestandteilen gerichtete Anlage Gegenstand des Nießbrauchs ist.

1. Entspricht dem § 2123. Kommt der andere Teil dem Verlangen nicht nach, so ist Klage auf Genehmigung eines bestimmten Planes möglich. Bei schuldhafter Verletzung des Plans ist der Nießbraucher schadensersatzpflichtig.

2. Bei Bergwerken oder auf Gewinnung von Bodenbestandteilen gerichteten Unternehmen kommen daneben die in Art 67f, 83 EGBGB vorbehaltenen landesrechtlichen Vorschriften in Betracht, die allerdings nur bergpolizeilichen Interessen dienende Betriebspläne fordern.

1039 *Übermäßige Fruchtziehung*
(1) Der Nießbraucher erwirbt das Eigentum auch an solchen Früchten, die er den Regeln einer ordnungsmäßigen Wirtschaft zuwider oder die er deshalb im Übermaß zieht, weil dies infolge eines besonderen Ereignisses notwendig geworden ist. Er ist jedoch, unbeschadet seiner Verantwortlichkeit für ein Verschulden, verpflichtet, den Wert der Früchte dem Eigentümer bei der Beendigung des Nießbrauchs zu ersetzen und für die Erfüllung dieser Verpflichtung Sicherheit zu leisten. Sowohl der Eigentümer als der Nießbraucher kann verlangen, dass der zu ersetzende Betrag zur Wiederherstellung der Sache insoweit verwendet wird, als es einer ordnungsmäßigen Wirtschaft entspricht.
(2) Wird die Verwendung zur Wiederherstellung der Sache nicht verlangt, so fällt die Ersatzpflicht weg, soweit durch den ordnungswidrigen oder den übermäßigen Fruchtbezug die dem Nießbraucher gebührenden Nutzungen beeinträchtigt werden.

1. Der Nießbraucher erwirbt **Eigentum** an den unmittelbaren Früchten durch **Trennung** (§§ 954ff), an den mittelbaren, zB Miete oder Pacht, durch **Einziehen**; Gläubiger der Miet- oder Pachtforderung wird er allerdings, wenn das Miet- oder Pachtverhältnis schon bestand, mit Bestellung des Nießbrauchs, andernfalls, sobald ein Miet- oder Pachtverhältnis entsteht, vgl § 1030 Rz 7. Dies gilt auch für Raub- und Übermaßfrüchte. Ein besonderes Ereignis ist zB Windbruch, Raupenfraß.

2. Dem Nießbraucher gebühren nur solche Nutzungen, die als Ertrag einer ordnungsmäßigen Wirtschaftsführung anzusehen sind (vgl § 1036 II). Bei übermäßigem Fruchtbezug entsteht eine **Ersatzpflicht** des Nießbrauchers: **a)** Raub- und Übermaßfrüchte sind grundsätzlich **nach Beendigung des Nießbrauchs** (§§ 1055, 1061ff) ihrem Wert nach zu ersetzen; hierbei ist der Wert derjenigen Früchte abzuziehen, den der Nießbraucher bei ordnungsmäßiger Wirtschaft gezogen hätte; vgl RG 80, 233. Ausnahmsweise ist alsbaldiger Wertersatz zu leisten, wenn nach wirtschaftlichen Grundsätzen eine Wiederherstellung schon vorher erforderlich ist, zB Aufforstung des durch Windbruch oder Raupenfraß verwüsteten Waldes. Für die Bewertung ist die Zeit der Trennung maßgeblich. Zur Sicherheitsleistung vgl §§ 232ff, 1051f. **b)** Im Fall **des Verschuldens** (§ 276) besteht weitergehend **sofort eine Schadensersatzpflicht** nach §§ 249ff. Abreden, die § 1039 I S 2 außer Kraft setzen, haben keine dingliche Wir-

§ 1040   Sachenrecht   Dienstbarkeiten

kung, eine Eintragung ist ihnen versagt, so nunmehr mit Recht BayObLG DNotZ 1978, 99. S dazu auch vor § 1030 Rz 16, 17.

1040 *Schatz*
Das Recht des Nießbrauchers erstreckt sich nicht auf den Anteil des Eigentümers an einem Schatze, der in der Sache gefunden wird.

1   Der Anspruch des Eigentümers nach § 984 ist weder Bestandteil noch Nutzung. Gleiches gilt für Fossilien, Versteinerungen und dergleichen, s Staud/Frank Rz 2.

1041 *Erhaltung der Sache*
Der Nießbraucher hat für die Erhaltung der Sache in ihrem wirtschaftlichen Bestand zu sorgen. Ausbesserungen und Erneuerungen liegen ihm nur insoweit ob, als sie zu der gewöhnlichen Unterhaltung der Sache gehören.

1   1. Inwieweit der Nießbraucher zufolge der Pflicht zur wirtschaftlichen Erhaltung der Sache zu **Aufwendungen** verpflichtet ist, ergibt sich aus S 2. Danach obliegt ihm nur die gewöhnliche Unterhaltung der Sache. Dazu zählen nur solche Maßnahmen, die bei ordnungsgemäßer Bewirtschaftung regelmäßig, und zwar wiederkehrend innerhalb kürzerer Zeitabstände zu erwarten sind (BGH v 6. 6. 2003 – V ZR 342/02). Im übrigen genügt er der Erhaltungspflicht, wenn er dem Eigentümer anzeigt, daß außergewöhnliche Maßnahmen notwendig sind (§ 1042) und deren Vornahme duldet (§ 1044). Für **außergewöhnliche** Aufwendungen (vgl §§ 1042, 1043; zB Sanierung eines Flachdachs Koblenz NJW-RR 1995, 15) kann er, und zwar bereits während der Nießbrauchszeit, Ersatz nach den Grundsätzen der Geschäftsführung ohne Auftrag (§§ 683ff) verlangen (§ 1049). Eine entsprechende Vereinbarung kann in das Grundbuch eingetragen werden (BayObLG Rpfleger 1985, 285; MDR 1985, 498). Der Eigentümer ist dem Nießbraucher gegenüber zur **Erhaltung der Sache** nicht verpflichtet, wohl aber berechtigt, vgl § 1044. BayObLG DNotZ 1973, 299 läßt es dahingestellt, ob als Inhalt eines Nießbrauchs vereinbart und in das Grundbuch eingetragen werden kann, daß der Nießbraucher von der Erhaltungspflicht entbunden werde; es weist aber mit Recht darauf hin, daß dem Grundstückseigentümer durch den **Nießbrauch** nur **Duldungs-**, nicht jedoch **Leistungspflichten** auferlegt werden können, wie etwa die Verpflichtung zur Wiederaufforstung eines durch den Nießbraucher abgeholzten Waldes oder zur Aufnahme eines Darlehens zwecks Finanzierung von Ausbesserungen und Erneuerungen eines Grundstücks (BayObLG MDR 1985, 498). Nunmehr hat aber das BayObLG in DNotZ 1978, 99 zutreffend dahin entschieden, daß den Abreden, die gegen den Grundsatz der Erhaltung der Substanz der nießbrauchsbelasteten Sache verstoßen, eine dingliche Wirkung und die Eintragung versagt sind. S dazu auch vor § 1030 Rz 16, 17.

2   2. Daher kann der Nießbraucher, wenn der Nießbrauch an einem Hausgrundstück besteht, ebensowenig vom Eigentümer den Wiederaufbau des zerstörten Hauses verlangen, wie umgekehrt der Eigentümer vom Nießbraucher; BGH LM § 1090 Nr 10 (dasselbe gilt für einen im Zuge eines Flurbereinigungsverfahrens gerodeten Weinberg, Zweibrücken AgrarR 1984, 164). Allgemein verpflichten Ereignisse, die **außergewöhnliche Unterhaltungskosten** erfordern, weder den Nießbraucher noch den Eigentümer, sofern er sich dazu nicht schuldrechtlich verpflichtet hat (BGH NJW 1991, 837, 838), zum Tätigwerden (BGH 52, 234, 237). Baut aber der Eigentümer an Stelle des zerstörten ein neues Gebäude, so erstreckt sich auch dieses weitere auf dieses (BGH MDR 1964, 493). Für Baukostenaufwendungen des Eigentümers hat der Nießbraucher jedoch nur unter den Voraussetzungen des § 1041 aufzukommen (BGH NJW 1966, 1707).

3. Beschädigt der Nießbraucher schuldhaft die Sache, so haftet er gemäß §§ 276, 278 aus dem gesetzlichen Schuldverhältnis, s vor § 1030 Rz 16, und gemäß § 823.

1042 *Anzeigepflicht des Nießbrauchers*
Wird die Sache zerstört oder beschädigt oder wird eine außergewöhnliche Ausbesserung oder Erneuerung der Sache oder eine Vorkehrung zum Schutze der Sache gegen eine nicht vorhergesehene Gefahr erforderlich, so hat der Nießbraucher dem Eigentümer unverzüglich Anzeige zu machen. Das Gleiche gilt, wenn sich ein Dritter ein Recht an der Sache anmaßt.

1   1. Eine ähnliche Vorschrift für das Mietrecht ist § 536c. Die Anzeige hat unverzüglich (§ 121) zu erfolgen. Vgl zunächst § 1041. Die **Anzeigepflicht** entfällt, wenn der Eigentümer bereits Kenntnis hat, nicht dagegen, wenn der Nießbraucher, ohne ersatzpflichtig zu sein, selbst ausbessert, erneuert – RGRK § 1042 Rz 2 – oder gegen den Dritten vorgeht. Bei schuldhafter Verletzung der Anzeigepflicht kann Schadensersatz gemäß §§ 276, 823 II gefordert werden.

2   2. Gegen einen Dritten, der sich Rechte – tatsächliche oder wörtliche – ernstlich anmaßt, können Nießbraucher wie Eigentümer vorgehen.

1043 *Ausbesserung oder Erneuerung*
Nimmt der Nießbraucher eines Grundstücks eine erforderlich gewordene außergewöhnliche Ausbesserung oder Erneuerung selbst vor, so darf er zu diesem Zwecke innerhalb der Grenzen einer ordnungsmäßigen Wirtschaft auch Bestandteile des Grundstücks verwenden, die nicht zu den ihm gebührenden Früchten gehören.

Zur **außergewöhnlichen** Ausbesserung oder Erneuerung sind weder der Nießbraucher (anders bei von ihm herbeigeführter Beschädigung, MüKo/Petzoldt Rz 3) noch der Eigentümer verpflichtet, beide sind aber hierzu berechtigt (§§ 1043, 1044). Nimmt der Nießbraucher die Maßnahme vor, so hat er **a)** Anspruch auf Ersatz seiner Verwendungen nach Maßgabe der Vorschrift über Geschäftsführung ohne Auftrag (§ 1049), **b)** statt dessen das Recht, Grundstücksbestandteile zu verwenden, auf die er an sich keinen Anspruch hat und die er gemäß § 1039 ersetzen müßte, sofern er sich in den Grenzen einer ordnungsmäßigen Wirtschaft hält. Gleiches gilt für die Ausbesserung und Erneuerung, die zur gewöhnlichen Unterhaltung gehört, und zwar auch dann, wenn er dafür auf Grund besonderer Abrede nicht aufzukommen braucht (für entsprechende Anwendung des § 1043 auch MüKo/Petzoldt Rz 3; Staud/Frank Rz 4).

1044 *Duldung von Ausbesserungen*

Nimmt der Nießbraucher eine erforderlich gewordene Ausbesserung oder Erneuerung der Sache nicht selbst vor, so hat er dem Eigentümer die Vornahme und, wenn ein Grundstück Gegenstand des Nießbrauchs ist, die Verwendung der in § 1043 bezeichneten Bestandteile des Grundstücks zu gestatten.

Eigentümer ist nicht in erster Linie zu gewöhnlicher oder außergewöhnlicher Ausbesserung oder Erneuerung berechtigt (Ausnahme im § 1046 II S 2) und hat deshalb auch kein der Zustandsfeststellung dienendes Besichtigungsrecht (LG Fulda NJW-RR 1989, 777), es sei denn, der Nießbraucher nimmt die erforderliche Handlung nicht selbst vor. Sein Anspruch ist schuldrechtlicher Natur; die Zwangsvollstreckung gegen den Nießbraucher erfolgt auf Grund der §§ 890, 892 ZPO. Der Nießbraucher macht sich schadensersatzpflichtig, wenn er den Eigentümer grundlos an der Rechtsausübung hindert. Handelt dagegen der Eigentümer eigenmächtig, so kann der Nießbraucher nach § 858 vorgehen.

1045 *Versicherungspflicht des Nießbrauchers*

(1) Der Nießbraucher hat die Sache für die Dauer des Nießbrauchs gegen Brandschaden und sonstige Unfälle auf seine Kosten unter Versicherung zu bringen, wenn die Versicherung einer ordnungsmäßigen Wirtschaft entspricht. Die Versicherung ist so zu nehmen, daß die Forderung gegen den Versicherer dem Eigentümer zusteht.

(2) Ist die Sache bereits versichert, so fallen die für die Versicherung zu leistenden Zahlungen dem Nießbraucher für die Dauer des Nießbrauchs zur Last, soweit er zur Versicherung verpflichtet sein würde.

1. Die **Versicherungspflicht** ist (abdingbarer) Bestandteil des **gesetzlichen Schuldverhältnisses**. Neben der Brandversicherung können den Regeln einer ordnungsmäßigen Wirtschaft entsprechen: Einbruchs-, Diebstahls-, Glas-, Wasserschadenversicherung. Der Nießbraucher hat den Vertrag auf den Eigentümer als Berechtigten im eigenen Namen abzuschließen. Der Nießbraucher ist Versicherungsnehmer für fremde Rechnung (§§ 328ff, 1046; §§ 74ff VVG). Gibt sich der Nießbraucher der Versicherung gegenüber als Eigentümer aus, so ist er allein forderungsberechtigt (RG 76, 136). Ein Verstoß gegen die Versicherungspflicht kann schadensersatzpflichtig machen.

2. Bei einer etwa notwendigen **Hagelversicherung** kann der Abschluß einer Eigenversicherung keineswegs genügen. Unter dem Aspekt der ordnungsgemäßen Wirtschaft ist die Versicherung über den Tod des Nießbrauchers hinaus auch für das dann zwischen Erben und Eigentümer entstehende Rückabwicklungsverhältnis erforderlich. Bei einer Eigenversicherung wären diese Belange des Eigentümers jedoch nur gewahrt, wenn man entgegen der Ansicht des RG (RG 161, 86) annähme, daß der Eigentümer entsprechend § 115 VVG nach dem Tod des Nießbrauchers in das vom Nießbraucher abgeschlossene Versicherungsverhältnis einträte. Dies wird von der hM mit Recht abgelehnt (so auch Staud/Frank Rz 7; MüKo/Petzoldt Rz 9; Soergel/Stürner Rz 6; Pal/Bassenge Rz 1). Daraus folgt aber zugleich, daß die Versicherungspflicht entgegen dem eindeutig anderen Gesetzeswortlaut nicht nur für die Dauer des Nießbrauchs, der ja mit dem Tode des Nießbrauchers endet (§§ 1059 S 1, 1061), sondern darüber hinaus besteht. Die Formulierung des Abs I S 1 bedeutet daher nur, daß der Nießbraucher während des Nießbrauchs die Kosten der Versicherung trägt.

1046 *Nießbrauch an der Versicherungsforderung*

(1) An der Forderung gegen den Versicherer steht dem Nießbraucher der Nießbrauch nach den Vorschriften zu, die für den Nießbrauch an einer auf Zinsen ausstehenden Forderung gelten.

(2) Tritt ein unter die Versicherung fallender Schaden ein, so kann sowohl der Eigentümer als der Nießbraucher verlangen, dass die Versicherungssumme zur Wiederherstellung der Sache oder zur Beschaffung eines Ersatzes insoweit verwendet wird, als es einer ordnungsmäßigen Wirtschaft entspricht. Der Eigentümer kann die Verwendung selbst besorgen oder dem Nießbraucher überlassen.

1. Für den Nießbrauch an einer Versicherungsforderung gelten die §§ 1070ff, 1076ff.

2. Einigen sich Nießbraucher und Eigentümer nicht über die Verwendung der Versicherungsleistung (das Gesetz spricht fälschlich von Versicherungssumme, s § 50 VVG), so hat der Eigentümer das Entscheidungsrecht. Der Nießbraucher muß seine Rechte notfalls im Prozeßweg geltend machen. Die Forderung des Eigentümers gegen die Versicherung wird ohne weiteres vom Nießbrauch erfaßt (**dingliche Surrogation**), sofern nach § 1045 Versicherungspflicht mit der Verpflichtung des Nießbrauchers zur Zahlung der Versicherungsprämien bestand (MüKo/Petzoldt Rz 1) und das Verlangen nach Abs II noch nicht geltend gemacht worden ist (MüKo/Petzoldt Rz 4).

§ 1047 Lastentragung

Der Nießbraucher ist dem Eigentümer gegenüber verpflichtet, für die Dauer des Nießbrauchs die auf der Sache ruhenden öffentlichen Lasten mit Ausschluss der außerordentlichen Lasten, die als auf den Stammwert der Sache gelegt anzusehen sind, sowie diejenigen privatrechtlichen Lasten zu tragen, welche schon zur Zeit der Bestellung des Nießbrauchs auf der Sache ruhten, insbesondere die Zinsen der Hypothekenforderungen und Grundschulden sowie die auf Grund einer Rentenschuld zu entrichtenden Leistungen.

1. **Sinn** der Vorschrift: Der Nießbraucher soll diejenigen **Lasten** tragen, die billigerweise aus den Erträgen der Sache zu entrichten sind (RG 153, 32), ferner, was im Gesetz nicht besonders hervorgehoben ist, die Fruchtgewinnungs- und Betriebskosten. Dabei spielt es keine Rolle, ob die Unkosten die Nutzungen übersteigen (RG 153, 32), es sei denn, daß etwas anderes vereinbart ist (RG 72, 101). Die Verpflichtung, die Lasten zu tragen, ist kein Entgelt für das Bestellen des Nießbrauchs. Daraus folgt: Ist im Grundbuch ein lebenslänglicher „unentgeltlicher" Nießbrauch an einem Grundstück eingetragen, so bedeutet das nicht, daß der Nießbraucher die privatrechtlichen Lasten des Grundstücks nicht zu tragen hat (BGH NJW 1974, 641).

2. **Rechtsnatur** der Vorschrift: Sie gewährt nur dem **Eigentümer**, nicht dem Hypothekengläubiger (RG 100, 157; KG OLG 26, 91; BGH WM 1965, 479) einen **schuldrechtlichen Anspruch,** der übrigens durch Parteiabrede ausgeschlossen oder abgeändert werden kann (RG Warn Rsp 1911, 288; RG 153, 32; KG OLG 26, 91), bei Eintragung sogar mit dinglicher Wirkung (Pal/Bassenge § 1047 Rz 8; aA Schleswig SchlHA 1961, 246). Jedoch können die Hypothekengläubiger die Ansprüche des Eigentümers pfänden. Vgl ferner § 1088. Befreiung des Nießbrauchers von der Lastentragung ist nicht schlechthin sittenwidrig (RG SeuffA 62, 182), jedoch im Einzelfall wegen Gläubigerbenachteiligung anfechtbar (RG Warn Rsp 1918, 198).

3. Zahlt der Nießbraucher, so erlischt die Forderung, keine cessio legis. Wohl ist es ihm nicht verwehrt, die gemäß § 1047 zu tilgende Forderung auf sich übertragen zu lassen (RG 100, 152), jedoch darf er von ihr dem Eigentümer gegenüber keinen Gebrauch machen, soweit er im Verhältnis zu diesem gehalten ist, sie zu begleichen; so jetzt auch Pal/Bassenge § 1047 Rz 2.

4. Der **Begriff** der **öffentlichen Lasten** ist dem öffentlichen Recht zu entnehmen. Es handelt sich um an die Nießbrauchssache und nicht, wie Personalsteuern, die Person des Abgabepflichtigen anknüpfende Abgabeverpflichtungen (Karlsruhe NJW-RR 1989, 13). Der Nießbraucher hat zu tragen: die auf den wirtschaftlichen Ertrag der Sache gelegten Lasten, zB Grund- (Schleswig-Holstein DRspr 154, 38a) und Gebäudesteuern, Gewerbesteuern, Gemeindeabgaben (RG 153, 32; Stuttgart JW 1928, 291); and Bösebeck JW 1937, 463. Er hat nicht zu tragen: Anlieger-, Erschließungs-, Flurbereinigungsbeiträge, weil es sich dabei um **außerordentliche** und **auf den Stammwert gelegte Lasten** handelt (dazu s BGH NJW 1956, 1070), für die der Eigentümer aufzukommen hat. Außerordentlich sind die nicht regelmäßig wiederkehrenden einmaligen Leistungen. Eine Last ist dann auf den Stammwert gelegt, wenn sie aus der Substanz und nicht aus den Erträgen zu leisten ist. Bei den Flurbereinigungsbeiträgen kann es jedoch angemessen sein, den Nießbraucher zu beteiligen (§ 69 FlurbG; s dazu MüKo/Petzoldt Rz 15). Schon keine öffentliche Last sind dagegen die Kosten einer Zwangsverwaltung (Köln NJW 1957, 1769).

5. Zu den **privatrechtlichen Lasten**, die der Nießbraucher zu tragen hat, gehören Zinsen von Hypotheken und Grundschulden, mangels abweichender Vereinbarung auch von Höchstbetragshypotheken; bei Gesamthypotheken, die die Grundstücke verschiedener Eigentümer belasten, braucht der Nießbraucher nur für die Zinsen aufzukommen, die sein Eigentümer im Verhältnis zu den anderen zu tragen hätte; Einzelleistungen von Reallasten, ferner Überbau- und Notwegerenten, Unterhaltungspflicht gemäß § 1022. Der Nießbraucher kann für die ihm selbst zustehende Hypothek, selbst im Fall des § 1052, keine Zinsen verlangen (RG 141, 225). Nicht zu tragen hat der Nießbraucher: Zinsen von Eigentümerhypothek, Tilgungsbeträge, Verzugszinsen.

6 Der Umfang der zu tragenden privatrechtlichen Lasten richtet sich nach dem Zeitpunkt der Nießbrauchsbestellung. Übernimmt der Eigentümer danach neue Lasten oder erweitert er sie, so braucht der Nießbraucher für diese, bei fehlender Abrede, auch nicht aufzukommen. Etwas anderes kann nur für eine wirtschaftlich unerläßliche Zinserhöhung gelten (Pal/Bassenge Rz 7), wenn man nicht § 1119 entsprechend heranziehen mag (Soergel/Stürner Rz 9; Wolff/Raiser § 117 I).

7. 6. **Soforthilfe** war keine auf der Sache ruhende öffentliche Last, die nach § 1047 der Nießbraucher zu tragen hatte. Nach § 23 SoforthG konnte aber der abgabepflichtige Eigentümer die Soforthilfeabgabe anteilsmäßig auf den Nießbraucher abwälzen (BGH NJW 1952, 1153). Was der Nießbraucher zahlt, ist auf seine eigene Vermögensabgabe anrechenbar (§ 7 der 3. AVO zum LAG vom 8. 10. 1952 [BGBl I 660] idF vom 1. 10. 1969 (BGBl I 1909). Seit Inkrafttreten des LAG gilt dessen § 73 entsprechend (BGH NJW 1956, 1070); Celle DNotZ 1958, 586, der heutzutage allerdings gegenstandslos ist, s BGBl I 847.

8 Die Zinsen für eine **Umstellungsgrundschuld** hatte der Nießbraucher zu tragen (Celle NJW 1951, 242). Mit Inkrafttreten des LAG sind Umstellungsgrundschulden grundsätzlich erloschen, jedoch durch eine **Hypothekengewinnabgabe** ersetzt (§§ 120, 111 LAG). Für diese öffentliche Last gilt, soweit die Beteiligten nichts Besonderes vereinbart haben, gemäß § 122 LAG Folgendes: Ist der Nießbrauch zeitlich nach dem umgestellten Grundpfandrecht bestellt, so hat der Nießbraucher während des Nießbrauchs statt der Zinsen, bei Rentenverpflichtungen die Abgabeschuld zu tragen; ist der Nießbrauch vorher bestellt, so hat der Grundstückseigentümer alle Leistungen – auch im Verhältnis zum Nießbraucher – allein aufzubringen. Wird die Hypothekengewinnabgabe durch den Eigentümer abgelöst, so ist § 73 I 2 entsprechend anzuwenden. Der durch das 24. Änderungsgesetz eingefügte § 199c des LAG hat gegen Zahlung eines Zuschlags eine Abkürzung der Laufzeit für am 31. 12. 1979 noch nicht getilgte Abgabeschulden der Hypothekengewinnabgabe gebracht; s hierzu Erlaß des BdF vom 5. 6. 1972 (BStBl I 385).

7. Für die **Vermögensabgabe,** die an sich als eine auf den Stammwert des Vermögens gelegte außerordentliche 9 Last anzusehen ist, gilt, soweit die Beteiligten nichts anderes vereinbart haben, gem § 73 LAG folgendes: Ist der Nießbrauch nach dem 20. 6. 1948 bestellt, so haben Eigentümer und Nießbraucher seit 10. 5. 1952 (§ 49) die Vierteljahresbeträge der Abgabeschuld je zur Hälfte aufzubringen. Im Außenverhältnis bleibt aber der Eigentümer alleiniger Abgabeschuldner. Gleichwohl kann der Nießbraucher seine Leistungen bei der Einkommensteuer gemäß § 211 I Nr 1 LAG entsprechend berücksichtigen. Bestand der Nießbrauch bereits am 21. 6. 1948, so sind Eigentümer und Nießbraucher selbständige Abgabeschuldner, sie brauchen auch im Verhältnis zueinander nur die Vierteljahresbeträge zu leisten, die jeweils auf ihr Vermögen unter Berücksichtigung des Nießbrauchs entfallen. Der Eigentümer, der die Abgabeschuld von seinem Vermögen gemäß § 199 freiwillig ablöst, hat den Ablösungswert allein zu tragen; Gleiches gilt bei sofortiger Fälligkeit der Abgabeschuld in den Fällen der §§ 50–52, 63, 200 LAG.

1048 *Nießbrauch an Grundstück mit Inventar*
(1) Ist ein Grundstück samt Inventar Gegenstand des Nießbrauchs, so kann der Nießbraucher über die einzelnen Stücke des Inventars innerhalb der Grenzen einer ordnungsmäßigen Wirtschaft verfügen. Er hat für den gewöhnlichen Abgang sowie für die nach den Regeln einer ordnungsmäßigen Wirtschaft ausscheidenden Stücke Ersatz zu beschaffen; die von ihm angeschafften Stücke werden mit der Einverleibung in das Inventar Eigentum desjenigen, welchem das Inventar gehört.
(2) Übernimmt der Nießbraucher das Inventar zum Schätzwert mit der Verpflichtung, es bei der Beendigung des Nießbrauchs zum Schätzwert zurückzugewähren, so findet die Vorschrift des § 582a entsprechende Anwendung.

Zum Begriff des **Inventars** vgl RG 142, 202. Der Nießbraucher darf, obwohl er nicht Eigentümer des Inventars 1 ist, über einzelne Stücke desselben mit Wirkung gegen den Eigentümer verfügen, sofern er sich in den Grenzen einer ordnungsmäßigen Wirtschaft hält (§ 1036). Ein Gutgläubiger erwirbt Eigentum, wenn die Verfügung außerhalb dieser Grenzen liegt (Celle JW 1938, 49). Dann aber macht sich der Nießbraucher gemäß §§ 1036 II, 1041 schadensersatzpflichtig. Der Ersatz fällt mit der Einverleibung in das Inventar kraft Gesetzes dem Grundstückseigentümer zu (KGJ 40, 188), wenn der Nießbraucher zur Beschaffung verpflichtet war (Stuttgart JW 1932, 1402).

1049 *Ersatz von Verwendungen*
(1) Macht der Nießbraucher Verwendungen auf die Sache, zu denen er nicht verpflichtet ist, so bestimmt sich die Ersatzpflicht des Eigentümers nach den Vorschriften über die Geschäftsführung ohne Auftrag.
(2) Der Nießbraucher ist berechtigt, eine Einrichtung, mit der er die Sache versehen hat, wegzunehmen.

1. Soweit der Nießbraucher zu Verwendungen verpflichtet ist (§§ 1041, 1047, 1048), kann er weder Ersatz ver- 1 langen noch ein Wegnahmerecht ausüben. IÜ kann er **freiwillige Aufwendungen** dann ersetzt verlangen, wenn der Eigentümer sie genehmigt oder wenn sie dem wirklichen oder mutmaßlichen Willen des Eigentümers oder einer öffentlichen Pflicht entsprechen (§§ 677ff). Die §§ 994ff scheiden aus. **Anspruchsgegner** ist dann der Eigentümer zZt der Verwendung (RG HRR 1937, 1444). Ist danach ein Ersatzanspruch nicht begründet, so kommt eine Rückforderung lediglich aus ungerechtfertigter Bereicherung (§§ 812ff, 684 S 1), uU auch vom späteren Eigentümer in Betracht. Ein Zurückbehaltungsrecht des Nießbrauchers besteht nach § 273, RG 141, 226, ein Recht auf abgesonderte Befriedigung nach § 51 Nr 2 InsO. Verwendungen sind wegen § 256 S 2 nicht zu verzinsen.

2. Statt dessen kann der Nießbraucher eine **Einrichtung wegnehmen,** selbst wenn sie – angesichts des § 95 2 ausnahmsweise – wesentlicher Bestandteil geworden sein sollte (§§ 93ff); § 258 ist hierauf anzuwenden. **Anspruchsgegner** ist auch ein späterer Eigentümer. Verbindet der Nießbraucher Sachen mit dem Grundstück, so werden sie grundsätzlich nicht Bestandteil desselben (RG 106, 49).

3. Für **Verjährung** der Ansprüche aus § 1049 vgl 1057. 3

1050 *Abnutzung*
Veränderungen oder Verschlechterungen der Sache, welche durch die ordnungsmäßige Ausübung des Nießbrauchs herbeigeführt werden, hat der Nießbraucher nicht zu vertreten.

Danach ist der Nießbraucher nicht verpflichtet, die mit dem Nießbrauch belastete Sache so zurückzugeben, wie 1 er sie übernommen hat. Die **Ausübung ist ordnungsmäßig,** wenn sie den Abreden und Vorschriften der §§ 1036–1043, 1045–1048 entspricht. Vgl § 538.

1051 *Sicherheitsleistung*
Wird durch das Verhalten des Nießbrauchers die Besorgnis einer erheblichen Verletzung der Rechte des Eigentümers begründet, so kann der Eigentümer Sicherheitsleistung verlangen.

1. Eine erhebliche **Gefährdung** durch Nießbraucher oder Dritten, dem die Ausübung des Nießbrauchs überlas- 1 sen ist (§ 1059), **genügt,** zB drohende Veräußerung, Raubbau. Ein Verschulden oder eine bereits eingetretene Verletzung ist nicht erforderlich. Die Sicherheit hat stets der Nießbraucher zu leisten. Weitere Fälle §§ 1039 I 2, 1067 II. Weitere Folgen der Rechtsverletzung sind in den §§ 1053f geregelt.

§ 1051

2 2. Die **Art** der Sicherheitsleistung richtet sich nach §§ 232ff, die **Höhe** ist nach dem Umfang der Gefährdung zu bemessen. Die Folgen der Nichtleistung ergeben sich aus § 1052.

3 3. Des Rechts, Sicherheitsleistung gemäß dieser Vorschrift zu verlangen, kann sich der Eigentümer mit dinglicher Wirkung begeben (BayObLG DNotZ 1978, 99). Der Verzicht ist eintragbar.

1052 *Gerichtliche Verwaltung mangels Sicherheitsleistung*

(1) Ist der Nießbraucher zur Sicherheitsleistung rechtskräftig verurteilt, so kann der Eigentümer statt der Sicherheitsleistung verlangen, dass die Ausübung des Nießbrauchs für Rechnung des Nießbrauchers einem von dem Gericht zu bestellenden Verwalter übertragen wird. Die Anordnung der Verwaltung ist nur zulässig, wenn dem Nießbraucher auf Antrag des Eigentümers von dem Gericht eine Frist zur Sicherheitsleistung bestimmt worden ist und die Frist verstrichen ist; sie ist unzulässig, wenn die Sicherheit vor dem Ablauf der Frist geleistet wird.

(2) Der Verwalter steht unter der Aufsicht des Gerichts wie ein für die Zwangsverwaltung eines Grundstücks bestellter Verwalter. Verwalter kann auch der Eigentümer sein.

(3) Die Verwaltung ist aufzuheben, wenn die Sicherheit nachträglich geleistet wird.

1 1. Der Eigentümer kann von der Erzwingung der Sicherheitsleistung absehen und statt dessen **gerichtliche Verwaltung** verlangen. Deren **Voraussetzungen:** a) rechtskräftige Verurteilung zur Sicherheitsleistung gemäß § 1051 (§§ 704ff ZPO), b) Fristsetzung im Urteil (§ 255 II ZPO) durch Prozeßgericht oder durch Beschluß des Vollstreckungsgerichts (§ 764 ZPO), c) gänzlich oder teilweise Nichtleistung der Sicherheit, d) Antrag (§ 764 ZPO).

2 Die Verwaltung ordnet das Vollstreckungsgericht an (§ 764 ZPO); es bestellt und beaufsichtigt den Verwalter und setzt seine Vergütung fest, vgl §§ 153, 154 ZVG. Die Verwaltung ist weder eintragungsfähig noch eintragungsbedürftig.

3 2. Die Verwaltung unterliegt den Vorschriften der §§ 150ff ZVG. Der Verwalter ist Partei kraft Amtes, besser kraft gesetzlicher Treuhand.

4 3. Der Nießbraucher kann die gerichtliche Verwaltung dadurch abwenden, daß er sich freiwillig einer Verwaltung auf rechtsgeschäftlicher Grundlage unterwirft, vgl Staud/Frank Rz 10; RGRK Rz 2. Der Verwalter handelt dann im Auftrag und in Vollmacht des Nießbrauchers.

5 4. Vor einer Verurteilung zur Sicherheit kann das Gericht durch einstweilige Verfügung eine vorläufige Verwaltung anordnen (Celle HRR 1934 Nr 1683).

1053 *Unterlassungsklage bei unbefugtem Gebrauch*

Macht der Nießbraucher einen Gebrauch von der Sache, zu dem er nicht befugt ist, und setzt er den Gebrauch ungeachtet einer Abmahnung des Eigentümers fort, so kann der Eigentümer auf Unterlassung klagen.

1 **Gegenüber § 1004 weiteres Erfordernis:** Fortsetzung des unbefugten Gebrauchs trotz Abmahnung. **Anspruchsgegner:** Nießbraucher oder Dritter, dem die Ausübung des Nießbrauchs überlassen ist (§ 1059). Bei unbefugter Veräußerung ist gegebenenfalls Feststellungsklage gemäß § 256 ZPO möglich.

1054 *Gerichtliche Verwaltung wegen Pflichtverletzung*

Verletzt der Nießbraucher die Rechte des Eigentümers in erheblichem Maße und setzt er das verletzende Verhalten ungeachtet einer Abmahnung des Eigentümers fort, so kann der Eigentümer die Anordnung einer Verwaltung nach § 1052 verlangen.

1 1. **Voraussetzungen** der **Zwangsverwaltung** a) erhebliche – wenn auch nicht schuldhafte – Verletzung der Rechte des wirklichen, nicht nur buchmäßigen Eigentümers trotz Abmahnung; die Gefahr einer Veräußerung oder Belastung der Sache genügt, b) rechtskräftige Verurteilung zur Duldung der Zwangsverwaltung, c) Antrag (§ 764 ZPO).

2 2. **Anordnung** erfolgt durch das Vollstreckungsgericht. Eine Abwendungsbefugnis durch Sicherheitsleistung besteht nicht.

1055 *Rückgabepflicht des Nießbrauchers*

(1) Der Nießbraucher ist verpflichtet, die Sache nach der Beendigung des Nießbrauchs dem Eigentümer zurückzugeben.

(2) Bei dem Nießbrauch an einem landwirtschaftlichen Grundstück finden die Vorschriften des § 596 Abs. 1 und des § 596a, bei dem Nießbrauch an einem Landgut finden die Vorschriften des § 596 Abs. 1 und der §§ 596a, 596b entsprechende Anwendung.

1 1. **Schuldrechtlicher Anspruch** aus dem gesetzlichen Schuldverhältnis zwischen Eigentümer und Nießbraucher, vgl vor § 1030 Rz 16. **Anspruchsberechtigt:** Eigentümer zZt der Beendigung des Nießbrauchs. Zusätzlich hat dieser den Herausgabeanspruch nach § 985. **Anspruchsgegner:** Nießbraucher, nach seinem Tod seine Erben.

2 Es können auch Ansprüche aus §§ 987ff in Betracht kommen: a) während der Nießbrauchszeit, wenn der Nießbraucher den rechtmäßigen Fremdbesitz in unrechtmäßigen Eigenbesitz umwandelt, vgl BGH 31, 129; Westermann § 31 III, 2b; Blanke JuS 1968, 265 (str); b) nach Beendigung der Nießbrauchszeit, weil nunmehr der bisherige Nießbraucher unrechtmäßiger Fremdbesitzer ist, vgl BGH LM Nr 2 zu § 597 (str); s zu beiden Streitständen Staud/Frank Rz 3 mwN.

2. Die Rückgabe hat in dem Zustand zu erfolgen, der einem Gebrauch im Rahmen ordnungsmäßiger Wirtschaft entspricht; dies ist an sich ausdrücklich nur für landwirtschaftliche Grundstücke durch den Hinweis auf § 596 I angeordnet, gilt aber schlechthin für jeden Nießbrauch. Die Beweislast dafür, daß der Nießbraucher dieser Pflicht nicht nachgekommen ist, trifft den Eigentümer. Eine Pflicht des Nießbrauchers zur Rechnungslegung besteht nicht (Naumburg JW 1930, 278). Ist der Nießbraucher infolge Verschulden zu ordnungsmäßiger Rückgabe außerstande, so ist er im Rahmen der §§ 276ff zum Schadensersatz verpflichtet. 3

1056 *Miet- und Pachtverhältnisse bei Beendigung des Nießbrauchs*
(1) Hat der Nießbraucher ein Grundstück über die Dauer des Nießbrauchs hinaus vermietet oder verpachtet, so finden nach der Beendigung des Nießbrauchs die für den Fall der Veräußerung geltenden Vorschriften der §§ 566, 566a, 566b Abs. 1 und der § 566c bis 566e, 567b entsprechende Anwendung.
(2) Der Eigentümer ist berechtigt, das Miet- oder Pachtverhältnis unter Einhaltung der gesetzlichen Kündigungsfrist zu kündigen. Verzichtet der Nießbraucher auf den Nießbrauch, so ist die Kündigung erst von der Zeit an zulässig, zu welcher der Nießbrauch ohne den Verzicht erlöschen würde.
(3) Der Mieter oder Pächter ist berechtigt, den Eigentümer unter Bestimmung einer angemessenen Frist zur Erklärung darüber aufzufordern, ob er von dem Kündigungsrecht Gebrauch mache. Die Kündigung kann nur bis zum Ablauf der Frist erfolgen.

1. Nießbraucher kann die ihm überlassene Sache in der Weise nutzen, daß er sie **vermietet oder verpachtet**. Darin liegt keine nach § 1059 S 2 zulässige Überlassung der Ausübung, sondern eine typische Selbstausübung des Nießbrauchs (BGH 109, 111, 115). Da der Mieter oder Pächter sein Recht von dem des Nießbrauchers herleitet, muß jenes grundsätzlich mit diesem enden. Ohne Einschränkung gilt dies, wenn der **Nießbrauch nicht durch den Tod des Nießbrauchers** endet (s § 1061 S 1), a) für bewegliche Sachen, b) für Grundstücke, die vor dem Erlöschen des Nießbrauchs dem Mieter oder Pächter noch nicht überlassen sind. Hat der Mieter oder Pächter den Besitz am Grundstück bereits erlangt, so gelten 2 Ausnahmen: **aa)** wird die vereinbarte Dauer des Nießbrauchs durch einen Verzicht des Nießbrauchers auf sein Nutzungsrecht oder durch eine dementsprechende Vereinbarung mit dem Eigentümer abgekürzt, so wird hierdurch das Miet- und Pachtverhältnis nicht beeinträchtigt, **bb)** die für die Veräußerung eines Grundstücks geltenden Vorschriften (§§ 578 I, 566ff) gelten mit der Maßgabe entsprechend, daß der Eigentümer das Miet- oder Pachtverhältnis mit gesetzlicher Kündigungsfrist beendigen kann, wobei ihm der Mieter oder Pächter hierzu eine Frist setzen darf. Sonst ist der Eigentümer nicht gehalten, zum nächstzulässigen Termin zu kündigen (KG OLG 18, 150). Hält der Eigentümer das Räumungsbegehren im Prozeß aufrecht, so kann hierin eine Kündigung liegen (RG 106, 109). **Mieterschutz** besteht durch die im BGB geregelten Kündigungsschutzbestimmungen, in der Wohnraummiete also den §§ 549 II, III, 568, 573, 573a, 573b, 574, 574a, 574b, 576a, 577a. Ist der Eigentümer seinerzeit dem Vertrag des Nießbrauchers beigetreten, so bleibt er gebunden (Staud/Frank Rz 21). 1

Wird der Nießbrauch durch den **Tod des Nießbrauchers** beendet, erlischt das Mietverhältnis über ein nießbrauchsbelastetes Grundstück unabhängig davon nicht, ob der Grundstückseigentümer in den Vertrag nach § 1056 I eintritt; vielmehr wird der Erbe Rechtsnachfolger, dem als Alleinerbe des Nießbrauchers auch kein vorzeitiges Kündigungsrecht analog § 1056 II S 2 zusteht (BGH 109, 111, 113ff mit Anm Schubert JR 1990, 417ff). Nicht gekündigt werden kann auch ein befristeter Mietvertrag über Räume, hinsichtlich deren der verstorbene Vermieter zur Hälfte Miteigentümer und zur anderen Hälfte Nießbraucher war, von den Eigentümern der nießbrauchsbelasteten Hälfte (LG Stuttgart NJW-RR 1989, 1171). 2

2. § 1056 gilt bei einer **Zwangsversteigerung** zugunsten des Erstehers dann, wenn der **Nießbrauch** durch Zuschlag **erlischt**; andernfalls bleiben vom Nießbraucher abgeschlossene Miet- und Pachtverträge auch für den Ersteher verbindlich; vgl Staud/Frank Rz 23. 3

3. § 1056 setzt voraus, daß der Nießbrauch gültig bestellt wurde; daher ist die Vorschrift auf einen nur schuldrechtlichen Anspruch auf eine Bestellung nicht anwendbar (Köln NJW 1968, 2148). 4

1057 *Verjährung der Ersatzansprüche*
Die Ersatzansprüche des Eigentümers wegen Veränderungen oder Verschlechterungen der Sache sowie die Ansprüche des Nießbrauchers auf Ersatz von Verwendungen oder auf Gestattung der Wegnahme einer Einrichtung verjähren in sechs Monaten. Die Vorschrift des § 548 Abs. 1 Satz 2 und 3, Abs. 2 findet entsprechende Anwendung.

1. Der **kurzen Verjährungsfrist** unterliegen grds alle Ersatzansprüche, gleichgültig, ob sie aus dem gesetzlichen Schuldverhältnis oder aus unerlaubter Handlung hergeleitet werden. Ausnahmen: Nicht der Anspruch auf Schadensersatz wegen vom Nießbraucher verschuldeter Unmöglichkeit der Rückgabe (RG Warn Rsp 1908, 320). 1

2. Die Ersatzansprüche des Eigentümers beginnen mit Rückerhalt der Sache, die Gegenansprüche des Nießbrauchers (§ 1049) mit Beendigung des Nießbrauchs zu verjähren (§ 548). 2

3. Ähnliche Rechtsvorschrift: § 1226. 3

§ 1058 *Besteller als Eigentümer*

Im Verhältnis zwischen dem Nießbraucher und dem Eigentümer gilt zugunsten des Nießbrauchers der Besteller als Eigentümer, es sei denn, dass der Nießbraucher weiß, dass der Besteller nicht Eigentümer ist.

1 1. **Eigentümer und Besteller** werden in der Regel **personengleich** sein. Sie können **auseinanderfallen,** wenn der Eigentümer nach der Nießbrauchsbestellung die Sache veräußert oder wenn der Nießbraucher den Nießbrauch kraft guten Glaubens gemäß §§ 1032, 873, 892 erlangt hat. Zusätzlich bestimmt § 1058: Falls und solange der Nießbraucher die wahre Rechtslage nicht durchschaut, gilt zu seinen Gunsten für das **gesetzliche Schuldverhältnis** – nicht aus dem Grundgeschäft, siehe vor § 1030 Rz 16 – der Besteller und über den Wortlaut der Vorschrift hinaus auch ein späterer Eigentümer, der das Eigentum aber ohne Kenntnis des Nießbrauchers wieder verloren hat (Staud/Frank Rz 2), kraft **unwiderleglicher Vermutung als Eigentümer.** Nur die positive Kenntnis im Zeitpunkt der Vornahme der Rechtshandlung oder des Rechtshängigwerdens (siehe Rz 2) begründet bösen Glauben; fahrlässiges Nichtwissen oder Eintragung im Grundbuch schaden im Gegensatz zu den §§ 932 II, 892 I nicht. Für Nießbrauch an einem Grundstück gilt ferner § 893.

2 2. Der Eigentümer muß **a)** Leistung, **b)** sonstige Rechtsgeschäfte des Nießbrauchers, **c)** zu dessen Gunsten wider den Besteller ergangene Urteile, **d)** bei Verwendungen den Willen und das Interesse des Bestellers (§§ 1049, 683) gegen sich gelten lassen. Über diese Duldung hinaus ist er aber zu Leistungen nicht verpflichtet. Der Eigentümer ist auf §§ 816, 823 angewiesen.

3 3. Zugunsten des Bestellers gelten die §§ 891, 1006.

§ 1059 *Unübertragbarkeit; Überlassung der Ausübung*

Der Nießbrauch ist nicht übertragbar. Die Ausübung des Nießbrauchs kann einem anderen überlassen werden.

1 1. **Unübertragbar,** daher **unbelastbar,** insbesondere unverpfändbar (§§ 1069, 1274 II – KGJ 40, 254 –), unvererblich (§ 1061), grundsätzlich auch **unpfändbar** (§ 857 III ZPO). Folgerichtig gilt Gleiches für den Anspruch auf Bestellung eines Nießbrauchs. Verpfändung und Pfändung sind aber zumindest in Bezug auf die Ausübung des Nießbrauchs zulässig (BGH NJW 1985, 2827; s dazu auch Rz 3). Der Pfandgläubiger hat dann statt des Nießbrauchers die Lasten zu tragen, so daß ihm lediglich der Überschuß zukommt (RG 56, 390). Die Zwangsvollstreckung ist durch Anordnung der Verwaltung möglich, vgl § 857 IV ZPO. In der Insolvenz des Nießbrauchers übt der Insolvenzverwalter dessen Rechte aus (§§ 851 I, 857 III ZPO; § 35 InsO); Frankfurt NJW-RR 1991, 445. Die Pfändung des Rechts zur Ausübung des Nießbrauchs an einem Grundstück ist nicht eintragungsfähig (KGJ 48, 212), und zu Unrecht RG 74, 79 unter dem Gesichtspunkt einer Verfügungsbeschränkung. Der Pfändungsgläubiger erlangt die gleichen Rechte wie ein Dritter bei Überlassung der Ausübung; zur Wirkung der Pfändung Rz 3.

2 Der Grundstückseigentümer kann sich dem Nießbraucher gegenüber rechtswirksam verpflichten, nach dem Tode des Nießbrauchers dessen Erben einen neuen Nießbrauch – mit neuem Rang im Grundbuch – zu bestellen (LG Traunstein NJW 1962, 2207; Wolff/Raiser, Sachenrecht § 118 Fn 12; Staud/Frank Rz 6). Zur aufschiebend bedingten Bestellung eines Nießbrauchs s § 1030 Rz 5 und § 1061 Rz 1.

3 2. Zulässige **Überlassung der Ausübung,** entgeltlich oder unentgeltlich, auf Dauer oder auf Zeit, im ganzen oder auf einzelne Nutzungen beschränkt; auch an Eigentümer (RG Recht 1911, 2438). Eine unzulässige Abtretung ist regelmäßig gemäß § 140 in eine Überlassung der Ausübung umzudeuten (RG 159, 203). Die Übertragung erfolgt durch formlosen Vertrag und ändert an der **dinglichen Rechtslage nichts,** vgl RG 159, 193 zum gleichlautenden § 1092 I S 2; sie **verpflichtet den Nießbraucher nur schuldrechtlich,** dem Vertragspartner die Ausübung der Befugnisse aus dem Nießbrauch zu ermöglichen. Für den Fruchterwerb des Ausübenden sind die §§ 956 II, 957 maßgeblich. Der Nießbraucher kann die **Rechtsstellung des Ausübenden** aber auch noch **dadurch zusätzlich verstärken,** daß er ihm bestimmte oder bestimmbare Rechte, zB Miet- oder Pachtansprüche, **zur Ausübung in eigenem Recht mit dinglicher Wirkung überträgt;** ob dies im Einzelfall anzunehmen ist, bleibt Tatfrage; vgl Soergel/Stürner Rz 3; Staud/Frank Rz 19. Die Übertragung ist deshalb nicht eintragbar (KGJ 40, 254; BGH 55, 111) und genießt keinen guten Glauben nach § 892 (KG OLG 18, 152). Auch in diesem Fall bleibt jedoch der Nießbraucher Träger des Stammrechts und Verfügungsberechtigter. Verzichtet er zB auf den Nießbrauch, was er auch ohne Zustimmung des Ausübungsberechtigten tun kann, vgl Westermann Sachenrecht § 121 VII, so enden damit die Befugnisse des Ausübungsberechtigten, der sich lediglich an seinen Vertragspartner halten kann; vgl auch Rz 4 und 5.

3a Ob der Pfändungsgläubiger weitergehende Rechte erlangt, ist bestritten. Nach einer Ansicht ist der Nießbraucher wohl infolge der Beschlagnahme gehindert, die Ausübung einem Dritten zu übertragen, nicht aber den Nießbrauch – auch ohne Zustimmung des Pfändungsgläubigers – aufzuheben (KG JFG 16, 334; Frankfurt NJW 1961, 1928; Pal/Bassenge Rz 6; Soergel/Stürner Rz 9a; Wolff/Raiser Sachenrecht, § 118 S 475 Fn 1), und zwar selbst dann, wenn eine Pfändung oder ein Verfügungsverbot eingetragen sein sollte (Pal/Bassenge aaO). Denn **Gegenstand** der **Pfändung** ist nach § 857 III ZPO nicht der Nießbrauch, sondern das gemäß § 1059 S 2 übertragbare, obligatorische **Recht** des Nießbrauchers auf **Ausübung des Nießbrauchs.** Folgerichtig unterliegt dann eine Aufhebung des Nießbrauchs durch den Nießbraucher als Vollstreckungsschuldner auch noch der Gläubigeranfechtung. Der Gläubiger kann sich aber durch Pfändung der einzelnen Nutzungen schützen. Nach anderer Ansicht ist **Gegenstand der Pfändung der Nießbrauch selbst** (Köln NJW 1962, 1621; Bremen NJW 1969, 2147 mit zustimmender Anm von Schmidt–Jortzig NJW 1970, 286; BGH 62, 133; Planck/Brodmann Anm 3a, d; Staud/Frank Rz 27; RGRK Rz 7; Stein/Jonas/Pohle § 857 ZPO Rz 28; Wieczorek § 857 ZPO Anm B IIIa 1; vgl auch Westermann

Sachenrecht § 121 V 2). Folgerichtig ist dann ein Verzicht des Nießbrauchers auf den Nießbrauch gemäß §§ 136, 135 dem Vollstreckungsgläubiger gegenüber unwirksam, wenn dieser vorher den Nießbrauch rechtswirksam gepfändet hat. Die Pfändung braucht nicht im Grundbuch des belasteten Grundstücks eingetragen zu werden, weil die §§ 857 VI, 830 ZPO nicht einmal entsprechend anzuwenden sind (BGH aaO). Sie wird gemäß §§ 857, 829 III ZPO mit Zustellung des Beschlusses an den Eigentümer des belasteten Grundstücks wirksam.

Die vom BGH vertretene Meinung läßt sich mit dem Wortlaut des § 857 ZPO vereinbaren. Für sie spricht auch das Bedürfnis einer Sicherung des Gläubigers gegen nachträgliche Manipulationen. Es fragt sich jedoch, ob sie mit dem § 1059b, auf den mit Recht Pal/Bassenge Rz 6 hinweist, im Einklang steht. Denn danach kann der Nießbrauch nicht einmal dann gepfändet werden, wenn der Grundsatz der Unübertragbarkeit nicht mehr gilt. Der Hinweis des BGH darauf, der Gesetzgeber habe nur klarstellen wollen, daß § 1059a die Pfändbarkeit des Nießbrauchs nicht erweitere, überzeugt nicht.

3. **Rechtsstellung** des Ausübenden. Er ist nach dem oben zu Rz 3 Gesagten entweder befugt, **a)** lediglich im Namen des Nießbrauchers, aber für eigene Rechnung die sich aus dem Nießbrauch ergebenden Rechte auszuüben; das ist der Fall, wenn der Nießbraucher sich darauf beschränkt hat, lediglich die Ausübung als solche dem anderen zu überlassen, oder **b)** darüber hinaus einzelne Rechte aus eigenem Recht geltend zu machen; das setzt aber voraus, daß diese durch Abtretung auf ihn übergegangen sind. Gleichwohl rückt er damit noch nicht schlechthin in die dingliche Rechtsstellung des Nießbrauchers ein; dies äußert sich auch darin, daß der Nießbraucher die Befugnisse des Ausübenden ohne weiteres durch Aufgabe des Nießbrauchs vernichten kann, vgl Rz 5. Schließlich ist noch möglich, daß der Ausübende **c)** lediglich beauftragt und bevollmächtigt ist, die Verwaltung für den Nießbraucher zu führen (RG Warn Rsp 1913, 421).

4. Das **Ausübungsrecht** ist vererblich und, soweit nichts anderes bestimmt ist, auch übertragbar (§§ 399, 413). Es kann aber (im Falle der Eintragung im Grundbuch auch mit dinglicher Wirkung) ausgeschlossen (BGH NJW 1985, 2827; generell zum dispositiven Charakter des § 1059 S 2: LG Mönchengladbach NJW 1969, 140; RGRK Rz 6) und selbst mit einem Nießbrauch belastet werden (MüKo/Petzoldt Rz 7). Es erlischt mit dem Nießbrauch, selbst wenn dieser infolge Verzichts des Nießbrauchers – der einer Zustimmung des Ausübungsberechtigten nicht bedarf – vorzeitig endet. Eine Ausnahme besteht, wenn dem Ausübungsberechtigten als Mieter oder Pächter eine besondere Rechtsstellung zukommt (§ 1056 II).

5. **Rechte des Eigentümers** bei Verletzung seines Eigentums durch den Ausübungsberechtigten: **a)** der Nießbraucher haftet für dessen Verschulden (§ 278), **b)** der Ausübungsberechtigte haftet gemäß §§ 823ff, **c)** der Eigentümer hat einen Anspruch auf Unterlassung (§§ 1053, 1004).

6. **Sondervorschriften** für den einer juristischen Person zustehenden Nießbrauch in den §§ 1059a bis 1059e.

a) Die durch Gesetz vom 5. 3. 1953 (BGBl I 33) eingefügten §§ 1059a–1059e ersetzen die gleichzeitig aufgehobenen Bestimmungen des Gesetzes über die Veräußerung von Nießbrauchsrechten und beschränkt persönlichen Dienstbarkeiten vom 12. 12. 1935 (RGBl I 1468) sowie seiner DVO vom 12. 6. 1936 (RGBl I 489) und vom 15. 1. 1944 (RGBl I 22).

b) Eine Ausnahme besteht lediglich von der **Übertragbarkeit**. Es soll der Fortbestand des Nießbrauchs in enger Verbindung mit dem Vermögen, dem er zugehört, gesichert werden. Der Nießbrauch bleibt aber unpfändbar, unverpfändbar und kann auch nicht mit einem Nießbrauch belastet werden, vgl § 1059b.

1059a *Übertragbarkeit bei juristischer Person oder rechtsfähiger Personengesellschaft*

(1) Steht ein Nießbrauch einer juristischen Person zu, so ist er nach Maßgabe der folgenden Vorschriften übertragbar:
1. Geht das Vermögen der juristischen Person auf dem Wege der Gesamtrechtsnachfolge auf einen anderen über, so geht auch der Nießbrauch auf den Rechtsnachfolger über, es sei denn, dass der Übergang ausdrücklich ausgeschlossen ist.
2. Wird sonst ein von einer juristischen Person betriebenes Unternehmen oder ein Teil eines solchen Unternehmens auf einen anderen übertragen, so kann auf den Erwerber auch ein Nießbrauch übertragen werden, sofern er den Zwecken des Unternehmens oder des Teils des Unternehmens zu dienen geeignet ist. Ob diese Voraussetzungen gegeben sind, wird durch eine Erklärung der obersten Landesbehörde oder der von ihr ermächtigten Behörde festgestellt. Die Erklärung bindet die Gerichte und die Verwaltungsbehörden.

(2) Einer juristischen Person steht eine rechtsfähige Personengesellschaft gleich.

1. § 1059a durchbricht den von § 1059 angeordneten Grundsatz der Unübertragbarkeit des Nießbrauchs. In der bisherigen Fassung betraf § 1059a nur juristische Personen des privaten und öffentlichen Rechts, wurde aber auf die OHG und die KG (BGH 50, 310) sowie vereinzelt auch auf die GbR entsprechend angewendet (Staud/Frank Rz 3).

Mit dem Gesetz zur Änderung des Rechts der beschränkten Dienstbarkeiten vom 17. 7. 1996 (BGBl I 990) wurde **Abs II** eingefügt. Dieser enthält zwei Aussagen. Zum einem wird die rechtsfähige Personengesellschaft legaldefiniert, wobei die an § 124 I HGB orientierte Legaldefinition (bewußt) offen läßt, ob neben OHG und KG auch die GbR fähig ist, Träger von Rechten und Pflichten zu sein; durch Beschluß des BGH v 29. 1. 2001 (NJW 2001, 1056) ist deren Rechtsfähigkeit nunmehr aber anerkannt. Zum anderen stellt Abs II die rechtsfähige Personengesellschaft der juristischen Person gleich. Diese Gleichstellung, die im Rechtsbereich der Dienstbarkeiten noch von anderen Vorschriften aufgegriffen wird (vgl §§ 1059e, 1061 S 2, 1092 III, 1098 III), gilt grundsätzlich nur für die Regelung des § 1059a und nicht für andere Rechtsgebiete.

§ 1059a Sachenrecht Dienstbarkeiten

2 2. **Rechtsnachfolger** oder Erwerber können natürliche wie juristische Personen sein.

3 3. **Zu Nr 1. Gesamtrechtsnachfolge** zB §§ 46, 88 BGB mit Art 85 EGBGB. Weil der Nießbrauch kraft Gesetzes übergeht, wird das Grundbuch durch Eintragung des Rechtsnachfolgers nur berichtigt. Der Übergang kann durch ausdrückliche Vereinbarung ausgeschlossen werden, und zwar schon zum Zeitpunkt der Begründung des dann durch eine auflösende Bedingung oder Befristung zulässigerweise beschränkten Nießbrauchs (str, Meinungsstand s Staud/Frank Rz 6). Der Nichtausschluß des Übergangs ist eintragungsfähig (Düsseldorf MittRhNotK 1976, 641).

4 4. **Zu Nr 2.** Der Begriff „**Unternehmen**" ist allgemein wirtschaftlich und nicht nur in dem engeren Sinn eines Handelsunternehmens zu verstehen.

5 Zur Erteilung der **Feststellungserklärung** wurden durch AV der RJM vom 8. 12. 1938 (DJ 1974) die Landesgerichtspräsidenten, in Berlin und Hamburg die Amtsgerichtspräsidenten ermächtigt. In einzelnen Ländern sind jetzt eigene Vorschriften ergangen; s dazu MüKo/Petzoldt Rz 4, Fn 10. Bei der Feststellung handelt es sich um einen Justizverwaltungakt iS des EGGVG; zu den einzelnen Voraussetzungen s Wessel DB 1994, 1606.

1059b *Unpfändbarkeit*
Ein Nießbrauch kann auf Grund der Vorschrift des § 1059a weder gepfändet noch verpfändet noch mit einem Nießbrauch belastet werden.

1 Diese Vorschrift stellt nur klar, daß der Nießbrauch nach wie vor nicht belastet werden kann, obwohl der Grundsatz der Unübertragbarkeit nicht mehr ausnahmslos gilt. Die Ansicht des BGH 62, 133, der Gesetzgeber habe nur zum Ausdruck bringen wollen, daß § 1059a die **Pfändbarkeit** nicht erweitere, überzeugt nicht.

1059c *Übergang oder Übertragung des Nießbrauchs*
**(1) Im Falle des Übergangs oder der Übertragung des Nießbrauchs tritt der Erwerber anstelle des bisherigen Berechtigten in die mit dem Nießbrauch verbundenen Rechte und Verpflichtungen gegenüber dem Eigentümer ein. Sind in Ansehung dieser Rechte und Verpflichtungen Vereinbarungen zwischen dem Eigentümer und dem Berechtigten getroffen worden, so wirken sie auch für und gegen den Erwerber.
(2) Durch den Übergang oder die Übertragung des Nießbrauchs wird ein Anspruch auf Entschädigung weder für den Eigentümer noch für sonstige dinglich Berechtigte begründet.**

1 1. **Zu Abs I S 1.** Er stellt den Fall des § 1059a Nr 2 dem der Nr 1 gleich, für sich das hier Bestimmte bereits aus dem Wesen der Gesamtrechtsnachfolge ergibt.

2 2. **Zu Abs I S 2.** Er gibt den zwischen dem Eigentümer und dem Berechtigten getroffenen, das gesetzliche Schuldverhältnis (vgl vor § 1030 Rz 16, 17) ändernden und ergänzenden Abreden dingliche Wirkung, auch wenn sie nicht in das Grundbuch eingetragen wurden.

1059d *Miet- und Pachtverhältnisse bei Übertragung des Nießbrauchs*
Hat der bisherige Berechtigte das mit dem Nießbrauch belastete Grundstück über die Dauer des Nießbrauchs hinaus vermietet oder verpachtet, so sind nach der Übertragung des Nießbrauchs die für den Fall der Veräußerung von vermietetem Wohnraum geltenden Vorschriften der §§ 566 bis 566e, 567a und 567b entsprechend anzuwenden.

1 Die Fassung „über die Dauer des Nießbrauchs hinaus" ist unrichtig, es muß heißen: „über die Dauer *seines* Nießbrauchs hinaus", vgl Staud/Frank Rz 3; Soergel/Stürner Rz 1. Gleiches muß gelten, wenn schon der Eigentümer vermietet oder verpachtet hatte (Soergel/Stürner Rz 3).

1059e *Anspruch auf Einräumung des Nießbrauchs*
Steht ein Anspruch auf Einräumung eines Nießbrauchs einer juristischen Person oder einer rechtsfähigen Personengesellschaft zu, so gelten die Vorschriften der §§ 1059a bis 1059d entsprechend.

1 Diese Vorschrift stellt den schuldrechtlichen Anspruch auf Bestellung eines Nießbrauchs dem bestellten Nießbrauch gleich; vgl § 1059 Rz 1.

1060 *Zusammentreffen mehrerer Nutzungsrechte*
Trifft ein Nießbrauch mit einem anderen Nießbrauch oder mit einem sonstigen Nutzungsrecht an der Sache dergestalt zusammen, daß die Rechte nebeneinander nicht oder nicht vollständig ausgeübt werden können, und haben die Rechte gleichen Rang, so findet die Vorschrift des § 1024 Anwendung.

1 1. Der **früher** entstandene Nießbrauch hat den Vorrang gegenüber **späteren** Nutzungsrechten. Der danach Vorgehende braucht sich in seinem Recht nicht von den Nachstehenden beschränken zu lassen. Bei Widerstreit Gleichrangiger § 1024.

2 2. **Trifft Nießbrauch mit Mietrecht zusammen**, so gilt §§ 567, 578, vgl RG 94, 279; konkurriert er mit **Pfandrecht**, so gelten die §§ 1208, 1242 II S 2, 1245 I S 2, 1247.

§ 1061 Tod des Nießbrauchers
Der Nießbrauch erlischt mit dem Tode des Nießbrauchers. Steht der Nießbrauch einer juristischen Person oder einer rechtsfähigen Personengesellschaft zu, so erlischt er mit dieser.

1. **Erlöschen des Nießbrauchs** – auch des Sicherungsnießbrauchs – tritt kraft zwingenden Rechts ein. Die Rechtsnachfolger werden weder Inhaber des Nießbrauchs, noch treten sie in die verfahrensrechtliche Position ein, die der verstorbene nießbrauchberechtigte Erblasser hinsichtlich aus dem Nießbrauchrecht abgeleiteter Ansprüche besaß (so OVG Münster NJW 1994, 3244 für abgeleitete nachbarrechtliche Abwehransprüche). Der Eigentümer kann sich aber schuldrechtlich verpflichten, den Erben einen neuen Nießbrauch zu bestellen. Sind mehrere **nach Bruchteilen** nießbrauchsberechtigt, so erlischt er nur hinsichtlich des Bruchteils des Verstorbenen (KGJ 49, 192). Insoweit nutzt nunmehr der Eigentümer die Sache in Gemeinschaft mit den übrigen (KG JFG 13, 448). Der Eigentümer kann aber auch an diesem Bruchteil einen neuen Nießbrauch bestellen (KGJ 49, 192). Der Nießbrauch kann aber von vornherein mit der Maßgabe bestellt werden, daß der Bruchteil des Vorversterbenden dem Überlebenden zuwachsen solle (KG DRiZ 1929, 730; RG DR 1944, 774). Hier entsteht das durch den Tod des Erstberechtigten aufschiebend bedingte Nießbrauchsrecht neu in der Person des Überlebenden. Wird ein Nießbrauch für Eheleute bestellt, so haben sie im Zweifel gleichen Rang (KG DRZ 1929, 338). Ist der Nießbrauch für mehrere **Gesamtberechtigte** gemäß § 428 oder **Gesamthandsberechtigte** bestellt und stirbt einer von ihnen, so bleibt der Nießbrauch der übrigen bestehen (KG JW 1933, 702; BayObLG 1955, 159; Staud/Frank Rz 5). S zu Vorstehendem auch § 1030 Rz 5. Das Erlöschen des Nießbrauchrechts des verstorbenen Gesamthandsberechtigten erfaßt auch einen darauf gestützten nachbarlichen Abwehranspruch, in den der Erbe folglich nicht einrückt (OVG NW v 8. 7. 2003 – 22 A 1969/01).

2. Bei **Liquidation** einer juristischen Person oder rechtsfähigen Personengesellschaft erlischt der Nießbrauch erst mit Beendigung der Liquidation (RG 159, 199). Möglich ist jedoch, daß der Eintritt der Liquidation als auflösende Bedingung zu gelten hat, vgl Pal/Bassenge Rz 2. Gleiches gilt für das **Insolvenzverfahren** (RG Recht 1913 Nr 1903, Braunschweig OLG 26, 99 noch zum Konkursverfahren).

3. Im übrigen vgl §§ 1059a–1059e.

§ 1062 Erstreckung der Aufhebung auf das Zubehör
Wird der Nießbrauch an einem Grundstück durch Rechtsgeschäft aufgehoben, so erstreckt sich die Aufhebung im Zweifel auf den Nießbrauch an dem Zubehör.

Ebenso wie die Bestellung des Nießbrauchs am Grundstück das Zubehör ergreift (§§ 1032, 926, 97ff), gilt dies auch für die **Aufhebung** (§§ 875, 878). Diese bedarf nicht der Zustimmung gemäß § 876. Soll der Nießbrauch am Zubehör kraft Parteiabrede bestehenbleiben, so ist er später nach § 1064 aufzuheben.

§ 1063 Zusammentreffen mit dem Eigentum
(1) Der Nießbrauch an einer beweglichen Sache erlischt, wenn er mit dem Eigentum in derselben Person zusammentrifft.
(2) Der Nießbrauch gilt als nicht erloschen, soweit der Eigentümer ein rechtliches Interesse an dem Fortbestehen des Nießbrauchs hat.

Gilt nur für Fahrnis und gemäß § 1068 auch für den Nießbrauch an Rechten; bei Grundstücken greift § 889. Es genügt nicht, daß die Ausübung des Nießbrauchs auf den Eigentümer übertragen wird, vgl § 1059 Rz 3. Ein rechtliches Interesse ist zu bejahen, wenn im Rang gleich- oder nachstehende Nutzungsberechtigte vorhanden sind, denn diese würden aus dem Fortfall des Nießbrauchs ungerechtfertigt Nutzen ziehen, oder wenn die Sache auch noch mit einem Pfandrecht belastet ist wegen §§ 1242 II S 2 und 1247 S 2. Entsprechende Vorschriften für das Pfandrecht finden sich in § 1256.

§ 1064 Aufhebung des Nießbrauchs an beweglichen Sachen
Zur Aufhebung des Nießbrauchs an einer beweglichen Sache durch Rechtsgeschäft genügt die Erklärung des Nießbrauchers gegenüber dem Eigentümer oder dem Besteller, dass er den Nießbrauch aufgebe.

1. Eine einseitige Erklärung gegenüber dem Besteller genügt selbst dann, wenn der Nießbraucher weiß, daß jener nicht der Eigentümer ist. Eine Zustimmung des Pfändungsgläubigers ist nicht erforderlich, vgl § 1059 Rz 3. Die Rückgabe der Sache ist nicht wesentlich, sie kann aber eine stillschweigende Aufgabeerklärung bedeuten; befreiend kann sie aber, von § 1058 abgesehen, nur an den Eigentümer erfolgen.

2. Gilt auch für Nießbrauch an Grundstücksrechten (§ 1072).

§ 1065 Beeinträchtigung des Nießbrauchsrechts
Wird das Recht des Nießbrauchers beeinträchtigt, so finden auf die Ansprüche des Nießbrauchers die für die Ansprüche aus dem Eigentum geltenden Vorschriften entsprechende Anwendung.

1. **Regelung** entsprechend § 1227. Der Nießbraucher kann wie ein Eigentümer nach §§ 985ff, 1004f vorgehen, soweit er durch den Eingriff betroffen wird. Nutzungen kann er daher nur insoweit herausverlangen, als sie ihm gebühren; bei der Ersatzpflicht für Verwendungen des Besitzers gemäß § 994 II ist hinsichtlich des Willens und des Interesses seine Person maßgeblich. Sind mehrere nach Bruchteilen nießbrauchsberechtigt, so ist § 1011 ent-

§ 1065

sprechend anzuwenden. Sein Herausgabeanspruch besteht neben dem des Eigentümers, der lediglich verlangen kann, daß der Besitz dem Nießbraucher eingeräumt wird. Klagen beide, so sind sie einfache Streitgenossen im Sinne der §§ 59f ZPO. § 1006 kommt dem Nießbraucher zugute.

2 2. **Darüber hinaus** kann der Nießbraucher **folgende Ansprüche** geltend machen: a) als Besitzer aus §§ 861f, 1007, b) als durch unerlaubte Handlung Geschädigter aus §§ 823ff, c) als Entreicherter aus §§ 812ff; zu b) und c) allerdings, soweit dem nicht die ausschließliche Regelung der §§ 987ff entgegensteht.

3 3. Gegen den beeinträchtigenden Eigentümer kann der Nießbraucher Ansprüche auch aus dem der Bestellung des Nießbrauchs zugrundeliegenden Vertrag und aus dem gesetzlichen Schuldverhältnis, vgl vor § 1030 Rz 16, und gegen den nicht mit dem Eigentümer personengleichen Besteller aus dem Grundgeschäft sowie aus § 823 geltend machen.

1066 *Nießbrauch am Anteil eines Miteigentümers*

(1) Besteht ein Nießbrauch an dem Anteil eines Miteigentümers, so übt der Nießbraucher die Rechte aus, die sich aus der Gemeinschaft der Miteigentümer in Ansehung der Verwaltung der Sache und der Art ihrer Benutzung ergeben.

(2) Die Aufhebung der Gemeinschaft kann nur von dem Miteigentümer und dem Nießbraucher gemeinschaftlich verlangt werden.

(3) Wird die Gemeinschaft aufgehoben, so gebührt dem Nießbraucher der Nießbrauch an den Gegenständen, welche an die Stelle des Anteils treten.

1 1. **Nießbrauch am Miteigentumsanteil** (an Fahrnis oder Grundstück) ist Sach- und nicht Rechtsnießbrauch. Der Nießbraucher nimmt die Rechte des Eigentümers aus §§ 743–745 an dessen Stelle wahr, Gläubiger und Schuldner der für die Miteigentümergemeinschaft zu erbringenden Leistungen bleibt aber der nießbrauchsbelastete Miteigentümer (s BGH NJW 1966, 1707; DB 1979, 545; JR 2003, 111). In die vor der Begründung des Nießbrauchs getroffenen Vereinbarungen über die Verwaltung und Benutzung des gemeinschaftlichen Gegenstandes tritt der Nießbraucher nach § 746 ein. Will er einer einschneidenden über das Nutzungsrecht hinausgehenden Maßnahme zustimmen, so bedarf es der Zustimmung des Beschwerten (BGH NJW 1983, 932); in Vereinbarungen, die die Miteigentümer hinsichtlich der Verwaltung und Benutzung der Sache getroffen haben, tritt er ein, vgl Staud/Frank Rz 5. Zum Stimmrecht des Nießbrauchers in der Wohnungseigentümerversammlung s Hamm NZM 2001, 1086.

2 2. Zu Abs II. Dazu s §§ 749–751, 1010. Abs II schützt den Nießbraucher gegen eigenmächtiges Handeln des Miteigentümers. Ebenso ist der von dritter Seite gestellte Antrag auf Aufhebung der Gemeinschaft gegen Miteigentümer und Nießbraucher gemeinschaftlich zu richten. Im Rechtsstreit sind sie notwendige Streitgenossen (§ 62 ZPO), am Teilungsverfahren nimmt der Nießbraucher als Partei teil.

3 3. Zu Abs III. Wird die Gemeinschaft aufgehoben, so erlischt zwar der Nießbrauch am Anteil, geht aber nicht kraft Gesetzes auf die dem Miteigentümer zugeteilten Gegenstände über, vielmehr hat der Nießbraucher lediglich einen Anspruch – argumentum „gebührt" – auf Bestellung des Nießbrauchs an ihnen (KGJ 43, 268). Zu dem entsprechenden § 1258 III hat allerdings BGH 52, 99 (ebenso NJW 1972, 1045) eine Fortsetzung des Pfandrechts an den Ersatzgegenständen kraft Gesetzes angenommen, was dem Gesetzeswortlaut widerspricht und wofür ein Bedürfnis fehlt (ebenso Wellmann NJW 1969, 1903; Lehmann NJW 1971, 1545; aM MüKo/Petzoldt Rz 6; RGRK Rz 4; Staud/Frank Rz 10).

4 4. § 1066 gilt **entsprechend**, wenn der Eigentümer nicht die ganze Sache, sondern nur einen **Bruchteil** mit dem Nießbrauch belastet. Auf die zwischen ihm und dem Nießbraucher entstehende **Nutzungsgemeinschaft** sind die §§ 741ff sinngemäß anzuwenden. Er kann die Nutzungsgemeinschaft nicht eigenmächtig beenden (KG JW 1936, 2747). Der § 1010 soll nach LG München I BayNotV 1972, 294 hier eine Verwaltungs- und Benutzungsregelung nicht gestatten. Dagegen mit Recht Staud/Frank Rz 16. Vom Bruchteilsnießbrauch ist der **Quotennießbrauch** zu unterscheiden, s dazu § 1030 Rz 10.

5 5. Den einer **Rechtsgemeinschaft** zustehenden Nießbrauch regelt § 1066 nicht.
a) Sind mehrere in **Bruchteilsgemeinschaft** nießbrauchsberechtigt, so gelten die §§ 741–745, 748, 1011 entsprechend. b) Steht der Nießbrauch mehreren als **Gesamtberechtigten** gemäß § 428 zu, so ist mangels besonderer Abreden § 430 maßgeblich (KG JW 1933, 702).

6 c) Ist eine **Gemeinschaft zur gesamten Hand** nießbrauchsberechtigt, so sind die für diese vorgesehenen Vorschriften zu beachten.

1067 *Nießbrauch an verbrauchbaren Sachen*

(1) Sind verbrauchbare Sachen Gegenstand des Nießbrauchs, so wird der Nießbraucher Eigentümer der Sachen; nach der Beendigung des Nießbrauchs hat er dem Besteller den Wert zu ersetzen, den die Sachen zur Zeit der Bestellung hatten. Sowohl der Besteller als der Nießbraucher kann den Wert auf seine Kosten durch Sachverständige feststellen lassen.

(2) Der Besteller kann Sicherheitsleistung verlangen, wenn der Anspruch auf Ersatz des Wertes gefährdet ist.

1 1. **Verbrauchbare Sachen** vgl § 92. Der Nießbraucher wird mit der Bestellung **Eigentümer**, nicht erst mit der Verfügung, ohne Rücksicht darauf, ob er sie später tatsächlich verbraucht. Das gesetzliche Schuldverhältnis entsteht hier ausnahmsweise zwischen dem Nießbraucher und dem Besteller, vgl vor § 1030 Rz 16. Daher: **Wert-**

ersatz ist dem Besteller, nicht dem Eigentümer zu leisten; dieser hat einen Anspruch aus § 816. Feststellung des Wertes durch Sachverständigen gemäß §§ 15, 164 FGG, vgl ferner §§ 1034ff.

Abs II tritt an die Stelle der §§ 1051–1054. Zur Sicherheitsleistung siehe §§ 232ff.

2. Die Parteien können eine vom § 1057 abweichende Regelung treffen, wonach zB der Nießbraucher nur die Verfügungsbefugnis erlangt. Dies geschieht mitunter wegen der ungünstigen Rechtsstellung des Bestellers eines uneigentlichen Nießbrauchs in der Insolvenz des Nießbrauchers: Der Besteller kann nicht aussondern und ist hinsichtlich der veräußerten Sachen auf eine einfache Insolvenzforderung angewiesen.

3. § 1067 ist ferner ab dem Zeitpunkt anzuwenden, ab dem eine dem echten Nießbrauch unterliegende nicht verbrauchbare Sache zu einer verbrauchbaren wird, zB wenn eine metallene Maschine schmilzt, vgl Soergel/Stürner Rz 1; RGRK Rz 1.

Untertitel 2
Nießbrauch an Rechten
Vorbemerkung

1. Der Nießbrauch an einem Recht gewährt in gleicher Weise eine dingliche Rechtsstellung wie der Nießbrauch an einer Sache, und zwar im Verhältnis zu dem Berechtigten wie zu Dritten (KGJ 40, 165). Demgemäß finden auf ihn grundsätzlich die Vorschriften über den Nießbrauch an Sachen entsprechende Anwendung (§ 1068 II). Der Nießbraucher hat Anspruch auf die Beweisurkunde für das Recht, insbesondere auf den Besitz an der Schuldurkunde.

2. Die **Bestellung** erfolgt nach den Vorschriften der Übertragung (§ 1069), vgl vor § 1030 Rz 10.

3. Die **Beendigung** erfolgt grundsätzlich aus den gleichen Gründen wie beim Nießbrauch an Sachen (§ 1072), vgl vor § 1030 Rz 14, 15.

4. Der Nießbraucher darf **Nutzungen** des Rechts (§§ 99 II, III, 100) in gleicher Weise selbst ziehen wie der Nießbraucher einer Sache. Der Nießbraucher einer nicht auf Zinsen ausstehenden Forderung (Hypothekenforderung), Grund- oder Rentenschuld darf darüber hinaus diese kündigen und einziehen: zu andern Verfügungen über sie ist er allerdings nicht befugt. Mit der Leistung erwirbt er den Nießbrauch am geleisteten Gegenstand, vgl §§ 1074ff. Bei verzinslichen Forderungen hat er insoweit nur ein Mitbestimmungsrecht (§§ 1077ff): Nießbraucher und Gläubiger sind nur gemeinschaftlich zur Kündigung, deren Entgegennahme und zur Empfangnahme des Kapitals berechtigt, jeder von ihnen kann Zahlung nur an beide gemeinschaftlich, sowie Hinterlegung nur für beide gemeinschaftlich verlangen.

5. Sonderbestimmungen gelten für den Nießbrauch an Inhaber- oder mit Blankoindossament versehenen Orderpapieren (§§ 1081ff).

1068 Gesetzlicher Inhalt des Nießbrauchs an Rechten
(1) Gegenstand des Nießbrauchs kann auch ein Recht sein.
(2) Auf den Nießbrauch an Rechten finden die Vorschriften über den Nießbrauch an Sachen entsprechende Anwendung, soweit sich nicht aus den §§ 1069 bis 1084 ein anderes ergibt.

1. Gegenstand des Nießbrauchs kann jedes übertragbare (argumentum § 1069 II) – dazu s § 1069 Rz 2, 3 – Recht sein, sofern es Nutzungen abwerfen kann, zB **obligatorische Rechte** (aus Kauf-, Miet- und Pachtvertrag), nicht Vorkaufs- und Wiederkaufsrechte: sie lassen sich nicht nutzen, **dingliche Rechte** (Grundpfandrechte, auch Dauerwohnrecht des § 31 WEG, nicht jedoch Miteigentumsanteil an einer Sache, nicht Wohnungseigentum des WEG, weil besonders ausgestaltetes Miteigentum und daher auch gleich einer Sache belastbar, Erbbaurecht, Wohnungserbbaurecht des § 30 WEG und andere nach Landesrecht den Grundstücken gleichzuachtende Berechtigungen, nicht Eigentumsherausgabeanspruch), dagegen **Anwartschaftsrecht** des Käufers unter Eigentumsvorbehalt, **absolute Rechte,** wie Urheber- und Patentrechte; Anteil des Miterben am Nachlaß (Erbteil), vgl § 2033; er kann im Grundbuch des Nachlaßgrundstücks eingetragen werden (Hamm Rpfleger 1977, 136); selbst, wenn alle Anteile mit einem Nießbrauch belastet werden, bleibt es beim Rechtsnießbrauch im Sinne des § 1068 und wird es kein Nießbrauch an der Erbschaft iSd § 1089. S dazu auch § 1089 Rz 1. Wegen des Nießbrauchs an **Aktien** und **Geschäftsanteilen** vgl § 1081 Rz 4–11. Zur Eintragung eines Nießbrauchs am Kommanditanteil im Handelsregister s Lindemeier DNotZ 2001, 155.

2. Entsprechend anzuwenden sind insbesondere die §§ 1030, 1036, 1039, 1045–1047, 1049–1055, 1057–1061, 1063–1067.

3. Der Nießbraucher erwirbt die Forderung auf die ihm gebührenden Zinsen mit der Bestellung des Nießbrauchs oder, falls die Zinsforderung später entsteht, mit diesem Zeitpunkt. Darf der Nießbraucher natürliche Früchte des belasteten dinglichen Rechts ziehen, so erwirbt er das Eigentum an ihnen mit der Trennung. Bei dem Nießbrauch an einem Pachtrecht ist § 956 maßgeblich, dh der Nießbraucher erwirbt das Eigentum mit der Trennung, wenn ihm der Besitz der Sache überlassen ist, andernfalls mit der Besitzergreifung. Die Verteilung der Früchte richtet sich nach § 101.

§ 1068

4 4. Steuerrechtlich ändert ein unentgeltlicher Nießbrauch an Wertpapieren die Zurechnung der Wertpapiererträge als Einkünfte des Wertpapierinhabers aus Kapitalvermögen nicht. Die Einnahmen sind von dem Wertpapierinhaber mit ihrem Zufluß beim Nießbraucher bezogen (BFH vom 14. 12. 1976 BFHE 21, 53).

1069 *Bestellung*
(1) **Die Bestellung des Nießbrauchs an einem Recht erfolgt nach den für die Übertragung des Rechts geltenden Vorschriften.**
(2) **An einem Recht, das nicht übertragbar ist, kann ein Nießbrauch nicht bestellt werden.**

1 1. Vgl zunächst § 1030 Rz 10, 11. **Bestellungserklärung** muß dahin gehen, daß der Erwerber den Nießbrauch, dh den Zins- oder Fruchtgenuß erhalten soll (KG OLG 44, 58); Abtretungserklärung genügt nicht (KG OLG 12, 130; RG 86, 218).

2 2. Für die Übertragung des Rechts geltende Vorschriften: §§ 398ff, 413, 873, 1080, 1081, 1154, 1159, 1187 S 3, 1180 IV, 1192, 1199, 2033. Beim **Anwartschaftsrecht** sind die für die Übertragung des dinglichen Vollrechts maßgeblichen Vorschriften einzuhalten (BGH 28, 16, 21), so daß sich die Nießbrauchsbestellung an einem Anwartschaftsrecht auf eine bewegliche Sache nach § 1032 richtet. Wird der Restkaufpreis gezahlt, so erlangt der Nießbraucher ohne weiteres entsprechend § 1075 den Nießbrauch an der Sache.

3 3. **Beschränkungen** der Übertragbarkeit ergeben sich aus: §§ 38, 399f, 514, 613 S 2, 664 II, 717 S 1, 719 I, 792 II, 847 I S 2, 1018, 1059, 1092, 1098, 1103, 1110f, 1153 II, 1250 I S 2, 1300 II, 2033II.

4 Danach ist ein **Nießbrauch am Nießbrauch** unzulässig. Ob das auch dann gilt, wenn sich der Nießbraucher darauf beschränkt, einen Nießbrauch am Ausübungsrecht zu bestellen, ist streitig. Weil jedoch das Ausübungsrecht, soweit nichts anderes bestimmt ist, übertragbar ist, vgl § 1059 Rz 5, kann der Ausübungsberechtigte an diesem einen Nießbrauch bestellen (anders die hM, nach der der Nießbraucher weder am eigenen noch an dem einem Erwerber überlassenen Ausübungsrecht einen Nießbrauch bestellen kann, wohl aber der Erwerber die hieraus erwachsenen Ansprüche zugunsten eines Dritten mit einem Nießbrauch zu belasten vermag, s Staud/Frank Rz 32; Pal/Bassenge Rz 2; RGRK Rz 2). Ferner unzulässig: Nießbrauch an Grunddienstbarkeit, beschränkt persönlicher Dienstbarkeit, insbesondere am Wohnungsrecht, wohl aber nach obigem möglich an der Ausübung der beschränkt persönlichen Dienstbarkeit des Wohnungsrechts (§§ 1092, 1093); unzulässig am Vorkaufs- und Wiederkaufsrecht, die im übrigen keinen Nutzen abwerfen, und an subjektiv-dinglicher Reallast.

5 4. Bei der **Hypothek** kann sich der Gläubiger nicht selbst einen Nießbrauch bestellen. Soll bei einer Hypothekenabtretung der Nießbrauch an der Hypothek dem bisherigen Gläubiger vorbehalten bleiben, so muß der neue Gläubiger dem Nießbrauch bestellen (KGJ 51, 291; Pal/Bassenge Rz 1: Bewilligung des Gläubigers genügt; vgl auch RG 142, 236); hierbei kann die Briefübergabe (§ 1154) durch die stillschweigende Abrede ersetzt werden, daß der alte Gläubiger nunmehr als Nießbraucher im Besitz des Briefes bleiben solle (RG Warn Rspr 1913, 139). Sollen Hypothek und Nießbrauch an ihr gleichzeitig eingetragen werden, so genügt die Bewilligung des Grundstückseigentümers, Warn Rspr 1912, 260; KG JFG 11, 271.

6 5. Nießbrauch an Gesellschaftsbeteiligungen. a) Zum Nießbrauch an einer **Aktie** und dem **Geschäftsanteil an einer GmbH** s § 1081 Rz 4ff, zum Nießbrauch an einem **Unternehmen** (Handelsgeschäft) s § 1085 Rz 4ff.

7 b) Nießbrauch an der **Beteiligung an einer Personengesellschaft**; dazu insbesondere Bender DB 1979, 1445; Bunke DNotZ 1968, 5; Finger DB 1977, 1033; Haas in FS L. Schmidt (1993) 315ff; Kreifels, Freundesausgabe für Hengeler, 1972, S 158; MüKo/Petzoldt § 1068 Rz 11; ders DStR 1992, 1171; Schmidt in FS Hugo von Wallis (1985) 359ff; Schön ZHR 158 (1994), 229ff; Schüller MittbayNot 1981, 101; Schulze zur Wiesche DB 1983, 2538; Staud/Frank Anh §§ 1068, 1069 Rz 51; Sudhoff NJW 1971, 481; 1974, 2205; Teichmann ZGR 1972, 1; 1973, 24.

8 aa) **Abgrenzung zu anderen Rechtsinstituten**. Zum **partiarischen Darlehen** s vor § 705 Rz 7, zum **Treuhandverhältnis** vor § 164 Rz 15ff, zur **stillen Gesellschaft** und zur **Unterbeteiligung** vor § 705 Rz 28, 39ff. Zur **Vor- und Nacherbschaft** s vor § 1030 Rz 6; Michalski DB-Beil Nr 16/1987 und Petzoldt DB-Beil Nr 6/1975. Die Abgrenzung ist nach der Willensrichtung des Erblassers vorzunehmen. Bei der Vor- und Nacherbschaft soll der Nachlaß oder ein Anteil daran zunächst einer Person zu eigener Herrschaft (s aber §§ 2112ff, 2136) und erst mit dem Eintritt des Nacherbfalles einer anderen Person zugewendet werden, während mit der durch den Nießbrauch nur begründeten Nutzungsmöglichkeit die Erbschaft sofort auf einen anderen übergeht.

9 bb) **Gestaltungsmöglichkeiten und deren Zulässigkeit.** Zulässig ist der Nießbrauch an den mit der Mitgliedschaft verbundenen übertragbaren Beteiligungsrechten, wie den Anspruch auf den Gewinnanteil und das Auseinandersetzungsguthaben (§ 717 S 2). Nicht übertragbar und damit auch nicht mit einem Nießbrauch belastbar sind dagegen die in § 717 S 1 geregelten Ansprüche. Das gilt auch für den Anteil am Gesellschaftsvermögen (§ 719 I). Da jedoch nur § 717 S 1 im Hinblick auf die Übertragung von Einzelbefugnissen zwingendes Recht enthält (BGH 3, 357; 36, 293; LM Nr 6 zu § 105 HGB), stehen die auch auf die OHG/KG (§§ 105 III, 161 II HGB) anwendbaren §§ 717, 719 einer Übertragung der Mitgliedschaft oder einer von den Gesellschaftern im Einzelfall erteilten Genehmigung bei entsprechender statutarischer Regelung oder einer von den Gesellschaftern im Einzelfall erteilten Genehmigung nicht entgegen (BGH 13, 181; 44, 239). Str ist allerdings, ob der Nießbraucher für die Dauer des Nießbrauchs die volle Gesellschafterstellung (**Vollnießbrauch** oder Treuhandnießbrauch) erhält (so die frühere hM; vgl dazu Bunke DNotZ 1968, 5, 7; MüKo/ Petzoldt § 1068 Rz 14) oder nur ein **Ertragsnießbrauch** ohne Vollrechtsübertragung des Gesellschaftsanteils zulässig ist (so Staud/Frank Anh §§ 1068, 1069 Rz 61ff, 67f; K. Schmidt GesR 1961 II 1b, 1529; Finger DB 1977, 1033, 1034; Kreifels, Freundesausgabe für Hengeler, S 158ff; Teichmann ZGR 1972, 1, 3ff; H. Westermann, Hdb der Personengesellschaften I Rz 335; dahin tendierend auch BFH NJW 1995, 1918 m Anm Gschwendtner NJW 1995, 1875).

cc) Bestritten ist, ob ein Nießbrauch am **Gewinnstammrecht** bestellt werden kann (dafür MüKo/Ulmer § 705 **10** Rz 71; § 717 Rz 15; Siebert BB 1956, 1126; Staud/Keßler § 717 Rz 26; Sudhoff NJW 1971, 482; 1974, 2210; aM MüKo/Petzoldt § 1068 Rz 24; Rohlff NJW 1971, 1337, 1341; RGRK § 1068 Rz 9; Petzoldt GmbHR 1980, 197, 198; Schlegelberger/K. Schmidt vor § 335 HGB Rz 9; Staud/Frank Anh zu §§ 1068, 1069 Rz 770, unentschieden BGH WM 1975, 174).

dd) Zum Inhalt des Nießbrauchs. Der Nießbrauch wird durch einheitlichen Rechtsakt, der keiner besonderen **11** Form bedarf, bestellt. Die Rechtsstellung des Nießbrauchers hängt wesentlich davon ab, ob es sich um einen Ertrags- oder Vollrechtsnießbrauch handelt. Bei einer **Vollrechtsübertragung** ist der Nießbraucher zur **Geschäftsführung und Vertretung** der Gesellschaft befugt. Ihm stehen aber auch sämtliche **Mitgliedschaftsrechte** zu, wie das **Stimmrecht** und, so auch Bunke DNotZ 1968, 17 und Sudhoff NJW 1971, 482, das **Kündigungsrecht** und das **Wahlrecht nach § 139 HGB**. Ist ein durch Jahresabschluß festgestellter Gewinn erzielt worden, so kann ihn der Nießbraucher, sofern er gewinnentnahmefähig ist, beanspruchen (BGH 58, 316, 317ff; Staud/Frank Anh zu §§ 1068, 1069 Rz 81, mwN; aM Sudhoff NJW 1971, 481, 483). Im Außenverhältnis steht dem Nießbraucher im Falle der Vollrechtsübertragung auch das **Entnahmerecht** aus § 122 HGB zu (im Innenverhältnis nur insoweit, als ein Gewinn erzielt wurde; Bunke DNotZ 1968, 5, 15; Großkomm-HGB/Ulmer § 139 Rz 90). Str ist die Rechtslage beim Ertragsnießbrauch. Überwiegend wird darauf abgestellt, daß dem Nießbraucher das Entnahmerecht zumindest in den Grenzen des erzielten Gewinns gebührt (Staud/Frank Anh §§ 1068, 1069 Rz 88, mwN; aM Wiedemann, Die Übertragung und Vererbung von Mitgliedschaftsrechten an Handelsgesellschaften, 1965, S 405 mit dem Hinweis auf die fehlende Übertragbarkeit des Entnahmerechts). Der Ertragsnießbrauch begründet dagegen anders als im Falle der Vollrechtsübertragung weder eine Verlustbeteiligung (Nießbraucher erhält nur den Reinertrag) noch eine **Haftung nach außen** (Finger DB 1977, 1033, 1039; Rohlff NJW 1971, 1337, 1341; Teichmann ZGR 1972, 1, 13). Im **Innenverhältnis** zum Besteller kommt allerdings eine **verschuldensabhängige Haftung** des Nießbrauchers in Betracht (Bunke DNotZ 1968, 5, 16).

Aus nicht entnommenen oder nicht ausgeschütteten Gewinnanteilen geschaffene erhöhte Kapitalanteile stehen, **12** weil sie nicht Ertrag der ursprünglichen Beteiligung sind, dem Besteller und nicht dem Nießbraucher zu (BGH 58, 316, 317ff; RGRK § 1068, 10; v Schilling DB 1954, 561). Dasselbe gilt bei einer aus Mitteln des Bestellers aufgestockten Beteiligung (BGH aaO und GmbHR 1983, 148).

Im Falle der Auflösung der Gesellschaft oder dem Ausscheiden des Bestellers aus der Gesellschaft könnte der **13** Nießbrauch enden oder sich am **Auseinandersetzungsguthaben** beziehungsweise **Abfindungsanspruch** fortsetzen. Handelt es sich dabei um eine verzinsliche Forderung, ist das Guthaben in analoger Anwendung der §§ 1077ff gemeinsam an den Besteller und den Nießbraucher auszuzahlen und unter Bestellung eines neuen Nießbrauchs mündelsicher anzulegen (Bunke DNotZ 1968, 5, 15f). Bei Annahme einer unverzinslichen Forderung, was der Regelfall sein dürfte, erlangt der Nießbraucher gemäß §§ 1074, 1075, 1067 das Eigentum an dem Kapital. Er ist jedoch verpflichtet, Sicherheit zu leisten und es nach Nießbrauchsende zurückzugeben (Bunke aaO S 13; Staud/Frank Anh §§ 1068, 1069 Rz 90).

1070 *Nießbrauch an Recht auf Leistung*

(1) Ist ein Recht, kraft dessen eine Leistung gefordert werden kann, Gegenstand des Nießbrauchs, so finden auf das Rechtsverhältnis zwischen dem Nießbraucher und dem Verpflichteten die Vorschriften entsprechende Anwendung, welche im Falle der Übertragung des Rechtes für das Rechtsverhältnis zwischen dem Erwerber und dem Verpflichteten gelten.

(2) Wird die Ausübung des Nießbrauchs nach § 1052 einem Verwalter übertragen, so ist die Übertragung dem Verpflichteten gegenüber erst wirksam, wenn er von der getroffenen Anordnung Kenntnis erlangt oder wenn ihm eine Mitteilung von der Anordnung zugestellt wird. Das Gleiche gilt von der Aufhebung der Verwaltung.

1. Die **Rechtslage des Schuldners** soll durch die Bestellung des Nießbrauchs ebensowenig verschlechtert wer- **1** den wie durch eine Übertragung des Rechts. Das Recht auf Leistung kann schuldrechtlich oder dinglich sein. Demgemäß kommen für eine entsprechende Anwendung (RG 103, 29) in Betracht bei einem Nießbrauch an Forderungen die §§ 404ff, an Hypotheken, Grundschulden hinsichtlich der künftig fällig werdenden Zinsen und Nebenleistungen die §§ 1156ff, 1192, an Rentenschulden und Reallasten hinsichtlich der künftigen Einzelleistungen die §§ 1159, 1192, 1200 I, 1107. Der Schuldner einer mit einem Nießbrauch belasteten Forderung kann aber weder mit einer Forderung gegen den Nießbraucher aufrechnen – aM Pal/Bassenge § 1074 Rz 5; Staud/Frank § 1074 Rz 18; Wolff/Raiser § 121 Fn 1 – noch wegen einer solchen Gegenforderung ein Zurückbehaltungsrecht geltend machen (RG 103, 28). Zur Aufrechnung im übrigen s § 1074 Rz 5. Andererseits kommt dem Nießbraucher bei Order- oder Inhaberpapieren die Beschränkung der Einreden zugute (§§ 364f HGB; Art 16, 40 WG; § 796).

2. Abs II geht über § 407 hinaus: Guter Glaube entfällt, wenn der Beschluß zugestellt worden ist. Entspre- **2** chende Vorschriften enthalten die §§ 1275, 2129.

1071 *Aufhebung oder Änderung des belasteten Rechts*

(1) Ein dem Nießbrauch unterliegendes Recht kann durch Rechtsgeschäft nur mit Zustimmung des Nießbrauchers aufgehoben werden. Die Zustimmung ist demjenigen gegenüber zu erklären, zu dessen Gunsten sie erfolgt; sie ist unwiderruflich. Die Vorschrift des § 876 Satz 3 bleibt unberührt.

(2) Das Gleiche gilt im Falle einer Änderung des Rechtes, sofern sie den Nießbrauch beeinträchtigt.

§ 1071 Sachenrecht Dienstbarkeiten

1   **1. Die Zustimmung** (Einwilligung oder Genehmigung) ist selbst ein Rechtsgeschäft. Zu erklären ist sie gegenüber dem Begünstigten (Schuldner, Gläubiger, nachstehendem Gläubiger) oder – bei einem eingetragenen Recht – auch gegenüber dem Grundbuchamt (§ 876 S 3). Auch die Einwilligung ist – entgegen § 183 – unwiderruflich. Zur Aufhebung einer mit einem Nießbrauch belasteten Hypothek vgl KG OLG 44, 56. Der Nießbraucher am Erbteil muß der den Erbauseinandersetzungsvertrag vollziehenden Teilung zustimmen (§ 2042 Rz 9).

2   **2.** Fehlt die Zustimmung, so ist das Rechtsgeschäft nicht absolut, sondern nur relativ, dh dem Nießbraucher gegenüber unwirksam (Pal/Bassenge Rz 1 und Wolff/Raiser § 39 IV). Gleiches Rechtsproblem besteht bei § 1276. S dazu § 1276 Rz 1. Besteht der Nießbrauch am Vermögen einer GmbH, so ist die von der Gesellschaft ausgesprochene Kündigung auch dann wirksam, wenn die Zustimmung des Nießbrauchers fehlt (Hamm BB 1971, 13).

3   **3.** Keiner Zustimmung bedürfen die Abtretung (KG JW 1928, 3051) und Weiterbelastung des Rechts. Dem Schuldner ist es auch unbenommen, nach Maßgabe der §§ 1070, 406 mit einer ihm gegen den Gläubiger zustehenden Forderung aufzurechnen.

4   **4.** § 1071 schränkt den § 1070 keineswegs ein. Das heißt: Trifft die Schutzvorschrift des § 407 zu, so sind hinsichtlich der mit dem Nießbrauch belasteten Forderung vorgenommene Leistungen und Rechtsgeschäfte dem Nießbraucher gegenüber voll wirksam, auch wenn dieser ihnen nicht zustimmt.

5   **5.** Wird über das Vermögen des **Schuldners** das **Insolvenzverfahren** eröffnet, so kommt es hinsichtlich des Rechts, die Forderung anzumelden, in der Gläubigerversammlung abzustimmen und die Insolvenzquote entgegenzunehmen, darauf an, ob die nießbrauchsbelastete Forderung verzinslich oder unverzinslich ist; ersterenfalls müssen Gläubiger und Nießbraucher gemeinsam, letzterenfalls kann der Nießbraucher allein handeln.

1072 *Beendigung des Nießbrauchs*
Die Beendigung des Nießbrauchs tritt nach den Vorschriften der §§ 1063, 1064 auch dann ein, wenn das dem Nießbrauch unterliegende Recht nicht ein Recht an einer beweglichen Sache ist.

1   **1.** Vgl zunächst § 1030 Rz 14, 15, § 889 gilt also nicht. Da bei einem Grundbuchrecht die Löschung nicht Wesenserfordernis der Beendigung ist, dient sie lediglich der Berichtigung (§ 894; § 22 GBO). Streitig ist, ob beim Erwerb eines nicht gelöschten, aber erloschenen Nießbrauchs § 892 anzuwenden ist; dafür mit Recht Pal/Bassenge Rz 1, aA Staud/Frank Rz 7.

2   **2.** Treffen Nießbrauch und Schuld in einer Person zusammen, so bleiben hiervon die dem Nießbrauch unterliegende Forderung sowie das Zinsrecht unberührt (KGJ 52, 183). Das Recht des Nießbrauchers wird auch nicht dadurch beeinträchtigt, daß der dem Nießbrauch unterliegende Anspruch und die Verpflichtung sich in einer Person vereinigen (KGJ 44, 292).

3   **3.** Der Schuldner kann trotz Aufhebung des Nießbrauchs solange wirksam an den früheren Nießbraucher zahlen, bis er von dieser Kenntnis erlangt (§ 1070 I).

1073 *Nießbrauch an einer Leibrente*
Dem Nießbraucher einer Leibrente, eines Auszugs oder eines ähnlichen Rechts gebühren die einzelnen Leistungen, die auf Grund des Rechtes gefordert werden können.

1   **1. Leibrente** vgl §§ 759ff, **Auszug** vgl Art 96 EGBGB; **ähnliche Rechte** sind zB Reallasten, Rentenschulden, Rentenleistungen aus einer Lebensversicherung (Arnold VersR 1950, 110). Der Nießbraucher erhält die einzelnen Leistungen als Selbstgläubiger, nicht als Nießbraucher an einer fremden Forderung, gleichgültig, ob deren Bezug das Recht selbst erschöpft (RG HRR 1928, 1417). Daher klagt er sie auch im eigenen Namen ein (BayObLG 1932, 57). Dagegen erstreckt sich das Recht des Nießbrauchers nicht auf zwar wiederkehrende, jedoch der allgemeinen Tilgung des Kapitals dienende Leistungen.

2   **2.** § 1073 ist sinngemäß anzuwenden, wenn ein Nießbrauch am „Gewinnstammrecht" zuzulassen ist. Vgl dazu § 1069 Rz 10.

1074 *Nießbrauch an einer Forderung; Kündigung und Einziehung*
Der Nießbraucher einer Forderung ist zur Einziehung der Forderung und, wenn die Fälligkeit von einer Kündigung des Gläubigers abhängt, zur Kündigung berechtigt. Er hat für die ordnungsmäßige Einziehung zu sorgen. Zu anderen Verfügungen über die Forderung ist er nicht berechtigt.

1   **1.** Die Forderung darf nicht verzinslich sein (argumentum § 1076). Für verzinsliche Forderungen gelten die §§ 1076–1079.

2   **2. Recht des Nießbrauchers.** Er ist aus eigenem, den Gläubiger ausschließenden Recht zur **Einziehung** berechtigt. Hierzu gehören: Kündigung – zum Kündigungsrecht des Nießbrauchers einer Lebensversicherung vgl Arnold VersR 1950, 110 –, auch die Entgegennahme einer Kündigung. Mahnung, Ausübung des Wahlrechts (§ 263), Klage – bei Forderung auf Grundstücksübereignung Auflassungsklage und Auflassungserklärung (RG 83, 120) – Geltendmachen eines Pfandrechts oder einer Bürgschaft, Zwangsvollstreckung, Annahme der Leistung.

3   Der Nießbraucher **klagt** auf Grund gesetzlicher **Prozeßstandschaft**, die dem Rechtsträger die Prozeßführungsbefugnis nimmt, auf Leistung an sich. Dagegen wird der Gläubiger auf Leistung an den Nießbraucher klagen dürfen, vgl RG 77, 145; Pal/Bassenge § 1282 Rz 6, sämtlich zu dem entsprechenden Fall des Pfandgläubigers (§ 1282). Ein den Rechtsstreit zwischen Nießbraucher und Schuldner beendigendes Urteil äußert keine Rechtskraft

gegenüber dem Gläubiger (RG 83, 120). Mit Recht, denn die Prozeßstandschaft dient in erster Linie dem Interesse des Nießbrauchers. Diesem ist die Wahrnehmung der daneben bestehenden Interessen des Rechtsträgers nicht anvertraut. Von der Einziehung abgesehen, ist der Nießbraucher auch nicht befugt, über die Forderung materiellrechtlich zu verfügen. Daraus folgt, daß nach dem Werturteil des Gesetzes das Interesse der Gegenpartei (des Schuldners) auf Rechtskraftwirkung gegenüber dem Rechtsträger (Gläubiger) dem entgegengesetzten Interesse des Rechtsträgers weichen muß. So zum entsprechenden Fall des Pfandgläubigers (§ 1282) auch Stein/Jonas/Schumann/Leipold § 325 ZPO Anm VI 2b, dd. Pal/Bassenge Rz 3 möchte dem Interesse des Schuldners den Vorrang geben. Stein/Jonas/Bork vor § 50 ZPO Rz 36 gibt dem Nießbrauchsberechtigten ein eigenes materielles Recht, die Forderung außergerichtlich und gerichtlich durchzusetzen. Dann entfällt die Rechtskrafterstreckung. Wird der Nießbrauch an einer rechtshängigen Forderung bestellt, so führt der Gläubiger den Rechtsstreit in Prozeßstandschaft weiter (§ 265 ZPO). Das Urteil wirkt für und gegen den Nießbraucher gemäß § 325 ZPO (Rechtskraft). Leistung an den Gläubiger braucht der Nießbraucher nicht gegen sich gelten zu lassen (BayObLG 1932, 65), es sei denn, daß die §§ 1070, 407 zutreffen. Im Rahmen des § 407 II wirkt ein Urteil zwischen dem Gläubiger und dem gutgläubigen Schuldner gegen den Nießbraucher. Gleiches gilt für die vom Schuldner dem Gläubiger gegenüber ausgesprochene Kündigung.

Satz 2 steigert das **Einziehungsrecht** zur Einziehungspflicht, die dazu führen kann, daß der Nießbraucher gegen den Schuldner klagen und die Forderung in dessen Insolvenz anmelden muß, zu letzterem vgl § 1071 Rz 5. 4

3. Kein Recht des Nießbrauchers besteht zur Übertragung, zur Annahme an Zahlungs Statt, zur über die Nießbrauchszeit wirkenden Stundung, zum Erlaß und Vergleich. Dagegen darf er mit der Forderung dem Schuldner gegenüber aufrechnen, weil dies der Einziehung gleichkommt. Aufrechnen kann auch der Schuldner mit einer ihm gegen den Gläubiger – nicht gegen den Nießbraucher (RG 103, 29; aM Pal/Bassenge Rz 5; Staud/Frank Rz 17) – zustehenden Forderung. 5

1075 *Wirkung der Leistung*
(1) Mit der Leistung des Schuldners an den Nießbraucher erwirbt der Gläubiger den geleisteten Gegenstand und der Nießbraucher den Nießbrauch an dem Gegenstand.
(2) Werden verbrauchbare Sachen geleistet, so erwirbt der Nießbraucher das Eigentum; die Vorschrift des § 1067 findet entsprechende Anwendung.

1. Der Nießbraucher ist aus eigenem Recht an Stelle des Gläubigers zur Entgegennahme der Leistung – auch der Auflassung – berechtigt mit der Wirkung, daß er dem Gläubiger – von Abs II abgesehen – das Eigentum oder Gläubigerrecht verschafft. Entsprechend § 166 kommt es auf den guten Glauben des Nießbrauchers an. Dieser ist bei Grundstücken befugt, die Eintragung des Gläubigers zu betreiben. Mit dem Erwerb des Eigentums an der geleisteten Sache – bei beweglichen Sachen ist aber deren Übergabe an den Nießbraucher erforderlich – oder dem Erwerb des übertragenen Rechts entsteht **kraft Gesetzes** der Nießbrauch hieran (**dingliche Surrogation**); das gilt auch bei Grundstücken (BGH RdL 1953, 139). Die Eintragung des Nießbrauchs im Grundbuch dient lediglich der Berichtigung (§ 894; § 22 GBO). Dagegen bedarf es ausdrücklicher Nießbrauchsbestellung, wenn der Schuldner unmittelbar an den Gläubiger leistet; dabei spielt es keine Rolle, ob der Schuldner nur deshalb an den Gläubiger leistete, weil er vom Nießbrauch nichts wußte, vgl Westermann Sachenrecht § 104, 4. 1

2. Der Eigentumserwerb auf Grund des Abs II ist fiduziarischer Natur und verpflichtet zum Wertersatz bei Nießbrauchsende (§ 1067 I); für dessen Höhe ist der Zeitpunkt der Leistung maßgeblich. 2

3. Eine entsprechende Vorschrift existiert beim vertraglichen Pfandrecht in § 1287, beim Pfändungspfandrecht in den §§ 847ff ZPO. 3

1076 *Nießbrauch an verzinslicher Forderung*
Ist eine auf Zinsen ausstehende Forderung Gegenstand des Nießbrauchs, so gelten die Vorschriften der §§ 1077 bis 1079.

§§ 1076–1079 enthalten **nachgiebiges Recht** (KGJ 40, 275). Str, ob die Forderung kraft Rechtsgeschäfts Zinsen abwerfen muß, so mit Recht Staud/Frank Rz 2ff, Soergel/Stürner Rz 2, oder ob eine Zinspflicht auf Grund einer den Parteiwillen ergänzenden Gesetzesbestimmung, wie zB §§ 452, 641, 698, genügt (RGRK Rz 2). Unter Zinsen sind nicht nur Geldbeträge zu verstehen, sondern auch sonstige geldwerte Vorteile, falls sie als Entgelt für die Nutzung eines Vermögensgegenstandes regelmäßig wiederkehrend gewährt werden, insbesondere andere vertretbare Sachen (§ 91), vgl RGRK Rz 2. Dem Nießbraucher steht das Zinsrecht als solches zu, nicht bloß der einzelne Zinsbetrag (RG 74, 81 gegen KGJ 52, 183). Das Zinsrecht entsteht auch dann, wenn Nießbrauch und Zinspflicht in einer Person zusammentreffen (KGJ 52, 183). Entsprechend anzuwenden ist die Vorschrift auf den Nießbrauch an einer Kapitallebensversicherung, falls nichts Abweichendes vereinbart ist (Arnold VersR 1950, 110). 1

1077 *Kündigung und Zahlung*
(1) Der Schuldner kann das Kapital nur an den Nießbraucher und den Gläubiger gemeinschaftlich zahlen. Jeder von beiden kann verlangen, dass an sie gemeinschaftlich gezahlt wird; jeder kann statt der Zahlung die Hinterlegung für beide fordern.
(2) Der Nießbraucher und der Gläubiger können nur gemeinschaftlich kündigen. Die Kündigung des Schuldners ist nur wirksam, wenn sie dem Nießbraucher und dem Gläubiger erklärt wird.

§ 1077 Sachenrecht Dienstbarkeiten

1 1. Vgl §§ 432, 1281. Mit der Leistung werden Nießbraucher und Gläubiger **Mitbesitzer,** der Gläubiger erlangt **Eigentum,** der Nießbraucher den **Nießbrauch** am Geleisteten; nach Soergel/Stürner Rz 1 soll an verbrauchbaren Sachen gemäß § 1067 Miteigentum entstehen; das widerspricht aber dem Gesetz, wie § 1079 beweist, vgl RGRK Rz 2. Der Schuldner, der den Nießbrauch kennt, kann rechtswirksam nur dem Gläubiger und dem Nießbraucher zusammen **kündigen** und mit **befreiender Wirkung** nur an Gläubiger und Nießbraucher gemeinsam oder an einen von ihnen unter Zustimmung des anderen **zahlen** (§§ 1070, 407). Zur Hinterlegung vgl §§ 372ff. Zur Klage berechtigt ist der Gläubiger wie der Nießbraucher; der Klageantrag muß aber entweder auf Zahlung an beide oder auf Hinterlegung für beide gemeinschaftlich lauten. Ein Zwang, gemeinsam zu klagen, besteht nicht. Daher entfällt eine notwendige Streitgenossenschaft iSd 2. Alt des § 62 ZPO. Aber auch die 1. Alt trifft nicht zu, insbesondere handelt es sich weder um einen Fall des Miteigentums, s oben, oder der Rechtskrafterstreckung bei getrennter Klage, noch der Unteilbarkeit des streitigen Rechts (Stein/Jonas/Bork § 62 ZPO Rz 11; aA RG 64, 321 für einen besonders gestalteten Fall – RG 100, 60 rückt davon ab – und Pal/Bassenge § 1077 Rz 3).

2 2. § 1077 ist auf den Schadensersatzanspruch wegen Ausfalls einer Hypothek entsprechend anzuwenden (RG 89, 432).

3 3. Wird von dem Nießbraucher und Gläubiger nacheinander gekündigt, so wird die **Kündigung** erst mit dem Zugang der letzten Erklärung wirksam. Zur **Mahnung** ist dagegen jeder von ihnen allein befugt, weil insoweit eine Mitwirkungspflicht nicht vorgesehen ist (vgl § 1078).

1078 *Mitwirkung zur Einziehung*
Ist die Forderung fällig, so sind der Nießbraucher und der Gläubiger einander verpflichtet, zur Einziehung mitzuwirken. Hängt die Fälligkeit von einer Kündigung ab, so kann jeder Teil die Mitwirkung des anderen zur Kündigung verlangen, wenn die Einziehung der Forderung wegen Gefährdung ihrer Sicherheit nach den Regeln einer ordnungsmäßigen Vermögensverwaltung geboten ist.

1 Entsprechende Regelung: §§ 1083, 1285f. Bei einem Verstoß gegen die Mitwirkungspflicht ist Klage auf Erfüllung (§ 894 ZPO) möglich, zudem besteht ein Schadensersatzanspruch bei schuldhafter Unterlassung wegen positiver Verletzung des zwischen dem Eigentümer und dem Nießbraucher bestehenden gesetzlichen Schuldverhältnisses; vgl § 1030 Rz 16.

1079 *Anlegung des Kapitals*
Der Nießbraucher und der Gläubiger sind einander verpflichtet, dazu mitzuwirken, dass das eingezogene Kapital nach den für die Anlegung von Mündelgeld geltenden Vorschriften verzinslich angelegt und gleichzeitig dem Nießbraucher der Nießbrauch bestellt wird. Die Art der Anlegung bestimmt der Nießbraucher.

1 **Mündelsichere Anlage** vgl §§ 1807f; Art 212 EGBGB, auf den Namen des Gläubigers, der Inhaber der Forderung wird. Den Nießbrauch hieran erlangt der Nießbraucher nicht kraft Gesetzes, sondern auf Grund besonderer Bestellung. Für Inhaber- und Orderpapiere mit Blankoindossament bestehen Sondervorschriften in den §§ 1081ff.

1080 *Nießbrauch an Grund- oder Rentenschuld*
Die Vorschriften über den Nießbrauch an einer Forderung gelten auch für den Nießbrauch an einer Grundschuld und an einer Rentenschuld.

1 Die Regelung entspricht § 1291. Der **Nießbrauch an einer Grundschuld** richtet sich nach §§ 1074 bis 1079, an **einer Rentenschuld** daneben nach § 1073.

Vorbemerkung §§ 1081–1084

§§ 1081–1084 enthalten nachgiebiges Recht.

1081 *Nießbrauch an Inhaber- oder Orderpapieren*
(1) Ist ein Inhaberpapier oder ein Orderpapier, das mit Blankoindossament versehen ist, Gegenstand des Nießbrauchs, so steht der Besitz des Papiers und des zu dem Papier gehörenden Erneuerungsscheins dem Nießbraucher und dem Eigentümer gemeinschaftlich zu. Der Besitz der zu dem Papier gehörenden Zins-, Renten- oder Gewinnanteilscheine steht dem Nießbraucher zu.
(2) Zur Bestellung des Nießbrauchs genügt an Stelle der Übergabe des Papiers die Einräumung des Mitbesitzes.

1 1. **Inhaberpapiere. Schuldverschreibungen auf den Inhaber** (§§ 793–807), nicht Legitimationspapiere des § 808, wie zB in der Regel Sparkassenbücher. Der Nießbraucher an einer Sparkassenforderung hat das Recht auf Alleinbesitz am Sparkassenbuch (Colmar OLG 26, 86). Ferner außerhalb des BGB geregelte, über Geschäftsanteile ausgestellte Inhaberpapiere, insbesondere **Inhaberaktien. Orderpapiere mit Blankoindossament: Wechsel** (Art 11ff, 77 WG), **Scheck** (Art 14ff ScheckG), **Orderpapiere des HGB** (§§ 363, 365), **Aktie,** auch Namensaktie, die trotz ihrer Bezeichnung Orderpapier ist (§§ 10 I, 68 I, 278 III AktG). Soweit diese Inhaber- und Orderpapiere **verbrauchbar** sind, besteht eine **Sondervorschrift** in § 1084. Für andere Wertpapiere gelten die §§ 1081–1084 nicht.

2. Weil Papiere dieser Art leicht umgesetzt werden können, gewährt das Gesetz zum Schutz des Eigentümers dem Nießbraucher am Papier (Mantel) und **Erneuerungsschein** (Talon) abweichend von §§ 1068, 1036, 952 nur das **Recht auf Mitbesitz**. Demgemäß genügt auch dessen Einräumung zum Bestellen des Nießbrauchs (Abs II). § 1082 läßt es auch genügen, daß Papier und Erneuerungschein zugunsten des Eigentümers und Nießbrauchers **hinterlegt** werden. Der **Alleinbesitz** steht dem Nießbraucher nur an den **Zins-, Renten- und Gewinnanteilen** zu (Abs I S 2).

3. Abs II kommt selbst dann zum Zuge, wenn für das Papier eine Sicherungshypothek gemäß § 1187 S 3 bestellt ist.

4. Nießbrauch an Aktien. Dazu und zum **Nießbrauch an GmbH-Anteilen** s auch Fichtelmann DStR 1974, 344; Meilicke Steuerberaterjahrbuch 1972/1973, 378, 390; Spieß RhNK 1969, 752; Sudhoff GmbHR 1971, 53. Die Inhaberaktie ist stets, die Namensaktie nur insofern übertragbar und mit einem Nießbrauch belastbar, als sie nicht vinkuliert ist (§ 68 I, II AktG), es sei denn, die Gesellschaft (dh der Vorstand) hat zugestimmt. Die einer notariellen Beurkundung des Nießbrauchsvertrages (§ 15 III GmbHG) bedürfende Bestellung eines Nießbrauchs an dem nach § 15 I GmbHG übertragbaren GmbH-Anteil ist zulässig. In der GmbH-Satzung kann jedoch die Übertragung des Geschäftsanteils oder auch nur die Bestellung des Nießbrauchs ausgeschlossen (trotz § 15 V GmbHG nach hM zulässig; RG 80, 179; Fischer GmbHR 1953, 135; Scholz/Winter § 15 GmbHG Rz 188 mwN) oder zB von der Genehmigung der Gesellschaft abhängig gemacht werden. Dagegen ist keine Genehmigung nach § 17 I GmbHG erforderlich, wenn nur ein Bruchteil eines GmbH-Anteils mit einem Nießbrauch belastet oder ein Quotennießbrauch an dem gesamten Geschäftsanteil bestellt wird (dazu Spieß RhNK 1969, 752; Staud/Frank Anh §§ 1068, 1069 Rz 93; Sudhoff GmbHR 1971, 53). Bestritten ist, wem das **Stimmrecht** zusteht.

a) Nach Peters, Die Ausübung des Stimmrechts bei nutznießungsbelasteten Aktien, 1952, sind Aktionär und Nießbraucher gemeinschaftlich – durch einen gemeinschaftlichen Vertreter – stimmberechtigt. Wenn aber der Beschluß nur die Interessen eines Teiles berührt, so soll dieser die Zustimmung des anderen zur Ausübung nach seinem Willen verlangen dürfen; notfalls kann die Bestellung eines gemeinschaftlichen Vertreters entsprechend § 69 AktG gefordert werden.

b) Eine Aufteilung des Stimmrechts befürworten KG OLGE 37, 8, 9 und Fleck in FS R. Fischer (1977) 107, 125ff (bzgl GmbH); krit Scharff, Nießbrauch an Aktien im Zivil- und Steuerrecht, 1995. Ihnen zufolge liegt die Stimmrechtsbefugnis grundsätzlich allein beim Besteller, es sei denn der Beschlußgegenstand betrifft nur die Verwaltung und Nutzung des unversehrt bleibenden Anteils, dann liegt sie beim Nießbraucher.

c) Für Stimmrecht des Nießbrauchers RG JW 1916, 409; Godin/Wilhelmi § 134 AktG Anm 2; Barz § 134 AktG Rz 6; bei grundlegenden, das Interesse des Aktionärs wesentlich berührenden Fragen hat er allerdings Weisungen des Aktionärs zu befolgen oder diesem das Stimmrecht zu überlassen; ist es zweifelhaft, wem danach das Stimmrecht zusteht, so kann nur der Nießbraucher mit Zustimmung des Aktionärs oder der Aktionär mit Zustimmung des Nießbrauchers abstimmen.

d) Nach überwiegender Ansicht steht das Stimmrecht allein dem Aktionär zu (Staub/Pinner § 252 HGB Anm 6; Schmidt Anm 3; Schlegelberger/Quassowski Anm 6; Teichmann/Köhler Anm 2c, sämtliche zu § 114 AktG aF; Wiedemann § 186 AktG Rz 9; Staud/Frank Anh §§ 1068, 1069 Rz 117f; desgl RGRK § 1068 Rz 11; Soergel/Stürner § 1068 Rz 9a; Wolff/Raiser § 120 IV 1; Pal/Bassenge § 1068 Rz 3; Koblenz NJW 1992, 2163ff m Anm Petzoldt EWiR 1992, 259f. Diese Auffassung verdient den Vorzug, denn der Gesellschafter bleibt ungeachtet des Nießbrauchs der Aktionär und das Stimmrecht ist kein Ausfluß des Nutzungs- oder Verwaltungsrechts. Der Nießbraucher ist auf §§ 1065, 1068 III angewiesen. Eine mit der Nießbrauchbestellung einhergehende, unwiderrufliche Übertragung des Stimmrechts auf den Nießbraucher ist daher nichtig, kann aber in eine widerrufliche Stimmrechtsvollmacht umgedeutet werden, Koblenz NJW 1992, 2163ff m Anm Petzoldt EWiR 1992, 259f.

Für den **Geschäftsanteil** einer **GmbH** gilt Gleiches: Der Nießbraucher hat kein Stimmrecht (Vogel Anm 13; Baumbach/Hueck Rz 52; Scholz/Winter Anm 192; Hachenburg/Schilling/Zutt Anh I, Rz 61; sämtlich zu § 15 GmbHG; Staud/Frank Anh §§ 1068, 1069 Rz 99f; Soergel/Stürner Rz 8 § 1068.

5. Die **Zins-** und **Gewinnanteile** stehen dem Nießbraucher als bestimmungsgemäßer Ertrag der Aktie zu. Bestritten ist, wer mangels besonderer Vereinbarung das **Bezugsrecht** auf **neue Aktien** hat. Das Bezugsrecht des § 186 AktG steht dem Eigentümer und nicht dem Nießbraucher zu, weil es Ausfluß der Mitgliedschaft und nicht Ertrag der Aktie ist (KG OLG 24, 139; BayObLG OLG 36, 282; Bremen DB 1970, 1936; RGRK § 1068 Rz 11; Staud/Frank Anh §§ 1068, 1069 Rz 110; Hüffer, AktG 5. Aufl, § 186 Rz 10; BGH 58, 319 und Geßler/Hefermehl/Eckardt/Kropff/Bungeroth § 186 AktG Rz 30). Nach Planck/Brodmann § 1081 Anm 2, Pal/Bassenge § 1068 Rz 3 soll es zwar auch dem Eigentümer, jedoch belastet mit dem Nießbrauch, zustehen (einschränkend Spieß RhNK 1969, 758 und Wiedemann, Die Übertragung und Vererbung von Mitgliedschaftsrechten an Handelsgesellschaften, 1965, S 407f, wonach der Nießbraucher die Einräumung des Nießbrauchs soll verlangen können). Für das Bezugsrecht gemäß § 55 GmbHG gilt Gleiches.

Gibt die AG an Stelle des zu verteilenden Gewinnes **Gratisaktien** aus, so hat der Nießbraucher einen Anspruch darauf, daß der Nießbrauch auf sie erstreckt wird (Staud/Frank Anh §§ 1068, 1069 Rz 111). Um eine Kapitalerhöhung aus Gesellschaftsmitteln handelt es sich hier nicht (Baumbach/Hueck § 58 AktG Rz 21). Bietet die AG die jungen Aktien den Aktionären zu einem ungewöhnlich billigen Kurs an, so wird der Substanzwert der alten Aktien vermindert und damit der Nießbraucher geschädigt, wenn er sich nur an die alten Aktien halten kann. Der Eigentümer kann den Schwund des Substanzwertes dadurch abfangen, daß er das Bezugsrecht ausübt oder veräußert. Dem Nießbraucher ist als Ausgleich der Anspruch zuzubilligen, daß sein Recht auf einen dem Wert des ausgeübten Bezugsrechts entsprechenden Teil der jungen Aktien oder auf den Erlös des veräußerten Bezugsrechts erstreckt

§ 1081 Sachenrecht Dienstbarkeiten

wird (Hüffer Rz 10; Geßler/Hefermehl/Eckardt/Kropff/Bungeroth § 186 AktG Rz 32; Meilicke BB 1961, 1282). Wird das Kapital aus Gesellschaftsmitteln erhöht (§§ 207ff AktG), so tritt gemäß § 212 AktG an die Stelle der bisherigen Aktie automatisch die alte Aktie mit dem neugebildeten Anteilsrecht. Dieses fällt also dem Eigentümer der Aktie zu. Hieraus folgert Baumbach/Hueck (§ 186 AktG Rz 5) mit Recht, daß der Nießbrauch sich ohne weiteres auf das neue Anteilsrecht erstreckt, gleichgültig, ob es in einer neuen Aktie oder in der Erhöhung des Nennbetrages der alten Aktie zutage tritt; zustimmend jetzt auch Staud/Frank Anh §§ 1068, Rz 111.

11 Die Liquidationsquote (§ 271 AktG, § 72 GmbHG) steht dem Aktionär-Gesellschafter zu, der aber entsprechend § 1079 verpflichtet ist, dem Nießbraucher an diesem Betrag den Nießbrauch zu bestellen, vgl Staud/Frank Anh §§ 1068, 1069 Rz 109.

12 Wird eine Aktie verkauft, so gehört der Kursgewinn dem Aktionär, denn er ist weder Frucht noch Gebrauchsvorteil (Bremen DB 1970, 1936).

13 Die realisierten **stillen Reserven** eines Wirtschaftsguts des Anlagevermögens zählen grundsätzlich nicht zu den Nutzungen eines Vorbehaltsnießbrauchs an einem GmbH-Anteil, BFH 167, 90. Das gilt für die Auflösung von stillen Reserven im Wege der Liquidation, für die Veräußerung eines Wirtschaftsguts, sowie für die Aufdeckung stiller Reserven im Rahmen einer verdeckten Gewinnausschüttung.

1082 *Hinterlegung*

Das Papier ist nebst dem Erneuerungsschein auf Verlangen des Nießbrauchers oder des Eigentümers bei einer Hinterlegungsstelle mit der Bestimmung zu hinterlegen, dass die Herausgabe nur von dem Nießbraucher und dem Eigentümer gemeinschaftlich verlangt werden kann. Der Nießbraucher kann auch Hinterlegung bei der *Reichsbank*, bei der *Deutschen Zentralgenossenschaftskasse* oder bei der Deutschen Girozentrale (Deutschen Kommunalbank) verlangen.

1 1. Regelung entsprechend §§ 1392, 1814, 2116. Hinterlegung grundsätzlich beim Amtsgericht, vgl HintO vom 10. 3. 1937 (RGBl I 285).

2 2. An die Stelle der Reichsbank dürfte die Bundesbank getreten sein (bestr). Die Stelle der Deutschen Zentralgenossenschaftskasse nimmt gemäß § 19 des Gesetzes vom 4. 4. 1957 (BGBl I 372) nunmehr die Deutsche Genossenschaftskasse ein. Die Deutsche Girozentrale (Deutsche Kommunalbank) besteht.

1083 *Mitwirkung zur Einziehung*

(1) Der Nießbraucher und der Eigentümer des Papiers sind einander verpflichtet, zur Einziehung des fälligen Kapitals, zur Beschaffung neuer Zins-, Renten- oder Gewinnanteilscheine sowie zu sonstigen Maßnahmen mitzuwirken, die zur ordnungsmäßigen Vermögensverwaltung erforderlich sind.
(2) Im Falle der Einlösung des Papiers finden die Vorschriften des § 1079 Anwendung. Eine bei der Einlösung gezahlte Prämie gilt als Teil des Kapitals.

1 Mitwirkungspflicht des § 1078 wird auf alle zur ordnungsmäßigen Verwaltung gehörigen Maßnahmen, wie die Kraftloserklärung abhanden gekommener oder vernichteter Papiere (§ 799), deren Umtausch bei Konvertierung oder Verlosung und deren Verkauf, sofern die Ursache dafür nicht nur eine bloße Kursschwankung ist (RGRK Rz 1; Soergel/Stürner Rz 1; Staud/Frank Rz 2), erweitert. Die Kostentragungslast trifft beide je zur Hälfte.

1084 *Verbrauchbare Sachen*

Gehört ein Inhaberpapier oder ein Orderpapier, das mit Blankoindossament versehen ist, nach § 92 zu den verbrauchbaren Sachen, so bewendet es bei der Vorschrift des § 1067.

1 Trifft zu für Banknoten und früher für Reichskassenscheine. Hier wird der Nießbraucher Eigentümer und ist nach Nießbrauchsende zum Wertersatz verpflichtet.

Untertitel 3

Nießbrauch an einem Vermögen

Vorbemerkung §§ 1085–1089

1 1. **Vermögen** und **Erbschaft** als **Inbegriffe** von Rechten und Sachen stellen eine Mehrheit von körperlichen und unkörperlichen Dingen dar. Als solche unterliegen sie keinen sachenrechtlichen Vorschriften, wohl sind diesen Bindungen die einzelnen dazu gehörigen Gegenstände unterworfen. **Hieraus folgt:** daß a) die **Nießbrauchs**bestellung **an** Vermögen oder **Erbschaft** nicht durch einheitliches Rechtsgeschäft, sondern nur dadurch erfolgen kann, daß hinsichtlich jedes einzelnen Stückes das für die Begründung des Nießbrauchs Vorgeschriebene getan wird (RG 153, 31), b) die Rechte und Pflichten des Nießbrauchers sich nicht allgemein bestimmen zu lassen, sondern jeweils nur hinsichtlich des einzelnen Stückes nach den für dieses im besonderen geltenden Vorschriften (§ 1085), c) der Grundsatz der dinglichen Surrogation nicht gilt: Ersatzstücke werden nicht ohne weiteres vom Nießbrauch erfaßt. Der Nießbraucher ist auf den ihm zustehenden Entschädigungsanspruch angewiesen, siehe § 1065 Rz 2. Aus dem der Nießbrauchsbestellung zugrunde liegenden Geschäft kann sich aber die Verpflichtung ergeben, auch an dem Ersatzstück den Nießbrauch zu bestellen. d) Scheidet ein Einzelgegenstand aus dem Vermögen aus, so bleibt der Nießbrauch an ihm bestehen. **e)** Zu c und d: Für das Entstehen und Fortbestehen des Nießbrauchs ist nicht die Zugehörigkeit des Gegenstandes zum „belasteten" Vermögen, sondern sind das einzelne Verfügungsgeschäft und die einzelnen Beendigungstatbestände maßgeblich (Westermann § 141, 2 und 5).

2. Das Gesetz bringt aber **zusätzlich a)** zum Schutz der bei Begründung des Nießbrauchs vorhandenen Gläubiger des Bestellers und **b)** zur Regelung des Verhältnisses zwischen Besteller und Nießbraucher **Sondervorschriften** (§§ 1086–1089).

§ 1085 *Bestellung des Nießbrauchs an einem Vermögen*

Der Nießbrauch an dem Vermögen einer Person kann nur in der Weise bestellt werden, dass der Nießbraucher den Nießbrauch an den einzelnen zu dem Vermögen gehörenden Gegenständen erlangt. Soweit der Nießbrauch bestellt ist, gelten die Vorschriften der §§ 1086 bis 1088.

1. Gegenstand des Nießbrauchs können das Vermögen einer natürlichen oder juristischen Person oder eine Erbschaft (§ 1089) im ganzen oder zu einem Bruchteil sein. Einzelne Gegenstände können ausgenommen werden. Dagegen kann ein Nießbrauch nicht an einem **Sondervermögen**, zB Vorbehaltsgut, oder an einzelnen Sachen unter zusammenfassender Bezeichnung bestellt werden (Dresden OLG 7, 36), zB nicht an gewerblichem Unternehmen (RG 95, 237), dazu Rz 4ff. Zum Vermögen gehörige, nicht übertragbare Rechte können dem Nießbrauch nicht unterworfen werden (§ 1069 II), doch kann im Einzelfall der Besteller verpflichtet sein, dem Nießbraucher die Nutzung zu übertragen.

2. Bestellung erfolgt an den einzelnen Sachen oder Rechten nach Maßgabe der §§ 873, 1031f, 1067, 1069, 1081, § 9 SchiffsG. Die Eigenschaft als „Nießbraucher am Vermögen" ist weder eintragungsfähig noch eintragungspflichtig (RG 70, 345, vgl jedoch KG Recht 1924, 516). Für Verpflichtung zur Bestellung vgl §§ 311b II, III, 2174.

Zweifelhaft kann sein, von wann ab die §§ 1086ff gelten, wenn der dingliche Vollzug der Einzelakte sich über einen längeren Zeitraum erstreckt. Nach Pal/Bassenge Rz 8 greift S 2 ein, sobald die Summe der belasteten Gegenstände den wesentlichen Teil des Vermögens ausmacht. Nach Soergel/Stürner Rz 4; Plank/Brodmann § 1085 Anm 5; Staud/Frank Rz 23; RG JW 1928, 1344; Warn Rspr 1929, 319; RG Bankarchiv 1929, 14, sämtliche zum entsprechenden Fall des inzwischen aufgehobenen § 419, löst schon die erste Teilübertragung die Rechtsfolge aus, wenn die einzelnen Teilakte zB wegen des einheitlichen, schuldrechtlichen Rechtsgrundes und des Bewußtseins der Beteiligten zusammenhängen. Dem ist zuzustimmen.

3. Der **Nießbrauch am Unternehmen (Handelsgeschäft)** wird nicht gesondert geregelt, obwohl im HGB in § 22 II der Nießbrauch am Handelsgeschäft aufgeführt ist; s auch § 151 II S 1 VVG. Dazu insbesondere Bökelmann, Nutzungen und Gewinn beim Unternehmensnießbrauch, 1971, sowie Grunsky BB 1972, 585, Fichtelmann DStR 1974, 267, 270, Harsel RhNK 1968, 161 und Staud/Frank Anh §§ 1068, 1069 Rz 24ff. Nach Rspr und Rechtslehre gilt im wesentlichen Folgendes:

a) Die **Pflicht zur Begründung** kann sich aus **Vertrag** oder **Verfügung von Todes wegen** (Vermächtnis) ergeben.

b) Die Bestellung kann nicht durch ein einheitliches Rechtsgeschäft, sondern nur durch Einzelakte geschehen. Die Vertragsteile müssen sich darüber einig sein, daß ein Vermögensnießbrauch begründet werden soll. Das Unternehmen muß im wesentlichen das Vermögen des Bestellers ausmachen, was der Nießbraucher wissen muß. Sonst kommen nicht die §§ 1085ff und auch nicht § 311b III (BGH 25, 1, 4), sondern die 1030ff in Betracht.

c) Ein Unternehmen besteht nicht nur aus **Betriebsvermögen**, sondern aus verselbständigter Unternehmensleistung (zB Geschäftserfahrungen und -geheimnisse, Organisation, Ruf, Kundenkreis, Beziehungen), dem good will (= Tätigkeitsbereich). In diesen muß der Unternehmensinhaber den Nießbraucher einweisen.

d) Ist dies (b und c) geschehen, so kann man einen **einheitlichen Nießbrauch** als dinglich auch Dritten gegenüber wirkendes Recht **am Unternehmen** als solchem bejahen, so zB Würdinger § 22 HGB Anm 45; Baumbach/Hopt Einl vor § 1 Rz 50; MüKo/Petzoldt Rz 10; Staud/Frank Anh §§ 1068, 1069 Rz 29; Soergel/Stürner Rz 6; aA RG 95, 237; vgl Düringer/Hachenburg/Hoeniger § 25 HGB Anm 32; Enn/Nipperdey § 133 III).

e) Für die **Ausgestaltung** des Nießbrauchsrechts ist in erster Linie der Parteiwille maßgeblich, wie er im Grundgeschäft seinen Niederschlag gefunden hat. Im übrigen kann man von Folgendem ausgehen:
aa) Das **Anlagevermögen** nebst Inventar bleibt Eigentum des Bestellers; jedoch darf der Nießbraucher über einzelne Inventarstücke entsprechend § 1048 mit absoluter Rechtsfolge hinsichtlich des Ersatzes verfügen. Das **Umlaufvermögen** wird gemäß § 1067 **Eigentum des Nießbrauchers**. Geschäftsforderungen stehen ihm zu.
bb) Der Nießbraucher ist verpflichtet, das Unternehmen in seinem wirtschaftlichen Bestand zu erhalten und nach den Regeln einer ordnungsmäßigen Wirtschaft zu führen (§§ 1036 II, 1037f, 1041).
cc) Übernimmt der Nießbraucher mit dem Unternehmer das **ganze Vermögen** des Bestellers, so können Altgläubiger die Rechte aus den §§ 1086, 1088 geltend machen. Übernimmt der Nießbraucher die Firma (§ 22 II HGB), so haftet er für die Geschäftsschulden des bisherigen Inhabers gemäß § 25 HGB.
dd) Für **neue Geschäftsschulden** haftet nur der Nießbraucher mit seinem ganzen Vermögen einschließlich des Umlaufvermögens.
ee) Als **Nutzung** gebührt dem Nießbraucher nur der **Reingewinn**, wie er sich nach Abzug all der Aufwendungen ergibt, die erforderlich sind, um das Unternehmen in seinem wirtschaftlichen Bestand und als Erwerbsquelle zu erhalten; vgl Baur JZ 1968, 79. Er wird daher auch das Anlagevermögen bei Verschleiß zu erneuern und bei Abgängen zu ersetzen haben, selbst wenn es Eigentum des Bestellers geblieben ist. Im übrigen fallen unverschul-

§ 1085 Sachenrecht Dienstbarkeiten

dete Einbußen am Anlagevermögen nicht ihm, sondern dem Eigentümer zur Last. Verluste an dem in sein Eigentum übergegangenen Umlaufvermögen treffen ihn. Gleiches gilt für echte Betriebsverluste. Für Werteinbußen des Unternehmens haftet er dem Besteller nur bei Verschulden.

ff) Zur Problematik des Quotennießbrauchs s BayObLG 1973, 168; 1974, 243; MüKo/Petzoldt Rz 9; Staud/Frank Anh §§ 1068, 1069 Rz 35; vgl auch zu § 1030 Rz 10.

10 **f)** Ist der **Nießbrauch beendet,** so gelten die §§ 1055 II, 591 entsprechend, vgl § 1055 Rz 3. Führt der Besteller das Unternehmen mit der Firma fort, so gilt § 25 HGB entsprechend.

11 **4.** Von dem in Rz 4–10 behandelten Unternehmensnießbrauch ist der **Nießbrauch am Ertrag** eines **Unternehmens** zu unterscheiden. Hier leitet der Eigentümer das Unternehmen eigenverantwortlich weiter. Der Nießbraucher ist zwar dinglich berechtigt, jedoch auf gewisse Kontrollrechte und den Ertrag beschränkt (schuldrechtlicher Gewinnauszahlungsanspruch).

1086 *Rechte der Gläubiger des Bestellers*

Die Gläubiger des Bestellers können, soweit ihre Forderungen vor der Bestellung entstanden sind, ohne Rücksicht auf den Nießbrauch Befriedigung aus den dem Nießbrauch unterliegenden Gegenständen verlangen. Hat der Nießbraucher das Eigentum an verbrauchbaren Sachen erlangt, so tritt an die Stelle der Sachen der Anspruch des Bestellers auf Ersatz des Wertes; der Nießbraucher ist den Gläubigern gegenüber zum sofortigen Ersatz verpflichtet.

1 **1.** Der an einem Vermögen oder einer Erbschaft bestellte Nießbrauch erfaßt nur das, was nach Abzug der Schulden übrigbleibt, denn die Gläubiger des Bestellers haben ein unmittelbares **Zugriffsrecht** an den einzelnen dem Nießbrauch unterliegenden Gegenständen. Beim Einzelnießbrauch können dagegen dem Nießbraucher nachgehende dingliche und die persönlichen Gläubiger des Bestellers die Zwangsvollstreckung nur unbeschadet des Nießbrauchs betreiben oder müssen die Bestellung des Nießbrauchs nach dem Anfechtungsgesetz zu Fall bringen.

2 **2. Voraussetzungen** für das Zugriffsrecht: **a)** die Forderung muß wenigstens als bedingte oder befristete sowie dem Grund nach vor der Nießbrauchsbestellung entstanden sein – ähnlicher Fall in § 37 I InsO – und einem persönlichen Gläubiger des Bestellers – nicht des Eigentümers – zustehen, **b)** die Beteiligten müssen gerade einen **Vermögensnießbrauch** gewollt haben, **c)** der Nießbraucher muß hierbei gewußt haben, daß der Nießbrauch im **wesentlichen** das gesamte Vermögen des Bestellers erfaßt. Zum Zeitpunkt des Wirksamwerdens des Zugriffsrechts siehe § 1085 Rz 2.

3 **3.** Das Zugriffsrecht ist nicht dinglicher Natur, der Nießbraucher ist den Gläubigern gegenüber nur schuldrechtlich verpflichtet, die Zwangsvollstreckung in das Vermögensstück zu dulden. Daher kann ein Zugriffsrecht, wenn Grundstücke vorhanden sind, nicht in das Grundbuch eingetragen werden, vgl RG 70, 348.

4 **4.** Zur Zwangsvollstreckung in die dem Nießbrauch unterliegenden Gegenstände vgl die §§ 737f, 794 II ZPO. Bei Grundstücken gelten die § 866ff ZPO, §§ 17, 147 ZVG. Ist der Besteller nicht Eigentümer des erfaßten Gegenstandes gewesen, so obliegt es dem Eigentümer, sein Recht gemäß § 64, 771 ZPO geltend zu machen. Der Nießbraucher ist gemäß § 1042 verpflichtet, den Eigentümer von dem Vorgehen des Gläubigers zu verständigen.

5 Die frühere Streitfrage (s 8. Aufl), ob der Nießbraucher verbrauchbare Sachen sofort zu ersetzen hat, wird heute nicht mehr diskutiert. Zu Recht bedarf es für die Pfändung des Ersatzanspruchs keines Duldungstitels gegen den Nießbraucher, er ist nur Drittschuldner (§ 829 ZPO); Staud/Frank Anh §§ 1069, 1068; Zöller/Stöber § 737 ZPO Rz 6.

1087 *Verhältnis zwischen Nießbraucher und Besteller*

(1) Der Besteller kann, wenn eine vor der Bestellung entstandene Forderung fällig ist, von dem Nießbraucher Rückgabe der zur Befriedigung des Gläubigers erforderlichen Gegenstände verlangen. Die Auswahl steht ihm zu; er kann jedoch nur die vorzugsweise geeigneten Gegenstände auswählen. Soweit die zurückgegebenen Gegenstände ausreichen, ist der Besteller dem Nießbraucher gegenüber zur Befriedigung des Gläubigers verpflichtet.

(2) Der Nießbraucher kann die Verbindlichkeit durch Leistung des geschuldeten Gegenstandes erfüllen. Gehört der geschuldete Gegenstand nicht zu dem Vermögen, das dem Nießbrauch unterliegt, so ist der Nießbraucher berechtigt, zum Zwecke der Befriedigung des Gläubigers einen zu dem Vermögen gehörenden Gegenstand zu veräußern, wenn die Befriedigung durch den Besteller nicht ohne Gefahr abgewartet werden kann. Er hat einen vorzugsweise geeigneten Gegenstand auszuwählen. Soweit er zum Ersatz des Wertes verbrauchbarer Sachen verpflichtet ist, darf er eine Veräußerung nicht vornehmen.

1 **1.** § 1087 begründet keine Wahlschuld, es liegt eine Schuld mit Ersetzungsbefugnis vor, § 1087 ist **nachgiebiges** Recht. Deshalb gehen ihm etwaige Vertragsvereinbarungen vor (RG 153, 31). Er bezweckt, nach Möglichkeit Zwangsvollstreckungen zu vermeiden.

2 **2.** Mit **Rückgabe** erlischt der Nießbrauch an dem Gegenstand ohne weiteres; der Besteller kann, statt Rückgabe zu verlangen, die zur Befriedigung des Gläubigers benötigten Gegenstände aber auch zurückbehalten (**Zurückbehaltungsrecht,** BGH 19, 309, 312), wenn der Nießbrauch daran noch nicht wirksam bestellt war. Die zurückgegebenen Gegenstände muß der Besteller zur Befriedigung des Gläubigers verwenden. Für verbrauchbare Sachen hat der Nießbraucher im Falle ihres Verbrauchs Wertersatz zu leisten. Bei einem Nießbrauchsvermächtnis steht das Recht aus § 1087 dem Erben zu, es sei denn, er ist Erbe nur durch die Ausschlagung eines anderen, um dessen

Pflichtteilsanspruch es geht, geworden (BGH 19, 309, 312ff). Tilgt er die Schuld aus eigenen Mitteln, so kann er verlangen, daß der Besteller die frühere Rechtslage wiederherstellt.

3. Abs II trifft den Fall, daß ein bestimmter, im Besitz des Nießbrauchers stehender Gegenstand geschuldet wird. Dann darf der Nießbraucher den Gläubiger unmittelbar befriedigen. Leistet der Nießbraucher auf nicht bestehende Verbindlichkeiten, so macht er sich schadensersatzpflichtig; guter Glaube entlastet ihn nicht, doch kommt § 1058 zum Zug. Unterliegen verbrauchbare Sachen dem Nießbrauch, so darf der Nießbraucher erst veräußern, wenn Wertersatz nach § 1086 S 2 nicht ausreicht; andernfalls macht er sich schadensersatzpflichtig.

1088 *Haftung des Nießbrauchers*

(1) Die Gläubiger des Bestellers, deren Forderungen schon zur Zeit der Bestellung verzinslich waren, können die Zinsen für die Dauer des Nießbrauchs auch von dem Nießbraucher verlangen. Das Gleiche gilt von anderen wiederkehrenden Leistungen, die bei ordnungsmäßiger Verwaltung aus den Einkünften des Vermögens bestritten werden, wenn die Forderung vor der Bestellung des Nießbrauchs entstanden ist.
(2) Die Haftung des Nießbrauchers kann nicht durch Vereinbarung zwischen ihm und dem Besteller ausgeschlossen oder beschränkt werden.
(3) Der Nießbraucher ist dem Besteller gegenüber zur Befriedigung der Gläubiger wegen der im Absatz 1 bezeichneten Ansprüche verpflichtet. Die Rückgabe von Gegenständen zum Zwecke der Befriedigung kann der Besteller nur verlangen, wenn der Nießbraucher mit der Erfüllung dieser Verbindlichkeit in Verzug kommt.

1. § 1088 setzt voraus, daß der Besteller für eine schon vor der Bestellung des Nießbrauchs **verzinsliche Forderung persönlich,** nicht bloß dinglich **haftet.** Somit haftet der Nießbraucher nicht für Zinsen einer das Grundstück des Bestellers belastenden Hypothek, deren persönlicher Schuldner ein Dritter ist. Für **dingliche Lasten des Vermögens,** zB Grundschuldzinsen, muß der Nießbraucher bereits nach § 1047 aufkommen. Der Nießbraucher haftet dann neben dem Besteller, selbst wenn die wiederkehrenden Leistungen die Einkünfte übersteigen (RG 153, 35). Es handelt sich um einen Fall **gesetzlicher Schuldmitübernahme.**

2. Zu den den Zinsen (vertraglichen, gesetzlichen) gleichgestellten und wiederkehrenden Leistungen gehören insbesondere Renten, Reallasten sowie Tilgungsraten und auch solche eines Darlehens, das der Erblasser aufgenommen hatte, und das zu Lasten des Nachlasses dinglich abgesichert war (Düsseldorf OLG 75, 341) Unterhaltsbeiträge, Versicherungsprämien, Einkommensteuer (RG 153, 29); aM BFH NJW 1970, 831, 832; MüKo/Petzoldt Rz 3).

3. Der Nießbraucher hat entgegen der Fassung des Abs III **alle Lasten** zu tragen, die bei ordnungsmäßiger Verwaltung aus den Vermögenseinkünften zu bestreiten sind (RG 153, 33; Düsseldorf OLG 75, 341; weiter differenzierend MüKo/Petzoldt Rz 5).

1089 *Nießbrauch an einer Erbschaft*

Die Vorschriften der §§ 1085 bis 1088 finden auf den Nießbrauch an einer Erbschaft entsprechende Anwendung.

1. Unter Nießbrauch im Sinne dieser Vorschrift ist lediglich der an einer **Erbschaft oder einem Bruchteil** von ihr eingeräumte, nicht der an dem Erbteil eines Miterben (§ 2033) zu verstehen. Letzterer richtet sich als Nießbrauch an einem Recht nach §§ 1068ff, 1066. Notarielle Beurkundung ist erforderlich (§§ 1069, 2033 I). Bestr ist, ob die §§ 1086ff auch auf diesen Fall entsprechend anzuwenden sind, dazu Staud/Frank Rz 35 mwN. Das ist dann zu bejahen, wenn ein Nießbrauch an allen Erbteilen bestellt wird; s Soergel/Stürner Rz 5. Auch dann ist Belastungsgegenstand ein Recht, das die zum Nachlaß gehörenden Gegenstände nur mittelbar erfaßt, es besteht also kein Nießbrauch am Nachlaß als Ganzem (Westermann Sachenrecht § 141, 3 und 5). Daraus folgt: Ausgeschiedene Nachlaßgegenstände unterliegen nicht mehr dem Nießbrauch, hinzugekommene werden von ihm erfaßt. Das Umgekehrte gilt für den Nießbrauch an der Erbschaft (Nachlaß), siehe vor § 1085 Rz 1. Daher ist im Einzelfall stets der wirkliche Parteiwille zu ermitteln, ob nämlich ein Nießbrauch an der Erbschaft, dh an sämtlichen Nachlaßgegenständen, oder an allen Erbteilen bestellt werden sollte, vgl RG 153, 30. Der Nießbraucher am Erbteil muß der den Erbauseinandersetzungsvertrag vollziehenden Teilung gemäß § 1071 zustimmen (vgl § 2042 Rz 9). Diese Verfügungsbeschränkung kann im Grundbuch eingetragen werden (Soergel/Stürner Rz 4; Pal/Bassenge Rz 2).

2. Die Bestellung erfolgt an den einzelnen Gegenständen nach § 1085 gegebenenfalls durch sämtliche Miterben. Wendet der Erblasser einen Nießbrauch durch ein Vermächtnis zu, so folgt hieraus nur die Verpflichtung des Erben (§ 2174) zur Bestellung an den einzelnen Gegenständen; bis dahin tritt keine dingliche Wirkung ein (KGJ 32, 86). Die Verpflichtung des Erben entfällt, soweit er der Gegenstände zur Erfüllung der Nachlaßverbindlichkeiten bedarf (BGH 19, 312). Der Nießbraucher kann vom Testamentsvollstrecker Auskunft über den Bestand des Nachlasses verlangen (RG JW 1904, 338). Wendet der Erblasser dem zunächst Berufenen den Nießbrauch oder die „Nutznießung" an der Erbschaft zu, so kann es im Einzelfall schwierig sein, festzustellen, ob das dem Wortlaut Entsprechende oder ob nicht eine Vorerbschaft gewollt ist, zumal wenn die Verwaltung des Nachlasses mitübertragen wird. Für Vorerbschaft haben sich entschieden BGH LM § 2100 Nr 2; RG JW 1911, 283; 1918, 434; BayObLG Rpfleger 1981, 64; KGJ 38, 124; KG DRZ 27 Nr 680; DR 1941, 594; dagegen KG OLG 8, 273; 18, 335; 44, 103; BayObLG 1920, 25.

3. Die Vergünstigungen der §§ 1086–1088 kommen nur den Nachlaßgläubigern (§§ 1967ff) zugute (RG DR 1944, 371).

Titel 3
Beschränkte persönliche Dienstbarkeiten

Vorbemerkung

1 **1. Zu Begriff** und **Abgrenzung** der Dienstbarkeiten Einl §§ 1018–1093 Rz 1ff.

2 **2. Wesen** und **Inhalt.** Dem Berechtigten wird eine Befugnis eingeräumt, die den Inhalt einer Grunddienstbarkeit bilden kann (vgl hierzu § 1018 Rz 9ff). Im Gegensatz zur Grunddienstbarkeit kann das Recht nur einer bestimmten natürlichen oder juristischen Person – zB bei Gemeindeservituten der Gemeinde – eingeräumt werden. Wird die Ausübung von Rechten ausgeschlossen (§ 1018 Rz 19), so tritt an die Stelle des herrschenden Grundstücks der Berechtigte (RG 119, 211; RGRK/Rothe § 1090 Rz 5). Die beschränkte persönliche Dienstbarkeit ist damit a) im Gegensatz zu Miete und Pacht, die nur persönliche Befugnisse am Grundstück verleihen, objektiv-dinglich und b) im Gegensatz zu Grunddienstbarkeit subjektiv-persönlich. Wie der Nießbrauch ist sie unvererblich und grundsätzlich nicht übertragbar (§§ 1090 II, 1061, 1092 S 1). Sie erlischt deshalb mit dem Tode der berechtigten natürlichen Person. Zur Löschung des auf die Lebenszeit des Berechtigten beschränkten Rechts siehe § 23 GBO. Teilweise wird ins Grundbuch die Klausel eingetragen, daß zur Löschung der Nachweis des Todes des Berechtigten genügt. Hierzu bedarf es nur der Bewilligung des Grundeigentümers, des Begünstigten erübrigt sich (BayObLG 1965, 46). Die Zulässigkeit einer derartigen **Löschungserleichterung** ist umstritten (abl Frankfurt NJW-RR 1989, 146; aA Munzig in Kuntze/Ertl ua, GrundbuchR, 5. Aufl 1999, § 21 Rz 21 u Meikel/Böttcher, GrundbuchR, § 23 Rz 34); entscheidend ist, daß im Einzelfall nicht erfüllte Leistungspflichten bestehen können (ebenso Bauer/von Oefele/Kohler, GBO, §§ 23, 24 Rz 38). Im Gegensatz zum Nießbrauch kann aber ohne ausdrückliche Vereinbarung auch nicht die Ausübung einem anderen überlassen werden (§§ 1092 S 2, 1093 II). Ist juristische Person oder eine rechtsfähige Personengesellschaft Berechtigter, so ausnahmsweise gemäß § 1092 II, III übertragbar. Die dingliche Beziehung zum Eigentümer gebietet dem Berechtigten, alles zu unterlassen, was diesen an der restlichen Nutzung hindern kann (BGH WM 1982, 298).

3 Ein Grundstück kann nebeneinander mit einer Grunddienstbarkeit und einer beschränkten persönlichen Dienstbarkeit belastet werden (BayObLG MDR 1982, 937; KG OLGZ 1915, 359). Es ist ferner zulässig, wenn auch in der Regel zu verneinen, daß neben der dinglichen Haftung noch eine rein schuldrechtliche Verpflichtung übernommen wird (KG OLGZ 1915, 359). Insbesondere ist anerkannt, daß eine unter Beachtung der §§ 1090ff bestellte beschränkte persönliche Dienstbarkeit nicht schon deshalb nicht eintragungsfähig ist, weil die Beteiligten über denselben Gegenstand einen Miet- oder Pachtvertrag abgeschlossen haben (Hamm DNotZ 1957, 314; BGH LM Nr 7 zu § 1090).

4 **3. Regelung.** Grundsätzlich finden die für Grunddienstbarkeiten geltenden Vorschriften entsprechende Anwendung (§ 1090 II). So insbesondere für die **Begründung, Inhaltsänderung** und **Beendigung** (vgl vor § 1018 Rz 3ff). Das Wohnungsrecht richtet sich jedoch in wesentlichen Punkten nach dem Nießbrauchsrecht (§ 1093 I). Landesrechtliche Vorbehalte gemäß Art 96, 113–116, 120, 128, 133 EGBGB. Übergangsvorschriften in Art 164, 184, 189, 191 EGBGB. Im übrigen vgl noch §§ 92, 121 ZVG; § 9 EGZVG.

5 **4. Praktische Bedeutung** kommt der beschränkten persönlichen Dienstbarkeit vor allem in folgenden Fällen zu: **a)** bei Übergabe eines Anwesens, insbesondere im Zusammenhang mit landwirtschaftlichen Leibgedingeverträgen (Altenteil-Auszugsverträgen) hinsichtlich der Rechte des Übergebers, Altenteilers, **b)** in der Landwirtschaft hinsichtlich der Forst-, Weide- und Fischereirechte, **c)** in der Industrie, um die erforderlichen Betriebsanlagen sicherzustellen, um bei Immissionen, Unterlassungsansprüchen nicht ausgesetzt zu sein, und um den Wettbewerb auszuschalten, **d)** bei öffentlich-rechtlichen Gebietskörperschaften (ausf Odersky in FS BayNot 1987 S 213ff), insbesondere Gemeinden, die sich Rechte im Interesse ihrer Mitglieder oder zum Vorteil der Allgemeinheit einräumen lassen (vgl BGH NJW 1984, 924 zur Unzulässigkeit best Gewerbebetriebe im Gewerbegebiet und BGH NJW 1985, 387 zur Höhe der Enteignungsentschädigung für eine U-Bahn-Dienstbarkeit). Jedoch können Befugnisse, die sich ohnehin aus dem Gemeingebrauch ergeben, nicht Inhalt einer Dienstbarkeit werden, wohl aber solche, die sich aus einer inhaltsgleichen Grunddienstbarkeit ergeben (BayObLG MDR 1982, 937), **e)** Nach § 3 III Verk FlBerG kann der öffentliche Nutzer einer Verkehrsfläche an Stelle des Verkaufs die Bestellung einer beschränkten persönlichen Dienstbarkeit verlangen, wenn ein Grundstück nur in einzelnen Beziehungen genutzt wird (zB Untertunnelung, Brückenpfeiler). Das Recht muß bis 30. 6. 2007 schriftlich ausgeübt werden (vgl § 5 III VerkFlBerG zum Entgelt). § 7 II VerkFlBerG gibt zur Sicherung einen Anspruch auf Abgabe einer Bewilligung für eine Vormerkung für die Dienstbarkeit (vgl Stavornius NotBZ 2001, 349, 360; Böhringer NotBZ 2002, 117, 122).

6 **5.** Die Vorschriften über die beschränkte persönliche Dienstbarkeit sind nach BGH NJW 1962, 1817 mit Anm Rothe LM Nr 5 zu Art 90 GG und BayObLG 1969, 169 auf eine gemeindliche Befugnis, Versorgungsleitungen unter einer Bundesfernstraße zu unterhalten, entsprechend anzuwenden. Dazu im einzelnen § 1023 Rz 7.

§ 1090 Gesetzlicher Inhalt der beschränkten persönlichen Dienstbarkeit

(1) Ein Grundstück kann in der Weise belastet werden, dass derjenige, zu dessen Gunsten die Belastung erfolgt, berechtigt ist, das Grundstück in einzelnen Beziehungen zu benutzen, oder dass ihm eine sonstige Befugnis zusteht, die den Inhalt einer Grunddienstbarkeit bilden kann (beschränkte persönliche Dienstbarkeit).

(2) Die Vorschriften der §§ 1020 bis 1024, 1026 bis 1029, 1061 finden entsprechende Anwendung.

1. Belasteter Gegenstand (vgl § 1018 Rz 2). Auch als **Gesamtbelastung** kann eine beschränkte persönliche Dienstbarkeit bestellt werden (BayObLG Rpfleger 1990, 111; DNotZ 1991, 256). 1

2. Berechtigter. a) Natürliche und juristische Person. aa) Natürliche Person; auch mehrere nebeneinander, 2 zu Bruchteilen; aber bei unteilbaren Leistungen, zB Unterlassung, ausgeschlossen, dann nur als Gesamtberechtigte (§ 428) oder in BGB-Gesellschaft (LG Landshut MittBayNot 1998, 261, auch zum Gesellschafterwechsel). Falls zeitlich nacheinander, so ist zu unterscheiden: **(1)** unzulässig Bestellung für bestimmte Person und deren Erben oder sonstige Rechtsnachfolger (RG 119, 214; LG Bochum Rpfleger 1975, 433); Besteller kann sich nur schuldrechtlich verpflichten, das Recht dem Rechtsnachfolger neu zu bestellen (KG OLGZ 1914, 88; BayObLG 1911, 573). Ist Rechtsnachfolger als Berechtigter miteingetragen, so nicht ohne weiteres ganze Eintragung nichtig, sondern § 139 anzuwenden (RG 119, 214); **(2)** zulässig aber Bestellung für mehrere Personen in der Weise, daß sie für die eine auflösend bedingt, zB durch Tod oder anderes Ereignis, oder befristet und für die andere aufschiebend bedingt oder befristet ist, so daß das gleiche Ereignis oder die gleiche Frist das Recht des einen beendigen und das des anderen entstehen läßt (KG JW 1932, 2445; Hamburg OLGZ 1936, 164). Zur Auslegung eines für eine bestimmte Person „und deren Rechtsnachfolger" eingetragenen Überfahrtsrechts als beschränkte Dienstbarkeit siehe BGH MDR 1965, 195. Bestimmtheit fraglich, wenn der Berechtigte nicht ausdrücklich genannt wird (vgl LG Lübeck DRsp 154, 65a). Eine beschränkte persönliche **Dienstbarkeit** kann **für den Eigentümer** des belasteten Grundstücks durch einseitige Erklärung dann bestellt werden, wenn das mit Rücksicht auf eine beabsichtigte Veräußerung des Grundstücks geschieht und aus diesem Grund ein Bedürfnis hierfür besteht (BGH 41, 209; Oldenburg Rpfleger 1967, 410 mit Anm Haegele; für Zulässigkeit auch bei anderem Interesse Saarbrücken Rpfleger 1992, 16; LG Frankfurt NJW-RR 1992, 600; BayObLG NJW-RR 1992, 847; Weitnauer DNotZ 1964, 716; Riedel Rpfleger 1966, 131; zum Mitbenutzungsrecht an Wohnräumen, von denen der Eigentümer gem § 1093 ausgeschlossen ist, vgl Saarbrücken Rpfleger 1992, 16). Für Miteigentümer ohne diese Voraussetzungen zulässig.

bb) Juristische Person, auch des öffentlichen Rechts, insbesondere Gemeinde (RG 111, 394; BayObLG MDR 3 1965, 743; LG Ellwangen BWNotZ 1997, 69 bei Zufahrt ohne Berechtigtenangabe), auch zum Vorteil ihrer Mitglieder (RG 61, 342); Dienstbarkeit für eine Kirchengemeinde auf Verwendung eines Grundstücks als Friedhof (KG Recht 1918 Nr 261), nicht aber Behörde, zB Polizei bezüglich Baubeschränkung (KGJ 39, 312). Haben Gemeindeangehörige durch ständige Benutzung eines Überwegs für die Gemeinde nach gemeinem Recht ein Wegerecht ersessen, so steht die Befugnis, aus der Gemeindeservitut Rechte herzuleiten und zu klagen, der Gemeinde und nicht den einzelnen Gemeindemitgliedern zu (RG 44, 145; Oldenburg DRsp 154, 29 c–d). Zur Übertragbarkeit siehe § 1092 II u III (vgl Bassenge NJW 1996, 2777ff; BayObLG Rpfleger 1983, 391 zur Verschmelzung von Genossenschaften). Eine Eintragung mit dem Zusatz „und deren Rechtsnachfolger" ist (insoweit) unzulässig (Hamm MittBayNot 2001, 320; aA Düsseldorf MitBayNot 1976, 215, 216; vgl auch § 1018 Rz 7).

b) Ein schuldrechtlicher Anspruch auf Bestellung einer beschränkten persönlichen Dienstbarkeit kann rechts- 4 wirksam zugunsten mehrerer aufeinanderfolgender Personen vereinbart und durch Vormerkung gesichert werden; er kann übertragbar und vererblich sein (vgl BGH 28, 99).

3. Rechtsinhalt. a) § 1090 spricht davon, daß das Grundstück in einzelnen Beziehungen benutzt werde (vgl 5 § 1018 Rz 13). Dies ist weit auszulegen (Frankfurt MDR 1985, 937: Nutzung des gesamten Grundstücks neben dem Eigentümer; vgl auch Schleswig NJW-RR 1996, 1105 und Zweibrücken NJW-RR 1998, 1474, anders noch Zweibrücken OLGRp 1997, 139). Solange ein Nutzungsrecht nicht alle Nutzungsmöglichkeiten des belasteten Grundstücks umfaßt, kann als beschränkte persönliche Dienstbarkeit eingetragen werden (Köln MDR 1982, 318; LG Münster DRsp 154, 101/4b; BayObLG MDR 1965, 743). Bei der **Auslegung** einer beschränkten persönlichen Dienstbarkeit ist ebenso wie bei einer Grunddienstbarkeit streng vom Wortlaut und Sinn der Eintragung und der Eintragungsbewilligung auszugehen. Daneben sind die persönlichen Verhältnisse des Berechtigten sowie Lage und Verwendungsart des belasteten Grundstücks zu berücksichtigen (BGH LM Nr 5 zu § 1090). Eine Erweiterung gegenüber dem ursprünglichen Inhalt muß sich in den Grenzen einer der Art nach gleichbleibenden Nutzung halten (BGH 145, 16, verneint für umfassende telekommunikative Nutzung bei „Gasleitungsrecht"). Der **Inhalt** der beschränkt persönlichen Dienstbarkeit kann, wie bei § 1018, **dreierlei** sein: a) Recht, das Grundstück in einzelnen Beziehungen zu benutzen, b) Recht, daß an sich erlaubte Handlungen nicht vorgenommen werden, c) Ausschluß nachbarlicher, aus dem Eigentum sich ergebender Befugnisse (vgl § 1018 Rz 19). Soweit die Vornahme von Handlungen untersagt wird, muß entsprechend dem im Liegenschaftsrecht geltenden Grundsatz der Bestimmtheit zweifelsfrei zu erkennen sein, um welche es sich handelt. Unbestimmtheit durch Überladung (vgl Hamm NJW 1986, 3213 und LG Dortmund Rpfleger 1993, 108 – Nutzung nur noch in Übereinstimmung mit dem Berechtigten). Bestimmtheit nicht gegeben, wenn der Grundstückseigentümer alle Maßnahmen an dem auf dem Grundstück stehenden Gebäude zu unterlassen hat, „die den allgemein anerkannten Grundsätzen der Denkmalspflege widersprechen" (Düsseldorf Rpfleger 1979, 305; vgl auch LG Köln Rpfleger 1981, 294).

b) Den § 1019 erklärt § 1090 II nicht für entsprechend anwendbar. Ein **wirtschaftlicher Vorteil** für den 6 Berechtigten ist daher **nicht erforderlich** (RG 111, 384, 392), wohl aber überhaupt ein Vorteil (BGH NJW 1985, 1025). Es reicht, daß mit der beschränkten persönlichen Dienstbarkeit ein zulässiger Zweck mit privatrechtlichen Mitteln verfolgt wird (KG Recht 1929 Nr 2377). Die **Verfolgung ideeller oder gemeinnütziger Interessen genügt**. Es müssen dies auch nicht notwendig eigene Interessen des Berechtigten sein, denn auch die Wahrnehmung und der Schutz erlaubter Interessen Dritter ist nach der Rechtsordnung ein erlaubter Zweck. Daher ist es zulässig, daß die beschränkte persönliche Dienstbarkeit ausschließlich für fremde Bedürfnisse oder allein für fremde Belange bestellt wird, deren sich der Berechtigte aus nicht unerlaubten Gründen annehmen will (vgl BGH NJW 1984, 924; BGH 41, 209; BayObLG MDR 1965, 743). Ist Staat oder andere juristische Person des öffentlichen Rechts Berechtigter, so können sogar öffentlich-rechtliche Zwecke den Inhalt bilden (BGH NJW 1984, 924;

RG 111, 394; BayObLG MDR 1965, 743; LG Passau MDR 1971, 927: Grundstücksnutzung durch Ausbau und Unterhaltung einer öffentlichen Straße). Wettbewerbsverbote könnten Gegenstand einer beschränkten persönlichen Dienstbarkeit sein (BayObLG JW 1928, 1513). Das Verbot muß aber auch bei ihr eine Änderung oder Einschränkung der Benutzungsart des dienenden Grundstücks und nicht nur der persönlichen oder gewerblichen Freiheit des Eigentümers bewirken (Saarbrücken DNotZ 1953, 411; BayObLG 1953, 295). Die beschränkte persönliche Dienstbarkeit ist nämlich ebenso wie die Grunddienstbarkeit ihrer Rechtsnatur nach eine Eigentum einschränkende **Grundstücksbelastung.** Das Verbot muß sich deshalb unmittelbar auf die aus dem Eigentum fließende **Freiheit auswirken, das Grundstück in tatsächlicher Hinsicht** zu benutzen. Dies wird in der Regel zwar der Fall sein, wenn auf dem Grundstück überhaupt kein Gewerbe oder kein bestimmtes ausgeübt werden darf (BayObLG MDR 1983, 935; BGH NJW 1985, 2474). Dagegen ist das Recht zur **freien Auswahl** eines **Warenlieferanten** kein Ausfluß des Eigentums am Grundstück. Wer in dem auf seinem Grundstück eingerichteten Unternehmen an Erzeugnisse eines bestimmten Herstellers gebunden ist, insbesondere nur solche die Dienstbarkeitsberechtigten oder einer von diesem gebilligten Firma vertreiben darf, wird nicht in der Ausübung seiner Eigentumsbefugnisse, sondern in der **rechtsgeschäftlichen Freiheit,** in der Wirtschaftsführung seines Unternehmens beeinträchtigt. Derlei Beschränkungen können somit auch nicht Inhalt einer beschränkten persönlichen Dienstbarkeit sein. Vgl auch BGH LM Nr 5 zu § 1090 (Verbot des Verkaufs von Flaschenbier im Rahmen eines erlaubten Lebensmittelgeschäfts): **Unterscheidende Kriterien** der tatsächlichen Benutzungsmöglichkeit und damit nach hM (vgl krit § 1018 Rz 17) einer Dienstbarkeit zugänglich sind: nicht nur die Art des Gewerbes (Handels-, Handwerks-, Fabrikbetrieb) oder etwa der Umfang von Immissionen, sondern auch die Art der Waren, die auf dem Grundstück bearbeitet, gelagert oder vertrieben werden, während dies für die Unterscheidung nach Hersteller oder Marken bestimmter Waren nicht der Fall ist (LG Siegen Rpfleger 1989, 100). Hat die beschränkte persönliche Dienstbarkeit den Inhalt, daß dem Berechtigten das **alleinige Recht** eingeräumt wird, auf dem belasteten Grundstück ein **bestimmtes Unternehmen,** zB eine Tankstelle zu errichten und zu betreiben, und daß auf dem belasteten Grundstück **kein Konkurrenzunternehmen** errichtet und betrieben werden darf, so handelt es sich um ein **einheitliches Recht,** das zwei Arten der Belastung, a) die Einräumung eines Benutzungsrechts, b) die Verpflichtung zur Unterlassung gewisser Handlungen, enthält, die beide untereinander verbunden werden können (vgl BGH Rpfleger 1959, 124; BGH NJW 1961, 2157; 1962, 468; KG Rpfleger 1959, 20; Stuttgart Rpfleger 1959, 22; BayObLG Rpfleger 1959, 22). Auch bei der „**ausschließlichen Tankstellendienstbarkeit**" handelt es sich um ein einheitliches Recht mit teils positivem, teils negativem Inhalt. Den Wesenskern bildet das Recht zum Betrieb der Tankstelle auf fremdem Grundstück, das Wettbewerbsverbot stellt sich nach hM (aA § 1018 Rz 17) nur als ein unselbständiges Anhangsrecht dar, welches das Benutzungsrecht verstärkt und inhaltlich näher ausgestaltet. Dies rechtfertigt, auch hinsichtlich der Ausschließlichkeit des Rechts auf die Eintragungsbewilligung Bezug zu nehmen (Hamm Rpfleger 1961, 238).

7   **Beispiele zulässigen Inhalts nach der Rspr:** Recht auf Betrieb einer Mühle (RG SeuffA 79, 243); Weiderecht; Recht, fremde Weidenbäume zu nutzen (Kiel SchlHA 1903, 97); Recht auf Ausbeutung dem Bergregal nicht unterliegender Bodenbestandteile (RG HRR 1936, 662); Recht, Gebäude oder Gebäudeteil zu gewerblichen oder geschäftlichen Zwecken zu benutzen (KGJ 1953, 157); Wegerecht; Baubeschränkungen aus hygienischen oder architektonischen Gründen (KG KGBl 1907, 11; KG OLGZ 1941, 172); Gewerbebeschränkungen (KG OLGZ 1910, 118; Karlsruhe NJW 1986, 3212; BayObLG 1997, 129); Verbot, Kino (KG OLGZ 1945, 229) oder Vergnügungs- und Schankwirtschaften (BayObLG BayZ 1928, 79) einzurichten; Verbot von Wärme erzeugenden Anlagen (BGH WM 1984, 820); Dienstbarkeit für Gemeinde, daß Eigentümer Grundstück nur zur Einstellung von Kraftfahrzeugen benutzen darf (BayObLG NJW 1965, 1484); Grundstück anders als mit fremdenverkehrsgewerblichen Beherbergungsbetrieben mit ständig wechselnder Belegung zu nutzen (BayObLG NJW 1985, 2485; LG Ravensburg Rpfleger 1992, 192; München ZfIR 1999, 268; aber MDR 1981, 52 und 758; vgl auch § 1093 Rz 9); Verbot, anders als zum Betrieb einer Behindertenwerkstatt zu nutzen (BayObLG NJW 1986, 3211); Pflicht, von Nachbargrundstück ausgehende Einwirkungen über das gesetzliche Maß hinaus zu dulden (RG 119, 211; LG Bad Kreuznach Rpfleger 1989, 448); Recht, Grundstück neben dem Eigentümer zu Wohnzwecken zu benutzen (KG Recht 1929, 1003); Recht darauf, daß einzelne auf dem Grundstück errichtete Wohnungen nur von Bundesbediensteten bewohnt werden dürfen (Wohnungsbesetzungsrecht, vgl § 1093 Rz 9; BayObLG MDR 1982, 754; KG NJW 1954, 1245; Stuttgart MDR 1956, 679; LG München II MittBayNot 2002, 400; vgl aber auch BayObLG Rpfleger 1990, 14).

8   **Beispiele unzulässigen Inhalts:** Recht zu einmaliger Handlung (BayObLG DJZ 1922, 328); Recht für Holzabkäufer, vom Verkäufer das Fällen, Aufbereiten und Abfahren des Holzes zu verlangen (RG 60, 317); Recht, unter Eigentumsvorbehalt gelieferte Maschinen auf dem Grundstück des Käufers aufzustellen (Karlsruhe KGJ 1935, 368); Pflicht zum ausschließlichen Ausschank von Bier einer bestimmten Brauerei (KG OLGZ 1915, 371; Saarbrücken DNotZ 1953, 411; BayObLG 1953, 295; Karlsruhe BWNotZ 1977, 120). Zur Frage, ob und wie eine Brauerei nach der Rechtsprechung eine Bierbezugsverpflichtung durch Eintragen einer beschränkten persönlichen Dienstbarkeit zu ihren Gunsten auf dem Gaststättengrundstück sichern kann, s BGH Rpfleger 1988, 403. Pflicht, auf dem zu belastenden Grundstück keine anderen Erzeugnisse (Kraftstoffe) als die des Dienstbarkeitsberechtigten zu vertreiben (BGH 29, 244); Pflicht, Hotel im bisherigen Umfang zu erhalten (KG DRZ 1932 Nr 191); Pflicht, sämtliche Einwirkungen aus Bergwerkbetrieb zu dulden (Hamm NJW 1986, 3213); Verkehrssicherungspflicht bei Gartenbenutzungsrecht (Köln Rpfleger 1990, 409); Einschränkung oder Ausschluß der Befugnis, das Grundstück zu veräußern (Frankfurt Rpfleger 1978, 306). Hat sich der Erwerber eines der Bahn gehörenden, unmittelbar an eine Bahnlinie angrenzenden Grundstücks verpflichtet, den erworbenen Grundbesitz entlang der Grenze zum Bahnkörper hin mit einer Einfriedung zu versehen und diese zu erhalten, so ist eine Dienstbarkeit zugunsten der Bahn und zu Lasten des übernommenen Grundbesitzes des Inhalts zulässig, daß die Einfriedung nicht zu entfer-

nen, vielmehr als Anlage iS des § 1021 I S 1 in ihrem Bestand zu sichern und zu unterhalten sei (Köln Rpfleger 1976, 209).

c) **Wesensart** (zB als Wege-, Weiderecht) und Inhalt des Rechts (die erlaubte oder verbotene Handlung) müssen sich aus dem **Eintragungsvermerk** ergeben. Hinsichtlich des näheren Inhalts genügt Bezugnahme auf die Eintragungsbewilligung (vgl vor § 1018 Rz 5). Der Ausdruck „Tankstellenrecht" oder „Tankstellendienstbarkeit" genügt, selbst wenn das Benutzungsrecht ein ausschließliches, dh mit dem Verbot verknüpft ist, auf dem belasteten Grundstück eine Konkurrenztankstelle zu errichten (BayObLG MDR 1959, 220). Hinsichtlich des Wettbewerbsverbots reicht also die Verweisung auf die Eintragungsbewilligung aus (vgl Rz 6). 9

4. Umwandlung. Beschränkte persönliche Dienstbarkeit läßt sich nicht in Grunddienstbarkeit oder umgekehrt umwandeln, weil keine Inhaltsänderung im Sinne des § 877 (Hamm Rpfleger 1989, 448); vielmehr muß Aufhebung und Neubestellung erfolgen. 10

1091 *Umfang*
Der Umfang einer beschränkten persönlichen Dienstbarkeit bestimmt sich im Zweifel nach dem persönlichen Bedürfnis des Berechtigten.

1. Daß beschränkte persönliche Dienstbarkeit überhaupt den persönlichen Bedürfnissen des Berechtigten dienen müsse und ihrem Umfang nach nicht über diese hinausgehen dürfe, ist nicht erforderlich (RG 60, 320; BayObLG BayZ 1928, 79). Lediglich hinsichtlich des Nutzungsumfangs ist auf das Bedürfnis des Berechtigten abzustellen. Zulässig ist deshalb auch, daß die beschränkte persönliche Dienstbarkeit ausschließlich für fremde Bedürfnisse oder allein für fremde Belange bestellt wird, deren sich der Berechtigte aus nicht unerlaubten Gründen annehmen will (vgl BGH NJW 1984, 924; BGH 41, 209; BayObLG MDR 1965, 743). Beispiel ist die Sicherung baurechtlicher Erfordernisse in Bayern und Brandenburg mangels Baulasten, wenn sich die Verpflichtung nicht bereits aus dem Gesetz ergibt. Die Baugenehmigungsbehörde kann aber auf ihr Recht jederzeit verzichten. § 1091 enthält lediglich **nachgiebiges Recht** (RG 60, 320), dh er kommt erst zum Zuge, wenn eine Parteivereinbarung – die Einigung und Eintragung voraussetzt (§ 873) – fehlt. Unter persönliche Bedürfnisse fallen auch solche des Haushalts und Geschäftsbetriebs (KGJ 53, 159). 1

2. § 1019 entfällt; jedoch ist eine Veränderung der Verhältnisse auch bei der beschränkten persönlichen Dienstbarkeit (vgl § 1019 Rz 6) zu berücksichtigen (vgl München RdE 2001, 74). 2

1092 *Unübertragbarkeit; Überlassung der Ausübung*
(1) Eine beschränkte persönliche Dienstbarkeit ist nicht übertragbar. Die Ausübung der Dienstbarkeit kann einem anderen nur überlassen werden, wenn die Überlassung gestattet ist.
(2) Steht eine beschränkte persönliche Dienstbarkeit oder der Anspruch auf Einräumung einer beschränkten persönlichen Dienstbarkeit einer juristischen Person oder einer rechtsfähigen Personengesellschaft zu, so gelten die Vorschriften der §§ 1059a bis 1059d entsprechend.
(3) Steht einer juristischen Person oder einer rechtsfähigen Personengesellschaft eine beschränkte persönliche Dienstbarkeit zu, die dazu berechtigt, ein Grundstück für Anlagen zur Fortleitung von Elektrizität, Gas, Fernwärme, Wasser, Abwasser, Öl oder Rohstoffen einschließlich aller dazugehörigen Anlagen, die der Fortleitung unmittelbar dienen, für Telekommunikationsanlagen, für Anlagen zum Transport von Produkten zwischen Betriebsstätten eines oder mehrerer privater oder öffentlicher Unternehmen oder für Straßenbahn- oder Eisenbahnanlagen zu benutzen, so ist die Dienstbarkeit übertragbar. Die Übertragbarkeit umfasst nicht das Recht, die Dienstbarkeit nach ihren Befugnissen zu teilen. Steht ein Anspruch auf Einräumung einer solchen beschränkten persönlichen Dienstbarkeit einer der in Satz 1 genannten Personen zu, so ist der Anspruch übertragbar. Die Vorschriften der §§ 1059b bis 1059d gelten entsprechend.

1. **Zwingendes Recht,** ohne Unterschied, ob rechtsgeschäftliche oder gesetzliche Übertragung. Unübertragbarkeit erstreckt sich auch auf das mit ihr eine rechtliche Einheit bildende Ausgedinge (KGJ 40, 250) und sonstige mit ihr verbundene Nebenrechte (KGJ 40, 250). Für Pfändung gelten §§ 851 I, 857 I, III ZPO, dh nur bei Überlassung der Ausübung. In die Insolvenzmasse fällt eine beschränkte persönliche Dienstbarkeit ebenfalls nur dann, wenn die Überlassung der Ausübung an einen anderen gestattet ist (§§ 35, 36 I S 1 InsO). Dies gilt auch dann, wenn die Dienstbarkeit zum Zweck des Betriebes eines Geschäfts oder Gewerbes bestellt ist (BGH LM Nr 5 zu § 1 KO). Str, ob für Pfändung bzw Verwertung durch Insolvenzverwalter Gestattung im Grundbuch eingetragen sein muß (verneinend BGH NJW 1962, 1392, aA Soergel/Stürner Rz 4). Gilt nicht für Wertersatz nach § 92 ZVG. 1

2. **Ausübungsüberlassung (Abs I S 2).** Gestattung bedarf der Einigung und Eintragung (§§ 873f, 877), weil dadurch gesetzlicher Inhalt erweitert wird (vgl RG 159, 204). Erfolgte Überlassung selbst nicht eintragungsfähig (KG JFG 1, 412; RG 159, 207). Auch teilweise Überlassung der Ausübung **bei eingeschränkter gleichzeitiger Eigennutzung** ist zulässig (Schleswig SchlHA 1999, 282). Gegen Dritten, der ohne Gestattung Dienstbarkeit ausübt, kann Eigentümer nach § 1004 vorgehen; Dritter erlangt trotz Gestattung weder dingliche Rechte noch Anspruch gegen Eigentümer, ist aber gegen dessen Klage nach §§ 1004 II, 1027 geschützt. 2

3. Der aus einer beschränkten persönlichen Dienstbarkeit Berechtigte kann einen Dritten jedenfalls dann nicht ermächtigen, dieses Recht gegen den Eigentümer des belasteten Grundstücks geltend zu machen (**gewillkürte Prozeßstandschaft**), wenn es ihm nicht gestattet ist, die Ausübung der Dienstbarkeit einem anderen zu überlassen (BGH MDR 1964, 997). 3

§ 1092

4 4. Ob der schuldrechtliche **Anspruch auf Bestellung** einer beschränkten persönlichen Dienstbarkeit übertragen oder vererbt werden kann, ist umstr (BGH 28, 99, 102: Frage des Einzelfalls; ebenso RGRK/Rothe Rz 1). Aus den Ausnahmen der Abs II und III folgt jedoch, daß der Anspruch regelmäßig nicht übertragbar und nicht vererblich ist (Soergel/Stürner Rz 2; Jauernig Rz 1). Während eine Dienstbarkeitsbestellung zugunsten eines Dritten unzulässig ist, kann der schuldrechtliche Anspruch zugunsten eines Dritten bestellt werden.

5 5. **Ausnahmen.** Zu Abs II (beliebiger Inhalt) und III vgl §§ 1059a–e, jeweils Rz 1ff. Wird eine beschränkt persönliche Dienstbarkeit für eine OHG bestellt, so ist der Zusatz „und deren Rechtsnachfolger" im Grundbuch nicht eintragungsfähig (Hamm MittBayNot 2001, 320, aA noch Düsseldorf MittBayNot 1976, 215, 216). Beim Ausscheiden sämtlicher Gesellschafter aus einer OHG bis auf einen tritt Anwachsung ein (BGH ZIP 2000, 229, 230); das Grundbuch wird unrichtig und muß mit einem Nachweis aus dem Handelsregister berichtigt werden.

1093 Wohnungsrecht

(1) **Als beschränkte persönliche Dienstbarkeit kann auch das Recht bestellt werden, ein Gebäude oder einen Teil eines Gebäudes unter Ausschluss des Eigentümers als Wohnung zu benutzen. Auf dieses Recht finden die für den Nießbrauch geltenden Vorschriften der §§ 1031, 1034, 1036, des § 1037 Abs. 1 und der §§ 1041, 1042, 1044, 1049, 1050, 1057, 1062 entsprechende Anwendung.**

(2) Der Berechtigte ist befugt, seine Familie, sowie die zur standesmäßigen Bedienung und zur Pflege erforderlichen Personen in die Wohnung aufzunehmen.

(3) Ist das Recht auf einen Teil des Gebäudes beschränkt, so kann der Berechtigte die zum gemeinschaftlichen Gebrauch der Bewohner bestimmten Anlagen und Einrichtungen mitbenutzen.

1 1. **Wesen. a)** Dingliches Recht auf ausschließliche Benutzung eines Gebäudes oder Gebäudeteiles als Wohnung. Die **Ausschließlichkeit** kann durch eine Mitberechtigung zugunsten des Eigentümers (§ 1090) nicht eingeschränkt werden: eine Kombination in einem Recht (Düsseldorf MittRhNotK 1997, 358) und eine Bestellung gleichrangiger Rechte gemäß § 1090 u § 1093 sind nicht möglich (vgl auch Koblenz FamRZ 2001, 225); in diesem Fall nur Bestellung von Mitbenutzungsrecht gemäß § 1090 (str, aA bei Bestellung gleichrangiger Rechte Saarbrücken Rpfleger 1992, 16; s auch Rz 7). Bestellung kann nach § 1365, § 8 II LPartG zustimmungspflichtig sein (BGH NJW 1990, 112). Rechtsgrund ist der (formfreie) schuldrechtliche Vertrag (BGH MDR 1999, 218; zur Form s Köln MittRhNotK 1998, 138).

b) Abgrenzung gegenüber **aa)** der Miete: dingliches Recht zum Besitz, daher gegen jeden Eigentümer wirkend, nicht nur gegen den Vertragsgegner (zur Abgrenzung von Wohnrecht und Miete siehe BGH BB 1968, 767 und MDR 1999, 218; zu steuerlichen Gestaltungen s BFH DStR 1999, 1938 und Wegmann ZEV 1994, 275ff). Somit gewährt Wohnungsrecht einen aus dem dinglichen Recht fließenden, gemäß §§ 1090 ff, 1027 geschützten Anspruch auf Duldung des Wohnens gegen den Eigentümer (auch Wohnungseigentümer, vgl BGH LM Nr 8 zu § 1093), während Miete lediglich einen persönlichen Anspruch auf entgeltliche Gewährung des Mietraumes gegen den Vermieter gibt. Der Bestellung eines Wohnrechts steht nicht entgegen, daß zwischen den Parteien (zum Mietverhältnis mit einem Dritten s AG Hamburg WuM 1997, 330) über dieselben Räume ein **Mietvertrag** besteht (BGH MDR 1999, 218). Eine Vermutung für Miete besteht nicht (aA Pal/Bassenge Rz 2). Bei einer Konkurrenz von Mietrecht und Wohnrecht ist aber im Normalfall anzunehmen, daß die Parteien den Mietvertrag durch das Wohnrecht aufheben wollen (BGH BB 1968, 767; LG Hamburg MDR 1988, 967; vgl auch Hamburg ZMR 1983, 60). Meist werden Abreden des Mietvertrages nur insoweit gelten sollen, als sie über den Inhalt des Wohnrechts hinausgehen. Neben dem dinglichen Wohnungsrecht können ergänzende schuldrechtliche mietähnliche Abmachungen getroffen werden (RG HRR 1929, 606), zB über Entrichtung eines Entgelts (RG 54, 233; RG SeuffA 83, 141), wobei dieses Entgelt den Mietpreisbestimmungen nicht unterworfen ist (AG Bremen MDR 1963, 56), u Kündigung (KG JW 1923, 760). Wird der Mietvertrag gekündigt, so ist darum noch nicht ohne weiteres dem Wohnungsrecht der Rechtsboden entzogen. Sollen für das eingeräumte Recht lediglich die Mietvorschriften gelten, so liegt nur Miete vor (vgl AG Köln ZMR 1968, 270), auch wenn Eintragung als beschränkt persönliche Dienstbarkeit vereinbart ist (RG SeuffA 83, 141; KGJ 24, 121; Hamm DNotZ 1957, 315). Dieselbe Person kann nicht zeitgleich auf Grund inhaltsgleichen Wohnungsrechts und Mietvertrags berechtigt sein (vgl Roquette NJW 1957, 525; aA BGH MDR 1999, 218); ein Recht ruht, soweit nicht lediglich Sicherungswohnrecht, das nur in Zwangsversteigerung die Position des Berechtigten stärken soll. Enthält der Mietvertrag Abreden nicht mietrechtlichen Charakters, so können diese auch als Bestandteil des der Bestellung des Wohnrechts zugrunde liegenden, schuldrechtlichen Vertrags gelten (Roquette BB 1967, 1178); gegenüber **bb)** dem Nießbrauch: gewährt nur Recht zum Wohnen, nicht aber zu anderen Nutzungen wie zB Vermietung oder Verpachtung, verpflichtet aber den Berechtigten, die Lasten zu tragen (LG Duisburg WuM 1988, 167); gegenüber **cc)** der Leihe: wiederum dingliches Recht zum Besitz, daher nur schuldrechtlich; rein schuldrechtliches unentgeltliches Wohnrecht ist Leihe (BFH NJW 1984, 1583; BGH 82, 354). Auch eine vermächtnisweise Zuwendung eines dinglichen Wohnungsrechts ist möglich (Bamberg ZEV 1996, 34 und LG Gießen FamRZ 1996, 1504). Wohnrecht als Gegenleistung kann auch Garantie sein (BGH NJW-RR 2003, 732). Steht dem Berechtigten nur **dd)** Mitbenutzungsrecht neben dem Eigentümer zu, so sind lediglich §§ 1090–1092 anzuwenden (zur Abgrenzung Zweibrücken DNotZ 1997, 325; Celle NdsRPfl 1997, 258). **ee)** Ähnliche Rechtseinrichtung: Dauerwohnrecht der §§ 31ff WEG, jedoch kann es veräußert und vererbt sowie durch Vermietung genutzt werden (vgl auch Mayer ZNotP 2000, 354). **ff)** Wohnungsrecht kann auch als Reallast – aber nicht bezogen auf bestimmte Räume – eingetragen werden (Kiel SchlHA 1928, 42) oder mit anderer beschränkt persönlicher Dienstbarkeit und Reallast verbunden sein (vgl RG Gruch 46, 131; KG RJA 4, 181). Durch diese Verbindung gewinnt es dann als Altenteil praktische Bedeutung, vgl Art 96 EGBGB; § 49 GBO. Die Rechtsnatur und der genaue Inhalt des mit einem **Altenteil** einzutragenden Wohnrechts (ob als Wohnrecht oder Reallast), muß in der Eintragungsbewilligung klargestellt sein (Oldenburg Rpfleger 1978, 411;

Hamm MDR 1976, 406). Wohnungsrecht kann gegebenenfalls für sich allein ein Altenteil darstellen (vgl Böhringer BWNotZ 1987, 129ff; Hamm Rpfleger 1986, 270; LG Köln NJW-RR 1997, 594; anders LG Kassel ZMR 1976, 189 [L], 213 [L] für Altenteilsrecht iS des Art 15 des Preuß AGBGB). Wichtig ist dies für die Zwangsvollstreckung, weil nach Landesrecht eingetragene Altenteile – auch außerhalb einer Gutsüberlassung bestellte (RG 162, 58) – bestehen bleiben können, selbst wenn sie nicht ins geringste Gebot fallen (§ 9 EGZVG; § 33 BadWürtt AGGVG; Art 30 Bay AGGVG; Art 4 II Hess AGZVG; § 18; Preuß AGZVG § 6 II; Old AGZVG; § 5 II RhPf AGZVG; § 43 II Saarl AGJusG; Art 6 II SH AGZVG), vgl vor § 1105 Rz 1. Zur Behandlung von Wohnungsrecht, Leibgeding und ähnlichen Rechten in der Zwangsvollstreckung s Haegele DNotZ 1976, 5ff und Hagena BWNotZ 1975, 73ff. Zur Löschung bei Todesnachweis im Rahmen eines Leibgedings s BayObLG DNotZ 1985, 41.

2. Inhalt. a) Benutzung eines Gebäudes oder Gebäudeteiles (nicht Tiefgarageneigentum, BayObLG NJW-RR 1987, 328) nebst Zubehör (§§ 1093 I S 2, 1031) zu **Wohnzwecken** (nicht unbebautes Grundstück, LG Koblenz MDR 1998, 275, aber fraglich bei konkreten Bauabsichten, zutreffend deshalb Hamm DNotZ 1976, 229). Gesamtwohnungsrecht an mehreren Grundstücken nur, wenn Gebäude bzw Gebäudeteile auf sämtlichen Grundstücken (also nicht Gebäude- und Gartengrundstück, vgl Zweibrücken FGPrax 1998, 84). In der Hauptsache zum Wohnen dienende Räume dürfen daneben auch für andere Zwecke (gewerblich, beruflich) verwendet werden (KGJ 53, 158); Haustiere sind zulässig. Besteht Hauptzweck nicht im Wohnen, ist nur eine beschränkte persönliche Dienstbarkeit möglich. An nicht bewohnbaren Flächen (zB Garagenplatz in Teileigentum) kein Wohnungsrecht möglich (BayObLG Rpfleger 1987, 62, teilw abw Zweibrücken ZfIR 1998, 210, vgl Heil RNotZ 2003, 445); wohl aber Wohnungsrecht mit Berechtigung der Nutzung des als Sondernutzungsrecht zur Wohnung gehörenden Stellplatzes zulässig (Nürnberg MDR 2002, 27). Kein Wohnungsrecht dagegen allein an Sondernutzungsrecht eines Wohnungseigentums (BayObLG NotBZ 1997, 210). Wohnungsrecht an Wohnungseigentum mit Recht zur Nutzung der gesonderten Wohnung zulässig; wenn ausschließliches Nutzungsrecht auch an Fläche im Gemeinschaftseigentum (ohne Sondernutzungsrecht), Eintragung an sämtlichen Einheiten (Hamm DNotZ 2001, 216). Das Wohnungsrecht kann wirksam bereits vor Einrichtung der Räume, auf die es sich bezieht, bestellt werden; es ist dann vorerst noch nicht ausübbar (BayObLG NJW 1956, 871); das Grundbuchamt kann grds keine Vorlage einer Baubescheinigung fordern (aA Schöner/Stöber Rz 1242, die überdies nicht die zuständige Gemeindebehörde verweisen). Das Gebäude oder der Gebäudeteil, der dem Wohnungsrecht unterliegen soll, muß im Eintragungsvermerk oder wenigstens in der Eintragungsbewilligung, auf die verwiesen werden darf, einwandfrei bezeichnet werden (BayObLG DNotZ 1988, 587; MDR 1988, 581; vgl auch LG Koblenz MDR 1998, 275). Dieses **Bestimmtheitsgebot** gilt nicht für eine Vormerkung zur Sicherung des Anspruchs auf Bestellung eines Wohnungsrechts (BayObLG Rpfleger 1986, 174; vgl LG Lübeck Rpfleger 1995, 152). Auflösend bedingte Bestellung möglich (BayObLG Rpfleger 1983, 61: „auf die Dauer des ledigen Standes" und BayObLG 1997, 246: nicht nur vorübergehendes Verlassen des Anwesens). Für die Eintragung eines Wohnrechts als eines bloßen Mitbenutzungsrechts (siehe Rz 1 u Schleswig NJW-RR 1996, 1105) ist die bestimmte Bezeichnung des Gebäudes oder Gebäudeteils, an dem es bestehen soll, nicht notwendig, weil der Eigentümer nicht von der Benutzung ausgeschlossen wird. Bei entsprechender Ausgestaltung kann Wohnungsberechtigter Eigenheimzulage erhalten (FG Hamburg DStRE 2002, 1186 nrkr).

Ist in der Eintragungsbewilligung von einem „Wohnungsrecht" die Rede, werden diesem ganz bestimmte Räumlichkeiten unterworfen, und spricht nichts dafür, daß der Eigentümer sie mitbenutzen dürfe, so ist eine Berechtigung im Sinne des § 1093 anzunehmen, auch wenn der Ausschluß des Eigentümers in ihr nicht ausdrücklich erwähnt ist (vgl AG Bremen Rpfleger 1965, 272; Hamm Rpfleger 1962, 59). Ist im Fall des § 1093, also bei Ausschluß des Eigentümers, das Gebäude oder der Gebäudeteil weder im Eintragungsvermerk noch in der Eintragungsbewilligung einwandfrei bezeichnet, das Wohnungsrecht aber trotzdem eingetragen, so kann die Eintragung in einem wesentlichen Punkt unvollständig und daher unwirksam sein (vgl Hamm JMBl NRW 1962, 20; Zweibrücken FGPrax 1988, 84). Der Mangel einer genauen Bezeichnung der dem Wohnungsrecht unterliegenden Räume wird auch nicht dadurch behoben, daß dem Berechtigten eine bestimmte Anzahl von Zimmern nach seiner Wahl (anders nach BayObLG DNotZ 1988, 587 bei auflösender und aufschiebender Bedingung; vgl auch LG Ansbach MittBayNot 1998, 448) überlassen werden soll und daß diese nach Ausübung des Wahlrechts endgültig (§ 263) feststeht. Denn der Bestimmtheitsgrundsatz des Grundbuchrechts erfordert, daß der Inhalt der Belastung für jeden Dritten aus dem Eintragungsvermerk selbst, gegebenenfalls zusammen mit der darin in zulässigem Umfang in Bezug genommenen Eintragungsbewilligung erkennbar ist (BayObLG MDR 1981, 759; DNotZ 1965, 166). Anders ist dies, wenn sich das Wohnungsrecht auf das gesamte oder alle vorhandenen Gebäude erstreckt (BayObLG 1999, 248). Für Nebenrechte ist die für die Wohnräume geltende Bestimmtheit nicht zu fordern (Frankfurt MDR 1983, 131). Der Eigentümer hat keinen Anspruch auf persönliche Besichtigung der Räume (LG Fulda MDR 1989, 739; wohl aber Zutritt durch Sachverständigen AG Münster WuM 2001, 448). Zum Streitwert beim Streit über den Bestand s München ZMR 1999, 173.

b) Der Berechtigte kann sich verpflichten, dem Eigentümer als **Gegenleistung** für die Bestellung des Wohnungsrechts eine fortlaufende Geldrente zu entrichten. Diese kann nicht Inhalt des Wohnungsrechts sein; sie kann jedoch in der Weise gesichert werden, daß bei Nichtzahlung das Wohnrecht erlischt. Zulässig ist es auch, nicht den Bestand des Wohnungsrechts, sondern dessen Ausübung mit dieser auflösenden Bedingung zu verknüpfen (Karlsruhe DNotZ 1968, 432), was sich für die Gestaltung empfiehlt (vgl Grziwotz, Praxis-Hdb Grundbuch- und Grundstücksrecht, 1999, Rz 418). Dann gehört die Bedingung zum Inhalt des Wohnungsrechts. Bezugnahme auf sie in der Eintragungsbewilligung genügt. Die Entgeltlichkeit oder Unentgeltlichkeit selbst kann nicht Inhalt des Wohnungsrechts sein (Frankfurt MDR 1992, 255; BayObLG NJW-RR 1993, 283 und Hamm MittBayNot 1997, 230).

3. Maßgebliche Vorschriften. a) Weil **Sonderfall der beschränkten persönlichen Dienstbarkeit**, zunächst §§ 1090 bis 1092, über § 1090 II die §§ 1020–1024, 1026–1029 und 1061, über § 1092 II die §§ 1059a–1059d; dann die in Abs I S 2 aufgeführten Vorschriften des Nießbrauchsrechts mit der Folge, daß auch hier zwischen dem

§ 1093

Berechtigten und dem Eigentümer ein gesetzliches Schuldverhältnis entsteht (vgl §§ 1036 II, 1037 I, 1049, 1050, sowie der nicht aufgeführte § 1055 I). Daher ist auch das Wohnungsrecht nicht vererblich und grundsätzlich auch nicht übertragbar. Parteien können, soweit dem zwingende Vorschriften nicht entgegenstehen, Wohnungsrecht auch abweichend von den vorgenannten Vorschriften ausgestalten, jedoch muß das Vereinbarte eingetragen werden, so zB Abrede der Kündbarkeit.

6 **b)** In begrenztem Umfang kann der Eigentümer zu **Leistungen** verpflichtet werden: Unterhaltung einer Wasserzu- und -abflußanlage (KG OLGZ 1943, 225); Müll- und Heizungskosten (BayObLG MDR 1980, 235; Schleswig NJW-RR 1994, 1359; Köln MittRhNotK 1986, 264; Hamm MittRhNotK 1996, 225; hierzu und zu Vollstreckungsfragen Amann DNotZ 1982, 396 u Kraiß BWNotZ 1972, 10f); Erhaltung in gut bewohnbarem und beheizbarem Zustand (BayObLG DNotZ 1980, 157; LG Trier MittBayNot 1994, 545; abw LG Itzehoe Rpfleger 1994, 159), umfaßt aber wohl nicht die Schönheitsreparaturen (str). Eine Vereinbarung über die Teilung der Kosten für Lasten, Erhaltung, außergewöhnliche Ausbesserungen und Erneuerung kann ebenfalls mit dinglicher Wirkung getroffen werden (LG Gießen Rpfleger 1986, 174). Deshalb soll auch die Tragung öffentlicher Lasten dinglich dem Rechtsinhaber auferlegt werden können (LG Traunstein Rpfleger 1986, 365; anders BayObLG MDR 1989, 66 für die Tragung der Hälfte der Grundstückskosten). Bei wiederkehrenden Leistungen ist auch Reallast möglich (Köln MittRhNotK 1992, 46; vgl auch LG Braunschweig NdsRpfl 2001, 457).

7 **4. Berechtigter. a) Natürliche Person.** Für sich selbst kann Grundstückseigentümer Wohnrecht jedenfalls dann bestellen, wenn er das Grundstück zu veräußern beabsichtigt (Frankfurt Rpfleger 1984, 264; Oldenburg DNotZ 1967, 687). Kein ranggleiches Wohnungsrecht neben Nießbrauch (Hamm NJW-RR 1998, 304); zulässig dagegen nachrangig und evtl schuldrechtliche Einschränkung des Nießbrauchs. Zulässig ferner Wohnungsrecht für Miteigentümer (LG Lüneburg Rpfleger 1998, 110). Nach hM einheitliches Wohnrecht für mehrere als Bruchteilsberechtigte unzulässig (Meikel/Böhringer GrundbuchR § 47 Rz 51; BayObLG Rpfleger 1958, 88). Danach kann Wohnrecht für mehrere Personen – ausgenommen die in Rz 8 genannten Berechtigungsverhältnisse – nur derart begründet werden, daß mehrere selbständige und gleichrangige Wohnungsrechte an demselben Gebäude oder Gebäudeteil bestellt werden (Oldenburg DNotZ 1957, 317; BayObLG 1957, 322). Unzulässig aber, dem Eigentümer und einem Dritten selbständige Wohnungsrechte zu bestellen, da der Eigentümer dann nicht ausgeschlossen ist (KG MDR 1985, 499, aA LG Lüneburg NJW-RR 1990, 1034), anders bei beabsichtigter Veräußerung. Die gemeinsame Benutzung der Räume durch die Berechtigten hat zur Folge, daß jeder in der Ausübung seines Rechts durch den oder die anderen eingeschränkt wird. Die Gemeinschaftlichkeit ist aber rein tatsächlicher Art, sie erschöpft sich in der gemeinsamen Innehabung der überlassenen Räume, sie führt indes zu keiner Rechtsgemeinschaft oder Gesamtgläubigerschaft im Rechtssinn. Die Rechtslage ist dann ähnlich wie bei einem Wohnungsrecht, bei welchem dem Grundstückseigentümer ein Mitbenutzungsrecht eingeräumt ist (KG HRR 1929, 906; BayObLG Recht 1908, 1567; BGH 46, 253).

8 Als **Rechtsgemeinschaften** bieten sich an: die **Mitberechtigung** des § 432, die **Gesamthand** (allerdings nur in den vom Gesetz zur Verfügung gestellten Fällen) und die **Gesamtgläubigerschaft** des § 428. Der BGH (BGH 46, 253 u MDR 1996, 933) hält Wohnungsrechte in Gesamtgläubigerschaft für zulässig. Jedem Gesamtberechtigten steht danach die ganze Nutzung zu, jeder kann gemäß §§ 1090 II, 1027, 1004 vom Eigentümer und von jedem Dritten Besitzeinräumung an sich allein verlangen (zum Ausgleichsanspruch bei Scheidung vgl Koblenz FamRZ 2001, 225). Der Eigentümer kommt seiner wohnungsrechtlichen Last bereits dadurch nach, daß er die Räume an einen der Berechtigten herausgibt oder ihn darin duldet. Wenn dem so ist, dann hat aber diese Leistung anspruchstilgende Wirkung. Daher ist es bedenklich, wenn der BGH meint, daß im Normalfall, wo die mehreren Rechte gleichzeitig ausgeübt werden, der Eigentümer das gleichzeitige Wohnen aller dulden müsse und daß beim Tod des Erstversterbenden nur dessen Wohnungsrecht und nicht das der übrigen erlösche (vgl BayObLG 1975, 191; teilw einschränkend auch Staud/Mayer Rz 23). Das Gesamtgläubigerverhältnis ist nach § 47 GBO zu vermerken. Leben Ehegatten in Gütergemeinschaft, so fällt das ihnen gemeinsam bestellte Wohnungsrecht in das Gesamtgut, es kann ihnen nicht gleichzeitig als Gesamtgläubigern gemäß § 428 zustehen; ein dahingehender Grundbucheintrag ist unzulässig und ggfs umzudeuten (BayObLG 1967, 480). Das einem Ehegatten eingeräumte Wohnungsrecht fällt bei Gütergemeinschaft in dessen Sondergut (§§ 1417, 1092 I S 1; dazu Reinicke JZ 1967, 415). Dagegen kann auch das Wohnungsrecht für mehrere in der Weise bestellt werden, daß das Recht des einen bis zum Tod des anderen aufschiebend bedingt sein solle (RG Recht 1929, 456; Köln MittRhNotK 1997, 84; auch Düsseldorf FGPrax 1997, 171). Teilung eines Wohnungsrechts unter mehreren Berechtigten bedeutet eine die bisherigen Berechtigten beschränkende Inhaltsänderung und Neubegründung für die ggfs hinzukommen, Eintragung erforderlich (KG JFG 20, 7; Faßbender DNotZ 1965, 662). Nicht wesentlich, daß Wohnungsrecht einem persönlichen Bedürfnis des Rechtsinhabers Rechnung trägt, nach diesem richtet sich aber im Zweifel dessen Umfang (§ 1091).

9 Das Wohnungsrecht kann auch **b) einer juristischen Person** zustehen, die dann die Räume natürlichen Personen überläßt, zB Handelsgesellschaft ihren Angestellten, sofern sie hieran privatrechtliches Interesse hat (RG 61, 338; KGJ 53, 158). **c)** Ein **Wohnungsbelegungs-** oder **-besetzungsrecht** als Dienstbarkeit gemäß § 1090 (nicht § 1093, anders bis 8. Aufl: Wohnungsrecht mit Befugnis, Ausübung einem anderen zu überlassen) wird nach hM für zulässig erachtet (BayObLG 1982, 184; Rpfleger 1989, 401; KG NJW 1954, 1245; teilw zweifelnd Odersky in FS 125 Jahre Bayerisches Notariat 1987 S 227f; widersprüchlich MüKo/Falckenberg § 1018 Rz 44). Dies ist jedoch bedenklich, weil es sich bei der Auswahl des Nutzungsberechtigten um eine rechtsgeschäftliche Freiheit handelt wie bei der Bestimmung eines Warenlieferanten (BGH 29, 249f). Eine unterschiedliche Benutzung des Grundstücks liegt nicht darin, daß zB Mieter A oder B das Grundstück bewohnt (krit auch Walter/Maier NJW 1988, 377, 384). Handelt es sich um privilegierte Vorhaben im Außenbereich nach § 35 I Nr 1 BauGB, so ist eine zusätzliche Dienstbarkeit zur Sicherung der baurechtlich ohnehin bestehenden Pflicht oder Nutzung als Altenteiles- oder Betriebsleiterwohnhaus unzulässig (vgl §§ 35 IV S 2 u 3, 11 II S 3 BauGB, § 56 II VwVfG).

5. Nutzung durch Dritte. a) Wer im einzelnen nach Abs II **(Familienangehörige/Hauspersonal)** aufgenommen werden kann, bestimmt sich nach der Auffassung des Lebens; zB nach hM auch Partner einer nichtehelichen Lebensgemeinschaft, wenn beide unverheiratet sind (BGH 84, 36; AG Ahrensburg MDR 1980, 936; abl Jauernig Rz 7); nach richtiger Ansicht auch gleichgeschlechtliche Partner und getrennt lebende Nochehegatten/Lebenspartner (vgl Grziwotz, Nichtehel LG, 3. Aufl 1999, § 15 Rz 50). Gemäß § 11 I LPartG ist der eingetragene Lebenspartner Familienangehöriger. Bei Verwandten kommen nicht bloß die unterhaltsberechtigten in Betracht (LG Gera JW 1933, 192); ob im Einzelfall Rechtsmißbrauch vorliegt, richtet sich nach § 242 (LG Bremen DRsp 154, 28 a).
b) Berechtigter darf Wohnräume entgeltlich oder unentgeltlich an **andere Personen** nur dann überlassen, wenn ihm dies gemäß § 1092 I S 2 gestattet ist. Dies ist bei Wohnungsrecht für jurist Person im Zweifel der Fall. Bei Existenzgefährdung des Wohnungsberechtigten (Pflegeheimunterbringung) kann ausnw eine Vermietung zulässig sein (Köln MDR 1995, 464; Celle MDR 1999, 87; Celle MDR 1998, 1344; aA Oldenburg FamRZ 1994, 1621). Ist die Überlassung gestattet, so ist eine Miete an den Wohnungsberechtigten als Vermieter zu zahlen (Schleswig SchlHA 1998, 48 und Köln MDR 1995, 464). Die Vermietungsbefugnis kann auf Grund früheren Einverständnisses auch für den Grundstückserwerber verbindlich sein (LG Mannheim ZMR 1968, 14). Strittig ist aber, wem das erzielte Entgelt bei nichtbefugter Überlassung gebührt. Nach einer Ansicht (zB Baur JZ 1972, 630; Kollhosser BB 1973, 820) steht es dem Grundstückseigentümer zu, weil der Wohnungsberechtigte sich insoweit seines – lediglich das Wohnen, nicht die sonstige Nutzung gestattenden – Rechts freiwillig begeben hat. Nach anderer Ansicht (zB BGH 59, 51; Oldenburg NJW-RR 1994, 467) kommt es dem Wohnungsberechtigten zugute. Danach ist der Grundstückseigentümer auf den Unterlassungsanspruch aus § 1004 angewiesen. Mangels Rechtsgrundes steht ihm die Miete nicht zu. Belastet der Grundstückseigentümer vermietete und dem Mieter überlassene Räume später zugunsten eines anderen mit einem dinglichen Wohnrecht, so kommt § 567 S 1 ohne Rücksicht darauf zum Zuge, ob es dem Wohnungsberechtigten gestattet ist, die Ausübung seines Rechts einem anderen zu überlassen. Auch in diesem Fall gebührt die Miete dem Wohnungsberechtigten. Der Grundstückseigentümer kann vom Wohnungsberechtigten lediglich verlangen, daß er das Mietverhältnis kündige. **c)** Keiner Gestattung bedarf die vorübergehende Aufnahme von **Besuch** (s nur Soergel/Stürner Rz 14). Vorübergehend bedeutet im Normalfall (Ausn bei Besuch aus fernen Ländern) drei Wochen. Auch gelegentliche Übernachtungen können bei erwachsenen Personen nicht untersagt werden, wenn nicht ganz bes Umstände (zB Kloster) vorliegen.

6. Gebäudeerhalt. a) Die Zulässigkeit der Bestellung eines lebenslänglichen Wohnungsrechts hängt nicht davon ab, ob das Gebäude mit oder ohne baubehördliche **Genehmigung** erstellt worden ist und ob es von dem Berechtigten bis zu seinem Lebensende zulässigerweise tatsächlich als Wohnung benutzt werden kann (BGH BB 1968, 105).

b) Wird **Gebäude** vollständig **zerstört**, so geht Wohnungsrecht unter (BGH LM Nr 3 und 6 zu § 1093; aA Frankfurt SJZ 1948, 385; Dammertz MittRhNotK 1970, 105; Riedel Rpfleger 1966, 133 – Wohnungsrecht ruht). **aa)** Grundstückseigentümer ist nicht verpflichtet, das Gebäude in früheren Zustand wiederaufzubauen (BGH 7, 268). **bb)** Baut Grundstückseigentümer Gebäude überhaupt nicht oder nicht in alter Form auf, so kann folgerichtig bisheriger Wohnungsberechtigter weder Schadensersatz verlangen noch etwa dem veränderten Wiederaufbau gemäß §§ 1090, 1027, 1004 widersprechen (BGH 7, 268; 8, 58).
c) Ist Gebäude zwar nicht vollständig zerstört, sind aber die mit vom Wohnrecht betroffenen Räume nicht mehr vorhanden, so gilt das Vorstehende entsprechend (BGH 8, 58 und DRsp 154, 23a).

d) Im Einzelfall kann sich aus dem Inhalt des dinglichen Wohnungsrechts (vgl LG Heilbronn BWNotZ 1975, 124) oder aus dem zwischen dem Besteller und dem Berechtigten bestehenden obligatorischen Grundgeschäft für den bisherigen Berechtigten ein schuldrechtlicher Anspruch auf Wiedereinräumung des Wohnungsrechts am neu zu errichtenden Gebäude ergeben. In einigen Landesgesetzen ist überdies für dingliche Wohnungsrechte, deren Inhalt eines Leibgedings/Altenteils sind, vorgesehen, daß der bestellende Grundstückseigentümer während der Dauer seiner Verpflichtung die Wohnung zu erhalten und das etwa zerstörte Gebäude wiederherzustellen hat (zB früherer Art 15 § 5 PreußAGBGB; Art 12 II BayAGBGB; vgl ferner Schöner/Stöber, Grundbuchrecht, Rz 1347, vgl BGH 7, 268). Auch diese landesrechtlichen Vorschriften regeln aber nur die schuldrechtliche Seite des Leibgedinges/Altenteils/Auszugs im Verhältnis des bestellenden Eigentümers zum Berechtigten (München DNotZ 1954, 102). Der Anspruch auf Wiedereinräumung des Wohnungsrechts kann dinglich durch Vormerkung, die Verpflichtung zum Wiederaufbau kann dinglich durch Reallast (§ 1105 Rz 5), mittelbar auch durch Hypothek gesichert werden.

e) Wen die Unterhaltpflicht hinsichtlich des Gebäudes trifft, wird in der Regel der der Bestellung des Wohnungsrechts zugrunde liegende Vertrag ergeben. Ist das nicht der Fall, so kommen über § 1093 I S 2 die §§ 1041, 1042, 1049 in Betracht. Danach hat die gewöhnlichen Ausbesserungen oder Erneuerungen der Räume der Berechtigte zu tragen; außergewöhnliche Unterhaltungskosten der Wohnräume hat weder der Eigentümer noch der Berechtigte zu tragen. Die Unterhaltpflicht hinsichtlich der gemeinschaftlichen Anlagen trifft den Eigentümer (aA BayObLG 1985, 414).

7. Mitbenutzungsrecht (Abs III). Der Umfang des Mitbenutzungsrechts an **Gemeinschaftsanlagen** richtet sich, falls Abreden (s dazu Saarbrücken FGPrax 1995, 222) fehlen und nicht ohnehin Wohnungsrecht am ganzen Gebäude besteht, grundsätzlich nach der baulichen Beschaffenheit, Größe und Ausstattung des Gebäudes, sowie den allgemeinen Lebens- und Wohngewohnheiten (vgl BayObLG MDR 1997, 342). Gilt auch, wenn Wohnrecht am ganzen Gebäude, aber mehrere auf einem Grundstück. Zu den Gemeinschaftsanlagen gehört auch die vorhandene Zentralheizung, gleichgültig, ob sie vor oder nach Begründung des Wohnungsrechts erneuert oder weiterentwickelt worden ist. Die Pflicht, eine schadhaft gewordene Heizanlage wieder in einen gebrauchsfähigen Zustand zu versetzen trifft, wenn es sich um gewöhnliche Unterhaltungskosten handelt, entsprechend § 1041 anteilsmäßig den Eigentümer und den Wohnungsberechtigten. Die Kosten einer außergewöhnlichen Ausbesserung oder Erneuerung hat aber der Eigentümer zu tragen (BGH MDR 1969, 834). Zu den Gemeinschaftsanlagen gehören ferner ohne besondere Vereinbarung Keller, Speicher, Treppenhaus, Waschküche, Fahrradraum, Zugang und auch der Garten (aA LG Freiburg WuM 2002, 151; Pal/Bassenge Rz 13). Ein Wohnrecht schließt die Befugnis zum Abstellen eines Personenkraftwagens auf dem Hof ein, denn der Wohnungsberechtigte nimmt eine gegenüber dem bloßen Mieter stärkere, mehr dem Eigentümer angenäherte Rechtsstellung ein (vgl LG Ellwangen Rpfleger 1965, 12). In das dingliche Wohnrecht kann auch die Nutzung des vorhandenen Hausgartens (Zier- oder Nutzgartens, vgl Schleswig SchlHA 1966, 67; LG Koblenz MDR 1998, 275; Frankfurt MDR 1983, 131: genaue Angabe nicht erforderlich) oder einer Garage (LG Osnabrück Rpfleger 1972, 308) einbezogen werden, nicht aber an anderen, rechtlich selbständigen, unbebauten Grundstücken, auf die sich der Garten erstreckt (BayObLG Rpfleger 1976, 14). Mitbenutzungsrecht steht Umgestaltung durch Eigentümer nicht entgegen, aber Zumutbarkeit für Wohnungsberechtigten als Grenze (KG NJW-RR 2000, 607; zur Pflicht, Umbaumaßnahmen zu dulden s auch München NJWE-MietR 1996, 193 u BayObLG MDR 1997, 342).

16   **8. Löschung** des Wohnungsrechts. Nach Zeitablauf, Eintritt einer auflösenden Bedingung und nach dem Tod des Berechtigten (vgl LG Wuppertal DNotZ 1978, 606; zum Wegfall des Berechtigten bei einer jur Person BayObLG 1999, 248; zur grds Unzulässigkeit einer Löschungserleichterung s Frankfurt MDR 1992, 255, wenn keine Unterhaltspflicht des Eigentümers vereinbart; sonst Löschungserleichterung möglich BayObLG 1979, 372 u Düsseldorf RNotZ 2003, 315). Keine Löschung, wenn Berechtigter zur Ausübung nur nicht in der Lage ist (Zweibrücken OLGZ 1987, 27; Köln MDR 1995, 464; Celle NJW-RR 1999, 10) oder das Recht längere Zeit nicht ausübt (zur Möglichkeit der vorzeitigen Beendigung Köln MittRhNot 1998, 131); im Fall einer dauernden Unmöglichkeit der Ausübung ist Zahlungsanspruch möglich (OVG Münster NJW 2001, 2191; vgl Düsseldorf MDR 2001, 1287). Strittig, ob bei rechtskräftiger Entscheidung über Anspruch nach § 894 Nichtbestehen des Rechts feststeht (verneinend BGH WM 2000, 320, 321; ZfIR 2002, 489, aA Mädrich MDR 1982, 455, 456; Jena OLG-NL 2001, 41).

Abschnitt 5
Vorkaufsrecht

1094 *Gesetzlicher Inhalt des dinglichen Vorkaufsrechts*
(1) Ein Grundstück kann in der Weise belastet werden, dass derjenige, zu dessen Gunsten die Belastung erfolgt, dem Eigentümer gegenüber zum Vorkauf berechtigt ist.
(2) Das Vorkaufsrecht kann auch zugunsten des jeweiligen Eigentümers eines anderen Grundstücks bestellt werden.

1   **1. Wesen. a)** Das Vorkaufsrecht nach §§ 1094–1104 ist ein dingliches Recht an einem Grundstück oder grundstücksgleichen Recht (Erbbaurecht, § 11 I ErbbauVO, Wohnungseigentum, § 3 WEG), das den Berechtigten befugt, durch einseitige Erklärung gegenüber dem Verpflichteten, den belasteten Gegenstand zu denselben Bedingungen zu kaufen, die der Verpflichtete mit einem Dritten vereinbart hat. Es ist ein **dingliches Recht,** weil es den jeweiligen Eigentümer des belasteten Grundstücks verpflichtet (§ 1097, dazu BGH 60, 275, 294), und es zugunsten des jeweiligen Eigentümers eines anderen Grundstücks bestellt werden kann (§ 1103, dazu BGH 37, 147); ferner ist ein gutgläubiger Erwerb möglich (Schurig, Das Vorkaufsrecht im Privatrecht, 1975 S 102ff). Außerdem geht die Abwicklung zwischen dem Vorkaufsberechtigten und dem Erwerber des belasteten Grundstücks nach §§ 1100–1102 von der dinglichen Wirkung aus (ausführlich Grziwotz MittBayNot 1992, 173ff und NVwZ 1994, 215ff). Das dingliche Vorkaufsrecht ist ein Gestaltungsrecht, weil es durch einseitige Erklärung gegenüber dem Verpflichteten das Zustandekommen eines Kaufvertrages zwischen dem Berechtigten und dem Verpflichteten bewirkt (so auch MüKo/Westermann § 1094 Rz 5 mwN und Karlsruhe NJW-RR 1990, 935; aA Soergel/Stürner vor § 1094 Rz 2: dingliches Anwartschaftsrecht in Anschluß an 7. Aufl vor § 1094 Rz 2).
b) Von dem dinglichen Vorkaufsrecht ist das **schuldrechtliche Vorkaufsrecht** nach §§ 463ff zu unterscheiden, das eine bestimmte natürliche Person oder juristische Person berechtigt und den Besteller verpflichtet, dieser haftet persönlich. Es gilt grundsätzlich nur für einen Verkaufsfall und versagt bei freihändigem Verkauf aus Insolvenzmasse (§ 471). Es wirkt, sofern es nicht durch Vormerkung gesichert ist, nur gegenüber dem Besteller. Es kann an beweglichen und unbeweglichen Sachen bestellt werden. Für das schuldrechtliche Vorkaufsrecht gilt Vertragsfreiheit; es kann mit festem Preis bestellt und als solches auch durch Vormerkung gesichert werden. Die Angabe eines Berechtigungsverhältnisses ist nicht erforderlich (BGH MittBayNot 1998, 28). Das dingliche Vorkaufsrecht können die Parteien nicht mit festem Preis bestellen, seinen gesetzmäßigen Inhalt können sie durch Abreden nicht erweitern. Es kann nicht mit Ankaufsrecht gekoppelt werden (BGH WPM 1968, 1087). Ohne entsprechende Anhaltspunkte ist nicht davon auszugehen, daß einem dinglichen Vorkaufsrecht ein schuldrechtliches zugrundeliegt (Düsseldorf MittRhNotK 1999, 280). **c)** Wirtschaftliche **Bedeutung** hat das dingliche, rechtsgeschäftlich begründete Vorkaufsrecht in erster Linie im Nachbarschaftsrecht, um einem Grundstückseigentümer die Möglichkeit der Erweiterung oder Abrundung seines Eigentums zu erleichtern; auch um zu verhindern, daß ein unliebsamer Dritter das Nachbargrundstück erwerben kann. Ähnliche Interessen ergeben sich bei langfristiger Vermietung oder Verpachtung und kleineren Wohnungseigentumsanlagen. Schließlich werden Vorkaufsrechte vielfach unter Familienangehörigen insbesondere bei Geschäften im Rahmen einer vorweggenommenen Erbfolge bestellt, aber auch vermächtnisweise zugewandt.

2. Belasteter Gegenstand. Grundstück, realer Teil hiervon, falls durch Abschreibung verselbständigt (§ 7 GBO), grundstücksgleiches Recht (vgl hierzu § 1018 Rz 2). Grundstück kann auch mit einem hinsichtlich der **Ausübung** auf einen bestimmten Grundstücksteil beschränkten Vorkaufsrecht belastet werden (Dresden OLGZ 1904, 76; BayObLG 1997, 160; unklar Hamm NJW-RR 1996, 849). Wird lediglich ein räumlicher oder Bruchteil des mit dem Vorkaufsrecht im ganzen belasteten Grundstücks verkauft, so kann Berechtigter Vorkaufsrecht insoweit ausüben (RG SeuffA 80, 179). Bei Bruchteilsgemeinschaft am belasteten Grundstück vgl § 1095. Eine Belastung mehrerer Grundstücke nach Art eines Gesamtvorkaufsrechts ist nicht möglich (BayObLG 1958, 204; 1974, 365), es entstehen dann mehrere einzelne Vorkaufsrechte (Böttcher MittBayNot 1993, 129).

3. Berechtigter kann a) nach § 1094 I eine bestimmte natürliche oder juristische Person sein (**subjektiv-persönliches Vorkaufsrecht**). Dieses Recht ist in der Regel nicht übertragbar und auch nicht vererblich (§§ 1098, 473), daher auch nicht mit Nießbrauch oder Pfandrecht belastbar (§§ 1069, 1274) und nicht pfändbar (§§ 851, 857 ZPO). Eine hiervon abweichende zulässige Abrede bedarf der Eintragung (§§ 873, 877); Beschränkung der Vererblichkeit auf Kinder des Berechtigten ist möglich (LG Würzburg DNotZ 1992, 319). Bei Beschränkung auf Zeit im Zweifel vererblich (§§ 1098, 473 S 2). Vorkaufsrecht einer juristischen Person oder rechtsfähigen Personengesellschaft nach §§ 1059a–d übertragbar (§ 1098 III). Scheidet Gesellschafter einer OHG aus und übernimmt der andere Gesellschafter auf Grund des Gesellschaftsvertrages das Geschäft, so geht auf diesen auch ein zugunsten der OHG bestelltes dingliches Vorkaufsrecht über (BGH 50, 307). Mehrere Berechtigte bilden eine gesamthandsartige Gemeinschaft bezüglich der durch Ausübung des Vorkaufsrechts entstehenden Übereignungsforderung (KG DRiZ 1929, Nr 826; BayObLG 1958, 202; vgl ferner Frankfurt NJW-RR 1999, 17: keine Bestellung für Bruchteilsgemeinschaft); § 472 trifft keine Aussage zu Gemeinschaftsverhältnis nach Ausübung des Rechts bei mehreren Berechtigten (vgl BGH 136, 327; BayObLG 1967, 275); im Zweifel erwerben sie das Grundstück zu gleichen Bruchteilen, wenn zwischen ihnen nur eine Bruchteilsgemeinschaft besteht, aber als Gesamthandseigentum, wenn sie Gesamthänder sind (vgl BayObLG 1958, 203). Fraglich ist, wonach sich Bruchteile berechnen (Zahl der Grundstücke, Verhältnis der Grundstücksgrößen bzw Miteigentumsanteile; für „Köpfe" Hertel in Lambert-Lang/Tropf/Frenz Hdb Grundstückspraxis, 2000 Teil 2 Rz 446, aber fraglich bei erheblichen Größenunterschieden bzw örtlicher Situation); entscheidend Umstände des Einzelfalls. Soll jeder von ihnen für sich vorkaufsberechtigt sein, so sind mehrere Vorkaufsrechte anzunehmen. Ob mehrere dingliche Vorkaufsrechte mit gleichem Rang nebeneinander bestellt werden können, ist allerdings streitig (dafür Hamm MDR 1989, 821; Jauernig Rz 1; AG Gemünden MittBayNot 1974, 145); falls keine Vereinbarung über das Berechtigungsverhältnis erfolgt ist, gilt nicht das Prioritätsprinzip, sondern die Rechtslage wird wie bei § 472 zu beurteilen sein (str). Bei Vorkaufsrechten mit unterschiedlichem Rang gilt Rangprinzip (vgl BGH 35, 146). Nimmt der rangbessere Vorkaufsberechtigte sein Recht nicht und nicht rechtzeitig wahr, so kommt der rangschlechtere zum Zuge. Anderenfalls erlischt das rangschlechtere; es sei denn, es war für alle Verkaufsfälle bestellt. In diesem Fall kann der rangschlechtere Vorkaufsberechtigte, der sein für alle Verkaufsfälle bestelltes Vorkaufsrecht dem rangbesseren gegenüber nicht durchzusetzen vermochte, sein Vorkaufsrecht in einem späteren Verkaufsfall ausüben. Bestellung auf die Dauer eines bestimmten Pachtvertrages ist zulässig (Zweibrücken DNotZ 1990, 177).

b) Berechtigter kann nach § 1094 II auch der jeweilige Eigentümer des herrschenden Grundstücks sein (**subjektiv-dingliches Vorkaufsrecht**). Dieses Recht kann nicht von dem Eigentum an dem Grundstück getrennt werden. Eine selbständige Übertragung oder Belastung des Vorkaufsrechts ist unzulässig, die Veräußerung oder Belastung des herrschenden Grundstücks erfaßt das Vorkaufsrecht als dessen Bestandteil (§§ 1103 I, 96). Subjektiv-dingliches und subjektiv-persönliches Vorkaufsrecht schließen einander aus (§ 1103), dh kein einheitliches Recht möglich, wohl aber unterschiedliche Rechte an dem selben Grundstück. Welches von beiden Rechten bestellt werden soll, hängt von der Auslegung des Antrags und der Eintragungsbewilligung ab (BGH 37, 147, 152); im Zweifel wird ein subjektiv-persönliches Vorkaufsrecht gemeint sein. Ein für den Berechtigten und seine Rechtsnachfolger bestelltes dingliches Vorkaufsrecht stellt kein subjektiv-dingliches Vorkaufsrecht im Sinne von § 1094 II dar. Damit wird lediglich zum Ausdruck gebracht, daß dieses Recht abweichend vom Regelfall (§§ 1098 I S 1, 514 S 1) nicht höchstpersönlich, sondern übertragbar und vererblich sein soll (BGH MDR 1962, 644; LM Nr 5 zu § 1094).

4. Entstehung, Form. a) Das dingliche Vorkaufsrecht **entsteht** als dingliches Recht gemäß §§ 873ff durch Einigung und Eintragung. Sowohl für das Verpflichtungsgeschäft als auch für die dingliche Einigung als solche ist die notarielle Beurkundung vorgeschrieben (hM, BGH NJW-RR 1991, 205; aA MüKo/Westermann § 1094 Rz 7); ein Formmangel wird analog § 311b I S 2 mit Eintragung des Vorkaufsrechts geheilt (Schreiben JA 2001, 196, 200). Die Eintragung ist erforderlich auf dem Grundbuchblatt des belasteten Grundstücks. Inhalt ist bestimmt zu bezeichnen, Bezugnahme genügt; nachrichtlicher Vermerk auf dem Grundbuchblatt des herrschenden Grundstücks beim subjektiv-dinglichen Vorkaufsrecht freigestellt (§§ 9, 21 GBO; § 7 GBV). Kein Erwerb durch Ersitzung (§ 900).

Durch letztwillige Verfügung (Vermächtnis) kann ein Vorkaufsrecht nicht bestellt werden. Es kann lediglich der Erbe verpflichtet werden, ein dingliches Vorkaufsrecht für den Bedachten zu bestellen. Der Bedachte hat dann nur einen schuldrechtlichen Anspruch auf Einräumung des Vorkaufsrechts. Wird statt des vereinbarten subjektiv-persönlichen Vorkaufsrechts ein subjektiv-dingliches eingetragen, so entsteht das gewollte (RGRK/Rothe Rz 8; RG 104, 317; BayObLG NJW 1961, 1265), nicht aber das subjektiv-dingliche (BayObLG Rpfleger 1982, 274). Erwirbt Dritter durch Rechtsgeschäft das Grundstück, dessen jeweiliger Eigentümer laut Eintragung im Grundbuch des belasteten Grundstücks vorkaufsberechtigt sein soll, so erwirbt er kraft seines zu vermutenden guten Glaubens das Vorkaufsrecht selbst dann, wenn es im Grundbuch des erworbenen Grundstücks nicht vermerkt ist (RG 104, 319).

§ 1094

b) Das Verpflichtungsgeschäft unterliegt unstreitig der **Form** des § 311b I, Heilung des Formmangels gemäß § 311b I S 2 analog (RG 125, 263; BGH DNotZ 1968, 93: wenn im Zeitpunkt des Erfüllungsgeschäfts die Willensübereinstimmung über die Bestellung des Vorkaufsrechts noch besteht, vgl auch Pikart WM 1971, 490, 495 u Basty/Brückner ZNotP 1998, 275, 279). Keine Heilung, wenn lediglich Vormerkung auf Bestellung des dinglichen Vorkaufsrechts oder Vormerkung für Übereignungsanspruch aus schuldrechtlichem Vorkaufsrecht eingetragen. Eintragung des dinglichen Vorkaufsrechts setzt nicht notwendig voraus, daß der schuldrechtliche Verpflichtungsvertrag wirksam ist (str, LG Verden NJW 1955, 1637; Staud/Mader § 1094 Rz 27; aA Celle NJW 1949, 548). Grundgeschäft kann schuldrechtliches Vorkaufsrecht, Miet- oder Pachtvertrag, kaufähnlicher Vertrag, Vermächtnis etc sein. Aber keine dingliche Bestellung zugunsten eines Dritten.

6 **5. Inhalt. a)** Grundsätzlich ist das dingliche Vorkaufsrecht **nicht übertragbar** und auch **nicht vererblich**. Das ergibt sich aus § 473 S 1, der nach § 1098 I auch für das dingliche Vorkaufsrecht gilt, denn dem Eigentümer, der sich zum Verkauf des Grundstücks noch nicht entschlossen hat, wird nicht gleichgültig sein, wer das Grundstück möglicherweise erwirbt (dazu BGH 50, 307, 310). Allerdings können nach § 473 S 1, § 1098 I auch dingliche Vorkaufsrechte durch Vereinbarung übertragbar und vererblich gemacht werden (BGH 37, 147, 153). Ein auf bestimmte Zeit beschränktes Vorkaufsrecht ist nach § 473 S 2 „im Zweifel" vererblich. **b)** Bei Ausgestaltung können Ausübungsmodalitäten (Verkaufsfälle, Frist, nicht aber Kaufpreis) festgelegt werden. Auch Ausschluß des Vorkaufsrechts zB bei bestimmten Kaufverträgen oder Käufern ist möglich (zur Auslegung der Klausel, der „Rückkauf des Grundstücks durch die Verkäufer oder einen der Verkäufer oder deren Rechtsnachfolger" sei von der Ausübung des Vorkaufsrechts ausgeschlossen, siehe BGH NJW-RR 1991, 526). **c)** Wie zur Begründung sind auch zur Übertragung des dinglichen Vorkaufsrechts Einigung und Eintragung im Grundbuch erforderlich. Das subjektiv-dingliche Vorkaufsrecht kann nur mit dem herrschenden Grundstück übertragen werden.

7 **6. Beendigung** des dinglichen Vorkaufsrechts ist möglich durch **a)** rechtsgeschäftliche Aufhebung gemäß §§ 875f, also Aufgabeerklärung und Löschung, **b)** Buchersitzung (§ 901), **c)** wirksame Ausübung bei dem für den ersten Verkaufsfall (BayObLG NJW 1971, 809), nicht jedoch bei dem für alle Verkaufsfälle bestellten (vgl DNotI-Report 1999, 149; aA RG HRR Nr 1208). **d)** Nichtausübung, falls Vorkaufsrecht nur für bestimmten, zB ersten Fall ausgeübt werden darf, **e)** Ausschluß des unbekannten Berechtigten im Aufgebotsverfahren bei subjektiv-persönlichem Vorkaufsrecht (§ 1104), **f)** Zuschlag (§ 91 I ZVG), falls es nicht in das geringste Gebot aufgenommen worden ist (§ 44 ZVG), **g)** Erlaßvertrag zwischen Berechtigtem und Verpflichtetem (BGH 90, 1474), der auch ohne Löschung wirkt (Düsseldorf MDR 1967, 1014), oder zwischen Berechtigtem und Käufer (BGH WPM 1966, 893), wenn Vorkaufsrecht nur für einen Verkaufsfall bestellt ist; **h)** Eintritt einer auflösenden Bedingung oder einer Befristung; **i)** Tod des Berechtigten beim subjektiv-persönlichen Vorkaufsrecht, sofern keine abweichende Vereinbarung (zur Löschung Zweibrücken OLGZ 1990, 11), nicht jedoch durch Übergang auf den Eigentümer des belasteten Grundstücks, sondern besteht als Eigentümerrecht fort (§ 889, BayObLG NJW 1984, 145), anders das nur für einen Verkaufsfall bestellte Recht beim Erwerb durch Kauf.

8 **7. Teilung.** Wird bei einem subjektiv-dinglichen Vorkaufsrecht das herrschende Grundstück geteilt, so fehlt es an einer einschlägigen Vorschrift, was zu gelten hat. Das Vorkaufsrecht steht dann den neuen Eigentümern gemeinschaftlich zu (vgl § 1103 Rz 1). Soll das Vorkaufsrecht bei dem sogenannten Stammgrundstück verbleiben, so läßt sich dies nur auf rechtsgeschäftlichem Weg erreichen (so auch BayObLG MDR 1973, 408). Wird das belastete Grundstück geteilt, so ist § 1026 entsprechend anzuwenden. Bei Aufteilung in Wohnungseigentum/Teileigentum besteht es als Belastung in jedem Grundbuch fort (Schleswig MittBayNot 2000, 232).

9 **8.** Gesetzliche Vorkaufsrechte an einzelnen Gegenständen enthält das BGB in § 577, wobei das dingliche Vorkaufsrecht Vorrang hat (§§ 2034ff beziehen sich nur auf Anteile am Nachlaß); sie sind in anderen Gesetzen (etwa im BauGB §§ 24–28) zugunsten der öffentlichen Hand geregelt (dazu siehe § 463 Rz 2 und Keidel/Winkler, BeurkG[14] § 20 Rz 2ff). Eine Eintragung im Grundbuch ist nicht zulässig (BayObLG 2000, 224; aA Ertl Rpfleger 1980, 1, 6). Für die Bestellung eines inhaltsgleichen subjektiven persönlichen Vorkaufsrechts besteht regelmäßig kein Rechtsschutzbedürfnis (str).

1095 *Belastung eines Bruchteils*

Ein Bruchteil eines Grundstücks kann mit dem Vorkaufsrecht nur belastet werden, wenn er in dem Anteil eines Miteigentümers besteht.

1 **1. Zweck.** Die Vorschrift beruht wie auch §§ 1106 und 1114 auf dem allgemeinen Rechtsgedanken, die Neubildung einer Quote bloß zur Bestellung eines Rechts an einem ideellen Bruchteil des Eigentums zu verhindern (Mot III 454; LG Nürnberg–Fürth NJW 1957, 1521f.).

2 **2. Anteil** eines Miteigentümers richtet sich nach §§ 741, 747, 1008 (vgl BGH 90, 178). An dem Anteil eines Gesamthandeigentümers (Gesellschafters, Miterben) kann ein Vorkaufsrecht nicht bestellt werden (BayObLG 1952, 246). Aus § 1009 folgt, daß Vorkaufsrecht auch den übrigen Miteigentümern eingeräumt werden kann. Ausübung des Vorkaufsrechts in diesem Fall kann bei Veräußerung an Miteigentümer ausgeschlossen sein (§§ 1098 I, 463 „Dritter"; str, vgl BGH 13, 133). Wird Zwangsversteigerung zwecks Aufhebung einer Gemeinschaft betrieben und wird das Grundstück einem Miteigentümer zugeschlagen, dessen Anteil nicht dem Vorkaufsrecht unterliegt, so kann das Vorkaufsrecht, das nur einen Miteigentumsbruchteil belastet, nicht ausgeübt werden. Denn andernfalls bliebe die Aufhebung der Gemeinschaft praktisch für alle Zeiten ausgeschlossen (vgl BGH 48, 1). Vorkaufsrecht an Miteigentumsanteil erlischt nicht, wenn Miteigentümer Alleineigentümer wird (Müko/Westermann Rz 2). Bestellung in der Weise, daß nur bezüglich Miteigentumsanteil Ausübung zulässig ist, möglich, wenn für den Fall des Verkaufs des gesamten Grundstücks.

1096 *Erstreckung auf Zubehör*
Das Vorkaufsrecht kann auf das Zubehör erstreckt werden, das mit dem Grundstück verkauft wird. Im Zweifel ist anzunehmen, dass sich das Vorkaufsrecht auf dieses Zubehör erstrecken soll.

1. Einheitlicher Kauf. Entspricht den §§ 311c, 926, 1031. Zubehör vgl §§ 97f. Das Vorkaufsrecht erstreckt 1 sich auf das gesamte Zubehör, „das mit dem Grundstück verkauft wird", unabhängig davon, ob es dem Verpflichteten gehört. Bei Zubehör kann Verbrauchsgüterkauf vorliegen (§§ 474ff); gilt auch bei Vorkaufsrecht, da keine Differenzierung.

2. Zubehör-Vorkaufsrecht. Vereinbarungen dieser Art sind weder eintragungsfähig noch eintragungsbedürftig; 2 aber besondere Vereinbarung möglich, die ohne Eintragung „dinglich" wirkt. Der Eigentumserwerb am Zubehör tritt entsprechend § 926 ein. Ggfs muß Erstkäufer das Zubehör analog §§ 1098 II, 888 herausgeben und Übereignung an Vorkaufsberechtigten zustimmen.

1097 *Bestellung für einen oder mehrere Verkaufsfälle*
Das Vorkaufsrecht beschränkt sich auf den Fall des Verkaufs durch den Eigentümer, welchem das Grundstück zur Zeit der Bestellung gehört, oder durch dessen Erben; es kann jedoch auch für mehrere oder für alle Verkaufsfälle bestellt werden.

1. Vorkaufsfall. a) Die Bestimmung regelt die **Zahl** der **Verkaufsfälle.** Sie „beschränkt" das Vorkaufsrecht auf 1 den ersten Verkaufsfall durch den Besteller oder dessen Erben. Wegen des sachenrechtlichen Typenzwangs führt die Vorschrift ausdrücklich die Möglichkeit auf, daß das dingliche Vorkaufsrecht auch für mehrere oder für alle Verkaufsfälle bestellt werden kann. Nach allgemeiner Meinung (MüKo/Westermann § 1097 Rz 1, Staud/Mayer–Maly/Mader § 1097 Rz 3 unter Hinweis auf BayObLG 1965, 153, 158) ist § 1097 nicht auf gesetzliche Vorkaufsrechte anzuwenden; ihren Umfang (Vorkaufsfall) bestimmt regelmäßig das anordnende Gesetz.

b) Die Voraussetzungen für den „Fall des Verkaufs" entsprechen denen des schuldrechtlichen Vorkaufsrechts. 2 Insoweit gelten die in § 463 Rz 8ff ausgeführten Grundsätze. Auch zur Ausübung des dinglichen Vorkaufsrechts muß grundsätzlich ein **Kaufvertrag** zwischen dem Besteller und dem Dritten vorliegen, der auch, wenn erforderlich, behördlich genehmigt sein muß (BGH 32, 383, BGH NJW 1990, 1474 und 1991, 1811; aber Ausübung bereits vor Genehmigung möglich, BGH NJW 1998, 2352). Verkauf eines Eigentumsbruchteils am Grundstück genügt (BGH 90, 178; nicht jedoch an Miteigentümer, BGH 13, 133). Rücktritt vom Kaufvertrag oder Wandlung nach früherer Rechtslage (BGH NJW 1977, 762) und auch die vertragliche Wiederaufhebung (BGH NJW 1954, 1442) beeinträchtigen nicht den Vorkaufsfall; bis zur Wirksamkeit frei änderbar und aufhebbar (BGH NJW 1998, 2352; zu Änderungen des Kaufvertrages s im übrigen Grziwotz, Grundbuch- und Grundstücksrecht 1999, Rz 586). Andere Veräußerungsgeschäfte als Kauf lösen den Vorkaufsfall nicht aus, so zB weder Tausch (RG 88, 364) noch Schenkung (BGH LM § 1098 Nr 3; RG 101, 101), auch nicht gemischte Schenkung (OGH NJW 1950, 224) u Schenkung unter Auflagen (aA Soergel/Stürner Rz 3). Ferner kann der Berechtigte das Vorkaufsrecht in folgenden Fällen nicht ausüben: Bei Verkauf an gesetzlichen Erben (§§ 1098 I S 1, 470) oder an diesen und seinen Ehegatten (RG JW 1925, 2128); bei Einbringung in eine Gesellschaft (vgl Nürnberg NJW-RR 1992, 461); bei Aufhebung einer Gemeinschaft; wenn Verpflichteter und Dritter einen Kaufvertrag schließen, dessen Wirksamkeit mit einem zwischen dem Verpflichteten und einem anderen abgeschlossenen Vertrag gekoppelt ist, der den Erwerb eines Grundstücks seitens des Verpflichteten vorsieht (Ringtausch; vgl BGH 49, 7); wenn Gesellschafter sein mit Vorkaufsrecht belastetes Betriebsgrundstück zusammen mit seiner Gesellschafterstellung auf Dritten überträgt (Nürnberg DNotZ 1970, 39); wenn Erbteil übertragen wird, zu dem Grundstück gehört (BGH DNotZ 1970, 423); bei einem Ausbeutungsvertrag mit Sicherungsdienstbarkeit (BGH DNotZ 2003, 188); bei Zwangsversteigerung, wenn der Insolvenzverwalter das Grundstück gemäß §§ 172ff ZVG verwertet; verkauft es der Insolvenzverwalter „aus freier Hand", so kann das Vorkaufsrecht gemäß § 1098 I S 2 ausgeübt werden. Die Ausübung des Vorkaufsrechts in der Zwangsversteigerung ist ferner ausnahmsweise zulässig: bei Zwangsversteigerung auf Antrag eines Erben (§§ 175ff ZVG) oder zur Aufhebung einer Gemeinschaft (§§ 180ff ZVG) – dies gilt dann nicht, wenn ein Miteigentümer den Zuschlag erhält, weil dieser nicht Dritter im Sinne von § 463 ist (BGH 13, 133). Einzelne Rechtsgeschäfte können im Rahmen der Einigung über die Ausübung des Vorkaufsrechts ausgeschlossen werden (zB Verkauf an best Person oder Personenkreis wie beispielsweise an verschwägerte Personen bis zu best Grad; BGH NJW-RR 1991, 526). Doch können Verträge bei ungewöhnlicher Gestaltung als **Umgehungsgeschäfte** gewertet und im Wege der Auslegung wie Kaufverträge behandelt werden (BGH MDR 1990, 608; MDR 1992, 256 und MDR 1998, 829; vgl auch München NJW-RR 1999, 1314 u VGH München MittBayNot 1996, 324).

2. Bestehendes Vorkaufsrecht. a) Das Vorkaufsrecht muß beim Verkaufsfall bestehen, dh im Grundbuch einge- 3 tragen sein. Bestellung nicht ausreichend, und zwar auch, wenn Genehmigung zu früherem Kauf erst später erteilt wird (BGH JZ 1957, 578). In der Praxis deshalb häufig schuldrechtliches Vorkaufsrecht bis zur Eintragung des dinglichen. **b)** Das **Vorkaufsrecht erlischt,** wenn der Berechtigte es nicht rechtzeitig ausübt oder wenn das Grundstück bei einem für den ersten Verkaufsfall bestellten Vorkaufsrecht ohne Verkauf in das Eigentum eines Sondernachfolgers gelangt (Stuttgart BWNotZ 1997, 125; Zweibrücken FGPrax 1999, 207); anders bei Auseinandersetzung von Miteigentümern (BayObLG MittBayNot 1981, 18; aA nur Waldner MDR 1986, 110). Es ist **verbraucht,** wenn der Berechtigte es wirksam ausübt, nach der hier vertretenen Auffassung (Rz 5) jedoch nur bei Bestellung für den ersten Verkaufsfall. Das Grundbuch ist dann zu berichtigen (§ 894 BGB, § 22 GBO; vgl LG Tübingen BWNotZ 1997, 42).

4. Beschränkung des Vorkaufsrechts (zB auf 1. Verkauf des Bestellers – nicht etwaiger Erben – oder zeitliche 4 Begrenzung), Bestellung für den ersten tatsächlichen Verkaufsfall (also kein Verbrauch bei Übertragung in anderer

§ 1097 Sachenrecht Vorkaufsrecht

Weise) sowie Erstreckung auf weitere Verkaufsfälle oder alle ist zulässig, bedarf aber zur dinglichen Wirkung der Einigung und Eintragung (§§ 873, 877).

5 5. Ist das Vorkaufsrecht für **mehrere oder alle Verkaufsfälle** bestellt, so erlischt es nicht, wenn der Berechtigte von ihm im Einzelfall keinen Gebrauch gemacht hat oder zB mangels Verkaufs – machen konnte. Es besteht für spätere Verkäufe durch den neuen Eigentümer fort (RG JW 1911, 976). Bei Verkauf im Wege der Zwangsversteigerung – auch eines solchen in der Insolvenz (§§ 172ff ZVG) – ist zu unterscheiden: a) Vorkaufsrecht fällt in das geringste Gebot, dann bleibt es für künftige Verkaufsfälle bestehen, b) Vorkaufsrecht fällt nicht in das geringste Gebot, dann erlischt es gemäß § 91 ZVG mit dem Zuschlag; an seine Stelle tritt der Anspruch auf Wertersatz aus dem Versteigerungserlös gemäß § 92 ZVG.

6 6. Das dingliche Vorkaufsrecht wirkt auch gegen die **Erben des Verpflichteten**. Diese „passive Vererblichkeit" kann ausgeschlossen werden, wenn der Tod des Bestellers als Ende des Vorkaufsrechts festgelegt wird und im Grundbuch eine entsprechende Eintragung erfolgt. Das subjektiv-persönliche Vorkaufsrecht kann als vererblich vereinbart werden (§§ 1098 I S 1, 473 S 1); das subjektiv-dingliche Vorkaufsrecht steht ohnehin dem jeweiligen Eigentümer eines Grundstücks zu und kann deshalb nicht „vererbt" werden (dazu § 1094 Rz 6).

1098 *Wirkung des Vorkaufsrechts*
(1) Das Rechtsverhältnis zwischen dem Berechtigten und dem Verpflichteten bestimmt sich nach den Vorschriften der §§ 463 bis 473. Das Vorkaufsrecht kann auch dann ausgeübt werden, wenn das Grundstück von dem Insolvenzverwalter aus freier Hand verkauft wird.
(2) Dritten gegenüber hat das Vorkaufsrecht die Wirkung einer Vormerkung zur Sicherung des durch die Ausübung des Rechts entstehenden Anspruchs auf Übertragung des Eigentums.
(3) Steht ein nach § 1094 Abs. 1 begründetes Vorkaufsrecht einer juristischen Person oder einer rechtsfähigen Personengesellschaft zu, so gelten, wenn seine Übertragbarkeit nicht vereinbart ist, für die Übertragung des Rechts die Vorschriften der §§ 1059a bis 1059d entsprechend.

1 1. **Verhältnis des Vorkaufsberechtigten zum Verpflichteten. a)** Es liegt ein gesetzliches Schuldverhältnis vor (Abs I), das inhaltlich von den Vorschriften über das schuldrechtliche Vorkaufsrecht (§§ 463–473) bestimmt wird. Sie gelten nicht nur für das schuldrechtliche, sondern auch für das dingliche Vorkaufsrecht (BGH WM 1957, 1162, 1164), und sind, anders als beim schuldrechtlichen Vorkaufsrecht, im vorliegenden Zusammenhang **zwingend** (BGH 13, 133, 139), soweit nicht – wie zB bei § 473 S 1 – Vereinbarung gestattet ist (vgl BayObLG NJW-RR 1998, 86). Daher kann das Vorkaufsrecht mit dinglicher Wirkung nicht mit einem Ankaufrecht gekoppelt werden (BGH WPM 1969, 1087). Auch ist eine dem § 464 II widersprechende Vereinbarung eines festen Verkaufspreises beim dinglichen Vorkaufsrecht unzulässig (RG 154, 358; BGH WPM 1966, 891); Umdeutung (§ 140) in schuldrechtliches, durch Vormerkung zu sicherndes Vorkaufsrecht möglich (RG 104, 123; 154, 358; BayObLG JFG 4, 348); str ist aber, ob dies auch dann gelten kann, wenn das Vorkaufsrecht dem jeweiligen Eigentümer eines anderen Grundstücks zustehen soll (dafür RG 128, 247; Pal/Bassenge Rz 2; dagegen BayObLG JFG 4, 347). Zulässig ist ferner Eintragung unter Fortfall der Preisbegrenzung oder Löschung einer (fälschlich) eingetragenen, wenn anzunehmen ist, daß Parteien auch ohne sie am Vorkaufsrecht festhalten (KGJ 43, 223).

2 b) Auch das dingliche Vorkaufsrecht wird durch einseitige, empfangsbedürftige Vorkaufserklärung gegenüber dem Verpflichteten **ausgeübt** (dazu § 463 Rz 1), und zwar mangels abweichender Abrede innerhalb der Ausschlußfrist nach § 469 II. Es handelt sich um ein einseitiges Verfügungsgeschäft (BGH WM 1962, 747, 751). Die Ausübung ist nach hM trotz des Schutzzweckes von § 311b formlos möglich (Frankfurt MDR 1993, 1093); Vereinbarung einer Form wirkt nicht dinglich. Die Ausübung des Vorkaufsrechts setzt voraus, daß Verpflichteter und Dritter einen rechtswirksamen, das heißt fertigen, formgültigen (§ 311b), falls nötig, behördlich genehmigten, wenn auch bedingten Kaufvertrag geschlossen haben (vgl RG 106, 320; 114, 158; SeuffA 78, 25; JW 1927, 1518; DR 1943, 705; BGH WPM 1968, 1088). Die Ausübung ist allerdings bereits vor Vorliegen einer behördlichen Genehmigung möglich (BGH MDR 1998, 893). Ausübungsfrist läuft allerdings erst ab Mitteilung des wirksamen, dh genehmigten Vertrags (§ 469 II). Fristvereinbarung ist mit dinglicher Wirkung zulässig (§ 469 II S 2). Ausfall der Bedingung und etwaige Anfechtung muß der Berechtigte in Kauf nehmen. Dagegen ist die nachträgliche Aufhebung eines endgültig zustande gekommen, dh auch wirksamen Kaufvertrags gegenüber dem Vorkaufsberechtigten unschädlich (RG 106, 323; 118, 8; BGH NJW 1954, 1442). Die Erklärung des Berechtigten, daß er das Vorkaufsrecht ausübe, ist unwirksam, wenn er weder gewillt noch imstande ist, die Käuferpflichten zu erfüllen. Die Beschränkung auf einzelne Grundstücke ist auch bei einheitlichem Verkauf möglich (BGH DNotZ 2003, 436).

3 c) Mit der wirksamen Erklärung des Berechtigten kommt zwischen ihm und dem Verpflichteten ein zweiter **Kaufvertrag** unter den Bestimmungen **zustande,** welche der Verpflichtete mit dem Dritten vereinbart hat (§ 464 II, BGH NJW 1992, 236 und NJW 1987, 890). Er bedarf der behördlichen Genehmigungen, auch wenn diese zum Erstvertrag bereits erteilt wurde. Bezüglich der Kaufpreisfälligkeit hat eine sinnentsprechende Anpassung des Vertrages zu erfolgen (BGH NJW 1983, 682; ausführlich Grziwotz MittBayNot 1992, 173ff). Aufgrund dieses Vertrages kann der Berechtigte vom Verpflichteten gemäß §§ 433 I S 1, 873 I, 925 I die Auflassung verlangen (BayObLG 1971, 809). Bei Verzug stehen ihm die Rechte aus §§ 280ff zu (vgl RG JW 1922, 1576; zur Kaufpreiszahlungspflicht vor Erklärung der Auflassung s München MittBayNot 1994, 30 m abl Anm Grziwotz). Ein Ausübungsvermerk kann im Grundbuch nicht eingetragen werden; dies gilt auch bei gesetzlichen Vorkaufsrechten (BayObLG 2000, 224).

4 d) Gegenüber § 471, der als gläubigerschützende Norm zwingend vorschreibt, daß das Vorkaufsrecht ausgeschlossen ist, wenn der Verkauf im Wege der Zwangsvollstreckung oder aus einer Insolvenzmasse erfolgt, macht

§ 1098 I S 2 für das dingliche Recht eine Einschränkung. Der freihändige Verkauf durch den **Insolvenzverwalter** hindert nicht die Ausübung des Vorkaufsrechts. Der Auflassungsanspruch richtet sich in diesem Falle gegen den Insolvenzverwalter (§ 209 I Nr 2 InsO). Die Insolvenzmasse wird dadurch nicht berührt; denn es spielt im Ergebnis keine Rolle, welche Person den Kaufpreis an die Insolvenzmasse abführt.

e) Der Vorkaufsberechtigte kann die Rechte aus dem schuldrechtlichen Kaufvertrag nachträglich durch Erlaß- 5
vertrag mit dem Verpflichteten oder dem Käufer (BGH WPM 1966, 893) beseitigen. Er kann aber auch, wenn er nicht kaufen will, durch **Erlaßvertrag** im voraus den Verpflichteten von der Verpflichtung befreien, die durch die Ausübung des Vorkaufsrechts eintreten würde (vgl BGH DNotZ 1957, 306). Dies ist praktisch bedeutsam, wenn das Vorkaufsrecht für mehrere Verkaufsfälle eingeräumt ist. Die Löschungsbewilligung für ein Vorkaufsrecht enthält bei einem bereits erfolgten Verkauf einen Verzicht auf die Ausübung. Die Ausübung des Vorkaufsrechts ist unzulässig, wenn der Vorkaufsberechtigte im gegebenen Fall schuldrechtlich verpflichtet ist, von dem Vorkaufsrecht keinen Gebrauch zu machen (BGH NJW 1962, 1344 und BGH LM Nr 5 zu § 1094). Den Kaufpreis hat der Berechtigte grundsätzlich an den Verpflichteten zu zahlen, Ausnahmen §§ 1100f.

f) Das Vorkaufsrecht ist gemäß § 473 grundsätzlich weder durch Rechtsgeschäft **übertragbar** noch vererblich. 6
Hieraus folgt, daß es insoweit auch nicht mit Nießbrauch (§ 1069) oder Pfandrecht (§ 1274) belastet, desgleichen nicht gepfändet (§§ 851, 857 ZPO) werden kann. Soll das Vorkaufsrecht übertragbar und vererblich sein, so bedarf es der Eintragung der hierauf hinzielenden Abrede (§§ 873, 877). Dagegen ist das Vorkaufsrecht juristischer Personen und rechtsfähiger Personenvereinigungen nach Maßgabe des Abs III übertragbar (vgl bereits BGH 50, 307). Tritt der Vorkaufsberechtigte nach Ausübung des Vorkaufsrechts seine Rechte an einen Dritten gemäß §§ 398, 413 ab, – dies widerspricht nicht dem § 473 –, so gehen sie auf den Abtretungsempfänger über. Eine Eintragung der Abtretung im Grundbuch ist aber ausgeschlossen. Wohl kann bei einem schuldrechtlichen Vorkaufsrecht entsprechend § 401 der durch eine Vormerkung gesicherte Anspruch übertragen werden, was den Übergang der Vormerkung zur Folge hat. Auch ist diese Übertragung dann im Wege der Grundbuchberichtigung eintragungsfähig. Das kann jedoch im Fall des § 1098 schon deshalb nicht gelten, weil es hier an einer eintragungsfähigen und eingetragenen Vormerkung fehlt. Sie wird nur fingiert (vgl BayObLG NJW 1971, 809).

2. Wirkung gegenüber Dritten (Abs II). a) Das dingliche Vorkaufsrecht hat Dritten gegenüber die **Wirkung** 7
einer Vormerkung zur Sicherung des durch die Ausübung des Rechts entstehenden Anspruchs auf Übertragung des Eigentums. Diese Wirkung besteht darin, daß die Eigentumsübertragung auf den Dritten im Verhältnis zum Vorkaufsberechtigten insoweit unwirksam ist, als sie nach Eintragung des Vorkaufsrechts erfolgt und den Anspruch des Vorkaufsberechtigten vereiteln oder beeinträchtigen würde (BGH 60, 275, 293), §§ 883, 888 (ausführlich Wieling/Klinck AcP 202 [2002] 745). Das Vorkaufsrecht sperrt das Grundbuch nicht gegen Verfügungen oder Auflassungen des Verpflichteten (Celle DNotZ 1952, 464), seine Ausübung wirkt nicht dinglich und macht das Grundbuch nicht unrichtig (KGJ 53, 162); auch bleibt Auflassung an Dritten gültig (BayObLG 20, 4). Der vorkaufswidrige Eigentumserwerb wird durch Ausübung des Vorkaufsrechts nicht von selbst vernichtet (RG JW 1922, 576). Jedoch wirkt die Übereignung an Dritten nicht gegen den Berechtigten, wenn dieser sein Vorkaufsrecht ausgeübt hat. Der vormerkungsgleiche Schutz wirkt hinsichtlich der belastenden Verfügungen über das Grundstück auf den Zeitpunkt zurück, zu dem das Vorkaufsrecht ausgeübt werden kann, also ein rechtsgültiger, falls erforderlich, behördlich genehmigter Kaufabschluß vorliegt (Vorkaufsfall, RG 154, 370, 376; BGH 60, 275, 294). Alle danach erfolgten belastenden Verfügungen werden dem Vorkaufsberechtigten gegenüber unwirksam, auch wenn sie in die Zwischenzeit ab rechtsgültigem Abschluß des Kaufvertrags bis zur Ausübung des Vorkaufsrechts fallen.

b) Der Vorkaufsberechtigte kann vom Verpflichteten ohne Rücksicht darauf, ob dieser bereits an den Käufer 8
aufgelassen hat (BayObLG 1913, 573), und selbst, wenn der Käufer als Eigentümer eingetragen worden ist, seinerseits Auflassung und eingetragener Dritter Zustimmung zur Eintragung sowie von etwaigen Drittberechtigten, die ihr Recht erst nach dem rechtsgültigen Abschluß des Kaufvertrags erworben haben, Zustimmung zur Löschung ihres Rechts verlangen. Dagegen kann der Berechtigte nicht beanspruchen, daß der Dritte an ihn aufläßt; allerdings ist der Dritte berechtigt, dies zu tun, ohne daß dem der Verpflichtete zustimmen müßte. Der Berechtigte kann vom Dritten auch die Herausgabe des Grundstücks fordern (BGH NJW 1992, 238 mwN). Die sich aus dem Vorkaufsrecht ergebenden Ansprüche können als **dingliche** auch gegen jeden weiteren Erwerber geltend gemacht werden, selbst wenn das Vorkaufsrecht nur ein einmaliges ist, sofern nur der Berechtigte es rechtzeitig ausgeübt hat. Soweit der als Eigentümer eingetragene Dritte den Kaufpreis bereits entrichtet hat, steht ihm ein Zurückbehaltungsrecht gemäß § 1100 zu.

3. Die Haftung des Drittkäufers auf Schadenersatz oder Herausgabe von Nutzungen und seine Ansprüche auf 9
Ersatz von Verwendungen gegen den Vorkaufsberechtigten richten sich nach §§ 987ff. Das gilt nach hM dann, wenn der Berechtigte den Käufer auf Herausgabe verklagt hat (§ 292). Aber auch schon vor Rechtshängigkeit der gegen den Drittkäufer gerichteten Herausgabeklage und vor Eigentumserwerb des Vorkaufsberechtigten sind die §§ 987ff anzuwenden: Der Käufer, der in Kenntnis eines dinglichen Vorkaufsrechts einen Kaufvertrag abgeschlossen hat und den Kaufgegenstand besitzt, muß grundsätzlich damit rechnen, daß das Vorkaufsrecht ausgeübt wird und er deshalb den Kaufgegenstand nicht behalten darf. Er ist also bereits zum Zeitpunkt des Abschlusses des Kaufvertrags bösgläubig; auf die Kenntnis von der Vorkaufsrechtsausübung kommt es nicht an (vgl dazu BGH 87, 296; Gursky JR 1984, 3; Lüke ZfIR 1997, 245, 255; Staud/Mader § 1100 Rz 10; aA MüKo/Westermann Rz 5). Ab Ausübung des Vorkaufsrechts und Besitzübergang bestehen Besitzschutzansprüche, ab Eigentumsübergang Ansprüche aus §§ 985ff.

4. Verhältnis des Verpflichteten zum Käufer. Der (Erst-)Kaufvertrag wird nicht automatisch dadurch aufge- 10
löst, daß der Berechtigte das Vorkaufsrecht ausübt (BGH DNotZ 1979, 561, 563). Der Käufer konnte nach alter Rechtslage gegen den Verpflichteten, der ihm das Eigentum nicht oder nicht auf die Dauer verschaffte, nach § 440

§ 1098

aF vorgehen; hatte allerdings der Käufer bei Abschluß des Kaufvertrages das Vorkaufsrecht gekannt, so haftete der Verpflichtete wegen § 439 I aF nicht (RG JW 1922, 576). Nunmehr handelt es sich um einen Fall der Unmöglichkeit (§ 275 I), der zum Ausschluß des Anspruchs auf die Gegenleistung (§ 326 I) führt und ein Rücktrittsrecht gewährt (§ 326 V); gemäß §§ 275 III, 283 besteht Schadensersatzpflicht. Hingegen ist § 311a II nicht abwendbar, da Kenntnis vom Vorkaufsrecht nicht der Kenntnis von der Ausübung gleichzustellen ist. Haben beide Parteien Kenntnis zum Vorkaufsrecht, kann man überdies davon ausgehen, daß die Parteien den Kaufvertrag unter der stillschweigenden Bedingung, das Vorkaufsrecht werde nicht ausgeübt, geschlossen haben (RG DR Wiss 1941, 856). Wird es ausgeübt, so wird der Kaufvertrag – unbeschadet seines Fortwirkens dem Vorkaufsberechtigten gegenüber (§ 465) – hinfällig. Vgl ferner § 1102 für den Fall, daß er zunächst erworbenes Eigentum an den Vorkaufsberechtigten herausgeben muß.

1099 Mitteilungen

(1) Gelangt das Grundstück in das Eigentum eines Dritten, so kann dieser in gleicher Weise wie der Verpflichtete dem Berechtigten den Inhalt des Kaufvertrags mit der im § 469 Abs. 2 bestimmten Wirkung mitteilen.

(2) Der Verpflichtete hat den neuen Eigentümer zu benachrichtigen, sobald die Ausübung des Vorkaufsrechts erfolgt oder ausgeschlossen ist.

1 **1. Mitteilungsrecht (Abs. I)** Der (neue) Eigentümer des belasteten Grundstücks kann (nicht: muß), ohne Rücksicht darauf, von wem er das Eigentum erlangt hat, eine Anzeige vom Inhalt des Kaufvertrags an den Vorkaufsberechtigten machen. Zur Formlosigkeit und zum Inhalt der Mitteilung siehe § 469 Rz 1ff, 8. Die Vorschrift des § 1099 erstreckt die Mitteilungsberechtigung auf weitere Personen als die in § 469 I Verpflichteten. Sie setzt die Ausschlußfrist des § 469 II in Lauf.

2 **2. Mitteilungspflicht (Abs II)** Den Vorkaufsverpflichteten trifft die gesetzliche Pflicht, den neuen Eigentümer zu benachrichtigen, und zwar nicht nur hinsichtlich einer Vorkaufsrechtsausübung, sondern – da dem neuen Eigentümer regelmäßig nicht bekannt (§§ 1098 I S 1, 464 I S 1) – auch über den Ausschluß zB durch Fristablauf. Eine Vernachlässigung der Mitteilungspflicht kann Schadenersatzpflicht auslösen, wenn wegen des Unterbleibens oder der Verzögerung der Mitteilung dem Eigentümer ein Schaden entsteht (Staud/Mader Rz 4).

1100 Rechte des Käufers

Der neue Eigentümer kann, wenn er der Käufer oder ein Rechtsnachfolger des Käufers ist, die Zustimmung zur Eintragung des Berechtigten als Eigentümer und die Herausgabe des Grundstücks verweigern, bis ihm der zwischen dem Verpflichteten und dem Käufer vereinbarte Kaufpreis, soweit er berichtigt ist, erstattet wird. Erlangt der Berechtigte die Eintragung als Eigentümer, so kann der bisherige Eigentümer von ihm die Erstattung des berichtigten Kaufpreises gegen Herausgabe des Grundstücks fordern.

1 **1. Vermeidung von „Dreiecksleistungen". a)** §§ 1100–1102 regeln die schuldrechtlichen Beziehungen, wie sie sich durch Ausübung des Vorkaufsrechts ergeben, zwischen
– dem Käufer bzw seinem Rechtsnachfolger und dem Vorkaufsberechtigten,
– dem Berechtigten und Verpflichteten,
– dem Verpflichteten und dem Käufer bzw seinem Rechtsnachfolger,
vorausgesetzt, daß der **Käufer** bzw sein Rechtsnachfolger das **Eigentum am Grundstück erlangt** hat (BGH NJW 1992, 236, 238).

2 **b)** Die Vorschriften zielen insbesondere darauf ab, die Rechtsbeziehungen zwischen den Beteiligten hinsichtlich des Kaufpreises durch eine **einzige Zahlung** abzuwickeln. Der Berechtigte muß den Kaufpreis, wenn ihn der Käufer bzw sein Rechtsnachfolger noch nicht entrichtet hat, an den Verpflichteten, andernfalls an den neuen Eigentümer zahlen.

3 **c)** Käufer, der als Eigentümer eingetragen ist, kann die **Zustimmung,** die er zur Eintragung des Berechtigten zu erteilen hat, und die Herausgabe des Grundstücks **verweigern,** bis ihm der zwischen dem Verpflichteten und ihm vereinbarte Kaufpreis, soweit er ihn berechtigt hat, erstattet wird.

4 **2. Käufer,** der **noch nicht** als **Eigentümer** im Grundbuch eingetragen ist, hat Ansprüche nur gegen seinen Verkäufer nach allgemeinen Vorschriften (vgl § 1098 Rz 10). Hat er den Kaufpreis bereits beglichen, so muß er ihn zurückfordern. Andererseits muß der Berechtigte den Kaufpreis an den Verpflichteten zahlen.

5 **3.** Ist mittlerweile **Berechtigter als Eigentümer eingetragen** (S 2), so kann er, sofern er vordem als Eigentümer eingetragen war, den bezahlten Kaufpreis einschließlich der Kosten des Vertrages (BGH DVBl 1964, 526; KG DNotZ 1937, 243; Celle NJW 1957, 1808; nicht die Grunderwerbsteuer, die meist ohnehin erstattet wird, vgl § 16 GrEStG) nur vom Berechtigten, nicht vom Verpflichteten (§ 1102) gegen oder nach Herausgabe oder, falls er den Besitz am Grundstück nicht hatte, schlechthin verlangen. Ist Kaufpreis noch nicht entrichtet und wird Käufer durch Ausübung des Vorkaufsrechts frei (§ 1102), muß sich der Verpflichtete nunmehr an den Berechtigten halten (RG 116, 191).

6 **4.** Der **Rechtsnachfolger** (Erbe, Sondernachfolger, zB Abkäufer) des Käufers steht diesem gleich, wenn er Eigentum am Grundstück erlangt hat. Seine Rechte beschränken sich aber auf den Kaufpreis, den der Erstkäufer oder statt dessen ein anderer an den Verpflichteten gezahlt hat. Der Kaufpreis, den der Rechtsnachfolger als Abkäufer seinem Verkäufer bezahlt hat, bleibt außer Betracht (vgl Staud/Mader Rz 6; RGRK/Rothe Rz 4).

5. Für **Verwendungen** gilt § 1100 nicht (München OLGZ 1933, 287). Zur Haftung des Drittkäufers auf Schadensersatz oder Herausgabe der Nutzungen und seinen Gegenansprüchen auf Ersatz von Verwendungen siehe § 1098 Rz 9.

1101 *Befreiung des Berechtigten*
Soweit der Berechtigte nach § 1100 dem Käufer oder dessen Rechtsnachfolger den Kaufpreis zu erstatten hat, wird er von der Verpflichtung zur Zahlung des aus dem Vorkauf geschuldeten Kaufpreises frei.

1. Auch diese Bestimmung dient dem Zweck, die schuldrechtlichen Beziehungen zwischen den Beteiligten möglichst durch eine einzige Zahlung abzuwickeln. Grundsätzlich muß der Vorkaufsberechtigte dem Vorkaufsverpflichteten den Kaufpreis zahlen (dazu BGH LM Nr 4 zu § 505). Ist das Eigentum bereits auf den Käufer oder seinen Rechtsnachfolger übergegangen, so wird der Vorkaufsberechtigte gegenüber dem Vorkaufsverpflichteten von der Kaufpreiszahlungspflicht in Höhe der Erstattung befreit; es handelt sich um eine gesetzliche **Schuldbefreiung** (Staud/Mader Rz 1), und zwar unabhängig davon, ob die Erstattung bereits erfolgt ist.

2. Ist der Dritte Eigentümer, **ohne daß** der **Berechtigte** schon **Eigentümer** geworden ist, und hat der Berechtigte – zur Durchsetzung seines Anspruchs auf Zustimmung und Herausgabe – dem Dritten den aufgewendeten Kaufpreis erstattet, so ist er in analoger Anwendung des § 1101 von der Zahlungspflicht befreit (MüKo/Westermann Rz 3).

1102 *Befreiung des Käufers*
Verliert der Käufer oder sein Rechtsnachfolger infolge der Geltendmachung des Vorkaufsrechts das Eigentum, so wird der Käufer, soweit der von ihm geschuldete Kaufpreis noch nicht berichtigt ist, von seiner Verpflichtung frei; den berichtigten Kaufpreis kann er nicht zurückfordern.

1. **Erstkäufer** wird von Zahlungspflicht erst dann befreit, wenn Berechtigter als Eigentümer eingetragen ist; bis dahin ist er zur Zahlung verpflichtet (BayObLG 1926, 127). Ist Berechtigter als Eigentümer eingetragen, so kann Erstkäufer nur von ihm, nicht vom Verkäufer Rückzahlung des berichtigten Kaufpreises verlangen.

2. § 1102 gilt nur für das Verhältnis zwischen dem Erstkäufer und Verpflichteten. Das Verhältnis zwischen dem Erstkäufer und dessen **Abkäufer** richtet sich nach den allgemeinen Vorschriften, insbesondere §§ 275, 326, wobei allerdings § 1100 zu berücksichtigen ist. Ein instruktives Beispiel hierzu enthält Planck/Strecker Anm 2.

1103 *Subjektiv-dingliches und subjektiv-persönliches Vorkaufsrecht*
(1) Ein zugunsten des jeweiligen Eigentümers eines Grundstücks bestehendes Vorkaufsrecht kann nicht von dem Eigentum an diesem Grundstück getrennt werden.
(2) Ein zugunsten einer bestimmten Person bestehendes Vorkaufsrecht kann nicht mit dem Eigentum an einem Grundstück verbunden werden.

1. Das subjektiv-dingliche Vorkaufsrecht (Abs I) und das subjektiv-persönliche Vorkaufsrecht (Abs II) schließen einander aus (BGH 37, 147, 152). Eine **Umwandlung** kann nur dadurch stattfinden, daß das eine aufgehoben und das andere neu begründet wird.

2. Das **subjektiv-dingliche Vorkaufsrecht** ist wesentlicher Bestandteil (§§ 93, 96) des Grundstücks. Es kann daher weder selbständig übertragen noch belastet werden (BGH NJW 1954, 1443, 1445). Wird das herrschende Grundstück veräußert oder belastet, so wird hiervon als dessen Bestandteil das subjektiv-dingliche Vorkaufsrecht erfaßt. Wird das herrschende Grundstück geteilt, so steht das Vorkaufsrecht den neuen Eigentümern nicht nach dem Verhältnis ihrer Anteile, sondern allen gemeinschaftlich derart zu, daß es von ihnen nur im ganzen ausgeübt werden kann (§§ 472, 1098, vgl RG 73, 320; BayObLG MDR 1973, 408). Soll das Vorkaufsrecht bei dem sogenannten Stammgrundstück verbleiben, so läßt sich dies nur auf rechtsgeschäftlichem Wege durch Freigabeerklärungen der anderen Berechtigten erreichen.

1104 *Ausschluss unbekannter Berechtigter*
(1) Ist der Berechtigte unbekannt, so kann er im Wege des Aufgebotsverfahrens mit seinem Recht ausgeschlossen werden, wenn die in § 1170 für die Ausschließung eines Hypothekengläubigers bestimmten Voraussetzungen vorliegen. Mit der Erlassung des Ausschlussurteils erlischt das Vorkaufsrecht.
(2) Auf ein Vorkaufsrecht, das zugunsten des jeweiligen Eigentümers eines Grundstücks besteht, finden diese Vorschriften keine Anwendung.

1. Die Vorschrift ermöglicht den **Ausschluß** unbekannter Berechtigter, kommt aber auch bei nicht bestehendem dinglichen Vorkaufsrecht in Betracht (Staud/Mader Rz 1).

2. Die **Voraussetzungen** des Aufgebots ergeben sich aus § 1170 (vgl § 1170 Rz 2ff). Das Aufgebotsverfahren richtet sich nach §§ 946ff, 988 und 1024 ZPO.

Abschnitt 6
Reallasten

Vorbemerkung

1 **1. Begriff, Ursprung. a)** Reallasten sind dingliche Belastungen eines Grundstücks oder grundstücksgleichen Rechts mit aus diesem zu bewirkenden wiederkehrenden Leistungen. Sie sind deutschrechtlichen Ursprungs. Im 19. Jahrhundert wurden sie anläßlich der Bodenreform weitgehend abgelöst. Das BGB bringt nur wenige Grundsätze, läßt die früher entstandenen Reallasten unberührt und überläßt es dem **Landesrecht,** Reallasten auszuschließen, abzulösen, einzuschränken, Inhalt und Maß näher zu bestimmen (Art 62 [Rentengüter], 96 [Altenteilverträge], 113–115 [Landesrechtliche Vorschriften], 118 [Verbesserungsdarlehen], 120 [Unschädlichkeitszeugnis], 121 [Öffentlich-rechtliche Reallasten], 132 [Kirchen- und Schulbaulast] EGBGB). **Übergangsbestimmungen** in den Art 114, 184, 189 EGBGB. Vgl zu Reallasten in NRW Custodis MittRhNotK 1986, 177ff.

2 **b)** Heute praktisch bei Verträgen im Rahmen der vorweggenommenen Erbfolge, insbes als **Altenteil** (Auszug, Leibgedinge, Leibzucht; vgl zur Zuständigkeit § 23 Nr 2 lit g GVG; zur steuerlichen Behandlung s BFH DStR 2003, 1696), aber auch bei städtebaulichen Verträgen, dort vor allem zur Sicherung naturschutzrechtlicher Ausgleichsmaßnahmen (vgl Grziwotz, Rechtshdb Immobilien, Teil 15 Rz 81). Altenteilsrechte werden vornehmlich aus Anlaß einer Betriebs- oder Gutsübernahme bestellt und sollen die leibliche und persönliche Versorgung des Berechtigten aus dem belasteten Grundstück sicherstellen. Da sie auf Sach- und Dienstleistungen gehen, enthalten sie eine Mischung von Reallast und beschränkter persönlicher Dienstbarkeit (vgl BGH NJW 1962, 2250; BayObLG Rpfleger 1975, 314; ausführl Mayer DNotZ 1996, 622ff). Vom Nießbrauch unterscheiden sie sich durch ihren Versorgungscharakter (BGH NJW 1981, 2568; Hamm OLGZ 1990, 380; zum Unterschied gegenüber dem hessischen Einsitzrecht siehe Frankfurt Rpfleger 1972, 20). Bestritten ist, ob und wie Reallast mit Nießbrauch zu einem Altenteil verkoppelt werden können. Nach Schleswig (DRsp 473, 40e) ist dies nur möglich, wenn der Nießbrauch sich nicht auf das ganze Grundstück erstreckt (aA Hornung Rpfleger 1982, 298; Haegele Rpfleger 1967, 62). Ein Total-Nießbrauch (dh am gesamten Vertragsobjekt) ist jedenfalls als einziges Recht nicht leibgedingsfähig (LG München I MittBayNot 1972, 294; nach BayObLG 1975, 132 auch nicht mit Reallast; anders Hamm DNotZ 1970, 37 für Nießbrauch an Grundstücksteil). Zur Abgrenzung des Wohnungsreallast gegenüber der Wohnungsdienstbarkeit im Altenteilsvertrag s Oldenburg Rpfleger 1978, 411. Zur Gestaltung von Wohnungsrecht im Altenteil s Hamm DNotZ 1976, 229. Hauptsächlich kommen Altenteile als Belastung landwirtschaftlicher Grundstücke in Betracht. Jedoch sind sie auch ohne Gutsüberlassung (RG 162, 56) und bei städtischen Grundstücken, zB als Wohnungsrecht für den Grundstücksübergeber zulässig (RG 152, 107; Köln Rpfleger 1992, 431). Nicht erforderlich, daß die Versorgung einem Verwandten gewährt wird (RG JW 1924, 813) oder enge persönliche Beziehung besteht (BayObLG DNotZ 1993, 603; Köln DNotZ 1990, 513). Im BGB sachlich-rechtlich nur geregelt, vgl aber Art 96 EGBGB; §§ 49, 23f GBO; § 9 EGZPO. Eintragung in das Grundbuch als Altenteil, Auszug oder unter ähnlicher Bezeichnung zulässig. Für den Inhalt und Umfang des Altenteils ist der Wortlaut der Eintragung in Verbindung mit der in bezug genommenen Eintragungsbewilligung maßgeblich (Hamm DNotZ 1970, 37). Ist das Altenteil für mehrere Personen im Grundbuch einzutragen, so soll sich das hinsichtlich des Altenteils bestehende Gemeinschaftsverhältnis, wenn nicht unmittelbar aus dem Eintrag, so doch mindestens aus der Eintragungsbewilligung ergeben, auf die darin bezug genommen wird (vgl BGH FamRZ 1979, 227; LG Osnabrück Rpfleger 1974, 263). Erleichterte Löschung nach §§ 23f GBO (Hamm Rpfleger 1988, 248). In der Zwangsvollstreckung erlöschen eingetragene Altenteile nach Landesrecht nicht, sofern nicht Doppelausgebot erfolgt (vgl § 9 EGZVG; vgl im übrigen § 1105 Rz 12). Eine Wertsicherungsklausel ist zulässig (BGH MDR 1991, 115) und eintragbar; sie kann an den Lebenshaltungsindex des StatistBA anknüpfen (Düsseldorf OLGZ 1967, 461; s auch Celle DNotZ 1977, 548). Zur Genehmigungspflicht s § 2 PaPkG. Zur Euro-Umstellung s Art 2 IV Nr 1 Überweisungsgesetz (BGBl I 1999, 1642).

3 **2. Wesen. a)** Reallast ist ein **dingliches Recht,** sowohl im ganzen, wie in ihren einzelnen Leistungen, vgl §§ 1105, 1107 (arg „auch" in § 1108). Doch ist mit der dinglichen Last zugleich eine persönliche Haftung des Eigentümers mit seinem sonstigen Vermögen für die während der Dauer seines Eigentums fällig werdenden Einzelleistungen verbunden; sie dauert fort, auch wenn er nicht mehr Eigentümer ist. Für Rückstände kann daher doppelte Haftung gegeben sein: die persönliche des ehemaligen Eigentümers und die dingliche, auf das Grundstück beschränkte des derzeitigen Eigentümers. Jedoch sichert die Reallast keineswegs die persönliche Forderung, sondern entgegengesetzt der Regelung bei den Hypotheken tritt zu der dinglichen Haftung ergänzend als deren Folge die persönliche (vgl Hedemann, Sachenrecht 1924, 434). Die Reallast verleiht **kein unmittelbares Nutzungsrecht** am Grundstück. Dieses haftet nur dafür, daß Eigentümer die wiederkehrenden Leistungen erbringt. Er hat sie, wie bei den anderen Verwertungsrechten (Hypothek, Grundschuld, Rentenschuld) „aus dem Grundstück" zu entrichten (§§ 1113, 1147, 1191, 1199). Daraus folgt, daß der Berechtigte sich der **Zwangsversteigerung** oder **Zwangsverwaltung** bedienen muß – die Eintragung einer Zwangshypothek wäre unpraktisch –, wenn er befriedigt werden will (vgl § 1107 Rz 4).

4 **b)** Die Reallast geht auf eine **aktive Leistung,** dadurch unterscheidet sie sich von der Dienstbarkeit, die ein passives Verhalten verlangt. In Betracht kommen bei der Reallast Leistungen **jeder Art,** auch Geldleistungen (bei den Hypotheken, Grund- und Rentenschulden nur diese, und zwar bei der Hypothek- und Grundschuld einmalige Kapitalzahlungen nebst etwa ausbedungenen Zinsen und Nebenleistungen, bei der Rentenschuld regelmäßig wiederkehrende Geldleistungen). Geht die Reallast als **Rentenreallast** auf regelmäßig wiederkehrende, festbestimmte **Geldleistungen** (Geldrente, Grundrente), so ergeben sich, zumal für Reallast und Rentenschuld die für Hypothe-

kenzinsen bestimmten Vorschriften gelten (§§ 1107, 1200), wesentliche Übereinstimmungen. Gleichwohl bestehen folgende **Unterschiede: aa)** bei der Geldrente persönliche Haftung des Eigentümers für die während seines Eigentumsrechts fällig werdenden Leistungen (§ 1108), bei der Rentenschuld nicht, **bb)** bei der Geldrente Ablösung nach Landesrecht (Art 113 EGBGB; RG 129, 213; zur Zulässigkeit einer Verfallklausel ablehnend Köln MDR 1991, 868; aA AG Schwandorf Rpfleger 1991, 149; MüKo/Joost § 1105 Rz 12), bei der Rentenschuld Ablösung bundesgesetzlich geordnet (§§ 1200ff), **cc)** die Geldrente kann subjektiv-dinglich sein (§ 1105 II), die Rentenschuld nicht, **dd)** Geldrente ist Buchrecht, Rentenschuld kann auch Briefrecht sein und auf den Inhaber des Briefs und den Eigentümer lauten (§§ 1195, 1199), **ee)** als Folge der Zahlung der Ablösungssumme geht die Rentenschuld auf den Eigentümer über (§ 1200 II), während die Reallast erlischt, so daß die nachfolgenden Gläubiger aufrücken, **ff)** Geldrente ist nicht mündelsicher, Rentenschuld kann es sein (§ 1807), **gg)** Rentenschuld kann in Grundschuld und umgekehrt umgewandelt werden (§ 1203), bei der Geldrente entfällt dergleichen, **hh)** in der Zwangsversteigerung oder Zwangsverwaltung gewährt Geldrente ein Recht auf Zahlung einer Rente, Rentenschuld dagegen auf die Ablösungssumme (§§ 92, 121, 158 ZVG), **ii)** wirtschaftlich gesehen ist die Reallast auf Nutzung des Grundstücks, die Rentenschuld auf Ausschöpfen des Bodenkredits gerichtet.

c) Als dingliches Recht ist die Reallast, auch wenn sie eine persönliche Forderung sichern soll, von dem **Grundgeschäft** unabhängig (RG 129, 216); es ist auch ohne Bedeutung, ob und welcher Gegenwert gegeben ist (RG 85, 247). Ist aber Grundgeschäft unwirksam, so erfolgt Ausgleich über § 812. 5

3. Die Vorschriften über Reallasten sind – unter Ausschluß des Landesrechts (Art 116 EGBGB, § 9 I S 2 ErbbauVO) – **entsprechend anzuwenden** auf Überbau- und Notwegrenten (§§ 914 III, 917 II 2), Unterhaltungspflicht gemäß §§ 1021 II, 1022 S 2, Erbbauzins (§ 9 I S 1 ErbbauVO). 6

4. Die auf **öffentlich-rechtlichen** Titeln beruhenden Reallasten sind im BGB nicht geregelt. Welche hierzu gehören, ergibt sich aus dem öffentlichen Recht, Aufzählungen finden sich zum Teil in den zum BGB oder ZVG ergangenen Ausführungsgesetzen. Hierunter fallen zB Staats-, Gemeinde-, Schul-, Kirchen-, Wege-, Deich-, Siel-, Wasser- und Waldgenossenschaftslasten, Beiträge zu öffentlichen Versicherungsverbänden (vgl Stöber ZVG[17] § 10 Rz 6). Soweit sie von den ordentlichen Gerichten zu beurteilen sind, können die Vorschriften über Reallasten entsprechend angewandt werden (vgl RG 115, 212; 116, 111; 121, 190; 127, 130; 146, 321). Eintragung im Grundbuch nur, soweit sie gesetzlich besonders zugelassen und angeordnet ist (§ 54 GBO). 7

1105 *Gesetzlicher Inhalt der Reallast*

(1) Ein Grundstück kann in der Weise belastet werden, dass an denjenigen, zu dessen Gunsten die Belastung erfolgt, wiederkehrende Leistungen aus dem Grundstück zu entrichten sind (Reallast). Als Inhalt der Reallast kann auch vereinbart werden, dass die zu entrichtenden Leistungen sich ohne weiteres an veränderte Verhältnisse anpassen, wenn anhand der in der Vereinbarung festgelegten Voraussetzungen Art und Umfang der Belastung des Grundstücks bestimmt werden können.
(2) Die Reallast kann auch zugunsten des jeweiligen Eigentümers eines anderen Grundstücks bestellt werden.

1. Zu **Begriff** und **Wesen** vgl vor § 1105 Rz 1ff. 1

2. Belasteter Gegenstand. Grundstück, realer Teil hiervon, falls durch Abschreibung verselbständigt (§ 7 GBO), grundstücksgleiches Recht. Wegen ideellen Grundstücksbruchteils vgl § 1106. Die Bestellung einer subjektiv-dinglichen Reallast zu Lasten eines Teil- bzw Wohnungseigentums oder -erbbaurechts zugunsten des jeweiligen Inhabers eines anderen Teil- bzw Wohnungseigentums oder -erbbaurechts ist zulässig (Düsseldorf DNotZ 1977, 305). Eine Gesamtreallast an mehreren Belastungsobjekten ist zulässig (Soergel/Stürner Rz 17). 2

3. Berechtigter. a) Bestimmte natürliche oder juristische Person (**subjektiv-persönliche Reallast**, §§ 1105 I, 1111) mehrere als Gesamtberechtigte (§ 428, vgl KG JW 1932, 1564; BayObLG 1975, 191, 194) oder Mitberechtigte (§ 432, RGRK/Rothe Rz 7). Die Reallast kann von Anbeginn für mehrere Personen in der Weise bestellt werden, daß sie für die eine auflösend bedingt, zB durch den Tod oder befristet, und für die andere in gleicher Weise aufschiebend bedingt oder befristet ist (Köln DNotZ 1966, 677). **b)** Jeweiliger Eigentümer (keine Teilung zugunsten einzelner Miteigentümer, BayObLG DNotZ 1991, 398) eines anderen Grundstücks (**subjektiv-dingliche Reallast**, § 1105 II). Soll Grundstücksteil herrschen, so muß ab oder abgeschrieben und selbständig werden (KGJ 53, 170). **c)** Subjektivpersönliche Reallast zugunsten des Eigentümers und subjektivdingliche zugunsten eines Grundstücks desselben Eigentümers ist zulässig, sie erlischt auch nicht beim Zusammentreffen mit dem Grundstückseigentum (§ 889, vgl RG 142, 231). Die **Eigentümerreallast** ist entsprechend den für die Eigentümergrundschuld (§ 1197) geltenden Vorschriften zu behandeln. Dies gilt insbesondere für den Fall der Zwangsvollstreckung. 3

d) Reallast kann **nicht zugunsten** eines **Dritten** bestellt werden, denn nach hM lassen sich gemäß § 328 nur schuldrechtliche Ansprüche zugunsten Dritter begründen (BGH 41, 95; NJW 1993, 2617; LM Nr 3 zu § 140 BGB, Nr 1 zu 1105 BGB; Köln OLGZ 1966, 231; RG 66, 99; 68, 279; 124, 217; 148, 263; RGRK/Augustin § 873 Rz 57; aA Westermann, Sachenrecht[7] § 3 II 4, weil dingliche Recht Leistungen aus dem Grundstück zum Gegenstand habe, die auch an Dritte erbracht werden könnten. Dem steht aber entgegen, daß die Leistungen aus dem dinglichen Stammrecht fließen und dessen dingliche Natur teilen). 4

4. Belastungsinhalt. a) Dingliches Recht am Grundstück auf **wiederkehrende** (dauernde oder wenigstens mehrmalige) **Leistungen** aus dem Grundstück, für die jeweiliger Eigentümer mit dem Grundstück haftet. Im Gegensatz zur Dienstbarkeit sind positive Leistungen zu erbringen. Inhalt, sofern nicht Einschränkung nach Landesrecht (vgl EGBGB 115), beliebig: Sach-, Dienst- oder Geldleistungen (BayObLG Rpfleger 1981, 106); Bestellung einer Pflegeperson (BGH 130, 342). Nicht erforderlich, daß sie regelmäßig wiederkehren (RG 131, 175; KG 5

§ 1105

OLGZ 1939, 242), einen kalendermäßig festgesetzten Beginn haben (Rostock OLGZ 1934, 177) oder ewig dauern (RG 85, 247). Leistungen, die nicht eine Geldzahlung zum Gegenstand haben, müssen zumindest einen bestimmten Geldwert haben. Sie dürfen sich auch nicht in einmaliger Leistung erschöpfen, wie etwa Bau einer Wasserleistung, Kanalisation, Straße (RG 57, 333; Zulässigkeit einer Verfallklausel mit Ablösesumme str); eine Ausnahme gilt nur für den Fall, daß die ihrer Natur nach einmalige Leistung andere wiederkehrende Leistungen sinngemäß ergänzt, zB Pflicht, die Begräbniskosten zu tragen, als Teilinhalt eines Altenteils (KG JFG 1, 442). Es ist nicht erforderlich, daß die einzelnen Leistungen einander gleich oder gleichartig sind (KG OLGZ 1943, 228; 7, 34; RG SeuffA 79, 243) oder eine festbestimmte Höhe haben (KG OLGZ 1912, 281; 43, 228; BGH Rpfleger 1975, 56), möglich deshalb zB finanzielle Beteiligung an Wassernutzung (BGH MDR 1982, 385). Das belastete Grundstück muß nicht durch die Art seiner Benutzung einen entsprechenden Ertrag abwerfen. Zu betagten Ansprüchen vgl Zweibrücken MDR 1992, 160.

6 **b) Bestimmtheitsgrundsatz.** Die Höhe der Leistung muß bestimmbar sein (zur Vormerkung s Düsseldorf DNotZ 1989, 578). Das bedeutet noch nicht, daß der Umfang der tatsächlichen Belastung in einem bestimmten Zeitpunkt aus der Eintragung selbst oder in Verbindung mit der Eintragungsbewilligung ohne weiteres ersichtlich sein müsse (BGH 35, 22, 26). Es genügt, wenn Art, Gegenstand und Umfang der Leistung aufgrund objektiver Umstände bestimmbar sind, die auch außerhalb des Grundbuchs liegen können, sofern sie nachprüfbar und mindestens in der Eintragungsbewilligung angedeutet sind. Ausreichend: standesgemäßer Unterhalt (BayObLG 1953, 200), Höchstpension eines bayerischen Notars (BGH 22, 58), Preisindex des statistischen Bundesamts (Düsseldorf OLGZ 1967, 461), Wertsicherungsklausel (BGH 111, 324); gilt auch für Erbbauzinsreallast (§ 9 I S 1 ErbbauVO, vgl BayObLG MDR 1996, 1235), Bezugnahme auf Sozialrente (LG Oldenburg Rpfleger 1984, 462, aA Pal/Bassenge Rz 6). Die für die Bestimmung maßgeblichen Umstände müssen sich in Geldforderungen umwandeln lassen (KGJ 22, 304; KG HRR 1932, 708); der Berechtigte darf keinen willkürlichen Einfluß auf die Höhe der einzelnen Leistungen haben (KG MDR 1984, 848), zur abgelehnten Bestimmbarkeit der Klausel „Verweis auf § 323 ZPO" (BayObLG DNotZ 1980, 94; Frankfurt Rpfleger 1988, 247; Hamm Rpfleger 1988, 404; Oldenburg Rpfleger 1991, 450; BayObLG NJW-RR 1993, 1171, falls keine Angaben zu Voraussetzungen und Maßstab). Auch **gleitender Leistungsumfang** gemäß Abs I S 2 als Rechtsinhalt möglich, aber Bestimmbarkeit erforderlich. Daneben weiterhin schuldrechtliche Anpassungsklausel zulässig und durch Vormerkung sicherbar.

7 **c) „Aus dem Grundstück"** bedeutet nicht, daß die Leistung aus den Erträgen des Grundstücks zu erbringen ist; die Leistung muß auch nicht in einer Beziehung zu dem Grundstück stehen (MüKo/Joost Rz 8); wenn nämlich nicht einmal erforderlich ist, daß das Grundstück die Leistungen vermöge seiner natürlichen Beschaffenheit oder bei der Art seiner Benutzung zu gewähren imstande ist (Staud/Amann Rz 16), so fragt es sich, worin die Beziehung zum Grundstück bestehen soll. Der Gesetzeswortlaut hat hier vielmehr nur die gleiche Bedeutung wie bei den übrigen Verwertungsrechten (Hypotheken, Grundschuld, Rentenschuld): er gibt dem Gläubiger das Recht, das Grundstück im Wege der Zwangsvollstreckung zu Geld zu machen und sich aus dem Erlös zu befriedigen (so auch Wolff/Raiser[10] § 127 I 4; vgl ferner Celle DNotZ 1952, 482). **Beispiele:** Beköstigung und Versorgung in Krankheitsfällen (BGH 130, 342; vgl auch Stuttgart DNotZ 1995, 317; BayObLG DNotZ 1994, 180; Hamm FamRZ 1999, 786; vgl auch Mayer ZEV 1995, 269ff), Lieferung von Nahrungsmitteln, von Wasser, elektrischem Strom, Gas, Heizung (BGH WM 1984, 820), Fernwärme (Karlsruhe NJW-RR 1992, 722; Köln Rpfleger 1996, 190; BayObLG DNotZ 1993, 595), Dienstleistungen (BGH RJA 2, 192); Instandhaltung einer Brücke (BayObLG 1986, 89), einer Einfriedigung, einer Turmuhr, eines Weges, eines Wehres (RG 4, 133; 11, 315; Gruch 55, 1138), einer Fähre (KG OLGZ 1908, 126; 1926, 101), eines Grabens (KG OLGZ 1912, 281; BayObLG NJW-RR 1988, 464; BayObLG 1998, 250), eines Zaunes (KG OLGZ 1922, 407); Unterhaltung eines Parks (RG 14, 214), einer Mühle (RG SeuffA 79, 243), eines Zuchtstiers (Bamberg BayZ 1907, 89); Sicherung einer Rente (BayObLG JurBüro 1981, 429); Freistellung von Kosten (Köln ZMR 1992, 157; LG Mannheim MittBayNot 1995, 212); Unterhaltspflicht für Räume (LG Braunschweig NdsRpfl 2001, 457; vgl Hamm FamRZ 1999, 786); Wohnungsreallast, dh Pflicht, Wohnraum durch positive wiederkehrende Leistungen zur Verfügung zu stellen und im gebrauchsfähigen Zustand zu erhalten (Zweibrücken DNotZ 1997, 327; nicht an bestimmten Gebäuden und nicht unter Ausschluß des Eigentümers, BGH 58, 57; BayObLG Rpfleger 1981, 353); Grabpflege (BayObLG 1998, 250).

8 **d) Beschränkungen** ergeben sich gemäß Art 115 EGBGB aus dem **Landesrecht**, zB § 33 BadWürttAGBGB; § 26 BremAGBGB; § 25 HessAGBGB; Art 30 Preuß AGBGB, § 22 II G v 28. 11. 1961 (GVBl 319) in NRW (vgl Köln Rpfleger 1996, 190; LG Aachen, Rpfleger 1987, 452; LG Köln und Duisburg Rpfleger 1987, 362; Düsseldorf MittRhNotK 1986, 119; Custodis Rpfleger 1987, 233; ders MittRhNotK 1986, 177; Meyer-Stolte Rpfleger 1986, 366); § 22 RhPfAGBGB; § 26 III Saarl AGJusG; vgl auch NdsG v 17. 5. 1967 (GBl 129) (vgl Schöner/Stöber, Grundbuchrecht, 12. Aufl 2001, Rz 1318f).

9 **5. Entstehung. a)** Durch Einigung und Eintragung (§ 873) auf Grundbuchblatt des dienenden Grundstücks, Bezugnahme hinsichtlich der einzelnen Leistungen auf Eintragungsbewilligung zulässig (§ 874; § 49 GBO), § 1115 gilt trotz § 1107 nicht (KGJ 51, 271). Ihr Geldwert braucht nicht angegeben zu werden, wohl aber kann der Höchstbetrag gemäß § 882 bestimmt werden. Bei subjektiv-dinglichen Reallasten Vermerk auf dem Blatt des herrschenden Grundstücks zulässig (§§ 9, 21 GBO; § 7 GBV). Nach BGB sind grds alle Reallasten eintragungspflichtig. Ausnahmen: Überbau- und Notwegrenten (RG 113, 97). Diese entstehen kraft Gesetzes. **Änderung des Inhalts** gemäß § 877. **Übertragung und Belastung**, soweit überhaupt statthaft (§§ 1110f), nach allgemeinen Vorschriften (§§ 873ff), bei rückständigen Leistungen gemäß §§ 1107, 1159. Pfändung gemäß §§ 857 VI, 830 I ZPO.

10 **b)** Durch Staatsakt gemäß § 49 I FlurberG; vgl auch § 62 III BauGB.

11 **6. Erlöschen** durch a) Aufgabeerklärung und Löschung (§§ 875f); b) Buchversitzung (§§ 901f); c) Aufgebot (§ 1112); d) **Zwangsversteigerung** (§ 91f ZVG), zwei Fälle sind zu unterscheiden: aa) Reallast geht dem

Anspruch des betreibenden Gläubigers vor, dann bleibt Reallast bestehen; bb) Reallast geht nach: sie erlischt durch den Zuschlag; dem Berechtigten ist der Wert des Rechts zu ersetzen (bei ablösbaren Rechten ist er gleich der Ablösungssumme), wenn der Versteigerungserlös ausreicht (wegen der Leibgedinge, Altenteile siehe Rz 12 und vor § 1105 Rz 2); e) Ablösung (EGBGB Art 113); f) Eintritt auflösender Bedingung oder Endtermins, zB Tod bei Reallast auf Lebenszeit; g) Staatsakt gemäß § 49 FlurberG; vgl auch § 62 III BauGB. – Zur grundbuchrechtlichen Seite der Löschung s §§ 23, 24 GBO (zur Löschungserleichterung s BayObLG MittBayNot 1999, 74; Düsseldorf RNotZ 2002, 454 und Amann DNotZ 1998, 6ff).

7. Besonderheiten bei Altenteilsverträgen. Ist das Altenteil für mehrere Personen im Grundbuch einzutragen, 12 so soll sich das hinsichtlich des Altenteils bestehende Gemeinschaftsverhältnis, wenn nicht unmittelbar aus dem Eintrag, so doch mindestens aus der Eintragsbewilligung ergeben, auf die darin Bezug genommen wird (vgl BGH FamRZ 1979, 227). Altenteile unterliegen dem Grundsatz von **Treu und Glauben,** denn sie haben Unterhaltscharakter. Die aus ihnen zu bewirkenden Leistungen sind zu erhöhen, wenn nach ihrer Begründung ein wesentlicher Wandel der maßgebenden Verhältnisse eingetreten ist. Auch die durch die Eintragung des Altenteils im Grundbuch begründete Reallast im Sinne der §§ 1105ff ist § 242 unterworfen, der das gesamte Privatrecht, auch das Sachenrecht, beherrscht (MüKo/Joost Rz 26). Der Grundstückseigentümer kann sich nicht darauf berufen, er habe beim Erwerb des Grundstücks nur mit der aus dem Grundbuch ersichtlichen Belastung gerechnet und zu rechnen brauchen (Schleswig MDR 1966, 1002; SchlHA 1957, 110; BGH NJW 1957, 1798). Auch bei einer Heimunterbringung des Altenteils ist der Umfang der Leistungen durch Auslegung zu ermitteln (Hamm FamRZ 1999, 786). a) Maßgebliche Vorschriften für ehemaliges Preußen Art 15, 30 AGBGB, für Bayern Art 7–23 AGBGB, für Baden-Württemberg §§ 6ff AGBGB. Zu Art 15 pr AGBGB: Sonderregeln für Kündigung eines Wohnrechts (SchlHolst OLG DRsp 154, 10c); kein Rücktrittsrecht wegen Verzugs mit Austragsleistungen oder wegen positiver Vertragsverletzung (BGH 3, 206; aA Kassel HEZ 2, 241); zu nunmehr Art 17 bayAGBGB: kein Rücktrittsrecht wegen Verzugs mit Austragsleistungen (München DRsp 125, 24d); b) Gemäß § 9 EGZVG kann Landesrecht bestimmen, daß eine Reallast, die als Leibgedinge, Leibzucht, Altenteil oder Auszug eingetragen ist, von der Zwangsversteigerung unberührt bleibt, auch wenn sie beim geringsten Gebot nicht berücksichtigt ist (BGH MDR 1984, 1021). Dies ist geschehen im ehemaligen Preußen in Art 6 II AGZVG, sowie in § 33 BadWürtt AGGVG; Art 30 Bay AGGVG; Art 4 II Hess AGZVG; Art 6 II Nds AGZVG; § 5 II RhPf AGZVG; § 43 II Saarl AGJusG; Art 6 II SH AGZVG. Zu den Altenteilsverträgen im allgemeinen siehe vor § 1105 Rz 2.

1106 *Belastung eines Bruchteils*
Ein Bruchteil eines Grundstücks kann mit einer Reallast nur belastet werden, wenn er in dem Anteil eines Miteigentümers besteht.

Die Vorschrift entspricht § 1095 (vgl § 1095 Rz 1f). Bei späterer Vereinigung des Eigentums in einer Hand 1 bleibt Reallast an Miteigentumsanteil bestehen; hat Bedeutung für Zwangsvollstreckung.

1107 *Einzelleistungen*
Auf die einzelnen Leistungen finden die für die Zinsen einer Hypothekenforderung geltenden Vorschriften entsprechende Anwendung.

1. Diese Vorschrift gilt nicht für das Hauptrecht, dh die Reallast als solche, sondern nur für die Übertragung, 1 Belastung, Aufhebung und Geltendmachung des Anspruchs auf die **Einzelleistungen.** Daher entfallen für entsprechende Anwendung Vorschriften, die sich auf die Hypothek als solche, das Hypothekenkapital, den Hypothekenbrief, die Abhängigkeit der Hypothek von der persönlichen Forderung beziehen. Zum Verhältnis von Einzelleistung und Stammrecht in der Zwangsvollstreckung ist eine eintragungsfähige Vereinbarung möglich (BayObLG MDR 1991, 154; Bamberger/Roth/Wegmann § 1105 Rz 30; aA BGH BGHRp 2004, 150; Hamm ZfIR 2002, 994; Dümig ZfIR 2002, 960), deren Auswirkungen (Erhalt des Stammrechts) allerdings umstritten sind (vgl Amann DNotZ 1993, 222ff).

2. Übertragung des Anspruchs auf rückständige Einzelleistungen nach §§ 398ff, 1159, des Anspruchs auf 2 künftige nach den für die Übertragung des Hauptrechts geltenden Vorschriften (§§ 873, 1158). Soweit Einzelleistungen übertragbar, sind sie belastbar, zB verpfändbar (§ 1274, 398), pfändbar (§§ 830, 837, 857 ZPO).

3. Erlöschen. a) bei Vereinigung von Eigentum und Berechtigung in einer Person (§ 1178 I); Reallastberechti- 3 gung als solche bleibt aber bestehen (§ 889); **b)** durch formfreien Verzicht auf rückständige Leistungen (§ 1178 II); bei künftigen Leistungen sind §§ 875f maßgeblich, also Eintragung; **c)** bei Befriedigung aus dem Grundstück (§ 1181).

4. Geltendmachung. Grundstück haftet für fällig werdende und rückständige Einzelleistungen dinglich, mit 4 ihm haften Gegenstände, auf die Hypothek sich erstreckt (§§ 1120–1131, vgl RG Gruch 61, 319; KG OLGZ 1929, 359; aM RG 54, 93). Befriedigung im Wege der **Zwangsvollstreckung** in das Grundstück (§§ 1147f, 1150, 268), und zwar durch **Zwangsversteigerung** oder **Zwangsverwaltung,** denn Zwangshypothek ist praktisch ohne Wert. Wird die **dingliche Klage** erhoben, so muß auch bei **Naturalleistungen** auf Duldung der Zwangsvollstreckung in das Grundstück geklagt werden (hM Staud/Amann Rz 16); der Gläubiger kann folgerichtig auch nicht sein Recht auf Naturalleistungen durch Wegnahme gemäß § 884 ZPO durchsetzen.

Anders ist dies, wenn der Eigentümer auf Grund der gemäß § 1108 zumeist zusätzlich bestehenden **persönli-** 5 **chen** Haftung zur Naturalleistung verurteilt wird. Bei einer Zwangsverwaltung kann allenfalls der Zwangsverwalter die Naturalleistungen bewirken. Vollstreckungstitel kann auch Urkunde des § 794 Nr 5 ZPO sein; Unterwerfungsklausel jedoch nicht zulässig hinsichtlich des jeweiligen Eigentümers (§ 800 ZPO), und zwar weder bezüglich des Stammrechts noch bezüglich der Einzelleistungen (vgl KG DNotZ 1958, 207; BayObLG DNotZ 1959, 402; RGRK/Rothe Rz 7; Soergel/Stürner Rz 2; Staud/Amann Rz 17; aA MüKo/Joost Rz 13; Hieber DNotZ 1959, 390, dieser zugleich zur Frage der Titelumschreibung gegen Rechtsnachfolger). Anwendbar §§ 1132 I, 1143 (vgl § 1108 Rz 1f), 1157f, 1164, 1174 II, 1175, 1182. Verjährung der Einzelleistungen bisher in 4 Jahren (§§ 194, 197, 201, 902 I S 2 aF), nunmehr gilt 3jährige Verjährungsfrist für sämtliche innerhalb eines Kalenderjahres fälligen Leistungen einheitlich ab dem Schluß des Kalenderjahres (§§ 194, 197, 902 I S 2) und zwar auch für titulierte künftig fällig werdende Leistungen (vgl § 197 II). Für rückständige Leistungen keine Verzugszinsen (§ 289, vgl BGH 111, 328; NJW 1970, 243; dagegen Bringezu NJW 1971, 1168). Unterlassungsklage sowie einstweilige Verfügung bei gefährdender Verschlechterung des Grundstücks (§§ 1134f).

1108 *Persönliche Haftung des Eigentümers*
(1) Der Eigentümer haftet für die während der Dauer seines Eigentums fällig werdenden Leistungen auch persönlich, soweit nicht ein anderes bestimmt ist.
(2) Wird das Grundstück geteilt, so haften die Eigentümer der einzelnen Teile als Gesamtschuldner.

1 **1.** Der Grundstückseigentümer haftet **a) dinglich** mit dem Grundstück für die Reallast als solche und für die Einzelleistungen, gleichviel ob diese während der Dauer seines Eigentums fällig wurden oder vorher (BGH NJW 1990, 2380). Bei Teilung des belasteten Grundstücks haftet jeder Teil auf das Ganze (§§ 1107, 1132 I). Besonderheiten auf Grund landesrechtlicher Vorbehalte gemäß Art 120 I, II Nr 1, 121 EGBGB. **b)** Daneben grundsätzlich auch **persönlich,** dh mit dem sonstigen Vermögen für während seines Eigentums fällig werdende Einzelleistungen, gleichgültig, auf welche Weise er das Eigentum erlangt hat (RG 60, 56; 70, 172; BGH NJW-RR 1989, 1098) und ob er Besteller der Reallast ist (RG 70, 172). Diese einmal eingetretene Haftung dauert selbst dann fort, wenn er Eigentum verliert; sie hat den Umfang der dinglichen. Haftung ist durch Leistungsklage geltend zu machen. Zwangsvollstreckung in das gesamte Vermögen des haftenden Eigentümers möglich. **c)** Bei einer Sicherungsreallast besteht ferner der **schuldrechtliche Anspruch,** zu dessen Sicherung die Reallast bestellt wurde. Er richtet sich gegen den Vertragspartner, nicht gegen den jeweiligen Eigentümer. Die Reallast ist in der Entstehung und im Bestand von der schuldrechtlichen Verpflichtung unabhängig (Hamm ZfIR 1998, 356, 357, dort auch zur Eintragung einer Leistungsverweigerungseinrede).

2 **2.** Bei **Rückständen** somit doppelte Haftung aufgrund der Reallast möglich: die persönliche des früheren Eigentümers und die dingliche des gegenwärtigen (vgl zur Veräußerung des Grundstücks während eines Rechtsstreits über künftig fällig werdende Leistungen RG 70, 170). Daneben kann persönliche Haftung aus schuldrechtlichem Grundgeschäft (zB Unterhaltsvereinbarung) bestehen. Im Verhältnis nachfolgender Grundstückseigentümer ist § 1143 anzuwenden, dh befriedigt der jetzige Eigentümer den Gläubiger wegen eines aus der Zeit seines Vorgängers stammenden Anspruchs, so erwirbt er die Forderung gegen diesen. Für das Verhältnis mehrerer Eigentümer zueinander gelten die §§ 748, 755 (vgl auch Hamm FamRZ 1999, 786, das ein Gesamtschuldverhältnis annimmt). Der interne Ausgleich zwischen dem persönlichen Schuldner und dem Grundstückseigentümer, wenn eine zur Sicherung eines Leibrentenversprechens eingetragene Reallast nach Zwischenerwerb und anschließender Versteigerung bestehen bleibt, soll gemäß § 426 I hälftige Haftung eintreten (BGH 58, 191, 193; NJW 1991, 2899; krit Herr NJW 1972, 814); anders, wenn eine zur Sicherung eines Leibrentenversprechens eingetragene Reallast bei der Zwangsversteigerung des belasteten Grundstücks bestehen bleibt, dann soll im Innenverhältnis zu dem ursprünglichen Rentenschuldner allein der Ersteher für die nach dem Zuschlag fällig werdenden Leistungen haften (BGH NJW 1993, 2617, 2619 wg § 56 S 2 ZVG).

3 **3. Teilung** des Grundstücks bewirkt gesamtschuldnerische Haftung (§§ 421ff), im Innenverhältnis Haftung im Zweifel im Ausmaß des übernommenen Grundstücksteils entsprechend § 1109 I S 2, 748 (vgl Staud/Amann Rz 8 und Soergel/Stürner Rz 2).

4 **4. Ausschluß und Beschränkung** der persönlichen Haftung bedürfen, wenn sie über die Parteien hinauswirken sollen, der Einigung und Eintragung (§§ 873f, 877). Über den § 1108 kann die persönliche Haftung des Eigentümers mit dinglicher Wirkung nicht erweitert werden.

1109 *Teilung des herrschenden Grundstücks*
(1) Wird das Grundstück des Berechtigten geteilt, so besteht die Reallast für die einzelnen Teile fort. Ist die Leistung teilbar, so bestimmen sich die Anteile der Eigentümer nach dem Verhältnis der Größe der Teile; ist sie nicht teilbar, so findet die Vorschrift des § 432 Anwendung. Die Ausübung des Rechtes ist im Zweifel nur in der Weise zulässig, dass sie für den Eigentümer des belasteten Grundstücks nicht beschwerlicher wird.
(2) Der Berechtigte kann bestimmen, dass das Recht nur mit einem der Teile verbunden sein soll. Die Bestimmung hat dem Grundbuchamt gegenüber zu erfolgen und bedarf der Eintragung in das Grundbuch; die Vorschriften der §§ 876, 878 finden entsprechende Anwendung. Veräußert der Berechtigte einen Teil des Grundstücks, ohne eine solche Bestimmung zu treffen, so bleibt das Recht mit dem Teil verbunden, den er behält.
(3) Gereicht die Reallast nur einem der Teile zum Vorteil, so bleibt sie mit diesem Teil allein verbunden.

1 **1.** Gilt für **Teilung** subjektiv-dinglicher Reallasten, gleich welcher Art. Zu unterscheiden sind: a) ortsbezogene Reallasten, zB zur Unterhaltung einer Fähre oder Brücke, geregelt in Abs III, b) nicht ortsbezogene, zB auf Dienstleistung, Beköstigung, geregelt in Abs I und II.

2. a) Bei **ortsbezogenen Reallasten** erlischt Reallast kraft Gesetzes an den übrigen Teilen, daher Zustimmung Dritter nach § 876 nicht erforderlich; zur Berichtigung des Herrschvermerks vgl § 9 II GBO. **b)** Bei **nicht ortsbezogenen** Reallasten kann Berechtigter **bestimmen**, daß Reallast nur mit einem Teil verbunden sein solle (Abs II S 1). Die der Aufgabe des § 875 entsprechende, an das Grundbuchamt zu richtende Erklärung ist sachlich-rechtlich formlos, verfahrensmäßig nach § 29 GBO formgebunden; Zustimmung Dritter nach § 876. Berechtigter hat **nichts bestimmt, aa)** er veräußert nur einen Teil, das übrige behält er: Reallast beschränkt sich auf den dem Veräußerer verbliebenen Teil, im übrigen erlischt sie kraft Gesetzes (Abs II S 3), daher Zustimmung Dritter nach § 876 nicht erforderlich (hM, vgl Soergel/Stürner Rz 1 und Staud/Amann Rz 7; aA Pal/Bassenge Rz 2, RGRK/Rothe Rz 6: zum Herrschvermerk vgl § 9 II GBO); **bb)** er veräußert alle Teile: Reallast besteht für sämtliche einzelne Teile fort (Abs I S 1), sie darf aber deshalb grundsätzlich nicht beschwerlicher werden (Abs I S 3); hierbei zu unterscheiden: teilbare Leistung, alsdann Eigentümer nach dem Verhältnis ihrer Flächenstücke beteiligt (Abs I S 2, Hs 1), unteilbare Leistung, alsdann Gesamtforderung gemäß § 432 (Abs I S 2, Hs 2). 2

3. Sonderregelung auf Grund landesrechtlicher Vorbehalte, vgl Art 120 II Nr 1, Art 121, 189 EGBGB. 3

1110 *Subjektiv-dingliche Reallast*
Eine zugunsten des jeweiligen Eigentümers eines Grundstücks bestehende Reallast kann nicht von dem Eigentum an diesem Grundstück getrennt werden.

Entsprechend dem § 1103 I, vgl Bemerkungen dort. Reallast geht sogar im Falle der Zwangsversteigerung auf den Erwerber über. Auf alte Reallasten ist § 1110 nicht anzuwenden (Art 184 EGBGB, argumentum „Inhalt"). 1

1111 *Subjektiv-persönliche Reallast*
(1) Eine zugunsten einer bestimmten Person bestehende Reallast kann nicht mit dem Eigentum an einem Grundstück verbunden werden.
(2) Ist der Anspruch auf die einzelne Leistung nicht übertragbar, so kann das Recht nicht veräußert oder belastet werden.

1. Abs I entspricht § 1103 II (vgl § 1103 Rz 1). Das subjektiv-persönliche und das subjektiv-dingliche Recht schließen sich aus. Eine **Umwandlung** ist nicht möglich. 1

2. Subjektiv-persönliche Reallast kann in der Regel als Ganzes **veräußert** und belastet werden (§ 873), Pfändung gemäß §§ 857 VI, 830 I ZPO. Ausnahmen für den Fall, daß Einzelleistungen nach §§ 399, 400, 413 nicht übertragbar, wie zB Anspruch auf persönliche Dienstleistungen (Pflege, Beköstigung und dergleichen bei Altenteilsvertrag; besteht aber Altenteil lediglich in Geldrente, so übertragbar [RG 140, 64]). 2

Sind teils übertragbare, teils nicht übertragbare Leistungen zu einem einheitlichen Altenteil zusammengefaßt, so regelmäßig wegen rechtlicher Einheit in Gänze nicht übertragbar (vgl KG Recht 1908, 930; BGH 53, 41); dann muß dies aber auch für die Einzelleistungen, die an sich übertragbar wären, gelten (Dresden OLGZ 1931, 343); sie sind jedoch pfändbar (KG ZDJustAmtm 1928, 373). Im übrigen wird die Übertragbarkeit einzelner Altenteilsleistungen nach dem regelmäßigen Willen der Beteiligten als ausgeschlossen anzusehen sein, auch wenn sie nicht schon durch das Gesetz untersagt ist (KG JW 1935, 2439). Ein **Altenteil**, das **für Eheleute** gemeinsam bestellt worden ist und sich aus einer nicht veräußerlichen Reallast und einem Wohnungsrecht zusammensetzt, fällt, wenn Gütergemeinschaft besteht, in das Gesamtgut (vgl Frankfurt Rpfleger 1973, 394); es kann nicht den Eheleuten gleichzeitig als Gesamtgläubigern gemäß § 428 zustehen; ein dahingehender Grundbucheintrag ist unzulässig (BayObLG 1967, 480). Das je einem Ehegatten eingeräumte Altenteil dieses Inhalts fällt bei Gütergemeinschaft dagegen in dessen Sondergut (§ 1417 II). 3

3. Subjektiv-persönliche Reallast ist mangels entgegenstehender Vorschrift **vererblich** (BayObLG DNotZ 1989, 567); Ausnahme, wenn dies ihrem Wesen widerspricht, wie zB bei Altenteilen (BayObLG DNotZ 1985, 41f), aber zB Grabpflege, Beerdigungskosten. Unvererblichkeit muß nicht im Grundbuch eingetragen werden, Bezugnahme auf Eintragungsbewilligung ist ausreichend (Köln Rpfleger 1994, 292). 4

1112 *Ausschluss unbekannter Berechtigter*
Ist der Berechtigte unbekannt, so findet auf die Ausschließung seines Rechts die Vorschrift des § 1104 entsprechende Anwendung.

1. Vgl Bemerkungen zu § 1104. Gilt **nur** für **subjektiv-persönliche** Reallasten (vgl § 1104 II). Im übrigen vgl § 1170; §§ 946ff, 988, 1024 ZPO. 1

2. § 1112 gilt auch für alte Reallasten (Art 189 EGBGB). Vgl auch § 6 Ia GBBerG. 2

Abschnitt 7
Hypothek, Grundschuld, Rentenschuld

Vorbemerkung

I. Aufgabe und Wesen der Grundpfandrechte
1. Hypothekarkredit als Sicherungsmittel 1
2. Grundpfandrechtlich gesicherte Daten 2
3. Rechtsnatur 3
4. Rechtsgrund 6

II. Arten der Grundpfandrechte
1. Hypothek 7
2. Grundschuld 9
3. Rentenschuld 10
4. Verkehrshypothek 11
5. Sicherungshypothek 13
6. Briefhypothek 14
7. Gesamthypothek 15
8. Sonstige Hypotheken 16

III. Überleitung des Rechts der früheren DDR 17

I. Aufgabe und Wesen der Grundpfandrechte

1 1. Dem Grundpfandrecht, und hier insbesondere der Grundschuld, kommt im Wirtschaftsleben in erster Linie die Funktion der Sicherung von Krediten zu. Die Kreditsicherung durch Grundpfandrechte bildet die Grundlage des **Realkredits im weiteren Sinne.** Realsicherheiten stellen eine Form der Kreditsicherheiten dar, bei welcher der begünstigte Gläubiger einen im einzelnen näher bestimmten Vermögenswert aus der Haftungsmasse des persönlichen Schuldners oder eines Dritten zugeordnet erhält, aus dessen Verwertung er Befriedigung erhält, wenn der Schuldner seinen Verpflichtungen nicht nachkommt. Während der Gläubiger beim Mobilarkredit durch bewegliche Sachen oder Rechte gesichert ist, geschieht dies beim Hypothekarkredit durch das Recht zur Verwertung eines Grundstücks.

2 2. Der **Realkreditbegriff,** der dem Bankaufsichtsrecht (§ 21 II Nr 1 KWG iVm §§ 11, 12 HypBG) zugrunde liegt, ist von der zivilrechtlichen Begriffsbestimmung des „**grundpfandrechtlich gesicherten Darlehens**" (§ 489 I S 1 Nr 2; § 491 III Nr 1) streng zu trennen. **Realkredite im engeren Sinne** sind sämtliche Ausleihungen, für die einem Kreditinstitut Grundpfandrechte an Immobilien bestellt, verpfändet oder abgetreten sind, soweit sie den Erfordernissen der §§ 11, 12 I, II HypBG genügen (Rode Handbuch des Hypothekarkredits 2. Aufl 1993 S 53). Demgemäß darf die Beleihung hier 60 % des sorgfältig ermittelten Verkaufswertes des Grundstücks nicht übersteigen, wobei es unerheblich ist, ob es sich um ein langfristiges Darlehen handelt. Unter Verkaufswert ist in diesem Zusammenhang der Wert einer Immobilie zu verstehen, der aufgrund der aus dem langfristigen Marktgeschehen abgeleiteten Erkenntnissen zum Beleihungszeitpunkt auf der Basis der dauerhaften, zukunftssicheren Merkmale mit hoher Sicherheit erwartet werden kann, daß er über einen langen, in die Zukunft gerichteten Zeitraum im normalen Geschäftsverkehr realisiert wird. Demgegenüber setzt ein grundpfandrechtlich gesichertes Darlehen gemäß § 489 I S 1 Nr 2, § 491 III Nr 1 lediglich voraus, daß sich der Darlehensnehmer im Kreditvertrag zur Bestellung eines Grundpfandrechts, gleich an welcher Rangstelle im Grundbuch und grundsätzlich unabhängig von der konkreten Werthaltigkeit des Grundpfandrechts (BGH ZIP 2002, 888, 889; BGH ZIP 2000, 1376, 1377; BGH WM 2000, 1245, 1257; München WM 1999, 1418, 1419; Hamm WM 1998, 1230, 1233; Braunschweig WM 1998, 1223, 1226; Bruchner WM 1999, 825, 828; Drescher VerbrKrG und Bankpraxis 1994 S 53f; Bruchner in Bruchner/Ott/Wagner-Wieduwilt VerbrKrG 2. Aufl 1993 § 3 Rz 95; aA jeweils Staud/Hopt/Mülbert § 609a Rz 331) verpflichtet; entscheidend ist dabei die Vereinbarung der Bestellung zur grundpfandrechtlichen Sicherung (aA Bülow WM 2001, 2225, 2226) und nicht, ob die Eintragung des Grundpfandrechts bereits beantragt oder gar im Grundbuch vollzogen ist (BGH ZIP 2002, 476, 477; KG WM 2001, 2204). Die Einhaltung von bestimmten Beleihungswerten gehört nämlich nicht zu den Bedingungen des Kredits, sondern liegt auf der Ebene des Motivs der Kreditgewährung. Die Grenze ist erreicht, wenn zwischen der Höhe des zur Kreditsicherung bestellten Grundpfandrechts und dem Wert des Pfandobjekts offensichtlich ein krasses Mißverhältnis besteht (BGH ZIP 2002, 888, 889) und wegen des tatsächlich ungedeckten Kreditrisikos Kreditzinsen vereinbart werden, die üblicherweise für nicht durch Grundpfandrechte gesicherte Personalkredite verlangt werden.

3 3. Das BGB kannte ursprünglich den Begriff „Grundpfandrecht" nicht (später § 609a I Nr 2 aF, § 489 I S 1 Nr 2). Er hatte sich gebildet als zusammenfassende Bezeichnung für die im Gesetz entwickelten Rechtsinstitute der Hypothek, Grundschuld und Rentenschuld. Diesen beschränkt dinglichen Rechten ist gemeinsam, daß der Berechtigte eine Geldforderung im Falle ihrer Nichterfüllung aus dem belasteten Grundstück im Wege der Zwangsvollstreckung beitreiben kann. Die **rechtliche Natur des Grundpfandrechts** ist eine alte Streitfrage, von deren Lösung heute aber kaum noch praktische Ergebnisse abhängen. Eindeutig ist die dingliche Natur, die sich in der Unabhängigkeit des Zugriffsrechts des aus dem Grundpfandrecht Berechtigten von dem schuldrechtlichen Band zum Eigentümer, seinem Rechtsnachfolger usw ausdrückt. Von dem ursprünglichen Pfandrechtsbegriff hat sich das Grundpfandrecht des BGB infolge der Ausgestaltung der Grundschuld als von der Forderung unabhängigem Recht (vgl unten Rz 6 und § 1191 Rz 1) und der Möglichkeit des gutgläubigen Erwerbs (§§ 1138, 892) entfernt, vgl § 1138 Rz 7.

4 Das Grundpfandrecht ist seinem Wesen nach ein **dingliches Verwertungsrecht.** Der Eigentümer der belasteten Immobilie haftet nur und schuldet nicht (hM, Wolff/Raiser § 131 I; RG 93, 236; entgegengesetzter Ansicht ist die Theorie der „Realobligation", wonach eine Leistungspflicht des Eigentümers besteht, der Anspruch des Gläubigers aber nur in einen bestimmten Vermögensgegenstand vollstreckt werden kann (ausgehend vom Gesetzeswortlaut der §§ 1113, 1146), so Westermann § 93 Nr 2; Crome § 460; Cosack II § 221; Fuchs Grundbegriffe des Sachenrechts (1917) S 89ff (103). Auf den deutschrechtlichen Unterschied von Schuld und Haftung greifen zurück: v. Gierke Deutsches Privatrecht II 853ff; Dümchen JherJb 54, 355; v Schwind JherJb 68, I, denen zufolge der Eigentümer zwar die Summe schulde, aber nur mit dem Grundstück hafte.

Praktische Bedeutung kann der Theorienstreit allenfalls für die Fassung des **Klageantrags für die dingliche Klage** haben; aber auch hier genügt jede Formulierung, die erkennen läßt, daß der Kläger die Haftung des Grundstücks verwirklicht wissen will; so etwa: „den Beklagten zur Duldung der Zwangsvollstreckung in das Grundstück zu verurteilen". Auch die Kennzeichnung des Grundpfandrechts als Verwertungsrecht schließt nicht aus, die Beziehung zwischen Gläubiger und Eigentümer als „dinglichen Anspruch" zu bezeichnen, auf den die schuldrechtlichen Vorschriften anwendbar sind. Leistungsgegenstand ist die Duldung der Zwangsvollstreckung, nicht jedoch die Verpflichtung zur Zahlung, vgl § 1147 Rz 1ff.

4. Vom **Rechtsgrund** ist das Grundpfandrecht wie alle dinglichen Rechte unabhängig; insofern ist auch die Hypothekenbestellung abstrakt (vgl RG 78, 65; Westermann § 92 II 4b). Verpflichtungsgeschäft und damit causa der Grundpfandrechtsbestellung ist die Sicherungsabrede, in der sich der Sicherungsgeber gegenüber dem Gläubiger zur Grundpfandrechtsbestellung verpflichtet. Mängel oder Unwirksamkeit des Verpflichtungsgeschäfts ergreifen nicht den Bestellungsakt, sofern nicht zwischen beiden eine Geschäftseinheit vorliegt (§ 139) oder der Mangel auch dem Erfüllungsgeschäft anhaftet (zB § 138 II).

II. Arten der Grundpfandrechte

1. **Hypothek und Grundschuld** sind durch die gegensätzliche Ausgestaltung des Verhältnisses des dinglichen Rechts zur Forderung unterschieden. Die **Hypothek** ist zwar nicht in ihrem Bestand als Grundpfandrecht von der Forderung abhängig, wohl aber hängt vom Bestehen der zu sichernden Forderung ab, ob das Recht Hypothek in der Hand des eingetragenen Gläubigers oder Grundschuld des Eigentümers ist, also **Akzessorietät** nicht dem Bestand nach, wohl aber bezüglich der Person des Berechtigten und der Art des Grundpfandrechts. Das gilt sowohl für ursprüngliches und zwischenzeitliches Fehlen der Forderung als auch für ihren Wegfall (vgl §§ 1163, 1177).

Streitig ist, ob die Hypothek als Nebenrecht der Forderung von ihr abhängig ist, (so zB RG 81, 268 und unter Berufung auf den Wortlaut und die Rechtsfolge des § 1154 sowie auf die folgerichtige Nichterwähnung der Hypothek in §§ 1080, 1291 Wolff/Raiser § 132 I 1) oder ob die Hypothek die Hauptsache und die Forderung ihr zugeordnet ist (Güthe/Triebel Bd II S 1889), oder ob schließlich Hypothek und Forderung eine „Zweckgemeinschaft" darstellen (Heck § 78). Die Streitfrage, die für international-privatrechtliche Fragen bedeutsam sein kann, erklärt sich aus den verschiedenen Betrachtungspunkten: Rechtstechnisch ist die Hypothek Nebenrecht der Forderung, wirtschaftlich ist das dingliche Recht in der Regel die Hauptsache (BGH 17, 89, 94), und vom Standpunkt der Vertragsparteien aus ist die Zweckgemeinschaft zu bejahen (vgl auch Westermann § 93 II 4c). Die rechtstechnische Abhängigkeit ergibt sich insbesondere aus §§ 1153, 1154, 1143.

2. Die **Grundschuld** ist begrifflich nicht mit einer Forderung verbunden. Wirtschaftlich dient sie jedoch regelmäßig zur Sicherung einer Forderung (Sicherungsgrundschuld). Schuldrechtlich wird diese Verbindung durch einen Sicherungsvertrag mit entsprechender Zweckerklärung hergestellt. Da die lediglich schuldrechtliche Verknüpfung aber über § 1157 auch gegenüber dem bösgläubigen Einzelnachfolger wirkt, andererseits § 1138 die *Hypothek* zugunsten des gutgläubigen Einzelnachfolgers von der Forderung unabhängig macht, gleichen sich insoweit Hypothek und Grundschuld. Es fehlt aber bei der Grundschuld die die Hypothek kennzeichnende Abhängigkeit der Zuständigkeit des dinglichen Rechts von der Forderung. Die Unabhängigkeit der Grundschuld vom Bestand und von Veränderungen der gesicherten Forderung hat dazu geführt, daß die Grundschuld die Hypothek als Sicherungsmittel in der Kreditpraxis weitgehend abgelöst hat.

3. Die **Rentenschuld** ist eine besondere Art der Grundschuld, ebenso wie diese sachenrechtlich unabhängig von der gesicherten Forderung, gekennzeichnet aber dadurch, daß zu regelmäßig wiederkehrenden Terminen eine bestimmte Summe aus dem Grundstück zu zahlen ist und der Eigentümer ein Ablösungsrecht hat (§ 1201).

4. Gesetzlich ausführlich geregelt ist die **Verkehrshypothek** (§§ 1113ff); hinsichtlich der übrigen Arten der Hypotheken bzw von Grund- und Rentenschulden beschränkt sich das Gesetz auf die Bestimmung der Abweichung von der Verkehrshypothek. Besondere Formen der Sicherungshypothek sind die Höchstbetragshypothek (§ 1190) und die Wertpapierhypothek (§ 1187). Auch die Zwangshypothek (ZPO §§ 866, 867) und die Arresthypothek (ZPO § 932) sind Sicherungshypotheken.

Bei der Verkehrshypothek handelt es sich nicht um eine gesetzliche Bezeichnung. Vielmehr wird damit zum Ausdruck gebracht, daß diese Hypothek umlauffähig ist (Merkel in Schimansky/Bunte/Lwowski [Hrsg] Bankrechtshdb II, 2. Aufl 2001 S 2233). Dies hat seinen Grund in § 1138, der anordnet, daß die Wirkungen einer Eintragung im Grundbuch (§§ 891–899) nicht nur für die Hypothek selbst gelten, sondern auch in Ansehung der gesicherten Forderungen und im Hinblick auf Einreden des Eigentümers nach § 1137. Somit wird zugunsten des Hypothekengläubigers vermutet, daß die gesicherte Forderung zum Zweck der Geltendmachung der Ansprüche aus der Hypothek besteht (nicht jedoch bei Geltendmachung der Forderung).

5. Demgegenüber wird die Verkehrsfähigkeit der **Sicherungshypothek** gemäß §§ 1184, 1185 dadurch beeinträchtigt, daß die Gutglaubens- und Vermutungsregelungen der §§ 891ff nur für die Hypothek selbst gelten, nicht jedoch für die persönliche Forderung. Dies bedeutet, daß auch beim Vorgehen aus der Hypothek die persönliche Forderung vom Gläubiger in vollem Umfang darzulegen und zu beweisen ist. Ein gutgläubiger Erwerb der Hypothek ist ausgeschlossen, wenn bei Übertragung der Hypothek die persönliche Forderung nicht besteht.

14 6. Die **Briefhypothek** ist nach § 1116 I die Regelform der Verkehrshypothek. Nur bei Ausschluß der Brieferteilung durch Einigung und Eintragung (§ 1116 II) ist die Verkehrshypothek eine Buchhypothek. Entsprechendes gilt für die Grundschuld (§ 1192 I). Hingegen sind Sicherungshypotheken stets Buchrechte (§ 1185 I).

15 7. Die **Gesamthypothek** (§ 1132) sichert eine einheitliche Forderung durch Belastung mehrerer, auch verschiedenen Eigentümern gehörender Grundstücke mit der Folge, daß der Gläubiger nach Belieben Zugriff auf jedes dieser Grundstücke nehmen kann. Als Gesamthypothek zu behandeln ist auch die Belastung mehrerer Miteigentumsanteile nach Bruchteilen (BGH NJW 1983, 2449, 2450; Oldenburg ZIP 1996, 175, 176); wird in dieser Weise das Grundstück zugunsten der Miteigentümer mit einer Grundschuld belastet, so ist das Recht am eigenen Anteil Eigentümer- und am fremden Anteil Fremdgrundschuld (BGH WM 1989, 88). Eine Zwangs- oder Arresthypothek kann nicht als Gesamtrecht bestellt werden (§ 867 II, § 932 II ZPO; vgl RG 163, 125), sofern sich nicht die Forderung gegen mehrere Eigentümer (Miteigentümer) als Gesamtschuldner richtet (BGH NJW 1961, 1352).

16 8. Sonstige Hypotheken. Von einer **Fälligkeitshypothek** spricht man, wenn das Kapital aufgrund Vereinbarung zu einem im voraus bestimmten Zeitpunkt fälliggestellt wird. Sind in gleichen Zeiträumen im voraus bestimmte gleich hohe Kapitalbeträge und daneben Zinsen auf das jeweilige Restkapital fällig, liegt eine **Abzahlungshypothek** vor. Ähnlichkeit mit der Abzahlungshypothek hat die Amortisations- oder Tilgungshypothek. Sie ist dadurch gekennzeichnet, daß sie durch gleichbleibende Jahresleistungen verzinst und getilgt wird, wobei die durch Tilgung ersparten Zinsen der Kapitaltilgung zuwachsen.

III. Überleitung des Rechts der früheren DDR

17 **EGBGB Art 233 § 6 Hypotheken**

(1) Für die Übertragung von Hypothekenforderungen nach dem Zivilgesetzbuch der Deutschen Demokratischen Republik, die am Tag des Wirksamwerdens des Beitritts bestehen, gelten die Vorschriften des Bürgerlichen Gesetzbuchs, welche bei der Übertragung von Sicherungshypotheken anzuwenden sind, entsprechend. Das gleiche gilt für die Aufhebung solcher Hypotheken mit der Maßgabe, daß § 1183 des Bürgerlichen Gesetzbuchs und § 27 der Grundbuchordnung nicht anzuwenden sind. Die Regelungen des Bürgerlichen Gesetzbuchs über den Verzicht auf eine Hypothek sind bei solchen Hypotheken nicht anzuwenden.

(2) Die Übertragung von Hypotheken, Grundschulden und Rentenschulden aus der Zeit vor Inkrafttreten des Zivilgesetzbuchs der Deutschen Demokratischen Republik und die sonstigen Verfügungen über solche Rechte richten sich nach den entsprechenden Vorschriften des Bürgerlichen Gesetzbuchs.

18 1. Ausgangslage. In der früheren DDR konnten gemäß §§ 452ff ZGB Hypotheken als **Sicherungshypotheken an Grundstücken oder Gebäudeeigentum** begründet werden. Möglich war auch eine Gesamthypothek an mehreren Grundstücken (§ 452 I 3 ZGB). Die gesicherte Forderung mußte sich gegen den Eigentümer des belasteten Grundstücks oder Gebäudes richten und im Zusammenhang mit dem Grundstücks-/Gebäudeeigentum stehen, sofern es sich nicht um Forderungen von Banken, volkseigenen Betrieben etc handelte (§ 452 III ZGB). Der schriftliche Bestellungsvertrag zwischen dem Eigentümer und dem Gläubiger bedurfte der Beglaubigung (vgl § 67 ZGB) sowie einer staatlichen Genehmigung (vgl § 2 I lit k GrundstücksVO), sofern nicht ein Kreditinstitut Gläubiger war (§ 453 I S 2 ZGB). Die Hypothek entstand mit der Eintragung im Grundbuch, und ihr Rang hing vom Zeitpunkt des Entstehens ab (§ 453 I S 3, II ZGB).

19 Die **Hypothek** war in ihrem Umfang und im Falle der Abtretung **streng akzessorisch.** Sie entstand nicht, wenn es an der gesicherten Forderung fehlte (BGH WM 1995, 282, 284; BGH WM 1995, 150, 151), und erlosch mit der Forderung (§ 454 II ZGB), ohne daß eine Eigentümergrundschuld entstand. Das Recht der früheren DDR kannte eine Vermutung für die Richtigkeit des Grundbuchs auch in Ansehung der eingetragenen Hypothek (§§ 7, 9 Grundbuchdokumentationsordnung). Da eine dem § 1138 entsprechende Regelung jedoch fehlte, konnte sich der Hypothekengläubiger für das Bestehen der gesicherten Forderung nicht auf das Grundbuch berufen. Damit gab es im ZGB keinen gutgläubigen Erwerb einer eingetragenen Hypothek ohne Forderung (BGH WM 1995, 150, 153). Im ZGB war damit die Tendenz enthalten, die Hypothek durch Beeinträchtigung ihrer Verkehrsfähigkeit in ihrer Funktion als Kreditsicherungsmittel einzuschränken (Beckers WM 1991, 1701, 1702; Pleyer DLK 1990, 448, 450).

20 Zum Haftungsumfang gehörten das Zubehör, Mietzinsen, Nutzungsentgelte und Versicherungen des Grundstücks (§ 152 II ZGB). Die **Haftungsverwirklichung** erfolgte durch Grundstücksvollstreckung aufgrund eines gerichtlichen Titels oder einer notariellen, vollstreckbaren Erklärung des Schuldners (§ 455 II ZGB iVm der GrundstücksvollstreckungsVO).

21 Eine Sonderform der Sicherungshypothek war die **Aufbauhypothek** gemäß §§ 456ff ZGB (vgl dazu Beckers WM 1991, 1701ff). Da volkseigene Grundstücke und Hypotheken nicht belastet werden konnten (§ 20 III 2 ZGB), war die Aufbauhypothek ein Sicherungsmittel für Kredite an private Grundstückseigentümer. Sie war kraft Gesetzes vorrangig gegenüber anderen Hypotheken (§ 452 III ZGB), die zudem gemäß § 458 ZGB gesetzlich gestundet wurden. Die Aufbauhypothek war Sicherungsmittel auch für staatliche Zwangskredite (§ 457 ZGB); denn der Staat konnte gegen den Willen des Eigentümers (Dresden DtZ 1994, 156, 157) die Aufnahme eines Zwangskredits zur Finanzierung von Baumaßnahmen zu Lasten des Eigentümers verfügen und zu deren Sicherung die Eintragung einer Aufbauhypothek veranlassen (Wilhelms DtZ 1996, 366; Beckers WM 1991, 1701, 1702).

22 Kurz vor Beitritt der DDR wurde noch die **Zinsrahmenhypothek** sowie nach dem Vorbild des § 1190 die **Höchstbetragshypothek** in das ZGB eingefügt (§ 454a ZGB).

23 2. Art 233 § 6 I EGBGB betrifft alle am 3. 10. 1990 bestellten oder zu diesem Zeitpunkt beantragten (BGH WM 1995, 282) Hypotheken aus der Zeit **vom 1. 1. 1976 bis 2. 10. 1990.** Auch andere als Kreditinstitute kommen

dabei als neue Gläubiger in Betracht, da die Beschränkung der Aufbauhypothek auf Bankkredite nicht zu ihrem Inhalt gehört (Beckers WM 1991, 1701, 1708). Ein gutgläubiger Erwerb in Ansehung der gesicherten Forderung findet nicht statt (BGH WM 1995, 150, 153). Sie behalten nach dem Grundsatz des § 3 I EGBGB ihren bisherigen gesetzlichen Inhalt und ihren bestehenden Rang. Übertragung und Aufhebung der Hypothek aber sind fortan dem BGB unterstellt.

a) Für die **Übertragung** der Hypothek gelten jetzt die Vorschriften des BGB über die Sicherungshypothek. Demgemäß wird die gesicherte Forderung nach § 1154 III durch Einigung und Grundbucheintragung übertragen; mit der Forderung geht nach § 1153 I auch die Hypothek über. Lediglich die in der DDR erst im Jahre 1990 eingeführte Höchstbetragshypothek ließ eine Abtretung der Forderung auch ohne die Hypothek zu (§ 454a III ZGB), was sich mit dem nunmehr maßgebenden § 1190 IV deckt; das bedeutet aber nicht auch, daß bei vollständigem Wegfall des Sicherungszwecks eine Eigentümergrundschuld (wie im Falle des § 1190 BGB) entstehen kann, denn eine solche ist dem ZGB wesensfremd. **24**

b) Die **Aufhebung** der Hypothek ist nicht mehr, wie in § 311 ZGB vorgesehen, durch Verzicht, sondern nach § 875 BGB durch Aufgabeerklärung (und Löschung) herbeizuführen. Eine Zustimmung des Eigentümers ist entgegen § 1183 BGB und § 27 GBO nicht erforderlich, weil keine Eigentümergrundschuld entstehen kann. Ein Verzicht des Gläubigers ist als Aufhebung zu verstehen. In der Wirkung gleichgestellt ist der Erlaß der gesicherten Forderung, da hierdurch die Hypothek erlischt (§ 454 II 1 ZGB). **25**

c) **Verfügungen anderer Art** bestimmen sich ab 3. 10. 1999 nach dem BGB. Doch dürfen sie nicht den bisherigen Rechtsinhalt der Hypothek verändern. Ausgeschlossen ist daher zB die Beseitigung des gesetzlichen Vorranges der Aufbauhypothek, ein Austausch der Forderung nach § 1180, ein Schuldnerwechsel oder die Umwandlung der Hypothek in ein Grundpfandrecht des BGB. Der Löschungsanspruch aus § 1179a ist nicht Inhalt einer Hypothek nach dem ZGB; auch kann sie einem solchen Anspruch nicht ausgesetzt sein, weil sie niemals Eigentümergrundschuld wird. Die Hypothek kann auch nicht gemäß § 1164 zur Sicherung eines Ersatzanspruchs auf den persönlichen Schuldner übergehen, weil mit der Forderung zugleich die Hypothek erlischt (§ 454 II 1 ZGB). Für **Einreden** gegen die Hypothek gilt § 1185 II, also nicht § 1138. Für die vor Inkrafttreten des ersten Zivilrechtsänderungsgesetzes vom 28. 6. 1990 (GBl I 524) begründeten Aufbauhypotheken besteht der Vorrang des § 456 III 3 ZGB fort (Art 233 § 9 III S 1 EGBGB). Dieser Vorrang kann für Zinserhöhungen bis zu einem Gesamtumfang von 13 % in Anspruch genommen werden (Art 233 § 9 III S 2 EGBGB). **26**

3. Art 233 § 6 II EGBGB betrifft alle **vor dem 1. 1. 1976** entstandenen Grundpfandrechte (vgl Bultmann NJ 1993, 203ff). Diese sind durch die Einführung des ZGB unberührt geblieben (§ 6 I EGZGB); nur die Rechtsausübung und Verfügungen bestimmen sich nach dem ZGB (§ 6 II EGZGB). Nunmehr ist sowohl für die Übertragung dieser Grundpfandrechte als auch für sonstige Verfügungen das BGB maßgebend, je nach der Art des Rechts. Die Wirksamkeit von Verfügungen richtet sich aber dann nach dem ZGB, wenn deren Eintragung vor dem 3. 10. 1990 beim Grundbuchamt beantragt worden ist (Art 233 § 7 II S 3 EGBGB). **27**

Titel 1

Hypothek

1113 *Gesetzlicher Inhalt der Hypothek*
(1) Ein Grundstück kann in der Weise belastet werden, dass an denjenigen, zu dessen Gunsten die Belastung erfolgt, eine bestimmte Geldsumme zur Befriedigung wegen einer ihm zustehenden Forderung aus dem Grundstück zu zahlen ist (Hypothek).
(2) Die Hypothek kann auch für eine künftige oder eine bedingte Forderung bestellt werden.

I. **Belastungsgegenstand** sind Grundstück und grundstücksgleiche Rechte (zB Erbbaurecht, vgl § 11 ErbbauVO). Ein realer Teil des Grundstücks kann nur nach vorheriger Abschreibung selbständig belastet werden (§ 7 I GBO); die ohne Abschreibung eingetragene Teilbelastung ist unwirksam; schon vor Abschreibung ist die Eintragung einer auf einen realen Teil bezogenen Belastungsvormerkung zulässig (Kuntze/Ertl ua/Eickmann GrundbuchR § 7 GBO Rz 8 mwN). Belastungsfähig ist auch der ideelle Miteigentumsanteil, nicht aber der Bruchteil als solcher (vgl § 1114); zum Wohnungseigentum vgl § 6 WEG. Der hypothekarischen Mithaftung unterliegen das Zubehör und die darüber hinaus in den §§ 1120ff genannten Gegenstände; insoweit kann die Haftung der Nebensachen diejenige des Grundstücks überdauern, zB wenn in der Zwangsvollstreckung nur das Grundstück zugeschlagen wird. **1**

II. **Gesicherte Forderung.** Für die Hypothek ist begriffsnotwendig, daß sie eine bestimmte Forderung sichert. Darauf müssen sich Einigung und Eintragung erstrecken, sonst entsteht keine Hypothek. Ohne Angabe der zu sichernden Forderung darf eine Hypothek nicht eingetragen werden, auch nicht für eine Forderung, die ersichtlich nicht entstehen kann (vgl auch Rz 12). Bei nachträglicher Entstehung der Forderung ist deren Identität mit der ursprünglich vereinbarten erforderlich, wenn nicht nachträglich eine abweichende Einigung getroffen ist (BGH 36, 84; dagegen H. Westermann JZ 1962, 302; vgl auch § 1163 Rz 8); möglich ist ansonsten nur Auswechslung der Forderung nach § 1180. **2**

1. **Voraussetzung ist eine Geldforderung.** Diese muß auf Zahlung eines bestimmten Kapitalbetrages lauten. Auf die Art des Rechtsgrundes kommt es nicht an. Geldforderungen aller zulässigen Entstehungsarten sind siche- **3**

rungsfähig. Ausreichend ist dabei auch eine abstrakte Forderung. So kann die Hypothek die Forderung aus einem abstrakten Schuldversprechen sichern, wenn dieses auf den bestimmten Geldbetrag gerichtet ist. Die Bestellung einer Hypothek für eine Geldforderung aus einem Wahlschuldverhältnis ist zulässig, auch wenn nur eine der wahlweise geschuldeten Leistungen eine Geldzahlung ist (BayObLG Rpfleger 2000, 324). Auch öffentlich-rechtliche Forderungen können durch Hypothek gesichert werden. Dem Bestimmtheitsgrundsatz ist genügt, wenn der zu entrichtende Geldbetrag in einer bestimmten Anzahl von Währungseinheiten ausgedrückt wird (Wenzel WM 1994, 1269, 1271). Die Währungseinheit muß keine inländische sein (RG 157, 120, 123; Siebelt/Häde NJW 1992, 10, 15). Der Begründung von Fremdwährungsgrundpfandrechten stand früher jedoch die Ordnungsvorschrift des § 28 S 2 GBO entgegen, die ausdrücklich anordnete, daß im Grundbuch eingetragene Geldbeträge in DM anzugeben seien. § 28 GBO wurde insoweit jedoch durch Art 1 Nr 14 RegVBG geändert. Seither können Grundpfandrechte auch **in Euro und in ausländischer Währung** in das Grundbuch eingetragen werden. Voraussetzung ist, daß die Währung durch eine Rechtsverordnung des Bundesministeriums der Justiz im Einvernehmen mit dem Bundesministerium der Finanzen zugelassen wird, wobei die Zulassung für eine einheitliche europäische Währung, die Währung eines Mitgliedstaates der EU oder des Europäischen Wirtschaftsraumes oder eine andere Währung, gegen die währungspolitische Bedenken nicht erhoben sind (vgl dazu Siebelt NJW 1993, 2517, 2518 Fn 5), erteilt werden kann. Eine spätere Einschränkung ist möglich, wenn gegen die Fortdauer der Zulassung währungspolitische Bedenken bestehen. Die Rechtsverordnung über die Zulassung ausländischer Währungen trat am 15. 11. 1997 in Kraft. Danach können Geldbeträge von Hypotheken und Grundschulden auch in der Währung eines der Mitgliedstaaten der Europäischen Union, der Schweiz sowie der USA angegeben werden. Seit dem 1. 1. 2002 können Grundpfandrechte für diejenigen Währungen, an deren Stelle der Euro getreten ist, nicht mehr in der früheren Währung begründet oder geändert werden. Grundpfandrechte auf Euro können seit dem 1. 1. 1999 im Grundbuch eingetragen oder auf Euro umgestellt werden (§ 1 Nr 1 iVm § 4 S 2 der Verordnung über Grundpfandrechte in ausländischer Währung und in Euro in Verbindung mit der Bekanntmachung über das Inkrafttreten von § 1 Nr 1 der Verordnung über Grundpfandrecht in ausländischer Währung und in Euro vom 23. 12. 1998).

3a In D-Mark oder anderen nationalen Teilnehmerwährungen eingetragene Grundpfandrechte wurden gemäß Art 7 EuroVO II auch nach der Einführung des Euro in der **Übergangszeit** in der ursprünglichen Währungseinheit fortgeführt. Dies galt auch dann, wenn der mit dem Grundpfandrecht gesicherte Kredit bereits in der Übergangszeit auf Euro umgestellt wurde (Hartenfels WM-Sonderbeilage 1/1999, S 26). Dem stand die Akzessorietät einer Hypothek nicht entgegen, da die nationalen Währungseinheiten der Teilnehmerstaaten und der Euro gemäß Art 6 EuroVO in Bezeichnung derselben einheitliche europäische Währung waren (Hartmann in Hellner/Steuer, Bankrecht und Bankpraxis, Köln 1999, Rz EUR 139).

3b Eine **Umstellung der Grundpfandrechte auf Euro in der Übergangszeit** war allerdings zulässig, wenn dies zwischen dem Eigentümer und dem Gläubiger des Grundpfandrechts vereinbart wurde (vgl Art 3 EuroVO I und Art 8 II EuroVO II). Eine solche Umstellung war zivilrechtlich als Inhaltsänderung im Sinne des § 877 iVm § 873 anzusehen (Ottersbach Rpfleger 1999, 51, 52). Der Bestand des Rechts wurde durch die Umstellung in Euro nämlich nicht verändert; insbesondere wurde durch die Umstellung der Wert des Rechtes nicht berührt, da es sich bei der Einführung des Euro nicht um eine Währungsreform, sondern um eine Währungsumstellung mit festen Umrechnungskursen handelte. Dem Grundbuchamt war die materielle Rechtslage nicht nachzuweisen (Ottersbach Rpfleger 1999, 51, 52). Fraglich und umstritten war bis Mitte des Jahres 1999 aber, ob eine Bewilligung gemäß § 19 GBO in der Form des § 29 GBO vorzulegen ist. § 19 GBO verlangt eine Eintragungsbewilligung von demjenigen, dessen Recht von der Eintragung betroffen ist. Insoweit muß es sich allerdings um ein rechtliches Betroffensein handeln. Ein wirtschaftliches oder tatsächliches Betroffensein reicht nicht aus (BayObLG 1985, 143). Von einem Teil der Literatur wurde vertreten, daß ein rechtliches Betroffensein bei der Umstellung eines Grundpfandrechts in Euro während der Übergangsphase nicht vorliege, da weder Bestand, Rang noch Wert des Rechts berührt würden (Ottersbach Rpfleger 1999, 51, 52; Schmidt-Räntsch ZIP 1998, 2041 [2046ff]). Mithin genüge ein Antrag gemäß § 13 GBO an das Grundbuchamt zur Umstellung auf Euro. Der besonderen Form des § 29 GBO bedürfe er nicht, da er keine zur Eintragung erforderliche Erklärung im Sinne dieser Norm enthält. Demgegenüber waren andere Stimmen in der Literatur der Ansicht (Bestelmeyer Rpfleger 1999, 368, 369), daß es sich bei der Umstellung auf Euro um eine Inhaltsänderung des Grundpfandrechts handele, da der Eigentümer auf die Grundschuld nur noch in Euro leisten und der Gläubiger nur in dieser Währung in den Grundbesitz vollstrecken könne. Dies führe zu einem rechtlichen Betroffensein von Eigentümer und Grundpfandrechtsgläubiger im Sinne des § 19 GBO, welches eine entsprechende Eintragungsbewilligung von Eigentümer und Gläubiger in der Form des § 29 GBO voraussetze.

3c Mit der Einfügung von § 26a GBMaßnG (Art 2 IV Nr 1 des Überweisungsgesetzes vom 21. 7. 1999, BGBl I 1642) hat der Gesetzgeber diesen Meinungsstreit entschieden. Danach genügte der Antrag entweder des Grundstückseigentümers oder des Gläubigers bzw. Inhabers des Rechts. Eine Umstellung von Amts wegen war nicht zulässig. Die Umstellung bedurfte als Inhaltsänderung aber nach materiellem Recht der Vereinbarung beider Teile. Um die Eintragung einseitiger, materiellrechtlich unwirksamer Umstellungen zu verhindern, war grundbuchverfahrensrechtlich die Zustimmung des anderen Teils beizufügen (Rellermeyer Rpfleger 1999, 522). Weder der Antrag noch die Zustimmung bedurfte allerdings der Form des § 29 GBO. Im Antrag war der umgerechnete Euro-Betrag anzugeben.

3d War das umzustellende DM-Grundpfandrecht mit **Rechten Dritter**, etwa einem Pfandrecht oder einem Nießbrauch, belastet, so war eine Eintragungsbewilligung dieses Drittberechtigten nicht erforderlich. Die Gegenmeinung (Bestelmeyer Rpfleger 1999, 524, 525; Rellermeyer Rpfleger 1999, 522), die eine gemäß § 29 GBO formbedürftige Eintragungsbewilligung des Drittberechtigten fordert, stand im Widerspruch zum Wortlaut des § 26a GBMaßnG, wonach der Antrag des Grundstückseigentümers oder des Gläubigers genügte. Dementsprechend war auch eine Eintragungsbewilligung gleich- oder nachrangiger dinglicher Berechtigter zur Eintragung der Euro-Umstellung nicht erforderlich, weil dadurch ihre Rechtsstellung und ihr Rang nicht verschlechtert bzw beeinträchtigt wurde (Bestelmeyer Rpfleger 1999, 368, 369). Ein in demselben oder in mehreren Grundbüchern eingetragenes Gesamtrecht konnte als im Rechtssinne einheitliches Recht allerdings nur ingesamt einer Euro-Umstellung unterliegen (Bestelmeyer Rpfleger 1999, 368, 370). Bei der Umstellung eines Briefgrundpfandrechts in Euro während der Übergangszeit war eine **Briefvorlage** gemäß §§ 41 I S 1, 42 GBO erforderlich (Rellermeyer Rpfleger 1999, 522; anders noch Ottersbach Rpfleger 1999, 51, 53), obwohl die Umstellung die dingliche Rechtslage nicht änderte. Der Wert des Rechtes wurde nämlich nicht verändert und die Umrechnung in die jeweilige Währungseinheit war jedem Rechtsanwender aufgrund des bekannten Umrechnungskurses möglich. Die Euro-Umstellung war unter Angabe des Euro-Betrages gemäß §§ 62 I S 1, 70 GBO auf dem Brief zu vermerken.

Seit dem 1. 1. 2002 ist der Euro die einzige gültige Währungseinheit in den Teilnehmerstaaten. Wird in Rechtsinstrumenten, die am Ende der Übergangszeit bestehen, auf die nationale Währungseinheit Bezug genommen, so ist dies als Bezugnahme auf die Euro-Einheit entsprechend dem jeweiligen Umrechnungskurs zu verstehen. Das auf eine nationale Währungseinheit lautende Grundpfandrecht bzw die entsprechende Grundbucheintragung wird daher **mit Beginn des Jahres 2002 automatisch auf Euro umgestellt**, wobei eine Änderung der Grundbucheintragungen oder der ihr zugrundeliegenden notariellen Urkunden gemäß Art 14 EuroVO II nicht erforderlich ist (Hartenfels, WM-Sonderbeilage 1/1999, S 26). Die D-Mark verliert ihre Eintragungsfähigkeit im Grundbuch. Bei bereits eingetragenen Rechten ist das Grundbuch hierdurch hinsichtlich der Angabe des Geldbetrages unrichtig. Ein Nachweis der Unrichtigkeit gemäß § 22 I 1 GBO ist entbehrlich, da die Unrichtigkeit offenkundig ist (Ottersbach Rpfleger 1999, 51, 52). Die Euro-Umstellung des Grundpfandrechts bedarf lediglich eines formlosen Antrags, der als Anregung zum Tätigwerden des Grundbuchamtes auszulegen ist. Eine Hypothek kann nicht ausschließlich für laufende Nebenleistungen bestellt werden, wohl aber für kapitalisierte rückständige Zinsen (LG Bonn Rpfleger 82, 75; aM Schleswig Rpfleger 1982, 301 m Anm Hellmig). Zur Sicherung laufender wiederkehrender Leistungen, zB Renten, kommt nur die Grund- und die Rentenschuld in Betracht; für Rückstände hingegen ist Kapitalisierung möglich. Der Höhe nach bestimmte Geldforderungen im Rahmen einer Wahlschuld oder einer Ersatzungsbefugnis können durch Hypothek gesichert werden. Genügend ist, daß ein Anspruch künftig oder bedingt (§ 1113 II, dazu Rz 8, 12) in eine Geldforderung übergehen kann. Nicht ausreichend ist aber ein lediglich geldwerter Anspruch (vgl BayObLG NJW 1967, 1373), daher auch nicht der Anspruch auf Lieferung von Wertpapieren. Für die Zwangshypothek genügt ein auf Hinterlegung gerichteter Titel.

2. Hinsichtlich der in den Grundbüchern der neuen Bundesländer teilweise noch eingetragenen wertbeständigen Rechte (vgl BGH Rpfleger 1995, 123ff; Bultmann NJ 1993, 203ff), nach denen die Höhe einer zu zahlenden Geldsumme durch den amtlich festgelegten Preis einer bestimmten Menge Naturalien (zB Feingold, Kali, Kohle oder US-$) festgelegt ist, war zweifelhaft, ob sie nach der Verordnung vom 16. 11. 1940 (RGBl I 1521) umgestellt waren oder nicht (Holzer NJW 1994, 481, 486). Diese Zweifel beseitigte § 1 GBBerG. Nach dieser Vorschrift werden die darin legaldefinierten Rechte nach Maßgabe der §§ 2, 3 GBBerG zu einem festen Satz umgerechnet. Die Mittelwerte und Marktpreise bei sonstigen wertbeständigen Rechten sind in § 12 der SachenrechtsDVO (vom 20. 12. 1994, BGBl I 3903) geregelt. Die in §§ 1–3 GBBerG geregelten Änderungen treten gemäß § 4 S 1 GBBerG kraft Gesetzes ein und bedürfen zu ihrer Wirksamkeit gegenüber dem öffentlichen Glauben des Grundbuchs nicht der Eintragung. Das Grundbuch ist im Sinne des § 22 I GBO unrichtig.

3. Der **Bestimmtheitsgrundsatz** verlangt, daß Gläubiger, Schuldner und Schuldgrund so bestimmt sind, daß die Individualisierung der gesicherten Forderung unverwechselbar gewährleistet ist, mithin auch die sich aus ihrer etwaigen Veränderung ergebenden Folgen für die Hypothek festgestellt werden können (anders nach § 1190 hinsichtlich Forderungshöhe und Schuldgrund bei der Höchstbetragshypothek). Auch Zinsen und sonstige Nebenleistungen unterliegen dem Erfordernis der Bestimmtheit (vgl § 1115 Rz 6ff). Zur Sicherung künftiger oder bedingter Forderung vgl Rz 8, 12).

Nach dem sog Verbot der Doppelsicherung soll die Eintragung einer Zwangshypothek unzulässig sein, wenn wegen der durch sie zu sichernden Forderung an demselben Grundstück bereits eine rechtsgeschäftlich bestellte Hypothek eingetragen ist (RG 131, 16, 20; Baur/Stürner Lehrbuch des Sachenrechts S 377). Unabhängig davon, ob es ein solches Verbot tatsächlich gibt (abl Wilhelm WuB VI E § 867 ZPO 1.96), gilt es jedenfalls nicht für die Grundschuld (RG 132, 136, 138; Köln WM 1996, 151, 152). Es ist daher möglich, zur Sicherung derselben Forderung an einem Grundstück mehrere Grundschulden oder auch neben einer (Sicherungs-)Hypothek eine oder mehrere Grundschulden zu bestellen. Das Verbot der Doppelsicherung beruht nämlich auf dem bei der Hypothek angegebenen, notwendigen rechtlichen Zusammenhang des dinglichen Rechts mit der gesicherten Forderung. Ein solcher Zusammenhang besteht bei der Grundschuld nicht. Gleichwohl soll aber nach einer Entscheidung des OLG Köln das Verbot der Doppelsicherung eingreifen, wenn Grundlage der Eintragung einer Sicherungshypothek die vom Grundstückseigentümer übernommene persönliche Haftung für den Grundschuldbetrag ist, wegen der er sich der Zwangsvollstreckung in sein Vermögen unterworfen hat (Köln WM 1996, 151, 152). Dies überzeugt nicht. Wegen der unterschiedlichen Rangverhältnisse kann sich für den Grundpfandrechtsgläubiger eine mehrfache Absicherung auf einem Beleihungsobjekt durchaus als sinnvoll und erforderlich erweisen. Führt die Mehrfachsicherung zur Übersicherung, hat der Sicherungsgeber einen Anspruch auf teilweise Freigabe.

Aufteilung der Forderung und Sicherung der Teile durch jeweils selbständige Hypothek ist zulässig, wie sich schon aus § 1132 II und aus § 867 II ZPO ergibt. Für die nötige Unterscheidung der Forderungsteile genügt im allgemeinen deren betragsmäßige Bezeichnung, ebenso bei der nur für eine Teilforderung bestellten Hypothek. Die einheitliche Hypothek darf nicht hinsichtlich einzelner Teilbeträge der Forderung mit unterschiedlichem Rang eingetragen werden (Zweibrücken Rpfleger 1985, 54).

§ 1113 Sachenrecht Hypothek

8 4. **Der Schuldgrund der gesicherten Forderung muß hinreichend unterscheidungsfähig bezeichnet sein** (Rz 9). Welche Forderung gesichert ist, ergibt sich aus Einigung und Eintragung (Rz 18); zur Eintragung genügt Bezugnahme auf die Bewilligung (§ 1115 I). Der Schuldgrund muß noch nicht feststehen, da die Hypothek nach § 1113 II auch für künftige Forderungen bestellt werden kann. Zu verlangen ist dann aber, daß rechtlich schon eine gewisse Gewähr für das künftige Entstehen der Forderung gegeben ist (RGRK/Mattern Rz 45), wie zB bei Darlehenszusage. Daran fehlt es bei dem künftigen Erbanspruch des testamentarischen oder gesetzlichen Erben, ebenso bei dem künftigen Ausgleichsanspruch aus § 2050 oder dem erst mit Beendigung der Ehe entstehenden Anspruch auf Zugewinnausgleich nach § 1378 III S 1.

9 III. **Gläubiger der Hypothek** und Gläubiger der gesicherten Forderung müssen identisch sein, jede andere Eintragung ist unwirksam. Aus der Bestimmtheit der Forderung ergibt sich somit auch die dingliche Rechtszuständigkeit des Gläubigers. Bei einer Forderung aus echtem Vertrag zugunsten Dritter (§ 328 I) kommt nur der Dritte als Hypothekengläubiger in Betracht (BayObLG NJW 1958, 1917), für den indessen das Recht nicht bestellt werden kann, weil dingliche Verträge zugunsten Dritter unzulässig sind (vgl BGH 41, 95); im Falle eines unechten Vertrages zugunsten Dritter kann nur der Versprechensempfänger Gläubiger sein (BayObLG aaO). Ausgeschlossen ist auch die Sicherung einer eigenen Forderung des Eigentümers, zB für seinen Kaufpreisanspruch vor Umschreibung des Eigentums auf den Käufer. Bei einer Forderung für den jeweiligen Eigentümer eines anderen Grundstücks ist eine Hypothek nicht möglich, da hier eine den §§ 1094 II, 1105 II entsprechende Regelung fehlt; zulässig ist aber eine Vormerkung auf Eintragung einer Hypothek, ebenso für den Dritten bei echtem (schuldrechtlichem) Vertrag zu seinen Gunsten (§ 883 Rz 22). Für erst noch zu bezeichnende Personen kommt eine Hypothek nicht in Frage.

10 **Gläubigermehrheit** ist eintragungsfähig, ohne daß es grundsätzlich auf die Art des Gemeinschaftsverhältnisses ankommt. Eine Hypothek kann daher für eine Bruchteilsgemeinschaft, für Gesamtberechtigte (BGH NJW 1975, 445) und für die Gesamthandsgemeinschaft bestellt werden. Die Art des Gemeinschaftsverhältnisses muß sich unterscheidbar aus der Eintragung ergeben.

11 **Wie** einzutragen ist, bestimmt die Sollvorschrift des § 47 GBO (in Verbdg mit § 15 GBVfg); ein Verstoß dagegen macht die Hypothek nicht unwirksam (Hamm DNotZ 1965, 408), wenn die Eintragungsbewilligung hinreichenden Aufschluß gibt. Für die Bruchteilsgemeinschaft ist Angabe der Bruchteile nötig (Eintragung „zu gleichen Anteilen" genügt), BayObLG 57, 322. Gesamtgläubigerschaft ist als solche zu kennzeichnen, wobei Hinweis auf § 428 ausreicht; ungenügend ist aber die bloße Bezeichnung „als Gesamtberechtigte", weil das auch Gesamthandberechtigte bedeuten kann (BGH NJW 1981, 176; Kuntze/Ertl ua/Eickmann GrundbuchR § 47 GBO Rz 11). Wird das Grundpfandrecht nur für einen der Gesamtgläubiger eingetragen, so genügt Bezugnahme auf die Eintragungsbewilligung bei dort ersichtlicher Rechtsstellung (BGH 29, 363). Bei Gesamthandsgemeinschaft muß das Rechtsverhältnis (zB 2032) verlautbart werden, damit eindeutig ist, wer gegebenenfalls verfügungsberechtigt ist; unzulänglich ist Eintragung „zur gesamten Hand"; unklare Eintragung ist zwar wirksam, aber nach § 22 GBO klarzustellen; einzutragen sind alle Mitberechtigten; vgl auch § 1115 Rz 3.

12 Da der Gläubiger individuell feststehen muß, ist eine Hypothek **wahlweise für die eine oder für die andere Person** nicht möglich, auch nicht bei Unsicherheit des Rechtsübergangs; wohl aber ist eine Hypothek für eine bedingte Forderung zulässig, die entweder dem einen oder dem anderen zusteht, so daß die Hypothek bis dahin auflösend bedingte Eigentümergrundschuld ist, auch in der Weise, daß zunächst der eine, dann der andere (zB der Erbe) Gläubiger der Forderung und mithin der Hypothek sein soll.

13 IV. **Schuldner der Forderung** braucht nicht der Eigentümer zu sein; dann aber ist Grundbucheintragung des Schuldners erforderlich (§ 1115 Rz 4). Auf die Art des Rechtsverhältnisses zwischen Eigentümer und Schuldner kommt es nicht an; häufig wird Auftrag oder Schenkung vorliegen (vgl BGH LM § 516 Nr 2). **Schuldnermehrheit** ist ebenso zulässig wie Gläubigergemeinschaft. Auch wenn zwischen den Schuldnern keine Rechtsgemeinschaft besteht, wird eine Höchstbetragshypothek zugelassen; für Zulässigkeit auch einer Verkehrshypothek zu Recht BayObLG 64, 35. Unbedenklich ist die Sicherung verschiedener Forderungen gegen den gleichen Schuldner. Der Sicherung einer Geldforderung durch Hypothek steht nicht entgegen, daß der Schuldner befugt ist, diese Forderung durch eine Leistung anderer Art zu tilgen.

14 V. **Entstehung der Hypothek.** Sie wird rechtsgeschäftlich durch Einigung und Eintragung begründet (§ 873); für die Briefhypothek muß Briefübergabe hinzukommen (§ 1117). Nur in den Fällen der §§ 1188, 1196 genügt zur Bestellung die einseitige Erklärung des Eigentümers. Die **Einigung** muß vom materiell berechtigten Eigentümer ausgehen. Sie kann nach allgemeinen Vertragsgrundsätzen auch von einem Vertreter erklärt werden (BGH WM 1980, 1452; BayObLG DNotZ 1996, 295, 296). Eine nicht von der Vollmacht (Ermächtigung) gedeckte Bestellung des Grundpfandrechts ist unwirksam (BGH ZIP 1989, 12, 13). Unzulässig ist die zugunsten eines Dritten erklärte Einigung (BGH 41, 95, 96). Da die Hypothek (im Unterschied zur Grundschuld) die Sicherung einer bestimmten Geldforderung voraussetzt (Rz 2), muß sich die Einigung auf diesen Sicherungszweck erstrecken. Für eine Scheinforderung kann daher keine Hypothek, wohl aber eine Eigentümergrundschuld bestellt werden, wenn ein Grundpfandrecht ernstlich gewollt ist (BGH 36, 84); die etwa eingetragene Hypothek und diesbezüglich auch die Forderung unterliegt jedoch gutgläubigem Erwerb (§§ 892, 1138). Die für eine vertragliche Forderung (zB aus Darlehen) bestellte Hypothek sichert im Zweifel auch einen etwaigen Schadensersatzanspruch des Gläubigers wegen Nichterfüllung des Vertrages, einen bei vereinbartem Rücktritt gegebenen Rückzahlungsanspruch oder einen bei Vertragsnichtigkeit bestehenden Bereicherungsanspruch, sofern sich aus der (auslegungsfähigen) Einigung nichts Gegenteiliges ergibt (MüKo/Eickmann Rz 73; aM Pal/Bassenge Rz 11). Zur Auslegung der Einigung vgl auch Rz 16.

Die nichtige Einigung über die Bestellung einer Hypothek ist nicht umdeutbar in eine wirksame Grundschuldeinigung (dazu näher § 1163 Rz 6).

Nach §§ 873, 158 ist auch eine **bedingte Bestellung** der Hypothek möglich. Bei aufschiebender Bedingung entsteht daher bis zu deren Eintritt auch keine Eigentümergrundschuld (vgl H. Westermann § 95 II 1); ist die Hypothek auflösend bedingt, so erlischt sie mit Bedingungseintritt. Ist hingegen nicht die Hypothek, sondern nur die gesicherte Forderung bedingt, dann ist das dingliche Recht bis zum Eintritt einer vereinbarten aufschiebenden sowie mit Eintritt einer etwaigen auflösenden Bedingung Eigentümergrundschuld. Gleiches gilt bei Sicherung einer künftigen Forderung (vgl Rz 8) bis zu deren Entstehen; von vornherein entsteht aber eine Hypothek, wenn bei Eintragung die Forderung nur noch nicht fällig ist. 15

Für die **Auslegung der dinglichen Einigung** ist nur die Grundbucheintragung und die dort in Bezug genommene Eintragungsbewilligung heranzuziehen (BGH WM 1991, 143, 145). Auch zwischen den Parteien des Bestellungsvertrages kann das dingliche Recht, soweit schuldrechtlich nicht besondere Abreden zu beachten sind, keinen anderen als den verlautbarten Inhalt haben (BGH WM 1991, 145). Maßgebend ist der Sinngehalt, der sich einem unbefangenen Dritten aus Eintragung und Eintragsbewilligung als nächstliegend erschließt (BGH NJW 1985, 1464, 1465). Außerhalb der Urkunde liegende Umstände dürfen nur herangezogen werden, wenn sie offensichtlich sind (BGH 60, 226, 231). 16

Von der dinglichen Einigung zu unterscheiden ist das **Verpflichtungsgeschäft zur Bestellung einer Hypothek.** Dessen Auslegung richtet sich nach §§ 133, 157. Ist die **dingliche Einigung** unwirksam, so kann aus dem Kausalverhältnis die nachholbare Bestellung eines eintragungsfähigen Grundpfandrechts verlangt werden (BGH NJW 1990, 392, 393); ebenso besteht die Pflicht, eine unvollständige Einigung zu ergänzen (BGH NJW 1989, 3151, 3152). Das Verpflichtungsgeschäft ist formfrei, sofern es nicht ein rechtlich zugehöriger Teil eines nach § 313 beurkundungsbedürftigen Grundstücksvertrages sein soll (vgl auch § 11 ErbbauVO; § 4 III WEG) oder sofern nicht ein Schenkungsversprechen nach § 518 vorliegt (RG 120, 253). 17

Die erforderliche **Grundbucheintragung** setzt nach § 19 GBO Eintragungsbewilligung des Eigentümers (und Zustimmung etwa betroffener Drittberechtigter) in der Form des § 29 GBO voraus (formelles Konsensprinzip). In einer beurkundeten Einigung kann zugleich die Bewilligung enthalten sein (BGH 37, 233, 242; BayObLG Rpfleger 1975, 26). Beim Verkauf eines Grundstücks kann in Ausnahmefällen in der Auflassungserklärung die Ermächtigung (§ 185) für den Käufer liegen, vor Eigentumsumschreibung die Eintragung eines Grundpfandrechts zu bewilligen (BayObLG NJW 1971, 514; Frankfurt DNotZ 1972, 85, 86; aM Opalka NJW 1991, 1796, 1797), eine solche Auslegung ist jedoch nicht Sache des Grundbuchamts, auch nicht die Prüfung, ob die in der Eintragungsbewilligung bezeichnete Forderung besteht oder künftig entstehen kann (anders bei ersichtlicher Unmöglichkeit des Entstehens, wie im Fall der Hypothek für einen künftigen Erbanspruch; vgl auch Rz 8). Die Eintragungsbewilligung selbst kann vom Grundbuchamt ausgelegt werden (BGH 90, 323, 327); zur Auslegung dürfen nur Umstände herangezogen werden, die aus der Bewilligung hervorgehen oder die nach den besonderen Verhältnissen des Einzelfalles für jedermann ohne weiteres erkennbar sind (BGH 90, 181, 184); das ist auch der Auslegungsmaßstab bei Grundbucheintragungen, die auf die Eintragungsbewilligung Bezug nehmen. 18

Entstehung durch Zwangsvollstreckung. Zwangs- und Arresthypothek nach §§ 866, 867, 932 ZPO, § 322 AO 1977; Versteigerungshypothek nach §§ 128, 130 ZVG; landesrechtliche Fiskushypothek nach Art 91 EGBGB. Die Hypothek ist in diesen Fällen immer Sicherungshypothek (§ 1184). 19

Entstehung kraft Gesetzes. Bei Verpfändung eines Anspruchs auf Grundstücksübereignung entsteht mit Eigentumsübergang eine Sicherungshypothek (§ 1287 S 2), ebenso bei Pfändung des Anspruchs (§ 848 II ZPO); auch Gesamtsicherungshypothek ist möglich (Düsseldorf Rpfleger 1981, 200). Der Rang dieser Sicherungshypothek bestimmt sich grundsätzlich nach dem Zeitpunkt des Eigentumsübergangs. Sie geht damit allen dinglichen Belastungen vor, die der neue Eigentümer bewilligt, selbst wenn deren Eintragung gleichzeitig mit der Eintragung des Eigentumsübergangs erfolgt (BGH WM 1986, 198, 200; Jena Rpfleger 1996, 100, 102; MüKo/Damrau § 1274 Rz 24f). Eine Ausnahme wird nur angenommen für Rechte, die vom Erwerber im Zusammenhang mit dem schuldrechtlichen Vertrag zugunsten des Veräußerers bestellt werden und gemäß § 16 II GBO gleichzeitig mit dem Eigentumsübergang zu vollziehen sind, zB Kaufpreisresthypothek, Dienstbarkeit für Restflächen des Veräußerers (Jena Rpfleger 1996, 100, 102; BayOLGZ 1972, 46, 50). Entsprechendes gilt für Rechte, die Dritten in Erfüllung einer Vertragspflicht aus dem Erwerbsvertrag zu bestellen sind (Schöner/Stöber/Haegele S 563). – Weiterer Fall gesetzlicher Entstehung: § 61 BauGB (Umlegungsplan). 20

VI. Befriedigung des Gläubigers. Er hat Anspruch auf Befriedigung aus dem durch die Hypothek belasteten Grundstück und aus den nach §§ 1120ff mithaftenden Gegenständen. Die Erzwingung des Anspruchs durch Zwangsversteigerung oder Zwangsverwaltung des Grundstücks (§ 1147) setzt einen dinglichen Duldungstitel gegen den Eigentümer voraus. Davon zu unterscheiden ist die gesicherte persönliche Forderung. Zu deren Durchsetzung benötigt der Gläubiger einen sich gegen den persönlichen Schuldner richtenden Zahlungstitel. Daraus kann in das gesamte Vermögen des Schuldners vollstreckt werden. Dingliche und persönliche Klage betreffen unterschiedliche Streitgegenstände. Die Rechtskraft der Entscheidung über den einen Anspruch ergreift daher nicht den anderen (BGH NJW 1960, 1348). Die Verbindung beider Klagen gegen den zugleich persönlich schuldenden Eigentümer kann mithin zu unterschiedlichen Ergebnissen führen. Er hat aber, auch wenn er nicht persönlich haftet, gegenüber der Hypothek die dem persönlichen Schuldner gegen die Forderung zustehenden Einreden (§ 1137); doch ist der gutgläubige Erwerber der Hypothek durch § 1138 geschützt. 21

Die Hypothek erlischt, wenn der Gläubiger daraus in der Zwangsvollstreckung Befriedigung erlangt (§ 1181); damit wird zugleich die persönliche Forderung erfüllt, sofern der Eigentümer auch dafür haftet. Freiwillige Zah- 22 lungen des auch persönlich schuldenden Eigentümers tilgen in der Regel nur die persönliche Schuld, so daß er die Hypothek gemäß §§ 1163 I S 2, 1177 als Eigentümergrundschuld erwirbt, ebenso bei Erfüllung der persönlichen Forderung durch hieraus erzwungene Befriedigung in der Zwangsvollstreckung. Zahlt der nicht persönlich schuldende Eigentümer, so geht die persönliche Forderung nach § 1143 auf ihn über; damit erwirbt er auch die Hypothek als Eigentümergrundschuld (§§ 401, 412, 1153, 1177 II), nicht hingegen, wenn der Gläubiger aus der Hypothek durch Zwangsvollstreckung Befriedigung erlangt (§ 1181). Zahlt der mit dem Eigentümer nicht identische persönliche Schuldner, erlischt zunächst nur die persönliche Schuld (§ 362); er erwirbt die Hypothek aber unter der Voraussetzung eines Ersatzanspruchs gegen den Eigentümer (§ 1164); anderenfalls entsteht eine Eigentümergrundschuld (§§ 1163 I S 2, 1177 I); kann ein Gesamtschuldner Ausgleichung verlangen, geht insoweit die Forderung auf ihn über (§ 426 II) und ihr folgend auch die Hypothek (§§ 401, 412, 1153). Zahlt ein Dritter, dann erlischt die Forderung nach §§ 267, 362, wodurch die Hypothek zur Eigentümergrundschuld wird (§§ 1163 I 2, 1177 I). In den Fällen der §§ 268, 1150 erwirbt der Dritte Forderung und Hypothek, ebenso bei einem Forderungskauf, weil dieser durch Abtretung erfüllt wird und somit auch die Hypothek übergeht (§§ 401, 412, 1153).

23 **VII. Pfändung von Grundpfandrechten.** Sie ist nach §§ 830, 857 VI ZPO zu bewirken. Erforderlich ist Zustellung des Pfändungsbeschlusses; bei Briefrecht muß Briefübergabe oder Wegnahme durch Gerichtsvollzieher (§ 883ff ZPO), bei Buchrecht Eintragung der Pfändung hinzukommen. Ist der Brief im Besitz eines nicht herausgabebereiten Dritten, so ist Pfändung des Herausgabeanspruchs und Überweisung zur Einziehung (§ 886 ZPO) nötig. Gleiches gilt für die Eigentümergrundschuld (BGH 79, 2045).

24 **VIII. Zwangsversteigerung.** Das Grundpfandrecht des daraus betreibenden Gläubigers erlischt mit dem Zuschlag, ebenso jedes andere Grundpfandrecht, soweit es nicht in das geringste Gebot fällt (§§ 91, 44, 52 ZVG). An die Stelle des dinglichen Rechts tritt rangleich als Surrogat der Anspruch auf Befriedigung aus dem Versteigerungserlös (BGH WM 1987, 356).

1114 *Belastung eines Bruchteils*
Ein Bruchteil eines Grundstücks kann außer in den in § 3 Abs. 6 Grundbuchordnung bezeichneten Fällen mit einer Hypothek nur belastet werden, wenn er in dem Anteil eines Miteigentümers besteht.

1 1. Ein ungeteiltes Grundstück kann nur im ganzen belastet werden. Durch **reale Teilung** werden mehrere selbständige Grundstücke gebildet, die dann ihrerseits jeweils belastungsfähig sind. Voraussetzung dafür ist nach § 7 I GBO die Abschreibung des zu belastenden Grundstücks vom Stammgrundstück und die Buchung als selbständiges Grundstück. Die Einigung (§ 873) muß die zu belastende Teilfläche genau festlegen (vgl BGH NJW 1986, 2820, 2821); aus dem Verpflichtungsvertrag kann auf Zustimmung zur Teilbelastung bei Fälligkeit schon dann geklagt werden, wenn ein Veränderungsnachweis (Abvermessung) vorliegt (vgl BGH 90, 323, 328 aE).

2 Eine bloß ideelle Aufteilung des Alleineigentums ohne gleichzeitige Teilveräußerung kennt das bürgerliche Recht nicht (BGH 49, 250, 253 – Ausnahme § 8 WEG). Rechtlich eigenständig ist jedoch das **Miteigentum nach Bruchteilen** (§ 1008); es ist seinem Wesen nach dem Alleineigentum gleichgestellt (BGH 36, 365, 368). Der Bruchteilsanteil eines Miteigentümers kann daher nach § 1114 mit einer Hypothek belastet werden. An dem Anteil kann auch eine Vormerkung auf Bestellung eines Grundpfandrechts eingetragen werden. Zweck dieser Beschränkung auf das Bruchteilsmiteigentum ist, Schwierigkeiten bei der Grundbuchführung und in der Zwangsvollstreckung zu vermeiden, zumal auch – von bestimmten Ausnahmen abgesehen (Rz 10) – kein schutzwürdiges Bedürfnis besteht, eine Teilbelastung des insgesamt in der Hand eines Eigentümers befindlichen Grundstücks zuzulassen (Mot 3, 640). Eine nicht durch § 1114 gedeckte Bruchteilsbelastung ist unwirksam, inhaltlich unzulässig und ermöglicht keinen gutgläubigen Erwerb (BayObLG NJW 1968, 1431; Koblenz MDR 1978, 669; aM MüKo/Eickmann Rz 13; vgl aber Rz 10 aE); Gleiches gilt dann folgerichtig für eine Belastung des Bruchteils eines Miteigentumsanteils.

3 Kein Bruchteil eines Grundstücks ist das auf dem Gebiet der **neuen Bundesländer** bestehende, rechtlich vom Grundstück selbständige Gebäudeeigentum. Das Immobiliarsachenrecht der früheren DDR war durch eine Vielzahl von Rechtsinstitutionen und rechtlichen Erscheinungsformen gekennzeichnet. Diese haben in vielen Fällen zu einer rechtlichen Trennung des Eigentums an Gebäuden vom Eigentum an Grund und Boden geführt. Die Verfasser des Einigungsvertrages vom 31. 8. 1990 haben sich im Rahmen der Überleitung des BGB auf das frühere Gebiet der DDR dafür entschieden, die alten DDR-Rechtsinstitute des Grund- und Bodenrechts nicht mit einem Federstrich zu beseitigen, sondern sie erst mittel- und langfristig in das System des BGB zu überführen (s dazu näher Wenzel in Bankrecht und Bankpraxis Rz 4/1866ff mwN). Bis dahin unterliegt das Gebäudeeigentum, welches aufgrund von Nutzungsrechten nach §§ 287ff und § 291ff ZGB entstanden ist, gemäß Art 233 § 4 I EGBGB den Vorschriften des bürgerlichen Rechts über Grundstücke. Das gleiche gilt gemäß Art 233 § 4 VII EGBGB für das übrige Gebäudeeigentum, für das ein Gebäudegrundbuchblatt anzulegen ist und welches in Verbindung mit einem dinglichen Nutzungsrecht besteht. Auf diese Weise sind die Nutzungsrechte nach dem Nutzungsrechtsgesetz und den Vorschriften für Wohnungsbaugenossenschaften einbezogen. An derartigem Gebäudeeigentum können Grundpfandrechte bestellt werden (Horn ZIP 1993, 659). Die Belastung erfolgt durch Einigung und Eintragung, die Übertragung durch Auflassung und Eintragung im Gebäudegrundbuch (Art 233 § 4 I EGBGB iVm §§ 873, 925).

4 Auch das Gebäudeeigentum, das durch Art 233 § 2b EGBGB anerkannt wurde, kann mit Grundpfandrechten belastet werden (Eickmann/Böhringer Sachenrechtsbereinigung Art 233 § 2b EGBGB Rz 18; Horn ZIP 1993, 659, 660). Denn auf dieses isolierte Gebäudeeigentum finden die Vorschriften über die Rechte an Grundstücken

Anwendung (Art 233 § 2b V, § 4 I EGBGB). Es kann in einem anzulegenden Gebäudegrundbuchblatt eingetragen werden (Dresden VIZ 1995, 114) und dann mit einem Grundpfandrecht belastet werden.

2. **Voraussetzung der Bruchteilsbelastung** ist Miteigentum iS des § 1008 zur Zeit der Eintragung; auf den Zeitpunkt der Forderungsentstehung kommt es nicht an. Bei Gesamthandseigentum gibt es keinen verfügbaren Anteil; unzulässig ist daher ein Grundpfandrecht am Anteil eines BGB-Gesellschafters (§ 719 I, ebenso bei OHG) oder eines Miterben, auch wenn die anderen Gesamthänder zustimmen; gutgläubiger Erwerb ist ausgeschlossen (Rz 2). Soweit § 3 III GBO die Möglichkeit zuläßt, die Miteigentumsanteile an einer wirtschaftlich mehreren Grundstücken dienenden Parzelle (zB gemeinsamer Zufahrweg) auf den Grundbuchblättern der herrschenden Grundstücke einzutragen, sind die Anteile selbständige Belastungsgegenstände; insoweit ergänzt § 3 III GBO den § 1114; erforderlich ist aber, daß alle Anteile gleichmäßig bei den herrschenden Grundstücken eingetragen, also nicht einzelne Anteile weiterhin auf einem selbständigen Grundbuchblatt gebucht sind (BayObLG 74, 466).

3. Die am Miteigentumsanteil bestehende Hypothek bleibt unverändert, wenn sich die Anteile in der Hand eines Miteigentümers oder eines Dritten vereinigen (BGH ZIP 2002, 932, 934; BayObLG DNotZ 1971, 659; Soergel/Konzen § 1114 Rz 2). Für die Zwangsvollstreckung wird der Fortbestand des belasteten Anteils fingiert (BGH ZIP 2002, 932, 934; BGH 90, 207, 213f; 106, 19, 27; vgl auch Rz 9); der Alleineigentümer kann aber über die Hypothek an dem aufgelösten Anteil nicht mehr verfügen, wenn sie durch Wegfall der gesicherten Forderung Eigentümergrundschuld wird. Rechtsgeschäftliche Ausdehnung der Hypothek auf das ganze Grundstück ist möglich, ohne daß gleich- oder vorrangig Berechtigte zustimmen müssen (Soergel/Konzen Rz 2; aM MüKo/Eickmann Rz 6 bei Gefahr der Rangverwirrung).

4. Durch Belastung **mehrerer Miteigentumsanteile** für dieselbe Forderung (auch bei Nachverpfändung) entsteht eine Gesamthypothek (BGH 40, 115, 120). Die gleiche Lage tritt ein durch Aufteilung des belasteten Alleineigentums in Bruchteilsmiteigentum (Frankfurt DNotZ 1961, 411). Auch die Belastung des ganzen Grundstücks durch die Miteigentümer nach § 747 S 2 führt zur Gesamthypothek an den Anteilen (BGH 40, 115, 120). Entsteht die gesicherte Forderung nicht oder erlischt sie, so wird die Gesamthypothek zur Eigentümergesamtgrundschuld (§§ 1163 I, 1172 I, 1177 I), die den Miteigentümern nach §§ 741, 742 gemeinschaftlich zusteht (BGH WM 1986, 106); dieses Gesamtrecht ist für den Miteigentümer am eigenen Anteil Eigentümergrundschuld und am fremden Anteil Fremdgrundschuld, also nicht anders als bei originärer Bestellung einer Eigentümergesamtgrundschuld am ganzen Grundstück (BGH WM 1981, 199, 200). Der etwa in Innenverhältnis allein zur Tilgung der Gesamthypothek verpflichtete Miteigentümer erwirbt im Umfang seiner Zahlung die Hypothek am eigenen Anteil als Eigentümerrecht, während sie an dem anderen Anteil erlischt (§§ 1173 I, 1177 I); nur soweit er schuldrechtlich Ausgleich vom anderen Miteigentümer verlangen kann, geht die Hypothek an dessen Anteil gemäß § 1173 II auf ihn über (BGH WM 1986, 106).

5. Auf die **Enthaftung eines Miteigentumsanteils** ist § 1114 entsprechend anwendbar. Daher darf weder ein gesamthänderisch gebundener Anteil noch ein fiktiver quotenmäßiger Anteil am Alleineigentum (BayObLG 74, 466) oder am Miteigentum entlastet werden.

6. Die **Zwangsvollstreckung** in den Miteigentumsanteil ist zulässig (§ 864 II ZPO). Hat sich der belastete mit dem anderen Anteil in einer Hand vereinigt, so wird für die Vollstreckung der Fortbestand des belasteten Anteils fingiert (Rz 6); vorrangige Rechte am ganzen Grundstück gehen der Hypothek an dem Miteigentumsanteil vor; der Ersteher dieses Anteils kann die Versteigerung des Grundstücks zwecks Aufhebung der Gemeinschaft herbeiführen (§ 180 ZVG) und anschließend die Zustimmung zu einer den fiktiven Miteigentumsanteilen entsprechenden Aufteilung (§ 753 I S 1) und Auszahlung des Erlöses verlangen (BGH 90, 207, 214). Die Vollstreckung aus einer nach Vereinigung an einem früheren Miteigentumsanteil eingetragenen Hypothek ist unzulässig (Koblenz MDR 1978, 669; vgl aber Rz 10). Eine Zwangs- oder Arresthypothek kann nicht als Gesamthypothek an mehreren Miteigentumsanteilen begründet werden (§§ 867 II, 932 II ZPO), sofern nicht die Miteigentümer für die zu sichernde Forderung gesamtschuldnerisch haften (BGH NJW 1961, 1352).

7. Für eine Anteilsbelastung durch den Alleineigentümer konnte der Gesetzgeber kein Bedürfnis erkennen. **Ausnahmsweise ist Bruchteilsbelastung trotz Wegfalls des Miteigentumsanteils in folgenden Fällen zulässig:** a) Belastung des eigenen Anteils, wenn der Eigentümer den anderen Anteil nur als Vorerbe hinzuerworben hat (BayObLG NJW 1968, 1431); b) Sicherungshypothek nach § 128 ZVG an dem versteigerten Anteil, wenn der Ersteher schon Eigentümer des anderen Anteils ist; c) Zwangshypothek an dem von einem Miteigentümer anfechtbar hinzuerworbenen Anteil des anderen Miteigentümers für dessen Gläubiger (BGH 90, 207, 214); d) in den Fällen des § 68 FlurBG (LG Karlsruhe BWNotZ 1960, 24) und des § 62 II BauGB, ferner landesrechtlicher Vorbehalt nach Art 112, 113 EGBGB. Ferner wurde durch Gesetz vom 20. 12. 1993 (BGBl I 2182, 2183) eine Ausnahme zugelassen für Miteigentumsanteile an einem den wirtschaftlichen Zwecken anderer Grundstücke dienendem Grundstück (zB gemeinsamer Zufahrtsweg zu einer Reihenhaussiedlung). Diese Miteigentumsanteile können gem § 3 IV, V GBO jeweils auf den Blättern der Hauptgrundstücke gebucht werden; dies ist gem § 3 VI GBO auch dann zulässig, wenn alle Hauptgrundstücke sich (noch) in einer Hand befinden; sie können dann zusammen mit den jeweiligen Hauptgrundstücken belastet werden.

Gutgläubiger Erwerb eines Grundpfandrechts am Bruchteil ist möglich, wenn der Alleineigentümer unrichtig nur als Miteigentümer eingetragen ist. Ist eine das ganze Grundstück belastende Hypothek fälschlich gelöscht, so erwirbt der gutgläubige Erwerber eines Miteigentumsanteils diesen lastenfrei.

§ 1114 ist auf die Grundschuld entsprechend anwendbar.

§ 1115 Eintragung der Hypothek

(1) Bei der Eintragung der Hypothek müssen der Gläubiger, der Geldbetrag der Forderung und, wenn die Forderung verzinslich ist, der Zinssatz, wenn andere Nebenleistungen zu entrichten sind, ihr Geldbetrag im Grundbuch angegeben werden; im Übrigen kann zur Bezeichnung der Forderung auf die Eintragungsbewilligung Bezug genommen werden.

(2) Bei der Eintragung der Hypothek für ein Darlehen einer Kreditanstalt, deren Satzung von der zuständigen Behörde öffentlich bekannt gemacht worden ist, genügt zur Bezeichnung der außer den Zinsen satzungsgemäß zu entrichtenden Nebenleistungen die Bezugnahme auf die Satzung.

1. Die Vorschrift bezweckt keine materiell-rechtliche Regelung der Zulässigkeit der Hypothek, sondern grenzt die **einzutragenden Umstände** von den durch **Bezugnahme** ersichtlich zu machenden ab; insofern ergänzt § 1115 den § 874. Zweck ist die eindeutige Feststellung des Haftungsumfangs im Interesse der Beteiligten, vor allem im Hinblick auf spätere Belastungs- und Erwerbsvorgänge, BGH WM 1975, 596. Für die inhaltliche Feststellung und Auslegung dürfen nur Umstände herangezogen werden, die aus der Eintragung oder der in Bezug genommenen Bewilligung hervorgehen, BGH WM 75, 596. Besondere Regelung mit Ausschluß der Bezugnahme in §§ 1116 II; 1184 II, 1189 I. Bei **Nachverpfändungen** ist Bezugnahme auf das Grundbuch bezüglich der Eintragung des ersten Grundpfandrechts möglich, selbst wenn dieses wiederum in zulässiger Weise auf Urkunden Bezug nimmt, vgl Frankfurt Rpfleger 1971, 65 m zust Anm Haegele.

2. **Eintragungspflichtig** sind: der Gläubiger, der Geldbetrag des Kapitals und die Nebenleistungen, ferner entsprechend § 873 (vgl § 873 Rz 14) eine das Recht als Hypothek kennzeichnende Angabe; dazu ist aber Gebrauch des Wortes „Hypothek" nicht nötig, es genügt, daß die Belastung als Recht zur Befriedigung einer Forderung ersichtlich ist, ebenso für Tilgungshypothek BGH 47, 41; anders für Sicherungshypothek (§ 1184 II, § 130 I S 2 ZVG). Ohne Angabe des Gläubigers und des Geldbetrages der Forderung ist die Hypothek nichtig (Pal/Bassenge Rz 1). Fehlen die auf die Nebenleistungen bezüglichen Angaben oder ist eine dahingehende Klausel nichtig, so haftet das Grundstück für die betreffende Nebenleistung nicht, im übrigen ist aber die Hypothek wirksam, BGH WM 1975, 596.

3. Der **Gläubiger,** dh der materiell berechtigte Inhaber, muß im Grundbuch so genau angegeben werden, daß seine Identität feststeht. Dazu ist nicht unbedingt die Angabe des richtigen Namens erforderlich, der Namensträger muß aber ersichtlich sein. Wie einzutragen ist, ergibt sich aus § 15 GBVfg; ein Verstoß gegen diese Ordnungsvorschrift führt jedoch nicht zur Unwirksamkeit der Eintragung (BayObLG NJW-RR 1988, 980). Eintragung eines Einzelkaufmanns unter seiner Firma ist eine unschädliche Falschbezeichnung (BayObLG DNotZ 1981, 578), ebenso wenn statt OHG der Firmenbestandteil bildende Name unter der Bezeichnung „Kaufmann" eingetragen wird (Hamburg DNotZ 1955, 148 m Anm Hoche) oder wenn die OHG fälschlich den Zusatz „GmbH" erhält (Bremen DNotZ 1965, 566). Personenhandelsgesellschaften müssen grundsätzlich mit Firma und Sitz eingetragen werden; juristische Personen sind als solche zu kennzeichnen (BGH 62, 230). Für die Vor-GmbH kann eine Hypothek begründet werden (BGH 45, 338, 348; vgl auch BGH 80, 129, 132). Bei der Eintragung für die Zweigniederlassung einer AG (oder Handelsgesellschaft) ist die Angabe der Hauptniederlassung nicht geboten (LG Bonn NJW 1970, 570; LG Memmingen Rpfleger 1981, 233), auch nicht bei gleichem Firmennamen, wenn die Zweigniederlassung mit ihrem Sitz bezeichnet wird. Auch eine juristische Person des öffentlichen Rechts kann unter dem Namen einer nicht rechtsfähigen Zweiganstalt eingetragen werden, sofern die Berechtigte zweifelsfrei feststeht (BayObLG NJW 1973, 1048). Bei Zwangshypothek für verschiedene Steuergläubiger (BRD und Land) genügt die Bezeichnung des zuständigen Finanzamts (Köln NJW 1960, 1110). Unzulässig ist die Eintragung des nicht rechtsfähigen Vereins (K. Schmidt NJW 1984, 2249) und der BGB-Gesellschaft (Frankfurt Rpfleger 1975, 177); einzutragen sind die Mitglieder (vgl auch Hamm OLGZ 83, 288, wonach klarstellender Hinweis auf nähere Bezeichnung der Gesellschaft zulässig sein kann). Vertretungsberechtigte werden nicht eingetragen (LG Düsseldorf Rpfleger 1977, 167), auch nicht der für den Rechtsinhaber handelnde Testamentsvollstrecker (Hamburg OLG 20, 416) oder der Nachlaßverwalter (Hamm Rpfleger 1989, 17), ebenso nicht der Insolvenzverwalter, wenn der Schuldner Gläubiger ist. Bei echtem Treuhandverhältnis ist nur der Treuhänder zu bezeichnen; seine schuldrechtliche Bindung an den Treuhandauftrag ist nicht eintragungsfähig (Saarbrücken NJW 1967, 1378). – Zur Eintragung einer Gläubigermehrheit vgl § 1113 Rz 10.

4. Der **Schuldner** braucht, wenn er mit dem Eigentümer identisch ist, nicht eingetragen zu werden; sind beide nicht identisch, so gehört die Bezeichnung des Schuldners zur Bestimmung der Forderung; insoweit genügt die Angabe in der Eintragungsbewilligung, auf die Bezug genommen wird; die Hypothek ist jedoch auch ohne Bezeichnung des Schuldners wirksam, sofern er festgestellt werden kann (Soergel/Konzen Rz 8; Pal/Bassenge Rz 7; aA Naumburg JW 1930, 846). Die Eintragung eines von der Einigung abweichenden Schuldners läßt eine Hypothek nicht entstehen.

5. Der **Geldbetrag** des Kapitals muß im Grundbuch ziffermäßig angegeben werden (vgl zur Währung § 1113 Rz 3ff). Angabe der Berechnungsgrundlage reicht nicht aus (anders bei Nebenleistungen). Der **Schuldgrund** muß nicht eingetragen werden; er muß sich aber aus der in Bezug genommenen Eintragungsbewilligung ergeben, da nur so die im Hinblick auf §§ 1138, 891 nötige Identifizierung und Individualisierung der Forderung möglich ist (BGH WM 1972, 786; § 95 II 2a dd). Ungenaue Bezeichnung schadet nicht (oft Auslegungsmöglichkeit, vgl BGH WM 1972, 384), auch nicht unrichtige Angabe, wenn die zu sichernde Forderung in der dem Bestimmtheitsgrundsatz entsprechenden Art ersichtlich ist, vgl BayObLG 1951, 596. Bei Scheinforderung entsteht die ernstlich gewollte Hypothek als Eigentümergrundschuld (BGH 36, 84).

6. 3. **Nebenleistungen** sind von der Hauptforderung abhängig und teilen deren Schicksal (Düsseldorf BB 1995, 2607, 2608). Sie können nach Erlöschen der Hauptforderung nicht mehr entstehen. Nichtigkeit der Hauptforde-

rung ergreift auch die Nebenleistung. Auch **Zinsen** sind Nebenleistungen (BGH 47, 41, 44), somit vom rechtlichen Bestand der Hauptforderung abhängig, von anderen Nebenleistungen aber in der Regel unabhängig. Ein Rangvorbehalt (§ 881) muß erkennen lassen, inwieweit sich ein für Grundpfandrechte einzutragender Höchstprozentsatz auf Zinsen, Nebenbelastungen oder auf beide bezieht.

Zinsen sind im Anwendungsbereich des § 1115 die vereinbarten Zinsen (für die gesetzlichen gilt § 1118). Sie sind mit einem Prozentsatz des Kapitals oder mit einer bestimmten Summe einzutragen. Bei variablem oder **gleitendem Zinssatz** verlangt das Bestimmtheitserfordernis, daß der Höchstzinssatz in das Grundbuch eingetragen wird (BGH 35, 22; Schleswig ZIP 2003, 250; LG Kassel Rpfleger 2001, 176, 177); für den Mindest- oder Normalzinssatz und für die etwaigen Voraussetzungen einer Zinsänderung kann auf die Eintragungsbewilligung Bezug genommen werden (BGH aaO). Ein Zinszuschlag für den Verzugsfall bedarf der Eintragung (BGH 35, 22). Bei Zwangshypothek aus Titel mit gleitendem Zinssatz kann der Gläubiger Eintragung eines angemessenen Höchstzinssatzes verlangen, während für die Mindesthöhe Bezugnahme auf den Titel genügt (Löscher JurBüro 1982, 1799). Die Angabe eines Höchstzinssatzes ist bei einer gem §§ 128ff ZVG einzutragenden Sicherungshypothek nicht erforderlich (LG Kassel Rpfleger 2001, 176, 177). Für verschiedene Teile einer erst einzutragenden Hypothek können unterschiedliche Zinssätze eingetragen werden (Celle Rpfleger 1972, 97). 7

Angabe des Zinsbeginns erfordert der Bestimmtheitsgrundsatz (BGH ZIP 1995, 451, 452; BayObLG Rpfleger 2001, 172; BayObLG Rpfleger 2000, 324). Zinsen können rückwirkend für einen Zeitpunkt vor Eintragung vereinbart und eingetragen sowie abgetreten werden (BGH NJW 1986, 314), auch bedingte Zinsen (BayObLG Rpfleger 2001, 172, 173; Stuttgart NJW 1953, 464; Schäfer BWNotZ 1955, 237). Der Zinsbeginn muß sich durch Bezugnahme aus der Eintragungsbewilligung ergeben. Enthält diese keine Angaben zum Anfangszeitpunkt einer Verzinsung, so ist zunächst zu prüfen, ob sich dieser durch Auslegung ermitteln läßt. Bei der Auslegung ist entsprechend § 133 auf den Sinn und Wortlaut abzustellen, wie er sich für einen unbefangenen Betrachter als nächstliegende Bedeutung der Erklärung ergibt (BGH ZIP 1995, 451, 452). Dabei dürfen außerhalb der Eintragungsbewilligung liegende Umstände nur insoweit berücksichtigt werden, als sie für jedermann ohne weiteres erkennbar sind; ferner ist zu beachten, daß der das Grundbuchverfahren beherrschende Bestimmtheitsgrundsatz und das grundsätzliche Erfordernis urkundlich belegter Eintragungsunterlagen der Auslegung Grenzen setzen. Eine Auslegung kommt daher nur in Betracht, wenn sie zu einem zweifelsfreien und eindeutigen Ergebnis führt. Nicht hinreichend bestimmt ist beispielsweise die Vereinbarung „1 Mio DM samt Zinsen und Nebenleistungen bis zu insgesamt 20 % jährlich" (BGH ZIP 1995, 451, 452; anders noch Frankfurt DNotZ 1990, 743) oder wenn Anfangszeitpunkt für die Verzinsung der Tag der Auszahlung des Darlehens sein soll (BayObLG DNotZ 2000, 62). Ist ein Grundpfandrecht bereits im Grundbuch eingetragen, gilt als Mindestinhalt der Erklärung hinsichtlich des Zinsbeginns der Zeitpunkt der Eintragung im Grundbuch (BGH ZIP 1995, 451, 453; Frankfurt Rpfleger 1996, 340; Merkel in Schimansky/Bunte/Lwowski Bankrechtshdb Rz 200). Die Abtretung eingetragener Zinsen „von Anfang an" erfaßt auch zurückliegende Zinsen (BayObLG DNotZ 1984, 1252). Zinsen sind im Zweifel als Jahreszinsen zu verstehen (Saarbrücken OLGZ 79, 306; Frankfurt OLGZ 80, 72). **Ende der Verzinsung** ist in der Regel mit Erlöschen der Hauptforderung anzunehmen (Ripfel DNotZ 1961, 670). 8

4. Andere Nebenleistungen sind sonstige, neben Kapital und Zinsen zu erbringende Leistungen, die in einem gewissen Abhängigkeitsverhältnis zur Hauptforderung stehen. Dazu gehören zB Verzugszinsen, eine Nichtabnahme- bzw Vorfälligkeitsentschädigung, Bereitstellungszinsen und sonstige Kosten. 9

Eintragung der Nebenleistungen mit Angabe des Geldbetrages (§ 1115 I) oder des Prozentsatzes, falls sich daraus der Höchstbetrag eindeutig errechnen läßt (BGH 47, 41). Aus dem eingetragenen Kapital ergibt sich ohne weiteres, daß sich hieraus der Prozentsatz der Nebenleistung errechnet; nicht eintragungsbedürftig, sondern bezugnahmefähig (§ 874) ist daher die Vereinbarung, daß das Ursprungskapital für die Berechnung maßgebend sein soll (BGH aaO). Ebenso wenn das jeweilige Restkapital oder der Verzugsgröße nach, weil aus dem aus der Eintragung das höchstmögliche Maß der Nebenleistung hervorgeht (BayObLG DNotZ 1983, 44; Pal/Bassenge Rz 16; aA MüKo/Eickmann Rz 33; nur der ursprüngliche Kapitalnennbetrag kann Bezugsgröße sein). Ist ein Teil des Kapitals gelöscht, so bezieht sich die prozentuale Nebenleistung nur auf den noch eingetragenen Teil, falls nichts anderes angegeben ist (vgl Hamm OLGZ 85, 273; Düsseldorf Rpfleger 1985, 394). Einzutragen ist, ob der Prozentsatz „einmalig", „jährlich" oder nach einem anderen Zeitraum zu bemessen ist (Köln MittRhNotK 1979, 40). 10

Befristete Nebenleistungen müssen mit dem von der Dauer der Hauptforderung abweichenden Zeitraum eingetragen werden (BGH 47, 41, 43), Bezugnahme genügt also nicht; eine zwar nicht unwirksame, aber mehrdeutige und daher klarzustellende Eintragung liegt vor, wenn eine Nebenleistung von „jährlich 2 % für 5 Jahre" mit „10 %" angegeben ist (BayObLG Rpfleger 1974, 189). Bei **bedingten Nebenleistungen** ist der Bedingungsumstand einzutragen, während für Art und Inhalt der Bedingung auf die Eintragungsbewilligung Bezug genommen werden kann (KG Rpfleger 1966, 303; Böttcher Rpfleger 1980, 81, 83); ergibt sich die Tatsache der Bedingung nicht aus dem Grundbuch, dann ist die Nebenleistung für einen gutgläubigen Erwerber unbedingt (§ 892), im Innenverhältnis entsteht sie allerdings nur bedingt. 11

Mehrere Nebenleistungen können zusammengefaßt werden, wenn die Eintragung den Erfordernissen jeder Nebenleistung entspricht. Unter dieser Voraussetzung können bedingte und unbedingte Nebenleistungen auch einmalige und bedingt einmalige, nicht aber einmalige und wiederkehrende (Karlsruhe Rpfleger 1968, 353) zusammengefaßt werden. Befristete Nebenleistungen sind nur bei gleicher Laufzeit zusammenfaßbar (Böttcher Rpfleger 1980, 81, 85), also nicht mit einmaligen oder unbefristeten, immer jedoch unbefristete untereinander (Hamm OLGZ 71, 455), auch wenn sie teils bedingt sind. Auch Zinsen lassen sich mit anderen Nebenleistungen vereinigen, soweit keine Unterschiede nach Zeitraum oder Befristung bestehen; möglich ist daher zB die Zusammenfas- 12

§ 1115

sung von jährlich 7,75 % Zinsen und von jährlich bedingten 1 % Verzugszinsen in der Weise, daß „bis zu 8,75 % jährlich" eingetragen wird (vgl BGH 88, 62, 66). Streitig ist, ob die Bezeichnung der Nebenleistung ihrer Art nach in der Eintragungsbewilligung die Hauptsacheabhängigkeit der Nebenleistung erkennbar machen muß (so Stöber ZIP 1980, 613, 616; Schmidt DNotZ 1984, 334). Dies ist mit der Rspr (Stuttgart ZIP 1986, 1377, 1378; LG Bielefeld Rpfleger 1999, 388; LG Berlin ZIP 1985, 97) und überwiegenden Literaturmeinung (Gaberdiel S 139; Clemente Rz 17; Soergel/Konzen § 1115 Rz 22; aA MüKo/Eickmann § 1192 Rz 5) zu verneinen. Denn dafür, ob eine Nebenleistung im Sinne des § 1191 II bestellt werden soll, ist der Wille der Beteiligten maßgeblich, der durch die Bezeichnung als „Nebenleistung" hinreichend zum Ausdruck kommt. Eine Konkretisierung durch die Angabe weiterer objektiver Merkmale der Nebenleistung ist nicht notwendig, falls sich nicht aus dem übrigen Inhalt der Bewilligung ein Fehlen der Abhängigkeit von der Grundschuldsumme ergibt.

13 Die **Art der Nebenleistung**, also der **Schuldgrund**, muß sich nur durch Bezugnahme ergeben (§ 874), dann jedoch in der Eintragungsbewilligung mit der für künftige Erwerbs- und Belastungsvorgänge im Hinblick auf §§ 891, 1138 notwendigen Individualisierung (BGH LM § 282 Nr 5); falsche Bezeichnung hat nicht die Unwirksamkeit der Hypothek zur Folge, zwingt aber den Gläubiger zum Beweis des richtigen Schuldgrundes (BayObLG 51, 594); auch unklare oder fehlende Angabe macht die Hypothek nicht unwirksam, sofern sich durch Auslegung eine bestimmte Forderung ergibt.

14 **Persönliche Verpflichtungen** des Eigentümers (Schuldners) sind nicht eintragungsfähig, da sie nicht Inhalt des dinglichen Rechts sind, auch Bezugnahme ist daher ausgeschlossen (BGH 21, 34); eintragbar (durch Bezugnahme) sind solche Verpflichtungen aber, soweit deren Verletzung die **Fälligkeit** oder das Recht zur Kündigung der Hypothek auslöst, dann indes ist Eintragung oder Bezugnahme nur auf die betreffende Bedingung zu beschränken (BGH aaO). Dabei ist der Bestimmtheitsgrundsatz zu beachten. Eingetragen werden kann auch der Verzicht des Eigentümers auf die Befugnis, bei Nichtvorlage des Briefs oder der in § 1155 I genannten Urkunden (vgl § 1160) einer Kündigung und Geltendmachung der Hypothek zu widersprechen (Frankfurt DNotZ 1977, 112), sofern nicht dieser Verzicht nur persönlich wirken soll (Köln Rpfleger 1956, 340). Eine dem Gläubiger erteilte Ermächtigung zur Umwandlung der Brief- in eine Buchhypothek (und umgekehrt) ist nicht mit dinglicher Wirkung möglich (LG Wuppertal MittRhNotK 1982, 25) und folglich nicht eintragbar.

15 **Bezugnahme auf die Satzung der Kreditanstalt**, die das Hypothekendarlehen gewährt (Abs II), soll eine Entlastung des Grundbuchs ermöglichen. Kreditanstalten iS von Abs II sind auf Kreditgeschäfte ausgerichtete Institute; maßgebend ist Veröffentlichung der Satzung durch das Bundesaufsichtsamt für das Kreditwesen; mindestens der die Nebenleistungen betreffende Satzungsteil muß amtlich bekannt gemacht sein. Die Möglichkeit der Bezugnahme besteht nicht für Zinsen, sondern lediglich für andere Nebenleistungen.

16 Auf die **Grundschuld** ist § 1115 entsprechend anwendbar (§ 1192 I). Statt des Geldbetrages der Forderung ist der Nominalbetrag der Grundschuld einzutragen. Die Angabe des Schuldgrundes entfällt. Zinsen und andere Nebenleistungen sind bei der Grundschuld rein dingliche Ansprüche (vgl § 1191 Rz 104ff). Schuldrechtliche Zinsen und andere Nebenleistungen, die sich nur auf das gesicherte Forderungsverhältnis beziehen, sind nicht eintragungsfähig (Stöber ZIP 1980, 613; MüKo/Eickmann Rz 44).

1116 *Brief- und Buchhypothek*

(1) **Über die Hypothek wird ein Hypothekenbrief erteilt.**

(2) **Die Erteilung des Briefes kann ausgeschlossen werden. Die Ausschließung kann auch nachträglich erfolgen. Zu der Ausschließung ist die Einigung des Gläubigers und des Eigentümers sowie die Eintragung in das Grundbuch erforderlich; die Vorschriften des § 873 Abs. 2 und der §§ 876, 878 finden entsprechende Anwendung.**

(3) **Die Ausschließung der Erteilung des Briefes kann aufgehoben werden; die Aufhebung erfolgt in gleicher Weise wie die Ausschließung.**

1 1. **Briefhypothek** ist eine Hypothek immer dann, wenn nicht nach Abs II ein Buchrecht begründet wird (Rz 6); nur die Sicherungshypothek ist stets Buchhypothek (§ 1185). Der Brief erleichtert vor allem die Übertragung der Hypothek (§ 1154) und deren Belastung (§§ 1069, 1274), sichert aber auch den Eigentümer, da die Hypothek bis zur Briefübergabe Eigentümergrundschuld ist (§§ 1117 I, 1163 II, 1177) und die Übergabe von der Darlehensauszahlung abhängig gemacht werden kann (anders bei Vereinbarung nach § 1117 II).

2 2. Der **Hypothekenbrief** ist sachenrechtliches Wertpapier, nämlich eine Urkunde, deren Besitz zur Ausübung des verbrieften Rechts und zu Verfügungen darüber notwendig ist (RGRK/Mattern Rz 7; BGH NJW 1978, 710). Der Brief ist jedoch nicht Wertpapier in der skripturrechtlichen Bedeutung eines ihm zukommenden öffentlichen Glaubens; der Brief allein begründet nicht das Recht aus der Hypothek, er ist kein Wertpapier iS von § 1 DepG (BGH 60, 174, 175) oder von §§ 369, 370 HGB (BGH aaO). Der Brief ist nicht sonderrechtsfähig (Rz 5).

3 **Bedeutung** hat der Brief für den Erwerb und die Übertragung der Hypothek (§§ 1117 I, 1154), für die Belastung der Hypothek mit Nießbrauch oder Pfandrecht (§§ 1069 I, 1274 I) und für die Pfändung der Hypothek (§ 830 ZPO), für die Geltendmachung der Hypothek (§ 1160 I) und der vom Eigentümer geschuldeten persönlichen Forderung (§ 1161), für Kündigung und Mahnung (§ 1160 II), für die Befriedigung des Gläubigers (§§ 1144, 1145 I S 2) sowie grundbuchrechtlich für Eintragungen bei Hypothek und Grundschuld (§§ 41, 42 GBO).

4 **Briefausstellung** erfolgt durch das Grundbuchamt mit dem sich aus §§ 56ff GBO ergebenden Inhalt. Im Gegensatz zu den vor dem 1. 1. 1978 ausgegebenen Hypothekenbriefen geben die heutigen keine Auskunft mehr über das belastete Grundstück oder vor- und gleichrangige Lasten. Die hM geht aber davon aus, daß Rangänderungen (§ 62 GBO) auf dem Brief vermerkt werden müssen (Zweibrücken Rpfleger 1980, 109; Oldenburg WM 1982,

494; aM MüKo/Eickmann Rz 46). **Inhaltsunterschiede** zwischen Brief und Grundbucheintragung (zB zur Hypothekenhöhe) sind materiell bedeutungslos, da die Eintragung maßgeblich ist; wenn jedoch aus dem Brief oder aus einem Briefvermerk (zB quittierte Zahlung) die Unrichtigkeit des Grundbuchs hervorgeht, wird der gute Glaube an die Eintragung zerstört (§ 1140); dem Brief kommt indessen seinerseits kein öffentlicher Glaube zu, soweit es sich nicht um die Legitimationswirkung des § 1115 handelt. **Aushändigung des Briefes** ist an den Eigentümer des Grundstücks zu bewirken (§ 60 I GBO), bei mehreren Eigentümern an alle gemeinsam; der Eigentümer (bei nachträglicher Brieferteilung der Gläubiger) kann abweichende Bestimmung treffen (§ 1117 II, GBO § 60 II); Aushändigung an den Notar ist nur mit Willen des Berechtigten zulässig; der nach § 15 GBO zum Eintragungsantrag ermächtigte Notar ist damit noch nicht berechtigt, den Brief in Empfang zu nehmen oder Aushändigung an den Gläubiger zu bewilligen (Haegele/Schöner/Stöber Rz 2025; aM Kuntze/Ertl ua/Herrmann GrundbuchR § 15 GBO Rz 28).

Eigentümer des Briefes ist der Hypothekengläubiger (§ 952 II), bei Nichtvalutierung der Hypothek folglich 5 der Grundeigentümer (§ 1163 I), bei Teilvalutierung er und der (andere) Gläubiger gemeinschaftlich. Infolge der untrennbaren Verbindung mit der Hypothek (BGH WM 1977, 453, 456) kann der Brief für sich allein weder veräußert werden noch Gegenstand dinglicher Rechte sein, also zB nicht eines Pfandrechts (BGH 60, 274, 275). Möglich sind aber schuldrechtliche Vereinbarungen über den Brief (zB Verwahrung) und ein diesbezügliches Zurückbehaltungsrecht (BGH WM 1965, 408; Düsseldorf DNotZ 1981, 642); das auf einer solchen persönlichen Vereinbarung beruhende Besitzrecht kann nach § 986 dem Herausgabeanspruch entgegengehalten werden (vgl BGH 90, 269), nicht jedoch gegenüber dem neuen Gläubiger der Hypothek, der sie mittels Abtretung des Herausgabeanspruchs (§§ 1154 I S 1, 1117 I S 2) erworben hat (Hamburg MDR 1969, 139).

3. Sofortiger oder nachträglicher Ausschluß der Brieferteilung macht die Hypothek zur Buchhypothek 6 (Abs II). Erforderlich dafür ist Einigung über den Ausschluß und Grundbucheintragung (Abs II S 2, § 873); Bezugnahme (§ 874) genügt nicht. Bei nachträglichem Ausschluß ist nach § 876 die Zustimmung dinglich berechtigter Dritter erforderlich, zur Eintragung die Bewilligung des Eigentümers (BayObLG Rpfleger 1987, 363); der erteilte Brief ist unbrauchbar zu machen (§ 69 GBO); ein zu Unrecht im Verkehr bleibender Brief ist wirkungslos, gutgläubiger Erwerb des Grundpfandrechts wird durch den Grundbuchinhalt verhindert. Vor der Eintragung ist die Einigung nur unter den Voraussetzungen des § 873 II bindend; für nachträgliche Verfügungsbeschränkungen gilt § 878.

Ohne wirksame Einigung über den Briefausschluß entsteht eine Briefhypothek, ebenso bei Einigung auf 7 Briefhypothek, aber Eintragung als Buchhypothek; bis zur Ausstellung und Übergabe des Briefes besteht dann eine Eigentümergrundschuld (§§ 1163 II, 1177). Bei Einigung auf Buchhypothek und Eintragung als Briefhypothek entsteht eine Briefhypothek, weil Briefausschluß nicht eingetragen ist, sofern nicht (als Ausnahme von dieser Regelform) der Wille der Beteiligten auf Begründung eines Buchrechts so wesentlich ist, daß nach § 139 Nichtigkeit des ganzen Rechtsgeschäfts anzunehmen ist (vgl Westermann § 95 B 3; RGRK/Mattern Rz 14; aM Soergel/Konzen § 1113 Rz 6: keine Briefhypothek mangels Einigung); bei Gültigkeit als Briefrecht ist das Grundbuch jedoch unrichtig (§ 894), genauso wie in umgekehrten Fall der nicht durch Einigung gedeckten Eintragung als Buchrecht, wobei sich an eine solche Eintragung gutgläubiger Erwerb anschließen kann.

4. Umwandlung der Briefhypothek in Buchhypothek geschieht durch nachträglichen Briefausschluß (Rz 6). 8 Umgekehrt verwandelt sich die Buchhypothek in eine Briefhypothek durch dahingehende Einigung und Eintragung (Abs III); Briefübergabe ist hierzu nicht erforderlich, da der Eingetragene schon Gläubiger ist; das Grundbuchamt händigt den Brief daher dem Gläubiger aus (§ 60 I GBO). Formell ist für die Umwandlung Eintragungsbewilligung des Gläubigers und des Grundeigentümers nötig (§§ 19, 20 GBO), wozu auch übereinstimmender Antrag auf Brieferteilung bei Wahrung der Form des § 29 GBO genügt. An der Hypothek dinglich berechtigte Dritte müssen der Umwandlung zustimmen (§ 876), nicht hingegen Gläubiger vor- oder gleichrangiger Rechte, da insoweit keine rechtliche Beeinträchtigung eintritt. Bei der Gesamthypothek ist nur einheitliche Umwandlung für alle Grundstücke oder Miteigentumsanteile zulässig, ebenso bei nachträglicher Mitbelastung.

5. § 1116 ist auf die Grundschuld entsprechend anwendbar. 9

1117 *Erwerb der Briefhypothek*
(1) Der Gläubiger erwirbt, sofern nicht die Erteilung des Hypothekenbriefs ausgeschlossen ist, die Hypothek erst, wenn ihm der Brief von dem Eigentümer des Grundstücks übergeben wird. Auf die Übergabe finden die Vorschriften des § 929 Satz 2 und der §§ 930, 931 Anwendung.
(2) Die Übergabe des Briefes kann durch die Vereinbarung ersetzt werden, dass der Gläubiger berechtigt sein soll, sich den Brief von dem Grundbuchamt aushändigen zu lassen.
(3) Ist der Gläubiger im Besitz des Briefes, so wird vermutet, dass die Übergabe erfolgt sei.

1. Erst mit **Briefübergabe** (Abs I) oder Aushändigungsabrede (Abs II) erwirbt der Gläubiger die Hypothek. Bis 1 dahin besteht unter der Voraussetzung wirksamer Einigung und Eintragung (§ 873) nur eine Eigentümergrundschuld (§§ 1163 II, 1177), ebenso bis zur Entstehung der gesicherten Forderung (§ 1163 I). Der eingetragene Gläubiger kann vor Briefübergabe oder Aushändigungsvereinbarung über das dingliche Recht nicht verfügen. Er hat nur einen schuldrechtlichen Anspruch aus dem Grundgeschäft auf Verschaffung des Rechts mit dem zugehörigen Brief; diesen Anspruch kann er einem Berichtigungsanspruch des Eigentümers (§ 894) entspr § 986 entgegenhalten (BGH NJW 1974, 1651); Sicherung durch Vormerkung ist schon vor der Valutierung möglich. Für einen Rechtserwerb nach § 878 ist erforderlich, daß bereits vor Eintritt der Verfügungsbeschränkung (zB Insolvenz des Eigentümers) die Einigung bindend erklärt (§ 873 II) und der Eintragungsantrag gestellt ist, aber auch Briefüber-

§ 1117

gabe oder Aushändigungsvereinbarung schon erfolgt sind (KG NJW 1975, 878); für den Zeitpunkt der Übergabe gilt die Vermutung des Abs III nicht.

2 2. Für die Übergabe des Briefes ist es erforderlich, daß der Gläubiger ihn vom Eigentümer und mit dessen Willen erlangt (BGH WM 1993, 285, 286). Das bedeutet zwar nicht, daß der Eigentümer in jedem Fall in eigener Person mitwirken muß; die Briefübergabe kann vielmehr durch einen Vertreter bewirkt werden, sofern dieser als Vertreter des Eigentümers handelt (BGH WM 1993, 285, 286; aA Reinicke/Tiedtke NJW 1994, 345, 346, die hervorheben, daß es eine Stellvertretung bei der Besitzübergabe nicht gibt; möglich sei nur ein Geheißerwerb). Erforderlich ist in jedem Fall, daß die Briefübergabe (noch) dem Willen des Eigentümers entspricht (BGH WM 1993, 285, 286; BGH WM 1969, 208, 209). Eigenmächtige Besitzerlangung genügt nicht, ebenso nicht Besitzerlangung durch das Grundbuchamt unter Verstoß gegen § 60 GBO, anders bei weisungsgemäßer Übergabe nach § 60 II GBO. Auch die bloß vorübergehende Hingabe mit dem Verlangen sofortiger Rückgabe reicht nicht aus (RGRK/Mattern Rz 7), jedoch muß hier der Eigentümer die Vermutung des Abs III widerlegen. Einräumung von Mitbesitz ist unzureichend (Teilabtretung siehe § 1154 Rz 8). An einen Bevollmächtigten des Gläubigers, zB an den Notar als Treuhänder, kann die Übergabe bewirkt werden (vgl auch Rz 4).

3 Bei **mehreren Eigentümern,** so bei Gesamtbelastung mehrerer Grundstücke oder Miteigentumsanteile und bei Gesamthandseigentum, ist zur Briefübergabe das Einverständnis aller Eigentümer notwendig; sonst ist die Übergabe unwirksam. Es entsteht dann auch nicht an dem Grundstück oder an dem Anteil des mitwirkenden Eigentümers eine Hypothek, sofern nicht der Gläubiger auf die Mitbelastung des anderen Grundstücks oder Miteigentumsanteils entspr § 1175 I S 2 verzichtet (RGRK/Mattern Rz 8; aM MüKo/Eickmann Rz 13).

4 3. Abs I S 2 läßt Ersatz der Übergabe in den Formen der §§ 929 S 2, 930, 931 zu. – **a)** Die nach § 929 S 2 nötige Einigung geht hier nicht auf Übereignung des Briefes (diese vollzieht sich nach § 952 II), sondern auf die Berechtigung des Gläubigers zur Besitzausübung. Mittelbarer Besitz des Gläubigers genügt (BGH 56, 123, 128), wenn ein Dritter (zB der Notar) den Besitz vermittelt, nicht aber wenn der Grundeigentümer als unmittelbarer Besitzer vermittelt; im letzteren Falle kommt § 930 in Betracht. – **b)** Ein **Besitzmittlungsverhältnis gemäß § 930** kann schon vor der Briefbildung vereinbart werden. Der Gläubiger erwirbt dann die Hypothek erst mit Aushändigung des Briefes an den Grundeigentümer (§ 60 I GBO); in diesem Zeitpunkt muß die Einigung iS § 930 noch fortbestehen, was indes zu vermuten ist (BGH WM 1977, 218): – **c) Abtretung nach § 931** setzt Bestand des Herausgabeanspruchs voraus; der Brief muß im Besitz eines, nicht notwendigerweise bekannten, Dritten sein (BayObLG Rpfleger 1987, 363); genügend ist ein bedingter oder künftiger Anspruch, so daß dieser auch schon vor Briefherstellung abtretbar ist (hM, vgl Pal/Bassenge Rz 2; RGRK/Mattern Rz 11; aA MüKo/Eickmann Rz 17). Vereinbarung der Übergabe des Briefes an den Notar kann Abtretung mit der Bedingung bedeuten, daß der Gläubiger die Anspruchsvoraussetzungen nachweist. Überweisung zur Einziehung genügt nicht.

5 4. **Aushändigungsvereinbarung (II).** Die Übergabe des Briefes kann durch die Vereinbarung ersetzt werden, daß der Gläubiger berechtigt sein soll, sich unmittelbar den Brief vom Grundbuchamt aushändigen zu lassen. Diese Abrede ersetzt die körperliche Übergabe des Briefes und führt dazu, daß der Gläubiger die Hypothek bereits im Zeitpunkt von Einigung und Eintragung erwirbt (Clemente S 27; Gaberdiel S 85). Dies kann auch bereits vor Ausfertigung des Briefes sein, sofern die Briefbildung nur überhaupt rechtlich möglich ist (BayObLG Rpfleger 1987, 363, 364). Eine besondere Handlung des Eigentümers ist dann nicht mehr erforderlich. Mit der Vereinbarung nach § 1117 II erwirbt der Gläubiger darüber hinaus – bei Vorliegen der übrigen Voraussetzungen – bereits vor der Eintragung der Hypothek ein Anwartschaftsrecht (Wenzel S 147). Unerheblich ist insoweit auch, an wen der Brief (vom Grundbuchamt) tatsächlich übergeben wird (Clemente S 27). So erwirbt der Gläubiger die Hypothek beispielsweise auch dann, wenn das Grundbuchamt den Brief an den Insolvenzverwalter des Eigentümers übersendet. Gem §§ 985, 952 kann sie in diesem Fall die Herausgabe des Briefes verlangen, da er in ihrem Eigentum steht.

6 Die Vereinbarung ist **formfrei;** sie ist nicht einseitig widerruflich; Bedingungen sind zulässig. Es handelt sich um eine dingliche Vereinbarung; sie kann daher nicht zugunsten eines Dritten getroffen werden (vgl BGH 41, 95, 96); der Versprechensempfänger kann aber uU als Vertreter des Dritten anzusehen sein. Die Aushändigungsvereinbarung ist ein aliud gegenüber der Abtretung des Anspruchs auf Herausgabe des Briefes; eine Aushändigungsvereinbarung kann aber grundsätzlich noch dahin ausgelegt werden, daß darin auch eine Abtretung des Herausgabeanspruchs liegt (Düsseldorf Urt v 13. 6. 2001 – 3 Wx 116/01). Verurteilung zur Einwilligung in die Aushändigungsberechtigung hat mit Rechtskraft die Wirkung der Vereinbarung (§ 894 ZPO); das Urteil ersetzt zugleich die Anweisung nach § 60 II GBO (MüKo/Eickmann Rz 28), anders hingegen bei einem Urteil, das nur zur Bestellung der Hypothek verpflichtet (hier gilt für den Brief § 987 II ZPO).

7 Von der Aushändigungsvereinbarung zu unterscheiden ist die einseitige Weisung des Grundstückseigentümers an das Grundbuchamt gemäß § 60 II GBO, dem Gläubiger den Brief auszuhändigen. Diese, der Form des § 29 GBO bedürftige Weisung ersetzt nicht die Übergabe des Briefes; der Gläubiger erwirbt daher die Hypothek erst, wenn ihm der Brief vom Grundbuchamt im Auftrag des Gläubigers tatsächlich ausgehändigt wird (Gaberdiel S 85).

8 5. Die **Vermutung nach Abs III** greift ein, wenn der Gläubiger unmittelbarer oder mittelbarer Besitzer ist. Der Eigentümer muß diese gesetzliche Vermutung durch den Beweis des Gegenteils widerlegen (§ 292 ZPO). Nur die willentliche Übergabe durch den Eigentümer (Abs I S 1) wird vermutet, nicht ein Besitzrecht aus anderen Gründen. Bei einem fälligen Anspruch auf Verschaffung des Grundpfandrechts kann der unrechtmäßig besitzende Gläubiger Einigung iS von § 929 S 2 verlangen und mit Rücksicht hierauf der Herausgabeklage des Eigentümers den Arglisteinwand entgegensetzen. Für den Zeitpunkt der Briefübergabe gilt die Vermutung nicht; weist der Gläubiger jedoch nach, daß er schon seit einem bestimmten Zeitpunkt (zB vor Eröffnung eines Insolvenzverfahrens) ununterbrochen den Brief besitzt, dann muß die Vermutung der Übergabe bereits für diesen Zeitpunkt gelten. Ohne Briefbesitz kann sich der eingetragene Gläubiger auch nicht auf § 891 berufen (BayObLG WM 1982, 1369); hat er aber den Brief, dann kann er auch ohne Besitzrecht das Grundpfandrecht einem gutgläubigen Dritten übertragen (§§ 1138, 892). Auch für das Grundbuchverfahren gilt die Übergabevermutung, so für §§ 22, 53 GBO (KG OLG 38, 10; MüKo/Eickmann Rz 31, 32; aM zu § 53 Oldenburg Rpfleger 1966, 174).

6. § 1117 gilt für die Grundschuld entsprechend, sofern es sich nicht um eine Inhabergrundschuld (§ 1195) handelt. 9

1118 *Haftung für Nebenforderungen*

Kraft der Hypothek haftet das Grundstück auch für die gesetzlichen Zinsen der Forderung sowie für die Kosten der Kündigung und der die Befriedigung aus dem Grundstück bezweckenden Rechtsverfolgung.

1. **Bedeutung.** § 1118 begründet eine gesetzliche Haftung, bei der die Eintragung zwar nicht inhaltlich unzulässig, aber überflüssig ist. Ergänzung in § 1146. Ausnahme in § 1190 II für die Zinsen, nicht für die Kosten. **Andere** als die in § 1118 genannten Zinsen und Kosten bedürfen der Einigung und Eintragung (§§ 873, 1115); Bezugnahme auf die Eintragungsbewilligung genügt nicht, BGH WM 1966, 323, 324. 1

2. **Gesetzliche Zinsen** sind im Umfang der gesetzlichen Zinshöhe erfaßt. Gleichgültig ist, ob der Eigentümer auch persönlicher Schuldner ist; bei Gesamtschulden genügt die Haftung eines Schuldners. Anwendungsfälle: §§ 288 I S 2, 291, 641 II, 668, 675, 698, 1834. Die gesetzliche Haftung bezieht sich nur auf die Zinsen; nicht auf den sonstigen Verzugsschaden (vgl § 1146 Rz 2). Zur Behandlung der Zinsen vgl das Erlöschen der Hypothek bei Übergang auf den Eigentümer, § 1178. Zur Verjährung vgl §§ 195, 199, 216, 902 I S 2; zur Unterbrechung durch die dingliche Klage vgl BGH 93, 287. 2

3. Die **Kosten** der Kündigung (§ 1141) und der Rechtsverfolgung (§ 1147) müssen sich auf die Hypothek beziehen, also nicht nur auf die persönliche Forderung. Ob der Eigentümer zugleich persönlicher Schuldner ist, ist dabei gleichgültig. Auch Kosten der Klage gegen den eingetragenen Nichteigentümer fallen unter § 1118, nicht aber verauslagte Versicherungsprämien. 3

§ 1118 gibt nur Möglichkeit der Zwangsvollstreckung ins Grundstück. **Persönliche Pflicht des Eigentümers zur Kostentragung** entsteht erst durch dessen Verurteilung (§ 91 ZPO). Kostenpflicht des Gläubigers entsprechend § 93 ZPO, falls Eigentümer vor Klage Unterwerfung in vollstreckbarer Urkunde anbietet, Düsseldorf JMBl NRW 1968, 262; vgl § 1147 Rz 4. Zur Kündigung vgl auch § 1141. 4

Die Haftung ist auf die **notwendigen Kosten** der Kündigung sowie der dinglichen Klage nebst Zwangsvollstreckung beschränkt (§§ 91, 788 ZPO). **Kündigung** macht (zum Beweis) auch Kosten der Zustellung erforderlich, ferner etwaige Kosten nach § 1131 II; Anwaltskosten bei Notwendigkeit, in aller Regel aber dann, wenn ein Kreditinstitut Gläubiger ist (aM: MüKo/Eickmann Rz 12). **Kosten der Rechtsverfolgung**, soweit diesem Zweck entsprechend; Zweck muß die Befriedigung des Gläubigers sein (BGH WM 1966, 326); freiwillige Aufgabe der Rechtsverfolgung schließt eine Kostenhaftung aus (MüKo/Eickmann Rz 15). Zur Rechtsverfolgung gehört die Zwangsvollstreckung, insbesondere mithin das Zwangsversteigerungsverfahren, auch der Beitritt dazu oder die Anmeldung, nicht hingegen Mitbieten und Ersteigerung. Die Kosten der Unterlassungsklage aus § 1134 I oder von Maßregeln nach § 1134 I fallen nicht unter § 1118, wohl aber Fristsetzung und Klage nach § 1133. Eintragungskosten gehören nicht hierher, ausgenommen die der Zwangs- und Arresthypothek (§§ 867 I S 3, 932 II ZPO). 5

4. § 1118 gilt für die Grundschuld entsprechend. 6

1119 *Erweiterung der Haftung für Zinsen*

(1) Ist die Forderung unverzinslich oder ist der Zinssatz niedriger als fünf vom Hundert, so kann die Hypothek ohne Zustimmung der im Range gleich- oder nachstehenden Berechtigten dahin erweitert werden, dass das Grundstück für Zinsen bis zu fünf vom Hundert haftet.

(2) Zu einer Änderung der Zahlungszeit und des Zahlungsorts ist die Zustimmung dieser Berechtigten gleichfalls nicht erforderlich.

1. **Jede Zinserhöhung** ist eine **Inhaltsänderung** der Hypothek (vgl BGH NJW 1986, 314, 315) und erfordert deshalb Einigung und Eintragung (§§ 877, 873) sowie die Zustimmung gleich- und nachrangig Berechtigter (§ 876). Von dem Zustimmungserfordernis macht § 1119 eine **Ausnahme** bei Erhöhung des Zinssatzes **bis zu 5 %** (nominal, nicht effektiv). 1

2. Von § 1119 wird auch eine rückwirkende Zinserhöhung bis 5 % erfaßt, nicht jedoch auf einen Zeitpunkt vor Eintragung der Hypothek, weil der Grundstücksverkehr erst seit diesem Entstehungszeitpunkt mit einer dinglichen Verzinsungspflicht rechnen kann. Für die Höchstbetragshypothek gilt § 1119 erst ab Umwandlung in eine Hypothek mit fester Kapitalforderung. Die Vorschrift deckt nicht die Änderung einer 5 % übersteigenden bedingten in eine unbedingte Zinsforderung, auch nicht eine Zinserweiterung um mehr als 5 % bei gleichzeitiger Kapitalherabsetzung. Auf **Nebenleistungen anderer Art** ist § 1119 unanwendbar; ein Austausch dieser Nebenleistungen oder deren Umwandlung in Zinsen sind nur bis zur Höhe des eingetragenen Gesamtprozentsatzes ohne Zustimmung Drittberechtigter möglich, ebenso die Festsetzung eines bestimmten Zinssatzes bis zur Höhe des eingetragenen gleitenden Zinses. Soweit an der von der Zinserhöhung betroffenen Hypothek selbst dingliche Rechte Dritter bestehen (zB Pfandrecht), brauchen auch diese unter der Voraussetzung des § 1119 nicht zuzustimmen, da ihnen kein rechtlicher Nachteil erwächst (MüKo/Eickmann Rz 7; Staud/Wolfsteiner Rz 5; aM RGRK/Mattern Rz 2). 2

§ 1119 Sachenrecht Hypothek

3 **Eintragung** der zustimmungsfreien Zinserweiterung bei dem betroffenen Grundpfandrecht (Veränderungsspalte), einer Erhöhung um mehr als 5 % mit entsprechendem Nachrangvermerk, soweit die Zustimmung fehlt.

4 **3.** Abs II läßt auch Änderungen von **Zahlungszeit** und **Zahlungsort** ohne die Einwilligung gleich- und nachrangig Berechtigter zu. Diese Vorschrift bestätigt den Grundsatz, daß eine Inhaltsänderung, die keine rechtliche Beeinträchtigung Dritter zur Folge hat, nicht gemäß §§ 877, 876 zustimmungsbedürftig ist. Abs II gilt auch für die nachträgliche Vereinbarung von Tilgungszahlungen auf die Hypothek. An der Hypothek selbst dinglich berechtigte Dritte müssen in der Regel zustimmen, weil hier (im Unterschied zu Abs I) eine rechtliche Beeinträchtigung nicht auszuschließen ist (MüKo/Eickmann Rz 15; RGRK/Mattern Rz 11), so zB bei Hinausschieben der Fälligkeit. Die nachträgliche Eintragung der Unterwerfungsklausel bedarf nicht der Zustimmung nach § 876 (str).

5 **4.** § 1119 gilt für die Grundschuld entsprechend.

Vorbemerkung §§ 1120ff

1 **1.** Wegen der Hypothek haften dem Gläubiger nicht nur das Grundstück und seine wesentlichen Bestandteile (§ 96), sondern auch vom Grundstück getrennte Erzeugnisse und sonstige Bestandteile, Miet- und Pachtforderungen sowie wiederkehrende Leistungen. Versicherungsforderungen aus der Versicherung von Gegenständen, die der Hypothekenhaftung unterliegen, werden ebenfalls von der Haftung erfaßt. Das Recht auch an diesen Gegenständen und Rechten ist ein Grundpfandrecht, nicht etwa ein nebenher bestehendes Pfandrecht an beweglichen Sachen. Eine Besonderheit besteht für die Haftung der Forderungen aus einer Gebäudeversicherung (§ 1128).

2 **2.** Die **Folgen der Haftung** bestehen in dem dinglichen Verwertungsrecht und nicht etwa in einem Veräußerungsverbot, das alle Haftungsgegenstände verkehrsunfähig machen würde und damit die Bewirtschaftung des Grundstücks praktisch ausschlösse. Die bei Grundstücken mögliche Fortdauer der Haftung trotz Veräußerung ist bei den Nebensachen und -Rechten wirtschaftlich und zum Teil auch rechtlich unmöglich. Daher muß hier ein pfandfreies Ausscheiden aus dem Haftungsverband durch Veräußerung möglich sein. Bei den Sachen muß dazu die haftungsbegründende räumliche Beziehung zum Grundstück beseitigt werden. Insofern läßt sich die Rechtslage bei den Nebensachen und Rechten als latente Haftung bezeichnen. Die Stellung des Gläubigers verstärkt sich mit der Beschlagnahme.

3 **3.** Die **Haftung der Gegenstände und der Rechte kann die des Grundstücks überdauern**, so, wenn das Grundstück ohne die mithaftenden Gegenstände zugeschlagen wird. Die Haftung bleibt als dingliches Recht bestehen. Da die Übertragung des Rechts in grundpfandrechtlichen Formen nicht mehr möglich ist, sind §§ 398ff anwendbar.

4 **4.** Regelung in §§ 1120ff ist **als Inhaltsbestimmung des dinglichen Rechts zwingend** und daher einer rechtsgeschäftlichen Disposition der Parteien entzogen. Ohne dingliche Wirkung ist daher die Erklärung des Grundpfandrechtsgläubigers, er gebe beispielsweise Zubehörstücke aus der Haftung frei. Diese Freigabeerklärung hat lediglich schuldrechtliche Bedeutung.

1120 *Erstreckung auf Erzeugnisse, Bestandteile und Zubehör*

Die Hypothek erstreckt sich auf die von dem Grundstück getrennten Erzeugnisse und sonstigen Bestandteile, soweit sie nicht mit der Trennung nach den §§ 954 bis 957 in das Eigentum eines anderen als des Eigentümers oder des Eigenbesitzers des Grundstücks gelangt sind, sowie auf das Zubehör des Grundstücks mit Ausnahme der Zubehörstücke, welche nicht in das Eigentum des Eigentümers des Grundstücks gelangt sind.

1 **1. Vor der Trennung** sind **Erzeugnisse** und **Bestandteile** des Grundstücks an dessen rechtliches Schicksal gebunden. Sie haften daher dem Grundpfandrecht, auch der Eigentümergrundschuld (BGH NJW 1979, 2514; vgl aber § 1197 I). Insoweit besteht kein Unterschied zwischen wesentlichen und nicht wesentlichen Bestandteilen; letztere können allerdings schon vor der Trennung fremdes Eigentum sein, so daß dann aus diesem Grunde die Haftung ausscheidet. Für wesentliche Bestandteile ist nach § 93 kein dinglich wirkender Haftungsausschluß möglich. Scheinbestandteile (§ 95) haften nicht (vgl zur Abgrenzung Thamm BB 1990, 866; Lauer MDR 1986, 889). Bei rechtmäßigem und entschuldigtem **Grenzüberbau** (§ 912) ist der übergebaute Teil wesentlicher Bestandteil desjenigen Grundstücks, das den gewollten baulichen Schwerpunkt bildet (BGH NJW 1985, 789); beim **Eigengrenzüberbau** ist das Stammgrundstück im Zweifel nach objektivem Maßstab zu bestimmen (BGH 64, 333); das an diesem Grundstück bestehende Grundpfandrecht erfaßt somit den übergebauten Bauwerksteil (BGH LM § 912 Nr 9); dem Grundpfandrecht an dem anderen Grundstück haftet die Überbaurente (§§ 96, 1126).

2 **Pfändung ungetrennter, auch nicht wesentlicher Bestandteile** ist unzulässig; dagegen kann der Grundpfandgläubiger nach §§ 766 und 771 ZPO vorgehen. **Früchte** sind zwar schon einen Monat vor der Trennung, aber nicht mehr nach Immobiliarbeschlagnahme pfändbar (§ 810 I ZPO); bei einer der Pfändung nachfolgenden Beschlagnahme muß der Gläubiger sein Pfandrecht gemäß § 37 Nr 4 ZVG anmelden; der Hypothekengläubiger kann der Pfändung, sofern diese nicht Vorrang hat, widersprechen (§§ 810 II, 771 ZPO) oder Klage auf vorzugsweise Befriedigung nach § 805 ZPO erheben. Soweit Erzeugnisse mit Trennung Zubehör werden, verstößt eine Pfändung gegen § 865 II ZPO.

3 **2. Nach der Trennung**, dh mit Lösung vom Boden und vom Gebäude, werden die bisherigen Bestandteile selbständige bewegliche Sachen. Sie haften aber nach § 1120 weiter für das Grundpfandrecht. Voraussetzung dafür ist, daß das Recht schon zur Zeit der Trennung bestand; schon vorher getrennte Sachen können jedoch später als Zube-

hör haften. Weitere Voraussetzung ist, daß die Sachen mit ihrer Trennung Eigentum des Grundeigentümers bleiben (§ 953) oder Eigentum des Eigenbesitzers des Grundstücks werden (§ 955 I; vgl Mot 3, 656).

Keine Haftung der Sachen besteht, wenn diese mit Trennung Eigentum eines am Grundstück dinglich Berechtigten werden (§ 954), zB des Erbbauberechtigten (§ 1 II ErbbauVO) oder des Nießbrauchberechtigten (§§ 1030, 1039) werden, ebenso bei schuldrechtlichem Aneignungsrecht des Grundstücksbesitzers (§§ 956, 957), zB des Pächters (jedoch Erstreckung der Haftung auf die Pachtforderung, § 1123). Auf den Rang des Nutzungsrechts kommt es nicht an. Auch wenn der Nießbrauch dem Grundpfandrecht im Range nachgeht (oder das schuldrechtliche Aneignungsrecht später als die Hypothek begründet worden ist), erlangt der Berechtigte haftungsfreies Eigentum an den Früchten. Der Grundpfandgläubiger kann aber den nachrangigen Nießbrauch durch Zwangsverwaltung verdrängen, weil ihm dann für deren Dauer die Früchte gebühren; nicht entziehen läßt sich dadurch aber das Recht des Pächters auf den Fruchterwerb (§§ 21 III, 146, 148 ZVG), hier haftet die Pachtforderung (§ 1123). – Keine Haftung der Bestandteile auch bei **Verbindung, Vermischung und Verarbeitung** (§§ 949, 950); die neue Sache kann jedoch als Zubehör haften; **Enthaftung** der getrennten Erzeugnisse und sonstigen Bestandteile ist in den §§ 1121, 1122 geregelt.

Pfändung getrennter Bestandteile ist, falls sie durch Trennung nicht Zubehör geworden sind, bis zur Beschlagnahme des Grundstücks zulässig (§ 865 II ZPO). Der Grundpfandgläubiger kann dagegen nach § 805 ZPO oder mit Widerspruchsklage nach § 771 ZPO vorgehen; diese eröffnet den Weg zur einstweiligen Einstellung der Vollstreckung (§ 769 ZPO), wodurch die Wegnahme der Sache durch den Gerichtsvollzieher und damit die Enthaftung (§ 1122 I) verhindert werden. Pfändung *nach* Beschlagnahme ist unzulässig (§ 865 II S 2 ZPO); Eigentümer und Grundpfandgläubiger sind zur Erinnerung berechtigt (§ 766 ZPO), letzterer auch zur Klage nach § 771 ZPO. Durchführung der unzulässigen Mobiliarvollstreckung kann einen Anspruch des Grundpfandgläubigers auf Schadensersatz oder aus Bereicherung auslösen.

3. Zubehör (§§ 97, 98) haftet, wenn es in das Eigentum des Grundstückseigentümers „gelangt" ist; Eigenbesitz genügt nicht. Unmaßgeblich ist, ob er das Eigentum an der Zubehörsache vor oder nach Entstehung des Grundpfandrechts erworben hat; entscheidend ist nur, daß Zubehöreigenschaft und Grundpfandrecht zu irgendeinem Zeitpunkt zusammentreffen (BGH NJW 1979, 2514). Das einmal in den Haftungsverband gelangte Zubehör wird nur unter den Voraussetzungen der §§ 1121, 1122 wieder enthaftet. Übereignet der Grundstückseigentümer Zubehörstücke, die in seinem Eigentum stehen, zur Sicherheit an einen Dritten, so kann dieser lastenfreies Sicherungseigentum an einer auf dem Grundstück verbleibenden Sache nur so lange erwerben, wie keine Hypothek bestellt ist. Besteht bereits eine Hypothek und übertägt der Eigentümer ein Zubehörstück zur Sicherheit, erwirbt der Dritte – solange keine Beschlagnahme angeordnet ist – zwar das Eigentum, allerdings mit der Hypothek belastet. Die Veräußerung vor Beschlagnahme führt nämlich nur dann zur Enthaftung, wenn die Sache vom Grundstück entfernt wird. Ein zur Sicherheit übereigneter Gegenstand verbleibt jedoch üblicherweise in unmittelbarem Besitz des Sicherungsgebers und damit auf dem Grundstück. Ein bereits vorher entstandenes Vermieterpfandrecht geht entspr § 1209 der Hypothekenhaftung des Zubehörs vor (BGH 52, 99, 102), ebenso wenn dieses Pfandrecht vor Begründung der Zubehöreigenschaft entstanden ist (Hamm OLG 27, 153; Pal/Bassenge Rz 6).

Miteigentum des Grundstückseigentümers an der Zubehörsache führt zur Haftung des daran bestehenden Miteigentumsanteils. Hat ein Grundstücksmiteigentümer (oder Gesamthandseigentümer) Alleineigentum am Zubehör, dann haftet dieses, ebenso wenn er Gesamthandseigentümer des Zubehörs ist; keine Haftung hingegen bei Belastung nur eines Miteigentumsanteils (§ 1114) desjenigen, dem das Zubehör nicht (mit-)gehört.

Ist eine Sache **Zubehör mehrerer Grundstücke**, so haftet sie für alle daran bestehenden Grundpfandrechte nach deren Rangverhältnis. Wird die Sache mit einem der Grundstücke versteigert, erwirbt der Ersteher Eigentum, und zwar lastenfrei; der auf die Zubehörsache entfallende Erlös ist nach dem Rang der Grundpfandrechte zu verteilen, ein Übererlös nach den ideellen Anteilen der Grundeigentümer an der Sache; abgesonderte Versteigerung von Zubehör kommt nach § 65 ZVG in Betracht.

4. Hat der Grundstückseigentümer Zubehör unter Eigentumsvorbehalt erworben, und steht ihm ein **Anwartschaftsrecht** daran zu, so haftet auch dieses Anwartschaftsrecht für die Grundschuld (BGH 92, 280, 289; BGH NJW 1961, 1349, 1350). Wird später der Kaufpreis – uU auch von Grundpfandrechtsgläubiger zum Zwecke der Verwertung der Sache – gezahlt und damit die Bedingung für den Eigentumswechsel erfüllt, tritt das Eigentum an dem Zubehörstück an die Stelle des Anwartschaftsrechts. Damit haftet nunmehr die Sache selbst an Stelle des Anwartschaftsrechts für die Grundschuld. Dies gilt selbst dann, wenn ein Dritter Eigentum an der Sache erwirbt, weil der Grundeigentümer das Anwartschaftsrecht inzwischen an diesen übertragen hat. Geht das Anwartschaftsrecht allerdings ersatzlos unter, etwa, weil der Verkäufer wegen Zahlungsverzugs vom Kaufvertrag zurücktritt und die Rückgabe der Sache verlangt, erstreckt sich die Grundschuld nicht auf die Sache (BGH NJW 1961, 1349, 1351). Nach Ansicht des BGH können Verkäufer und Käufer das Anwartschaftsrecht, welches für eine Grundschuld haftet, auch ohne Zustimmung des Grundpfandrechtsgläubigers durch Vereinbarung aufheben (BGH 92, 280 [290f]; zust Wilhelm NJW 1987, 1785 [1788]; für eine Zustimmungspflicht analog § 1276 Gaberdiel S 553, Bülow Recht der Kreditsicherheiten 6. Aufl 2003 Rz 131; Tiedtke NJW 1985, 1305, 1307; Kollhosser JZ 1985, 370, 373; differenzierend Scholz MDR 1990, 679, 680).

5. § 1120 ist auf die Grundschuld entsprechend anwendbar.

1121 *Enthaftung durch Veräußerung und Entfernung*
(1) Erzeugnisse und sonstige Bestandteile des Grundstücks sowie Zubehörstücke werden von der Haftung frei, wenn sie veräußert und von dem Grundstück entfernt werden, bevor sie zugunsten des Gläubigers in Beschlag genommen worden sind.

§ 1121

(2) Erfolgt die Veräußerung vor der Entfernung, so kann sich der Erwerber dem Gläubiger gegenüber nicht darauf berufen, dass er in Ansehung der Hypothek in gutem Glauben gewesen sei. Entfernt der Erwerber die Sache von dem Grundstück, so ist eine vor der Entfernung erfolgte Beschlagnahme ihm gegenüber nur wirksam, wenn er bei der Entfernung in Ansehung der Beschlagnahme nicht in gutem Glauben ist.

1   1. Aus der Haftungseinheit mit dem Grundstück scheiden **Bestandteile** und **Zubehör** unter den Voraussetzungen der §§ 1121, 1122 aus. Sie werden gemäß § 1121 haftungsfrei, wenn sie **nach Veräußerung entfernt** oder **nach Entfernung veräußert** werden. Das Ausscheiden aus dem Haftungsverband knüpft also an die Beendigung der wirtschaftlichen Zugehörigkeit des haftenden Gegenstandes zum Grundstück an. Veräußerung allein genügt nicht (BGH NJW 1979, 2514), bloße Entfernung nur im Falle des § 1122. Ausschluß oder Erweiterung der Regelung sind mit dinglicher Wirkung möglich. Mit Enthaftung erlischt das Recht des Grundpfandgläubigers auf Verwertung der betreffenden Sache (§ 1147).

2   2. **Veräußerung** ist die Übertragung des Sacheigentums ohne das Grundstück (§§ 929 ff). **Keine Veräußerung** ist das diesbezügliche Verpflichtungsgeschäft oder die Belastung der Sache, zB durch Pfandrecht oder Nießbrauch, auch nicht die Pfändung, sondern erst die Pfandverwertung. Die Haftungsverbindung bleibt auch dann erhalten, wenn die Sache zwar zusammen mit dem Grundstück verkauft, das Sacheigentum aber vor der Auflassung übertragen wird.

3   3. **Entfernung** ist die räumliche Trennung der Sache vom Grundstück; bloße Besitzübertragung bei Belassen der Sache auf dem Grundstück genügt nicht (BGH NJW 1979, 2514), folglich auch nicht Übereignung auf den Grundstückspächter, wenn er die Sache auf dem Grundstück beläßt (LG Freiburg ZIP 1982, 1368). Die Entfernung muß als **dauernde Loslösung vom Grundstück** gewollt sein. Sie muß im sachlichen Zusammenhang mit der Veräußerung stehen (BGH 60, 267, 268). Unter diesen Voraussetzungen ist auch die Wegschaffung der Sache aufgrund einer gerade zur Vermeidung der Beschlagnahme erlassenen einstweiligen Verfügung ausreichend, nicht aber bei einer Verfügung, die nur die vorläufige Sicherung durch Verwahrung bezweckt. Bei Entfernung eines Teils einer Sachgesamtheit haften die verbleibenden Teile, sofern sie dann noch Zubehör sind.

4   **Bei Entfernung mit fortbestehender Haftung** hat der Gläubiger der Hypothek Anspruch auf Rückschaffung der Sache auf das Grundstück, gegen den Erwerber der Sache jedoch nur dann, wenn auch ihm gegenüber der Tatbestand des § 823 I oder II iVm §§ 1134, 1135 erfüllt ist (vgl § 1135 Rz 1). Schadensersatzanspruch vgl § 1122 Rz 3. Einwilligung des Gläubigers in die Veräußerung widerrechtlich entfernten Zubehörs bedeutet nicht ohne weiteres Verzicht auf den Schadensersatzanspruch (BGH NJW 1991, 695).

5   4. **Beschlagnahme** wird durch Anordnung der Zwangsversteigerung oder Zwangsverwaltung (§§ 20 I, 146 I ZVG) sowie durch Zulassung des Beitritts (§ 27 I ZVG) herbeigeführt. Die Folge ist ein relatives Veräußerungsverbot zugunsten des betreibenden bzw des beigetretenen Hypothekengläubigers. Getrennte land- und forstwirtschaftliche Erzeugnisse, die nicht Zubehör sind, werden nur von der Zwangsverwaltung erfaßt (§§ 21 I, 148 I ZVG); überhaupt nicht betroffen wird das Recht des Pächters auf Fruchtziehung (§§ 21 III, 146 I ZVG). Beschlagnahme durch Pfändung, soweit zulässig (vgl § 865 II ZPO), erfordert einen dinglichen Duldungstitel nach § 1147 oder ein Veräußerungsverbot durch eine den dinglichen Anspruch sichernde einstweilige Verfügung.

6   5. **Gutgläubiger Erwerb** ist in Abs II besonders geregelt. Bei Veräußerung und Entfernung vor Beschlagnahme wird die Enthaftung nicht dadurch ausgeschlossen, daß der Erwerber weiß, daß das Grundstück mit der Hypothek belastet ist. Auf seine Gutgläubigkeit kommt es nicht an, weil der Eigentümer weiter berechtigt sein soll, das Grundstück zu bewirtschaften, ohne daß dafür die engen Voraussetzungen des § 936 gelten. Bei **Veräußerung ohne Entfernung** ist als Folge der haftungsbegründenden Verbindung der Sache mit dem Grundstück guter Glaube an das Nichtbestehen der Hypothek bedeutungslos (Abs II S 1); § 936 ist insoweit nicht anwendbar; gutgläubiger Erwerb nach § 932 (nicht § 892) ist aber möglich, wenn die Hypothek zu Unrecht gelöscht war. Bei **Entfernung nach Beschlagnahme** wird Gutgläubigkeit geschützt (Abs II S 2). Nur die Unkenntnis (iSd § 932 II) von der Beschlagnahme, nicht von dem Bestand der Hypothek, in dem dafür maßgebenden Zeitpunkt der Entfernung verhindert den Erwerb; Eintragung des Versteigerungsvermerks macht stets bösgläubig. **Entfernung vor Beschlagnahme und spätere Veräußerung** ermöglichen im Zeitpunkt des Veräußerungsgeschäfts gutgläubigen Erwerb; hier gelten unmittelbar die §§ 135, 136, 936, sofern nicht schon § 1122 eingreift. Ist der Erwerber hinsichtlich der Beschlagnahme, nicht jedoch hinsichtlich der Bestandteils- und Zubehöreigenschaft haftender Sachen bösgläubig, so kann er sich in keinem dieser Fälle auf guten Glauben berufen, denn § 135 II bezieht sich nur auf die Kenntnis des Veräußerungsverbots, nicht auf dessen gesetzliche Auswirkungen und auf die davon betroffenen Gegenstände.

7   6. Ist das Zubehörstück durch die Entfernung nicht aus der Haftung für die Grundschuld frei geworden, hat der Grundschuldgläubiger weiterhin ein Befriedigungsrecht daraus, das er im Wege der Mobiliarvollstreckung verwirklichen muß. Erfährt der Gläubiger im Vorfeld, daß eine Entfernung von Zubehörstücken beabsichtigt ist, kann er vom Eigentümer bzw vom Dritten Unterlassung verlangen (§§ 1135, 1134). Voraussetzung ist eine Gefährdung der Hypothek, die vorliegt, wenn die Aussicht des Gläubigers, bei einer Zwangsversteigerung Befriedigung zu finden, wegen der Wegnahme der Zubehörstücke verschlechtert wird.

§ 1122 *Enthaftung ohne Veräußerung*

(1) Sind die Erzeugnisse oder Bestandteile innerhalb der Grenzen einer ordnungsmäßigen Wirtschaft von dem Grundstück getrennt worden, so erlischt ihre Haftung auch ohne Veräußerung, wenn sie vor der Beschlagnahme von dem Grundstück entfernt werden, es sei denn, dass die Entfernung zu einem vorübergehenden Zweck erfolgt.

(2) **Zubehörstücke werden ohne Veräußerung von der Haftung frei, wenn die Zubehöreigenschaft innerhalb der Grenzen einer ordnungsmäßigen Wirtschaft vor der Beschlagnahme aufgehoben wird.**

1. Entfernung vom Grundstück nach wirtschaftsgemäßer Trennung macht **Erzeugnisse** und **Bestandteile** auch ohne Veräußerung haftungsfrei. Einer „ordnungsmäßigen Wirtschaft" entspricht die **Trennung,** wenn diese für den Nutzungszweck des Grundstücks sachdienlich ist, zB bei Betriebsumstellung. Endgültige und völlige Aufgabe der Bewirtschaftung, wie bei Betriebsstillegung durch den Insolvenzverwalter, ist in diesem Sinne nicht ordnungsgemäß (BGH ZIP 1996, 223, 224), auch nicht die Räumung eines Hauses im Hinblick auf den bevorstehenden Eigentumsverlust in der Zwangsversteigerung (BGH WM 1990, 603, 606), ebenso nicht der Ausbau wesentlicher Bestandteile durch die Lieferanten. Soweit Erzeugnisse oder Bestandteile mit Trennung zu Zubehör werden, gelten Abs II sowie § 1121. **Entfernung** vor der Beschlagnahme führt zur Enthaftung. Auf den Grund der Entfernung kommt es ebensowenig an wie auf die Person dessen, der entfernt. Nur vorübergehende Entfernung genügt nicht. Wegnahme aufgrund Pfändung ist zwar endgültig, aber Trennung zu diesem Zweck nicht wirtschaftsgemäß; Übergabe an den Gläubiger eines vertraglichen oder gesetzlichen Pfandrechts ist in der Regel nur vorübergehend. 1

2. Zubehör (§§ 97, 98) wird durch wirtschaftsgemäße Aufhebung der **Zubehöreigenschaft** enthaftet, ohne daß Veräußerung und Entfernung erforderlich sind. Die Aufhebung muß dem wirtschaftlichen Zweck des Grundstücks dienen, zB Aussonderung alter Maschinen, auch wenn die neu erworbenen infolge Eigentumsvorbehalts nicht haften, nicht hingegen Betriebsstillegung (Rz 1). Allein durch Veräußerung wird die Zubehöreigenschaft nicht aufgehoben (BGH NJW 1979, 2514). Andererseits endet die Eigenschaft auch dann, wenn der Grundeigentümer oder der am Grundstück Nutzungsberechtigte die Sache für einen anderen Zweck umwidmet oder diese nur noch vorübergehend als Zubehör nutzen will (BGH NJW 1969, 2135, 2136), doch muß eine solche Rechtshandlung nach außen hin schlüssig hervortreten und einer ordnungsgemäßen Bewirtschaftung entsprechen. 2

3. Ist ein Zubehörstück entgegen der Regeln der ordnungsgemäßen Wirtschaft vom Grundstück weggenommen und die Grundschuld dadurch – insbesondere deshalb, weil das Zubehörstück gemäß §§ 1121, 1192 I enthaftet wurde – gefährdet worden, kann der Grundschuldgläubiger vom Grundstückseigentümer und vom Dritten gemäß § 823 I bzw § 823 II iVm §§ 1134, 1135 Schadensersatz verlangen (BGH ZIP 1991, 17, 18; BGH WM 1989, 952, 953). Voraussetzung ist der Entzug des unmittelbaren Zugriffs auf das Sicherungsobjekt (BGH ZIP 1991, 17, 18) und schuldhaftes Handeln, mithin also, daß die Zusammenhänge erkannt wurden oder hätten erkannt werden müssen. Der Schadensersatzanspruch ist auf Geld gerichtet, sofern die Wiederherstellung des ursprünglichen Zustandes nicht mehr möglich ist. Der Schaden entspricht der Höhe nach dem Betrag, den der betreffende Gläubiger in der Zwangsversteigerung mehr erhalten hätte, wenn die weggeschaffte Sache mitversteigert worden wäre. 3

Werden von einem zur Versteigerung anstehenden Grundstück Zubehörstücke entfernt, so steht ein evtl Schadensersatzanspruch dem neuen Eigentümer zu, wenn die Entfernung nach dem Zuschlag erfolgte (Gaberdiel S 559). Werden die Sachen vor dem Zuschlag entfernt, entsteht der Anspruch in der Person des bisherigen Grundeigentümers bzw Grundpfandrechtsgläubigers. Da nach Ansicht des BGH § 1127 auf diesen Schadensersatzanspruch nicht anwendbar ist (BGH WM 1989, 952, 953), geht er durch den Zuschlag nicht auf den neuen Gläubiger über (aA Gaberdiel S 558). Der BGH läßt allerdings offen, ob die §§ 1134, 1135 iVm § 823 II auch dem Schutz des Erstehers in der Zwangsversteigerung dienen und dieser wenigstens einen Erstattungsanspruch erwirbt, wenn die Entfernung erst nach dem Zuschlag bemerkt wird (BGH WM 1989, 952, 953). 4

4. § 1122 ist auf die Grundschuld entsprechend anwendbar. 5

1123 *Erstreckung auf Miet- oder Pachtforderung*

(1) Ist das Grundstück vermietet oder verpachtet, so erstreckt sich die Hypothek auf die Miet- oder Pachtforderung.
(2) Soweit die Forderung fällig ist, wird sie mit dem Ablauf eines Jahres nach dem Eintritt der Fälligkeit von der Haftung frei, wenn nicht vorher die Beschlagnahme zugunsten des Hypothekengläubigers erfolgt. Ist die Miete oder Pacht im Voraus zu entrichten, so erstreckt sich die Befreiung nicht auf die Miete oder Pacht für eine spätere Zeit als den zur Zeit der Beschlagnahme laufenden Kalendermonat; erfolgt die Beschlagnahme nach dem 15. Tage des Monats, so erstreckt sich die Befreiung auch auf den Miet- oder Pachtzins für den folgenden Kalendermonat.

1. Miet- und Pachtforderungen haften zum Ausgleich dafür, daß der Hypothekengläubiger bei der Beschlagnahme des Grundstücks schon bestehende Miet- und Pachtverträge gegen sich gelten lassen muß (§ 571; ZVG §§ 57, 21 III, 152 II; vgl Mot III 663). Erfaßt sind Geldforderungen und sonstige pfändbare Ansprüche des Grundeigentümers aus Vermietung und Verpachtung, einschließlich von Forderungen für Mitüberlassung haftenden Zubehörs. Gleiches gilt bei Vermietung und Verpachtung durch Eigenbesitzer des Grundstücks oder durch nachrangigen Nießbrauchsberechtigten; ein rangbesserer **Nießbrauch** geht aber der Hypothek vor. Es haftet der Bruttomietzins, also ohne Steuerabzug (FG Hessen ZIP 1981, 1262); schon erfüllte Forderungen haften nicht (BGH WM 1989, 270). Der Miet- oder Pachtanspruch haftet unabhängig davon, wer das Grundstück vermietet oder verpachtet hat, sei es also der Eigentümer, ein Nießbraucher, dessen Recht dem Recht des Hypothekengläubigers nachsteht (Staud/Wolfsteiner Rz 8; Müko/Eickmann Rz 10). Auf Ansprüche des Mieters aus Untervermietung (Unterverpachtung) ist § 1123 ebenfalls anwendbar, wobei der Hypothekengläubiger entweder die Miete oder die Untermiete beanspruchen kann, nicht aber beide für den gleichen Zeitraum (Staud/Wolfsteiner Rz 8; aA Vorauflage; LG Bonn ZIP 1981, 730). 1

Ein für die haftenden Miet-/Pachtforderungen bestehendes Vermieter-/Verpächterpfandrecht (§§ 559, 585) steht grundsätzlich auch dem Hypothekengläubiger zur Verfügung (Gaberdiel S 562). Es kann allerdings erst nach der 2

§ 1123 Sachenrecht Hypothek

Beschlagnahme geltend gemacht werden. Erfolgt die Beschlagnahme durch Anordnung der Zwangsverwalter, kann nur der Zwangsverwalter das Vermieterpfandrecht realisieren; bei einer Pfändung des Miet-/Pachtanspruchs aufgrund des dinglichen Titels geschieht dies durch den Grundschuldgläubiger selbst.

3 **Bei gemischten Verträgen,** zB Gastaufnahmevertrag, Vertrag über Aufnahme in Krankenhaus oder in Altersheim, ist es eine Frage des Einzelfalles, ob nur der auf die Gebrauchsüberlassung entfallende Anteil des Entgelts haftet; im Zweifel erstreckt sich die Hypothek auf die ganze Forderung (LG Karlsruhe Rpfleger 1975, 175, aM Erman/Räfle[9] Rz 2; Pal/Bassenge Rz 1; Staud/Wolfsteiner Rz 6). – Der **Zeitpunkt des Vertragsabschlusses** ist unerheblich. Es haften daher die Forderungen sowohl aus der Zeit nach Entstehung der Hypothek (Köln ZIP 1996, 828, 829) als auch in der noch offenen Höhe aus einem davor liegenden Zeitraum (Staud/Wolfsteiner Rz 11; RGRK/Mattern Rz 6).

4 **2. Haftungsbeschränkung nach Abs II: Nachträglich fällig werdende** Miet- und Pachtforderungen haften nur für die Dauer eines Jahres nach Fälligkeit (S 1). **Im voraus fällige** Forderungen sind bei Beschlagnahme bis zum 15. eines Monats für diesen ganzen Monat, bei späterer Beschlagnahme auch noch für den nächten Monat haftungsfrei (S 2); auch wenn die Beschlagnahme später als ein Jahr nach Eintritt der Fälligkeit vorgenommen wird, gilt S 1 nicht für den nach Ende der Frist des S 2 eintretenden Zahlungsrückstand.

5 **Beschlagnahme** zugunsten des Grundpfandgläubigers durch Anordnung der **Zwangsverwaltung,** nicht der Zwangsversteigerung, da sich diese nicht auf Miet- und Pachtforderungen erstreckt (§§ 21 II, 148 I S 1 ZVG). Die Anordnung wird dem Mieter gegenüber mit dessen Kenntnis oder mit Zustellung des Zahlungsverbots wirksam (§§ 22 II, 146, 148 I ZVG); in Betracht kommt auch Zahlungsverbot durch einstweilige Verfügung. Die Zwangsverwaltung erfaßt zugleich etwaige Sicherungsrechte des Grundeigentümers, zB Vermieterpfandrecht oder Anspruch aus Bürgschaft. Beschlagnahme wird auch durch eine auf dem dinglichen Anspruch (§ 1147) beruhende **Pfändung** der Forderung bewirkt; bei mehreren Pfändungen entscheidet nicht deren Reihenfolge, sondern gemäß § 879 der Rang der Grundpfandrechte, es sei denn, daß die zeitlich frühere Pfändung als Vorausverfügung nach § 1124 wirksam ist. Zum Zusammentreffen von Zwangsverwaltung und Insolvenzverfahren s Wenzel NZI 1999, 101, 103; Vallender Rpfleger 1997, 353ff).

6 **3.** Gewährt ein Hypothekengläubiger einem Darlehensnehmer Kredit, der Gesellschafter einer GmbH ist und seine als Pfandobjekt dienende Immobilie dieser GmbH vermietet oder verpachtet hat, wirkt sich ein eventueller eigenkapitalersetzender Charakter der Nutzungsüberlassung (s dazu BGH ZIP 1998, 1352, 1353 mwN) nicht auf den Erfolg einer Zwangsverwertung der Immobilie aus. In einem Grundsatzurteil hat der BGH (ZIP 1999, 65) einen Meinungsstreit entschieden, der in Literatur und Rspr entstanden war. So war teilweise die Ansicht vertreten worden, im Verhältnis zwischen Gesellschaft und Grundpfandrechtsgläubiger könnten die Eigenkapitalersatzregeln überhaupt keine Geltung beanspruchen, weil diese auf Gesellschaftsfremde keine Anwendung fänden (Lauer WM 1990, 1693, 1694) oder weil wegen der Unentgeltlichkeit der Nutzungsüberlassung der Zwangsverwalter nicht in das Rechtsverhältnis zu der Gesellschaft eintrete (Gnamm WM 1996, 189). Demgegenüber vertrat die im Vordringen begriffene Gegenmeinung den Standpunkt, daß der Grundpfandrechtsgläubiger die kraft Gesetzes eintretenden Folgen des Stehenlassens einer Grundstücksüberlassung in gleicher Weise hinzunehmen habe wie der Grundstückseigentümer (Düsseldorf ZIP 1998, 1910, 1911; Köln ZIP 1998, 1914, 1916f; Karlsruhe ZIP 1997, 1758, 1759; Heublein ZIP 1998, 1899, 1902f; Gehrlein NZG 1998, 845, 848). Die daraus ergebende Konsequenz wollten einige Vertreter der Gegenmeinung allerdings dadurch abmildern, daß dem Zwangsverwalter analog § 57a ZVG das Recht zugebilligt wurde, das Miet- oder Pachtverhältnis vorzeitig zu kündigen (Köln ZIP 1998, 1914, 1917). Eine vermittelnde Ansicht (München WM 1997, 441, 442) ordnete schließlich das Vertrauen des Grundpfandrechtsgläubigers auf den Haftungsverband der Hypothek dem Interesse des Insolvenzverwalters an einer unentgeltlichen Nutzung des Grundstücks für den Fall über, daß die Umqualifizierung des Miet- oder Pachtverhältnisses erst nach der Bestellung des Grundpfandrechts eintrat.

7 Demgegenüber hat der BGH entschieden, daß die Wirkung einer eigenkapitalersetzenden Gebrauchsüberlassung einer grundpfandrechtlich belasteten Immobilie in entsprechender Anwendung der §§ 146ff ZVG, 1123, 1124 II BGB mit dem Wirksamwerden des im Wege der Zwangsverwaltung erlassenen Beschlagnahmebeschlusses endet, ohne daß es eines weiteren Tätigwerdens des Zwangsverwalters bedarf (BGH ZIP 1999, 65, 66f; BGH WM 2000, 525, 526; zust Jungmann ZIP 1999, 601, 607; Depri DZWiR 1999, 249, 250).

8 Gemäß § 57 ZVG finden §§ 566 I, 578 I bei einem Eigentumserwerb in der Zwangsversteigerung entsprechende Anwendung, wenn das Grundstück einem Mieter oder Pächter überlassen war. Die Frage, ob sich die Gesellschaft gegenüber dem Erwerber auf die gesetzlichen bzw. von der Rspr entwickelten Regeln zum Eigenkapitalersatz berufen kann, ist zu verneinen. Dafür spricht bereits die Aussage im Urteil des BGH vom 7. 12. 1998, wonach die von dem Grundpfandrechtsgläubiger veranlaßte Beschlagnahme gemäß §§ 1123 II S 3, 1124 iVm §§ 146ff ZVG eine Zäsur bewirkt, von der ab dem Interesse des dinglichen Gläubigers an einer Realisierung seines Sicherungsrechts der Vorrang vor den gegenläufigen Bedürfnissen des Schuldners nach eigenständiger Bewirtschaftung und Nutzung des Grundstücks eingeräumt ist. Auf den Fall der Zwangsversteigerung übertragen führt dies zu §§ 566c, 578 I iVm § 581 II), der gemäß § 57 ZVG auf den Eintritt des Erstehers in das Miet- oder Pachtverhältnis nach Maßgabe des § 57b ZVG Anwendung findet. Dieses Ergebnis schafft für den Fall der Zwangsversteigerung den gerechten Ausgleich zwischen den Interessen des Grundpfandrechtsgläubigers und den Gläubigern der Gesellschaft, auf welchen der BGH in seiner Entscheidung die Zwangsverwaltung betreffend maßgeblich abgestellt hat (BGH ZIP 1999, 65, 67). So überzeugt die Rechtsfolge, daß sich die Gesellschaft gegenüber dem Ersteher nicht auf das auf Kapitalersatzrecht beruhende Leistungsverweigerungsrecht berufen kann schon deshalb, weil dieses auf ihn als gesellschaftsfremden Dritten keine Anwendung findet.

9 **4.** § 1123 ist auf die Grundschuld entsprechend anwendbar.

§ 1124 Vorausverfügung über Miete oder Pacht

(1) Wird die Miete oder Pacht eingezogen, bevor sie zugunsten des Hypothekengläubigers in Beschlag genommen worden ist, oder wird vor der Beschlagnahme in anderer Weise über sie verfügt, so ist die Verfügung dem Hypothekengläubiger gegenüber wirksam. Besteht die Verfügung in der Übertragung der Forderung auf einen Dritten, so erlischt die Haftung der Forderung; erlangt ein Dritter ein Recht an der Forderung, so geht es der Hypothek im Range vor.

(2) Die Verfügung ist dem Hypothekengläubiger gegenüber unwirksam, soweit sie sich auf die Miete oder Pacht für eine spätere Zeit als den zur Zeit der Beschlagnahme laufenden Kalendermonat bezieht; erfolgt die Beschlagnahme nach dem fünfzehnten Tage des Monats, so ist die Verfügung jedoch insoweit wirksam, als sie sich auf die Miete oder Pacht für den folgenden Kalendermonat bezieht.

(3) Der Übertragung der Forderung auf einen Dritten steht es gleich, wenn das Grundstück ohne die Forderung veräußert wird.

1. Abs I entzieht der Hypothekenhaftung diejenigen Miet- und Pachtforderungen, über die **vor der Beschlagnahme** durch Einziehung oder anderweitig verfügt worden ist. Abs II hingegen schützt den Gläubiger gegen **Vorausverfügungen,** die sich auf den Fälligkeitszeitraum **nach Beschlagnahme** erstrecken. Verfügungen, die erst nach Beschlagnahme erfolgen, sind immer wirkungslos (§§ 135, 136; § 23 I S 1 ZVG); der gutgläubig zahlende Mieter wird aber im Rahmen der §§ 22 II S 2, 148 I ZVG geschützt.

2. Einziehung iS von Abs I S 1 ist jede Art der Erfüllung und des Erfüllungsersatzes, also auch Leistung an Erfüllungs Statt (§ 364), Aufrechnung (§ 387) und Aufrechnungsvereinbarung sowie Hinterlegung unter Ausschluß der Rücknahme (§§ 378, 376 II Nr 1), so daß spätere Beschlagnahme den hinterlegten Mietbetrag nicht erfaßt (BGH WM 1989, 270). Der Auszahlungsanspruch des Grundeigentümers gegen die Hinterlegungsstelle bei schon vor Beschlagnahme erklärter Annahme gem § 376 II Nr 2 haftet demgegenüber (aM Staud/Wolfsteiner Rz 4; MüKo/Eickmann Rz 6), da dieser aus dem Miet- bzw Pachtverhältnis erwachsen ist.

Unter Abs I S 1 Alt 2 fallende **Verfügungen anderer Art** sind beispielsweise Erlaß der Forderung oder Inhaltsänderung (zB Stundung), nicht hingegen Aufgabe einer Forderungssicherheit (zB Bürgschaft), auch nicht Aufhebung oder Kündigung des Vertrages sowie Rücktritt, weil es sich dabei nicht um Verfügungen über die Forderung handelt. Erfaßt sind **Belastungen** der Forderung durch **Verpfändung** oder durch **Nießbrauch** (§ 1068). Von dem Forderungsnießbrauch ist der **Nießbrauch am Grundstück** zu unterscheiden; dieser fällt ebensowenig unter § 1124 wie dessen Überlassung zur Ausübung; maßgebend ist hier nur das Rangverhältnis zwischen Nießbrauch und Hypothek (§ 879); der nachrangige Nießbraucher kann bis zur Beschlagnahme die Miete (Pacht) einziehen und darüber verfügen (Abs I S 1), der vorrangige verdrängt von Anfang an spätere Grundpfandrechte. **Pfändung der Forderung** fällt auch dann unter § 1124, wenn sie ein persönlicher Gläubiger erwirkt; Überweisung zur Einziehung bringt mit Einzug, Überweisung an Zahlungs Statt unmittelbar die Forderung zum Erlöschen.

Abtretung der Forderung (Abs I S 2) führt auch dann zum Erlöschen, wenn sie schon im Miet- oder Pachtvertrag ausbedungen war. Gleichgestellt ist nach Abs III die Veräußerung des Grundstücks ohne die Miet-(Pacht)forderung, weil damit die haftungsrechtliche Verbindung aufgelöst wird. Das Entgelt für die Abtretung haftet nicht.

3. Verfügungen vor Beschlagnahme sind dem Hypothekengläubiger gegenüber unwirksam, soweit sie sich auf die Miete/Pacht für einen späteren als den in Abs II bestimmten Zeitpunkt nach der Beschlagnahme beziehen. Da Abs II nicht danach unterscheidet, ob die Vorausverfügung vor oder nach der Grundschuldbestellung geschieht, hat beispielsweise die Abtretung der Mietforderung nach einem späteren zunächst unbelasteten Grundstück nur begrenzte Wirkung (Merkel in Schimansky/Bunte/Lwowsky [Hrsg] Bankrechtshdb, 2. Aufl 2001, Bd II S 2794). Abtretung für eine darüber hinausgehende Fälligkeitszeit ist relativ unwirksam; insoweit wird der Mieter (Pächter) durch Zahlungen an den Zessionar nicht befreit (Gutglaubensschutz vgl § 1123 Rz 5), er hat aber einen (pfändbaren) Bereicherungsanspruch gegen den Zessionar; genehmigt der Hypothekengläubiger die Leistung, so kann dieser vom Zessionar nach § 816 II Herausgabe verlangen (Soergel/Konzen Rz 11, MüKo/Eickmann Rz 35); mit Genehmigung wird der Mieter frei, ebenso bei Tilgung der Hypothek oder Aufhebung der Beschlagnahme. Auch **Vorausverfügungen zugunsten eines Grundpfandgläubigers** (zB Abtretung, Verpfändung, Pfändung) werden bei Beschlagnahme zugunsten eines anderen Grundpfandgläubigers mit Ablauf der Frist des Abs II unwirksam, auch wenn dessen Recht nachrangig ist (Frankfurt OLG 18, 169; hM; aA Hamburg OLG 18, 165); der rangbessere Hypothekar muß dann selbst Beschlagnahme erwirken. Konkurrieren mehrere Pfändungen, so verdrängt ein dinglicher Gläubiger den persönlichen Gläubiger; die Pfändung aufgrund eines dinglichen Titels ist im Verhältnis zu einer späteren, auf Antrag eines nachrangigen Grundpfandrechtsgläubigers angeordneten Zwangsverwaltung unwirksam (LG Braunschweig ZIP 1996, 193, 194). Beschlagnahme durch Forderungspfändung aufgrund dinglichen Titels geht einer solchen seitens des nachrangigen Hypothekengläubigers vor (§ 879). Bei Anordnung der **Zwangsverwaltung** gebührt der Zins ohne Rücksicht auf die Zeitfolge der Pfändungen dem Zwangsverwalter nach Maßgabe der §§ 148, 155 ZVG, selbst wenn ein persönlicher Gläubiger die Anordnung herbeigeführt hat. Die dinglichen Gläubiger werden untereinander nach dem Rang ihres Rechtes am Grundstück berücksichtigt.

Vorauszahlungen, die schon im Miet- oder Pachtvertrag und nicht erst nachträglich vereinbart sind, fallen nur dann nicht unter Abs II, wenn und soweit für die ganze Vertragsdauer ein im voraus fälliger Betrag zu leisten ist. Ist jedoch die Miete/Pacht nach Zeitabschnitten (zB monatlich) bemessen, so gilt Abs II auch dann, wenn die Zahlung vereinbarungsgemäß in einer zusammengefaßten Summe im voraus entrichtet wird (BGH 37, 346, 351; NJW 1967, 555); davon ausgenommen ist der abwohnbare **Baukostenzuschuß** unter der Voraussetzung, daß er schon im Mietvertrag oder im Zusammenhang damit vereinbart worden ist und dem Auf- oder Ausbau des Mietobjektes dient (BGH 16, 31). Die Zahlung muß also tatsächlich, wenigstens mittelbar, zum Bau verwendet worden sein (BGH NJW 1967, 555), weil nur dann der dieser Rspr zutreffend zugrunde gelegte Gesichtspunkt eingreift, daß

§ 1124 Sachenrecht Hypothek

der Zuschuß zu einer Werterhöhung des Grundstücks führt und auf diese Weise den Grundpfandgläubigern zugute kommt. Wie der Baukostenzuschuß im Vertrag bezeichnet ist, ist unerheblich. Die **Beweislast** für die Vereinbarung und für die bestimmungsgemäße Verwendung des Zuschusses hat der Mieter (BGH NJW 1959, 380), weil damit eine Ausnahme von der Regel des Abs II geltend gemacht wird (aM MüKo/Eickmann Rz 27 Fußn 28; wie hier RGRK/Mattern Rz 7). Wirksam ist die Vereinbarung eines Baukostenzuschusses oder einer anderen Mieterleistung in der Weise, daß deswegen von vornherein eine ermäßigte Miete für eine bestimmte Zeitdauer zu zahlen ist (RG 136, 407). Eine Werklohnforderung des Mieters ist kein Baukostenzuschuß (Frankfurt MDR 1983, 669), auch nicht die eines Dritten, wenn zur Sicherung ein Mietvertrag mit Verrechnungsklausel geschlossen wird (BGH NJW 1967, 555, 557).

7 3. § 1124 ist auf die Grundschuld entsprechend anwendbar.

1125 *Aufrechnung gegen Miete oder Pacht*
Soweit die Einziehung der Miete oder Pacht dem Hypothekengläubiger gegenüber unwirksam ist, kann der Mieter oder der Pächter nicht eine ihm gegen den Vermieter oder den Verpächter zustehende Forderung gegen den Hypothekengläubiger aufrechnen.

1 1. Schon § 392 schränkt die **Zulässigkeit der Aufrechnung** gegen eine beschlagnahmte Forderung ein. Eine weitere Schranke setzt § 1125. Danach darf der Mieter/Pächter mit einer ihm gegen den Vermieter/Verpächter zustehenden Forderung dann nicht gegenüber der vom Hypothekengläubiger (Zwangsverwalter) nach Beschlagnahme geltend gemachten Miet-/Pachtforderung aufrechnen, wenn in dieser Lage auch der Eigentümer nicht wirksam über den Miet-/Pachtanspruch hätte verfügen können. Eine Aufrechnung gegen die Miet-/Pachtforderung für einen späteren als den in § 1124 II festgelegten Zeitraum ist mithin unzulässig. Gleiches gilt für eine schon im Miet-/Pachtvertrag im voraus vereinbarte Aufrechnung; die nur relative Unwirksamkeit hat indes zur Folge, daß bei Aufhebung der Beschlagnahme die Aufrechnung wirksam bleibt. Vorauszahlung der Miete/Pacht als **Baukostenzuschuß** (§ 1124 Rz 6) läßt die vereinbarte Verrechnung mit der laufenden Miete bis zur Abgeltung uneingeschränkt zu, nicht hingegen ein sich nachträglich ergebender Anspruch des Mieters aus wertsteigernden Verwendungen auf die Sache, wie zB im Falle des § 996 (aA MüKo/Eickmann Rz 6).

2 2. **Zurückbehaltungsrechte** sind durch § 1125 nicht betroffen, es sei denn, die Zurückbehaltung käme in der Wirkung einer unzulässigen Aufrechnung gleich. Unberührt bleibt auch die Möglichkeit der Aufrechnung mit einer dem Mieter gegen den Hypothekengläubiger selbst zustehenden Forderung.

3 3. § 1125 ist auf die Grundschuld entsprechend anwendbar.

1126 *Erstreckung auf wiederkehrende Leistungen*
Ist mit dem Eigentum an dem Grundstück ein Recht auf wiederkehrende Leistungen verbunden, so erstreckt sich die Hypothek auf die Ansprüche auf diese Leistungen. Die Vorschriften des § 1123 Abs. 2 Satz 1, des § 1124 Abs. 1, 3 und des § 1125 finden entsprechende Anwendung. Eine vor der Beschlagnahme erfolgte Verfügung über den Anspruch auf eine Leistung, die erst drei Monate nach der Beschlagnahme fällig wird, ist dem Hypothekengläubiger gegenüber unwirksam.

1 1. **Subjektiv dingliche Rechte** sind Grundstücksbestandteile (§ 96) und deshalb in die Haftung des Grundstücks eingebunden. Soweit solche Rechte auf **wiederkehrende Leistungen** gerichtet sind, haften die Ansprüche ebenso wie Miet- und Pachtforderungen. Dazu gehören Reallasten (auch der eingetragene Erbbauzins), Notweg- und Überbaurenten, Unterhaltungsansprüche des Dienstbarkeitsberechtigten (§§ 1021 II, 1022 S 2) sowie Erträge aus der Teilhabe an altrechtlichen Gemeinschaften; das Entgelt für ein Dauerwohnrecht ist in § 40 WEG unmittelbar der Miethaftung zugeordnet, fällt also nicht unter § 1126; das subjektiv dingliche Vorkaufsrecht begründet keinen Anspruch auf wiederkehrende Leistungen.

2 2. Die §§ 1123–1125 sind entsprechend anwendbar, jedoch mit folgenden Abweichungen: § 1123 II S 2 gilt **nicht** (§ 1126 S 2), so daß im Zeitpunkt der Beschlagnahme schon länger als ein Jahr rückständige Leistungen haftungsfrei werden; weitergehend als nach § 1124 II sind **Vorausverfügungen** erst unwirksam, wenn sie eine mehr als drei Monate nach der Beschlagnahme fällig werdende Leistung betreffen (§ 1126 S 3).

3 3. § 1126 ist auf die Grundschuld entsprechend anwendbar.

1127 *Erstreckung auf die Versicherungsforderung*
(1) Sind Gegenstände, die der Hypothek unterliegen, für den Eigentümer oder den Eigenbesitzer des Grundstücks unter Versicherung gebracht, so erstreckt sich die Hypothek auf die Forderung gegen den Versicherer.
(2) Die Haftung der Forderung gegen den Versicherer erlischt, wenn der versicherte Gegenstand wiederhergestellt oder Ersatz für ihn beschafft ist.

1 1. **Haftungsgrundsatz.** Versicherungsforderungen treten im Schadensfall an die Stelle der ursprünglich haftenden Gegenstände. Das entspricht dem Grundsatz der dinglichen Surrogation. Gemäß § 1127 hat der Hypothekengläubiger grundsätzlich die Möglichkeit des Zugriffs auf Versicherungsforderungen sowohl aus Immobiliar- als auch Mobiliarversicherungen. Die §§ 1127ff sind auf Grundpfandrechte aller Art anwendbar, auch auf Reallasten (§ 1107), nicht dagegen auf öffentliche Lasten.

Versicherungsforderungen aus allen Verträgen, die sich auf das Grundstück und/oder auf die mithaftenden 2
Gegenstände beziehen, sind von § 1127 erfaßt, wobei § 1128 die Besonderheit der Gebäudeversicherung und
§§ 97–107c VVG die der Gebäude-Feuer-Versicherung regelt (s § 1128 Rz 12ff sowie Wenzel in Bankrecht und
Bankpraxis, Rz 4/1982ff; Schütz VersR 1987, 134ff; zur Abschaffung der Monopolversicherungen Renger VersR
1993, 942). Der Vertrag bestimmt, gegen welche Gefahr Versicherungsschutz besteht. Bei Zubehöreigenschaft von
Kraftfahrzeugen haftet die vom Eigentümer abgeschlossene Kaskoversicherung (MüKo/Eickmann Rz 2).

Sonstige Ersatzansprüche des Eigentümers, zB aus § 823 haften nicht (BGH 107, 255). Der Gläubiger der 3
Hypothek oder Grundschuld hat jedoch gegen den Schädiger eigene Ansprüche nach § 823 I, II iVm § 1134,
gegen den Grundeigentümer auch nach §§ 1134 II, 1135.

2. Voraussetzung der Haftung. Ein noch im Zeitpunkt des Schadensfalles haftender Gegenstand muß versi- 4
chert sein. Unerheblich ist, wann die Versicherung abgeschlossen wurde, wenn sie nur bei Schadenseintritt besteht.
Die Versicherungsforderung haftet ab Entstehung der Hypothek; bei Hypothekenvormerkung beginnt die Haftung
schon mit Eintragung der Vormerkung und kann dann mit Entstehung der Hypothek rückwirkend geltend gemacht
werden; eine der Hypothek vorgehende Auflassungsvormerkung berechtigt deren Inhaber, nach Eigentumserwerb
die vom Grundpfandgläubiger eingezogene Versicherung von diesem gemäß § 812 I S 1 herauszuverlangen
(BGH 99, 385; vgl dazu Anm Kohler JR 1987, 456).

Der **Versicherte** muß Eigentümer oder **Eigenbesitzer** (§ 872) sein; Abschluß der Versicherung durch einen 5
Dritten für Rechnung des Eigentümers genügt (§§ 74ff VVG), zB durch den Ehegatten oder durch den Nießbraucher (§ 1045 I). Der **Versicherungsvertrag** muß rechtsbeständig sein; begründete Vertragsanfechtung wirkt daher
auch gegenüber dem Grundpfandgläubiger, ebenso eine der Verpflichtung entgegenstehende Einrede des Versicherers, auch Verwirkung. Der Anspruch ist damit einerseits durch die Höhe der Hypothek bzw den Nennbetrag der
Grundschuld nebst Zinsen und Nebenleistungen und andererseits durch den vom Versicherer bedingungsgemäß zu
ersetzenden Schaden begrenzt (BGH ZIP 1997, 232, 233). Auf die Werthaltigkeit des Grundpfandrechts kommt es
allerdings nicht an (BGH ZIP 1997, 232, 233).

3. Haftungsfolge. Das dingliche Verwertungsrecht des Gläubigers erstreckt sich auf die Forderung. Erfaßt wird 6
auch der Anspruch auf den etwa hinterlegten Versicherungsbetrag (BGH NJW 1971, 1751), auch wenn das Versteigerungsgericht die ihm vom Versicherer geleistete Zahlung hinterlegt (BGH 46, 221, 223). Erst mit Beschlagnahme ist die Haftung durchsetzbar; bis dahin bleibt der Versicherte verfügungsbefugt, anders jedoch im Falle der
Gebäudeversicherung (§ 1128), vgl auch § 1130. **Beschlagnahme** wird bewirkt durch Pfändung der Forderung aus
dinglichem Titel, durch Zwangsversteigerung oder Zwangsverwaltung. Der Zwangsverwalter hat Einziehungsbefugnis.

4. Die Haftung der Forderung erlischt mit Wiederherstellung oder Ersatzbeschaffung (Abs II), weil dann 7
die erneuerte Sache selbst wieder haftet (Mot III 665) und mithin das Sicherungsinteresse des Gläubigers gewahrt
ist. Das gilt für alle Versicherungsarten, auch für den Anspruch aus §§ 102, 103 VVG und über den Zeitpunkt
der Beschlagnahme hinaus; der Gläubiger kann dann folglich nicht mehr die Entschädigung geltend machen.
Gleichgültig ist, aus welchen Mitteln Wiederherstellung oder Ersatzbeschaffung vorgenommen worden ist. Voraussetzung ist aber, daß hierdurch eine im Wert gleiche Sache wie vor der Zerstörung geschaffen wird. Wiederherstellung nur eines zur Sicherung des Gläubigers nicht ausreichenden Teils hat in der nicht gedeckten Höhe den Haf-
tungsfortbestand der Forderung zur Folge; Weiterhaftung der Forderung auch dann, wenn und soweit die Hypothek
in der Zwangsversteigerung nach Eintritt des Versicherungsfalles, aber vor Wiederherstellung ausfällt.

Sonstige Erlöschungsgründe: a) Enthaftung versicherter Bestandteile oder Zubehörsachen (§§ 1121, 1122) vor 8
Eintritt des Schadensfalles; b) Zahlung der Entschädigung an den Versicherten mit Zustimmung des Grundpfandgläubigers (vgl aber § 1128 II); c) Zahlung an den Versicherten nach Maßgabe des § 1128 I; d) Befriedigung des
Grundpfandgläubigers; dann erlischt in Höhe der ihm vom Versicherer geleisteten Entschädigung das Grundpfandrecht entsprechend § 1181 (vgl § 1181 Rz 3), anders bei der Gebäudefeuerversicherung in den Fällen der §§ 102,
103 VVG (Anspruch trotz Leistungsfreiheit), hier Rechtsübergang auf den Versicherer (§ 104 ZVG) mit der Folge,
daß die Hypothek (Grundschuld) dessen Ersatzanspruch gegen den Versicherten aus Vertrag oder Bereicherung
sichert (RG 124, 91; abweichend MüKo/Eickmann § 1130 Rz 20: forderungsloser Hypothekenerwerb).

5. § 1127 ist auf die Grundschuld entsprechend anwendbar. Haftung ohne Rücksicht auf Werthaltigkeit in voller 9
Höhe des Grundschuldbetrages (Rz 5).

1128 Gebäudeversicherung

(1) Ist ein Gebäude versichert, so kann der Versicherer die Versicherungssumme mit Wirkung
gegen den Hypothekengläubiger an den Versicherten erst zahlen, wenn er oder der Versicherte den Eintritt
des Schadens dem Hypothekengläubiger angezeigt hat und seit dem Empfang der Anzeige ein Monat verstrichen ist. Der Hypothekengläubiger kann bis zum Ablauf der Frist dem Versicherer gegenüber der Zahlung widersprechen. Die Anzeige darf unterbleiben, wenn sie untunlich ist; in diesem Falle wird der Monat
von dem Zeitpunkt an berechnet, in welchem die Versicherungssumme fällig wird.

(2) Hat der Hypothekengläubiger seine Hypothek dem Versicherer angemeldet, so kann der Versicherer
mit Wirkung gegen den Hypothekengläubiger an den Versicherten nur zahlen, wenn der Hypothekengläubiger der Zahlung schriftlich zugestimmt hat.

(3) Im Übrigen finden die für eine verpfändete Forderung geltenden Vorschriften Anwendung; der Versicherer kann sich jedoch nicht darauf berufen, dass er eine aus dem Grundbuch ersichtliche Hypothek
nicht gekannt habe.

§ 1128

1 **1. Regelungsinhalt.** Die Vorschrift verstärkt für den Fall der Gebäudeversicherung die Rechtsstellung des Hypothekengläubigers; ein noch weitergehender Schutz besteht nach den §§ 97ff VVG bei der Gebäude-Feuerversicherung (Rz 12ff). Abs I und II regeln die Voraussetzungen, unter denen der Versicherer mit befreiender Wirkung an den Versicherten leisten kann; bei vereinbarter Wiederherstellung, wie in der Regel, gilt jedoch § 1130. Die eigentliche Bedeutung des § 1128 liegt in dessen Abs III. Hiernach ist der Gläubiger der Hypothek einem Pfandgläubiger gleichgestellt, und zwar schon vor der Beschlagnahme; der Eigentümer ist damit von vornherein gehindert, zum Nachteil des Gläubigers über die Versicherungsforderung zu verfügen (Rz 8ff).

2 **2. Gebäudeversicherung.** Versicherungsschutz besteht nach § 82 VVG gegen Brand, Explosion und Blitzschlag. Für den tatsächlichen Umfang ist der Versicherungsvertrag maßgebend; danach können auch Bestandteile und Zubehör in die Gebäudeversicherung einbezogen sein (BGH 44, 1, 9ff; RG 69, 316), auch Glas- und Spiegelscheiben; soweit solche Gegenstände als bewegliche Sachen gesondert versichert sind, gilt § 1129. Waldbrand- und Hagelversicherung fallen nicht unter § 1128.

3 Eine Verpflichtung zum Abschluß einer Feuerversicherung folgt aus §§ 1133, 1134, weil dies zu den nach § 1134 II 2 erforderlichen Vorkehrungen gegen eine Beschädigung bei einem bebauten Grundstück gehört (BGH ZIP 1988, 1411, 1413). Auch der Insolvenzverwalter oder Sequester ist verpflichtet, einen angemessenen Feuerversicherungsschutz zu gewährleisten (BGH ZIP 1988, 1411, 1413; Lüke ZIP 1988, 1, 3). § 1128 läuft allerdings leer, wenn keine Versicherungsforderung besteht (BGH WM 1988, 488, 490).

4 **3. Befreiende Wirkung einer Zahlung an den Versicherten** setzt voraus, daß der Grundpfandgläubiger zustimmt oder auf Schadensanzeige schweigt (Abs I). Bei Anmeldung der Hypothek ist schriftliche Zustimmung zur Auszahlung nötig (Abs II).

5 Die nach Abs I S 1 erforderliche **Schadensanzeige** des Versicherers oder des Versicherten ist Rechtshandlung. Für den Zeitpunkt des Zugangs, mit dem die Monatsfrist für den Widerspruch (Abs I S 2) beginnt, ist der Versicherer beweispflichtig.

6 Die Anzeige ist „untunlich" (Abs I S 3), wenn sie zwecklos erscheint. Das ist anzunehmen bei unbekanntem Aufenthaltsort oder bei unbekannten Erben des eingetragenen Realgläubigers (MüKo/Eickmann Rz 10), doch besteht dann jedenfalls ein Recht des Versicherers zur Hinterlegung.

7 **Widerspruch gegen die Zahlung** (Abs I S 2) ist formlos möglich. Die Frist von einem Monat seit Zugang der Anzeige (Abs I S 1) oder seit Fälligkeit (Abs I S 3) ist Ausschlußfrist. Zahlung an den Versicherten nach Fristablauf ist nur durch Beschlagnahme (Pfändung der Forderung), nicht durch Widerspruchsklage zu verhindern; anderenfalls erlischt mit der Zahlung die Versicherungsforderung und somit auch deren Haftung, dann aber Bereicherungsanspruch gegen den Versicherten. Widerspruch ohne Anzeige oder schon vorher ist wirksam. Bei mehreren Gläubigern der Hypothek genügt Widerspruch eines von ihnen (§ 432 I); bei mehreren Hypotheken muß jeder Hypothekar widersprechen.

8 **4. Der Hypothekengläubiger hat die Rechtsstellung eines Pfandgläubigers (Abs III)**, und zwar schon vor Beschlagnahme. § 1128 begründet zu seinen Gunsten ein relatives Veräußerungsverbot iSv § 135 (BGH VersR 1984, 1337); er hat gegen Drittpfändung der Forderung Klage aus § 771 ZPO (BGH aaO) und aus § 805 ZPO (§ 1120 Rz 2); der Versicherte hingegen muß die Pfändung gegen sich gelten lassen (BGH aaO).

9 **Folgen des Pfandrechts.** Vor Fälligkeit der Hypothek ist an deren Gläubiger und an den Versicherten gemeinsam zu leisten oder für beide zu hinterlegen (§ 1281), nach Fälligkeit hat allein der Hypothekengläubiger das Einziehungsrecht (§ 1282), bei Zustimmung des Versicherten schon vorher; für den Hypothekengläubiger, nicht für den Versicherer, besteht nach § 1285 II S 2 die Pflicht zur Benachrichtigung des Versicherten. Bei mehreren Hypotheken berechtigt die vorgehende zur Einziehung (§ 1290), bei gleichem Rang kann Leistung nur an alle Berechtigten verlangt werden (§ 432 I); maßgebend ist der Grundbuchrang der Hypotheken (BGH NJW 1981, 1671); auf den Vorrang kann verzichtet und das Einziehungsrecht an einen nachrangigen Gläubiger übertragen werden (BGH aaO); zur Wirkung einer der Hypothek vorgehenden Auflassungsvorbemerkung vgl § 1127 Rz 4. Mit Zahlung des Versicherers an den Hypothekengläubiger erlischt die Hypothek in entsprechender Höhe (§ 1181 analog, § 1181 Rz 3); Abtretung der Hypothek kann der Versicherer nicht beanspruchen, jedoch gesetzlicher Rechtsübergang nach § 104 VVG.

10 Aus **§ 1276** folgt, daß der Versicherte nur mit Zustimmung des Grundpfandgläubigers die Forderung stunden, erlassen oder in sonstiger Weise darüber zum Nachteil des Gläubigers verfügen darf; auch die Aufrechnung ist zustimmungsbedürftig. Wird die Forderung abgetreten oder belastet, so bleibt das Pfandrecht bestehen, Handlungen des Versicherers hingegen fallen nicht unter § 1276, also nicht zB eine von ihm erklärte Aufrechnung, die aber voraussetzt, daß er bei Erwerb seiner Gegenforderung nicht Kenntnis nach § 1128 III hatte (§§ 1275, 406). Zu beachten ist, daß die relative Unwirksamkeit nur Verfügungen über die **Forderung** erfaßt, denn nur sie haftet der Hypothek; Einwirkungen auf den Versicherungsvertrag als solchen bleiben unberührt, zB Kündigung, Anfechtung, Aufhebung des Vertrages und Rücktritt vom Vertrag.

11 **5.** Der Anspruch auf die Brandentschädigung geht beim ungestörten Versicherungsverhältnis in der **Zwangsversteigerung** auf den Ersteher über (BGH WM 1981, 488, 489); er wird von der Beschlagnahme gemäß § 20 ZVG umfaßt. Ein vor der Beschlagnahme an der Forderung auf Brandentschädigung entstandenes Pfandrecht des Hypothekengläubigers (§§ 1127 I, 1128 III) entzieht die Forderung nicht der Beschlagnahme. Vielmehr erlischt das Pfandrecht durch die Beschlagnahme, wenn nichts anderes in den Versteigerungsbedingungen festgesetzt wird. Die Forderung auf Brandentschädigung geht lastenfrei auf den Ersteher über (BGH WM 1981, 488, 489). Demgegenüber entsteht das Recht des Hypothekengläubigers gemäß §§ 102 I, 107b VVG bei gestörtem Versiche-

6. Für den Bereich der **Gebäude-Feuer-Versicherung** gelten gemäß §§ 97–107c VVG wichtige Besonderheiten gegenüber der allgemeinen Rechtslage nach BGB. Die §§ 97–101 VVG sehen für den Hypothekengläubiger gegenüber dem BGB günstigere Regelungen für den Fall vor, daß die Parteien des Versicherungsverhältnisses ihren vertraglichen Pflichten vollauf nachkommen; die §§ 102–107c schützen den Realgläubiger darüber hinaus weitgehend vor den nachteiligen Folgen insbesondere dann, wenn der Versicherungsnehmer seinen versicherungsvertraglichen Pflichten nicht nachgekommen ist. Die Regelung der §§ 97–107c VVG ist auf anderen Gebäudeversicherungen wie beispielsweise Leitungswasserschadenversicherungen, die keine Gebäudefeuerversicherungen sind, weder unmittelbar noch analog anwendbar. Dies gilt auch dann, wenn die andere Versicherung mit der Gebäudefeuerversicherung in einem Vertrag verbunden ist (BGH ZIP 1989, 1178, 1179).

Solange die Parteien des Versicherungsverhältnisses ihren Rechten und Pflichten nachkommen, bestimmt sich die rechtliche Position des Hypothekengläubigers nach den §§ 97–101, 107c VVG. Ist eine Wiederherstellungsklausel vereinbart, ist eine Zahlung des Versicherers an den Versicherungsnehmer dem Realgläubiger gegenüber nur dann wirksam, wenn die bestimmungsgemäße Verwendung der Entschädigung für die Wiederherstellung gesichert ist (§§ 97, 107c VVG) oder eine sicherungslose Zahlung dem Gläubiger angezeigt worden ist und er nicht innerhalb eines Monats widersprochen hat (§§ 99, 107c VVG). Dazu muß sich der Versicherer Kenntnis über die Person des wirklichen Gläubigers der Hypothek verschaffen (BGH WM 1980, 1390). So genügt bei einem eingetragenen Briefrecht nicht, daß der Grundstückseigentümer eine Abtretungserklärung auf seine Person vorweisen kann; er muß auch im Besitz des Briefes sein. Die bloße Kenntnis des Gläubigers vom Schadensfall ersetzt die Anzeigepflicht des Versicherers über die beabsichtigte Auszahlung der Versicherungssumme nicht (Räfle WM 1987, 806, 810). Demgegenüber könnte der Versicherer nach §§ 1130, 1192 I bereits dann mit befreiender Wirkung gegenüber dem Hypothekengläubiger an den Versicherungsnehmer leisten, wenn die Zahlung zum Zwecke der Wiederherstellung erfolgt. Ob die Wiederherstellung auch gesichert ist oder gar überhaupt erfolgt, ist nach §§ 1130, 1192 I unerheblich (Schütz VersR 1987, 134, 137). Der Hypothekengläubiger braucht die Zahlung an den Versicherungsnehmer nur dann nicht gegen sich gelten lassen, wenn es an der Zweckbestimmung mangelte.

Gemäß §§ 100, 107c verbessert sich die Stellung des Hypothekengläubigers, wenn er sein Grundpfandrecht beim Versicherer angemeldet hat. An die Stelle der Widerspruchsmöglichkeit bei Zahlung des Versicherers ohne Sicherung der bestimmungsgemäßen Verwendung bei Vereinbarung einer Wiederherstellungsklausel tritt hier das Erfordernis einer ausdrücklichen schriftlichen Zustimmung. Diese Regelung ist neben §§ 1128 II, 1192 I notwendig, obwohl auch dort das Erfordernis einer schriftlichen Zustimmung des Gläubigers festgelegt wird, weil §§ 1130, 1192 I diesbezüglich eine Sonderregelung trifft. Eine weitere Besserstellung des angemeldeten Grundschuldgläubigers ergibt sich aus §§ 101 II, 107c VVG. Danach hat der Versicherer dem Realgläubiger vom Eintritt des Versicherungsfalles schriftlich Mitteilung zu machen. Bei dieser Benachrichtigungspflicht handelt es sich um eine echte Rechtspflicht des Versicherers, deren Verletzung Schadensersatzansprüche auslösen kann (Schütz VersR 1987, 134, 137).

Wichtiger noch ist die Verbesserung der Rechtsstellung des Hypothekengläubigers in den Fällen eines gestörten Versicherungsverhältnisses (§§ 101ff, 107c VVG). Gemäß §§ 101 I S 1, 107c VVG muß der Versicherer dem angemeldeten Realgläubiger von einem Verzug des Versicherungsnehmers mit einer zu zahlenden Folgeprämie (§ 39 VVG) ebenso schriftlich Mitteilung machen wie bei Kündigung wegen Zahlungsverzugs (§§ 101 I S 2, 107c VVG). Nach §§ 102, 107c VVG sind gewisse Umstände, die zur Leistungsfreiheit im Verhältnis zwischen Versicherer und Versicherungsnehmer führen, für den Gläubiger unschädlich. So bleibt die Verpflichtung der Versicherung gegenüber dem Hypothekengläubiger grundsätzlich auch dann bestehen, wenn der Versicherer wegen des Verhaltens des Versicherungsnehmers von seiner Leistungspflicht frei geworden ist. Dies gilt allerdings gerade nicht für den Fall, daß der Versicherer wegen Prämienverzugs nach § 38 VVG (Erstprämie) oder § 39 VVG (Folgeprämie) leistungsfrei ist (§§ 102 II S 1, 107c VVG). Etwas besser steht der Realgläubiger lediglich hinsichtlich der Folgeprämie (§ 39 VVG) und nach erfolgter Anmeldung seiner Rechte (§§ 102 II S 2, 107c VVG). In diesem Fall bleibt die Verpflichtung des Versicherers ihm gegenüber bis zum Ablauf eines Monats von dem Zeitpunkt an bestehen, in welchem dem Hypothekengläubiger die Bestimmung der Zahlungsfrist oder, wenn diese Mitteilung unterblieben ist, die Kündigung mitgeteilt worden ist.

Einen weiteren Schutz für denjenigen Realgläubiger, der seine Rechte beim Versicherer angemeldet hat, bietet § 103 VVG. Danach wirkt eine Kündigung, ein Rücktritt, ein Fristablauf oder eine sonstige Tatsache wie etwa eine Vertragsaufhebung oder der Nichteintritt eines Insolvenzverwalters in das Versicherungsverhältnis gegenüber dem Realgläubiger erst mit Ablauf von drei Monaten nach Kenntnisnahme durch ihn. Dieser erweiterte Schutz gilt allerdings nicht, wenn das Versicherungsverhältnis wegen unterbliebener Prämienzahlung durch Rücktritt oder Kündigung des Versicherers endet oder wenn der Realgläubiger selbst die Zustimmung zur Kündigung des Versicherungsnehmers gegeben hat (§§ 103 I S 1, 107c VVG). Gegenüber dem angemeldeten Realgläubiger unwirksam sind aber nachteilige Vertragsänderungen nach Maßgabe des § 103 II VVG. Auch kann ihm gegenüber die Nichtigkeit des Vertrages nicht vor Ablauf von drei Monaten nach seiner Kenntnis davon geltend gemacht werden. Schließlich verpflichtet §§ 105, 107c VVG den Versicherer zum Abschluß einer sog Hypothekeninteressenversicherung. Der Anspruch des Hypothekengläubigers aus §§ 102 I, 107b VVG ist sein selbständiges, unmittelbares Recht, welches nicht vom Grundstückseigentümer abgeleitet ist (BGH ZIP 1997, 232, 233; BGH WM 1981, 488, 489).

7. § 1128 ist auf die Grundschuld entsprechend anwendbar. Der Versicherer kann aber gegenüber dem Gläubiger einer Fremdgrundschuld nicht die Nichtvalutierung der Grundschuld einwenden (Pal/Bassenge Rz 9; aM Staud/Wolfsteiner Rz 46).

§ 1129 Sonstige Schadensversicherung

1129 Ist ein anderer Gegenstand als ein Gebäude versichert, so bestimmt sich die Haftung der Forderung gegen den Versicherer nach den Vorschriften des § 1123 Abs. 2 Satz 1 und des § 1124 Abs. 1, 3.

1 1. **Versicherungsforderungen,** die sich nicht auf ein Gebäude, sondern nur auf **andere Gegenstände** beziehen, zB auf Zubehör, Bestandteile, Erzeugnisse (vgl aber § 1128 Rz 2), behandelt das Gesetz ähnlich wie die versicherten Gegenstände selbst. Erst mit Beschlagnahme wird die Haftung verwirklicht; bis dahin ist der Versicherte zur Einziehung der Forderung und zu sonstigen Verfügungen darüber berechtigt (§ 1124 I S 1), auch Pfändung zur Beschlagnahme ist zulässig (§ 865 ZPO); bei Wiederherstellungsklausel gilt § 1130. **Beschlagnahme** wird herbeigeführt durch Zwangsversteigerung, Zwangsverwaltung oder durch Pfändung der Forderung aufgrund dinglichen Titels (vgl § 1123 Rz 5). Die Zwangsversteigerung erstreckt sich jedoch nicht auf die Versicherungsforderung für getrennt land- und forstwirtschaftliche Erzeugnisse, wenn diese nicht Zubehör sind (§ 21 I ZVG), wohl aber die Zwangsverwaltung (§ 148 ZVG).

2 2. **Enthaftung der Forderung** ein Jahr nach Fälligkeit, wenn nicht vorher beschlagnahmt (§ 1123 II S 1), ferner durch Abtretung (§ 1124 I S 2) oder durch Veräußerung des Grundstücks ohne die Forderung (§ 1124 III); ein Rechtserwerb Dritter an der Forderung (zB Pfandrecht, Nießbrauch) geht der Hypothekenhaftung vor (§ 1124 I S 2 Hs 2). Wird der versicherte Gegenstand selbst enthaftet (§§ 1121, 1122), so wird auch die Forderung haftungsfrei; Veräußerung ohne Entfernung hindert aber die Abtretung der Forderung vor Beschlagnahme nicht.

3 3. § 1129 ist auf die Grundschuld entsprechend anwendbar.

1130 Wiederherstellungsklausel

1130 Ist der Versicherer nach den Versicherungsbestimmungen nur verpflichtet, die Versicherungssumme zur Wiederherstellung des versicherten Gegenstands zu zahlen, so ist eine diesen Bestimmungen entsprechende Zahlung an den Versicherten dem Hypothekengläubiger gegenüber wirksam.

1 1. Die **Wiederherstellungsklausel** muß sich aus den **Versicherungsbestimmungen** ergeben, dh aus dem Einzelvertrag, aus Allg Versicherungsbedingungen oder aus Gesetz. Diese Bestimmungen sind auch maßgebend dafür, ob und in welcher Weise vor einer Zahlung deren Zweckverwendung gesichert sein muß (zur Gebäudefeuerversicherung vgl § 97 VVG). § 1130 gilt für alle Versicherungsarten und für alle versicherten Gegenstände, die der Hypothekenhaftung unterliegen.

2 2. **Bestimmungsgerechte Zahlung** an den Versicherten hat befreiende Wirkung, auch wenn dann die Wiederherstellung unterbleibt. **Bestimmungswidrige Zahlung** aber ist dem Grundpfandgläubiger gegenüber unwirksam; er kann in solchem Falle erneute Leistung an den Versicherten (nicht an sich selbst) verlangen, wobei wiederum die Herstellungsklausel gilt. Bei **Unterversicherung,** die lediglich Teilherstellung ermöglicht, hat die bestimmungsgemäße Zahlung befreiende Wirkung. **Überversicherung** verpflichtet den Versicherer zur Schadensdeckung nur in Höhe desjenigen Werts, den die Sache vor der Zerstörung hatte (§ 55 VVG; vgl dazu BGH NJW 1984, 2696). **Unmöglichkeit der Wiederherstellung,** zB infolge bestandskräftigen Bauverbots, hebt die Zweckbindung der Forderung auf und berechtigt den Grundpfandgläubiger zur Einziehung, nicht hingegen die bloße Weigerung des Versicherten zur Wiederherstellung (MüKo/Eickmann Rz 6; Soergel/Konzen Rz 2; aA RG 133, 117, 123), denn hier kann der Grundpfandgläubiger seine Belange dadurch wahren, daß er nach § 1134 II die Einsetzung eines Verwalters erwirkt, der für die Wiederherstellung sorgt (vgl § 1134 Rz 7).

3 3. **Gebäudefeuerversicherung.** Dort ist Wiederherstellungsklausel die Regel. Nach § 97 VVG kann in diesem Falle der Versicherte Zahlung erst verlangen, wenn die bestimmungsgemäße Zweckverwendung gesichert ist; wie diese sichergestellt sein muß, beurteilt sich nach den Versicherungsbestimmungen (Rz 1) mit Bindungswirkung auch für den Grundpfandgläubiger, anderenfalls nach Treu und Glauben. **Anzeigepflicht** des Versicherers, soweit nicht untunlich, und Widerspruchsrecht des Gläubigers besteht nach § 99 VVG, wenn Auszahlung ohne Sicherung oder zweckwidrig beabsichtigt ist (vgl § 1128 Rz 5f); schriftliche Zustimmung des Gläubigers bei vorheriger **Anmeldung** der Hypothek (§ 100 VVG; vgl § 1128 Rz 14). **Abtretung** der Forderung, ausgenommen an Grundstückserwerber und an bestimmte Baugläubiger, ist dem Versicherten nach § 98 VVG versagt (Verbot iSv § 135); auch eine **Einziehungsermächtigung** kann nur in diesen Grenzen erteilt werden (vgl BGH 4, 153, 164ff). Bei rechtlich **gestörtem Versicherungsvertrag** in den Fällen der §§ 102, 103 VVG (vgl dazu § 1128 Rz 15) steht dem Grundpfandgläubiger entsprechend §§ 1128 III, 1281, 1282 gegen den Versicherer ein unmittelbarer eigener Anspruch zu, der nicht von der Wiederherstellung abhängt (BGH NJW 1981, 1671).

4 4. **Pfändung der Forderung** ist unzulässig, soweit diese nicht abgetreten werden darf (§ 851 I ZPO). Bei Gebäudefeuerversicherung ist Abtretung nur an die in § 98 VVG bezeichneten Gläubiger zulässig (Rz 3), mithin auch nur für sie die Forderung pfändbar; Entsprechendes gilt für sonstige Versicherungen nach dem Zweck der Wiederherstellungsklausel (vgl § 399). Bei Unmöglichkeit der Wiederherstellung ist die Forderung unbeschränkt pfändbar, dann auch durch den Grundpfandgläubiger. Geht die Versicherungsforderung in der **Zwangsversteigerung** des Grundstücks auf den Ersteher über, ist dieser bei ungestörtem Versicherungsverhältnis an die Wiederherstellungsklausel gebunden.

5 5. § 1130 ist auf die Grundschuld entsprechend anwendbar.

1131 Zuschreibung eines Grundstücks

1131 Wird ein Grundstück nach § 890 Abs. 2 einem anderen Grundstück im Grundbuch zugeschrieben, so erstrecken sich die an diesem Grundstück bestehenden Hypotheken auf das zugeschriebene Grundstück. Rechte, mit denen das zugeschriebene Grundstück belastet ist, gehen diesen Hypotheken im Rang vor.

1. **Veränderungen im Grundstücksbestand** sind auf bestehende Hypotheken grundsätzlich ohne Einfluß. Das gilt insbesondere für **Teilung**. Ohne ausdrückliche Enthaftung, die Teilaufhebung ist (vgl § 875 Rz 1), haften die abgeschriebenen Teile fort, ohne daß es auf den Mithaftungsvermerk des § 48 GBO ankommt; vgl aber § 892. Auch Zusammenschreibung von Grundstücken (§ 4 GBO) ist bedeutungslos, vgl § 890 Rz 3. Zur Bestandteilszuschreibung bei Zusammenführung von Grundstücks- und Gebäudeeigentum vgl B. Schmidt VIZ 1995, 377, 381 ff.

2. Die **automatische Erstreckung der Hypothek** am Hauptgrundstück auf den zugeschriebenen Bestandteil erfolgt kraft Gesetzes, auch wenn die Hypothek am Hauptgrundstück zu Unrecht nicht eingetragen ist. Der an einer Hypothek des Hauptgrundstücks etwa eingetragene Rangvorbehalt erstreckt sich auch auf das zugeschriebene Grundstück, Bleutge Rpfleger 1974, 387; KEHE/Eickmann § 6 GBO Rz 26; aM Haegele Rpfleger 1975, 158; ebenso wirkt eine eingetragene Unterwerfungsklausel, BayObLG 54, 258. Auch der gesetzliche Löschungsanspruch (§ 1179a) erstreckt sich auf die Hypotheken des zugeschriebenen Teils. Eine bisher an beiden Grundstücken bestehende Gesamthypothek wird mit Zuschreibung Einzelhypothek.

3. Der **Rang** der Grundpfandrechte am zugeschriebenen Grundstück bleibt unangetastet. Ihnen gehen alle ausgedehnten Grundpfandrechte nach, und zwar in dem Rangverhältnis, das sie am Hauptgrundstück haben; nicht etwa ist Gleichrang die Folge der Gleichzeitigkeit des Ausdehnungsaktes.

4. **Keine gesetzliche Erstreckung der Lasten des zugeschriebenen Teils auf das Hauptgrundstück**; daher ist für diese Hypotheken nur das zugeschriebene Grundstück Belastungsgegenstand; das führt gegebenenfalls zur Einzelvollstreckung. Nur rechtsgeschäftlich (Einigung und Eintragung) können die Lasten des Bestandteils auf das Hauptgrundstück ausgedehnt werden; solche Erweiterung kommt einer Neubestellung gleich, so daß etwaige Genehmigungserfordernisse zu beachten sind; das zur Zeit der Ausdehnung bestehende Rangverhältnis gilt dann auch für die Nachbelastung des Hauptgrundstücks, ohne daß dies besonders im Grundbuch ausgedrückt werden müßte.

5. Ob eine Erklärung nach § 890 II mit der Folge des § 1131 als Verfügung anzusehen ist, beurteilt sich nach dem Zweck derjenigen Vorschrift, die den Begriff „Verfügung" verwendet und daran besondere Erfordernisse anknüpft. So enthält der Antrag des Testamentsvollstreckers, das Nachlaßgrundstück einem anderen, jedoch belasteten Nachlaßgrundstück zuzuschreiben, eine Verfügung gemäß § 2205; bei Neuerwerb des Bestandteils und Zuschreibung zum belasteten Grundstück des Gesamtguts ist Einwilligung des anderen Ehegatten (§ 1424) unnötig (LG Augsburg Rpfleger 1965, 369 m zust Anm Haegele), anders wenn das zugeschriebene Grundstück schon zum Gesamtgut gehörte, vgl § 1424 Rz 3; gleiche Lage im Falle des § 1821 I Nr 1.

Aufhebung der Zuschreibung erfolgt durch Teilung (§ 7 GBO); alle bisher eingetragenen Hypotheken sind dann Gesamtrechte (§ 1132), so daß Gläubiger nicht zustimmen müssen, KG NJW 1969, 470.

6. § 1131 ist auf die Grundschuld entsprechend anwendbar.

§ 1132 *Gesamthypothek*

(1) Besteht für die Forderung eine Hypothek an mehreren Grundstücken (Gesamthypothek), so haftet jedes Grundstück für die ganze Forderung. Der Gläubiger kann die Befriedigung nach seinem Belieben aus jedem der Grundstücke ganz oder zu einem Teil suchen.

(2) Der Gläubiger ist berechtigt, den Betrag der Forderung auf die einzelnen Grundstücke in der Weise zu verteilen, dass jedes Grundstück nur für den zugeteilten Betrag haftet. Auf die Verteilung finden die Vorschriften der §§ 875, 876, 878 entsprechende Anwendung.

1. **Gesamthypothek** ist die zur Sicherung einer nach Grund und Höhe einheitlichen Forderung auf mehrere Grundstücke erstreckte Hypothek.

2. **Voraussetzungen. a)** Notwendig ist Identität des Schuldgrundes der gesicherten Forderung und des Gläubigers. Die Hypothek muß einheitlich entweder eine Brief- oder eine Buchhypothek, eine Verkehrs- oder eine Sicherungshypothek sein (BayObLG NJW 1962, 1725, 1726). Sie darf nicht an einem Grundstück rechtsgeschäftlich bestellte Hypothek und an dem anderen Zwangshypothek sein. Ausgeschlossen ist auch ein Gesamtrecht, das teils Hypothek, teils Grundschuld ist; hingegen kann es sich aus einem Eigentümer- und einem Fremdrecht zusammensetzen (BayObLG aaO).

b) Zulässig sind unterschiedliche **Kündigungs- und Zahlungsbedingungen** (Staud/Wolfsteiner Rz 36; MüKo/ Eickmann Rz 12; Pal/Bassenge Rz 2; anders KGJ 40, 299; RGRK/Mattern Rz 9), weil sie Bedeutung nur für die Befriedigung des Gläubigers haben, er aber nach Abs I S 2 ohnehin bestimmen kann, an welches Grundstück er sich hält. Dementsprechend ist auch eine sich nur auf einzelne Grundstücke beziehende **Vollstreckungsunterwerfung** (§ 800 ZPO) unschädlich (BGH 26, 344, 347). Ebenso kann die Gesamthypothek einen unterschiedlichen **Rang** an den Grundstücken haben (BGH 80, 119, 124). Unerheblich ist, ob ihr nur hinsichtlich *eines* Grundstücks der **gesetzliche Löschungsanspruch** aus § 1179a zugute kommt (BGH 80, 119, 124); umgekehrt kann das Gesamtrecht auch nur an *einem* Grundstück diesem Anspruch ausgesetzt sein; ein vertraglicher Ausschluß des Löschungsanspruchs braucht nicht für alle Grundstücke zu bestehen.

c) Bedeutungslos ist, ob die gesamtbelasteten Grundstücke demselben **Eigentümer** und ob sie dem persönlichen Schuldner oder einem Dritten gehören. Doch muß sich die gesicherte Forderung gegen denselben **Schuldner** richten. Sind mehrere Forderungen gegen verschiedene Schuldner gesichert, was die Hypothek ermöglicht

§ 1132 Sachenrecht Hypothek

(BayObLG 64, 32), so ist keine Gesamthypothek zulässig, wohl aber, wenn die Schuldner als Gesamtschuldner haften. Die mehrfache Sicherung derselben Forderung an verschiedenen Grundstücken führt in dem sich deckenden Umfang zur Gesamthypothek, im übrigen zu einer Einzelhypothek. Gleiches gilt bei unterschiedlicher Höhe der Zinsen und der sonstigen Nebenleistungen, entsprechend auch insoweit, als sich Nebenleistungen ihrer Art nach nicht decken.

5 d) **Die gesicherte Forderung muß demselben Gläubiger zustehen.** Gläubiger kann auch eine in Rechtsgemeinschaft verbundene Mehrheit von Gläubigern sein, ohne daß es grundsätzlich auf die Art des Gemeinschaftsverhältnisses ankommt (§ 1113 Rz 10).

6 **3. Belastungsgegenstand.** Eine Gesamthypothek entsteht, wenn mehrere Grundstücke oder auch nur, wenn mehrere Miteigentumsanteile eines Grundstücks belastet werden (BGH WM 1988, 446, 449). Letzteres ist beispielsweise der Fall, wenn eine Grundschuld auf einem Grundstück ruht, das Ehegatten in Miteigentum je zur Hälfte gehört (BGH NJW 1983, 2499, 2450; Oldenburg ZIP 1996, 175, 176). Wird ein belastetes Grundstück geteilt, so verwandelt sich die eingetragene Hypothek kraft Gesetzes in eine Gesamthypothek an den einzelnen Teilen. Keine Gesamthypothek entsteht allerdings, wenn ein Gläubiger mehrere Grundstücke des Schuldners mit einer Zwangshypothek belastet (BGH WM 1991, 723). Denn gemäß § 867 II ZPO muß der Gläubiger hierbei den Betrag seiner Forderung auf die einzelnen Grundstücke verteilen. Gleiches gilt für die Arresthypothek.

7 **4. Entstehung der Gesamthypothek** erst mit Eintragung auf allen von Einigung und Eintragungsbewilligung erfaßten Grundstücken (München DNotZ 1966, 371; Düsseldorf WM 1973, 794). Eintragung auf nur einem Grundstück läßt bis zu der auf dem anderen Grundstück eine Einzelhypothek dann entstehen, wenn dies unabhängig davon gewollt ist, ob es zum Gesamtvollzug kommt (Auslegungsfrage); Ermächtigung des Notars zum getrennten Vollzug kann auf diesen Willen hindeuten (aM Düsseldorf aaO). Unwirksamkeit der Bestellung hinsichtlich eines Grundstücks (zB wegen Verfügungsbeschränkung des Eigentümers durch Eröffnung eines Insolvenzverfahrens) hat zwar nach § 139 im Zweifel Nichtigkeit auch der auf das andere Grundstück bezogenen Einigung zur Folge, doch ist bei Identität des Eigentümers in der Regel auf den Willen zu schließen, daß der für sich allein wirksame Teil der Einigung Geltung behalten soll (BGH WM 1974, 972); hingegen kann es bei uneinheitlichem Eigentum so sein, daß der eine Eigentümer der Belastung seines Grundstücks erkennbar nur deswegen zugestimmt hat, weil er im Falle seiner Inanspruchnahme Rückgriff gegen den anderen hätte nehmen können (§ 1173 II). Der etwaige Einigungsmangel macht die Eintragung nicht inhaltlich unzulässig, so daß sich gutgläubiger Erwerb anschließen kann.

8 **5. Nachverpfändung.** Eine Hypothek kann auch nachträglich auf weitere Grundstücke erstreckt werden, wodurch ebenfalls eine Gesamthypothek begründet wird (BGH NJW 1986, 1487, 1488). Erforderlich bei einer Buchhypothek ist die Einigung zwischen dem Eigentümer des nachverpfändeten Grundstücks und dem Gläubiger sowie die Eintragung im Grundbuch mit dem Mithaftungsvermerk (§§ 44, 48 I S 2 GBO). Die Gesamtgrundschuld auf dem weiteren Grundstück hat dann den Rang, der sich aus der Reihenfolge der Haupteintragungen in derselben Abteilung bzw aus den Eintragungsdaten der in verschiedenen Abteilungen stehenden Haupteintragungen ergibt (Hamm WM 1985, 289; BayObLG NJW 1960, 1155). Falls gewünscht, kann sich der Eigentümer hinsichtlich des nachbelasteten Grundstücks ebenfalls der sofortigen Zwangsvollstreckung wegen des dinglichen Anspruchs unterwerfen (Gaberdiel S 152).

9 Soll eine Eigentümergrundschuld auf ein weiteres Grundstück des Eigentümers erstreckt werden und damit eine Gesamtgrundschuld entstehen, so ist zu unterscheiden (Roemer MittRhNotK 1991, 97, 105): Steht die Grundschuld noch dem Eigentümer zu, ist sie also noch nicht abgetreten worden, ergeben sich keine Besonderheiten. Für das durch die Nachverpfändung hinzukommende Grundstück ist die Pfänderstreckung materiell-rechtlich eine Neubestellung einer Eigentümergrundschuld. Sie entsteht durch einseitige Erklärung des Eigentümers gegenüber dem Grundbuchamt, daß das weitere Grundstück mit der eingetragenen Grundschuld mitbelastet werden soll, und Eintragung der Nachbelastung im Grundbuch (Lwowski DNotZ 1979, 328f). Ist die Eigentümergrundschuld bereits abgetreten (damit zur Fremdgrundschuld geworden) und die Abtretung im Grundbuch eingetragen, so ergeben sich ebenfalls keine Abweichungen gegenüber einer gewöhnlichen Nachverpfändung von Fremdgrundschulden. Materiell-rechtlich sind Einigung zwischen Eigentümer und Gläubiger sowie die Eintragung der Nachverpfändung im Grundbuch, bei Briefrechten ferner die Übergabe des Briefes, die durch Aushändigungsabrede gemäß § 1117 II ersetzt werden kann.

10 Ist die Eigentümergrundschuld außerhalb des Grundbuchs abgetreten und die Abtretung auch in der Folgezeit nicht im Grundbuch eingetragen worden, haben die Beteiligten mehrere Möglichkeiten, eine Nachverpfändung herbeizuführen. So können sie die Abtretung nachträglich im Grundbuch verlautbaren lassen und sodann die Pfandunterstellung in der soeben beschriebenen Weise vornehmen. Das Grundbuchamt trägt die Grundschuld dann im Grundbuch des nachverpfändeten Grundstücks als Fremdgrundschuld mit dem Mithaftungsvermerk ein. Außerhalb des Grundbuchs kann der Zessionar die Grundschuld treuhänderisch an den Eigentümer zurückübertragen, dieser anschließend das Grundstück nachverpfänden und sodann die Gesamteigentümergrundschuld – außerhalb des Grundbuchs – wieder an den Gläubiger abtreten. Nach Ansicht des OLG Frankfurt Rpfleger 1989, 191, 192, reicht es auch aus, daß die Grundschuld nach Eintragung der Nachverpfändung treuhänderisch an den eingetragenen Gläubiger rückabgetreten wird. Dies gilt jedenfalls dann, wenn die Nachverpfändung vom Eigentümer nach der treuhänderischen Abtretung (nochmals) bewilligt oder bestätigt wird. Eine erneute Eintragung der Nachverpfändung ist nicht erforderlich (vgl zum gesetzlichen Löschungsanspruch Wenzel in Bankrecht und Bankpraxis Rz 4/1820).

11 Möglich ist auch, daß das nachzuverpfändende Grundstück dem mit der Grundschuld belasteten Grundstück als Bestandteil zugeschrieben wird (§ 890 II; Ertl DNotZ 1990, 684, 689). Die auf dem Hauptgrundstück lastenden

Grundpfandrechte erstrecken sich sodann kraft Gesetzes auf das zugeschriebene Grundstück (§ 1131). Schließlich wird auch folgendes Verfahren einer Nachverpfändung diskutiert (Roemer MittRhNotK 1991, 97, 105; abl mit beachtl Gründen Gaberdiel Rz 403f). Der Eigentümer kann als Buchberechtigter die Nachverpfändung bewilligen und beantragen. Der Zessionar muß ihm dabei zum ausschließlichen Zweck der Vorlage beim Grundbuchamt den Brief aushändigen. Das Grundbuchamt, dem die Abtretung nicht bekannt ist, wird sodann im Grundbuch des nachverpfändeten Grundstücks die Grundschuld als Eigentümergrundschuld unter Angabe der Mithaftstelle eintragen. Der Brief wird anschließend dem Zessionar wieder ausgehändigt. Reicht in einem solchen Fall allerdings der Gläubiger selbst den Brief beim Grundbuchamt mit der Auflage ein, diesen nur an ihn zurückzugeben, oder legt der Eigentümer den Brief mit der Auflage vor, diesen nur an den Gläubiger auszuhändigen, kann für das Grundbuchamt zweifelhaft sein, ob der Bewilligende Inhaber der Grundschuld ist. Diese Zweifel können das Grundbuchamt zu einer Zwischenverfügung und – wenn die Zweifel nicht ausgeräumt werden – zur Zurückweisung des Eintragungsantrages berechtigen (BayObLG Rpfleger 1983, 17).

6. Inhaltsänderungen müssen, soweit sie dem Erfordernis der Gleichartigkeit (Rz 2ff) widersprechen, an sämtlichen von der Gesamthypothek erfaßten Grundstücken vollzogen werden; bis dahin ist die Einzeleintragung wirkungslos. Die **Abtretung** des dinglichen Rechts ist nur bezüglich aller Grundstücke und nur an denselben Erwerber möglich; sie erlangt bei einer Buchhypothek erst mit Eintragung in allen Grundbüchern Wirkung. Auch **Pfändung** und **Verpfändung** sind in dieser Weise einheitlich zu bewirken; Pfandrechte müssen bei allen Grundstücken gleichen Rang haben; **Verfügungsbeschränkungen** dürfen nicht ein Grundstück ausnehmen. **Aufhebung** oder Teilaufhebung des Gesamtrechts ist auch hinsichtlich eines einzelnen Grundstücks zulässig; es handelt sich um einen Verzicht gemäß § 1175 I S 2, so daß weder der Eigentümer des befreiten noch des mitbelasteten Grundstücks zuzustimmen braucht (BGH 52, 93). 12

7. Haftung jedes Grundstücks in vollem Umfang der Gesamthypothek; Zugriff des Gläubigers nach freier Wahl (Abs I), die auch noch im Verteilungstermin getroffen werden kann (Köln KTS 1958, 155). Bei der Vollstreckung braucht der Gläubiger auf die Interessen anderer dinglich Berechtigter Rücksicht zu nehmen, es sei denn, er handelt bewußt nur zu deren Nachteil (BGH WM 1987, 356, 358). 13

8. Verteilung der Gesamthypothek (Abs II) auf die belasteten Grundstücke steht, wenn nicht schuldrechtlich abweichend geregelt, im Belieben des Gläubigers. Er kann deshalb bei Belastung von mehr als zwei Grundstücken auch stufenweise vorgehen, indem er an einem Grundstück in Höhe eines Forderungsteils eine Einzelhypothek beläßt und in dem verbleibenden Umfang eine Gesamthypothek an den beiden anderen Grundstücken (BayObLG 81, 95), später aber auch dieses Gesamtrecht aufteilt. Die **Verteilungserklärung** ist entsprechend § 875 gegenüber dem Grundbuchamt oder dem Eigentümer abzugeben; sie bedarf der Eintragung (BGH WM 1976, 585); Zustimmung des Eigentümers ist nicht erforderlich, jedoch die Zustimmung Drittberechtigten an der Gesamthypothek (§ 876). Entsprechend anwendbar ist nach Abs II S 2 auch **§ 878**; demgemäß hat eine Verfügungsbeschränkung des Gläubigers, die erst nach einer im Sinne von § 875 II bindend gewordenen Erklärung eintritt, keine Bedeutung. – **Folge der Verteilung** ist die Entstehung selbständiger Einzelhypotheken (BGH aaO). Die Hypothek erlischt jeweils in dem darüber hinausgehenden Umfang der bisherigen Gesamthypothek. 14

9. § 1132 ist auf die Grundschuld entsprechend anwendbar. 15

1133 *Gefährdung der Sicherheit der Hypothek*
Ist infolge einer Verschlechterung des Grundstücks die Sicherheit der Hypothek gefährdet, so kann der Gläubiger dem Eigentümer eine angemessene Frist zur Beseitigung der Gefährdung bestimmen. Nach dem Ablauf der Frist ist der Gläubiger berechtigt, sofort Befriedigung aus dem Grundstück zu suchen, wenn nicht die Gefährdung durch Verbesserung des Grundstücks oder durch anderweitige Hypothekenbestellung beseitigt worden ist. Ist die Forderung unverzinslich und noch nicht fällig, so gebührt dem Gläubiger nur die Summe, welche mit Hinzurechnung der gesetzlichen Zinsen für die Zeit von der Zahlung bis zur Fälligkeit dem Betrag der Forderung gleichkommt.

1. Bedeutung. Die §§ 1133 bis 1135 bezwecken die wertbeständige Erhaltung der Sicherheit; § 1133 bezieht sich auf eine schon eingetretene, § 1134 auf drohende Verschlechterung des Grundstücks; diesem gleichgestellt ist nach § 1135 Zubehör. Eine Ausnahme gilt für Hypothekenbanken (§ 17 I HypBG). 1

2. Schutzbereich. § 1133 schützt gegen Wertbeeinträchtigungen des Grundstücks und seiner ungetrennten Bestandteile ab Entstehung der Hypothek, nicht schon mit deren Vormerkung. Mithaftende andere Gegenstände sind nicht einbezogen (vgl aber §§ 1134, 1135). 2

3. Verschlechterung liegt vor, wenn sich die Beschaffenheit des Grundstücks oder seiner Bestandteile so ändert, daß der Grundstückswert sinkt. Dazu ist in der Regel eine Substanzveränderung nötig. Abriß eines Gebäudes oder von Teilen zum Zwecke eines Neu- oder Umbaues mag zwar in Anbetracht der dadurch nur vorübergehend eintretenden Wertminderung noch keine Verschlechterung bedeuten (MüKo/Eickmann Rz 10; enger Soergel/Konzen § 1134 Rz 2), wohl aber eine Gefährdung der Sicherheit iSv § 1134, wenn der Gläubiger dem Abbruch nicht zustimmt (BGH 65, 211, 213). Die Verschlechterung braucht nicht durch ein Verhalten des Eigentümers oder eines Dritten verursacht zu sein, auch ein Naturereignis kann die Ursache sein. Eine nur altersbedingte Entwertung, bei ansonsten ordnungsgemäßer Instandhaltung, fällt jedoch nicht unter § 1133, weil eine solche Entwicklung dem berechenbaren natürlichen Verlauf entspricht (MüKo/Eickmann Rz 6; Pal/Bassenge §§ 1133, 1134, 1135 Rz 1; aM RGRK/Mattern Rz 6). Auf Verschulden kommt es nicht an; gegebenenfalls kann der Gläubiger aber Schadensersatz verlangen, da § 1133 Schutzgesetz iS von § 823 II (BGH 92, 292) und zudem das Grund- 3

§ 1133

pfandrecht ein nach § 823 I geschütztes „sonstiges Recht" ist (BGH 65, 212); ein Schaden entsteht erst mit Entwertung des Rechts (BGH 105, 230, 242; NJW 1991, 695), vgl auch § 1134 Rz 8.

4 4. **Gefährdung des Grundpfandrechts** muß sich als Folge der eingetretenen Verschlechterung ergeben. Maßgebend ist, ob deswegen bei einer Verwertung ein geringerer Erlös zu erwarten ist. Dafür kann nach Art und Ausmaß der Grundstücksbeeinträchtigung schon eine tatsächliche Vermutung sprechen, sofern nicht Rang und Valutierungsstand des Rechts eine Gewähr für weiterhin volle Sicherung bieten.

5 5. **Fristerfordernis.** Zur Beseitigung der Gefährdung ist dem Eigentümer durch formlos mögliche, empfangsbedürftige Erklärung des Gläubigers eine Frist zu setzen (§ 1148 gilt auch hier). Die Frist ist entbehrlich, wenn der Eigentümer die Beseitigung ernsthaft und endgültig ablehnt oder wenn er nach Abmahnung schon wiederholt vergebliche Nachbesserungsversuche vorgenommen hat. Eine zu kurze Frist setzt die angemessene in Lauf; sie muß einer Dauer entsprechen, die normalerweise zur Wiederherstellung der Sicherheit notwendig ist.

6 6. **Wiederherstellung der Sicherheit** muß die Gefährdung des Grundpfandrechts beseitigen. Das kann nach Wahl des Eigentümers geschehen durch Verbesserung des Grundstücks (nicht nötig ist Herstellung des alten Zustands), durch zusätzliche Bestellung eines Grundpfandrechts an dem betroffenen oder an einem anderen Grundstück oder auch durch Einräumung eines besseren Ranges.

7 7. **Befriedigungsanspruch.** Er ergibt sich nach fruchtlosem Fristablauf als Rechtsfolge der Gefährdung des Sicherungszwecks, nicht als Folge einer Pflichtverletzung. Daher besteht nur ein Recht auf vorzeitige Befriedigung, ohne daß Verzugsfolgen eintreten; Wiederherstellung der Sicherheit kann der Gläubiger nicht verlangen (anders nach § 823 bei schuldhafter Verschlechterung, vgl Rz 3). Das Recht geht auf Befriedigung der vollen Hypothek nach Maßgabe des § 1147, nicht etwa nur des gefährdeten Teils. Eine vorzeitige Fälligkeit der persönlichen Forderung wird durch § 1133 nicht herbeigeführt; darüber entscheidet der schuldrechtliche Vertrag, der beispielsweise vorsehen kann, daß der Darlehensgeber bei einer wesentlichen Verschlechterung einer grundpfandrechtlichen Sicherung zur Kündigung des Darlehens und erforderlichenfalls dann auch zur Realisierung der grundpfandrechtlichen Haftung berechtigt ist.

8 **Abzug des Zwischenzinses** bei unverzinslicher Hypothek (S 3) bedeutet, daß von dem gesicherten Kapital (K) der gesetzliche Zinssatz (Z) für die Anzahl der Tage zwischen Zahlung und Fälligkeit (T) abzusetzen ist. **Formel:** $[(K \times Z \times T) : 100 \times 365]$ = Zwischenzins.

9 8. § 1133 ist auf die Grundschuld entsprechend anwendbar.

1134 *Unterlassungsklage*

(1) Wirkt der Eigentümer oder ein Dritter auf das Grundstück in solcher Weise ein, dass eine die Sicherheit der Hypothek gefährdende Verschlechterung des Grundstücks zu besorgen ist, so kann der Gläubiger auf Unterlassung klagen.

(2) Geht die Einwirkung von dem Eigentümer aus, so hat das Gericht auf Antrag des Gläubigers die zur Abwendung der Gefährdung erforderlichen Maßregeln anzuordnen. Das Gleiche gilt, wenn die Verschlechterung deshalb zu besorgen ist, weil der Eigentümer die erforderlichen Vorkehrungen gegen Einwirkungen Dritter oder gegen andere Beschädigungen unterlässt.

1 1. Der **Zweck** dieser Vorschrift entspricht § 1133 (§ 1133 Rz 1). Im Unterschied zu § 1133 regelt § 1134 nicht die Rechtsfolgen einer schon eingetretenen Verschlechterung des Grundstücks, sondern die **Rechsbehelfe zur Abwendung einer ihm drohenden Verschlechterung**; für Zubehör gilt § 1135; ähnliche Vorschriften in §§ 25, 149 II ZVG.

2 2. **Besorgnis der Verschlechterung** (§ 1133 Rz 3) besteht, sobald mit einer Beeinträchtigung des Zustands zu rechnen ist, zB Abriß des Gebäudes oder von Teilen trotz Absicht eines Neu- oder Umbaues (BGH 65, 211) oder Entfernung von Bestandteilen; anders wenn sofort eine ausreichende andere Sicherheit (§ 1133 Rz 6) angeboten wird.

3 **Voraussetzung** ist Besorgnis einer solchen Verschlechterung, daß sie die Hypothek gefährden würde (vgl § 1133 Rz 3). **Anlaß der Besorgnis** muß ein Verhalten des **Eigentümers** oder eines **Dritten** sein, nicht notwendig eine schon vorgenommene Einwirkung auf die Substanz, so daß auch ein erst drohender Eingriff genügt (RGRK/Mattern Rz 1). Der Insolvenzverwalter haftet wie ein Eigentümer (BGH 60, 267; WM 1987, 1567, 1569), ebenso der vorläufige Insolvenzverwalter (BGH 105, 230). Verschulden ist nicht erforderlich.

4 Ein dem Gläubiger gegenüber **rechtmäßiges Handeln** fällt nicht unter § 1134, so im Falle seiner Zustimmung, ebenso (entspr § 1135) die Entfernung von Erzeugnissen oder Bestandteilen in den Grenzen ordnungsmäßiger Wirtschaft (§ 1122 I).

5 3. **Unterlassung erforderlicher Vorkehrungen** gegen eine die Sicherheit des Grundpfandrechts gefährdende Verschlechterung des Grundstücks (Abs II S 2) ist selbständiger Anspruchsgrund. Dazu gehören auch Vorsorgemaßnahmen gegen Schadensgefahr durch Naturereignisse. Bei einem bebauten Grundstück ist Abschluß und Aufrechterhaltung einer Feuerversicherung notwendig, wenn eine Zerstörung des Gebäudes die Deckung des Grundpfandrechts mindern würde (BGH ZIP 1988, 1411, 1413); weitergehende Gebäudeversicherung ist bei schadensgeneigter Lage (zB Hochwasser, Lawinen, Schneedruck) geboten, soweit dies möglich ist. Insolvenzverwalter und vorläufiger Verwalter sind verpflichtet, einen angemessenen Feuerversicherungsschutz zu gewährleisten (BGH ZIP 1988, 1411, 1413; Lüke ZIP 1988, 1, 3).

4. Rechtsfolgen. Der Gläubiger hat einen Unterlassungsanspruch gegen denjenigen, von dem die das Grund- 6
stück gefährdende Einwirkung ausgeht (Abs I), gegebenenfalls also oder gegen den Eigentümer oder den Dritten.
Der Anspruch folgt aus dem Grundpfandrecht, hängt aber nicht von dessen Fälligkeit ab. Ein Anspruch auf Beseitigung der Einwirkung besteht nur unter den Voraussetzungen des § 823 (Rz 8).

Eine vom **Eigentümer** ausgehende Einwirkung begründet (neben dem Unterlassungsanspruch) einen Anspruch 7
auf **Duldung gerichtlicher Maßregeln** zur Abwendung der Gefährdung (Abs II S 1), ebenso bei Unterlassung
erforderlicher Schutzvorkehrungen (Abs II S 2). In Betracht kommt zB Ermächtigung des Gläubigers zur Ersatzvornahme nach § 887 ZPO und auf diese Weise Herbeiführung der Feuerversicherung (BGH 105, 230, 238), ferner
Veräußerungs- oder Entfernungsverbot, Sequestration (§ 938 ZPO), Anordnung der Zwangsverwaltung entspr
§§ 146ff ZVG (Mot 3, 670). Die Wahl der Maßnahme kann in das Ermessen des Gerichts gestellt werden; Anordnung durch das Prozeßgericht auf Klage des Gläubigers, auch durch einstweilige Verfügung.

5. Schadensersatzanspruch des Gläubigers besteht bei Verschulden des Eigentümers oder eines Dritten nach 8
§ 823 II iVm § 1134 als Schutzgesetz (BGH 65, 212; 92, 292); auch § 830 gilt (BGH 92, 292). Haftet der Dritte
sowohl dem Eigentümer als auch dem Gläubiger, so sind diese bei Schadensidentität Gesamtgläubiger (MüKo/
Eickmann Rz 19; aA Westermann § 99 I 1, wonach dem Gläubiger der Hypothek ein Pfandrecht am Anspruch des
Eigentümers zusteht); in der Regel handelt es sich indessen um getrennte Ansprüche, da der Schaden am Grundstück mit dem Schaden am Grundpfandrecht nicht deckungsgleich ist, so bei Ausfall der Hypothek in der
Zwangsversteigerung (BGH 65, 212, 213f). Ein Schaden am Grundpfandrecht entsteht erst mit dessen Wertminderung (§ 1133 Rz 3). Ersteigert der Gläubiger das Grundstück unter dem Verkehrswert, dann braucht er sich diesen
„Vorteil" nicht auf den Schadensersatzanspruch anrechnen zu lassen (BGH WM 1974, 126, 128).

6. § 1134 ist auf die Grundschuld entsprechend anwendbar. 9

§ 1135 *Verschlechterung des Zubehörs*

Einer Verschlechterung des Grundstücks im Sinne der §§ 1133, 1134 steht es gleich, wenn Zubehörstücke, auf die sich die Hypothek erstreckt, verschlechtert oder den Regeln einer ordnungsmäßigen Wirtschaft zuwider von dem Grundstück entfernt werden.

1. Verschlechterung haftenden **Zubehörs** wirkt wie die des Grundstücks (§§ 1133, 1134). **Entfernung von** 1
Zubehör ist gleichbedeutend, wenn sie **wirtschaftswidrig** ist und mithin zur Enthaftung führt (§ 1122 Rz 1). Aufhebung der Zubehöreigenschaft (§ 1122 II) ist noch keine Verschlechterung. Unerheblich ist auch Nichtzahlung
des Kaufpreises für das unter Eigentumsvorbehalt erworbene Zubehör, weil dadurch nicht auf den Zustand der
Sache eingewirkt wird; die Haftung des Anwartschaftsrechts bleibt bestehen. Aufhebung des Anwartschaftsrechts
im Interesse „wirtschaftlich vernünftiger Abwicklung des Kaufvertrages" hat nach BGH 92, 280, 292f Enthaftung
der Sache mit der Wirkung zur Folge, daß § 1135 nicht eingreift (vgl dazu auch § 1120 Rz 9).

2. Auch für den **Insolvenzverwalter** gilt § 1135 (vgl § 1122 Rz 1); bei wirtschaftsgemäßer Entfernung von 2
Zubehör gebührt der Erlös der Insolvenzmasse, bei wirtschaftswidriger Entfernung dem Grundpfandgläubiger
(BGH 60, 267, 273f). Ein Anspruch des Gläubigers auf **Rückschaffung** haftenden Zubehörs gegen Dritterwerber
kommt nur unter den Voraussetzungen des § 823 in Betracht, dh wenn es die Absicht des Eigentümers und des
Dritten war, die Sicherheit des Gläubigers zu gefährden oder das Recht des Hypothekengläubigers fahrlässig verletzt worden ist (MüKo/Eickmann Rz 4; weitergehend Staud/Wolfsteiner Rz 6; RGRK/Mattern Rz 3, die einen
Anspruch auf Rückschaffung ohne weitere Voraussetzungen annehmen). Aus der Einwilligung des Gläubigers in
die Veräußerung widerrechtlich entfernten Zubehörs ergibt sich nicht ohne weiteres ein Verzicht auf einen Schadensersatzanspruch aus § 823 II iVm § 1135 (BGH NJW 1991, 695).

3. § 1135 ist auf die Grundschuld entsprechend anwendbar. 3

§ 1136 *Rechtsgeschäftliche Verfügungsbeschränkung*

Eine Vereinbarung, durch die sich der Eigentümer dem Gläubiger gegenüber verpflichtet, das Grundstück nicht zu veräußern oder nicht weiter zu belasten, ist nichtig.

1. Veräußerungs- und Belastungsverbote sind nach § 137 S 1 ohne dingliche Wirkung. § 1136 schließt dar- 1
über hinaus die Wirkung der schuldrechtlichen Verpflichtung dazu aus, falls Gläubigerstellung aus der Hypothek
mit der des Berechtigten aus dem Verfügungsverbot zusammenfallen. **Zweck** ist, den Eigentümer gegen übermäßige Beschränkungen seiner wirtschaftlichen Handlungsfreiheit im Verhältnis zum Hypothekengläubiger zu schützen (BGH NJW 1980, 1625, 1626). Das Verfügungsverbot muß gerade im Hinblick auf die Hypothek und
damit zur Stärkung dieses dinglichen Rechts vereinbart sein (aA Staud/Wolfsteiner Rz 7); einem Verbot aus anderem Anlaß, etwa zur Sicherung eines Gläubigerrechts aus Pacht oder Ankaufsrecht, steht § 1136 auch dann nicht
entgegen, wenn Hypothek und Verfügungsbeschränkung in derselben Urkunde vereinbart worden sind, BGH LM
Nr 1. Es genügt auch nicht bloße Einengung des Handlungsspielraums; dem Eigentümer muß vielmehr gerade die
rechtliche Möglichkeit der Veräußerung oder Weiterbelastung seines Grundstücks genommen sein (BGH NJW
1980, 1625, 1626). Klauseln, nach denen bei Verfügungen über das Grundstück die Hypothek fällig, die Forderung
kündbar oder ein den aus der vorzeitigen Rückzahlung dem Gläubiger entstehenden Nachteil ausgleichendes Vorfälligkeitsentgelt geschuldet sein soll, sind daher wirksam (BGH aaO; BayObLG DNotZ 1981, 128; Soergel/Konzen Rz 3); das gilt auch bei Formularvereinbarung unter dem Gesichtspunkt des § 307 II Nr 1 (BGH NJW 1980,
1625, 1626; aM MüKo/Eickmann Rz 5 mwN). Im Einzelfall ist dann allerdings zu prüfen, ob die Ausübung des
Kündigungsrechts rechtsmißbräuchlich ist. Unzutreffend ist die Ansicht des BGH, § 1136 wolle verhindern, daß

dem Grundstückseigentümer durch die grundpfandrechtliche Absicherung des Darlehens mit fester Laufzeit eine anderweitige Verwertung der belasteten Immobilie faktisch während der Dauer der Kreditlaufzeit unmöglich gemacht wird (BGH WM 1997, 1747, 1749; aA Wenzel WM 1997, 2340, 2341). Diese „faktische" Beeinträchtigung resultiert aus der langfristigen Kreditbeziehung, die ein Darlehensnehmer eingegangen ist. Diesbezüglich hatte der Gesetzgeber in § 609a I Nr 3 aF die klare Aussage getroffen, daß Bindungen bis zum Ablauf von 10 Jahren nach Darlehensempfang rechtlich nicht zu beanstanden sind. Unstr ist der Ausgleich der unterschiedlichen Interessenlagen in § 490 II geregelt.

2   **2. Bei Verstoß gegen § 1136** ist die Vereinbarung nichtig (§ 134). Die Nichtigkeitsfolge ergreift auch eine das Verfügungsverbot sichernde Vertragsstrafe; für Schadensersatzansprüche des Gläubigers besteht keine Grundlage. Bei gleichzeitiger Hypothekenbestellung beurteilt sich deren Wirksamkeit nach § 139; der Parteiwille kann auf Entstehung der Hypothek auch ohne die nichtige Abrede gehen, etwa dann, wenn Verbot nur zusätzliche Sicherung bezweckt, Soergel/Konzen Rz 2. Grundbuchamt muß bei Ersichtlichkeit des Verstoßes die Eintragung der Hypothek ablehnen, Hamm DNotZ 1979, 752; Soergel/Konzen Rz 2; enger Staud/Wolfsteiner Rz 1.

3   **3.** § 1136 gilt auch für die Grundschuld.

1137 *Einreden des Eigentümers*
(1) Der Eigentümer kann gegen die Hypothek die dem persönlichen Schuldner gegen die Forderung sowie die nach § 770 einen Bürgen zustehenden Einreden geltend machen. Stirbt der persönliche Schuldner, so kann sich der Eigentümer nicht darauf berufen, dass der Erbe für die Schuld nur beschränkt haftet.
(2) Ist der Eigentümer nicht der persönliche Schuldner, so verliert er eine Einrede nicht dadurch, dass dieser auf sie verzichtet.

1   **1. Als Verteidigungsmöglichkeiten gegen die Hypothek** kommen in Betracht: Geltendmachen von Mängeln des dinglichen Rechts, vgl Rz 2, Einreden aus dem persönlichen Verhältnis zwischen dem Gläubiger und dem Eigentümer, Rz 3, und die dem persönlichen Schuldner gegen die Forderung zustehenden Einreden, deren Wirkung § 1137 auf die Hypothek ausdehnt, ohne Rücksicht darauf, ob Eigentümer und persönlicher Schuldner identisch sind. Die Vorschrift gilt für alle Arten der Hypothek; Unterschiede nur bezüglich der Stellung des Einzelnachfolgers. § 1137 betrifft nur die dingliche Klage des Gläubigers gegen den Eigentümer, dagegen sind Einreden gegen die Forderung bei Klage des Gläubigers gegen Dritte, zB aus § 1134 bestehenden.

2   **2. Einwendungen gegen den Bestand des dinglichen Rechts** können (nach Maßgabe der §§ 892, 894) darauf gestützt werden, daß eine der Entstehungsvoraussetzungen des Rechts fehlt, zB Fehlen oder Nichtigkeit der Einigung, Fehlen der Briefübergabe, Verstoß gegen §§ 134, 138, Bedingtheit, wirksam erklärte Anfechtung; Verzicht des persönlichen Schuldners auf Anfechtungsrecht ist dem Eigentümer gegenüber wirksam (Arndt DNotZ 1963, 603; Soergel/Konzen Rz 6). Angesichts des § 1163 gehört auch die Behauptung hierher, dem als Gläubiger Eingetragenen stehe die durch die Hypothek gesicherte Forderung nicht oder nicht mehr zu. Dabei wirkt die Rechtskraft des Urteils zwischen Gläubiger und Schuldner nicht gegenüber dem Eigentümer. Ist Auswechselung der Forderung vereinbart, aber noch nicht durchgeführt, muß der Eigentümer die Geltendmachung der durch die Auswechselung zu sichernden Forderungen dulden. Der rechtsgeschäftliche Erwerber der Hypothek ist gemäß § 892 geschützt.

3   **3. Einwendungen aus dem persönlichen Verhältnis zwischen Eigentümer und Gläubiger** sind hauptsächlich bei Auseinanderfallen von Eigentümer und persönlichem Schuldner von Bedeutung. In Betracht kommt: Stundung der Hypothek, Abrede des vorherigen Vollstreckungsversuchs gegen den Schuldner, unzulässige Rechtsausübung. Der spätere Einzelnachfolger des Gläubigers hat den Schutz aus § 1157. Ein Einzelrechtsnachfolger des Eigentümers kann dessen Einreden nur bei Abtretung des betreffenden Anspruchs oder Rechts geltend machen (BGH LM § 1169 Nr 1).

4   **4. Daß Verteidigung gegen die Hypothek mit dem Einreden des persönlichen Schuldners** gegen die Forderung möglich ist, folgt aus dem Sicherungszweck der Hypothek. Auf die Art der Einreden kommt es nicht an (bei Einwendungen besteht die Forderung nicht, sie fallen daher unter Rz 2; wegen der Gestaltungsrechte vgl Rz 6), zB: Einrede der Stundung, des nicht erfüllten Vertrages, der Arglist, des Zurückbehaltungsrechts, der ungerechtfertigten Bereicherung, der Rechtskraft. Vorausgesetzt ist nur, daß ihre Wirkung nicht noch von einer Willenserklärung des Schuldners abhängt. Die Schuldnerschutzvorschriften der §§ 406–408 gelten für die Hypothek nicht, vgl auch § 1156. Ein gutgläubiger Erwerber der Hypothek wird nach § 1138 geschützt. Einreden, die erst nach Übertragung der Hypothek entstanden sind, sind durch § 1156 ausgeschlossen (BGH 85, 388, 391).

5   **Ausgeschlossen** sind folgende Verteidigungsmöglichkeiten: Verjährung des Kapitalanspruchs, § 216 I, anders für rückständige Zinsen und Nebenleistungen nach § 216 III; ausgeschlossen auch Einrede beschränkter Erbenhaftung.

6   **5. Die dem persönlichen Schuldner zustehenden Gestaltungsrechte** kann der Eigentümer nicht geltend machen, da das einen Eingriff in die Rechte des persönlichen Schuldners bedeuten würde. § 1137 gibt dem Eigentümer durch Verweisung auf die Bürgschaftsreine die verzögerliche Einrede. Das muß über den Wortlaut des § 770 hinaus auch für ein Rücktritts- oder Wandlungsrecht des Schuldners gelten; die Einrede der Minderung hingegen dürfte unter Rz 4 fallen. Dagegen keine Einrede der Vorausklage wie nach § 771 (aber entsprechende Vereinbarung möglich); anders, falls der Hypothek eine nicht selbstschuldnerische Bürgschaftsschuld zugrunde liegt; für eine solche Bürgschaftsschuld gilt § 770 unmittelbar. Hat der Schuldner das Gestaltungsrecht geltend gemacht, zB angefochten oder aufgerechnet, kann sich der Eigentümer auf die Folgen berufen, selbst dann, wenn der Eigen-

tümer dem Schuldner zur Befreiung von der Schuld verpflichtet war (Westermann § 101 II 2). Zur Aufrechnung durch den Eigentümer mit einer eigenen Forderung als Aktivforderung vgl § 1142 II und § 1142 Rz 5.

6. Abs II. Keine Wirkung des Verzichts auf eine Einrede seitens des persönlichen Schuldners für den Eigentümer (im Falle von Abs I S 1), anders aber für Einreden aus § 770 bei Verzicht auf Gestaltungsrecht. Gilt auch für den Fall der späteren Trennung von Eigentümer und persönlichem Schuldner. Entsprechend auch keine Wirkung des dem Schuldner ungünstigen rechtskräftigen Urteils, sofern nicht Rechtskraft schon vor Bestellung der Hypothek eingetreten war. 7

7. § 1137 ist auf die Grundschuld nicht anwendbar. 8

1138 *Öffentlicher Glaube des Grundbuchs*
Die Vorschriften der §§ 891 bis 899 gelten für die Hypothek auch in Ansehung der Forderung und der dem Eigentümer nach § 1137 zustehenden Einreden.

1. Grundlagen. Weil die Hypothek von der Forderung abhängt und die §§ 891–899 nur für die Hypothek gelten, besteht insoweit ein Bedürfnis, **den Rechtsschein des Grundbuchs soweit auf die Forderung auszudehnen,** als die Zuständigkeit des dinglichen Rechts von ihr abhängt. Dem trägt § 1138 Rechnung. Danach gelten die §§ 891–899 auch für die Forderung und für die sie betreffenden Einreden aus § 1137, nicht indessen für solche Einreden, die erst nach Übertragung der Hypothek entstanden sind (§ 1156). Auf Einwendungen gegen den Bestand des dinglichen Rechts (§ 1137 Rz 2) sind die §§ 891ff unmittelbar anwendbar; Einreden gegen die Hypothek vgl § 1157. Ausgeschlossen ist § 1138 für die Hypothek für Rückstände von Zinsen und anderen Nebenleistungen, § 1159, und für die Sicherungshypothek, § 1185 II. Läßt man die Vereinbarung der Behandlung einer Verkehrshypothek als Sicherungshypothek für das Innenverhältnis zu, vgl § 1190 Rz 3, ist auch für diese Form § 1138 ausgeschlossen. 1

2. Der Rechtsschein gilt für die Forderungsverlautbarung **nur in Ansehung der Hypothek,** dh nur, um die Geltendmachung des dinglichen Rechts oder die Verteidigung gegen einen Berichtigungsanspruch zu ermöglichen. Somit ist § 1138 nur von Bedeutung für den Duldungsanspruch aus § 1113, nicht für den Zahlungsanspruch aus der Forderung (auch nicht für die Unterwerfungsklausel, BGH NJW 1980, 1048) Beweislast für die dingliche und persönliche Klage daher verschieden. 2

3. § 891 schafft eine **Vermutung für das Bestehen der Forderung,** soweit diese durch die Eintragung verlautbart wirt. Danach ist die Vermutung auf die durch den Schuldgrund bestimmte Eintragung beschränkt; steht das Nichtbestehen dieser Forderung fest, muß der Gläubiger beweisen, daß die geltend gemachte mit der hypothekarisch gesicherten Forderung identisch ist oder daß zumindest die Verpflichtung des Eigentümers besteht, nach § 1180 die geltend gemachte Forderung zu sichern. Ist Darlehen als Schuldgrund angegeben, muß Eigentümer auch die Möglichkeit eines Vereinbarungsdarlehens widerlegen (BGH WM 1972, 384). 3

Vermutet wird der gegenwärtige **Bestand der Forderung** nicht nur für den Zeitpunkt der Eintragung. Es genügt daher nicht der Beweis, daß die Forderung bei Eintragung nicht bestand; der Eigentümer muß auch die Möglichkeit späterer Entstehung ausräumen (BGH NJW 1980, 1048). Die Vermutung umfaßt auch die für eine wirksame Hypothekenbestellung strittigen Umstände, zB Dissens, Vertretungsmacht (BGH NJW 1980, 1048), nicht aber Rechts- und Geschäftsfähigkeit; hier trifft Schuldner aber allgemeine Beweislast. Für den Gläubiger einer Briefhypothek gilt die Vermutung des § 891 nur dann, wenn er Briefbesitz hat (BayObLG WM 1982, 1369). **Widerlegung der Vermutung** erfordert vollen Beweis. Bezüglich **Einreden** gegen die Forderung, die aus der Eintragung nicht hervorgehen, besteht keine Vermutung. 4

4. §§ 1138, 891 gelten auch, falls der Eigentümer von dem als Gläubiger Eingetragenen **Berichtigung** verlangt; hierbei muß der Eigentümer auch beweisen, daß dem Gläubiger die gesicherte Forderung nicht aus einem anderen als dem eingetragenen Schuldgrund zusteht, weil es hier nicht nur um die Inanspruchnahme des Eigentümers aus der Hypothek, sondern um den Bestand der Eintragung geht. 5

5. Die Anwendung der §§ 892, 893 ermöglicht den gutgläubigen Erwerb. Der gutgläubige Erwerber einer Verkehrshypothek wird dagegen geschützt, daß dem Veräußerer das Recht infolge der Akzessorietät der Hypothek nicht zusteht. Zu diesem Zweck wird die Forderung im Umfang ihrer grundbuchmäßigen Verlautbarung fingiert. Die Wirkungslosigkeit der Einreden gegenüber dem Erwerber ist durch Bezugnahme auf § 1137 ausdrücklich angeordnet. Schutz nicht nur gegen Nichtbestehen der Forderung, sondern auch dagegen, daß die bestehende Forderung einem anderen als dem als Gläubiger Eingetragenen zusteht; um Spaltung von Forderung und Hypothek mit Verdoppelung der Befriedigungsmöglichkeit zu verhindern, erwirbt in diesem Fall der Erwerber auch die Forderung, vgl § 1153 Rz 3. Eine einredefrei erworbene Hypothek bleibt dies auch für einen nachfolgenden bösgläubigen Gläubiger (BGH WM 1986, 1386). 6

Auch §§ 894–899 gelten für die Forderungsverlautbarung, so daß zB Widerspruch und Berichtigungsanspruch auf Nichtbestehen der Forderung oder auf Nichteintragung einer Einrede gestützt werden können. 7

6. § 1138 gilt nicht für die Grundschuld. 8

1139 *Widerspruch bei Darlehensbuchhypothek*
Ist bei der Bestellung einer Hypothek für ein Darlehen die Erteilung des Hypothekenbriefs ausgeschlossen worden, so genügt zur Eintragung eines Widerspruchs, der sich darauf gründet, dass die Hingabe des Darlehens unterblieben sei, der von dem Eigentümer an das Grundbuchamt gerichtete Antrag,

§ 1139

sofern er vor dem Ablauf eines Monats nach der Eintragung der Hypothek gestellt wird. Wird der Widerspruch innerhalb des Monats eingetragen, so hat die Eintragung die gleiche Wirkung, wie wenn der Widerspruch zugleich mit der Hypothek eingetragen worden wäre.

1   Um bei der Buchhypothek den Schutz zu ersetzen, den bei der Briefhypothek die Abhängigkeit der Verfügung von der Briefübergabe schafft, erleichtert § 1139 den **Widerspruch** für die **Buchhypothek**. Auf die Sicherungshypothek nicht anwendbar (wohl aber für die verdeckte, vgl § 1190 Rz 3). Der Antrag bedarf der Form des § 29 GBO. Nach Versäumung der Frist nur noch Widerspruch nach Maßgabe des § 899. Der Widerspruch wirkt, falls er innerhalb eines Monats nach der Eintragung der Hypothek eingetragen wird, auf die Eintragung der Hypothek zurück; gegenüber Fehlen der Forderung also kein gutgläubiger Erwerb. Ist der Antrag innerhalb eines Monats gestellt, aber nicht fristgemäß eingetragen, kann die Eintragung nachgeholt werden; sie hat dann aber keine Rückwirkung. § 1139 ist auf die Grundschuld nicht anwendbar.

1140 *Hypothekenbrief und Unrichtigkeit des Grundbuchs*

Soweit die Unrichtigkeit des Grundbuchs aus dem Hypothekenbrief oder einem Vermerk auf dem Brief hervorgeht, ist die Berufung auf die Vorschriften der §§ 892, 893 ausgeschlossen. Ein Widerspruch gegen die Richtigkeit des Grundbuchs, der aus dem Briefe oder einem Vermerk aus dem Briefe hervorgeht, steht einem im Grundbuch eingetragenen Widerspruche gleich.

1   1. Der Brief vermag zwar keine unrichtige Grundbucheintragung zu ersetzen und ermöglicht daher nicht einen gutgläubigen Erwerb der Hypothek; doch kann der Brief den öffentlichen Glauben des Grundbuchs zerstören. Voraussetzung dafür ist, daß der Inhalt des Briefes die Unrichtigkeit der Grundbucheintragung ergibt. Gleichgültig ist, ob ein Erwerber der Hypothek Kenntnis vom Briefinhalt hat. **Inhalt des Briefes** sind auch darauf angebrachte Privatvermerke, zB eine Zahlungsquittierung. Durchstreichungen sind nur bei hierauf bezogener Unterschrift beachtlich, ebenso Ausradierungen. Eine mit dem Brief bloß äußerlich verbundene Urkunde ist nicht Briefinhalt.

2   2. Ein **Widerspruch** auf dem Brief (S 2) ist im Sinne des § 892 dem Widerspruch im Grundbuch gleichgestellt. Der aus einem Privatvermerk hervorgehende Widerspruch hat nur Bedeutung nach § 1140 S 1, ist also nicht wie ein amtlicher Widerspruch zu behandeln. Entsprechendes gilt bei Vermerk einer Verfügungsbeschränkung.

3   3. § 1140 ist auf die Grundschuld entsprechend anwendbar.

1141 *Kündigung der Hypothek*

(1) Hängt die Fälligkeit der Forderung von einer Kündigung ab, so ist die Kündigung für die Hypothek nur wirksam, wenn sie von dem Gläubiger dem Eigentümer oder von dem Eigentümer dem Gläubiger erklärt wird. Zugunsten des Gläubigers gilt derjenige, welcher im Grundbuch als Eigentümer eingetragen ist, als der Eigentümer.

(2) Hat der Eigentümer keinen Wohnsitz im Inland oder liegen die Voraussetzungen des § 132 Abs. 2 vor, so hat auf Antrag des Gläubigers das Amtsgericht, in dessen Bezirk das Grundstück liegt, dem Eigentümer einen Vertreter zu bestellen, dem gegenüber die Kündigung des Gläubigers erfolgen kann.

1   1. Die **Hypothek wird gekündigt** durch einseitige, formlos gültige, zugangsbedürftige Erklärung des Gläubigers gegenüber dem Eigentümer oder umgekehrt des Eigentümers gegenüber dem Gläubiger; sie führt zur Fälligkeit der Hypothek. Kündigung ist regelmäßig Fälligkeitsvoraussetzung, möglich aber auch automatische Fälligkeit durch Zeitablauf oder sonstige vertragsgemäße Umstände. Die Kündigung ist eine Verfügung über die Hypothek, nicht über das Grundstück (BGH 1, 294, 305); sie ist unwiderruflich (Hamburg Rpfleger 1959, 379).

2   Die **Kündigung der Forderung** ist von der der Hypothek zu unterscheiden. Trotz der Akzessorietät ist besondere Kündigung der Hypothek nötig. § 1141 ist zwingendes Recht. Kündigung gegenüber dem persönlichen Schuldner ergreift nur die persönliche Forderung. Ausnahmen bei der Sicherungshypothek, § 1185 II. Nach hM auch isolierte Kündigung der Hypothek möglich, Westermann § 100 I 2 mwN (vgl auch § 425).

Besondere Vorschriften für die Briefhypothek in § 1160; für belastete Hypothek vgl §§ 1074, 1077, 1080, 1283, 1286, 1291; zur Vorerbschaft vgl auch § 2114; zur Eigentümergrundschuld vgl § 1177 I S 2.

3   2. Die Kündigung muß grundsätzlich vom Berechtigten ausgehen; also zB bei Miteigentum von oder gegenüber allen Eigentümern, entsprechend bei Gesamthandseigentum, falls nicht einem der Eigentümer Verfügungsrecht zusteht. Berechtigt ist nur der wirkliche Eigentümer, nicht derjenige, der unwirksam erworben hat; keine rückwirkende Heilung bei Genehmigung. Die Kündigung durch oder gegenüber Rechtsvorgänger muß der Nachfolger ohne den Schutz des § 892 gegen sich gelten lassen. Kündigungsbedingungen als Teil des Rechtsinhaltes werden dagegen vom Rechtsschein der Grundbucheintragung erfaßt.

4   **Bedeutung des Bucheintrags.** Kündigt der Gläubiger, wird als Eigentümer der Bucheigentümer unwiderleglich vermutet. Die Eigentumsfiktion gilt nur zugunsten des Gläubigers, nicht zu seinen Lasten (Staud/Wolfsteiner Rz 14). Kündigt der Bucheigentümer, gilt er als Eigentümer, falls der Gläubiger sich auf die Eintragung beruft (str). Für Kündigung durch den unberechtigt als Gläubiger Eingetragenen gilt § 1141 I S 2 nicht; der Eigentümer kann sich aber auf §§ 892, 893 berufen, Westermann § 100 I 2 (str).

5   3. Der nach Abs II bestellte **Vertreter** hat nur Vollmacht zur Entgegennahme der Kündigung. Kosten des Gläubigers fallen unter § 1118. Vertreterbestellung ersetzt die öffentliche Zustellung (auch für § 132 II). Verfahren nach FGG. Ausschluß des unbekannten Gläubigers nach § 1171. Für die Sicherungshypothek gilt § 1141 II nicht (§ 1185 II).

6   4. § 1141 gilt nicht für die Grundschuld; dafür gelten §§ 1177 I S 2, 1193.

§ 1142 Befriedigungsrecht des Eigentümers

(1) Der Eigentümer ist berechtigt, den Gläubiger zu befriedigen, wenn die Forderung ihm gegenüber fällig geworden oder wenn der persönliche Schuldner zur Leistung berechtigt ist.
(2) Die Befriedigung kann auch durch Hinterlegung oder durch Aufrechnung erfolgen.

1. Das **Recht des Eigentümers, den Gläubiger zu befriedigen,** soll ihm ermöglichen, den Verlust des Grundeigentums durch Zwangsversteigerung zu verhindern. Ausübung daher nicht mehr möglich, falls Erlös an die Stelle des Eigentums getreten ist. Ist Eigentümer zugleich persönlicher Schuldner, gilt § 1142 nicht (herrsch Auff; aM RGRK/Mattern Rz 3). Die Vorschrift ist zwingend; entgegengesetzte Vereinbarung ist nicht eintragungsfähig (BGH 108, 372, 379) und wirkt nur persönlich. Zum Auskunftsrecht des Eigentümers über den Stand der Valutierung s Wenzel Bankrecht und Bankpraxis Rz 4/2522ff.

§ 1142 begründet für den Eigentümer nur ein **Recht,** nicht die Pflicht zur Befriedigung des Gläubigers (BGH 7, 126). Verzug kann daher nicht eintreten (vgl aber § 1146). Hat der Eigentümer irrig angenommen, persönlich zur Zahlung verpflichtet zu sein, so hat er gegen den Gläubiger einen Rückforderungsanspruch nach § 812 (BGH 7, 123).

2. Voraussetzungen. Das Recht zur Befriedigung nach § 1142 steht dem wahren Eigentümer zu, auch dem Miteigentümer und einem Gesamthandseigentümer zur Vermeidung der Zwangsversteigerung, unabhängig vom Innenverhältnis (vgl § 744 II); schwebend unwirksame Übereignung berechtigt noch nicht zur Ablösung (RG 141, 222; Staud/Wolfsteiner Rz 3). Der bloße **Bucheigentümer** hat das Recht nur unter den Voraussetzungen der §§ 1150, 268, ebenso ein sonstiger Dritter (vgl § 1150 Rz 2). Der Eigentümer kann auch dann zahlen, wenn der persönliche Schuldner widerspricht; im Unterschied zu § 267 II kommt hier der Gläubiger bei Ablehnung der Zahlung in Annahmeverzug. Die Forderung muß aber dem Eigentümer gegenüber fällig sein. **Fälligkeit** bestimmt sich nach dem Vertrag oder dem Gesetz; ist danach eine Kündigung erforderlich, so gilt § 1141. Unabhängig von Fälligkeit genügt auch **Erfüllungsrecht des Schuldners.**

3. Art der Befriedigung. Dem Gläubiger ist der Betrag der Forderung mit den Nebenleistungen zuzuwenden; Teilzahlung genügt nicht (§ 266), wenn der Gläubiger widerspricht (BGH 108, 372, 379). Recht zur **Hinterlegung** (Abs II) besteht unter den Voraussetzungen der §§ 372ff; durch Ausschluß des Rücknahmerechts tritt Tilgungswirkung ein (§§ 376 II Nr 1, 378); auf diese Weise kann der Eigentümer auch dann, wenn der Gläubiger die Freigabe von der Zahlung einer höheren oder anderen als der gesicherten Forderung abhängig macht, Befriedigung mit der Folge aus § 1143 herbeiführen (BGH WM 1985, 953); bei Nichtausschluß der Rücknahme hingegen hat er bis zur Auszahlung an den Gläubiger nur eine Einrede gegen die dingliche Klage (§ 379).

Aufrechnung des Eigentümers mit einer ihm gegen den Gläubiger zustehenden Forderung ist zulässig (Ausnahme von dem Erfordernis der Gleichartigkeit). Der Gläubiger seinerseits darf aber nicht gegen eine Forderung des Eigentümers aufrechnen, da für den Anspruch aus der Hypothek nur das Grundstück haftet (§ 1147) und mithin die nach § 387 nötige Gleichartigkeit fehlt; Aufrechnung mit einer Forderung gegen den Schuldner scheitert mangels Gegenseitigkeit. Eine vom Schuldner erklärte Aufrechnung gibt dem Eigentümer nur eine Einrede nach § 1137 (vgl § 1137 Rz 6).

4. § 1142 gilt für die Grundschuld entsprechend; Befriedigungsrecht bei Fälligkeit (§ 1193) der Grundschuld (BGH NJW 1990, 258, 260).

§ 1143 Übergang der Forderung

(1) Ist der Eigentümer nicht der persönliche Schuldner, so geht, soweit er den Gläubiger befriedigt, die Forderung auf ihn über. Die für einen Bürgen geltende Vorschrift des § 774 Abs. 1 findet entsprechende Anwendung.
(2) Besteht für die Forderung eine Gesamthypothek, so gilt für diese die Vorschrift des § 1173.

1. Grundlagen: Die Vorschrift betrifft nur den **nicht persönlich schuldenden Eigentümer.** Tilgt der persönliche Schuldner die Forderung, so erlischt sie (Folge: Eigentümergrundschuld, §§ 1163 I S 2, 1177 I), sofern er nicht einen Ersatzanspruch hat (§ 1164 I). § 1143 gilt für jede Art der Hypothek.

Die Forderung und mit ihr die Hypothek (§ 1150) gehen unabhängig davon auf den Eigentümer über, ob ihm ein Ausgleichsanspruch gegen den persönlichen Schuldner zusteht. Insoweit besteht zwischen ihnen die gleiche Lage wie im Verhältnis zwischen Bürgen und Hauptschuldner (§ 774 I), da der mit dem persönlichen Schuldner nicht identische Eigentümer ebenso wie ein Bürge nur für eine fremde Schuld haftet, wenn auch beschränkt auf das Grundstück.

Ist der Eigentümer dem persönlichen Schuldner gegenüber zur Befriedigung des Gläubigers **verpflichtet** (vgl § 415 III), dann zahlt er in der Regel für den Schuldner (H. Westermann § 102 III 2). Das ist zB der Fall, wenn der Grundstückserwerber eine Hypothek unter Anrechnung auf den Kaufpreis übernommen hat, der Gläubiger aber die Übernahme nicht genehmigt hat. Mit Zahlung an den Gläubiger erlischt die Forderung (§ 362) und die Hypothek wird gemäß §§ 1163 I S 1, 1177 I zu einem forderungsentkleideten Eigentümergrundpfandrecht. Wenn aber der Eigentümer (ausdrücklich oder nach den Umständen) im eigenen Namen leistet, kann der persönliche Schuldner einem Rückgriff aus der Forderung die rechtsvernichtende Einwendung der Befreiungspflicht entgegensetzen (BGH WM 1980, 253; RG 143, 287), ebenso wenn ein Rechtsvorgänger des Eigentümers zur Befreiung verpflichtet ist.

Leistet ein **Dritter** (im eigenen Namen), so erwirbt er die Forderung nur unter den Voraussetzungen der §§ 268, 1150; sonst sichert ihn nur ein rechtsgeschäftlicher Erwerb von Forderung und Hypothek. Gläubiger kann aber

§ 1143

nach Empfang der Schuldsumme angesichts des automatischen Übergangs der Hypothek auf den Eigentümer, § 1163, nicht mehr abtreten.

5 2. Vorausgesetzt ist **Befriedigung durch den Eigentümer,** der **nicht zugleich Schuldner** ist, durch Leistung an den Gläubiger (§ 893 schützt bei Zahlung an den Buchgläubiger). Die Art der Befriedigung ist gleichgültig, so genügt zB auch einvernehmliche Freistellung des Gläubigers von einer ihm obliegenden Verbindlichkeit, BGH WM 1969, 1103. Befriedigung durch Zwangsvollstreckung steht hinsichtlich der Forderung gleich; die Hypothek erlischt, § 1181. Leistung im Namen (oder für Rechnung) des Eigentümers reicht aus. Erforderlich ist Eigentum zur Zeit der Zahlung; ist in diesem Zeitpunkt der Eigentumserwerb noch nicht eingetreten, so wirkt die spätere Eintragung zurück, str. Hingegen gilt § 1143 nicht bei rückwirkendem Wegfall des Eigentums (zB § 142); es treten dann die Folgen des § 1163 I 2 ein. Zahlt ein bloßer Bucheigentümer, so leistet er als Dritter (vgl Rz 4). Bei Belastung von **Miteigentum** nach Bruchteilen besteht Gesamthypothek, folglich gilt § 1173. Ablösung durch Mitglied einer **Gesamthandsgemeinschaft,** die nicht persönlich schuldet, führt zum vollen Übergang auf den Leistenden.

6 3. Der Eigentümer **erwirbt Forderung und Hypothek** kraft Gesetzes, er hat nicht etwa nur einen schuldrechtlichen Anspruch. Das Grundbuch wird unrichtig, für den Brief gilt § 952 (vgl im übrigen § 1144). Die Hypothek ist ein forderungsbekleidetes Eigentümergrundpfandrecht; zur Behandlung vgl § 1177 II. **Teilbefriedigung** (vgl aber § 266) führt zum Teilerwerb mit Vorrang des Gläubigers am ungetilgten Teil; zum Brief vgl § 1145. Die Hypothek – nicht die Forderung – für rückständige Nebenrechte erlischt, § 1178.

7 Die **Verteidigungsmöglichkeiten des Schuldners** werden durch den Übergang nicht geschmälert, vgl § 412; gutgläubiger Erwerb bezüglich der Einreden ist nicht möglich. Die Verweisung auf § 774 I S 3 gibt dem Schuldner auch die Einreden aus seinem Verhältnis zum Eigentümer, Hauptfall ist die Pflicht des Eigentümers zur Befreiung des Schuldners. Beweislast hat der Schuldner.

8 4. **Innenverhältnis zwischen Hypothekenschuldner und den aus anderen Sicherheiten Verpflichteten.** Tilgt der **nicht persönlich schuldende** Eigentümer die Hypothek, so geht auf ihn nach § 1143 I S 1 iVm §§ 412, 401 I auch der Anspruch aus einer für die gesicherte Forderung bestehenden Bürgschaft oder sonstige akzessorische Sicherheit über. Umgekehrt erwirbt der Bürge, wenn er in Anspruch genommen wird, nach §§ 774 I S 1, 412, 401 I die Hypothek. Damit hätte derjenige, der zuerst zahlt, die Möglichkeit des vollen Rückgriffs auf den anderen Sicherungsgeber. Das ist unbillig, sofern sich nicht aus der Sicherungsabrede oder aus dem Innenverhältnis zwischen den Sicherungsgebern ergibt, daß die eine gegenüber der anderen Sicherheit bevorzugt ist. Der BGH vertritt deshalb eine entsprechende Anwendung von § 426 auf das Verhältnis zwischen mehreren gleichrangig haftenden Sicherungsgebern, so daß der in Anspruch genommene Sicherungsgeber von den anderen kopfteilig Ausgleichung verlangen kann (BGH 95, 1575, 1576; BGH ZIP 1992, 1536, 1537). **Freigabe einer Sicherheit** durch den Gläubiger verhindert den Rückgriff nicht, weil das Ausgleichsverhältnis schon entsteht, sobald mehrere Sicherheiten für dieselbe Forderung bestellt sind (BGH WM 91, 399, 400); doch wird mit Aufgabe des dinglichen Rechts (und mit nachfolgender Löschung oder Zession), die grundsätzlich nur bei Befriedigung aus dieser Sicherheit, das heißt auf deren anteilmäßige Abtretung (Bayer/Wandt JuS 1987, 271, 274), gerichtete Ausgleichsanspruch zu einem dessen Wert entsprechenden Zahlungsanspruch (BGH WM 1990, 1956).

9 5. Auch bei der **Gesamthypothek** geht die Forderung auf den zahlenden Eigentümer über; er kann wählen, welchen von mehreren Gesamtschuldnern er in Anspruch nimmt. Das dingliche Recht aber erwirbt er nur nach Maßgabe des § 1173.

10 6. § 1143 ist auf die Grundschuld nicht entsprechend anwendbar.

1144 *Aushändigung der Urkunden*
Der Eigentümer kann gegen Befriedigung des Gläubigers die Aushändigung des Hypothekenbriefs und der sonstigen Urkunden verlangen, die zur Berichtigung des Grundbuchs oder zur Löschung der Hypothek erforderlich sind.

1 1. Die Vorschrift hat den **Zweck,** den Eigentümer gegen die Gefahr zu schützen, daß der Gläubiger nach Befriedigung über die ihm nicht mehr zustehende Hypothek verfügt. Er kann deshalb Zug um Zug gegen Befriedigung vom Gläubiger Aushändigung des Briefes und aller sonstigen zur Umschreibung oder zur Löschung der Hypothek notwendigen Unterlagen verlangen. Dieser Anspruch ist an das Ablösungsrecht des Eigentümers gebunden, daher nicht isoliert abtretbar, verpfändbar oder pfändbar; Hilfspfändung mit dem Ziel, dem Gläubiger die Zwangsvollstreckung in das Grundstück zu ermöglichen (zB durch Eintragung des Schuldners), ist möglich (Köln OLGZ 71, 151). Der Anspruch ist dinglicher Natur, gibt also in der Insolvenz des Gläubigers Aussonderungsrecht. Für eine Klage auf Aushändigung gilt der dingliche Gerichtsstand des § 24 ZPO (BGH 54, 201), auch gegen einen Auslandsgläubiger (BGH WM 1977, 453).

2 2. **Anspruchsberechtigt** ist der Eigentümer auch dann, wenn er zugleich persönlich schuldet. Durch die Verweisung in den §§ 1150, 1167 gilt § 1144 auch für einen ablösungsberechtigten Dritten und weitgehend für den persönlichen Schuldner. **Verpflichtet** ist der Hypothekengläubiger, unabhängig von der Briefbesitzlage. Erst nach dessen Befriedigung besteht ein Herausgabeanspruch gegen einen Dritten gemäß §§ 952 II, 985.

3 3. **Voraussetzung des Anspruchs** ist Befriedigung des Gläubigers, gleich in welcher Art (zB Aufrechnung, Hinterlegung); in der Zwangsversteigerung gelten §§ 127, 130 II ZVG. Erforderlich ist volle Befriedigung mit Einschluß der Nebenforderungen. Bei Teilablösung (vgl § 266) kann der Eigentümer zwar nicht Briefaushändigung verlangen, da in diesem Falle § 1145 eingreift; für die sonstigen Urkunden gilt aber auch hier § 1144.

Ein **Zurückbehaltungsrecht** des Gläubigers wegen einer nicht durch die Hypothek gesicherten Forderung ist 4
ausgeschlossen, auch bei endgültiger Nichtvalutierung, weil dies auf eine nachträgliche Sicherung hinausliefe
(BGH 71, 19); dies gilt auch dann, wenn die Gegenforderung auf demselben Verhältnis beruht wie die gesicherte
Forderung (RGRK/Mattern Rz 6), ebenso gegenüber Berichtigungsanspruch wegen Nichtigkeit des Grundpfandrechts (BGH NJW 1988, 3260), anders aber unter Umständen bei einer Schadensersatzpflicht des Eigentümers aus
einer von ihm gegenüber dem Gläubiger vorsätzlich begangenen unerlaubten Handlung (vgl BGH NJW 1966,
1452).

    4. Art der Geltendmachung. Der Eigentümer kann die Urkunden Zug um Zug gegen Befriedigung verlangen. 5
Weigerung des Gläubigers führt zum Annahmeverzug (§ 298) und berechtigt den Eigentümer zur Hinterlegung
mit schuldbefreiender Wirkung (§§ 372, 378). Für die Klage aus der Hypothek ist vorheriges Anerbieten der
Urkundenaushändigung nicht Voraussetzung; der Eigentümer hat aber ein Leistungsverweigerungsrecht, wenn der
Gläubiger nicht seinerseits Befriedigung nur Zug um Zug gegen Aushändigung geltend macht; klagt der Eigentümer aus § 1144, so besteht umgekehrt die gleiche Lage. Nach Befriedigung des Gläubigers kann der Eigentümer
aus § 1144 uneingeschränkt vorgehen.

    Nach Ansicht des BGH darf die Bank als Hypothekengläubigerin für die Erteilung einer löschungsfähigen Quit- 6
tung oder die Löschungsbewilligung kein gesondertes Entgelt verlangen (BGH ZIP 1991, 857, 858). Eine anderslautende Entgeltklausel sei mit wesentlichen Grundgedanken der gesetzlichen Regelung (§§ 369 I, 897, 1144)
nicht vereinbar und benachteilige den privaten Hypothekendarlehensnehmer in unangemessener Weise (§ 307 I).
Allerdings hat das Kreditinstitut analog §§ 675, 670 Anspruch auf Ersatz seiner Drittkosten, dh auf Ersatz notarieller Beglaubigungsgebühren, Übersendungskosten und ähnlicher Aufwendungen (BGH ZIP 1991, 857, 858).

    5. Inhalt des Anspruchs. Der Eigentümer kann **Aushändigung des Briefs** verlangen (bei Teilbefriedigung nur 7
Vorlegung gemäß § 1145). Besitzt der Gläubiger den Brief nicht, hat er diesen zu beschaffen; kann er das nicht, so
muß er den Brief unter den Voraussetzungen des § 1162 für kraftlos erklären und einen neuen herstellen lassen
(§ 67 GBO); Kraftloserklärung allein genügt zur Löschung.

    Zwischen **Löschung** und **Umschreibung** kann der Eigentümer wählen; danach richtet sich, welche **sonstigen** 8
Urkunden ihm der Gläubiger übergeben muß.

    In Betracht kommen folgende, der Form des § 29 I S 1 GBO bedürftige Urkunden: a) **Löschungsbewilligung,** 9
die indes keine Umschreibung ermöglicht. Zahlungsvermerk auf dieser Urkunde genügt nicht (LG Aachen Rpfleger 1985, 489). – b) **Berichtigungsbewilligung;** sie muß ihrem Inhalt nach den Rechtsübergang schlüssig belegen.
– c) **Löschungsfähige Quittung;** diese kann auch der einziehungsberechtigte Pfandgläubiger erteilen (Hamm
Rpfleger 1985, 187). Ausreichend ist auch für diese Quittung eine öffentlich beglaubigte Urkunde (BayObLG NJW-
RR 1995, 852; Haegele/Schöner/Stöber Rz 2729; aM MüKo/Eickmann Rz 22, der die Form des § 29 I 2 für erforderlich hält). Eine zusätzliche Löschungsbewilligung ist ohne Bedeutung, weil schon die quittierte Zahlung zum
Rechtsübergang führt und somit der Gläubiger nicht mehr verfügungsbefugt ist (KG NJW 1973, 56). Die Quittung
muß die Tatsache und den Zeitpunkt der Befriedigung bescheinigen, außerdem die Person desjenigen bezeichnen,
der geleistet hat, weil die Hypothek auf einen ablösenden Dritten übergegangen sein kann (Celle DNotZ 1955,
317; Köln NJW 1961, 368). Bei Ablösung durch den Eigentümer ist ferner die Angabe nötig, ob er auch persönlicher Schuldner war, da in diesem Falle die Hypothek als Eigentümergrundschuld, sonst hingegen als Eigentümerhypothek übergeht. Bei Miteigentum am Grundstück ist anzugeben, ob der Zahlende auch für die anderen Miteigentümer oder nur für sich geleistet hat. Mehrere Gläubiger der Hypothek nach Bruchteilen können nur gemeinsam Quittung erteilen (§ 747 S 2); bei Gesamtberechtigten ist dazu jeder befugt, an den gezahlt worden ist (KG
OLGZ 65, 92).

    Anspruch auf Aushändigung **weiterer Urkunden** besteht, soweit diese zur **Legitimation des Gläubigers** erfor- 10
derlich sind. Dazu gehört die Abtretungserklärung auf den Gläubiger oder eine sie ersetzende Urkunde nach Maßgabe des § 1155, der Nachweis seiner Berechtigung durch Erbfolge (§ 35 I GBO), die Zustimmung eines Nacherben, Belege für die Verfügungsbefugnis des Gläubigers nach §§ 32, 33, 35 II GBO, Einziehungsberechtigung des
Pfandgläubigers. Handelt für den Gläubiger ein Vertreter, so ist dessen Vertretungsmacht in der Form des § 29 I
S 1 GBO nachzuweisen.

    6. § 1144 ist auf die Grundschuld entsprechend anwendbar (BGH NJW 1988, 3260, 3261). 11

1145 *Teilweise Befriedigung*

(1) Befriedigt der Eigentümer den Gläubiger nur teilweise, so kann er die Aushändigung des Hypothekenbriefs nicht verlangen. Der Gläubiger ist verpflichtet, die teilweise Befriedigung auf dem Briefe zu vermerken und den Brief zum Zwecke der Berichtigung des Grundbuchs oder der Löschung dem Grundbuchamt oder zum Zwecke der Herstellung eines Teilhypothekenbriefs für den Eigentümer der zuständigen Behörde oder einem zuständigen Notar vorzulegen.
(2) Die Vorschrift des Absatzes 1 Satz 2 gilt für Zinsen und andere Nebenleistungen nur, wenn sie später als in dem Kalendervierteljahr, in welchem der Gläubiger befriedigt wird, oder dem folgenden Vierteljahr fällig werden. Auf Kosten, für die das Grundstück nach § 1118 haftet, findet die Vorschrift keine Anwendung.

    1. Bei **Teilbefriedigung** (vgl § 266) kann der Eigentümer nicht Aushändigung des Briefs verlangen, weil die 1
restliche Hypothek weiterhin dem Gläubiger zusteht. Für den **Brief** trifft deshalb **§ 1145** eine besondere, nicht mit
dinglicher Wirkung abdingbare Regelung; im übrigen gilt **§ 1144** aber auch für den Fall teilweiser Befriedigung. –
Entsprechend anwendbar ist § 1145 nach den §§ 1150, 1167, 1168 III.

§ 1145

2 2. Der Eigentümer hat Anspruch auf einen die Teilbefriedigung bescheinigenden **Briefvermerk**. Dieser Vermerk schützt ihn gegen die Gefahr eines gutgläubigen Dritterwerbs (vgl § 1140 Rz 2). Weiter muß der Gläubiger, nach Wahl des Eigentümers, den Brief zum Zwecke der **Löschung** oder **Umschreibung** des getilgten Teils (§ 41 GBO) dem Grundbuchamt oder zur Bildung eines **Teilbriefs** (§ 61 GBO) dem Grundbuchamt oder dem Notar **vorlegen**. Vollstreckung nach §§ 883, 886 ZPO. Bis zur Herstellung des Teilbriefs hat der Eigentümer zwar Miteigentum, nicht aber Anspruch auf Mitbesitz, weil sonst dem Gläubiger dessen Legitimation entzogen würde; auch Einräumung des Mitbesitzes in der Weise, daß der Gläubiger den Stammbrief für sich und zugleich für den Eigentümer verwahrt, ist ausgeschlossen (BGH 85, 263).

3 Für den Fall endgültiger teilweiser Nichtvalutierung der Hypothek steht das Recht ebenfalls zu einem entsprechenden Teil dem Eigentümer zu (§ 1163 I 1); hier gilt nicht § 1145, aber dessen Ergebnis ist über §§ 896, 952 erreichbar, ebenso bei Teilung der Forderung (§ 1152).

4 3. Die **Ausnahme** (Abs II) für nicht im laufenden Kalendervierteljahr fällige Zinsen und Nebenleistungen anderer Art ergibt sich daraus, daß insoweit ein gutgläubiger Erwerb nicht in Frage kommt (§ 1158). Die **Kosten** aus § 1118 fallen nicht unter Abs II.

5 4. § 1145 ist auf die Grundschuld entsprechend anwendbar.

1146 *Verzugszinsen*
Liegen dem Eigentümer gegenüber die Voraussetzungen vor, unter denen ein Schuldner in Verzug kommt, so gebühren dem Gläubiger Verzugszinsen aus dem Grundstück.

1 1. Für **Verzugszinsen** aus der persönlichen Forderung haftet das Grundstück gemäß § 1118. Es haftet nach § 1146 ebenso, wenn der Eigentümer mit der Befriedigung der dinglichen Forderung in Verzug kommt. Erfaßt sind Verzugszinsen nur in gesetzlicher Höhe (§§ 247, 288, 497), nicht Prozeßzinsen.

2 2. **Verzug des Eigentümers** bedeutet nicht, daß er die dingliche Forderung persönlich schuldet, denn dafür haftet nur das Grundstück (§ 1147). Vielmehr überträgt § 1146 die Pflicht zur Zahlung von Verzugszinsen auf einen Tatbestand, der nicht Verzug im Sinne des § 286 ist. Ersatz eines weitergehenden Verzugsschadens (§§ 288 III, 289 S 2, 497 I S 3) kann daher nicht aus dem Grundstück verlangt werden (Westermann § 100 II 1b). Indessen kommt eine persönliche Haftung des Eigentümers in Betracht, wenn er schuldhaft die Befriedigung des Gläubigers verzögert (Köln JW 1933, 635).

3 3. **Voraussetzung** ist Fälligkeit der Hypothek (vgl § 1141) sowie Mahnung gegenüber dem Eigentümer. Wird der bloße Bucheigentümer gemahnt, gelten §§ 893, 892. Auch § 285 ist anwendbar. Die Mahnung erfordert nicht das Angebot zur Vorlage der Urkunden aus § 1144 (hM). Auch bei Unterwerfungsklausel muß der Gläubiger Befriedigung anmahnen (RGRK/Mattern Rz 3). Doppelzahlung der Zinsen durch Eigentümer und persönlichen Schuldner steht dem Gläubiger nicht zu.

4 4. § 1146 ist auf die Grundschuld entsprechend anwendbar.

1147 *Befriedigung durch Zwangsvollstreckung*
Die Befriedigung des Gläubigers aus dem Grundstück und den Gegenständen, auf die sich die Hypothek erstreckt, erfolgt im Wege der Zwangsvollstreckung.

1 1. **Duldungsanspruch**. Das Grundpfandrecht gibt nur einen Anspruch auf Verwertung des Grundstücks und der mithaftenden Gegenstände. Der Eigentümer ist lediglich zur **Duldung** der Zwangsvollstreckung, nicht zur Zahlung verpflichtet (hM, anders MüKo/Eickmann Rz 4, wonach der Eigentümer zur Leistung verpflichtet ist, wegen dieses Anspruchs aber nur in einem bestimmten Gegenstand vollstreckt werden darf). Zulässig sind vollstreckungsbeschränkende Vereinbarungen, zB vorrangige Verwertung anderer Sicherheiten (BGH NJW 1986, 1488), Beschränkung auf Zwangsverwaltung oder nur auf mithaftende Gegenstände; eine sich daraus ergebende Einrede nach § 1157 ist, soweit inhaltlich zulässig, auch eintragungsfähig. Erweiterungen des Gläubigerrechts sind wirkungslos (vgl § 1149). – Kosten der Rechtsverfolgung fallen unter § 1118; vgl aber auch unten Rz 4.

2 2. **Voraussetzung** ist ein **Titel** gegen den Eigentümer auf **Duldung der Zwangsvollstreckung in das Grundstück**. Ein Titel nur über die persönliche Forderung genügt nicht (München Rpfleger 1984, 325); die Rechtskraft eines solchen Titels wirkt nicht nach § 325 III ZPO gegen den Eigentümer (BGH NJW 1960, 1348). Der Gläubiger des Titels kann nicht einen anderen ermächtigen, daraus im eigenen Namen die Vollstreckung zu betreiben (BGH 92, 347, 349); nur Umschreibung auf einen Rechtsnachfolger (§ 727 ZPO) berechtigt diesen zur Vollstreckung.

3 Der Gläubiger einer **Zwangshypothek** bedarf zur Vollstreckung aus dieser Hypothek seit dem 1. 1. 1999 entgegen der früher herrschenden Meinung (München Rpfleger 1984, 325; Düsseldorf WM 1986, 1345, 1346) keines dinglichen Titels mehr (§ 867 III ZPO). Es genügt der vollstreckbare Titel, auf dem gem § 267 I S 1 Hs 2 ZPO die Eintragung der Zwangshypothek im Grundbuch vermerkt ist. Ein dinglicher Titel ist aber weiterhin erforderlich, wenn der Gläubiger eine Arresthypothek erwirkt hat (BGH NJW 1997, 3230, 3233; Celle WM 1985, 547, 548); § 867 II ist insoweit nicht anwendbar (Soergel/Konzen Rz 3).

4 3. **In Betracht kommen folgende Titel. a) Duldungsurteil** (Vollstreckungsbescheid); Gerichtsstand § 24 ZPO, auch bei Verbindung mit persönlicher Klage. Die Kosten der dinglichen Klage (§ 91 ZPO) trägt bei Unterliegen der Gläubiger persönlich (also nicht § 1118). Zur Klage hat er keinen Anlaß im Sinne von **§ 93 ZPO**, wenn er nicht gemahnt (Karlsruhe MDR 1981, 939) oder wenn Eigentümer nach Mahnung Unterwerfung gemäß § 794 I

Nr 5 ZPO angeboten hatte (Düsseldorf JMBl NRW 1968, 262), auch dann nicht, wenn nur Zahlung per persönlichen Forderung angemahnt wurde (Saarbrücken MDR 1982, 499); nach verbreiteter OLG-Rspr soll der Gläubiger einer **Zwangshypothek** über Mahnung hinaus auch gehalten sein, vor Klage Unterwerfungserklärung zu verlangen (München OLGZ 84, 248; Karlsruhe OLGZ 87, 250; Schleswig SchlHA 87, 95; aM Köln NJW 1977, 256).

b) **Vollstreckbare Urkunde (§§ 794 I Nr 5, 800 ZPO).** Unterwerfung für die Hypothek gilt nicht mehr für die durch Tilgung entstandene Eigentümergrundschuld (Hamm Rpfleger 1987, 297), doch kann der Eigentümer für diese schon im voraus Unterwerfung erklären (vgl § 1196 Rz 4). Für die eingetragene Klausel (§ 800 ZPO) gelten die §§ 891, 892 nicht (BGH NJW 1980, 1047; WM 1979, 866). 5

c) **Sonstige Titel.** Prozeß- und Schiedsvergleiche (§ 794 I Nrn 1, 4a). – Besonderheiten gelten für Verwaltungszwangsverfahren; dort ist kein dinglicher Titel iS der ZPO erforderlich, vgl zB § 7 JBeitrO, § 74 AO. 6

4. **Schuldner des Duldungsanspruchs** ist der eingetragene Eigentümer, auch der bloße Bucheigentümer (§ 1148). Zur Zwangsverwaltung genügt nach § 147 I ZVG dinglicher Titel gegen den Eigenbesitzer (§ 872); dieser hat Widerspruchsrecht, wenn sich der Titel nur gegen den Eigentümer richtet. Zur Vollstreckung in getrennte Erzeugnisse, die dem Eigenbesitzer gehören (§ 955), ist ebenfalls Titel gegen ihn nötig. 7

5. **Zwangsvollstreckung.** Der Gläubiger kann wählen zwischen **Zwangsversteigerung** und **Zwangsverwaltung**. Die Eintragung einer Zwangshypothek (§ 866 ZPO) gewährt noch keine Befriedigung, sondern nur Sicherung (BGH ZIP 1995, 1425, 1426), so daß noch Duldungsklage erforderlich ist (Rz 3). Bis zur Beschlagnahme ist Vollstreckung auch durch **Pfändung** mithaftender Gegenstände möglich, ausgenommen Zubehör (§ 865 II ZPO); vgl auch § 1120 Rz 5, § 1123 Rz 5; für ungetrennte Früchte vgl § 810 ZPO; Einziehung von Versicherungsforderung vgl Anm zu § 1128. 8

6. In der Insolvenz hat der Hypothekengläubiger ein Recht auf abgesonderte Befriedigung (Lwowski/Tetzlaff WM 1999, 2336ff; § 49, 313 III InsO; vgl dazu Wenzel Sicherung von Krediten durch Grundschulden S 374ff; Stöber NZI 1998, 105ff; Eickmann ZflR 1999, 81ff; Hintzen Rpfleger 1999, 256). 9

7. § 1147 ist auf die Grundschuld entsprechend anwendbar; zur Eigentümergrundschuld vgl § 1197 I. 10

1148 *Eigentumsfiktion*

Bei der Verfolgung des Rechts aus der Hypothek gilt zugunsten des Gläubigers derjenige, welcher im Grundbuch als Eigentümer eingetragen ist, als der Eigentümer. Das Recht des nicht eingetragenen Eigentümers, die ihm gegen die Hypothek zustehenden Einwendungen geltend zu machen, bleibt unberührt.

1. Zum **Zweck** der Urteilserlangung schafft **Grundbucheintragung** bezüglich **des Eigentums** eine **unwiderlegliche Vermutung,** Beklagter kann nicht einwenden, er sei nicht Eigentümer, RG 94, 57. Auf die Kenntnis des Gläubigers oder auf einen Widerspruch im Grundbuch kommt es nicht an. § 1148 gilt nur für die Verfolgung des dinglichen Rechts, nicht für die Geltendmachung der Forderung. Wirkung nur zugunsten des Gläubigers; er kann auch den wahren Eigentümer verklagen und nach § 14 GBO vorgehen, vgl auch § 147 ZVG. 1

2. Der **wahre Eigentümer** kann seine Rechte durch Feststellungsklage (§ 256 ZPO) oder, wenn der Gläubiger schon Vollstreckungstitel hat, durch Klage nach § 771 ZPO geltend machen. Er hat alle Einwendungen und Einreden der in § 1137 Rz 2ff bezeichneten Art. Auf die Unrichtigkeit der Eigentümereintragung kann er nur den Einwand stützen, die Hypothek sei nicht entstanden; dadurch wird aber kein formaler Vollstreckungsmangel nach § 750 ZPO begründet. Bei Berichtigung des Grundbuchs nach Rechtshängigkeit kann der Titel umgeschrieben werden (entspr § 727 ZPO). 2

3. § 1148 ist auf die Grundschuld entsprechend anwendbar. 3

1149 *Unzulässige Befriedigungsabreden*

Der Eigentümer kann, solange nicht die Forderung ihm gegenüber fällig geworden ist, dem Gläubiger nicht das Recht einräumen, zum Zwecke der Befriedigung die Übertragung des Eigentums an dem Grundstücke zu verlangen oder die Veräußerung des Grundstücks auf andere Weise als im Wege der Zwangsvollstreckung zu bewirken.

1. Die Gefahr einer Verfallabrede liegt darin, daß der Schuldner, um in der Gegenwart Kredit zu erhalten, in den Verlust des Grundstücks für den in der Zukunft liegenden und von ihm möglicherweise nicht hinreichend ernst genommenen Fall der Zahlungsschwierigkeiten einwilligt in der trügerischen Hoffnung, er werde im Verfallstag durch Zahlung das Pfand einlösen können (BGH ZIP 1995, 1322, 1323). Davor will die Vorschrift auch schützen. In erster Linie aber ist das Verbot der Verfallabrede ein sachenrechtliches Instrument zur Regelung der Art der Realisierung eines Pfandrechts (BGH ZIP 2003, 107, 108). Für die Anwendbarkeit des Verbotes ist es unerheblich, ob dem Gläubiger nur das Recht eingeräumt wurde, das Grundstück in Zahlung zu nehmen, oder ob er berechtigt sein soll, das Grundstück zu einem bestimmten Preis zu übernehmen und den etwaigen Überschuß herauszuzahlen (BGH ZIP 1995, 122, 1323). Die Eigentumsübertragung muß zum Zwecke der Befriedigung des Gläubigers erfolgen und der Zwang zur Sachverwertung durch die vereinbarte Sachübertragung ersetzt werden (BGH ZIP 1995, 1322, 1323; BGH ZIP 2003, 107, 108), dh das Eigentum am Grundstück muß in seiner Eigenschaft als Sicherheit verfallen (BayObLG ZflR 1997, 30, 34). Das Verbot der Verfallabrede ist auf entsprechende Vereinbarungen mit pfandrechtlich nicht gesicherten Gläubigern nicht anwendbar (BGH ZIP 2003, 107, 108; BGH ZIP 1995, 1322, 1324; BayObLG ZflR 1997, 30, 34), weil hier der Zweck der Vorschrift, die Art der Realisierung 1

§ 1149

der Grundschuld zu sichern, nicht greift. § 1149 ist auf eine nicht durch Hypothek gesicherte Forderung nicht anwendbar (BGH NJW 1995, 2635).

2 2. **Nach Fälligkeit** gegenüber Eigentümer ist eine solche Klausel zulässig. Teilfälligkeit reicht aus. Die Klausel wirkt nur schuldrechtlich, Form nach § 311b I. Sicherung durch Vormerkung bei Anfall an Gläubiger oder falls Käufer bei Vereinbarung des Privatverkaufs bekannt ist. Soweit es sich bei dem Gläubiger um ein Kreditinstitut, ein Versicherungsgeschäft oder eine vergleichbar zuverlässige und bonitätsmäßig einwandfreie Institution handelt, steht § 1149 der Möglichkeit nicht entgegen, daß der Eigentümer eine Verkaufsvollmacht für die auch grundpfandrechtliche belastete Immobilie mit der Maßgabe erhält, davon nur im Fall der Fälligkeit mit der gesicherten Forderung und unter Anlegung banküblicher Sorgfaltspflichten Gebrauch zu machen. Die Gefahr der Verfallabrede besteht hier nicht, da der Gläubiger sicherstellt, von der Vollmacht nur insoweit Gebrauch zu machen als er auch zur zwangsweisen Verwertung des Beleihungsobjektes berechtigt wäre.

3 3. § 1149 ist auf die Grundschuld entsprechend anwendbar (BGH ZIP 1995, 1322; BayObLG ZflR 1997, 32, 33).

1150 *Ablösungsrecht Dritter*
Verlangt der Gläubiger Befriedigung aus dem Grundstücke, so finden die Vorschriften der §§ 268, 1144, 1145 entsprechende Anwendung.

1 1. § 1150 **bezweckt, die Rechte Dritter zu schützen.** Die Ablösung ist hier gegenüber derjenigen nach § 268 durch Vorverlegung des Zeitpunkts erleichtert; dadurch können Verfahrenskosten erspart werden. Im übrigen gilt für die Fälle des § 1150 der § 268 einschließlich des Rechts zur Hinterlegung und Aufrechnung.

2 2. **Ablösungsberechtigt** ist jeder Besitzer des Grundstücks, zB Mieter, Pächter, Nießbraucher (Soergel/Konzen Rz 4; aM KG NJW 1973, 56, 57), der Besitzer mithaftender Sachen sowie jeder dinglich Berechtigte, dessen Recht nicht in das geringste Gebot fällt und daher gefährdet ist. Auch der Zwangshypothek gibt ein Ablösungsrecht, selbst dann, wenn das Meistgebot den Anspruch deckt (LG Verden Rpfleger 1973, 296). Ausreichend ist ferner, daß am Rang des Rechts nicht teilnehmende Ansprüche auf Rückstände von Nebenleistungen (vgl § 10 I Nr 4 ZVG) gefährdet sind. Dem dinglichen Recht ist das familienrechtliche Nutzungsrecht gleichzustellen (zB des Ehegatten an der Wohnung).

3 Auch der Inhaber einer Auflassungsvormerkung (BGH NJW 1994, 1475) oder einer Belastungsvormerkung ist zur Ablösung befugt, nicht hingegen der Ersteher in der Zwangsversteigerung (MüKo/Eickmann Rz 15). **Mehrere Ablösungsberechtigte** stehen nicht im Rangverhältnis, der Zahlende erwirbt das Recht (hM, Staud/Wolfsteiner Rz 21). Der gutgläubige Buchberechtigte wird als Besitzer in der Regel unter § 268 fallen; er erwirbt aber auch nach § 1150, Staud/Wolfsteiner Rz 22. **Nicht ablösungsberechtigte Dritte** erwerben mit der Zahlung die Forderung nicht. Etwaige Ersatzansprüche aus Geschäftsführung oder Bereicherung sind nicht dinglich gesichert, wohl aber Übergang auf den zahlenden Bürgen (§ 774 I), auf den Pfandschuldner (§ 1225) und den ausgleichsberechtigten Gesamtschuldner (§ 426).

4 3. **Voraussetzung** des Ablösungsrechts ist Befriedigungsverlangen des Gläubigers aus dem Grundstück oder aus den mithaftenden Gegenständen. Es genügt, daß Wille des Gläubigers ersichtlich ist, sein Recht geltend zu machen, so durch Zahlungsaufforderung nach Fälligkeit, Kündigung, Fälligwerden bei Vollstreckungsunterwerfung. **Die Hypothek muß fällig sein;** denn erst damit entsteht die Gefahr für das Recht des Ablösungsbefugten. Zwangsverwaltung reicht nicht aus. Die Ablösung muß in der Absicht erfolgen, die Gefahr einer Vollstreckung in das Grundstück abzuwenden. Maßgebend dafür ist Willensrichtung bei Zahlung; spätere Willensänderung ist unerheblich. Der Ablösungszweck kann über den Zweck der bloßen Vollstreckungsabwehr hinausgehen (Storz ZIP 1980, 159, 160), muß aber jedenfalls durch das Befriedigungsverlangen des Gläubigers mitveranlaßt sein. **Teilablösung** genügt, sofern nur Teilbefriedigung verlangt wird. – Ablösung ist zulässig bis zum Zuschlag, aber nicht während einstweiliger Einstellung. Ablösungsrecht auch dann, wenn der Ablösende selbst die Versteigerung betreibt, sofern sein Recht nicht in das geringste Gebot fällt. Der Ablösende kann die Ablösewirkung seiner Zahlung von Bedingungen abhängig machen (BGH WM 1997, 1616, 1618).

5 Die Ablösung **öffentlicher Lasten** ist zulässig, jedoch nicht nach § 1150 (so aber Staud/Wolfsteiner Rz 5; RGRK/Mattern Rz 1; MüKo/Eickmann Rz 23), sondern nur nach § 268, weil kein Grundpfandrecht (Fischer NJW 1955, 1583, 1585).

6 4. **Folge** ist der Übergang der Forderung und der Hypothek, §§ 268, 401, 412, 1153, und zwar kraft Gesetzes, also nicht nur Entstehung eines Anspruchs auf Abtretung. Ablösender kann Aushändigung oder Vorlegung der zur Grundbuchberichtigung nötigen Unterlagen verlangen, vgl §§ 1144, 1145. Bei Zahlung an den Scheingläubiger gilt § 893; zwar liegt kein rechtsgeschäftlicher Erwerb vor, aber die Interessenlage entspricht der in § 893 geregelten (vgl Westermann § 102 III 4). Der nur gesetzliche Übergang ermöglicht dem Ablösenden im Verhältnis zum Eigentümer keinen gutgläubigen einredefreien Erwerb nach §§ 857 S 2, 892 (BGH WM 1996, 2197, 2198; NJW 1986, 1487; aA: Hager ZIP 1997, 133; vgl auch § 1157 Rz 1). Bei **Teilbefriedigung** Teilübergang. Das dem Gläubiger verbleibende Recht behält den besseren Rang, §§ 268, 1176; das gilt auch für Nebenforderungen. Vorrang ist dinglicher Natur, nicht nur persönliches Recht des Gläubigers.

7 Bei der **Gesamthypothek** erwirbt der Ablösende, anders als der zahlende Eigentümer (vgl § 1173), die Hypothek an allen Grundstücken. Voraussetzung ist, daß der Gläubiger sich gerade aus dem Grundstück befriedigen wollte, an dem der Ablösende ein Recht hatte. Auch **sonstige Nebenrechte,** zB Anspruch aus Bürgschaft, Pfand, gehen über (§§ 401, 412), nicht aber ein Anspruch auf Rückgewähr vorrangiger Grundschulden (BGH WM 1988,

564). Befriedigt der „Nebenschuldner", erwirbt er gemäß § 268 bzw § 774 die Forderung nebst Hypothek, § 1153, und kann dann mit Vorrang vor dem Ablösungsberechtigten ins Grundstück vollstrecken. Mitübergang der Vorrechte aus § 10 I ZVG, vgl dazu Storz ZIP 1980, 162.

5. § 1150 gilt für die Grundschuld entsprechend. Der Ablösende erwirbt die Grundschuld, nicht aber die durch sie gesicherte Forderung. 8

1151 *Rangänderung bei Teilhypotheken*
Wird die Forderung geteilt, so ist zur Änderung des Rangverhältnisses der Teilhypotheken untereinander die Zustimmung des Eigentümers nicht erforderlich.

1. **Teilung der Forderung** hat Teilung der Hypothek zur Folge. Diese Wirkung tritt bei jeder Verselbständigung 1 eines realen oder ideellen Teils der Forderung ein. **Teilung kann eintreten** durch Abtretung, Pfändung oder Verpfändung eines Teils der Forderung oder nur einer Nebenforderung, durch Teilerlöschen oder durch gesetzlichen Teilübergang (§§ 1163 I S 2, 1177 I; 1143, 774; 1150; 268; 426; 1176; 1182), durch Teilbelastung, auch durch Änderung des Forderungsinhalts für einen Teil der Forderung (zB bezüglich Fälligkeit oder Zinshöhe), ebenso durch teilweise Rangänderung (Zweibrücken Rpfleger 1985, 54). Vollstreckungsunterwerfung für einen rangmäßig bestimmten (zB „letztrangigen") Teilbetrag setzt Teilung voraus (Hamm DNotZ 1988, 233, 234; BayObLG 85, 141), nicht aber Unterwerfung nur wegen „eines zuletzt zu zahlenden Teilbetrages", denn damit ist in einer für die Eintragung der Unterwerfungsklausel zulässigen Weise nur eine Verrechnungsbestimmung getroffen (BGH 108, 372).

2. **Folge der Teilung** ist die Entstehung selbständiger Hypotheken. Dadurch können sich diese in verschieden- 2 artige Grundpfandrechte umwandeln, zB teils Brief- teils Buchrecht, Hypothek und Grundschuld, Fremd- und Eigentümerrecht. Die **Teilhypotheken haben gleichen Rang** (Celle WM 1990, 860, 861). Beim gesetzlichen Übergang hat der dem bisherigen Gläubiger verbleibende Teil jedoch Vorrang (§§ 1143 I S 2, 1164 II, 1176, 1182 S 2). Eine **Rangänderung** der Teilhypothek bedarf keiner Zustimmung des Eigentümers (Ausnahme von § 880 II S 2), gleichgültig, ob die Änderung mit oder erst nach Vollzug der Teilung vorgenommen wird; im übrigen aber gilt § 880.

3. § 1151 ist auf die Grundschuld entsprechend anwendbar. 3

1152 *Teilhypothekenbrief*
Im Falle einer Teilung der Forderung kann, sofern nicht die Erteilung des Hypothekenbriefs ausgeschlossen ist, für jeden Teil ein Teilhypothekenbrief hergestellt werden; die Zustimmung des Eigentümers des Grundstücks ist nicht erforderlich. Der Teilhypothekenbrief tritt für den Teil, auf den er sich bezieht, an die Stelle des bisherigen Briefes.

1. **Teilhypothekenbrief** ist für die Teilhypothek der allein maßgebende Brief. Seine Erteilung ist auf dem bis- 1 herigen Brief, dem Stammbrief, zu vermerken, § 48 GBVfg. Zur Bildung des Teilbriefes ist der Stammbrief vorzulegen, ebenso wie zur Teilabtretung. Abtretung auch ohne Teilbriefbildung (siehe § 1154 Rz 8).

2. **Erteilung des Teilbriefes** nur auf Antrag, § 61 GBO; Zustimmung des Eigentümers nicht erforderlich, auch 2 nicht die des bisherigen Gläubigers; Vorlagezwang des Stammbriefs sichert genügend. Ein Teilbrief ist auch bei Abtretung zukünftiger Zinsen zulässig, nicht hingegen bei Abtretung rückständiger Zinsen (vgl § 1159 Rz 2). Bei teilweiser Umwandlung der Hypothek in eine Eigentümergrundschuld ist auf Antrag ein Teilgrundschuldbrief, kein selbständiger Brief, zu erteilen. Bei Eintragung einer Hypothek für mehrere Gläubiger in Bruchteilsgemeinschaft kann für jeden Teil selbständiger Stammbrief gebildet werden.

Entsprechende Anwendung des § 1152 in §§ 1145, 1150, 1167. 3

3. § 1152 ist auf die Grundschuld entsprechend anwendbar. 4

1153 *Übertragung von Hypothek und Forderung*
(1) Mit der Übertragung der Forderung geht die Hypothek auf den neuen Gläubiger über.
(2) Die Forderung kann nicht ohne die Hypothek, die Hypothek kann nicht ohne die Forderung übertragen werden.

1. Der Grundsatz der **Untrennbarkeit von Hypothek und Forderung** ist Folge der Zweckbestimmung der 1 Hypothek als eines akzessorischen Grundpfandrechts. **Trennung von Forderung und Hypothek** möglich für Zinsrückstände, § 1159, und die Höchstbetragshypothek, § 1190 IV, ferner mittels §§ 1168, 1180; vgl auch die gesetzliche Forderungsauswechslung in §§ 1164, dazu § 1164 Rz 4, und nach § 1173 II, ferner durch Umwandlung der Hypothek in eine Grundschuld (§ 1198).

2. Der **Übergang der Hypothek mit der Forderung** ist zwingendes Recht (Gegensatz zu §§ 401, 412). Auf 2 die Art des Übergangs kommt es nicht an, Mitübergang auch bei gesetzlichem Forderungsübergang, zB §§ 1143, 1150. Eine Vereinbarung bei der Abtretung kann die Folge des § 1153 nicht hindern, vielmehr ist die ganze Abrede nichtig, wenn die Hypothek oder die Forderung allein übergehen sollen, hM. In der Regel werden die Beteiligten einen Übergang beider Rechte auch wollen. Möglich ist ferner Verbindung von Abtretung und Forderungsauswechslung gemäß § 1180.

§ 1153

3 3. **Auch umgekehrt geht die Forderung mit der Hypothek über.** Der Eigentümer, der zugleich persönlicher Schuldner ist, würde sonst doppelt in Anspruch genommen werden können. Wenn daher ein Nichtberechtigter die Hypothek an einen gutgläubigen Erwerber wirksam abtritt (§§ 1138, 892), geht auf ihn auch die Forderung über, hM (etwa Soergel/Konzen § 1138 Rz 7; aA MüKo/Eickmann § 1153 Rz 13; Petersen/Rothenfußer WM 2000, 657, 658).

4 4. § 1153 ist auf die Grundschuld nicht entsprechend anwendbar.

1154 *Abtretung der Forderung*

(1) Zur Abtretung der Forderung ist Erteilung der Abtretungserklärung in schriftlicher Form und Übergabe des Hypothekenbriefs erforderlich; die Vorschrift des § 1117 findet Anwendung. Der bisherige Gläubiger hat auf Verlangen des neuen Gläubigers die Abtretungserklärung auf seine Kosten öffentlich beglaubigen zu lassen.

(2) Die schriftliche Form der Abtretungserklärung kann dadurch ersetzt werden, dass die Abtretung in das Grundbuch eingetragen wird.

(3) Ist die Erteilung des Hypothekenbriefs ausgeschlossen, so finden auf die Abtretung der Forderung die Vorschriften der §§ 873, 878 entsprechende Anwendung.

1 1. **Anwendungsbereich.** Die Vorschrift regelt die Abtretung der Hypothekenforderung, nicht das dieser Verfügung zugrunde liegende Kausalgeschäft. Aus dem Verpflichtungsgeschäft kann Erfüllung durch formgerechte Abtretung verlangt werden (BGH NJW 1989, 3151). Der Anspruch auf Abtretung ist vormerkungsfähig (BayObLG Rpfleger 1983, 267). Anwendbar ist § 1154 nur auf rechtsgeschäftliche Übertragung, nicht auf Fälle gesetzlichen Übergangs; ferner auf die Bestellung des Nießbrauchs oder eines Pfandrechts an der Hypothekenforderung oder an der Grundschuld (§§ 1069, 1274, 1291).

2 2. **Abtretung der Hypothek** (Grundschuld s Rz 12) vollzieht sich durch Abtretung der **Forderung**, die Hypothek folgt automatisch (§ 1153). Zur Abtretung der durch Briefhypothek gesicherten Forderung ist dingliche Einigung (Rz 3) sowie schriftliche Abtretungserklärung und Briefübergabe geboten; bloß formlose Abtretung macht zusätzlich zur Briefübergabe konstitutive Grundbucheintragung erforderlich (§ 1154 II). Die schriftliche Abtretungserklärung ersetzt mithin die Eintragung, zweckmäßig ist Eintragung gleichwohl, weil dann der Erwerber Kenntnis von Grundbuchveränderungen und von Zwangsvollstreckung erhält (§ 55 GBO; §§ 9 Nr 1, 41, 146 II ZVG). Immer aber ist Voraussetzung, daß die Hypothek besteht; ist sie zu Unrecht gelöscht, kann sie in der Form des § 1154 I schon vor erneuter Eintragung abgetreten werden. Eine zur Abtretung etwa nötige Genehmigung wirkt nicht auf einen vor Erteilung der schriftlichen Abtretungserklärung und Briefübergabe liegenden Zeitpunkt zurück.

3 3. Die Abtretung erfordert **dingliche Einigung** nach Maßgabe des § 398. Die schriftliche Abtretungserklärung bezeugt nach (formloser) Annahme den Inhalt der Einigung. Die Möglichkeit der Abtretung kann ausgeschlossen, an die Zustimmung Dritter gebunden oder anderweitig erschwert werden (§ 399); mit Wirkung gegen Dritte (§§ 892, 1157) aber nur durch Eintragung. Vorbehalt des ausschließlichen und dauernden Einziehungsrechts für den Zedenten macht die Abtretung unwirksam; möglich ist befristete oder bedingte Einschränkung der Einziehungsbefugnis des Zessionars.

4 4. Die **Abtretungserklärung** muß den vom Zedenten unterschriebenen Willen ausdrücken, das genau bezeichnete Recht an den namentlich bezeichneten Erwerber zu übertragen. Für die Annahme seitens des Zessionars ist die Schriftform nicht erforderlich (BGH WM 1983, 173, 174); sie kann daher auch konkludent erfolgen, etwa in der Entgegennahme des Briefes. Die unterschriebene Abtretungserklärung muß dem neuen Gläubiger vom Altgläubiger ausgehändigt werden; die bloße Briefübergabe verschafft dem Zessionar das Recht nicht (Gaberdiel S 202). Zur Auslegung der Abtretungserklärung darf auf Umstände, die außerhalb der Urkunde liegen und nicht jedem Leser ohne weiteres erkennbar sind, nicht zurückgegriffen werden (BGH WM 1991, 1872, 1873). Da die Abtretungserklärung die Grundbucheintragung ersetzt, müssen die Erklärungen der Abtretung sowie die Bezeichnung der Grundschuld, des Zedenten und des Zessionars darin selbst enthalten sein und bestimmt und zweifelsfrei bezeichnet sein (BGH WM 1991, 1872, 1873; BGH WM 1989, 995, 996). Insbesondere muß der Zessionar soweit bezeichnet werden, daß er identifizierbar ist oder Zweifel über die Person des Berechtigten ausgeschlossen sind, da sich gemäß § 1155 S 1 das Gläubigerrecht des Briefberechtigten aus einer zusammenhängenden, auf einen eingetragenen Gläubiger zurückführbaren Reihe von öffentlich beglaubigten Abtretungserklärungen ergibt und dies nur möglich ist, wenn die jeweiligen Abtretungsempfänger in der Urkunde eindeutig bezeichnet werden (BGH ZIP 1997, 678). Die Anforderungen der höchstrichterlichen Rspr an die Bestimmtheit der notwendigen Angaben einer Abtretungserklärung sind durchaus streng. So genügt beispielsweise nach Auffassung des BGH eine pauschale Umschreibung der Person des Abtretungsempfängers nicht (BGH WM 1989, 995, 996). Allerdings kann sich aus der schuldrechtlichen Vereinbarung über die Abtretung ein Anspruch der Zessionare gegen die Zedenten auf Ergänzung der Abtretungsurkunde ergeben (BGH WM 1989, 995, 996). Die strengen Bestimmtheitsanforderungen über die Parteien und den Inhalt der Zession gelten für diese schuldrechtliche Vereinbarung nicht. Zudem führt nicht bereits jede Ungenauigkeit zur Unwirksamkeit der Abtretungserklärung (BGH ZIP 1997, 678). Für die genaue Bezeichnung des Rechts ist die Angabe des belasteten Grundstücks und des Ranges der Grundschuld nicht erforderlich, sofern Verwechslungsgefahr nicht besteht (MüKo/Eickmann § 1154 Rz 7; Clemente Rz 165; vgl BGH WM 1989, 995, 996; BGH WM 1974, 905). – **Blankoabtretung** (mit Briefübergabe) überträgt das Recht erst für die Zeit ab Ausfüllung durch den Ermächtigten (BGH WM 1977, 457); der Erwerber hat indessen schon vorher eine nach §§ 1134, 1135, 823 geschützte Anwartschaft. Der zur Ausfüllung Ermächtigte handelt als Vertreter des Zedenten, so daß § 166 gilt (BGH aaO; krit Baumgärtel DNotZ 1957, 652, der nur Einwilligung annimmt). **Erteilung der Abtretungserklärung** erfordert nicht unbedingt Aushändigung; der Zedent muß sich aber der Urkunde in solcher Weise zugunsten des Zessionars entäußern, daß dieser darüber verfügen kann (BGH WM 1965, 664).

5. Für die **Übergabe des Briefes** ist es erforderlich, daß der Abtretungsempfänger den Brief vom Abtretenden und mit dessen Willen erlangt (BGH WM 1993, 285, 286; aA Reinicke/Tiedtke NJW 1994, 345, 346, die hervorheben, daß es eine Stellvertretung bei der Besitzübergabe nicht gibt; möglich sei nur ein Geheißerwerb). Das bedeutet zwar nicht, daß der Abtretende in jedem Fall in eigener Person mitwirken muß; die Briefübergabe kann vielmehr durch einen Vertreter bewirkt werden, sofern dieser als Vertreter des Abtretenden handelt (BGH WM 1993, 285, 286). Erforderlich ist in jedem Fall, daß die Briefübergabe (noch) dem Willen des Abtretenden entspricht (BGH WM 1993, 285, 286; BGH WM 1969, 208, 209). Sind mehrere Gläubiger Zedent, muß der Brief von sämtlichen übergeben werden. Ferner ist der BGH der Ansicht, daß ein gutgläubiger Erwerb einer Briefhypothek von einem nicht im Grundbuch eingetragenen Veräußerer gemäß §§ 892, 1155 voraussetzt, daß dieser zur Zeit der Abtretung der Hypothek unmittelbar oder mittelbar Besitzer des Briefes ist. Die Fähigkeit, dem Erwerber durch Einschaltung eines Dritten den Brief zu verschaffen, genüge nicht (BGH WM 1993, 285; aA Gaberdiel S 206). Nach Ansicht von Nobbe (Neue höchstrichterliche Rspr zum Bankrecht, 6. Aufl 1995, S 459f) ist diese Rspr in zwei Punkten abzulehnen. Zum einen sei die Übergabe des Briefes ein Realakt, während eine Vertretung gemäß §§ 164ff nur bei der Abgabe von Willenserklärungen stattfinde. Eine Übergabe könne aber durch eine Geheißperson erfolgen. Zum anderen stehe die tatsächliche Besitzverschaffungsmacht des Veräußerers dessen Besitz nicht nur bei § 932, sondern auch im Rahmen des § 1155 gleich. Diese Vorschrift sei so auszulegen, daß ein Besitz des Abtretenden am Brief nicht erforderlich sei, wenn die Übergabe durch eine Geheißperson stattfinde und deshalb der Abtretende, dem die Übergabe durch die Geheißperson zugerechnet werde, nicht Besitzer des Briefes sei.

Die Übergabe des Briefes kann durch die Vereinbarung ersetzt werden, daß der abtretende Gläubiger den Brief für den Erwerber in Verwahrung nimmt (§§ 930, 1117 I S 2, 1154 I S 1). Ist der Brief im Besitz eines Dritten, so kann die Übergabe auch dadurch ersetzt werden, daß der Abtretende seinen Herausgabeanspruch gegen den Dritten an den Zessionar abtritt (§§ 931, 1117 I S 2, 1154 I S 1; BayObLG DNotZ 1988, 120). Die Vereinbarung eines Besitzkonstituts oder die Abtretung des Herausgabeanspruchs sind formlos möglich.

6. Eine Hypothek kann **vor ihrer Eintragung abgetreten** werden (BGH WM 1970, 122, 123). Der Zessionar erwirbt das Recht allerdings nicht vor der Eintragung. Erforderlich ist, daß das abgetretene Recht hinreichend bestimmt ist (BGH WM 1970, 122, 123). Da die Kennzeichnung durch Angabe der Grundbuchstelle vor Eintragung in vielen Fällen nicht möglich ist, muß die Grundschuld in anderer Weise bezeichnet werden (Gaberdiel S 207). Ausreichend dürfte dazu die Angabe des belasteten Grundstücks, des Betrags einschließlich eventueller Grundschuldzinsen sowie der Vorlasten sein. Der Hinweis auf die notarielle Urkunde, in der die Grundschuld bestellt wurde, kann die Kennzeichnung erleichtern, aber im Zweifel allein nicht vollständig ausmachen. Die Einigung über die Übertragung einer **Buchhypothek** enthält regelmäßig die konkludente Einwilligung im Sinne des § 185 I, daß der Erwerber die Hypothek ohne eigene Eintragung nicht nutzen darf (LG Detmold Rpfleger 2001, 299).

7. **Teilabtretung** der Briefhypothek (Briefgrundschuld) erfordert ebenfalls Briefübergabe. Diese kann geschehen durch Vereinbarung nach § 1117 II, sofern das Grundbuchamt im unmittelbaren Besitz des zur Teilbriefherstellung nötigen Stammbriefes ist; der Zedent muß auf Verlangen der Herstellung des Teilbriefes zustimmen. Ausreichend ist aber auch Mitbesitz des Zessionars am Stammbrief in der Weise, daß entweder ein Dritter (zB Notar) den Brief für beide Beteiligten verwahrt (§ 868) oder daß der Zedent unter Aufgabe des Eigenbesitzes den Brief nur noch als unmittelbarer Fremdbesitzer für den Zessionar in Verwahrung hält (Lauer MDR 1983, 635; Rutke WM 1987, 93). Wichtig ist, daß der abtretende Gläubiger seinen Eigenbesitzwillen vollständig aufgibt (Gaberdiel S 210f, Rutke WM 1987, 93, 94; Lauer MDR 1983, 635, 636). Denn bei der Abtretung eines Teils der Briefhypothek kann die Übergabe des Briefes nicht dadurch ersetzt werden, daß der Abtretende den – ungeteilten – Brief zugleich als Eigenbesitzer für sich selbst und als Fremdbesitzer für den Abtretungsempfänger besitzt (BGH WM 1986, 23, 24; BGH WM 1982, 1431, 1432). Ein Übergabeersatz durch Besitzmittlungsverhältnis kommt hier nicht in Betracht, da die Möglichkeit der Einräumung einstufigen Mitbesitzes von der Rspr abgelehnt wird (BGH WM 1986, 23, 24; BGH WM 1982, 1431, 1432). – An dem **Stammbrief**, der bis zur Bildung eines Teilbriefes auch den abgetretenen Teil ausweist, haben die Teilgläubiger nach § 952 Miteigentum im Umfang ihrer Anteile.

Teilabtretung nur der **Zinsansprüche** (oder anderer Nebenleistungen) ist in der Form des § 1154 möglich, ebenso der Hauptforderung ohne die Zinsen. Rückständige Zinsen sind formlos abtretbar (§§ 1159 I, 398). Die Zinsforderung bleibt auch bei hierauf beschränkter Abtretung vom Bestand des Hauptanspruchs abhängig; bei Löschung der Kapitalhypothek erlischt auch die Zinshypothek (§ 876 schützt nicht). Abtretungserklärung muß erkennen lassen, ob, seit wann und in welcher Höhe Zinsen abgetreten werden; Abtretung der Forderung (oder der Hypothek) wird jedoch darauf schließen lassen, daß künftige Zinsen mitübertragen sein sollen (vgl BGH 35, 172), nicht aber bereits fällige. Die Abtretung von Zinsen „von Anfang an" (BayObLG DNotZ 1984, 562, 564) ist ebenso hinreichend bestimmt wie „seit dem Tage des Zinsbeginns" (Düsseldorf Rpfleger 1986, 468, 469), weil jeweils alle Zinsansprüche in vollem Umfang uneingeschränkt übertragen werden sollen. Nicht ausreichen dürfte etwa die Erklärung, daß die Hypothek „mit laufenden Zinsen" oder „samt Zinsen" abgetreten wird (Frankfurt DNotZ 1994, 186). Nicht wirksam abgetretene Zinsen oder andere Nebenleistungen verbleiben beim Zedenten.
Eintragung für sich allein abgetretener rückständiger Zinsen ist unzulässig, KGJ 42, 248, eintragungsfähig aber die Abtretung rückständiger zusammen mit laufenden Zinsen, KG aaO; RG 88, 163 (vgl auch § 1159 Rz 2).

§ 1154

10 **8. Beglaubigung der Abtretungserklärung** zweckmäßig wegen §§ 1155, 1160, 1161 BGB, § 39 II GBO. Daher nach Abs I S 2 Anspruch auf nachträgliche Beglaubigung als Folge der Abtretung, auch bei der Sicherungszession; somit muß Abtretung vollzogen sein; es besteht kein Zurückbehaltungsrecht des Zedenten wegen Gegenansprüchen, und zwar auch nicht aus dem der Abtretung zugrunde liegenden Rechtsgeschäft. Der Anspruch auf Beglaubigung geht nach § 401 auf den Erwerber des Rechts über. Entgegen § 403 hat hier der Zedent die Kosten zu tragen. Zwangsvollstreckung erfolgt nach § 894 ZPO.

11 **9. Abtretung der Buchhypothek** durch Einigung und Eintragung ist Fall des § 873. Einigung bezieht sich auf die Abtretung der Forderung (§ 1153); §§ 26, 39 GBO gelten nicht; bei mehrfacher Abtretung kann gleichwohl der letzte Erwerber unmittelbar eingetragen werden.

12 **10. § 1154 ist auf die Grundschuld entsprechend anwendbar.** Die Abtretung einer **Buchgrundschuld** erfolgt gemäß §§ 1154 III, 873 I, 1192 I durch Einigung zwischen dem Zessionar und dem Zedenten und Eintragung der Abtretung im Grundbuch. Dies gilt auch dann, wenn der Eigentümer eine auf ihn kraft Gesetzes übergegangenen Grundschuld erneut an den Gläubiger abtreten will und dieser als frühere Gläubiger noch im Grundbuch eingetragen ist (Gaberdiel Rz 431). Ohne erneute Eintragung wird der Gläubiger nicht Inhaber der Grundschuld werden. Die **Einigung** zwischen dem alten und dem neuen Gläubiger über den Übergang des Rechts bedarf bei der grundbuchmäßigen Abtretung materiell-rechtlich keiner Form, erfordert insbesondere also keine schriftliche Abtretungserklärung (Clemente Rz 161). Für die Grundbucheintragung ist jedoch die Abtretungserklärung in öffentlich beglaubigter Form praktisch unumgänglich (§§ 19, 29 GBO, Clemente Rz 161). Die Einigung kann bis zur Eintragung grundsätzlich frei widerrufen werden (Gaberdiel Rz 432). Die **Eintragung** der Abtretung setzt einen Antrag voraus. Der Antrag muß im Zeitpunkt des Vollzugs im Grundbuch noch bestehen und kann bis dahin vom jeweiligen Antragsteller zurückgenommen werden. Der neue Gläubiger ist allerdings selbst antragsbefugt (§ 13 II GBO) und kann dadurch einen eigenen Antrag verhindern, daß der Zedent seinen Antrag mit der Wirkung, die Eintragung nicht vorgenommen wird, zurücknimmt. Der bisherige Gläubiger hat ferner die Eintragung des Gläubigerwechsels in öffentlich beglaubigter oder beurkundeter Form zu **bewilligen**. Der formalrechtliche **Grundsatz der Voreintragung** (§ 39 GBO) erfährt bei der Abtretung der Grundschuld eine Ausnahme, soweit der Grundstückseigentümer ein auf ihn, insbesondere durch Zahlung auf die Grundschuld, kraft Gesetzes übergegangenes Recht abtritt (Clemente Rz 162). In diesem Fall bedarf es keiner Voreintragung. Der Zessionar kann unmittelbar als neuer Gläubiger eingetragen werden. Zu beachten ist allerdings, daß die Möglichkeit der unmittelbaren Eintragung ohne Voreintragung des Betroffenen einen gutgläubigen Erwerb der Grundschuld ausschließt, wenn der Zedent in Wahrheit nicht Inhaber des Rechts war. Da umgekehrt die Voreintragung des Eigentümers einen Erwerb der Grundschuld kraft guten Glaubens ermöglicht, wenn sie zu Unrecht erfolgte, kein Widerspruch dagegen eingetragen ist und die Bank keine positive Kenntnis von der Unrichtigkeit dieser Eintragung hatte, kann es sich empfehlen, die Voreintragung des Eigentümers herbeizuführen.

1155 Öffentlicher Glaube beglaubigter Abtretungserklärungen

Ergibt sich das Gläubigerrecht des Besitzers des Hypothekenbriefs aus einer zusammenhängenden, auf einen eingetragenen Gläubiger zurückzuführenden Reihe von öffentlich beglaubigten Abtretungserklärungen, so finden die Vorschriften der §§ 891 bis 899 in gleicher Weise Anwendung, wie wenn der Besitzer des Briefes als Gläubiger im Grundbuch eingetragen wäre. Einer öffentlich beglaubigten Abtretungserklärung steht gleich ein gerichtlicher Überweisungsbeschluß und das öffentlich beglaubigte Anerkenntnis einer kraft Gesetzes erfolgten Übertragung der Forderung.

1 **1. Zweck der Vorschrift** ist es, den **Gutglaubensschutz bei der Briefhypothek** so zu gestalten, daß der Brief seinem Verkehrszweck genügen kann. Dementsprechend wird der nach § 1155 Ausgewiesene so behandelt, als ob er als Gläubiger im Grundbuch eingetragen wäre; bezüglich aller sonstigen Fragen gilt der gewöhnliche Gutglaubensschutz der §§ 892, 893, 1138, 1157.

2 **2. Voraussetzung für die Legitimation** ist **Eigenbesitz am Brief,** denn die Abtretung erfordert nach § 1154 I S 1 Übergabe an denjenigen, der sich auf § 1155 beruft. Mittelbarer Besitz genügt (§§ 1154 I, 1117 I S 2). Briefbesitz begründet nach § 1117 III die Vermutung, daß der Besitzer den Brief vom Vorgänger erhalten hat; Widerlegung dieser Vermutung schließt Berufung auf § 1155 aus; der Erwerber braucht die Rechtmäßigkeit des Besitzes seines Vorgängers bei Übergabe nicht zu prüfen (gestohlener Brief).

3 **3. Reihe der beglaubigten Abtretungserklärungen** bedeutet, daß das Gläubigerrecht des Briefbesitzers ohne Unterbrechung auf einen im Grundbuch als Gläubiger Eingetragenen zurückgeführt ist. Darunter fällt auch einmalige Abtretung. Zur Übergabe des Briefes unter Einschaltung eines Vertreters s § 1154 Rz 5.

Ob eine **gefälschte Erklärung legitimiert,** ist sehr streitig (siehe RGRK/Mattern Rz 5; Staud/Wolfsteiner Rz 13; MüKo/Eickmann Rz 12); die hM wendet § 1155 zugunsten des Erwerbers an, wenn die Fälschung äußerlich nicht erkennbar ist.

4 **4. Die Kette beglaubigter Erklärungen** muß bis zum Rechtsvorgänger des gutgläubigen Erwerbers führen; ob dieser selbst nur durch privatschriftliche Abtretung erworben hat, ist für **§ 892** ohne Belang; hingegen erfordert **§ 891** Beglaubigung auch der letzten Abtretung, vgl Rz 7.

Unterbrechung der Kette durch eine unwirksame privatschriftliche Abtretungserklärung verhindert gutgläubigen Erwerb. Bei wirksamer privatschriftlicher Abtretung sind die ihr vorgehenden beglaubigten Abtretungserklärungen von § 1155 erfaßt, nicht aber auch die ihr nachfolgenden beglaubigten Erklärungen, weil nach dem Gesetz nur die auf den eingetragenen Gläubiger zurückgehende Kette beglaubigter Erklärungen Schutzwirkung entfaltet und jede Unterbrechung diesen Vertrauenstatbestand zerstört (MüKo/Eickmann Rz 8; aM Pal/Bassenge Rz 3;

RGRK/Mattern Rz 15); auch zur Legitimation gegenüber dem Grundbuchamt (§ 39 II GBO) und zur Geltendmachung der Hypothek (§ 1160) muß der Erwerber die Beglaubigung aller Abtretungserklärungen vorweisen können. Ein Zwischenerwerb durch Erbfolge unterbricht nicht, weil hier der Erbe als Gesamtrechtsnachfolger des Gläubigers die Abtretung vornimmt.

5. Für die Beglaubigung gilt § 129 (auch Beurkundung ist statthaft). Der beglaubigten Abtretungserklärung **gleichgestellte Urkunden** sind nach **S 2**: a) Überweisung an Zahlungs Statt (§ 835 II ZPO), nicht die Überweisung nur zur Einziehung, BGH 24, 332. Der Gutglaubensschutz bezieht sich aber nur auf den Rechtsnachfolger des durch Überweisungsbeschluß ausgewiesenen Vollstreckungsgläubigers; dieser selbst kann sich für die Überweisung als Vollstreckungsakt nicht auf §§ 892, 893 berufen. – b) Beglaubigtes Anerkenntnis des gesetzlichen Übergangs ist die rechtsgeschäftliche Erklärung, daß die Hypothek auf Grund bestimmt bezeichneter Tatsachen auf den neuen Gläubiger kraft Gesetzes übergegangen ist; Gegenstand des Anerkenntnisses sind allerdings nicht diese Tatsachen, sondern der durch sie bewirkte Übergang der Hypothek. Ob es sich um Übergang der Hypothek mit oder ohne Forderung handelt, ist nach hM gleichgültig; Anerkenntnis des als Gläubiger Ausgewiesenen genügt. Auch im Falle des § 1164 ist keine zusätzliche Erklärung des Ersatzberechtigten nötig (str). – c) Ferner genügen: Verurteilung zur Abtretung (§ 894 ZPO); Auseinandersetzungszeugnisse (§§ 36, 37 GBO); Zuschlagsprotokoll (§ 844 ZPO); Veräußerungsbeschluß (§ 844 ZPO).

Dagegen genügen nicht: Ausschlußurteil nach § 1170ff; Entscheidungen nach § 868 ZPO; löschungsfähige Quittung oder Löschungsbewilligung, Erbscheine, öffentliche Testamente, Fusionsbescheinigung und sonstige Urkunden, aus denen sich der Übergang nur durch rechtliche Folgerung ergibt.

6. **Gutgläubigkeit** ist die des § 892. Inhalt der Abtretungsurkunde steht Grundbuchinhalt nicht gleich. Ausschluß der Gutgläubigkeit also nicht ohne weiteres durch die Urkunde, sondern nur bei Kenntnis von ihrem Inhalt, auf die aber aus dem Besitz der Urkunde in der Regel zu schließen sein wird; bloßes Kennenmüssen genügt nicht. Der Erwerber muß bei nachträglicher Beglaubigung der seinen Vorgänger ausweisenden Erklärung bis zur Beglaubigung gutgläubig sein.

7. **§ 1155 bewirkt**, daß der durch die Reihe der beglaubigten Übergänge Ausgewiesene dem im Grundbuch als Gläubiger Eingetragenen gleichsteht. Für § 891 muß auch der letzte Übergang beglaubigt sein. Für den gutgläubigen Erwerb ist jeweils der zum Übergang führende Rechtsvorgang maßgebend; fehlender Briefbesitz eines weiteren Vormanns oder Bösgläubigkeit des unmittelbaren Rechtsvorgängers werden geheilt.

8. § 1155 ist auf die Grundschuld entsprechend anwendbar.

1156 *Rechtsverhältnis zwischen Eigentümer und neuem Gläubiger*

Die für die Übertragung der Forderung geltenden Vorschriften der §§ 406 bis 408 finden auf das Rechtsverhältnis zwischen dem Eigentümer und dem neuen Gläubiger in Ansehung der Hypothek keine Anwendung. Der neue Gläubiger muss jedoch eine dem bisherigen Gläubiger gegenüber erfolgte Kündigung des Eigentümers gegen sich gelten lassen, es sei denn, dass die Übertragung zur Zeit der Kündigung dem Eigentümer bekannt oder im Grundbuch eingetragen ist.

1. **Grundsatz.** Der Eigentümer kann Einwendungen aus seinem Rechtsverhältnis zum bisherigen Gläubiger, die erst nach Abtretung entstanden sind, nicht dem neuen Gläubiger entgegenhalten. Ausgeschlossen sind insoweit alle Einwendungen, deren Entstehungstatbestand sich erst nach vollzogener Abtretung verwirklicht hat (BGH 85, 388, 391). Dieser Schutz des Erwerbers beschränkt sich auf den dinglichen Anspruch; für Einwendungen gegen die persönliche Forderung gelten die §§ 406 bis 408; dingliche und persönliche Klage können daher zu entgegengesetzten Ergebnissen führen.

Anwendbar ist § 1156 auch auf Fälle des gesetzlichen Übergangs der Hypothek. Für Nebenleistungen ergeben sich Einschränkungen durch §§ 1158, 1159. Entsprechend anwendbar ist § 1156 auf Belastungen des Grundpfandrechts mit Nießbrauch (§ 1070) oder mit Pfandrecht (§ 1275); § 1156 findet bei der Sicherungshypothek keine Anwendung (§ 1185 II).

2. **Ausschluß des § 406** bedeutet, daß der Eigentümer eine erst nach Abtretung erklärte Aufrechnung dem neuen Gläubiger auch dann nicht entgegenhalten kann, wenn die Aufrechnungslage schon vorher bestand und der Erwerber davon Kenntnis hatte. Ein die Aufrechnung vereitelndes Zusammenwirken von altem und neuem Gläubiger kann aber zum Schadensersatz nach § 826 verpflichten. Bei unentgeltlicher Abtretung hat der Eigentümer analog § 816 I S 2 einen Bereicherungsanspruch gegen den Erwerber, weil hier der Schutzzweck des § 1156 vernachlässigt werden kann (MüKo/Eickmann Rz 9; Pal/Bassenge Rz 2; aM Staud/Wolfsteiner Rz 14; RGRK/Mattern Rz 3, wie denen § 1156 gilt).

3. **Ausschluß des § 407 I** hat zur Folge, daß der Erwerber eine vom Eigentümer an den alten Gläubiger in Unkenntnis der Abtretung bewirkte Leistung oder ein die dingliche Forderung berührendes Rechtsgeschäft (zB Erlaß, Stundung) nicht gegen sich gelten lassen muß. Gleichgültig ist, ob der Eigentümer auch persönlicher Schuldner ist; er kann sich bei Briefrechten nach §§ 1155, 1160, 1161 und bei Buchrechten aus dem Grundbuch Klarheit über die Person des Berechtigten verschaffen (dann Schutz nach § 893). Entsprechendes gilt bei mehrfacher Abtretung im Hinblick auf den Ausschluß des **§ 408**.

Unanwendbar ist auch § 407 II. Für einen schon im Zeitpunkt der Abtretung anhängigen Rechtsstreit über die dingliche Forderung gilt jedoch § 325 ZPO.

4. **Sonstige Einwendungen und Einreden sind zulässig,** also Einwendungen gegen den Bestand der Hypothek oder der Abtretung, Einreden nach § 1137 und nach § 1157, mithin auch solche aus §§ 404, 405, 409, 411, 412

§ 1156

(§ 410 ist erweitert durch §§ 1144, 1145). Der gutgläubige rechtsgeschäftliche Erwerber ist jedoch durch §§ 1138, 1157 S 2 geschützt.

7 5. **Kündigung** durch den Eigentümer wirkt auch dann gegenüber dem neuen Gläubiger, wenn sie nach Abtretung gegenüber dem bisherigen Gläubiger erklärt wird, sofern nicht der Rechtsübergang schon im Grundbuch eingetragen oder dem Eigentümer bekannt war (§ 1156 S 2). Zur Kündigung durch Gläubiger vgl § 1141.

8 6. § 1156 ist auf die Grundschuld entsprechend anwendbar.

1157 *Fortbestehen der Einreden gegen die Hypothek*

Eine Einrede, die dem Eigentümer auf Grund eines zwischen ihm und dem bisherigen Gläubiger bestehenden Rechtsverhältnisses gegen die Hypothek zusteht, kann auch dem neuen Gläubiger entgegengesetzt werden. Die Vorschriften der §§ 892, 894 bis 899, 1140 gelten auch für diese Einrede.

1 1. **Grundsatz.** Der Eigentümer kann Einreden aus seinem Rechtsverhältnis zum bisherigen Gläubiger auch dem neuen Gläubiger entgegenhalten. Diese Regelung ist aus § 404 abgeleitet; im Unterschied dazu ist § 1157 jedoch nur anwendbar, wenn sich im Zeitpunkt der Übertragung des Grundpfandrechts schon der gesamte Einredetatbestand verwirklicht hatte (BGH 85, 388, 391); für erst später entstandene Einreden gilt § 1156 (BGH aaO). Erfaßt sind nur solche Einreden, die gegen den dinglichen Anspruch bestehen. Einreden gegen die persönliche Forderung fallen unter §§ 1137, 1138. § 1157 S 1 gilt nicht nur für die rechtsgeschäftliche Übertragung, sondern ebenso für den gesetzlichen Übergang (anders S 2, vgl Rz 5).

2 Einreden aus dem Verhältnis zwischen **altem und neuem Gläubiger** stehen dem Eigentümer nicht zu (BGH 85, 393). Ein **Einzelrechtsnachfolger des Eigentümers** kann auch nicht dessen Einreden gegen den bisherigen Gläubiger dem neuen Gläubiger entgegensetzen (BGH NJW 1986, 2108, 2110), sofern ihm nicht das Einrederecht oder der die Einrede begründende schuldrechtliche Anspruch seines Vorgängers übertragen worden ist; auch die Vereinbarung der Stundung oder einer Vollstreckungsbeschränkung wirkt als nur schuldrechtliche Abrede nicht automatisch in der Person des Rechtsnachfolgers fort (aM MüKo/Eickmann Rz 5). Der mit dem Eigentümer nicht identische persönliche Schuldner kann sich auf § 1157 nicht stützen, bei Identität hingegen kann die Einrede in der Regel auch der persönlichen Forderung entgegengehalten werden.

3 2. **Einreden** iSd § 1157 sind alle den dinglichen Anspruch betreffenden Gegenrechte des Eigentümers. Davon zu unterscheiden sind Einwendungen gegen den Bestand des Grundpfandrechts oder gegen die Rechtszuständigkeit des neuen Gläubigers; insoweit gilt unmittelbar § 892 und auch § 891 (vgl § 1137 Rz 2).

4 Der **Rechtsgrund der Einrede** ist gleichgültig, wenn er nur auf dem Verhältnis zum bisherigen Gläubiger beruht. In Betracht kommen Einreden aus Vertrag, zB Rückgewähranspruch, Stundung, Beschränkung der Zwangsvollstreckung (BGH NJW 1986, 1487), Ausschluß oder Einschränkung der Abtretung; Einrede aus ungerechtfertigter Bereicherung oder aus unerlaubter Handlung, hierher gehört auch der Einwand unzulässiger Rechtsausübung (§ 242), ebenso Aufrechnung nach § 1142 II. Frage des Einzelfalls ist es, ob ein Einredetatbestand nur im Verhältnis zum bisherigen Gläubiger wirken soll; zwischen diesem und dem Eigentümer kann vereinbart werden, daß eine bestimmte Einrede nicht gegenüber dem Zessionar geltend gemacht werden darf.

5 3. **Gutgläubiger Erwerb.** Es gilt § 892. Damit ist der neue Gläubiger nur bei rechtsgeschäftlichem Erwerb geschützt, nicht aber bei gesetzlichem Übergang des Grundpfandrechts, wie zB im Falle der Ablösung nach §§ 268, 1150 (BGH WM 1996, 2197, 2198; NJW 1986, 1487 mit abl Anm Canaris; krit auch Rimmelspacher WM 1986, 809); zwar entspricht die Interessenlage des Ablösenden derjenigen des rechtsgeschäftlichen Erwerbers, der bisherige Gläubiger kann aber dem gesetzlichen Übergang dem neuen Gläubiger nicht die zum Schutz des Eigentümers nötige Kenntnis der Einredevoraussetzung verschaffen.

6 **Gutgläubig** ist der rechtsgeschäftliche Erwerber dann, wenn er die Einrede nicht kennt und wenn sie auch weder im Grundbuch eingetragen (Rz 8) noch auf dem Brief vermerkt ist (§ 1140). Kenntnis der Einredetatsachen ist aber bei einem unverschuldeten Rechtsirrtum unschädlich (BGH 25, 32). Auf eine Legitimation des Zedenten nach § 1155 kommt es für den guten Glauben des Zessionars nicht an, weil auch formlose Abtretung wirksam ist und durch § 892 geschützt wird. Ein einmal vollzogener einredefreier Erwerb wirkt auch zugunsten eines späteren bösgläubigen Einzelrechtsnachfolgers (BGH WM 1986, 1386).

7 **Unanwendbar** ist § 893. Der nach §§ 268, 1150 Ablösungsberechtigte muß daher Einreden des Eigentümers immer gegen sich gelten lassen (BGH WM 1996, 2197, 2198; NJW 1986, 1487).

8 4. **Sicherung des Eigentümers.** Er kann vom bisherigen Gläubiger die Eintragung der Einrede beanspruchen und sich bis dahin durch Widerspruch nach § 899 schützen; bei Briefrechten kann er auch Einredevermerk auf dem Brief verlangen (vgl § 1140). Eine zu Unrecht nicht eingetragene oder im Brief nicht vermerkte Einrede begründet einen Berichtigungsanspruch nach § 894ff. Die Sicherung eines Rückgewähranspruchs ist durch Vormerkung möglich. – Die Vermutung des § 891 gilt nicht. Der Eigentümer muß daher den Bestand der Einredevoraussetzungen nachweisen, mithin auch, daß ihm die Einredebefugnis eines früheren Eigentümers übertragen worden ist.

9 5. § 1157 ist auf die Grundschuld entsprechend anwendbar.

1158 *Künftige Nebenleistungen*

Soweit die Forderung auf Zinsen oder andere Nebenleistungen gerichtet ist, die nicht später als in dem Kalendervierteljahr, in welchem der Eigentümer von der Übertragung Kenntnis erlangt, oder dem folgenden Vierteljahr fällig werden, finden auf das Rechtsverhältnis zwischen dem Eigentümer und dem neuen Gläubiger die Vorschriften der §§ 406 bis 408 Anwendung; der Gläubiger kann sich gegenüber den Einwendungen, welche dem Eigentümer nach den §§ 404, 406 bis 408, 1157 zustehen, nicht auf die Vorschrift des § 892 berufen.

1. Grundlagen. §§ 1158, 1159 enthalten Sondervorschriften für die **Abtretung von Ansprüchen auf Nebenleistungen**; dabei regelt § 1158 nur die Abtretungsfolgen für zukünftige Ansprüche, § 1159 betrifft hingegen die rückständigen Leistungen. **Tilgungsleistungen** gehören nicht dazu. §§ 1158, 1159 gelten gleichmäßig für Abtretung *mit* der Hypothek und für die – hier mögliche – Abtretung ohne sie; die Vorschriften erfassen auch den gesetzlichen Übergang. 1

Zweck des § 1158. Mit der Vorauszahlung von Nebenleistungen ist zu rechnen; der Erwerber kann sich nicht auf den Schutz des § 1156 verlassen, er muß für Benachrichtigung des Eigentümers sorgen. Das Grundbuch gibt den einzelnen Zinsanspruch auch nicht so wieder, daß ein genügend tragfähiger Rechtsschein entsteht. Vgl auch §§ 902 I S 2; 1145 II; 1160 II; 1178. 2

2. Für den **Zeitraum** entscheidet die Fälligkeit; auf den Verrechnungszeitraum kommt es nicht an. Kenntnis zB am 31. 3. hat zur Folge, daß die bis zum 30. 6. fälligen Beträge unter § 1158 fallen; bei Erlangung der Kenntnis am 1. 5. gilt § 1158 für die bis zum 30. 9. fälligen Beträge. 3

3. Bezüglich der im ersten Halbjahr fällig werdenden Ansprüche hat der Eigentümer alle **Einreden**, die vor seiner Kenntnis von der Abtretung entstanden sind. §§ 406ff gelten, insbesondere gilt für Zahlung § 407. Der Erwerber kann sich insoweit nicht auf § 892 berufen. Maßgebend ist die Kenntnis des Eigentümers, Kennenmüssen steht nicht gleich. Beweislast hat der Gläubiger. 4

4. Später fällig werdende Nebenleistungsansprüche sind wie der Hauptanspruch zu behandeln. Für den gutgläubigen Erwerb entscheidet der Grundbuchstand, § 1156 gilt. Für Zahlung durch den Eigentümer vgl § 1145 II. 5

5. § 1158 ist auf die Grundschuld entsprechend anwendbar, hat insoweit aber Bedeutung für den dinglichen Anspruch. 6

1159 *Rückständige Nebenleistungen*

(1) Soweit die Forderung auf Rückstände von Zinsen oder anderen Nebenleistungen gerichtet ist, bestimmt sich die Übertragung sowie das Rechtsverhältnis zwischen dem Eigentümer und dem neuen Gläubiger nach den für die Übertragung von Forderungen geltenden allgemeinen Vorschriften. Das Gleiche gilt für den Anspruch auf Erstattung von Kosten, für die das Grundstück nach § 1118 haftet.

(2) Die Vorschrift des § 892 findet auf die im Absatz 1 bezeichneten Ansprüche keine Anwendung.

1. Zur Grundlage der Vorschrift vgl § 1158 Rz 1. **Rückständig** sind die im Augenblick der Übertragung fälligen Ansprüche, was nicht gleichbedeutend mit „Verzug" ist. Für die **Übertragungsform** gilt § 398, ebenso für die Belastung (§§ 1274 I, 1279, 1280) und für die Pfändung und Überweisung (§§ 829, 830 III, 837 II ZPO). 1

2. Wirkung. Da § 1153 nicht gilt, kann der Mitübergang der Hypothek (§ 401) ausgeschlossen werden; insoweit erlischt dann die Hypothek; andernfalls haftet das Grundstück für den (abgetretenen) Zinsrückstand dem Erwerber, für das Kapital und die laufenden Zinsen dem Gläubiger dieser Ansprüche. Grundbucheintragung der Übertragung des Zinsrückstandes und Bildung eines Teilbriefes sind unzulässig; eintragungsfähiger Vermerk aber bei Abtretung der Hauptforderung mit laufenden und rückständigen Zinsen; Entsprechendes gilt bei gesetzlichem Übergang von Zinsrückständen (zB §§ 268, 774, 426). Vorrangeinräumung für Zinsrückstände ist ohne Eintragung wirksam, Zustimmung des Eigentümers unnötig; Rangrücktritt von Zinsrückständen hinter nachstehendes Recht hingegen eintragungspflichtig (str). 2

Gegenüber Ansprüchen auf rückständige Nebenleistungen sind schuldrechtliche Einwendungen aus §§ 404ff möglich; unanwendbar sind §§ 1156, 1157; außer § 405 fehlt jeglicher Gutglaubensschutz für den Erwerber der Forderung; § 892 ist gesetzlich ausgeschlossen; wohl aber kann sich ein **Grundstückserwerber** gegenüber einem Anspruch aus § 1159 auf § 892 berufen. Anwendbar ist § 891, solange die Hypothek für die Hauptforderung eingetragen ist. Der Gläubiger des Nebenleistungsanspruches weist sich nicht nach § 1160 aus, sondern nach § 410 (§ 1160 III). 3

3. § 1159 ist auf die Grundschuld (dinglicher Anspruch) entsprechend anwendbar. 4

1160 *Geltendmachung der Briefhypothek*

(1) Der Geltendmachung der Hypothek kann, sofern nicht die Erteilung des Hypothekenbriefs ausgeschlossen ist, widersprochen werden, wenn der Gläubiger nicht den Brief vorlegt; ist der Gläubiger nicht im Grundbuch eingetragen, so sind auch die im § 1155 bezeichneten Urkunden vorzulegen.

(2) Eine dem Eigentümer gegenüber erfolgte Kündigung oder Mahnung ist unwirksam, wenn der Gläubiger die nach Absatz 1 erforderlichen Urkunden nicht vorlegt und der Eigentümer die Kündigung oder die Mahnung aus diesem Grunde unverzüglich zurückweist.

(3) Diese Vorschriften gelten nicht für die im § 1159 bezeichneten Ansprüche.

1. Die Regelung entspricht dem **Zweck des Hypothekenbriefs, den Gläubiger auszuweisen.** Bei der Buchhypothek Ausweisung nur durch Eintragung, § 1160 gilt nicht. § 1160 ist abdingbar (Frankfurt DNotZ 1977, 112). 1

2. Geltend gemacht wird die Hypothek nicht nur mit der Klage aus § 1147; auch Vorgehen des Gläubigers aus §§ 1133 bis 1135 sowie Geltendmachung des Berichtigungsanspruchs nach § 894 und Aufrechnung durch 2

§ 1160 Sachenrecht Hypothek

Gläubiger fallen darunter. Ausnahme für rückständige Nebenleistungsansprüche im Sinne des § 1159 (Folge der Abtretung nach § 398). § 1160 bezieht sich nicht auf die Forderung, vgl aber § 1161.

3 3. **Der Eigentümer muß die Vorlage fordern.** Er macht damit eine selbständige Einrede geltend; Vorlageverlangen und Bestreiten des Gläubigerrechts sind unabhängig voneinander. Die Vorlage muß dem Eigentümer die Einsicht ermöglichen, so daß er sich von der Legitimation des Besitzers überzeugen kann, daher auch Mitvorlage der Urkunde des § 1155. Die Befugnis zur Einsicht gem § 810 besteht nur bei Vorlagepflicht; der Gläubiger muß dann am Wohnsitz des Eigentümers Einsicht ermöglichen (nicht § 811 I), im Prozeß ist dem Gericht vorzulegen. Vorlage des Ausschlußurteils (vgl § 1162 Rz 2) ersetzt die Briefvorlage, aber nicht die beglaubigte Abtretungsurkunde (BayObLG 1987, 97).

4 Kommt der Gläubiger (bis zur mündlichen Schlußverhandlung) dem Vorlageverlangen nicht nach, ist seine Klage abzuweisen und nicht etwa Verurteilung Zug um Zug gegen Vorlage möglich. – Eine **Kündigung** oder **Mahnung** wird unwirksam (Abs II); entsprechend auch daraus abgeleitete Rechtsfolgen. Spätere Nachholung der Vorlegung macht die unverzüglich (§ 121) zurückgewiesene Kündigung oder Mahnung nicht wirksam.

5 4. § 1160 ist auf die Grundschuld entsprechend anwendbar.

1161 Geltendmachung der Forderung
Ist der Eigentümer der persönliche Schuldner, so findet die Vorschrift des § 1160 auch auf die Geltendmachung der Forderung Anwendung.

1 **Die Gleichbehandlung der persönlichen Forderung** ist davon abhängig, daß der Schuldner im Augenblick der Geltendmachung materiellrechtlicher und eingetragener Eigentümer ist. Für den zu Unrecht nicht eingetragenen Eigentümer gilt § 1148. Hat der Schuldner, der nicht zugleich Eigentümer ist, die Hypothek bestellt, kann er die Leistung auf die Forderung verweigern, wenn ihm nicht das Grundpfandrecht zurückgewährt wird. Unabhängig davon ferner Schutz nach §§ 371, 410, 810 und § 1167. § 1161 ist auf die Grundschuld nicht entsprechend anwendbar.

1162 Aufgebot des Hypothekenbriefs
Ist der Hypothekenbrief abhanden gekommen oder vernichtet, so kann er im Wege des Aufgebotsverfahrens für kraftlos erklärt werden.

1 1. **Kraftloserklärung des Briefes** ist im Interesse des Gläubigers möglich; sie macht die Hypothek wieder verkehrsfähig. Dadurch Unterschied von Ausschluß des Gläubigers nach §§ 1170 II, 1171 II, durch den der Brief automatisch kraftlos wird. Voraussetzt für § 1162 ist Vernichtung des Briefes oder Abhandenkommen, dh unfreiwilliger Verlust des unmittelbaren Besitzes. Eine interessengerechte Wertung erfordert Anwendung des § 1162 in allen Fällen, in denen die Urkunde vom Gläubiger in absehbarer Zeit trotz Ausschöpfung aller zumutbaren Möglichkeiten nicht zurückerlangt werden kann, also auch dann, wenn zwar Verbleib der Urkunde bekannt ist, die Besitzverschaffung aber auch durch Herausgabeklage nicht möglich erscheint. **Verfahren:** §§ 946–959, §§ 1003–1018 ZPO.

2 2. **Wirkung.** Der Brief wird mit Ausschlußurteil absolut unwirksam und ermöglicht daher nicht mehr gutgläubigen Erwerb, auch dann nicht, wenn ein Nichtberechtigter das Urteil erwirkt hat. Die Vorlage des Ausschlußurteils ersetzt nach § 1018 I ZPO den Brief bei Geltendmachung der Hypothek gegen den Eigentümer und der gesicherten Forderung gegen den persönlichen Schuldner (§§ 1160, 1161), ebenso für den Löschungsantrag und für Umwandlung in Buchrecht (§ 41 II S 2 GBO) sowie für die Erteilung eines neuen Briefes (§ 41 II S 1, § 67 GBO). Unangetastet bleibt das Recht des Eigentümers auf Aushändigung des Briefes nach §§ 1144, 1145 und das entsprechende Recht des persönlichen Schuldners nach § 1167, so daß der Gläubiger Befriedigung nur erlangen kann, wenn er sich einen neuen Brief beschafft. Auch zur Abtretung der Hypothek ist Briefübergabe erforderlich (§ 1154 I), die jedoch durch Vereinbarung nach § 1117 II ersetzt werden kann, wenn ein Antrag auf Brieferteilung gestellt ist (BayObLG 1987, 97). Die Vermutung des § 1117 III greift für das Ausschlußurteil nicht ein; auch die Vermutung des § 891 gilt nur bei Briefbesitz (BayObLG WM 1982, 1369). Der aus dem Ausschlußurteil berechtigte Gläubiger muß also, wenn er nicht selbst im Grundbuch eingetragen ist oder sich nicht nach § 1155 legitimieren kann, die Rechtszuständigkeit seines Vorgängers nachweisen.

3 3. **Aufhebung des Ausschlußurteils** ist nur durch Anfechtungsklage nach § 957 II ZPO und nur unter den dort genannten Voraussetzungen erreichbar (BGH 76, 169). Mit Erlaß des aufhebenden Urteils wird der ursprüngliche Brief wieder wirksam und der neue wirkungslos. Zwischenzeitliche Leistungen des gutgläubigen Eigentümers bleiben wirksam (§ 1018 II ZPO), ebenso Verfügungen des Gläubigers, die vor Aufhebung aufgrund eines neu erteilten Briefes gegenüber gutgläubigen Dritten getroffen worden sind; mit Aufhebung wird aber fortan der gute Glaube nicht mehr geschützt.

4 4. § 1162 ist auf die Grundschuld entsprechend anwendbar; Ausnahme: Inhabergrundschuld (§ 1195).

1163 Eigentümerhypothek
**(1) Ist die Forderung, für welche die Hypothek bestellt ist, nicht zur Entstehung gelangt, so steht die Hypothek dem Eigentümer zu. Erlischt die Forderung, so erwirbt der Eigentümer die Hypothek.
(2) Eine Hypothek, für welche die Erteilung des Hypothekenbriefs nicht ausgeschlossen ist, steht bis zur Übergabe des Briefes an den Gläubiger dem Eigentümer zu.**

Hypothek § 1163

I. 1. Zweck der Regelung ist, dem Eigentümer den Grundbuchrang der wirksam bestellten Hypothek zu erhalten, wenn die gesicherte Forderung nicht entsteht oder erlischt (Abs I) oder wenn bei der Briefhypothek die Übergabe des Briefes unterbleibt (Abs II). Dieser Zweck wird indes häufig nicht erreicht, weil der Gläubiger eines gleich- oder nachrangigen Grundpfandrechts grundsätzlich einen gesetzlichen Löschungsanspruch hat (§ 1179a).

2. Unter den Voraussetzungen des § 1163 ist die Hypothek eine **Eigentümergrundschuld** (§ 1177 I). Wird diese bei einer Veräußerung des Grundstücks oder bei einem sonstigen rechtsgeschäftlichen Eigentümerwechsel nicht mitübertragen, so verbleibt sie dem bisherigen Eigentümer als Fremdgrundschuld. **Vollstreckungsunterwerfung** hinsichtlich der Hypothek (§ 800 ZPO) erfaßt auch die an deren Stelle tretende Eigentümergrundschuld, so daß im Falle ihrer Abtretung die eingetragene Klausel gegen den jeweiligen Eigentümer wirkt (Gaberdiel S 127; aA Hamm Rpfleger 1987, 297; vgl auch § 1196 Rz 4).

3. Die Vorschrift ist **zwingendes Recht.** Davon abweichende Vereinbarungen sind nur mit schuldrechtlicher Wirkung möglich. Die Eigentümergrundschuld entsteht kraft Gesetzes und damit außerhalb des Grundbuchs. Solange sie noch als Hypothek eingetragen ist, ist ein **gutgläubiger Erwerb** möglich. Anders ist die Lage bei der **Briefhypothek** gemäß §§ 1154 I S 1, 1155. Bei einer **Sicherungshypothek** ist der Eigentümer durch § 1184 I geschützt.

4. Verfügungen über die Eigentümergrundschuld sind dem Eigentümer verschlossen, wenn sie noch als Buchhypothek eingetragen ist. Auch wenn ihm die Hypothek endgültig zusteht, muß er dieses in der Form des § 29 GBO nachweisen. Entsprechendes gilt für den Pfändungsgläubiger.

5. Abs I ist anwendbar auf **jede Art der Hypothek,** auch auf die Zwangshypothek (BGH WM 1976, 719), die Arresthypothek (BGH WM 1978, 1130) und auf die rechtsgeschäftlich bestellte Höchstbetragshypothek (§ 1190 Rz 10, 11). Der Besonderheit einer Gesamthypothek trägt § 1172 Rechnung.

6. Nur bei **wirksamer Bestellung** der eingetragenen Hypothek kann unter den Voraussetzungen des § 1163 ein Eigentümergrundpfandrecht entstehen. Dingliche Einigung und Eintragung müssen daher rechtsgültig sein (hM, MüKo/Eickmann § 1196 Rz 3ff). Nach anderer Auffassung soll bei unwirksamer Einigung der Eintragungsantrag des Eigentümers (Staud/Wolfsteiner § 1196 Rz 5; Bremen DNotZ 1965, 566) oder dessen Eintragungsbewilligung (Kiefner in FS Hübner 1984 S 521ff), sofern diese Verfahrensakte an sich gültig waren, als Erklärung iS des § 1196 II auszulegen sein. Die Interessenbewertung, insbesondere der unbillige Rangverlust der eingetragenen Hypothek, mag in der Tat dafür sprechen, die Eintragungsbewilligung in diesem Sinne zu behandeln; das ist aber nach dem geltenden Rechtszustand dogmatisch nicht möglich (offengelassen in BGH 36, 84). Denn die vom Eigentümer gewollte und erklärte Bestellung nur einer Fremdhypothek kann nicht nachträglich durch Auslegung oder Umdeutung als eine auf Eintragung eines Eigentümergrundpfandrechts gerichtete Willenserklärung verstanden werden.

II. Abs I S 1. Entscheidend ist, daß die durch die Hypothek **zu sichernde Forderung nicht entsteht,** dh die mit der Hypothek nach dem erklärten Parteiwillen verbundene Forderung. Gleichgültig ist, aus welchem Grunde sie nicht entsteht, zB §§ 134, 138, 142, sofern nicht das unwirksame Grundgeschäft auch die dingliche Einigung über die Bestellung der Hypothek nichtig macht, zB bei wegen Wuchers nichtigem Darlehen (BGH NJW 1982, 2767). Bloß unrichtige Bezeichnung der Forderung im Grundbuch oder in Eintragungsbewilligung hindert nicht den Erwerb der Hypothek durch den Gläubiger, wenn die richtige Forderung entstanden ist, BayObLG JZ 1952, 89. Die entstandene, aber noch nicht fällige Forderung beeinträchtigt den Bestand der Fremdhypothek nicht.

a) Auch **vorläufiges** (anfängliches) **Fehlen der Forderung** läßt Eigentümergrundschuld entstehen, und zwar als auflösend bedingte, vorläufige Eigentümergrundschuld, hM (vgl BGH 60, 226). Bei aufschiebend bedingter Forderung besteht also zunächst Eigentümergrundschuld, anders bei bedingter Einigung. Ist die der Hypothek zugrundeliegende **Forderung nichtig,** das Grundpfandrecht selbst aber wirksam, so kann nach dem Parteiwillen der Bereicherungsanspruch an die Stelle der eigentlich gesicherten Forderung treten; diese mögliche Auslegung der Einigung (vgl BGH NJW 1968, 1134 zu § 1204) muß in der Bewilligungserklärung hinreichenden Anhalt finden.

Der gesicherte Darlehnsanspruch kann auch durch verabredete Zahlung an Dritten (BGH NJW 1978, 2294) oder dadurch entstehen, daß vereinbarungsgemäß an den Notar gezahlt wird, es sei denn, daß dieser allein oder doch überwiegend im Interesse des Darlehensgebers eingeschaltet ist und vom Darlehensgeber gestellte Bedingungen noch nicht eingetreten sind (BGH WM 1998, 1869; Stuttgart ZIP 1998, 1834, 1835). Das abstrakte Schuldversprechen oder Anerkenntnis begründen den Anspruch, auch wenn sie grundlos abgegeben sind; die Hypothek entsteht, Eigentümer hat aber Anspruch auf Rückgewähr aus § 812; mit Beseitigung des Anerkenntnisses erwirbt er auch das Grundpfandrecht.
Beweislast für die Nichtentstehung der Forderung hat der Eigentümer, §§ 891, 1138, vgl aber § 1185 II.

b) Die **Eigentümergrundschuld entsteht** in der Person dessen, der in dem Augenblick, in dem Einigung und Eintragung vorliegen, Eigentümer ist. Wann die Nichtentstehung festgestellt wird, ist gleichgültig. Die Rückwirkung des § 142 gilt. Bei Einigung nach der Eintragung und bei zwischenzeitlichem Eigentümerwechsel erwirbt nach hM der neue Eigentümer die Eigentümergrundschuld. Bei Belastung von Miteigentumsanteilen entsteht gemeinschaftliche Eigentümergrundschuld, vgl § 1114 Rz 7, § 1172 Rz 4. Zu den Folgen der Befriedigung durch einen Gesamtschuldner vgl § 1143.

c) Soweit es nur vorläufig an einer Forderung fehlt (vgl Rz 8), kann auch nur eine **vorläufige Eigentümergrundschuld** entstehen. Sie ist auflösend bedingt durch die Entstehung der Forderung, so daß ein Schwebezustand insofern vorliegt, als mit Entstehung der Forderung die Eigentümergrundschuld automatisch zur Fremdhypothek

§ 1163 Sachenrecht Hypothek

wird, und zwar auch dann, wenn inzwischen der Eigentümer gewechselt hat. Solange die gesicherte Forderung noch entstehen kann, hat der eingetragene Gläubiger ein **Anwartschaftsrecht,** das der Anwartschaft aus einer aufschiebend bedingten Verfügung gemäß § 161 entspricht und in derselben Form wie das Vollrecht übertragbar ist, §§ 1153, 1154; mit Valutierung erwirbt der Anwartschaftsberechtigte die Hypothek; auch gutgläubiger Erwerb (§ 1138) ist möglich; spätere Belastungen wirken nicht gegen den Erwerber. Unterbleibt die Valutierung endgültig, so wird die vorläufige zur endgültigen (unbedingten) Eigentümergrundschuld (vgl dazu BGH 60, 226).

12 **d) Behandlung der vorläufigen Eigentümergrundschuld in der Hand des Eigentümers.** Einem Anspruch auf Grundbuchberichtigung steht die Erwerbsaussicht des eingetragenen Gläubigers und dessen Anspruch aus dem Grundgeschäft entgegen; die Eintragung der nur vorläufigen Eigentümergrundschuld ist deshalb unzulässig. Demgemäß kann die künftige Eigentümergrundschuld vor Erlöschen der Forderung – weil bis dahin nicht verwertungsfähig – nicht übertragen und verpfändet werden (BGH 53, 60); sie unterliegt auch nicht der Pfändung (Frankfurt NJW 1962, 640; Staud/Wolfsteiner Rz 104; Pal/Bassenge Rz 17; s auch BayObLG MittBayNotK 1996, 435; str); die entgegen der Ordnungsvorschrift des § 39 GBO dennoch eingetragene Pfändung ist allerdings wirksam, wenn auch nur dem Eigentümer und nicht nach Entstehen der Fremdhypothek dem Hypothekengläubiger gegenüber. Auch eine Vormerkung auf Übertragung des Rechts ist ausgeschlossen, solange nicht der Nachweis geführt ist (§ 29 GBO), daß die Grundschuld endgültig dem Eigentümer zusteht (BayObLG 1970, 233; Hamm OLGZ 90, 3).

13 **III. Abs I S 2.** Aus welchem **Grund** die **Forderung erlischt,** ist insofern nicht gleichgültig, als die Art des Erlöschens einen Übergang der Hypothek auf einen anderen als den Eigentümer bedingen kann. In Betracht kommt: Befriedigung des Gläubigers durch Erfüllung oder durch Erfüllungsersatz (Ausnahmen: Forderung geht auf den Zahlenden über in §§ 1143, 1150, 426 II, vgl auch § 774 und § 104 VVG), ferner Konfusion (Ausnahmen in §§ 1976, 1991, 2143, 2175, 2377). Zum **Teilerlöschen** vgl § 1176. Vom Erlöschen der Forderung ist Abtretung der Forderung zu unterscheiden. Erteilung einer löschungsfähigen Quittung durch den Gläubiger bedeutet in aller Regel, daß durch Befriedigung der Forderung gegenüber dem eingetragenen Gläubiger die Forderung mit der Wirkung des § 1163 I S 2 getilgt ist; vgl dazu KG NJW 1973, 56.

Bei Befriedigung nach Erlöschen der Hypothek durch den Zuschlagsbeschluß, aber vor Verteilung des Erlöses, geht der Anspruch auf den Anteil am Versteigerungserlös über. Bei Erlöschen der Forderung einer in den Versteigerungsbedingungen aufrechterhaltenen Hypothek erwirbt der Ersteher die Eigentümergrundschuld.

14 **Die Hypothek geht auf den Eigentümer über;** maßgebend ist der Zeitpunkt des Erlöschens der Forderung einschließlich der Rückwirkung der Aufrechnung, nicht etwa der ihrer Feststellung. Die Hypothek für rückständige Nebenleistungen geht zwar über, erlischt aber in der Regel sofort, § 1178 I. Erlöschen bei Befriedigung durch Zwangsvollstreckung in die haftenden Gegenstände, § 1181. Fälle des Übergangs der Hypothek mit gleichzeitiger Forderungsauswechslung §§ 1164, 1173, 1174, VVG § 104.

15 § 1163 I S 2 ist nicht **abdingbar;** wohl aber ist schuldrechtliche Vereinbarung statthaft, daß die Zahlungen nur unter bestimmten Voraussetzungen auf die gesicherte Forderung verrechnet werden sollen, zB bei der Tilgungshypothek alle Zahlungen zuerst auf die Zinsen, erst nach Erfüllung der Jahreszinsleistung auf das Kapital. Sofern Zahlung nur auf das Kapital in Betracht kommt, erlischt die Forderung, ohne daß eine entgegenstehende Vereinbarung möglich ist. Wirksam ist aber eine Vereinbarung, daß Leistungen des Schuldners nicht auf die Schuld anzurechnen sind, sondern zunächst ein Guthaben bilden.

16 **IV. Abs II. Fehlende Briefübergabe,** die auch nicht gemäß § 1117 ersetzt ist, ist selbständiger Tatbestand für Entstehung einer Eigentümergrundschuld. Nötig ist auch hier, daß die sonstigen Entstehungsvoraussetzungen vorliegen (vgl Rz 6). Außer dem Brief kann die Forderung fehlen. Die Eigentümergrundschuld wird Fremdhypothek erst mit Übergabe des Briefes oder mit einem Übergabeersatzmittel. Da hier durch den Briefbesitz der Eigentümer als Berechtigter der Grundschuld ausgewiesen wird, kann er auch über die vorläufige Eigentümergrundschuld verfügen, der Gläubiger hat nur einen schuldrechtlichen Anspruch auf Bestellung der Hypothek, aber kein Anwartschaftsrecht (Hamm Rpfleger 1980, 483).

17 **V.** Für die Grundschuld gilt § 1163 II, nicht aber Abs I entsprechend.

1164 *Übergang der Hypothek auf den Schuldner*

(1) Befriedigt der persönliche Schuldner den Gläubiger, so geht die Hypothek insoweit auf ihn über, als er von dem Eigentümer oder einem Rechtsvorgänger des Eigentümers Ersatz verlangen kann. Ist dem Schuldner nur teilweise Ersatz zu leisten, so kann der Eigentümer die Hypothek, soweit sie auf ihn übergegangen ist, nicht zum Nachteil der Hypothek des Schuldners geltend machen.

(2) Der Befriedigung des Gläubigers steht es gleich, wenn sich Forderung und Schuld in einer Person vereinigen.

1 **1.** § 1164 bezweckt, den persönlichen **Schuldner** zu sichern. Ergänzung des Schutzes in §§ 1165 bis 1167. § 1164 durchbricht die Regelung des § 1163. Den Ausgleichsanspruch des persönlichen Schuldners, den § 1164 voraussetzt, sieht das Gesetz als Ausnahme an (vgl dazu § 1143 Rz 2). Das **Verhältnis von § 1143 zu § 1164** ist dadurch bestimmt, daß zwar § 1164, nicht aber § 1143 einen Ersatzanspruch voraussetzt; der im Verhältnis zum Schuldner letztlich verpflichtete Eigentümer kann also nicht mittels § 1143 gegen den Schuldner vorgehen, so zB, wenn der persönliche Schuldner das Grundstück veräußert hat, der Gläubiger aber die zwischen Schuldner und Erwerber des Grundstücks vereinbarte Schuldübernahme nicht genehmigt, § 415 III (vgl § 1143 Rz 3). Anwendbar ist § 1164 für jede Art von Hypothek; auch für Zinsrückstände.

2 **2.** Vorausgesetzt ist **Befriedigung des Gläubigers durch den persönlichen Schuldner**; dieser darf aber nicht Eigentümer sein (dann § 1163 I S 2). Konfusion ist in Abs II ausdrücklich gleichgestellt; gleiches gilt bei Erlö-

schen der Forderung kraft Gesetzes. Ferner ist ein Erlaß der Befriedigung gleichzustellen. § 1164 setzt aber immer Erlöschen der Forderung voraus; bleibt die Forderung bestehen, kann Übergang von Hypothek und Forderung nach §§ 401, 413 die Folge sein. Der **wirkliche Gläubiger** muß befriedigt werden, ohne daß der Schuldner sich auf § 893 berufen kann, da § 1164 die Befriedigung der Forderung und nicht die Leistung auf das dingliche Recht regelt.

3. Der **Ersatzanspruch des Schuldners** gegen den Eigentümer muß in einem besonderen Tatbestand begründet sein, da in der Regel der Schuldner letztlich zahlen soll. Der Rechtsgrund des Anspruchs ist gleichgültig. Immer aber muß es sich darum handeln, daß der Schuldner etwas geleistet hat, das im Verhältnis zum Eigentümer oder einem seiner Rechtsvorgänger diesem oblag. Übernimmt der Käufer die Hypothek in Anrechnung auf den Kaufpreis, ist im Zweifel auch die Übernahme der persönlichen Schuld gewollt; verweigert der Gläubiger die Genehmigung mit der Folge des § 415 III und zahlt der Verkäufer, so geht auf ihn aufgrund seines Ersatzanspruchs aus § 329 gegen den Käufer als neuem Eigentümer die Hypothek über. Der Ersatzanspruch des persönlichen Schuldners muß im Zahlungszeitpunkt bestehen; entsteht dieser Anspruch erst später, so wird die Hypothek mit Tilgung der gesicherten Forderung gemäß § 1163 I S 2 zur Eigentümergrundschuld.

4. **Folge** ist der Übergang der Hypothek, verbunden mit einer Forderungsauswechslung, wobei beides kraft Gesetzes eintritt. Die Hypothek ist nunmehr mit der Folge des § 1153 gesicherte Forderung. **Einreden** gegen den ursprünglichen Anspruch sind jetzt nur insofern von Bedeutung, als sie geeignet sind, die Voraussetzungen des § 1164 auszuschließen. Einreden des Eigentümers gegen die Hypothek (§ 1157) gelten weiter. Im übrigen ist für Einreden, Bedingungen usw die Ersatzforderung maßgebend. Bei **Teilbefriedigung** geht Resthypothek des Gläubigers vor, § 1176, bei Teilersatzanspruch geht die Teilhypothek des ersatzberechtigten Schuldners der Eigentümergrundschuld vor (§ 1164 I S 2).

5. § 1164 ist auf die Grundschuld nicht anwendbar.

1165 *Freiwerden des Schuldners*
Verzichtet der Gläubiger auf die Hypothek oder hebt er sie nach § 1183 auf oder räumt er einem anderen Recht den Vorrang ein, so wird der persönliche Schuldner insoweit frei, als er ohne diese Verfügung nach § 1164 aus der Hypothek hätte Ersatz erlangen können.

1. **Zweck.** Befriedigt der persönliche Schuldner den Gläubiger, so ist ein Ersatzanspruch gegen den Eigentümer durch § 1164 gesichert. Verfügungen über die Hypothek, die diese Sicherung aufheben oder mindern würden, führen nach § 1165 zum Erlöschen der persönlichen Forderung. Diese Vorschrift dient nur dem Schutz des persönlichen Schuldners, nicht des Eigentümers. Abweichende Vereinbarungen über die persönliche Schuld sind möglich, aber nicht eintragungsfähig.

2. Erfaßt sind der **Verzicht** auf die Hypothek (§§ 1168, 1175 I S 1), die **Aufhebung** der Hypothek (§ 1183) und ein **Rangrücktritt** (§ 880). Entsprechend anwendbar ist § 1165 nach seinem Zweck auf die Forderungsauswechslung (§ 1180), auf die Umwandlung der Hypothek in eine Grundschuld (§ 1198) und auf die Pfandentlassung eines realen Grundstücksteils (weil Teilverzicht). Handelt der Hypothekengläubiger in schuldloser Unkenntnis der Forderung, so bleibt diese bestehen. Absichtliche Nichtverwertung der Hypothek oder das Unterlassen von Sicherungsmaßnahmen gem §§ 1133–1135 fällt nicht unter § 1165 (Staud/Wolfsteiner Rz 6; offengelassen in BGH MDR 1958, 88), sondern nur unter § 826.

Die **Beweislast** für die Möglichkeit einer Befriedigung aus der Hypothek hat der persönliche Schuldner. Daß er sich aus dem sonstigen Vermögen des ersatzpflichtigen Eigentümers befriedigen könnte, ist bedeutungslos.

3. **Folgen.** Die persönliche Schuld erlischt kraft Gesetzes, soweit der Schuldner aus der Hypothek Befriedigung erlangt haben würde. Auch ein **Rangrücktritt** der Hypothek befreit den hierdurch benachteiligten Schuldner. Strittig ist, ob damit gemäß §§ 1163 I S 2, 1177 I eine Eigentümergrundschuld entsteht (so Staud/Wolfsteiner Rz 10; MüKo/Eickmann Rz 18; Pal/Bassenge Rz 3) oder ob die Hypothek nunmehr dem Gläubiger als Fremdgrundschuld zusteht (so Soergel/Konzen Rz 3).

Aus § 1165 ergibt sich kein „allgemeines Regreßbehinderungsverbot" in dem Sinne, daß ein Gläubiger, der mehrere Sicherheiten hat, durch Aufgabe der einen auch die andere insoweit verliert, als sich hieraus der forthaftende Eigentümer im Falle der Inanspruchnahme hätte schadlos halten können. Verzichtet der Gläubiger eines Gesamtgrundpfandrechts auf das Recht an einem der Grundstücke, so kann ihm der nur dinglich haftende Eigentümer des anderen Grundstücks nicht entgegenhalten, daß dieses Recht ohne die Freigabe nach § 1173 II auf ihn übergegangen wäre (BGH 52, 93; aA MüKo/Eickmann § 1175 Rz 8; Schaubacher WM 1998, 1806, 1809; s auch § 1175 Rz 2).

In der **Zwangsversteigerung** ist § 1165 nicht analog auf den Fall anwendbar, daß der Gläubiger auf die Rechte gegen den Ersteher aus der Übertragung der Forderung nach § 118 II S 2 ZVG verzichtet und dadurch die Fiktion der Befriedigung aus dem Grundstück (§ 118 II S 1 ZVG) verhindert, auch hier nur Arglisteinwand (BGH NJW 1983, 1423).

4. § 1165 ist auf die Grundschuld nicht anwendbar (BGH NJW 1989, 1732, 1733).

1166 *Benachrichtigung des Schuldners*
Ist der persönliche Schuldner berechtigt, von dem Eigentümer Ersatz zu verlangen, falls er den Gläubiger befriedigt, so kann er, wenn der Gläubiger die Zwangsversteigerung des Grundstücks betreibt,

§ 1166   Sachenrecht   Hypothek

ohne ihn unverzüglich zu benachrichtigen, die Befriedigung des Gläubigers wegen eines Ausfalls bei der Zwangsversteigerung insoweit verweigern, als er infolge der Unterlassung der Benachrichtigung einen Schaden erleidet. Die Benachrichtigung darf unterbleiben, wenn sie untunlich ist.

1   1. **Erweiterung des Schutzes des ersatzberechtigten Schuldners;** Ausschluß möglich, aber nicht eintragungsfähig. Die Voraussetzungen des § 1164 müssen gegeben sein. Über den Wortlaut hinaus genügt auch ein Anspruch gegen den Rechtsvorgänger des Eigentümers. § 1166 wirkt nicht zugunsten des Bürgen, es sei denn, der Anspruch gegen Bürgen ist die gesicherte Forderung. Der Gläubiger muß unverzüglich (§ 121) nach Anordnung (vorherige Anzeige genügt nicht) der Zwangsversteigerung oder des Beitritts benachrichtigen, und zwar bei Gesamtschuldnern jeden. Ausnahme nach Satz 2, wenn Anzeige untunlich ist, also zwecklos erscheinen.

2   2. **Folge der Verletzung der Benachrichtigungspflicht.** Der Schuldner erhält in Höhe des Schadens eine Einrede. Kein Schaden, falls Grundstück zum wirklichen Wert zugeschlagen ist und die Hypothek ausfiel. Sonstige Befriedigungsmöglichkeit schließt den Schaden aus. Hat der Schuldner auf andere Weise rechtzeitig von der Versteigerung erfahren, ist Einrede nicht gegeben.

3   3. § 1166 ist auf die Grundschuld nicht anwendbar.

1167 *Aushändigung der Berichtigungsurkunden*
Erwirbt der persönliche Schuldner, falls er den Gläubiger befriedigt, die Hypothek oder hat er im Falle der Befriedigung ein sonstiges rechtliches Interesse an der Berichtigung des Grundbuchs, so stehen ihm die in den §§ 1144, 1145 bestimmten Rechte zu.

1   § 1167 ergänzt die Ansprüche des Schuldners aus §§ 368, 371, 410, 412, die nur auf Urkunden über die persönliche Schuld gerichtet sind. Die Vorschrift **erleichtert dem Schuldner, die Berichtigung des Grundbuchs** zu seinen Gunsten durchzusetzen. Der zahlende Dritte, §§ 1150, 268, ist auf §§ 894, 952 beschränkt. Für § 1167 ist Voraussetzung, daß der Schuldner die Hypothek erworben hat, vgl §§ 1164, 1174, 426 II, oder ein sonstiges rechtliches Interesse an der Berichtigung hat, zB falls er dem Eigentümer gegenüber zur Löschung verpflichtet ist, § 442 II. Der Gläubiger muß den Brief übergeben und die Urkunden ausstellen, die die Eintragung des Schuldners als Gläubiger der Hypothek ermöglichen, bei löschungsfähiger Quittung also Angabe, daß Zahlender persönlicher Schuldner ist. Erklärung über den Ersatzanspruch nur, soweit der Ersatzanspruch vom Gläubiger abhängt, zB falls er abgelehnt hat, Schuldnerübernahme zu genehmigen. Auch Anspruch auf Anerkenntnis im Sinne des § 1155, vgl § 1155 Rz 5, besteht nur dann, wenn Gläubiger den Ersatzanspruch von sich aus bestätigen kann.

2   Für **Teilbefriedigung** gilt § 1145; zu unterscheiden davon ist, daß Schuldner nur Teilersatzanspruch hat; für das Verhältnis zum Gläubiger gilt § 1144, also Aushändigung des Briefes an den Schuldner; für das Verhältnis Schuldner-Eigentümer vgl §§ 894, 952, 1152.

3   § 1167 ist auf die Grundschuld nicht anwendbar.

1168 *Verzicht auf die Hypothek*
(1) Verzichtet der Gläubiger auf die Hypothek, so erwirbt sie der Eigentümer.
(2) Der Verzicht ist dem Grundbuchamt oder dem Eigentümer gegenüber zu erklären und bedarf der Eintragung in das Grundbuch. Die Vorschriften des § 875 Abs. 2 und der §§ 876, 878 finden entsprechende Anwendung.
(3) Verzichtet der Gläubiger für einen Teil der Forderung auf die Hypothek, so stehen dem Eigentümer die im § 1145 bestimmten Rechte zu.

1   1. **Grundlagen.** Der Verzicht auf die Hypothek ist ein Fall der Trennung von Grundpfandrecht und Forderung; für das Verzichtsgeschäft sind ausschließlich sachenrechtliche Grundsätze maßgebend (Gegensatz zu § 1154). Zu unterscheiden vom Verzicht auf die Hypothek, der nicht auf die Forderung einwirkt, ist der sich ausschließlich nach Schuldrecht (§ 397) bestimmende Erlaß der Forderung (Wirkung für die Hypothek nach § 1163 I S 2) und die Aufhebung der Hypothek nach §§ 875, 1183. In der Wirkung ist dem Verzicht die **Schuldübernahme** ohne Mitwirkung des Eigentümers gleichgestellt, § 418; die Hypothek geht hier außerhalb des Grundbuchs automatisch über.

2   Sonderregelung bei Hypothek für Rückstände von Nebenleistungen in § 1178 II.

3   2. Die **Verzichtserklärung** muß den Willen ausdrücken, das Gläubigerrecht zugunsten des Eigentümers bedingungslos aufzugeben (Celle WM 1985, 1112); Löschungsbewilligung oder löschungsfähige Quittung genügt nicht, sie können abgegeben sein, um dem nachstehend Berechtigten aufrücken zu lassen. Zur Gesamthypothek vgl § 1175 Rz 2. Erklärungsempfänger ist das Grundbuchamt oder der Eigentümer. Verzicht ist Verfügung über die Hypothek (nicht über das Eigentum); daher fällt Verzicht durch den Buchberechtigten unter §§ 893, 1155, auch bei Erklärung gegenüber dem Grundbuchamt. Die §§ 875, 876, 878 gelten. Bei **Rechten Dritter** an dem Grundpfandrecht Zustimmung nach § 876 nötig. Bei fehlender Zustimmung wird überwiegend absolute Unwirksamkeit angenommen, so daß auch der verzichtende Gläubiger Berichtigungsanspruch hat.

4   3. **Eintragung** des Verzichts, nicht des Rechtsübergangs auf den Eigentümer, ist Wirksamkeitsvoraussetzung, auch falls Hypothek zu Unrecht gelöscht war (Wendt/Pommerening Rpfleger 1965, 178; aM für den Fall, daß Eigentümer sofort Löschung beantragt Schleswig NJW 1964, 2022).

5   4. **Folgen.** Die Hypothek geht auf den Eigentümer als Grundschuld (§ 1177) über; Fall des gesetzlichen Erwerbs, daher ist § 892 unanwendbar; Miteigentümer erwerben entsprechend den Miteigentumsanteilen. Eigen-

tum am Brief geht nach § 952 über. § 1144 ist gegenstandslos; bei Teilverzicht (Abs III) gilt § 1145 mit der Maßgabe, daß Briefvorlage für Umschreibung der Teileigentümergrundschuld gefordert werden kann (Staud/Wolfsteiner Rz 26). Übergang der Hypothek auf den Bucheigentümer ist grundsätzlich ausgeschlossen, ausnahmsweise aber dann anzunehmen, wenn die Verzichtserklärung Leistung des Gläubigers gegenüber dem Bucheigentümer sein soll. **Keine Wirkung auf die Forderung,** sofern nicht der Verzicht zugleich Angebot zum Erlaßvertrag ist. Bei Teilverzicht hat die dem Gläubiger verbleibende Resthypothek Vorrang vor der Teileigentümergrundschuld (§ 1176). Nach hM gilt für Verzicht auf Belastung eines Teils des Grundstücks § 1175 entsprechend.

5. § 1168 ist auf die Grundschuld entsprechend anwendbar; Verzicht auf Eigentümergrundschuld ist Aufhebung. **6**

1169 *Rechtszerstörende Einrede*
Steht dem Eigentümer eine Einrede zu, durch welche die Geltendmachung der Hypothek dauernd ausgeschlossen wird, so kann er verlangen, dass der Gläubiger auf die Hypothek verzichtet.

1. **Bedeutung.** Bei einer der Hypothek auf Dauer entgegenstehenden Einrede hat der Eigentümer gegen den **1** Gläubiger nach § 1169 einen dinglichen Verzichtsanspruch, dessen Durchsetzung mit Eintragung des Verzichts die Hypothek zur Eigentümergrundschuld macht (§§ 1168 I, 1177 I S 1). Bis dahin hat ein gutgläubiger Dritter die Möglichkeit eines einredefreien rechtsgeschäftlichen Erwerbs, wenn die Einrede nicht eingetragen oder der Anspruch auf Verzicht nicht durch Vormerkung oder Widerspruch gesichert ist (Rz 5).

2. **Voraussetzung.** Dem Eigentümer muß eine Einrede zustehen, welche die Geltendmachung des dinglichen **2** Rechts dauernd ausschließt. Davon zu unterscheiden sind die Fälle des § 1163 I; hier besteht ein Berichtigungsanspruch nach § 894. Dauernde Einreden sind solche iS des § 1137 und des § 1157. Dazu gehören zB die Einrede rechtsgrundlosen Erwerbs des Grundpfandrechts (§ 821), der unerlaubten Handlung (§ 853), des Rücktritts oder der Minderung bei Kaufpreishypothek, der Verpflichtung zur Pfandentlassung (BGH NJW 1984, 169), der Freistellungserklärung durch persönlichen Schuldner, wenn das dingliche Recht in der Zwangsversteigerung bestehen bleibt und dann auf den Ersteher übertragen wird, auch falls dieser die persönliche Schuld mangels Anmeldung (§ 53 II ZVG) nicht übernommen hatte (BGH 56, 22). – **Ausgeschlossen** ist die Einrede der Verjährung (§§ 902, 216 I) und der beschränkten Erbenhaftung (§ 1137 I S 2).

3. **Anspruchsberechtigt** ist der zu der Einrede befugte Eigentümer. Der Anspruch ist Folge des Eigentums. **3** Der Anspruch ist aber nicht notwendig mit dem Eigentum verbunden, somit ebenso wie der Löschungsanspruch selbständig abtretbar (BGH NJW 1985, 800), auch stillschweigend an den Grundstückserwerber (BGH LM Nr 1; vgl auch BGH NJW 1983, 2503).

Durchsetzung des Anspruchs durch Klage auf Abgabe der Verzichtserklärung (und auf Briefherausgabe). Statt **4** Verzicht kann Aufhebung (§ 875) und Löschungsbewilligung verlangt werden, da in der Wirkung nicht weitergehend, nicht hingegen Abtretung an Dritten; Übergang zur Berichtigungsklage ist möglich. Gegenüber der Klage des Grundpfandgläubigers hat der Eigentümer die Einrede aus § 1169. Nach Erlöschen des Grundpfandrechts durch Zuschlag kann der frühere Eigentümer Verzicht auf den darauf entfallenden Versteigerungserlös vom Gläubiger verlangen, soweit der Erlös die persönliche Forderung übersteigt; durch den Verzicht geht insoweit der Anspruch auf Befriedigung aus dem Erlös auf den früheren Eigentümer über (BGH LM ZVG § 91 Nr 14). Anmeldung des Verzichtsanspruchs nach § 37 Nr 4 ZVG ist nicht erforderlich (BGH WM 1978, 986).

Sicherung des Verzichtsanspruchs durch Vormerkung (§ 883) und bezüglich der Einreden durch Widerspruch **5** (§§ 899, 1157), falls die Einreden nicht als solche eingetragen sind (vgl § 1157 Rz 8). Vordem ist gutgläubiger Erwerb möglich, allerdings nur bei rechtsgeschäftlichem Erwerb (BGH NJW 1986, 1487).

4. § 1169 ist bezüglich der Einreden gegen die Grundschuld auf die Grundschuld entsprechend anwendbar. **6**

1170 *Ausschluss unbekannter Gläubiger*
(1) Ist der Gläubiger unbekannt, so kann er im Wege des Aufgebotsverfahrens mit seinem Recht ausgeschlossen werden, wenn seit der letzten sich auf die Hypothek beziehenden Eintragung in das Grundbuch zehn Jahre verstrichen sind und das Recht des Gläubigers nicht innerhalb dieser Frist von dem Eigentümer in einer nach § 212 Abs. 1 Nr. 1 zum Neubeginn der Verjährung geeigneten Weise anerkannt worden ist. Besteht für die Forderung eine nach dem Kalender bestimmte Zahlungszeit, so beginnt die Frist nicht vor dem Ablaufe des Zahlungstags.
(2) Mit der Erlassung des Ausschlussurteils erwirbt der Eigentümer die Hypothek. Der dem Gläubiger erteilte Hypothekenbrief wird kraftlos.

1. Das **Aufgebot** ermöglicht dem Eigentümer, die Eintragung der Fremdhypothek zu beseitigen. § 1170 läßt das **1** Aufgebot ohne Rücksicht auf den Bestand der Forderung zu; der Eigentümer braucht also nicht darzulegen, daß die Forderung erloschen sei. Im Unterschied dazu erlaubt § 1171 das Aufgebot nur bei gleichzeitiger Hinterlegung des Betrages der Forderung. Sonderregelungen in § 1188 II BGB, § 986 II ZPO. § 5 I GBBerG findet auf die Hypothek keine Anwendung, es sei denn, sie ist ausnahmsweise als unvererblich und anabtretbar ausgestaltet.

2. **Voraussetzung** ist, daß die Person des Gläubigers unbekannt ist; gleichgestellt ist, daß der Gläubiger sein **2** Recht nicht nachweisen kann; meldet sich aber ein Prätendent, ist ihm sein Recht auch ohne Nachweis vorzubehalten. Unkenntnis nur des Aufenthalts genügt nicht, wenn hier Klage aus § 894 mit öffentlicher Zustellung (§ 203 ZPO) möglich ist (LG Bückeburg Rpfleger 1958, 320; LG Augsburg MittBayNot 1981, 131; Wenckstern DNotZ

§ 1170

1993, 547, 549); falls aber kein Berichtigungsanspruch besteht, weil der dingliche Anspruch noch nicht erloschen ist, ist kein Grund ersichtlich, § 1170 auszuschließen (differenzierend MüKo/Eickmann Rz 2ff).

3 **Ablauf der Frist von 10 Jahren** seit der letzten sich auf die Hypothek beziehenden Eintragung betrifft nicht solche Eintragungen, die ohne jede Mitwirkung des Gläubigers erfolgt sind (MüKo/Eickmann Rz 9; Staud/Wolfsteiner Rz 11; aM Soergel/Konzen Rz 3). Andererseits ist unerheblich, in welcher Weise der Gläubiger an der Herbeiführung der Eintragung mitgewirkt hat; ausreichend ist daher schon, daß er den Brief vorgelegt hat, weil damit die Person des Gläubigers feststellbar war. **Anerkenntnis des Gläubigerrechts** iS von § 212 (auch bei Abgabe durch Vertreter des Eigentümers) unterbricht die Frist und setzt neue Frist von 10 Jahren in Gang; diese Frist muß wiederum ohne Eintragungsvorgang und ohne Anerkenntnis verstreichen, ehe das Aufgebot beantragt werden kann (zur Glaubhaftmachung vgl § 986 I ZPO). **Kalendermäßig bestimmte Fälligkeit** nach Abs I S 2 genügt für den Fristbeginn dann nicht, wenn Kündigung erforderlich ist (§ 1141).

4 **3. Verfahren.** Maßgebend sind die §§ 946 bis 959, 982 bis 986 ZPO. Antragsrecht hat der Eigentümer sowie nach § 984 ZPO der aus einer Löschungsvormerkung (§ 1179) oder aus dem gesetzlichen Löschungsanspruch (§ 1179a) berechtigte gleich- oder nachrangige Gläubiger, bei Gesamtgrundpfandrecht außerdem derjenige, der aus einem gleich- oder nachstehenden Recht Befriedigung aufgrund vollstreckbaren Titels verlangen kann.

5 **4. Folgen.** Das Ausschlußurteil bewirkt nach Abs II 1, daß die Hypothek als Grundschuld (§ 1177) auf denjenigen übergeht, der bei Erlaß des Urteils materiell-rechtlicher Eigentümer ist. Gleichzeitig wird nach Abs II S 2 der Hypothekenbrief kraftlos, so daß nun gutgläubiger rechtsgeschäftlicher Erwerb des Briefrechts nicht mehr möglich ist. Bei Buchrechten verhindert erst die Umschreibung auf den Eigentümer (§ 22 I GBO) einen gutgläubigen Erwerb; Sicherung durch Vormerkung oder Widerspruch kommt vor Erlaß des Ausschlußurteils nicht in Betracht (MüKo/Eickmann Rz 18).

6 **Rechte Dritter** an der Hypothek, zB Nießbrauch oder Pfandrecht, werden von der Ausschlußwirkung des Urteils miterfaßt. Anmeldung des Rechts führt jedoch zu einem Urteil mit entsprechendem Vorbehalt (§ 953 ZPO). Zur Umschreibung ist dann die Zustimmung des Dritten (analog §§ 877, 876) notwendig; notfalls muß Eigentümer auf Zustimmung klagen.

7 Auf die **persönliche Forderung** hat das Ausschlußurteil keine Wirkung. **Aufhebung des Urteils** auf Anfechtungsklage (§ 957 II ZPO) führt automatisch zur Wiederherstellung der Fremdhypothek; zwischenzeitlicher gutgläubiger Erwerb ist möglich.

8 **5.** § 1170 ist auf die Grundschuld entsprechend anwendbar.

1171 *Ausschluss durch Hinterlegung*

(1) Der unbekannte Gläubiger kann im Wege des Aufgebotsverfahrens mit seinem Recht auch dann ausgeschlossen werden, wenn der Eigentümer zur Befriedigung des Gläubigers oder zur Kündigung berechtigt ist und den Betrag der Forderung für den Gläubiger unter Verzicht auf das Recht zur Rücknahme hinterlegt. Die Hinterlegung von Zinsen ist nur erforderlich, wenn der Zinssatz im Grundbuch eingetragen ist; Zinsen für eine frühere Zeit als das vierte Kalenderjahr vor der Erlassung des Ausschlussurteils sind nicht zu hinterlegen.

(2) Mit der Erlassung des Ausschlussurteils gilt der Gläubiger als befriedigt, sofern nicht nach den Vorschriften über die Hinterlegung die Befriedigung schon vorher eingetreten ist. Der dem Gläubiger erteilte Hypothekenbrief wird kraftlos.

(3) Das Recht des Gläubigers auf den hinterlegten Betrag erlischt mit dem Ablauf von 30 Jahren nach der Erlassung des Ausschlussurteils, wenn nicht der Gläubiger sich vorher bei der Hinterlegungsstelle meldet; der Hinterleger ist zur Rücknahme berechtigt, auch wenn er auf das Recht zur Rücknahme verzichtet hat.

1 **1. Voraussetzung.** Der Gläubiger muß der Person nach unbekannt sein. Bei Unkenntnis nur des Aufenthalts kann der Eigentümer im Wege öffentlicher Zustellung kündigen (§ 132 II) und nach Hinterlegung Berichtigungsklage gemäß § 894 mittels öffentlicher Zustellung (§ 203 ZPO) erheben; insoweit besteht daher kein schutzwürdiger Aufgebotsgrund. Weitere Voraussetzung ist Kündigungs- oder Befriedigungsrecht (§§ 1141 I S 1, 1142). Die Berechtigung zur Kündigung ergibt sich aus der eingetragenen Vereinbarung, sonst aus Gesetz (vgl §§ 609, 609a). – Für das Aufgebotsverfahren gelten die §§ 946 bis 959 und 982 bis 987. Antragsberechtigt ist nur der Eigentümer.

2 **2. Hinterlegungserfordernis.** Mit dem Antrag muß der Eigentümer Hinterlegung anbieten (§ 987 I ZPO); vor Erlaß des Urteils muß sie bewirkt sein (§ 987 IV ZPO). Erforderlich ist Hinterlegung unter Verzicht auf Rücknahme (§ 376 II Nr 1). Zu hinterlegen ist der Kapitalbetrag und die bis zum Urteil entstehenden Nebenleistungen, rückständige Zinsen jedoch nur für 3 Jahre (Folge aus §§ 145, 216 III). Maßgebend ist der Grundbuchstand; soweit der Eigentümer aber schon frühere Tilgung nachweist, ist Hinterlegung nicht geboten.

3 **Folge der Hinterlegung:** Unter den (in der Regel vorliegenden) Voraussetzungen des § 372 gilt der Gläubiger schon mit Hinterlegung als befriedigt (§ 378), ohne diese Voraussetzungen erst mit Erlaß des Ausschlußurteils (§ 1171 II). Der Gläubiger kann sich dann nur noch an den hinterlegten Betrag halten. Dieses Recht verliert er nach 30 Jahren, ein weiteres Jahr später (§ 19 HintO) kann der Eigentümer den hinterlegten Betrag zurücknehmen (§ 1171 III).

4 **3. Wirkung auf die Hypothek.** In dem maßgebenden Zeitpunkt der Hinterlegung oder des Urteils erwirbt der Eigentümer die Hypothek (§§ 1143 I S 1, 1177 II); ist er zugleich persönlicher Schuldner, erwirbt er die Hypothek

als Grundschuld (§§ 1163 I S 2, 1177 I). Veräußerung des Grundstücks in der Zeit zwischen Hinterlegung und Ausschlußurteil führt zum Rechtsübergang auf den bisherigen Eigentümer, wenn dieser vom neuen Eigentümer Ersatz verlangen kann (§ 1164 I); ist das nicht der Fall, so geht das Recht auf den neuen Eigentümer über (§§ 1163 I S 2, 1177 I). – Für die **Gesamthypothek** sind die §§ 1172, 1173 maßgebend. – In den neuen Bundesländern ermöglicht § 10 GBBerG die Löschung geringwertiger Grundpfandrechte nach Hinterlegung des um ein Drittel erhöhten Nennbetrages. § 10 GBBerG setzt nicht voraus, daß der Gläubiger des Grundpfandrechts unbekannt ist (KG Rpfleger 1996, 283; Böhringer Rpfleger 1995, 139, 140).

 4. § 1171 ist auf die Grundschuld entsprechend anwendbar.   5

1172 *Eigentümergesamthypothek*

(1) Eine Gesamthypothek steht in den Fällen des § 1163 den Eigentümern der belasteten Grundstücke gemeinschaftlich zu.

(2) Jeder Eigentümer kann, sofern nicht ein anderes vereinbart ist, verlangen, dass die Hypothek an seinem Grundstück auf den Teilbetrag, der dem Verhältnis des Wertes seines Grundstücks zu dem Werte der sämtlichen Grundstücke entspricht, nach § 1132 Abs. 2 beschränkt und in dieser Beschränkung ihm zugeteilt wird. Der Wert wird unter Abzug der Belastungen berechnet, die der Gesamthypothek im Range vorgehen.

 1. **Bedeutung.** Die §§ 1172 bis 1175 passen die für die Einzelhypothek geltenden Vorschriften der §§ 1163,   1
1164, 1168 der Gesamthypothek an. Damit wird ein Zerfall der Gesamthypothek in mehrere die Summe des Gesamtrechts übersteigende Einzelhypotheken verhindert; das entspricht den Belangen nachrangiger Gläubiger. Erlangt der Eigentümer Befriedigung aus dem Grundstück, so gelten die §§ 1181, 1182.

 2. **Voraussetzung des § 1172** ist, daß die gesamtbelasteten Grundstücke oder Miteigentumsanteile verschiede-   2
nen Eigentümern gehören. Bei einheitlichem Eigentum gelten unmittelbar die §§ 1163, 1132 II.

 3. **Ein Eigentümergesamtrecht entsteht,** wenn die Forderung nicht entsteht (§ 1163 I S 1) oder der Brief nicht   3
übergeben wird (§ 1163 II) oder wenn die Forderung erlischt (§ 1163 I S 2). Die Forderung erlischt, falls die Eigentümer gemeinsam den Gläubiger befriedigen (auch auf dem Weg des § 1171); auch wenn jeder von ihnen nur einen Teilbetrag zahlt, kann nach den Umständen gemeinsame Tilgung gewollt sein (MüKo/Eickmann Rz 7). Zahlt hingegen nur einer der Eigentümer oder jeder für sich allein, kommt § 1173 zum Zuge. Befriedigung durch den persönlichen Schuldner, der von einem Eigentümer Ersatz verlangen kann, fällt unter § 1174, sonst erlischt die Gesamthypothek nach § 1163 I S 2. Bei Verzicht auf die Gesamthypothek oder auf das Recht an einem der Grundstücke gilt § 1175.

 Folge: Die Gesamthypothek steht den Eigentümern gemeinschaftlich zu (Abs I). Zwischen den Eigentümern   4
(Miteigentümern) besteht an dem Gesamtrecht eine Bruchteilsgemeinschaft nach §§ 741ff (BGH WM 1986, 101). Daher kann jeder Eigentümer über seinen Anteil verfügen (§ 747 S 1). Die Anteile bemessen sich nach § 1172 II (Frankfurt DNotZ 1961, 411); deshalb Berechnung vor Auseinandersetzung oft schwierig, nicht indes bei Miteigentumsanteilen, wenn weitere Belastungen in ungleicher Höhe vorgehen, weil sonst der Anteil am Gesamtrecht dem Anteil am Grundstück entspricht. Die Anteile an dem Gesamtrecht sind pfändbar, soweit ihr Umfang feststeht; anderenfalls ist Pfändung und Überweisung des Auseinandersetzungsanspruchs zweckmäßig. Über das Gesamtrecht können die Eigentümer nur gemeinschaftlich verfügen (§ 747 S 2). Das gilt auch für die Löschung an einem der gesamtbelasteten Grundstücke oder Miteigentumsanteile. Eine Veräußerung der Grundstücke beläßt das Gesamtrecht in der Hand der Gemeinschaft.

 4. **Verteilung des Gesamteigentümerrechts** (§§ 1132 II, 747 S 2) können die Eigentümer frei vereinbaren,   5
sofern nur die Summe der entstehenden Einzelrechte die Höhe des Gesamtrechts nicht übersteigt. Nach **§ 1172 II** hat jeder der Eigentümer Anspruch auf Aufhebung der Gemeinschaft in der Weise, daß ihm eine Einzelgrundschuld entsprechend dem Wertverhältnis der Grundstücke zugeteilt wird.

 Gesetzlicher Teilungsmaßstab ist das Verhältnis des jeweiligen Grundstückswerts zu dem Gesamtwert aller   6
Grundstücke nach Abzug der dem Gesamtrecht vorgehenden Lasten. Abzuziehen sind auch vorrangige Gesamtgrundpfandrechte und Eigentümergrundschulden, ebenso Belastungsvormerkungen, wenn der gesicherte Anspruch besteht, nicht hingegen Auflassungsvormerkungen und Rangvorbehalte, weil sie den Grundstückswert nicht beeinflussen. Maßgebender Bewertungszeitpunkt ist derjenige, zu dem das Eigentümergesamtrecht nach Abs I entsteht; spätere Änderungen der Miteigentumsanteile oder der Grundstückswerte sind unerheblich. Macht nur ein Eigentümer den Anspruch geltend, so kann für die übrigen Eigentümer an deren Grundstücken das Gesamtrecht in der noch verbleibenden Höhe fortbestehen. Durchsetzung des Anspruchs nach § 1132 II (vgl § 1132 Rz 14) entsprechend §§ 875, 876, 878; notfalls Klage auf Zustimmung gemäß § 894.

 Ein anderweitiger Zuteilungsmaßstab kann vereinbart werden, mit dinglicher Wirkung (§§ 873, 875) jedoch   7
nicht vor Übergang der Gesamthypothek auf die Eigentümer, weil sonst eine unzulässige Verfügung über eine künftige Eigentümergrundschuld vorläge. Ein Einzelrechtsnachfolger ist an die Teilungsvereinbarung oder an Ausschluß der Teilung (§ 751) nur bei Eintragung gebunden (vgl § 1010).

 5. § 1172 ist auf die Grundschuld nicht anwendbar.   8

1173 *Befriedigung durch einen der Eigentümer*

(1) Befriedigt der Eigentümer eines der mit einer Gesamthypothek belasteten Grundstücke den Gläubiger, so erwirbt er die Hypothek an seinem Grundstück; die Hypothek an den übrigen Grund-

stücken erlischt. Der Befriedigung des Gläubigers durch den Eigentümer steht es gleich, wenn das Gläubigerrecht auf den Eigentümer übertragen wird oder wenn sich Forderung und Schuld in der Person des Eigentümers vereinigen.

(2) Kann der Eigentümer, der den Gläubiger befriedigt, von dem Eigentümer eines der anderen Grundstücke oder einem Rechtsvorgänger dieses Eigentümers Ersatz verlangen, so geht in Höhe des Ersatzanspruchs auch die Hypothek an dem Grundstück dieses Eigentümers auf ihn über; sie bleibt mit der Hypothek an seinem eigenen Grundstück Gesamthypothek.

1 **1. Grundsatz.** Dem Eigentümer, der den Gläubiger befriedigt, gebührt die am eigenen Grundstück bestehende Hypothek, während sie an den anderen Grundstücken im Interesse nachrangiger Gläubiger erlischt (§ 1173 I). Hat aber der zahlende Eigentümer einen Ersatzanspruch gegen die anderen Eigentümer, so erwirbt er auch die Hypothek an deren Grundstücken (§ 1173 II).

2 **2. Voraussetzung** ist, daß die gesamtbelasteten Grundstücke oder Miteigentumsanteile (§ 1114) verschiedenen Eigentümern gehören und einer von ihnen den Gläubiger befriedigt. Gehören die Grundstücke ein und demselben Eigentümer, so erwirbt er die Hypothek an allen Grundstücken (§ 1163 I S 2). Zahlen die verschiedenen Eigentümer gemeinsam, dann gilt § 1172 (BGH WM 1986, 101). § 1173 bestimmt nur das Schicksal des **dinglichen Rechts.** Die persönliche Forderung erlischt, falls der zahlende Eigentümer zugleich persönlicher Schuldner ist oder auch für diesen zahlt; anderenfalls geht nach § 1143 I die Forderung auf ihn über und damit nach § 1153 I auch die Hypothek.

3 **3. Befriedigung des Gläubigers.** Es genügt jede Art der freiwilligen Befriedigung. Auch Hinterlegung (§§ 372, 378, 1171) und Aufrechnung fallen unter § 1173, ebenso Erlaß der Forderung gegenüber dem mit dem persönlichen Schuldner identischen Eigentümer, sofern auch etwaige weitere Schuldner einbezogen werden, weil sonst die Hypothek die fortbestehende fremde Schuld sichert (Pal/Bassenge Rz 4); zur Auswirkung des Verzichts auf die Hypothek an einem von mehreren mithaftenden Grundstücken vgl § 1165 Rz 5. **Befriedigung** aus dem Grundstück (§ 1147) hat die Folgen der §§ 1181, 1182.

4 **Der Befriedigung gleichgestellt** ist nach Abs I S 2 die Übertragung des Gläubigerrechts auf einen der Eigentümer, sei es rechtsgeschäftlich oder kraft Gesetzes. Gleiches gilt bei Zusammenfall von Forderung und persönlicher Schuld in der Person des Eigentümers, so zB wenn der Gläubiger Hypothek und gesicherte Forderung auf den persönlich schuldenden Eigentümer überträgt (BGH 40, 115, 121). Kein Fall von Abs I S 2 ist hingegen die Veräußerung des Grundstücks an den Gläubiger, wenn der bisherige Eigentümer nicht auch persönlicher Schuldner ist.

5 **4. Folgen.** Der Eigentümer erwirbt mit Befriedigung des Gläubigers die Hypothek am eigenen Grundstück kraft Gesetzes als Einzelhypothek; sie wird nach § 1177 I zur Eigentümergrundschuld, wenn die gesicherte Forderung erlischt; bis dahin gilt § 1177 II. Teilzahlung hat den Vorrang der dem Gläubiger verbleibenden Resthypothek zur Folge (§ 1176). Im Umfang der Befriedigung erlischt die Hypothek an den anderen Grundstücken, soweit nicht ein Ersatzanspruch besteht; Berichtigung nach § 22 I, 27 I GBO, wobei nachzuweisen ist, daß derjenige Eigentümer, der gezahlt hat, keinen Ersatzanspruch hat.

6 **5. Übergang der Hypothek.** Hat der den Gläubiger befriedigende Eigentümer einen Ersatzanspruch gegen den Eigentümer des mitbelasteten Grundstücks oder gegen einen Rechtsvorgänger dieses Eigentümers, so geht in Höhe des Anspruchs die Hypothek auf ihn über. Sie sichert dann entsprechend § 1164 den Ersatzanspruch gegen den anderen Eigentümer. Der **Ersatzanspruch** muß sich aus einer rechtlichen Sonderbeziehung zu dem anderen Eigentümer ergeben, denn die Gesamthypothek selbst ist regreßlos. Sind die Eigentümer auch persönliche Gesamtschuldner, so bestimmt sich der Ersatzanspruch nach §§ 426, 774; im Ergebnis belanglos ist dann, ob die Hypothek an dem Grundstück des ausgleichspflichtigen Eigentümers schon nach §§ 412, 401, 1153 oder nach § 1173 II übergeht.

7 Die auf den leistenden Eigentümer übergehende Hypothek an den anderen Grundstücken wird zusammen mit der Hypothek, die am eigenen Grundstück fortbesteht (§ 1177 II), nach § 1173 II **Gesamthypothek.** Bei Teilübergang entsteht Teilgesamthypothek; in Höhe des den Ersatzanspruch übersteigenden Teils wird die Hypothek am eigenen Grundstück Teileigentümergrundschuld (§ 1177 I) im Rang nach der Teilgesamthypothek (§ 1176), während sie an den anderen Grundstücken erlischt.

8 Die **Gesamthypothek** kann nur eine Forderung sichern. Zahlt ein nicht persönlich schuldender Eigentümer, dann erwirbt er die Forderung (§ 1143 I) und zugleich die Hypothek (§ 1153 I); hat er aber einen Ersatzanspruch gegen einen anderen Eigentümer, so ist insoweit nur dieser Anspruch und nicht mehr die übergegangene Forderung gegen den persönlichen Schuldner gesichert; wenn kein Ersatzanspruch besteht, erlischt die Hypothek an dem anderen Grundstück (§ 1173 I S 1). Sind die Eigentümer auch persönliche Gesamtschuldner und befriedigt einer von ihnen den Gläubiger, so ist der im Zweifel gegebene hälftige Ausgleichsanspruch (§ 426 I) durch Teilgesamthypothek in entsprechender Höhe nach §§ 412, 401, 1153 gesichert. Davon zu unterscheiden ist der Fall, daß eine Gesamthypothek auf dem Grundstück des persönlichen Schuldners und auf dem nur dinglich haftenden Eigentümers lastet; zahlt dieser und hat er einen Ersatzanspruch gegen den Schuldner, gilt § 1173 II; hat er aber einen solchen Anspruch nicht, dann erwirbt er die Forderung des Gläubigers gegen den persönlichen Schuldner nach § 1143 I und zugleich nach § 1153 I die Hypothek an dessen Grundstück als Fremdhypothek, die nun zusammen mit seiner Eigentümerhypothek ein Gesamtrecht bildet (H. Westermann § 108 V 4).

9 **6.** § 1173 ist auf die Grundschuld – mit Ausnahme des Abs I S 2 Hs 2 – entsprechend anwendbar.

1174 *Befriedigung durch den persönlichen Schuldner*
(1) Befriedigt der persönliche Schuldner den Gläubiger, dem eine Gesamthypothek zusteht, oder vereinigen sich bei einer Gesamthypothek Forderung und Schuld in einer Person, so geht, wenn der Schuldner nur von dem Eigentümer eines der Grundstücks oder von einem Rechtsvorgänger des Eigentümers Ersatz verlangen kann, die Hypothek an diesem Grundstück auf ihn über; die Hypothek an den übrigen Grundstücken erlischt.
(2) Ist dem Schuldner nur teilweise Ersatz zu leisten und geht deshalb die Hypothek nur zu einem Teilbetrag auf ihn über, so hat sich der Eigentümer diesen Betrag auf den ihm nach § 1172 gebührenden Teil des übrigbleibenden Betrags der Gesamthypothek anrechnen zu lassen.

1. § 1174 will dafür sorgen, daß die Gesamthypothek sich nicht in Einzelhypotheken auflöst, deren Summe die 1 ursprüngliche Gesamthypothek übersteigt (Vervielfältigungsverbot), paßt daher § 1164 der Lage bei der Gesamthypothek an. §§ 1165 bis 1167 sind entsprechend anwendbar.

2. Voraussetzungen. Der Schuldner ist nicht Eigentümer (sonst gilt § 1173); er hat einen Ersatzanspruch (vgl 2 § 1164 Rz 3) nur gegen einzelne Eigentümer, bei Anspruch gegen alle gilt § 1164 mit dem Übergang der Hypothek an allen Grundstücken, verbunden mit der gesetzlichen Forderungsauswechslung. Fehlt der Ersatzanspruch, gilt § 1172.

3. Folgen. Die Hypothek am Grundstück der ersatzpflichtigen Eigentümer geht über; sie erlischt in dieser Höhe 3 an den Grundstücken der nicht ersatzpflichtigen Eigentümer. Für die danach bestehenbleibenden Teile gilt § 1172. Rangverhältnis nach § 1164 I S 2. Teilweiser Übergang auf den Schuldner wirkt auf die Verteilung der restlichen Gesamthypothek unter die Eigentümer so ein, daß zunächst nach § 1172 II der Anteil des Eigentümers zu berechnen ist, alsdann ist vom Anteil des ersatzpflichtigen Eigentümers die auf den Schuldner übergegangene Hypothek abzuziehen.

4. § 1174 ist auf die Grundschuld nicht anwendbar. 4

1175 *Verzicht auf die Gesamthypothek*
(1) Verzichtet der Gläubiger auf die Gesamthypothek, so fällt sie den Eigentümern der belasteten Grundstücke gemeinschaftlich zu; die Vorschrift des § 1172 Abs. 2 findet Anwendung. Verzichtet der Gläubiger auf die Hypothek an einem der Grundstücke, so erlischt die Hypothek an diesem.
(2) Das Gleiche gilt, wenn der Gläubiger nach § 1170 mit seinem Recht ausgeschlossen wird.

1. Verzicht auf die Hypothek an allen Grundstücken setzt Erfüllung des § 1168 bei allen Grundstücken vor- 1 aus. Zu den Verzichtvoraussetzungen vgl § 1168 Rz 3, 4. Ein solcher Verzicht läßt Eigentümergesamtgrundschuld entstehen, § 1172. Zum Verzicht nur auf einen Teilbetrag der Gesamthypothek vgl § 1176. **Dem Verzicht gleichgestellt** ist gemäß Abs II der Ausschluß des Gläubigers bezüglich aller Grundstücke nach § 1170 (Fälle des § 1171 fallen unter § 1173). § 418 gilt mit der Maßgabe, daß bei den Grundstücken die Hypothek erlischt, deren Eigentümer nicht in die Schuldübernahme einwilligen.

2. Daß der **Verzicht auf die Hypothek an einzelnen Grundstücken** zum Erlöschen der Hypothek an diesen 2 führt, folgt aus dem Recht des Gläubigers zur freien Verteilung, § 1132 II, und aus der Tatsache, daß der Eigentümer des aus der Haft entlassenen Grundstücks kein Opfer erbringt. Das Erlöschen ist insofern unbillig, als es den anderen Eigentümern und dem persönlichen Schuldner die Sicherung eines eventuellen Ersatzanspruches entzieht. Nach § 1165 wird der persönliche Schuldner nur bei Gesamtverzicht frei; der Rechtsgedanke dieser Vorschrift dürfte den Schutz des persönlichen Schuldners auch für den Fall gebieten, daß der Gläubiger den mithaftenden Eigentümer eines anderen Grundstücks (oder Anteils) freistellt, soweit nicht schon das Grundgeschäft die Freistellung ausschließt; indessen dürfte eine analoge Anwendung auch zugunsten des nur dinglich haftenden Eigentümers ausscheiden, weil § 1165 nur auf den Schutz des persönlichen Schuldners abzielt und als Sonderregelung, auch im Hinblick auf die Gläubigerbelange, nicht ausgedehnt werden kann (BGH 52, 93; RGRK Anm 14; aM Staud/Wolfsteiner Rz 5; MüKo/Eickmann Rz 8; Schaubahn WM 1998, 1806, 1809). Aus dem Kausalverhältnis ergibt sich hier allerdings die – schadensersatzbeschwerte – Pflicht, den Verzicht zu unterlassen und auch einen eventuellen Zessionar entsprechend zu binden (BGH 52, 93). Verzicht kann auch in **Löschungsbewilligung** liegen, da im Ergebnis gleichwirkend (vgl aber für § 1168 bei § 1168 Rz 3); deshalb auch Pfandfreigabe als Verzicht zu behandeln.

3. § 1175 ist auf die Grundschuld entsprechend anwendbar. 3

1176 *Eigentümerteilhypothek; Kollisionsklausel*
Liegen die Voraussetzungen der §§ 1163, 1164, 1168, 1172 bis 1175 nur in Ansehung eines Teilbetrags der Hypothek vor, so kann die auf Grund dieser Vorschriften dem Eigentümer oder einem der Eigentümer oder dem persönlichen Schuldner zufallende Hypothek nicht zum Nachteil der dem Gläubiger verbleibenden Hypothek geltend gemacht werden.

1. Grundgedanke der Vorschrift ist, daß der **Gläubiger** den **Vorrang gegenüber** einem ohne sein Zutun **über-** 1 **gehenden Teilrecht** behalten muß. Das ist als allgemeiner Rechtsgedanke nicht auf das Grundpfandrecht beschränkt, vgl §§ 268 III S 2; 426 II S 2; 774 I S 2; 1235 S 2; 1249 S 2 BGB; § 128 III S 2 ZVG zusätzliche Vorschriften im Grundpfandrecht vgl §§ 1143 I S 2; 1150; 1182 S 2. **Voraussetzung** ist gesetzlicher Übergang; bei rechtsgeschäftlicher Übertragung haben die Teilrechte gleichen Rang (hier Rangänderung nur nach § 880). Die Unterscheidung ist an Hand des materiellen Vorganges zu treffen, nicht nach der Form der für die Umschreibung

§ 1176　Sachenrecht　Hypothek

im Grundbuch nötigen Urkunden. Teilübergang ist zu unterscheiden von dem Übergang der Gesamthypothek an einem Grundstück im Fall des § 1174. Zum Rang beim Zerfall der Gesamthypothek vgl § 1174 Rz 3.

2　**2. Wirkung.** Das dem Gläubiger verbleibende Recht hat den Vorrang vor dem übergehenden Recht; dabei handelt es sich um ein dinglich wirkendes Rangverhältnis, nicht um ein schuldrechtliches Recht des Gläubigers. Es wirkt auch nach Wechsel der Inhaber eines der Rechte. Gemäß § 1176 wird das übergehende Recht nicht bei jeder Kollision mit Interessen des früheren Gläubigers als erloschen behandelt; es kann zB gegenüber einer anderen Hypothek des Gläubigers geltend gemacht werden. Für die **Tilgungshypothek** ergibt sich aus § 1176, daß jeweils der rangschlechteste Teil getilgt wird. Soll die Folge des § 1176 nicht eintreten, ist Eintragung nötig.

3　3. Soweit die in § 1176 genannten Vorschriften auf die Grundschuld anwendbar sind, gilt auch § 1176 entsprechend.

1177　*Eigentümergrundschuld, Eigentümerhypothek*
(1) **Vereinigt sich die Hypothek mit dem Eigentum in einer Person, ohne dass dem Eigentümer auch die Forderung zusteht, so verwandelt sich die Hypothek in eine Grundschuld.** In Ansehung der Verzinslichkeit, des Zinssatzes, der Zahlungszeit, der Kündigung und des Zahlungsorts bleiben die für die Forderung getroffenen Bestimmungen maßgebend.
(2) Steht dem Eigentümer auch die Forderung zu, so bestimmen sich seine Rechte aus der Hypothek, solange die Vereinigung besteht, nach den für eine Grundschuld des Eigentümers geltenden Vorschriften.

1　1. § 1177 bestimmt die Rechtsfolgen einer Verringerung von Hypothek und Eigentum; Regelung der Entstehung in §§ 889, 1143, 1163, 1168, 1170, 1171, 1173, 1175 BGB; §§ 868, 932 ZPO. Die **Unterscheidung** zwischen Eigentümergrundpfandrecht **mit und ohne gesicherte Forderung** folgt aus der Akzessorietät der Hypothek. Praktisch überwiegt die Grundschuld bei weitem, zB §§ 1163, 1168, 418, 1170, 1171, 1172, 1173, 1175 (falls nicht Ersatzforderung des Eigentümers gesichert wird, vgl dazu § 1173 Rz 5ff); §§ 868, 932 II ZPO.

2　2. Der **Inhalt der Eigentümergrundschuld** bestimmt sich gemäß Abs I 2 weitgehend nach der ursprünglichen Forderung; die §§ 1193, 1194 sind insoweit ausgeschlossen. Der Zinsanspruch wird kraft Gesetzes dinglicher Bestandteil der Eigentümergrundschuld, kann allerdings für die Dauer der Vereinigung von Eigentum und Grundpfandrecht nicht ausgeübt werden, § 1197 II (ausgenommen bei Zwangsverwaltung). Auch die aus der Tilgungshypothek hervorgegangene Eigentümergrundschuld ist in dieser Weise zu behandeln; sie bleibt also mit den für die Hypothek eingetragenen Zinsen bestehen; verwandelt sich später das Recht in Fremdgrundschuld, so ist sie fortan zu verzinsen (BGH 67, 291).

3　3. **Verfügungen** über die Eigentümergrundschuld sind möglich, zB Abtretung, Belastung nach §§ 1069, 1274, 1291, Aufhebung, Inhaltsänderung und Umwandlung. Zur Verfügung über die nur vorläufige Eigentümergrundschuld vgl § 1163 Rz 12. Voreintragung des Eigentümers nicht erforderlich, hM vgl BGH NJW 1968, 1674 (Abtretung). Ist das Recht noch als Fremdrecht eingetragen, muß jedoch in der Form des § 29 GBO (zB durch Quittung) Entstehung des Eigentümergrundpfandrechts nachgewiesen werden.

4　4. **Umwandlung** der Eigentümergrundschuld ist nach § 1198 möglich. Als Inhaltsänderung (§ 877) ist in jedem Falle Einigung und Eintragung erforderlich. BGH NJW 1968, 1674, auch dann, wenn die auf den Eigentümer übergegangene Grundschuld auf den noch eingetragenen Gläubiger wieder als Hypothek umgeschrieben werden soll (hM). Formell genügt für Umwandlung Bewilligung des Eigentümers (§ 19 GBO); bei Umwandlung erst nach Abtretung muß auch der neue Gläubiger zustimmen.

5　5. Eine **Hypothek des Eigentümers** kann nach §§ 1143, 1173 (vgl § 1173 Rz 6), § 889 oder auch nach § 892 (der Bucheigentümer bestellt dem wirklichen Eigentümer eine Hypothek) entstehen. Vgl auch § 128 III S 2 ZVG. Die Hypothek des Eigentümers ist wie die Eigentümergrundschuld zu behandeln, insbesondere gilt auch § 1197. Zu beachten ist § 1153 mit der untrennbaren Verbindung von Hypothek und Forderung.

6　6. § 1177 ist auf die Grundschuld nicht anwendbar.

1178　*Hypothek für Nebenleistungen und Kosten*
(1) **Die Hypothek für Rückstände von Zinsen und anderen Nebenleistungen sowie für Kosten, die dem Gläubiger zu erstatten sind, erlischt, wenn sie sich mit dem Eigentum in einer Person vereinigt. Das Erlöschen tritt nicht ein, solange einem Dritten ein Recht an dem Anspruch auf eine solche Leistung zusteht.**
(2) Zum Verzicht auf die Hypothek für die im Absatz 1 bezeichneten Leistungen genügt die Erklärung des Gläubigers gegenüber dem Eigentümer. Solange einem Dritten ein Recht an dem Anspruch auf eine solche Leistung zusteht, ist die Zustimmung des Dritten erforderlich. Die Zustimmung ist demjenigen gegenüber zu erklären, zu dessen Gunsten sie erfolgt; sie ist unwiderruflich.

1　1. **Grundsätzliches.** Die dingliche Haftung für **Zinsrückstände** (§ 1159) erlischt nach Abs I, wenn die Hypothek zur Eigentümergrundschuld wird. Diese von §§ 889, 1177 abweichende Sonderregelung hat den Zweck, für Zinsrückstände keine Eigentümergrundschulden entstehen zu lassen, weil sie weder im Interesse nachstehend Berechtigter noch des Eigentümers selbst liegen. Die Vorschrift ist zwingend. § 1178 gilt nicht für die Höchstbetragshypothek, da sämtliche Zinsen in den Höchstbetrag eingerechnet sind, auch nicht für eine Hypothek, die eigens zur Sicherung einer rückständigen Zinssumme bestellt worden ist, ebenso nicht für eine von vornherein mit rückständigen Zinsen eingetragene Eigentümergrundschuld, BayObLG 78, 136 (vgl aber § 1197 Rz 4). Durch § 1178 wird § 1164 nicht ausgeschlossen; also erwirbt der zahlende persönliche Schuldner die Hypothek, wenn er nicht zugleich Eigentümer ist (vgl § 1164 Rz 1). Rangänderung der Hypothek für Zinsrückstände ist ohne Zustimmung des Eigentümers möglich, da er ja insoweit keine Aussicht auf Erwerb einer Eigentümergrundschuld hat; aber die Änderung ist wegen der aus dem Grundbuch unersichtlichen einzelnen Zinsforderung nicht eintragungsfähig. Die Regelung des § 1178 erfaßt Zinsen und Nebenleistungen aller Art, vgl dazu § 1115 Rz 9. Rückständig sind die schon fälligen Zinsen, vgl § 1159 Rz 1. Unter „Kosten" sind nur die des § 1118 gemeint, vgl § 1118 Rz 3ff.

2. Die Hypothek für die Rückstände von Zinsen und Kosten **erlischt bei Vereinigung von Hypothek und** 2 **Eigentum** ohne Rücksicht auf die Art und den Grund der Vereinigung. **Ausnahme nach Abs I 2:** Belastung der Hypothek mit Nießbrauch oder Pfandrecht, solange dieses Recht des Dritten besteht. Forderungsauswechselung (§ 1180) kommt nach Erlöschen der Hypothek nicht mehr in Frage. Hauptfall des Erlöschens ist Zahlung durch oder für den Eigentümer. Zahlt ein Dritter mit Erlöschensfolge, gilt ebenfalls § 1178. Zur Zahlung durch den persönlichen Schuldner vgl § 1164. Kein Erlöschen bei Abtretung an den Dritten, selbst dann nicht, wenn der Gläubiger zu dieser Abtretung dem Eigentümer gegenüber verpflichtet war.

3. Für den **Verzicht** durchbricht § 1178 II den § 1168; die Hypothek erlischt insoweit. Die Verzichtserklärung 3 und die etwa nach Abs II S 2 nötige Zustimmung des Dritten sind formlos gültig. Eintragung des Verzichts ist unzulässig.

4. Die **Hypothek für zukünftige Nebenleistungen** wird nach allgemeinem Recht behandelt, also Übergang 4 auf den Eigentümer (§ 1177), wobei für die Zinsen §§ 1177 I S 2, 1197 II gelten.

§ 1178 ist auf die Grundschuld entsprechend anwendbar. 5

1179 *Löschungsvormerkung*
Verpflichtet sich der Eigentümer einem anderen gegenüber, die Hypothek löschen zu lassen, wenn sie sich mit dem Eigentum in einer Person vereinigt, so kann zur Sicherung des Anspruchs auf Löschung eine Vormerkung in das Grundbuch eingetragen werden, wenn demjenigen, zu dessen Gunsten die Eintragung vorgenommen werden soll,
1. ein anderes gleichrangiges oder nachrangiges Recht als eine Hypothek, Grundschuld oder Rentenschuld am Grundstück zusteht oder
2. ein Anspruch auf Einräumung eines solchen anderen Rechts oder auf Übertragung des Eigentums am Grundstück zusteht; der Anspruch kann auch ein künftiger oder bedingter sein.

1. Gläubiger von **Grundpfandrechten** haben nach §§ 1179a und 1179b einen mit Vormerkungswirkung ausge- 1 statteten **gesetzlichen Löschungsanspruch** bei Vereinigung von gleich- oder vorrangiger Grundpfandrechten mit dem Eigentum. Für die Hypothek kommen daher vormerkungsfähige Löschungsvereinbarungen nicht in Betracht. Dementsprechend sind gemäß § 1179 Löschungsvormerkungen nur noch zugunsten solcher Grundstücksrechte zulässig, die **nicht Grundpfandrechte sind**. Die Regelung gilt seit dem **1. 1. 1978**. Zum Übergangsrecht vgl § 1179a Rz 16.

2. Voraussetzungen. § 1179 erweitert § 883 durch Zulassung einer Löschungsvormerkung auch dann, wenn 2 der Schuldner des Löschungsanspruchs noch nicht Inhaber des davon betroffenen Grundpfandrechts ist; demgemäß ist auch § 39 GBO ausgeschaltet. Damit ist das Aufrückungsinteresse von Gläubigern anderer gleich- oder nachrangiger Rechte gewahrt. Anwendbar ist § 1179 auch bei schon vor Eintragung der Vormerkung eingetretener Vereinigung von Grundpfandrecht und Eigentum, so daß in den Fällen des § 1163 I S 1, II die noch eingetragene, aber bereits endgültig zur Eigentümergrundschuld gewordene Hypothek erfaßt ist. Hier kommt zwar auch § 883 zum Zuge, indes ebenso § 1179 als eine den § 883 lediglich erweiternde Vorschrift. Bei einer Vormerkung nur gem § 883 wäre der Gläubiger schlechter gestellt, weil er erst die Umschreibung auf den Eigentümer herbeiführen müßte. Die Vormerkung muß auch nicht verlautbaren, ob sie auf der einen oder der anderen Bestimmung beruht. Zulässig ist daher eine Löschungsvormerkung nach § 1179 auch bei schon vollzogener Umschreibung der Hypothek als Eigentümergrundschuld, sofern diese noch dem Eigentümer zusteht (Pal/Bassenge Rz 8; LG Augsburg NJW 1962, 592; MüKo/Eickmann Rz 15).

3. Gesicherter Anspruch. Er muß auf die schuldrechtliche Verpflichtung zur Löschung oder Teillöschung 3 eines Grundpfandrechts gerichtet sein, dh auf dessen Aufhebung. Erforderlich ist eine dahingehende Vereinbarung, falls nicht ein gesetzlicher Löschungsanspruch besteht (so nach § 41 II WEG). In der schuldrechtlichen Ausgestaltung des Anspruchs sind die Beteiligten frei; er kann befristet oder bedingt vereinbart werden, auch lediglich zum Schutze eines anderen Rechts dienen und deshalb mit Erledigung dieses Zwecks gegenstandslos werden (BGH NJW 1980, 228). Sicherungsfähig durch Vormerkung ist aber stets nur ein Erfordernissen des § 1179 entsprechender Löschungsanspruch. Darunter fällt nicht ein auf sonstige Rechtsänderung zielender Anspruch, wie zB derjenige auf Abtretung der künftigen Eigentümergrundschuld oder ein Anspruch auf Löschung bei Erwerb nach § 1164, auch nicht der Verzichtsanspruch aus § 1169 (BayObLGZ 75, 39; vgl § 1169 Rz 5) oder der Berichtigungsanspruch aus § 894 (aA Stöber Rpfleger 1977, 399). Hingegen dürfte § 1179 analog anwendbar sein bei einem Anspruch auf Rangrücktritt der Eigentümergrundschuld (nicht aber andere schuldrechtliche Ansprüche auf Rangänderung), wenn Zwischenrechte nicht bestehen, weil der Rücktritt im Verhältnis zu dem begünstigten nachrangigen Gläubiger wie eine Aufhebung wirkt (MüKo/Eickmann Rz 13; Pal/Bassenge Rz 7; aM Fischer BWNotZ 1963, 45). – Von diesem Sonderfall abgesehen, sind nur die echten Vereinigungsfälle erfaßt, zB § 889, §§ 1143, 1163, 1168, 1170 II, 1171, 1173 I, §§ 1172, 1175, auch § 418 I BGB, ferner §§ 868, 932 ZPO.

Der **Sicherungsumfang** der Vormerkung bestimmt sich nach dem in der Eintragung und Eintragungsbewilli- 4 gung (§ 874) zum Ausdruck gebrachten Parteiwillen (BGH 60, 226; BGH NJW 1973, 895). Im Zweifel erstreckt

§ 1179

sich die Vormerkung auf jede Art der Vereinigung, aber nicht auf die bis zur Valutierung und Brieferteilung (§ 1163 I S 1, II) nur vorläufige Eigentümergrundschuld; doch kann auch schon diese betroffen sein (BGH NJW 1973, 895 – Auslegungsfrage).

5 Löschungsvormerkung bei der **Fremdgrundschuld** sichert den Gläubiger eines nachrangigen Rechts für den Fall, daß der Eigentümer auf die Grundschuld zahlt, weil sie dadurch zur Eigentümergrundschuld wird, ebenso in den Fällen des § 889, eines Verzichts (§ 1168) oder der Abtretung an den Eigentümer. Hingegen wirkt die Vormerkung nicht, wenn die gesicherte Forderung nicht entsteht oder wenn sie erlischt. Hier kann die Vormerkung nicht verhindern, daß der Eigentümer den ihm zustehenden Rückgewähranspruch zediert oder daß der Anspruch gepfändet wird. Der vorgemerkte Löschungsanspruch hat dann auch in der Zwangsversteigerung keine Wirkung. Dagegen kann sich ein nachrangiger Gläubiger nur schützen, wenn er sich von vornherein den (künftigen) Rückgewähranspruch abtreten läßt und durch Vormerkung nach § 883 sichert.

6 **4. Gläubiger** nach Nr 1 ist derjenige, dem ein dem betroffenen Grundpfandrecht gleich- oder nachrangiges dingliches Recht am Grundstück zusteht, das aber **nicht Grundpfandrecht** sein darf. Das Recht muß spätestens bei Eintragung der Vormerkung dem Begünstigten zustehen. Für einen bloß Buchberechtigten darf die Vormerkung nicht eingetragen werden (KG DNotZ 1980, 487). Entscheidend ist die **materielle Berechtigung,** so daß die Vormerkung auch dann schützt, wenn das begünstigte Recht versehentlich gelöscht ist; für den Bestand der Vormerkung gilt § 891, falls das gesicherte Recht bewiesen wird; gleiche Lage bei außerhalb des Grundbuchs erfolgter Abtretung des Rechts, vgl Rz 8. Umgekehrt geht auch eine versehentlich getilgte Vormerkung nicht unter, solange das gesicherte Recht besteht; aber gutgläubiger Zwischenerwerb nach § 892 möglich (BGH 60, 46). Grundpfandgläubiger, denen zugleich an anderes Recht am Grundstück (zB Nießbrauch) zusteht, können zwar zugunsten dieses Rechts Löschungsvormerkung erwirken, nicht aber zugunsten des Grundpfandrechts, auch nicht, wenn dafür kein gesetzlicher Löschungsanspruch (§ 1179a) besteht, wie im Falle der Arresthypothek (§ 932 I S 2 ZPO), aM Stöber Rpfleger 1977, 399, 402.

7 **Gläubiger** nach **Nr 2** ist, wer auch, wenn auch nur künftigen oder bedingten, schuldrechtlichen Anspruch auf Einräumung eines unter Nr 1 genannten Rechts oder auf Eigentumsübertragung hat. Darunter fällt nicht der dingliche Berichtigungsanspruch aus § 894; er ermöglicht nur vorläufig sichernden Widerspruch (§ 899), aM Stöber Rpfleger 1977, 399 S 402; der schuldrechtliche Berichtigungsanspruch (§ 812) ist nur gemäß § 883 vormerkungsfähig, ebenso der Verzichtsanspruch aus § 1169. Wie im Falle von Nr 1, so ist auch hier die Vormerkung vom sachlich-rechtlichen Bestand des gesicherten Anspruchs abhängig; sie begründet keine Vermutung für den Anspruch; Gutgläubigkeit wird insoweit nicht geschützt.

8 Löschungsvereinbarung **zugunsten des jeweiligen Inhabers** des in Nr 1 genannten Rechts oder des in Nr 2 genannten Anspruchs ist nicht möglich (BayObLG NJW 1981, 2582; Stöber Rpfleger 1977, 399 S 404). Schutz des Einzelrechtsnachfolgers ist gleichwohl gewährleistet, weil auf ihn mit Abtretung des begünstigten Rechts oder Anspruchs auch der Löschungsanspruch übergeht, sofern nicht besonders ausgeschlossen und die Vormerkung der Abtretung gemäß § 401 I folgt (BGH 25, 16, 23). Bei Teilabtretung kann jeder Inhaber den Löschungsanspruch insgesamt und nicht nur im Umfang des abgetretenen Teils geltend machen (Hamburg OLGZ 66, 288); es gilt § 432, nicht § 428. – Im Falle eines **Rangrücktritts** des begünstigten Rechts ist Übergang des Anspruchs und der Löschungsvormerkung auf den vorrückenden Rechtsinhaber nur durch Abtretung möglich.

9 **Schuldner** des gesicherten Löschungsanspruchs ist der Grundstückseigentümer zur Zeit der Vormerkungsbestellung (jedoch nur, wenn diese dinglich wirksam ist; aM LG Wuppertal MittRhNotK 1986, 198); die Eigentumslage im Zeitpunkt der Vereinigung ist gleichgültig; zwischenzeitliche Veräußerung ohne Übernahme der Löschungsverpflichtung durch Erwerber ist daher bedeutungslos; es bleibt der ursprüngliche Eigentümer aus der Vereinbarung verpflichtet (hM). Davon zu unterscheiden ist die Wirksamkeit einer vormerkungswidrigen Verfügung (§ 883 II), vgl Rz 11ff.

10 **5. Eintragung** der Vormerkung erfolgt nach § 885. Voreintragung des Eigentümers als Inhaber des betroffenen Grundpfandrechts (§ 39 GBO) ist unnötig, auch wenn Vereinigung schon eingetreten ist; wohl aber muß bei Bestellung der Vormerkung das betroffene Recht als solches eingetragen sein, und zwar selbst dann, falls für das künftige Grundpfandrecht schon ein Rangvorbehalt oder eine Vormerkung eingetragen ist (BayObLG 74, 434). Der Brief braucht nicht vorgelegt zu werden (§ 41 I S 3 GBO). Die Voraussetzungen von Nr 2 sind glaubhaft zu machen (§ 29a GBO). Bei nachträglicher Erstreckung des betroffenen Rechts auf ein anderes Grundstück im Wege der **Nachverpfändung** ist Bewilligung des anderen Grundeigentümers nötig, sofern der Vormerkungsberechtigte auch am anderen Grundstück Gläubigerstellung nach § 1179 hat (LG Düsseldorf Rpfleger 1977, 167; LG Köln MittBayNot 1976, 176); anders bei **Zuschreibung** gemäß § 1131, weil sich dann die am Hauptgrundstück bestehenden Grundpfandrechte automatisch auf das zugeschriebene Grundstück ausdehnen, vgl § 1131 Rz 2.

11 **6.** Die **Wirkung der Löschungsvormerkung** bestimmen die §§ 883 II, 888 mit der Folge nur relativer Unwirksamkeit vormerkungswidriger Verfügungen. Die Vormerkung hindert daher nicht den Übergang der Hypothek auf den Eigentümer und ermöglicht ihm auch weiterhin Verfügungen über das Grundpfandrecht (KG NJW 1964, 1479); Abtretung, Verpfändung, Pfändung der Eigentümergrundschuld sind also möglich. Wird der gesicherte Anspruch geltend gemacht, muß der Eigentümer die Löschung bewilligen (auf Grund der Vereinbarung); der dem Vormerkungsberechtigten gegenüber unrichtig eingetragene (neue) Inhaber des Grundpfandrechts hat gemäß § 888 die nach § 19 GBO nötige Zustimmung zu erteilen.

12 Relativ unwirksam ist auch **Umwandlung** nach §§ 1186, 1198, 1203 sowie **Rangänderung** (vgl Schmidt BWNotZ 1968, 277), die aber ohnehin Zustimmung des Vormerkungsberechtigten gemäß §§ 880 III, 876 erfordert. Bei echter Forderungsauswechslung (§ 1180) entsteht der Löschungsanspruch nicht; für diesen Anspruch ist

grundsätzlich das Schicksal der neuen Forderung maßgebend; wird jedoch durch die Auswechselung der Vereinigungsfall hinausgeschoben, so liegt darin eine vormerkungswidrige Verfügung des Eigentümers über sein Anwartschaftsrecht.

Veräußerung des Grundstücks fällt auch dann unter § 1179, wenn Hypothek und Eigentum erst in der Person 13 des neuen Grundeigentümers zusammenfallen. Erwirbt der frühere Eigentümer das Grundpfandrecht als Hypothek oder Fremdgrundschuld erst nach (nicht mit) dem Eigentumswechsel, so löst das den Löschungsanspruch nicht aus.

7. Bedeutung in der Zwangsversteigerung. Bleibt das betroffene, aber nicht das begünstigte Recht bestehen, 14 wirkt die Löschungsvormerkung weiter, sofern nicht mit dem begünstigten Recht auch die Voraussetzung der Vormerkung entfällt. Wird dann die Vormerkung geltend gemacht, so ist der Ersteher nach § 50 II Nr 1 ZVG zur Ersatzzahlung verpflichtet, es sei denn, das gesicherte Recht wäre ohnehin ausgefallen (BGH 53, 47). Ist das betroffene Grundpfandrecht durch den Zuschlag erloschen, steht der hierauf entfallende Erlös dem Gläubiger des begünstigten Rechts insoweit zu, als er den Erlös (unter Berücksichtigung von Zwischenrechten) auch bei Löschung schon vor Zuschlag erhalten hätte (BGH 25, 382; 99, 363). Nicht aber erhalten Zwischenberechtigte das, was sie bekommen hätten, wenn das von der Löschungsvormerkung betroffene Recht gelöscht gewesen wäre; sie müssen sich die vorgehende Eigentümergrundschuld in vollem Umfange anrechnen lassen (BGH 39, 242), auch dann, wenn der Gläubiger einer Sicherungsgrundschuld hierauf erst nach dem Zuschlag (folglich nach Erlöschen) verzichtet hat; insoweit gebührt der Erlösanteil mithin dem früheren Eigentümer (BGH aaO). War die Fremdgrundschuld nicht oder nicht mehr valutiert, so ist im Unterschied zur Hypothek (§§ 1163 I, 1177 I) keine Eigentümergrundschuld entstanden, deshalb greift der vorgemerkte Löschungsanspruch auch in der Zwangsversteigerung nicht ein; der Erlösanteil steht dem Grundschuldgläubiger zu; von ihm kann der frühere Eigentümer, der auf schuldrechtlicher Grundlage die Übertragung der Grundschuld hätte verlangen können, statt dessen diesen Erlös fordern (BGH 25, 382; 39, 242; aM Wörbelauer NJW 1958, 1705).

8. § 1179 ist auf die Grundschuld entsprechend anwendbar. 15

1179a *Löschungsanspruch bei fremden Rechten*
(1) Der Gläubiger einer Hypothek kann von dem Eigentümer verlangen, dass dieser eine vorrangige oder gleichrangige Hypothek löschen lässt, wenn sie im Zeitpunkt der Eintragung der Hypothek des Gläubigers mit dem Eigentum in einer Person vereinigt ist oder eine solche Vereinigung später eintritt. Ist das Eigentum nach der Eintragung der nach Satz 1 begünstigten Hypothek durch Sondernachfolge auf einen anderen übergegangen, so ist jeder Eigentümer wegen der zur Zeit seines Eigentums bestehenden Vereinigungen zur Löschung verpflichtet. Der Löschungsanspruch ist in gleicher Weise gesichert, als wenn zu seiner Sicherung gleichzeitig mit der begünstigten Hypothek eine Vormerkung in das Grundbuch eingetragen worden wäre.
(2) Die Löschung einer Hypothek, die nach § 1163 Abs. 1 Satz 1 mit dem Eigentum in einer Person vereinigt ist, kann nach Absatz 1 erst verlangt werden, wenn sich ergibt, dass die zu sichernde Forderung nicht mehr entstehen wird; der Löschungsanspruch besteht von diesem Zeitpunkt ab jedoch auch wegen der vorher bestehenden Vereinigungen. Durch die Vereinigung einer Hypothek mit dem Eigentum nach § 1163 Abs. 2 wird ein Anspruch nach Absatz 1 nicht begründet.
(3) Liegen bei der begünstigten Hypothek die Voraussetzungen des § 1163 vor, ohne dass das Recht für den Eigentümer oder seinen Rechtsnachfolger im Grundbuch eingetragen ist, so besteht der Löschungsanspruch für den eingetragenen Gläubiger oder seinen Rechtsnachfolger.
(4) Tritt eine Hypothek im Range zurück, so sind auf die Löschung der ihr infolge der Rangänderung vorgehenden oder gleichrangigen Hypothek die Absätze 1 bis 3 mit der Maßgabe entsprechend anzuwenden, dass an die Stelle des Zeitpunkts der Eintragung des zurückgetretenen Rechts der Zeitpunkt der Eintragung der Rangänderung tritt.
(5) Als Inhalt einer Hypothek, deren Gläubiger nach den vorstehenden Vorschriften ein Anspruch auf Löschung zusteht, kann der Ausschluss dieses Anspruchs vereinbart werden; der Ausschluss kann auf einen bestimmten Fall der Vereinigung beschränkt werden. Der Ausschluss ist unter Bezeichnung der Hypotheken, die dem Löschungsanspruch ganz oder teilweise nicht unterliegen, im Grundbuch anzugeben; ist der Ausschluss nicht für alle Fälle der Vereinigung vereinbart, so kann zur näheren Bezeichnung der erfassten Fälle auf die Eintragungsbewilligung Bezug genommen werden. Wird der Ausschluss aufgehoben, so entstehen dadurch nicht Löschungsansprüche für Vereinigungen, die nur vor dieser Aufhebung bestanden haben.

1. Grundsatz. § 1179a gibt dem Gläubiger der Hypothek einen Löschungsanspruch gegen den Eigentümer, 1 wenn bei Eintragung des Grundpfandrechts ein gleich- oder vorrangiges weiteres Grundpfandrecht mit dem Eigentum vereinigt ist oder sich damit später vereinigt. Der Anspruch ist Inhalt der Hypothek, von ihrem Bestand abhängig und daher nicht isoliert abtretbar. Er hat gesetzlich die Wirkung einer **Vormerkung**, so daß eine solche weder eintragungsbedürftig noch eintragungsfähig ist (BGH 80, 119, 125). Der gesetzliche Löschungsanspruch verpflichtet nicht, eine Vereinigungslage herbeizuführen (BGH 108, 237, 244). Die Vorschrift ist auf alle Sonderarten von Grundpfandrechten, wie die Sicherungshypothek (vgl aber § 1187 S 4) und die Zwangshypothek anwendbar; ausgenommen ist nach § 932 I 2 ZPO die Arresthypothek. – **Geltung ab 1. 1. 1978;** nur das begünstigte Grundpfandrecht darf nicht vor diesem Zeitpunkt eingetragen worden sein (BGH 99, 363); zum **Übergangsrecht** vgl Rz 16.

2. Gläubiger des Anspruchs nach **Abs I S 1** ist der jeweilige Inhaber eines gleich- oder nachrangigen Grund- 2 pfandrechts. Maßgebend ist seine materielle Berechtigung im Zeitpunkt der Geltendmachung, auch bei der Eigentümergrundschuld (Braunschweig DNotZ 1987, 515), so daß der unrichtig Eingetragene nicht anspruchsberechtigt

§ 1179a

ist; er kann sich indessen auf § 891 berufen. Der Löschungsanspruch besteht auch dann, wenn das betroffene Recht vor dem 1. 1. 1978 eingetragen worden ist (BGH 99, 363). Mit Abtretung des begünstigten Rechts geht der Löschungsanspruch automatisch über; der Erwerber ist Gläubiger auch dann, wenn der Vereinigungsfall schon vor Abtretung entstanden ist. **Isolierte Übertragung** des Grundpfandrechts oder des Löschungsanspruchs ist ausgeschlossen. Der Anspruch ist isoliert auch nicht pfändbar oder verpfändbar, wohl aber die Ausübung des Löschungsanspruchs. Bei Teilung des begünstigten Rechts ist jeder Gläubiger Inhaber des vollen Löschungsanspruchs, vgl § 1179 Rz 8.

3 Abs III regelt den Fall, daß die begünstigte Hypothek zwar gemäß § 1163 Eigentümergrundschuld geworden, aber noch nicht auf den Eigentümer oder dessen Rechtsnachfolger umgeschrieben ist. Nach dem Gesetzeswortlaut steht in diesem Falle der Löschungsanspruch dem noch eingetragenen (früheren) Gläubiger oder seinem Rechtsnachfolger zu. Diese Regelung bedarf der Auslegungskorrektur. Die Durchsetzung des Anspruchs muß davon abhängig sein, daß der Buchberechtigte (oder sein Nachfolger) in diesem Zeitpunkt auch materiell berechtigter Inhaber des Grundpfandrechts ist, dann allerdings Rückwirkung des Löschungsanspruchs auf die Zeit der Eintragung des begünstigten Rechts (Stöber Rpfleger 1977, 425, 427; Kollhosser JA 1979, 176, 180; MüKo/Eickmann Rz 15ff; Pal/Bassenge Rz 2; aM Jerschke DNotZ 1977, 708, 715; Schön BWNotZ 1978, 50, 54; H. Westermann in FS Hauß 1978 S 403). Dafür spricht das Wesen des Löschungsanspruchs als eines dinglichen Bestandteils des Grundpfandrechts (vgl Rz 1) und die Zuordnung des Anspruchs an die materielle Rechtszuständigkeit des Gläubigers; der Scheingläubiger hat auch kein schutzwürdiges Löschungsinteresse.

4 3. **Schuldner** des Löschungsanspruchs ist nach Abs I S 1 der Grundeigentümer im Zeitpunkt der Eintragung des begünstigten Rechts, falls zu dieser Zeit eine Vereinigungslage noch besteht oder während der Dauer seines Eigentums eintritt. Er bleibt auch nach Übereignung des Grundstücks zur Löschung verpflichtet, wenn dabei die schon eingetretene Vereinigung aufgelöst wird, also die Eigentümergrundschuld nicht auf den Dritten übergeht. Sowohl der bisherige als **auch der neue Eigentümer** ist nach **Abs I S 2** Schuldner, falls mit dem Eigentumswechsel auch die betroffene Eigentümergrundschuld übergeht; der Gläubiger hat dann ein gesetzliches Wahlrecht, an wen von beiden er sich halten will; bei Inanspruchnahme des alten muß der neue Eigentümer nach § 888 zustimmen. Der neue Eigentümer allein ist Schuldner, wenn sich erst in seiner Person die Vereinigung vollzieht. Sondernachfolge im Sinne von Abs I S 2 ist jede Art der Rechtsnachfolge, die zum Eigentumserwerb führt.

5 4. Die **Art der Vereinigung** ist gleichgültig; sie kann auf gesetzlicher oder rechtsgeschäftlicher Grundlage eintreten; doch begründet eine Vereinigungslage den Löschungsanspruch nur mit folgenden **Einschränkungen:**

6 a) **Hypothek** im Falle des § 1163 I S 1. Erst wenn feststeht, daß die Valutierung endgültig unterbleibt, erwächst der Löschungsanspruch, dann aber rückwirkend auf den Zeitpunkt der Vereinigung (Abs II S 1). Daher kann der Eigentümer nicht zwischenzeitlich zum Nachteil des begünstigten Gläubigers verfügen; doch muß jener jene Anspruchsvoraussetzung beweisen. Die **Briefhypothek** unterliegt bis Abs II S 2 bis zur Übergabe des Briefes keinem Löschungsanspruch; insofern handelt es sich um einen selbständigen Ausschlußtatbestand entsprechend dem Verhältnis zwischen § 1163 I S 1 und § 1163 II; ein Löschungsanspruch entsteht aber, wenn die betroffene Hypothek endgültig nicht valutiert wird und daran die Briefübergabe scheitert, denn dann greift Abs II S 1 ein (Schön BWNotZ 1978, 53; MüKo/Eickmann Rz 24; Pal/Bassenge Rz 5; aM Stöber Rpfleger 1977, 429; Kollhosser JA 1979, 180).

7 b) **Fremdgrundschuld.** Sie ist entsprechend Abs II S 1 dem Löschungsanspruch ausgesetzt, wenn auf die Grundschuld (und nicht nur auf die gesicherte Forderung) gezahlt wird, weil dadurch eine Eigentümergrundschuld entsteht (§ 1191 Rz 84ff), ebenso in den Fällen des § 889 sowie des Verzichts nach § 1168 oder der Abtretung an den Eigentümer. Die Briefgrundschuld löst bis zur Briefübergabe den Anspruch nicht aus (Abs II S 2); unterbleibt aber die Übergabe, weil die zu sichernde Forderung endgültig nicht entsteht, dann ist Abs II S 1 anwendbar.

8 c) **Eigentümergrundschuld.** Sie ist nach **§ 1196 III** dem Löschungsanspruch erst dann unterworfen, wenn sie zumindest einmal Fremdgrundschuld geworden ist und dann wieder dem Eigentümer zufällt. Zweck dieser Regelung ist, die originäre Eigentümergrundschuld als, auch verdecktes, Sicherungsmittel zur Kreditaufnahme nutzen zu können. Pfändung und Verpfändung der Eigentümergrundschuld stehen einer Abtretung nicht gleich (Stöber Rpfleger 1977, 432; Kollhosser JA 1979, 234); die Gegenmeinung (MüKo/Eickmann § 1196 Rz 22) ist mit dem Gesetzeswortlaut unvereinbar, der in Anbetracht der ohnehin einschneidenden Auswirkungen keine ihn erweiternde Auslegung rechtfertigt.

9 5. **Rangrücktritt** eines Grundpfandrechts begründet nach **Abs IV** für dessen Gläubiger einen Löschungsanspruch bezüglich des vorrückenden Rechts unter der Voraussetzung, daß eine Vereinigungslage schon bei Eintragung der Rangänderung gegeben ist oder später entsteht. Das gilt nicht für Rangrücktritt eines schon vor dem 1. 1. 1978 eingetragenen Rechts, vgl Rz 16.

10 6. **Inhalt des Löschungsanspruchs** ist die materielle Aufgabeerklärung (§ 875) des Eigentümers; erst mit dieser Erklärung (gegebenenfalls auch Briefvorlage) und mit nachfolgender Löschung des betroffenen Rechts ist der Anspruch vollzogen. **Sicherung** des Anspruchs kraft gesetzlicher Vormerkungsfiktion (Abs I S 3), als wenn eine Löschungsvormerkung eingetragen wäre; Vormerkungswirkung ab Eintragung des begünstigten Rechts (Abs I–III; Köln OLGRp 1998, 433, 434), auch wenn der Gläubiger eine durch Valutierung erst später erwirbt (Pal/Bassenge Rz 8), bzw der Rangänderung (Abs IV). Anspruchswidrige Verfügungen des Eigentümers sind dem jeweiligen Gläubiger des begünstigten Rechts gegenüber relativ unwirksam (§ 883 II; BGH 99, 367). Zustimmung des Gläubigers bindet diesen schuldrechtlich; denn er kann sich verpflichten, den Löschungsanspruch nicht auszuüben; der Eigentümer hat dann eine dahingehende **Einrede**, die auch auf Einzelnachfolger übertragbar ist; sie wirkt aber gegenüber einem Rechtsnachfolger am begünstigten Recht nur nach Maßgabe der §§ 1157, 892, also bei Kenntnis der Einrede oder bei Eintragung (vgl dazu § 1157 Rz 5ff); anderenfalls ist der Rechtsnachfolger des Gläubigers nicht gebunden, weil sein Vorgänger nicht isoliert über den Löschungsanspruch verfügen darf, dieser Anspruch also mit dem begünstigten Recht übergeht (Schön BWNotZ 1978, 55ff; Kollhosser JA 1979, 232; Hadding/Welter JR 1980, 91; aM Wilke WM 1978, 2). Bei Streit, ob eine Verfügung des Eigentümers noch vor Eintragung des begünstigten Rechts erfolgte und damit nicht vormerkungswidrig ist, trägt der Gläubiger die Beweislast (Schön aaO S 52, 53; aM Jerschke DNotZ 1977, 714). – Die Vormerkungswirkung des § 1179a verhindert nicht Verfügungen des trotz Vereinigung noch eingetragenen früheren Gläubigers des betroffenen Rechts, vgl § 1179 Rz 11. – Bei Grundstücksübereignung muß Erwerber den Löschungsanspruch unter der Voraussetzung von Abs I S 1 oder 2 gegen sich gelten lassen (Rz 4).

7. Ausschluß des Löschungsanspruchs (Abs V) kann schon bei Bestellung des Grundpfandrechts in Einschränkung seines gesetzlichen Inhalts vereinbart werden, dies auch bei der Eigentümergrundschuld (Braunschweig DNotZ 1987, 515; Düsseldorf NJW 1988, 1798; BayObLG NJW-RR 1992, 306, 307); nachträglicher Ausschluß erfaßt auch eine bereits eingetretene Vereinigung. Es genügt formlose Einigung zwischen Eigentümer und Gläubiger (Köln MittRhNotK 1979, 39), bei der Eigentümergrundschuld die einseitige Erklärung des Eigentümers (Braunschweig aaO; Düsseldorf aaO; BayObLG aaO). Erforderlich ist die Eintragung des Ausschlusses (Abs V S 2); etwaige Drittberechtigte an dem hiervon betroffenen Recht müssen zustimmen (§ 876); die von dem Ausschluß erfaßten Grundpfandrechte sind mit der lfd Nr ihrer Eintragung zu kennzeichnen, auch wenn er sich auf sämtliche vorgehenden Rechte erstreckt (LG Nürnberg-Fürth MittBayNot 1980, 71); ungenaue Eintragung kann nur anhand der Eintragungsbewilligung ausgelegt werden. 11

Beschränkung des Ausschlusses auf einzelne vor- oder gleichrangige Grundpfandrechte oder auf Teile dieser Rechte ist zulässig, so auch auf das Recht nur an einem von mehreren gesamtbelasteten Grundstücken oder Miteigentumsanteilen (BGH 80, 125); doch ist der Umfang des Ausschlusses im Grundbuch anzugeben (Abs V S 2 Hs 1). Der Löschungsanspruch kann auch auf bestimmte Vereinigungsfälle beschränkt werden, sei es nach der Art oder nach dem Entstehungszeitpunkt der Vereinigung; hier genügt zur Bezeichnung der von dem Anspruch ausgenommenen Fälle die Bezugnahme auf die Eintragungsbewilligung (Abs V S 2 Hs 2); der Ausschluß als solcher muß aber in der Eintragung verlautbart werden. – **Rangänderung** (§ 880) hat nicht zur Folge, daß dem vorrückenden der für das zurücktretende Grundpfandrecht eingetragene Ausschluß zugute kommt; Löschung des vorgerückten Rechts führt aber zur Wiederherstellung der früheren Rangordnung (BayObLG 1981, 44), so daß auch der Ausschluß wieder wirksam wird. Für ein nachrangiges Recht kann unter der Bedingung, daß es vorrückt, durch Vereinbarung des Eigentümers mit dem Gläubiger des Zwischenrechts und durch Eintragung des Ausschlusses herbeigeführt werden (Schön BWNotZ 1978, 55; aA Stöber Rpfleger 1977, 430); auch zugunsten eines aufgrund Rangvorbehalts erst noch einzutragenden Rechts ist der Ausschluß möglich. 12

Aufhebung des Ausschlusses oder Teilaufhebung bedeutet Inhaltsänderung (§ 877); eine schon eingetretene, aber nicht mehr bestehende Vereinigung bleibt unberührt (Abs V S 3). Voraussetzung ist die (formlos mögliche) Einigung des Eigentümers mit dem Gläubiger sowie die vom Eigentümer zu bewilligende Grundbucheintragung; im Falle der Eigentümergrundschuld genügt einseitige Aufhebungserklärung des Eigentümers und deren Eintragung mit dessen Bewilligung. Die Zustimmung sonstiger Realberechtigter am Grundstück ist nicht nötig, auch nicht die Einwilligung Dritter, die ein Recht an dem begünstigten Grundpfandrecht haben. 13

8. In der **Zwangsversteigerung** wirkt der gesetzliche Löschungsanspruch in gleicher Weise wie eine auf schuldrechtlicher Grundlage eingetragene Löschungsvormerkung, vgl § 1179 Rz 14. Erlöschen sowohl die vorrangige Eigentümergrundschuld als auch das begünstigte nachrangige Grundpfandrecht, dann kann dessen Gläubiger vom bisherigen Eigentümer denjenigen Erlösanteil beanspruchen, den der Gläubiger erhalten hätte, wenn die Eigentümergrundschuld schon vor dem Zuschlag gelöscht worden wäre (BGH 99, 365). Erlischt durch den Zuschlag nur das begünstigte Recht und ist in diesem Zeitpunkt bei dem (in das geringste Gebot fallenden) betroffenen Recht eine Vereinigungslage gegeben, so bleibt der Löschungsanspruch bestehen, § 91 IV S 1 ZVG, und kann im Verteilungsverfahren geltend gemacht werden (Folge: § 50 II Nr 1 ZVG); dies auch, wenn der Zuschlag endgültige Vereinigung nach § 1179a II S 1 eintritt, und sei es, weil der Gläubiger erst nach dem Zuschlag auf seine Rechte an dem Versteigerungserlös verzichtet, weil er schon vor dem Zuschlag befriedigt war (Köln OLGRp 1998, 433, 434). Wird der Gläubiger aus dem Erlös befriedigt, erlischt der Anspruch, § 91 IV 2 ZVG; anderenfalls muß Gläubiger spätestens im Verteilungstermin die Eintragung einer Vormerkung bei dem betroffenen Recht zur Sicherung des Löschungsanspruches beantragen, § 130a II S 1 ZVG, weil nach § 130 I ZVG erfolgende Tilgung des begünstigten Rechts auch zum Wegfall der gesetzlichen Vormerkungswirkung führt, § 130a I ZVG. Die einzutragende Löschungsvormerkung sichert in gleicher Weise wie § 1179a I S 3; wird sie zu Unrecht eingetragen, weil Anspruch aus § 50 ZVG nicht besteht, muß Gläubiger die Löschung der Vormerkung auf seine Kosten bewilligen, § 130a II S 3 ZVG. 14

9. § 1179a gilt für die Grundschuld entsprechend. 15

10. Übergangsrecht 16

Gesetz vom 22. 6. 1977 (BGBl I 998), Art 8 § 1:

(1) Ein Anspruch nach § 1179a oder § 1179b des Bürgerlichen Gesetzbuches in der Fassung von Artikel 1 dieses Gesetzes besteht nicht für den als Gläubiger Eingetragenen oder den Gläubiger einer Hypothek, Grundschuld oder Rentenschuld, die vor Inkrafttreten dieses Gesetzes im Grundbuch eingetragen worden ist.

(2) Wird eine Hypothek, Grundschuld oder Rentenschuld auf Grund eines vor Inkrafttreten dieses Gesetzes gestellten Antrags oder Ersuchens nach Inkrafttreten dieses Gesetzes eingetragen oder ist ein solches nach Inkrafttreten dieses Gesetzes einzutragendes Recht bereits vor Inkrafttreten dieses Gesetzes entstanden, so steht dem Gläubiger oder dem

§ 1179a

eingetragenen Gläubiger des Rechts ein Anspruch nach § 1179a oder § 1179b des Bürgerlichen Gesetzbuchs nicht zu. Dies ist von Amts wegen im Grundbuch einzutragen.

(3) Auf eine Löschungsvormerkung, die vor dem Inkrafttreten dieses Gesetzes in das Grundbuch eingetragen oder deren Eintragung vor diesem Zeitpunkt beantragt worden ist, ist § 1179 des Bürgerlichen Gesetzbuchs in der bisherigen Fassung anzuwenden. Wird die Eintragung einer Löschungsvormerkung zugunsten eines im Range gleich- oder nachstehenden Berechtigten oder des eingetragenen Gläubigers des betroffenen Rechts nach Inkrafttreten dieses Gesetzes beantragt, so gilt das gleiche, wenn dem Berechtigten wegen Absatz 1 oder 2 ein Löschungsanspruch nach den §§ 1179a und 1179b des Bürgerlichen Gesetzbuchs nicht zusteht.

Die frühere Fassung des § 1179 lautete:

Verpflichtet sich der Eigentümer einem anderen gegenüber, die Hypothek löschen zu lassen, wenn sie sich mit dem Eigentum in einer Person vereinigt, so kann zur Sicherung des Anspruchs auf Löschung eine Vormerkung in das Grundbuch eingetragen werden.

a) Es besteht kein gesetzlicher Löschungsanspruch für Gläubiger solcher Grundpfandrechte, die **vor dem 1. 1. 1978** eingetragen worden sind (§ 1 I) oder deren Eintragung vor diesem Zeitpunkt schon beantragt war (Abs II S 1), auch nicht zugunsten von Rechten, die vor dem 1. 1. 1978 außerhalb des Grundbuchs entstanden sind (Abs II S 1), so bei gesetzlicher Sicherungshypothek im Falle des § 1287. Auch der Rangrücktritt solcher Rechte nach dem 31. 12. 1977 läßt für sie nicht einen Löschungsanspruch entstehen (Frankfurt Rpfleger 1979, 19; BayObLG 1979, 126; aM Brych/Meinhard MittBayNot 1978, 138).

17 b) Für die nach Abs I, II von dem gesetzlichen Löschungsanspruch ausgeschlossenen Rechte darf nach Abs III S 2 eine Löschungsvormerkung gemäß § 1179 aF eingetragen werden. Gleiches gilt bei Rangrücktritt nach dem 31. 12. 1977 (Celle DNotZ 1978, 629). Ebenso bleibt diese Vorschrift maßgebend für Löschungsvormerkungen, deren Eintragung vor dem 1. 1. 1978 erfolgt oder beim GBA beantragt (dort eingegangen) war (Abs III S 1), auch wenn der Antrag erst nach dem Stichtag zur Eintragung geführt hat (Abs II S 1).

1179b *Löschungsanspruch bei eigenem Recht*

(1) **Wer als Gläubiger einer Hypothek im Grundbuch eingetragen oder nach Maßgabe des § 1155 als Gläubiger ausgewiesen ist, kann von dem Eigentümer die Löschung dieser Hypothek verlangen, wenn sie im Zeitpunkt ihrer Eintragung mit dem Eigentum in einer Person vereinigt ist oder eine solche Vereinigung später eintritt.**

(2) § 1179a Abs. 1 Satz 2, 3, Abs. 2, 5 ist entsprechend anzuwenden.

1 1. **Grundsätzliches.** Nach § 1179b hat der Hypothekengläubiger einen gesetzlichen Löschungsanspruch **am eigenen Recht,** wenn bei Eintragung der Hypothek eine Vereinigungslage bestand oder wenn sie später entsteht. Der Gläubiger wird dadurch des Risikos enthoben, vor Erteilung einer Löschungsbewilligung nachzuprüfen, wer die Forderung getilgt hatte und an wen folglich das Recht außerhalb des Grundbuchs übergegangen sein könnte. Der gesetzliche Löschungsanspruch hat die Vormerkungswirkung des § 1179a I S 3 und bezieht sich auf diejenigen Vereinigungsfälle, die von § 1179a erfaßt sind. **Geltung ab 1. 1. 1978;** vgl § 1179a Rz 16.

2 2. **Gläubiger** des Löschungsanspruchs ist der durch Eintragung oder nach § 1155 durch Abtretungsurkunden legitimierte (letzte) Inhaber des Fremdgrundpfandrechts. Es kommt also nur auf seine formelle Rechtsposition an; der Gläubiger braucht mithin nicht nachzuweisen, ob er auch materiell berechtigter Inhaber war; deshalb ist bedeutungslos, ob etwa die Hypothek nicht valutiert war und somit für die Buchberechtigten nicht entstanden ist. Ist für ihn das Recht nur noch zu einem Teil eingetragen, so erstreckt sich nur hierauf der Löschungsanspruch; wegen des übertragenen Rests kann Anspruch nach § 1179a in Betracht kommen. – Kein Löschungsanspruch besteht für den Gläubiger einer Arresthypothek, § 932 I S 2 ZPO.

3 3. **Schuldner** ist der Grundeigentümer oder dessen Rechtsnachfolger; nach Abs III ist § 1179a I S 2 anwendbar, vgl § 1179a Rz 4.

4 4. **Inhalt** des Anspruchs und **Sicherungswirkung** entsprechen der Regelung des § 1179a I S 1, II, I S 3, vgl § 1179a Rz 10ff; **Einreden** des Eigentümers sind möglich, wirken gegen einen gutgläubigen Rechtsnachfolger aber nur bei Eintragung. Kein Löschungsanspruch besteht an Sicherungshypotheken für Inhaber- oder Orderpapiere (§ 1187 S 4), entsprechend auch nicht an Inhabergrundschulden (§ 1195); zur offenen Eigentümergrundschuld vgl § 1179a Rz 8. **Ausschluß** und Aufhebung des Ausschlusses richten sich gemäß Abs II nach § 1179a V, vgl § 1179a Rz 11ff. Der Eigentümer kann bei Bestellung einer Eigentümergrundschuld durch einseitige Erklärung gegenüber dem Grundbuchamt den Löschungsanspruch ausschließen (Düsseldorf NJW 1988, 1798; BayObLG NJW-RR 1992, 306, 307).

5 5. § 1179b gilt für die Grundschuld entsprechend.

1180 *Auswechslung der Forderung*

(1) **An die Stelle der Forderung, für welche die Hypothek besteht, kann eine andere Forderung gesetzt werden. Zu der Änderung ist die Einigung des Gläubigers und des Eigentümers sowie die Eintragung in das Grundbuch erforderlich; die Vorschriften des § 873 Abs. 2 und der §§ 876, 878 finden entsprechende Anwendung.**

(2) **Steht die Forderung, die an die Stelle der bisherigen Forderung treten soll, nicht dem bisherigen Hypothekengläubiger zu, so ist dessen Zustimmung erforderlich; die Zustimmung ist dem Grundbuchamt**

oder demjenigen gegenüber zu erklären, zu dessen Gunsten sie erfolgt. Die Vorschriften des § 875 Abs. 2 und des § 876 finden entsprechende Anwendung.

1. **Grundsätzliches:** § 1180 unterscheidet die **Forderungsauswechslung** mit und ohne **Gläubigerwechsel.** 1 Gleichgültig ist es hingegen, ob der **Schuldner** wechselt. Die Forderungsauswechselung ist ihrer Rechtsnatur nach Inhaltsänderung der Hypothek (§ 877). § 1180 gilt für alle Hypothekenarten (Ausnahme: § 1178); unanwendbar auf Hypothekenvormerkung. Forderungsauswechselung kraft Gesetzes ergibt sich nach §§ 1164, 1173, 1174, 1182.

2. Die **neue Forderung** darf nicht höher sein als die alte, sonst handelt es sich insoweit um Neubestellung. In 2 Höhe des bisherigen Betrages ist aber auch Sicherung mehrerer Forderungen möglich, auch für verschiedene Gläubiger und gegen andere Schuldner. Die **Eintragung** muß den neuen Gläubiger und die Forderung entsprechend § 1115 angeben; auch die Unterwerfungsklausel muß neu eingetragen werden, keine automatische Erstreckung der alten Klausel auf die neue Forderung (vgl BGH NJW 1980, 1050). Bei der **Höchstbetragshypothek** ist vor endgültiger Feststellung der Forderung Zustimmung des Bestellers nötig, bei der Gesamthypothek Einigung und Eintragung bezüglich aller Grundstücke.

3. **Erfordernisse** der Forderungsauswechselung sind Einigung zwischen dem Eigentümer und dem Gläubiger 3 sowie Eintragung im Grundbuch. §§ 873ff gelten, insbesondere auch § 873 II und § 878. Gleich- und nachstehend Berechtigte und der persönliche Schuldner sind nicht beteiligt. Zur Bedeutung der Löschungsvormerkung vgl § 1179 Rz 11; zum gesetzlichen Löschungsanspruch vgl § 1179a. Grundsätzlich ist die Einigung als Verfügung nicht nur über die Hypothek, sondern auch über das Grundstück zu behandeln. Bewilligen müssen des Gläubiger und der Eigentümer, §§ 19, 29 GBO, die Erklärung des Eigentümers ist Verfügung über das Grundstück. Zur Briefvorlage vgl §§ 65 II, 58 I GBO.

4. **Wirkung.** Die neue Forderung wird gesichert, nach ihr bestimmt sich in jeder Hinsicht die Hypothek. Das 4 gilt auch für die Einreden im Sinne des § 1137. Besteht die Forderung nicht, ist die Hypothek Eigentümergrundschuld, § 1163 I. Einreden gegen die alte Forderung sind bedeutungslos. Die **alte Forderung** besteht als ungesicherte fort, bei der Höchstbetragshypothek kann die alte Forderung mitgesichert bleiben. Hat der vom Eigentümer verschiedene persönliche Schuldner nicht zugestimmt, ist § 1165 entsprechend anzuwenden.

5. **Besonderheit bei gleichzeitigem Gläubigerwechsel** liegt darin, daß der bisherige Gläubiger der Einigung 5 zwischen Eigentümer und neuem Gläubiger zustimmen muß. Es gelten die §§ 875 II, 876.

Der Übergang erfolgt automatisch, ohne daß zusätzlich abgetreten werden muß. Schutz des guten Glaubens 6 nach § 1138, 892; der neue Gläubiger erhält die Hypothek also auch dann, wenn sie nicht bestand oder nicht dem bisherigen Gläubiger zustand (vgl Westermann § 106 IV 4); ebenso gilt § 892 bei einer mit Auswechselung (Abs I) verbundenen Abtretung an den neuen Gläubiger. – In den Fällen der §§ 1117, 1139, 1163 I, II bedeutet die Verbindung des Grundpfandrechts mit einer neuen Forderung die Neubestellung einer Hypothek.

6. § 1180 ist auf die Grundschuld nicht anwendbar. 7

1181 *Erlöschen durch Befriedigung aus dem Grundstück*
(1) Wird der Gläubiger aus dem Grundstück befriedigt, so erlischt die Hypothek.
(2) Erfolgt die Befriedigung des Gläubigers aus einem der mit einer Gesamthypothek belasteten Grundstück, so werden auch die übrigen Grundstücke frei.
(3) Der Befriedigung aus dem Grundstück steht die Befriedigung aus den Gegenständen gleich, auf die sich die Hypothek erstreckt.

1. **Zweck** des § 1181 ist, nachrangige Gläubiger aufrücken zu lassen, da die zwangsweise Befriedigung den 1 Wert der haftenden Gegenstände mindert. § 1181 gilt nicht, wenn der Eigentümer die Mittel zur freiwilligen Befriedigung durch Veräußerung der haftenden Gegenstände beschafft hat.

2. **Befriedigung aus dem Grundstück** ist nur die durch Zwangsvollstreckung aus der Hypothek; das ist auch 2 die Mobiliarvollstreckung in die mithaftenden Gegenstände aus dinglichem Titel, vgl § 1147. Unter § 1181 fällt insbesondere die Aushändigung des Versteigerungserlöses und gleichgestellte Hinterlegung gemäß § 117 I ZVG; §§ 157, 158 ZVG, einschließlich der Zahlung von Tilgungsraten durch den Verwalter; wie Befriedigung wirkt die Befriedigungsfiktion des § 114a ZVG und die Übertragung der Forderung gegen den Ersteher gemäß § 118 II ZVG. **Einziehung der Versicherungsforderung** durch den Gläubiger nach §§ 1128, 1282 wird nach verbreiteter Auffassung der Befriedigung durch Zwangsvollstreckung gleichgestellt (Schörling ZHR 102, 17; Staud/Wolfsteiner Rz 7; MüKo/Eickmann Rz 11; aA RG 356, 322). Nicht unter § 1181 fällt freihändiger Verkauf und Verkauf durch den Insolvenzverwalter.

3. § 1181 bewirkt, daß das Grundpfandrecht im Augenblick des Zuschlags (§§ 52 I S 2, 91 I ZVG) automatisch 3 erlischt. Bis zur Verteilung haftet der Erlös. Bei Teilbefriedigung Teillöschen. Das Grundbuch ist gemäß §§ 130 I S 1, 158 II ZVG zu berichtigen. Nicht unter § 1181 fällt das Erlöschen der Hypothek durch Ausfall in der Zwangsversteigerung; vielmehr Fortbestand der Hypothek möglich. Die **persönliche Forderung** erlischt nicht durch den Zuschlag, sondern nur durch Befriedigung. Ist der bisherige Eigentümer nicht persönlicher Schuldner, dann geht im Umfang der Befriedigung des Gläubigers die Forderung entsprechend § 1143 I auf den bisherigen Eigentümer über, nicht jedoch die nach § 1181 I erloschene Hypothek (H. Westermann § 102 III 6). Vereinbaren Gläubiger und Ersteher den Fortbestand der Hypothek, gilt der Gläubiger im Verhältnis zum Eigentümer (Vollstreckungsschuldner) als befriedigt (§ 91 III S 2 ZVG). Das dingliche Recht aber bleibt vereinbarungsgemäß bestehen, ob als Hypothek oder als Grundschuld ist davon abhängig, ob der Ersteher auch die persönliche Schuld

übernimmt; im Zweifel ist die Übernahme der Schuld gewollt (BGH NJW 1981, 1601, 1602); damit wird der ursprüngliche persönliche Schuldner gemäß § 414 befreit; im Hinblick auf die Befriedigungsfiktion des § 91 III S 2 ZVG wird durch die Schuldübernahme eine neue, abstrakte Verbindlichkeit begründet (Blomeyer Vollstreckungsverfahren § 82 III 1; Zeller § 91 ZVG Rz 3.12; MüKo/Eickmann Rz 15). Ist der Hypothekengläubiger selbst Ersteher und erklärt er, die Hypothek solle bestehen bleiben, so hat er einen Bereicherungsanspruch gegen den persönlichen Schuldner, soweit die Erlöszuteilung nicht zur Befriedigung der Forderung geführt hat (BGH NJW 1981, 1601).

4   4. Die **Gesamthypothek** erlischt auch an den nicht mitversteigerten Grundstücken und Miteigentumsanteilen als Folge der Befriedigung des Gläubigers, und zwar auch im Fall des § 91 II, III ZVG; § 50 II S 2 ZVG ist anzuwenden bei Zuschlag der gesamthaftenden Grundstücke zu Gesamtausgebot, wenn bei einem Grundstück das Gesamtrecht ins geringste Gebot kommt, beim anderen ausfällt (BGH NJW 1967, 567). Ausnahmen in § 1182. Insoweit ist zeitlich aber die Befriedigung, nicht der Zuschlag entscheidend. Bezüglich der mithaftenden Grundstücke wird das Grundbuch nur auf Antrag berichtigt.

5   5. § 1181 ist auf die Grundschuld entsprechend anwendbar.

1182 *Übergang bei Befriedigung aus der Gesamthypothek*

Soweit im Falle einer Gesamthypothek der Eigentümer des Grundstücks, aus dem der Gläubiger befriedigt wird, von dem Eigentümer eines der anderen Grundstücke oder einem Rechtsvorgänger dieses Eigentümers Ersatz verlangen kann, geht die Hypothek aus dem Grundstück dieses Eigentümers auf ihn über. Die Hypothek kann jedoch, wenn der Gläubiger nur teilweise befriedigt wird, nicht zum Nachteil der dem Gläubiger verbleibenden Hypothek und, wenn das Grundstück mit einem im Range gleich- oder nachstehenden Recht belastet ist, nicht zum Nachteil dieses Rechtes geltend gemacht werden.

1   1. § 1182 ist eine **Ausnahme von § 1181 II** und entspricht § 1173, jedoch mit dem wesentlichen Unterschied, daß die den Ersatzanspruch sichernde Hypothek allen anderen Belastungen im Range nachgeht.

2   2. Die **Voraussetzungen des § 1181** müssen vorliegen. Weiter ist erforderlich, daß die gesamtbelasteten Grundstücke (oder Miteigentumsanteile) verschiedenen Eigentümern gehören, da sonst § 1181 II eingreift. Dem Eigentümer des versteigerten Grundstücks muß ein **Ersatzanspruch** gegen die anderen Eigentümer oder gegen einen von ihnen zustehen (vgl § 1172 Rz 5).

3   3. **Rechtsfolgen.** In Höhe des Ersatzanspruchs geht die Hypothek an dem Grundstück des ersatzpflichtigen Eigentümers, bei mehreren betroffenen Grundstücken als Gesamthypothek, auf den Ersatzberechtigten über. Die übergegangene Hypothek sichert – wie im Falle des § 1173 – nur noch den Ersatzanspruch (Forderungsauswechslung kraft Gesetzes). Es entsteht hier aber keine sich auch auf das versteigerte Grundstück erstreckende Gesamthypothek, da die Hypothek an diesem Grundstück mit dem Zuschlag erlischt. Mit Befriedigung des Gläubigers, also nicht schon mit Zuschlag, erlischt auch die Gesamthypothek an den anderen Grundstücken, wenn und soweit gegen deren Eigentümer kein Ersatzanspruch besteht.

4   4. **Rang der Ersatzhypothek.** Diese geht bei Teilbefriedigung des Hypothekengläubigers dessen Resthypothek im Range nach (§ 1776). Darüber hinaus tritt die Ersatzhypothek stets hinter alle anderen dinglichen Rechte (nicht nur hinter Grundpfandrechte) im Rang zurück, sofern solche Rechte im Zeitpunkt der teilweisen oder vollständigen Befriedigung des Gläubigers bestehen. – **Grundbuchberichtigung** nur auf Antrag; die Voraussetzungen des § 1182 einschließlich des Ersatzanspruchs müssen in der Form des § 29 GBO nachgewiesen werden.

5   5. § 1182 ist auf die Grundschuld entsprechend anwendbar.

1183 *Aufhebung der Hypothek*

Zur Aufhebung der Hypothek durch Rechtsgeschäft ist die Zustimmung des Eigentümers erforderlich. Die Zustimmung ist dem Grundbuchamt oder dem Gläubiger gegenüber zu erklären; sie ist unwiderruflich.

1   1. Eine **rechtsgeschäftliche Aufhebung** der Hypothek ist nur mit Zustimmung des Eigentümers möglich; insoweit ergänzt § 1183 die §§ 875, 876. **Zweck** der Regelung ist es, das Interesse des Eigentümers am Erwerb des Rechts als Eigentümergrundpfandrecht zu schützen; daher Sonderregelung für rückständige Nebenleistungen in § 1178. § 1183 gilt für alle Hypotheken, nicht aber für Hypothekenvormerkung. – Zum **Begriff der Aufhebung** und zur Unterscheidung von anderen Erlöschungsgründen vgl § 875 Rz 1. Herabsetzung des Zinsfußes ist Teilaufhebung und fällt deshalb unter § 1183. Zum Verhältnis von Aufhebung und Verzicht vgl § 1168 Rz 1. Keine Aufhebung, sondern (nicht zustimmungsbedürftiger) Verzicht des Gläubigers ist bei Gesamthypothek die Freigabe einzelner Grundstücke (vgl auch § 1175 Rz 2).

2   2. Die **Zustimmung des Eigentümers** ist materielles Erfordernis. Sie ist formlos gültig; davon zu unterscheiden ist die verfahrensrechtliche Form der Zustimmung nach § 27 GBO in Verbindung mit §§ 29, 30 GBO. – Die Zustimmung ist **unwiderruflich**. In der Erklärung muß deutlich der Wille des Eigentümers zum Ausdruck kommen, das Grundpfandrecht zu beseitigen. Die Zustimmung kann schon im voraus und generell für alle Aufhebungsfälle erteilt werden (Köln DNotZ 1982, 260). Der formelle Löschungsantrag des Eigentümers ist schlüssige Zustimmung im Sinne des § 1183 (BGH 60, 46, 52 Zweibrücken Rpfleger 1999, 533, 534). Sie kann auch durch Freistellungserklärung in der Auflassungsurkunde zum Ausdruck gebracht werden (BayObLG 1973, 220), aber nicht ohne weiteres bei Teilauflassung, weil dann Eigentümergrundpfandrecht denkbar ist. Bei Veräußerung eines von mehreren mit Gesamthypothek belasteten Grundstücken und gleichzeitiger Verpflichtung zur Lastenfreistel-

lung bezüglich des veräußerten Teils ist im Zweifel nicht darauf zu schließen, daß auch Zustimmung zur Löschung der Gesamthypothek auf allen Grundstücken erteilt ist (BayObLG DNotZ 1980, 481). **Erklärungsempfänger** ist der Gläubiger oder das Grundbuchamt. Die Zustimmung des Eigentümers und die Aufgabeerklärung des Gläubigers sind einseitige Willenserklärungen, selbst wenn sie innerhalb eines Vertrages abgegeben werden.

Der **materiell-rechtliche Eigentümer** muß zustimmen. Zustimmung des Bucheigentümers (§ 892) reicht nicht aus; die Vermutung des § 891 greift jedoch ein. Bei Mehrheit von Eigentümern ist die Zustimmung aller erforderlich. Maßgebend ist der Zeitpunkt der Eintragung, so daß für Löschung nach vollzogener Auflassung die Zustimmung des neuen Eigentümers nötig ist; bei gleichzeitiger Aufhebung und Veräußerung genügt die Zustimmung des Veräußerers.

3. Die Zustimmung ist einer **Verfügung** ähnlich; eine Verfügung über das Grundstück liegt darin aber nicht (Staud/Wolfsteiner Rz 7), was im Hinblick auf **Verfügungsverbote** von Bedeutung ist; so schließt ein gerichtl Verbot, über das Grundstück zu verfügen, die Zustimmung gemäß § 1183 nicht aus. – Ist der Eigentümer nur in bezug auf das Grundstück in seiner Verfügungsmacht beschränkt, so hindert das die Zustimmung und damit die Aufhebung der Hypothek nicht (Staud/Wolfsteiner Rz 7).

4. § 1183 ist auf die Grundschuld entsprechend anwendbar.

1184 *Sicherungshypothek*
(1) Eine Hypothek kann in der Weise bestellt werden, dass das Recht des Gläubigers aus der Hypothek sich nur nach der Forderung bestimmt und der Gläubiger sich zum Beweis der Forderung nicht auf die Eintragung berufen kann (Sicherungshypothek).
(2) Die Hypothek muss im Grundbuch als Sicherungshypothek bezeichnet werden.

1. **Begriff.** Die Sicherungshypothek unterscheidet sich von der Regelhypothek dadurch, daß die den Rechtsverkehr schützenden §§ 891ff sich entgegen § 1138 nicht auf die Forderung und auf dagegen gerichtete Einreden (§ 1137) erstrecken. Daher ist die Sicherungshypothek kein zum Umlauf im Rechtsverkehr geeignetes, dafür aber auch nicht bestimmtes Rechtsinstitut; aus diesem Grunde sie auch nur als Buchrecht zulässig (§ 1185 I). Im übrigen jedoch sind die für die Verkehrshypothek geltenden Vorschriften auf die Sicherungshypothek uneingeschränkt anwendbar, einschließlich der §§ 163 I, 1177. Auch eine Gesamtsicherungshypothek ist möglich (Düsseldorf Rpfleger 1981, 200). **Besondere Arten der Sicherungshypothek** sind die Wertpapierhypothek (§ 1187) und die Hypothek für Inhaberschuldverschreibungen (§ 1188) sowie die Höchstbetragshypothek (§ 1190).

2. **Der Bestand der Sicherungshypothek ist vom Bestand der gesicherten Forderung abhängig.** Die Forderung unterliegt, auch in Verbindung mit der Hypothek, schuldrechtlichen Grundsätzen; bei einer zu Unrecht eingetragenen Auswechslung der Forderung ist die wirkliche Forderung maßgebend. Da die Bestandsvermutung (§ 891) und der öffentliche Glaube des Grundbuchs (§ 892) hinsichtlich der Forderung nicht eingreifen, ist ein gutgläubiger Erwerb der Sicherungshypothek ausgeschlossen, wenn der Forderung Einwendungen oder Einreden entgegenstehen. Dem Eigentümer stehen auch Einwendungen zu, die dem persönlichen Schuldner rechtskräftig abgesprochen worden sind (BGH NJW 1960, 1438; Pal/Bassenge Rz 4; vgl aber Frankfurt NJW-RR 1988, 206). Davon zu unterscheiden sind solche Einwendungen und Einreden, die nur das dingliche Recht selbst betreffen; insoweit gelten die §§ 891ff. Die eingetragene Sicherungshypothek kann also, falls eine zugrunde liegende Forderung besteht, gutgläubig erworben werden (BGH 64, 195, 197), so etwa bei Unwirksamkeit der Einigung über die Bestellung der Hypothek oder bei Nichtberechtigung des über die Hypothek verfügenden Gläubigers, dem die Forderung zusteht, ebenso wenn eine gegen das dingliche Recht bestehende Einrede (§ 1157) nicht eingetragen ist. Auch § 893 kommt nur zum Zuge, wenn die gesicherte Forderung existiert. Zahlung des Eigentümers an den bloßen Buchgläubiger befreit deshalb nur unter der Voraussetzung, daß diesem die Forderung zusteht. Zahlt hingegen der Eigentümer in Unkenntnis einer Abtretung an den alten Gläubiger, so wird er frei, da § 1156 durch § 1185 II ausgeschlossen ist und somit § 407 gilt; für Aufrechnung gilt § 406.

3. Die **Beweislast** für das Entstehen und die Höhe der Forderung hat der Gläubiger (BGH NJW 1986, 53), es ist also die gleiche Lage gegeben, als wenn er nicht aus der Hypothek, sondern aus der gesicherten persönlichen Forderung vorginge. Eintragungsbewilligung reicht zum Beweis nicht ohne weiteres aus, sofern nicht darin auch Schuldanerkenntnis enthalten ist; sie kann aber Indiz sein. Der Gläubiger braucht jedoch, wenn die Forderung nachgewiesen ist, nicht auch sein Hypothekenrecht zu beweisen, auch nicht bei Abtretung; hier spricht die Vermutung des § 891 für den Eingetragenen. Den Eigentümer trifft die Beweislast, wenn er die Unrichtigkeit des eingetragenen Schuldgrundes behauptet, das Erlöschen der Forderung (BGH NJW 1986, 53) oder rechtshemmende Tatsachen geltend macht. Bei **Zwangshypothek** beweist der zugrunde liegende Titel die Forderung (BGH NJW 1988, 828, 829); Beschränkung auf die nach §§ 767 II, 796 II ZPO zulässigen Einwendungen auch gegenüber der Duldungsklage des Gläubigers (BGH aaO); vgl auch § 1147 Rz 2ff.

4. Bei **rechtsgeschäftlicher Begründung der Sicherungshypothek** müssen Einigung und Eintragung sich auf den Charakter der Hypothek als Sicherungshypothek erstrecken. Die Kennzeichnung als Sicherungshypothek im Grundbuch ist unentbehrlich (Bezugnahme nach § 874 genügt nicht); Ausnahmen in §§ 1187, 1190. Der Sicherungszweck kann noch nach der Eintragung vereinbart werden (BGH 36, 84), bis dahin Eigentümergrundschuld. Wird bei Einigung auf eine Verkehrshypothek eine Sicherungshypothek eingetragen, so ist als minderes Recht eine Sicherungshypothek entstanden; damit ist den Interessen beider Beteiligten gedient. Der Gläubiger kann auf Grund der schuldrechtlichen Sicherungsabrede Umwandlung in eine Verkehrshypothek verlangen. Auch im umgekehrten Fall der ungewollten Eintragung als Verkehrs- statt als Sicherungshypothek und bei Dissens bezüglich der Art der Hypothek ist entsprechend der Eintragung Verkehrshypothek anzunehmen, im Innenverhältnis zwischen

§ 1184 Sachenrecht Hypothek

Gläubiger und Eigentümer die Beweislast nach § 1184 zu regeln und auch den Einzelnachfolger des Gläubigers bei Kenntnis der abweichenden Einigung wie bei der Sicherungshypothek zu behandeln (Pal/Bassenge Rz 5; str).

5 **Entstehung kraft Gesetzes:** § 1287 S 2 BGB; § 848 II S 2 ZPO, sog Surrogationshypothek, auch wenn im Grundbuch nicht als Sicherungshypothek bezeichnet. Ferner § 93 SchRegG; Anspruch auf Sicherungshypothek nach § 648. **Entstehung durch Zwangsvollstreckung:** §§ 867, 932 ZPO (dabei ist die Entstehungsart im Eintragungsvermerk anzugeben); §§ 128, 130 ZVG; auf Ersuchen einer Behörde, die ihre Forderung selbst vollstrecken kann, § 322 AO; nach Landesrecht auf Ersuchen der zuständigen Behörde wegen Förderungen öff-rechtl Körperschaften, Art 91 EGBGB. Die im Wege des Arrestes eingetragene (Höchstbetrags-) Sicherungshypothek bietet den Gläubigern noch keine Befriedigungsmöglichkeit, sondern sichert nur rangwertmäßig seine – noch nicht titulierte – Forderung in Höhe ihrer Feststellung im Hauptprozeß (BGH WM 1997, 1049). Sie gibt einen Duldungsanspruch gegen den jeweiligen Eigentümer (BGH WM 1997, 1045, 1049). Demgegenüber ermöglicht die Zwangshypothek eine Zwangsvollstreckung in ein Grundstück, sobald der Gläubiger gegen den Eigentümer einen Titel auf Duldung der Zwangsvollstreckung wegen der zuerkannten Forderung erlangt hat (BGH WM 1997, 1045, 1049). Ein rechtskräftiger Titel über eine Arrestforderung hat nicht zur Folge, daß aus der Arresthypothek kraft Gesetzes eine Zwangshypothek wird.

6 5. § 1184 ist auf die Grundschuld nicht anwendbar.

1185 *Buchhypothek; unanwendbare Vorschriften*
(1) **Bei der Sicherungshypothek ist die Erteilung eines Hypothekenbriefes ausgeschlossen.**
(2) **Die Vorschriften der §§ 1138, 1139, 1141, 1156 finden keine Anwendung.**

1 1. § 1185 hat im wesentlichen nur klarstellende Bedeutung. Im einzelnen: Zum **Ausschluß des § 1138** vgl § 1184 Rz 1. § 1139 ist dementsprechend gegenstandslos. Unanwendbarkeit des § 1156 bedeutet für den Eigentümer den Schutz nach §§ 406–408. Der **Ausschluß des Briefes** ist entgegen § 1116 II S 3 nicht eintragungsfähig.

2 2. Während die **Kündigung** nur durch oder gegenüber dem Schuldner der Verkehrshypothek nicht fällig werden läßt, ist bei der Sicherungshypothek nur die Kündigung der persönlichen Forderung entscheidend. Der Eigentümer muß sie auch dann gegen sich gelten lassen, wenn er sie nicht kennt; er steht also schlechter als bei der Verkehrshypothek. Bei Unkenntnis über die Person des Schuldners muß der Gläubiger nach § 132 II vorgehen. – § 1185 ist auf die Grundschuld nicht anwendbar.

1186 *Zulässige Umwandlungen*
Eine Sicherungshypothek kann in eine gewöhnliche Hypothek, eine gewöhnliche Hypothek kann in eine Sicherungshypothek umgewandelt werden. Die Zustimmung der im Range gleich- oder nachstehenden Berechtigten ist nicht erforderlich.

1 1. Die **Umwandlungsmöglichkeit** folgt daraus, daß es sich bei allen Arten um Erscheinungsformen des Grundpfandrechts handelt. Vgl auch § 1198. Die Umwandlung kann mit einer Forderungsauswechslung verbunden werden; auch Umwandlung in Verbindung mit Zusammenfassung zur Einheitshypothek möglich. Umwandlung auch in und von Höchstbetragshypothek und von Arresthypothek in Zwangshypothek (BGH WM 1997, 1045, 1049).

2 2. Die **Umwandlungserfordernisse** ergeben sich aus § 877. Gleich- und nachstehend Berechtigte sind nicht beteiligt. Auch der persönliche Schuldner und der Besteller der Hypothek (bei Eigentümerwechsel) sind nicht beteiligt.

Wird eine Sicherungshypothek in eine Verkehrshypothek umgewandelt, entsteht eine Buchhypothek, falls nicht das Gegenteil vereinbart ist, vgl § 1116 III. Die Eintragung des Briefausschlusses ist zweckmäßig, aber nicht notwendig. – § 1886 ist auf die Grundschuld nicht anwendbar; vgl insoweit aber §§ 1198, 1203.

1187 *Sicherungshypothek für Inhaber- und Orderpapiere*
Für die Forderung aus einer Schuldverschreibung auf den Inhaber, aus einem Wechsel oder aus einem anderen Papier, das durch Indossament übertragen werden kann, kann nur eine Sicherungshypothek bestellt werden. Die Hypothek gilt als Sicherungshypothek, auch wenn sie im Grundbuch nicht als solche bezeichnet ist. Die Vorschrift des § 1154 Abs. 3 findet keine Anwendung. Ein Anspruch auf Löschung der Hypothek nach den §§ 1179a, 1179b besteht nicht.

1 1. **Zweck** der besonderen Ausgestaltung der Wertpapierhypothek ist, eine **Sicherungsform** zu schaffen, deren technische Einzelheiten der Natur der wertpapierrechtlichen Ansprüche entspricht; leichte Umsatzfähigkeit, wertpapierrechtliche Verbriefung, Ausschluß der Kollision von Hypothekenbrief und Wertpapier. Angesichts des weitgehenden Gutglaubensschutzes des Wertpapierrechts, der auch hier gilt, ist der Ausschluß der §§ 1138, 891, 892 durch § 1187 (Charakter der Wertpapierhypothek als Sicherungshypothek) nicht besonders wichtig.

2 2. **Die zu sichernden Forderungen** zählt § 1187 abschließend auf. Sie müssen begründet sein in: Inhaberschuldverschreibungen der §§ 793ff (nicht § 808), Wechsel (praktisch kommen Schecks nicht in Betracht), kaufmännischen Anweisungen oder Verpflichtungsscheinen. Gemäß § 1113 kann die Forderung nur auf Geld gehen. Gemeint in § 1187 sind nur die Ansprüche unmittelbar aus dem Papier. Bei den unter § 1187 fallenden Ansprüchen ist die Hypothek automatisch Wertpapierhypothek im Sinne des § 1187.

3 3. **Bestellung** nach §§ 873, 1113; Ausnahmen in § 1188. Zur **Eintragung** vgl § 50 GBO. Bei Mehrheit der Ansprüche, zB bei Mehrheit von Inhaberschuldverschreibungen, bestehen soviele Hypotheken, wie Papiere ausge-

geben sind, daher Bezeichnung der Schuldverschreibungen in der Eintragung nötig. Bezeichnung als Sicherungshypothek ist nicht nötig, aber die Forderung muß so bezeichnet werden, daß die Sonderform der Hypothek erkenntlich ist. Nach § 43 GBO soll die Eintragung nur bei Vorlage der Urkunde erfolgen; das gilt auch für die Ersteintragung der Hypothek (Pal/Bassenge Rz 3; aM Colmar OLG 6, 105; MüKo/Eickmann Rz 10). Einzutragen ist der erste Nehmer des Papiers, bei späterer Eintragung der Legitimierte. Zur Hypothek für Inhaberschuldverschreibungen vgl § 1188 Rz 1. Die Hypothek kann auch als Höchstbetragshypothek eingetragen werden.

4. **Gutglaubensschutz.** Bezüglich der Forderung gelten §§ 1138, 892 nicht (vgl § 1184 Rz 1). Aber die **wertpapierrechtliche Beschränkung der Einreden** zugunsten des gutgläubigen Erwerbs gilt (vgl §§ 796 BGB, 364 II HGB, Art 17 WG), ebenso wie die Möglichkeit **gutgläubigen** Erwerbs der Forderung (vgl § 932; Art 16 WG; § 365 HGB). Unterschied zur Verkehrshypothek danach nur dadurch, daß der wertpapierrechtliche Gutglaubensschutz bei Geschäftsunfähigkeit des „Verpflichteten" und, wenn ihm das Papier abhanden kommt, versagt. Hier erwirbt der Gutgläubige dann auch die Hypothek nicht. Für die dingliche Seite gelten die §§ 891, 892, vgl § 1184 Rz 2. Dabei ist anzunehmen, daß die Eintragung des ersten Nehmers des Papiers ausreicht. Gutgläubiger Erwerb wird also nicht dadurch ausgeschlossen, daß der Verfügende nur durch die papiermäßige Legitimation (Besitz bei § 793, sonst Indossamentenkette) ausgewiesen ist. Für **§ 1157** ist der Inhalt des Grundbuchs entscheidend; daß die Einrede aus dem Papier ersichtlich ist, hilft dem Erwerber nicht. Wohl aber ist in Analogie zu § 1140 anzunehmen, daß die aus dem Papier ersichtliche Einrede absolut wirkt. 4

5. Die Wertpapierhypothek ist nach dem **allgemeinen Hypothekenrecht** zu behandeln. Ausgeschlossen ist jedoch durch S 4 ein gesetzlicher Löschungsanspruch (§§ 1179a, 1179b) bei Vereinigung der Wertpapierhypothek mit dem Eigentum, was entsprechend auch für die Inhabergrundschuld gilt (§ 1195). Wertpapierrechtliche Besonderheiten für das Erlöschen (Verjährung) der Verpflichtung aus einer Inhaberschuldverschreibung vgl § 801; zum Erwerb des Wechsels durch den Aussteller vgl Art 11 III WG. 5

6. Die Forderung und mit ihr die Hypothek (§ 1153) werden ausschließlich nach wertpapierrechtlichen Grundsätzen (also außerhalb des Grundbuchs) **übertragen,** vgl § 893; § 363 HGB; Art 11 WG. Ausweis gegenüber dem Grundbuchamt erfordert gemäß § 29 GBO öffentliche Beglaubigung des Indossaments; für die Inhaberschuldverschreibung genügt Besitz am Papier. Grundbuchberichtigung auf den neuen Gläubiger kommt nicht in Betracht. Zum Vorlagezwang für die Urkunde vgl § 43 GBO. Der Übertragung entsprechend sind geregelt: Nießbrauchbestellung, vgl §§ 1069, 1081; Verpfändung, §§ 1205, 1292, 1293. Für die Pfändung vgl §§ 831, 830 III S 2, 837 II S 2 ZPO. – § 1187 ist auf die Grundschuld nicht anwendbar, vgl aber § 1195. 6

1188 *Sondervorschrift für Schuldverschreibungen auf den Inhaber*
(1) **Zur Bestellung einer Hypothek für die Forderung aus einer Schuldverschreibung auf den Inhaber genügt die Erklärung des Eigentümers gegenüber dem Grundbuchamt, dass er die Hypothek bestelle, und die Eintragung in das Grundbuch; die Vorschrift des § 878 findet Anwendung.**
(2) **Die Ausschließung des Gläubigers mit seinem Recht nach § 1170 ist nur zulässig, wenn die im § 801 bezeichnete Vorlegungsfrist verstrichen ist. Ist innerhalb der Frist die Schuldverschreibung vorgelegt oder der Anspruch aus der Urkunde gerichtlich geltend gemacht worden, so kann die Ausschließung erst erfolgen, wenn die Verjährung eingetreten ist.**

Sondervorschriften für die **Bestellung.** Zur **Inhaberschuldverschreibung** vgl § 793 und die in § 1187 Rz 1 erwähnten Vorschriften. Einseitige Erklärung des Eigentümers genügt, die Hypothek entsteht als Eigentümergrundschuld, falls der Eigentümer die Schuldverschreibungen noch besitzt. Eingetragen wird der Inhaber als solcher. **Einschränkungen des Ausschlusses** im Interesse des Berechtigten, vgl § 801. Zur verfahrensrechtlichen Berücksichtigung vgl § 986 II ZPO. Verjährungsregelung in § 801 I S 2. – § 1188 ist auf die Inhabergrundschuld (§ 1195) entsprechend anwendbar. 1

1189 *Bestellung eines Grundbuchvertreters*
(1) **Bei einer Hypothek der im § 1187 bezeichneten Art kann für den jeweiligen Gläubiger ein Vertreter mit der Befugnis bestellt werden, mit Wirkung für und gegen jeden späteren Gläubiger bestimmte Verfügungen über die Hypothek zu treffen und den Gläubiger bei der Geltendmachung der Hypothek zu vertreten. Zur Bestellung des Vertreters ist die Eintragung in das Grundbuch erforderlich.**
(2) **Ist der Eigentümer berechtigt, von dem Gläubiger eine Verfügung zu verlangen, zu welcher der Vertreter befugt ist, so kann er die Vornahme der Verfügung von dem Vertreter verlangen.**

1. **Zweck der Vertreterbestellung.** Bei der Vielzahl der Berechtigten, der Schwierigkeit ihrer grundbuchmäßigen Legitimation (vgl § 1187 Rz 6) und ihrer Ermittlung sollen Verfügungen durch einen Gläubigervertreter ermöglicht werden. Vgl auch § 74 SchiffsRG. Der Vertreter des § 1189 ist seiner **Rechtsstellung** nach rechtsgeschäftlich bestellter Vertreter der Gläubiger. Vertreter und Gläubigerstellung sind daher auseinanderzuhalten, selbst wenn sie zeitweise in einer Person zusammenfallen (Emissionshaus). Wo aber der Eingetragene nach außen Gläubiger, nach innen Treuhänder sein soll, trifft § 1189 nicht zu. Insoweit der Vertreter bleiben den Gläubiger verfügungsberechtigt. **Andere Vertreter,** die neben dem Vertreter des § 1189 stehen, ohne seine Befugnisse einzuschränken, sind der **Gläubigervertreter** nach dem Schuldverschreibungsgesetz und der sogenannte **Vertragsvertreter,** der auf Grund der Anleihebestimmungen bestellt wird. Keine Eintragung dieser Vertreter ins Grundbuch. 1

2. Die **Bestellung eines Vertreters** ist nicht zwingend; sie ist die Regel im Fall des § 1188. Die Bestellung ist Teil der Hypothekenbestellung, also Einigung und Eintragung erforderlich; im Falle des § 1188 genügt einseitige Erklärung. Anderweitige Vereinbarung zulässig, zB Recht des Vertreters, Nachfolger zu bestimmen; auch Wahl 2

§ 1189 Sachenrecht Hypothek

durch Gläubigerversammlung möglich. Der Vertreter ist im Grundbuch einzutragen; die Befugnisse können in der in bezug genommenen Eintragungsbewilligung bestimmt werden. Erst die Eintragung läßt die Vertretungsmacht entstehen. Für den Eingetragenen spricht die Vermutung des § 891.

3 3. Die **Vertretungsmacht** ist auf Verfügungen über die Hypothek beschränkt. Soll der Vertreter auch über die Forderung verfügen können, bedarf es einer besonderen Vollmacht. **Geltendmachung der Hypothek** ist: Kündigung, Mahnung, Klage (Einzelheiten bezüglich der Stellung im Prozeß str); sonst fallen zB unter § 1189: Löschungsbewilligung, Haftentlassung, Rangänderung. Sind mehrere Höchstbetragshypotheken bestellt, kann der Vertreter auch Befugnis zur Aufteilung haben. **Beschränkung auf bestimmte Verfügungen** möglich. Einschränkung der Geschäftsführungs- und der Vertretungsmacht sind zu unterscheiden (BayObLG 1941, 183). Entsprechend dem Zweck der Vertreterbestellung für seine Verfügungen besteht kein Zwang zur Vorlage der Papiere, § 43 II GBO. **Erlöschen der Vertretungsmacht** nach §§ 877, 873, dh durch Einigung und Eintragung; ferner gemäß §§ 168, 673, 675 durch Beendigung des der Vertretung zugrunde liegenden Verhältnisses und durch Kündigung seitens des Vertreters; an Stelle des einseitigen Widerrufs durch den Gläubiger tritt Abberufung nach § 16 des Schuldverschreibungsgesetzes vom 4. 12. 1899. Ist eine juristische Person Vertreter, geht bei Fusion die Vertretungsmacht ohne Grundbucheintragung über.

4 4. Die **Verpflichtung des Vertreters** (Ausnahme von § 164) aus Abs II ist von dem zugrunde liegenden Vertrag unabhängig, besteht also gegenüber jedem Erwerber des Grundstücks. – § 1189 ist auf die Inhabergrundschuld entsprechend anwendbar.

1190 *Höchstbetragshypothek*
(1) Eine Hypothek kann in der Weise bestellt werden, dass nur der Höchstbetrag, bis zu dem das Grundstück haften soll, bestimmt, im Übrigen die Feststellung der Forderung vorbehalten wird. Der Höchstbetrag muss in das Grundbuch eingetragen werden.
(2) Ist die Forderung verzinslich, so werden die Zinsen in den Höchstbetrag eingerechnet.
(3) Die Hypothek gilt als Sicherungshypothek, auch wenn sie im Grundbuche nicht als solche bezeichnet ist.
(4) Die Forderung kann nach den für die Übertragung von Forderungen geltenden allgemeinen Vorschriften übertragen werden. Wird sie nach diesen Vorschriften übertragen, so ist der Übergang der Hypothek ausgeschlossen.

1 1. **Zweck** ist die Sicherung einer der Höhe nach noch nicht feststehenden, sondern sich erst entwickelnden Forderung, so vor allem im Rahmen eines Kontokorrentverhältnisses oder einer ständigen Geschäftsverbindung. Die Verkehrshypothek ermöglicht dies nicht, weil sie eine bestimmte Forderung voraussetzt.

2 Die Höchstbetragshypothek ist eine besondere Art der **Sicherungshypothek**. Von dieser unterscheidet sie sich dadurch, daß nur der gesicherte Höchstbetrag einzutragen und die Forderung unverzinslich ist sowie isoliert abgetreten werden kann. Auch Forderungen im Sinne der §§ 1187, 1188 können gemäß § 1190 gesichert werden. Die **Arresthypothek** entsteht stets als Höchstbetragshypothek (§ 932 ZPO), ebenso die aufgrund Pfändung des Auflassungsanspruchs nach § 848 II ZPO erlangte Sicherungshypothek, wenn die Pfändung durch Arrestvollziehung erfolgte.

3 Eine **verdeckte Höchstbetragshypothek** ist in der Weise erreichbar, daß eine Verkehrs- oder eine Sicherungshypothek mit der fiduziarischen Abrede bestellt wird, das Recht solle nur als Höchstbetragshypothek gelten. Eine solche Abrede wirkt aber lediglich im Innenverhältnis und ist nicht eintragungsfähig (BayObLG NJW 1954, 1808). Für eine Forderung aus laufendem Kontokorrent ist diese Hypothek nicht geeignet, weil mit jeder periodischen Tilgung in entsprechender Höhe das dingliche Recht auf den Eigentümer übergeht (§ 1163 I S 2) und erst nach Abtretung und Forderungsaustausch (§ 1180) erneut eine Fremdhypothek entsteht.

4 2. **Voraussetzung der Höchstbetragshypothek** ist die Bewilligung und Eintragung eines bestimmten Geldbetrages mit der Maßgabe, bis zu dessen Höhe das Grundstück haften soll. Die Forderungshöhe darf daher nicht schon bei Eintragung unveränderlich feststehen, wohl aber ein Teilbetrag der Forderung; Unbestimmtheit bloß der – in den Höchstbetrag aufzunehmenden – Zinsforderung genügt. Möglich ist eine Höchstbetragshypothek auch zu dem Zweck, bis zu der angegebenen Höhe den etwaigen Ausfall der ein anderes Grundstück belastenden Verkehrs- oder Sicherungshypothek in der Zwangsversteigerung aufzufangen. Eine trotz schon endgültig feststehender Forderung eingetragene Höchstbetragshypothek ist als gewöhnliche Sicherungshypothek anzusehen, so daß ein Klarstellungsvermerk im Grundbuch genügt; ist eine solche Umdeutung ausnahmsweise nicht möglich, so ist die Eintragung inhaltlich unzulässig.

5 **Zinsen** (folgerichtig auch sonstige Nebenkosten) müssen nach Abs II in den Höchstbetrag einbezogen werden; eine gesonderte Eintragung ist inhaltlich unzulässig. Die Einbeziehung in den Höchstbetrag ändert aber nichts an der Rechtsnatur der Zinsen als Nebenforderung. Auch **gesetzliche** Zinsen (§ 1119) müssen in den Höchstbetrag eingestellt werden. Für die **Kosten** nach § 1118 hingegen haftet das Grundstück zusätzlich.

6 3. Der **Schuldgrund** der Forderung muß noch nicht bestimmt, aber hinreichend bestimmbar sein, damit sich der Sicherungsbereich dem Höchstbetrag zuordnen läßt. Die individualisierbare Angabe des gesicherten Forderungskreises genügt.

7 4. **Gläubiger der Forderung** muß der im Grundbuch eingetragene Gläubiger des dinglichen Rechts sein. Für mehrere Gläubiger, die nicht in einer Rechtsgemeinschaft verbunden sind (§ 1113 Rz 10ff), kann eine Höchstbetragshypothek nicht bestellt werden (anders im Falle des § 1187 durch gemeinsamen Vertreter nach § 1189). Eine

Doppelsicherung derselben Forderung ist inhaltlich unzulässig (§ 1113 Rz 6). Davon zu unterscheiden ist die **Ausfallsicherung** (Rz 4) sowie die **Aufspaltung** eines Forderungskreises auf mehrere Höchstbetragshypotheken dahingehend, daß die nachrangige den durch die vorgehende Hypothek nicht gedeckten Teil der Forderungen sichert (Hornung NJW 1991, 1653).

5. Die Höchstbetragshypothek **entsteht** durch dingliche Einigung und Eintragung (§ 873). Aus der Einigung muß der zu sichernde Höchstbetrag als Haftungsgrenze hervorgehen. Ist das der Fall, dann ist auch der Vorbehalt späterer Feststellung schlüssig zum Ausdruck gebracht. Die **Eintragung** muß verlautbaren, daß das Grundstück bis zu einem bestimmten Betrag haftet; der Feststellungsvorbehalt braucht nicht vermerkt zu werden, desgleichen ist die Bezeichnung als Sicherungshypothek nicht geboten (Abs III). **Zinsen** sind in den Höchstbetrag einzurechnen (Abs II) und daher nicht als Nebenforderung eintragungsfähig. **8**

Unterwerfung unter die Zwangsvollstreckung (§ 800 ZPO) ist in Anbetracht des unbestimmten Umfanges der Forderung unwirksam (BGH 88, 62, 65). Zulässig und eintragungsfähig ist die Unterwerfungsklausel aber dann, wenn sie sich urkundlich auf einen schon festbestimmten Teil des Höchstbetrages der Forderung oder des Forderungskreises beschränkt (BGH aaO; BayObLG NJW-RR 1989, 1467), also dieser Teil nicht erst noch feststellungsbedürftig ist. Sichern mehrere Hypotheken jeweils nur einen Teil desselben Forderungskreises bis zu einem Höchstbetrag, so kommt lediglich innerhalb der ersten Höchstbetragsgrenze ein bereits feststehender und deshalb unterwerfungsfähiger Forderungsteil in Betracht (Hornung NJW 1991, 1654). **9**

6. Bis zur Entstehung der Forderung ist die Hypothek gemäß §§ 1163 I S 1, 1177 I auflösend bedingte Eigentümergrundschuld; das dingliche Recht selbst ist aber unbedingt bestellt; es verbleibt bei der Veräußerung des Grundstücks dem Besteller. Die vorläufige Eigentümergrundschuld kann nicht auf den Eigentümer umgeschrieben werden, solange die Forderung nach der Sicherungsabrede noch entstehen kann. Verfügungen über das Eigentümerrecht, auch dessen Verpfändung und Pfändung, sind zwar statthaft, aber im Grundbuch nicht vollziehbar, weil der Eigentümer nicht als Inhaber des Rechts eingetragen ist (§ 39 GBO); dennoch vorgenommene Eintragungen sind insofern indes nicht inhaltlich unzulässig. **10**

Auch § 1163 I S 2 ist anwendbar. Daher führt das **Erlöschen** eines im Rahmen der Höchstbetragsgrenze schon entstandenen Forderungsteils insoweit zu einer Eigentümergrundschuld (BGH WM 1978, 1130); endgültig getilgt wird dieser Teil nur, wenn und soweit der noch ungetilgte Teil des Höchstbetrages zur Deckung des insgesamt gesicherten Forderungskreises ausreicht. **11**

7. Feststellung der Forderung wird durch Abrede oder durch Urteil herbeigeführt. Zum Abschluß des Vertrages (§§ 780, 781) zwischen dem Eigentümer und dem Gläubiger verpflichtet die Sicherungsabrede, die sich, wenn eine solche nicht ausdrücklich getroffen worden ist, aus der Art des gesicherten Forderungsverhältnisses schlüssig ergeben wird. Ist der Eigentümer **nicht persönlicher Schuldner**, so ist zwischen persönlichem Schuldner und dem Gläubiger der die Forderung feststellende Vertrag zu schließen (MüKo/Eickmann Rz 14; anders Soergel/Konzen Rz 5: Eigentümer und Gläubiger); daran ist aber der Eigentümer nicht gebunden. Feststellung durch **Urteil** wirkt nur zwischen den Prozeßparteien; auch ein gegen den persönlichen Schuldner ergangenes Urteil hat Rechtskraftwirkung nicht gegen den personenverschiedenen Eigentümer, sondern nur Bedeutung als Beweismittel (Pal/Bassenge Rz 14; aM MüKo/Eickmann Rz 16). Die Hypothek kann schon vor Feststellung der Forderung geltend gemacht werden, auch wenn der Eigentümer nicht persönlicher Schuldner ist und gegen diesen die Forderung noch nicht festgestellt ist. Der Gläubiger muß immer beweisen, daß die Forderung in der geltend gemachten Höhe entstanden ist (§ 1184 Rz 3). Die Forderung kann sich nach dem Verteilungstermin nicht mehr ändern (RG 125, 136). **12**

Die Feststellung hat zur Folge, daß insoweit die Hypothek endgültig dem Gläubiger zusteht, während sie im Umfang des nicht valutierten Teils endgültig zur Eigentümergrundschuld wird (§§ 1163 I 2, 1177 I), und zwar im Range hinter der Hypothek (§ 1176). Diese bleibt trotz der Feststellung Höchstbetragshypothek. Bei Veräußerung des Grundstücks ist der nicht valutierte Teil der Hypothek Fremdgrundschuld in der Hand desjenigen früheren Eigentümers, der die Hypothek bestellt hatte. Er kann Berichtigung des Grundbuches verlangen (§ 894 BGB, § 22 GBO). Für das Grundbuchamt genügt die einseitige Erklärung des Gläubigers, daß die Forderung festgestellt ist. – Übersteigt die Forderung in ihrer festgestellten Höhe den eingetragenen, auf verschiedene Schuldgründe bezogenen Höchstbetrag, so kann der Gläubiger bestimmen, welche Forderung unter den Höchstbetrag fällt. **13**

8. Umwandlung der Höchstbetragshypothek in eine Verkehrs- oder in eine gewöhnliche Sicherungshypothek (§ 1186) setzt voraus, daß die unbestimmte gegen eine bestimmte Forderung nach § 1180 ausgewechselt oder bereits festgestellt ist. Auch Umwandlung in eine Grundschuld ist möglich (§ 1198), auch ohne vorherige Feststellung der Forderung bis zu einem Wechsel im Eigentum. Nach einem Eigentümerwechsel erfordert jede Art der Umwandlung die Zustimmung desjenigen Eigentümers, der die Hypothek bestellt hatte, falls nicht der Höchstbetrag schon gänzlich aufgefüllt ist und dies bewiesen wird. Eine Zustimmung des persönlichen Schuldners ist nicht erforderlich. **14**

9. Abtretung der Höchstbetragshypothek vollzieht sich durch Übertragung der Forderung (§ 1153 I) mit Einigung und Grundbucheintragung (§§ 1154 III, 873). Eine vorherige Feststellung der Forderung ist nicht geboten, da die Hypothek sowohl in der schon entstandenen als auch in der erst noch entstehenden Höhe einheitlich bis zum Höchstbetrag abtretbar ist. Wird sie in geringerer Höhe abgetreten, geht nur insoweit die Hypothek über, während sie im Umfang des Restbetrages dem bisherigen Gläubiger zur Sicherung des nicht abgetretenen Forderungsteils verbleibt. Bei Abtretung der Forderung bis zum Höchstbetrag sichert die Hypothek unverändert den davon erfaßten Forderungskreis, also nicht auch andere Ansprüche des Erwerbers, auch wenn sie daraus entstehen, daß der Erwerber aufgrund Geschäftsübernahme die geschäftliche Beziehung des bisherigen Gläubigers zum **15**

Schuldner fortsetzt; doch kann die Hypothek von vornherein auch zur Sicherung solcher Ansprüche bestellt worden sein (MüKo/Eickmann Rz 22; aA RG 125, 141).

16 **Abtretung nur der Forderung** ist abweichend von § 1153 I zulässig (§ 1190 **IV**). Die Forderung ist dann nach §§ 398ff zu übertragen. Unerheblich ist, ob sie schon festgestellt ist. Die abgetretene Forderung ist nun ungesichert; die Hypothek deckt aber bis zum Höchstbetrag weiterhin alle sonstigen Ansprüche aus dem bisher gesicherten Forderungskreis, es sei denn, daß er durch die Abtretung erschöpft ist; in diesem Falle wird die Hypothek zu einer endgültigen Eigentümergrundschuld (§§ 1163 I S 2, 1177 I), wenn nicht eine neue Valutierung gewählt wird. Da die Forderung (nicht die Hypothek, § 1153 II) isoliert abgetreten werden darf, kann auch entsprechend bei der **Pfändung** vorgegangen werden. Es kann also entweder die Forderung samt Hypothek gepfändet werden (§ 830 I S 2 ZPO) oder die Forderung für sich allein (§§ 837 III, 829 ZPO).

17 **10. Aufhebung** der Höchstbetragshypothek: Es gelten die §§ 875, 1183. Hat nach Bestellung der Eigentümer gewechselt, so ist auch die Zustimmung des bisherigen Eigentümers nötig, weil für diesen schon eine Eigentümergrundschuld entstanden sein kann. Gleiches gilt für einen **Verzicht** nach § 1168.

18 **11.** § 1190 ist auf die Grundschuld nicht anwendbar.

Titel 2
Grundschuld, Rentenschuld

Untertitel 1
Grundschuld

1191 *Gesetzlicher Inhalt der Grundschuld*
(1) Ein Grundstück kann in der Weise belastet werden, dass an denjenigen, zu dessen Gunsten die Belastung erfolgt, eine bestimmte Geldsumme aus dem Grundstück zu zahlen ist (Grundschuld).
(2) Die Belastung kann auch in der Weise erfolgen, dass Zinsen von der Geldsumme sowie andere Nebenleistungen aus dem Grundstück zu entrichten sind.

I. Allgemeine Grundsätze	9. Haustürgeschäfte, Verbraucherkredite 47
1. Wesen der Grundschuld 1	10. Wegfall der Geschäftsgrundlage 50
2. Abstraktionsgrundsatz 2	11. Sittenwidrigkeit. Nichtigkeit der Sicherungsabrede
3. Kausalgeschäft 3	und der gesicherten Forderung 51
4. Bestellung, Verfügungen 4	12. Einreden 53
II. Sicherungsgrundschuld	13. Rückgewähranspruch 61
1. Sicherungsabrede 5	14. Befriedigung des Gläubigers 83
2. Parteien des Sicherungsvertrages 6	15. Tilgungsbestimmung 90
3. Form der Abrede 11	16. Freihändige Verwertung der Grundschuld 99
4. Grundbucheintragung 12	17. Grundschuldzinsen 104
5. Sicherungszweck 14	18. Persönliches Schuldversprechen und Unterwerfung
6. Änderung des Sicherungsvertrages 33	unter die sofortige Zwangsvollstreckung 108
7. Rechtsnachfolge 37	19. Beendigung des Sicherungsvertrages 114
8. Kündigung der Sicherungsabrede 43	

Schrifttum: *Clemente,* Die Sicherungsgrundschuld in der Bankpraxis, 3. Aufl 1999; *Gaberdiel,* Kreditsicherung durch Grundschulden, 6. Aufl 2000; *Huber,* Die Sicherungsgrundschuld, 1965; *Merkel,* Grundpfandrechte, in Schimansky/Bunte/Lwowski, Bankrechts-Handbuch, 2. Aufl 2001; *Rauch/Zimmermann,* Grundschuld und Hypothek, 2. Aufl 1998; *Seckelmann,* Grundschuld als Sicherungsmittel, 1963; *Stockmayer,* Die Grundschuld als Kreditsicherungsmittel, 1966; *Wenzel,* Sicherung von Krediten durch Grundschulden, 2001; *Wenzel,* Grundschuld, in Hellner/Steuer, Bankrecht und Bankpraxis, 2001.

I. Allgemeine Grundsätze

1 **1. Die Grundschuld ist ein Grundpfandrecht ohne sachenrechtliche Bindung an eine persönliche Forderung.** Das unterscheidet sie von der Hypothek. Zwar ist auch diese in ihrem Bestand als dingliches Recht von der gesicherten Forderung unabhängig; die Existenz der Forderung entscheidet aber grundsätzlich darüber, ob das Recht dem Gläubiger als Hypothek oder dem Eigentümer als Grundschuld zusteht (§§ 1163, 1177). Auch wenn die Grundschuld, wie in der Regel, zur Sicherung einer Forderung bestellt wird, sind Rechtszuständigkeit und dingliches Verwertungsrecht des Grundschuldgläubigers nicht an Entstehung und Fortbestand der Forderung gebunden. Die Unabhängigkeit von der Forderung hat in der Praxis dazu geführt, daß die Grundschuld die Hypothek als Kreditsicherungsinstrument verdrängt hat.

2 **2. Die Bestellung der Grundschuld ist ein abstraktes Geschäft.** Insoweit besteht kein Unterschied zur Hypothek. Wie alle dinglichen Verfügungsgeschäfte ist auch die Grundschuldbestellung unabhängig vom Kausalgeschäft. Nichtigkeit des Grundgeschäfts erfaßt daher nicht die Bestellung der Grundschuld (Rz 52), anders bei einer Grundschuld zur Sicherung eines nach § 138 II wegen Wuchers nichtigen Darlehens (BGH NJW 1982, 2767), es

sei denn, daß nach der Sicherungsabrede die Besicherung des nichtigen Darlehens nicht der alleinige Zweck der Sicherheitenbestellung war. Fehlen oder Wegfall des Rechtsgrundes rechtfertigen nur Rückgewähranspruch aus Bereicherung (Rz 52). Auch Leistungsstörungen innerhalb des Grundgeschäfts wirken sich nicht unmittelbar auf das dingliche Recht aus, können aber Rückgewähranspruch und Einrede aus der Sicherungsabrede zur Folge haben (Rz 54).

3. Als **Kausalgeschäft** für die Bestellung der Grundschuld kommt vor allem der im Zusammenhang mit einem **3** Kreditgeschäft geschlossene Sicherungsvertrag in Betracht. Die Kausalabrede ist mit Bestellung der Grundschuld erfüllt (§ 362), ein dahingehendes Schenkungsversprechen folglich mit Bestellung vollzogen (§ 518 II), falls die Grundschuld selbst und nicht nur der gesicherte Geldbetrag Gegenstand des Versprechens ist. Wird die Grundschuld für eine Naturalobligation bestellt, so ist zu unterscheiden, ob das dingliche Recht nur der Sicherung dient (die Grundschuld entsteht, ist aber nach § 812 zurückzugewähren) oder ob es an Erfüllungs Statt eingeräumt wird (dann ist die Naturalobligation erfüllt; § 812 scheidet aus). Wird die Grundschuld im Vorgriff auf eine später getroffene Rechtsgrundabrede bestellt, ist aber (nur) die Bestellung unwirksam, so muß der Eigentümer an der nachholbaren Bestellung einer gültigen Grundschuld mitwirken (BGH NJW 1990, 392).

4. Bestellung der Grundschuld durch dingliche Einigung und Eintragung (§ 873 I), bei Briefrecht muß Brief- **4** übergabe hinzukommen (§§ 1192 I, 1117). Zur Bestellung durch einen Vertreter vgl § 1113 Rz 18. Einigung zugunsten eines Dritten ist unzulässig (BGH 41, 95, 96). **Übertragung** der Grundschuld entspr § 1154; **Pfändung** gemäß §§ 857 VI, 830, 837 ZPO, Mitpfändung der gesicherten Forderung nach § 829 ZPO ist zweckmäßig; **Verpfändung** vgl § 1291; Grundschuldbelastung durch Nießbrauch vgl § 1080. **Verwertung der Grundschuld** durch Befriedigung aus dem Grundstück hat nach § 1181 Erlöschen des dinglichen Rechts zur Folge (vgl Rz 83ff); freiwillige Befriedigung durch den Eigentümer führt zur Eigentümergrundschuld (Rz 84f); Befriedigung durch ablösungsberechtigten Dritten bewirkt Rechtsübergang auf diesen (Rz 88).

II. Sicherungsgrundschuld

1. Sicherungsgrundschuld ist eine Grundschuld mit fiduziarischer Zweckbindung. Diese beruht auf der schuld- **5** rechtlichen Vereinbarung zwischen dem Sicherungsgeber und dem Sicherungsnehmer, die Grundschuld solle eine persönliche Forderung des Gläubigers gegen den Sicherungsgeber oder gegen einen Dritten sichern. Diese **Sicherungsabrede,** nicht der sie in aller Regel veranlassende Kreditvertrag, ist Rechtsgrund der Grundschuldbestellung oder einer Abtretung der Grundschuld (BGH NJW 1989, 1732, 1733). Die Abrede ist im allgemeinen nicht als gegenseitiger, sondern als unvollkommen zweiseitig verpflichtender Vertrag ausgestaltet (näher Staud/Wolfsteiner vor §§ 1991ff Rz 23). Das gilt auch dann, wenn die Sicherungsabrede mit dem Kreditvertrag verknüpft wird, weil die synallagmatische Gegenleistung für das Darlehen die vereinbarte Verzinsungspflicht und nicht die Einräumung der Grundschuld ist (Weber AcP 109, 240; Jäckle JZ 1982, 50).

2. Parteien des Sicherungsvertrages sind der Sicherungsnehmer und der Sicherungsgeber. Sicherungsnehmer **6** ist der Gläubiger der Grundschuld (Clemente Rz 250). Gläubiger der gesicherten Forderung und Sicherungsnehmer müssen nicht identisch sein (Hamm WM 1996, 2327, 2329; Merkel in Schimansky/Bunte/Lwowski Bankrechtshdb Rz 310). Sicherungsgeber ist der Grundstückseigentümer, der zugleich Kreditnehmer ist und der dem Sicherungsnehmer zur Sicherung eigener Verbindlichkeiten eine Grundschuld an seinem eigenen Grundstück bestellt. Schwieriger ist die Bestimmung des Sicherungsgebers, wenn dem Sicherungsnehmer verschiedene Personen gegenüberstehen, nämlich der Kreditnehmer und der von ihm personenverschiedene Eigentümer des belasteten Grundstücks. Zweifellos ist der Eigentümer dann Partei des dinglichen Bestellungsvertrages. Sicherungsgeber kann aber sowohl der Grundstückseigentümer als auch der persönliche Schuldner sein (BGH WM 1989, 1377, 1378). Die Vereinbarung, wer Sicherungsgeber der Grundschuld sein soll, obliegt den Parteien. Um hier Mißverständnisse oder Auslegungsschwierigkeiten zu vermeiden, sollte in der Sicherungsvereinbarung eine ausdrückliche Festlegung der Person des Sicherungsgebers getroffen werden.

Wird eine ausdrückliche Festlegung nicht vereinbart, ist durch Auslegung zu ermitteln, wer Sicherungsgeber der **7** Grundschuld ist. Dabei ist in erster Linie darauf abzustellen, wem der Gläubiger die Grundschuld verschafft, dh wer sich als „Herr über die Grundschuld" ausweist (BGH WM 1991, 723, 724). Ob eine solche Auslegung in der Regel zu dem Ergebnis führt, daß der Kreditnehmer der Sicherungsgeber ist, ist sehr streitig (dafür Clemente Rz 254; aA Reinicke/Tiedtke Kreditsicherung S 339f). Für diese Auslegungsregel wird angeführt, daß in aller Regel allein der Kreditnehmer dem Sicherungsnehmer das Beleihungsobjekt als Sicherheit anbiete und die Beleihungsunterlagen beibringe. Auch sei allein der Darlehensnehmer nach erfolgter Darlehenszusage zur Sicherheitenbestellung verpflichtet. Habe der Kreditgeber im Zweifel keinen Einblick in das Innenverhältnis zwischen dem Kreditnehmer und dem Grundstückseigentümer, stelle sich die Grundschuldbestellung als auf Geheiß des Kreditnehmers erfolgt dar. Im Zweifel sei auch unerheblich, was der Kreditnehmer mit dem Grundstückseigentümer über Art und Umfang der zugunsten des Kreditgebers bestellten Grundschuld vereinbart hätte. Demgegenüber wird von der Gegenansicht darauf hingewiesen, daß den Sicherungsvertrag derjenige schließen müsse, der das Vermögensopfer bringe. Dies sei der Eigentümer, der sein Grundstück belaste (Reinicke/Tiedtke S 340; Lettl ZBB 2001, 37, 38). Er müsse dann auch über den Deckungsbereich der Grundschuld bestimmen können, erst recht wenn er auf Veranlassung des persönlichen Schuldners tätig geworden sei. Hinzu komme, daß die Gegenmeinung dazu führe, daß nicht der Eigentümer, sondern der Kreditnehmer bei ordnungsgemäßer Kreditabwicklung die Grundschuld zurückerhalte. Damit würde die Grundschuld dem persönlichen Schuldner überlassen, was vom Leitbild einer Sicherheitenbestellung abweiche und daher nicht vermutet werden könne (Gaberdiel Rz 646).

Der BGH stellt zur Bestimmung des Sicherungsgebers darauf ab, wer den Sicherungsvertrag mit dem Siche- **8** rungsnehmer geschlossen und wer dem Sicherungsnehmer die Grundschuld beschafft hat (BGH NJW-RR 1996,

234; BGH WM 1991, 723, 724; BGH WM 1989, 210, 211; BGH 80, 228, 234). So kann der Darlehensgeber den Sicherungsvertrag auch dann mit dem Grundstückseigentümer schließen, wenn er die Darlehensgewährung im Vertrag mit dem Darlehensnehmer von der Sicherheitenbestellung durch den Eigentümer abhängig gemacht hat (BGH WM 1989, 210, 211). In der Regel ist nach Ansicht des BGH allerdings der Darlehensnehmer auch dann als Sicherungsgeber anzusehen, wenn die Grundschuld auf einem Grundstück lastet, das einem Dritten gehört, weil der Darlehensnehmer dem Gläubiger die Grundschuld durch entsprechende schuldrechtliche Abreden mit einem anderen beschafft (BGH WM 1991, 723, 724; BGH WM 1989, 210, 211; Rösler WM 1998, 1377, 1378; Wenzel WiB 1996, 225).

9 Unstreitig ist, daß der Kreditnehmer im Zweifel Sicherungsgeber ist, wenn ihm die Grundschuld, welche der Sicherungsnehmer erhalten soll, bereits als Fremdgrundschuld zusteht oder von ihm als Fremdgrundschuld beschafft wird (BGH ZIP 1990, 439; BGH WM 1989, 210, 211). Ferner wird man den Kreditnehmer regelmäßig als Sicherungsgeber ansehen können, wenn die Grundschuld, die den Kredit sichern soll, nicht ihm, sondern einem Dritten zusteht, er aber mit dem Dritten vereinbart, daß er die Grundschuld an den Kreditgeber abtritt.

10 Ist der persönliche Schuldner nur Bruchteilseigentümer des insgesamt belasteten Grundstücks, wird die Auslegung häufig ergeben, daß Sicherungsgeber nicht der einzelne Bruchteilseigentümer hinsichtlich der auf seinem Miteigentum lastenden Grundschuld ist, sondern Sicherungsgeber die Miteigentümer sind (BGH ZIP 1986, 900, 903). Der schuldrechtliche Anspruch auf Rückgewähr der am ganzen Grundstück bestellten Grundschuld steht dann den Miteigentümern gemäß § 747 S 2 nur gemeinschaftlich zu.

11 3. **Die Sicherungsabrede ist formfrei** (BGH WM 1997, 663, 664; München WM 1999, 1276, 1278; Staud/Wolfsteiner Vorb §§ 1191ff Rz 162). Bestellt jemand im Hinblick auf seine gesamtschuldnerische Haftung eine Grundschuld und stellt sich später heraus, daß die Mitverpflichtung etwa wegen Verstoßes gegen § 494 unwirksam ist, so ist regelmäßig von einer konkludenten Zweckerklärung auszugehen, nach welcher die Grundschuld für die Verbindlichkeit des anderen Kreditschuldners hafte (BGH WM 1997, 663, 664). Nach Ansicht des BGH gilt allerdings für Sicherungsabreden über die Bestellung einer Grundschuld zugunsten einer Bank eine Beurkundungsvermutung im Sinne des § 154 II (BGH WM 1989, 1926, 1928). Dies hat zur Folge, daß der Sicherungsvertrag im Zweifel erst mit Errichtung der privatschriftlichen Urkunde und nicht schon mit den mündlichen Absprachen geschlossen worden ist (BGH WM 1989, 1926, 1928; WM 1982, 443, 444; aM Staud/Wolfsteiner Vorb §§ 1191ff Rz 162). Ist die Grundschuld allerdings bestellt und das Darlehen zugunsten des Kreditnehmers valutiert, kann auf eine konkludent geschlossene Sicherungsabrede geschlossen werden (BGH WM 1991, 86, 87). In diesem Fall ergeben sich die Rechte und Pflichten der Beteiligten aus dem Inhalt und dem Zweck des Kreditverhältnisses, aus dem die durch die Grundschuld gesicherten Forderungen erwachsen (BGH WM 1991, 86, 87).

12 4. **Die Sicherungsabrede ist nicht eintragungsfähig** (BGH NJW 1986, 53, 54), weil dadurch eine dingliche Verknüpfung der nicht akzessorischen Grundschuld mit dem schuldrechtlichen Sicherungszweck geschaffen würde (BGH NJW 1986, 53; Huber S 138; aM Friedrich NJW 1968, 1655; Wilhelm JZ 1980, 625, 629; MüKo/Eickmann Rz 41). Eintragungsfähig sind auch nicht Sicherungsklauseln, wonach zB die Verwertung der Grundschuld nur in Höhe der jeweiligen Forderung zulässig ist (KG JW 1932, 1759 mit Anm Rheinstein), die Fälligkeit der Grundschuld von der Forderungsfähigkeit abhängt (Celle DNotZ 1954, 473) oder bei Nichtigkeit des gesicherten Kredits sofortige Grundschuldzahlung verlangt werden darf (Hamm DNotZ 1956, 43). Hingegen können Einreden, die sich aus der Sicherungsabrede gegen die Grundschuld ergeben (§ 1157), eingetragen oder durch Widerspruch gesichert werden.

13 Umstritten ist, ob eine Verknüpfung der Forderung der Grundschuld dadurch bewirkt werden kann, daß der Bestand der gesicherten Forderung zur aufschiebenden oder auflösenden **Bedingung der Grundschuldbestellung** gemacht wird (RGRK/Joswig Rz 5; RG Warn 1910, 17; Celle DNotZ 1954, 473; Huber S 45; aM Rheinstein JW 1932, 1760; Soergel/Konzen §§ 1191, Rz 17). Praktische Bedeutung hat dieser Meinungsstreit nicht, da sich der Sicherungsnehmer, insbesondere dann, wenn es sich um ein Kreditinstitut handelt, auf eine solche Konstruktion nicht einläßt.

14 5. **Sicherungszweck.** Der Sicherungsvertrag verpflichtet den Sicherungsgeber, die Grundschuld bis zur Erledigung des vereinbarten Zwecks dem Sicherungsnehmer zu belassen, auch wenn der Vertrag erst nach Grundschuldbestellung geschlossen wird (BGH NJW 1990, 392, 393). Die Grundschuld kann für eigene oder fremde, für schon bestehende oder künftige, für bedingte oder befristete Verbindlichkeiten bestellt werden. Es kann eine Sicherung verschiedener, nach Grund und Höhe wechselnder Forderungen, auch eines ganzen Forderungskreises (zB aller Forderungen aus Bankverbindung) vereinbart werden. Sicherungszweck muß nicht notwendig eine Geldforderung sein; so kann zB auch eine bloße Rangsicherung bezweckt sein (vgl Eickmann NJW 1981, 545).

15 Wird die Einbeziehung künftiger Forderungen in den Sicherungszweck formularmäßig vereinbart, ist dies grundsätzlich weder unbillig im Sinne des § 307 I noch überraschend im Sinne des § 305c I, wenn der **Schuldner und der Sicherungsgeber identisch** sind (BGH ZIP 2002, 932, 933; WM 2000, 1328; WM 1997, 1280, 1282; Staud/Wolfsteiner vor §§ 1191ff Rz 48). Dasselbe gilt für Verbindlichkeiten, die den Sicherungsgeber als einen von mehreren Gesamtschuldnern treffen (BGH WM 2000, 1328). Der Sicherungsgeber, der die Eingehung neuer Verbindlichkeiten selbst in der Hand hat, wird durch eine solche Klausel nicht unangemessen benachteiligt und vom Umfang der gesicherten Forderungen nicht überrascht. Hinzu kommt, daß die Klausel auch im Interesse des Sicherungsgebers liegt, weil sie die Abwicklung künftiger Kreditwünsche und ähnlicher Geschäftsvorgänge erleichtert und beschleunigt (BGH WM 1989, 88). Auch ist es jedermann klar, daß er für eigene Verbindlichkeiten mit seinem ganzen Vermögen haftet.

Hinzu kommt, daß Sicherheiten regelmäßig ein Kreditverhältnis insgesamt absichern sollen, auch wenn die 16 Erstreckung auf formularmäßig verwandten Klauseln beruht (BGH WM 1997, 136, 137). Eine Unwirksamkeit der weiten Sicherungszweckerklärung kann hier allenfalls angenommen werden, wenn die Sicherungsabrede sich auf alle nur irgendwie denkbaren Verbindlichkeiten des Sicherungsgebers ohne jede sachliche Begrenzung erstrecken würde (BGH 25, 318). Eine von einem Kreditinstitut verwandte Klausel, wonach die Grundschuld alle Ansprüche „als jedem Rechtsgrund" sichert, ist allerdings nach Treu und Glauben dahin auszulegen, daß die Sicherungsabrede nur Forderungen erfaßt, die im Rahmen der bankmäßigen Geschäftsverbindung entstanden sind (BGH ZIP 1987, 829, 831). Zur bankmäßigen Geschäftsverbindung gehören beispielsweise Ansprüche aus Darlehen, Zinsen, Kosten und alle Ansprüche, die sich aus laufendem Konto ergeben. Auch Bereicherungsansprüche sind gewahrt. Widerruft ein Darlehensnehmer gem §§ 312, 355 seinen grundpfandrechtlich gesicherten Kreditvertrag, so ist auch der Anspruch des Kreditgebers auf Erstattung der Darlehensvaluta sowie auf marktübliche Verzinsung von der Grundschuld gewahrt (BGH ZIP 2003, 247, 249). Bei einer Forderung, die zunächst einem anderen Gläubiger zusteht, ist maßgebend darauf abzustellen, ob diese von dem Sicherungsnehmer in banküblicher Weise erworben wurde, was beispielsweise beim Unterdeckungnehmen fremder Forderungen nicht der Fall ist, die Erstattung von Prozeßkosten der Bank gegen ihren im Pachtstreit unterlegenen Kunden hat ihren Grund grundsätzlich nicht in der bankmäßigen Geschäftsbeziehung (BGH WM 1997, 2355), es sei denn, daß die Prozeßkosten beispielsweise aus der Durchsetzung der Grundschuld resultieren (Merkel in Schimansky/Bunte/Lwowski, Bankrechts-Hdb Rz 316).

Unerheblich ist, ob der Sicherungsgeber für die spätere Verbindlichkeit allein oder etwa neben einem Dritten als 17 Gesamtschuldner haftet (BGH WM 1987, 802). Dies gilt auch dann, wenn nur einer der Gesamtschuldner eine Grundschuld als Sicherheit bestellt, sofern er nur persönlich uneingeschränkt für die gesicherte Verbindlichkeit haftet (Gaberdiel Rz 683). Wird die Sicherheit von mehreren Personen bestellt und besteht zwischen ihnen eine Gesamthandsgemeinschaft, so besteht Personengleichheit nur, wenn jeweils alle Sicherungsgeber Schuldner aller gesicherten Forderungen sind.

Wird die **Grundschuld von einem anderen als dem Schuldner der persönlichen Forderung bestellt,** ist es 18 nicht zu beanstanden, wenn diese als Sicherheit für eine bestimmte Forderung einer Bank dienen soll (BGH NJW 1981, 765). Dann sind auch die Zinsen und evtl anfallende Kosten in den Sicherungszweck einbezogen (Gaberdiel Rz 682 iVm 668; Clemente Rz 296), da auch der vom Schuldner personenverschiedene Sicherungsgeber weiß, daß für ein Darlehen Zinsen geschuldet werden und Kosten anfallen können.

Differenzierter ist die Rechtslage, wenn eine Grundschuld aus Anlaß einer bestimmten fremden Schuld bestellt 19 und der Sicherungszweck auf ungewisse künftige Verbindlichkeiten des mit dem Sicherungsgeber nicht identischen persönlichen Schuldners formularmäßig ausgeweitet wird. Ausgangspunkt der Kontroverse in Literatur und Rspr zur Wirksamkeit der formularmäßigen erweiterten Sicherungsabrede war eine Entscheidung des V. Senats des BGH vom 29. 1. 1982 (WM 1982, 290f), mit welcher die sog **Anlaß-Rspr** begründet wurde.

Nach Ansicht des BGH ist eine formularmäßig vereinbarte, weite Sicherungszweckerklärung grundsätzlich 20 **überraschend im Sinne des § 305c I,** da sie von begründeten Erwartungen des Sicherungsgebers deutlich zu dessen Nachteil abweicht (BGH WM 1997, 1615; WM 1997, 1280, 1282). Solche Erwartungen können durch eine bestimmte Darlehensgewährung geprägt sei, wenn zwischen dem Kredit und der Grundschuldbestellung ein unmittelbarer zeitlicher und sachlicher Zusammenhang besteht (BGH WM 1992, 563, 565). Eine weite Sicherungszweckerklärung ist daher überraschend, wenn sie den Sicherungszweck über den durch den Anlaß des Geschäfts bestimmten Rahmen hinaus in einem nicht zu erwartenden Ausmaß erweitert (BGH WM 1992, 1648, 1649).

Der BGH begründet seine Rspr damit, daß es für den Sicherungsgeber ein unkalkulierbares Risiko sei, auch für 21 erst nachträglich entstehende Verbindlichkeiten zu haften, wenn er auf deren Begründung keinen Einfluß habe (BGH WM 1989, 1926, 1928). Mit einem solchen Risiko rechne der Sicherungsgeber in der Regel nicht. Damit sind im Ausgangspunkt zwei Fallgruppen zu unterscheiden. So kann es sein, daß der Eigentümer von vornherein die gesamten Forderungen des Kreditgebers gegen den Schuldner aus bankmäßiger Verbindung sichern will. Davon zu unterscheiden ist der Fall, daß der Sicherungsgeber einen bestimmten Kredit des Schuldners sichern will und der Sicherungsvertrag die formularmäßige Klausel enthält, daß die Grundschuld nicht nur diese Forderung, sondern auch alle anderen bestehenden sowie künftige erfaßt.

Die **Erwartung des Sicherungsgebers,** die Grundlage seiner möglichen Überrumpelung im Sinne des § 305c I 22 ist, wird dabei von allgemeinen und individuellen Begleitumständen bestimmt. Hierzu gehört nicht nur der Grad an Abweichung der getroffenen Regelung vom dispositiven Gesetzesrecht und die für den Geschäftskreis übliche Gestaltung, sondern auch der Gang und der Inhalt der Vertragsverhandlungen sowie der äußere Zuschnitt des Vertrages (BGH WM 1995, 1397, 1399; WM 1995, 790, 791). So braucht der Sicherungsgeber, der eine Grundschuld zwecks Sicherung einer bestimmten Forderung gegen einen Dritten bestellt, grundsätzlich nicht damit zu rechnen, daß diese Sicherheit „für alle gegenwärtigen Ansprüche" des Gläubigers gegen den Schuldner dienen soll (Gaberdiel Rz 688). Erst recht braucht er nicht damit zu rechnen, „für alle künftigen Forderungen", dh also auch für ungewisse, seiner Kenntnis und Einflußnahme entzogene zukünftigen Schulden des Dritten haften zu müssen. Der Überrumpelungseffekt der weiten, formularmäßig vereinbarten Sicherungsabrede liegt in dem Widerspruch zwischen der durch den besonderen Anlaß der Grundschuldbestellung zutage getretenen Zweckvorstellung des Sicherungsgebers und der davon in einem nicht zu erwartenden Ausmaß abweichenden Ausweitung des Sicherungszwecks (BGH ZIP 1989, 85, 87). Die formularmäßige Erweiterung der Sicherungsabrede auf alle künftigen Verbindlichkeiten des Schuldners wird also wegen Verstoßes gegen § 305c I regelmäßig unwirksam sein, wenn vor oder bei Abschluß der Sicherungsabrede beim Sicherungsgeber der Eindruck erweckt wird, er stelle die Grundschuld als Sicherheit nur für eine bestimmte Forderung zur Verfügung (BGH WM 1987, 586). Dasselbe wird wohl auch gelten, wenn der Sicherungsgeber ohne Dazutun des Sicherungsnehmers redlicherweise diese Vorstellung haben durfte. Dementsprechend ist bei Sicherungsgrundschulden für Tilgungsdarlehen die formularmäßige Erweiterung der dinglichen Haftung auf alle bestehenden und künftigen Verbindlichkeiten des Dritten grundsätzlich insoweit überraschend, als sie über den Anlaß des Sicherungsvertrages hinausgehen (BGH WM 1995, 1397, 1399).

23 Offen ist in diesem Zusammenhang, ob die von § 305c I vorausgesetzte Überraschung erfordert, daß sich der Sicherungsgeber **konkrete Vorstellungen** über die Höhe der Verbindlichkeiten, die er sichern soll, gemacht hat. Immerhin forderte der IX. Senat des BGH insoweit bei der Bürgschaft, daß sich der Bürge wenigstens der Größenordnung nach Gedanken gemacht haben muß (BGH WM 1995, 1397, 1400). Denn habe er es daran fehlen lassen, könne er schwerlich überrascht sein, wenn sich seine Haftung durch die weite Sicherungszweckerklärung auch auf künftige Forderungen gegen den Schuldner erstrecke. Später hat der IX. Senat allerdings entschieden, daß der Anlaß objektiv nach dem bei Eingehung der Bürgschaft bestehenden Sicherungsbedürfnis zu bestimmen ist, wenn sich der Bürge keine Gedanken mache (BGH ZIP 1999, 1480, 1481).

24 Sind im Laufe der Zeit für eine Grundschuld **mehrere Zweckerklärungen** vereinbart worden, so muß die Frage des zeitlichen und sachlichen Zusammenhangs mit der bestimmten Darlehensgewährung für jede Zweckerklärung gesondert geprüft werden (BGH WM 1995, 790, 791; Düsseldorf WM 1998, 1875, 1882). Dabei kann in der Regel bei einer neuen Zweckerklärung für eine bereits vor Monaten bestellte Grundschuld nur noch auf den Anlaß für die neue Sicherungsabrede abgestellt werden. Die Darlehensgewährung, die ursprünglich den Anlaß für die Bestellung der Grundschuld gebildet hatte, hat insoweit grundsätzlich keine Bedeutung mehr (BGH ZIP 2001, 408, 410; WM 2001, 623, 625; WM 1996, 2233, 2234; Köln ZIP 1999, 1840, 1841).

25 Da ein unkalkulierbares Risiko für den Sicherungsgeber nur besteht, wenn er auf die Begründung der gesicherten, künftigen Forderungen keinen Einfluß hat, **entfällt der überraschende Charakter** einer weiten Sicherungszweckerklärung, **wenn Sicherungsgeber und Dritter persönlich und wirtschaftlich so eng verbunden sind,** daß das Risiko künftiger, von der Grundschuldhaftung erfaßter Verbindlichkeiten für den Sicherungsgeber berechenbar und vermeidbar ist (BGH ZIP 2001, 408, 409; WM 1995, 1663, 1664; aA Weber ZfIR 1999, 2, 6). So entfällt der überraschende Charakter einer weiten Zweckerklärung, wenn ein **Geschäftsführer** eine Grundschuld für die Schulden seiner **GmbH** bestellt (BGH ZIP 1998, 2145; BGH ZIP 1997, 449 – jeweils Fall einer Bürgschaft; Hamm WM 1999, 2065, 1067). Da der Grundstückseigentümer hier die Geschäfte der Hauptschuldnerin führt, hat er regelmäßig auch Einfluß auf die Art und Höhe ihrer Kreditverbindlichkeiten. Entscheidet nach der internen Geschäftsordnung die Gesellschafterversammlung über die Kreditaufnahme, so muß die Entscheidung vom Geschäftsführer umgesetzt werden. Er kann jedoch, wenn er eine Ausdehnung seiner Haftung verhindern will, die Sicherungszweckerklärung kündigen. Sind mehrere Geschäftsführer vorhanden, die nach der Satzung einzeln zur Geschäftsführung und Vertretung berufen sind, so kann jeder Geschäftsführer eine Ausweitung des Kredits, für den seine Grundschuld haftet, im Innenverhältnis von seiner Zustimmung abhängig machen. Hat der Grundschuldbesteller als Gesamtprokurist an der Ausweitung einer Kreditverpflichtung der GmbH mitgewirkt, zu deren Besicherung die Grundschuld dient, ist es jedenfalls treuwidrig, sich im Fall einer Inanspruchnahme auf die §§ 305c I, 307 zu berufen (Hamm WM 1997, 1375, 1376 – Fall einer Bürgschaft). Bestellt ein **Gesellschafter** einer GmbH ohne Geschäftsführerbefugnis eine Grundschuld zur Sicherung aller gegenwärtigen und künftigen Forderungen einer Bank gegen die GmbH, kann er als Allein- oder Mehrheitsgesellschafter den Umfang der Kreditaufnahme bestimmen. Die weite Sicherungszweckerklärung verstößt daher nicht gegen § 305c I (BGH ZIP 1999, 1480, 1481 – Fall einer Bürgschaft; Köln BB 1999, 710, 711 – Fall einer Bürgschaft). Verfügt der Gesellschafter nicht über die Mehrheit der Geschäftsanteile, ist darauf abzustellen, ob gesellschaftsrechtlich sichergestellt ist, daß die Eingehung von Verbindlichkeiten der Gesellschaft gegenüber der Bank nicht ohne seine Mitwirkung erfolgen darf (BGH ZIP 1999, 1480, 1481 – Fall der Bürgschaft).

26 Der überraschende Charakter entfällt allerdings nicht allein deshalb, weil **der Dritte der Ehegatte des Sicherungsgebers** ist (BGH ZIP 2001, 408, 409; WM 1995, 1663, 1664; Hamm WM 1999, 2065, 2067). Nach Auffassung des BGH rechnen selbst Ehegatten, die eine Grundschuld an einem gemeinschaftlichen Grundstück aus Anlaß der Sicherung gemeinsamer Verbindlichkeiten bestellen, nicht ohne weiteres damit, daß die Grundschuld jeweils am eigenen Anteil zugleich für alle künftigen Verbindlichkeiten des anderen Ehegatten haften soll (BGH WM 1989, 88, 89). Nach Ansicht des BGH kann ferner eine enge persönliche und wirtschaftliche Verbundenheit einer Ehefrau mit der geschäftlichen Aktivität ihres Ehemannes nicht allein aus dem Umstand abgeleitet werden, daß die Ehefrau zur alleinvertretungsberechtigten Geschäftsführerin einer von mehreren von ihrem Ehemann gegründeten Gesellschaften bestellt ist (BGH WM 1995, 1663, 1664). Bestellen mehrere **Bruchteilseigentümer** eines Grundstücks an diesem zur Sicherung eines gemeinsam aufgenommenen Darlehens, für das sie gesamtschuldnerisch haften, eine Sicherungsgrundschuld und bevollmächtigen sie sich formularmäßig gegenseitig, Willenserklärungen mit Wirkung für den anderen abzugeben und entgegenzunehmen, so ist diese Klausel einschränkend dahin auszulegen, daß sie jedenfalls keine Erklärung deckt, welche die Sicherungsabrede erweitern oder die Grundschuld von der Sicherungsabrede isolieren. Sonst wäre die Klausel überraschend im Sinne des § 305c I (BGH WM 1988, 446).

27 Überraschend ist auch eine formularmäßige Sicherungsvereinbarung, derzufolge die von einer **BGB-Gesellschaft** bestellten Grundschulden über die aus Anlaß ihrer Bestellung gewährten Kredite hinaus auch sonstige, von einem Gesellschafter persönlich aufgenommene Darlehen sichern sollen (BGH ZIP 1988, 12, 15). Entsprechendes gilt für eine formularmäßige Zweckerklärung, wonach die von einem KG-Gesellschafter zur Absicherung einer bestimmten Darlehensschuld der KG bestellte Grundschuld der Sicherung aller gegenwärtigen und künftigen Ansprüche des Sicherungsnehmers der KG dienen soll (BGH WM 1991, 60). Ferner ist der Umstand, daß der

Sicherungsgeber ein kaufmännisches Unternehmen ist, grundsätzlich unerheblich, da § 305c I auch für Rechtsgeschäfte gilt, die auf Seiten des Sicherungsgebers Handelsgeschäft sind (BGH ZIP 1990, 299, 302). Etwas anderes gilt aber für die formularmäßige Erstreckung einer Grundschuld zur Sicherung aller künftigen Forderungen gegen einen Dritten, wenn die Grundschuld von einem mit Kreditgeschäften vertrauten Unternehmen bestellt wird (BGH WM 1995, 1663, 1664). Dazu reicht es aus, daß das Unternehmen von insoweit erfahrenen Gesellschaftern vertreten wird (BGH NJW 1991, 3141, 3142).

Der Überraschungseffekt entfällt auch dann, wenn der **Sicherungsgeber im Rahmen von Verhandlungen auf** **28** **die Erweiterung der dinglichen Haftung hingewiesen worden ist** (BGH WM 1997, 1615, 1616; WM 1995, 1663, 1664; Düsseldorf WM 1998, 1875, 1882; Hamm WM 1999, 2065, 1067). Auch eine besondere drucktechnische Gestaltung des Vordrucks (BGH WM 1988, 12) oder der Umstand, daß es sich um eine kurzgefaßte, überschaubare Erklärung mit eindeutigem Inhalt handelt (Düsseldorf WM 1985, 1595), konnte nach früherer Ansicht der Rspr das Überraschungsmoment entfallen lassen. Insoweit werden allerdings im Zweifel hohe Anforderungen gestellt. Der BGH hat nämlich entschieden, daß eine weite Zweckerklärung überraschend bleibt, wenn vom Sicherungsgeber eine zusätzliche Formularerklärung unterschrieben wird, die auf die Zweckerweiterung hinweist (BGH WM 1995, 2133, 2134). Vielmehr bedürfe es eines individuellen Hinweises, der die Gewähr dafür biete, daß dem Sicherungsgeber sich der vollen Tragweite seiner Erklärung bewußt wird. Dazu reicht es im Zweifel nicht aus, daß ein Notar die Klausel über den Sicherungszweck vorgelesen hat (BGH 83, 56, 60; vgl auch BGH ZIP 2002, 932, 934). Denn das bloße Verlesen eines abstrakten Vertragstextes bietet keine Gewähr dafür, daß ein juristisch unkundiger Laie Tragweite und Auswirkungen der für ihn überraschenden Klausel voll erfaßt.

Nicht überraschend im Sinne des § 305c I ist eine Einbeziehung aller Drittverbindlichkeiten in den Deckungsbe- **29** reich der Grundschuld, wenn die Bestellung der Grundschuld **zur Sicherung der Geschäftsverbindung** erfolgt (Vollmer WM 1998, 914, 915; Clemente Rz 339). So ist die weite formularmäßige Sicherungsabrede wirksam, wenn die Grundschuld zur Absicherung von Verbindlichkeiten in wechselnder Höhe aus laufender Geschäftsbeziehung eines Dritten, etwa zur Besicherung eines Kontokorrent-Kredits, der bis zum Limit in Anspruch genommen werden kann, hingegeben wurde. Denn dies schließt notwendigerweise und für den Sicherungsgeber ohne weiteres erkennbar gerade die Absicherung auch künftiger Forderungen mit ein (BGH ZIP 1987, 245, 246).

Beruft sich der Sicherungsgeber der Grundschuld auf § 305c I, so trifft ihn für die maßgeblichen Tatsachen die **30** **Darlegungs- und Beweislast** (BGH WM 1995, 790, 791). Erst wenn diese Tatsachen dargelegt und bewiesen sind, muß der Grundschuldgläubiger darlegen und beweisen, daß er einen Hinweis gegeben hat, der der Erweiterung des Sicherungszwecks den überraschenden Charakter nimmt (BGH WM 1992, 563, 564f; Siol WM 1996, 2217, 2224).

Ob aus dem **Verstoß** einer weiten Sicherungszweckerklärung **gegen § 305c I** die Unwirksamkeit der gesamten **31** Klausel folgt, ist insoweit eine Frage der konkreten Gestaltung des Klauselwerks, als jedenfalls eine Zweckerklärung, die nach ihrem Wortlaut aus sich heraus verständlich und sinnvoll in einen zulässigen und einen unzulässigen Regelungsteil trennbar ist, nach gefestigter Rspr aller zuständigen Senate des BGH mit ihrem zulässigen Teil gemäß § 306 I aufrechterhalten bleiben kann (BGH 106, 19, 25f). Dies gilt auch für die Trennung des Haftungsumfangs für bestehende und zukünftige Verbindlichkeiten (BGH ZIP 1994, 861, 865). Darüber hinaus ist der IX. Senat der zutreffenden Ansicht, daß eine inhaltlich und gegenständlich teilbare Zweckerklärung mit ihrem zulässigen Teil gemäß § 306 auch dann aufrechtzuerhalten ist, wenn eine vollständige sprachliche Trennung nicht möglich ist (BGH ZIP 2002, 932, 934; BGH WM 1997, 1045, 1048; WM 1996, 436, 438, so auch Lettl ZBB 2001, 37, 39; Altvater WiB 1996, 374, 376 und Siol WM 1996, 2217, 2219, die dieses Ergebnis durch ergänzende Vertragsauslegung erreichen; aA Schmitz/Herscheid ZIP 1997, 1140, 1143). Die Totalnichtigkeit der Sicherungszweckerklärung und damit der Wertlosigkeit der Sicherheitenbestellung wäre nämlich für den Sicherungsgeber ein unverdientes Geschenk. Es ist zu hoffen, daß sich auch die übrige Rspr diesem neuen Ansatz anschließen wird, da die Rechtsfolgen eines nur teilweisen Verstoßes gegen § 305c I nicht von der Zufälligkeit abhängen dürfen, wie die weite Sicherungszweckerklärung sprachlich ausgestaltet wurde. Anzeichen für ein Aufgreifen dieses Gedankens finden sich im Urteil des XI. Senats vom 5. 10. 1995 (BGH WM 1995, 2133, 2135), da der Senat darin die Beschränkung auf den Anlaß-Kredit auf eine ergänzende Vertragsauslegung stützt, nachdem eine weite Sicherungszweckerklärung wegen Verstoßes gegen § 305c I nicht Vertragsbestandteil wurde.

Eine weite Sicherungszweckerklärung bei einer Drittgrundschuld verstößt allerdings nach gefestigter und zutref- **32** fender Rspr des IV., V. und XI. Senats nicht gegen § 307 I (BGH ZIP 2002, 932, 933; BGH WM 2001, 623, 625; BGH WM 1997, 1280, 1282; WM 1996, 2233, 2234; WM 1995, 2133, 2134; WM 1995, 790, 791f; Koblenz WM 1999, 2068, 2070; Hamm WM 1999, 2065, 2067; Lettl ZBB 2001, 37, 40; Weber ZfIR 1999, 2, 9; Merkel in Schmimansky/Bunte/Lwowski Bankrechts-Hdb Rz 323; Gaberdiel Rz 689; Siol WM 1996, 2217, 2219f; Rösler WM 1998, 1377, 1378; Rainer WM 1988, 1657 (1659); aA Köln ZIP 1999, 1840, 1842; Tiedtke ZIP 1997, 1949, 1950; Schmitz/Valckenberg DNotZ 1998, 581, 584; Ulmer/Brandner/Hensen AGB-Gesetz Anh §§ 9–11 Rz 66; Clemente Rz 345; ders NJW 1983, 6, 9). Da Inhalt und Umfang der schuldrechtlichen Zweckbindung von Grundschulden gesetzlich nicht festgelegt sind, sondern der freien Vereinbarung unterliegen, ist die formularmäßig vereinbarte Erstreckung des Sicherungszwecks einer Grundschuld auf alle künftigen Forderungen des Gläubigers gegen einen mit dem Sicherungsgeber nicht identischen Kreditnehmer gemäß § 307 III S 1 einer Überprüfung anhand der §§ 307ff entzogen. Hinzu kommt, daß es gemäß §§ 1113 II, 1192 I dem gesetzlichen Leitbild der Grundschuld im Sinne des § 307 II Nr 1 entspricht, auch für künftige Forderungen zu haften. Eine unangemessene Benachteiligung des Drittsicherungsgebers ist einer weiten Sicherungszweckerklärung also nicht zu entnehmen. Auch die Grundsätze, die der IX. Zivilsenat zum Teil unter Aufgabe seiner früheren Rspr zur Beurteilung von Glo-

33 6. Zur **Änderung des Sicherungsvertrages** ist eine Vereinbarung zwischen den Parteien dieses Vertrages erforderlich, die keiner notariellen Form bedarf (BGH WM 1997, 1280, 1282). Sicherungsgeber und Sicherungsnehmer müssen mitwirken, wenn der Sicherungszweck geändert werden soll, dh also der Kreis der gesicherten Forderungen erweitert oder eingeschränkt wird (BGH WM 1988, 1259, 1260), wobei unerheblich ist, ob der Sicherungsgeber Eigentümer des belasteten Grundstücks ist oder nicht (BGH WM 1997, 1280, 1281). Dasselbe gilt, wenn die Möglichkeiten der Rückgewähr nachträglich eingeschränkt oder bestehende Beschränkungen aufgehoben oder gelockert werden sollen (Wenzel S 209). Soweit nichts anderes vereinbart, ist eine Mitwirkung des persönlichen Schuldners, der nicht zugleich Sicherungsgeber ist, zur Änderung des Sicherungsvertrages nicht erforderlich (Wenzel S 209). Auch der Umstand, daß für die durch die Grundschuld gesicherte Forderung eine weitere Sicherheit bestellt ist, hindert eine Änderung des Sicherungsvertrages nicht. Eine Mitwirkung der Sicherungsgeber anderer Sicherheiten ist nicht erforderlich (BGH WM 1989, 484, 488). Soweit nicht ausnahmsweise etwas anderes vereinbart ist, soll nämlich durch die Grundschuld das Risiko des Gläubigers und nicht das der anderen Sicherungsgeber verringert werden (BGH ZIP 1994, 861, 863 – Fall einer Bürgschaft).

34 Auf die Mitwirkung des Sicherungsgebers kann auch dann nicht verzichtet werden, wenn dieser den Rückgewähranspruch abgetreten hat (BGH WM 1991, 2019, 2020). Denn diese Zession läßt die Haftung fortbestehen und die Gefahr, bei Nichterfüllung der gesicherten Forderung in Anspruch genommen zu werden, wird durch die Abtretung der Rückgewähransprüche nicht verringert.

35 Wird der Kreis der durch die Grundschuld gesicherten Forderungen erweitert, führt dies zu einer Beeinträchtigung des Rückgewähranspruchs. Deshalb ist nach dessen Abtretung, Pfändung oder Verpfändung die Zustimmung des Zessionars bzw Pfandgläubigers erforderlich (Gaberdiel Rz 701, Clemente Rz 264). Gleiches gilt für alle anderen Änderungen des Sicherungsvertrages, durch die der Rückgewähranspruch beeinträchtigt wird. Eine Änderung der Sicherungsabrede ist während des Bestehens der Geschäftsverbindung nicht notwendig, wenn die Grundschuld mit anderen Forderungen revalutiert werden soll und eine weite Zweckerklärung wirksam vereinbart ist. Hat der Sicherungsnehmer im Zeitpunkt der Änderung der Sicherungsabrede keine Kenntnis von der Abtretung des Rückgewähranspruchs, so muß der Zessionar des Rückgewähranspruchs die Änderung gegen sich gelten lassen (§ 407 I). Der Zessionar kann dieses Risiko dadurch ausräumen, daß er dem Sicherungsnehmer die Abtretung anzeigt.

36 Der Zessionar kann im Einzelfall dem Sicherungsgeber gegenüber verpflichtet sein, der Änderung der Sicherungsabrede zuzustimmen, da er auf berechtigte Interessen des Sicherungsgebers Rücksicht zu nehmen hat und diesen nicht unbillig in seiner wirtschaftlichen Handlungsfreiheit behindern darf (Clemente Rz 265). Nachrangige Gläubiger können einer Änderung der Sicherungsabrede nicht widersprechen (BGH ZIP 1989, 1174, 1176). Selbst § 1179a soll nicht verhindern, daß einer ganz oder teilweise nicht (mehr) valutierten Fremdgrundschuld andere Forderungen unterlegt werden, der Eigentümer also den durch den Rang des Grundpfandrechts mitbestimmten Sicherungsrahmen vollständig ausschöpft (BGH ZIP 1989, 1174, 1176).

37 7. **Rechtsfolge.** Der Gläubiger einer grundpfandrechtlich gesicherten Forderung kann diese ganz oder teilweise an einen Dritten abtreten (§ 398). Die Sicherungsgrundschuld geht in diesen Fällen nicht schon kraft Gesetzes (§ 401) auf den neuen Gläubiger über (Staud/Wolfsteiner Vorb §§ 1191ff Rz 222). Im Zweifel ist aber der Zedent nach dem Rechtsgedanken des § 401 verpflichtet, die bestehende grundpfandrechtliche Sicherung auf den neuen Gläubiger zu übertragen, sofern nicht mit dem Sicherungsgeber ausdrücklich und eindeutig eine anderweitige Vereinbarung getroffen wurde.

38 Setzt der neue Gläubiger/Sicherungsnehmer die Geschäftsverbindung fort, erstreckt sich der Deckungsbereich der Grundschuld in der Regel allerdings nicht auf neue Forderungen, die der Einzelrechtsnachfolger etwa durch eigene Kreditgewährung begründet (BGH 26, 142, 147 zur Bürgschaft; Clemente Rz 332). Allerdings kann bereits bei Bestellung der Sicherheit vereinbart werden, daß diese bei einem Gläubigerwechsel auch für neue Forderungen des Zessionars haftet (BGH 26, 142, 148 zur Bürgschaft; Räfle WM 1983, 806, 807). In diesem Fall enthält die Sicherungsabrede neben der Bestimmung des Deckungsbereichs der Grundschuld gegenüber dem gegenwärtigen Gläubiger einen Vertrag zugunsten eines Dritten, nämlich des Rechtsnachfolgers des Gläubigers. Möglich ist es selbstverständlich auch, daß die Einbeziehung der neuen Verbindlichkeiten des Zessionars nachträglich mit diesem vereinbart wird.

39 Im Falle der **Gesamtrechtsnachfolge** haftet die Grundschuld auch für neue Ansprüche des die Geschäftsverbindung fortsetzenden Gesamtrechtsnachfolgers des Sicherungsnehmers, sofern der Sicherungszweck der Grundschuld die Einbeziehung auch künftiger Verbindlichkeiten vorsieht (BGH ZIP 1981, 596, 597; ZIP 1980, 534, 535 zur Bürgschaft; Clemente Rz 332). Denn bei der Gesamtrechtsnachfolge werden nicht nur alle bereits entstandenen Rechte und Pflichten, sondern auch die künftig entstehenden und schwebenden Rechtsbeziehungen übernommen. Der Gesamtrechtsnachfolger tritt als Partei der Verträge an die Stelle des Rechtsvorgängers.

40 Zur Rechtsnachfolge beim Schuldner finden sich in den Sicherungszweckvereinbarungen für Grundschulden Klauseln wie beispielsweise: „Im Falle eines Wechsels des Inhabers oder einer Änderung der Rechtsform der Firma des Kreditnehmers dient die Grundschuld auch zur Sicherung aller Forderungen gegen den Rechtsnachfolger des Kreditnehmers." Zu beachten ist dabei, daß eine Rechtsnachfolge noch nicht vorliegt, wenn ein Kaufmann seine Firma ändert (§ 21 HGB), eine OHG oder KG mit den Erben eines Gesellschafters fortgesetzt wird oder alle Gesellschafter ihre Anteile auf Dritte übertragen, eine Gesellschaft bürgerlichen Rechts in eine OHG oder KG

umgewandelt wird oder umgekehrt, bei einer Erbengemeinschaft ein Erbanteil auf einen Dritten übertragen wird oder eine AG, KGaA oder GmbH in eine andere Kapitalform wechselt.

Ob eine in **Allgemeinen Geschäftsbedingungen** niedergelegte Ausweitung des Sicherungszwecks auf den **Rechtsnachfolger des persönlichen Schuldners** ungewöhnlich und damit überraschend im Sinne des § 305c I ist, ist eine Frage des Einzelfalles. Wer etwa für eine juristische Person des Privatrechts, insbesondere eine GmbH, eine Sicherheit bestellt und dabei – zB als Kommanditist einer KG, die die Gesellschaftsanteile an der GmbH hält – weiß, daß diese GmbH zu einem Verbund verwandter Gesellschaften gehört, muß damit rechnen, daß die Gesellschaft, für die er Sicherheiten stellt, bei entsprechender wirtschaftlicher und steuerlicher Notwendigkeit unter Umständen mit einer anderen Gesellschaft desselben Firmenverbundes verschmolzen wird und die bestellten Sicherheiten nunmehr auch dem Rechtsnachfolger zugute kommen (Celle EWiR 1989, 353). Der Sicherungsgeber wird hierbei keinen unübersehbaren Risiken ausgesetzt, da die alte Gesellschaft verpflichtet ist, die Interessen des Sicherungsgebers bei der Rechtsnachfolgelösung mit zu berücksichtigen (Vortmann EWiR 1989, 353, 354). **41**

Anders kann die Rechtslage bei Nachfolgern des Sicherungsgebers sein, wenn das Eigentum an dem belasteten Grundstück auf einen anderen übergeht und neben der Grundschuld vom Sicherungsgeber auch ein Schuldversprechen abgegeben wurde. Denn eine Nachfolgeklausel kann hier dazu führen, daß der Voreigentümer persönlich für die Schulden des Rechtsnachfolgers haftet. In diesen Fällen sollte der Grundpfandrechtsgläubiger sich an den Grundsätzen orientieren, die zur AGBrechtlichen Wirksamkeit von Drittgrundschulden (Rz 18ff) herausgearbeitet wurden (Clemente Rz 332; Rastätter DNotZ 1987, 459, 467; Reithmann WM 1985, 441, 446). **42**

8. Kündigung der Sicherungsabrede. Dem **Sicherungsgeber,** der **zugleich Schuldner** der gesicherten Verbindlichkeit ist, hat kein Recht zur Kündigung der Sicherungsvereinbarung, wenn ein enger Sicherungszweck vereinbart wurde. Werden durch den Sicherungsvertrag allerdings auch künftige Verbindlichkeiten gesichert und ist eine Laufzeit des Sicherungsvertrages – wie allgemein üblich – nicht festgelegt, kann die Sicherungsabrede nach den für Dauerschuldverhältnisse geltenden Grundsätzen gekündigt werden (Clemente Rz 278; Gaberdiel Rz 602). Voraussetzung ist das Vorliegen eines wichtigen Grundes, dh dem Kündigenden ist die weitere Durchführung des Vertrages nicht mehr zumutbar. **43**

Bei einer Grundschuld, die von einem **vom persönlichen Schuldner personenverschiedenen Dritten** bestellt wurde, hat der Drittsicherungsgeber ähnlich dem Bürgen die Möglichkeit, die Sicherungsabrede zu kündigen (BGH ZIP 2002, 2123; BGH WM 1993, 897, 898; aA Lettl ZBB 2001, 37, 44). Ein Bürge, der es auf unbestimmte Zeit übernommen hat, für den einem Dritten eröffneten Kredit einzustehen, hat nach Treu und Glauben nach Ablauf eines gewissen Zeitraums oder bei Eintritt besonders wichtiger Umstände das Recht, die Bürgschaft mit Wirkung für die Zukunft zu kündigen (BGH WM 1993, 897, 898). **44**

Der **Zeitfaktor,** der die Eröffnung einer Kündigungsmöglichkeit geboten erscheinen läßt, hängt von den Umständen des einzelnen Falles ab. So hat es der BGH bei der Bürgschaft beispielsweise verneint, das bloße Verstreichen von drei Jahren seit Übernahme der Bürgschaft als hinreichende Grundlage einer Kündigung anzusehen (BGH WM 1993, 897, 898; BGH WM 1985, 969, 970). Insoweit kann nicht außer Acht gelassen werden, daß grundpfandrechtlich gesicherte Darlehen typischerweise langfristig vereinbart werden, so daß an den Zeitfaktor im Zweifel sehr hohe Anforderungen zu stellen sind. Die **wichtigen Umstände,** deren Eintritt ein Kündigungsrecht eröffnen kann, können beispielsweise in einer erheblichen Verschlechterung der Vermögenslage des Schuldners der gesicherten Verbindlichkeit liegen (BGH WM 1993, 897, 898). Aber auch dann, wenn die Drittgrundschuld für alle Ansprüche aus bankmäßiger Geschäftsverbindung bestellt wurde und die gesicherten Forderungen weitgehend oder gar völlig getilgt sind, kann ein berechtigtes Interesse des Drittsicherungsgebers bestehen, die grundpfandrechtliche Haftung mit Wirkung für die Zukunft zu beenden (BGH WM 1994, 784, 785, Fall einer Bürgschaft). Zu den besonders wichtigen Umständen kann ferner das Ausscheiden des Sicherungsgebers aus einer Gesellschaft gehören, wenn die Gesellschafterstellung Anlaß für die Bestellung der Grundschuld war (BGH ZIP 2002, 2123, 2124). Auch kann ein Ehegatte, der den Kredit des anderen ersichtlich aus Anlaß der mit ihm bestehenden Ehe besichert hat, nach deren Scheidung die Sicherungsabrede kündigen (BGH ZIP 2002, 2123, 2124). **45**

Die Kündigung läßt die **Haftung der Grundschuld für begründete Verbindlichkeiten unberührt** (BGH ZIP 2002, 2123, 2125). Die Haftung wird auf die gesicherten Verbindlichkeiten beschränkt, die im Zeitpunkt des Wirksamwerdens der Kündigung bestehen (BGH WM 1986, 850, 851 – Fall einer Bürgschaft). Hinsichtlich der Haftung für künftige Verbindlichkeiten darf die Ausübung des Kündigungsrechts durch den Drittsicherungsgeber dabei allerdings nur unter billiger Rücksichtnahme auf die zwischen dem Gläubiger und dem persönlichen Schuldner bestehende Geschäftsverbindung erfolgen und ist nicht ohne weiteres mit der Wirkung zulässig, daß die Grundschuld vom Zeitpunkt des Zugangs der Kündigung für keine weitere Kreditgewährung mehr haftet. Vielmehr kann der Drittsicherungsgeber die Kündigung nur unter Wahrung einer Frist, die nach den Umständen des Einzelfalles angemessen ist, erklären (BGH WM 1985, 1059, 1061 – Fall einer Bürgschaft; Gerth BB 1990, 78, 81). Die **Kündigungsfrist** ist so zu bemessen, daß den Beteiligten ein angemessener Zeitraum verbleibt, um ihre wirtschaftlichen Dispositionen der durch die Kündigung geschaffenen veränderten Lage anzupassen (BGH WM 1985, 1059, 1061 – Fall einer Bürgschaft). Nur ausnahmsweise ist die Kündigung mit sofortiger Wirkung möglich, wenn berechtigte Interessen des Gläubigers und des persönlichen Schuldners nicht entgegenstehen (BGH ZIP 2002, 2123, 2125). **46**

9. Haustürgeschäfte, Verbraucherkredite. Nach Ansicht des BGH ist § 312 auf die von einem **Drittsicherungsgeber** erklärte Verpflichtung zur Bestellung einer Grundschuld jedenfalls dann anwendbar, wenn der Verpflichtete die Grundschuld in der dem anderen Teil erkennbaren Erwartung übernimmt, ihm selbst oder einen **47**

bestimmten Dritten werde daraus irgendein Vorteil erwachsen (BGH WM 1995, 2027; aA Wenzel NJW 1993, 2781). Die Grundschuldbestellung als dingliches Geschäft unterfällt §§ 312, 355 nicht (Koblenz WM 1999, 2068, 2069).

48 Höchstrichterlich entschieden war nach altem Recht die Frage, ob auch dem Besteller einer Sicherungsgrundschuld, der zugleich **Darlehensnehmer** ist, ein Widerrufsrecht für den Darlehensvertrag nach dem HaustürWG aF zusteht. Insoweit war auf § 5 II HaustürWG aF zu verweisen, wonach für ein Geschäft, welches zugleich die Voraussetzungen des HaustürWG und des VerbrKrG erfüllt, nur die Vorschriften des VerbrKrG anzuwenden sind. Gemäß § 3 II Nr 2 iVm § 7 VerbrKrG aF konnte aber die auf Abschluß eines grundpfandrechtlich gesicherten Kreditvertrages gerichtete Willenserklärung eines Verbrauchers nicht widerrufen werden. Dieser Ausschluß des Widerrufsrechts nach § 7 VerbrKrG bei grundpfandrechtlich gesichertem Darlehen war vom Gesetzgeber im Hinblick auf die ansonsten gefährdete laufzeitkongruente Refinanzierung vieler Hypothekendarlehen vorgesehen (so die Gesetzesbegründung, BT-Drucks 11/5462, 18). Ferner trug das VerbrKrG damit dem Umstand Rechnung, daß das Zustandekommen derartiger Verträge meist mehrere Gespräche und Verhandlungen erfordert und dem Darlehensnehmer üblicherweise ein verbindliches Darlehensangebot mit einer oftmals 14tägigen Annahmefrist unterbreitet wird. Der Verbraucher hat hier also hinreichend Zeit zur Überlegung, so daß es eines Widerrufsrechts aus Gründen des Schutzes vor Übereilung und Überrumpelung nicht bedurfte. Vor dem Hintergrund dieser ausdrücklichen Annahme grundpfandrechtlich gesicherter Darlehen vom Widerrufsrecht sollte die auf den Abschluß des Darlehensvertrages gerichtete Willenserklärung weder nach dem VerbrKrG noch nach dem HaustürWG widerrufbar sein (BGH WM 2000, 26, 27). Der in § 5 II HaustürWG normierte Vorrang des VerbrKrG sollte in diesem Sinne umfassend verstanden werden (BGH WM 2000, 26, 27 mwN). Diese Auslegung hielt allerdings einer europarechtlichen Überprüfung nicht stand. So hat der EuGH (ZIP 2002, 31) entschieden, daß die Haustürgeschäfterichtlinie auf grundpfandrechtlich gesicherte Darlehensverträge, die in einer von der Richtlinie erfaßten Situation geschlossen werden, anwendbar ist und der Haustürgeschäfterichtlinie dann auch Vorrang vor der Verbraucherkreditrichtlinie zukommt. Dementsprechend hat der BGH (ZIP 2002, 1075; BGH ZIP 2003, 64, 65; BGH ZIP 2003, 247, 248; BGH ZIP 2003, 432, 433) seine Rspr geändert und festgestellt, daß § 5 II HaustürWG aF richtlinienkonform so auszulegen ist, daß Kreditverträge nicht zu den Geschäften gehören, die im Sinne des § 5 II HaustürWG aF die Voraussetzungen eines Geschäfts nach dem VerbrKrG aF erfüllen, als das VerbrKrG kein gleich weitreichendes Widerrufsrecht wie das HaustürWG aF einräumt. Dies soll auch für solche Verträge gelten, die zwar nicht unmittelbar der Haustürgeschäfterichtlinie unterfallen, die aber nach deutschem Recht die Voraussetzungen eines Haustürgeschäfts erfüllen (BGH ZIP 2002, 2210, 2211). Der Gesetzgeber hat hieraus die Konsequenzen gezogen und das Widerrufsrecht bei Immobiliardarlehensverträgen (§ 492 Ia S 2) grundlegend geändert (s dazu Schmidt-Räntsch ZIP 2002, 1100). So steht dem Darlehensnehmer, der einen Immobiliardarlehensvertrag als Haustürgeschäft (§ 312 I, III) schließt, ein Widerrufsrecht zu (§§ 495 I, 355). Übt der Darlehensnehmer sein Widerrufsrecht aus, hat ihm der Darlehensgeber zwar die auf das Darlehen erbrachten Zins- und Tilgungsleistungen zu erstatten (BGH ZIP 2003, 64, 65); dem Darlehensgeber seinerseits ist allerdings der ausgezahlte Nettokreditbetrag zu erstatten und marktüblich zu verzinsen (BGH ZIP 2003, 64, 66). Widerruft der Darlehensnehmer die auf Abschluß des Immobiliardarlehensvertrags gerichtete Willenserklärung, so bleibt er an das finanzierte Grundstücksgeschäft gebunden (BGH ZIP 2003, 64, 66; BGH ZIP 2002, 2210, 2211). Ein Widerruf des Grundstücksgeschäfts kommt nur ausnahmsweise unter den engen Voraussetzungen des Vorliegens verbundener Verträge (§ 358 III S 3) in Betracht.

49 § 491 ist auf die Sicherungszweckerklärung einer Grundschuld nicht anwendbar. Dies gilt auch dann, wenn die Grundschuld von einem Dritten bestellt wird (BGH WM 1997, 663, 664).

50 **10. Wegfall der Geschäftsgrundlage** (§ 313) des Sicherungsvertrages ist möglich. Die Voraussetzungen unterliegen aber einem strengen Maßstab. So kann in seltenen Ausnahmefällen die Gewährung weiterer Kredite Geschäftsgrundlage der Grundschuldbestellung sein. Voraussetzung ist, daß nach dem gemeinsamen Willen beider Vertragsparteien, der nicht zum Vertragsinhalt erhoben wurde, die Besicherung der Alt-Verbindlichkeiten nur vorgenommen wurde, um zugleich auch die Grundlage für einen weiteren Kredit zu schaffen (Düsseldorf WM 1997, 960, 962; Köln WM 1997, 963, 964). Geschäftsgrundlage kann auch die Vorstellung nur einer Vertragspartei werden, wenn sie dem Geschäftspartner erkennbar war und von ihm nicht beanstandet wurde. Allerdings reicht die allgemeine Erwartung des Grundschuldbestellers, nach der Besicherung der Altschulden würden weitere Kredite gewährt, nicht aus. Erforderlich ist vielmehr eine als sicher in Aussicht gestellte Kreditgewährung für den Fall der Altschuldenbesicherung sowie eine Werthaltigkeit des Pfandobjektes, die signifikant höher ist als die Altverbindlichkeiten. Demgegenüber ist allein die erkennbare (doch nicht gebilligte) Erwartung des Sicherungsgebers, er werde aus der für eine fremde Verbindlichkeit bestellten Grundschuld nicht in Anspruch genommen, keine Geschäftsgrundlage der Sicherungsvereinbarung (BGH ZIP 1987, 1519), auch nicht die Erwartung, der Gläubiger werde vorrangig aus anderen, insbesondere aus vom persönlichen Schuldner gestellten Sicherheiten vorgehen (vgl BGH WM 1997, 1247, 1249).

51 **11. Sittenwidrigkeit.** Die Bestellung einer Grundschuld durch einen im übrigen **einkommens- und vermögenslosen Sicherungsgeber** verstößt nicht gegen § 138 I. Dies gilt auch bei der Bestellung einer Drittgrundschuld (BGH ZIP 2002, 1439, 1440). § 138 I will den Sicherungsgeber nicht davor bewahren, einen Vermögensgegenstand als Sicherheit zu geben, bei dessen Verwertung er neben wirtschaftlichen auch persönliche Nachteile erleidet, wie etwa den Verlust des Eigenheimes. Der Einsatz des einzigen oder letzten Vermögensgutes als Sicherungsmittel ist ohne weitere Umstände nicht sittenwidrig (BGH ZIP 2002, 1439, 1440). Die von der Rspr zur Sittenwidrigkeit einer Bürgschaft oder Mithaftung eines einkommens- und vermögenslosen Verpflichteten (BGH ZIP 2002, 1482, 1483 mwN) findet auf die Sicherungsgrundschuld keine Anwendung. Auch eine Sittenwidrigkeit des durch die Grundschuld **gesicherten Darlehens** berührt die Wirksamkeit der Grundschuldbestellung nicht (BGH ZIP

2000, 1376, 1378). Anders als beim Wuchertatbestand ergreift die Nichtigkeit des Darlehensvertrages wegen eines sittenwidrigen Mißverhältnisses von Leistung und Gegenleistung iSd § 138 I nicht ohne weiteres die Bestellung von Sicherheiten. Diese bleiben vielmehr idR bestehen und dienen der Absicherung des bereicherungsrechtlichen Anspruchs auf Rückzahlung der Darlehensvaluta. Dies gilt auch dann, wenn gerade die grundpfandrechtliche Absicherung des Darlehens wegen der bei Realkrediten niedrigeren marktüblichen Vergleichszinsen das Darlehen sittenwidrig erscheinen läßt (BGH ZIP 2000, 1376, 1379). **Nichtigkeit der Sicherungsabrede** erfaßt nicht den Bestand der abstrakten Grundschuld (Rz 2). Der Sicherungsvertrag kann auch nicht mit der dinglichen Einigung zu einem einheitlichen Rechtsgeschäft iS des § 139 verbunden werden. Geschäftseinheit kann aber zwischen Sicherungsabrede und Forderungsverhältnis bestehen (Weber AcP 169, 237; Serick I § 4 II 3, 4), auch bei Sicherung fremder Schuld. Unwirksamkeit der Sicherungsabrede (oder Fehlen einer solchen Abrede) hat **Rückgewähranspruch nach § 812 I** zur Folge (BGH WM 1991, 86). Aus diesem Anspruch ergibt sich zugleich eine Einrede nach § 1157, die durch Widerspruch gesichert werden kann; mit ihrer Einrede entsteht zudem die dingliche Verzichtsanspruch aus §§ 1192 I, 1169 (BGH NJW 1985, 800); Abtretung des Rückgewähranspruchs erfaßt auch die des Verzichtsanspruchs (BGH aaO). Entreicherung des Grundschulderwerbers durch unentgeltliche Zession verpflichtet den Zessionar nach § 822 zur Rückgewähr an den Eigentümer (BGH 108, 237, 243). Die Löschungskosten (§ 875 BGB, § 29 GBO) trägt nach § 818 III der Eigentümer (BGH WM 1970, 964).

Nichtigkeit der gesicherten Forderung läßt die Grundschuld unberührt. Diese steht also ohne Rücksicht darauf, ob sie nicht oder nicht mehr valutiert ist, ihrem Inhaber zu (BGH NJW 1981, 1505); § 1163 I ist unanwendbar. Nichtigkeit eines wucherischen Darlehens ergreift jedoch auch die Sicherungsabrede und gemäß § 138 II die zu deren Erfüllung bestellte Grundschuld (BGH NJW 1982, 2767). Ist das Forderungsverhältnis nichtig, aber die Sicherungsabrede wirksam, so begründet sie einen Rückgewähranspruch gegen den Sicherungsnehmer, ebenso wenn infolge sonstiger rechtlicher Störung der Forderungsbeziehung die gesicherte Forderung endgültig nicht entsteht oder wegfällt (anders Jäckle JZ 1982, 50, wonach der vertragliche Rückgewähranspruch auf den Fall planmäßiger Forderungstilgung beschränkt sein soll). Ob für den Fall der Nichtigkeit des gesicherten Kreditverhältnisses oder einer Leistungsstörung der dann entsprechende Bereicherungs- oder Schadensersatzanspruch des Sicherungsnehmers von vornherein mitgesichert ist, ist Auslegungssache. In der Regel wird der Parteiwille zu einer solchen Ersatzsicherung zu unterstellen sein (anders die 9. Aufl; Schleswig ZIP 1982, 160; Köln NJW-RR 1986, 1052; Celle WM 1987, 1484; vgl auch BGH NJW 1980, 1050; wie hier Pal/Bassenge Rz 21; BGH NJW 1984, 1134 zum Pfandrecht; MüKo/Eickmann Rz 38 betr Bereicherungsanspruch), auch bei Sicherung fremder Kreditschuld. Insbesondere dann, wenn die Sicherungsabrede auch künftige Forderungen aus der Bankverbindung oder aus jedem Rechtsgrund einbezieht, ist der Bereicherungsanspruch bei nichtigem Kreditvertrag (BGH WM 1991, 954) oder ein Schadensersatzanspruch wegen Nichterfüllung erfaßt (BGH ZIP 1990, 29, 31; aA Rostock WM 2001, 1377, 1379 m abl Anm Wenzel WuB I F 3–4.01). 52

12. Einreden und Einwendungen gegen die Grundschuld. Wegen der Abstraktheit von Grundschuld und gesicherter Forderung bleibt der Sicherungsnehmer Inhaber der Grundschuld auch dann, wenn die gesicherte Forderung nicht entstanden oder getilgt ist. Aufgrund des Sicherungsvertrages darf er aber die Grundschuld nicht geltend machen oder in sonstiger Weise darüber verfügen. 53

Der **Grundstückseigentümer** kann der Geltendmachung der Grundschuld durch den Sicherungsnehmer alle Einwendungen entgegensetzen, die den Bestand der Grundschuld betreffen. So kann er etwa geltend machen, die Grundschuld sei nicht wirksam bestellt oder inzwischen erloschen. Er kann auch alle gegen sie bestehenden Einreden geltend machen, wie beispielsweise die, der Sicherungsnehmer sei aufgrund einer mit ihm getroffenen Abrede zur vorherigen Vollstreckung in das Vermögen des persönlichen Schuldners verpflichtet (Clemente Rz 613). Darüber hinaus kann der mit dem Grundstückseigentümer identische **Sicherungsgeber** auch der Geltendmachung der Grundschuld alle Einreden entgegensetzen, die in dem Sicherungsvertrag ihren Grund haben. Denn der Sicherungsvertrag verleiht die Befugnis, sich gegen eine Inanspruchnahme aus der Grundschuld zu wehren, wenn diese nicht in Übereinstimmung mit dem Sicherungszweck geltend gemacht wird. Voraussetzung dafür ist allerdings, daß der Sicherungsvertrag mit dem Eigentümer geschlossen wurde (Clemente Rz 614). Denn die Einreden aus dem Sicherungsvertrag stehen grundsätzlich nur dem Sicherungsgeber, nicht aber einem am Sicherungsvertrag nicht beteiligten Eigentümer zu (BGH ZIP 1988, 1096, 1098), wenn nicht ausnahmsweise eine Abrede zugunsten des Eigentümers im Sinne des § 328 vorliegt. 54

Wird dem Grundstückseigentümer der Rückgewähranspruch abgetreten, so steht ihm bei dessen Fälligkeit eine Einrede im Sinne der §§ 1169, 1192 I zu, die er der Geltendmachung der Grundschuld entgegensetzen kann (BGH WM 1990, 305, 306; WM 1985, 12, 13). Dies gilt aber nur, wenn und solange ihm der Rückgewähranspruch zusteht (BGH WM 1989, 1626, 1627). Der gesetzliche Anspruch aus §§ 1191, 1192 I geht durch die Abtretung des Rückgewähranspruchs in aller Regel auf den Zessionar über (BGH WM 1985, 12, 13). 55

Einreden aufgrund des Sicherungsvertrages bestehen gegen die Geltendmachung der Grundschuld vor allem dann, wenn die Grundschuld nicht oder nur teilweise valutiert ist, der Sicherungsnehmer aber volle Befriedigung daraus beansprucht (BGH WM 1990, 305, 306). Eine Einrede besteht ferner, wenn die gesicherte Forderung noch nicht fällig ist (BGH ZIP 1985, 732, 733), denn auch dann wird die Grundschuld nicht in Übereinstimmung mit dem Sicherungszweck geltend gemacht. § 242 gibt dem Grundstückseigentümer allerdings keine Einrede gegen eine Inanspruchnahme in Höhe des dem Sicherungszweck entsprechenden Betrages, selbst wenn der Gläubiger ihn wegen einer über die Grundschuldsumme einschließlich dinglicher Zinsen hinausgehenden Forderung in Anspruch nehmen will. Der Anspruch auf Duldung der Zwangsvollstreckung aus der Grundschuld (§§ 1147, 1192 I) ist in diesem Fall nicht nach Treu und Glauben ausgeschlossen, weil der Grundstückseigentümer die Möglichkeit hat, 56 den Gläubiger in Höhe der Grundschuldsumme nebst Zinsen zu befriedigen (§§ 1142, 1192 I) und so die Vollstreckung aus der Grundschuld abzuwenden (BGH ZIP 1985, 732, 733).

57 Der **Grundstückseigentümer** kann dem neuen **Grundschuldgläubiger** eine Einrede, die ihm aufgrund des zwischen ihm und dem bisherigen Grundschuldgläubiger bestehenden Rechtsverhältnisses gegen die Grundschuld zusteht, unter den Voraussetzungen der §§ 1157, 1192 I entgegenhalten. § 1157 setzt voraus, daß die Einrede im Zeitpunkt der Abtretung dem Eigentümer zusteht. Der Gesetzeswortlaut unterscheidet sich insoweit von § 404 („begründet") und beschränkt sich im Gegensatz zu dieser Vorschrift auf solche Einreden, deren Tatbestand im Zeitpunkt der Grundschuldabtretung bereits vollständig verwirklicht ist (BGH WM 1983, 173, 174). Ist daher beispielsweise zwischen Sicherungsgeber und Sicherungsnehmer keine wirksame Sicherungsabrede zustande gekommen und kann der Grundstückseigentümer daher gemäß §§ 1169, 821, 1192 I vom Sicherungsnehmer den Verzicht auf die Grundschuld verlangen, steht ihm diese Einrede gemäß §§ 1157, 1192 I auch gegenüber dem späteren Erwerber der Grundschuld zu (BGH WM 1983, 173, 174). Entsprechendes gilt, wenn über einen Teil einer Grundschuld kein Sicherungsvertrag geschlossen wurde (BGH WM 1989, 1412, 1414). § 1157 greift aber beispielsweise nicht ein, wenn die gesicherte Forderung erst nach Abtretung der Grundschuld getilgt wird (BGH ZIP 1986, 1454, 1455). Zwar steht dem Grundstückseigentümer eine Einrede im Sinne der §§ 1169, 1192 I auch dann zu, wenn der Grundschuldgläubiger nach (teilweiser) Tilgung der gesicherten Verbindlichkeit aus dem Sicherungsvertrag zur Rückgewähr der Grundschuld bzw des nicht mehr valutierten Teils verpflichtet ist (BFH WM 1985, 12, 13). Der Einredetatbestand ist hier aber erst durch die (teilweise) Tilgung der gesicherten Verbindlichkeiten verwirklicht. Eine Einrede im Sinne des § 1157 begründet auch die Vereinbarung eines Miteigentümers mit dem Grundschuldgläubiger, daß dieser aus dem Anteil des Miteigentümers nur Befriedigung suchen darf, soweit er nicht aus dem anderen Miteigentumsanteil Befriedigung findet (BGH WM 1986, 293, 294). Denn der vereinbarte schuldrechtliche Anspruch des Miteigentümers begrenzt das dingliche Recht des Gesamtgrundschuldgläubigers, sich nach Belieben aus einem Miteigentumsanteil zu befriedigen.

58 Gemäß §§ 1157 S 2, 1192 I, 892, 894 bis 899, 1140 kann der Zessionar die **Grundschuld gutgläubig** frei von den ihm gemäß §§ 1157 S 1, 1192 I entgegenhaltbaren Einreden **erwerben**. Bösgläubigkeit ist gegeben, wenn der Zessionar die Einrede im Zeitpunkt der Abtretung kennt oder sie aus dem Grundbuch ersichtlich ist (§§ 1157, 892, 1192 I). Allein die Kenntnis des Sicherungszwecks der Grundschuld reicht nicht aus. Erforderlich ist, daß der Zessionar im Zeitpunkt der Abtretung positiv weiß, daß die gesicherte Forderung nicht besteht oder die Grundschuld aus einem anderen Grund einredebehaftet ist (BGH WM 1990, 305, 306f; WM 1988, 446, 450; WM 1986, 763, 767; anders noch RG 91, 218, 224f). Voraussetzung ist positive Kenntnis; es reicht nicht aus, daß der Zessionar mit Einreden aus dem Sicherungsvertrag rechnen mußte (BGH WM 1988, 446, 450).

59 Wurde eine Grundschuld einmal einredefrei erworben, so entsteht auch durch spätere Ereignisse wie etwa nachträgliche Bösgläubigkeit keine Einrede (BGH ZIP 1986, 1454, 1455). Ein einmal vollzogener einredefreier Erwerb wirkt für einen Rechtsnachfolger des Zessionars, selbst wenn dieser bösgläubig ist (BGH ZIP 1986, 1454, 1455). Ein gutgläubiger einredefreier Erwerb setzt aber voraus, daß der neue Gläubiger das Grundpfandrecht durch ein Rechtsgeschäft vom bisherigen Gläubiger erworben hat (BGH WM 1986, 293, 294). Gehen die dinglichen Rechte beispielsweise gemäß §§ 1150, 268 III S 1, 1192 I kraft Gesetzes auf den neuen Gläubiger über, scheidet ein gutgläubiger einredefreier Erwerb gemäß §§ 1157, 1192 I aus (BGH WM 1986, 293, 294). Im Zusammenhang mit einem gutgläubigen einredefreien Erwerb gemäß §§ 1157, 1192 I spielt es keine Rolle, ob sich der Zessionar die gesicherte Forderung mitabtreten läßt. Diese – etwa infolge Tilgung erloschene – Forderung kann der Zessionar zwar nicht gutgläubig bzw nicht gutgläubig einredefrei erwerben. Auch in einem solchen Fall können dem Erwerber aber aus dem Sicherungsvertrag Einreden gegen die Grundschuld nur insoweit entgegengesetzt werden, als sie zur Zeit der Abtretung entstanden waren und er bösgläubig war (BGH WM 1988, 446, 450). Der Zessionar, der sich zusätzlich die Forderung abtreten läßt, soll nicht schlechter gestellt werden, als er stehen würde, wenn er die Grundschuld allein erworben hätte.

60 Da Grundschulden im Gegensatz zu Hypotheken eine zu sichernde Forderung nicht voraussetzen, trifft den aus einer Grundschuld in Anspruch genommenen Eigentümer grundsätzlich die **Darlegungs- und Beweislast** für aus einer Sicherungsabrede abgeleitete Einwendungen und damit auch für das Vorhandensein der Sicherungsabrede selbst (BGH WM 1992, 566; WM 1991, 954, 958f; Koblenz WM 1999, 2068, 2071). Eine Ausnahme gilt nach ständiger Rspr aber dann, wenn die Höhe der zu sichernden Forderung bei Bestellung der Grundschuld noch nicht feststand (Koblenz WM 1999, 2068, 2071). Das ist insbesondere der Fall, wenn die Grundschuld für eine künftige Kontokorrentschuld bestellt wurde (BGH WM 1992, 566; WM 1991, 60, 61; WM 1986, 1355, 1356) oder – wie im Fall einer weiten Sicherungszweckerklärung – außer einer der Höhe nach feststehenden auch alle künftigen Forderungen des Sicherungsnehmers aus einer bestimmten Geschäftsverbindung sichern soll. In derartigen Fällen muß der Grundschuldgläubiger den Umfang und die Höhe der gesicherten Forderungen darlegen und gegebenenfalls beweisen. Für die zugunsten einer Kontokorrentschuld bestellte Bürgschaft ist der IX. Senat des BGH von dieser Beweislastumkehr jedoch unter Aufgabe seiner früheren Rspr abgerückt (BGH NJW 1986, 719). Aus der Akzessorietät der Bürgschaft folge, daß der Bürge im Falle einer Inanspruchnahme in gleicher Weise beweisbelastet sei wie der Hauptschuldner. Für den Fall des Kontokorrentkredits besteht, solange nicht ein bestimmter Tagessaldo anerkannt sei, kein Grund, den Bürgen besser zu stellen als den Hauptschuldner. Diese, auf die Akzessorietät der Bürgschaft gestützte Argumentation, muß dann aber erst recht für die Grundschuld gelten, die eine zu sichernde Forderung nicht zwingend voraussetzt.

61 **13. Rückgewähranspruch.** Wenn sich der Sicherungszweck erledigt hat, ist der Sicherungsnehmer verpflichtet, die Grundschuld an den Sicherungsgeber zurückzuübertragen. Dieser Anspruch ergibt sich aus der Sicherungsabrede und besteht auch dann, wenn er im Sicherungsvertrag nicht ausdrücklich erwähnt wird (BGH WM 1998,

227, 230). Der Rückgewähranspruch entsteht mit Abschluß des Sicherungsvertrages und Eintragung der Grundschuld im Grundbuch. Er ist aufschiebend bedingt durch den Wegfall des Sicherungszwecks (BGH WM 1996, 476, 479; WM 1993, 849). Gegenüber dem Rückgewähranspruch kann der Sicherungsnehmer kein Zurückbehaltungsrecht wegen seiner durch die Grundschuld nicht gesicherten Forderung geltend machen (BGH WM 2000, 1443). Ebensowenig steht dem Sicherungsnehmer ein in seinen Allgemeinen Geschäftsbedingungen ausbedungenes Pfandrecht an der Grundschuld zur Sicherung anderer Ansprüche zu, wenn sich die von der Grundschuld gesicherten Ansprüche erledigt haben (BGH WM 1999, 484, 488). Soweit nichts anderes vereinbart wurde, löst auch die teilweise Tilgung der gesicherten Forderung einen Anspruch auf Rückgewähr eines entsprechenden ranglezten Teils der Grundschuld aus, sofern sich die Übersicherung als endgültig erweist (BGH WM 1996, 476, 479; WM 1993, 1919; WM 1993, 849, 854). Der Rückgewähranspruch ist schuldrechtlicher Natur (BGH WM 1989, 1412, 1415) und gibt kein dingliches Recht am Grundstück; er ist ein selbständiges Recht des Sicherungsgebers, das nicht akzessorisch mit der Forderung verbunden ist (BGH WM 1988, 564, 565). Nachrangige Grundpfandrechtsgläubiger werden durch den Rückgewähranspruch nicht begünstigt (BGH WM 1993, 887, 888). Bei rechtsgrundlosem Erwerb der Grundschuld, dh bei unwirksamer oder fehlender Sicherungsabrede ergibt sich der Anspruch auf Rückgewähr aus den Vorschriften über die ungerechtfertigte Bereicherung. Die Beweislast für die Voraussetzungen des Rückgewähranspruchs trägt der Sicherungsgeber (BGH ZIP 2002, 407, 410). Dies gilt auch für einen Drittsicherungsgeber (BGH WM 2000, 186, 188). Der Rückgewähranspruch verjährt gemäß § 196 in 10 Jahren (Staud/Wolfsteiner vor §§ 1191ff Rz 120; Wolfsteiner DNotZ 2001, 902). Soweit eine teilweise Tilgung der gesicherten Forderung einen Anspruch auf Rückgewähr eines entsprechenden ranglezten Teils der Grundschuld auslöst, wird sich ein Kreditinstitut als Sicherungsnehmer gemäß § 242 wohl nicht auf den Einwand der Verjährung berufen können.

Der Rückgewähranspruch ist **darauf gerichtet, daß die Gläubigerstellung des Sicherungsnehmers zugunsten des Sicherungsgebers beseitigt wird.** Um dies zu erreichen, gibt es drei Möglichkeiten, nämlich die Rückgewähr durch Aufhebung (**Löschung**) der Grundschuld (§§ 875, 1183, 1192 I), die Rückgewähr durch Abgabe einer **Verzichtserklärung,** wodurch eine Eigentümergrundschuld entsteht (§§ 1168 I, 1192 I) und die Rückgewähr durch **Abtretung** (§§ 1154, 1192 I) an den Sicherungsgeber oder auf seine Anweisung an einen Dritten (BGH ZIP 2002, 932, 934f). Im Zwangsversteigerungsverfahren begründet der Anspruch auf Rückgewähr ein Widerspruchsrecht gegen den Teilungsplan, obwohl es sich bei dem Rückgewähranspruch um einen schuldrechtlichen und keinen dinglichen Anspruch handelt (BGH ZIP 2000, 407, 408). Grundsätzlich werden die drei Rückgewährarten nebeneinander geschuldet; es handelt sich um eine alternative Gläubigerberechtigung in Form einer Wahlschuld (§§ 262ff). Entgegen der gesetzlichen Vermutung des § 262 steht das Wahlrecht aber nicht dem Sicherungsnehmer als Schuldner des Rückgewähranspruchs, sondern dem Sicherungsgeber zu (BGH ZIP 2002, 932, 934; BGH NJW-RR 1994, 847; BGH WM 1989, 1412, 1415), da es für den Grundschuldgläubiger grundsätzlich gleichgültig ist, in welcher Weise er den Anspruch erfüllt, dies aber für den Sicherungsgeber insbesondere bei Bestehen von Löschungsansprüchen gleich- oder nachrangiger Gläubiger einen erheblichen Unterschied machen kann. Der Anspruch ist bis zur Wahl unbestimmt. Danach konkretisiert er sich auf die gewählte Möglichkeit (§ 263). Nach überwiegender Meinung bleibt der Rückgewährberechtigte an seine Wahl gebunden (Gaberdiel Rz 748 mwN; aA Huber S 172f); dementsprechend ist diese Festlegung auch für den neuen Anspruchsinhaber bindend, wenn der Rückgewährberechtigte den Anspruch nach erfolgter Wahl abtritt (Staud/Wolfsteiner vor §§ 1191ff Rz 137). Die Inhaber von Löschungsansprüchen (§§ 1179a, 1179 aF) haben kein Mitspracherecht bei der Wahl des Sicherungsgebers zwischen den verschiedenen Rückgewährarten (BGH WM 1989, 1412, 1415). § 1179a gibt dem gleich- oder nachrangigen Grundpfandrechtsgläubiger keinen Anspruch gegen den Eigentümer, sich so zu verhalten, daß ein Rückgewähranspruch überhaupt entsteht oder daß nach seiner Entstehung die Grundschuld auf den Eigentümer übergeht und so der Löschungsanspruch ausgelöst wird.

Im Sicherungsvertrag kann das **Wahlrecht** des Sicherungsnehmers unter bestimmten Voraussetzungen dadurch **eingeschränkt** werden, daß einzelne Rückgewährarten ausgeschlossen werden. Eine wirksame Einschränkung des Rückgewähranspruchs wirkt auch gegen den Zessionar des Anspruchs und gegen einen Pfandgläubiger. Die (formularmäßige) Verkürzung des Rückgewähranspruchs auf Aufhebung der Grundschuld oder Verzicht auf die Grundschuld bei Ausschluß des Anspruchs auf Abtretung ist rechtlich allerdings nicht unproblematisch, wenn Sicherungsgeber und Grundstückseigentümer personenverschieden sind. So hat der BGH entschieden, daß eine Formularklausel, wonach dem Grundschuldbesteller auch in den Fällen, in denen die anspruchsberechtigte Sicherungsgeber sein Eigentum an dem belasteten Grundstück durch Zwangsversteigerung verloren hat, nur ein nach Wahl des Gläubigers durch Verzicht auf die Grundschuld oder durch Erteilung einer Löschungsbewilligung zu erfüllender Rückgewähranspruch zusteht, dem Leitbild der Bestellung einer Sicherungsgrundschuld grob widerspricht (BGH WM 1989, 490, 492). Der Klausel sei daher nach Treu und Glauben (§ 242) die Wirksamkeit zu versagen. Die Entscheidung berücksichtigte noch nicht die §§ 305ff, da der Formularvertrag, über dessen Klausel zu entscheiden war, vor Inkrafttreten des AGB-Gesetzes geschlossen worden war. Bei einem später abgeschlossenen Vertrag hätte der BGH sich wohl auf § 305c I oder § 307 gestützt.

Zur Begründung führt der BGH aus, daß nach Verlust des Eigentums am belasteten Grundstück in der Zwangsversteigerung die Erfüllung des Rückgewähranspruchs durch Aufhebung oder Verzicht nicht mehr möglich ist. Denn eine Rückgewähr, dh die Beseitigung der Gläubigerstellung, käme bei diesen beiden Rückgewährarten allein dem neuen Eigentümer und nicht mehr dem Sicherungsgeber zugute (BGH WM 1990, 1253, 1255; BGH WM 1989, 490, 491). Selbst wenn in der Zwangsversteigerung eine Teilgrundschuld bestehen bliebe, wäre eine Rückgewähr zugunsten des Sicherungsgebers durch Verzicht auf die Teilgrundschuld oder Erteilung der Löschungsbewilligung nicht mehr möglich. Ein Verzicht würde nämlich dazu führen, daß der neue Eigentümer die (Teil-)Grundschuld erwirbt. Eine Löschung des nicht valutierten Teils der Grundschuld würde das nunmehr dem neuen

§ 1191 Sachenrecht Grundschuld

Eigentümer gehörende Grundstück entlasten. Der Rückgewähranspruch kann also in einem solchen Fall nur noch durch eine Abtretung der nicht valutierten (Teil-)Grundschuld an den Sicherungsgeber erfüllt werden (BGH WM 1993, 849; BGH WM 1990, 1253, 1255), der mithin nicht ausgeschlossen werden darf.

65   Umstritten ist die höchstrichterlich noch nicht entschiedene Frage, ob die Beschränkung des Rückgewähranspruchs auf Löschung oder Verzicht – durch Formularvertrag – wirksam für den Fall vereinbart werden kann, daß **Sicherungsgeber und Grundstückseigentümer identisch** sind. Während nach einer Ansicht auch in diesen Fällen grundsätzlich von einer Unwirksamkeit der getroffenen Abrede auszugehen ist, wobei für bestimmte Fallgruppen wie etwa Bauträgerfinanzierungen eine Ausnahme gemacht wird (Clemente Rz 438ff), ist die Gegenmeinung der Auffassung, daß in diesem Fall gegen eine solche Einschränkung des Rückgewähranspruchs keine Bedenken bestünden (Gaberdiel Rz 757; Merkel in Schimansky/Bunte/Lwowski Bankrechts-Hdb Rz 417; Wenzel ZNotP 1998, 6, 8).

66   Zur Begründung der Unwirksamkeit der Beschränkung des Rückgewähranspruchs wird vorgetragen, diese würde die Rechte des Sicherungsgebers auch dann unangemessen verkürzen, wenn er Grundstückseigentümer sei. Denn der Ausschluß des Rechts auf Abtretung der Grundschuld vereitele in vielen Fällen den damit verfolgten Zweck, die Grundschuld zur wiederholten Verwendung als Kreditsicherungsmittel zu nutzen. Bei der Aufhebung gehe die Grundschuld ersatzlos unter, und bei einem Verzicht sei die entstehende Eigentümergrundschuld regelmäßig Löschungsansprüchen ausgesetzt (Clemente Rz 438). Dem ist allerdings entgegenzuhalten, daß der Rückgewähranspruch durch Verzicht oder Löschung „erfüllt" werden kann, solange der Sicherungsgeber Grundstückseigentümer ist (BGH WM 1989, 490, 491). Die Gesichtspunkte, die nach Ansicht des BGH zur Unwirksamkeit der Verkürzung des Rückgewähranspruchs bei Personenverschiedenheit von Sicherungsgeber und Grundstückseigentümer führen, liegen hier gerade nicht vor. Hinzu kommt, daß der Ausschluß der Erfüllung des Rückgewähranspruchs durch Abtretung nicht typischerweise den Interessen des Sicherungsgebers/Grundstückseigentümers entspricht. Denn er wird seinen Rückgewähranspruch gerade in den Fällen einer mehrfachen Belastung des Grundstücks mit Grundschulden verschiedener Sicherungsnehmer in der Regel an die Gläubiger der nachrangigen Grundschulden abgetreten haben. Verzicht und Löschung kommen dann in erster Linie dem Grundstückseigentümer zugute, die Abtretung aber dem Inhaber des Rückgewähranspruchs (Gaberdiel Rz 757). Gerade auch im Interesse des Sicherungsgebers/Grundstückseigentümers, der eine Abtretung der Grundschuld an nachrangige Grundpfandrechtsgläubiger nicht wünscht, ist daher der Gegenansicht zu folgen.

67   Der Rückgewähranspruch steht dem Sicherungsgeber gegen den Sicherungsnehmer zu. Ein **späterer Gläubiger der Grundschuld** wird nur dann Rückgewährschuldner, wenn er in die Rückgewährpflicht eingetreten ist (BGH WM 1985, 12, 13). Dies muß ausdrücklich oder jedenfalls mit hinreichender Deutlichkeit geschehen, da Abtretung von Grundschuld und gesicherter Forderung allein dabei keine stillschweigende Vereinbarung einer Übernahme der Verbindlichkeiten des Zedenten auch aus dem Sicherungsvertrag enthält (BGH WM 1985, 12, 13).

68   Der Besteller einer Sicherungsgrundschuld hat aber in einem solchen Fall – und auch dann, wenn es an einer wirksamen Sicherungsabrede fehlt – mit dem ihm gegenüber dem ursprünglichen Grundschuldgläubiger zustehenden Rückgewähranspruch zugleich eine **Einrede** gemäß §§ 1169, 1192 I, durch welche die Geltendmachung der Grundschuld dauernd ausgeschlossen ist (BGH WM 1990, 305, 306). Diese Einrede kann der Grundstückseigentümer unter den Voraussetzungen der §§ 892, 1157, 1192 I auch dem Erwerber der Grundschuld entgegenhalten (BGH WM 1995, 523), dh dann, wenn der neue Gläubiger der Grundschuld die Einrede bei Erwerb gekannt hat.

69   Steht der Anspruch auf Rückgewähr **mehreren Personen gemeinsam** zu und fehlen besondere Vereinbarungen zwischen den Parteien hinsichtlich ihrer gemeinsamen Berechtigung, so bestimmt sich das Rechtsverhältnis im Innenverhältnis grundsätzlich nach dem Recht der Bruchteilsgemeinschaft (BGH WM 1986, 763, 766; ZIP 1982, 154). Der Rückgewähranspruch steht den Berechtigten in demselben Verhältnis zu, in dem ihnen das Grundstück gehört (BGH WM 1986, 763, 766). Jeder Teilhaber kann seinen Anteil abtreten (§ 747); jeder Anteil unterliegt der Pfändung (§§ 857 I, 851 I ZPO). Jeder Teilhaber kann auch die Auseinandersetzung der Bruchteilsgemeinschaft gemäß §§ 749ff fordern. Eine Teilung der Grundschuld in Natur (§ 752) ist möglich, ohne daß eine Minderung ihres Wertes eintritt, da die an die Gemeinschaft zurückzugewährende Grundschuld sich in entsprechende Teile mit gleichem Rang zerlegen läßt (§§ 877, 873).

70   Für das **Außenverhältnis gegenüber dem Sicherungsnehmer** ist § 432 I (Mitgläubigerschaft) maßgebend (BGH WM 1995, 523). Die auf Rückgewähr der Grundschuld gerichtete Leistung ist nach außen hin, dh im Verhältnis zum Sicherungsnehmer, unteilbar im Sinne des § 432 I S 1 (Clemente Rz 407; Gaberdiel Rz 769). Es bleibt den Rückgewährberechtigten überlassen, wie sie sich im Innenverhältnis hinsichtlich der zurückzugewährenden Grundschuld auseinandersetzen. Auch das Wahlrecht über die Art der Rückgewähr können sie nur gemeinschaftlich ausüben. Erfolgt daher die Rückgewähr beispielsweise durch Abtretung, so ist – soweit die Berechtigten nicht übereinstimmend etwas anderes erklären – die Grundschuld am ganzen Grundstück an alle Rückgewährberechtigten abzutreten. Eine Abtretung etwa in der Weise, daß an jeden Miteigentümer die Grundschuld an seinem Miteigentumsanteil übertragen wird, ist aus Rechtsgründen nicht möglich, da die Grundschuld sonst vervielfacht würde. Abweichende Vereinbarungen zwischen allen Sicherungsgebern und dem Sicherungsnehmer sind möglich (BGH WM 1981, 691, 692). Zu beachten ist, daß der aus der Sicherungsabrede folgende vertragliche Anspruch auf Rückgewähr der Grundschuld, der mehreren Sicherungsgebern gemeinschaftlich zusteht, von dem gesetzlichen Anspruch auf Abtretung der Sicherungsgrundschuld, den ein ausgleichspflichtiger Gesamtschuldner analog §§ 412, 401, 426 II S 1 nach Befriedigung der Gläubiger hat, zu unterscheiden ist (BGH WM 1995, 523; WM 1981, 691, 692).

Haben beispielsweise **Miteigentümer** eines Grundstücks ein Darlehen aufgenommen und dafür als Sicherheiten 71
Grundschulden bestellt, sind zwei Ansprüche zu unterscheiden, wenn einer der Miteigentümer den Gläubiger
befriedigt. Zum einen folgt aus der Sicherungsabrede ein vertraglicher Anspruch auf Rückgewähr der Grundschuld, der den Sicherungsgebern gemäß § 432 I gemeinschaftlich zusteht (Siol WM 1996, 2217, 2224). Zum
anderen hat der ausgleichsberechtigte Gesamtschuldner nach Befriedigung des Gläubigers entsprechend §§ 412,
401 iVm § 426 II einen gesetzlichen Anspruch auf Abtretung der Sicherungsgrundschuld. Dieser steht einem
Gesamtschuldner auch dann zu, wenn er nach Erfüllung der gesicherten Forderung zur Hälfte ausgleichsberechtigt
ist und die auf den Miteigentumsanteilen lastenden Grundschulden mitbestellt hat. Zwar sind Sicherungsgrundschulden an sich regreßlos ausgestaltet (BGH 108, 179, 186). Dies jedoch nur für das dingliche Recht. Soweit dem
zahlenden Miteigentümer ein Ausgleichsanspruch nach § 426 I zusteht, erwirbt er bei Zahlung der Gesamtschuld
auch auf das dem Miteigentum des Ausgleichspflichtigen lastende Recht (§ 1173 II), bei Zahlung auf die gesicherte Forderung einen Anspruch gegen den Gläubiger auf Abtretung (Siol WM 1996, 2217, 2224). Eine andere
Beurteilung würde zu dem nicht hinnehmbaren Ergebnis führen, daß der ausgleichsberechtigte Gesamtschuldner
nach Tilgung der Gesamtschuld tatenlos zusehen müßte, wie der Ausgleichspflichtige den Anspruch auf Rückgewähr der Grundschuld an beide Gesamtschuldner geltend macht (§ 432 I) und ihm damit entgegen der Zweckbestimmung des § 426 II S 1 die Möglichkeit nimmt, sich aus der Grundschuld am Miteigentumsanteil des Ausgleichspflichtigen zu befriedigen (BGH WM 1995, 523).

Der schuldrechtliche Anspruch auf Rückgewähr der am ganzen Grundstück eingetragenen Grundschuld steht 72
den Rückgewährberechtigten auch dann nur gemeinschaftlich zu, wenn ihnen das **belastete Grundstück nach
Bruchteilen gehört** (BGH WM 1990, 1253, 1255). Für das Innenverhältnis gelten auch hier bei Fehlen anderweitiger Abreden die §§ 741f und das Außenverhältnis § 432. An der gemeinschaftlichen Berechtigung am Anspruch
auf Rückgewähr der Grundschuld tritt keine Änderung ein, wenn einem Miteigentümer in der Teilungsversteigerung das belastete Grundstück zugeschlagen wird (BGH WM 1990, 1253, 1255) oder wenn sich die Miteigentumsanteile am Grundstück in einer Hand vereinigen. Hat der eine Miteigentümer durch den Zuschlag sein Miteigentum verloren, kann der Rückgewährverpflichtete ihm gegenüber den Rückgewähranspruch nur noch durch Abtretung der nicht valutierten Teilgrundschuld erfüllen, da jede andere Form der Rückgewähr (Aufhebung, Verzicht)
allein dem jetzigen Alleineigentümer des Grundstücks zugute kämen (BGH WM 1990, 1253, 1255).

Der Anspruch auf Rückgewähr der Grundschuld kann abgetreten werden. In der Kreditpraxis lassen sich vor 73
allem die Inhaber nachrangiger Grundpfandrechte die Rückgewähransprüche gegen die Inhaber vorrangiger
Grundschulden abtreten. Die **Abtretung des Rückgewähranspruchs** beeinträchtigt die Rechte des Grundschuldgläubigers nicht. Soweit dies nach der Sicherungszweckerklärung möglich ist, kann er die Grundschuld beispielsweise revalutieren, solange nicht die Rückgewährreife eingetreten ist (BGH WM 1988, 723, 724). Auch schließt
die Abtretung die Möglichkeit des Eigentümers oder eines ablösungsberechtigten Dritten, auf die Grundschuld zu
zahlen, nicht aus (BGH WM 1991, 2019, 2021). Mit Entstehung der Eigentümergrundschuld wird der Rückgewähranspruch gegenstandslos (BGH WM 1991, 2019, 2021; BGH 110, 241, 246). Gleiches gilt, wenn der Grundschuldgläubiger, er auch im Fall der Abtretung der Rückgewähransprüche über die Grundschuld verfügen kann,
auf die Grundschuld gemäß §§ 1168 I S 2, 1192 I (BGH WM 1991, 2019, 2021; BGH 110, 241, 246).

Ist allerdings Rückgewährreife eingetreten, liegt in einer erneuten Valutierung eine Beeinträchtigung des Rück- 74
gewähranspruchs. Denn die Revalutierung führt dazu, daß der Rückgewährberechtigte, der bis zur erneuten Auszahlung sofort die Rückgewähr hätte verlangen können, dazu jetzt nicht mehr befugt ist. Ist der Rückgewähranspruch abgetreten oder gepfändet worden, ist eine **Revalutierung nach Rückgewährreife** nur noch mit Zustimmung des Zessionars oder des Pfandgläubigers möglich (BGH WM 1988, 564, 566; aA München WM 1999,
1276, 1278).

Die Abtretung des Rückgewähranspruchs ist **formfrei** möglich (§ 398; BGH WM 1991, 779, 780; Schleswig, 75
WM 1997, 965, 967). Bei einem Eigentumswechsel am belasteten Grundstück geht der Rückgewähranspruch
nicht ohne weiteres auf den neuen Eigentümer über, sondern muß dieser abgetreten werden oder der neue
Grundstückseigentümer anstelle des bisherigen Sicherungsgebers in den Sicherungsvertrag eintritt (BGH ZIP
2002, 656, 657; WM 1989, 1926, 1927; WM 1986, 763, 765; Reithmann DNotZ 1994, 168, 169). Die Übertragung
des Rückgewähranspruchs ist auch durch schlüssiges Verhalten möglich (BGH WM 1989, 1626, 1627). Abgetreten werden kann nur der einheitliche Rückgewähranspruch, nicht jedoch einzelne Rückgewährarten (Abtretung,
Verzicht, Aufhebung). In der Einschränkung der Abtretung kann aber die Ausübung des Wahlrechts liegen. Wird
ein Anspruch auf Rückgewähr einer Grundschuld mehrfach abgetreten, gilt das Prioritätsprinzip. Die zeitlich erste
Abtretung ist wirksam; die spätere Abtretung geht ins Leere (BGH WM 1988, 564, 565).

Eine Abtretung von Rückgewähransprüchen kann grundsätzlich **zur Verstärkung einer nachrangigen Grund-** 76
schuld oder als eigenständige Sicherheit dienen. Werden die Rückgewähransprüche nur zur Verstärkung einer
gleich- oder nachrangigen Grundschuld abgetreten, ist die Sicherung der dinglichen Ansprüche aus der Grundschuld Sicherungszweck des Rückgewähranspruchs. Die Rückgewähransprüche sind dann an den Zedenten
zurückabzutreten, sobald der Grundschuldgläubiger als Zessionar in Höhe der dinglichen Ansprüche aus der
Grundschuld voll befriedigt ist, und zwar auch dann, wenn die gesicherten schuldrechtlichen Forderungen höher
sind. Werden die Rückgewähransprüche dagegen als eigenständige Sicherheit abgetreten, ist Sicherungszweck die
Sicherung bestimmter schuldrechtlicher Forderungen des Gläubigers. Der Zessionar kann daher im Rahmen des
Sicherungszwecks auch dann noch Befriedigung daraus suchen, wenn er wegen der dinglichen Ansprüche aus seiner Grundschuld befriedigt ist (BGH WM 1990, 345, 346; WM 1988, 564, 565). Ob mit einer Abtretung der Rückgewähransprüche an den Gläubiger einer nachrangigen Grundschuld nur die Verstärkung der nachrangigen Sicherheit oder eine Erhöhung des Sicherheitenumfanges gewollt ist, beurteilt sich nach dem Inhalt der getroffenen

§ 1191 Sachenrecht Grundschuld

Abrede (BGH WM 1990, 345, 346). Allein die Formulierung, die vorrangigen Grundschulden seien eine „weitere" Sicherheit, steht der Auslegung entgegen, daß diese Sicherheit nur zur Verstärkung der nachrangigen Grundschuld dient (BGH WM 1990, 345, 346).

77 Die **formularmäßige Abtretung der Rückgewähransprüche an einen nachrangigen Gläubiger** begegnet nach Ansicht des BGH jedenfalls dann keinen Bedenken gemäß § 305ff, wenn sie sich darauf beschränkt, daß der nachrangige Gläubiger nur den Vorrang ausnutzen darf, nicht aber über die Höhe seiner nachrangigen Grundschuld hinaus Befriedigung verlangen kann (BGH WM 1990, 345, 346). Dies gilt auch dann, wenn von der Grundschuld, deren Verstärkung die Abtretung dient, fremde Verbindlichkeiten gesichert werden. Insoweit wird allerdings die Ansicht vertreten, derjenige, der zur Sicherung eines fremden Darlehens eine Grundschuld bestelle, brauche gemäß § 305c I billigerweise nicht damit zu rechnen, daß eine ohne besondere und mit ihm ausgehandelte Vereinbarung neben der bestellten Grundschuld aufgrund der Abtretung die vor- oder gleichrangigen Grundschulden als weitere Sicherheit dienen (Clemente Rz 496; Paschke JR 1990, 467, 468). Denn der Sicherungsgeber habe sich bei Hereinnahme und Prüfung der Grundschuld als Sicherungsmittel mit dem Vor- oder Gleichrang der anderen Grundschulden einverstanden erklärt. Dies vermag nicht zu überzeugen. Wer einer Bank eine nachrangige Grundschuld bestellt, rechnet damit, daß diese nach Erfüllung der vorrangig gesicherten Forderungen im Rang aufrückt und sich auf diese Weise der Sicherungswert der nachrangigen Grundschuld erhöht. Insbesondere derjenige Sicherungsgeber, der ein Grundstück über den Verkehrs- oder Beleihungswert hinaus belastet hat, weiß, daß diese Form der Besicherung von der Bank nicht zuletzt deshalb akzeptiert wurde, weil sie mit einem Aufrücken ihrer Grundschuld rechnet. Er kann dann aber selbst als Drittsicherungsgeber nicht überrascht sein, wenn der nachrangige Sicherungsnehmer statt im Rang aufzurücken als Folge der Abtretung der Rückgewähransprüche – in Höhe der nachrangigen Grundschuld – unmittelbar aus dem vorrangigen Grundpfandrecht vorgeht. Die allenfalls enttäuschte Hoffnung, der nachrangige Grundpfandrechtsgläubiger würde mit seiner Sicherheit (teilweise) ausfallen, kann nicht Grundlage der Annahme einer Unwirksamkeit der formularmäßigen Abtretung von Rückgewähransprüchen gemäß § 305c I sein.

78 Auch die **Abtretung der Rückgewähransprüche als eigenständige, haftungserweiternde Sicherheit** kann den Sicherungsgeber, der zugleich persönlicher Schuldner der gesicherten Forderung ist, weder überraschen (§ 305c I) noch unangemessen benachteiligen (§ 307 I). Der persönliche Schuldner haftet ohnehin mit seinem gesamten Vermögen. Durch die Abtretung der Rückgewähransprüche mit der Möglichkeit, sich daraus auch dann zu befriedigen, wenn der Sicherungsnehmer wegen seiner dinglichen Ansprüche aus der bestellten Grundschuld bereits befriedigt wurde, erweitert sich die Vermögensmasse, in die der Gläubiger prinzipiell vollstrecken kann, nicht. Der Zugriff kann nur einfacher erfolgen und verwehrt dem Sicherungsgeber die Möglichkeit, die vor- oder gleichrangigen Grundschulden anderweitig zum Zweck der Kreditsicherung einzusetzen. Im Vergleich zu diesem möglichen Bestreben des Sicherungsgebers ist aber das Sicherungsinteresse des Sicherungsnehmers mindestens gleichwertig.

79 Die formularmäßige Abtretung der Rückgewähransprüche ist auch dann nicht prinzipiell überraschend (§ 3; aA Clemente Rz 496; Reithmann DNotZ 1994, 1985, 1986) oder unangemessen (§ 307 I), wenn die formularmäßige Abtretung **zur Sicherung fremder Verbindlichkeiten dient**. Denn ebensowenig es zu überraschen oder unangemessen ist, eine Grundschuld als Sicherheit für fremde Verbindlichkeiten zur Verfügung zu stellen, so wenig ist es zu beanstanden, wenn eine bereits bestellte Grundschuld subsidiär auch noch als Sicherheit für weitere oder andere Verbindlichkeiten dienen soll. Dies gilt jedenfalls dann, wenn die Abtretung in einer eigenen Urkunde mit einer ausdrücklichen Vereinbarung über den Sicherungszweck und deutlichen Hinweis darauf, daß es sich um eine zusätzliche Sicherheit handelt, vorgenommen wird. Im Hinblick auf die mit der Abtretung der Rückgewähransprüche als eigenständige Sicherheit verbundene Erweiterung der Haftung über die Höhe der nachrangigen Grundschuld hinaus ist allerdings im Hinblick auf 305c I Vorsicht geboten, wenn diese Abtretung formularmäßig in der Sicherungszweckerklärung für die nachrangige Grundschuld aufgenommen werden soll. Ein Verstoß gegen § 305c I scheidet aber in jedem Fall aus, wenn dem Sicherungsgeber ein individueller Hinweis gegeben wird, der die Gewähr dafür bietet, daß er sich der vollen Tragweite seiner Erklärung bewußt wird (Merkel in Schimansky/Bunte/Lwowski Bankrechts-Hdb Rz 359).

80 Die **Abtretbarkeit** des Rückgewähranspruchs kann durch Vereinbarung gemäß § 399 zwischen Sicherungsnehmer und Sicherungsgeber **ausgeschlossen** werden. Folge ist, daß eine gleichwohl vorgenommene Abtretung nicht nur dem Schuldner, sondern jedem Dritten gegenüber unwirksam ist (BGH WM 1990, 464, 465). Möglich ist ferner, daß die Abtretung dieser Ansprüche von der Zustimmung des Schuldners abhängig gemacht wird. Ein solcher Zustimmungsvorbehalt hat die gleichen Rechtswirkungen wie der Ausschluß der Abtretbarkeit.

81 Ein solcher **Zustimmungsvorbehalt** ist nach Ansicht des BGH jedenfalls dann auch **formularmäßig vereinbart** rechtswirksam (BGH WM 1990, 464, 465), wenn der Sicherungsgeber nicht der Eigentümer des belasteten Grundstücks ist. Dem BGH ist zuzustimmen (so auch Clemente Rz 485; Gaberdiel Rz 759). Das gegen seinen Standpunkt vorgetragene Argument, die Kreditinstitute dürften sehr wohl imstande sein, organisatorische Vorkehrungen zu treffen, so daß sie des verstärkten Schuldnerschutzes nicht bedürften (Pottschmidt/Rohr Kreditsicherungsrecht S 397; ähnlich Wolf in Wolf/Horn/Lindacher § 9 AGBG Rz A 26), überzeugt nicht. Es übersieht, daß gerade bei fremden Grundschulddarlehen mit einer Laufzeit bis zu 30 Jahren angelegt sind und sich die Frage nach dem Rückgewährberechtigten regelmäßig erst am Ende der Laufzeit stellt. Um die endgültige Abwicklung des Darlehensverhältnisses nicht nach so langer Zeit mit den Kosten für die Nachforschung nach dem wahren Gläubiger zu belasten, ist es sachgerecht, die Abtretung des Rückgewähranspruchs von der Zustimmung der Bank abhängig zu machen (Köln WM 1998, 1924, 1926; Beckers WuB I F 3. – 8.90). Aus diesem Grunde ist die formularmäßige Vereinbarung eines Zustimmungsvorbehalts auch dann wirksam, wenn der Sicherungsgeber mit dem

Grundstückseigentümer identisch ist (BGH Beschl v 9. 3. 1989 – IX ZR 82/87 – nv, zitiert bei Beckers WuB I F 3. – 8.90; Clemente Rz 486; Serick EWiR 1990, 341; Reithmann WM 1990, 1985, 1987).

Der Anspruch auf Rückgewähr der Grundschuld ist gemäß §§ 857 I, 851 I, 829ff ZPO pfändbar (BGH WM 1989, 1412, 1415); die Verpfändung richtet sich nach den §§ 1273ff. **82**

14. Befriedigung des Gläubigers. Von Bedeutung ist, ob auf die Grundschuld oder auf die gesicherte Forderung oder auf beide zugleich gezahlt wird. Zahlung auf die Grundschuld, sei es durch den Eigentümer oder für diesen durch einen Dritten, führt analog §§ 1142, 1143 zum Übergang des dinglichen Rechts auf den Eigentümer (BGH NJW 1986, 2108, 2111). Teiltilgung der Grundschuld hat den Übergang dieses Teils zur Folge (BGH WM 1969, 810), jedoch im Rang nach dem als Fremdgrundschuld fortbestehenden Teil (§ 1176). Auch bei der Zahlung von Zinsen kommt es darauf an, ob auf die Zinsen der Grundschuld oder der gesicherten Forderung gezahlt wird, da durch § 1192 II keine Abhängigkeit zwischen beiden geschaffen wird (BGH WM 1965, 1197). Zahlt ein ablösungsberechtigter Dritter auf die Grundschuld, so erwirbt er sie kraft Gesetzes (§§ 1150, 268 III S 1), aber ohne die gesicherte Forderung. Befriedigung durch Zwangsvollstreckung (§ 1147) führt zum Erlöschen der Grundschuld (§ 1181) und der Forderung, wenn diese fällig ist und der Eigentümer auch persönlich schuldet. Im einzelnen sind folgende Fälle freiwilliger Befriedigung zu unterscheiden: **83**

a) Zahlt der persönlich schuldende Eigentümer auf die Grundschuld, so entsteht eine Eigentümergrundschuld (BGH ZIP 2002, 2033, 2034; BGH NJW 1986, 2108, 2111). Rückständige Grundschuldzinsen erlöschen nach §§ 1192 I, 1178. Mit der Zahlung auf die Grundschuld wird idR zugleich die gesicherte Forderung erfüllt, sofern sie erfüllt ist und die Tilgungsbestimmung des Leistenden nicht ausnahmsweise etwas anderes ergibt (BGH ZIP 1988, 1096, 1097). Zahlung des persönlichen Schuldners nur auf die **Forderung** läßt die Grundschuld als abstraktes Recht bestehen, begründet aber einen Rückgewähranspruch des Sicherungsgebers (BGH ZIP 2002, 2033, 2034). Dies gilt unabhängig davon, ob der persönliche Schuldner Sicherungsgeber ist oder nicht. Gegen eine Inanspruchnahme aus der Grundschuld, die keine Ansprüche mehr sichert, steht der Einwand des Rechtsmißbrauchs (BGH ZIP 2002, 2033, 2034). **84**

b) Zahlt der nicht persönlich schuldende Eigentümer auf die Grundschuld (Folge: Eigentümergrundschuld, BGH WM 1985, 953), dann bleibt nach Ansicht des BGH die gesicherte Forderung bestehen, denn bei nur dinglicher Haftung sei in der Regel keine Tilgung der fremden persönlichen Schuld gewollt (BGH WM 1991, 723, 724; Lettl ZBB 2001, 37, 42; aM Reinicke/Tiedtke WM 1987, 485); ein gesetzlicher Forderungsübergang entspr § 1143 oder § 426 II tritt nicht ein (BGH 105, 154). Wird sodann der persönliche Schuldner aus der Forderung in Anspruch genommen, so ist zu unterscheiden, ob er Sicherungsgeber war oder nicht. Im ersteren Fall kann er aus der Sicherungsabrede einwenden, nach § 404 auch gegenüber dem Zessionar der Forderung, daß er nur Zug um Zug gegen Rückgewähr der vollen Grundschuld zur Zahlung verpflichtet ist (BGH NJW 1987, 838, 839); das gilt auch bei Einklagung nur eines Teilbetrages der Forderung (BGH NJW 1982, 2768). War der Schuldner nicht Sicherungsgeber, so kann er nach § 242 der formal fortbestehenden Forderung entgegenhalten, daß der schon aus der Grundschuld befriedigte Gläubiger doppelte Befriedigung erhalten würde (BGH 105, 154). Der Schuldner kann hier aber nicht verhindern, daß die Grundschuldzahlung mit Zustimmung des Sicherungsgebers auf eine andere als die gesicherte Forderung verrechnet wird (BGH aaO). **85**

Der Sicherungsgeber, der die Grundschuld ablöst, kann aus der Sicherungsabrede auch ohne ausdrückliche Regelung vom Sicherungsnehmer die **Abtretung der Forderung** verlangen, wenn und soweit er einen Rückgriffanspruch gegen den persönlichen Schuldner hat (Lettl ZBB 2001, 37, 42). Zur Abtretung berechtigt ist der Gläubiger auch dann, wenn kein Rückgriffanspruch besteht (BGH 80, 228, 231); in diesem Fall kann der Schuldner bei Inanspruchnahme aus der Forderung jedoch geltend machen, daß im Innenverhältnis der Eigentümer zur Ablösung verpflichtet war (RG 143, 287); diese Einrede steht ihm auch bei Weiterzession zu (§ 404). Wird dem Eigentümer, sofern er nicht Sicherungsgeber war, die Forderung abgetreten, so kann ihm der Schuldner (Sicherungsgeber) nach § 404 entgegenhalten, daß er an den Sicherungsnehmer aufgrund der Sicherungsabrede nur gegen Rückgewähr der Grundschuld hätte zahlen müssen (BGH NJW 1991, 1821; vgl dazu Dieckmann WM 1992, 1257). **86**

c) Zahlt der mit dem Eigentümer nicht identische persönliche Schuldner auf die Grundschuld, so entsteht eine Eigentümergrundschuld; in der Regel wird zugleich die persönliche Schuld getilgt (§ 362). Bei Zahlung nur auf die Forderung hat der Eigentümer (Sicherungsgeber) Anspruch auf Rückgewähr der Grundschuld. Steht dem zahlenden Schuldner im Innenverhältnis ein Ersatzanspruch gegen den Eigentümer zu, dann gilt nicht § 1164 (Reinicke/Tiedtke WM-Sonderbeilage 5/1991; aA Dieckmann WM 1990, 1481; 92, 1257), aber der Schuldner kann insoweit vom Eigentümer Abtretung des Rückgewähranspruchs oder, wenn schon rückgewährt, der Eigentümergrundschuld verlangen, nicht aber vom Sicherungsnehmer Abtretung der Grundschuld (Pal/Bassenge Rz 45; aA Dieckmann WM 1990, 1481); die Zahlung an den Gläubiger kann er in diesem Falle entspr § 1167 von der Aushändigung der in § 1144 genannten Urkunden abhängig machen. **87**

d) Zahlt ein ablösungsberechtigter Dritter auf die Grundschuld, erwirbt er diese kraft Gesetzes (§§ 1192 I, 1150, 268 III), aber nicht die gesicherte Forderung. Diese erlischt auch nicht (aM Soergel/Konzen Rz 49; MüKo/Eickmann Rz 86; offengelassen BGH WM 2001, 623, 624); der Gläubiger ist jedoch im Verhältnis zum persönlichen Schuldner zur Anrechnung der Zahlung auf die Forderung verpflichtet, was einem Zessionar entgegengehalten werden kann (§ 404). Beschränkt sich das Ablösungsrecht auf die **Forderung,** so geht nur diese über (§ 268 III), da § 401 nicht für die Grundschuld gilt. **88**

e) Zahlt ein sonstiger Dritter auf die Grundschuld, so entsteht eine Eigentümergrundschuld (BGH LM § 1192 Nr 7). Die Forderung erlischt nicht, es sei denn, daß auch deren Erfüllung bezweckt ist (BGH ZIP 1988, **89**

§ 1191 Sachenrecht Grundschuld

1096, 1097). Zahlung nur auf die **Forderung** läßt die Grundschuld unberührt; der Sicherungsgeber hat aber Rückgewähranspruch.

90 **15. Tilgungsbestimmung:** Sind **Grundstückseigentümer und Schuldner personengleich** und besteht keine Verrechnungsvereinbarung, so kann und darf der Zahlende frei bestimmen, ob seine Leistung auf die Grundschuld oder auf die gesicherte Forderung zu verrechnen ist (BGH WM 1997, 1012, 1013; WM 1995, 1663). Bestehen mehrere gesicherte Forderungen, so kann der Leistende, falls er auf die Forderungen leistet, auch bestimmen, welche von mehreren Forderungen getilgt werden soll.

91 Eine Tilgungsbestimmung kann auch stillschweigend getroffen werden (BGH WM 1997, 948, 949). Dabei ist aus den Umständen des Einzelfalles und insbesondere vor dem Hintergrund der Interessenlage zu ermitteln, worauf die Leistung vernünftigerweise erbracht sein soll (BGH WM 1997, 948, 949; WM 1995, 1663, 1664; BGH WM 1987, 1213, 1214). Die gesetzlichen Vermutungen des § 366 helfen hier kaum weiter, weil diese Vorschrift von mehreren völlig selbständig nebeneinander bestehenden und unabhängig voneinander zu tilgenden Forderungen ausgeht. Demgegenüber dürfen aber Sicherheit und die gesicherte Forderung nur alternativ realisiert werden.

92 **Zahlt der Schuldner den vollen Betrag an den Gläubiger,** geht die Rspr davon aus, daß er Forderung und Grundschuld tilgen will (BGH WM 1992, 1893, 1894; WM 1988, 1259, 1260; Düsseldorf WM 1998, 1875, 1880). Zahlt der Schuldner dagegen in Raten, so ist grundsätzlich davon auszugehen, daß nur die Forderung getilgt wird (BGH WM 1993, 849, 854). Tilgt der Schuldner die Grundschuld, so ist nach dem Sinn der Sicherungsabrede anzunehmen, daß damit auch die Forderung erlöschen soll, wenn diese im Zeitpunkt der Tilgung fällig ist (BGH WM 1987, 202, 203). Im Zweifel ist davon auszugehen, daß der Schuldner auch dann nur auf die Forderung zahlt, wenn ein Kredit in laufender Rechnung gesichert ist. In den übrigen Fällen ist im Zweifel ebenfalls davon auszugehen, daß eine Zahlung auf die gesicherte Forderung und nicht auf die Grundschuld erfolgt. Denn es entspricht der Lebenserfahrung, daß im Rechtsverkehr mit Kreditinstituten als Sicherungsnehmer der Grundschuld bei **ungestörtem Kreditverhältnis** grundsätzlich von einer Zahlung auf die gesicherte Forderung und nicht auf die Grundschuld auszugehen ist. Die Zahlung auf die Grundschuld schränkt nämlich eine weitere Kreditgewährung ein, da es zur Bildung von Teileigentümergrundschulden kommt.

93 Ergibt die Wertung, daß eine Zahlung auf die gesicherten Forderungen vorliegt, und reicht die Zahlung nicht aus, um die ganze Forderung zu tilgen, so bestimmt sich die **Reihenfolge der Tilgung** nach § 367 I (vgl auch § 497 III). Sind mehrere Forderungen gesichert und reicht der Betrag zur Tilgung aller Forderungen nicht aus, so kann der Zahlende bei Leistung auf die Forderung bestimmen, welche Forderung getilgt werden soll (§ 366 I; BGH WM 1997, 1012, 1013). Das gilt auch dann, wenn es sich um Forderungen handelt, die gegen verschiedene Schuldner bestehen (BGH WM 1999, 948, 949) oder unterschiedlich gesichert sind, wenn also beispielsweise einzelne der durch die Grundschuld gesicherten Forderung zusätzlich verbürgt sind oder einzelne Forderungen nicht grundpfandrechtlich gesichert sind. Nur wenn der Leistende keine Bestimmung trifft – auch nicht konkludent –, wird die Zahlung nach § 366 II verrechnet (Lettl ZBB 2001, 37, 41). In der Zwangsvollstreckung steht dem Schuldner das Recht zur Tilgungsbestimmung gemäß § 366 I allerdings nicht mehr zu (BGH WM 1999, 684, 685).

94 Reicht ein an die Stelle der Grundschuld getretener Geldbetrag nicht aus, um den Gläubiger wegen aller durch die Grundschuld gesicherten, fälligen oder jedenfalls erfüllbaren Forderungen zu befriedigen, wird der Erlös gemäß § 366 II auf die gesicherten Forderungen verrechnet, soweit im Sicherungsvertrag nichts Abweichendes vereinbart wurde (BGH WM 1999, 948, 949). Leistet der mit dem Schuldner identische Eigentümer auf die Grundschuld, die neben der persönlichen Verpflichtung des Eigentümers auch noch eine Forderung gegen einen Dritten sichert, ist der Zahlung konkludent idR der Wille zu entnehmen, zunächst die eigenen und nicht die fremden Schulden tilgen zu wollen (BGH WM 1999, 948, 949). Die Verteilung gemäß § 366 II ist für den Erlös aus der Zwangsverwertung einer für mehrere Forderungen haftenden Sicherheit anerkannt (BGH WM 1991, 723), gilt aber auch für den durch Zahlung auf die Grundschuld an deren Stelle tretenden Geldbetrag. Denn in beiden Fällen geht es darum, das an die Stelle der Grundschuld tretende Surrogat den im Rahmen der Sicherungsabrede gesicherten Forderungen zuzuordnen. Unerheblich ist insoweit, ob die Surrogation durch Zwangsversteigerung oder durch Zahlung eingetreten ist. Eine Klausel, wonach dem Sicherungsnehmer bei Zahlungen auf die Grundschuld, die nicht zur Befriedigung sämtlicher damit gesicherter Ansprüche ausreicht, eine Verrechnung nach billigem Ermessen eingeräumt wird, ist nach Ansicht des BGH wegen Verstoßes gegen § 307 I unwirksam (BGH WM 2001, 623, 624; WM 1999, 948, 949). Es sei eine unangemessene Benachteiligung des Sicherungsgebers, wenn der Klauselverwender das dem Schuldner gemäß § 366 I zustehende Tilgungsbestimmungsrecht ausschließe und die ohnehin sehr gläubigerfreundliche Vorschrift des § 366 II noch zu seinen Gunsten modifiziere.

95 Häufig wird von vornherein vereinbart, daß Zahlungen auf die Forderung und nicht auf die Grundschuld angerechnet werden (sog. **Verrechnungsvereinbarung**). Sind sich die Parteien bei der Leistung über die Anrechnung einig, so gilt ihr übereinstimmender Wille. Eine Anrechnungsabrede schließt das Bestimmungsrecht des Schuldners aus (BGH WM 1995, 1663, 1664). Eine Verrechnungsabrede kann auch stillschweigend getroffen werden. Dies ist etwa der Fall, wenn der Schuldner eine Anrechnungserklärung des Gläubigers widerspruchslos hinnimmt (BGH WM 1995, 1663, 1664; vgl auch BGH 97, 341, 343). Auch nachträglich ist dies möglich, wenn der Gläubiger dem Schuldner mitteilt, wie er die Zahlung verrechnet hat und dieser nicht widerspricht (BGH WM 1995, 1663, 1664).

96 Die in der Verrechnungsvereinbarung niedergelegte Verpflichtung des Schuldners, auf die gesicherte Forderung zu zahlen, entfällt, wenn der **Gläubiger das dingliche Recht geltend macht** (BGH WM 2001, 623, 624). Dies ist dann der Fall, wenn der Gläubiger ausdrücklich Leistung aus der Grundschuld fordert oder die Zwangsvollstrek-

kung daraus androht bzw einleitet (BGH WM 1992, 1502, 1505; WM 1990, 1927, 1929). Denn wenn der Gläubiger Leistung aus der Grundschuld fordert, muß er auch bereit sein, diese entgegenzunehmen. Dies gilt sowohl für den Sicherungsgeber als auch dann, wenn ein Dritter gemäß § 268 zur Abwendung der Zwangsversteigerung leistet (BGH WM 2001, 623, 624). Auch in der Insolvenz des Schuldners, der zugleich Eigentümer des mit der Grundschuld belasteten Grundstücks ist, werden Zahlungen des Insolvenzverwalters stets auf die Grundschuld und nicht auf die gesicherte Forderung geleistet, weil der Verwalter nur das mit der Grundschuld verbundene Absonderungsrecht zu berücksichtigen hat (BGH WM 1995, 1517).

Eine Vereinbarung mit dem Inhalt, daß Zahlungen auf die gesicherte Schuld und nicht auf die dingliche Sicherheit verrechnet werden, ist auch bei **Drittgrundschulden** möglich, die von einem anderen als dem persönlichen Schuldner bestellt werden. Eine solche Abrede kann auch formularmäßig wirksam getroffen werden. 97

Sie ist weder unbillig (§ 307 I) noch überraschend (§ 305c I; Merkel in Schimansky/Bunte/Lwowski Bankrechts-Hdb Rz 438). Denn der Eigentümer wird durch diese Abrede auch nicht faktisch zur Tilgung der persönlichen Forderung des Schuldners gezwungen. Die Verrechnungsvereinbarung als solche begründet dabei keine Verpflichtung für den Drittsicherungsgeber, die gesicherte persönliche Verbindlichkeit zu erfüllen. Insbesondere übernimmt der vom Schuldner personenverschiedene Eigentümer dadurch keine Mithaftung für die Verbindlichkeiten des Schuldners. Er ist nur aus der Grundschuld verpflichtet. 98

16. Unter der **freihändigen Verwertung** der Grundschuld versteht man im Gegensatz zur Zwangsvollstreckung den Verkauf der Grundschuld gegen ein Entgelt an einen Dritten. Sofern im Sicherungsvertrag nichts Abweichendes vereinbart wird, darf der Gläubiger die Grundschuld dadurch verwerten, daß er sie veräußert, sofern die gesicherte Forderung fällig ist (Gaberdiel Rz 1277). Die Fälligkeit der Grundschuld selbst braucht nicht eingetreten zu sein. 99

Bei der **isolierten Verwertung der Grundschuld** erwirbt der Zessionar allein dieses Grundpfandrecht ohne die gesicherten Forderungen, die beim bisherigen Grundschuldgläubiger verbleiben. Die Bindung zwischen Grundschuld und gesicherter Forderung, die durch den Sicherungsvertrag hergestellt worden war, wird gelöst, da der Sicherungsvertrag mit der freihändigen Verwertung der Grundschuld abgewickelt und beendet wird (BGH ZIP 1989, 359, 363; NJW 1979, 717). Ein Rückgewähranspruch des Sicherungsgebers gegen den bisherigen Grundschuldgläubiger kommt nicht mehr in Betracht (BGH ZIP 1989, 359, 363; NJW 1979, 717). Der Verkaufserlös wird auf die gesicherten Forderungen verrechnet (BGH ZIP 1989, 359, 363; NJW 1982, 2768, 2769), die in entsprechender Höhe erlöschen. 100

Die isolierte Verwertung der Grundschuld birgt für den persönlichen Schuldner/Sicherungsgeber die **Gefahr einer doppelten Inanspruchnahme** aus persönlicher Forderung und Grundschuld durch zwei verschiedene Berechtigte (BGH WM 1986, 1386, 1387; NJW 1982, 2768, 2769). Die Gefahr verwirklicht sich, wenn nach Abtretung der Grundschuld Zahlungen auf die persönliche Forderung erfolgen, die dem Zessionar der Grundschuld nicht entgegengehalten werden können, da die daraus resultierende Einrede dem Schuldner im Zeitpunkt der Abtretung nicht zustand. Der Grundschuldgläubiger ist daher nur mit Zustimmung des Sicherungsgebers zu einer isolierten Verwertung der Grundschuld berechtigt (BGH WM 1986, 1386, 1387; Schleswig WM 1997, 965, 967), es sei denn, ihm ist die isolierte Verwertung bereits im Sicherungsvertrag gestattet worden (BGH ZIP 1989, 359, 363). Sofern dem Sicherungsvertrag kein ausdrückliches Abtretungsverbot zu entnehmen ist (§§ 399, 413), ist die ohne Zustimmung des Sicherungsgebers vorgenommene isolierte Abtretung der Grundschuld allerdings dinglich wirksam (BGH NJW 1982, 2768, 2769). Überträgt der Sicherungsnehmer die Grundschuld zwecks Absicherung eigener Kredite an einen Dritten, so liegt in einer solchen Übertragung allein noch keine Verwertung der Grundschuld (BGH NJW 1982, 2768, 2769). 101

Sofern keine besonderen Vereinbarungen getroffen sind, ist der Gläubiger berechtigt, bei der freihändigen Verwertung der **Sicherungsgrundschuld zusammen mit den gesicherten Forderungen abzutreten** (BGH WM 1986, 1386, 1387). Forderung und Grundschuld einschließlich der dinglichen Zinsen dürfen dabei grundsätzlich nur in angemessener Höhe abgetreten werden; der überschießende Teil ist an den Sicherungsgeber bzw den Inhaber des Rückgewähranspruchs zurückzugewähren (Gaberdiel Rz 1283, Clemente Rz 543). 102

Der bei der Verwertung erzielte Erlös ist bei der gemeinsamen Veräußerung von Grundschuld und gesicherter Forderung nicht auf die gesicherte Forderung anzurechnen. Diese Forderung steht dem bisherigen Gläubiger nicht mehr zu. Gläubiger der gesicherten Forderung und der Grundschuld wird aufgrund der Abtretung der Erwerber. Ihm steht die Forderung in vollem Umfang zu, wobei er die Grundschuld nur in Höhe der gesicherten Forderung geltend machen kann. Die Abtretung von Grundschuld und Forderung bewirkt keinen Übergang des Sicherungsvertrages auf den Erwerber. Der Sicherungsnehmer wird vielmehr aus seiner Rückgewährpflicht frei, da er die Grundschuld übertragen und damit entsprechend dem Sicherungsvertrag verwertet hat. Sofern der Sicherungsgeber oder persönliche Schuldner an den Zessionar Zahlungen erbringt, kann er von dem bisherigen Sicherungsnehmer die Rückgewähr der Grundschuld nicht verlangen. 103

17. Durch eine Grundschuld kann ein Grundstück in der Weise belastet werden, daß Zinsen von der Grundschuldsumme zu entrichten sind (§ 1191 II). Die **Grundschuldzinsen** sind ebenso abstrakt wie die Grundschuld als solche und dienen nicht nur zur Sicherung der Zinsforderungen, sondern erhöhen den Betrag der Sicherung (BGH ZIP 1999, 705, 707; Reithmann WM 1985, 441, 444). Die Grundschuldzinsen sind Inhalt des dinglichen Rechts (Gaberdiel S 135). Sie sind unter Beachtung der Anforderungen des Bestimmtheitsgrundsatzes im Grundbuch einzutragen (§§ 1115 I, 1192 II) und ebenso akzessorisch wie der Grundschuld-Kapitalbetrag. Wie die Grundschuldsumme verleihen sie dem Gläubiger das von einer Forderung unabhängige Recht auf Zahlung aus dem Grundstück. Ist der Zinssatz im Grundbuch unwirksam, ist die Forderung aus dem Grundpfandrecht unver- 104 zinslich (BGH WM 1975, 596, 597). Die dinglichen Zinsen laufen in der Insolvenz des persönlichen Schuldners oder des Grundstückseigentümers weiter (BGH NZI 2001, 588; BGH NJW 1987, 946, 947). Es ist auch unerheblich, wann die Grundschuld gekündigt wird (§ 1193), denn eine solche Kündigung hat nicht zur Folge, daß von diesem Zeitpunkt an keine Grundschuldzinsen mehr anfallen (BGH NJW 1987, 946, 947). Dem Gläubiger einer Grundschuld stehen gegenüber nachrangigen Berechtigten die eingetragenen Zinsen in voller Höhe zu, auch wenn die grundschuldgesicherte Forderung selbst mit einem geringeren Satz als die Grundschuldsumme selbst verzinslich ist (BGH WM 1981, 581, 582, gegen Vollkommer NJW 1980, 1052, 1053). Mit den überschießenden Grundschuldzinsen kann der Sicherungsnehmer einen Teil der gesicherten Hauptforderung abdecken, wenn die Sicherungsabrede – wie allgemein üblich – eine Haftung auch der Grundschuldzinsen für alle gesicherten Forderungen vorsieht (BGH WM 1982, 839, 841).

105 Der Gläubiger kann die dinglichen Grundschuldzinsen dabei grundsätzlich auch dann in voller Höhe geltend machen, wenn die Zinsen auf das gesicherte Darlehen jeweils gezahlt worden sind (BGH ZIP 1993, 257, 258; WM 1981, 581, 582). Dies gilt nur dann nicht, wenn ausnahmsweise etwas anderes vereinbart oder die Zahlung auch auf den dinglichen Anspruch erbracht worden ist. Erbringt also beispielsweise der Grundstückseigentümer eine Zahlung auf die Grundschuld, geht das dadurch getilgte Grundschuldkapital analog § 1143 auf ihn über. Soweit die Grundschuldzinsen getilgt werden, erlöschen sie (§ 1178 I).

106 **Rückständige Grundschuldzinsen** können in der Zwangsversteigerung nachrangigen Gläubigern gegenüber in der bevorrechtigten Klasse nach § 10 I Nr 4 ZVG nur für zwei Jahre geltend gemacht werden. Diese Begrenzung gilt aber nicht gegenüber dem Eigentümer. Hier findet sich eine Grenze nur durch **Verjährung**. Die Grundschuldzinsen verjähren gemäß §§ 195, 199 in drei Jahren, beginnend mit dem Schluß des Jahres, in welchem sie fällig sind (Weis/Klassen BKR 2003, 51, 52). Die Fälligkeit der Grundschuldzinsen ist analog § 488 II zu beurteilen (Stuttgart WM 2001, 2206; Köln MDR 1994, 645, 646). Danach sind Zinsen nach Ablauf eines Jahres zu entrichten, sofern die Parteien nichts abweichendes vereinbart haben. Gemäß § 205 ist allerdings die Verjährung gehemmt, solange der Schuldner auf Grund einer Vereinbarung mit dem Gläubiger vorübergehend zur Verweigerung der Leistung berechtigt ist. Ob eine solche Hemmung der Verjährung von Grundschuldzinsen einer Sicherungsgrundschuld besteht, solange der Sicherungsfall nicht eingetreten ist, war zwischen dem IX. und dem XI. Zivilsenat des BGH umstritten. Auf Berufungsbeschluß des XI. Senats (BGH ZIP 1999, 705) hat der IX. Senat (BGH ZIP 1999, 917) allerdings erklärt, an seiner früheren Rspr (BGH WM 1995, 2173, 2176) nicht mehr festzuhalten. Damit besteht heute Einigkeit in der höchstrichterlichen Rspr, daß die Verjährung des Anspruchs auf Zinsen aus einer Sicherungsgrundschuld nicht bis zum Eintritt des Sicherungsfalles gehemmt ist (s auch Staud/Wolfsteiner Vorb §§ 1991ff Rz 81ff; Köln MDR 1994, 645, 647). Im Hinblick auf die angesichts der üblichen Dauer von Zwangsversteigerungsverfahren vergleichsweise kurze Verjährungsfrist gemäß §§ 195, 199 werden Grundpfandrechtsgläubiger nach Aufhebung des § 209 II Nr 5 aF zuweilen Maßnahmen zur Hemmung der Verjährung gemäß § 204 ergreifen müssen.

107 Außer den Zinsen können gemäß § 1191 II auch sonstige **Nebenleistungen** vereinbart und eingetragen werden. Diese Nebenleistungen sind, ebenso wie die Grundschuldzinsen, rein dingliche Ansprüche, die dem Gläubiger das sachenrechtlich von einer Forderung unabhängige Recht auf Zahlung aus dem Grundstück verleihen (Stöber ZIP 1980, 613, 614). Um Nebenleistungen einer Grundschuld handelt es sich nur dann, wenn das Recht auf ihre Leistung aus dem Grundstück zu dem Grundschuldhauptsacheanspruch im Verhältnis eines das rechtliche Schicksal teilenden Nebenrechts steht (Düsseldorf BB 1995, 2607, 2608; Stuttgart ZIP 1986, 1377, 1378).

108 **18. Persönliches Schuldversprechen und Unterwerfung unter die sofortige Zwangsvollstreckung.** In der Kreditsicherungspraxis ist es üblich, daß der persönliche Schuldner hinsichtlich der durch ein Grundpfandrecht gesicherten Forderung ein abstraktes Schuldversprechen (§ 780) oder -anerkenntnis (§ 781) erklärt, welches dem Gläubiger die Beitreibung seiner Forderung erleichtern soll und das erfüllungshalber (§ 364 II) abgegeben wird (Clemente Rz 348b). Die Bank als Sicherungsnehmer erhält bei Weiterbestehen der gesicherten Forderung eine weitere zusätzliche Forderung, hinsichtlich deren sich der Schuldner regelmäßig der sofortigen Zwangsvollstreckung in das gesamte Vermögen unterwirft (§ 794 I Nr 5 ZPO).

109 Das abstrakte Schuldversprechen hat ebenso wie die Grundschuld nur eine Sicherungsfunktion (BGH WM 1987, 1467); es tritt neben die jeweils bestehenden Ansprüche, dh neben den persönlichen Anspruch aus dem Darlehen und den dinglichen Anspruch aus der Grundschuld. Die Abstraktheit des selbständigen Schuldversprechens hat zur Folge, daß der Gläubiger ohne Rücksicht auf Einwendungen aus der Grundschuld Erfüllung verlangen kann. Die Geltendmachung des vollstreckbaren Anspruchs ist dem Sicherungsnehmer allerdings nur in Übereinstimmung mit der Sicherungsabrede gestattet. Insoweit unterliegt er den gleichen Beschränkungen wie bei der Geltendmachung der Grundschuld.

110 **Unterwirft sich der Schuldner der persönlichen Zwangsvollstreckung** (§ 794 I Nr 5 ZPO), muß der Zahlungsanspruch aus der vollstreckbaren Urkunde hinreichend bestimmt sein. Dies ist dann der Fall, wenn der vollstreckbare Zahlungsanspruch betragsmäßig feststeht oder sich aus der Urkunde ohne weiteres errechnen läßt (BGH WM 1980, 189, 191). Es genügt, wenn die Berechnung mit Hilfe offenkundiger, insbesondere aus dem Grundbuch ersichtlicher Umstände möglich ist (BGH WM 1995, 684, 685). Sollen mehrere Gläubiger berechtigt sein, und hilft die Regel des § 420 nicht weiter, muß die Urkunde Angaben dazu enthalten, wie sich die Berechtigungen zueinander verhalten (BGH WM 1995, 684, 685). Die Zwangsvollstreckung aus einem vollstreckbaren abstrakten Schuldversprechen wird nicht dadurch unzulässig, daß es nicht zur Eintragung der Grundschuld kommt (BGH WM 1992, 132, 133); ferner nicht dadurch, daß die Grundschuld in der Zwangsversteigerung gemäß § 91 I ZVG erloschen ist, der Gläubiger aber keine Befriedigung aus dem Erlös erlangt hat (BGH WM 1990, 1927, 1928f). Wird der Gläubiger im Zwangsversteigerungsverfahren nur teilweise befriedigt, so kann er aus dem

abstrakten Schuldversprechen in aller Regel nur noch die Höhe des offen gebliebenen Restbetrages vollstrecken (BGH WM 1986, 1032, 1033f).

Ein **vollstreckbares Schuldversprechen** ist, auch wenn es **formularmäßig** erteilt wird, gemäß §§ 305ff nicht **111** zu beanstanden, wenn es vom persönlichen Schuldner abgegeben wird (BGH ZIP 2003, 247, 249; BGH WM 2000, 1328, 1329; WM 1992, 132; WM 1990, 1927, 1928). Dabei ist es unerheblich, ob der persönliche Schuldner die Grundschuld selbst bestellt und Unterwerfungserklärungen selbst abgibt oder sich beispielsweise von einem Notarangestellten vertreten läßt (BGH ZIP 2003, 247, 249); unerheblich ist insoweit auch, ob der Schuldner von dem Notar belehrt wurde oder nicht (BGH ZIP 2003, 247, 249; vgl zum bevollmächtigten Treuhänder Rz 113a). Ob der persönliche Schuldner zugleich Eigentümer des mit der Grundschuld belasteten Grundstücks ist, spielt keine Rolle. Durch das abstrakte Schuldversprechen wird die Vermögensmasse, in die der Gläubiger vollstrecken kann, nicht erweitert; der Zugriff kann nur, falls nötig, schneller erfolgen, weil der Gläubiger sofort einen Vollstreckungstitel erhält. Aus der Entscheidung des BGH vom 27. 9. 2001 zur Vollstreckungsunterwerfung im Bauträgervertrag folgt nichts anderes (BGH WM 2001, 2352 ff). In diesem Urteil hat der BGH die formularmäßige Unterwerfung des Erwerbers unter die sofortige Zwangsvollstreckung mit Nachweisverzicht gegenüber einem Bauträger gemäß § 307 I für unwirksam erklärt, weil in ihrer Folge der Erwerber im Falle einer Zwangsvollstreckung sowohl das Risiko der zweckwidrigen Verwendung der für die Zwangsmaßnahme erlangten Vermögenswerte als auch das Risiko des Vermögensverfalls des Bauträgers zu tragen hatte (BGH WM 2001, 2352, 2354; vgl auch BGH NJW 1999, 51, 52). Beide Risiken bestehen bei einer Finanzierung durch ein Kreditinstitut jedoch nicht. So stellt die Sicherungszweckerklärung sicher, daß die Bank von der Vollstreckungsunterwerfung nur unter strengen Voraussetzungen Gebrauch macht und die durch die Vollstreckungsmaßnahme erlangten Vermögenswerte nur zur Bedienung der gesicherten Forderungen einsetzt. Hinzu kommt, daß ein Risiko des Vermögensverfalls der Bank nahezu ausgeschlossen ist. Die Entscheidung vom 27. 9. 2001 beruhte insoweit auf den spezifischen Besonderheiten und Gefahren des Erwerbs vom Bauträger. Bestellt allerdings ein Grundstückseigentümer, der nicht mit dem persönlichen Schuldner identisch ist, eine Grundschuld zur Sicherung von Forderungen einer Bank, so verstößt eine in dem Grundschuldbestellformular enthaltene Klausel, nach der der Eigentümer auch die persönliche Haftung für die gesicherte Forderung übernimmt, gegen § 307 I Nr 1 (BGH NJW 1991, 1677, 1678; Merkel in Schimansky/Bunte/Lwowski Bankrechts-Hdb Rz 245; Hahn ZIP 1996, 1233, 1236; Eickmann ZIP 1989, 137, 142; aA Roemer MittRhNotK 1991, 97, 100). Wurde die Grundschuld bei Identität von Grundstückseigentümer und Kreditnehmer bestellt und dann das Eigentum auf einen Dritten übertragen, so bleibt die Verpflichtung des ursprünglichen Grundstückseigentümers davon unberührt.

Die **Unterwerfung des Grundstückseigentümers** unter die **sofortige Zwangsvollstreckung** aus der Grund- **112** schuld macht den dinglichen Anspruch sofort durchsetzbar, ohne daß der Gläubiger zuvor Klage zu erheben braucht. Es handelt sich dabei um eine ausschließlich auf die Schaffung eines Vollstreckungstitels gerichtete, einseitige prozessuale Erklärung, die lediglich prozeßrechtlichen Grundsätzen unterliegt (BGH WM 1989, 1760, 1761; Olzen DNotZ 1993, 211, 212). Sie kann vordruckmäßig wirksam erklärt werden (BGH WM 1987, 228, 230; Gaberdiel Rz 308). Auch soweit dritte, mt dem Kreditnehmer nicht identische, Sicherungsgeber sich hinsichtlich der dinglichen Haftung formularmäßig der sofortigen Zwangsvollstreckung unterwerfen, verstößt dies nicht gegen §§ 305ff (BGH WM 1991, 758, 759; Merkel in Schimansky/Bunte/Lwowski Bankrechts-Hdb Rz 225).

Die Zwangsvollstreckungsunterwerfung kann auch auf einen Teilbetrag der Grundschuld beschränkt werden **113** (BGH WM 1989, 1760, 1761). Ob und inwieweit diese eine Teilung der Grundschuld voraussetzt, wird in der Rspr uneinheitlich beantwortet. Unterwirft sich der Schuldner hinsichtlich des erst- bzw letztrangigen Teilbetrages der sofortigen Zwangsvollstreckung, wird man wohl vom Erfordernis auch einer Teilung der Grundschuld auszugehen haben (so auch Hamm DNotZ 1988, 233, 234; vgl auch BayObLG DNotZ 1985, 476, 477). Denn ohne eine Teilung der Grundschuld gibt es keinen letzt- bzw erstrangigen Teil. Unterwirft sich der Grundstückseigentümer dagegen hinsichtlich eines bestimmten Teilbetrages der sofortigen Zwangsvollstreckung, ohne eine Bestimmung über den Rang dieses Teilrechts zu treffen (vgl zur Zulässigkeit BGH WM 1989, 1760, 1761), etwa indem er sich wegen des zuletzt zu zahlenden Teilbetrages der Zwangsvollstreckung unterwirft, ist für die Eintragung der Unterwerfungsklausel (§ 800 I ZPO) weder die vorherige Teilung der Grundschuld noch die Bewilligung des Grundpfandrechtsgläubigers erforderlich. Der Zahlungsanspruch muß lediglich im Sinne des § 791 I Nr 5 ZPO bestimmt sein, dh betragsmäßig festgelegt oder aus der Urkunde ohne weiteres errechenbar sein (BGH WM 1989, 1769, 1761). Der Zusatz „zuletzt zu zahlender" bedeutet in diesem Zusammenhang, daß Teilzahlungen auf die Grundschuld zuerst auf den nicht titulierten Teil der Grundschuld angerechnet werden. Zahlungen auf den vollstreckbaren Teilbetrag werden solange und soweit ausgeschlossen, als der nicht vollstreckbare Teil noch offensteht (BGH WM 1989, 1760, 1761; Merkel in Schimansky/Bunte/Lwowski Bankrechts-Hdb Rz 229).

Umstritten ist, ob ein Treuhänder, der es in einem Geschäftsbesorgungsvertrag übernommen hat, sämtliche zum **113a** Erwerb einer Immobilie abzuschließenden Kauf-, Finanzierungs-, Miet- und sonstigen Verträge abzuschließen, den Erwerber wirksam der sofortigen Zwangsvollstreckung unterwerfen kann, wenn er vom Erwerber dazu bevollmächtigt wurde und die Unterwerfung vor Veröffentlichung der BGH-Entscheidung vom 28. 9. 2000 (BGH WM 2000, 2443) in notarieller Urkunde erklärt wurde. Dies wird von Brandenburg (ZIP 2002, 299, 300) und Zweibrücken (Urt v 21. 1. 2002 – 7 U 70/01) verneint. Sie sind der Ansicht, daß die Unterwerfung unter die sofortige Zwangsvollstreckung in diesen Fällen wegen Verstoßes gegen Art 1 § 1 RBerG iVm § 134 wegen der Nichtigkeit der Vollmacht unwirksam ist. Hintergrund ist die Entscheidung des BGH (WM 2000, 2443 ff), wonach der zwischen dem Erwerber und dem Vermittler einer steuerbegünstigten Immobilienanlage geschlossene Geschäftsbesorgungsvertrag und die darin enthaltene Vollmacht für den Vermittler, die für die Finanzierung des Objektes erforderlichen Darlehensverträge abzuschließen, wegen Verstoßes gegen das RBerG nach Art 1 § 1 I RBerg iVm § 134 unwirksam ist. Die Nichtigkeit dieses Geschäftsbesorgungsvertrages erfaßt regelmäßig auch den zur Finan-

§ 1191   Sachenrecht Grundschuld

zierung des Objektes mit unwirksamer Vollmacht abgeschlossenen Darlehensvertrag (BGH ZIP 2002, 1192, 1193). In diesem Fall sind dann aber die Vorschriften der §§ 171–173 zu berücksichtigen (BGH ZIP 2002, 1192, 1193; BGH WM 2000, 1247, 1250; WM 2001, 2113, 2115). Deren Anwendung auf die vom Vertreter des Darlehensnehmers abgegebenen Unterwerfungserklärung wird vom OLG Brandenburg und OLG Zweibrücken abgelehnt, da die Unterwerfungserklärung eine rein prozessuale Willenserklärung sei, die lediglich prozessualen Grundsätzen unterstehen, mit der Folge, daß die Vorschriften des materiellen Zivilrechts darauf nicht anwendbar seien. Dies überzeugt nicht. Die beiden OLG wenden ja selbst die materiell-rechtliche Regelung des § 134 an. Dann müssen aber konsequenterweise auch die materiell-rechtlichen Regelungen der §§ 171 ff aus Schutzgesichtspunkten zugunsten der anderen Prozeßpartei auf die prozessuale Unterwerfungserklärung Anwendung finden. Anderenfalls hätte dies zur Konsequenz, daß einer materiell-rechtlich entschiedenen Rechtsfrage, nämlich der Anwendbarkeit insbesondere des § 172, prozessual keine Geltung verschafft werden könnte. – Zur Vollmacht zur Unterwerfungserklärung siehe allg Wenzel Bankrecht und Bankpraxis Rz 4/2122 ff; Dux WM 1994, 1145 ff.

114   **19. Beendigung der Besicherung.** Der Sicherungsvertrag endet mit dem endgültigen Wegfall des Sicherungszwecks. Soll die Grundschuld zur Absicherung einer außerhalb des vereinbarten Sicherungszwecks liegenden Forderung eingesetzt werden, muß eine neue Sicherungsabrede getroffen werden. Ein Sicherungsvertrag mit **weiter Sicherungszweckabrede** tritt mit der Beendigung der Geschäftsverbindung zwischen Darlehensgeber und Schuldner in ein Abwicklungsstadium (Gaberdiel Rz 610). Er ist nicht schon dann endgültig erledigt, wenn die Verbindlichkeit, die Anlaß für die Bestellung der Grundschuld war, getilgt ist. Denn solange die Geschäftsverbindung besteht und die Sicherungsabrede nicht gekündigt ist, kann jederzeit eine Verbindlichkeit entstehen, die dann durch die Grundschuld gesichert ist. Die nach Beendigung der Geschäftsverbindung mit dem Schuldner von Dritten erworbene Forderungen gegen den Schuldner sind nicht mehr gesichert (Gaberdiel Rz 610).

115   Eine Beendigung des Sicherungszwecks tritt ferner ein, wenn der Sicherungsnehmer die **Grundschuld auf Verlangen des Sicherungsgebers zurückgibt**. Im Verlangen der Rückgewähr und in der Aushändigung der für die gewünschte Art der Rückgewähr erforderlichen Unterlagen liegt eine stillschweigende vertragliche Aufhebung des Sicherungsvertrages, auch wenn der Sicherungszweck zu diesem Zeitpunkt noch nicht weggefallen sein sollte. Dies gilt unabhängig davon, ob der Grundstückseigentümer beispielsweise von den Löschungsunterlagen Gebrauch macht. Die Beendigung tritt ein, wenn der Gläubiger das seinerseits zur Rückgabe erforderliche tut (Gaberdiel Rz 613). Soll die Grundschuld erneut als Sicherheit dienen, muß eine neue Sicherungsvereinbarung getroffen werden.

116   Gleiches gilt, wenn auf die Grundschuld selbst – und nicht auf die gesicherte Forderung – gezahlt und der Betrag vereinbarungsgemäß verwendet worden ist.

117   Der Sicherungsvertrag endet auch bei Erlöschen der Grundschuld durch Zuschlag in der Zwangsversteigerung bzw bei freihändiger Veräußerung. Dadurch wird die Grundschuld verwertet; ihre Rückgewähr kann nicht mehr verlangt werden. Der Rückgewähranspruch kann sich in einem solchen Fall aber an einem eventuellen Übererlös fortsetzen. Dies gilt allerdings nicht, wenn die Grundschuld in der Zwangsversteigerung als Teil des geringsten Gebotes bestehen bleibt. Sie ist dann nämlich nicht verwertet worden. Dagegen wird die Grundschuld verwertet, wenn sie nicht in das geringste Gebot fällt, aber dennoch bestehen bleibt, weil Gläubiger und Ersteher des Grundstücks eine Liegenbelassung vereinbaren. Der aus dem bisherigen Sicherungsvertrag erwachsene Rückgewähranspruch geht in diesem Fall infolge der Verwertung unter. Der Gläubiger muß mit dem Ersteher des Grundstücks einen neuen Sicherungsvertrag schließen, der die Grundlage für den Fortbestand der Grundschuld bildet (BGH WM 1984, 1579).

118   Zur Beendigung des Sicherungsvertrages infolge Kündigung siehe Rz 43 ff. Hatte sich der Sicherungszweck einer Grundschuld durch eine Leistung erledigt, die später von einem Insolvenzverwalter über das Vermögen des Schuldners erfolgreich **angefochten** wird und gewährt der Empfänger der anfechtbaren Leistung das erlangte zurück, so lebt gemäß § 144 I InsO seine Forderung gegen den Schuldner wieder auf. Folge dieses Wiederauflebens ist, daß die vom Schuldner gestellte Grundschuld wiederherzustellen ist (Brandenburg WM 2001, 626, 628); dies gilt auch dann, wenn die Grundschuld aus dem Vermögen eines Dritten stammt (Paulus in Kübler/Prütting § 144 InsO Rz 3). Falls die Wiederherstellung der Grundschuld nicht mehr möglich ist, ist die Masse gemäß § 55 I InsO ungerechtfertigt bereichert.

1192 *Anwendbare Vorschriften*
(1) Auf die Grundschuld finden die Vorschriften über die Hypothek entsprechende Anwendung, soweit sich nicht daraus ein anderes ergibt, dass die Grundschuld nicht eine Forderung voraussetzt.
(2) Für Zinsen der Grundschuld gelten die Vorschriften über die Zinsen einer Hypothekenforderung.

1   **1.** Die weitgehende Ähnlichkeit von Grundschuld und Hypothek rechtfertigt deren grundsätzliche Gleichbehandlung. **Unanwendbar** sind nur diejenigen Vorschriften, welche auf der **Akzessorietät** der Hypothek beruhen; sie gelten auch nicht für die Sicherungsgrundschuld, denn diese ist echte Grundschuld mit nur schuldrechtlicher Zweckbindung. Insoweit ist auch die Möglichkeit, die Grundschuld durch vertragliche Regelung der Hypothek anzunähern, durch die zwingende Ausgestaltung der dinglichen Rechte begrenzt. Unzulässig ist etwa die Eintragung einer Grundschuld mit dem Inhalt, daß sie nur in Höhe des jeweiligen Bestandes der gesicherten Forderung verwertbar sei.

2   **2. Uneingeschränkt gleichgestellt** sind Grundschuld und Hypothek hinsichtlich des Belastungsgegenstandes und des Haftungsumfanges. Es gelten die §§ 1114, 1120–1131, die §§ 1118 und 1119 in bezug auf die Grundschuld (statt Forderung), ferner die §§ 1133–1136, §§ 1141, 1142, 1144–1149, 1156, 1157, 1160, 1168–1171, für

den **Brief** gelten die §§ 1116, 1117, 1140, 1154 (aber nur in Ansehung der Grundschuld), ebenso gilt § 1155; das **Erlöschen** der Grundschuld bestimmt sich nach §§ 1178, 1179, §§ 1179a und 1179b (besondere Lage bei ursprünglicher Eigentümergrundschuld gemäß § 1196 III, vgl § 1196 Rz 9), §§ 1181–1183.

Sinnentsprechend anzuwenden sind die §§ 1113, 1115; aber keine Eintragung der gesicherten Forderung und 3 des Schuldgrundes; im übrigen ist die Grundschuldsumme wie die Forderung zu behandeln; § 1132 gilt mit der Maßgabe, daß auf Einheit der Grundschuldsumme statt auf Einheit der Forderung abzustellen ist; ferner gelten analog die §§ 1151, 1152, 1158, 1159, 1172, 1173, 1175, 1177, 1180.

Gegenstandslos sind für die Grundschuld die §§ 1137, 1138, 1153, 1161, 1163 I, 1164–1166, 1173 I S 2, 1174, 4 1184–1190 (jedoch gelten die §§ 1187 S 4, 1188, 1189 für Inhabergrundschuld, vgl § 1195). **Die den gesetzlichen Übergang von Forderung und Hypothek betreffenden Vorschriften** sind insoweit unanwendbar, als sie auf der untrennbaren Verbindung von Forderung und dinglichem Recht beruhen (zu den Rechtsfolgen zur Zahlung vgl § 1191 Rz 83ff).

3. **Grundschuldzinsen.** Nach **Abs II** gelten die §§ 1115 I Hs 1, 1118, 1119 I, 1145 II, 1146, 1158, 1159, 5 1160 III, 1171 I S 2, 1178. Eine unmittelbare Zinsregelung für die Grundschuld enthalten § 1194 (Zahlungsort) und § 1197 II (Eigentümergrundschuld). Zu Grundschuldzinsen s § 1191 Rz 104ff. **Sonstige Nebenleistungen** sind in Abs II zwar nicht erwähnt; für sie gelten jedoch schon nach § 1191 II iVm § 1192 I die Hypothekenvorschriften entsprechend.

1193 *Kündigung*
(1) Das Kapital der Grundschuld wird erst nach vorgängiger Kündigung fällig. Die Kündigung steht sowohl dem Eigentümer als auch dem Gläubiger zu. Die Kündigungsfrist beträgt sechs Monate.
(2) Abweichende Bestimmungen sind zulässig.

1. **Kündigung der Grundschuld** ist nur erforderlich, wenn keine Fälligkeitsvereinbarung getroffen ist. 1 § 1193 I gilt für das Grundschuldkapital; auch nach Kündigung der Grundschuld fallen noch Grundschuldzinsen an (BGH NJW 1987, 946, 947). Das vorzeitige Befriedigungsrecht des Eigentümers nach § 271 II (§ 1142) gilt für die Zinsen nicht, anders nach Androhung oder Einleitung der Zwangsvollstreckung aus der Grundschuld. Die Kündigung ist eine Verfügung über die Grundschuld, nicht über das Grundstück (BGH 1, 294, 303). Eine besondere Form ist dafür nicht vorgeschrieben. Erteilung der notariellen Vollstreckungsklausel setzt Nachweis des Kündigungszugangs durch öffentliche Urkunden voraus (§§ 795, 726 I ZPO). Anwendbar ist § 1141 I S 2 (Pal/Bassenge Rz 2; aM MüKo/Eickmann Rz 5) und § 1141 II.

2. **Abweichende Fälligkeitsvereinbarung** ist zulässig und in der Kreditpraxis die Regel; zumeist ist sofortige 2 Fälligkeit ausbedungen. Gegen den Einzelrechtsnachfolger des Eigentümers wirkt eine Fälligkeitsabrede nur bei Eintragung. Änderung der Fälligkeit bedarf nach § 1119 II nicht der Zustimmung gleich- oder nachrangig Berechtigter.

1194 *Zahlungsort*
Die Zahlung des Kapitals sowie der Zinsen und anderen Nebenleistungen hat, soweit nicht ein anderes bestimmt ist, an dem Orte zu erfolgen, an dem das Grundbuchamt seinen Sitz hat.

Subsidiäre Vorschrift wie § 1193. Sie bestimmt **Zahlungsort**, § 270 gilt, rechtzeitige Absendung vom Zahlungs- 1 ort genügt. Bestimmung der Zahlstelle innerhalb des Orts nach allgemeinen Grundsätzen, § 269. § 1194 gilt nicht für die aus einer Hypothek hervorgegangene Eigentümergrundschuld (§ 1177 I S 2).

1195 *Inhabergrundschuld*
Eine Grundschuld kann in der Weise bestellt werden, dass der Grundschuldbrief auf den Inhaber ausgestellt wird. Auf einen solchen Brief finden die Vorschriften über Schuldverschreibungen auf den Inhaber entsprechende Anwendung.

Inhabergrundschuld entspricht der Hypothek für Inhaberschuldverschreibungen gemäß § 1187. Inhabergrund- 1 schuld ist immer Briefgrundschuld. Ordergrundschuld gibt es nicht. Praktische Bedürfnisse für derartige verbriefte, isolierte Grundstückshaftung besteht nicht. **Entstehung** entsprechend § 1188 durch einseitige Erklärung und Eintragung. Brieferteilung wie bei der Hypothek, vgl § 70 GBO. **Behandlung:** Verfügung nach Maßgabe des Rechts der Inhaberschuldverschreibungen. § 1189 ist anwendbar; zur Briefvorlage vgl §§ 42, 53 II GBO. Für Einreden gelten die §§ 793ff mit der Maßgabe, daß Mängel der Ausstellung (§ 796) durch den öffentlichen Glauben des Grundbuchs, § 892, heilbar sind.

1196 *Eigentümergrundschuld*
(1) Eine Grundschuld kann auch für den Eigentümer bestellt werden.
(2) Zu der Bestellung ist die Erklärung des Eigentümers gegenüber dem Grundbuchamt, dass die Grundschuld für ihn in das Grundbuch eingetragen werden soll, und die Eintragung erforderlich; die Vorschrift des § 878 findet Anwendung.
(3) Ein Anspruch auf Löschung der Grundschuld nach § 1179a oder § 1179b besteht nur wegen solcher Vereinigungen der Grundschuld mit dem Eigentum in einer Person, die eintreten, nachdem die Grundschuld einem anderen als dem Eigentümer zugestanden hat.

§ 1196

1. 1. Der Eigentümer kann für sich eine Grundschuld an dem eigenen Grundstück bestellen. Damit hat er die Möglichkeit, die Eigentümergrundschuld durch spätere Abtretung oder Verpfändung als Kreditsicherungsmittel zu nutzen. Zulässig ist Buch- und Briefgrundschuld, nicht hingegen eine Hypothek für den Eigentümer. Ihrem Wesen nach ist die Eigentümer- der Fremdgrundschuld gleichgestellt (BGH 64, 316); Einschränkung des Verwertungsrechts durch § 1197.

2. 2. **Bestellung der Eigentümergrundschuld** durch einseitige Erklärung des Eigentümers gegenüber Grundbuchamt und durch Eintragung; nach § 29 GBO ist Eintragungsbewilligung in öffentlich beglaubigter Form erforderlich. Die Bestellungserklärung muß den Willen zur Schaffung einer Eigentümergrundschuld deutlich machen; Umdeutung einer nichtigen Hypothek oder Fremdgrundschuld in eine Eigentümergrundschuld ist ausgeschlossen (§ 1163 Rz 6). Auch als Briefrecht entsteht die Eigentümergrundschuld bereits mit Eintragung; §§ 1116 II S 3, 1117, 1163 II sind unanwendbar.

3. **Miteigentümer** nach Bruchteilen (§ 1114) können jeweils den eigenen Anteil belasten. Die Belastung des ganzen Grundstücks für alle Miteigentümer im gleichen Beteiligungsverhältnis führt zur Gesamteigentümergrundschuld an den Miteigentumsanteilen (BayObLG 1962, 189; vgl auch BGH 40, 115, 120); ist das Gesamtrecht für die Miteigentümer als Gesamtgläubiger (§ 428) bestellt, so ist es für jeden von ihnen am eigenen Anteil Eigentümergrundschuld und am fremden Anteil Fremdgrundschuld (BGH WM 1981, 199, 200; vgl auch § 1114 Rz 5). **Gesamthandseigentümer** können nur das ganze Grundstück belasten; einen verfügbaren Anteil gibt es nicht.

4. 3. Mit der Bestellung der Eigentümergrundschuld kann sich der Eigentümer sogleich der **sofortigen Zwangsvollstreckung** in das Grundstück **unterwerfen**. Dies ist unproblematisch in dem Zeitpunkt möglich, in dem der Eigentümer die Grundschuld an einen Dritten abtreten will (Rein Die Verwertbarkeit der Eigentümergrundschuld trotz des Löschungsanspruchs gemäß § 1179a BGB S 37). Denn gleichzeitig mit der Unterwerfungserklärung entsteht – durch die Abtretung – eine Fremdgrundschuld des Gläubigers. Aber auch im Zeitpunkt der Bestellung der Eigentümergrundschuld kann sich der Eigentümer gegenüber dem späteren Gläubiger der sofortigen Zwangsvollstreckung unterwerfen. Dem steht § 1197 I nicht entgegen (Roemer MittRhNotK 1991, 97, 101). Denn diese Vorschrift enthält lediglich eine persönliche Beschränkung der verfahrensrechtlichen Rechtsstellung des Eigentümers als Inhaber der Grundschuld (BGH 64, 316, 319). Er ist damit verfahrensrechtlich gehindert, selbst die Zwangsvollstreckung zu betreiben. Dies berührt jedoch nicht seine Befugnis, sich selbst bzw jeden anderen Eigentümer bereits bei der Bestellung der Eigentümergrundschuld der sofortigen Zwangsvollstreckung zu unterwerfen.

5. Soweit vereinzelt insoweit Bedenken gegen die Zulassung der dinglichen Unterwerfungsklausel „auf Vorrat" erhoben worden sind (Wolfstein Die vollstreckbare Urkunde § 70.6), vermögen sie nicht zu überzeugen (Rein Die Verwertbarkeit der Eigentümergrundschuld ... S 38; Reithmann DNotZ 1982, 67, 86). Diese Bedenken stützen sich auf die Überlegung, daß die Vollsreckbarkeit bei der Eigentümergrundschuld mit dinglicher Vollstreckungsklausel noch von der Bedingung der Abtretung der Grundschuld abhängt und bei Herbeiführung dieser Bedingung auf die Form der Zwangsvollstreckungsunterwerfung verzichtet wird. Dem steht aber entgegen, daß das Prozeßrecht zu Durchsetzung des materiellen Rechts dient. Wenn daher das materielle Recht die Begründung von Vorratsgrundschuld zuläßt, kann das Prozeßrecht nicht die Vorratsunterwerfung unter die Zwangsvollstreckung bemängeln, sondern muß diese Möglichkeit im Einklang mit dem materiellen Recht gewähren.

6. Ferner kann der Besteller/Eigentümer die **persönliche Haftung** für den Eingang des Grundschuldbetrages **gegenüber dem ersten Zessionar** und dessen Rechtsnachfolger **übernehmen** und sich wegen dieser Verbindlichkeit der **sofortigen Zwangsvollstreckung** in sein gesamtes Vermögen **unterwerfen**. Bei der Eigentümergrundschuld geht der BGH davon aus, daß die Erklärung, für den Eingang des Grundschuldbetrages haften zu wollen, als Angebot zu einem abstrakten Schuldversprechen gemäß § 780 in der Weise anzusehen ist, daß sich der Eigentümer als zur Zahlung des Grundschuldbetrages selbständig, dh unabhängig von der gesicherten Forderung, verpflichten will (BGH WM 1991, 20, 21). Die Annahme dieses Angebots liegt entweder in der widerspruchslosen Entgegennahme einer Ausfertigung der notariellen Urkunde, in dem Antrag auf Erteilung der Vollstreckungsklausel oder spätestens in der Erteilung des Vollstreckungsauftrages.

7. Vereinzelt wird im Schrifttum die Auffassung vertreten, daß die Unterwerfung unter die persönliche Haftung mit dem ganzen Vermögen gegenüber einem künftigen Gläubiger nicht möglich sein soll (KG DNotZ 1975, 718; Wolfstein Die vollstreckbare Urkunde § 70.16f). Zur Begründung wird darauf verwiesen, daß der künftige Angebotsempfänger und Gläubiger des Schuldanerkenntnisses noch nicht bestimmt sei und es allein dem freien Willen des Schuldners unterliege, die Person des Gläubigers durch eigene Willenserklärung zu bestimmen. Ein erst künftiger Anspruch sei aber nicht unterwerfungsfähig, wenn sein wesentlicher Inhalt noch von Erklärungen des Schuldners abhängig sei, die in seinem Belieben stünden. Würde man dies gleichwohl ermöglichen, bedeute dies die Schaffung eines persönlichen „Vorrats-Zwangsvollstreckungsunterwerfungs-Papiers", welches der Schuldner ohne Wahrung der Form des § 794 I Nr 5 ZPO an beliebige Gläubiger abtreten könne. Dem kann – in Übereinstimmung mit der ganz hM – nicht zugestimmt werden (BGH WM 1991, 20, 21; Rein Die Verwertbarkeit der Eigentümergrundschuld ... S 43; Pal/Bassenge Rz 6; Roemer MittRhNotK 1991, 97, 101). Denn der wesentliche Inhalt des Anspruchs, insbesondere Betrag und Fälligkeit, sind von vornherein bestimmt. Dies ist aber hinreichend für § 794 I Nr 5 ZPO, da nur die Bestimmtheit des Anspruchs, nicht aber die des Gläubigers erforderlich ist. Auch darf nicht verkannt werden, daß die persönliche Vollstreckungsklausel bei der Eigentümergrundschuld ohnehin erst mit der Abtretung Bedeutung erlangt und in diesem Zeitpunkt der Gläubiger genügend bestimmt ist. Da der Eigentümer eine Zwangsvollstreckung in das Grundstück nicht betreiben kann (§ 1197 I), ist die Bestimmbarkeit des Gläubigers des abstrakten Schuldversprechens bereits bei der Bestellung der Eigentümergrundschuld gar nicht erforderlich. Sie muß vielmehr erst dann gegeben sein, wenn der Eigentümer die Grundschuld an einen Dritten abtritt.

4. Übertragung und **Belastung** der Eigentümergrundschuld erfolgen so wie bei der Fremdgrundschuld; Abtre- 8
tung des Briefrechts vollzieht sich außerhalb des Grundbuchs (§ 1154) und ermöglicht daher verdeckte Kreditsicherung. **Eigentumswechsel** bewirkt Fremdgrundschuld in der Hand des bisherigen Eigentümers. **Inhaltsänderungen** können ebenso wie die Bestellung des Rechts durch einseitige Erklärung des Eigentümers vorgenommen werden. **Pfändung** der Eigentümergrundschuld erfolgt nach §§ 857 VI, 830 ZPO; Pfändung des Briefrechts erfordert über den Pfändungsbeschluß hinaus auch Erlangung des Briefbesitzes (durch Wegnahme nach § 883 ZPO); ist der Brief im Besitz eines nicht herausgabebereiten Dritten, muß der Gläubiger den Herausgabeanspruch des Eigentümers pfänden und sich zur Einziehung überweisen lassen (§ 866 ZPO) und dann gerichtlich durchsetzen (BGH NJW 1979, 2045). **Verpfändung** richtet sich nach §§ 1273 ff.

5. Nach **Abs III** ist die Eigentümergrundschuld von dem **gesetzlichen Löschungsanspruch** aus §§ 1179a, 9
1179b erst betroffen, wenn sie zumindest einmal durch Abtretung Fremdgrundschuld war, also einmal zur Kreditsicherung ausgenutzt werden konnte. § 1196 III gilt analog für die nachträgliche Eigentümergrundschuld, dh dann, wenn die Grundschuld im Grundbuch vor Eintragung eines nachrangigen Grundpfandrechts auf den Eigentümer umgeschrieben worden ist, sowie dann, wenn sich alle bestehenden Grundpfandrechte nachträglich mit dem Eigentum in einer Person vereinigt haben und der Eigentümer auch im Grundbuch als Inhaber aller Grundpfandrechte eingetragen worden ist (BGH WM 1997, 1617, 1618).

1197 *Abweichungen von der Fremdgrundschuld*
(1) Ist der Eigentümer der Gläubiger, so kann er nicht die Zwangsvollstreckung zum Zwecke seiner Befriedigung betreiben.
(2) Zinsen gebühren dem Eigentümer nur, wenn das Grundstück auf Antrag eines anderen zum Zwecke der Zwangsvollstreckung in Beschlag genommen ist, und nur für die Dauer der Zwangsverwaltung.

1. Die Regelung betrifft sowohl die originäre (§ 1196) als auch die aus einer Fremdgrundschuld oder aus einer 1
Hypothek (§ 1177) entstandene Eigentümergrundschuld. Sie gilt nur für die Dauer der Vereinigung von Eigentum und Grundpfandrecht. Hat ein Miteigentümer eine Grundschuld am ganzen Grundstück (§ 1009), so darf er sie nicht an dem eigenen, jedoch uneingeschränkt an den anderen Miteigentumsanteilen verwerten. Gleiches gilt bei Gesamtbelastung des eigenen und eines fremden Grundstücks. Die für die Gesamthand an deren Grundstück eingetragene Grundschuld ist Eigentümergrundschuld, die für einen einzelnen Gesamthänder bestellte Grundschuld hingegen Fremdgrundschuld.

2. Vollstreckungsausschluß (Abs I). Nur dem Eigentümer selbst ist die Zwangsvollstreckung in sein Grund- 2
stück oder in seinen Miteigentumsanteil versagt (BGH 64, 316, 103, 30, 37). Diese Beschränkung dient dem Interesse nachrangiger Gläubiger, deren Rechte sonst ausfallen könnten (Prot III, 573). Sein Verfügungsrecht über die Grundschuld aber bleibt unangetastet; auch ein Rangrücktritt ist ihm erlaubt (BGH 64, 316). Dem Vollstreckungsverbot unterliegen auch die nach §§ 1120ff mithaftenden Gegenstände. In der von einem anderen Gläubiger betriebenen Zwangsversteigerung erlischt die Eigentümergrundschuld, wenn sie nicht in das geringste Gebot fällt (§§ 52 I, 91 I ZVG); dem Eigentümer gebührt aber nach Zuschlag der auf sein Recht entfallende Anteil am Erlös, es sei denn, daß für einen gleich- oder nachrangigen Grundpfandgläubiger der gesetzliche Löschungsanspruch nach § 1179a besteht, dann steht diesem Gläubiger der Erlös zu (BGH 99, 363, 365). Im Falle des Fortbestands wird die Eigentümergrundschuld zur Fremdgrundschuld und ist ab Zuschlag zu verzinsen (BGH 67, 291). Für den **Pfändungsgläubiger** gilt der Vollstreckungsausschluß nicht (BGH 103, 30), auch nicht für den vertraglichen **Pfandgläubiger.**

3. Zinsausschluß (Abs II). Zinsen der Eigentümergrundschuld gebühren dem Eigentümer nicht, da ihm schon 3
das Eigentum alle Nutzungsvorteile des Grundstücks verschafft. Die Zwangsverwaltung ist ausgenommen, weil sie ihm die Nutzung entzieht; Zinsausschluß aber für die Dauer der **Zwangsversteigerung,** so daß der Erlösanteil des Eigentümers auf die durch Zuschlag erloschene Eigentümergrundschuld unverzinslich ist; fällt sie in das geringste Gebot, dann wird sie Fremdgrundschuld und ist ab Zuschlag vom Ersteher zu verzinsen (BGH 67, 291).

Bei Abtretung einer Eigentümergrundschuld können die rückständigen Zinsen übertragen werden. Dem steht 4
§ 1197 II nicht entgegen. Denn bei § 1197 II handelt es sich nur um eine für den Eigentümer geltende Beschränkung, die mit der Abtretung entfällt. Für die Dauer der Vereinigung ruht die Verzinslichkeit lediglich. Die in der Zeitspanne, in der die Grundschuld und das Grundstückseigentum in einer Hand waren, angefallenen Grundschuldzinsen können daher übertragen und dann vom neuen Gläubiger auch geltend gemacht werden (Düsseldorf WM 1989, 1814; Celle Rpfleger 1989, 322, 323; BayObLG Rpfleger 1987, 364, 365; Köln WM 1984, 1475; vgl auch BGH NJW 1988, 1026, 1027, für § 1197 I; offengelassen in BGH NJW 1986, 314, 315). Demgegenüber vermag die Gegenansicht nicht zu überzeugen. Sie stützt sich vor allem auf den Wortlaut des § 1197 II und ließ dabei das Wort „gebühren" im Sinne von „einen Anspruch haben". Daraus leitet sie ab, daß die Unverzinslichkeit zum Inhalt des dinglichen Rechts selbst gehöre, der Eigentümer also keinen Anspruch auf Zinsen habe und sie auch nicht abtreten könne (Bayer AcP 189, 470, 472). Selbst wenn dies zuträfe, sagte sie jedoch noch nichts darüber aus, ob das Zinsrecht nicht in der Person des neuen Fremdgläubigers für die Vergangenheit begründet werden darf. Dafür spricht aber der Grundsatz der Gleichbehandlung von Eigentümer- und Fremdgrundschuld (Rein Die Verwertbarkeit der Eigentümergrundschuld ... S 35). Hinzu kommt, daß nicht einsichtig ist, auf der einen Seite die Eintragung der Grundschuldzinsen bereits mit der Eintragung der Eigentümergrundschuld zuzulassen, es aber andererseits nicht zu gestatten, die eingetragenen Grundschuldzinsen später an einen Fremdgläubiger abzutreten.

War die Grundschuld unverzinslich bestellt, können im Zusammenhang mit der Abtretung auch rückwirkend 5
Zinsen vereinbart werden (BGH NJW 1986, 314, 315). Soweit dabei allerdings der gesetzlich vorgesehene Satz

§ 1198 Sachenrecht Rentenschuld

von 5 % pa überschritten wird (§ 1119 I), ist die Zustimmung etwaiger gleich- oder nachrangiger Gläubiger erforderlich.

1198 Zulässige Umwandlungen

Eine Hypothek kann in eine Grundschuld, eine Grundschuld in eine Hypothek umgewandelt werden. Die Zustimmung der im Range gleich- oder nachstehenden Berechtigten ist nicht erforderlich.

1 1. Die **Umwandlungsmöglichkeit** folgt aus der **Einheitlichkeit der Grundpfandrechtsarten;** vgl auch § 1186 Rz 1. Umwandlung in und von jeder Hypothekenart ist zulässig; zur Höchstbetragshypothek vgl § 1190 Rz 14. Auch Teilumwandlung ist möglich. Da die Bestellung einer Hypothek für den Eigentümer ausgeschlossen ist (vgl § 1196 Rz 1), ist auch Umwandlung einer Grundschuld in eine Hypothek des Eigentümers nicht möglich. Erhöhung des Belastungsumfangs bedeutet insoweit Neubestellung.

2 2. Die Umwandlung ist Inhaltsänderung (§ 877), erfordert daher Einigung und Eintragung (vgl § 1186 Rz 2). Einigen müssen sich der Gläubiger und der Eigentümer; soll eine Eigentümergrundschuld in eine Hypothek oder eine Fremdgrundschuld in eine Hypothek eines anderen Gläubigers umgewandelt werden, ist auch die Mitwirkung des Erwerbers erforderlich, gleichgültig, ob die Parteien den Weg des § 1198 oder des § 1180 wählen. Die Umwandlung einer Grundschuld in eine Hypothek macht die dingliche Bindung an eine Forderung notwendig. Die Forderung kann auch bedingt oder befristet sein. Gleich- oder nachstehende Berechtigte sind nicht beteiligt, auch nicht der persönliche Schuldner bei Umwandlung der Hypothek in eine Grundschuld, vgl aber § 1165.

3 3. **Wirkung der Umwandlung.** Das Recht bleibt erhalten, dies gilt insbesondere für die Rangverhältnisse. Der Charakter als Brief- oder Buchpfandrecht ändert sich nicht, falls nicht zugleich Umwandlung nach § 1116 III erfolgt. Auch die Zins- und Rückzahlungsbedingungen der Forderung gelten für die umgewandelte Grundschuld, falls nichts anderes vereinbart wird, auch die Unterwerfungsklausel (LG Bonn Rpfleger 1188, 34). Für die Hypothek gelten die Bedingungen der Forderung, soweit nicht die alten Zins- und Rückzahlungsbedingungen eingetragen bleiben.

Untertitel 2

Rentenschuld

1199 Gesetzlicher Inhalt der Rentenschuld

(1) Eine Grundschuld kann in der Weise bestellt werden, dass in regelmäßig wiederkehrenden Terminen eine bestimmte Geldsumme aus dem Grundstück zu zahlen ist (Rentenschuld).
(2) Bei der Bestellung der Rentenschuld muss der Betrag bestimmt werden, durch dessen Zahlung die Rentenschuld abgelöst werden kann. Die Ablösungssumme muss im Grundbuch angegeben werden.

1 1. **Begriff.** Die Rentenschuld ist eine besondere Art der Grundschuld, also nicht akzessorisch. Sie gibt dem Gläubiger das Recht auf regelmäßig wiederkehrende Geldleistungen. Ihr Zweck ist zumeist die Sicherung einer langfristigen schuldrechtlichen Verpflichtung zu fortlaufende Zahlungen, wie Kaufpreisrente, vertragliches Ruhegeld, Leibrente. Durch die nach Abs II festzulegende Ablösungssumme kann der Eigentümer die Rentenschuld tilgen (§§ 1201, 1202). Rente und Ablösungssumme stehen bis dahin nebeneinander. Eine Anrechnung der Rentenleistungen auf die Ablösungssumme kann nicht vereinbart werden (hM, vgl Bremen OLGZ 65, 74; Soergel/Konzen Rz 2). Der Rentenanspruch kann bedingt sein und die Rentenhöhe wechseln; auch Befristung ist zulässig (zB auf Lebenszeit des Gläubigers oder für Tilgungsdauer des Kaufpreises).

Einreden aus dem Grundgeschäft können, wie bei gewöhnlicher Grundschuld, nach § 1157 geltend gemacht werden. Bei Sicherungsrentenschuld bestimmen sich die Einreden, wie im Falle der Sicherungsgrundschuld, nach der Sicherungsabrede (BGH NJW 1980, 2198). – Die §§ 1195, 1196 gelten.

2 2. Die **Ablösungssumme** und die Rente stehen nicht etwa im gleichen Verhältnis wie Grundschuldkapital und Zinsen. Vielmehr ist die Ablösungssumme nur der Betrag, duch dessen Zahlung der Eigentümer die Rentenschuld ablösen kann und der im Fall der Zwangsversteigerung bei Erlöschen der Rentenschuld zuzuteilen und im Fall des § 1133 S 2 zu zahlen ist (vgl §§ 1201, 1202; §§ 91, 92 I, III ZVG). Für die Zwangsverwaltung vgl § 158 I ZVG. Die Ablösungssumme muß fest bestimmt sein, unterschiedliche Höhe nach dem Zeitpunkt der Ablösung sollte zugelassen werden. Die Höhe der Summe haben die Beteiligten nach freiem Belieben festzusetzen. Nachträgliche Erhöhung bedeutet Neubestellung.

3 3. **Entstehung** wie die Grundschuld, aber Ablösungssumme muß im Grundbuch eingetragen werden, Bezugnahme ist nicht ausreichend. Umdeutung in eine Reallast (§ 140) scheitert an der Bezeichnung im Grundbuch; wohl aber ist dahingehende Auslegung uU vor der Eintragung möglich (BGH WM 1970, 92). Zur Behandlung des Briefes vgl § 70 GBO.

1200 Anwendbare Vorschriften

(1) Auf die einzelnen Leistungen finden die Hypothekenzinsen, auf die Ablösungssumme finden die für ein Grundschuldkapital geltenden Vorschriften entsprechende Anwendung.
(2) Die Zahlung der Ablösungssumme an den Gläubiger hat die gleiche Wirkung wie die Zahlung des Kapitals einer Grundschuld.

1. Behandlung der Einzelleistung als Zinsen, der **Ablösungssumme** als Kapital, bedeutet nicht, daß Rente 1 und Summe im Verhältnis von Kapital und Zinsen stehen. § 1192 verweist auf das Recht der Hypothek.

2. Für die **Renten** gelten §§ 195, 289, 1115 I, 1145 II, 1158, 1159, 1160 III, 1178, 1194, 1197 II. Auch Erhöhung nach § 1119 möglich, in der Regel gelten auch die gesetzlichen Zinssenkungsvorschriften.

3. Zahlung der Ablösungssumme ist grundsätzlich wie Zahlung des Hypothekenkapitals zu behandeln. Sie 2 führt daher stets zur Tilgung des dingl Rentenanspruchs; Gläubiger kann nicht etwa im Hinblick auf höheren Kapitalwert der pers Rentenforderung Aufrechterhaltung der Rentenschuld verlangen (BGH NJW 1980, 2198). Ablösevoraussetzungen müssen aber vorliegen, § 1202. Zahlung der Ablösungssumme besagt indessen nicht, daß damit auch die pers Forderung vollständig getilgt ist. Aus dem Grundgeschäft, insbesondere der Sicherungsabrede, ist zu entnehmen, ob auch der pers Rentenanspruch (vorzeitig) erfüllt werden darf, im Zweifel nicht bei vertraglichem Ruhegeld oder mit Wertsicherungsklausel verbundener Kaufpreisrente (vgl BGH aaO und NJW 1972, 154). Zahlung der Ablösungssumme hat Übergang auf den zahlenden Eigentümer zur Folge, und zwar als Eigentümerrentenschuld mit dem ursprünglichen Inhalt; Umwandlung in gewöhnliche Eigentümergrundschuld nach § 1203 ist möglich.

1201 *Ablösungsrecht*
(1) Das Recht zur Ablösung steht dem Eigentümer zu.
(2) Dem Gläubiger kann das Recht, die Ablösung zu verlangen, nicht eingeräumt werden. Im Falle des § 1133 Satz 2 ist der Gläubiger berechtigt, die Zahlung der Ablösungssumme aus dem Grundstück zu verlangen.

1. Ausschluß des **Ablösungsrechts** des Eigentümers nicht möglich (Verhinderung immerwährender Grund- 1 stücksbelastungen); Regelung im einzelnen in § 1202.

2. Dem Berechtigten kann das Kündigungsrecht nicht eingeräumt werden. Entgegenstehende Vereinbarungen 2 sind mit der Folge des § 139 nichtig. Auch kein Kündigungsrecht bei „Verzug mit Einzelleistungen". Wohl aber Ansprüche nach Kündigung durch den Eigentümer (auch keine Rücknahme der Kündigung ohne den Willen des Gläubigers möglich), Recht des Gläubigers auf Zahlung nach § 1133 S 2.

1202 *Kündigung*
(1) Der Eigentümer kann das Ablösungsrecht erst nach vorgängiger Kündigung ausüben. Die Kündigungsfrist beträgt sechs Monate, wenn nicht ein anderes bestimmt ist.
(2) Eine Beschränkung des Kündigungsrechts ist nur soweit zulässig, dass der Eigentümer nach dreißig Jahren unter Einhaltung der sechsmonatigen Frist kündigen kann.
(3) Hat der Eigentümer gekündigt, so kann der Gläubiger nach dem Ablauf der Kündigungsfrist die Zahlung der Ablösungssumme aus dem Grundstück verlangen.

Ausschluß des Kündigungsrechts nicht möglich; Beschränkung nur im Rahmen des Abs II. Weitergehende 1 landesrechtliche Regelungen hält Art 117 II EGBGB aufrecht. Auch Vereinbarung, daß die Ablösungssumme ohne Kündigung fällig wird, ist ausgeschlossen. Gegenüber Dritten wirkt von der gesetzlichen Kündigungsregelung abweichende Bestimmung nur bei Eintragung. Bezugnahme auf Eintragungsbewilligung genügt. Die Kündigung ist Verfügung; nach Beschlagnahme des Grundstücks nicht mehr zulässig, wenn die Ablösungssumme den Rentenwert übersteigt.

1203 *Zulässige Umwandlungen*
Eine Rentenschuld kann in eine gewöhnliche Grundschuld, eine gewöhnliche Grundschuld kann in eine Rentenschuld umgewandelt werden. Die Zustimmung der im Range gleich- oder nachstehenden Berechtigten ist nicht erforderlich.

Umwandlung wie in § 1198, 1186. Auch unmittelbare Umwandlung in Hypothek bei Zugrundelegung einer per- 1 sönlichen Forderung ist zulässig. Erhöhung der Belastung ist nicht zulässig. Daher darf bei Umwandlung einer Hypothek oder Grundschuld in Rentenschuld die Ablösungssumme nicht das bisherige Kapital, die Rentenbelastung nicht die Zinshöhe (einschließlich § 1119) übersteigen. Umgekehrt bildet die Ablösungssumme die Grenze für das Kapital und die Rentenpflicht die Grenze für die Zinspflicht (§ 1119 gilt).

Abschnitt 8
Pfandrecht an beweglichen Sachen und an Rechten

Einleitung

1. Wirtschaftliche Bedeutung. Wie Hypothek und Grundschuld soll auch das Pfandrecht eine Forderung 1 durch Belastung eines Gegenstandes dinglich sichern. Im Gegensatz zu den genannten Grundpfandrechten hat jedoch das Pfandrecht nur eine geringe wirtschaftliche Bedeutung erlangt. Das liegt in erster Linie an der vom Gesetz geforderten Publizität: Übergabe des Pfandes an den Pfandgläubiger (§ 1205) bzw Anzeige an den Schuldner (§ 1280). Dies ist wirtschaftlich schwerfällig, es war schon während des Gesetzgebungsverfahrens umstritten, siehe dazu Hromadka, Die Entwicklung des Faustpfandprinzips im 18. und 19. Jahrhundert (1971) S 167ff; R. Leonhardt in Gruch 25, 177ff; zur Reform siehe Drobnig, Empfehlen sich Gesetzliche Maßnahmen zur Reform der Mobiliarsicherheiten? Gutachten F für den 57. Deutschen Juristentag, 1976. Heute haben die Sicherungsübereignung (siehe Bemerkungen dazu in Anh § 931), ferner die Sicherungsabtretung (dazu § 398 Rz 32) und der Eigentumsvorbehalt (dazu § 449 und die Bemerkungen dort) das Pfandrecht stark zurückgedrängt.

2   Vertragliches Pfandrecht spielt als Lombardgeschäft der Banken (Kreditgewährung gegen Verpfändung von Wertpapieren, Edelmetallen oder anderen Waren) und als Pfandrecht der Banken gemäß Nr 14 II AGB der Banken eine Rolle. Gesetzliches Pfandrecht häufiger praktisch, zB im BGB: des Vermieters (§§ 562ff), Verpächters (§ 585), Pächters (§ 590), Werkunternehmers (§ 647), Gastwirts (§ 704), im HGB: des Kommissionärs (§ 397), Spediteurs (§ 464), Lagerhalters (§ 475b), Frachtführers (§ 441). Schließlich hat die Pfandleihe eine gewisse Bedeutung erlangt.

3   **2. Entwicklung** im deutschen Recht. **a)** Ursprünglich an den Besitz (leibliche Gewere) der Sache geknüpftes Faustpfand; es konnte entstehen durch rechtsgeschäftliche Pfandsetzung, Privatpfändung, richterliche Pfändung; es war zunächst grundsätzlich Verfallpfand, wurde später Verkaufspfand. **b)** Mit zunehmender Geld- und Kreditwirtschaft entwickelte sich das Pfandrecht ohne Besitz, zumeist in der Form eines Registerpfandrechts (Bestellung vor Rat und Gericht und Eintragung in öffentlichem Buch). **c)** Nach Aufnahme des römischen Rechts gab es im gemeinen Recht neben dem weiter bestehenden Faustpfandrecht besitzloses Vertragspfand und gesetzliches Pfandrecht. In den Landesrechten hat sich deutsches Recht erhalten und in den großen Gesetzbüchern Raum gewonnen. **d)** Das BGB knüpft im wesentlichen an das deutsche Recht an: Faustpfand als Regel; wo ausnahmsweise Besitz nicht erforderlich ist, sind statt seiner andere Mittel äußerer Kundmachung vorgesehen, vgl Rz 6.

4   **3.** Das Pfandrecht ist ein dingliches, unmittelbar der Sicherung einer Forderung dienendes Recht an fremder beweglicher Sache oder fremdem Recht, kraft dessen der Gläubiger berechtigt ist, sich notfalls aus dem belasteten Gegenstand zu **befriedigen** (§§ 1204, 1273). Es geht dem eigentlichen Zweck nach nicht auf Nutzung. Wo Gläubiger Nutzungen ziehen darf (§§ 1213f), soll dies nur der Wertverschaffung und damit einer Verringerung der Schuld dienen. Keine Aneignungsbefugnis, Verfallklausel lex commissoria wie im römischen, kanonischen und gemeinen Recht grundsätzlich verboten (§§ 1229, 1277). Verwertung zum Zweck der Befriedigung erfolgt bei beweglichen Sachen regelmäßig ohne Vollstreckungstitel durch Pfandverkauf (§ 1228), bei Rechten regelmäßig auf Grund Vollstreckungstitels im Weg der Zwangsvollstreckung, bei Forderungen, Grund- und Rentenschulden auch durch Einziehung (§§ 1282, 1291). Der Eigentümer und der Pfandgläubiger können eine abweichende Art des Pfandverkaufs vereinbaren (§ 1245), uU auch verlangen (§ 1246). Kommt letzerenfalls eine Einigung nicht zustande, so entscheidet das Gericht (§ 1246 II).

5   **4. a)** Als dingliches, gegen jedermann wirkendes, bestimmt begrenztes Herrschaftsrecht am Pfandgegenstand, das als wesentlichen, nicht aber einzigen Inhalt das Verwertungsrecht in sich schließt, ist das Pfandrecht wegen seiner zuordnenden Wirkung unabhängig davon, ob der Eigentümer wechselt (H. Westermann/H.P. Westermann, Sachenrecht, 7. Aufl 1998, § 126 I 1). Es unterscheidet sich vom persönlichen Recht § 1003 I S 2 sowie vom Zurückbehaltungsrecht des BGB (§§ 273f) und des HGB (§§ 369ff). In der Zwangsvollstreckung gewährt es dem Pfandgläubiger ein Widerspruchsrecht (§ 771 ZPO), in der Insolvenz gibt es dem Pfandgläubiger ein Absonderungsrecht (§ 50 InsO).

6   **b) Publizität.** Pfandrecht muß nach außen hin erkennbar sein. Seine Offenkundigkeit wird in der Regel durch Besitz verwirklicht (§ 1205 I S 1). Auch gesetzliche Pfandrechte setzen Besitz oder wenigstens besitzähnliche Verhältnisse voraus. Soweit Pfandrecht auch ohne Besitz entsteht, wird Publizität durch Eintragung in ein Register oder auf ähnliche Weise gewährleistet, zB bei registrierten Schiffen und Schiffsbauwerken gemäß SchiffsG vom 15. 11. 1940 (RGBl I 1499) durch Eintragung in das Schiffsregister, bei in der Luftfahrzeugrolle eingetragenen Luftfahrzeugen durch Eintragung im Pfandrechtsregister gemäß dem Gesetz über Rechte an Luftfahrzeugen vom 26. 2. 1959 (BGBl I 57, 223; siehe Rz 19ff), bei dem Inventar landwirtschaftlicher Pächter nach Pachtkreditgesetz vom 5. 8. 1951 (BGBl I 494) durch Niederlegung des schriftlichen Verpfändungsvertrags beim zuständigen Amtsgericht. Bei Verpfändung von Forderungen wird Publizität durch Anzeige gewährt (§ 1280).

7   **c) Akzessorietät.** Pfandrecht ist streng akzessorisch, dh es ist vom Bestehen der Forderung, die es sichern soll, abhängig; ohne sie kann es weder entstehen, noch fortbestehen oder übertragen werden (§§ 1204, 1250, 1252, 1273, vgl BGH 23, 299). Grundsätzlich keine Ersetzung der ursprünglichen, nichtigen Forderung durch an ihre Stelle getretene, zB der wegen Geisteskrankheit des Käufers nicht wirksam entstandenen (§§ 104 Nr 2, 105 I, 105a) Kaufpreisforderung des Verkäufers nach § 433 durch den diesem aus § 812 erwachsenen Bereicherungsanspruch. Ist ein Pfandrecht für eine nichtige Darlehensforderung bestellt, so kann es nur bei entsprechendem Parteiwillen, nicht ohne weiteres, die Forderung aus ungerechtfertigter Bereicherung sichern (BGH MDR 1968, 578). Aus der Anlehnung an die Forderung folgt: 1) Verpfänder kann dem Pfandgläubiger im allgemeinen die dem persönlichen Schuldner gegen die Forderung zustehenden Einreden entgegensetzen (§ 1211); 2) Umfang der Pfandhaftung bestimmt sich in der Regel nach dem Ausmaß der Haftung des persönlichen Schuldners (§§ 1210, 1273). Somit gelten ähnliche Grundsätze wie bei der Bürgschaft. Verpfänder hat jedoch keine Einrede der Vorausklage, sondern nur die verzögerlichen Einreden aus § 770 (§ 1211). Zum Verhältnis des Drittverpfänders und Bürgen vgl § 1225 Rz 6. Gesicherte Forderung braucht keine Geldforderung zu sein, muß aber spätestens bis zum Pfandverkauf in eine solche übergegangen sein (§ 1228 II), anders bei Hypotheken (§ 1113). Ist Verpfänder zugleich der persönliche Schulder, so kann er den Gläubiger, der in sonstiges Vermögen vollstreckt, auf das Pfand verweisen (§ 777 ZPO).

5. Beteiligt sind im einfachsten Fall zwei Personen: Schuldner als Verpfänder eigener Sache und Pfandgläubiger. Doch können persönliche Schuld und dingliche Haftung auch verschiedene Personen treffen. Alsdann sind, wenn eigene Sache für fremde Schuld verpfändet wird, drei Personen, wenn fremde Sachen für fremde Schuld verpfändet werden (vgl § 1207), vier Personen beteiligt: Pfandgläubiger, dessen Forderung durch das Pfand gesichert wird; Verpfänder, der an der Sache Pfand bestellt; Eigentümer der Pfandsache; persönlicher Schuldner. Die Beteiligten können von Anbeginn oder auf Grund späteren Ereignisses auseinanderfallen oder eins werden. Jedoch erlischt Pfandrecht in der Regel, wenn es mit Eigentum zusammentrifft (§ 1256), Ausnahme, wenn Eigentümer am Fortbestehen rechtlich interessiert ist (§ 1256 II), weil zB Rechte Dritter an pfandgesicherter Forderung bestehen. Bei gesetzlichem Pfandrecht und Pfändungspfandrecht entfällt Verpfänder. 8

6. Gegenstand. a) Bewegliche Sachen (§§ 1204–1257), b) Rechte mit Ausnahme der grundstücksgleichen (§§ 1273–1296). 9

Zu den beweglichen Sachen gehören auch **nicht registrierte Schiffe**. Für **registrierte** Schiffe und Schiffsparte gilt das Gesetz über Rechte an eingetragenen Schiffen und Schiffsbauwerken vom 15. 11. 1940 (RGBl I 1499, BGBl III 403–4). Danach werden registrierte Schiffe und Schiffsbauwerke im allgemeinen wie Grundstücke behandelt. Belastung nunmehr durch Schiffshypothek, die ins Schiffsregister einzutragen ist (§§ 8, 76 SchiffsG). Gläubiger kann sich nur durch Zwangsvollstreckung befriedigen (§ 47 aaO). 10

Die Belastung von **Luftfahrzeugen** richtete sich bis zum Inkrafttreten (1. 4. 1959) des Gesetzes über Rechte an Luftfahrzeugen vom 26. 2. 1959 (BGBl I 57, 223; GVBl Berlin 455) schlechthin nach dem BGB. Danach kamen die für bewegliche Sachen geltenden Vorschriften des Besitzpfandrechts und Nießbrauchs in Betracht. Nunmehr gilt für Luftfahrzeuge, die ausschließlich im Eigentum deutscher Staatsangehöriger stehen und in der Luftfahrzeugrolle eingetragen sind, ein besitzloses Pfandrecht in der Art eines der Schiffshypothek nachgebildeten Registerpfandrechts. Hinsichtlich der übrigen Luftfahrzeuge – der eintragungsfähigen, aber nicht eingetragenen, sowie der nicht eintragungsfähigen – verbleibt es beim bisherigen Rechtszustand. Diese Art der Verpfändung ist aber wenig praktisch, denn das Luftfahrtunternehmen verliert den Besitz am Luftfahrzeug und kann dieses nicht mehr gewinnbringend verwenden, der Gläubiger aber muß für eine sachgemäße, kostspielige Verwahrung des Luftfahrzeugs sorgen. Eigentumsvorbehalt und Sicherungsübereignung sind bei Luftfahrzeugen jeder Art zulässig. Gewährt ein ausländischer Geldgeber als Lieferant den Kredit, so wirken sich diese beiden Sicherungsmittel allerdings dahin aus, daß das Luftfahrzeug in die deutsche Luftfahrzeugrolle nicht eingetragen werden kann. Sicherungsübereignung und Eigentumsvorbehalt werden nicht in allen Staaten anerkannt. 11

7. Arten und Entstehung. a) Vertragspfandrecht, entsteht durch Verpfändungsrechtsgeschäft unter Lebenden; im BGB erschöpfend geregelt (§§ 1204–1256, 1258 für das Pfandrecht an beweglichen Sachen, 1273–1296 für das Pfandrecht an Rechten). Die §§ 1229 II, 1247 S 2, 1258 III, 1287 enthalten selbständigen Entstehungsgrund kraft Surrogation. 12

b) Gesetzliches Pfandrecht entsteht kraft Gesetzes, siehe § 1257 und die Bemerkungen dort. 13

c) Pfändungspfandrecht entsteht durch hoheitlichen Akt bei Zwangsvollstreckung; generell in erster Linie in §§ 803ff, 930f ZPO. Jede ordnungsmäßige Pfändung bewirkt staatliche Beschlagnahme, dh die Sicherstellung der Pfandsache. Diese öffentlich-rechtliche Verstrickung tritt nicht ein, wenn Pfändung nichtig ist. Das ist der Fall, wenn Pfändung a) sich gegen Gerichtsbefreiten richtet, b) ohne Titel oder auf Grund einer Urkunde erfolgt, die nicht einmal der äußeren Form nach einen Titel darstellt, selbst wenn Vollstreckungsklausel erteilt sein sollte, c) für oder gegen einen weder im Vollstreckungstitel noch in der -klausel Genannten erfolgt, d) vom funktionell unzuständigen Organ ausgeht, zB wenn Gerichtsvollzieher statt Vollstreckungsgericht oder umgekehrt, e) gegen wesentliche Verfahrensvorschriften verstößt, zB gegen §§ 808, 826 I, 829 III, 830f, 846, 857 I ZPO. Dagegen begründet die nur unzulässige Pfändung eine bis zu ihrer Aufhebung wirksame öffentlich-rechtliche Verstrickung. So wenn Pfändung a) auf Grund einer Vollstreckungsklausel erfolgt, die zu einer wenigstens äußerlich als Titel erscheinenden Urkunde erteilt ist, b) ohne die erforderliche Vollstreckungsklausel oder deren Zustellung (§ 750 ZPO), für oder gegen einen zwar im Titel, nicht aber in der Klausel oder in der Klausel zu Unrecht Genannten erfolgt, c) gegen Verbot der Überpfändung (§ 803 I S 2 ZPO) oder der zwecklosen Pfändung (§§ 803 II, 812 ZPO) verstößt. Vgl hierzu Rosenberg § 190 II, 2a; Stein/Jonas/Münzberg II vor § 704. 14

Bestritten ist, ob und inwieweit neben der Verstrickung noch ein Pfandrecht entsteht und welcher Art es ist: **aa) Privatrechtliche Auffassung** (früher in Rechtslehre und Rspr vorherrschend): Es kommt entscheidend darauf an, ob dem Vollstreckungsgläubiger ein privatrechtliches Pfandrecht zur Seite steht. Nur dieses gewährt ihm ein Verwertungsrecht. Pfandrecht richtet sich in den Voraussetzungen und Wirkungen nach BGB. Weil es sonach akzessorisch, entsteht es nicht, wenn zu sichernde Forderung des Vollstreckungsgläubigers gegen Vollstreckungsschuldner nicht besteht; es erstreckt sich ferner nur auf Gegenstände, die dem Schuldner gehören, also nicht auf solche Dritter oder des Vollstreckungsgläubigers selbst. Vorschriften des BGB sind grundsätzlich anzuwenden. 15

bb) Gemischt privat-öffentlich-rechtliche Auffassung (RG 156, 395, 397; Baur/Stürner Sachenrecht § 55 D II; Brox/Walker ZwangsvollstrR Rz 393; Lippross ZwangsvollstrR § 13 III; Kuchinke JZ 1958, 198; vgl auch BGH 56, 339, 351). Entstehung des Pfändungspfandrechts richtet sich nach Voraussetzungen des rechtsgeschäftlichen Pfandrechts, während Verwertung nach dem Pfändungspfandrecht nach öffentlichem Recht zu beurteilen ist. Verwertung findet, wie auch in ZVG und Insolvenz, ihre Rechtfertigung lediglich in wirksamer Verstrickung und nicht in Entstehung eines Pfandrechts. Für Wirksamkeit der Verstrickung – nicht für Entstehung des auch nach dieser Ansicht akzessorischen privatrechtlichen Pfandrechts (BGH 23, 299) – unerheblich, ob eine Vollstreckungsforderung besteht oder Pfandgegenstand zum Schuldnervermögen gehört. Dritter hat Rechte aus §§ 771, 805 16

ZPO. Soweit sich aus der ZPO nichts anderes ergibt, sind die Vorschriften des BGB anzuwenden, vgl RG 114, 386; 161, 120; anwendbar insbesondere §§ 1212, 1222, 1227, 1242, 1244, 1249f, 1256.

17   cc) **Auffassung vom öffentlich-rechtlichen Pfandrecht** (Baumbach/Hartmann Übers § 803 ZPO Rz 8; Thomas/Putzo § 803 ZPO Rz 8 und § 804 ZPO Rz 2f; Stein/Jonas/Münzberg § 803 ZPO Rz 6; Pagenstecher Gruch 50, 274; Lücke JZ 1957, 239; Martin, Pfändungspfandrecht und Widerspruchsklage im Verteilungsverfahren, 1963; Frankfurt NJW 1953, 1853; 1954, 1083). Mit wirksamer Verstrickung entsteht Pfandrecht besonderer öffentlich-rechtlicher Art, das – weil nicht akzessorisch – keine zu sichernde Forderung voraussetzt und, auch ohne guten Glauben des Vollstreckungsgläubigers, nicht zum Vermögen des Vollstreckungsschuldners gehörige Sachen ergreift. Danach entsteht im Gegensatz zum BGB, dem Pfandrecht an eigener Sache fremd ist, Pfändungspfandrecht sogar an Sachen des Vollstreckungsgläubigers, die er unter Eigentumsvorbehalt verkauft oder in Sicherungseigentum genommen hat.

dd) Vorzugswürdig erscheint die gemischte privat-öffentlich-rechtliche Auffassung, die zum einen dem Wortlaut aus § 804 ZPO, zum anderen den Besonderheiten des staatlichen Vollstreckungszugriffs Rechnung trägt. Im übrigen haben sich die aufgeführten Theorien angenähert (vgl auch BGH NJW 1992, 2570) und unterscheiden sich nur noch in wenigen Punkten.

18   d) **Besondere Entstehungsgründe:** Durch Staatsakt, zB Sachhaftung des § 76 AO und nach Landesrecht durch Privatpfändung zum Schutz des Grundstücks und der Grundstückserzeugnisse nach Art 89 EGBGB. Gläubiger, dem an gleicher Sache Pfändungspfandrecht oder vertragliches oder gesetzliches Pfandrecht zusteht, kann wahlweise nach ZPO oder BGB (HGB) verwerten (RG 104, 301).

18a   8. **Landesrechtliche Vorbehalte** gemäß Art 89 EGBGB (Privatpfändung), Art 94 EGBGB (Pfandleihgewerbe), dazu VO vom 1. 2. 1961 (BGBl I 58) idF vom 1. 6. 1976 (BGBl I 1334), Art 97 EGBGB (Verpfändung im Staatsschuldbuch eingetragener Forderungen). **Übergangsvorschrift** in Art 184 EGBGB. Zur **Überleitung des Rechts der früheren DDR** vgl Art 233 § 3 EGBGB.

Titel 1
Pfandrecht an beweglichen Sachen

Vorbemerkung

1   1. **Bestellung** durch Rechtsgeschäft (Vertragspfand) erfordert a) dinglichen Vertrag (Einigung), b) grundsätzlich Übergabe – Ausnahme § 1205 I 2 – oder bestimmte Arten des Übergabeersatzes (§§ 1205f, so nicht Besitzkonstitut (§ 930), nicht Abtretung des dinglichen Anspruchs auf Herausgabe der im Eigenbesitz eines Dritten stehenden Sache, sondern Abtretung des dem Verpfänder aus einem Besitzmittlungsverhältnis zustehenden obligatorischen Herausgabeanspruchs und Anzeige an Besitzmittler. Bloße Einigung gibt keinen Anspruch auf Übergabe, wohl aber das ihr möglicherweise zugrundeliegende schuldrechtliche Verpflichtungsgeschäft. Schutz des guten Glaubens gemäß §§ 1207f. Durch Verpfändung entsteht zwischen dem Pfandgläubiger und Verpfänder – nicht auch, wie beim Nießbrauch, dem Eigentümer (RG Recht 1910, 1590) – ein gesetzliches Schuldverhältnis (RG 74, 154). Keine Bestellung zugunsten Dritter (RG 124, 221).

2   2. **Arten.** Schlichtes Pfandrecht ohne Nutzungsbefugnis (Regel); Nutzungspfandrecht (§§ 1213f). Ferner: Besitzpfand – Faustpfand (Regel); besitzähnliches Pfand, zB gesetzliches Pfandrecht des Vermieters (§ 562), des Verpächters (§ 585), des Gastwirts (§ 704); besitzloses Pfand zB Schiffs-, Pächterinventarpfand, vgl Einl § 1204 Rz 6.

3   3. **Rang** richtet sich trotz Anlehnung des Pfandrechts an die Forderung, selbst wenn diese eine künftige oder bedingte ist, nach der Zeit der Bestellung (§ 1209). Ausnahme zugunsten gutgläubiger Erwerber des späteren Rechts nach §§ 1208, 1032. Bevorzugte Pfandrechte sind dem BGB fremd.

4   4. **Umfang** der **Haftung** ergibt sich aus §§ 1210, 1222. Die §§ 1127ff sind nicht entsprechend anzuwenden (RG HRR 1934, 1677). Neben der Pfandsache haften die von ihr getrennten Erzeugnisse (§ 1212). Pfandgläubiger darf aber Nutzungen des Pfandes nur dann ziehen, wenn ihm dies Recht eingeräumt ist (§§ 1213f), bei von Natur fruchttragenden, ihm zum Alleinbesitz übertragenen Sachen ist dies im Zweifel anzunehmen (§ 1213 II).

5   5. **Rechtsschutz.** Pfandgläubiger hat Ansprüche aus Besitz (§§ 859ff), Eigentum, und zwar gemäß §§ 985ff, 1004–1006 entsprechend (§ 1227), gemäß § 1007 unmittelbar. Wer durch Veräußerung des Pfandes ein Recht an diesem verlieren würde (zB Eigentümer, anderer Pfandgläubiger), darf ablösen, sobald Schuldner zur Leistung berechtigt ist (§ 1249). Eigentümer, der nicht Verpfänder ist, hat des weiteren Anspruch aus §§ 985ff, sowie Einrederecht aus § 1254 S 2.

6   6. **Befriedigung** des Pfandgläubigers kann erfolgen: a) Auf Grund eines gegen den Schuldner erwirkten **persönlichen Titels** auf Zahlung der Schuld und Pfändung und Verwertung der dem Schuldner gehörigen Pfandsache nach ZPO.

7   b) Auf Grund eines gegen den Eigentümer der Pfandsache gemäß § 1233 II erwirkten **dinglichen Titels** auf Duldung der Pfandverwertung durch (privaten) Pfandverkauf nach §§ 1234–1240 oder ohne Pfändung (!) durch (gerichtlichen) Pfandverkauf nach ZPO.

c) Ohne Vollstreckungstitel oder gerichtliche Ermächtigung durch (privaten) **Pfandverkauf** nach §§ 1234–1240 (§§ 1228, 1233). Verkaufsberechtigt der erste und nach Maßgabe des § 1232 auch nachstehende Pfandgläubiger, sobald Pfandreife eingetreten ist (§ 1228 II). Pfandverkauf regelmäßig durch öffentliche Versteigerung (§ 1235 I), ausnahmsweise durch freihändigen Verkauf (§§ 1235 II, 1221, 1240 II).

d) **Verstoß** gegen Verwertungsvorschriften. Sind die Pfandverkaufsarten der §§ 1233 II, 1235 oder 1240 II nicht gewahrt, so ist und bleibt eine Veräußerung des Pfandes unrechtmäßig, der Erwerber erlangt kein Recht, selbst wenn er gutgläubig war (§§ 1242 ff. Sind diese Vorschriften zwar beachtet, ist aber der Pfandverkauf vor Eintritt der Pfandreife (§ 1228 II), oder ohne öffentliche Bekanntmachung gemäß § 1237 S 1, oder entgegen §§ 1230 S 2 oder 1240 I erfolgt, oder steht dem Veräußerer kein Pfandrecht zu, so ist die Veräußerung der Sache als Pfand ebenfalls unrechtmäßig, jedoch erlangt Erwerber Eigentum, wenn er gutgläubig ist (§§ 1243 f). Dagegen berührt Verstoß gegen Ordnungsvorschriften (§§ 1234 f: Androhung, § 1236: Ort der Versteigerung, § 1237 S 2: Bekanntgabe von Ort und Zeit der Versteigerung, § 1239: Mitbietungsrecht, § 1241: Benachrichtigung des Eigentümers von Versteigerung) die Rechtmäßigkeit nicht, macht aber bei Verschulden schadensersatzpflichtig (§ 1243 II). Sonderfälle regelt § 1238 II. Die gesetzlichen Vorschriften des Pfandverkaufs können in beschränktem Umfang durch Vereinbarung, notfalls durch gerichtliche Entscheidung abgeändert werden (§§ 1245 f).

7. **Erwerber** erlangt bei rechtmäßigem Pfandverkauf lastenfreies Eigentum (§ 1242). Erstrangiger Nießbrauch erlischt jedoch nur bei Gutgläubigkeit (§ 936). Rechte Dritter setzen sich uU an dem Erlös fort (§ 1247). **9**

8. Erlöschensgründe. Untergang der Forderung (§ 1252), Aufgabeerklärung (§ 1255), Ausschluß des Übergangs bei Abtretung der Forderung (§ 1250 IV), rechtmäßiger Pfandverkauf (§ 1242 II), gutgläubiger Erwerb der Pfandsache (§ 1244), Rückgabe des Pfandes an Verpfänder oder Eigentümer, auch bei Vorbehalt der Fortdauer (§§ 1253 f), in der Regel Vereinigung mit dem Eigentum in derselben Person, sog Konsolidation (§ 1256), Schuldübernahme ohne Einwilligung des Eigentümers (§ 418), Untergang der Pfandsache. Hinzu treten die allgemeinen Beendigungsgründe von Rechten an Sachen, §§ 158, 163, 945, 949, 950 II, 964, 973 I, insbesondere gutgläubiger lastenfreier Erwerb der Pfandsache (§ 936). **10**

9. Sondervorschriften. a) Pfandrecht an **Luftfahrzeugen** nach **LuftfzG** und Einl § 1204 Rz 19 ff. **11**
b) Pfandrecht an **eingetragenen Schiffen, Schiffsbauwerken** nach **SchiffsG** vom 15. 11. 1940 (RGBl I 1499, BGBl III 403–4), DVO vom 21. 12. 1940 (RGBl I 1609).

c) Eine eigene Regelung hat auch das Pfandrecht am **Inventar** des **Pächters landwirtschaftlicher Grundstücke** nach **PachtKrG** vom 5. 8. 1951 (BGBl I 494, BGBl III 7813–1) gefunden. Erforderlich Einigung zwischen Pächter und Gläubiger sowie Niederlegung des schriftlichen Verpfändungsvertrages beim zuständigen Amtsgericht. Zu diesem Zeitpunkt braucht Inventar noch nicht vorhanden zu sein (BGH 54, 319). Der Vertrag muß auch Aufschluß über Betrag, Zinssatz und Fälligkeit der Forderung geben. Gesicherte Forderung: Darlehen (§ 1), das aber nicht für landwirtschaftliche Zwecke verwendet werden muß (BGH 54, 319). Nach § 3 PachtKrG erstreckt sich das Inventarpfandrecht nicht nur auf die zZt der Niederlegung des Verpfändungsvertrages vorhandenen, sondern auch auf später einverleibte Inventarstücke, sofern sie dem Pächter gehören. Sobald die beiden Tatbestandserfordernisse, nämlich Eigentum des Pächters und Einverleibung ins Inventar – in beliebiger Reihenfolge – verwirklicht sind, entsteht das Pfandrecht (BGH 35, 53 mit Anm Gelhaar in LM Nr 1 PachtKrG; BGH LM Nr 3 aaO). Hat Pächter bisher an dem Inventarstück nur ein Anwartschaftsrecht erworben, so erfaßt das Pfandrecht nur dieses. Den Vertragsteilen steht es frei, einzelne Inventarstücke auszuschließen. Ein gutgläubiger Pfandrechtserwerb ist nach BGH 35, 53 nur an im Zeitpunkt der Niederlegung des Verpfändungsvertrages bereits einverleibten, nicht an später hinzugefügten Inventarstücken möglich. Gemäß § 2 PachtKrG hat Pfandgläubiger den Verpächter von bevorstehender Verpfändung zu benachrichtigen. Unterläßt er dies, so wird ihm regelmäßig hinsichtlich der Zugehörigkeit des Inventarstücks grobe Fahrlässigkeit zur Last fallen. Nach § 5 II PachtKrG werden einzelne Inventarstücke von der Haftung frei, wenn der Pächter über sie innerhalb der Grenzen ordnungsmäßiger Wirtschaft verfügt und sie vom Grundstück entfernt, bevor der Pfandgläubiger sein Pfandrecht gerichtlich geltend macht, vgl dazu BGH LM Nr 3. Ist das nicht der Fall, so scheitert ein pfandrechtsfreier Erwerb auf Grund guten Glaubens, sobald der Pfändungsvertrag niedergelegt ist, an § 5 I PachtKrG, der alsdann den bösen Glauben des Erwerbers fingiert. Das gilt jedoch nach BGH 51, 337 mit Anm Mormann in LM Nr 4 PachtKrG dann nicht, wenn der Pächter ein Inventarstück erst veräußert, nachdem er die Pachtstelle aufgegeben und das Inventar von ihr entfernt hatte. Alsdann kommt § 936 in Betracht. Böser Glaube ist dem Erwerber nur anzulasten, wenn er weiß oder aus grober Fahrlässigkeit nicht weiß, daß der Veräußerer eine bestimmte Pachtstelle innehatte und daß der angebotene Gegenstand zu dem Inventar dieser Pachtstelle gehört hatte. Das Pfandrecht des gutgläubigen Kreditgebers geht Rechte Dritter an den Inventarstücken vor, nicht aber Grundpfandrechten, die sich auf das Inventar erstrecken; vgl §§ 4 II, 7 PachtKrG. Will Pfandgläubiger Pfandstücke gemäß §§ 1228 ff verwerten, so muß Verpächter einwilligen, falls er von einer öffentlichen Versteigerung absieht. Macht dieser von seinem gesetzlichen Pfandrecht am Inventar Gebrauch (§§ 585, 562), so haben die Pfandrechte gleichen Rang; der Erlös wird geteilt (§ 11 PachtKrG). **12**

d) Gesetzliche Pfandrechte besonderer Art gewährt das **Düngemittelgesetz** vom 15. 11. 1977 (BGBl I 2134) an vom Grundstück noch nicht getrennten **Früchten** zugunsten der Lieferanten von Düngemitteln und Saatgut. Das gesetzliche Pfandrecht geht anderen dinglichen Rechten vor. Es erlischt, wenn die Früchte vom Grundstück entfernt werden, es sei denn, dies geschieht ohne Wissen oder unter Widerspruch des Pfandgläubigers. Dieser hat kein Widerspruchsrecht, wenn die verbleibenden Früchte zur Sicherung ausreichen. Zur Konkurrenz dieses Früchtepfandrechts mit dem Inventarpfandrecht des PachtKrG siehe BGH 41, 6 mit Anm Mormann in LM Nr 2 PachtKrG: Im Normalfall erfaßt das Inventarpfandrecht nur das Inventar, also nicht die Verkaufsfrüchte (§ 98 Nr 2), das Früchtepfandrecht hingegen nur die Verkaufsfrüchte, nicht aber die zur Fortführung des Betriebs erfor- **13**

Vor § 1204 Sachenrecht Pfandrecht

derlichen Wirtschaftsfrüchte (§ 811 Nr 4 ZPO). Gibt der Pächter den Betrieb auf, so ändert sich an diesem Verhältnis der beiden Pfandrechte nichts, dh das Pachtkreditinstitut behält das Pfandrecht an den Wirtschaftsfrüchten, die bei Entstehung seines Pfandrechts zur Fortführung des Betriebes erforderlich waren.

14 e) Zur Sicherung, insbesondere zum Pfandrecht der Banken an den in ihren Besitz oder ihre Verfügungsgewalt gelangten Werten der Kunden siehe Ziff 14ff der **Allgemeinen Geschäftsbedingungen der Banken** und dazu die Anm zu § 307.

15 f) Verordnung über den Geschäftsbetrieb der gewerblichen Pfandleiher, **PfandlV** vom 1. 6. 1976 (BGBl I 1334).

1204 Gesetzlicher Inhalt des Pfandrechts an beweglichen Sachen
(1) Eine bewegliche Sache kann zur Sicherung einer Forderung in der Weise belastet werden, dass der Gläubiger berechtigt ist, Befriedigung aus der Sache zu suchen (Pfandrecht).
(2) Das Pfandrecht kann auch für eine künftige oder eine bedingte Forderung bestellt werden.

1 1. Die Vorschrift nennt die Begriffsmerkmale des Pfandrechts an beweglichen Sachen. Der Pfandgegenstand (Rz 2–5) wird mit einem dinglichen Recht des Gläubigers belastet und dient damit der Sicherung einer Forderung (akzessorisches Recht), – Rz 6, 7 – mit dem Recht des Gläubigers, die Befriedung aus der Sache zu suchen (Verwertungsrecht) – Rz 8; vgl dazu Einl § 1204 Rz 1ff.

2 2. **Gegenstand des Pfandrechts.** Bewegliche Sachen (§ 90), die einer selbständigen Rechtsbeziehung und ihrer Natur nach einer Verwertung fähig sind. Grundstückszubehör ohne Rücksicht auf § 865 ZPO sieht etwaige hypothekarische Belastung (§§ 1120–1122) vor. Auch unpfändbare Sachen (§ 811 ZPO) sind verpfändbar, sie können dann auch gemäß § 1233 II im Wege des gerichtlichen Pfandverkaufs nach ZPO veräußert werden, ohne daß Schuldnereigentümer sich auf § 811 ZPO berufen kann. Dasselbe gilt auch für vertretbare (§ 91) und verbrauchbare Sachen (§ 92), aber nicht für eigene Sachen des Gläubigers, weil die §§ 1204ff eine dem § 1163 I S 1 entsprechende Vorschrift nicht kennen.

3 Das **Anwartschaftsrecht** steht dem Eigentum an einer beweglichen Sache gleich. Daher erfolgt seine Verpfändung nach §§ 1204ff und nicht nach §§ 1273ff. Zu unterscheiden sind dabei der Verfügungsgegenstand (Anwartschaftsrecht) und das Rechtsobjekt (bewegliche Sache). Erstarkt das Anwartschaftsrecht zum Vollrecht, setzt sich das Pfandrecht entsprechend § 1287 S 1 an diesem fort. Beeinträchtigende Verfügungen des Anwartschaftsberechtigten über sein Anwartschaftsrecht sind entsprechend § 1276 nur mit Zustimmung des Pfandgläubigers wirksam. Bei **Geld** kommt es darauf an, ob „Verpfänder" Eigentum hieran behalten oder in Wahrheit auf Empfänger übertragen wollte, wofür vereinbarte Verzinsung sprechen wird. Nur im ersten Fall ist ein echtes vertragliches Pfandrecht anzunehmen, zB bei Übergabe von Geld in verschlossenem Umschlag. Die §§ 1204ff gelten in vollem Umfang mit Ausnahme der §§ 1228, 1233ff; der Pfandgläubiger ist vielmehr befugt, sich das Geld in Höhe seiner Forderung anzueignen (Staud/Wiegand Rz 53). In der Regel soll Empfänger aber sofort Eigentum am Geld erlangen (Barkaution). Nach hM entsteht dann ein sog unregelmäßiges bzw irreguläres Pfandrecht (Hamm BB 1963, 1117; LG Kassel NJW 1976, 1544; Staud/Wiegand Rz 54ff; Pal/Bassenge Überbl v § 1204 Rz 7f). Die Vorschriften über das reguläre Pfandrecht (§§ 1204ff) sind entsprechend anzuwenden; die abweichende dingliche Rechtslage kann jedoch eine Modifikation erforderlich machen, zB richtet sich Anspruch aus § 1223 auf Übereignung (gleichartiger Sachen), wenn gesicherte Forderung erloschen ist (Pal/Bassenge Überbl v § 1204 Rz 7). Die Gegenansicht (MüKo/Damrau Rz 7; Erman/Küchenhoff, 9. Aufl, Rz 2) nimmt dagegen nur Darlehen an, das Gegenforderung sichern soll und insoweit zurückzuzahlen ist, als Gegenforderung beglichen ist. **Urkunden, die selbständige Vermögenswerte verkörpern**, wie **Inhaber- und Orderpapiere** (zB Inhaberschuldverschreibungen und Wechsel), sind verpfändbar (§§ 1292f). Gleiches gilt für Bundesanleihen (BGH NJW 1996, 1675; LG Konstanz WM 1988, 1124). Zu Urkunden, die keinen selbständigen Vermögenswert haben und daher nicht verpfändbar sind, siehe Rz 6.

4 Umstritten ist Behandlung des **Flaschenpfandes** (ausführlich Martinek JuS 1987, 514 und JuS 1989, 268; Kollhosser/Bork BB 1987, 909; Schäfer/Schäfer ZIP 1983, 656). Herkömmlich wird irreguläres Pfandrecht in Form von Barkaution angenommen. Gegenstand des Pfandrechts ist der für die Flaschen überlassene Geldbetrag. Da Veräußerer der Flaschen in der Regel über diesen Geldbetrag frei verfügen können soll, besteht Pfandrecht aber nur als irreguläres. Gesichert wird Anspruch auf Rückgabe der Flaschen bzw der Flaschenbehälter, zB der Bierkästen (sog Behälterpfand). Rückgabeanspruch kann sich aus Leihe, Miete (BGH LM § 989 Nr 2), Darlehen (BGH NJW 1956, 298) oder darlehensähnlicher Gattungsschuld (Karlsruhe NJW-RR 1988, 370) ergeben. Werden Flaschen nicht zurückgegeben, soll Pfandgläubiger entsprechenden Geldbetrag einbehalten dürfen. Als Grundlage dafür wird Abrede über vorausbezahlte Vertragsstrafe unter aufschiebender Bedingung der Nichterfüllung des Rückgabeanspruchs gesehen (Staud/Wiegand Rz 59; Pal/Bassenge Überbl v § 1204 Rz 9). Nach neuerer Auffassung werden beim angeblichen Flaschenpfand die Flaschen an Empfänger mitverkauft (Flaschenpfand als Kaufpreis), verbunden mit Abrede, daß Verkäufer zum Rückkauf verpflichtet ist (Martinek JuS 1987, 514; Westermann/Gursky § 126 I 2; Soergel/Mühl Rz 31). Letztlich richtet sich Konstruktion des Flaschenpfandes nach Umständen des Einzelfalles. Bei individualisierten Flaschen eines bestimmten Herstellers, zB Flaschen mit firmentypischer Form, kann herkömmlicher Auffassung gefolgt werden, dh Hingabe des Pfandbetrages ist Barkaution, die irreguläres Pfandrecht zur Sicherung des Rückgabeanspruchs darstellt (nach aA ist Hingabe des „Pfandbetrages" nur Darlehen, vgl Rz 3); bei standardisiertem Leergut unbestimmt vieler Hersteller ist eher Kaufvertrag mit Rückkaufverpflichtung anzunehmen (vgl Martinek JuS 1989, 268, dort auch zum speziellen Leergut einer organisierten Herstellergruppe; MüKo/Damrau Rz 8).

Dagegen sind **nicht verpfändbar**: wesentliche Bestandteile eines Grundstücks (§ 94), zB stehende Bäume, Früchte auf dem Halm – diese aber im Rahmen des § 810 ZPO pfändbar und uU auch einem gesetzlichen Früchtepfandrecht unterworfen, vgl vor § 1204 Rz 13 –, Bestandteile beweglicher Sachen, solange Bestandteilseigenschaft dauert; unausgeschiedenes Teilstück einer im Alleineigentum stehenden Sache oder Sachmenge, zB Hälfte des im Faß befindlichen Weines, wohl aber Miteigentumsanteil (§ 1258). Zur Frage, ob ein Alleineigentümer Pfandrecht an einem Bruchteil bestellen kann, vgl Zunft NJW 1955, 441.

Gegenstände, über die als solche nicht verfügt werden kann. Neben Gegenständen, die gänzlich außerhalb des rechtsgeschäftlichen Verkehrs stehen, sind dies insbesondere alle **Rektapapiere**, also die in § 952 genannten und ihnen gleichstehende Papiere (**Urkunden ohne selbständigen Vermögenswert**), zB Hyotheken- und Grundschuldbriefe (RG 66, 24), Leihhausscheine (Dresden OLG 43, 155), Pfandscheine (KG OLG 36, 172), grundsätzlich Sparkassenbücher (RG 68, 282), Postsparbuch, Kraftfahrzeugbrief, Versicherungsscheine (RG 51, 86); Reisepaß (AG Heilbronn NJW 1974, 2182). Ihre „Verpfändung" läßt sich häufig gemäß § 140 als Einräumung eines schuldrechtlichen Zurückbehaltungsrechts (RG 68, 277) – nicht jedoch am Schiffsbrief (RG HRR 1933, 938) –, als Verpfändung des verbrieften Rechts, oder als Ermächtigung des Gläubigers, sich durch Verwertung der Urkunde, zB Abheben des Sparbetrages, bezahlt zu machen (RG 51, 83), umdeuten. Bei der Verpfändung des Pfandscheines kann es sich handeln: um die Verpfändung der im Leihhaus ruhenden und im mittelbaren Besitz des Verpfänders befindlichen Sache gemäß § 1205 II, um die Verpfändung des Herausgabeanspruchs des Verpfänders gemäß den §§ 1279ff, schließlich um die Abrede, daß der Gläubiger die Sache bei dem Leihhaus einlösen und dann nach § 1205 I S 2 ein Pfandrecht an der Sache erwerben solle. Dazu siehe RGRK § 1205 Rz 21.

Nicht verpfändbar sind ferner: **Sachgesamtheiten** (Sachinbegriffe), sondern nur die sie bildenden Einzelsachen, vgl RG 95, 235 (Gewerbe- und Handelsunternehmen); 53, 218 (Holzlager); 68, 49 (Verlagsunternehmen); BGH NJW 1968, 393 (Zeitschriftenunternehmen). Wenn sie auch bei der Pfandbestellung unter verkehrsüblicher Benennung zusammengefaßt werden können (RG 68, 49), so müssen doch hinsichtlich jeder einzelnen Sache die Voraussetzungen zur Entstehung des Pfandrechts vorliegen und schon wegen des Ranges besonders festgestellt werden (RG 95, 235). Hierbei kann vereinbart werden, daß bestimmungsgemäß veräußerte Sachen von der Haft frei und dafür neuangeschaffte von ihr ergriffen werden sollen (RG 77, 202). Konkurrierendes Vermieterpfandrecht geht dann vor (RG JW 1906, 224, aA MüKo/Damrau 1206 Rz 5).

Verpfändung **künftig entstehender oder hinzukommender Sachen** unmöglich. Jedoch kann Einigung für den Fall ihres Vorliegens vorweggenommen werden, vgl RG 53, 218. Pfandrecht entsteht aber erst dann an ihnen, wenn alle Bestellungsvoraussetzungen erfüllt sind. Pfandbestellung an dem Gläubiger gehörenden Sachen unzulässig (Bamberg SeuffA 58, 214). § 1256 läßt lediglich das Pfand an in das Eigentum des Gläubigers fallenden Sachen uU fortbestehen.

3. Zu sichernde Forderung. Zur Akzessorietät vgl Einl § 1204 Rz 7. Wird bei Bestellung des Pfandrechts vereinbart, daß der Pfandgeber, der zugleich persönlicher Schuldner ist, nicht berechtigt sei, seine Schuld zu tilgen, so liegt eine Forderung nicht vor; mangels dieser ist auch Pfandrechtsbestellung unwirksam (BGH NJW 1957, 672). Ist Forderung infolge eines nichtigen schuldrechtlichen Vertrags **nicht entstanden,** so entsteht kein Pfandrecht; ist aber die beabsichtigte Forderung in eine andere umzudeuten (§ 140), so gilt Pfandrecht als für diese bestellt. Ist ein Pfandrecht für eine nichtige Darlehensforderung bestellt, so kann es nur bei entsprechendem Parteiwillen, nicht ohne weiteres, die Forderung aus ungerechtfertigter Bereicherung sichern (BGH MDR 1968, 578). Dagegen kann nicht allgemein angenommen werden, daß das Pfandrecht für die an die Stelle der nicht bestehenden Forderung getretene, auf anderem Rechtsgrund beruhende Forderung fortbesteht, zB für die statt der nichtentstandenen Kaufpreisforderung dem Verkäufer zugefallene Bereicherungsforderung (§ 812). Denn das Pfandrecht lehnt sich an eine bestimmte oder doch wenigstens im vorhinein bestimmbare Forderung an. Gläubiger kann jedoch in der Regel das vermeintliche Pfand bis zur Tilgung der Schuld gemäß § 273 zurückbehalten (RG 136, 426). Daher kann auch nicht die ursprüngliche Forderung durch eine neue, völlig selbständige Forderung ausgetauscht werden (Karlsruhe OLG 15, 393).

Die vermögensrechtliche Forderung muß, wenn sie nicht ohnehin auf Geld lautet, bis zum Pfandverkauf in eine **Geldforderung** übergegangen sein (§ 1228 II S 2). Ansprüche, die keine Forderungen sind, können durch Pfand nicht gesichert werden, zB Ausgleichanspruch aus § 2050 (RG Recht 1912, 1904); Unterlassungsanspruch nicht, es sei denn, daß er in Geldforderung übergeht; dingliche Rechte, zB Hypotheken, Grundschulden nicht; doch kann Pfandrecht für Forderung aus Gewähr, daß Hypothek oder Grundschuld zur Hebung gelange, bestellt werden, sowie zur Sicherung einer Vertragsstrafe. Forderungsschuldner kann Verpfänder, Eigentümer oder Dritter sein. Daß Forderung verjährt ist, steht der Pfandbestellung selbst dann nicht entgegen, wenn dem Verpfänder entgangen ist (argumentum §§ 214, 216). Bei den übrigen unvollkommenen Verbindlichkeiten kommt es darauf an, ob eine Pfandbestellung ein verbots- oder sittenwidriges Verhalten (§§ 656, 762, 817) bekräftigen würde, alsdann ist sie unzulässig, oder aber, ob sie eine sittliche oder Anstandspflicht (§ 814) verstärken würde, wogegen nichts einzuwenden ist. Bezüglich Forderungen aus unwirksamen Börsentermingeschäften vgl § 55 BörsG und RG JW 1921, 464.

4. Nach **Abs II** kann ein Pfandrecht auch für eine **künftige Forderung** bestellt werden. Es genügt, daß Forderung nur möglicherweise entstehen wird, ja, daß ihr gegenwärtiger Bestand ungewiß ist (argumentum § 232); sie muß zumindest bestimmbar sein, BGH 86, 346. Der für eine künftige oder bedingte Forderung bestellten Pfandrichts richtet sich auch nach der Zeit der Bestellung (§ 1209). Mit Einigung und Übergabe der Pfandsache und nicht erst mit dem Entstehen der gesicherten Forderung entsteht also bereits das Mobiliarpfandrecht (forderungsloses Pfandrecht; BGH 86, 340, 349; 93, 71, 76; ZIP 1999, 79). Insoweit ist der Grundsatz der Akzessorietät bei der Entstehung des Pfandrechts gelockert. Von dieser in § 1204 II geregelten Bestellung des Pfandrechts für

§ 1204

eine bedingte oder zukünftige Forderung zu unterscheiden ist einerseits die **Verpfändung einer künftigen oder bedingten Forderung** nach §§ 1273, 1279ff und andererseits die **Bedingung oder Befristung** der **Bestellung** (dinglichen Einigung) des Pfandrechts selbst. Ein Pfandrecht kann damit auch zur Sicherung aller gegenwärtigen und künftigen Forderungen des Schuldners oder eines Dritten begründet werden. Wird der Sicherungsvertrag aus wichtigem Grund fristlos gekündigt, beschränkt sich das Pfandrecht auf die bei Wirksamwerden der Kündigung begründeten Verbindlichkeiten des Schuldners (BGH ZIP 2002, 2123: Ehescheidung als wichtiger Grund für Kündigung einer Pfandrechtsbestellung zugunsten des Ehegatten; s dazu Mankowski WuB I F 2 Pfandrechte 1.03).

12   **5. Befriedigung** hat aus der Sache zu erfolgen. Dem widersprechende Vereinbarung, Gläubiger dürfe sich lediglich an die Früchte halten, hindert Entstehen eines Pfandrechts an der Sache selbst. Zulässig dagegen Abrede, daß Pfandgläubiger sich zunächst aus den Früchten und nur notfalls durch Verwertung der Pfandsache selbst befriedigen solle. Pfandrecht kann auch der Zeit nach und der Höhe der zu sichernden Forderung nach beschränkt werden, vgl RG 68, 145.

1205 *Bestellung*

(1) Zur Bestellung des Pfandrechts ist erforderlich, dass der Eigentümer die Sache dem Gläubiger übergibt und beide darüber einig sind, dass dem Gläubiger das Pfandrecht zustehen soll. Ist der Gläubiger im Besitze der Sache, so genügt die Einigung über die Entstehung des Pfandrechts.

(2) Die Übergabe einer im mittelbaren Besitz des Eigentümers befindlichen Sache kann dadurch ersetzt werden, dass der Eigentümer den mittelbaren Besitz auf den Pfandgläubiger überträgt und die Verpfändung dem Besitzer anzeigt.

1   **1. Allgemeines. a)** Die Vorschrift legt die Voraussetzungen für die wirksame Entstehung des Pfandrechts fest. Sie lehnt sich eng an die §§ 929 und 1032. Allen drei Vorschriften sind zwei Voraussetzungen gemeinsam: Die Einigung (dazu Rz 3–5) und die nach außen erkennbare Besitzübertragung an den Erwerber (dazu Rz 6). Die Bestellung des Pfandrechts unterscheidet sich jedoch von Eigentumsübertragung und Nießbrauchbestellung dadurch, daß nur bestimmte Arten des Übergabeersatzes (s Rz 8, 9 und § 1206 Rz 1–3, 5) zulässig sind. Der Gesetzgeber hielt „eine Verschärfung des Übergabeerfordernisses bei der Verpfändung beweglicher Sachen" für notwendig (so Staud/Wiegand § 1205 Rz 1 unter Hinweis auf Mot III 801) und ließ das Besitzkonstitut als Übergabeersatz nicht zu (s Rz 10). Diese Gesetzeslage hat dazu geführt, daß heute die Sicherungsübereignung (Bem dazu Anh §§ 929–931) im praktischen Rechtsleben eine wesentlich größere Bedeutung erlangt hat als das Pfandrecht an beweglichen Sachen.

2   **b)** Einigung und Übergabe sind selbständige Erfordernisse, ihre Reihenfolge ist beliebig (RG 84, 5). Folgt Besitzerwerb der Einigung, zB Pfandrechtsbestellung an erst künftig in das Eigentum des Verpfänders fallenden Sachen, so muß Einigung zZt der Besitzerlangung durch Pfandgläubiger noch bestehen (RG 84, 5); Fortbestand der Einigung wird abgevermutet; das Abgehen von ihm muß dem anderen Teil erkennbar sein, beweisen muß es, wer sich hierauf beruft. Ein mangels unmittelbaren Besitzes auf seiten des Gläubigers oder aus anderem Grund unwirksames Pfandrecht kann in ein Zurückbehaltungsrecht umzudeuten sein (OGHZ NJW 1950, 785; RG 68, 386).

3   **2. Einigung.** Vgl Bemerkungen zu § 929. Sie geht dahin, daß dem Gläubiger zur Sicherung einer bestimmten Forderung ein Pfandrecht zustehen solle. Sie gewährt keinen Anspruch auf Übergabe (Königsberg OLG 5, 157). Begrifflich ist sie von dem zur Verpfändung verpflichtenden obligatorischen Grundgeschäft zu scheiden, das nicht unbedingt vorliegen muß. Jedoch kann in dinglicher Einigung Verpflichtung zur Übergabe des Pfandes und umgekehrt im Verpflichtungsgeschäft Einigung mitenthalten sein. Einigung kann bedingt und befristet werden (RG 68, 145), jedoch nicht zugunsten eines Dritten erfolgen (RG 124, 221). Sie ist auch bei Verpfändung für fremde Schuld formlos (Dresden OLG 5, 323), anders § 766. Sie ist abstrakt und daher bei Nichtigkeit etwaigen Grundgeschäftes nur kondizierbar. Vom Willen der Parteien hängt es ab, ob Pfandrecht oder andere Form der Sicherung durch Besitzübertragung vorliegen soll. So nur rein persönliches Zurückbehaltungsrecht, wenn dem Gläubiger Verwertungsbefugnis fehlt. Bei Übergabe von Vollmachten oder sonstigen Legitimationspapieren, die Gläubiger berechtigen, zu eigenem Nutzen das, worauf sie sich beziehen, einzuziehen, ist es Frage der Auslegung, ob Pfandrechtsbestellung vorliegt (MüKo/Damrau Rz 3). Bei Inhaber- und indossablen Papieren läßt Pfandrecht am Papier solches an der Forderung entstehen, §§ 1292–1295.

4   Wird Empfänger vertretbarer Sachen ermächtigt, über sie zu seinem Nutzen zu verfügen – vgl §§ 10ff DepotG vom 4. 2. 1937 (BGBl III 4130-1) – oder an ihrer Stelle gleichartige zurückzugeben, so kann darin entsprechend § 700 ein die Gegenforderung des Gläubigers sicherndes Darlehen des Schuldners liegen, zumal wenn dieser sofort Eigentum erlangen soll; möglich aber auch Pfandrecht mit der Ermächtigung, die übergebenen Sachen zu gegebener Zeit zu veräußern und dafür entsprechende andere in den Pfandverband zu nehmen (Pfandrecht mit wechselndem Pfandgegenstand). Ist Ersatz nicht ausbedungen, so Pfandrecht bis zur Verwertung (RG 52, 202; 58, 286).

5   Zum **Flaschenpfand** siehe § 1204 Rz 4.

5a   Die zur Bestellung eines Pfandrechts erforderliche Einigung kann auch durch **AGB** erfolgen. Die Auslegung solcher Pfandklauseln hat sich an dem Gebot der objektiven Auslegung von AGB zu orientieren. Soweit Pfandklauseln nicht rein deklaratorische iSd § 307 III sind, unterliegen sie der **Inhaltskontrolle** nach §§ 307–309. Die Frage der Angemessenheit der Einräumung eines Pfandrechts ist, soweit der Verwender nur konnexe Forderungen sichert, im Grundsatz zu bejahen. Eine Freigabeklausel ist aufgrund des akzessorischen Charakters des Pfandrechts entbehrlich (BGH 128, 295, 300f). Unbedenklich sind auch Pfandklauseln, die an sich zur Entstehung gelangende gesetzliche Pfandrechte auf rechtsgeschäftliche Grundlage stellen. Solche Klauseln finden sich insbesondere in Reparaturbedingungen und haben den Zweck, das Pfandrecht auch an kundenfremden Gegenständen zur Entstehung zu bringen (s § 1257 Rz 3).

3. Übergabe. Eigentümer und Verpfänder muß Besitz aufgeben (RG 57, 324), Besitzdiener darf er bleiben, **6** Gläubiger muß mit Willen des Verpfänders nach § 854 I oder II Besitz erlangen (RG 66, 258); mittelbarer Besitz reicht aus (RG 118, 253). Verschafft sich Gläubiger den Besitz ohne oder gegen den Willen des Verpfänders, so erlangt er trotz vorheriger Einigung kein Pfandrecht (RG 53, 220). Umgekehrt genügt es, wenn besitzender Dritter auf Anordnung des Verpfänders die Sache dem Gläubiger übergibt. Die Einwilligung des Verpfänders in den Besitzwechsel kann der Erlangung der tatsächlichen Gewalt vorausgehen oder nachfolgen und bedingt sein (RG 84, 5). Beispiel: Verpfändet Mieter die künftig in die Wohnung einzubringenden Sachen zugunsten etwaiger Mietrückstände und ermächtigt er den Vermieter, sie dann in Besitz zu nehmen, so erlangt Vermieter nur dann Pfandrecht an ihnen, wenn Mieter zZt der Besitzergreifung noch die Zustimmung aufrechterhält, siehe §§ 562ff. Behält Pfandgläubiger den Pfandbesitz über die vereinbarte Zeit hinaus, so erlischt das Pfandrecht (RG JW 1914, 681). Aushändigung eines Traditionspapiers (Lagerschein, Ladeschein, Konnossement – HGB §§ 444, 475c, 647 –) kommt der Übergabe der verbrieften Ware gleich. Einer Übergabe bedarf es nicht, wenn Gläubiger sich den Besitz mit Ermächtigung des Eigentümers verschafft. Besitzeinräumung setzt voraus, daß Gläubiger ein nach außen hin erkennbares tatsächliches Herrschaftsverhältnis über die Sache erlangt (RG 77, 208). Dritter kann sich der Gläubiger nur als Besitzdiener (§ 857) oder Besitzmittler (§ 868) bedienen, weil Stellvertretung bei Besitzerwerb – von § 854 II abgesehen – nicht möglich, vgl RG 77, 201; 92, 267; 118, 253; jedoch scheidet Verpfänder als Besitzmittler aus, vgl Rz 10. Danach entsteht Pfandrecht: Bei Übergabe des Schlüssels zu verschlossenem Lagerraum der Pfandsachen (RG 66, 265), selbst wenn Verpfänder einen passenden Schlüssel besitzt (RG 103, 100), oder ihm oder einem seiner Leute der übergebene Schlüssel zeitweilig für bestimmte Zwecke überlassen wird (RG 67, 421). Nicht dagegen: Wenn Verpfänder oder dessen Leute den Raum erkennbar auch ohne Mitwirkung des Gläubigers mit Hilfe eines zurückbehaltenen Schlüssels jederzeit betreten können (RG 66, 258) oder in ihn auf andere Weise, wie bisher (Dresden SeuffA 66, 140), oder doch wenigstens zu gewissen Zeiten (RG 77, 207) gelangen können. Wenn durch Pfandtafeln gekennzeichnete Sachen auf dem Grundstück des Verpfänders inmitten eines unverschlossenen Zaunes gesondert gelagert werden (RG 74, 146). Demgegenüber entsteht Pfandrecht, wenn sie solchenfalls hinter verschlossenem Zaun gestapelt oder aber durch Angestellte des Gläubigers scharf bewacht werden (RG WarnRsp 1912, 433). Bei Pfandbestellung mittels Hinterlegung erlangt Gläubiger das Pfandrecht, sobald Hinterleger Rücknahmerecht nach § 376 II Nr 1 oder 2 verliert. Denn von da an vermittelt die Hinterlegungsstelle gemäß § 378 dem Gläubiger den Besitz und dies steht der Übergabe gleich (RG 135, 275).

4. Abs I S 2 setzt voraus, daß Gläubiger bereits in den unmittelbaren oder mittelbaren (RG 118, 253) Besitz der **7** zu verpfändenden Sache gelangt ist. Bei mittelbarem Besitz des Gläubigers darf aber der Verpfänder nicht Besitzmittler sein (RG aaO). Das trifft zB den Fall, daß der Miteigentumsanteil an im Girosammeldepot ruhenden Wertpapieren verpfändet wird (BGH WM 1997, 1136). Ist Besitz nach § 854 II übertragen worden, so ist die hiernach erforderliche Einigung, durch Verpfänder dem Gläubiger die bestehende Besitzlage auf den Gläubiger überträgt, von der Einigung nach § 1205 I S 2, daß dem Gläubiger ein Pfandrecht zustehen solle, zu unterscheiden. Beide Einigungen können im übrigen vorliegen, bevor Gläubiger die tatsächliche Gewalt erlangt. Kommt es später hierzu, so entsteht das Pfandrecht, sofern in diesem Zeitpunkt beide Einigungen fortdauern, vgl RG DJZ 1912, 1470.

5. Als **Übergabeersatz** kommt nach **Abs II** in Betracht: Übertragung des mittelbaren Besitzes des Verpfänders **8** (§ 868) durch Abtretung des diesem aus dem Besitzmittlungsverhältnis zustehenden obligatorischen Herausgabeanspruchs (§ 870), wozu als zweites Erfordernis Anzeige von erfolgter – nicht genügend: von beabsichtigter – Verpfändung an Besitzmittler treten muß. Beispiel: weitere Verpfändung schon verpfändeter Sache. Im Gegensatz zu § 931 schließt § 1205 II den Fall aus, daß Dritter Eigenbesitzer ist. Hier ist nur Verpfändung des dinglichen Herausgabeanspruchs (§ 985) gemäß § 1280 zulässig. Die zu verpfändende Sache muß bestimmt bezeichnet und von anderen unterscheidbar sein, insbesondere genügt bei Sachmengen nicht Angabe eines Bruchteils (RG 52, 385). Die **Anzeige** ist wie die des § 1280 – im Gegensatz zu § 409 – Wesenserfordernis für die Entstehung des Pfandrechts, es genügt nicht, daß Besitzer anderweit Kenntnis erlangt. Sie ist empfangsbedürftige Willenserklärung (§ 130) und kann auch stillschweigend erfolgen (RG 89, 291). Bei Mitbesitz muß sie allen Besitzmittlern gegenüber erklärt werden, bei gestuftem mittelbaren Besitz reicht Anzeige an den äußersten (Pal/Bassenge Rz 10). Sie ermächtigt und verpflichtet Besitzmittler zur Herausgabe an Pfandgläubiger. Inhaltlich ist nicht erforderlich, daß auf Verpfändung durch Abtretung des Herausgabeanspruchs hingewiesen wird, wenn nur Besitzmittler erkennen kann, daß er fortan für Pfandgläubiger als mittelbarer Besitzer vermittelt (Hamburg HRR 1933, 1013), ohne daß diesem nunmehr Verfügungsrecht zusteht (RG HRR 1930, 709). Anzeige hat grundsätzlich durch Verpfänder zu erfolgen. Dieser kann aber auch Pfandgläubiger hierzu ermächtigen (RG 85, 436), oder von Pfandgläubiger ohne Ermächtigung erfolgte Anzeige nachträglich genehmigen, wozu in der Regel bloßes Stillschweigen nicht genügt (RG LZ 1932, 886).

Sonderfälle: Verpfändung von im Stahlkammerfach (Safe) ruhenden Wertpapieren nach § 1205 II nicht mög- **9** lich, weil hinsichtlich der Stahlkammer Miete und nicht hinsichtlich der darin untergebrachten Wertpapiere Hinterlegung vorliegt (RG 141, 99). Deshalb Verpfändung nur durch tatsächliche Übergabe an Gläubiger oder § 1206 durch Einräumung des Mitbesitzes (-verschlusses). Verpfändung von Pfandscheinen: Diese, weil nicht selbst Träger einer Verpflichtung, unverpfändbar (KG OLG 36, 172), vgl § 1204 Rz 3. Es kann jedoch gewollt sein a) Verpfändung der Sache selbst gemäß § 1205 II, oder b) Verpfändung des Herausgabeanspruchs gemäß §§ 1279ff, schließlich c) Ermächtigung des Gläubigers, die Sache einzulösen und alsdann hieran gemäß § 1205 I S 2 Pfandrecht zu erwerben, so RGRK Rz 21.

6. Als Übergabeersatz kommt **Besitzkonstitut** nicht in Betracht, weil dieses unmittelbaren Besitz dem Verpfän- **10** der beließe und damit dem verschärften Publizitätsgrundsatz im Pfandrecht widersprechen würde. Durch diese

§ 1205

verschärfte Publizität sollen die Gläubiger des Verpfänders erkennen können, daß die Sache ihrem Zugriff entzogen ist. Zudem schützt das Übergabeerfordernis auch den Pfandgläubiger, indem es verhindert, daß der Verpfänder anderweitig über die Sache verfügt und gutgläubiger lastenfreier Erwerb nach § 936 eintritt. Jedoch wird häufig Sicherungsübereignung gewollt sein, siehe dazu Anh §§ 929–931.

11 **7. Verpfändung durch Nichteigentümer** richtet sich nach §§ 185, 1207. Zur Verpfändung durch Dritten mit Einwilligung des Eigentümers vgl RG 93, 230 und KG OLG 41, 184.

1206
Übergabeersatz durch Einräumung des Mitbesitzes
Anstelle der Übergabe der Sache genügt die Einräumung des Mitbesitzes, wenn sich die Sache unter dem Mitverschluss des Gläubigers befindet oder, falls sie im Besitz eines Dritten ist, die Herausgabe nur an den Eigentümer und den Gläubiger gemeinschaftlich erfolgen kann.

1 **1. Ausnahme** von dem Grundsatz, daß Verpfänder den Besitz der Pfandsache aufzugeben hat, unter der Voraussetzung, daß a) Pfandgläubiger den unmittelbaren oder mittelbaren Mitbesitz erlangt und b) eine alleinige Verfügung des Verpfänders tatsächlich ausgeschlossen ist, so daß es dem Verpfänder nicht möglich ist, ohne Mitwirkung des Gläubigers den Alleinbesitz wieder zu ergreifen. Die Vorschrift dient vornehmlich der Verpfändung von Warenlagern und der Sicherung von Kautionsbestellungen.

2 **2. Mitverschluß.** Das Gesetz geht vom Mitbesitz aus und sieht den Mitverschluß als eine seiner Ausgestaltungen an. Mitverschluß gewährleistet jedoch Mitbesitz nur dann, wenn Gläubiger an der unter Mitverschluß stehenden Sache tatsächlich Gewalt ausüben kann; also zB nicht an einem Behältnis, das derart im alleinigen Gewahrsam des Verpfänders verbleibt, daß Gläubiger nicht heran kann (RG JW 1906, 224).

3 Mitverschluß setzt voraus, daß bei Öffnen Gläubiger und Verpfänder mitwirken müssen (RG Recht 1907, 462; KG OLG 12, 1236), zB weil sie sich verschiedener Schlösser und Schlüssel bedienen, nicht dagegen, wenn jeder einen gleichen Schlüssel zu demselben Schloß besitzt (RG SeuffA 1962, 57). Kein Pfandrecht, wenn Gläubiger von Möglichkeit des Mitverschlusses keinen Gebrauch macht und dem Verpfänder durch dessen Offenlassen freien Zutritt gewährt (RG 77, 207). Vorübergehendes Überlassen des zweiten – verschiedenen – Schlüssels an Verpfänder oder dessen Leute für Kellerarbeiten oder Einbringen und Herausnehmen von Waren unschädlich (RG SeuffA 1962, 57), desgleichen, wenn Verpfänder sich einen weiteren Schlüssel zum Mitverschluß des Gläubigers heimlich vorbehält oder später verschafft (RG 103, 101). Soll Pfandrecht auch zukünftige Zugänge eines Warenlagers erfassen, das sich in gemieteten unter Mitverschluß stehenden Räumen befindet, so entsteht mit dem Einbringen zugleich mit dem Vertragspfandrecht ein gleichrangiges Vermieterpfandrecht. Überläßt Gläubiger seinen Schlüssel dem Verpfänder zu alleinigem Einbringen der Ware, so geht Vermieterpfandrecht vor, weil Vertragspfandrecht erst mit Rückgabe des Schlüssels entsteht, vgl § 1204 Rz 7 und RGRK/Kregel Rz 3. Mitverschluß wird nicht schon dadurch begründet, daß ein Gesellschafter einer bürgerlichen Gesellschaft die Pfandsache der Gesellschaftergesamtheit zur Verfügung stellt und daß der Gesellschaftsvertrag eine Disposition über die Pfandsache nur durch alle Gesellschafter gemeinschaftlich vorsieht. Vielmehr muß der Verpfänder tatsächlich daran gehindert sein, die Sache dem Mitbesitz der anderen Gesellschafter zu entziehen, BGH 86, 300.

4 Sonderfall: Stahlkammerfach, vgl § 1205 Rz 9. Stahlkammerfachvertrag kein Verwahrungs-, sondern Mietvertrag (RG 141, 99). Bank hat wohl Besitz am Stahlfach, nicht aber Mitbesitz an dessen Inhalt, selbst wenn Stahlfach unter ihrem Mitverschluß. Gesetzliches Vermieterpfandrecht der Bank an dem Inhalt daher nur wegen Forderungen aus dem Stahlkammerfachvertrag, darüber hinaus Pfandrecht nur bei ausdrücklicher Abrede. Allgemeine Geschäftsbedingungen, die der Bank wegen aller Ansprüche ein Pfandrecht an Wertpapieren des Kunden einräumen, beziehen sich im Zweifel nicht auf im Stahlfach liegende (Dresden WarnJb 1913, 125).

5 **3. Pfandhaltervertrag.** Beteiligte: Verpfänder und Gläubiger oder Verpfänder allein auf der einen, Pfandhalter auf der anderen Seite. Wesen: Schuldrechtliche Vereinbarung, wonach Pfandhalter treuhänderisch die Pfandsache zu verwahren und nur an beide herauszugeben hat (RG 87, 39; 118, 37). Deshalb genügt Vereinbarung zwischen Gläubiger und Schuldner grundsätzlich nicht, vielmehr muß Dritter Verpflichtung übernehmen, Sache nur gemeinschaftlich an beide herauszugeben (Posen OLG 34, 218). Daher kann auch nicht der Ansicht von Stuttgart HRR 1929, 1214 gefolgt werden, daß eine einseitige Weisung des Verpfänders an seinen Besitzmittler ausreiche, er solle nur an ihn und den Gläubiger gemeinsam herausgeben. Befindet sich die Sache bereits im Besitz eines Besitzmittlers des Eigentümers, so genügt Verpflichtungserklärung des Besitzmittlers gegenüber dem Gläubiger nicht, vielmehr ist auch noch Willenserklärung des Eigentümers erforderlich (RG 85, 438); dort ist auch ausreichend (HRR 1929, 1214). Dabei braucht Pfandhalter nicht zu wissen, daß Gläubiger Pfandrecht zustehen solle (RG JW 1938, 867). Pfandhalter muß unmittelbaren Besitz erlangen, Stellung als Besitzdiener reicht nicht aus (RG 66, 261), auch darf Verpfänder nicht unmittelbarer Mitbesitzer bleiben (Stettin OLG 5, 323).

6 **4.** Für das nach § 1206 begründete Pfandrecht gilt die Sondervorschrift des § 1231. § 1213 II kommt nicht zum Zuge. Im übrigen steht es dem durch Übergabe bestellten gleich.

1207
Verpfändung durch Nichtberechtigten
Gehört die Sache nicht dem Verpfänder, so finden auf die Verpfändung die für den Erwerb des Eigentums geltenden Vorschriften der §§ 932, 934, 935 entsprechende Anwendung.

1 **1.** Nach dieser Bestimmung ist **gutgläubiger Erwerb** eines Pfandrechts vom Nichteigentümer möglich (§ 1244 regelt den gutgläubigen Erwerb des Eigentums an der Pfandsache bei der Verwertung). Entsprechend den allgemeinen Grundgedanken der §§ 932ff wird infolge des rechtsscheinbegründenden Besitzes des Verfügenden (objek-

ausgabeanspruch abgetreten, so muß gutgläubiger Pfandnehmer unmittelbaren Besitz erlangen, vgl RGRK Anm 7. Im Rahmen des § 366 HGB auch hier guter Glaube an Verfügungsbefugnis geschützt. Nicht genügt, daß Verpfänder, der gemeinschaftlich mit Drittem gemäß § 1206 Hs 2 besitzt, den Anspruch auf Herausgabe an beide abtritt (RGRK Anm 7; von RG 118, 35 offen gelassen).

11 Guter Glaube muß bei Abtretung des Herausgabeanspruchs und auch noch bei Abgabe der Anzeige von der erfolgten Verpfändung vorliegen.

12 c) **Gutgläubiger Erwerb durch Einräumen des Mitbesitzes** (§ 1206). Wird unmittelbarer Mitbesitz eingeräumt (1. Fall des § 1206), so § 932 entsprechend, es muß aber noch Mitverschluß hinzukommen. Wird mittelbarer Besitz eingeräumt (2. Fall des § 1206), so § 934 entsprechend; es muß aber noch Verpflichtung des Dritten, nur an beide gemeinsam herauszugeben, hinzutreten.

13 Guter Glaube muß vorliegen: im ersten Fall des § 1206 beim Einräumen des unmittelbaren Mitbesitzes; bestand dieser schon, so bei der Einigung; im 2. Fall des § 1206 bei Zustandekommen der Vereinbarung, wonach Pfandhalter treuhänderisch die Pfandsache zu verwahren und nur an beide (Verpfänder und Gläubiger) herauszugeben habe.

14 4. Verpfändung gestohlener, verlorener und sonst **abhanden gekommener Sachen** richtet sich nach § 935. Sondervorschrift für öffentliche Pfandleihanstalten nach Art 94 II EGBGB. Gewerbliche Darlehensgeber und Leihhäuser trifft eine besondere Sorgfaltspflicht; vgl LG Hamburg MDR 1958, 690; einschränkend LG Bochum NJW 1961, 1971; dazu RG 141, 131 und BGH LM Nr 2 zu § 932 BGB mit Anm Lorsch.

§ 1208 *Gutgläubiger Erwerb des Vorrangs*

Ist die Sache mit dem Recht eines Dritten belastet, so geht das Pfandrecht dem Recht vor, es sei denn, dass der Pfandgläubiger zur Zeit des Erwerbs des Pfandrechts in Ansehung des Rechts nicht in gutem Glauben ist. Die Vorschriften des § 932 Abs. 1 Satz 2, des § 935 und des § 936 Abs. 3 finden entsprechende Anwendung.

1 1. **Anwendungsbereich.** § 1208 regelt Vorrang kraft guten Glaubens. **a) Anzuwenden** auf rechtsgeschäftlichen Erwerb gemäß §§ 1205, 1206 und (vom Nichtberechtigten) 1207; gesetzliches Pfandrecht, soweit seine Entstehung Übergabe erfordert, vgl § 1207 Rz 2, § 1257 Rz 2–5. Nicht anzuwenden auf Pfandrecht an Rechten (§ 1273 II), Pfändungspfandrecht (vgl § 1207 Rz 3). **b) Sondervorschriften.** Für den Handelsverkehr Sondervorschrift des § 366 HGB. Nach PachtKrG, vgl Einl § 1204 Rz 6; vor § 1204 Rz 12; § 1207 Rz 8, geht Pfandrecht des Gläubigers dem Recht des Dritten vor, es sei denn, daß Gläubiger im Zeitpunkt der Niederlegung des Verpfändungsvertrags bösgläubig war (§§ 4 II, III, 15 I). Verhältnis des Pfandrechts des Gläubigers zum gesetzlichen Pfandrecht des Verpächters in § 11, Erwerb belasteten Inventarstücks in § 5 geregelt.

2 2. **Guter Glaube** an das Eigentum des Verpfänders spielt nach § 1207 nur beim Erwerb des Pfandrechts als solchem eine Rolle. Sein Rang gegenüber etwaigen älteren dinglichen Rechten Dritter gleichviel welcher Art (Pfandrecht, Nießbrauch, Hypothek, fremdländisches Schiffsregisterpfandrecht – RG 77, 4) oder Entstehung (rechtsgeschäftliche, gesetzliche oder durch Zwangsvollstreckung) richtet sich nach dem guten Glauben an deren Nichtbestehen oder Ausmaß. Pfandnehmer muß Inhalt und Umfang eines ihm bekannten älteren Rechts gewissenhaft erforschen. Maßgeblicher Zeitpunkt für den guten Glauben: Eintritt der (letzten) den Pfanderwerb bewirkenden Tatsache, vgl § 1207 Rz 5–12. Wer sich auf bösen Glauben beruft, muß ihn beweisen.

3 3. **Wirkung.** Guter Glaube beeinträchtigt nicht den Bestand, sondern nur und zwar soweit er reicht, den Rang und Umfang älterer dinglicher Rechte gegenüber dem Pfandnehmer, nicht älterer dinglicher Rechte untereinander. Bestehen mehrere ältere Rechte und ist der Erwerber nur hinsichtlich eines von ihnen bösgläubig, hinsichtlich der anderen aber gutgläubig, so geht er jenem nach, letzteren aber vor; das führt zu einem relativen Rangverhältnis.

4 4. **Grenzen** des Schutzes. **a)** Bei Erwerb nach § 1205 I S 2 wird Pfandnehmer nur geschützt, wenn er Besitz vom Pfandgeber erlangt (§ 932 I S 2). **b)** Bei Erwerb nach § 1205 II werden etwa vorgehende Rechte des unmittelbaren Besitzers nicht betroffen (§ 936 III). **c)** Bei gestohlenen, verlorenen oder sonst abhanden gekommenen Sachen ist der Schutz beschränkt auf Geld und Inhaberpapiere (§ 935).

§ 1209 *Rang des Pfandrechts*

Für den Rang des Pfandrechts ist die Zeit der Bestellung auch dann maßgebend, wenn es für eine künftige oder eine bedingte Forderung bestellt ist.

1 1. Rang der Pfandrechte untereinander und überhaupt aller dinglichen Rechte an einer Sache richtet sich **grundsätzlich** nach der Bestellungszeit, zB für Zusammentreffen von Verpächter- oder Vermieterpfandrecht und Haftung als Zubehör für Hypotheken (Hamm OLG 27, 153; BGH LM § 559 Nr 1), von Vertragspfandrecht und Vermieterpfandrecht (RG JW 1906, 224), von gesetzlichem Pfandrecht (zB Vermieterpfandrecht) und Haftung als Zubehör für Grundschuld (BGH BB 1957, 94); maßgeblicher Zeitpunkt ist hier die Einbringung der Sachen, sie steht der Bestellung des vertraglichen Pfandrechts im Sinne des § 1209 gleich; von Vertragspfandrecht und Pfändungspfandrecht (BGH 52, 99 mit Anm von Mormann in LM Nr 1 zu § 1258). Von dieser in § 1209 vorausgesetzten Rangordnung können die Beteiligten nur mit schuldrechtlicher, nicht aber dinglicher Wirkung abgehen, vgl RG WarnRsp 1912, 345. Gleichzeitig bestellte Pfandrechte sind entsprechend § 10 ZVG im Verhältnis ihrer Beträge zu befriedigen. Wollen die Beteiligten eine bestimmte Rangfolge mit dinglicher Wirkung erzielen, so müssen sie die Rechte in der gewünschten Folge nacheinander bestellen. Soll einem späteren Recht der Vorrang vor einem älteren eingeräumt werden, so muß das ältere aufgehoben und nach dem jüngeren neu bestellt werden.

tive Seite) und der Gutgläubigkeit des Erwerbers (subjektive Seite) das Eigentum des Verpfänders ersetzt, wenn alle sonstigen Voraussetzungen der Verpfändung, insbesondere eine wirksame Einigung gegeben sind.

2. Anwendungsbereich. a) Vertragliches Pfandrecht. Verpfändung beweglicher Sachen, ohne Rücksicht auf **2** Verpfändungsart (§§ 1205f), insofern und soweit es hierbei auf Besitz ankommt; von Inhaberpapieren (§ 1293), nicht dagegen von Orderpapieren, selbst bei Blankoindossament (§ 1292).

b) Kein Schutz des guten Glaubens bei besitzlosem (besitzähnlichem) gesetzlichen Pfandrecht, wie zB des Vermieters (§§ 562ff), Verpächters (§ 585), Gastwirts (§ 704). Näheres § 1257 Rz 3. Das in § 50a ADSp vorgesehene Pfandrecht ist kein gesetzliches, sondern ein rechtsgeschäftliches Pfandrecht (BGH 17,1, 41). Auch bei gesetzlichen Pfandrechten, für deren Entstehung Übergabe erforderlich ist, zB Pfandrecht des Werkunternehmers (§ 647), ist gutgläubiger Erwerb nicht möglich (BGH NJW 1992, 2570). § 366 III HGB ist insoweit handelsrechtliche Sondervorschrift.

c) Verurteilung zur Pfandbestellung gemäß §§ 897ff ZPO. Keine Anwendung auf Pfändungspfandrecht entspre- **3** chend dessen öffentlich-rechtlicher Natur, vgl Einl § 1204 Rz 14–17.

Von den anzuwendenden Vorschriften ist § 933 ausgeschlossen, weil Begründung des Pfandrechts durch Besitz- **4** konstitut nicht möglich. Für Rechte Dritter ist § 1208 maßgeblich. Sonderbestimmung in § 366 HGB.

3. Der Pfandnehmer ist dann in **gutem Glauben,** wenn er den Verpfänder für den Eigentümer hält. Er ist dann **5** nicht in gutem Glauben, wenn ihm bekannt oder infolge grober Fahrlässigkeit unbekannt ist, daß die Sache nicht dem Verpfänder gehört oder dieser nicht befugt ist, über sie zu verfügen. **Einzelfälle** gutgläubigen Erwerbs:

a) Durch **Übertragung des unmittelbaren Besitzes** (§ 1205 I S 1): § 932 entsprechend. War Pfandgläubiger **6** schon vorher im Besitz der Sache (§ 1205 I S 2), so muß er Besitz vom Verpfänder erlangt haben. Übergabe des Traditionspapieres steht der Übergabe der Sache gleich (vgl § 1205 Rz 6). Vorausgesetzt wird guter Glaube an das Eigentum des Verpfänders. Im Rahmen des § 366 HGB auch an die Verfügungsbefugnis; gleichgültig ist, aus welchem Grund Pfandnehmer den Verpfänder für verfügungsberechtigt hält, gleichgültig ist, ob der Verpfänder im eigenen oder fremden Namen handelt. Wer Pfandrecht des Pfandnehmers beanstandet, muß bösen Glauben beweisen (RG 133, 188).

Der gutgläubige Pfandrechterwerber hat hinsichtlich der Eigentumsverhältnisse an der Pfandsache nur dann **7** eine Erkundungspflicht, wenn konkrete Anhaltspunkte für das Nichteigentum des Verpfänders sprechen. Derartige Anhaltspunkte brauchen nicht in den persönlichen Verhältnissen des Verpfänders zu liegen; allgemeine Liquiditätsschwierigkeiten einer Branche sprechen aber nicht schon für eine Sicherungsübereignung an einen Dritten, BGH 86, 300. Dementsprechend muß sich der Inhaber einer Kraftfahrzeugwerkstätte nur aus besonderem Anlaß den Kraftfahrzeugbrief vorlegen zu lassen, wenn er gutgläubig ein vertragliches Pfandrecht an dem auszubessernden Kraftfahrzeug erwerben will, BGH 68, 323. Auch kann der Inhaber einer solchen Werkstätte an den zur Ausstattung eines Kraftfahrzeugs gehörenden Gegenständen ein vertragliches Pfandrecht gutgläubig erwerben, wenn keine Anhaltspunkte dafür vorliegen, daß diese Gegenstände nicht dem Auftraggeber gehören, BGH NJW 1981, 226. Besonderer Anlaß kommt aber in Betracht, wenn – wie zB im gewerblichen Bereich und insbesondere im Transportwesen – eine Fremdfinanzierung bei Anschaffung von Kfz üblich ist oder wenn der Auftraggeber nicht mit der im Fahrzeugschein bezeichneten Person identisch ist (Düsseldorf OLGRp 1993, 25).
Beispiele: Guter Glaube nicht ausgeschlossen: Bei Annahme von Nachlaßpapieren zum Pfand ohne Verfügungsberechtigung einzelner Erben zu prüfen (RG 67, 27); bei Annahme mündelsicherer Wertpapiere von finanzschwachem Unternehmen ohne die Eigentumsverhältnisse zu prüfen (RG Recht 1919, 1110). Dagegen guter Glaube verneint, wenn Händler innerhalb von wenigen Tagen eine größere Anzahl von Schreibmaschinen, die üblicherweise unter Eigentumsvorbehalt geliefert werden, zum Pfand anbietet (Nürnberg WM 1962, 95); bei kaufmännisch unkorrektem Verhalten, BGH NJW 1981, 227.

Für gutgläubigen Erwerb von Inhaber- oder gewissen Orderpapieren durch den Bankier Sondervorschrift: **§ 367** **8** **HGB.** Zu beachten ferner §§ 4, 12 **DepotG.** § 4 schützt bei Drittverwahrung (§ 3) den Hinterleger vor Ansprüchen des Drittverwahrers: Die Papiere gelten mangels ausdrücklicher schriftlicher Eigenanzeige des Zwischenverwahrers dem Drittverwahrer gegenüber als Eigentum eines anderen (§ 4 I S 1); sie unterliegen deshalb einem Pfand- oder Zurückbehaltungsrecht des Drittverwahrers nur wegen der die Papiere betreffenden Forderung. Verpfändet Zwischenverwahrer nach § 12 II, so kann Drittverwahrer das Pfandrecht nur wegen des Rückkredits geltend machen; lediglich im Rahmen des § 12 IV steht dem Drittverwahrer das Pfandrecht wegen aller Forderungen gegen den Zwischenverwahrer zu. § 366 HGB gilt auch in diesem Zusammenhang, dh der gute Glaube des Dritten an die nicht vorhandene Ermächtigung des Zwischenverwahrers wird geschützt.

Nach dem **PachtKrG** – vgl dazu näher Einl § 1204 Rz 6 und vor § 1204 Rz 12 – erwirbt der Gläubiger Pfand- **9** rechte auch an dem Pächter nicht gehörigen Inventarstück, falls gutgläubig zZt der Niederlegung des Verpfändungsvertrags (§§ 4 I, III, 15 I), grobe Fahrlässigkeit anzunehmen, wenn Verpächter entgegen § 2 III von beabsichtigter Verpfändung nicht benachrichtigt wird und Inventarstück ihm gehört, vgl RGRK Anm 5. Zur Regelung beim **LuftfzG** s dessen §§ 15ff, Einl § 1204 Rz 26ff. Das dem **Spediteur** gemäß 20.1 ADSp wegen inkonnexer Forderungen zustehende Pfandrecht ergreift auch nicht dem Auftraggeber gehörendes Speditionsgut (BGH 17, 1; NJW 1963, 2222 gegen RG 113, 427; 118, 250).

Maßgeblicher Zeitpunkt. Guter Glaube muß vorliegen: Im Fall des § 1205 I S 1 bei Übergabe der Sache; im Fall des § 1205 I 2 bei Einigung.

b) Gutgläubiger Erwerb durch **Übertragung des mittelbaren Besitzes** (§ 1205 II): § 934 entsprechend, dh es **10** ist zu berücksichtigen, daß zum Entstehen des Pfandrechts Anzeige erforderlich ist, ferner, daß nur guter Glaube an das Eigentum, nicht aber an mittelbaren Besitz des Verpfänders geschützt wird: Wird nicht vorhandener Her-

2. Nach § 1209 richtet sich der Rang selbst dann zwingend, dh unter Ausschluß gegenteiliger Abreden nach der Bestellungszeit, wenn Pfandrecht **künftige (betagte)** oder **bedingte Forderung** sichert (BGH NJW 1993, 2876). Wird vor ihrem Entstehen Pfandrecht durch Abtretung des Herausgabeanspruchs für andere, bereits bestehende Forderung bestellt, so geht dieses jenem nach (RG WarnRsp 1912, 345). Ist nicht die gesicherte Forderung, sondern das Pfandrecht selbst betagt oder bedingt, so ist § 1209 entsprechend anzuwenden, so RGRK Anm 4; Staud/Wiegand Rz 6.

3. Ausnahmen. a) Für gutgläubigen Erwerb nach § 1208; § 366 II HGB. **b)** Für Pfandrecht des Kommissionärs, Frachtführers, Spediteurs, Lagerhalters, Schiffsgläubigers; §§ 397, 441, 443, 464, 475b, 767ff, 776f HGB. Zum Rang des Pfändungspfandrechts vgl § 804 ZPO; § 282 III AO. Eine Rückausnahme zur Regel bringt § 5 I PachtkreditG. **c)** § 357 S 1 HGB: Erwirbt kontokorrentführende Bank erst nach Pfändung des Kontokorrentsaldos durch einen Gläubiger des Bankkunden eine Forderung gegen diesen, so kann sie den „Zustellungssaldo" auch nicht aufgrund ihres AGB-Pfandrechts über § 1209 mit Wirkung gegenüber dem Pfändungsgläubiger um den Betrag der Forderung verringern (BGH NJW 1997, 2322; Düsseldorf WM 1984, 489).

4. Schutz der vertraglichen oder gesetzlichen Pfandgläubiger **gegenüber** dem **pfändenden Gläubiger des Verpfänders: a)** bei unmittelbarem Besitz gemäß §§ 766, 809, 771 ZPO, **b)** bei mittelbarem Besitz gemäß § 771 ZPO, **c)** bei fehlendem Besitz gemäß § 805 ZPO. Sondervorschriften gemäß §§ 11f PachtKrG und § 7 LuftfzG, § 2 IV Düngemittel- und Saatgutversorgungsgesetzes.

1210 *Umfang der Haftung des Pfandes*

(1) Das Pfand haftet für die Forderung in deren jeweiligem Bestand, insbesondere auch für Zinsen und Vertragsstrafen. Ist der persönliche Schuldner nicht der Eigentümer des Pfandes, so wird durch ein Rechtsgeschäft, das der Schuldner nach der Verpfändung vornimmt, die Haftung nicht erweitert.

(2) Das Pfand haftet für die Ansprüche des Pfandgläubigers auf Ersatz von Verwendungen, für die dem Pfandgläubiger zu ersetzenden Kosten der Kündigung und der Rechtsverfolgung sowie für die Kosten des Pfandverkaufs.

1. Umfang der Haftung richtet sich nur beim Fehlen einer abweichenden Vereinbarung nach § 1210 (RG LZ 1928, 828), dh nach dem **jeweiligen Bestand der Forderung**. Zu berücksichtigen sind einerseits Rückzahlungen, andererseits vertragliche und gesetzliche Zinsen, insbesondere Verzugszinsen, verfallene Vertragsstrafen, Veränderungen infolge Vertragshaftung, zB Schadensersatzforderung, die entgegengesetzte Entscheidung RG 114, 386 gilt nur für das Pfändungspfandrecht, erstattungsfähige Verwendungen und Kosten, auch der Rechtsverfolgung, nach Hamburg MDR 1959, 581 einschließlich der persönlichen Klage des Gläubigers, Aufwertungsbetrag (RG 111, 62), Umstellungsbetrag. Zu den Verwendungen nach Abs II zählen auch die von der Bank für die Auflösung des Mietkautionskontos beim Vermieter erhobenen Kosten (AG Büdingen WM 1995, 483).

2. Erweiterung der Forderung. a) Pfand haftet, wenn Eigentümer es für **eigene Schuld** bestellt hat, auch für deren spätere rechtsgeschäftliche Erweiterung. Ihr gehen andere an der Sache inzwischen entstandene Rechte im Rang nach; denn Pfand haftet im vorhinein für künftige Erweiterung, diese teilt also den Rang der ursprünglichen Forderung. Dagegen haftet Pfand nicht, wenn Rahmen der bisherigen Forderung verlassen und neue selbständige Forderung geschaffen wird.

b) Für **fremde Schuld** verpfändete Sache haftet für rechtsgeschäftliche Erweiterung der Forderung nur, wenn dies besonders vereinbart ist. Hieran ändert sich nichts, wenn Schuldner später Pfandsache erwirbt. Ist andererseits Pfandrecht als erweiterbares entstanden, so verbleibt es hierbei, wenn Verpfänder Pfandsache an Dritten veräußert. Hält Pfandnehmer den Verpfänder gutgläubig für den Eigentümer, so erwirbt er erweiterbares Pfandrecht. Erfährt er jedoch vor der Erweiterung die wahre Rechtslage, wird er bösgläubig; er kann nicht mehr rechtswirksam auf Kosten des Eigentümers die Pfandhaftung ausdehnen, so mit Recht Staud/Wiegand Rz 10 unter Hinweis auf Canaris, Die Vertrauenshaftung im deutschen Privatrecht (1971) S 507ff. Bei Vorliegen mehrerer Pfänder vgl §§ 1222, 1230.

3. Zum **Pfändungspfandrecht** des § 804 ZPO vgl Einl § 1204 Rz 14–17. Vollstreckung darf nicht weitergehen als Urteil reicht (§§ 322, 704 ZPO). Nach RG 114, 386; 156, 397 darf Pfändungspfandrecht nicht geltend gemacht werden, wenn Pfändung auf Grund eines auf Vertragserfüllung lautenden Urteils erfolgt ist, der Erfüllungsanspruch sich aber in Schadensersatzanspruch wegen Nichterfüllung verwandelt hat.

1211 *Einreden des Verpfänders*

(1) Der Verpfänder kann dem Pfandgläubiger gegenüber die dem persönlichen Schuldner gegen die Forderung sowie die nach § 770 einem Bürgen zustehenden Einreden geltend machen. Stirbt der persönliche Schuldner, so kann sich der Verpfänder nicht darauf berufen, dass der Erbe für die Schuld nur beschränkt haftet.

(2) Ist der Verpfänder nicht der persönliche Schuldner, so verliert er eine Einrede nicht dadurch, dass dieser auf sie verzichtet.

1. Der Verpfänder kann – wie der Eigentümer gegen die Hypothek (vgl dazu § 1137 und die Bemerkungen dort) – dem Anspruch des Pfandgläubigers auf Befriedigung aus dem Pfand folgende **Einwendungen** entgegensetzen: **a)** Rechtshindernde oder rechtsvernichtende Einwendungen, die sich **gegen den Bestand des Pfandrechts** als solches richten, zB Einigung des § 1205 I sei wegen Geschäftsunfähigkeit (§ 104) oder nach Anfechtung wegen Drohung (§ 123) nichtig oder Übergabe sei nicht vorschriftsmäßig ersetzt (§ 1205 II), auflösend bedingtes Pfandrecht sei erloschen, aufschiebend bedingtes noch nicht entstanden (§ 158).

§ 1211 Sachenrecht Pfandrecht

2 b) Sachlich-rechtliche Einreden aus seinem **persönlichen Verhältnis zum Pfandgläubiger**, zB Stundung auf Grund Versprechens, von Pfandrecht zeitweilig keinen Gebrauch zu machen oder Pfandverkauf erst nach Ablauf einer Schonfrist vorzunehmen.

3 c) Rechtshindernde oder rechtsvernichtende Einwendungen, die sich **gegen den Bestand der Forderung** richten, zB Forderung sei nicht entstanden oder inzwischen erloschen. Sie sind, wenn Verpfänder nicht persönlicher Schuldner ist, an sich Einwendungen aus dem Recht eines Dritten. Weil sie aber zufolge der Akzessorietät (vgl Einl § 1204 Rz 7, § 1204 Rz 6) mittelbar den Bestand des Pfandrechts selbst treffen (§§ 1204, 1252), kann Verpfänder sie aus eigenem Recht vorbringen.

4 2. Diese Rechte (Rz 1–3) setzt § 1211 als selbstverständlich voraus. Zusätzlich verleiht er dem **Verpfänder,** der **nicht zugleich persönlicher Schuldner** ist, die Befugnis:

5 a) Sachlich-rechtliche **Einreden des persönlichen Schuldners gegen die Forderung** zu erheben, zB der Stundung, des Zurückbehaltungsrechts (§ 273), des nicht erfüllten Vertrags (§ 320), der Herabsetzung (§§ 343, 655), des Schuldnerschutzes (§ 407), des Verstoßes wider Treu und Glauben (§ 242), vgl BGH LM Nr 1 zu § 610, verfahrensrechtliche zB der Rechtskraft geltend zu machen – Urteil, das dem Schuldner in einem Rechtsstreit zwischen ihm und dem Gläubiger eine Einrede aberkennt, wirkt jedoch nicht gegen den Verpfänder (RG WarnRsp 1933, 35; Celle OLG 26, 202). Bei dauernder Einrede hat Verpfänder Anspruch auf Rückgabe des Pfandes (§ 1254), mit dieser erlischt dann das Pfandrecht (§ 1253). Der Verpfänder kann die folgenden Einreden **nicht** erheben: der Verjährung (§ 216 I, III), des Insolvenzplans (bei nicht zur Insolvenzmasse gehörenden Gegenständen, § 254 II InsO), der beschränkten Erbenhaftung (§ 1211 I S 2), des Aufgebots der Nachlaßgläubiger (§ 1971).

6 b) **Verzögerliche Einreden des Bürgen** aus § 770 zu erheben. Vgl § 770 Rz 1. Das Gesetz führt von dem vorhandenen Gestaltungsrecht nur Anfechtung und Aufrechnung an. Ihre Ausübung muß allein dem hierzu Berechtigten (Schuldner bei Anfechtung, Gläubiger bei Aufrechnung) überlassen bleiben. Hat dieser von ihnen wirksam Gebrauch gemacht, so gibt dies dem Verpfänder eine Einwendung im Sinne von Rz 3. Solange Gläubiger oder Schuldner die Rechtslage noch gestalten kann, steht dem Verpfänder verzögerliche Einrede zu. **aa) Anfechtung.** Die kurzen Anfechtungsfristen sind zu beachten, vgl §§ 121, 124. Zur Bedeutung eines etwaigen Verzichts des Schuldners auf Anfechtung, siehe Rz 9. Ficht Schuldner erst an, nachdem Verpfänder Gläubiger befriedigt hatte, so kann Verpfänder Bereicherungsanspruch aus §§ 812ff geltend machen. **bb) Aufrechnung.** Es kommt darauf an, daß Gläubiger aufrechnen kann (§§ 393f!). Verpfänder kann nicht mit Forderung des Schuldners gegen den Pfandgläubiger aufrechnen (RG JW 1912, 749). Pfandrecht erlischt auch nicht dadurch, daß Pfandgläubiger, statt aufzurechnen, Gegenforderung des Schuldners befriedigt (RG aaO). Zur Bedeutung eines etwaigen Verzichts des Schuldners auf die Gegenforderung vgl Rz 9. Befriedigt Verpfänder den Pfandgläubiger in Unkenntnis des Aufrechnungsrechts, so hat er keinen Bereicherungsanspruch.

7 cc) Für die **übrigen Gestaltungsrechte** des Schuldners, insbesondere Rücktritt (§§ 346ff) und Minderung (§ 462) gelten gleiche Grundsätze: Nur der Schuldner kann die verzögerliche Einrede erheben.

8 Urteil, das dem Schulder im Rechtsstreit zwischen ihm und dem Pfandgläubiger das Gestaltungsrecht aberkennt, äußert dem Verpfänder gegenüber keine Rechtskraft, es beeinträchtigt daher nicht dessen verzögerliche Einrede.

9 3. **Abs II** des § 1211 bezieht sich seinem Wortlaut nach auf Einreden, die dem Schuldner wie dem Verpfänder zustehen. Er kann also nur die Fälle in Rz 5 betreffen, nicht dagegen die in Rz 6 behandelten verzögerlichen Einreden. Denn diese setzen auf seiten des Schuldners ein Gestaltungsrecht voraus. Hieraus folgt: Verzicht des Schuldners auf das Gestaltungsrecht bewirkt den Verlust der verzögerlichen Einrede, Staud/Wiegand Rz 13, vgl ferner Arndt DNotZ 1963, 603; aA RGRK/Kregel Rz 5; § 1211 ist dem Sinn nach lediglich eine Zusammenfassung der §§ 768 und 770.

10 4. § 1211 gibt dem Verpfänder das Recht, die Einreden zu erheben; inwieweit er dem Schuldner gegenüber hierzu verpflichtet ist, ergibt sich aus dem zwischen beiden bestehenden Rechtsverhältnis.

11 5. **Durchführung der Rechte.** Befindet sich Pfandgläubiger noch nicht im Alleinbesitz der Pfandsache, so kann Verpfänder dem Herausgabeverlangen des Pfandgläubigers aus § 1231 mit der Einrede widersprechen. Ist Pfandgläubiger dagegen bereits im Alleinbesitz der Pfandsache, so muß Verpfänder dem Pfandverkauf vorbeugen, was nicht im Wege der Einrede, sondern durch Klageerhebung zu erfolgen hat. Zu denken ist an eine Klage auf Unterlassung des Pfandverkaufs oder eine dem § 767 ZPO entsprechende Vollstreckungsabwehrklage.

12 6. **Entsprechend anzuwenden** ist § 1211 auf Eigentümer, der weder Verpfänder noch persönlicher Schuldner ist (RG JW 1912, 749).

1212 *Erstreckung auf getrennte Erzeugnisse*
Das Pfandrecht erstreckt sich auf die Erzeugnisse, die von dem Pfand getrennt werden.

1 1. Umfang der Haftung des Pfandgegenstandes. Das Pfandrecht erstreckt sich auf ungetrennte wesentliche **Bestandteile** der Pfandsache (§ 93), sowie auf die nach Trennung selbständig geworden ist und zwar ohne Rücksicht auf Eigentums- oder Besitzverhältnisse an ihnen. Im Zweifel gilt dies auch für unwesentliche Bestandteile. Diese gesetzliche Regel kann mit dinglicher Wirkung rechtsgeschäftlich nicht abgeändert werden, Pfandgläubiger kann sich aber schuldrechtlich zur Freigabe verpflichten; so auch Staud/Wiegand Rz 1, RGRK/Kregel Rz 1. Pfandfrei werden Bestandteile, wenn Dritter an ihnen Eigentum erwirbt kraft guten Glaubens gemäß §§ 936, 945, oder als rangbesserer Nießbraucher – der rangschlechtere erlangt mit Pfandrecht belastetes Eigentum (§ 954).

2. Für **Erzeugnisse** wird gleiches angeordnet; **nicht** dagegen für **Früchte**, die keine Erzeugnisse sind, insbesondere Rechtsfrüchte (§ 99 III), auf diese erstreckt sich Pfandrecht nur bei besonderer Vereinbarung; anders § 1123. Werden ungetrennte Erzeugnisse ohne die Hauptsache verpfändet, so entsteht Pfandrecht entsprechend §§ 956f erst mit Trennung oder Besitzergreifung; anders beim Pfändungspfandrecht § 810 ZPO.

3. **Zubehör** wird vom Pfandrecht nur erfaßt, falls dies vereinbart; anders § 1120. Seine Übergabe läßt hierauf schließen. § 314 stellt für das Verpflichtungsgeschäft hinsichtlich des Zubehörs Vermutung auf.

4. Rechtsregel des **dinglichen Ersatzes** trifft nur auf die im Gesetz benannten Fälle der §§ 1219, 1247 zu, nicht darüber hinaus (RG 94, 22). Hinzu kommt noch Art 52 EGBGB, wonach bei Enteignung der Pfandsache Enteignungssumme an deren Stelle tritt. Daher kein Pfandrecht an a) Ersatzanspruch des Eigentümers gegen Zerstörer der Sache oder der bereits geleisteten Entschädigung; Pfandgläubiger hat auch keinen Anspruch auf Bestellung des Pfandrechts am Ersatzanspruch oder am als Ersatz bereits Erlangten (RG 94, 22; 105, 87); b) Versicherungsanspruch aus Zerstörung der Sache gegen dritten Versicherer (RG HRR 1934, 1677); anders § 1127; Bestellung eines Ersatzpfandrechts kann jedoch vereinbart sein; c) Erlös bei freihändigem Verkauf unter Verstoß gegen § 1235 II (Königsberg JW 1933, 715).

5. § 1212 gilt auch für gesetzliches und Pfändungspfandrecht. Ausnahme von § 1212 in § 1213 für das Nutzungspfand.

1213 *Nutzungspfand*
(1) Das Pfandrecht kann in der Weise bestellt werden, dass der Pfandgläubiger berechtigt ist, die Nutzungen des Pfandes zu ziehen.
(2) Ist eine von Natur Frucht tragende Sache dem Pfandgläubiger zum Alleinbesitz übergeben, so ist im Zweifel anzunehmen, dass der Pfandgläubiger zum Fruchtbezug berechtigt sein soll.

1. Grundsätzlich gewährt das Pfandrecht kein Nutzungsrecht. Nach § 1213 I können die Beteiligten jedoch das Pfandrecht erweitern und dem Pfandgläubiger ausdrücklich die Berechtigung einräumen, auch Nutzungen (§ 100) zu ziehen, **Nutzungspfandrecht**. Auch stillschweigende Vereinbarung möglich (BGH NJW 1994, 3287: Pfandrecht an Geld). Grundsätzlich kommen alle Nutzungen in Betracht, es können aber auch einzelne ausgenommen oder nur einzelne eingeräumt werden. Nutzungsrecht endet spätestens mit Erlöschen des Pfandrechts. Verteilung der Früchte nach § 101. Gewöhnliches Pfandrecht kann in Nutzungspfandrecht und umgekehrt umgewandelt werden. Ziehen von Nutzungen ohne Vereinbarung verpflichtet gemäß §§ 823ff zum Schadensersatz und zur Herausgabe der Nutzungen nach § 816 I S 1 analog oder § 1214 analog (Frankfurt aM NJW-RR 1996, 585). Bestellung des Nutzungspfandrechts kann bedeuten, daß Pfandgläubiger obligatorisch verpflichtet ist, sich zunächst unter Ausschluß des Pfandverkaufs (§ 1228 II) aus den Nutzungen zu befriedigen.

2. **Fruchttragende Sache** nach **Abs II**. Gilt nur für Sachen, nicht für Rechte (§ 1273 II). Auslegungsregel gilt auch bei Pfandbestellung nach § 1205 I S 2 und II, sofern Pfandgläubiger nachträglich alleiniger unmittelbarer Besitzer wird. Sie gilt nicht bei Mitbesitz (§ 1206), hier besondere Bestellung gemäß § 1213 I erforderlich, und nicht bei Herausgabe zum Verkauf (§ 1231).

3. Pfandgläubiger erlangt das dingliche Recht, sich die Erzeugnisse anzueignen, er erwirbt Eigentum bei Sachfrüchten gemäß § 954 mit Trennung, an bürgerlichen (§ 99 III) durch Übereignung der Leistung.

4. **Pfändungsrecht** gewährt kein Nutzungsrecht. Für **gesetzliche Pfandrechte** kann je nach Lage des Falles etwas anderes gelten. Vermieterpfandrecht ist kein Nutzungspfandrecht (Frankfurt aM NJW-RR 1996, 585).

5. Die **Kaution des Mieters** von Wohnraum ist gemäß § 551 zu verzinsen. Zur Verzinsungspflicht der Mietkaution bei Gewerberaummiete BGH 127, 138.

1214 *Pflichten des nutzungsberechtigten Pfandgläubigers*
(1) Steht dem Pfandgläubiger das Recht zu, die Nutzungen zu ziehen, so ist er verpflichtet, für die Gewinnung der Nutzungen zu sorgen und Rechenschaft abzulegen.
(2) Der Reinertrag der Nutzungen wird auf die geschuldete Leistung und, wenn Kosten und Zinsen zu entrichten sind, zunächst auf diese angerechnet.
(3) Abweichende Bestimmungen sind zulässig.

1. **Nutzungspfandgläubiger** ist **verpflichtet: a)** nach Maßgabe ordnungsmäßiger Geschäftsführung für die Gewinnung der Nutzungen zu sorgen. Hierzu notwendige Verwendungen – nicht außergewöhnliche – muß er machen. Nachlässigkeit oder übermäßige schädigende Nutzung macht schadensersatzpflichtig. **b)** Rechenschaft abzulegen, weil Ziehen der Nutzungen zugleich eigene und fremde Angelegenheit (RG 73, 288) – vgl §§ 259, 261, uU eidesstattliche Versicherung –, und zwar jederzeit, nicht aber unnütz oder zur Unzeit, bei längerer Zeitdauer mindestens alljährlich.

2. **Reinertrag** ist gemeiner Verkaufswert oder Verkaufspreis abzüglich Kosten für gewöhnliche Unterhaltung der Pfandsache und Gewinnung und Verwertung der Nutzungen. Mangels besonderer Verrechnung durch Gläubiger tritt Anrechnung ohne weiteres von Gesetzes wegen ein.

3. **Abweichende Abreden** zulässig, zB dahin, daß Zinsen durch Fruchtbezug abgegolten sein sollen oder daß Pfandgläubiger Nutzungen, ohne sie anzurechnen, behalten darf.

4. § 1214 **entsprechend anzuwenden**, wenn Pfandgläubiger ohne vertragliche Ermächtigung Früchte zieht, zB Vermieter nutzt auf Grund seines Vermieterpfandrechts zurückbehaltene Möbel durch Vermieten an Dritte (RG 105, 409).

§ 1215 *Verwahrungspflicht*
Der Pfandgläubiger ist zur Verwahrung des Pfandes verpflichtet.

1. Die §§ 1215ff regeln die Rechtsbeziehungen zwischen Verpfänder und Pfandgläubiger. Die dem Pfandgläubiger obliegende **Verwahrungspflicht** folgt aus dem zwischen Verpfänder – nicht Eigentümer – und Pfandgläubiger bestehenden gesetzlichen Schuldverhältnis, vgl vor § 1204 Rz 1. Sie setzt voraus, daß Pfandgläubiger oder für ihn ein Dritter den alleinigen unmittelbaren Besitz am Pfand erlangt. Hinterlegt Pfandgläubiger erlaubtermaßen das Pfand bei einem Dritten, so hat er nur für ein Verschulden bei der Auswahl einzustehen. Wird dem Pfandgläubiger nur der Mitbesitz (§ 1206) oder der mittelbare Besitz (§ 1205 II) eingeräumt, so kann sich die Verwahrungspflicht zunächst nicht auswirken. Bleibt das Pfand in diesem Fall ohne Zutun des Pfandgläubigers bei dem Dritten hinterlegt, so entfällt eine Haftung für culpa in eligendo. Verwahrungspflicht beginnt sonach mit Erwerb des unmittelbaren Alleinbesitzes. Sie endet mit dessen Aufgabe beim Pfandverkauf oder der Rückgabe an Verpfänder; sie kann also das Pfandrecht überleben.

2. Für **gesetzliches Pfandrecht** gilt § 1215 entsprechend, wenn Gläubiger in Ausübung seines Pfandrechts Sache in Besitz genommen hat (RG JW 1913, 101). Bei besitzlosem, gesetzlichem Pfandrecht kann Schuldner nicht verlangen, daß Pfandgläubiger die Pfandsache in Besitz nehme (RGRK Rz 4). Nimmt der Vermieter eines Grundstücks eine dem Pfandrecht unterliegende Sache in Besitz, so treffen ihn Verwahrungspflichten. Bei Zwangsverwaltung tritt Verwalter an die Stelle des Vermieters, er haftet auch, wenn infolge seines Verschuldens Sachen des Mieters, an denen Vermieterpfandrecht geltend gemacht wurde, verlorengingen (RG DJZ 1924, 908).

3. Beim **Pfändungspfandrecht** obliegt dem Gerichtsvollzieher eine öffentlich-rechtliche Amtspflicht zur Verwahrung (RG SeuffBl 1907, 107; JW 1913, 101). Verwahrt er die gemäß § 885 III ZPO zwangsgeräumten Sachen bei einem Dritten, so handelt er nicht als Vertreter des Gläubigers oder Schuldners, sondern als Staatsorgan. Der Dritte und der Gläubiger haften dem Schuldner deshalb auch nicht aus Vertrag.

4. **Inhalt** der Verwahrungspflicht. Grundsätzlich sind §§ 688ff entsprechend anzuwenden. Abweichungen ergeben sich zwangsläufig aus dem Wesen des Faustpfandes, das der Pfandgläubiger auch zum eigenen Nutzen verwahrt: a) Haftungsmaßstab des § 276, nicht des § 690 (RG DJZ 1924, 908), b) Pfandgläubiger entgegen § 691 S 1 grundsätzlich zur Hinterlegung bei einem Dritten berechtigt, alsdann aber auch Haftung für Verschulden bei der Hinterlegung, c) für Verwendungen statt § 693 Sonderbestimmung des § 1216, d) Ort der Rückgabe richtet sich nach § 1223 I, nicht nach § 697. Verwahrungspflicht ist nicht gleichbedeutend mit Erhaltungspflicht, daher in der Regel keine Pflicht, das Pfand zu versichern (KG OLG 29, 380). Wer Tier als Pfand in eigenen Gewahrsam übernimmt, darf es nicht aus Mangel an Nahrung umkommen lassen; vgl RGRK Rz 2. Im Einzelfall wird Pfandgläubiger verpflichtet sein, von sich aus Maßnahmen zu ergreifen, um einen der Pfandsache drohenden Schaden zu verhindern, vgl RG 109, 182; LZ 1927, 1339. Der Gläubiger darf auch nicht zu hohe Lagerkosten entstehen lassen, insbesondere, wenn der Pfandgegenstand veraltet (RG HRR 1936, 726).

5. **Verletzt** der Gläubiger die Sorgfaltspflichten, so kann der Verpfänder nach § 1217 vorgehen. Bei schuldhafter Verletzung der Pflichten macht sich der Gläubiger schadensersatzpflichtig. Der Verpfänder, der nicht Eigentümer ist, kann für sich nicht ohne weiteres den geminderten Sachwert ersetzt verlangen, darf den Schaden des Eigentümers unter dem Gesichtspunkt der Schadensberechnung im Drittinteresse mit geltend machen; der Eigentümer ist auf die §§ 1004, 823 in Verbindung mit § 991 II beschränkt; vgl Staud/Wiegand Rz 20 aE. Verjährung des Schadensersatzanspruchs richtet sich nach § 1226.

§ 1216 *Ersatz von Verwendungen*
Macht der Pfandgläubiger Verwendungen auf das Pfand, so bestimmt sich die Ersatzpflicht des Verpfänders nach den Vorschriften über die Geschäftsführung ohne Auftrag. Der Pfandgläubiger ist berechtigt, eine Einrichtung, mit der er das Pfand versehen hat, wegzunehmen.

1. Keine gesetzliche Pflicht, **Verwendungen** zu machen (wohl aber nach § 1218 II Anzeigepflicht), Ausnahme für Nutzungspfandrecht (§ 1214) bezüglich der Kosten der Gewinnung und der gewöhnlichen Unterhaltung. Macht Pfandgläubiger Verwendungen, so richtet sich die Ersatzpflicht nach Vereinbarung, falls Verwendungen abredegemäß, oder nach §§ 683ff, falls freiwillig. Im letzteren Fall muß Pfandgläubiger Verwendungen, die dem Interesse und wirklichen oder mutmaßlichen Willen des Verpfänders zu entsprechen haben, den Umständen nach für erforderlich halten. Er kann Ersatz verlangen, gleichgültig, ob er auf seinen eigenen Nutzen oder den des Verpfänders bedacht war; Verpfänder ist nicht befugt, sich durch Preisgabe des Pfandstücks zu befreien. Verwendungen sind gemäß § 256 zu verzinsen und gemäß § 1210 II durch Pfand gesichert. Solche Verwendungen sind zB Lagerungskosten (Düsseldorf HRR 1936, 726), nicht aber etwa Kosten der Befriedigung vorstehenden Pfandgläubigers (WürttJb 1926, 164). Verjährung: 6 Monate gemäß § 1226.

2. Ist Pfand an **von Verpfänder verschiedenen Eigentümer** zurückzugeben, so kann der Eigentümer dann gemäß §§ 683ff in Anspruch genommen werden, wenn deren Voraussetzungen in seiner Person erfüllt sind, Staud/Wiegand Rz 8. RGRK Rz 1 will hier die §§ 994ff anwenden. Eine Ersatzpflicht nach §§ 994ff kommt allenfalls dann in Betracht, wenn ein gültiges Pfandrecht überhaupt nicht oder nicht mehr bestand, als die Aufwendungen gemacht wurden. Jedenfalls richtet sich der Umfang des Ersatzes nach den Grundsätzen der Geschäftsführung ohne Auftrag, denn der unrechtmäßige Besitzer soll nicht besser behandelt werden als der rechtmäßige.

3. **Wegnahmerecht** vgl § 258. Verjährung gemäß § 1226.

1217 Rechtsverletzung durch den Pfandgläubiger

(1) Verletzt der Pfandgläubiger die Rechte des Verpfänders in erheblichem Maße und setzt er das verletzende Verhalten ungeachtet einer Abmahnung des Verpfänders fort, so kann der Verpfänder verlangen, dass das Pfand auf Kosten des Pfandgläubigers hinterlegt oder, wenn es sich nicht zur Hinterlegung eignet, an einen gerichtlich zu bestellenden Verwahrer abgeliefert wird.

(2) Statt der Hinterlegung oder der Ablieferung der Sache an einen Verwahrer kann der Verpfänder die Rückgabe des Pfandes gegen Befriedigung des Gläubigers verlangen. Ist die Forderung unverzinslich und noch nicht fällig, so gebührt dem Pfandgläubiger nur die Summe, welche mit Hinzurechnung der gesetzlichen Zinsen für die Zeit von der Zahlung bis zur Fälligkeit dem Betrag der Forderung gleichkommt.

1. Die Bestimmung gewährt dem Verpfänder neben den allgemeinen Rechtsbehelfen (zB aus §§ 823ff oder § 1004) einen besonderen Schutz gegen die Gefährdung des Pfandes durch den Pfandgläubiger. Sie entspricht § 1054.

2. **Voraussetzungen. a)** Erhebliche Verletzung der Rechte des Verpfänders ist Pflichtverletzung des Pfandgläubigers, nicht bereits eingetretene Schädigung. Kann liegen in Nichterfüllung **aa)** gesetzlicher Pflichten, zB Nutzungs- (§ 1214), Verwahrungspflicht (§ 1215), **bb)** vertraglicher Pflichten, zB Tierpflege, Anmaßung nicht bestehender Rechte auf Nutzung, Benutzung. **b)** Abmahnung, formlos ohne Androhung der gesetzlichen Rechtsbehelfe möglich (Pal/Bassenge Rz 1), sowie ungeachtet dieser **c)** Fortsetzung des Eingriffs.

3. **Rechte des Verpfänders** – nicht des Eigentümers als solchem, diesem stehen Ansprüche aus §§ 1004, 823, letztere allerdings nur im Rahmen des § 991 II zu –: nach Wahl **a)** Herausgabe an Hinterlegungsstelle (§§ 372ff) oder Verwahrer (§§ 688ff; § 165 FGG). Urteil auf Hinterlegung nach § 883 ZPO vollstreckbar; erlangt gemäß § 7 der HintO der Staat Eigentum an hinterlegtem Geld, so setzt sich das Pfandrecht am Herausgabeanspruch fort. **b)** vorzeitige Einlösung des Pfandes, und zwar bei unverzinslicher Forderung entgegen § 272 mit Recht zum Abzug von Zwischenzinsen, vgl § 1133. Ist Verpfänder nicht persönlicher Schuldner, so § 1225. **c)** Übergang zwischen diesen Rechten bis zu ihrem Vollzug zulässig (Pal/Bassenge Rz 2).

1218 Rechte des Verpfänders bei drohendem Verderb

(1) Ist der Verderb des Pfandes oder eine wesentliche Minderung des Wertes zu besorgen, so kann der Verpfänder die Rückgabe des Pfandes gegen anderweitige Sicherheitsleistung verlangen; die Sicherheitsleistung durch Bürgen ist ausgeschlossen.

(2) Der Pfandgläubiger hat dem Verpfänder von dem drohenden Verderb unverzüglich Anzeige zu machen, sofern nicht die Anzeige untunlich ist.

1. **Verderb** ist auf Veränderung des Pfandes beruhendes Unbrauchbarwerden; **Wertminderung** kann auf Veränderung des Pfandes oder auf äußere Umstände, zB Kurssturz, Sinken der Preise, zurückgehen, RG 74, 151; 101, 48. Sie muß wesentlich sein.

2. **Anspruch** auf Rückgabe Zug um Zug gegen anderweitige Sicherheitsleistung. Sie richtet sich nach dem Wert des Pfandes zZt der Rückgabe, nicht der Forderung, wird aber durch diese nach unten begrenzt. Art der Sicherheitsleistung: § 232 I, nicht § 232 II, Verfahren §§ 233–238, 240.

3. Verpfänder kann uU nach § 242 verlangen, daß Pfandgläubiger Pfandsache zum Markt- oder Börsenpreis verkauft und sich aus Erlös befriedigt oder sichert (RG 74, 151; 101, 49). Pfandgläubiger kann nach **Treu und Glauben** hierzu auch von sich aus verpflichtet sein, insbesondere bei drohender Entwertung verpfändeten Geldes oder verpfändeter Wertpapiere (RG 109, 181, LZ 1927, 1339, Düsseldorf HRR 1936, 726).

4. **Anzeigepflicht** nur bei drohendem Verderb, nicht bei drohender Wertminderung, es sei denn, daß diese späteren Verderb besorgen läßt. Bei Verletzung der Anzeigepflicht hat Verpfänder Rechte aus § 1217 und kann bei Verschulden des Pfandgläubigers Schadensersatz verlangen (Staud/Wiegand § 1218 Rz 8).

5. § 1218 gilt dem Wortlaut nach nicht für Eigentümer, der nicht zugleich Verpfänder ist. Jedoch werden ihm entsprechende Rechte zuzubilligen sein (Westermann § 129 II 6; Staud/Wiegand Rz 9; RGRK/Kregel Rz 1). § 1218 kommt auch für das gesetzliche Pfandrecht in Betracht; vgl Schleswig SchlHA 1956, 111.

1219 Rechte des Pfandgläubigers bei drohendem Verderb

(1) Wird durch den drohenden Verderb des Pfandes oder durch eine zu besorgende wesentliche Minderung des Wertes die Sicherheit des Pfandgläubigers gefährdet, so kann dieser das Pfand öffentlich versteigern lassen.

(2) Der Erlös tritt an die Stelle des Pfandes. Auf Verlangen des Verpfänders ist der Erlös zu hinterlegen.

1. Im Anschluß an § 1218 kann bei Vorliegen der dort aufgezählten Voraussetzungen das Pfand **öffentlich versteigert** werden, wenn es die Sicherheit des Pfandgläubigers gebietet. Siehe dazu § 1218 Rz 1 und § 930 III ZPO. Keine Gefährdung der Sicherheit, wenn mehrere verpfändete Sachen (§ 1222) ihrem Gesamtwert nach genügen; dagegen bleiben außer diesem Pfandrecht bestehende Sicherheiten, zB andere Pfandrechte, Hypotheken, Bürgschaften außer Betracht. Öffentliche Versteigerung: §§ 383 III, 1220, freihändiger Verkauf: § 1221, Schutz des guten Glaubens: § 1244.

2. **Erlös** tritt als dinglicher Ersatz in jeder Hinsicht an die Stelle des Pfandes (RG 94, 24); dh: Eigentümer des Pfandes erlangt Eigentum am Erlös, der Gläubiger ein Pfandrecht hieran; er darf sich aus dem Erlös aber nicht

§ 1219

vorzeitig befriedigen. Hinterlegung kann dem Wortlaut nach nur Verpfänder – auf seine Kosten –, nicht Eigentümer verlangen; letzterem wird aber ein entsprechender Anspruch zuzubilligen sein.

3   3. Zur Frage, wann Gläubiger nach § 242 zur Versteigerung verpflichtet ist, vgl § 1218 Rz 3.

1220 *Androhung der Versteigerung*
(1) Die Versteigerung des Pfandes ist erst zulässig, nachdem sie dem Verpfänder angedroht worden ist; die Androhung darf unterbleiben, wenn das Pfand dem Verderb ausgesetzt und mit dem Aufschub der Versteigerung Gefahr verbunden ist. Im Falle der Wertminderung ist außer der Androhung erforderlich, dass der Pfandgläubiger dem Verpfänder zur Leistung anderweitiger Sicherheit eine angemessene Frist bestimmt hat und diese verstrichen ist.
(2) Der Pfandgläubiger hat den Verpfänder von der Versteigerung unverzüglich zu benachrichtigen; im Falle der Unterlassung ist er zum Schadensersatz verpflichtet.
(3) Die Androhung, die Fristbestimmung und die Benachrichtigung dürfen unterbleiben, wenn sie untunlich sind.

1   1. **Versteigerung.** Vgl § 384. **Androhung** und – zusätzlich bei Wertminderung – **Fristsetzung** sind als einseitige, empfangsbedürftige Willenserklärungen Zulässigkeitsvoraussetzungen. Unterläßt Pfandgläubiger sie ohne rechtfertigenden Grund, so sind Versteigerung und anschließende Eigentumsübertragung unwirksam, soweit nicht der Schutz des guten Glauben eingreift (§ 1244); überdies ist Pfandgläubiger bei Verschulden schadensersatzpflichtig.

2   2. Beide dürfen unterbleiben, wenn untunlich oder Verderb droht. Beweislast hierfür trifft Pfandgläubiger.

3   3. Von bevorstehender Versteigerung – Ort, Zeit – ist Verpfänder unverzüglich zu **benachrichtigen,** um sich beteiligen zu können. Unterläßt Pfandgläubiger dies schuldhaft, so macht er sich schadensersatzpflichtig, Versteigerung bleibt jedoch wirksam. Nachträgliche Benachrichtigung entsprechend § 1241.

4   4. Entsprechende Anwendung auf Sicherungsübereignung, vgl RG Gruch 64, 482, wenn Parteiwille dahin geht.

1221 *Freihändiger Verkauf*
Hat das Pfand einen Börsen- oder Marktpreis, so kann der Pfandgläubiger den Verkauf aus freier Hand durch einen zu solchen Verkäufen öffentlich ermächtigten Handelsmakler oder durch eine zur öffentlichen Versteigerung befugte Person zum laufenden Preise bewirken.

1   1. Vgl § 385, § 821 ZPO. **Freihändiger Verkauf** darf statt der Versteigerung erfolgen, daher § 1220 zu beachten. Börsen- und Marktpreis setzen voraus, daß Sachen von Art des Pfandes am Verkaufsort so häufig umgesetzt werden, daß sich ein Durchschnittspreis zu bilden vermag (RG JW 1907, 6). Welcher Ort in Frage kommt, richtet sich nach den Verkehrsverhältnissen des Verwahrungsortes. Das Pfand kann auch an den Pfandgläubiger sowie an den Eigentümer verkauft werden. Wird an den Eigentümer verkauft, so erlangt dieser damit die Lastenfreiheit. Wird beim freihändigen Verkauf nicht der Börsen- oder Marktpreis erreicht, so wird der Käufer gleichwohl Eigentümer, Pfandgläubiger kann sich bei Verschulden nach §§ 280 I, III, 282, 823ff, 990ff schadensersatzpflichtig machen.

2   2. **Befugte Personen.** Handelsmakler (§ 93 HGB). Ermächtigung ergibt sich aus Landesrecht. Kursmakler besitzen sie, vgl BörsG idF vom 21. 6. 2002, BGBl I 2002, 2010 §§ 30, 34. Zu öffentlicher Versteigerung befugte Personen nach Bundesrecht: Gerichtsvollzieher (§ 383 III), im übrigen vgl § 34b V Gewerbeordnung sowie Versteigerungsordnung (VerstV) vom 1. 6. 1976 (BGBl I 1345). Zur Zuständigkeit der Notare s § 20 III BNotO.

1222 *Pfandrecht an mehreren Sachen*
Besteht das Pfandrecht an mehreren Sachen, so haftet jede für die ganze Forderung.

1   1. **Pfandrecht an mehreren Sachen,** gleichgültig, ob ursprünglich oder nacheinander entstanden, ob von einem oder mehreren Verpfändern bestellt, für ein und dieselbe Forderung. Gläubiger nicht befugt, auf einzelne Pfänder zu verteilen – anders bei Gesamthypothek (§ 1132 II). Wahlrecht des Pfandgläubigers beim Pfandverkauf gemäß § 1230.

2   2. Ungeachtet des Akzessorietätsgrundsatzes ist bei einer Mehrheit von Pfändern eine anfängliche oder nachträgliche **Übersicherung** des Gläubigers möglich. Die für die Sicherungsübereignung geltenden Grundsätze über den Freigabeanspruch des Sicherungsnehmers (BGH NJW 1998, 671) sind auf das Gesamtpfandrecht nicht übertragbar. Zum einen wird der Verpfänder durch den Akzessorietätsgrundsatz sowie die dingliche Surrogation gem § 1247 S 2 und zum anderen durch die Beschränkung des Verwertungsrechts des Gläubigers nach § 1230 II geschützt. Insbesondere aus § 1230 II ergibt sich, daß Verpfänder nicht befugt ist, **Rückgabe eines Pfandes** zu verlangen, solange Pfandgläubiger nicht ganz befriedigt ist, auch wenn eine Sache oder Teil der Pfänder zur Sicherheit ausreicht (Königsberg OLG 5, 157; BGH BB 1966, 179). Ausnahme nach § 242, wenn Deckung der Schuld durch mehrere Sachen ersichtlich ausreicht und sich Weigerung des Pfandgläubigers, einen Teil der Pfandsachen freizugeben, als unzulässige Rechtsausübung darstellt (BGH NJW 1995, 1085). Ferner BGH LM Nr 1 zu § 610 BGB, wonach die Weigerung, ein Giroguthaben wegen eines daran bestehenden Pfandrechts auszuzahlen, gegen Treu und Glauben verstößt, wenn die durch das Pfandrecht gesicherten Forderungen der Bank in anderer Weise genügend gesichert sind.

3. Entsprechende Anwendung auf **Sicherungsübereignung,** vgl RG WarnRsp 1912, 58, zumal der Grundsatz 3 der ungeteilten Pfandhaftung im Prinzip auch auf die Sicherungsübereignung übertragen werden kann, Staud/Wiegand Rz 4 mit dem Hinweis, daß gerade in der Praxis für diesen Fall Sonderregelungen ausbedungen werden.

1223 *Rückgabepflicht; Einlösungsrecht*
(1) Der Pfandgläubiger ist verpflichtet, das Pfand nach dem Erlöschen des Pfandrechts dem Verpfänder zurückzugeben.
(2) Der Verpfänder kann die Rückgabe des Pfandes gegen Befriedigung des Pfandgläubigers verlangen, sobald der Schuldner zur Leistung berechtigt ist.

1. Die Bestimmung regelt die sich aus dem bestehenden gesetzlichen Schuldverhältnis ergebende Rückgabe 1 des Pfandes. Abs I stellt die Verpflichtung des Pfandgläubigers auf, das Pfand nach dem Erlöschen des Pfandrechts zurückzugeben, während Abs II dem Verpfänder ein Einlösungsrecht Zug um Zug gegen Befriedigung des Pfandgläubigers gewährt.
2. **Rückgabepflicht.** Abs I setzt voraus, daß das Pfandrecht bereits erloschen ist. Dabei kommt es nicht darauf an, aus welchem Grund dieses Erlöschen eingetreten ist; auch das Erlöschen durch Befriedigung des Gläubigers gehört dazu, so mit Recht die überwiegende Meinung (vgl Staud/Wiegand Rz 4). In der Praxis allerdings ist diese Frage von untergeordneter Bedeutung, da Abs II dem Verpfänder im Falle der Befriedigung größere Rechte einräumt: er kann die Rückgabe des Pfandes Zug um Zug gegen Befriedigung verlangen, siehe dazu BGH 73, 317. Abs I regelt nur das **Verhältnis** des Pfandgläubigers zum Verpfänder, nicht aber **zum Eigentümer,** der nicht zugleich Verpfänder ist; dieser hat Anspruch auf Rückgabe nach §§ 985ff, ferner auf Ablösung nach § 1249; nicht zum persönlichen Schuldner; dieser hat Anspruch nur, wenn er zugleich Verpfänder ist, RG 116, 266. Macht Verpfänder Ansprüche aus Abs I geltend, so muß Pfandrecht bereits erloschen sein; Pfandgläubiger hat das Pfand dem Verpfänder zurückzugeben, auch wenn er weiß, daß dieser nicht Eigentümer ist (BGH 73, 317; MüKo/Damrau Rz 3); etwas anderes kann sich aus § 242 ergeben. Zurückgeben heißt: den Alleinbesitz wiedereinräumen. Eine Übersendungspflicht besteht nicht; vgl Karlsruhe OLG 43, 18.
3. **Erlöschungsgründe.** §§ 1250 II, 1252, 1253 – § 1254 äußert gleiche Rechtsfolge –, 1255, 1256, 158 II, 163, 2 418. Beweispflicht für Erlöschen trifft Verpfänder. Abs I gilt auch für die Rückgabe des Erlösteiles, der die Forderung übersteigt, denn gemäß § 1247 S 2 tritt er an die Stelle des Pfandes. Eine Bank braucht Pfänder, die ihr aus Anlaß der Übernahme einer Prozeßbürgschaft gegeben worden sind, grundsätzlich erst zurückgeben, wenn ihr die Bürgschaftsurkunde ausgehändigt wird oder eine Erklärung des Bürgschaftsgläubigers vorliegt, daß sie aus der Bürgschaft entlassen ist (BGH MDR 1971, 388).
4. **Recht auf Rückgabe** steht befriedigendem Verpfänder auch dann zu, wenn er persönlicher Schuldner ist 3 (RG 90, 72); Eigentümer als solcher kann Einlösungsrecht nur nach – grundsätzlich zulässiger (aber § 399!) – Abtretung (RG LZ 1926, 698, Gruch 69, 239) geltend machen. Abtretungsfähig nur das Ablösungsrecht als ganzes, nicht lediglich einzelne sich aus ihm ergebende Rechte, zB abtretbares Recht auf Rückübertragung verpfändeter Grundschuld, nicht dagegen Recht auf Rückgabe des Grundschuldbriefes (RG DJZ 1929, 332).

An Befriedigungsanerbieten sind geringe Ansprüche zu stellen. Bei Klage auf Rückgabe braucht Verpfänder 4 grundsätzlich Forderung des Pfandgläubigers nicht zu beziffern (RG 92, 283). Es genügt, daß Verpfänder, der in erster Linie seine Schuld leugnet, sich wenigstens hilfsweise erbietet, vom Gericht festgestellte Schuld zu begleichen (RG 140, 346). Immerhin kann er Herausgabe des Pfandes nur Zug um Zug gegen Zahlung der Schuld verlangen (RG 92, 281). Pfandgläubiger, der Leistung verlangt, braucht dagegen Rückgabe nicht anzubieten; es bleibt dem Verpfänder überlassen, eine Verurteilung nur Zug um Zug zu erwirken (BGH NJW 1979, 1203).

Ein Pfandrecht an einer beweglichen Sache oder an einem Recht kann nicht mit der Maßgabe bestellt werden, 5 daß der Gläubiger allein berechtigt ist, sich aus dem Pfand zu befriedigen, der persönliche Schuldner aber nicht befugt ist, das Pfandrecht durch Tilgen der Schuld zum Erlöschen zu bringen (BGH NJW 1957, 672 und LM Nr 1 zu § 1204 mit Anm Ascher).

5. Pfandgläubiger, der schuldhaft **Rückgabe unmöglich** macht, haftet im Verhältnis des Wertes des Pfandes 6 zum Betrag der Forderung (RG 117, 57). Zum Schadensersatzanspruch des Verpfänders fremder Sache vgl RG 116, 267: zu ersetzen ist der Besitzwert. Zur Versicherungspflicht bei Rücksendung vgl Karlsruhe OLG 43, 18.

6. **Entsprechende Anwendung** des § 1223 I und II auf Pfandrecht an Rechten (RG 100, 277; DJZ 1929, 442) 7 und auf Sicherungsübereignung (RG 92, 283).

1224 *Befriedigung durch Hinterlegung oder Aufrechnung*
Die Befriedigung des Pfandgläubigers durch den Verpfänder kann auch durch Hinterlegung oder durch Aufrechnung erfolgen.

1. Diese Bestimmung berechtigt den Verpfänder, der nicht zugleich persönlicher Schuldner ist, mit Forderungen 1 **aufzurechnen,** die ihm gegenüber dem Pfandgläubiger zustehen. Wie in § 1142 II fehlt auch hier die Gleichartigkeit und Gegenseitigkeit im Sinne von § 387, vgl § 1142 Rz 3. Der Verpfänder kann aber nicht aufrechnen mit einer Forderung des Schuldners; deren Vorliegen gibt ihm nur verzögerliche Einrede, vgl § 1211 und Bemerkungen hierzu.

2. Der Verpfänder ist auch berechtigt, die Forderung durch Hinterlegung zu tilgen, trotz § 372, der dazu nur den 2 Schuldner berechtigt.

L. Michalski

§ 1225

1225 *Forderungsübergang auf den Verpfänder*
Ist der Verpfänder nicht der persönliche Schuldner, so geht, soweit er den Pfandgläubiger befriedigt, die Forderung auf ihn über. Die für einen Bürgen geltenden Vorschriften des § 774 finden entsprechende Anwendung.

1 1. **Gesetzlicher Forderungsübergang, S 1. Verpfänder** darf **nicht persönlicher Schuldner** sein. Andernfalls erlöschen Forderung und Pfandrecht (§§ 362, 1152); so zB wenn Gesellschafter, der für Gesellschaftsschuld Pfand bestellte, Gläubiger befriedigt, weil er zugleich als persönlicher Schuldner haftet; jedoch kann hier aus sonstigem Grund Forderung übergehen (RG 91, 277); oder, wenn Eigentümer eines mit verpfändeter Hypothek belasteten Grundstücks Gläubiger befriedigt, weil er keine fremde, sondern eigene Schuld begleicht (RGRK Anm 2). Es genügt, wenn Verpfänder durch Hinterlegung oder Aufrechnung befriedigt (§ 1224). Ob Verpfänder Eigentümer ist oder nicht, ist zwar auf Übergang der Forderung, nicht dagegen des Pfandrechts ohne Einfluß. Wohl geht mit Forderung gemäß §§ 401, 412, 1250 grundsätzlich Pfandrecht über. Jedoch bildet die Ausnahmevorschrift des § 1256 praktisch die Regel. War Verpfänder nicht Eigentümer, so kommt es auf seinen guten Glauben bei der Verpfändung nicht an, sofern nur damals gutgläubiger Pfandgläubiger das Pfandrecht erwarb. Gemäß §§ 1227, 985 hat er einen Anspruch auf Herausgabe des Pfandes, doch hat idR der Eigentümer einen Anspruch auf Aufhebung des Pfandrechts, so zB gemäß §§ 823, 826. Befriedigt der Eigentümer, ohne daß er Verpfänder oder persönlicher Schuldner ist, so kommen die §§ 1249, 1256 in Betracht. Die Forderung geht kraft Gesetzes auch dann auf nicht persönlich haftenden Verpfänder und Eigentümer über, wenn entgegen § 1225 Gläubiger sich aus dem Pfand befriedigt, vgl §§ 1247, 1288 II; RG Recht 1918, 244. Verpfänder kann auf Recht aus § 1225 – auch schon vorher – ausdrücklich oder stillschweigend verzichten (RG 71, 329). Befriedigt Dritter den Pfandgläubiger, so kann Forderung auf ihn gemäß §§ 426 II, 774, 1249 übergehen. Entsprechende Anwendung auf Sicherungsübereignung, vgl RG WarnRsp 1914, 7, und Sicherungsabtretung: Hat etwa ein Ehegatte zur Sicherung von Verbindlichkeiten beider Eheleute eine Lebensversicherung abgetreten, steht ihm bei Verwertung der Sicherheit zugunsten des anderen Ehegatten nach Scheidung in analoger Anwendung der §§ 268 III, 774, 1225 ein Regreßanspruch gegen diesen zu (AG Pinneberg NJW 1999, 1721).

2 2. **S 2. Entsprechende Anwendung des § 774** wirkt sich folgendermaßen aus: **a) Forderungsübergang** darf nicht zum Nachteil des Pfandgläubigers ausschlagen (§ 774 I S 2). So kann Pfandgläubiger dem Herausgabeanspruch des Verpfänders ein ihm gegen Schuldner zustehendes kaufmännisches Zurückbehaltungsrecht entgegensetzen. Bei teilweiser Befriedigung geht das dem Pfandgläubiger wegen seiner Restforderung verbleibende Pfandrecht vor. Wird Schuldner insolvent, so ist zu unterscheiden: Leistet Verpfänder nach Eröffnung des Insolvenzverfahrens teilweise, so behält Gläubiger bis zur vollen Befriedigung Anspruch auf Dividende von der ganzen Forderung, Verpfänder hat nur bedingten Anspruch auf dem Pfandgläubiger etwa zufallenden Überschuß. Befriedigt Verpfänder vor Eröffnung des Insolvenzverfahrens zum Teil, so nimmt Pfandgläubiger nur hinsichtlich des Restes am Insolvenzverfahren teil, vgl RG 83, 401, LZ 1917, 472.

3 b) Schuldner ist berechtigt, **Einwendungen** aus seinem zum Verpfänder bestehenden Rechtsverhältnis zu erheben (§ 774 I 3), vgl RG 85, 72; zum Einwand, daß Verpfänder wegen Gegenforderung des persönlichen Schuldners den Pfandgläubiger nicht hätte befriedigen dürfen vgl RG 59, 297.

Verhältnis zum Aufwendungsersatz. Sofern der nicht persönlich haftende Verpfänder als Auftragsverpfänder oder als Geschäftsführer ohne Auftrag tätig wurde und die Leistung für erforderlich halten durfte (insbes keine Abwendung durch Einwendungen oder Einreden), kann er auch aufgrund von §§ 670, 675, 683 Regreß nehmen.

Hinsichtlich des Verhältnisses zwischen der übergegangenen Forderung und dem Aufwendungsersatzanspruch sehen die §§ 1225 S 2, 774 I 3 den **Vorrang des Innenverhältnisses** vor. Der Schuldner kann also zum einen der auf den Verpfänder übergegangenen Forderung sämtliche Einreden und Einwendungen aus seinem Rechtsverhältnis zum Gläubiger entgegenhalten (§§ 412, 404), und zum anderen ist er dem Verpfänder, soweit dieser den Rückgriff auf die übergegangene Hauptforderung stützt, nur im Rahmen des zwischen ihnen bestehenden Innenverhältnisses verpflichtet.

4 c) **Haftung mehrerer Verpfänder** untereinander soll sich nach § 426 regeln (§ 774 II). Der Sinn dieser Verweisung ist umstritten, da es im Pfandrecht an einer dem § 769 entsprechenden, die gesamtschuldnerische Haftung ausdrücklich begründenden Vorschrift fehlt. Es kann nicht darauf ankommen, wer von mehreren Verpfändern den Pfandgläubiger als erster befriedigt. Das Pfandrecht an den von den anderen Verpfändern verpfändeten Sachen geht auch nicht insoweit auf den zahlenden Verpfänder über, als er von diesen im Innenverhältnis zufolge besonderer Abrede einen Ausgleich verlangen kann. Vielmehr muß auch bei Fehlen einer besonderen Abrede ein durch Pfandrecht gesicherter Ausgleich nach Kopfteilen stattfinden (sog Ausgleichslehre). Denn die Verweisung auf § 774 kann nur in dem Sinn verstanden werden, daß diese Vorschrift zugleich mit § 769, den sie voraussetzt, anzuwenden ist, so auch Wolff/Raiser § 160 III, Westermann § 129 IV 2; MüKo/Damrau Rz 8; Staud/Wiegand Rz 14ff, Hüffer, Die Ausgleichung bei dem Zusammentreffen von Bürgschaft und dinglicher Kreditsicherung als Problem der Gesamtschuldlehre, AcP 171, 470ff (484); BGH 108, 179. Verpfänder eines vom Gläubiger freigegebenen Pfandrechts haftet – vorbehaltlich gesonderter Abrede und in Grenzen des § 826 – auch nicht mehr anderen Verpfändern gegenüber. § 776 wird nicht analog angewendet (BGH WM 1991, 399).

5 d) Für den Fall, daß **Drittverpfänder mit hypothekarisch Haftenden** zusammentreffen, gilt Gleiches.

6 e) Auch im Verhältnis des **Drittverpfänders zum Bürgen** gilt mangels besonderer Vereinbarung eine Ausgleichsverpflichtung entsprechend der Regeln über die Gesamtschuld (BGH 108, 179). Ein einseitiges Rückgriffsrecht allein des Bürgen ist nicht anzunehmen (so aber RGRK/Mormann 774 Rz 8).

7 3. Auf vom Schuldner dem Gläubiger bestellte **selbständige Sicherheiten**, zB Sicherungseigentum und Sicherungszession, sind die §§ 1225, 412, 401 I nicht anwendbar. Nach hA ist jedoch Gläubiger verpflichtet, diese dem ihn befriedigenden Verpfänder zu übertragen; vgl RG 89, 193 im Fall des befriedigenden Bürgen, RG 91, 277 im Fall des befriedigenden Gesamtschuldners. Westermann § 44 III 3 hält mit Recht diese Meinung insofern für nicht unbedenklich, als uU das besondere Treueverhältnis zwischen dem Sicherungsgeber und -nehmer einer Übertragung entgegenstehen könne; vgl auch Dempewolf NJW 1958, 979; hiergegen Zunft NJW 1958, 1219; siehe ferner Pfeiffer NJW 1958, 1859. Der BGH MDR 1967, 486 hat zum Fall des befriedigenden Verpfänders diese Frage aufgeworfen, aber nicht entschieden.

4. Hat ein Gläubiger im Vergleichsverfahren seine Quote erhalten, so ist der Vergleichsschuldner gegenüber **8** vertraglichen Freistellungsansprüchen eines Sicherungszedenten ebenso befreit, wie gegenüber solchen eines Bürgen (BGH 55, 117 mit Anm Braxmeier in LM Nr 2 zu § 82 VerglO).

1226 *Verjährung der Ersatzansprüche*
Die Ersatzansprüche des Verpfänders wegen Veränderungen oder Verschlechterungen des Pfandes sowie die Ansprüche des Pfandgläubigers auf Ersatz von Verwendungen oder auf Gestattung der Wegnahme einer Einrichtung verjähren in sechs Monaten. Die Vorschrift des § 548 Abs. 1 Satz 2 und 3, Abs. 2 findet entsprechende Anwendung.

1. Beginn der **Verjährung a)** der Ersatzansprüche des Verpfänders (§ 1215) mit Rückgabe des Pfandes, andern- **1** falls zugleich mit Anspruch auf Rückgabe des Pfandes, **b)** der Ansprüche des Pfandgläubigers (§ 1216) mit Beendigung des durch Verpfändung zwischen Verpfänder und Pfandgläubiger begründeten Rechtsverhältnisses.

2. Für Ansprüche des Eigentümers, der nicht Verpfänder ist, gelten die allgemeinen Verjährungsvorschriften. **2**

1227 *Schutz des Pfandrechts*
Wird das Recht des Pfandgläubigers beeinträchtigt, so finden auf die Ansprüche des Pfandgläubigers die für die Ansprüche aus dem Eigentum geltenden Vorschriften entsprechende Anwendung.

1. Der Pfandgläubiger hat die gleichen **Schutzrechte wie der Eigentümer,** dh **a)** bei Besitzentziehung **1** Anspruch auf Herausgabe (RG Recht 1908, 3427; BGH WM 1956, 160). Anspruch richtet sich auch gegen den Eigentümer oder den Verpfänder; zu ihren Gunsten greift aber die Vermutung des § 1253 II, daß Pfandrecht durch Rückgabe erloschen. Zudem Verteidigungsmöglichkeit mit Einrede aus § 1254. Verpfänder kann sich nicht auf Einreden des § 1211 stützen, da sich diese nur gegen Verwertung, nicht aber gegen Herausgabe nach §§ 1227, 985 richten. Herausgabeanspruch geht auf Wiedereinräumung des dem Gläubiger bei Pfandrechtsbegründung gewährten Besitzes. Gegebenenfalls Schadensersatz – vor Pfandreife kann allerdings nur Pfandrechtsbestellung am Schadensersatzbetrag verlangt werden – (§§ 985–997, 999–1003), auch der Erzeugnisse (§ 1212), beim Nutzungspfand (§ 1213) Anspruch auf Nutzungen oder deren Ersatz (§§ 987–991, 993); die §§ 994ff kommen jedoch nicht in Betracht, wenn das Verhältnis zum Besitzer auf vertraglicher Grundlage beruht (RG 142, 422); vgl RGRK Rz 3; **b)** bei sonstigen Beeinträchtigungen Anspruch auf Beseitigung und Unterlassung (§ 1004), **c)** im übrigen Anspruch auf Aufsuchen und Wegschaffen (§ 1005). Vermutung des Pfandrechts (§ 1006) – auch dem Eigentümer gegenüber (Staud/Wiegand Rz 18), wenn und solange Forderung besteht. Besteht gemeinschaftliches Pfandrecht, so kann jeder Rechte bezüglich der ganzen Sache geltend machen (§ 1011).

2. **Daneben** hat Pfandgläubiger **a)** Schutzrechte des Besitzers (§§ 858ff, 1007), vgl RG 57, 225, **b)** Ansprüche **2** aus §§ 812, 823, vgl RG 100, 278, Stuttgart OLG 41, 185, **c)** Rechte aus dem Pfandvertrag, **d)** Rechte gemäß §§ 766, 771, 805, 809 ZPO, wenn Gläubiger des Verpfänders die Pfandsache pfändet. Zum Schutz von Pfandrechten an Eigentumsanwartschaften bei Sachpfändung durch Dritte s Frank NJW 1972, 2211.

3. Entsprechend anzuwenden **a)** auf **Pfändungspfandrecht** (RG 161, 120; für die Vertreter der Auffassung **3** vom öffentlich-rechtlichen Pfandrecht, vgl Einl § 1204 Rz 17, kommt 1227 nur sinngemäß in Betracht, **b)** auf **Pfandrechte an Rechten,** wofern Pfandgläubiger in den Besitz eines körperlichen Gegenstandes zB einer Urkunde gelangt ist (RGRK Anm 4). Daraus folgt für Gläubiger, dem Hypothek verpfändet wurde: Wird Grundstück verschlechtert, so hat er nur Rechte gemäß §§ 1219f (RGRK Rz 4).

1228 *Befriedigung durch Pfandverkauf*
(1) Die Befriedigung des Pfandgläubigers aus dem Pfand erfolgt durch Verkauf.
(2) Der Pfandgläubiger ist zum Verkauf berechtigt, sobald die Forderung ganz oder zum Teil fällig ist. Besteht der geschuldete Gegenstand nicht in Geld, so ist der Verkauf erst zulässig, wenn die Forderung in eine Geldforderung übergegangen ist.

1. Die Bestimmung gestaltet das **Verwertungsrecht des Pfandgläubigers** nach Art und Weise (Abs I) und **1** nach den Voraussetzungen (Abs II). Vgl für § 1204 Rz 6–8. Befriedigung des Pfandgläubigers kann erfolgen:

a) Aufgrund eines gegen den Schuldner erwirkten **persönlichen Titels** auf Zahlung der Schuld und Pfändung und Verwertung der dem Schuldner gehörigen Pfandsache nach ZPO.

b) Aufgrund eines gegen den Eigentümer oder nach § 1248 als Eigentümer geltenden Verpfänder der Pfandsa- **2** che gemäß § 1233 II erwirkten **dinglichen Titels** auf Duldung der Pfandverwertung **aa)** durch – privaten – Pfandverkauf nach §§ 1234–1240 oder **bb)** ohne Pfändung (!) durch – gerichtlichen – Pfandverkauf nach ZPO.

c) Ohne vollstreckbaren Titel oder gerichtliche Ermächtigung durch – **privaten** – **Pfandverkauf** nach §§ 1234– **3** 1240. Dies ist der Regelfall. Verkaufsberechtigt der erste und nach Maßgabe des § 1232 auch nachstehender Pfandgläubiger (RG 87, 325; 97, 421), sobald Pfandreife eingetreten ist (§ 1228 II), unten Rz 4. Befriedigung auf-

§ 1228

grund vor Pfandreife abgeschlossenen Verfallvertrags unzulässig (§ 1229). Ist Pfandverkauf vertraglich ausgeschlossen, so liegt keine wirksame Verpfändung vor, uU kann Begründung eines Zurückbehaltungsrechts gewollt sein. Pfandgläubiger zum Verkauf grundsätzlich nur berechtigt, nicht verpflichtet (RG Recht 1914, 3013); Ausnahme uU entsprechend § 1218, vgl RG 74, 151, und bei fiduziarischer Eigentumsübertragung. Schuldner darf aber der Zwangsvollstreckung in sein übriges Vermögen widersprechen, wenn dem Gläubiger an Sache des Schuldners Besitz und Pfandrecht zusteht, durch deren Wert Forderung gedeckt wird (§ 777 ZPO). Für Insolvenz vgl §§ 166ff InsO, für Bürgen § 772 II. Ist Geld verpfändet, so befriedigt sich Gläubiger durch dessen Aneignung, vgl Hamburg Recht 1923, 349.

4   2. **Pfandreife.** a) Bei **Geldforderung** Fälligkeit, wenigstens eines Teils, zB der Zinsen. Hängt Fälligkeit von Kündigung ab, so ist die Kündigung dem persönlichen Schuldner gegenüber auszusprechen. Mahnung, Verzug, Vollstreckungstitel oder Beitreibungsversuch sind nicht erforderlich. Jedoch dahingehende den Pfandverkauf erschwerende Abreden zulässig; sie wirken nur schuldrechtlich, nicht dinglich; ihnen zuwiderlaufender Pfandverkauf nicht unrechtmäßig im Sinne des § 1243. Unzulässig dagegen Abreden, die Pfandverkauf erleichtern sollen. Annahmeverzug des Pfandgläubigers macht zwar Pfandverkauf nicht unrechtmäßig, verpflichtet aber zum Schadensersatz (RG LZ 1930, 118).

b) **Nichtgeldforderung** muß erst in solche übergegangen sein. Gläubiger muß deshalb in den Fällen der §§ 281, 283 abwarten, bis Forderung sich in Schadensersatzanspruch verwandelt hat. Umwandlung kann auch auf Abrede beruhen, zB Vertragsstrafe (§§ 339ff). Darf der Pfandgläubiger nach dem Vertrag zwischen Geld oder einer anderen Leistung wählen oder hat der Schuldner im Fall der Nichtleistung des Geschuldeten eine Geldsumme zu zahlen, so tritt die Verkaufsberechtigung bei Fälligkeit der Forderung ein; vgl RGRK Rz 4. Zum Befreiungsanspruch des Bürgen vgl RG 78, 34. Pfandverkauf darf nur der Befriedigung dienen, daher nach – wenn auch verspäteter – Tilgung der Forderung unzulässig (RG 100, 276). Doch wird hier Ersteher gemäß § 1244 geschützt.

5   3. Für **Sicherungsübereignung** kommen die Vorschriften über den Pfandverkauf nicht in Betracht; im Innenverhältnis sind die getroffenen Abreden maßgeblich (RG 143, 116).

6   4. **Sondervorschriften** bestehen für Pfandverwertung gemäß dem PachtKrG (§ 10) und bei der gewerblichen Pfandleihe, vgl § 9 I PfandlV (BGBl III 7104–1), dazu BGH NJW-RR 1987, 317. Zum PachtKrG siehe vor § 1204 Rz 12.

1229 *Verbot der Verfallvereinbarung*

Eine vor dem Eintritt der Verkaufsberechtigung getroffene Vereinbarung, nach welcher dem Pfandgläubiger, falls er nicht oder nicht rechtzeitig befriedigt wird, das Eigentum an der Sache zufallen oder übertragen werden soll, ist nichtig.

1   1. **Verfallvertrag** (lex commissoria) schuldrechtlich und dinglich nichtig, wenn vor Pfandreife (§ 1228 II) oder vor Entstehen des Pfandrechts (Hamburg SeuffA 65, 244) geschlossen. Ob davon Verpfändung betroffen, richtet sich nach § 139; im allgemeinen zu verneinen. Ausnahmefall in RG SeuffA 65, 62. Eine wegen § 1229 nichtige Abrede kann aber die Annahme rechtfertigen, daß die Parteien bei Nichtigkeit der Darlehensforderung wenigstens den Bereicherungsanspruch gesichert haben wollten (BGH LM Nr 3 zu § 1204). Nach Pfandreife in der Regel zulässig, selbst wenn Forderung erst zu einem Teil fällig, ausnahmsweise nichtig, wenn zur Umgehung des Verbots (§ 134) oder sittenwidrig (§ 138).

2   2. **Zwingend** und von Amts wegen zu beachten, selbst wenn Verpfändung wegen fehlender Übergabe nichtig (Hamburg SeuffA 65, 460). Im Einzelfall kann es zweifelhaft sein, **ob Verfallklausel vorliegt;** dies ist zu bejahen, wenn Verfall als Folge des Nichteinlösens eintreten soll (RG JW 1935, 2886. Das Recht des Gläubigers muß also unter der Bedingung stehen, daß trotz Fälligkeit der Forderung keine Befriedigung erfolgt, zB wenn Pfandgläubiger bei Nichteinlösung Pfand zum Börsen- oder Marktpreis übernehmen darf, dagegen nicht, wenn dem Pfandgläubiger das Recht eingeräumt wird, das Pfand zu erwerben, ohne Rücksicht darauf, ob das gewährte Darlehen zurückgezahlt wird (JW 1926, 2539), nicht, wenn Pfandgläubiger unabhängig vom Befriedigungsanerbieten Pfand erwerben darf (RG 92, 105; 130, 229). Wird bei Bestellung des Pfandrechts vereinbart, daß der Pfandgeber, der zugleich der persönliche Schuldner ist, nicht berechtigt sein soll, seine Schuld zu tilgen, so liegt eine Forderung nicht vor, ein Pfandrecht ist daher nicht entstanden (BGH NJW 1957, 672).

3   3. § 1229 gilt auch für das **gesetzliche Pfandrecht.** Verbot der Verfallabrede ist nicht analog anzuwenden auf Sicherungsübereignung und -abtretung (BGH WM 1960, 771; aA Erman/Küchenhoff, 9. Aufl, Rz 3) und auf Vereinbarungen mit dinglich (pfandrechtlich) nicht gesicherten Gläubigern, etwa Vereinbarung eines Bürgen mit Darlehensschuldner, ein Grundstück unter bestimmten Voraussetzungen zu übertragen (BGH 130, 101).

1230 *Auswahl unter mehreren Pfändern*

Unter mehreren Pfändern kann der Pfandgläubiger, soweit nicht ein anderes bestimmt ist, diejenigen auswählen, welche verkauft werden sollen. Er kann nur so viele Pfänder zum Verkauf bringen, als zu seiner Befriedigung erforderlich sind.

1   1. Pfandgläubiger darf **unter mehreren Pfändern frei wählen,** weil jedes für die ganze Forderung haftet (§ 1222). Im Verhältnis zwischen Hauptschuldner und Verpfänder ist dieser Grundsatz insoweit **eingeschränkt,** daß Pfändungsgläubiger zunächst auf Sicherheiten seines Hauptschuldners, dh seines Vertragspartners zurückgreifen muß, bevor er Sicherheiten Dritter verwerten darf (BGH WM 1996, 1538). Weitere Grenze: § 226, vgl RG 98, 73; BGH BB 1966, 179. Abweichende Abrede wirkt nur schuldrechtlich. Verkauf daher nicht unrechtmäßig, aber möglicherweise zum Schadensersatz verpflichtend (§ 1243 II).

2. S 2 hat dinglichen Charakter. Verstoß hiergegen macht Pfandverkauf unrechtmäßig; daher unbeschadet des 2 Schutzes des guten Glaubens unwirksam (§§ 1243 I, 1244), vgl RG 118, 252; 145, 212, und zum Schadensersatz verpflichtend. Bei stufenweisem Verkauf sind alle nach Befriedigung des Gläubigers erfolgten Veräußerungen rechtswidrig. Sofern mehr Pfänder als erforderlich verkauft werden, sind alle Veräußerungen rechtswidrig. Das **Verbot des übermäßigen Verkaufs** gilt grundsätzlich auch bei der Verpfändung von **Sachmengen**. Jedoch sind die besonderen Umstände zu berücksichtigen. Bspw kann der Gläubiger im Falle der Verpfändung eines Behältnisses mit 100 Liter Benzin auch dann die Gesamtmenge verkaufen, wenn auch ein Verkauf einer geringeren Menge zur Begleichung der Schuldsumme ausgereicht hätte. Zu bedenken ist, daß eine gewisse Überschreitung schon wegen der Unsicherheit über die Höhe des Erlöses und der Kosten geboten sein kann (vgl Soergel/Habersack § 1230 Rz 4). Keine zwingende Vorschrift, abweichende Abrede daher zulässig (RG JW 1908, 142).

3. Für Pfändungsrecht vgl §§ 803, 818 ZPO. Auf **Sicherungsübereignung** entsprechend anzuwenden (Staud/ 3 Wiegand Rz 8; Serick BB 1970, 541). S auch § 11 PachtKrG und dazu RGRK/Kregel Rz 3.

1231 *Herausgabe des Pfandes zum Verkauf*

Ist der Pfandgläubiger nicht im Alleinbesitz des Pfandes, so kann er nach dem Eintritt der Verkaufsberechtigung die Herausgabe des Pfandes zum Zwecke des Verkaufs fordern. Auf Verlangen des Verpfänders hat anstelle der Herausgabe die Ablieferung an einen gemeinschaftlichen Verwahrer zu erfolgen; der Verwahrer hat sich bei der Ablieferung zu verpflichten, das Pfand zum Verkauf bereitzustellen.

1. **Herausgabe zum Verkauf.** Die Vorschrift gewährt nur einen Anspruch gegen den mitbesitzenden Verpfän- 1 der oder den, der für diesen Besitz ausübt. Gegen allein- oder mitbesitzenden Dritten verbleibt es bei den allgemeinen Vorschriften. Hat Eigentümer nach § 1205 II verpfändet, so kann Pfandgläubiger Herausgabe auf Grund des nach § 870 erworbenen Anspruchs verlangen, muß sich aber etwaige Einwendungen des unmittelbaren Besitzers gefallen lassen. Ziel des Herausgabeanspruchs: Alleinbesitz (unmittelbarer, mittelbarer des Pfandgläubigers), dh etwaiger Mitverschluß (§ 1206) ist zu beenden, Drittbesitzer (§ 1206) ist zu ermächtigen und zu verpflichten, an Pfandgläubiger allein herauszugeben.

2. **Ablieferungsanspruch** nach S 2 kommt für beide Fälle des § 1206 in Betracht. Gemeinschaftlicher Verwah- 2 rer wird im Streitfall durch Prozeßgericht bestellt. Klageänderung des Pfandgläubigers erforderlich, wenn Verpfänder sich auf Ablieferungsanspruch beruft (Pal/Bassenge Rz 2).

3. § 10 III PachtKrG geht als Sonderregelung dem § 1231 vor; vgl Sichtermann PachtKrG S 75. 3

1232 *Nachstehende Pfandgläubiger*

Der Pfandgläubiger ist nicht verpflichtet, einem ihm im Range nachstehenden Pfandgläubiger das Pfand zum Zwecke des Verkaufs herauszugeben. Ist er nicht im Besitz des Pfandes, so kann er, sofern er nicht selbst den Verkauf betreibt, dem Verkauf durch einen nachstehenden Pfandgläubiger nicht widersprechen.

1. **Zusammentreffen rangverschiedener Pfandrechte.** Vorgehender Pfandgläubiger hat in jedem Fall die bes- 1 sere Rechtsstellung.

a) Ist er **im Besitz des Pfandes,** so kann er bei Pfandreife verkaufen; er kann dies aber auch unterlassen, ungeachtet eines etwa nachstehenden Pfandgläubigers. Dieser kann seine Verkaufsberechtigung nicht ungehindert ausüben. Er kann sich aber dem Pfandverkauf des vorgehenden anschließen, kann diesen aber nicht erzwingen. Ist vorgehender Pfandgläubiger zum Pfandverkauf nicht bereit, oder nicht befugt, zB weil seine Forderung noch nicht fällig ist, so kann nachgehender auch nicht die Herausgabe des Pfandes verlangen, um es selbst zu verkaufen. Nachgehender Pfandgläubiger hat aber das Ablösungsrecht nach § 1249, sobald Schuldner zur Leistung berechtigt ist; befriedigt er den vorgehenden, so erwirbt er das vorgehende Pfandrecht und kann nach Herausgabe des Pfandes beide verwirklichen.

b) Ist er **nicht im Besitz des Pfandes,** so kann er bei Pfandreife vom nachgehenden Pfandgläubiger das Pfand herausverlangen, um es zu verkaufen. Will oder kann er den Pfandverkauf nicht vornehmen, so muß er die Pfandsache dem nachstehenden zum Verkauf belassen (RG 87, 325; 97, 42). Wird der Verkauf durchgeführt, so erlischt auch das Pfandrecht des vorgehenden Pfandgläubigers. Der Erlös tritt an die Stelle des Pfandes (§ 1247).

2. **Zusammentreffen ranggleicher Pfandrechte. a)** Bei gemeinschaftlichem Besitz §§ 741ff maßgebend. 2 **b)** Bei Besitz nur eines haben die übrigen mindestens die Rechte nachstehender Pfandgläubiger; des weiteren haben sie nach Pfandreife das Recht, am Verkauf mitzuwirken, vgl Staud/Wiegand Rz 8. **c)** Der Erlös steht ihnen im Verhältnis ihrer Forderungen zu (RG 60, 73).

3. **Entsprechend anzuwenden** auf Pfandrecht am Recht, vgl RG 87, 327; 97, 42. Gegenüber Pfändungspfand- 3 recht Anspruch auf vorzugsweise Befriedigung, vgl § 805 ZPO.

1233 *Ausführung des Verkaufs*

(1) **Der Verkauf des Pfandes ist nach den Vorschriften der §§ 1234 bis 1240 zu bewirken.**
(2) **Hat der Pfandgläubiger für sein Recht zum Verkauf einen vollstreckbaren Titel gegen den Eigentümer erlangt, so kann er den Verkauf auch nach den für den Verkauf einer gepfändeten Sache geltenden Vorschriften bewirken lassen.**

1. Die Bestimmung regelt in **Abs I** den privaten Pfandverkauf, in **Abs II** den Pfandverkauf nach ZPO. Vgl vor 1 § 1204 Rz 8, § 1228 Rz 1.

§ 1233

2 2. §§ 1234–1240 sind nicht zwingend, vgl §§ 1245 I, 1246; für abweichende Abreden Schranke in § 1245 II. Pfandgläubiger verkauft Pfand im eigenen Namen für Rechnung des Verpfänders. Das ihm zustehende Verwertungsrecht ermächtigt ihn auch zur dinglichen Veräußerung. **Sach- und Rechtsmängel** hat er nach § 445 nur dann zu vertreten, wenn er den Mangel arglistig verschwiegen oder eine Garantie für die Beschaffenheit der Sache übernommen hat. Gemäß § 474 II gilt § 445 aber nicht bei Verbrauchsgüterkäufen, sofern nicht eine öffentlich zugängliche gebrauchte Sache versteigert wird (§ 474 I S 2). Im übrigen wird die Rechtsmängelhaftung auch noch durch § 1242 II eingeengt. Landesrechtliche Vorbehalte für Pfandleiher gemäß Art 94 EGBGB. Dazu s auch PfandlVO vom 1. 2. 1961 (BGBl I 58).

3 3. Sind Pfandeigentümer und persönlicher Schuldner personengleich, so kann Pfandgläubiger vollstreckbaren Titel auf Zahlung der Schuld erwirken und auf Grund dieses in die Pfandsache – nach deren Pfändung – gemäß ZPO die Zwangsvollstreckung betreiben. Ist verklagter Schuldner nicht zugleich der Eigentümer der Pfandsache, so kann letzterer dann nicht der Pfändung widersprechen, wenn er zur Duldung der Verwertung verpflichtet ist (RG 143, 277). Demgegenüber erfordert § 1233 II, daß Pfandgläubiger gegen den Eigentümer oder den nach § 1248 als Eigentümer geltenden Verpfänder einen **dinglichen Titel** (Urteil oder Prozeßvergleich) **auf Duldung der Pfandverwertung** erlangt, vgl RG LZ 1916, 1427. Die Klage ist auf das Pfandrecht, nicht auf die Forderung zu stützen, diese aber anzugeben (BGH NJW 1977, 1240). Wird nur in seltenen Fällen praktisch, zB die dem Vermieterpfandrecht unterliegenden Sachen sind in das Eigentum eines anderen übergegangen (RG 104, 301), Eigentümer verneint die Befugnis zum Pfandverkauf. Auf Grund des dinglichen Urteils kann Pfandgläubiger sich befriedigen a) durch privaten Pfandverkauf nach §§ 1234–1240 (argumentum „auch" in § 1233 II), b) (ohne Pfändung!) durch gerichtlichen Pfandverkauf nach ZPO. Daher entfallen die §§ 803–805, 807–813 ZPO; § 816 entfällt insoweit, als er eine Pfändung voraussetzt (Abs I und II). Abs II des § 816 ist durch § 1236 ersetzt; im übrigen anzuwenden §§ 814f, 817 I, III, 820–823, 825 ZPO; § 806 ZPO wird durch § 1242 BGB, § 817 IV ZPO durch § 1239 BGB, § 818 ZPO durch § 1230 BGB, § 819 ZPO durch § 1247 BGB ersetzt. Die §§ 1244, 1248f gelten ohnehin, vgl dazu Staud/Wiegand Rz 13. Pfändet Pfandgläubiger die für fremde Schuld verpfändete Sache aufgrund eines gegen den Schuldner erwirkten Zahlungstitels, so ist der Widerspruch des Eigentümers aus § 771 ZPO arglistig, weil Pfandgläubiger sich aufgrund eines Duldungstitels ohnehin an die Sache halten könnte (RG 143, 277).

4 4. Ob **Sicherungsnehmer** an die Vorschriften über den Pfandverkauf gebunden sein soll, richtet sich nach dem Vertragswillen (RG 83, 53; 95, 245). Bei Kuxen ist dies in der Regel zu bejahen (RG 107, 336). Soll dagegen Sicherungsnehmer nach fruchtlosem Verstreichen einer für die Einlösung der übereigneten Sache bestimmten Frist frei verfügen dürfen, so sind die §§ 1220ff nicht verbindlich. Auf das **gesetzliche Pfandrecht** sind die §§ 1234–1240 anzuwenden.

1234 *Verkaufsandrohung; Wartefrist*

(1) Der Pfandgläubiger hat dem Eigentümer den Verkauf vorher anzudrohen und dabei den Geldbetrag zu bezeichnen, wegen dessen der Verkauf stattfinden soll. Die Androhung kann erst nach dem Eintritt der Verkaufsberechtigung erfolgen; sie darf unterbleiben, wenn sie untunlich ist.

(2) Der Verkauf darf nicht vor dem Ablauf eines Monats nach der Androhung erfolgen. Ist die Androhung untunlich, so wird der Monat von dem Eintritt der Verkaufsberechtigung an berechnet.

1 1. Ordnungsvorschriften für das Verfahren der Veräußerung. Ob Verkauf im Wege öffentlicher Versteigerung (§ 1235 I) oder aus freier Hand (§§ 1235 II, 1221) bewirkt wird, spielt keine Rolle. Nur dem Eigentümer ist **anzudrohen**, nicht dem von ihm verschiedenen Verpfänder – jedoch Fiktion des § 1248 –, nicht dem persönlichen Schuldner. Beweislast dafür, daß Androhung untunlich, trifft den Pfandgläubiger. **Wartefrist** in § 368 HGB und § 22 III VO über Orderlagerscheine vom 16. 12. 1931 (RGBl I 731) auf eine Woche verkürzt. Nach den Allgemeinen Geschäftsbedingungen der Banken entfällt Frist ohnehin gänzlich. Zum Pfandrecht des Frachtführers siehe § 441 HGB, des Verfrachters siehe § 623 HGB. Der Realisationsverkauf von mit Blankoabtretung ins Depot gegebenen Kuxen richtet sich nach §§ 1234ff oder § 368 HGB; vgl RG 107, 334.

2 2. Abweichende Abreden, auch Verzicht auf Androhung und Wartefrist – sogar vor Pfandreife – zulässig (§ 1245). **Verstoß** gegen § 1234 macht Pfandverkauf nicht unrechtmäßig (BGH WM 1993, 1628; zum Verstoß gegen § 1234 II vgl LG Osnabrück WM 1993, 1628), jedoch bei Verschulden uU gemäß § 1243 II Schadensersatzpflicht (RG 145, 211). Den Pfandgläubiger trifft Beweislast, daß auch bei Beachtung des § 1234 Pfandverkauf nicht vermieden und kein höherer Preis erzielt worden wäre; auf mitwirkendes Verschulden des Eigentümers kann er sich nicht berufen (RG JW 1930, 134).

1235 *Öffentliche Versteigerung*

(1) Der Verkauf des Pfandes ist im Wege öffentlicher Versteigerung zu bewirken.
(2) Hat das Pfand einen Börsen- oder Marktpreis, so findet die Vorschrift des § 1221 Anwendung.

1 1. **Öffentliche Versteigerung**, vgl §§ 383 III, 156, 450 II. Sie ist der vom Gesetz vorgesehene Normalfall der Pfandverwertung. Gerichtsvollzieher handelt als Amtsperson (RG 144, 262; 156, 397). Seine Verfügung, einen Termin zur Pfandversteigerung anzuordnen, ist anfechtbarer Justizverwaltungsakt, §§ 23ff EGGVG (Hamm OLGRp 1998, 275). Freihändiger Verkauf, vgl § 1221 und Bemerkungen dazu. Wer unter Marktpreis verkauft, kann sich nicht darauf berufen, daß öffentliche Versteigerung kein höheres Gebot erbracht hätte (RG WarnRsp 1919, 194).

2 2. Verzicht auf Schutz des § 1235 und abweichende Abreden erst nach Pfandreife zulässig (§ 1245 II). **Verstoß** macht Pfandverkauf selbst bei gutgläubigem Erwerb unwirksam (§§ 1243f). Zur Schadensersatzpflicht vgl RG JW 1930, 134.

3. Nach BGH WM 1973, 366 ist die Durchführung des Pfandverkaufs im Wege der öffentlichen Versteigerung nicht an die gesetzlichen Ladenöffnungszeiten des Ladenschlußgesetzes gebunden; anders ist dies aber, wenn ein freihändiger Pfandverkauf nach § 1245 stattfindet.

1236 *Versteigerungsort*
Die Versteigerung hat an dem Orte zu erfolgen, an dem das Pfand aufbewahrt wird. Ist von einer Versteigerung an dem Aufbewahrungsort ein angemessener Erfolg nicht zu erwarten, so ist das Pfand an einem geeigneten anderen Orte zu versteigern.

1. Ordnungsvorschrift über den **Versteigerungsort** vgl § 383 II BGB und §§ 816, 825 ZPO. Einen geeigneten anderen Versteigerungsort bestimmt notfalls das Gericht (§ 1246). Abweichende Abreden sind zulässig (§ 1245). Wer sich über Aufbewahrungsort einigt, vereinbart damit auch Versteigerungsort. Verstoß macht Verkauf nicht unrechtmäßig, aber uU Schadensersatzpflichtig (§ 1243 II).

2. Zum Verkaufsort von Pfändern, die einen Börsen- oder Marktpreis haben, siehe § 1221 Rz 1.

1237 *Öffentliche Bekanntmachung*
Zeit und Ort der Versteigerung sind unter allgemeiner Bezeichnung des Pfandes öffentlich bekannt zu machen. Der Eigentümer und Dritte, denen Rechte an dem Pfande zustehen, sind besonders zu benachrichtigen; die Benachrichtigung darf unterbleiben, wenn sie untunlich ist.

1. Vgl § 383 III BGB, § 816 III ZPO. **Öffentliche Bekanntmachung** hat örtliche Gepflogenheit und etwa für Versteigerung bestehende besondere Vorschriften zu berücksichtigen. Verzicht erst nach Pfandreife zulässig (§ 1245 II). Verstoß macht Verkauf unrechtmäßig (§ 1243) und nach § 823 schadensersatzpflichtig.

2. **Benachrichtigung.** Verzicht bereits vor Pfandreife zulässig (§ 1245 I). Gegenüber dem Eigentümer kann Benachrichtigung mit Verkaufsandrohung verbunden sein (Staud/Wiegand Rz 4). Verstoß macht Verkauf nicht unrechtmäßig (§ 1243), aber uU schadensersatzpflichtig (§ 1243 II).

3. **Sondervorschrift** für gewerbliche Pfandleiher in § 9 IV der PfandlVO vom 1. 2. 1961 (BGBl I 58) idF vom 1. 6. 1976 (BGBl I 1334); für das gesetzliche Pfandrecht des Frachtführers in § 441 IV HGB, des Verfrachters in § 623 IV HGB.

1238 *Verkaufsbedingungen*
(1) Das Pfand darf nur mit der Bestimmung verkauft werden, dass der Käufer den Kaufpreis sofort bar zu entrichten hat und seiner Rechte verlustig sein soll, wenn dies nicht geschieht.
(2) Erfolgt der Verkauf ohne diese Bestimmung, so ist der Kaufpreis als von dem Pfandgläubiger empfangen anzusehen; die Rechte des Pfandgläubigers gegen den Ersteher bleiben unberührt. Unterbleibt die sofortige Entrichtung des Kaufpreises, so gilt das Gleiche, wenn nicht vor dem Schluss des Versteigerungstermins von dem Vorbehalt der Rechtsverwirkung Gebrauch gemacht wird.

1. Die **Verkaufsbestimmungen** kommen nicht nur bei öffentlicher Versteigerung, sondern auch bei freihändigem Verkauf zum Zuge. Vgl § 817 ZPO. Während dort Barzahlungsklausel gesetzlicher Vertragsinhalt ist, muß bei § 1238 Gläubiger dafür sorgen, daß sie im Vertrag aufgenommen wird. Barzahlung ist Zahlung Zug um Zug gegen Übergabe der Pfandsache. Wird mit Barzahlungsklausel verkauft, kommt Käufer ihr aber nicht nach, so tritt der Rechtsverlust nicht von selbst ein, sondern Pfandgläubiger muß ihn durch Rücktritt gemäß § 360 herbeiführen. Abweichende Abreden nach § 1245 zulässig. Verstoß macht Verkauf weder unrechtmäßig noch schadensersatzpflichtig, Rechtsfolgen ergeben sich ausschließlich aus Abs II.

2. **Rechtsfolgen.** Wird Abs I nicht beachtet oder tritt Pfandgläubiger nicht bis zum Schluß des Versteigerungstermins gemäß § 360 zurück, so muß Pfandgläubiger sich im Verhältnis zum Eigentümer, persönlichen Schuldner und den am Pfand dinglich Berechtigten so behandeln lassen, als ob er den Kaufpreis erhalten hätte, vorausgesetzt, daß Sache dem Ersteher übereignet ist; bis dahin bleiben die ursprünglichen Rechte an der Sache unverändert bestehen. Ersteher schuldet dem Pfandgläubiger nach wie vor den Kaufpreis. Zufolge § 1247 gilt ferner Forderung in Höhe des Kaufpreises als vom Eigentümer berichtigt. Übersteigt Kaufpreis Forderung, so erwirbt bisheriger Eigentümer insoweit einen an Stelle des Pfandes getretenen (§ 1247 S 2) Anspruch gegen den Pfandgläubiger.

3. **Rücktrittsrecht** endet nicht mit Schluß des Versteigerungstermins, äußert aber Rechtswirkungen nur im Verhältnis zum Ersteher. Die den übrigen Beteiligten gegenüber bereits eingetretenen Rechtsfolgen bleiben bestehen; deshalb wird Pfandgläubiger Eigentümer der ihm vom Ersteher zurückgegebenen Sache, (Staud/Wiegand Rz 3).

1239 *Mitbieten durch Gläubiger und Eigentümer*
(1) Der Pfandgläubiger und der Eigentümer können bei der Versteigerung mitbieten. Erhält der Pfandgläubiger den Zuschlag, so ist der Kaufpreis als von ihm empfangen anzusehen.
(2) Das Gebot des Eigentümers darf zurückgewiesen werden, wenn nicht der Betrag bar erlegt wird. Das Gleiche gilt von dem Gebot des Schuldners, wenn das Pfand für eine fremde Schuld haftet.

1. Gilt auch für Versteigerungen nach § 1219 (BayObLG 1904, 633). Pfandgläubiger – betreibender wie nicht betreibender – ist zum **Mitbieten** berechtigt. Nur der betreibende Pfandgläubiger ist von Barzahlung befreit. Rechtsfolge, wie bei § 1238 III; § 1247 ist entsprechend anzuwenden (§ 1247 Rz 5). Ersteigert der Eigentümer die Pfandsache, so verschafft er sich damit deren Lastenfreiheit.

§ 1239

2 2. Im übrigen können mitbieten: Verpfänder, persönlicher Schuldner, beliebige Dritte. Vom Mitbieten ausgeschlossene Personen ergeben sich aus §§ 450f.

3 3. Gebot des Verpfänders kann gemäß **Abs II** nur dann bis zum Zuschlag zurückgewiesen werden, wenn er Eigentümer ist oder nach § 1248 als solcher gilt. Rechtsnachteil unterlassener Zurückweisung nur für Pfandgläubiger und nur im Rahmen des § 1238 II. Zur Versteigerung eines Pfändungspfandes s § 816 IV ZPO.

1240 *Gold- und Silbersachen*
(1) Gold- und Silbersachen dürfen nicht unter dem Gold- oder Silberwert zugeschlagen werden.
(2) Wird ein genügendes Gebot nicht abgegeben, so kann der Verkauf durch eine zur öffentlichen Versteigerung befugte Person aus freier Hand zu einem den Gold- oder Silberwert erreichenden Preis erfolgen.

1 1. Vgl §§ 817a, 814 ZPO. Pfandgegenstand selbst muß aus **Gold** oder **Silber** sein, nicht aus anderem Metall. Nicht genügt, daß er mit Gold oder Silber verziert ist; ist er in Gold oder Silber gefaßt, so kommt es darauf an, ob Fassung nach Verkehrsanschauung Hauptsache ist. Pfandgläubiger kann, muß aber nicht den Wert auf Pfandkosten schätzen lassen, anders § 814 ZPO. Maßgeblich Metallwert zur Zeit der Versteigerung.

2 2. Bei **Verstoß** Verkauf unrechtmäßig (§ 1243 I), guter Glaube macht ihn wirksam, wenn Abs I verletzt, nicht dagegen, wenn Abs II verletzt ist (§ 1244). Verzicht auf Schutz des § 1240 vor Pfandreife unzulässig (§ 1245 II).

1241 *Benachrichtigung des Eigentümers*
Der Pfandgläubiger hat den Eigentümer von dem Verkauf des Pfandes und dem Ergebnis unverzüglich zu benachrichtigen, sofern nicht die Benachrichtigung untunlich ist.

1 1. Vgl § 814 ZPO. **Nachricht an Eigentümer** oder an als Eigentümer geltenden Verpfänder (§ 1248). Unter Verkauf fällt der im Weg öffentlicher Versteigerung (§ 1235 I), der freihändige (§§ 1235 II, 1221), der nach ZPO (§ 1233 II) und der vorzeitige (§§ 1219–1221). Verzicht auf Benachrichtigung auch vor Pfandreife zulässig. Von einem fruchtlosen Verkaufsversuch braucht der Pfandgläubiger den Eigentümer nicht zu benachrichtigen.

2 2. Verstoß macht Verkauf nicht unrechtmäßig, aber uU schadensersatzpflichtig (§ 1243 II).

3 3. Sondervorschriften für das gesetzliche Pfandrecht des Frachtführers (§ 441 IV HGB) und des Verfrachters (§ 623 IV HGB).

1242 *Wirkungen der rechtmäßigen Veräußerung*
(1) Durch die rechtmäßige Veräußerung des Pfandes erlangt der Erwerber die gleichen Rechte, wie wenn er die Sache von dem Eigentümer erworben hätte. Dies gilt auch dann, wenn dem Pfandgläubiger der Zuschlag erteilt wird.
(2) Pfandrechte an der Sache erlöschen, auch wenn sie dem Erwerber bekannt waren. Das Gleiche gilt von einem Nießbrauch, es sei denn, dass er allen Pfandrechten im Range vorgeht.

1 1. **Abs 1** stellt klar, daß der das Pfand verkaufende Pfandgläubiger, der nicht Eigentümer ist, infolge seines Pfandrechts über fremdes Eigentum wirksam verfügen kann; Abs II regelt die Folgen für andere an der Sache bestehende dingliche Rechte.

2 2. **Voraussetzungen** für die rechtmäßige Veräußerung sind: **a)** Bestehen des Pfandrechts (RG 100, 277). **b)** Grundgeschäft, dh Abschluß eines Kaufvertrages (bei Versteigerung Erteilung des Zuschlags) durch Pfandgläubiger. **c)** Erfüllungsgeschäft entsprechend § 929ff, dh Einigung und Übergabe, soweit nicht Käufer wie bereits im Besitz (§ 929 II) oder Ersatzübergabe vorliegt (§§ 930, 931). Auch bei Zwangsüberweisung gemäß § 825 ZPO erlangt Erwerber Eigentum erst mit Übergabe (RG 126, 21, anders Hamburg OLG 29, 216, Schönke Zwangsvollstreckungsrecht § 27 IIIa: durch Zustellung des Beschlusses). **d)** Beachtung der Rechtmäßigkeitsvoraussetzungen des § 1243 I, jedoch wird bisweilen mangelnde Rechtmäßigkeit durch guten Glauben wettgemacht (§ 1244). Ersteht der betreibende Gläubiger die Pfandsache, so sind das Grundgeschäft wie das Erfüllungsgeschäft einseitig.

3 3. **Rechtsfolgen. a)** Weil **Erwerber** Eigentum erlangt, erlischt das des bisherigen Eigentümers.

4 **b) Abs II. Rechte Dritter** – in Betracht kommen nur Pfandrecht und Nießbrauch – erlöschen am Pfand, mögen sie dem Pfandrecht, dessentwegen Verkauf erfolgt, nachfolgen oder vorgehen, a) nach § 1242 II, wenn sie dem Erwerber bekannt sind, mit Ausnahme des allen Pfandrechten vorgehenden Nießbrauchs. Geht Nießbrauch zwar dem Pfandrecht des betreibenden Gläubigers, nicht aber einem anderen vor, so erlischt er, denn er kann nicht bestehenbleiben, wenn das ihm im Rang vorgehende Pfandrecht untergeht. Rechte Dritter erlöschen b) nach § 936, wenn sie dem Erwerber unbekannt sind, ausnahmslos, also auch vorgehender Nießbrauch. § 935 entfällt. Rechte setzen sich aber am Erlös fort, der an Stelle des Pfandes tritt (§ 1247), Nießbrauch am Erlös gemäß § 1067 (!).

5 **c)** Pfandrecht des **betreibenden Pfandgläubigers** setzt sich nicht fort. An dem ihm gebührenden Teil des Erlöses erlangt er Eigentum; insoweit gilt er als vom bisherigen Eigentümer der Pfandsache befriedigt (§ 1247). Ersteht betreibender Pfandgläubiger die Pfandsache, so tritt an die Stelle des Pfandes die Kaufpreisforderung – zur Barzahlung ist er nicht verpflichtet, vgl § 1239 Rz 1. – Soweit der Kaufpreis dazu dient, um die gesicherte Forderung zu decken, ist er also vom bisherigen Pfandgläubiger empfangen anzusehen (§ 1230). Somit ist Pfandgläubiger tatsächlich nur bezüglich eines etwaigen Mehrerlöses Schuldner des bisherigen Pfandeigentümers; an dieser Forderung setzen sich die Rechte fort. Ersteigert bisheriger Eigentümer das Pfand, so ist § 1242 ebenfalls anzuwenden.

d) **Pfandgläubiger haftet bei öffentlicher Versteigerung grundsätzlich nicht für Sach- und Rechtsmängel,** 6
§ 445 (vgl § 1233 Rz 2). Bei freihändigem Verkauf gelten dagegen die allgemeinen Gewährleistungsvorschriften.
Wandelt Ersteher, wird ursprüngliche Rechtslage wiederhergestellt: Pfandforderung lebt wieder auf, Pfandgläubiger erwirbt wieder Pfandrecht und bisheriger Eigentümer wird wieder Eigentümer (Pal/Bassenge Rz 2; MüKo/Damrau Rz 6; Staud/Wiegand Rz 3f).

4. Entsprechend anzuwenden auf **gesetzliches Pfandrecht** (§ 1257), nach RG 61, 330; 87, 325 auch auf **Pfändungspfandrecht,** dazu s Einl § 1204 Rz 15–17; nicht auf Erwerb vom **Sicherungseigentum** (Staud/Wiegand Rz 9, RG SeuffA 84, 140). 7

1243 *Rechtswidrige Veräußerung*
(1) Die Veräußerung des Pfandes ist nicht rechtmäßig, wenn gegen die Vorschriften des § 1228 Abs. 2, des § 1230 Satz 2, des § 1235, des § 1237 Satz 1 oder des § 1240 verstoßen wird.
(2) Verletzt der Pfandgläubiger eine andere für den Verkauf geltende Vorschrift, so ist er zum Schadensersatz verpflichtet, wenn ihm ein Verschulden zur Last fällt.

1. Die Bestimmung legt fest, wann ein Pfandverkauf rechtmäßig ist und die Wirkungen gemäß § 1242 eintreten. 1
Vgl dazu vor § 1204 Rz 6–8. Die Fälle nichtrechtmäßigen Pfandverkaufs sind erschöpfend aufgezählt. Es handelt sich um folgende **Verstöße gegen wesentliche Verfahrensvorschriften:** a) Verkauf vor Pfandreife (§ 1228 II), b) übermäßiger Verkauf (§ 1230 S 2), c) Fehlen einer öffentlichen Versteigerung oder des Verkaufs durch öffentlich Ermächtigten (§ 1235), d) mangelnde Bekanntmachung von Zeit und Ort der Versteigerung (§ 1237 S 1), e) Zuschlag von Gold- und Silbersachen oder deren freihändiger Verkauf durch öffentlichen Versteigerer unter dem Gold- oder Silberwert. Diesen Fällen ist der gleichzusetzen, daß es dem Veräußerer am Pfandrecht fehlt, argumentum § 1244 S 1.

2. **Rechtsfolgen.** a) Erwerber erlangt nicht das Eigentum. b) Dingliche Rechte an Pfandsache bleiben bestehen 2
(RG 100, 277). c) Gesicherte Forderung erlischt nicht, vgl RG LZ 1921, 380. Jedoch Schutz des guten Glaubens nach § 1244. Soweit dieser nicht hilft, ist Erwerber auf Anspruch aus § 440 gegen Veräußerer auf Verschaffung des Eigentums angewiesen. Erlangt Erwerber kraft guten Glaubens Eigentum, so haben bisheriger Eigentümer und dinglich Berechtigte Schadensersatzanspruch aus unerlaubter Handlung (RG JW 1926, 2847; 100, 274), aus §§ 280 I, III, 282, denn die Pfandrechtsvorschriften sind regelmäßig als Inhalt des Verpfändungsvertrages anzusehen (Frankfurt NJW-RR 1986, 44), schließlich uU nach den §§ 990ff, vgl Wolff/Raiser § 166 Anm 13. Zur Verjährung dieser Schadensersatzansprüche BGH NJW-RR 1998, 543. Bei Gattungssachen hat Eigentümer Anspruch auf Lieferung von Sachen gleicher Art und Güte (RG 106, 88). Trifft Veräußerer kein Verschulden, so verbleiben lediglich Bereicherungsansprüche (RG 77, 207).

3. Unter **Abs II** fällt Verstoß gegen folgende Schutzvorschriften: a) Androhung (§ 1234, vgl BGH WM 1993, 3
1628), b) Ort der Versteigerung (§ 1236), c) Benachrichtigung des Eigentümers und dinglich Berechtigter von Zeit und Ort der Versteigerung (§ 1237 S 2), d) Mitbietungsrecht des Eigentümers (§ 1239), e) Benachrichtigung des Eigentümers vom Verkauf des Pfandes (§ 1241), f) Verstoß gegen vereinbarte (§ 1245) oder vom Gericht bestimmte Verkaufsvorschriften (§ 1246). Ein Verstoß gegen diese Ordnungsvorschriften berührt die Rechtmäßigkeit nicht. Pfandgläubiger macht sich aber bei schuldhafter Schädigung schadensersatzpflichtig. Schaden besteht nicht in Rechtsverlust infolge Pfandverwertung, sondern in Vermögenseinbuße im Vergleich zur formal ordnungsgemäßen Verwertung (BGH NJW-RR 1998, 543; Frankfurt aM WM 1998, 75).

4. **Beweislast** für Verstoß und Schaden hat nach allgemeinen Grundsätzen der Kläger, Pfandgläubiger hat sich 4
zu entlasten (RG 86, 321). Weist Pfandgläubiger nach, daß auch bei rechtmäßiger Veräußerung kein besserer Erlös erzielt worden wäre, so entfällt Schadensersatzanspruch (RG 77, 205).

5. **Heilung** der Verstöße gegen Abs I und Abs II durch Genehmigung des Eigentümers des Pfandes möglich. 5
Dann tritt Rechtslage ein, wie sie bei ordnungsgemäßer Verwertung bestehen würde (BGH NJW 1995, 1350). Keine Heilung durch nachträgliche Anordnung gemäß § 1246 II (Köln EWiR § 559 BGB 2/1995, 753; Pal/Bassenge § 1244 Rz 4). Schadensersatzanspruch aus Abs II möglich, wenn Berechtigter nur Verstoß gegen Abs I genehmigt und im übrigen Verletzung pfandrechtlicher Ordnungsvorschriften nicht gegen sich gelten lassen will, arg § 1245 (BGH NJW-RR 1998, 543).

1244 *Gutgläubiger Erwerb*
Wird eine Sache als Pfand veräußert, ohne dass dem Veräußerer ein Pfandrecht zusteht oder den Erfordernissen genügt wird, von denen die Rechtmäßigkeit der Veräußerung abhängt, so finden die Vorschriften der §§ 932 bis 934, 936 entsprechende Anwendung, wenn die Veräußerung nach § 1233 Abs. 2 erfolgt ist oder die Vorschriften des § 1235 oder des § 1240 Abs. 2 beobachtet worden sind.

1. Vgl zunächst vor § 1204 Rz 6–8. Die Bestimmung regelt den **gutgläubigen Erwerb** des Eigentums an der 1
Pfandsache bei der Verwertung (§ 1207 bezieht sich auf den gutgläubigen Erwerb des Pfandrechts). Der gutgläubige Erwerber der Pfandsache ist ähnlich geschützt wie der gutgläubige Erwerber einer Sache. Guter Glaube vermag bei Vorliegen gewisser Voraussetzungen (Rz 2–4) folgende Mängel auszugleichen: a) Fehlen des Pfandrechts, b) Fehlen von Rechtmäßigkeitsvoraussetzungen (vgl § 1243 Rz 1, 2).

2. **Voraussetzungen.** a) Veräußerung – auch vorzeitige nach §§ 1219–1221 – muß in Ausübung eines vorhan- 2
denen oder vorgeblichen Pfandrechts erfolgen. Veräußert dagegen der Pfandgläubiger die Sache als seine eigene ohne ein Pfandrecht zu behaupten, so gelten die §§ 932–936 (auch § 935!) unmittelbar.

§ 1244

3 b) Es muß eine der 3 besonderen Veräußerungsarten vorliegen: **aa)** öffentliche Versteigerung (§ 1235 I), auch die auf Grund dinglichen Titels (§ 1233 I), **bb)** freihändiger Verkauf zum Markt- und Börsenpreis durch öffentlich ermächtigten Handelsmakler oder öffentlichen Versteigerer (§§ 1235 II, 1221), **cc)** freihändiger Verkauf durch öffentlichen Versteigerer zum Gold- und Silberpreis (§ 1240 II).

4 c) Erwerber muß gutgläubig sein – was vermutet wird –, dh er darf Fehlen **aa)** des Pfandrechts oder **bb)** von Rechtmäßigkeitsvoraussetzungen nicht gekannt oder aus grober Fahrlässigkeit übersehen haben (§ 932 II), vgl RG 100, 277; 104, 300. Guter Glaube an das Eigentum nur dann wesentlich und erforderlich, wenn Pfandgläubiger die Sache nicht als Pfand, sondern als seine eigene veräußert. Liegt keine der 3 besonderen Veräußerungsarten vor, so hilft kein guter Glaube, es bleibt bei den Folgen fehlender Rechtmäßigkeit. Dies gilt insbesondere für freihändige Veräußerung (RG 100, 276) und bei abweichendem Pfandverkauf gemäß §§ 1245f.

5 **3. Rechtsfolgen. a)** Der Erwerber erlangt Eigentum an Pfandsache, ohne Rücksicht darauf, ob sie dem bisherigen Eigentümer abhanden gekommen war – argumentum: § 935 nicht aufgeführt –; Erwerber kann auch Pfandgläubiger selbst sein, der wegen § 1207 kein Pfandrecht erlangte (RG 104, 300). Eigentum wird nach §§ 1242 II, 936 frei von Rechten.

6 b) Für den **Erlös** gilt folgendes: **aa)** Beim Fehlen des Pfandrechts – siehe Rz 2 – gebührt der Erlös nicht dem Pfandgläubiger; durch ihn erwirbt das Eigentum am Erlös der bisherige Pfandeigentümer. Pfandgläubiger, dem an der Pfandsache kein Pfandrecht zustand, erlangt auch keines am Erlös; dagegen setzen sich die Rechte anderer Beteiligter gemäß § 1247 S 2 am Erlös fort. Zur Rechtslage bei fehlendem Pfandrecht im allgemeinen siehe § 1247 Rz 2, 3.

7 **bb)** Beim Fehlen von Rechtmäßigkeitsvoraussetzungen – siehe Rz 3 – kommt § 1247 in Betracht (siehe Rz 4 dazu). Dh: Vor Pfandreife (§ 1228 II) erwirbt Pfandgläubiger nur ein Pfandrecht am gesamten Erlös mit dem Recht, sich aus ihm nach Pfandreife zu befriedigen. Liegt diese vor, so erwirbt Pfandgläubiger Eigentum – Miteigentum – am Erlös, insoweit er ihm gebührt; am übrigen Erlös setzen sich die Rechte der anderen Beteiligten fort; vgl Staud/Wiegand § 1247 Rz 14–17.

8 c) Schadensersatz- und Bereicherungsansprüche der Beteiligten gegen den Pfandgläubiger werden durch die Veräußerung nicht betroffen. Zu Wandlung und Rücktritt des Käufers siehe § 1242 Rz 6.

9 **4.** Erlangt Ersteher kein Eigentum, so bleiben das an der Sache etwa bestehende Pfandrecht und sonstige Rechte erhalten; Pfandgläubiger hat Erlös gegen Rückgabe der Sache wieder herauszugeben.

10 **5.** Entsprechend anzuwenden auf **gesetzliches Pfandrecht** (§ 1257), nicht dagegen auf **Pfändungspfandrecht**, vgl Einl § 1204 Rz 14–17, RG 156, 397 und ihm folgend BGH 55, 20ff; kritisch dazu Staud/Wiegand Anh § 1257 Rz 29. Ist die Sache wirksam gepfändet, so überträgt der Gerichtsvollzieher als Beamter kraft staatlichen Verfügungsrechts das Eigentum an der versteigerten Sache lastenfrei auf den Ersteher. Dieser wird mit der Aushändigung Eigentümer, gleichgültig, wem die Sache gehörte und ob er gutgläubig war. An Stelle der Sache tritt der Erlös, an den Dritte sich halten müssen (§ 805 ZPO). Der geschädigte Eigentümer ist auf § 812 und § 771 ZPO angewiesen. Ist Pfändung gänzlich unwirksam, so kann auch der gutgläubige Ersteher kein Eigentum erwerben.

1245 *Abweichende Vereinbarungen*

(1) Der Eigentümer und der Pfandgläubiger können eine von den Vorschriften der §§ 1234 bis 1240 abweichende Art des Pfandverkaufs vereinbaren. Steht einem Dritten an dem Pfande ein Recht zu, das durch die Veräußerung erlischt, so ist die Zustimmung des Dritten erforderlich. Die Zustimmung ist demjenigen gegenüber zu erklären, zu dessen Gunsten sie erfolgt; sie ist unwiderruflich.

(2) Auf die Beobachtung der Vorschriften des § 1235, des § 1237 Satz 1 und des § 1240 kann nicht vor dem Eintritt der Verkaufsberechtigung verzichtet werden.

1 **1. Abweichende Verkaufsvereinbarung.** Mögliche Partner: Eigentümer oder als ein solcher Geltender, dessen Insolvenzverwalter (RG 84, 70) – nicht Verpfänder – und Pfandgläubiger. Möglicher Inhalt: Art des Verkaufs – nicht dessen völliger Ausschluß – oder andere Art der Verwertung oder andere Zeit. Abreden haben dingliche Wirkung, bleiben daher auch in der Insolvenz verbindlich, so zB des freihändigen Verkaufs (RG Gruch 48, 409). Sie können Erleichterungen oder Erschwerungen bringen. Mögliche Folgen vereinbarter Erschwerungen: Verstoß hat Unrechtmäßigkeit des Verkaufs oder Schadensersatzpflicht oder Vertragsstrafe zur Folge, im Zweifel ist das Geringere anzunehmen.

2 **2. Zustimmung** (§ 182) **Dritter** wegen § 1242 II. Begünstigter ist bei Erleichterung der Pfandgläubiger, bei Erschwerung der Eigentümer.

3 **3. Verstoß** gegen Schutzvorschrift des Abs II macht Veräußerung unrechtmäßig und verpflichtet trotz vorherigen Verzichts zum Schadensersatz.

4 **4. Auswirkung** der Abreden auf gutgläubigen Erwerb: Nichtbeachtung vereinbarter Erschwerungen kann dem gutgläubigen Erwerber nicht entgegengehalten werden. Vereinbarte zulässige Erleichterungen kommen auch dem gutgläubigen Erwerber zugute; bei rechtswirksamem Verzicht auf Beachtung der §§ 1235, 1240 II allerdings unter der Voraussetzung, daß Pfandrecht überhaupt bestand. Nicht geschützt wird aber die irrtümliche Annahme von Erleichterungen.

5 **5.** Außerhalb des § 1245 wirken abweichende Abreden nur schuldrechtlich, bei § 1230 S 2 aber ausnahmsweise dinglich. Bezüglich des § 1228 II sind Erleichterungen zugunsten des Pfandgläubigers schlechthin unzulässig, vgl § 1228 Rz 4.

1246 *Abweichung aus Billigkeitsgründen*
(1) Entspricht eine von den Vorschriften der §§ 1235 bis 1240 abweichende Art des Pfandverkaufs nach billigem Ermessen den Interessen der Beteiligten, so kann jeder von ihnen verlangen, dass der Verkauf in dieser Art erfolgt.
(2) Kommt eine Einigung nicht zustande, so entscheidet das Gericht.

1. Die Vorschrift gewährt den am Pfandverkauf Beteiligten einen persönlichen Anspruch auf eine andere Verkaufsart als im Gesetz vorgeschrieben. **Beteiligte** sind: Pfandgläubiger, Eigentümer, Dritte, deren Rechte durch Veräußerung erlöschen würden, nicht Verpfänder als solcher, aber § 1248; nicht persönlicher Schuldner, BGH 18, 152 steht dem nicht entgegen, denn offensichtlich ist dort ein Schuldner gemeint, der zugleich Eigentümer der Sache und deshalb „Beteiligter" gewesen ist. Zum billigen Ermessen s BayObLG 1983, 393.

2. Kommt eine **Einigung** zustande, ist das Ziel des Abs I erreicht, nämlich eine Abrede gemäß § 1245. Kommt sie **nicht** zustande, so entscheidet das Amtsgericht des Aufbewahrungsorts im Verfahren der freiwilligen Gerichtsbarkeit (§ 166 FGG) über die Art der Veräußerung – nicht über die Befugnis zum Pfandverkauf (KGJ 24, 3) –. Zuständig ist der Rechtspfleger gemäß § 3 Nr 1 lit b RPflG. Beschwerde nach §§ 19ff FGG. Nach Pfandverkauf ist Entscheidung des Gerichts nicht mehr möglich (Köln EWiR § 559 BGB 2/1995, 753).

1247 *Erlös aus dem Pfand*
Soweit der Erlös aus dem Pfande dem Pfandgläubiger zu seiner Befriedigung gebührt, gilt die Forderung als von dem Eigentümer berichtigt. Im Übrigen tritt der Erlös an die Stelle des Pfandes.

1. Pfandgläubiger zieht **Erlös** für sich und die übrigen Berechtigten ein. Eigentum an ihm erwirbt er nur insoweit, als Erlös an die Stelle des Pfandes tritt. S 1 dieser Vorschrift beruht damit auf dem **Traditionsprinzip** (vgl Staud/Wiegand Rz 2ff), also darauf, daß Gläubiger im Umfang seiner Forderung (§ 1210) das Eigentum am Erlös nach § 929 S 1 vom Ersteher erwirbt. Aufgrund der Fiktion des § 1247 S 1 hat dieser Erwerb die Wirkung einer Leistung des Eigentümers. S 2 liegt dagegen das **Surrogationsprinzip** zugrunde, wonach sich das Eigentum und andere am Pfand bestehende dingliche Rechte am Erlös fortsetzen. Der Erlös gebührt dem Pfandgläubiger nicht a) soweit ihm Rechte vorgehen, b) soweit Erlös Forderung übersteigt, c) bei Fehlen eines Pfandrechts (§ 1244). Soweit Erlös ihm nicht gebührt, können Berechtigte dessen Herausgabe verlangen.

2. Rechtslage bei **fehlendem Pfandrecht. a)** Hat der Ersteher, weil bösgläubig, Eigentum an der Sache nicht erworben, so ändert sich an der Zuordnung des Eigentums an der Sache nichts. Etwaige Rechte Dritter an der Sache bleiben bestehen. Ersteher muß gemäß § 985 die Sache dem Eigentümer herausgeben, der „Pfandgläubiger" muß dem Ersteher den vereinnahmten Erlös erstatten.

b) Hat Ersteher Eigentum erworben, so erwirbt bisheriger Eigentümer kraft dinglicher Surrogation Eigentum am Erlös. Er kann diesen vom „Pfandgläubiger" gemäß § 985 herausverlangen, nach Vermischung gemäß § 951 Vergütung fordern. Etwaige Rechte Dritter setzen sich am Erlös oder der Vergütungsforderung fort.

3. Gebührt dem Pfandgläubiger Erlös in vollem Umfang, so erwirbt er Alleineigentum, gebührt er ihm zum Teil, so erwirbt er insoweit Eigentum für sich, im übrigen für den Pfandeigentümer, es entsteht also Miteigentum (RG 63, 17). Am Anteil des Eigentümers setzen sich kraft **dinglicher Surrogation** die Rechte Dritter fort. Mit Trennung entsteht Alleineigentum des Pfandgläubigers und des bisherigen Eigentümers; Rechte Dritter erfassen alsdann nur das letzterem gehörige Geld. Vermischt Pfandgläubiger Erlös mit eigenem Geld, so sind §§ 948, 947 maßgeblich. Verliert bisheriger Eigentümer das Eigentum am Geld, weil Pfandgläubiger es ausgibt, so setzen sich die Rechte Dritter an der Ersatzforderung fort. Ist Forderung des Pfandgläubigers erst zu einem Teil fällig, so steht ihm der Erlös nur insoweit zu; an übrigen, dem Pfandgläubiger zugefallenen Erlösteil setzen sich fort: a) sein Pfandrecht – mit der Befugnis, sich nach Fälligkeit zu befriedigen – b) etwaige Rechte Dritter. Reicht Erlös nicht aus, um gleichrangige Pfandgläubiger vollends zu befriedigen, so ist er im Verhältnis der Forderungen zu verteilen (RG 60, 70). Erlischt Nießbrauch nach § 1242 II, so erlangt der Nießbraucher an dem auf ihn entfallenden Teil des Erlöses gemäß § 1067 Eigentum.

4. Rechtslage bei bestehendem Pfandrecht, aber im Sinne des § 1243 I **unrechtmäßiger Veräußerung. a)** Hat Ersteher, weil bösgläubig oder weil der gute Glaube den Rechtsmangel nicht wettmacht, Eigentum an der Pfandsache nicht erworben, so gilt das oben Rz 2 Gesagte, mit der Maßgabe, daß der Ersteher die Sache an den Pfandgläubiger herauszugeben hat, in dessen Besitz sie ihr gewöhnlich geblieben ist. **b)** Hat Ersteher Eigentum erworben, so ist zu unterscheiden: **aa)** Vor Pfandreife erwirbt Pfandgläubiger nur ein Pfandrecht am gesamten Erlös mit dem Recht, sich aus ihm nach Pfandreife zu befriedigen; vgl § 1244 Rz 7. **bb)** Nach Pfandreife erwirbt Pfandgläubiger Eigentum – Miteigentum – am Erlös, insoweit er ihm gebührt; am übrigen Erlös setzen sich die Rechte anderer fort; vgl § 1244 Rz 7 und § 1247 Rz 3; Staud/Wiegand Rz 17.

5. Besteht **Erlös** in einer **Forderung a)** gegen den Pfandgläubiger (§§ 1238 II, 1230 S 2) oder b) gegen den Käufer (§§ 1245f), so gilt folgendes: zu a) Pfandgläubiger wird, soweit ihm der Kaufpreis – er gilt als von ihm empfangen (§§ 1238f) – nicht gebührt, dem Eigentümer verhaftet; an dessen Forderung gegen ihn setzen sich Rechte Dritter fort. Wird Kaufpreis bezahlt, so tritt das Geld als endgültiger Erlös an die Stelle des Pfandes. Zu b) Soweit Kaufpreis dem Pfandgläubiger nicht gebührt, ist bisheriger Pfandeigentümer mindestens im Innenverhältnis an der Kaufpreisforderung mitberechtigt. Entsprechend setzen sich an ihr Rechte Dritter fort. Zieht Pfandgläubiger, wozu er grundsätzlich befugt ist, Kaufpreisforderung ein, so tritt Geld als endgültiger Erlös an die Stelle des Pfandes, vgl RGRK Anm 3. Im übrigen gilt das oben Gesagte entsprechend.

Erfolgt die Verwertung des Pfandes gem § 166 InsO durch den **Insolvenzverwalter**, so erstreckt sich das Pfandrecht nach Maßgabe des § 1247 auf den Verwertungserlös. Dies gilt ungeachtet des Umstands, daß § 166 InsO (im

§ 1247 Sachenrecht Pfandrecht

Gegensatz zu § 127 I S 2 KO) die Erstreckung nicht ausdrücklich anordnet. Insbesondere erfaßt das Pfandrecht auch eine Forderung aus der Verwertung von zur Masse gehörenden beweglichen Sachen (noch zu § 127 KO BGH 29, 280).

7 6. Werden dem **Verpfänder nicht gehörige Sachen** rechtswirksam veräußert, so gilt Pfandgläubiger als durch Eigentümer befriedigt. Diesem fällt der dem Pfandgläubiger nicht gebührende Teil des Erlöses zu (Dresden OLG 6, 126). Pfandforderung geht auf Eigentümer des verkauften Pfandes gemäß § 1225 über; es sind aber auch §§ 1249 S 2, 268 III – mindestens entsprechend – anzuwenden (Frankfurt JW 1931, 2751; RGRK Rz 4; anders Staud/Wiegand Rz 20. Gegebenenfalls auch Ansprüche aus Vertrag oder ungerechtfertigter Bereicherung.

8 7. § 1247 gilt auch für den Verkauf gemäß § 1233 II. Er ist ferner auf das **gesetzliche Pfandrecht** (§ 1257) anzuwenden. Dagegen kommt er für das **Pfändungspfandrecht** wegen des § 819 ZPO nicht in Betracht. Es gilt hier aber gleichfalls der Grundsatz der dinglichen Surrogation: An die Stelle der Sache tritt der Erlös; er gehört also dem bisherigen Eigentümer der versteigerten Sache; das Pfändungspfandrecht und etwaige Rechte Dritter setzen sich an ihm fort. Das Eigentum am Erlös erlangt der Pfändungsgläubiger erst mit der Übergabe. Dabei spielt keine Rolle, wem der Erlös vor der Übergabe gehörte, ob dem Schuldner als Eigentümer der versteigerten Sache oder einem Dritten, dessen Sache zu unrecht der Zwangsvollstreckung unterworfen wurde, und ob der Pfändungsgläubiger bei der Übergabe des Geldes gutgläubig war. Der Gerichtsvollzieher verfügt über den Erlös, wenn er ihn auszahlt, als Beamter kraft staatlichen Verfügungsrechts; vgl Einl § 1204 Rz 14–17. Nach RG 156, 399 ist gemäß der öffentlich-rechtlichen Theorie § 1247 S 2 entsprechend anzuwenden.

1248 Eigentumsvermutung
Bei dem Verkauf des Pfandes gilt zugunsten des Pfandgläubigers der Verpfänder als der Eigentümer, es sei denn, dass der Pfandgläubiger weiß, dass der Verpfänder nicht der Eigentümer ist.

1 1. **Eigentumsvermutung.** Die Vorschrift unterstellt zugunsten des Pfandgläubigers, daß der Verpfänder auch der Eigentümer des Pfandes ist. Der Pfandgläubiger (zB der Spediteur) kann sich aufwendige Nachforschungen über die Eigentumsverhältnisse ersparen, RGRK Rz 1, Staud/Wiegand Rz 1. Die positive Kenntnis, daß der Verpfänder nicht der Eigentümer ist, schließt diese Unterstellung aus, nicht schon die grob fahrlässige Unkenntnis. Beweislast liegt beim Gegner des Pfandgläubigers, der dessen Kenntnis behaupten und beweisen muß.

2 2. **Anwendungsbereich.** Die Regel gilt nur für Verkauf (§ 1233 I, aber auch § 1233 II: bei Klage auf Duldung der Pfandverwertung kann also der Verpfänder als Eigentümer angesehen und verklagt werden) des Pfandes, einschließlich der Aushändigung des Erlösüberschusses, nicht für Erwerb – dieser richtet sich nach §§ 1207, 1208 –, nicht für Rückgabe (§ 1223), nicht für Erwerb der Pfandsache nach § 1239 – hier Schutz nach § 1244 –. Nur für Pfandgläubiger, nicht für Verpfänder, der sich auf § 1006 berufen kann.

3 3. § 1248 ist auf **gesetzliches Pfandrecht** (§ 1257), nicht aber auf **Pfändungspfandrecht** anzuwenden.

1249 Ablösungsrecht
Wer durch die Veräußerung des Pfandes ein Recht an dem Pfande verlieren würde, kann den Pfandgläubiger befriedigen, sobald der Schuldner zur Leistung berechtigt ist. Die Vorschrift des § 268 Abs. 2, 3 findet entsprechende Anwendung.

1 1. **Ablösungsrecht.** Die Vorschrift gewährt dinglich Berechtigten die Möglichkeit, den Verlust ihres eigenen Rechts dadurch abzuwehren, daß sie den Pfandgläubiger befriedigen.
a) Berechtigte sind der Eigentümer des Pfandes, sofern er nicht persönlicher Schuldner ist, denn wenn dieser zahlte, würde Forderung und mit ihr Pfandrecht erlöschen (§ 1252). Pfandgläubiger und Nießbraucher (§ 1242 Abs II und § 1242 Rz 5). Inhaber eines kaufmännischen Zurückbehaltungsrechts, obwohl kein eigentliches Recht am Pfand, vgl Staud/Wiegand Rz 3; RG 167, 299, zweifelnd RGRK Rz 2. **Nicht** ablösungsberechtigt dagegen Besitzer als solcher, anders § 1150 (RG HansGZ 1933, 172); nicht Grundstückseigentümer bei Pfandrecht an Hypothek, weil deren Veräußerung sein Recht nicht beeinträchtigt (RG JW 1903, Beilage 55); nicht Miterbe hinsichtlich des am Erbteil eines Miterben bestehenden Pfandrechts, denn das gesetzliche Vorkaufsrecht des § 2034 kann trotz gewisser dinglicher Wirkungen nicht als Recht am Erbteil angesehen werden, selbst wenn der Nachlaß ganz oder zum Teil aus Grundstücken besteht, vgl RG 167, 299.
b) Sind mehrere Sachen verpfändet, so kann Eigentümer jeder Sache durch Zahlung der ganzen Forderung Pfandrecht an allen Sachen erwerben (RG 83, 390). Es kann ausgeübt werden, sobald Schuldner zur Leistung berechtigt, vgl § 271 II, und solange Pfandsache noch nicht dem Erwerber übergeben ist. Nicht erforderlich, daß Pfand zum Verkauf gebracht ist oder werden kann. Sind Teilleistungen möglich, so Teilablösung, Pfandrechte des Gläubigers hat dann aber vor dem Überrest den Vorrang. Befriedigung auch durch Aufrechnung oder Hinterlegung (§§ 1224, 268 II). Pfandgläubiger muß entgegen § 267 II Leistung auch dann annehmen, wenn Schuldner widerspricht, andernfalls gerät er in Annahmeverzug. Das Ablösungsrecht ist dinglicher Natur, sonstiges Recht im Sinne des § 823 I (RG 83, 393).

2 2. **Rechtsfolgen:** Forderung und mit ihr Pfandrecht gehen auf den aus eigenen Mitteln Ablösenden über (§§ 268 III, 412, 401, 1250), ohne daß es auf seine innere Willensrichtung ankommt, gleichgültig, ob er als Beauftragter oder Bevollmächtigter des Schuldners oder als Mitverpflichteter auftritt (BGH NJW 1956, 1197). Daher – nach Befriedigung – Anspruch auf Herausgabe des Pfandes (§ 1251), bei mehreren Pfändern aller (RG 83, 391). Zur Ausgleichspflicht der an den verschiedenen Pfändern Berechtigten vgl § 1225 Rz 4f. Forderungsübergang darf nicht zum Nachteil des Pfandgläubigers führen, so zB wenn diesem ein Zurückbehaltungsrecht zusteht (RG 126, 182).

3. Auf **gesetzliches Pfandrecht** entsprechend anzuwenden (§ 1257), vgl Celle NJW 1968, 1139 zugunsten eines ein Verpächterpfandrecht teilweise ablösenden Saatgutlieferanten. Zahlt Pfandgläubiger Zollschuld, so geht auf ihn Zollanspruch des Fiskus über (RG 70, 409; 135, 27); zur dann auftauchenden Frage der Zulässigkeit des Rechtswegs vgl RG 146, 319; 150, 60, der zu bejahen ist.

1250 *Übertragung der Forderung*
(1) Mit der Übertragung der Forderung geht das Pfandrecht auf den neuen Gläubiger über. Das Pfandrecht kann nicht ohne die Forderung übertragen werden.
(2) Wird bei der Übertragung der Forderung der Übergang des Pfandrechts ausgeschlossen, so erlischt das Pfandrecht.

1. **Übergang des Pfandrechts.** Die Vorschrift konkretisiert die schuldrechtliche Bestimmung des § 401 für das unselbständige, sog „akzessorische" Pfandrecht mit zwingender dinglicher Wirkung. Das Pfandrecht folgt auch ohne Übertragung des Pfandbesitzes zwangsläufig der Forderung, mag diese durch Rechtsgeschäft (§§ 398ff), kraft Gesetzes (§ 412) oder durch gerichtliche Überweisung (§ 835 ZPO) übergehen. Zur Aufspaltung des Pfandrechts kommt es, wenn die Forderung nur zum Teil übertragen wird (vgl MüKo/Damrau § 1250 Rz 2). Das Pfandrecht des Zessionars sowie das des Zedenten haben den gleichen Rang; bei §§ 1225, 1249 kann das Recht des Zessionars nicht zum Nachteil des Zedenten geltend gemacht werden. Pfandrecht geht nicht mit über, wenn Pfand für eine Mehrzahl von Forderungen haftet, nur eine einzelne Forderung übertragen wird und das Rechtsverhältnis, aus dem die abgetretene Forderung stammt, im übrigen unberührt läßt. Grundschuld, die zur Sicherung einer Forderung abgetreten wird, bleibt selbständig und wird durch Übertragung der Forderung entgegen § 401 nicht berührt (RG 135, 274). Neuer Forderungsgläubiger erwirbt Pfandrecht, das nur kraft guten Glaubens des Pfandgläubigers entstanden war, auch wenn er weiß, daß Verpfänder nicht Eigentümer war. Gutgläubiger Zweiterwerb des Pfandrechts ist aber nicht möglich (Staud/Wiegand Rz 4). § 1207 betrifft nur den gutgläubigen Ersterwerb eines Pfandrechts.

2. **Ausschluß des Übergangs** im Gegensatz zur Hypothek (§ 1153 II) zulässig. Da alsdann aber Pfandrecht erlischt, Zustimmung am Pfand berechtigter Dritter gemäß § 1255 II erforderlich, widrigenfalls Pfandrecht doch übergeht. Ebensowenig erlischt Pfandrecht, wenn sich bisheriger Gläubiger zB wegen der Haftung aus § 1251 dem Erwerber gegenüber unmittelbaren Besitz am Pfand vorbehält. Haftet Pfand für Forderungen aus laufender Geschäftsverbindung, so geht es nicht über, wenn eine Forderung abgetreten wird; es haftet vielmehr für die übrigen Forderungen, solange die Geschäftsverbindung besteht; vgl Westermann § 132 I 1a; RGRK Rz 1. Unwirksam ist Abrede, daß Pfändungspfandrecht nach Tilgung der ursprünglichen Forderung zugunsten einer anderen fortbestehen solle (Karlsruhe OLG 15, 393).

3. Auf **Sicherungsübereignung** nicht anwendbar, weil diese nicht akzessorisch. Auf **fiduziarische Vollrechtsübertragung** unanwendbar, weil diese nicht akzessorisch. Bei Sicherungsübereignung und bei Sicherungsabtretung ist es Sicherungsnehmer nur aufgrund der Sicherungsabrede (und damit mit schuldrechtlicher Wirkung) untersagt, das Sicherungsrecht vor Eintritt der Verwertungsreife von der gesicherten Forderung zu lösen.

1251 *Wirkung des Pfandrechtsübergangs*
(1) Der neue Pfandgläubiger kann von dem bisherigen Pfandgläubiger die Herausgabe des Pfandes verlangen.
(2) Mit der Erlangung des Besitzes tritt der neue Pfandgläubiger an Stelle des bisherigen Pfandgläubigers in die mit dem Pfandrecht verbundenen Verpflichtungen gegen den Verpfänder ein. Erfüllt er die Verpflichtungen nicht, so haftet für den von ihm zu ersetzenden Schaden der bisherige Pfandgläubiger wie ein Bürge, der auf die Einrede der Vorausklage verzichtet hat. Die Haftung des bisherigen Pfandgläubigers tritt nicht ein, wenn die Forderung kraft Gesetzes auf den neuen Pfandgläubiger übergeht oder ihm auf Grund einer gesetzlichen Verpflichtung abgetreten wird.

1. Die sich an § 1250 anschließende Vorschrift gibt dem neuen Pfandgläubiger einen **Herausgabeanspruch** auf Grund des Rechts zum Besitz, entsprechend dem § 985, vgl § 1227. Nachfolger im Pfandrecht kann nur den Besitz beanspruchen, den Vorgänger hatte, also gegebenenfalls nur mittelbaren Besitz (§ 1205 II) oder Mitbesitz (§ 1206); ist Pfand hinterlegt oder an Verwahrer abgeliefert (§ 1217), so ist Vorgänger nur verpflichtet, seine Rechtsstellung gegenüber der Hinterlegungsstelle oder dem Verwahrer einzuräumen.

2. **Neuer Pfandgläubiger** übernimmt Haftung erst mit Erwerb des unmittelbaren oder mittelbaren Allein- oder Mitbesitzes, nicht etwa mit Erwerb der Forderung oder des Pfandrechts. Verpflichtungen ergeben sich insbesondere aus § 1214 (Pflicht zur Gewinnung von Nutzungen), § 1215 (Verwahrungspflicht), § 1223 (Rückgabepflicht). Dagegen übernimmt neuer Gläubiger nicht auch die Haftung für vom Vorgänger begangene Pflichtverletzungen, wie sich aus der abstrakten Ausdrucksweise des Gesetzes ergibt. Hatte der Verpfänder von den ihm nach § 1217 zustehenden Rechten keinen Gebrauch gemacht, so kann er sie dem neuen Pfandgläubiger gegenüber nur durchsetzen, wenn auch dieser die Rechte des Verpfänders in gleicher Weise verletzt, vgl RGRK Rz 2; Staud/Wiegand Rz 3. Hatte er dagegen Hinterlegung oder Verwahrung erwirkt, so muß sich der neue Gläubiger damit abfinden; er kann die Herausgabe des Pfandes nicht verlangen.

3. **Bisheriger Pfandgläubiger** haftet wie ein Bürge (§§ 767ff) dem Verpfänder gegenüber für Pflichtverletzungen des besitzenden neuen Pfandgläubigers. Grund für diese Haftung ist, daß der bisherige Pfandgläubiger den Erwerber der durch das Pfandrecht gesicherten Forderung aussucht und deshalb für dessen Zuverlässigkeit einstehen soll. Hieraus erklären sich auch die Ausnahmen: **a)** bei gesetzlichem Forderungsübergang (zB §§ 268 III, 774,

§ 1252 Sachenrecht Pfandrecht

1249), **b)** bei Abtretung auf Grund gesetzlicher Verpflichtung (zB § 285), weil hier der bisherige Pfandgläubiger das Pfandrecht verliert, ohne sich durch Vorbehalten des Besitzes gegen die Haftung schützen zu können. Wird Forderung gemäß § 835 ZPO an Zahlungs Statt überwiesen, so haftet bisheriger Gläubiger, kann aber Sicherheitsleistung verlangen (§ 838 ZPO). Bei Eigentümerwechsel hat Mieter jedenfalls nach Ablauf der Frist aus § 566 II keinen Anspruch gegen den Voreigentümer auf Rückzahlung der Mietkaution, wenn diese dem Erwerber ausgehändigt wurde (Karlsruhe DB 1997, 1326; aA AG Neukölln WM 1993, 28).

1252 *Erlöschen mit der Forderung*
Das Pfandrecht erlischt mit der Forderung, für die es besteht.

1 **1. Erlöschen der gesicherten Forderung.** Diese Vorschrift spricht das aus, was sich aus der Akzessorietät des Pfandrechts ergibt, vgl Einl § 1204 Rz 7. Regelfall des Erlöschens ist die **Erfüllung** der gesicherten Forderung durch den Schuldner oder einen auf die Forderung leistenden Dritten. Das Pfandrecht erlischt in diesem Fall auch dann, wenn Schuldner einen Regreßanspruch gegen den Verpfänder hat. Das Pfandrecht erlischt nach § 1252 ferner im Falle eines Zusammenfallens von Schuldner- und Gläubigerstellung (**Konfusion**). Bei teilweisem Erlöschen haftet Pfand grundsätzlich (beachte § 1282 I S 2) – nach § 1210 jedoch nur in Höhe der Restforderung – weiter. Bei Wiederaufleben einer zunächst erloschenen Forderung mit ex tunc-Wirkung (zB Anfechtung eines Erlaßvertrages) ist das Pfandrecht nicht nach § 1252 erloschen. Davon unberührt bleibt ein durch Rückgabe des Pfandes bedingtes Erlöschen des Pfandrechts nach § 1253. **Sonstige Erlöschensgründe**, vgl vor § 1204 Rz 10: §§ 1250 II, 1253, 1255, 1256; Untergang der Pfandsache, bei Wertpapieren steht dauernde Wertlosigkeit dem gleich, vgl RG 96, 185 bezüglich Aktie; Verarbeitung, Vermischung, Verbindung (§§ 949, 950); rechtmäßiger Pfandverkauf (§ 1242 II); Schuldübernahme ohne Einwilligung des Eigentümers (§ 418); allgemeine Beendigungsgründe von Rechten an Sachen, insbesondere §§ 158, 163 (RG 68, 141), 936, 945, 949, 950 II, 964, 973 I; kein Erlöschen, wenn Pfandverkauf unrechtmäßig (§ 1243 I) oder Forderung verjährt; Ausnahme für wiederkehrende Leistungen (§ 223). Kein Erlöschen, wenn zu sichernder Anspruch abgetreten wird (München WM 1995, 429).

2 **2.** Sondervorschriften für **Kontokorrent**, vgl § 356 HGB, wonach Pfand selbst nach Tilgung aller Forderungen für künftig entstehende fortehaftet. Ist Pfandrecht für künftige Forderungen bestellt (§ 1204 II), so ist diese im Sinne des § 1252 erloschen, sobald feststeht, daß sie nicht mehr entstehen kann (RG 145, 328, 336). Lebt erloschene Forderung, zB infolge Anfechtung wieder auf, so gilt gleiches für das Pfandrecht, vorausgesetzt, daß Pfandsache nicht zurückgegeben ist (§ 1253). Zum Erlöschen des Pfandrechts für eine zukünftige Rücktrittsforderung einer Sparkasse als Bürgin eines Arrestklägers s BGH LM Nr 2 zu § 1223. Beweislast: Wer sich auf das Erlöschen beruft, hat es zu beweisen.

3 **3.** Nach der Auffassung von der öffentlich-rechtlichen Natur des Pfandrechts ist die Vorschrift wegen der bejahten Akzessorietät auf **Pfändungspfandrecht** entsprechend anwendbar (München OLG 21, 105), vgl Einl § 1204 Rz 14–17; Staud/Wiegand Rz 5.

4 **4.** Auf **Sicherungsübereignung** mangels Akzessorietät nicht anzuwenden.

1253 *Erlöschen durch Rückgabe*
(1) Das Pfandrecht erlischt, wenn der Pfandgläubiger das Pfand dem Verpfänder oder dem Eigentümer zurückgibt. Der Vorbehalt der Fortdauer des Pfandrechts ist unwirksam.
(2) Ist das Pfand im Besitz des Verpfänders oder des Eigentümers, so wird vermutet, dass das Pfand ihm von dem Pfandgläubiger zurückgegeben worden sei. Diese Vermutung gilt auch dann, wenn sich das Pfand im Besitz eines Dritten befindet, der den Besitz nach der Entstehung des Pfandrechts von dem Verpfänder oder dem Eigentümer erlangt hat.

1 **1.** Wesentliche Voraussetzung der Pfandrechtsbestellung ist Überlassen des Besitzes (§§ 1205f). Demgemäß erlischt Pfandrecht durch die bloße Tatsache der Rückgabe des Pfandes – ohne daß darin ein Verzicht iSd § 1255 zu liegen braucht – gleichviel aus welchem Grund sie erfolgt.

2 **2. Voraussetzungen des Rechtsverlusts. a)** **Rückgabe** des Pfandes. Zurückgeben heißt, dem, der vorher besaß, den unmittelbaren oder mittelbaren Alleinbesitz unter Aufgabe des eigenen Besitzes wiedereinräumen. Körperliche Übergabe nicht unbedingt erforderlich, zB wenn Wegnahme mit Zustimmung des Pfandgläubigers erfolgt (RG 67, 423). Fortfall des mittelbaren Alleinbesitzes oder des Mitbesitzes des Pfandgläubigers (§ 1206) genügt (RG 92, 267). Als sog gemischter Realakt (siehe dazu Einl § 104 Rz 8) ist nicht der natürliche Wille sondern auch Geschäftsfähigkeit erforderlich, um den Nichtgeschäftsfähigen zu schützen; so auch Schmidt AcP 134, 61ff mit Übersicht über die verschiedenen Meinungen, Westermann § 132 III 4, Staud/Wiegand Rz 9, RGRK/Kregel Rz 2, aA Pal/Bassenge Rz 4; MüKo/Damrau Rz 4. Wegnahme des Pfandes durch Gerichtsvollzieher gemäß § 883 ZPO und Übergabe an Verpfänder oder Eigentümer kommt einer Rückgabe gleich.

3 **b)** Rückgabe an **Verpfänder** oder **Eigentümer** sowie einen **Dritten** auf deren Anweisung oder mit deren Zustimmung (RG 108, 164; JW 1912, 459), zB an Besitzmittler (RG 92, 267). Dagegen erlischt Pfandrecht nicht, wenn Eigentümer oder Verpfänder nur oder gleichzeitig Besitzdiener (§ 855) oder Vertreter des Pfandgläubigers ist (RG 92, 267).

c) Motiv und Zweck der Rückgabe sind belanglos, zB Überlassen verpfändeter Aktien an Verpfänder zur Teilnahme an Generalversammlung, Rückgabe zum Gebrauch (KG OLG 2, 80), zur Verwahrung, infolge Annahme, Forderung sei getilgt (RG JW 1929, 2514), infolge Irrtums oder seitens des Eigentümers, Verpfänders oder Schuldners erfolgter arglistiger Täuschung. Ausnahmsweise ist dann eine Anfechtung möglich, wenn ausdrücklich ein

Verzicht auf das Pfandrecht ausgesprochen wurde, so im Anschluß an Schmidt AcP 134, 64, 67; Staud/Wiegand Rz 10. Ist Pfandgläubiger mit Austausch der Pfandsache gegen eine andere einverstanden, so entsteht an dieser ein Pfandrecht nur, wenn den Erfordernissen der §§ 1205ff entsprochen wird.

3. **Rechtsfolgen.** Pfandrecht erlischt. Beruht Rückgabe auf Irrtum oder arglistiger Täuschung, so ist Verpfänder **4** oder Eigentümer ggf nach Treu und Glauben verpflichtet, Pfand neu zu bestellen oder Ersatz zu leisten (RG JW 1912, 459). Wird Pfand, zB nach Gebrauch, an Pfandgläubiger wieder zurückgegeben, so führt dies zwar nicht zu einem Wiederaufleben des Pfandrechts, es ist aber in der Regel als Neubestellung anzusehen. Ausnahme: § 441 III HGB; Pfandrecht des Frachtführers erlischt nicht durch Aushändigung des Gutes an Empfänger; § 755 HGB, § 103 BinnenSchG: gesetzliche Pfandrechte der Schiffsgläubiger sind vom Besitzerwerb unabhängig, vgl RG 134, 20.

4. **Vermutung** des Abs II. a) **Voraussetzungen.** Unmittelbarer oder mittelbarer, aber nicht durch Pfandgläubi- **5** ger vermittelter Besitz des Verpfänders oder Eigentümers oder Besitz eines Dritten, der ihn nach Pfandbestellung vom Verpfänder oder Eigentümer erworben hat.

b) **Rechtsfolgen.** Gegenüber jedermann geltende, widerlegliche Vermutung. Zufolge Umkehrung der Beweis- **6** last muß Gläubiger beweisen, daß zB Verpfänder oder Eigentümer Besitz ohne sein Wissen oder Wollen erlangt hat, oder daß er sich über die Person des Empfängers oder den zurückgegebenen Gegenstand geirrt hat.

5. Gilt auch für **gesetzliches Pfandrecht** entsprechend, soweit es Besitz voraussetzt. **7**

6. Beim **Pfändungspfandrecht** entspricht der Rückgabe die öffentlich-rechtliche Entstrickung, die regelmäßig **8** bei a) dem Schuldner weggenommenen Pfandsachen in deren Rückgabe durch den Gerichtsvollzieher, bei b) im Gewahrsam des Schuldners belassenen Sachen in der Abnahme der Pfandzeichen durch den Gerichtsvollzieher oder der von diesem gestatteten Abnahme durch den Schuldner liegt. RG 57, 323 läßt entsprechend § 1255 die vom Gläubiger erlaubte Abnahme des Pfandzeichens genügen. Unfreiwilliger Besitzverlust beendet die Verstrickung und damit auch das Pfändungspfandrecht nicht. Der Gerichtsvollzieher kann die Pfandsache erneut in Besitz nehmen.

1254 *Anspruch auf Rückgabe*

Steht dem Pfandrecht eine Einrede entgegen, durch welche die Geltendmachung des Pfandrechts dauernd ausgeschlossen wird, so kann der Verpfänder die Rückgabe des Pfandes verlangen. Das gleiche Recht hat der Eigentümer.

1. Die Vorschrift ermöglicht ähnlich wie § 1169 (siehe Bemerkungen dort) dem Verpfänder und auch dem **1** Eigentümer des Pfandes, das inhaltlose Pfandrecht, das für den Berechtigten infolge dauernder Einreden wertlos ist, zu vernichten.

2. **Voraussetzungen.** Die Rückgabe des Pfandes können Verpfänder wie Eigentümer verlangen, wenn dem **2** Pfandrecht – nach § 821 oder § 853 – oder der Forderung eine nach § 1211 zulässige zerstörende Einrede entgegensteht. Die Berufung auf die Verjährung ist gemäß § 216 ausdrücklich ausgeschlossen. Der Verzicht des persönlichen Schuldners macht die Einrede nicht hinfällig.

3. **Rechtsfolgen.** Verlangen Verpfänder und Eigentümer Rückgabe – auf Leistung an sich kann nur klagen, wer **3** den anderen gegenüber Recht zum Besitz hat –, so kann Gläubiger an jeden leisten (§ 428). Hält Pfandgläubiger den Verpfänder gutgläubig für den Eigentümer, so wird er diesem gegenüber befreit (Wolff/Raiser § 171 I 3e).

4. **Beweislast.** Wer die Einrede erhebt, muß sie beweisen. Klagt Eigentümer aus § 985, so muß er die Einrede **4** erst beweisen, wenn Pfandgläubiger sich gemäß § 986 auf Pfandrecht beruft. Pfandrecht erlischt gemäß § 1253 mit Herausgabe unbeschadet der Rechte anderer Pfandgläubiger, die trotz Rückgabe bestehen bleiben.

1255 *Aufhebung des Pfandrechts*

(1) Zur Aufhebung des Pfandrechts durch Rechtsgeschäft genügt die Erklärung des Pfandgläubigers gegenüber dem Verpfänder oder dem Eigentümer, dass er das Pfandrecht aufgebe.

(2) Ist das Pfandrecht mit dem Recht eines Dritten belastet, so ist die Zustimmung des Dritten erforderlich. Die Zustimmung ist demjenigen gegenüber zu erklären, zu dessen Gunsten sie erfolgt; sie ist unwiderruflich.

1. Die Vorschrift regelt die **rechtsgeschäftliche Aufhebung** des Pfandrechts. Siehe auch die entsprechenden **1** Vorschriften für Rechte an Grundstücken (§ 876) und für Hypotheken (§ 1183) sowie die Erläuterungen dazu. Aufgabeerklärung ist einseitige, empfangsbedürftige, formlose Willenserklärung gegenüber Eigentümer oder Verpfänder, auch wenn der andere damit nicht einverstanden ist; bei mehreren grundsätzlich allen gegenüber (Königsberg OLG 6, 273); nicht gegenüber anderen, zB persönlichen Schuldnern. Rückgabe nicht erforderlich, diese bewirkt Untergang des Pfandrechts nach § 1253. Auch stillschweigender Verzicht möglich, wofür aber rechtsgeschäftlicher Aufgabewille und unzweideutiges Verhalten des Gläubigers erforderlich ist (BGH NJW 1997, 2110).

2. **Zustimmung Dritter** ist einseitige, formlose Willenserklärung, abweichend von §§ 182f nur dem Begünstig- **2** ten gegenüber und unwiderruflich. Fehlt Zustimmung, so bleibt Pfandrecht bestehen. Pfandgläubiger kann aber uU Pfandrecht dadurch gemäß § 1253 zum Erlöschen bringen, daß er Pfandsache dem Verpfänder oder Eigentümer zurückgibt. Dritter kann dann aber Schadensersatzansprüche gegen den Pfandgläubiger (§ 823) und Bereicherungsansprüche gegen Eigentümer und nachrangig Berechtigten haben (MüKo/Damrau Rz 4; Staud/Wiegand Rz 8).

§ 1255 Sachenrecht Pfandrecht

3 3. **Gilt nicht für Pfändungspfandrecht.** Die Entstrickung tritt durch bloße Freigabeerklärung des Pfändungspfandgläubigers noch nicht ein; vielmehr muß der Gerichtsvollzieher die Verstrickung zB durch Abnehmen oder Abnehmenlassen der Pfandzeichen oder Rückgabe der Pfandsache aufheben. Nur bei der Pfändung von Forderungen und anderen Rechten genügt gemäß § 843 ZPO eine dem Schuldner im Parteibetrieb zuzustellende Erklärung.

1256 *Zusammentreffen von Pfandrecht und Eigentum*
(1) Das Pfandrecht erlischt, wenn es mit dem Eigentum in derselben Person zusammentrifft. Das Erlöschen tritt nicht ein, solange die Forderung, für welche das Pfandrecht besteht, mit dem Recht eines Dritten belastet ist.
(2) Das Pfandrecht gilt als nicht erloschen, soweit der Eigentümer ein rechtliches Interesse an dem Fortbestehen des Pfandrechts hat.

1 1. **Zusammentreffen von Voll- und Pfandrecht.** Ebenso beim Nießbrauch (§ 1063, 1072), anders §§ 889, 1177. Fälle **a)** Eigentümer erwirbt Forderung (zB infolge Ablösung nach § 1249, wenn er nicht persönlich haftet), **b)** Pfandgläubiger wird Eigentümer (nicht ausreichend: Miteigentümer).

2 2. **Rechtsfolge.** Pfandrecht erlischt. Ist Eigentümer zugleich der Schuldner, so erlischt Forderung und mit ihr Pfandrecht. Zum Erlöschen bei Zusammentreffen von Vermieterpfandrecht und Eigentum siehe BGH NJW 1958, 1282ff. Danach trifft § 1256 I S 1 zu, wenn ein Gläubiger des Mieters, dem dieser mit dem Vermieterpfandrecht belastete Gegenstände zur Sicherheit übereignet hat, durch Abtretung die Mietforderung und das Vermieterpfandrecht erwirbt. Es kann sich der Pfändungsgläubiger, der den Erwerber des Vermieterpfandrechts gemäß § 560 S 2 aF (§ 562a nF) auf das Sicherungsgut verweisen will, nicht auf § 1256 II berufen. Vgl auch LM Nr 1 zu § 805 ZPO, Anm Messner. Das Verpächterpfandrecht erlischt beim Eigentumserwerb an Pachtinventar trotz entstehenden Pächterpfandrechts (Celle MDR 1965, 831).

3 3. **Ausnahmen. a) Drittinteresse.** Pfandrecht bleibt bestehen, solange die durch Pfandrecht gesicherte Forderung mit Nießbrauch oder Pfandrecht belastet ist, auch wenn Eigentümer der Schuldner ist (Abs I S 2). Entsprechend § 1276 tritt in diesem Fall keine Konfusion ein, so daß das Pfandrecht gem § 1265 I S 2 fortbestehen kann. Fortbestand des Pfandrechts wird nicht lediglich fingiert, sondern Pfandrecht besteht tatsächlich fort. Mit Erlöschen des Rechts an der gesicherten Forderung erlischt auch das Pfandrecht. **b) Interesse des Eigentümers.** Pfandrecht gilt als bestehend, wenn Eigentümer am Fortbestehen rechtliches Interesse hat (Abs II), zB wenn nachstehende Pfandrechte oder Nießbrauch vorrücken würden (RG LZ 1927, 393; vgl auch RG 154, 382).

1257 *Gesetzliches Pfandrecht*
Die Vorschriften über das durch Rechtsgeschäft bestellte Pfandrecht finden auf ein kraft Gesetzes entstandenes Pfandrecht entsprechende Anwendung.

1 1. **Gesetzliches Pfandrecht. Anwendungsfälle a)** nach BGB: aus Hinterlegung Berechtigter (§ 233), vgl RG 124, 219; Vermieter (§§ 562ff); Verpächter (§§ 581 II, 585); Pächter (§ 590); Werkunternehmer (§ 647); Gastwirt (§ 704); Früchtepfandrecht (§ 1212); **b)** nach HGB: Kommissionär (§ 397); Spediteur (§ 464) – das in ADSp 20.1 vorgesehene Pfandrecht ist nicht gesetzliches, sondern ein rechtsgeschäftliches Pfandrecht (BGH 17, 1) – Lagerhalter (§ 475b); Frachtführer (§ 441); Verfrachter, sonstige Schiffsgläubiger im Seerecht (§§ 623, 674, 725, 731, 751ff, 771, 777); **c)** nach BinnSchiffG (BGBl III 4103–1): §§ 89, 97, 103; **d)** nach AO: § 242.

2 2. **Maßgebliche Vorschriften.** Entstehung richtet sich zunächst nach den für das einzelne Pfandrecht geltenden Vorschriften, vgl RG 108, 164; gesetzliches Pfandrecht des Spediteurs, Frachtführers läßt Erwerb des mittelbaren Besitzes genügen (§ 441 II HGB). Bei der entsprechenden Anwendung der Vorschriften über Vertragspfandrecht ist zu beachten, daß gesetzliche Pfandrechte nicht durch Verpfändung, sondern kraft Gesetzes entstehen und **nicht durchweg Besitz** des Gläubigers an Pfand voraussetzen.

3 Umstritten ist entsprechende Anwendung des § 1207, dh die Frage, ob Pfandrecht an fremden Sachen auch durch **gutgläubigen Erwerb** entstehen kann. Bei besitzlosen, gesetzlichen Pfandrechten, etwa des Vermieters (§ 562), des Verpächters (§ 585), des Gastwirts (§ 704), ist dies jedenfalls nicht möglich, weil es dort an der für § 1207 notwendigen Legitimationsfunktion des Besitzes fehlt. Anders wird zum Teil bei gesetzlichen Besitzpfandrechten, zB des Werkunternehmers (§ 647), unter Hinweis auf § 366 III HGB Analogie des § 1207 angenommen (Staud/Wiegand Rz 14; RGRK/Kregel Rz 2; Baur/Stürner Sachenrecht § 55 C II 2a; Celle JR 1952, 211; NJW 1953, 1470). Anderer Ansicht ist die Rspr seit RG 108, 165. Der BGH hat in BGH 34, 153 im Anschluß an BGH 27, 317 unter Hinweis auf Wortlaut und Entstehungsgeschichte des § 647 entschieden, daß der Werkunternehmer kraft guten Glaubens ein gesetzliches Unternehmerpfandrecht an dem Besteller nicht gehörenden Sachen nicht erwerben könne (so auch BGH 51, 200; 87, 274; NJW 1992, 2570; s auch Erman/Schwenker § 647 Rz 5 mit eingehender Begründung; Pal/Bassenge Rz 2). Allerdings hat der BGH in BGH 68, 223 dem Werkunternehmer über das AGB-Pfandrecht den Schutz gewährt, den er infolge Verneinung des gutgläubigen Erwerbs gesetzlicher Pfandrechte verwehrt – siehe dazu Staud/Wiegand Rz 14 sowie § 1205 Rz 5a und § 647 Rz 5: Damit hat die Frage an Bedeutung verloren.

4 Im übrigen können auch andere Vorschriften des vertraglichen Pfandrechts, die Besitz voraussetzen, auf das besitzlose gesetzliche Pfandrecht nicht angewendet werden, zB § 1215 (Verwahrungspflicht) auf das gesetzliche Pfandrecht des Vermieters oder Verpächters – anders des Pächters. Ferner müssen die – allgemeinen – Vorschriften des Vertragspfandrechts vor den Sondervorschriften des BGB (§§ 562a, 562b II S 2) und des HGB (§§ 368, 397, 441 III, 464, 475b III, 623 II) zurücktreten. § 1253 kann nicht für besitzlose, sondern für mit Besitz verbundene, gesetzliche Pfandrechte in Betracht kommen. Gibt Vermieter eine in Ausübung des Vermieterpfandrechts an sich genommene Sache dem Mieter zurück, so kann dies als Verzicht auf das Vermieterpfandrecht gewertet werden; vgl RG 140, 116; Wolff/Raiser § 171 II 1. Nach § 366 HGB wird auch der gute Glaube an das Verfügungsrecht geschützt.

Der **Rang** gesetzlicher Pfandrechte, die dem Gläubiger Besitz gewähren, richtet sich nach § 1208, bei gesetzlichem besitzlosem Pfandrecht entscheidet der Zeitpunkt der Entstehung (entsprechend § 1209), vgl Wolff/Raiser, Sachenrecht § 172 I; RGRK Rz 3: § 1208 entfällt, soweit gutgläubiger Erwerb nicht möglich ist. Vgl auch BGH LM Nr 1 zu § 559 (Vermieterpfandrecht): Der Bestellung des Vertragspfandrechts steht die Einbringung gleich. Auch hier sind Sondervorschriften zu beachten, zB §§ 443 (Frachtgeschäft), 767ff, 776f (Seehandel) des HGB. 5

3. Zum Pfändungspfandrecht, das kein gesetzliches ist, vgl Einl § 1204 Rz 14–17. 6

1258 *Pfandrecht am Anteil eines Miteigentümers*
(1) Besteht ein Pfandrecht an dem Anteil eines Miteigentümers, so übt der Pfandgläubiger die Rechte aus, die sich aus der Gemeinschaft der Miteigentümer in Ansehung der Verwaltung der Sache und der Art ihrer Benutzung ergeben.
(2) Die Aufhebung der Gemeinschaft kann vor dem Eintritt der Verkaufsberechtigung des Pfandgläubigers nur von dem Miteigentümer und dem Pfandgläubiger gemeinschaftlich verlangt werden. Nach dem Eintritt der Verkaufsberechtigung kann der Pfandgläubiger die Aufhebung der Gemeinschaft verlangen, ohne dass es der Zustimmung des Miteigentümers bedarf; er ist nicht an eine Vereinbarung gebunden, durch welche die Miteigentümer das Recht, die Aufhebung der Gemeinschaft zu verlangen, für immer oder auf Zeit ausgeschlossen oder eine Kündigungsfrist bestimmt haben.
(3) Wird die Gemeinschaft aufgehoben, so gebührt dem Pfandgläubiger das Pfandrecht an den Gegenständen, welche an die Stelle des Anteils treten.
(4) Das Recht des Pfandgläubigers zum Verkauf des Anteils bleibt unberührt.

1. Die Vorschrift regelt die Rechtsfolgen, die sich für Verwaltung und Aufhebung einer Bruchteilsgemeinschaft gemäß §§ 1008ff daraus ergeben, daß **an einem Miteigentumsanteil ein Pfandrecht** besteht. Siehe dazu entsprechend § 1066 für Nießbrauch und die Bemerkungen dort. Gemäß § 1273 II ist die Vorschrift auch auf das Pfandrecht am Anteil einer Gesamthandsgemeinschaft entsprechend anzuwenden, RG 83, 30, 84; Staud/Wiegand Rz 3. Ob Pfandrecht kraft Rechtsgeschäfts oder kraft Gesetzes entstanden ist, ist unwesentlich. Es wird rechtsgeschäftlich begründet durch Einigung und Einräumung des dem Miteigentümer zustehenden unmittelbaren Mitbesitzes oder Übertragung des ihm zustehenden mittelbaren Mitbesitzes und Anzeige an Besitzer (§ 1205 II). Dem Pfandgläubiger stehen, damit er Mitbesitz besser ausüben kann, die Teilhaberrechte bezüglich der Verwaltung (§§ 744–746) und der Benutzungsart (§§ 745f) zu, nicht aber Benutzung selbst, sofern sie ihm nicht nach §§ 1213f überlassen ist. Haben Miteigentümer Besitzverhältnis abweichend von §§ 1008, 741, 744 geregelt, so ist Pfandgläubiger hieran gebunden (RG 146, 337). Ein Fall kraft Gesetzes entstehenden Pfandrechts am Miteigentumsanteil: Mieter bringt Sachen ein, die in seinem und eines Dritten Miteigentum stehen. 1

2. **Rechtslage.** a) Pfandgläubiger kann nach Fälligkeit der Forderung den Anteil gemäß §§ 1228ff verkaufen. b) Miteigentümer, dessen Anteil mit Pfandrecht belastet ist, kann vor Fälligkeit die Aufhebung der Gemeinschaft nur im Verein mit dem Pfandgläubiger fordern. c) Pfandgläubiger kann nach Fälligkeit auch ohne Zustimmung des Miteigentümers Aufhebung ohne weiteres verlangen, ohne an entgegenstehende Vereinbarungen der Miteigentümer gebunden zu sein, anders § 751 S 1. Im Gegensatz zu § 751 S 2 bedarf es keines rechtskräftigen Schuldtitels. 2

3. Wird die **Gemeinschaft aufgehoben**, so erwirbt der Pfandgläubiger nicht nur einen Anspruch auf Bestellung eines Pfandrechts an den an die Stelle des Anteils tretenden Gegenständen (so RG 43, 397; KJG 43, 268), sondern auch unmittelbar kraft Gesetzes auf das Surrogat, so BGH 52, 99 und ihm folgend Staud/Wiegand Rz 11. Mit Recht stützt sich der BGH auf den auch vom Gesetzgeber verfolgten Zweck der Vorschriften und nicht nur auf den Wortlaut. Anderenfalls würde das Vertragspfandrecht seine rangwahrende Wirkung verlieren und häufig überhaupt wertlos werden. Konkurriert ein Vertragspfandrecht an dem Miterbenanteil eines Schuldners mit einem später entstandenen Pfändungspfandrecht, so steht, wenn ein Nachlaßgrundstück zum Zwecke der Aufhebung der Gemeinschaft zwangsversteigert wird, folgerichtig der auf den Schuldner entfallende Erlösanteil dem Vertragspfandgläubiger zu (BGH aaO). Damit wird das Vertragspfandrecht ebenso behandelt wie das Pfändungspfandrecht, für welches entsprechend § 847 ZPO ohnehin dingliche Surrogation gilt, und einer Entwertung des Vertragspfandrechts gesteuert. Zu der vom BGH gefundenen Lösung s auch Wellmann NJW 1969, 1903 und Lehmann NJW 1971, 1545; aA Pal/Bassenge § 1258 Rz 3. 3

4. Werden bewegliche Sachen verschiedener Eigentümer im Sinne der §§ 947 I, 948 **verbunden, vermischt** oder **vermengt**, so setzt sich Pfandrecht, das zuvor eine der Sachen belastete, an dem Miteigentumsanteil fort (§ 949 S 2). § 949 gilt entsprechend, wenn alle Sachen einem Eigentümer gehören. Dann setzt sich das Pfandrecht an dem Anteil fort, der dem Wert der ursprünglich belasteten Sache entspricht (RG 67, 425; Pal/Bassenge Rz 1). Dementsprechend muß man auch der Verpfändung eines Bruchteils bei Alleineigentum zulassen; so auch Planck/Flad § 1204 Anm 2a; Staud/Wiegand Rz 2; Zunft NJW 1955, 441; Westermann lehnt dies mangels Bedürfnisses ab (§ 126 I 2 aE). 4

5. **Pfändung des Miteigentumsanteils** an beweglicher Sache. Maßgeblich ist § 857 ZPO. a) Pfändungsgläubiger kann den Anteil versteigern oder freihändig verkaufen lassen. b) Er kann auch, selbst wenn Gegenteiliges vereinbart ist, die Aufhebung der Gemeinschaft verlangen, wenn sein Titel endgültig vollstreckbar ist. Wird die Gemeinschaft aufgehoben, so erwirbt Pfändungsgläubiger entsprechend § 847 ZPO kraft Gesetzes ein Pfändungs- 5

pfandrecht an den an die Stelle des Anteils tretenden Gegenständen. **c)** Wird statt des Miteigentumsanteils die ganze Sache gepfändet, so können die anderen Miteigentümer die Drittwiderspruchsklage des § 771 ZPO erheben, vgl Stein/Jonas/Münzberg § 771 ZPO Anm II 1a; RG 144, 236.

1259-1272 (weggefallen)

1 Diese Bestimmungen betrafen das Registerpfandrecht an Schiffen. Sie wurden aufgehoben und ersetzt durch das Gesetz über Rechte an eingetragenen Schiffen und Schiffsbauwerken (SchiffsRG) vom 15. 11. 1940 (RGBl I 1499).

Titel 2
Pfandrecht an Rechten

Vorbemerkung

1 1. Über Wesen und wirtschaftliche Bedeutung siehe Einl § 1204.

2 2. Pfandrecht am Recht gewährt dem Pfandgläubiger die Befugnis, des Verpfänders Rechte auszuüben, um sich hieraus wegen seiner Forderung zu befriedigen. Ob solches Pfandrecht dingliches Recht ist, ist streitig, siehe dazu Staud/Wiegand Rz 5, 6 mwN. Jedenfalls gewährt es dem Berechtigten nicht lediglich schuldrechtliche Befugnisse gegen den Verpfänder, sondern im Rahmen des Pfandrechts auch Dritten gegenüber eine dingliche Rechtsstellung, die sich insbesondere in der Insolvenz auswirkt, vgl § 50 InsO, § 805 ZPO; KGJ 40, 165.

3 3. **Maßgebliche Rechtsvorschriften.** Grundsätzlich sind die für das Pfandrecht an beweglichen Sachen geltenden Bestimmungen entsprechend anzuwenden (§ 1273 I). Ausdrücklich ausgenommen a) § 1208 (Vorrang des gutgläubigen Erwerbers), b) § 1213 II (Fruchtbezugsrecht an von Natur aus fruchttragenden Sachen). Näheres zu dieser Frage in § 1273 Rz 4–8.

4 4. Praktisch bedeutsam ist die **Verpfändung von Wertpapieren** samt dem in ihnen verbrieften Recht gegen Darlehen (Lombardgeschäft). Die laienhafte Ausdrucksweise des täglichen Lebens knüpft häufig an die Urkunde als sinnlich wahrnehmbaren Gegenstand an, zB „Sparkassenbuch" oder „Hypothekenbrief" wird verpfändet. Gegenstand des Pfandrechts ist hier aber die beurkundete Forderung.

5 5. **Rechtsgeschäftliches Pfandrecht. a) Gegenstand** nur übertragbare Rechte, zB Forderungen aus Kauf, Darlehen, Miete, Dienst-Werkvertrag (Lohn), Hypothekenforderungen, Grundschulden, in Wertpapieren verbriefte Forderungen, Urheber-Erfinderrecht, Anwartschaftsrecht, soweit übertragbar, vgl § 1274 Rz 2–5; nicht zB Nießbrauch (§ 1059), Vereinsmitgliedschaft, unpfändbare Teile vom Gehalt und Arbeitslohn, gesetzliche Unterhaltsansprüche, Unfallrenten, Versorgungsansprüche. Möglich als schlichtes – im Zweifel selbst bei verzinslichen Forderungen anzunehmen, weil Auslegungsregel des § 1213 II nicht gilt – oder Nutzungspfand.

6 **b) Begründung** durch dinglichen Verpfändungsvertrag nach den für die Übertragung des Rechts geltenden Vorschriften (§ 1274 I S 1): **aa)** Bei gewöhnlichen Forderungen also durch formlosen Vertrag – Pfandgläubiger kann aber schriftliche und beglaubigte Verpfändungserklärung fordern (§§ 403, 413) –, wozu noch als Wirksamkeitsvoraussetzung Anzeige des Gläubigers an Schuldner hinzukommt (§ 1280). **bb)** Ist zur Übertragung des Rechts Übergabe einer Sache (zB eines Wechsels, Grundschuld- oder Hypothekenbriefs) erforderlich, so muß – als Wirksamkeitsvoraussetzung – deren Übergabe oder Einräumung des Mitbesitzes an ihr hinzukommen (§ 1274 I S 2, 1205f). **cc)** Sonderfälle: Grundpfandrecht. Buchpfandrecht: Einigung und Eintragung (§§ 1154 III, 873). Briefpfandrecht: Einigung in der Fassung einer schriftlichen Verpfändungserklärung oder statt dieser Eintragung der Verpfändung in das Grundbuch und Übergabe des Briefs (§§ 1154 I, II, 1192). Verpfändung von Geschäftsanteilen einer GmbH: notarielle Form (§ 15 GmbHG). Orderpapiere: §§ 1292, 1294–1296; Inhaberpapiere: §§ 1293f, 1296; Rektapapiere (Namenspapiere): Verpfändung des verbrieften Rechts, grundsätzlich durch bloße Einigung (zB Namensladeschein – Konnossement), wobei § 952 gilt, oder – ausnahmsweise – durch Einigung und Übergabe (zB Anweisung, § 792); in Legitimationspapieren verbriefte Rechte (zB Sparkassenbuch, Versicherungspolice): Übergabe weder ausreichend noch erforderlich, aber Anzeige nach § 1280.

7 **c) Wirkung.** Pfandrecht am Recht gewährt grundsätzlich kein Recht auf **aa)** Besitz; Ausnahme: wenn es zur Verpfändung Übergabe der Sache bedarf (§§ 1274, 1292f), oder wenn Pfandrecht sich auf Sache erstreckt (§§ 952, 1296); **bb)** Nutzungen, auch bei Rechten, die von Natur Frucht tragen, Ausnahme: wenn besonders vereinbart, ferner Zinsen verpfändeter Forderung (§ 1289), Rückausnahme in § 1296. Verpfändetes Recht kann durch Rechtsgeschäft nur mit Zustimmung des Pfandgläubigers aufgehoben oder beeinträchtigt werden (§ 1276). Guter Glaube des Erwerbers wird nicht geschützt, besteht verpfändetes Recht nicht, so erwirbt er kein Pfandrecht (§ 1273 II S 2). Verkaufsbefugnis des Pfandgläubigers nur bei Inhaberpapieren (§ 1293) und Orderpapieren, die Börsen- oder Marktpreis haben (§ 1295).

8 **d) Verwertung. aa)** Grundsätzlich nur auf Grund vollstreckbaren dinglichen Titels nach Zwangsvollstreckungsvorschriften (§ 1277), vornehmlich durch gerichtliche Überweisung oder andere gerichtliche Anordnung (§§ 844, 857 IV, V ZPO), nach herrschender Ansicht hierbei trotz bestehenden Pfandrechts noch Pfändung erfor-

derlich. **bb)** Daneben bei Forderung, Grund- oder Rentenschuld nach Pfandreife (§ 1228 II) – bei Inhaber- oder Orderpapieren sogar vorher (§ 1294) – durch Einziehen der Forderung usw (§§ 1282, 1291, 1294), bei Inhaberpapieren auch, wie bei beweglichen Sachen, durch Verkauf (§§ 1293, 1228ff). Am geleisteten Gegenstand erwirbt Pfandgläubiger kraft Gesetzes Ersatzpfandrecht, wenn aber Grundstück, eingetragenes Schiff oder Schiffsbauwerk übereignet wird, Sicherungshypothek – Schiffshypothek an diesem (§ 1287); aus ihnen kann Pfandgläubiger sich nach Pfandreife (§ 1228 II) befriedigen (§§ 1228ff, 1147, SchiffsG §§ 47ff). Gleiches gilt, wenn Schuldner vor Eintritt der Pfandreife seine Schuld erfüllt. **cc)** Zulässig auch von aa) und bb) abweichende Verwertung (§§ 1277, 1284), wobei §§ 1229, 1245 zu beachten sind. Möglich ist auch Zwangsvollstreckung in den Pfandgegenstand aufgrund eines Zahlungstitels gegen den persönlichen Schuldner.

e) Schuldner kann alle **Einwendungen**, die gegen seinen Gläubiger begründet sind, auch dem Pfandgläubiger 9 entgegensetzen (§ 1275).

f) Beendigung durch **aa)** Erlöschen der pfandgesicherten Forderung; **bb)** Erlöschen des belasteten Rechts, vgl 10 § 1276 I; **cc)** Verzicht auf Pfandrecht; **dd)** Rückgabe der Sache, deren Übergabe Wirksamkeitsvoraussetzung war (§§ 1278, 1253); **ee)** in der Regel Zusammentreffen von Voll- und Pfandrecht (§ 1256); vereinigen sich hingegen auf Grund Rechtsgeschäfts oder Erbganges Forderung und Schuld in einer Person, so berührt dies nicht das Pfandrecht (KGJ 44, 295).

g) Wird die durch ein Pfandrecht an Rechten **gesicherte Forderung abgetreten,** so gilt § 1250. Das heißt: 11 Besteht Pfandrecht an Hypothek oder Grundschuld, so geht das Pfandrecht an dieser außerhalb des Grundbuchs, das unrichtig wird, auf den Neugläubiger über.

h) Wird eine durch Pfandrecht **gesicherte Forderung verpfändet,** so fehlt es an Vorschriften, welche die Ver- 12 wertung des Pfandes durch den Inhaber des Pfandrechts an der Forderung regeln. Beispiel: F verpfändet seine durch ein Pfandrecht an einem Schmuckstück gesicherte, gegen S gerichtete Schadensersatzforderung dem G. Einfachste Lösung: G läßt sich gemäß § 1282 I S 3 die Forderung an Zahlungs Statt abtreten. Mit ihr geht das Pfandrecht am Schmuckstück über (§ 1250), so daß er gemäß §§ 1233ff das Sachpfand verwerten kann, wenn für dieses die Pfandreife eingetreten ist. Anderer Weg: G verlangt nach Pfandreife von F gemäß dem entsprechend anwendbaren § 1231 Herausgabe des Sachpfandes. Denn das Recht, die verpfändete Forderung einzuziehen, erstreckt sich sinngemäß darauf, das für die Forderung haftende Sachpfand zu verwerten, wenn auch für das Sachpfand die Pfandreife eingetreten ist. Für den Erlös sind dann die §§ 1247, 1287, 1288 II maßgeblich. Zu Vorstehendem siehe Westermann § 136 II 6.

6. Gesetzliches Pfandrecht. Selten; zB §§ 233, 583 I, 592 S 1; §§ 756, 758, 397ff HGB. 13

7. Pfändungspfandrecht: §§ 828ff, 857ff ZPO. 14

§ 1273 *Gesetzlicher Inhalt des Pfandrechts an Rechten*
(1) Gegenstand des Pfandrechts kann auch ein Recht sein.
(2) Auf das Pfandrecht an Rechten finden die Vorschriften über das Pfandrecht an beweglichen Sachen entsprechende Anwendung, soweit sich nicht aus den §§ 1274 bis 1296 ein anderes ergibt. Die Anwendung der Vorschriften des § 1208 und des § 1213 Abs. 2 ist ausgeschlossen.

1. Anwendungsgebiet. Gegenstand des Pfandrechts können grundsätzlich alle übertragbaren Vermögensrechte 1 sein, die dem Gläubiger Sicherung und Befriedigung bieten, insbesondere Forderungen, Grund- und Rentenschulden, Immaterialgüterrechte und sonstige selbständige gewerbliche Schutzrechte (Patent-, Urheber-, Verlags-, Gebrauchs-, Geschmacksmusterrecht), vgl München OLG 29, 386 zum verpfändeten Musterschutzrecht, Aktienrecht (RG 86, 155), Geschäftsanteile an GmbH (RG 100, 275; 157, 52; zum Ablösungsrecht der Mitgesellschafter s Lux GmbHR 2003, 938ff), Nacherbenrecht (RG 80, 384; 83, 434), Anteil eines Miterben am ungeteilten Nachlaß (RG 90, 232; BGH 52, 99 mit Anm Mormann LM Nr 1 zu § 1258; dazu siehe § 1258 Rz 3), Pflichtteilsanspruch, Auseinandersetzungsguthaben eines Genossenschaftsmitglied (Braunschweig WM 1997, 487), Bundesschatzbriefe (AG Halle EWiR § 1285 BGB 1/1998, 1079). Auch Forderung gegen den Pfandgläubiger, sog Pfandrecht an eigener Schuld (BGH LM § 610 Nr 1; Düsseldorf WM 1992, 1937). Zum Gesamtpfandrecht bei der Finanzierung eines Unternehmenskaufs s Schrell/Kirchner BKR 2003, 444ff.

2. Nicht verpfändbar: nicht übertragbare Rechte (§ 1274 II), ferner Eigentum an Sache, weil diese selbst 2 Gegenstand des Pfandrechts ist; Wohnungseigentum, es ist aber mit Grundpfandrechten belastbar; Miteigentumsanteil, weil dieser der Sache gleichgeachtet wird, vgl § 1258; grundstücksgleiches Recht, zB Erbbaurecht (§ 1017, ErbbauVO § 11), Erbpachtrecht (Art 63 EGBGB), Abbaurecht (Art 68 EGBGB), selbständiges Nutzungsrecht (Art 196 EGBGB); nicht selbständig verkehrsfähige Rechte, zB Grunddienstbarkeiten, subjektivdingliche Rechte, Hypothekenrechte, Pfandrechte (RG Warn 1911, 274; nicht übertragbar nach Staud/Wiegand, 13. Aufl, § 1274 Rz 65), Firma (RG 95, 236), Titel einer Zeitschrift (RG 68, 55), Marken können nur zusammen mit dem Geschäftsbetrieb übertragen werden (Staud/Wiegand, 13. Aufl, § 1274 Rz 65), unselbständige einzelne Befugnisse, zB eines Nacherben (BayObLG BayZ 1913, 480), Auseinandersetzungsanspruch eines Miterben, Teilungsanspruch bei ehelicher Gütergemeinschaft (BayObLG 1910, 4), geschäftliches Unternehmen als solches, weil kein einheitliches dingliches Recht, sondern nur Gegenstand schuldrechtlicher Beziehungen (RG 95, 236).

Die Verpfändung **künftiger Rechte** ist möglich, wenn sie zumindest bestimmbar sind. Hier gelten die zur Abtre- 3 tung künftiger Forderungen entwickelten Grundsätze. Näheres siehe § 398 Rz 11ff; ferner RG JW 1911, 367; 82, 229; BVerwG NJW 1957, 315 zur Verpfändung künftigen Lastenausgleichsanspruchs; Celle OLG 66, 313 zur Verpfändung künftiger Bankguthaben und -konten. Pfandrecht wird aber erst mit Entstehen des Rechts wirksam, Besteller darf davor nicht in Konkurs fallen (RG 68, 55).

§ 1273 Sachenrecht Pfandrecht

4 **3. Anzuwendende Vorschriften. a)** Schlechthin anzuwenden sind insbes folgende Vorschriften des Sachpfandrechts: §§ 1204 (Inhalt des Pfandrechts), 1209 (Rang), 1210 (Umfang), 1211 (Einreden), 1213 I, 1214 (Nutzpfand), 1222 (Mehrheit von Pfändern), 1226 (Verjährung der Ersatzansprüche), 1229 (Verfallklausel), 1245 über 1277 S2, 1284 (abweichende Abreden), 1249 (Ablösungsrecht), 1250 (Verkoppelung von Pfandrecht und Forderung), 1252, 1255, 1256 (Erlöschen); zT 1257 (gesetzliches Pfandrecht), 1258 (Pfandrecht am Miteigentumsanteil).

5 **b)** Weitere Vorschriften sind anwendbar, wenn Pfandrecht zugleich Sache erfaßt (zB Schuldschein, Sparkassenbuch § 952) oder Übergabe der Sache zur Pfandrechtsbestellung erforderlich ist (§ 1274 I S 2, zB verbriefte Grundpfandrechte, Wechsel, Scheck): 1205, 1206 (Übergabe und deren Ersatz), 1215 (Verwahrungspflicht), 1216 (Ersatz von Verwendungen), 1217f (Schutzrecht des Verpfänders), 1223, vgl RG 100, 277, DJZ 1929, 442 (Anspruch auf Rückgabe), 1224 (Befriedigung durch Hinterlegung oder Aufrechnung), 1225 (Forderungsübergang), 1227 (Schutz gegen Beeinträchtigung), 1251 (Anspruch auf Herausgabe bei Übergang des Pfandrechts), § 1253 (Erlöschen), 1254 (Anspruch auf Rückgabe).

6 **c) Abgewandelt sind anzuwenden** – statt Rückgabe der Pfandsache: Verzicht auf Pfandrecht – §§ 1217 II (Rückgabe gegen Befriedigung), 1218 (Rückgabe gegen anderweitige Sicherheitsleistung), 1223 II (Rückgabe gegen Befriedigung), 1224 (Befriedigung durch Hinterlegung), 1225 (Übergang der Forderung auf Verpfänder), 1254 (Rückgabe wegen zerstörender Einrede).

7 **d) Beschränkt anzuwenden** auf Recht, kraft dessen eine Leistung gefordert werden kann, gemäß § 1275 der § 1217 I.
e) Als **unanwendbar** ausdrücklich ausgeschlossen sind §§ 1208, 1213 II. Zu § 1208: Also kein gutgläubiger Erwerb des besseren Ranges. Jedoch kann sich Erwerber auf § 892 berufen, zB wenn Pfandrecht an einem Grundpfandrecht zu Unrecht gelöscht worden ist.
f) Darüber hinaus entfallen schlechthin aus innerer Notwendigkeit die §§ 1207, 1212, 1246. Zu § 1207: Also kein Schutz des guten Glaubens beim Erwerb vom Nichtberechtigten. Ausnahme für den Fall, daß das verpfändete Recht als solches gutgläubig erworben werden kann, zB nach §§ 892, 1138, 1155, 2366; vgl Pal/Bassenge § 1274 Rz 2, 10; Wolff/Raiser § 175 III 2. Auch § 405 kommt in Betracht (WarnRsp 1914, 245).
g) In der Regel unanwendbar sind die §§ 1219–1221, 1228, 1230–1244, 1247, 1248. Ausnahmen, weil und soweit auf sie verwiesen: § 1221 in § 1295, § 1228 II in § 1282f, 1294ff, weil entsprechend vereinbart: §§ 1277, 1284, weil Befriedigung ausnahmsweise durch Pfandverkauf erfolgen darf: § 1293.

8 **h) Beispiele aus der Rspr:** zu § 1204 RG 136, 424, KGJ 40, 292; § 1207 Königsberg OLG 29, 379; § 1211 BGH BB 1956, 159; § 1223 I RG 100, 277; § 1223 II RG DJZ 1929, 442, RG 121, 77, KGJ 40, 292; § 1225 RG Recht 1918, 244; § 1227 Breslau JW 1928, 2474; § 1228 I RG 100, 277; § 1228 II KGJ 40, 292; § 1232 RG 87, 327; § 1235 RG 100, 277, KGJ 40, 292; § 1242 RG 87, 327; § 1243 RG 100, 277, KGJ 40, 292; § 1247 RG 87, 327; § 1256 RG 154, 383, Braunschweig OLG 17, 20; § 1258 BGH NJW 1969, 1347 mit Anm Mormann LM Nr 1 zu § 1258; vgl auch § 1258 Rz 3; § 1278 RG 92, 266; § 1284 RG 92, 256; § 1290 RG 97, 42.

9 **4. Entsprechend anzuwenden** auf **gesetzliches Pfandrecht** an Rechten zB des Kommissionärs an Forderungen (HGB § 399), des Schiffsgläubigers an Fracht (§§ 756, 758 HGB).

10 **5.** Bezüglich **Pfändungspfandrecht** an Rechten vgl §§ 828ff, 857ff ZPO. Konkurriert ein Vertragspfandrecht an dem Miterbenanteil eines Schuldners mit einem später entstandenen Pfändungspfandrecht, so steht, wenn ein Nachlaßgrundstück zum Zweck der Aufhebung der Gemeinschaft zwangsversteigert wird, der auf den Schuldner entfallende Erlösanteil kraft dinglicher Surrogation vorrangig dem Vertragspfandgläubiger zu (BGH 52, 99 mit Anm Mormann LM Nr 1 zu § 1258; abweichend von RG 84, 395). Dazu s auch § 1258 Rz 3.

1274 *Bestellung*

(1) Die Bestellung des Pfandrechts an einem Recht erfolgt nach den für die Übertragung des Rechts geltenden Vorschriften. Ist zur Übertragung des Rechts die Übergabe einer Sache erforderlich, so finden die Vorschriften der §§ 1205, 1206 Anwendung.

(2) Soweit ein Recht nicht übertragbar ist, kann ein Pfandrecht an dem Recht nicht bestellt werden.

1 **1. Voraussetzungen** für die Bestellung: Vorliegen der a) materiellen und b) formellen Erfordernisse einer Übertragung.
a) Materielle Erfordernisse. Vertrag ist nicht etwa auf Übertragung des Rechts, sondern auf Bestellung des Pfandrechts gerichtet (RG JW 1928, 174, Recht 1908, 1189, Gruch 49, 97). Abtretungserklärung (RG JW 1928, 174), Vertrag über Hinterlegung des Hypothekenbriefs bei Notar (RG HRR 1932, 1784), schriftliches Einverständnis des Bankkunden zu allgemeinen Geschäftsbedingungen, wonach alle in den Besitz der Bank gelangten Hypothekenbriefe als Pfand haften, vgl RG LZ 1933, 932, oder Vorrangseinräumung (RG JW 1934, 221) können mitunter in Verpfändungserklärung umgedeutet werden (§ 140). Nicht dagegen Sperrung eines Sparkassenbuches zugunsten eines Gläubigers, weil dinglicher Vertrag zugunsten Dritter unzulässig (RG 124, 217). Verpfändung muß ergeben: **aa)** die zu sichernde Forderung, wenn auch nicht in allen Einzelheiten, so doch wenigstens hinreichend bestimmbar, zB alle gegenwärtigen und künftigen Forderungen, vgl RG JW 1937, 2519; RG 136, 422; nicht nötig bestimmten (Höchst-)Geldbetrag (KGJ 44, 269). Fehlt Angabe der Forderung, so Verpfändung ungültig. **bb)** Pfandgegenstand, dh das zu verpfändende Recht; es kann dies auch ein künftiges bestimmtes oder wenigstens bestimmbares sein, vgl § 1273 Rz 3. **cc)** Pfandbestellung.
b) Formelle Erfordernisse. Die für die Abtretung sonst noch vorgeschriebenen Vorschriften müssen beachtet werden, zB Schriftform, notarielle Beurkundung, Eintragung ins Grundbuch, Übergabe einer Sache (vgl Rz 7). Demgegenüber bedarf ein schuldrechtlicher, zur Bestellung des Pfandrechts verpflichtender Vertrag keiner Form

(RG 58, 226); daher kann gegebenenfalls die wegen Formmangels unwirksame Verpfändungserklärung wenigstens in eine schuldrechtliche Verpflichtung umgedeutet werden (Dresden Recht 1910, 3517).

2. Einzelfälle. a) Forderung: grundsätzlich formloser Vertrag (§ 398), aber Anzeigepflicht gemäß § 1280. Gilt 2 grundsätzlich (beachte Rz 6) auch, wenn verpfändete Forderung ihrerseits durch akzessorische Rechte gesichert ist. Diese werden ebenfalls vom Pfandrecht erfaßt. **Versicherungsforderungen** werden grundsätzlich durch Einigung und Anzeige verpfändet, wobei die Beschränkungen aus §§ 15, 98 VVG sowie den jeweiligen Versicherungsbedingungen zu beachten sind.

b) So auch bei **schuldrechtlichem Anspruch auf Grundstücksübereignung;** § 311b I kommt nicht in 3 Betracht (§ 398 Rz 8; vgl BayObLG MDR 1977, 50); dazu und zum Streitstand Koch MittBayNot 1976, 161; Ertl DNotZ 1977, 81.Verpfändung kann nur dann im Grundbuch vermerkt werden, wenn Auflassungsvormerkung eingetragen worden ist (BayObLG 1976, 190, 192; Hieber DNotZ 1954, 173; Hoche JW 1955, 161; KG JW 1937, 249 zur Pfändung des Rechts aus der Vormerkung). Pfandgläubiger kann vor Pfandreife nur verlangen, daß Verkäufer an ihn und den Gläubiger gemeinschaftlich leistet (§ 1281); beide sind Auflassungsempfänger. Nach der Pfandreife ist der Pfandgläubiger allein der Auflassungsempfänger. Die Auflassung geht stets dahin, daß das Eigentum auf den Gläubiger übergehen soll. Zur Bestellung eines Verwahrers siehe § 1281 Rz 2. Zulässig ist aber in beiden Fällen auch, daß die Auflassung, wie sonst üblich, zwischen dem Grundstückseigentümer und dem Erwerber erklärt wird, und Pfandgläubiger demgemäß § 185 (in der Form des § 29 GBO) zustimmt. S dazu § 1282 Rz 2; ferner Hieber DNotZ 1954, 173, insbesondere zur grundbuchrechtlichen Seite. Pfandgläubiger – Verwahrer – kann Eintragung des Gläubigers beantragen. Mit ihr entsteht kraft Gesetzes Sicherungshypothek (§ 1287). Ist ein Auflassungsanspruch unter der auflösenden Bedingung der Eintragung einer Grundschuld für den Pfandgläubiger verpfändet, kann der bei der Auflassungsvormerkung eingetragene Verpfändungsvermerk mit Eintragung der Grundschuld im Wege der Grundbuchberichtigung nur mit Bewilligung des Pfandgläubigers gelöscht werden (BayObLG 1995, 171). Hat der Verkäufer aufgelassen, so fragt es sich, ob der Käufer noch seinen Anspruch auf Übertragung des Eigentums verpfänden kann. Die zu diesem rechtsähnlichen Fall der Pfändung ergangene Rspr hat ihren Standpunkt mehrfach gewechselt. Sie hat zunächst eine nach der Auflassung beantragte Pfändung des Rechts aus dem Grundgeschäft damit abgelehnt, daß ein Anspruch auf Verschaffung des Eigentums nicht mehr vorhanden sei (Jena SeuffA 1967, 49). Später hat sie jedoch die Pfändung des Anspruchs des Käufers auf Übertragung des Eigentums auch noch nach der Auflassung zugelassen (KG JFG 3, 297; 4, 339; 7, 331). Schließlich hat sie sich wieder dahin entschieden, daß nach der Auflassung ein Anspruch auf Eigentumsübertragung nicht mehr bestehe (BayObLG JFG 9, 233; KG JFG 14, 131). Richtig ist, daß der Verkäufer, der aufgelassen hat, seiner Hauptpflicht aus dem Grundgeschäft bereits nachgekommen ist. Er kann zur Auflassung nicht mehr verurteilt werden. Ein pfändbarer oder verpfändbarer Anspruch besteht daher insoweit nicht mehr; vgl Ronke FS Nottarp 1961, S 104f; Hoche NJW 1955, 934; Mattern Anm zu LM Nr 9/10 zu § 857 ZPO; wohl auch BGH 49, 204, der jedenfalls hierzu auf Hoche aaO verweist. Die Pflicht zur Auflassung ist aber keineswegs die einzige Pflicht des Verkäufers. Er hat darüber hinaus der Eintragung etwa entgegenstehende Hindernisse – soweit dies in seiner Macht steht – zu beseitigen, zB seine noch fehlende Voreintragung zu veranlassen, beim Beschaffen der noch erforderlichen Genehmigungen, Zeugnisse, Vermessungen und dergleichen mitzuwirken (Staud/Köhler § 433, 13. Aufl, Anm 102; RG JW 1931, 2628; BGH 14, 313; KG JFG 7, 331; München HRR 1940, 733). Er hat ferner alles zu unterlassen, was den Eigentumsübergang verhindern könnte, insbesondere ihn beeinträchtigende Verfügungen. Nur die aus diesen Nebenpflichten des Verkäufers erwachsenden Nebenansprüche des Käufers können gepfändet oder verpfändet werden. Soweit sie auf ein Unterlassen gerichtet sind, ist jedoch zu berücksichtigen, daß sie einerseits einen hypothetischen Charakter haben. Einen konkreten, greifbaren Inhalt erlangen sie nur, wenn der Verkäufer gegen die Unterlassungspflicht verstößt und der Käufer deshalb seinen Anspruch nicht durchzusetzen vermag. Erst dann kommt eine Pfändung oder Verpfändung in Betracht. Nach herrschender Ansicht steht dem Auflassungsempfänger aber eine Anwartschaft auf Erwerb des Eigentums zu, die verpfändet – nach § 857 ZPO auch gepfändet – werden kann; dazu vgl Rz 5.

c) Patente: durch formlosen Vertrag zwischen dem Inhaber und dem Pfandgläubiger (RG 75, 225). Die Eintra- 4 gung in die Patentrolle ist nicht erforderlich, aber zweckmäßig. Der Pfandgläubiger kann gegen den Patentverletzer klagen (§ 139 PatG), Busse/Althammer PatG § 47 Rz 3, die Wiedereinsetzung in versäumte Fristen gemäß § 123 PatG verlangen, Benkhard PatG § 123 Rz 12. Dasselbe gilt für das Gebrauchsmuster, das gemäß § 13 S 2 GebrMG übertragen werden kann. **Musterschutz- und Urheberrecht:** desgleichen (München OLG 29, 386).

d) Name und Firma: Name als solcher ist nicht übertragbar und kann deshalb auch nicht verpfändet werden. 4a Hinsichtlich der Firma bestimmt § 23 HGB, daß eine Übertragung ohne das Unternehmen nicht möglich ist. Demzufolge ist eine Leerverpfändung nicht möglich (RGZ 68, 49, 55; 95, 235, 236). Auch Verpfändung zusammen mit Unternehmen scheidet mangels Verpfändbarkeit des Unternehmenskerns (insbesondere der immateriellen Vermögenswerte) aus (vgl Hubmann ZHR 117 [1955], 41, 72f). Möglich ist nur, daß Pfandgläubiger die wesentlichen Einzelgegenstände des Unternehmens verwertet und Verpfänder dem Ersteher Fortführung der Firma gem § 22 HGB gestattet.

e) Marken: Nach §§ 29 I Nr 1, II, 31 können ein nach § 4 Nr 1–3 geschütztes Markenrecht und das durch 4b Anmeldung einer **Marke** entstehende Markenanwartschaftsrecht verpfändet werden. Die Verpfändung ist formlos möglich. Grundsatz der Übertragbarkeit (§ 27 I MarkenG) und Verpfändbarkeit (§ 29 I Nr 1 MarkenG) gilt auch für **namens- oder firmengleiche Marken.** Aus Grundsatz der Unverpfändbarkeit des Namens oder der Firma läßt sich insoweit nichts ableiten. Nach Wortlaut und Entstehungsgeschichte nicht von §§ 27ff erfaßt werden **geschäftliche Bezeichnungen** iSv § 5 MarkenG. Auch eine analoge Anwendung ist nicht erforderlich (vgl Soergel/Habersack § 1274 Rz 27). Werktitel sind daher nur zusammen mit Werk übertragbar und verpfändbar.

4c f) Lizenzen: Hinsichtlich der Verpfändbarkeit von **Lizenzen** ist zu differenzieren. Handelt es sich um eine bloß **schuldrechtliche Gebrauchsüberlassung**, kommt Verpfändung der Forderung des Lizenznehmers nach §§ 1279ff in Betracht. Voraussetzung hierfür ist allerdings gem § 1274 II, daß die Forderung übertragbar ist (kein Abtretungsverbot). Demgegenüber teilen **dingliche Lizenzen** die Rechtsnatur des lizensierten Rechts und sind daher – Übertragbarkeit vorausgesetzt – wie dieses verpfändbar.

5 g) Erbteil – auch Nacherbteil (KGJ 44, 264) –: gerichtliche oder notarielle Form nach §§ 2033, 2371, 2385 (KGJ 33, 226; 37, 274; RG 90, 232); zur Eintragung dieses Pfandrechts auf Nachlaßgrundstück vgl RG 83, 30; 84, 396; 87, 321. Vom **Miterbenanteil** ist Anspruch des Miterben auf das Auseinandersetzungsguthaben iSv § 2047 zu unterscheiden. Dieser Anspruch ist nach hM nicht übertragbar und somit auch nicht verpfändbar. Gleiches gilt für den in § 2033 II genannten „Anteil an den einzelnen Nachlaßgegenständen". Ein solcher Anteil besteht nicht und kann deshalb auch nicht verpfändet werden (vgl Soergel/Habersack § 1274 Rz 23).

6 h) Hypothekenforderung kann nur zugleich mit Hypothek verpfändet werden (RG WarnRsp 1918, 56). Verpfändung unterliegt gem § 1274 I S 1 den Voraussetzungen des § 1154, dh eine Anzeige nach § 1280 ist entbehrlich. Pfandrecht an Forderung erstreckt sich ohne weiteres auf nachträglich eingetragene Hypothek (BayObLG DJZ 1932, 153). a) Briefhypothek: schriftliche Verpfändungserklärung – deren Annahme durch Pfandgläubiger kann formlos und nachträglich erfolgen (RG 136, 424; 148, 349) – oder statt dessen Eintragung im Grundbuch und Übergabe des Briefes, hierzu vgl Rz 6 (§ 1154 I, II); Teilverpfändung nur, wenn Teilbrief gebildet wird (KGJ 24, 132). b) Buchhypothek: Einigung über Pfandrechtsbestellung und Grundbucheintragung (§§ 1154 III, 873). Bei Gesamtbuchhypothek entsteht Pfandrecht erst nach Eintragung auf allen Grundbuchblättern (RG 63, 74). Für **Grundschulden** gilt gleiches, vgl §§ 1291, 1192, 1199. Unterwirft sich Bankkunde schriftlich Bankbedingungen, wonach in den Besitz der Bank geratene Hypotheken- und Grundschuldbriefe als Pfand haften, so kann darin Verpfändungserklärung liegen (RG LZ 1933, 932); desgleichen in schriftlichem Vertrag über Hinterlegung des Hypothekenbriefs bei Notar (RG HRR 1932, 1748). Mit Recht läßt aber der BGH 60, 174 – mit Anm Mattern in LM Nr 8 zu Allgemeinen Geschäftsbedingungen der Banken Ziff 19 – allein durch schriftliche Unterwerfung unter Nr 19 II der AGB der gewerblichen Kreditgenossenschaften (Volksbanken), Fassung 1956, kein Pfandrecht an einer Grundschuld entstehen. Erlischt Hypothek infolge Zwangsversteigerung, so setzt sich Pfandrecht an der an ihre Stelle tretenden Sicherungshypothek fort (RG 60, 221). Nichtige Pfandbestellung an Briefgrundschuld kann uU in Zurückbehaltungsrecht umgedeutet werden (§ 140).

7 i) Mitgliedschaft in einem Verband ist nach hM **subjektives Recht** und damit grundsätzlich tauglicher Gegenstand eines Pfandrechts. Dies gilt neben der Mitgliedschaft in einer Körperschaft auch für die in einer Außengesellschaft bürgerlichen Rechts und einer Personenhandelsgesellschaft. Die Verpfändung erfolgt nach § 1274ff. § 1258 findet keine entsprechende Anwendung, so daß neben Vermögensrechten auch die mitgliedschaftlichen Teilhabe- und Kontrollrechte weiterhin beim Verpfänder verbleiben. Nach § 1274 II setzt Verpfändung der Mitgliedschaft voraus, daß **Mitgliedschaft übertragbar**. Gesetzliche oder gesellschaftsvertragliche Abtretungsbeschränkungen (insbesondere **Vinkulierungsklauseln**) berühren daher auch die Verpfändung. Grundsätzlich möglich ist, daß zwar Übertragung der Mitgliedschaft zugelassen wird, nicht aber die Verpfändung. **Vinkulierte Namensaktien** (§ 68 II AktG): zusätzliche Zustimmung der Gesellschaft (Hamburg OLG 26, 206). Nichtige Verpfändung läßt sich uU in Zurückbehaltungsrecht umdeuten (Hamburg OLG 26, 206). **GmbH-Anteil** (§ 15 III GmbHG): notarielle Form (RG 53, 107) – nicht aber für schuldrechtlichen, zur Bestellung des Pfandrechts verpflichtenden Vertrag (RG 58, 223; JW 1937, 2118). Einer Anzeige nach § 1280 bedarf es nicht. Dagegen bedarf es entsprechend § 16 I GmbHG einer Anmeldung (hA, aA Pal/Bassenge Rz 8: Erst bei Verwertung des Pfandes nötig). Ist laut Gesellschaftsvertrag Abtretung ausgeschlossen (§ 15 V GmbHG), so Verpfändung unzulässig. Der Gesellschaftsvertrag kann sich aber auch darauf beschränken, nur die Verpfändung auszuschließen. Teilweise Verpfändung mit Genehmigung der Gesellschaft entsprechend § 14 I GmbHG zulässig. Genehmigung deckt dann auch die Veräußerung zwecks Pfandverwertung. Zur Pfändung einer Einlageforderung s BGH LM Nr 4 zu § 19 GmbHG. Zur Rechtsstellung des Pfandgläubigers vgl RG JW 1933, 1016; RG 139, 227; 157, 55: dem Pfandgläubiger steht weder das Mitverwaltungs-, Mitbenutzungsrecht noch das Stimmrecht zu (BGH WM 1992, 1655), es sei denn, daß ihm dieses besonders übertragen worden ist. Der Gewinnanspruch ist nicht als im Zweifel mitverpfändet anzusehen, denn § 1213 II wird in § 1273 II S 2 ausgeschlossen. Die Parteien können aber ein Nutzungspfand vereinbaren. Die Pfandverwertung richtet sich nach §§ 1274, 1229. **Kuxe** (prAllg BergG § 108): einseitige, schriftliche Verpfändungserklärung und Übergabe des Kuxscheines (RG 107, 334).

8 j) Beim Anwartschaftsrecht richtet sich Verpfändung nach den für das zu erwerbende Recht maßgeblichen Vorschriften: aa) Beim Anwartschaftsrecht **des Vorbehaltskäufers** kommen daher Bestimmungen der Sachverpfändung in Betracht, s § 449. Die vertragliche Verpfändung der Anwartschaft des Käufers einer unter Eigentumsvorbehalt gelieferten Sache (§ 449) vollzieht sich also durch Einigung darüber, daß dem Gläubiger ein Pfandrecht zustehen solle, und durch Übergabe. Erlangt der Verpfänder Volleigentum, so erstarkt das Pfandrecht zum Pfandrecht an der Sache. Noch weiter geht der BGH 35, 85: Er zählt die Anwartschaft des Vorbehaltskäufers gar nicht erst zu den verpfändbaren Rechten, weil das Pfandrecht in diesem Fall das Anwartschaftsrecht als bedingtes Eigentum an der Sache ergreife (ebenso auch RGRK § 1273 Rz 2; vgl auch Anm Metzger in LM Nr 2 zu § 1120 BGB) und kommt in seiner Entscheidung BGH 92, 280 weiterführend zu der Ansicht, Verkäufer und Käufer könnten die Anwartschaftsrecht ohne Zustimmung des Grundschuldgläubigers mit der Maßgabe aufheben, daß die Grundschuld an den Anwartschaftsrechten gegenständlich werde. So könne der Verkäufer allein im Einverständnis mit dem Käufer die Zubehörstücke einer Bank zur Sicherheit für einen Kredit übereignen, mit der Käufer den restlichen Kredit zahle. Die Bank erlange lastenfreies Eigentum. Das Anwartschaftsrecht ist jedoch ein Recht, daher ist auch § 1276 I S 1 entsprechend anzuwenden und zur Wirksamkeit der Aufhebung die Zustimmung des Pfandgläubigers einzuholen, so mit Recht Tiedtke NJW 1985, 1305ff mwN und unten § 1276 Rz 8.

bb) Zur Rechtsstellung des Auflassungsempfängers, insbesondere zur Frage des Anwartschaftsrechts s § 925 **9** Rz 38ff; Ronke, FS Nottarp, 1961, S 91ff. Nach der dort vertretenen Ansicht kann von einem Anwartschaftsrecht erst die Rede sein, wenn der Auflassungsempfänger den Eintragungsantrag gestellt hat, und der Antrag nicht zurückgewiesen worden ist. Die Verpfändung des Anwartschaftsrechts richtet sich gemäß § 1274 nach den für die Übertragung dieses Rechts geltenden Vorschriften, erfordert also die Form der Auflassung (§ 925). Die beiderseitigen Willenserklärungen sind auf Begründung des Pfandrechts gerichtet. So auch BGH 49, 202f. Eine Streitfrage ist, ob Anzeige gemäß § 1280 erforderlich ist. Das Anwartschaftsrecht ist keine Forderung im Sinne des § 1280, so daß es der Anzeige nicht bedarf (so auch Pal/Bassenge Rz 5). Dies deckt sich mit der zur Pfändung des Anwartschaftsrechts entwickelten – herrschenden – Ansicht, daß es dort einer Zustellung an den Veräußerer nicht bedürfe, weil dieser nicht Drittschuldner iSd § 857 ZPO sei; vgl § 925 Rz 67. Aber selbst wenn man im Anschluß an BGH NJW 1954, 1326 zu diesem Punkt anderer Meinung sein sollte, so folgt hieraus noch nicht zwingend, daß dann auch § 1280 anzuwenden sei. Verpfändung kann im Grundbuch nur vermerkt werden, wenn Auflassungsvormerkung eingetragen ist (BayObLG 1967, 297; Hieber DNotZ 1954, 176; Hoche NJW 1955, 654). Pfandgläubiger kann auch ohne Verwahrer Eintragung des Erwerbers im Grundbuch beantragen, wenn Auflassungsempfänger den Antrag noch nicht gestellt hat, statt dessen, andernfalls neben diesem. Mit Umschreibung entsteht entsprechend § 1287 kraft Gesetzes Sicherungshypothek (Staud/Wiegand § 1287 Rz 18).

Rang: Bei Leistung nach § 1287 geht die Sicherungshypothek anderen vom Auflassungsempfänger für sich selbst oder Dritte bewilligten Grundpfandrechten vor, weil diese erst mit ihrer Eintragung entstehen, die der Eigentumseintragung und der damit Entstehung der Sicherungshypothek notwendig nachfolgt. Vorher fehlt es den anderen Grundpfandrechten am 2. Erfordernis des § 873 I, nämlich der Eintragung, aber auch hinsichtlich des 1. Erfordernisses der Einigung, an der Wirksamkeitsvoraussetzung der Sachlegitimation des Verfügenden (Auflassungsempfängers). Vgl BGH 49, 197 mit Anm Mattern in LM Nr 9/10 zu § 857 für den entsprechenden Fall der Pfändung des Anwartschaftsrechts. Ausnahmsweise geht eine gleichzeitig beantragte Restkaufgeldhypothek im Rang vor, weil sie einen Teil der Gegenleistung des Käufers darstellt, so BayObLG 1972, 46 und im Anschluß daran Staud/Wiegand § 1287 Rz 15, hM.

Veräußerer und Erwerber können die Eigentumsumschreibung nur mit Zustimmung des Pfandgläubigers beantragen, Hoche NJW 1955, 654 unter Hinweis auf § 1276; Staud/Wiegand § 1287 Rz 18; aA Hieber DNotZ 1954, 176; denn es besteht immerhin die Gefahr, daß der ohne Mitwirkung des Pfandgläubigers eingetragene Erwerber das Grundstück an einen Gutgläubigen weiterveräußert oder zugunsten eines Gutgläubigen belastet und dadurch das Recht des Pfandgläubigers zunichte macht oder wenigstens beeinträchtigt; § 1276 ist entsprechend anzuwenden, der auch für den rechtsähnlichen Fall der Verpfändung eines Erbanteils gilt; vgl § 1276 Rz 3. Pfandgläubiger wird gut daran tun, dem Grundbuchamt die Verpfändung anzuzeigen.

Ist das Recht aus der Auflassung noch nicht bis zu einem Anwartschaftsrecht gediehen, weil der Auflassungs- **10** empfänger den Eintragungsantrag noch nicht gestellt hat, so liegt immerhin ein Vermögensrecht vor, das übertragen, gepfändet und verpfändet werden kann. Das ist seit BayObLG JFG 9, 233 allgemeine Auffassung geworden. Für die hier allein interessierende Verpfändung gelten die oben zum Anwartschaftsrecht entwickelten Grundsätze, s Rz 8.

3. Übergabe der Sache erforderlich, zB bei Anweisung (§ 792 I), Wechsel – aA Locher, Wertpapierrecht, **11** § 20 III 5: formloser Vertrag nebst Anzeige nach § 1280 – und Scheck, insbesondere aber bei Briefgrundpfandrecht. Hier Übergabe des Briefs oder Einräumung des Mitbesitzes (§ 1206), auch mittelbaren, zB durch Übergabe des Briefs an Notar als Treuhänder (RG WarnRsp 1914, 58), oder Abtretung des Herausgabeanspruchs seitens des mittelbar besitzenden Verpfänders und Anzeige an den Besitzer (§ 1205 II), Vereinbarung nach §§ 1117 II, 1154 I S 1 und Anzeige an Grundbuchamt genügen, desgleichen, wenn Briefhypothek bereits verpfändet wird, Abtretung des Herausgabeanspruchs an zweiten Pfandgläubiger und Anzeige an ersten (RG HRR 1929, 497). Die Übergabe des Briefs erübrigt sich im Falle des § 1205 I S 2. Bloße Verpfändung des Briefs ist wirkungslos (RG JW 1904, 555; WarnRsp 1918, 56), jedoch uU – wenn schriftlich – in Verpfändung der Hypothek oder des Zurückbehaltungsrechts umzudeuten, vgl RG Recht 1912, 2846. Nicht genügt Begründung eines Besitzdienerverhältnisses (§ 855) oder Vereinbarung eines Besitzmittlungsverhältnisses (§ 930) oder Abtretung des Herausgabeanspruchs (§ 931). Dagegen bedarf die Verpfändung eines Spargutthabens nicht der Übergabe des Sparbuches (RG 124, 217), des Anspruchs gegen das Leihhaus nicht der Übergabe des Pfandscheines (KG OLG 26, 207), der Versicherungsforderung nicht der Übergabe der Police (RG 79, 306).

4. Abs II. Unübertragbarkeit kann sich ergeben aus a) Gesetz, b) Inhalt des Rechts, c) Vereinbarung. **12**

a) Gesetz. Beispiele: Mitgliedschaft bei Vereinen (§ 38); unpfändbare Forderungen (§ 400), vgl §§ 850ff ZPO; **13** Vorkaufsrecht § 73 S 1; im Zweifel Anspruch auf Dienste (§ 613 S 2); Ausführung des Auftrags (§ 664); idR Ansprüche der Gesellschafter gegeneinander (§ 717); Anteil am Gesellschaftsvermögen (§ 719), falls im Gesellschaftsvertrag nichts Abweichendes vereinbart (BGH 13, 179: bei Verstoß gegen § 719 schwebend unwirksam), – dagegen pfändbar (§ 725; § 859 ZPO) –, Verpfändung kann jedoch auf Gewinnanteil und künftiges Auseinandersetzungsguthaben gerichtet werden (RG 57, 416; 67, 332); Nießbrauch (§ 1059); beschränkt persönliche Dienstbarkeit (§ 1092); dingliches Vorkaufsrecht (§§ 1098, 1103); subjektiv dingliche Reallast (§ 1110); Forderung oder Hypothek für sich (§ 1153) und Forderung oder Pfandrecht für sich (§ 1250); gewisse familienrechtliche Ansprüche (§§ 1387 III, 1419, 1487); Anteile des Miterben an einzelnen Nachlaßgegenständen (§ 2033 II) – dagegen kann Anteil am Nachlaß verpfändet werden (§ 2033 I); auf Art 81 EGBGB beruhende Fälle.

b) Inhalt des Rechts, vgl § 399 Fall 1. Beispiele: Zweckgebundene Ansprüche, Anspruch aus Darlehensver- **14** sprechen (§ 610), Mietrecht, Pächternutzungsrecht, Unterhaltsanspruch, Anspruch aus Baugeldvertrag.

L. Michalski

15 c) **Vereinbarung,** vgl § 399 Fall 2. Beispiele: § 792 II BGB; § 159 II VVG. Kann bei unpfändbaren Rechten dessen Ausübung einem Dritten überlassen werden, zB beim Nießbrauch (§ 1059), so kann dieser Anspruch auf Ausübung verpfändet werden (KGJ 40, 254 – diese Verpfändung ist aber nicht eintragungsfähig).

16 5. Zur Pfändung vgl § 851 II ZPO.

1275 *Pfandrecht an Recht auf Leistung*
Ist ein Recht, kraft dessen eine Leistung gefordert werden kann, Gegenstand des Pfandrechts, so finden auf das Rechtsverhältnis zwischen dem Pfandgläubiger und dem Verpflichteten die Vorschriften, welche im Falle der Übertragung des Rechts für das Rechtsverhältnis zwischen dem Erwerber und dem Verpflichteten gelten, und im Falle einer nach § 1217 Abs. 1 getroffenen gerichtlichen Anordnung die Vorschrift des § 1070 Abs. 2 entsprechende Anwendung.

1 1. Die Vorschrift regelt das Rechtsverhältnis zwischen dem Pfandgläubiger und dem zur Leistung verpflichteten Schuldner für die Fälle, in denen Rechte auf Leistung verpfändet sind. Sie entspricht § 1070 für den Nießbrauch. Der Leistungspflichtige soll bei der Verpfändung solcher Rechte nicht schlechter gestellt werden als bei deren Übertragung, Staud/Wiegand Rz 1.

2. Der Pfandgläubiger muß sich alle **Einwendungen gegen verpfändeten Leistungsanspruch** gefallen lassen, die dem Gläubiger entgegengesetzt werden können (§§ 404–411, s die Bemerkungen dazu), insbesondere muß er die nach Verpfändung an den Verpfänder erfolgte Leistung und die hinsichtlich der Forderung vorgenommenen Rechtsgeschäfte gelten lassen, sofern nicht dem Schuldner bei der Leistung oder Vornahme des Rechtsgeschäfts die Verpfändung bekannt war (§ 407). Wie Schuldner Kenntnis erlangt, ist gleichgültig (RG 52, 143), anders im Fall des § 1280, weil hier Anzeige Wirksamkeitsvoraussetzung der Pfändung ist. Schuldner wird entsprechend § 409 seinem Gläubiger gegenüber befreit, wenn er, nachdem ihm der Gläubiger die Verpfändung angezeigt und die Fälligkeit der pfandgesicherten Forderung mitgeteilt hatte, an den Pfändungsgläubiger zahlt, ohne zu wissen, daß dessen Pfandrecht infolge Erlöschens der pfandgesicherten Forderung beendet ist; vgl v Tuhr DJZ 1907, 706. Anwendbar bei Verpfändung einer Hypothekenforderung auf persönlichen Anspruch und auf rückständige Zinsen oder andere Nebenleistungen, nicht auf Hypothek selbst (§§ 1159, 1156). Grundschuld fällt auch unter § 1275. Eigentümer kann dem gemäß § 1282 einziehenden Pfandgläubiger entgegenhalten, daß Forderung, welche die Grundschuld sichern sollte, nicht entstanden sei, was Pfandgläubiger beim Erwerb gewußt habe; folgerichtig kann Eigentümer gemäß §§ 1275, 1169 Verzicht auf Pfandrecht fordern (RG LZ 1916, 947).

2 3. Entsprechend anzuwenden auf **gesetzliches Pfandrecht.**

3 4. Auf **Pfändungspfandrecht** nach der öffentlich-rechtlichen Auffassung (dazu Einl § 1204 Rz 15–17) anwendbar, soweit sich nicht aus der ZPO etwas anderes ergibt (RGRK Rz 6, Staud/Wiegand Rz 9). Auch nach der hier vertretenen Auffassung vom öffentlich-rechtlichen Pfandrecht kann insoweit auf den Rechtsgedanken des § 1275 zurückgegriffen werden, als es in der ZPO an einer einschlägigen Vorschrift fehlt; so zB in dem unter Rz 4 behandelten Fall. Der Drittschuldner kann dem Pfändungsgläubiger gegenüber folgende Einwendungen erheben: a) Pfändung sei völlig unwirksam, dem Pfändungsgläubiger fehle es daher an der Sachbefugnis. Dies ist ein seltener Fall, denn gewöhnlich ist mangelhafte Pfändung auflösend bedingt wirksam. b) Forderung habe bei Wirksamwerden des Pfändungsbeschlusses nicht bestanden oder sei einredebehaftet, zB sie sei getilgt, nicht fällig, verjährt, von Gegenleistung abhängig.

4 Der Drittschuldner kann an den Schuldner nicht mehr mit befreiender Wirkung zahlen. Etwas anderes gilt nur, wenn er nachweist, daß er die Pfändung nicht gekannt hat, zB weil ihm der Pfändungsbeschluß überhaupt nicht oder nur gemäß §§ 181ff ZPO zugestellt worden ist, vgl RG 87, 115 für Zahlung in Unkenntnis der Ersatzzustellung. Im Fall der Zustellung wird man jedoch mit KG JW 1936, 2000 von ihm noch den Nachweis verlangen müssen, daß er von dieser ohne sein und seiner Hilfskräfte Verschulden nichts gewußt habe.

5 Dienstherr, der mit seinem Angestellten (Kellner, Taxifahrer, Tankstellenleiter) vereinbart, dieser brauche die Einnahmen nur nach Abzug seiner Vergütung abzuführen, und dieses Verfahren auch noch nach Pfändung der Vergütung durch einen Gläubiger des Angestellten zuläßt, kann sich dem Pfändungsgläubiger gegenüber nicht auf diese Abrede berufen; er muß dahin wirken, daß der Angestellte das Vereinnahmte in Gänze abliefert; vgl RAG 5, 136; 6, 204; RAG SeuffA 86, Nr 20; BAG NJW 1966, 469. Dies gilt auch für die Verpfändung. Nach RG 138, 258 kann etwas anderes für den Provisionsagenten in Betracht kommen.

1276 *Aufhebung oder Änderung des verpfändeten Rechts*
(1) Ein verpfändetes Recht kann durch Rechtsgeschäft nur mit Zustimmung des Pfandgläubigers aufgehoben werden. Die Zustimmung ist demjenigen gegenüber zu erklären, zu dessen Gunsten sie erfolgt; sie ist unwiderruflich. Die Vorschrift des § 876 Satz 3 bleibt unberührt.
(2) Das Gleiche gilt im Falle einer Änderung des Rechts, sofern sie das Pfandrecht beeinträchtigt.

1 1. Die Vorschrift bezweckt den Schutz des Pfandgläubigers vor der Beeinträchtigung seiner Rechtsstellung durch rechtsgeschäftliche Aufhebung (Abs I) oder Änderung (Abs II) des belasteten Rechts. Sie entspricht den §§ 876 und 1071. Sie macht die rechtsgeschäftliche Verfügung des Verpfänders von der **Zustimmung des Pfandgläubigers** abhängig. Die Zustimmung kann als Einwilligung iSv § 183 oder als Genehmigung gemäß § 184 nur gegenüber dem Begünstigten (Abweichung von § 182 I) erklärt werden. Sie ist nach Abs I S 2 unwiderruflich. Ohne Zustimmung ist die Verfügung relativ unwirksam, vgl BGH BB 1966, 1368; BayObLG 1967, 295 mwN. Das durch § 1275 geregelte Rechtsverhältnis zwischen Pfandgläubiger und Schuldner wird durch § 1276 nicht berührt.

2. Sonderfälle. a) Bei Verpfändung von **Mietforderungen** ist zu unterscheiden: Veräußerung der Mietsache an 2 Mieter: § 1276 trifft nicht zu, denn es wird hier nur über die Mietsache und nicht über das Recht verfügt (München OLG 33, 318; aA KG OLG 10, 170), Aufhebung oder Abänderung des Mietvertrags und Eingehen eines neuen zulässig, sofern ernstlich und nicht unlauter. Pfandgläubiger kann aber die auf ihn bereits übergegangene Miete beanspruchen (Posen OLG 31, 358).

b) Miterbe kann über **verpfändeten Erbteil** verfügen, ihn zB veräußern, und Erwerber kann im Grundbuch 3 eines Nachlaßgrundstücks seine – berichtigende – Eintragung verlangen, ohne daß es hierzu der Zustimmung des Pfandgläubigers bedarf (KG HRR 1934, 265). Pfandrecht bleibt bestehen, auch wenn Erwerber gutgläubig war. Miterbe, der Erbteil verpfändet hat, kann nicht mehr gemeinsam mit den anderen Erben über einzelne Nachlaßgegenstände verfügen; er bedarf hierzu – und zur Erbauseinandersetzung – der Zustimmung des Pfandgläubigers (RG 90, 236; BayObLG NJW 1959, 1780), obwohl das Pfandrecht an den Nachlaßgegenständen keineswegs besteht; diese geben aber dem Erbteil seinen Inhalt und Wert (RG aaO); andernfalls könnten Miterben gepfändeten Erbteil völlig aushöhlen.

Bei **Nachlaßgrundstücken** kann wegen der Gefahr gutgläubigen Erwerbs das Pfandrecht am Miterbenanteil als 4 Veräußerungsverbot (Verfügungsbeschränkung) – berichtigungshalber – in Abteilung II eingetragen werden (RG 90, 233; KGJ 33, 228). Zur grundbuchmäßigen Seite s § 2033 Rz 4. Ist Pfandrecht im Grundbuch eines Nachlaßgrundstücks nicht eingetragen, so muß, wenn dieses veräußert wird, der Pfandgläubiger der Eintragung des Erwerbers zustimmen (KG HRR 1934, 265). Ist es dagegen eingetragen, so ist der Pfandgläubiger gegen Beeinträchtigungen geschützt; der Grundstückserwerb, der ihm gegenüber unwirksam ist, darf ohne Nachweis seiner Zustimmung eingetragen werden (KG HRR 1934, 265; BayObLG NJW 1959, 1780). Wird eine Erbengemeinschaft aufgehoben, so ist hinsichtlich der an die Stelle des Anteils tretenden Gegenstände dingliche Surrogation anzunehmen, der zufolge sich das Vertragspfand kraft Gesetzes auf diese erstreckt (BGH 52, 99); s dazu § 1258 Rz 3. Wird dem Schuldner ein Nachlaßgrundstück zugeteilt, so entsteht an diesem demgemäß kraft Gesetzes für den Pfandgläubiger eine Sicherungshypothek. Zur Zwangsvollstreckung in das Nachlaßgrundstück bedarf es der Zustimmung des Pfandgläubigers oder eines Duldungstitels gegen ihn (Frankfurt JW 1937, 2129; BayObLG 1959, 60), jedenfalls wenn sie ein nach Eintragung der Verpfändung eingetragener dinglich Berechtigter oder ein persönlicher Gläubiger betreibt.

Zur Pfändung des Erbteils s § 859 II ZPO. Miterben sind Drittschuldner iSd § 857 I. Pfändungsgläubiger kann 5 Erbteil im ganzen durch freihändigen Verkauf oder Versteigerung verwerten (§§ 844, 857 V ZPO) oder nach Überweisung die Auseinandersetzung verlangen; an den auf seinen Anteil fallenden Gegenständen erlangt er kraft Gesetzes ein Pfändungspfandrecht; vgl BGH NJW 1967, 200; § 2033 Rz 8. Miterbe kann auch über gepfändeten Erbteil verfügen, ihn zB veräußern; er bedarf hierzu nicht der Zustimmung des Pfändungsgläubigers.

c) Bei der Verpfändung eines **GmbH-Anteils** ist Einverständnis des Pfandgläubigers für die Einziehung des 6 Anteils nach § 34 II GmbHG und bei Ausübung des ordentlichen Kündigungsrechts des Gesellschafters erforderlich, nicht jedoch für das Preisgaberecht iSd § 27 GmbHG, für eine Auflösungsklage und das Austrittsrecht aus wichtigem Grund (Roth/Altmeppen GmbHG § 15 Rz 40; Baumbach/Hueck GmbHG § 15 Rz 49).

3. Auch auf die Aufhebung von **Anwartschaftsrechten** ist § 1276 anwendbar, s dazu § 1274 Rz 8, ebenso Pal/ 7 Bassenge Rz 5; Tiedtke NJW 1985, 1305; 88, 28; Kollhosser JZ 1985, 370; aA BGH 92, 280; Ludwig NJW 1989, 1458.

1277 *Befriedigung durch Zwangsvollstreckung*
Der Pfandgläubiger kann seine Befriedigung aus dem Recht nur auf Grund eines vollstreckbaren Titels nach den für die Zwangsvollstreckung geltenden Vorschriften suchen, sofern nicht ein anderes bestimmt ist. Die Vorschriften des § 1229 und des § 1245 Abs. 2 bleiben unberührt.

1. Die Vorschrift regelt die Verwertungsart des verpfändeten Rechts, vgl dazu vor § 1273 Rz 8. Soweit nichts 1 anderes vereinbart oder durch die weitgehenden gesetzlichen Ausnahmen durchbrochen worden ist (vgl Rz 2 und 3), ist zur **Befriedigung** aus dem verpfändeten Recht grundsätzlich und zwar abweichend von § 1233ff ein dinglicher vollstreckbarer Titel gegen den Inhaber des Rechts und zur Duldung der Zwangsvollstreckung erforderlich. Klageantrag und demgemäß Titel müssen lauten entweder auf Duldung der Zwangsvollstreckung (RG 103, 138; HRR 1931, 703) oder auf Gestattung der Befriedigung aus dem Recht nach den für die Zwangsvollstreckung geltenden Vorschriften. Eine vollstreckbare Urkunde gemäß § 794 I Nr 5, II reicht aus (KG JW 1938, 2491). Schuldtitel wegen persönlicher Forderung genügt nicht. Zwangsvollstreckung in Mietforderung eines mit Nießbrauch belasteten Grundstücks erfordert Titel gegen Nießbraucher, weil diesem Mietforderung aus eigenem Recht zusteht (RG 93, 121). Maßgebliche Vorschriften §§ 828ff, 844, 857 ZPO. Somit muß Zwangsvollstreckung stets mit einer Pfändung des Rechts beginnen, obschon Pfandrecht besteht (RG 103, 139). Der Rang richtet sich aber nach der Verpfändung. Gläubiger kann sich befriedigen a) durch Überweisung zur Einziehung oder an Zahlungs Statt, b) durch vom Vollstreckungsgericht angeordneten freihändigen oder in öffentlicher Versteigerung zu bewirkenden Verkauf oder angeordnete sonstige Verwertung; Anordnung nach § 844 ZPO ersetzt Überweisung. Bei nach § 844 ZPO erfolgender öffentlicher Versteigerung ersetzt Zuschlag Abtretungserklärung. Ersteigerer – Pfandgläubiger kann mitbieten – erwirbt deshalb die Rechte gegen den Drittschuldner. Auch bei Briefübergabe versteigerter Briefhypothekenforderung, nach § 22 GBO ist er ohne Zustimmung des Pfandgläubigers in Grundbuch einzutragen (KGJ 31, 315; 33, 269). Nicht anwendbar §§ 932ff, 936 in Verbindung mit § 1244, es sei denn, daß ausnahmsweise Befriedigung durch Pfandverkauf (§§ 1234ff) erfolgt, zB nach §§ 1293, 1295 (RG 61, 333; 100, 274), aufgrund besonderer Abrede (§ 1284); soll Pfandverkauf abweichend von §§ 1233 II, 1235, 1240 II erfolgen, so entfällt § 1244 ohnehin. Auch § 1246 kommt nicht in

§ 1277　　　　　　　　Sachenrecht　Pfandrecht

Betracht. Aufgrund verpfändeter Eigentümergrundschuld kann nach herrschender Ansicht Zwangsvollstreckung ins Grundstück nicht betrieben werden (Hamburg HRR 1936, 20); dagegen mit beachtlichen Gründen Köln NJW 1959, 2163; Westermann § 133 III 4. § 1273 nicht anwendbar auf Befriedigung aus zur Sicherheit abgetretener Grundschuld (MecklZ 47, 423). Zur Verwertung von Pfandrechten an Unternehmensbeteiligungen s Maier-Reimer/Webering, BB 2003, 1630ff.

2　2. Die Parteien können hinsichtlich der Verwertung **Abweichendes vereinbaren,** nur müssen die §§ 1229 und 1245 II gewahrt bleiben; vgl § 1277 S 2, der auch nicht durch § 1284 ausgeschlossen wird (RG 90, 256).

3　3. **Sondervorschriften** für Befriedigung aus verpfändeter Forderung, der gemäß § 1201 die Grund- und Rentenschuld gleichstehen, in §§ 1282–1290, sowie aus Wertpapier in §§ 1293–1295.

1278　*Erlöschen durch Rückgabe*
Ist ein Recht, zu dessen Verpfändung die Übergabe einer Sache erforderlich ist, Gegenstand des Pfandrechts, so findet auf das Erlöschen des Pfandrechts durch die Rückgabe der Sache die Vorschrift des § 1253 entsprechende Anwendung.

1　1. Das Pfandrecht erlischt durch die bloße Tatsache der **Rückgabe der Sache** an den Verpfänder oder Rechtsinhaber, wenn zu dessen Bestellung die Übergabe einer Sache erforderlich ist. Vgl § 1274 Rz 11, § 1253 Rz 2, 3.

2　2. „**Sache**" kann Hypothekenbrief (dazu RG WarnRsp 1914 Nr 58) und auch Wechsel sein. Bei Wechsel ist gleichgültig, ob er nach § 1274 oder nach § 1292 verpfändet und rückindossiert wurde.

3　3. Mit **erneuter Übergabe** lebt das Pfandrecht nicht wieder auf, selbst wenn die gesicherte Forderung in entwertetem Geld bezahlt wurde und daher aufzuwerten ist (RG JW 1929, 2514); es bedarf einer Neubegründung des Pfandrechts, vgl RG Recht 1912, 3374. Schuldrechtlich kann ein Anspruch hierauf, insbesondere auf Grund des § 812 bestehen.

Vorbemerkung §§ 1279–1290

1　1. **Bestellung** erfordert: a) formlose Einigung über Bestellung des Pfandrechts und b) Verpfändungsanzeige des Gläubigers an den Schuldner (§ 1280), welche wirtschaftlich schwerfällig ist, vgl dazu Einl § 1204 Rz 1. Anstelle der Forderungspfändung sind andere Sicherungsmittel, in erster Linie die Sicherungsabtretung (siehe dazu § 398 Rz 29ff) getreten, welche nicht der Anzeige bedürfen, vgl Staud/Wiegand § 1279 Rz 2.

2　2. **Wirkung.** a) Von Verpfändungsanzeige bis zur Pfandreife – soweit nichts anderes vereinbart (§ 1284): Schuldner darf nur an Pfandgläubiger und Gläubiger gemeinschaftlich leisten. Forderung steht diesen zur gesamten Hand zu. Jeder kann verlangen, daß geschuldete Sache an beide gemeinschaftlich geleistet oder für beide gemeinschaftlich hinterlegt oder – wenn hierzu ungeeignet – an gerichtlich bestellten Verwahrer abgeliefert wird (§ 1281). Hängt die Fälligkeit der verpfändeten Forderung von Kündigung ab, so kann aa) Schuldner nur von Pfandgläubiger und Gläubiger gemeinschaftlich kündigen (§ 1283 II); bb) Gläubiger grundsätzlich allein kündigen; der Zustimmung des Pfandgläubigers bedarf es nur, wenn dieser nach § 1213 I nutzungsberechtigt (§ 1283 I); er kann vom Pfandgläubiger Zustimmung verlangen, wenn Schuldner unsicher ist (§ 1286); cc) Pfandgläubiger nicht kündigen, vom Gläubiger aber verlangen, daß er dem unsicheren Schuldner kündigt (§ 1286). Im übrigen ist Pfandgläubiger nicht befugt, über Forderung zu verfügen (§ 1282 II). Leistet Schuldner, so erwirbt Gläubiger das Geleistete und Pfandgläubiger ein Pfandrecht hieran (§ 1287), beide sind einander verpflichtet, zur ordnungsmäßigen Einziehung mitzuwirken (§ 1285). Wird Geldforderung eingezogen, so haben sie gemeinschaftlich dahin zu wirken, daß der Betrag mündelsicher verzinslich angelegt und dem Pfandgläubiger ein Pfandrecht hieran bestellt wird (§ 1288).

3　b) **Nach Pfandreife:** Schuldner darf nur noch an Pfandgläubiger leisten. Pfandgläubiger kann allein kündigen und vom Schuldner Kündigung entgegennehmen (§ 1283 III), Forderung allein einziehen oder sich an Zahlungs Statt abtreten lassen; bei Geldforderungen beides nur, soweit zu seiner Befriedigung nötig (§ 1282). Gläubiger erwirbt, wenn Forderung eingezogen wird, das Geleistete, der Pfandgläubiger ein Pfandrecht hieran (§ 1287 S 1). Geht Leistung auf Übertragung des Eigentums an Grundstück, so erwirbt Pfandgläubiger, ohne Eintragung im Grundbuch, eine Sicherungshypothek (§ 1287 S 2).

4　3. Pfandrecht an Forderung erstreckt sich auf deren **Zinsen** (§ 1289).

5　4. **Reihenfolge** der für das Pfandrecht an Forderungen geltenden **Bestimmungen:** Es kommen in Betracht: in erster Linie die §§ 1280–1290; sie engen ein, ergänzen oder ändern die in zweiter Linie maßgeblichen §§ 1273–1278; diese wiederum haben den Vorzug vor den allgemeinen Vorschriften des Fahrnispfandrechts.

1279　*Pfandrecht an einer Forderung*
Für das Pfandrecht an einer Forderung gelten die besonderen Vorschriften der §§ 1280 bis 1290.

1　Gilt für Forderungen jeder Art, soweit verpfändbar; auch für Pflichtteils- und Vermächtnisanspruch. Dagegen nicht für Anteil an einer Gesellschaft (zB GmbH) oder dem nach Auseinandersetzung Zufallenden (RG 57, 414; 67, 332), nicht für Erbteil (RG 84, 395; BayObLG 1959, 50, 56), nicht für die – dinglichen – Schürf- und Bohrrechte des pr Allg BergG (RG 97, 38). Zulässig Verpfändung einer Forderung des Verpfänders gegen den Pfandgläubiger (Pfandrecht an eigener Schuld, vgl RG 116, 207). Hier erübrigt sich Anzeige nach § 1280 (RG 116, 207;

BGH LM Nr 1 zu § 610). Ist verpfändete Forderung höher als die gesicherte, so ist gleichwohl iZw die ganze Forderung verpfändet; ist die verpfändete Forderung teilbar, so kann auch ihre teilweise Verpfändung gewollt sein; vgl Zunft NJW 1955, 442.

§ 1280 Anzeige an den Schuldner
Die Verpfändung einer Forderung, zu deren Übertragung der Abtretungsvertrag genügt, ist nur wirksam, wenn der Gläubiger sie dem Schuldner anzeigt.

1. **Anwendungsbereich.** Ausnahme von § 1274 I für **Forderungen**, die durch einfachen Abtretungsvertrag 1 übertragen werden können. Hier muß als Wirksamkeitsvoraussetzung die Verpfändungsanzeige des Gläubigers an Schuldner hinzukommen. Sie soll, wie Übergabe bei Verpfändung beweglicher Sachen, die Aussonderung der Forderung aus dem Vermögen des Verpfänders äußerlich erkennbar machen. Darunter fallen in der Regel auch verbriefte Forderungen, zB Sparkassenguthaben (RG 124, 220), Lebensversicherungsansprüche (RG 79, 306), Forderungen gegen Leihamt auf Rückgabe der versetzten Sache (KG OLG 26, 207). Übergabe des Sparkassenbuchs, der Versicherungspolice, des Leihamtsscheins ist weder ausreichend noch erforderlich. Nicht anwendbar auf Forderungen aus Anweisung (§ 792 I), aus Order- und Inhaberpapieren (§§ 1292f), zB Wechsel, Schuldverschreibung auf den Inhaber (§§ 793ff), auf Hypothekenforderung (RG 121, 75) – Ausnahme für Rückstände von Zinsen und anderen Nebenleistungen; hier bleibt es also bei der Regel des § 1274: Schuldner braucht von Verpfändung nichts zu wissen, ist andererseits aber nach § 407 geschützt (RG 52, 143). Nicht anwendbar auf Anteile an Rechtsgemeinschaft, weil keine Forderungen (RG 57, 414) oder Erbteil, weil kein Schuldverhältnis (RG 84, 395; BayObLG 1959, 56).

2. **Anzeige. a) Bedeutung.** Ist ebenso wie Übergabe bei Fahrnisverpfändung neben der Einigung Wirksamkeits- 2 voraussetzung (Köln NJW-RR 1990, 485). Erst wenn beide vorliegen, entsteht Pfandrecht. Sie ist zeitlich unbegrenzt möglich, sofern nur der Anzeigende über die Forderung verfügen kann; dies kann auch der Erbe des Gläubigers sein. Für Insolvenz (§ 81 InsO) und Anfechtung nach §§ 130–132 InsO ist folgerichtig Zeitpunkt der Anzeige maßgeblich (RG JW 1902, 185). Verpfänder ist dem Pfandgläubiger gegenüber zur Anzeige verpflichtet (RG WarnRsp 1922, 22). Unterläßt er sie, so tritt keine dingliche Wirkung ein (RG 51, 86). Einigung über die Verpfändung kann nicht gemäß § 140 in Abtretung umgedeutet werden (RG 79, 306), sie kann aber als schuldrechtliche Verpflichtung zur Pfandbestellung angesehen werden (RG WarnRsp 1922, 22), falls diese nicht schon ohnehin aus anderem Grund vorliegt. Anzeige selbst bei Kenntnis des Schuldners von Verpfändung erforderlich (RG 89, 290) und entfällt nicht bei Vorlage einer Verpfändungsurkunde durch den Pfandgläubiger (RG 85, 436). Sie hat die Wirkung des § 409 zur Folge. Dagegen bedarf es keiner Anzeige, wenn Pfandgläubiger gleichzeitig Schuldner der verpfändeten Forderung ist (RG LZ 1922, 557; RG 116, 207; BGH DRspr 154, 31b).

b) Inhalt. Sie ist eine einseitige, empfangsbedürftige Willenserklärung; sie muß den Willen des Gläubigers 3 zum Ausdruck bringen, daß er die Verpfändung gegen sich gelten lassen wolle (RG 89, 289), und in der Absicht erfolgen, sie im Sinne des § 1280 anzuzeigen. Sie kann durch schlüssige Handlungen erfolgen (Köln NJW-RR 1990, 485), zB Bejahen einer Anfrage des bereits anderweit verständigten Schuldners durch Gläubiger; sogar Schweigen des Gläubigers auf entsprechende Mitteilung des Schuldners kann genügen (RG 89, 291). Anzeige durch nach außen hin erkennbaren Vertreter des Gläubigers wirksam (RG 79, 308). Pfandgläubiger kann dies sein, jedoch ermächtigt ihn Verpfändungsurkunde allein nicht hierzu (RG 85, 437).

§ 1281 Leistung vor Fälligkeit
Der Schuldner kann nur an den Pfandgläubiger und den Gläubiger gemeinschaftlich leisten. Jeder von beiden kann verlangen, dass an sie gemeinschaftlich geleistet wird; jeder kann statt der Leistung verlangen, dass die geschuldete Sache für beide hinterlegt oder, wenn sie sich nicht zur Hinterlegung eignet, an einen gerichtlich zu bestellenden Verwahrer abgeliefert wird.

1. Die Vorschrift entspricht § 1077. Sie regelt die **Leistung vor Eintritt der Pfandreife.** Bei Leistung danach, 1 vgl § 1282. Für Wechsel, andere indossable und Inhaberpapiere ohnehin in § 1294 abweichende Regelung. Zur Mitwirkungspflicht bei der Einziehung und Anlegung eines Geldbetrages vgl §§ 1285, 1288 I, zur Wirkung der Leistung vgl § 1287. Pfandgläubiger kann nur verlangen, daß der Schuldner an ihn und den Gläubiger „gemeinschaftlich" leistet. Geht verpfändeter Anspruch auf Besitz- und Eigentumsübertragung beweglicher Sache, so beschränkt sich „gemeinschaftliche Leistung" darauf, daß Schuldner dem Pfandgläubiger und Gläubiger Mitbesitz verschafft. Eigentum überträgt er nur auf Gläubiger (Käufer). In der Entgegennahme des Mitbesitzes liegt gleichzeitig die Mitwirkung des Pfandgläubigers.

2. Ist **Grundstück** zu übereignen, so hat der Pfandgläubiger keinen Anspruch auf Einräumung des Mitbesitzes. 2 Er ist durch § 1287 hinreichend geschützt. Der Gläubiger und Pfandgläubiger sind aber gemeinsam Auflassungsempfänger. Die Einigung ist darauf gerichtet, daß das Eigentum auf den Gläubiger übergehen soll. Der Pfandgläubiger stimmt der Auflassung dadurch zu, daß er sie entgegennimmt. Der Pfandgläubiger braucht aber bei der Auflassung nicht zugezogen zu sein; es genügt, daß seine Einwilligung oder Genehmigung zu ihr gemäß § 185 in der Form des § 29 GBO erklärt; vgl Hieber DNotZ 1954, 173; Hoche NJW 1955, 161. Eine Auflassung, an der nur Gläubiger und Schuldner beteiligt waren, darf das Grundbuchamt nur vollziehen, wenn ihm in der Form des § 29 I GBO eine entsprechende Vereinbarung nach § 1284 oder die Zustimmung des Pfandgläubigers nachgewiesen wird. Der Zustimmung des Pfandgläubigers bedarf es nicht, wenn im Zeitpunkt der Verpfändung des Anspruchs auf Auflassung – Übertragung des Eigentums – die Auflassung bereits erklärt war (BayObLG RPfleger 1976, 421). Ist der Gläubiger nicht gewillt, bei der Auflassung mitzuwirken, wozu er nach § 1285 verpflichtet ist,

§ 1281

so bestellt auf Antrag des Pfandgläubigers das Gericht der freiwilligen Gerichtsbarkeit gemäß § 165 FGG einen „Verwahrer". Dieser handelt bei der Auflassung an Stelle des Gläubigers. Er ist auch befugt, dessen Eintragung als Eigentümer im Grundbuch zu beantragen. Hat Bankkunde ein Guthaben zur Sicherung der Gegenansprüche der Bank aus Geschäftsverbindung verpfändet, so kann er die Auszahlung des Guthabens grundsätzlich – soweit sich nicht nach Treu und Glauben etwas anderes ergibt – nicht verlangen (BGH DRspr 154, 31b).

3 3. **Rechtsfolgen** eines Verstoßes gegen § 1281. **a)** Leistet der **Schuldner** in **Kenntnis** der Verpfändung an den Gläubiger allein, so sind folgende Fälle zu unterscheiden. **aa)** Handelt es sich um Geld oder andere **Gattungssachen,** so wird der Schuldner dem Gläubiger gegenüber von seiner Leistungspflicht nicht frei, vgl RG 77, 254. Die in der erstrebten Erfüllung der Leistungspflicht liegende gleichzeitige Verfügung über den verpfändeten Anspruch ist deshalb dem Pfandgläubiger gegenüber unwirksam, dh die Forderung gilt ihm gegenüber als fortbestehend. Er kann daher nochmals Leistung, nunmehr gemäß § 1281 verlangen, ungeachtet dessen, daß der Gläubiger hier rechtswirksam Eigentum an dem übereigneten Geld oder einer sonstigen Gattungssache erlangt hat. Vgl BayObLG NJW 1968, 705, Pal/Bassenge Rz 5, Blomeyer RPfleger 1970, 228. **bb)** Handelt es sich um die Erfüllung einer **Speziesschuld,** so herrscht noch insoweit Einigkeit, als der Pfandgläubiger an der geleisteten beweglichen Sache kein Pfandrecht und am geleisteten Grundstück oder grundstücksgleichen Recht keine Sicherungshypothek gemäß § 1287 erwirbt, und daß ihm gegenüber die Forderung als fortbestehend gilt; vgl die zu aa) Aufgeführten. Dagegen gehen die Ansichten über die Frage auseinander, ob der Gläubiger trotz Verstoßes gegen § 1281 Eigentümer des geleisteten Gegenstandes geworden ist. Pal/Bassenge, Blomeyer aaO; MüKo/Damrau Rz 5 sowie Weidemann NJW 1968, 1334 bejahen dies, weil das „kann nur" im § 1281 sich nur auf die Erfüllungswirkung und nicht auf die dingliche Seite beziehe, und verweisen den Pfandgläubiger auf einen Schadensersatzanspruch gegen den Schuldner. Demgegenüber halten BayObLG aaO, Vollkommer RPfleger 1969, 409, Soergel/Mühl § 1281 Rz 2 und Ludwig DNotZ 1992, 339 eine Übereignung, die gegen § 1281 verstößt, für relativ, dh dem Pfandgläubiger gegenüber unwirksam. Diese Auffassung verdient den Vorzug, weil sie dem Sinngehalt und Schutzgedanken des § 1281 besser entspricht. Alsdann muß der Schuldner die Leistung, um sie wirksam werden zu lassen, gemäß § 1281 wiederholen. Im übrigen kann der Pfandgläubiger, wenn die Forderung ihm gegenüber als fortbestehend gilt, vom Schuldner solange das Nachholen der „gemeinschaftlichen Leistung" iSd § 1281 (s dazu Rz 1, 2) verlangen, als das Geleistete sich noch beim Gläubiger befindet. Dadurch wird das Eingreifen des § 1287 ermöglicht. § 280, auf den Blomeyer verweist, kommt erst dann zum Zuge, wenn der Gläubiger über das Empfangene rechtswirksam weiter verfügt hat, vgl RG 108, 318; 138, 255. UU macht sich der Schuldner überdies auch noch nach § 823 I schadensersatzpflichtig, vgl RG aaO.

b) Schließlich kann sich auch aus der der Verpfändung zugrunde liegenden Vertrag ein Anspruch des Pfandgläubigers gegen den Gläubiger auf (wirksame) Bestellung des Pfandrechts oder der Sicherungshypothek, wie sie der Pfandgläubiger gemäß § 1287 von Gesetzes wegen erwirbt, ergeben.

c) War der **Schuldner** bei der Leistung dagegen **gutgläubig,** so kommt ihm über § 1275 der § 407 zugute. S dazu auch § 1287 Rz 5. Klagt Pfandgläubiger gegen Gläubiger und Schuldner auf Anerkennung seines Pfandrechts, so sind die Beklagten notwendige Streitgenossen (RG 64, 321).

4 3. Zur Schadensersatzpflicht des Schuldners, der über den gepfändeten Anspruch auf Herausgabe von Wertpapieren durch deren Veräußerung verfügt, vgl RG 108, 321.

5 4. § 1281 ist auf **Arrestpfandrecht** entsprechend anzuwenden (RG 104, 35; 108, 326). Der Arrestgläubiger kann Hinterlegung zu Sicherheitszwecken verlangen, selbst wenn die zur Einziehung gemäß § 835 ZPO erforderliche Überweisung noch nicht vorliegt. Dieser bedarf aber der Pfandgläubiger, um Forderung zu seiner Befriedigung einzuziehen.

6 5. Gem § 1284 sind **abweichende Vereinbarungen** möglich; zB in AGB für Banken vom 1. 1. 2000 Nr 14 Abs II.

1282 *Leistung nach Fälligkeit*

(1) Sind die Voraussetzungen des § 1228 Abs. 2 eingetreten, so ist der Pfandgläubiger zur Einziehung der Forderung berechtigt und kann der Schuldner nur an ihn leisten. Die Einziehung einer Geldforderung steht dem Pfandgläubiger nur insoweit zu, als sie zu seiner Befriedigung erforderlich ist. Soweit er zur Einziehung berechtigt ist, kann er auch verlangen, dass ihm die Geldforderung an Zahlungs statt abgetreten wird.

(2) Zu anderen Verfügungen über die Forderung ist der Pfandgläubiger nicht berechtigt; das Recht, die Befriedigung aus der Forderung nach § 1277 zu suchen, bleibt unberührt.

1 1. Betrifft **Leistung nach Eintritt der Pfandreife** – vor Eintritt siehe § 1281 –. Anderweite Vereinbarungen zulässig (§ 1284), aber Einschränkungen nach §§ 1277 II (RG 90, 256), dh vor Pfandreife geschlossener Verfallvertrag ist nichtig (§ 1229), vor Pfandreife kann auf die Beobachtung der §§ 1235, 1237 S 1 und 1240 nicht verzichtet werden. Einziehungspflicht des Pfandgläubigers: § 1285 II. Wirkung der Leistung: § 1287, der Einziehung: § 1288 II. Einziehungsrecht bei mehreren Pfandrechten (§ 1290). Ist bewegliche Sache zu übereignen, so müssen die Einigung der Schuldner und der Pfandgläubiger, dieser als der gesetzliche Vertreter des Gläubigers, vornehmen, die Übergabe erfolgt an den Pfandgläubiger. Bei Geld erklärt der Pfandgläubiger im Hinblick auf § 1288 II die Einigung im eigenen Namen. Bei Pfandrecht an eigener Schuld wird Einziehungsrecht durch einfache Erklärung ausgeübt (Düsseldorf WM 1992, 1937), die aber nur unter den Voraussetzungen abgegeben werden darf, die für die Einziehung bei der Verpfändung von Forderungen gegen Dritte gelten.

2 Ist **Grundstück** zu übereignen, so kann der Pfandgläubiger allein die Übergabe und die Auflassung an den Gläubiger verlangen. Er allein ist der Empfänger der Auflassung, an der er als gesetzlicher Vertreter des Gläubigers mitwirkt. Er muß sich mit dem Veräußerer darüber einig sein, daß das Eigentum auf den Gläubiger übergehen soll. Es kann aber auch der Gläubiger mit Einwilligung oder Genehmigung des Pfandgläubigers, die der Form des § 29 GBO unterliegt, die Auflassung entgegennehmen (§ 185); vgl Hieber DNotZ 1954, 173. Geldforderung darf Pfandgläubiger nur insoweit einziehen, als dies zu seiner Befriedigung nötig ist; Folge in § 1288 II. Sonstige Forderungen darf er in voller Höhe einziehen. Die Rechtsfolgen ergeben sich aus § 1287. Ist Anspruch auf Übereignung eines Grundstücks verpfändet, so erwirbt der Pfandgläubiger kraft Gesetzes eine – ohne Eintragung entstandene – Sicherungshypothek, sobald der Gläubiger das Eigentum am Grundstück erlangt. Pfandgläubiger kann statt der Befriedigung nach § 1282 die gemäß § 1277 wählen (KGJ 40, 286).

2. Voraussetzungen des Einziehungsrechts. Pfandgläubiger hat zu beweisen a) Bestand und Fälligkeit der verpfändeten Forderung (KG JW 1935, 1641), b) Bestand und Fälligkeit der eigenen Forderung als Geldforderung (RG 78, 34), c) Bestand des Pfandrechts (RG Recht 1907, 1655). Vollstreckungstitel ist entbehrlich. Das Einziehungsrecht kann als selbständiges Recht nicht ohne Forderung gepfändet und übertragen werden (MüKo/Damrau Rz 3; Pal/Bassenge Rz 3; aA Staud/Wiegand Rz 2; RGRK/Kregel Rz 2; Dresden SeuffA 57, 96). Die Ausübung des Einziehungsrechts kann aber Drittem überlassen werden.

3. Nicht befugt ist Pfandgläubiger zur Versteigerung (RG 97, 39) – Ausnahmen gemäß § 1277 –, nicht zum Verkauf – dieser mit dinglicher Wirkung untersagt (RG 58, 107; 97, 39), nicht zur Abtretung. Ein zwischen ihnen vereinbarten Verkauf zwecks Befriedigung, sofern § 1245 II gewahrt ist. Indes ist „Einziehung", die dem Pfandgläubiger zusteht, nicht im engsten Wortsinn aufzufassen. Dies gilt insbesondere für Geldforderungen, die eine Sonderstellung einnehmen. Bei ihnen ist Schenkung, Erlaß, Annahme an Zahlungs Statt mit der Folge zulässig, daß des Pfandgläubigers eigene Forderung entsprechend getilgt wird. Zu einem Vergleich wird er grundsätzlich nur unter der Voraussetzung befugt sein, daß er auf die eigene Forderung verzichtet, soweit er nachgibt.

4. Verhältnis des Pfandgläubigers zum Schuldner. Kein Übergang der Forderung. Pfandgläubiger gilt gleichwohl, soweit einziehungsberechtigt, als Rechtsnachfolger, § 727 ZPO. Er kann Quittung und Löschungsbewilligung erteilen (KGJ 31, 316), Umschreibung der Vollstreckungsklausel auf sich erwirken (KGJ 42, 4). Er kann mahnen, in Verzug versetzen, klagen, Nebenrechte geltend machen. Eröffnung des Insolvenzverfahrens kann er dagegen nicht beantragen. Nach § 13 I InsO sind dazu nur der Schuldner und die Insolvenzgläubiger (§ 38 InsO) befugt und damit nicht der nur nach § 50 I InsO absonderungsberechtigte Pfandgläubiger. Er darf mit Forderung, die er einzuziehen befugt ist, gegen Forderung des Schuldners an ihn aufrechnen (RG 58, 109; 97, 39). Umgekehrt darf Schuldner mit einer Forderung gegen den Pfandgläubiger aufrechnen (RG 58, 108). Schuldner kann dem Pfandgläubiger gegenüber Einreden wegen der Schuld entgegensetzen und gemäß §§ 1275, 406 dem Pfandgläubiger mit einer gegen ihn gegen den Gläubiger zustehenden Forderung aufrechnen, es sei denn, daß er beim Erwerb dieser Forderung die Verpfändung kannte, oder daß diese Forderung erst nach Erlangen der Kenntnis und später als die verpfändete Forderung fällig geworden ist, vgl BayObLG 1913, 63. Ein zwischen dem Pfandgläubiger und dem Schuldner über den Bestand der verpfändeten Forderung ergangenes Urteil schafft keine Rechtskraft zwischen Schuldner und Gläubiger (RG 83, 117).

5. Verhältnis des Gläubigers zum Schuldner. Gläubiger ist berechtigt, nicht verpflichtet, Leistung an Pfandgläubiger zu verlangen (RG 77, 145). Er darf keinen höheren Betrag einklagen, als zur Befriedigung des Pfandgläubigers nötig ist. Schuldner kann mit Forderung gegen Gläubiger aufrechnen, wenn dieser Gläubiger Einziehung überläßt (RG LZ 1921, 380). Leistet Schuldner an Gläubiger, so ist er dem Pfandgläubiger gegenüber nicht befreit, es sei denn, er war gutgläubig (§§ 1275, 407). Ist das der Fall, so tritt die Wirkung des § 1287 ein.

6. Verhältnis des Pfandgläubigers zum Gläubiger. Widerspricht Gläubiger einer Leistung des Schuldners an Pfandgläubiger und hinterlegt Schuldner deshalb, so kann Pfandgläubiger gegen Gläubiger auf Einwilligung der Leistung an ihn klagen.

7. Auch Abtretung an Zahlungs Statt setzt Pfandreife voraus. Sie bewirkt, daß Pfandgläubiger soweit als befriedigt anzusehen ist, als die Forderung besteht, vgl § 835 ZPO, RG 77, 147; ob sie einbringlich ist, spielt keine Rolle, vgl KG JW 1938, 2495. Pfandgläubiger einer Eigentümergrundschuld kann nach Abtretung an Zahlungs Statt Zwangsvollstreckung in Grundstück betreiben; er gilt auch dann als befriedigt, wenn er aus der Zwangsvollstreckung leer ausgeht (Hamburg HRR 1936, 20). Nach hA soll er nur noch Abtretung an Zahlungs Statt Zwangsvollstreckungsantrag stellen dürfen; dagegen mit Recht Köln NJW 1959, 2167; Westermann § 137 III 4; Staud/Wiegand Rz 13. Läßt sich Pfandgläubiger verpfändete Hypothek abtreten, so wird sein guter Glaube nicht dadurch beeinträchtigt, daß nach Verpfändung und Pfandreife, aber vor Abtretung ein Widerspruch gegen die Richtigkeit des Grundbuchs eingetragen wird.

8. Hat Schuldner Forderungen zur Sicherung abgetreten, so ist Abtretungsempfänger mangels abweichender Abrede zur Einziehung berechtigt, wenn Schuldner mit seiner Zahlung in Verzug geraten ist (RG 142, 141). Sind Abtretender und Abtretungsempfänger übereingekommen, daß dem Schuldner der abgetretenen Forderung die Abtretung angezeigt werden solle, so ist im Zweifel anzunehmen, daß der Abtretungsempfänger die ihm zur Sicherung übertragene Forderung in voller Höhe einziehen dürfe (RG JW 1938, 2350).

9. Gemäß § 1284 können die Beteiligten **abweichende Vereinbarungen** treffen. Das ist zB in den AGB für Banken vom 1. 1. 2000 in Nr 14 geschehen.

1283 *Kündigung*

(1) Hängt die Fälligkeit der verpfändeten Forderung von einer Kündigung ab, so bedarf der Gläubiger zur Kündigung der Zustimmung des Pfandgläubigers nur, wenn dieser berechtigt ist, die Nutzungen zu ziehen.

L. Michalski

§ 1283 Sachenrecht Pfandrecht

(2) Die Kündigung des Schuldners ist nur wirksam, wenn sie dem Pfandgläubiger und dem Gläubiger erklärt wird.

(3) Sind die Voraussetzungen des § 1228 Abs. 2 eingetreten, so ist auch der Pfandgläubiger zur Kündigung berechtigt; für die Kündigung des Schuldners genügt die Erklärung gegenüber dem Pfandgläubiger.

1   1. Die nach § 1284 abdingbare Vorschrift regelt das **Kündigungsrecht** der verpfändeten Forderung.

2   2. **Vor Pfandreife** ist Kündigung ausschließlich Sache des Gläubigers (Verpfänders) – anders beim Nießbrauch (§ 1077 II 1) –. Schutz des Pfandgläubigers bei Gefährdung der Sicherheit: § 1286 S 1. Ausnahmen: a) Inhaber- und Orderpapiere (§ 1294), b) wenn Pfandgläubiger gemäß § 1213 I nutzungsberechtigt: es bedarf seiner Zustimmung; zur Zustimmung s §§ 182–184; gemäß § 182 III ist § 111 S 2, 3 entsprechend anzuwenden. Schutz des Gläubigers bei Gefährdung der Sicherheit: § 1286 S 2. Kündigung des Schuldners hat an Gläubiger und Pfandgläubiger gemeinsam zu erfolgen.

3   3. **Nach** Eintritt der **Pfandreife** kann neben dem Gläubiger auch Pfandgläubiger selbst kündigen. Kündigung des Schuldners hat an Gläubiger und Pfandgläubiger gemeinsam zu erfolgen oder an Pfandgläubiger allein; nur dem Gläubiger gegenüber erklärte ist unwirksam. Pfandgläubiger, dem Anspruch aus Lebensversicherung verpfändet ist, darf nicht nach § 165 VVG kündigen, weil dies höchstpersönliches Recht des Versicherungsnehmers, so auch Pal/Bassenge Rz 1; RGRK/Kregel Rz 5; Staud/Wiegand Rz 4; Prölss/Martin § 165 VVG Rz 2; aA Soergel/Mühl Rz 2; MüKo/Damrau Rz 4.

1284 *Abweichende Vereinbarungen*
Die Vorschriften der §§ 1281 bis 1283 finden keine Anwendung, soweit der Pfandgläubiger und der Gläubiger ein anderes vereinbaren.

1   **Abweichende Abreden** mit der Einschränkung des § 1277 S 2 zulässig (RG 90, 255), zB öffentliche Versteigerung und freihändiger Verkauf – dieser vorbehaltlich des § 1245 II – (KJG 31, 315, 319), freiwillige Versteigerung durch Gerichtsvollzieher (KJG 40, 285). Pfandgläubiger kann bei Versteigerung mitbieten, wenn nichts anderes vereinbart (KJG 31, 319). Vereinbarung auch ohne Anzeige an Schuldner wirksam. Dieser ist bei Unkenntnis gemäß § 1275 geschützt.

1285 *Mitwirkung zur Einziehung*
(1) Hat die Leistung an den Pfandgläubiger und den Gläubiger gemeinschaftlich zu erfolgen, so sind beide einander verpflichtet, zur Einziehung mitzuwirken, wenn die Forderung fällig ist.

(2) Soweit der Pfandgläubiger berechtigt ist, die Forderung ohne Mitwirkung des Gläubigers einzuziehen, hat er für die ordnungsmäßige Einziehung zu sorgen. Von der Einziehung hat er den Gläubiger unverzüglich zu benachrichtigen, sofern nicht die Benachrichtigung untunlich ist.

1   1. Entsprechend § 1078. **Mitwirkungspflicht** setzt voraus, daß Leistung gemäß § 1281 oder aufgrund Abrede gemäß § 1284 an Pfandgläubiger und Gläubiger gemeinschaftlich zu erfolgen hat. Gegebenenfalls durch Klage erzwingbar.

2   2. **Einziehungspflicht** setzt voraus, daß Pfandgläubiger allein gemäß §§ 1282, 1294 oder aufgrund einer Abrede gemäß § 1284 zur Einziehung berechtigt ist. Jedoch Pflicht zur Berücksichtigung steuerlicher Aspekte bei der Verwertung verpfändeter Bundesschatzbriefe (AG Halle EWiR § 1285 BGB 1/1998, 1079). Darüber hinaus keine Pflicht, die Interessen des Gläubigers wahrzunehmen, so zB keine Pflicht, bei einer von dritter Seite beantragten Zwangsversteigerung zur Deckung der verpfändeten Hypothek auf eigene Gefahr mitzubieten (RG JW 1910, 20). Bei schuldhafter Verletzung Schadensersatzpflicht (AG Halle EWiR § 1285 BGB 1/1998, 1079; Pal/Bassenge Rz 2). Abs II verwehrt dem Pfandgläubiger einer hypothekarisch gesicherten Forderung nicht, in das sonstige Vermögen des Schuldners begonnenen Zwangsvollstreckung abzusehen oder sich mit dem Vollstreckungsschuldner zu vergleichen (RG 169, 321). Bei Klage zur Einziehung Streitverkündung an Gläubiger – gemäß § 72 ZPO – zulässig, jedoch im Gegensatz zu § 841 ZPO nicht erforderlich.

3   3. **Benachrichtigungspflicht** des Pfandgläubigers – entsprechend § 1241 – erstreckt sich auf das Ergebnis der Einziehung, insbesondere den Betrag; nicht auch auf Klageerhebung, so auch Pal/Bassenge Rz 2 aE.

1286 *Kündigungspflicht bei Gefährdung*
Hängt die Fälligkeit der verpfändeten Forderung von einer Kündigung ab, so kann der Pfandgläubiger, sofern nicht das Kündigungsrecht ihm zusteht, von dem Gläubiger die Kündigung verlangen, wenn die Einziehung der Forderung wegen Gefährdung ihrer Sicherheit nach den Regeln einer ordnungsmäßigen Vermögensverwaltung geboten ist. Unter der gleichen Voraussetzung kann der Gläubiger von dem Pfandgläubiger die Zustimmung zur Kündigung verlangen, sofern die Zustimmung erforderlich ist.

1   **Kündigungspflicht.** Gläubiger kündigungsberechtigt nach § 1283 I oder bei Vereinbarung gemäß § 1284. Pfandgläubiger vor Eintritt der Pfandreife nur bei entsprechender Vereinbarung gemäß § 1284 kündigungsberechtigt. Zustimmung des Pfandgläubigers erforderlich bei Nutzungspfand (§ 1213 I), besonderer Vereinbarung gemäß § 1284. Wann die gefährdeten Umstände eingetreten sind, ob vor oder nach Pfandbestellung, ist unwesentlich. Mit der Kündigung kann aber keine günstigere Anlegung, zB zu höherem Zinssatz begehrt werden. Klage in beiden Fällen des § 1286 möglich. Vollstreckung erfolgt bei S 1 nach § 888, bei S 2 nach § 894 ZPO. Verstoß gegen Kündigungspflicht kann auch Schadensersatzpflicht nach sich ziehen.

1287 *Wirkung der Leistung*
Leistet der Schuldner in Gemäßheit der §§ 1281, 1282, so erwirbt mit der Leistung der Gläubiger den geleisteten Gegenstand und der Pfandgläubiger ein Pfandrecht an dem Gegenstand. Besteht die Leistung in der Übertragung des Eigentums an einem Grundstück, so erwirbt der Pfandgläubiger eine Sicherungshypothek; besteht sie in der Übertragung des Eigentums an einem eingetragenen Schiff oder Schiffsbauwerk, so erwirbt der Pfandgläubiger eine Schiffshypothek.

1. Entspricht § 1075. **Wirkung der Leistung. a) Forderung erlischt** gemäß § 362 und mit ihr Pfandrecht, wenngleich nicht ersatzlos, s Rz 3 – Ausnahmen für Geldforderungen gemäß § 1288 II.

b) Gläubiger erwirbt an geleistetem Gegenstand das **Eigentum**, gleichgültig, ob an Gläubiger und Pfandgläubiger gemeinschaftlich oder nur an den Pfandgläubiger geleistet wird. Letzterenfalls wird Pfandgläubiger beim Eigentumserwerb als Vertreter des Gläubigers kraft Gesetzes tätig – wichtig für gutgläubigen Erwerb (§ 166 I); es kommt deshalb auf den guten Glauben des Pfandgläubigers an, es sei denn, daß Gläubiger schon bei Verpfändung bösgläubig war, vgl Hoche NJW 1955, 162; dagegen ist bei § 1281 der gute Glaube des Gläubigers maßgeblich –; bei Leistung gemäß § 1281 werden Pfandgläubiger und Gläubiger gemeinschaftlich unmittelbare Besitzer der beweglichen Sache; Pfandgläubiger muß sich aber Mitbesitz verschaffen, der den Anforderungen des § 1206 entspricht; s § 1206 Rz 1–3. Bei Leistung gemäß § 1282 wird Pfandgläubiger unmittelbarer, Gläubiger mittelbarer Besitzer der beweglichen Sache; bei einem Grundstück hat der Pfandgläubiger keinen Anspruch auf Einräumung des Mitbesitzes (Besitzes); er ist durch § 1287 S 2 hinreichend gesichert.

c) Pfandgläubiger erwirbt an geleistetem Gegenstand ein **Ersatzpfandrecht**, und zwar an beweglicher Sache Pfandrecht, an Grundstück oder grundstücksgleichem Recht mit Eintragung des Gläubigers als Eigentümer kraft Gesetzes eine – ohne Eintragung entstehende – Sicherungshypothek, an eingetragenem Schiff oder Schiffsbauwerk mit Eigentumserwerb des Gläubigers – Einigung bei Seeschiff (§ 2 SchiffsG), Einigung und Eintragung in Binnenschiffsregister bei Binnenschiffen (§ 3 SchiffsG) – Einigung und Eintragung in Register für Schiffsbauwerke (§§ 78, 3 SchiffsG) – eine Schiffshypothek, an Recht Pfandrecht, und zwar, wenn das Recht auf Bestellung eines Rechts am Grundstück gerichtet war, ohne Eintragung, s Rz 5, an eingetragenem Luftfahrzeug Registerpfandrecht (§ 98 II LuftFzG). Es handelt sich um einen Fall kraft Gesetzes dinglicher Surrogation (RG 116, 208), die aber voraussetzt, daß an Forderung wirksames Pfandrecht entstanden ist; ansonsten erlangt Pfandgläubiger bestenfalls Zurückbehaltungsrecht an geleistetem Gegenstand. Beispiele: Schuldscheine und andere Legitimationspapiere können nicht selbständig verpfändet werden, vielmehr erstreckt sich das an der Forderung bestehende Pfandrecht gemäß § 952 auf sie. Wer Pfandschein eines Leihhauses zur Sicherheit erhalten hat, erlangt an der von ihm im Leihhaus ausgelösten Sache ein Pfandrecht nur, wenn ihm die Forderung gegen das Leihhaus auf Rückgabe der versetzten Sache ordnungsgemäß verpfändet wurde (RG 51, 86; 66, 27). Läßt Schuldner das Grundstück nur gegen Bewilligung einer Restkaufgeldhypothek auf, so geht diese der Sicherungshypothek vor (BayObLG 1972, 46; Staud/Wiegand Rz 18 und Bergermann RhNotK 1969, 708); vgl dazu § 1274 Rz 5. Zur Eintragung der Sicherungshypothek ist, falls nicht § 22 GBO zutrifft, Berichtigungsbewilligung des Erwerbers erforderlich, notfalls bedarf es einer Klage aus § 894. Einzelfälle: Hat Kunde seiner Bank die gegen diese gerichtete Forderung auf Lieferung von Wertpapieren verpfändet, so erwirbt Bank mit Übersendung der Nummernverzeichnisses Pfandrecht an den Wertpapieren (RG 116, 207). Erlischt infolge Zwangsversteigerung verpfändete Hypothek, so entsteht Ersatzpfandrecht nicht nur am Anspruch des Hypothekengläubigers am Versteigerungserlös (RG WarnRsp 1908, 113), sondern auch – ohne Eintragung – an der gem § 128 ZVG (§ 15 der VO vom 13. 5. 1924) eingetragenen Sicherungshypothek (RG 60, 221).

d) Nach Pfandreife kann Pfandgläubiger sich **aus Ersatzpfand befriedigen**, und zwar bei Sachen gem §§ 1228ff, bei Grundstück gem § 1147, §§ 864 ZPO, 1ff ZVG, bei Schiffen und Schiffsbauwerken gem §§ 47ff SchiffsG, §§ 870a ZPO, 162ff ZVG, bei Rechten nach §§ 1282ff, bei eingetragenen Luftfahrzeugen gem §§ 47ff LuftFzG, 171aff ZVG.

2. Geltungsbereich. § 1287 gilt auch dann, wenn Schuldner wegen seines guten Glaubens mit befreiender Wirkung an den Gläubiger geleistet hat (§§ 1275, 407 I); vgl Wolff/Raiser § 176 I; BayObLG NJW 1968, 705. Was für Grundstücke Rechtens ist, gilt auch für grundstücksgleiche Rechte. Entsprechend anzuwenden: a) wenn Anspruch auf Bestellung eines Rechts am Grundstück oder auf Berichtigung des Grundbuchs verpfändet ist: Ersatzpfandrecht entsteht – ohne Eintragung – mit Eintragung des Rechts, Celle JR 1956, 146; b) wenn umgekehrt ein Pfandgegenstand sich in ein Forderungsrecht verwandelt: Ersatzpfandrecht an der Forderung entsteht, Bsp: Pfandrecht am Wertpapier setzt sich am Einlösungsbetrag fort (BGH NJW 1997, 2110), Anspruch auf Auskehrung des Gesellschaftsguthabens tritt an die Stelle des gepfändeten GmbH-Anteils, vgl RG 142, 378. Ebenso bei der Liquidation hinsichtlich des Liquidationserlöses und beim Ausscheiden eines Gesellschafters hinsichtlich des Auseinandersetzungs-, Abfindungsguthabens. Pfandrecht an den in Eigentum eines Miterben fallenden Gegenständen setzt sich am späteren Teilungserlös gegen die Hinterlegungsstelle fort (BGH 52, 99). Keine Fortsetzung des Pfandrechts am Erbteil nach Auseinandersetzung an zugeteilten Nachlaßgegenständen (RG 84, 395).

3. Zur Verpfändung des Anwartschaftsrechts aus der Auflassung s § 1274 Rz 8f. Zum Pfandrecht am Erbteil s § 1276 Rz 5. Pfändungspfand s § 848 ZPO. Zur Pfändung des Anwartschaftsrechts aus der Auflassung s § 925 Rz 64ff.

1288 *Anlegung eingezogenen Geldes*
(1) Wird eine Geldforderung in Gemäßheit des § 1281 eingezogen, so sind der Pfandgläubiger und der Gläubiger einander verpflichtet, dazu mitzuwirken, dass der eingezogene Betrag, soweit es ohne

§ 1288

Beeinträchtigung des Interesses des Pfandgläubigers tunlich ist, nach den für die Anlegung von Mündelgeld geltenden Vorschriften verzinslich angelegt und gleichzeitig dem Pfandgläubiger das Pfandrecht bestellt wird. Die Art der Anlegung bestimmt der Gläubiger.

(2) Erfolgt die Einziehung in Gemäßheit des § 1282, so gilt die Forderung des Pfandgläubigers, soweit ihm der eingezogene Betrag zu seiner Befriedigung gebührt, als von dem Gläubiger berichtigt.

1 **1. Zahlungswirkung.** Abs I betrifft den Fall der Einziehung vor Pfandreife. Gläubiger erlangt Eigentum, Pfandgläubiger Pfandrecht am eingezogenen Geld. Bis zur Befriedigungsmöglichkeit soll das Geld ertragreich mündelsicher angelegt werden. Am angelegten Betrag ist dem Pfandgläubiger neues Pfandrecht zu bestellen. Im Gegensatz zu § 1079 bestimmt der Gläubiger die Art der Anlage, und zwar auch beim Nutzungspfand nach § 1213 I. Zur Anlage von Mündelgeld siehe §§ 1807f.

2 **2. Abs II** entspricht dem § 1247 S 1. Gebührt der eingezogene Betrag dem Pfandgläubiger in vollem Umfang, so erwirbt er Eigentum am Geld, die verpfändete Forderung und etwaige nachfolgende Pfandrechte erlöschen. Schuldner darf an Pfandgläubiger nicht mehr zahlen, als zu seiner Befriedigung nötig ist. Zahlt er mehr oder gebührt dem Pfandgläubiger die Forderung nicht, so tritt am Erlös Surrogation nach der Regel des § 1247 S 2 ein, wenn dem Schuldner unbekannt war, daß dem Pfandgläubiger das Einziehungsrecht (in bestimmter Höhe) nicht zustand. In diesem Fall verdient der Schuldner entsprechend dem Rechtsgedanken der §§ 407–409, die gemäß § 1275 auch hier gelten, Schutz, denn er hat keinen Einblick in die Beziehungen zwischen Pfandgläubiger und Gläubiger, so auch Staud/Wiegand Rz 4, Pal/Bassenge Rz 3, Wolff/Raiser § 176 II 2; aA RGRK Rz 2. Folglich entsteht an dem eingezogenen Geld, soweit es dem Pfandgläubiger nicht gebührt, zunächst Miteigentum des Pfandgläubigers und Gläubigers, mit Trennung Alleineigentum beider, wobei sich an dem überschießenden Betrag etwaige Rechte Dritter fortsetzen.

Ist dem Schuldner bekannt, daß dem Pfandgläubiger das Einziehungsrecht nicht zusteht, so kommen die in §§ 407–409 enthaltenen Grundsätze nicht zum Zuge. Eine dingliche Surrogation kommt nicht in Betracht. Zahlt er mehr, so erlischt Forderung des Gläubigers insoweit nicht, es sei denn, daß Gläubiger Zahlung genehmigt, was darin liegen kann, daß er überschießenden Betrag vom Pfandgläubiger herausverlangt. Genehmigt Gläubiger nicht, so steht die Forderung insoweit, also nach wie vor, dem Gläubiger zu, nunmehr aber frei von dem Pfandrecht des befriedigten Pfandgläubigers; der Schuldner ist auf Bereicherungsanspruch gegen Pfandgläubiger angewiesen. Ist Gläubiger zugleich persönlicher Schuldner, geht die nicht gesicherte Forderung nicht unter, sondern nach §§ 1225, 1273 II auf ihn über (RG Recht 1918, 246; KG JW 1926, 831).

3 **3.** Ist **Forderung auf Zahlung der Versicherungssumme** verpfändet und zahlt Versicherungsgesellschaft an den Pfandgläubiger, wird danach aber der Versicherungsvertrag wirksam angefochten, so erwächst der Versicherungsgesellschaft ein Anspruch aus ungerechtfertigter Bereicherung. Bestritten ist, gegen wen sie ihn geltend machen kann. Nach KG Recht 1935, 2065; Prölss/Martin VVG § 15 Rz 17 hat die Versicherungsgesellschaft einen Anspruch nur gegen den Versicherungsnehmer, nicht aber gegen den Pfandgläubiger. Diese Ansicht übersieht aber, daß die Verpfändung mangels eines Pfandgegenstandes nichtig ist, so auch RGRK Rz 2; Soergel/Augustin Rz 2; die Rechtslage entspricht also der einer unmittelbaren Vermögensverschiebung durch mittelbare Zuwendung, bei der sowohl das Deckungs- wie das Valutaverhältnis fehlerhaft sind; dann kann aber der Leistende vom Leistungsempfänger das Geleistete zurückverlangen; vgl § 812 Rz 37, BGH LM Nr 1 zu § 813; RG JW 1932, 739; RG 86, 347.

1289 *Erstreckung auf die Zinsen*

Das Pfandrecht an einer Forderung erstreckt sich auf die Zinsen der Forderung. Die Vorschriften des § 1123 Abs. 2 und der §§ 1124, 1125 finden entsprechende Anwendung; an die Stelle der Beschlagnahme tritt die Anzeige des Pfandgläubigers an den Schuldner, dass er von dem Einziehungsrecht Gebrauch mache.

1 **1.** § 1289 S 1 ist nachgiebiges Recht; er kann mit dinglicher Wirkung abbedungen werden (RG 74, 81; 86, 218). Haben die Parteien nichts anderes vereinbart, so unterliegen nach Pfandbestellung verfallene **Zinsen** – vertragliche und gesetzliche – dem Pfandrecht, auch wenn nicht ausdrücklich mitverpfändet, sofern Pfandgläubiger dem Schuldner anzeigt, daß er vom Einziehungsrecht Gebrauch mache. Der Anzeige bedarf es auch bei ausdrücklicher Mitverpfändung der Zinsen. Umfang der Haftung ergibt sich aus §§ 1123 II, 1124, 1125. Erfaßt werden die künftig anfallenden, sowie die angefallenen, zurückbezogen bis auf ein Jahr vor der Anzeige. Frei werden Zinsen a) mit Ablauf eines Jahres seit Fälligkeit, b) durch Einziehung oder sonstige Verfügung vor Anzeige, jedoch bleiben sie gleichwohl für die zweite Zeit als den zZt der Anzeige laufenden oder – ausnahmsweise – den folgenden Kalendermonat erfaßt. Demnach kann der Schuldner, dem keine Anzeige zugegangen ist, ohne Risiko an seinen Gläubiger die fälligen Zinsen zahlen. Im Voraus kann er die Zinsen für den Monat entrichten, in dem ihm die Anzeige zugeht und, wenn dies nach dem 15. des Monats geschieht, auch noch die für den folgenden Monat. Vorauszahlungen auf die Vertragszeit oder Teile davon, die im Vertrag vereinbart sind, stellen aber keine Vorausverfügungen dar. Recht des Gläubigers, Zinsen einzuziehen, bestimmt sich nach §§ 1281, 1282. Tilgungsbeträge der Hypotheken sind stets als mitverpfändet anzusehen (RG Recht 1914, 3015). Hat Pfandgläubiger eines Grundstücksrechts keinen Anspruch auf die Zinsen, so kann er, wenn das Grundstück zwangsversteigert wird, auch den auf die Zinsen entfallenden Teil des Erlöses auch nicht verlangen (RG Warn 1915 Nr 85). Haben die Parteien ursprünglich die Haftung der Zinsen ausgeschlossen, so können sie die Zinsen später dem Pfandrecht nur dadurch unterwerfen, daß sie diese ordnungsgemäß verpfänden.

2 **2.** § 1289 gilt nicht für **Nutzungspfandrecht** aus § 1213. Hier stehen dem Pfandgläubiger Zinsen nicht auf Grund des Pfandrechts, sondern aus eigenem Recht zu; mit der Zahlung erlangt er das Eigentum an den Zinsen (RG Warn 1914, Nr 245).

1290 *Einziehung bei mehrfacher Verpfändung*
Bestehen mehrere Pfandrechte an einer Forderung, so ist zur Einziehung nur derjenige Pfandgläubiger berechtigt, dessen Pfandrecht den übrigen Pfandrechten vorgeht.

1. Zusammentreffen ungleichrangiger Pfandrechte. Ältester Pfandgläubiger hat Vorrang; nur er kann kündigen und einziehen; nachstehende Pfandgläubiger können aber Leistung an vorgehenden verlangen oder, wenn diesem Einziehungsbefugnis noch fehlt, an Pfandgläubiger und Gläubiger gemeinschaftlich. Vorgehender kann zugunsten des Nachgehenden zurücktreten (RG SeuffA 69, 68; BGH NJW 1981, 1671). Bei Geldforderung kann im übrigen Nachgehender den zur Befriedigung des Vorgehenden nicht benötigten Betrag gemäß § 1282 I S 2 einziehen. 1

2. Haben Pfandrechte **gleichen Rang**, und ist die Leistung unteilbar, so kann Leistung nur an alle verlangt werden, vgl § 432. Ist die Leistung teilbar (zB Geldforderung), so kann jeder Pfandgläubiger den ihm gebührenden Teil selbst einziehen, Staud/Wiegand Rz 5, aA RGRK Rz 3. 2

3. § 1290 gilt nicht für freihändigen Verkauf der Forderung, vgl RG 97, 39. 3

4. Zusammentreffen mit Pfändungspfandrecht. Läßt Dritter die verpfändete Forderung pfänden und sich zur Einziehung überweisen, so kommt § 1290 nicht in Betracht. Selbst der vorrangige Pfandgläubiger kann der Einziehung durch den Dritten nicht auf Grund des § 771 ZPO widersprechen (RG 87, 321 zur Verpfändung und Pfändung eines Erbanteils). Etwas anderes kann nur für den Nutzungspfandgläubiger (§§ 1273, 1213 I) – vgl RG 87, 326 – und dann gelten, wenn der Pfändungspfandgläubiger zugleich Vertragspfandgläubiger ist und als solcher dem anderen Pfandgläubiger nachgeht. Dem vorgehenden Pfandgläubiger ist aber entsprechend § 805 ZPO ein Recht auf vorzugsweise Befriedigung zuzubilligen, Staud/Wiegand, 13. Aufl, Rz 6. Zieht Pfändungspfandgläubiger die Forderung ein, so setzt sich das vertragliche Pfandrecht am Erlös fort (RG 87, 325); befriedigt sich der Pfändungsgläubiger aus der Forderung, so kann ihn der vorgehende Pfandgläubiger gemäß § 812 in Anspruch nehmen. 4

5. Zusammentreffen mehrerer Pfändungspfandrechte. Maßgeblich §§ 804, 853 ZPO, RG 97, 41 versagt dem Erstpfändenden ein Widerspruchsrecht aus § 771 ZPO. Nach RG 97, 40; 164, 169 darf Nachstehender sich die gepfändete Forderung oder das sonstige gepfändete Vermögensrecht überweisen lassen (§ 835 ZPO) und Anordnung nach §§ 844, 857 ZPO erwirken, selbst wenn Forderung oder sonstiges Vermögensrecht dem Vorgehenden zur Einziehung überwiesen worden ist. Jedoch darf Nachgehender Befriedigung nur unbeschadet der Rechte des Vorgehenden suchen. Demgemäß kann er nur Hinterlegung oder Leistung an den Vorgehenden und an sich gemeinsam verlangen (RGRK Rz 4), BayObLG SeuffA 57 Nr 25, Dresden SeuffA 63, Nr 269; Braunschweig SeuffA 64, 207; München HRR 1938, 644. 5

1291 *Pfandrecht an Grund- oder Rentenschuld*
Die Vorschriften über das Pfandrecht an einer Forderung gelten auch für das Pfandrecht an einer Grundschuld und an einer Rentenschuld.

1. Die für das Forderungspfandrecht geltenden Vorschriften sind auf das Pfandrecht an einer Grund- und einer Rentenschuld derart anzuwenden, daß der Grundstückseigentümer als der Schuldner zu behandeln ist. Bei der Rentenschuld sind die einzelnen Renten den Zinsen gleichzustellen. 1

2. Entspricht § 1080. **Bestellung** des Pfandrechts an Grundschuld und Rentenschuld erfordert nach §§ 1274, 1154, 1192, 1199 **a)** bei Buchgrundschuld und Buchrentenschuld: Einigung über Pfandbestellung und Eintragung – bei Gesamtgrundpfandrecht auf allen Grundstücken –, **b)** bei Briefgrundschuld und Briefrentenschuld: schriftliche Verpfändungserklärung oder Eintragung der Verpfändung im Grundbuch und Übergabe des Briefs. Die Einigung über Pfandbestellung und schriftliche Verpfändungserklärung müssen den Namen des Pfandgläubigers und die zu sichernde Forderung – notfalls in Verbindung mit außerhalb der Urkunde liegenden Umständen – ergeben (RG 136, 424; JW 1937, 2519). Auf die Übergabe sind gemäß § 1274 S 2 die §§ 1205ff anzuwenden, vgl § 1274 Rz 7. Verpfändungserklärung bereits vor Eintragung der Grund- oder Rentenschuld zulässig, Pfandrecht wird aber erst mit Eintragung und Briefübergabe wirksam (RG WarnRsp 1911, 274). Bei Blankoerklärung entsteht Pfandrecht mit abredegemäßer Ausfüllung (RG JW 1928, 174). Zur Verpfändung einer Eigentümergrundschuld siehe Nürnberg BayJMBl 1955, 115: Erfordernis der Briefübergabe ist erfüllt, wenn Miteigentum durch Hinterlegung beim Notar eingeräumt wird; zur Kennzeichnung der Forderung genügt Hinweis auf außerhalb der Verpfändungserklärung liegende Umstände. Grundstückseigentümer kann Eigentümergrundschuld zwecks zusätzlicher Sicherung einer schon durch Hypothek sichergestellten Forderung verpfänden (KG OLG 45, 230). Für die Inhaberbriefgrundschuld (§ 1195) kommt § 1293 in Betracht. Zur Frage, ob in den Besitz der Bank gelangte Hypotheken- und Grundschuldbriefe als Pfand haften, wenn der Bankkunde sich dahinzielenden Bankbedingungen schriftlich unterworfen hat, vgl § 1274 Rz 3. 2

3. Wird Grundschuld zur Sicherung eines Gläubigers bestellt, so bedeutet dies keine Verpfändung im Sinne des § 1291. Sicherungsnehmer ist freier gestellt; im einzelnen Abreden des Grundgeschäfts maßgeblich (RG 143, 118). 3

1292 *Verpfändung von Orderpapieren*
Zur Verpfändung eines Wechsels oder eines anderen Papiers, das durch Indossament übertragen werden kann, genügt die Einigung des Gläubigers und des Pfandgläubigers und die Übergabe des indossierten Papiers.

L. Michalski

§ 1292

1. Vorbemerkung. Die Vorschriften der §§ 1292–1296 regeln die Verpfändung von Order- (§ 1292) und Inhaberpapieren (§ 1293) und Besonderheiten ihrer Verwertung (§§ 1294–1296). Die Verpfändung von Rekta-Namenspapieren (siehe dazu vor § 793 Rz 4) richtet sich nach den allgemeinen Regeln der §§ 1273ff, siehe vor § 1273 Rz 6. Die Verpfändung von Namensladeschein erfordert Einigung über Pfandrechtsbegründung. Übergabe des Papiers nicht nötig, Recht am Papier folgt aber dem Recht aus dem Papier (§ 952), bei Anweisung: Einigung über Pfandrechtsbegründung und Übergabe; Briefhypothek, Grundschuld, Rentenschuld: Einigung in der Form einer schriftlichen Verpfändungserklärung oder statt dieser Eintragung der Verpfändung in das Grundbuch und Übergabe. Befriedigung nach den allgemeinen Grundsätzen der Rechtsverpfändung (§§ 1277ff).

1 2. Normzweck. § 1292 regelt die besondere Verpfändung von Orderpapieren (dazu vor § 793 Rz 5). Zu ihnen gehören: Wechsel, Scheck (Art 14ff ScheckG), Namensaktien (§ 68 I AktienG), Kaufmännische Anweisungen und Verpflichtungsscheine (§ 363 I HGB), auf Order lautende Konnossemente, Ladescheine, Lagerscheine, Bodmereibriefe, Transportversicherungspolicen (§ 363 II HGB). Namensinvestmentanteilscheine gemäß § 18 I S 2 KAGG. Diese Papiere können auch nach der allgemeinen Vorschrift des § 1274 durch Pfandvertrag und Übergabe des nicht indossierten Papiers verpfändet werden, RG 26, 10; Staud/Wiegand Rz 3, 16. In diesem Fall richten sich die Rechte des Pfandgläubigers lediglich nach §§ 1273ff.

2 3. Voraussetzungen für die **Bestellung** des Pfandrechts sind a) Einigung, b) Indossament, c) Übergabe des Papiers. **a)** Formlose **Einigung**, darauf gerichtet, daß dem Pfandgläubiger aa) an der in dem Papier verkörperten Forderung das Pfandrecht zustehen solle, bb) das Papier nur zu Pfandzwecken übergeben werde. Begebungsvertrag geht somit nicht auf Übertragung des Vollrechts, sondern auf Begründung des Pfandrechts. Anders bei Übertragung des Wechsels zur Sicherung: hier soll nach dem Willen der Parteien Treunehmer mit dinglicher Wirkung nach außen und innen Vollrecht erhalten, wenngleich er dem Treugeber gegenüber gleichzeitig eine schuldrechtliche Bindung besonderer Art eingeht.

3 b) Zum **Indossament** siehe Art 11ff WG, Art 14ff ScheckG, §§ 363ff HGB. Blankoindossament genügt, nicht dagegen Prokuraindossament, durch das aber nach § 1274 verpfändet werden kann, Staud/Wiegand Rz 10. In Betracht kommen zwei Arten des Pfandindossaments: aa) das offene, bb) das verdeckte.

aa) Offenes Indossament. Gesetzlich vorgesehen beim Wechsel (Art 19 WG), nicht beim Scheck und anderen Orderpapieren, gleichwohl aber gewohnheitsrechtlich auch dort zugelassen. Seine Rechtsnatur erhellt bereits aus der einschränkenden Fassung, zB „Wert zum Pfande", „Wert zur Sicherheit" oder dergleichen (vgl Art 19 I WG). Es bezweckt, den Indossatar nach außen zur Verfügung über das Recht, insbesondere zur Einziehung gemäß § 1282 zu berechtigen (RG 120, 210). Indossatar wird Pfandgläubiger, Verpfänder bleibt Eigentümer. Pfandgläubiger ist zu Rechtshandlungen außerhalb des Verpfändungszwecks nicht befugt, zB nicht zum Verzicht, Erlaß oder zur Veräußerung – abgesehen vom § 1295 oder besonderer Abrede; aus dem verpfändeten Wechsel kann er den Verpfänder nicht in Anspruch nehmen, erlangten Wechsel kann er nicht durch Vollindossament weitergeben (Art 19 I WG); das von ihm ausgestellte Indossament hat nur die Wirkung eines Vollmachtindossaments. Pfandgläubiger erlangt aber eine im Vergleich zu den §§ 1273ff günstigere Rechtsstellung: er kann zB in eigenem Namen Rechte aus dem Wechsel gegenüber den anderen Wechselverpflichteten geltend machen, Vermutung des Art 16 I WG, sowie Schutz des guten Glaubens nach Art 16 II WG für sich beanspruchen und Einreden der Wechselschuldner weitgehend zurückweisen; vgl Art 19, 17 WG: Die Wechselverpflichteten können dem Pfandgläubiger keine Einwendungen entgegensetzen, die sich auf ihre unmittelbaren Beziehungen zu dem Indossanten gründen, es sei denn, daß der Pfandgläubiger bei dem Erwerb des Wechsels bewußt zu ihrem Nachteil gehandelt hat. Deshalb kann der Annehmer sich nicht darauf berufen, daß er den Aussteller oder Verpfänder bereits befriedigt habe (KG JW 1925, 1523). Dagegen können die Wechselverpflichteten einwenden, daß ein Pfandrecht nicht entstanden sei. Entsprechende Vorschriften für Scheck Art 22 ScheckG, für kaufmännische Orderpapiere § 364 II HGB, vgl §§ 4, 9, 12, 17, 30 DepotG.

bb) Verdecktes Indossament. Indossatar wird hier nach außen Eigentümer, im Innenverhältnis ist er aber wegen der allein maßgeblichen lediglich auf Begründung eines Pfandrechts gerichteten Einigung auch nur Pfandgläubiger. Deshalb erlangt er im wesentlichen nur die gleichen Rechtsbefugnisse wie bei einem offenen Pfandindossament, insbesondere erwirbt er auch in diesem Fall keinen wechselmäßigen Anspruch gegen Verpfänder, vgl RG 120, 210, KG JW 1925, 1227. Ein Unterschied ergibt sich aber aus seiner äußeren Rechtsstellung als Eigentümer: veräußert er unbefugt, was ihn schadensersatzpflichtig macht (RG 58, 107), so wird die an sich unwirksame Verfügung (argumentum § 1282 II) bei gutem Glauben des Erwerbers rechtswirksam (Art 16f WG; Art 21 ScheckG, § 365 HGB).

4 c) Übergabe des indossierten Papiers kann gemäß §§ 1205 und 1206 auch an Besitzdiener (§ 855) oder Besitzmittler (§ 868) des Pfandgläubigers erfolgen. Erlangt nach AGB-Banken an allen in ihren Besitz gelangenden Werten des Kunden Pfandrecht, so gilt dies nicht für die ihr zur Diskontierung übergebenen und deshalb auf sie indossierten, aber nicht übernommenen Wechsel, vgl RG 126, 348; abweichend KG JW 1925, 1523. Die AGB hat der Kunde durch sein Diskontierungsverlangen jedenfalls für den Einzelfall außer Kraft gesetzt; es fehlt am Begebungsvertrag (RG 126, 350; BGH MDR 1968, 647 zu Ziff 19 II AGB-Banken). Denkbar ist, daß später stillschweigend ein Verpfändungsvertrag zustande kommt. Daß der Kunde den Wechsel nicht zurückfordert, kann nicht ohne weiteres als sein Einverständnis gedeutet werden, vgl RG 126, 351. Schließlich kann die Bank ein Pfandrecht auch noch gemäß § 1274 erlangen, wenn dessen Voraussetzungen erfüllt sind; vgl RG 80, 3; Karlsruhe OLG 44, 247.

5 4. Statt einer Verpfändung nach §§ 1274, 1292 können Beteiligte eine **Sicherungsübertragung** auch an indossablen Papieren vereinbaren. Ob sie gewollt ist, richtet sich nach dem Inhalt der Einigung. Ist dies zu bejahen, so erlangt der Sicherungsnehmer das Wechselrecht nach außen und innen mit dinglicher Wirkung; der Sicherungszweck äußert sich lediglich in der schuldrechtlichen Bindung des Sicherungsnehmers.

6 5. Zum **Pfändungspfandrecht** an indossablen Papieren vgl §§ 831, 835ff ZPO; § 312 AO.

1293 Pfandrecht an Inhaberpapieren
Für das Pfandrecht an einem Inhaberpapier gelten die Vorschriften über das Pfandrecht an beweglichen Sachen.

1. Die Vorschrift betrifft die Verpfändung von **Inhaberpapieren**. Siehe §§ 793ff und die Bemerkungen dazu. Inhaberpapiere sind dadurch charakterisiert, daß die verbriefte Leistung (oder Recht) dem jeweiligen Inhaber zusteht und von ihm geltend gemacht werden kann, vor § 793 Rz 6. Zu ihnen gehören: Inhaberscheck (Art 5 ScheckG), Inhaberbriefgrundschuld (§ 1195), Inhaberlagerschein (RG 78, 149), Inhaberaktie, Inhaberinvestmentanteilscheine gemäß § 18 I S 2 KAGG idF der Bekanntmachung vom 9. 9. 1998 (BGBl I 2726), Schuldbuchforderung (BGH NJW 1996, 1675), auf Inhaber lautende Zins-, Renten- und Gewinnanteilscheine (RG JW 1911, 1016), Inhaberzeichen des § 807, nicht jedoch Legitimationspapiere des § 808 (an ihnen ist nur ein schuldrechtlich wirkendes Zurückbehaltungsrecht möglich, vgl RG 51, 83).

2. Inhaberpapiere stehen nach § 1293 den beweglichen Sachen gleich. Die **Vorschriften** über das Pfandrecht an beweglichen Sachen sind anzuwenden, als ob Gegenstand des Pfandrechts lediglich das die Forderung verbriefende Papier sei (RG 58, 10). Verpfändung erfordert demgemäß Einigung über Pfandrechtsbegründung und Übergabe. Maßgebliche Vorschriften: §§ 1204ff, insbesondere §§ 1235 II, 1257, 1227 – dieser eingeengt durch § 1006 I S 2; §§ 366f HGB; besondere Bestimmungen §§ 4, 9, 12, 17, 30 DepotG. Bei Verpfändung von Inhaberaktien bleibt mangels besonderer Abrede das Stimm- und Bezugsrecht beim Verpfänder (RG 139, 227), vgl auch RG 157, 55. Zum Fortbestand des Pfandrechts an umgetauschten Aktien vgl RG 116, 203. Rechtserwerb kraft guten Glaubens tritt gemäß §§ 932ff, 1207ff BGB, 366 HGB sogar an abhanden gekommenen Inhaberpapieren ein; der Verpfänder muß aber mittelbarer Besitzer sein (§ 1205 II). Zur Beweislast für guten oder bösen Glauben des Pfandnehmers, vgl RG 133, 187.

3. Der Pfandgläubiger kann sich auf folgende Weise **befriedigen**: a) durch Verkauf (§§ 1228ff, 1235 II, 1221), b) gemäß § 1277, der auch für Inhaberpapiere gilt, c) durch Einziehung (§ 1294).

4. Zum **Pfändungspfandrecht** siehe §§ 808, 821, 823 ZPO.

1294 Einziehung und Kündigung
Ist ein Wechsel, ein anderes Papier, das durch Indossament übertragen werden kann, oder ein Inhaberpapier Gegenstand des Pfandrechts, so ist, auch wenn die Voraussetzungen des § 1228 Abs. 2 noch nicht eingetreten sind, der Pfandgläubiger zur Einziehung und, falls Kündigung erforderlich ist, zur Kündigung berechtigt und kann der Schuldner nur an ihn leisten.

1. Gegenüber §§ 1281, 1283 Begünstigung des Pfandgläubigers: bereits vor Pfandreife darf er allein und ausschließlich **kündigen** und **einziehen** und Schuldner nur an ihn leisten; für Kündigung des Schuldners verbleibt es bei § 1283 II und III. Hatte Verpfänder nur den Mitbesitz eingeräumt, so kann Pfandgläubiger zwecks Ausübung der Rechte aus § 1294 den Alleinbesitz fordern. Pfandgläubiger darf abweichend von § 1218 I S 2 ganze Forderung einziehen, selbst wenn weniger genügt, um ihn zu befriedigen. Ob die Verpfändung gemäß § 1274 oder § 1292 erfolgte, steht sich gleich. Er kann auch gemäß § 1282 I S 3 eine Abtretung an Zahlungs Statt verlangen. Zur Wirkung der Einziehung vgl §§ 1287f.

2. An der Pflicht des Pfandgläubigers zur Einziehung, Kündigung (KG OLG 26, 207), Benachrichtigung (§ 1285 II) ändert § 1294 natürlich nichts.

3. Die Parteien können den § 1294 mit schuldrechtlicher Wirkung **abändern**.

1295 Freihändiger Verkauf von Orderpapieren
Hat ein verpfändetes Papier, das durch Indossament übertragen werden kann, einen Börsen- oder Marktpreis, so ist der Gläubiger nach dem Eintritt der Voraussetzungen des § 1228 Abs. 2 berechtigt, das Papier nach § 1221 verkaufen zu lassen.

Pfandgläubiger kann sich bei indossablen Papieren mit Börsen- oder Marktpreis – gleichgültig, ob Papier nach § 1274 oder § 1292 verpfändet wurde – auf dreierlei Weise **befriedigen**: a) gemäß § 1277, b) gemäß § 1294, c) gemäß § 1295. Bei freihändigem Verkauf gemäß §§ 1295, 1221 sind die Vorschriften für den Pfandverkauf – §§ 1234ff, insbesondere Androhung, Wartefrist – zu beachten. Auf diese Weise kann Pfandgläubiger die Papiere auch selbst erwerben. Dagegen ist es ihm verwehrt, die Papiere einfach zum Börsenkurs zu behalten. Dies darf er nur bei entsprechender, nach Pfandreife getroffener Vereinbarung. § 1235 I kommt jedoch nur bei Inhaberpapieren oder bei besonderer Abrede zum Zug. Zur entsprechenden Anwendung der Vorschriften über den gutgläubigen Erwerb (§§ 1244, 932ff) vgl RG 61, 333.

1296 Erstreckung auf Zinsscheine
Das Pfandrecht an einem Wertpapier erstreckt sich auf die zu dem Papier gehörenden Zins-, Renten- oder Gewinnanteilscheine nur dann, wenn sie dem Pfandgläubiger übergeben sind. Der Verpfänder kann, sofern nicht ein anderes bestimmt ist, die Herausgabe der Scheine verlangen, soweit sie vor dem Eintritt der Voraussetzungen des § 1228 Abs. 2 fällig werden.

1. **Zins-, Renten- und Gewinnanteilscheine** sind, abweichend vom § 1289, selbständige Inhaberpapiere. Das Pfandrecht erfaßt sie daher nur, wenn sie mitübergeben sind; dazu ist Verpfänder nicht verpflichtet. Selbst, wenn er sie mitübergeben hat, werden sie wieder frei und sind dem Verpfänder – dem Eigentümer gleichzustellen ist –

§ 1296 Familienrecht

herauszugeben, sofern sie vor Eintritt der Pfandreife fällig werden, es sei denn, daß dem Pfandgläubiger die Nutzungen zustehen. § 1296 S 2 hat dispositiven Charakter. Er gilt gemäß § 14 IV der AGB-Banken nicht, wenn Bankkunden Wertpapiere verpfänden.

2. Zins-, Renten- und Gewinnanteilscheine zu Inhaberpapieren können gesondert vom Hauptpapier selbständig verpfändet werden (RG 77, 355). Zinserneuerungsscheine (Talons) – s dazu § 805 Rz 1 – sind dagegen nur Zubehörscheine (RG 74, 339). Im Zweifel erstreckt sich Pfandrecht auch auf sie (RG 58, 162).

Buch 4
Familienrecht

Einleitung

I. Allgemeines 2	Unterhalt, Versorgungsausgleich, Familiengerichte, Entscheidungsverbund
II. Familienrecht und Grundgesetz 10	11.–17. Adoptionsrecht, Unterhaltsrentenänderungsgesetz, Sorgerecht, Unterhaltsvorschußgesetz, Unterhaltsänderungsgesetz, KJHG, BtG 30
III. Familienrecht und Völkerrecht 11	
IV. Familienrechtsreformen seit Inkrafttreten des BGB 12	18. Reformgesetze 1998 .... 37 ErbGleichG, EheschlRG, BeistandschaftsG, KindRG (Abstammung, Sorgerecht, Umgang, Namensrecht, Legitimation und Adoption, Verfahrensrecht, Mißhandlungsverbot, Betreuungsunterhalt), KindUG, BtÄndG, MHBeG
1.–8. Gesetz über die religiöse Kindererziehung, JWG, Personenstandsgesetz, Ehegesetz, Gleichberechtigungsgesetz 1957, Familienrechtsänderungsgesetz, NEhelG, Regelunterhaltsvo ... 13	
9.–10. 1. EheRG 1976 21	
Persönliche Ehewirkungen, Namensrecht, Güterrecht, Scheidungs- und Scheidungsfolgenrecht,	19.–23. Ua Gewaltschutzgesetz 52

1 **Allgemeines Schrifttum zum Familienrecht:** Vgl bis 1991 die Angaben der 9. Aufl. Seitherige Literatur findet sich zu den einzelnen Abschnitten, Titeln und §§. **Lehrbücher:** *Dölle,* Familienrecht, Bd I/II, 1964/65; *Finger,* Familienrecht, 1979; *Finke/Garbe,* Familienrecht in der anwaltlichen Praxis, 2. Aufl 2001; *Gaul,* Die Entwicklung einstweiligen Rechtsschutzes in Familien- und insbes in Unterhaltssachen, FamRZ 2003, 1137; *Gerhardt/von Heintschel-Heinegg/Klein,* Familienrecht in gerichtlicher und anwaltlicher Praxis, 1995; *Gerhardt,* Familienrecht, Handbuch, 4. Aufl 2002; *Gernhuber/Coester-Waltjen,* Lehrbuch des Familienrechts, 4. Aufl 1994; *Giesen,* Familienrecht, 2. Aufl 1997; *Henrich,* Familienrecht, 5. Aufl 1995; *Krause/Pfander/Kofler,* Bürgerliches Recht, Familienrecht, 2. Aufl, 1986; *Lüderitz,* Familienrecht, 27. Aufl 1999; *Massfeller/Böhmer,* Das gesamte Familienrecht, Band 1/2, Stand August 1997; *Pintens,* Grundgedanken und Perspektiven einer Europäisierung des Familien- und Erbrechts, FamRZ 2003, 329 u 417 u 499; *Ramm,* Familienrecht, Band I: Recht der Ehe, 1985; *Reuter,* Einführung in das Familienrecht, 1980; *Schlüter,* Familienrecht, 10. Aufl 2003; *Schwab,* Familienrecht, 12. Aufl 2003; *Seidl,* Familienrecht, 5. Aufl 1999; *Tschernitschek,* Familienrecht, 3. Aufl 2000; *Weinreich,* Auswirkungen der Schuldrechtsreform auf das Familienrecht, FUR 2003, 14; *Weinreich/Klein,* Familienrecht, Kompaktkommentar, 2002; *Ziegler/Mäuerle,* 2. Aufl 2000.

I. Allgemeines

2 **1.** Keines der Bücher des BGB hat seit dessen Inkrafttreten am 1. 1. 1900 mit steigender Intensität und in immer kürzeren Intervallen so oftmalige und grundlegende Änderungen, Aus-, Um- und (Wieder-)Eingliederungen erfahren wie das Familienrecht. Dies ist zum großen Teil darin begründet, daß einerseits die Familie als soziale Einheit in ihrer Struktur, gesellschaftlichen und kulturellen Bedeutung sowie andererseits auch die Position und Funktion der einzelnen Familienmitglieder untereinander und nach außen einem vielfältigen Wandel unterworfen sind. Der Gesetzgeber sah sich aufgerufen, diesen Veränderungen gerecht zu werden. Erfolg war ihm dabei allerdings nicht immer beschieden (vgl im einzelnen Rz 11ff sowie vor allem die 9. Aufl dort). Die Familie als soziale Einheit entzieht sich einer umfassenden rechtlichen Regelung. Regelungsbezug des Gesetzes sind vielmehr die Familienmitglieder als Einzelpersonen. Das Gesetz verwendet auch keinen einheitlichen, fest konturierten Begriff der Familie. Im weitesten Sinne versteht es darunter den Kreis der durch Ehe, Verwandtschaft (§ 1589) und Schwägerschaft (§ 1590) verbundenen Personen, vielfach meint es aber auch die aus den Ehegatten und ihren Kindern bestehende Kleinfamilie (vgl zB §§ 1360ff). Der jeweils betroffene Personenkreis wird durch Sinn und Zweck der einzelnen Norm bestimmt. Einen noch weiteren Personenkreis als den der Familie umfaßt der ebenfalls unterschiedlich verwendete Begriff der Angehörigen (vgl §§ 530, 573 II Nr 2, 563, 563b, 1611, 1969 BGB, 11 I Nr 1 StGB, 15 AO 1977), zu denen gleichgeschlechtliche Lebenspartner nicht gehören (vgl BGH FamRZ 1993, 533, 535; aA LG Hannover FamRZ 1993, 547). Zur Haftung mittelbarer Angehöriger vgl vor § 1353 Rz 3. Von der Familie ist die häusliche Gemeinschaft zu unterscheiden. Die Familienmitglieder brauchen ihr nicht zu gehören, während andere Personen Angehörige der Hausgemeinschaft sein können. Der Begriff der häuslichen Gemeinschaft ebenso wie des Hausstandes hat rechtliche Bedeutung, zB in §§ 617, 618, 1619, 1620, 1969. Außerhalb des BGB kann er ebenfalls von Relevanz sein. So gehen Ansprüche nach § 67 VVG nicht auf den Versicherungsträger über, wenn sie gegen haushaltsangehörige Familienmitglieder gerichtet sind. Dabei sind Familienangehörige iSd § 67 II VVG nicht nur Eheleute, Verwandte oder Verschwägerte, sondern auch Personen, die mit dem Versicherten ähnlich wie in einem Familienverband zusammenleben wie zB ein Pflegekind (vgl BGH FamRZ 1980, 548). Familienrechtliche Beziehungen werden durch die Hausgemeinschaft nicht begründet.

Familienrecht ist die Zusammenfassung der Vorschriften, welche die Rechtsverhältnisse des genannten Personenkreises regeln. Die wesentlichen Bereiche sind im 4. Buch des BGB normiert. Der erste Abschnitt (§§ 1297–1588) behandelt die Ehe. Titel 24 und 7 dieses Abschnitts wurden ersetzt durch das EheG von 1938 und dieses wiederum ersetzt durch KRG Nr 16 aus 1946. Art 3 des 1. EheRG 1976 hat das Scheidungs- und Scheidungsunterhaltsrecht – in völlig veränderter Grundkonzeption – wieder in das BGB eingefügt (§§ 1564–1587p). Das im EheG verbliebene Recht der Eheschließung sowie der Aufhebarkeit der Ehe wurde zum 1. 4. 1998 gestrafft ebenfalls wieder in das BGB zurückgeführt (vgl BR-Drucks 79/96 v 9. 2. 1996 in ZRP 1996, 154f; kritisch Barth/Wagenitz FamRZ 1996, 833; Bosch FamRZ 1997, 65 und 138; Finger FuR 1996, 124). §§ 1589–1772 regeln die Verwandtschaft, §§ 1773–1921 die Vormundschaft, Betreuung und Pflegschaft. Das Vormundschafts-, Betreuungs- und Pflegschaftsrecht stehen begrifflich außerhalb des Familienrechts, da die Vormundschaft und Pflegschaft keine Verwandtschaft begründen; die Zusammenfassung rechtfertigt sich durch die gemeinsame Wurzel in der munt des deutschen Rechts und den Zusammenhang der Vormundschaft über Minderjährige mit der elterlichen Sorge sowie der Betreuung und der Pflegschaft mit der Vormundschaft. Familienrecht gehört vorwiegend in seiner Regelung der Rechtsbeziehungen gleichrangiger Personen zum Privatrecht, enthält aber dort, wo es um zwingende öffentliche Belange geht, auch öffentliches Recht, zB bei Schließung, Aufhebung und Scheidung der Ehe sowie bei Sorge, Vormundschaft, Betreuung und Pflegschaft. In diesem öffentlich-rechtlichen Bereich erhalten Rechtsklarheit und Rechtssicherheit durch zwingende Formvorschriften sowie die Höchstpersönlichkeit und Bedingungsfeindlichkeit der rechtsgeschäftlichen Erklärungen und durch die Unübertragbarkeit, Unvererblichkeit und Unverzichtbarkeit der subjektiven Familienrechte erhöhten Stellenwert.

2. Familienrechtliche Beziehungen unterliegen besonders stark einer sittlichen Bindung; die Regeln des Rechts greifen vielfach nur ergänzend ein. Ansprüche, die aus Familienrecht entspringen, lassen sich, auch soweit sie personenrechtlicher Art sind, nicht stets durch Klage verwirklichen, vgl § 1353 Rz 20. Diese Rechte sind mehr als die Rechte aus anderen Rechtsgebieten pflichtgebunden, so daß ihr Träger sie weder übertragen noch auf sie verzichten kann. Ihre Geltendmachung ist weit über das übliche Maß, mit dem etwa § 242 das Vermögensrecht beherrscht, an das „richtige Verständnis" der Institution gebunden, deren Regelung sie dienen, vgl etwa die positiv-rechtliche Mißbrauchsbestimmung in den §§ 1353 II, 1666). Daher hat auch § 242 im Familienrecht seine Bedeutung, nicht zuletzt als Transformationsnorm zur Konkretisierung der Grundrechte. Auch die Durchsetzung von Vermögensrechten kann an der sittlichen Bindung durch die Familiengemeinschaft scheitern, vgl § 1353 Rz 4. Die Regeln des Allgemeinen Teils sowie die allgemeinen Bestimmungen des Rechts der Schuldverhältnisse sind aber anwendbar, soweit sich nicht aus Sonderbestimmungen, zB aus § 1302 oder der Natur der Sache, etwas anderes ergibt.

Im Familienrecht herrscht der Grundsatz des Typenzwangs (vgl Zöllner, Vertragsfreiheit und Bindung an den Typus im ehelichen Güterrecht, FamRZ 1965, 113; Dombois, Die Ehe: Institution oder Personalgemeinschaft? Überlegungen zu einem modernen Eherecht, in: Recht und Institutionen, Folge 2, 1969, S 109, 127). Die familienrechtlichen Institute sind abschließend festgelegt. Ihre Vorschriften sind weitgehend zwingend und können rechtsgeschäftlich nur geändert werden, soweit es gesetzlich zugelassen ist oder mit dem Zweck des Instituts vereinbart werden kann. Einen relativ weiten Raum hat die Privatautonomie im ehelichen Güterrecht, wenn sie sich auch dort nicht so weit wie im gewöhnlichen Vermögensrecht entfalten kann (vgl Schwab, Gestaltungsfreiheit und Formbindung im Ehevermögensrecht und die Eherechtsreform, DNotZ 1977 Sonderheft S 51; Buschendorf, Die Grenzen der Vertragsfreiheit im Ehevermögensrecht, 1987). Das Institut des Versorgungsausgleichs schafft einen zusätzlichen relevanten Bereich, in dem Umfang und Grenzen privatautonomer Gestaltungsbefugnisse zu bestimmen gilt (vgl F. Becker, Versorgungsausgleichs-Verträge, 1983; Zimmermann/Becker, Versorgungsausgleichs-Verträge in der neueren Rechtsprechung – eine Bestandsaufnahme, FamRZ 1983, 1). Rechtssicherheit, Rechtsklarheit und Offenkundigkeit haben im Familienrecht eine erhöhte Bedeutung, die sich in der Formenstrenge und in der Bedingungsfeindlichkeit der familienrechtlichen Rechtsgeschäfte sowie in der erhöhten Mitwirkung der Gerichte bei ihrem Abschluß, ihrer Änderung und ihrer Aufhebung ausdrückt. Die Verjährung von Ansprüchen aus familienrechtlichen Verhältnissen ist, soweit diese auf Herstellung des dem Verhältnis entsprechenden Zustands für die Zukunft gerichtet sind, nach § 194 II ausgeschlossen, im übrigen nach § 207 verkürzt eingeschränkt.

3. Das **Verfahren in Familien-, Kindschafts- und Unterhaltssachen** ist in §§ 606–644 ZPO eigenen Regelungen unterworfen, vor allem in der Zuständigkeit des Familiengerichts (§ 621ff ZPO) und durch den Verbund von Scheidungs- und -folgesachen (§ 623ff ZPO). Bei dem Ehe- und Kindschaftssachen gegebenen besonderen öffentlichen Interesse herrscht daher der Untersuchungsgrundsatz vor (vgl §§ 616, 640 I, 640d ZPO). Die Rechtskraft von Urteilen wirkt wegen der Statusentscheidung supra partes für und gegen alle (vgl §§ 636a, 638, 641k ZPO). Das Verfahren vor dem Vormundschafts- und Registergericht richtet sich nach FGG (§§ 35–70n) gemäß Amtsermittlung (§ 12 FGG). Bezüglich der Rechtsverhältnisse an Ehewohnung und Hausrat gilt die Hausratsverordnung (§ 621 I Nr 7, 621a I ZPO).

Zum europäischen Eheverfahrensrecht vgl Helms FamRZ 2001, 257; Kohler NJW 2001, 10; Gruber FamRZ 2000, 1129; Hau FamRZ 2000, 1333.

Zur Familienmediation als Alternative zum gerichtlichen Verfahren vgl Friedmann Die Scheidungsmediation 1996; Haynes ua Scheidung ohne Verlierer 1993; Mähler/Mähler, Mediation für Juristen, in Breidenbach/Hennsler (Hrsg) 1997; Bergschneider FamRZ 2000, 77; Motz FamRZ 2000, 857; Schulz FamRZ 2000, 860.

4. Strafrechtlichen Schutz haben familienrechtliche Beziehungen im StGB zB in den §§ 169 (Personenstandsfälschung), 170 (Verletzung der Unterhaltspflicht), 171 (Verletzung der Fürsorge- und Erziehungspflicht), 172

Einl § 1297   Familienrecht

(Doppelehe), 173 (Beischlaf zwischen Verwandten), 174, 176–176b (Sexueller Mißbrauch von Schutzbefohlenen und Kindern), 180 und 184 jeweils mit dem Erzieherprivileg und 181a III (Ehegattenkuppelei). Mit dem Wegfall des Merkmals „außerehelich" bei den Sexualdelikten ist nunmehr auch eine Vergewaltigung unter Ehepartnern strafbar (33. StrÄndG v 1. 7. 1997, BGBl I 1067), zivilrechtlich mit der Folge von Schmerzensgeld (Schleswig FamRZ 93, 548). Die Familienehre genießt Schutz vor Beleidigung (BGH NJW 1951, 531; Zweibrücken NJW 1971, 1225). Zu Straftaten gegen das Leben mit Familienbezug gehört im StGB § 221 II (Aussetzung). Nach vier gesetzgeberischen Versuchen zur Einschränkung der ursprünglich generellen Strafbarkeit des Schwangerschaftsabbruchs und zum stärkeren Schutz ungeborenen Lebens auf andere Weise ist diese Materie durch das Schwangeren- und Familienhilfeänderungsgesetz v 21. 8. 1995 (BGBl I 1050) in den §§ 218–219b StGB bundeseinheitlich neu geregelt; zu den Einzelheiten der Gesetzesentwicklung und zu den nach wie vor bestehenden Verfassungsbedenken vgl ua Tröndle NJW 1995, 3009; vgl auch Eser NJW 1992, 2913; Kluth FamRZ 1993, 1382; Hermes/Walther NJW 1993, 2338.

Unter den Straftaten gegen die körperliche Integrität und die persönliche Freiheit haben im StGB die §§ 225 (Mißhandlung von Schutzbefohlenen) und 235 (Kindesentziehung) sowie 236 (Kinderhandel) Familienrechtsbezug. Im **Nebenstrafrecht** sind insbesondere die Strafvorschriften zu Kinderhandel und Ersatzmuttervermittlung (§§ 14a und b AdVermiG, BGBl 1989 I 2014) sowie nach dem Embryonenschutzgesetz von Bedeutung, das Manipulierungen menschlichen Lebens durch Methoden der Gentechnologie und der In-vitro-Fertilisation begrenzt (v 13. 12. 1990, BGBl I 2746).

8   Mit Rücksicht auf die innerfamiliären Sonderbeziehungen werden bestimmte Straftaten gegen Angehörige nur auf deren Antrag verfolgt (vgl §§ 247, 259 II, 263 IV, 263a II, 265a III, 266 III, 294 StGB) oder bei Straftaten von Angehörigen besondere Zwangslagen privilegiert (§§ 139 III, 157 I, 258 VI StGB).

9   5. Die das Familienrecht betreffenden Normen des Internationalen Privatrechts finden sich in zahlreichen Staatsverträgen sowie in Art 13–24 EGBGB. Zum Überleitungsrecht für die neuen Bundesländer vgl die einschlägigen Kommentierungen zu Art 230 I, 234 sowie Erl zu 236 II und III EGBGB und 9. Aufl Rz 52–54.

II. Familienrecht und Grundgesetz

10   Art 6 GG enthält zahlreiche Wertentscheidungen und Anspruchsbegründungen unterschiedlicher Art und Intensität über Ehe, Familie, Eltern, Kinder, Erziehungsberechtigte, Mutterschaft und Nichtehelichkeit (dazu Maunz/Dürig/Herzog/Scholz Art 6 GG Rz 1; Lecheler FamRZ 1979, 1). Nach Art 6 I GG unterstehen „Ehe und Familie dem besonderen Schutz der staatlichen Ordnung". Ehe ist die grundsätzlich lebenslange Verbindung eines Mannes mit einer Frau zur Lebensgemeinschaft aufgrund Eheschließung (BVerfG 10, 66; 76, 1, 71). **Familie** iSd Art 6 I GG ist die Verbindung von Eltern und Kindern unter Einbezug von Stief-, Adoptiv- und Pflegekindern (BVerfG FamRZ 1990, 363; 1993, 1420) in den von der Rechtsordnung bestimmten Lebensformen (anerkannten Lebensbereichen); eine Ehe ohne Kinder ist keine Familie (Maunz/Dürig/Herzog/Scholz Art 6 GG Rz 16). Vgl zu beiden Begriffen auch Gusy JA 1986, 183, 184f; Ott NJW 1998, 117. Auch der biologisch-leibliche, wenn auch nicht rechtliche Vater bildet mit dem Kind eine von Art 6 I GG geschützte Familie, wenn zwischen ihm und dem Kind eine sozialfamiliäre Beziehung besteht, so daß ein Umgangsausschluß gegen Art 6 I GG verstößt, wenn dieser dem Wohl des Kindes dient (BVerfG NJW 2003, 2151). Anders als sein Vorläufer in der WeimRV ist Art 6 I GG kein bloßer Programmsatz, sondern eine wertentscheidende „**Grundsatznorm** für das gesamte Ehe- und Familienrecht", die Maßstab und Grenzlinie für Gesetzgebung und Gesetzesanwendung setzt (BVerfG FamRZ 1980, 319, 324; Maunz/Dürig/Herzog/Scholz Art 6 GG Rz 6). Zudem garantiert Art 6 I GG, daß Ehe und Familie als wesentliche Einrichtungen der deutschen Rechtsordnung erhalten bleiben (sog „**Institutsgarantie**", vgl Maunz/Dürig/Herzog/Scholz aaO). Schließlich enthält Art 6 I GG noch einen doppelten **Verfassungsauftrag**: der Staat muß Ehe und Familie nicht nur **schützen**, sondern auch positiv fördern (BVerfG 6, 55; 76; 24, 104, 109; 32, 260, 267; vgl aber auch BVerfG 23, 258, 264; 28, 104, 113: nicht jede Belastung muß ausgeglichen werden). Beide Pflichten erstrecken sich auch auf die (zB Unterhalts-)Folgen einer geschiedenen Ehe, vgl § 1582 (BVerfG NJW 2003, 3466). Die **Förderungspflicht** normiert sowohl Differenzierungs**gebote** (ua die Pflicht des Staates, Ehen mit Kindern eine verstärkte Förderung gegenüber kinderlosen Ehen zukommen zu lassen, vgl Maunz/Dürig/Herzog/Scholz Art 6 Rz 17 mN) als auch Differenzierungs**verbote** (ua ist die Schlechterstellung von Verheirateten im Verhältnis zu Unverheirateten untersagt, vgl Maunz/Dürig/Herzog/Scholz aaO und BVerfG NJW 1985, 374 zu § 139 AFG). Auch die **Schutzpflicht** verfolgt ein zweifaches Ziel: Sie begründet zum einen ein Abwehrrecht gegen Eingriffe des Staates in die Intimsphäre der Ehegatten (vgl BVerfG 6, 55) oder gegen unverhältnismäßige Beschränkungen der Freiheit der Eheschließung, wenn anstelle des gleichheitswidrigen § 1355 II S 2 aF (vgl BVerfG FamRZ 1991, 535) ein gesetzlicher Zwang zu einem gemeinsamen Ehenamen faktisch zu einem Ehehindernis erhoben wäre (aA noch BVerfG FamRZ 1988, 587; vgl auch M. Coester FuR 1994, 1), weshalb der gemeinsame Familienname in § 1355 I nF lediglich als Sollvorschrift ausgestaltet ist. Zum anderen verbietet die Schutzpflicht dem staatlichen Gesetzgeber auch, Ehe und Familie durch Rechtssätze zu schädigen oder zu beeinträchtigen (BVerfG aaO; BVerfG NJW 1988, 626 m Anm Huber S 609; Maunz/Dürig/Herzog/Scholz Art 6 GG Rz 17 mN; zum ganzen auch Gusy JA 1986, 183, 186ff; Loschelder FamRZ 1988, 333ff). Dieses Verbot spielt eine wesentliche Rolle auch auf dem Gebiet des Steuer- (BVerfG 61, 319, 355; 69, 188, 205) und Sozialrechts (BVerfG 28, 324, 346; 67, 186); hierzu liegt eine breite Judikatur vor (dazu Maunz/Dürig/Herzog/Scholz Art 6 GG Rz 1921; MüKo/Rebmann Einl vor § 1297 Rz 33 und 33a). Umgekehrt begründet Art 6 I GG keine Benachteiligungspflicht gegenüber anderen Formen der Lebensgemeinschaft, so daß zB die analoge Anwendung des § 563 bei nichtehelichen Lebensgemeinschaften gerechtfertigt ist (BVerfG FamRZ 1990, 727; BGH FamRZ 1993, 533).

Unter den **Schutzbereich des Art 6 I GG** fallen nicht alle im bürgerlichen Recht vorhandenen Einzelregelungen über Ehe und Familie, sondern nur der **Kernbestand** (die sog „Fundamentalstruktur") der Ehe und der Ehevoraussetzungen im traditionellen abendländischen Verständnis (dazu Maunz/Dürig/Herzog/Scholz Art 6 GG Rz 17). Dazu gehört vor allem die **Einehe** und die grundsätzliche Eheschließungsfreiheit (BVerfG 31, 58, 67, 78; 36, 146, 162; 53, 224, 225), die es erfordert, Ehehindernisse auf Unumgängliches zu beschränken (BVerfG 36, 146, 162ff). Zur Fundamentalstruktur der Ehe gehört ebenso die Geschlechterverschiedenheit (BVerfG FamRZ 1959, 416; 93, 1419 und 164; BSG NJW 1997, 2620; BAG FamRZ 1998, 545; BayObLG FamRZ 1993, 558), so daß der einfache Gesetzgeber eine Eheschließung gleichgeschlechtlicher Partner nicht legalisieren kann (BVerfG aaO; BayObLG FamRZ 1993, 558; LG Osnabrück FamZR 1993, 327; Pauly NJW 1997, 1955; Louven ZRP 1993, 12; aA AG Frankfurt FamRZ 1993, 557; Ott NJW 1998, 117). Ebenfalls von Art 6 I GG geschützt ist der in § 1353 I verankerte Grundsatz der **Lebenslänglichkeit der Ehe** als „Leitprinzip des Eherechts" (vgl BVerfG FamRZ 1980, 319, 323). Dies bedeutet aber nicht, daß der staatliche Gesetzgeber die Pflicht hat, gescheiterte Ehen um der Institution willen aufrechtzuerhalten. Der Verfassung liegt vielmehr das Bild der „verweltlichten" bürgerlich-rechtlichen Ehe zugrunde, zu dem es auch gehört, daß die Ehegatten unter den vom Gesetz normierten Voraussetzungen geschieden werden können und damit ihre Eheschließungsfreiheit wiedererlangen (BVerfG aaO mN). Des weiteren schreibt die Verfassung kein besonderes Scheidungssystem vor. Insoweit besitzt der Gesetzgeber einen „erheblichen Gestaltungsspielraum" (BVerfG aaO). Aus dem Lebenszeitprinzip folgt aber, daß das Scheidungsrecht auch eheerhaltende Elemente enthalten muß und daß die Ehescheidung für die Rechtsordnung die Ausnahme zu bilden hat (BVerfG aaO). In diesem Zusammenhang haben sich gerade für die letzte Reform des Scheidungsrechts vielfach Fragen nach der Verfassungsmäßigkeit seiner Neuregelungen gestellt, und zwar insbes wegen des Übergangs vom Verschuldens- zum Zerrüttungsprinzip (§ 1565), wegen der unwiderlegbaren Vermutung des Scheiterns der Ehe nach dreijährigem Getrenntleben der Ehegatten (§ 1566 II), wegen der mittlerweile durch UÄndG v 20. 2. 1986 (BGBl I 301) aufgehobenen zeitlichen Begrenzung der immateriellen Härteklausel des § 1568 II (aF) sowie wegen der Geltung auch für vor dem 1. 7. 1977 geschlossene (sog „Alt"-)Ehen durch Art 12 Nr 3 I des 1. EheRG (zum Meinungsstand vgl MüKo/Wolf vor § 1564 Rz 14ff). Die verfassungsrechtlichen Bedenken sind jedoch nicht berechtigt; nach zutr Ansicht des BVerfG (FamRZ 1980, 319ff m Anm Wilkens aaO, 527) verbleiben die og Neuregelungen noch innerhalb des gesetzgeberischen Gestaltungsspielraums. Auch der Versorgungsausgleich zwischen geschiedenen Eheleuten (§ 1587 I 1 iVm § 1587a I) ist nach zutr Ansicht des BVerfG (FamRZ 1980, 326ff m Anm Krause aaO, 534) als Bestimmung von Inhalt und Schranken des Eigentums iSd Art 14 I S 2 GG durch Art 6 I GG und Art 3 II GG gerechtfertigt und damit – auch bei sog „Altehen" – verfassungskonform. Nach diesen Maßstäben wurde allerdings § 1568 II aF, nach der die Scheidung ab fünfjähriger Trennung stets zugelassen war, als zu starr und nicht eheerhaltend für verfassungswidrig erklärt (BVerfG FamRZ 1981, 15).

Abzulehnen ist eine unmittelbare **Drittwirkung des Art 6 I GG im Privatrecht** (arg e Art 1 III GG). Die Norm ist jedoch Teil der durch die Grundrechte verkörperten objektiven Wertvorstellungen, die insbes über die Generalklauseln des bürgerlichen Rechts auch die Rechtsverhältnisse der Bürger untereinander beeinflussen. Im übrigen obliegt es dem einfachen Gesetzgeber, in Konkretisierung der Grundrechtsnorm auch für Dritte die Verpflichtung zu Achtung von Ehe und Familie zu statuieren.

Der Schutzbereich des Art 6 I GG erstreckt sich auch auf **Ausländer** (BVerfG 56, 246; Kingreen, Jura 1997, 403), selbst bei sog „hinkenden Ehen", die nach Auslandsrecht wirksam geschlossen sind, aber nicht den Formerfordernissen deutschen Rechts entsprechen (BVerfG 62, 323, 331). Dabei kann Art 6 I GG einwanderungspolitische Belange zurückdrängen (BVerfG FamRZ 2002, 601; FamRZ 2001, 1137; FamRZ 1999, 1577; NJW 1994, 3155; VerfGH Berlin FamRZ 2002, 161; VGH Baden-Württ FamRZ 2000, 884).

Art 6 II GG garantiert das Elternrecht als umfassendes Recht und zugleich aber auch **als Pflicht zur Pflege und Erziehung** des Kindes. Die Garantie erstreckt sich auf die Institution und das entsprechende subjektive Recht und die korrespondierende Pflicht (BVerfG FamRZ 1981, 429) der Eltern. Zu diesen gehören auch Vater und Mutter eines nichtehelichen Kindes (BVerfG FamRZ 1995, 789) ebenso wie Adoptiveltern und der Vormund; zum Grundrechtsschutz der Pflegefamilie vgl BVerfG FamRZ 1985, 39; 1989, 31; BayObLG NJW 1988, 2381. Auch der biologische Vater wird durch Art 6 II GG geschützt, wenn der Schutz einer familiären Beziehung zwischen Kind und rechtlichen Eltern nicht entgegensteht (BVerfG NJW 2003, 2151). Den Eltern ist Selbstverantwortlichkeit bei der Erziehung und Pflege der Kinder eingeräumt. Staatliche Gestaltung und insbesondere staatliche Eingriffe sind nur im Rahmen des durch Satz 2 zugewiesenen Wächteramtes zulässig. Dieses kann dann eingreifen, wenn Mißbräuche der Rechte oder Vernachlässigungen der Pflichten – auch schuldlose (vgl BVerfG FamRZ 1982, 567 für § 1666a und BVerfG FamRZ 1968, 578, 584 für § 1748 III) – durch die Eltern vorliegen, es muß sich aber insbesondere nach dem Verhältnismäßigkeitsgrundsatz richten. Von praktischer Relevanz sind hier insbesondere die Fragen des Umfangs des Elternrechts im schulischen Bereich (dazu BVerfG FamRZ 1986, 1079 und BVerfG 34, 165; vgl auch Geiger FamRZ 1979, 457; Gusy JA 1986, 183, 189). Da das Elternrecht in erster Linie dem Kindeswohl dient, ist dieses auch oberste Richtschnur der im Kindschaftsrecht zu treffenden Entscheidungen nach §§ 1666, 1666a. Lebt das Kind nahezu seit der Geburt in einer Pflegefamilie, sind mit dem Entzug der Personensorge auch die Folgen einer Trennung des Kindes von seiner Pflegefamilie unter Vermeidung einer Traumatisierung des Kindes in die Abwägungen einzubeziehen. Nur ist eine Grundrechtskonkordanz zwischen Elternrecht, Persönlichkeitsrecht des Kindes und der Gewährleistung der Pflegefamilie herzustellen (BVerfG FamRZ 2000, 1489). Zu Einzelfragen vgl BVerfG FamRZ 2002, 809 und 877 am 947 und 1021.

Das **Gesetz zur Familienförderung** (BGBl 1999 I 2552) stellt die erste Stufe der Neuregelung des Familienleistungsausgleichs dar und berücksichtigt, wie vom BVerfG aufgrund des Verbundes von Abs I und II des Art 6 GG gefordert (FamRZ 1999, 285), durch Kindergelderhöhung und Steuerfreistellungen den Betreuungsbedarf eines Kindes. Diese Regelung wurde weiter verstärkt durch das zweite Gesetz zur Familienförderung (BGBl 2001 I 2074) und ging zT in die Neufassung des Bundeskindergeldgesetzes (BGBl 2002 I 6), des Unterhaltsvorschußgesetzes (BGBl 2002 I 2) und in das Unterhaltssicherungsgesetz (BGBl 2002 I 972) ein. Zur unterhaltsrechtlichen Seite dieses Komplexes vgl Rz 54 zu b.

Art 6 III GG regelt die **gesetzliche Möglichkeit der Trennung von Familie und Kind** als speziellen Fall des Eingriffs in das Elternrecht, wenn die zur Erziehung primär Aufgerufenen versagen. Ob insoweit auch das Kind Grundrechtsträger ist, ist umstritten, aber zu bejahen (aA MüKo/Rebmann Einl vor § 1297 Rz 40); vgl hierzu Hohm, Grundrechtsträgerschaft und Grundrechtsmündigkeit am Beispiel öffentlicher Heimerziehung, NJW 1986, 3107 und die Erwiderung von Schütz, Mehr Rechte für das Kind – Fluch oder Segen für die Erziehung?, NJW 1987, 2563.

Art 6 IV GG enthält primär ein **subjektives Recht der Mutter auf Schutz und Fürsorge**, das insbesondere im arbeitsrechtlichen Mutterschutz seinen Niederschlag findet (Bsp in BVerfG 32, 273; 37, 121, 125). Art 6 V GG schließlich ist vor allem Gesetzgebungsauftrag zur Regelung des Nichtehelichenrechts, daneben auch wertentscheidende Grundsatznorm. Diesen Verfassungsauftrag hat der Gesetzgeber nach eindringlichen Hinweisen des BVerfG (FamRZ 1969, 196) in einem ersten Teilschritt mit dem Nichtehelichengesetz v. 19. 8. 1969 (BGBl I 1243) und nunmehr mit dem Kindschaftsrechtsreformgesetz (seit 1. 7. 1998 – BGBl 1997 I 2942), dem Beistandschaftsgesetz (seit 1. 7. 1998 – BGBl 1997 I 2846), dem Kindesunterhaltsgesetz (seit 1. 7. 1998 – BGBl 1997 I 666) sowie dem Erbrechtsgleichstellungsgesetz (seit 1. 4. 1998 – BGBl I 2968) weitgehend erfüllt; zu diesen Reformgesetzen vgl Rz 37–51.

Neben Art 6 GG kann für das Familienrecht vor allem auch **Art 3 GG** Relevanz erlangen, und zwar insbesondere das spezielle **Gleichbehandlungsgebot von Mann und Frau** (Abs II). Auf dem Gebiet des Ehe- und Familienrechts hat sich der Gesetzgeber durch das Gleichberechtigungsgesetz vom 18. 6. 1957 (BGBl I S 609), 1. EheRG vom 14. 6. 1976 (BGBl I S 1421) sowie durch Einzelbestimmungen in den og Reformgesetzen 1998 bemüht, den Gleichberechtigungsgrundsatz zu verwirklichen (zu wichtigen Entscheidungen des Bundesverfassungsgerichts auf diesem Gebiet vgl MüKo/Rebmann Einl § 1297 Rz 58 und 59). Das Gesetz zur Durchsetzung der Gleichstellung von Frauen und Männern (DGleiG BGBl 2002 I 3234) in der Bundesverwaltung und in den Bundesgerichten soll auf der Grundlage des Art 3 III GG mit einem Bündel verschiedener Verfahrensvorschriften der Beseitigung bestehender und der Verhinderung künftiger Diskriminierungen wegen des Geschlechts ua bei Personalentscheidungen und bei der Festlegung individueller und genereller Arbeitsbedingungen mit Überwachungsaufgaben für eine Gleichstellungsbeauftragte sowie Sanktionen nach § 611a dienen. Das allgemeine Persönlichkeitsrecht nach Art 2 I, Art 1 I GG kann durch die Wertungen des Art 6 I GG Verstärkung erfahren (vgl BVerfG 57, 170, 178; FamRZ 1994, 1381 – familiäre Außenkontakte während der Haft; BVerfG FamRZ 2001, 1685 – verfügbarer Betrag unter dem Selbstbehaltssatz durch Unterhaltspflichten). Es gewährt nach zutreffender Ansicht des BVerfG (FamRZ 1989, 255; 1994, 881; wieder eingeschränkt durch die Maßstäbe des § 1618a in BVerfG FamRZ 1997, 869; Problemübersicht bei Eidenmüller JuS 1998, 789; Frank/Helms FamRZ 1997, 1258; Gaul FamRZ 1997, 1441, 1458ff) dem ehelichen wie nichtehelichen Kind das Recht, die Identität des leiblichen Vaters feststellen zu lassen, so daß die einschlägigen vormaligen Beschränkungen der §§ 1596, 1598 II verfassungswidrig wurden und im Kindschaftsrechtsreformgesetz durch §§ 1600 und 1600b entsprechend zu korrigieren waren. Das BVerfG hat die §§ 1629 I, 1643 I insoweit mit Art 2 I, 1 I GG unvereinbar gewertet, als Eltern bei Fortführung eines zum Nachlaß gehörenden Handelsgeschäfts ohne vormundschaftsgerichtliche Genehmigung ihre minderjährigen Kinder mit Pflichten belasten können, die über die Haftung mit dem ererbten Vermögen hinausgehen (BVerfG FamRZ 1986, 769). Der mit entsprechenden Neuregelungen beauftragte Gesetzgeber hat hierzu 1996 den Entwurf eines Gesetzes zur Beschränkung der Haftung Minderjähriger vorgelegt (BT-Drucks 13/5624; vgl hierzu Habersack/Schneider FamRZ 1997, 649 mwN), der mit Wirkung zum 1. 1. 1999 Gesetzeskraft erlangt hat (BGBl I 2487), vgl Rz 51. Art 2 I iVm 6 IV GG können zur Kontrolle von vor der Ehe geschlossenen Verträgen führen, wenn dies zum Schutz vor unangemessener Benachteiligung notwendig ist, weil der Vertrag nicht Ergebnis gleichberechtigter Partnerschaft ist, sondern eine auf ungleichen Verhandlungspositionen beruhende einseitige Dominanz des dann einseitig begünstigten Ehepartners widerspiegelt, zB wenn die Schwangere auf sämtliche gesetzliche Ansprüche verzichtet und wegen eines weiteren pflegebedürftigen schwerbehinderten Kindes sich unter Aufgabe des Berufs der Kinderbetreuung widmet BVerG FamRZ 2001, 985 und 343.

III. Familienrecht und Völkerrecht

11 Die Generalversammlung der Vereinten Nationen hat am 10. 12. 1948 innerhalb der Allgemeinen Erklärung der Menschenrechte zahlreiche Schutzrechte mit Familienbezug statuiert. Da es sich hierbei nicht um einen völkerrechtlichen Vertrag handelt, entfällt eine unmittelbare rechtliche Bindungswirkung für das deutsche Recht. Wohl aber kann sie im Zweifel als Interpretationshilfe zur Auslegung national geltenden Rechts dienen. Über die Präambel, die die Charta der Vereinten Nationen in Bezug nimmt, wird der „Glaube an die Gleichberechtigung von Mann und Frau" bekundet. Schutz gegen Eingriffe in Familie und Heim gewährt Art 12. Familie und Eheschließungsfreiheit werden durch Art 16 geschützt. Art 25 Nr 2 gewähren Mutter und Kind besondere Hilfe unter Gleichstellung der ehelichen wie nichtehelichen Kinder. Art 26 Nr 3 bekräftigt das Elternrecht auf Bestimmung der Bildung der Kinder.

Mit völkerrechtlicher Verbindlichkeit ausgestattet sind innerhalb der Vereinten Nationen ua die Übereinkommen über die Geltendmachung von Unterhaltsansprüchen im Ausland (BGBl 1959 II 149), die Staatsangehörigkeit verheirateter Frauen (BGBl 1973 II 1249), die Erklärung des Ehewillens, das Heiratsmindestalter und die Registrierung von Eheschließungen (BGBl 1969 II 161), den Internationalen Pakt über bürgerliche und politische Rechte (BGBl 1973 II 1533) sowie über die Rechte des Kindes (BGBl 1992 121; hierzu besteht Streit über die Anpassungsnotwendigkeit des innerstaatlichen Rechts, vgl hierzu Stöcker FamRZ 1992, 245). Die Verbindlichkeit folgt hier wie bei den nachfolgenden Übereinkommen aus ihrer Einbeziehung durch Zustimmungsgesetze nach Art 59 II GG in das innerstaatlich unmittelbar geltende Recht, wobei die Normen, soweit sie Völkerrecht enthalten, nach Art 25 GG Vorrang vor einfachgesetzlichen Regeln haben.

Zu den Übereinkommen der Internationalen Kommission für das **Zivilstandswesen** und den Haager Familienrechtlichen Abkommen auf dem Gebiet des **Internationalen Privatrechts** vgl MüKo/Koch Einl Familienrecht

Rz 321ff (hierzu ergänzend das Gesetz zu dem Übereinkommen über die Ausstellung von Ehefähigkeitszeugnissen v 5. 6. 1997 – BGBl I 1086; zum Entwurf ZRP 1996, 155) und vor § 1297 Rz 328ff. Seit 1. 3. 2001 gilt innerhalb der EU die VO (EG) Nr 1347/2000 über die gerichtliche Zuständigkeit und die Anerkennung von Entscheidungen in Ehe- und Sorgerechtssachen (Brüssel II), vgl Kohler NJW 2001, 10.

Völkerrechtliche Verträge mit innerstaatlicher Bindungswirkung sind auch die **Abkommen** zwischen den Mitgliedstaaten des **Europarats**. Hierzu zählen die Europäische Sozialcharta (BGBl 1964 II 1261) mit ihren sozialen und wirtschaftlichen Schutzbezügen für Kinder, Jugendliche, Frauen, Mütter und Familien sowie das Europäische Übereinkommen über das Sorgerecht für Kinder (BGBl 1990 II 206, 220 mit AusfG in BGBl 1990 I 701). Besonderes Gewicht hat inzwischen die **Europäische Konvention zum Schutz der Menschenrechte und Grundfreiheiten** (BGBl 1952 II 685, 953) in drei Artikeln mit Familienbezug gewonnen: Nach Art 8 EMRK hat jedermann Anspruch auf Achtung seines Familienlebens. Art 12 EMRK bekräftigt das Recht zur Eheschließung und Familiengründung im Rahmen der einzelstaatlichen Gesetze, die ihrerseits den Anforderungen der EMRK entsprechen müssen. Schließlich statuiert Art 14 EMRK ein Verbot der Diskriminierung nach Geschlecht- oder Geburts- oder sonstigen Status, soweit es um die in der EMRK niedergelegten Rechte und Grundfreiheiten geht. Einerseits hat die EMRK entgegenstehendes Bundesrecht abgelöst und steht gleichermaßen neuem gegenläufigen Bundesrecht entgegen. Andererseits gibt es weite Spielräume etwa zur Inhaltsbestimmung des Merkmals „Achtung" in Art 8, so daß die Festlegung der Divergenzen zwischen (vorrangigem) Recht der EMRK vor nationalen einfachen Gesetzen für viele Bereiche noch abgesteckt werden muß. Unstreitig werden wie zu Art 6 GG, der als Verfassungsnorm ohnehin nicht angetastet ist, auch aus Art 8 EMRK Abwehrrechte gegen willkürliche staatliche Eingriffe in die Familie ebenso abgeleitet wie Förder- und Schutzpflichten des Staates gegenüber Ehe und Familie. Dabei muß es staatlichem Recht freistehen, in welcher Weise die Förderung von Ehe und Familie materiell realisiert oder beide gegenüber der nichtehelichen Gemeinschaft privilegiert werden. Zu vielen Einzelfragen entwickelt sich daher zunehmend Kasuistik des EuGHMR (zB FamRZ 2002, 305 und 381 u 1463 u 1393; NJW-FER 2001, 202; NJW 2001, 2315; FamRZ 2000, 1353 u 1077) mit begleitenden wissenschaftlichen Veröffentlichungen (vgl hierzu ua Brötel Der Anspruch auf Achtung des Familienlebens 1991; Ebert, Innerstaatliches Recht und Völkerrecht in der aktuellen deutschen Familienrechtslage, FamRZ 1994, 273; Frowein/Peukert Komm EMRK 1985; Galsong ua IntKomm EMRK, 1992; Pal/Diederichsen Einl § 1297 Rz 9; Palm/Risse, Der völkerrechtliche Schutz von Ehe und Familie, 1990).

Zu weiteren Übereinkommen aus den Bereichen der Vereinten Nationen, des Europarats, der Internationalen Kommission für das Zivilstandswesen sowie aus dem Gebiet des Internationalen Privatrechts vgl die Übersichten in MüKo/Koch Einl Familienrecht Rz 303–334. Seither sind hinzugetreten: das Gesetz zur Änderung von Zuständigkeiten nach dem Sorgerechtsübereinkommens-Ausführungsgesetz (SorgUAG) BGBl I 1999, 702), mit dem das Verfahren des Internationalen Sorgerechtsübereinkommens bei einem Familiengericht gebündelt und damit effektiver werden soll, in dessen Bezirk ein OLG seinen Sitz hat. Seit 1. 1. 2002 das Gesetz zur Regelung von Rechtsfragen auf dem Gebiet der internationalen Adoption und zur Weiterentwicklung des Adoptionsvermittlungsrechts (BGBl 2001 I 2949); es enthält neben Änderungen des AdoptVermG zwei neue Gesetze mit dem Adoptionsübereinkommens-Ausführungsgesetz (AdÜbAG) zum Haager Übereinkommen sowie dem Adoptionswirkungsgesetz (AdWirkG) (vgl Schwab FamRZ 2002, 1, 3f; Lange FPR 2001, 327). Schließlich die VO (EG) Nr 1348/2000 des Rates vom 29. 5. 2000 mit dem Gesetz über die Zuständigkeit und die Anerkennung und Vollstreckung von Entscheidungen in Ehesachen und im Verfahren betr die elterliche Verantwortung für die gemeinsamen Kinder der Ehegatten in BGBl 2001 I 288. Vgl generell zu einem europäischen Justizraum für das Familien- und Erbrecht Kohler FamRZ 2002, 709.

IV. Familienrechtsreformen seit Inkrafttreten des BGB

Innerhalb des BGB hat das vierte Buch seit dem 1. 1. 1900 die zahlreichsten und einschneidendsten Änderungen und Umgestaltungen in allen Abschnitten und Titeln erfahren. Dabei fällt auf, daß sich die bis in die Nachkriegszeit vorgenommenen Korrekturen am Gesetz in Zahl und Bedeutung noch vergleichsweise bescheiden ausnahmen. Mit der eingetretenen Änderung der gesellschaftlichen und politischen Verhältnisse und der damit verknüpften Bewertungsänderung gegenüber Ehe und Familie sowie Nichtehelichkeit, vor allem aber durch die Geltung der Art 3 II und 6 GG und deren Durchsetzung durch das BVerfG gegenüber einfachem Gesetzesrecht mit entsprechenden Aufträgen an den Gesetzgeber haben Ausmaß und Gewicht der Neugestaltungen in den letzten Jahrzehnten und Jahren progredierend zugenommen. In immer kürzeren Zeitabständen wurden vorgenommene Neuerungen ihrerseits wieder um- oder neugestaltet. Zur ausführlichen Darstellung der geänderten und ergänzten Normen des Familienrechts bis zu Anfang der 90er Jahre, vgl Einl § 1297 Rz 11–50 der 9. Aufl. Hier werden nunmehr die wesentlichen Reformschritte in chronologischer Abfolge als Übersicht dargestellt. 12

1. Die Personensorge nach § 1631 wurde ergänzt durch das **Gesetz über die religiöse Kindererziehung** vom 15. 7. 1921, RGBl I 939. Danach entscheiden die Eltern durch widerrufliche Erklärung nach § 1, hilfsweise der Sorgeberechtigte nach § 2, nach vollendetem 14. Lebensjahr das Kind selbst über das religiöse Bekenntnis. 13

2. Das **Jugendwohlfahrtsgesetz** vom 9. 7. 1922 (RGBl I 633) wurde nach mehrfachen Änderungen am 1. 1. 1992 abgelöst durch das Gesetz zur Neuordnung des **Kinder- und Jugendhilferechts (KJHG)** vom 26. 6. 1990 (BGBl I 1163) und in das VIII. Buch des SGB integriert. 14

3. Das **Personenstandsgesetz** vom 3. 11. 1937 (RGBl I 1146), geändert durch Beistandschaftsgesetz vom 4. 12. 1997 (BGBl I 2846) und KindRG vom 16. 12. 1997 (BGBl I 2942), regelt die Beurkundung durch den Standesbeamten (§ 1) und die Beweiskraft (§§ 2, 60) der wesentlichen familienbezogenen Statusfragen im Heirats-, Familien-, Geburten- und Sterbebuch (mit AusfVO, letzte Bek vom 22. 5. 1997, BAnz Nr 100, 6722). 15

4. Vielfachen Änderungen und Umgliederungen unterworfen waren die §§ 1303–1352. Sie wurden ersetzt durch das **Ehegesetz (EheG)** vom 6. 7. 1938 (RGBl I 807), das seinerseits wieder zahlreichen Bereinigungen in 16

der neu verkündeten „entnazifizierten" Gestalt vom 20. 2. 1946 (KRABl 77) und Einzelkorrekturen unterworfen wurde. Mit ihm wurden die Normen über Eheschließung, Nichtigkeit, Anfechtung und Scheidung der Ehe aus dem BGB herausgenommen. Das 1. EheRG vom 14. 6. 1976 (BGBl I 1713) hat die Ehescheidung und deren Unterhaltsfolgen modifiziert (ua Zerrüttungsprinzip, Versorgungsausgleich) in das BGB zurückgeführt (§§ 1564–1587p). Die danach im EheG verbliebenen Regelungen sind zum 1. 7. 1998 durch das Eheschließungsrechtsgesetz vom 4. 5. 1998 (BGBl I 833) gestrafft und unter Aufhebung des EheG ebenfalls wieder in das BGB eingegliedert worden (§§ 1303–1320). Praktisch bedeutsam ist hierzu weiterhin die 6. DVO zum EheG, die sog **HausratsVO** vom 21. 10. 1944 (RGBl I 256). Sie regelt bei Getrenntleben und Scheidung die Zuweisung der Ehewohnung (§§ 3–7) sowie die Verteilung des Hausrats (§§ 8–10) durch den Richter (Familiengericht) unter Zuweisung eines weitgehenden Ermessensspielraums (§§ 1, 2).

17   5. Das **Gleichberechtigungsgesetz** vom 18. 6. 1957 trug in einem ersten Teilschritt dem Verfassungsauftrag des Art 3 II GG aus 1949 erst sehr spät Rechnung (BGBl I 609). Bis 1953 galt das vorkonstitutionelle Recht gemäß Art 117 GG zwar noch fort; das Interim zwischen 1953 und dem 1. 7. 1958 hatte aber die Rspr auszufüllen, indem sie zB den dem Art 3 II GG entsprechenden Güterstand der Gütertrennung zugrunde legte. Das GleichberG bewirkte neben den Änderungen in einer Vielzahl von Gesetzen im Familienrecht des BGB die Durchsetzung des Gleichberechtigungsgrundsatzes im Bereich der persönlichen Ehewirkungen (§§ 1356ff), die Etablierung der Zugewinngemeinschaft als gesetzlichen Güterstand, der Unterhaltspflicht gegenüber Verwandten gerader Linie (1601ff) sowie der elterlichen Gewalt und Vertretungsmacht über minderjährige Kinder (§ 1626ff).

18   6. Das **Familienrechtsänderungsgesetz** vom 11. 8. 1961 (BGBl I 1221ff), das am 1. 1. 1962 in Kraft getreten ist und durch Art 11 Nr 5 des EheRG geändert wurde, brachte neben der Einschränkung des Scheidungsrechts in § 48 II und anderer Bestimmungen des EheG vor allem wesentliche Änderungen auf dem Gebiet der Anfechtung der Ehelichkeit, der Adoption und des Rechts der nichtehelichen Kinder. Vgl die Übersicht bei Schwarzhaupt FamRZ 1961, 329ff und FamRZ 1962, 49ff.

19   7. Das **Gesetz über die rechtliche Stellung der nichtehelichen Kinder (NEhelG)** vom 19. 8. 1969 (BGBl I 1243) erfüllte wiederum nur in einem Teilschritt und verspätet den Verfassungsauftrag des Art 6 V GG an den Gesetzgeber, nichtehelichen Kindern gleiche Bedingungen für die leibliche und seelische Entwicklung und ihre Stellung in der Gesellschaft zu schaffen wie ehelichen Kindern. Erst das BVerfG (NJW 1969, 597) konnte das Gesetzgebungsverfahren mit der Ankündigung beschleunigen, daß bei weiterer Untätigkeit des Parlaments die Ausfüllung des Art 6 V GG durch Richterrecht erfolgen werde. Das Gesetz erreichte sein Ziel primär, indem es unter Aufhebung der Fiktion des § 1589 II aF die Verwandtschaft nicht an die Familie, sondern an die leibliche Abstammung in gerader oder Seitenlinie knüpfte.
Die nichteheliche Vaterschaft wird durch Anerkennung oder im Statusprozeß festgestellt (§§ 1600a und n I aF; jetzt §§ 1592, 1600d). Die nach § 1589 begründete Verwandtschaft mit dem Vater hat folgerichtig Konsequenzen für die wechselseitige Unterhaltspflicht (§§ 1615a, 1601) ebenso wie für das wechselseitige Erbrecht (§§ 1924, 1925). Beim Zusammentreffen mit ehelichen Abkömmlingen und mit einem überlebenden Ehegatten wies das Gesetz aber anstelle des gesetzlichen Erbteils (§§ 1924, 1925) beiden nur einen schuldrechtlichen Erbersatzanspruch in Höhe des Wertes des gesetzlichen Erbteils zu (vgl §§ 1934a–e; aufgehoben mit 1. 4. 1998 durch ErbGleichG). Weitergehende Neuerungen brachte das NEhelG zum Namensrecht, zur Einräumung der elterlichen Gewalt an die nichteheliche Mutter, zur Ehelicherklärung und zum Adoptionsrecht.

20   8. Die VO zur Berechnung des **Regelunterhalts** vom 27. 6. 1970 (BGBl I 1010) iVm §§ 1615f–h aF gewährte dem nichtehelichen Kind, das nicht im väterlichen Haushalt lebte und der Sorge der Mutter unterstand, den sog Regelunterhalt in einem vereinfachten, schnellen Verfahren. Das Kindesunterhaltsgesetz (in Kraft seit 1. 7. 1998, BGBl I 666) hat mit der auch unterhaltsrechtlichen Gleichstellung aller Kinder diese Sonderregelung beseitigt und in § 1612a ein generelles, vereinfachtes Verfahren (vgl §§ 645ff ZPO) gegen den nichtsorgenden Elternteil zur Verfügung gestellt. Durch Gesetz vom 31. 7. 1974 (BGBl I 1713) wurde das Volljährigkeitsalter auf die Vollendung des 18. Lebensjahres herabgesetzt (§ 2).

21   9. Das **Erste Gesetz zur Reform des Ehe- und Familienrechts** vom 14. 6. 1976 (BGBl I 1421) hat mit die bedeutendsten Änderungen des Familienrechts und wohl auch des BGB überhaupt mit seinem Inkrafttreten am 1. 7. 1977 herbeigeführt. Die wesentlichen Reformen beziehen sich auf folgende Regelungsbereiche: Die Abkehr von der Hausfrauenehe und deren Ersetzung durch das Modell der partnerschaftlichen Gestaltung hat Änderungen in den persönlichen Ehewirkungen und beim Namensrecht erbracht. Bei der Scheidung wurde das Verschuldens- durch das Zerrüttungsprinzip abgelöst und die Scheidung an den Tatbestand des Scheiterns der Ehe geknüpft. Der Unterhaltsanspruch nach Scheidung wurde vom Verschulden am Scheitern der Ehe gelöst und stärker an der Eigenverantwortlichkeit der Partner, modifiziert durch Ausgleich ehebedingter Nachteile und nachwirkender Solidarität, orientiert. Während der Ehe erworbene Versorgungsanwartschaften wurden durch den sog **Versorgungsausgleich** in einem komplizierten Verfahren beiden Seiten zu gleichen Teilen zugeordnet. Im Verfahrensrecht wurden Familiengerichte eingeführt sowie der Entscheidungsverbund für Scheidungs- und -Folgesachen statuiert. Schließlich hat das 1. EheRG die Eheverbote der Geschlechtsgemeinschaft, des Ehebruchs und der Namensehe aus dem EheG abgeschafft.

22   a) **Recht der persönlichen Ehewirkungen.** In diesem Bereich wollte der Gesetzgeber einem gewandelten Eheverständnis, das immer mehr vom gesetzlichen Idealtypus der Hausfrauenehe Abstand genommen hat, sowie einer entsprechend geänderten sozialen und wirtschaftlichen Stellung der Frau in Familie und Gesellschaft Rechnung tragen. Diese Intention wird einerseits durch eine stärkere Berücksichtigung des Gleichberechtigungsgrundsatzes verfolgt, andererseits durch eine konzeptionelle Neuorientierung im allgemeinen Eherecht nach dem Grundsatz, daß in der Ehe als einer partnerschaftlichen Verbindung gleichberechtigter und gleichverpflichteter Ehegatten

diese selbst und ohne Vorgabe eines gesetzlich fixierten Leitbildes die gemeinsamen Angelegenheiten und die entsprechende Funktionsteilung im gegenseitigen Einverständnis und in eigener Verantwortung regeln sollen (BT-Drucks 7/650, 59). Dem entspricht vorab die Ablösung des früheren § 1356 I, der die Hausfrauenehe als gesetzliches Leitbild festschrieb. § 1356 I S 1 überläßt nunmehr die Funktionsteilung in der Ehe umfassend dem Einvernehmen der Ehegatten. Der Gesetzgeber hat für die Vielfalt möglicher Ehegestaltungsformen weder Einzelinhalte noch Orientierungslinien vorgegeben. Damit fehlt auch eine Subsidiärregelung für die Fälle, in denen die Eheleute keine oder nicht hinreichende Absprachen treffen. Der Gesetzgeber vertraut insoweit auf das Verantwortungsbewußtsein und die Einigungsbereitschaft der mündigen Eheleute. In Verfolgung des Gleichberechtigungsgrundsatzes wird in § 1356 II ausdrücklich die Berechtigung beider Ehegatten zur Erwerbstätigkeit statuiert, wenn auch unter der Einschränkung der erforderlichen gegenseitigen und familienbezogenen Rücksichtnahme. Die Regelungen der Schlüsselgewalt (§ 1357) und des Unterhalts (§§ 1360, 1360a) wurden dementsprechend auf beide Ehegatten gleichermaßen erstreckt und einer ehelichen freien Funktionsteilung angepaßt. Es erscheint jedoch überaus problematisch, ob die Abkehr vom Leitbild der Hausfrauenehe bereits den sozialen Gegebenheiten in der Weise entspricht, daß der Gesetzgeber derzeit den jedenfalls überwiegend praktizierten Ehetypus zum Regelungsgegenstand genommen hat. Insbesondere wirkt der plakative Hinweis auf die eigenverantwortliche partnerschaftliche Entscheidung der Ehegatten und damit im Verzicht auf jegliche Leitlinien wenig überzeugend, wenn verdeckt demgegenüber dennoch tendenziell das Leitbild der Erwerbstätigkeit beider Ehegatten deutlich durchschimmert, vornehmlich dokumentiert in § 1356 II sowie für den Konfliktfall in der Unterhaltsregelung bei Getrenntleben (§ 1361 II) und nach Scheidung (§§ 1569ff) sowie durch den Versorgungsausgleich (§§ 1587ff). Eine Diskrepanz zwischen überwiegender Praxis und legislativem Bezug kann die im Prinzip begrüßenswerte Tendenz, die gleichberechtigte Stellung der Ehefrau noch stärker festzuschreiben, in ihr Gegenteil verkehren, weil die Belastungen der bisherigen Realität (Hausfrau) mit denen des Reformgesetzes (Doppelverdienerehe) akkumuliert werden. Der begünstigte Personenkreis erhält damit Steine statt Brot. Die Chance zur Wahl zwischen gleich attraktiven Rollen besteht vielfach nicht. Ganz entscheidend kommt dabei hinzu, daß die Möglichkeit eines Entweder-Oder in der Vielzahl der Fälle nicht existiert, sondern die Berufstätigkeit zu einer **Doppelbelastung** führt. Die Zunahme der Erwerbstätigkeit von Frauen läßt aber keineswegs den weiteren Schluß zu, daß damit der Anteil an Hausfrauentätigkeit im Haushalt zurückgegangen oder auf den Mann umgelagert wäre. Die „Rollenwahl" des Mannes in der gesellschaftlichen Wirklichkeit hat sich nicht geändert. Sie ist einseitig auf den Beruf ausgerichtet. Hausmannsehen sind ein verschwindend kleiner Faktor. Selbst die sicherlich größer gewordene Bereitschaft des Mannes, im Haushalt und bei der Kindererziehung mitzuhelfen, schafft allenfalls gewisse Erleichterungen, beläßt aber – zumal in einer Familie mit Kindern – die Hauptlast bei der Frau. Einen Rollentausch zwischen den Ehepartnern hat die Gesellschaft auf breiter Basis noch nicht akzeptiert. Der Gesetzgeber nimmt diese Realität nicht hinreichend zur Kenntnis, wenn er von einer gleichberechtigten, partnerschaftlichen freien Funktionsteilung zwischen den Ehegatten und dem Recht beider zur Berufstätigkeit ausgeht. Dies mag solange unschädlich sein, wie der Gesetzgeber nur einen Zustand unverbindlich umschreibt, den er für wünschenswert hält, wenn auch das soziale und ökonomische Terrain dafür noch nicht bereitet ist. Bedenklich aber wird die gesetzgeberische Fehleinschätzung, wenn Nachteile für die Frau durch die faktische Doppelbelastung und außerdem Nachteile insbesondere für die Kinder durch die Erwerbstätigkeit *beider* Ehegatten nicht gesehen und ausgeglichen, sondern unter Umständen sogar verstärkt werden. Dies aber ist der Fall. Die ganz überwiegend als Realität fortbestehende Hausfrauenehe und – kumulativ – die gleichzeitig sich verstärkende, im Gesetz auch angelegte Tendenz zur Doppelverdienerehe erscheinen mit der Umschreibung des Gesetzgebers als gleichberechtigte und einvernehmliche Funktionsteilung gegenüber der Wirklichkeit unter falschem Etikett. Das bloße Postulat der **einverständlichen Regelung** vermag die gekennzeichnete faktische Mehrbelastung der Frau gegenüber dem Mann nicht auszugleichen. Ein Zwang zur Einigung oder zu partnerschaftlichem gleichbelastenden Verhalten besteht nicht, da die Normen der allgemeinen Ehewirkungen sanktionslos belassen sind. Die letztlich nur verbleibende Scheidung ist weder akzeptabler Ausweg noch geeignetes Druckmittel. Die Belange der Kinder schließlich, die ein Anrecht auf Pflege und Erziehung in der Familie und durch die Familie haben, werden durch die verstärkte Tendenz zur Doppelverdiener-Ehe gefährdet, ohne daß der Gesetzgeber einen adäquaten Ausgleich bereitstellt. Die funktionsgeteilte Ehe, in der ein Partner den Haushalt und die Kindererziehung übernimmt, wird in ihrer Attraktivität als Alternative zur Doppelverdiener-Ehe vom Gesetzgeber nicht genügend gefördert.

Damit soll nicht der Hausfrauenehe als Ideal das Wort geredet werden. Daß die Hausfrauenehe als einzig gesetzlich fixiertes und damit als höchstwertig eingestuftes Leitbild aufgegeben wurde, ist vielmehr im Prinzip richtig. Die Gleichberechtigung fordert das Offenhalten grundsätzlich gleicher Wahlchancen für Mann und Frau. Der Vorwurf an dem Gesetzgeber bezieht sich vielmehr auf das Fehlen jeglicher flankierender und dann auch nicht immer kostenneutraler Maßnahmen, die das theoretische Idealbild des Gesetzes in der Rechtswirklichkeit auch nur annähernd erreichbar werden lassen (vgl auch Diederichsen, Die Familie – Menschen in der Reform, FS Beitzke 1979 S 182). Die Kritik wendet sich vor allem auch gegen die gesetzliche Unterstützung und Förderung der Tendenz zum Zuverdienen und damit zur Doppelrolle und Doppelbelastung der Ehefrau in Haushalt und Beruf (vgl kritisch Schwab, 20 Jahre „Erstes Eherechtsreformgesetz", JuS 1997, 587; Willutzki, 20 Jahre Eherechtsreform, FamRZ 1997, 77; Körner/Dammann, NJW 1994, 2056).

Schließlich wurde die Unterhaltsregelung für Getrenntlebende geändert (§ 1361). Sie abstrahiert nunmehr von Verschuldenselementen und verweist auf die Billigkeitsregelung aus dem Unterhaltsrecht nach Scheidung (§ 1579).

b) Als weiterer Komplex wurde das **Namensrecht** (§ 1355) neu geregelt. § 1355 schuf mit dem Ziel, jegliche Diskriminierung eines der Partner zu vermeiden, ein kompliziertes Gefüge von Gesetz-, Ehe-, Familien- und Begleitnamen. Das BVerfG hat in mehreren Entscheidungen Teilregelungen für verfassungswidrig erklärt (FamRZ 1978, 667; 1988, 587; 1991, 535), die den Gesetzgeber zu mehreren Gesetzeskorrekturen veranlaßten (vgl Ehe- 23

NÄndG vom 27. 3. 1979 – BGBl I 401; FamNRG v 16. 12. 1993 – BGBl I 2054; KindRG v 16. 12. 1997 – BGBl I 2942). Vgl im einzelnen die Kommentierung zu § 1355.

24 c) Im **ehelichen Güterrecht** sind, abgesehen von der Möglichkeit, im Ehevertrag den Versorgungsausgleich auszuschließen (§§ 1408, 1414), keine grundlegenden Änderungen, sondern nur Anpassungen (§§ 1378, 1379, 1382–1385, 1389, 1478, 1509, 1561) erfolgt.

25 d) Seinen Schwerpunkt hat das Reformwerk im **Ehescheidungs- und Scheidungsfolgenrecht**. Diese Materie wurde vom EheG wieder in das BGB transponiert (§§ 1564–1586b). Es beruht mit seiner prinzipiellen Abkehr vom Verschuldensprinzip, das oft entwürdigend in die Privatsphäre der Eheleute eingriff und in der Praxis daher vielfach durch die sog Konventionalscheidung überlagert wurde (über 90 %!), sowie der Statuierung des Zerrüttungsprinzips auf folgendem System:

Die Ehe kann nur durch **gerichtliches Urteil** auf Antrag (früher Klage) eines oder beider Ehegatten geschieden werden. Einziger **materieller Scheidungsgrund ist das „Scheitern"** der Ehe (§ 1565 I S 1). Das Gesetz setzt mit dem Anknüpfen an das Scheitern der Ehe einen objektiven Maßstab. Nach seiner Definition ist die Ehe gescheitert, wenn die Lebensgemeinschaft der Ehepartner nicht mehr besteht und die negative Prognoseentscheidung zu treffen ist, daß „nicht erwartet werden kann, daß die Ehegatten sie wiederherstellen". Diesen materiellen Scheidungsgrund kombiniert das Gesetz mit **Fristen und Vermutungen**. Daraus ergibt sich ein abgestuftes Gefüge von Scheidungstatbeständen: (1) Scheidung auf Grund Scheiterns der Ehe grundsätzlich erst nach einem Jahr der Trennung, wobei die Scheiterensvoraussetzungen positiv festgestellt werden müssen (§ 1565), oder (2) Scheidung auf Grund unwiderleglich vermuteten Scheiterns der Ehe nach einem Jahr Trennung bei einverständlichem Scheidungsantrag beider Ehegatten oder Zustimmung des Antragsgegners (§ 1566 I) sowie (3) Scheidung auf Grund unwiderleglich vermuteten Scheiterns der Ehe nach drei Jahren Trennung auch bei Widerspruch des Antragsgegners (§ 1566 II) und schließlich (4) Scheidung ausnahmsweise bereits vor einem Jahr Trennung, wenn die Fortsetzung der Ehe für den Antragsteller aus Gründen in der Person des anderen Ehegatten eine unzumutbare Härte darstellen würde (§ 1565 II). Dieser zuletzt genannte Scheidungstatbestand durchbricht das reine Zerrüttungsprinzip und läßt Verschuldensgesichtspunkte in erheblichem Umfang einfließen.

Nach alledem ist letztlich eine Überprüfung der Voraussetzungen des Scheiterns der Ehe nur bei einseitigem Scheidungsbegehren und noch nicht dreijähriger Trennungsdauer erforderlich. In den anderen Fällen bedarf es nur der Darlegung der entsprechenden Dauer des Getrenntlebens. Damit ist insbesondere für die Fälle des einverständlichen Scheidungswunsches eine neue Form der Manipulation ermöglicht, zumal ein Getrenntleben auch innerhalb einer gemeinsamen Wohnung möglich ist (vgl § 1567 I S 2). Durch die unwiderlegliche Vermutung des § 1566 II schließlich ist die Ehe grundsätzlich nach dreijähriger Trennung einseitig aufkündbar. Um die **Härtefälle** durch diese Regelungen aufzufangen, hat der Gesetzgeber in langwierigem Streit um das neue Scheidungsrecht die Härteklausel des § 1568 eingeführt. Danach soll, wenn dies in besonderen Fällen ausnahmsweise geboten ist, eine Ehe nicht geschieden werden, selbst wenn sie gescheitert ist. Eine solche Ausnahmeentscheidung kann erforderlich sein im Interesse der aus der Ehe hervorgegangenen minderjährigen Kinder oder, um eine Fortsetzung der Ehe zur Vermeidung schwerer (immaterieller oder materieller) Härten für den Ehepartner (Antragsteller) zu ermöglichen.

Der Härteklausel muß mit Vorbehalten begegnet werden, da sie neben der erneuten Öffnung für Verschuldenselemente unter Umständen zu willkürlichen, zwischen einzelnen Gerichtsbezirken sehr abweichenden Entscheidungen führen kann. Aber auch die Härteklausel griff nach 1568 II aF nach einer fünfjährigen Trennung nicht mehr ein. Die Ehe war damit endgültig einseitig auflösbar. § 1568 II aF verstieß nach BVerfG 55, 134 insoweit gegen Art 6 I GG, als danach in solchen Fällen die Scheidung ausnahmslos auszusprechen war, ohne daß außergewöhnlichen Härten wenigstens durch eine Aussetzung des Verfahrens begegnet werden konnte. Das UÄndG vom 20. 2. 1986 (BGBl I 301) hat 1568 II ersatzlos gestrichen.

Tragender Begriff des neuen Scheidungsrechts ist nach alledem der des **Getrenntlebens**. Das Gesetz definiert ihn in § 1567 I S 1 in Anlehnung an die zum bisherigen Trennungsbegriff entwickelte Rspr (vgl BGH 4, 279; BGH FamRZ 1969, 80). Danach muß die häusliche Gemeinschaft aufgegeben sein (objektive Voraussetzung) und der Abkehrwille eines Ehegatten erkennbar sein (objektivierte subjektive Voraussetzung). Das Gesetz spricht davon, daß ein Ehegatte die häusliche Gemeinschaft erkennbar nicht herstellen will, weil er die eheliche Lebensgemeinschaft ablehnt. Die Trennung kann auch in der ehelichen Wohnung erfolgen (§ 1567 I S 2). Vorübergehendes Zusammenleben unterbricht oder hemmt die Trennungsfristen nicht (§ 1567 II). Dies gilt über den Wortlaut der Norm hinaus nicht nur für § 1566, sondern auch für § 1565 II.

26 e) Das Recht des **Ehegattenunterhalts nach Scheidung** (§§ 1569–1586b) ist dem gewandelten materiellen Ehescheidungsrecht angepaßt und im Prinzip von der Anknüpfung an Verschuldensfragen gelöst. Es beruht nunmehr auf folgenden Grundlagen: Nach Scheidung der Ehe hat jeder Ehegatte grundsätzlich durch eigene Erwerbstätigkeit selbst für seinen Unterhalt zu sorgen. Ein Anspruch gegen den anderen Ehegatten entsteht dann, wenn ihm der Selbstunterhalt nicht möglich ist. Die Gründe, die eine entsprechende Bedürfnislage entstehen lassen, sind im Gesetz weitgehend kasuistisch (§§ 1570–1575) und zusätzlich durch eine Auffanggeneralklausel (§ 1576) geregelt. Sie rekurrieren durchgehend auf die dort im einzelnen benannten ehebedingten Bedürfnislagen. Der Katalog wird ergänzt durch die wiederum massiv für Verschuldenselemente offene Generalklausel der Unterhaltsgewährung aus Billigkeitsgründen (§ 1576, sog positive Billigkeitsklausel). Danach kann Unterhalt verlangt werden, wenn aus schwerwiegenden Gründen eine Erwerbstätigkeit nicht erwartet werden kann und die Versagung von Unterhalt nach Interessenabwägung grob unbillig wäre.

Die einzelnen Unterhaltstatbestände können zeitlich nacheinander eingreifen (vgl § 1571 Nr 3; 1572 Nr 4). Der Umfang des Unterhalts (§ 1578) bestimmt sich nach den ehelichen Lebensverhältnissen und umfaßt den gesamten Lebensbedarf einschließlich der Kosten für Krankenversicherung, Schul- und Berufsausbildung, Fortbildung oder Umschulung, sowie grundsätzlich (ausgenommen bei Ausbildungsunterhalt) die Kosten einer Alters- sowie Berufs- oder Erwerbsunfähigkeitsversicherung. Zu den Änderungen durch das UÄndG siehe Rz 34ff.

§ 1579 (Neufassung durch UÄndG vom 20. 2. 1986; BGBl I 301) schließlich weicht das bisher dargestellte System durch eine **negative Unbilligkeitsklausel** auf. Danach ist ein Unterhaltsanspruch ausgeschlossen oder eingeschränkt, soweit in bestimmten Fällen die Inanspruchnahme des Verpflichteten grob unbillig wäre. § 1579 erweckt äußerlich den Anschein einer kasuistischen Aufzählung der Einzelfälle, ist aber in Wirklichkeit generalklauselartig und damit erneut offen für Verschuldenselemente ausgestaltet (kritisch Diederichsen NJW 1993, 2265). Um mit der prinzipiellen Abkehr vom Verschuldensprinzip nicht Mißbräuchen Tür und Tor zu öffnen, wurden die Härtegründe erweitert, insbesondere bei offensichtlich schwerwiegendem Fehlverhalten des Berechtigten oder gleichschwerwiegenden Gründen (Nr 6 und 7; vgl etwa für die grundlose Abkehr von der Ehe durch Begründung einer nichtehelichen Gemeinschaft BGH FamRZ 1990, 253; Problemübersicht bei Wellenhofer-Klein FamRZ 1995, 905). Darüber hinaus wurde § 1579 II, der die Anwendung der negativen Billigkeitsklausel in den Fällen der Pflege oder Erziehung eines Kindes suspendierte, von BVerfG 57, 361 insoweit für verfassungswidrig erklärt, als dadurch die Anwendung des § 1579 I auch in besonderen Härtefällen ausgeschlossen ist.

§§ 1581–1586b regeln sodann die Leistungsfähigkeit des Betroffenen, das Rangverhältnis der Ansprüche bei Wiederverheiratung, die Gestaltung des Anspruchsinhalts im einzelnen sowie das Ende des Unterhaltsanspruchs. 27

f) In den **§§ 1587–1587p** hat der Gesetzgeber mit dem **Versorgungsausgleich** ein völlig neuartiges privatrechtliches Institut der sozialen Sicherung Geschiedener für den Fall des Alters und der Invalidität geschaffen. Es führt im Grundsatz dazu, daß die in der Ehezeit von den Ehegatten erworbenen Anwartschaften und Aussichten auf eine Versorgung wegen Alters, Berufs- oder Erwerbsunfähigkeit in ähnlicher Weise wie der Zugewinn ausgeglichen werden. Ziel ist die gleichmäßige Teilhabe beider Ehegatten an der Gesamtheit der von ihnen erworbenen Versorgungsanwartschaften und -aussichten. Dies erfolgt durch eine Gegenüberstellung der erworbenen Anwartschaften und Aussichten beider Ehegatten und die Ermittlung des Wertunterschieds (vgl BVerfG NJW 1986, 2697). Ausgleichspflichtig ist der Partner, der die höheren Werte erworben hat. Der Wertüberschuß wird halbiert und eine Hälfte demjenigen mit den geringeren eigenen Aussichten zugewiesen (§§ 1587, 1587a I). Der Versorgungsausgleich gilt unabhängig vom Güterstand für jede Ehe (§ 1587 III). Er geht anderen güterrechtlichen Ausgleichsmöglichkeiten (§§ 1378 I, 1476) vor (§ 1587 III). 28

In den Versorgungsausgleich eingestellt sind in der Ehezeit (§ 1587 II) erworbene Anwartschaften auf eine Invaliditäts- und/oder Alterssicherung jeglicher Art, sofern sie mit Hilfe des Vermögens oder durch Arbeit begründet oder aufrechterhalten worden sind (§ 1587 I). In Betracht kommen insbesondere (vgl § 1587a): Anwartschaften in einer gesetzlichen Rentenversicherung, Pensionsanwartschaften nach dem Beamtenversorgungsrecht, Anwartschaften aus betrieblicher Altersversorgung, Versorgungsanwartschaften aus berufsständischen Versorgungseinrichtungen, Rentenanwartschaften auf Grund eines privaten Versicherungsvertrages; nicht aber, da nicht mit dem Vermögen oder durch Arbeitskraft erworben, zB Renten nach dem Bundesversorgungsgesetz oder aus der gesetzlichen Unfallversicherung.

Zur **Durchführung des Versorgungsausgleichs** im einzelnen ist zunächst die Bewertung der auszugleichenden Versorgung erforderlich. Hier liegt eine der größten Schwierigkeiten des Versorgungsausgleichs. Die Berechnung ist im einzelnen in § 1587a II–VIII geregelt. Der Familienrichter ist weitgehend entlastet, da er bei den zuständigen Stellen (Behörden, Rentenversicherungsträger usw) Auskünfte über Grund und Höhe im Einzelfall einholen kann (§ 53b II FGG; vgl Zweibrücken FamRZ 1998, 918. Gem § 11 des Gesetzes zur Regelung von Härten im Versorgungsausgleich v 21. 2. 1983 (BGBl I 105) **VAHRG**, zuletzt geändert durch RÜG v 25. 7. 1991 (BGBl I 1606), stehen dem Richter Auskunftsansprüche gegen die Ehegatten zur Verfügung. Entsteht zwischen den Beteiligten ein Streit über den Bestand oder die Höhe einer Versorgungsanwartschaft oder -aussicht, so kann bzw muß das Familiengericht das Verfahren aussetzen (§ 53c FGG), bis die zuständigen Spezialgerichte (Verwaltungsgericht, Sozialgericht, Arbeitsgericht) entschieden haben. Die Versorgung jedes Ehegatten ist auf Grund der Bewertung einheitlich in einer monatlichen Altersrente auszudrücken (Beispiele für die Berechnung in der Eherechtsreform, Hrsg BMJ 1977 S 223ff). Auswirkungen auf das Recht des Versorgungsausgleichs hat auch das RRG 1992 v 18. 12. 1989 (BGBl I 2261), vgl im einzelnen mwN Schmeiduch FamRZ 1991, 377. Im Zusammenhang mit der Dynamisierung von Versorgungsrechten nach § 1587a II u IV ist die 2. Barwert-Verordnung ab 1. 1. 2003 zu beachten (BR-Drucks 198/03; BGBl I 2003, 728), vgl ausf Bergner NJW 2003, 1625.

Primär wird der Versorgungsausgleich als Wertausgleich in öffentlich-rechtlicher Form durchgeführt. In diesen Fällen erwirbt der Berechtigte unmittelbare Rechte gegen den Versorgungsträger. Der Versorgungsausgleich beruht jedoch in jedem Fall auf zivilrechtlichen Ansprüchen der Ehegatten gegeneinander. Im einzelnen vollzieht sich der Ausgleich je nach Versorgungsart auf vier unterschiedlichen Wegen; zum Zusammenwirken zwischen §§ 1587–1587p, der hierzu ergangenen Rspr des BVerfG, dem VAHRG sowie dem RRG 1992 im einzelnen vgl die 9. Aufl Rz 35ff; einzubeziehen ist das **Gesetz über weitere Maßnahmen auf dem Gebiet des Versorgungsausgleichs (VAWMG)** v 8. 12. 1986 – BGBl I 2317); vgl auch MüKo/Rebmann Einl § 1297 Rz 166ff und 172.

Daneben tritt subsidiär der **schuldrechtliche Versorgungsausgleich** nach § 1587f ein.

Der **öffentlich-rechtliche Versorgungsausgleich** wird von Amts wegen durchgeführt (§ 1587b I und II; § 623 III ZPO), der schuldrechtliche auf Antrag (§ 1587f aE). Auch das Recht des Versorgungsausgleichs kennt eine Härteklausel. Nach der negativen Billigkeitsklausel des § 1587c kann der Ausgleich in ganz besonderen Fällen gemindert oder ausgeschlossen werden. Ergänzend greifen §§ 4–10a VAHRG ein; zur jüngeren Rspr vgl BVerfG FamRZ 1993, 405; KG FamRZ 1997, 28; Hamm FamRZ 1997, 566; Naumburg FamRZ 1997, 567; Bamberg FamRZ 1997, 29; Koblenz FamRZ 1996, 555; Borth FamRZ 1996, 647 und 744 sowie 1997, 1041.

Der Versorgungsausgleich unterliegt weitgehend der **Dispositionsfreiheit der Ehegatten** (§ 1587o, § 1408 II S 1). Bereits im Ehevertrag kann er ausgeschlossen werden (der Umfang der Dispositionsfreiheit ist umstritten, vgl § 1408 Rz 8ff mwN) mit der grundsätzlichen Folge der Gütertrennung (vgl §§ 1414 S 2 und 1408 II S 2). Nach § 1587o können den Ausgleich modifizierende und auch ausschließende notarielle Vereinbarungen im Zusammenhang mit der

Scheidung getroffen werden. Sie bedürfen der familiengerichtlichen Genehmigung; dieser Genehmigungszwang widerspricht nicht der Verfassung (BVerfG FamRZ 1982, 769 = DNotZ 1982, 564 m Anm Zimmermann).

Ob die Einführung des Versorgungsausgleichs, der das Scheidungsverfahren, soweit nicht abgetrennt wird, sehr in die Länge ziehen kann, als „soziale Tat" zu werten ist oder zumindest als erster Schritt zu einer eigenständigen Sicherung auch des nicht erwerbstätigen Ehegatten, muß sich, auch angesichts der häufigen gesetzlichen Änderungen, erweisen. Zweifel daran läßt insbesondere die weitgehende Derogationsmöglichkeit durch die Ehegatten entstehen.

29 10. Das 1. EheRG hat auch zu wesentlichen Umgestaltungen auf dem Gebiet des **Verfahrensrechts** geführt. Im Mittelpunkt der Reform stehen die Schaffung von Familiengerichten und die Einführung des Entscheidungsverbunds für Scheidungen und Scheidungsfolgesachen. Die tiefgehenden Änderungen in der gerichtlichen Zuständigkeit und im Verfahren finden sich in §§ 23a–23c, 72, 119 GVG; §§ 606–630 ZPO; §§ 45, 53b–53g, 64a FGG.

Durch die Einrichtung von **Familiengerichten** wird das Ziel verfolgt, eine einheitliche umfassende Zuständigkeit für Ehesachen und damit eng zusammenhängende Verfahren aus dem Bereich des Familienrechts zu schaffen. Die Familiengerichte werden als Abteilungen für Familiensachen bei den Amtsgerichten gebildet (§ 23b I S 1 GVG). Ihre Zuständigkeit erstreckt sich auf die Ehesachen (§ 606 I S 1 ZPO) und den Katalog der sonstigen, in §§ 23b I S 2 GVG, 621 ZPO genannten Familiensachen. Es besteht eine ausschließliche Zuständigkeit dieser Gerichte. Der Instanzenzug weicht vom üblichen ab und geht vom Amtsgericht über das OLG (§ 119 I Nr 1 und 2 GVG) zum BGH nach entsprechender Zulassung (vgl §§ 621d und 621e II ZPO, 133 GVG). Es ist dem Gesetzgeber nicht gelungen, den Zuständigkeitsbereich des Familiengerichts präzise zu umschreiben, die Grenzen sind vielmehr weithin fließend (vgl Diederichsen ZZP 91 [1978], 397, 407ff; Klauser MDR 1979, 627ff; Walter FamRZ 1979, 259ff).

Das FamG soll in der Regel über den Scheidungsantrag und die Scheidungsfolgesachen, also die sich aus der Scheidung als Auflösung der ehelichen Lebensgemeinschaft ergebenden Rechtsprobleme, gleichzeitig verhandeln und entscheiden **(Verhandlungs- und Entscheidungsverbund)**, vgl § 623 ZPO. Unter gewissen Voraussetzungen können Folgesachen abgetrennt werden (§ 628 ZPO). Von besonderer praktischer Relevanz ist § 628 I Nr 3 (nunmehr Nr 4) ZPO. Danach kann abgetrennt werden, wenn eine Entscheidung im Verbund den Scheidungsausspruch unzumutbar verzögern würde. Die eigentliche rechtliche Problematik dieses Entscheidungsverbunds, neben der Verkomplizierung und Verlängerung des Verfahrens, liegt darin, daß Verfahren, die nach unterschiedlichen Verfahrensordnungen richten, verbunden werden. Nach der ZPO richten sich die Ehescheidung, der Ehegatten- und Kindesunterhalt und die güterrechtlichen Auseinandersetzungen. Die übrigen Familiensachen (elterliche Sorge, Verkehr, Herausgabe des Kindes, Versorgungsausgleich, Ehewohnung und Hausrat, Verfahren zu §§ 1382, 1383) gestalten sich aber nach dem FGG bzw der Hausratsverordnung (§ 621 I Nr 1, 2, 3, 6, 7 und 9 ZPO, § 621a ZPO). Dadurch ergibt sich eine Vielzahl von Überschneidungen und Unstimmigkeiten. Gegenläufige bzw divergierende Verfahrensgrundsätze müssen voneinander abgegrenzt und gleichzeitig aufeinander abgestimmt werden (vgl Diederichsen ZZP 91 [1978], 397, 420f; Konzen JR 1978, 362 und 403).

Damit ist ein höchst langwieriges und prozessual kompliziertes Verfahren erwachsen mit allen damit verbundenen Mängeln. Die materiell erzielte Scheidungserleichterung kann daher unter Umständen durch das Prozeßrecht blockiert werden. Der Verbund ist in der Praxis kaum konsequent durchführbar. Der Richter wird mehr und mehr in die Rolle eines „Ehe-Konkursverwalters" gedrängt (vgl Baur in FS zum 500jährigen Bestehen der Tübinger Juristen-Fakultät 1977 S 174; Diederichsen ZZP 91 [1978], 401). Durch die lange Dauer des Verbundverfahrens selbst bei komplikationslosen Scheidungsprozessen kommt es häufig auch zu starken Verzögerungen bei der Erledigung personenbezogener Entscheidungen, die das Kindswohl betreffen (dazu van Els FamRZ 1983, 438).

Im Rahmen der Novellierung des Scheidungsfolgenrechts durch das Unterhaltsänderungsgesetz vom 20. 2. 1986 (BGBl I 301; dazu Rz 34ff) sind auch einige Klarstellungen und Ergänzungen im Verfahrensrecht vorgenommen worden. Sie betreffen Fragen der Zuständigkeit, des Rechtsmittelrechts und des Verbundverfahrens (zu den Einzelheiten Jaeger FamRZ 1985, 565; Diederichsen NJW 1986, 1462; Sedemund-Treiber FamRZ 1986, 209). Zu den Verfahrensumgestaltungen der Reformgesetze 1998 vgl Rz 46.

30 11. Das **Adoptionsrecht** wurde durch zwei Gesetze neu geregelt. Das Gesetz über die Annahme als Kind und zur Änderung anderer Vorschriften (AdoptG) vom 2. 7. 1976 (BGBl I 1749), in Kraft seit dem 1. 1. 1977, hat die Adoption Minderjähriger (§§ 1741–1766) und Volljähriger (§§ 1767–1772) grundlegend neu geregelt. Für Minderjährige sieht es die Volladoption vor, durch die das angenommene Kind die rechtliche Stellung eines ehelichen Kindes des oder der Annehmenden erhält (§ 1754). Es tritt in Verwandtschafts- und Schwägerschaftsverhältnisse zu den Annehmenden. Sein bisheriges Verwandtschaftsverhältnis erlischt grundsätzlich (§ 1755; beachte § 5 StAG). Die Folgen der Annahme Volljähriger sind demgegenüber eingeschränkt, Verwandtschaft und Schwägerschaft entstehen nicht (§ 1770). In Ausnahmefällen ist eine Volladoption möglich (§ 1772). Auch das Adoptionsverfahren ist geändert. Die Annahme erfolgt nicht mehr durch Vertrag, sondern durch Beschluß des Vormundschaftsgerichts (zuständig ist der Richter, § 14 Nr 3 lit f RpflG), vgl §§ 1752, 1768 = System des richterlichen Dekrets. Eine Aufhebung des Adoptionsverhältnisses ist nur in engen Ausnahmefällen möglich. Auch sie erfolgt durch Entscheidung des Vormundschaftsgerichts (vgl §§ 1759ff, 1771). Zur Frage der Einführung der Möglichkeit pränataler Adoption s Bosch FamRZ 1983, 976 mwN; zur grenzüberschreitenden Adoption vgl G zum Europäischen Übereinkommen über die Adoption von Kindern v 25. 8. 1980 (BGBl 1093) und Bekanntmachung v 21. 1. 1981 (BGBl II 72). Flankierende Maßnahmen zum Adoptionsrecht in den Bereichen Kranken- und Sozialversicherungen, Beamtenbesoldung uä wurden mit dem Gesetz zur Anpassung rechtlicher Vorschriften an das Adoptionsgesetz (Adoptionsanpassungsgesetz – AdAnpG) v 24. 6. 1985 (BGBl I 1144) getroffen.

Daneben trat am 1. 1. 1977 das Gesetz über die Vermittlung der Annahme als Kind (Adoptionsvermittlungsgesetz), ebenfalls vom 2. 7. 1976 (BGBl I 1762), in Kraft. Dieses Gesetz regelt die personellen und organisatorischen

Voraussetzungen der Adoptionsvermittlung neu. Die Adoptionsvermittlung ist nur durch wenige Vermittlungsstellen bei den Jugendämtern und freien Wohlfahrtsverbänden durch Fachkräfte möglich (§§ 2, 3, 5). Bei den Landesjugendämtern werden zentrale Adoptionsstellen zur Unterstützung eingerichtet (§ 11). Das Gesetz beschäftigt sich im übrigen mit Meldepflichten, Fragen der Beratung usw, vgl vor allem §§ 6, 9, 10. Zu den weiteren Änderungen der beiden Gesetze zum Adoptionsrecht vgl AdoptVermÄndG v 27. 11. 1989 (BGBl I 2014), AdoptFristG v 30. 9. 1991 (BGBl I 1930), AdoptRÄndG v 4. 12. 1992 (BGBl I 1974; vgl Liermann FamRZ 1993, 1263; Gesetz zur Regelung von Rechtsfragen der internationalen Adoption und zur Weiterentwicklung des Adoptionsvermittlungsrechts (BGBl I 2001, 2949; vgl Maurer FamRZ 2003, 1337; Schwab FamRZ 2002, 1, 3; Lange FPR 2001, 327); Neufassung des Adoptionsvermittlungsgesetzes in BGBl I 2002, 354.

12. Gesetz zur vereinfachten Abänderung von Unterhaltsrenten vom 29. 7. 1976 (BGBl I 2029, 3314), in Kraft seit dem 1. 1. 1977: Durch dieses Gesetz wurde in § 1612a für die Unterhaltsansprüche minderjähriger ehelicher Kinder, deren Höhe in einem vollstreckbaren Titel oder einer Vereinbarung enthalten ist, in Angleichung an das Unterhaltsrecht nichtehelicher Kinder eine „Dynamisierung" vorgesehen. Den Maßstab setzen Rechtsverordnungen der Bundesregierung (mit Zustimmung des Bundesrats), die bei erheblichen Veränderungen der allgemeinen wirtschaftlichen Verhältnisse, spätestens nach zwei Jahren, auf ihre Erforderlichkeit hin überprüft werden und sodann eine prozentuale Anpassung der Unterhaltsrenten bestimmen. Die Anpassung im Einzelfall erfolgt durch ein vereinfachtes Verfahren vor dem Rechtspfleger.

13. Das **Gesetz zur Neuregelung des Rechts der elterlichen Sorge** vom 18. 7. 1979 (BGBl I 1061) trat am 1. 1. 1980 in Kraft. Anliegen der Reform war es vor allem, die Eltern-Kind-Beziehungen dem gewandelten sozialen Verständnis auf diesem Gebiet anzupassen und das Kindeswohl besser zu gewährleisten. Der Gedanke zunehmender Selbstverantwortlichkeit des Kindes sowie gegenseitige Rücksichts- und Beistandspflichten werden verstärkt zur Geltung gebracht. Auf folgende Regelungen der Reform sei hingewiesen: Der Begriff „elterliche Gewalt" wird durch den der „elterlichen Sorge" ersetzt (§ 1626 I). Ein Mitspracherecht des Kindes mit zunehmendem Alter und Einsichtsfähigkeit ist statuiert (§ 1626 II). Das helfende Eingreifen des FamG bei Gefährdung des Kindes wird von einem schuldhaften Fehlverhalten der Eltern gelöst (§§ 1666, 1666a). Die vormundschaftsgerichtliche Kontrolle beim Übergang der elterlichen Sorge wird verstärkt (§§ 1680, 1681). § 1628 sieht vor, daß das VormG, wenn es eine Einigung der Eltern über eine bedeutsame Angelegenheit der elterlichen Sorge nicht erreichen konnte, die Entscheidung einem Elternteil übertragen kann. Die Vertretung des Kindes steht grundsätzlich beiden Eltern gemeinschaftlich zu (§ 1629 I).
Mit Urteil v 3. 11. 1982 (FamRZ 1982, 1179) hat das BVerfG § 1671 IV S 1 idF des Gesetzes zur Neuregelung des Rechts der elterlichen Sorge v 18. 7. 1979 für verfassungswidrig erklärt. Die Vorschrift bestimmte, daß im Falle der Scheidung die elterliche Sorge für ein gemeinsames Kind ausnahmslos nur einem Elternteil zu übertragen sei. Darin sah das BVerfG einen Verstoß gegen Art 6 II GG. Demnach ist nunmehr bei Einigkeit der Eltern und entsprechend positiver Zukunftsprognose für das Kindeswohl und den Bestand der Regelung auch der Fortdauer der *gemeinsamen* elterlichen Sorge nach der Scheidung zulässig; dies hat der Gesetzgeber mit dem KindRG in § 1626a statuiert.

14. Ebenfalls am 1. 1. 1980 in Kraft getreten ist das **Gesetz zur Sicherung des Unterhalts von Kindern alleinstehender Mütter und Väter durch Unterhaltsvorschüsse oder -ausfalleistungen (Unterhaltsvorschußgesetz)** v 23. 7. 1979 (BGBl I 1184; bundeseinheitlich durch Unterhaltsvorschußgesetz v 19. 1. 1994, BGBl I 166; neu gefaßt in BGBl I 2002, 4). Es geht davon aus, daß die Situation alleinerziehender Elternteile, die ohnehin schon regelmäßig ihre Kinder unter erschwerten Bedingungen erziehen müssen, noch verschärft wird, wenn die Unterhaltsleistungen des von der Familie getrennt lebenden Elternteils ausbleiben, sei es, daß sich dieser den Unterhaltsverpflichtungen entzieht, zur Zahlung nicht in der Lage oder verstorben ist (vgl die Begründung zum Gesetzentwurf BT-Drucks 8/1952). Der Unterhalt des Kindes bis zum vollendeten sechsten Lebensjahr wird daher in diesen Fällen für längstens drei Jahre grundsätzlich in Höhe des Regelbedarfs für nichteheliche Kinder aus öffentlichen Mitteln gedeckt (§§ 13 Unterhaltsvorschußgesetz). Unterhaltsvorschüsse werden nach Maßgabe des § 7 Unterhaltsvorschußgesetz beim unterhaltsverpflichteten Elternteil wieder eingezogen. Zu den Einzelheiten vgl Köhler NJW 1979, 1812; Urbach ZBlJugR 1979, 421. Das Unterhaltsvorschußgesetz gilt auch auf dem Gebiet der ehemaligen DDR fort (Anlage I Kapitel X Sachgebiet H Abschnitt I Nr 1 des Einigungsvertrages).

15. Das **Gesetz zur Änderung unterhaltsrechtlicher, verfahrensrechtlicher und anderer Vorschriften (UÄndG)** v 20. 2. 1986 (BGBl I 301) ist seit 1. 4. 1986 in Kraft. Neben der Umsetzung einzelner Aufträge des BVerfG in materielles Recht (Streichung des § 1568 II aF, vgl BVerfG NJW 1981, 108; Modifizierung des § 1579 II aF, vgl BVerfG NJW 1981, 1771) ist es das Ziel des Gesetzes, durch die Änderung einzelner, als zu schematisch und unflexibel empfundener Regelungen des 1. EheRG im Scheidungsfolgenrecht größere „Einzelfallgerechtigkeit" (BT-Drucks 1/2888, 2) zu erreichen. Zwar ist eine direkte Rückkehr vom Zerrüttungs- zum Verschuldensprinzip im nachehelichen Unterhaltsrecht nicht vorgesehen. Den Ursachen für die Zerrüttung einer Ehe soll bei der Festlegung der Unterhaltspflichten jedoch größeres Gewicht als bisher zukommen. Auf diese Weise sollen Rechtswirklichkeit und Rechtsempfinden weiter Teile der Bevölkerung stärker in Einklang gebracht werden. Davon unabhängig gab die Entwicklung des Unterhaltsrechts in der Praxis Anlaß zu einer Neufassung: Nach der Konzeption des 1. EheRG hatte die Leistung von Unterhalt eigentlich die Ausnahme darzustellen, beide Ehegatten sollten für sich selbst verantwortlich sein. Bei der konkreten Rechtsanwendung hat sich jedoch gezeigt, daß bei den gegenseitigen Verhältnissen auf dem Arbeitsmarkt häufig die einzelnen Unterhaltstatbestände nahezu lückenlos ineinandergreifen und so zu einer lebenslangen Versorgung eines Unterhaltsberechtigten führen. Eine überzeugende rechtsethische Beantwortung der Frage, warum auch relativ kurze Ehen ein derartiges Versorgungswerk auszulösen vermögen, wurde bisher nicht gefunden; dazu Dieckmann FamRZ 1984, 946 (949). Insbesondere versagt der schlichte Hinweis auf den Grundsatz der „nachehelichen Solidarität" oder der „fortwirkenden Verantwortung" bei Unterhaltserwartungen desjenigen Ehegatten, der seinerseits die eheliche Solidarität nicht gewahrt hat.

Im einzelnen sind ua folgende Änderungen vorgenommen worden:
§ 1361b erlaubt die Zuweisung der Ehewohnung unabhängig von einem Scheidungsverfahren.
In § 1573 sind ein Abs V, in § 1578 I ein Satz 2 u 3 eingefügt worden: Die nach diesen Vorschriften zu erbringenden Unterhaltsleistungen können zeitlich begrenzt werden, wenn eine unbegrenzte Verpflichtung des Unterhaltsschuldners unter Berücksichtigung der Ehedauer und der individuellen Aufgabenteilung in der Ehe unbillig wäre; bei Kindesbetreuung durch den Unterhaltsberechtigten soll eine Begrenzung idR ausscheiden. Zentraler Punkt der Novelle ist die Neufassung der Unbilligkeitsklausel des § 1579. Die wichtigste Änderung stellt die Auffächerung der Ausschlußgründe von bisher vier auf nunmehr sieben dar. § 1579 Nr 1–3 wiederholen die frühere Gesetzesfassung. Nr 4 ermöglicht den Ausschluß des Unterhalts, wenn sich der Berechtigte mutwillig über schwerwiegende Vermögensinteressen des Verpflichteten hinweggesetzt hat, Nr 5, wenn jener vor der Trennung längere Zeit seine Familienunterhaltspflichten gröblich verletzt hat, Nr 6, wenn dem Berechtigten ein offensichtlich schwerwiegendes, eindeutig bei ihm liegendes Fehlverhalten gegenüber dem Verpflichteten oder einem nahen Angehörigen desselben zur Last fällt. § 1579 Nr 7 schließlich enthält eine Auffangklausel, die dem bisherigen § 1579 I Nr 4 nachgebildet ist.

Neben einer Erweiterung der Stundungsmöglichkeiten der Zugewinnausgleichsforderungen in § 1382 betreffen die übrigen Änderungen in erster Linie Vorschriften des GVG und der ZPO.

Bei einer Bewertung der Änderungsvorschläge fällt auf, daß der Gesetzgeber sich bemüht, allzu schematische Ergebnisse durch die vermehrte Zulassung von Billigkeitsentscheidungen (§§ 1573, 1578, 1579) zu verhindern. Andererseits ist nicht zu übersehen, daß die vorgesehene Ausweitung des richterlichen Entscheidungsspielraumes ohne die gleichzeitige Präzisierung der Entscheidungsgrundlagen (Wann ist eine Ehe von kurzer Dauer? Wann wird sich über schwerwiegende Vermögensinteressen mutwillig hinweggesetzt? Welches soll der „andere Grund" in § 1579 Nr 7 sein, der nicht schon von den Nr 1–6 erfaßt wird?) auch Gefahren in sich birgt: die Entscheidungen werden in noch höherem Maße als bisher schon von den persönlichen Überzeugungen und Einschätzungen des einzelnen Richters abhängen und damit unvorhersehbar sein.

35 16. Durch das „**Gesetz zur Neuordnung des Kinder- und Jugendhilferechts**" (**KJHG**) vom 26. 6. 1990 (BGBl I 1163) ist das Sozialgesetzbuch um das Buch VIII „Kinder- und Jugendhilfe" ergänzt worden. Es trat am 1. 1. 1991 in Kraft, ersetzte das Jugendwohlfahrtsgesetz aus dem Jahre 1922 und änderte darüber hinaus eine Vielzahl anderer Gesetze, darunter auch einige familienrechtliche Vorschriften des BGB. Während das Jugendwohlfahrtsgesetz von 1922 in weiten Teilen einer polizei- und ordnungsrechtlichen Sichtweise mit Eingriffen in die Familie gefolgt war, stellt das KJHG „ein modernes, präventiv orientiertes Leistungsgesetz dar, das Eltern bei ihren Erziehungsaufgaben unterstützen und jungen Menschen das Hineinwachsen in die Gesellschaft erleichtern soll" (BT-Drucks 11/5948, 60). Der Schwerpunkt des Gesetzes liegt in der Differenzierung des Leistungssystems der Jugendhilfe durch ein weit gefächertes Angebot verschiedener Hilfen in der Jugend- und Jugendsozialarbeit, dem erzieherischen Kinder- und Jugendschutz sowie der Förderung der familiären und außerfamiliären Erziehung. Außerdem obliegt der Jugendhilfe, vorläufige Maßnahmen zum Schutz von Kindern und Jugendlichen zu ergreifen, wenn die Voraussetzungen des § 1666 – Gefährdung des Kindeswohls – vorliegen (§§ 42, 43 KJHG). Materiellrechtlich ließ das Gesetz die sorge- und umgangsrechtlichen Regelungen sowie das Vormundschafts- und Pflegschaftsrecht unberührt. Im Bestreben, Parallelregelungen im BGB und Jugendhilferecht abzubauen, wurden §§ 1849 und 1850 aufgehoben (nunmehr inhaltlich = § 53 I, II KJHG), § 1851a wurde zu Abs III des § 1851. Weitere Änderungen der §§ 1709, 1791a und c betreffen Anpassungen. Ersatzlos gestrichen wurde die vormundschaftsgerichtliche Unterbringungsmöglichkeit nach § 1838. Zu den weiteren Einzelheiten des Gesetzes aus familienrechtlicher Sicht vgl Coester FamRZ 1991, 253; Rauscher NJW 1991, 1087; Wagner FuR 1991, 208; Wiesner FamRZ 1992, 497; Eichenhofer JuS 1992, 279. Zur Neufassung des Kinder- und Jugendhilferechts im SGB VIII vgl BGBl 1996 I 477; seinerseits wiederum geändert durch Beistandschaftsgesetz (BGBl 1997 I 2846); wiederum geändert durch KindRG (BGBl 1997 I 2962); vgl Wiesner KindPrax 1999, 44.

36 17. Das **Gesetz zur Reform der Vormundschaft und Pflegschaft für Volljährige (Betreuungsgesetz – BtG)** vom 12. 9. 1990 (BGBl I 2002) hat mit Wirkung vom 1. 1. 1992 das neue Betreuungsrecht ab § 1896 in das BGB eingefügt. Durch das Reformgesetz wurden die Entmündigung und die Gebrechlichkeitspflegschaft abgeschafft. Eine Vormundschaft über Volljährige gibt es damit nicht mehr. Statt dessen wurde ein im Umfang flexibles Rechtsinstitut der Betreuung eingeführt, das die Eigenständigkeit und die Persönlichkeitsrechte des Betroffenen besser wahren soll. Der Betreute bleibt voll geschäftsfähig. Nur in besonderen Fällen kann für Teilbereiche ein Einwilligungsvorbehalt angeordnet werden, der bewirkt, daß in diesen Bereichen Willenserklärungen des Betreuten der Zustimmung des Betreuers bedürfen. Zu den Einzelheiten vgl die Kommentierung der §§ 1896ff; vgl auch Dodegge NJW 1997, 2425 und 1996, 2405; Sonnenfeld FamRZ 1997, 849; Wesche Rpfleger 1998, 93.

37 18. a) Das Jahr **1998** hat im Familienrecht mit einer **Serie von Reformgesetzen** die bislang einschneidendsten Umgestaltungen erbracht. Es handelt sich dabei um folgende Komplexe: Am 1. 4. 1998 ist in Kraft getreten das Gesetz zur erbrechtlichen Gleichstellung nichtehelicher Kinder (**ErbGleichG** v 16. 12. 1997 – BGBl I 2968; BT-Drucks 13/4183). Spätestens zum 1. 7. 1998 sind in Kraft getreten das Gesetz zur Neuordnung des Eheschließungsrechts (**EheschlRG** v 4. 5. 1998 – BGBl I 833; BT-Drucks 13/4898), das Gesetz zur Abschaffung der gesetzlichen Amtspflegschaft und Neuordnung des Rechts der Beistandschaft (**BeistandschaftsG** v 4. 12. 1997 – BGBl I 2846; BT-Drucks 13/892), das Gesetz zur Reform des Kindschaftsrechts (**KindRG** v 16. 12. 1997 – BGBl I 2942; BT-Drucks 13/4899), das Gesetz zur Vereinheitlichung des Unterhaltsrechts minderjähriger Kinder (**KindUG** v 6. 4. 1998 – BGBl I 666; BT-Drucks 13/7338), das Gesetz zur Beschränkung der Haftung Minderjähriger (**MHbeG** v 25. 8. 1998 – BGBl I 2487; BT-Drucks 13/5624) und das Gesetz zur Änderung des Betreuungsrechts sowie weiterer Vorschriften (**BtÄndG** v 25. 6. 1998 – BGBl I 1580; BT-Drucks 960/96). Der in der 12. Legislaturperiode der Diskontinuität verfallene Entwurf eines **Mißhandlungsverbotsgesetzes** (BT-Drucks 12/6343) wurde durch die Neufassung des § 1631 II realisiert (BGBl I 1997, 2946; BT-Drucks 13/4899, 78).

Diese Materien erfassen nahezu alle Teile des geltenden Familienrechts mit einer konsequent durchgeführten Gleichstellung nichtehelicher mit ehelichen Kindern in allen Facetten familienrechtlicher Relevanz und reicht über das Verlöbnis- und Eheschließungsrecht, das Recht der Abstammung, der Sorge, des Umgangs, des Namens, des Unterhalts, der Adoption und der Betreuung bis in Einzelnormen des – im Kern unberührt gebliebenen – Güterrechts und des Rechts der allgemeinen Ehewirkungen hinein. Sie erstrecken sich gleichermaßen auf zahlreiche materiellrechtliche wie verfahrensbezogene Begleitgesetze zum Familienrecht des BGB. Im Verfahrensrecht wurde das Nebeneinander von Familien-, Prozeß- und Vormundschaftsgericht erheblich zugunsten der Familiengerichtsbarkeit zurückgedrängt (vgl Kunkel FamRZ 1998, 877), ohne daß aber konsequent die Einheitslösung hierzu realisiert wurde. Gab es während des mehrjährigen Gesetzgebungsverfahrens mit Recht noch die Klage über eine fehlende Gesetzeskonzeption aus einem Guß und mit einer Vorlage sowie über unübersichtliche Verschränkungen, Bezugnahmen und wechselseitige Korrekturen der Einzelvorlagen (vgl die Kontroverse zwischen Schwab FamRZ 1997, 406 „Gesetzgebung als Verwirrspiel" und der Bundesregierung, BT-Drucks 13/8258), so muß nunmehr nach Inkrafttreten der Reformgesetze dem Gesetzgeber ein prinzipiell abgestimmtes Vorgehen in den einzelnen Reformvorhaben und in deren Verhältnis zueinander attestiert werden (so auch Schwab FamRZ 1997, 1377).

b) Das **ErbGleichG** ist einer der Bausteine zu der in den Reformgesetzen 1998 stringent durchgeführten 38 Gleichstellung nichtehelicher mit ehelichen Kindern. So war es folgerichtig, die Vorschriften über den Erbersatzanspruch und den vorzeitigen Erbausgleich (§§ 1934a–e, 2338a, entspr Korrekturen in §§ 1371 IV und 1930) zu streichen (vgl Böhm NJW 1998, 1043). Damit werden beide am Nachlaß ihres Elternteils ggfs gesamthänderisch beteiligt. Vor dem 1. 7. 1949 geborene nichteheliche Kinder bleiben wie bisher vom gesetzlichen Erb- und Pflichtteilsrecht ausgeschlossen (zur Konformität dieser Regelung mit Art 6 V GG und Art 8 und 14 EMRK vgl Radziwill/Steiger FamRZ 1997, 268; Böhm NJW 1998, 1043; kritisch insgesamt zum ErbGleichG Bosch FamRZ 1993, 1257). Zu Übergangsfragen Schlüter/Fegeler FamRZ 1998, 1337.

c) Das **EheschlRG** hat, nachdem das 1. Eherechtsreformgesetz 1976 das Scheidungs- und Scheidungsfolgen- 39 recht vom EheG wieder in das BGB reintegriert hatte (vgl Rz 25), nunmehr die im EheG bislang noch verbliebenen Teile des Eheschließungsrechts unter Aufhebung des EheG mit Verfahrensstraffungen und inhaltlich abgeändert in das BGB zurückgeführt (§§ 1303–1320). Neben der gänzlichen Streichung des rechtspolitisch obsolet gewordenen Kranzgeldparagraphen § 1300 wurden zugleich zahlreiche Begleitgesetze angepaßt und Einzelnormen des Rechts der allgemeinen Ehewirkungen und des Güterrechts modifiziert. Das Aufgebotsverfahren wurde abgeschafft und durch eine Anmeldung beim Standesbeamten ersetzt (jetzt § 4 PStG), sowie die Eheverbote der Schwägerschaft, der (fehlenden) Wartezeit und des fehlenden Auseinandersetzungszeugnisses beseitigt. Da die Nichtigerklärung einer Ehe mit ihrer Rückwirkung durch eine Fülle von Ausnahmen praktisch aufgehoben war, sieht das Gesetz nunmehr allein die Aufhebung als Weg zur Beendigung einer anfänglich fehlerhaften Ehe mit Wirkung ex nunc durch gerichtliches Urteil auf Antrag vor (§§ 1313–1320). Bewertungen der Neuregelung bei Hepting FamRZ 1998, 713; Barth/Wagenitz FamRZ 1996, 833; Bosch FamRZ 1997, 65 und 138; Finger FuR 1996, 124; Muscheler JZ 1997, 1142.

d) Das **BeistandschaftsG** ersetzt mit den §§ 1712–1717 die gesetzliche Amtspflegschaft (§§ 1706–1710 aF) 40 und die bisherige Beistandschaft (§§ 1685–1692 aF), die nur in den alten Bundesländern galten. Die Erstgenannte, die nur für nichteheliche Kinder galt, hatte sich wegen der Automatik des Eintritts und des Umfangs der Pflegschaft als problematisch erwiesen. Die Zweitgenannte erfuhr Kritik, weil sie einerseits ohne Vertretungsmacht, andererseits mit der Übertragung der gesamten Vermögenssorge möglich war. Nunmehr kann auf Antrag allein eines sorgeberechtigten Elternteils das Jugendamt mit Pflegschaftsbefugnis als lediglich für diesen Aufgabenkreis gesetzlicher Vertreter des Kindes zur Feststellung der Vaterschaft und zur Geltendmachung von Unterhaltsansprüchen tätig werden. Gemeinsame Sorge schließt mithin Beistandschaft aus. Die Vaterschaftsfeststellung bezieht sich nur auf nichteheliche Kinder; Unterhaltsansprüche können sich gegen eheliche wie nichteheliche Kinder richten, sofern nur die Sorge einem Elternteil zugewiesen ist. Die elterliche Sorge wird durch die Beistandschaft im übrigen nicht eingeschränkt; Bewertung bei Diederichsen NJW 1998, 1977.

e) Das **KindRG** erfaßt zahlreiche heterogene Einzelkomplexe des Familienrechts, von denen hier nur die wich- 41 tigsten skizziert werden können. Roter Faden aller Neuregelungen ist die konsequente Umsetzung des Gleichbehandlungsgebots nichtehelicher mit ehelichen Kindern, aber auch die Betonung des Gleichheitsgedankens für beide Elternteile, insbesondere im Sorgerecht und dessen Anknüpfungen. Übersichten finden sich bei Schwab/Wagenitz FamRZ 1997, 1377; Ramm JZ 1996, 987; Wesche Rpfleger 1996, 53; Willutzki Rpfleger 1997, 336; Wichmann FuR 1996, 161; Pieper FuR 1998, 33; Diederichsen NJW 1998, 1977; Wellenhofer-Klein FuR 1999, 448; zu IPR-Bezügen Henrich FamRZ 1998, 1401; zu Verfassungsbezügen Scholz FPR 1998, 62.

aa) Unter dem vorgenannten gesetzgeberischen Hauptziel des KindRG steht die Neuregelung der **Abstammung** im Vordergrund. Die noch vom NEhelG 1969 vorgenommene Trennung von ehelicher (§§ 1591–1600 aF) und nichtehelicher (§§ 1600a–o aF) Abstammung wird aufgehoben und in den §§ 1591–1600e zusammengefaßt. Die gebliebene Anknüpfung der Verwandtschaft an die Abstammung in § 1589 wird für die Mutter ergänzt durch die Anknüpfung an die Geburt (§ 1591). Damit ist unter Aufrechterhaltung des Verbots der §§ 1 I Nr 1 EmbryonenschutzG und 13c und d AdoptVermG jedenfalls zivilrechtlich die Kontroverse bei einer Ei- oder Embryonenspende zwischen genetischer und austragender Mutter zugunsten der letztgenannten entschieden. Für die Vaterschaft entscheidet weiterhin im Prinzip die Geburt in der Ehe unter Aufgabe der bisherigen Beiwohnungsvermutung (§ 1592 Nr 1). Diese Regelung greift dann nicht, wenn nach § 1592 Nr 2, 1594ff selbst bei Bestehen der Ehe von anderer Seite – jetzt mit notwendiger Zustimmung der Mutter aus eigenem Recht (§ 1595 I) – die Vaterschaft anerkannt wird, freilich erst wirksam nach erfolgreicher Anfechtung der Vaterschaft des Ehemannes (§ 1594 II). Dritte Möglichkeit ist schließlich die gerichtlich festgestellte Vaterschaft (§§ 1592 Nr 3, 1600d), die nicht ohne die tradierte Beiwohnungsvermutung auskommt. Die Nr 1 und 2 des § 1592 gelten nicht bei Anfechtung der Vater-

Einl § 1297 Familienrecht

schaft, zu der neben dem nach § 1591 Nr 1 und 2 als Vater geltende Mann das Kind und nunmehr auch die Mutter berechtigt sind (§§ 1600ff). Literatur: Gaul FamRZ 1997, 1441; Edenfeld FuR 1996, 190; Helms FuR 1996, 178; Schlegel FuR 1996, 284; Mutschler FamRZ 1996, 1381; Beutert FamRZ 1996, 1386; Wieser FamRZ 1998, 1004; ders NJW 1998, 2023; Wagner FamRZ 1999, 7. Zu diesem Komplex gehört das Gesetz zur Verbesserung von Kindesrechten (BGBl I 2002, 1239) mit Erweiterungen zur Anerkennung der Vaterschaft und Tatbeständen zur Ausschließung der Vaterschaft.

42 bb) Zum **Sorgerecht** der Eltern hat das KindRG mit dem Wegfall der bisher für nichteheliche Kinder einschlägigen §§ 1705–1711 diese Materie in ein einheitliches elterliches Sorgerecht integriert (§§ 1626ff). Während es für eheliche Kinder im Grundsatz beim gemeinsamen Sorgerecht verbleibt (§ 1626 I), weist das Gesetz in § 1626a II die Sorge bei Zusammen- wie Getrenntleben der Mutter zu, öffnet aber diese Lösung dem Elternwillen durch die Übernahme der gemeinsamen Sorge, wenn die Eltern dies erklären oder einander heiraten (§ 1626a I Nr 1 und 2). Leben die Eltern bei gemeinsamer Sorge auf Dauer getrennt – verheiratet oder auch nicht –, so kann jeder Elternteil sich durch Entscheidung des Familiengerichts die (Teil-)Sorge bei Zustimmung des anderen Elternteils, oder wenn der Antrag dem Kindeswohl am besten entspricht, allein übertragen lassen (§ 1671; vgl hierzu BGH FamRZ 1999, 1646 m Anm Born FamRZ 2000, 396). Hat hingegen die Mutter die Sorge nach § 1626a II allein, so kann der Vater bei dauerhafter Trennung die Übertragung der (Teil-)Sorge unter den gleichen Voraussetzungen auf sich beantragen (§ 1672). Im übrigen ist bei gemeinsamer Sorge im Fall dauerhafter Trennung bei Entscheidungen von erheblicher Bedeutung für das Kind Einvernehmen der Eltern erforderlich, während in Angelegenheiten des täglichen Lebens der Elternteil allein entscheidet, in dessen Obhut sich das Kind befindet (§ 1687). Die Unterscheidung zwischen Angelegenheiten des Alltags und solchen von erheblicher Bedeutung wird trotz der Anhaltspunkte in § 1687 I S 3 im Grenzbereich Aufgabe der Familiengerichte sein. Gerichtliche Eingriffe in das Sorgerecht sind auf Extremsituationen (zB Mißbrauch, Vernachlässigung, Versagen in § 1666) begrenzt. Der Grundkonzeption einer Stärkung gemeinsamer Elternverantwortung entspricht, daß die Sorge nicht mehr wie bisher an die Scheidung anknüpft und der bisherige prozessuale Zwangsverbund zwischen Scheidung und Sorgerecht aufgehoben ist. Nur durch Antrag auf Änderung des Sorgerechts kann die gemeinsame Sorge nach Scheidung korrigiert werden (vgl § 17 II SGB VIII zur Trennungs- und Scheidungsberatung durch die Jugendhilfe). Literatur: Büdenbender AcP 197, 197; FamRA des Deutschen Anwaltvereins FamRZ 1996, 1401; Lipp FamRZ 1998, 66; Schwab FamRZ 1998, 457; Wichmann FuR 1996, 164; Windel FamRZ 1997, 713; Schwab FamRZ 1998, 457; ders DNotZ 1998, 437; Hinz FPR 1998, 76; Lipp FamRZ 1998, 65; Niepmann MDR 1999, 653; Ewers FamRZ 1999, 479; Motzer FamRZ 1999, 1101 und 2001, 1034; Born FamRZ 2000, 396.

43 cc) Der **Umgang** des Kindes mit beiden Elternteilen ist nach § 1626 III nunmehr grundsätzlich Bestandteil des Kindeswohls. Daher weist § 1684 I Hs 2 jedem Elternteil das Umgangsrecht – ebenso die korrespondierende Pflicht – zu. Dies gilt auch gegenüber Dritten, zB Pflegeeltern. Es kommt für den Umgang nicht mehr auf den Status der Ehelichkeit oder auf die Zuweisung der Sorge an. Der Gesetzgeber versteht das Umgangsrecht auch nicht mehr als primäres Elternrecht, sondern ebenso auch als Kindesrecht. Änderungen an dieser Ausgangslage kann das FamG, orientiert am Kindeswohl, treffen (§ 1684 III), vgl Karlsruhe JuS 1999, 399 m Anm Hohloch. § 1685 erweitert das Umgangsrecht, wenn dies Kindeswohl dient, auf weitere Personen, die dem Kind in dort beschriebener Weise nahestehen. Zum Kreis der Umgangsberechtigten vgl Bamberg FuR 1999, 426. Literatur: Lipp FamRZ 1998, 65, 74f; Rauscher FamRZ 1998, 329; Willutzki Rpfleger 1997, 336, 338f; Motzer FamRZ 2000, 925 und 2001, 1034.

44 dd) Das KindRG hat auch zum **Namensrecht** des Kindes die bisherige Differenzierung nach der Ehelichkeit aufgegeben (§§ 1616–1618). Bei Führung eines Ehenamens nach § 1355 I S 1 erhält auch das Kind diesen Namen, selbst bei Scheidung vor der Geburt des Kindes, sofern der Ehename nach § 1355 V fortgeführt wird. Haben die Eltern indes mangels Heirat oder mangels Bestimmung eines Ehenamens nach § 1355 I S 3 unterschiedliche Namen, so orientiert das Gesetz den Kindesnamen an der Sorgezuweisung: Bei gemeinsamer Sorge können sie zum Geburtsnamen den Namen des Vaters oder Mutter bestimmen. Andernfalls gibt das Familiengericht einem Elternteil das Bestimmungsrecht; bei Nichtausübung erhält das Kind den Namen des bestimmungsberechtigten Elternteils kraft Gesetzes (vgl § 1617). Bei alleinigem Sorgerecht erhält das Kind den Namen des/der Sorgeberechtigten, sofern dieser/diese nicht den Namen des anderen Elternteils mit dessen Zustimmung auswählt (§ 1617a). Für nachträgliche Änderungen des Kindesnamens vgl §§ 1617b und c, 1618. Literatur: Michalski FamRZ 1997, 977.

45 ee) Die **Legitimation** durch Heirat oder Ehelicherklärung (§§ 1719–1740g aF) ebenso wie die **Adoption des eigenen nichtehelichen Kindes** (§ 1741 II S 2 aF) wurden durch das KindRG beseitigt, da mit der Gleichstellung ehelicher und nichtehelicher Kinder in ihrem Status hierfür keine Notwendigkeit mehr gegeben ist. Im Hinblick auf die Verfassungskonformität nach Art 6 II S 1 GG verlangt das KindRG in § 1747 I zur **Adoption** eines Kindes nunmehr auch die Zustimmung des nichtehelichen Vaters (vgl BVerfG FamRZ 1995, 789; EuGH EuGRZ 1995, 113), die bei alleinigem Sorgerecht der Mutter (§ 1626a II) in deren Interesse zu ersetzen ist, wenn das Kind ohne Adoption unverhältnismäßige Nachteile erfahren würde (§ 1748 IV). Literatur: Frank FamRZ 1998, 393; Liermann FuR 1997, 217 und 266.

46 ff) Auch zum **Verfahrensrecht** hat das KindRG die Gleichstellung unehelicher mit ehelichen Kindern verfolgt. Dabei hat es zwar kein einheitliches Familienverfahrensrecht geschaffen, aber in erheblichem Maße das bisherige Nebeneinander von Prozeß-, Familien- und VormG zugunsten der Familiengerichtsbarkeit verschoben (noch weitergehende Vorschläge bei Wever FamRZ 2001, 268). Familiensachen sind jetzt auch Sorge-, Umgangs- und Herausgabeverfahren bei nichtehelichen Kindern, auf Ehe oder Verwandtschaft beruhende Unterhaltsstreitigkeiten, Ansprüche der nichtehelichen Eltern nach § 1615l–n sowie Kindschaftssachen (vgl §§ 23b GVG, 621 I ZPO). Entsprechend den materiell-rechtlichen Änderungen zum Sorgerecht (vgl Rz 42) ist der bisherige Zwangsverbund von Scheidung mit Umgang und Sorge weithin gelöst und praktisch in einen Antragsverbund überführt. Für die Fälle der §§ 1671, 1672 und 1684 kann damit ein isoliertes Verfahren vor dem FamG stattfinden (vgl § 623 II S 2 ZPO). Wesentliche Verfahrensänderungen sind in den die Person eines Kindes betreffenden Verfahren die Förderung einvernehmlicher Konfliktlösungen durch die Beteiligten und hierbei die Einbeziehung der Jugendhilfeberatung (§§ 52, 52a IV FGG) sowie die Pflegerbestellung für minderjährige Kinder zu deren Interessenwahrnehmung in bedeutsamen Entscheidungen (§ 50 FGG). Literatur: Büttner FamRZ 1998, 585; Büdenbender ZZP 1997, 33; Lossen FuR 1997, 100; Reischauer-Kirchner ZRP 1998, 355; Willutzki FPR 1998, 94 und KindPrax 2000, 45; Habscheid/Habscheid FamRZ 1999, 480; Veit FamRZ 1999, 902; Bestelmeyer FamRZ 2000, 1068.

gg) Der in der 12. Legislaturperiode der Diskontinuität verfallene **Entwurf eines Mißhandlungsverbotsgesetzes** (vgl Rz 37) hat durch das KindRG in seinem Grundanliegen Berücksichtigung in § 1631 II gefunden. Danach werden als unzulässige entwürdigende Erziehungsmaßnahmen insbesondere körperliche und seelische Mißhandlungen aufgeführt, um die Tatbestände klarer zu umschreiben. Zur weiteren Novellierung des § 1631 vgl unten Rz 54 zu a). 47

hh) Zum **Betreuungsunterhalt** unverheirateter Eltern dehnt das KindRG den Anspruch der Mutter aus § 1615l II bei grober Unbilligkeit einer Begrenzung auf drei Jahre über diesen Zeitraum hinaus aus und gewährt konzeptionsgetreu diesen Anspruch auch dem Vater gegen die Mutter, wenn ihm die Betreuung obliegt (§ 1615l II 3 und V). Zu § 1615l vgl Wever/Schilling FamRZ 2002, 581; Büdenbender FamRZ 1998, 129. 48

f) Schließlich hat das **KindUG** auch die bisherigen unterhaltsrechtlichen Unterschiede zwischen ehelichen und nichtehelichen Kindern beseitigt, indem die §§ 1615b–k als besondere Vorschriften für nichteheliche Kinder aufgehoben wurden (es verbleiben lediglich §§ 1615l–o) und mit § 1612a allen minderjährigen Kindern gegenüber dem Elternteil, mit dem es – unabhängig von der Verheiratung der Eltern – nicht in einem Haushalt lebt, ein vereinfachtes und schnelles Verfahren mit dem Vorteil des Regelunterhaltssystems bereitgestellt ist. Danach kann anstelle des Individualunterhalts nach § 1601ff, der nach streitigem Verfahren nur durch weitere Abänderungsklage korrigierbar ist, der Unterhalt als vom Hundertsatz eines oder des jeweiligen Regelbetrages nach der Regelbetrag-Verordnung verlangt werden. Im letztgenannten Fall werden die Regelbeträge nach Altersstufen festgesetzt (§ 1612a III). Die Dynamisierung des Unterhalts erfolgte im übrigen im Zweijahresrhythmus entsprechend der Renten in der gesetzlichen Rentenversicherung (§ 1612a IV). Diese Bindung wurde zum 1. 1. 2001 durch die für das unterhaltsbedürftige Kind in Rz 54 zu b) unten genannte Änderung abgelöst. Zur Titulierung bis zum Eineinhalbfachen des Regelbetrages steht nach §§ 645ff ZPO ein vereinfachtes Verfahren zur Verfügung. Literatur: Rühl/Greßmann KindUG (Komm) 1998; Wagner FamRZ 1997, 1513 und 1998, 705; Ewers FamRZ 1997, 473; Wohlgemuth FamRZ 1997, 471; Bischof FuR 1997, 166; Schwolow FuR 1997, 4; Riemann DNotZ 1998, 456; Schumacher/Grün FamRZ 1997, 778; Schumacher FamRZ 1999, 699; Becker FamRZ 1999, 65; Weber NJW 1998, 1992; Strauß FamRZ 1998, 993; Gerhardt FuR 1998, 97 u 145; Bernreuther FamRZ 1999, 69; Wellenhofer-Klein FuR 1999, 448. 49

g) Mit dem **BtÄndG** wurde das am 1. 1. 1992 in Kraft getretene Betreuungsrecht (vgl Rz 38) aufgrund der bisherigen Erfahrungen präzisiert und vereinfacht. Mit dem Schwerpunkt der Betreuungsvergütung wird die ehrenamtliche Betreuung durch eine höhere Aufwandsentschädigung gefördert und die Höhe der Vergütung für Berufsbetreuer an deren Qualifikation gebunden. Die Gerichte können hierzu auch Pauschalen festsetzen und die Betreuungszeit begrenzen. Außerdem wird eine Gesetzesgrundlage für den Regreß gegen Betreute und deren Erben bei von der Staatskasse verauslagten Betreuungskosten geschaffen. Das Gesetz legt zudem fest, bis zu welchen Grenzen der Betreute sein eigenes Vermögen und Einkommen für die Vormundschaftskosten einzusetzen hat. Schließlich sind Korrekturen der Vormundschaft über Minderjährige vorgesehen. Literatur: Zimmermann FamRZ 1998, 521; Sonnenfeld FamRZ 1997, 849; Löhnig FamRZ 1997, 202; Genz FamRZ 1996, 1324; Schellhorn FuR 1997, 139; Wesche Rpfleger 1998, 93; Bienwald Rpfleger 1998, 231; Dodegge NJW 1998, 3073; Walter FamRZ 1999, 685; Harm Rpfleger 1998, 89; Zimmermann FamRZ 1999, 630; Karmasiu FamRZ 1999, 348; Deinert FamRZ 1999, 1187; Sonnenfeld FamRZ 2002, 429; Knittel, Betreuungsrecht, 3. Aufl 2002. 50

h) Mit dem **MHBeG** hat der Gesetzgeber den Auftrag des BVerfG (FamRZ 1986, 769) eingelöst, mit Rücksicht auf Art 2 I und 1 I GG Regelungen zu treffen, daß Minderjährige nicht durch die elterliche Vertretungsmacht bei Fortführung eines zum Nachlaß gehörenden Handelsgeschäfts ohne vormundschaftsgerichtliche Genehmigung mit höheren Verbindlichkeiten als die Haftung mit dem ererbten Vermögen in der Volljährigkeit entlassen werden. Nach der Kernnorm des Entwurfs in § 1629a wird generell die Haftung für Schulden, die die Eltern oder sonstige Vertretungsberechtigte (zB Vormund, Pfleger) für das Kind begründen, die aus Erwerb von Todes wegen, nach §§ 107, 108 oder 111 (nicht § 112!) erfolgen oder zu denen die Eltern ein Genehmigung des VormG handeln, auf das bei Eintritt der Volljährigkeit vorhandene Kindesvermögen im Einredeweg nach §§ 1990, 1991 beschränkt. Ergänzt wird der Schutz durch das Recht des volljährig Gewordenen zum Ausscheiden aus einer Erbengemeinschaft oder Personengesellschaft sowie zur Aufgabe eines Handelsgeschäfts (§§ 1629a IV, 723 I). Im Interesse der Gläubiger ist das Geburtsalter des minderjährigen Einzelkaufmanns oder Gesellschafters in das Handelsregister zur Eintragung anzumelden, § 24 I Handelsregisterverfügung gem Handelsrechtsreformg v 26. 6. 1998 – BGBl I 1482, wodurch die Art 2, 4 MHBeGEntwurf entfallen konnten. Literatur: Thiel, Das Gesetz zur Beschränkung der Haftung Minderjähriger, Tübingen 2002; Arnold, das Minderjährigenhaftungsbeschränkungsgesetz und § 15 HGB, Diss Münster 2001; Dauner-Lieb ZIP 1996, 1818; Eckebrecht MDR 1999, 1248; Glöckner FamRZ 2000, 1397; v Hippel FamRZ 2001, 748; Habersack/Schneider FamRZ 1997, 649; Habersack FamRZ 1999, 1; Nicolai DB 1997, 514; Peschel-Gutzeit FuR 1997, 34; Behnke NJW 1998, 3078; Reimann DNotZ 1999, 179. 51

19. Das Gesetz zur **Reform des Zivilprozesses** (ZPO-RG) hat ab 1. 1. 2002 Änderungen im Scheidungsverfahren, insbesondere im Rechtsmittelrecht gebracht (BGBl I 2001, 887), vgl Bergerfurth FamRZ 2001, 1493. 52

Einl § 1297

53 20. Zu den marginalen Auswirkungen des **Schuldrechtsmodernisierungsgesetzes** ab 1. 1. 2002 (SchuldModG – BGBl 2001 I 3138) auf das Familienrecht vgl Büttner FamRZ 2002, 361; Schwab FamRZ 2002, 1, 4f.

54 21. a) Das **Gesetz zur Ächtung der Gewalt in der Erziehung und zur Änderung des Kindesunterhaltsrechts** (KindUG) (BGBl 2000 I 1479 – in Kraft seit 1. 1. 2002) regelt die beiden im Titel genannten Komplexe neu. Der erste betrifft die Neufassung in § 1631 II. Sein Satz 1 gibt Kindern ein Recht auf gewaltfreie Erziehung. Da der Gesetzgeber aber damit den strafrechtlichen Schutz des Kindes nicht verschärfen wollte, hat dieser Satz mehr Appellcharakter und zielt auf eine Bewußtseinsänderung der Eltern. Daß sich das BGB freilich wenig als Instrument der Elternpädagogik eignet, muß dem Gesetzgeber selbst klar gewesen sein, da er als flankierende Maßnahme auf eine bundesweite Informationskampagne und die Möglichkeiten der Kinder- und Jugendhilfe nach SGB VIII hinweist (BT-Drucks 14/1247, 5f; krit auch Motzer FamRZ 2001, 1034, 1039). Konkretisiert wird Satz 1 durch Satz 2. Die Neuerung besteht in folgendem: Nachdem das Sorgerechtsgesetz 1980 mit § 1631 II das Verbot entwürdigender Maßnahmen statuiert hatte, wurde dieser Begriff durch das KindRG 1998 mit dem Zusatz „insbesondere körperliche und seelische Mißhandlungen" weiter konkretisiert (vgl Rz 47). Danach blieben maßvolle körperliche Strafen zum Zwecke der Erziehung noch gerechtfertigt. Die neue Fassung stellt nunmehr klar, daß alle körperlichen Strafen in der Erziehung unzulässig und mit Sanktionen durch Maßnahmen der Jugendhilfe, ggf durch Weisungen des FamG an die Eltern nach § 1666 und äußerstenfalls durch Entzug des Sorgerechts nach § 1666a bewehrt sind. Im Gesamtzusammenhang wird die Neuregelung entgegen der Annahme des Gesetzgebers nicht ohne Auswirkungen auf die strafrechtlichen Bewertungen der §§ 223, 240 StGB bleiben, wie schon die Divergenzen darum belegen, ob die in § 1631 II genannte Gewalt mit der des Strafrechts identisch ist (Hoyer FamRZ 2001, 521) oder nicht (Huber/Scherer FamRZ 2001, 797f). Literatur: Hoyer und Huber/Scherer aaO; Motzer FamRZ 2001, 1034, 1038f; Keller NJW 2001, 796.

b) Der zweite Komplex des og Gesetzes betrifft Änderungen der §§ 1612a IV und V sowie 1612b V. Sie beruhen auf dem Auftrag des BVerfG (FamRZ 1998, 285) zur Neuregelung des Familienleistungsausgleichs gemäß den Anforderungen von Art I und II GG, dessen kindergeld- und steuerrechtliche Flanke zur Verbesserung des Betreuungsbedarfs eines Kindes durch die oben Rz 10 genannten Sätze geregelt ist, und dessen unterhaltsrechtliche Seite durch weitere Verbesserungen Alleinerziehende entlasten und die Lage der Kinder verbessern soll (vgl BT-Drucks 14/3781, 7); zum Verhältnis privatrechtlicher Elternverantwortung und staatlicher Familienförderung Eichenhofer NJW-Beilage 23/2002, 6. Mit § 1612a IV und V nF wurde die Kopplung der Anpassung der Regelbeträge an das gesetzliche Rentenversicherungsrecht aufgegeben. Die im zweijährigen Abstand vorzunehmende Anpassung richtet sich nunmehr nach der Bruttolohnsumme je durchschnittlich beschäftigtem Arbeitnehmer und der Belastung der Arbeitsentgelte, um das unterhaltsbedürftige Kind kontinuierlich an wirtschaftlichen Verbesserungen des Unterhaltsverpflichteten teilhaben zu lassen. Mit § 1612b V wird der Geldunterhalt von 100% auf 135% des Regelbetrages für die Anrechnung des Kindergeldes angehoben, was ebenfalls das Kind besser stellt. Literatur: Heger FamRZ 2001, 1409; Graba NJW 2001, 249.

55 22. Das **Gesetz zur Verbesserung des zivilgerichtlichen Schutzes bei Gewalttaten und Nachstellungen sowie zur Erleichterung der Überlassung der Ehewohnung bei Trennung** (GewSchG – in Kraft seit 1. 1. 2002 – BGBl I 2000, 3513) soll nach österreichischem Vorbild den privatrechtlich präventiven Gewaltschutz verstärken. Es regelt dabei zwei unterschiedliche, aber sich zT überschneidende Komplexe:

a) Zum einen geht es um die Neufassung des § 1361b zur **Überlassung der Ehewohnung bei Trennung**. Indem in Abs I S 1 die „schwere" durch die „unbillige" Härte ersetzt wird, ist die Eingriffsschwelle für eine Zuweisung deutlich herabgesetzt, wobei auch das Abwägungselement verstärkt, sowie in Abs I S 2 nunmehr auch ausdrücklich auch das Wohl im Haushalt lebender Kinder einbezogen. In Fällen häuslicher Gewalt steht nach Abs II die gesamte Wohnung regelmäßig dem Opfer zu, von den im weiteren genannten Ausnahme-Generalklauseln abgesehen. Unterstützt wird die Zuweisung dabei in Abs III S 1 durch einen Unterlassungsanspruch gegen Erschwerungen des Nutzungsrechts. Auch wenn Gewaltfälle praktisch im Vordergrund des § 1361b stehen, regelt die Norm nach wie vor auch ohne Gewalt den Grundkonflikt um die Nutzungszuweisung der Ehewohnung bei Trennung nach dem Maßstab der unbilligen Härte.

b) Zum anderen ist der generelle **Gewaltschutz inner- und außerhalb einer Ehe** betroffen. Nach § 1 des GewSchG kann das Gericht im Gewaltfall eine Serie unterschiedlichster Maßnahmen präventiv treffen, um das Opfer in seiner Privatsphäre vor weiterer Gewalt oder Nachstellungen zu schützen, wobei es um die verfahrensmäßige Erleichterung der Durchsetzung von materiellrechtlichen Unterlassungsansprüchen analog §§ 1004, 12 geht (BT-Drucks 14/5429, 7). Neu ist hierzu die eigenständige Strafbewehrung nach § 4 GewSchG. Ergänzt wird dieser Schutz in Gewaltfällen nach § 2 GewSchG, sofern Täter und verletzte Person – unabhängig von einer Ehe – einen auf Dauer angelegten gemeinsamen Haushalt führen, durch eine – in der Regel befristete – Zuweisung der gemeinsam genutzten Wohnung zur alleinigen Benutzung durch das Opfer. Wegen der Wesensverschiedenheit der Wohnungszuweisungstatbestände in § 1361b und § 2 GewSchG sind beide Normen unter Eheleuten nebeneinander anwendbar; dazu eingehend § 1361b Rz 20. Mit den zahlreichen weiteren verfahrens- und vollstreckungsrechtlichen Neuregelungen hierzu wird ua die Zuständigkeit der Familiengerichte auch außerhalb eines Ehe- und Familienbezugs für die Fälle eines lediglich auf Dauer angelegten gemeinsamen Haushalts statuiert. Literatur: Schwab FamRZ 2002, 1, 2f; Grziwotz NJW 2002, 872; Hesse/Queck/Lagodny JZ 2000, 68; Schumacher FamRZ 2002, 645 und 2001, 953; Schweikert/Baer, Das neue Gewaltschutzrecht (2002). Zum Verhältnis des § 1361b und des GewSchG zum Länderpolizeirecht vgl BVerfG FPR 2002, 674 sowie die Übersicht im FPR 2002, 641.

56 23. Am 12. 4. 2002 (BGBl I 2002, 1239) ist das **Gesetz zur weiteren Verbesserung von Kinderrechten (KindRVerbG)** in Kraft getreten mit ua Regelungen zu Abstammung, Kindesnamen, elterlicher Sorge, Beistandschaft, vgl Roth JZ 2002, 652; Peschel-Gutzeit FPR 2002, 285; Heistermann FamRZ 2003, 279; von Sachsen Gessaphe NJW 2002, 1853; Janzen FamRZ 2002, 785; Gesetzestext in FamRZ 2002, 803.

Abschnitt 1
Bürgerliche Ehe

Titel 1
Verlöbnis

Vorbemerkung

Schrifttum: *Beitzke*, Zur rechtlichen Qualifikation der Verlöbnisfolge, FS Ficker, 1967, S 78ff; *Canaris*, Das Verlöbnis als „gesetzliches Rechtsverhältnis", AcP 165, 1ff; *Gamillscheg*, Das Verlöbnis im deutschen internationalen Privatrecht, RabelsZ 68, 473; *Strätz*, Das Verlöbnis als ehevorbereitendes Rechtsverhältnis, *Jura* 1984, 449.

1. Geschichtliche Entwicklung. Nachdem das **germanische Recht** zur Kaufehe übergegangen war, zerfiel die Eheschließung in zwei Teile: den Kaufvertrag (die Verlobung) und die Übergabe der Braut (traditio, Trauung). Aus dem Kaufvertrag wurde ein Vertrag, der zwischen den Ehegatten selbst zu tätigen war und sie verpflichtete, die Ehe miteinander zu schließen. Diese Verpflichtungen waren klagbar und konnten durch Zwangsvollstreckung erzwungen werden. Vgl Conrad, Deutsche Rechtsgeschichte, Bd I 1954, S 208ff; vgl auch Mitteis/Lieberich, Deutsches Privatrecht, 9. Aufl 1981, S 54ff. Das **römische Recht** kannte den Vertrag auf gegenwärtige Eheschließung (sponsalia de praesenti) und auf künftige Eheschließung (sponsalia de futuro, Verlöbnis). Der letzte war formlos. Aus dem Verlöbnisvertrag konnte nicht auf die Eheschließung geklagt werden. In der **Neuzeit** hat der Gesetzgeber die Verpflichtung zur Eheschließung unvollstreckbar gemacht, aber dem unberechtigt verlassenen Verlobten Schadensersatzansprüche zugebilligt (Pr ALR II 1 § 82; Sächsisches BGB § 1579).

2. Gegenwärtige Lage. Heute ist das Verlöbnis nicht mehr ein Teil der Eheschließung und der Brautstand nicht notwendige Voraussetzung, sondern nur die **Vorstufe der Ehe**. Das Gesetz verwendet den Begriff des „Verlöbnisses" in **doppelter Bedeutung:** Zum einen sieht es das Verlöbnis als Ereignis an, nämlich als **Vertragsschluß** mit dem wechselseitigen Versprechen künftiger Eheschließung, §§ 1297 I, 1301 I S 1. Zum anderen versteht das Gesetz unter Verlöbnis einen Zustand, nämlich den durch das abgegebene Eheversprechen begründeten familienrechtlichen Beziehungen zwischen den Verlobten, den **Brautstand** (MüKo/Wacke § 1297 Rz 3 mwN). Es schafft zwischen den Verlobten bestimmte Fürsorgepflichten, zB die Pflicht, den anderen vor erkennbaren Schädigungen zu schützen. Dem Verlöbnis kommt damit eine weit über den Rahmen einer rein gesellschaftlichen Konvention hinausgehende rechtliche Bedeutung zu.

3. Rechtsnatur des Verlöbnisses. Das Verlöbnis wird rechtlich verschieden beurteilt (vgl bes RGRK/Roth–Stielow Rz 6ff):

a) Die **Vertragstheorie** sieht im Verlöbnis einen schuldrechtlichen oder einen schuld- und familienrechtlichen Vertrag mit der Folge, daß alle nach dem Allgemeinen Teil erforderlichen Voraussetzungen, vor allem die Volljährigkeit, beim Vertragsabschluß vorliegen müssen (krit Lüderitz FamR § 6 I Rz 107ff; Dölle FamR Bd 1 § 6 III 1; Gernhuber/Coester-Waltjen FamR § 8 I 3, 4; MüKo/Wacke § 1297 Rz 5; Soergel/H. Lange § 1297 Rz 2; Thönissen Grundfragen des Verlöbnisrechtes 1964 S 78, 176; RG 61, 270; 80, 89; 141, 360; AG Neumünster FamRZ 2000, 817; kritisch Mitteis in RG-Praxis III, 184). Folgt man dieser Theorie uneingeschränkt, so ist das Verlöbnis Minderjähriger rückwirkend nichtig, wenn der gesetzliche Vertreter seine Zustimmung verweigert. Sind beide Eltern gesetzliche Vertreter, so genügt hierzu schon die Verweigerung eines Elternteils. Die grundlos verlassene, minderjährige Braut könnte dann unter anderem keine Ersatzansprüche nach § 1298 geltend machen.

b) Dieses Ergebnis wollte die **Tatsächlichkeitstheorie** vermeiden (Lehmann FamR 1. Aufl S 24f; später von ihm allerdings aufgegeben vgl 3. Aufl S 26; Siebert Deutsche Rechtswissenschaft 1936, 206ff; Henle Nichtehe S 24). Sie entzieht das Verlöbnis den Vorschriften des Allgemeinen Teils und erkennt seinen Bestand schon an, wenn die minderjährigen Verlobten die nötige Reife haben, um die Bedeutung eines beiderseitigen, ernsten Eheversprechens zu erkennen. Aber ein so zustande gekommenes Verlöbnis kann nur sittlich, nicht auch rechtlich zur Eheschließung verpflichten.

c) Dem Wesen des Verlöbnisses als einer Persönlichkeitsverbindung sucht die **Theorie vom familienrechtlichen Vertrag** gerecht zu werden; so Lehmann FamR 3. Aufl S 26; Staud/Dietz 11. Aufl vor § 1297 Rz 23ff (aA Staud/Strätz Vorbem §§ 1297ff Rz 30–33, der im Verlöbnis ein eigenständiges familienrechtliches Rechtsverhältnis sieht, ebenda Rz 67); Boehmer JZ 1961, 267; Schnitzerling StAZ 1961, 185; Raiser, „Vertragsfunktion und Vertragsfreiheit" in FS zum 100jährigen Bestehen des Deutschen Juristentages 1860–1960 Bd I 1960 S 108. Nach ihr ist das Verlöbnis ein sozialrechtlicher Vertrag, der das Gemeinschaftsverhältnis des Brautstandes begründet und auf den die Sonderregelungen der Erfordernisse der Eheschließung und die Vorschriften des Allgemeinen Teils allenfalls vorsichtig analog angewandt werden können, da diese unmittelbar nur auf den individualrechtlichen, vermögensrechtlichen Verkehr zugeschnitten sind (Lehmann aaO S 27). Der besondere Begriff der „Verlobungsfähigkeit" deckt sich danach nicht mit der Geschäftsfähigkeit, sondern verlangt nur eine tatsächlich genügende, konkrete geistige Reife zur Einsicht in die Bedeutung eines ernstlichen Eheversprechens (bestritten).

d) Canaris AcP 165, 11, 29 kennzeichnet das Verlöbnis als **gesetzliches Rechtsverhältnis** der Vertragsvorbereitung. Beanspruchtes und gewährtes Vertrauen auf den geplanten Eheschluß sollen in ihm ihre Rechtsgrundlage

Vor § 1297 Familienrecht Bürgerliche Ehe

finden. Alle gesetzlich nicht geregelten Einzelfragen seien aus den Grundsätzen der „Vertrauenshaftung" zu lösen, vgl auch Henrich § 2 I 2.

8 **3) Kritik.** Die Tatsächlichkeitstheorie übersieht, daß das Verlöbnis nach seiner geschichtlichen Entwicklung und dem Willen des Gesetzgebers ein Vertrag zwischen den künftigen Ehegatten sein soll. Sie löst sich daher vom Gesetz. Inzwischen ist anerkannt, daß die Vorschriften des Allgemeinen Teils über Willenserklärungen, Rechtsgeschäfte und den Vertragsschluß nicht nur zur Regelung des individualrechtlichen oder vermögensrechtlichen Verkehrs gelten. Die Lehre vom familienrechtlichen Vertrag löst sich dadurch, daß sie die Vorschriften des Allgemeinen Teils über Willenserklärungen, Rechtsgeschäfte und Verträge generell nicht unmittelbar anwendet, weiter von der Systematik des BGB, als dieses zur Erreichung befriedigender Ergebnisse erforderlich ist. Die Theorie des gesetzlichen Rechtsverhältnisses bezeichnet die Vertrauenshaftung als selbständigen Zurechnungsgrund, während der Rechtstatbestand schutzwürdigen Vertrauens bisher nur einem Vertragsschluß, mindestens einem erstrebten Vertragsschluß vorgeschaltet war und seine rechtliche Ausprägung im Institut der culpa in contrahendo (§§ 280, 311 II, 241 II) fand (vgl Ballerstedt AcP 151, 507).

9 Richtig ist also der **Ausgangspunkt der Vertragstheorie,** nach der das vollwirksame Verlöbnis Geschäftsfähigkeit beider Verlobten voraussetzt. Sie trifft auch den typischen Fall. Ist ein Verlobter minderjährig, so ist der andere schon nach § 109 II daran gehindert, den zunächst schwebend unwirksamen Vertrag durch Widerruf endgültig unwirksam zu machen, denn in aller Regel werden die Verlobten ihr Lebensalter kennen, Beitzke/Lüderitz 26. Aufl FamR § 6 I mit Verweis auf die 25. Aufl. Der Schutz des § 109 II reicht aber nicht aus, wenn das Verlöbnis nicht durch den oder die gesetzlichen Vertreter des minderjährigen Verlobten genehmigt worden ist, etwa weil diese die Genehmigung bereits früher verweigert hatten, so daß das Verlöbnis endgültig nichtig geworden ist (vgl Staud/Dietz 11. Aufl vor § 1297 Rz 19). Zu Unrecht verneint man in diesem Fall das Schutzbedürfnis. Der Schutz des Minderjährigen macht es notwendig, die Vorschriften des Allgemeinen Teils zu modifizieren.

10 Der **minderjährige Verlobte** ist bereits mit der Abgabe der vollwirksamen Verlöbniserklärung des Volljährigen in einen rechtlichen Schutzbereich getreten, der mit den Rechtswirkungen des Instituts der culpa in contrahendo (§§ 280, 311 II, 241 II) auf dem Gebiet der Schuldverträge zu vergleichen ist. Eine unmittelbare Anwendung dieses, im wesentlichen dem Schuldrecht angehörenden Instituts auf das ausgeprägt personenrechtliche Verhältnis des Verlöbnisses ist ausgeschlossen. Es ist aber für das Schuldrecht anerkannt, daß die sich aus diesem Institut ergebenden Sorgfaltspflichten einem Minderjährigen gegenüber ebenso bestehen, wie gegenüber einem Volljährigen, besonders wenn man sie schon auf einen, wenn auch nicht bindenden, aber wirksam zugegangenen Vertragsantrag (§ 131 II S 2) (Lehmann/Hübner BGB AT 15. Aufl 1966 § 33 II 2b) oder auf „sozialen Kontakt" gründet (Dölle ZGesStW 103, 67). Dieser Grundsatz ist daher analog auf das Verlöbnis zu übertragen, weil auch hier Schutzpflichten des einen Verlobten gegenüber der Person des anderen entstehen und weil das Recht der Bereicherung und der unerlaubten Handlungen dem Minderjährigen keinen angemessenen Schutz gewährt. Staud/Dietz 11. Aufl vor § 1297 Rz 21 gestattet die Analogie zur culpa in contrahendo (§§ 280, 311 II, 241 II) allerdings nur, soweit den beanspruchten Volljährigen ein Verschulden trifft. Da aber der Haftungsmaßstab der culpa in contrahendo grundsätzlich durch den des entsprechenden Vertrages bestimmt wird, richtet sich auch die Haftung im vorvertraglichen Schutzbereich nach den Vorschriften der §§ 1298ff. Diese fordern jedoch kein Verschulden. Also haftet der volljährige Verlobte dem Minderjährigen auch, wenn er den Rücktritt nicht verschuldet hat.

11 Somit wird durch die vollgültige Verlöbniserklärung des volljährigen Teils ein besonderes Rechtsverhältnis geschaffen, das von einem vollwirksamen Verlöbnisvertrag zu unterscheiden, aber inhaltlich ihm bereits stark angenähert ist. Dieses Rechtsverhältnis enthält nur insoweit Bindungen, als diese erforderlich sind, um zum Schutz des Minderjährigen Nichtigkeitsfolgen zu vermeiden. Tritt also der Volljährige grundlos vom Verlöbnis zurück oder gibt er dem Minderjährigen einen wichtigen Grund zum Rücktritt, so richten sich gegen den Volljährigen die Ansprüche aus den §§ 1298ff, während der Minderjährige von gleichen Ansprüchen des volljährigen Verlobten verschont bleibt, weil der Schutz, den er allgemein in der Rechtsordnung genießt, ihn auch hier vor der Entstehung solcher Ansprüche bewahrt. Vgl Rz 13. Wegen unbekannter Minderjährigkeit kann auch der Volljährige zurücktreten. Dieses besondere Rechtsverhältnis, das nur relativ ein wirksames Verlöbnis ist, läßt auch für beide Teile die öffentlich-rechtlichen Wirkungen, nämlich das Zeugnisverweigerungsrecht und die strafrechtlichen Privilegierungen entstehen, siehe Rz 23. Sind **beide Verlobte minderjährig,** so treten, wenn ein gesetzlicher Vertreter die Genehmigung ablehnt, die bürgerlich-rechtlichen Wirkungen des Verlöbnisses nicht ein, wohl aber die öffentlich-rechtlichen, die ihren Grund in der tatsächlichen engen Zuneigung der Verlobten haben. Soweit also ein rechtsunwirksames, aber ernsthaftes Heiratsversprechen zweier einsichts- und willensfähiger Menschen vorliegt, das zu einem dem Verlöbnis entsprechenden tatsächlichen Zustand geführt hat, können beide Teile die öffentlich-rechtlichen Wirkungen (siehe Rz 19, 23) des Verlöbnisses in Anspruch nehmen (hM, RGSt 10, 117; 24, 155 zum Zeugnisverweigerungsrecht nach §§ 52 I Nr 1 StPO, 11 I Nr 1a StGB; RGSt 35, 49; 38, 243 zum Strafantragsrecht bei Straftaten gegen Angehörige; Zöller/Greger § 383 ZPO Rz 4, 8; ebenso die Anhänger der Tatsächlichkeitstheorie).

12 **4. Voraussetzungen. a)** Der Verlöbnisvertrag ist **formfrei.** Die Formfreiheit, die den Verlobten auch schlüssige Erklärungen gestattet (AG Neumünster FamRZ 2000, 817 – Planung der Hochzeit, Trauegespräch mit dem Pastor, Druck der Einladungskarten ua), erschwert es festzustellen, ob und seit wann ein Verlöbnis gegeben ist. Geschenke und Ringe können allenfalls Anzeichen eines Verlöbnisses sein. Der Wille der Verlobten, miteinander die Ehe zu schließen, muß nach außen erkennbar in Erscheinung getreten sein. Äußere Umstände, wie häufiges Zusammensein, bloßes „Miteinander-Gehen", Versprochensein, Zukunftspläne, Geschlechtsverkehr, können uU auf ein Verlöbnis schließen lassen, sind es aber noch nicht notwendig. Ein eheähnliches Verhältnis ohne ernstliches Eheversprechen ist auch dann kein Verlöbnis iSd §§ 1297ff, wenn sich die Parteien als „Verlobte" bezeichnen (BayObLG FamRZ 1983, 1226).

b) Das Verlöbnis erfordert **Geschäftsfähigkeit**, § 105. Das Verlöbnis eines Geschäftsunfähigen (§ 104) ist nichtig, ebenso das Verlöbnis, das bei vorübergehender Störung der Geistestätigkeit eingegangen wird (§ 105 II). Allerdings haftet der vollgeschäftsfähige Verlobte dem Geschäftsunfähigen nach Staud/Dietz (11. Aufl vor § 1297 Rz 31) möglicherweise aus culpa in contrahendo (§§ 280, 311 III, 241 II) auf Schadensersatz, nach der Auffassung, die oben unter Rz 10 vertreten worden ist, aus der Herstellung eines besonderen Schutzbereiches ohne Verschulden. Wer nur geistesschwach war, konnte sich jedoch verloben (RG WarnRsp 1914 Nr 163). Nach dem seit dem 1. 1. 1992 Anwendung findenden Betreuungsgesetz (BGBl I 1990, 2002) ist der Betreute hinsichtlich der Eingehung einer Ehe nicht einem Einwilligungsvorbehalt durch den Betreuer unterstellbar, vgl § 1903 I, II. Gleiches ist für die Verlöbniserklärung als einem minus gegenüber der Eheeingehung anzunehmen, so daß ein Betreuter sich ohne Einschränkung zu verloben vermag. Minderjährige bedürfen der Zustimmung des gesetzlichen Vertreters, § 107 (Bremen FamRZ 1977, 555), da das Verlöbnis Pflichten schafft (§§ 1298ff). Das Verlöbnis eines Minderjährigen ohne Einwilligung des gesetzlichen Vertreters ist schwebend unwirksam (§ 108 I); RG 61, 272. Bei Genehmigung des gesetzlichen Vertreters oder des später volljährig gewordenen Verlobten selbst (§ 108 II) ist das Verlöbnis von Anfang an wirksam, § 184 I. Verweigert der gesetzliche Vertreter oder auch nur einer der beiden sorgeberechtigten Elternteile (§§ 1628, 1629) die Genehmigung, so ist das Verlöbnis des Minderjährigen nach der vertretenen Vertragstheorie von Anfang an nichtig; es braucht nicht widerrufen zu werden. Zur Frage der Minderjährigkeit eines oder beider Verlobten vgl auch oben Rz 9. Ehemündigkeit (§ 1303) ist keine Voraussetzung eines wirksamen Verlöbnisses. Ein Eheunmündiger kann ein Verlöbnis mit Genehmigung des gesetzlichen Vertreters für den Fall schließen, daß er ehemündig wird. Auch sonst ist das Verlöbnis unter einer Bedingung (Einwilligung der Eltern bei Minderjährigen, erfolgreiche Wohnungssuche usw) mangels entgegenstehender Vorschriften zulässig (RGRK/-Roth–Stielow § 1297 Rz 3). Sittenwidrige Bedingungen oder Befristungen können das Verlöbnis insgesamt nichtig machen; vgl Rz 17.

c) Stellvertretung jeder Art ist ausgeschlossen, da die Verlobung ein höchstpersönliches Rechtsgeschäft ist. Dies gilt auch für minderjährige Verlobte. Dagegen kann ein Bote die Willenserklärungen zum Abschluß des Verlöbnisses übermitteln, RG 98, 13. Vgl auch Canaris AcP 165, 30.

d) Ein **geheimer Vorbehalt** (etwa die Ehe nicht zu schließen) ist unbeachtlich (§ 116); RG 149, 148. Dagegen ist das simulierte Verlöbnis, das etwa ein Zeugnisverweigerungsrecht verschaffen soll, nichtig, § 117.

e) Die Folgen eines **Irrtums** (§ 119), einer arglistigen Täuschung oder widerrechtlichen Drohung (§ 123) werden verschieden beurteilt: Das RG (JW 1936, 836) ließ die Anfechtung zu. Die Ersatzansprüche des § 122 sollten jedoch nur im Rahmen des § 1298 gewährt werden. Die hM sieht die Anfechtung nach §§ 119, 123 durch die Sonderregelung des Rücktritts (§ 1298) verdrängt (Lüderitz FamR § 6 I Rz 108; Beitzke JR 1947, 139; Staud/Dietz 12. Aufl vor § 1297 Rz 58ff; Staud/Strätz Vorbem §§ 1297ff Rz 78, 79; Gernhuber/Coester-Waltjen FamR § 8 II 4; Dölle FamR Bd 1, § 6 V 3; Soergel/H. Lange § 1297 Rz 6). Für Canaris sind die §§ 116ff auf das Verlöbnis unanwendbar. Voraussetzungen und Folgen der Willensmängel beurteilt er ausschließlich aus den §§ 1298ff, vgl AcP 165, 30.

Wer die rückwirkende Anfechtung ausschließt, weil sie mit dem Verlöbnis als einem familienrechtlichen Gemeinschaftsverhältnis unvereinbar sei, kann die Eltern minderjähriger Verlobter in große Konflikte bringen. Er nimmt ihnen die Möglichkeit, ihre Zustimmung zur Verlobung eines Minderjährigen zu korrigieren, wenn sie sich über wesentliche Charaktereigenschaften eines Verlobten geirrt haben. Die Zustimmung kann nicht widerrufen werden, §§ 183 S 1, 184. Die hM läßt auch nicht den Rücktritt durch die Eltern zu. Das folge – so diese Grundauffassung – aus der höchstpersönlichen Natur des Verlöbnisses. Die Eltern müssen deshalb auch im Rahmen ihres Personensorgerechts den Umgang des Minderjährigen zu bestimmen, daß das Verlöbnis achten, auch wenn sie einzelne Auswirkungen nicht zulassen dürfen (§ 1631 I). Dabei kann es zu schwierigen Kollisionen zwischen den Rechten und Pflichten der Eltern und der Kinder kommen. Vgl zu Einzelheiten LG Saarbrücken FamRZ 1970, 319. Diese Folgerungen vermeidet die hier vertretene Auffassung vom Verlöbnis als Vertrag, der grundsätzlich den Vorschriften des Allgemeinen Teils unterliegt. Sie muß auch zur Anwendung der §§ 119ff führen, aber in den vom RG aufgezeigten Grenzen. Zur Frage, ob ein Anfechtungsgrund zugleich immer ein wichtiger Grund zum Rücktritt ist, vgl § 1298 Rz 8.

5. Nichtigkeit. Verlöbnisse sind vielfach nichtig, weil sie gegen die guten Sitten verstoßen, § 138, zB wenn der Verlobte die Ehe nur unter der Bedingung verspricht, daß die Verlobte schwanger wird. Das Verlöbnis eines noch Verheirateten ist idR **sittenwidrig** (RG 170, 72; BGH FamRZ 1984, 386; Karlsruhe NJW 1988, 3023, vgl auch RGRK/Roth-Stielow § 1297 Rz 6), auch dann, wenn der Ehegatte die Scheidung seiner Ehe verlangen kann und das gerichtliche Scheidungsverfahren bereits betreibt (BayObLG JR 1984, 125 m Anm Strätz) oder wenn die Ehe im ersten Rechtszug zwar bereits geschieden, das Urteil jedoch noch nicht rechtskräftig ist (Celle MDR 1983, 1045; LG Fürth MDR 1976, 609; Karlsruhe NJW 1988, 3023). Denn die Ehe kann durch Aussöhnung oder Klageabweisung erhalten bleiben. Das gültige Verlöbnis würde die Ehescheidung fördern. Vgl auch Hamm NJW 1983, 1436 m abl Anm Pawlowski NJW 1983, 2808, das der Frau, deren Partner das ihr gegebene Versprechen, sich scheiden zu lassen und sie dann zu heiraten, nicht gehalten hat, einen Schmerzensgeldanspruch wegen Verletzung ihres allgemeinen Persönlichkeitsrechts zuspricht. Dagegen auch LG Saarbrücken NJW 1987, 2241, welches eine Schadensersatzpflicht verneint. Mit Recht hält Schleswig (SchlHA 1969, 198) ein Verlöbnis allerdings für gültig, wenn der erste Ehegatte des Verlobten zwar nur als vermißt gilt, sein Gatte aber damit rechnen konnte und mußte, daß er nicht mehr am Leben ist und die Todeserklärung alsbald erfolgt. In der Regel macht ein bereits bestehendes Verlöbnis ein zweites Verlöbnis derselben Person sittenwidrig und daher nichtig, es sei denn, daß im zweiten Verlöbnis der Rücktritt vom ersten Verlöbnis gesehen werden kann (RG 105, 245). Ein Verlöbnis kann sittenwidrig sein, wenn über die künftige Ehe Abreden getroffen werden, die dem Wesen der Ehe widersprechen (LG Wiesbaden FamRZ 1965, 272; Staud/Strätz Vorbem §§ 1297ff Rz 82), wobei die Umstände des Einzelfalls

Vor § 1297 Familienrecht Bürgerliche Ehe

besonders zu berücksichtigen sind. Dementsprechend soll das Verlöbnis wirksam sein, wenn ein Mann mit der von ihm geschwängerten jungen Frau die Heirat vereinbart, um dem zu erwartenden Kind die Stellung eines ehelichen Kindes zu verschaffen und die beiden dabei die „Nebenabrede" treffen, sich alsbald wieder zu trennen und scheiden zu lassen (LG Wiesbaden aaO).

18   **6. Wirkungen.** a) Das Verlöbnis begründet die zwar **erfüllbare, aber nicht klagbare** (§ 1297 I), durch ein Strafversprechen nicht sicherbare (§ 1297 II) und erst recht nicht erzwingbare (§§ 888 II, 894 II ZPO) Verpflichtung, die Ehe zu schließen. Der Rücktritt vom Verlöbnis beseitigt diese Rechtspflicht mit Jetztwirkung, uU mit den Folgen einer Schadensersatzpflicht, §§ 1298ff. Jedoch besteht unter Verlobten keine Unterhaltspflicht, so daß § 844 II nicht angewandt werden kann, KG NJW 1967, 1089; aM Reichel DJZ 1931, 562.

19   b) Das Gesetz nimmt auch sonst auf die engen Beziehungen Rücksicht, die unter Verlobten bestehen. Vielfach werden die Verlobten wie **„Angehörige"** behandelt. Sie können Eheverträge schließen, die mit der Eheschließung wirksam werden, RG 133, 20. Erleichternde Vorschriften für Erb- und Erbverzichtsverträge, die für Ehegatten gelten, gelten auch für Verlobte, §§ 2275 III, 2347 I. Verlobte können nicht wirksam ein gemeinschaftliches Testament errichten; auch eine Konvaleszierung bei späterer Heirat scheidet aus (hM, MüKo/Musielak § 2265 Rz 2 m Nachw; aA Wacke FamRZ 2001, 457 – dag Kanzleiter aaO 1197). Der durch den Verlöbnisvertrag begründete Brautstand ist ähnlich wie die eheliche Lebensgemeinschaft ein personenrechtliches Verhältnis, wenn auch von geringerem Bindungsgrad. Immerhin bestehen auch unter Verlobten gegenseitige Hilfspflichten (MüKo/Wacke § 1297 Rz 15 mwN). **Vermögensrechtliche Grundsätze,** die für die Ehe gelten, lassen sich auf das Verlöbnis nicht übertragen. So sind bei der Mitarbeit eines Verlobten im Geschäft des anderen an die vom BGH entwickelten Grundsätze über die Bildung einer Innengesellschaft zwischen Ehegatten strengere Anforderungen zu stellen, BGH FamRZ 1958, 15; Staud/Dietz 11. Aufl vor § 1297 Rz 88. Auch sind die Grundsätze über die Ehegattenmitarbeit (vgl § 1356 Rz 21ff) auf Verlobte grundsätzlich anwendbar. Das BAG hat mit Recht einer Frau, die in Erwartung des Eheschlusses im Betrieb des Vaters ihres Verlobten gearbeitet hatte, einen Anspruch aus § 612 auf volle Vergütung ihrer Dienste gegen den ehemaligen Verlobten zugewiesen, nachdem die Eheschließung unterblieben war, FamRZ 1960, 361; vgl auch Canaris BB 1967, 168ff sowie BGH NJW 1961, 1716 zum Anspruch aus § 1298. Vgl Düsseldorf DNotZ 1974, 169 zu einer Gesellschaft bürgerlichen Rechts zwischen Verlobten mit dem Zweck der „Unterhaltung einer Familienheimstatt".

20   c) **Kinder,** die während der Verlobungszeit ihrer Eltern geboren werden, konnten nach früherem Recht durch eine nachfolgende Eheschließung gem §§ 1719ff aF legitimiert werden. Starb ein Verlobter während der Verlobungszeit, so war das Kind auf seinen Antrag vom VormG für ehelich zu erklären, § 1740a aF. Durch das **Kindschaftsrechtsreformgesetz** (KindRG = BR-Drucks 710/97; BT-Drucks 13/8511), in Kraft seit dem 1. 7. 1998, entfällt die Unterscheidung zwischen Ehelichkeit und Nichtehelichkeit der Kinder. Alle Kinder sind zukünftig gleichgestellt (Büdenbender, Elterliche Entscheidungsautonomie für die elterliche Sorge nach geltendem Recht und nach dem Entwurf des Kindschaftsreformgesetzes, AcP 197 [1997], 197; Schwab/Wagenitz, Einführung in das neue Kindschaftsrecht, FamRZ 1997, 1377; Pal/Brudermüller Einl § 1297 Rz 5 mwN, vgl Einl § 1297 Rz 41).

21   d) Die zum alten Recht von der Rspr vertretene (aber umstrittene) Strafbarkeit der Eltern wegen **Kuppelei** ist mit der Reform des Sexualstrafrechts entfallen. Die Kuppelei ist nunmehr nur in besonderen Ausnahmefällen unter Strafe gestellt (§§ 180, 180a StGB), vgl im einzelnen Hanack NJW 1974, 1ff.

22   e) Nach heutigen moralischen Anschauungen sind vor- bzw außereheliche intime Beziehungen nicht mehr als Unzucht zu werten. **Miet- bzw Beherbergungsverträge** insbesondere mit Verlobten werden zu Recht **weder** als sittenwidrig noch als aus wichtigem Grund **kündbar** angesehen (vgl LG Köln ZMR 1974, 141; Schneider Wohnungswirtschaft und Mietrecht 1975, 221 mwN; aA AG Emden NJW 1975, 1363 mit Anm Peters und abl Anm Schickedanz, beide NJW 1975, 1890; zust Anm Händel NJW 1976, 521; vgl auch Lindacher JR 1976, 61; ferner Beer JuS 1977, 374). Zu verwandten Fragen bei der nichtehelichen Lebensgemeinschaft vgl vor § 1353 Rz 16ff.

23   f) **Zeugnis-/Aussageverweigerungsrecht.** Verlobte können als Zeuge das Zeugnis und als Sachverständige das Gutachten verweigern, §§ 383ff, 408 ZPO, 52 I Nr 1, 55, 76 StPO (BGH FamRZ 1969, 275). Das Gericht kann von ihrer Vereidigung absehen, § 61 I Nr 2 StPO. Nach § 63 StPO haben Verlobte das Recht, die Beeidigung zu verweigern. Das Strafrecht setzt sie den engen Verwandten gleich, §§ 11 I Nr 1, 35, 247 (Haus- und Familiendiebstahl), 258 (Strafvereitelung), 259 (Hehlerei), 263 IV StGB. Auch nach § 15 AO sind Verlobte als Angehörige zu betrachten. Eine Ersatzzustellung nach § 181 ZPO aF (§ 178 ZPO nF) an einen Verlobten ist wirksam, Celle FamRZ 1983, 202.

1297
Unklagbarkeit, Nichtigkeit eines Strafversprechens
(1) Aus einem Verlöbnis kann nicht auf Eingehung der Ehe geklagt werden.
(2) Das Versprechen einer Strafe für den Fall, dass die Eingehung der Ehe unterbleibt, ist nichtig.

1   **1. Kein Zwang zur Ehe.** Der erste Entwurf hatte formuliert: „Durch das Verlöbnis wird eine Verbindlichkeit zur Schließung der Ehe nicht begründet." Ein bayerischer Abgeordneter hatte diese Formulierung als „unmoralisch", und Otto von Gierke hatte sie als „Aufforderung zur Entlobung" bezeichnet. Darauf wurde diese Formulierung durch die prozessuale Wendung des § 1297 I ersetzt. Das Verlöbnis verpflichtet die Verlobten nicht nur sittlich, sondern auch rechtlich dazu, die Ehe zu schließen. Aber diese Verpflichtung kann nur freiwillig erfüllt werden, § 1297 I; vgl auch §§ 888 II, 894 II ZPO. Auch mittelbar darf die Heirat nicht erzwungen werden, BGH FamRZ 1963, 83. Soweit ausländische Rechte Urteile auf Eingehung einer Ehe zulassen, können diese in Deutschland nach §§ 722f, 328 I Nr 4 ZPO wegen Verstoßes gegen den ordre public nicht vollstreckt werden; vgl Dölle I, § 6 IV 1; MüKo/Wacke § 1297 Rz 14. Zulässig ist dagegen die Klage auf Feststellung, daß ein Verlöbnis besteht oder nicht besteht, § 256 ZPO.

2. Abs II verbietet auch den **mittelbaren Zwang** zur Eheschließung, indem er vereinbarte Strafen für nichtig erklärt, die für den Fall versprochen werden, daß die Ehe nicht geschlossen wird. Das gilt für Strafabreden, die zwischen den Verlobten selbst oder zwischen einem Verlobten und Dritten, zB den Eltern des anderen Teils vereinbart werden.

1298 *Ersatzpflicht bei Rücktritt*

(1) Tritt ein Verlobter von dem Verlöbnis zurück, so hat er dem anderen Verlobten und dessen Eltern sowie dritten Personen, welche anstelle der Eltern gehandelt haben, den Schaden zu ersetzen, der daraus entstanden ist, dass sie in Erwartung der Ehe Aufwendungen gemacht haben oder Verbindlichkeiten eingegangen sind. Dem anderen Verlobten hat er auch den Schaden zu ersetzen, den dieser dadurch erleidet, dass er in Erwartung der Ehe sonstige sein Vermögen oder seine Erwerbsstellung berührende Maßnahmen getroffen hat.
(2) Der Schaden ist nur insoweit zu ersetzen, als die Aufwendungen, die Eingehung der Verbindlichkeiten und die sonstigen Maßnahmen den Umständen nach angemessen waren.
(3) Die Ersatzpflicht tritt nicht ein, wenn ein wichtiger Grund für den Rücktritt vorliegt.

1. **Beendigung.** Ein gültiges Verlöbnis endigt durch Eheschließung der Partner (Erfüllung), durch vereinbarte Aufhebung (Entlobung) mit den Folgen des § 1301 I S 1, Tod (§ 1301 I S 2) und durch Rücktritt. Zum schwebend unwirksamen Verlöbnis eines Minderjährigen vgl vor § 1297 Rz 13. Widerrufen die gesetzlichen Vertreter nachträglich ihre Weigerung, so kann darin die Genehmigung zu einem erneuerten Eheversprechen liegen, RG JW 1906, 9.

2. § 1298 setzt ein **wirksames Verlöbnis** voraus. Dieses besteht solange, als die Verlobten selbst an ihm festhalten. Ihr Verhalten Dritten gegenüber ist bedeutungslos, RG 141, 358. Zur Rechtslage bei beschränkter Geschäftsfähigkeit eines oder beider Verlobten vgl vor § 1297 Rz 8ff.

Der **einseitige Rücktritt** erfolgt durch einseitige empfangsbedürftige Willenserklärung (§ 130 I), die keiner Form bedarf. Er kann also ausdrücklich oder durch schlüssiges Verhalten (zB durch Verlobung oder Eheschließung mit einem anderen, Abreise, Rückgabe des Verlobungsringes) erklärt werden. Der Rücktritt braucht nicht vorher angedroht zu werden. Das widerspräche dem Wesen des Verlöbnisses, v Blume JW 1920, 979. Der Rücktritt wird erst wirksam, wenn die Rücktrittserklärung dem anderen Verlobten zugegangen ist, § 130, RG 105, 246. Mit dem Zugang ist das Verlöbnis aufgelöst. Erst dann beginnt die Verjährungsfrist des § 1302 zu laufen. Der wirksame Rücktritt beendet das Verlöbnis mit Jetztwirkung in jedem Falle, gleichgültig, ob er berechtigt oder grundlos ist. Vom Rücktritt ist die einverständliche Entlobung zu unterscheiden, aus der keine Ansprüche gem §§ 1298ff. hergeleitet werden können (MüKo/Wacke Rz 2).

Der **Minderjährige** soll nicht gegen seinen Willen gebunden bleiben. Er kann daher ohne Zustimmung der gesetzlichen Vertreter zurücktreten, obwohl er sich dadurch uU mit Ersatzansprüchen (§§ 1298f.) belastet RG 98, 15; Pal/Brudermüller Rz 1. Dagegen kann der Minderjährige auf entstandene Ersatzansprüche nicht ohne Zustimmung der gesetzlichen Vertreter verzichten, Königsberg HRR 1942 Nr 51. Die vereinbarte Aufhebung des Rücktritts stellt das alte Verlöbnis wieder ex tunc her, Stettin 30, 33; Enn/Wolff § 6 III 5, jedoch zweifelhaft, soweit es sich um die Behauptung der Rückwirkung handelt. **Stellvertretung** ist wegen der Höchstpersönlichkeit des Rechtsgeschäftes nicht möglich. Eine Rücktrittserklärung durch **Boten** ist dagegen zulässig.

3. Der **Rücktritt ist dann berechtigt**, wenn bei Abgabe der Rücktrittserklärung ein wichtiger Grund vorliegt (Abs III). In diesem Fall macht sich der Zurücktretende nicht schadensersatzpflichtig.

Als **wichtiger Grund** gelten nur Tatsachen, die nach objektiver Würdigung in den Kreisen der Verlobten herrschenden Anschauungen, einem Verlobten die Fortsetzung des Verlöbnisses und die künftige Ehe **billigerweise unzumutbar** machen. (Vgl Staud/Dietz 11. Aufl Rz 8; Soergel/H. Lange Rz 3–7; weitergehend Staud/Strätz, der das übernommene Risiko einer Zweckverfehlung des Verlöbnisses miteinbezieht, dessen Nichttragung bei einem wichtigen Grund recht und billig sein muß, §§ 1298, 1299 Rz 14, 15). Dabei kann es sich um Handlungen, Unterlassungen oder Eigenschaften der Verlobten oder um äußere Ereignisse handeln. Auf ein Verschulden des anderen Teils kommt es nicht an. Daher kann ein Verlobter auch zurücktreten, wenn der andere Teil durch einen unverschuldeten Unfall schwer entstellt ist.

a) In erster Linie spielen hierbei **grobe Verfehlungen** des anderen Verlobten eine Rolle, zB Untreue (Koblenz NJW-RR 1995, 899), schwere Mißhandlungen, Freiheitsstrafen, aber auch leichter wiegende Tatsachen, zB mangelnde Fähigkeit zu wirtschaften, ungebührliches Hinauszögern der Hochzeit (RG WarnRsp 1925 Nr 132), schlechter Ruf, unüberwindliche Abneigung oder die glaubhafte Überzeugung, daß die Ehe nicht glücklich wird, bestr, anders die hM, die meint, diese Gründe seien nicht kontrollierbar und deshalb rechtlich nicht wichtig; MüKo/Wacke Rz 10; Staud/Strätz §§ 1298, 1299 Rz 16; für die Anerkennung des Partnerirrtums als „wichtiger" Rücktrittsgrund gerade bei jungen Menschen RGRK/Roth-Stielow Rz 25, der zutreffend auf den Prüfungscharakter des Verlöbnisses verweist. Vermögensverfall ist regelmäßig kein wichtiger Grund, argumentum ex § 1314 II Nr 3, jedoch für das Verlöbnis zweifelhaft. Auch der Umstand, daß die Verlobte ihren Partner zu einer „bloß formalen" Ehe mit der Nebenabrede alsbaldiger Scheidung gedrängt hat, gibt dem Verlobten keinen wichtigen Grund zum Rücktritt, LG Wiesbaden FamRZ 1965, 272.

b) Das RG sah den Rücktritt auch aus jenen Tatsachen als berechtigt an, die eine **Anfechtung** nach den §§ 119, 123 begründen würden (JW 1936, 863). Das kann jedoch für den Rücktritt wegen Irrtums nicht gelten, denn sonst würde im Parallelfall der Anfechtung wegen Irrtums die Ersatzpflicht aus § 122 durch § 1298 derartig modifiziert,

§ 1298 Familienrecht Bürgerliche Ehe

daß sie gänzlich entfallen würde, vgl Beitzke/Lüderitz FamR 26. Aufl § 6 I. Weitere Beispiele siehe RGRK/Roth–Stielow Rz 26.

9   c) **Eigenes Verschulden** (zB schuldhaft zugezogene Krankheit) gibt dem anderen (§ 1299), nicht aber dem Schuldigen einen Grund zum Rücktritt und macht diesen bei seinem Rücktritt ersatzpflichtig, vgl Enn/Wolff § 6 III 4; Mitteis FamR S 22, der erweiternde Auslegung vorschlägt; aA Staud/Dietz 11. Aufl § 1298 Rz 18 u § 1299 Rz 8; Gernhuber/Coester-Waltjen FamR § 8 IV 6; Dölle FamR I § 6 VI 3b. Haben beide Verlobte Gründe zum Rücktritt, so ist keiner ersatzberechtigt, Planck Bem 11; Soergel/H. Lange § 1299 Rz 2; aA MüKo/Wacke, § 1299 Rz 4 mwN.

10 d) **Beweispflichtig** ist der, der sich auf einen wichtigen Grund beruft, RG 170, 82.

11 4. **Unberechtigter Rücktritt verpflichtet zum Schadensersatz,** ist aber als solcher keine unerlaubte Handlung, RG 163, 280; der Anspruch stammt vielmehr aus der Verletzung einer vertraglichen Pflicht oder einer Pflicht aus dem vorgeschalteten Schutzbereich. § 254 kann die Ansprüche mindern oder ausschließen, vgl Canaris AcP 165, 30. Der Schadensersatz soll nach dem Willen des Gesetzgebers weder eine Strafe noch eine Abfindung sein, da jeder Zwang zur Eheschließung vermieden werden soll. Es ist daher nach § 1298 nur das negative Interesse, nicht das Erfüllungsinteresse zu ersetzen (RGRK/Roth–Stielow Rz 7; RG JW 1925, 2111).

12 a) **Allgemeine Regeln zum Schadensersatz aus § 1298.** Aufwendungen sind Leistungen, die der Leistende aus seinem Vermögen erbracht hat (RG 122, 303; BGH FamRZ 1961, 424; AG Neumünster FamRZ 2000, 817 – Kosten für Einladungskarten und Brautkleid), darunter auch Dienste, die ein Verlobter dem anderen geleistet hat, soweit sie mit dem Beruf oder dem Gewerbe des Leistenden zusammenhängen (BGH FamRZ 1961, 424). Keine Aufwendungen sind Hilfstätigkeiten, die nicht zur beruflichen Tätigkeit gehören. Sie stellen keinen Vermögensschaden in Form eines Verdienst- oder Gewinnentgangs dar (LG Gießen FamRZ 1994, 1522; im Erg AG Augsburg FamRZ 1987, 1141). Die Aufwendungen müssen in Erwartung der künftigen Eheschließung gemacht worden sein. Das ist der Fall, wenn die Aufwendungen bei Kenntnis des späteren Rücktritts unterblieben wären (RG Recht 1914 Nr 2673 und Warn Rsp 1935, 69). Wer weiß, daß der andere Teil bereits mit einem Dritten verlobt ist, hat keine Ersatzansprüche. Nach § 1298 brauchen Aufwendungen nicht ersetzt zu werden, die ein Verlobter während des Verlöbnisses für den persönlichen Bedarf des anderen gemacht hat, wenn ihm schon vor der Eheschließung zusammenleben zu können, Frankfurt NJW 1971, 470; München FamRZ 1980, 240; Gernhuber/Coester-Waltjen FamR § 8 V 1. Nicht ersatzfähig ist ferner der Kaufpreis für einen angeschafften Pkw, der Verlobten ermöglichen soll, zu ihrer Arbeitsstelle zu gelangen, um für den gemeinsamen Haushalt Geld zu verdienen (Oldenburg FamRZ 1996, 281). Überläßt ein Dritter den Verlobten Wohnräume, um ihnen ein voreheliches Zusammenleben zu ermöglichen, so bestehen keine Ersatzansprüche, da sich der Sinn der Aufwendungen bereits durch das tatsächliche Zusammenleben erfüllt. (Frankfurt NJW-RR 1995, 899). Die **Aufwendungen müssen einen Schaden** verursacht haben, und nur dieser ist zu ersetzen, nicht der Wert der Aufwendungen selbst. Nach dem Prinzip der Vorteilsausgleichung verringert sich die Höhe des Schadensersatzanspruches, wenn die Aufwendung (zB die Aussteuer) anderweitige Verwendung, etwa in der Ehe der Verlobten mit einem anderen Mann, finden kann (RG WarnRsp 1925 Nr 132).

13 Die Aufwendungen müssen **angemessen** sein. Hierunter fallen die Auslagen für ein Festessen (aA bezüglich der Kosten der Verlobungsfeier Staud/Strätz §§ 1298, 1299 Rz 53), Vermählungsanzeigen, Aussteuer, ständige Verpflegung (RG LZ 1917, 869; BGH FamRZ 1956, 179; Staud/Dietz 11. Aufl § 1298 Rz 28); nicht aber die allgemeinen Kosten der gemeinsamen Haushaltsführung wie Miete, Reisen usw, Düsseldorf FamRZ 1981, 770. Kein Schadensersatz aus § 1298 für seelische Leiden, anders bei unerlaubten Handlungen (§ 847), RG LZ 1925, 594, kein Ersatz auch von Aufwendungen für eine Sterilisation oder eine psychotherapeutische Behandlung, Düsseldorf FamRZ 1981, 355. Vgl auch Rz 16ff.

14 b) **Ansprüche Dritter.** Anspruchsberechtigte Dritte können sein die Eltern der Verlobten sowie Personen, die an Stelle der Eltern gehandelt haben, Pflegeeltern, Angehörige, Freunde, nicht aber jeder, der im Vertrauen auf die Eheschließung einem Verlobten etwas geschenkt hat. Dritte haben nur Anspruch auf Ersatz des Schadens, der aus ihren Aufwendungen oder aus der Eingehung von Verbindlichkeiten entstanden ist. Abs I S 2 gibt nur dem anderen Verlobten, nicht dritten Personen Ansprüche.

15 c) **Ansprüche der Verlobten.** Verlobte haben zunächst dieselben Ansprüche wie Dritte, darüber hinaus aber auch Anspruch auf Schadensersatz wegen vermögensschädigender Maßnahmen nach Abs I S 2. Darunter fallen die Aufgabe einer Wohnung, die Ablehnung oder Aufgabe einer Stellung unter Einschluß des Verdienstausfalls bis zur Wiedererlangung einer gleichwertigen Stellung nach der Auflösung des Verlöbnisses, RG LZ 1917, 868 (Graf und Modistin), dazu Mitteis RG-Praxis Bd III S 187. Keine vermögensschädigende Maßnahme liegt vor, wenn die Verlobte ihre Stelle nicht in Erwartung der Ehe, sondern wegen einer Schwangerschaft aufgegeben hat (Hamm FamRZ 1995, 296, krit Bosch FamRZ 1995, 483). Auch im Rahmen des § 1298 ist mitwirkendes Verschulden (§ 254 II) zu beachten, wenn sich der Geschädigte schuldhaft nicht rechtzeitig um eine neue Stellung bemüht hat, RG Warn Rsp 1914, Nr 254. Nicht hierunter fällt die Ablehnung eines günstigeren Heiratsantrages, da dieses keine Vermögensmaßnahme sein dürfte, weitere Beispiele vgl Gernhuber/Coester-Waltjen FamR § 8 V 1. Weitere Beispiele siehe RGRK/Roth–Stielow Rz 18. Auch diese Maßnahmen müssen angemessen sein. Daran fehlt es, wenn ein lebenserfahrener Mann wenige Wochen nach der Verlobung mit einer Frau, die er kurz zuvor kennengelernt hatte, seine gutgehende Praxis als Steuerberater aufgibt, um die Vermögensangelegenheiten seiner Verlobten zu regeln, BGH NJW 1961, 1716, vgl auch Stuttgart FamRZ 1977, 545f zur verfrühten und damit unangemessenen Aufgabe einer Arbeitsstelle.

16 5. **Ansprüche aus unerlaubter Handlung (§§ 823ff)** sind neben § 1298 denkbar, zB gegenüber einem Heiratsschwindler (RG Recht 1920 Nr 2861; Gernhuber/Coester-Waltjen FamR § 8 V 4; Staud/Strätz §§ 1298, 1299

Rz 61; Soergel/H. Lange Rz 15). Sie gehen auf vollen Schadensersatz. Die Praxis ist sehr zurückhaltend: Düsseldorf FamRZ 1962, 429 hält §§ 823ff nur dann für anwendbar, wenn sich der Sachverhalt nicht mit dem speziell beim Verlöbnis geregelten Anspruch deckt, sondern über den Bruch der Verlöbnistreue hinaus eine unerlaubte Handlung des Verlöbnispartners ergibt. Macht der Zurücktretende die Gründe seines Rücktritts nicht bekannt, so reicht dieses noch nicht zur Bejahung des § 826 (RG WarnRsp 1935, 69). Auch gegen Dritte, die das Verlöbnis stören, sind Ansprüche aus unerlaubter Handlung möglich (RG 58, 255; Staud/Dietz 11. Aufl § 1298 Rz 48), so gegen den Schwiegervater, der seine Einwilligung zur Eheschließung böswillig zurückzieht, aber nur aus dem selten vorliegenden § 826. Ein absolutes Persönlichkeitsrecht auf ungestörte Verlöbnisbeziehungen zum anderen Verlobten gem § 823 I ist nicht anzuerkennen.

6. **Ansprüche aus ungerechtfertigter Bereicherung und Geschäftsführung ohne Auftrag** können ebenfalls mit dem Schadensersatzanspruch aus § 1298 zusammentreffen, BGH FamRZ 1961, 424. Denkbar ist auch ein Anspruch aus Auseinandersetzung einer Innengesellschaft (AG Augsburg FamRZ 1987, 1141f). 17

a) Ein **Bereicherungsanspruch** wird jedoch meist ausgeschlossen sein, weil Zuwendungen in Schenkungsabsicht und daher mit causa erfolgten, Frankfurt NJW 1971, 470, oder zum Ausgleich für gleichwertige Unterhaltsleistungen des Partners erbracht wurden. Geschenke iSd § 1301 sind solche Unterhaltsleistungen nicht, vgl MüKo/Wacke § 1301 Rz 3. Der Wert für erbrachte Arbeitsleistungen wird nur dann ersetzt, wenn der verfolgte und durch die Auflösung der Verlobung fehlgeschlagene Zweck, in einer Abrede zwischen den Verlobten festgehalten wurde. Einseitige Erwartungen sind nicht ausreichend, auch wenn der andere Teil die Zweckvorstellung kannte (LG Gießen FamRZ 1994, 1522). 18

b) Ansprüche aus **Geschäftsführung ohne Auftrag** schlagen idR fehl, weil die Verlobten mit gegenseitigem Wissen und Einverständnis tätig werden. 19

c) Ob Ansprüche aus einem **Gesellschaftsverhältnis** gegeben sind, müssen die besonderen Umstände des Einzelfalls ergeben. 20

7. **Zuständig für die Geltendmachung von Ansprüchen aus § 1298 ist das Gericht des Ortes,** an dem die standesamtliche Trauung stattfinden sollte (Gerichtsstand des Erfüllungsortes, § 29 ZPO), Celle MDR 1949, 368, idR der Wohnort der Braut, v Blume JW 1921, 1254, daneben das Wohnsitzgericht des Beklagten (§§ 12ff ZPO). Verfahrensmäßig ist es zulässig, den Anspruch aus § 1298 hilfsweise auf § 1299 zu stützen. 21

1299 *Rücktritt aus Verschulden des anderen Teils*
Veranlasst ein Verlobter den Rücktritt des anderen durch ein Verschulden, das einen wichtigen Grund für den Rücktritt bildet, so ist er nach Maßgabe des § 1298 Abs. 1, 2 zum Schadensersatz verpflichtet.

1. Hat der eine **Verlobte** schuldhaft einen berechtigten **Rücktritt des anderen veranlaßt**, so stehen diesem dieselben Ersatzansprüche zu, wie wenn der andere grundlos zurückgetreten wäre, vgl § 1298 Rz 11–15. Es muß ein ursächlicher Zusammenhang zwischen dem Rücktritt und dem schuldhaften Verhalten des ersatzpflichtigen Verlobten bestehen: er muß durch sein Verhalten den Rücktritt des anderen „veranlaßt" haben; RG Warn Rsp 1914 Nr 164. Eine Absicht, den Partner zum Rücktritt zu bewegen, ist nicht erforderlich (MüKo/Wacke Rz 3). Vgl auch Zweibrücken FamRZ 1986, 354, zum allgemeinen Lebensrisiko einer zunehmenden Entfremdung nach Zuzug eines Partners aus dem Ausland. – Dem Anspruch aus § 1299 kann der schuldhaft handelnde Verlobte nicht dadurch entgehen, daß er nachträglich seine **Ehebereitschaft** zeigt (Planck/Unzner Rz 7). 1

2. Für das Verhalten seiner gesetzlichen Vertreter ist der Verlobte nicht nach § 278 verantwortlich (ebenso RGRK/Roth–Stielow Rz 2; Staud/Dietz 11. Aufl § 1299 Rz 5). 2

3. **Beweislast.** Der Verlobte, der auf Schadensersatz klagt, ist mit dem Beweis für das schuldhafte Verhalten des anderen und dafür belastet, daß er selbst wegen dieses Verhaltens vom Verlöbnis zurückgetreten ist. 3

1300 (weggefallen)

1301 *Rückgabe der Geschenke*
Unterbleibt die Eheschließung, so kann jeder Verlobte von dem anderen die Herausgabe desjenigen, was er ihm geschenkt oder zum Zeichen des Verlöbnisses gegeben hat, nach den Vorschriften über die Herausgabe einer ungerechtfertigten Bereicherung fordern. Im Zweifel ist anzunehmen, dass die Rückforderung ausgeschlossen sein soll, wenn das Verlöbnis durch den Tod eines der Verlobten aufgelöst wird.

1. **Besonderer Bereicherungsanspruch.** Die Vorschrift gewährt unabhängig von den Schadensersatzansprüchen gem §§ 1298f einen Bereicherungsanspruch. Es ist unerheblich, aus welchen Gründen die Verlobung gescheitert ist. § 1301 enthält eine Rechtsfolgenverweisung auf die §§ 812ff, deren direkte Anwendung daran scheitern würde, daß die Leistungen einen Rechtsgrund in der gültigen Schenkungsabrede besitzen. § 1301 stellt die Schenkung in Erwartung der Eheschließung der Leistung zur Erreichung eines bestimmten Erfolges im Sinne des § 812 I S 2 Alt 2 gleich, Bereicherung wegen Nichterfolges (condictio ob causam datorum oder condictio causa data causa non secuta), und schafft somit einen zusätzlichen und selbständigen Bereicherungsanspruch. Infolge dieser Gleichstellung sind sämtliche Vorschriften anzuwenden, die für diesen Bereicherungstatbestand gelten, also nicht nur die §§ 818, 819 I, 821, 822, sondern auch § 815; hM; RG JW 1925, 2110; vgl Gernhuber/Coester-Walt- 1

§ 1301 Familienrecht Bürgerliche Ehe

jen FamR § 8 VI 1 mwN zum Streitstand; aA zu § 815 Staud/Strätz § 1301 Rz 15ff. Der Sinn dieser Gleichstellung ist der, daß Geschenke, die im Rahmen des Verlöbnisses auf Grund der nahen menschlichen Beziehungen gemacht worden sind, um die Zuneigung zu erhalten und zu erhöhen, dennoch in Erwartung der Eheschließung gemacht werden, so daß ihre Berechtigung mit dem Ausbleiben dieser Erwartung entfällt, Köln FamRZ 1961, 441.

2 **2. Voraussetzungen. a)** Das **Verlöbnis** muß bei der **Schenkung wirksam** sein, so nach der Vertragstheorie BGH FamRZ 1961, 361. Die Vorschrift wird entsprechend angewandt, wenn dem schenkenden Verlobten die Unwirksamkeit des Verlöbnisses bei der Schenkung nicht bekannt war, BGH FamRZ 1969, 474; Planck Anm 2; aM RGRK 11. Aufl Anm 2; jetzt aufgegeben von RGRK/Roth–Stielow Rz 9. Kannte aber der Verlobte die Unwirksamkeit, so kann er den Anspruch nicht geltend machen (§ 815), Hamburg OLG 32, 121.

3 **b)** Die **Eheschließung** muß **unterblieben** sein, das wirksam geschlossene Verlöbnis muß daher durch Rücktritt, Aufhebung oder Unmöglichkeit erloschen sein. Wird es durch Tod, auch Selbstmord, beendet, so ist die Rückforderung im Zweifel aus Pietätsgründen ausgeschlossen, Satz 2. Dem überlebenden Verlobten und den Erben des Verstorbenen verbleiben dann die Gaben als Andenken. Das wird bei wertvollem Familienschmuck wohl nicht gelten. Entscheidend ist der Wille des Schenkers, nur im Hinblick auf die Eheschließung zu schenken oder als äußeres Zeichen der Verlobung ohne Rücksicht auf die spätere Erfüllung des Verlöbnisversprechens. Satz 2 gibt nur eine Auslegungsregel, v Tuhr Allgemeiner Teil II 1 S 189.

4 **3. Gegenstand des Anspruchs** ist, was sich die Verlobten gegenseitig während der Verlobungszeit geschenkt oder zum Zeichen des Verlöbnisses gegeben haben.

5 **a)** Der **Schenkungsbegriff** ist weit auszulegen (MüKo/Wacke Rz 3; Köln FamRZ 1995, 1142) Es sind alle Geschenke zurückzugeben, die ihren Grund gerade in den aus dem Verlöbnis folgenden menschlichen Beziehungen haben (Köln FamRZ 1961, 441), die also die gegenseitige, auf den Eheschluß gerichtete Zuneigung erhalten oder verstärken sollen. Dazu gehört auch der schenkweise Verzicht auf eine Schadensersatzforderung gegen den anderen Teil (Köln aaO). Die Anschaffung eines Pkw, der der Verlobten dazu dient, zu ihrer Arbeitsstelle zu gelangen und Einkäufe für den gemeinsamen Haushalt zu tätigen, sieht Oldenburg FamRZ 1996, 281 allerdings nicht als unentgeltliche Zuwendung an. Geringfügige Aufwendungen, etwa für Blumen, eine Konzert- oder Kinokarte, sind nicht zu ersetzen, sie haben ihre Grundlage nicht im Verlöbnis, sondern in den Gepflogenheiten menschlichen Umganges. Im übrigen schließt meistens § 818 III ihre Herausgabe aus. Daher sind ebenfalls nicht als Bereicherung gelegentliche Hausarbeiten der Braut zu ersetzen, Hamburg OLG 12, 298.

6 **b)** Zum **Zeichen des Verlöbnisses** gehören der Ringe und Schmucksachen, nach Ansicht mancher (MüKo/Wacke Rz 3), mindestens entsprechend, die Briefe, Soergel/H. Lange Rz 4, dagegen Pal/Brudermüller Rz 3 und RGRK/Roth–Stielow Rz 5 sowie Erman/Seibert[2] Rz 3.

7 **c)** Für **Gaben der Verlobten vor der Verlobung** und für Geschenke Dritter gelten die §§ 812ff direkt. Sie begründen idR keine Rückgabepflicht, da die gültige Schenkungsabrede das Gewähren rechtfertigt (Altona JW 1932, 1410; RGRK/Roth–Stielow Rz 6; Soergel/H. Lange Rz 6). Die Gegenansicht (Staud/Dietz 11. Aufl Rz 8, 10; Dölle FamR Bd 1 § 6 VII 3) verkennt, daß der mit der Schenkung bezweckte Erfolg (Erwartung der Eheschließung) bei der Zuwendung durch Dritte nicht Inhalt des Rechtsgeschäfts geworden ist. Deshalb ist auch § 812 I S 2 Alt 2 unanwendbar. Diese Schenkungen können im Rahmen der §§ 530, 534 widerrufen werden. Eine Braut ist aber nicht grob undankbar, wenn sie den weiteren außerehelichen Geschlechtsverkehr verweigert, BGH FamRZ 1961, 361.

8 **4. Für den Umfang des Ersatzanspruches** sind die §§ 818ff, so die §§ 819 I, 821, 822 entsprechend anzuwenden. Wer also bei Empfang des Geschenkes weiß, daß der Eheschluß unmöglich ist oder wer dieses später erfährt oder vom Rücktritt des anderen Kenntnis erlangt, haftet von diesem Zeitpunkt an verschärft, Planck/Unzner Anm 3, vgl Rz 2. Nicht anwendbar dagegen sind die §§ 819 II, 820, wohl aber § 815, so daß die Rückgabe nicht verlangen kann, wer die Eheschließung wider Treu und Glauben verhindert hat, RG JW 1925, 2110; BGH FamRZ 1966, 438; aA Dölle FamR Bd 1 S 84; Göppinger JuS 1968, 405; Staud/Strätz Rz 15ff. Das tut aber nicht jeder, der grundlos zurücktritt, Mitteis RG-Praxis Bd 3, 187; Lehmann FamR S 31; RGRK/Roth–Stielow Rz 7; OLG 41, 22, sondern nur, wer es unehrenhaft tut, RG Gruchot 67, 659; Enn/Wolff § 6 V. Daher kann der Schenker aus grundlosem Rücktritt schadensersatzpflichtig werden, gleichwohl aber die Geschenke zurückverlangen, weil sein Rücktritt nicht gegen Treu und Glauben verstößt, RG JW 1925, 2110.

9 Vereiteln beide Verlobten wider Treu und Glauben die Eheschließung, so kann jeder die Rückgabe der ihm gemachten Geschenke unter Hinweis auf § 815 verweigern; Kiel JW 1931, 2252.

10 Die **Beweislast** hat derjenige, der sich auf § 815 oder andere Ausschlußgründe beruft, also der Beschenkte; HRR 1931 Nr 1752. Zur Frage der internationalen Zuständigkeit bei Ansprüchen aus der Auflösung eines Verlöbnisses s BGH FamRZ 1996, 601.

1302 *Verjährung*

Die in den §§ 1298 bis 1301 bestimmten Ansprüche verjähren in zwei Jahren von der Auflösung des Verlöbnisses an.

1 **1. Es kommt nicht auf den Grund der Auflösung** an. Endet das Verlöbnis durch Rücktritt, so beginnt die Verjährungsfrist mit dem Zugang der Rücktrittserklärung (§ 130 I).

2 **2. Für Ansprüche aus unerlaubten Handlungen,** etwa aus einem Betrug oder einer Nötigung zum Verlöbnis, tritt Verjährung nach §§ 199 II und III, 852 ein.

Titel 2
Eingehung der Ehe

Vorbemerkung

Schrifttum: Materialien zum EheschlRG: Gesetzesentwurf der Bundesregierung (BT-Drucks 13/4898); Stellungnahme des Bundesrates (aaO Anlage 2, S 29ff = BR-Drucks 79/96 Beschluß) und Gegenäußerung der Bundesregierung zu der Stellungnahme des Bundesrates (aaO, Anlage 3, S 34f); Beschlußempfehlung und Bericht des 6. Ausschusses (BT-Drucks 13/9416); Zweite und Dritte Beratung und Beschluß des Bundestages (BT Plenarprotokoll 13/210 vom 11. 12. 1997, S 19162, Top 21a); Zustimmung des Bundesrates (BR-Drucks 11/98 Beschluß); endgültige Fassung BGBl I 1998, 833ff.

Literatur zum EheG: siehe 9. Aufl.

Zum neuen EheschlRG: *Barth/Wagenitz*, Zur Neuordnung des Eheschließungsrechts, FamRZ 1996, 833ff; *Bornhofen*, Die Reform des Kindschaftsrechts und die Neuordnung des Eheschließungsrechts in der standesamtlichen Praxis, StAZ 1997, 362ff; *Bosch*, Die geplante Neuregelung des Eheschließungsrechts, FamRZ 1997, 65ff, 138ff; *ders*, Neuordnung oder nur Teil-Reform des Eheschließungsrechts?, NJW 1998, 2004ff; *Gaaz*, Ausgewählte Probleme des neuen Eheschließungs- und Kindschaftsrechts, StAZ 1998, 241ff; *Hepting*, Neuerungen im Eheschließungsrecht, StAZ 1996, 257ff; *ders*, Das Eheschließungsrecht nach der Reform, FamRZ 1998, 713ff; *Hepting/Gaaz*, Personenstandsrecht, Bd 2, 1999; *Mustheler*, Der Entwurf eines Gesetzes zur Neuordnung des Eheschließungsrechts, JZ 1997, 1142ff; *Wagenitz/Bornhofen*, Handbuch des Eheschließungsrechts, 1998.

1. Das am 1. 7. 1998 in Kraft getretene **Gesetz zur Neuordnung des Eheschließungsrechts (EheschlRG)** hat zu Änderungen sowohl des materiellen als auch des formellen Rechts geführt. Es hat das materielle Eheschließungsrecht durch Aufhebung des EheG wieder systemgerecht in das Bürgerliche Gesetzbuch zurückgeführt. Das **EheG 1938** war nach der Eingliederung Österreichs geschaffen worden, um das Eheschließungs- und Scheidungsrecht in Österreich und im übrigen Reichsgebiet zu vereinheitlichen und die nationalsozialistische Ideologie im Eherecht durchzusetzen. Das Eheschließungs- und Scheidungsrecht wurde aus dem BGB, das in Österreich nicht galt, herausgenommen und in einem eigenständigen Ehegesetz geregelt. §§ 4, 5 EheG 1938 verwiesen auf das Blutschutzgesetz und das Erbgesundheitsgesetz, die rassische Eheverbote enthielten. §§ 48, 53 EheG 1938 machten die Verweigerung der Fortpflanzung und die vorzeitige Unfruchtbarkeit zu Scheidungsgründen. Nach **Streichung** spezifisch **nationalsozialistischer Unrechtsnormen** wurde ein Großteil des EheG 1938 **durch das Kontrollratsgesetz Nr 16 vom 20. 2. 1946 (EheG 1946)**, das am 1. 3. 1946 in allen vier Besatzungszonen und Berlin in Kraft trat, mit nur geringen Abweichungen oder sogar wörtlich übernommen. Während das EheG in den westlichen Zonen seine Geltung behielt, wurde es in der ehemaligen DDR durch die Verordnung über die Eheschließung und Auflösung vom 24. 11. 1955 und später durch das **Familiengesetz der DDR vom 1. 4. 1966** ersetzt. Im Westen hatte das EheG als eine vom Kontrollrat erlassene Rechtsvorschrift gemäß Teil 1 Art 1 I, III des Vertrages zur Regelung aus Krieg und Besatzung entstandener Fragen (BGBl 1955, S 405, 406f) nicht geändert werden, und nur nach Art 1 II dieses Vertrages konnten einzelne Bestimmungen nach Absprache mit den Drei Mächten außer Kraft gesetzt werden.

Ergänzungen und Änderungen erfuhr das EheG mehrmals: durch das KRG Nr 52 vom 21. 4. 1947, das Gleich- **2** berechtigungsG vom 18. 6. 1957, das FamRÄndG vom 11. 8. 1961, das NEhelG vom 19. 8. 1969 sowie durch das Gesetz zur Neuregelung des Volljährigkeitsalters vom 31. 7. 1974. Nach der amtlichen Begründung zum 1. EheRG sollte auch das Eheschließungsrecht wieder in das Bürgerliche Gesetzbuch zurückgeführt werden (BT-Drucks 7/650, S 94), doch kam dies zu einem solches 2. EheRG über das Eheschließungsrecht blieb im Entwurfstadium (im Jahre 1982) nicht hinaus. Den entscheidenden Anstoß zur Neuregelung brachte die Wiedervereinigung, denn im Rahmen der Verhandlungen zum Einigungsvertrag wandten sich die Verhandlungsführer der DDR gegen eine Anwendung des EheG in den neuen Bundesländern, in denen es daher lediglich vorläufig übernommen wurde mit der erklärten Absicht, alsbald ein neues Eheschließungsrecht zu schaffen. Mit Art 7 des Vertrages zwischen der Bundesrepublik und den alliierten Staaten über die abschließende Regelung in bezug auf Deutschland vom 12. 9. 1990 (vgl BGBl II 1990, 1317, 1324) ging mit der vollen Souveränität auch die alleinige Entscheidungsmacht für das EheG auf die Bundesrepublik über.

2. Entstehungsgeschichte des EheschlRG. Am 9. 2. 1996 leitete die Bundesregierung einen Gesetzesentwurf **3** zur Neuordnung des Eheschließungsrechts (vgl BT-Drucks 13/4898) dem Bundesrat zu, der neben der Rückführung des Eheschließungsrechts ins BGB die Streichung einiger Vorschriften und eine Vereinfachung der Verfahren zum Ziel hatte. Wesentliche Elemente des Gesetzesentwurfes waren die Abschaffung des § 1300, des Aufgebots, die Beseitigung der Eheverbote der Schwägerschaft, der Wartezeit und des fehlenden Auseinandersetzungszeugnisses, der Wegfall der Unterscheidung zwischen nichtiger und aufhebbarer Ehe durch die Schaffung eines einheitlichen Eheaufhebungsverfahrens sowie Vereinfachungen bei Eheschließungen mit Auslandsbezug (vgl BT-Drucks 13/4898). Der Gesetzesentwurf wurde am 13. 6. 1996 zusammen mit der Stellungnahme des Bundesrates und einer Gegenäußerung (Anlage 3 zu BT-Drucks 13/4898) von der Bundesregierung in den Bundestag eingebracht. Nach Zustimmung des Bundesrates am 6. 2. 1998 wurde das EheschlRG am 8. 5. 1998 verkündet.

3. Überblick über die wesentlichen Neuerungen durch das EheschlRG. **a) Eheschließungsvoraussetzungen.** **4** **aa)** Für die Befreiung vom Ehemündigkeitserfordernis und für die Ersetzung eines Widerspruchs des Personensorgeinhabers ist nunmehr ein einheitliches Verfahren vorgesehen. **bb)** Die Eheverbote der Schwägerschaft, der Wartezeit und des fehlenden Auseinandersetzungszeugnisses sind entfallen. **cc)** Das Ehefähigkeitszeugnis für Auslän-

Vor § 1303 Familienrecht · Bürgerliche Ehe

der gilt nur noch für diejenigen, die nicht dem deutschen Eherecht unterliegen; ferner werden solche Zeugnisse nicht nur dann anerkannt, wenn sie von der inneren Behörde des Heimatlandes ausgestellt worden sind, sondern auch von einer anderen Stelle, soweit dies nach Maßgabe völkerrechtlicher Verträge vorgesehen ist. Zuständig für die Befreiung vom Ehefähigkeitszeugnis ist nunmehr der OLG-Präsident des Anmeldebezirks (§ 1309 II). **dd)** Für Befreiungs- und Ersetzungsverfahren im Rahmen der Eheschließung ist nunmehr das FamG an Stelle des VormG zuständig (Verfahren nach §§ 1303 II, 1308 II, 1315 III Hs 2).

5 **b)** Im **Eheschließungsverfahren** ist das Aufgebot entfallen; an seine Stelle ist ein Anmeldeverfahren getreten. Trauzeugen sind nicht mehr erforderlich, können aber auf Wunsch beigezogen werden. Der Standesbeamte kann bei einer sogenannten Scheinehe die Mitwirkung an der Eheschließung verweigern und ist zu Ermittlungen befugt, ob eine solche aufhebbare Ehe vorliegt.

6 **c) Eheaufhebung.** Die Differenzierung zwischen nichtiger und aufhebbarer Ehe wird aufgegeben, statt dessen gibt es ein einheitliches Aufhebungsverfahren (§§ 1313f). Die Aufhebungsgründe des Irrtums über die Person oder über wesentliche Eigenschaften des Ehepartners sind gestrichen, der neue Aufhebungsgrund der Scheinehe ist eingeführt worden (§ 1314 II Nr 5). Bei den Aufhebungsfolgen wird nicht mehr generell auf die Scheidungsfolgen verwiesen, sondern es werden differenzierende Regelungen getroffen.

7 **d)** Derjenige neu verheiratete Ehegatte, der nach dem **Bekanntwerden des Überlebens seines für tot erklärten Gatten** die Aufhebung seiner neuen Ehe betreibt, kann künftig auch eine andere Person als den früheren Ehegatten neu heiraten (§ 1320).

8 **4. Übergangsvorschriften.** Das Gesetz trat am 1. 7. 1998 in Kraft, gilt also für Eheschließungen ab diesem Zeitpunkt. Gemäß Art 226 III EGBGB gilt das neue Eheschließungsrecht hinsichtlich einer Eheaufhebung grundsätzlich auch für Ehen, die vor dem 1. 7. 1998 geschlossen worden sind, jedoch mit zwei Einschränkungen: Zum einen ist eine Aufhebung einer solchen Ehe nach neuem Recht dann ausgeschlossen, wenn sie nach dem vorherigen Recht weder nichtig noch aufhebbar war (Art 226 I EGBGB); zum anderen gilt Art 226 III EGBGB nach Abs II auch nicht bei zum Stichtag 1. 7. 1998 bereits anhängigen Nichtigkeits- oder Aufhebungsverfahren. Zu beachten ist, daß die Wirksamkeit von Ehen, die im Gebiet der ehemaligen DDR geschlossen wurden, laut Einigungsvertrag (Anlage I Kap III Sachgebiet B Abschnitt III Nr 11 – BGBl 1990 II, 954) das frühere Recht der DDR gilt.

9 **5.** Die **Formvorschriften** sind weiterhin im teilweise ebenfalls geänderten PStG (in der Fassung vom 8. 8. 1957 – BGBl I 1125) und in der AVO PStG (vom 25. 2. 1977 – BGBl I 377) geregelt.

Untertitel 1

Ehefähigkeit

1303 *Ehemündigkeit*
(1) **Eine Ehe soll nicht vor Eintritt der Volljährigkeit eingegangen werden.**
(2) **Das Familiengericht kann auf Antrag von dieser Vorschrift Befreiung erteilen, wenn der Antragsteller das 16. Lebensjahr vollendet hat und sein künftiger Ehegatte volljährig ist.**
(3) Widerspricht der gesetzliche Vertreter des Antragstellers oder ein sonstiger Inhaber der Personensorge dem Antrag, so darf das Familiengericht die Befreiung nur erteilen, wenn der Widerspruch nicht auf triftigen Gründen beruht.
(4) **Erteilt das Familiengericht die Befreiung nach Absatz 2, so bedarf der Antragsteller zur Eingehung der Ehe nicht mehr der Einwilligung des gesetzlichen Vertreters oder eines sonstigen Inhabers der Personensorge.**

1 **1.** Die in den Abs III und IV enthaltenen Neuregelungen beruhen auf Vorschlägen des Bundesrates (BR-Drucks 79/96) und des Rechtsausschusses (BT-Drucks 13/9416), während der Gesetzesentwurf der BReg, der sich auf die beiden ersten Absätze beschränkt, den früheren §§ 1, 3 EheG entsprochen hatte (RegE BT-Drucks 13/4898).

2 **2.** Eine Eheschließung setzt die **Ehemündigkeit** voraus, die grundsätzlich an die **Volljährigkeit**, also der Vollendung des 18. Lebensjahres gekoppelt ist (Abs I). Seit 1975 (Gesetz vom 31. 7. 1974, BGBl I, 1713) gelten für Frauen und Männer einheitliche Altersgrenzen (zur früheren Rechtslage siehe 5. Aufl § 1 EheG Rz 1).

3 **3.** Nach Abs II kann vom Erfordernis der Volljährigkeit **Befreiung** erteilt werden, wenn der minderjährige Antragsteller mindestens 16 Jahre alt und sein künftiger Ehepartner volljährig ist. Sind beide minderjährig, kann keinem von ihnen Befreiung erteilt werden, selbst wenn sie im übrigen die nötige Reife besitzen. Die Eingehung einer Ehe durch eine noch nicht 16 Jahre alte Person, die insbesondere gewünscht wurde, wenn die noch nicht 16jährige schwanger ist, ist nach geltendem Recht nicht möglich (kritisch Löwisch NJW 1975, 15, 16; Canaris JZ 1987, 1000). Der für die Altersberechnung maßgebende Zeitpunkt ist der der Eheschließung.

4 Die Befreiung vom Ehemündigkeitsalter der Volljährigkeit wird nunmehr **vom FamG** (früher: VormG) erteilt. Dies entspricht dem Anliegen der Kindschaftsrechtsreform, die Aufspaltung der Zuständigkeiten auf das Familien- und Vormundschaftsgericht in Kindschaftssachen zu vermeiden. Zuständig ist das für die ehemündige Verlobten zuständige Gericht (§§ 36, 43 FGG); hat ein deutsches Mündel weder Wohnung noch Aufenthalt im Inland, so ist das Amtsgericht Schöneberg in Berlin zuständig (§ 36 II FGG). Der Richter (nicht der Rechtspfleger, § 14 Nr 18 RpflG) entscheidet im Verfahren der freiwilligen Gerichtsbarkeit. **Antragsberechtigt** ist der **minderjährige Heiratswillige**. Die Frage, ob auch ein gesetzlicher Vertreter den Antrag auf Befreiung von dem Erfordernis der

Ehemündigkeit stellen kann, hat der Gesetzgeber offengelassen (zum früheren Recht str, siehe MüKo/Müller-Gindullis 3. Aufl § 1 EheG Rz 15 mN). Die zum Ausdruck gebrachte Intention, dem Minderjährigen Schutz vor Verheiratung durch die Eltern zu gewähren (RegE BT-Drucks 13/4898, 19), spricht für eine Höchstpersönlichkeit des Antragsrechts (so schon Bienwald NJW 1975, 957, 959). Es genügt allerdings, daß der Minderjährige in den Antrag seines gesetzlichen Vertreters einwilligt.

4. Das FamG hat bei der Entscheidung über die Befreiung außer dem Vorliegen der gesetzlichen Voraussetzungen zu prüfen, ob die Befreiung nicht das **Wohl des Antragstellers** gefährdet (Gernhuber/Coester-Waltjen, § 9 II 3). Dabei ist zu berücksichtigen, ob der Antragsteller die **für eine Ehe erforderliche Reife** besitzt und daher zwischen einer Augenblicksneigung und dem erforderlichen ernsthaften Willen zu einer andauernden Lebensgemeinschaft unterscheiden kann. Eine Befreiung ist abzulehnen, wenn konkrete Gründe ein Scheitern der Ehe wahrscheinlich machen. Als solche Gründe werden genannt: ein großer Altersunterschied, Fehlen wechselseitiger Bindung wegen kurzer Bekanntschaft der Verlobten, im Einzelfall auch Fehlen wirtschaftlicher Mindestbedingungen (kritisch Bienwald NJW 1975, 959). Die Tatsache, daß beide von der Sozialhilfe leben, rechtfertigt für sich noch nicht die Versagung der Befreiung (Karlsruhe FamRZ 2000, 819). Auch allein die Jugendlichkeit des Antragstellers kann noch keine Zweifel am Bestand der künftigen Ehe nähren (bedenklich AG Ravensburg DAV 1976, 433).

Da die Verlobten heutzutage nach weniger als zwei Jahren ohnehin heiraten können, ist die Frage der Befreiung meist nicht von großer Brisanz; der praktisch häufigste Fall für einen Befreiungsantrag ist daher die **Schwangerschaft** der Braut. Diese rechtfertigt aber nicht immer eine Befreiung, da eine Eheschließung nicht generell die beste Lösung für die werdende Mutter darstellt. Wenn der Bestand der Ehe konkret gefährdet erscheint, ist daher der Befreiungsantrag abzulehnen. Ob eine geordnete Erziehung des erwarteten Kindes gewährleistet ist, sollte bei dieser Entscheidung nicht im Vordergrund stehen, da es nicht darum geht, das Wohl des nasciturus zu wahren (Gernhuber/Coester-Waltjen § 9 II 4). Die früher vertretene Auffassung, es sei die sittliche Pflicht des Mannes, die geschwängerte Braut durch Heirat wieder zu Ehren zu bringen und ihr den Makel nichtehelicher Geburt zu ersparen, ist unter dem neuen Recht, das die rechtlichen Unterschiede zwischen ehelichen und nichtehelichen Kindern weitgehend aufgibt, nicht mehr von Belang. Schon zuvor wurde in der Literatur zu Recht betont, daß die Tatsache, daß das Kind in einer Ehe aufwachsen kann, nicht das allein ausschlaggebende Kriterium sein soll (Nachweise in der 9. Aufl). Stellt der minderjährige Mann den Antrag, weil seine volljährige Verlobte ein Kind erwartet, gilt dieser Gedanke erst recht.

5. Die Befreiung, die tatbestandlich an den **unbestimmten Rechtsbegriff** der „Ehereife" anknüpft (Thüringen FamRZ 1997, 1274) und daher nicht im Ermessen des Gerichts steht (Hamm FamRZ 1965, 562; Göppinger FamRZ 1961, 463; Hepting/Gaaz Bd 2 Rz III 86; Pal/Brudermüller § 1303 Rz 5; aA Pal/Diederichsen 58. Aufl § 1303 Rz 8), wird dem Antragsteller nicht allgemein, sondern nur im Hinblick auf die künftige Ehe mit einem bestimmten Partner erteilt (LG Koblenz FamRZ 1970, 200).

6. Vor seiner Entscheidung hat das FamG nach § 49a I Nr 1 FGG das zuständige **Jugendamt** und nach § 50a I und II FGG die **Eltern (und ggfls den Verlobten) des Antragstellers zu hören**. Auch ein Elternteil, dem kein Sorgerecht zusteht, ist zu beteiligen (Saarbrücken FamRZ 2003, 1662). Gegen die Ablehnung der Befreiung steht dem Antragsteller die Beschwerde zu (§ 20 II FGG). Die Eltern können Beschwerde sowohl gegen die Befreiung als auch gegen die Ablehnung einlegen (§ 57 I Nr 9 FGG), dem anderen Verlobten steht dagegen ein Recht zur Beschwerde nicht zu, da es sich um ein einseitiges Ehehindernis handelt. Die Beschwerde gegen die erteilte Befreiung schiebt die Wirksamkeit der Befreiung nicht auf; der Minderjährige kann also heiraten. Auch das Jugendamt hat kein Beschwerderecht, da weder durch Erteilung noch durch Ablehnung der Befreiung ein eigenes Recht des Jugendamtes verletzt wird (LG Münster NJW 1964, 1421; Schnitzerling StAZ 1965, 90; Kössinger StAZ 1965, 176).

7. Widerspruch des gesetzlichen Vertreters oder eines sonst Personensorgeberechtigten: Das frühere Einwilligungsrecht des Personensorgeberechtigten zur Eheschließung selbst ist nunmehr entsprechend einem Vorschlag des Bundesrates (gegen die Stellungnahme der BReg – BT-Drucks 13/4988, 29, 34 –, aber unter Befürwortung des Rechtsausschusses – BT-Drucks 13/9416, 27) entfallen; gemäß Abs III wird statt dessen zum Befreiungsantrag eines Minderjährigen der **gesetzliche Vertreter oder ein sonstiger Inhaber der Personensorge** (früher: „Personensorgeberechtigter") gehört. Widerspricht dieser und beruht sein **Widerspruch** auf triftigen Gründen, so darf das FamG eine Befreiung nach Abs II nicht erteilen. Daß das Gesetz von Widerspruch statt von Einwilligung spricht, ändert in der Sache nichts, es gelten inhaltlich dieselben Grundsätze (Bäumel/Bienwald/Wax § 1303, Rz 4). Das Recht ist auch Ausfluß eines Elternrechts, sondern des Personensorgerechts (so schon BGH 21, 340, 345), besteht somit für den, der zur Zeit der Eheschließung zur Vertretung in den persönlichen Angelegenheiten berechtigt ist oder die tatsächliche Personensorge innehat (MüKo/Müller-Gindullis § 1303 Rz 15). Das Recht ist höchstpersönlich und kann daher nicht durch einen Vertreter ausgeübt werden. Auch ein beschränkt Geschäftsfähiger kann wirksam widersprechen (Lukes StAZ 1962, 30); es handelt sich dabei um eine einseitige empfangsbedürftige Willenserklärung, die im voraus abzugeben ist. Da sie nicht auf die Eheschließungserklärung, sondern auf das Befreiungsverfahren bezogen ist, ist sie gegenüber dem FamG und nicht gegenüber dem Minderjährigen abzugeben. Sie kann sich nur auf einen bestimmten Fall beziehen und ist formlos gültig. Bis zur Eheschließung ist die Einwilligung bzw der Widerspruch widerruflich (§ 183).

8. Bei ehelichen Kindern können während der Ehe grundsätzlich **jeweils Vater und Mutter** als gesetzliche Vertreter (§ 1629 I) widersprechen. Ruht die elterliche Sorge eines Elternteils oder ist er an ihrer Ausübung tatsächlich verhindert, so genügt der Widerspruch des anderen (§ 1678 I). Wenn einem Elternteil die Personensorge nach §§ 1666, 1666a entzogen wird, steht sie gemäß § 1680 I iVm III dem anderen Elternteil allein zu, so daß dieser widerspruchsberechtigt ist. Dies gilt auch, wenn ihm das Personensorgerecht im Fall des § 1680 II S 1 und 2 übertragen worden ist.

Nach Auflösung der Ehe durch Tod oder Todeserklärung eines Elternteils behält grundsätzlich der andere die elterliche Sorge und damit das Widerspruchsrecht nach § 1303 III, und zwar auch bei Wiederverheiratung. Wird

§ 1303

die Ehe der Eltern aufgehoben, geschieden oder leben die Eltern nicht nur vorübergehend getrennt, so kommt es darauf an, wie die Personensorge geregelt wird. Vom Grundsatz des **gemeinsamen Sorgerechts** ausgehend müssen ggf **beide Eltern** gemäß § 1303 widersprechen; ist dagegen das Sorgerecht auf einen Elternteil übertragen worden, steht diesem die gesetzliche Vertretung des Kindes in persönlichen Angelegenheiten zu (§ 1629 I S 3). Bei Übertragung der Personensorge auf eine Pflegeperson (§ 1630 III) kommt nur deren Widerspruch in Frage. Bei Kindern, deren Eltern nicht miteinander verheiratet sind, ist grundsätzlich die Mutter sorge- und damit widerspruchsberechtigt (§ 1626a II). Haben die Eltern jedoch das gemeinsame Sorgerecht (zB § 1626a I), sind es beide.

12 Bei als Kind Angenommenen kann der Annehmende als gesetzlicher Vertreter (§ 1754 III) widersprechen. Ist die Annahme als gemeinschaftliches Kind von einem Ehepaar erfolgt, so ist der Widerspruch beider Annehmender erforderlich (§§ 1754 III, 1629 I). Die leiblichen Eltern haben dagegen kein Widerspruchsrecht, es lebt allerdings wieder auf, wenn ihnen ausnahmsweise nach § 1764 IV die elterliche Sorge zurückübertragen wird.

13 9. Abs IV stellt eine wesentliche Erleichterung zum bisherigen Recht dar: Im Rahmen der **Erteilung einer Befreiung** von der Voraussetzung der Volljährigkeit wird zugleich über einen möglichen Widerspruch des gesetzlichen Vertreters oder des Inhabers der Personensorge entschieden. Das bisherige, umständliche Verfahren, wonach außer der Befreiung auch noch eine Ersetzung der fehlenden Einwilligung vom VormG ausgesprochen werden mußte, also zwei getrennte Verfahren durchgeführt wurden, ist nunmehr in einem Rechtsakt zusammengefaßt. Damit werden die Gerichte entlastet und unnötige Verzögerungen vermieden. Das FamG hat gem Abs III zu prüfen, ob der Widerspruch des Personensorgeberechtigten auf einem triftigen Grund beruht (es brauchen nicht mehrere Gründe sein, vgl BGH 21, 340, 342). Es hat dabei die Gesamtumstände des Einzelfalles zu berücksichtigen und eine Abwägung der für das Wohl des Minderjährigen sprechenden Belangen vorzunehmen. Eigene Interessen der Familie wie religiöse Vorstellungen, die nicht zugleich die Interessen des Antragstellers berühren, rechtfertigen den Widerspruch nicht (Hepting/Gaaz Bd 2 Rz III-89; MüKo/Müller-Gindullis Rz 22). Im wesentlichen spielen bei dieser Frage genau die Gesichtspunkte eine Rolle, die für die Befreiung von der Ehemündigkeit angeführt wurden (Rz 5). Ein triftiger Grund kann gegeben sein, wenn die Minderjährige einen Mann heiraten will, nach dessen Heimatrecht die Frau in einer völlig untergeordneten Stellung leben müßte. Das Widerspruchsrecht ist nicht Ausfluß des Elternrechts, sondern des Rechts zur Personensorge. Auch wem nur die tatsächliche Personensorge ohne das Recht zur Vertretung zusteht, ist widerspruchsberechtigt. Der Widerspruch ist gegenüber dem FamG zu erklären (Johannsen/Henrich § 1314 Rz 9; Wagenitz/Bornhofen 1. Abschnitt Rz 19). Beruht der Widerspruch nicht auf einem triftigen Grund, ist die Befreiung zu erteilen, ein Ermessen steht dem Gericht nicht zu.

14 10. Die Neuregelung bringt auch Änderungen bei den **Rechtsfolgen:** Während früher eine mit Zustimmung des gesetzlichen Vertreters, aber **ohne vormundschaftsgerichtliche Genehmigung** erfolgte Eheschließung bestandskräftig war, ist diese jetzt **aufhebbar**. Allerdings besteht die **Möglichkeit einer Genehmigung** durch das FamG oder einer Bestätigung durch den volljährig gewordenen Ehegatten (§ 1315 I Nr 1). Wenn der gesetzliche Vertreter seine Zustimmung verweigert und das FamG gleichwohl Befreiung erteilt, ist die Ehe nicht aufhebbar. Gegen die Verweigerung der Genehmigung hat der Minderjährige das Rechtsmittel der Beschwerde, nicht dagegen der andere Verlobte.

1304 *Geschäftsunfähigkeit*
Wer geschäftsunfähig ist, kann eine Ehe nicht eingehen.

1 1. Die Vorschrift entspricht wörtlich § 2 EheG.

2 2. **Geschäftsunfähig** und damit ehunfähig sind nach § 104 Kinder unter sieben Jahren (Nr 1) und Personen, die sich in einem die freie Willensbestimmung ausschließenden Zustand krankhafter Störung der Geistestätigkeit befinden, sofern nicht der Zustand seiner Natur nach ein vorübergehender ist (Nr 2).

Ihnen sind Personen gleichzustellen, die sich zur Zeit der Eheschließung in einem die freie Willensbestimmung ausschließenden Zustand der Bewußtlosigkeit oder vorübergehender Störung der Geistestätigkeit befinden (§ 1314 II Nr 1); die Rechtsfolge ist die gleiche (vgl unter Rz 4).

3 3. Nach Aufhebung des früheren § 104 Nr 3 gibt es keine Geschäftsunfähigkeit durch Entmündigung mehr, eine Betreuung gemäß § 1896 beeinträchtigt nicht automatisch die Ehefähigkeit, auch wenn ein Einwilligungsvorbehalt angeordnet wurde (§ 1903 II). Der **Standesbeamte** muß daher in Zweifelsfällen notfalls **aufgrund eigener Ermittlungen** prüfen, ob gegebenenfalls die natürliche Geschäftsunfähigkeit iSd § 104 Nr 2 vorliegt (vgl dazu AG Rottweil FamRZ 1990, 626; Schwab, FS Rebmann 1989, S 691; Böhmer StAZ 1990, 214), was meist nur mit Hilfe eines Sachverständigengutachtens zu ermitteln sein wird. Bei teilweiser Geschäftsunfähigkeit, die sich nur auf ein bestimmtes Gebiet erstreckt (RG 162, 223), kann Geschäftsfähigkeit in bezug auf die Eingehung einer Ehe und damit Ehefähigkeit bestehen. Die Praxis hat in Parallele zu § 2229 IV (Testierfähigkeit) – den Begriff der **Ehegeschäftsfähigkeit** entwickelt (BVerfG FPR 2003, 237; BayObLG FamRZ 1997, 294; Hepting/Gaaz Bd 2 Rz III-96; Böhmer StAZ 1992, 65, 67), der abstellt auf die Fähigkeit, die Einsicht in das Wesen der Ehe und auf die Freiheit des Willensentschlusses zur Eingehung einer Ehe.

4 4. **Eheunfähige** können keine Ehe eingehen, auch nicht mit Einwilligung des gesetzlichen Vertreters, eine Befreiung kann nicht erteilt werden. Die gleichwohl geschlossene Ehe ist nach § 1314 aufhebbar, ohne ein gestalterisches Urteil also – im Gegensatz zu anderen Willenserklärungen eines Geschäftsunfähigen – wirksam. Sie kann im übrigen durch Bestätigung geheilt werden, wenn der Ehegatte nach Wegfall der Geschäftsunfähigkeit zu erkennen gibt, daß er die Ehe fortsetzen will (§ 1315 I Nr 2, 3).

1305 (weggefallen)

Untertitel 2
Eheverbote
Vorbemerkung

1. Das **Eheverbot der Schwägerschaft** wurde durch das EheSchlRG **fallengelassen,** da weder medizinische noch erbbiologische Gründe ein solches Verbot rechtfertigten und ohnehin in erheblichem Umfang Befreiung gewährt wurde (BR-Drucks 79/86, 33). Die Forderung nach seiner Abschaffung war schon früh erhoben worden (Böhmer StAZ 1975, 8), mitunter wurde es sogar für verfassungswidrig gehalten (MüKo/Müller-Gindullis, 3. Aufl § 4 EheG Rz 11). Aber auch die Abschaffung wird kritisiert (Bosch FamRZ 1997, 75), weil sie ethisch elementare Werte aufgebe (für ein eingeschränktes Eheverbot der Schwägerschaft: Muscheler JZ 1997, 1146 im Hinblick auf Mißbrauchsfälle) und letztlich Ausdruck der Resignation vor dem Funktionsverlust der Eheverbote sei (Hepting/Gaaz Bd 2 Rz III–108).

2. Die **Eheverbote** der **Doppelehe** und der **Verwandtschaft** sowie das lediglich aufschiebende Ehehindernis der **Adoptionsverwandtschaft** (gegen das zu verstoßen sanktionslos bleibt) sind nur sprachlich modifiziert, inhaltlich aber vom EheSchlRG unverändert **übernommen** worden. Weggefallen sind die Eheverbote der Schwägerschaft, des Trennungsjahres und des fehlenden Auseinandersetzungszeugnisses.

3. Das sanktionslose **Ehehindernis** der **Wartezeit** (§ 8 EheG) hatte insoweit geringe Bedeutung, als von ihm fast ausnahmslos Befreiung erteilt worden war, was die häufige Forderung nach seiner **Abschaffung** bestärkte (Gernhuber/Coester-Waltjen 10 V 2; MüKo/Müller-Gindullis, 3. Aufl § 8 EheG, Rz 6). Überdies sei es insoweit obsolet geworden, als sein Zweck, konkurrierende Ehelichkeitsvermutungen zu verhindern, durch die Neuregelung der §§ 1593 I, 1600 hinfällig geworden sei (BT-Drucks 13/4898, 13).

4. Das ebenfalls lediglich aufschiebende **Ehehindernis des fehlenden Auseinandersetzungszeugnisses** (§ 9 EheG) war vor allem deshalb kritisiert worden, weil es die Eheschließung aus ehefremden Gründen erschwerte (MüKo/Müller-Gindullis, 3. Aufl § 9 EheG Rz 1; Staud/Strätz 12. Aufl § 9 EheG Rz 4; Böhmer StAZ 1975, 8). **An seine Stelle getreten** ist nunmehr die Pflicht des Standesbeamten, **dem FamG Mitteilung zu machen** bei Eheschließung eines Verlobten, der die Vermögenssorge für ein Kind hat oder mit einem minderjährigen unter Vormundschaft stehenden Abkömmling in fortgesetzter Gütergemeinschaft lebt (§ 5 V PStG). Die Kritik Muschelers (JZ 1997, 1146 f), daß es wegen fehlender Kenntnis des § 1683 in den betroffenen Kreisen sinnvoller gewesen wäre, den Standesbeamten zu verpflichten, den Ehewilligen zu informieren, betrifft weniger den Wegfall des Eheverbots als die Neufassung des § 5 PStG (für Beibehaltung des Eheverbots Bosch FamRZ 1982, 869).

1306 *Doppelehe*
Eine Ehe darf nicht geschlossen werden, wenn zwischen einer der Personen, die die Ehe miteinander eingehen wollen, und einer dritten Person eine Ehe besteht.

1. Die Vorschrift entspricht inhaltlich § 5 EheG, ist jedoch im Detail sprachlich neu gefaßt worden. Die neue Formulierung bringt zum Ausdruck, daß es sich um ein **„zweiseitiges Ehehindernis"** handelt, und stellt klar, daß das Verbot eine bestehende Ehe mit einer dritten Person voraussetzt. Eine zweite Eheschließung desselben Ehepaares wird also nicht durch die Vorschrift gehindert.

2. Das **Eheverbot der Doppelehe** ist notwendige Folge des Grundsatzes der Einehe, der durch § 171 StGB auch strafrechtlich geschützt wird. Wer verheiratet ist, darf eine neue Ehe mit einer anderen Person nicht eingehen, bevor die frühere Ehe durch Tod, Scheidung oder Aufhebung (bzw früher: Nichtigerklärung) aufgelöst ist. Auch ein erschlichenes Urteil löst die Ehe auf (RG JW 1938, 1262). **Todeserklärung** eines Ehegatten nach § 9 VerschG begründet zwar nur eine Vermutung für den Tod, gibt aber dem anderen Ehegatten die **Möglichkeit der Wiederverheiratung**. Mit Eingehung der neuen Ehe wird die frühere Ehe aufgelöst, auch wenn der für tot Erklärte noch lebt, vorausgesetzt, daß wenigstens ein Ehegatte bei Eingehung der neuen Ehe gutgläubig ist, dh nicht weiß, daß der erste Gatte die Todeserklärung überlebt hat (§ 1319 II). Diese Ausnahme von § 1306 wahrt jedoch den Grundsatz der Einehe, dadurch, daß die frühere Ehe durch den Abschluß der neuen Ehe aufgelöst wird. Grundsätzlich ist die Rechtskraft des Urteils bezüglich der Scheidung oder Aufhebung der früheren Ehe erforderlich. Die neue Ehe, die zwar nach einem Scheidungs- oder Aufhebungsurteil, aber vor dessen Rechtskraft geschlossen wird, ist zunächst aufhebbar, mit Rechtskraft des Scheidungs- bzw Aufhebungsurteils jedoch nicht mehr. Eine Doppelehe ist im übrigen während der Zeit bis zur rechtskräftigen Aufhebung wirksam.

3. Wird ein **Urteil,** das die frühere Ehe geschieden oder aufgehoben hat, im **Wiederaufnahmeverfahren** durch Zwischen- oder Endurteil **aufgehoben** (§§ 578f ZPO) – was allerdings in der Regel nur innerhalb von fünf Jahren seit Rechtskraft dieses Urteils möglich ist (§ 586 II S 2, III ZPO) – so wird eine inzwischen geschlossene Ehe als Doppelehe aufhebbar (§ 1314 I, früher: nichtig – BGH 8, 284, 287; FamRZ 1976, 336; Gernhuber/Coester-Waltjen § 10 V 3; aA Rudolph JR 1954, 4; Rüßmann AcP 167, 427). Die gleiche Wirkung wie die Aufhebung des Urteils im Wiederaufnahmeverfahren hat die **Wiedereinsetzung in den vorigen Stand** nach § 233 ZPO (BGH 8, 287; Gernhuber/Coester-Waltjen aaO; kritisch dazu Bruns JZ 1959, 149; Peters MDR 1959, 533). Wird das ursprüngliche Urteil bestätigt, ist die zweite Ehe nicht mehr aufhebbar.

4. Eine **im Ausland ergangene Entscheidung** auf Nichtigerklärung, Scheidung oder Aufhebung einer Ehe ist im Inland nur wirksam, wenn nach § 328 ZPO die gesetzlichen Voraussetzungen für die **Anerkennung der Entscheidung** gegeben sind. Ob dies zutrifft, wird **durch die Landesjustizverwaltungen** für Gerichte und Verwal-

§ 1306

Familienrecht Bürgerliche Ehe

tungsbehörden gem Art 7 § 1 FamRÄndG bindend festgestellt. Speziell zur Anerkennung von in Drittstaaten ergangenen Scheidungsurteilen vgl Düsseldorf FamRZ 1975, 584; BayObLG FamRZ 1975, 582; Otto StAZ 1975, 183. Ein Ausländer, dessen Ehe im Inland für nichtig erklärt, aufgehoben oder geschieden worden ist, kann nach Art 13 II Nr 3 EGBGB im Inland eine neue Ehe eingehen, auch wenn das Urteil in seinem Heimatstaat nicht anerkannt wird.

5 5. **In der früheren DDR ergangene Scheidungsurteile** sind in der Bundesrepublik grundsätzlich ohne weiteres wirksam. Einem durch ein solches Urteil Geschiedenen darf die Eingehung einer neuen Ehe nur verweigert werden, wenn im Verfahren nach §§ 606f ZPO festgestellt ist, daß das Urteil aus besonderen Gründen als unwirksam angesehen werden muß. Solange diese Feststellung nicht erfolgt ist, kann sich niemand auf die Unwirksamkeit des DDR-Scheidungsurteils berufen (entsprechende Anwendung des Rechtsgedankens der §§ 23ff EheG aF; vgl BGH 34, 134, 145f; Frankfurt NJW 1964, 730).

6 6. Der neue Wortlaut stellt klar, daß das Eheverbot der Doppelehe ein sogenanntes **zweiseitiges Eheverbot** ist, das sich also auch an den nicht verheirateten Ehewilligen richtet. Ein Deutscher darf daher eine Ehe mit einem Ausländer, der mit einem Dritten in gültiger Ehe lebt, auch dann nicht eingehen, wenn das ausländische Recht dieses konkrete Eheverbot nicht kennt (RG 151, 313, 317; siehe auch Hepting/Gaaz Bd 2 Rz III-339).

7 7. Die geänderte Fassung macht ferner deutlich, daß Eheleute, die Zweifel an der Gültigkeit oder dem Fortbestand ihrer Ehe haben, ihre **Eheschließung wiederholen können.** Diejenigen Vorschriften, die bisher diese Rechtsfolge anordneten (siehe § 13 der 1. DVO EheG v 27. 7. 1938, VO des Zentraljustizamts für die britische Zone v 12. 7. 1948, VOBlBrZ, S 210, im Saarland das Rechtsangleichungsgesetz v 22. 12. 1956, saarländisches ABl, S 1667), wurden durch Art 14 des neuen EheschlRG aufgehoben. Der Standesbeamte hat die Zweifel der Ehegatten an der Gültigkeit ihrer Ehe nicht nachzuprüfen, für die Wiederholung gelten sachlich und formell die gleichen Voraussetzungen wie für die erste Eheschließung. Die Wiederholung hat keine rückwirkende Kraft, heilt also etwaige Mängel nur für die Zukunft, soweit sie nicht zugleich eine zulässige Bestätigung enthält.

8 Ob trotz erneuter Eheschließung die erste Ehe für nichtig erklärt werden konnte, war umstritten (siehe 9. Aufl § 5 EheG Rz 9); nunmehr stellt sich dieses Problem hinsichtlich einer Aufhebbarkeit gem § 1314. Soweit in der Wiederholung der Eheschließung (oder im Zusammenleben) einer der Ausschlußgründe des § 1315 (Bestätigung!) verwirklicht ist, kommt eine Aufhebung nicht in Betracht. Im übrigen ist eine Aufhebung zwar theoretisch nicht ausgeschlossen, wird aber häufig rechtsmißbräuchlich sein (vgl Gernhuber/Coester-Waltjen § 13 IV 4; MüKo/Müller-Gindullis 3. Aufl § 5 EheG Rz 11).

1307 *Verwandtschaft*

Eine Ehe darf nicht geschlossen werden zwischen Verwandten in gerader Linie sowie zwischen vollbürtigen und halbbürtigen Geschwistern. Dies gilt auch, wenn das Verwandtschaftsverhältnis durch Annahme als Kind erloschen ist.

1 1. Die Vorschrift entspricht dem RegE, ersetzt den früheren § 4 EheG und beschränkt sich nunmehr auf das Eheverbot der Verwandtschaft (zur Aufhebung des Eheverbots der Schwägerschaft vgl vor § 1306 Rz 1).

2 2. Das (strafbewehrte – § 173 StGB) **Inzestverbot** des § 1307, das vor allem auf eugenischen Gründen beruht, verbietet die **Ehe zwischen Verwandten in gerader Linie.** Gemäß § 1589 sind das Personen, deren eine von der anderen abstammt, unabhängig vom Grad der Verwandtschaft. Betroffen sind also Ehen zwischen Vater und Tochter, Mutter und Sohn, Großeltern und Enkeln. Es kommt **sowohl** auf die **genetische als auch die vermutete Abstammung** an, so daß das Verbot für den sogenannten Scheinvater, der mit der Mutter verheiratet ist, gilt, soweit § 1592 reicht, immer aber auch für den wirklichen Erzeuger. Das gleiche gilt im Falle der Eispende, da nunmehr gemäß § 1591 Mutter eines Kindes die Frau ist, die es geboren hat. **Das Eheverbot gilt somit für die austragende Mutter,** aber natürlich **auch für die Eispenderin,** so daß beide Mütter von dem Eheverbot betroffen sein können. Hinsichtlich der gebärenden Mutter (und vor allem ihrer anderen Kinder) wird das Eheverbot als zu weitgehender, weil nicht begründbarer, Eingriff in die Eheschließungsfreiheit kritisiert, und es werden verfassungsrechtliche Bedenken angemeldet (Hepting/Gaaz Bd 2 Rz III-158; Wagenitz/Bornhofen, Abschnitt 1 Rz 82), vor allem angesichts der Tatsache, daß eine Anfechtungsklage nicht möglich und die Zulässigkeit eines – negativen – Statusprozesses fraglich ist (dazu Rz 3).

3 3. In der Seitenlinie erstreckt sich das **Eheverbot** lediglich auf **Geschwister,** die beide Eltern oder einen Elternteil gemeinsam haben. Soweit Kinder nach §§ 1591 bis 1593 als ehelich gelten, gelten sie als Verwandte sowohl der Eltern als auch deren Abkömmlinge, auch wenn eine blutsmäßige Verwandtschaft nicht besteht (Staud/Strätz Rz 8). Das Eheverbot entfällt (bezüglich des Vaters) erst, wenn die Ehelichkeit des Kindes auf eine Anfechtungsklage hin mit allgemein bindender Wirkung beseitigt worden ist. Die Mutterschaft ist aber nicht anfechtbar. Die Frau, die das Kind als Tragemutter geboren hat, ist und bleibt rechtlich Mutter des ausgetragenen Kindes (§ 1591), das genetisch nicht von ihr abstammt und daher ein anderes leibliches Kind der Tragemutter nicht heiraten darf. Da es eine Befreiungsmöglichkeit nicht gibt, hilft in diesem Fall nur eine Feststellungsklage mit dem Ziel, feststellen zu lassen, daß die beiden genetisch nicht miteinander verwandten Geschwister heiraten dürfen. Auch hinsichtlich der (Schein-)Vaterschaft wäre dieser Weg zuzulassen, da die Anfechtung der Vaterschaft eine unverhältnismäßige Alternative darstellt, wenn lediglich eine Heirat zweier genetisch nicht verwandter Geschwister angestrebt wird, aber die mit der Anfechtung verbundenen Statuswirkungen nicht gewollt sind (wie hier Hepting/Gaaz Bd 2 Rz III-158). Auch wenn man das Eheverbot sozial-psychologisch als Stabilisierungsfaktor der familiären Rollen für gerechtfertigt hält, sollte man die Feststellungsklage gleichwohl zulassen, da auch bei dem ähnlich zu rechtfertigenden Eheverbot der Adoptivverwandtschaft ein Dispens möglich ist (§ 1308 II).

Das Eheverbot erstreckt sich nicht auf das Verhältnis zwischen Onkel und Nichte oder Vetter und Base. Ebensowenig sind beispielsweise der nichteheliche oder voreheliche Sohn eines Ehegatten und die voreheliche oder nichteheliche Tochter des anderen Ehegatten von der Vorschrift betroffen. Nach § 1307 I S 2 bleibt das Eheverbot bestehen, wenn das Verwandtschaftsverhältnis im rechtlichen Sinn durch Annahme als Kind erloschen ist. Die Adoption ändert nämlich nichts an der Anstößigkeit einer Ehe zwischen Blutsverwandten.

4. Das **Eheverbot** ist **trennend**, die gleichwohl verbotswidrig geschlossene **Ehe** gemäß § 1314 I **aufhebbar**.

5. **Übergangsrecht.** Ein vor dem 1. 7. 1998 anhängiges Nichtigkeitsverfahren kann weitergeführt werden (Art 226 II EGBGB). Ein Aufhebungsantrag nach diesem Datum kann nicht auf das Eheverbot der Schwägerschaft gestützt werden, auch wenn die Ehe zum Zeitpunkt der Geltung des Eheverbotes geschlossen worden war.

1308 *Annahme als Kind*

(1) Eine Ehe soll nicht geschlossen werden zwischen Personen, deren Verwandtschaft im Sinne des § 1307 durch Annahme als Kind begründet worden ist. Dies gilt nicht, wenn das Annahmeverhältnis aufgelöst worden ist.

(2) Das Familiengericht kann auf Antrag von dieser Vorschrift Befreiung erteilen, wenn zwischen dem Antragsteller und seinem künftigen Ehegatten durch die Annahme als Kind eine Verwandtschaft in der Seitenlinie begründet worden ist. Die Befreiung soll versagt werden, wenn wichtige Gründe der Eingehung der Ehe entgegenstehen.

1. Die Vorschrift faßt den früheren § 7 EheG neu. Die Neufassung berücksichtigt zum einen, daß das **Eheverbot der Schwägerschaft weggefallen** ist, zum anderen wird für die Entscheidung über eine mögliche **Befreiung** (auf Vorschlag des Rechtsausschusses – BT-Drucks 13/9416, 27) **das FamG** (an Stelle des VormG) für **zuständig** erklärt.

2. Wenn ein Minderjähriger als Kind angenommen wird, erhält er die Stellung eines ehelichen Kindes des oder der Annehmenden (§ 1754). Der angenommene Minderjährige wird folglich mit den Verwandten des oder der Annehmenden ebenfalls verwandt. In diesem durch die Annahme als Kind begründeten Verhältnis soll eine Ehe dann nicht geschlossen werden, wenn die Verwandtschaft den in § 1307 geregelten Beziehungen entspricht. Das Verbot ist sozialpsychologisch begründet und soll die familiäre Rollenverteilung stabilisieren.

3. Da bei einer **Volljährigenadoption** normalerweise kein Verwandtschaftsverhältnis zu den Verwandten des Annehmenden begründet wird (Ausnahme: § 1772), **greift auch das Eheverbot des § 1308 nicht** ein. Allerdings erlangt der Volljährige durch die Annahme die rechtliche Stellung eines ehelichen Kindes des Annehmenden (§§ 1754, 1767 II), so daß sich das Eheverbot auf den Annehmenden und den Angenommenen und seine Abkömmlinge erstreckt.

4. Nach Abs I S 2 besteht kein Eheverbot mehr, wenn das Annahmeverhältnis durch Aufhebung aufgelöst wird, was bei der Annahme von Minderjährigen nur unter besonderen Voraussetzungen nach §§ 1760, 1763 erfolgen kann.

5. Das **FamG kann** nach Abs II von dem Eheverbot wegen Verwandtschaft in der Seitenlinie **Befreiung erteilen**. Dadurch wird zB eine Ehe zwischen dem Angenommenen und einem leiblichen Kind des Annehmenden möglich. Die Befreiung darf nur **versagt werden**, wenn **wichtige Gründe** der Eingehung der Ehe **entgegenstehen**. Die Befreiung vom Eheverbot ist dabei die Regel, die Versagung die Ausnahme, da die moralischen Gründe, die allein dieses Eheverbot tragen, bei künstlicher Verwandtschaft sich schneller verflüchtigen als bei biologischer (Gernhuber/Coester-Waltjen § 10 IV 3).

Die Entscheidung über das Vorliegen wichtiger Gründe ist keine Ermessensentscheidung, sondern Anwendung eines **unbestimmten Rechtsbegriffs**, an dessen Vorliegen strenge Anforderungen zu stellen sind. Die Versagungsgründe müssen mit Sinn und Zweck des Eheverbots im inneren Zusammenhang stehen; persönliche Eigenschaften oder eine ungünstige Eheprognose reichen nicht als Versagungsgrund (KG FamRZ 1986, 993). Ein zu geringer zeitlicher Abstand zwischen Adoption und Eheschließung kann unter Umständen einen Versagungsgrund bilden, eventuell in Verbindung mit einer langen Dauer des Annahmeverhältnisses.

6. **Zuständig** für die Befreiung ist nunmehr das **FamG**, örtlich dasjenige, in dessen Bezirk einer der Verlobten seinen gewöhnlichen Aufenthalt hat. Es entscheidet der Richter (§ 14 Nr 18 RPflG) im FGG-Verfahren (vgl § 44a FGG). Gegen die Versagung der Befreiung haben die antragstellenden Verlobten das Recht der Beschwerde (§ 20 II FGG). Die Befreiung selbst ist unanfechtbar (§ 44a II S 1 FGG), sie kann nur noch bis zur Eheschließung geändert werden (§ 44a II S 2 FGG).

7. Das Eheverbot des Abs I ist ein aufschiebendes, eine **gleichwohl geschlossene Ehe ist wirksam und nicht aufhebbar**. Die Ehe zwischen dem Annehmenden und seinem Adoptivkind geht dem durch die Annahme begründeten Rechtsverhältnis vor; letzteres wird aufgehoben und bleibt es, auch wenn die Ehe später (aus anderem Grunde) aufgehoben werden sollte.

Untertitel 3

Ehefähigkeitszeugnis

1309 *Ehefähigkeitszeugnis für Ausländer*
(1) Wer hinsichtlich der Voraussetzungen der Eheschließung vorbehaltlich des Artikels 13 Abs. 2 des Einführungsgesetzes zum Bürgerlichen Gesetzbuche ausländischem Recht unterliegt, soll eine Ehe nicht eingehen, bevor er ein Zeugnis der inneren Behörde seines Heimatstaates darüber beigebracht hat, dass der Eheschließung nach dem Recht dieses Staates kein Ehehindernis entgegensteht. Als Zeugnis der inneren Behörde gilt auch eine Bescheinigung, die von einer anderen Stelle nach Maßgabe eines mit dem Heimatstaat des Betroffenen geschlossenen Vertrags erteilt ist. Das Zeugnis verliert seine Kraft, wenn die Ehe nicht binnen sechs Monaten seit der Ausstellung geschlossen wird; ist in dem Zeugnis eine kürzere Geltungsdauer angegeben, ist diese maßgebend.

(2) Von dem Erfordernis nach Absatz 1 Satz 1 kann der Präsident des Oberlandesgerichts, in dessen Bezirk der Standesbeamte, bei dem die Eheschließung angemeldet worden ist, seinen Sitz hat, Befreiung erteilen. Die Befreiung soll nur Staatenlosen mit gewöhnlichem Aufenthalt im Ausland und Angehörigen solcher Staaten erteilt werden, deren Behörden keine Ehefähigkeitszeugnisse im Sinne des Absatzes 1 ausstellen. In besonderen Fällen darf sie auch Angehörigen anderer Staaten erteilt werden. Die Befreiung gilt nur für die Dauer von sechs Monaten.

1   1. Die gegenüber § 10 EheG leicht geänderte Fassung beruht auf dem RegE. Die Vorschrift hat mit dem EheSchlRG einen eigenen Gliederungspunkt erhalten, nachdem sie vorher unter die Eheverbote eingeordnet war, was kritisiert worden war. Systematisch wäre der richtige Standort wohl das PStG (so zu Recht Hepting FamRZ 1998, 718).

2   2. Da die Eheschließungsvoraussetzungen nur gelten, soweit deutsches Recht anwendbar ist, soll die Vorschrift für **nicht dem deutschen Recht unterliegende Personen** sicherstellen, daß ein **Ehehindernis nach dem Heimatrecht** nicht umschrieben wird. Insoweit umschreibt Abs I genau den betroffenen Personenkreis, während seine Vorgängernorm (§ 10 EheG) ungenau auf „Ausländer" abstellte; dies war deshalb zu weit, weil beispielsweise für heimatlose Ausländer, ausländische Flüchtlinge oder Asylberechtigte die Beibringung eines Ehefähigkeitszeugnisses schon bisher nicht verlangt oder regelmäßig Befreiung erteilt wurde. Nach der Begründung des RegE (BT-Drucks 13/4898, 16) unterliegt der genannte Personenkreis deutschem Personalstatut, weshalb sich auch die Ehefähigkeit nach deutschem Recht bestimme. Da aber bisher nicht auf das Personalstatut abgestellt wurde, sei die Herleitung des richtigen Ergebnisses bislang aufwendig und problematisch gewesen. Nunmehr ist klargestellt, daß dieser Personenkreis ein Ehefähigkeitszeugnis nicht benötigt.

3   3. Die Vorschrift regelt das **Ehefähigkeitszeugnis**, das einem Verlobten bescheinigt, daß für ihn ein heimatrechtliches Ehehindernis der konkreten Eheschließung nicht entgegensteht. Vorausgesetzt wird dieses Zeugnis von Verlobten, die hinsichtlich der Voraussetzung der Eheschließung **ausländischem Recht unterliegen**. Darin ist **auch das ausländische Kollisionsrecht** eingeschlossen, so daß ein Ehefähigkeitszeugnis auch dann erforderlich ist, wenn das ausländische Recht auf das deutsche Sachrecht zurückverweist (Hepting FamRZ 1998, 718; Barth/Wagenitz FamRZ 1996, 837).

4   Da das Zeugnis dem Anmeldungsbeamten die Prüfung der Ehefähigkeit erleichtern soll, muß es **vor der Eheschließung** vorgelegt werden. Die Beschaffung obliegt grundsätzlich dem ausländischen Verlobten. Es bindet den Standesbeamten nicht. Er muß beispielsweise trotz Vorliegens eines Zeugnisses von Amts wegen zu berücksichtigen, daß ein Verlobter aufgrund einer in der Familie durchgeführten Eheschließung nach seinem Heimatrecht wirksam verheiratet ist (BayObLG FamRZ 1999, 439 – Zaire). Das Ehefähigkeitszeugnis begründet aber die Vermutung dafür, daß ein Ehehindernis nicht besteht. Hat hingegen das Gericht den Standesbeamten auf dessen Antrag hin (§ 45 II PStG) angewiesen, von seinen Bedenken hinsichtlich der Ehefähigkeit (zB wegen Verdachts der Doppelehe) Abstand zu nehmen, so ist dieser Beschluß für den Standesbeamten bindend; einem Antrag des Verlobten auf Befreiung vom Erfordernis der Beibringung eines Ehefähigkeitszeugnisses fehlte in einem solchen Fall sogar das Rechtsschutzbedürfnis (Braunschweig StAZ 1996, 85f).

5   4. Nach früherem Recht mußte das Ehefähigkeitszeugnis ausnahmslos von der „**inneren Behörde**" des **Heimatstaates** ausgestellt werden, Bescheinigungen anderer Stellen, insbesondere diplomatischer Vertretungen, waren nicht ausreichend. Darin lag eine Mißachtung der Zuständigkeitsregelungen der jeweiligen Heimatstaaten durch das deutsche Recht. Ferner mußte in diesen Fällen ein Befreiungsantrag gestellt werden, was einen bürokratischen Umweg bedeutete. Daher hat der Gesetzgeber seit 1998 in Abs I S 2 bestimmt, daß die von einer anderen Stelle nach Maßgabe eines mit dem Heimatstaat geschlossenen Vertrages erteilte Bescheinigung genügt. Damit und mit der erfolgten Ratifikation (G vom 5. 6. 1997, BGBl II, 1086; so Hepting FamRZ 1998, 718) eines von der internationalen Zivilstandskommission aufgelegten Übereinkommens (CIEC) über die Ausstellung von Ehefähigkeitszeugnissen ist der Anwendungsbereich erweitert: Nunmehr können **konsularische Ehefähigkeitszeugnisse** in größtmöglichem Umfang anerkannt werden, zumal die Zuverlässigkeit gewährleistet erscheint, weil die CIEC-Übereinkommen nur von Staaten mit einem hochentwickelten Personenstandswesen ratifiziert zu werden pflegen (Barth/Wagenitz FamRZ 1996, 838). Da das Übereinkommen nur zur Ausstellung konsularischer Ehefähigkeitszeugnisse berechtigt, die Staaten aber nicht zu deren Anerkennung verpflichtet, war eine Änderung des deutschen Rechts notwendig.

6   Zu den **Ländern, die Ehefähigkeitszeugnisse ausstellen,** siehe § 166 IV DA. Sind beide Ehewilligen Staatsangehörige desselben ausländischen Staates, so ist die Beibringung eines gemeinschaftlichen Zeugnisses grundsätzlich als genügend anzusehen (vgl Marquardt StAZ 1965, 263).

Das Zeugnis **verliert seine Wirkung**, wenn nicht **innerhalb von sechs Monaten** oder einer im Zeugnis 7
bestimmten kürzeren Frist die Ehe geschlossen wird (Abs I S 3, der die früher in § 5a PStG aF enthaltene Regelung übernimmt).

5. Abs II regelt die bisher schon bestehende Möglichkeit, von dem Erfordernis der Beibringung eines Ehefähig- 8
keitszeugnisses eine **Befreiung zu erteilen**. a) Zuständig ist der OLG-Präsident des Bezirkes, in dem die Eheschließung angemeldet wurde. Die Anknüpfung an den Anmeldungsort ist auch systematisch gerechtfertigt, weil die Befreiung Teil des Anmeldeverfahrens und nicht der Eheschließung ist. Der Antrag des ausländischen Verlobten auf Befreiung ist beim Standesbeamten zu stellen, der die Entscheidung vorbereitet (§ 5a I S 1 PStG).

b) Gemäß S 2 soll die Befreiung nur **Staatenlosen mit gewöhnlichem Aufenthalt im Ausland** und **Angehöri-** 9
gen solcher Staaten erteilt werden, deren Behörden keine Ehefähigkeitszeugnisse im Sinne des Abs I ausstel-
len. Früher war – entgegen der gesetzgeberischen Konzeption – die Erteilung eines Ehefähigkeitszeugnisses die Ausnahme, das Befreiungsverfahren aber die Regel. Das lag nicht zuletzt daran, daß das deutsche Recht zu strenge Kriterien für die Zulässigkeit ausländischer Zeugnisse aufstellte und auf die tatsächliche Situation im Ausland keine Rücksicht nahm. Durch die Regelung in Abs I S 2 könnte sich das Verhältnis in der Zukunft eventuell umkehren. In besonderen Fällen kann die Befreiung auch anderen als dem genannten Personenkreis gewährt werden (Rz 14).

c) **In dem Befreiungsverfahren wird geprüft,** ob das Heimatrecht des Verlobten der geplanten Eheschließung 10
entgegensteht (BGH 41, 136), auch wenn die gleichwohl geschlossene Ehe gültig wäre (BGH FamRZ 1971, 366). Dem OLG-Präsidenten steht **kein Ermessen** zu; die Befreiung muß erteilt werden, wenn nach den Gesetzen des Heimatlandes und auch nach deutschem Recht (KG FamRZ 1976, 353; Düsseldorf StAZ 1980, 239) kein Ehehindernis besteht (BGH 56, 180) oder wenn das ausländische Ehehindernis mit dem deutschen ordre public (Art 6 EGBGB) nicht zu vereinbaren ist (vgl im einzelnen Zimmermann StAZ 1980, 137; Düsseldorf StAZ 1980, 308). Zum Umfang der Amtsermittlungspflicht über die tatsächlichen Grundlagen von Ehehindernissen im Ausland vgl Düsseldorf StAZ 1980, 239 mit differenzierender Anm Gottwald; zur Beweiswürdigung bei ausländischen Urkunden vgl BayObLG FamRZ 1997, 817f. Von einem dispensablen Eheverbot kann nicht befreit werden (Hamm FamRZ 1969, 336). Daß die Heiratswilligen mit der Eheschließung ausschließlich ehefremde Zwecke verfolgen (Scheinehe), rechtfertigt die Zurückweisung des Antrags auf Befreiung nicht ohne weiteres (Düsseldorf FamRZ 1996, 1145f; aA Hamburg StAZ 1996, 139ff; Celle FamRZ 1998, 1108; Dresden StAZ 2001, 35). Diese Frage ist gemäß § 1310 I S 2 der Prüfung des Standesbeamten zugewiesen, während der Präsident des OLG lediglich die formellen Voraussetzungen prüft, nicht aber im Wege einer präventiven Kontrolle die materiellen Voraussetzungen, die erst im Zeitpunkt der Eheschließung vorliegen müssen. Konkrete Anhaltspunkte für eine sogenannte Scheinehe wird in der Praxis ohnehin der Standesbeamte, nicht der OLG-Präsident haben. Sollte letzterer einen entsprechenden Verdacht hegen, hat er dem Standesbeamten Mitteilung zu machen und dessen Entscheidung abzuwarten, nicht aber in der Sache selbst zu entscheiden (wie hier auch: Hepting/Gaaz § 5a PStG, Rz 93; aA Pal/Brudermüller, Rz 13). Zweifel an der Identität des Antragstellers gehen zu dessen Lasten (Düsseldorf StAZ 1998, 257f).

d) Während die frühere Rspr es ablehnte, auch bei starker Inlandsbeziehung **ausländische Normen** an den 11
Grundrechten zu messen, hat das BVerfG in der berühmten „Spanier"-Entscheidung (31, 58, 74f) klargestellt, daß die Vorschriften des IPR und die Anwendung des durch sie berufenen ausländischen Rechts im Einzelfall mit den Grundrechten im Einklang stehen müssen, wobei allein zu prüfen ist, ob und wieweit die betroffene Grundrecht nach Wortlaut, Sinn und Zweck innerhalb der Bundesrepublik stets Geltung beansprucht oder bei Sachverhalten mit mehr oder weniger starker Auslandsbeziehung eine Differenzierung verlangt. Befreiung sei bspw zu erteilen, wenn das Heimatrecht eine von einem deutschen Gericht ausgesprochene Scheidung nicht anerkennt, obwohl es sich um eine Ehe zwischen deutschen Partnern handelt. Dementsprechend wurde der notwendige **Inlandsbezug** auch bei einer durch ein deutsches Gericht geschiedenen Ehe einer Deutschen mit einem Ausländer (Spanier) angenommen, wenn die Ehe in der Bundesrepublik geschlossen worden war, der Ausländer hier ständig lebt und seine (neue) Verlobte ebenfalls Deutsche ist (BGH FamRZ 1972, 360 unter Aufgabe von BGH 41, 136; vgl generell Müller-Freienfels, FS Kegel, S 55 mN). Ein im Heimatrecht begründetes Ehehindernis der Doppelehe sei jedoch zu berücksichtigen, wenn das deutsche Scheidungsurteil noch im Heimatstaat anerkannt werden kann (für Italiener: Karlsruhe FamRZ 1972, 507; Hamm StAZ 2003, 169; Köln StAZ 1989, 260) oder eine Scheidung auch noch nach dem Heimatrecht erfolgen kann (Hamm FamRZ 1972, 140, 143).

Da die Fälle, in denen das Heimatrecht der Verlobten die Inlandsscheidung nicht anerkennt, durch die **Neurege-** 12
lung des Art 13 II EGBGB im Jahre 1986 von diesem erfaßt sind, ist ein Ehefähigkeitszeugnis nicht mehr erforderlich, so daß in diesen Fällen auch das Problem der Befreiung obsolet geworden ist. Überdies hat die sich allgemein durchsetzende **Tendenz zur Scheidungserleichterung** (oder jedenfalls zur Anerkennung ausländischer Ehescheidungen) in den meisten Staaten die Probleme wesentlich entschärft (vgl MüKo/Coester Art 13 EGBGB Rz 53).

Auch wenn die spezialisierte ordre-public-Klausel des Art 13 II EGBGB einen großen Teil der Sachverhalte erfaßt, wird man auch in Zukunft noch **in Einzelfällen auf Art 6 EGBGB** (und in dessen Rahmen auch auf die Werteordnung der Grundrechte) zurückgreifen müssen. So verstößt das Eheverbot der Religionsverschiedenheit, dem schon vom BGH (56, 180, 188) die Anerkennung versagt wurde, so eklatant gegen unsere Wertvorstellungen, daß man die in Art 13 II EGBGB gestellten Anforderungen an den Inlandsbezug noch weiter lockern kann (vgl Hamm FamRZ 1977, 323). Ähnliches wird zu gelten haben bei dem ausländischen Eheverbot der geistigen Verwandtschaft, so zwischen Patenonkel und Patenkind (Staud/von Bar/Mankowski Art 13 EGBGB Rz 391). In allen Fällen ist jedoch der in Art 13 II Nr 2 normierte Grundsatz zu beachten, daß den Ehewilligen die zumutbaren Schritte zur Erfüllung der Ehevoraussetzung nach ihrem Heimatland abverlangt werden können. So ist beispielsweise bei dem Eheverbot der höheren Weihen grundsätzlich eine Befreiung durch den Heiligen Stuhl möglich, die daher zunächst beantragt werden muß (anders Hamm FamRZ 1974, 93 mit ablehnender Anm Brodach/Jayme FamRZ 1974, 600). Das (türkische) Eheverbot der Schwägerschaft ist grundsätzlich zu beachten (Stuttgart FamRZ 2000, 821). Das ausländische Eheverbot der Gleichgeschlechtlichkeit ist auch dann zu beachten, wenn der Verlobte sich einer Geschlechtsumwandlung unterzogen hat, das ausländische Recht diese nicht anerkennt. Eine Befreiung ist dann nicht möglich (Karlsruhe FamRZ 2003, 1663).

13 Den bisher geschilderten Fällen ist gemein, daß das ausländische Recht die Eheschließungsfreiheit in einem für das deutsche Recht nicht hinnehmbaren Maß beschränkt; auch der Zweck des Art 13 II EGBGB dient dem Ziel des Schutzes der Eheschließungsfreiheit. Weniger die Eheschließungsfreiheit, sondern allgemeine Interessen werden geschützt, wenn dem ausländischen Recht die Maßgeblichkeit abgesprochen wird, weil es Ehevoraussetzungen nicht kennt, die für unsere Rechtsordnung unverzichtbar sind. Auch hier wird die grundgesetzliche Werteordnung zur Ausfüllung des ordre-public-Maßstabes heranzuziehen sein: Eine nach ausländischem Recht zulässige Kinderehe wird man sogar ohne jeden Inlandsbezug nicht zulassen können (MüKo/Coester Art 13 EGBGB Rz 27). Selbst wenn das ausländische Recht eine Doppelehe nicht verbietet, wird in Deutschland eine solche Ehe gleichwohl nicht geschlossen werden können. Das ergibt sich für Deutsche aus der Zweiseitigkeit des Eheverbots.

Soweit das Heimatrecht eines Verlobten für die Gültigkeit der Ehe eine Traubereitschaftserklärung eines Geistlichen verlangt, kann von ihrem Vorliegen die Befreiung nicht abhängig gemacht werden (Zimmermann StAZ 1980, 141; MüKo/Müller-Gindullis § 1303 Rz 13; aA Hamm FamRZ 1974, 93; RGRK/Wüstenberg § 10 EheG Rz 40).

14 e) Ein **besonderer Fall iSd Abs II S 3** liegt dann vor, wenn dem Antragsteller die Einholung des Ehefähigkeitszeugnisses **nicht zuzumuten** ist (Einzelheiten bei Hepting/Gaaz Bd 1 § 5a PStG Rz 86ff), etwa wegen Krieges oder Naturkatastrophen im Heimatland, oder weil das Zeugnis ihm aus politischen Gründen oder wegen Nichterfüllung der Wehrpflicht verweigert wird (vgl Köln FamRZ 1969, 335; Hamm NJW 1974, 1626; Oldenburg StAZ 1989, 75). Stellt die Nichtableistung des Wehrdienstes im Heimatland des Verlobten ohnehin kein Ehehindernis dar, darf die Befreiung nicht von der Vorlage einer entsprechenden Bescheinigung der zuständigen Behörde des Heimatstaates abhängig gemacht werden (für Belgien: Düsseldorf StAZ 1980, 308). Ein besonderer Fall kann ferner zu bejahen sein, wenn Rechtslage und Verwaltungspraxis hinsichtlich des Aufgebotsverfahrens im Herkunftsland des Heiratswilligen sich auf keinem zumutbaren Weg ermitteln lassen (Zweibrücken StAZ 1977, 16f). Eilbedürftigkeit der Eheschließung aus persönlichen Gründen stellt keinen besonderen Fall dar (möglicherweise anders bei Gefahr des Todes eines Verlobten, Gernhuber/Coester-Waltjen § 10 VIII 3). Die Befreiungsmöglichkeit soll nicht dazu dienen, dem Antragsteller die zur Erlangung des Zeugnisses erforderlichen Formalitäten sowie Zeit und Kosten zu ersparen. Dementsprechend kommt eine Befreiung nicht in Betracht, solange der Antragsteller um die Anerkennung des seine frühere Ehe auflösenden Urteils im Herkunftsland noch nicht einmal bemüht war (Köln NJW 1990, 644f).

15 f) Die Befreiung ist **auf sechs Monate begrenzt** (Abs II S 4), es entscheidet der **OLG-Präsident durch Justizverwaltungsakt** (BGH 41, 136; zur Zuständigkeit siehe Rz 8). Gegen die Ablehnung der Befreiung kann gerichtliche Entscheidung durch das OLG beantragt werden (gemäß §§ 23ff EGGVG), bei der der OLG-Präsident nicht mitwirken darf (BGH FamRZ 1963, 556; Habscheid FamRZ 1964, 1983). Wenn der Antrag auf gerichtliche Entscheidung nach Ansicht des Gerichts ausschließlich ehefremden Zwecken (sog Aufenthaltsehe) dient, so kann er gleichwohl nicht mangels Rechtsschutzbedürfnisses als unzulässig zurückgewiesen werden (aA Jena StAZ 1998, 177ff), da diese Frage nicht Gegenstand des Befreiungsverfahrens ist (Rz 10). Die Erteilung der Befreiung ist nicht anfechtbar.

16 6. Wirkung. Die Befreiung enthält zwar die Feststellung der Ehefähigkeit des Antragstellers. Da aber die Befreiung auf die materielle Rechtslage ohne Einfluß ist, kann der Standesbeamte weiterhin Bedenken gegen die Eheschließung geltend machen. Das Vorliegen eines Ehehindernisses ist dann im Verfahren nach § 45 II PStG zu prüfen (BGH 46, 87; Bremen MDR 1964, 56; Göppinger FamRZ 1965, 12).

17 7. Soweit **deutsche Staatsangehörige** zur Eheschließung im Ausland nach Maßgabe des ausländischen Rechts entsprechende **Ehefähigkeitszeugnisse** benötigen, regelt sich die Ausstellung durch den Standesbeamten nach § 69b PStG (zur Eheschließung in Polen: AG Flensburg StAZ 1982, 47f; Verweigerung der Ausstellung des Ehefähigkeitszeugnisses zur Eheschließung in Indien bei Verdacht auf Scheinehe: AG Bonn IPRax 1984, 42; zum Prüfungsumfang: AG Paderborn StAZ 1986, 45).

Untertitel 4

Eheschließung

Vorbemerkung

Schrifttum: Siehe auch vor § 1303f; *Henrich*, Scheinehen im internationalen Privatrecht, in FS *Rolland*, 1999, S 167; *Sturm*, Zum neuen § 1310 III BGB, in FS *Rolland*, S 373; *Wagenitz*, Wider die Verantwortungslosigkeit im Eherecht, in FS *Rolland*, S 379; *Otte*, „Wenn der Schein trügt" – zum zivil-, verfahrens- und kollisionsrechtlichen Umgang mit der sog „Aufenthaltsehe" in Deutschland und Europa, JuS 2000, 148.

1 1. Der Untertitel 4 behandelt das **formelle Eheschließungsrecht** und entspricht inhaltlich weitgehend den §§ 11, 13, 14 EheG. Er stellt in § 1310 den **Grundsatz der obligatorischen Zivilehe** voran, der in Deutschland

seit der Kulturkampfgesetzgebung von 1875 gilt, und regelt in §§ 1311, 1312 die weiteren Formerfordernisse der Eheschließung. Ferner enthält § 1310 I den Grundsatz, daß die Ehe durch den Eheschließungs**konsens** zustande kommt, ein Prinzip, das die katholische Kirche im Mittelalter durchsetzte. Während das protestantische Kirchenrecht mitunter die Ehe durch den – konstitutiven – Akt der Trauungsperson begründete, ebenso § 52 PStG von 1875 als Frucht des sogenannten Kulturkampfes, kehrte das BGB zum Vertragsprinzip zurück (zur Geschichte genauer Staud/Strätz Rz 3ff).

Gemäß § 4 PStG nF ist die beabsichtigte Eheschließung durch die Verlobten beim zuständigen Standesamt **anzumelden**, das bisherige **Aufgebotsverfahren** (§ 12 EheG, § 5 PStG aF) **ist abgeschafft**. Begründet wird diese Änderung damit, daß das Aufgebot als nicht mehr zeitgemäß angesehen würde, die Bevölkerung von ihm keine Kenntnis genommen hätte und der Datenschutz gegen den öffentlichen Aushang spreche (RegE BT-Drucks 13/4898, 33). Die Vorschrift des früheren § 13a EheG, wonach der Standesbeamte die Verlobten vor der Eheschließung fragen soll, ob sie einen Ehenamen bestimmen wollen, ist nunmehr in § 6 I S 3 PStG enthalten. 2

2. Das **Anmeldungsverfahren** besteht aus einem Antrag der Verlobten auf Durchführung der Eheschließung, einer Prüfung der Voraussetzungen durch den Standesbeamten (§ 5 II PStG) und einer Mitteilung des Standesbeamten an die Antragsteller (§ 6 I S 1 PStG). Rein theoretisch kann unmittelbar im Anschluß an die Antragstellung geheiratet werden, ein Anspruch darauf besteht jedoch nicht (Bornhofen StAZ 1997, 368); in der Praxis wird wohl die Zeit, der der Standesbeamte für seine Prüfung benötigt, nicht wesentlich kürzer sein als das bisherige Aufgebotsverfahren. Zuständig ist der Standesbeamte am Wohnsitz oder gewöhnlichen Aufenthaltsort der Verlobten. Die Eheschließung selbst kann dann vor einem anderen Standesamt geschehen. Zu den Förmlichkeiten der Eheschließung siehe §§ 5, 6 PStG. 3

An die Stelle des **weggefallenen Eheverbots** des **fehlenden Auseinandersetzungszeugnisses** (§ 9 EheG) ist eine **Befragungs- und Mitteilungspflicht des Standesbeamten** an das VormG bzw FamG (§ 5 V PStG) getreten, um diesem die Wahrnehmung seiner Aufgaben gemäß §§ 1493, 1683 zu ermöglichen. 4

Die Formvorschriften, an denen sich inhaltlich nichts geändert hat, gelten grundsätzlich für die im Inland geschlossenen Ehen; eine Ausnahme macht Art 13 III EGBGB für eine Eheschließung zwischen Verlobten, von denen keiner Deutscher ist: Diese können vor einer von der Regierung des Staates, dem einer der Verlobten angehört, ermächtigten Person in der nach dem Recht dieses Staates vorgeschriebenen Form heiraten. 5

Im übrigen ist eine **ohne Mitwirkung eines Standesbeamten** geschlossene Ehe **keine Ehe** im Rechtssinne; sie braucht nicht aufgehoben zu werden, sondern jeder kann sich auf ihre von vornherein fehlende Gültigkeit berufen. Dagegen hat ein Verstoß gegen die in § 1311 aufgestellten zwingenden Formvorschriften lediglich die Aufhebbarkeit der Ehe zur Folge, so daß sie nur durch gerichtliches Urteil aufgehoben werden kann, zuvor aber als gültig zu behandeln ist. Auch wird die Fehlerhaftigkeit (nach § 1315 II Nr 2) geheilt, wenn die Ehegatten nach der Eheschließung fünf Jahre oder, falls einer von ihnen vorher verstorben ist, bis zu dessen Tod (jedoch mindestens drei Jahre) als Ehegatten miteinander gelebt haben. § 1310 III normiert eine dem bisherigen Recht nicht bekannte weitergehende Heilungsmöglichkeit von Nichtehen. 6

3. In den letzten Kriegsmonaten und in den ersten Jahren nach dem Kriege sind vielfach Ehen vor nicht zuständigen deutschen Stellen – zB ehemaligen deutschen Standesbeamten und Militärjustizbeamten, Offizieren und Beamten der Wehrmacht ohne standesamtliche Befugnisse oder Geistlichen – geschlossen worden, die nach § 11 EheG aF als nichtig anzusehen und daher ohne Rechtswirkung waren. Ebenso haben rassisch und politisch Verfolgte, denen die standesamtliche Eheschließung unmöglich gemacht worden war, den Willen, eine dauernde eheliche Verbindung einzugehen, vielfach durch Erwirkung einer kirchlichen Trauung oder durch Erklärung vor den Angehörigen oder in einer sonstigen der gesetzlichen Form nicht entsprechenden Weise bekundet. 7

Auch solchen Ehen und Verbindungen sind unter bestimmten Voraussetzungen durch folgende Sondergesetze die Rechtswirkungen einer gesetzlichen Ehe verliehen worden: Gesetz über die **Anerkennung von Nottrauungen** vom 2. 12. 1950 (BGBl I 778); Gesetz vom 23. 6. 1950 (BGBl I 225) über **die Anerkennung freier Ehen rassisch und politisch Verfolgter**, das die Rechtswirkungen nicht auf das eheliche Güterrecht erstreckt; AHKG 23 vom 17. 3. 1950 (AHKABl 50, 140 und 51, 808) über die Rechtsverhältnisse verschleppter Personen und Flüchtlinge (vgl zu diesen Sondergesetzen die 5. Aufl Anh § 11 EheG). 8

4. Anregungen hinsichtlich außergewöhnlicher Eheschließungsformen wie zB der **Ferntrauung**, der postmortalen Eheschließung oder der **Notklerikalehe** (siehe dazu Bosch FamRZ 1997, 68f) sind vom Gesetzgeber nicht aufgegriffen worden. Über die durch §§ 13ff WehrmPStVO vom 17. 10. 1942 zugelassenen Ferntrauungen siehe unten § 1312 Rz 5. Aufgrund eines nicht veröffentlichten Führererlasses vom 6. 11. 1941 sind mit Genehmigung des RJM vielfach auch Ehen mit schon gefallenen Wehrmachtsangehörigen geschlossen worden, wenn deren ernstliche Absicht, die Ehe zu schließen, nachgewiesen werden konnte. Die Rechtsfolgen solcher nachträglicher Eheschließungen, deren Gültigkeit sehr umstritten war, sind durch Gesetz vom 29. 3. 1951 (BGBl I 215) geregelt. 9

1310 *Zuständigkeit des Standesbeamten, Heilung fehlerhafter Ehen*
(1) Die Ehe wird nur dadurch geschlossen, dass die Eheschließenden vor dem Standesbeamten erklären, die Ehe miteinander eingehen zu wollen. Der Standesbeamte darf seine Mitwirkung an der Eheschließung nicht verweigern, wenn die Voraussetzungen der Eheschließung vorliegen; er muss seine Mitwirkung verweigern, wenn offenkundig ist, dass die Ehe nach § 1314 Abs. 2 aufhebbar wäre.
(2) Als Standesbeamter gilt auch, wer, ohne Standesbeamter zu sein, das Amt eines Standesbeamten öffentlich ausgeübt und die Ehe in das Heiratsbuch eingetragen hat.

§ 1310 Familienrecht Bürgerliche Ehe

(3) Eine Ehe gilt auch dann als geschlossen, wenn die Ehegatten erklärt haben, die Ehe miteinander eingehen zu wollen, und
1. der Standesbeamte die Ehe in das Heiratsbuch oder in das Familienbuch eingetragen hat,
2. der Standesbeamte im Zusammenhang mit der Beurkundung der Geburt eines gemeinsamen Kindes der Ehegatten einen Hinweis auf die Eheschließung in das Geburtenbuch eingetragen hat oder
3. der Standesbeamte von den Ehegatten eine familienrechtliche Erklärung, die zu ihrer Wirksamkeit eine bestehende Ehe voraussetzt, entgegengenommen hat und den Ehegatten hierüber eine in Rechtsvorschriften vorgesehene Bescheinigung erteilt worden ist
und die Ehegatten seitdem zehn Jahre oder bis zum Tode eines der Ehegatten, mindestens jedoch fünf Jahre, als Ehegatten miteinander gelebt haben.

1 1. Die Vorschrift erhielt ihre Fassung im wesentlichen durch den Rechtsausschuß (BT-Drucks 13/9416, 6, Begründung S 27f). Abs I S 1 stellt den Grundsatz der obligatorischen Zivilehe auf und ergibt zugleich den Unterschied zwischen einer Nichtehe und einer aufhebbaren Ehe. Ferner macht der Wortlaut deutlich („vor"), daß die Eheschließung durch die **Erklärungen der beiden Verlobten** zustande kommt. Diese Erklärung ist das wesentliche Element der Eheschließung und bewirkt die rechtliche Bindung (BGH FamRZ 1983, 450). Fehlt sie, ist eine Nichtehe gegeben, die auch einer Heilung nicht zugänglich ist. Die Erklärung muß auf eine Eheschließung gerichtet sein, es genügt allerdings, wenn die Beteiligten eine nichtige bzw vermeintlich nichtige Eheschließung bestätigen wollen. Die Willenserklärungen müssen nicht darauf gerichtet sein, eine eheliche Lebensgemeinschaft iSd § 1353 begründen zu wollen (zur Scheinehe § 1314 Rz 11f).

2 2. Die Mitwirkung des Standesbeamten ist zwar für die Ehe existentiell, gleichwohl „nur" ein Formerfordernis. Eine kirchliche Trauung, die gemäß § 67 PStG grundsätzlich nur nach der standesamtlichen Eheschließung vorgenommen werden soll (für verfassungswidrig halten diese Norm: Gernhuber/Coester-Waltjen § 11 II 3; Giesen, Familienrecht 1994, 55 mN; Coester StAZ 1996, 38, 40), führt auch dann nicht zu einer gültigen Ehe, wenn einer der Verlobten lebensgefährlich erkrankt und ein Aufschub nicht mehr möglich ist (zur Anerkennung der sogenannten „Notklerikalehe" de lege ferenda: Bosch FamRZ 1982, 872). Der Reformvorschlag, den Eheschließenden eine Auswahlfreiheit zwischen kirchlicher und ziviler Trauung zuzubilligen (Bosch/Hegnauer/Hoyer FamRZ 1997, 1313f), wurde vom Gesetzgeber nicht aufgegriffen.

3 3. Die Eheschließung findet nur dann **vor dem Standesbeamten** statt, wenn dieser bereit ist, die Eheschließungserklärungen entgegenzunehmen. Andernfalls kann durch die Erklärung keine wirksame Ehe nicht zustande kommen, es liegt dann vielmehr von vornherein eine Nichtehe vor (RG 133, 166; 166, 341; Soergel/Heintzmann § 11 EheG Rz 3). Es genügt jedoch, wenn die Bereitschaft des Standesbeamten nach seinem äußeren Verhalten von den Beteiligten anzunehmen war. Eine gültige Ehe kommt daher auch zustande, wenn der Standesbeamte nicht erkennbar geschäftsunfähig war, einem Irrtum unterlag oder einen seinem äußeren Verhalten entgegenstehenden inneren Vorbehalt hatte. Zur Diskussion über die Rechtsfolgen bei Volltrunkenheit des Standesbeamten während der Trauung vgl Meier StAZ 1985, 272.

4 Standesbeamte werden für einen Standesamtsbezirk in der erforderlichen Anzahl bestellt (§ 53 I PStG). Zum Standesbeamten darf nur bestellt werden, wer Deutscher ist und nach Ausbildung und Persönlichkeit für das Amt erforderliche Eignung besitzt, deren Fehlen die Wirksamkeit der Bestellung allerdings nicht berührt. Der Standesbeamte ist nur für einen bestimmten Standesamtsbezirk zuständig und kann außerhalb dieses Bezirks nicht wirksam als solcher tätig werden. Im Notfall kann die zuständige Verwaltungsbehörde die Wahrnehmung der Geschäfte des Standesbeamten vorübergehend einem anderen übertragen (§ 56 PStG). Der Standesbeamte kann Eheschließungserklärungen innerhalb seines Bezirks auch außerhalb des Standesamtes entgegennehmen, zB bei Erkrankung eines Verlobten auch in einer Privatwohnung.

5 4. Abs I S 2 stellt klar, daß dem Standesbeamten **kein Ermessen** zusteht: Er hat an der Eheschließung mitzuwirken, wenn die Voraussetzungen vorliegen. Der zweite Halbsatz untersagt dem Standesbeamten die Mitwirkung für den Fall, daß bei Eheschluß offenkundig ein Aufhebungsgrund iSd § 1314 II vorliegt. Für die dort in Nr 1–4 genannten Fälle dürfte dies der bisherigen Rechtslage entsprechen (vgl AG Hamburg StAZ 1978, 67 für den Fall der Drohung).

6 Neu ist jedoch der Aufhebungsgrund des § 1314 II Nr 5, der die sogenannte **Scheinehe** regelt (zur Problematik der Definition s § 1314 Rz 11f). Eine Verweigerung der Mitwirkung des Standesbeamten war seit dem verstärkten Aufkommen von Aufenthaltsehen in den 1980er Jahren umstritten und wurde von Rspr und Literatur überwiegend bejaht (AG Freiburg StAZ 1981, 275; Karlsruhe FamRZ 1982, 1210; BayObLG FamRZ 1985, 475; zuletzt Frankfurt StAZ 1995, 140), falls die Eheschließung ausschließlich zur Erlangung aufenthaltsrechtlicher Vorteile mißbraucht wurde. Laut Gesetz kommt die Mitwirkungsverweigerung nur in Betracht, wenn das Vorliegen der Voraussetzungen des § 1314 II Nr 5 für den Standesbeamten offenkundig ist. Hinsichtlich der **Offenkundigkeit** wird zum Teil auf die Leichtigkeit abgestellt, mit welcher man sich die Gewißheit verschaffen kann; der Standesbeamte darf dann nur solche Beweise sammeln, die „offenkundig", dh leicht zugänglich sind (Hepting FamRZ 1998, 721; Pal/Brudermüller Rz 8). Nach anderer Auffassung bezieht sich die Offenkundigkeit auf den Grad der Gewißheit, nicht auf die dem zugrunde liegenden Erhebungen (MüKo/Müller-Gindullis Rz 18; Wagenitz/Bornhofen S 106 Rz 120), da anderenfalls § 5 IV PStG kaum einen Anwendungsbereich hätte. Allerdings ist § 5 IV PStG restriktiv zu interpretieren; der Standesbeamte darf bei seinen Ermittlungen nicht unzumutbar weit in die Privat- und Intimsphäre der Betroffenen eindringen, so daß er sich letztlich schon aus verfassungsrechtlichen Gründen auf leicht zugängliche Beweise beschränken muß. Bei Zweifeln an der Ernstlichkeit des Willens zur ehelichen Lebensgemeinschaft kann der Standesbeamte zwar versuchen, sich durch Befragen der Verlobten Klarheit zu verschaffen oder die Beibringung geeigneter Nachweise aufgeben (§ 5 IV PStG). Notfalls kann er eine eidesstattliche Versicherung verlangen über Tatsachen, die für das Vorliegen oder Nichtvorliegen von Aufhebungsgründen von Bedeutung sind. Fragen nach dem Geschlechtsleben und der Treue, also zum Intimbereich, dürften sich genauso verbieten wie Hausbesuche gegen den Willen der Verlobten. Werden insofern allerdings freiwillig Aussagen seitens der Ehegatten gemacht, wird man sie unter Umständen zugunsten der Ehegatten als Indiz werten dürfen, daß eine eheliche Lebensgemeinschaft als Verantwortungsgemeinschaft gewollt ist. Nachforschungen sind allerdings nicht schon aufgrund eines vagen Verdachts zulässig, sondern nur bei konkreten Anhaltspunkten.

Konkrete Anhaltspunkte für eine geplante Scheinehe sind: mangelnde Verständigungsfähigkeit der Ehegatten, Zahlung eines Geldbetrages für die Eheschließung, der Umstand, daß die Ehegatten sich vor der Eheschließung kaum gesehen haben, weit auseinander liegende Aufenthaltsorte, Zusammenleben eines Partners mit einem weiteren Partner, widersprechende Angaben über Personalien oder Umstände des Kennenlernens, kürzlich vorausgegangene Anmeldung der Eheschließung mit einem anderen Partner etc (Pal/Brudermüller § 1310 Rz 8; für die Aufenthaltsehe: AG Flensburg StAZ 2000, 49f; AG Heilbronn StAZ 2000, 177). Auch Homosexualität eines Partners oder der Umstand, daß der Versuch einer Adoption des Partners fehlgeschlagen ist, kommen in Betracht (vgl BGH FamRZ 2002, 317). Ein einzelner der genannten Umstände genügt nicht, um Offenkundigkeit des fehlenden Willens zur ehelichen Lebensgemeinschaft anzunehmen; entscheidend ist das Gesamtbild (MüKo/Müller-Gindullis Rz 19). Danach muß zur Überzeugung des Standesbeamten feststehen, daß die Ehegatten die Verpflichtung zur ehelichen Lebensgemeinschaft nicht erfüllen wollen. Dies wird er nur dann annehmen können, wenn die Ehegatten nach dem Ergebnis seiner Ermittlungen keine Gemeinsamkeiten und näheren Kontakte beabsichtigen außer Eheschließung und -scheidung. In solchen Fällen wird man davon ausgehen können, daß sie eine eheliche Lebensgemeinschaft als Einstands- und Beistandsgemeinschaft nicht anstreben.

Hat der Standesbeamte nach Abschluß der Ermittlungen **Zweifel**, ob eine Scheinehe vorliegt, sind die Voraussetzungen des § 1310 I S 2 nicht erfüllt, da das Gesetz „Offenkundigkeit" verlangt. Angesichts des hohen Werts der Eheschließungsfreiheit sind zu Recht an eine Weigerung des Standesbeamten hohe Anforderungen gestellt. Bei bloßen Zweifeln wird der Standesbeamte das Paar in der Regel trauen müssen. Zweifelsvorlagen des Standesbeamten gem § 45 II PStG sind nach hM nicht mehr zulässig, da nur die Offenkundigkeit der beabsichtigten Scheinehe die Ablehnung der Mitwirkung des Standesbeamten fordere, nicht jedoch schon bloße Zweifel (Hepting FamRZ 1998, 721; Gaaz StAZ 1998, 244; MüKo/Müller-Gindullis Rz 18; Düsseldorf FamRZ 1999, 225; aA Thüringen FamRZ 2000, 1365 [Vorlagebeschl]; Otto FamRZ 1999, 791; Pal/Brudermüller Rz 8). Zweifelsvorlagen sind nur noch in den Fällen denkbar, in denen der Standesbeamte plant, konkrete Nachforschungsmaßnahmen zu ergreifen, und sich versichern möchte, daß diese nicht gegen den Grundsatz der Verhältnismäßigkeit verstoßen (so auch Staud/Strätz Rz 37).

Die Prüfungspflicht des Standesbeamten greift ein, wenn einer der beiden Verlobten Deutscher ist, da dann deutsches Recht und damit auch § 1310 gilt (s Art 13 I EGBGB). Fraglich ist die Rechtslage, wenn **für keinen der Verlobten deutsches Recht maßgebend** ist und das Heimatrecht der beiden den Tatbestand der Scheinehe als einen Hinderungsgrund für die Eheschließung nicht kennt. Überlegt wird, ob in diesen Fällen der deutsche ordre public gleichwohl eine Anwendung des in § 1310 I S 2 verwirklichten Gedankens gebietet (Hepting FamRZ 1998, 717; Henrich, FS Rolland, S 172). Erwogen wird eine solche Anwendung allenfalls auf die Aufenthaltsehe, aber nicht für alle von der generalklauselartig formulierten Scheinehenregelung in § 1314 II erfaßten Fälle (Beispiel: Namensehe, Henrich, aaO). Der von Henrich angestellte Vergleich der Scheinehe mit der bigamischen Ehe (aaO S 172) hinkt allerdings, da die Monogamie eines der Grundprinzipien des deutschen Eheschließungsrechts darstellt, während die Abwehr von Scheinehen durch den Standesbeamten vor der gesetzgeberischen Änderung des Jahres 1998 in Deutschland nicht gesetzlich geregelt und ihre Zulässigkeit höchst umstritten war (Nw 9. Aufl § 13 EheG Rz 2). Bei dem insoweit fehlenden Konsens wird man mE kaum von einem Grundsatz des ordre public ausgehen können (aA MüKo/Müller-Gindullis Rz 15).

Fraglich ist, ob auch bei einem **Verstoß gegen §§ 1303, 1304, 1306, 1307 und 1311** der Standesbeamte seine Mitwirkung verweigern muß (und darf), da § 1310 I S 2 nicht auf § 1314 I verweist. Da die Vorschrift erst im Rechtsausschuß geschaffen wurde, ist insoweit ein Redaktionsversehen wahrscheinlich und die Verweisung auch auf § 1314 I auszudehnen (Hepting/Gaaz Bd 2 Rz III–242).

5. Gemäß Abs II gilt als Standesbeamter auch, wer ohne Standesbeamter zu sein, das Amt eines Standesbeamten öffentlich ausgeübt und die Ehe in das Heiratsbuch eingetragen hat **(Schein-Standesbeamter)**. Dies kann vorkommen, wenn zB ein Standesbeamter außerhalb seines Bezirks oder vor seiner rechtswirksamen Bestellung bzw nach deren Widerruf tätig wird. Auf den guten Glauben der Verlobten kommt es dabei nicht an. Im Fall des Abs II haben auch der vom Schein-Standesbeamten vorgenommene Eintrag ins Heiratsbuch sowie die Heiratsurkunde volle Beweiskraft (Oldenburg MDR 1962, 482; aA RGRK/Wüstenberg § 11 EheG Rz 17).

6. **Heilung einer Nichtehe. a)** Nach den dem früheren Recht entsprechenden ersten beiden Absätzen liegt eine Nichtehe danach vor: Wenn die Person, vor der die Erklärungen abgegeben werden, das Amt eines Standesbeamten nicht öffentlich ausübt oder die „Ehe" vor einem Scheinstandesbeamten geschlossen und nicht ins Heiratsbuch eingetragen wird oder der Standesbeamte nicht bereit war, an der Eheschließung mitzuwirken, oder die Eheschließung nicht vor einem (Schein-)Standesbeamten erfolgt ist. In der Praxis bestehen solche problematischen Nichtehen vor allem in Fällen mit Auslandsbezug, so wenn die Ehe nach ausländischem Recht wirksam geschlossen wurde, im Inland aber die Voraussetzungen des Art 13 III EGBGB fehlen. Die Rechtsfolge, daß die Ehewilligen nicht verheiratet sind, kann dann eine Härte darstellen, wenn sich das Vorliegen einer Nichtehe erst nach jahrelangem unbeanstandetem Zusammenleben der vermeintlichen Eheleute herausstellt. Solche sogenannten **hinkenden Ehen** wurden in der Rspr zunächst als Nichtehen angesehen (Nw bei Hepting/Gaaz Bd 2 Rz III–285), später dann aber partiell wie Ehen behandelt, so im Rahmen einer Hinterbliebenenrente iSd § 1264 RVO (BVerfG 62, 323 = FamRZ 1983, 251 mit Anm Bosch) oder bei einem Eintrag im Sterbebuch hinsichtlich des Zusatzes, ob der Ver-

storbene verheiratet war (Köln FamRZ 1994, 891). Darüber hinaus hatte die Rspr mitunter die Berufung auf das Vorliegen einer Nichtehe versagt, wenn die jahrelang gelebte Ehe von den Behörden nicht beanstandet worden war (Stuttgart FamRZ 1963, 39; Hamburg FamRZ 1981, 356). Diese Entscheidungen brachten jedoch keine statusrechtliche Heilung.

11 b) Für einen Teil dieser Fälle möchte nun § 1310 III Abhilfe schaffen, der eine über das geltende Recht hinausgehende statusrechtliche **Heilung fehlerhafter Ehen** regelt (Begründung des RegE, S 17). So gilt nunmehr eine Ehe auch dann als geschlossen, wenn zu der Erklärung der Heiratswilligen, die Ehe eingehen zu wollen, hinzukommt:
– die Eintragung der Ehe durch den Standesbeamten in das Heirats- oder Familienbuch (zB nach Heirat vor einem deutschen Konsul im Ausland) oder
– die Eintragung eines Hinweises auf die Eheschließung durch den Standesbeamten in das Geburtenbuch (im Zusammenhang mit der Geburt eines gemeinsamen Kindes der Ehegatten, siehe § 33 S 2 PStV – vgl Hepting/Gaaz Bd 2 Rz III–301ff; AG Mainz FamRZ 2003, 600) oder
– die Ausstellung einer in Rechtsvorschriften vorgesehenen Bescheinigung über eine familienrechtliche Erklärung, die die „Ehegatten" dem Standesbeamten gegenüber abgegeben haben und die eine wirksame Ehe voraussetzt. Eine solche Erklärung kann bspw eine nachträgliche Ehenamensbestimmung sein oder die Hinzufügung eines Begleitnamens (§ 1355), die der Standesbeamte den Ehegatten gemäß § 9a PStV bescheinigt, des weiteren eine Erklärung über den Kindesnamen.
In allen drei Fällen müssen die Ehegatten zehn Jahre oder, wenn einer bereits verstorben ist, bis zu dessen Tod mindestens fünf Jahre **als Ehegatten miteinander gelebt** haben. Bei der Frage, ob das Paar „als Ehegatten miteinander gelebt hat", kommt es nicht auf die Kenntnis oder die Gutgläubigkeit in Bezug auf den Mangel der Eheschließung an. Entscheidend ist der durch das Zusammenleben iSd § 1567 zum Ausdruck gebrachte Wille zur ehelichen Lebensgemeinschaft. Als Anzeichen dafür, daß die Ehegatten nun doch eine Lebensgemeinschaft in Form einer Verantwortungsgemeinschaft aufgenommen haben, wird man schon genügen lassen müssen, daß sich ein Ehepartner im Einverständnis mit dem anderen intensiv um ihn kümmert, auch wenn er nicht in der gleichen Wohnung wohnt (BGH FamRZ 2002, 318). Erst recht reichen ein gemeinsamer Haushalt oder eine sonstige gemeinsame Lebensführung, die auf gegenseitige, einverständliche, nicht nur punktuelle Fürsorge, Hilfe, Rücksichtnahme und Beistand schließen läßt. Allein die Tatsache gemeinsamer Namensführung der Ehegatten genügt nicht. Obwohl es nicht ausdrücklich geregelt ist, hat die Heilung Rückwirkung, da anderenfalls ihr Sinn nicht verwirklicht würde.

12 c) Die gesetzgeberische Intention des Abs III wird begrüßt, geht aber einigen Autoren nicht weit genug (Bosch FamRZ 1997, 139; Hepting StAZ 1996, 261f). Mit der kumulativen Voraussetzung eines vom Standesbeamten gesetzten Rechtsscheins zusätzlich zu einer als Ehe langjährig gelebten Lebensgemeinschaft (kritisch zur 10-Jahres-Frist Sturm, FS Rolland, S 378) wird nur ein Teil der hinkenden Ehen erfaßt (siehe Hepting/Gaaz Bd 2 Rz III-290ff; vgl Ann FamRZ 1994, 135 über die in der Nachkriegszeit geschlossenen Nichtehen mit Hinweis auf die infolge der Altersstruktur der Betroffenen zu erwartenden Todesfälle und die daraus resultierenden Probleme). Der Vorwurf, die standesamtliche Form werde überbewertet (Hepting StAZ 1996, 262; kritisch auch Sturm, FS Rolland, S 378), ist insoweit berechtigt, als die fehlende Mitwirkung des Standesbeamten schwerer heilbar ist als die fehlende persönliche Mitwirkung eines der beiden Ehegatten (für eine stärkere Berücksichtigung der „gutgläubig gelebten Ehe" auch Coester StAZ 1988, 128f).

13 d) Abs III regelt allein die statusrechtliche Heilung, so daß sich die Frage stellt, ob die Gerichte in Zukunft weiterhin einzelne, eigentlich nur für die Ehe vorgesehene Rechtsfolgen auch an eine (schützenswerte) Nichtehe knüpfen können (Hepting/Gaaz Bd 2 Rz III–295; Barth/Wagenitz FamRZ 1996, 844; nunmehr anders Wagenitz/Bornhofen, Abschnitt 4 Rz 45, weil die Neuregelung abschließend gedacht sei). Da Art 6 I GG in der Auslegung des BVerfG (FamRZ 1981, 253) weiter greift als die in § 1310 III geregelten Fälle, wird man die BGB-Norm verfassungskonform auslegen müssen: Abschließend ist sie nur hinsichtlich einer statusrechtlichen Heilung, im übrigen aber nicht (vgl das Beispiel von Hepting/Gaaz Bd 2 Rz III–293f, bei dem eine Ablehnung jeglicher Ehewirkungen wohl verfassungsrechtlich bedenklich wäre).

14 7. Die Voraussetzung, daß die Eheschließenden **verschiedenen Geschlechts** sein müssen, ist vom Gesetzgeber als selbstverständlich vorausgesetzt worden (zur verfassungsrechtlichen Problematik BVerfG NJW 1993, 3058). Entsprechend liegt eine Nichtehe vor, wenn die beiden Eheschließenden gleichen Geschlechts sind, unabhängig davon, ob der Standesbeamte dies gewußt hat oder nicht. Mit dem Lebenspartnerschaftsgesetz von 2001 hat der Gesetzgeber nochmals bestätigt, daß die Eheschließung Verschiedengeschlechtlichkeit voraussetzt, insbesondere da sich an das eigenständige neue Institut der eingetragenen Lebenspartnerschaft im Verhältnis zur Ehe ein Weniger an Rechten knüpft.

15 Für **Transsexuelle** gilt das am 1. 1. 1981 in Kraft getretene Transsexuellen-Gesetz (TSG – BGBl 1980 I, 1654). Gemäß dessen § 10 richten sich die Rechte und Pflichten des Transsexuellen ab Rechtskraft der Entscheidung, daß er dem anderen Geschlecht angehöre, nach diesem neuen Geschlecht, so daß er einen Angehörigen seines früheren Geschlechts heiraten kann. Wenn durch Berichtigung des Geschlechtseintrags des verheirateten Transsexuellen nach bisherigem Recht eine Ehe zwischen zwei gleichgeschlechtlichen Personen entstanden war und noch fortbestand, gilt diese Ehe seit dem 1. 1. 1981 gemäß § 16 II TSG als aufgelöst. Die gerichtliche Feststellung der anderen Geschlechtszugehörigkeit ist gemäß § 8 TSG nur noch möglich, wenn der Transsexuelle nicht verheiratet ist.

1311 *Persönliche Erklärung*

Die Eheschließenden müssen die Erklärungen nach § 1310 Abs. 1 persönlich und bei gleichzeitiger Anwesenheit abgeben. Die Erklärungen können nicht unter einer Bedingung oder Zeitbestimmung abgegeben werden.

Eingehung der Ehe: Eheschließung **§ 1312**

1. Die Vorschrift entspricht inhaltlich § 13 EheG in einer sprachlich leicht modifizierten Fassung, die dem Entwurf der Bundesregierung entstammt.

2. § 1311 regelt die zwingenden **Formerfordernisse des Eheschließungsaktes** vor einem zur Entgegennahme der Eheschließungserklärungen bereiten Standesbeamten. Fehlt es an dessen Bereitschaft, so kommt eine Ehe überhaupt nicht zustande (siehe § 1310 Rz 3). Dagegen hat ein Verstoß gegen die Formerfordernisse des § 1311 die Aufhebbarkeit der Ehe gemäß § 1314 zur Folge, die Ehe wird somit bis zur Rechtskraft des gerichtlichen Urteils als gültig behandelt.

3. Beide Eheschließenden müssen vor dem Standesbeamten persönlich und bei gleichzeitiger Anwesenheit die **Erklärung** abgeben, **die Ehe** miteinander **eingehen zu wollen**. Während § 13 EheG die Personen als „Verlobte" bezeichnet hat, spricht die jetzige Fassung neutraler von „Eheschließenden". Damit wird zum Ausdruck gebracht, daß ein gültiges Verlöbnis nicht Voraussetzung der Eheschließung ist. Gleichwohl werden die Heiratswilligen vorher ihre Heiratsabsicht einander mitgeteilt haben, so daß materiell-rechtlich ein Verlöbnis vorliegt. Für die Erklärung nach Abs I ist eine Form nicht vorgeschrieben, die Erklärungen können auch schriftlich oder durch konkludente Handlungen, zB durch Kopfnicken, abgegeben werden (MüKo/Müller-Gindullis § 1310 Rz 11). Versteht ein Eheschließender die deutsche Sprache nicht, so ist ein Dolmetscher zuzuziehen, sofern nicht der Standesbeamte die fremde Sprache versteht. Das gleiche gilt, wenn ein Eheschließender stumm, am Sprechen gehindert oder taub und auch eine schriftliche Verständigung nicht möglich ist (§§ 5, 6, 7 AVO PStG). Die Erklärungen gelten so, wie sie abgegeben werden, und aus der Sicht des jeweils anderen Eheschließenden – nicht des Standesbeamten – verstanden werden müssen. Mangel der Ernstlichkeit, Scheinerklärungen oder geheimer Vorbehalt (§§ 116–118) beeinträchtigen die Gültigkeit der Eheschließung nicht (RG 171, 79), soweit der andere Ehegatte dies nicht erkennt (Staud/Strätz Rz 11; RGRK/Lohmann Rz 9). Im Falle einer lebensgefährdenden Erkrankung eines Eheschließenden hat der Standesbeamte die Trauung unverzüglich zu vollziehen (Nürnberg FamRZ 1988, 1047). Die Erklärungen stellen einen familienrechtlichen Vertrag dar; die Willenserklärungen müssen nicht auf die einzelnen gesetzlichen Rechtsfolgen der Ehe gerichtet sein.

4. Die Erklärungen müssen von den Eheschließenden **persönlich** abgegeben werden. Eine Vertretung ist weder im Willen noch in der Erklärung zulässig. Werden die Erklärungen von den Eheschließenden versehentlich oder bewußt unter falschem Namen abgegeben, so etwa auch bei Auftreten eines Zwillings unter dem Namen des anderen, hindert dies das Zustandekommen der Ehe zwischen den tatsächlich Erschienenen nicht, da es auf die Person des Anwesenden und nicht auf seinen Namen als Individualisierungsmerkmal ankommt. Irrtum oder Täuschung eines Eheschließenden über Namen oder Person des anderen können aber zur Eheaufhebung nach § 1314 II Nr 3 berechtigen. Bei einer sowohl dem anderen Partner als auch dem Standesbeamten bekannten offenen Stellvertretung muß der Standesbeamte die Eheschließung ablehnen; tut er dies nicht, kommt eine aufhebbare Ehe zwischen den Vertretenen zustande, da der Verstoß gegen § 1311 in § 1314 I besonders erfaßt worden ist (Staud/Strätz Rz 13; MüKo/Müller-Gindullis Rz 2). Bei einer verdeckten Stellvertretung ist zu unterscheiden: bleibt dem anderen Ehegatten verborgen, daß sein Gatte für einen anderen handeln möchte, ist dieser geheime Vorbehalt unbeachtlich und eine wirksame Ehe der Anwesenden geschlossen; den Gatten bleibt nur die Scheidung (RGRK/Lohmann Rz 9). Wissen beide um die Vertretung, kommt eine (aufhebbare) Ehe mit dem Vertretenen zustande (MüKo/Müller-Gindullis Rz 3). Zur Eheschließungsform der sog Handschuhehe siehe Jacobs StAZ 1992, 5ff. Die **Gleichzeitigkeit** fehlt, wenn die Erklärungen unmittelbar nacheinander, aber jeweils in Abwesenheit des anderen abgegeben werden.

5. Die Kriegsgesetzgebung hatte in bestimmten Fällen auch Eheschließungen in Abwesenheit eines Teils durch sogenannte **Ferntrauung** zugelassen; so konnten Wehrmachtsangehörige, die am Kriege oder einem ähnlichen Einsatz teilnahmen, ihren Willen, die Ehe einzugehen, zur Niederschrift des Bataillonskommandeurs erklären; die Ehe kam zustande, wenn die Frau innerhalb von 6 Monaten ihren Ehewillen erklärte (zu den Einzelheiten siehe 9. Aufl § 13 EheG, Rz 4), der Gesetzgeber des EheSchlRG hat sich mit dieser Frage nicht befaßt (kritisch Bosch FamRZ 1997, 68). Ferntrauungen sind somit seit dem (Wieder-)Inkrafttreten des EheG am 1. 3. 1946 grundsätzlich nicht mehr zulässig (für das Gebiet der britischen Zone noch bis zum 31. 1. 1949). Die Gültigkeit der vor den genannten Zeitpunkten durch Ferntrauung geschlossenen Ehen bleibt unberührt (KG FamRZ 1957, 52).

6. Die Erklärungen der Eheschließenden müssen **unbedingt** (zum Begriff der Bedingung iSd Abs II vgl Schwab FamRZ 1965, 486) und **unbefristet** abgegeben werden; bedingte oder befristete Erklärungen führen zur Aufhebbarkeit der Ehe gemäß § 1314 I (Hepting/Gaaz Bd 2 Rz III-243). Bedingungen oder Befristungen, die dem Standesbeamten nicht bekannt sind, sind allerdings unbeachtlich (BayObLG FamRZ 1982, 605).

7. Zum Bundesgesetz über die Rechtswirkungen des Ausspruchs einer nachträglichen Eheschließung vom 29. 3. 1951 (BGBl I 215) siehe die 9. Aufl (Anh § 13 EheG).

1312 *Trauung, Eintragung*
(1) Der Standesbeamte soll bei der Eheschließung die Eheschließenden einzeln befragen, ob sie die Ehe miteinander eingehen wollen, und, nachdem die Eheschließenden diese Frage bejaht haben, aussprechen, dass sie nunmehr kraft Gesetzes rechtmäßig verbundene Eheleute sind. Die Eheschließung kann in Gegenwart von einem oder zwei Zeugen erfolgen, sofern die Eheschließenden dies wünschen.
(2) Der Standesbeamte soll die Eheschließung in das Heiratsbuch eintragen.

1. Die auf dem Entwurf der Bundesregierung beruhende Vorschrift, die in einer sprachlich leicht geänderten Fassung inhaltlich dem früheren § 14 EheG entspricht, regelt die nicht zwingenden Formerfordernisse der Eheschließung.

§ 1312 Familienrecht Bürgerliche Ehe

2 2. Verzichtet wurde auf die früher enthaltene ausdrückliche Anweisung an den Standesbeamten, die Verlobten „nacheinander" zu befragen, da der Standesbeamte die Eheschließenden zwangsläufig nacheinander ansprechen müsse, wenn er sie „einzeln" zu befragen habe (RegE BT-Drucks 13/4898, 17). Überdies wird nicht mehr „im Namen des Rechts" ausgesprochen, daß die Eheschließenden nunmehr rechtmäßig verbundene Eheleute seien, sondern „kraft Gesetzes". Bloße **Ordnungsvorschriften,** die den Bestand der Ehe nicht in Frage stellen, sind somit: **a)** der **Ausspruch des Standesbeamten** nach Abgabe der Eheschließungserklärungen, daß die Verlobten nunmehr kraft Gesetzes rechtmäßig verbundene Eheleute seien; **b)** die **Eintragung** der Eheschließung im Beisein der Ehegatten und gegebenenfalls der Zeugen in das **Heiratsbuch** gemäß Abs II (siehe auch § 9 PStG); die Eintragung hat für die Gültigkeit der Ehe allerdings Bedeutung im Falle des § 1310 III (siehe dazu § 1310 Rz 11).

3 3. Die Gegenwart **zweier Zeugen** bei der Trauung ist auf Vorschlag des Bundesrates hin zu einer Kann-Vorschrift abgemildert worden, obwohl die Bundesregierung an der Soll-Vorschrift festhalten wollte, weil die Anwesenheit zweier Zeugen die Feierlichkeit der Eheschließung und das Bewußtsein ihrer Bedeutung fördere (Gegenäußerung der Bundesregierung, BT-Drucks 13/4898, 34). Letztlich hat sich der Rechtsausschuß jedoch für die Fassung des Bundesrates entschieden. Nach wie vor können somit Zeugen bei der Trauung mitwirken, Verwandtschaft oder Schwägerschaft mit den Verlobten oder dem Standesbeamten hindert nicht. Nach § 15 AVO PStG sollen Minderjährige als Trauzeugen nicht mitwirken. Das gleiche hat konsequenterweise für Geschäftsunfähige zu gelten (MüKo/Müller-Gindullis Rz 3), nicht dagegen für Personen, die unter Betreuung stehen.

4 4. Die Eheschließung soll nach § 8 PStG in einer der Bedeutung der Ehe entsprechenden würdigen und feierlichen Weise vorgenommen werden. Sie erfolgt daher regelmäßig im Amtsraum des Standesbeamten, kann aber, zB bei Krankheit eines Eheschließenden, auch bspw in dessen Wohnung stattfinden. Auch der Zeitpunkt der Eheschließung steht im Ermessen des Standesbeamten, sie muß nicht während der Dienstzeit erfolgen (vgl Möhlmann StAZ 1997, 184).

Titel 3
Aufhebung der Ehe

Vorbemerkung

1 1. Mit der Reform von 1998 wurde eine Zweispurigkeit beseitigt, die bereits seit 1900 bestand: Das BGB von 1896 kannte neben der Nichtigkeit die im wesentlichen auf Willensmängeln beruhende Anfechtbarkeit der Ehe. Der Gesetzgeber des EheG von 1938 sah dagegen bei den nach seiner Ideologie weniger zu berücksichtigenden individuellen Willensmängeln nur noch eine Auflösung für die Zukunft vor und benannte daher die Anfechtbarkeit in Aufhebbarkeit um. Die Eherechtsreform beließ es grundsätzlich bei diesem System der Nichtigkeit bei Verletzung öffentlicher Interessen und der Aufhebbarkeit bei Verletzung privater, schaffte aber die als Verschulden fingierte Kenntnis der Nichtigkeits- oder Aufhebungsgründe als Anknüpfungspunkt für die Scheidungsfolgen ab.

2 2. Schon seit längerem wurde darüber diskutiert, die Rechtsfolgen in Ansehung fehlerhafter Ehen zu vereinfachen und Aufhebbarkeit und Vernichtbarkeit zusammenzufassen. Die Eherechtskommission hatte sich für eine alleinige Vernichtbarkeit ausgesprochen (Eherechtskommission beim BMJ, 1972), der Referentenentwurf eines 2. EheRG eingeschränkt auf die Folgen der Scheidung. Die **Vereinheitlichung** ist vor allem deshalb konsequent, weil die nichtige (besser: vernichtbare) Ehe sowie die aufhebbare Ehe nur noch theoretisch dadurch voneinander unterschieden waren, daß jene die Auflösung der Ehe mit Wirkung ex tunc, diese die Aufhebung ex nunc verwirklichte. Schon durch das 1. EheRG waren die Rechtsfolgen angenähert, weil die vermögensrechtlichen Folgen der Nichtigkeit einer Ehe ebenfalls nach den Vorschriften über die Scheidung bestimmten. Auch blieben in der nichtigen Ehe geborenen Kinder ehelich. Konsequenzen hatte die Unterscheidung von Nichtigkeit und Aufhebbarkeit nur noch im Erb- und im Namensrecht, so wenn nach dem Tode eines Ehegatten das Erbrecht des Überlebenden durch eine zukünftig wirkende Aufhebung nicht mehr beseitigt werden konnte, während dies bei einer Nichtigerklärung möglich war. Ähnlich blieb der Ehename dem Ehegatten einer nur aufgehobenen Ehe erhalten, während er durch eine Nichtigerklärung nicht weiterbestand. Überdies wurde die praktische Bedeutung der nichtigen Ehe durch den Gesetzgeber angesichts der geringen Zahl von Nichtigkeitsklagen in der Vergangenheit (1993 wurden 34 Ehen für nichtig erklärt) als vernachlässigbar eingestuft. Er hat mit der Reform von 1998 den Begriff der Nichtigkeit der Ehe fallengelassen, weil er auch im Erbrecht der gelebten Ehe die Wirkung nicht nehmen wollte und dies dem mutmaßlichen Erblasserwillen entspreche (BT-Drucks 13/4898, 18).

3 Daher hat er sich letztlich dafür entschieden, eine fehlerhaft geschlossene Ehe nur noch mit Wirkung für die Zukunft aufzulösen und diese Auflösung als Aufhebung zu bezeichnen. Der Kritik an der schon zuvor erfolgten Angleichung (so Gernhuber/Coester-Waltjen § 14 I 2; Beitzke FamRZ 1981, 1122; Muscheler JZ 1997, 1142, 1148f), weil diese eine undifferenzierte und für den gutgläubigen Ehegatten nicht zu rechtfertigende Pauschalisierung bedeute, wurde im Gesetzgebungsverfahren auf Vorschlag des Bundesrates eingeschränkt Rechnung getragen (dazu § 1318 Rz 2, 3).

Von der aufhebbaren Ehe zu unterscheiden ist die **Nichtehe,** die bei einem Verstoß gegen die in § 1310 genannten Essentialia vorliegt: Das sind die Eheschließung ohne jeglichen oder ohne einen mitwirkungsbereiten Standesbeamten, die Eheschließung gleichgeschlechtlicher Partner sowie das Fehlen einer oder beider Eheschließungserklärungen. Eine solche Nichtehe entfaltet keine rechtlichen Wirkungen, sie braucht nicht aufgehoben zu werden, eine Bestätigung gemäß § 1315 ist nicht möglich, allenfalls eine Heilung gemäß § 1310 III (unter den dort genannten Voraussetzungen – s § 1310 Rz 11). Wegen dieses grundsätzlichen Unterschieds zwischen einer Nichtehe und einer aufhebbaren Ehe ist beim Fall der **Bewußtlosigkeit** zu unterscheiden: Obwohl dieser Fall als Aufhebungsgrund in § 1314 II S 1 geregelt ist, liegt gleichwohl dann eine Nichtehe vor, wenn der bewußtlose Ehegatte die Eheschließungserklärung nicht abgegeben hat. Da im Normalfall Bewußtlose keine Erklärungen abgeben werden, ist die gesetzgeberische Einordnung als Aufhebungsgrund zumindest irreführend.

3. Die Fehlerfolgen treten nur aufgrund eines gerichtlichen Urteils ein, das jedoch nicht mittels einer Klage, sondern eines Antrags erstritten wird. Die Klagebefugnis, die früher auch dem Staatsanwalt zustand, wurde durch ein **Antragsrecht** ersetzt, das den **Ehegatten** zusteht, während an die Stelle der Staatsanwaltschaft eine von den Landesregierungen zu bestimmende **Verwaltungsbehörde** getreten ist. 4

4. Die **Aufhebungsgründe** sind in § 1314 **erschöpfend** aufgezählt, eine Analogie ist ebensowenig zulässig wie ein Rückgriff auf die allgemeinen Regeln (§§ 119ff). § 1319 I enthält keinen selbständigen Aufhebungsgrund, sondern modifiziert den Aufhebungsgrund der Doppelehe (§§ 1314 I, 1306). Nicht übernommen wurden die Aufhebungsgründe eines Irrtums über die Person und über die wesentlichen Eigenschaften des Ehepartners (§§ 31 I S 2, 32 I EheG). Der Gesetzgeber glaubte, solche Konstellationen, die schwer zu bewerten gewesen seien, auf das Scheidungsrecht verweisen zu können (BT-Drucks 13/4898, 19). Neu aufgenommen wurde der Aufhebungsgrund einer Eheschließung, bei der beide sich einig waren, eine eheliche Lebensgemeinschaft nicht begründen zu wollen (§ 1314 II Nr 5). 5
Solange ein Aufhebungsgrund vorliegt, stellt das Verlangen des anderen Ehegatten, die eheliche Gemeinschaft fortzusetzen, einen Rechtsmißbrauch iSd § 1353 II dar (Nürnberg FamRZ 1966, 104).

5. Die gesetzliche Regelung, wonach das Aufhebungsrecht entfällt, wenn es mit Rücksicht auf die bisherige Gestaltung des ehelichen Lebens als sittlich nicht gerechtfertigt scheint (§ 32 EheG), ist 1998 nicht übernommen worden. Nicht aufgehoben werden kann eine Ehe, die bereits durch den Tod eines Ehegatten aufgelöst ist oder durch eine Wiederverehelichung nach Todeserklärung. Die früher strittige Frage, ob eine geschiedene Ehe aufgehoben werden kann (dagegen Stuttgart FamRZ 1995, 618; aA Staud/Klippel § 28 EheG Rz 2; MüKo/Müller-Gindullis 3. Aufl § 28 EheG Rz 4; Schlosser IPRax 1985, 16, 18), ist vom BGH verneint (BGH FamRZ 1996, 1209) und im EheSchlRG entsprechend gesetzlich geregelt worden (§ 1317 III). 6

6. Aufhebung und Scheidung führen jeweils zur Auflösung der Ehe ex nunc, die Scheidung jedoch aus Gründen, die nach Eheschluß eingetreten sind, die Aufhebung hingegen aus Gründen, die bereits bei Eheschluß vorlagen. Hinsichtlich der Rechtsfolgen geht die Aufhebung der Scheidung vor. 7

7. **IPR.** Weil es sich um zeitlich bereits bei Eheschluß vorliegende Mängel handelt, kommt Art 13 EGBGB und nicht Art 17 EGBGB zum Zuge (vgl Finger NJW 1981, 1536). 8

8. Die **Folgen einer Eheaufhebung** sind in § 1318 systematisch völlig neu, wenn auch leider nur unzureichend, geregelt. Die aufgehobene Ehe wird regelmäßig wie eine geschiedene Ehe behandelt, während die nur aufhebbare Ehe wirksam ist: Wirkungen, die auch eine Scheidung überdauern, wie beispielsweise die der Abstammung und des Sorgerechts, bleiben auch dann bestehen, wenn die Ehe später aufgehoben wird. Das gesetzliche Erbrecht des Ehegatten entfällt mit der Aufhebung (s § 1318 Rz 9); die Wirkungen hinsichtlich des Unterhaltsrechts sind unklar normiert (s § 1318 Rz 3), hinsichtlich des Namensrechts fehlt eine Regelung (§ 1318 Rz 11). 9

1313 *Aufhebung durch Urteil*
Eine Ehe kann nur durch gerichtliches Urteil auf Antrag aufgehoben werden. Die Ehe ist mit der Rechtskraft des Urteils aufgelöst. Die Voraussetzungen, unter denen die Aufhebung begehrt werden kann, ergeben sich aus den folgenden Vorschriften.

1. Sachlich entspricht die Norm den früheren §§ 28, 29 EheG. Die Vorschrift regelt den Grundsatz, daß die Aufhebung der Ehe nur durch ein Gestaltungsurteil möglich ist und lediglich für die Zukunft wirkt. Sie macht überdies deutlich (Satz 2), daß die Eheaufhebungsgründe abschließend im Eherecht geregelt sind und insoweit ein Rückgriff auf die allgemeinen Vorschriften über die Wirksamkeit von Rechtsgeschäften nicht möglich ist. 1

2. Das **Aufhebungsverfahren** ist ein **Eheverfahren** gemäß §§ 606ff ZPO (speziell § 631 ZPO). Es wird durch einen Antrag eingeleitet, der den Aufhebungsgrund benennen muß. Bis zum Schluß der mündlichen Verhandlung, auf die das Urteil ergeht, können andere Gründe als die in dem das Verfahren einleitenden Schriftsatz vorgebrachten, geltend gemacht werden. Das gilt auch für die Berufungsinstanz (vgl § 611 ZPO). Eine zeitliche Grenze setzt § 615 ZPO, der die Zurückweisung verspäteten Vorbringens möglich macht. Stirbt ein Ehegatte vor Rechtskraft des Urteils, so ist der Rechtsstreit als in der Hauptsache erledigt anzusehen (§ 619 ZPO). Wegen der Kosten kann er fortgesetzt werden. Das Aufhebungsurteil wirkt als Gestaltungsurteil für und gegen alle; es löst mit Rechtskraft die Ehe für die Zukunft auf. Bis zur Rechtskraft ist die Ehe als gültig anzusehen. 2

Ein Verhandlungs- oder Entscheidungsverbund gilt für das Aufhebungsverfahren nicht. Doch kann ein Antrag auf Aufhebung zusätzlich zum Scheidungsantrag gestellt werden. Der Streitgegenstand richtet sich im Aufhebungsverfahren nach der Aufhebungsreife der Ehe im ganzen, beim Scheidungsbegehren nach der Scheidungsreife der Ehe im ganzen, gleichgültig, ob mehrere Aufhebungsgründe vorgebracht werden, die unter verschiedenen Paragraphen geregelt sind oder ob das Scheitern der Ehe auf mehrere Tatbestände gestützt wird, da es nur noch einen Scheidungsgrund, nämlich den des Scheiterns der Ehe gibt. 3

3. Treffen **mehrere Aufhebungsgründe** zusammen, kann der Kläger bestimmen, in welcher Reihenfolge über sie zu befinden ist. Beim Zusammentreffen von Aufhebungsgründen und Scheidungsgrund handelt es sich nicht 4

§ 1313 Familienrecht Bürgerliche Ehe

um eine Häufung von Aufhebungs- und Scheidungsbegehren, da alle Gründe auf dasselbe Ziel, nämlich die Auflösung der Ehe, gerichtet sind. Eine Abweisung des Begehrens erübrigt sich folgerichtig insoweit, als von den vorgebrachten Auflösungsgründen einer durchgreift. Macht der die Auflösung der Ehe Begehrende Aufhebungsgründe und Scheidungsgrund gestaffelt geltend (also den einen Grund in erster Linie, den anderen nur hilfsweise), ist er beschwert, wenn sich das Gericht nicht an die von ihm vorgeschriebene Reihenfolge hält. Werden dagegen Aufhebungs- und Scheidungsgründe gleichzeitig nebeneinander geltend gemacht, ergeht das Urteil, sobald ein Aufhebungs- oder der Scheidungsgrund erwiesen ist. Greifen Aufhebungs- und Scheidungsgrund durch, so ist die Ehe aufzuheben. Die Urteilsgründe müssen aber deutlich machen, daß sowohl das Aufhebungs- als auch das Scheidungsbegehren begründet sind.

5   Macht der die Auflösung der Ehe Begehrende Aufhebungs- oder Scheidungsgründe oder beides geltend und erhebt demgegenüber der Beklagte eine auf Aufhebungsgründe gestützte Widerklage, stellt er den Gegenantrag auf Scheidung oder verlangt er beides, so lautet das Urteil lediglich auf Aufhebung, wenn wenigstens ein Aufhebungsverlangen gerechtfertigt ist.

6   4. Die Aufhebungsgründe sind in § 1314 enumerativ geregelt, die Folgen in § 1318.

1314 *Aufhebungsgründe*
(1) Eine Ehe kann aufgehoben werden, wenn sie entgegen den Vorschriften der §§ 1303, 1304, 1306, 1307, 1311 geschlossen worden ist.
(2) Eine Ehe kann ferner aufgehoben werden, wenn
1. ein Ehegatte sich bei der Eheschließung im Zustande der Bewusstlosigkeit oder vorübergehender Störung der Geistestätigkeit befand;
2. ein Ehegatte bei der Eheschließung nicht gewusst hat, dass es sich um eine Eheschließung handelt;
3. ein Ehegatte zur Eingehung der Ehe durch arglistige Täuschung über solche Umstände bestimmt worden ist, die ihn bei Kenntnis der Sachlage und bei richtiger Würdigung des Wesens der Ehe von der Eingehung der Ehe abgehalten hätten; dies gilt nicht, wenn die Täuschung Vermögensverhältnisse betrifft oder von einem Dritten ohne Wissen des anderen Ehegatten verübt worden ist;
4. ein Ehegatte zur Eingehung der Ehe widerrechtlich durch Drohung bestimmt worden ist;
5. beide Ehegatten sich bei der Eheschließung darüber einig waren, dass sie keine Verpflichtung gemäß § 1353 Abs. 1 begründen wollen.

1   1. Die Vorschrift beruht weitgehend auf dem Regierungsentwurf, Abs II Nr 5 wurde im Rechtsausschuß aufgrund einer Prüfbitte des Bundesrates angefügt.

2   2. Abs I enthält die **Aufhebungsgründe,** die sich aus einem **Verstoß gegen die Regeln über die Eheschließung** ergeben. Im Gegensatz zum früheren Recht (§§ 17ff EheG) zählt das Gesetz die einzelnen Fälle nunmehr nicht auf, sondern verweist auf die Vorschriften über die Eingehung der Ehe. Die Heilungsmöglichkeiten sind ebenfalls nicht bei den einzelnen Aufhebungsgründen, sondern einheitlich in § 1315 geregelt (siehe Komm dort).
a) So ist eine Ehe aufhebbar, wenn einer der Eheschließenden nicht volljährig war und eine Befreiung vom FamG nicht ausgesprochen worden ist. Allerdings kann die familiengerichtliche Genehmigung noch nachgeholt werden (§ 1315 I Nr 1). Aus § 1303 IV ergibt sich, daß die Ehe nicht aufhebbar ist, wenn zwar der personensorgeberechtigte Elternteil oder der gesetzliche Vertreter widersprochen hat, gleichwohl aber das FamG die Befreiung erteilt hat.
b) Wie bereits erwähnt, ist auch die von einer geschäftsunfähigen Person unter Verstoß gegen § 1304 eingegangene Ehe zunächst wirksam, aber aufhebbar.
c) Das gleiche gilt für einen Verstoß gegen die Eheverbote der Doppelehe (§ 1306) und der biologischen Verwandtschaft (§ 1307). Dagegen ist eine Ehe, die unter Verstoß gegen das Eheverbot der Adoptivverwandtschaft (§ 1308) oder ohne das erforderliche Ehefähigkeitszeugnis (§ 1309) geschlossen wird, nicht aufhebbar.
d) Aufhebbar ist die unter Verstoß gegen die Formvorschrift des § 1311 geschlossene Ehe. Das ist bspw der Fall, wenn die Verlobten die Erklärungen nicht persönlich oder nicht bei gleichzeitiger Anwesenheit abgegeben haben, also bspw im Falle der verdeckten Stellvertretung. Das gleiche gilt, wenn die Erklärung eines oder beider Verlobten unter einer **Bedingung oder Zeitbestimmung** abgegeben wurde (vgl MüKo/Müller-Gindullis § 1311 Rz 6; Schwab FamRZ 1965, 474, 485; aA Gernhuber/Coester-Waltjen § 11 II 8, die nur die Bedingung oder Befristung als nichtig und die Ehe als voll wirksam ansieht; Ramm JZ 1963, 52, der eine Nichtehe annimmt). Solche Bedingungen oder Befristungen sind allerdings nur dann zu berücksichtigen, wenn sie gegenüber dem Standesbeamten geäußert wurden, was in der Praxis diesen zur Ablehnung der Eheschließung veranlassen dürfte; interne Absprachen der Eheschließenden führen nicht zur Aufhebbarkeit der Ehe (BayObLG FamRZ 1982, 603, 605).
Ein Verstoß gegen § 1310 führt zu einer Nichtehe, die nicht aufgehoben werden muß.

3   3. Abs II enthält die **Aufhebungsgründe,** die – so der Gesetzgeber – auf einem **Willensmangel** eines oder beider Verlobten beruhen, und zählt diese Fälle einzeln auf. Die Nr 1–4 entsprechen inhaltlich dem bisherigen Recht, während die Nr 5 erst in letzter Sekunde im Gesetzgebungsverfahren neu geschaffen wurde und eher einen Rechtsmißbrauch regelt als einen Willensmangel (Hepting/Gaaz Bd 2 Rz III 184).

4   **a)** Nr 1 enthält den früheren Nichtigkeitsgrund des § 18 EheG, daß sich ein Ehegatte bei der Eheschließung im Zustande der Bewußtlosigkeit oder **vorübergehender Störung der Geistestätigkeit** befand. Daß der Gesetzgeber den Fall des bewußtlosen Eheschließenden auch in das neue Eheschließungsrecht aufgenommen hat, ist wohl als Kuriosum zu betrachten (vgl Hepting StAZ 1996, 258), denn Fälle von Trunkenheit oder Drogeneinfluß mit einer hochgradigen Bewußtseinstrübung sind begrifflich nicht unter Bewußtlosigkeit zu fassen, sondern als vorübergehende Störung der Geistestätigkeit anzusehen. Wie bisher führt diese nur dann zur Aufhebbarkeit, wenn durch sie

die freie Willensbestimmung ausgeschlossen war (RG 74, 110f; 103, 400). Kann die betreffende Person trotz der Störung nur auf bestimmten Gebieten ihren Willen nicht frei bestimmen, hinsichtlich der Eingehung der Ehe aber einen freien Willen bilden, ist eine Aufhebung nicht möglich. Fehlt es an jeglicher Erklärung, liegt eine Nichtehe vor (vor § 1313 Rz 2).

b) Nr 2 enthält den Aufhebungsgrund des **fehlenden Bewußtseins** vom **Vorliegen einer Eheschließung,** was beispielsweise der Fall sein kann, wenn einer „Blitzheirat" im Ausland nicht die entscheidende Bedeutung beigemessen wird (Hepting/Gaaz Bd 2 III 192; AG Prüm FamRZ 2002, 1561). Ob das Nichtwissen auf einem Tatsachen- oder Rechtsirrtum beruht, ist unerheblich. Bloße Zweifel genügen nicht. Kein Aufhebungsgrund ist – bei Kenntnis der rechtlichen Bedeutung der Eheschließung – der Irrtum darüber, eine entsprechende Erklärung abzugeben (so der frühere § 31 I S 1 EheG).

c) Nr 3 enthält den Fall der **arglistigen Täuschung** eines Ehegatten. Eine arglistige Täuschung ist jedes vorsätzlich auf Irrtumserregung abzielende Verhalten, gleichgültig, ob der Irrtum durch Vorspiegelung, Unterdrückung oder Entstellung von Tatsachen erregt oder unterhalten wird (vgl § 123 Rz 11ff). Bloßes Verschweigen subjektiv wesentlicher Umstände genügt in der Regel – mangels allgemeiner Offenbarungspflicht – nicht (RG 52, 306f; Finger NJW 1981, 1536 mN). Vielmehr muß sich aus den Umständen des Einzelfalles eine besondere **Offenbarungspflicht** ergeben, die aus einer ausdrücklichen Frage des anderen Teils resultieren kann oder entsteht, wenn offensichtlich ist, daß der andere auf bestimmte Umstände Wert legt und diese bei verständiger Würdigung des Wesens der Ehe von Bedeutung sind (insoweit zweifelhaft der Gesichtspunkt der sog Rassenhygiene – RG WarnRsp 1926, 91). Beispielhaft erwähnt sei bei einer schwangeren Frau die Tatsache, daß auch andere Männer als der Eheschließungswillige als Vater in Betracht kommen (BGH 29, 265, 268; Karlsruhe NJW-RR 2001, 737). Des weiteren werden erwähnt Beiwohnungs-, Zeugungs-, Gebärfähigkeit, Erbkrankheit, unheilbare und ansteckende Leiden, Homosexualität (BGH FamRZ 1958, 314). An Stelle der Offenbarungspflicht trifft eine Aufklärungspflicht denjenigen, der die von einem Dritten vorgenommene Täuschung erkannt hat. Keine Offenbarungspflicht wurde angenommen, wenn aus Scham die Vergewaltigung durch den eigenen Vater und dessen Verurteilung (RG, Beilage zur DRZ 1928, 451) verheimlicht oder außereheliche Vaterschaft (RG DR 1944, 416) abgestritten wird. Die bloße Nichtoffenbarung bestimmter Vorstellungen über die Eheführung (Beiwohnungsunwilligkeit) ist nicht als arglistige Täuschung anzusehen (Köln NJW-RR 1999, 1595).

Arglist bedeutet Vorsatz, bedingter (dolus eventualis) genügt. Somit reicht es aus, wenn es der eine Teil aus Berechnung und mit Fleiß unterläßt, dem anderen wichtige Tatsachen mitzuteilen, um so zu verhindern, daß dieser vom Eheschluß zurücktritt (vgl RG 111, 5). Der Arglist steht im allgemeinen nicht entgegen, wenn Verschweigen auf fehlendem Mut, Scheu vor Aufregung (RG JW 1931, 1363) oder Hoffnung auf glücklichen Eheverlauf (RG 111, 5) beruht. Es kommt vielmehr entscheidend darauf an, ob der Täuschende glaubt, daß der Getäuschte auch bei voller Kenntnis der Tatsachen die Ehe geschlossen hätte (BGH FamRZ 1958, 314). Schädigungsabsicht ist nicht erforderlich (RG 111, 7). Mitwirkende Fahrlässigkeit des Getäuschten schadet nicht. Schuldfähigkeit des Täuschenden ist nicht vorausgesetzt, es genügt der natürliche Handlungsvorsatz (Hamm FamRZ 1964, 438).

Gegenstand der Täuschung sind Umstände aller Art, ausgenommen die Vermögensverhältnisse (Hs 2). Neben den persönlichen Eigenschaften des anderen Teils kommen in Betracht auch Umstände wie der Beruf (AG Weinheim FamRZ 1995, 1411), Beamteneigenschaft (KG JW 1930, 74), Vortäuschung einer Schwangerschaft (RG JW 1920, 832), Abstammung eines Kindes (Hamm FamRZ 1964, 438).

Die Umstände müssen so gewichtig sein, daß sie den Getäuschten **bei Kenntnis der Sachlage und richtiger Würdigung des Wesens der Ehe** vom Eheschluß abgehalten hätten. Es muß somit zwischen Irrtum und Eheschluß ein ursächlicher Zusammenhang bestehen, wobei es genügt, daß der Getäuschte die Ehe nicht zu diesem Zeitpunkt geschlossen hätte. Der vor Eheschluß durch die Täuschung hervorgerufene oder unterhaltene Irrtum muß zum Zeitpunkt des Eheschlusses noch andauern (RG SeuffA 1986, 184). Der Ursachenzusammenhang ist zu beurteilen objektiv vom Standpunkt einer richtigen Würdigung des Wesens der Ehe (vgl Wagenitz/Bornhofen, EheSchlRG, Rz 1–108), subjektiv vom Standpunkt der Kenntnis der Sachlage (Wie hätte der konkrete Verlobte ohne die Täuschung gehandelt?). Mitursächlichkeit genügt grundsätzlich.

Täuschender kann auch ein Dritter sein, jedoch ist die Aufhebung ausgeschlossen, wenn dieser Dritte ohne Wissen des begünstigten Ehegatten gehandelt hat. Kennenmüssen genügt insoweit nicht, maßgebender Zeitpunkt ist der Eheschluß, spätere Kenntnis schadet nicht.

d) Nr 4 enthält den früher in § 34 EheG enthaltenen Nichtigkeitsgrund der **widerrechtlichen Drohung.** Drohung ist die Ankündigung eines Übels oder Nachteil, der zu einer Zwangslage für den Adressaten oder einen ihm Nahestehenden führt, zB Verbrechen, Gewalt, Vermögensschaden. Die Drohung kann vom Verlobten oder einem Dritten ausgehen, im letzteren Fall ist es nicht erforderlich, daß der begünstigte Ehegatte die Drohung des Dritten gekannt hat. Die Drohung braucht nicht ernstlich gemeint zu sein, wenn nur der Adressat sie als solche aufgefaßt hat. Die Ankündigung des Übels muß in der Absicht erfolgen, den Bedrohten zur Eingehung der Ehe zu veranlassen. Für den ursächlichen Zusammenhang zwischen der Drohung und der Eheschließung genügt die Mitverursachung. Es reicht aus, wenn der Bedrohte die Ehe sonst nicht zu diesem Zeitpunkt geschlossen hätte (RG JW 1920, 832).

Die Widerrechtlichkeit kann in der Unerlaubtheit des Mittels oder im verfolgten Ziel oder in beidem liegen. Der Drohende muß sich bewußt sein, daß er auf den Willen in unzulässiger Weise einwirkt. Das erstrebte Ziel ist nach hM dann widerrechtlich, wenn ein Rechtsanspruch hierauf nicht besteht (zur Widerrechtlichkeit im einzelnen: Staud/Strätz Rz 61ff). Dies würde bedeuten, daß der mit einem an sich erlaubten Drohmittel herbeigeführte Eheschluß stets widerrechtlich wäre, weil nicht einmal ein gültiges Verlöbnis ein Recht auf Eheschluß gibt. Andererseits ist eine Eheschließung kein rechtswidriger Zweck. Es kommt daher entscheidend auf das angedrohte Mittel

§ 1314 Familienrecht Bürgerliche Ehe

an. Allein aus dessen Erlaubtheit kann man aber noch nicht auf eine fehlende Rechtswidrigkeit schließen (so aber der Tendenz nach RG 166, 46), vielmehr muß die Drohung angemessen sein, um einen – moralischen – Anspruch auf die Eheschließung durchzusetzen. Die Drohung des Vaters einer Verlobten mit einer Strafanzeige wegen Verführung dürfte wohl nicht mehr zulässig sein.

11 e) **Nr 5** regelt die seit langem in Rechtsprechung und Literatur kontrovers diskutierte Frage um die Erheblichkeit einer **sogenannten Scheinehe** (vgl Coester StAZ 1996, 36; Hepting FamRZ 1998, 719 jeweils mN). Dieser Aufhebungsgrund betrifft keinen Willensmangel, sondern ein Motiv der Eheschließung, das in dem fehlenden Willen besteht, die Verpflichtung zur ehelichen Lebensgemeinschaft zu erfüllen. Das Ehegesetz kannte ursprünglich zwei Regelungen, bei denen die Eheschließung aus ehefremden Zwecken verboten war, nämlich die Staatsangehörigkeits- und die Namensehe. Während erstere bereits mit der Neufassung des EheG im Jahre 1946 nicht übernommen wurde, wurde letztere mit dem ersten EheRG von 1976 gestrichen. Seitdem ging es vor allen Dingen um die Frage, ob Ausländern, die eine Ehe nur deshalb mit einer/m Deutschen eingehen, um in der Bundesrepublik ein gesichertes Aufenthaltsrecht zu erlangen, die Eheschließung versagt werden kann (s Celle FamRZ 1998, 1108, wo der zugrunde liegende Sachverhalt relativ detailliert wiedergegeben wird). Der RegE hatte keine Regelung dieses Problems vorgesehen, erst der Bundesrat hatte um entsprechende Prüfung gebeten (BT-Drucks 13/4898, 32), die Aufnahme einer Regelung war jedoch von der Bundesregierung abgelehnt worden, weil eine genaue Definition der zu erfassenden Fälle kaum möglich schien (aaO, S 35). Man war offenbar der – richtigen – Ansicht, daß die Lösung des Problems bei der begünstigenden Norm, also im Ausländerrecht, zu erfolgen habe (so auch Barth/Wagenitz FamRZ 1996, 839; Hepting StAZ 1996, 261). In letzter Sekunde wurde dann vom Rechtsausschuß die nunmehr geltende Fassung in das Gesetz eingefügt, weil laut Begründung die Inanspruchnahme des Instituts der Ehe für ehefremde Zwecke mißbilligt werde (BT-Drucks 13/9416, 28).

12 Die Regelung enthält eine **Generalklausel**, die Bedenken in der Literatur hinsichtlich der begrifflichen Erfassung einer Scheinehe bestätigt zu haben scheint (Hepting FamRZ 1998, 722: „zu weit geraten"; ausführliche Textkritik auch bei Wagenitz/Bornhofen, Abschnitt 1 Rz 113ff; Wagenitz in FS Rolland, S 387ff). Aufhebbar ist die Ehe, wenn die beiden Eheschließenden sich einig waren, eine Verpflichtung nach § 1353 I nicht begründen zu wollen. Der Verweis in § 1314 II Nr 5 auf § 1353 I erstreckt sich nur auf die Verpflichtung zur ehelichen Lebensgemeinschaft, da die anderen Elemente des § 1353 I keine Rechtspflichten enthalten. S 1 enthält einen Grundsatz bzw ein Ziel oder Prinzip; S 2 Hs 2 wirkt schon aufgrund der indikativischen Gesetzesfassung nicht rechtspflichtbegründend. Außerdem sollte nach der Gesetzesbegründung nur die bestehende Rechtslage klargestellt werden (BT-Drucks 13/9416, 29, 27). Die Formulierung der Vorschrift ist insofern mißglückt, als die Verpflichtung zur ehelichen Lebensgemeinschaft im Zeitpunkt der Eheschließung kraft Gesetzes unabhängig vom Willen der Ehegatten entsteht. Man wird daher den Wortlaut „begründen wollen" korrigierend als „erfüllen wollen" auslegen müssen (vgl Wagenitz in FS Rolland, S 389f).

Um den Aufhebungsgrund zu bestimmen, bedarf es also eines Rückgriffs auf den **unbestimmten Rechtsbegriff der Verpflichtung zur ehelichen Lebensgemeinschaft**. Dessen Auslegung ist noch immer umstritten; er unterliegt dem zeitlichen Wandel und ist stark abhängig vom Willen der Ehegatten und ihrem subjektiven Bild von der Ehe, zumal seit dem 1. EheRG kein gesetzliches Eheleitbild mehr existiert. Über den mitunter beschworenen Kernbestand dessen, was zu einer ehelichen Lebensgemeinschaft gehört, gibt es keinen Konsens, denn auch die am häufigsten genannten Pflichten zur Geschlechtsgemeinschaft und zur häuslichen Gemeinschaft werden nicht einheitlich dem freien Willen der Ehegatten entzogen (MüKo/Wacke § 1353 Rz 25, 30f; Lüke AcP 178, 1, 6; RGRK/Roth-Stielow § 1353 Rz 16, 28, 31). Teilweise wird sogar der Pflichtencharakter des § 1353 I in Frage gestellt, weil sich die „rechte eheliche Gesinnung" schuldrechtlichen Kategorien entziehe (Wagenitz/Bornhofen, Abschnitt 1 Rz 115) bzw weil der verfassungsrechtlich abgesicherte gesellschaftliche Pluralismus es verbiete, § 1353 I S 2 Hs 1 in personaler Hinsicht anders als einen Appell zu verstehen (Pawlowski, Die „Bürgerliche Ehe" als Organisation, S 55f). Wären die Ehegatten unabdingbar zu Treue, häuslicher Gemeinschaft oder Geschlechtsgemeinschaft etc verpflichtet und Ausnahmen allenfalls in Fällen zulässig, in denen die Umstände es nicht erlauben, die Pflichten zu erfüllen, müßte man alle Ehen für aufhebbar erklären, bei denen die Ehegatten auch nur einer dieser unabdingbaren Pflichten nicht nachkommen wollen, da sie dann keine (volle) eheliche Lebensgemeinschaft begründen wollten. Eine Vielzahl von Ehen würde damit das Tatbestandsmerkmal des § 1314 II Nr 5 erfüllen. Die Eheschließungsfreiheit wäre in einem verfassungsrechtlich bedenklichen Ausmaß beschränkt und die Vorschrift auch vor dem Hintergrund des Bestimmtheitsgrundsatzes angreifbar.

12a Der Gesetzgeber des EheschlRG hat in § 1353 I S 2 Hs 2 klargestellt, daß die Ehe eine **Verantwortungsgemeinschaft** ist. Dieser Halbsatz, der vom Rechtsausschuß zu gleicher Zeit wie der Aufhebungsgrund des § 1314 II Nr 5 ins Gesetz aufgenommen wurde, sollte auch dazu dienen, Scheinehen auszugrenzen (vgl BT-Drucks 13/9416, 28), indem er die Verpflichtung zur ehelichen Lebensgemeinschaft klarstellend präzisieren soll (BT-Drucks 13/9416, 26). Der Kernbereich der ehelichen Lebensgemeinschaft wird auf diese Weise auf solche Pflichten beschränkt, die sich auf gegenseitige eheliche Verantwortung der Ehegatten füreinander zurückführen lassen. Demnach sind Beistand, Hilfe, Fürsorge und Rücksichtnahme in personaler und vermögensrechtlicher Hinsicht die als solche unabdingbaren, der Verfügungsgewalt der Ehegatten entzogenen Mindestinhalte einer ehelichen Lebensgemeinschaft (vgl BGH FamRZ 2002, 317). Indem der Gesetzgeber die Verantwortung besonders hervorhebt, mißt er den Pflichten, die sich daraus ergeben, eine herausragende Stellung als unabdingbarer Wesensgehalt der Ehe bei.

Diese Pflichten bedürfen zwar der Ausgestaltung und werden insbesondere von den Lebensumständen des Paares bestimmt, die Ehegatten dürfen jedoch durch die angestrebte „Eheführung" diese Pflichten nicht vollständig entwerten wollen. Entscheidend ist, ob die angestrebten Beziehungen bei einer Gesamtbetrachtung der Vorstellungen des Paares und unter Berücksichtigung der Gesamtumstände als gegenseitige Übernahme von Verantwortung zu bewerten ist. Insoweit ist die Pflicht zum Bemühen um Einigung zwingend, da Beistand, Fürsorge etc nicht denkbar sind ohne einen Einigungsprozeß, der von geistiger Auseinandersetzung mit dem Partner geprägt und auf die Ermittlung des Willens des Partners gerichtet ist. Dieses Verständnis wird dem pluralistischen gesellschaftlichen Phänotyp der Ehe insofern gerecht, als die eheliche Lebensgemeinschaft nicht mehr über in der gesellschaftlichen Realität variierende Äußerlichkeiten wie häusliche Gemeinschaft, Geschlechtsgemeinschaft oder Treue definiert wird. Die Beziehungen der Ehegatten dürfen und werden in aller Regel über Beistand, Fürsorge, Rücksichtnahme usw hinausgehen; sie dürfen aber nicht hinter den genannten Anforderungen zurückbleiben. Der Wille zur Verwirklichung der übrigen ehelichen Pflichten behält insoweit seine Geltung, als er den insbesondere iRd § 1310 I S 2 Hs 2 maßgebenden Willen der Ehegatten zur Erfüllung der Verpflichtung zur ehelichen Lebensgemeinschaft indizieren kann. Wollen die Eheschließungswilligen zB in häuslicher Gemeinschaft zusammenleben, wird ihre Gemeinschaft im Zweifel auf Beistand und Fürsorge füreinander angelegt sein.

Keine Lebensgemeinschaft in Form der Verantwortungsgemeinschaft ist bei Eheschließung angestrebt, wenn sich der Kontakt der Ehegatten auf die Vorbereitung des Standesamt- und Scheidungstermins beschränkt. Auch wird man es nicht genügen lassen können, daß ein Ehegatte den anderen in finanzieller Hinsicht Beistand leistet, aber keinerlei Verantwortung im personalen Bereich übernehmen will. Die Grenzen zwischen einer bloßen Freundschaft und einer ehelichen Lebensgemeinschaft verlaufen unbestreitbar fließend und können im Rahmen der Scheinehenregelung nicht aufgelöst werden. Hier hilft die Beweislastverteilung des § 1314 II Nr 5: Verbleiben nach den äußeren Anzeichen Zweifel, ob die Verlobten eine Lebensgemeinschaft in diesem Sinn im Zeitpunkt der Eheschließung wirklich angestrebt haben, dürfen diese nicht zu ihren Lasten gehen. Auch Strafgefangenen oder Prostituierten kann man nicht von vornherein den Willen zur Verwirklichung einer ehelichen Lebensgemeinschaft im obengenannten Sinn absprechen. Bei Eheschließungen auf dem Sterbebett wird in der Regel schon dem Wortlaut des § 1314 II Nr 5 nach keine Scheinehe angestrebt sein, weil der Wille auf eine, wenn auch kurze, so doch auf Lebenszeit angelegte Lebensgemeinschaft in Form einer Verantwortungsgemeinschaft gerichtet sein wird, in der zumindest einer der Ehegatten dem anderen bis zum Tod beistehen, ihm helfen, ihn achten, auf ihn Rücksicht nehmen will. Der dem Wortlaut nach weite Anwendungsbereich der Vorschrift wird sich nicht rechtlich, aber de facto auf Aufenthaltsehen reduzieren lassen – was vom Gesetzgeber durchaus beabsichtigt gewesen sein dürfte –, da sich in allen anderen Fällen kaum jemals nachweisen lassen wird, daß die Ehegatten keine Beistands- und Einstehensgemeinschaft begründen wollten.

4. Übergangsrecht. Wie bereits erwähnt (vor § 1303 Rz 9), gilt das EheSchlRG grundsätzlich auch für die vor dem 1. 7. 1998 geschlossenen Ehen. Eine Ausnahme besteht insoweit, als Altehen nicht aufgrund eines durch die Eheschließungsreform neugeschaffenen Eheaufhebungsgrundes (Beispiel: Scheinehe gemäß § 1314 II Nr 5) aufgehoben werden können. Besteht für eine Altehe ein Nichtigkeitsgrund (alten Rechts), so ist sie nach neuem Recht nur aufhebbar, soweit das neue Recht den Nichtigkeitsgrund (als Aufhebungsgrund) kennt. Eine Ehe zwischen Verschwägerten ist daher nach dem 1. 7. 1998 nicht mehr aufhebbar (vgl Hepting FamRZ 1998, 258).

1315 *Ausschluss der Aufhebung*
(1) Eine Aufhebung der Ehe ist ausgeschlossen
1. bei Verstoß gegen § 1303, wenn die Voraussetzungen des § 1303 Abs. 2 bei der Eheschließung vorlagen und das Familiengericht, solange der Ehegatte nicht volljährig ist, die Eheschließung genehmigt oder wenn der Ehegatte, nachdem er volljährig geworden ist, zu erkennen gegeben hat, dass er die Ehe fortsetzen will (Bestätigung),
2. bei Verstoß gegen § 1304, wenn der Ehegatte nach Wegfall der Geschäftsunfähigkeit zu erkennen gegeben hat, dass er die Ehe fortsetzen will (Bestätigung),
3. im Falle des § 1314 Abs. 2 Nr. 1, wenn der Ehegatte nach Wegfall der Bewusstlosigkeit oder der Störung der Geistestätigkeit zu erkennen gegeben hat, dass er die Ehe fortsetzen will (Bestätigung),
4. in den Fällen des § 1314 Abs. 2 Nr. 2 bis 4, wenn der Ehegatte nach Entdeckung des Irrtums oder der Täuschung oder nach Aufhören der Zwangslage zu erkennen gegeben hat, dass er die Ehe fortsetzen will (Bestätigung),
5. in den Fällen des § 1314 Abs. 2 Nr. 5, wenn die Ehegatten nach der Eheschließung als Ehegatten miteinander gelebt haben.

Die Bestätigung eines Geschäftsunfähigen ist unwirksam. Die Bestätigung eines Minderjährigen bedarf bei Verstoß gegen § 1304 und im Falle des § 1314 Abs. 2 Nr. 1 der Zustimmung des gesetzlichen Vertreters; verweigert der gesetzliche Vertreter die Zustimmung ohne triftige Gründe, so kann das Familiengericht die Zustimmung auf Antrag des Minderjährigen ersetzen.

(2) Eine Aufhebung der Ehe ist ferner ausgeschlossen
1. bei Verstoß gegen § 1306, wenn vor der Schließung der neuen Ehe die Scheidung oder Aufhebung der früheren Ehe ausgesprochen worden ist und dieser Ausspruch nach der Schließung der neuen Ehe rechtskräftig wird;
2. bei Verstoß gegen § 1311, wenn die Ehegatten nach der Eheschließung fünf Jahre oder, falls einer von ihnen vorher verstorben ist, bis zu dessen Tode, jedoch mindestens drei Jahre als Ehegatten miteinander gelebt haben, es sei denn, dass bei Ablauf der fünf Jahre oder zur Zeit des Todes die Aufhebung beantragt ist.

1. Abs I Nr 1–4, II entsprechen dem RegE, I Nr 5 beruht auf dem Vorschlag des Rechtsausschusses. Die Vorschrift enthält die Fälle, in denen eine Aufhebung der Ehe trotz Vorliegens eines Aufhebungsgrundes ausgeschlossen ist. Im Gegensatz zum EheG, in dem die Ausschlußgründe jeweils bei den einzelnen Aufhebungs- bzw Nichtigkeitstatbeständen geregelt waren, besteht nunmehr eine einheitliche Norm.

2. Abs I behandelt die **Bestätigung einer Ehe,** die aus einem der folgenden Gründe aufhebbar ist: Minderjährigkeit, Geschäftsunfähigkeit, Störung der Geistestätigkeit, Irrtum, Täuschung und Drohung. Im Falle der fehlen-

§ 1315 Familienrecht Bürgerliche Ehe

den Mündigkeit führt auch die Genehmigung durch das FamG zur Heilung. Da bei allen diesen Aufhebungsgründen der Schutz des betroffenen Ehegatten im Vordergrund steht, ist es konsequent, eine Heilung durch Bestätigung zuzulassen, weil der Bestätigende auf den Schutz konkludent verzichtet.

Bestätigen muß die Person, bei der der Eheschließungsmangel begründet ist. Eine Bestätigung erfolgt dadurch, daß der Bestätigende zu erkennen gibt, daß er die Ehe fortsetzen will. Sie ist zwar im Gegensatz zu § 141 keine empfangsbedürftige Willenserklärung, aber doch **Rechtshandlung**, dh ein ehebezogenes Verhalten, das den **Fortsetzungswillen** nach außen erkennen läßt; klassisches Beispiel ist das Zusammenleben in der ehelichen Lebensgemeinschaft. Der Wille, die Ehe fortzusetzen, muß zweifelsfrei, wenn auch möglicherweise stillschweigend, zum Ausdruck kommen. Bloße Äußerungen des Wohlwollens, des Mitgefühls oder freundlicher Gesinnung, Zärtlichkeit um der Kinder willen (RG 164, 379) reichen nicht aus. Ebensowenig genügt der Verzicht auf das Aufhebungsrecht, wenn trotzdem die eheliche Lebensgemeinschaft aufgehoben bleibt (RG HRR 1940, 1172). Die Fortsetzung des Geschlechtsverkehrs wird in der Regel (RG DR 1943, 150, einschränkend RG 165, 123; DR 1944, 615, 665, 840) eine Bestätigung nahelegen, es sei denn, daß im Einzelfall besondere Umstände dagegen sprechen. Eine Bestätigung unter Bedingung oder Befristung ist richtiger Ansicht nach zulässig, sofern dies nicht dem Wesen der Ehe widerspricht und kein längerer, unerträglicher Schwebezustand eintritt (RG 163, 141f; DR 1944, 664).

3 Da die Bestätigung eine Rechtshandlung ist, kann ein **Geschäftsunfähiger** sie nicht abgeben. Ein Minderjähriger kann die irrtums-, täuschungs- oder drohungsbeeinträchtigte Ehe selbst bestätigen, eine Vertretung ist insoweit nicht zulässig; war der Minderjährige bei Eheschluß geschäftsunfähig, bewußtlos oder seine Geistestätigkeit vorübergehend gestört, fehlt es an einer zurechenbaren Eheschließungserklärung; deshalb bedarf er zur Bestätigung der Genehmigung des gesetzlichen Vertreters, die auf Antrag des Minderjährigen vom FamG ersetzt werden kann (MüKo/Müller-Gindullis Rz 9f). Für die Ersetzung gilt das oben zu § 1303 Gesagte (Rz 13f).

4 **a) Nr 1.** Hat ein Minderjähriger ohne gerichtliche Befreiung geheiratet, so kann er nach Erreichen der Volljährigkeit die Ehe selbst bestätigen. Die Aufhebung ist auch dann ausgeschlossen, wenn das FamG bereits vor Erreichen der Volljährigkeit die Genehmigung nachholt. Die Voraussetzungen des § 1303 müssen allerdings vorliegen.

5 **b) Nr 2.** Der Geschäftsunfähige kann, wenn er wieder geschäftsfähig geworden ist, seine Ehe ebenfalls bestätigen. Daß der Ehegatte selbst davon überzeugt ist, bei der Eheschließung geschäftsunfähig gewesen zu sein, ist nicht notwendig. Er muß aber Kenntnis davon haben, daß begründete Zweifel an seiner Geschäftsfähigkeit und damit an der Gültigkeit der Ehe bestehen, da nur dann der Fortsetzungswille vorliegen kann (RG 157, 129f). Geht der Wille erkennbar nur dahin, die Ehe zunächst versuchsweise fortzusetzen, so genügt dies nicht (RG 163, 139).

6 **c) Nr 3.** Das gleiche gilt für einen Ehegatten, der bei Eheschließung bewußtlos war oder an einer Störung der Geistestätigkeit litt.

7 **d) Nr 4.** Im Falle der Drohung, Täuschung oder eines Irrtums nach § 1314 II Nr 2 muß die Bestätigung erfolgen, nachdem der Irrtum oder die Täuschung entdeckt worden sind oder die Zwangslage aufgehoben ist. Wenn das Gesetz sagt, daß die Bestätigung nach Entdeckung des Irrtums zu erfolgen habe, so genügt weder ein bloßer Verdacht (RG JW 1928, 896) noch ein bloßes Kennenmüssen (RG JW 1939, 636), sondern nur die Kenntnis. Bestätigen kann nur der irrende, getäuschte oder bedrohte Ehegatte.

8 **e) Nr 5.** Die sog Scheinehe wird geheilt, wenn die Ehegatten die eheliche Lebensgemeinschaft aufnehmen, dh nach außen der Eindruck einer auf Dauer angelegten Lebensgemeinschaft entstanden ist (Pal/Brudermüller Rz 14). Die Ehegatten müssen also eine Lebensgemeinschaft in Form einer Verantwortungsgemeinschaft wirklich leben, eine bestimmte Mindestzeit verlangt das Gesetz nicht. Unerheblich ist auch, ob die Ehegatten die Heilung herbeiführen wollen (MüKo/Müller-Gindullis Rz 12). Die Frage, ob eine Heilung eingetreten ist, kann insbesondere dann bedeutsam werden, wenn mit dem Aufhebungsgrund der Scheinehe versucht werden sollte, das Scheidungsrecht zu umgehen.

9 **3. Abs II** regelt die Voraussetzungen, unter denen eine Ehe trotz Verstoßes gegen das Eheverbot der Doppelehe oder die Form der Eheschließung gemäß § 1311 nicht aufhebbar ist.

a) Nr 1. Obwohl eine **Doppelehe** grundsätzlich unheilbar ist, macht das Gesetz entsprechend dem früheren Recht (§ 20 II EheG) eine Ausnahme, wenn vor Schließung der **Zweitehe** die frühere Ehe **geschieden oder aufgehoben** war, die Entscheidung jedoch erst später rechtskräftig wurde. Geschützt werden damit Ehegatten, die sich auf die Bestandskraft eines Scheidungs- oder Aufhebungsurteils verlassen hatten, möglicherweise bestärkt durch einen fälschlich erteilten Vermerk über die Rechtskraft des Urteils. Wird die erste Ehe zeitlich nach der rechtskräftigen Aufhebung der zweiten Ehe aufgehoben, so wird die Aufhebung der zweiten Ehe dadurch nicht berührt. Ist die Aufhebbarkeit der ersten Ehe beantragt und wird in einem Rechtsstreit um die Aufhebung der zweiten Ehe geltend gemacht, so ist dieser auf Antrag nach § 152 ZPO auszusetzen. Das Gericht kann auch nach § 148 ZPO von Amts wegen aussetzen und die Akten der zuständigen Verwaltungsbehörde abgeben, damit diese über einen Antrag auf Aufhebung der Ehe befindet. Wenn eine Anwendung des § 1315 II in Betracht kommt, sollte ein Rechtsstreit über die Aufhebbarkeit der Doppelehe gemäß § 148 ZPO ausgesetzt werden, bis das anhängige Scheidungs- oder Aufhebungsverfahren bzgl der ersten Ehe rechtskräftig abgeschlossen ist.

10 **b) Nr 2** heilt die **unter Formverstoß zustande gekommene Ehe,** wenn die Ehegatten nach der Eheschließung fünf Jahre oder bei Tod eines Ehegatten mindestens drei Jahre bis zu dessen Tod als Ehegatten miteinander gelebt haben. Die Heilung ist jedoch ausgeschlossen, wenn vor Ablauf der nach §§ 178 I, 188 zu berechnenden Fristen bereits ein Antrag auf Aufhebung der Ehe gestellt war. Wird dieser Antrag jedoch zurückgenommen oder abgewiesen, hat er keinen Einfluß auf die Frage der Heilung der Ehe. Heilbar sind nur Formverstöße gegen die Vorschrift des § 1311, also fehlende Anwesenheit, fehlende Gleichzeitigkeit, versteckte Stellvertretung. Bei Verstößen gegen die grundlegenden Prinzipien des § 1310 liegt dagegen eine der Bestätigung nicht zugängliche Nichtehe vor (fehlende Mitwirkung des Standesbeamten, fehlende Eheschließungserklärung BGH FamRZ 2003, 838).

1316 *Antragsberechtigung*
(1) Antragsberechtigt
1. sind bei Verstoß gegen die §§ 1303, 1304, 1306, 1307, 1311 sowie in den Fällen des § 1314 Abs. 2 Nr. 1 und 5 jeder Ehegatte, die zuständige Verwaltungsbehörde und in den Fällen des § 1306 auch die dritte Person. Die zuständige Verwaltungsbehörde wird durch Rechtsverordnung der Landesregierungen bestimmt. Die Landesregierungen können die Ermächtigung nach Satz 2 durch Rechtsverordnung auf die zuständigen obersten Landesbehörden übertragen;
2. ist in den Fällen des § 1314 Abs. 2 Nr. 2 bis 4 der dort genannte Ehegatte.

(2) Der Antrag kann für einen geschäftsunfähigen Ehegatten nur von seinem gesetzlichen Vertreter gestellt werden. In den übrigen Fällen kann ein minderjähriger Ehegatte den Antrag nur selbst stellen; er bedarf dazu nicht der Zustimmung seines gesetzlichen Vertreters.

(3) Bei Verstoß gegen die §§ 1304, 1306, 1307 sowie in den Fällen des § 1314 Abs. 2 Nr. 1 und 5 soll die zuständige Verwaltungsbehörde den Antrag stellen, wenn nicht die Aufhebung der Ehe für einen Ehegatten oder für die aus der Ehe hervorgegangenen Kinder eine so schwere Härte darstellen würde, dass die Aufrechterhaltung der Ehe ausnahmsweise geboten erscheint.

1. Die Vorschrift beruht auf dem RegE.

2. Sie ersetzt die frühere Klagebefugnis nunmehr durch eine Antragsbefugnis; der Kreis der berechtigten Personen ist sachlich unverändert geblieben.

3. **Antragsberechtigt** sind in einer Reihe von Fällen sowohl die beiden **Ehegatten** als auch die zuständige **Verwaltungsbehörde,** weil ein öffentliches Interesse besteht: bei der Eheschließung eines Minderjährigen ohne Genehmigung des FamG (im Gegensatz zum früheren Recht), eines Geschäftsunfähigen, eines Ehegatten, dessen Geistestätigkeit vorübergehend gestört ist, ferner bei einem Verstoß gegen die Eheverbote der Doppelehe, der Verwandtenehe, bei Verstoß gegen die Formvorschrift des § 1311 und bei der sogenannten Scheinehe. Im Falle einer **Doppelehe** (§ 1306) ist zusätzlich der **Gatte der früheren Ehe** antragsberechtigt. Ist die frühere Ehe bereits aufgelöst worden, so setzt ein Antrag dieses Gatten die Geltendmachung eigener Belange an der Auflösung der zweiten Ehe voraus, wie etwa die Klärung renten- oder vermögensrechtlicher Ansprüche (BGH FamRZ 2002, 604, 605; vgl auch BGH NJW 2001, 2394 = FamRZ 2002, 686 – noch zur Nichtigkeitsklage gem §§ 5, 20 EheG –, wonach ein längerer Zeitablauf seit Eingehung der bigamisch geschlossenen Ehe das öffentliche Interesse an der Aufhebung nicht beseitigt).

4. Das Antragsrecht der **Verwaltungsbehörde** ist an die Stelle der früheren Klagebefugnis der Staatsanwaltschaft getreten, womit einer alten Forderung nach einer „Entkriminalisierung" des Eherechts entsprochen wurde (vgl Barth/Wagenitz FamRZ 1996, 843). Das Antragsrecht beruht auf dem Gedanken, daß an der Aufhebung der fehlerhaft zustande gekommenen Ehen ein öffentliches Interesse besteht. Die zuständige Verwaltungsbehörde wird entweder durch Rechtsverordnung der Landesregierung oder durch eine von der Landesregierung durch Rechtsverordnung ermächtigte zuständige oberste Landesbehörde bestimmt (Abs I Nr 1 S 2 und 3; Übersicht bei Johannsen/Henrich Rz 3).

5. Gemäß **Abs III** soll sie beim Eheschluß eines Geschäftsunfähigen oder in der Geistestätigkeit Gestörten, bei einer Doppelehe, einem Verstoß gegen das Verbot der Verwandtschaft sowie bei einer sogenannten Scheinehe den Aufhebungsantrag stellen, es sei denn, daß die Aufhebung für einen Ehegatten oder für die aus der Ehe hervorgegangenen Kinder eine schwere Härte darstellen würde, oder die Aufrechterhaltung der Ehe geboten erscheinen läßt. Diese dem § 1568 nachempfundene (Barth/Wagenitz FamRZ 1996, 843) Härteregelung soll auf Ausnahmen beschränkt bleiben. Abzuwägen sind der staatliche Ordnungsanspruch auf der einen Seite und das Interesse von Ehegatten und Kindern an der Aufrechterhaltung der Ehe auf der anderen Seite (vgl BT-Drucks 13/4898, 20).

Diese die Ausübung des Ermessens konkretisierende Richtlinie soll das öffentliche Interesse an der Aufhebung derartiger Ehen sichern. Allerdings tritt dieses Interesse zurück, wenn die Aufhebung der Ehe für einen Ehegatten oder für die aus der Ehe hervorgegangenen Kinder eine schwere Härte darstellen würde, so daß die Aufrechterhaltung der Ehe geboten erscheint. Liegt der Mangel der Eheschließung in der Minderjährigkeit eines Ehegatten, der ohne Genehmigung des Familiengerichts geheiratet hat, oder in einem Verstoß gegen § 1311, so bleibt es beim pflichtgemäßen Ermessen der Verwaltungsbehörde hinsichtlich der Frage, ob sie den Aufhebungsantrag stellt. Sie hat dann insbesondere abzuwägen, ob eine Heilung der Ehe erfolgen wird. Gegen die Entscheidung der Verwaltungsbehörde ist ein Rechtsmittel nicht gegeben.

6. Gemäß Abs II S 2 kann ein **minderjähriger Ehegatte** den **Aufhebungsantrag** nur **selbst** stellen, ohne daß er dazu der Zustimmung seines gesetzlichen Vertreters bedarf; er ist gemäß § 607 I ZPO insoweit prozeßfähig. Für einen geschäftsunfähigen Ehegatten kann dagegen nur der gesetzliche Vertreter die Aufhebung beantragen (Abs II S 1). Er bedarf dazu gemäß § 607 II ZPO der Genehmigung des VormG. Das frühere Aufhebungsrecht des gesetzlichen Vertreters, wenn der Minderjährige ohne seine Genehmigung die Ehe geschlossen hat, besteht nicht mehr, da in diesem Fall eine Aufhebung überhaupt nicht mehr verlangt werden kann, wenn die Genehmigung des FamG vorliegt.

1317 *Antragsfrist*
(1) Der Antrag kann in den Fällen des § 1314 Abs. 2 Nr. 2 bis 4 nur binnen eines Jahres gestellt werden. Die Frist beginnt mit der Entdeckung des Irrtums oder der Täuschung oder mit dem Aufhören der Zwangslage; für den gesetzlichen Vertreter eines geschäftsunfähigen Ehegatten beginnt die Frist jedoch nicht vor dem Zeitpunkt, in welchem ihm die den Fristbeginn begründenden Umstände bekannt werden, für einen minderjährigen Ehegatten nicht vor dem Eintritt der Volljährigkeit. Auf den Lauf der Frist sind die §§ 206, 210 Abs. 1 Satz 1 entsprechend anzuwenden.

§ 1317 Familienrecht Bürgerliche Ehe

(2) Hat der gesetzliche Vertreter eines geschäftsunfähigen Ehegatten den Antrag nicht rechtzeitig gestellt, so kann der Ehegatte selbst innerhalb von sechs Monaten nach dem Wegfall der Geschäftsunfähigkeit den Antrag stellen.

(3) Ist die Ehe bereits aufgelöst, so kann der Antrag nicht mehr gestellt werden.

1 1. Die Vorschrift beruht im wesentlichen auf dem Entwurf der BReg, Abs III ist auf Vorschlag des Rechtsausschusses eingefügt worden (vgl BT-Drucks 13/9416, 28). Sie entspricht inhaltlich dem früheren Recht (§§ 35, 36 EheG).

2 2. Geregelt wird die Frist für einen Aufhebungsantrag. Gemäß Abs I ist die Geltendmachung der Aufhebungsgründe des Irrtums, der arglistigen Täuschung und der Drohung nur innerhalb einer **Frist von einem Jahr** möglich. Im Umkehrschluß können unbefristet alle anderen in § 1314 I genannten Aufhebungsgründe geltend gemacht werden: der Verstoß gegen die Ehemündigkeit, die fehlende Geschäftsfähigkeit, eine Doppel- oder Verwandtenehe, der Verstoß gegen die Form des § 1311, die vorübergehende Störung der Geistestätigkeit sowie die Scheinehe. Die Frist ist eine von Amts wegen zu berücksichtigende Ausschlußfrist, die weder verzichtbar, verlängerbar noch abkürzbar ist. Sie wird nach den §§ 178 I, 188 II berechnet und ist gewahrt, wenn der Aufhebungsantrag eingereicht wird. Reicht ein Ehegatte fristgemäß einen Aufhebungs- oder Scheidungsantrag ein, so erhält er sich damit alle bis dahin noch nicht erloschenen Aufhebungsgründe und den Scheidungsgrund (RG 104, 155ff; Oldenburg FamRZ 1955, 138). Der Antragsgegner muß, wenn er sich seine Aufhebungsgründe oder den Scheidungsgrund erhalten will, rechtzeitig einen Gegenantrag stellen. Antragsrücknahme oder Prozeßabweisung machen die Fristwahrung wieder hinfällig.

3 3. Gemäß Abs I S 2 beginnt die Frist mit der Entdeckung des Irrtums oder der Täuschung oder dem Wegfall der Zwangslage zu laufen. Maßgebender Zeitpunkt ist der des Entdeckens (vgl hierzu § 1315 Rz 7); der Anfechtungsberechtigte muß von den die Aufhebung rechtfertigenden Tatsachen, ihren Auswirkungen und ihrer wirklichen Tragweite Kenntnis erlangen (RG 164, 106). Bloßer Verdacht oder eine Vermutung genügen ebensowenig wie Kennenmüssen. Bei der arglistigen Täuschung muß der Antragsteller die Täuschungsabsicht des Antragsgegners erkennen (RG 65, 89 zu § 123). Die Kenntnis des gesetzlichen Aufhebungsrechtes selbst ist dagegen nicht erforderlich.

Für den minderjährigen Ehegatten beginnt die Frist jedoch frühestens mit der Volljährigkeit (soweit er zu diesem Zeitpunkt den Irrtum oder die Täuschung entdeckt hatte, sonst später). Für den gesetzlichen Vertreter eines Geschäftsunfähigen beginnt die Frist erst dann, wenn dem Vertreter die den Fristbeginn begründenden Umstände bekannt werden. Für die Frist und Ablaufshemmung verweist das Gesetz auf die §§ 206, 210; bis 31. 12. 2001: 203, 206 I S 1 (vgl hierzu die entsprechenden Kommentierungen).

4 4. **Abs II,** der dem früheren § 36 EheG entspricht, betrifft den Fall, daß der gesetzliche Vertreter des aufhebungsberechtigten, aber geschäftsunfähigen Ehegatten die **Antragsfrist** versäumt. Dann kann der Geschäftsunfähige, sobald er prozeßfähig (das heißt geschäftsfähig oder zumindest beschränkt geschäftsfähig) geworden ist binnen einer Frist von sechs Monaten den Aufhebungsantrag selbst stellen. Die sechs Monate berechnen sich ab dem Wegfall der Geschäftsunfähigkeit. War im maßgebenden Zeitpunkt die Antragsfrist noch nicht vollends verstrichen, soll nach einer Ansicht dem nunmehr prozeßfähigen Ehegatten nur noch der Rest der Antragsfrist zur Verfügung stehen (Johannsen/Henrich § 1317 Rz 17; Pal/Brudermüller Rz 8). Diese Verkürzung der Rechtsmittelfrist für den während des Fristlaufes volljährig Gewordenen ist sachlich nicht gerechtfertigt. Der Wortlaut (nicht rechtzeitig) wird für ein Ablaufen der Frist in Anspruch genommen. Legt man das Schwergewicht aber auf das Wort „nicht", läßt sich die sachgerechte Lösung auch unter der Vorschrift subsumieren. Letztlich ist auf den Zweck der Vorschrift abzustellen, den Geschäftsunfähigen vor Nachteilen zu schützen, die durch ein Unterlassen seines gesetzlichen Vertreters entstanden sind. Auch der Ablauf der Frist zwei Tage nach Wegfall der Geschäftsunfähigkeit ist ein solcher vom Gesetzeszweck umfaßter Nachteil, der während der Phase der Geschäftsunfähigkeit entsteht (wie hier Staud/Klippel Rz 15; Soergel/Heintzmann § 36 EheG Rz 4 mN). Im Ergebnis muß daher mindestens eine Frist von sechs Monaten verbleiben.

Abs II gilt auch für den beschränkt Geschäftsfähigen, selbst wenn ihm die Prozeßfähigkeit fehlt (§ 607 I Hs 2 ZPO). Ihm gegenüber läuft die Frist ab.

5 5. Der auf Vorschlag des Rechtsausschusses neu eingefügte **Abs III** beendet die früher streitige Frage, ob ein Aufhebungsantrag gestellt werden kann, obwohl die Ehe bereits durch Tod oder Scheidung aufgelöst ist. Entsprechend der Ansicht, die in einem solchen Antrag eine unzulässige Rechtsausübung sah (BGH FamRZ 1996, 1209), ist dieser Antrag unzulässig. Allerdings muß nach einer Scheidung dem potentiell antragsberechtigten Ehegatten die Möglichkeit eingeräumt werden, die modifizierten Rechtsfolgen des § 1318 an Stelle der Scheidungsfolgen herbeizuführen (vgl BGH 133, 227), da der Gesetzgeber die Stellung des aufhebungsberechtigten Ehegatten nicht hat verschlechtern wollen (Johannsen/Henrich § 1317 Rz 18; Pal/Brudermüller § 1317 Rz 10).

1318 *Folgen der Aufhebung*

(1) Die Folgen der Aufhebung einer Ehe bestimmen sich nur in den nachfolgend genannten Fällen nach den Vorschriften über die Scheidung.

(2) Die §§ 1569 bis 1586b finden entsprechende Anwendung
1. zugunsten eines Ehegatten, der bei Verstoß gegen die §§ 1303, 1304, 1306, 1307 oder § 1311 oder in den Fällen des § 1314 Abs. 2 Nr. 1 oder 2 die Aufhebbarkeit der Ehe bei der Eheschließung nicht gekannt hat oder der in den Fällen des § 1314 Abs. 2 Nr. 3 oder 4 von dem anderen Ehegatten oder mit dessen Wissen getäuscht oder bedroht worden ist;

2. zugunsten beider Ehegatten bei Verstoß gegen die §§ 1306, 1307 oder § 1311, wenn beide Ehegatten die Aufhebbarkeit kannten; dies gilt nicht bei Verstoß gegen § 1306, soweit der Anspruch eines Ehegatten auf Unterhalt einen entsprechenden Anspruch der dritten Person beeinträchtigen würde.

Die Vorschriften über den Unterhalt wegen der Pflege oder Erziehung eines gemeinschaftlichen Kindes finden auch insoweit entsprechende Anwendung, als eine Versagung des Unterhalts im Hinblick auf die Belange des Kindes grob unbillig wäre.

(3) Die §§ 1363 bis 1390 und die §§ 1587 bis 1587p finden entsprechende Anwendung, soweit dies nicht im Hinblick auf die Umstände bei der Eheschließung oder bei Verstoß gegen § 1306 im Hinblick auf die Belange der dritten Person grob unbillig wäre.

(4) Die Vorschriften der Hausratsverordnung finden entsprechende Anwendung; dabei sind die Umstände bei der Eheschließung und bei Verstoß gegen § 1306 die Belange der dritten Person besonders zu berücksichtigen.

(5) § 1931 findet zugunsten eines Ehegatten, der bei Verstoß gegen die §§ 1304, 1306, 1307 oder § 1311 oder im Fall des § 1314 Abs. 2 Nr. 1 die Aufhebbarkeit der Ehe bei der Eheschließung gekannt hat, keine Anwendung.

1. Die wenig übersichtliche Vorschrift beruht auf einem Vorschlag des Rechtsausschusses (BT-Drucks 13/9416, 27ff). Sie faßt die Regelungen der früheren §§ 26, 37 EheG zusammen, da nunmehr bei den Rechtsfolgen – entsprechend der neuen Systematisierung – nicht mehr zwischen Nichtigkeit und Aufhebbarkeit unterschieden wird. Die Systematik der Folgen wurde völlig geändert.

2. **Abs I** verweist auf das **Scheidungsrecht**, und zwar nicht nur hinsichtlich der vermögensrechtlichen Folgen, sondern auch für die nicht vermögensrechtlichen, so daß insbesondere auch das Ehenamensrecht eingeschlossen ist. Während aber das frühere Recht grundsätzlich auf die Scheidungsfolgen verwies und dann die Ausnahmen konkret regelte, geht die neue Vorschrift den umgekehrten Weg, indem sie in den Abs II–V genau anordnet, für welche Fälle die Scheidungsfolgen eintreten sollen. Im Umkehrschluß ergibt sich dann, daß für die verbleibenden Sachverhalte die Scheidungsfolgen nicht eingreifen. Die Regelung will bereits sprachlich die Unterschiedlichkeit von Aufhebbarkeit und Scheidbarkeit hervorheben (Bericht Rechtsausschuß BT-Drucks 13/9416, 28). Angesichts der ausführlichen Regelung der Folgen könne die dogmatische Frage, ob die Ehe als von Anfang an unwirksam anzusehen sei oder ob die Aufhebung nur für die Zukunft wirke, hintanstehen (aaO).

3. Ob nach einer Aufhebung der Ehe **Unterhaltsansprüche** bestehen, hängt – abgesehen von den allgemeinen unterhaltsrechtlichen Voraussetzungen – entscheidend von der **Gut- oder Bösgläubigkeit der Ehegatten** ab. Gemäß Abs II Nr 1 besteht der Grundsatz, daß nur der Ehegatte Unterhalt beanspruchen kann, der die Aufhebbarkeit der Ehe nicht gekannt hat. Dies gilt laut Gesetz für die Aufhebungsgründe fehlender Ehemündigkeit und Geschäftsfähigkeit, bei Störung der Geistestätigkeit, der Doppel- und Verwandtenehe, einem Formverstoß gegen § 1311 und bei einem Irrtum darüber, daß es sich um eine Eheschließung handelt. Denkbar ist in diesen Fällen, daß beide Ehegatten gutgläubig waren, mit der Folge, daß auch beide (potentiell) unterhaltsberechtigt sind. Probleme bereiten die Aufhebungsgründe der fehlenden Ehemündigkeit, der Geschäftsunfähigkeit und der Störung der Geistestätigkeit (§§ 1303, 1304, 1314 II Nr 1). Ein **eigener Anspruch** der durch die genannten Vorschriften geschützten Personen hängt nach dem Gesetzeswortlaut von deren Kenntnis vom Aufhebungsgrund ab. Jedoch wurde bereits im Gesetzgebungsverfahren betont, daß in diesen Fällen eine Kenntnis nicht zugerechnet werden könne (BT-Drucks 13/4898, 21). Für die Geschäftsunfähigkeit wird dies auch in der Literatur allgemein anerkannt und § 1318 dahingehend ausgelegt, daß ein Anspruch unabhängig von der Gutgläubigkeit gegeben sein kann (MüKo/Müller-Gindullis Rz 9; Johannsen/Henrich Rz 7; RGRK/Lohmann Rz 10; aA Staud/Strätz Rz 26). Für den Minderjährigen wird allerdings am Wortlaut festgehalten (MüKo/Müller-Gindullis Rz 4; Pal/Brudermüller Rz 3), zB mit dem Argument, daß auch das frühere Recht Minderjährigen nicht stets eine Unterhaltsanspruch gewährt habe. Letzteres ist zwar richtig, jedoch stellte § 37 EheG auf die Gutgläubigkeit des **anderen Ehegatten** ab, also des potentiell Verpflichteten. Nach der jetzigen Rechtslage geht es aber um die Zurechnung der eigenen Kenntnis, die ein Mindestmaß an geistigen Fähigkeiten voraussetzt. Da es bei der Eheschließung um ein höchstpersönliches Geschäft geht, bei dem der gesetzliche Vertreter nicht mehr entscheidend mitwirkt (Argument aus § 1303 IV), wird man nicht auf dessen Kenntnis abstellen können. Ob dem Minderjährigen seine Kenntnis zuzurechnen ist, hängt davon ab, ob er die erforderliche Reife besitzt, seine Kenntnis vom Aufhebungsgrund in ihrer Bedeutung zu erfassen und sein Handeln danach auszurichten. Das wird bei über 16jährigen meist der Fall sein, ist aber nicht selbstverständlich.

Ein Unterhaltsanspruch **gegen den geschäftsunfähigen oder minderjährigen Ehegatten** hängt von der Gutgläubigkeit des anderen Ehegatten ab. Kannte dieser die Geistesstörung bei Eheschließung nicht oder hielt er fehlerhaft eine gerichtliche Genehmigung (bei § 1303) für erteilt oder nicht für erforderlich, so würde ihm ein Unterhaltsanspruch gegen den Geschäftsunfähige oder Minderjährigen zustehen. Eine Reihe von Autoren belassen es bei der wortlautgetreuen Auslegung (RGRK/Lohmann Rz 10; MüKo/Müller-Gindullis Rz 4; Staud/Strätz Rz 4). Andere wollen einen Geschäftsunfähigen nicht auf Unterhalt haften lassen (Pal/Brudermüller Rz 4; Göppinger/Wax/Maurer Rz 1176). Diese Bedenken sind berechtigt, da das Gesetz zwar formal an die Gutgläubigkeit des anderen Ehegatten anknüpft: Inhaltlich haftet der Verpflichtete, weil er geheiratet hat. Der Unterhaltsanspruch resultiert also letztlich aus einer Willenserklärung, was nicht nur für die Haftung eines Bewußtlosen und Geschäftsunfähige bedenklich ist, sondern auch hinsichtlich des Minderjährigen. Der Betroffene wird mit unter Umständen hohen Unterhaltsforderungen belastet, obwohl das Gesetz der bei der Eheschließung abgegebenen Willenserklärung keine bindende Wirkung zuspricht. Wird die Ehe eines Geschäftsunfähigen oder eines Minderjährigen, der ohne Genehmigung des Gerichts geheiratet hat, aufgehoben, würde eine Unterhaltsverpflichtung dieses Personenkreises gegen ihren verfassungsrechtlich verbürgten Schutz verstoßen, da – so das BVerfG – es das Persönlich-

§ 1318 Familienrecht Bürgerliche Ehe

keitsrecht verbietet, den Minderjährigen mit unter Umständen erheblichen Schulden in die Volljährigkeit „zu entlassen" (BVerfG 72, 155). Dies hat das Gericht auch damit begründet, daß der Minderjährige die Belastungen nicht zu verantworten habe; dieses Argument gilt nicht nur für die elterliche Vertretung, sondern auch für das Eigenhandeln des Minderjährigen bzw Geschäftsunfähigen (im Erg wie hier Göppinger/Wax/Maurer Rz 1176). Wird die Ehe wegen arglistiger Täuschung oder widerrechtlicher Drohung aufgehoben, so ist lediglich der getäuschte bzw bedrohte Gatte unterhaltsberechtigt.

Bei einem Verstoß gegen die Eheverbote der Doppelehe oder der Verwandtschaft sowie einem Formverstoß gem § 1311 können trotz Bösgläubigkeit beide Ehegatten ggf Unterhaltsansprüche geltend machen. Nicht erwähnt sind die Fälle der Geistesstörung, der Bewußtlosigkeit, der Geschäftsunfähigkeit sowie der fehlenden Ehemündigkeit, so daß hier trotz Kenntnis des anderen Gatten vom Aufhebungsgrund ein Unterhaltsanspruch nicht in Betracht käme. Das ist aber nicht gewollt: In diesen Fällen hat der Gesetzgeber einen Unterhaltsanspruch bei beiderseitiger Kenntnis nicht ausschließen wollen, da den betroffenen Personen eine Kenntnis nicht angelastet werden könne (Begründung RegE BT-Drucks 13/4898, 21).

4 **Kenntnis der Aufhebbarkeit** liegt vor bei Kenntnis der Tatsachen, die den Aufhebungsgrund begründen, bei gleichzeitigem Bewußtsein ihrer Bedeutung als Aufhebungsgrund. Entscheidend ist der Zeitpunkt der Eheschließung, spätere Kenntnis schadet nicht. Die Kenntnis eines wirklich bestehenden Aufhebungsgrundes genügt, auch wenn das Aufhebungsurteil sich auf einen anderen stützt (so KG JFG 7, 85; Staud/Hübner/Funk § 26 EheG Rz 21 mN; aA MüKo/Müller-Gindullis § 26 EheG Rz 9). Der Antragsteller hat seine Unkenntnis zu beweisen.

5 Abs II Nr 2 Hs 2 berücksichtigt den Sonderfall der **Doppelehe**, bei der auch noch ein Dritter (der frühere Ehegatte) beteiligt ist. Dessen Ansprüche auf Unterhalt sollen nicht durch entsprechende Ansprüche des Ehegatten aus der zweiten Ehe beeinträchtigt werden, wenn dieser die Aufhebbarkeit der Ehe kannte. Insoweit geht der Unterhaltsanspruch des Ehegatten aus erster Ehe einem möglichen Unterhaltsanspruch des Ehegatten aus zweiter Ehe vor, schließt letzteren allerdings nicht gänzlich aus, solange der Unterhaltsschuldner entsprechend leistungsfähig ist. Schließlich stellt Abs II S 2 klar, daß in Härtefällen die **Belange eines gemeinschaftlichen Kindes** unabhängig von der Frage der Gutgläubigkeit einen Unterhaltsanspruch wegen Pflege und Erziehung des Kindes rechtfertigen können, vorausgesetzt, daß die Versagung sonst grob unbillig wäre. Der Bundesrat hatte auf die entsprechende Rechtsprechung zu § 1579 verwiesen (aaO).

6 4. Gemäß **Abs III** greifen die Regeln des **ehelichen Güterrechts**, insbesondere der Zugewinnausgleich und die Regeln des Versorgungsausgleichs ein, um eine schuldrechtliche Rückabwicklung der aufgehobenen Ehe zu vermeiden. Der Verweis auch auf §§ 1363 bis 1371 paßt nicht, da es in diesen Vorschriften nicht um die Auflösungsfolgen geht (vgl Johannsen/Henrich Rz 15). Den Besonderheiten der Eheaufhebungstatbestände trägt die Vorschrift eingeschränkt Rechnung, indem sie zum einen die besonderen Umstände bei der Eheschließung (zB Drohung oder arglistige Täuschung) berücksichtigt, zum anderen die Belange eines früheren Ehegatten im Fall der Doppelehe (kritisch Muscheler JZ 1997, 1149).

7 Im Fall der **Doppelehe** gelten für den **Versorgungsausgleich** grundsätzlich keine Besonderheiten, soweit der Ehegatte der Zweitehe gutgläubig war: Beide Versorgungsausgleichsansprüche stehen unabhängig voneinander (BGH NJW 1983, 178). Sowohl der Ehegatte der Erstehe als auch der (gutgläubige) Ehegatte der Zweitehe können grundsätzlich den vollen Versorgungsausgleich in Anspruch nehmen, so als ob es die jeweils andere Ehe nicht gäbe. Korrekturen sind gemäß § 1587c Nr 1 möglich. Die Frage, ob dies für den Ehegatten der Erstehe grob unbillig wäre, hängt von den jeweiligen Einkommens- und Vermögensverhältnissen ab, von der Dauer der ehelichen Lebensgemeinschaft und der Möglichkeit zum Erwerb weiterer Versorgungsanwartschaften für die Beteiligten (BGH NJW 1983, 178).

8 5. Entsprechendes ordnet **Abs IV** für das Eingreifen der **HausratsVO** an.

9 6. **Erbrecht.** Das gesetzliche Ehegattenerbrecht endet mit Aufhebung der Ehe oder wenn der Verstorbene den Antrag auf Aufhebung gestellt hat (§ 1933 I S 2). Dagegen steht dem überlebenden Ehegatten einer nur aufhebbaren Ehe das gesetzliche Erbrecht zu, da die Aufhebung der Ehe nach dem Tod eines Ehegatten nicht mehr zulässig ist (§ 1317 III), was, so der Gesetzgeber, dem mutmaßlichen Willen des Verstorbenen entspreche (Begründung BT-Drucks 13/4898, 18; kritisch Muscheler JZ 1997, 1149, insbesondere im Hinblick darauf, daß der Aufhebungsgrund in der Eheunmündigkeit oder Geschäftsunfähigkeit des Verstorbenen bestanden habe).

Nach § 1318 V ist jedoch in Erweiterung des § 1933 (an der systematisch falschen Stelle) das Ehegattenerbrecht ausgeschlossen, wenn der überlebende Gatte den Verstoß gegen die Eheverbote der Doppelehe, der Verwandtschaft, den Verstoß gegen die Form des § 1311 oder die Geschäftsunfähigkeit bzw die Störung der Geistestätigkeit (jeweils des anderen Ehegatten) bei der Eheschließung gekannt hat. Damit soll sichergestellt werden, daß der bösgläubige überlebende Ehegatte nicht bessergestellt wird, als er stünde, wenn der andere zu Lebzeiten den Aufhebungsantrag gestellt hätte (BT-Drucks 13/9416, 33). Eine Lücke besteht allerdings für den Fall, daß die Verwaltungsbehörde den Antrag auf Aufhebung der Ehe stellt und der Ehegatte es unterläßt, einen eigenen Antrag zu stellen, im Vertrauen darauf, daß der Antrag der Verwaltungsbehörde erfolgreich sein werde. Stirbt dieser Ehegatte vor Abschluß des Verfahrens, bleibt das gesetzliche Erbrecht des überlebenden (gutgläubigen) Gatten bestehen. Insoweit hätte man an eine Ergänzung des § 1933 I S 2 denken können. Das Erbrecht ist nur ausgeschlossen, wenn die Ehe im Zeitpunkt des Todes noch aufhebbar war und nicht, wenn sie etwa durch Bestätigung geheilt war.

10 Überlegt wird, ob die Tatsache, daß der Verstorbene in Kenntnis des Aufhebungsgrundes **bewußt keinen Aufhebungsantrag** gestellt hat, zu einer einschränkenden Auslegung des Abs V drängt (FamRefK/Wax § 1318 Rz 20). Soweit die Voraussetzungen des § 1315 vorliegen, ist mangels Aufhebbarkeit der Ehe zum Zeitpunkt des Todes des Ehegatten auch § 1318 V nicht anzuwenden. Der als problematisch geschilderte Fall, daß bei einem Formver-

stoß (gem § 1311) die Frist des § 1315 II Nr 2 noch nicht abgelaufen ist (FamRefK/Wax aaO), ist hinzunehmen: Der Gesetzgeber hat hier bewußt eine einfache Bestätigung für nicht angemessen gehalten, und diese Wertung sollte auch im Rahmen der Folgen respektiert werden. Kritisiert wird des weiteren die Wertung des Gesetzgebers, das gesetzliche Erbrecht nicht auszuschließen, wenn der Gatte überlebt, der den anderen **arglistig getäuscht** oder ihm widerrechtlich gedroht hat, sowie im Fall der Scheinehe (Pal/Diederichsen, 58. Aufl, Rz 26). Für die Fälle der Täuschung und Drohung ist diese Kritik berechtigt (ebenso Tschernitschek FamRZ 1999, 830), hinsichtlich der Scheinehe ist die gesetzgeberische Wertung dagegen nachvollziehbar, da hier beide Ehegatten zusammengewirkt haben.

7. **Namensrecht.** Eine spezielle Regelung für das Namensrecht enthält § 1318 nicht. Da Abs I „nur" in den konkret genannten Fällen auf die Scheidungsfolgenregelung verweist, gilt dies für das Namensrecht nicht. Entscheidend ist damit die Frage, welche Regelungen des Namensrechts nicht anzuwenden sind, weil sie Scheidungsfolgen sind. Letztlich wird man das gesamte Namensrecht als Annex zum Eheschließungsrecht ansehen können, so daß bei Eheaufhebung der Ehegatte, der den Namen des anderen angenommen hat, diesen behalten kann (im Ergebnis wie hier Hepting/Gaaz Bd 2 Rz III–750, der § 1355 V analog anwendet). 11

Titel 4
Wiederverheiratung nach Todeserklärung

1319 *Aufhebung der bisherigen Ehe*
(1) Geht ein Ehegatte, nachdem der andere Ehegatte für tot erklärt worden ist, eine neue Ehe ein, so kann, wenn der für tot erklärte Ehegatte noch lebt, die neue Ehe nur dann wegen Verstoßes gegen § 1306 aufgehoben werden, wenn beide Ehegatten bei der Eheschließung wussten, dass der für tot erklärte Ehegatte im Zeitpunkt der Todeserklärung noch lebte.
(2) Mit der Schließung der neuen Ehe wird die frühere Ehe aufgelöst, es sei denn, dass beide Ehegatten der neuen Ehe bei der Eheschließung wussten, dass der für tot erklärte Ehegatte im Zeitpunkt der Todeserklärung noch lebte. Sie bleibt auch dann aufgelöst, wenn die Todeserklärung aufgehoben wird.

1. Die Fassung beruht auf dem Vorschlag des Bundesrates (BT-Drucks 13/4898, 31). Abs I entspricht dem früheren § 38 EheG, Abs II dem § 39 I EheG, das relative Eheverbot des § 39 II EheG wurde gestrichen. 1

2. Für die **Wiederverheiratung im Falle der Todeserklärung** gelten spezielle Regeln, die den allgemein für 2 Doppelehen bestehenden vorgehen. Wird ein Ehegatte für tot erklärt und geht sein Ehegatte eine neue Ehe ein, so ist diese **neue Ehe** grundsätzlich **nicht** wegen Verstoßes gegen das Verbot der Doppelehe (§ 1306) **aufhebbar**, wenn der für tot erklärte Ehegatte noch lebt. Voraussetzung ist, daß wenigstens **einer der Ehegatten** im Zeitpunkt der Eheschließung **gutgläubig** war, also nicht gewußt hat, daß der verschollene die Todeserklärung oder Feststellung der Todeszeit überlebt hat. Fahrlässige Unkenntnis schließt den guten Glauben nicht aus; auch nachträglich erlangte Kenntnis schadet nicht.

3. Gemäß Abs II ist **die erste Ehe** mit der Wiederverheiratung **aufgelöst**, um das Nebeneinanderbestehen von 3 zwei Ehen zu vermeiden und der im Vertrauen auf die staatliche Todeserklärung geschlossenen zweiten Ehe den Vorzug zu geben. Die Wirkungen der neuen Eheschließung bleiben auch bestehen, wenn die Todeserklärung nachträglich aufgehoben wird (Abs II S 2). Die Auflösung der früheren Ehe bleibt ferner wirksam, wenn die neue Ehe durch Tod, Scheidung oder Aufhebung aufgelöst wird (Düsseldorf FamRZ 1965, 612).

4. § 1319 ist nicht anwendbar, wenn die Todeserklärung **vor** Schließung der neuen Ehe wieder aufgehoben worden ist. Er kann auch nicht angewandt werden, wenn die Todeserklärung erst nach der neuen Eheschließung erfolgt oder rechtskräftig geworden ist (BGH NJW 2001, 2394), ebensowenig, wenn die Wiederverheiratung ohne Todeserklärung aufgrund einer irrig ausgestellten Sterbeurkunde erfolgt ist. In solchen Fällen ist vielmehr die neue Ehe als Doppelehe anzusehen, auch wenn beide Ehegatten bei der Eheschließung gutgläubig waren oder der irrig als tot angesehene Ehegatte nach der Eheschließung verstorben ist (vgl BGH LM Nr 1 zu § 38 EheG; MüKo/Müller-Gindullis Rz 4, 9). 4

5. Waren beide **Ehegatten** bei der Eheschließung **bösgläubig**, das heißt, haben sie gewußt, daß die Todeserklärung falsch war und der frühere Ehegatte zum Zeitpunkt der neuen Eheschließung noch gelebt hat, ist die **neue Ehe als Doppelehe** nach § 1306 **aufhebbar**, die frühere Ehe nicht aufgelöst (vgl Begründung BT-Drucks 13/4898, 31 zur mißverständlichen Fassung des RegE). Dies gilt auch dann, wenn sie irrtümlich angenommen haben, daß der Verschollene am Tage ihrer Eheschließung nicht mehr gelebt habe. Auch wenn der frühere Ehegatte nach der Eheschließung stirbt, bleibt die neue Ehe als Doppelehe aufhebbar. Das gleiche gilt, wenn die frühere Ehe aus irgendeinem Grunde aufgehoben wird. 5

Ist die neue Ehe wegen Bösgläubigkeit beider Ehegatten aufgehoben worden, so wird durch sie die frühere Ehe 6 nicht aufgelöst. Ist die frühere Ehe wegen beiderseitiger Bösgläubigkeit aufhebbar, bestehen daher beide Ehen nebeneinander (RGRK/Lohmann Rz 12). Vor rechtskräftiger Aufhebung der zweiten Ehe kann der ehemals verschollene Ehegatte eine neue Ehe eingehen, die jedoch mit rechtskräftiger Aufhebung der neuen Ehe des anderen Ehegatten ebenfalls als Doppelehe aufhebbar wird. Andererseits kann der frühere Ehegatte Rechte aus der früheren Ehe gegen seinen Ehegatten erst zu diesem Zeitpunkt geltend machen. Die Rechtslage bei Aufhebung der neuen

Ehe wegen Bösgläubigkeit der Ehegatten ist daher insoweit anders als bei sonstigen aufgehobenen Doppelehen, bei denen eine Auflösung der früheren Ehe nicht in Frage kommt und daher angenommen werden kann, daß die voll wirksam bleibende frühere Ehe den Vorrang vor der zweiten Ehe hat, der frühere Ehegatte daher die Rechte aus der ersten Ehe gegen den wiederverheirateten anderen Ehegatten ohne Aufhebung der zweiten Ehe geltend machen kann (Tübingen NJW 1950, 389 mit Anm Beitzke; RGRK/Wüstenberg § 23 EheG Rz 30).

Zur Stellung des Aufhebungsantrages wegen Bösgläubigkeit beider Ehegatten ist außer der Verwaltungsbehörde und jedem Ehegatten der neuen Ehe auch der frühere Ehegatte berechtigt (§ 1316 I Nr 1).

7 **6.** Ist der frühere Ehegatte **zur Zeit der Wiederverheiratung** des anderen Ehegatten tatsächlich tot, so ist die neue Ehe, sofern sie nicht aus einem anderen Grunde aufhebbar ist, voll wirksam, auch wenn beide Ehegatten wußten, daß er die Todeserklärung überlebt hatte. Die frühere Ehe ist dann bereits durch seinen Tod aufgehoben und steht daher der Wiederverehelichung nicht entgegen, so daß es auf eine Gut- oder Bösgläubigkeit nicht ankommt.

8 **7.** Die **Folgen der Auflösung** der früheren Ehe nach § 1319 II bestimmen sich, soweit das Verhältnis der Ehegatten zueinander in Frage kommt, nicht nach den Vorschriften über die Folgen einer Scheidung. Die erbrechtlichen Wirkungen der früheren Ehe entfallen. Zum Teil wurde angenommen, daß auch die gegenseitige Unterhaltspflicht der Ehegatten schlechthin erlischt (LSG Essen FamRZ 1962, 376 mit ablehnender Anm Bosch; AG Bad Schwalbach NJW 1978, 1333 mit Hinweis auf die Tatsache, daß bei der Reform des Unterhaltsrechts keine entsprechende Regelung in den § 38 EheG aufgenommen worden sei). Abweichend davon wurde jedoch in Analogie zu § 61 II EheG (bzw nach dem 1. EheRG analog §§ 1569ff) eine beschränkte Unterhaltspflicht des wiederverheirateten Ehegatten bejaht (Hamm FamRZ 1982, 800 mN; Soergel/Heintzmann § 39 EheG Rz 4). Allgemein wird man zugunsten des zu Unrecht für tot erklärten Ehegatten Unterhalt gem §§ 1569ff und Versorgungsausgleich gem §§ 1587ff gewähren können (Johannsen/Henrich § 1320 Rz 4). Über das Verhältnis zu den Kindern vgl § 1681 II S 3.

1320 Aufhebung der neuen Ehe

(1) Lebt der für tot erklärte Ehegatte noch, so kann unbeschadet des § 1319 sein früherer Ehegatte die Aufhebung der neuen Ehe begehren, es sei denn, dass er bei der Eheschließung wusste, dass der für tot erklärte Ehegatte zum Zeitpunkt der Todeserklärung noch gelebt hat. Die Aufhebung kann nur binnen eines Jahres begehrt werden. Die Frist beginnt mit dem Zeitpunkt, in dem der Ehegatte aus der früheren Ehe Kenntnis davon erlangt hat, dass der für tot erklärte Ehegatte noch lebt. § 1317 Abs. 1 Satz 3, Abs. 2 gilt entsprechend.
(2) Für die Folgen der Aufhebung gilt § 1318 entsprechend.

1 **1.** Die Vorschrift beruht auf dem Vorschlag des Bundesrates (BT-Drucks 13/4898, 31), Abs I S 1 entspricht dem früheren § 39 I EheG.

2 **2.** Nur der wiederverheiratete gutgläubige Ehegatte kann eine Aufhebung der neuen Ehe mit Wirkung für die Zukunft verlangen. Ein Wiederaufleben der früheren Ehe kann daher nicht eintreten, die Ehegatten der früheren Ehe müssen vielmehr, wenn sie ihre Ehe wiederherstellen wollen, neu heiraten. Die in § 1319 angeordnete Aufhebung der früheren Ehe kann für den zZt seiner Wiederverheiratung gutgläubigen Ehegatten schwere Gewissenskonflikte zur Folge haben, wenn er nachträglich erfährt, dass sein früherer Ehegatte noch lebt. Daher gibt das Gesetz dem **gutgläubig wiederverheirateten Ehegatten die Möglichkeit, die Aufhebung der neuen Ehe zu verlangen.** Voraussetzung ist, daß der frühere Ehegatte lebt und die neue Ehe noch besteht. Ob der zurückgekehrte Ehegatte die Wiederheirat wünscht oder tatsächlich in der Lage ist, die Ehe einzugehen, ist bedeutungslos, weil der zurückgebliebene Ehegatte die Aufhebung hauptsächlich wegen eines Gewissenskonflikts oder wegen religiöser Bedenken verlangen können soll. Der frühere Ehegatte hat ebensowenig wie der andere Ehegatte der neuen Ehe das Recht, die Aufhebung der neuen Ehe nach § 1320 herbeizuführen.

3 **3.** Wie bei § 1317 besteht eine **Jahresfrist** für die Stellung des Aufhebungsantrags, die mit Kenntniserlangung von der Tatsache beginnt, daß der für tot erklärte Ehegatte noch lebt. S 4 verweist auf die allgemeinen verjährungsrechtlichen Vorschriften.

4 **4.** In Abs II wurde das frühere relative Eheverbot, wonach der die Aufhebung begehrende Ehegatte nur eine Ehe mit dem früheren Ehegatten wieder eingehen konnte, gestrichen. Nach Meinung des Gesetzgebers hatte dieses Verbot bereits in der Vergangenheit Schwierigkeiten mit sich gebracht, wenn eine möglicherweise beabsichtigte Wiederheirat des Heimkehrers unmöglich oder unzumutbar geworden war. Zudem sei es seit der Änderung des Scheidungsrechtes ohne Probleme möglich gewesen, das an die Aufhebung geknüpfte Eheverbot durch eine Scheidung zu umgehen (Begründung RegE BT-Drucks 13/4898, 22). Durch die Aufhebung der zweiten Ehe erhält somit der gutgläubige Ehegatte seine volle Eheschließungsfreiheit zurück.

Im übrigen verweist Abs II für die Folgen der Aufhebung auf § 1318, so daß **grundsätzlich die Scheidungsfolgen** eingreifen. Allerdings kann der zweite Ehegatte, falls er bösgläubig ist, keinen Unterhalt verlangen.

5 **5.** Neben dem Aufhebungsanspruch aus § 1320 gelten auch die allgemeinen Aufhebungs- und Scheidungsgründe. Der gutgläubig wiederverheiratete Ehegatte kann daher zB, wenn der andere Ehegatte bei der Eheschließung bösgläubig war, die Aufhebung der neuen Ehe uU auch nach § 1314 III Nr 3 wegen arglistiger Täuschung verlangen.

1321-1352 (weggefallen)

Titel 5
Wirkungen der Ehe im Allgemeinen

Vorbemerkung §§ 1353–1362

Allgemeine systematische Übersicht
1. Persönliche Beziehungen 2
2. Bürgschaften unter Ehegatten 3
3. Schenkungen unter Ehegatten 4
4. Haftungsmaßstab 5
5. Wirkungen auf anderen Rechtsgebieten 8
6. Nichteheliche Lebensgemeinschaft 12
   a) Rechtliche Qualifizierung 13
   b) Einzelfragen 16
   c) Auflösung der nichtehelichen Lebensgemein-
      schaften 19
   d) Behandlung der nichtehelichen Lebensgemein-
      schaften im Sozialrecht 24
   e) Steuerliche Behandlung 25
   f) Unterhaltsproblematik 26

Schrifttum: Vgl die Nachw Einl § 1297 Rz 1, ferner: *Becker-Eberhard*, Die Räumungsvollstreckung gegen Ehegatten und sonstige Hausgenossen, FamRZ 1994, 1296; *Beitzke*, Eheschließungsfreiheit und Eheschließungsnorm, in Ars boni et aequi, 1972, 60; *ders*, Libera debent esse matrimonia, FamRZ 1981, 1122; *Bosch*, Ehe und Familie in der Rechtsordnung, Bochumer Universitätsreden 2, 1966; *Gernhuber*, Eherecht und Ehetypen, 1981; *Hübner*, Eheschließung und allgemeine Wirkungen der Ehe als dogmatisches Problem, FamRZ 1962, 1; *Luckey*, Ehe, eheähnliche Gemeinschaft und Arbeitslosenhilfe, FuR 1993, 22; *Papier*, Ehe und Familie in der Rechtsprechung des BVerfG, NJW 2002, 2129; *Pawlowski*, Die „Bürgerliche Ehe" als Organisation, 1983; *Ramm*, Die Umgestaltung des Eherechts durch das Grundgesetz, JZ 1973, 722; *Schlüter*, BGB-Familienrecht, 10. Aufl 2003; *Schwab*, Familienrecht, 11. Aufl 2001; *Schwind*, Ehe und Recht, FS Bosch 1976, S 919; *ders*, Die Ehe im Spannungsfeld von zwingendem und nachgiebigem Recht, RabelsZ 73, 217; *ders*, Verrechtlichung und Entrechtlichung der Ehe, FamRZ 1982, 1053; *Wolf*, Grundgesetz und Eherecht, JZ 1973, 647.

Allgemeine systematische Übersicht über die Vorschriften des 5. Titels 1

1. Persönliche Beziehung. Die Wirkungen der Ehe erfassen Person und Vermögen der Ehegatten. Der 5. Titel 2 befaßt sich mit **vermögensrechtlichen Fragen** nur insoweit, als die Regelung ohne Rücksicht auf den Güterstand gilt, und behandelt im übrigen die **persönlichen Beziehungen** der Ehegatten. Als Leitprinzip der Ehe gilt, daß die Ehe von beiden Parteien als dauernde Gemeinschaft beabsichtigt und versprochen wird und daß sie auch nach ihrem Inhalt auf Lebenszeit angelegt wird (BVerfG FamRZ 1980, 323). Die Ehe berührt die Geschäfts- und Prozeßfähigkeit der Ehegatten nicht. Grundsätzlich kann nur ein Volljähriger eine Ehe eingehen, Befreiung kann nach Vollendung des 16. Lebensjahres erteilt werden, wenn der Partner volljährig ist (§ 1303); Beitzke in Ars boni et aequi 1972, 60. Ein Minderjähriger wird durch die Eheschließung nicht mündig; er wird durch seinen gesetzlichen Vertreter, nicht durch den Ehepartner, vertreten (vgl aber §§ 8 II, 1458, 1633), Lücken, Die personenrechtliche Stellung der minderjährigen Ehefrau und Mutter nach dem BGB, FS Reinhardt (1972), S 103ff. Die Verpflichtungs- und Verfügungsfähigkeit der Ehegatten kann durch das Güterrecht eingeschränkt werden (§§ 1364–1369, 1419, 1422–1425, 1450). Die Ehe begründet kein **allgemeines Vertretungsrecht** zwischen den Ehegatten, weder gerichtlich (RG 68, 146) noch außergerichtlich (Braunschweig OLG 27, 54; BGH NJW 1994, 1649ff). Jeder Ehegatte bedarf zur **Vertretung des anderen** grundsätzlich **einer Vollmacht**. Zum unbefugten Öffnen verschlossener Post s BGH FamRZ 1990, 846; Unterzeichnung eines Mietvertrages, LG Mannheim FamRZ 1994, 445. Im Rahmen der Geschäfte zur **angemessenen Deckung** des Lebensbedarfs besteht jedoch eine wechselseitige Verpflichtungsbefugnis der Ehegatten (§ 1357). Darüber hinaus ist häufig stillschweigende Bevollmächtigung des einen Ehegatten durch den anderen anzunehmen, RG 135, 208. Das Güterrecht gibt außerdem ein Vertretungsrecht in Sonderfällen (§§ 1368, 1428, 1429, 1454, 1458). Das Hausrecht an der Ehewohnung steht beiden Ehegatten gemeinschaftlich zu, Hamm NJW 1955, 761. Die Rspr sieht die Familie als Wohngemeinschaft mit der Folge an, daß die nachträgliche Aufnahme eines Familienangehörigen nicht den Rahmen des vertragsgemäßen Gebrauchs überschreitet, AG Trier FamRZ 1993, 547. Regelmäßig sind beide Besitzer der gemeinschaftlich benutzten Gegenstände der Wohnungseinrichtung. Allerdings erfordert der Besitzerwerb einen entsprechenden Mitbesitzwillen, Koblenz MDR 1994, 281. Der Besitz oder Gewahrsam eines Ehegatten steht aber der Vollstreckung durch Gläubiger des anderen nicht entgegen (§ 1362, § 739 ZPO, ebenso schon für das Rechtslage seit dem 1. 4. 1953 Hamm NJW 1956, 1681). Für die Räumungsvollstreckung muß der Gläubiger einen Titel gegen jeden Mitbesitzer erwirken (LG Hamburg/LG Mannheim NJW-RR 1993, 274; Oldenburg JuS 1994, 891). Die Ehegatten können wie nicht durch Ehe verbundene Personen in **rechtsgeschäftliche Beziehungen zueinander** treten.

2. Von besonderem Interesse ist hierbei die Übernahme von **Bürgschaften unter Ehegatten**. Das BVerfG hat 3 1993 (FamRZ 1994, 151; Anm Rehbein JR 1995, 45; bestätigt BVerfG NJW 1996, 2021) zum Schutz der wirtschaftlichen Betätigungsfreiheit aus Art 2 I GG generell eine Pflicht zur Inhaltskontrolle von Verträgen, die einen Vertragspartner ungewöhnlich stark belasten und das Ergebnis strukturell ungleicher Verhandlungsstärke sind, begründet. Besondere Bedeutung hat diese Rspr im Zusammenhang mit **Bürgschaftsverträgen** erlangt. Bei Ehegattenbürgschaften leitet der BGH nunmehr die **Sittenwidrigkeit des Vertrages** aus § 138 ab, wenn zu einem **Mißverhältnis zwischen Verpflichtungsumfang und der Leistungsfähigkeit** des bürgenden Ehepartners weitere dem Gläubiger zurechenbare Umstände hinzutreten und so ein **unerträgliches Ungleichgewicht** zwischen den Vertragsparteien entstanden ist (BGH 151, 34; BGH FamRZ 2003, 512; BGH NJW 2002, 2230 mit zust Anm Tonner, JUS 2003, 325; FamRZ 1995, 469; FamRZ 1996, 277; FamRZ 1996, 661; FamRZ 1996, 927; FamRZ 1997, 478; NJW 1997, 3372). Ob die Bürgschaft den Ehepartner überfordert, ist durch eine **Gesamtbetrachtung** festzustellen (BGH FamRZ 1996, 661); eine Sittenwidrigkeit scheidet aus, wenn bei einer ex ante Betrachtung die Beurteilung ergibt, daß das Einkommen beider Ehegatten voraussichtlich zur Tilgung der Schulden und der Zinsen ausreichen wird (BGH FamRZ 1996, 661). **Einzelne Fälle**: Sittenwidrigkeit bejaht: BGH 151, 34; BGH ZIP 2002, 1190; BGH NJW 2002, 2230; Oldenburg FamRZ 1999, 89; Nürnberg FamRZ 1999, 91; BGH FuR 2000, 227; BGH FuR 2000, 164; BGH 138, 347; BGH FamRZ 1999, 151; BGH FamRZ 1994, 813; BGH FamRZ 1996, 277; BGH 125, 206; BGH NJW-RR 1996, 813; BGH FamRZ 1997, 736. Sittenwidrigkeit verneint: BGH JR 1998, 198; BGH NJW 1998, 597 (Kinderbürgschaft); BGH FamRZ 1999, 157; BGH FamRZ 1997, 478; Hamm FamRZ 2001, 1070, wenn der Bürge eine seine finanzielle Leistungsfähigkeit übersteigende Verpflichtung eingeht, ohne daß er an dem zu sichernden Kredit ein eigenes unmittelbares Interesse hat, so daß davon ausgegangen werden muß, daß er die Bürgschaft allein aus emotionaler Bindung eingegangen ist; Koblenz NJW-RR 1995, 1260 (sa Pal/Heinrichs § 138 Rz 38f; Horn, Übermäßige Bürgschaften mittelloser Bürgen: Wirksam, unwirksam oder mit eingeschränktem Umfang, WM 1997, 1081; Bauer, Die Entwicklung der höchstrichterlichen Rspr zur Sittenwidrigkeit von Bürgschaften einkommens- und vermögensloser Ehegatten, FuR 2003, 481). Diese Position ist vom BGH bekräftigt und mit der widerlegbaren Vermutung emotionaler Verbundenheit Nahestehender versehen worden, BGH 151, 34, 37; BGH FamRZ 2003, 512; BGH NJW 2002, 2230. Die Sittenwidrigkeit der Bürgschaften ist indessen kein spezifisch eherechtliches Problem, sondern ein allgemein vertragrechtliches. Es ist anerkannt, daß die gleichen Grundsätze auf nichteheliche Lebensgemeinschaften entsprechende Anwendung finden (BGH DB 2002, 1367; FamRZ 1997, 482; s Rz 22); zur Anwendung der Rspr auf Bürgschaften von Geschwistern, BGH 137, 329; allg Tiedtke NJW 1999, 1209. Die höchstrichterliche Rspr zur Sittenwidrigkeit von Mithaftungsübernahmen naher Angehöriger gilt indes nicht nur für Kreditinstitute, sondern auch für andere gewerbliche oder berufliche Kreditgeber, BGH FamRZ 2002, 314. Ob der finanziell überforderte Ehegatte dabei echter Darlehnsnehmer oder lediglich Mithaftender wird, richtet sich allein nach den für die Bank erkennbaren Verhältnissen auf seiten ihrer Vertragsgegner (eigenes sachliches oder persönliches Interesse an der Kreditaufnahme), damit die Bank nicht durch Formeln wie zB „Mitschuldner" den Folgen des § 138 I entgehen kann, BGH FamRZ 2002, 1694 und DB 2002, 1367. Verfügt der Bürge über pfändbares Vermögen wie zB ein Grundstück, so sind für seine Leistungsfähigkeit wertausschöpfende Belastungen zu berücksichtigen (BGH 151, 34 u NJW 2002, 2230 in Abkehr von WM 1996, 766 und WM 1998, 67), weil sich die Wirksamkeit der Bürgschaft nach der tatsächlichen Leistungsfähigkeit des Bürgen zu richten hat. Ein generelles Interesse des Gläubigers, sich vor Vermögensverschiebungen zwischen den Ehegatten mit der Bürgschaft zu schützen, ändert an der Sittenwidrigkeit einer den bürgenden Gatten kraß überfordernden Bürgschaft nichts, BGH 151, 34 u BGH NJW 2002, 2230. Ausnahmen von einem Sittenvorstoß sind daher nur angebracht, wenn der Bürge ein eigenes wirtschaftliches und nicht nur emotionales Interesse an der Kreditgewährung hat oder im Zeitpunkt der Kreditgewährung Vermögenszuwächse beim Bürgen absehbar sind, Tonner, Anm zu den beiden vorg Entscheidungen, JuS 2003, 325. Die vorgenannten Grundsätze zur Bürgschaft gelten entsprechend für ein notarielles Schuldanerkenntnis (Koblenz NJW-RR 2003, 1559).

4   3. **Schenkungen zwischen Ehegatten** sind zulässig; inwieweit sie der Form des Ehevertrages bedürfen oder sonstige Rechtsfolgen haben, richtet sich nach dem Güterrecht (vgl §§ 1380, 1418); unter Umständen greifen auch Sonderbestimmungen der Insolvenzordnung (§ 37 InsO) und des Anfechtungsgesetzes ein. Die durch die Ehe begründeten sittlichen Bindungen können den Ehegatten die Ausübung von Vermögensrechten im Einzelfall verbieten.

5   4. Soweit der **mildere Haftungsmaßstab** des § 1359 demjenigen nicht zugute kommen soll, der durch **unerlaubte Handlung** oder unter **Verletzung der Vorschriften für den Straßenverkehr** seinem Ehegatten Schaden zufügt (vgl dazu § 1359 Rz 2), kann der verletzte Ehegatte im Einzelfall aus § 1353 I verpflichtet sein, solche Schadensersatzansprüche dann nicht geltend zu machen, wenn der andere im Rahmen seiner wirtschaftlichen Möglichkeiten nach Kräften bemüht ist, den Schaden auszugleichen, BGH 53, 352, 356. Es liegt auch nicht fern, quantitative Begrenzungen der Schadensersatzforderung in einer ähnlichen Weise zu erwägen, wie sie die Rspr in arbeitsrechtlichen Haftungsrecht anerkannt hat, vgl BGH 43, 72, 77 mwN.

6   Ein Ehegatte darf dem anderen nicht die Benutzung ihm gehöriger, aber **gemeinschaftlich benutzter Haushaltsgegenstände** entziehen, für die Frau: RG 87, 63, für den Mann: KG DR 1941, 2000, vgl dazu auch §§ 1361a, 1369 und § 1364 Rz 4. Auch ein familienrechtliches Verhältnis kann ein Recht zum Besitz nach § 986 begründen, München HRR 1938, 1162.

7   Mit dem **Wesen der Ehe** sind Abreden vereinbar, die den Unterhalt unter den Eheleuten nach der Scheidung regeln sollen, § 1585c. Wann solche Vereinbarungen nach § 138 nichtig sind, weil sie gröblich gegen das Wesen der Ehe verstoßen, ist von Fall zu Fall; aber auch unter Beobachtung analogisierter Fallgruppen zu entscheiden. Vgl die Gruppeneinteilung zum „gröblichen Verstoß gegen das Wesen der Ehe" bei Larenz/Wolf BGB AT § 41 III 5 und Juristen-Jahrbuch Bd VII 98ff (114f). Die Vorschriften der §§ 1353–1362 enthalten außerhalb des den Ehegatten zur autonomen Regelung gerade überlassenen Bereichs grundsätzlich zwingendes Recht; vgl v Schwind RabelsZ 73, 217. Über die Zulässigkeit von Vereinbarungen abweichenden Inhalts vgl § 1353 Rz 36; § 1357 Rz 23 und § 1361 Rz 3.

8   5. **Wirkungen der Ehe auf anderen Rechtsgebieten.** Die Ehe hat auch Wirkungen auf anderen Rechtsgebieten, besonders im **Steuer- und Staatsangehörigkeitsrecht** (vgl das Staatsangehörigkeitsgesetz vom 22. 7. 1913). Nach Art 16 I GG verliert die Frau die deutsche Staatsangehörigkeit durch Ehe mit einem Ausländer nur noch, wenn sie entweder eine neue erwirbt oder dem Verlust der deutschen zustimmt. Nach **§ 26 EStG** können die Ehegatten wählen, ob sie zusammen oder getrennt zur Einkommensteuer veranlagt werden wollen. Wählen sie den ersten Weg, so werden sie in ihrer Gesamtheit häufig steuerlich günstiger gestellt. Für den einzelnen Ehegatten können sich, wenn man ihn allein betrachtet, auch Nachteile ergeben. Ergeben sich für einen Ehegatten aus der

Zusammenveranlagung keine Nachteile, für den anderen aber Vorteile, so kann er zur gemeinsamen Veranlagung verpflichtet sein, BGH NJW 2003, 2982; BGH FamRZ 2002, 1024; BGH NJW 1977, 378; BGH NJW 1983, 1545; Karlsruhe FamRZ 1994, 894; LG Berlin FamRZ 1992, 436; LG Frankfurt aM FamRZ 2002, 669. Die Pflicht besteht nicht, wenn Nachteile entstehen, die der bevorteilte Ehepartner nicht bereit ist auszugleichen, Stuttgart FamRZ 1993, 191, oder wenn offensichtlich keine wirtschaftlichen Vorteile erreicht werden können (Schikaneverbot), Oldenburg FamRZ 2003, 159. Zur Zustimmungspflicht bei einer Ehegatteninnengesellschaft vgl BGH NJW 2003, 2982. Die Zustimmung darf – von Fällen der Unzumutbarkeit abgesehen – nicht von der Erstattung von Steuerberaterkosten abhängig gemacht werden, BGH FamRZ 2002, 1024; teilweise kritisch dazu Anm Bergschneider FamRZ 2002, 1181. Zu einem möglichen internen Ausgleich bei Einkommen- und Kirchensteuer § 1353 Rz 13 u 14 sowie BGH WM 2002, 1460 u FuR 2002, 498; LG Essen FamRZ 1987, 592; LG Bochum FamRZ 1987, 828; Köln OLG 69, 332. Nach Sonnenschein (NJW 1980, 257) richtet sich der Ausgleichsmaßstab in Analogie zu §§ 270, 271 AO nach dem Verhältnis der Steuerbeträge, die sich bei getrennter Veranlagung der Eheleute ergeben würden. Hierzu Horlemann, Wahl der Lohnsteuerklassen bei Ehegatten, DB 1980, 995. Zur Verfassungsmäßigkeit der Einzelveranlagung dauernd getrennt lebender Ehegatten und zu den Voraussetzungen des „Getrenntlebens" im Sinne des § 26 I EStG vgl BVerfG NJW 1983, 271; NJW 1985, 1073; NJW 1988, 127; BFH DB 1986, 1105; NJW 1972, 2079. Die Beschränkung der Möglichkeit der Zusammenveranlagung auf die letzte Ehe des Veranlagungszeitraums ist verfassungsgemäß, BVerfG FamRZ 1988, 35; zur Zustimmungspflicht zum sog Realsplitting vgl Nürnberg FamRZ 1986, 1111; zur steuerlichen Anerkennung von Ehegatten-Arbeitsverhältnissen Maier, BB 1987, 2297; Liebelt, Rechtsprechung zum Einkommensteuerausgleich unter Ehegatten, NJW 1993, 1741; Arens FamRZ 1999, 1558. Vgl auch § 1353 Rz 13. Das BVerfG (NJW 2003, 3446 m krit Anm Aubel aaO 3657) hat unter Berufung auf Art 6 I GG entgegen der bisherigen Rspr des BGH (NJW 1990, 1477) die Splittingvorteile einer Zweitehe für den Unterhaltsanspruch aus der Erstehe eliminiert, weil Steuervorteile, die aus einer bestehenden Zweitehe erwachsen, nicht der geschiedenen Ehe zugeordnet werden dürfen.

Im **Prozeßrecht** begründet die Ehe ein **Zeugnisverweigerungsrecht**. Vgl ferner an Sonderbestimmungen der 9 ZPO für Ehegatten außer den für Ehesachen geltenden §§ 606ff die §§ 739–745, 774, 850c und d, 852, 860, 999.

Aus der Ehe und der durch sie begründeten besonderen Schutz- und Beistandspflicht können sich auch straf- 10 rechtliche Folgen ergeben; ein Ehegatte ist aber nicht allgemein mit der Folge strafrechtlicher Ahndung verpflichtet, den anderen von Straftaten abzuhalten. Sondervorschriften im **Strafrecht**: §§ 170b, 171, 181a III, 247 StGB. Der Ehebruch ist nicht mehr strafbar, wohl kann aber in ihm eine Beleidigung des anderen Ehegatten liegen (§ 185 StGB), Zweibrücken NJW 1971, 1225. Neugefaßt wurde § 177 StGB durch das 33. Strafrechtsänderungsgesetz vom 1. 7. 1997 (BGBl I 1607).

Das Tatbestandsmerkmal außerehelich ist bei den Sexualdelikten weggefallen, so daß eine Vergewaltigung unter 11 Ehepartnern strafrechtlich verfolgbar ist. Ein Strafausschließungsgrund durch eine Versöhnung der Ehegatten ist nicht vorgesehen (zur Reformdiskussion Helmken ZRP 1995, 302). Zivilrechtlich kann der erzwungene Geschlechtsverkehr einen Schmerzensgeldanspruch begründen (Schleswig FamRZ 1993, 548).

6. Die nichteheliche Lebensgemeinschaft 12

Schrifttum: *Bosch*, Bundesverfassungsgericht und nichteheliche Lebensgemeinschaft, FamRZ 1991, 1; *Brötel*, Die gesetzliche Amtspflegschaft für nichteheliche Kinder im Kontext einer gemeineuropäischen Grundrechtsentwicklung, FamRZ 1991, 775; *Busche*, Unterhaltsansprüche nach Beendigung nichtehelicher Lebensgemeinschaften, JZ 1998, 387; *Derleder*, Vermögenskonflikte zwischen Lebensgefährten bei Auflösung ihrer Gemeinschaft, NJW 1980, 545; *Diederichsen*, Die nichteheliche Lebensgemeinschaft im Zivilrecht, NJW 1983, 1017; *ders*, Rechtsprobleme der nichtehelichen Lebensgemeinschaft, FamRZ 1988, 885; *Eyrich*, Nichteheliche Lebensgemeinschaft – eine Aufgabe für den Gesetzgeber?, ZRP 1990, 139ff; *Grziwotz*, Rechtsprechung zur nichtehelichen Lebensgemeinschaft, FamRZ 1999, 413 u FamRZ 2003, 1417; *ders*, Partnerschaftsverträge für nichteheliche Lebensgemeinschaften, MDR 1999, 709; *ders*, Nichteheliche Lebensgemeinschaft, 3. Aufl 1999; *Hausmann*, Nichteheliche Lebensgemeinschaften und Vermögensausgleich, Grundlagen der rechtlichen Organisation und Abwicklung von Lebensgemeinschaften im Spannungsfeld zwischen Rechtsgeschäftslehre, Schuldrecht und Familienrecht, 1989; *Heilmann*, Die nichteheliche Lebensgemeinschaft, JA 1990, 116; *Hofmann*, Eigentumsvermutung und Gewahrsamsfiktion in der „Ehe ohne Trauschein"?, ZRP 1990, 409; *Koutses*, Nichteheliche Lebensgemeinschaft und Erbrecht, FPR 2001, 41; *Krings*, Verfassungsrechtliche Vorgaben für eine rechtliche Ordnung nichtehelicher Lebensgemeinschaften, FPR 2001, 7; *Lieb*, Empfiehlt es sich, die rechtlichen Fragen der nichtehelichen Lebensgemeinschaft gesetzlich zu regeln? Verhandlungen des 57. Dt. Juristentages, SA 1–A114; *Luckey*, Eheähnliche Gemeinschaft, Arbeitslosengeld und Arbeitslosenhilfe, FuR 1991, 33; *Nave-Herz*, Die nichteheliche Lebensgemeinschaft – eine soziologische Analyse, FPR 2001, 3; *Plate*, Neue Rechtsprechung zum nichtehelichen Zusammenleben, Teil 1 FuR 1995, 212; *dies*, Teil 2 FuR 1995, 273; *Reinecke*, Rechtsprechungstendenzen zur nichtehelichen Lebensgemeinschaft von Mann und Frau, FPR 2001, 16; *v Renesse*, Ein rechtliches Dach für Wohn- und Lebensgemeinschaften, ZRP 1996, 219; *Schacht*, Zuwendungen Dritter an Partner einer nichtehelichen Gemeinschaft, Diss Würzburg 2003; *Schlüter*, Die nichteheliche Lebensgemeinschaft, 1981; *ders/Belling*, Die nichteheliche Lebensgemeinschaft und ihre vermögensrechtliche Abwicklung, FamRZ 1986, 405; *Schopp*, Nichteheliche Gemeinschaft und Moral, MDR 1990, 99ff; *Schumacher*, Zum gesetzlichen Regelungsbedarf für nichteheliche Lebensgemeinschaften, FamRZ 1994, 857; *ders*, Zum gesetzgeberischen Handlungsbedarf für nichteheliche Lebensgemeinschaften, FRP 1995, 26; *Schwab*, Eheschließungsrecht und nichteheliche Lebensgemeinschaft – Eine rechtsgeschichtliche Skizze, FamRZ 1981, 1151; *Täger*, Die Behandlung gemeinschaftsbezogener Zuwendungen nach Auflösung der nichtehelichen Lebensgemeinschaft, Diss Münster 2003; *Weimar*, Ausgleichsansprüche bei Auflösung nichtehelicher Lebensgemeinschaften, MDR 1997, 713; *Weinreich*, Die vermögensrechtliche Auseinandersetzung der nichtehelichen Lebensgemeinschaft, FuR 1999, 356; *ders*, Vermögensrecht in der nichtehelichen Lebensgemeinschaft, FPR 2001, 29.

a) Die Fragen der **rechtlichen Qualifizierung** und Behandlung nichtehelicher Lebensgemeinschaften sind in 13 jüngster Zeit zunehmend Gegenstand rechtswissenschaftlicher Erörterungen geworden. Das Problem ist zwar alt

Vor §§ 1353–1362 Familienrecht Bürgerliche Ehe

(vgl nur Baumann, Die zivilrechtliche Bedeutung des Konkubinats in rechtsvergleichender Darstellung, Diss Erlangen 1932), jedoch ist ein zunehmender Trend zu „alternativen" Formen der Lebensgemeinschaft zu verzeichnen (Erler FuR 1996, 10). Empirisch dazu: Wirtschaft und Statistik 1993, 194. Es finden sich unterschiedliche Ausgestaltungen außerehelichen Zusammenlebens. Im Mittelpunkt des juristischen Interesses steht die nichteheliche Gemeinschaft, dh das auf gewisse Dauer ausgerichtete Zusammenleben von Mann und Frau in umfassender Lebensgemeinschaft (vgl auch Schreiber FPR 2001, 12). Rechtliche Probleme ergeben sich aus der Beziehung solcher Gemeinschaften und ihrer Mitglieder zu Dritten, aus dem Verhältnis der Partner untereinander während bestehender Gemeinschaft und vor allem aus der Abwicklung aufgelöster Beziehungen (zu letzterem Derleder NJW 1980, 545; Weimar MDR 1997, 713). Die vielfältigen Lösungsansätze greifen zurück auf eherechtliche Normen, das Verlöbnisrecht, gesellschaftsrechtliche Regelungen, die Normen des Bereicherungs-, Schenkungs-, Dienstvertrags-, Geschäftsführungs-, Schadensersatz- und allgemeinen Vertragsrechts (hierzu auch Zwißler FPR 2001, 15). Eine umfassende Einordnung der nichtehelichen Lebensgemeinschaft in einen der genannten geschlossenen Regelungskomplexe ist nicht möglich, vgl auch zur rechtlichen Einordnung und Abwicklung Hausmann, Nichteheliche Lebensgemeinschaften und Vermögensausgleich, 1989. Die globale Übertragung des Eherechts verbietet sich bereits nach Art 6 I GG; Kingreen, Die verfassungsrechtliche Stellung der nichtehelichen Lebensgemeinschaft im Spannungsfeld zwischen Freiheits- und Gleichheitsrechten 1995; Dietlein DtZ 1993, 136 zum Schutz der nichtehelichen Lebensgemeinschaft in den Verfassungen der neuen Länder. Die nichteheliche Lebensgemeinschaft ist keine faktische Ehe im Rechtssinne. Die Begründung eines institutionalisierten, rechtsgebundenen Verhältnisses ist hier idR gerade nicht gewollt, BGH FamRZ 1983, 1213; vielmehr entspricht es dem augenfälligen Sinn eines solchen Zusammenlebens, daß sein Fortbestehen im freien Entschluß der Partner liegt, BVerwG FamRZ 1982, 1207 (zur sittlichen Verpflichtung, dem Partner einer nichtehelichen Lebensgemeinschaft Unterkunft und Unterhalt zu gewähren). Eine entsprechende Anwendung der Vorschriften über das gemeinschaftliche Testament, insbesondere die Formerleichterung des § 2267, kommt deshalb bei Verlobten und nichtehelichen Gemeinschaften nicht in Betracht. Durch diese nur für Ehegatten geltende Regelung hat der Gesetzgeber dem Wesen der durch Art 6 I GG geschützten ehelichen Lebensgemeinschaft Rechnung getragen (BVerfG NJW 1989, 1986). Zur Frage des Sonderurlaubs bei Niederkunft der nichtehelichen Gefährtin BVerfG NJW 1998, 2043). Nach Celle NJW-RR 2003, 1304 und BayObLG FamRZ 1983, 1226 findet auf nichteheliche Lebensgemeinschaften der § 2077 keine Anwendung. Desgleichen begründet § 2078 II keinen rechtlich relevanten Motivirrtum, wenn dessen Voraussetzungen nicht im Einzelfall konkret nachgewiesen sind (Celle NJW 2003, 1304). Es verstößt ebenfalls gegen die Verfassung, wenn zusammenlebenden, jeweils anspruchsberechtigten Eheleuten im Gegensatz zu den Partnern einer nichtehelichen Lebensgemeinschaft nur ein Anspruch auf Arbeitslosenhilfe zusteht (BVerfG FamRZ 1984, 1208; BVerfG FamRZ 1993, 164). Vgl auch Bosch, BVerfG und nichteheliche Lebensgemeinschaft, FamRZ 1991, 1ff. Zutreffend hat Saarbrücken NJW 1979, 2050 die analoge Anwendung der §§ 1371, 1931 auf die eheähnliche Lebensgemeinschaft abgelehnt; nach Hamm FamRZ 1983, 273 besteht keine Unterhaltspflicht analog § 1361 nach Auflösung einer nichtehelichen Lebensgemeinschaft (zu den Besonderheiten bei der Unterhaltsproblematik siehe Rz 26). Das OVG Saarlouis NJW 1981, 497 hält die Wahl eines Partners einer nichtehelichen Lebensgemeinschaft zum Klassenternsprecher für unwirksam.

14 Allerdings erscheint die **analoge Anwendung einzelner Eherechtsnormen verfassungsrechtlich unbedenklich**, soweit diese nur den Erfordernissen einer engen Lebensgemeinschaft Rechnung tragen sollen (MüKo/Wacke Nach § 1302 Rz 12). Hamm FamRZ 1984, 409 erkennt Betreuungsleistungen des Partners als anrechenbare Einkünfte iSd §§ 114, 115 ZPO an; Hamm FamRZ 1981, 493 m Anm Bosch, erwägt eine analoge Anwendung des § 1608 S 1.

15 Durch **vertragliche Vereinbarungen** können die Partner ihre Verhältnisse im Prinzip autonom regeln (Klein FRP 1995, 110; Schreiber NJW 1993, 624). Nur wird ihr Bestreben in der Praxis vielfach gerade darauf ausgerichtet sein, keinerlei umfassend bindende Regelungen zu treffen. Vertragliche Abreden werden sich vielfach auf Einzelaspekte beziehen, zB den gemeinsam geführten Gewerbebetrieb. Ob die Partner durch vertragliche Vereinbarungen die eherechtlichen Normen mit Rechtsverbindlichkeit, jedoch ohne das formale Band der Trauung vereinbaren können, ob sie insbesondere Unterhaltsvereinbarungen auch für die Zukunft treffen können, ist fraglich. Im Grundsatz ist eine entsprechende Autonomie zu bejahen (vgl auch Battes ZHR 143, 385, 400). Bei der Auslegung solcher Abreden und insbesondere bei der Annahme stillschweigender Vereinbarungen besteht allerdings die Gefahr, zu Fiktionen zu greifen. Die gilt es zu verhüten (vgl Brühl FamRZ 1978, 859; weiter aber Roth-Stielow JR 1978, 234ff). Die Grundlage von Ansprüchen kann stets nur der Vertrag selbst sein, vgl auch BGH JZ 1986, 239 mit Anm Battes; Unterhaltsansprüche entsprechend § 1569ff zB müssen daher ausdrücklich vereinbart sein, zurückhaltend auch MüKo/Wacke Nach § 1302 Rz 27, 46; aA Roth-Stielow aaO. Vertragliche Vereinbarungen finden dort ihre Grenze (§ 138), wo sie zu einer unverhältnismäßigen wirtschaftlichen Abhängigkeit für die Zukunft führen; vgl dazu Hamm FamRZ 1988, 618; sittenwidrig ist ebenfalls ein Vertrag, der während noch bestehender Ehen der Vertragsparteien geschlossen wird, LG Paderborn FamRZ 1999, 790. Der engste persönliche Freiheitsbereich unterliegt keiner rechtsgeschäftlichen Regelbarkeit, so daß die Partner nicht verbindlich und schadensersatzbewehrt vereinbaren (Ausn § 826) können, empfängnisverhütende Mittel zu gebrauchen, BGH FamRZ 1986, 773. Innerhalb der nichtehelichen Lebensgemeinschaft besteht **Deliktsschutz** (Koblenz NJW-RR 1995, 24; zu etwaigen Haftungsausschlüssen Celle FamRZ 1992, 941; Karlsruhe FamRZ 1992, 940).

16 b) **Einzelfragen.** Im Komplex der Rechtsbeziehungen zu Dritten ist von besonderer praktischer Relevanz die Behandlung von **Hotel- und Wohnungsmietverhältnissen** mit Unverheirateten (Walendy, Die nichteheliche Lebensgemeinschaft und die gemeinsame Wohnung, FRP 1995, 118 sowie Kinne, FPR 2001, 36). Solche Verträge sind nicht grundsätzlich als sittenwidrig oder aus wichtigem Grund kündbar anzusehen, vgl vor § 1297 Rz 22; LG Köln ZMR 1974, 141; LG Frankfurt NJW 1982, 1884 für Reiseverträge; Scholz NJW 1982, 1070; aA AG Emden

NJW 1975, 1363. Wenn das Paar allerdings wahrheitswidrig behauptet, es sei verheiratet, und es dem Vermieter nachweislich darauf ankam, besteht ein Anfechtungsgrund gem § 123 I (MüKo/Wacke Nach § 1302 Rz 33 mwN). Eine andere Frage ist es, inwieweit der Vermieter, der mit einer Einzelperson den Vertrag geschlossen hat, die Begründung einer nichtehelichen Lebensgemeinschaft dulden muß. Nach heutiger Rspr beurteilt es sich nach § 540 I S 1, ob der Mieter einer Wohnung in diese einen nichtehelichen Lebenspartner aufnehmen darf (BVerfG FamRZ 1990, 727; dazu Bosch FamRZ 1991, 1; eine Übersicht zur Rspr gibt Plate FuR 1995, 217). Es ist eine Interessenabwägung vorzunehmen. Der Vermieter kann seine Zustimmung nur bei Unzumutbarkeit verweigern. Es müssen erhebliche Interessen berührt sein (BGH FamRZ 1985, 42). Zu berücksichtigen ist dabei die Lage der Mietobjekte (Einfamilienhaus, Wohnblock, dörfliche Situation oder Großstadt). Sofern allerdings der Verdacht naheliegt, daß der Mieter bereits bei Vertragsschluß vorhatte, eine weitere Person mitaufzunehmen, kann sein Verlangen unberechtigt sein. Gem § 553 kann nicht der erwartete oder erkannte Widerstand des Vermieters umgangen werden (BGH FamRZ 1985, 42). Bezüglich der Frage der Unzumutbarkeit bei **Vermietungen durch Kirchengemeinden** und kirchlichen Einrichtungen s Hamm FamRZ 1992, 308. Das Ablehnungsrecht versteht sich nicht von selbst. Es müssen Besonderheiten hinzukommen, die es dem kirchlichen Vermieter zusätzlich unmöglich machen, eine nichteheliche Lebensgemeinschaft zu dulden. Nach dem LG Aachen lag Unzumutbarkeit vor, als die Mietwohnung in unmittelbarer Nähe eines Klosters sowie einer Kirche lag und nur über einen Privatweg der Kirchengemeinde zu erreichen war (FamRZ 1993, 325).

Für weitere Rechtsprechungsnachweise zu Wohnungsmietverhältnissen bei nichtehelicher Lebensgemeinschaft siehe Erman 9. Aufl vor §§ 1353–1362 Rz 12.

Umstritten ist die Frage, ob der unverheiratete Lebenspartner eines Mieters in den **Schutzbereich des Mietvertrages** miteinbezogen ist. Hamm FamRZ 1977, 318 hat eine Einbeziehung abgelehnt, zust Bosch FamRZ 1977, 320; äußerst kritisch zu der Entscheidung Scheepers ZRP 1978, 13; abl auch Evans/v Krbek VersR 1978, 906. Leben die Betroffenen mit Kenntnis und Einverständnis des Vermieters in nichtehelicher Lebensgemeinschaft gemeinsam in der Wohnung, so ist wohl grundsätzlich der nichtvertragschließende Teil in den Schutzbereich einzubeziehen. Nach § 563 I S 2, neugefaßt durch Art 1 MietRRG v 19. 6. 2001, tritt der Lebenspartner, der mit dem Mieter einen gemeinsamen Haushalt führt, mit dem Tod des Mieters in das Mietverhältnis ein. Bis zur Neufassung der Norm war dies streitig (dazu Erman 9. Aufl vor §§ 1353–1362 Rz 12 und Erman 10. Aufl vor §§ 1353–1362 Rz 17). Die Kündigung **wegen Eigenbedarfs** ist wirksam, wenn die Wohnung dem unverheirateten, in einer nichtehelichen Gemeinschaft lebenden Sohn des Vermieters überlassen werden soll, Karlsruhe FamRZ 1982, 599; LG Trier NJW-RR 1992, 718. Wird die nichteheliche Lebensgemeinschaft aufgelöst, kann der Partner, der Partei des Mietvertrages ist, den anderen aus der Wohnung weisen. Mieterschutz für den benachteiligten Partner scheidet aus, Scholz NJW 1982, 1070; LG Chemnitz NJW-RR 1995, 269. Zu mietrechtlichen Ansprüchen nach Auflösung der Gemeinschaft s Dresden FamRZ 2003, 160; LG Berlin FamRZ 1995, 600; LG Karlsruhe FamRZ 1995, 94; AG Berlin NJW-RR 1993, 133; Brudermüller FuR 1994, 35); § 1362 ist auf eeähnliche Lebensgemeinschaften nicht anwendbar, Köln FamRZ 1990, 623, so daß eine Pfändung beweglicher Sachen der Zustimmung des Mitgewahrsamsinhabers bedarf, LG Frankfurt NJW 1986, 279. Nach AG Eschweiler ist § 1362 analog anwendbar, soweit das Verhältnis der Partner untereinander betroffen ist (FamRZ 1992, 942; s Tran NJW 1995, 1458 mwN). Die Erteilung einer Wohnberechtigungsbescheinigung ist in Ausnahmefällen möglich, BVerwG NJW 1987, 1564, vgl auch BVerwG NJW 1986, 738. Die analoge Anwendung des § 1361b bejaht LG München MDR 1990, 1014; aA LG Hagen FamRZ 1993, 187. Bei der Zwangsvollstreckung muß sich der Räumungstitel gegen beide Partner richten, wenn beide Mitbesitzer sind (KG Berlin JuS 1994, 890, allerdings läßt das Gericht offen, ob dies auch gilt, wenn der eine Partner ohne oder gegen den Willen des Vermieters seinen Mitbesitz begründet hat; aA LG Darmstadt WuM 1981, 113; zust Diederichsen FamRZ 1988, 891). In der Fortsetzung der nichtehelichen Lebensgemeinschaft soll kein schlüssiger Verzicht auf Zwangsvollstreckung aus einem Räumungsurteil liegen, LG Oldenburg FamRZ 1990, 1253. Zu Plänen der Bundesregierung zur Gleichstellung, s MDR 1998, R 17.

Eine **spezielle Verpflichtungsermächtigung** analog § 1357 ist in nichtehelichen Lebensgemeinschaften abzulehnen, MüKo/Wacke Nach § 1302 Rz 23. Es ist das allgemeine Instrumentarium des Vertretungsrechts anzuwenden und auch ausreichend (s hierzu Grziwotz FPR 2001, 45). Bei der Verletzung oder Tötung des haushaltführenden Teils einer nichtehelichen Gemeinschaft durch einen Dritten bestehen grundsätzlich nicht die bei Verletzung eines Ehegatten gegebenen Ansprüche, aA Becker MDR 1976, 705. Ein Anspruch bei Tötung aus § 844 II basiert eindeutig auf der gesetzlichen Unterhaltspflicht und ist damit nicht anwendbar, MüKo/Wacke Nach § 1302 Rz 30; Frankfurt FamRZ 1984, 790. Bei Verletzung eines Partners, durch die er in der Haushaltsführung gehindert wird, besteht grundsätzlich nur ein Anspruch insoweit, wie er in seiner eigenen Betreuung beeinträchtigt ist (§ 843 I Alt 2), aA AG Säckingen FamRZ 1997, 293. Untereinander haften die Partner einer nichtehelichen Lebensgemeinschaft analog § 1359, Oldenburg FamRZ 1986, 675 m Anm Bosch.

c) Die Rechtsbeziehungen der Partner untereinander sind durch die **Freiheit in Entstehen und Beendigung der Gemeinschaft** geprägt. Eine Verpflichtung zur Durchführung und Aufrechterhaltung der Lebensgemeinschaft oder zur Leistung bestimmter Beiträge besteht nicht; vgl aber Bremen FamRZ 1984, 84 zur ehegleichen Solidaritätspflicht der Partner bei der Kindererziehung. Die Auflösung der Gemeinschaft wirft praktisch bedeutsame Probleme auf, vgl Diederichsen FamRZ 1988, 889. Nach der Rspr entstehen bei der **Auflösung nichtehelicher Lebensgemeinschaften** mangels Rechtsgrundlage grundsätzlich keine Ausgleichsansprüche, wenn eine besondere vertragliche Regelung (für die der Zuwendende beweispflichtig ist, BGH FamRZ 1983, 1213) fehlt. Es sei davon auszugehen, daß persönliche und wirtschaftliche Leistungen, die im Interesse solcher Gemeinschaften liegen, nicht gegeneinander auf- oder abgerechnet, sondern ersatzlos erbracht würden, BGH FamRZ 1980, 664; BGH FamRZ 1983, 1213; BGH FamRZ 1996, 1141; Saarländisches OLG MDR 1997, 944; Köln NJW 1995, 2232 mwN. Grundsätzlich besteht aber zwischen gesamtschuldnerisch haftenden Partnern einer nichtehelichen Lebensgemeinschaft eine Ausgleichspflicht nach § 426 I hinsichtlich der Tilgung und Verzinsung gemeinsam aufgenommener Darlehen ab Auflösung der Gemeinschaft, Hamm FamRZ 2001, 95. Die nichteheliche Lebensgemeinschaft kann als solche nicht als Gesellschaft angesehen werden, vgl BGH FamRZ 1983, 791; NJW 1980, 1520; München FamRZ 1980, 240; Düsseldorf FamRZ 1979, 581; Saarbrücken FamRZ 1979, 796. Die Durchführung der Lebensgemeinschaft ist **kein Gesellschaftszweck**; aA MüKo/Wacke Nach § 1302 Rz 18. Zudem steht die jederzeitige Auflösbarkeit entgegen. Das hindert aber nicht die Begründung von **Teil-(innen-)Gesellschaften**, zB für den geschäftlichen Bereich (BGH NJW 1970, 1540), wenn gemeinsam über den täglichen Lebensbedarf hinaus erhebliche Vermögenswerte geschaffen wurden (Hamm NJW 1980, 1530). Der BGH stellt strenge Voraussetzungen (BGH FamRZ 1980, 664). Mindestvoraussetzung für die Annahme einer Gesellschaft war, daß die Parteien überhaupt die Absicht verfolgen, mit dem Erwerb eines Vermögensgegenstandes einen – wenn auch nur wirtschaftlichen – gemeinschaftlichen Wert zu schaffen, der von ihnen nicht nur gemeinsam benutzt werde, sondern der ihnen auch gemeinsam gehören sollte. Gegen eine solche Annahme spreche, wenn zwar der eine Partner zwar Teilleistungen auf eine Sache erbringe, der andere aber deren Alleineigentümer sei. Diese Rspr ist wegen ihres **formaldinglichen Charakters** auf Kritik gestoßen (Schlüter/Belling FamRZ 1986, 405), der der BGH (FamRZ 1992, 409; BGH FamRZ 1993, 939) zwischenzeitlich zustimmt. Die Position des Alleineigentümers könne nicht als ausschlagebendes Indiz gegen eine – wirtschaftlich gesehene – gemeinschaftliche Wertschöpfung herangezogen werden. Im Rahmen einer Gesamtwürdigung könnten jedenfalls bei wirtschaftlich erheblichen Vermögenswerten wesentliche Beiträge des Partners, der nicht (Mit-)Eigentümer sei, einen Anhaltspunkt für eine gemeinsame Wertschöpfung bilden (BGH FamRZ 2003, 1542; BGH DNotZ 1998, 825). Hauptanwendungsfall dieser Rspr ist der Hausbau: vgl Schleswig FamRZ 2002, 884; Köln FamRZ 1993, 432. Obwohl der eine Partner Alleineigentümer war, gestand das Gericht dem anderen Partner einen Ausgleichsanspruch zu, da seine Bauleistungen nicht geringfügig gewesen seien. Er habe vielmehr eigene Vermögenswerte geschaffen, die zu einer Wertsteigerung des Grundstücks führten. Anders noch Stuttgart (NJW-RR 1993, 1475), das trotz der gelockerten Rspr des BGH weiter auf die Indizwirkung der formal-dinglichen Zuordnung abstellt (für Nachweise vor Änderung der Rspr s Erman, 9. Aufl vor § 1353 Rz 13). **Weitere Anwendungsfälle**: beim Bau eines Hauses (BGH FamRZ 1997, 1533; BGH FamRZ 1985, 1232; 65, 368) oder der Ausstattung einer Wohnung (KG FamRZ 1983, 271); bei der Renovierung des im Alleineigentum des anderen stehenden Hausgrundstücks durch Leitung und Finanzierung (BGH NJW-FER 2000, 209); bei Darlehenszahlungen durch einen Ehegatten allein für ein gemeinsam vermietetes Haus (Celle NJW-FER 2000, 208); zur Innengesellschaft bei Kauf und Nutzung eines Pkw (Düsseldorf FamRZ 1978, 109); vgl auch BGH 84, 388 m Anm Schulte ZGR 1983, 437; zur Vereinbarung über alleinige Verlustübernahme (Saarbrücken FamRZ 1993, 1200). Solche Gesellschaften sind nach §§ 705ff abzuwickeln (Köln FamRZ 1993, 432). Gemeinsames Eigentum zB an Hausrat wird nach Gemeinschaftsrecht §§ 741ff auseinandergesetzt; das gilt auch bei ungleichen Preisanteilen beim Kauf eines Wohnmobils (Hamm FamRZ 2003, 529).

Ein **Zurückbehaltungsrecht** an der gemeinsam genutzten Wohnung wegen Geldüberlassung an den Eigentümer steht dem Partner nicht zu, Hamm NJW 1986, 728. Die Anschaffung eines Gegenstandes durch und mit Mitteln eines Partners einer nichtehelichen Gemeinschaft allein bedeutet idR nicht, daß der Erwerb zu Miteigentum beider erfolgen soll, vgl Hamm NJW 1989, 909; Düsseldorf NJW 1992, 1706; aA LG Aachen FamRZ 1983, 61; Düsseldorf MDR 1999, 233. Eine **Ersatzzustellung** an den nichtehelichen Lebensgefährten des Zustellungsempfängers ist, BGH NJW 1990, 669, dann wirksam, wenn der Adressat nicht nur mit dem nichtehelichen Lebensgefährten, sondern mit einer Familie zusammenlebt (§ 178 I Nr 1 ZPO).

20 Besondere Probleme wirft die Frage auf, ob für **geleistete Dienste und Zuwendungen** während der Zeit des Bestehens der Gemeinschaft nach ihrer Auflösung ein Ausgleich gefordert werden kann. Einen Sonderkomplex bildet die Führung des Haushalts, bzw die Aufbringung der finanziellen laufenden Unterhaltsleistungen, also Verpflegung, Wohnungsmiete etc. Ersatzansprüche, insbes auch Lohn- oder Bereicherungsansprüche, sind für solche Leistungen abzulehnen, da diese nicht in Erwartung einer Bezahlung gewährt werden, MüKo/Wacke Nach § 1302 Rz 49 mwN. Sie werden idR vielmehr durch die gleichwertigen Leistungen des Partners für den Unterhalt ausgeglichen, BAG 7, 353; Celle OLGZ 70, 326, oder finden uU ihre causa in einer Schenkungsabrede, Frankfurt NJW 1971, 470; vgl § 1298 Rz 18; vgl auch München FamRZ 1980, 240 u Saarbrücken FamRZ 1979, 796, wonach Rechtsgrund iSd § 812 auch die eheähnliche Lebensgemeinschaft sein kann. Werden darüber hinaus besondere Arbeitsleistungen erbracht, zB im Geschäft des Partners, oder andere größere Zuwendungen getätigt, so kann allerdings ein Anspruch aus § 812 oder § 611 bestehen. Ein Ausgleich für Arbeitsleistungen kann nur erfolgen, wenn bei Auflösung der Partnerschaft die Früchte der Arbeit noch meßbar im Vermögen des Partners vorhanden sind, was für „Handlanger- und Kochtätigkeiten" oder einer Wertschöpfung von nur 4,5 % ausscheidet, Schleswig FamRZ 2002, 884. Zur Kondiktion wegen Zweckverfehlung Stuttgart NJW-RR 1993, S 1475; Stuttgart FamRZ 1977, 545; vgl auch KG OLGZ 71, 22; aA München FamRZ 1980, 240. Es besteht kein Ausgleichsanspruch gem § 426 I wegen eines zusammen aufgenommenen und teilweise gezahlten Konsumentenkredits, wenn keine besondere Vereinbarung getroffen wurde, LG Essen MDR 1990, 243; anders aber Hamm FamRZ 2001, 95, das eine Ausgleichspflicht nach § 426 I bejaht; zum hälftigen Freistellungsanspruch bezüglich weiterer fälliger Raten einer Einbauküche, Koblenz FamRZ 1999, 789. Daneben ist ggf Aufwendungsersatz nach Auftragsrecht möglich, zB bei Kreditaufnahme, um Schulden des Partners zurückzuzahlen oder Anschaffungen für den Partner zu tätigen (Saarländisches OLG FamRZ 1998, 738 und MDR 1997, 944; Frankfurt FamRZ 1984, 1013; Karlsruhe FamRZ 1986, 1095 mit Anm Koch FamRZ 1987, 240; vgl auch LG Bamberg FamRZ 1988, 59: keine Anwendbarkeit des § 774). Zuwendungen, insbesondere solche größerer Art, können im Einzelfall auch über das Schenkungsrecht abgewickelt werden. Zuwendungen unter Partnern einer nichtehelichen Lebensgemeinschaft sind grundsätzlich nicht sittenwidrig (Pal/Heinrichs § 138 Rz 50; zur Sittenwidrigkeit solcher Zuwendungen s Erman 9. Aufl vor § 1353 Rz 13). Anspruchsgrundlage für die Rückforderung einer Schenkung kann in besonderen Fällen § 812 iVm § 530 sein, Düsseldorf FamRZ 1975, 40 m krit Anm Fenn; Hamm NJW 1978, 224. Nach Köln NJW-RR 1996, 518 stellt allerdings die mit der Zuwendung verfolgte Absicht der Festigung der Partnerschaft keine Zweckvereinbarung dar. Ggf ist ein Anspruch auf Rückübertragung wegen Wegfalls der Geschäftsgrundlage (§ 313; Karlsruhe FamRZ 1994, 377) oder aus § 812 I S 2 Fall 2 möglich, gleichfalls ist auch ein Anspruch bei grobem Undank (durch eine Strafanzeige) denkbar, vgl BGH FamRZ 1991, 168.

21 Erörtert werden weiterhin **Schadensersatzansprüche des verlassenen Partners** gegen den anderen, sei es aus § 1298 analog oder aus allgemeinen Vertrauensprinzipien, vgl Evans/v Krbek JA 1979, 236ff. § 1298 ist als Anspruchsgrundlage ungeeignet. Das Verlöbnis ist auf Eingehung der Ehe gerichtet und beruht daher auf einem spezifischen Vertrauenstatbestand. Die nichteheliche Lebensgemeinschaft hingegen basiert typischerweise auf der Freiheit jederzeitiger Auflösung. Zu denken ist daher allenfalls an einen allgemeinen Vertrauensgrundsatz, der in § 1298 seinen besonderen Niederschlag gefunden hat. Ein solcher, Schadensersatzansprüche begründender Vertrauenstatbestand kann jedoch allenfalls in Extremfällen angenommen werden. Ein entsprechender allgemeiner Grundsatz besteht nicht; vgl auch Oldenburg FamRZ 1986, 465. Macht ein Partner zugunsten des anderen zu einem Zeitpunkt größere Aufwendungen, zu dem dieser schon zur Auflösung des Verhältnisses entschlossen war, kommt ein Anspruch aus § 826 in Betracht, Celle NJW 1983, 1065. Unterhaltsansprüche für die Zukunft können allein durch konkrete vertragliche Vereinbarungen begründet werden. Haben die Partner allerdings rechtsgeschäftliche Vereinbarungen zB über die gegenseitige materielle Versorgung getroffen, muß, wenn eine zeitliche Begrenzung fehlt, nach allgemeinen Auslegungsgrundsätzen festgestellt werden, ob diese auch nach Beendigung der Lebensgemeinschaft fortgelten sollen, BGH NJW 1986, 374.

22 Die Rspr zur **Sittenwidrigkeit einer Bürgschaftsübernahme** durch finanziell überforderte Ehegatten findet idR entsprechende Anwendung auf nichteheliche Ehegemeinschaften. Der Beweggrund für die Unterstützung des Hauptschuldners und die Interessen der Kreditinstitute sind mit denen vergleichbar, die für die Ehegattenbürgschaft typisch sind (BGH DB 2002, 1367; ZIP 1997, 409; FamRZ 1995, 469; Köln NJW-RR 1995, 1197). Zu den Voraussetzungen s Rz 3.

23 Der **Rückgriff einer Versicherung gegen einen Partner** der Gemeinschaft, der zugleich Schädiger ist, kann nicht nach § 67 II VVG ausgeschlossen werden, weil die nichteheliche Lebensgemeinschaft kein Familienangehörigkeitsverhältnis iSd Norm begründet, zutr Schleswig VersR 1979, 669 m Anm Gotthardt FamRZ 1980, 17; offengelassen in BGH FamRZ 1980, 548; aA AG München FamRZ 1982, 65; Hamm NJW-RR 1997, 90; LG Potsdam FamRZ 1997, 878 (allerdings nur dann, wenn ein gemeinsames Kind versorgt werden muß). Das Familienprivileg des § 116 VI SGB X erstreckt sich nicht auf die Partner einer nichtehelichen Lebensgemeinschaft, BGH FamRZ 1988, 392 m Anm Bosch. Die Gewährung eines Anwärter-Verheiratetenzuschlags für einen Gerichtsreferendar, der seinem bedürftigen Lebenspartner Unterkunft und Unterhalt gewährt, ist ausgeschlossen (BVerwG FamRZ 1982, 1207; aA VG Berlin NJW 1980, 1589), da solche Aufwendungen nicht aufgrund einer sittlichen Verpflichtung erfolgen. Bezahlte Freistellung nach § 52 BAT wegen der Niederkunft der Lebensgefährtin muß nicht gewährt werden, BAG NJW 1987, 2458. Ein Anspruch auf Ortszuschlag besteht nicht, BVerwG NJW 1994, 1168. Für die Gewährung von Prozeßkostenhilfe kommt es auf die Einkünfte des Partners des Antragstellers nicht an, § 1360a IV ist nicht entsprechend anwendbar, Köln FamRZ 1988, 306.

24 d) Eine rechtliche Besonderheit findet sich in der **Behandlung nichtehelicher Lebensgemeinschaften im Sozialrecht** (Kärcher, Die eheähnliche Gemeinschaft im Sozialrecht FRP 1995, 115 sowie Hohnerlein, FPR 2001, 49). Nach § 122 BSHG, § 193 III SGB III, § 18 II Nr 2 WoGG werden in eheähnlicher Gemeinschaft lebende Partner wie Eheleute behandelt. Eine eheähnliche Gemeinschaft liegt vor, wenn eine auf Dauer angelegte Lebensgemeinschaft zwischen einem Mann und einer Frau über eine Haushalts- und Wirtschaftsgemeinschaft hinausgeht und sich – im Sinne einer Verantwortungsgemeinschaft – durch innere Bindungen auszeichnet, die ein gegenseitiges Einstehen der Partner füreinander begründen (BVerfG FamRZ 1993, 164; BVerwG NJW 1995, 2802, dazu Schellhorn, Anm zu BVerwG v 15. 5. 1995, FuR 1995, 311; Ruland, Wohl dem, der ein Verhältnis hat, das BVerfG und die eheähnliche Gemeinschaft, NJW 1993, 2855). Unerheblich ist, ob ein Partner noch anderweitig verheiratet ist, VGH Mannheim NJW 1996, 2478. Die nichteheliche Gemeinschaft wird durch Anwendung des § 122 BSHG über seinen Wortlaut hinaus auch auf § 140 BSHG dahingehend der Ehegemeinschaft gleichgestellt, daß die einem in eheähnlicher Gemeinschaft lebenden Partner gewährte Sozialhilfe wie eine Leistung an einen Ehepartner behandelt wird; dh der Sozialhilfeträger hat in Höhe dieser Leistung gegebenenfalls einen Ersatzanspruch gegenüber einem anderen Sozialleistungsträger zu Lasten zB des Arbeitslosenhilfeanspruchs des in nichtehelicher Gemeinschaft lebenden Partners, vgl BSG FamRZ 1991, 561. Aus der sozialrechtlichen Gleichstellung von nichtehelichen und ehelichen Partnern sind keine Rückschlüsse für zivilrechtliche Fragen erlaubt. Es wird eine besondere sozialrechtliche Zielsetzung verfolgt, die kein grundsätzliches Datum für die rechtliche Gleichbehandlung von nichtehelichen Lebensgemeinschaften und der Ehe liefert. Vgl auch BVerwG ZMR 1978, 221 für den Anspruch auf Wohngeld und VGH Kassel VerwRspr 76 (Bd 27), 7 zu § 8 II WoBauG; BSG FamRZ 1982, 483; BSG NJW 1988, 2128 (Anwendung des § 138 I Nr 2 AFG aF); Hess LSG FamRZ 1983, 62 (keine Witwenrente für Partnerin einer nichtehelichen Lebensgemeinschaft; vgl dazu Behn VVSR 1981, 329); LAG Brandenburg FamRZ 2001, 1366 (kein Anspruch eines Angestellten auf Arbeitsbefreiung unter Fortzahlung der Vergütung aus Anlaß der Niederkunft der nichtehelichen Lebensgefährtin).

25 e) Unterhaltsaufwendungen für den Partner einer eheähnlichen Gemeinschaft sind nicht als **außergewöhnliche Belastungen** iSd EStG abzugsfähig (BFH DB 1980, 2317); der überlebende Teil einer nichtehelichen Lebensgemeinschaft ist erbschaftsteuerlich einem Ehegatten nicht gleichgestellt (BFH BB 1983, 430); vgl auch BVerfG FamRZ 1983, 1211, das diese Benachteiligung für verfassungsgemäß erklärt. Partner einer nichtehelichen Gemeinschaft müssen Ehegatten bei der Erbschaftsteuer nicht gemäß Art 3 I GG gleichgestellt werden, vgl BVerfG FamRZ 1990, 364; zur steuerlichen Behandlung der nichtehelichen Lebensgemeinschaft Bilsdorfer FRP

1995, 35. Für die einkommensteuerrechtliche Zuordnung eines Kindes beim Vater nach § 32 IV EStG genügt eine behördliche Bescheinigung über die faktische Existenz einer eheähnlichen Gemeinschaft, BFH NJW 1986, 2849. Unterhaltsleistungen an den Partner einer eheähnlichen Gemeinschaft werden iSd § 33 II S 1 EStG anerkannt, wenn die Bedürftigkeit eines Partners gemeinschaftsbedingt ist und besondere Umstände vorliegen, die eine sittliche Verpflichtung zur Unterhaltsleistung begründen und die Unterhaltsgewährung als unausweichlich erscheinen lassen (Betreuung gemeinsamer Kinder, Pflegedienste für Partner), vgl BFH NJW 1990, 2712 und BFH NJW 1990, 734; FG Köln FamRZ 1993, 433. Darüber hinaus kommt die Anerkennung des Partners einer eheähnlichen Gemeinschaft als Hausgehilfe iSd § 33a III EStG, vgl Schmidt EStG, 21. Aufl 2002, § 33a Rz 70, in Betracht sowie die Gewährung eines Haushaltsfreibetrags für ein Kind aus 1. Ehe des in der eheähnlichen Gemeinschaft lebenden Partners, vgl BFH NJW 1990, 734. Eine beruflich bedingte doppelte Haushaltsführung wird bei auswärts beschäftigtem Partner anerkannt, wenn ein gemeinsames Kind geboren wird (Schutz aus Art 6 I GG), vgl BFH NJW 1990, 1319. Ein Anspruch auf Familienhilfe nach der gesetzlichen Krankenkasse ist für den Partner einer eheähnlichen Gemeinschaft abgelehnt worden (BSG NJW 1991, 447; OVG Münster FamRZ 1992, 435); dementsprechend sind im Rahmen der freiwilligen Krankenversicherung Unterhaltsleistungen eines nichtehelichen Partners in Form von Sachleistungen nicht zu den Einkünften iSd § 240 SGB V gezählt worden (BSG NJW 1991, 446).

26 f) Obwohl keine **gesetzlichen Unterhaltspflichten** bestehen, wird in der Praxis oft **tatsächlich Unterhalt** gewährt; zur Unterhaltsproblematik allg vgl Gutachten Lieb zum 57. DJT, A 82ff sowie Ehinger FPR 2001, 25; Büttner FamRZ 2000, 781. Diesem Umstand trägt nicht nur das Sozialhilferecht Rechnung; er wird auch bei Unterhaltsansprüchen unter geschiedenen Ehegatten berücksichtigt, wenn der Unterhaltsberechtigte nach Scheidung eine außereheliche Lebensgemeinschaft eingeht (Büttner, Das Zusammenleben mit einem neuen Partner und seine Auswirkungen auf den Unterhaltsanspruch FamRZ 1996, 136; Köln FamRZ 1978, 252; Bremen NJW 1978, 1331; differenzierend zum alten Recht BGH FamRZ 1980, 40, 42; Düsseldorf FamRZ 1982, 932; vgl auch Celle FamRZ 1979, 119). Die Rspr schließt im übrigen Unterhaltsansprüche des in neuer eheähnlicher Lebensgemeinschaft lebenden Geschiedenen oftmals mit Hilfe der negativen Härteklausel des § 1579 (Einzelheiten siehe dort; vgl Pal/Brudermüller § 1579 Rz 27ff) oder mangels Angewiesensein iSd § 1577 (München FamRZ 1980, 361f) aus. Zur Anwendung des versorgungsausgleichsrechtlichen Härteklausel des § 1587c, wenn sich der ausgleichsberechtigte Ehegatte einem anderen Partner zugewandt hat, BGH FamRZ 1983, 35. Gegebenenfalls vermag der Trennungsunterhalt gemäß § 1361 III bei (s § 1361 Rz 34) Eingehung einer gefestigten nichtehelichen Gemeinschaft entfallen, KG NJW 1991, 113. Eine Unterhaltsvereinbarung (aus der Zeit vor dem Inkrafttreten des 1. EheRG), nach der ein Unterhaltsbeitrag bis zur Wiederverheiratung zu leisten ist, entfällt idR nicht bei Eingehung einer nichtehelichen Gemeinschaft, § 1579 Nr 7 ist nicht analog heranzuziehen, BGH FamRZ 1991, 673. Zur Frage der Übertragung der Nebenerwerbsverpflichtung bzw der Berechnung eines fiktiven Gehalts (sogenannte Hausmannentscheidungen) eines zum zweiten Mal verheirateten, Haushalt führenden und Kinder betreuenden Partners bei gegebener Barunterhaltsverpflichtung gegenüber einem Kind aus erster Ehe auf die entsprechende Situation im Rahmen einer nachfolgenden nichtehelichen Lebensgemeinschaft vgl Düsseldorf FamRZ 1991, 592 mwN. Bezüglich Erwerbsobliegenheiten von Müttern nichtehelicher Kinder s BGH FamRZ 1995, 598; Hamm NJW-RR 1994, 773. Von dem erhaltenen Erziehungsgeld muß der in der nichtehelicher Gemeinschaft lebende, ein nichteheliches weiteres Kind betreuende Partner seinem minderjährigen Kind aus 1. Ehe Unterhalt zahlen, vgl Düsseldorf FamRZ 1991, 592. Zur Unwirksamkeit von Trennungsvereinbarungen, solange die für die Regelung über den Kindesunterhalt erforderliche vomundschaftliche Genehmigung nicht eingeholt wurde, Zweibrücken NJW-RR 1993, 1478; Andris, Kindergeld und Erziehung bei nichtehelicher Lebensgemeinschaft, FRP 1995, 119; Lebesanft, Gemeinsame Sorge für Kinder in der nichtehelichen Lebensgemeinschaft, Bonn 1993. Zur Problematik, wenn ein Lebenspartner/Elternteil Ausländer ist, s Wegner, Familiennachzug und Ausweisung von nichtehelichen Lebenspartnern, FamRZ 1996, 587; OVG Hamburg FamRZ 1992, 1077; VerwG Stuttgart FamRZ 1996, 1012.

1353 *Eheliche Lebensgemeinschaft*
(1) Die Ehe wird auf Lebenszeit geschlossen. Die Ehegatten sind einander zur ehelichen Lebensgemeinschaft verpflichtet; sie tragen füreinander Verantwortung.

(2) Ein Ehegatte ist nicht verpflichtet, dem Verlangen des anderen Ehegatten nach Herstellung der Gemeinschaft Folge zu leisten, wenn sich das Verlangen als Missbrauch seines Rechtes darstellt oder wenn die Ehe gescheitert ist.

I. Grundsatz der Lebenszeitehe 2	4. Folgen der Verletzung zur Verpflichtung zur Lebensgemeinschaft
II. Verpflichtung zur ehelichen Lebensgemeinschaft	a) Herstellungsklage 19
1. Die Generalklausel 3	b) Negative Herstellungsklage 20
2. Inhalt der Verpflichtung zur ehelichen Lebensgemeinschaft 4	c) Verletzung persönlicher Pflichten 21
3. Teilbereiche der ehelichen Lebensgemeinschaft	d) Klage auf Unterlassung oder Schadensersatz .. 22
a) Die Verpflichtung zu gemeinsamer Bestimmung . 6	**III. Grenzen des Herstellungsverlangens**
b) Persönliche Angelegenheiten 9	1. Mißbrauch 24
c) Gerichtliche Entscheidung bei Meinungsverschiedenheiten der Ehegatten 10	2. Scheitern der Ehe 29
d) Gegenseitige Hilfs- und Beistandspflicht 11	**IV. Schadensersatzansprüche gegen Dritte**
e) Pflicht zur Rücksichtnahme auf die Interessen des anderen Teils 12	1. Eingriffe in die Ehe 30
f) Auswirkungen im Vermögensbereich 13	2. Haftung gegenüber Dritten 35
g) Die Pflicht der Ehegatten, sich gesund zu erhalten 18	**V. Zwingender Charakter der Vorschrift** 36

Schrifttum: Vgl die Nachw Erman 9. Aufl § 1353 Rz 1 und ferner: *Bergerfurth*, Das Eherecht, Eingehen und Auflösung der Ehe, Güterstand, Schlüsselgewalt, 10. Aufl, 1993; *Boehmer*, Zur Ehestörungsklage, AcP 155, 181; *Ebel*, Die Ehe als juristische Person, FamRZ 1978, 637; *Eichenhofer*, Die Auswirkungen der Ehe auf Besitz und Eigentum der Eheleute, JZ 1988, 326; *Gernhuber*, Die geordnete Ehe, FamRZ 1979, 193; *ders*, Eherecht und Ehetypen, 1981; *Giesen*, Allgemeine Ehewirkungen gem §§ 1353, 1356 BGB im Spiegel der Rechtsprechung, JR 1983, 89; *Pawlowski*, Die „Bürgerliche Ehe" als Organisation, 1983; *Riegel*, Grenzen des Schutzes des räumlich-gegenständlichen Bereichs der Ehe, NJW 1989, 2798; *Schlüter*, Zur Klage auf Wiederherstellung der ehelichen Gemeinschaft, MDR 1951, 584; *Schwind*, Ehe und Recht, FS Bosch, 1976, 919; *Smid*, Fallweise Abwägung zur Bestimmung des Schutzes des „räumlich-gegenständlichen Bereichs" der Ehe?, NJW 1990, 1344ff; *Streck*, Generalklausel und unbestimmter Begriff im Recht der allgemeinen Ehewirkungen, Diss Bonn 1961; *H.P. Westermann*, Die Rechtslage der Familienwohnung, in Deutsche zivil-, kollisions- und wirtschaftsrechtliche Beiträge zum X. Internationalen Kongreß für Rechtsvergleichung in Budapest 1978, S 3ff; *Zuck*, Die eigenständige Bedeutung des Art 6 I GG gegenüber Reformgesetzen, FamRZ 1979, 873.

I. Grundsatz der Lebenszeitehe

§ 1353 wurde durch das 1. EheRG vom 14. 6. 1976 (BGBl I 1421) neugefaßt. Er umreißt **generalklauselartig** die aus ihm erwachsenen Bindungen und Rechtspflichten. Trotz der damaligen Umstellung des Scheidungsrechts vom Verschuldens- auf das Zerrüttungsprinzip sollte mit § 1353 I S 1 klargestellt werden, daß die **Ehe auf Lebenszeit** geschlossen wird. Dieser Grundsatz ist **untrennbares Wesensmerkmal** des in Art 6 I GG angesiedelten Ehebegriffs (BVerfG FamRZ 1980, 319, 323; BVerfG 31, 58, 82f) und findet auch sonst im Recht hinreichend klaren Ausdruck, so daß § 1353 I S 1 primär als Bekenntnissatz anzusehen ist, ähnlich Lüke FS Bosch 1976 S 627, 631; krit Wacke FamRZ 1977, 505f. § 1311 verbietet unabdingbar, daß die Ehe als bedingter oder befristeter Vertrag geschlossen wird. Konsequenz des Lebenszeitprinzips ist weiterhin die Unzulässigkeit von Widerrufs- oder Rücktrittsvorbehalten, der Vereinbarung, sich sofort nach Eheschließung wieder scheiden zu lassen (BGH LM § 48 II EheG Nr 13), sowie ähnlicher Abreden. Mit der Eheschließung dürfen allerdings neben der ehelichen Gemeinschaft auch andere Zwecke, wie der Erwerb einer Aufenthaltsgenehmigung durch einen ausländischen Verlobten, verfolgt werden (Hamm OLGZ 83, 13; zur Aufenthaltserlaubnis ausländischer Ehegatten VGH Baden-Württemberg FamRZ 1994, 41; VerwG Freiburg FamRZ 1995, 1359; sowie zu den Anforderungen an die eheliche Lebensgemeinschaft nach dem Ausländergesetz Hess VGH FamRZ 1997, 749) oder des erleichterten Wohnungserwerbs. Dient die Eheschließung allerdings nur dazu, einem Ausländer die Aufenthaltserlaubnis zu verschaffen, liegt eine sog **Scheinehe** vor. Dann könnte ein Ehehindernis des § 1311 vorliegen (BayObLG FamRZ 1985, 475; 1982, 603); vgl auch Hamburg OLGZ 83, 18; BayObLG FamRZ 1984, 1014; Stuttgart StAZ 1984, 99; vgl weiter BVerwG FamRZ 1982, 593 (kein Aufenthaltsrecht für Ausländer bei Scheinehe). Der Standesbeamte durfte in evidenten Mißbrauchsfällen bereits das Aufgebot ablehnen, im Zweifelsfall mußte er das Aufgebot aber bestellen, Frankfurt FamRZ 1995, 1409; Coester, Standesbeamter und Eheschließung, StAZ 1996, 36). § 3 PStG, der das Aufgebot regelte, ist allerdings durch das EheschlRG, BGBl I 1998, 833, zum 1. 7. 1998 aufgehoben.

II. Verpflichtung zur ehelichen Lebensgemeinschaft

1. Zur Bedeutung der unveränderten Übernahme der Generalklausel durch das 1. EheRG s Erman 9. Aufl § 1353 Rz 3. Der durch das Eheschließungsrechtsgesetz vom 1. 7. 1998 (BGBl 1998 I S 833) dem Abs I S 2 angefügte Halbsatz verdeutlicht den Unterschied der Ehe zu anderen Lebensgemeinschaften. Die Ergänzung hat lediglich klarstellenden Charakter, die Verpflichtungen der Ehegatten untereinander oder im Verhältnis zu Dritten werden durch die Änderung nicht erweitert (Begründung BT-Drucks 13/9416, 29).

2. Inhalt der Verpflichtung zur ehelichen Lebensgemeinschaft. § 1353 verleiht den sittlichen Bindungen, die sich aus dem Sinngehalt der Ehe ergeben, die Qualität von Rechtspflichten, BGH 37, 41; vgl auch BGH FamRZ 1988, 143. Das wird für das reformierte Eherecht in Frage gestellt; vgl Hepting, Ehevereinbarungen, § 20. Wegen des Verlustes der Scheidungssanktion werden die Pflichten als solche rein sittlicher Natur mit Obliegenheitscharakter gewertet, so MüKo/Wacke Rz 14. Eine dementsprechende entscheidende Veränderung der Normqualität hat § 1353 jedoch nicht erfahren. Auch bisher war die Sanktion durch das Scheidungsrecht nur mittelbarer Natur. Die fehlende unmittelbare Sanktionsbewehrung entzieht den Einzelpflichten aus § 1353 nicht die rechtliche Verbindlichkeit. Ebensowenig wird dies durch die fehlende Vollstreckbarkeit bewirkt. Die aus der ehelichen Lebensgemeinschaft entspringenden Einzelpflichten bilden zugleich die Struktur der Ehe überhaupt. So wie diese selbst ein personenrechtliches Verhältnis ist, kann ihren konstituierenden Elementen daher nicht der Rechtscharakter abgesprochen werden (so auch Lüke AcP 178, 1, 5).

Die Eheleute haben **alles zu unterlassen**, was dem Zweck der Ehe, der Herstellung einer vollen Lebensgemeinschaft, vereiteln oder stören könnte und haben alles zu tun, was zur Erreichung dieses Zweckes erforderlich ist, RGRK/Scheffler Anm 2. Die Generalklausel verpflichtet die Eheleute zu Liebe, Treue, gemeinschaftlichen Entscheidungen in allen für die Ehe und Familie wichtigen Fragen, häuslicher Lebensgemeinschaft, gegenseitiger Achtung, Offenheit, Vertrauen und Rücksichtnahme und damit zu einem Zusammenleben in der engsten Form, das die Gesellschaft kennt und das die Geschlechtsgemeinschaft einschließt, BGH NJW 1967, 1078; FamRZ 1968, 152; 1962, 259; 1958, 126.

Eine Leugnung der Rechtspflicht zum Geschlechtsverkehr ist nicht gerechtfertigt, AG Brühl NJW-FER 2000, 51, offenlassend MüKo/Wacke Rz 31. In diesem primär der Eigenverantwortung und Eigenentscheidung der Ehegatten überlassenen Intimbereich sind allerdings die persönlichen Pflichten in ihrer näheren Ausgestaltung von der jeweils konkreten Situation der Partner bestimmt (zutr Gernhuber/Coester-Waltjen FamR § 18 V 1/2). Psychische oder körperliche Mängel begrenzen die Einzelpflichten. Der leistungsschwächere Partner muß sich aber um einen Ausgleich oder um die Beseitigung der Mängel bemühen. Die Familienplanung ist der Entscheidung der Ehegatten

§ 1353

überlassen (MüKo/Wacke Rz 32). Ein Schwangerschaftsabbruch ist nur unter den gesetzlichen Voraussetzungen möglich, bedarf aber nicht der Zustimmung des Ehemannes (str Pal/Diederichsen 57. Aufl § 1626 Rz 6 mwN). Nach Ansicht des BGH ist die Sterilisation einer Mutter von drei Kindern ebenfalls zustimmungsfrei möglich (BGH 67, 48).

6 3. **Folgende wesentliche Teilbereiche der ehelichen Lebensgemeinschaft** sind besonders zu erörtern: a) Die Ehegatten sind grundsätzlich verpflichtet, über gemeinschaftliche eheliche Angelegenheiten **gemeinsam zu entscheiden.** Diese Verpflichtung ergab sich bereits nach dem Wegfall des § 1354 aF durch das Gleichberechtigungsgesetz vom 18. 6. 1957 aus § 1353. Keiner der Ehegatten hat ein vorgegebenes Einzel- oder Letztentscheidungsrecht. Das Prinzip gleichberechtigter und partnerschaftlicher gemeinsamer Entscheidungsfindung hat nunmehr in § 1356 I seinen besonderen Ausdruck gefunden. Zuständigkeiten eines Ehegatten für bestimmte Bereiche können sich aus der in der Ehe tatsächlich vollzogenen Arbeitsteilung oder auf Grund einer (ausdrücklichen) Vereinbarung ergeben. Soweit keine Zuständigkeitsregelungen getroffen sind, müssen die Ehegatten sich im konkreten aktuellen Fall einigen. Dabei haben sie den persönlichen Wünschen und Neigungen grundsätzlich das gemeinsame Interesse voranzustellen, wobei das Interesse der Kinder häufig von maßgebender Bedeutung sein wird. Im Einzelfall kann ein Ehegatte im wohlverstandenen Familieninteresse allein handeln (Pal/Brudermüller Rz 8).

7 aa) Die Ehegemeinschaft kann sich grundsätzlich nur in der **häuslichen Gemeinschaft** verwirklichen (RG 95, 332; RG 137, 104; BGH NJW 1987, 1761; FamRZ 1990, 492). Hindernisse, die sich der Verwirklichung der häuslichen Gemeinschaft entgegenstellen, haben die Ehegatten nach besten Kräften zu beseitigen (Celle NJW 1956, 1842). Ein Kernpunkt der gemeinschaftlich zu entscheidenden Angelegenheiten ist deshalb die Wahl des ehelichen Wohnsitzes. Grundsätzlich muß jeder Ehegatte der Wohnsitzwahl des anderen zustimmen, wenn dieser nach objektivem Maßstab dem Wohl und Interesse der Familie entspricht, Celle NJW 1954, 1526. In der Regel wird es dem wohlverstandenen Familieninteresse am besten entsprechen, wenn der Wohnsitz dort begründet wird, wo der Ehegatte, der den Familienunterhalt durch Arbeit außerhalb des Hauses hauptsächlich verdient, erwerbstätig ist, MüKo/Wacke Rz 25 mwN. Ein Versetzungsgesuch muß daher grundsätzlich mit dem anderen Ehegatten vorher besprochen werden, München FamRZ 1967, 394, auch wenn berufsbedingte Wohnortwechsel vom nichtberufstätigen Ehegatten im Grundsatz mitzuvollziehen sind, vgl Diederichsen NJW 1977, 218. Der Mangel einer ausreichenden Wohnung an diesem Orte, gesundheitliche Gründe oder sonstige besondere Umstände können aber im Einzelfall eine andere Lösung als gerechtfertigt erscheinen lassen, so auch Staud/Hübner/Voppel Rz 72ff. Eine vorübergehende räumliche Trennung aus beruflichen oder sonstigen zwingenden Gründen ist mit der ehelichen Gemeinschaft vereinbar. Sind beide Ehegatten an unterschiedlichen Orten erwerbstätig, müssen sie die Wohnsitzwahl aufeinander abstimmen und sich um die Herstellung einer häuslichen Gemeinschaft bemühen, Schleswig SchlHA 1963, 272. Eine willkürliche Weigerung kann zum Ausschluß des nachehelichen Unterhaltes gem § 1579 Nr 6 führen, BGH NJW 1987, 1761. Der Ehegatte, der den anderen verläßt, um seine Elternpflicht zu erfüllen, verletzt seine ehelichen Pflichten selbst dann nicht schwer, wenn er sich fahrlässig falsch entschieden hatte, KG Berlin FamRZ 1968, 32. Ist im Einzelfall ein Wohnortwechsel für das berufliche Fortkommen eines Ehegatten zwingend, dann gebietet die **Pflicht zur Rücksichtnahme** dem anderen Ehegatten, soweit er eine gleichwertige Berufstätigkeit ausüben kann, den Wohnortwechsel zu vollziehen. Ob ein Ehegatte dem anderen ins Ausland folgen muß, ist nach der Lage des Einzelfalles zu beurteilen. Der Wille, eine eigene Wohnung zu beziehen, geht dem Wunsch des anderen Partners, die Ehewohnung bei seinen Eltern zu behalten, vor, zutr Hamm FamRZ 1980, 247; Giesen JR 1983, 89.

8 bb) Die **Aufnahme Dritter in die eheliche Wohnung** darf grundsätzlich nur im beiderseitigen Einverständnis erfolgen. Es kann sich aber für einen Ehegatten aus der durch die eheliche Lebensgemeinschaft gebotenen Rücksichtnahme die Pflicht ergeben, seine Zustimmung zu erteilen, besonders, wenn es sich um Kinder des anderen aus einer früheren Ehe oder um einen pflegebedürftigen Elternteil (aA MüKo/Wacke Rz 19) handelt.

9 b) Der Grundsatz der gemeinsamen Entscheidung gilt dort nicht, wo es sich um **persönliche Angelegenheiten** jedes Ehegatten handelt. Jedem Ehegatten verbleibt ein persönlicher Bereich, innerhalb dessen er nach seinem Gutdünken handeln kann (zB freie Religionsausübung vgl MüKo/Wacke Rz 21 mwN) und innerhalb dessen er seine eigenen Vermögensinteressen selbständig und unabhängig wahrnehmen kann (LG Berlin FamRZ 1993, 198). Allerdings kann eine unangemessene Handlungsweise in den persönlichen Angelegenheiten das gemeinschaftliche eheliche Leben beeinträchtigen, vgl Frankfurt FamRZ 1982, 484.

10 c) **Gerichtliche Entscheidung bei Meinungsverschiedenheiten der Ehegatten.** Auf gütlichem Wege nicht lösbare Meinungsverschiedenheiten der Ehegatten in den gemeinschaftlichen Angelegenheiten können außerhalb des Güterrechts (vgl § 1365 II, § 1369, §§ 1385ff, §§ 1426, 1430, 1447, 1448, 1452, 1469) nicht in einem eigens dafür vorgesehenen gerichtlichen oder außergerichtlichen Verfahren ausgetragen werden, sondern grundsätzlich nur in einem Rechtsstreit, der auf Herstellung des ehelichen Lebens gerichtet ist (Stake JA 1994, 115). In diesem ist zu prüfen und zu entscheiden, wie der Meinungsstreit der Ehegatten im Sinne der ehelichen Lebensgemeinschaft hätte gelöst werden müssen. Die **Wiederherstellungsklage** kann sich auf den Antrag beschränken, der beklagte Ehegatte solle einzelne eheliche Pflichten erfüllen, Hamburg FamRZ 1967, 100. Eine Verurteilung zur Herstellung des ehelichen Lebens ist aber **nicht vollstreckbar** (§ 888 II ZPO). Die Ehegatten müssen also, solange ihnen an einer Aufrechterhaltung der ehelichen Gemeinschaft gelegen ist, versuchen, sich zu einigen. Zur Herstellungsklage unter Rz 19. Unter Umständen können Meinungsverschiedenheiten in anderen gerichtlichen Verfahren zur Erörterung kommen und für die Entscheidung von Bedeutung werden, zB wenn beim VormG Aufhebung einer vom Ehepartner vorgenommenen Entziehung oder Beschränkung der Schlüsselgewalt beantragt wird (§ 1357 II), ferner wenn ein Ehegatte während der Dauer der ehelichen Gemeinschaft oder nach einer Trennung sich aus der Unterhaltspflicht des anderen ergebende Ansprüche gegen diesen geltend macht (§§ 1360, 1361). Können sich die

Ehegatten in Angelegenheiten, die die Sorge für die Person oder das Vermögen der **gemeinschaftlichen Kinder** betreffen, zB der Wahl des Vornamens, der Erziehung in einem bestimmten religiösen Bekenntnis, der ärztlichen Behandlung, dem Schulbesuch, der Berufswahl, nicht einigen, so greift die Sonderregelung der §§ 1626ff ein. Zum Schutze der Interessen des Kindes kann das FamG auf Antrag (vgl etwa §§ 1628 I, 1631 III, 1632 III) oder von Amts wegen (vgl zB §§ 1666, 1667) tätig werden. Näheres in den Bemerkungen zu §§ 1626ff. Vor dem Inkrafttreten des KindRG am 1. 7. 1998 war hierfür die Zuständigkeit des VormG begründet.

d) Die eheliche Lebensgemeinschaft begründet eine **gegenseitige Hilfs- und Beistandspflicht.** Im Strafrecht 11 führt sie zur Garantenstellung des einen Ehegatten zum Schutz der Rechtsgüter des anderen (vgl hierzu RG HRR 1933, 1624; Stuttgart MDR 1964, 1024; Geilen FamRZ 1961, 147; 64, 385; ferner BGHSt 19, 167, 168). Vor allem begründet sie die Pflicht, den Selbstmord des anderen zu verhindern (BGHSt 2, 152) oder Angriffe Dritter auf sein Leben, seinen Körper oder sein Vermögen abzuwehren, RGSt 64, 278. Diese Garantenpflicht endet nicht erst mit rechtskräftiger Scheidung, sondern schon vorher mit endgültiger Trennung, wenn die Ehe nur noch formal existiert (BGH NJW 2003; zust Freund NJW 2003, 3384). Die Beistandspflicht beinhaltet auch, dem suchtkranken Partner zu helfen (BGH FamRZ 1967, 324); allerdings besteht keine Verpflichtung, einen schwerstbehinderten Ehegatten zu pflegen (BGH NJW 1995, 1486; vgl weitere Bsp Pal/Brudermüller Rz 9). Die eheliche Gemeinschaft verpflichtet den einen Ehegatten, wenn der andere sich in einer Anstalt aufhalten muß, mit ihm in Verbindung zu bleiben, ihn zu besuchen, sich über den Stand seiner Krankheit zu unterrichten, Stuttgart JW 1929, 2293. Rechtsangelegenheiten eines Ehegatten sind für den anderen iSd Art 1 § 1 RBerG dann nicht fremd, wenn ihre Besorgung auf der Pflicht zur ehelichen Beistandsleistung beruht, BGH FamRZ 2001, 1521.

e) Die **Pflicht zur Rücksichtnahme** auf die Interessen des anderen Teils, besonders auf die **Stiefkinder**. Abge- 12 sehen von der Ausnahme des § 1371 IV ist die rechtliche Stellung der Stiefkinder im BGB nicht geregelt (vgl Conradi, Zivilrechtliche Regelung des Stiefkindverhältnisses – Alternative zur Adoption des Stiefkindes?, FamRZ 1980, 103). Aus der Generalklausel des § 1353 ergibt sich für jeden Ehegatten die Pflicht, sich um die erst- oder voreheliche Kinder des Partners zu kümmern, RG JW 1930, 986. Wer einen Partner heiratet und weiß, daß dieser dessen Personensorge unterliegende Kinder hat, erklärt sich, soweit er keine anderen Vereinbarungen trifft, stillschweigend damit einverstanden, daß diese Kinder in die häusliche Gemeinschaft aufgenommen werden. Dies gilt nicht, wenn die Kinder das Zusammenleben in unzumutbarer Weise stören (Karlsruhe FamRZ 1961, 371). Eine Unterhaltspflicht kraft Gesetzes besteht für Stiefkinder nicht, allerdings kann in der tatsächlichen Übernahme von Unterhaltsleistungen eine schlüssige Vereinbarung gesehen werden, daß das Stiefelternteil für den Unterhalt aufkommt. Näheres § 1360a Rz 9. Besonders gilt das für den Stiefvater, wenn die Frau vor der Ehe durch Erwerbstätigkeit für das Kind gesorgt hat und dazu nach der Eheschließung infolge der Haushaltsführung nicht mehr in der Lage ist, Nürnberg FamRZ 1965, 217.

f) Auswirkungen des § 1353 im Vermögensbereich. Die Pflicht zur Lebensgemeinschaft beeinflußt die ver- 13 mögensrechtlichen Beziehungen der Ehegatten, RG LZ 1923, 451, vgl auch KG FamRZ 1979, 427, 428. Im Einzelfall kann sie Verpflichtungen zur **Beistandsleistung** in vermögensrechtlicher Hinsicht begründen, Nürnberg FamRZ 1971, 434; Celle OLGZ 71, 358; Soergel/H. Lange Rz 26. Die nach altem Recht in § 1356 II geregelte Mitarbeitspflicht sowie die Pflicht der Hausfrau zur Berufstätigkeit in Notfällen (§ 1360 S 2 Hs 2 aF) folgen nun unmittelbar aus § 1353 I S 2, BGH FamRZ 1980, 776. Aus § 1353 folgt auch die Verpflichtung, den Ehepartner während bestehender Ehe, unabhängig von § 1379, über die Vermögensverhältnisse, insbesondere über vorgenommene Vermögensbewegungen, wenigstens in groben Zügen zu unterrichten, BGH FamRZ 1976, 516; Schleswig SchlHA 1974, 112. Nach Karlsruhe, FamRZ 1990, 161 dient die Auskunftspflicht in groben Zügen der Forderung eines angemessenen Wirtschafts- oder Taschengeldes (MüKo/Wacke Rz 28 mwN). Einen Auskunftsanspruch über eigene, vom anderen Ehegatten begründete Versorgungsrechte vor Einreichung des Scheidungsantrags zwecks Entscheidung über eigene Versorgungsmaßnahmen hat Düsseldorf FamRZ 1990, 46 aus § 242 iVm § 1353 bejaht.

Nach § 26 EStG (s vor § 1353 Rz 8) können die Ehegatten wählen, ob sie zusammen oder getrennt zur **Einkommensteuer** veranlagt werden wollen. Wählen sie den ersten Weg, so werden sie in ihrer Gesamtheit häufig steuerlich günstiger gestellt. Ergeben sich für einen Ehegatten aus der Zusammenveranlagung keine Nachteile, für den anderen aber Vorteile, so kann er zur gemeinsamen Veranlagung verpflichtet sein, BGH NJW 2003, 2982; BGH FamRZ 2002, 1024; NJW 1977, 378; BGH NJW 1983, 1545; Karlsruhe FamRZ 1994, 894; LG Berlin FamRZ 1992, 436; AG Dillingen FamRZ 2001, 99; LG Frankfurt aM FamRZ 2002, 669. Dies gilt auch während der Trennungszeit, Hamm FamRZ 1998, 241; Hamm FamRZ 2001, 98. Ansonsten macht er sich schadensersatzpflichtig, Köln, FamRZ 1989, 1174. Grundlage ist die allgemeine Pflicht, auch die finanziellen Lasten des Partners zu vermindern, ohne daß andererseits die eigenen Interessen verletzt werden, BGH FamRZ 1977, 38 m Anm Osthövener NJW 1977, 1448; Tiedtke FamRZ 1977, 686. Nach Tiedtke FamRZ 1978, 385 ist für eine solche Streitigkeit die allgemeine Zivilprozeßabteilung und nicht das FamG zuständig, so auch Koblenz FamRZ 1982, 942 mwN; zuletzt Düsseldorf FamRZ 1990, 160; aA LG München II FamRZ 1978, 126. Bei Zusammenveranlagung haften die Ehegatten als Gesamtschuldner (§§ 26, 26b EStG, 44 AO) mit interner Ausgleichspflicht gemäß § 426 nach grundsätzlich gleichen Anteilen, soweit nicht ein anderes bestimmt ist. Eine andere Bestimmung kann sich aus Gesetz, gesonderter Vereinbarung oder dem Inhalt des Rechtsverhältnisses ergeben (hierzu und nachfolgend BGH NJW 2002, 1570). Aus den güterrechtlichen Beziehungen der Ehegatten und ihrer darauf bezogenen Selbständigkeit bei Zugewinngemeinschaft wie Gütertrennung hat jeder für die auf seine Einkünfte entfallende Steuer selbst aufzukommen. Begleicht ein Ehegatte die Steuerschuld von beiden, hat er einen dem Verhältnis der Einkünfte entsprechenden Ausgleichsanspruch nach § 426. Auch dieser Maßstab kann von einer anderen vertraglichen Regelung der Ehegatten überlagert sein. Hat daher ein Ehegatte während der Lebensgemeinschaft aufgrund ständiger Übung die Steuerschuld des anderen mitentrichtet, ist bis zur Trennung auf eine stillschweigende Abrede dahin zu schließen, daß der Zahlende im Innenverhältnis für die Steuerschuld allein aufzukommen hat und ein

Ausgleichsanspruch nach § 426 damit entfällt, BFH FamRZ 2003, 757. Zum internen Ausgleich vgl weiter BGH FuR 2002, 498; Sonnenschein NJW 1980, 257. AG Schweinfurt NJW 1983, 2508 zur internen Aufteilung einer Steuerrückerstattung bei gemeinsamer Veranlagung, anders bei getrennter Veranlagung LG Gießen NJW-FER 2000, 274. Die Pflicht besteht nicht, wenn Nachteile entstehen, die der bevorteilte Ehepartner nicht bereit ist auszugleichen, BGH NJW 2003, 2982; Stuttgart FamRZ 1993, 191; LG Aachen FamRZ 1999, 381, oder wenn offensichtlich keine wirtschaftlichen Vorteile erreicht werden können (Schikaneverbot), Oldenburg FamRZ 2003, 159. Die Zustimmung darf – von Fällen der Unzumutbarkeit abgesehen – nicht von der Erstattung von Steuerberaterkosten abhängig gemacht werden, BGH FamRZ 2002, 1024; teilweise kritisch dazu Bergschneider FamRZ 2002, 1181. Zu einem möglichen internen Ausgleich bei Einkommen- und Kirchensteuer LG Essen FamRZ 1987, 592; LG Bochum FamRZ 1987, 828; OLGZ 69, 332; AG Dillingen FamRZ 2001, 99. Nach Sonnenschein aaO richtet sich der Ausgleichsmaßstab in Analogie zu §§ 270, 271 AO nach dem Verhältnis der Steuerbeträge, die sich bei getrennter Veranlagung der Eheleute ergeben würden, AG Castrop-Rauxel FamRZ 2001, 1371; LG Gießen FamRZ 2001, 97. Hierzu Horlemann, Wahl der Lohnsteuerklassen bei Ehegatten, DB 1980, 995. Zur steuerlichen Anerkennung von Ehegatten-Arbeitsverhältnissen Maier BB 1987, 2297; Liebelt, Rechtsprechung zum Einkommensteuerausgleich unter Ehegatten, NJW 1993, 1741. Zur Zuordnung der Splittingvorteile einer Zweitehe beim Unterhalt aus der Erstehe vgl BVerfG NJW 2003, 3466 gegen BGH NJW 1990, 1477 und vor § 1353 Rz 8.

14 Zur **Verfassungsmäßigkeit der Einzelveranlagung dauernd getrennt lebender Ehegatten** und zu den Voraussetzungen des „Getrenntlebens" im Sinne des § 26 I EStG vgl BVerfG NJW 1983, 271; 1985, 1073; 1988, 127; BFH DB 1986, 1105; NJW 1972, 2079. Die Beschränkung der Möglichkeit der Zusammenveranlagung auf die letzte Ehe des Veranlagungszeitraums ist verfassungsgemäß, BVerfG FamRZ 1988, 35; zur Zustimmungspflicht zum sog Realsplitting vgl Nürnberg FamRZ 1986, 1111; Bremen FamRZ 2001, 1371. Der dem Kind unterhaltspflichtige Ehegatte kann vom anderen Elternteil die Zustimmung zur Übertragung des Kinder- und Ausbildungsfreibetrages verlangen, Hamm FamRZ 1995, 1486. Es besteht allerdings **keine Einwilligungspflicht** zur steuerlichen Zusammenveranlagung des getrenntlebenden Ehegatten, der keinen Ehegattenunterhalt bezieht, LG Bremen FamRZ 1982, 1070; eine solche Pflicht aber befürwortend LG Fulda FamRZ 1989, 1174. Nach Trennung oder Scheidung einer Ehe kann ein Ehegatte vom anderen Mitwirkung an der gemeinsamen Veranlagung zur Einkommensteuer nur Zug um Zug gegen die Verpflichtungserklärung verlangen, den anderen im Innenverhältnis wirtschaftlich so zu stellen, wie er bei getrennter Veranlagung stehen würde; ohne solche Verpflichtungserklärung besteht kein Anspruch auf Schadensersatz bei verweigerter Mitwirkung, Hamm FamRZ 1994, 893; Köln FamRZ 1993, 806; Hamm FamRZ 1990, 291; AG Neuss FamRZ 1989, 1176. Die Pflicht eines getrennt lebenden Ehegatten zur Zustimmung zur gemeinsamen Veranlagung besteht wegen der Widerrufsmöglichkeit einer getrennten Veranlagung auch dann, wenn gegen ihn bereits bestandskräftige Steuerbescheide ergangen sind, vgl Düsseldorf FamRZ 1990, 160. Zum Verteilungsmaßstab bei getrennt lebenden Ehegatten beim Erhalt einer Steuerrückerstattung Düsseldorf FamRZ 1993, 70.

15 Für während der Ehe gemeinsam **aufgenommene Darlehen** haften Ehegatten nach der Scheidung grundsätzlich zu gleichen Teilen, vgl Schleswig FamRZ 1990, 165; einschränkend Hamm FamRZ 1993, 710 (zu dem gesamten Komplex s Wever, Die Vermögensauseinandersetzung der Ehegatten: Schuldrechtliche Ausgleichsansprüche, FamRZ 1996, 905; ders, Die Entwicklung der Rspr zur Vermögensauseinandersetzung der Ehegatten außerhalb des Güterrechts, FamRZ 2003, 565; Jordan, Der Ausgleich von Leistungen unter Ehegatten außerhalb des Güterrechts, Diss Münster 2003). Ein **Gesamtschuldnerausgleich** zwischen Ehegatten wird über die Vorschriften über den Zugewinnausgleich regelmäßig nicht verdrängt (BGH FamRZ 2002, 1697; LG Gießen NJW-RR 1995, 11; Gernhuber, Der Gesamtschuldnerausgleich unter Ehegatten, JZ 1996, 696/Teil 1, 765/Teil 2; Gerhards FamRZ 2001, 661). Nach dem Scheitern der Ehe leben Ausgleichsansprüche nach § 426 I S 1 eines Ehepartners, der die gemeinsamen Schulden während des Bestehens der Ehe alleine bedient hat, wieder auf, sofern nicht an die Stelle der mit der ehelichen Lebensgemeinschaft zusammenhängenden Besonderheiten andere rechtliche oder tatsächliche Verhältnisse gem § 426 I S 1 Hs 2 treten (BGH FPR 2003, 246; BGH NJW 1995, 652; für Abhebungen von Oder-Konten BGH FamRZ 1993, 413; Hamm FamRZ 1993, 710; Hamm FamRZ 1992, 437; so gehen Bremen NJW-FER 2000, 194 und München NJW-FER 2000, 171 davon aus, daß der Tilgung gemeinsamer Verbindlichkeiten durch einen Ehegatten allein während bestehender ehelicher Lebensgemeinschaft die zumindest stillschweigend geschlossene Vereinbarung zugrunde liegt, ein späterer Ausgleich solle nicht stattfinden). Eine anderweitige Bestimmung idS kann darin liegen, daß der alleinverdienende Ehegatte nach der Trennung das im Miteigentum beider Ehegatten stehende Haus mit Duldung des anderen alleine bewohnt und wie bisher die Lasten und Finanzierungskosten weiter trägt, ohne zu erkennen zu geben, daß er einen Ausgleichsanspruch geltend machen möchte (BGH FamRZ 1993, 676). Der Ehegatte, in dessen Alleineigentum das Hausgrundstück steht, für das eine Verbindlichkeit gemeinsam aufgenommen wurde, ist nach der Trennung dem anderen im Innenverhältnis allein zur Schuldentilgung verpflichtet, Köln FamRZ 1992, 318. Allerdings kann sich aus § 1353 eine Nachwirkung der ehelichen Gemeinschaft dahingehend ergeben, daß ein Ehegatte nicht unter allen Umständen gegenüber seinem geschiedenen Partner einen Befreiungsanspruch hinsichtlich während der Ehe übernommener persönlicher Haftung oder dinglicher Sicherheiten geltend machen kann, vgl BGH FamRZ 2002, 1024; BGH NJW 1989, 1920; LG Ulm FamRZ 2003, 1190. Steht ein Grundstück im Eigentum beider Ehegatten gem § 745, kann der Mehrheitseigentümer im Wege des Mehrheitsbeschlusses vom anderen Ehegatten Kosten- und Lastentragung entsprechend seines Anteils verlangen (Celle NJW-RR 1996, 1221). UU kann es geboten sein, Schadensersatzansprüche nur eingeschränkt geltend zu machen, BGH FamRZ 1988, 476. Zum Ausgleichsanspruch für Zuwendungen bei Gütertrennung nach Scheitern der Ehe vgl BGH FamRZ 1989, 599; Düsseldorf NJW-RR 2003, 1513: Gesamtwürdigung des Einzelfalles ist erforderlich. Hat ein Ehegatte hingegen bei Gütertrennung durch seine Mitarbeit im Betrieb des Ehepartners dessen Vermögen vermehrt, so steht ihm ein Ausgleichsanspruch zu (BGH FamRZ 1994,

1167). Zur Ausgleichspflicht bei Auflösung eines Gemeinschaftskontos vgl NJW 1991, 1835. Zur Unterscheidung einer sogenannten unbenannten (ehebedingten) Zuwendung und einer Schenkung, sowie zur Frage des Wegfalls der Geschäftsgrundlage (§ 313) bei Scheitern der Ehe vgl BGH FamRZ 2003, 230; FamRZ 1990, 601 und BGH NJW 1992, 238; BGH FamRZ 1993, 1297 grober Undank; allgemein dazu Löhnig, Zum Ausgleich „unbenannter" oder „ehebedingter" Zuwendungen nach der Schuldrechtsmodernisierung, FamRZ 2003, 1521i; Kollhosser, Ehebezogene Zuwendungen und Schenkungen unter Ehegatten, NJW 1994, 2313; Meissel/Preslmayr, Die Abgeltung von Leistungen in der Lebensgemeinschaft FuR 1992, 515; Crezelins, Schenkungssteuerpflicht ehebedingter Zuwendungen, NJW 1994, 3066. Bei verjährtem Zugewinnausgleichsanspruch folgt nicht automatisch ein Anspruch auf Ausgleich einer ehebedingten Zuwendung nach den Grundsätzen des Wegfalls der Geschäftsgrundlage (Düsseldorf FamRZ 2003, 872 m krit Anm Bergschneider). Aus § 242 iVm § 1353 ergibt sich, daß eine während intakter Ehe dem anderen Ehepartner erteilte Kontovollmacht im Innenverhältnis nur soweit reicht, wie gemeinschaftliche Lebensplanung nicht besteht oder aus der gemeinschaftlichen Lebensführung resultierende Verbindlichkeiten oder Bedürfnisse abgedeckt werden (Bamberg FamRZ 1991, 1058; Düsseldorf FamRZ 1992, 439). **Weitere Einzelfälle**: AG Neustadt FamRZ 1995, 731 (Übernahme der anteiligen Beerdigungskosten des gemeinsamen Kindes); AG Nordenham FamRZ 1994, 894 (Inanspruchnahme der Rechtsschutzversicherung); AG Freiburg FamRZ 1993, 1443 (Vollmachtserteilung zur Abrechnung von Behandlungskosten des Kindes mit der Krankenversicherung); LG Freiburg FamRZ 1991, 1447 (Abtretung des Schadensfreiheitsrabatts der Kfz-Haftpflichtversicherung); AG Karlsruhe FamRZ 1997, 941 (Zustimmung zur steuerlich relevanten Korrespondenz mit der Beihilfestelle und der Krankenkasse). Zur Durchsetzung vermögensrechtlicher Ansprüche zwischen den Ehegatten während bestehender Ehe vgl BGH 37, 38 und BGH FamRZ 1972, 363. Das Recht, vom Konto des Ehegatten Barabhebungen durchzuführen, dient regelmäßig der Verwirklichung der ehelichen Lebensgemeinschaft und hat das Zusammenleben der Ehegatten als Geschäftsgrundlage, LG Detmold FamRZ 2002, 670.

Unabhängig vom Güterstand und Eigentum hat jeder Ehegatte dem anderen die **Mitbenutzung der ehelichen Wohnung** und des Hausrats zu gestatten, BGH FamRZ 1954, 198; BGH 73, 253; auch die Mitbenutzung eines neuerrichteten Einfamilienhauses, selbst dann, wenn die bisherige, räumlich beschränkte Ehewohnung noch beibehalten wird, Bremen FamRZ 1965, 77. Unabhängig von der Eigentumslage haben beide Ehegatten an der Ehewohnung und den Haushaltsgegenständen Mitbesitz (MüKo/Wacke Rz 26 mwN). Der Mitbesitz erfordert aber einen auf die Ergreifung der Sachherrschaft gerichteten Willen (Koblenz MDR 1994, 281). Die Besitzberechtigung eines Ehegatten an der im Eigentum des anderen stehenden Ehewohnung dauert grundsätzlich auch während des Scheidungsrechtsstreits fort, es sei denn, das Eheprozeßgericht trifft eine abweichende Entscheidung nach § 620 ZPO; vgl auch die Regelung des § 1361b. Eine Herausgabeklage aus § 985 ist während des Eheprozesses unzulässig, BGH FamRZ 1978, 496; BGH FamRZ 1976, 691; Düsseldorf FamRZ 1988, 1053. Trotz Trennung besteht das Besitzrecht an der Ehewohnung für den Ehegatten, der nicht Eigentümer ist, so lange, bis eine andere familienrechtliche Anordnung oder Scheidung erfolgt ist (LG Frankfurt FamRZ 1990, 44; Nies, Einstweilige Anordnungen zur Einweisung und Besitzentsetzung bei Ehewohnungen, MDR 1994, 8). Allerdings besteht Verpflichtung, möglichen Bietinteressenten für Grundstück die Besichtigung zu ermöglichen, AG Wetzlar FamRZ 2002, 1500; AG Aachen FamRZ 1999, 848. Getrennt lebende Ehegatten können rechtsverbindlichen Vertrag über Ehewohnung und Hausrat schließen, der einem Ehegatten, der kein Recht nach § 1353 II hat, das Getrenntleben ermöglicht oder erleichtert, Düsseldorf FamRZ 1981, 545 mit abl Anm Knütel. Sowohl das Recht zur Mitbenutzung der ehelichen Wohnung als auch des Hausrates folgt weithin schon aus der wechselseitigen Unterhaltspflicht des Ehegatten. Näheres dazu bei Gernhuber/Coester-Waltjen FamR § 19 III. Der Anspruch ist klag- und vollstreckbar, Gernhuber/Coester-Waltjen FamR § 23.

Zum **Rechtscharakter der Wohngemeinschaft** zwischen Ehegatten vgl BGH FamRZ 1954, 158, wonach ohne ausdrückliche Vereinbarung der schlüssige Abschluß eines leihartigen Gebrauchsüberlassungsvertrages anzunehmen ist, soweit im Einzelfall nicht besondere Umstände entgegenstehen, während nach LG Berlin NJW 1961, 1406 idR ein Gesellschaftsverhältnis vorliegen soll, wenn die Wohnung von den Eheleuten gemeinsam gemietet worden ist. Die Ehegatten sind einander verpflichtet, die eheliche Wohnung der Familie zu erhalten. Dem Ehemann kann daher die Veräußerung eines Grundstückes, das ihm allein gehört, auf dem sich aber die Ehewohnung befindet, durch einstweilige Verfügung untersagt und ein Veräußerungsverbot im Grundbuch eingetragen werden, München FamRZ 1969, 92; vgl LG München FamRZ 1970, 84; denn solange die Frau an der Ehewohnung festhält und von ihrem Ehemann die Wiederherstellung der ehelichen Lebensgemeinschaft verlangen kann, hat sie ein schutzwürdiges Interesse, sich und der Familie die eheliche Wohnung zu erhalten, LG Detmold MDR 1969, 576. Dem Dritten, zu dessen Gunsten eine Auflassungsvormerkung eingetragen ist, die dem Veräußerungsverbot im Range vorgeht, kann der Erwerb des Grundstücks durch einstweilige Verfügung untersagt werden, wenn er die Absicht des Ehemannes erkannt hat, den ungestörten Fortbestand des räumlich-gegenständlichen Bereichs der Ehewohnung zu gefährden, München FamRZ 1969, 152. Gem § 138 ist ein Antrag auf Zwangsversteigerung zur Aufhebung der Miteigentumsgemeinschaft der Ehegatten an einem solchen Grundstück nichtig, LG Köln FamRZ 1970, 407. Das aus der Unterhaltspflicht oder aus § 1353 I abgeleitete Recht, die eheliche Wohnung der Familie zu erhalten, findet in diesen Rechtsgrundlagen auch seine Schranken. In diesem Bereich ist deshalb eine Abwägung der beiderseitigen Interessen nötig, vgl BGH 37, 38; BGH FamRZ 1972, 363; Celle FamRZ 1971, 28. Die Anerkennung einer Wohnraumkündigung des allein mietenden Ehegatten kann als rechtsmißbräuchlich zu versagen sein, wenn sie ohne Rücksicht auf die künftige Unterbringung von Ehefrau und Kindern des Mieters erklärt wurde, LG Hamburg FamRZ 2002, 818. Zu Einzelfragen s Erman 9. Aufl 1353 Rz 17. Leben die Ehegatten getrennt, so ist der Gebrauch und die Verteilung der Haushaltsgegenstände durch § 1361a, der der Wohnung durch § 1361b besonders geregelt. Kein Ehegatte kann durch Klage auf Herausgabe des ihm gehörenden Hausrats den gemeinschaftlichen Haushalt zerstören, RG 87, 63; Gernhuber/Coester-Waltjen FamR § 19 III 4.

Aus dem **Wesen der Ehe** folgt ferner das rechtliche Interesse, das ein Ehegatte dazu braucht, um mit Ermächtigung Ansprüche des anderen **im eigenen Namen geltend** zu machen. Die Lebensgemeinschaft der Ehegatten macht in weitem Umfange die wirtschaftlichen und rechtlichen Angelegenheiten des einen zu gemeinsamen Anliegen beider; die Regelung der Angelegenheiten des einen berührt meist den Interessenkreis des anderen. Macht ein Ehegatte ein Recht des anderen mit dessen Zustimmung gerichtlich geltend, so kann „in der Regel unterstellt werden", daß der klagende Ehegatte auch ein eigenes Interesse verfolgt, BGH FamRZ 1961, 435 unter Aufgabe seiner früheren Bedenken in FamRZ 1959, 55. Zurückhaltung ist allerdings beim gegenseitigen Vertretungsrecht geboten. Abgesehen von den gesetzlichen Ausnahmen ist eine entsprechende Bevollmächtigung jeweils erforderlich, BGH NJW 1993, 2112; BGH NJW 1994, 1649.

18   g) Jeder Ehegatte hat sich den **Gesundheitszustand** zu erhalten, der es ihm ermöglicht, alle Pflichten aus der ehelichen Lebensgemeinschaft so zu erfüllen, wie er es nach besten Kräften tun kann. Diese Obliegenheit gewinnt im Zeichen drohender Infektionskrankheiten neue Bedeutung, vgl dazu Tiedemann, AIDS-Familienrechtliche Probleme, NJW 1988, 729. Insbesondere muß der Ehepartner, der außerehelichen Geschlechtsverkehr hat, entsprechende Vorsichtsmaßnahmen (Kondome, ärztliche Untersuchungen in Zweifelsfällen, ggf Information des Gatten) ergreifen, um die Gefährdung des anderen möglichst gering zu halten.

19   4. **Folgen der Verletzung der Verpflichtung zur Lebensgemeinschaft. a)** Verletzt ein Ehegatte die Pflicht zur Lebensgemeinschaft, so steht dem anderen in erster Linie die **Klage auf Herstellung der ehelichen Gemeinschaft** zu (Stake JA 1994, 115). Sie schließt im allgemeinen andere Maßregeln gegen den anderen Ehegatten aus, RG 151, 159. Die Bedeutung der Herstellungsklage ist äußerst gering. Die Herstellungsklage ist eine Ehesache (§ 606 ZPO) und unterliegt den besonderen Bestimmungen des 6. Buches der ZPO, die auf das Wesen der Ehe besondere Rücksicht nehmen. Es gilt amtliche Ermittlungspflicht nach §§ 616, 617 ZPO, Aussetzungsbefugnis des Gerichts, § 614 ZPO, die Möglichkeit einstweiliger Anordnungen nach §§ 620ff ZPO, Nürnberg FamRZ 1970, 140. Klage und Urteilsformel sind auf die konkret erstrebten Maßnahmen zu richten, RG 97, 287; doch kann die Ausgestaltung im einzelnen dem beklagten Ehegatten überlassen werden, Warn Rspr 1915, 448, und die Formel ist notfalls aus den Gründen zu ergänzen, RG 51, 186. Eine Zwangsvollstreckung ist nach § 888 II ZPO ausgeschlossen; vgl zur Vollstreckbarkeit eines Titels, der nur die Aufnahme in die eheliche Wohnung, nicht jedoch Herstellung der ehelichen Gemeinschaft anordnet, Hamm MDR 1965, 577; auch auf dem Umweg über eine vorbeugende Unterlassungsklage und § 890 ZPO kann die Vollstreckung nicht zugelassen werden, RG 151, 162. Die Zwangsvollstreckung ist auch dann ausgeschlossen, wenn die Verletzung der ehelichen Verpflichtung gleichzeitig eine Verletzung des allgemeinen Persönlichkeitsrechts bedeutet. Die Vollstreckung des Unterlassungsanspruchs gem §§ 823 I, 1004 analog wird von den nicht vollstreckbaren Unterlassungsanspruch gem § 888 II ZPO überlagert (LG Oldenburg FamRZ 1992, 944). § 888 II ZPO wird unzulässig umgangen, wenn dem wegen eines Verstoßes gegen § 170 StGB verurteilten Ehemann die Auflage gemacht wird, zu seiner Familie zurückzukehren, aM Nürnberg FamRZ 1959, 165. Die sichere Erwartung, daß sich der beklagte Ehegatte nicht fügen werde, schließt das Rechtsschutzinteresse für die Klage nicht aus, RG 163, 384; Köln NJW 1966, 1864.

20   b) Als **negatives Gegenstück zur Herstellungsklage** bleibt die Klage auf Feststellung, daß ein Ehegatte berechtigt sei, getrennt zu leben, nach § 256 ZPO zulässig, vgl BGH 47, 324; Hamm MDR 1951, 682; Schleswig FamRZ 1965, 614; Düsseldorf FamRZ 1960, 155. Die Klage ist Ehesache iS der §§ 606 I, 627 ZPO, Schleswig FamRZ 1976, 276; Celle FamRZ 1968, 165. Häufig fehlt für sie aber ein Rechtsschutzbedürfnis, Düsseldorf aaO, so, wenn der andere Ehegatte gegen eine bereits vollzogene Trennung keine Einwendung erhebt, Saarbrücken Jur-Büro 1970, 72 oder sie seinem ausdrücklichen Willen entspricht, Hamburg FamRZ 1970, 487; vgl auch AG Groß-Gerau MDR 1983, 228; FamRZ 1979, 504, das das Rechtsschutzinteresse unter Hinweis auf die gerichtliche Pflicht, die Ehe zu schützen, generell verneint. Das Rechtsschutzbedürfnis fehlt aber nicht allein deshalb, weil die Entscheidung Rechtskraftwirkung nur für den Zeitpunkt der letzten mündlichen Verhandlung entfalten kann und deshalb ein Feststellungsinteresse nur in besonders gelagerten Fällen angenommen werden könnte, so Celle DRsp IV (413) 26d; wie hier Hamm FamRZ 1970, 83. Trotz der beschränkten Rechtskraft liegt es vielmehr bereits vor, wenn der beklagte Ehegatte das Recht des klagenden Ehepartners bestreitet, vom Beklagten getrennt zu leben, MüKo/Wacke Rz 48. Weiter geht Hamm FamRZ 1970, 83, das dem klagenden Ehegatten generell ein berechtigtes Interesse an der Feststellung deshalb zuspricht, weil ihm das Risiko einer Ungewißheit über seine Berechtigung zum Getrenntleben nicht zugemutet werden könne, da die Gefahr bestehe, daß er eine Eheverfehlung zu begehen; dazu auch Bergerfurth, FamRZ 1965, 585. Für eine einstweilige Anordnung (§ 620 ZPO) genügen erhebliche Spannungen und Auseinandersetzungen unter den Ehegatten, Celle FamRZ 1968, 165; Düsseldorf FamRZ 1974, 312. Der Antragsteller muß schlüssig und glaubhaft dartun, daß ein das Getrenntleben rechtfertigender Grund vorliegt. Die bloße Stellung des Scheidungsantrags genügt hierfür nicht, KG FamRZ 1972, 261 und FamRZ 1974, 452f. Wird durch einstweilige Anordnung einem Ehegatten gestattet, getrennt zu leben, so darf er grundsätzlich in die Wohnung zurückkehren, Schleswig SchlHA 1967, 108; vgl auch Flieger MDR 1981, 457 zur Zuweisung der Wohnung an einen Ehegatten zum Zwecke der Trennung.

21   c) Grundsätzlich entsteht bei der **Verletzung der persönlichen Pflichten** aus der Lebensgemeinschaft **kein Schadensersatzanspruch**, RG 151, 163; BGH NJW 1973, 991; NJW 1972, 199; BGH 23, 125; Celle FamRZ 1971, 371; Deutsch VersR 1993, 1045; aM von Hippel NJW 1965, 664; vgl hierzu auch Dölle § 32 II und III. Schadensersatzansprüche aus § 823 gegen die (geschiedene) Ehefrau wegen Ehebruchs und daraus hervorgegangenen Kindes wegen Unterhaltszahlungen an das scheineheliche Kind lehnt der BGH in st Rspr (BGH NJW 1990, 706; BGH FamRZ 1957, 133; BGH FamRZ 1958, 90; BGH FamRZ 1972, 33; Hamburg MDR 1970, 507) ab. Etwas anderes gilt unter Umständen bei geschäftsmäßigen Handlungen. So wurde einem Ehegatten ein Schadensersatzanspruch gegen den Partner zuerkannt, der die Zustimmung zur gemeinsamen Veranlagung zur Einkommensteuer verweigert hatte, BGH FamRZ 1988, 143; BGH NJW 1977, 378; Hamburg MDR 1979, 581 bzw der ihn bei seinem Arbeitgeber angeschwärzt hatte, Nürnberg FamRZ 1996, 32. Es kommt ebenfalls die Anwendung des § 826 in Betracht, wenn eine sittenwidrige schädigende Verletzungshandlung der Ehefrau hinzukommt, vgl BGH

FamRZ 1990, 367; vgl auch BGH 80, 235, wonach Ansprüche aus §§ 823, 826 in Betracht kommen, wenn die Frau ihrem Mann vor der Eheschließung vorgespiegelt hatte, daß nur er der Vater ihres Kindes sein könne. Entzieht sich die Frau ihrer Pflicht zum Zusammenleben und zur Mitarbeit im Geschäft des Mannes, so begründet das nur einen Schadensersatzanspruch, soweit § 826 eingreift, RG SeuffA 61, 38.

d) Wegen des **Sonderinstituts der Herstellungsklage** und ihrer speziellen Regelung versagt grundsätzlich die **22** **Klage auf Unterlassung** des Ehebruchs gegen den anderen Ehegatten (RG 71, 89; aM Celle FamRZ 1964, 300 und NJW 1965, 1918). Da die Herstellungsklage aus § 1353 I S 2 gem § 888 II ZPO nicht vollstreckbar ist, kann die spiegelbildliche Unterlassungsklage ebenfalls kein vollstreckbares Urteil bringen (Giesen, Familienrecht 2. Aufl Rz 188). Soweit es sich um die persönlichen Beziehungen der Eheleute handelt, ist hieran festzuhalten, s Erman 9. Aufl Rz 24. Eine Einschränkung erfährt dieser Grundsatz insoweit, als dem betroffenen Ehegatten zugestanden wird, ein Eindringen in den **räumlich gegenständlichen Bereich der Ehe** abzuwehren, BGH 6, 360. Der BGH erkannte an, daß von dem rein persönlichen Bereich der Bereich zu trennen sei, der die äußere sachliche Grundlage für das gemeinsame Ehe- und Familienleben abgebe, BGH aaO. Der „räumlich-gegenständliche Bereich der Ehe" läßt sich nicht leicht konkretisieren. Er steht im Gegensatz zu den persönlichen Beziehungen der Eheleute, in die nicht durch Urteils- und Vollstreckungszwang eingegriffen werden kann, ohne daß dadurch die Ehe ihren sittlichen Charakter verlieren würde, BGH 37, 41ff. Soweit es sich aber um die häusliche Tätigkeit, die gemeinschaftliche Unterkunft und die gemeinsame Arbeit handelt, ist die Lebensgemeinschaft an einen bestimmten räumlich-gegenständlichen Bereich gebunden, der vor Störungen Dritter so gesichert sein muß, daß sich in seinem äußeren Schutz die persönlichen Beziehungen voll entfalten können und nicht unter Eingriffen Dritter verkümmern. Dieser Bereich ist insbesondere durch die **Ehewohnung** verkörpert (Düsseldorf FamRZ 1991; 705 Schleswig JR 1951, 629; BGH LM Nr 1b zu § 823 [Af], Nr 3 zu Art 6 GG; Celle FamRZ 1955, 46). Dazu gehören aber auch **Haus und Hof**, LG Hannover NdsRPfl 1949, 18, die **Werkstatt**, KG JR 1948, 51, oder **Geschäftsräume**, in denen die Frau mitarbeitet (LG Wuppertal MDR 1955, 165; BGH 34, 80; 35, 302; BGH LM Nr 2 zu § 823 [Af]). Vgl hierzu Riegel, Grenzen des Schutzes des räumlich gegenständlichen Ehebereiches, NJW 1989, 2789; Smid, Fallweise Abwägung zur Bestimmung des Schutzes des räumlich-gegenständlichen Bereichs der Ehe? NJW 1990, 1344. Der Unterlassungsanspruch kann sich sowohl gegen den anderen Ehegatten als auch gegen den störenden Dritten wenden. In diesem Bereich ist das Vollstreckungsverbot des § 888 II ZPO aufgehoben, da diese Vorschrift nur für Herstellungsklagen gemäß § 606 ZPO gilt. Nicht anders entscheidet im Ergebnis Löwisch, Deliktschutz relativer Rechte, 1970, S 185ff, der auch die Klagen in diesem Bereich als Herstellungsklagen behandeln, aber insoweit entgegen § 888 II ZPO eine Zwangsvollstreckung zulassen will.

Für den **Schutz des räumlich-gegenständlichen Ehebereiches** besteht keine ausdrückliche Anspruchsgrundlage. Es bedarf mithin eines Rückgriffs auf allgemeine Normen. Der BGH sah in seiner Ausgangsentscheidung als Grundlage das Recht der Ehefrau an, sich in diesem äußeren Ehebereich frei entfalten zu können, ließ dabei aber offen, ob sich dieses Recht aus § 823 I iVm § 1004 ergebe oder ob es ein Rechtsgut sei, zu dessen Schutz die Bestimmung des Art 6 GG eingreife, BGH 6, 360. Heute wird überwiegend das allgemeine Persönlichkeitsrecht des betroffenen Ehegatten in Verbindung mit **§§ 823 I, 1004 I** als Anspruchsgrundlage anerkannt; Stuttgart FamRZ 1980, 49; Karlsruhe FamRZ 1980, 139; Celle FamRZ 1980, 243 m Anm Smid JuS 1984, 101; Frankfurt NJW 1974, 2325; München FamRZ 1973, 93; MüKo/Wacke Rz 43 mwN; Giesen, Familienrecht Rz 191. Nach einer anderen Ansicht leitet sich der Anspruch aus einem der Ehe eigenen Besitzschutz ab; Smid, Der Fluch der bösen Tat . . ., FamRZ 1989, 1144. Der Unterlassungsanspruch ist nicht ein bloßer Vermögensanspruch auf Besitzeinräumung, sondern richtet sich auf die Durchsetzung des Herstellungsverlangens nach § 1353 für den räumlich-gegenständlichen Bereich der Ehe. Deshalb ist er Familiensache iSd § 606 ZPO, auch wenn er sich gegen den Dritten richtet, Celle FamRZ 1980, 242f; Karlsruhe FamRZ 1980, 139f. Eine Ehesache liegt allerdings nicht vor, wenn der getrenntlebende Ehegatte, der selbst Scheidungsantrag gestellt hat, lediglich erreichen will, daß dem neuen Lebensgefährten des anderen das Betreten der **früheren Ehewohnung** verboten wird; in diesem Fall ist die Klage nicht auf Herstellung des ehelichen Lebens gerichtet, Hamm FamRZ 1981, 477.

Einzelfälle: Der räumlich-gegenständliche Bereich der Ehe verbietet das Eindringen oder die Aufnahme der **23** oder des Geliebten des anderen Ehegatten; vgl hierzu auch BGH MDR 1973, 124; FamRZ 1961, 432; LG Saarbrücken FamRZ 1967, 288; Struck JZ 1976, 160. Auch der Ehepartner, der den Scheidungsantrag gestellt hat, kann sich dagegen wehren, daß sein Ehegatte seine neue Partnerin in der Ehewohnung übernachten läßt, Schleswig FamRZ 1989, 979; Zweibrücken FamRZ 1989, 55. Die Klage auf Beseitigung einer solchen Ehestörung hat unter gewissen Umständen Erfolg, wenn die Ehefrau die Ehewohnung bereits verlassen hat, bevor die Geliebte vom Ehemann in die Wohnung aufgenommen worden ist, BGH FamRZ 1963, 553. Dieses Recht besteht jedenfalls, wenn der Ehegatte zurückkehren will, LG Saarbrücken FamRZ 1967, 288. Der räumlich-gegenständliche Lebensbereich einer Ehefrau bestimmt sich danach, wie die Eheleute ihr gemeinsames Leben bei Fortführung einer „gesunden Ehe" eingerichtet hätten. Eine Ersatzwohnung gehört daher zum ehelichen Lebensbereich, selbst wenn die Ehefrau sie nie benutzt hat – sogar dann, wenn die neue Wohnung gemeinsam vom Ehemann und seiner Geliebten gemietet worden ist, KG FamRZ 1965, 329. Zur Frage des Schutzes des räumlich-gegenständlichen Bereichs der Ehe bei einer in sich abgeschlossenen ehemaligen Ehewohnung im Dreifamilienhaus und Zusammenleben des Ehepartners mit einem anderen Partner in der darunterliegenden Wohnung vgl Düsseldorf FamRZ 1991, 705. Die Unterlassungsklage ist, solange nicht von einer Seite auf die Ehewohnung verzichtet wurde, auch bei Getrenntleben in der Wohnung oder im Hausgrundstück begründet, und zwar bis zur Rechtskraft der Scheidung (Celle FamRZ 1980, 242; Karlsruhe FamRZ 1980, 139). Der Ehebrecher, den der betrogene Ehemann körperlich verletzt hat, muß sich den Ehebruch als Mitverschulden iSd § 254 auf seinen Schadensersatzanspruch anrechnen lassen, Köln MDR 1982, 933; das LG Paderborn FamRZ 1990, 516 lehnt einen Schmerzensgeldanspruch wegen überwiegenden Mitverschuldens des in flagranti ertappten Ehebrechers sogar ab. Vgl zur Eingrenzung des räumlich-gegenständlichen

Bereiches bei Geschäftsräumen Celle NdsRpfl 1963, 157 und LG Hamburg FamRZ 1964, 265. Das Geschäft des Ehemannes gehört dann zum äußeren gegenständlichen Bereich der Ehe, wenn die Ehefrau mitarbeitet und der Familienunterhalt von den Geschäftseinnahmen bestritten wird, BGH NJW 1967, 1077. Die Ehefrau kann von ihrem Mann die Unterlassung der weiteren Beschäftigung einer Angestellten verlangen, zu der dieser ehewidrige Beziehungen unterhält, Köln FamRZ 1984, 267. Auch wenn die Haushälterin des Mannes ohne geschlechtliche Beziehung zu diesem das Zusammenleben unerträglich macht, kann die Frau ihre Entfernung aus der Wohnung und Unterlassung des weiteren Betretens der Wohnung fordern, BGH FamRZ 1956, 60; vgl hierzu auch LG Zweibrücken FamRZ 1964, 266. Zur Störung des räumlich-gegenständlichen Bereiches der Ehe durch Aufnahme eines männlichen Mieters in die Ehewohnung durch die Ehefrau vgl Bremen NJW 1963, 395. Allgemein muß der Ehemann den gleichen Schutz erfahren wie die Frau, zutr Karlsruhe FamRZ 1980, 140. Hat der Mann nach einem Gesellschaftsvertrag das Recht, jederzeit den Gesellschaftsanteil seiner Frau käuflich zu übernehmen, so macht er dieses Recht mißbräuchlich geltend, wenn dadurch der äußere gegenständliche Lebensbereich der Frau eingeengt, sie aus ihrem langjährigen Wirkungskreis im Geschäft verdrängt werden soll, BGH FamRZ 1961, 112. Der **Schutz des räumlich-gegenständlichen Ehebereichs dient allerdings nicht** dazu, bei verschiedenen Wohnungen unvermeidliche Begegnungen in demselben Haus zu verhindern (Düsseldorf FamRZ 1991, 705). Eine Ehestörungsklage kann auch nicht erhoben werden, wenn der eine Ehegatte dem anderen im Rahmen eines „Partnertauschs" den geschlechtsintimen Umgang mit einem Dritten innerhalb der Ehewohnung gestattet hatte, Zweibrücken FamRZ 1989, 55.

III. Grenzen des Herstellungsverlangens

24 1. Das **Verlangen auf Herstellung** der ehelichen Lebensgemeinschaft findet seine Grenzen am **Rechtsmißbrauch**, also an der **Unzumutbarkeit**.

25 a) Der **ernstliche Wille** zur Herstellung einer Lebensgemeinschaft muß für die Herstellungsklage vorliegen, BGH MDR 1972, 33; RG JW 1907, 142. Die Voraussicht, daß der beklagte Ehegatte dem Verlangen nicht entsprechen werde, läßt es noch nicht als mißbräuchlich erscheinen, RG 163, 384, vgl auch RG DR 1940, 1142; das Fehlen eines ernstlichen Willens beim Kläger führt aber zur Abweisung, Warn Rspr 1915, 448. Der Wunsch nach einer Scheidung schließt die Ernstlichkeit nicht aus, RG JW 1911, 813; die Verbindung des Hauptantrags auf Scheidung mit einem Hilfsantrag auf Herstellung ist zulässig, Warn Rspr 1919, 116, auch noch im zweiten Rechtszuge, RG LZ 1927, 906. Die Erhebung der Scheidungsklage läßt das Herstellungsverlangen des verlassenen Ehegatten nicht mißbräuchlich erscheinen, wenn er sich allein auf das Verlassen stützt, Hamm MDR 1970, 848.

26 b) **Frühere Verfehlungen** eines Ehegatten begründen den Einwand des Mißbrauchs, soweit sie auf einen Mangel an ehelicher Gesinnung auch für die Zukunft schließen lassen. So kann bei schweren sittlichen Verfehlungen seines Ehepartners ein Ehegatte berechtigt sein, dauernd getrennt zu leben, LG Mannheim FamRZ 1964, 510. Vgl aber auch Hamm OLGZ 68, 405 und unten Rz 29. In der Klage wird man durchweg die Zusicherung künftigen ehelichen Verhaltens des Klägers sehen müssen, und der Weg zu einer Sinnesänderung darf diesem nicht verschlossen werden. Man wird von ihm aber eine gewisse Gewähr dafür fordern müssen, RG JW 1905, 110; Warn Rspr 1919, 116; Staud/Hübner/Voppel Rz 150ff. Eine Ehefrau, deren Mann in ehewidrigen Beziehungen gelebt hat, erhält das Recht, von ihm getrennt zu leben, solange der Mann nicht ernstlich damit beginnt, die Beziehungen zu seiner Frau in angemessener Weise wieder anzuknüpfen, KG FamRZ 1964, 501; Celle MDR 1967, 1009; Hamm MDR 1970, 848. Während das RG früher bisweilen den Nachweis der Gesinnungsänderung vom Kläger verlangte, allerdings mit der Warnung, die Anforderungen nicht zu übersparren, RG JW 1925, 353, forderte es später – so auch Celle MDR 1967, 1009 – vom Beklagten, daß er die Voraussetzungen für seinen Mißbrauchseinwand dartut, da sich eine allgemeine Regel, daß sich der schuldige Ehegatte auch künftig ehewidrig führen werde, nicht aufstellen lasse, RG DR 1940, 1054, vgl auch Rz 28. Die subjektive Überzeugung des Beklagten von der Einstellung des Klägers entscheidet nicht, RG HRR 1932, 4. Verlangt allerdings der Ehemann, der sich schuldhaft von seiner Frau abgewandt hat und von ihr lange Zeit getrennt lebt, sie solle die eheliche Gemeinschaft wiederherstellen und in seinem Gewerbebetrieb mitarbeiten, so mißbraucht er sein Recht, wenn die Frau dadurch gezwungen würde, eine einträgliche berufliche Stellung aufzugeben, die sie sich infolge des schuldhaften Verhaltens des Mannes verschaffen mußte, BGH FamRZ 1967, 612.

27 c) Die **gegenwärtigen Verhältnisse** können das Herstellungsverlangen als mißbräuchlich erscheinen lassen. **Erkrankung** eines Ehegatten genügt nicht, solange sie nur ein Zusammenleben erschwert, etwa Hysterie der Frau, RG JW 1911, 765, oder Verfolgungswahn des Mannes, Braunschweig Rspr 36, 196. Anders bei Geschlechtskrankheit eines Ehegatten, RG JW 1907, 178; schon begründeter Verdacht syphilitischer Erkrankung kann die Weigerung rechtfertigen, RG LZ 1923, 278. Ähnliches wird bei einer Infizierung mit AIDS-Erregern anzunehmen sein. Verschulden des Herstellungsklägers ist nicht erforderlich, auch seine geistige Erkrankung begründet den Einwand des Mißbrauchs, soweit sie ein Zusammenleben ausschließt, KG OLG 4, 430, oder dieses Zusammenleben die Gesundheit des Beklagten ernsthaft gefährden würde, RG JW 1913, 378. Der Mißbrauch kann ferner in einem gegenwärtigen groben Verstoß gegen eheliche Pflichten liegen, etwa je nach Lage des Einzelfalles in dem Verstoß gegen die Zusicherung, Kinder in einer bestimmten Weltanschauung zu erziehen, RG JW 1906, 21, in unberechtigtem und schuldhaftem Vorwurf des Ehebruchs, Warn Rspr 1912, 262, in ehewidrigen Beziehungen zu einer im gleichen Hause wohnenden Frau, RG LZ 1922, 118, in der Weigerung, Kinder der Frau, die noch der Erziehung bedürfen, in den Haushalt aufzunehmen, RG Recht 1924, 1124, auch wenn ernstlich zu besorgen ist, daß der Gatte, der die Herstellung verlangt, künftig seine ehelichen Pflichten schwer verletzen wird, Schleswig SchlHA 1965, 15. Über die Frage, inwieweit frühere Verfehlungen zur Weigerung der Herstellung berechtigen, vgl Rz 26. Auch eine hartnäckige Verletzung der Unterhaltspflicht begründet den Mißbrauch je nach den Umständen des Falles.

d) Prozeßrechtliches zum Mißbrauchseinwand. Ob das vom Berufungsgericht festgestellte Verhalten sich als Mißbrauch darstellt, unterliegt als Rechtsfrage der Nachprüfung des Revisionsgerichts, RG Recht 1923, 333. Es ist in allen Instanzen von Amts wegen zu prüfen, ohne daß es eines diesbezüglichen Einwandes bedarf. Soweit Tatsachen streitig bleiben, muß der Beklagte beweisen; das gilt selbst dann, wenn sich der Kläger durch frühere Eheverfehlungen ins Unrecht gesetzt hat, vgl Rz 26. Nach § 616 II ZPO ist dem Gericht in bezug auf Tatsachen, die für den Mißbrauch sprechen, die Amtsermittlung untersagt, da es sich insoweit um ehefeindliche Umstände handelt.

2. Scheitern der Ehe. Die Pflicht zur Herstellung der ehelichen Lebensgemeinschaft entfällt, wenn die Ehe gescheitert ist (vgl Schwab FamRZ 1979, 14). Im Falle der Zerrüttung der Ehe (§ 1565 I S 2) ist eine gesonderte Prüfung der Rechtsmißbräuchlichkeit des Herstellungsverlangens nicht erforderlich, da die Wiederherstellung der ehelichen Gemeinschaft ausgeschlossen ist (BT-Drucks 7/650, 96). Für die Frage nach dem Scheitern der Ehe kann dabei auch auf die Vermutung des § 1566 II zurückgegriffen werden, so daß nach 3jährigem Getrenntleben die Herstellungsklage stets abzuweisen ist; nicht zutr Heinz DRiZ 1978, 80f, wonach die Klage dann bereits unzulässig ist. Die Vermutung des § 1566 I kommt dagegen nicht in Betracht, da dort das Einverständnis der Ehegatten über die Aufhebung der Ehe vorausgesetzt wird. Die Herstellung der ehelichen Lebensgemeinschaft kann von einem Ehegatten auch dann verweigert werden, wenn ihm noch kein Scheidungsrecht zusteht. Denn das Herstellungsverlangen scheitert bereits bei Zerrüttung der Ehe, also wenn ein Partner sich ernsthaft und endgültig von der Ehe lossagt und damit eine Wiederaufnahme der Lebensgemeinschaft nicht mehr erwartet werden kann (§ 1565 I S 2 letzter Hs), Hamburg NJW 1978, 644; AG Pforzheim FamRZ 1978, 710. Die Scheidung ihrerseits kann erst verlangt werden, wenn die vom Gesetz dafür vorgesehenen Trennungsfristen eingehalten sind oder besonders schwerwiegende Umstände hinzutreten (§§ 1565 II, 1566). Damit ist die nach bisherigem Recht durch das Vollstreckungshindernis des § 888 II ZPO bewirkte Konsequenz, daß de facto eine Herstellung der ehelichen Lebensgemeinschaft nicht zu erreichen war, wenn einer der Partner es nicht wollte, nunmehr bereits – zumindest für einen Teil der Fälle – in die rechtlichen Voraussetzungen des Anspruchs vorverlegt. Auch ein Aufhebungsgrund berechtigt zur Weigerung, solange die Aufhebungsfrist läuft, da die Herstellung als Bestätigung zu seinem Verlust führen würde, BayObLG NJW 1949, 221; aA Gernhuber/Coester-Waltjen, FamR § 18 VI 3. Über Kollision der Pflichten, wenn der Ehegatte nach unrichtiger Todesfeststellung eine neue Ehe eingegangen ist, vgl Tübingen NJW 1950, 389 mit Anm Beitzke.

IV. Schadensersatzansprüche gegen Dritte

1. Eingriffe in die Ehe können **Abwehr-, Beseitigungskosten** (Anfechtung der Ehelichkeit eines Kindes) und **Folgekosten** (Scheidungskosten, Unterhaltskosten) verursachen. Kommt es zur Beendigung der Ehe, können weitere Schäden wie Schmälerung des Unterhalts, Wegfall der Teilhabe am Zugewinn hinzutreten, Gernhuber/Coester-Waltjen § 17 III 1. Die Frage, inwieweit der durch einen Ehebruch Verletzte von dem Ehebrecher den Ersatz dieser Schäden verlangen kann, ist umstritten. Die große Reform des Rechts der allgemeinen Ehewirkungen hatte keine Lösung der Streitfrage gebracht. Dies wurde vielfach als Mangel gewertet (Diederichsen NJW 1977, 217f; MüKo/Wacke Rz 39), zumal das Problem durch den Übergang vom Verschuldens- zum Zerrüttungsprinzip verstärkt wurde. Nunmehr kann nämlich auch der an der Zerrüttung nicht schuldige Teil zum Unterhalt verpflichtet sein. Zu Recht weist aber Lüke AcP 178, 1, 9 darauf hin, daß über § 823 nicht die Regelungen des Geschiedenenunterhalts korrigierbar sind.

a) Der BGH lehnt Ansprüche gegen den ehebrecherischen Dritten zum Ersatz dieser Schäden generell ab. BGH 23, 215, 279 u 26, 222 verneinen solche Ansprüche, weil die ehelichen Pflichten als persönliche nur von einem Ehegatten gegenüber dem anderen verletzt werden können, BGH FamRZ 1957, 135. Diese Rspr hat der BGH in NJW 1973, 991; BGH 48, 82; BGH FamRZ 1972, 33 bestätigt; vgl auch Oldenburg VersR 1978, 1123. Im einzelnen stützt sich der BGH auf **folgende Gesichtspunkte**:
aa) BGH 23, 279; 26, 217 verneinen diese Ansprüche, weil ein Dritter das persönliche (relative) Recht des anderen Ehegatten auf den ungestörten Bestand seiner Ehe nicht verletzen könne, BGH 26, 221,
bb) weil ein Schadensersatzanspruch des Verletzten gegen den untreuen Ehegatten ausgeschlossen bleiben müsse, BGH 23, 215. Die Ehestörung betreffe maßgeblich den innerehelichen Bereich, der in den Schutzzweck der deliktischen Haftungstatbestände nicht einbezogen werden könne, BGH NJW 1973, 992; NJW 1972, 199. Ein Schadensersatzanspruch gegen den Dritten aber zöge den untreuen Ehegatten in eine Ausgleichshaftung gegenüber dem verletzten Ehepartner nach den §§ 840, 426, 254 hinein. Eine Haftung des Dritten allein aber widerspräche dem Grundsatz von Treu und Glauben, da der untreue Ehegatte die Verletzung der Ehe ermöglicht habe, BGH 26, 222. Außerdem sei das Verhalten des ungetreuen Ehegatten so eng mit dem des Dritten verbunden, daß es nicht angehe, die Ehestörung in eine allein eherechtlich zu beurteilende Verfehlung des Gatten und in eine Schadensersatzansprüche auslösende unerlaubte Handlung des Dritten aufzuteilen, BGH NJW 1973, 992; NJW 1972, 199.
cc) Der Umfang möglicher Schadensersatzpflichten bliebe unklar. Die Unklarheit belaste die Rechtssicherheit, BGH 26, 223. Ließe man Ansprüche aus unerlaubter Handlung gegen den Ehestörer auf Ersatz der Kosten zu, die dem verletzten Ehegatten durch einen Ehelichkeitsanfechtungsprozeß entstanden sein, so müßte jeder ursächliche Zusammenhang zwischen dem schuldhaften Eingriff eines Dritten in die eheliche Lebensgemeinschaft und einem Schaden des verletzten Ehegatten einen Schadensersatzanspruch gegen den dritten Störer entstehen lassen.
dd) Aus § 1359 folge nichts anderes, da sich diese Norm nicht auf die eheliche Treuepflicht beziehe. Dehne man sie aber dahin aus, so würde auch der untreue Ehegatte für jeden Schaden einzustehen haben, für den ein Verhalten, das Verschulden in eigenen Angelegenheiten sei, die Ursache bilde.
ee) Ebenso lasse sich die Schadensersatzpflicht aus § 1298 beim Verlöbnisbruch nicht auf die Ehe ausdehnen. Diese Norm sage im Gegenteil, daß Schadensersatzansprüche aus familienrechtlicher Verpflichtung nur entstehen sollten, wenn das Gesetz dieses ausdrücklich bestimme.

§ 1353 Familienrecht Bürgerliche Ehe

ff) Ein Ersatzanspruch könne auch nicht auf die Verletzung des allgemeinen Persönlichkeitsrechts im Rahmen des § 823 I gestützt werden, weil andernfalls die familienrechtliche Wertung überspielt werde, die Schadensersatzansprüche insoweit jedenfalls generell ausschließe, BGH NJW 1973, 992. In Betracht kommt allenfalls eine **Haftung aus § 826** (BGH NJW 1990, 706), wenn zur Ehestörung ein weiteres sittenwidriges Verhalten hinzutrete.

32 b) In der **Literatur** (Boehmer, Ehestörungsklage, AcP 155 [1956], 229; Gernhuber/Coester-Waltjen § 17 III 3; MüKo/Wacke Rz 40 mwN) und von einigen **Instanzgerichten** (Düsseldorf FamRZ 1958, 104; LG Offenburg FamRZ 1965, 275; AG Hamburg-Harburg FamRZ 1965, 147; vor allem **Celle FamRZ 1964, 366**) wird dagegen vertreten, daß dem betroffenen Ehegatten gegen den Dritten ein Schadensersatzanspruch aus §§ 823 I, 1353 zu gewähren sei. Celle (aaO) argumentiert:

aa) Die Ehe werde durch Art 6 GG als Institut grundrechtlich garantiert. Art 6 GG enthalte eine verbindliche Wertentscheidung für den gesamten Bereich der Ehe und Familie. Jeder Eingriff Dritter in eine Ehe verstoße daher gegen § 823 I.

bb) Eine **Mithaftung des anderen Ehegatten** könne die Haftung des Dritten aus § 823 I nicht hindern. Denn die Mithaftung setze voraus, daß der Ehestörer und der mit ihm handelnde Ehegatte auch tatsächlich als Gesamtschuldner dem verletzten Ehegatten haftet. Eine Haftung des untreuen Ehegatten werde aber zumindest abgelehnt, solange die Ehe bestehe.

cc) Sei es auch schwierig, die **Grenze** zu ziehen, bis zu der Schadensersatzansprüche geltend gemacht werden könnten, so könne jedoch deswegen nicht jeder Schadensersatzanspruch abgelehnt werden. Die Literatur (Gernhuber/Coester-Waltjen § 17 III 3 mwN) fordert den Ersatz aller Schäden, die aus der Abwicklung (**Abwicklungsinteresse**) der Ehe entstanden sind. Darunter fielen notwendige Abwehrkosten, die Kosten der Ehelichkeitsanfechtung, der dem Ehebruchskind gewährte Unterhalt, die Kosten der Ehescheidung und jede Einbuße an der Gesundheit.

33 c) Eine **weitere Auffassung** beschränkt sich zurückhaltend auf den § 826 als Anspruchsgrundlage (Raiser JZ 1961, 470; Hübner FamRZ 1962, 7f). S Erman 9. Aufl Rz 32ff. bezüglich einer differenzierten Auseinandersetzung mit den unterschiedlichen Auffassungen.

34 d) **Stellungnahme.** Es ist weder richtig, dem verletzten Ehegatten stets Schadensersatzansprüche gegen den dritten Ehestörer zu versagen noch zuzuerkennen. Richtiger ist es, § 823 I und II als Anspruchsgrundlagen auszuschließen und auch im Rechtswidrigkeitszusammenhang nicht die rechte Grenze zu sehen, da man sonst dem Gesetz eine Wertung unterschieben muß, die ihm nicht zu entnehmen ist. Hier hilft nur die Begrenzung auf die Generalklausel des § 826, über die die Grundrechtswerte (Art 6 GG) transformiert werden und in deren Anwendung sich die Konkretisierung vollzieht. Nur § 826 darf daher Anspruchsgrundlage im Deliktsrecht sein. Seine Generalklausel vermag auch die Teilnahme des schuldigen Ehegatten zu berücksichtigen, ohne daß sie dabei das Teilnahmemaß des untreuen Ehegatten mit dem Verhalten des Dritten im Sinne der §§ 840, 426, 254 auszugleichen vermag. Ein Anspruch auf Ersatz des durch die Erzeugung eines Kindes im Ehebruch entstandenen Schadens kann nach § 826 begründet sein, wenn der erforderliche bedingte Vorsatz des Schädigers vorliegt und die Anfechtungsklage bereits zum Erfolg geführt hat, KG DJ 1939, 1909, BGH FamRZ 1958, 99 auch für Ersatz der Entbindungskosten.

Der betrogene Ehemann kann die Kosten der Anfechtung allerdings nur in Form seines Schadensersatzanspruches aus § 823 I vom Erzeuger verlangen, BGH 26, 217ff; LG Karlsruhe MDR 1970, 51; aM LG Berlin FamRZ 1968, 652; LG Hildesheim NJW 1969, 1670. Der zum Teil auch auf § 823 II in Verbindung mit § 172 StGB aF (Ehebruch) gestützte Anspruch (LG Berlin FamRZ 1968, 652), der schon am fehlenden Rechtswidrigkeitszusammenhang scheiterte – § 172 StGB fehlte die rechtspolitische Aufgabe des Schadensausgleichs dieser Art –, hat zudem seine Begründung jedenfalls mit dem Wegfall des § 172 StGB durch das 1. Strafrechtsreformgesetz vom 25. 6. 1969 (BGBl I 645) verloren. Auch die Kosten, die durch den auf Grund des Ehebruchs angestrengten Scheidungsprozeß entstanden sind, können nicht nach § 823 I oder II verlangt werden. Vgl zum gesamten Fragenkomplex Stolterfoth FamRZ 1971, 341. Hat aber der eheliche Vater eine Anfechtung bewußt unterlassen, etwa um die Aufklärung des Sachverhalts zu vermeiden, so ist durch sein vorsätzliches Verhalten der Kausalzusammenhang zwischen dem Ehebruch und der Unterhaltspflicht unterbrochen und ein Anspruch aus unerlaubter Handlung entfällt, RG 152, 402.

35 2. **Haftung gegenüber Dritten.** Aus der Lebensgemeinschaft können sich Ansprüche Dritter ergeben. Der Mann haftet zwar für die Frau nicht nach § 832, da ihm kein gesetzliches Aufsichtsrecht zusteht, wohl aber, wenn er etwa der geistig gestörten Frau gegenüber seine Aufsichtspflicht verletzt, aus § 823, RG 70, 50. Der Mann haftet dem Dritten aus Verschulden beim Vertragsschluß (§§ 280, 311 II, 241 II), wenn er als Vertreter für die Frau den Vertragszweck vereitelt, BGH 14, 313; kritisch dazu Reinicke NJW 1955, 533 und Ballerstedt FamRZ 1955, 200.

36 V. **Zwingender Charakter der Vorschrift.** § 1353 ist, ebenso wie §§ 1356, 1357, zwingendes Recht; abweichende Vereinbarungen sind nichtig, hM; vgl Gernhuber/Coester-Waltjen, FamR § 18 III 2; Pal/Brudermüller Einf v § 1353 Rz 8; ähnlich Soergel/H. Lange Rz 4, „zwingender Kernbereich". Die Reichweite dieses Kerns wird aber unterschiedlich beurteilt, wobei die interindividuellen Ehelehren diesen enger beschreiben als die institutionellen, vgl Streck, Generalklausel und unbestimmter Begriff im Recht der allgemeinen Ehewirkungen, §§ 9f. Nichtig ist die Vereinbarung dauernden Getrenntlebens, Warn Rspr 1911, 108; RG Recht 1917, 1564, die Zuwendung von Vermögensrechten zu dessen Erleichterung oder Ermöglichung, RG JW 1920, 640, der Verzicht auf eheliche Treue, Kiel SchlHA 1946, 341, oder auf Geschlechtsverkehr; vgl auch Düsseldorf FamRZ 1981, 545. Zulässig bleibt die Abrede zeitigen Getrenntlebens aus sittlich zu billigenden Motiven; wenn man aber mit Frankfurt OLG 7, 458 jedem Ehegatten das Recht jederzeitigen Rücktritts gewährt, so wird man doch jedenfalls eine Lösung aus nicht überzeugenden Gründen als Mißbrauch ansehen müssen. Besteht ein Recht zum Getrenntleben, so können Art und Umfang des Unterhalts vertraglich geregelt werden, sofern nicht die gewährten Vermögensvorteile für die Entschließung des berechtigten Ehegatten bestimmend waren, RG 109, 142.

1354 (weggefallen)

1355 Ehename
(1) Die Ehegatten sollen einen gemeinsamen Familiennamen (Ehenamen) bestimmen. Die Ehegatten führen den von ihnen bestimmten Ehenamen. Bestimmen die Ehegatten keinen Ehenamen, so führen sie ihren zurzeit der Eheschließung geführten Namen auch nach der Eheschließung.
(2) Zum Ehenamen können die Ehegatten durch Erklärung gegenüber dem Standesbeamten den Geburtsnamen des Mannes oder den Geburtsnamen der Frau bestimmen.
(3) Die Erklärung über die Bestimmung des Ehenamens soll bei der Eheschließung erfolgen. Wird die Erklärung später abgegeben, so muss sie öffentlich beglaubigt werden.
(4) Ein Ehegatte, dessen Geburtsname nicht Ehename wird, kann durch Erklärung gegenüber dem Standesbeamten dem Ehenamen seinen Geburtsnamen oder den zurzeit der Erklärung über die Bestimmung des Ehenamens geführten Namen voranstellen oder anfügen. Dies gilt nicht, wenn der Ehename aus mehreren Namen besteht. Besteht der Name eines Ehegatten aus mehreren Namen, so kann nur einer dieser Namen hinzugefügt werden. Die Erklärung kann gegenüber dem Standesbeamten widerrufen werden; in diesem Fall ist eine erneute Erklärung nach Satz 1 nicht zulässig. Die Erklärung und der Widerruf müssen öffentlich beglaubigt werden.
(5) Der verwitwete oder geschiedene Ehegatte behält den Ehenamen. Er kann durch Erklärung gegenüber dem Standesbeamten seinen Geburtsnamen oder den Namen wieder annehmen, den er bis zur Bestimmung des Ehenamens geführt hat, oder seinen Geburtsnamen dem Ehenamen voranstellen oder anfügen. Absatz 4 gilt entsprechend.
(6) Geburtsname ist der Name, der in die Geburtsurkunde eines Ehegatten zum Zeitpunkt der Erklärung gegenüber dem Standesbeamten einzutragen ist.

Schrifttum: *Baldus,* Die Crux mit dem Doppelnamen, FuR 1996, 3; *Boemke,* Reform des Ehenamensrechts und Auswirkungen auf die Familie, FuR 1991,181; *Braun,* Die Änderung des Familiennamens, JuS 1995, 759; *Coester,* Das neue Familiennamensrechtsgesetz, FuR 1994, 1; *Dethloff/Walther,* Abschied vom Zwang zum gemeinsamen Ehenamen, NJW 1991, 1575; *Diederichsen,* Die Neuordnung des Familiennamensrechts, NJW 1994, 1089; *Giesen,* Der Familienname aus rechtshistorischer, rechtsvergleichender und rechtspolitischer Sicht, FuR 1993, 65; *Hauser,* Neue Wege im Namensrecht des Kindes, ZRP 1991, 168; *Iblher Rr v Greiffen,* Ist eine Neuregelung des Ehe- und Familiennamensrechts erforderlich?, MDR 1990, 665; *ders,* Erwartet uns ein heilloses Durcheinander im Ehe- und Familiennamensrecht?, JR 1992, 221; *Kinkel,* Mehr Liberalität im Namensrecht, FuR 1991, 174; *Köhler,* Elfmeterschießen oder rote Karte?, FamRZ 1991, 1030; *Liermann,* Der Namensrichter des Familiennamensrechtsgesetzes vom 16. 12. 1993, FamRZ 1995, 199; *Schwenzer,* Namensrecht im Überblick, FamRZ 1991, 390; *Stoll,* Rechtswahl im Namens-, Ehe- und Erbrecht, 1991; *Wagenitz,* Grundlinien des neuen Familiennamensrechts, FamRZ 1994, 409; *Wirth,* Der Ehename bei im Ausland geschlossenen Ehen (§ 13a EheG) – nach dem Beschluß des BVerfG v 5. 3. 1991, FuR 1991, 138.

1. Für die **Rechtslage vor der Einführung** des Familiennamensrechtsgesetzes vom 1. 4. 1994 (BGBl I S 2054) vgl Erman 9. Aufl § 1355 Rz 1–23.

2. **Anlaß zur Neuordnung** des Familiennamensrechts war die Entscheidung des BVerfG vom 15. 3. 1991, mit der § 1355 II S 2 aF für verfassungswidrig erklärt wurde. § 1355 II S 2 regelte, daß der Geburtsname des Mannes Ehename wurde, wenn die Ehepartner bei der Eheschließung keine Bestimmung über den Ehenamen getroffen hatten. Diesen Automatismus hat das BVerfG mit dem Gleichberechtigungsgrundsatz des Art 3 II GG für unvereinbar erklärt und den Gesetzgeber verpflichtet, das Namensrecht insoweit neu zu regeln (BVerfG FamRZ 1991, 535). Das Familienrechtsnamensgesetz vom 1. 4. 1994 kam diesem Auftrag nach und regelte das Namensrecht grundlegend neu. Es geht weit über den eigentlichen Anlaß zur Reform, die Streichung der Subsidiärgeltung des Mannesnamens, hinaus (Diederichsen NJW 1994, 1089).

Die Neuregelung paart Liberalität mit Strenge, öffnet sich Neuem, ohne indessen das Hergebrachte aufzugeben (Wagenitz FamRZ 1994, 409). Auch nach der Neuregelung geht der Gesetzgeber davon aus, daß die Ehegatten ihre Zusammengehörigkeit nach außen durch einen gemeinsamen Ehenamen kundtun sollen. Für den Fall, daß sie sich über einen gemeinsamen Ehenamen nicht einigen können, ist er von dem Zwang zu einem einheitlichen Ehenamen abgerückt, da hierin eine Benachteiligung des Ehegatten liegt, dessen Name nicht als Ehename geführt würde. Die Ehegatten können bei der Eheschließung ihre jeweiligen Geburtsnamen zum Ehenamen wählen. Es besteht nicht die Möglichkeit, den zur Zeit der Eheschließung geführten Namen, der nicht Geburtsname ist, zu wählen oder aus den Namen der Ehegatten einen Doppelnamen zusammenzuführen. Einen Doppelnamen kann nur der Ehegatte wählen, dessen Name nicht Ehename geworden ist. Es steht ihm frei, in welcher Reihenfolge er den Doppelnamen führen möchte (krit Giesen, FamR, Rz 166). Die Kinder erhalten den Ehenamen der Eltern als Geburtsnamen. Wird kein Ehename geführt, erhalten sie den Namen des Vaters oder der Mutter. Sofern die Eltern keine Entscheidung hierüber treffen können, überträgt das **FamG** gem § 1617 II einem Elternteil das Bestimmungsrecht.

Das **BVerfG gab dem Gesetzgeber** auf, Überleitungsregelungen für die Altfälle zu treffen (BVerfG FamRZ 1991, 537). Bis zur gesetzlichen Neuregelung waren die Verfahren über Anträge der Ehegatten, Einträge in den Personenstandsbüchern über den Ehenamen zu berichtigen, auszusetzen (BayObLG FamRZ 1992, 183). Die Entscheidungen sind nunmehr aufgrund der neuen Rechtslage zu treffen (KG FamRZ 1997, 1400). Nach Art 7 § 1 I FamNamRG bestand für alle bis zum 31. 3. 1994 geschlossenen Ehen die Möglichkeit, daß die Ehegatten ihre Namensgestaltungen durch entsprechende Erklärungen selbst korrigieren konnten (Bestimmung des Familiennamens für Kinder: Frankfurt FGPrax 1995, 58; Hamm MDR 1995, 288; BayObLG 1996, 198). Hierfür bestand eine

§ 1355 Familienrecht Bürgerliche Ehe

Frist von einem Jahr nach Inkrafttreten des FamNamRG, also bis zum 31. 3. 1995 (zur Fristwahrung KG NJW 1997, 643). Zum Inhalt der Übergangsvorschriften s Pal/Diederichsen, 55. Aufl Vorbem § 1355 Rz 4ff.

4 **3. Namensführung in der Ehe.** Abs I ist die Zentralnorm des Ehenamensrechts, obwohl ihre praktische Relevanz ohne große Bedeutung ist. Die Ehegatten sollen einen gemeinsamen Ehenamen bestimmen. Damit wird das rechtspolitische Ziel des Familienrechts, die **Namenseinheit der Familie**, beibehalten. Der Gesetzgeber verzichtet allerdings darauf, dieses Ziel mit Zwang durchzusetzen. Die Bestimmung des Ehenamens ist eine sanktionslose Rechtspflicht. Die Führung eines bestimmten Ehenamens (Abs I S 2) ist nach dem Wortlaut des Gesetzes ebenso selbstverständlich wie die Fortführung der bisherigen Namen, wenn eine Bestimmung eines Ehenamens unterlassen wird (Abs I S 3). Bestimmen die Ehegatten einen Ehenamen, so müssen sie ihn auch führen. Geführt wird ein Name immer dann, wenn das Recht den Gebrauch des personenstandsrechtlichen korrekten Namens fordert. Es steht den Ehepartnern mithin frei, im gesellschaftlichen Leben weiter Abkürzungen, Namensteile oder Pseudonyme zu gebrauchen (Wagenitz/Bornhofen, Familiennamensrechtsgesetz § 1355 Rz 32). Bestimmen die Ehegatten **keinen Ehenamen**, so führen sie ihre bisherigen Namen weiter, ohne daß es einer ausdrücklichen Erklärung bedarf. Damit wird die Namensführung allerdings nicht auf Dauer festgeschrieben. Gem Abs III besteht die Möglichkeit, daß die Bestimmung des Ehenamens noch nachgeholt werden kann. Es bestehen ferner die Möglichkeiten, daß sich der Name noch unabhängig von der Eheschließung ändert (Adoption, Änderung nach dem Namensänderungsgesetz etc). Gesetzlich ausdrücklich normiert ist in Abs IV die Möglichkeit, einen in einer Vorehe erheirateten Namen um einen Begleitnamen zu bereichern oder ihn nach Abs V abzulegen (su Rz 10).

5 **4. Wahl des Ehenamens.** Abs II beschränkt die Wahlmöglichkeit des Ehenamens darauf, den Geburtsnamen des Mannes oder der Frau zum Ehenamen zu bestimmen (diese Regelung ist verfassungskonform s BVerfG FuR 2002, 421; Celle FamRZ 1994, 1322). Was unter dem **Geburtsnamen** zu verstehen ist, ergibt sich aus **Abs VI**. Es ist nicht der Name, der bei der Geburt erlangt wurde, sondern der Name, der in der Geburtsurkunde eines Ehegatten zum Zeitpunkt der Eheschließung eingetragen ist. Der Geburtsname kann sich infolge einer Änderung der elterlichen Namens (§ 1617ff) oder durch Adoption (§ 1757 I) geändert haben. Bis zum Inkrafttreten des Kindschaftsreformgesetzes konnte sich der Name noch durch Legitimation (§ 1720) ändern. Durch die Gleichstellung der ehelichen und der nichtehelichen Geburt (s vor § 1297 Rz 20) wurde die Legitimation durch Art 1 Nr 37 KindRG indessen ersatzlos abgeschafft (Schwab/Wagenitz FamRZ 1997, 1382 mwN). Zu Änderungen des Geburtsnamens kann es nunmehr gem § 1617b I, II (Namensänderung bei späterer gemeinsamer Sorge und Scheinvaterschaft) und gem § 1617c (Namensänderung bei elterlichem Namenswechsel) kommen. Im **Zeitpunkt der Wahl des Ehenamens** kann nur auf den geänderten Namen zurückgegriffen werden. Mit der strikten Regelung ist die Wahl des Ehenamens in verschiedener Hinsicht begrenzt.

6 a) Die Ehegatten können nicht einen **erheirateten Namen** wählen, den ein Ehegatte durch eine frühere Eheschließung erworben hat (Frankfurt NJW-RR 1995, 132; Zweibrücken FamRZ 1996, 487; BayObLG FamRZ 1997, 554; KG FamRZ 1997, 557). Dieser Ausschluß gilt generell; es ist unerheblich, ob die frühere Ehe durch Tod oder durch Scheidung beendet worden ist. Die Regelung ist verfassungsgemäß, es sei zwar anzuerkennen, daß der Name (auch der „erheiratete" Name) eines Menschen Ausdruck seiner Individualität und Identität sei, dem Gesetzgeber komme aber bei der Gestaltung des ehelichen Namensrechts ein weiter Gestaltungsspielraum zu, den er bei dem Verbot unter Einhaltung des Verhältnismäßigkeitsgrundsatzes zulässig ausgeschöpft habe (KG FamRZ 1997, 557). Die Entscheidung des Gesetzgebers kann insoweit zu kuriosen Ergebnissen führen, als es dem Ehegatten verwehrt wird, den aus einer Vorehe erworbenen Namen des Partners zu führen, wohl aber die gemeinsamen Kinder diesen Namen als Geburtsnamen führen können (§ 1617 I) (Wagenitz/Bornhofen, Familiennamensrechtsgesetz § 1355 Rz 38). Eintragungen, nach denen ein „erheirateter" Name Ehename sein soll, sind unwirksam. Dies gilt auch für die Eintragungen vor dem Inkrafttreten des FamNamRG (BayObLG FamRZ 1997, 556). Zu dem zunächst anderslautenden Regierungsentwurf s Diederichsen NJW 1994, 1090.

7 b) Ein **ausländischer Namenszusatz** kann, auch wenn er nicht rechtmäßig erworben wurde, zum Ehenamen bestimmt werden, wenn er über einen längeren Zeitraum die Persönlichkeit des Namensträgers tatsächlich mitbestimmt hat und ein entsprechender Vertrauenstatbestand vorliegt (BVerfG NJWE-FER 2001, 193). Bei der gemeinsamen Ehenamensbestimmung wird nur der erste Teil eines Doppelnamens spanischer Rechtstradition zum Ehenamen, Karlsruhe/Freiburg FGPrax 1998, 54.

8 c) **Verbot von Doppelnamen.** Das Gesetz verbietet, einen aus beiden Namen zusammengesetzten Doppelnamen zum Ehenamen zu bestimmen. Der Ausschluß des Ehedoppelnamens verletzt weder das Persönlichkeitsrecht der Ehegatten aus Art 2 I iVm 1 I GG noch Art 6 I GG noch das Gleichbehandlungsgebot in Art 3 I GG (BVerfG FuR 2002, 421; FamRZ 2000, 530). Es soll damit verhindert werden, daß sich das deutsche Namensgefüge grundlegend ändert und sich der Rechtsverkehr durch Namensketten verkompliziert (Oldenburg Dt Rpfl 1995, 211; Hamm NJW 1995, 1908). Abs IV gestattet dem einen Ehepartner allerdings, dessen Name nicht Ehename geworden ist, seinen eigenen Geburtsnamen dem Ehenamen anzufügen **(Begleitnamen)**. Der Begleitname kann nach der Adoption des Ehegatten weitergeführt werden (BayObLG NJW-FER 2000, 141). Das Verbot von Doppelnamen besteht nicht, wenn der Geburtsname bereits ein Doppelname in mehrgliedriger Name ist, Abs IV S 2.

9 5. Die Wahl erfolgt durch „**Erklärung**" gegenüber dem Standesbeamten. Die durch den Singular herausgehobene Gemeinsamkeit beider Erklärungen ist rein inhaltlich zu verstehen, dh die Erklärungen müssen übereinstimmend abgegeben werden. Nicht erforderlich ist, daß beide Erklärungen äußerlich verbunden oder auch nur in einem zeitlichen Zusammenhang erfolgen (Wagenitz/Bornhofen, Familiennamensrechtsgesetz § 1355 Rz 46). Gem Abs III soll die Bestimmung des Ehenamens bereits bei der Eheschließung erfolgen. Die Wahl des Ehenamens ist unwiderruflich und nach hM sogar unanfechtbar (BayObLG FamRZ 1993, 61; Celle FamRZ 1982, 276; krit Coester, FuR 1994, 2). Ehegatten, die unter dem für ihre Namensführung zuvor maßgebenden ausländischen

Recht bereits einen Ehenamen bestimmt hatten, können, wenn für sie nunmehr deutsches Recht anwendbar ist, ihren Ehenamen mit Wirkung ex nunc neu bestimmen, BGH 147, 159 = FamRZ 2001, 903 = NJW 2001, 2469; BayObLG FamRZ 2000, 953; Stuttgart FamRZ 1999, 1425; gegenteiliger Auffassung Hamm FamRZ 1999, 1426, vgl Art 10 II EGBGB. Eine Rückkehr zu getrennten Namen ist nicht zulässig.

Abs III S 2 eröffnet die Möglichkeit, den Ehenamen später zu bestimmen. Damit soll den Ehegatten im Sinne der rechtspolitischen Zielsetzung die Möglichkeit gegeben werden, unter Berücksichtigung eventuell veränderter Lebensumstände sich noch nachträglich für einen gemeinsamen Ehenamen zu entscheiden. **Bis zum Eheversprechen** können die Erklärungen der Ehegatten über den Ehenamen **formlos** abgegeben werden. Nach der Eheschließung abgegebene Erklärungen über den Ehenamen müssen nach Abs III Hs 3 (zumindest) **öffentlich beglaubigt**, § 129, werden.

Abs III S 2 wurde durch das KindRG (BGBl 1997 I, 2942) geändert. Zunächst sah § 1355 Abs III S 2 vor, daß die Bestimmung des Ehenamens nur binnen **fünf Jahren** nach der Eheschließung in öffentlich beglaubigter Erklärung nachgeholt werden konnte. Die Frist begann mit der Eheschließung, den wechselseitigen Erklärungen vor dem Standesbeamten. Sie endete an dem dem Eheschließungsdatum entsprechenden Datum des fünften Ehejahres, § 187 I, § 188 II. Bei einer **Heirat im Ausland** war der Fristablauf bis zum Ablauf eines Jahres nach der Rückkehr in das Inland gehemmt, § 13a II EheG aF. Eine analoge Anwendung des § 13a II EheG aF gebot sich für Eheleute, die eingebürgert wurden (BayObLG FamRZ 1995, 874; Wagenitz/Bornhofen, Familiennamensrechtsgesetz § 1355 Rz 54). Die Fünfjahresfrist war eine Ausschlußfrist. Eine evtl erforderliche Zustimmung des gesetzlichen Vertreters mußte dem Standesbeamten vor Fristablauf zugehen. Die Bestimmung der Frist auf fünf Jahre war wiederholt auf Kritik gestoßen (Diederichsen NJW 1994, 1090; Coester FuR 1994, 2). Außer bürokratischem Ordnungsdenken (Coester, aaO) sei eine Rechtfertigung für die Frist nicht erkennbar.

6. Begleitname. Abs IV regelt die Hinzufügung und die Stellung des Begleitnamens. Der Ehegatte, der auf die Führung seines Namens als Ehenamen verzichtet, hat die Möglichkeit, dem Ehenamen seinen eigenen Namen, den Geburtsnamen (Abs VI) oder den gerade geführten Namen zuzufügen. Anders als beim Ehenamen kann deshalb ein ererheirateter Name als Begleitname fortgeführt werden. Die Regelung erfährt allerdings einige Einschränkungen. Bei Namensidentität der Ehegatten kann der Name nicht verdoppelt werden (Schulze-Schulze). Dies ergibt sich aus Abs IV S 1, da objektiv nicht herleitbar ist, wessen Name zum Ehenamen bestimmt wurde. Nach Abs IV S 2 ist die Hinzufügung nur dann zulässig, wenn der geführte Ehename aus nicht mehr als einem Namen besteht. Diese Beschränkung gilt ausnahmslos. Sie findet auch auf Ehenamen Anwendung, die nach früherem Recht unstreitig mit einem Begleitnamen des anderen Ehegatten verbunden werden konnten (krit Coester FuR 1994, 2). Zu unterscheiden sind diese Doppelnamen allerdings von Namen, „die zwar aus mehreren Wörtern bestehen, aber herkömmlich als Einheit empfunden werden" (BT-Drucks 12/3163). Für sie gilt das Verbot der Bildung von mehr als zweigliedrigen Namen nicht; etwa Namen, deren Bestandteile durch Präpositionen verbunden sind („Metz am Broich"), oder adlige Namen („Possanner von Ehrenthal"). Werden diese Namen zum Ehenamen bestimmt, können sie mit einem Begleitnamen versehen werden. Dies ergibt sich aus dem Umkehrschluß aus Abs IV S 3 (Wagenitz/Bornhofen, Familiennamensrechtsgesetz § 1355 Rz 80).

Besteht der Begleitname aus mehreren Namen, so kann er als solcher dem Ehenamen nicht hinzugefügt werden (Abs IV S 3). Während Abs IV S 2 bei einem zusammengesetzten Ehenamen die Hinzufügung eines Begleitnamens generell verbietet, beschränkt Abs IV S 3 den einen Ehegatten darauf, sich für einen seiner geführten Namen als Begleitnamen zu entscheiden **(Grundsatz der Eingliedrigkeit des Begleitnamens)**. Diese bisher unbekannte Einschränkung beruht auf dem Ordnungsprinzip des Regierungsentwurfs, nach dem sich zusammengesetzte Namen auf zwei Teile beschränken sollen (weiterführend Wagenitz/Bornhofen, Familiennamensrechtsgesetz § 1355 Rz 72ff). Für aus mehreren Wörtern bestehende Namen gilt diese Einschränkung nicht. Sie können als untrennbare Einheit als Begleitname dem Ehenamen hinzugefügt werden.

Es bleibt dem Ehegatten überlassen, ob er seinen Namen **voranstellt oder ihn hinten anfügen** möchte (Wagenitz/Bornhofen, Familiennamensrechtsgesetz § 1355 Rz 89f). Ehename und Begleitname werden durch einen Bindestrich miteinander verknüpft. Die einmal gewählte Position ist dann aber bindend, BayObLG FamRZ 1999, 162.

Nicht geregelt wurde, wann die Erklärung über den Begleitnamen abgegeben sein muß. Daraus wird der Schluß gezogen (Pal/Brudermüller Rz 9), daß für die Hinzufügung des Begleitnamens keine Frist besteht und die Entscheidung darüber beliebig nach der Eheschließung getroffen werden kann (krit Coester FuR 1994, 3). Gegebenenfalls ist eine Erklärung noch nach der Auflösung der Ehe möglich (Flensburg StAZ 1978, 221). Die Erklärungen über den Begleitnamen erfolgen gegenüber dem Standesbeamten (§ 130 S 1). Sie sind form- und empfangsbedürftig. Gemäß Abs IV S 5 bedürfen sie zumindest der öffentlichen Beglaubigung (§ 129).

Widerruf. Die Erklärung über die Hinzufügung eines Ehenamens kann nach Abs IV S 4 widerrufen werden. Der Widerruf ist an keine Frist gebunden. Unbeachtlich ist, ob der Begleitname erst nach dem Inkrafttreten des FamNamRG hinzugefügt wurde. Auch bei Altfällen ist ein Widerruf möglich. Das Widerrufsrecht ist ein höchstpersönliches Recht und wird gegenüber dem Standesbeamten ausgeübt. Es ist als Gestaltungsrecht bedingungs- und befristungsfeindlich sowie form- und empfangsbedürftig. Der Widerruf muß öffentlich beglaubigt werden (§ 129). Mit dem wirksamen Widerruf entfällt der Begleitname. Der Ehename ist damit der alleinige Name des Ehegatten. Eine erneute Hinzufügung eines anderen Begleitnamens ist gem Abs IV S 4 Hs 2 ausgeschlossen. Der Widerruf ermöglicht also nicht, den zunächst angefügten Begleitnamen nunmehr dem Ehenamen voranzustellen oder sich nachträglich für den Geburtsnamen anstatt des geführten Namens als Begleitnamen zu entscheiden (oder umgekehrt).

7. Name des verwitweten oder geschiedenen Ehegatten. Nach Abs V behält ein Ehegatte seinen Namen auch nach der Auflösung der Ehe durch Tod des Ehegatten oder Scheidung **(Grundsatz der Namenskontinuität)**. Hatte der Ehegatte bisher von seinem Recht, einen Begleitnamen hinzuzufügen, noch keinen Gebrauch gemacht,

§ 1355

so hindern weder die Auflösung der Ehe noch eine spätere Wiederverheiratung sein Recht, dem alten Ehenamen einen Begleitnamen hinzuzufügen. Dieses Recht erlischt nur, wenn bei der Wiederverheiratung ein neuer Ehename gewählt wurde. Abs V S 2 Alt 2 gewährt dem verwitweten oder geschiedenen Ehegatten das Recht, seinen „Geburtsnamen dem Ehenamen voranzustellen oder anzufügen". Diese Regelung wird als überflüssig betrachtet, da sich dieses Recht bereits unmittelbar aus Abs IV ergibt (Gaaz, Besprechung zu Wagenitz/Bornhofen, Familiennamensrechtsgesetz, StAZ 1995, 26; Wagenitz/Bornhofen, Familiennamensrechtsgesetz § 1355 Rz 125; Pal/Brudermüller, Rz 12). Der Grundsatz der Namenskontinuität wird niemandem aufgezwungen. Jeder Ehegatte kann nach Abs V S 2 mit der Auflösung der Ehe seinen Geburtsnamen oder den Namen wieder annehmen, den er zur Zeit der Bestimmung des Ehenamens geführt hatte (weiterführend Wagenitz/Bornhofen, Familiennamensrechtsgesetz § 1355 Rz 110f; Gaaz StAZ 1995, 26). Die Wiederannahme ist nicht befristet (BayObLG FamRZ 1984, 1224). Die Erklärung über die Wiederannahme eines früheren Namens erfolgt durch eine höchstpersönliche Erklärung gegenüber dem Standesbeamten. Sie ist als Gestaltungsrecht bedingungs- und befristungsfeindlich sowie form- und empfangsbedürftig. Wie der Verweis auf Abs IV S 5 ergibt, muß dies öffentlich beglaubigt werden. Mit dem Zugang der Erklärung über die Wiederannahme eines anderen Namens ist das Recht, den früheren Ehenamen zu führen, unwiderruflich erloschen.

1356 *Haushaltsführung, Erwerbstätigkeit*

(1) Die Ehegatten regeln die Haushaltsführung im gegenseitigen Einvernehmen. Ist die Haushaltsführung einem der Ehegatten überlassen, so leitet dieser den Haushalt in eigener Verantwortung.

(2) Beide Ehegatten sind berechtigt, erwerbstätig zu sein. Bei der Wahl und Ausübung einer Erwerbstätigkeit haben sie auf die Belange des anderen Ehegatten und der Familie die gebotene Rücksicht zu nehmen.

I. Entwicklung und Grundzüge der Reform 2	IV. Mitarbeit in Beruf und Geschäft des anderen Ehegatten
II. Haushaltsführung und ihre einverständliche Regelung	1. Verpflichtung zur Mitarbeit 16
1. Einverständliche Funktionsteilung 4	2. Deliktsrechtliche Konsequenzen 18
2. Haushaltsführung in eigener Verantwortung	3. Entgelt für Mitarbeit des Ehegatten 21
a) Leitbild der Hausfrauenehe 7	a) Aufgrund ungerechtfertigter Bereicherung ... 24
b) Haftung des Dritten bei Verletzung oder Tötung 9	b) Ausdrücklicher oder stillschweigender Dienstvertrag 25
III. Recht zur Erwerbstätigkeit 13	c) Ausdrücklicher oder stillschweigender Innengesellschaftsvertrag 26
	d) Aus § 1353 als Anspruchsgrundlage 29

1 **Schrifttum:** *Böhmer*, Schadensersatzansprüche wegen Verletzung oder Tötung des im Haushalt oder Geschäft mitarbeitenden Ehegatten (§ 845 BGB und § 1542 RVO), FamRZ 1960, 173; *Burckhardt*, Der Ausgleich für die Mitarbeit eines Ehegatten im Beruf oder Geschäft des anderen (§ 1356 Abs 2 BGB), 1971; *Buschendorf*, Die Grenzen der Vertragsfreiheit im Ehevermögensrecht, 1986; *Drees*, Berechnung des Unterhaltsschadens bei Ausfall des mitverdienenden Ehegatten, VersR 1985, 611; *Eckelmann*, Die neue höchstrichterliche Rechtsprechung zum Schadensersatz bei Verletzung oder Tötung der Ehefrau, MDR 1976, 103; *Eckelmann/Hofmann*, Schadensersatz beim Ausfall der Hausfrau, in 15. Deutscher Verkehrsgerichtstag 1977; *Eckelmann/Nehls/Schäfer*, Die Berechnung des Schadensersatzes bei Ausfall von Gelderhalt nach Unfalltod des Ehemannes/Vaters, NJW 1984, 945; *Eißer*, Zur Anwendung der §§ 843–845 BGB bei Verletzung oder Tötung der nichtberufstätigen Ehefrau, FamRZ 1961, 49; *Fenn*, Die Mitarbeit in den Diensten Familienangehöriger, 1970; *ders*, Arbeitsverträge mit Familienangehörigen, DB 1974, 1062 und 1112ff; *Frank*, Gesellschaften zwischen Ehegatten und Nichtehegatten – kritische Überlegungen zur Rechtsprechung des Bundesgerichtshofes, FamRZ 1983, 541; *Fries*, Familiengesellschaft und Treuepflicht, 1971; *v Gehlen*, Die Ehegattenmitarbeitspflicht des § 1356 Abs 2 BGB, Diss Köln 1971; *Geyer*, Ersatzanspruch auf entgehenden (geldlichen) Unterhalt nach Tötung des Unterhaltspflichtigen (§ 844 II BGB), VersR 1975, 877; *Giesen*, Ehe, Familie und Erwerbsleben, 1977; *ders*, Allgemeine Ehewirkungen gem §§ 1353, 1356 BGB im Spiegel der Rechtsprechung, JR 1983, 89; *Henrich*, Schuldrechtliche Ausgleichsansprüche zwischen Ehegatten in der Rspr des BGH FamRZ 1975, 533; *Hepting*, Ehevereinbarungen, 1984; *Jayme*, Die Familie im Recht der unerlaubten Handlungen, 1971; *Klingsporn*, Der Schadensersatzanspruch wegen Tötung oder Verletzung des im Haushalt oder Geschäft mitarbeitenden Ehegatten, FamRZ 1961, 54; *Klunzinger*, Mitarbeit im Familienverband, FamRZ 1972, 70; *Kortüm*, Das Entgelt für Mitarbeit im Rahmen des § 1356 BGB, Diss Kiel 1972; *Kropholler*, Die Rechtsnatur der Familienmitarbeit und die Ersatzpflicht bei Verletzung oder Tötung der mitarbeitenden Familienangehörigen, FamRZ 1969, 241; *Kurr*, Vertragliches „Einvernehmen" der Ehegatten gemäß § 1356 I 1 BGB?, FamRZ 1978, 2; *H Lange*, Familienrechtsreform und Ersatz für Personenschäden, FamRZ 1983, 1181; *Lenze*, Hausfrauenarbeit, kritische Analyse und rechtliche Bewertung, 1989; *Leuze/Ott*, Arbeitsverhältnisse zwischen Familienangehörigen, FamRZ 1965, 15; *Lieb*, Die Ehegattenmitarbeit im Spannungsfeld zwischen Rechtsgeschäft, Bereicherungsausgleich und gesetzlichem Güterstand, 1970; *Lipp*, Die eherechtlichen Pflichten und ihre Verletzung, 1988; *Maiberg*, Ehegatten-Innengesellschaften nach der Rspr des Bundesgerichtshofs, DB 1975, 385; *Maier*, Schadensersatz bei Tötung oder Verletzung der im Haushalt oder im Beruf oder Geschäft des Mannes mitarbeitenden Ehefrau, 1976; *Moritz*, Zur Anerkennung eines „Anspruchs auf unentgeltliche Mitarbeit im Geschäft oder Beruf des Ehegatten" sowie den Auswirkungen dieser Diskussion für die Auslegung des § 844 II BGB, VersR 1981, 1101; *Müller-Freienfels*, Der Ausgleich für Mitarbeit im Beruf oder Geschäft des Ehepartners, FS Nipperdey I (1965), S 625ff; *Niethammer*, Entscheidungsbefugnis und Arbeit der Ehefrau in der heutigen Familie und im neuen Familienrecht, 1958; *Nolte*, Zur steuerlichen zivilrechtlicher Vereinbarungen (betr Mitarbeitsverträge mit Ehegatten/Angehörigen), DB 1972, 356; *Pawlowski*, Die „Bürgerliche Ehe" als Organisation, 1983; *Ramm*, Gleichberechtigung und Hausfrauenehe, JZ 1968, 41, 90ff; *ders*, Der Funktionswandel der Ehe und das Recht, JZ 1975, 505; *Reinhart*, Zur Festlegung persönlicher Ehewirkungen durch Rechtsgeschäft, JZ 1983, 184; *Roth*, Die Ehegatten-GmbH in Recht und Praxis, FamRZ 1984, 328; *Schacht*, Die Bewertung der Hausfrauentätigkeit, FamRZ 1980, 107; *Scheffen/Pardey*, Die Rechtsprechung des BGH zum Schadensersatz beim Ausfall von Haushaltsführung und Bareinkommen, 3. Aufl 1994; *K. Schmidt*, Ehegatten-Miteigentum oder „Eigen-

heimgesellschaft"? Rechtszuordnungsprobleme bei gemeinschaftlichem Grundeigentum, AcP 182, 481; *Wägenbaur*, Zur Frage der vermögensrechtlichen Ansprüche des mitarbeitenden Ehegatten, FamRZ 1958, 398; *Wassner/Blum*, Die Mitarbeit der Ehefrau in Deutschland, Frankreich und der Schweiz, 1976; *Weimar*, Rechtsfragen der mitarbeitenden Ehefrau in der Landwirtschaft, AgrarR 1972, 169; *Weyer*, Schadensersatz wegen Ausfalls der Hausfrau und Mutter, DRiZ 1971, 261.

I. Entwicklung und Grundzüge der Reform

Durch das 1. EheRG wollte der Gesetzgeber den veränderten wirtschaftlichen und gesellschaftlichen Umständen gerecht werden (BT-Drucks 7/650, 97). Die gesetzlich verbindlich festgelegte Rollenteilung zwischen Mann und Frau widersprach seiner Auffassung zum einen dem Gleichberechtigungsgedanken, zum anderen stand sie der partnerschaftlichen Bestimmung der Ausgestaltung des Zusammenlebens durch die gleichberechtigten und gleichverpflichteten Ehegatten selbst entgegen. Diese wurde aber nach dem Verständnis der Ehe gefordert. Obwohl in der gesellschaftlichen Wirklichkeit die Rollenverteilung, wie sie § 1356 aF durch die Erwerbstätigkeit des Mannes und die Haushaltsführung der Frau vorsah, noch überwiegend praktiziert wurde, ging die Reform zu Recht davon aus, daß auch andere Aufgabenteilungen an Bedeutung gewannen und nicht mehr nur Ausnahmefälle waren. Insbesondere seit den 50er Jahren hatte die Erwerbstätigkeit der Frau in erheblichem Maße zugenommen (zu den statistischen Daten BT-Drucks 7/650, 97 und 249ff; Vogel FamRZ 1976, 481, 482). 2

Die Struktur der Ehe und der Familie hatte sich **seit 1918** fortschreitend verändert. Das reichhaltige soziologische Schrifttum (vgl das Verzeichnis bei Gernhuber/Coester-Waltjen, FamR § 1 I) bewies nicht nur die Veränderung, sondern auch die Bewahrung, Evolution, nicht Revolution. Verwandelt hatte sich die Groß- in die Kleinfamilie, in der nur noch Eltern und nicht erwachsene oder nicht verheiratete oder hilfsbedürftige Kinder zusammenleben. Zuvor vollzog sich die Auflösung des Hauses als ständischer Herrschaftseinheit. Die Kleinfamilie von heute zieht wiederum die Großeltern als unentbehrliche Hilfskräfte der Frühehe mit Kindern in sich hinein. Daneben ist sie mit der Schule zusammen Ausbildungsstätte der Kinder, denen die Schule viel schuldig bleibt. So ist die Erziehungs- und Bildungsfunktion, zu der vor allem auch die Charakterbildung gehört, erhalten geblieben. Zum Teil werden Aufgabenverluste der Familie durch **„Verinnerlichung familiärer Beziehungen"** (Gernhuber/Coester-Waltjen, FamR § 1 I 4) aufgewogen. Die Veränderung der Ehestruktur durch die Gleichberechtigung der Eheleute führte zur Ersetzung des Vaterleitbildes durch die geteilten und gemeinsamen Funktionen beider Ehegatten in Ehe und Familie. Wie schon immer sind die einzelnen Familien voneinander sehr verschieden. Ehe und Familie machen von ihrer Autonomie einen sehr differenzierten Gebrauch. Auch die Struktur der einzelnen Ehe und Familie verändern sich darüber hinaus im Laufe ihrer Existenz. Der Gesetzgeber ist dem dadurch gerecht geworden, daß er mit der Abschaffung des überkommenen Leitbildes der Hausfrauenehe nicht zugleich wieder ein neues vorgegebenes Leitbild normiert, sondern die Funktionsteilung in der Ehe umfassend der privatautonomen Gestaltung durch die Ehegatten überlassen hat; dazu auch BVerfG FamRZ 1975, 328 im Hinblick auf die Verfassungsmäßigkeit der Witwerrente. Damit soll die Entwicklung vielfältiger Formen ehelichen Zusammenlebens in den traditionellen oder in neuen Bahnen ermöglicht und unter den gleichen gesetzlichen Schutz gestellt werden. So können die Ehegatten einem Partner die gesamte Haushaltsführung überlassen (Haushaltsführungsehe), beide erwerbstätig sein und gemeinsam den Haushalt in der verbleibenden Zeit bewältigen (Doppelverdienerehe) oder vereinbaren, daß ein Partner primär den Haushalt führt und daneben zuverdient (Zuverdienerehe), sowie schließlich innerhalb dieser Varianten die verschiedensten Mischformen bezüglich der gegenständlichen und zeitlichen Funktionsteilung ausgestalten. 3

II. Die Haushaltsführung und ihre einverständliche Regelung

1. Einverständliche Funktionsteilung. Da das Gesetz die Fragen der Aufgabenverteilung offenläßt, sind damit an sich schon automatisch die Weichen für eine Festlegung durch die Ehegatten selbst gestellt. Der Gesetzgeber hat dennoch deren Verpflichtung zur einverständlichen Regelung der Haushaltsführung ausdrücklich normiert (Abs I S 1), um die Gemeinsamkeit der Entscheidung sowie die Verantwortung beider Partner für Haushalt und Familie zu unterstreichen (BT-Drucks 7/650, 97) und die Abkehr von der primären Zuweisung der Haushaltsführung an die Frau klarzustellen. Einigen sich die Ehegatten nicht über die Haushaltsführung, so gilt § 1353: Beide Ehegatten müssen für den Haushalt sorgen (zutr Henrich, FamR § 6 III 3), und sind ggf dann aber auch beide zur Erwerbstätigkeit verpflichtet. 4

Die **dogmatische Einordnung** des **„gegenseitigen Einvernehmens"** über die Aufgabenverteilung ist umstritten, wenn auch in den rechtlichen Konsequenzen kaum bedeutsame Unterschiede bestehen; vgl zum Streitstand im einzelnen Hepting, Ehevereinbarungen, § 8 I; Buschendorf, Die Grenzen der Vertragsfreiheit im Ehevermögensrecht, S 72ff; Lipp, Die eherechtlichen Pflichten und ihre Verletzung, S 60ff. Die einverständliche Regelung verlangt keine ausdrücklich förmliche Einigung. Oft wird die Funktionsteilung vielmehr allein auf deren tatsächlicher Ausgestaltung durch die Ehegatten beruhen. Dies ist auch die Sicht des Gesetzgebers, wenn er in Satz 2 davon spricht, daß die Haushaltsführung einem Partner „überlassen" wird. Das bedeutet jedoch nicht, daß § 1356 I S 1 das „gegenseitige Einvernehmen" als Realakt verstanden wissen will (so aber Ambrock, § 1356 Anm I 1; ähnlich Pawlowski, Die „Bürgerliche Ehe" als Organisation, S 39ff; 58: „faktisches Einvernehmen"; vgl auch Lipp, S 99f). Es ist vielmehr von rechtsgeschäftlichen Erklärungen, idR von vertraglicher Vereinbarung auszugehen, in den Fällen lediglich tatsächlicher Handhabung einer förmlichen Einigung stillschweigend erfolgen, so auch Diederichsen NJW 1977, 217, 219; Holzhauer JZ 1977, 729; Kurr FamRZ 1978, 2f; Lüke FS Bosch S 634; ders AcP 178, 1, 13. MüKo/Wacke Rz 7 läßt die Frage nach Rechtsgeschäft oder geschäftsähnlicher Handlung letztlich dahinstehen. Im übrigen ist er der Ansicht, daß es sich eher um einen Beschluß durch parallellaufende Erklärungen handelt als um einen Vertrag, vgl schon Dölle, FamR I § 34 II. Die für die konkrete eheliche Lebensgemeinschaft grundlegende Funktionsteilung zwischen dem „Grundverhältnis" und dem täglichen „Betriebsverhältnis" (vgl 5

§ 1356 Familienrecht Bürgerliche Ehe

MüKo/Wacke Rz 7 mwN) ist die Basis vor allem für die den jeweiligen Ehegatten treffenden Einzelpflichten und für die unterhaltsrechtlichen Konsequenzen der §§ 1360ff. Zu solchen Grundlagen gehört die Wahl zwischen Berufstätigkeit oder Haushaltsführung oder aus beiden bestehenden Mischformen, die zeitliche und gegenständliche Funktionsaufteilung wie die Zuweisung einzelner Komplexe aus dem Haushaltsbereich oder die Verwaltung der Geldmittel etc. Hepting hat in seiner Schrift „Ehevereinbarungen", worunter er sowohl Übereinkünfte, die vermögensrechtliche Materien betreffen, als auch solche, die personenrechtliche Fragen regeln sollen und somit auch das „Einvernehmen" versteht, den Versuch unternommen, den dargestellten Qualifikationsstreit zu überwinden. Deshalb löst er sich von der klassischen Rechtsgeschäftsdogmatik insoweit, als er einen – oft nur fiktiv feststellbaren – Rechtsbindungswillen für entbehrlich erklärt. Vielmehr geht er in Weiterentwicklung der Theorie der normativen Verbindlichkeit von einem „natürlichen Regelungswillen" der Beteiligten aus, dem erst durch einen (Wertungs-)„Spruch der Rechtsordnung" Rechtsverbindlichkeit zugestanden wird. Dabei bleibt der Katalog der Wertungsgesichtspunkte offen und kann zB auch die von der Rspr entwickelten Abgrenzungskriterien zwischen Vertrag und Gefälligkeit sowie Risiko-, Vertrauensschutz und Aspekte der persönlichen Betroffenheit ua berücksichtigen. Die Bindungsstufe der Vereinbarung soll durch einen hermeneutisch-typologischen Prozeß, einem ständigen Hin- und Herwandern des Blicks zwischen Sachverhalt und möglichen Rechtsfolgen, bestimmt werden (aaO §§ 8 I–IV; 24–27). Hierzu kann nur festgehalten werden, daß dem Ansatz Heptings allenfalls größere Methodenklarheit zu eigen ist. Die Entscheidung, welche Stufe der Rechtsverbindlichkeit er einer konkreten Vereinbarung auf der Skala der möglichen Rechtsfolgen zubilligt, ist praktisch kaum anders als die zwischen Vertrag und faktischer Handlung.

Eine von den **Ehegatten gefundene Aufgabenteilung** muß ein bestimmtes Maß an Rechtsverbindlichkeit für ihre Lebensbeziehungen statuieren und ist damit grundsätzlich Vertrag. Da sie idR von dem Willen getragen wird, eine solche Bindung und die damit verknüpften Funktionsgestaltungen und Unterhaltspflichten zu begründen, ist an den Verpflichtungselementen nicht zu zweifeln, so auch Lüke AcP 178, 1, 13. Verletzungen von Pflichten aus solchen Vereinbarungen können daher uU zu Schadensersatzansprüchen führen, zB wenn die vereinbarte Rollenverteilung, auf Grund deren Vermögensdispositionen getroffen waren, nicht eingehalten wird, so Diederichsen NJW 1977, 217, 219; aA Henrich, FamR § 6 III 2. Mit der Herstellungsklage ist die Führung der ehelichen Gemeinschaft gemäß den getroffenen Funktionsteilungen grundsätzlich einklagbar, wenn auch nicht vollstreckbar (§ 888 II ZPO), vgl aber Lüke AcP 178, 1, 13: Die Pflicht, ein Einvernehmen herzustellen, ist nicht klagbar. Das bedeutet jedoch nicht, daß die Ehegatten durch die zunächst nach Eheschluß getroffene Regelung der Funktionsteilung endgültig und unabänderlich festschreiben. Auch ohne besondere Voraussetzungen sind einverständliche Änderungen jederzeit möglich. Der Gesetzgeber ging im übrigen davon aus, daß die Aufgabenverteilung den geänderten Verhältnissen und Anforderungen in der Ehe angepaßt werden muß, zB bei der Geburt von Kindern (BT-Drucks 7/650, 97; vgl auch Bosch FamRZ 1977, 569, 571). Ausgeschlossen ist nur das willkürliche Abweichen einer Seite, das sogar einen Pflichtverstoß begründen kann, der uU zur Herstellungsklage berechtigt. Nach Ramm, Grundgesetz und Eherecht, S 31ff, 41; ebenso JZ 1975, 505, 512, entsteht überhaupt keine rechtliche Bindungswirkung, da es sich nicht um Rechtsgeschäfte handelt; vgl ferner zur Bindungswirkung des Einvernehmens Bosch FamRZ 1977, 571; Hepting, Ehevereinbarungen, § 8 III.

6 Die Fragen der rechtlichen Verbindlichkeit getroffener Regelungen sowie deren Anpassungsmechanismen unter der clausula rebus sic stantibus (§ 313) können sicherlich nicht durch eine unbesehene Übertragung der allgemeinen Grundsätze der Rechtsgeschäftslehre und des Rechts der Willenserklärungen gelöst werden, vgl dazu auch MüKo/Wacke Rz 8, § 1353 Rz 7ff, der den Schwerpunkt auf die Setzung eines Vertrauenstatbestandes legt und eine Kündigung der Vereinbarung auch ohne wichtigen Grund (gegebenenfalls verbunden mit einer Schadensersatzpflicht) für möglich erachtet. Die spezifischen Gesichtspunkte der ehelichen Lebensgemeinschaft als Dauerrechtsverhältnis, das zwar Rechtspflichten begründet, diese aber letztlich nicht durchsetzbar und sanktionsbewehrt ausgestaltet und das in seinem Bestand allein durch Konsensbereitschaft intakt gehalten werden kann, müssen Berücksichtigung finden. Dies schließt zB eine Anfechtung von Vereinbarungen nach § 1356 I mit Rückwirkung grundsätzlich aus, verdrängt aber auch eine Anfechtung mit ex-nunc-Wirkung weitgehend. Auch die Regeln über den Minderjährigenschutz passen hier nicht (§§ 106ff). Wenn sich die Verhältnisse ändern oder sich herausstellt, daß von unzutreffenden Voraussetzungen ausgegangen wurde, so kann, wenn die Ehepartner von sich aus einverständlich Anpassungen vornehmen, aus § 1353 die Pflicht zur Zustimmung zu einer Veränderung der Funktionsteilung erwachsen, etwa wenn der Ehefrau wegen Krankheit oder der Geburt und notwendigen Versorgung mehrerer Kinder die vorher vereinbarte Berufstätigkeit unzumutbar wird. Besondere Vorsicht ist gegenüber der Zulässigkeit des einseitigen Widerrufs oder eines faktischen Abweichens von einer betroffenen „Regelung" geboten, dafür aber Gernhuber/Coester-Waltjen, FamR § 18 III 4; Dölle, FamR I § 34 IV. Die einseitige Lösung stellt die prinzipielle Verbindlichkeit einer Vereinbarung viel zu stark in Frage. Können die Ehegatten über die Funktionsteilung keine Einigung erzielen, so stellt das Gesetz keine Subsidiärregelung zur Verfügung (Dieckmann, FS Bosch, S 131 hält dies aus unterhalts- und versorgungsrechtlichen Gründen für bedenklich), sondern läßt es darauf ankommen, ob der Wille der Ehegatten zur ehelichen Lebensgemeinschaft in irgendeiner Weise einen Ausweg findet oder ob letztlich die Ehe scheitert. Wird eine bestimmte Form der Lebensgemeinschaft durchgeführt, so erfolgt eine „Regelung" zwangsläufig durch die sich herausstellende tatsächliche Übung.

Zusammengefaßt ergibt dies, weniger bedeutsam freilich für die Gerichtspraxis als vielmehr für die Beratungspraxis, folgende Bewertungen: Die Notwendigkeit eigenverantwortlicher und damit einvernehmlicher Regelung über die Aufgabenteilung in der Ehe schließt einen Anspruch und damit eine Klage auf eine bestimmte Aufgabenzuordnung (auf ein bestimmtes „Grundverhältnis") aus. Der ungeregelte Zustand ist insoweit geregelt, als § 1353 dann beide Eheleute zur Haushaltsführung und ggf zur Erwerbstätigkeit verpflichtet. Haben die Eheleute eine Regelung getroffen, sei es ausdrücklich oder stillschweigend durch tatsächliche Übung, liegen klagbare Ansprüche aus dem Grundverhältnis vor. Bei notwendigen Anpassungen an geänderte Verhältnisse ist eine Feststellungsklage zulässig, daß vereinbarte Pflichten (zB Berufstätigkeit der Ehefrau) wegen Unzumutbarkeit (zB durch Erkrankung) nicht mehr fortbestehen. Ein weitergehender Anspruch oder eine Klage auf die Ausgestaltung einer bestimmten Aufgabenverteilung ist nicht gegeben, weil andernfalls der Richter sich wiederum unzulässig in die Gestaltungsautonomie (auf ein anderes Grundverhältnis) der Ehepartner einmischen würde. Die erfolgreiche negative Feststellungsklage führt zur Beseitigung der Vereinbarung und damit auf die „vereinbarungslos geregelte" Ausgangsposition des § 1353 zurück.

2. Haushaltsführung in eigener Verantwortung. a) Obwohl das **Leitbild der „Hausfrauenehe"** aufgegeben wurde, soll nach dem Willen des Gesetzgebers dieser Form der ehelichen Lebensgemeinschaft deshalb nicht schon geringere Wertigkeit zugemessen werden. Er wertet die Rolle desjenigen Ehegatten, der die Hausfrauen-/Hausmannstellung übernimmt, als bedeutsam und unterstreicht diese Bedeutung durch die Regelung des Abs I S 2, indem er dem jeweiligen Ehegatten, wie bis dahin der Hausfrau, die Haushaltsführung zu „eigener Verantwortung" überträgt (zwingendes Recht, vgl Gernhuber/Coester-Waltjen, FamR § 18 III 2). Der Ehegatte, dem die Haushaltsführung insgesamt übertragen ist, übt diese als Beruf aus, vgl SozG Karlsruhe FamRZ 1979, 807 zu § 30 BVersG. Abs II spricht folgerichtig differenzierend dem Ehegatten das Recht zu, erwerbstätig zu sein. Durch die volle Haushaltsführung leistet der Ehegatte den von ihm geforderten Beitrag zum Unterhalt der Familie (§ 1360 S 2). 7

Die **eigenverantwortliche Führung** des Haushalts bedeutet, daß der damit betraute Ehepartner die Haushaltsangelegenheiten aus eigenem Recht durchführen und grundsätzlich keiner Zustimmung oder Weisung des Partners im einzelnen Falle bedarf, sich auch nicht „hereinreden" zu lassen braucht. Der Haushaltsführende ist aber gehalten, den Wünschen des Partners in den Umständen nach angemessener Weise Rechnung zu tragen. Auch hierfür ist § 1353 maßgebend. Er muß sich in seinen Maßnahmen im Rahmen der Haushaltsführung den wirtschaftlichen Verhältnissen der Ehegatten anpassen, sonst handelt er uU ehewidrig. Den Gesamtzuschnitt des Haushalts bestimmen die Ehegatten in gegenseitigem Einvernehmen. Die Tätigkeit im Hauswesen wird nicht durch eine hierfür zu leistende Vergütung abgegolten, sondern ist Bestandteil der Unterhaltspflicht (vgl dazu § 1360). Das Recht und die Pflicht zur Führung des Haushalts entfallen, solange die häusliche Gemeinschaft aufgehoben ist, KG OLG 6, 155.

Der zur Haushaltsführung Berechtigte ist zugleich zur **ordentlichen Führung der Aufgaben verpflichtet.** Im einzelnen umfaßt die Leitung des gemeinschaftlichen Hauswesens die täglichen Aufgaben des Haushaltes, die Anschaffung von Kleidern, Erneuerung des Hausrates, Ausbildung der jüngeren Kinder, KG RJA 7, 163. Ob der Haushaltsführende die Arbeiten im Haushalt ganz oder im wesentlichen selbst auszuführen hat oder sich mit der Leitung des Hauswesens begnügen kann, entscheidet sich wie bisher nach den wirtschaftlichen Verhältnissen der Ehegatten. Die Umstände des Einzelfalles und die durch die eheliche Lebensgemeinschaft gebotene Rücksicht sind auch dafür maßgebend, ob und inwieweit der Partner zur Hilfe im Haushalt nach § 1353 I S 2 mitverpflichtet ist (vgl Gernhuber/Coester-Waltjen, FamR § 20 I 6); hierbei kommt insbesondere in Betracht, ob zB ein Partner außerdem erwerbstätig ist oder andererseits der andere Partner einer Erwerbstätigkeit nicht oder nur in beschränktem Umfang nachgehen kann; vgl hierzu BGH JZ 1960, 371 m Anm Müller-Freienfels; Stuttgart FamRZ 1961, 526. Von Bedeutung sind auch Alter und Gesundheit der Ehegatten sowie Zahl und Alter der Kinder. Zur Dienstleistungspflicht der Kinder vgl § 1619. 8

b) Haftung eines Dritten bei Verletzung oder Tötung des Haushaltsführenden. Auch nachdem das GlBerG in Kraft getreten war, leitete ein Teil des Schrifttums die Pflicht zur Haushaltsführung allein aus § 1356 I S 1 ab und sah hierin eine Dienstleistung, die die Frau dem Manne schuldete. Er allein war Gläubiger und Leistungsempfänger. Kritisch dazu schon Schubert, Das Recht der Haushaltsführung und die Unterhaltspflicht der Ehefrau und Mutter, Diss Saarbrücken, 1967. Dementsprechend erwarb der Mann bei der Tötung der Frau einen Schadensersatzanspruch wegen entgangener Dienste nach § 845, da er allein geschädigt war; so noch BGH FamRZ 1959, 203 und die 4. Aufl; vgl hierzu weiter BGH FamRZ 1959, 454; Saarbrücken FamRZ 1958, 372; Karlsruhe FamRZ 1961, 371; Stuttgart FamRZ 1961, 526. Grundlage des § 845 war, soweit es sich um den Anspruch des Mannes wegen entgangener Haushaltsdienste handelte, die ursprüngliche Ausgestaltung des Eheverhältnisses. Der Schaden wurde bereits damals normativ im Wegfall der Arbeitskraft ohne Aufwendungen für eine Ersatzkraft gesehen, BGH (GS) 50, 305. Mit dem GlBerG wurde das Leitbild, nach dem allein der Mann als „Haushaltungsvorstand" von der Frau die Haushaltsführung als eine Dienstleistung verlangen kann, hinfällig (vgl Scheffler, Die Stellung der Frau in Familie und Gesellschaft im Wandel der Rechtsordnung seit 1918, 1970). Die Haushaltsführung steht gleichberechtigt neben der Erwerbstätigkeit. Die Haushaltsführung ist auch nach der Reform des § 1356 eine kraft Gesetzes von beiden Ehegatten geschuldete Unterhaltspflicht iSd § 844 II, denn die Reform hat die gesetzliche Verpflichtung der Ehegatten zur Haushaltsführung nicht aufgehoben, sondern nur die konkrete Zuweisung der Aufgabenverteilung den Eheleuten überlassen. Die folgenden Ausführungen, die auf der zur Verletzung oder Tötung der Frau entwickelten Rspr beruhen, gelten daher entsprechend, wenn der Mann den Haushalt führt. 9

Nach der Rspr erwirbt die Ehefrau, wenn sie verletzt ist, vom Schädiger einen eigenen, wiederum normativen, von schädigenden Aufwendungen für eine Ersatzkraft **unabhängigen Schadensersatzanspruch** wegen des Ausfalls ihrer Fähigkeit zur Haushaltsführung, BGH 38, 55; BGH GS 1950, 305, 306. Der BGH sieht nunmehr sogar, soweit die Ehefrau ihren Pflichtunterhalt durch die Haushaltsführung leistet, eine Beeinträchtigung ihrer Fähigkeit hierzu als einen nach § 116 SGB X übergangsfähigen Erwerbsschaden an, BGH FamRZ 1975, 30 (noch zu § 1542 RVO); Anm Meurer NJW 1974, 640; Anm Deutsch SgB 1974, 392; kritisch insbes zur Differenzierung des BGH in „Vermehrung der Bedürfnisse" bezüglich des Selbstunterhalts der Frau und „Minderung der Erwerbsfähigkeit" bezüglich der Unterhaltsleistungen für die Familie. Zur Bemessung des Schadens können Aufwendungen einen Anhaltspunkt geben, die für eine gleichwertige Ersatzkraft erforderlich sind, BGH FamRZ 1973, 129. Die Höhe des Schadensersatzanspruchs aus §§ 842, 843, richtet sich, anders als beim Ersatzanspruch aus § 844 II, nach der tatsächlich erbrachten Arbeitsleistung, nicht nach der gesetzlich (Unterhaltspflicht) geschuldeten Leistung, BGH 10

§ 1356 Familienrecht Bürgerliche Ehe

NJW 1974, 1651 Anm Denck NJW 1974, 2280; Pal/Thomas § 843 Rz 5. Zur Bemessung des Wertes der Arbeitsleistung einer Hausfrau vgl Oldenburg NJW 1977, 961: Tarifverträge über die Vergütung der im Haushalt beschäftigten Personen als Anhalt. Zum Einwand des wegen Beeinträchtigung der Hausarbeitsfähigkeit in Anspruch genommenen Ersatzpflichtigen, die Hausarbeit wäre ohnehin von einer Haushaltshilfe verrichtet worden, vgl BGH FamRZ 1990, 31. Für einen gleichgerichteten Anspruch des Mannes gibt es dagegen keinen Platz mehr. Der verletzte Ehegatte kann den anderen, auch stillschweigend, ermächtigen, seine Ansprüche aus §§ 842, 843 im eigenen Namen geltend zu machen, BGH VersR 1971, 416.

11 Der Mann kann einen **Schadensersatzanspruch** im Falle der **Tötung der Frau** nur wegen des Verlustes seines Unterhaltsrechtes nach § 844 II geltend machen, BGH FamRZ 1993, 411; BGH (GS) 50, 304; BGH 51, 111; Lüderitz, FamR § 12 III Rz 241f; vgl Stuttgart VersR 1973, 1077 zum Anspruch der Frau bei Tötung des im Haushalt mithelfenden Mannes (dazu, daß auch die iSd § 1356 I S 2 „überlassene" Haushaltsführung eine Unterhaltspflicht „kraft Gesetzes" iSd § 844 II ist, vgl Diederichsen NJW 1977, 217, 219). Es wäre auch nicht gerechtfertigt, den Kindern bei Verletzung oder Tötung der Frau einen Anspruch wegen Fortfalls ihres Unterhaltsrechts nach § 844 II, dem Manne wegen entgangener Dienstleistungen nach § 845 zu gewähren, BGH 51, 111, ebenso BGH FamRZ 1969, 407; Celle FamRZ 1969, 213. Ein so begründeter Anspruch bei Tötung der Frau steht dem Manne auch zu, wenn Sondergesetze eine Gefährdungshaftung des Schädigers begründen, so zu § 10 II StVG BGH 51, 112; FamRZ 1969, 407; zu § 3 II RHG Celle FamRZ 1969, 213; BGH FamRZ 1969, 595 zu § 35 II LuftVG. Diese Auffassung hat auch im Schrifttum Zustimmung gefunden, vgl Bosch FamRZ 1968, 507; Bökelmann JR 1969, 101; Fenn, Die Mitarbeit in den Diensten Familienangehöriger, S 172ff, 547ff mwN Fn 267. Zum Schadensersatzanspruch der Witwe eines getöteten Mannes aus § 844 II bei Vorhandensein eines 9 Jahre alten Kindes und stillschweigender Einigung der Ehegatten auf eine Hausfrauenehe vgl Celle FamRZ 1980, 137.

12 Der **Umfang des Anspruches** richtet sich danach, welche Mittel erforderlich sind, um Ersatz für die fortgefallenen Unterhaltsleistungen des Getöteten zu finden, BGH NJW-RR 1990, 34; BGH FamRZ 1973, 129; VersR 1970, 41; vgl auch Celle VersR 1972, 694; NdsRpfl 1969, 33; Stuttgart VersR 1969, 720; Köln VersR 1969, 526 (Anspruch der Witwe). Zur Berechnung im einzelnen BGH NJW 1986, 715; FamRZ 1974, 436, 366 und 85. Der Unterhaltsschaden des Witwers wegen Entziehung der Haushaltsführung bemißt sich, wenn daneben gleichartige Ansprüche unterhaltsberechtigter Kinder bestehen, nur nach dem auf ihn entfallenden Anteil an der von der Ehefrau gesetzlich geschuldeten Haushaltsführung, BGH FamRZ 1972, 292; vgl auch BGH FamRZ 1974, 246, 248. Umgekehrt sind bei Tötung des Ehemannes für die Berechnung der Ersatzansprüche der Hinterbliebenen wegen entgangenen Unterhalts die festen Kosten der Haushaltsführung nicht insgesamt als entgangener Unterhalt der Witwe, sondern zum Teil als Anspruch der Witwe und zum Teil als Unterhaltsanspruch der Kinder zu berücksichtigen, BGH FamRZ 1972, 37. Ist die Frau, die ganztägig in ihrem Beruf arbeitet, von der Pflicht zur Haushaltsführung so freigestellt, daß sie aus ihren Arbeitseinkünften einen angemessenen Beitrag zum gemeinsamen Unterhalt beisteuert (vgl § 1360), so steht dem Manne im Falle ihrer Tötung kein Schadensersatzanspruch wegen entgangener Haushaltsführung zu, Hamm FamRZ 1969, 490. Zur Berechnung des durch den Tod eines Ehegatten einer Doppelverdienerehe entstandenen Unterhaltsschadens vgl BGH FamRZ 1984, 142; 83, 567; Bamberg FamRZ 1983, 914; 81, 448; vgl auch BGH FamRZ 1984, 462; NJW 1986, 984; JR 1989, 65. Vgl auch BGH FamRZ 1990, 848; Berechnung des Unterhaltsschadens auf Grundlage der Bruttoeinkommen der Ehepartner, wenn und solange das Finanzamt die von den Eheleuten einbehaltenen Steuerbeträge zurückzuerstatten hatte und diese voll dem Familienunterhalt zur Verfügung standen.

III. Das Recht zur Erwerbstätigkeit

13 Die Schranke, die der Gesetzgeber der Wahl und Ausübung einer Erwerbstätigkeit setzt, erwächst aus den Belangen des anderen Ehegatten und der Familie, auf die gebotene Rücksicht zu nehmen ist. Damit soll die übermäßige Belastung des Partners sowie eine Vernachlässigung der Familie, insbesondere der Kinder, vermieden werden. Der Begriff der Familie ist dabei wie zuvor in § 1356 I S 2 aF weit zu verstehen, umfaßt also uU auch Personen, denen gegenüber eine sittliche Verpflichtung zur Pflege und Betreuung besteht (BT-Drucks 7/4361, 26). Als Teil der gebotenen Rücksichtnahme sieht es der Gesetzgeber an, die Erwerbstätigkeit so einzurichten, daß Gemeinschaftsaufgaben sachgerecht erfüllt werden können.

14 Die **Durchsetzung des Gleichberechtigungsgrundsatzes** hat sich unter dem Aspekt der Erwerbstätigkeit vielfach zum Nachteil für die Frau ausgewirkt. Im gesellschaftlich-sozialen Bereich hat die Abkehr vom Leitbild der „Nur-Hausfrau", wie dieser Begriff es schon in sich birgt, zur Stellung der Frau als Hausfrau und Erwerbstätige geführt und somit in vielen Fällen praktisch eine Doppelbelastung bewirkt. Diesen Auswirkungen des „geänderten Bewußtseins" setzt der Gesetzgeber keine rechtlichen Schranken oder Leitlinien, die solche Überbelastungen zu verhindern suchen. Auf eine außerhalb des Gesetzes durch die Bevölkerung selbst erfolgende Änderung zu einer wirklich gleichberechtigenden und auch gleichbelastenden Rollenverteilung durch die vom Gesetzgeber gewünschte autonome Funktionsteilung zwischen den Ehegatten kann der Gesetzgeber nur hoffen.

15 Ist die Haushaltsführung einem Ehepartner allein überlassen, so schließt das für ihn zwar nicht die Aufnahme einer Erwerbstätigkeit aus. Es gilt aber grundsätzlich das, was bisher nach dem Leitbild der Hausfrauenehe galt, dh die **Haushaltsführungspflichten** in Ehe und Familie haben **grundsätzlich Vorrang**, BGH FamRZ 1959, 203. Zulässigkeit und Umfang einer zusätzlichen Erwerbstätigkeit des haushaltführenden werden ua durch die objektiven häuslichen Gegebenheiten, Zahl und Alter der zu betreuenden Kinder oder Möglichkeiten des Partners zur Mithilfe bestimmt. Entscheidend sind grundsätzlich nicht allein die persönlichen Wünsche und Neigungen eines Ehegatten. Soweit die Erwerbstätigkeit sich mit den Haushaltsführungspflichten verträgt, ist der betreffende Ehegatte zu ihr ohne weiteres berechtigt. Dies wird in kinderlosen Ehen weit eher der Fall sein. Der Vorrang der Pflicht zur Haushaltsführung entfällt, wenn die zusätzliche Berufstätigkeit des haushaltführenden Partners nach § 1360

zum Erwerb des Familienunterhalts erforderlich ist, Stuttgart FamRZ 1961, 526. Zur Verpflichtung zur Erwerbstätigkeit vgl § 1360 Rz 7. Eine Berechtigung zur Erwerbstätigkeit der haushaltführenden Frau kann sich zB daraus ergeben, daß sie für den Unterhalt nicht gemeinschaftlicher Kinder oder bedürftiger Eltern zu sorgen hat; vgl auch BGH FamRZ 1980, 43; Köln FamRZ 1979, 328; ein wiederverheiratetes Elternteil wird durch die Übernahme der Haushaltsführung in der neuen Ehe von seiner Unterhaltspflicht gegenüber minderjährigen unverheirateten Kindern aus einer früheren Ehe grundsätzlich nicht entlastet, vgl BGH u Köln aaO; BGH FamRZ 1982, 25 u 590; FamRZ 1981, 341; Frankfurt FamRZ 1979, 622; Bremen FamRZ 1979, 623; Hamm FamRZ 1980, 73. Deshalb ist er grundsätzlich zur Aufnahme einer Berufstätigkeit sogar verpflichtet, bei einem Kind wenigstens zu einer entspr Nebentätigkeit (aA insoweit Hamm FamRZ 1980, 73). Der andere Gatte muß nach § 1356 II die durch diese „Unterhaltshypothek" veranlaßte Beeinträchtigung gemeinschaftlichen Ehelebens hinnehmen. Bei Nichtausübung der Erwerbstätigkeit in diesen Fällen ist der Unterhalt der Kinder aus 1. Ehe von einem fiktiven Einkommen zu ermitteln, freilich unter Abzug des Selbstbehalts, vgl Hamm FamRZ 1980, 73; s vor § 1353 Rz 25. Die Unterhaltspflicht kann aber bei Betreuung eines nichtehelichen Kindes aus einer neuen Gemeinschaft wegfallen, BGH FamRZ 1995, 598. Das Recht des haushaltführenden Partners auf Berufstätigkeit ist auch unter Würdigung seines allgemeinen Persönlichkeitsrechts (Art 1 I iVm 2 I GG) zu beurteilen, zB wenn eine Frau schon vor der Ehe lange und mit Erfolg berufstätig war oder ihre Betätigung auch für die Öffentlichkeit von Bedeutung ist. Auch der haushaltführende Ehepartner kann eine Berufstätigkeit ohne Genehmigung des anderen eingehen. Verletzt er dadurch seine Pflichten, so ist der Partner auf die Herstellungsklage verwiesen; er kann zB nicht eigenmächtig den Arbeitsvertrag kündigen. Die Schranken, die einer Erwerbstätigkeit durch die übernommene Pflicht zur Haushaltsführung gesetzt sind, müssen in gleicher Weise auch für eine sonstige außerhäusliche Tätigkeit gelten, die nicht auf Erwerb gerichtet ist, zB eine ehrenamtliche oder der Liebhaberei dienende künstlerische oder sportliche Betätigung. Auch eine solche Tätigkeit darf die für die Familie lebensnotwendige Erfüllung der einmal übernommenen Pflichten zur Haushaltsführung und Kinderbetreuung nicht gefährden. Auch der erwerbstätige Teil handelt unter Umständen ehewidrig, wenn er durch eine derartige Tätigkeit seine Erwerbsarbeit vernachlässigt und die wirtschaftlichen Interessen der Familie aufs Spiel setzt.

IV. Mitarbeit im Beruf oder Geschäft des anderen Ehegatten

1. Verpflichtung zur Mitarbeit. Die in § 1356 II aF normierte Verpflichtung eines jeden Ehegatten zur Mitarbeit im Beruf oder im Geschäft des anderen hatte der Gesetzgeber nicht wieder aufgenommen, da diese aus der ehelichen Lebensgemeinschaft in ihrer besonderen Ausgestaltung im Einzelfall erwachse und damit ihre Grundlage in § 1353 finde, in den übrigen Fällen aber nicht mehr gerechtfertigt sei (BT-Drucks 7/650, 98). Eine Pflicht besteht nur dann, wenn die eheliche Lebensgemeinschaft dies fordert (Pal/Brudermüller Rz 6). Damit wird nicht mehr auf den Maßstab der Üblichkeit abgestellt (kritisch zum Begriff der Üblichkeit bereits Gernhuber FamRZ 1958, 243), da nach § 1356 II jeder Ehegatte frei über eine Erwerbstätigkeit oder die Haushaltsführung bestimmen soll. Abzustellen ist vielmehr auf die konkreten Umstände der Ehe und die sich daraus ergebenden Pflichten im Rahmen von § 1353 und der gegenseitigen Unterhaltspflicht nach § 1360 (vgl Henrich, FamR § 6 III 4). Dadurch hat sich nichts an den rechtlichen, immer noch ungelösten Problemen und Kontroversen, die seit Jahr und Tag um den Komplex der tatsächlich erfolgten Mitarbeit, Fragen der Entgeltlichkeit und der Ehegattengesellschaft kreisen, geändert. Dies wird vielfach als großes Manko der Reform angesehen, vgl MüKo/Wacke Rz 19. Eine spezielle Verpflichtungsnorm zur Mitarbeit besteht nach neuem Recht zwar nicht mehr. Dadurch ist aber die gesetzliche Verpflichtung nicht entfallen. Die Neufassung hat vielmehr im wesentlichen nur die dogmatische Grundlage von der Spezialnorm des § 1356 II auf die §§ 1353 und 1360 verschoben (Lüderitz, FamR § 12 II Rz 225). Die Mitarbeitspflicht ergibt sich nun unmittelbar daraus, daß jeder Ehegatte gehalten ist, die eheliche Lebensgemeinschaft auch durch die erforderlichen Unterhaltsleistungen zu sichern, sowie aus der allgemeinen Beistandspflicht im Rahmen des § 1353, deren Präzisierung die Mitarbeitspflicht ist, vgl dazu BGH FamRZ 1980, 776. Daraus ergibt sich gegenüber dem bisherigen Recht eine gewisse Restriktion. Diederichsen NJW 1977, 217, 220 befürchtet, daß sich dadurch die Fälle der gesetzlich geforderten Mitarbeit auf „gewisse Zwangssituationen" reduzieren. Demgegenüber verbleibt § 1353 als rechtliche Grundlage einer Mitarbeit, wenn die besondere Ausgestaltung der ehelichen Lebensgemeinschaft, dh die persönlichen und wirtschaftlichen Verhältnisse der Ehegatten, sie im Einzelfall erfordert. Darauf weisen auch die Materialien ausdrücklich hin (BT-Drucks 7/650, 98); vgl RG 62, 29; BGH FamRZ 1963, 429; KG OLG 2, 385. Es bedarf insoweit keiner besonderen Vereinbarung der Partner, sondern es kommt auf die praktizierten Umstände an (vgl bereits zum alten Recht die 6. Aufl § 1356 Rz 8). Damit sind nicht nur Notsituationen einer Regelung zugeführt, sondern weiterhin wesentliche Teile der bisher unter den Begriff der „Üblichkeit" iSd § 1356 II aF subsumierten Tatbestände. Dies gilt insbesondere auch für die in der Praxis häufigen Fälle der Mitarbeit im landwirtschaftlichen Betrieb, in Arztpraxen oder mittelständischen handwerklichen und kaufmännischen Unternehmen des Partners; denn die eheliche Lebensgemeinschaft wird in diesen Fällen durch den Beruf bzw das Geschäft des einen Ehegatten häufig so geprägt, daß ihre störungsfreie Aufrechterhaltung eine Mitarbeit des anderen Gatten nicht nur in Zwangssituationen fordert. Jedenfalls ist die Kritik von Diederichsen zumindest insoweit berechtigt, als § 1356 II aF der präzisere Ansatzpunkt zur Problemlösung war und seine Beseitigung der Rspr mit der Ersatzlösung über § 1353 einen schwerer konkretisierbaren Begründungsrahmen gewährt, vgl auch Holzhauer JZ 1977, 729, 730. Eine Verpflichtung zur Mitarbeit besteht aber nicht mehr, wenn die Sicherstellung des Familienunterhalts dies nicht erfordert. Gegebenenfalls kann ein Ehegatte allerdings verpflichtet sein, seine bisherige Erwerbstätigkeit zugunsten der Mitarbeit im Geschäft des anderen aufzugeben, besonders, wenn das vor der Eheschließung in Aussicht genommen worden ist, aber auch, wenn eine Änderung der Verhältnisse es als geboten erscheinen läßt. Dies entspricht dem Gebot der Familienverträglichkeit einer Erwerbstätigkeit, § 1356 II. Auch das Maß der Mitarbeit bestimmt sich nach dem, was unter den vorliegenden Verhältnissen erforderlich ist; auch eine ganztätige Mitarbeit kann dies sein, vgl BGH FamRZ 1961, 212, noch unter

§ 1356 Familienrecht Bürgerliche Ehe

dem Gesichtspunkt der „Üblichkeit". Vorübergehende Krankheit oder Abwesenheit eines Ehegatten kann den anderen verpflichten, ihn zu vertreten, sowie er hierzu nach seinen Fähigkeiten oder Möglichkeiten (Kinder!) imstande ist. Doch scheint es zweifelhaft, ob man mit RG 133, 182 auch die Führung des Gesamtbetriebes bei langzeitiger Verhinderung des Ehegatten noch dem Abs II unterordnen kann; die selbständige Leitung des Betriebes oder eines Betriebsteiles geht über den gesetzlichen Rahmen hinaus, Warn Rspr 1918, 142. Daß der Mann das Geschäft nicht allein, sondern mit Teilhabern führt, steht der Anwendung der Vorschrift nicht entgegen, RG 148, 308; es kann aber ein Anzeichen dafür sein, daß die Tätigkeit der Frau ihre gesetzliche Verpflichtung überschreitet, LAG Leipzig DJZ 1936, 265. Die Mitarbeitspflicht des Ehegatten erstreckt sich, soweit erforderlich, auch auf eine gleichgeordnete leitende Tätigkeit (zutr Henrich, FamR § 6 III 4a), beschränkt sich also nicht, wie es die Auslegung des § 1356 aF zuließ, auf eine helfende, untergeordnete, sogenannte „nichttragende" Tätigkeit, vgl BVerfG FamRZ 1962, 104 unter Hinweis auf Siebert, Arbeits- und Sozialrechts-(Beteiligungs-)Verhältnisse zwischen Ehegatten, Steuerberater-Jahrb 1958/1959, S 209; Nikisch, Arbeitsrecht, 3. Aufl Bd 1, § 14b; Gernhuber FamRZ 1958, 249; Wägenbaur JZ 1958, 396. Wenn ein Ehegatte die Haushaltsführung übernommen hat, ist er im allgemeinen, zumal wenn kleine Kinder vorhanden sind (vgl BGH FamRZ 1961, 212), nicht verpflichtet, sich ganz oder überwiegend der Mitarbeit im Geschäft des Partners zu widmen und seine häuslichen Aufgaben durch andere Kräfte wahrnehmen zu lassen. Der mithelfende Ehegatte ist idR als Verrichtungsgehilfe im Sinne des § 831 anzusehen, RG 152, 227. Die Mitarbeit im Geschäft des Ehepartners gibt einem Ehegatten nicht schlüssig eine Vertretungsmacht, zB zur Bestellung einer Kundenzeitschrift, Köln DB 1965, 1554.

17 Eine Ehefrau, die im **Rahmen ihrer Mitarbeit im Betrieb** ihres Ehemannes dessen Kraftwagen führt, kann von ihm nicht mit Schadensersatzansprüchen belastet werden, die aus der besonderen Gefahr der aufgetragenen Tätigkeit folgen, BGH VersR 1967, 504. Aus einer Verletzung der Pflicht zur Mitarbeit können keine Schadensersatzansprüche hergeleitet werden, weil die Folgen der Verletzung familienrechtlicher, insbesondere durch die Ehe begründeter Pflichten im Familienrecht abschließend geregelt sind und grundsätzlich nicht aus dem Schuldrecht hergeleitet werden können (vgl dazu BGH NJW 1957, 670). Im gesetzlichen Güterstand der Zugewinngemeinschaft kann aber der andere Ehegatte gegebenenfalls auf vorzeitigen Ausgleich des Zugewinns klagen (§ 1386 I) und die Erfüllung der Ausgleichsforderung ganz oder teilweise verweigern (§ 1381). Ein Recht zur Mitarbeit im Geschäft des anderen steht einem Ehegatten grundsätzlich nicht zu, vgl Staud/Hübner/Voppel Rz 38. Ein Ehegatte kann aber ehewidrig handeln, wenn er ohne vernünftige Gründe eine Mitarbeit des anderen ablehnt und diesen hierdurch schwer kränkt oder vor der Umwelt herabsetzt. Die Aufhebung der häuslichen Gemeinschaft beendigt auch die Verpflichtung zu dieser Mitarbeit.

18 **2. Deliktrechtliche Konsequenzen.** Wird der mitarbeitende Ehepartner verletzt oder getötet, stellen sich beim Schadensersatz bei Verletzung oder Tötung des haushaltführenden Ehegatten (s Rz 9ff) vergleichbare Probleme. Soweit eine auf den og unterhaltsrechtlichen Grundlagen beruhende Verpflichtung zur Mitarbeit bestand, hat sich durch die Streichung des § 1356 II aF am deliktsrechtlichen Schutz nichts geändert. Der BGH hatte zunächst noch angenommen, daß § 845 in den Fällen der Mitarbeitspflicht nach § 1356 II anwendbar bleibe (BGH 50, 305; FamRZ 1969, 595; VersR 1971, 423). In NJW 1972, 2217, 2222 hat der 6. Zivilsenat diese Rspr aufgegeben. Er sieht die Pflicht nach § 1356 II aF als eine materiell der Haushaltsführung gleichzusetzende Unterhaltspflicht an. Ist durch rechtskräftiges Feststellungsurteil entschieden, daß dem anderen Ehegatten für die entgangenen Dienste des Verletzten eine Rente zustehe, so hat der danach erfolgte Wandel in der Rspr auf den Rentenanspruch keinen Einfluß, BGH FamRZ 1970, 378; Oldenburg DAR 1971, 47.

19 Der Anspruch eines Ehegatten auf Ersatz des Schadens, der durch den Ausfall der Mitarbeit des anderen entsteht, greift **nur noch bei Tötung gem § 844 II** durch, BGH FamRZ 1993, 411. Im übrigen ist nur der verletzte Ehegatte selbst nach Deliktsrecht (§ 823) anspruchsberechtigt, da insofern § 845 nicht eingreift, vgl Kropholler, FamRZ 1969, 246; aA Fenn aaO, S 172ff, 547 mwN. Die Mitarbeit ist nämlich echte Unterhaltsleistung im Sinne des § 1360. Diese Konsequenz hat im Anschluß an BGH 50, 304 der BGH in NJW 1972, 2217, 2221 und FamRZ 1980, 776ff gezogen; vgl Karlsruhe FamRZ 1975, 341 zur Mitarbeit in einer Ehegatten-(Außen-)Gesellschaft m Anm Fenn. Die Mitarbeitspflicht als Teil der Unterhaltsleistung hängt entscheidend von den wirtschaftlichen Verhältnissen der Ehegatten ab. Entspricht der Aufwand diesen Verhältnissen nicht, so bleibt er insoweit unberücksichtigt, BGH VersR 1971, 423. Die Grundsätze der Vorteilsausgleichung sind auf den Anspruch aus § 844 II anwendbar. Ermöglicht der Unterhaltsbeitrag, den die zweite Frau aus ihrem beruflichen Einkommen leistet, die Einstellung einer weiteren Hilfskraft, so ist dieser Aufwand auf die Schadensersatzforderung anzurechnen. § 843 IV steht dem nicht entgegen, weil dort nur die Anrechnung von Unterhaltsleistungen solcher unterhaltspflichtiger Angehörigen ausgeschlossen wird, die schon beim Eintritt des schadenstiftenden Ereignisses vorhanden waren, BGH FamRZ 1970, 378. Zur Schadensberechnung vgl Rz 11f.

20 Ersatzansprüche nach § 844 II entstehen aber nur, wenn die Tätigkeit des getöteten Ehegatten **Erfüllung seiner Unterhaltspflicht** war. Sie sind deshalb ausgeschlossen, soweit die Mitarbeit auf Grund eines Gesellschaftsvertrages (BGH VersR 1923, 178) oder eines Arbeitsverhältnisses mit dem anderen Ehegatten erbracht wurde, vgl Fenn aaO; Lieb, Die Ehegattenmitarbeit im Spannungsfeld zwischen Rechtsgeschäft, Bereicherungsanspruch und gesetzlichem Güterstand, 1970. Zur Haftung des Dritten aus Vertrag vgl BGH WM 1969, 1481. Arbeitet ein Ehegatte im Geschäft des anderen über seine Pflichten nach §§ 1353, 1360 hinaus mit, so sind Ansprüche aus § 844 II ausgeschlossen, auch wenn eine vertragliche Verpflichtung zur Mitarbeit nicht besteht. Auch insoweit hat sich gegenüber der hier vertretenen Ansicht zum alten Recht nichts geändert, vgl die 6. Aufl Rz 9, weiter Lüke AcP 178, 1, 17; Holzhauer JZ 1977, 729f; Diederichsen NJW 1977, 217, 220. Zur Konkurrenz der Ansprüche mehrerer Familienmitglieder (§§ 842–845) vgl Wussow FamRZ 1967, 189.

21 **3. Entgelt für Mitarbeit des Ehegatten.** Die Mitarbeit hat ihre Grundlage im Familienrecht, beruht auf dem Willen der Eheleute, nach besten Kräften zum wirtschaftlichen Erfolg der Ehe beizutragen, und ist schon deshalb

idR unentgeltlich zu leisten, so früher hM; Finke MDR 1957, 451; Reinicke NJW 1957, 935. Der mitarbeitende Ehegatte erhielt nach dieser Auffassung die Vergütung für seine Leistung durch den Anspruch, daß der andere aus seinen Geschäftseinkünften angemessen zum Familienunterhalt beizutragen habe, uU auch durch den Zugewinnausgleich. Diese Auslegung hat dem § 1356 vor dem Gleichberechtigungsgesetz die Bezeichnung „Sklavenhalterparagraph" (Scanconi in Anm zu RG JW 1932, 1349) eingetragen. Demgegenüber wurde für § 1356 aF die regelmäßige Entgeltlichkeit der Mitarbeit behauptet und Unentgeltlichkeit allenfalls bei unbedeutenden Hilfeleistungen angenommen, so RGRK Anm 19, 20, besonders Gernhuber FamRZ 1958, 243; 1959, 465; § 1356 aF, nunmehr §§ 1353, 1360 könnten nur die Pflicht zur Mitarbeit begründen, sagten aber nichts über das Entgelt. In der modernen Ehe gingen beide Eheleute davon aus, daß die Mitarbeit des einen Teils nicht zur einseitigen Bereicherung des anderen führen dürfe; der Ausgleich des Zugewinns sei unzulänglich, so daß bereits während der Ehe laufende Zahlungen zu leisten seien; idS auch Müller-Freienfels FS Nipperdey I S 629, der für neue Auffassung vor allem die veränderten Verhältnisse anführt, unter deren Berücksichtigung die Entgeltlichkeit der Arbeit des mitarbeitenden Ehegatten eine Forderung sozialer Gerechtigkeit sei. Auch Staud/Hübner/Voppel Rz 66 tritt für einen „Beteiligungsanspruch" des mitarbeitenden Ehegatten am gemeinsam erzielten Arbeitsergebnis ein; ebenso Henrich, FamR § 6 III 4b; abl Soergel/H. Lange, § 1356 Rz 28. Das BVerfG hatte sich im wesentlichen dieser Auffassung in zwei Entscheidungen angeschlossen, durch die es § 8 Nr 5 und 6 GewStG vom 1. 12. 1936 wegen Verstoßes gegen Art 3 I GG für nichtig erklärt hat, FamRZ 1962, 100ff und 106f: gehe die nach den Verhältnissen der Ehegatten übliche Mitarbeit über den Rahmen unbedeutender Hilfeleistungen hinaus, so sei sie idR nicht mehr unentgeltlich. Mit der in § 1353 mitverstandenen Pflicht zur ehelichen Gesinnung sei die Geltendmachung vereinbarter Rechte aus einem Arbeitsvertrag ebensowenig unvereinbar wie die Geltendmachung irgendwelcher anderer vertraglicher Rechte. Eher könne man sagen, daß die schon schuldrechtlich gebotene Erfüllung vertraglicher Vereinbarung von Ehegatten untereinander erst recht erwartet werden dürfe.

Es war nach der Rspr des BVerfG vorauszusehen, daß sie auch zur Auslegung des § 1356 II aF dem **Rechtsgedanken** der Ehe und deren Materialisierung weiter die Schleusen öffnen würde. Hieraus erwuchs die Gefahr, daß sich die „rechte eheliche Gesinnung" des § 1353 zur rechten Wirtschaftsgesinnung unter den Eheleuten wandelt. Die steuerrechtlichen Folgerungen des BVerfG waren zu begrüßen, vgl die Anm der Redaktion in FamRZ 1962, 106. Der Gefahr des Mißbrauchs könne, wie das Gericht glaubt, mit den „üblichen Mitteln im Einzelfall" entgegengetreten werden. Dabei taucht allerdings die Frage auf, ob die Verallgemeinerung, die in dieser Bewertung der Mitarbeit liegt, nicht in folgerichtiger Durchführung des Gleichheitssatzes (Art 3 I GG) dazu führen müßte, auch der Ehefrau, die wegen ihrer Sorge für den Haushalt und die Kinder im Beruf oder Geschäft des Mannes nicht mitarbeiten kann, einen Ausgleichsanspruch zuzubilligen, der nicht erst bei der Beendigung der Ehe entsteht. Der Gleichheitssatz, der in der Bewertung der Mitarbeit mit der denkgesetzlichen Konsequenz des BVerfG durchgeführt wird, stellt damit auch die Frage, ob der Zugewinnausgleich im gegenwärtigen gesetzlichen Güterstand mit Art 3 I GG vereinbar ist. Das aber wäre ein weiterer Grund dazu, den Eheleuten zu empfehlen, einen Ehevertrag abzuschließen und das Rechtsschicksal der Ehe nicht den dispositiven Vorschriften des ehelichen Güterrechts zu überlassen. Mit Recht hat schon Wägenbaur (FamRZ 1958, 398) darauf hingewiesen, daß die Auffassung Gernhubers (FamRZ 1958, 243) dazu führt, die rechtspolitische Zwecksetzung im Ehegüterrecht zu umgehen.

Gegenüber der Ansicht, die hier vertreten worden ist, hat Hanau (AcP 165, 220ff, 277) eingewandt, der Vorwurf ehewidrigen Vorteilsstrebens müsse gerade dem Ehegatten gemacht werden, der die Vorteile, die durch gemeinsame Arbeit erworben sind, für sich allein erhalten wolle. Hanau stellt darauf ab, ob die Mitarbeit, die im Rahmen des üblichen geleistet worden ist, durch überdurchschnittliche Unterhaltsleistungen des begünstigten Ehegatten ausgeglichen wird. Ähnlich leitet Kropholler FamRZ 1969, 241ff einen Ausgleichsanspruch des über den nach § 1360 geschuldeten Unterhalt hinaus, jedoch im Rahmen der Üblichkeit mitarbeitenden Ehegatten aus der Pflicht des anderen Gatten zur ehelichen Lebensgemeinschaft in § 1353 ab. Vgl zu dieser Frage auch Fenn, Die Mitarbeit in den Diensten Familienangehöriger, 1970, S 210ff und Lieb, Die Ehegattenmitarbeit im Spannungsfeld zwischen Rechtsgeschäft, Bereicherungsausgleich und gesetzlichem Güterstand, 1970, S 57ff.

Demgegenüber hielt der BGH (46, 385; FamRZ 1966, 492; 1961, 214) und die Rspr der übrigen Gerichte (vgl Schleswig SchlHA 1962, 144; LG Konstanz FamRZ 1962, 260 mit abl Anm Thomä) daran fest, daß die Mitarbeit im gesamten Bereich des § 1356 II aF grundsätzlich unentgeltlich geleistet werde. Sie sollte erhalten bleiben. Die Kritik an ihr übersieht zumeist, daß der mitarbeitende Ehegatte auch an dem durch seine Leistung mit ermöglichten höheren Lebensstandard teilnimmt, ein Ausgleich deshalb oft in dieser Beteiligung am Gewinn des Erwerbsbetriebes eintritt. Endlich kommt es mindestens zu einer teilweisen Abgeltung im Zugewinnausgleich. Auch bei Gütertrennung liegt eine entgeltliche Leistung vor, sofern der Ehemann aus seinem Verdienst Wertpapiere zur gemeinsamen Alterssicherung der Eheleute erwirbt und davon der Hälfte der Ehefrau zuwendet, wenn sich die Alterssicherung in einem Rahmen hält, der mit Rücksicht auf die Einkommensverhältnisse des Mannes einerseits und die Art und Dauer der von der Ehefrau in der Ehe geleisteten Arbeit andererseits als angemessen erscheint, BGH JR 1972, 244f mit insoweit zust Anm Kühne. Nach der Reform sind diese Grundsätze auf die nunmehr aus §§ 1353, 1360 folgende Mitarbeitspflicht zu übertragen. Soweit eine Mitarbeit nach den dargestellten Voraussetzungen (so Rz 16) **erforderlich** ist (Unterhaltspflicht), erfolgt sie grundsätzlich unentgeltlich (dagegen Lüke AcP 178, 1, 16). Im übrigen – das berücksichtigt auch Müller-Freienfels aaO S 634 – hat der Meinungsstreit um die Entgeltlichkeit der Mitarbeit des Ehegatten deswegen nur wenig praktische Bedeutung, weil es den Ehegatten freigestellt ist, durch Vertrag eine Vergütung für die Mitarbeit zu vereinbaren. Diese Vergütung schulden die Ehegatten einander, ohne daß sie die Form des Ehevertrages zu wahren brauchen, RG Gruch 62, 244. Meist wird man einen derartigen Vertragsschluß durch schlüssiges Verhalten der Ehegatten annehmen können, vgl aber Rz 25. Diese vertragliche Zusage wird vielfach bereits ein Anhalt dafür sein, daß die Ehegatten den Rahmen der erforder-

§ 1356 Familienrecht Bürgerliche Ehe

lichen Mitarbeit als überschritten ansehen, deshalb liegt keine Schenkung vor, RG 64, 327. Übersteigt die Mitarbeit das Erforderliche, so ist sie nicht geschuldet, also nicht unentgeltlich geleistet. Dann soll sie idR gegen eine Vergütung oder eine irgendwie geartete Beteiligung am Ergebnis geleistet werden, BGH FamRZ 1961, 431. Die Rechtfertigung des Anspruches auf ein Entgelt ist in verschiedener Weise versucht worden.

24 a) Das RG glaubte, nach Scheidung der Ehe nur mit einem **Bereicherungsanspruch aus § 812 I S 2** helfen zu können, wenn durch die Mitarbeit des Ehegatten die Aufwendungen für eine fremde Arbeitskraft erspart wurden, RG 158, 380ff; RG HRR 1939 Nr 1221. Dieser Weg ist unzulänglich und gekünstelt, Gernhuber FamRZ 1958, 243. Allerdings können Mittel, die in Erwartung des Bestandes der Ehe dem anderen Ehegatten zugewandt werden, nach § 812 I S 2 Hs 1 zurückgefordert werden, wenn die Ehe frühzeitig geschieden wird, BGH BB 1967, 1452; FamRZ 1972, 363. Einen flexibleren Maßstab sieht der BGH zutreffend nunmehr in der Rückabwicklung solcher „familienrechtlichen Verträge besonderer Art" nach den Grundsätzen über den **Wegfall der Geschäftsgrundlage** (§ 313), BGH 84, 361 (für den Fall, daß bei Gütertrennung ein Ehegatte den Erwerb eines Hausgrundstücks durch den anderen mitfinanziert und beim Ausbau des Familienheims erhebliche Arbeitsleistungen erbracht hatte); BGH NJW 1974, 1554f; BGH WM 1974, 1024; BGH JR 1972, 244 mit Anm Kühne; vgl auch Düsseldorf FamRZ 1976, 344; BGH FamRZ 1976, 334; zust Henrich FamRZ 1975, 533, 537f. Ein Ausgleich nach diesen Grundsätzen kommt nicht in Betracht, wenn die Zuwendungen den Betrag nicht übersteigen, den der Empfänger ohne sie als Zugewinnausgleich geltend machen könnte, BGH 65, 320; BGH FamRZ 1977, 458; zur Rückgewähr ehebedingter Zuwendungen vgl § 1363 Rz 4. Für die Bemessung des Rückforderungsanspruchs nach § 313 bei Scheidung sind danach ua maßgeblich das Alter der Eheleute, die Dauer der Ehe, das Ausmaß der Mitarbeit der Ehefrau, gegenwärtige Einkommensverhältnisse und künftige Verdienstmöglichkeiten, nicht aber – wegen der Beseitigung des Verschuldensprinzips bei Scheidung – ein Verschulden bezüglich der Eheverfehlungen, die zur Scheidung veranlaßt haben, aA zu letzterem Kühne aaO. Zum Ausgleichsanspruch unter Ehegatten gem § 426 nach Scheitern der Ehe vgl BGH FamRZ 1983, 795 u 797.

25 b) **Der ausdrückliche oder stillschweigende Abschluß eines Dienstvertrages.** Die Ehegatten können das eheliche Mitarbeitsverhältnis dem Familienrecht entziehen, um es dem Schuld- oder Arbeitsrecht zu unterstellen. Dabei ist Vorsicht geboten, damit nicht im Wege der Willensfiktion den Ehegatten Erklärungen untergeschoben werden, die im Ergebnis sehr häufig nicht ganz auf die familienrechtlichen Verhältnisse passen, Gernhuber FamRZ 1958, 243; Nikisch, Arbeitsrecht, 3. Aufl 1961 § 14 IV 2, b. Entgegen der früheren Rspr der Arbeitsgerichte (RAG 6, 282, 2548ff; RAG ARS 10, 161ff; 13, 468ff; 14, 565ff) geht die Vermutung gegen den Abschluß eines Dienstvertrages und für den Abschluß eines Gesellschaftsvertrages, BGH FamRZ 1961, 212; RGRK Anm 22; zum Arbeitsverhältnis zwischen Familienangehörigen auch Leuze und Ott FamRZ 1965, 17 und 20. Außerdem wird der Erwerbswille dem mitarbeitenden Ehegatten häufig fehlen, BGH 46, 385; LAG Mannheim DB 1970, 836; eingehend dazu Fenn aaO. Ein Ehegattendienstvertrag setzt beiderseits Rechtsbindungs- und Geschäftswillen voraus, die aus dem Empfängerhorizont erkennbar sind. Diese Willenseinigung muß sich darauf erstrecken, daß sowohl die Arbeit als auch das geschuldete Entgelt ihren Rechtsgrund im Dienstvertrag finden soll. Die Einigung kann sich dabei schlüssig vollziehen. Fehlen ausdrückliche Erklärungen, so ist aus den Umständen des Einzelfalles zu entnehmen, was die Parteien nach den herkömmlichen Rechtsgrundsätzen über die Auslegung von Verträgen gewollt haben. Die Grenze zwischen einem abhängigen Beschäftigungsverhältnis mit Entgeltzahlung und einer nicht versicherungspflichtigen Beschäftigung läßt sich nur schwer ziehen. Hierbei sind insbesondere die Eingliederung des Ehegatten in den Betrieb, die vertragliche Regelung über die Höhe der Geld- und Sachbezüge und ihr Verhältnis zu Umfang und Art der verrichteten Tätigkeit sowie zu der Bezahlung vergleichbarer fremder Arbeitskräfte und die steuerliche Behandlung wesentlich. Werden dem Ehegatten neben Kost, Wohnung und Kleidung nur geringfügige Barbeträge gewährt, so wird allerdings idR kein entgeltliches Beschäftigungsverhältnis vorliegen (BGH NJW 1994, 341 mwN). Ist der mitarbeitende Ehegatte stark verschuldet, so kann auch dann noch nicht darauf geschlossen werden, er wolle einen Dienstvertrag abschließen, wenn er seine ganze Arbeitskraft dem Betrieb des anderen widmet. Vielmehr wird es in seinem Interesse liegen, lediglich an dem gesteigerten Lebensstandard des anderen Ehegatten teilzuhaben, der aus dem Betrieb gezogen werden kann, LAG Mannheim DB 1970, 836; zur zweckmäßigen Ausgestaltung solcher Verträge Noerenger, Ehegatten-Arbeitsverträge, 8. Aufl 2000. Der zivilrechtlichen Gültigkeit eines Ehegatten-Arbeitsverhältnisses steht allerdings die Zahlung eines unüblich niedrigen Entgelts nicht entgegen, BFH BB 1984, 122. Es ist jedoch dann nicht von einem Ehegatten-Unterarbeitsverhältnis auszugehen, wenn die übertragenen Tätigkeiten ansonsten ehrenamtlich von Dritten unentgeltlich übernommen wurden (BFH NJW 1997, 1872; sa Depping, Das Unterarbeitsverhältnis zwischen Ehegatten, BB 1991, 1981). Der Ausschluß der bei ihrem Ehegatten beschäftigten Arbeitnehmer von der Rentenversicherung der Angestellten verstößt gegen Art 3 I iVm Art 6 GG, BVerfG FamRZ 1995, 43 mit Anm Gumpert. Zur Berücksichtigung von Arbeitsverträgen zwischen Ehegatten im Steuerrecht vgl BVerfG FamRZ 1963, 414. Die Versagung der steuerlichen Anerkennung eines Ehegattenarbeitsverhältnisses allein deshalb, weil das Gehalt auf das Konto des Arbeitgeberehegatten überwiesen wurde, auf das der Arbeitnehmerehegatte indessen Zugriff hat, beinhaltet ebenfalls eine Verletzung von Art 3 I GG (BVerfG FamRZ 1996, 599; s Genthe, Arbeitsverträge zwischen Ehegatten auf dem Prüfstand der Rechtsprechung des BFH FuR 1992, 207 – Teil 1, 346 – Teil 2).

Ein Bereicherungsanspruch aus der „Zweckverfehlung" im Sinne des § 812 I S 2 Fall 2 ist allenfalls berechtigt, wenn dem mitarbeitenden Gatten ohne Übernahme einer besonderen Rechtsverbindlichkeit eine Gegenleistung zugesagt worden ist, so BGH FamRZ 1967, 214, 215 für den Fall einer versprochenen testamentarischen Zuwendung; weitergehend Fenn FamRZ 1968, 296ff; ders, Die Mitarbeit in den Diensten Familienangehöriger, 1970, S 229; vgl auch Damrau FamRZ 1969, 579, 581, jeweils mwN. Zum Unfallversicherungsschutz einer Ehefrau, die ihren Mann auf Fahrten in Ausübung seiner unternehmerischen Tätigkeit begleitet, nach § 2 II SGB VII vgl BSG FamRZ 1977, 709; kein Schutz nach § 2 II SGB VII bei „Gefälligkeitsfahrten" im Rahmen der ehelichen

Lebensgemeinschaft, BSG FamRZ 1974, 183; zum Einkommensausgleich nach § 17 BVersG aF für einen ohne Arbeitsvertrag mitarbeitenden Ehegatten vgl BSG FamRZ 1975, 95. Die Frage der Entgeltlichkeit spielt auch für Gläubiger eine Rolle. Sie können in Entgeltansprüche eines Ehegatten gegen den anderen im Rahmen der §§ 850ff **ZPO** vollstrecken. Von besonderer Bedeutung ist hier § 850h ZPO. Nach BAG AP Nr 16 zu § 850h ZPO mit Anm Pecher ist dabei entscheidend, ob aus der Sicht eines Dritten eine ständige und üblicherweise zu vergütende Mitarbeit anzunehmen ist. Die ehelichen Beziehungen spielen insoweit idR nur für die Frage der Höhe der Vergütung eine Rolle. Nach BFH DB 1969, 1729 stand der Ehefrau, die über das übliche Maß hinaus mitarbeitete, auch nach § 1356 II aF in jedem Fall ein Vergütungsanspruch zu. Er war unabhängig davon, ob die Entgeltlichkeit vereinbart wurde. Kein Dienstverhältnis besteht zwischen dem Ehemann einer Gesellschafterin und der Familienpersonengesellschaft, wenn die Höhe seiner Vergütung von den Gesellschaftern jeweils am Jahresende bestimmt wird, BFH NJW 1968, 320.

c) Der ausdrückliche oder schlüssige (stillschweigende) Abschluß eines Gesellschaftsvertrages. Dem **26** gemeinschaftlichen Zusammenwirken der Ehegatten im Beruf und Erwerbsgeschäft entspricht am besten die Annahme einer **Innengesellschaft**, bei der der eine Ehegatte nach außen hin allein Geschäftsinhaber bleibt, während der andere am Gewinn beteiligt wird. Die Rspr nimmt eine Innengesellschaft an, wenn ein Ehegatte über das Maß des § 1356 II aF hinaus ohne Vergütung im Geschäft des anderen mitarbeitet. Aus der Rspr vgl BGH 8, 249; 47, 157; FamRZ 1954, 136; 1960, 104, 105; 1961, 212, 301, 431, 519, 522; 1962, 110; 1963, 343; 1963, 429; 1965, 197; 1965, 368; 1968, 589; DB 1972, 2201; MDR 1973, 35; Karlsruhe FamRZ 1973, 649 mit zust Anm Fenn; Schleswig SchlHA 1957, 98; Hamm MDR 1964, 505; vgl zur Rspr des BGH zur Ehegatten-Innengesellschaft Belz DB 1965, 133; Henrich FamRZ 1975, 533; Johannsen WM 1978, 654; Kuhn WM 1968, 1118ff; Maiberg DB 1975, 385; zu den möglichen Erscheinungsformen der Innengesellschaft vgl HP Westermann, Vertragsfreiheit und Typengesetzlichkeit im Recht der Personalgesellschaften, 1970, S 186ff. Vgl zur inneren Ausgestaltung der Ehegattengesellschaft Fries, Familiengesellschaft und Treuepflicht, 1971. Wegen der kostenrechtlichen Behandlung der Innengesellschaft vgl Ackermann DNotZ 1966, 26. Bei langjähriger Mitarbeit über den gesetzlich bestimmten Umfang hinaus kann in dem Gesamtverhalten der Ehegatten der stillschweigende (besser schlüssige) Abschluß eines Gesellschaftsvertrages gesehen werden, ohne daß ihnen bewußt geworden sein muß, daß ihre Beziehungen als gesellschaftsrechtliche zu beurteilen sind, BGH FamRZ 1960, 105; 1961, 301; DB 1972, 2201; NJW 1974, 1554f; FamRZ 1975, 35; kritisch unter dem Gesichtspunkt der Fiktion solcher Verträge Henrich FamRZ 1975, 533, 534. Zur Abgrenzung der Mitarbeit einer Ehefrau im Rahmen des § 1356 von ihrer Mitarbeit in einer Ehegattengesellschaft, vor allem zur Änderung der rechtlichen Beziehung bei später vermehrter Mitarbeit vgl BGH FamRZ 1967, 319. Das verhältnismäßig selbständige und gleichberechtigte Wirken des mitarbeitenden Ehegatten kann ein Anhaltspunkt dafür sein, BGH FamRZ 1961, 431, 522 (Mitunterzeichnen von Schulddurkunden in dem gemeinschaftlich betriebenen Geschäft), ebenso die selbständige Leitung eines Betriebes durch den einen Ehegatten, dem der Betrieb nicht gehört, der ihn aber doch unter Einsatz seiner vollen Arbeitskraft und notwendigen Sachkunde führt, BGH FamRZ 1968, 589. Eine Innengesellschaft der Ehegatten setzt aber voraus, daß **ein gemeinschaftlicher Gesellschaftszweck festgestellt werden kann, der über die Verwirklichung der ehelichen Lebensgemeinschaft hinausgeht**, BGH NJW 1995, 3383; BGH FamRZ 1975, 35; FamRZ 1960, 59 in st Rspr, daß etwa eine Berufsgemeinschaft vorliegt, BGH FamRZ 1961, 301; laut BGH FamRZ 1990, 973 (vgl auch BGH FamRZ 1990, 1220 mwN) steht der Annahme einer Innengesellschaft unter Eheleuten nicht entgegen, daß Eheleuten die Erträge gemeinsamer gleichberechtigten Tätigkeit (Unternehmensaufbau, sonstige berufliche gewerbliche Tätigkeit) neben der Bildung von Vermögen als Lebensunterhalt dienen, da ein über den typischen Rahmen der ehelichen Lebensgemeinschaft hinausgehender Zweck verfolgt wird. (Die Haftung der Gesellschafter ist in einem solchen Fall in 1. Linie durch Auslegung des Gesellschaftsvertrages festzustellen); Näheres bei Müller-Freienfels, Die Gesellschaft zwischen Ehegatten, Eranion für G S Maridakis, Athen 1963, Bd II, 364ff; kritisch zur Anknüpfung an den Zweck wegen der Abgrenzungsschwierigkeiten zur ehelichen Lebensgemeinschaft Rolland Rz 28, der auf die Struktur der wirtschaftlichen Beziehungen abstellen will. Eheleute können sich zum Zweck des Erwerbs und Haltens eines Familienheims in der Rechtsform einer Gesellschaft bürgerlichen Rechts zusammenschließen, BGH FamRZ 1982, 141; aA Köln DNotZ 1967, 501 hinsichtlich der Eintragung eines Wohnungsrechts gem § 1098. Krit zum BGH K. Schmidt AcP 182, 481, der auf die Gefahren hinweist, die planvollen gesetzgeberischen Entscheidungen auf dem Gebiet des Immobiliarsachenrechts und hinsichtlich des § 311b I durch die infolge der Schaffung einer „Eigenheim-Gesellschaft" eintretenden Mobilisierung des Grundeigentums drohen, K. Schmidt, aaO 487ff. Zu der Frage, ob und unter welchen Umständen aus der Überlassung größerer Geldbeträge in das Geschäft des Ehemannes auf eine Innengesellschaft zu schließen ist, vgl BGH FamRZ 1962, 220; BB 1963, 535 und 1964, 1025; BGH 47, 157; jedenfalls nicht schon bei nur vorübergehender Kredithilfe, BGH FamRZ 1972, 362f; Nürnberg FamRZ 1966, 512; Mitarbeit und Gleichordnung in der Tätigkeit müssen hinzukommen. Eine **Innengesellschaft wurde vom BGH bejaht** für die Mitarbeit in einer Metzgerei (BGH FamRZ 1960, 105), in einem Damenbekleidungsgeschäft (BGH FamRZ 1961, 212), in einem gewerblichen Kleinbetrieb (BGH FamRZ 1961, 431), in einem Großhandelsgeschäft mit Metallen (BGH FamRZ 1961, 519), in einem Lebensmittelgeschäft (BGH FamRZ 1961, 522), in einer Gastwirtschaft (BGH 47, 157), Mitarbeit bei der geschäftsmäßigen Errichtung von Eigentums- und Mietwohnungen unter Mithaftung der Frau für die Kredite (BGH FamRZ 1975, 35). Der gemeinschaftliche **Gesellschaftszweck wurde vom BGH verneint** für den Fall des Erwerbes eines Grundstückes zu Wohnzwecken auf den Namen des Mannes, obwohl Mittel der Frau dazu ebenfalls verwendet wurden, weil das Zusammenwohnen bereits aus § 1353 folge und aus dem Auftreten nur eines Ehegatten im Rechtsverkehr nicht auf den konkludenten Abschluß eines Gesellschaftsvertrages im Innenverhältnis der Eheleute geschlossen werden könne, BGH FamRZ 1960, 59; BGH FamRZ 1968, 23; BGH NJW 1974, 1554, dann uU Anspruch aus dem Gedanken des Wegfalls der Geschäftsgrundlage (§ 313), s Rz 24; auch die Hingabe von Geld für die Einrichtung einer Arztpraxis einschließlich der Tätigkeit als Sprechstundenhilfe bezwecken lediglich die

§ 1356 Familienrecht Bürgerliche Ehe

Verwirklichung der ehelichen Lebensgemeinschaft durch Schaffung einer sicheren Lebensgrundlage und begründen noch keinen gemeinschaftlichen Gesellschaftszweck, BGH JR 1975, 155 m Anm Kühne; ebenfalls verneint für den gemeinschaftlichen Betrieb einer Landwirtschaft im alten gesetzlichen Güterstand, wenn der Hof der Frau gehörte, BGH FamRZ 1961, 301; Celle FamRZ 1971, 28. Die Innengesellschaft wurde auch verneint bei einem von den Ehegatten betriebenen Erwerbsgeschäft, das zum Gesamtgut der vereinbarten Gütergemeinschaft gehörte (BGH FamRZ 1994, 295).

27 **Beendigt wird die Innengesellschaft** nicht durch Scheidung, sondern nach den Grundsätzen des Gesellschaftsrechts, also durch **Kündigung**, so zutreffend Fenn FamRZ 1973, 652; aA Karlsruhe FamRZ 1973, 651, das auf die Beendigung der Mitarbeit abstellt. Wird die Ehegatten-Innengesellschaft aufgelöst, so ist der Ausscheidende in Geld abzufinden, BGH FamRZ 1960, 104. Zu schuldrechtlichen Auseinandersetzungsansprüchen (sowie auch zum Vorliegen einer Ehegatten-Innengesellschaft) im Hinblick auf das Herausgabeverlangen eines Grundstückes, auf dem ein Betrieb als KG geführt wurde, dessen einziger persönlich haftender Gesellschafter der andere Partner ist, vgl BGH FamRZ 1990, 1219. Fehlt ein gemeinsamer Zweck, der über die Verwirklichung der ehelichen Lebensgemeinschaft hinausgeht, so schließt das indessen nach BGH 47, 157 eine Abwicklung in entsprechender Anwendung gesellschaftsrechtlicher Vorschriften nicht aus. In dieser Entscheidung war allerdings keine entsprechende Anwendung nötig. Erforderlich und genügend für einen Gesellschaftsvertrag ist vielmehr, daß die Ehegatten ihrer gemeinsamen Arbeit einen rechtsverbindlichen Zweck setzen wollen, kraft dessen sie die Förderung des gemeinsamen Unternehmens voneinander nicht nur erwarten, sondern auch verlangen dürfen, so auch BGH WM 1965, 795. Dabei kommt es immer nur auf den Zweck an, dem die Beiträge der Ehegatten nach ihrem übereinstimmenden Willen unmittelbar dienen sollen; ebenso schon BGH NJW 1951, 308. Dieses ist der gemeinsame Zweck des Gesellschaftsvertrags, auch wenn der gemeinsam erwirtschaftete Ertrag letztlich dem ehelichen Unterhalt dienen soll; vgl hierzu Jäger, Inhalt und Grenzen des Kartellbegriffs in § 1 des GWB, 1970, S 84f. Zur Bestimmung des Geschäftswertes einer atypischen Ehegatteninnengesellschaft vgl Hamburg MDR 1966, 273. Zur Frage, ob in einer Ehegattenkommanditgesellschaft ein Ehepartner die Ausschließungsklage (§ 140 I HGB) auf geschäftsschädigende Handlungen des anderen Ehegatten stützen kann, wenn er selbst durch Ehebruch die persönliche Vertrauensgrundlage des Ehegatten zerstört hat, vgl BGH FamRZ 1967, 279. Zur Berechnung des Schadens eines verletzten Familiengesellschafters vgl BGH DB 1972, 2201f; Schmidt VersR 1965, 320.

28 Die **Ehegatten-Innengesellschaft** hat ihre wichtigste Aufgabe im Güterstand der **Gütertrennung**. Beim gesetzlichen Güterstand der Zugewinngemeinschaft wird der Ehegatte bereits durch den Zugewinnausgleich an den Früchten seiner Mitarbeit beteiligt; das Bedürfnis zur Annahme einer Innengesellschaft ist deshalb geringer. Das heißt jedoch nicht, daß in der Zugewinngemeinschaft ein Ausgleichsanspruch für Mitarbeit bereits während bestehender Ehe ausgeschlossen ist, da beide Ansprüche eine unterschiedliche Ausgleichsfunktion verfolgen, dazu Henrich FamRZ 1975, 533, 535; ders, FamR § 6 III 4b. Zur zweckmäßigen Ausgestaltung solcher Verträge Mutze/Bülow, Ehegatten-Gesellschaftsverträge, 6. Aufl 1999.

29 d) Gernhuber FamRZ 1958, 243; 1959, 465, will den Anspruch des übermäßig mitarbeitenden Ehegatten unmittelbar aus § 1353 rechtfertigen. Ihm ist zuzugeben, daß § 1353 nicht nur personenrechtliche, sondern auch vermögensrechtliche Auswirkungen hat. Da aber genügend konkretisierte Rechtsinstitute zur Rechtfertigung des Entgelts herausgearbeitet worden sind, wäre der Rückgriff auf die Generalklausel kein dogmatischer Gewinn; vgl hierzu auch Staud/Hübner/Voppel § 1356 Rz 66, wie Gernhuber auch Ambrock, Ehe und Ehescheidung, § 1357 Anm IV.

1357 *Geschäfte zur Deckung des Lebensbedarfs*
(1) Jeder Ehegatte ist berechtigt, Geschäfte zur angemessenen Deckung des Lebensbedarfs der Familie mit Wirkung auch für den anderen Ehegatten zu besorgen. Durch solche Geschäfte werden beide Ehegatten berechtigt und verpflichtet, es sei denn, dass sich aus den Umständen etwas anderes ergibt.
(2) Ein Ehegatte kann die Berechtigung des anderen Ehegatten, Geschäfte mit Wirkung für ihn zu besorgen, beschränken oder ausschließen; besteht für die Beschränkung oder Ausschließung kein ausreichender Grund, so hat das VormG sie auf Antrag aufzuheben. Dritten gegenüber wirkt die Beschränkung oder Ausschließung nur nach Maßgabe des § 1412.
(3) Absatz 1 gilt nicht, wenn die Ehegatten getrennt leben.

1 **Schrifttum:** *Baur*, Die prozessualen Auswirkungen der Neuregelung der „Schlüsselgewalt", FS Beitzke (1979), S 111; *Brox*, „Schlüsselgewalt" und „Haustürgeschäft", FS Paul Mikat, 1989, 841–853; *Büdenbender*, Die Neuordnung der Schlüsselgewalt in § 1357, FamRZ 1976, 662; *Cebulla/Pützhoven*, Geschäfte nach dem Haustürwiderrufsgesetz und die Schlüsselgewalt des § 1357 I BGB, FamRZ 1996, 1124; *Diederichsen*, Die allgemeinen Ehewirkungen nach dem 1. EheRG und Ehevereinbarungen, NJW 1977, 217, 221; *Dörr*, Ehewohnung, Hausrat, Schlüsselgewalt, Verfügungsbeschränkungen des gesetzlichen Güterstands und vermögensrechtliche Beziehungen der Ehegatten in der Entwicklung seit dem 1. EheRG, NJW 1989, 810; *Elsing*, Probleme bei Schlüsselgewaltgeschäften minderjähriger Ehegatten, insbes in der Zwangsvollstreckung, JR 1978, 494; *Hambusch*, Nochmals: Zur Schlüsselgewalt des Ehemannes, MDR 1972, 672; *Huber*, Die „Schlüsselgewalt" (§ 1357 BGB), Jura 2003, 145; *Kämmerer*, Die Rechtsnatur der Schlüsselgewalt, FamRZ 1968, 10; *Käppler*, Familiäre Bedarfsdeckung im Spannungsfeld von Schlüsselgewalt und Güterstand, AcP 179, 245; *Mikat*, Verfassungsrechtliche Aspekte der Neuordnung der Schlüsselgewalt in § 1357 BGB, FS Beitzke (1979), S 293; *ders*, Rechtsprobleme der Schlüsselgewalt, 1981; *ders*, Zur Schlüsselgewalt in der Rechtsprechung nach der Neuordnung durch das 1. EheRG, FamRZ 1981, 1128; *Peter*, „Schlüsselgewalt" bei Arzt- und Krankenhausverträgen, NJW 1993, 1949; *Roth*, Die Mitberechtigung der Ehegatten in den Fällen des § 1357 BGB, FamRZ 1979, 361; *Schanbacher*, Geschäfte zur Deckung des Familienlebensbedarfs gem § 1357 BGB und das Verbraucherkreditgesetz, NJW 1994, 2335; *Scheffler*, Die Stellung der Frau in Familie und Gesellschaft im Wandel der Rechtsordnung seit

1918, 1970; *Schmidt Michael*, Die Anwendung der Schlüsselgewalt (§ 1357 I BGB) auf Ratenkaufverträge, FamRZ 1991, 629; *Struck*, § 1357 BGB (Schlüsselgewalt) verstößt gegen Art 6 GG, MDR 1975, 449; *ders*, Gläubigerschutz und Familienschutz, AcP 187, 404; *Vlassopoulos*, Der eheliche Hausrat im Familien- und Erbrecht, 1983; *Wacke*, Streitfragen um die neugeregelte „Schlüsselgewalt", NJW 1979, 2585; *ders*, Einzelprobleme der neugeregelten „Schlüsselgewalt", FamRZ 1980, 13; *Walter*, Der Eigentumserwerb in der Ehe, 1981 = Dingliche Schlüsselgewalt und Eigentumsvermutung – Enteignung kraft Eheschließung?, JZ 1981, 601; *Witte/Wegmann*, Schlüsselgewalt bei Teilzahlungsgeschäften?, NJW 1979, 749.

I. Grundzüge der Reform und Entwicklungsgeschichte

1. Mit der **Abschaffung des gesetzlichen Leitbildes** der Hausfrauenehe und der Statuierung einer einverständlichen Funktionsteilung durch das 1. EheRG wurde § 1357 entsprechend angepaßt. Zur Rechtsänderung vor der Änderung s Erman 9. Aufl § 1357, insb Rz 2.

2. Das **1. EheRG** hatte die Rechtsmacht auf beide Ehegatten erstreckt und von der eheinternen Funktionsteilung und der daraus resultierenden Haushaltsführung unabhängig ausgestaltet; zu den prozessualen Auswirkungen der Neuregelung der „Schlüsselgewalt" vgl F. Baur, FS Beitzke (1979), S 111. Aus den im Rahmen des § 1357 geschlossenen Rechtsgeschäften werden **beide Ehegatten berechtigt und verpflichtet**. Die Geschäfte müssen zur **angemessenen Deckung des Lebensbedarfs** geschlossen werden. Der Gesetzgeber wollte nicht auf eine entsprechende Regelung verzichten, da insbes bei der vollständigen Überlassung der Haushaltsführung an einen Partner die Rechtsmacht, den anderen Ehegatten auch verpflichten zu können, von entscheidender Bedeutung für eine effektive Verwirklichung der Funktionsteilung ist (BT-Drucks 7/650, 98). Denn der haushaltführende Ehegatte verfügt idR über kein Einkommen, muß jedoch, damit er dem Pflichtenkreis seines Funktionsbereichs gerecht wird, auch über die Bargeschäfte des täglichen Lebens hinaus Geschäfte zur Deckung des angemessenen Lebensbedarfs der Familie selbständig führen können, um dadurch zugleich seine Unterhaltspflicht (§ 1360) zu erfüllen. Die selbständige Führung des Haushalts ohne den Zwang zur Inanspruchnahme der Mitwirkung des Partners ist der Kern der Stellung des allein haushaltführenden Ehegatten, wie sie in § 1356 I S 2, also in der Übertragung der Haushaltsführung zu eigener Verantwortung, zum Ausdruck kommt. Unter diesem Aspekt wird zT die undifferenzierte Verdoppelung der mit dem herkömmlichen Begriff der „Schlüsselgewalt" an sich nicht mehr zutreffend bezeichneten Rechtsmacht (vgl Gernhuber/Coester-Waltjen, FamR § 19 IV 1) aus § 1357 kritisiert und für eine streng funktionsgebundene Ausgestaltung plädiert, vgl Bosch FamRZ 1971, 61; Hobelmann FamRZ 1971, 499f; zu Recht kritisch dazu unter Hinweis auf die Abgrenzung bei Ehe-Mischtypen Käppler AcP 179, 254; vgl auch Gernhuber/Coester-Waltjen, FamR § 19 IV 3; Holzhauer JZ 1977, 729, 731.

3. Im Vordergrund der Regelung steht der **Schutz des Rechtsverkehrs** (vgl BT-Drucks 7/650, 98f; differenziert MüKo/Wacke Rz 3). Praktische Relevanz erhält diese Schutzfunktion vor allem bei Kreditgeschäften. Nunmehr stehen dem Gläubiger im Rahmen des § 1357 kraft Gesetzes stets zwei Schuldner gegenüber. Diese Doppelsicherung kann mit der gläubigergefährdenden Funktionsteilung zwischen dem einkommenslosen haushaltführenden Partner und seinem verdienenden Ehegatten nicht mehr so allgemein gerechtfertigt werden, da § 1357 zwischen den verschiedenen Arten der Eheführung (Haushaltsführungs-, Doppelverdiener-, Zuverdienerehe) nicht unterscheidet. Zum Teil wird die Regelung daher als verfehlte Übersicherung kritisiert: vgl Büdenbender FamRZ 1976, 662, 664; Gernhuber/Coester-Waltjen, FamR § 19 IV 3; Holzhauer JZ 1977, 729, 731; Käppler AcP 179, 255; Struck MDR 1975, 449, 451ff; vgl auch MüKo/Wacke Rz 10, der der Kritik bei der Bestimmung des Umfangs der Vertretungsmacht Rechnung tragen will; Kritik unter dem Gesichtspunkt der Verschlechterung der Stellung der Frau übt Bosch FamRZ 1977, 569, 572. Vielfach wird die gesamtschuldnerische Haftung nach § 1357 dennoch als gebotener Gläubigerschutz gewertet, vgl nur MüKo/Wacke Rz 8f mwN, da die Sicherung des Gläubigers nicht davon abhängen kann, in welcher Weise die Ehegatten die Aufgaben, für den Rechtsverkehr nicht erkennbar, untereinander geteilt haben und ob diese Funktionsteilung von den Eheleuten auch tatsächlich eingehalten wird. Die Ausfallhaftung des alten Rechts andererseits war mit vielen Unzuträglichkeiten verbunden (vgl die 6. Aufl Rz 16ff). Aus den genannten Gründen der Rechtssicherheit einerseits und der typischerweise bei beiden Ehegatten liegenden Interessen an den entsprechenden Geschäften sowie den innerehelichen Ausgleichsmechanismen andererseits erscheint die generelle Statuierung einer Haftungsgemeinschaft durch § 1357 daher gerechtfertigt, so auch Lüke, FS Bosch (1976), S 636.

4. Auch dem reformierten § 1357 wurden **verfassungsrechtliche Bedenken** aus Art 2 I, 3 I, 6 I GG entgegengebracht, und zwar unter dem Gesichtspunkt der Benachteiligung von Eheleuten gegenüber Unverheirateten, insbes in eheähnlichen Gemeinschaften Lebenden, da der Gläubiger allein auf Grund der Tatsache, daß sein Vertragspartner verheiratet ist, einen zusätzlichen Schuldner erhält, Struck MDR 1975, 499ff. Auf Grund der unterhalts- und güterrechtlichen besonderen internen Ausgleichsstrukturen ist die Sonderregelung der Ehe jedoch mit der Verfassung vereinbar, zumal die Anwendung der Grundsätze über die Anscheins- und Duldungsvollmacht zu Ergebnissen führt, die § 1357 praktisch weithin entsprechen, vgl Büdenbender FamRZ 1976, 662, 664f; Gernhuber/Coester-Waltjen, FamR § 19 IV 4; Holzhauer JZ 1977, 729, 730; Käppler AcP 179, 256. Eingehend zur verfassungsrechtlichen Problematik der Neuregelung des § 1357 Mikat, FS Beitzke (1979), S 293, der die Regelung ebenfalls für verfassungsgemäß hält. Das BVerfG hat die Vereinbarkeit des § 1357 I mit dem Grundgesetz durch Beschluß vom 3. 10. 1989, BVerfG FamRZ 1989, 1273; krit Anm Derleder FuR 1990, 104, bestätigt.

II. Rechtsnatur

1. Die **wechselseitige Berechtigungs- und Verpflichtungsmacht** des § 1357 wird im Innenverhältnis der Ehegatten durch die Regelung der ehelichen Lebensgemeinschaft in §§ 1353ff bestimmt, so bereits zum alten Recht die 6. Aufl Rz 13; vgl auch Arnold FamRZ 1958, 193, 194; für die Annahme eines Geschäftsbesorgungsverhältnisses (§§ 662ff, 677ff): Lüke AcP 178, 1, 18; für gesellschaftsähnliche Beziehung (§§ 705ff): München NJW 1972,

§ 1357 Familienrecht Bürgerliche Ehe

542; Dölle FamR I § 45 III 1; Müller-Freienfels, FS Lehmann Bd I (1956), S 388, 405ff; Thiele FamRZ 1958, 115ff. Hieraus folgt auch die Pflicht jedes Ehegatten, ebenso wie bei der internen Haushaltsführung, auch bei Abschluß von Geschäften mit Dritten die Wünsche des Partners angemessen zu berücksichtigen, auf die Vermögensverhältnisse in der Ehe zu achten, den anderen über die getätigten Geschäfte zu unterrichten und ihm Rechnung zu legen, soweit die Umstände das als geboten erscheinen lassen, Pal/Brudermüller Rz 23. Dem Bedürfnis nach einem Auslagenvorschuß (früher aus § 669 abgeleitet), wird durch § 1360a II S 2 ausreichend Rechnung getragen, s § 1360a Rz 13. Die Haftung der Ehegatten untereinander richtet sich nach § 1359. Die Befugnis zur Vornahme eines Geschäfts für den Lebensbedarf der Familie richtet sich im **Innenverhältnis** nach der von den Ehegatten getroffenen Funktionsteilung iSd § 1356. § 1357 verfolgt zwar einen von der innerehelichen Aufgabenteilung losgelösten Gläubigerschutzzweck; dies betrifft aber nur das Außenverhältnis und beschneidet andererseits nicht die eheinterne eigenverantwortliche Position des haushaltführenden Ehegatten, so zu Recht Lüke AcP 178, 1, 18f; Käppler AcP 179, 272f; Pal/Brudermüller Rz 23; aA Wacke FamRZ 1977, 505, 524. Zur Zweckbindung des Wirtschaftsgeldes als Grundlage einer sozialrechtlichen Deutung des § 1357 vgl Fabricius FamRZ 1963, 112.

7 2. Das **Außenverhältnis** kann nicht mehr erschöpfend als eine **Stellvertretung kraft Gesetzes** gekennzeichnet werden. Diese Erklärung würde der eigenverantwortlichen Stellung des haushaltführenden Ehegatten und dem vertretungsrechtlichen Offenkundigkeitsprinzip nicht gerecht, vgl Henrich, FamR § 7 II 2b; Pal/Brudermüller Rz 3. Ein Ehegatte kann sowohl im eigenen als auch im fremden Namen auftreten. Er verpflichtet den Partner in beiden Fällen. Der vermögende Ehegatte kann durch Auftreten im Namen des vermögenslosen Partners seiner eigenen Mitverpflichtung nicht entgehen, es sei denn, der Ausschluß der Wirkungen des § 1357 I wird eindeutig offengelegt, BGH FamRZ 1985, 576. Regelmäßig wird der Ehegatte im eigenen Namen handeln. Wurde bei Abschluß des Rechtsgeschäftes nicht erkennbar, ob er im eigenen oder im fremden Namen handelte, so ist das im Rahmen des § 1357 ohne Bedeutung: Diese Vorschrift schaltet § 164 II aus. Handelt ein Ehepartner im eigenen Namen, so berechtigt und verpflichtet er den anderen unmittelbar kraft einer gesetzlichen Ermächtigung. Handelt er im Namen des Partners (§ 164 I), so tut er dasselbe kraft einer gesetzlichen Stellvertretung. Im letzten Fall sind die Vorschriften über die Stellvertretung unmittelbar, im ersten Fall entsprechend anzuwenden. Gegen eine gesetzliche Ermächtigung in diesem Fall bestehen, anders als gegen eine rechtsgeschäftliche, gewillkürte Ermächtigung keine Bedenken, vgl hierzu etwa die Verpflichtungsermächtigung der Amtstreuhänder, zB des Testamentsvollstreckers, zumal mangelnde Offenkundigkeit den Gläubiger nicht schädigen kann, da ihm ein zusätzlicher Schuldner verschafft wird. Zum Teil wird auch von einer Vertretung der ehelichen Gemeinschaft ausgegangen, vgl Büdenbender FamRZ 1976, 662, 666; MüKo/Wacke Rz 10. Gegen eine solche Auffassung der Schlüsselgewalt spricht jedoch bereits der Wortlaut des § 1357: beide Ehegatten werden als einzelne berechtigt und verpflichtet. In Gernhuber/Coester-Waltjen, FamR, § 19 IV 3 wird für eine „eigenartige Rechtsmacht" plädiert, die Drittwirkungen ohne Drittbezug im Rechtsgeschäft erzeugt; sowie MüKo/Wacke Rz 10, der für eine „Rechtsmacht sui generis mit Anklängen an eine gesetzliche Vertretungsmacht und an die amtsähnliche Stellung" von Sondervermögensverwaltern eintritt. Vgl zur Problematik im allgemeinen Enn/Nipperdey, Allg Teil des BGB, Bd 2, 1960, § 204 I 3b; Bettermann JZ 1951, 321; Klaus Müller AcP 168, 126ff; Büdenbender FamRZ 1976, 662, 666; Käppler AcP 179, 273ff.

III. Persönliche Voraussetzungen

8 Die Rechtsmacht aus § 1357 steht **beiden Ehegatten** gleichermaßen zu, nicht dagegen Verlobten, auch wenn diese Hausrat für den künftigen Hausstand anschaffen, ebenso nicht einer Verwandten, die den Haushalt führt. Auf in eheähnlicher Gemeinschaft zusammenlebende Personen ist § 1357 ebenfalls nicht anwendbar. Der vertragschließende Ehegatte darf nicht geschäftsunfähig sein. Ist er nur beschränkt geschäftsfähig, so verpflichtet er über § 165 (unmittelbar oder entsprechend) den geschäftsfähigen Ehepartner, zum Möbeleinkauf durch minderjährige Verlobte ohne Zustimmung des gesetzlichen Vertreters KG FamRZ 1964, 518; aA Gernhuber-Waltjen, FamR § 19 IV 4. Er selbst wird nur verpflichtet, wenn die Zustimmung seines gesetzlichen Vertreters vorliegt (§ 107), so MüKo/Wacke Rz 15; aA Büdenbender FamRZ 1976, 662, 670; Elsing JR 1978, 494, 495 für Anwendung von § 139. Durch Geschäfte des geschäftsfähigen Teils wird auch der beschränkt Geschäftsfähige berechtigt und verpflichtet. Insoweit liegt kein Fall der §§ 106ff vor, so auch Käppler AcP 179, 277; Wacke FamRZ 1980, 13, 16; nunmehr allerdings einschränkend MüKo/Wacke Rz 15: nur mit Zustimmung des gesetzlichen Vertreters.

IV. Die sachlichen Voraussetzungen der Schlüsselgewalt

9 1. **Häusliche Gemeinschaft.** Der Gesetzgeber geht davon aus, daß nur die **enge Lebensgemeinschaft** der Ehegatten die gegenseitige Vertretung und Verpflichtung rechtfertigt (BT-Drucks 7/650, 99), Auseinandersetzungen und Reibungen aber unvermeidlich wären, wenn die Rechtsmacht des § 1357 I in der Zeit des Getrenntlebens nicht ruhen würde. Ein selbständiger Haushalt ist dagegen nicht erforderlich. Das gemeinschaftliche Leben im Hotel oder bei den Schwiegereltern reicht aus, so Staud/Hübner/Voppel, § 1357 Rz 26. Die Eheleute leben getrennt, wenn sie die häusliche Gemeinschaft willentlich aufgeben oder das gemeinsame Hauswesen aufgelöst haben. Trotz gemeinsamer Wohnung kann die häusliche Gemeinschaft aufgehoben sein (§ 1567), wenn zB die Eheleute in getrennten Zimmern wohnen und zwischen ihnen keinerlei eheliche Gemeinschaft besteht; die gemeinsame Benutzung einzelner Räume muß nicht entgegenstehen. Vgl iü hierzu BGH NJW 1978, 1810; Karlsruhe NJW 1978, 1534. Ist dagegen die **Trennung nur vorübergehend** erfolgt, so bleibt ein gemeinschaftliches Hauswesen erhalten. Ebenso, wenn ein Ehepartner verreist oder in eine Heilanstalt eingeliefert ist, RG Gruch 54, 1030, sich im Kriegsdienst oder in Gefangenschaft befindet oder eine Freiheitsstrafe verbüßt. Entscheidend ist der Wille zur Fortführung der häuslichen Gemeinschaft, BGH 4, 279; Braunschweig OLG 43, 351; Hamm FamRZ 1975, 346. In jedem Falle hat mehr als vorübergehendes Getrenntleben nicht Aufhebung, sondern nur Ruhen der Schlüsselgewalt zur Folge, KG RJA 13, 123; BayObLG JFG 14, 224; BayObLG FamRZ 1959, 504; LG Bielefeld FamRZ 1967, 335; LG Saarbrücken NJW 1971, 1894 sowie Anm Berg NJW 1972, 1117f; vgl auch Gernhuber/

Coester-Waltjen, FamR § 19 IV 10 (unter Hinweis auf den Normzweck); diese lebt auf, wenn wieder ein gemeinschaftliches Hauswesen begründet wird, KG OLG 30, 40. Demnach kann eine Beschränkung und deren Eintragung nach Abs II erreicht werden. Ebenso kann auch ein getrennt lebender Ehegatte die Entscheidung des VormG aus Abs II anrufen. Da das Ruhen der Schlüsselgewalt infolge des Getrenntlebens in das Güterrechtsregister nicht eingetragen werden kann (Hamm MDR 1951, 740; Rolland § 1357 Rz 23; aA MüKo/Wacke Rz 47; Lüke AcP 178, 1, 21), kann es auch dem gutgläubigen Dritten entgegengehalten werden. Sein guter Glaube ist nicht geschützt, Hamburg OLG 43, 46; Hamm FamRZ 1975, 346; LG Tübingen FamRZ 1984, 50; Dörr NJW 1989, 810; str. Der Wille, die häusliche Gemeinschaft aufzuheben, muß unmißverständlich geäußert sein.

2. Die betroffenen Geschäfte. a) Der Umfang der Geschäfte, die in die Schlüsselgewalt fallen, hat durch die 10 Neufassung einige Erweiterungen erfahren, sich aber trotz des völlig veränderten Wortlauts nicht grundlegend geändert. Der Gesetzgeber hat die Anknüpfung an das Tätigwerden im „häuslichen Wirkungskreis" aufgegeben, um die Verpflichtungsermächtigung nicht an die für Dritte unerkennbare Funktionsteilung der Ehegatten, die im übrigen großen Wandlungen unterworfen sein kann, zu koppeln. Durch das Abstellen auf „Geschäfte zur Deckung des angemessenen Lebensbedarfs der Familie" soll der Rechtssicherheit und Erkennbarkeit für Dritte Rechnung getragen werden (s Rz 4, BT-Drucks 7/650, 99). Eine Überschreitung der intern vereinbarten Funktionsteilung betrifft damit nur den innerehelichen Bereich und bleibt für die Rechtsfolgen des § 1357 außer Betracht. Nach dem Willen des Gesetzgebers soll die Rechtsmacht einerseits über den Kreis der Geschäfte für den laufenden Unterhalt hinausgehen und auch **außergewöhnliche, keinen Aufschub duldende Geschäfte** umfassen (zB Unterbringung eines Kindes im Krankenhaus). Andererseits soll die Verpflichtungsmacht nicht unbegrenzt sein, sondern zB Geschäfte größeren Umfangs, die ohne Schwierigkeiten zurückgestellt werden können, ausschließen und nur die zur sachgerechten Sicherung des angemessenen Lebensbedarfs notwendigen Rechtsgeschäfte umfassen (BT-Drucks 7/650, 99). Für nicht von § 1357 gedeckte Geschäfte gelten die allgemeinen Grundsätze über das Handeln für Dritte (Stellvertretung usw). Es bestehen zu Recht Zweifel, ob die vom Gesetzgeber gewollte Differenzierung mit hinreichender Klarheit aus dem Wortlaut des Gesetzes zu entnehmen ist, oder ob der Begriff der Deckung des Lebensbedarfs nicht die Befürchtung rechtfertigt, daß alle Geschäfte, die sich innerhalb des verfügbaren Familieneinkommens halten (auch zB Grundstückskäufe, Erwerb von Luxusgegenständen etc), unter § 1357 subsumieren lassen und die vom Gesetzgeber insoweit gewollte Beschränkung nicht ersichtlich wird (vgl Diederichsen NJW 1977, 217, 221).

Mit der Anknüpfung an die **„angemessene Deckung des Lebensbedarfs"** wählt die Norm aus dem Unterhalts- 11 recht (§§ 1360, 1360a) bekannte Begriffe. Daran muß sich die Auslegung orientieren (MüKo/Wacke Rz 18; Gernhuber/Coester-Waltjen, FamR § 19 IV 6; aA Diederichsen NJW 1977, 217, 221: weiterhin Folgenorm von § 1356 I). Daher werden auch nach der neuen Fassung wie bisher neben den Geschäften zur Führung des Haushalts im engen Sinn auch sonstige Geschäfte des Familienunterhalts umfaßt. Für Anschaffungen hat darüber hinaus die Neufassung nach hM durch den Bezug zum Unterhaltsrecht Erweiterungen gebracht, vgl Hobelmann, FamRZ 1971, 499f; Rolland Rz 11, 15; restriktiver: Büdenbender FamRZ 1976, 662, 668; Diederichsen NJW 1977, 217, 221. Daher sind auch größere Anschaffungen umfaßt. Betroffen sind nicht nur die Geschäfte, die zur täglichen Führung des Haushalts erforderlich sind, sondern auch solche, die zu den außergewöhnlichen Lasten der ehelichen Gemeinschaft gehören. Wie bereits nach altem Recht, so kommt es auch nach der Reform nicht auf einen **abstrakten Familienbedarf**, sondern auf den **tatsächlichen Zuschnitt des betroffenen Haushalts** an, wobei dieser auch oft schwer zu erkennen ist und sich Nivellierungserscheinungen ergeben, vgl im einzelnen Käppler AcP 179, 277ff; MüKo/Wacke Rz 21. Entscheidend ist eine familienindividuelle Sicht, BGH FamRZ 1985, 576 (577); Käppler AcP 179, 281. Ob der tatsächliche Lebensstil dem entspricht, was die Eheleute sich nach ihren Einkommensverhältnissen leisten dürfen, ist grundsätzlich unbeachtlich, genauso wie es nicht darauf ankommt, ob beide Ehegatten ein eigenes Einkommen haben, LG Koblenz NJW 1981, 1324. Eine verfassungskonforme Auslegung des § 1357 I 1 verlange allerdings, daß das die Mithaftung des Ehepartners begründende Geschäft tatsächlich, nicht nur seiner Art nach, dem familiären Lebensbedarf dienen muß, so AG Bochum FamRZ 1991, 435 zu einer Sammelbestellung auch für andere durch einen Ehegatten.

Eine gewisse Einschränkung erfährt der Rahmen dadurch, daß die Bedarfsdeckung **angemessen** sein muß. Die- 12 ses Korrektiv zielt auf die Vornahme der Geschäfte des § 1357 durch einen Ehegatten. Sie ist nicht angemessen, wenn eine vorherige Verständigung der Ehegatten notwendig erscheint und idR auch stattfindet, vgl dazu LG Bonn NJW 1983, 344; AG Eschwege FamRZ 1980, 137; Pal/Brudermüller Rz 14; Henrich, FamR § 7 II 3; Rolland Rz 12 und 14. Die Rechtsmacht des § 1357 muß im Gefüge der übrigen, die eheliche Lebensgemeinschaft bestimmenden Regeln gesehen werden. Danach soll § 1357 dem haushaltführenden Ehegatten die Erfüllung seiner Aufgaben ermöglichen, nicht aber den Grundgedanken der gesetzlichen Güterstandes der Zugewinngemeinschaft, daß ein Ehegatte grundsätzlich nicht für Schulden des anderen einzustehen braucht, ins Gegenteil verkehren, indem § 1357 zur eigenmächtigen Verwendung des Familieneinkommens durch den einzelnen Ehegatten berechtigt, vgl Käppler AcP 179, 281f. Im Einzelfall kann die Angemessenheit der Bedarfsdeckung durch Alleingeschäfte eines Ehegatten allerdings über das übliche hinaus erweitert sein, insbesondere, wenn das Auftreten des einen auf einer, wenn auch nicht einzelne gehenden Abrede beider Ehegatten beruht, BGH FamRZ 1985, 576 (578). Anders insoweit Köln FamRZ 1991, 434, welches für einen Reisevertragsschluß, der üblicherweise eine Verständigung verlange, die Anwendung des § 1357 ablehnte, auch wenn eine Absprache vorgelegen haben sollte, da diese nicht offenbart worden sei.

b) Die von der Rspr bereits zu § 1357 aF als im Rahmen der Schlüsselgewalt liegend anerkannten Geschäfte 13 sind in jedem Fall auch nach dem 1. EheRG vom Normzweck gedeckt (Henrich, FamR § 7 II 3). Soweit die Rspr früher Rechtsgeschäfte nicht dem § 1357 zugeordnet hat, ergeben sich naturgemäß durch die Verschiebung des Maßstabes der „Angemessenheit" in den letzten Jahrzehnten, aber auch durch die skizzierte Erweiterung des Tat-

§ 1357 Familienrecht Bürgerliche Ehe

bestandes nunmehr teilweise geänderte Wertungen. Die **Rspr hatte bisher anerkannt**: die Anschaffung von **Lebensmitteln für den Haushalt**, Braunschweig OLGZ 26, 212, und zwar auch auf „Anschreiben" einschließlich eines die angewachsenen Schulden bestätigenden Anerkenntnisses, Köln FamRZ 1971, 435f; LG Aachen FamRZ 1980, 566; aA OLGZ 18, 255; von **Heizungsmaterial, Kleidung** für die Frau, RG 61, 80, nicht dagegen den Abzahlungskauf eines Damenkostüms zum Preis von 375 DM durch die Ehefrau eines Arbeiters, LG Flensburg SchlHA 1968, 131, auch soweit sie volljährig sind, KG OLGZ 34, 248, dagegen nur in beschränktem Umfang Anschaffung von Kleidung und Bedarfsgegenständen für den Mann, München OLGZ 21, 212, **Beauftragung eines Tierarztes** mit der Behandlung eines Hundes, AG Kerpen FamRZ 1989, 619, **Warenbestellungen für einen kleinen Wirtschaftsbetrieb** auf dem Hausgrundstück, LG Hannover FamRZ 1984, 268. UU die **Untervermietung** von Zimmern der Ehewohnung, KG JW 1932, 3009, aA insoweit MüKo/Wacke Rz 25, der nur Anschaffungen (Geschäfte zur unmittelbaren Bedarfsdeckung), nicht aber Veräußerungen oder ähnliche Rechtsgeschäfte zur Beschaffung von Geldmitteln, auch nicht den Lebensbedarf, unter § 1357 fassen will. **Reparatur** und Erneuerung des Hausrats, Reparatur des Familien-Pkw (LG Freiburg FamRZ 1988, 1052), Haftung für Zahlung der **Gaslieferungen** eines Versorgungsunternehmens ab Zuzug, auch wenn Vertrag vor Eheschließung und gemeinsamem Hausstand durch einen Partner abgeschlossen wurde, LG Koblenz FamRZ 1991, 435, **Besorgung von Geschenken** für Verwandte und Freunde, **Abonnierung** von Zeitungen und Zeitschriften, LG Itzehoe SchlHA 1964, 215; vgl hierzu auch Köln DB 1965, 1554 wegen der Vertretungsbefugnis einer im Geschäft des Ehemannes mitarbeitenden Ehefrau hinsichtlich der Bestellung einer Kundenzeitschrift; **Abschluß eines Telefonvertrages** mit der Folge der Haftung für die Telefonkosten (LG Stuttgart FamRZ 2001, 1610); je nach der sozialen und wirtschaftlichen Lage der **Ankauf von Schmuck** (Frankfurt OLGZ 16, 205; Rolland Rz 15b; aA MüKo/Wacke Rz 19, 24). Dieser Rahmen ist durch die Neufassung erweitert, so daß nun uU auch die Buchung einer **Urlaubsreise** oder eines Ferienappartements (vgl MüKo/Wacke Rz 21, 23 mwN; aA Frankfurt FamRZ 1983, 913; LG Flensburg NJW 1973, 1085; Gernhuber/Coester-Waltjen, FamR § 19 IV 6) darunter fallen können (vgl auch Köln FamRZ 1991, 434: der Reisevertragsschluß fällt unter § 1357 I 1, wenn nach den konkreten Verhältnissen eine Verständigung der Ehepartner vor Vertragsschluß üblich ist; die erfolgte Verständigung führt nicht zur Anwendung des § 1357, wenn diese dem Gegenüber nicht bekannt ist); Beauftragung eines Elektroinstallateurs mit der **Beseitigung von Folgen eines Brandschadens** iHv ca 18 000 DM (Düsseldorf NJWE-FER 2001, 197). **Gegebenenfalls** erfaßt § 1357 auch größere Anschaffungen wie etwa den Ankauf eines angemessenen **Pkws** für den Familiengebrauch (aA Gernhuber/Coester-Waltjen, FamR § 19 IV 6, jetzt auch MüKo/Wacke Rz 24), **nicht** aber **reine Anlagegeschäfte** wie ein Kauf von Grundstücken, Antiquitäten oder Wertpapieren oder der Abschluß eines Bauvertrages (BGH FamRZ 1989, 35); zur Beauftragung eines Maklers LG München FamRZ 1975, 581; Düsseldorf, NJW-RR 1996, 1524. **Nicht in den Rahmen der Schlüsselgewalt** fallen Verträge, die ein **Gartengrundstück langfristig anpachten** (Koblenz NJW-RR 1991, 66). **Ebenfalls nicht anerkannt wurden: Sammelbestellungen** eines Ehegatten bei einem Warenhaus, AG Altenkirchen MDR 1981, 229, differenzierend danach, ob ein Teil der Bestellung tatsächlich dem Familienbedarf dient, AG Bochum FamRZ 1991, 435. Die Beurteilung der Frage nach der Angemessenheit eines von einem Ehepartner allein vorgenommenen Geschäfts kann sich aber dann anders darstellen, wenn der Ehepartner zur Mitentscheidung wegen Abwesenheit nicht zur Verfügung steht. Zur Deckung des Lebensbedarfs im Sinne des § 1357 kann im Einzelfall auch die **Anmietung** und dann konsequent auch die **Kündigung einer Wohnung** gehören, vgl Bosch FamRZ 1977, 201; Weimar ZMR 1977, 225; str: nach LG Mannheim genügt es im Zweifel nicht, wenn im Kopf des Mietvertrages beide Eheleute als Mieter aufgeführt sind, aber nur ein Ehegatte den Mietvertrag unterschreibt, um eine Vertretung nach § 1357 festzustellen (FamRZ 1994, 445; ebenso MüKo/Wacke Rz 24; Gernhuber/Coester-Waltjen, FamR § 19 IV 6; zur Zulässigkeit der Kündigung der Wohnung durch einen Ehegatten nach altem Recht LG Stuttgart FamRZ 1977, 200. Auch der Abschluß **üblicher Versicherungsverträge** (zB über Hausrat) rechnet zu § 1357 (str, vgl AG Karlshafen VersR 1965, 871; MüKo/Wacke Rz 23; aA Nürnberg VersR 1965, 723; Gernhuber/Coester-Waltjen, FamR § 19 IV 6), **nicht** aber der Abschluß eines **Umzugsvertrages** mit einem Transportunternehmer, um in eine vom Ehegatten getrennte Wohnung zu ziehen, LG Aachen FamRZ 80, 996 oder der **Beitritt in einen Mieterverein**, AG Marl FamRZ 1988, 283. **Nicht in den Rahmen der Bedarfsdeckungsgeschäfte** nach § 1357 fallen allgemein die **berufliche Sphäre** und die **Vermögensbildung und -verwaltung** eines Ehegatten, dazu im einzelnen MüKo/Wacke § 1357 Rz 24. Das gleiche gilt für Geschäfte zur Altersvorsorge, MüKo/Wacke § 1357 Rz 24.

14   aa) **Arztbehandlungsverträge.** Zu den Geschäften zur Deckung des Lebensbedarfs gehören ärztliche Behandlungsmaßnahmen oder Krankenhausaufenthalte der Ehegatten selbst und ihrer Kinder (BGH 47, 81; 47, 75; BGH FamRZ 1985, 576; KG NJW 1980, 1341; Pal/Brudermüller Rz 17; Peter NJW 1993, 1949), obwohl der andere Gatte aus einer Behandlung streng gesehen keine Rechte ableiten kann, sondern nur zur Bezahlung mitverpflichtet wird (Giesen, FamR, Rz 222). Auch die Maßnahmen zur ärztlichen Versorgung sind auf ihre **Angemessenheit** hin zu untersuchen. Arzt- und Krankenhausverträge, die anläßlich der **Geburt** eines gemeinsamen Kindes abgeschlossen werden, fallen nach LG Dortmund FamRZ 1985, 922 unter § 1357, genauso der Kauf von **Medikamenten** einschl der für die Geburtenregelung, LG Itzehoe FamRZ 1969, 90; LG München FamRZ 1970, 314. Für eine **medizinisch indizierte, unaufschiebbare ärztliche Behandlung** eines Ehegatten gilt, daß sie ohne Rücksicht auf die mit ihr verbundenen Kosten der angemessenen Deckung des Lebensbedarfs iSd § 1357 I S 1 dient (BGH FamRZ 1992, 291; Schleswig FamRZ 1994, 444; aA Köln FamRZ 1981, 254; Köln NJW-RR 1999, 733). Etwas anderes gilt bei besonders teuren, in sachlicher und zeitlicher Sicht nicht gebotenen medizinischen Behandlungen (Schleswig FamRZ 1994, 444). Für den Honoraranspruch eines Zahnarztes aus der privatärztlichen Behandlung des Ehemannes, der sowohl beihilfeberechtigt als auch privat versichert war, wurde eine Mithaftung der Ehefrau über § 1357 ausgeschlossen (Köln MDR 1993, 55). Die **Angemessenheit** wurde ebenfalls **abgelehnt** bei: Abschluß eines Zahnarztvertrages durch die Ehefrau eines Hilfsarbeiters, wenn die Kosten das Monatseinkommen überschreiten, LG Flensburg SchlHA 1966, 150; nachträgliche Vereinbarung von Zusatzleistungen im Rahmen eines Krankenhausvertrages, wie zB Einzelzimmer, LG Bonn NJW 1983, 344; Krankenhausvertrag mit Arzt mit eigenem Liquidationsrecht, Köln NJW 1981, 637, vgl aber auch BGH FamRZ 1985, 576 (577), wonach eine Mithaftung dann in Frage kommt, wenn sich aus den Umständen, insbesondere aus dem Verhalten der Ehegatten bei früheren, gleich gelagerten Krankheitsverläufen ergibt, daß die Inanspruchnahme von Zusatzleistungen auf einer Absprache der Eheleute beruht; so auch Köln NJW-RR 1999, 228. LG Koblenz NJW 1981, 1324 legt bei der Prüfung der Angemessenheit der Kosten einer Behandlung nicht den Gesamtbetrag zugrunde, sondern lediglich den nicht von der Krankenkasse übernommenen Teil; dies ist jedenfalls für den Fall einer Privatversicherung zweifelhaft, da die mögliche Mithaftung eines Ehepartners bei Vertragsschluß feststehen muß und darüber nicht ex post aufgrund der tatsächlich erbrachten Leistung der Versicherung nach Zumutbarkeitsgesichtspunkten entschieden werden darf. Entsprechendes gilt für die medizinische Versorgung des Mannes, wenn er den Haushalt führt, ebenso aber auch für die medizinische Versorgung des erwerbstätigen Ehepartners, aA Büdenbender FamRZ 1976, 662, 672. Für Verträge, die der Ehemann zB zur Behandlung eines Kindes schließt, haftet nunmehr auch die Frau, anders noch zum alten Recht KG FamRZ 1975, 423.

bb) Kreditgeschäfte können auch über das kaum mehr praktizierte sog Anschreibenlassen hinaus von § 1357 **15** erfaßt sein, vgl Lüke AcP 178, 1, 21; aA Weimar MDR 1977, 464f. Vgl insgesamt hierzu Arndt, Kreditgeschäfte und Schlüsselgewalt, Diss Göttingen 1979. Dies gilt neben Warenkrediten auch für Geldkredite, einschränkend MüKo/Wacke Rz 27f. Kreditgeschäfte sind aber nur dann gedeckt, wenn sie in einem angemessenen, das Familieneinkommen zumutbar belastenden Umfang zur Deckung des Lebensbedarfs erfolgen, vgl LG Berlin NJW 1975, 351 zu einem Teilzahlungsgeschäft. Demgegenüber forderte noch LG München NJW 1961, 677, daß die Verschuldung nur geringfügig sein dürfte; vgl auch LG Essen NJW 1968, 1527; LG Saarbrücken FamRZ 1971, 172; LG Stuttgart MDR 1972, 45; LG Stuttgart FamRZ 1965, 567; Waldeyer NJW 1971, 20; Lüke AcP 178, 1, 21. Die Aufnahme eines Darlehens, das der Finanzierung eines Hausbaus bzw der Verringerung der durch den Bau entstandenen Verbindlichkeiten dient, kann nicht als ein Geschäft zur angemessenen Deckung des Lebensbedarfs der Familie angesehen werden, zumal dieses Geschäft der einverständlichen Regelung üblicherweise bedurft hätte, vgl LG Aachen FamRZ 1989, 1176. Teilzahlungsgeschäfte waren unter Bezug auf den Schutzzweck des früheren AbzG von der Anwendung des § 1357 ausgenommen worden, da die im AbzG vorgesehene persönliche Widerrufsfrist einen persönlich abgeschlossenen Vertrag verlange und die kurze Widerrufsfrist für einen kraft Gesetzes (§ 1357) einbezogenen Partner nicht sinnvoll greifen könne (so auch Wacke NJW 1979, 2585; Witte-Wegemann NJW 1979, 749; MüKo/Wacke § 1357 Rz 29; aA Lüke AcP 178, 21; Mikat, FS Beitzke [1979], S 293, 302; LG Aachen FamRZ 1980, 566). Nachdem zunächst das VerbrKrG das Widerrufsrecht über die Abzahlungsgeschäfte des AbzG hinaus auch für Kredite einräumte (vgl VerbrKrG aF), fragte es sich, ob § 1357 im Hinblick auf den erweiterten Verbraucherschutz für Kredite iSd VerbrKrG das einwöchige Widerrufsrecht keine Anwendung mehr finden sollte. Durch das zum 1. 1. 2002 in Kraft getretene SchuldModG wurde das VerbrKrG aF nunmehr in das BGB integriert. Für den in § 491 geregelten Verbraucherdarlehensvertrag gilt eine zweiwöchige Widerrufsfrist nach § 355. Gegen die einschränkende Auslegung des § 1357 spricht, daß die Vorschrift ursprünglich gerade auch die Kreditfähigkeit des haushaltsführenden Ehegatten bezweckte, vgl Soergel/H. Lange § 1357 Rz 13, und die Norm auch in diesem Rahmen praktische Relevanz aufweist. Der Anwendungsbereich der §§ 491ff ist indessen nach § 491 II eingeschränkt, so etwa wenn der Nettodarlehensbetrag 200 Euro nicht übersteigt. Deshalb bleibt insoweit ein enger Anwendungsspielraum des § 1357 für Kreditgeschäfte, soweit diese zur angemessenen Deckung des Lebensbedarfs der Familie dienen (Schanbacher NJW 1994, 2335). Sog **„Hausfrauenkredite"**, wie sie von Banken offeriert und gewährt werden und allgemein **Bankkredite**, verpflichten regelmäßig den Ehemann nicht über § 1357, sofern er nicht den Vertrag mitunterzeichnet. Auch wenn hierbei die Zweckbestimmung ausdrücklich auf die „Deckung von Kosten der familiären Haushaltsführung" gerichtet ist, ergibt sich „aus den Umständen etwas anderes" (§ 1357 I S 2), als durch die Kennzeichnung als Hausfrauenkredit der Ehemann nicht am Geschäft beteiligt sein soll, zutr LG Aachen FamRZ 1980, 566; vgl auch BGH 83, 293, wonach sich der eine Ehegatte, der den anderen mit der Erledigung bestimmter Angelegenheiten betraut, dessen in diesem Rahmen erlangtes Wissen zurechnen lassen muß.

Ungeklärt ist, ob sog **Haustürgeschäfte**, die § 312 unterfallen (bis zum 31. 12. 2001 eigenständig im Haustür- **16** widerrufsgesetz geregelt, mit Inkrafttreten des SchuldModG nunmehr in das BGB integriert), von § 1357 erfaßt sind. Hierbei interessiert insbesondere die Frage des Widerrufsrechts für den uU gem § 1357 mitverpflichteten Gatten. Cebulla/Pützhoven nehmen sich des Problems an (FamRZ 1996, 1124). Überzeugend gelangen sie zu dem Ergebnis, daß es bei „Haustürgeschäften" zu einer Mitverpflichtung des nichthandelnden Ehegatten gem § 1357 kommen kann, jedem Ehegatten allerdings ein eigenständiges Widerrufsrecht zusteht. Dem Widerruf kommt dann Wirkung für beide Ehegatten zu (FamRZ 1996, 1131). Für die Anwendung des § 1357 auf Haustürgeschäfte auch Pal/Brudermüller Rz 11, sowie Löhnig FamRZ 2001, 135 (136).

Entsprechendes gilt für Fernabsatzverträge nach § 312b, die zur Deckung des familiären Lebensbedarfs getätigt werden. Da Fernabsatzverträge insbesondere alle fernmündlich, postalisch oder online vorgenommenen Warenbestellungen umfassen, wird ein Großteil der Geschäfte iSv § 1357 ein Fernabsatzgeschäft sein. Zur Frage des Widerrufs nach § 355 iVm § 312d durch handelnden und nicht handelnden Ehegatten Löhnig FamRZ 2001, 135.

c) Die **Beweislast** für die Voraussetzungen eines Schlüsselgewalt-Geschäfts trägt der, der sich darauf beruft, **17** also bei Inanspruchnahme eines Ehegatten des Gläubigers, bei Geltendmachung einer Berechtigung aus § 1357 der betreffende Ehegatte. Vgl auch AG Bochum FamRZ 1991, 435: die Beweislast dafür, daß das Geschäft tatsächlich dem Familienbedarf dient, trägt bei Inanspruchnahme eines Ehegatten der Geschäftspartner; gemäß § 1357 I S 2 ist die Mithaftung des Ehegatten bei einer Sammelbestellung auch für Dritte ausgeschlossen, es sei denn, der Geschäftspartner beweist, daß bestimmte Teile dem Familienbedarf dienen. Abzustellen ist auf das einzelne Geschäft. Daß es sich um Doppel- oder Mehrfachkäufe handelt, ist daher im Außenverhältnis irrelevant, solange

§ 1357 Familienrecht Bürgerliche Ehe

sich nur das einzelne Geschäft im Rahmen des § 1357 hält. Im Innenverhältnis kann ein Mißbrauch vorliegen. Kurzzeitig aufeinanderfolgende Einzelbestellungen bei demselben Lieferanten können freilich im Ausnahmefall in ihrer Zusammenfassung die Bedarfsdeckung überschreiten, vgl AG Eschwege FamRZ 1980, 137; AG Lüdenscheid MDR 1975, 843. Überschreitet ein Ehepartner den angemessenen Lebensbedarf, so haftet der andere nicht über § 1357; dann sind die §§ 177ff anwendbar, LG Stuttgart FamRZ 1965, 567; LG Berlin NJW 1969, 141; diff Klaus Müller AcP 168, 126; aA Gernhuber/Coester-Waltjen, FamR § 19 IV 6 aE, die mangels Auftretens in fremdem Namen die Anwendung der §§ 164ff generell ausschließt.

V. Rechtswirkungen der Geschäfte aus § 1357

18 **1. Schuldrechtliche Konsequenzen.** Ein im Rahmen von § 1357 geschlossenes Geschäft führt grundsätzlich zur gesamtschuldnerischen Haftung beider Ehegatten nach §§ 421ff (AG Sulingen FamRZ 1992, 554). Eine Ausnahme besteht nach § 1357 I S 2 letzter Hs, wenn sich aus den Umständen etwas anderes ergibt. Will der vertragschließende Ehegatte sich allein verpflichten, so muß dies durch entsprechende Erklärungen deutlich zum Ausdruck kommen, uU aber kann auch konkludentes Verhalten ausreichen, zB beim Kauf von Geschenken für den Partner. Durch entsprechende Kenntlichmachung kann auch ein Geschäft im Namen und mit Vertretungsmacht nur mit Wirkung für und gegen den Partner abgeschlossen werden. Ein Haftungsausschluß eines Ehegatten mit dem Gläubiger hat auf die interne Ausgleichspflicht der Ehegatten keine Auswirkungen, vgl MüKo/Wacke Rz 16. Die Haftungsgemeinschaft tritt unabhängig vom Innenverhältnis ein, also auch dann, wenn ein Ehegatte über § 1360a II S 2 die finanziellen Mittel für das Geschäft bereits zur Verfügung gestellt hatte. Die Haftung erstreckt sich auch auf die Ansprüche aus der Verletzung von Nebenpflichten (pFV [§§ 280, 241 II], cic [§§ 280, 311 II, 241 II], § 278). Die enge Gemeinschaft der Ehegatten führt dazu, daß § 425 nicht gilt (aA Büdenbender FamRZ 1976, 662, 667; zu den Einzelheiten MüKo/Wacke Rz 34). Die dort genannten Umstände wirken für beide Ehegatten ebenso wie §§ 422–424. Für Willenserklärungen des Gläubigers ist jeder Ehegatte mit Wirkung für beide empfangszuständig. Die interne Ausgleichspflicht nach § 426 richtet sich in ihrem Umfang nach § 1360. Vollstreckungsrechtlich sind § 1362 BGB, 739 ZPO zu beachten. Die gemeinsame schuldrechtliche Berechtigung richtet sich nach § 428, so auch Lüderitz, FamR § 12 IV Rz 252i; Gernhuber/Coester-Waltjen, FamR § 19 IV 8; Wacke FamRZ 1980, 13, 15; MüKo/Wacke Rz 36; Käppler AcP 179, 284f; aA für § 432: Pal/Brudermüller Rz 21; Büdenbender FamRZ 1976, 667f; Lüke AcP 178, 20; Roth FamRZ 1979, 361. Das hat zur Konsequenz, daß der Gläubiger an jeden Ehegatten mit Erfüllungswirkung leisten kann. Allerdings kann ohne Zustimmung des Schuldners aus einer Einzelgläubigerschaft eines Ehegatten durch anteilige Abtretung nicht Gesamtgläubigerschaft beider Ehegatten geschaffen werden (Koblenz FamRZ 1992, 1303).

19 **2. Dingliche Berechtigung.** § 1357 wurde teilweise dingliche Wirkung beigemessen. Danach sollten die Ehegatten an im Rahmen des § 1357 angeschafften Gegenständen grundsätzlich Miteigentum als Bruchteilseigentum zu gleichen Teilen (§ 1008) erwerben, Ambrock § 1357 Anm IV 1; Büdenbender FamRZ 1976, 662, 667f; Henrich, FamR § 7 II 2c; Holzhauer JZ 1977, 729, 731; Lüke AcP 178, 1, 20; Rolland Rz 19; LG Münster MDR 1989, 270; vgl bereits München NJW 1972, 542; Adomeit in Kühn/Tourneau, Familienrechtsreform, S 78f erwägt Gesamthandseigentum. Gernhuber/Coester-Waltjen, FamR § 19 IV 9, und Käppler AcP 179, 256ff, 268ff: **keine dingliche Wirkung** des § 1357; der Eigentumserwerb erfolgt nach den allgemeinen Regeln. Käppler geht zutr davon aus, daß die Annahme einer dinglichen Mitberechtigung kraft Gesetzes nach § 1357 den Grundstrukturen und Wertungen des geltenden, grundsätzlich auf Vermögenstrennung ausgerichteten Güterrechtssystems (§§ 1363ff) widerspricht (so auch Gernhuber/Coester-Waltjen, FamR § 19 IV 9). Der gesetzliche Güterstand der Zugewinngemeinschaft beruht auf Trennung der Vermögensmassen der Ehegatten und ihrer eigenen Verwaltung. Eine Teilhabe erfolgt grundsätzlich erst nach Auflösung der Ehe durch finanzielle Beteiligung am Zugewinn. Diese Prinzipien finden ihre Einzelprägungen in den §§ 1363 II, 1364, 1370, 1371, 1362, 1369 BGB, 8 HausratsVO. Ein Miteigentumserwerb ist damit nicht zu vereinbaren. Vergleichbares gilt für den Güterstand der Gütertrennung. In der Gütergemeinschaft andererseits folgt der Eigentumserwerb speziellen gesetzlichen Regelungen, vgl im einzelnen Käppler aaO. Dieser Ansicht ist zuzustimmen. Der dingliche Rechtserwerb an den nach § 1357 getätigten Anschaffungen vollzieht sich daher außerhalb des § 1357 nach allgemeinen Grundsätzen; so auch Walter JZ 1981, 601 (607); Schleswig FamRZ 1989, 88. Der BGH, FamRZ 1991, 923, Anm Lüke JR 1992, 285, bestätigt, daß § 1357 keine dingliche Wirkung entfaltet, es entsteht kein Miteigentum zu gleichen Teilen, sondern der Eigentumserwerb folgt allgemeinen Vorschriften. Es kommt entscheidend auf den Erwerbswillen der Eheleute an. Vielfach wird ein Geschäft für den, den es angeht, vorliegen; persönliche Gegenstände wird idR der betreffende Ehepartner zu Alleineigentum erwerben. Bei Anschaffungen von **Hausrat** ist häufig **gemeinsamer Erwerb** gewollt. So ist laut BGH FamRZ 1991, 923, die Einigungserklärung eines Ehegatten beim Erwerb von Hausrat für den gemeinsamen Haushalt – wenn nicht etwas anderes erklärt wird oder besondere Umstände dagegen sprechen – dahin zu verstehen, daß beide Ehegatten **Miteigentümer** werden sollen. Dies gilt idR auch für wertvolle antike Gegenstände, Köln NJW-RR 1996, 904; Leipold in FS Gernhuber, S 697ff; Brötel Jura 1992, 470; nach Lüke AcP 178, 1, 20 geht § 1370 dem § 1357 vor, aA Büdenbender FamRZ 1976, 662, 671; Kick JZ 1992, 219. Vielfach wird nach dem Willen der Eheleute auch derjenige das Eigentum erwerben, der den angeschafften Gegenstand bezahlt. Daraus können sich auch nachträgliche Ansprüche auf (Teil-)Übertragung des Eigentums gegen den Ehepartner ergeben, vgl Gernhuber/Coester-Waltjen, FamR § 19 IV 9; Staud/Hübner/Voppel Rz 86; Reinicke NJW 1957, 935; Walter JZ 1981, 601 (608); vgl insgesamt Käppler AcP 179, 268ff. Wacke, MüKo/Wacke Rz 37; ders NJW 1979, 2585, 2591, lehnt eine dingliche Wirkung § 1357 wegen Verstoßes gegen das Gütertrennungsprinzip ab und geht von einem „Gegenleistungsprinzip" aus (dazu schon Müller-Freienfels JZ 1957, 693). In der Alleinverdienerehe erwerbe typischerweise der alleinfinanzierende erwerbstätige Ehegatte Alleineigentum, bei einer gemeinsamen Finanzierung entstehe grundsätzlich Miteigentum nach Finanzierungsbeiträgen. Es bestehe grundsätzlich keine Vermutung für einen rechtsgeschäftlichen Miteigentumserwerb an Haushaltsgegenständen.

Vorrangig sei immer die **Surrogationsvorschrift** des § 1370; vgl auch Käppler AcP 179, 269. Die Anschaffung von Geräten für den gemeinsamen Haushalt durch den Partner einer **nichtehelichen Gemeinschaft** führt – mangels entgegenstehender Anhaltspunkte – zum Alleineigentum des Anschaffenden; § 1357 ist jedenfalls nicht auf eheähnliche Lebensgemeinschaften anwendbar, vgl Hamm FamRZ 1989, 616, krit Leipold, FS Gernhuber, S 709.

VI. Ausschließung und Beschränkung der Schlüsselgewalt

1. Allgemeines. Die Möglichkeit zur Beschränkung oder Ausschließung der Verpflichtungsermächtigung (vgl ausführlich Gernhuber/Coester-Waltjen, FamR § 19 IV 11) ist in Abs II durch das 1. EheRG sachlich unverändert geblieben. Die Änderung der Vorschrift trägt lediglich der Erstreckung der Schlüsselgewalt auf beide Ehegatten Rechnung und eröffnet nun ebenfalls beiden die Möglichkeit zur Beschränkung oder zum Ausschluß der Rechtsmacht des Partners. Das Gesetz gibt jedem Ehegatten das Recht, die Schlüsselgewalt des Partners auszuschließen oder zu beschränken, ohne daß ein Verstoß des Betroffenen gerichtlich festgestellt ist und verweist den Ehepartner auf das Recht, das VormG anzurufen, wenn kein ausreichender Grund vorliegt. Entziehung und Beschränkung erfolgen durch einseitige Erklärung, die von einem Bevollmächtigten, Rostock OLG 26, 262, und, da es sich um eine vermögensrechtliche Angelegenheit handelt, auch vom gesetzlichen Vertreter ausgesprochen werden kann. Sie ist dem Ehepartner oder dem Dritten oder der Allgemeinheit gegenüber abzugeben, aA KG RJA 6, 166 und 13, 121, das nur Erklärung an die Frau zuläßt. Dritten gegenüber wirkt sie nur durch Eintragung im Güterrechtsregister, §§ 1357 II S 2, 1412, oder durch Kenntnis; Zeitungsanzeige reicht aus, wenn der Dritte sie nachweislich gelesen und im Kopf behalten hat, Enn/Wolff, FamR § 31 N 21. Auch die ruhende Schlüsselgewalt kann unter den Voraussetzungen des § 1357 II S 1 ausgeschlossen werden. Erst damit endet sie, BayObLG FamRZ 1959, 505.

2. Maßnahmen des VormG zum Schutze der Schlüsselgewalt. Das VormG kann den Ausschluß oder die Beschränkung der Schlüsselgewalt auf Antrag des betroffenen Ehegatten aufheben, wenn für diese Maßnahme „kein ausreichender Grund" besteht (vgl Staud/Hübner/Voppel Rz 116). In der Lehre vom Rechtsmißbrauch (§ 242) haben Schrifttum und Rspr allg Grundsätze zur Grenzziehung zwischen rechtem und mißbräuchlichem Gebrauch subjektiver Rechte entfaltet. Bei aller Verschiedenheit der schwierigen Begriffsbestimmungen liegt Mißbrauch in jedem institutswidrigem Verhalten, das hier also mit dem Wesen der Institutionen der Ehe und der Schlüsselgewalt nicht vereinbar ist. Das Merkmal „ohne ausreichenden Grund" kann höchstens noch zweifelsfreier darauf hinweisen, daß es unabhängig von einem Verschulden des jeweiligen Ehegatten ist, vgl Hamburg MDR 1957, 164; Köln JMBl NRW 1954, 6. So fehlt ein ausreichender Grund, wenn die Ausschluß- oder Beschränkungsmaßnahmen mit der rechten ehelichen Gesinnung, die in der gegenseitigen Pflicht zur ehelichen Lebensgemeinschaft (§ 1353) eingeschlossen ist, nicht mehr in Einklang steht, vgl KGJ 53, 22. Das VormG kann die Maßnahmen nur aufheben, sie aber nicht durch andere ersetzen. Da dauerndes Getrenntleben zum Ruhen, nicht zur Aufhebung der Schlüsselgewalt führen kann und das Schutzbedürfnis des betroffenen Ehegatten bestehen bleibt, schließt es auch eine Entscheidung des VormG nicht aus, Köln JMBl NRW 1954, 6; Hamburg MDR 1957, 164; KG RJA 13, 123; OLG 30, 38 und Recht 1917, 829; aA Rostock OLGZ 26, 262. Rechtskräftige Scheidung steht aber der Entscheidung entgegen, KG DJ 1937, 1784. Ein Ehegatte hat einen ausreichenden Grund, wenn der andere erheblich gegen seine Pflichten aus §§ 1353, 1356 verstößt, wenn er sich etwa weigert, Ausgaben zu unterlassen, welche das angemessene Wirtschaftsgeld übersteigen, Karlsruhe HRR 1932, 954. Die Aufhebung ist zB auch dann gerechtfertigt, wenn er wegen einer vorübergehenden geistigen Störung eine Zeit lang übermäßige Ausgaben gemacht hat, sein Zustand aber jetzt eine solche Besorgnis nicht mehr rechtfertigt. Das VormG hat einem Aufhebungsantrag stattzugeben, wenn ein ausreichender Grund nicht oder nicht mehr besteht. Das VormG hat gemäß § 12 FGG den Sachverhalt von Amts wegen zu ermitteln; es besteht keine Beweislast des einen oder anderen Teils. Die Zuständigkeit regelt sich nach § 45 FGG. Wegen des Wirksamwerdens der Entscheidung des VormG und des zulässigen Rechtsmittels vgl §§ 53, 60 FGG, wegen der Eintragung ins Güterrechtsregister § 1561 II Nr 4. Ein Ehegatte wird durch die Aufhebung an einer erneuter Entziehung der Schlüsselgewalt nicht gehindert. Das Recht des VormG, in der ihm bestimmten Zuständigkeit zu entscheiden, schließt eine Herstellungsklage nicht aus, Warn Rspr 15, 287, str, vgl Staud/Hübner/Voppel Rz 117. Beantragen beide Ehegatten übereinstimmend, den Ausschluß der Schlüsselgewalt in das Güterrechtsregister einzutragen, so liegt darin kein unzulässiger Ausschluß der Geltung des § 1357. Ob die Entziehung der Schlüsselgewalt begründet ist, kann der Registerrichter dann nicht nachprüfen, Schleswig NJW 1954, 155. Der von dem Ausschluß betroffene Ehegatte ist allerdings an eine solche Entscheidung nicht gebunden. Er kann sie grundlos zurücknehmen. Nunmehr hat das VormG über die einseitige Maßnahme des anderen zu befinden.

VII. Sonstige Beendigung der Schlüsselgewalt. Sie erlischt mit dem Ende der Ehe durch Tod, Scheidung oder Aufhebung. Nach den entsprechend anzuwendenden Grundsätzen der §§ 674, 169, 173 gilt sie zugunsten eines Ehegatten und des Dritten als fortbestehend, bis ihnen das Ende bekannt war oder sein mußte; aA Staud/Hübner/ Voppel Rz 27; Rolland Rz 7. Über ihr Ruhen beim Getrenntleben München JFG 14, 224; BayObLG FamRZ 1959, 505 und oben Rz 20, 21.

VIII. Zwingender Charakter der Vorschriften. Nach bisher ganz hA kann die Schlüsselgewalt vertraglich nicht geändert werden, vgl nur Pal/Brudermüller Rz 7; Schleswig FamRZ 1994, 444; aA wohl nur RGRK/Roth-Stielow Rz 49: wirksam im Innenverhältnis, o Begr (Hamm OLGZ 26, 216 sieht nicht eine Verzichtsmöglichkeit auf die Rechte des Abs II). Zur Begründung wird zumeist auf Verkehrsschutzaspekte hingewiesen (vgl Erman 8. Aufl). Ob dies im Hinblick auf die berechtigte Kritik an § 1357 idF des 1. EheRG generell (Gläubigerübersicherung, vgl Rz 4 und Käppler AcP 179, 245ff), auf die unstr Zulässigkeit parallellaufender Ausschlußerklärungen gem Abs II (Schleswig NJW 1954, 155) und auf die abnehmende Bedeutung des § 1357 in der Rechtswirklichkeit weiterhin so gelten muß, erscheint zweifelhaft; für Vertragsfreiheit mit weiteren Argumenten, Buschendorf, Die Grenzen der Vertragsfreiheit im Ehevermögensrecht, S 72ff, 265ff.

1358 (weggefallen)

1359 Umfang der Sorgfaltspflicht
Die Ehegatten haben bei der Erfüllung der sich aus dem ehelichen Verhältnis ergebenden Verpflichtungen einander nur für diejenige Sorgfalt einzustehen, welche sie in eigenen Angelegenheiten anzuwenden pflegen.

1 **Schrifttum:** *Böhmer,* Haftungsverzicht der vom Ehemann im Kraftwagen mitgenommenen Ehefrau, MDR 1959, 816; *Christensen,* Gestörter Gesamtschuldnerausgleich bei familienrechtlichen Haftungsbeschränkungen, MDR 1989, 948; *Dieckmann,* Zur Haftung unter Ehegatten, FS Reinhardt (1972), S 51; *Hager,* Das Mitverschulden von Hilfspersonen und gesetzlichen Vertretern des Geschädigten, NJW 1989, 1640; *Jayme,* Die Familie im Recht der unerlaubten Handlungen, 1971; *Kötz,* Zum Haftungsprivileg der Ehegatten im Straßenverkehr, NJW 1967, 1213; *Salje,* Haftung für Unfälle im Straßenverkehr und Ehegattenprivileg, VersR 1982, 922; *Tatzel,* Die diligentia quam in suis im ehelichen Verhältnis, Diss Tübingen 1970; *Weimar,* Haftungsbeschränkungen und Haftungsverzicht unter Ehegatten, MDR 1959, 177; *Wilts,* § 1359 und das Deliktsrecht, VersR 1964, 455.

2 **1. In Anlehnung an das gemeine Recht,** das den Mann bei der Verwaltung des Dotalvermögens nur für culpa in concreto einstehen ließ, erleichtert die Vorschrift die Haftung für beide Ehegatten bei der Erfüllung der Pflichten, die sich aus der ehelichen Lebensgemeinschaft ergeben, MüKo/Wacke Rz 1.

3 **2.** Die Vorschrift, die die Haftung der Ehegatten untereinander auf die in eigenen **Angelegenheiten übliche Sorgfalt** beschränkt hat, ist unverändert bestehen geblieben. Je nach Lage des Falles ist ein Ehegatte dem anderen gegenüber von der Haftung für leichte Fahrlässigkeit befreit (§ 277). Der Haftungsmaßstab gilt allgemein, im Rahmen der §§ 1356 (Haushaltsführung, Mitarbeit im Geschäft), 1357 (Schlüsselgewalt), bei Erfüllung der Unterhaltspflicht (§§ 1360, 1361), auch im Güterrecht, vor allem für die Haftung des Gesamtgutsverwalters in der Gütergemeinschaft (§ 1435), aber auch in dem Fall, daß ein Ehegatte dem anderen sein Vermögen zur Verwaltung überläßt (§ 1413). § 1359 gilt bei **getrenntlebenden Eheleuten** bis zur Rechtskraft des Scheidungsurteils auch für Beschädigungen des im Eigentum des anderen stehenden Familienwohnhauses, das der eine Partner aufgrund seines Rechtes aus § 1353 bewohnt, Stuttgart FamRZ 1983, 68. **Nicht anwendbar** ist § 1359 bei Rechtsgeschäften, die die Ehegatten ebensogut als Fremde miteinander tätigen könnten, zB **Pacht, Darlehen,** auch nicht bei Erfüllung der Verpflichtungen, die sich nach Auflösung der Ehe ergeben, so auch Staud/Hübner/Voppel Rz 16.

4 **a) Verkehrsunfallrecht.** Der BGH beschränkt das Haftungsprivileg auf den häuslichen Bereich. Seit BGH 53, 352 (mit zust Anm Böhmer JZ 1970, 650 und JR 1971, 17) wird das Haftungsprivileg des § 1359 nicht mehr auf Kraftfahrzeugunfälle angewendet, bei denen der Fahrer durch den Verstoß gegen allgemeinverbindliche Verkehrsvorschriften seinen Ehegatten verletzt oder Gegenstände beschädigt hat, die diesem gehören. Zur Rechtslage vor der Entscheidung s Erman 9. Auflage § 1359 Rz 2. Die **Straßenverkehrsregeln** ließen **keinen Raum** für individuelle **Sorglosigkeit,** und niemand dürfe sich darauf berufen, er würde sie gewöhnlich verletzen. Diese Rspr wird in BGH FamRZ 1973, 584f und BGH 63, 51 bestätigt. Nach BGH 63, 51 kommt die Haftungsbeschränkung jedenfalls dann nicht in Betracht, wenn der verantwortliche Ehegatte durch eine Haftpflichtversicherung geschützt wird, grundsätzlich zustimmend zur Rspr MüKo/Wacke Rz 17ff; Rolland Rz 5ff; vgl aber auch Gernhuber/Coester-Waltjen, FamR § 22 I 3. Schon vorher hatte der BGH den Ausgleichsanspruch des Zweitschädigers gegen den schuldhaft handelnden Ehegatten nicht nach § 1359 beschränkt, BGH 35, 317; 41, 79, auch Frankfurt NJW 1971, 1993. Speziell zum Verhältnis zwischen § 839 I S 2 zu § 1359 vgl Waldeyer NJW 1972, 1249, 1252.

5 **b) Bei nur fahrlässiger Schädigung** wird ein Ausgleichsanspruch des öffentlichen Versicherungsträgers (§ 116 SGB X) oder des öffentlichen Dienstherrn, die dem Versicherten oder Beamten Versorgungsleistungen erbracht haben (§ 87a BBG), im Hinblick auf den sozialen Schutzzweck der öffentlichen Versicherungs- oder Versorgungsleistungen regelmäßig abgelehnt, BGH 41, 79; 43, 72; VersR 1970, 950 mwN; FamRZ 1968, 147; vgl auch BGH NJW 1979, 983. Aus dem gleichen Grund lehnt Düsseldorf FamRZ 1969, 213 einen Übergang des Anspruchs auf den öffentlichen Arbeitgeber des verletzten Ehegatten ab, vgl aber LAG Baden-Württemberg DB 1969, 397. Ein Anspruchsübergang auf den privaten Schadensversicherer ist unter diesen Voraussetzungen schon nach § 67 II VVG ausgeschlossen. In Analogie hierzu und unter Berücksichtigung der gleichen Interessenlage wie bei §§ 116 SGB X / 87a BBG ist auch dann ein Haftungsübergang auszuschließen, wenn Entgeltfortzahlung gem § 3 EntFZG geleistet wird. Insoweit muß der private Arbeitgeber dem Staat bzw den Sozialversicherungsträger gleichgestellt werden. Der Fortzahlungsanspruch ist bereits „mitverdient", ein Regreß gegen ein anderes Mitglied der gleichen ehelichen Hausgemeinschaft würde das wirtschaftlich gesehen sonst wieder zurücknehmen; vgl Dieckmann, FS Reinhardt (1972), 51ff.

6 BGH 53, 352 entzieht vor allem den **Kritikern** an der bisherigen Rspr durch Prölss JuS 1966, 400; Stoll FamRZ 1962, 64; Hoffmann NJW 1967, 1207, den Boden für die Fälle, in denen neben dem schuldhaft handelnden Ehegatten noch ein **verantwortlicher Zweitschädiger** vorhanden ist. Schließt man § 1359 aus, so besteht zwischen den beiden Schädigern ein Gesamtschuldverhältnis, das zum Ausgleich nach § 426 führt; vgl BGH JR 1983, 240 m Anm Hohloch; Nürnberg MDR 1972, 867. Dieses Ergebnis billigen im wesentlichen Böhmer MDR 1964, 885; 1965, 712; Dölle, FamR § 44 I 1c; Kötz NJW 1967, 1213; Dietz, Anspruchskonkurrenz bei Vertragsverletzung und Delikt, 271; Stoll, Handeln auf eigene Gefahr, 40 Fn 2; FamRZ 62, 64, 66; vgl auch Gernhuber/Coester-Waltjen, FamR § 22 I 4. Allerdings stellt diese Rspr den **verletzten Ehegatten** mindestens **prozessual schlechter,** wenn eine öffentlich-rechtliche Körperschaft nach **§ 839 in Verbindung mit Art 34 GG** mithaftet. Der Verletzte muß sich dann nach § 839 I S 2 auf seinen Anspruch gegen den mitschuldigen Ehegatten verweisen lassen. Zur Begründung seines Anspruchs gegen die Körperschaft muß er geltend machen und im Streitfall auch beweisen,

daß er von seinem Ehegatten keinen Ersatz erlangen kann; zutreffend Hartung in der Anm zu BGH FamRZ 1970, 386. Dieser Gesichtspunkt verliert durch die Rspr zum § 839 I S 2 an Relevanz. Danach ist das Verweisungsprivileg dieser Vorschrift nicht anwendbar, wenn ein Amtsträger bei der dienstlichen Teilnahme am allgemeinen Straßenverkehr ohne Inanspruchnahme von Sonderrechten nach § 35 StVO schuldhaft einen Verkehrsunfall verursacht, BGH 68, 217. Von entscheidender Bedeutung ist aber auch, daß gerade zusammenlebende Ehegatten ein gemeinsames Interesse daran haben, daß der Verletzte **Haftpflichtansprüche** gegen die **Versicherung** des schädigenden Ehegatten geltend machen kann, soweit dieses nicht besonders (vgl § 11 Nr 4 AKB) ausgeschlossen ist; anders Dieckmann aaO, der aus Billigkeitsgründen Ansprüche gegen den Haftpflichtversicherer dann ausschließen will, wenn andererseits ein Anspruchsübergang nach § 67 II VVG versagt ist. Der BGH berücksichtigt aaO die eheliche Lebensgemeinschaft wenigstens insofern, als er für den Einzelfall eine Pflicht des verletzten Ehegatten aus § 1353 I anerkennt, seinen Schadensersatzanspruch dann nicht geltend zu machen, wenn sich der andere nach Kräften bemüht, den angerichteten Schaden intern auszugleichen. Vgl auch Frankfurt FamRZ 1987, 381, wonach bei Gefälligkeitsfahrten eine stillschweigende Erklärung dahingehend anzunehmen ist, daß ein Ehegatte dem anderen bei leichter Fahrlässigkeit nur insoweit haften soll, wie er Versicherungsschutz genießt. Allein die Tatsache einer **ungestörten Ehegemeinschaft** genügt nach BGH 61, 101, 105 jedenfalls noch nicht zum Ausschluß der Geltendmachung des Anspruchs. Dies ist nur möglich, wenn dem schädigenden Gatten wesentliche Nachteile über die Vermögenseinbuße hinaus entstehen würden. Nach BGH aaO besteht idR auch ein Anspruch auf Schmerzensgeld, bei dem jedoch familiäre Gesichtspunkte bei der **Bemessung im Rahmen der Billigkeit** zu berücksichtigen sind. Dies gilt auch bei der Festsetzung der Quote des schädigenden Gatten im Rahmen des Ausgleichsanspruchs eines Zweitschädigers. Die Quote des Gatten ist idR geringer anzusetzen. Auch die Tatsache, daß der Gatte unter Umständen wegen § 839 I S 2, soweit dieser noch relevant werden kann, allein haften muß, ist bei der Bemessung zu berücksichtigen. Somit ist aber auch zumutbar, eine solchermaßen reduzierte Verpflichtung im Rahmen des § 839 I S 2 geltend zu machen.

Eine **quantitative Einschränkung** der Haftung nach den Grundsätzen, die für die früher geltende (aufgehoben 7 seit BAG NZA 1994, 270) schadensgeneigte **Tätigkeit im Arbeitsrecht** entwickelt wurden, hält der BGH aaO ebenfalls für möglich, vgl dazu auch BGH 63, 51, 58f mit dem wichtigen klarstellenden Hinweis, daß dies nur das **Innenverhältnis** betrifft, nicht aber die Versicherungsansprüche, dazu auch MüKo/Wacke Rz 21. Die tatsächlichen Besonderheiten der Straßenverkehrsunfälle, bei denen zumeist außenstehende Dritte beteiligt sein werden, mögen einen Ausschluß des Haftungsprivilegs (§ 1359) für die Ausgleichung zwischen dem Dritten und dem schädigenden Ehegatten rechtfertigen. Die aufgezeigten Möglichkeiten, die Ansprüche außerhalb des § 1359 zu beschränken, vermögen hier als Korrektiv einzugreifen. Dagegen erscheint es nicht zutreffend, das Haftungsprivileg für das Deliktsrecht überhaupt auszuschließen; aM unter Berufung auf die Entstehungsgeschichte der Vorschrift Jayme FamRZ 1970, 388. Nach KG MDR 2002, 35 ist § 1359 auf die Haftung aus § 833 anzuwenden.

Die Ehegatten können bei gemeinsamen Fahrten die **Haftung** gegenseitig **ausschließen**. Solches kann sich auch 8 aus den Umständen ergeben, ist aber nicht ohne weiteres anzunehmen (BGH 41, 81; Soergel/H. Lange Rz 8; vgl auch Frankfurt FamRZ 1987, 381; Gernhuber/Coester-Waltjen, FamR § 22 I 5; aM Düsseldorf VersR 1959, 568; Karlsruhe VersR 1963, 685). Der Ausschluß hat stets nur Wirkung unter den Eheleuten, BGH 12, 213. § 1359 hat auch keine Bedeutung für den Schadensumfang, hM; aM Deutsch NJW 1966, 709. Dritten gegenüber haften die Ehegatten nach den allgemeinen Grundsätzen. § 1359 ist nach überwiegender und zutreffender Ansicht dispositiv, vgl Dölle, FamR § 44 I 2; Pal/Brudermüller Rz 3.

1360 *Verpflichtung zum Familienunterhalt*
Die Ehegatten sind einander verpflichtet, durch ihre Arbeit und mit ihrem Vermögen die Familie angemessen zu unterhalten. Ist einem Ehegatten die Haushaltsführung überlassen, so erfüllt er seine Verpflichtung, durch Arbeit zum Unterhalt der Familie beizutragen, in der Regel durch die Führung des Haushalts.

Schrifttum: *Braun*, Der Taschengeldanspruch des Ehegatten, AcP 195 (1995), 311; *Gernhuber*, Der Richter und das Unter- 1 haltsrecht, FamRZ 1983, 1069; *Gitter/Hahn/Kemmler*, Die Verdrängung des Zivilrechts durch das Sozialrecht – dargestellt am Unterhaltsrecht, SGb 1979, 195; *Graba*, Zum Unterhalt der Hausfrau nach den ehelichen Lebensverhältnissen, FamRZ 1999, 1115; *Haumer*, Taschengeld unter Ehegatten – Ein Anspruch ohne Grundlage, FamRZ 1996, 193; *Klauser*, Zur Arbeitspflicht des Unterhaltsgläubigers und des Unterhaltsschuldners, MDR 1980, 448; *Kuch*, Vorsorgeunterhalt, AnwBl 1980, 90; *J. Paulus*, Der Anspruch auf Finanzierung einer Ausbildung im Unterhaltsrecht und im Sozialrecht, 1984; *Rossow*, Der angemessene Unterhalt von Ehegatten und Kindern, FamRZ 1980, 541; *Ruland*, Die Beziehungen zwischen familiärem Unterhalt und Leistungen der sozialen Sicherheit, FamRZ 1972, 537; *Sachs*, Die Folgen der Unvereinbarkeit des Hausarbeitstagsanspruchs für Frauen mit dem Grundgesetz, FamRZ 1982, 981; *Schacht*, Die Bewertung der Hausfrauentätigkeit, FamRZ 1980, 107; *Schapp*, Die Leistung der Frau in der Ehe und ihre Bedeutung für den Unterhaltsanspruch der Frau nach Scheidung, FamRZ 1980, 215; *Soyka*, Die Berechnung des Ehegattenunterhalts, 2. Aufl 2003.

1. Grundsatz der gegenseitigen Unterhaltspflicht – S 1. Der Begriff des **Familienunterhalts** ist nicht auf die 2 Bedürfnisse der Ehegatten beschränkt, sondern umfaßt insbesondere auch den Lebensbedarf der gemeinschaftlichen Kinder mit, der ohnehin praktisch von den Bedürfnissen der Ehegatten selbst nicht abtrennbar ist, vgl KG FamRZ 1979, 427. Grundsätzlich sind die Ehegatten in gleicher Weise einander verpflichtet, durch ihre Arbeit und mit ihrem Vermögen die Familie angemessen zu unterhalten. Daran hat sich auch durch das 1. EheRG nichts geändert. Dies entspricht dem Grundsatz des gesetzlichen Güterstandes, wonach jeder Ehegatte sein Vermögen selbständig verwaltet und nutzt. Der Befriedigung der Unterhaltspflicht dienen wie bisher die Arbeitskraft der Ehegatten, ihre Einkünfte, notfalls auch der Stamm ihres Vermögens. Die Ehegatten haben aber nicht etwa je zur Hälfte

§ 1360 Familienrecht Bürgerliche Ehe

zum Familienunterhalt beizutragen. Maßgebend ist vielmehr ihre Leistungsfähigkeit, die Höhe ihrer Einkünfte aus Erwerbstätigkeit und Vermögen sowie die Größe des Vermögens selbst, vgl auch Staud/Hübner/Voppel Rz 19. Der berufstätige Ehegatte leistet auch dann Familienunterhalt iSd § 1360, wenn er weniger verdient, als er selbst benötigt, BAG FamRZ 1983, 899. Hinsichtlich freiwilligen Mehrverdienstes besteht in angemessenem Rahmen eine Beitragspflicht zum Unterhalt, BGH FamRZ 1974, 366; KG VersR 1971, 966f. Nach Erreichen der allgemeinen Altersgrenze bleiben bei der Bemessung der Leistungsfähigkeit eines Unterhaltsschuldners Einkünfte aus freiwilliger Nebentätigkeit außer Betracht, Köln FamRZ 1984, 269 m Anm Büttner. In der Doppelverdienerehe kann daher außerhalb entspr Abreden nicht ein Ehegatte sein Gehalt für sich allein zurückhalten, BGH NJW 1974, 1238. Deshalb ist auch LAG Berlin DB 1976, 1114, unzutr, wenn es bei etwa gleich hohem Einkommen der Eheleute einen Unterhaltsanspruch überhaupt verneint. Die Unterhaltsregelung gilt ohne Rücksicht auf den Güterstand (vgl aber bei der Gütergemeinschaft die Sonderregelung des § 1420). Ein Auskunftsanspruch das Einkommen betreffend ist iRd § 1360 abzulehnen, München FamRZ 2000, 1219.

3   **2.** Die **Teilung und Zuweisung** spezifischer **Arten der Unterhaltsleistung** durch § 1360 S 2 aF, nach dem die Frau ihre Unterhaltspflicht idR durch die Haushaltsführung und der Mann entsprechend durch eine Erwerbstätigkeit erfüllte und nach der die Frau nur ausnahmsweise zu einer Erwerbstätigkeit verpflichtet war, wurde durch das 1. EheRG aufgegeben. Dies ist die Konsequenz aus der Abschaffung des gesetzlichen Leitbildes der Hausfrauenehe. Auch nach altem Recht waren die verschiedenen Aufgaben als gleichwertig eingestuft und die Aufgabenteilung zwischen den Ehegatten disponibel. Das Gesetz ging jedoch von einer Regel- und Leitfunktionsteilung aus. Die Art des von den Ehegatten konkret zu leistenden Unterhalts richtet sich nunmehr nach der von ihnen getroffenen Funktionsteilung und Vereinbarung (Gernhuber/Coester-Waltjen, FamR § 21 I 7; vgl § 1356 Rz 4ff). Der Gesetzgeber stellt keine Leitlinien auf. In der Sache hat dies dadurch grundsätzlich keine Neuregelung ergeben. Entsprechend der Funktionsteilung sind die Unterhaltsbeiträge geschlechtsneutral zu bewerten. Die Funktionsteilung kann beeinflußt werden durch Unterhaltspflichten gegenüber Verwandten. Ein Vater, der in 2. Ehe die Rolle des Hausmannes übernommen hat, wird dadurch nicht davon befreit, durch einen Nebenverdienst die Mittel für den Unterhalt seines Kindes aus erster Ehe bereitzustellen, BGH FamRZ 1980, 43; BGH FamRZ 1982, 25 u 590; BGH FamRZ 2001, 554; BGH FuR 2001, 225; LG Krefeld NJW 1977, 1349. Entsprechendes gilt selbstverständlich für die unterhaltspflichtige Mutter, BGH FamRZ 1979, 328; s auch Frankfurt FamRZ 1979, 622; Bremen FamRZ 1979, 623; Hamm FamRZ 1980, 73 sowie § 1356 Rz 15. Zur Konkurrenz der Unterhaltsansprüche des volljährigen Kindes des Pflichtigen aus erster Ehe mit denen der neuen Ehefrau vgl Hamm FamRZ 1990, 787: Der Unterhaltsanspruch der Ehefrau sei jedenfalls dann bis zur vollen (nicht nur angemessenen) Höhe vorrangig, wenn der volle Bedarf betragsmäßig unter dem angemessenen Bedarf der Düsseldorfer Tabelle (§ 1610 Rz 67) liege.

4   **3. Unterhaltserbringung aus Arbeitseinkünften oder dem Vermögen.** Reichen die Einkünfte aus dem Vermögen eines Ehegatten zum angemessenen Familienunterhalt aus, so ist er grundsätzlich zur Erfüllung seiner Unterhaltspflicht nicht verpflichtet (S 1), Arbeitsleistung zu erbringen. Dies gilt grundsätzlich sowohl für den erwerbstätigen als auch den haushaltführenden Ehegatten. Letzterer kann seine Arbeit weitgehend den Haushaltsangestellten überlassen. Die allg Pflichten gegenüber dem Ehepartner und insbesondere den Kindern dürfen dadurch nicht verletzt werden. Beim Verbrauch des Vermögens für den angemessenen Familienunterhalt muß berücksichtigt werden, daß die Grundlage für eine Alterssicherung nicht zerstört wird. Wohl kann ein Ehegatte aber mit seinem Vermögen einen Rentenversicherungsvertrag schließen, der ihm, seinem Partner und der Familie einen angemessenen Unterhalt sichert. Allerdings müßte die Versicherung auf den Tod des letztversterbenden Ehegatten gestellt sein. Grundsätzlich kann die Pflicht der Ehegatten, einander durch ihre Arbeit und mit ihrem Vermögen angemessen zu unterhalten, durch Mitarbeit im Betrieb des anderen Ehegatten erfolgen. Je nach den Umständen kann die Mitarbeit über den gemäß § 1360 geschuldeten Umfang hinausgehen, BGH FamRZ 1989, 732 (733). Für den Ehegatten, dem nach der Funktionsteilung die **Erwerbstätigkeit** zufällt, gilt nunmehr das bisher für die regelmäßige Unterhaltsleistung des Mannes Entwickelte. Er erfüllt seine **Arbeitspflicht grundsätzlich durch den Beruf**, so daß im allgemeinen für seine Tätigkeit im Haushalt nur eine Mithilfe in den Verhältnissen der Ehegatten üblichen Rahmen in Frage kommt, Stuttgart NJW 1961, 2113. Dem Erwerbstätigen kann uU auch eine Tätigkeit außerhalb seines gelernten Berufes angedient werden, wenn **nur hierdurch** der Unterhalt sichergestellt und dies ihm persönlich zugemutet werden kann, Stuttgart FamRZ 1972, 643; Celle FamRZ 1971, 106. Wenn er eine ihm zumutbare Tätigkeit nicht ausübt, die besser dotiert wird als seine bisher ausgeübte Tätigkeit, obwohl ein Wechsel möglich ist, so ist er verpflichtet, Unterhalt in dem Umfang zu leisten, als wenn er das Entgelt der höher dotierten Tätigkeit erhielte, Köln MDR 1972, 869. Er darf grundsätzlich seinen Beruf nicht aufgeben, um sich ausbilden zu lassen, wenn dadurch für die Unterhaltsberechtigten die Sozialhilfe eingreifen muß, OVG Münster FamRZ 1975, 60. Anderes gilt uU dann, wenn die Aufgabe der Erwerbstätigkeit im Einvernehmen mit dem anderen Ehegatten erfolgt und dieser bereit ist, die Familie zu unterhalten. In solchen Fällen ist ein Abbruch der Ausbildung wegen eines unvorhersehbaren zusätzlichen Unterhaltsbedarfs (zB die Ehefrau kann ihrem Beruf wegen der Geburt eines Kindes nicht mehr nachgehen) nicht zumutbar, wenn diese schon weit fortgeschritten ist, BGH FamRZ 1983, 140. Bei Doppelverdienerehen muß die Hausarbeit entspr geteilt werden, Bamberg VersR 1977, 724; Kinder müssen gemeinsam versorgt werden, BSG FamRZ 1977, 642. Bei Zuverdienerehen ist eine der Belastung durch die Erwerbstätigkeit entsprechende Aufgabenteilung erforderlich.

5   **4. Haushaltsführung als Unterhaltsleistung – S 2.** Der auf Grund der ausdrücklichen oder praktizierten Funktionsteilung haushaltführende Ehegatte erfüllt durch diese Aufgabe idR seine Unterhaltspflicht, vgl auch BGH FamRZ 1986, 1027. Damit wird die häusliche Tätigkeit als gleichrangig und gleichwertig mit der Erwerbstätigkeit anerkannt. Dies galt bereits nach altem Recht, vgl auch BVerfG FamRZ 1978, 871, 873 zur Gleichwertigkeit von Erwerbstätigkeit und Haushaltsführung (vgl Gernhuber/Coester-Waltjen, FamR § 21 I 8). Der haushaltsführende Ehegatte hat einen Anspruch auf Zahlung eines Wirtschafts- und Taschengeldes, solange die Ehe besteht und die

Ehegatten zusammenleben, Pal/Brudermüller § 1360a Rz 4. Der Anspruch entfällt nicht dadurch, daß ein Scheidungsverfahren anhängig ist, AG Kleve FamRZ 1996, 1408. Der haushaltführende Ehegatte leistet dem anderen nicht Dienste im Sinne des § 845. Er trägt vielmehr zum Familienunterhalt bei. Insoweit stellt ein Schadensersatzanspruch wegen Beeinträchtigung der Fähigkeit zur Hausarbeit auch einen im Sinne des § 116 SGB X übergangsfähigen Erwerbsschaden dar, BGH FamRZ 1974, 13. Dem Mann steht bei Tötung der haushaltführenden Frau ein Schadensersatzanspruch wegen der Beeinträchtigung seines Unterhaltsrechts nach § 844 II zu, BGH (GS) 50, 304; 51, 109; FamRZ 1974, 366; 1969, 407; VersR 1971, 423; BGH FamRZ 1993, 411; vgl auch BGH FamRZ 1983, 567; 1979, 687; Celle FamRZ 1969, 213. Ein solcher Anspruch steht ihm auch insoweit zu, als Sondergesetze (§ 10 I StVG; §§ 1–3 HaftpflichtG) eine Gefährdungshaftung des Schädigers begründen, BGH 77, 157; 51, 105; Celle FamRZ 1969, 213; Näheres § 1356 Rz 9ff. Dies gilt nunmehr ebenso, wenn der Mann, der den Haushalt führte, getötet wird, für Ansprüche der Frau. Wird der seinen Unterhaltsbeitrag durch Erwerbstätigkeit leistende Ehepartner getötet, so ergibt sich der Schadensersatzanspruch des Hinterbliebenen ebenfalls aus § 844 II. Zum alten Recht, nach dem dies idR einseitig für die Frau zu beurteilen war, ist entschieden worden: Hat der Mann eine Unfallrente wegen einer Berufskrankheit bezogen, die zu seinem Tod geführt hätte, so hat der Schädiger der Witwe Schadensersatz dafür zu leisten, daß sie nicht in den Genuß der Unfall-Witwenrente (vgl § 589 RVO aF) gelangen kann; BGH FamRZ 1970, 136. Auch eine Treueprämie, die der getötete Ehemann von seinem Arbeitgeber anläßlich seines 40jährigen Dienstjubiläums erhalten hätte, ist zu berücksichtigen, BGH FamRZ 1970, 636. Den Ertrag ihrer eigenen Arbeit braucht sich eine Witwe nicht anrechnen zu lassen, die für ein kleines Kind zu sorgen hat und deshalb auch während der Ehe zu einer Erwerbstätigkeit verpflichtet war, BGH FamRZ 1969, 204. Zur Berechnung des Schadensersatzanspruchs der Witwe: Bamberg FamRZ 1981, 448; Köln VersR 1969, 526. Zu Einzelheiten der Schadensersatzpflicht bei Tötung und Verletzung eines Ehegatten, auch bei Mitarbeit im Betrieb oder Geschäft des Partners s § 1356 Rz 9ff und 18ff.

6 In der Verpflichtung, aus ihrem **Vermögen** und dessen Einkünften zum Familienunterhalt beizutragen, **steht die Frau dem Mann gleich**. Eine entsprechende, auf den jeweiligen Ehegatten abgestellte Regelung hielt der Gesetzgeber nicht für erforderlich, da gerade auch in Notfällen die Abgrenzung von Haushaltsführung und Erwerbstätigkeit nicht durch das Gesetz, sondern durch Vereinbarung der Ehepartner erfolgen soll (gem dem Grundgedanken der §§ 1353 und 1356), und außerdem eine gesetzliche Regelung dem Einzelfall nicht gerecht werden könnte (BT-Drucks 7/650, 99ff). Damit ist jedoch eine entsprechende Verpflichtung des haushaltführenden Ehegatten in Notsituationen nicht entfallen. Sie findet nunmehr ihre Grundlage in § 1353 und § 1360 S 1 (vgl Pal/Brudermüller Rz 13; MüKo/Wacke Rz 17). Andererseits ist aus der Streichung der früheren Regelung nicht zu entnehmen, daß in einer kinderlosen Ehe der Haushaltführende idR zu einer zusätzlichen Erwerbstätigkeit verpflichtet ist (so Dieckmann FamRZ 1977, 81, 89; ders, FS Bosch, S 119, 130f). Das widerspräche dem Gleich- und Vollwertigkeit der Unterhaltsleistung durch Haushaltsführung auch in einer kinderlosen Ehe und würde ein, auch vom Gesetzgeber nicht gewollten Zwang zur Doppelverdienerehe bewirken. Ein nach § 844 II wegen Tötung des erwerbstätigen Ehegatten zum Schadensersatz Verpflichteter kann uU den überlebenden, jungen, kinderlosen, arbeitsfähigen Ehepartner, auch wenn dieser bei fortbestehender Ehe nicht zur Erwerbstätigkeit verpflichtet gewesen wäre, im Rahmen des § 254 II auf eine Berufstätigkeit verweisen, BGH FamRZ 1976, 328; vgl auch Celle FamRZ 1980, 137.

7 Eine Verpflichtung zur Erwerbstätigkeit besteht nicht bereits dann, wenn **gesteigerten Lebenshaltungsansprüchen** der Familie Genüge getan werden soll. Der Betroffene darf nicht durch Erwerbstätigkeit und Haushaltsführung unangemessen stark belastet werden. Er kann, auch wenn wirtschaftliche Gründe für die Aufnahme einer Erwerbstätigkeit sprechen, diese ablehnen oder nur in beschränktem Umfange aufnehmen, wenn seine häuslichen Pflichten sonst über Gebühr vernachlässigt würden, besonders seine Aufgaben in **Betreuung und Erziehung der Kinder**. Eine Erwerbstätigkeit muß dem Betroffenen auch nach Alter, Gesundheitszustand und Vorbildung zuzumuten sein. Die **Zumutbarkeit** kann zu verneinen sein, wenn er überhaupt noch nicht berufstätig war oder seine frühere Berufstätigkeit lange zurückliegt und für eine ihm geeignete Betätigung nicht zu finden ist. Kommt der allein haushaltführende Ehegatte freiwillig nebenher einer nicht erforderlichen Erwerbstätigkeit nach, so darf diese die Aufgaben der Haushaltsführung nicht beeinträchtigen, dazu § 1356 Rz 15. Wenn die Berufstätigkeit zum Erwerb des Familienunterhalts erforderlich ist, geht sie insoweit der Pflicht zur Führung des Haushaltes vor, Stuttgart NJW 1961, 2113. In diesem Fall ist der Ehepartner verpflichtet, bei der Haushaltsführung und Kindererziehung in dem Maß mitzuwirken, daß die Familie angemessen entlastet wird, BGH NJW 1971, 1983, 1985; BSG FamRZ 1971, 579, 582. Bei einer freiwilligen Erwerbstätigkeit des haushaltführenden Ehegatten muß dieser auch Geldmittel aus seinen Einkünften für den Familienunterhalt beisteuern, BFH NJW 1974, 1238; Lüderitz, FamR § 12 III 232; MüKo/Wacke Rz 18; dies gilt nach neuem Recht geschlechtsneutral wie früher für die hinzuverdienende Frau. Nach BGH FamRZ 1974, 366, 367 ist insbesondere auch dann aus dem Arbeitseinkommen ein Beitrag zum Unterhalt zu leisten, wenn der Ehegatte zu der ausgeübten Tätigkeit überhaupt nicht oder nicht in dem praktizierten Umfang gesetzlich verpflichtet ist. Vgl auch Celle FamRZ 1978, 589; aA Göhring FamRZ 1974, 635f; diff Rolland Rz 17. Durch die Erwerbstätigkeit wird dann allerdings implizit die Funktionsteilung von der reinen Haushaltsführungsehe abweichend getroffen. Es ist bei der Höhe der abzuführenden Beträge allerdings zu berücksichtigen, daß und in welchem Umfang der betreffende Ehegatte die Haushaltsleistungen erbringt. Zur Berücksichtigung von Nebeneinkünften als unterhaltsanspruchsmindernd im Rahmen des § 850c ZPO vgl BAG FamRZ 1975, 488 m Anm Fenn. Ist gegen die Frau eine Geldstrafe verhängt, so ist sie, wenn sie den Haushalt und die Kinder betreut, nicht verpflichtet, eine eigene Erwerbstätigkeit aufzunehmen. Wiederum ist sie nicht berechtigt, die Strafe aus Mitteln des Wirtschaftsgeldes zu tilgen, LG Essen FamRZ 1970, 494. Zur Bemessung des Tagessatzes für die Festsetzung von Geldstrafen bei Ehegatten vgl Frommel NJW 1978, 862; Schall JuS 1977, 307; Düsseldorf NJW 1977, 260; Hamm FamRZ 1976, 172; vgl ferner Meyer MDR 1979, 899. Vgl auch Zweibrücken FamRZ 1990, 553: Zugriffsmöglichkeit auf das „Hausgeld" eines strafgefangenen, unterhaltspflichtigen Ehegatten, der nicht gehalten ist, für die Haftzeit Vorsorge zu treffen (Prinzip der sogenannten zeitlichen Unterhaltskongruenz).

8 § 1 HATG NRW, der Frauen mit eigenem Hausstand, die im Durchschnitt wöchentlich mindestens 40 Stunden arbeiten, Anspruch auf einen arbeitsfreien Wochentag in jedem Monat gewährte, widersprach dem Gleichheitsgrundsatz des Art 3 II GG (BVerfG DB 1980, 404; BAG DB 1982, 1014; dazu Sachs FamRZ 1982, 981. AA die frühere Rspr des BAG; vgl BAG (GS) DB 1962, 907; BAG FamRZ 1979, 424; für Verfassungsmäßigkeit des § 1 HATG NRW auch noch die 6. Aufl). Das BVerfG aaO führte überzeugend aus, daß die in § 1 HATG NRW vorgesehene unterschiedliche Behandlung von Männern und Frauen – insbesondere bei Alleinstehenden – nicht durch objektive biologische oder funktionale Unterschiede der Geschlechter gerechtfertigt werden kann. Zur Frage des Verhältnisses des Unterhaltsanspruches der §§ 1360ff zu dem der §§ 1569ff vgl Karlsruhe NJW 1975, 314; Holzhauer JZ 1977, 73f; Teplitzki MDR 1962, 180; Künkel MDR 1964, 631.

9 5. Zu den **Interdependenzen** zwischen dem **Recht des Familienunterhalts** und den heterogenen Einzelmaterien des **Sozial(versicherungs)rechts** wird auf die Kommentierungen zu letzteren verwiesen. Berührt sind hier insbesondere die Bereiche des BAföG, SGB III, der Kranken-, Unfall- und Rentenversicherung, Ansprüche von Behinderten und Hinterbliebenen und das Jugendhilfe- sowie Sozialhilferecht.

10 6. Soweit ein **unterhaltsbedürftiger Ehegatte** von dem anderen keinen ausreichenden Unterhalt erlangen kann, bleiben seine Eltern zur Unterhaltsleistung nach § 1608 S 2 verpflichtet; vgl dazu Schwab FamRZ 1971, 1. Das trifft vor allem für die Fälle zu, in denen ein oder beide Ehegatten sich noch in der Ausbildung befinden.

1360a *Umfang der Unterhaltspflicht*

(1) Der angemessene Unterhalt der Familie umfasst alles, was nach den Verhältnissen der Ehegatten erforderlich ist, um die Kosten des Haushalts zu bestreiten und die persönlichen Bedürfnisse der Ehegatten und den Lebensbedarf der gemeinsamen unterhaltsberechtigten Kinder zu befriedigen.

(2) Der Unterhalt ist in der Weise zu leisten, die durch die eheliche Lebensgemeinschaft geboten ist. Die Ehegatten sind einander verpflichtet, die zum gemeinsamen Unterhalt der Familie erforderlichen Mittel für einen angemessenen Zeitraum im Voraus zur Verfügung zu stellen.

(3) Die für die Unterhaltspflicht der Verwandten geltenden Vorschriften der §§ 1613 bis 1615 sind entsprechend anzuwenden.

(4) Ist ein Ehegatte nicht in der Lage, die Kosten eines Rechtsstreits zu tragen, der eine persönliche Angelegenheit betrifft, so ist der andere Ehegatte verpflichtet, ihm diese Kosten vorzuschießen, soweit dies der Billigkeit entspricht. Das Gleiche gilt für die Kosten der Verteidigung in einem Strafverfahren, das gegen einen Ehegatten gerichtet ist.

1. Vorbemerkung	1	c) Maß der Unterhaltsleistung	14
2. Umfang und Inhalt des Familienunterhalts – Abs I	2	4. Analoge Anwendung der §§ 1613–1615 – Abs III	15
a) Haushaltskosten	3	5. Pflicht zum Prozeßkostenvorschuß – Abs IV	17
b) Persönliche Bedürfnisse der Ehegatten	4	a) Voraussetzungen des Vorschußanspruchs	18
c) Begriff des angemessenen Familienunterhalts	5	b) Umfang der Vorschußpflicht	25
d) Unterhalt der Kinder	6	c) Verhältnis der Ehegatten untereinander	29
e) Aufwendungen für bedürftige Verwandte des anderen Ehegatten	7	d) Rechtsstreit mit Dritten	30
f) Unterhaltsberechtigte Personen	11	6. Rechtsnatur und prozessuale Geltendmachung des Unterhaltsanspruchs	33
3. Art und Maß der Unterhaltsleistung – Abs II		7. Verhältnis zum Unterhaltsanspruch bei Getrenntlebenden und Geschiedenen	37
a) Art der Unterhaltsleistung	12	8. Vertragliche Vereinbarungen	39
b) Finanzielle Unterhaltsmittel	13		

1 1. **Vorbemerkung.** Die Vorschrift bestimmt den Inhalt und Umfang des Unterhalts, den beide Ehegatten nach § 1360 der Familie zu gewähren haben. Durch das 1. EheRG wurde lediglich Abs II S 2 der Norm geändert, der nunmehr die Pflicht zur Bereitstellung der finanziellen Mittel für den Unterhalt im voraus für beide Ehegatten statuiert. Dieser Anspruch entfällt beim Getrenntleben. Danach regelt § 1361 nur noch den Ehegattenunterhalt, während der getrenntlebende Gatte den Unterhalt für gemeinsame Kinder (§§ 1601ff) nach § 1629 II verlangen kann, Hamm FamRZ 1980, 249.

2. Umfang und Inhalt des Familienunterhalts – Abs I

2 Der Familienunterhalt umfaßt die Kosten des Haushalts, die Befriedigung der persönlichen Bedürfnisse der Ehegatten und des Lebensbedarfs der gemeinsamen unterhaltsberechtigten Kinder; BGH FamRZ 1993, 411; BGH FamRZ 1995, 537.

3 a) Zu den **Haushaltskosten** gehören die Kosten, die zur gemeinsamen Lebensführung der gesamten Familie erforderlich sind, so die Aufwendungen für Nahrung, Bekleidung, Wohnung, Heizung, Beleuchtung, Anschaffung und Unterhaltung der erforderlichen Haushaltsgegenstände, Entlohnung und Beköstigung von Hausangestellten, die Arzt- und Krankenhauskosten, die Kosten eines besonderen, durch Krankheit ausgelösten Bedarfs, BSG FamRZ 1960, 116, die Ausgaben für die Pflege religiöser (FG Hamburg FamRZ 1997, 1155), geistiger, politischer und anderer Interessen der allgemeinen Bildung, nicht nur die immer wiederkehrenden Aufwendungen für das tägliche Leben, sondern auch die Kosten für die einmalige Anschaffungen, zB von Möbeln, der Miete einer neuen Wohnung; im Einzelfall auch außergewöhnliche Anschaffungen, Celle FamRZ 1978, 589; KG FamRZ 1979, 427. Die Erwerbs- oder Errichtungskosten für ein Eigenheim gehören aber nach BGH NJW 1985, 49; NJW 1966, 2401 nicht zum angemessenen Familienunterhalt. Soweit Anschaffungen erforderlich sind und den Lebensverhältnissen der Ehegatten entsprechen, werden sie von der Unterhaltspflicht umfaßt, nicht jedoch die Kosten, die für die Ausbildung eines Ehegatten und seinen Lebensbedarf während einer Ausbildungszeit entstehen, in der er gegen den Willen des anderen nichts zum Familienunterhalt beiträgt, Blanke FamRZ 1969, 394, 398.

b) Zur Befriedigung der **persönlichen Bedürfnisse** der Ehegatten gehören angemessene Taschengelder, RG 97, 289 für das alte Recht; BGH FamRZ 1998, 608; Hamm FamRZ 1985, 407; Zweibrücken FamRZ 1980, 445 (5 % des Nettoeinkommens; nicht bei Arbeitslosigkeit); Celle FamRZ 1991, 726 (Berechnung im Vollstreckungsverfahren, im Regelfall etwa 5 % des Nettoeinkommens); für eine monatsweise neu zu ermittelnde Höhe des Taschengeldanspruchs, AG Holzminden FamRZ 1997, 1156; allg Braun AcP 195 (1995), 311; Haumer FamRZ 1996, 193. Gegen einen Taschengeldanspruch ausdrücklich AG Rendsburg NJW 2000, 3653; kritisch auch Braun NJW 2000, 97. Der Anspruch besteht auch, wenn der eine Ehegatte den anderen durch die Gewährung von Naturalunterhalt vollständig versorgt und dieser es, wiewohl arbeits- und leistungsfähig, unterläßt, eigene Einkünfte zu erzielen, München FamRZ 1981, 449. Die nicht berufstätige Ehefrau ist aber nicht verpflichtet, ihren Taschengeldanspruch zwangsweise geltend zu machen, um eine gegen sie verhängte Geldstrafe bezahlen zu können, LG Essen FamRZ 1970, 494. Kein Anspruch auf Taschengeld besteht, wenn das Einkommen des Ehegatten lediglich zur Deckung des notwendigen Familienunterhalts ausreicht, Hamm FamRZ 1986, 357. Der Ehegatte eines Alkoholkranken wird ebenfalls von der Verpflichtung zur Zahlung eines Taschengeldes befreit, Hamburg FamRZ 1996, 182. Bei der Berechnung der Höhe des Taschengeldanspruchs sind monatliche Darlehensraten zu berücksichtigen, vgl AG Recklinghausen FamRZ 1991, 1297 bezüglich eines Pfändungs- und Überweisungsbeschlusses durch eine unterhaltsberechtigte Tochter aus erster Ehe. Zur Pfändbarkeit des Taschengeldanspruchs im Rahmen des § 850b I Nr 2 ZPO vgl Rz 33. Zu og Bedürfnissen gehören weiter Beiträge zu Religionsgemeinschaften (FG Hamburg FamRZ 1997, 1155) und Vereinen, politischen Parteien und sozialen Einrichtungen jeder Art, Kosten für Erholung und Fortbildung, Entspannung und Vergnügen, also, wie in § 1610 II, der gesamte Lebensbedarf der Ehegatten, einschließlich ihrer Alterssicherung, BGH FamRZ 1960, 225, sofern er nicht bereits in den Haushaltskosten erfaßt ist; vgl auch BSG FamRZ 1977, 642 zu Schuldtilgungsbeträgen. Die Anschaffung von Luxusgegenständen und Schmuck ist nicht ausgeschlossen, soweit sie im Rahmen der gemeinsamen Lebenshaltung liegt, vgl Bamberg FamRZ 1973, 200, 201. Insoweit können „Geschenke" im landläufigen Sinn durchaus in Wirklichkeit Unterhaltsleistungen sein. Denn zum Unterhaltsbedarf rechnet nicht allein das Existenznotwendige, sondern auch das, was den persönlichen Bedürfnissen der Eheleute nach Maßgabe ihrer individuellen Lebensverhältnisse entspricht, Bamberg aaO. Auch Ausgaben zur Pflege von Liebhabereien rechnen – in angemessenem Umfange – dazu. Nicht zu den persönlichen Bedürfnissen im Sinne des § 1360a zählen die Ausbildungskosten des anderen Gatten, sonst hätte dies der Gesetzgeber in § 1360a wie in § 1610 ausdrücklich erwähnen müssen; str, wie hier Bertram/Martens FamRZ 1971, 553, 556 mwN, aA Knorr FamRZ 1966, 603; Stuttgart FamRZ 1983, 1030, wenn lediglich eine vor der Eheschließung begonnene Ausbildung abgeschlossen wird (bestätigt durch BGH FamRZ 1985, 353); weitergehend MüKo/Wacke Rz 8: Bei Einigung, Fortführung oder Aufgreifen einer Ausbildung gehören die Kosten grundsätzlich zur Unterhaltspflicht; vgl auch Jung FamRZ 1974, 513, 516f; AG Salzgitter FamRZ 1976, 179.

c) Begriff des angemessenen Familienunterhalts. Während das Gesetz vor dem 1. 4. 1953 auf die Lebensstellung des Mannes abstellte, sind jetzt die Verhältnisse beider Ehegatten maßgebend. Jeder Ehegatte muß den Unterhalt gewähren, der „nach den Verhältnissen der Ehegatten erforderlich ist", § 1360a I S 1. Entscheidend für die Lebenshaltung der Familie werden aber weiterhin, soweit wesentliches Vermögen der Ehegatten und Einkünfte aus solchem nicht vorhanden sind und die Frau auch nicht erwerbstätig ist, die Erwerbseinkünfte des Mannes sein. Die ausgeübte haushälterische Tätigkeit, die an sich unterhaltsrechtlich gleich zu bewerten ist, führt nicht zu einer Erhöhung des Bedarfs nach den ehelichen Lebensverhältnissen (Koblenz FamRZ 2000, 1367). Der angemessene Familienunterhalt entspricht dem früheren Begriff des ehelichen Aufwandes. Anzulegen ist ein objektiver Maßstab, zB der Lebensstil gleicher Berufskreise, so daß bei einem sehr gut verdienenden Ehegatten (Einkommen mehr als 10 000 DM netto/Monat) uU nur ein Teil der Einkünfte für die Berechnung des Unterhaltsanspruchs des Partners zugrunde zu legen ist, München FamRZ 1982, 801. Der angemessene Ehegattenunterhaltsanspruch steigt nicht schematisch nach überdurchschnittlichem Einkommen des Mehrverdieners, FG Hamburg FamRZ 1997, 1155. § 1360a regelt nur die **Verpflichtung der Ehegatten in ihrem Verhältnis zueinander**. Er begründet keine unmittelbare Verpflichtung eines Ehegatten gegenüber Dritten, Schulden des anderen zu bezahlen, die dieser zur Bestreitung seiner persönlichen Bedürfnisse eingegangen ist. Inwieweit ein Ehegatte durch Rechtsgeschäfte des anderen Dritten gegenüber verpflichtet wird, bestimmt sich nach § 1357. Soweit dieser nicht anwendbar ist, weil der Ehegatte nicht zur Deckung des Lebensbedarfs der Familie gehandelt hat, besteht aber im Einzelfall die Möglichkeit, stillschweigende Bevollmächtigung durch den Partner anzunehmen, wenn eine Ehegatte von den Maßnahmen des anderen wußte und damit einverstanden war. Ein Arzt, der den einen Ehegatten behandelt, erfüllt damit zugleich eine Unterhaltspflicht des anderen. Er kann daher uU nach den Grundsätzen der GoA (§§ 683, 679) seine Aufwendungen von ihm ersetzt verlangen. Die nicht von der Krankenkasse übernommenen Kosten einer zahnärztlichen Implantatbehandlung sind allerdings nur zu tragen, wenn die Behandlung vorher mit dem Ehegatten abgesprochen oder medizinisch notwendig war, Braunschweig FamRZ 1996, 288. Zu Verträgen über ärztliche Versorgung im Rahmen des § 1357 vgl § 1357 Rz 14.

d) Unterhalt der Kinder. Während die Verpflichtung der Ehegatten gegeneinander, auch für den Unterhalt der gemeinschaftlichen Kinder zu sorgen, sich vor dem 1. 4. 1953 aus der Verpflichtung, zum ehelichen Aufwand beizutragen, ergab, gehört auch der Lebensbedarf der Kinder jetzt zum Familienunterhalt, dem beide nach Maßgabe ihrer Leistungsfähigkeit beizutragen haben; zur persönlichen Betreuung und Barunterhaltspflicht vgl Derleder/Derleder NJW 1978, 1129. Vater und Mutter haften dabei für den ihrem gemeinschaftlichen Kind zu gewährenden Unterhalt als Teil-, nicht als Gesamtschuldner (arg § 1606 III), BGH NJW 1971, 1983, 1985. Die Unterhaltsansprüche der Kinder gegen die Eltern sind aber weiterhin ausschließlich in den §§ 1601ff geregelt; die Kinder können ihre Unterhaltsansprüche nicht unmittelbar aus den §§ 1360, 1360a herleiten. § 1606 III nimmt auf

§ 1360 Bezug und stellt damit den Einklang zwischen den Verpflichtungen der Ehegatten untereinander in bezug auf den Unterhalt der Kinder und deren Unterhaltsansprüchen gegen die Eltern her. Die Berufsausbildung der Kinder wird durch die Lebenshaltung der Familie begrenzt. Der Ausbildungsanspruch, der ihnen grundsätzlich zusteht, erhält mit den §§ 36, 37 des Bundesgesetzes über die individuelle Förderung der Ausbildung (BAföG) vom 26. 8. 1971 (BGBl I 1409), in der Fassung der Bekanntmachung v 6. 6. 1983 (BGBl I 645), dadurch eine besondere Bedeutung, daß der Staat Unterhaltsansprüche auf sich überleiten kann, wenn er anstelle der Eltern, die an sich unterhaltspflichtig und leistungsfähig sind, die Ausbildung des Kindes nach dem genannten Gesetz finanziert hat; vgl dazu im einzelnen Schwab FamRZ 1971, 1.

7 e) **Aufwendungen für bedürftige Verwandte des anderen Ehegatten.** Zum Familienunterhalt gehört nur der **Lebensbedarf der gemeinsamen unterhaltsberechtigten Kinder**, nicht der Aufwand für sonstige bedürftige Verwandte eines Ehegatten. Es ist weder der Kreis der Unterhaltsberechtigten erweitert worden (ein solcher Vorschlag des Regierungsentwurfs ist nicht in das Gesetz aufgenommen worden) noch aus den §§ 1360, 1360a eine Verpflichtung der Ehegatten gegeneinander zu entnehmen, für den Unterhalt **bedürftiger Verwandter** zu sorgen. Mit Wegfall der Nutznießung des Mannes am Vermögen der Frau ist auch die sich aus den früheren §§ 1386, 1388 ergebende Haftung des Mannes für gesetzliche Unterhaltsverpflichtungen der Frau entfallen (vgl aber die Sonderregelung der §§ 1437, 1459, 1604 bei der Gütergemeinschaft). Ein Ehegatte kann jedoch, um Unterhaltspflichten gegenüber seinen Verwandten erfüllen zu können, seinen Beitrag zum Familienunterhalt gegebenenfalls mindern, muß hierbei aber die Reihenfolge der Unterhaltsberechtigten nach § 1609 berücksichtigen. Ein Kind aus einer früheren Ehe steht den gemeinschaftlichen Kindern gleich; dagegen gehen die Kinder den Eltern eines Ehegatten vor. Ein Ehegatte ist aber uU berechtigt, sofern seine Pflichten als haushaltführender Teil hierdurch nicht über Gebühr beeinträchtigt werden, erwerbstätig zu sein, um sich die Mittel zur Erfüllung seiner Unterhaltsverpflichtungen zu beschaffen (vgl § 1356 Rz 7 u 15).

Die Ehegatten können die Familienunterhaltspflicht vertraglich auf andere unterhaltsbedürftige Verwandte eines Ehegatten erstrecken. Bestritten ist, welche Erklärungen des Ehegatten, der sich über den Umfang des Gesetzes hinaus zum Unterhalt verpflichtet, erforderlich sind und genügen. Ohne eine solche rechtsgeschäftliche Verpflichtung kann jedenfalls jeder Ehegatte nach § 1360a I nur für den Lebensbedarf gemeinschaftlicher Kinder, nicht auch für seine einseitigen Abkömmlinge (nichteheliche, angenommene oder Kinder aus einer früheren Ehe) Familienunterhalt verlangen, BGH FamRZ 1984, 462, Maßfeller DNotZ 1957, 350; Brühl FamRZ 1957, 278; Lüdtke MDR 1955, 210; Reinicke NJW 1957, 935. Eine andere Auffassung würde die aufgehobene Regelung der §§ 1386 I S 2, 1388 aF wieder zum Leben erwecken und nicht berücksichtigen, daß Reformvorschläge, die den Familienunterhalt ua auch auf Stiefkinder und Schwiegereltern des anderen Ehegatten erstrecken wollten, vgl hierzu Boehmer, FamRZ 1955, 125, nach dem ausdrücklichen Willen des Gesetzgebers nicht Gesetz geworden sind, obwohl in der Rspr bemerkenswerte Entscheidungen in dieser Richtung ergangen waren, vgl OVG Münster FamRZ 1954, 201; OVG Lüneburg FamRZ 1957, 30; LG Berlin FamRZ 1955, 267. OVG Münster (aaO) stellt fest, daß die Voraussetzungen der fürsorgerechtlichen Hilfsbedürftigkeit des nichtehelichen Kindes fehlen, wenn die Mutter mittlerweile einen Mann mit gutem Einkommen geheiratet hat. Da die Mutter nach § 1603 II verpflichtet sei, mit ihrem Kinde alle verfügbaren Mittel zu teilen, müsse der Ehemann bei Gewährung und Berechnung des Unterhalts, den er nach § 1360 aF seiner Ehefrau zu entrichten habe, hierauf Rücksicht nehmen. Er müsse ihr mehr als den „notdürftigsten Unterhalt" für sie selbst zahlen, nämlich soviel, daß auch ihr Kind nicht Not leide. Diese Auffassung gibt also dem nichtehelichen Kinde keinen unmittelbaren Anspruch gegen den Ehemann der Mutter, kommt aber mit einem unmittelbaren Anspruch gegen die Mutter, der bereits auf das Innenverhältnis Rücksicht nimmt, praktisch zum gleichen Ergebnis. Vgl die Anm von Bosch FamRZ 1954, 202. Das Urteil läßt es ausdrücklich dahingestellt, ob der Ehemann stillschweigend oder ausdrücklich die Pflicht übernommen hat, für das voreheliche Kind seiner Ehefrau zu sorgen. Ebenso bedenklich Düsseldorf FamRZ 1958, 106, das den Unterhalt des einen Ehegatten gegenüber dem anderen auch während des Scheidungsverfahrens so bemessen will, daß das voreheliche Kind des anderen Teils aus ihm versorgt werden kann. Das OVG Lüneburg (FamRZ 1957, 30) stellt dagegen fest, die Fürsorgebehörde könne idR davon ausgehen, daß ein Ehemann keinem von seiner Ehefrau in die Ehe eingebrachten Kinde, das er in den gemeinsamen Haushalt aufgenommen habe, in einem Umfang Unterhalt gewähren wolle, bei dem dieses laufende Fürsorgeunterstützung nicht in Anspruch zu nehmen brauche. Ein Mann, der eine Witwe oder eine geschiedene Frau mit minderjährigen Kindern heirate und die Kinder in die häusliche Gemeinschaft aufnehme, übernehme, wie das LG Berlin (FamRZ 1955, 267) wiederum anders feststellt, damit, wenn nicht ausdrücklich entgegenstehende Abreden getroffen werden, vertraglich die Unterhaltspflicht für diese Kinder. Diese Unterhaltspflicht bestehe für die Dauer der Ehe fort, auch wenn Stiefvater und Mutter sich trennten (aA Nürnberg FamRZ 1965, 217). Sie erlösche erst mit der Ehescheidung. Die Aufnahme von Stiefkindern in die häusliche Gemeinschaft wird also von vielen, zum mindesten als eine schlüssige, vertragliche Erweiterung der Unterhaltspflicht angesehen. Hat ein Ehegatte sich damit einverstanden erklärt, bedürftige Verwandte des anderen, vor allem Kinder aus dessen früherer Ehe, ein nichteheliches Kind oder bedürftige Eltern, in die eheliche Wohnung aufzunehmen und ihnen dort Unterhalt zu gewähren, so handelt er mißbräuchlich und ehewidrig, wenn er die Gewährung von Unterkunft und Unterhalt ohne besondere Gründe aufheben will; dies gilt besonders, wenn der Mann die nicht erwerbstätige Frau dadurch in einen Pflichtenkonflikt bringt, Pal/Diederichsen[58] Rz 2 mwN.

8 **Bedenklich** ist der Versuch, die **öffentliche Fürsorge** auf Kosten des Stiefvaters zu entlasten. In der Entscheidung des OVG Münster (FamRZ 1954, 201) hatte der Stiefvater ein monatliches Netto-Einkommen von 380 DM und die Eheleute neben dem vorehelichen Kind der Frau ein gemeinsames eheliches zu unterhalten. Schon in dieser Situation hat das Gericht „gute Einkommensverhältnisse" (1954!) gesehen. Ebenso bedenklich kann das Versorgungsdenken des vermögenden Stiefvaters sein, der die Leistungen der öffentlichen Fürsorge als willkommene Zugabe zum Familieneinkommen hinnimmt. Der Grundsatz, daß die Aufnahme eines Stiefkindes in die häusliche

Gemeinschaft eine schlüssige Unterhaltsverpflichtung enthalte, wenn der Stiefvater nicht ausdrücklich das Gegenteil erkläre, ist zu allgemein. Bringt eine geschiedene Frau ein Kind in die neue Ehe ein, dessen Vater den Unterhalt zahlen muß und zahlt oder das seinen Vater beerbt hat und deshalb über ein ausreichendes eigenes Vermögen verfügt oder das eine Unterhaltsrente von demjenigen erhält, der seinen unterhaltsverpflichteten Vater getötet hat oder dessen Mutter selbst genügend Vermögen zum Unterhalt des Kindes besitzt, so ist ein ausdrücklicher Protest gegen die Unterhaltspflicht bei der Aufnahme in die häusliche Gemeinschaft überflüssig. Gibt die Mutter des Kindes mit Billigung ihres Mannes infolge der Heirat und ihrer Belastung mit dem Haushalt und der Kinderbetreuung eine Erwerbstätigkeit auf, weil für diese ihre Arbeitskraft neben der Führung des Haushalts nicht mehr ausreicht, und gibt der Stiefvater nicht zu erkennen, daß er für den Unterhalt ihres eingebrachten Kindes nicht aufkommen wolle, so kann darin der schlüssige Abschluß eines Unterhaltsvertrages gesehen werden. Vgl Näheres auch bei RGRK/Wenz § 1360 Rz 9 und Staud/Hübner/Voppel Rz 41ff; MüKo/Wacke Rz 10ff. Nur die Auslegung unter Würdigung aller Umstände des Einzelfalles kann diesen gerecht entscheiden. Schlösse man aus der Aufnahme eines Verwandten, der nicht zu den gemeinsamen Kindern gehört, zu leicht auf die Übernahme der Unterhaltspflicht ihm gegenüber, so fördere man nicht die Neigung der Ehegatten alleinstehende Verwandte, vor allem Stiefkinder, durch die Geborgenheit in einer Vollfamilie zu begünstigen. Stiefkinder haben weder unmittelbar (§ 1601) noch mittelbar (§ 1360a) einen gesetzlichen Unterhaltsanspruch gegen ihren Stiefvater, BGH FamRZ 1969, 599, und zwar auch dann nicht, wenn die Waisenrente zum Unterhalt des in die Familiengemeinschaft aufgenommenen Stiefkindes verwandt wird, Celle NdsRpfl 1967, 127.

Im allgemeinen soll sich die **Unterhaltspflicht** nur auf die Zeit erstrecken, in der das **Stiefkind** der **häuslichen** 9 **Gemeinschaft** angehört, Boehmer FamRZ 1955, 268. Zu weitgehend wohl LG Hamburg FamRZ 1955, 363, dagegen mit berechtigten Argumenten Boehmer aaO S 364, RGRK/Wenz § 1360 Anm 9. Vgl auch die Sonderregelung bei der Gütergemeinschaft durch die §§ 1437, 1459, 1604.

Den übrigen **bedürftigen Verwandten**, die nicht gemeinsame Kinder sind, ist also nur ein Ehegatte zum Unter- 10 halt verpflichtet. Seine Unterhaltspflicht regelt sich nicht nach § 1360a, sondern nach §§ 1601ff. Sein Lebensbedarf und damit seine Unterhaltsberechtigung nach § 1360a gegenüber dem anderen Ehegatten erhöht sich nicht dadurch, daß er seinerseits seinen Verwandten nach §§ 1601ff zum Unterhalt verpflichtet ist. Er muß aber seinen Verwandten gegenüber die eigene Unterhaltspflicht so gut erfüllen, als das Familienwohl nicht entgegensteht. Der haushaltführende Ehepartner muß, wenn seine aus der Funktionsteilung erwachsenden Pflichten nicht über Gebühr beeinträchtigt werden, erwerbstätig sein, um die Unterhaltspflicht gegenüber seinen Verwandten zu erfüllen. Den Vorrang hat zwar grundsätzlich die Sorge für den Ehegatten und die gemeinschaftlichen Kinder, die Unterhaltspflicht gegenüber Verwandten kann jedoch uU modifizierend auf die Rollenverteilung nach § 1356 I einwirken: So wird ein wiederverheirateter Elternteil, der in der neuen Ehe die Führung des Haushalts übernommen hat, dadurch von seiner Unterhaltspflicht gegenüber seinen minderjährigen unverheirateten Kindern aus der früheren Ehe nicht (völlig) entlastet; vielmehr besteht die Pflicht und – gegenüber dem neuen Ehepartner – das Recht (§ 1356 II), eine zumutbare Erwerbstätigkeit aufzunehmen, vgl BGH FamRZ 1980, 43; BGH FamRZ 1982, 25 u 590; 1981, 341; BGH FamRZ 1986, 668; BGH FamRZ 2001, 544; BGH FuR 2001, 225; ferner Frankfurt FamRZ 1979, 622; Bremen FamRZ 1979, 623; Hamm FamRZ 1980, 73; Köln FamRZ 1979, 328; LG Krefeld NJW 1977, 1349. Selbst dann, wenn in der neuen Ehe ein betreuungsbedürftiges Kind vorhanden ist, kann im Rahmen des Zumutbaren eine Pflicht wenigstens zu einer Nebentätigkeit bestehen (BGH FamRZ 1980, 43). Dies folgt daraus, daß die Unterhaltsansprüche der minderjährigen unverheirateten Kinder aus den verschiedenen Ehen gleichrangig sind und der Unterhaltspflichtige seine gesamte Arbeitskraft zum Unterhalt aller Kinder einsetzen muß.

f) **Die unterhaltsberechtigten Personen.** Nur die Ehegatten allein, nicht auch ihre gemeinsamen unterhaltsbe- 11 rechtigten Kinder können aus § 1360 in Verbindung mit § 1360a angemessenen Unterhalt verlangen. Das folgt schon aus der systematischen Stellung dieser Vorschriften. Sie regeln nur das Verhältnis der Eheleute untereinander. Verlangt der unterhaltsberechtigte Ehegatte Kosten für den Lebensbedarf der gemeinsamen Kinder, so macht er damit einen eigenen, nicht einen Anspruch der Kinder geltend. Ihre Unterhaltsansprüche folgen allein aus den §§ 1601ff. Eine andere Frage ist, ob der einzelne Ehegatte als gesetzlicher Vertreter seiner Kinder deren Ansprüche geltend machen kann.

3. Art und Maß der Unterhaltsleistung – Abs II

a) Die **Art der Unterhaltsleistung** ergibt sich aus den **konkreten Verhältnissen** der ehelichen Lebensgemein- 12 schaft. Danach ist der Unterhalt regelmäßig in Natur zu leisten, also durch Haushaltsführung, Betreuung der Kinder, Gewährung von Wohnung, Verpflegung, Bekleidung, Wirtschafts- und Taschengeld. Leben die Ehegatten in häuslicher Gemeinschaft, so ist ein Anspruch auf Unterhaltsrente ausgeschlossen, Frankfurt NJW 1970, 1882, abweichend für einen Sonderfall während des Scheidungsstreits ohne Getrenntleben KG NJW 1973, 1130f; AG Kleve FamRZ 1996, 1408. Ein unterhaltspflichtiger Ehegatte kann sich idR auch nicht vertraglich dazu verpflichten, seinem Ehepartner während der ehelichen Gemeinschaft Unterhalt durch eine Geldrente zu zahlen, vgl RG 158, 299; anders, wenn sich ein Ehegatte im Gefängnis oder in einer Heilanstalt befindet. Für das Getrenntleben vgl § 1361, zur Höhe des Unterhaltsanspruchs in diesem Falle vgl § 1361 Rz 13ff. Ob ein Ehegatte seine Unterhaltspflicht durch die Arbeit im Haushalt, durch Erwerbstätigkeit oder eine Mischform erbringt, richtet sich nach der eheinternen Funktionsteilung, vgl §§ 1356, 1360. Auch durch Mitarbeit im Betrieb des Ehepartners kann zum Familienunterhalt beigetragen werden, vgl § 1356 Rz 16f.

b) **Abs II S 2** regelt die Pflicht, finanzielle Mittel **(Wirtschaftsgeld)** im voraus bereitzustellen. Wie auch 13 immer die Funktionsteilung erfolgt, also auch bei der Doppelverdienerehe, müssen in jedem Fall die finanziellen Mittel im Interesse der Familie vorgeleistet werden. Dies will die Vorschrift sicherstellen und dem Partner einen entsprechenden Anspruch gewähren, der in dringenden Fällen durch einstweilige Verfügung geregelt werden kann,

§ 1360a Familienrecht Bürgerliche Ehe

Düsseldorf FamRZ 1983, 1121. Das ist nicht überflüssig. Welcher Zeitraum als angemessen anzusehen ist, entscheiden die Umstände des Einzelfalles, insbesondere die Erwerbs- und Vermögensverhältnisse, bei nicht selbständig Erwerbstätigen der Lohn- oder Gehaltszahlungszeitraum. Der haushaltführende Ehegatte erfüllt seine Aufgaben in eigener Verantwortung. Die Vorschriften des Auftragsrechts sind daher nicht anwendbar, vgl § 1357 Rz 6. Das Wirtschaftsgeld muß bestimmungsgemäß verwendet werden, zu weiteren Einzelheiten vgl § 1356 Rz 7f. Nicht verbrauchte Teile sind herauszugeben, Frankfurt FamRZ 1970, 655 mwN. Bei Streit über die Angemessenheit des Wirtschaftsgeldes muß der haushaltsführende Ehegatte über dessen Verwendung Rechnung legen, Hamburg FamRZ 1984, 583. Zur Bemessung des Wirtschaftsgeldes bei sehr hohem Einkommen vgl München FamRZ 1982, 801.

14 **c) Das Maß der Unterhaltsleistung.** Die Unterhaltspflicht zwischen Ehegatten unterscheidet sich von der gegenüber Verwandten dadurch, daß keine Berufung auf Gefährdung des eigenen angemessenen Unterhalts zulässig ist. Die Ehegatten müssen alles miteinander teilen, unter Umständen auch den Stamm ihres Vermögens einsetzen und Kredit in Anspruch nehmen. So für den Mann RG JW 1911, 373; WarnRspr 1921, 74; für die Ehefrau München SeuffBl 76, 709; vgl auch Staud/Hübner/Voppel Rz 5f. Unterhält ein Dritter, etwa ein Verwandter eines Ehegatten, die Familie, so ruht die Unterhaltspflicht des verpflichteten Ehegatten, RG LZ 1915, 503. Diese Regelung entspricht derjenigen, die für das Verhältnis zwischen Eltern und ihren minderjährigen unverheirateten Kindern in § 1603 II bestimmt ist. Das Maß der Unterhaltsleistung richtet sich nach der **Lebensstellung** der Familie, dh nach den Verhältnissen beider Ehegatten nach Abzug des beiden Ehegatten zustehenden Taschengeldes, Celle FamRZ 1999, 162, nicht wie früher nach der Stellung, dem Vermögen und der Erwerbstätigkeit des Verpflichteten. Ob ein **Teil der Einkünfte** etwa für die **Ausbildung** oder **Ausstattung von Kindern** zurückzuhalten ist, muß nach Lage des Einzelfalles entschieden werden. Die Ehegatten können auch in angemessenem Umfang Mittel für ihren späteren Unterhalt zurücklegen, insbesondere, wenn sie bei Alter oder Eintritt von Erwerbsunfähigkeit nicht mit Pension, Rente uä rechnen können. Allein vom Maß der gesetzlich geschuldeten Unterhaltsleistung hängt die Höhe des Schadensersatzanspruches aus § 844 II ab, wenn der Unterhaltsverpflichtete getötet wird, BGH FamRZ 1993, 411; vgl dazu im einzelnen § 1356 Rz 18.

4. Analoge Anwendung der §§ 1613–1615 – Abs III

15 Abs III bestimmt die analoge Anwendung der §§ 1613–1615. Für die Vergangenheit kann ein Ehegatte nur dann Unterhalt oder Schadensersatz wegen Nichterfüllung der Unterhaltspflicht für den Zeitraum verlangen, in dem der Verpflichtete in Verzug gekommen oder der Unterhaltsanspruch rechtshängig geworden ist, § 1613. Ein **Verzicht** auf den Unterhalt **für die Zukunft** ist nach § 1614 I wirkungslos; das gilt auch dann, wenn er wegen einer Gegenleistung vereinbart wird, WarnRspr 13, 399; RG JW 1905, 682, aber nur für die Dauer der Ehe. Für die Zeit nach der Scheidung ist ein Verzicht möglich, § 1585c. Durch eine Vorauszahlung wird der Verpflichtete grundsätzlich befreit, da er seine Unterhaltspflicht erfüllt hat. Bei erneuter Bedürftigkeit der Familie gilt § 1614 II. Die Unterhaltspflicht erlischt grundsätzlich mit dem Tod des Berechtigten oder des Verpflichteten; über Ausnahmen vgl § 1615. Der Unterhaltsverpflichtete hat die **Beerdigungskosten** zu tragen, wenn der Erbe sie nicht bezahlen kann, § 1615.

16 Die Bestimmungen der §§ 1608, 1609, 1611 gelten für den Unterhaltsanspruch der Ehegatten unmittelbar. Die **Konkurrenz der Unterhaltsansprüche** gegen den Ehegatten und Verwandte regeln die §§ 1608, 1609.

5. Pflicht zum Prozeßkostenvorschuß – Abs IV

17 **Schrifttum** zur Prozeßkostenvorschußpflicht: *Klein*, Der familienrechtliche Anspruch auf Prozeßkostenvorschuß, FuR 1996, 69 (Teil 1) und 147 (Teil 2); *Knops*, Der familienrechtliche Prozeßkostenvorschuß, NJW 1993, 1237; *Koch*, Prozeßkostenvorschußpflicht der Ehegatten in „persönlichen Angelegenheiten", NJW 1974, 87; *Lynker*, Die Prozeßkostenvorschußpflicht, Jur-Büro 1979, 5; *Olzen*, Die Rückforderung von Prozeßkostenvorschüssen unter Ehegatten, JR 1990, 1ff; *Pastor*, Über den Prozeßkostenvorschuß des GleichberG, FamRZ 1958, 299; *ders*, Die Ausgleichung geleisteter Prozeßkostenvorschüsse zwischen Eheleuten, FamRZ 1960, 46.

18 **a) Voraussetzungen der Vorschußpflicht.** Sie ist, abgesehen von Strafverfahren, auf Rechtsstreitigkeiten beschränkt, die eine persönliche Angelegenheit eines Ehegatten betreffen. Dieser Begriff entspricht dem der §§ 1430, 1452 II. § 1360a IV regelt die Prozeßkostenvorschußpflicht unter Ehegatten abschließend, Billigkeitserwägungen im Sinne des § 1360a IV 1 aE sind erst gerechtfertigt, wenn feststeht, daß es sich um eine persönliche Angelegenheit des Ehegatten handelt, der den Vorschuß verlangt, Karlsruhe FamRZ 1959, 217. Auch die Voraussetzungen des § 1361 sind nicht zu prüfen, Frankfurt FamRZ 1959, 62. Eine Vorschußpflicht besteht nicht für Aufwendungen des Betreuers, LG Osnabrück FamRZ 1997, 23. Zu den Abgrenzungskriterien im einzelnen vgl Koch, NJW 1974, 87. Die Billigkeitsprüfung schließt eine Abwägung der Bedürftigkeit des anspruchstellenden und der Leistungsfähigkeit des in Anspruch genommenen Ehegatten ein, Köln FamRZ 2003, 97.

19 Die Vorschußpflicht ist zu **bejahen** bei Rechtsstreitigkeiten eines Ehegatten, die seine Abstammung, Ehre, Freiheit und Gesundheit betreffen, zB Ehelichkeitsanfechtung, Beleidigungs- oder Verleumdungsklagen, bei Geltendmachung von Schmerzensgeld (LG Koblenz NJW-FER 2000, 31), bei der Eröffnung und Durchführung eines Insolvenzverfahrens (LG Düsseldorf FPR 2002, 546), aber auch bei allen Eherechtsstreitigkeiten zwischen den Ehegatten selbst, bei Klagen auf Schutz des räumlich-gegenständlichen Bereiches der Ehe, Frankfurt FamRZ 1982, 606, wohl auch für Unterhaltsklagen eines Ehegatten gegen den anderen (Braunschweig FamRZ 1958, 416) oder gegen einen Dritten, aber nicht, wenn der Unterhaltsanspruch eines Dritten gegen den Ehegatten geltend gemacht wird. Vorschußpflicht besteht ferner für Verfahren der freiwilligen Gerichtsbarkeit, vor Verwaltungsgerichten und Verwaltungsbehörden, vor Arbeitsgerichten, LAG Berlin MDR 1982, 436, aA LAG Hamm MDR 1982, 436; vor Schiedsgerichten, für Arrestverfahren und einstweilige Verfügungen, das sozialgerichtliche Verfahren auf Gewährung einer Rente, BSG NJW 1960, 502; LSG Celle NdsRpfl 1984, 130, auch für Privat- und Nebenklagen im Strafverfahren, soweit der klagende Ehegatte damit eine persönliche Angelegenheit verfolgt. **Persönliche Angelegenheit bejaht**: Nach OVG Lüneburg FamRZ 1973, 145f betrifft auch eine **baurechtliche Nachbarklage**, mit der Immissionen von dem von beiden Ehegatten bewohnten Grundstück abgewehrt werden sollen, eine persönliche Angelegenheit des klagenden Gatten. Ein **Prüfungsrechtsstreit** ist eine wichtige persönliche Angelegenheit, weil die Berufsausbildung den Unterhaltsberechtigten gerade instandsetzen soll, sich selbst zu unterhalten, OVG Münster FamRZ 2000, 21. In der Rspr ist sie bejaht für eine Klage einer Frau, die ihrem Mann das Alleinverwaltungsrecht in der Gütergemeinschaft übertragen hat, auf **Aufhebung der Gütergemeinschaft**, LG Braunschweig FamRZ 1958, 467, für die Klage des einen Ehegatten gegen den anderen auf Auskunft, damit nach der **Erteilung der Auskunft** die Auseinandersetzung des während der Ehe von den Eheleuten gemeinsam erarbeiteten Vermögens betrieben werden kann, BGH FamRZ 1960, 130; vgl dort die Anm Bosch FamRZ 1960, 131; für eine Klage gegen den früheren Ehegatten auf Erstattung der durch die Zustimmung der Klägerin zum sog **Realsplitting** entstandenen Steuern, Hamm FamRZ 1989, 277; für eine Klage gegen den ersten Ehemann auf **Zugewinnausgleich**, Koblenz FamRZ 1986, 466; Düsseldorf FamRZ 1975, 102; vgl aber auch Nürnberg FamRZ 1986, 697; für die Geltendmachung eines **Pflichtteilsanspruchs**, Köln FamRZ 1961, 122. Das wird zu billigen sein, soweit es sich um Rechtsstreitigkeiten handelt, in denen das Pflichtteilsrecht und nicht bereits der Pflichtteilsanspruch als Zahlungsanspruch geltend gemacht wird. Im objektiven Pflichtteilsrecht ist die Wahl zwischen dem Pflichtteil und der Anerkennung der enterbenden oder sonst beeinträchtigenden Verfügung des Erblassers von der Geltendmachung des Pflichtteilsanspruches nach dieser Wahl zu unterscheiden. Diese gehört zu den Vermögens-, jene zu den persönlichen Angelegenheiten des Pflichtteilsberechtigten, der „zwischen Begehren, Verschweigen und zögerndem Schweigen frei" und höchst persönlich zu wählen hat. Da aber beide Maßnahmen oft überhaupt nicht und meist nur schwer zu scheiden sind, bestehen erhebliche Zweifel an der Entscheidung des OLG Köln (aaO). „Im Zweifel" werden diese Bedenken allerdings doch wohl dahin ausgehen, „eine persönliche Angelegenheit" anzunehmen. Die richtige Beurteilung hängt von der Lösung noch nicht geklärter Grundsatzfragen des Pflichtteilsrechtes ab. Nach BGH FamRZ 1964, 197 ist bei vermögensrechtlichen Streitigkeiten eine „persönliche Angelegenheit" und damit eine Vorschußpflicht dann zu bejahen, wenn der Prozeß eine genügend enge Bindung zur Person des betreffenden Ehegatten hat. Das gilt nach Frankfurt FamRZ 1967, 43 auch für den Schadensersatzanspruch wegen fehlerhafter ärztlicher Behandlung.

Persönliche Angelegenheit verneint: Eine Vorschußpflicht besteht regelmäßig nicht, wenn es sich nur um die **20** Geltendmachung oder Abwehr **vermögensrechtlicher Ansprüche** handelt, auch wenn der Rechtsstreit mit dem anderen Ehegatten zu führen ist, so Frankfurt FamRZ 2001, 1148 für eine vertragliche Beziehung zwischen Eheleuten, die nicht familienrechtlicher Natur ist (hier: Miet- bzw Nutzungsentgelt für die von der Ehefrau bewohnte Eigentumswohnung des Ehemannes). Keine Prozeßkostenvorschußpflicht des Ehegatten für Prozesse nach § **1934d aF**, vgl Köln FamRZ 1979, 178 (Vorschrift aufgehoben durch KindRG, BGBl 1998 I, 2942); vgl auch Lüderitz, FamR § 12 III Rz 237. Vermögensrechtliche Ansprüche eines Ehegatten, die ihre Wurzel in der beendeten ehelichen Lebensgemeinschaft haben, vermögen eine Vorschußpflicht des Partners der danach geschlossenen Ehe nicht auszulösen, Düsseldorf FamRZ 1984, 388; aA Frankfurt FamRZ 1983, 589.

Die Feststellung eines **erbrechtlichen Verhältnisses** ist von Düsseldorf (NJW 1960, 2189) nicht als persönliche Angelegenheit gewertet worden. Vgl ferner zu diesem Begriff LG Darmstadt FamRZ 1958, 331. Wegen der Klage auf Feststellung der Gültigkeit eines **Erbvertrages** zwischen Eheleuten vgl Köln MDR 1963, 51.

Der Anspruch auf Vergütung freier Mitarbeit läßt sich nicht in den Kreis persönlicher Angelegenheiten einordnen, denn die bloße Verbesserung der wirtschaftlichen Situation und die damit verbundene Entlastung der/des Unterhaltspflichtigen reichen hierfür nicht aus, Köln NJW-FER 2000, 31.

Auch die **nichteheliche Mutter** ist ihrem Kind analog § 1360a IV grundsätzlich prozeßkostenvorschußpflichtig, **21** insbesondere für dessen Unterhaltsprozeß, LG Landshut FamRZ 1965, 620 und für dessen Abstammungsprozeß, selbst wenn sie den Vorschuß nur in Raten aufbringen kann, Köln FamRZ 1999, 792. Dasselbe gilt im Verhältnis des nichtehelichen Kindes zu seinem Vater, KG FamRZ 1971, 44, aA LG Kiel DAVorm 1972, 311. In entsprechender Anwendung des § 1360a IV können auch unterhaltspflichtige Verwandte verpflichtet sein, einen Prozeßkostenvorschuß zu leisten. Das gilt aber einmal nur für einen Prozeß, der für den Unterhaltsberechtigten **lebenswichtig** ist, BSG NJW 1970, 352 mit Anm Hermann Lange NJW 1970, 830. Zum anderen setzt die entsprechende Anwendung des § 1360a IV ein Verhältnis voraus, das mit der ehelichen Lebensgemeinschaft vergleichbar ist. Es wird im Verhältnis des unterhaltsberechtigten minderjährigen Kindes gegenüber seinen Eltern gegeben sein, vgl Köln FamRZ 1984, 723; Hermann Lange aaO, nicht aber für das volljährige Kind, mag es auch noch in der Ausbildung sein, Hamm FamRZ 1995, 1008; Düsseldorf FamRZ 1986, 698; Köln FamRZ 1979, 964 mwN; Celle FamRZ 1970, 143; LG Rostock NJW-FER 2000, 149; Köln NJW-FER 2000, 31; ähnlich Gernhuber/Coester-Waltjen, FamR § 44 VII 5; Baur NJW 1956, 1130; Pohlmann NJW 1956, 1404; Beitzke FamRZ 1959, 44; vgl auch Düsseldorf FamRZ 1990, 426, das einen Vorschußanspruch eines volljährigen Sohnes (der wegen nichtehelicher Vaterschaft in Anspruch genommen wurde und in unabhängiger Stellung lebte) gegen seine Eltern für äußerst zweifelhaft hielt, und daher Prozeßkostenhilfe bewilligte; vgl auch Hamburg FamRZ 1990, 1141; Hamm FamRZ 1996, 1433, welche einem **volljährigen Kind**, das nach Erhalt einer Ausbildung eine **eigene Lebensstellung** erlangt hatte, keinen Prozeßkostenvorschuß zusprach; aA Frankfurt FamRZ 1985, 959, das einem unverheirateten Volljährigen, dem die Eltern Ausbildungsunterhalt schulden, einen Prozeßkostenvorschuß zusprach; so auch OVG Münster FamRZ 2000, 21, das den Prozeßkostenvorschuß für im Zusammenhang mit einer solchen Ausbildung geführte Prozesse dann aber ablehnt, wenn der Unterhaltsberechtigte die Ausbildung wählt, für die er nicht geeignet ist, wenn er seine Ausbildung nachlässig betreibt oder wenn er sie fortführt, obwohl sich seine mangelnde Eignung endgültig gezeigt hat. Vgl auch Schleswig FamRZ 1991, 855, das eine Prozeßkostenvorschußpflicht einer wiederverheirateten Mutter nicht generell bejaht, sondern von dem gegebenen eigenen Verdienst sowie der Höhe

§ 1360a Familienrecht Bürgerliche Ehe

eines Taschengeldanspruchs abhängig macht. Die Ähnlichkeit in dem zu bewertenden Sachverhalt, die für den Analogieschluß erforderlich ist, darf nicht allein darin gesehen werden, daß es sich in allen Fällen um einen Unterhaltsanspruch handelt; so aber BGH FamRZ 1964, 558; ihm folgend Köln FuR 2000, 281; LG Darmstadt FamRZ 1974, 305; BVerwG FamRZ 1974, 370.

22 **Entstehungsgeschichte und systematische Stellung** des § 1360a IV weisen vielmehr darauf hin, daß die Prozeßkostenvorschußpflicht eine besondere Verpflichtung unter Ehegatten darstellt, die über den Rahmen der allgemeinen Unterhaltsleistungen hinausgeht, vgl dazu Roth-Stielow, NJW 1965, 2046. Im einzelnen Fall muß daher besonders geprüft werden, ob zwischen der unterhaltsberechtigten Person und dem Unterhaltspflichtigen ein vergleichbares Lebensverhältnis vorliegt, das der ehelichen Lebensgemeinschaft entspricht, Celle aaO. Eine solche Einschränkung des anspruchsberechtigten Personenkreises ist auch deshalb angemessen, weil die Prozeßkostenvorschußpflicht einer Person sogleich zur Versagung der Prozeßkostenhilfe für die unterhaltsberechtigte Prozeßpartei nach § 114 I ZPO führen muß, weitergehend KG FamRZ 1970, 141, das im Rahmen des § 114 I ZPO allgemein nur auf die Bedürftigkeit der Partei, nicht auf das Unvermögen der Person abstellen will, die ihr zum Unterhalt verpflichtet ist. Beachtet man diese Grundsätze, so ist die Auffassung des BSG NJW 1970, 352, nach der eine Mutter gegenüber ihren Kindern einen Anspruch auf Prozeßkostenvorschuß haben soll, nicht zutreffend. Zum **Wesen der Analogie** gehört es, daß die Ergänzung einer vorhandenen Lücke aus der gesetzlichen Regelung unabweisbar erforderlich ist. Daher muß die Prozeßkostenvorschußpflicht von Verwandten anders als im Verhältnis der Ehegatten darüber hinaus auf „**lebenswichtige Prozesse**" des Unterhaltsberechtigten beschränkt werden, vgl dazu BSG NJW 1970, 352; aM Celle FamRZ 1968, 471. Das war zB für den Rechtsstreit über eine Hinterbliebenenrente nach § 1265 RVO aF anzunehmen, BSG NJW 1970, 352. Einem ehelichen Kind, das seine Ehelichkeit anficht, steht gegen den unterhaltspflichtigen Beklagten deshalb kein Prozeßkostenvorschuß zu, weil es sich mit der Geltendmachung des Anspruchs zu seinem Klagebegehren in Widerspruch setzen würde, Frankfurt FamRZ 1983, 827; KG FamRZ 1970, 141, das gilt nicht, wenn der Vater die Anfechtung betreibt, Köln FamRZ 1968, 37. An einem der ehelichen Lebensgemeinschaft hinsichtlich der unterhaltsrechtlichen Verantwortlichkeit vergleichbaren Verhältnis fehlt es auch zwischen den Partnern einer nichtehelichen Lebensgemeinschaft, so daß eine entsprechende Anwendung des § 1360a IV ausscheidet, MüKo/Wacke Nach § 1302 Rz 27; vgl aber Hamm FamRZ 1981, 493.

23 **Vorschußberechtigt** ist der Ehegatte, der den eine persönliche Angelegenheit betreffenden Rechtsstreit zu führen hat, wenn er nicht in der Lage ist, die Kosten alsbald aufzubringen. Dies ist anzunehmen, wenn er sonst seinen eigenen angemessenen Unterhalt gefährden würde oder seine gesetzlichen Unterhaltsverpflichtungen nicht oder nicht vollständig erfüllen könnte, KG FamRZ 1985, 1067; Koblenz FamRZ 1986, 284. Zu diesen gehört auch die Pflicht zur Pflege eines Kleinkindes, das die Ehefrau von einem Dritten empfangen hat. Es ist nicht unbillig, dieses auch gegenüber dem Ehemann zu berücksichtigen, Köln JMBl NRW 1970, 247, vgl aber Hamm FamRZ 1970, 654. Der Umstand, daß ein Ehegatte Sozialhilfe bezieht, mindert seinen Anspruch auf Prozeßkostenvorschuß nicht, Düsseldorf FamRZ 1975, 418; seinen Vermögensstamm muß ein Ehegatte grundsätzlich nur angreifen, wenn er zur **Prozeßführung bereite Mittel** enthält (Köln FamRZ 1995, 941), dazu gehören zB nicht: verzinslich für einen Bausparbrief oder in Pfandbriefen angelegte Mittel sowie ein prämienbegünstigtes Sparguthaben, vgl München FamRZ 1976, 696f. Auch sollen zB 15 000 DM als Zugewinnausgleich nicht zu berücksichtigen sein, Frankfurt FamRZ 1986, 485. Vorschußpflichtig ist der andere Ehegatte, sofern dies der Billigkeit entspricht, er also leistungsfähig iSd § 1360a IV ist. Auch er braucht seinen eigenen Unterhalt und seine Unterhaltsverpflichtung nicht zu vernachlässigen; zur (teilweisen) Verwertung seines Vermögensstammes ist er nur ausnahmsweise verpflichtet, Köln FamRZ 1984, 1256. Die Verwendung eines prämienbegünstigten Sparguthabens belastet den anderen Ehegatten idR unbillig, Celle NdsRpfl 1967, 173. Der unterhaltspflichtige Ehegatte soll vor vermeidbaren Kosten geschützt, sein eigener Lebensbedarf nicht unbillig eingeschränkt werden. UU braucht er den Vorschuß nur zu einem Bruchteil, Bremen FamRZ 1984, 919, oder in Raten zu leisten. Dabei ist allerdings zu beachten, daß bei bürgerlichen Rechtsstreitigkeiten nach § 65 GKG grds vor Beginn des Verfahrens eine Gerichtsgebühr zu zahlen ist, und daß bei anwaltlicher Vertretung der Anwalt gem § 17 BRAGO einen angemessenen Vorschuß verlangen kann. In einem solchen Fall ist dem berechtigten Ehepartner mit einem ratenweise gezahlten Prozeßkostenvorschuß kaum gedient, so daß eine derartige Regelung nur in Betracht kommt, wenn der Berechtigte bei der Rechtsverfolgung nicht beeinträchtigt wird, Frankfurt FamRZ 1985, 826. Vgl auch Koblenz FamRZ 1991, 346, das im Anschluß an München FamRZ 1987, 304, Frankfurt FamRZ 1985, 826 – jetzt auch Nürnberg MDR 1996, 287 – und in Abweichung von Karlsruhe FamRZ 1987, 1062 zwar keine volle Prozeßkostenhilfe, aber eine mit Zahlungsbestimmung gewährte, da die unterhaltsverpflichtete Mutter einen Prozeßkostenvorschuß nur in Raten leisten konnte; so ebenfalls Koblenz MDR 1996, 287; vgl HessVGH FuR 1990, 234, der bei ratenweise zu zahlendem Prozeßkostenvorschuß Prozeßkostenhilfe nur in entsprechenden Raten bewilligt, es sei denn, die Verfahrenskosten übersteigen nicht vier Monatsraten. Ist der in Anspruch genommene Ehegatte seinerseits prozeßkostenhilfeberechtigt, entfällt die Vorschußpflicht, Köln FamRZ 1982, 416; vgl auch Karlsruhe FamRZ 1984, 919; Karlsruhe FamRZ 1992, 77; Düsseldorf FamRZ 1993, 1474; aA nunmehr auch KG FamRZ 1990, 183; Köln FamRZ 1984, 723; Frankfurt NJW 1981, 2129, die den Ehegatten jedenfalls insoweit für vorschußverpflichtet halten, als er selbst Prozeßkostenhilfe nur gegen Ratenzahlung bekäme. Vgl auch HessVGH FuR 1990, 234, welcher einen Prozeßkostenvorschuß durch den Ehegatten als unbillig ablehnte in einem Verfahren gegen die aufenthaltsbeendende Maßnahme der Ausländerbehörde, wenn dem Ehegatten, betriebe er selbst den Prozeß, Prozeßkostenhilfe ohne Ratenzahlung gewährt werden müßte. Verlangt der pflichtige Ehegatte Trennungsunterhalt, ist das Verlangen eines Vorschusses durch den berechtigten Ehegatten als unbillig abzulehnen, weil letzterer mit dem Quotenunterhalt bereits die Hälfte des beiderseitigen Einkommens erwirbt und damit eine Rechtfertigung entfällt, ihm noch zusätzlich ein Vorschußrecht einzuräumen (AG Weilburg FamRZ 2003, 1564).

24 Ein bloßer **Mangel** an **hinreichender Erfolgsaussicht** macht das Verlangen eines Kostenvorschusses allein noch nicht unbillig, vgl Köln MDR 1961, 941; vgl aber auch Köln FamRZ 1962, 307. Es kommt auf das Verhältnis des **eingegangenen Risikos** zu der durch den Vorschuß eingetretenen **finanziellen Belastung** an. Die Rechtsverfolgung darf aber nicht offensichtlich aussichtslos oder mutwillig sein, LG München FamRZ 1970, 84, 86; Nürnberg NJW-RR 1993, 327; OVG Münster FamRZ 2000, 21; vgl auch Zweibrücken FuR 2000, 393 für den Fall, daß die Partei eines Eheschiedungsverbundverfahrens versäumt, rechtzeitig vor Eintritt der Rechtskraft des Scheidungsausspruchs eine einstweilige Anordnung auf Zahlung eines Prozeßkostenvorschusses durch den anderen Ehegatten für eine Folgesache zu beantragen und sich dadurch selbst bedürftig macht, so auch Koblenz NJW-FER 2000, 2. Eine Pflicht zum Vorschuß der Prozeßkosten besteht insoweit nicht, als der unterhaltsberechtigte Ehegatte die angestrebte gerichtliche Entscheidung nicht notwendig braucht, weil sie zur Rechtsverfolgung in einer persönlichen Angelegenheit nicht unbedingt erforderlich ist, LG München FamRZ 1970, 84. Eine Beschränkung auf sogenannte „lebenswichtige" Prozesse (so LG München aaO) dürfte dagegen zu eng sein.

25 **b)** Die **Vorschußpflicht** erstreckt sich auf die zur Durchführung des Rechtsstreits erforderlichen Kosten, auf **Anwaltskosten**, soweit eine Vertretung durch Anwälte nicht vorgeschrieben ist, nur, wenn die Beiziehung eines Anwalts den Umständen nach geboten ist (MüKo/Wacke Rz 30); bei dieser Prüfung ist aber kein zu strenger Maßstab anzulegen. Keine Vorschußpflicht besteht für einen unmittelbar vor seinem Abschluß stehenden Rechtszug, SchlesHolst SchlHA 1966, 205, vgl dazu München FamRZ 1976, 696f. Hat ein Ehegatte an seinen Prozeßbevollmächtigten bereits einen Gebührenvorschuß geleistet, so besteht insoweit gegen den Ehepartner kein Anspruch auf Prozeßkostenvorschuß mehr; aA LG Kiel SchlHA 1976, 57. Nach Beendigung des Prozesses kann ein Vorschuß jedenfalls dann nicht mehr verlangt werden, wenn der Anspruch gegenüber dem verpflichteten Ehegatten noch nicht geltend gemacht worden war, BGH FamRZ 1985, 902; vgl auch KG FamRZ 1987, 956; Bamberg FamRZ 1986, 484; vgl Köln FamRZ 1991, 842 m Anm Knops, welches einen Schadensersatzanspruch in Höhe des Prozeßkostenvorschusses bejaht, wenn das Verfahren, für welches der Vorschuß verlangt wird, bereits abgeschlossen ist, der Schuldner aber vor der Beendigung in Verzug gesetzt worden war. Die Vorschußpflicht aufgrund eines bereits titulierten Anspruchs entfällt dagegen nicht, wenn der Prozeß gegen den Verpflichteten vor der Zahlung beendet wurde und der berechtigte Ehegatte unterlegen ist, BGH NJW 1985, 2263. Die Prozeßkostenvorschußpflicht für das **Zugewinnausgleichsverfahren** bleibt auch trotz rechtskräftiger Scheidung bestehen, wenn das **güterrechtliche Verfahren als Folgesache** im Verbund geltend gemacht, aber später abgetrennt wurde, vgl Nürnberg FamRZ 1990, 421 unter Bezug auf BGH FamRZ 1984, 148 (149), 465, m Anm Herpers; Zweibrücken FuR 2000, 393; Koblenz NJW-FER 2000, 2.

26 Zu den **Kosten** zählen nicht nur die **gerichtlichen** und die dem **Gegner geschuldeten**, sondern auch die von der Partei **selbst aufgewandten Kosten**, allgemeine Meinung seit RG 47, 72. Auch die Kosten für einen **Verkehrsanwalt** gehören hierzu, Düsseldorf OLGZ 29, 145. Seine Einschaltung muß aber notwendig sein. Das ist nicht der Fall, wenn der klagende Ehegatte bereits durch einen Rechtsanwalt vertreten wird, der beim Prozeßgericht zugelassen ist und der allein Voraussicht nach zu Rechtsfragen zu erörtern haben wird, weil der Beklagte keinen Anwalt bestellt hat, KG FamRZ 1968, 651. Dasselbe gilt für die Wahrnehmung eines auswärtigen Beweistermins, HRR 1930, 1731. Entsprechendes gilt für eine **Verteidigung im Strafverfahren**. Zu ihnen gehören auch Aufwendungen für Entlastungszeugen, Gutachten, wenn das Gericht eine Einholung beschlossen hat, Frankfurt FamRZ 1982, 714, und Privatdetektive. Ob die Aufwendungen den Umständen nach geboten sind, hängt von der Schwere der Straftat und der eigenen Gewandtheit des beschuldigten Ehegatten ab. Deckt der aufgrund einer einstweiligen Anordnung gezahlte Prozeßkostenvorschuß die tatsächlich entstandenen Kosten nicht, kann der Berechtigte den überschießenden Betrag als Sonderbedarf geltend machen, Hamm MDR 1983, 755. Kosten iSd § 1360a IV sind auch die der **Beurkundung eines Unterhaltstitels**, Frankfurt FamRZ 1984, 1220; einschränkend Hamm FamRZ 1983, 69.

27 Die **Vorschußpflicht** eines Ehegatten **entfällt**, wenn dem anderen **Prozeßkostenhilfe** bewilligt ist, vgl zum Verhältnis beider Institute Düsseldorf FamRZ 1973, 32; OVG Münster FamRZ 2000, 21. Vgl auch Rz 23 aE. Vor Bewilligung der Prozeßkostenhilfe ist aber zu prüfen, ob der Ehegatte zur Vorschußleistung in der Lage ist, da ein realisierbarer Anspruch auf Vorschuß zu den im Rahmen des § 115 ZPO zu berücksichtigenden Einkünften gehört. Aber auch in diesem Fall kann Prozeßkostenhilfe dann gewährt werden, wenn lebenswichtige Interessen dringend verfolgt werden müssen und die gerichtliche Durchsetzung des Vorschußanspruchs wegen rechtlicher oder tatsächlicher Schwierigkeiten unzumutbar ist, OVG Münster FamRZ 2000, 21; LG Augsburg FamRZ 1972, 374ff. Auf die Gebühren, die einem Rechtsanwalt im Prozeßkostenhilfeverfahren zustehen, soll sich nach KG FamRZ 1968, 651 die Kostenvorschußpflicht nicht erstrecken. Bei gerichtlicher Geltendmachung des Vorschußanspruchs sind die Aussichten des von dem Ehegatten zu führenden Rechtsstreits nicht zu prüfen; die Rechtsverfolgung darf aber nicht offensichtlich aussichtslos oder mutwillig sein. Die früher eines Rspr und Schrifttum entwickelten Grundsätze zur Vorschußpflicht unter Ehegatten sind anwendbar. Vgl Erman/Gerstberger 2. Aufl Bemerkungen zu § 1387 aF. Zwischen Verhandlungs- und Verkündungstermin in einem Rechtsstreit der Ehegatten untereinander kann regelmäßig kein Prozeßkostenvorschuß mehr verlangt werden, wenn in dem Verkündungstermin der Erlaß eines Urteils zu erwarten und ein Rechtsmittel gegen das Urteil unzulässig ist, Düsseldorf FamRZ 1966, 311, vgl auch Rz 26.

28 Die **Vorschußpflicht** gilt jetzt, da sie in die Vorschriften über die Wirkungen der Ehe im allgemeinen aufgenommen ist, in allen **Güterständen**, also auch bei **Gütertrennung** und **Gütergemeinschaft**, BGH FamRZ 1986, 40. Anders als nach dem früheren § 1388 besteht aber keine unmittelbare Verpflichtung eines Ehegatten Dritten, insbesondere der Staatskasse, gegenüber mehr. Keine Vorschußpflicht besteht gegenüber dem Partner einer nichtehelichen Lebensgemeinschaft, Köln FamRZ 1988, 306.

29 **c) Verhältnis der Ehegatten untereinander.** § 1360a IV regelt nicht die endgültige **Kostentragungspflicht** im Verhältnis zwischen den Ehegatten. Der Ausschußbericht (BT-Drucks Nr 3409, 38) bemerkt hierzu, § 1360a IV

§ 1360a Familienrecht Bürgerliche Ehe

schließe eine derartige Verpflichtung nicht aus, er lasse die Frage offen, deren Beantwortung der Rechtsprechung überlassen bleiben solle. Bei Gütergemeinschaft gelten hierzu die §§ 1441–1443, 1463–1465. In der Zugewinngemeinschaft und bei Gütertrennung muß die Frage nach allgemeinen Grundsätzen entschieden werden. Handelte es sich um einen Rechtsstreit zwischen den Ehegatten, so müßte, möchte man meinen, das Urteil, das zwischen ihnen ergangen ist, für die Pflicht zur Kostentragung maßgebend sein, bei Rücknahme der Klage oder eines Rechtsmittels die Folge, die damit gesetzlich verbunden ist; so mit der 6. Aufl die bisher überwiegende Meinung, Frankfurt MDR 1955, 367; München FamRZ 1956, 110 Nr 95; NJW 1960, 69 und 438; Düsseldorf FamRZ 1956, 121 Nr 248; München FamRZ 1965, 440; Dölle § 36 AV, 3; Gernhuber/Coester-Waltjen, FamR § 21 IV 6; KG FamRZ 1971, 371; aM Frankfurt MDR 1964, 1015; Hamm FamRZ 1966, 236; Köln FamRZ 1965, 390; vgl Celle NdsRpfl 1969, 105; vgl zum Problem vor allem Pastor FamRZ 1960, 46ff. Aber § 1360a IV hat nicht umsonst diese Stellung im Gesetzestext erhalten. Damit sollte geklärt werden, daß der Anspruch auf Kostenvorschuß ein Unterhaltsanspruch ist. Er soll dem bedürftigen Ehegatten die Rechtsverfolgung auch dann ermöglichen, wenn er die Mittel, die dazu erforderlich sind, nicht aus eigenem Vermögen aufbringen kann. Von dieser Mangellage ist die Entstehung des Anspruches abhängig. Ändern sich die wirtschaftlichen Verhältnisse des anspruchsberechtigten Ehegatten nicht wesentlich, so rechtfertigt die fortbestehende Bedürftigkeit den Verbleib der Vorschußleistung: Hamm MDR 1970, 509, bestätigt durch BGH FamRZ 1971, 360.

Allerdings hat der **bedürftige Ehegatte** nur einen Anspruch auf die Leistung eines Vorschusses, also darauf, daß ihm einstweilen die Mittel zur Prozeßführung zur Verfügung gestellt werden. Die **Rechtsnatur** dieses Anspruches fordert deshalb **nicht zwingend**, daß der andere Ehegatte in allen Fällen die **Prozeßkosten** endgültig trägt; aM Hamm MDR 1970, 509 unter Berufung auf fehlende Rückforderbarkeit überzahlter Unterhaltsleistungen. Ist der Ehegatte auf Grund einer wesentlichen Verbesserung seiner wirtschaftlichen Verhältnisse nunmehr in der Lage, das Empfangene zurückzugewähren, so fallen die Voraussetzungen dafür fort, daß er die Leistung behalten darf, BGH 56, 92ff; Köln FamRZ 1980, 567. Eine **Rückzahlungspflicht aus Billigkeit** kann eintreten, wenn die Voraussetzungen, unter denen der Prozeßkostenvorschuß beansprucht werden konnte, nicht mehr bestehen (Koblenz FamRZ 2000, 1219), zB wenn der Berechtigte nach rechtskräftiger Scheidung einen Anspruch auf Zugewinnausgleich erwirbt. Gegen diesen kann der andere Ehegatte, wie in einer vergleichbaren Situation im Rahmen des § 1446, mit seinem Rückzahlungsanspruch aufrechnen, BGH aaO; Koblenz FamRZ 2000, 1219. Darüber hinaus können auch andere Umstände, die das Verbleiben des Vorschusses beim Empfänger als unbillig erscheinen lassen, die Rückforderungen begründen. Nach der Grundsatzentscheidung des BGH richtet sich die Rückzahlungspflicht allein nach der **materiellen Billigkeit** (so auch Nürnberg FuR 2002, 287); daher kann der Umstand, daß der Empfänger im Rechtsstreit mit seinem Ehegatten unterlegen ist, sie allein nicht rechtfertigen, BGH 56, 92; ihm folgend Bamberg FamRZ 1975, 421; Hamm FamRZ 1977, 466; daher kann aus einem entsprechenden Titel vollstreckt werden, bis nach der materiellen Rechtslage eine Rückzahlungspflicht nach Billigkeitsgrundsätzen begründet ist, BGH NJW 1985, 2263; s BGH FamRZ 1986, 40; die Aufrechnung mit einem Kostenerstattungsanspruch aus demselben Verfahren ist ausgeschlossen, Karlsruhe FamRZ 1986, 376; 1984, 1090. Nach Zweibrücken FamRZ 1981, 1090; München FamRZ 1978, 601 ist der Rückzahlungsanspruch eine Familiensache. Eine Vereinbarung, die die Parteien über die Rückzahlung geschlossen haben, wird von den vorstehenden Beschränkungen nicht berührt. Im Einzelfall kann es gegen das Wesen der Ehe und die sich hieraus ergebenden Pflichten zur Rücksichtnahme verstoßen, wenn der vereinbarte Rückzahlungsanspruch geltend gemacht wird. Bei Vorliegen der genannten Voraussetzungen kann ein Prozeßkostenvorschuß uU auch schon während eines **laufenden Verfahrens** zurückgefordert werden. Hat ein Ehegatte irrtümlich Vorschuß geleistet, obwohl der Tatbestand des § 1360a IV nicht erfüllt war, kommt laut Stuttgart, FamRZ 1981, 36 eine Rückforderung nach Bereicherungsrecht in Betracht. Der BGH FamRZ 1990, 491 hat nunmehr in Fortführung von BGH 56, 92 entschieden, daß ein Anspruch auf Rückzahlung eines geleisteten Prozeßkostenvorschusses sich aus den Vorschriften des Unterhaltsrechts herleitet und dann gegeben ist, wenn die Voraussetzungen, unter denen Prozeßkostenhilfe verlangt werden konnte, von vornherein nicht bestanden oder nicht mehr bestehen, insbesondere wegen **Besserung der wirtschaftlichen Verhältnisse** des Empfängers, oder wenn die Rückzahlung aus anderen Gründen der Billigkeit entspricht.

30 d) **War der Vorschuß für einen Rechtsstreit mit einem Dritten** gewährt, so besteht eine Pflicht zur **Rückerstattung** jedenfalls insoweit, als der obsiegende Ehegatte vom **Gegner seine Auslagen** erstattet erhält. Hat dagegen der beteiligte Ehegatte seine Kosten selbst zu tragen, so kann der andere Rückerstattung nur nach den Grundsätzen verlangen, wie sie für die Rückforderung des Kostenvorschusses im Rechtsstreit unter den Ehegatten gelten. In dem Rechtsstreit eines Ehegatten mit einem Dritten fehlt zwischen den Ehegatten eine **verbindliche Entscheidung** darüber, wer von ihnen endgültig die Kosten zu tragen hat, die durch den Prozeßkostenvorschuß abgedeckt sind. Dieser Gesichtspunkt gilt aber auch für die Kosten des Rechtsstreits, den die Ehegatten gegeneinander führen, wenn man der hierzu grundsätzlich gebilligten Rspr des BGH aaO folgt. Wem die Kosten endgültig zur Last fallen, ergibt sich danach nicht mehr allein aus der Kostenentscheidung des Urteils. Eine Entscheidung, die im Kostenfestsetzungsverfahren über einen Rückforderungsanspruch erginge, überforderte dieses Verfahren daher mit der Prüfung materiellrechtlicher Fragen. Dafür ist es nicht geeignet. Die Festsetzung des Vorschusses im Kostenfestsetzungsverfahren ist als unzulässig anzusehen, vgl Düsseldorf FamRZ 1996, 1409; Karlsruhe Rpfleger 1981, 408; KG JurBüro 1981, 446 m Anm Mümmler; Stuttgart FamRZ 1973, 602; 71, 256; Hamburg MDR 1973, 51; München FamRZ 1972, 367; Düsseldorf FamRZ 1972, 368; Rpfleger 1972, 318f; Köln JMBl NRW 1972, 146; Braunschweig NdsRpfl 1972, 121; Hamm FamRZ 1971, 582.

31 Eine andere Frage ist, ob ein gezahlter Prozeßkostenvorschuß auf einen Kostenerstattungsanspruch des Vorschußempfängers anzurechnen ist. Nach Nürnberg NJW 1973, 370 soll der Vorschuß dann im Kostenfestsetzungsverfahren berücksichtigt werden, wenn er zur Deckung einer Kostenschuld des Vorschußleistenden gegenüber dem Empfänger geeignet ist, da es unbillig sei, den Leistenden zweimal zahlen zu lassen; vgl auch Stuttgart FamRZ

1987, 968; Zweibrücken FuR 1998, 222; Pal/Brudermüller Rz 21. Dem kann nicht gefolgt werden, da der Vorschuß nicht der Deckung zukünftiger Belastungen des Leistenden dient, sondern als Unterhalt zum vorläufigen Ausgleich der Kosten des Empfängers beiträgt. Andernfalls könnte der an besondere materielle Voraussetzungen geknüpfte Rückforderungsanspruch durch dieses Verfahren umgangen werden. Dies widerspräche dem besonderen familienrechtlichen Unterhaltscharakter der Vorschußpflicht. Ausnahmsweise wird eine **Verrechnung im Kostenfestsetzungsverfahren zulässig** sein, wenn der **Vorschußempfänger zustimmt**, Düsseldorf FamRZ 1996, 1409; Zweibrücken Rpfleger 1981, 455; Düsseldorf Rpfleger 1972, 318f; nach Köln Rpfleger 1976, 186 u Schleswig JurBüro 1975, 1374 ist eine Verrechnung mit unstreitig erbrachten Vorschüssen möglich; vgl auch KG FamRZ 1987, 1064 (Anrechnung insoweit, wie die Summe aus Erstattungsbetrag und Vorschuß den Gesamtbetrag der den Vorschußempfänger treffenden Kosten einschließlich des gegen ihn gerichteten Kostenerstattungsanspruchs übersteigt), ebenso Nürnberg FuR 2002, 287; Frankfurt Rpfleger 1991, 203 und Karlsruhe FamRZ 1986, 376; Frankfurt 2001, 523.

Der **Prozeßkostenvorschuß**, § 1360a IV, ist daher eine **Unterhaltsleistung**, und zwar ein **Sonderbedarf** (vgl auch § 1360a III in Verbindung mit § 1613 II). Der Begriff des Prozeßkostenvorschusses ist insofern ungenau, als es sich um eine endgültige Unterhaltsleistung handeln kann (vgl § 1360b) und dieser Begriff aus dem Kostenrecht stammt, in dem er eine bestehende Bedeutung hat, nämlich im Sinne einer Vorauszahlung zu verstehen ist, Stuttgart FamRZ 1971, 256. LG Bremen (FamRZ 1970, 407) möchte diesen Anspruch nur als Unterhaltsanspruch im weiteren Sinne gelten lassen. Daraus folgert es, daß er das Pfändungsvorrecht der übrigen Unterhaltsansprüche nicht genieße. Er gehöre deshalb nicht zu den in § 53 SGB Allg Teil in bezug genommenen Ansprüchen nach § 850d ZPO, wegen derer ein Sozialversicherungsanspruch gepfändet werden kann. Da es sich materiell um einen Unterhaltsanspruch handelt, ist eine solche Differenzierung gegenüber anderen Unterhaltsansprüchen nicht einzusehen. Auch die Interessenlage des Gläubigers in seiner Abhängigkeit vom anderen Gatten ist die gleiche. Somit ist § 850d ZPO auch auf den Vorschuß im Sinne des Abs IV anzuwenden. 32

6. Rechtsnatur und prozessuale Geltendmachung des Unterhaltsanspruchs (einschließlich des Anspruches auf Kostenvorschuß)

Er ist nach §§ 850b, 851 ZPO nur **beschränkt und bedingt pfändbar**. Das **Taschengeld** ist nur als Teilbetrag des insoweit zu einer Geldrente konkretisierten Unterhaltsanspruchs nach § 850b I Nr 2, II ZPO bedingt pfändbar, str, wie hier München FamRZ 1988, 1161 mwN; Frankfurt FamRZ 1991, 727; Hamm FamRZ 1979, 807 mwN; Zweibrücken FamRZ 1980, 445; Celle MDR 1973, 322; vgl weiter Karlsruhe FamRZ 1984, 1249; Stuttgart FamRZ 1983, 940; Bamberg FamRZ 1988, 948; KG NJW 2000, 149; MüKo/Wacke § 1360 Rz 24; LG Köln FamRZ 1983, 520 m Anm Ackmann (zur Berechnung des Anspruchs auf Taschengeld im Vollstreckungsverfahren vgl Celle FamRZ 1991, 726); aA LG Braunschweig MDR 1972, 610; LG Berlin FamRZ 1978, 185; AG Dieburg FamRZ 1991, 729; Staud/Hübner/Voppel Rz 98ff; Gernhuber/Coester-Waltjen, FamR § 21 I 16; vgl hierzu auch Grunau JurBüro 1962, 114; Frankfurt NJW 1970, 1882; Hamm FamRZ 1978, 602. Die Pfändung des Taschengeldanspruchs verstößt nicht gegen Art 6 I GG, BVerfG FamRZ 1986, 773. Die Pfändung und Überweisung des Taschengeldanspruchs ist jedenfalls ohne nähere Bezifferung des Umfangs der Pfändung unwirksam und zur Beachtung der Schuldnerschutzvorschriften ist der allgemeine Hinweis auf § 850c ZPO (bezüglich des Unterhaltsanspruchs) unzureichend, vgl Hamm FamRZ 1990, 547; aA zum Teil Frankfurt FamRZ 1991, 727, welches nicht verlangt, daß der jeweils gepfändete Betrag feststehen muß, aber den Taschengeldanspruch in Höhe von $^{3}/_{10}$ für unpfändbar ansieht, soweit es sich nicht um privilegierte Gläubigerforderungen geht, selbst wenn der Taschengeldanspruch zusammen mit dem fiktiven Unterhaltsanspruch die Pfändungsfreigrenze des § 850c ZPO übersteigt, sowie die abschließende Festlegung der Höhe des pfändbaren Anspruchs nur im Klage-, nicht im Vollstreckungsverfahren für entscheidbar hält. Vgl auch Hamm FamRZ 1989, 617: im Drittschuldnerprozeß ist der Gläubiger für das Bestehen des Taschengeldanspruchs darlegungs- und beweispflichtig, aus der bloßen Tatsache des Verheiratetseins ergibt sich nicht zwangsläufig ein Taschengeldanspruch, zur Schlüssigkeit ist die Darlegung eines den notwendigen Familienunterhalt übersteigenden Familieneinkommens erforderlich. Allerdings hat der Schuldner bei der Abgabe einer **eidesstattlichen Versicherung** den Namen, die Art der Berufstätigkeit und das monatliche Nettoeinkommen des Ehegatten anzugeben, damit der Gläubiger beurteilen kann, ob eine Pfändung des Taschengeldanspruchs in Betracht kommt, LG Karlsruhe FamRZ 1994, 631. Die **Pfändung** des Taschengeldanspruchs muß der **Billigkeit** (§ 850b II ZPO) entsprechen, wofür der Gläubiger darlegungs-und beweispflichtig ist, vgl München FamRZ 1988, 1161; Nürnberg FamRZ 1999, 505; keine Pfändbarkeit, wenn die Einkünfte noch nicht einmal für Notbedarf ausreichen, AG Leverkusen FamRZ 1999, 507. Die Düsseldorfer Tabelle (s § 1610 Rz 67) vermag als Anhaltspunkt zur Höhe des pfändbaren Taschengeldbetrages dienen. Zur **Pfändbarkeit eines aus Unterhalt** abgeleiteten Befreiungsanspruchs einer Ehefrau gegen den Ehegatten wegen einer ärztlichen Honorarforderung vgl KG FamRZ 1980, 614. Wegen des Anspruchs nach § 1360a II S 2 auf Zahlung eines Wirtschaftsgeldes siehe LG Essen MDR 1964, 416. Er kann insoweit auch nicht abgetreten (§ 400) und verpfändet werden, § 1274 II; BGH 94, 316. Gegen den Unterhaltsanspruch kann nicht aufgerechnet werden (§ 394). Diesen Grundsatz in besonderen Fällen einschränkend, Hamm FamRZ 1999, 436. 33

Obwohl aus den persönlichen Beziehungen der Ehegatten entspringend, ist er doch vermögensrechtlich und deshalb grundsätzlich **nicht mit der Herstellungsklage verfolgbar**, Braunschweig OLGZ 18, 218; Planck/Unzner vor § 1353 Vorbem 6, MüKo/Wacke § 1360 Rz 30; bei bezifferbaren pekuniären Unterhaltsleistungen Herstellungsklage stets unzulässig; str, offenlassend Staud/Hübner/Voppel § 1360 Rz 66. In Sonderfällen, vor allem, wenn es sich nicht um die Verpflichtung, sondern um die Art der Unterhaltsgewährung handelt, zB bei Streit über ein Taschengeld der Frau, RG 97, 289, kann die Herstellungsklage begründet sein, Stein/Jonas/Schlosser vor § 606 ZPO Vorbem III 5. Soweit der Anspruch auf Herstellung eines der ehelichen Lebensgemeinschaft entsprechenden 34

§ 1360a Familienrecht Bürgerliche Ehe

Zustandes gerichtet ist, dürfte nur die Herstellungsklage in Betracht kommen. Eine gewöhnliche Unterhaltsklage ist zulässig, soweit nur eine bestimmte einzelne Leistung, insbesondere in Geld, gefordert wird, zB Klage der Frau gegen den Mann, ihr seinen Beitrag zum Familienunterhalt für eine angemessene Zeit im voraus zur Verfügung zu stellen, Klage auf Zahlung der Kosten für eine notwendige Kur, auf Vorschuß für die Kosten eines Rechtsstreits gemäß Abs IV. Zu den Anforderungen an die Schlüssigkeit der Klage, Bamberg FamRZ 1999, 849. In dringenden Fällen kommt einstweilige Verfügung, in Ehesachen einstweilige Anordnung (§ 620 ZPO) auf Unterhaltsleistung in Betracht, Franfurt NJW 1970, 1882, vgl allg Leipold, Grundlagen des einstweiligen Rechtsschutzes (1971), 117ff, 152ff. Für den Fall eines Streites über das Taschengeld für die Frau hat RG 97, 289 die Herstellungsklage zugelassen, weil es sich nach den besonderen Verhältnissen des Falles vorwiegend um eine Frage des persönlichen Zusammenlebens und der der Frau geschuldeten Rücksicht und Achtung gehandelt habe, und dabei die Frage unentschieden gelassen, ob unter anderen Voraussetzungen für eine dem Unterhalt dienende Geldleistung während Bestehens der ehelichen Gemeinschaft nicht die gewöhnliche Unterhaltsklage der gegebene Rechtsbehelf sei.

35 **Unterhaltsstreitigkeiten**, dazu gehört auch die Geltendmachung des Prozeßkostenvorschusses, sind nach der Verfahrensreform durch das 1. EheRG **Familiensachen**. Es besteht eine **ausschließliche Zuständigkeit** des Amtsgerichtes als FamG (§§ 23a Nr 2, 4, 23b I Nr 6 GVG; 606, 621 I Nr 5 ZPO). Anhängigkeit des Scheidungsverfahrens schließt trotz der Möglichkeit, eine einstweilige Anordnung nach § 620 ZPO zu erwirken, eine Klage nicht aus, RG Recht 1913, 1638; LG Freiburg FamRZ 1977, 201; ebensowenig wird regelmäßig das Rechtsschutzinteresse zu verneinen sein, weil der einfachere und billigere Weg des § 620 ZPO zum gleichen Erfolge führe, zutr Stein/Jonas/Schlosser § 627 VII S 1. Das **Rechtsschutzinteresse** für die Unterhaltsklage oder die Klage auf Prozeßkostenvorschuß ist gegeben, weil das Urteil in materieller Rechtskraft erwächst, vgl BGH MDR 1979, 652; Düsseldorf FamRZ 1978, 118 und 192; Hamm NJW 1978, 1535. Ein Rechtsschutzbedürfnis für eine Klage besteht daher auch, wenn der Unterhaltspflichtige Tatsachen geltend macht, die im summarischen Verfahren nach § 620 ZPO nicht berücksichtigt werden können, Düsseldorf MDR 1973, 586.

36 Das **einstweilige Verfahren** in bezug auf die **Prozeßkostenvorschußpflicht** ist durch das 1. EheRG komplizierter geworden. Wie bisher kann das Gericht nach § 620 Nr 9 ZPO, geändert durch UÄndG vom 20. 2. 1986 (BGBl I, S 301), in einer Ehesache einschließlich der Folgesachen durch eine einstweilige Anordnung den Prozeßkostenvorschuß regeln, vgl KG FamRZ 1987, 956, aus der auch nach Prozeßende und ohne Rücksicht auf die ergangene Kostenentscheidung vollstreckt werden kann, BGH FamRZ 1985, 802. Außerhalb des Eheverfahrens in einem Teilbereich der Familiensachen, nämlich den Fällen des § 621 I Nr 1–3 und 6–9 ZPO besteht die Möglichkeit der einstweiligen Anordnungen nach § 621f ZPO. Ausgenommen hier die Unterhaltssachen des § 621 I Nr 4 und 5 ZPO sowie andere Unterhaltssachen. Für diese regelt nunmehr § 127a I ZPO die Möglichkeit einer einstweiligen Anordnung, vgl zu den unterschiedlichen Regelungen Diederichsen NJW 1977, 601, 607. Außerhalb der genannten Fälle, also einer Ehe- oder Familiensache, kommt nur der Erlaß einer einstweiligen Verfügung nach § 940 ZPO in Betracht; dazu, ob dies auch **vor Anhängigkeit** einer Ehe- oder Familiensache gilt, vgl Düsseldorf FamRZ 1978, 526; Oldenburg FamRZ 1978, 526. Zuständiges Gericht ist auch hier, da es sich um einen Unterhaltsanspruch handelt, das FamG, §§ 23a Nr 2, 23b I Nr 6 GVG, vgl Celle NJW 1963, 960; Hamm NJW-FER 2001, 80; Staud/Hübner/Voppel Rz 100; aA Braunschweig NJW 1959, 2310. Auch in bezug auf einen Prozeßkostenvorschuß schließt die Möglichkeit einer einstweiligen Anordnung nicht stets das Rechtsschutzinteresse für eine Zahlungsklage aus, weil diese den Rechtsschutz endgültig wahrt und den Unterhaltsanspruch wie die Prozeßkostenvorschußpflicht materiell rechtskräftig feststellt, vgl BGH MDR 1979, 652; Hamm FamRZ 1978, 816 für § 127a ZPO. Freilich verdrängt eine einstweilige Unterhalts-/Prozeßkostenvorschuß-Anordnung als spezielle Regelung die Vorschriften über die einstweilige Verfügung, BGH MDR 1979, 652.

Gegenüber einem Anspruch auf Prozeßkostenvorschuß ist der Anspruch auf Stundung der Verfahrenskosten nach § 4a InsO grundsätzlich subsidiär, LG Düsseldorf FPR 2002, 546; AG Hamburg FPR 2002, 547. Das LG Köln nimmt solche Fälle aus, in denen das Insolvenzverfahren auf vorehliche Verpflichtungen zurückgeht (FPR 2002, 547).

7. Verhältnis zum Unterhaltsanspruch bei Getrenntlebenden und Geschiedenen

37 Leben die Ehegatten getrennt, so gilt die Sonderregelung der §§ 1361, 1361a, 1361b; die §§ 1360a, 1360b sind dann grundsätzlich nur anwendbar, soweit dies ausdrücklich bestimmt ist (§ 1361 IV S 4). Besteht zwischen den Ehegatten zwar keine häusliche Gemeinschaft mehr, wohnt die Ehefrau aber noch in der ehelichen Wohnung, arbeitet sie gleichwohl noch im Erwerbsgeschäft des Mannes weiter mit und empfängt sie dort wie vor der Trennung der Ehegatten den Hauptteil ihres Unterhalts, so ist die Rechtsgrundlage für einen Anspruch auf einen Unterhaltszuschuß in Geld zur Befriedigung ihrer persönlichen Bedürfnisse nicht § 1361, sondern § 1360a, BGH FamRZ 1961, 432.

Umstritten ist das **Verhältnis der Unterhaltsansprüche** der Ehegatten (§§ 1360, 1360a), Getrenntlebenden (§ 1361) und Geschiedenen (§§ 1569ff) zueinander. Praktische Bedeutung – vor allem in prozessualer Hinsicht – gewinnt das Problem insbesondere für das Zusammenspiel Getrenntlebenden/Geschiedenenunterhalt; vgl dazu § 1361 Rz 40f. Mit der **Identitätstheorie** ist davon auszugehen, daß ein Unterhaltsanspruch unter Ehegatten weder infolge eines Getrenntlebens noch durch eine Scheidung erlischt, sondern als wesensgleicher Anspruch fortbesteht. So ist zB ein Anspruch auf Taschengeld nach §§ 1360, 1360a mit dem Unterhaltsanspruch des getrenntlebenden Ehegatten des § 1361 identisch, aA München FamRZ 1981, 450. Ist ein **Unterhaltstitel** während der Ehe **rechtskräftig** geworden, kann aus ihm also auch gegen den **Getrenntlebenden/Geschiedenen** vollstreckt werden. Verringert sich die Unterhaltspflicht mit der Scheidung, so kann der unterhaltspflichtige Ehegatte gegen die Vollstreckung aus dem Urteil mit der Änderungsklage aus § 323 ZPO vorgehen und ist nicht auf die Gegenklage nach § 767 ZPO angewiesen.

Unter geschiedenen Ehegatten besteht eine Prozeßkostenvorschußpflicht grundsätzlich nicht, BGH 89, 33; **38**
BGH FamRZ 1990, 280; BGH FamRZ 1984, 148 m Anm Herpers FamRZ 1984, 465; Oldenburg FamRZ 1982,
384; Frankfurt FamRZ 1970, 141; Düsseldorf FamRZ 1978, 124; Hamburg FamRZ 1978, 902; aM Bremen
FamRZ 1982, 1074; Düsseldorf FamRZ 1979, 1024; Stuttgart NJW 1979, 1168; München FamRZ 1979, 42;
Hamm FamRZ 1981, 275; 1979, 43; Frankfurt FamRZ 1979, 593; Koblenz FamRZ 1978, 901. Im Anschluß an
BGH FamRZ 1984, 148, 465 m Anm Herpers, bejaht Nürnberg FamRZ 1990, 421 für das Zugewinnausgleichsverfahren trotz rechtskräftiger Scheidung die Prozeßkostenvorschußpflicht dann, wenn das güterrechtliche Verfahren als Folgesache im Verbund geltend gemacht, aber später abgetrennt wurde. Nach richtiger Ansicht ist § 1360a IV als **Ausfluß der Fürsorge- und Beistandspflicht** der Ehegatten zu verstehen. Sie rechtfertigt die sehr weite Ausdehnung des Unterhaltsanspruchs auf den Prozeßkostenvorschuß. Eine Grundlage für die – mangels gesetzlicher Regel – erforderliche analoge Anwendung auf geschiedene Ehegatten ist jedoch nicht gegeben. Zwischen ihnen besteht die Pflicht zur ehelichen Lebensgemeinschaft, die die Fürsorge- und Beistandspflichten trägt, nicht mehr. Aus der Anordnung einer entsprechenden Anwendung des § 1360a IV in § 1361 IV S 4 folgt, daß der Gesetzgeber bereits für den Fall des Getrenntlebens wesentliche Voraussetzungen für das Eingreifen der Vorschrift als nicht gegeben ansah. Mangels einer der ehelichen Lebensgemeinschaft vergleichbaren Ausgangslage erscheint es deshalb gerechtfertigt, den unterhaltsberechtigten Ehegatten auf die Prozeßkostenhilfe zu verweisen. Dem folgt im Prinzip auch Hamm FamRZ 1971, 651 ff, das aber dann unrichtig eine Vorschußpflicht für den Fall einer **Restitutionsklage** gegen ein rechtskräftiges Scheidungsurteil bejaht. Der Regelungsgrund des § 1360a, die bestehende Lebensgemeinschaft, ist nicht mehr gegeben. Außerdem müßte bei abgewiesener Restitutionsklage sich der familienrechtliche Vorschuß ex post in einen kostenrechtlichen Vorschuß umwandeln, da insoweit nach Klageabweisung eine familienrechtliche Basis für ihn von Anfang an nicht bestanden hat. Eine solche Umwandlung wäre jedoch aus dem geltenden Recht nicht zu begründen. Nach der Reform durch das 1. EheRG ist aber § 127a ZPO zu beachten. Danach kann in allen Unterhaltssachen durch das Prozeßgericht eine Vorschußpflicht angeordnet werden, zT wird daraus die Unterhaltsprozessen die Pflicht zur Gewährung eines Prozeßkostenvorschusses gewonnen, vgl MüKo/Wacke Rz 21; Rolland Rz 36. § 127a ZPO kann aber als prozessuale Norm den erforderlichen materiellen Anspruch auf Prozeßkostenvorschuß nicht ersetzen; vgl dazu Düsseldorf FamRZ 1978, 124; Koblenz FamRZ 1978, 901; aA AG Hanau FamRZ 1978, 419. Koblenz aaO will den materiellen Prozeßkostenvorschuß-Anspruch aus §§ 1578 I S 2, 1610 II gewinnen.

8. Vertragliche Vereinbarungen über die Familienunterhaltspflicht, die von den gesetzlichen Vorschriften **39** abweichen, sind möglich, sofern der angemessene Unterhalt nicht zu sehr beeinträchtigt und in die Rechte der Kinder nicht eingegriffen wird. So können Eltern nicht wirksam vereinbaren, daß ihre Kinder eine Ausbildung nicht erhalten sollen, die den wirtschaftlichen Umständen und der Begabung der Kinder entspricht. Verzicht auf den Unterhalt für die Zukunft ist auch in der Form vertraglicher Minderung unwirksam, Darmstadt Recht 1905, 1006; vgl auch Bosch, Verzicht auf Unterhalt im Zugewinnausgleich, FamRZ 1965, 237. Ein Verzicht auf Unterhalt liegt nicht bereits bei jeglicher Abweichung der von den Ehegatten getroffenen Regelung vor, sondern erst dann, wenn eine gewisse Toleranzgrenze überschritten wird, die bei 20 bis 33 % des Bedarfs angenommen wird (Hamm FuR 2000, 280). Nichtig ist eine Zuwendung von Vermögensvorteilen, um ein Getrenntleben zu ermöglichen oder zu unterstützen, RG JW 1920, 640. Auch eine Vereinbarung, wonach während der ehelichen Gemeinschaft der Mann sich zur Zahlung einer Unterhaltsrente verpflichtet, widerspricht dem Wesen der Ehe, RG 158, 299. Wirksam ist dagegen vertragliche Erweiterung der Unterhaltspflicht, RG Gruch 50, 378. Ferner kann, wenn ein Ehegatte zum Getrenntleben berechtigt ist, Art und Umfang seines Anspruchs auf Unterhalt vertraglich geregelt werden, RG 158, 297; nur dürfen die gewährten Vermögensvorteile nicht für die Entschließung des Berechtigten bestimmend gewesen sein, RG 109, 142. Bei Besserung der wirtschaftlichen Lage steht die Vereinbarung einer Mehrforderung nicht entgegen, RG 61, 54, bei Verschlechterung ist Herabsetzung möglich, WarnRspr 1913, 206. Im Hinblick auf die mit dem 1. EheRG intendierte Erweiterung des Autonomiebereichs für die Zulässigkeit von Ehegattenvereinbarungen, zB auch der Vereinbarung von Leistung in Geld, vgl Hepting, Ehevereinbarungen (1984), § 11 II 1 und Buschendorf, Die Grenzen der Vertragsfreiheit im Ehevermögensrecht, S 140 ff; zu Abs IV S 296 ff.

1360b *Zuvielleistung*

Leistet ein Ehegatte zum Unterhalt der Familie einen höheren Beitrag als ihm obliegt, so ist im Zweifel anzunehmen, dass er nicht beabsichtigt, von dem anderen Ehegatten Ersatz zu verlangen.

1. Auslegungsregel. Die Vorschrift ist dem früheren § 1429 nachgebildet. Dieser galt nur bei Gütertrennung für **1** Aufwendungen der Frau zur Bestreitung des ehelichen Aufwandes. Der ihr zugrundeliegende, der Lebenserfahrung entnommene Rechtsgedanke ist verallgemeinert worden für alle Leistungen, die Mann und Frau zum Familienunterhalt erbringen, und für alle Güterstände. Die eheliche Lebensgemeinschaft rechtfertigt die Annahme, daß den Ehegatten bei freiwilliger Mehrleistung über das gesetzlich vorgeschriebene Maß hinaus die Absicht, voneinander Ersatz zu verlangen, fehlt. Die Vorschrift dient der weitgehenden Ausschaltung gegenseitiger Ersatzansprüche, die den Ehefrieden gefährden könnten. Vgl für das Verhältnis von Eltern und Abkömmlingen § 685 II. Solche Ansprüche könnten vor allem nach der Scheidung besondere Bedeutung haben, vgl dazu Roth-Stielow NJW 1970, 1032. Nach BGH 47, 160; FamRZ 1968, 23 können sie sich aus § 812 I S 2 ergeben, weil mit der Scheidung das eheliche Zusammenleben als bezweckter Erfolg der Aufwendung nicht mehr erreicht werden könne, aM Deubner FamRZ 1968, 351; Kühne FamRZ 1968, 356. Näher liegt die Annahme eines bes familienrechtlichen Ausgleichsanspruchs – so auch BGH 50, 267 – der nicht den Beschränkungen des Bereicherungsrechtes unterliegt, Roth-Stielow aaO; vgl auch BGH FamRZ 1981, 761. Diese Ansprüche schließt die gesetzliche Auslegungsregel grundsätzlich aus, sie kann aber durch die Umstände des Einzelfalles widerlegt werden. Anzeichen hierfür ist zB die Aus-

§ 1360b   Familienrecht   Bürgerliche Ehe

stellung einer Quittung seitens des anderen Ehegatten. Auch die Höhe der Leistung kann gegen einen Verzichtswillen sprechen. Vgl auch Karlsruhe FamRZ 1990, 744, demgemäß § 1360b Regreßansprüche gleich aus welchem Rechtsgrund (GoA, §§ 812ff, familienrechtliche Ausgleichspflicht) ausschließt, es sei denn, der Kläger legt (über die Tatsache der Zuvielleistung hinaus) substantiert dar (und beweist gegebenenfalls) die Umstände, aus denen seine Rückforderungsabsicht – für den Empfänger von vornherein erkennbar – zu folgern gewesen sein soll. § 1360b ist grundsätzlich zwar auch anwendbar, wenn die Ehegatten getrennt leben (§ 1361 IV S 4); die Lockerung der ehelichen Beziehungen in diesem Stadium kann aber leichter zur Widerlegung der Vermutung führen.

2 **2. Anwendungsbereich.** Die Vorschrift ist anwendbar auf alle Mehrleistungen, die ein Ehegatte zum Familienunterhalt erbringt. Der nichterwerbstätige, den Haushalt führende Ehepartner, der dadurch idR seine Unterhaltspflicht erfüllt, leistet mit weiteren Aufwendungen einen höheren Beitrag als ihm obliegt. Die Auslegungsregel gilt vor allem für **überobligationsmäßige Pflegeleistungen**, für die keine laufende Vergütungspflicht besteht, BGH FamRZ 1995, 537. § 1360b vermag auch Anwendung zu finden im Zusammenhang mit der Frage des Ausgleichs von **Steuerrückerstattungen** unter Ehegatten, vgl Karlsruhe FamRZ 1991, 441 und 191 (bei Einbringung von Verlusten aus selbständiger Arbeit) sowie AG Dillingen FamRZ 2001, 99. Einen Beitrag zum Unterhalt der Familie stellt auch die Mitarbeit eines Ehegatten im Geschäft des anderen dar, wenn im Einzelfall aus §§ 1353, 1360 eine Pflicht zu ihr besteht, vgl § 1356 Rz 16. Auch bei einer das erforderliche Maß übersteigenden Mitarbeit fehlt im Zweifel die Absicht, Ersatz zu verlangen, mindestens dann, wenn das aus dem Geschäftsbetrieb Gewonnene zur Bestreitung des Familienunterhalts verwandt wird und darüber hinaus keine Überschüsse erzielt werden, aA MüKo/Wacke Rz 7. Ein Zweifel kann aber nicht bestehen, wenn die Ehegatten Vergütung für die Mitarbeit vereinbart haben oder diese tatsächlich gewährt wird (vgl § 1356 Rz 21ff). § 1360b ist auch in der Gütergemeinschaft anwendbar auf Leistungen, die ein Ehegatte aus seinem Vorbehaltsgut oder Sondergut für den Familienunterhalt erbringt (§§ 1420, 1445 II, 1467 II), vgl Staud/Hübner/Voppel Rz 8ff. Ein nach § 1360b nicht zurückforderbarer überschießender Unterhalt kann eine anrechenbare Zuwendung iSd § 1380 sein, BGH FamRZ 1983, 351. § 1360b gilt aber nur für Leistungen, die zum Familienunterhalt beitragen sollen, nicht für solche, die lediglich dem Vermögen des anderen Ehegatten oder sonstigen Zwecken (zB Unterstützung von Verwandten) zugute kommen, ohne den Familienunterhalt zu verbessern; ob hier Schenkung vorliegt oder ein Erstattungsanspruch aus Darlehen, Geschäftsführung ohne Auftrag oä besteht, ist nach allgemeinen Grundsätzen, aber unter Berücksichtigung der zwischen den Ehegatten bestehenden besonderen Beziehungen zu entscheiden, vgl zum Problem des Schenkungswiderrufs unter geschiedenen Ehegatten umfassend Bosch, FS Beitzke (1979), 121ff; Seutemann, Der Widerruf von Schenkungen unter Ehegatten, 1984. Die Vorschrift ist auch dann nicht anwendbar, wenn der Ehegatte, der die Mehrleistung erbringt, in der Geschäftsfähigkeit beschränkt ist und sein gesetzlicher Vertreter nicht zustimmt. Hat ein Ehegatte dem anderen einen Prozeßkostenvorschuß geleistet, ohne daß die Voraussetzungen des § 1360a IV vorlagen, steht § 1360b einem Rückzahlungsverlangen während des laufenden Scheidungsverfahrens nach Bereicherungsrecht nicht entgegen, Düsseldorf FamRZ 1981, 36. Für Klagen auf Rückforderung zuviel geleisteten Unterhalts ist nach BGH FamRZ 1978, 582 das FamG zuständig.

1361 *Unterhalt bei Getrenntleben*

(1) Leben die Ehegatten getrennt, so kann ein Ehegatte von dem anderen den nach den Lebensverhältnissen und den Erwerbs- und Vermögensverhältnissen der Ehegatten angemessenen Unterhalt verlangen; für Aufwendungen infolge eines Körper- oder Gesundheitsschadens gilt § 1610a. Ist zwischen den getrennt lebenden Ehegatten ein Scheidungsverfahren rechtshängig, so gehören zum Unterhalt vom Eintritt der Rechtshängigkeit an auch die Kosten einer angemessenen Versicherung für den Fall des Alters sowie der verminderten Erwerbsfähigkeit.
(2) Der nicht erwerbstätige Ehegatte kann nur dann darauf verwiesen werden, seinen Unterhalt durch eine Erwerbstätigkeit selbst zu verdienen, wenn dies von ihm nach seinen persönlichen Verhältnissen, insbesondere wegen einer früheren Erwerbstätigkeit unter Berücksichtigung der Dauer der Ehe, und nach den wirtschaftlichen Verhältnissen beider Ehegatten erwartet werden kann.
(3) Die Vorschrift des § 1579 Nr. 2 bis 7 über die Herabsetzung des Unterhaltsanspruchs aus Billigkeitsgründen ist entsprechend anzuwenden.
(4) Der laufende Unterhalt ist durch Zahlung einer Geldrente zu gewähren. Die Rente ist monatlich im Voraus zu zahlen. Der Verpflichtete schuldet den vollen Monatsbetrag auch dann, wenn der Berechtigte im Laufe des Monats stirbt. § 1360a Abs. 3, 4 und die §§ 1360b, 1605 sind entsprechend anzuwenden.

I. Entwicklung der Vorschrift 2	dd) Freiwillige Erwerbstätigkeit des Unterhaltsberechtigten 20
II. Pflicht zur Unterhaltsleistung bei Getrenntleben – Abs I 3	ee) Vorsorgeunterhalt 22
1. Getrenntleben 5	III. Pflicht zum Selbstunterhalt durch Erwerbstätigkeit – Abs II 23
2. Unterschiede zum Unterhaltsanspruch nach §§ 1360, 1360a 6	IV. Herabsetzung des Unterhaltsanspruchs aus Billigkeitsgründen – Abs III
3. Bestimmung des Unterhaltsbetrages	
a) Allgemeine Grundsätze 7	1. Überblick 27
b) Maßgebliche Bewertungsgesichtspunkte im Einzelfall	2. Einzelne Unterhaltsversagungsgründe 28
aa) Tabellen über Unterhaltsrichtsätze 13	3. Kinderbetreuung durch den Unterhaltsberechtigten 36
bb) Einkommen 14	V. Unterhaltsrente – Abs IV 37
cc) Mangelfälle/Selbstbehalt 19	VI. Gerichtliche Geltendmachung des Unterhalts . . 40

Schrifttum: *Beckmann,* Kein Ehegattenunterhalt wegen „grober Unbilligkeit" (§ 1579 I BGB) – dann aber Unterhaltsanspruch gegen die Verwandten?, FamRZ 1983, 863; *Bernreuther,* Zur Berücksichtigung von Schulden des Verpflichteten bei der Unterhaltsberechnung, FamRZ 1995, 769; *Böhmel,* Getrenntlebendunterhalt zwischen Zivilrecht, Steuerrecht und Sozialversicherungsrecht, FamRZ 1995, 270; *Borth,* Bedarfs- und Einkommensmitteilung im Unterhaltsrecht, 1987; *Brudermüller/Klattenhoff,* Verletztenrente und Unterhalt, FuR 1993, 333; *Büttner,* Das Zusammenleben mit einem neuen Partner und seine Auswirkungen auf den Unterhaltsanspruch, FamRZ 1996, 136; *ders,* Sind die Bedenken gegen die Rechtsprechung des BGH und BVerfG zu den ehelichen Lebensverhältnissen gerechtfertigt?, FamRZ 2003, 641; *Blaese,* Wohnvorteil und Wohnungsanforderungen im Unterhaltsrecht, FuR 1990, 40ff; *Büttner,* Vielerlei Maß – widersprüchl Bemessung d Existenzminimums bei Sozialhilfe, Pfändung, Prozeßkostenhilfe und notwendigen Selbstbehalt im Unterhaltsrecht, FamRZ 1990, 459; *Christl,* Quotenunterhalt und Bedarfskontrolle, NJW 1982, 961; *Deisenhofer,* Der Mindestbedarf des unterhaltsberechtigten Ehegatten, FamRZ 1990, 580; *Derleder,* Unterhaltsrecht versus Sozialhilferecht, FuR 1991, 1; *Diederichsen,* Die Änderungen des materiellen Rechts nach dem Unterhaltsänderungsgesetz, NJW 1986, 1283; *ders,* Die Änderungen des Verfahrensrechts nach dem Unterhaltsänderungsgesetz, NJW 1986, 1462; *Frenz,* Die neuere Rechtsprechung zum Ehegatten- und Kindesunterhalt im Lichte des Verfassungsrechts, NJW 1993, 1103; *Gerhardt,* Die Veräußerung des Eigenheims beim Ehegattenunterhalt, FamRZ 2003, 414; *Gröning,* Elementarunterhalt, Vorsorgeunterhalt und Krankenversicherungsunterhalt, FamRZ 1983, 331; *ders,* Elementarunterhalt und Vorsorgeunterhalt, FamRZ 1984, 736; *Häberle,* Zum Einfluß persönlicher Eheverfehlungen auf den Ehegattenunterhalt, FamRZ 1982, 557; *Hampel,* Probleme des Altersvorsorgeunterhalts (§§ 1361 I S, 1578 III BGB), FamRZ 1979, 249; *Hintzen,* Nichtberücksichtigung eines Unterhaltsberechtigten, NJW 1995, 1861; *H. Hübner,* Interdependenzen zwischen konkurrierenden Unterhaltsansprüchen, 1984; *Hülsmann,* Zur unterhaltsrechtlichen Berechnung von Aufwendungen für Körper- oder Gesundheitsschäden nach §§ 1610a, 1578a BGB, FuR 1991, 218; *Jaeger,* Die Übergangsregelung des Unterhaltsänderungsgesetzes, FamRZ 1986, 737; *Kalthoener,* Gesetz zur unterhaltsrechtlichen Berechnung von Aufwendungen für Körper- oder Gesundheitsschäden, FamRZ 1991, 1037; *Klauser,* Zur Arbeitspflicht des Unterhaltsgläubigers und des Unterhaltsschuldners, MDR 1980, 448; *ders,* Abänderung von Unterhaltstiteln, MDR 1981, 711; *ders,* Beweislast und Beweismaß im Unterhaltsprozeß, MDR 1982, 529; *Köhler,* Unterhaltsrecht am Scheideweg?, FamRZ 1990, 922; *Krenzler,* Zum „Vorsorgeunterhalt" und seiner Bemessung, FamRZ 1979, 877; *ders,* Unterhalt „nach den ehelichen Lebensverhältnissen" – dogmatische Grundlagen und ihre Konsequenzen, FamRZ 1990, 221; *Künkel,* Der neue § 1610a BGB, FamRZ 1991, 1131; *Laier,* Differenzmethode oder Anrechnungsmethode, FamRZ 1993, 392; *Limbach,* Unterhaltsverlust wegen grober Unbilligkeit bei Getrenntleben, NJW 1980, 871; *dies,* Unterhaltsverlust im Falle grober Unbilligkeit, ZRP 1982, 61; *Lohmann,* Neue Rechtsprechung des Bundesgerichtshofes zum Familienrecht, Unterhalt und Versorgungsausgleich, 6. Aufl 1989; *Luthin,* Verfahrensrechtliche Fragen zur einstweiligen Unterhaltsanordnung, FamRZ 1986, 1059; *ders,* Zum Bedarf nach den ehelichen Lebensverhältnissen unter besonderer Berücksichtigung der Rechtsprechung des BGH FamRZ 1988, 1109; *ders,* Existenzminimum und trennungsbedingter Mehrbedarf des unterhaltsberechtigten Ehegatten, FamRZ 1996, 328; *ders,* Der Unterhaltsbedarf beim Ehegattenunterhalt, FamRZ 1997, 1391; *Müller-Freienfels,* Zur Unterschätzung der Überschätzungen unterhaltsrechtlicher Steigerungsmöglichkeiten, FS Beitzke (1979), S 311; *Nehlsen/v Stryk,* Zur unterhaltsrechtlichen Relevanz des „auf Dauer angelegten Verhältnisses", FamRZ 1990, 109ff; *Niemeyer,* Entscheidungen des Bundesverfassungsgerichts zum Ehegattenunterhaltsrecht, FuR 1995, 41; *Probst,* Konkurrenz zwischen Unterhaltsberechtigten und Pflichtteilsberechtigten, AcP 191, 138; *Riegner,* Die Verteilung des Erwerbseinkommens zwischen den Ehegatten: Unterhaltsleitlinien 1996 und Rechtsprechung des BGH, FamRZ 1997, 257; *Schellhorn,* Das Verhältnis von Sozialhilferecht und Unterhaltsrecht – aus der Sicht der Sozialhilfe, FuR 1990, 20ff; *Schulte,* Kann die Düsseldorfer Tabelle durch eine stufenlose Quotenberechnung von Ehegatten- und Kindesunterhalt ersetzt werden?, FamRZ 1991, 639; *M. Schwab,* Rückforderung von Ehegattenunterhalt nach einstweiliger Anordnung, FamRZ 1994, 1567; *Wendl/Staudigl,* Das Unterhaltsrecht in der familienrichterlichen Praxis, 5. Aufl 2000; früheres Schrifttum bei MüKo/Wacke § 1361 vor Rz 1; Erman 9. Aufl Schrifttum zu § 1361.

I. Zur **Entwicklung der Vorschrift** bis 1991 s Erman 9. Aufl Rz 1.

Mit dem am 23. 1. 1991 in Kraft getretenen „Gesetz zur unterhaltsrechtlichen Berechnung von Aufwendungen für Körper- und Gesundheitsschäden" vom 15. 1. 1991 (BGBl I 46) wurde in § 1361 I S 1 aE eingefügt, daß für Aufwendungen infolge eines Körper- oder Gesundheitsschadens § 1610a gilt. Mit dieser Regelung wird an die bisherige Rspr des BGH angeknüpft und die bislang vorgenommene Einordnung der von hier betroffenen Sozialleistungen als Einkommen bestätigt, von welchem wie bisher die schadensbedingten Mehraufwendungen des Betroffenen vorweg abzuziehen sind (vgl BT-Drucks 11/6153, 4, 5). Das Gesetz bezweckt eine Verbesserung der Lage der Beschädigten dadurch, daß es eine Vermutung festschreibt, die Mehraufwendungen seien regelmäßig nicht geringer als die hierfür erhaltenen Sozialleistungen und sich aus dieser gesetzlichen Vermutung eine Umkehrung der bisherigen Darlegungs- und Beweislast ergibt (vgl BT-Drucks 11/6153, 5). Der Gesetzgeber hat damit keine pauschale Nichtanrechnung der infolge Körper- und Gesundheitsschäden in Anspruch genommenen Sozialleistungen normiert, sondern der (widerlegbaren) Vermutung den Vorzug gegeben, daß die Höhe der schadensbedingten Mehraufwendungen der Höhe der Sozialleistungen entspricht. Durch das Rentenreformgesetz 1999 (BGBl I 1997, 2998) wurde Abs I S 2 sprachlich an die Neuregelung der Renten wegen verminderter Erwerbsfähigkeit im SGB VI angepaßt.

II. **Pflicht zur Unterhaltsleistung bei Getrenntleben** – Abs I

Abs I der Vorschrift regelt den Grundsatz des gegenseitigen Anspruchs auf angemessenen Unterhalt. Mit der Trennung entfällt der Familienunterhalt, der eine häusliche Gemeinschaft voraussetzt. Ist sie aufgehoben, so bestehen – neben sonstigen individuellen Unterhaltsansprüchen zB der Kinder nach §§ 1601ff – nur noch Ansprüche der Ehegatten gegeneinander. Sie werden im Prinzip ohne Rücksicht darauf anerkannt, ob der eine oder andere Teil ein Recht dazu hat, getrennt zu leben. In der Regel haben unter gleichen Voraussetzungen Mann und Frau gleiche Rechte und Pflichten. Der besonderen Lage des nichterwerbstätigen Ehegatten trägt die Sonderregelung des Abs II Rechnung. Ein getrennt lebender Ehegatte hat einen Anspruch auf **Trennungsunterhalt** gemäß § 1361 auch dann, wenn er mit dem anderen Ehegatten in **Gütergemeinschaft** lebt. In diesem Fall ist aber § 1420 anzu-

§ 1361 Familienrecht Bürgerliche Ehe

wenden, so daß für den Trennungsunterhalt zunächst das Gesamtgut zu verwenden ist (München FamRZ 1996, 166) und insoweit die Zahlung einer Geldrente nach Abs IV nicht verlangt werden kann, sondern nur die Mitwirkung des Ehegatten an der ordnungsgemäßen Verwendung des Gesamtguts zum Unterhalt gemäß § 1451 (München FamRZ 1996, 557). Zum Inhalt dieses Anspruches, wenn sich das Gesamtgut in der tatsächlichen Verfügungsmacht des einen Ehegatten befindet und zum Vorstehenden vgl BGH FamRZ 1990, 851.

4   Die Eheleute können sich zwar über **Höhe und Art des Unterhalts einigen** (vgl Brandenburg NJW-RR 2002, 870), zB die Geldrente des Abs IV ganz oder zum Teil durch Naturalleistungen ersetzen. Aber davon abgesehen sind die Vorschriften zwingend, insbesondere ist das Zukunftsverzichtsverbot gem Abs IV S 2, 4 iVm § 1360a III, 1614 I zu beachten. Ein unzulässiger **Verzicht** liegt aber dann nicht vor, wenn die Verkürzung des rechnerisch sich ergebenden Unterhalts unter 30 % liegt, so Düsseldorf FamRZ 2001, 1148, das Unzulässigkeit des Verzichts bei Unterschreitung um 20 % verneint, vgl auch Hamm NJW-FER 2000, 227. Zur Anwendbarkeit deutschen Rechts (§ 1361) auf die Unterhaltspflicht, wenn beide Ehegatten türkische Staatsangehörige sind und ihren gewöhnlichen Wohnsitz in der Bundesrepublik Deutschland haben, vgl Hamm FamRZ 1991, 583.

5   **1. Getrenntleben.** Hierunter ist Aufhebung der häuslichen Gemeinschaft im Sinne des § 1567 zu verstehen, auch wenn die Ehegatten unter Umständen noch in derselben Wohnung leben – geringe Gemeinsamkeiten wie Putzen und Waschen stehen der Annahme des Getrenntlebens nicht entgegen, solange sie sich als unwesentlich darstellen (Thüringen FamRZ 2002, 99) –, ebenfalls wenn eine häusliche Gemeinschaft nie begründet worden war, vgl zur Präzisierung Erl zu § 1567 sowie BGH FamRZ 1982, 573; NJW 1979, 1360 und 105; 1978, 1810; Karlsruhe NJW 1978, 1534. Ein Getrenntleben im Rechtssinne liegt nicht vor, wenn die Ehegatten zwar nicht zusammen leben, aber übereinstimmend den Wunsch nach Herstellung bzw Wiederherstellung der häuslichen Gemeinschaft haben, diesen jedoch aus von ihrem Willen unabhängigen Gründen nicht verwirklichen können, ebenso Gernhuber/Coester-Waltjen, FamR § 27 VII 3. In solchen Fällen richten sich die Unterhaltsansprüche der Ehegatten gegeneinander nach den §§ 1360, 1360a; häufig wird aber auch hier der Unterhalt statt in Natur in Geld zu leisten sein.

6   **2. Unterschiede zum Unterhaltsanspruch nach §§ 1360, 1360a.** Bei Getrenntleben der Ehegatten verwandelt sich der gegenseitige Anspruch auf Beitrag zum gemeinsamen Familienunterhalt in einen einseitigen, auf Geldzahlung gerichteten Unterhaltsanspruch des wirtschaftlich schwächeren gegen den wirtschaftlich stärkeren Teil. Die Unterhaltsrente steht dem Unterhaltsberechtigten zur freien Verfügung. Über ihre Verwendung ist er dem Unterhaltsverpflichteten keine Rechenschaft schuldig, Frankfurt NJW 1970, 1882. Der unmittelbare Anspruch des einen Ehegatten gegen den anderen auf Gewährung des Unterhalts für die gemeinsamen unterhaltsberechtigten Kinder entfällt. Die Kinder können jetzt ihre Unterhaltsansprüche nach §§ 1601 ff nur selbst oder durch ihren gesetzlichen Vertreter geltend machen, vgl Hamm FamRZ 1980, 249. Bestehen bleibt allerdings die Befugnis des Gerichts, in Ehesachen durch einstw Anordnungen nach § 620 I Nr 4 ZPO für die Dauer des Rechtsstreits auch die Unterhaltspflicht gegenüber den minderjährigen Kindern zu ordnen.

7   **3. Bestimmung des Unterhaltsbetrages. a) Allgemeine Grundsätze.** Der Unterhalt ist dann und in dem Umfang von einem Ehegatten dem anderen zu gewähren, wie es nach den Lebensverhältnissen und den beiderseitigen Erwerbs- und Vermögensverhältnissen der Ehegatten angemessen ist, vgl BGH FamRZ 1988, 1145; Pal/Brudermüller Rz 2. Aus den maßgeblichen Gründen für die Abwägung wurde damit vom Gesetzgeber zunächst die ausdrückliche Nennung der Gründe, die zur Trennung führten, ausgeschaltet, vgl BGH FamRZ 1979, 569 mN. Darüber hinaus wurde die Billigkeitsregelung, die bisher im Mittelpunkt der Norm stand, aufgegeben, da nach Ansicht des Gesetzgebers „die Abwägung nach Billigkeit stets eine Berücksichtigung aller Umstände, also auch der Trennungsgründe, ermöglichen und erfordern würde" (BT-Drucks 7/650, 101). Die Prüfung der Lebensverhältnisse muß danach im Grundsatz sämtliche Lebensverhältnisse der Ehegatten mit Ausnahme der Gründe, die die Trennung bedingt haben, zugrunde legen. § 1361 I ist **verfassungsfest**, BVerfG NJW 2002, 2701; FamRZ 1981, 745, zumal die Billigkeitsklausel des Abs III die Tatbestände auffangen kann, die früher im Rahmen der Verschuldensanknüpfung zur Herabsetzung oder Versagung des Unterhalts führten, zutr BGH FamRZ 1979, 569. Dabei darf die Anwendung und Auslegung von Unterhaltsnormen nicht durch unverhältnismäßige Belastung des Unterhaltspflichtigen zu verfassungswidrigen Ergebnissen führen, die vor Art 2 I GG nicht bestehen. Eine solche Verletzung des Grundsatzes der Verhältnismäßigkeit ist am Maßstab des anzuwendenden § 1581 zu messen, BVerfG FamRZ 2003, 661; FamRZ 2002, 1686. Die durch das UÄndG v 20. 2. 1986 (BGBl I 301) vorgenommene Auffächerung der Billigkeitsklausel auf nunmehr sieben Ausschlußtatbestände soll hier die notwendige Einzelfallgerechtigkeit ermöglichen. Unter Lebensverhältnissen der Ehegatten ist zunächst der von ihnen vor der Trennung **erreichte Lebensstandard** zu verstehen (vgl § 1360a I). Zur Frage, inwieweit Einkünfte aus einer nach der Trennung aufgenommenen selbständigen Tätigkeit die ehelichen Lebensverhältnisse geprägt haben, s Frankfurt FamRZ 2002, 885; Karlsruhe FuR 2002, 317; Köln FamRZ 1995, 876. Diesen Standard genießt grundsätzlich **Bestandsschutz** (nicht aber bei einem Zusammenleben der Ehegatten von nur 14 Tagen, AG Essen FamRZ 2000, 23), auch dann, wenn der Standard der ehelichen Lebensführung infolge eines überdurchschnittlichen Einkommens sehr aufwendig war, vgl dazu Frankfurt FamRZ 1981, 1061; MüKo/Wacke Rz 5. Eine absolute obere Grenze der Unterhaltspflicht gibt es nicht, BGH FamRZ 1969, 205; Koblenz FPR 2002, 63; vgl aber auch Celle FamRZ 1962, 25; Zweibrücken FamRZ 1978, 773 (zur Heirat im Rentenalter), München FamRZ 1982, 801 (bei sehr gut verdienendem Ehepartner – mehr als 10 000 DM netto/monatlich – ist nur ein Teil des Einkommens zu berücksichtigen; so Hamm FamRZ 1992, 1175). Bei überdurchschnittlichem Einkommen ist eine Vermögensbildung dann als die ehelichen Lebensverhältnisse prägend anzusehen, wenn der Unterhaltsanspruch des Berechtigten dadurch nicht geschmälert wird (Koblenz FamRZ 2000, 1366 bei einem Einkommen iHv 22 000 DM und einer Vermögensbildung iHv 9000 DM), so auch Karlsruhe FamRZ 2000, 1366 sowie Koblenz FamRZ 2002, 887. Maßgeblich sind allein die tatsächlichen ehelichen Lebensumstände, nicht aber ein pauschaler Mindestrichtsatz für den angemesse-

nen Lebensbedarf eines Unterhaltsberechtigten, BGH FamRZ 1984, 356; Köln FamRZ 1994, 1323; Koblenz, FamRZ 1995, 1577; Hamm FamRZ 1995, 1578; Frankfurt FamRZ 1997, 353. Veränderungen der Einkommensverhältnisse zwischen Trennung und Scheidung sind bei der Unterhaltsbemessung zu berücksichtigen, wenn diese nicht auf einer unerwarteten, vom Normalverlauf erheblich abweichenden Entwicklung beruhen, BGH FamRZ 1983, 352; vgl auch BGH FamRZ 1986, 783; 1984, 149 (Aufnahme einer Erwerbstätigkeit unabhängig von Trennung und Scheidung); vgl auch Köln, FamRZ 1991, 940. Die **Darlegungs- und Beweislast** darüber, wie die ehelichen Lebensverhältnisse ausgestaltet waren, trifft den Unterhaltsgläubiger, Hamm FamRZ 2002, 1627; Karlsruhe FamRZ 1997, 1011; Hamm FamRZ 1996, 1216 (zur Inanspruchnahme eines Selbständigen); für ein Auseinanderklaffen von aktuellen Verhältnissen und ehelichen Lebensverhältnissen ist derjenige darlegungs- und beweispflichtig, der daraus Rechte herleiten will (Hamm FamRZ 2000, 1017). Einen Anspruch auf Trennungsunterhalt hat der BGH FamRZ 1989, 838 für den Fall (trotz faktischer Verbesserung der Lebensverhältnisse des Unterhalt verlangenden Ehepartners) bejaht, daß die Ehegatten während ihres Zusammenlebens keine wirtschaftliche Einheit bildeten und ehevertraglich gegenseitig auf nachehelichen Unterhalt verzichtet haben, insoweit zu Recht mit kritischer Anm Henrich FamRZ 1989, 839. Zu den **zu berücksichtigenden Lebensverhältnissen** gehören Alter, Gesundheitsverhältnisse und die sozialen Verhältnisse der Eheleute, die Zahl der Kinder, und dabei nicht nur der gemeinsamen (vgl BGH FamRZ 1979, 569), für die einer von ihnen zu sorgen hat, evtl Hundehaltungskosten (Düsseldorf NJW 1998, 616) sowie auch Vorteile der Parteien, die sie durch das Bewohnen eines eigenen Hauses hatten (vgl BGH FamRZ 1989, 1160; BGH FamRZ 1990, 989; Koblenz NJW 2003, 1816). Fallen während der Ehe getragene Belastungen für das Familienheim, die dessen Wohnwert übersteigen, nach einem durch das Scheitern der Ehe veranlaßten Verkauf fort, so haben der Wohnwert und die ihn übersteigenden Belastungen keinen Einfluß mehr auf die ehelichen Lebensverhältnisse, vgl Hamm FamRZ 1990, 886; vgl AG Würzburg FamRZ 1998, 823. War der Lebenszuschnitt während des Zusammenlebens wegen des Hauses unter das objektiv vernünftige Maß eingeschränkt, kann sich nach trennungsbedingtem Verkauf der Bedarf des Unterhaltsberechtigten erhöhen, vgl Hamm FamRZ 1990, 47. Die Bedürftigkeit des Unterhaltsberechtigten ist gemindert, wenn er bei seinen Eltern nach Trennung unentgeltlich wohnt, da insoweit sein angemessener Bedarf geringer ist, Frankfurt FamRZ 1977, 799 (bei teilweiser Deckung des Notbedarfs durch mietfreies Wohnen ist der Wert dafür nicht nach dem marktüblichen Mietzins allein zu bestimmen, sondern mit ca 20–25 % des Bedarfsbetrags, vgl Hamm FamRZ 1991, 583) oder wenn er Leistungen aus privater Krankentagegeldversicherung bezieht, BGH FamRZ 1987, 36. Bei der Bemessung des Trennungsunterhalts ist ein angemessener Wohnbedarf des Unterhaltspflichtigen anzuerkennen, selbst wenn er Alleineigentümer der ehelichen Wohnung ist, Hamm FamRZ 2002, 820. Generell zur Veräußerung des Eigenheims bei Ehegattenunterhalt Gerhardt FamRZ 2003, 414. Schuldverpflichtungen des Berechtigten sind nicht bedarfserhöhend zu berücksichtigen, es sei denn, es handelt sich um gemeinsame Schuldverpflichtungen, deren Tilgung auch den Unterhaltsverpflichteten befreit, vgl AG Pinneberg 1989, 391. Zu Schuldverpflichtungen des Verpflichteten s Hamm FamRZ 1998, 558.

Seine ursprüngliche Rspr, ein Unterhaltsanspruch bestehe nicht, soweit der in Anspruch Genommene infolge **8** der Unterhaltsleistungen selbst (auch in erhöhtem Maße) **sozialhilfebedürftig** würde, vgl BGH NJW 1991, 356, hat der BGH in FamRZ 1999, 843 aufgegeben. Allein aus der Gewährung von Sozialhilfe ergäbe sich nicht die Leistungsunfähigkeit, denn die Gewährung von Sozialhilfe folge anderen Kriterien als die unterhaltsrechtliche Leistungsfähigkeit. Das Unterhaltsrecht bezweckt keine Umverteilung des Familieneinkommens und stellt keinen fortgesetzten Zugewinnausgleich dar. Es erfolgt lediglich eine **Feststellung über die Bedürftigkeit** des einen und **das Leistungsvermögens** des anderen. An der Bedürftigkeit fehlt es, wenn vor Trennung die Gehälter der Gatten nicht aufgebraucht wurden und jetzt jeweils zur Erhaltung des status quo als ausreichen, vgl Hamm FamRZ 1981, 361; Frankfurt FamRZ 1980, 141. Andernfalls würde der auch mit § 1361 intendierten Eigenverantwortlichkeit jedes Ehegatten über die Hintertür des Unterhaltsrechts der emanzipatorische Impetus genommen. Nur wenn beides gegeben ist, ist die Unterhaltszahlung „angemessen". Eine Besserstellung gegenüber der Zeit des Bestehens der ehelichen Gemeinschaft soll nicht erfolgen. Fiktive Einkünfte, die keine Grundlage in der tatsächlichen Einkommenssituation der Ehegatten während der Ehe haben, können die ehelichen Lebensverhältnisse nicht prägen, BGH FamRZ 1997, 281. Nebentätigkeitseinkünfte während der Ehe sind zu 50 % in die Unterhaltsbemessung einzubeziehen, Hamm FamRZ 2002, 885. Für die Pflicht zur Erwerbstätigkeit und Inanspruchnahme von Vermögen gilt daher grundsätzlich das für die Zeit der Ehe allgemein Entscheidende, vgl § 1360 Rz 4. Das Unterhaltsrecht des § 1361 geht grundsätzlich davon aus, daß jeder der **getrennt lebenden Ehegatten** sich aus seiner **eigenen Erwerbstätigkeit** und **seinem Vermögen** – jedenfalls in gewissen Grenzen (dazu BGH FamRZ 1985, 360; Saarbrücken FamRZ 1985, 466) – unterhält. Allerdings braucht sich der Unterhaltsberechtigte nicht darauf verweisen zu lassen, gegen seinen Willen vorgezogenes Altersruhegeld in Anspruch zu nehmen, Karlsruhe FamRZ 1981, 452. Abs II enthält für den bisher nicht erwerbstätigen Ehegatten in bezug auf die Erwerbspflicht eine besondere Schutzvorschrift (dazu bei Rz 23ff) und modifiziert damit die Voraussetzungen der Bedürftigkeit. Ist der Unterhaltsberechtigte nach dieser Vorschrift zu einer Erwerbstätigkeit verpflichtet, muß er sich das so – und sei es auch nur hypothetisch – Verdiente auf seinen Unterhaltsbedarf anrechnen lassen, BGH FamRZ 1981, 752. Wird mangels Bedürftigkeit ein Unterhaltsanspruch über längere Zeit nicht geltend gemacht, führt dies nicht zu einer Verwirkung, BGH 84, 280. § 1573 IV findet keine Anwendung, BGH FamRZ 1986, 244.

Schwierig zu handhaben ist die **Bedürftigkeit** eines getrennt lebenden Ehegatten, der eine **eheähnliche Verbin-** **9** **dung** mit einem Dritten eingeht. Anzurechnen sind tatsächlich geleistete oder entsprechend § 850h II ZPO zu fingierende Beträge und Zuwendungen des Partners, die nach dem objektiven Wert der Versorgungsleistung (abzüglich ggfs des Mehraufwandes) für den Partner zu beurteilen sind, soweit der Partner imstande ist, die ihm erbrachten Leistungen zu vergüten, vgl Soergel/H. Lange, § 1361 Rz 11; BGH FamRZ 1989, 487 mwN; BGH FamRZ 1987, 1011 m Anm Luthin; Hamm NJW-RR 1997, 645. Die Rspr operiert mit einer widerlegbaren Vermutung, daß

§ 1361 Familienrecht Bürgerliche Ehe

der Dritte Unterhalt gewährt. Weist der Betroffene das Gegenteil nach, wird zumindest ein **fiktives Einkommen** für die dem Dritten geleisteten geldwerten Dienste angesetzt, vgl Nürnberg NJW-RR 1996, 1412; Karlsruhe FamRZ 1979, 928; Celle FamRZ 1979, 119; dazu auch BGH MDR 1984, 1010; FamRZ 1983, 150; vgl aber BGH FamRZ 1980, 40, 42, für den Unterhalt eines nach früherem Recht geschiedenen Ehegatten, wonach die Drittzuwendungen nur insoweit die Bedürftigkeit minderndes Einkommen sind, als sie durch Versorgungsleistungen abgegolten werden. Keine Anrechnung bei nur geringfügiger Haushaltsleistung, Hamm FamRZ 1999, 93. Laut Koblenz FamRZ 1991, 283 bemißt sich das einem Ehegatten wegen Haushaltsführung für einen neuen Partner fiktiv zuzurechnende Entgelt nach den Berechnungsgrundsätzen, die für Schadensersatzrenten bei Verletzung oder Tod einer Ehefrau entwickelt worden sind; die Haushaltstätigkeit für den neuen Partner soll zumindest nach BAT VIII zu bewerten sein, wobei ein Zeitaufwand von mindestens 17 Stunden anzusetzen sei. Der Unterhaltsanspruch einer Mutter aus § 1615l I gegen den Erzeuger ihres nichtehelichen Kindes geht ihrem Anspruch auf Trennungsunterhalt vor, auch wenn sie wegen Betreuung eines gemeinschaftlichen Kindes keiner Erwerbstätigkeit nachgehen mußte oder das nichtehelich geborene Kind bereits bei künftigen Adoptiveltern lebt, vgl Hamm FamRZ 1991, 1763; KG FamRZ 1998, 556, es fehlt insoweit an einer Bedürftigkeit der Ehefrau; Hamm FamRZ 1997, 1538. Zum Einfluß der Aufnahme neuer Beziehungen durch beide Ehegatten, AG München FamRZ 1998, 1112.

10 Die **Substanz des Vermögens** braucht im allgemeinen nicht angegriffen zu werden, sofern dieses nicht aus besonderen Gründen der Billigkeit entspricht; vgl dazu Düsseldorf FamRZ 1987, 281; Hamm FamRZ 1994, 1253. Es besteht keine Pflicht zur Verwertung des Vermögensstammes, wenn diese wirtschaftlich nicht vertretbar oder unzumutbar ist, Celle FamRZ 1977, 726; Hamm FamRZ 1997, 674. Riskante Vermögensdispositionen muß der Berechtigte nicht vornehmen, um seine Bedürftigkeit zu mindern, BGH FamRZ 1986, 439. Zur Obliegenheit des Berechtigten, ererbtes Kapital zinsbringend anzulegen, und zur „unterhaltsbezogenen Leichtfertigkeit", wenn er das Kapital für Luxusaufwendungen verbraucht, vgl Koblenz FamRZ 1990, 51; Stuttgart FamRZ 1993, 559. Auch eine Pflicht zur Veräußerung des gemeinsamen Hausgrundstücks, um Verbindlichkeiten abzudecken, besteht im Prinzip nicht, weil andernfalls in § 1361 eine ehefeindliche, die Trennung noch fördernde Tendenz hineininterpretiert würde, zutr Köln FamRZ 2002, 97; Düsseldorf FamRZ 1982, 268; Stuttgart FamRZ 1978, 681, 683; KG FamRZ 1976, 91; dies gilt laut Koblenz FamRZ 1991, 1187 zumindest zu Beginn der Trennungszeit und solange, wie sich die Verhältnisse der Trennung noch nicht endgültig verfestigt haben. Nach Schleswig FamRZ 1985, 809 m Anm Zieroth soll es einem 50jährigen Landwirt grds jedenfalls dann, wenn die Trennung von Dauer ist, zumutbar sein, seinen **unrentablen Hof** und damit die Grundlage seiner gesamten Berufstätigkeit aufzugeben, wenn auf diese Weise verhindert werden kann, daß die Ehefrau der Sozialhilfe zur Last fällt; BGH FamRZ 1986, 556 hält eine Teilveräußerung für gangbar (wenig lebensnah bei einem schon unrentablen Hof). Das ist abzulehnen. Sowohl die Freiheitsrechte aus Art 2 GG als auch das Grundrecht der Berufsfreiheit aus Art 12 GG würden unzulässig eingeschränkt, wenn ein während seiner Ehe nicht iSd § 1361 leistungsfähiger Unterhaltsschuldner per Gerichtsentscheid zum Zwangsprivatier gemacht werden könnte, nur um die Staatskasse von Belastungen freizuhalten. Bei einer nur kurzen Trennungszeit lehnt das OLG Hamm diese Pflicht ausdrücklich ab, FamRZ 1994, 895.

11 Unter den **Erwerbsverhältnissen** sind die **tatsächlich ausgeübte Erwerbstätigkeit** und die Erwerbsfähigkeit zu verstehen, für die das Alter, der Gesundheitszustand und die erhaltene Berufsausbildung von Bedeutung sind, ferner auch die Lage des Arbeitsmarktes. Ein nur vorübergehender Einkommensrückgang des Unterhaltspflichtigen infolge Aufnahme einer selbständigen Tätigkeit rechtfertigt keine Herabsetzung der Unterhaltsansprüche, Nürnberg FamRZ 1979, 699; vgl auch BGH MDR 1988, 480. Wer während eines Sabbaticals reduzierte Bezüge erhält, wird daher als mit vollen Bezügen bedacht behandelt, Schleswig FamRZ 2002, 1190; nicht nur vorübergehende Kurzarbeit ist aber für ein Jahr bei der Leistungsfähigkeit zu berücksichtigen, Köln NJW 2003, 438; ggf hat der Unterhaltsschuldner eine selbständige Arbeit zugunsten einer besser bezahlten, abhängigen Beschäftigung aufzugeben, Zweibrücken NJW 1992, 1902; Koblenz FamRZ 1985, 812; 1984, 1225. Überobligationsmäßig erzielte Einkünfte sind allerdings nicht bedarfsprägend, Hamburg FamRZ 2003, 235; Hamm FamRZ 1994, 1253. Nach Karlsruhe (FamRZ 2000, 1419) ist der Unterhaltsschuldner, welcher eine ihm mögliche auskömmliche Erwerbstätigkeit nicht aufnimmt, leistungsfähig; für Billigkeitserwägungen, in deren Rahmen dem Unterhaltsschuldner die Berufung auf eine Leistungsunfähigkeit nach § 242 versagt werden müßte, sei deshalb kein Raum.

Neben den tatsächlich erzielten Einnahmen muß sich der Unterhaltsverpflichtete das anrechnen lassen, was er nach den Umständen verdienen könnte, aber unter **Verstoß gegen Treu und Glauben zu verdienen unterläßt**, KG FamRZ 1969, 605; Bamberg FamRZ 1979, 914. Nach Köln FamRZ 1979, 331 liegt keine mutwillige Beeinträchtigung der Leistungsfähigkeit in der Kündigung eines Arbeitsverhältnisses, wenn im Einzelfall der Unterhaltspflichtige dadurch die Aussöhnung herbeiführen will; bzw eine berufliche Aufstiegschance durch Fortbildung wahrnehmen möchte, Saarbrücken FamRZ 1981, 676, oder wenn er für die Kündigung einen anerkennenswerten Grund anführen kann, Celle FamRZ 1983, 717. Im Grundsatz sind berufliche Entscheidungen anzuerkennen, Bamberg FamRZ 1989, 93. Es ist nachvollziehbar, daß der Unterhaltsschuldner aus den neuen Bundesländern nach Verlust seiner Arbeitsstelle in seine Heimat zurückkehrt und dort nur eine schlechter bezahlte Stellung annimmt, Brandenburg FamRZ 1997, 1073. Vgl auch Hamm FamRZ 1989, 56 zur Aufnahme eines Hochschulstudiums kurz nach der Trennung sowie Frankfurt FamRZ 1989, 279 und Bamberg NJW-FER 2000, 77 zur Teilnahme an einer beruflichen Fortbildung und der damit verbundenen Einkommensminderung. Der Verkauf eines **defizitären Unternehmens** hat als unternehmerische Entscheidung keine unterhaltsrechtlichen Auswirkungen, Hamm FamRZ 1994, 1029. Zum Vorliegen unterhaltsbezogenen leichtfertigen Verhaltens beim Übergang zur selbständigen Tätigkeit (dieses verneinend) vgl Hamm FamRZ 1990, 50. Eine Berufung auf den Wegfall oder die Minderung des Einkommens ist dem Unterhaltsschuldner nur dann verwehrt, wenn nach Treu und Glauben schwerwiegende Gründe (**Herbeiführung der Leistungsunfähigkeit in verantwortungsloser oder grob leichtfertiger Weise**) dagegen sprechen, vgl Bamberg FamRZ 1989, 392 mwN. Der Unterhaltspflichtige ist bei freiwilliger Aufgabe des Arbeitsplatzes dann als weiterhin leistungsfähig iSd § 1361 anzusehen, wenn ihm in bezug auf die Kündigung ein erhebliches Fehlverhalten vorzuwerfen ist, BGH FamRZ 1985, 158; vgl auch BGH FamRZ 1987, 372; Bamberg FamRZ 1987, 699. Eine mutwillige Beeinträchtigung ist beispielsweise bei der Aufgabe des Arbeitsplatzes wegen Konflikten an der Arbeitsstelle anzunehmen, Hamm FamRZ 1997, 357; ebenso bei dem Arbeitsplatzverlust eines Zeitsoldaten wegen Fahnenflucht, Bamberg FamRZ 1997, 1486; zur Änderungskündigung vgl Hamm FamRZ 1997, 356. Keine mutwillige Beeinträchtigung ist anzunehmen, wenn schon während des Zusammenlebens der Arbeitsplatz aufgegeben wurde, AG Ahlen FamRZ 2002, 1190. Die **verweigerte Durchführung einer Therapie** ist allerdings dann nicht als mutwillige Herbeiführung der Arbeitsunfähigkeit vorwerfbar, wenn das abgelehnte Medikament nachweisbar nicht wirksamer ist als das eingenommene, Hamm FamRZ 1996, 863. Ein erhebliches Fehlverhalten liegt auch nicht vor, wenn ein Ehepartner seine Stellung aufgibt, um seine Chancen im Sorgerechtsverfahren zu verbessern, Frankfurt FamRZ 1987, 1144. Ebenso KG FamRZ 1990, 293: Kein Verstoß gegen unterhaltsrechtliche Obliegenheit bei Reduzierung auf Halbtagsstelle, wenn erstinstanzlich das Sorgerecht für das gemeinsame Kind zugesprochen wurde. Bei Einkünften, die im Hinblick auf die Betreuung von Kindern entfallen, muß der **Bedeutung** des **Elternrechtes** Rechnung getragen werden, BVerfG FamRZ 1996, 343.

Die Unterhaltspflicht wird durch die Einkommensverhältnisse des Pflichtigen begrenzt, als ihm zur Deckung des eigenen notwendigen Lebensbedarfs ein **Selbstbehalt** einzuräumen ist, BVerfG NJW 2002, 2701 (zum Selbstbehalt eines Rentners vgl Koblenz FamRZ 2000, 608). Bei unberechtigt unterbleibender Erwerbstätigkeit ist aber auf das bei zumutbarem Einsatz der Arbeitskraft erzielbare Einkommen abzustellen, das mindestens in Höhe des **Arbeitslosengeldes** zu veranschlagen ist. Das gilt nach Bamberg FamRZ 1979, 914 speziell für den Fall, daß ein befristet Beschäftigter der Erwerbstätigkeit im Interesse eines Zweitstudiums aufgibt, weil er sich davon eine günstigere Basis im Berufsleben verspricht. Insofern werden die Grundrechte auf Persönlichkeitsentfaltung und freie Berufswahl nach Art 2 und 12 GG durch die Rechte anderer, hier durch die Unterhaltsansprüche nach § 1361, zulässigerweise begrenzt, zumal der Ehegattenunterhalt zwangsläufige Folge des freiwilligen Entschlusses zur Eingehung der Ehe ist; vgl auch Schleswig FamRZ 1985, 69, das dem Unterhaltsschuldner die Kündigung nur so lange anrechnen will, wie dieser sich nicht hinreichend um einen neuen Arbeitsplatz bemüht. Zur unterhaltsrechtlichen Behandlung der einem Unterhaltsgläubiger gewährten Sozialhilfe s BGH FamRZ 1999, 843 und NJW-RR 1999, 1377.

Am **sozialen Aufstieg** des Partners nimmt ein Ehegatte auch nach der Trennung teil, soweit dieser voraussehbar war, vgl BGH FamRZ 1988, 256, nicht aber an einem außergewöhnlichen Aufstieg, BGH FamRZ 1985, 352, oder einem unverhofften Vermögenszuwachs, Frankfurt FamRZ 1986, 165 (Erbfall). Zur teilweisen Anrechnung eines Lottogewinns iHv 1 Mio DM s Frankfurt FamRZ 1995, 874.

b) Maßgebliche Bewertungsgesichtspunkte im Einzelfall. aa) Tabellen über Unterhaltsrichtsätze. Die Bestimmung des Unterhaltsbetrages im Einzelfall stellt die Praxis vielfach vor schwierige rechtliche und tatsächliche Feststellungen. Einerseits entzieht sich die Variationsbreite aller Einzelkomponenten der „Lebensverhältnisse" der Ehegatten naturgemäß einer tabellarisch präzisen Erfassung. Andererseits darf diese Schwierigkeit nicht in den Ausweg münden, daß die Gerichte den Unterhalt nach Billigkeit bemessen, vor allem weil dann Divergenzen in der Praxis der verschiedenen Gerichtsbezirke zwangsläufig auftreten müssen und die Beratungspraxis auch nicht voraussehen kann, welche Beträge zu erwarten sind, so daß eine Prozeßwelle auf die Gerichte zukäme. In diesem Spannungsverhältnis zwischen notwendiger Schematisierung und zugleich Wahrung vor Einzelfallgerechtigkeit bieten die in verschiedenen Gerichtsbezirken entwickelten Tabellen über Unterhaltsrichtsätze eine sinnvolle Entscheidungshilfe, vgl zB die sog **Düsseldorfer Tabelle** (§ 1610 Rz 67); vgl allg Christl NJW 1982, 961; zu anderen Bemessungshilfen und Tabellen vgl § 1610 Rz 67ff; Müller-Freienfels, FS Beitzke (1979), S 311, 334; Kalthoener/Büttner, Die Entwicklung des Unterhaltsrechts bis Anfang 1996, NJW 1996, 1857; Pal/Diederichsen Einf v § 1601 Rz 14. In der Praxis hat sich die Düsseldorfer Tabelle (§ 1610 Rz 67) mehr und mehr durchgesetzt, die im Prinzip bei Anwendung der **Differenzmethode** dem erwerbstätigen unterhaltspflichtigen Ehegatten vom durch sonstige Lasten geminderten Nettoeinkommen $4/7$ beläßt, wobei der höhere Anteil gegenüber dem anderen Gatten auf einer pauschalen Berücksichtigung der berufsbedingten Aufwendungen (dazu München FamRZ 1984, 173) beruht, vgl befürwortend Frankfurt FamRZ 1980, 141 u 144; 1979, 700; 1978, 433; 1977, 799; München FamRZ 1978, 435; Koblenz FamRZ 1978, 254; Bamberg FamRZ 1979, 505 u 914; Stuttgart FamRZ 1979, 625; Bremen FamRZ 1979, 121. Allen diesen Tabellen kommt eine Verbindlichkeit nicht zu, sie sind lediglich eine Orientierungshilfe, BGH FamRZ 1987, 266; Soergel/H. Lange Rz 20; MüKo/Wacke Rz 22, sie können allerdings auch auf ausländische Ehegatten angewendet werden, Düsseldorf NJW-RR 1995, 903; Köln NJW-RR 1996, 325. Für die Praxis haben sie eine Art Richtliniencharakter gewonnen, indem sie wichtige Anhaltspunkte für die Vorausberechnung des konkreten Unterhaltsbetrages liefern, ohne daß sie allzu starr schematisch angewendet werden dürften (zurückhaltend auch Frankfurt FamRZ 1980, 141; KG FamRZ 1977, 818; 78, 2302), sondern unter Einbeziehung aller relevanten Umstände in den Lebensverhältnissen der Ehegatten zur Bestimmung des angemessenen Unterhalts führen (hierzu BGH FamRZ 1969, 205; vgl auch Bamberg FamRZ 1981, 668; Düsseldorf FamRZ 1983, 279; Düsseldorf FamRZ 1991, 806 zur Berechnung des Unterhaltsbedarfs bei sehr hohen Einkünften).

Abgesehen von den nicht streitigen Details der einzelnen Tabellen lassen sich aufgrund der Judikatur eine Reihe **abstrakt-genereller Berechnungsfaktoren** herauskristallisieren. Vorab bedarf es der Klarstellung, daß der Unterhaltsbetrag nicht das Resultat einer Einkommensverteilung schlechthin sein kann, sondern am angemessenen Bedarf zur Erhaltung des Standards vor der Trennung zu orientieren ist, zutr Frankfurt FamRZ 1980, 141; Gernhuber/Coester-Waltjen § 21 II 10.

bb) Als Einkommen anzusetzen ist zunächst der Betrag des Lohns oder Gehalts, und zwar erhöht ggf um tatsächlich zugelassene (KG FamRZ 1988, 720) Überstundenvergütungen (auch bei unzumutbarer Mehrarbeit, jetzt BGH FamRZ 2001, 1687 u FamRZ 2002, 23 gegen BGH FamRZ 1985, 360; Düsseldorf FamRZ 1984, 1092; vgl

§ 1361   Familienrecht   Bürgerliche Ehe

auch Hamm FamRZ 2000, 605 für Überstunden bei Berufskraftfahrern), Schicht- und ähnliche Zulagen (München FamRZ 1980, 150; Stuttgart FamRZ 1978, 681, 683; ggf auch nur teilweise, Düsseldorf FamRZ 1981, 772) sowie um vermögenswirksame Leistungen, Arbeitnehmer-Sparzulagen oder Urlaubsgeld (Frankfurt FamRZ 1980, 141; 1977, 799f), da diese Beträge zum Einkommen gehören. Entsprechendes gilt für Weihnachtsgeld (Celle FamRZ 1971, 307), für Sonderzuwendungen und sonstige Nebeneinnahmen (BGH FamRZ 1980, 343) wie zB Reisekosten ohne Nachweis entsprechenden Mehraufwandes (Köln FamRZ 2003, 602), nicht aber für die Wohnmöglichkeit in einer Kaserne für Berufssoldat, Stuttgart FamRZ 2002, 820, für die wegen Arbeitsplatzverlust gezahlten Abfindungsbeträge (BGH FamRZ 1987, 359; 1982, 250; München FamRZ 1998, 559) und das Arbeitslosengeld (BGH FamRZ 1987, 274). Zur unterhaltsrechtlichen Qualifikation von Auslandszulagen vgl Köln FamRZ 1991, 940 und zur Ermittlung des durchschnittlichen Monatseinkommens eines Kapitäns vgl Oldenburg FuR 2000, 123. Bei der Ermittlung der Leistungsfähigkeit sind **alle zufließenden Einkünfte** heranzuziehen, Düsseldorf FamRZ 1994, 896 (Skatgewinne!); zur Anrechnung einer sog Poolbeteiligung eines Oberarztes Köln NJW-RR 1998, 1300. Sie müssen nicht mehr aus einer **zumutbaren Tätigkeit** stammen (BGH FamRZ 2001, 1687; FamRZ 2002, 23 gegen BGH FamRZ 1985, 360). Bei gleichförmigem Wechsel von Erwerbstätigkeit und Arbeitslosigkeit ist ein Jahresmittelwert zu bilden, Hamm FamRZ 1986, 1102. Zu Beamtenbezügen vgl München FamRZ 1980, 459; zur Anrechnung einer steuerfreien Kostenpauschale eines Bundestagsabgeordneten, Stuttgart FamRZ 1994, 1251. Als Einkommen anrechenbar sind auch **Sozialleistungen**, die der Betroffene infolge eines Körper- oder Gesundheitsschadens bezieht, wobei allerdings die gesetzliche Vermutung dafür besteht, daß die schadensbedingten Mehraufwendungen der Höhe der Sozialleistung entsprechen und diese Mehraufwendungen vorweg zugunsten des Beschädigten von dem Einkommen wieder abzuziehen sind (vgl BT-Drucks 11/6153, 4, 5 zum neu eingefügten Verweis auf § 1610a). Als Sozialleistungen iSd § 1610a gelten nicht die Sozialleistungen mit Einkommensersatzfunktion wie zB das Versorgungskrankengeld nach §§ 16ff, der Berufsschadensausgleich nach § 30 und die Ausgleichsrente nach § 32 Bundesversorgungsgesetz, sondern diejenigen Sozialleistungen, die ausschließlich oder neben einem ideellen Ausgleich den Ausgleich schadensbedingter Mehraufwendungen bezwecken, zB die Führzulage nach § 14, der Pauschbetrag nach § 11 III Nr 3 iVm Orthopädieverordnung, Kostenerstattungen für Maßnahmen der Heil-/Krankenbehandlung oder einer Badekur nach § 18, Kriegsopferfürsorgeleistungen, die Grundrente nach § 31, die Schwerstbeschädigtenzulagen nach § 31 V und die Pflegezulage nach § 35 Bundesversorgungsgesetz, sowie die entsprechenden Leistungen, die infolge der Anwendung des Bundesversorgungsgesetzes ua nach folgenden Gesetzen gezahlt werden: § 80 Soldatenversorgungsgesetz, §§ 47, 47a, 50 Zivildienstgesetz, § 59 Bundesgrenzschutzgesetz, §§ 4, 5 Häftlingshilfegesetz und viele mehr (vgl BT-Drucks 11/6153, 7, 8). Zur Anrechenbarkeit von Pflegegeld Hamm FamRZ 1998, 1431; Hamm FamRZ 1999, 852. **Nebenverdienste** pensionierter Beamter bleiben dagegen als Einkommen außer Betracht (Köln FamRZ 1984, 269; vgl aber Frankfurt FamRZ 1985, 481; ebenso unberücksichtigt bleiben Privatentnahmen (Dresden FamRZ 1999, 850) und gesetzeswidrige Einnahmen (Hamm FamRZ 1998, 1169). Zur Berechnung des Nettoeinkommens, wenn nur das Bruttoeinkommen bekannt ist, vgl Hamburg FamRZ 1989, 394. Zur unterhaltsrechtlichen Auswirkung einer **Rentennachzahlung** aufgrund rückwirkender Bewilligung vgl BGH FamRZ 1985, 155. Zur Ermittlung des unterhaltsrechtlich relevanten Einkommens eines freiberuflichen Arztes (inklusive der abzusetzenden Positionen) vgl Karlsruhe FamRZ 1990, 1234, eines selbständigen Unternehmers, der Alleingesellschafter und Geschäftsführer einer GmbH sowie Inhaber einer damit eng verknüpften OHG ist (Celle FuR 2002, 509); zur Einkommensermittlung und Unterhaltsberechnung bei einem freiberuflich tätigen Zahnarzt vgl Frankfurt FamRZ 1989, 1300 und Koblenz FamRZ 2000, 605.

Zu den Einkünften rechnen auch Vermögenserträgnisse aus der Anlage des Kapitals einer kapitalisierten Schmerzensgeldrente (Karlsruhe FamRZ 2002, 750). Nicht zweckbestimmte oder mit Rückforderungsvorbehalt versehene Schenkungen der Eltern an ihr verheiratetes Kind (Ehefrau) sind für den Substanzertrag bei der Bedürftigkeit der Ehefrau zu berücksichtigen, Köln NJW 2003, 438.

15   Zum Einkommen zählen auch **Nutzungsvorteile**, die daraus entstehen, daß ein Ehegatte die im Miteigentum stehende Ehewohnung nunmehr allein bewohnt; dieser kann den anderen ua auf die Einforderung eines Nutzungsentgelts nach § 745 II verweisen, BGH FamRZ 1986, 434; vgl auch BGH FamRZ 1986, 436; Koblenz NJW 2003, 1816; Bamberg FamRZ 1992, 560. Zur Berücksichtigung des Wohnvorteils, wenn der Berechtigte nach Auszug des Verpflichteten in dem im Miteigentum stehenden Familienheim verblieben ist und dieses als Wohnung für ihn zu groß ist, vgl BGH FamRZ 1989, 1160; FamRZ 1998, 899; vgl auch Zweibrücken FamRZ 1989, 390; Schleswig FamRZ 1994, 1031; Frankfurt FamRZ 1994, 1031; Karlsruhe FamRZ 1995, 1578; Düsseldorf NJW-RR 1997, 385; Köln NJW-RR 1998, 1300; Köln NJW-FER 1999, 171; Hamm FamRZ 2000, 957; AG Besigheim FamRZ 2002, 885; vgl Runge, Vereinfachte Bewertung des Wohnvorteils beim Ehegattenunterhalt, FamRZ 1997, 267. Ggf bleibt der Wohnwertvorteil unberücksichtigt, Braunschweig FamRZ 1995, 875. Bei der Bemessung des Wohnvorteils sind nach st Rspr (vgl BGH FamRZ 1995, 860) die verbrauchsunabhängigen Nebenkosten in Abzug zu bringen. Anders hingegen Braunschweig FamRZ 1996, 1216, das den Wohnvorteil nur um solche Kosten mindern will, die aus Rechtsgründen nicht auf einen Mieter umgelegt werden können oder in der Mietpraxis üblicherweise nicht umgelegt werden (zustimmend Quack FamRZ 2000, 665). Ebenso in Abzug zu bringen ist unter bestimmten Umständen eine **Instandhaltungsrücklage** (BGH FamRZ 2000, 351). Die **Privatnutzung eines Firmenfahrzeugs** ist als vermögenswerter Vorteil ebenfalls unterhaltsrechtliches Einkommen. Dieser Vorteil ist jedoch nicht mit dem Gehaltsbestandteil der Pkw-Nutzung identisch, sondern in jedem Einzelfall nach § 287 ZPO zu schätzen, wobei die steuerliche Mehrbelastung zu beachten ist, München FuR 1999, 433.

16   **Abzusetzen** sind naturgemäß **Steuern**. Steuerlich wirksame Abschreibungen sind unterhaltsrechtlich anzuerkennen, soweit sie sich mit einer tatsächlichen Verringerung der für den Lebensbedarf verfügbaren Mittel decken, Koblenz FamRZ 2002, 887; Hamm FamRZ 2002, 885; Köln FamRZ 2002, 819 (auch zur Darlegungslast); zur Berücksichtigung steuerlich anerkannter Verluste aus Vermietung und Verpachtung vgl Koblenz FamRZ 2002,

887; zur Steuerrückerstattung beim Einkommen des Unterhaltspflichtigen vgl Stuttgart FamRZ 2002, 820. Ansparabschreibungen nach § 7g EStG sind nicht anzuerkennen, da ihnen kein Wertverzehr zugrunde liegt, Hamm FamRZ 2002, 885. Nach Stuttgart FamRZ 2002, 820 sind steuerfreie Auslandszuschläge eheprägend und wie bei Spesen und Auslösungen zu ⅓ – auf 5 Jahre verteilt – abzusetzen.

Abzusetzen sind auch **Versorgungsaufwendungen** für die notwendige Kranken-, Renten-, Arbeitslosen-, Lebens- (Hamm FamRZ 2002, 885) und Berufsunfähigkeitsversicherung (auch bei abhängig Beschäftigten [hierzu Hamm FamRZ 2001, 625]) sowie berufsbedingte Aufwendungen, Braunschweig FamRZ 1997, 358; Hamm FamRZ 1997, 356 (Fahrtkosten); Naumburg FamRZ 1998, 558 (Kosten für Pkw bei Polizisten). Die infolge einer vom Schuldner ungünstig ausgewählten Steuerklasse entstehende tatsächliche Steuerlast ist nicht zu berücksichtigen, vgl Zweibrücken FamRZ 1989, 529 mwN; AG Groß-Gerau FamRZ 1997, 1074. Ebenso abzugsfähig sind die **gemeinsamen Familienlasten** für Schulden, BGH FamRZ 1984, 657; 1982, 23 und 678; zum einverständig aufgenommenen Darlehen vgl KG FamRZ 1991, 808: der unterhaltsberechtigte Ehegatte muß sich Tilgungsleistungen entgegenhalten lassen; Brandenburg FamRZ 2003, 1926; Hamm FamRZ 1999, 851; Frankfurt FamRZ 1981, 955 (zur Abzugsberechtigung des Unterhaltsgläubigers), uU selbst dann, wenn das Einkommen des Verpflichteten lediglich zur Deckung des notwendigen Lebensbedarfs der Berechtigten ausreicht. Zur Frage, unter welchen Voraussetzungen bei der Bemessung des Trennungsunterhalts Vermögenserträge des Unterhaltsberechtigten um Tilgungsleistungen auf Kredite zu kürzen sind, mit denen die Einkommensquelle schon während des Zusammenlebens der Ehegatten finanziert worden ist, vgl BGH FamRZ 1991, 1163; Düsseldorf NJW-RR 1997, 385; München FamRZ 1995, 233. Nach der Trennung aufgenommene Schulden sind keinesfalls zu berücksichtigen, München FuR 1999, 433; Gerhardt FamRZ 2003, 275. Nicht vorab abzugsfähig sind Prozeßkostenhilferaten des Unterhaltsschuldners für den laufenden Unterhaltsprozeß und weitere familienrechtliche Auseinandersetzungen mit dem Unterhaltsgläubiger, vgl Koblenz FamRZ 1991, 438. Sind die Ehegatten bei der Trennung bereits über das Scheitern ihrer Ehe einig, so mindern Ausgleichszahlungen für die Übertragung des Miteigentumsanteils an dem bisher den Ehegatten gemeinsam gehörenden Hausgrundstück sowie die weiteren Grundstücksbelastungen nicht die Leistungsfähigkeit des Unterhaltsverpflichteten, vgl Hamm FamRZ 1989, 619. Grundsätzlich trägt der Unterhaltsschuldner, der sich auf die unterhaltsrechtliche Erheblichkeit der von ihm eingegangenen Verbindlichkeiten beruft, hierfür die **Darlegungs- und Beweislast**, vgl BGH FamRZ 1990, 283. Den Ansprüchen der Unterhaltsempfänger kommt gegenüber den übrigen Verbindlichkeiten des Unterhaltsschuldners ein absoluter Vorrang nicht zu, auch wenn im allgemeinen die Interessen der Drittgläubiger nicht über das in den Pfändungsvorschriften vorgesehene Maß zu berücksichtigen sind. Darüber hinaus sind die widerstreitenden Interessen jedoch so auszugleichen, daß es dem Unterhaltsschuldner ermöglicht wird, wenigstens ein weiteres Anwachsen der Schuldenlast zu verhindern, BGH FamRZ 1984, 657 (658); Hamm FamRZ 1997, 1073; aA AG Kleve FamRZ 1984, 1093. **Absetzbar** sind außerdem die Aufwendungen für die **Miete** (auch wenn die Wohnung zu teuer ist, Zweibrücken FamRZ 1982, 269; vgl auch Düsseldorf FamRZ 1989, 278, welches lediglich einen Teil der Miete [der rund 25 % des Nettoeinkommens überstieg] als besondere Belastung absetzte, sowie Koblenz FamRZ 1991, 1187 zum Abzug der den Wohnanteil im notwendigen Selbstbehalt übersteigenden, den ehelichen Lebensverhältnissen entsprechenden Mietkosten, solange die Aufgabe der Wohnung nicht verlangt werden kann), sowie die Mietkosten des anderen Ehegatten, der nach der Trennung ohne nachhaltige Bemühungen für eine kleinere Wohnung in dem Bewußtsein der Inanspruchnahme des Ehegatten in einer zu teuren Wohnung verbleibt, Köln FamRZ 2002, 98 (vgl auch Riegner, „Angemessener" Wohnwert und Leistungsfähigkeit des unterhaltspflichtigen Ehegatten, FamRZ 2000, 265) und **Versicherungen**, vgl KG NJW 1978, 274; Frankfurt FamRZ 1980, 141 u 144; 1978, 433, 435; Schleswig SchlHA 1978, 98; Düsseldorf FamRZ 1974, 90, ggf auch **Geldbußen**, Düsseldorf MDR 1987, 1024. Hierzu rechnen auch die **Zins- und Tilgungslasten** für ein gemeinsam erworbenes Hausgrundstück, Frankfurt FamRZ 1986, 358; Köln FamRZ 1981, 1174 (vgl auch Brandenburg FamRZ 2003, 1926; Saarbrücken FamRZ 1982, 919: Berücksichtigung von Verbindlichkeiten mit vermögensbildendem Charakter nur für die bis zur Anpassung an die neue Lebenssituation notwendige Übergangszeit und Karlsruhe FamRZ 1990, 163 zur Bemessung der Übergangszeit, innerhalb der Tilgungsleistungen für ein gemeinsam erworbenes Hausgrundstück dem Berechtigten entgegengehalten werden können, auch wenn dies zur (vorübergehenden) Leistungsunfähigkeit führt, sowie ggf ein Sonderbedarf für die **Kosten einer Krankheit**, vgl Düsseldorf FamRZ 1982, 380; Stuttgart FamRZ 1978, 681, 684. Ebenfalls absetzbar als trennungsbedingter Mehrbedarf sind **Kosten, die zum Besuch des bei dem anderen Partner lebenden Kindes** aufgebracht werden müssen, vgl Frankfurt FamRZ 1991, 78; Stuttgart FamRZ 1997, 358 (Betreuung eines behinderten Kindes am Wochenende). Gemindert wird das Einkommen schließlich auch um die **Unterhaltsbeträge für Kinder**, Stuttgart FamRZ 1978, 681; Hamburg FamRZ 1997, 357, wobei Stuttgart in FamRZ 1979, 625 bei Berufstätigkeit beider Ehegatten für den Anteil der Kinder zur Erhaltung der angemessenen Stellung auf den Anteil des besser verdienenden Ehegatten abhebt und nicht auf einen Mittelwert der Einkünfte. Absetzbar sind ebenso konkrete Betreuungskosten für minderjährige Kinder (Koblenz NJW-RR 2003, 937). Vorab absetzbar vom Einkommen ist des weiteren der Unterhalt, den ein getrennt lebender Ehegatte seinem Kind aus früherer Ehe zahlt, soweit dieser Zahlung eine Verpflichtung zugrunde liegt und er das Kind schon während des Zusammenlebens unterhalten hat, vgl BGH FamRZ 1991, 1163; KG FamRZ 1997, 1012. Vorweg abzugsfähig ist der Unterhalt, den der Verpflichtete einem nach der Trennung geborenen nichtehelichen Kind zu leisten hat, BGH FamRZ 1988, 1031; Hamm FamRZ 1994, 87. Bei ehelichen Kindern ist der Tabellenunterhaltsbetrag abzusetzen, bei nichtehelichen Kindern nur der Zahlbetrag (Nürnberg FamRZ 2001, 626). Nicht nur vorübergehende Kurzarbeit ist bei der Leistungsfähigkeit zu berücksichtigen, wobei nach ca 1 Jahr ein anderer Arbeitsplatz mit Vollbeschäftigung zu suchen ist (Köln FamRZ 2003, 601). Einkommenseinbußen durch vereinbarte Altersteilzeit sind unterhaltsrechtlich nur im Falle einer entsprechenden Gesundheitsbeeinträchtigung relevant.

Nicht unterhaltsrelevant ist ein zur Rente gewährter **Kinderzuschuß** (Frankfurt FamRZ 1986, 270), das **Kindergeld** (BSG FamRZ 1987, 274) und das **Erziehungsgeld** (Hamm FamRZ 1995, 805; Zweibrücken FamRZ

§ 1361 Familienrecht Bürgerliche Ehe

1987, 820; dies gilt gem § 9 S 1 BErzGG auch, wenn der Unterhaltsberechtigte unter Einschluß des Erziehungsgeldes deutlich mehr Mittel zur Lebensführung zur Verfügung hat als dem Verpflichteten nach Abzug der Unterhaltsleistungen verbleiben, vgl Köln FamRZ 1989, 1178 aA Hamm FamRZ 1998, 1430). Des weiteren wird einem Ehegatten, der gegenüber seinem teilzeitbeschäftigten Partner überobligationsmäßig erwerbstätig ist, da er vollzeitbeschäftigt ist und zugleich nach der Trennung das gemeinschaftliche minderjährige Kind betreut, ein angemessener Freibetrag in Höhe von idR 15 % des Nettoeinkommens bei der Einkommensermittlung angerechnet, der ihm verbleibt und auch im Mangelfall nicht als unterhaltsrelevantes Einkommen gegenüber dem Ehegatten gilt, vgl Schleswig FamRZ 1990, 518; KG FamRZ 1998, 1112 („Betreuungsbonus"); Zweibrücken FamRZ 1999, 852. **Prozeßkostenhilferaten** des Pflichtigen sind trennungsbedingter Mehraufwand, der beim Ehegattenunterhalt keinen Einfluß auf den Bedarf nach den ehelichen Lebensverhältnissen hat und damit bei der Bildung des bereinigten Nettoeinkommens zur Unterhaltsberechnung nicht zu berücksichtigen ist, München FamRZ 1994, 898.

18 Der nach **Saldierung dieser Positionen** verbleibende Betrag ist auf die Ehegatten aufzuteilen, wobei im Grundsatz nur die hälftige Partizipation beider Gatten der gesetzgeberischen Intention entspricht. Beide Ehegatten sind gleich zu behandeln unabhängig davon, wer zu welchen Teilen erwerbstätig oder haushaltführend ist, vgl Stuttgart FamRZ 1979, 625; 1978, 681; KG NJW 1978, 274; Gernhuber/Coester-Waltjen, FamR § 21 II 10. Dieser Grundsatz verlangt insoweit eine Korrektur, als der erwerbstätige oder an einer länger andauernden, der Erwerbstätigkeit vergleichbaren Umschulungsmaßnahme der Arbeitsverwaltung teilnehmende Ehegatte (dazu Hamm FamRZ 1984, 727) höhere Aufwendungen als der andere Gatte hat, weil er im Gegensatz zu diesem seinen Haushalt zusätzlich führen muß, was häufig mit höheren Kosten verbunden ist (ua besteht nach der Dienstzeit kaum Zeit für die Suche nach preisgünstigen Einkäufen usw). Stuttgart FamRZ 1978, 681, 683 wählt einen unrichtigen Bezugspunkt, wenn es einen Mehrbetrag für den Erwerbstätigen ablehnt, wenn dieser auch Trennung seinen Haushalt selbst führen muß. Die Haushaltsführung für sich allein rechtfertige naturgemäß keinen Aufschlag. Es ist aber ein kostenmäßiger Niederschlag durch höheren Kostenaufwand zu registrieren, wenn ein Ehegatte erwerbs- und haushaltstätig, der andere aber nur haushaltstätig ist. Gerade die Nichtanerkennung der erhöhten Kostenbelastung würde eine Ungleichbehandlung bewirken. Hinzu treten weitere wirtschaftliche Nachteile des Erwerbstätigen, die speziell aus der Erwerbstätigkeit folgen und den allein haushaltführenden Gatten nicht treffen und deshalb ebenfalls auszugleichen sind. Ob diese Positionen, wie zB Gewerkschaftsbeiträge, Fahrtkosten zur Arbeitsstätte (Hamm FamRZ 1997, 356), Fachliteratur usw als konkret ermittelte Beträge noch vom zu halbierenden Einkommen vorweg abgezogen (so Frankfurt FamRZ 1978, 433; 77, 799) oder als Pauschalbetrag abgesetzt werden, sei es mit 10–15 % des Nettoeinkommens nach Stuttgart FamRZ 1978, 681, 684, oder mit der $^4/_7$-zu-$^3/_7$-Relation nach der Düsseldorfer Tabelle (FamRZ 2001, 810) kommt cum grano salis auf dasselbe praktische Ergebnis heraus. Bei beiderseitiger Berufstätigkeit der Ehegatten partizipiert der weniger Verdienende dementsprechend mit $^3/_7$ des Differenzbetrages der anrechnungsfähigen Nettoeinkommen; krit dazu AG Berlin-Charlottenburg FamRZ 1981, 1182. Koblenz FamRZ 1985, 479 berechnet bei sehr hohem Nettoeinkommen der Ehegatten den Unterhaltsbedarf konkret. Zur Berücksichtigung eines Erwerbstätigenbonus und des trennungsbedingten Mehrbedarfs (erörtert zu nachehelichem Unterhalt) vgl auch BGH FamRZ 1991, 670; Düsseldorf FamRZ 1999, 1349. Zu anschaulichen Berechnungsbeispielen vgl Frankfurt FamRZ 1986, 1103; Stuttgart FamRZ 1979, 625; 1978, 681; zur Anwendung der **Differenzmethode**, wenn der Unterhaltsberechtigte (fiktive) Einkünfte aus Kapitalvermögen und us Erwerbstätigkeit, der Unterhaltsverpflichtete aus Erwerbstätigkeit hat, vgl Koblenz FamRZ 1990, 51; Köln FamRZ 1998, 1170, das dafür plädiert, die Differenzmethode nur bei einfachen und mittleren Einkommen anzuwenden. Hat der Unterhaltspflichtige seine Erwerbstätigkeit beendet und bezieht er lediglich Renteneinkommen, bleibt es grundsätzlich bei der hälftigen Teilhabe der Ehegatten, BGH FamRZ 1982, 894. Der Rente beziehende Unterhaltspflichtige, dessen Rente vom Sozialamt voll zur Deckung der Pflegekosten des Pflichtigen (Heimpflege) in Anspruch genommen wird, ist nicht verpflichtet, gegenüber dem Sozialamt Freibeträge (§ 81 BSHG) geltend zu machen und höhere Sozialhilfe zu verlangen, damit er aus der ihm dann verbleibenden Rente Unterhalt zahlen kann, Düsseldorf FamRZ 1989, 1302. Zur möglichen Berechnung des Aufstockungsunterhalts eines Ehegatten, wenn beide Ehegatten für gemeinschaftliche Kinder Unterhalt zahlen, vgl Hamburg FamRZ 1989, 394.

Abweichend von der zuvor skizzierten **Differenzmethode** hat die Rspr des BGH dem während des Zusammenlebens haushaltsführenden Ehegatten Unterhalt nur nach der **Anrechnungsmethode** gewährt, wenn er erst nach Trennung erwerbstätig wurde (zB BGH FamRZ 1988, 265 und FamRZ 1981, 539). Dadurch wurde ein grundsätzlicher Anspruch auf $^3/_7$ des Einkommens des Alleinverdieners um den eigenen Zuverdienst voll geschmälert. Dies folgte aus der Grundsatzüberlegung, daß nach Trennung der Ehegatte für seinen Unterhalt als eigenverantwortlich angesehen und das Einkommen nach Trennung als nicht eheprägend angesehen wurde. Mit seiner Grundsatzentscheidung vom 13. 6. 2001, die vom BVerfG mit Rücksicht auf Art 3 II und 6 I GG bekräftigt wurde (FamRZ 2002, 527), hat der BGH i Erg mit Recht diese Rspr nach massiver Kritik (ua Büttner FamRZ 1999, 863; Graba FamRZ 1999, 1115; Gerhardt FamRZ 2000, 134) wegen krasser Benachteiligung der haushaltführenden Ehegatten aufgegeben (FamRZ 2001, 986). Indem der BGH zutreffend die Haushaltsführung während des Zusammenlebens als eheprägendes und dem Alleinverdiener äquivalentes „Surrogat" betrachtet, wird nunmehr auch hier die Differenzmethode als ausschlaggebend bewertet. Damit partizipiert der früher Haushaltführende grundsätzlich mit $^3/_7$ an der Differenz der beiden Einkommen nach Trennung. Dieser Auffassungswechsel wurde überwiegend im Schrifttum begrüßt (Borth FamRZ 2001, 1653; Büttner NJW 2001, 3244; ders FamRZ 2003, 641; Luthin FamRZ 2001, 1065; Scholz FamRZ 2001, 1061; aA Rauscher FuR 2001, 385 und 2002, 337), vom BGH in weiteren Entscheidungen vertieft (ua BGH FamRZ 2001, 1687 und 1693; 2002, 88) und auch von den Instanzgerichten im Grundsatz angenommen (ua Karlsruhe FamRZ 2002, 820 und 1190; Frankfurt FamRZ 2002, 885; Düsseldorf FamRZ 2002, 1628). Gleichwohl wirft diese grundsätzliche Neuorientierung zahlreiche relevante Folgeprobleme auf, die derzeit noch nicht als abschließend gelöst betrachtet werden können und Rspr wie Schrifttum in den nächsten Jahren nachhaltig mit der Frage beschäftigen werden, wann die grundsätzliche Anwendung der Differenzmethode greift oder aber bei nicht eheprägenden Merkmalen es bei der Anrechnungsmethode verbleibt. Hierzu ist mit einer weit ausdifferenzierenden Kasuistik zu rechnen (vgl nur die Problemaufzählungen bei Büttner FamRZ 2003, 641; Scholz FamRZ 2003, 265; Gerhardt FamRZ 2003, 272 für folgende Konstellationen: Zurechnung fiktiven Einkommens und Ausweitung von Teilzeit des Bedürftigen [BGH FamRZ 2001, 986; Düsseldorf FamRZ 2002, 1628]; bei fehlender Haushaltstätigkeit des Berechtigten [Scholz FamRZ 2002, 265, 269]; bei Einkünften aus überobligatorischer Arbeit [BGH FamRZ 2001, 1687; Hamburg FamRZ 2003, 235; Karlsruhe FamRZ 2002, 820]; bei Renten [BGH FamRZ 2002, 88; KG FamRZ 2002, 260]; bei hohen Einkommen [BGH FamRZ 1984, 358; Frankfurt FamRZ 2001, 1205]; bei Haushaltsführung oder Unterhalt für neuen Lebenspartner [BGH FamRZ 2001, 1693; Hamm FamRZ 2002, 287; AG Neuwied FamRZ 2002, 1628; Oldenburg FamRZ 2002, 1488]; bei Zinseinnahmen [Scholz FamRZ 2003, 265, 268; Born FamRZ 2002, 1603, 1609]; bei Einkünften aus Erbschaft oder Lotto nach Scheidung [Scholz FamRZ 2002, 265, 269]). Mit der skizzierten Änderung der Rspr des BGH v 13. 6. 2001 läßt Koblenz NJW 2003, 1877 ab Juli 2001 auch den Wechsel von der Anrechnungs- zur Differenzmethode zu.

cc) Mangelfälle – Selbstbehalt. Das nach Abzug aller Lasten unter den Ehegatten zu verteilende Nettoeinkommen kann so gering werden, daß jeder Anteil die Sozialhilferichtsätze unterschreitet (sog **Mangelfälle**), BGH FamRZ 1992, 541; Karlsruhe FamRZ 1993, 708. Für diesen Fall ist dem erwerbstätigen Unterhaltspflichtigen ein **Mindestbehalt** zu belassen, der die Motivation zur Beibehaltung der Erwerbstätigkeit überhaupt erhält und den **notwendigen Eigenbedarf** absichert, vgl BVerfG NJW 2002, 2701; Schleswig FamRZ 2002, 1190; Hamm FamRZ 1998, 1428; Bamberg FamRZ 1979, 914; Saarbrücken FamRZ 1978, 501; Frankfurt FamRZ 1978, 433; Düsseldorf FamRZ 1977, 203. Ist der Pflichtige in seinem eigenen angemessenen Unterhalt gefährdet, ist die Dispositionsfreiheit im finanziellen Bereich als Folge der Unterhaltsansprüche des Bedürftigen nicht mehr Bestandteil der verfassungsmäßigen Ordnung und kann vor Art 2 I GG nicht bestehen, vgl BVerfG aaO. Der andere Ehegatte wird über den verbleibenden Restbetrag hinaus auf die Sozialhilfe verwiesen. Sind weitere Unterhaltsberechtigte (zB Kinder) vorhanden, ist die nach Abzug des notwendigen Eigenbedarfs des Unterhaltsschuldners verbleibende Restsumme im Verhältnis ihrer Mindestbedarfssätze gleichmäßig aufzuteilen. S a Hamm FamRZ 1999, 853. Mit der Entscheidung des BGH v 29. 1. 2003 in FamRZ 2003, 363 (zust Anm Scholz aaO 514 und Schürmann aaO 489) ist im absoluten Mangelfall für den unterhaltsberechtigten Ehegatten der seiner jeweiligen Lebenssituation entsprechende notwendige Eigenbedarf als Einsatzbetrag in die Mangelverteilung einzustellen und für Kinder insoweit ein Betrag iHv 135 % des Regelbetrags nach der Regelbetragverordnung zugrunde zu legen. Zur Berechnung des Ehegattenunterhalts im Mangelfall bei verschieden hohen Selbstbehalten des (geschiedenen) Ehemannes und Vaters gegenüber der ersten Frau und dem zweitehelichen Kind, vgl Hamm FamRZ 1991, 78; Düsseldorf FamRZ 1996, 167. Bei der Ermittlung des Selbstbehalts sind auch eigene sonstige Verbindlichkeiten des Unterhaltspflichtigen zu berücksichtigen, vgl Stuttgart FamRZ 1978, 681, 683, nicht aber zB Kredit- und Tilgungskosten für einen nicht unbedingt benötigten Pkw, zutr Frankfurt FamRZ 1977, 799. Frankfurt FamRZ 1985, 704 billigt dem Unterhaltspflichtigen den angemessenen und nicht nur den notwendigen Selbstbehalt zu, wenn leistungsfähige andere, nach § 1608 S 2 haftende Verwandte vorhanden sind.

Die **Höhe des Selbstbehalts** ist zunächst an den einschlägigen Sozialhilfesätzen zu orientieren, vgl Saarbrücken FamRZ 1978, 501; AG Neuss NJW 1978, 644; Düsseldorf FamRZ 1977, 203 mit insoweit zust Anm Morawietz FamRZ 1977, 547. Nicht wesentlich anders hebt das Frankfurt FamRZ 1978, 433 unter Hinweis auf eine besser ausreichende Lebensbasis auf die BAföG-Sätze ab, während KG NJW 1978, 274 einen „keinesfalls kärglich bemessenen Regelunterhalt" zugrunde legt, vgl auch KG FamRZ 1985, 597. Im Bereich dieser Werte, die einmütig die Pfändungsfreigrenzen der ZPO als zu niedrig ansehen, liegen auch die für die Praxis bestimmenden Richtsätze, darunter vor allem die der Düsseldorfer Tabelle (FamRZ 2001, VII). Umstritten ist, ob dem Erwerbstätigen durch einen Aufschlag auf den so ermittelten Selbstbehalt ein gewisser **Vorrang in der Alimentation** eingeräumt wird, um dessen Arbeitskraft und **Arbeitsfreude** zu erhalten, so Frankfurt FamRZ 1978, 433; Düsseldorf FamRZ 1977, 203. Dieser Auffassung kann nicht gefolgt werden, zutr KG NJW 1977, 1689; Gernhuber/Coester-Waltjen, FamR § 21 II 10; Anm zu Düsseldorf aaO Mutschler FamRZ 1977, 397 und Morawietz FamRZ 1977, 546. Ein erhöhter Selbstbehalt des Erwerbstätigen kürzt naturgemäß den Anteil des anderen Ehegatten und erhöht damit zwangsläufig die Belastung durch die Sozialhilfe, deren Funktion zweifelsfrei nicht – auch nicht mittelbar – die Stärkung von Arbeitsfreude ist. Vor allem würde eine solche Interpretation vom gesetzgeberischen Konzept abweichen, die Beiträge der Ehegatten – sei es durch Erwerbstätigkeit oder Haushaltsführung und unabhängig von den jeweiligen Anteilen daran – auch bei Trennung als gleichwertig zu betrachten. Eine andere Frage ist natürlich, ob der mit seiner Haushaltsführung zusätzlich belastete Erwerbstätige wegen der damit verbundenen höheren Unkosten einen Aufschlag erhalten muß, um die Gleichwertigkeit erst herzustellen. Diese Frage ist ebenso positiv zu beantworten wie oben zum Problem der Aufteilung eines Nettoeinkommens, das nicht die Sozialhilfesätze unterschreitet. Daher ist ein Aufschlag auf den Selbstbehalt gerechtfertigt, zutr Saarbrücken FamRZ 1978, 501. Die Praxis in den Tabellen der verschiedenen OLG-Bezirke richtet sich auch danach. Bei besonders beengten wirtschaftlichen Verhältnissen kann uU für den Erwerbstätigenbonus kein Raum sein, Koblenz FamRZ 1995, 169.

dd) Freiwillige Erwerbstätigkeit des Unterhaltsberechtigten. Umstritten ist, ob der unterhaltsberechtigte Ehegatte, soweit er einer Erwerbstätigkeit nachgeht, zu der er nach § 1361 II nicht verpflichtet ist, sich dieses erworbene Einkommen auf den Unterhaltsanspruch anrechnen lassen muß; **keine Anrechnung**, BGH FamRZ 1998, 1501; Köln FamRZ 1994, 897 sowie München FuR 1999, 433. Einmütig wird dabei der Sonderfall beurteilt, in dem der unterhaltspflichtige Ehegatte den Unterhalt nicht leistet und der Berechtigte deshalb zur Arbeitsaufnahme gezwungen ist. Hier scheidet eine Anrechnung schon im Hinblick auf § 1577 II S 1 aus, da die durch eine Pflichtverletzung veranlaßte Erwerbstätigkeit des Berechtigten nicht zur Minderung des Unterhaltsbetrages führen kann, vgl Köln NJW-RR 1998, 1300; Nürnberg MDR 1980, 401; MüKo/Wacke Rz 15. Soweit im Regelfall der Pflichtige den Unterhalt aber zahlt, wird zT für eine volle Anrechnung plädiert, vgl Stuttgart FamRZ 1978, 681,

§ 1361 Familienrecht Bürgerliche Ehe

683; Bamberg FamRZ 1996, 1076; MüKo/Wacke Rz 17. Für eine Anrechnung bei Ausübung der Erwerbstätigkeit bereits über einen längeren Zeitraum vor der Trennung Karlsruhe NJW 2002, 900. Das Ergebnis ist unbefriedigend, weil der unterhaltsberechtigte Getrenntlebende damit schlechter gestellt wird als der Geschiedene nach § 1577 II S 2, für den das Gesetz eine Anrechnung nur vorsieht, wenn dies unter Berücksichtigung der beiderseitigen wirtschaftlichen Verhältnisse der Billigkeit entspricht. Der Getrenntlebende wird damit auf wirtschaftlichem Feld zum endgültigen Vollzug der Trennung durch Scheidung gedrängt, zutr Gernhuber/Coester-Waltjen, FamR § 21 II 6. Um diesen unerwünschten Effekt zu vermeiden, ist daher eine **Anrechnung nur entsprechend dem Billigkeitsmaßstab** des § 1577 II S 2 in Erwägung zu ziehen, so auch die Düsseldorfer Tabelle, § 1610 Rz 67; BGH FamRZ 1983, 146; vgl auch BGH FamRZ 1984, 149; Düsseldorf FamRZ 1985, 1039. Im Einzelfall kommt für eine Ehefrau, die wegen der Erziehung zweier Kinder nicht erwerbspflichtig ist, eine Anrechnung für dennoch geleistete Erwerbstätigkeit zu 50 % in Betracht, um die Mehrbelastung neben dem Beruf in Haushalt und Erziehung und deren Verlagerung auf die Abend auszugleichen, vgl Frankfurt FamRZ 1980, 144; Bamberg FamRZ 1979, 505. Es bedarf aber in allen diesen Fällen sorgfältiger Prüfung, ob wirklich die Voraussetzung gegeben ist, daß die tatsächlich ausgeübte Erwerbstätigkeit dem Unterhaltsberechtigten überhaupt unzumutbar war iSd § 1361 II. So ist bei schwerer Krebserkrankung und damit an sich unzumutbarer Erwerbstätigkeit des Unterhaltsschuldners das Jahreseinkommen als Berechnungsgrundlage um ein Drittel zu reduzieren (Schleswig FamRZ 2003, 603). Die Ausübung einer Berufstätigkeit gibt andererseits ein **nachhaltiges Indiz** für die vorhandene tatsächliche Arbeitsfähigkeit, vgl Frankfurt FamRZ 1980, 144.

Arbeitslosengeld, das an die Stelle von Einkommen aus unzumutbarer Erwerbstätigkeit tritt, ist wie dieses nur zur Hälfte auf den Anspruch auf Trennungsunterhalt anzurechnen, Köln FamRZ 2001, 625; für eine vollumfängliche Anrechnung hingegen Düsseldorf FamRZ 2002, 99.

21 Hat der getrennt lebende Ehegatte den Unterhalt des anderen Gatten sichergestellt, dann kann er aus seinem verbleibenden Einkommen **Rücklagen** für die Altersversorgung und für freie Vermögensbildung schaffen, ohne daß der andere mit dem Hinweis darauf, daß er sein ganzes Vermögen nicht verbrauchst, einen höheren Unterhalt verlangen kann, Köln FamRZ 1960, 199. Die Obergrenze der Unterhaltspflicht bildet die Bedürftigkeit des Berechtigten zur Wahrung des angemessenen Lebensstandards wie vor der Trennung, während die Untergrenze durch die Leistungsfähigkeit des Unterhaltspflichtigen nach dem Maßstab des Selbstbehalts bestimmt wird.

22 **ee) Vorsorgeunterhalt.** Auf Vorschlag des Rechtsausschusses wurde der Umfang des Unterhalts in Abs I S 2 konkretisiert. Es gehören danach zum Unterhalt vom Zeitpunkt der Rechtshängigkeit eines Scheidungsverfahrens zwischen den getrennt lebenden Ehegatten an auch die Kosten einer angemessenen Alters- sowie verminderter Erwerbsfähigkeitsrente, Problemerörterung bei Hampel FamRZ 1979, 249; Krenzler FamRZ 1979, 877; Kuch AnwBl 1980, 90; Gröning FamRZ 1983, 331; 1984, 736; Bremen FamRZ 1979, 121; zum Verhältnis von Elementar- und Vorsorgeunterhalt vgl BGH FamRZ 1982, 890. Mit dieser Regelung sollte die Lücke geschlossen werden zwischen dem Versorgungsausgleich, der die Zeit bis zur Rechtshängigkeit des Scheidungsantrags umfaßt (§ 1587 I u II), und der nachehelichen Unterhaltspflicht aus § 1587 III, die die genannten Kosten in der Sache zwar einschließt, zeitlich aber erst ab Rechtskraft des Scheidungsurteils gilt (BT-Drucks 7/4361, 27). Der Unterhalt erhöht sich hierum um den erforderlichen Vorsorgebetrag, wird aber durch die Hälfte des Nettoeinkommens des Pflichtigen begrenzt, um diesen nicht einseitig zu benachteiligen, zutr Bremen FamRZ 1979, 121. Im übrigen hat der Gesetzgeber die Voraussetzungen, die Höhe und Berechnung des Anspruchs offengelassen; dazu BGH FamRZ 1982, 781. In jedem Fall ist eine Bedürftigkeit insoweit abzulehnen, als bereits eigene **Anwartschaften auf eine Altersrente** gegeben und damit auf den Vorsorgebeitrag anzurechnen sind, Nürnberg FamRZ 1980, 158. Altersvorsorgeunterhalt soll längstens bis zur Vollendung des 65. Lebensjahres verlangt werden können, vgl Frankfurt FamRZ 1990, 1363. Für die Bemessung des Vorsorgeunterhalts ist zunächst aus dem anrechenbaren Einkommen des Unterhaltspflichtigen der Betrag zu ermitteln, der – ohne Vorsorgeunterhalt – als Elementarunterhalt zu entrichten wäre. Dieser Betrag wird entsprechend § 14 SGB IV durch einen fiktiven Zuschlag der Lohnsteuer und des Arbeitnehmerbeitrags zur gesetzlichen Renten- und Arbeitslosenversicherung in ein Quasi-Bruttoeinkommen hochgerechnet und aus diesem sodann in Höhe der jeweiligen Arbeitnehmer- und Arbeitgeberbeiträge zur gesetzlichen Rentenversicherung der Vorsorgeunterhalt entnommen. Dieser wird sodann vom anrechenbaren Einkommen des Unterhaltspflichtigen abgezogen. Aus der Quotierung des Restes ergibt sich schließlich der **endgültige Elementarunterhalt**; vgl BGH FamRZ 1981, 442; Bremen FamRZ 1979, 121; Gröning FamRZ 1983, 331. Zur Bemessung des Vorsorgeunterhalts von Berechtigten, deren Elementarunterhalt durch den Partner einer eheähnlichen Gemeinschaft gedeckt ist, vgl BGH FamRZ 1982, 679. Zu Einzelheiten vgl weiter Erl zu § 1578 III.

Der Anspruch auf **Altersvorsorge** ist **unselbständiger Teil** des einheitlichen Unterhaltsanspruchs, vgl BGH FamRZ 1982, 255; Gernhuber/Coester-Waltjen, FamR § 21 II 9; Hampel FamRZ 1979, 249, 258; aA Karlsruhe FamRZ 1978, 501; Krenzler FamRZ 1979, 877f. Die Leistungsfähigkeit des Unterhaltsverpflichteten ist daher für Elementar- und Vorsorgeunterhalt einheitlich zu beurteilen, BGH MDR 1983, 38. Als Anspruchsbestandteil entsteht er mit Rechtshängigkeit des Scheidungsverfahrens nach Trennung der Ehegatten, braucht deshalb aber nicht gesondert nach bereits vorliegendem Unterhaltstitel nach Abs I S 1 eingeklagt zu werden (nach BGH FamRZ 1982, 1187 sollen Teilklagen aber möglich sein; dazu Gröning FamRZ 1984, 736), sondern wird nach § 323 ZPO nach Änderungsklage vollstreckbar, wobei die Änderung der Verhältnisse auf der gegenüber dem laufenden Unterhalt jetzt erweiterten Unterhaltsbedürftigkeit nach Rechtshängigkeit des Scheidungsantrags beruht. In Mangelfällen hat der Anspruch auf laufenden Unterhalt nach S 1 wegen der dringenderen Bedürfnislage Vorrang vor dem Anspruchsbestandteil auf Altersvorsorge, zutr Hampel FamRZ 1979, 249, 253. Eine anteilige Kürzung der Anspruchsteile findet nicht statt. Der Anspruch richtet sich auf Zahlung des errechneten Betrages. Der Berechtigte hat ggf auf Verlangen einen Verwendungsnachweis zu erbringen; er kann den Gesamtunterhalt nicht nach Belieben auf Elementar- und Vorsorgeunterhalt aufteilen, BGH FamRZ 1982, 887, braucht bei der Geltendmachung allerdings keine bestimmte Form der Vorsorgeversicherung anzugeben, BGH FamRZ 1983, 152. Gegen den Willen der Berechtigten kann der Unterhaltsschuldner daher den Vorsorgeunterhalt nicht direkt auf ein Versicherungskonto einzahlen, BGH NJW 1983, 1547. Erst bei berechtigter Annahme der zweckwidrigen Verwendung soll der Unterhaltsschuldner laut Hamm FamRZ 1991, 1056 berechtigt sein, unmittelbar an den Versicherungsträger zu zahlen und dieses im Wege der Abänderungsklage geltend zu machen; ein Rückforderungsanspruch nach § 812 oder ein Wegfall des Anspruchs soll aus der zweckwidrigen Verwendung aber nicht folgen. Der Altersvorsorgeunterhalt kann nicht durch einstweilige Verfügung verfolgt werden, da es an einem Verfügungsgrund fehlt, allg M, vgl Hampel FamRZ 1979, 249, 258. Gegen eine einstweilige Anordnung nach § 620 ZPO spricht die – wenn auch beschränkte – Möglichkeit der Nachentrichtung von Beiträgen, so daß keine akuten Nachteile zu befürchten sind, zutr Saarbrücken FamRZ 1979, 501; aA Karlsruhe FamRZ 1978, 501; Hampel FamRZ 1979, 249, 258. Der Berechtigte ist insoweit auf die Leistungsklage oder § 323 ZPO (so) verwiesen.

III. Pflicht zum Selbstunterhalt durch Erwerbstätigkeit – Abs II

Abs II enthält eine Schutzvorschrift für den bisher nicht erwerbstätigen Ehegatten, der bei Getrenntleben zwar im Prinzip, aber nicht uneingeschränkt darauf verwiesen werden soll, seinen Unterhalt durch Erwerbstätigkeit selbst zu erzielen. Der bisher aufgrund der Funktionsteilung nicht erwerbstätige Ehegatte soll diesen Status durch die Aufhebung der ehelichen Lebensgemeinschaft grundsätzlich nicht verlieren. Eine solche Änderung würde das Scheitern der Ehe fördern (BT-Drucks 7/650, 101; vgl auch Lantzke NJW 1979, 1483, 1485). Außerdem geht der Gesetzgeber davon aus, daß der betreffende Ehegatte aufgrund seiner bisherigen Stellung wirtschaftlich stärker gefährdet und auch sozial schwächer ist und damit des besonderen Schutzes bedarf (BT-Drucks 7/650, 101). Es kann auch ein Vertrauenstatbestand geschaffen sein, wenn der Unterhaltsverpflichtete jahrelang freiwillige Leistungen erbracht hat, ohne den anderen auf seine Erwerbsobliegenheit zu verweisen, Köln FamRZ 1999, 853 und FuR 1999, 485. Die Erwerbsobliegenheit nach § 1361 II verpflichtet grundsätzlich zur Aufnahme einer Vollerwerbstätigkeit, auch bei bereits vorhandener sicherer Teilzeitbeschäftigungsstelle, vgl Köln FamRZ 2002, 1627; Frankfurt FamRZ 2000, 25. **23**

Der Schutz des Abs II findet dort seine **Grenze**, wo eine Erwerbstätigkeit nach den persönlichen Verhältnissen des Betroffenen und den wirtschaftlichen Verhältnissen beider Ehegatten erwartet werden kann. Eine Pflicht zur Erwerbstätigkeit besteht dann, wenn der Ehegatte auch bei Fortbestand der Ehe gem § 1360 hierzu verpflichtet gewesen wäre, AG Weilburg FamRZ 1998, 1168. Abs II ist als Ausnahmetatbestand eng auszulegen, vgl Düsseldorf FamRZ 1980, 245; Stuttgart FamRZ 1978, 681, 682; Soergel/H. Lange Rz 13; MüKo/Wacke Rz 28. Bei der Abwägung der Gesamtumstände sind, obwohl ein ausdrücklicher Verweis des Gesetzes fehlt, die Grundsätze der §§ 1569ff für die Pflicht zur Erwerbstätigkeit nach Scheidung subsidiär heranzuziehen, da der Status der betreffenden Ehegatten vor Scheidung nicht schlechter als nach Scheidung sein darf; Stuttgart FamRZ 1993, 559. Im Zusammenhang mit den zu berücksichtigenden persönlichen Verhältnissen weist das Gesetz besonders auf die Bedeutung einer früheren Erwerbstätigkeit und die Dauer der Ehe hin. Zwischen beiden besteht ein Konnex, der dazu führt, die Frage, ob wegen einer früheren Erwerbstätigkeit auch nach der Trennung eine solche erwartet werden kann, unter Berücksichtigung der Dauer der Ehe zu beantworten. Erwerbstätigkeit vor der Ehe und kurze Dauer der Ehe und damit die leichtere Möglichkeit der Anknüpfung an die frühere Erwerbstätigkeit lassen grundsätzlich eine Erwerbstätigkeit nach Trennung als gerechtfertigt erscheinen, vgl BGH FamRZ 1979, 569 u 571; Frankfurt FamRZ 1980, 141. Vgl auch Hamburg FamRZ 2002, 753, das den Anspruch auf Trennungsunterhalt einer zum 5. Mal verheirateten Ehefrau entfallen läßt, wenn die Eheleute nur 1½ Monate zusammengelebt haben und 7 Monate seit der Trennung der Eheleute verstrichen sind, da der Lebensstandard der Ehefrau nicht nachhaltig vom Einkommen des Gatten geprägt worden ist, ebenso bei einem Zusammenleben von 14 Tagen AG Essen FamRZ 2000, 23. Auch die Zeitdauer der Trennung gehört zu den „persönlichen Verhältnissen" iSd Abs II. Je länger die Trennung dauert, desto eher ist eine Berufsaufnahme zumutbar, Hamm FamRZ 1996, 1219. Zur Darlegungs- und Beweislast zur Berechnung des fiktiven Einkommens, Naumburg FamRZ 1998, 557. Nach Koblenz NJW 2003, 1816 und Düsseldorf FamRZ 1980, 245 ist zur Verhinderung voreiliger Scheidungen wegen § 1565 II vor Ablauf eines Jahres der Trennung die Arbeitsaufnahme regelmäßig nicht zu verlangen, vgl auch Hamm FamRZ 1986, 1108; anders Bamberg FamRZ 1986, 682 (uU unmittelbar nach der Trennung), kann aber wegen der Zerrüttungsvermutung des § 1566 III spätestens nach drei Jahren erwartet werden. Bei Vorliegen von besonderen Umständen kann bereits eine Erwerbstätigkeit **vor Ablauf des Trennungsjahres** erwartet werden, Koblenz FamRZ 1994, 1253; Köln FamRZ 1996, 1215; Bremen NJW-FER 2000, 76. Unter den persönlichen Verhältnissen sind weiter zu berücksichtigen: **Alter** (zur Erwerbsobliegenheit bei Rentenbezug aufgrund des Erreichens einer flexiblen Altersgrenze von 60 Jahren vgl Koblenz NJW-FER 2000, 108), **Krankheit** des Betroffenen (die ggf nur – bzw immerhin auch – Teilzeitarbeit zumutbar sein läßt, vgl Zweibrücken FamRZ 1980, 246), Vorhandensein, Zahl und Alter von **Kindern**, (dabei auch solche aus anderen Verbindungen (BGH FamRZ 1979, 569 u 571; Frankfurt FamRZ 1979, 290; Düsseldorf FamRZ 1979, 701; Schleswig FamRZ 1996, 489), sowie die Frage, ob aus früherer längerer Erwerbstätigkeit noch **hinreichende Kenntnisse** da sind und ob eine problemlose Wiedereingliederung in den Beruf möglich ist (hierzu Düsseldorf FamRZ 1980, 245). Ggf ist der Unterhaltsberechtigte auch – besonders bei langandauernder Trennung – gehalten, durch Fortbildung seine Berufschancen zu verbessern, Karlsruhe FamRZ 1984, 1018. Vgl auch BGH FamRZ 1985, 782, wonach eine Erwerbstätigkeit unzumutbar sein kann, wenn der Ehegatte bei bevorstehender Scheidung seine Ausbildung möglichst frühzeitig verbessern will, um die Wiedereingliederungschancen zu erhöhen. Eine Pflicht, die Ausbildung zu finanzieren, besteht jedoch nicht, wenn eine Prognoseentscheidung im Rahmen der Prüfung des Trennungsunterhalts ergibt, daß dem Ehepartner ein nachehelicher Ausbildungsunterhalt gem § 1575 nicht zustehen wird, BGH aaO 786. Für eine auch während der Trennungszeit uU bestehende Pflicht zur Zahlung von Ausbildungs- oder Fortbildungsunterhalt in analoger Anwendung des § 1575, vgl BGH FamRZ 2001, 350 und Düsseldorf FamRZ 1991, 77, dort ablehnend zum **24**

§ 1361

Anspruch einer 48jährigen approbierten Ärztin auf Finanzierung der während der Ehe begonnenen psychoanalytischen und -therapeutischen Weiterbildung, deren Abschluß nicht absehbar war. München bejaht einen entsprechenden Anspruch, wenn wegen der Geburt des gemeinsamen Kindes die Ausbildung abgebrochen worden war, FuR 1997, 275; FamRZ 1998, 553; Nürnberg (NJWE-FER 2001, 44) geht davon aus, daß Ausbildungsunterhalt dann zu bejahen ist, wenn die Ehe die Ausbildung eines Ehegatten durch heiratsbedingten Wohnortwechsel unterbrochen hat und die eheliche Lebensgemeinschaft davon geprägt war, daß der Ehegatte einen seiner Ausbildung und seinem Glauben entsprechenden Ausbildungsplatz finden und diese Ausbildung durchführen wollte. Hat ein Ehegatte bereits geraume Zeit vor der Trennung eine den ehelichen Lebensverhältnissen und dem gemeinsamen Lebensplan der Eheleute entsprechende Ausbildung begonnen, kann die Übernahme der für die Weiterführung anfallenden Kosten – unabhängig davon, ob es sich um eine Erst- oder eine Zweitausbildung handelt – von der Unterhaltspflicht des § 1361 umfaßt werden, BGH FamRZ 1981, 439, zumal eine Weiterbildung häufig im Interesse auch des Unterhaltsschuldners liegt. Die Trennungsunterhaltsverpflichtung besteht nur für ein **planvoll betriebenes Studium**, dessen Beendigung absehbar ist. Maßstab hierfür ist die Regelstudiendauer, Hamm FamRZ 1995, 170. Es ist mit dem **allgemeinen Gleichheitssatz unvereinbar**, die Gewährung von Ausbildungsförderung nach § 11 II BAföG bedarfsmindernd zu berücksichtigen, BVerfG NJW 1995, 1341. Zum Gesamtkomplex Paulus, Der Anspruch auf Finanzierung einer Ausbildung im Unterhaltsrecht und Sozialrecht, 224ff.

Ist der Ehegatte noch verhältnismäßig **jung** und ist die Ehe auch **kinderlos** geblieben, so ist auch von einem vor und in der Ehe nicht erwerbstätig gewesenen Ehepartner die Aufnahme einer ihm den Verhältnissen nach zumutbaren Erwerbstätigkeit zu verlangen, LG Frankfurt FamRZ 1976, 342; einschr bei bisher ausgeübter Teilzeitbeschäftigung Stuttgart FamRZ 1978, 681. Zur Erwerbsobliegenheit einer kinderlosen, 30jährigen Ehefrau, die zuvor im Gewerbebetrieb des Ehepartners mitgearbeitet hatte, nach einer kurzen Übergangszeit von etwa vier Monaten nach der Trennung, vgl Hamm FamRZ 1989, 506; s a Hamm FamRZ 1997, 1536. Der vor der Trennung nicht erwerbstätige Ehegatte ist fast zwei Jahre nach der Trennung auf seine eigene volle Erwerbstätigkeit zu verweisen, wenn zwar über einen langen Zeitraum (11½ Jahre) eine sogenannte Hausfrauenehe geführt wurde, aber keine Kinder zu versorgen sind; angemessen ist hierbei jede Tätigkeit, die der beruflichen Vorbildung entspricht, vgl KG FamRZ 1991, 1188. UU ist die Tätigkeit erst nach einer angemessenen Übergangszeit, gegebenenfalls nach Beendigung einer erforderlichen Ausbildung zu verlangen. Der Abbruch einer bereits begonnenen Ausbildung ist dabei regelmäßig unzumutbar, vgl Hamm FamRZ 1980, 247; Frankfurt FamRZ 1995, 877. Nach Hamm FamRZ 1995, 1580 ist trotz 30jähriger Ehe eine 52 Jahre alte, getrennt lebende Ehefrau grundsätzlich verpflichtet nach einer Übergangsfrist, eine Erwerbstätigkeit aufzunehmen. Zuzumuten ist jedenfalls eine Arbeit, die der Ausbildung und **sozialen Stellung angemessen** ist. Zu berücksichtigen sind die Schwierigkeiten für einen bereits im vorgerückten Lebensalter stehenden Ehegatten, der nie oder seit langem nicht berufstätig war, einen für ihn geeigneten Arbeitsplatz zu finden. ZB braucht sich eine Frau auf eine Stelle als Arbeiterin nicht verweisen zu lassen, wenn sie bereits an einem Umschulungslehrgang für Büroangestellte teilnimmt, Celle FamRZ 1962, 25.

25 Hat ein Ehegatte mehrere gemeinsame oder auch nicht gemeinsame **minderjährige Kinder** zu versorgen, so ist er grundsätzlich nicht zur Erwerbstätigkeit verpflichtet, vgl BGH NJW 1995, 2921; BGH FamRZ 1979, 569 u 571; Nürnberg FamRZ 1980, 401; Düsseldorf FamRZ 1980, 245; Bamberg FamRZ 1979, 505 u 914; Düsseldorf FamRZ 1979, 701; 1978, 118; Celle FamRZ 1979, 119. Dies gilt allerdings nicht, wenn dem anderen Ehegatten die elterliche Sorge übertragen wurde, Frankfurt FamRZ 1995, 234. Zur **Erwerbsobliegenheit bei Betreuung** eines 8jährigen und 13jährigen gemeinschaftlichen Kindes vgl BGH FamRZ 1990, 989 mwN; Hamm FamRZ 1997, 1073. In jedem Einzelfall ist zu prüfen, ob die Umstände (**Dauer der Ehe, finanzielle Verhältnisse**, frühere **berufliche Betätigungen** des Unterhaltsberechtigten) die Aufnahme einer (Teilzeit-)Arbeit zumutbar erscheinen lassen, Naumburg FamRZ 1998, 552; Braunschweig FamRZ 2001, 626; Hamm FamRZ 2001, 627. Es ist bezüglich der Erwerbsobliegenheit stets eine umfassende Würdigung aller wesentlichen Umstände vorzunehmen, darunter auch die Frage, ob die angenommene Tätigkeit dem sozialen Status entspricht oder ob eine Fortbildung angebracht ist, vgl BGH FamRZ 1990, 283 mwN; BGH FamRZ 2001, 350. Dabei ist insbesondere die mit dem Älterwerden zunehmende Selbständigkeit und Unabhängigkeit der Kinder zu berücksichtigen. Entfällt bei Kleinkindern jede Arbeitsobliegenheit, kann sich dies ändern, wenn diese in die Schule gehen oder in den Kindergarten kommen, Hamburg FamRZ 1998, 553; dann erscheint eine Teilzeitarbeit bis hin zur Halbtagstätigkeit nicht von vornherein ausgeschlossen, vgl BGH FamRZ 1981, 1159 und 782 (bei gemeinsam aufgenommenem Pflegekind); München FamRZ 1981, 461; Karlsruhe FamRZ 1994, 755; München FamRZ 2000, 24. In der Regel kann dem Unterhaltsberechtigten eine Vollzeitbeschäftigung angesonnen werden, wenn die Kinder das 16. Lebensjahr erreicht haben, BGH FamRZ 1984, 149; das gilt erst recht nach Eintritt der Volljährigkeit, auch wenn das Kind noch zur Schule geht, Zweibrücken FamRZ 1981, 148. Zu den Anforderungen an eine Erwerbsobliegenheit bei der Betreuung eines mehr als zwölfjährigen Kindes, das in die „rechte Szene" abzurutschen droht, s Zweibrücken FamRZ 2000, 1366. Dementsprechend ist die Teilzeittätigkeit vor der Trennung nunmehr die zumutbare Möglichkeit zur Vollzeitarbeit zu prüfen (sehr einschränkend Stuttgart FamRZ 1978, 681; Hamm FamRZ 1994, 1253). Hat ein Ehegatte gem § 1606 III gegenüber den von ihm betreuten Kindern keine Erwerbspflicht, bedeutet dies nicht, daß damit auch seine Obliegenheit aus § 1361 II entfällt, BGH 85, 146. Der Ehegatte ist auf einen höheren Selbstbehalt zu verweisen, wenn der andere zur Zahlung eines zu hohen Kindesunterhalts verurteilt wurde, Hamm FamRZ 1996, 862. Bestand die Ehe erst seit kurzem und hat die Frau lediglich für ein eigenes nichteheliches Kind zu sorgen, kann es der Gesichtspunkt, daß der Ehemann diesem Kind gegenüber nicht unterhaltspflichtig ist, als unangemessen erscheinen lassen, wenn er der Mutter dennoch eine Unterhaltsrente zu zahlen hätte, Hamm FamRZ 1970, 654; aA Düsseldorf FamRZ 1978, 118; Köln JMBl NRW 1970, 247 für den Anspruch auf Prozeßkostenvorschuß nach § 1360a IV. Hat ein Ehegatte aber notgedrungen Arbeit aufgenommen, weil der Partner seine Unterhaltspflicht vernachlässigte, so kann dieser sich regelmäßig darauf jedenfalls für die Zukunft nicht berufen; dem Ehegatten muß in diesem Fall das Recht zugebilligt werden, seine Tätigkeit wieder aufzugeben, sofern nicht sonstige Gründe eine

Erwerbstätigkeit nach Abs II erwarten lassen. Die bloße Möglichkeit, vorgezogene Altersvorsorge in Anspruch zu nehmen, hindert eine unterhaltsrechtliche Arbeitsobliegenheit nicht, KG FamRZ 1981, 1173. Weniger einschränkend Köln FamRZ 1994, 897: Das Einkommen bleibt unterhaltsrechtlich unberücksichtigt, dasselbe gilt für das Arbeitslosengeld.

Bei den **wirtschaftlichen Verhältnissen** beider Ehegatten sind ihre Einkommen und Vermögen, Schulden, anderweitige Unterhaltspflichten und sonstige Bedürfnisse zu berücksichtigen. Um, wie bereits angesprochen, eine Besserstellung gegenüber den Verhältnissen bei bestehender häuslicher Lebensgemeinschaft auszuschließen, wird dann grundsätzlich eine Pflicht zu eigener Erwerbstätigkeit bestehen, wenn sie auch in jenem Fall bestände. Bei **Unterlassung** zumutbarer Erwerbstätigkeit sind dem insoweit pflichtigen Ehegatten die **hypothetischen Einkünfte** als Unterhalt zuzurechnen und mindern entsprechend die Bedürftigkeit, BGH FamRZ 1981, 752 m krit Anm v Hornhardt NJW 1982, 17; Frankfurt FamRZ 1979, 290 und FamRZ 2001, 624. Hat sich der Unterhalt begehrende Ehegatte nicht ausreichend um eine angemessene Beschäftigung bemüht, so obliegt ihm die Darlegungs- und Beweislast dafür, daß er chancenlos gewesen wäre, BGH FamRZ 1987, 912; Braunschweig NJW-RR 1996, 454. 26

Der **selbständig tätige Ehegatte** kann sich nach einer gewissen Zeitspanne nicht mehr darauf berufen, daß sein Geschäft weitere Anlaufphasen benötige, Hamm FamRZ 1995, 1144. Unter Umständen ist er verpflichtet, auf eine abhängige Tätigkeit einzugehen, München MDR 1998, 658.

Eine Zurechnung **fiktiver Einkünfte** – sogar aus einer nicht angemessenen Erwerbstätigkeit – kann auch erfolgen, wenn der Unterhalt begehrende Ehegatte eine ihn während der Trennungszeit treffende Ausbildungsobliegenheit verletzt, vgl Hamburg FamRZ 1991, 1298; zur Darlegungs- und Beweislast bei fiktiver Einkommensberechnung Naumburg FamRZ 1998, 557. Vgl auch BGH FamRZ 1986, 450; 1986, 794 zur Schadensersatzpflicht aus § 826 des vormals nicht erwerbstätigen Ehegatten, der nunmehr einer Beschäftigung nachgeht und dies dem Unterhaltspflichtigen verschweigt. Zu den Auswirkungen einer in der Trennungszeit aufgenommenen Erwerbstätigkeit auf den Nachehelichenunterhalt vgl BGH JZ 1984, 237 m Anm Walter.

IV. Herabsetzung des Unterhaltsanspruchs aus Billigkeitsgründen – Abs III

1. Überblick. Abs III der Vorschrift enthält einen den Umfang der Zahlungspflicht betreffenden Schutz zugunsten dessen, der zur Unterhaltszahlung nach Abs I u II verpflichtet ist. Danach ist die Härteklausel des Unterhaltsrechts nach Scheidung, die zur Begrenzung oder zum Wegfall der Unterhaltspflicht führen kann (§ 1579), auch auf den Unterhalt bei Getrenntlebenden anzuwenden. Da es nach dem 1. EheRG für die Frage der Begründung der Unterhaltspflicht nicht auf die Trennungsgründe und das Trennungsverschulden ankommt, und auch die Billigkeitsanknüpfung in Abs I entfallen ist, schafft der Gesetzgeber hier ein anderes Billigkeitskorrektiv, um „ein gerechtes Ergebnis im Einzelfall zu erreichen" wie auch im Unterhaltsrecht nach Scheidung (BT-Drucks 7/650, 101). Obwohl die gesetzliche Fassung der Härteklausel eine Referenz an das Schuldprinzip zu sein scheint, wollte der Gesetzgeber diesen „Rückfall in das Schuldprinzip" gerade nicht herbeiführen (BT-Drucks 7/4361, 32). Er hat sich insoweit zu Recht von der Vorstellung leiten lassen, daß die Abkehr vom Verschuldensprinzip nicht dazu führen darf, bei Mißbräuchen der Möglichkeiten des neuen Eherechts untätig zu bleiben, vgl dazu Diederichsen NJW 1977, 353, 358; Diekmann FamRZ 1977, 81, 104f. Da die „Billigkeitsgründe" des § 1361 III nicht völlig von Verschuldenselementen trennbar sind, fließt in der Praxis, wenn auch sei es auf Ausnahmefälle begrenzt, der Verschuldensmaßstab doch wieder ein. Die Auslegung der Billigkeitsklausel hat Rspr und Wissenschaft in den letzten Jahren außerordentlich stark beschäftigt. Es stellte sich heraus, daß der Gesetzgeber die Schwierigkeiten unterschätzt hatte, die eintreten, wenn ein Scheidungsrecht, das auf dem Zerrüttungsprinzip beruht, mit einem Scheidungsfolgenrecht, das weitgehend das abgeschaffte Verschuldensprinzip zur Grundlage hat, kombiniert wird. Die Annahme, es bestünde ein allgemeiner gesellschaftlicher Konsens dahin, die Ehegatten hätten einander auch nach dem Scheitern der Ehe in jedem Fall und unabhängig von ihrem jeweiligen Lebenswandel zu unterstützen, erwies sich als nicht haltbar. Durch das UÄndG v 20. 2. 1986 (BGBl I, 301), in Kraft seit 1. 4. 1986 (zur Übergangsregelung vgl Jaeger FamRZ 1986, 737), ist § 1579 daher neu gefaßt worden. Dadurch soll die bisherige höchstrichterliche Rspr auf eine gesetzliche Grundlage gestellt und so stabilisiert werden (BT-Drucks 10/2888, 2). Wichtigste Änderungen sind die Auffächerung der Unterhaltsausschlußgründe von bisher vier auf nunmehr sieben, wobei die Nr 1–3 unverändert blieben, die bisherige Nr 4 zur Nr 7 wurde, und der Wegfall des Abs II (dazu Rz 17). Außerdem ist es nunmehr möglich, den Unterhalt bei Eingreifen eines Ausschlußgrundes nicht nur gänzlich zu versagen, sondern auch herabzusetzen (oder zeitlich zu begrenzen). 27

2. Einzelne Unterhaltsversagungsgründe. Bezüglich der einzelnen Härtefälle gilt das für die unmittelbare Anwendung des § 1579 Auszuführende entsprechend. Dabei verweist das Gesetz ausdrücklich nur auf Nr 2–7 des § 1579 und schließt damit den Fall der kurzen Ehedauer (**Nr 1**) als Grund für die Einschränkung der Unterhaltspflicht bei Getrenntlebenden aus. Sinn des § 1579 I Nr 1 ist ua, dem betreffenden Ehegatten nicht auf Grund einer kurzen Ehedauer ein Rentnerdasein auf Lebenszeit zu Lasten des anderen einzuräumen. Dieser Normzweck findet bei dem Getrenntleben der Ehegatten während noch bestehender Ehe keine Basis (vgl aber auch Rz 6). Im Rahmen des § 1579 I Nr 1 kommt es für die Frage der kurzen Ehedauer auf die tatsächliche Ehezeit, nicht auf die Dauer der ehelichen Zusammenleben an. Bei Getrenntlebenden ist die Ehedauer aber noch nicht abschätzbar und daher ohne Bedeutung. Die Kürze der Ehedauer ist mithin kein Umstand, der die Härteklausel des § 1361 III erfüllt, Hamm FamRZ 1997, 417; BGH FamRZ 1980, 141 u 144; 1979, 569 u 571; Düsseldorf FamRZ 1979, 701 u 800; Frankfurt FamRZ 1979, 700; Bremen FamRZ 1978, 774; aA, aber mit Rücksicht auf den beschränkten Verweis in § 1361 II auf § 1579 I Nr 2–4 (aF) unvertretbar Scheld JZ 1980, 77, 81. Auch eine von Anfang an bestehende Trennung der Ehegatten führt nicht zur Herabsetzung eines Unterhaltsanspruchs, BGH FamRZ 1982, 573. Die unterschiedliche Berücksichtigung der Ehedauer für den Unterhalt getrennt lebender und geschiedener 28

Ehegatten ist wegen der Heilungsmöglichkeit der Krise im ersten Fall sachgemäß und damit nicht willkürlich, sondern verfassungsfest. Die bestandsstärkere Ausgestaltung des Unterhalts bei bloßer Trennung ist gegenüber der Scheidung auch deshalb angemessen, weil der Zustand nur vorübergehender Natur ist und die gegenteilige Lösung das Scheitern der Ehe noch fördern würde, zutr Düsseldorf FamRZ 1979, 800. Eine **kurze Dauer der Ehe** ist durch gesetzlichen Hinweis hingegen für die Frage zu beachten, ob nach § 1361 II dem Unterhaltsberechtigten eine eigene Erwerbstätigkeit zuzumuten ist, vgl Rz 24f. Ein sehr langes Getrenntleben läßt einen Unterhaltsanspruch jedenfalls dann nicht als unbillig erscheinen, wenn die Eheleute vor der Trennung schon längere Zeit in ehelicher Gemeinschaft zusammengelebt hatten und die Trennung schicksalsbedingt war, Karlsruhe FamRZ 1981, 551; Verwirkung bejaht AG Holzminden FamRZ 1994, 1033.

29 Die Einschränkung oder der Wegfall des Unterhaltsanspruchs bei einem **verschuldeten Verbrechen** oder **schwerem vorsätzlichen Vergehen** des Berechtigten gegenüber dem Verpflichteten oder dessen nahen Angehörigen, Nr 2, setzt schon nach dem Gesetzeswortlaut schuldfähigen Zustand iSd StGB voraus, vgl Bamberg FamRZ 1979, 505; dazu auch BGH NJW 1982, 100. Die unterhaltsrechtliche Inanspruchnahme kann bei Würdigung aller Umstände auch dann grob unbillig iSd Nr 2 sein, wenn der Anspruchsteller im Zustand der verminderten Zurechnungsfähigkeit gehandelt hat, vgl Hamm FamRZ 1990, 887. Verschweigen eigener Renteneinkünfte kann ein Grund iSd Nr 2 sein, vgl Frankfurt FamRZ 1990, 1363, ebenso der wahrheitswidrige Vortrag, nicht mit einem anderen Partner zusammenzuleben, selbst dann, wenn zum Zeitpunkt des Vortrags der Zeitraum der Verfestigung einer ehelichen Gemeinschaft von 2–3 Jahren noch nicht abgelaufen ist, dieser aber im Laufe des Verfahrens erreicht wird (Koblenz FamRZ 2000, 605); Verwirkung bei versuchtem **Prozeßbetrug**, Köln FamRZ 2003, 678; München FuR 1997, 274; vgl Rz 34 aE.

30 Nr 3 verlangt **mutwillige Herbeiführung der Bedürftigkeit**, wobei der Mutwille auf den Unterhalt bezogen sein muß, so daß ein Selbstmordversuch nicht genügt, vgl Frankfurt FamRZ 1979, 290. Mutwilligkeit ist bei Alkoholmißbrauch ebenfalls zu verneinen, wenn die Sucht auf eine Charakterschwäche zurückzuführen ist, Bamberg FamRZ 1998, 370. Als Beispiel zu nennen ist die Aufgabe des bis zur Trennung ausgeübten Berufs generell oder speziell zu dem Zweck, um mit einem anderen Partner an anderem Ort zusammenzuleben, vgl Bremen FamRZ 1978, 410. Notwendig ist eine unterhaltsbezogene Leichtfertigkeit, BGH FamRZ 1984, 364; vgl auch BGH FamRZ 1987, 684; 1981, 1042; Köln FamRZ 1985, 930; Düsseldorf FamRZ 1987, 1262; 1981, 1177. Mutwillig ist die Aufgabe einer Erwerbstätigkeit drei Monate vor der Erfüllung der Ruhegehaltsvoraussetzungen, Stuttgart FamRZ 1997, 358. Mutwille liegt nicht vor, wenn der Ehepartner aus der Ehewohnung auszieht und dadurch trennungsbedingten Mehrbedarf verursacht, BGH FamRZ 1986, 434, oder seinen Wohnort wechselt und keinen Arbeitsplatz findet, Bamberg FamRZ 1988, 285.

31 § 1579 Nr 4 aF ermöglichte den Unterhaltsausschluß, wenn ein Sachverhalt vorlag, der ebenso schwer wog wie die unter Nr 1–3 erfaßten Fälle. Aus dieser **umfassenden Billigkeitsklausel**, die im übrigen in § 1579 Nr 7 nF beibehalten wurde, sind in der Neufassung bestimmte Fallgruppen ausgelagert und zu Nr 4–6 verselbständigt worden. Nr 4 nennt den Fall, daß sich der Berechtigte über schwerwiegende Vermögensinteressen des Verpflichteten mutwillig hinweggesetzt hat. Ein solches Verhalten soll nach der amtlichen Begründung des Gesetzentwurfs zum Beispiel dann vorliegen, wenn der Unterhaltsgläubiger den Verpflichteten bei dessen Arbeitgeber anschwärzt und so den Arbeitsplatz des Unterhaltsschuldners gefährdet, vgl BT-Drucks 10/2888, 20; aus der Rspr Hamm FamRZ 1987, 946; Zweibrücken FamRZ 1980, 1010; Köln FamRZ 1995, 1580; Düsseldorf FamRZ 1997, 418; Koblenz FamRZ 1997, 418. Der Unterhaltsanspruch ist auch verwirkt, wenn der Unterhaltsgläubiger des Prozeßbetruges dringend verdächtig ist, AG Solingen FamRZ 1998, 1112, vgl auch Koblenz FamRZ 2000, 605. Mutwilligkeit ist **nicht** mit **vorsätzlichem Handeln gleichzusetzen**, es genügt wie in Nr 3 eine unterhaltsbezogene Leichtfertigkeit. Die Verweigerung der Zustimmung zur steuerlichen Zusammenveranlagung muß keine Verletzung schwerwiegender Vermögensinteressen darstellen, Celle FamRZ 1994, 1324.

32 Nr 5 ermöglicht die Anwendung der Härteklausel, wenn der Berechtigte vor der Trennung über längere Zeit seine **Familienunterhaltspflichten gröblich verletzt** hat. Diese Vorschrift entspricht im wesentlichen den beiden Härteklauseln zum Versorgungsausgleich (§§ 1587c Nr 3, 1587h Nr 3).

33 Nr 6 betrifft Fälle, in denen dem Berechtigten ein offensichtlich **schwerwiegendes**, eindeutig bei ihm liegendes **Fehlverhalten** gegen den Verpflichteten oder einen nahen Angehörigen des Verpflichteten zur Last fällt. Die Vorschrift lehnt sich eng an die höchstrichterliche Rspr an. Der BGH sah die Voraussetzungen der Nr 4 aF als erfüllt an, wenn dem Unterhaltsberechtigten ein schwerwiegendes und klar bei ihm liegendes, evidentes Fehlverhalten vorzuwerfen war, BGH FamRZ 1979, 569; st Rspr; vgl auch BGH FamRZ 1987, 356; aA Scheld JZ 1980, 77; FamRZ 1979, 990: „Einfache" einseitige Trennung auch ohne schuldhafte Begleitumstände genügt; so auch Gernhuber/Coester-Waltjen, FamR § 21 II 7 u § 30 VII 13. Wenngleich die Novellierung eine einheitliche Rückkehr vom Zerrüttungs- zum Verschuldensprinzip nicht bewirken will (vgl amtl Begründung BT-Drucks 10/2888, 2), stabilisiert sie doch eine Rspr, die für die Feststellung der Unbilligkeitstatsachen trotz der Evidenzformel auf eine relativ umfassende Analyse und Bewertung der ehelichen Lebensgemeinschaft und der Gründe für ihr Zerbrechen nicht verzichten kann, und rückt damit von den Reformvorstellungen des 1. EheRG ab; krit dazu Willutzki ZfJ 1985, 71; Limbach ZRP 1984, 199. Obwohl gerade der unpräzise Hintergrund und die unscharfe Fassung der bisher geltenden Generalklausel zu erheblichen Auslegungsdivergenzen in Rspr und Schrifttum geführt haben und deshalb eine Präzisierung der einzelnen Tatbestandsmerkmale wünschenswert gewesen wäre, verzichtet der Gesetzgeber insoweit auf Klarstellungen, krit dazu Finger JR 1985, 1. In der Praxis bleibt es daher weitgehend bei den bisher zu § 1579 Nr 4 aF gewonnenen Ergebnissen. Nicht ein „schlichtes" Verlassen und die darin liegende Solidaritätsverletzung führen zum Unterhaltsverlust, sondern nur ein offensichtliches schwerwiegendes, einseitiges Fehlverhalten, das sich gegen den Unterhaltsverpflichteten selbst oder einen nahen Angehörigen desselben gerichtet haben muß, vgl BGH FamRZ 1983, 670 mwN; 1979, 569 u 571; Köln FamRZ 2002, 1628; AG Bad Kreuznach FamRZ 2003, 680; vgl weiter die zutr Interpretation des § 1579 I Nr 4 aF bei Zweibrücken FamRZ 1980, 2461 München FamRZ 1979, 34; Celle FamRZ 1979, 119. Die Beseitigung des Verschuldensprinzips darf nicht dazu führen, daß ein Ehegatte den anderen auch dann noch über die eheliche Mitverantwortung für seine wirtschaftliche Sicherung in Anspruch nimmt, wenn er selbst auf das gröblichste und verletzendste gegen seine Solidaritätspflicht verstößt. Praktisch relevant sind insbesondere die Fälle, in denen der die Trennung herbeiführende Ehegatte nach der Trennung mit einem Dritten in einer eheähnlichen Lebensgemeinschaft zusammenlebt. Dabei ist klarzustellen, daß nicht jede Aufnahme einer solchen Beziehung zum Unterhaltsausschluß führt, so zB nicht, wenn der Ehemann zugestimmt hat, KG FamRZ 1982, 1031. Deshalb liegt ein Verfahrensfehler vor, wenn das Gericht von einer Beweiserhebung über die Gründe des Ausbruchs aus der Ehe absieht, Hamm FamRZ 1995, 947. War die Ehe bereits zerrüttet (dazu Karlsruhe FamRZ 1981, 551) oder lebt zB eine Ehefrau berechtigterweise getrennt und geht sie erst nach Trennung eine Verbindung ein, so rechtfertigt dies allein noch keine Unterhaltsversagung, zutr AG Lörrach FamRZ 1979, 918; vgl aber BGH NJW 1986, 722. Das gegenteilige Ergebnis ist angemessen, wenn die Trennung gerade zur Begründung einer anderen – nichtehelichen – Lebensgemeinschaft herbeigeführt wird und so die Ehe scheitern läßt, München FamRZ 1979, 34; Frankfurt FamRZ 1994, 169; Nürnberg FamRZ 1995, 674; Hamm NJW-RR 1996, 769; Hamm FamRZ 1996, 290; Hamm FamRZ 1997, 1484; Nürnberg NJW-FER 2000, 275 in dem Fall, daß der auf Unterhalt in Anspruch genommene Ehemann seiner Ehefrau zwar das Verhältnis zu einem anderen Mann und den Umstand, daß daraus ein Kind hervorgegangen ist, verzieh in der Hoffnung, seine Ehe damit retten zu können, die Ehefrau dann aber gleichwohl zum Vater des Kindes zieht; auch AG Duisburg FamRZ 1997, 558. Vgl auch BGH FamRZ 1989, 487, KG FamRZ 1990, 746 und München FamRZ 1990, 1243 zum Vorliegen eines Härtegrundes iSd § 1579 Nr 7 bei verfestigtem nichtehelichen Zusammenleben des Unterhaltsberechtigten. Hat der verlassene Partner erhebliche, über das geschuldete Maß hinausgehende Aufwendungen erbracht, kommt eine Anwendung der Nr 6 auch dann in Betracht, wenn die **schwerwiegende Distanzierung** lediglich in der Aufnahme eines intimen Verhältnisses ohne direktem eheähnlichen Zusammenleben liegt, BGH FamRZ 1981, 439. Ausreichend ist im Einzelfall auch eine eheähnliche, wenn auch nicht intime Beziehung, Hamm FamRZ 1981, 162, also eine **„feste soziale Verbindung"**, Nürnberg FamRZ 1985, 396. Vgl zur nicht intimen Beziehung auch KG FamRZ 1989, 868 m Anm Finger FamRZ 1989, 1180 u Diener FamRZ 1990, 407. Ebensowenig besteht der Unterhaltsanspruch fort, wenn der verlassene Ehegatte die Beziehung der Ehefrau mit einem Dritten mittelbar mitfinanziert, weil die Ehefrau wegen einer Schwangerschaft aus der neuen Verbindung nicht auf eigene Erwerbstätigkeit nach § 1361 II verwiesen werden kann, vgl Celle FamRZ 1979, 119. Schon an der Bedürftigkeit iSd Abs I fehlt es, soweit in diesen Fällen der Dritte die Versorgung des die Trennung verursachenden Ehegatten übernimmt, vgl München und Celle aaO; s auch Rz 9. In diesen Fällen ist jedoch zu beachten, daß das Vorhandensein eines neuen Partners nicht unzulässigerweise doppelt berücksichtigt werden darf: einmal im Rahmen der Bedürftigkeitsprüfung und dann bei der Frage der Unterhaltsminderung nach § 1579 Nr 6. Die Entlastung des Unterhaltsverpflichteten durch (tatsächliche oder fiktiv angenommene) materielle Leistungen des anderen führt im Rahmen der Billigkeitsprüfung zu einem Heraufsetzen der Zumutbarkeitsgrenze. Es geht bei der Anwendung des § 1579 in erster Linie um finanzielle, nicht um moralische Wertungen. Ein Grund zur Versagung des Unterhalts nach Nr 6 besteht auch, wenn die getrennt lebende Ehefrau der Prostitution nachgeht, Schleswig SchlHA 1977, 170, so auch Hamm FamRZ 2002, 753, oder den Ehemann von der rechtzeitigen Anfechtung der Ehelichkeit eines Kindes abhält, BGH FamRZ 1985, 51, oder ihm ein nicht von ihm stammendes Kind als sein eigenes unterschiebt, FamRZ 1991, 448 zum nachehelichen Unterhalt, nicht aber, wenn diese abredewidrig keine empfängnisverhütenden Mittel genommen und anschließend eine Abtreibung verhindert hat, Stuttgart FamRZ 1987, 700. Ebenso liegt gravierendes Fehlverhalten vor, wenn die Ehefrau während des Scheidungsverfahrens am Abbruch wichtiger Geschäftsbeziehungen des verlassenen Ehemannes im Zusammenwirken mit dem Geschäftspartner beteiligt ist, vgl AG Darmstadt FamRZ 1979, 507. Das AG Lahnstein FamRZ 1985, 188 schließt unzutr den Trennungsunterhalt schon aus, wenn die Ehefrau ihren Partner lediglich mit der Begründung verläßt, sie wolle „frei sein". Bei überdurchschnittlichen Einkommensverhältnissen und bei Betreuung eines gemeinschaftlichen Kindes durch den Unterhaltsbegehrenden besteht trotz Greifen des Verwirkungstatbestandes Nr 6 ein Anspruch auf Mindestunterhalt, vgl Schleswig FamRZ 2002, 1190; Köln FamRZ 1991, 707.

Nr 7 enthält eine **Auffangklausel**, die dem bisher geltenden Abs I Nr 4 nachgebildet ist. Danach kann die 34 Unterhaltspflicht eingeschränkt sein, wenn ein anderer Grund vorliegt, der ebenso schwer wiegt wie die in Nr 1–6 aufgeführten Gründe. In solchen Fällen soll es entscheidend darauf ankommen, **„ob die aus der Unterhaltspflicht erwachsenen Belastungen für den Verpflichteten die Grenzen des Zumutbaren überschreiten"** (amtl Begründung BT-Drucks 10/2888, 20). Die Unzumutbarkeit hat sich aus objektiven, subjektiv nicht notwendig vorwerfbaren Umständen zu ergeben, BGH FamRZ 1987, 1011; Celle FamRZ 1986, 910; Zweibrücken FamRZ 1987, 487; Pal/Brudermüller § 1579 Rz 33; zu den Kriterien vgl Luthin FamRZ 1986, 1166. Vgl auch BGH FamRZ 2002, 810; FamRZ 1989, 487; Köln NJW-RR 2003, 938 und Zweibrücken FamRZ 2001, 29, zur Frage, wann beim Zusammenleben mit einem neuen Partner ein Härtegrund iSd Nr 7 vorliegt, sowie KG FamRZ 1990, 746 und München FamRZ 1990, 1243 zu nichtehelichem Zusammenleben des Unterhaltsberechtigten, das bei Verfestigung (die nichteheliche Gemeinschaft ersetzt quasi eine Ehe) als Härtegrund iSd Nr 7 gelten kann; auch bei einer homosexuellen Beziehung, BGH FamRZ 2002, 810 m krit Anm Bergschneider FamRZ 2002, 951; ebenso vgl Düsseldorf FamRZ 1991, 450 zum nachehelichen Unterhalt, das aber langandauernder Ehe trotzdem eine Art „Unterhaltsgarantie" annimmt, welche zu einem (nur verringerten) Anspruch führt. Ein Grund iSd Nr 7 kann uU vorliegen, wenn die Ehe zwar nicht von kurzer Dauer ist, die Ehegatten aber nur drei Monate zusammengelebt haben und erstmals nach 19 Jahren Trennungsunterhalt verlangt wird, vgl Celle FamRZ 1990, 519; s auch Köln FamRZ 1999, 93. Ein Versagungsgrund kann gegeben sein, wenn sich die Ehegatten einig waren, daß aus religiösen Gründen keine Lebensgemeinschaft aufgenommen wird, BGH FamRZ 1994, 558. Kein Verwirkungsgrund iS des

§ 1579 Nr 7 liegt vor, wenn die Kindsmutter im Zustand der Schuldunfähigkeit das Kind tötet, Hamm FamRZ 1997, 1485; vgl Rz 29. Ein Verwirkungsgrund iSv § 1579 Nr 7 kann auch dann gegeben sein, wenn ein Unterhaltsberechtigter die sich aus einer Unterhaltsvereinbarung ergebende Informationspflicht gegenüber dem Unterhaltsverpflichteten über gegenüber den Vergleichsgrundlagen geänderte wirtschaftliche Verhältnisse verletzt, Bamberg FuR 2001, 545f. Zur Unterhaltskürzung wegen Nichtvollzug des Geschlechtsverkehrs nach § 1361 III iVm § 1579 Nr 7 vgl AG Brühl NJW-FER 2000, 51. Nach der Differenzmethode (Rz 18) sind Versorgungsleistungen für einen neuen Lebenspartner als fiktives Einkommen zu werten, BGH FamRZ 2001, 1693; Hamm FamRZ 2002, 1627; AG Neuwied FamRZ 2002, 1628; aA Oldenburg FamRZ 2002, 287.

35 Die **Darlegungs- und Beweislast** für das Vorliegen der Tatbestandsvoraussetzungen des § 1579 trifft allein den Unterhaltspflichtigen, BGH FamRZ 1982, 463. Berücksichtigt werden können nur konkrete Vorwürfe von einigem Gewicht. Der Unterhaltspflichtige hat die tatsächlichen Voraussetzungen für das Vorliegen eines Härtegrundes iSd Nr 7 darzulegen und zu beweisen, und zwar nicht nur für ein Eingreifen der Klausel überhaupt, sondern auch für einen dauerhaften Ausschluß des Anspruchs, vgl BGH FamRZ 1991, 670. Ein einmal verwirkter Unterhaltsanspruch lebt uU nach Wegfall des Versagungsgrundes wieder auf, wenn dies nach einer umfassenden Billigkeitsabwägung dem Verpflichteten zugemutet werden kann; vgl BGH FamRZ 1987, 689; 1986, 443; aA Oldenburg FamRZ 1981, 775. Zu den Einzelheiten vgl Anm zu § 1579.

36 **3. Kinderbetreuung durch den Unterhaltsberechtigten.** § 1361 III aF verwies auch auf § 1579 II aF, nach dem die Härteklausel des Abs I nicht eingriff, wenn von dem Berechtigten eine Erwerbstätigkeit wegen der Pflege oder Erziehung gemeinschaftlicher oder auf Grund des übereinstimmenden Willens der Eheleute in die Hausgemeinschaft aufgenommener Kinder nicht erwartet werden konnte. Das BVerfG (BVerfG FamRZ 1981, 745 m Anm Scheld FamRZ 1982, 6) hat § 1579 II aF insoweit als nicht mit Art 2 I GG vereinbar erklärt, als die Anwendung des Abs I aF auch in besonderen Härtefällen ausgeschlossen war. Diese Entscheidung führte in der Folgezeit dazu, daß bei Vorliegen eines solchen besonderen Falls (dazu BGH FamRZ 1984, 154; 1983, 569 mwN; vgl auch Zweibrücken FamRZ 1985, 186; KG FamRZ 1982, 1012) das Verfahren bis zu einer gesetzlichen Neuregelung ausgesetzt wurde. Durch die Novelle ist der bisherige Abs II gestrichen worden. Um den Vorgaben des BVerfG Rechnung zu tragen, wird im Einleitungssatz des § 1579 nF ausdrücklich festgelegt, daß eine Beschränkung des Unterhaltsanspruchs nur dann in Betracht kommt, wenn „die Inanspruchnahme des Verpflichteten auch unter **Wahrung der Belange**" eines dem Berechtigten zur Pflege oder Erziehung anvertrauten gemeinschaftlichen Kindes grob unbillig wäre". Anders als bisher kommt es nicht mehr auf die Interessen der Elternteils selbst an, der das Kind betreut (vgl § 1579 II aF). Das Kind muß dem Unterhaltsgläubiger anvertraut sein, dieser muß es also entweder auf Grund einer Absprache unter den Eheleuten oder infolge einer entsprechenden gerichtlichen Sorgerechtsregelung in Obhut haben, vgl BGH FamRZ 1982, 142. Die Novellierung geht über die vom BVerfG geforderte Regelung besonderer Härtefälle hinaus, indem sie prinzipiell jeden Unterhaltsanspruch einer Billigkeitskontrolle unterwirft. Es bleibt abzuwarten, ob durch die Formel von der „Wahrung" der Kindesinteressen die vordringlichste Funktion des § 1579 II aF, das Kind, das für die Handlungen seiner Eltern nicht verantwortlich und deshalb vor den negativen Folgen dieses Handelns soweit wie möglich zu bewahren ist, weiterhin gesichert werden kann, krit Willutzki ZfJ 1985, 7. Düsseldorf FamRZ 1987, 1267; 1986, 684 sieht die Belange des Kindes als gewahrt an, wenn dem betreuenden Unterhaltsberechtigten der Mindestbedarf belassen bleibt, vgl auch Hamm FamRZ 1987, 1265. Siehe auch BGH NJW 1990, 253 zur Frage der Wahrung der Kinderbelange, die Verweisung auf Sozialhilfe stellte keine Wahrung der Kindesbelange dar. In materieller Hinsicht muß ein Absinken des Lebensstandards des Kindes grundsätzlich verhindert werden, und zwar unabhängig davon, ob der Unterhaltsberechtigte für einen vorangegangenen Zeitraum seinen Unterhaltsanspruch verwirkt hatte, BGH FamRZ 1987, 1238. Das schließt nicht aus, daß es Fälle geben mag, in denen das Kindeswohl eine Unterhaltsbelastung des Verpflichteten nicht erfordert, zB wenn die Ehefrau von der Betreuung weitgehend durch die Großeltern entlastet wird, BGH FamRZ 1983, 676, und der Berechtigte die Voraussetzungen des § 1579 auf besonders krasse Weise verwirklicht hat, vgl auch Koblenz FamRZ 1987, 1269.

V. Unterhaltsrente – Abs IV

37 Abs IV, der die Art der Unterhaltsgewährung regelt, hat durch die Neufassung in der Sache keine Änderung erfahren. Unterhalt ist während der Trennung durch Zahlung einer Geldrente zu gewähren. Die Vorschrift regelt den Rentenanspruch selbständig. In Anpassung an die veränderten wirtschaftlichen Verhältnisse und entsprechend der Regelung bei der Unterhaltspflicht unter geschiedenen Ehegatten (§ 1585 I) ist die Rente nicht, wie vor dem GleichberG vierteljährlich, sondern nur noch monatlich im voraus zu zahlen. Abs IV S 3 entspricht den §§ 760 III und 1585 I S 3. Anders als nach §§ 1585 II, 1586 können aber Sicherheitsleistungen und Kapitalabfindung während der Trennung nicht verlangt werden. Sind beide Ehegatten einer Alleinverdienerehe als Mitmieter Gesamtschuldner der Mietforderung für die bisherige, nach der Trennung vom Unterhaltsberechtigten allein bewohnte Ehewohnung, so kann dieser nicht die Zahlung der Miete an sich, sondern nur Freistellung von der Mietschuld gegenüber dem Vermieter verlangen; letzterer Antrag stellt ein „minus" gegenüber dem Antrag auf Zahlung des Unterhalts (einschließlich des Wohnbedarfsanteils) dar, vgl Frankfurt FamRZ 1990, 49.

Die Ehegatten können über Art und Höhe der Unterhaltsleistung eine Regelung vereinbaren, die von § 1361 IV abweicht, BGH FamRZ 1962, 360; Hamburg FamRZ 2002, 234. Zur Auslegung einer entsprechenden Vereinbarung Hamm FamRZ 1999, 850. Sie können sich insbes auch auf eine teilweise Naturalleistung einigen: Der unterhaltspflichtige Ehemann stellt seiner Frau ein Kraftfahrzeug zur Verfügung, BGH FamRZ 1965, 125; er zahlt die Miete für die von der Restfamilie nach der Trennung weiter bewohnten Ehewohnung, Hamm FamRZ 1984, 790, oder überläßt der Ehefrau und den Kindern eine Wohnung in seinem Haus, die der sozialen Stellung der Unterhaltsberechtigten entspricht, BGH FamRZ 1962, 360 u 1964, 137; vgl auch Staud/Hübner/Voppel Rz 228. Eine solche Vereinbarung kann aber nichtig sein, wenn sie erst das Getrenntleben, für das kein Grund besteht, ermöglichen soll, Soergel/H. Lange Rz 19, vgl für einen Sonderfall Hamburg MDR 1972, 53. Gegenüber einem Unterhaltsanspruch kann auch mit einem Anspruch auf Rückzahlung zuvielgezahlten Unterhalts aufgerechnet werden, Naumburg FamRZ 1999, 437; vgl auch Nürnberg FamRZ 2000, 880.

Bei **außergewöhnlichen Bedürfnissen** (zB Krankenhausaufenthalt, Kur) können neben der Rente Sonderleistungen gefordert werden, soweit der Unterhaltsverpflichtete leistungsfähig ist, KG FamRZ 1993, 561. Durch die Ergänzung in S 1 „der laufende Unterhalt" wollte der Gesetzgeber dies nun klarstellen; zum Begriff des **Sonderbedarfs** vgl § 1613 II. Zu diesen Sonderleistungen gehören auch einmalige notwendige Ausgaben für die Instandsetzung der Wohnung der Frau sowie für die Erneuerung oder Neuanschaffung der Hausratsgegenstände, LG Itzehoe SchlHA 1962, 144. Bei wesentlicher Veränderung der Verhältnisse kann Erhöhung oder Ermäßigung der Rente verlangt werden (§ 323 ZPO), vgl BGH FamRZ 1987, 368; Koblenz FamRZ 1986, 1232. Die Übernahme eines Sonderbedarfs kann uU zeitweise eine Ermäßigung der Rentenzahlungsverpflichtung bewirken, dazu Stuttgart FamRZ 1978, 684. Ein Anspruch auf Freistellung von den Ansprüchen des behandelnden Arztes des unterhaltsberechtigten Ehegatten, wenn die Abrechnung nicht unmittelbar zwischen Arzt und (privater) Krankenversicherung erfolgt, besteht (mangels Anspruchsgrundlage) nicht (lediglich ein unterhaltsrechtlicher Anspruch auf Vorlegung der Rechnung und Auskehrung der Beträge), vgl Düsseldorf FamRZ 1991, 437 (anders Hamm FamRZ 1987, 1142). **38**

Nach S 4 sind nur § 1360a III und IV und § 1360b sowie § 1605 entsprechend anzuwenden; § 1360 und § 1360a I und II gelten also für den Unterhaltsanspruch während der Trennung nicht. Neben den §§ 1613 bis 1615 gelten aber unmittelbar auch die §§ 1608, 1609, 1611. § 1611 II in Verbindung mit § 2335 ist für den Unterhaltsanspruch während des Getrenntlebens von besonderer Bedeutung. Im Verfahren nach § 620 ZPO ist allerdings die alsbaldige, hinreichend zuverlässige Feststellung dieser Voraussetzungen meist nicht möglich. Die Vorschußpflicht in Rechtsstreitigkeiten, die eine persönliche Angelegenheit eines Ehegatten betreffen, sowie im Strafverfahren besteht auch während der Trennung. Wegen eines Prozeßkostenvorschusses für eine Unterhaltsklage sind auch Ansprüche auf laufende Sozialrenten pfändbar, vgl Düsseldorf FamRZ 1979, 806. Auch gilt hier die Auslegungsregel des § 1360b. Ein getrennt lebender Ehegatte kann auch noch während des Scheidungsprozesses von dem anderen Mittel zu einer Urlaubsreise mit den Kindern verlangen, Düsseldorf FamRZ 1967, 43. In Abs IV ist auf die Auskunftspflicht nach § 1605 Bezug genommen; zu deren Umfang vgl BGH FamRZ 1982, 680 u 996; Köln FamRZ 2003, 235; Bamberg FamRZ 1986, 492; Hamm FamRZ 1979, 1012; Van Els, Vorläufige Auskunft im Unterhaltsprozeß, FamRZ 1995, 650. Die getrennt lebenden Ehegatten sind danach wie die geschiedenen nach § 1580 zur Auskunft über Einkünfte und Vermögen verpflichtet, bereits zum alten Recht vgl LG Düsseldorf FamRZ 1976, 218. Vereinbaren die Parteien in einem notariellen Ehe- und Scheidungsfolgenvertrag in Kenntnis ihrer gegenwärtigen Einkommensverhältnisse, keine Ansprüche auf Zahlung eines laufenden Unterhalts geltend zu machen, so ist eine auf Auskunft über die Einkünfte gerichtete Klage dann unbegründet, wenn keine maßgebliche Veränderung der beiderseitigen Verhältnisse vorgetragen werden, Köln FamRZ 2000, 609. Es besteht allerdings keine Verpflichtung zur Auskunft über Bemühungen, eine Arbeitsstelle zu finden, Düsseldorf FamRZ 1997, 361. **39**

Nach AG Hamburg FamRZ 1977, 814, können Unterhalts- und Auskunftsbegehren als **Stufenklage** miteinander verbunden werden. Die Verletzung der unterhaltsrechtlichen Auskunftspflicht löst grundsätzlich keinen Schadensersatzanspruch wegen entgangenen Unterhalts aus, vgl Bamberg FamRZ 1990, 1235, da der Anspruchsverlust durch die Stufenklage mit unbeziffertem Antrag vermieden werden kann. Der Auskunftsanspruch wird durch einen Verwirkungseinwand nach § 1579 nicht berührt, Frankfurt FamRZ 1988, 62; München FuR 1997, 274; er ist über eine einstweilige Anordnung nach § 620 ZPO regelbar, Düsseldorf FamRZ 1983, 584. Der gemäß § 1613 I bei Unterhalt für die Vergangenheit erforderliche Verzug ist für die Vergangenheit nur unter den Voraussetzungen eines Erlaßvertrages oder der Verwirkung zu beseitigen; wird für die Zukunft eine erneute, konkrete Zahlungsaufforderung ausgesprochen, ist für die Frage, hinsichtlich welcher Beträge für die Zukunft Verzug eintritt, auf die zuletzt angemahnten Beträge abzustellen; dh eine erneute, eingeschränkte Mahnung oder Klagerücknahme führt somit zur teilweisen Beseitigung der Verzugswirkungen für die Zukunft, vgl Hamm FamRZ 1990, 520; Hamm FamRZ 1989, 1303. Eine Mahnung wegen laufenden Unterhalts braucht aber im allgemeinen nicht monatlich wiederholt zu werden, vgl Hamm FamRZ 1989, 1303; vgl auch Bamberg FamRZ 1990, 1235. Die verzugsbegründende Wirkung der Unterhaltsforderung dauert grundsätzlich so lange, wie die anspruchsbegründenden Verhältnisse fortbestehen, ändern sich diese, so kann der Berechtigte gehalten sein, die Unterhaltsforderung zu wiederholen, um keinen Vertrauensschutz dahingehend zu begründen, daß der Verpflichtete keinen Unterhalt mehr leisten müsse, vgl Bamberg FamRZ 1990, 1235. Eine Zahlungsaufforderung oder Mahnung durch einen Bevollmächtigten kann in entsprechender Anwendung des § 174 S 1 zurückgewiesen werden, und zwar auch dann, wenn gleichzeitig materiell rechtliche Argumente vorgebracht werden, vgl Bamberg FamRZ 1990, 1235. Die bloße Erklärung des Verpflichteten, keinen Unterhalt zahlen zu können, führt dann zumindest noch nicht zum Verzug, wenn die Parteien sich über die Höhe des geschuldeten Unterhalts im unklaren sind, vgl Hamburg FamRZ 1989, 394. Der Unterhaltsschuldner kommt durch eine Mahnung ab deren Zugang in Verzug, und zwar auch dann, wenn ähnlich der Stufenklage, Auskunft über die wirtschaftlichen Verhältnisse sowie dem sich daraus ergebenden Unterhalt verlangt wird, vgl BGH FamRZ 1990, 283. Verweigert bei gehobenen Einkommensverhältnissen der Unterhaltsverpflichtete die Auskunft, so ist im summarischen Verfahren der Unterhaltsbedarf am Bedarf zu ermitteln, AG Solingen FamRZ 1998, 559.

VI. Gerichtliche Geltendmachung des Unterhalts

Im Normalfall ist Unterhaltsklage vor dem **Amtsgericht als FamG** zu erheben, §§ 23a Nr 2, 23b I Nr 6 GVG, 621 I Nr 5 ZPO. In dringenden Fällen ist eine **einstweilige Verfügung** möglich (§ 940 ZPO), vgl Frankfurt FamRZ **40**

§ 1361 Familienrecht Bürgerliche Ehe

1987, 1164; Koblenz FamRZ 1989, 196; Nürnberg FuR 1999, 88; zum „Notunterhalt" hierbei Zweibrücken FamRZ 1985, 928; Köln FamRZ 1980, 349. Weil deren Vollzug über den Sicherungszweck hinaus zur Anspruchsbefriedigung führt, kann § 940 ZPO nicht angewendet werden, soweit der Unterhaltspflichtige den Unterhaltsbetrag – und sei es auch nur teilweise – freiwillig jedenfalls in der Höhe zahlt, daß eine konkrete Notlage des Berechtigten nicht besteht, vgl Düsseldorf FamRZ 1979, 801. Aus demselben Grunde scheidet eine einstweilige Verfügung auf Unterhaltszahlung für vergangene Zeiträume aus, auch wenn diese Zeit nach Antragstellung verstrichen ist, zutr Celle FamRZ 1979, 802; vgl auch Köln FamRZ 1986, 919; aber auch Düsseldorf FamRZ 1987, 611: Ausnahme, wenn sich finanzielle Maßnahmen zur Behebung der Notlage in der Vergangenheit in der Gegenwart auswirken. Die einstweilige Verfügung ist auch dann nicht statthaft, wenn nach realen Einkommens- und Vermögensverhältnissen der Ehegatten kein Unterhaltsanspruch besteht, KG FamRZ 1998, 688. Der Bezug von Sozialhilfe läßt den Verfügungsgrund nur entfallen, soweit Sozialhilfe gewährt wird, vgl Hamm FamRZ 1991, 583 (anders Hamm FamRZ 1989, 619, welches Sozialhilfeleistungen wegen deren Subsidiarität unberücksichtigt läßt). Die Höhe der dem Berechtigten zustehenden Leistungen nach dem Sozialhilferecht begrenzt nicht seinen im einstweiligen Verfügungsverfahren geltend gemachten Anspruch auf Notunterhalt, vgl Hamm FamRZ 1991, 583. Soweit eine einstweilige Verfügung auf Zahlung von Notunterhalt ergeht, ist diese mit Rücksicht auf den Ausnahmecharakter mit Befriedungscharakter zu befristen, und zwar in der Dauer je nach den Umständen des Einzelfalles bis maximal zwei Jahren, vgl Hamm FamRZ 1986, 696; Köln FamRZ 1980, 349 mN auf kürzere Befristungen in Rspr und Schrifttum. Im Rahmen eines Eherechtsstreits kann auch eine einstweilige Anordnung nach § 620 Nr 6 ZPO erwirkt werden; dazu Luthin FamRZ 1986, 1059. Dies schließt das Rechtsschutzinteresse für eine entsprechende Klage nicht aus, obwohl der Unterhaltstitel nach § 620 ZPO einfacher und billiger zu gewinnen ist. Ein Schutzbedürfnis für die Klage auf Unterhalt oder Prozeßkostenvorschuß ist deshalb gegeben, weil das Urteil in materieller Rechtskraft erwächst, zutr Düsseldorf FamRZ 1978, 192; Hamm NJW 1978, 1535; dazu auch Hamm FamRZ 1983, 1150 m Anm Ricken; vgl zum Parallelproblem und Gegenmeinungen bei § 1360a Rz 36 sowie BGH MDR 1979, 652. Deshalb ist der Anspruch aus § 1361 gerade auch dann durch Klage verfolgbar, wenn ein Antrag auf eine Anordnung nach § 620 ZPO unanfechtbar erfolglos blieb, zutr KG FamRZ 1978, 685. Gleichermaßen bleibt eine negative Feststellungsklage des Unterhaltspflichtigen zulässig, wenn eine Anordnung nach § 620 ZPO ergeht, Düsseldorf FamRZ 1979, 916; Köln FamRZ 1998, 1427, oder wenn ein in einem einstweiligen Anordnungsverfahren ergangener Vergleich abgeändert werden soll, Düsseldorf FamRZ 1985, 86; für einstweilige Verfügung Schleswig FamRZ 1994, 624. Bis zur rechtskräftigen Entscheidung des Unterhaltsstreits hat der erwerbstätige Ehegatte idR dem nicht erwerbstätigen Partner für die Übergangszeit die für den Lebensbedarf unbedingt erforderlichen Mittel zur Verfügung zu stellen, daher grundsätzlich keine einstweilige Einstellung der Zwangsvollstreckung nach §§ 707 I, 719 I ZPO, KG FamRZ 1978, 413. Die Zahlung von Versicherungsbeiträgen nach Abs I S 2 kann wegen der Möglichkeit der Nachzahlung grundsätzlich nur im Urteilsverfahren, nicht aber durch einstweilige Anordnung nach § 620 ZPO verlangt werden, Saarbrücken FamRZ 1978, 501. Zur Sicherung künftiger Unterhaltsansprüche durch Arrest vgl Düsseldorf FamRZ 1981, 44. Für die Vollziehung einer auf wiederkehrende Leistungen gerichteten einstweiligen Verfügung ist es notwendig, daß der Verfügungskläger innerhalb eines Monats ab Fälligkeit mit der Vollstreckung beginnt, für die Folgemonate gilt dann § 850d III ZPO (Vorratspfändung) vgl Hamm FamRZ 1991, 583. Titulierte, rückständige Unterhaltsansprüche sind verwirkt, wenn der Unterhaltsgläubiger sein Recht länger als ein Jahr nicht geltend macht, AG Weilburg FamRZ 2000, 958.

41 Mit **Wiederherstellung der ehelichen Gemeinschaft** erlischt der Rentenanspruch, Düsseldorf FamRZ 1992, 943 (für Trennungsunterhalt); s auch Hamm FamRZ 1999, 30. Mit **Auflösung der Ehe** entfällt die gegenseitige Unterhaltspflicht der Ehegatten aus §§ 1360, 1361. Dabei braucht nach Stuttgart FamRZ 1979, 704 bei einer Verurteilung nach § 1361 das künftige ungewisse Ereignis der Scheidung nicht im Urteilstenor als auflösende Bedingung berücksichtigt zu werden. An die Stelle des Unterhalts der Ehegatten tritt der nacheheliche Unterhaltsanspruch unter den Voraussetzungen der §§ 1569ff. Um eine **regelungslose Zeit** zu verhüten, verliert eine einstweilige Anordnung nach § 620 ZPO mit rechtskräftiger Scheidung, Aufhebung oder Nichtigerklärung der Ehe nicht automatisch ihre Wirkung, vgl § 620f ZPO; zum Zeitpunkt des Wirksamwerdens des Scheidungsausspruchs vgl München NJW 1978, 1814. (Urteile der OLGe in Ehesachen werden, auch wenn sie die Revision nicht zulassen, erst dann rechtskräftig, wenn die Frist zur Einlegung der Revision ungenutzt verstreicht oder das Revisionsgericht über die in der Frist eingelegte Revision entscheidet, vgl BGH FamRZ 1990, 283.) Ob ein während bestehender Ehe nach § 1361 ergangenes Unterhaltsurteil nach rechtskräftiger Scheidung wirksam bleibt und eine Abänderung daher grundsätzlich nach § 323 ZPO, nicht aber nach § 767 ZPO geltend gemacht werden muß, oder ob das Unterhaltsurteil mit Scheidung erlischt und der Unterhaltsanspruch nach Scheidung gesondert (ggf im **Verbundverfahren**) einzuklagen ist, ist umstritten. Für die erstgenannte Lösung tritt die **Identitätstheorie** ein, vgl Köln FamRZ 1979, 921; Koblenz FamRZ 1979, 702 u 254; Oldenburg FamRZ 1979, 619; Frankfurt FamRZ 1979, 139; KG FamRZ 1979, 338 u 420; Celle FamRZ 1979, 619; 1978, 814; München FamRZ 1979, 516; Karlsruhe NJW 1975, 314; Bosch FamRZ 1980, 1, 7; Walter FamRZ 1979, 663, 678; vgl auch AG Ahlen FamRZ 1989, 638, welches bei Vollstreckung eines den Trennungsunterhalt betreffenden Titels nach Rechtskraft der Scheidung zur Herausgabe des Erlangten nach § 812ff verurteilte. Die Gegenansicht sieht insbesondere in der Abkehr von der Verschuldensanknüpfung nunmehr vor und nach Scheidung für verschiedene Lebenssachverhalte unterschiedliche Unterhaltsansprüche nach unterschiedlichen Voraussetzungen gegeben und zieht daraus die entsprechenden Folgerungen, vgl BGH FamRZ 1981, 242 m Anm Scheld FamRZ 1981, 521; BGH FamRZ 1982, 782 für einen Prozeßvergleich; Hamm FamRZ 1983, 206; Stuttgart FamRZ 1982, 1012; MüKo/Wacke Rz 49; dementsprechend Hamburg FamRZ 1991, 811, welches Nichtidentität zwischen Trennungsunterhalt (§ 1361) und nachehelichem Unterhalt nach türkischem Recht feststellt; zum alten Recht BGH FamRZ 1980, 1099 m Anm Mutschler; zum Parallelproblem bei § 1360 s § 1360a Rz 37. So sei nach der Scheidung die gegenseitige Verantwortung der Ehegatten für einander deutlich abgeschwächt, wie sich daraus ergäbe, daß gem §§ 1569ff Unterhalt nur in enumerativ aufgezählten Fällen geschuldet werde, im übrigen jedoch jeder Partner für sich selbst zu sorgen habe, BGH FamRZ 1981, 242 (243). Dagegen gewähre § 1361 regelmäßig Unterhalt, das Prinzip der Eigenverantwortlichkeit sei weniger stark ausgeprägt. Die Identitätstheorie verdient den Vorzug. Abgesehen davon, daß der Grundsatz der **zumutbaren Selbstverantwortlichkeit** das gesamte Unterhaltsrecht durchzieht, und sich in der Rechtspraxis gezeigt hat, daß die Gewährung nachehelichen Unterhalts eher die Regel als die Ausnahme ist, ist der Geschiedenenunterhalt gerade auch nach Verabschiedung der Verschuldensanknüpfung Folge der fortwirkenden Verantwortung aus der auf Lebenszeit geschlossenen Ehe, so daß man von einer die Scheidung überdauernden „Unterhaltsehe" sprechen kann. Der Unterhalt vor und nach Scheidung wurzelt in demselben „Rechtsboden", nämlich dem Ehegelöbnis und der ehelichen Gemeinschaft (BGH 20, 134). Daran ändern im Detail unterschiedliche Ausgestaltungen vor und nach Scheidung nichts. Dies zeigt sich insbesondere auch daran, daß eine Auslegung der relativ konturlosen Regelung des § 1361 ohne eine Heranziehung der §§ 1569ff nicht möglich ist. Außerhalb dieser mehr begrifflichen Ableitung sprechen alle Gründe der Prozeßökonomie für den Fortbestand des Unterhaltstitels nach § 1361 auch nach Scheidung sowie seine Abänderung ggfs nach § 323 ZPO. Dies vermeidet Mehrfachprozesse in derselben Sache. Vgl auch Göppinger/Wax/Kindermann, Unterhaltsrecht, Rz 1337. Allerdings ist die **Aufrechterhaltung** des Unterhaltsurteils **unbillig**, wenn die durch Fiktion zugrundegelegte Leistungsfähigkeit des Schuldners nicht mehr gegeben ist, Frankfurt FamRZ 1995, 735. Was vor der Klageerhebung im Wege der Überleitungsanzeige und der Sozialhilfegewährung auf den Träger der Sozialhilfe übergegangene Unterhaltsansprüche betrifft, so können diese, wenn die dazu erforderlichen Voraussetzungen vorliegen, von den Unterhaltsberechtigten in gewillkürter Prozeßstandschaft gegen den Pflichtigen geltend gemacht werden, vgl Hamm FamRZ 1989, 506. Fehlt in Fällen des Sozialhilfebezugs ein Überleitungsakt ganz oder liegt ein solcher nur dem Grunde nach vor, obliegt es dem Zivilgericht, die sozialhilferechtliche Vorfrage des Schuldnerschutzes selbständig zu prüfen, vgl hierzu Hamburg FamRZ 1991, 1298. Ist der Trennungsunterhalt in Form von Leistungen iSd § 323 I ZPO in einer notariellen Urkunde festgelegt, so vermag diese gemäß § 323 IV ZPO abgeändert zu werden und zwar auch rückwirkend nicht erst von dem Zeitpunkt an, in dem der Gläubiger seinen Verzicht auf seine Rechte aus der Urkunde in Verzug gekommen ist, vgl BGH FamRZ 1990, 989 in Fortführung vom BGH FamRZ 1989, 850; die zeitliche Beschränkung des § 323 III gilt nicht für die Abänderung notarieller Urkunden, vgl BGH FamRZ 1991, 542.

Was die prozessuale Geltendmachung eines von der neu eingefügten Verweisung auf § 1610a betroffenen Unterhaltsanspruchs betrifft, ist folgendes anzumerken: Der Gesetzgeber verzichtet auf eine Übergangsregelung und verweist bezüglich in der Revisionsinstanz schwebenden Rechtsstreiten auf die Vorschriften §§ 562ff ZPO über die Zurückverweisung sowie bezüglich bereits ergangener Unterhaltsentscheidungen auf die Möglichkeit der Geltendmachung der geänderten Rechtslage gemäß § 323 ZPO (BT-Drucks 11/6153, 8). **42**

1361a *Hausratsverteilung bei Getrenntleben*

(1) Leben die Ehegatten getrennt, so kann jeder von ihnen die ihm gehörenden Haushaltsgegenstände von dem anderen Ehegatten herausverlangen. Er ist jedoch verpflichtet, sie dem anderen Ehegatten zum Gebrauch zu überlassen, soweit dieser zur Führung eines abgesonderten Haushalts benötigt und die Überlassung nach den Umständen des Falles der Billigkeit entspricht.
(2) Haushaltsgegenstände, die den Ehegatten gemeinsam gehören, werden zwischen ihnen nach den Grundsätzen der Billigkeit verteilt.
(3) Können sich die Ehegatten nicht einigen, so entscheidet das zuständige Gericht. Dieses kann eine angemessene Vergütung für die Benutzung der Haushaltsgegenstände festsetzen.
(4) Die Eigentumsverhältnisse bleiben unberührt, sofern die Ehegatten nichts anderes vereinbaren.

Schrifttum: *Hambitzer*, Der possessorische Besitzschutz unter getrennt lebenden Ehegatten, FamRZ 1989, 236; *Kobusch*, **1** Eigenmächtiges Handeln bei der Trennung, FPR 1998, 129; *Maurer*, Die Wirkung vorläufiger Benutzungsregelungen zum Hausrat und zur Ehewohnung, FamRZ 1991, 886; *Quambusch*, Zur rechtlichen Behandlung der Vorräte bei Ehescheidung und Getrenntleben, FamRZ 1989, 691; *Reinecke*, Rechtsprechungstendenzen zur Hausratsteilung bei Trennung, Scheidung und Aufhebung der Ehe, FPR 2000, 96; *Schöpf*, Die Hausratsteilung im System der ehelichen Vermögensordnung, Diss Mannheim 1990; *Smid*, Einheitlicher Prozeß über Herausgabeansprüche zwischen Ehegatten und differenzierter Begriff des Hausrats im Zusammenhang mit der verschiedenen Rechtsinstitute, AcP 189, 51; *Vomberg*, Begriff der Hausratsgegenstände iSd § 1361a BGB, §§ 1, 8ff HausratsVO, FPR 2000, 67.

1. Zur Rechtslage vor dem GleichberG s Erman 9. Aufl Rz 1. **2**

2. Rechtslage seit dem GleichberG. Die Vorschrift stellt die Ehegatten gleich. Jeder kann nach der Trennung **3** grundsätzlich die ihm gehörenden Haushaltsgegenstände von dem anderen herausverlangen; vgl allgemein Vlassopoulos, Der eheliche Hausrat im Familien- und Erbrecht, 1983, 56ff. Die aus 13 I iVm 12 FGG folgende Amtsermittlungspflicht erfordert die Aufklärung der am Hausrat bestehenden Eigentumsverhältnisse (Brandenburg NJW-FER 2000,172). Wenn es jedoch der Billigkeit entspricht, muß er sie dem anderen zum Gebrauch überlassen, soweit dieser sie zur Führung eines abgesonderten Haushalts benötigt. Nach Billigkeitsgrundsätzen ist auch der den Ehegatten gemeinsam gehörende Hausrat zu verteilen (Abs II). Maßgebend sind alle Umstände des Einzelfalls, ebenso wie in den Fällen des § 1361 auch die Vermögens- und Erwerbsverhältnisse. Die Gründe, die zur Trennung der Ehegatten geführt haben, können grundsätzlich nicht mehr herangezogen werden. In § 1361 ist die Anknüpfung an die Trennungsgründe und das Trennungsverschulden aufgegeben. Dies gilt damit auch für § 1361a. Das Kriterium der Billigkeit ist in Anlehnung an § 1361 zu interpretieren. Dort spielt die Billigkeit nur noch im Rahmen der negativen Härteklausel eine Rolle (§ 1361 III iVm § 1579 I Nr 4). Es muß also eine grobe Unbilligkeit im dort verstandenen Sinne vorliegen, vgl Gernhuber/Coester-Waltjen, FamR § 19 III 4; zur Billigkeitsabwägung Köln FamRZ 1986, 703. Es ist einem Ehegatten wohl nicht zumutbar, einen Gegenstand aus sei-

§ 1361a Familienrecht Bürgerliche Ehe

nem Eigentum seinem Partner zur Mitbenutzung durch den Dritten, mit dem der Partner zusammenlebt, zu überlassen, vgl MüKo/Wacke Rz 11 u 14. Von **besonderer Bedeutung** ist regelmäßig, wer **Kinder** bei sich hat (KG FamRZ 2003, 1927 m zust Anm Wever). Im übrigen ist zu berücksichtigen, wer die einzelnen Sachen bisher überwiegend benutzt hat und in Zukunft nötiger hat, Staud/Hübner/Voppel Rz 26. Haben beide bestimmte Gegenstände nötig, so ist es meist billig, daß sie derjenige erhält, der schwerer als der andere gleichartige Sachen neu anschaffen kann. Nicht billig und zumutbar ist die Überlassung, wenn die Besorgnis gerechtfertigt ist, daß die andere Ehegatte die Sachen ordnungswidrig gebrauchen oder gar unbefugt darüber verfügen werde. Ergeben sich keine überwiegenden Billigkeitsgründe zugunsten des einen oder anderen Teils, so steht dem jeweiligen Eigentümer das Vorrecht zu. Die **Ehewohnung** fällt nicht unter § 1361a. Während eines Scheidungsrechtsstreits besteht die Möglichkeit einer einstweiligen Anordnung über die Benutzung der Ehewohnung nach § 620 S 1 Nr 7 ZPO, vgl dazu Zweibrücken FamRZ 1988, 86; Karlsruhe FamRZ 1978, 711; aA Gernhuber/Coester-Waltjen, FamR § 19 III 6. Eine auf § 985 gestützte Klage ist dann unzulässig, BGH 67, 217; BGH FamRZ 1978, 496; Köln NJW 1978, 1335. Die unklare Rechtslage, die hinsichtlich der Regelung der Benutzung der Ehewohnung vor Anhängigkeit einer Ehesache bestand (vgl dazu Erman 8. Aufl Rz 2), ist durch die Einfügung des § 1361b durch das UÄndG vom 20. 2. 1986 (BGBl I, 301) beseitigt worden. Der Ehegatte, der nach Billigkeit **Haushaltsgegenstände** benutzen will, die ihm nicht gehören, muß nicht nur darlegen, daß der andere Ehegatte diese Gegenstände zur selbständigen Führung eines Haushalts nicht benötigt, sondern auch, daß für seinen eigenen Haushalt diese Gegenstände unentbehrlich sind. Er kann sich dagegen nicht darauf berufen, daß die Gegenstände zur Erhaltung der bisherigen gemeinsamen Wohnung nötig sind, Frankfurt MDR 1960, 682. Zu den Haushaltsgegenständen gehören auch solche, die nicht unbedingt zur Wohnungseinrichtung erforderlich sind, zB ein Klavier, ein Fernsehgerät (vgl hierzu Düsseldorf MDR 1980, 850) oder Kunstgegenstände von hohem Wert, wenn sie ihrer Art nach als Haushaltsgegenstände geeignet sind und nach dem Lebenszuschnitt der Ehegatten als solche dienen, also nicht lediglich Kapitalanlage sind, BGH FamRZ 1984, 545; Brandenburg FamRZ 2003, 532. § 1361a begründet aber keine Pflicht zur Anschaffung nicht vorhandener Sachen und kein Recht zur eigenmächtigen Verwirklichung des Überlassungsanspruchs. Gebrauchte Sachen, die nicht zum Hausrat gehören, können bei der Verteilung nach § 1361a nicht berücksichtigt oder zum Austausch verwandt werden, Hamm JMBl NRW 1961, 175. Zum Haustier als Haushaltsgegenstand s Zweibrücken FamRZ 1998, 1432; AG Bad Mergentheim FamRZ 1998, 1432. Tiere sind dann keine Haushaltsgegenstände iSd Vorschrift, wenn sie nicht als „lebender Vorrat" gehalten werden, sondern mit ihnen eine Gewinnerzielungsabsicht verfolgt wird, Naumburg FamRZ 2001, 481 im Falle von Pferden. Regelmäßig gehört ein Pkw nicht zum Hausrat, zumal wenn er ausschließlich oder überwiegend für Fahrten zum Arbeitsplatz benutzt wird. Eine andere Beurteilung kann eingreifen, soweit der Pkw gemeinsam für private Familienzwecke, insbes zum Einkauf, zur Betreuung der gemeinsamen Kinder, zu Wochenendfahrten ua eingesetzt wird, vgl BGH FamRZ 1983, 794; KG FamRZ 2003, 1927; Karlsruhe FamRZ 2001, 760; Oldenburg FamRZ 1997, 942; Stuttgart FamRZ 1995, 1275 (geleaster Pkw); Köln FamRZ 1980, 249; zur Qualifizierung eines Pkw als Hausratsgegenstand vgl Hamm FamRZ 1990, 54. Ein zum Hausrat gehörender Pkw kann dem Zeitpunkt der Trennung vom anderen Ehegatten nicht nach § 985, sondern nur im Rahmen eines Hausratsverfahrens herausverlangt werden, vgl Zweibrücken FamRZ 1991, 848. Es kann deshalb unabhängig von den Eigentumsverhältnissen einem Ehegatten zur alleinigen Nutzung zugewiesen werden, München FamRZ 1998, 1230. Zu Frage des Alleineigentums an einem Pkw vgl Bremen FamRZ 1997, 943; München MDR 1997, 1032. Bei **Miteigentum** an fest installierten Haushaltsgegenständen (zB Waschmaschine im Keller) kann das Gericht von einer Zuweisung an einen Ehegatten absehen, wenn alternierende Benutzung (gerade und ungerade Tage) Streit vermeidet, vgl Hamburg FamRZ 1980, 250. Hausrat ist auch dann verteilungsfähig, wenn die Ehegatten an diesem kein Eigentum, sondern nur Mitbesitz haben, vgl Hamm FamRZ 1990, 531, zur Hausratsverteilung nach der Scheidung. Eine Vereinbarung, die die Eheleute über Hausrat schließen, ist unwirksam, wenn sie ein Getrenntleben ermöglicht oder erleichtert, Köln FamRZ 1982, 403; Düsseldorf FamRZ 1981, 545 m abl Anm Knütel.

4   Etwaige **Transportkosten** hat grundsätzlich der Empfänger zu tragen, desgleichen erforderliche Ausbesserungskosten; uU hat aber der andere Teil besonders hohe Aufwendungen hierfür neben der Rente zu erstatten, Soergel/H. Lange Rz 10; Staud/Hübner/Voppel Rz 36. Durch die Überlassung wird zwischen den Ehegatten ein leihe- oder mietähnliches familienrechtliches Verhältnis begründet, vgl Lüderitz, FamR § 12 IX Rz 285; aA Gernhuber/Coester-Waltjen, FamR § 19 III 4. Die Haftung der Ehegatten untereinander bestimmt sich nach § 1359. Auch der Überlassungsanspruch ist als erweiterter Unterhaltsanspruch unpfändbar und unübertragbar.

5   Der Herausgabeanspruch steht auch dem Ehegatten zu, der die Herstellung des ehelichen Lebens grundlos verweigert. Gegenüber diesem Anspruch ist ein Zurückbehaltungsrecht nicht ausgeschlossen und im Verfahren nach § 18a HausratsVO zulässig, KG FamRZ 1960, 71.

6   **3. Gerichtliches Verfahren – Abs III.** Können sich die Ehegatten über die Hausratsverteilung nicht einigen, ist das Verfahren der **HausratsVO** vor dem Richter der freiwilligen Gerichtsbarkeit (§ 13 HausratsVO) möglich, § 18a HausratsVO. Das Verfahren wird damit für die Ehegatten auch im Stadium der Trennung vereinfacht und verbilligt. Anwendbar sind aber nur die Verfahrensvorschriften der HausratsVO, nicht deren materiellrechtliche Vorschriften, die die Teilung des Hausrats nach der Scheidung betreffen. Daher kann entgegen §§ 8, 9 HausratsVO der Teilungsantrag auch auf einzelne Hausratsgegenstände beschränkt werden, BayObLG FamRZ 1972, 467, 468; Düsseldorf FamRZ 1999, 1270. Die Trennung der Ehegatten ist grundsätzlich kein endgültiger Zustand. Es kommt daher nur eine **einstweilige Regelung der Benutzung** in Betracht. Entscheidungen nach § 1361a verlieren daher ihre Kraft, wenn die Ehegatten die eheliche Lebensgemeinschaft wieder aufnehmen oder die Ehe rechtskräftig geschieden wird (Brandenburg NJW-FER 2000, 172). Das Gericht kann hierbei eine angemessene Vergütung für die Benutzung festsetzen, die der Nichteigentümer, dem die Benutzung zugesprochen wird, an den anderen Teil zu zahlen hat (Abs III S 2). Eine Benutzungsgebühr kann aber auch festgesetzt werden, wenn eine den Ehegatten

gemeinschaftlich gehörende Sache einem von ihnen zugewiesen wird. § 1361a III S 2 stützt aber nur Nutzungsentschädigungen, die für die Zukunft festgesetzt werden. Für zurückliegende Zeiten ist der Weg des Zivilprozesses zu beschreiten, vgl Köln FamRZ 1980, 249. Eine Eigentumszuteilung kann das Gericht bei seiner Entscheidung nicht anordnen. Es bleibt aber den Ehegatten selbst unbenommen, eine solche zu vereinbaren, gegebenenfalls auch durch gerichtlichen Vergleich. Wenn das aber nicht eindeutig vereinbart ist, so spricht die Vermutung dafür, daß die Eigentumsverhältnisse unberührt bleiben sollten und nur die einstweilige Benutzung während der Dauer der Trennung geregelt ist (Abs IV). Ein so erworbener Besitz begründet also nicht die Eigentumsvermutung nach § 1006, Staud/Hübner/Voppel Rz 53. Wegen der Zulässigkeit von Rechtsmitteln gegen gerichtliche Entscheidungen vgl § 14 HausratsVO, dagegen ist der Erlaß einer einstweiligen Verfügung durch das Prozeßgericht in Hausratssachen unzulässig, BGH FamRZ 1982, 1200 m Anm Walter JZ 1983, 541; Düsseldorf FamRZ 1978, 358; aA Stuttgart FamRZ 1978, 686; Düsseldorf FamRZ 1978, 523. In dem Verfahren nach der HausratsVO (§§ 18a, 13 HausratsVO, 621a ZPO) kann der Richter auch eine einstweilige Anordnung treffen, § 13 IV HausratsVO. Wenn ein Scheidungsverfahren anhängig ist, besteht auch die Möglichkeit einer einstweiligen Anordnung nach § 620 S 1 Nr 7 ZPO, vgl Schleswig FamRZ 1975, 164; Köln FamRZ 1986, 703. Dagegen ist das gewöhnliche Prozeßverfahren für Streitigkeiten zwischen getrennt lebenden Ehegatten über Haushaltsgegenstände ausgeschlossen, und zwar auch die Besitzstörungsklage gegenüber dem Verfahren vor dem Hausratsrichter, Köln FamRZ 1997, 1276; Oldenburg FamRZ 1994, 1254; Frankfurt FamRZ 1988, 399; Frankfurt FamRZ 1987, 1146; vgl auch Koblenz FamRZ 1985, 331; aA KG FamRZ 1987, 1147; Düsseldorf FamRZ 1987, 484 mit Anm Müller; Düsseldorf FamRZ 1983, 164; Frankfurt FamRZ 1981, 184 m abl Anm Vogel FamRZ 1981, 839; Hambitzer, Der possessorische Besitzschutz unter getrennt lebenden Ehegatten, FamRZ 1989, 236; wird das Prozeßgericht in solchen Fällen angerufen, hat aber nicht Abweisung, sondern Abgabe an den Hausratsrichter zu erfolgen (§ 18 HausratsVO). Zuständig ist nach § 11 HausratsVO jetzt das FamG, vgl Frankfurt FPR 2002, 529; Zweibrücken FamRZ 1980, 141; Köln FamRZ 1980, 249; Hamburg FamRZ 1980, 250; Düsseldorf Rpfleger 1978, 443. Für die Klage auf Herausgabe anderer Sachen als des Hausrats, also für Gegenstände des persönlichen Gebrauchs, ist die Zuständigkeit des Prozeßgerichts begründet, vgl Düsseldorf FamRZ 1978, 358; aA MüKo/Wacke Rz 9: FamG. Streiten sich die Ehegatten über die Eigentumslage, so ist diese Frage ebenfalls nicht im Rahmen eines Hausratsverfahrens, sondern in einem zivilprozessualen Verfahren zu klären, Celle FamRZ 1997, 381. Bei insgesamt zutreffender und gerechter Aufteilung des Hausrats für die Dauer des Getrenntlebens kann eine Beschwerde nicht darauf gestützt werden, einzelne Gegenstände seien anders zu verteilen gewesen, Zweibrücken FamRZ 1983, 1122.

Die **Vermutung des § 8 II der HausratsVO**, wonach Hausrat, der während der Ehe für den gemeinsamen Haushalt angeschafft ist, für die Verteilung als gemeinsames Eigentum anzusehen ist, solange nicht das Alleineigentum eines Ehegatten feststeht, gilt, obwohl eine besondere Vorschrift fehlt, entsprechend auch für das Hausratsverteilungsverfahren nach § 1361a, Hamburg FamRZ 1980, 250; Frankfurt FamRZ 1961, 223, hM, KG FamRZ 1960, 71; vgl aber für die Anwendung von §§ 13, 12 FGG: Brandenburg NJW-FER 2000, 172.

4. Ein **Hausratsteilungsverfahren** unter getrennt lebenden Ehegatten einschl ggf eines Verteilungsbeschlusses 7 des FamG endet mit der Rechtskraft des Scheidungsurteils, vgl LG Oldenburg FamRZ 1979, 43.

1361b *Ehewohnung bei Getrenntleben*

(1) Leben die Ehegatten voneinander getrennt oder will einer von ihnen getrennt leben, so kann ein Ehegatte verlangen, dass ihm der andere die Ehewohnung oder einen Teil zur alleinigen Benutzung überlässt, soweit dies auch unter Berücksichtigung der Belange des anderen Ehegatten notwendig ist, um eine unbillige Härte zu vermeiden. Eine unbillige Härte kann auch dann gegeben sein, wenn das Wohl von im Haushalt lebenden Kindern beeinträchtigt ist. Steht einem Ehegatten allein oder gemeinsam mit einem Dritten das Eigentum, das Erbbaurecht oder der Nießbrauch an dem Grundstück zu, auf dem sich die Ehewohnung befindet, so ist dies besonders zu berücksichtigen; Entsprechendes gilt für das Wohnungseigentum, das Dauerwohnrecht und das dingliche Wohnrecht.
(2) Hat der Ehegatte, gegen den sich der Antrag richtet, den anderen Ehegatten widerrechtlich und vorsätzlich am Körper, der Gesundheit oder der Freiheit verletzt oder mit einer solchen Verletzung oder der Verletzung des Lebens widerrechtlich gedroht, ist in der Regel die gesamte Wohnung zur alleinigen Benutzung zu überlassen. Der Anspruch auf Wohnungsüberlassung ist nur dann ausgeschlossen, wenn keine weiteren Verletzungen und widerrechtlichen Drohungen zu besorgen sind, es sei denn, dass dem verletzten Ehegatten das weitere Zusammenleben mit dem anderen wegen der Schwere der Tat nicht zuzumuten ist.
(3) Wurde einem Ehegatten die Wohnung ganz oder zum Teil überlassen, so hat der andere alles zu unterlassen, was geeignet ist, die Ausübung dieses Nutzungsrechts zu erschweren oder zu vereiteln. Er kann von dem nutzungsberechtigten Ehegatten eine Vergütung für die Nutzung verlangen, soweit dies der Billigkeit entspricht.
(4) Ist nach der Trennung der Ehegatten im Sinne des § 1567 Abs. 1 ein Ehegatte aus der Ehewohnung ausgezogen und hat er binnen sechs Monaten nach seinem Auszug eine ernstliche Rückkehrabsicht dem anderen Ehegatten gegenüber nicht bekundet, so wird unwiderleglich vermutet, dass er dem in der Ehewohnung verbliebenen Ehegatten das alleinige Nutzungsrecht überlassen hat.

Schrifttum: *Blank,* Zuweisung der Ehewohnung nach der HausrVO, FRP 1997, 119; *Bergerfurth,* Zur geplanten Änderung 1 des Eherechts: Anwaltszwang – Prozeßkostenhilfe – Zuweisung der Ehewohnung, FamRZ 1985, 545; *Brudermüller,* Die Zuweisung der Ehewohnung an einen Ehegatten, FamRZ 1987, 109; *ders,* Ehewohnung und Hausrat als Streitobjekt bei Trennung der Ehegatten, FuR 1996, 229; *ders,* Regelungen der Nutzungs- und Rechtsverhältnisse an Ehewohnung und Hausrat, FamRZ 1999, 129, 193; *ders,* Regelungen der Nutzungs- und Rechtsverhältnisse an Ehewohnung und Hausrat, FamRZ 2003, 1705; *ders,* Zuweisung der Mietwohnung bei Ehegatten, FuR 2003, 433; *Coester,* Wohnungszuweisung bei getrennt lebenden

§ 1361b Familienrecht Bürgerliche Ehe

Ehegatten, FamRZ 1993, 249; *Diederichsen*, Die Änderung des materiellen Rechts nach dem Unterhaltsänderungsgesetz, NJW 1986, 1283; *Erbarth*, Die Benutzungsvergütung des die Ehewohnung verlassenden Ehegatten bei Bestehen eines dinglichen Wohnrechts, NJW 1997, 974; *ders*, Die zeitlichen Grenzen des § 1361 II BGB, FamRZ 1998, 1007; *ders*, Der Anspruch des die Ehewohnung verlassenden Ehegatten auf Entrichtung einer Benutzungsvergütung für die Zeit des Getrenntlebens, NJW 2000, 1379; *Finger*, Die Zuweisung der Ehewohnung für die Dauer des Getrenntlebens nach § 1361b BGB, NJW 1987, 1001; *ders*, Zuweisung von Ehewohnung und Hausrat bei Trennungs- und Scheidungsverfahren mit Auslandsbezug, FuR 2000, 1 (Teil I) sowie FuR 2000, 64 (Teil II); *Gerhardt*, Wohnwert und „Drittelobergrenze" bei der Unterhaltsberechnung, FamRZ 1993, 1139; *Graba*, Das Familienheim beim Scheitern der Ehe, NJW 1987, 1721; *Grziwotz*, Schutz vor Gewalt in Lebensgemeinschaften und vor Nachstellungen, NJW 2002, 872; *Hesse/Queck/Lagodny*, „Hausverbot" für prügelnde Ehemänner (?), JZ 2000, 68; *Huber*, Die Ehewohnung in der Trennungszeit – Nutzungsvergütung oder Trennungsunterhalt?, FamRZ 2000, 129; *Klein*, Rechtsverhältnisse an Ehewohnung und Hausrat, FuR 1997, Teil 1 S 39, Teil 2 S 73, Teil 3 S 107, Teil 4 S 142; *Maurer*, Die Wirkung vorläufiger Benutzungsregelungen zum Hausrat und zur Ehewohnung, FamRZ 1991, 886; *Meder*, Häusliche Gewalt und eheliches Fehlverhalten als Kriterien für die Wohnungszuweisung gemäß § 1361b BGB, FuR 2001, 193; *Menter*, Verbotene Eigenmacht hinsichtlich der Ehewohnung bei getrennt lebenden Ehegatten, FamRZ 1997, 76; *Oenning*, Die Rechtsverhältnisse an der Ehewohnung im Getrenntleben und nach der Rechtskraft der Scheidung, FRP 1997, 122; *Pauling*, Die unterhaltsrechtliche Behandlung der Kosten für die Ehewohnung nach der Zuweisung der Ehewohnung an einen Ehegatten, FRP 1997, 130; *Sander*, Prozessuales in Wohnungszuweisungsverfahren, FRP 1997, 127; *Schreiber*, Benutzungsregelung nach § 1361b BGB, FRP 1997, 116; *Schumacher*, Mehr Schutz bei Gewalt in der Familie, FamRZ 2002, 645; *dies*, Der Regierungsentwurf eines Gesetzes zur Verbesserung des zivilgerichtlichen Schutzes bei Gewalttaten und Nachstellungen sowie zur Erleichterung der Überlassung der Ehewohnung bei Trennung, FamRZ 2001, 953; *Schwab*, 2002 – ein Jahr für Juristen, FamRZ 2002, 1; *Vaskovics*, Zuweisung der Ehewohnung bei Getrenntleben, FRP 1997, 115; *Vollmer*, Die Auswirkung des Getrenntlebens von Ehegatten auf Mietverträge, FamRZ 1999, 262.

2   **1. Entwicklung der Vorschrift.** § 1361b ist durch das UÄndG vom 20. 2. 1986 (BGBl I 301) in das BGB eingefügt worden, um eine durch das 1. EheRG entstandene Regelungslücke zu schließen. Läßt § 1565 II einerseits die Ehescheidung grundsätzlich erst nach einjährigem Getrenntleben zu, setzt andererseits die Zuweisung der Ehewohnung durch einstweilige Anordnung nach § 620 S 1 Nr 7, 620a II S 1 ZPO das Anhängigsein eines (schlüssigen) Scheidungsantrags voraus. Um den Ehegatten in Konfliktfällen dennoch ein Getrenntleben zu ermöglichen, wurde bis zur Neuregelung zunehmend die Auffassung vertreten, die Benutzung der Ehewohnung könne schon vor Anhängigkeit eines Scheidungsverfahrens analog §§ 1361a BGB, 18a HausratsVO geregelt werden; zum früheren Recht vgl Erman, 8. Aufl § 1361a Rz 2. Solche Umwege sind nunmehr unnötig.

3   Am 8. 3. 2001, dem 90. Internationalen Frauentag, hat der Deutsche Bundestag den Regierungsentwurf eines „Gesetzes zur Verbesserung des zivilgerichtlichen Schutzes bei Gewalttaten und Nachstellungen sowie zur Erleichterung der Überlassung der Ehewohnung bei Trennung" (kurz: „Gewaltschutzgesetz") in erster Lesung beraten. Dieser Entwurf wurde von der Bundesregierung am 13. 12. 2000 beschlossen. Die Neuregelungen sind zum 1. 1. 2002 in Kraft getreten. Damit reagierte der Gesetzgeber insbesondere auf die rechtspolitische Diskussion um die umstrittene Eingriffsschwelle der „schweren Härte" in Abs I der Altfassung. Diese Eingriffsschwelle wurde durch das Reformgesetz auf die der „unbilligen Härte" abgesenkt. Zudem wurde ein allgemeiner Anspruch auf Wohnungsüberlassung bei vorsätzlichen und widerrechtlichen Verletzungen von Körper, Gesundheit und Freiheit einer Person formuliert (Abs II) und über Änderungen im Verfahrens- und Vollstreckungsrecht eine einfache, schnelle und effektive gerichtliche Durchsetzung intendiert. Die Reform zielt nach österreichischem Vorbild (öBGBl 242. Stück vom 30. 12. 1996, S 5065) vor allem darauf ab, die zivilrechtlichen Möglichkeiten des präventiven Gewaltschutzes, die an sich bisher schon gegeben waren, deutlicher hervorzuheben und zu verbessern (vgl Schwab FamRZ 2002, 2).

4   **2. Inhalt.** Um die angedeuteten Schwierigkeiten und den in der bisherigen Rechtslage angelegten, im Hinblick auf Art 6 GG bedenklichen faktischen Zwang zum Scheidungsantrag (vgl Begründung RegE BT-Drucks 10/2888, 16) zu beseitigen, eröffnete das Gesetz in der bis zum 31. 12. 2001 geltenden Fassung die Möglichkeit, unter bestimmten restriktiven Voraussetzungen, nämlich zur Vermeidung einer „schweren Härte", die Ehewohnung einem Partner ganz oder zum Teil unabhängig von einem Scheidungsverfahren zuzuweisen (Abs I), uU gegen ein zu entrichtende Ausgleichszahlung. Der Gesetzgeber sah sich vor die Aufgabe gestellt, einerseits durch ein geordnetes Zuweisungsverfahren zum Abbau von Spannungen zwischen den Ehegatten beizutragen, andererseits aber eine von der Auflösung bedrohte Ehe nicht durch staatlichen Eingriff weiter zu destabilisieren, vgl Begründung RegE BT-Drucks 10/2888, 16. Aus diesem Grund wurde die Schranke für einen Antrag nach § 1361b bewußt hochgelegt und von dem Vorliegen einer „schweren Härte" abhängig gemacht. Im RegE war ursprünglich in Anlehnung an § 3 I HausratsVO der Begriff „unbillige Härte" vorgesehen. Im Laufe des Gesetzgebungsverfahrens wurde die bis zum 31. 12. 2001 geltende Formulierung gewählt, um so die Absicht zu verdeutlichen, einen Eingriff des Gerichts nur unter wesentlich engeren Voraussetzungen als nach der erst anläßlich der Scheidung anwendbaren HausratsVO zuzulassen, vgl Begründung RegE, aaO S 22. Ziel war es, Chancen für die Versöhnung der Ehegatten nicht durch einen vorschnellen staatlichen Schritt zu vereiteln.

Mit der am 1. 1. 2001 in Kraft getretenen Neufassung setzt die Zuteilung der Ehewohnung an einen Ehegatten nunmehr lediglich eine „unbillige Härte" (Abs I S 1) voraus. Damit soll die Eingriffsschwelle gegenüber der herrschenden „strengen" Richtung in der Judikatur abgesenkt werden (AG Saarbrücken FamRZ 2003, 531; AG Tempelhof-Kreuzberg FamRZ 2003, 532; Schwab FamRZ 2002, 2).

5   Zur **Kritik** an der bis zum 31. 12. 2001 geltenden Fassung vgl Erman, 9. Aufl § 1361b Rz 4. Um tatsächlich einen versöhnungsfördernden Effekt zu erreichen, wurde § 1361b bereits zuvor nicht allzu restriktiv ausgelegt. Diesem Umstand hat der Gesetzgeber nunmehr mittelbar (gesetzgeberische Intention war in erster Linie „Gewaltschutz" im häuslichen Bereich) durch Herabsenken der Schwelle Rechnung getragen. Damit wird auch eine Vereinheitlichung der Rspr erreicht.

3. Einzelerläuterungen. a) Wohnungszuweisung – Abs I. § 1361b findet Anwendung, wenn die Ehegatten 6 bereits getrennt (uU auch innerhalb der ehelichen Wohnung) leben, oder einer von ihnen dies anstrebt. Zum Getrenntleben vgl Erläuterungen zu § 1567. Es muß sich um die **Ehewohnung** handeln; betroffen sind alle Räume, die die Ehegatten zum Wohnen nutzen oder gemeinsam benutzt haben oder die dafür nach den Umständen bestimmt waren, München FamRZ 1986, 1019. Wohnung kann auch ein auf einem Campingplatz fest installiertes „Wohnmobil" sein, wenn es zum ständigen Wohnen an Wochenenden benutzt wird, vgl Zweibrücken FamRZ 1980, 569. Keine Wohnung ist ein Wochenendhaus, das nicht den Lebensmittelpunkt der Familie darstellt, Zweibrücken FamRZ 1981, 259. Ein Verfahren nach § 1361b ist ausgeschlossen, wenn die Eheleute bereits getrennte Wohnungen haben, es sei denn, eine zunächst einverständlich gefundene Benutzungsregelung erweist sich nachträglich als unzumutbar, vgl Köln FamRZ 1987, 77. Auf die dinglichen Rechtspositionen kommt es nicht an, Abs I S 3. Das Rechtsverhältnis an der Ehewohnung kann auch dann nach § 1361b bzw der HausratsVO geregelt werden, wenn das Nutzungsrecht durch Verwaltungsakt begründet worden ist, vgl Stuttgart FamRZ 1990, 1354.

Die Wohnungszuweisung kann angestrebt werden, um für den Betroffenen eine **unbillige Härte** zu vermeiden. 7 Der Begriff der „schweren" Härte ist durch den der „unbilligen" durch das „Gewaltschutzgesetz" ersetzt worden. Damit soll insbesondere die Überlassung der Ehewohnung an von Gewalt des Ehegatten betroffene Ehepartner erleichtert werden (Begründung zum Regierungsentwurf BT-Drucks 14/5429, 21). Vorausgegangen war eine vom Bundesministerium für Familie, Senioren, Frauen und Jugend in Auftrag gegebene rechtstatsächliche Studie (Schriftenreihe des Bundesministeriums für Familie, Senioren, Frauen und Jugend, Band 181). Nach Einschätzung von Experten ist die Gewalt, die sich innerhalb von Beziehungen im häuslichen Umfeld ereignet, die am häufigsten auftretende Form. Besonders davon betroffen seien Frauen und Kinder. So wird davon ausgegangen, daß ca 45 000 Frauen jährlich vor der Gewalt ihres Partners flüchten und Zuflucht in einem der 435 Frauenhäuser suchen (BT-Drucks 14/5429, 1). Die Praxis zur Altregelung, die eine „schwere Härte" erfordert hatte (vgl Erman 10. Aufl § 1361b Rz 6) wurde allgemein als unbefriedigend empfunden. So hatte die Studie eine sehr unterschiedliche Auslegung des Begriffs der „schweren Härte" durch die Familiengerichte gezeigt. Während in Ballungszentren und Städten der Begriff eher weit ausgelegt wurde, wurden an ihn in ländlichen Gebieten strengere Anforderungen gestellt. Die ratio legis der Wohnungszuweisung lag ursprünglich darin begründet, durch einen Abbau unerträglicher Spannungen zu einer Aussöhnung der Partner beizutragen (Begründung RegE BT-Drucks 10/2888, 16). Damit sind eheerhaltende Gesichtspunkte zwingend in die Abwägung einzubeziehen. Dies muß auch aufgrund der verbindlichen Wertentscheidungen hinsichtlich Ehe und Familie (Art 6 I GG) für die Neufassung gelten, wenngleich dort in der Gesetzesbegründung eheerhaltende Gesichtspunkte nicht mehr genannt und offensichtlich nicht mehr berücksichtigt werden sollen (vgl Begründung zum RegE BT-Drucks 14/5429). Aus Art 6 I GG folgt die Verpflichtung des Staates, die Ehe zu fördern, negativ das Verbot für den Staat selbst, deren Auflösung zu begünstigen (vgl Erbarth FuR 2001, 198). Dann können für eine „unbillige Härte" keinesfalls vorübergehende Streitigkeiten oder bloße Unbequemlichkeiten genügen, Hamburg FamRZ 1993, 190; AG Tempelhof-Kreuzberg FPR 2003, 26; AG Saarbrücken NJW-RR 2003, 145, oder der Wunsch zur Veräußerung oder optimalen Vermietung, Karlsruhe FamRZ 1999, 1087. Auch darf die Benutzungsregelung nicht dazu dienen, die Scheidung vorzubereiten oder zu erleichtern. Insbesondere ist es nicht ausreichend, wenn sich ein Ehegatte lediglich aus der Ehe lösen will und hierzu die alleinige Nutzung der Ehewohnung anstrebt, Begründung RegE BT-Drucks 10/2888, 16. Auf der anderen Seite muß es nicht notwendig zum Ausbruch physischer Gewalt mit unmittelbarer Gefahr für Leib und Leben des Partners oder der übrigen Familienmitglieder kommen, bei denen die Flucht in ein „Frauenhaus" oder ähnliche Einrichtung die einzige Alternative zu einer Aufteilung oder Zuweisung wäre. Der Extremfall **„Flucht ins Frauenhaus"** sollte auch nach der bis zur Reform geltenden Voraussetzung der „schweren Härte" nicht als Maßstab herangezogen werden, so aber KG FamRZ 1987, 850; KG FuR 1997, 123; anders München FuR 1997, 279: „Eine vorläufige Zuweisung der Ehewohnung kommt in Betracht, wenn ein Zusammenleben in der Wohnung nicht mehr zuträglich und zumutbar ist;" s AG Kerpen FamRZ 1997, 420. Denn es ist eine Illusion zu glauben, Auseinanderstrebende durch Zwang zusammenhalten zu können. Vielmehr dürfte eine allzu restriktive Handhabung bei beengten Wohnverhältnissen die Ehegatten indirekt zu einem Verhalten zwingen, das den Begriff der „unbilligen Härte" in jedem Falle erfüllt: eine Entwicklung, die den gesetzgeberischen Intentionen diametral entgegenliefe. Gerade das neue Richtmaß „unbillige Härte" weist über den Bereich der Gewaltfälle hinaus (Schwab FamRZ 2002, 2). So läßt Köln FamRZ 2001, 761 bereits für eine „schwere Härte" (iSd Altfassung) „grob rücksichtsloses Verhalten" genügen, „ohne daß er [der andere Ehegatte] seinen Partner bislang unmittelbaren Gefahren für Leib oder Leben ausgesetzt hat." Dies sei insbesondere der Fall, wenn er sich in hohem Maße unbeherrscht und unberechenbar zeige, indem er beispielsweise die Wohnungseinrichtung bei Auseinandersetzungen mit einem Beil beschädigt. Für Bamberg NJW-FER 2000, 138 reicht bereits eine eigene psychische Erkrankung des die Wohnungszuweisung begehrenden Ehegatten aus, wenn die Tatsache des Zusammenlebens bei diesem zu Wein-, Panik- und Schmerzattacken führt.

Daß eine Beeinträchtigung des **Wohls des im gemeinsamen Haushalt lebenden Kindes** eine unbillige Härte 8 im Sinne der Vorschrift begründen kann, ist nunmehr ausdrücklich gesetzlich geregelt worden (Abs I S 2), was sich allerdings bereits auch für das bisherige Recht verstanden hatte (Schwab FamRZ 2002, 2). Bei einer Kindeswohlgefährdung wird das Gericht in der Regel eine unbillige Härte annehmen müssen (BT-Drucks 14/5429). Je kleiner die Kinder sind, desto gravierender werden die Spannungen zwischen den Eltern empfunden, desto niedriger ist daher der notwendige Grad der Störungen anzusetzen, zumal wenn sich diese gegen den weiblichen Partner richten und so das emotionale Mutter-Kind-Verhältnis stark beeinflussen; vgl auch Koblenz FamRZ 1987, 852; KG FamRZ 1987, 850; Bamberg FamRZ 1990, 1353 (ggf entscheidende Bedeutung des Kindeswohls); Schleswig FamRZ 1991, 1301 (Alleinzuweisung wurde bejaht, um schwerwiegende Entwicklungsstörungen eines behinderten Kindes zu vermeiden); zum Kindeswohl s Frankfurt FamRZ 1996, 289; Köln FamRZ 1996, 1220; Bamberg

§ 1361b Familienrecht Bürgerliche Ehe

FuR 1995, 237; Brandenburg FamRZ 2001, 636; AG Essen FamRZ 1993, 1442. Andererseits sind den Eltern gerade im Interesse des Kindes Beiträge für eine wohnatmosphärische Beruhigung abzuverlangen, AG Saarbrücken FamRZ 2003, 531. Bei schweren Störungen des Familienlebens durch körperliche oder psychische Mißhandlung der Familienmitglieder, bei exzessivem **Alkohol- oder Drogenkonsum** ist § 1361b in jedem Fall gegeben, Karlsruhe FRP 1997, 155; Hamm FamRZ 1996, 1411; Bamberg FamRZ 1995, 560; Hamm FamRZ 1993, 1441; Hamm FamRZ 1993, 1442; Düsseldorf FamRZ 1988, 1058. Ausreichend sind aber auch geringere Beeinträchtigungen, die ein geordnetes Zusammenleben unmöglich machen, Verhaltensweisen also, die nicht mehr als Ausdruck augenblicksbezogener Entgleisung zu werten sind. Dazu kann das häufige Mitbringen von Zechkumpanen oder des Partners einer außerehelichen Beziehung ebenso gehören wie die dauernde Störung der Nachtruhe. Mit zunehmender Dauer der Trennung sind an den Begriff der unbilligen Härte geringere Anforderungen zu stellen, vgl Köln FamRZ 1996, 547; Bamberg FamRZ 1990, 1353 entsprechend zum Begriff der „schweren Härte".

9   Der Gesetzgeber hat von einem Katalog der „Härtefälle" abgesehen und an einem auslegungsbedürftigen Rechtsbegriff („unbillige Härte") festgehalten. Dies geschah im Hinblick darauf, daß die häufigsten, eine unbillige Härte begründenden Lebenssachverhalte ausdrücklich im Gesetz genannt werden, so die Anwendung von Gewalt und die Beeinträchtigung des Wohls von im Haushalt lebenden Kindern. Eine Aufzählung hätte wegen der Vielgestaltigkeit der Lebensverhältnisse ohnehin keinen Anspruch auf Vollständigkeit erheben können.

10 Bei der Härteabwägung sind die **dinglichen Rechtsverhältnisse** der Ehegatten bezüglich der Wohnung besonders zu berücksichtigen, § 1361b I S 3, ohne allerdings unbedingt entscheidend sein zu müssen. Insbesondere in Fällen, in denen minderjährige Kinder zu betreuen sind, dürfte eine Zuweisung ohne Rücksicht auf eine Eigentümerstellung des anderen Partners möglich sein. Ist mit einer Aussöhnung nicht zu rechnen, kann es geboten sein, die Zuweisung auf einen Zeitraum zu befristen, innerhalb dessen der Nichteigentümer-Ehegatte eine angemessene Wohnung finden kann, vgl Johannsen/Henrich, Eherecht, § 1361b Rz 61. Durch die nach S 3 besonders zu berücksichtigende dingliche Rechtsposition des die Zuweisung begehrenden Ehegatten wird die Eingriffsschwelle der „unbilligen Härte" herabgesetzt, vgl Hamm FamRZ 1989, 739. Das Zeitmoment kann im Rahmen der vorzunehmenden Gesamtabwägung entscheidend sein, vgl ebenda. Eine Wohnungszuweisung kann allerdings nicht erfolgen, wenn der Miteigentümer lediglich die Veräußerung der Wohnung anstrebt, Köln FamRZ 1997, 943; aA für den Ausnahmefall Hamburg FamRZ 1992, 1298.

11 Die Wohnung kann **ganz oder teilweise zugewiesen** werden, je nach dem, was der Grundsatz der Verhältnismäßigkeit gebietet. Der gänzliche „Hinauswurf" eines Partners sollte das letzte Mittel sein; Braunschweig NJW-RR 1996, 578; MüKo/Wacke Rz 9. Liegt allerdings eine unbillige Härte vor, darf die **Räumungsfrist** für den anderen Ehegatten nicht über einen längeren Zeitraum ausgedehnt werden, selbst wenn die Räumung auch für ihn eine schwere Belastung darstellt, München FuR 1997, 278; München FamRZ 1998, 1170. Im Hinblick auf das Ziel, Spannungen und Streitigkeiten zu mildern, wird angesichts der Enge von Wohnverhältnissen eine Aufteilung nur ausnahmsweise dann möglich sein, wenn die Ehewohnung groß genug ist und klar abgrenzbare Bereiche umfaßt. In jedem Fall ist von beiden Ehegatten ein Beitrag zur „wohnatmosphärischen Beruhigung" zu verlangen, AG Saarbrücken FamRZ 2003, 531; Frankfurt FamRZ 1987, 159.

12 b) **Wohnungsüberlassung bei häuslicher Gewalt – Abs II.** Der Gesetzgeber hat nunmehr in Abs II S 1 festgelegt, daß bei Gewalttaten einschließlich der widerrechtlichen Drohung mit solchen regelmäßig nur eine **alleinige Nutzung** der gesamten Wohnung in Betracht kommt, um das Opfer vor weiteren Taten hinreichend zu schützen. Ein Getrenntleben in derselben Wohnung bietet oft Anlaß für neue Konflikte, die in körperlichen Mißhandlungen enden können (BT-Drucks 14/5429 zu Art 2 II). Eine **Ausnahme** wird nur in den Fällen gemacht werden können, in denen die **Wohnverhältnisse** der Ehegatten so **großzügig** bemessen sind, daß mit einem Aufeinandertreffen der zerstrittenen Eheleute nicht zu rechnen ist.

13 Nach S 2 ist der Anspruch auf Wohnungsüberlassung in den „Gewaltfällen" nur dann ausgeschlossen, wenn weitere Verletzungen oder Drohungen nicht zu besorgen sind. Damit wird der zu § 1004 entwickelte Rechtsgedanke übertragen, daß Schutzmaßnahmen nicht notwendig sind, wenn weitere Beeinträchtigungen nicht zu erwarten stehen. Nach der Begehung von Gewalttaten ist jedoch tatsächlich zu vermuten, daß der Täter weitere Taten begehen wird. S 2 enthält eine Beweislastumkehr: So ist es an dem Täter darzulegen und zu beweisen, daß weitere Taten nicht befürchtet werden müssen. Der Anspruch auf die Wohnungsüberlassung ist jedenfalls dann gegeben, wenn dem Opfer wegen der Schwere der Tat das Zusammenleben mit dem Täter nicht zugemutet werden kann, selbst dann, wenn keine weiteren Verletzungen oder Drohungen zu erwarten sind (vgl zum ganzen BT-Drucks 14/5429, Begr zu Art 2 II).

14 c) **Wohlverhaltensgebot – Abs III S 1.** Der zur Wohnungsüberlassung Verpflichtete hat alles zu unterlassen, was geeignet ist, die Ausübung des Nutzungsrecht an der Wohnung durch den anderen zu erschweren oder zu vereiteln. Dazu gehört das Verbot, das Mietverhältnis über die Wohnungsüberlassung zu kündigen oder die Ehewohnung zu veräußern (so ausdrücklich die RegBegr in BT-Drucks 14/5429, zu Art 2 III); offenlassend hingegen Schwab FamRZ 2002, 2. Das Gericht kann über den im Verfahren nach § 1361b anwendbaren § 15 HausratsVO die notwendigen Anordnungen treffen. Hierdurch kann verhindert werden, daß der zur Wohnungsüberlassung verpflichtete Ehegatte die Wohnungsüberlassung unterläuft. Ein gegen die Anordnung verstoßendes Rechtsgeschäft, etwa die Kündigung eines Mietverhältnisses oder die Veräußerung der Wohnung, ist dem in der Wohnung verbleibenden Ehegatten gegenüber relativ unwirksam. Derartige gerichtliche Anordnungen stellen dann zumindest ein relatives Verfügungsverbot iSv § 136 dar (Erbarth FuR 2001, 197 geht hingegen davon aus, daß das aus § 1353 I S 1 folgende Recht zum Mitbesitz der Ehewohnung ein absolutes Recht zum Besitz einräumt und sich daher nicht nur gegen den anderen Ehegatten, sondern auch gegen Dritte richtet mit der Folge, daß es keiner Regelung iSv § 1361b III S 1 bedarf). Zugleich wird durch Abs III S 1 klargestellt, daß der zur Wohnungsüberlassung

verpflichtete Ehegatte sich auch tatsächlicher Handlungen zu enthalten hat, die das Benutzungsrecht erschweren oder vereiteln würden. Zu den für die Durchführung einer Wohnungszuweisung erforderlichen Anordnungen kann daher auch das Verbot gehören, die Ehewohnung zu betreten oder sich der Ehewohnung auf eine bestimmte Distanz hin zu nähern, Köln FamRZ 2003, 319.

d) Nutzungsvergütung – Abs III S 2. Hat ein Ehegatte die Pflicht, dem anderen die Wohnung ganz oder zum **15** Teil zu überlassen, kann er von diesem eine Vergütung verlangen, dh in erster Linie dann, wenn die Ehewohnung dem weichenden Teil allein oder zusammen mit Dritten gehört. Anspruch besteht auch bei freiwilligem Auszug, München FamRZ 1999, 1270. Das Gesetz nimmt Bezug auf die Rspr, die zu §§ 3, 5 HausratsVO bzw zu § 741 ergangen ist; Einzelheiten siehe dort; vgl auch BGH NJW 1982, 1753; 1983, 1845; München FamRZ 1997, 421; Schleswig JZ 1988, 1075; AG Köln FamRZ 1991, 811; Düsseldorf FamRZ 1999, 1271. Zum Entschädigungsanspruch eines Ehegatten, der aufgrund des Scheiterns der Ehe die Ehewohnung verlassen hat, gegen den in der Wohnung verbliebenen Ehegatten, wenn beiden an der Ehewohnung ein dingliches Wohnrecht zusteht s BGH NJW 1996, 2153; Brandenburg FamRZ 2001, 427; vgl hierzu auch Huber FamRZ 2000, 129 (130). Anstelle eines Vergütungsspruchs kann als „rechtliches Minus" auch Freistellung von Mietansprüchen des Vermieters verlangt werden (Naumburg FamRZ 2003, 1748).

Die Zahlung der Nutzungsvergütung muß der **Billigkeit** entsprechen. Die Höhe der Vergütung richtet sich **16** grundsätzlich (Brandenburg FPR 2002, 145), aber nicht zwingend nach dem Mietwert der Ehewohnung, Köln FamRZ 1998, 1434. Dies ist nicht bereits dann gegeben, wenn das monatliche Einkommen des in der Ehewohnung verbleibenden Ehegatten dasjenige des anderen um ein Mehrfaches übersteigt, Köln FamRZ 1993, 562. Ferner sind die Lebens- und wirtschaftlichen Verhältnisse der Ehegatten, ihre bisherige Lebensgestaltung, der tatsächliche Wohnbedarf, die Kosten und Lasten für die Wohnung sowie die Gesamtumstände des Einzelfalles zu berücksichtigen (Brandenburg FPR 2002, 145). Eine Vergütung ist ausgeschlossen, wenn der Nutzungswert der Wohnung bereits bei der Unterhaltsberechnung selbst berücksichtigt wurde, BGH NJW 1986, 1339f; Bamberg FamRZ 1992, 560.

§ 1361b III S 2 ist entsprechend auf die Fälle **anwendbar**, in denen **keine Verpflichtung** zur Überlassung der **17** Ehewohnung besteht, Braunschweig FamRZ 1996, 548; Köln FamRZ 1992, 440; Frankfurt FamRZ 1992, 677; Pal/Brudermüller Rz 26, aA Erbarth FuR 2001, 197 (201).

e) Unwiderlegliche Vermutung der Nutzungsüberlassung – Abs IV. Es wird unwiderlegbar vermutet, daß **18** ein Ehegatte, der zur Durchführung einer Trennung aus der gemeinsamen Wohnung ausgezogen ist und auch nicht innerhalb eines Zeitraums von sechs Monaten nach dem Auszug dem verbliebenen Ehegatten gegenüber die Absicht geäußert hat, zurückkehren zu wollen, dem anderen, in der Ehewohnung verbliebenen Ehegatten das Recht zur alleinigen Nutzung überlassen hat. Dies hat zur Folge, daß der in der Wohnung verbliebene Ehegatte die Rückkehr des ausgezogenen Ehegatten in die Ehewohnung nicht zu dulden braucht. Eine Abkürzung der Trennungsfristen nach den §§ 1565ff ist damit nicht verbunden, wenngleich auch bereits sechs Monate, nachdem ein Ehegatte die Wohnung verlassen hat, für den anderen Teil ein Recht zum Alleinbesitz der Ehewohnung begründet wird. Vgl hierzu die Begründung RegE BT-Drucks 14/5429 zu Art 2 IV. Für einen Verstoß der Vorschrift gegen den Normzweck der §§ 1565 II, 1566 I, die Ehegatten vor vorschnell gefaßten Scheidungsentschlüssen zu schützen, vgl Erbarth FuR 2001, 197. Abs IV betrifft allein Fälle, in denen ein Ehegatte die Ehewohnung verläßt, obwohl von keiner Seite eine Überlassungsverpflichtung nach § 1361b I S 1 besteht, weil die Ehegatten weder eine Benutzungs- und Vergütungsvereinbarung getroffen haben, noch die tatbestandlichen Zuweisungsvoraussetzungen der Vorschrift gegeben sind. In Abs IV wird nämlich statt des bei einer Überlassungsverpflichtung stets gebrauchten Ausdrucks „überlassen" demgegenüber der Begriff „ausgezogen" verwendet (Erbarth FuR 2001, 197).

4. Für das **Verfahren** nach § 1361b gelten die §§ 13ff HausratsVO entsprechend. § 7 HausratsVO (Beteiligung **19** des Vermieters und sonstiger Dritter iS dieser Vorschrift am Verfahren) ist unanwendbar, vgl Hamm FamRZ 1987, 1277; Finger NJW 1987, 1001 (1003); Johannsen/Henrich, Eherecht, § 1361b Rz 57; Soergel/H. Lange Rz 9; MüKo/Wacke Rz 18; aA Koblenz FamRZ 1987, 406 mit abl Anm Gottwald; Diederichsen NJW 1986, 1283 (1284). Der Gesetzgeber verfolgte das Ziel, solange eine Ehe nicht endgültig gescheitert ist, „eine Verrechtlichung, insbesondere mit erkennbarer Außenwirkung gegenüber Dritten" soweit wie möglich zu vermeiden, um Versöhnungsansätze nicht zu verschütten, vgl Begründung RegE BT-Drucks 10/2888, 16. Dem liefe eine Beteiligung des Vermieters zuwider, für die auch um so weniger spricht, als bei einem Verfahren nach § 1361b schon im Hinblick auf seine Vorläufigkeit anders als bei demjenigen nach der HausratsVO „anläßlich der Scheidung" keinerlei Umgestaltung der Rechtsverhältnisse (§ 5 HausratsVO) vorgenommen wird, das Verfahren vielmehr lediglich zwischen den Eheleuten wirkt. Vgl auch Zweibrücken FamRZ 1999, 55, das während des Getrenntlebens der Parteien eine Umgestaltung des Mietvertrages als eine über die Benutzung der Ehewohnung hinausgehende Regelung ablehnt, auch wenn einer der Ehegatten, die beide den Mietvertrag unterschrieben haben, kein Interesse mehr an der Nutzung der Ehewohnung hat. Insbesondere genügt das Interesse des Hauseigentümers, „saubere" Mieter zu haben, nicht (Koblenz FamRZ 1987, 406), um ihn zu einem formell Beteiligten zu machen. Das Verfahren ist eine isolierte Familiensache, § 621 I Nr 7 ZPO. Eine Entscheidung im Verbund ist nicht ausgeschlossen. Das FamG ist auch zuständig, wenn die Ehegatten ursprünglich über die Nutzung der Wohnung gestritten hatten, nunmehr aber streiten, Köln FamRZ 1987, 77. Solange sich die Ehegatten um eine zu zahlende Nutzungsentschädigung streiten, bleibt das FamG zuständig. § 1361b ist gegenüber § 745 II lex specialis, KG FamRZ 1997, 421; LG Waldshut/Tiengen FamRZ 1999, 1088. Es handelt sich allerdings nicht um eine Familiensache iSd § 23b I S 2 Nr 8 GVG, sondern um eine **allgemeine Zivilsache**, wenn sich getrennt lebende Ehegatten geeinigt haben, wer von ihnen künftig die im gemeinsamen Miteigentum stehende Ehewohnung benutzen und sie sich lediglich über die Nutzungsentschädigung streiten, vgl Bamberg FamRZ 1990, 179, bzw auf Räumung klagen, Karlsruhe NJW-RR 1995,

§ 1361b   Familienrecht Bürgerliche Ehe

1473. Zur Bindungswirkung eines Beschlusses über die Abgabe/Verweisung innerhalb desselben Gerichts vgl Bamberg FamRZ 1990, 179. Zur Frage, ob es sich bei dem Rechtsstreit zwischen getrennt lebenden Ehegatten über die Zuweisung eines Gartenhäuschens um eine Familiensache handelt, vgl BGH NJW-RR 1990, 1026. Der Zulässigkeit des Verfahrens nach § 1361b steht eine Einigung der Ehegatten nicht entgegen, sofern über deren Verbindlichkeit Streit entsteht vgl KG FamRZ 1990, 183. Das Verfahren kommt auf (Verfahrens-)Antrag eines Ehegatten in Gang; der Richter ist an einen Sachantrag inhaltlich nicht gebunden, kann die Wohnung also anders zu- oder aufteilen, als vom Antragsteller gewollt, Zweibrücken FamRZ 1987, 508. Ein Antrag kann beispielsweise nicht darauf gerichtet sein, dem anderen zu verbieten, einen Dritten in die eheliche Wohnung mitaufzunehmen, Köln FRP 1997, 157. Nicht möglich ist die Zuweisung gegen den Willen der beiden Eheleute. Der Geschäftswert für das Verfahren der Wohnungszuweisung bestimmt sich nach dem sechsmonatigen Mietwert der Ehewohnung, Zweibrücken FamRZ 2001, 1387.

20 § 1361b erlaubt nur **vorläufige Regelungen**; Bamberg FamRZ 1992, 1299; KG NJW-RR 1993, 132; Köln FamRZ 1994, 632; München FRP 1997, 155. Einstweilige Anordnungen können nach § 13 IV HausratsVO ergehen; sie sind nach wohl inzwischen überwiegender Ansicht mit der Beschwerde anfechtbar, vgl Brandenburg FamRZ 1996, 743 (sofortige Beschwerde); Schleswig FamRZ 1990, 546; Hamm FamRZ 1988, 1303 mwN; aA Stuttgart FamRZ 1986, 1235. Eine einstweilige Anordnung auf Zuweisung der Ehewohnung während des Getrenntlebens soll nur bei besonders schwerer Härte erfolgen, vgl Schleswig FamRZ 1990, 546. Das Verfahren nach § 18a HausratsVO iVm § 1361b ist neben dem Verfahren des **vorläufigen Rechtsschutzes** zulässig, Köln FamRZ 1994, 632 mwN. Ist ein Scheidungsverfahren anhängig, hat § 620 S 1 Nr 7 Vorrang; aA Finger NJW 1987, 1003: parallel anwendbar. Ein nach § 1361b anhängiges Verfahren bleibt trotz Anhängigkeit der Scheidungssache zulässig, vgl KG FamRZ 1990, 183. Streitig ist die Frage, unter welchen Voraussetzungen ein Ehegatte, der vom anderen Ehegatten aus der Ehewohnung während der Trennungszeit ausgesperrt wurde, einen **Wiedereinräumungsanspruch des Besitzes** an der Wohnung zum Zwecke des Getrenntlebens innerhalb der Wohnung hat. Teilweise wird die Auffassung vertreten, die Regelung des § 1361b schließe als lex specialis Eigentumsherausgabeklagen (§ 985) und Besitzschutz- bzw Besitzstörungsklagen (§ 861) grundsätzlich aus, Köln FamRZ 1987, 77. Nach aA besteht zwischen den Normen §§ 1361a, b und § 861 eine freie Anspruchskonkurrenz, so Düsseldorf FamRZ 1983, 164. Eine vermittelnde Meinung läßt beide Ansprüche zu (vgl Hamm FamRZ 1991, 81), beachtet allerdings den Regelungsgehalt des § 1361b auch für possessorische Ansprüche. Karlsruhe FamRZ 2001, 760 räumt dem den Besitz begehrenden Ehegatten einen Wiedereinräumungsanspruch nach § 1361b analog ein, betont aber zugleich die Notwendigkeit, den Regelungsgehalt des possessorischen Besitzschutzes miteinzubeziehen. Fraglich ist auch das Verhältnis von § 1361b gegenüber **§ 2 GewSchG** als allgemeine materiell-rechtliche Grundlage für die Wohnungsüberlassung in den Fällen, in denen Gewalttaten im Rahmen eines auf Dauer angelegten gemeinsamen Haushaltes begangen werden. So geht die Regierungsbegründung (vgl BT-Drucks 14/5429 Begründung Allgemeiner Teil D.I.5.) davon aus, daß § 1361b für Ehegatten die gegenüber § 2 GewSchG speziellere Norm sei, da § 1361b die Überlassung der Ehewohnung gerade für die Zeit des Getrenntlebens bis zur Scheidung regele. Dem kann nicht zugestimmt werden. Die ratio legis von § 1361b liegt gerade darin begründet, durch die Zuweisung der Ehewohnung deeskalierend auf das gespannte Verhältnis unter den Ehegatten einzuwirken. Die Wohnungsüberlassung ist getragen von der Motivation der Eheerhaltung. Dahingehend ist auch die Vorschrift des § 1361b auszulegen, um verfassungskonform (Art 6 GG) zu sein. Von einer Ehewohnungszuweisung mit Blick in Richtung Scheidung kann also gerade nicht die Rede sein. Mithin ist davon auszugehen, daß die Vorschriften aufgrund ihrer unterschiedlichen Regelungsgehalte in Anspruchskonkurrenz zueinander stehen. Im Verfahren auf Zuweisung der Ehewohnung im Rahmen der einstweiligen Anordnung kann – anders als im Verfahren betreffend das Sorge- oder Umgangsrecht – die Beiordnung eines Rechtsanwalts im Rahmen der Prozeßkostenhilfe erforderlich sein, vgl Hamm FamRZ 1990, 892. Der Anspruch auf einstweilige Wohnungszuweisung gemäß § 620 S 1 Nr 7 ZPO ist unterhaltsrechtlich zu qualifizieren, so daß das anwendbare materielle Recht durch Art 18 EGBGB und nicht durch Art 14 EGBGB bestimmt wird, vgl Hamm FamRZ 1993, 191; Karlsruhe FamRZ 1993, 1464; Hamm FamRZ 1989, 621. Demgegenüber unterscheidet Stuttgart FamRZ 1990, 1354 zwischen faktischem Getrenntleben (Anwendung des allgemeinen Ehewirkungsstatuts Art 14 EGBGB) und einer Scheidung und förmlicher Trennung (Anwendung des auf Scheidung oder Trennungsanspruch anwendbaren Rechts, vgl im einzelnen Kommentierung zu Art 14, 17, 18 EGBGB). Zur Frage einer Wohnungsregelung nach türkischem Recht während des Getrenntlebens vgl Stuttgart FamRZ 1990, 1354.

1362 *Eigentumsvermutung*

(1) Zugunsten der Gläubiger des Mannes und der Gläubiger der Frau wird vermutet, dass die im Besitz eines Ehegatten oder beider Ehegatten befindlichen beweglichen Sachen dem Schuldner gehören. Diese Vermutung gilt nicht, wenn die Ehegatten getrennt leben und sich die Sachen im Besitz des Ehegatten befinden, der nicht Schuldner ist. Inhaberpapiere und Orderpapiere, die mit Blankoindossament versehen sind, stehen den beweglichen Sachen gleich.

(2) Für die ausschließlich zum persönlichen Gebrauch eines Ehegatten bestimmten Sachen wird im Verhältnis der Ehegatten zueinander und zu den Gläubigern vermutet, dass sie dem Ehegatten gehören, für dessen Gebrauch sie bestimmt sind.

1 **Schrifttum:** *Brox,* Zur Frage der Verfassungswidrigkeit der § 1362 BGB, 739 ZPO, FamRZ 1981, 1125; *Hofmann,* Eigentumsvermutung und Gewahrsamsfiktion in der „Ehe ohne Trauschein"?, ZRP 1990, 409; *Holzapfel,* Ehegattenschenkungen und Gläubigerschutz, 1979; Zwangsvollstreckung gegen Ehegatten, DB 1965, 961ff, 1001ff; *Heinzjörg Müller,* Zwangsvollstreckung gegen Ehegatten, 1970, mit Besprechung Baur, FamRZ 1970, 677; *Schneider,* Widerlegte Eigentumsvermutung des § 1362 BGB, JurBüro 1979, 664; *Struck,* Gläubigerschutz und Familienschutz, AcP 187, 404; *Vlassopoulos,* Der eheliche Haus-

rat im Familien- und Erbrecht, 1983; *Weimar,* Ist die entsprechende Anwendung des § 739 ZPO auf eheähnliche Gemeinschaften begründet?, JR 1982, 823; *ders,* Die Zwangsvollstreckung gegen Ehegatten, JurBüro 1982, 183; *Wolf,* Zur Verfassungsmäßigkeit der §§ 739 ZPO, 1362 BGB nach der Entscheidung des BVerfG zur „Schlüsselgewalt", FuR 1990, 216.

1. Zweck und Stellung der Vorschrift im System. Ihre Bedeutung ist nur im Zusammenhang mit der Regelung des § 739 ZPO verständlich. Er lautet: 2

„(1) Wird zugunsten der Gläubiger eines Ehemannes oder der Gläubiger einer Ehefrau gemäß § 1362 des Bürgerlichen Gesetzbuches vermutet, daß der Schuldner Eigentümer beweglicher Sachen ist, so gilt, unbeschadet der Rechte Dritter, für die Durchführung der Zwangsvollstreckung nur der Schuldner als Gewahrsamsinhaber und Besitzer.

(2) ..."

Läßt schon die tatsächliche Herrschaft über eine Sache, im allgemeinen keinen sicheren Schluß auf die Rechtsherrschaft eines Eigentümers zu, so gilt dieses besonders für Sachen, die im räumlichen Bereich einer Ehe stehen. Denn in der ehelichen Lebensgemeinschaft lassen der gemeinsame Gebrauch und die gemeinsame Nutzung des beiderseitigen Vermögens die Vermögenstrennung, die das Gesetz, vor allem auch im gesetzlichen Güterstand der Zugewinngemeinschaft, klar durchgeführt hat, nicht erkennbar werden. Die Eheleute selbst wissen einige Zeit nach der Anschaffung eines bestimmten Gegenstandes, selbst wenn sie in Gütertrennung leben, nicht, wem er gehört, und neigen dazu, viel öfter gemeinschaftliches Eigentum anzunehmen, als es rechtlich gerechtfertigt ist. Solche Unklarheiten können vor allem die Gläubiger, die nur Rechte gegen einen der Ehegatten haben, benachteiligen, weil sie nicht beweisen können, daß ein bestimmter Gegenstand zum Vermögen oder zum Besitz oder vollstreckungsrechtlichen Gewahrsam ihres Schuldners gehört. Sie wissen nicht, ob er ihrem Vollstreckungszugriff unterliegt und können nicht voraussehen, ob ihr Zugriff auch nur förmlich rechtmäßig ist. Nur bei unbeweglichen Sachen gibt das Grundbuch Auskunft über Eigentum.

Bei **beweglichen Sachen** versagt die Hilfe, die außerhalb der Ehe § 1006 gewährt, denn er kommt Dritten nicht zustatten, die eine Sache weder besitzen noch früher einmal besessen haben. Außerdem setzen seine Vorschriften, wenn sie praktische Bedeutung haben sollen, klare Besitzverhältnisse voraus, die in der Ehe ebenso unklar sind wie die Eigentumsverhältnisse. Namentlich im gesetzlichen Güterstand der Zugewinngemeinschaft wird der gemeinsame Besitz am Hausrat, aber auch an sonstigen Sachen der Eheleute die Regel sein, so daß die Vollstreckung eines Gläubigers gegen einen Ehegatten nach den allgemeinen Vollstreckungsgrundsätzen den Gewahrsam des anderen verletzen und damit nicht rechtmäßig sein würde. Daher besteht der Zweck der Vermutungswirkung des § 1362 darin, die Gläubiger eines Ehegatten vor einer Verschleierung der Eigentumsverhältnisse zu bewahren, vgl BGH NJW 1976, 238. Im Verhältnis der Ehegatten untereinander soll aber § 1006 – trotz teilweiser Überlagerung durch § 1362 – Bedeutung behalten, beispielsweise dann, wenn dem nichtschuldenden Ehegatten der Nachweis gelingt, daß er die Sache schon vor der Ehe besaß, BGH FamRZ 1992, 409. Vgl Oldenburg FamRZ 1991, 814 zur Eigentumsvermutung bei Ehegatten bezüglich eines vom Ehemann gekauften Pkws. 3

Zum **Rechtszustand zwischen dem 1. 4. 1953 und dem 30. 6. 1958** s Erman 9. Aufl Rz 4f. 4

2. Allgemeines. Die Vorschrift enthält **zwingendes Recht.** Sie gilt für **alle Güterstände,** LG Aachen NJW-RR 1987, 712. Leben die Ehegatten in Gütergemeinschaft und ist diese Dritten gegenüber nach § 1412 wirksam, so besteht allerdings – vom Sondergut (§ 1417) und vom Vorbehaltsgut (§ 1418) abgesehen – die Vermutung, daß eine Sache zum Gesamtgut, also den Ehegatten gemeinschaftlich, als Gesamthandseigentum gehört. § 1362 greift erst ein, wenn ihre Zugehörigkeit zum Gesamtgut widerlegt ist. § 1362 findet keine analoge Anwendung auf nichteheliche Lebensgemeinschaften, vgl Köln FamRZ 1990, 623; AG Tübingen DGVZ 1973, 141; aA: analoge Anwendung MüKo/Wacke Rz 10; Weimar JR 1982, 323. Dazu auch Brox FamRZ 1981, 1125 (1127), der die Vorschrift wegen der darin liegenden Benachteiligung der verheirateten Schuldner gegenüber den nicht verheirateten für verfassungswidrig hält. Vgl auch Wolf FuR 1990, 216. 5

Die Vermutung des Abs I begnügt sich mit dem Beweis des Besitzes eines oder beider Ehegatten, läßt nur den Gegenbeweis zu, daß der alleinbesitzende Ehegatte gerade nicht der Schuldner des vollstreckenden Gläubigers ist und erspart den Gläubigern des Mannes oder der Frau nachzuweisen, in wessen Eigentum eine Sache sich befindet, auf die sich ihr Zwangsvollstreckungszugriff richtet. § 739 ZPO geht weit darüber hinaus und entlastet ihn, wenn sein Schuldner nach § 1362 als Eigentümer vermutet wird, vom Nachweis des vollstreckungsrechtlichen Gewahrsams im Sinne des § 808 ZPO an der Sache. In der Verbindung der Eigentumsvermutung des § 1362 mit einer Parallelfiktion bezüglich der Besitz- und Gewahrsamsverhältnisse ist die Norm zu einem Gläubigerschutzgesetz geworden. Ist die Frau Besitzerin einer beweglichen Sache, so wird nach § 1362 I S 1 Eigentum des Mannes vermutet. Damit gilt der Mann nach § 739 ZPO auch als Gewahrsamsinhaber und Besitzer. Diese Vorschrift enthält also eine **echte, unwiderlegbare Fiktion,** ebenso Staud/Hübner/Voppel Rz 33; Soergel/H. Lange Rz 15; Reinicke DB 1965, 961. 6

3. Vermutung des Abs I. a) Sie wirkt, wenn **drei Voraussetzungen** vorliegen:

aa) Es muß sich um **bewegliche Sachen** handeln, denen Inhaberpapiere und blankoindossierte Orderpapiere gleichstehen, Abs I S 3. Die Vermutung erstreckt sich nicht auf Forderungen und andere Rechte. Zu den Inhaberpapieren gehören Inhaberschuldverschreibungen (§ 793), Inhaberaktien, nicht aber Legitimationspapiere, nicht ein Kraftfahrzeugbrief, auch nicht qualifizierte Legitimationspapiere des § 808, wohl aber Inhaberzeichen des § 807. 7

bb) Die Sache muß sich im **unmittelbaren oder mittelbaren Besitz** eines oder beider Ehegatten befinden. Für die Pfändung des Herausgabeanspruchs des schuldenden Ehegatten genügt der mittelbare Besitz des Ehegattenschuldners, Pal/Brudermüller Rz 4. § 1362 I S 1 kann in diesem Fall sogar Anwendung finden, wenn keiner der Ehegatten mittelbarer Besitzer der Sache ist, BGH FamRZ 1993, 668. 8

9 cc) Die Ehegatten dürfen **nicht getrennt** leben. Der Begriff „Getrenntleben" (§ 1362 I S 2) ist hier abweichend von § 1361 I (vgl § 1361 Rz 5) aufzufassen. Es kommt lediglich auf die nicht nur vorübergehende räumliche und zeitliche Trennung der Ehegatten an. Dagegen ist nicht darauf abzustellen, ob wenigstens einer der beiden Ehegatten die eheliche Gemeinschaft aufheben will, vgl Köln FamRZ 1965, 510; Gernhuber/Coester-Waltjen, FamR § 22 II 3; Staud/Hübner/Voppel Rz 25f. Ein Getrenntleben liegt auch deshalb nicht automatisch vor, wenn sich der eine Ehegatte in einer längeren Strafhaft befindet, Düsseldorf NJW-RR 1995, 963. Der Gerichtsvollzieher kann die Beeinträchtigung der ehelichen Lebensgemeinschaft nicht überprüfen, sondern lediglich das äußere Merkmal der Trennung feststellen.

10 b) Die Vermutung gilt nicht, wenn es sich um Sachen handelt, die ausschließlich zum **persönlichen Gebrauch** eines Ehegatten bestimmt sind, oder wenn sich die Sache im Besitz eines Ehegatten befindet, der nicht Schuldner ist, Abs II. Vgl bezüglich der Gegenstände im Gewerbebetrieb eines Ehegatten LG Mosbach MDR 1972, 518; LG Itzehoe DGVZ 1972, 91.

11 c) Die Vermutung ist eine **Rechts-, keine Tatsachenvermutung** im Sinne des § 292 ZPO. Die Gläubiger brauchen die Tatsachen für den Erwerb des Eigentums durch ihren Schuldner nicht zu behaupten. Die Vermutung kann durch Gegenbeweis widerlegt werden. Zur Widerlegung reicht der Nachweis des Eigentumserwerbs durch den nichtschuldenden Ehegatten, den Fortbestand seines Eigentums muß er nicht beweisen, BGH FamRZ 1976, 81 m Anm Kaehler JR 1976, 329. Die Vermutung des § 1362 wird nicht durch die Vorlage eines Gütertrennungsvertrages widerlegt, LG Verden FamRZ 1981, 778.

12 d) Das **Vollstreckungsorgan** braucht sich bei der Pfändung beweglicher Sachen der Ehegatten nicht mehr um den Gewahrsam des Schuldners zu kümmern, sondern lediglich die Besitzvoraussetzungen (854) des Abs I zu prüfen. § 739 ZPO schaltet insoweit § 808 ZPO aus. Ist ein Ehegatte Besitzer der beweglichen Sache oder sind es beide, so hat der Gerichtsvollzieher zu pfänden, gleichgültig welcher Ehegatte Schuldner ist. Die Pfändung ist rechtmäßig. Ist aber gegenüber dem Vollstreckungsorgan die Vermutung des § 1362 widerlegt, so darf auch nicht gepfändet werden. Hat der andere Ehegatte, der nicht Schuldner ist, die Eigentumsvermutung durch den Nachweis seines eigenen Eigentums widerlegt, so hat er damit seine Widerspruchsklage (§ 771 ZPO) begründet. Mit der Eigentumsvermutung des § 1362 ist aber auch die Gewahrsamsfiktion des § 739 ZPO zerstört. Der Nachweis seines Eigentums begründet daher mittelbar gleichzeitig die Erinnerung nach §§ 808, 766 ZPO; Gernhuber/Coester-Waltjen, FamR § 22 II 6; aA MüKo/Wacke Rz 32 mwN.

Vollstrecken zwei Gläubiger, ein Gläubiger des Mannes und ein Gläubiger der Frau in dieselbe Sache, so ist jede Pfändung zunächst rechtswirksam, da Eigentums- und Gewahrsamsvermutung zunächst für jeden Gläubiger wirken, Bosch FamRZ 1958, 85; Baur FamRZ 1958, 253. Jeder Gläubiger kann die Eigentumsvermutung widerlegen und damit die Pfändung seines Konkurrenten nach § 766 ZPO oder im Verteilungsverfahren nach §§ 872ff ZPO aufheben lassen. Gelingt es keinem Gläubiger, die Vermutung des § 1362 zu widerlegen, so entscheidet analog § 804 III ZPO die Priorität der Pfändung, ebenso Gernhuber/Coester-Waltjen, FamR § 22 II 7.

13 4. **Vermutung des Abs II**. Auch diese Vorschrift ist zusammen mit § 739 ZPO zu sehen. Nach Abs II wird „im Verhältnis der Ehegatten untereinander und zu dem Gläubiger vermutet, daß sie dem Ehegatten gehören, für dessen Gebrauch sie bestimmt sind". Daraus folgt nach § 739 ZPO die **Fiktion des Alleingewahrsams** dieses Ehegatten. Der Gerichtsvollzieher darf eine solche Sache nicht für den Gläubiger eines anderen Ehegatten pfänden. Denn ihm fehlt der Gewahrsam. Der Gerichtsvollzieher darf daher für einen Gläubiger des Mannes nicht einen Damenbrillantring pfänden, der sich im Panzerschrank des Mannes befindet, auch wenn nur dieser den Schlüssel zum Schrank hat.

14 Die Sache muß ausschließlich zum **persönlichen Gebrauch eines Ehegatten** bestimmt sein. Das ist nicht der Fall, wenn sie auch zum Gebrauch des anderen Gatten bestimmt ist, mag dieser sie auch nur selten gebrauchen, RGRK/Wenz Rz 20ff. Dabei kann der Erfahrungssatz, daß Damenschmuck regelmäßig für den ausschließlichen persönlichen Gebrauch der Frau bestimmt ist, berücksichtigt werden, vgl BGH 2, 84. Eine andere Beurteilung ist aber geboten, wenn es sich um Schmuckstücke handelt, die für den Ehemann während der Ehe oder auch in seiner Familie eine eigene Bedeutung als Erbstücke haben. Es ist dann Sache der Frau darzutun, daß ihr die Schmuckstücke zum ausschließlichen persönlichen Gebrauch überlassen worden sind, BGH FamRZ 1971, 24; s Nürnberg FamRZ 2000, 1220 zur Frage, unter welchen Voraussetzungen eine Damenhalskette ausschließlich zum persönlichen Gebrauch der Ehefrau bestimmt ist. Zu den Sachen im Sinne dieser Vorschrift gehören vor allem Kleidungsstücke, Schmucksachen, Arbeitsgeräte, die Schreibmaschine eines Schriftstellers, das Fahrrad, der Rasierapparat, der Trauring im Musikinstrument, wenn es nicht gleichzeitig zur musikalischen Erziehung der Kinder dient, niemals Geld, auch nicht, wenn es sich um persönliche Ersparnisse eines Ehegatten handelt, auch nicht der Hausrat, auch wenn ihn auch in erster Linie die Frau bei der Haushaltsführung benutzt. Zu weit zieht LG Coburg (FamRZ 1962, 387; ebenso Gernhuber/Coester-Waltjen, FamR § 22 II 4 mwN) die Grenze des persönlichen Gebrauches. Danach sollen alle Sachen im Geflügelzuchtbetrieb der Ehefrau ausschließlich für ihren persönlichen Gebrauch bestimmt sein. Dieser Betrieb dient der wirtschaftlichen Tätigkeit der Frau. Sie aber geht über das „ausschließlich persönliche Gebrauchen" weit hinaus. Wertvolle Schmucksachen sind dann nicht ausschließlich zum persönlichen Gebrauch der Frau bestimmt, wenn sie als Kapitalanlage für die Familie angeschafft worden sind, auch wenn sie von der Frau nach ihrem Belieben getragen werden, BGH NJW 1959, 142. Mit der **Beweislast** ist der betreffende Ehegatte belastet. Der andere Ehegatte kann die Vermutung nicht lediglich durch den Nachweis eigenen Erwerbs entkräften, muß vielmehr uU auch die Annahme widerlegen, daß er die Sache seinem Ehegatten geschenkt habe, vgl RG 99, 153. Kritisch dazu Heinzjörg Müller, Zwangsvollstreckung gegen Ehegatten, 1970, S 71ff.

15 Die Vermutung des Abs II ist von den **Besitzverhältnissen** unabhängig, vgl Soergel/H. Lange Anm 11. Sie gilt zugunsten des Ehegatten, zu dessen persönlichen Gebrauch die Sache bestimmt ist, auch wenn sie im Besitz des anderen Ehegatten steht.

Die Vermutung des Abs II gilt auch noch über die **Scheidung** hinaus, solange die Auseinandersetzung über das Vermögen der Ehegatten noch nicht beendet ist, ebenso Staud/Hübner/Voppel Rz 71. Sie wirkt, soweit eine Auseinandersetzung zwischen den geschiedenen Ehegatten zu erfolgen hat, auch noch für diese, RG Warn Rspr 1923/1924 Nr 128; BGH 2, 85, wie sie überhaupt anders als die des Abs I nicht nur im Verhältnis zu den Gläubigern, sondern auch im Verhältnis der Ehegatten zueinander wirkt. Die Erben der Ehefrau können sich, wenn keine Vermögensauseinandersetzung zwischen ihr und ihrem geschiedenen Manne stattgefunden hat, gegenüber der zweiten Ehefrau, welcher der Mann Damenschmuck geschenkt hat, auf die Vermutung des § 1362 II berufen, BGH 2, 86; zustimmend Staud/Hübner/Voppel Rz 72. 16

5. Zwangsvollstreckungsfragen. Vgl zunächst Rz 11ff. Im gesetzlichen Güterstand und bei Gütertrennung bedarf es hiernach zur Zwangsvollstreckung in das Vermögen eines Ehegatten nicht mehr eines Duldungstitels gegen den anderen; der frühere § 739 ZPO ist weggefallen. Bei der Gütergemeinschaft ist in erster Linie § 740 ZPO maßgebend, wonach zur Zwangsvollstreckung in das Gesamtgut, sofern es nicht von den Ehegatten gemeinschaftlich verwaltet wird, ein Titel gegen den das Gesamtgut verwaltenden Ehegatten erforderlich und genügend ist. Vgl aber auch § 741 ZPO. Die früher umstrittene Frage, ob trotz der Bestimmung der §§ 740, 741 ZPO dem anderen Ehegatten ein Widerspruchsrecht als Gewahrsamsinhaber zustehe, ist im Hinblick auf die neue Vorschrift des § 739 ZPO nunmehr zu verneinen. 17

6. Zur Nichtigkeit des früheren § 45 KO idF des GleichberG s Erman 9. Aufl Rz 19. 18

7. Eigentum am angeschafften Hausrat. Im gesetzlichen Güterstand der **Zugewinngemeinschaft** bleiben auch Hausratsgegenstände nach der Eheschließung im Vermögen des Ehegatten, dem sie vor der Eheschließung gehörten. Der Eigentumserwerb richtet sich grundsätzlich nach den allgemeinen Regeln. Auch nach § 930 kann Hausrat unter Ehegatten zu Eigentum übertragen werden, BGH FamRZ 1979, 282. Entscheidend ist der Erwerbswille der Ehegatten, dies gilt auch für Geschäfte im Rahmen des § 1357, vgl § 1357 Rz 19, zu beachten ist insoweit auch § 1370. Besteht Gütergemeinschaft, so gelten §§ 1416ff. 19
Zum Rechtszustand vor und nach dem 1. 4. 1953 vgl die 6. Aufl Rz 20f.

Titel 6
Eheliches Güterrecht

Einleitung

Schrifttum: *Börger*, Eheliches Güterrecht, 1989; *Benthin*, Probleme der Zugewinngemeinschaft heute, FamRZ 1982, 338; *Bosch*, Entwicklungslinien des Familienrechts in den Jahren 1947–1987, NJW 1987, 2617; *ders*, Widerruf von Schenkungen unter (geschiedenen) Ehegatten, in FS Beitzke, 121; *Brudermüller*, Die Entwicklung des Familienrechts seit Mitte 2002 – Güterrecht und Versorgungsausgleich, NJW 2003, 3166; *Büte*, Die Entwicklung der Rechtsprechung des Bundesgerichtshofes zum Zugewinnausgleich, FamRZ 1997, 1249 und FamRZ 1999, 1180; *Buschendorf*, Die Grenzen der Vertragsfreiheit im Ehevermögensrecht, 1986; *Coester*, Die vermögensrechtlichen Wirkungen der Ehe in der Bundesrepublik Deutschland, in Entwicklungen im Recht der Familie, 1989; *Diederichsen*, Vermögensauseinandersetzungen bei der Ehescheidung, 6. Aufl 1997; *Dörr*, Die Entwicklung des Ehe- und Scheidungsrechts in 1. EheRG 1989, 489; *ders*, Ehewohnung, Hausrat, Schlüsselgewalt, Verfügungsbeschränkungen des gesetzlichen Güterstands und vermögensrechtliche Beziehungen der Ehegatten in der Entwicklung seit dem 1. EheRG NJW 1989, 810; *Dörr/Hansen*, Die Entwicklung des Familienrechts seit Mitte 2001 – Güterrecht und Versorgungsausgleich, NJW 2002, 3140; *Eichenhofer*, Die Auswirkungen der Ehe auf Besitz und Eigentum der Eheleute, JZ 1988, 326; *Gernhuber*, Das eheliche Vermögensrecht und die Pflicht zur ehelichen Lebensgemeinschaft, 1959, 465; *ders*, Probleme der Zugewinngemeinschaft, NJW 1991, 2238; *Henrich*, Zur Zukunft des Güterrechts in Europa, FamRZ 2002, 1521; *Holtfester*, Vermögensgesetz und Zugewinnausgleich, FamRZ 2002, 1526 u 1680; *Joost*, Zuwendung unter Ehegatten und Bereicherungsausgleich nach der Scheidung, JZ 1985, 10; *Koch*, Die Entwicklung der Rechtsprechung zum Zugewinnausgleich, FamRZ 2003, 197; *Kogel*, Vorzeitiger Zugewinnausgleich und Scheidungsantrag durch Klageeinreichung beim Verwaltungsgericht?, FamRZ 1999, 1252; *Kotzur*, Die Rechtsprechung zum Gesamtschuldnerausgleich unter Ehegatten, NJW 1989, 817; *Kühne*, Wechselbeziehungen zwischen ehelichen Zugewinngemeinschaft und Zuwendungsgeschäften unter Ehegatten – eine rechtsvergleichende Skizze, in FS Beitzke, 249; *ders*, Die Rückforderung von Vermögenszuwendungen zwischen Ehegatten bei Scheidung der Ehe unter besonderer Berücksichtigung des Bereicherungsrechts, FamRZ 1968, 356; *Langenfeld*, Zurückabwicklung von Ehegattenzuwendungen im gesetzlichen Güterstand, NJW 1986, 2541; *Morhard*, „Unbenannte Zuwendungen" zwischen Ehegatten – Rechtsfolgen und Grenzen der Vertragsgestaltung, NJW 1987, 1734; *Nickl*, Der familienrechtliche Verteilungsmaßstab beim Gesamtschuldnerausgleich, NJW 1991, 3124; *Papantoniou*, Die Auswirkungen des Zugewinnausgleichs auf das Erbrecht, FamRZ 1988, 683; *Rauscher*, Dingliche Mitberechtigung in der Zugewinngemeinschaft – Betrachtungen über die Rechtsprechung des BGH zur Auseinandersetzung gemeinsamer Vermögenswerte nach Scheidung, AcP 186, 592; *ders*, Dingliche Mitberechtigung in der Zugewinngemeinschaft – Betrachtungen über die Rechtsprechung des BGH zu Auseinandersetzung gemeinsamer Vermögenswerte nach Scheidung, AcP 186, 529; *Reinicke/Tiedtke*, Güterrechtlicher Ausgleich bei Zuwendungen eines Ehegatten an den anderen und Wegfall der Geschäftsgrundlage, WM 1982, 946; *Sandweg*, Ehebedingte Zuwendungen und ihre Drittwirkung, NJW 1989, 1965; *P. Schlosser*, Vermögensbeziehungen unter Ehegatten, Jura 1983, 158; 260; *Schmid*, Die Entstehung der güterrechtlichen Vorschriften im Bürgerlichen Gesetzbuch unter besonderer Berücksichtigung der Frau, 1990; *K. Schmidt*, Gesellschaftsvertragliche Abfindungsklauseln im Schnittpunkt von Gesellschafts-, Vollstreckungs-, Familien- und Erbrecht, FamRZ 1974, 518; *ders*, Ehegatten-Miteigentum oder „Eigenheim-Gesellschaft"?, AcP 182, 481; *Schröder/Bergschneider*, Familienvermögensrecht, Bielefeld 2003; *Schwab*, Gestaltungsfreiheit und Formbindung im Ehever- 1 mögensrecht und die Eherechtsreform, DNotZ 1977, Sonderheft S 51; *ders*, Neue Rechtsprechung zum Zugewinnausgleich, FamRZ 1984, 429ff, 525; *Tiedtke*, Rechtsprechung des Bundesgerichtshofs zum ehelichen Güterrecht seit dem 1. 1. 1978, JZ 1984, 1018; 1078; *ders*, Güterrechtlicher und schuldrechtlicher Ausgleich bei Scheidung der Ehe, DNotZ 1983, 161; *Wacke*, Grundzüge des ehelichen Güterrechts, Jura 1979, 617; *Weber*, Eheliches Güterrecht, Neue Wirtschaftsbriefe 1977, 1633; *Westermann*, Unternehmerisch genutztes Familienvermögen oder „Erbhof", in FS Bosch (1976), 1029; *Zöllner*, Vertragsfreiheit und Bindung an den Typus im ehelichen Güterrecht, FamRZ 1965, 113ff.

2 **I. Zur geschichtlichen Entwicklung des Güterrechts** vergleiche die ausführliche Darstellung bei Enneccerus/Wolff, Familienrecht, §§ 40 bis 45 I sowie die 9. Aufl.

3 **II. Güterstände des BGB nach dem 1. 4. 1953.** Durch die rechtliche Gleichstellung der Geschlechter in Art 3 II, 117 I GG wurde der gesetzliche Güterstand der Nutzverwaltung beseitigt. An seine Stelle trat nach hM die Gütertrennung als neuer gesetzlicher Güterstand, BGH 10, 279; 11, Anhang S 73ff; Celle NJW 1953, 936; RGRK/Finke Einl §§ 1363ff Anm 12ff; Pal/Brudermüller Einf § 1363 Rz 1; Staud/Thiele Einl §§ 1363ff Rz 18f.

4 **III. Neuregelung. 1.** Das GleichberG hat an Stelle der Nutzverwaltung die **Zugewinngemeinschaft** als neuen gesetzlichen Güterstand eingeführt (§§ 1363–1390), um die Gleichberechtigung der Frau auch auf vermögensrechtlichem Gebiet zu verwirklichen. Jeder Ehegatte hat sein eigenes Vermögen, das er auch selbständig verwaltet. Es entsteht kein Gesamtgut. Auch die Erträge bilden kein Gesamtgut. Sie sind nur rechnerisch auszugleichen. Über diesen Ausgleich des Zugewinns vgl §§ 1373ff. Zum Ausgleich des Zugewinns nach dem Tode des erstversterbenden Ehegatten vgl § 1371.

5 **2.** Daneben ist weiterhin **Gütertrennung**, aber nur als vertraglicher Güterstand möglich, wenn die Ehegatten a) den gesetzlichen Güterstand der Zugewinngemeinschaft von vornherein ausschließen oder b) aufheben, nachdem sie bereits in ihm gelebt haben, oder c) wenn sie den Zugewinnausgleich ausschließen oder d) die Gütergemeinschaft aufheben oder e) den Versorgungsausgleich ausschließen, vgl § 1414 Rz 2.

6 **3.** Neben der Gütertrennung ist als einziger weiterer vertraglicher Güterstand die **Gütergemeinschaft** zugelassen (§§ 1415–1518), die im wesentlichen der früheren „allgemeinen" Gütergemeinschaft entspricht, nur in ihren gesetzlichen Vorschriften dem Gleichberechtigungsgrundsatz gerecht zu werden sucht. Die Verwaltung des Gesamtgutes soll im Ehevertrag geregelt werden. Es kann Verwaltung des Mannes, Verwaltung der Frau oder Verwaltung beider Ehegatten vereinbart werden. Fehlt eine Vereinbarung, so verwalten die Eheleute das Gesamtgut gemeinschaftlich, § 1421. Darüber hinaus folgt aus der begrenzten Vertragsfreiheit im Güterrecht (§ 1408), daß die Ehegatten auch nicht nach dem 1. 7. 1958 die Errungenschafts- und Fahrnisgemeinschaft vereinbaren können, wenn auch nicht mehr durch bloße Verweisung auf das Gesetz (§ 1409 I), sondern dadurch, daß sie bei der Gütergemeinschaft bestimmte Vermögensteile vom Gesamtgut vertraglich ausschließen oder dadurch, daß sie die einzelnen Bestimmungen, die gelten sollen, im Ehevertrag niederlegen, vgl Pohle FamRZ 1954, 183; Clamer NJW 1960, 563; Beitzke/Lüderitz, FamR § 13 IV 4. Dabei steht der Grundsatz der Gleichberechtigung keiner Regelung entgegen, die der früher im BGB getroffenen entspricht, also eine Vorrangstellung des Mannes begründet. Zur Bildung eines gemeinschaftlichen Vermögens der Ehegatten bedarf es dann aber besonderer Übertragungsakte für jeden Vermögensgegenstand.

7 **IV. Überleitungsbestimmungen.** Für die Ehen, die vor dem Inkrafttreten des GleichberG in anderen als den nunmehr vorgesehenen Güterständen gelebt haben (Nutzverwaltung, Gütertrennung als allgemeiner gesetzlicher Güterstand zwischen dem 1. 4. 1953 und dem 30. 6. 1958, Errungenschafts- und Fahrnisgemeinschaft) sind differenzierte Übergangsregelungen geschaffen.
Danach wurden Altehen im gesetzlichen Güterstand in die Zugewinngemeinschaft überführt, wenn die Ehegatten nicht von einem befristeten Recht zur Ablehnung der Zugewinngemeinschaft Gebrauch machten – Art 8 I Nr 3 u 4. Altehen, für die der Wahlgüterstand der Errungenschafts- und Fahrnisgemeinschaft bestand, behielten diesen Güterstand (Art 8 I Nr 7); bestand Gütergemeinschaft, so wurden die Ehen in das reformierte Recht der Gütergemeinschaft überführt (Art 8 I Nr 6). Lebten die Eheleute im subsidiären gesetzlichen Güterstand der Gütertrennung, so erlangte für sie grundsätzlich das neue Recht der Gütertrennung Geltung. In Ausnahmefällen erfolgte die Überführung in die Zugewinngemeinschaft mit der Möglichkeit, für Gütertrennung zu optieren (Art 8 I Nr 5). Zu den Einzelheiten vgl die 6. Aufl Rz 15–33; Staud/Thiele Einl § 1363ff Rz 26ff.

8 **V. Übersicht über das Güterrecht. 1.** In Übereinstimmung mit der vorhergehenden Einteilung wird im 6. Titel des 1. Abschnitts behandelt: in Untertitel 1 das gesetzliche Güterrecht, §§ 1363–1390; in Untertitel 2 das vertragliche Güterrecht, §§ 1408–1518 und in Untertitel 3 die Bestimmungen über das Güterrechtsregister, §§ 1558–1563. **2.** Die güterrechtlichen Bestimmungen des BGB werden ergänzt durch §§ 7, 11, 316, 317, 318, 320, 331, 332, 333 InsO; aufgehoben ist der frühere Schutz gegen Verschleuderung der Familienhabe nach § 170a StGB durch Gesetz vom 23. 11. 1973 (BGBl I 1725).

9 **VI.** Zum Übergangsrecht in den neuen Bundesländern vgl Art 234 § 4 EGBGB sowie die 9. Aufl Einl § 1363 Rz 17–19e.

10 **VII. Verfahrensrechtliche Behandlung.** Ansprüche aus güterrechtlichen Streitigkeiten sind nach dem 1. EheRG Familiensachen, § 621 I Nr 8 ZPO. Ausschließlich zuständig ist somit das FamG. Zu den Ansprüchen aus dem ehelichen Güterrecht gehören zunächst solche, die ihre Grundlage in den §§ 1363–1563 haben, darüber hinaus aber etwa auch solche, die sich aus Vereinbarungen über die Auseinandersetzung der güterrechtlichen Beziehungen zwischen den Ehegatten ergeben, vgl BGH NJW 1980, 2530; Karlsruhe FamRZ 1979, 56. Treffen die Ehepartner in einer Scheidungsvereinbarung eine Regelung dahingehend, daß die Ehefrau den ihr zustehenden Zugewinnausgleich ihrem geschiedenen Ehemann als Darlehen zur Verfügung stellt, so ist für einen Rechtsstreit aus dieser Vereinbarung das FamG zuständig, München FamRZ 1979, 721, 722; vgl ferner BGH NJW 1980, 193:

Ein Streit über die Wirksamkeit um den Bestand einer Vereinbarung, durch die – bestehende – güterrechtliche Ansprüche modifiziert worden sind, gehört zu den in § 23b I S 2 Nr 9 GVG bezeichneten Familiensachen. Zu den Ansprüchen aus dem ehelichen Güterrecht gehören nach Düsseldorf FamRZ 1978, 129 allerdings nicht solche, die sich aus einer vereinbarten Gütertrennung ergeben. Vgl zu diesem Problemkreis noch BGH FamRZ 1979, 219; BayObLG FamRZ 1983, 1248; NJW 1980, 194. Der Streit, ob ein Ehegatte dem anderen die Hälfte des Lohnsteuerjahresausgleichs zu zahlen hat, ist keine Familiensache, München FamRZ 1979, 721f. Umfangreiche verfahrensrechtliche Änderungen in einer Reihe von Einzelpunkten brachte das UÄndG v 20. 2. 1986 (BGBl I 301). Für den güterrechtlichen Bereich sind besonders hervorzuheben die formelle Anknüpfung bei der Rechtsmittelzuständigkeit, §§ 72, 119 GVG (entgegen der bis dahin bestehenden Rspr des BGH, vgl BGH FamRZ 1978, 873); Fortsetzung des Entscheidungsverbundes in den Rechtsmittelinstanzen, §§ 629a II bis IV, 629c ZPO; Klarstellungen im Bereich der Prozeßkostenhilfe für Folgesachen, § 624 II ZPO sowie Neuerungen im Bereich des Anwaltszwangs, §§ 78, 621b ZPO, § 78a aF ist entfallen. In Abweichung vom Grundsatz des § 888 II ZPO, der Zwangsvollstreckungsmaßnahmen im personenrechtlichen Bereich der Ehe verbietet, kann aus Urteilen in Güterrechtssachen vollstreckt werden, vgl Staud/Thiele Einl §§ 1363ff Rz 5.

Untertitel 1
Gesetzliches Güterrecht

Vorbemerkung

1. Wesen des gesetzlichen Güterrechts. Wenn die Ehegatten über ihre güterrechtlichen Beziehungen keine 1 vertraglichen Vereinbarungen treffen, muß der Gesetzgeber ihre besonderen vermögensrechtlichen Beziehungen, die sich aus der engen Lebensgemeinschaft der Ehe ergeben, untereinander und zu Dritten auch ohne ihr Zutun regeln. Die Bedeutung dieser „gesetzlichen Güterstände" wird dadurch hervorgehoben, daß nur in wenigen Ehen ein vertraglicher Güterstand vereinbart wird.

2. Die gesetzlichen Güterstände nach dem 1. 7. 1958. a) Grundzüge des allgemeinen gesetzlichen Güter- 2 **standes der Zugewinngemeinschaft.** Die Zugewinngemeinschaft beruht auf Grundsätzen, die schon vor dem 1. 7. 1958 in der Praxis angewandt wurden, und auf Vorschlägen, die schon Jahrzehnte alt sind. Ihr liegen ähnliche Erwägungen zugrunde wie der Errungenschaftsgemeinschaft. Die Eheleute sollen gemeinsam an dem teilhaben, was sie während der Ehe erarbeiten, weil der Erwerb auf der vielgestaltigen, arbeitsteiligen Zusammenarbeit der Eheleute beruht oder wenigstens durch die Teilung ihrer Aufgaben in der Ehe gefördert und erleichtert worden ist. Sie vermeidet aber die Nachteile des Gesamthandsvermögens und der komplizierten Haftungsregelung dadurch, daß als kein gemeinschaftliches Vermögen der Ehegatten in Gestalt eines Gesamtgutes kennt, sondern das Vermögen der Ehegatten während der Ehe und auch danach ebenso scheidet wie bei der Gütertrennung. Nur durch einige Verfügungsbeschränkungen sind die Ehegatten gebunden. Ebenso getrennt wie das Vermögen sind die Schulden. Solange die Ehe besteht, sorgen die Vorschriften über die eheliche Lebensgemeinschaft (§§ 1353ff) dafür, daß jeder Ehegatte für die Befriedigung seiner Lebensbedürfnisse und für die Bedürfnisse des gemeinschaftlichen ehelichen Lebens am Erwerb des anderen teilnimmt. Nach der Auflösung der Ehe wird der Zugewinn, den die Eheleute während der Ehe gemacht haben, geteilt. Der Ehegatte, der in seinem Namen keinen oder den geringeren Zugewinn an seinem Vermögen erworben hat, hat gegen den anderen einen schuldrechtlichen Ausgleichsanspruch in Höhe der Hälfte des höheren Zugewinns des anderen Ehegatten. Der Begriff „Zugewinngemeinschaft" erweckt, wenn man ihn mit dem deutschen Rechtssystem vergleicht, den Anschein, als würde der Zugewinn jedes Ehegatten gemeinschaftliches Vermögen beider Ehegatten. In Wahrheit handelt es sich um eine Gütertrennung mit Zugewinnausgleich. Der Zugewinnausgleich ist aber nicht folgerichtig durchgeführt, sondern in einem wesentlichen Punkt durchbrochen, der erhebliche, oft unüberwindbare systematisch-dogmatische und praktische Schwierigkeiten bereitet, wenn die Ehe durch Tod eines Ehegatten aufgelöst (und der überlebende Ehegatte Erbe oder Vermächtnisnehmer) wird. In diesem Falle wird der Zugewinnausgleich schematisch, „pauschal" durch eine Erhöhung des gesetzlichen Erbteils des überlebenden Ehegatten abgegolten. Näheres zum Begriff § 1363 Rz 1.

b) Systematische Übersicht über die Gesamtregelung der Zugewinngemeinschaft. Die §§ 1363, 1364 ent- 3 halten den Grundsatz der Vermögens- und Verwaltungstrennung. Die §§ 1365–1369 sehen für zwei Fälle (Rechtsgeschäfte über das Vermögen im ganzen und über Haushaltsgegenstände) Verwaltungsbeschränkungen vor. § 1370 trifft eine dem früheren § 1382 nachgebildete Sonderregelung für die Ersatzanschaffung von Haushaltsgegenständen. § 1371 bestimmt die Erhöhung des gesetzlichen Erbteils des überlebenden Ehegatten, eröffnet jedoch den Anspruch auf Ausgleich des Zugewinns, wenn der überlebende Ehegatte von der Beteiligung am Nachlaß als Erbe, Miterbe oder Vermächtnisnehmer ausgeschlossen ist oder wenn er Erbschaft und Vermächtnis ausschlägt. § 1372 sieht den individuellen Ausgleich des Zugewinns vor, wenn der Güterstand auf andere Weise als durch den Tod eines Ehegatten beendet wird. Die §§ 1373 bis 1376 bestimmen die für den Ausgleich des Zugewinns wesentlichen Begriffe Zugewinn, Anfangs- und Endvermögen sowie die Wertberechnung. § 1377 regelt die gemeinsame Aufstellung eines Verzeichnisses über das Anfangsvermögen der Ehegatten. § 1378 behandelt Begriff, Begrenzung, Entstehung und Verjährung der Ausgleichsforderung, § 1379 den Anspruch auf Auskunftserteilung über das Endvermögen zwecks Ermittlung der Ausgleichsforderung, § 1380 die Anrechnung früherer Zuwendungen. § 1381 gibt dem Schuldner ein Leistungsverweigerungsrecht in Fällen grober Unbilligkeit. In § 1382 wird die Stundung, in § 1383 die Erfüllung der Ausgleichsforderung durch Übertragung anderer Vermögenswerte geregelt. § 1384 bestimmt den bei Scheidung der Ehe für die Berechnung des Zugewinns maßgebenden Zeitpunkt. Die

Vor § 1363   Familienrecht   Bürgerliche Ehe

§§ 1385 bis 1388 regeln den vorzeitigen Ausgleich des Zugewinns in Sonderfällen, § 1389 das Recht auf Sicherheitsleistung, § 1390 die Voraussetzungen, unter denen Dritte in Anspruch genommen werden können.

4   c) Daneben ist durch das GleichberG der besondere gesetzliche Güterstand der **Gütertrennung** im wesentlichen unverändert erhalten geblieben. Da er aber auch durch Ehevertrag vereinbart werden kann, ist er im 2. Untertitel beim vertragsmäßigen Güterrecht geregelt worden, § 1414.
Zur Gütertrennung als dem allgemeinen gesetzlichen Güterstand zwischen dem 1. 4. 1953 und dem 30. 6. 1958 vgl Einl § 1363 Rz 3. Da sie in der Mehrzahl der Fälle die vermögensrechtlichen Aufgaben eines Ehe- und Familienverbandes (Verpflichtung zum gegenseitigen Unterhalt, zur Teilnahme am Unterhalt der Kinder, zum Tragen des sonstigen ehelichen Aufwandes sowie zur gerechten Teilhabe am beiderseitigen Erwerb unter Berücksichtigung der Aufgabenteilung in der Ehe) meist nicht interessengerecht zu lösen vermag, ist sie vom GleichberG **durch die Zugewinngemeinschaft ersetzt** worden.
Die Gütertrennung entsteht kraft Gesetzes, wenn durch rechtskräftiges Urteil der allgemein gesetzliche Güterstand der Zugewinngemeinschaft oder der vertragliche Güterstand der Gütergemeinschaft aufgehoben wird, §§ 1388, 1449, 1470, ferner in Fällen der rechtskräftigen Aufhebung der Errungenschafts- und Fahrnisgemeinschaft, die vor dem 1. 4. 1953 vertraglich vereinbart worden sind oder schließlich, wenn der Versorgungsausgleich ausgeschlossen wird. Näheres siehe bei § 1414.

1363 *Zugewinngemeinschaft*
(1) **Die Ehegatten leben im Güterstand der Zugewinngemeinschaft, wenn sie nicht durch Ehevertrag etwas anderes vereinbaren.**
(2) **Das Vermögen des Mannes und das Vermögen der Frau werden nicht gemeinschaftliches Vermögen der Ehegatten; dies gilt auch für Vermögen, das ein Ehegatte nach der Eheschließung erwirbt. Der Zugewinn, den die Ehegatten in der Ehe erzielen, wird jedoch ausgeglichen, wenn die Zugewinngemeinschaft endet.**

1   1. Die Vorschrift enthält die grundlegende **Begriffsbestimmung** des gesetzlichen Güterstandes und gibt diesem zugleich seinen Namen. Zwar entsteht in diesem Güterstand kein Gesamtgut, keine dinglich gebundene, gesamthänderische Beteiligung beider Ehegatten an einer Gesamtvermögensmasse. Aber der Name „Zugewinngemeinschaft" läßt sich aus dem Gesichtspunkt der späteren gemeinschaftlichen Beteiligung an dem Zugewinn rechtfertigen, der während der Ehe entsteht, und aus den besonderen gesetzlichen Vinkulationsbestimmungen der §§ 1365, 1369, die echte Verfügungsbeschränkungen mit unmittelbarer Bindung sind. Die Bezeichnung „Gütertrennung mit Gewinnbeteiligung" wird der letzten Tatsache nicht gerecht; gegen sie mit Recht RGRK/Scheffler[11], Anm 1.

2   2. **Beginn und Ende des Güterstandes.** Der Güterstand der Zugewinngemeinschaft tritt von Gesetzes wegen ein, auch wenn die Ehegatten ihn und seine Rechtsfolgen nicht kennen. Tragen die Parteien in einem Rechtsstreit nichts Gegenteiliges vor, so ist davon auszugehen, daß die Eheleute im gesetzlichen Güterstand der Zugewinngemeinschaft leben, BGH 10, 267; LG Berlin FamRZ 1959, 64. Für Ehegatten, die bei Inkrafttreten des GleichberG (1. 7. 1958) bereits verheiratet waren, gilt der Güterstand von diesem Zeitpunkt an, soweit die Übergangsvorschriften nichts anderes bestimmen (vgl Nr 3 bis 7 der Übergangsvorschriften und Einl § 1363 Rz 7). Im übrigen leben die Ehegatten im gesetzlichen Güterstand der Zugewinngemeinschaft, solange sie Ehegatten sind, dh von der Eheschließung bis zur Auflösung der Ehe. Die Ehe wird aufgelöst durch den Tod eines Ehegatten, durch Scheidung (§ 1564) oder Aufhebung der Ehe (§ 1313ff), im Falle der Todeserklärung eines Ehegatten durch Wiederverheiratung des andern (§ 1319). Der gesetzliche Güterstand wird den Ehegatten aber nicht aufgezwungen; er gilt für sie nicht oder nicht mehr, wenn sie etwas anderes vereinbaren. Die Vereinbarung kann jederzeit, aber nur durch Ehevertrag unter Wahrung der hierfür bestimmten Form getroffen werden (vgl dazu §§ 1408, 1410 und wegen der Wirkung gegenüber Dritten § 1412). Außer durch Auflösung der Ehe und durch Ehevertrag kann der gesetzliche Güterstand durch vorzeitigen Ausgleich des Zugewinns sein Ende finden (§§ 1385 bis 1388).

3   3. **Keine Vermögensgemeinschaft.** Die Zugewinngemeinschaft führt ebenso wie der frühere gesetzliche Güterstand der Verwaltung und Nutznießung nicht zu einem gemeinschaftlichen Vermögen der Ehegatten. Weder das Vermögen, das jeder Ehegatte bei der Eheschließung oder beim Eintritt des Güterstandes besitzt, noch sein späterer Erwerb wird gemeinschaftliches Vermögen der Ehegatten. Hierdurch unterscheidet sich die Zugewinngemeinschaft sowohl von der allgemeinen Gütergemeinschaft als auch von der Errungenschaftsgemeinschaft und der Fahrnisgemeinschaft. Die Ehegatten bleiben als Träger von Vermögensrechten und Verbindlichkeiten selbständig, als ob sie nicht verheiratet wären. Allerdings sind wechselseitige Grundstücks(ver)käufe zwischen den Ehegatten grunderwerbsteuerbefreit, § 3 Nr 4 u 5 GrEStG (vgl dazu Sigloch, Zum Grunderwerbsteuergesetz 1983, NJW 1983, 1816, 1819 und § 1378 Rz 3 aE). Eine Vereinbarung der Ehegatten, daß ihr beiderseitiger künftiger Zugewinn gemeinschaftliches Vermögen werden soll, ist mit unmittelbarer dinglicher Wirkung nicht möglich. Die Zugewinngemeinschaft unterscheidet sich aber von der Gütertrennung durch den bei ihrer Beendigung vorgesehenen Ausgleich des Zugewinns (§§ 1371–1390) und durch die in den §§ 1365 bis 1369 bestimmten Verwaltungsbeschränkungen.

4   4. **Gemeinsamer Erwerb der Ehegatten.** Ebenso wie beim früheren gesetzlichen Güterstand der Verwaltung und Nutznießung und bei Gütertrennung ist es nicht ausgeschlossen, daß die Ehegatten im Einzelfall durch Rechtsgeschäft gemeinsam Rechte erwerben oder Verbindlichkeiten eingehen, vgl LG Bonn FamRZ 1980, 359; Beitzke/Lüderitz, FamR § 14 I 2; Staud/Thiele Rz 6. Der Gesetzgeber kann und will das nicht ausschließen. Was unter nicht durch Ehe verbundenen Personen möglich ist, ist erst recht für Ehegatten zulässig. Bei diesen kommen gemeinsame Rechtsgeschäfte sogar erfahrungsgemäß besonders häufig vor. Die Ehegatten mieten meistens gemeinsam die eheliche Wohnung, sie erwerben häufig gemeinschaftlich Grundbesitz oder Hausrat, sie betreiben

nicht selten zusammen ein Erwerbsgeschäft. Maßgebend ist hierbei allein der rechtsgeschäftliche Wille. Die Rechtsfolgen ergeben sich insoweit nicht aus dem Güterrecht, sondern aus den allgemeinen Vorschriften des bürgerlichen Rechts, insbesondere aus denen über die Gemeinschaft, die Gesellschaft, den Auftrag, die Vollmacht und die Ermächtigung, ebenso BGH FamRZ 1969, 78. Der Wille von Ehegatten, etwas gemeinsam zu erwerben, kann sich, insbesondere bei Anschaffung von Haushaltsgegenständen, auch ohne ausdrückliche Erklärung und ohne daß hierzu das Einverständnis des Vertragsgegners erforderlich wäre (Geschäft, wen es angeht), aus den Umständen ergeben, München NJW 1972, 542f; ebenso Schopp FamRZ 1965, 409 (vgl dazu aber auch § 1370). Die Annahme des Willens zum gemeinsamen Erwerb wird nicht schon dadurch ausgeschlossen, daß ein Ehegatte die Gegenleistung allein aus seinen Mitteln bewirkt. Eine solche Auffassung wäre gerade bei Berücksichtigung der Grundgedanken des gesetzlichen Güterrechts nicht gerechtfertigt; dieses will auch die häufig nicht erwerbstätige Frau in Anerkennung der Bedeutung ihrer häuslichen Tätigkeit am Erwerb des Mannes beteiligen. Wenn das Gesetz für diese Beteiligung allgemein den Ausgleich des Zugewinns nach Beendigung des Güterstandes vorsieht, so schließt es damit nicht aus, daß ein Ehegatte im Einzelfall an dem Zugewinn des andern schon während des Güterstandes durch gemeinsamen Erwerb beteiligt wird. Zuwendungen, die ein Ehegatte vom anderen erhält, können unter den Voraussetzungen des § 1380 auf seine Ausgleichsforderung – vorausgesetzt, diese besteht bereits, vgl BGH FamRZ 1982, 778 – angerechnet werden; zum Verhältnis von § 1374 II und § 1380 bei Zuwendungen der Ehegatten untereinander vgl § 1374 Rz 7 und § 1380 Rz 1. Soll die Zuwendung die Grundlage für die eheliche Lebensgemeinschaft schaffen, weil die Hälfte des Miteigentums an dem Grundstück übertragen wird, auf dem sich die Ehewohnung befindet, ist dieses dem Begünstigten auch erkennbar, so war bei Scheidung der Ehe nach der früheren Rspr des BGH FamRZ 1969, 28 eine condictio causa data causa non secuta (§ 812 I S 2 Fall 2) gegeben; vgl auch BGH FamRZ 1969, 78 u 409; die neuere BGH-Rspr lehnt in solchen Fällen die Anwendbarkeit des Bereicherungsrechts ab, BGH FPR 2003, 246; FamRZ 1982, 246; 1982, 778; vgl BGH FamRZ 1989, 147, 149. Der das Konditionsrecht bemühenden Auffassung kann man aber nur insoweit folgen, als der Zweck der Zuwendung unmittelbar auf die Schaffung einer Heimstatt gerichtet und diese Zwecksetzung von Anfang an fehlgeschlagen ist; vgl Giesen FamR § 7 VI 1. Die Errichtung eines Familienheimes verlangt die Einräumung des Miteigentums nicht zwingend, so auch BGH FamRZ 1966, 91. Rechtsgrund der Zuwendung ist in diesem Fall wohl eher eine Schenkung. Im Falle der Scheidung kommen dann die Vorschriften über den **Schenkungswiderruf**, §§ 527ff, und, soweit von diesen nicht ausgeschlossen, eine Rückabwicklung wegen **Wegfalls der Geschäftsgrundlage (§ 313)** in Frage. **Bereicherungsansprüche** werden, soweit sie auf die Beendigung der Ehe durch die Scheidung gestützt werden, weitgehend nicht gegeben, BGH 65, 320; BGH FamRZ 1982, 246; 1982, 776; 149; Bremen FamRZ 2000, 671; aA Hamm NJW-RR 2002, 1605; Schleswig FamRZ 1978, 247. In FamRZ 1976, 334 überträgt der BGH die in der genannten Entscheidung aufgestellten Grundsätze auf die Rückabwicklung ehebedingter Zuwendungen bei Auflösung des Güterstandes durch Tod eines Ehegatten. Ein Anspruch wegen Wegfalls der Geschäftsgrundlage (§ 313) andererseits besteht nach BGH 65, 320 jedenfalls dann nicht, wenn die Zuwendungen den Betrag nicht übersteigen, den der Empfänger ohne sie als Zugewinnausgleich geltend machen könnte, vgl auch BGH FamRZ 1977, 458. Ein Anspruch nach den Grundsätzen der Geschäftsgrundlage (§ 313) wurde in Erwägung gezogen bei unvorhergesehen frühem Tod des bedachten Ehegatten, wenn der Überlebende weder Erbe noch Vermächtnisnehmer geworden ist, BGH FamRZ 1976, 334; vgl ähnlich Düsseldorf FamRZ 1976, 344. Die Beibehaltung der Vermögensverhältnisse darf dem benachteiligten Ehegatten nach Treu und Glauben nicht zumutbar sein, BGH NJW 1974, 1554. Sind die Ehegatten an einem Grundstück je zur Hälfte Miteigentümer, wobei der eine Ehegatte das gesamte Grundstück finanziert hat, so kann es nach Scheidung der Ehe, in Parallele zu den Gedanken des Wegfalls der Geschäftsgrundlage (§ 313), eine nach § 242 unzulässige Rechtsausübung sein, wenn der Partner, der unentgeltlich erworben hatte, die Zwangsversteigerung zur Aufhebung der Bruchteilsgemeinschaft betreibt. Er muß dann vielmehr das Grundstück herausgeben und erhält einen entsprechenden Zugewinnausgleich bzw eine besondere Entschädigung, BGH 68, 299ff. Die Rückabwicklung ehelicher Zuwendungen hat die höchstrichterliche Rspr konkretisiert. Zuwendungen, die mit Rücksicht auf die eheliche Gemeinschaft erfolgen, werden nicht als „unentgeltliche", also als Schenkung gewertet, sondern als sog „unbenannte" (ehebedingte) Zuwendungen bezeichnet, BGH FamRZ 2003, 230; 1982, 246; 1982, 910; 1988, 485; 1989, 149; Hamm NJW-FER 2001, 1; Köln FamRZ 2002, 227 für Ehegattendarlehen. Damit scheidet auch ein Formverstoß nach § 518 aus, Bremen FamRZ 2000, 671. Zur Abgrenzung von solchen „unbenannten" Zuwendungen von einer Schenkung im Sinne der §§ 516ff vgl BGH DNotZ 1991, 492 mit ausführlicher Besprechung von Jaeger DNotZ 1991, 431. Bei der Rückabwicklung solcher Zuwendungen geht der BGH von einem Vorrang der **Zugewinnausgleichsregeln** aus (BGH FamRZ 2003, 230; 1982, 246; 1989, 149; 1992, 293; Hamm NJW-FER 2001, 1; Bremen FamRZ 2000, 671). Ansprüche aus Bereicherungsausgleich werden „grundsätzlich nicht gegeben", BGH FamRZ 1989, 149 mwN, ein Ausgleich nach den Regeln über den Wegfall der Geschäftsgrundlage (§ 313) kommt nur noch dann in Frage, wenn die Beibehaltung der Vermögensverhältnisse, die durch die Zuwendung herbeigeführt worden sind, für den benachteiligten Ehegatten schlechthin unangemessen und unzumutbar ist, was im Güterstand der Zugewinngemeinschaft nur unter besonderen Umständen anzunehmen sei, wenn nämlich der güterrechtliche Ausgleich zu keiner angemessenen Lösung führe, BGH FamRZ 2003, 230; BGH 1993, 385; FamRZ 1991, 1169 mwN; 1989, 149; Hamm NJW-FER 2001, 1; München FamRZ 1999, 903. Dies gilt nach BGH FamRZ 2003, 230 selbst dann, wenn die Zuwendung eines Grundstückseigentums mangels Eintragung noch nicht abschließend vollzogen ist. Diese Grundsätze sollen nach BGH NJW 1992, 427 auch angewandt werden, wenn Verlobte erhebliche Sach- und Arbeitsleistungen im Hinblick auf ihre spätere Ehe erbringen, und diese Ehe dann scheitert; so auch Köln FamRZ 2002, 1404. An dieser Rspr ist Kritik geübt worden von Kühne, zuletzt JR 1982, 237. Er hält die Grundsätze über den Wegfall der Geschäftsgrundlage (so auch Waas FamRZ 2000, 453) und § 812 neben §§ 1372ff für voll anwendbar und wendet sich gegen eine Verquickung von Rückforderungsansprüchen der ohne Geschäftsgrundlage erfolgten Zuwendungen und den Zugewinnausgleichsansprüchen; ebenso Soergel/H. Lange § 1372 Rz 8; Rauscher AcP 186, 529 und für den vorrangigen Einsatz des Konditionsrechts plädierend Joost JZ 1985, 10; zur Kritik auch MüKo/Wacke 4. Aufl vor § 1363 Rz 22ff. Kühne aaO will eine Rückgewähr der Zuwendungen, wenn ihr Wert den Zugewinnausgleichsanspruch nicht übersteigt, am dolo-facit-Einwand scheitern lassen, da sie wieder im Wege des Zugewinnausgleichs sogleich zurückgewährt werden müßten.

Der Kritik ist grundsätzlich zuzustimmen. Ansprüche auf Rückgewähr, Zugewinnausgleichsansprüche und § 1380 I sind zu trennen. Eine Verknüpfung erfolgt erst im Wege der Ver- oder Aufrechnung der einzelnen Forderungen und Gegenforderungen, vgl auch MüKo/Koch vor § 1363 Rz 20ff. Damit stellt die Rückabwicklung erst den Zustand her, auf dessen Grundlage ein Zugewinnausgleich erfolgt, so zutr Rauscher AcP 186, 529, 548. Wenn der BGH Zuwendungen unter Ehegatten, die ohne konkrete Gegenleistung gewährt werden, idR den Charakter einer Schenkung – die er grds dennoch für möglich hält – abspricht und dies mit dem schlichten, wohl auf Lieb bezogenen Hinweis begründet, sie seien „sog unbenannte Zuwendungen", die die eheliche Lebensgemeinschaft ausgestalteten, überzeugt dies wenig (vgl BGH FamRZ 1983, 668 mwN) und verwässert den Begriff der Unentgeltlichkeit. Dies ist zudem unnötig, weil ein erfolgreicher Schenkungswiderspruch zahlreiche Voraussetzungen erfüllen muß (vgl die Übersicht bei Seutemann FamRZ 1983, 990), so daß er kaum zum Hebel taugte, der das Zerrüttungsprinzip aus dem Scheidungsrecht wieder ausbricht. Vielmehr vermeidet der BGH durch sein rasches Abgehen von § 530 die genaue Erörterung von Art und Grad des Fehlverhaltens, das für einen erfolgreichen Schenkungswiderruf in solchen Fällen erforderlich wäre; vgl zu dessen Voraussetzungen Hamm NJW-FER 2001, 1. Er geht damit weder auf die bereits 1979 von Bosch gegebene Anregung ein, § 530 in solchen Fällen im Gedanken der §§ 1381, 1579, 1587c und 1587h zu interpretieren (FS Beitzke, 121, 131f), noch darauf, ob aus dem nahen ehelichen Zusammenleben, das dem Richter eine nachträgliche Scheidung von Ursache und Folge bei Fehlverhalten oft unmöglich macht, resultiert, daß nur deutliches, besonders herausgehobenes Handeln den Tatbestand erfüllen kann, vgl Seutemann aaO 991f; grds abl zur „ehebedingten einschränkenden Auslegung" des § 530 Seif FamRZ 2000, 1193; Rauscher AcP 186, 529, 558ff.

Insgesamt kann nach den Entscheidungen des BGH keineswegs von einer Klärung der vielfältigen Fragen des Verhältnisses von Güterrecht, Konditionsrecht und Schenkungswiderruf sowie Wegfall der Geschäftsgrundlage zueinander die Rede sein. Sie bleiben von besonderer praktischer Bedeutung, weil die Verbitterung „verlassener" Ehegatten und ihre Unzufriedenheit mit dem geltenden Scheidungsfolgenrecht sie vermehrt nach Wegen suchen lassen wird, sich das, was sie familienrechtlich verlieren, über andere Rechtsgebiete zurückholen. Langenfeld NJW 1986, 2541 empfiehlt daher die Vereinbarung von Rückforderungsrechten. Daß eine unentgeltliche Zuwendung der Ehegatten untereinander möglicherweise nicht als Schenkung anzusehen ist, schließt grundsätzlich nicht aus, daß der Insolvenzverwalter die Zuwendung gleichwohl anfechten kann, BGH NJW 1978, 1326. Zu den Wechselbeziehungen zwischen ehelichem Güterrecht und Zuwendungsgeschäften unter Ehegatten vgl rechtsvergleichend Kühne, FS Beitzke (1979), S 249 und die Bemerkungen zu § 1374 Rz 7, 10; zu den Konsequenzen der Rspr des BGH außerhalb des Familienrechts vgl Wever FamRZ 2003, 565; Jordan, Der Ausgleich von Leistungen unter Ehegatten außerhalb der Güterrechts, Diss Münster 2003; Morhard NJW 1987, 1734; Sandweg NJW 1989, 1965.

Kein Vorrang der Zugewinnausgleichsregeln soll bestehen für Ansprüche auf Gesamtschuldnerausgleich, § 426 I S 1, BGH FamRZ 2002, 1696; FamRZ 1989, 149; 1988, 920; 1987, 1239; 1983, 795, 797; Karlsruhe FamRZ 1990, 629; Hamm FamRZ 1989, 740; Düsseldorf FamRZ 1991, 1443; aA Köln FamRZ 1988, 287; vgl § 1376 Rz 5. Zum Verhältnis Gesamtschuldner - zu Zugewinnausgleich vgl Rainer Bosch FamRZ 2002, 366; Gerhards FamRZ 2001, 661; zum Gesamtschuldnerausgleich bei gemeinsamer Steuerveranlagung vgl BGH NJW 2002, 1570. Voreheliche Leistungen von Verlobten unterliegen ebenfalls nicht der Spezialregelung des Zugewinnausgleichsverfahrens, Köln FamRZ 1991, 816.

5 Es entspricht nicht der sittlichen Lebensgemeinschaft der Ehe, ohne Anhaltspunkt für eine besondere Willensrichtung die vermögensrechtlichen Beziehungen der Ehegatten unmittelbar oder in entsprechender Anwendung den **Regeln über die Gesellschaften** (§§ 705ff) zu unterwerfen, BGH FamRZ 1960, 58. Die eheliche Gemeinschaft als solche kann niemals schon als ein gemeinsamer Zweck im Sinne des Gesellschaftsrechts angesehen werden, BGH FamRZ 1961, 431; 1989, 148 mwN. Notwendig sei, wie der BGH (FamRZ 2002, 1696) es ausdrückt, stets eine gemeinsame, **über die Verwirklichung der ehelichen Lebensgemeinschaft hinausgehende Aufgabe**, etwa die Absicht der Ehegatten, durch ihre gemeinsame Zusammenarbeit voranzukommen und ihren Betrieb in die Höhe zu bringen (vgl hierzu Staud/B. Thiele Rz 7 mwN). Aus dem Umstand allein, daß die Ehefrau dem Manne für das Geschäft Geldbeträge überlassen hat und diese Beträge in den Geschäftsbüchern nicht gesondert ausgewiesen sind, kann auf ein Gesellschaftsverhältnis nicht geschlossen werden. Es kommt auch darauf an, in welchem Umfang die Ehefrau mitgearbeitet hat und ob es sich um eine Tätigkeit handelt, die der des Geschäftsinhabers gleichgeordnet war, BGH FamRZ 1962, 110. Deshalb besteht keine Gesellschaft, wenn eine Ehefrau zur Einrichtung der Praxis ihres Mannes Geld gibt und auch als Sprechstundenhilfe mitarbeitet, BGH FamRZ 1974, 592. Zur Bedeutung der Ehegatteninnengesellschaft vgl § 1356 Rz 16. Von dem Problem der Ehegatteninnengesellschaft ist zu unterscheiden die Frage, wann Ehegatten ausdrücklich eine Gesellschaft bürgerlichen Rechts begründen können. Der BGH hat dies bejaht für den gemeinsamen Erwerb eines Grundstücks und dessen Halten, Verwalten und Bewohnen, FamRZ 1982, 142, andererseits aber ohne ausdrückliche Vereinbarung im Erwerb oder Ausbau eines Familienheims keinen, über den typischen Rahmen der ehelichen Lebensgemeinschaft hinausgehenden Zweck gesehen, der die Grundlage einer Ehegatteninnengesellschaft durch schlüssiges Verhalten bilden könnte, FamRZ 1989, 148 mwN. Vgl dazu auch Haas FamRZ 2002, 205; K. Schmidt AcP 182 (1982), 481. Soweit im Einzelfall eine Innengesellschaft zu bejahen ist, setzt ein Ausgleichsanspruch nach deren Auflösung die Erstellung einer Gesamtabrechnung voraus (BGH FamRZ 2003, 1648).

6 Neben der Ehegatteninnengesellschaft, die vor allem in den Fällen der Mitarbeit der Frau im Geschäft des Ehemannes stillschweigend zustande gekommen sein kann (BGH NJW 1974, 1554f; FamRZ 1960, 104 im Anschluß an BGH 8, 249; BGH FamRZ 1954, 136), bleibt der Gesichtspunkt des **„Auftrages zu gemeinsamem Erwerb"** von besonderer Bedeutung. Der beauftragte Ehegatte ist nach Auftragsrecht (§ 667) verpflichtet, dem anderen Ehegatten das Miteigentum an dem erworbenen Gegenstand zu verschaffen, BGH FamRZ 1960, 58. Die Erteilung eines solchen Auftrages bedarf, auch wenn dieser sich auf den Erwerb eines Grundstückes bezieht, nicht der Form des § 311b, denn die Pflicht des Beauftragten zur Veräußerung an den Auftraggeber ist gesetzliche Folge des Auftragsvertrages. Durch ihn verpflichtet sich der Beauftragte nur dazu, sich um den Erwerb des Grundstücks zu bemühen, nicht aber schon dazu, das Eigentum an ihm als ein fremdes dem auftraggebenden Ehepartner zu verschaffen. Sicherheitsbestellungen für Geschäftsschulden des Ehegatten sind mangels Übertragung von Vermögenssubstanz keine unbenannten Zuwendungen, so daß nach Scheitern der Ehe aus § 670 ein Anspruch auf Befreiung von der Verbindlichkeit besteht, Hamm FamRZ 2003, 97. Die alleinige Wirtschaftsführung eines Ehegatten begründet mangels Rechtsbindungswillen noch kein Auftragsverhältnis, BGH FamRZ 2002, 1696. Ein gesellschaftsähnliches Verhältnis beim Erwerb von Hausratsgegenständen nehmen München NJW 1972, 542f und Thiele FamRZ 1958, 115 an. Die Frage des Eigentums ist auch für den erbrechtlichen Voraus des Ehegatten nach § 1932 wichtig, vgl Schlüter, ErbR (14. Aufl 2000), § 10 X. Ist ein gemeinsamer Zweck, der über die Erhaltung der ehelichen Lebensgemeinschaft hinausgeht, nicht vereinbart und sind auch keine Anhaltspunkte für ein Auftragsverhältnis vorhanden, so wird der Wille der Ehegatten, etwas gemeinschaftlich zu leisten, es zumeist rechtfertigen, in dem Erwerb ihrer gemeinsamen Bemühungen zumindest eine schlichte Rechtsgemeinschaft im Sinne der §§ 741ff zu sehen, BGH FamRZ 1969, 78 für den Erwerb eines Grundstücks zur Errichtung eines Hauses. Nach Scheidung und Auszug eines Gatten ist somit in der Regel eine Neuregelung gem § 745 II dahingehend anzunehmen, daß ein Mietvertrag mit dem anderen vorliegt und dieser die Hälfte der angemessenen Miete schuldet, BGH MDR 1982, 575, ebenso bei Teilnutzung des Hauses durch gemeinsame Kinder für den auf den Ausziehenden entfallenden Anteil (Brandenburg NJW-RR 2003, 1009). Hat ein Ehegatte Sparguthaben allein auf sich selbst gestellt, die aber überwiegend aus Einkünften des anderen stammen, so ist von einer stillschweigend begründeten Bruchteilsgemeinschaft auszugehen, die nach §§ 741, 742, 749 einen hälftigen Ausgleichsanspruch auslöst, BGH FamRZ 2002, 1696; aA Karlsruhe NJW-RR 2003, 361.

Bei **gemeinschaftlichem Vermögen** der Ehegatten ergeben sich Schwierigkeiten in der **Zwangsvollstreckung**. 7 Die Vollstreckung in den Ehegatten gemeinsam gehörende Gegenstände ist grundsätzlich nur auf Grund eines gegen beide gerichteten Titels zulässig. Soweit solche Gegenstände zur angemessenen Einrichtung der ehelichen Wohnung gehören, muß es im allgemeinen im Interesse der Familie als richtig und auch vom Standpunkt der Gläubiger aus als tragbar angesehen werden, daß in diese Gegenstände nicht ohne weiteres auf Grund von einseitigen Schulden eines Ehegatten vollstreckt werden kann. Gläubigerschädigenden Machenschaften der Ehegatten kann mit den durch das Anfechtungsgesetz gebotenen Möglichkeiten entgegengetreten werden. Soweit es sich um eine Vollstreckung in Vermögensgegenstände anderer Art handelt, ist allerdings häufig eine kritische Prüfung angezeigt, ob wirklich eindeutig ein übereinstimmender Wille der Ehegatten zum gemeinsamen Erwerb anzunehmen ist. Im übrigen kommt die Pfändung des Anteilsrechts eines Ehegatten an dem gemeinschaftlichen Gegenstand in Betracht. Vgl im übrigen §§ 1362 BGB, 739 ZPO.

1364 *Vermögensverwaltung*
Jeder Ehegatte verwaltet sein Vermögen selbständig; er ist jedoch in der Verwaltung seines Vermögens nach Maßgabe der folgenden Vorschriften beschränkt.

1. Grundsatz der selbständigen Vermögensverwaltung. Die Vorschrift stellt den Grundsatz auf, daß jeder 1 Ehegatte sein Vermögen selbständig verwaltet, weist aber auf die in den folgenden Vorschriften bestimmten Ausnahmen von diesem Grundsatz hin. Der Begriff der Verwaltung ist vom Gesetz ebenso wenig bestimmt, wie etwa in § 2038 für die Miterbengemeinschaft. Die Betonung der Vorschrift liegt auf dem Wort „selbständig". Damit soll gesagt sein, daß jeder Ehegatte in der Regel mit seinem Vermögen so umgehen kann, als wäre er unverheiratet. Die Verwaltung des Vermögens umfaßt tatsächliche Maßnahmen, Verpflichtungsgeschäfte, Verfügungen aller Art sowie die Führung von Rechtsstreitigkeiten. Durchbrochen wird das Selbstverwaltungsprinzip in den Fällen des § 1357: bei Lebensbedarfsdeckungsgeschäften sind die Gatten kraft Gesetzes ermächtigt, sich gegenseitig zu verpflichten und zu berechtigen. Daneben nimmt die grds Selbstverwaltung den Gatten natürlich nicht die Möglichkeit zu rechtsgeschäftlicher Bevollmächtigung, die zur Vermeidung der Haftung gem § 179 Dritten gegenüber ggf nachgewiesen werden muß. Zur Haftung des einen Ehegatten für den anderen bei Verschulden bei Vertragsschluß vgl BGH FamRZ 1968, 71. – Zu dem Fall, daß ein Ehegatte sein ganzes Vermögen oder einen Teil seines Vermögens der Verwaltung des anderen überläßt, vgl § 1413 und die Bemerkungen hierzu.

2. Verwaltungspflicht der Ehegatten. Obwohl im gesetzlichen Güterstand kein Gesamtgut beider Ehegatten 2 besteht, können bei schlechter Verwaltung der Vermögen Rechtsnachteile für den anderen entstehen. So kann der Anspruch auf den Zugewinnausgleich dadurch gemindert werden. Deshalb ist, obwohl eine dem § 1435 S 1 bei der Gütergemeinschaft entsprechende Regelung fehlt, eine Verpflichtung zu einer ordnungsmäßigen, dem Wohl der Familie dienenden Vermögensverwaltung anzunehmen, die alles tut und alles unterläßt, was erforderlich ist, um auch den anderen Ehegatten am wirtschaftlichen Erfolg der Vermögensverwaltung teilnehmen zu lassen; ebenso RGRK/Finke Rz 6; aA Gernhuber/Coester-Waltjen, FamR § 34 I 4; MüKo/Koch Rz 6; Staud/Thiele Rz 9, der nur von „Obliegenheiten" spricht. Nur in diesem Sinne ist zu verstehen, wenn § 1381 II von der Nichterfüllung der sich aus dem ehelichen Verhältnis ergebenden wirtschaftlichen Verpflichtungen spricht, RGRK/Finke Rz 6. Hierin ist auch eine Unterrichtungs- und Auskunftspflicht eingeschlossen, RG 158, 377, und ausdrücklich anerkannt für die Innengesellschaft unter Eheleuten in RG 171, 129; RGRK/Finke Rz 9f. Etwaige Ansprüche gegen den verwaltenden Ehegatten ergeben sich nach den Regeln des Auftragsrechts, Köln FamRZ 1999, 298.

§ 1364 Familienrecht Bürgerliche Ehe

3 **3. Einschränkung des Grundsatzes der selbständigen Verwaltung** aus allgemeinen Gesichtspunkten. Aus der Verpflichtung zur ehelichen Lebensgemeinschaft folgt, daß die Ehegatten bei der selbständigen Ausübung ihrer Vermögensrechte nicht wie Fremde nebeneinanderstehen. Ein Ehegatte hat das Recht auf Mitbenutzung der im Eigentum des andern stehenden Sachen, die sich in der ehelichen Wohnung befinden. Insbesondere aber folgt aus der Verpflichtung der Ehegatten, zum angemessenen Unterhalt der Familie beizutragen (§§ 1360, 1360a), daß jeder Ehegatte dem andern gegenüber gehalten ist, sein Vermögen so zu verwalten, daß er seiner Unterhaltsverpflichtung gerecht werden kann. Soweit den Ehegatten Vermögensgegenstände gemeinschaftlich gehören, werden sie von ihnen nach den hierfür in Betracht kommenden allgemeinen Vorschriften auch gemeinsam verwaltet; die Ehegatten haben jedoch auch hierbei gegeneinander die durch die Ehe gebotene besondere Rücksicht walten zu lassen. Auch die allgemeinen Vorschriften, nach denen ein Ehegatte in der Geschäftsfähigkeit und damit auch in der Befugnis, sein Vermögen selbständig zu verwalten, beschränkt sein kann, werden von § 1364 nicht berührt. Das Vermögen einer minderjährigen Frau wird nicht vom Mann, sondern ihrem gesetzlichen Vertreter verwaltet. Entsprechendes gilt, wenn ein Ehegatte sonst in der Geschäftsfähigkeit beschränkt oder geschäftsunfähig ist (vgl hierzu aber bei der Gütergemeinschaft § 1458). Die Insolvenz eines Ehegatten ist auf das Vermögen des andern und die Fortdauer des Güterstandes ohne Einfluß.

4 **4. Besitz.** Da die beiden Vermögen der Ehegatten getrennt sind, hat zunächst jeder Besitz an den Sachen seines Vermögens. Soweit jedoch Sachen in ungestörter Ehe gemeinsam benutzt werden, besteht unabhängig davon, welcher der Ehegatten Mieter oder Eigentümer ist, und unabhängig vom Güterstand regelmäßig Mitbesitz beider Ehegatten (zutr Staud/Thiele § 1363 Rz 8); ein Ehegatte ist also nicht etwa als Besitzdiener des anderen anzusehen. Das gilt für die Wohnung und die Einrichtungsgegenstände, BGH 12, 398; München NJW 1972, 542f; Hamm NJW 1956, 1681. Diese Auffassung wird für die Zugewinngemeinschaft durch die Gebundenheit des Hausrates (§ 1369) im Interesse von Familie und Zugewinnausgleich unterstützt. An den Sachen, die ausschließlich dem persönlichen Gebrauch dienen sollen (Kleider, Schmuck), sowie an den zu seinem Gewerbe gehörenden Sachen (Gernhuber/Coester-Waltjen, FamR § 34 II 3) ist jeder Ehegatte Alleinbesitzer. Vgl auch LG Bonn m Anm Bosch FamRZ 1967, 678 zu den Besitzverhältnissen an einem Brief, den ein Ehegatte für den anderen entgegennimmt.

5 **5. Zwangsvollstreckung in die Vermögensgegenstände der Ehegatten.** Haben Ehegatten an Sachen des Hausrats gemeinsamen Besitz, so haben sie an ihnen auch gemeinsam Gewahrsam im Sinne des § 809 ZPO. Die Vollstreckungsschwierigkeiten, die sich hieraus hätten ergeben können, hat die Neufassung des § 739 ZPO beseitigt. Wird zugunsten des Gläubigers eines Ehemannes oder der Gläubiger einer Ehefrau nach § 1362 vermutet, daß der Schuldner Eigentümer beweglicher Sachen ist, so gilt, unbeschadet der Rechte Dritter, für die Durchführung der Zwangsvollstreckung nur der Schuldner als Gewahrsamsinhaber und Besitzer. Der Ehegatte, der nicht Schuldner des die Zwangsvollstreckung betreibenden Gläubigers ist, kann daher aus seinem Besitz oder Mitgewahrsam keine Einwendungen geltend machen, Hamm NJW 1956, 1681. Ist der andere Ehegatte aber Miteigentümer, so kann er der Zwangsvollstreckung nach § 771 ZPO widersprechen.

6 **6. Beschränkungen der Selbständigkeit der Verwaltung durch Güterrecht.** Die güterrechtlichen Beschränkungen, denen jeder Ehegatte bei der Verwaltung seines Vermögens unterworfen ist und auf die § 1364 Hs 2 hinweist, werden in den §§ 1365 bis 1369 behandelt. Es sind die einzigen, die das Gesetz vorsieht. Weitere Beschränkungen sind nicht eingeführt worden, um den Güterstand und den Rechtsverkehr der Ehegatten mit Dritten nicht zu sehr zu komplizieren (vgl auch Staud/Thiele Rz 2). Insbes ist anders als bei der Gütergemeinschaft (vgl §§ 1424, 1425) im gesetzlichen Güterstand ein Ehegatte nicht gehindert, über ihm gehörenden Grundbesitz selbständig zu verfügen und Schenkungen aus seinem Vermögen vorzunehmen (vgl dazu aber § 1375 II und § 1386 II). Gelegentlich ist vorgeschlagen worden, wenigstens Verfügungen über das Grundstück, auf dem sich das Heim der Familie befindet, an die Zustimmung des anderen Ehegatten zu binden. Eine Verwirklichung dieses Vorschlags scheiterte daran, daß die Merkmale, die eine solche Beschränkung begründen würden, nicht aus dem Grundbuch ersichtlich sind und daher im Rechtsverkehr nicht immer erkannt werden könnten. Auch Anregungen, die Ehegatten sollten über Sparguthaben und über Rechte aus Versicherungen, insbesondere aus Lebensversicherungen nur gemeinsam verfügen dürfen, ein Ehegatte solle ferner nur mit Zustimmung des anderen sich verbürgen dürfen, sind nicht in das Gesetz aufgenommen worden, weil ihre Verwirklichung den Rechtsverkehr erheblich erschweren, entsprechende Beschränkungen auch leicht umgangen werden könnten. Im übrigen sollte der gesetzliche Güterstand nicht durch zu weitgehende Beschränkungen der Ehegatten in ihrer vermögensrechtlichen Selbständigkeit unbeliebt gemacht und nicht geradezu ein Anreiz gegeben werden, ihn auszuschließen.

7 **7. Wirkungen der güterrechtlichen Beschränkungen.** Die in den §§ 1365 bis 1369 geregelten Beschränkungen bezwecken den Schutz des anderen Ehegatten; mit dessen Zustimmung wird das Geschäft voll wirksam. Es handelt sich aber ebenso wie bei den im früheren gesetzlichen Güterstand (§§ 1395 bis 1398) und bei der Gütergemeinschaft (vgl den früheren § 1448 und jetzt § 1427) bestimmten Beschränkungen nicht nur um ein gesetzliches Veräußerungsverbot im Sinne des § 135. Es besteht daher auch nicht die durch § 135 II offengelassene Möglichkeit gutgläubigen Erwerbs eines Dritten. Ein Dritter ist weder geschützt, wenn er nicht gewußt hat, daß sein Vertragsgegner verheiratet ist, noch wenn er der Einwilligung von dessen Ehegatten geglaubt hat. Möglich ist aber gutgläubiger Erwerb von dem Dritten nach den §§ 892ff, 932ff; in diesem Fall verlieren die Beschränkungen ihre Wirkung, Zweibrücken FamRZ 1986, 997.

1365 *Verfügung über Vermögen im Ganzen*

(1) Ein Ehegatte kann sich nur mit Einwilligung des anderen Ehegatten verpflichten, über sein Vermögen im Ganzen zu verfügen. Hat er sich ohne Zustimmung des anderen Ehegatten verpflichtet, so kann er die Verpflichtung nur erfüllen, wenn der andere Ehegatte einwilligt.

(2) Entspricht das Rechtsgeschäft den Grundsätzen einer ordnungsmäßigen Verwaltung, so kann das VormG auf Antrag des Ehegatten die Zustimmung des anderen Ehegatten ersetzen, wenn dieser sie ohne ausreichenden Grund verweigert oder durch Krankheit oder Abwesenheit an der Abgabe einer Erklärung verhindert und mit dem Aufschub Gefahr verbunden ist.

Schrifttum: *Beitzke*, Gesellschaftsvertrag und güterrechtliche Verfügungsbeschränkung, DB 1961, 21; *Böttcher*, Verfügungsbeschränkungen (Allg Auswirkungen und Anwendungsprobleme im Grundstücksrecht), Rpfleger 1984, 377; 1985, 1; *Braga*, „Die subjektive Theorie" oder was sonst?, FamRZ 1967, 652; *Brox*, Die Vinkulierung des Vermögens im ganzen sowie der Haushaltsgegenstände und ihre Auswirkungen im Zivilprozeß, FamRZ 1961, 281; *Dörr*, Ehewohnung, Hausrat, Schlüsselgewalt, Verfügungsbeschränkungen des gesetzlichen Güterstands und vermögensrechtliche Beziehungen der Ehegatten in der Entwicklung seit dem 1. EheRG NJW 1989, 810; *Dunker*, Zum Vermögensbegriff der §§ 419, 1365 BGB, MDR 1963, 978; *Heckelmann*, Abfindungsklauseln in Gesellschaftsverträgen, eine Studie über die Grenzen der Gestaltungsfreiheit beim Ausscheiden aus der OHG, 1973, § 6; *Kunzel*, Heilung schwebend unwirksamer Gesamtvermögensgeschäfte eines Ehegatten?, FamRZ 1988, 452; *Lange*, Verfügung über ein Grundstück als Verfügung über das Gesamtvermögen gemäß § 1365 BGB; maßgeblicher Zeitpunkt für die Kenntnis des Erwerbers, JuS 1974, 766; *Schlechtriem*, Rechtsprobleme bei Gesamtvermögensgeschäften, JuS 1983, 587; *Schlieper*, Das Spannungsverhältnis von Familien- und Verkehrsinteressen im Rahmen des § 1365 BGB, Diss Münster, 1991; *Tiedtke*, Die Zustimmungsbedürftigkeit der Auflassungsvormerkung im Güterstand der Zugewinngemeinschaft, FamRZ 1976, 320; *ders*, Der Zeitpunkt, zu dem die subjektiven Voraussetzungen des § 1365 BGB vorliegen müssen, FamRZ 1975, 65; *ders*, Die Umdeutung eines nach dem § 1365, 1366 BGB nichtigen Rechtsgeschäfts in einen Erbvertrag, FamRZ 1981, 1; *ders*, Verfügungen eines Ehegatten über das Vermögen im Ganzen, FamRZ 1988, 1007; *H. P. Westermann*, Die Bedeutung der Güterstände und der beschränkten Geschäftsfähigkeit für die Bankgeschäfte, FamRZ 1967, 645; *Wolf*, Übertriebener Verkehrsschutz, JZ 1997, 1087.

1. Zweck der Vorschrift. Sie verfolgt nach den Vorstellungen des Gesetzgebers zwei gleichrangige Ziele: Zum einen soll die wirtschaftliche Existenzgrundlage der Familie geschützt, zum anderen der zukünftige Ausgleichsanspruch bei Güterstandsende gesichert werden (vgl den Bericht des Rechtsausschusses des Bundestages im BT-Drucks II 3409, S 6; BGH 43, 174; Celle NJW-RR 2001, 866; FamRZ 2000, 744; LG München FamRZ 2000, 1153; Gernhuber/Coester-Waltjen, FamR § 35 I 3; Larenz JZ 1959, 105f; modifiziert BGH FamRZ 1987, 942: Normzweck ist nicht nur die Sicherung vor wirtschaftlichen Notlagen, sondern auch der Behalt derjenigen wirtschaftlichen Grundlage der Familie, die bisher im Vermögen der Ehegatten besaß.

2. Inhalt der Beschränkung

a) Seinem Inhalt nach geht § 1365 über eine bloße Verfügungsbeschränkung hinaus. Der Einwilligung des anderen Ehegatten bedürfen nicht nur sachenrechtliche **Verfügungsgeschäfte**, sondern auch solche Rechtsgeschäfte, durch die sich ein Ehegatte verpflichtet, über sein Vermögen im ganzen zu verfügen. Bestände nur das Verfügungsbeschränkung, wäre aber das Verpflichtungsgeschäft ohne Zustimmung des anderen Ehegatten wirksam, so würde der Schutzzweck der Bestimmung dadurch vereitelt, daß der Vertragspartner des Verfügenden Schadensersatzansprüche geltend machen könnte. Verfügungen von Todes wegen, auch solche durch Erbvertrag, fallen nicht unter § 1365, BGH 40, 224.

b) Die **Einwilligung**, dh die **vorherige Zustimmung** (§ 183; zur Genehmigung vgl § 1366; zu den Auswirkungen der Güterstandsbeendigung durch Tod oder Scheidung ebd Rz 8) des anderen Ehegatten ist bei allen Rechtsgeschäften erforderlich, die ein Ehegatte über sein Vermögen im ganzen oder über ihm gehörende Haushaltsgegenstände (§ 1369) vornehmen will. Andere Verfügungs- oder Verwaltungsbeschränkungen bestehen nicht, vor allem werden rechtliche Selbständigkeit und Geschäftsfähigkeit des Ehegatten nicht berührt, RGRK/Scheffler Anm 4. Hat der andere Ehegatte dem Verpflichtungsgeschäft zugestimmt, so bedarf es zu den zu dessen Erfüllung erforderlichen Verfügungsgeschäften seiner Zustimmung nicht mehr; andernfalls ist seine Zustimmung zu den Verfügungshandlungen erforderlich. Dabei ist zu beachten, daß ein Geschäft, durch das sich jemand zur Verfügung über sein Vermögen im ganzen verpflichtet, je nach der Zusammensetzung dieses Vermögens unter Umständen nur durch eine Reihe einzelner Verfügungsgeschäfte vollzogen werden kann, da über das Gesamtvermögen nicht mit unmittelbarer dinglicher Wirkung verfügt werden kann. Hat ein Ehegatte unwiderruflich jeder Grundstücksveräußerung seines Partners zugestimmt, so sind davon auch unentgeltliche Gesamtvermögensverfügungen erfaßt.

c) Ist das **Verpflichtungsgeschäft** über das Vermögen im ganzen auch **ohne Einwilligung wirksam** abgeschlossen worden, etwa bei Vertragsabschlüssen vor der Eheschließung, so kann der Ehegatte diese Verträge **auch ohne Einwilligung** des anderen Ehegatten vollziehen; denn das Gesetz geht ersichtlich davon aus (§ 1365 I S 2), daß nur bei unwirksamen Verpflichtungsgeschäften zu ihrem Vollzug – das Gesetz spricht von ihrer Erfüllung – die Zustimmung des anderen Ehegatten erforderlich ist; sonst hätte dem GleichberG auch rückwirkende Kraft beigelegt werden, entgegen Art 8 II Nr 4 und dem Fehlen von entspr Überleitungsbestimmungen; wie hier die hM: Krüger/Breetzke/Nowack GleichberG Anm 2; RGRK/Finke Rz 9; BayObLG FamRZ 1959, 241; Saarbrücken FamRZ 1962, 260; insbesondere Celle FamRZ 1961, 444, dort sogar für den Fall, daß der Ehegatte vor dem 1. 7. 1958 ein ihn über diesen Zeitpunkt hinaus bindendes Angebot gemacht und der andere Partner diese Offerte erst nach dem Stichtag angenommen hatte; Oldenburg DNotZ 1959, 545; nicht entschieden in BGH FamRZ 1958, 417; auch in solchen Fällen verlangen dagegen eine Zustimmung LG Berlin FamRZ 1959, 64 m Anm Schulz/Kersting; LG Bremen FamRZ 1959, 244; Bosch FamRZ 1959, 240 in Anm zu LG Darmstadt, den der Ehegatten-Vertragspartner aus dem Grundgeschäft für verpflichtet hält, die zur Erfüllung notwendige Zustimmungserklärung des anderen Ehegatten – notfalls durch Ersetzungsantrag beim VormG – zu beschaffen, und selbst einräumt, daß es sich um einen sehr umständlichen Weg handele.

d) Den **Testamentsvollstrecker** treffen nicht die Verfügungsbeschränkungen des § 1365, wie ihn schon nicht die Beschränkungen des Vormundes treffen, denn er ist Amtstreuhänder und nicht Vertreter des Ehegatten, zust Staud/Thiele Rz 13; abw AG Delmenhorst FamRZ 1959, 249. Gleiches gilt für Insolvenz- und Zwangsverwalter.

D. Heckelmann

§ 1365 Familienrecht Bürgerliche Ehe

3. Zum Begriff des Vermögens im ganzen

6 a) Unbestritten trifft § 1365 auf solche **Verpflichtungs-** oder **Verfügungsgeschäfte** zu, deren Inhalt auf die Übertragung (oder die Nießbrauchbelastung) des **Vermögens im ganzen** gerichtet sind. Ein solcher Vertrag liegt dann vor, wenn er erkennbar nicht nur die darin bezeichneten Gegenstände erfassen soll, sondern das **gesamte gegenwärtige Vermögen** des Ehegatten-Vertragspartners, wobei es unschädlich ist, wenn einige wenige, unbedeutende Stücke, zB persönliche Gebrauchsgegenstände von unbedeutendem Wert, ausgenommen werden. Es muß sich um einen Vertrag „in Bausch und Bogen" handeln, dessen schuldrechtliche Eigenart in der Vereinbarung eines Gesamtpreises für den gesamten Vermögensinbegriff, der Vertragsinhalt geworden ist, liegt, ohne daß Teilpreise für einzelne Gegenstände vereinbart werden; vgl vor § 2371 und die dort auftauchende Problematik der Abgrenzung des Erbschaftskaufes von Verträgen über einzelne Erbschaftsgegenstände. Ob das Vermögen im Ganzen erfaßt wird, ist durch Wertvergleich des betroffenen mit dem verbleibenden Vermögen zu ermitteln, BayObLG MDR 1981, 317. Dabei sind beide Vermögensteile um die auf ihnen ruhenden dinglichen Belastungen zu vermindern, während persönliche Verbindlichkeiten außer Betracht bleiben, BGH FamRZ 1980, 765, 766. Ein erst im Gegenzug für die Veräußerung begründetes, personengebundenes Wohnrecht ist nicht zu berücksichtigen, Celle FamRZ 1987, 943; ebenso für die Bestellung eines lebenslangen Nießbrauches, Hamm FamRZ 1997, 675.

7 b) Der Zweck der besonderen Verwaltungsbeschränkung (vgl Rz 2) kann aber nur dann in vollem Umfang erreicht werden, wenn die Bestimmung weit angewandt wird. Unter sie fallen daher nicht nur diejenigen Rechtsgeschäfte, die ihrem Inhalt nach auf die Verpflichtung zur Übertragung des ganzen Vermögens gerichtet sind, sondern auch solche, die sich auf **einzelne Vermögensgegenstände** beziehen, sofern dieser Gegenstand oder diese Gegenstände das **gesamte oder nahezu das gesamte Vermögen** des Ehegatten bilden oder bilden (**Einzeltheorie**), hM: Pal/Brudermüller Rz 5; RGRK/Finke Rz 3; Soergel/H. Lange Rz 12ff; Beitzke/Lüderitz, FamR § 14 II 1; Sandrock, FS Bosch (1976), S 841, 842f; BGH WM 1972, 343f; BGH 35, 134; Staud/Thiele Rz 17ff; Celle FamRZ 1987, 942 mwN; Hamm OLGZ 71, 66; BayObLG FamRZ 1960, 31. Bei der Auslegung des Begriffes „Vermögen im ganzen" ist von den Grundsätzen auszugehen, die von der Rspr zum Begriff der Vermögensübernahme im Sinne des § 419 entwickelt worden sind; vgl dazu die Zusammenstellung der Rspr des BGH von Mormann WM 1965, 634ff; danach genügt es, wenn der Vertragsgegenstand tatsächlich das ganze Vermögen ausmacht oder der Wert der sonst noch vorhandenen Vermögensstücke im Verhältnis zum ganzen Vermögen wirtschaftlich ohne Bedeutung ist. Die Rspr verfährt in der Praxis sehr uneinheitlich. Das LG Berlin FamRZ 1973, 146f sieht bereits eine Verfügung über das Vermögen im ganzen als gegeben, wenn der veräußerte Teil mehr als $7/10$ des Gesamtvermögens ausmacht, sofern sich die Veräußerung auf ein Familienwohnhaus bezieht und im übrigen nur bewegliches Vermögen vorhanden ist; ähnlich auch BayObLG MDR 1981, 317 bei einem „Restvermögen" von 27 %. Dagegen nicht unerheblich anders in der Tendenz Hamm RdL 1966, 103, wenn neben dem veräußerten Grundstück im Wert von 1,7 Mill DM ein Restvermögen von 300 000 DM (= 15 %) verbleibt; ähnlich auch München FamRZ 1991, 396. Als zustimmungsfrei beurteilt hingegen Düsseldorf DNotZ 1972, 239f eine Verfügung über Vermögen im Wert von 90 000 DM, da noch eine beitreibbare Forderung von 10 000 DM vorhanden war. Kritisch zur bisherigen Gerichtspraxis Gernhuber/Coester-Waltjen, FamR § 35 II 4. Der BGH hat in FamRZ 1980, 765 (767) deutlich gemacht, daß er bei verbleibenden 30 % den Tatbestand des § 1365 für nicht mehr erfüllt ansieht, die Grenzziehung bei 10 % aber für zu niedrig hält. Dies hat der BGH in FamRZ 1991, 669 dahin konkretisiert, daß auch bei größerem Vermögen (über 500 000 DM) § 1365 nicht erfüllt ist, wenn dem verfügenden Ehegatten noch 10 % des Restvermögens verbleiben.

Abweichend vor allem Barz ZHR 126, 170, 172; Rittner FamRZ 1961, 1 und Tiedau MDR 1961, 721, die aus der Entstehungsgeschichte, dem Wortlaut und dem Sinn und Zweck der Vorschrift entnehmen wollen, daß nur Gesamtvermögensgeschäfte (im unter Rz 6 entwickelten Sinne) unter diese Vorschrift fallen, dh der Parteiwille muß auf das Vermögen im ganzen gerichtet sein, nicht auf einzelne Gegenstände (**Gesamttheorie**). Dies sieht Benthien FamRZ 1982, 338, durch die Entwicklung des Eherechts zu mehr Selbstverantwortung des Einzelnen hin bestätigt. Dagegen zutreffend Pal/Brudermüller Rz 5 mit dem Hinweis, daß bei einer solchen einengenden Interpretation die §§ 1365 II und 1367 überflüssig seien. Auch der auf Erhaltung der wirtschaftlichen Grundlage der Familie gerichtete rechtspolitische Zweck der Bestimmung gebietet eine Ausdehnung auf die unter Rz 7 oben genannten Fälle. Dabei ist für die Frage, ob bei Verfügungsgeschäften über einzelne Vermögensgegenstände eine Zustimmung gemäß § 1365 erforderlich ist, ein **wirtschaftlicher Maßstab** anzulegen, BayObLG FamRZ 1960, 31 unter Hinweis auf die entsprechende Auslegung dieses Begriffes in §§ 419 aF und 1444 aF; ferner Karlsruhe DNotZ 1959, 315; Hamm Rpfleger 1959, 16; Düsseldorf JMBl NRW 1959, 53; Hamm OLGZ 71, 66. Es kommt nicht darauf an, ob das Geschäft wirtschaftlich zweckmäßig und ob die Gegenleistung angemessen ist, BGH 33, 123 (zu § 419); Oldenburg FamRZ 1965, 273. Die von Wörbelauer NJW 1960, 793 vertretene Unschädlichkeit der Umschichtungs- oder Anlagegeschäfte ist von BGH 35, 135, 145 ausdrücklich abgelehnt worden. Die Verwaltungsbeschränkung des § 1365 erforderlich ist, ein **wirtschaftlicher Maßstab** anzulegen, BayObLG FamRZ 1960, 31 und statuiert damit einen grundsätzlichen Vorrang des Familienschutzes vor den Verkehrsinteressen.

Es genügt, wenn über das Vermögen durch **mehrere (Teil-)Rechtsgeschäfte** verfügt wird, allerdings müssen die Vertragspartner von den Teilakten Kenntnis haben, Hamm NJW 1960, 1466; Soergel/Hermann Lange Rz 29; RGRK/Finke Rz 12; Brandenburg FamRZ 1996, 1015 verlangt daneben noch einen zeitlichen und sachlichen Zusammenhang der einzelnen Rechtsgeschäfte; bedenklich ist die Begründung des im Ergebnis wohl zutreffenden Urteils BGH FamRZ 1966, 22: Eine Verfügung über den Grundbesitz im Werte von 590 000 DM sei wegen der Existenz eines Gesellschaftsanteils von 100 000 DM, die gleichzeitige Verfügung über diesen Anteil wegen der Existenz des Grundvermögens zustimmungsfrei. Einzelne Vermögensstücke von nicht bedeutendem Wert sind dann nicht ohne weiteres als Vermögen im ganzen anzusehen, wenn der Veräußerer über ein gesichertes Einkommen verfügt, Frankfurt Rpfleger 1960, 368 m Anm Haegele; vgl hierzu auch Frankfurt NJW 1960, 2190 u Riedel, Rpfleger 1961, 262. Zur Berücksichtigung des Arbeitseinkommens vgl Rz 9.

c) Aus der Anlegung wirtschaftlicher Maßstäbe folgt weiter, daß kein zustimmungsbedürftiger Tatbestand vorliegt, wenn ein **Bruchteil des Vermögens** im Sinne des § 311 Gegenstand des Rechtsgeschäfts ist, Pal/Brudermüller Rz 2; Hamm NJW 1959, 1040; Düsseldorf JMBl NRW 1959, 53; RGRK/Finke Rz 2; Gernhuber/Coester-Waltjen, FamR § 35 II 1; MüKo/Koch Rz 7; Staud/Thiele Rz 32. Wenn aber ein Grundstück, das einziges Vermögensstück ist, in voller Höhe oder bis zum Restwert belastet wird, ist Zustimmung erforderlich, Pal/Brudermüller Rz 5; im einzelnen Rz 11ff. 8

d) Hat ein Ehegatte über Sacheigentum, besonders über ein Grundstück, verfügt, so kann ein ihm verbleibender **Pensionsanspruch** bei Beantwortung der Frage, ob dem verfügenden Ehegatten noch nennenswertes Vermögen verblieben ist, berücksichtigt werden, Frankfurt NJW 1960, 2190, wobei entgegen der Auffassung des OLG auch eine Kapitalisierung der Pensions- oder **Rentenansprüche** in Betracht kommen kann, ebenso KG FamRZ 1976, 89; Staud/Felgentraeger, 10./11. Aufl Rz 28; aA jetzt Staud/Thiele Rz 30; Soergel/H. Lange Rz 19; vgl aber auch Karlsruhe FamRZ 1961, 317 u Gernhuber/Coester-Waltjen, FamR § 35 II 4. Ein Rentenanspruch kommt jedoch nicht in Betracht, wenn er erst in ungewisser Zukunft fällig wird, BGH 81, 152 (170); BGH FamRZ 1989, 1051. Von den Renten- und Versorgungsberechtigungen werden zT die **laufenden Arbeits- und Renteneinkommen** getrennt und bei ihnen eine Anrechnung abgelehnt, da sie nicht zum gegenwärtigen Vermögen gehören, so Celle FamRZ 1987, 942; KG FamRZ 1976, 89; Bremen NJW 1960, 825; Gernhuber/Coester-Waltjen, FamR § 35 II 4. Das ist inkonsequent. Finger JZ 1975, 461, 467 (vgl auch BayObLG FamRZ 1968, 315; Hamm OLGZ 71, 66) bezieht sie daher in die Vermögensverhältnisse mit ein. Ebenso Frankfurt FamRZ 1984, 698. Der BGH hat nunmehr entschieden, daß auch die auf einem sicheren Arbeitsverhältnis beruhende Erwartung künftigen Arbeitseinkommens nicht zu berücksichtigen sei, FamRZ 1987, 909. Ganz ablehnend gegenüber der Einbeziehung von Arbeits- und Renteneinkommen Sandrock, FS Bosch, S 841, 846; MüKo/Koch Rz 17. Letztlich ist aber ein hinreichend konkreter Pensions- oder Rentenanspruch zur Sicherung der wirtschaftlichen Basis einer Familie geeignet, und seine Berücksichtigung beim Wertvergleich entspricht somit Sinn und Zweck von § 1365, Frankfurt FamRZ 1984, 698f (anders BGH FamRZ 1987, 942, der den Normzweck nicht in der Sicherung vor wirtschaftlichen Notlagen sieht, sondern darüber hinaus in dem Behalt desjenigen wirtschaftlichen Grundlage der Familie, die bisher im Vermögen des Ehegatten besaß). Gleiche Sicherheiten bieten **unpfändbare Gegenstände**, Frankfurt aaO; ebenso Gernhuber/Coester-Waltjen, FamR § 35 II 4 und im Ergebnis Schleswig SchlHA 1960, 258 für eine Hofübertragung, bei der dem Veräußerer das Hofinventar verbleibt, und Hamburg MDR 1961, 690 für die Veräußerung eines Pkw, wenn noch eine Wohnungseinrichtung vorhanden ist. 9

4. Schutz des Vertragspartners

Die Verwaltungsbeschränkungen, welche die Interessen der Familiengemeinschaft fördern und die wirtschaftlichen Grundlagen der Familie erhalten sollen, erschweren zugleich den Rechtsverkehr und die Rechtssicherheit. Der Vertragspartner, der nicht weiß, daß der veräußerte Gegenstand oder die Mehrheit veräußerter Gegenstände das ganze oder nahezu das ganze Vermögen darstellen, scheint durch das Zustimmungserfordernis unbillig in seinen Interessen beeinträchtigt. Seinem Schutz versucht die sogenannte, heute herrschende **subjektive Theorie** Rechnung zu tragen. Die Rspr (BGH FamRZ 1993, 1302; BGH 43, 174, 177; Frankfurt FamRZ 1986, 275; BayObLG DNotZ 1978, 611) und ihr folgend der überwiegende Teil des Schrifttums (vgl ua Pal/Brudermüller Rz 9; Soergel/H. Lange Rz 12), stellen insoweit unter entsprechender Anwendung der zu § 419 entwickelten Grundsätze (vgl BGH NJW 1976, 1400; Köln VersR 1969, 88) auf die **Kenntnis** des Vertragspartners des verfügenden Ehegatten ab, daß der veräußerte Gegenstand das Gesamtvermögen umschließt oder zumindest der Verhältnisse, aus denen sich dies ergibt (BayObLG FamRZ 2001, 42; Thüringen FamRZ 2001, 1614; vgl auch Staud/Thiele Rz 20ff). Dabei bestimmt das LG Osnabrück FamRZ 1973, 652 wiederum entsprechend den Grundsätzen des BGH zu § 419 (NJW 1966, 1748) bei maßgeblichen Erwerbsgeschäften (§§ 433, 883; 873/925) den maßgeblichen Zeitpunkt für die Kenntnis nach dem letzten erwerbsnotwendigen Teilakt, beim Grundstückserwerb daher nach der Eintragung, zustimmend Lange JuS 1974, 768; Saarbrücken FamRZ 1984, 587; Pal/Brudermüller Rz 10; nach Futter NJW 1976, 551 kommt es auf den Zeitpunkt der Beantragung der Auflassungsvormerkung bzw der Eigentumsumschreibung an (ebenso Frankfurt FamRZ 1986, 275; LG Oldenburg FamRZ 1979, 430; Bosch, Anm zu Saarbrücken aaO, FamRZ 1984, 588); nach Tiedtke FamRZ 1975, 65 und BayObLG FamRZ 1988, 503 soll bereits der Abschluß des schuldrechtlichen Vertrages entscheiden, spätere Kenntnis soll die Erfüllung nicht hindern; insoweit zustimmend Tiedtke FamRZ 1988, 1007 unter Hinweis auf die sonst auftretenden unbefriedigenden Rechtsfolgen. Dieser Auffassung hat sich auch der BGH angeschlossen, BGH FamRZ 1989, 475; 1990, 970. Vgl zum Streitstand auch Staud/Thiele Rz 24 und MüKo/Koch Rz 33, die auf die Abgabe der Willenserklärung durch den Geschäftsgegner abstellen, und Böhringer BWNotZ 1987, 56. Die subjektive Theorie wird in der mildesten Form von den Autoren vertreten, die die **fahrlässige Unkenntnis des Erwerbers** genügen lassen, daß der erworbene Einzelgegenstand das Gesamtvermögen darstellt (vgl Dölle, Festschrift § 52 I 1 mit Fn 32; Mülke AcP 161, 129, 159; Riedel DRiZ 1963, 182, 185). Demgegenüber kommt es nach der, heute nur noch vereinzelt vertretenen **objektiven Theorie** im vorrangigen Interesse des Familienschutzes allein und unabhängig von den subjektiven Vorstellungen einer oder beider Vertragsparteien darauf an, daß das Rechtsgeschäft objektiv den Einzelgegenstand erfaßt, der das Gesamtvermögen ausmacht (LG Berlin FamRZ 1959, 64, 66; Bosch FamRZ 1958, 289, 294; ders FamRZ 1957, 189, 195 mit Fn 65a; Gernhuber/Coester-Waltjen, FamR § 35 II 6; ders, Anm zu BGH 43, 174 in JZ 1966, 192f; vgl aber auch Lorenz JZ 1959, 105, 106f; Meyer-Stolte FamRZ 1959, 228f; Schulz-Kersting Anm zu LG Berlin FamRZ 1959, 67f; Weimar, Anm zu Hamm NJW 1960, 2002; Finger JZ 1975, 461). Zu den differenzierenden Auffassungen vgl im einzelnen Heckelmann, Abfindungsklauseln in Gesellschaftsverträgen, 1973, § 6 A.

Soweit die subjektive Theorie eine entsprechende Kenntnis oder fahrlässige Unkenntnis des Erwerbers voraussetzt, ist ihr zuzugeben, daß sie das Interesse des Dritten und den Schutz des Vertrauens auf die Verbindlichkeit von Vereinbarungen im rechtsgeschäftlichen Verkehr nicht außer acht läßt. Konsequent wäre danach, auch die 10

§ 1365

Beweislast für die subjektiven Voraussetzungen in der Person des Dritten dem aufzuerlegen, der sich auf die Zustimmungsbedürftigkeit des Vertrages beruft (so BGH WM 1972, 343f; BGH 43, 174; BGH BB 1969, 974; MüKo/Koch Rz 34 mwN; aA Braga FamRZ 1967, 652). Dennoch kann nach der Konzeption des § 1365 nicht in eine Abwägung zwischen Verkehrsschutz und Bestandsschutz eingetreten und ersterem der Vorrang zugewiesen werden (aA die 5. Aufl). Soweit sich die subjektiven Theorien für ihre Auffassung auf die Materialien berufen, kann diesen eine subjektive Begrenzung zu § 1365 nicht entnommen werden (vgl Heckelmann aaO § 6 A S 175). Auch die Parallele zum früheren § 419 trägt Einschränkungen bei § 1365 in subjektiver Hinsicht nicht. Wenn zu dieser Bestimmung überwiegend vom Erwerber positive Kenntnis verlangt wird, daß er mit dem Einzelgegenstand im wesentlichen das Gesamtvermögen übernommen hat (vgl BGH BB 1971, 151), so bedarf der Erwerber dieses Schutzes, weil er nach dem früheren § 419 wegen der Gesamtvermögensübernahme für alle Forderungen gegen den Veräußerer mit dem übernommenen Gegenstand haftet. § 1365 drängt demgegenüber gerade den Erwerberschutz zugunsten des anderen Ehegatten zurück. Auch der Ausnahmecharakter des § 1365 gegenüber dem Grundsatz der freien Verwaltung des eigenen Vermögens kann nicht dazu führen, den Anwendungsbereich des § 1365 einzuschränken. Dieses Argument des BGH 43, 174 klingt nach dem mehr als zweifelhaften Satz „singularia non sunt extendenda". § 1365 ist vom Familien- und Ausgleichsschutz bestimmt. Beide werden aber durch Vereinbarungen über Einzelgegenstände gefährdet, die das Gesamtvermögen betreffen. Wortlaut und Gesetzeszweck geben keinen Anhalt, die Einzeltheorie in subjektiver Hinsicht zu begrenzen. Die normfremde und damit willkürliche Einführung einer subjektiven Schranke als Korrektiv konsequenter Gesetzesanwendung ist nicht gerechtfertigt. Der Kritik grds zustimmend Wax AcP 181 (1981), 547; Wolf JZ 1997, 1087 wendet für den unentgeltlichen Erwerb die Grundsätze der objektiven Theorie und für den entgeltlichen die subjektiven an.

5. Hauptanwendungsfälle

11 **a) Grundstücksgeschäfte. aa)** Die **Verwaltungsbeschränkungen** der §§ 1365ff können in das Grundbuch nicht eingetragen werden, BGH 43, 174; BGH FamRZ 1969, 322; KG FamRZ 1973, 309; RGRK/Finke Rz 48; ihre Eintragung wäre bedeutungslos; zum Gutglaubensschutz Dritter vgl Rz 21. Der Ehegatte, der zur Zustimmung nicht bereit ist, kann aber eine vorbeugende Unterlassungsklage nach § 823 II in Verbindung mit § 1365 I erheben und die Eintragung eines gerichtlichen Veräußerungsverbotes (§ 940 ZPO, §§ 136, 135) verlangen, wenn der andere Ehegatte Anlaß zur Befürchtung gibt, daß er Rechtsgeschäfte entgegen den güterrechtlichen Beschränkungen vornehmen will, die § 1365 aufgestellt hat. Für diese Maßnahmen besteht nach Celle NJW 1970, 1882 auch neben § 1368 ein Rechtsschutzbedürfnis; vgl auch § 1368 Rz 16.

12 **bb) Prüfungspflicht** des Grundbuchrichters. Funktionell zuständig ist der **Grundbuchrechtspfleger**. Das Grundbuchamt ist bei der Veräußerung eines Grundstücks durch einen Ehegatten nur dann berechtigt (aber auch verpflichtet), die Zustimmung des anderen Ehegatten oder den Nachweis seines Alleinvermögens zu verlangen, wenn **konkrete Anhaltspunkte** dafür erkennbar sind, daß es sich bei dem Grundstück um das Vermögen des verfügenden Ehegatten im ganzen handelt, BGH NJW 1961, 1301; KG FamRZ 1973, 307, 311; Celle NJW 1960, 437; Bremen NJW 1960, 826; Hamburg MDR 1968, 497; BayObLG FamRZ 2001, 42 und DNotZ 1978, 611; Zweibrücken FamRZ 1989, 869. Das Grundbuchamt ist zur Beanstandung nach § 18 GBO berechtigt, wenn an dem Vorliegen der Verfügungsbefugnis des eingetragenen Eigentümers konkrete Zweifel auftauchen, KG FamRZ 1973, 307 mit Darstellung des Streitstandes und Hinweisen auf die bindende Rechtsvermutung des § 891 für das Nichtbestehen von Verfügungsbeschränkungen.

Auch dem eine Grundstücksveräußerung beurkundenden **Notar** obliegt eine Aufklärungs- und Nachprüfungspflicht. Nach BGH FamRZ 1975, 477 muß er die Beteiligten zunächst über Bestehen und Rechtswirkungen des § 1365 aufklären, sofern dessen Anwendung nicht von vornherein ausscheidet. Nachforschungen darüber, ob es sich bei dem Grundstück um das (nahezu) gesamte Vermögen des betreffenden Ehegatten handelt, muß er von sich aus nur anstellen, wenn konkrete Anhaltspunkte dafür bestehen; vgl auch Anm Steffen LM Nr 6 zu § 1365 BGB; Reithmann DNotZ 1975, 634; MüKo/Koch Rz 68.

13 **cc) Nachweis der erforderlichen Einwilligung.** Er ist grundsätzlich an keine besondere Form gebunden, auch wenn das zustimmungsbedürftige Rechtsgeschäft einer Form bedarf; im Grundbuchverkehr ist aber der Nachweis in der **Form des § 29 GBO**, also durch öffentliche oder öffentlich beglaubigte Urkunden zu führen. Nach KG DNotZ 1963, 735 soll die mündliche Zustimmung die unmittelbare Verpflichtung des Ehegatten gegenüber dem Vertragspartner begründen können, die Erklärung in der Form des § 29 GBO zu bestätigen; indes ist kein Verpflichtungsgrund dafür erkennbar und bei Verweigerung der formellen Erklärung der Weg des § 1365 II zu beschreiten, siehe Rz 23.

14 **dd) Einzelfälle.** Aufzählung der Fälle, die der Grundbuchbeamte bei den Verfügungsbeschränkungen § 1365 zu prüfen hat, bei Baur/Stürner, Sachenrecht, 17. Aufl (1999), § 22 III 17ff. Die **Bestellung einer Eigentümergrundschuld** fällt nicht unter § 1365, und auf die Höhe der Belastung in ihrem Verhältnis zum Grundstückswert kommt es dabei nicht an, Hamm FamRZ 1960, 276; Frankfurt Rpfleger 1960, 368 m Anm Haegele; Staud/Thiele Rz 49; zustimmungsbedürftig allerdings die **Verwertung der Eigentümergrundschuld**, wenn sie im wesentlichen das „Vermögen im ganzen" darstellt, AG Nordenham FamRZ 2003, 680; Pal/Brudermüller Rz 7. Sind Ehegatten Miteigentümer eines Grundstücks und stellt der Miteigentumsanteil für den einen Ehegatten praktisch dessen ganzes Vermögen dar, so kann der **Antrag auf Teilungsversteigerung** (§ 180 ZVG) nicht ohne die Zustimmung des anderen Ehegatten gestellt werden, Frankfurt NJW-RR 1999, 73f; ein solcher Antrag stellt zwar keine Verfügung dar, aM nur Jaeckel/Güthe, ZVG, § 181 Anm 6, muß ihr aber im Rahmen des § 1365 gleichgestellt werden, Hamm FamRZ 1979, 128 m ausf Begr; BayObLG FamRZ 1996, 1013; Staud/Thiele Rz 46. Fehlt die Zustimmung, so ist das kein Mangel des Versteigerungsverfahrens, der durch Erinnerung gerügt werden könnte, sondern eine materielle Rechtsverletzung, gegen die der Ehegatte nur mit der Drittwiderspruchsklage vorgehen

kann, Karlsruhe FamRZ 1970, 194; HansOLG Hamburg MDR 1982, 330; Celle Rpfleger 1981, 69; Köln NJW-FER 2000, 188; im Grundsatz auch Hamm FamRZ 1979, 128, 130 (§ 766 ZPO nur, wenn das Versteigerungsverfahren Fehler aufweist, dh bereits der Rechtspfleger bei der Anordnung der Teilungsversteigerung das unstreitige Vorliegen der Voraussetzungen des § 1365 I gekannt oder begründete Zweifel unbeachtet gelassen hat). AA Bremen FamRZ 1984, 272, Frankfurt Rpfleger 1975, 330. Im Hinblick auf den das gesamte Vollstreckungsrecht beherrschenden Grundsatz der Trennung von sachlich-rechtlichen Erwägungen sollte die Erinnerung auf die reinen Verfahrensfehler beschränkt bleiben, vgl BGH 57, 108, 110. Der danach grds richtige Rechtsbehelf ist die Drittwiderspruchsklage, sie ist keine Familiensache gem § 23b I S 2 Nr 9 GVG, Stuttgart FamRZ 1982, 401. Dies überzeugt nicht. Da der Interventionsstreit im weiteren Sinn eine Streitigkeit aus dem ehelichen Güterrecht zum Gegenstand hat, ist die funktionelle Verhandlungs- und Entscheidungszuständigkeit des FamG gegeben, Köln NJW-FER 2000, 1988; Bamberg NJW-FER 2000, 161; Frankfurt FamRZ 1998, 641. Wenig überzeugend hat das KG (NJW 1971, 711) seine Auffassung begründet, § 1365 sei nicht anzuwenden, wenn eine Teilungsversteigerung beantragt worden sei. § 1365 ist in der Tat eine Ausnahmevorschrift. Das schließt aber ihre analoge Anwendung nicht grundsätzlich aus, zutr Hamm FamRZ 1979, 128, 139; BayObLG FamRZ 1996, 1013. Der Schutzzweck des § 1365 wird nicht durch die Möglichkeit gewährleistet, nach § 1389 Sicherheitsleistung zu verlangen, weil die Voraussetzungen der letzten Vorschrift in der Regel nicht vorliegen werden (aM offenbar das KG aaO). Da der Zweck, dem die Verfügungsbeschränkung des § 1365 dient, auch durch den Antrag auf Teilungsversteigerung gefährdet wird, rechtfertigt sich die analoge Anwendung. Die Teilungsversteigerung, die ein Gläubiger eines Ehegatten betreibt, hängt dagegen nicht von der Zustimmung des anderen Ehegatten ab, da diese Versteigerung keine rechtsgeschäftliche Verfügung ist noch einer solchen gleichgestellt werden kann. Der andere Ehegatte kann ihr auch nicht mit der Drittwiderspruchsklage entgegentreten, Hamburg MDR 1970, 419. Das Zustimmungserfordernis bleibt in jedem Falle bis zur Rechtskraft des Scheidungsurteils bestehen, AG Idstein FamRZ 1983, 709, und besteht grundsätzlich auch darüber hinaus fort, wenn anderenfalls die Gefährdung eines evtl Zugewinnausgleichsanspruchs nicht auszuschließen ist, BGH FamRZ 1983, 1101; 1978, 396; Saarbrücken FamRZ 1987, 1248; BayObLG FamRZ 1981, 46; Hamm FamRZ 1984, 93; aA Celle FamRZ 1983, 591, das im Falle vor der Scheidung in Gang gesetzten, aber erst nach der Scheidung beendeten Teilungsversteigerungsverfahrens Zustimmungsfreiheit mit Hinweis darauf annahm, daß erst der Zuschlag die eigentliche Verfügung darstelle. Dies erscheint im Hinblick auf den Schutzzweck der Norm (vgl Rz 2 und 4) als zu formalistisch. Das ursprünglich zustimmungspflichtige Rechtsgeschäft wird jedoch wirksam, wenn nach erfolgter Auflösung des gesetzlichen Güterstands der Zugewinnausgleichsanspruch **verjährt** ist, Celle NJW-RR 2001, 866; AG Bochum FamRZ 1994, 1326. Wurde einem Ehegatten ein Grundstück mit einer **Rückübertragungspflicht bei Belastung des Grundstücks** übertragen, bedarf die Rückübertragung im Belastungsfall nicht der Zustimmung des anderen Ehegatten, LG Arnsberg NJW-FER 2000, 52. Die Belastung eines Grundstücks mit einem **Grundpfandrecht** ist nur dann zustimmungsbedürftig, wenn wirtschaftlich der (nahezu) gesamte Vermögenswert dem Sicherungszweck zugeführt wird, BayObLG FamRZ 1960, 31; LG Nürnberg-Fürth, LG Oldenburg, LG Itzehoe, alle FamRZ 1959, 247; s auch Frankfurt FamRZ 1960, 500 u BGH FamRZ 1966, 22, wo der Standpunkt letztlich offen gelassen wird; maßgebend ist der Verkehrswert, LG Bielefeld FamRZ 1959, 245; Belastung zu 1/3 fällt nicht darunter, Hamm FamRZ 1959, 118. In der Praxis wird die Grenze gewöhnlich bei 7/10 des Verkehrswertes gezogen, Riedel Rpfleger 1961, 266 mN, s auch Dunker MDR 1963, 978. AM vor allem Haegele FamRZ 1964, 597 u Bosch FamRZ 1959, 240, die Belastung und Verkauf gleich behandeln, weil beide Male das gesamte Grundstück Verfügungsobjekt sei. Bei wirtschaftlicher Betrachtung sind 70 % noch nicht „nahezu das ganze Vermögen"; so richtig Staud/Thiele Rz 27 u 48 sowie Gernhuber/Coester-Waltjen, FamR § 35 II 8 im Anschluß an Schleswig SchlHA 1960, 258, die aber die Belastung niemals für zustimmungsbedürftig hält, weil sie als Sicherungsrecht die Substanz nicht aufzehre. Auch das entspricht aber der wirtschaftlichen Bewertung des Grundpfandrechts nicht. Die Belastung bedarf keiner Zustimmung, wenn der wirtschaftliche Wert des Grundstücks durch genehmigte Vorbelastungen offensichtlich bereits ausgeschöpft ist, LG Stade Rpfleger 1963, 51 mit zustimmender Anm Haegele. Die Bewilligung einer **Auflassungsvormerkung** an dem Grundstück eines Ehegatten, das (nahezu) sein ganzes Vermögen ausmacht, bedarf nicht der Zustimmung des Ehepartners, BayObLG FamRZ 1976, 222; zust Tiedtke FamRZ 1976, 320; MüKo/Koch Rz 38. Die Vormerkung führt noch zu keiner Vermögensminderung. Folgt man der hier vertretenen objektiven Theorie, so ist dies problemlos: Erfolgte das Verpflichtungsgeschäft ohne Zustimmung, so ist es in jedem Fall unwirksam, die Vormerkung geht ins Leere und kann auch nicht gutgläubig von Dritten erworben werden. Der Zustimmung bedarf auch die **Löschungsbewilligung** für eine Hypothek, falls sie das Vermögen im ganzen darstellt, LG Bremen FamRZ 1959, 244; Pal/Brudermüller Rz 7; aA Gernhuber/Coester-Waltjen, FamR § 35 II 1; einschränkend Staud/Thiele Rz 54 (nicht die Bewilligung, sondern allenfalls der materiellrechtliche Verzicht kann Gesamtvermögensverfügung sein und dies auch nur dann, wenn die weiterbestehende Forderung wegen des Fortfalls der dinglichen Sicherung praktisch entwertet ist); dagegen nicht bei Bestellung eines **Vorkaufsrechts** an einem Grundstück, ebenso Soergel/H. Lange Rz 38; BGH FamRZ 1982, 249 (250). Die Belastung mit einem **Nießbrauch** soll den Wert des Grundstücks „niemals" erschöpfen und deshalb zustimmungsfrei sein, so BGH FamRZ 1966, 22 ohne abschließende Festlegung; gegen diese Entscheidung Schleswig JurBüro 1985, 1695. Demgegenüber qualifiziert der BGH in FamRZ 1993, 1302; 1989, 1051 die Belastung mit einem **dinglichen Wohnrecht** nach § 1093 zu Recht als zustimmungsbedürftig, da im Dauerwohnrecht den Verkehrswert eines Grundstücks wesentlich mindere. Dies muß jedoch auch für einen langfristigen **Nießbrauch** und ein **Erbbaurecht** (s dazu Staud/Thiele Rz 52) gelten. Beide können den Wert des Familienvermögens bei wirtschaftlicher Betrachtung für eine ganze Generation „erschöpfen" und sollten dann auch zustimmungspflichtig sein; ähnlich Staud/Thiele Rz 51. AM Gernhuber/Coester-Waltjen, FamR § 35 II 8, der zwischen Substanz und Nutzung des Vermögens unterscheidet. Beim Erwerb eines Grundstücks, das das gesamte Vermögen darstellt, bedarf die **im Zusammenhang mit dem Erwerb erfolgende Belastung** dieses Grundstücks nicht der Zustimmung des anderen Ehegatten,

§ 1365

wenn durch die Belastung keine Verminderung oder Beeinträchtigung des vorhandenen Vermögens eintritt, weil nach dem Inhalt des Erwerbsgeschäfts das Grundstück nur mit der Belastung zusammen erworben werden sollte und konnte, Hamm FamRZ 1959, 166. Hingegen ist die **Rückauflösung eines Grundstückskaufs** trotz gleichzeitiger Entlastung von Grundpfandrechten eine im Sinne der Vorschrift zustimmungsbedürftige Verfügung, Oldenburg FamRZ 1965, 273. Auch der **Kauf eines Grundstücks** ist zustimmungsbedürftig, wenn der Kaufpreis das gesamte Vermögen des Erwerbers darstellt, so richtig AG Delmenhorst FamRZ 1959, 243 mit dem Hinw, daß die Anlage des Barvermögens in Grundstücken durchaus dem Interesse des anderen Ehegatten zu entsprechen braucht, Staud/Thiele Rz 6; aA LG Freiburg Rpfleger 1973, 302 m Anm Schiffhauer. Zur Frage, ob bei der Veräußerung eines **landwirtschaftlichen Grundstücks** unter Ausnahme des Inventars eine Übertragung des Vermögens im ganzen vorliegt, vgl Schleswig SchlHA 1960, 258, das auch hier auf eine wirtschaftliche Betrachtungsweise abstellt. Zur Zustimmungsbedürftigkeit des Verkaufs einer **Eigentumswohnung** vgl Nürnberg FamRZ 1962, 473. Fehlt die Zustimmung des anderen Ehegatten zu einer Verfügung über ein Grundstück oder ein Grundstücksrecht im Sinne des § 1365 I S 2, so kann ein **Widerspruch** in das Grundbuch nur **zugunsten beider Ehegatten** eingetragen werden, BayObLGE 1987, 431. Zu beachten ist, daß die persönlichen Verhältnisse desjenigen, der im Grundbuch eingetragen worden ist, nicht dem Schutzbereich des § 892 unterfallen. Der Erwerber, der auf die Eintragung „Fräulein X", die mittlerweile verheiratet ist, vertraut, genießt daher keinen Schutz, Baur/Stürner, SachenR, 17. Aufl 1999, § 23 II 2b.

15 b) **Gesellschaftsrecht. aa)** Zustimmungserfordernis beim **Abschluß** eines **Gesellschaftsvertrages**. Zum Teil wird die Auffassung vertreten, daß im Güterstand der Zugewinngemeinschaft bei der Einbringung eigenen Vermögens in eine Gesellschaft der andere Ehegatte nicht zustimmen müsse, so vor allem Reinicke BB 1960, 1003; andere lehnen eine Anwendung des § 1365 mit dem Hinweis ab, daß das Vermögen des einbringenden Ehegatten als Beteiligung am Gesellschaftsvermögen, wenn auch in anderer Form, verbleibe, so Tiedau MDR 1961, 721; Boesebeck DB 1958, 1147; Haegele GmbHR 1965, 189; Fischer NJW 1960, 939; noch weitergehend sogar Wörbelauer NJW 1960, 795, der alle Umsatz- und Anlagegeschäfte vom Zustimmungserfordernis ausnehmen will; richtig dagegen Beitzke DB 1961, 23; Eiselt JZ 1960, 563; Riedel Rpfleger 1960, 268; Soergel/H. Lange Rz 52; Pal/Brudermüller Rz 6; Tubbesing BB 1966, 830, die mit Recht darauf hinweisen, daß bei einer solchen Auslegung § 1365 allein entgeltlichen Geschäften nicht zur Anwendung kommen dürfte. Entscheidend dürfte sein, daß der andere Ehegatte ein erhebliches Interesse daran haben kann, daß die Familienhabe nicht als Einlage in ein vielleicht risikobehaftetes Unternehmen eingebracht wird. Wie hier auch BGH 35, 145; 43, 174, die hervorheben, daß § 1365 auch dann anzuwenden ist, wenn der verfügende Ehegatte eine wirtschaftlich gleichwertige Gegenleistung erhält. Entgegen Reinicke BB 1960, 1004 ist daher auch das Einbringen des Vermögens im ganzen in eine Kapitalgesellschaft zustimmungsbedürftig, weil es hier nur auf den Verfügungscharakter des vorgenommenen Rechtsgeschäfts ankommt und sich die Zuordnung des Eingebrachten zu einem bestimmten Rechtsträger ändert, zust Gernhuber/Coester-Waltjen, FamR § 35 II 11; MüKo/Koch Rz 71f; Soergel/H. Lange Rz 52; Staud/Thiele Rz 59; Haegele FamRZ 1964, 598; vgl eingehend zum gesamten Streitstand Heckelmann, Abfindungsklauseln in Gesellschaftsverträgen, 1973, § 6 B I.

16 bb) Bei einer **Änderung des Gesellschaftsvertrages** ist zwischen personen- und vermögensrechtlichen Bestimmungen zu unterscheiden. Bei ersten, zB bei Vereinbarungen über die Geschäftsführungs- und Vertretungsbefugnis, liegt weder eine Verfügung noch eine unmittelbare Einwirkung auf die Gesellschaftsbeteiligung vor, so auch Krüger/Breetzke/Nowack GleichberG Anm 1 und Fischer NJW 1960, 942; modifizierend MüKo/Koch Rz 73. Bei den letzten scheiden auch eine Änderung der Gewinn- und Verlustrechnung sowie die Aufnahme eines neuen Gesellschafters aus, weil in eine diesen Fällen ebenfalls an einer Verfügung über das Gesellschaftsvermögen fehlt; die vermögensrechtliche Abwachsung tritt kraft Gesetzes ein; ebenso Staud/Thiele Rz 62ff, 65; aA Beitzke DB 1961, 24; Sandrock, FS Duden, S 513, 532f. Änderungen des Vertrages, die eine Verfügung über den Abfindungsanspruch insgesamt enthalten (Stundungsklauseln, Berechtigungsklauseln, nahezu völliger Erlaß der Abfindung), bedürfen der Zustimmung, sofern der Abfindungsanspruch im wesentlichen das Gesamtvermögen ausmacht, vgl im einzelnen Heckelmann, Abfindungsklauseln in Gesellschaftsverträgen, 1973, § 6 B I, II.

17 cc) Der **Verkauf und die Übertragung der Beteiligung an einer Personalgesellschaft** bedarf der Zustimmung nach § 1365, wenn die Beteiligung im wesentlichen das Vermögen des Ehegatten umfaßt, Eiselt JZ 1960, 564. Eine Mitverfügung des anderen Ehegatten über gesellschaftsvertragliche Personenrechte und -pflichten, die an sich unübertragbar sind, ist zwar nicht denkbar, Fischer NJW 1960, 937, doch schließt das die notwendige Zustimmung zur Verfügung über die mitumfaßten Vermögensrechte nicht aus (so aber Boesebeck DB 1958, 1148; Tiedau MDR 1959, 254). Das schränkt zwar die Möglichkeit des Ehegatten-Gesellschafters, etwa bei einer OHG, ein, sich von den höchstpersönlichen Gesellschafterpflichten und von dem mit der Beteiligung an der Gesellschaft verbundenen Unternehmerrisiko zu befreien. Jedoch muß verhindert werden, daß zu Nachteil des anderen Ehegatten den in der Beteiligung zusammengefaßten Vermögenswert gegen einen zu geringen Kaufpreis veräußert. Dem anderen Ehegatten das Zustimmungsrecht nur für diesen Fall zu geben, hieße dem VormG auch die Entscheidung über die Zustimmungsgrenze zuzuweisen. Dieser Gedanke steht auch der Auffassung entgegen, die § 1365 dann nicht anwenden will, wenn die Veräußerung der Beteiligung sich im Verhältnis zum Verkaufspreis nur als Vermögensumschichtung darstellt, so Rittner FamRZ 1961, 1. Der Verkauf und die Übertragung der Beteiligung bleiben auch in diesem Falle Veräußerungsgeschäft und bedürfen nach § 1365 der Zustimmung. Überspannt der andere Ehegatte sein Recht, die Zustimmung zu verweigern, so muß der beteiligte Ehegatte die Zustimmung des VormG zum Verpflichtungs- und Verfügungsgeschäft nach § 1365 II beim VormG beantragen.

Bei der Frage, ob das Rechtsgeschäft „den Grenzen einer ordnungsmäßigen Verwaltung" entspricht, und ob der andere Ehegatte die Zustimmung „ohne ausreichenden Grund verweigert", wird das VormG zu berücksichtigen haben, daß dem beteiligten Ehegatten die Klage aus den §§ 117, 127, 133, 140 HGB drohen und beiden Ehegatten einen erheblichen Schaden zufügen kann, wenn der beteiligte Ehegatte sich nicht freiwillig von seinem Geschäftsanteil trennt. Dann aber sind die Interessen beider Ehegatten gegeneinander so abgewogen, wie es gesetzlich am besten möglich ist.

dd) Das **Ausscheiden eines Gesellschafters** mit Gesamtvermögensbeteiligung. Ein solcher Vertrag enthält **18** eine Verfügung über das Vermögen im ganzen und ist zustimmungsbedürftig, wobei es nicht darauf ankommt, ob der Abfindungsanspruch wirtschaftlich der bisherigen gesamthänderischen Beteiligung an dem Gesellschaftsvermögen entspricht; wie hier Eiselt JZ 1960, 532; Beitzke DB 1961, 25; Staud/Thiele Rz 66 (Übertragung) u 67; Knur DNotZ 1957, 453; abl Fischer NJW 1960, 942; Reinicke BB 1960, 1003; Tiedau MDR 1961, 725 u Gernhuber/Coester-Waltjen, FamR § 35 II 11, die zum Teil den Verfügungscharakter des Auseinandersetzungsvertrages verkennen und wie beim Eintritt in eine Gesellschaft auf die wirtschaftliche Betrachtung der „Gegenleistung" abstellen. Nach Köln NJW 1962, 2109 ist die Übertragung eines Gesellschaftsanteils, der das gesamte Vermögen ausmacht, jedenfalls dann zustimmungsbedürftig, wenn sie mit einer Abfindungsregelung verbunden ist, welche die bisherige Rechtsstellung nach dem Gesellschaftsvertrag verschlechtert. Auch die Kündigung einer Gesellschaftsbeteiligung, die das ganze Vermögen des Ehegatten umfaßt, ist zustimmungsbedürftig, weil sie auf den Bestand des Mitgliedschaftsrechts und die gesamthänderische Vermögensbeteiligung unmittelbar einwirkt, also Verfügung ist, Heckelmann, Abfindungsklauseln in Gesellschaftsverträgen, 1973, § 6 B III. Das gilt auch für die Kündigung zur Auflösung und Auseinandersetzung der Gesellschaft, da zwar an die Stelle der Beteiligung das Auseinandersetzungsguthaben tritt, soweit ein solches vorhanden ist, über den Bestand der Beteiligung selbst aber verfügt wird; wie hier Beitzke DB 1961, 25; Eiselt JZ 1960, 564.
Vereinbart ein Ehegatte, der Gesellschafter einer Personalgesellschaft ist, eine Abfindungsklausel, so bedarf sie der Zustimmung des anderen Ehegatten, wenn sie eine Verfügung über den Abfindungsanspruch insgesamt enthält, wenn die Abfindung also ganz ausgeschlossen oder gestundet ist, nicht wenn der Anspruch nur gekürzt wird, und wenn der Abfindungsanspruch das gesamte Vermögen des Ehegatten-Gesellschafters umfaßt. Zustimmungsbedürftig ist auch die Einbringung des Gesamtvermögens in eine OHG sowie die Kündigung einer Mitgliedschaft, die mit dem gesamten Vermögen verbunden ist, eingehend Heckelmann, Abfindungsklauseln in Gesellschaftsverträgen, 1973, § 6 B.

c) Erbrecht. Da auch eine gesamthänderische Beteiligung eines Ehegatten dessen Vermögen im ganzen dar- **19** stellen kann, können **Übertragung** eines **Erbteils** und **Erbauseinandersetzungsvertrag** zustimmungsbedürftig sein, BGH 35, 195 und dazu Reinicke DB 1965, 1351, hL; aM MüKo/Koch Rz 79 u Haegele Rpfleger 1959, 242, 247, der zu Unrecht den Verfügungscharakter des Auseinandersetzungsvertrages verneint. Ebele Rpfleger 1970, 419 wirft die Frage auf, ob ein Übergabevertrag, durch den ein in Zugewinngemeinschaft lebender Ehegatte als befreiter Vorerbe ein Nachlaßgrundstück vorzeitig an den künftigen alleinigen Nacherben überträgt, der Zustimmung des anderen Ehegatten bedarf. Ihm antwortete Haegele (Rpfleger 1970, 422). Zustimmungsbedürftig ist aber nach dem Zweck des § 1365, wenn der Ehegatte durch reale Teilung eines Grundstücks, das zur Erbschaft gehört, einen Miteigentumsanteil eintauscht, der seiner Gesamthandsbeteiligung in der Miterbengemeinschaft entspricht, München MDR 1970, 928; davon weicht das München DNotZ 1971, 544f unzutreffend ab, indem es unter Bezug auf Wirtschaftlichkeitserwägungen den real geteilten Grundstücksteil dem Gesamthandsanteil wertmäßig gleichstellt, damit den Verfügungscharakter des Rechtsgeschäfts negiert und zur Zustimmungsfreiheit gelangt.

d) Weitere Einzelfälle. Ein in einer vollstreckbaren Urkunde aufgenommenes **Schuldanerkenntnis**, das den **20** Wert des gesamten Vermögens erfaßt, ist zustimmungsbedürftig, LG Mannheim FamRZ 1961, 316. Auf **dingliche Unterwerfungsklauseln** ist § 1365 nicht anzuwenden, da § 800 ZPO lediglich prozessuale Bedeutung hat und keine Verfügung über das Grundstück darstellt, BayObLG 1914, 502; zutr Weimar JR 1961, 255; Gernhuber/Coester-Waltjen, FamR § 35 II 1; MüKo/Koch Rz 50; Staud/Thiele Rz 55. Rechtsgeschäfte, die **keine unmittelbare Verpflichtung zur Verfügung über das Vermögen im ganzen** enthalten, wie Bürgschaft, Schuldübernahme, Darlehenszusagen, fallen nicht unter § 1365, ebensowenig Garantiezusagen, selbst wenn ihre Realisierung das ganze Vermögen des Ehegatten erfassen würde, BGH FamRZ 1983, 455 (mit abl Anm Bosch) und die hM, vgl München OLGZ 82, 73; Frankfurt MDR 1968, 923. Auch ein **Anwartschaftsrecht** kann im Einzelfall einen Vermögenswert darstellen, der nur mit Zustimmung des Ehegatten veräußert werden darf. Bei der Bemessung des Werts des Anwartschaftsrechts ist der Wert des Kaufgegenstands um den Betrag zu mindern, der noch aufgebracht werden muß, um das Anwartschaftsrecht zum Vollrecht erstarken zu lassen, BGH FamRZ 1996, 792.

6. Rechtsfolgen bei fehlender Einwilligung

Ein zweiseitiges Verpflichtungs- oder Verfügungsgeschäft (für einseitige Rechtsgeschäfte gilt § 1367) eines **21** Ehegatten über sein Vermögen im ganzen ist ohne die erforderliche Einwilligung des anderen Ehegatten zunächst **schwebend unwirksam** (§§ 1365 I S 2, 1366 I) und endgültig unwirksam, wenn die Genehmigung verweigert wird (§ 1366 IV). Die Einwilligung kann sowohl dem anderen Ehegatten als auch dem Dritten gegenüber erklärt werden. Wird sie verweigert, so ist das Rechtsgeschäft **nicht nur relativ**, sondern **gegenüber jedermann unwirksam**. § 1365 enthält ein absolutes Veräußerungsverbot, hM, BGH 40, 218; Hamm NJW 1960, 436 m Anm Haegele Rpfleger 1959, 349; FamRZ 1959, 166 u FamRZ 1959, 118; ferner Reinicke NJW 1957, 890 und Hartung NJW 1959, 1020 gegen Frankfurt NJW 1959, 135. Ein späterer Widerruf der Verweigerung bleibt wirkungslos, BGH FamRZ 1994, 819. § 1365 soll nicht nur eine bestimmte Person, den anderen Ehegatten, schützen, sondern soll die wirtschaftliche Grundlage der ehelichen Lebensgemeinschaft erhalten und damit der Familie schlechthin dienen; aM früher Frankfurt NJW 1959, 135. Daraus folgt, daß die Vorschriften über den gutgläubigen Erwerb Dritter (§ 135 II) nicht anwendbar sind und der **gutgläubige Dritte nicht geschützt** wird (Pal/Brudermüller Rz 14), dessen Übertragungsgeschäft mit einem gutgläubigen Vierten ist dagegen wirksam, Zweibrücken FamRZ 1986, 997; Köln OLGZ 69, 171. Da Güterrechtsregister und Grundbuch keine Auskunft geben, muß der Dritte seinen Ehegatten-Vertragspartner eingehend befragen, bei falscher Auskunft kann er betrogen sein! Die absolute Wirkung des Veräußerungsverbots greift aber bei der Veräußerung nur einzelner Vermögensgegenstände, die dennoch im wesentlichen das gesamte Vermögen umfassen, nach der Auffassung, die in der Rspr vertreten wird, nur dann ein, wenn der Dritte diese Tatsache kannte. Besteht Grund zu der Annahme, daß ein Ehegatte entgegen der Beschränkung des § 1365 ein Grundstück veräußern wird, so kann der andere Ehegatte Eintragung eines Veräußerungsverbots im Grundbuch durch einstweilige Verfügung nach § 940 ZPO verlangen. Dieses hat jedoch nach §§ 135, 136 nur relative Wirkung. Ein Rechtsschutzbedürfnis für diese Maßnahme ergibt sich neben dem absoluten Verbot des § 1365 daraus, daß für den Eingriff dieser letzten Vorschrift Kenntnis des Dritten erforderlich ist, Celle NJW 1970, 1882. Eine nach § 1365 I unwirksame Verfügung wird nach Celle NJW-RR 1994, 646 dadurch wirksam, daß der zustimmungsberechtigte Ehegatte Alleinerbe des Verfügenden wird.

Da bei fehlender Einwilligung und endgültig unwirksamem Vertrag der Dritte keine vertraglichen Erfüllungs- und Schadensersatzansprüche gegen seinen Vertragspartner geltend machen kann, kommen nur Ansprüche aus unerlaubter Handlung in Betracht, etwa wenn der Ehegatte vorgetäuscht hat, nicht verheiratet zu sein, in Gütertrennung zu leben oder die Einwilligung seines Ehegatten zu diesem Geschäft zu haben. Der Anspruch geht aber nur auf Ersatz des negativen Interesses. Daran ändert sich auch dann nichts, wenn sich der verfügende Ehegatte gegenüber seinem Vertragspartner verpflichtet, für die Genehmigung seines Ehegatten einzustehen, wirksam aber ist eine Verpflichtung, ggf um die Ersetzung der Einwilligung durch das VormG nachzusuchen. Im übrigen sind die Vorschriften der §§ 182ff, ergänzt durch §§ 1366–1368, anzuwenden. Zur Konversion siehe § 1366 Rz 10.

7. Auswirkungen der Verwaltungsbeschränkungen in der Zwangsvollstreckung

22   a) Zwangsvollstreckungsakte durch **Pfändung** wegen Geldforderungen sind keine Verfügungen im Sinne des § 1365, da das Gesetz nur rechtsgeschäftliches Handeln trifft, Baur FamRZ 1958, 252, 256; KG MDR 1992, 679; Düsseldorf NJW 1991, 851. Auch eine entsprechende Anwendung ist ausgeschlossen, wenn der Gläubiger eines Ehegatten die Teilungsversteigerung betreibt, Hamburg MDR 1970, 419, da § 1365 die Familie nur vor Verfügungen eines Ehegatten schützen will. Fehlt die Zustimmung, so kann dieses nicht gegenüber dem Gläubiger durch Drittwiderspruchsklage geltend gemacht werden.
b) Sehr zweifelhaft ist, welche Möglichkeiten dem die Einwilligung verweigernden Ehegatten und dem Gläubiger zur Durchsetzung seines Anspruchs aus einem nach § 1365 zustimmungsbedürftigen Geschäft in der **Zwangsvollstreckung** zur Verfügung stehen: **aa)** Trotz der Neufassung des § 739 ZPO erscheint es geboten, in entsprechender Anwendung des § 771 ZPO dem anderen Ehegatten ein **Widerspruchsrecht** bei Zwangsvollstreckungsmaßnahmen des Gläubigers einzuräumen. Nach Abschluß des Vollstreckungsverfahrens kann der andere Ehegatte gegen den Gläubiger auf Herausgabe des Erworbenen klagen, § 1368. **bb)** Zum Schutz des Gläubigers haben Bosch FamRZ 1958, 86 u Baur FamRZ 1958, 256 erwogen, diesen auf die Duldungsklage gegen den die Einwilligung verweigernden Ehegatten zu verweisen. Aber hierfür fehlt es an einer gesetzlichen Grundlage. Das erkennt auch Baur aaO. Der Gläubiger muß vielmehr bereits beim Abschluß des Verpflichtungsgeschäfts darauf achten, daß sein Vertragspartner die Verpflichtung übernimmt, gegebenenfalls zu beantragen, daß das VormG die Zustimmung ersetzt. Diese Verpflichtung kann der Gläubiger auch in der Zwangsvollstreckung erzwingen, § 888 I ZPO; zust Staud/Thiele Rz 92. Auf diese Weise wird sichergestellt, daß ausschließlich das VormG dazu berufen bleibt, die Einwilligung zu ersetzen. Vgl hierzu auch Rz 23. **cc)** Zur Vollstreckung wegen vor der Ehe begründeter Forderungen bedarf der Gläubiger keiner Einwilligung des Ehepartners und keines Titels gegen ihn, solange dieser nicht eigene Rechte an dem geforderten Gegenstand, zB Besitz, erwirbt. Hat die Mieterin einer Wohnung nach Abschluß des Räumungsvergleichs geheiratet und ihren Ehegatten in die Wohnung aufgenommen, so bedarf es keines zusätzlichen Titels zur Zwangsräumung gegen den Ehemann, weil er kein eigenes Besitzrecht an der Wohnung erlangte, LG Mannheim MDR 1964, 59.

8. Ersetzung der Zustimmung durch das VormG (Abs II)

23   Die Zustimmung des Ehegatten ist in jedem Fall erforderlich, auch wenn das Geschäft zweckmäßig und den Interessen des Ehegatten nicht abträglich ist; darüber hat dieser zunächst selbst zu entscheiden. Seine Zustimmung kann aber auf Antrag seines Ehegatten, nicht auf Antrag des Vertragsgegners, durch das VormG ersetzt werden. § 1365 II ist den §§ 1379, 1447 aF nachgebildet. **Voraussetzung** ist zunächst, daß das Geschäft den **Grundsätzen einer ordnungsgemäßen Vermögensverwaltung** entspricht, zB der Übertragungsvertrag nach dem Alter des Ehegatten und des Hofübernehmers sowie den sonstigen Umständen üblich und zweckmäßig ist. Bei Grundstücksveräußerungsverträgen hat es auch die Einhaltung der nach § 311b erforderlichen **Form** zu überprüfen, Hamm FamRZ 1967, 572. Anders als bei der Gütergemeinschaft, wo es sich um das gemeinschaftliche Vermögen der Ehegatten handelt (vgl § 1426 Rz 1), wird nicht verlangt, daß das Geschäft zur ordnungsmäßigen Verwaltung erforderlich ist, daß also, wenn es unterlassen würde, Nachteile entstünden. Weitere Voraussetzung für die Ersetzung der Zustimmung durch das VormG ist, daß der andere Ehegatte die **Zustimmung ohne ausreichenden Grund verweigert**; dabei ist Zustimmung unter einer Bedingung oder Ablehnung, die Zustimmung in der Form des § 29 GBO zu erklären, der Weigerung gleichzustellen; wie hier Soergel/H. Lange Rz 44; siehe dazu aber KG DNotZ 1963, 735; MüKo/Koch Rz 91f; Staud/Thiele Rz 79, die eine Klage aus § 242 oder § 1353 auf formgerechte Zustimmung gewähren. Als ausreichender Weigerungsgrund ist es anzusehen, wenn die Interessen des anderen Ehegatten in dem Vertrag nicht in der möglichen und üblichen Weise berücksichtigt sind, wenn zB ihm kein angemessenes Altenteil oder den anderen angemessenen gemeinschaftlichen Kindern keine ausreichende Abfindung ausgebungen wird oder wenn in sonstigen Fällen (Veräußerung des Geschäfts oder Grundbesitzes) die von dem Vertragsgegner zu bewirkende Gegenleistung unangemessen niedrig ist und hierdurch der künftige Familienunterhalt gefährdet wird. Ohne Berücksichtigung der gesamten Umstände ist das Interesse am Besitz der Ehewohnung allein kein zur Zustimmungsverweigerung ausreichender Grund, Stuttgart NJW 1983, 634. Ein Entgelt, das unter dem Marktwert liegt,

kann aber mit einer ordnungsgemäßen Verwaltung zB dann vereinbar sein, wenn ein Grundstück, das mit den Mitteln des verstorbenen ersten Ehegatten erworben ist, dessen Wunsch entsprechend einem Kind aus der ersten Ehe übertragen wird, BayObLG FamRZ 1963, 521. Andererseits ist die Zustimmung zu einer Teilungsversteigerung nicht zu ersetzen, wenn am freien Markt ein konkret höheres Angebot zu erwarten ist, BayObLG FamRZ 1985, 1040. In Ausnahmefällen kann auch eine Schenkung ordnungsmäßige Verwaltung sein, vgl dazu LG Mannheim DNotZ 1969, 372. Zur Rechtfertigung der Weigerung ist es nicht erforderlich, daß die Rechte des anderen Ehegatten auf einen künftigen Ausgleich des Zugewinns gefährdet sind. Nach BGH FamRZ 1978, 396; BayObLG FamRZ 1975, 211 kann nur eine konkrete Gefährdung der zukünftigen Ausgleichsansprüche die Verweigerung der Zustimmung rechtfertigen. Auch wenn diesem voraussichtlich keine Ausgleichsforderung zusteht, können die Auswirkungen eines das ganze Vermögen betreffenden Geschäfts für ihn oder auch für die Kinder so erheblich sein, daß ein ausreichender Weigerungsgrund anzuerkennen ist. Vgl auch BGH FamRZ 1987, 942, wonach es nicht auf die Sicherung vor wirtschaftlichen Notlagen ankommt, sondern darüber hinaus auf den Behalt derjenigen wirtschaftlichen Grundlage der Familie, die sie bisher im Vermögen des Ehegatten besaß. Das Bestreben, einen mit der Verfügung in unmittelbarem Zusammenhang stehenden Gegenanspruch durchzusetzen, rechtfertigt die Weigerung an sich nicht. Leben die Ehegatten bei schwebender Scheidung jahrelang getrennt und ist der Unterhalt für die übrige Familie sowie der Ausgleichsanspruch ungefährdet, kann die Zustimmung zur Veräußerung des Miteigentumsanteils am gemeinsamen Hausgrundstück ersetzt werden, wenn die Veräußerung dem Verfügenden überhaupt erst eine Verbesserung des bisher überaus bescheidenen Lebensstandards ermöglicht, vgl für diesen Sonderfall Köln NJW 1971, 2312. Im Gegensatz zu einer vielfach vertretenen, wohl auf KG OLG 4, 346 zurückgehenden Meinung, ist ein „ausreichender Grund" jedoch dann anzunehmen, wenn zwar das Geschäft als solches nichts einzuwenden, aber zu besorgen ist, daß der Ehegatte den Erlös unsachgemäß verwenden, insbesondere dem Unterhalt der Familie entziehen wolle (so wohl mit Recht Reinicke BB 1957, 564). Auch nicht vermögensrechtliche Gesichtspunkte können im Einzelfall die Weigerung ausreichend rechtfertigen (KG OLG 7, 47). Kann der Ehegatte sich wegen Krankheit oder Abwesenheit nicht rechtzeitig selbst erklären – die Krankheit oder Abwesenheit braucht nicht dauernde zu sein, da Gefahr im Verzuge vorliegen muß (RG 103, 127) –, so hat das VormG von sich aus zu prüfen (§ 12 FGG), ob der Ehegatte einen ausreichenden Weigerungsgrund hätte.

Prozessuales. Nur das VormG kann die Zustimmung ersetzen; auch nach der Prozeßreform durch das 1. EheRG ist das AmtsG weiterhin als VormG, nicht als FamG, zuständig, da die Ersetzung keine zivilprozessuale Streitigkeit aus dem ehelichen Güterrecht darstellt und § 23b I S 2 Nr 9 GVG somit nicht einschlägig ist, BGH FamRZ 1982, 785. In zweiter Instanz entscheidet daher das Landgericht, vgl Oldenburg FamRZ 1978, 130. Klage auf Erteilung der Zustimmung ist daneben nicht zulässig. Hat der eine Ehegatte sich dem Dritten gegenüber verpflichtet, bei Weigerung des anderen das VormG anzurufen, so kann der Dritte zwar nicht selbst den Antrag beim VormG stellen, aber gegebenenfalls gegen seinen Vertragsgegner klagen, daß dieser den Antrag stelle, und aus dem erwirkten Urteil gemäß § 888 ZPO vollstrecken, allg Meinung, vgl Pal/Brudermüller Rz 25; RGRK/Finke Rz 43; Staud/Thiele Rz 92 mwN. Für das Verfahren des VormG gelten die allgemeinen Vorschriften des FGG. Die Zuständigkeit regelt sich nach § 45 FGG. Das beabsichtigte Geschäft muß dem VormG so genau dargelegt werden, daß dieses zur Prüfung in der Lage ist, KG OLG 37, 240. Die Entscheidung wird gemäß § 53 FGG erst mit der Rechtskraft wirksam; bei Gefahr in Verzug kann aber ihre sofortige Wirksamkeit angeordnet werden. Zulässiges Rechtsmittel ist gemäß § 60 FGG die sofortige Beschwerde. Das VormG kann nur die Zustimmung ersetzen oder die Ersetzung ablehnen, nicht teilweise ersetzen, KG JW 1934, 908; die Entscheidung des VormG ist für das Prozeßgericht bindend. Teilt das VormG entsprechend einer Übung in der Praxis mit, eine Ersetzung der Einwilligung sei nicht erforderlich, weil kein Fall des § 1365 I vorliege (sog Negativattest), so enthält diese Maßnahme weder eine positive noch eine negative bindende Sachentscheidung nach § 1365 II, kommt im Ergebnis aber einem stattgebenden Beschluß näher als einer Zurückweisung des Antrags. In diesem Fall muß dem antragsberechtigten Ehegatten gegen das Negativattest die Beschwerdemöglichkeit mit dem Ziel der Zurückweisung des Antrags eröffnet werden, vgl LG Berlin FamRZ 1973, 146f; LG Frankfurt/M FamRZ 1992, 1079; anders Zweibrücken OLGZ 81, 396 (398) unter Hinweis darauf, daß mangels Rechtsanspruchs auf ein Negativattest – im Gegensatz zur Ersetzung selbst – auch keine Beschwerde vorliegen könne. Die Zustimmung kann auch unter Bedingungen oder mit Auflagen ersetzt werden, deren Erfüllung den „ausreichenden Grund" der Weigerung ausräumt, BayObLG FamRZ 1963, 521; 1975, 211, 213ff; die Bedingung darf aber nicht dazu führen, daß das VormG anläßlich des Ersetzungsverfahrens – an Stelle des Prozeßgerichts – einen vorzeitigen Zugewinnausgleich mit einer Zahlungsauflage anordnet oder sonst eine Entscheidung im Sicherstellungsverfahren nach § 1389 vorwegnimmt; zu der Auflage, den beim Verkauf des einzigen Grundstücks erzielten Zugewinn sofort auszugleichen, AG Nienburg NdsRpfleger 1964, 252. Zur Beendigung des Güterstandes während des Verfahrens siehe § 1366 Rz 8. Auch nach dem Tod des Antragstellers kann das Ersetzungsverfahren von seinen Erben gegen den zustimmungspflichtigen Ehegatten fortgeführt werden, LG Mannheim DNotZ 1969, 372.

9. Der **Umfang** der gesetzlichen Verwaltungsbeschränkungen kann wegen § 137 **nicht erweitert** werden, so daß zB eine Ehegattenvereinbarung, nach der die Vinkulierung bereits greifen soll, wenn ⅔ des Vermögens betroffen sind, unzulässig ist, vgl Buschendorf, Die Grenzen der Vertragsfreiheit im Ehevermögensrecht, S 309f. Gleiches gilt für eine „Übernahme" der Verfügungsbeschränkung für Grundstücksveräußerungsverträge gem § 1424, Buschendorf aaO S 311. Dagegen ist ein ehevertragliches (§ 1410) gänzliches Abbedingen nach der ganz hA (vgl nur MüKo/Koch Rz 102 mwN) ebenso zulässig wie eine Beschränkung. Haben die Ehegatten gem § 1408 I, II S 1 einen Zugewinn- oder Versorgungsausgleich ausschließenden Ehevertrag geschlossen, so tritt der § 1414 S 2 Gütertrennung ein und die Verfügungsbeschränkungen (§§ 1365, 1369) entfallen. Stellt einer der Gatten von innerhalb eines Jahres nach Vertragsschluß einen Scheidungsantrag, so wird der Ehevertrag gem § 1408 II S 2 unwirksam. Nach dem Schutzzweck der §§ 1365ff (vgl Rz 2) muß dann – zu Lasten des Drittschutzes – von deren ununterbrochener Gültigkeit ausgegangen werden, vgl Gaul FamRZ 1981, 1134 (1141f).

§ 1366 Genehmigung von Verträgen

(1) Ein Vertrag, den ein Ehegatte ohne die erforderliche Einwilligung des anderen Ehegatten schließt, ist wirksam, wenn dieser ihn genehmigt.

(2) Bis zur Genehmigung kann der Dritte den Vertrag widerrufen. Hat er gewusst, dass der Mann oder die Frau verheiratet ist, so kann er nur widerrufen, wenn der Mann oder die Frau wahrheitswidrig behauptet hat, der andere Ehegatte habe eingewilligt; er kann auch in diesem Falle nicht widerrufen, wenn ihm beim Abschluss des Vertrages bekannt war, dass der andere Ehegatte nicht eingewilligt hatte.

(3) Fordert der Dritte den Ehegatten auf, die erforderliche Genehmigung des anderen Ehegatten zu beschaffen, so kann dieser sich nur dem Dritten gegenüber über die Genehmigung erklären; hat er sich bereits vor der Aufforderung seinem Ehegatten gegenüber erklärt, so wird die Erklärung unwirksam. Die Genehmigung kann nur innerhalb von zwei Wochen seit dem Empfang der Aufforderung erklärt werden; wird sie nicht erklärt, so gilt sie als verweigert. Ersetzt das VormG die Genehmigung, so ist sein Beschluss nur wirksam, wenn der Ehegatte ihn dem Dritten innerhalb der zweiwöchigen Frist mitteilt; andernfalls gilt die Genehmigung als verweigert.

(4) Wird die Genehmigung verweigert, so ist der Vertrag unwirksam.

1 1. Die Vorschrift ist den früheren §§ 1448, 1396, 1397 nachgebildet (vgl bei der Gütergemeinschaft § 1427) und entspricht der Regelung in §§ 108, 109; sie gilt jedoch nur für Verträge der in § 1365 behandelten Art, die das Vermögen eines Ehegatten im ganzen betreffen.

2 2. **Schwebezustand und Widerrufsrecht.** a) Während § 1365 in erster Linie die Einwilligung, dh die vorherige Zustimmung des anderen Ehegatten erfordert, erklärt § 1366 einen Vertrag, der das Vermögen im ganzen betrifft, auch dann für wirksam, wenn der andere Ehegatte ihn genehmigt, dh ihm nachträglich zustimmt. Bis zur Genehmigung besteht ein Schwebezustand: der Vertrag ist noch nicht wirksam, kann es aber noch werden. Der Ehegatte, der den Vertrag geschlossen hat, kann sich nicht einseitig gegen den Willen seines Vertragsgegners vom Vertrag lossagen. b) Das diesem nach Abs II S 1 für den Regelfall während des Schwebezustandes eingeräumte Widerrufsrecht (vgl dazu im einzelnen Staud/Thiele Rz 15ff) ist unter den besonderen Voraussetzungen von S 2 ausgeschlossen. Ist das Widerrufsrecht des Dritten ausgeschlossen, so kann der Vertrag während des Schwebezustandes nur durch Vereinbarung der Vertragsparteien aufgehoben werden. Der Dritte kann den Widerruf nur seinem Vertragsgegner, nicht, wie nach den früheren §§ 1448, 1397, auch dem anderen Ehegatten gegenüber erklären. Er kann auch dann nicht widerrufen, wenn der andere Ehegatte, ohne daß der Dritte das weiß, schon vor dem Vertragsabschluß durch Erklärung gegenüber seinem Ehegatten eingewilligt hat.

3 3. Für die **Genehmigung** gilt dasselbe wie für die Einwilligung (vgl § 1365 Rz 4). Jedoch ist die Genehmigung oder die Verweigerung der Genehmigung unwiderruflich, BGH FamRZ 1994, 819. Durch sie wird der Schwebezustand in positivem oder negativem Sinne beendet. Nicht ausgeschlossen ist aber, daß die Erklärung über die Genehmigung oder die Verweigerung der Genehmigung wegen Willensmängeln nach allgemeinen Vorschriften angefochten werden kann, RG 88, 426. Die Genehmigung wirkt auf den Zeitpunkt der Vornahme des Geschäfts zurück, aber unbeschadet der Wirksamkeit von inzwischen erfolgten Verfügungen (§ 184).

4 4. **Aufforderung zur Beschaffung der Genehmigung (Abs III).** a) Abs III S 1 u 2 entspricht § 108 II. Der Dritte hat außer dem Widerrufsrecht die Möglichkeit, die Rechtslage kurzfristig zu klären und den Schwebezustand zu beenden, indem er den Ehegatten, der sein Vertragsgegner ist, auffordert, die Genehmigung des anderen Ehegatten zu beschaffen. Dieser kann unter Umständen als Bote auftreten, der die Aufforderung des Dritten seinem Ehegatten überbringt; immer ist aber erforderlich, daß dem Ehegatten, der den Vertrag getätigt hat, die Aufforderung zugeht, da erst hierdurch die Frist in Lauf gesetzt wird. Vom Zugang der Aufforderung an den Ehegatten an kann der andere Ehegatte sich über die Genehmigung nur noch dem Dritten, nicht mehr seinem Ehegatten gegenüber erklären, damit für den Dritten die Rechtslage eindeutig geklärt wird.

5 b) Eine schon vor der Aufforderung des Dritten dem anderen Ehegatten gegenüber abgegebene nachträgliche Erklärung – und zwar sowohl die Genehmigung als auch die Verweigerung der Genehmigung des vorgenommenen Rechtsgeschäfts – verliert durch die Aufforderung ihre Wirksamkeit. Ursprünglich hatte die erteilte nachträgliche Zustimmung (Genehmigung) den Vertrag von Anfang an wirksam (§ 184 I), die Verweigerung der Genehmigung dagegen endgültig unwirksam (§ 1366 IV) werden lassen; durch die Aufforderung des Dritten ist aber der Schwebezustand kurzfristig neu eröffnet worden. Die gesetzliche Regelung, die die schutzwürdigen Interessen des Dritten berücksichtigen und ihm die Möglichkeit geben soll, den durch die Verwaltungsbeschränkung seines Vertragspartners hervorgerufenen Schwebezustand kurzfristig zu beenden und sich Klarheit darüber zu verschaffen, ob das Rechtsgeschäft wirksam ist oder nicht, wird dieser Aufgabe nicht in allen Fällen gerecht. Die Schutzwirkung kann zB dann nicht eintreten, wenn der andere Ehegatte den Vertrag bereits vor der Aufforderung genehmigt und damit von Anfang an hat wirksam werden lassen, der Dritte durch seine Aufforderung den alten Schwebezustand wiederhergestellt hat und der Ehegatte nunmehr die Genehmigung verweigert, wozu er nach dem Gesetz trotz der vorher erteilten Genehmigung berechtigt wäre. In diesen Fällen würde der Dritte durch sein Verhalten eine für ihn bereits bestehende günstige Rechtsposition (wirksamer Vertragsabschluß) wieder verlieren. Aber auch das Bedürfnis des Dritten nach Sicherheit und Klarheit über die Rechtslage wird durch die einer restitutio in integrum gleichstehenden Wirkung des § 1366 III S 1 nicht immer erfüllt. Nach dem klaren Wortlaut der Bestimmung wird nur die nach Abschluß des Rechtsgeschäfts bereits erteilte Genehmigung, die seinem Ehegatten gegenüber abgegeben worden war, nicht aber die schon vorher erteilte Einwilligung zum Geschäftsabschluß wieder unwirksam. Der mit Einwilligung geschlossene Vertrag bleibt dagegen voll wirksam; eine analoge Anwendung dieser Vorschrift auf die Fälle der Einwilligung ist nach dem klaren Wortlaut dieser Ausnahmebestimmung nicht möglich, vgl Staud/Dilcher, 12. Aufl, § 108 Rz 15 u Enn/Nipperdey, AT, § 152 II N 12 mit Hinweisen auf die Materialien zum BGB (§ 108), aus denen sich ergibt, daß ein entsprechender Antrag, den Fall der Unwirksamkeit auf die vorher erteilte Einwilligung zu erstrecken, abgelehnt wurde. Nach Ablauf der Frist weiß der Dritte daher nur, daß eine nachträgliche Genehmigung nicht erfolgt ist, er muß aber weiter mit der Möglichkeit rechnen, daß der Vertrag dennoch wegen der vorher erteilten Einwilligung wirksam zustande gekommen ist, da sich seine Aufforderung auf diesen Fall nicht miterstreckt hat. In der Aufforderung des Dritten an seinen Vertragspartner, die Genehmigung zu beschaffen, liegt regelmäßig ein Verzicht auf sein Widerrufsrecht, aA Staud/Thiele Rz 30; MüKo/Koch Rz 8.

c) Innerhalb der **Frist** von zwei Wochen muß nunmehr die Genehmigung oder Verweigerung dem Dritten gegenüber erklärt werden. Stillschweigen gilt als Verweigerung, selbst dann, wenn der Ehegatte den Empfang der Aufforderung und den anderen Ehegatten nicht mitgeteilt wird oder dieser überhaupt noch nichts von dem seiner Genehmigung bedürftigen Rechtsgeschäft weiß. Der Ehegatte kann innerhalb der zweiwöchigen Frist auch noch die Ersetzung der Zustimmung des andern durch das VormG herbeiführen, muß dann aber außerdem innerhalb der Frist dem Dritten den Ersetzungsbeschluß mitteilen. Die Wahrung der Frist ist bei Anrufung des VormG schon mit Rücksicht auf die bestehende Rechtsmittelfrist nur möglich, wenn das VormG wegen Gefahr im Verzuge gemäß § 53 II FGG die sofortige Wirksamkeit seiner Verfügung anordnet. Die Frist kann aber durch Vereinbarung zwischen dem Ehegatten und dem Dritten verlängert werden, nach Gernhuber/Coester-Waltjen, FamR § 35 IV 6; MüKo/Koch Rz 19; Soergel/H. Lange Rz 16 ist auch eine einseitige Verlängerung durch den Partner möglich; Verkürzung der Frist setzt allseitige Zustimmung voraus, Staud/Thiele Rz 32. Dölle (FamR I § 52 III 1 N 67) hält sowohl die Verlängerung als auch die Verkürzung der Frist für möglich, falls die Beteiligten sie vereinbaren. 6

5. Unwirksamkeit des Vertrages. a) Abs IV stellt klar, daß bei Verweigerung der Genehmigung durch den anderen Ehegatten sowie in dem Fall, daß die Genehmigung als verweigert gilt (Abs III S 2), der Vertrag endgültig unwirksam ist. Er kann auch nicht etwa dadurch noch nachträglich wirksam werden, daß der Güterstand später durch Auflösung der Ehe aus anderem Grunde beendet wird oder daß der andere Ehegatte ihn nach Ablauf der zweiwöchigen Frist des Abs III S 2 genehmigt, es ist in solchen Fällen nur Neuabschluß möglich. 7

b) Anders, wenn **während des Schwebezustandes der Güterstand beendet** wird. In diesem Fall ist zu unterscheiden: **aa) Stirbt der Ehegatte, dessen Genehmigung erforderlich ist**, so entfällt die Genehmigungsbedürftigkeit; der Vertrag wird nunmehr voll wirksam, unabhängig davon, ob der Zugewinnausgleich nach den erbrechtlichen (§ 1371 I) oder der güterrechtlichen Lösung (§ 1371 II) durchzuführen ist, BGH FamRZ 1982, 249f. Das Gesetz bezweckt nur den Schutz des Ehegatten, nicht den seiner Erben, zutreffend Reinicke NJW 1973, 305; RGRK/Finke Rz 22; aA Staud/Thiele § 1365 Rz 107; Gernhuber/Coester-Waltjen, FamR § 35 IV 7; MüKo/Koch Rz 34; s Kunzl FamRZ 1988, 452, 459: Erfordernis der Genehmigung des Verfügenden analog § 108 III. Im Interesse der mit § 1366 III und IV intendierten Rechtssicherheit und Rechtsklarheit bleibt es aber bei der Unwirksamkeit des Vertrages, wenn der verstorbene Ehegatte die Genehmigung bereits verweigert hatte, vgl Reinicke NJW 1973, 305ff. 8

bb) Stirbt der Ehegatte, der den Vertrag geschlossen hat, so bleibt die Genehmigung des andern erforderlich, auch wenn dieser Miterbe wird, BGH FamRZ 1980, 765. Der Dritte muß die Erben des Verstorbenen auffordern, die Genehmigung des anderen Ehegatten zu beschaffen; diese können das VormG um Ersetzung der Zustimmung ersuchen. Ein schon in Gang gesetztes Verfahren wird durch den Tod des Antragsteller-Ehegatten nicht unterbrochen. Ist der andere Ehegatte Alleinerbe, dann kann er den Antrag in jeder Lage des Verfahrens zurückziehen, auch wenn die Verpflichtung zur Einholung der vormundschaftlichen Genehmigung auf ihn überging, so BayObLG DNotZ 1963, 732 und Dittmann DNotZ 1963, 707; der Vertragspartner kann dann nach § 888 ZPO den Ehegatten-Erben zu einem neuen Antrag zwingen, so wie er gegen den Verstorbenen hätte vorgehen können, aA Dittmann aaO, der mit der Berufung auf die „familienrechtliche Entscheidungsfreiheit" des Überlebenden verkennt, daß er nur als Erbe, nicht als Ehegatte in die Position des Antragstellers einrückte. AA auch Staud/Thiele, § 1365 Rz 106 u Celle NJW-RR 1994, 646, die in diesem Fall die Verfügung „ipso iure wirksam" werden lassen. Wie hier auch Kunzl FamRZ 1988, 452, 459 und Karlsruhe FamRZ 1978, 505: § 185 II S 1 Alt 3 ist nicht anwendbar.

cc) Wird der Güterstand durch **Scheidung** (§ 1372) beendet, erlangt nach Celle NJW-RR 2001, 866; Bamberg NJW-FER 2000, 161; Köln FamRZ 2001, 176; BayObLG FamRZ 1972, 294 der vertragschließende Ehegatte eine unbeschränkte Verfügungsbefugnis, so daß der Vertrag analog § 185 II ex nunc voll wirksam werden soll. Das gilt nach einer weitergehenden Entscheidung des BayObLG FamRZ 1972, 644 selbst dann, wenn die Genehmigung vor der Scheidung ausdrücklich verweigert war. Wie Reinicke (NJW 1972, 1786ff; 1973, 305) demgegenüber überzeugend dargelegt hat, gefährdet eine solche Konvaleszenz abstrakt die Ausgleichsansprüche des anderen Gatten. Dieser Ansicht folgt auch der BGH NJW 1984, 609f; FamRZ 1978, 396: Für den Fortbestand der Zustimmungsbedürftigkeit nach Scheidung kommt es nicht darauf an, daß eine konkrete Gefährdung des Zugewinnausgleichsanspruchs des anderen Ehegatten feststeht, es genügt vielmehr, daß die Gefährdung nicht auszuschließen läßt; ebenso die Vorinstanz Karlsruhe FamRZ 1976, 695 und Saarbrücken FamRZ 1987, 1248; vgl auch Hamm FamRZ 1984, 53f; MüKo/Koch Rz 36; Kunzl FamRZ 1988, 452, 456ff. Deshalb muß es hier bei der vorläufig schwebenden Unwirksamkeit des Vertrages auch nach Scheidung bleiben, die dem geschiedenen Gatten die Möglichkeit der Genehmigung oder Ablehnung beläßt. Eines Schutzes vor Gefährdung der Scheidungsforderung bedarf der andere Ehegatte nicht, weil die Forderung nach Scheidungsrechtskraft gem § 1378 IV S 1 verjährt ist. In diesem Fall konvalesziert ein nach § 1366 I schwebend unwirksames Geschäft, Celle NJW-RR 2001, 866. Stirbt der Ehegatte später, geht mit dem Ausgleichsanspruch auch das Zustimmungsrecht auf seine Erben über, vgl § 1378 Rz 7; aA Dittmann aaO mit dem unzureichenden Hinweis auf mögliche „Verwicklungen" und § 1375.

c) Aus der Unwirksamkeit des Geschäfts, zu dem die Genehmigung verweigert ist, ergibt sich, daß der Ehegatte, der es geschlossen hat, von seinem Vertragsgegner auch nicht auf **Schadensersatz** wegen Nichterfüllung in Anspruch genommen werden kann; dieser kann höchstens Ansprüche aus ungerechtfertigter Bereicherung oder 9

§ 1366 Familienrecht Bürgerliche Ehe

aus unerlaubter Handlung geltend machen, wenn zB der Ehegatte wahrheitswidrig die Einwilligung des andern behauptet oder sich als unverheiratet ausgegeben hat. Der Dritte kann aber aus dem Gesichtspunkt der unerlaubten Handlung nur Ersatz des Schadens verlangen, den er durch sein Vertrauen auf die Richtigkeit der Erklärung erlitten hat, also Ersatz des negativen Interesses, nicht Ersatz des Erfüllungsinteresses. Ein Ehegatte kann sich dem andern gegenüber durch Verweigerung der Genehmigung im allgemeinen nicht schadensersatzpflichtig machen; der andere hat die Möglichkeit, die Zustimmung durch das VormG ersetzen zu lassen. Die Verweigerung der Genehmigung kann wohl eine Eheverfehlung darstellen, aber nur in ganz besonders liegenden Fällen. Veräußert ein Ehegatte Grundbesitz, so kann das **Grundbuchamt** den **Nachweis der Zustimmung** des andern Ehegatten nur verlangen, wenn besondere Anhaltspunkte für die Annahme vorliegen, daß der veräußerte Grundbesitz das ganze Vermögen des Veräußerers darstelle, vgl BGH 64, 250; Celle NJW-RR 2000, 384; Jena Rpfleger 2001, 298; Demharter, GBO 24. Aufl 2002 § 33 Rz 31 und § 1365 Rz 12.

10 d) Ist ein Vertrag nach verweigerter Genehmigung endgültig unwirksam, dann kann er möglicherweise in einen Erbvertrag **umgedeutet** werden; so BGH 40, 218 für den Fall einer Hofübergabe an den Enkel eines Ehegatten; für den mutmaßlichen Parteiwillen ist hierbei die Zeit des Vertragsschlusses maßgebend, Abweichung von RG 79, 306. Der BGH hat diese Auffassung in FamRZ 1980, 765 (767) für den Fall eines Grundstückskaufvertrages des Erblasser-Ehegatten mit seiner Tochter aus erster Ehe, dem die (zweite) Ehefrau nach dem Tod des ersteren widersprochen hatte, grds aufrechterhalten. Unter Bezugnahme auf diese Entscheidung weist aber Tiedtke FamRZ 1981, 1 mit beachtlichen Argumenten darauf hin, daß auch bei Vorliegen aller sonstigen Voraussetzungen einer Umdeutung gem § 140 diese ausscheiden muß, wenn anderenfalls ein Wertungswiderspruch zu dem von §§ 1365, 1366 bezweckten Ergebnis entstünde: Diese ordnen nach Verweigerung der Genehmigung und der Ablehnung von deren Ersetzung durch das VormG endgültig die Unwirksamkeit des Vertrages an. Deutete man nun in einen Erbvertrag mit Vermächtnis des Kaufgegenstandes um, so wäre der gesetzlich angeordnete Erfolg ins Gegenteil verkehrt; der überlebende zustimmungsberechtigte Gatte hätte keine echte Wahl: genehmigt er, wird der Kaufvertrag gültig – verweigert er (und das VormG) die Zustimmung, so wird mit demselben Ergebnis umgedeutet. Eine gesetzliche Wertung, die eine Konvaleszenz verbiete, müsse hier auch zur Verneinung einer Konversion führen.

1367 *Einseitige Rechtsgeschäfte*
Ein einseitiges Rechtsgeschäft, das ohne die erforderliche Einwilligung vorgenommen wird, ist unwirksam.

1 **1. Unwirksamkeit einseitiger Rechtsgeschäfte ohne Einwilligung.** Die Vorschrift ist den früheren §§ 1448, 1398 nachgebildet. Sie betrifft einseitige Rechtsgeschäfte eines Ehegatten über sein Vermögen im ganzen. Einseitige Rechtsgeschäfte vertragen im Interesse des Geschäftsgegners keinen Schwebezustand (vgl auch §§ 111, 180). Deshalb sind sie unwirksam, wenn sie ohne die erforderliche Einwilligung, dh vorherige Zustimmung des andern Ehegatten vorgenommen werden. Etwaige nachträgliche Zustimmung oder Ersetzung der Zustimmung durch das VormG hat keine heilende Wirkung; es kommt nur Neuvornahme des Rechtsgeschäfts in Betracht. Fälle einseitiger Rechtsgeschäfte über das Vermögen im ganzen werden selten vorkommen, § 1367 betrifft nur einseitige Rechtsgeschäfte unter Lebenden, nicht Verfügungen von Todes wegen. Zur Bedeutung der Vorschrift im Bankverkehr vgl H.P. Westermann FamRZ 1967, 646.

2 **2. Unwirksamkeit bei fehlendem Nachweis der Einwilligung.** Einseitige Rechtsgeschäfte dieser Art sind nach § 182 III, § 111 S 2, 3 auch dann unwirksam, wenn der andere Ehegatte zwar seine Einwilligung gegeben hat oder diese durch das VormG ersetzt worden ist, das von dem Ehegatten aber nicht in schriftlicher Form nachgewiesen werden kann und der Erklärungsempfänger das Rechtsgeschäft aus diesem Grunde unverzüglich und eindeutig zurückweist; hierzu ist er aber nicht berechtigt, wenn der andere Ehegatte ihm vorher die Einwilligung erklärt hatte.

1368 *Geltendmachung der Unwirksamkeit*
Verfügt ein Ehegatte ohne die erforderliche Zustimmung des anderen Ehegatten über sein Vermögen, so ist auch der andere Ehegatte berechtigt, die sich aus der Unwirksamkeit der Verfügung ergebenden Rechte gegen den Dritten gerichtlich geltend zu machen.

1 **1. Zweck der Vorschrift.** Sie ist den §§ 1407 Nr 3 aF, 1449 aF nachgebildet; ihr entspricht im Recht der Gütergemeinschaft jetzt § 1428. Es handelt sich um eine weitere **Schutzvorschrift** für den Ehegatten, der mit ausreichendem Grund (§ 1365 II) seine Einwilligung zu einem von dem anderen Ehegatten vorgenommenen Rechtsgeschäft über dessen Vermögen im ganzen nicht erteilt hat. Da der verfügende Ehegatte häufig nicht geneigt sein wird, von seinem Vertragsgegner unter Berufung auf die Unwirksamkeit des Vertrages Rückgewähr zu verlangen, mußte dem anderen Ehegatten, um ihn wirksam zu schützen, die Befugnis gegeben werden, die sich aus dieser Unwirksamkeit ergebenden Rechte auch selbst gegen den Dritten gerichtlich geltend zu machen. Die Unwirksamkeit des Verpflichtungsgeschäfts kann ausweislich des Wortlauts des § 1368 nur im Rahmen einer allgemeinen Feststellungsklage nach § 256 ZPO, nicht aber nach § 1368 geltend gemacht werden, BGH FamRZ 1991, 970.

2 **2. Anspruchsberechtigte. a)** Aus dem Wortlaut des § 1368 ergibt sich bereits, daß auch **der verfügende Ehegatte** die sich aus der Unwirksamkeit ergebenden Rechte gegen seinen Vertragspartner geltend machen kann. Dieser Hinweis war erforderlich, um klarzustellen, daß sich der Dritte gegenüber dem Rückgewähranspruch seines Vertragspartners nicht auf den Satz venire contra factum proprium berufen kann; etwas anderes muß aber bei einem besonders arglistigen Verhalten des verfügenden Ehegatten gelten, so auch Boehmer FamRZ 1959, 6, der mit Recht Kritik an dieser gesetzlichen Regelung übt; aA MüKo/Koch Rz 15 mwN.

b) Der **nicht verfügende,** seine Einwilligung und Genehmigung verweigernde andere **Ehegatte.** Schon oben (Rz 1) ist angedeutet worden, daß es zur wirksamen Durchsetzung des Schutzes der Familienhabe erforderlich gewesen ist, auch dem anderen Ehegatten ein Rückforderungsrecht einzuräumen. Hierbei ist von weittragender Bedeutung, ob ihm ein eigenes, sachliches Recht eingeräumt oder nur die Befugnis verliehen worden ist, ein fremdes Recht im eigenen Namen geltend zu machen (Prozeßermächtigung oder Prozeßstandschaft). Fenge, FS Wahl aaO 489 u Brox FamRZ 1961, 282 wollen wegen des Schutzcharakters des Rückforderungsanspruchs auch dem nicht verfügenden Ehegatten ein eigenes sachliches Recht zubilligen. Hiergegen bestehen aber erhebliche Bedenken. Aus dem heute geltenden ehelichen Güterrecht ist – im Gegensatz zum alten gesetzlichen Güterstand der Nutzverwaltung des Ehemannes und den Gütergemeinschaften – eine eigene Berechtigung nicht herzuleiten, auch nicht aus den der Erhaltung der Familienhabe dienenden Verfügungsbeschränkungen der §§ 1365, 1369, die keine Berechtigungen am Vermögen des Ehepartners bedeuten (zutreffend Boehmer FamRZ 1959, 82). Da auch § 1368 dem anderen Ehegatten schon wegen seiner systematischen Stellung und seines rechtspolitischen Zweckes keine eigene sachliche Berechtigung verleihen wollte, kann es sich nur um die prozessuale Befugnis handeln, ein **fremdes Recht im eigenen Namen geltend zu machen**; Boehmer FamRZ 1959, 1 u 81; Ziege NJW 1957, 1581; Staud/Thiele Rz 18f; Gernhuber/Coester-Waltjen, FamR § 35 VI 2; MüKo/Koch Rz 3ff und Köln FamRZ 1959, 460; Brandenburg FamRZ 1996, 1015. Boehmer FamRZ 1959, 83 hat zutreffend darauf hingewiesen, daß der nicht verfügende Ehegatte über den Rahmen des § 1368 hinaus gegenüber dem Dritten **Ansprüche aus eigenem Recht** geltend machen kann, wenn er durch die Verfügung seines Ehepartners in seinen Besitzrechten beeinträchtigt worden ist (§§ 861, 1007 II).

Entsprechend dem Schutzzweck der Norm (vgl Rz 1) stehen dem Zustimmungsberechtigten die von § 1368 verliehenen Befugnisse im Hinblick auf während der Ehezeit getätigte Gesamtvermögensgeschäfte auch nach der Scheidung der Ehe zu, BGH FamRZ 1983, 1101 (1102).

3. Rechtsstellung des Dritten. a) Da §§ 1365, 1369 keine relativen Veräußerungsverbote enthalten, sondern gegenüber jedermann wirken (§ 1365 Rz 21), kann sich der **Dritte nicht** auf die **Schutzvorschriften** über den **Erwerb vom Nichtberechtigten** (§ 135 II) berufen. Das gilt auch im Liegenschaftsrecht. Veräußert der Dritte den nicht wirksam erworbenen Gegenstand weiter, so kann der Erwerber gutgläubig Eigentum erwerben (§§ 932ff, 892ff, vgl hierzu § 1365 Rz 21); vor allem bei Haushaltsgegenständen können die veräußerten Sachen aber dem nicht verfügenden Ehegatten abhanden gekommen sein, so daß § 935 den gutgläubigen Erwerb ausschließen kann. Das gilt nicht nur bei Rechtsgeschäften über das Vermögen im ganzen, sondern auch bei solchen über Haushaltsgegenstände (§ 1369). Versichert der Ehegatte wider besseres Wissen seine Verfügungsbefugnis, so kann der Dritte Schadensersatzansprüche geltend machen (§§ 823 II iVm 263 StGB), aber nur gegen den verfügenden Ehegatten, Pal/Brudermüller Rz 2; Maßfeller DB 1957, 499.

b) Von großer Bedeutung ist die Frage, ob der Dritte wegen eines vielleicht bestehenden Bereicherungs- oder Schadensersatzanspruchs ein **Zurückbehaltungsrecht** sowohl dem verfügenden Ehegatten selbst als auch dem anderen entgegensetzen kann. Die hM verneint diese Möglichkeit unter Hinweis auf das Schrifttum zu §§ 1443 aF, 1449 aF und 1455 aF und den Zweck der Verwaltungsbeschränkungen; vgl Pal/Brudermüller Rz 2; Soergel/H. Lange Rz 14; RGRK/Finke Rz 15; Staud/Thiele Rz 51; MüKo/Koch Rz 19f; Brox FamRZ 1961, 285; Köln MDR 1968, 586. Aber der Rückgewähranspruch der Ehegatten und der Bereicherungs- oder Schadensersatzanspruch des Dritten beruhen auf demselben rechtlichen Verhältnis, und Gründe für den Ausschluß dieses Rechts sind weder aus dem Gesetz (§§ 1365ff) noch aus der Natur der zwischen den Parteien bestehenden Beziehungen zu entnehmen. Auch die Natur des Gläubigeranspruchs und der vom Gesetzgeber mit den Verwaltungsbeschränkungen verfolgte Zweck gebieten nicht eine so schwerwiegende Beschränkung der Rechtsstellung des Dritten. Die Interessen des nicht verfügenden Ehegatten sind durch die Zubilligung einer eigenen Klagebefugnis und die gegenüber jedermann wirkende Unwirksamkeit der Verfügungsgeschäfte in ausreichendem Maße berücksichtigt worden. Die Vorschriften über die Verwaltungsbeschränkungen der Ehegatten beim Abschluß einzelner Rechtsgeschäfte sind darüber hinaus als Ausnahmebestimmungen eng auszulegen; eine über die Versagung des Gutglaubensschutzes beim Rechtswerb hinausgehende Wirkung hätte daher besonders geregelt werden müssen. Das gebietet nicht nur der Verkehrsschutz, sondern auch eine Abwägung der beiderseitigen Interessen der Beteiligten; ebenso vor allem Boehmer FamRZ 1959, 6 u 81, 84; Frank NJW 1959, 135; zweifelnd RGRK/Scheffler, 11. Aufl Anm 15; aA RGRK/Finke Rz 15. Zu Unrecht zweifelt an der Verwirklichung des Schutzes des Gesetzes Gernhuber/Coester-Waltjen, FamR § 35 V 1. Dem Dritten steht die Einrede des Zurückbehaltungsrechtes nicht zu, wenn er die Nichtigkeit des Verpflichtungsgeschäfts positiv kannte (§ 814); dann dürfte auch kein Schadensersatzanspruch bestehen, vgl Boehmer aaO. Auf jeden Fall kann er die Herausgabe der Sache so lange verweigern, bis er wegen der in dieselben Verwendungen befriedigt worden ist (§ 1000); zustimmend insoweit Soergel/H. Lange Rz 14. Das Zurückbehaltungsrecht kann er sowohl dem verfügenden als auch dem nicht verfügenden Ehegatten gegenüber geltend machen, es sei denn, der letzte macht einen eigenen sachlichen Anspruch (vgl Rz 3 aE) geltend.

4. Auswirkungen im Zivilprozeß. a) Der **Klageantrag.** In erster Linie will das Gesetz sicherstellen, daß der Zustand wiederhergestellt wird, der vor der unwirksamen Verfügung bestanden hat. Folgende Einzelfälle sind zu unterscheiden:

aa) Klagt der **verfügende Ehegatte** und ist er Alleineigentümer und Alleinbesitzer, dann kann er nur Herausgabe an sich selbst verlangen.

bb) Klagt der verfügende Ehegatte und sind die Ehegatten Miteigentümer und Mitbesitzer, dann kann er in der Regel nur Herausgabe an beide Ehegatten verlangen, §§ 985, 1011; auf ein Recht zum Besitz kann sich der Dritte in diesen Fällen nicht berufen, da das Verpflichtungsgeschäft ebenfalls unwirksam ist.

§ 1368 Familienrecht Bürgerliche Ehe

9 cc) Klagt der **nicht verfügende Ehegatte** aus **eigenem Recht** (Rz 3 aE), kann er auf Grund seiner eigenen Mitberechtigung in der Regel ebenfalls nur Herausgabe an beide Ehegatten verlangen, §§ 985, 1011, 861, 1007, 866. Darüber hinaus ist ihm aber auch das Recht zuzubilligen, nur Herausgabe an sich selbst zu verlangen (vgl hierzu im einzelnen Rz 11).

10 dd) Macht der nicht verfügende Ehegatte im Wege der **Prozeßstandschaft** Ansprüche des anderen Ehegatten geltend, die mit seiner eigenen Mitberechtigung konkurrieren (oben Rz 8), kann er Herausgabe an beide Ehegatten oder an sich allein verlangen.

11 ee) Macht er allein **Rechte des verfügenden Ehegatten** geltend (bei dessen Alleineigentum und -besitz), so könnte er nach den allgemeinen Regeln nur Herausgabe an diesen Ehegatten verlangen, da ihm durch die Prozeßstandschaft keine eigenen sachlichen Rechte – auch kein Besitzrecht – verliehen worden sind. Diese enge Auffassung wird von Ziege NJW 1957, 1579; Krüger/Breetzke/Nowack GleichberG Anm 1; Dölle, FamR I § 52 III 3 und wohl auch von Köln FamRZ 1959, 460 vertreten. Sie wird aber dem Schutzzweck der §§ 1365ff, hier besonders des § 1368, nicht gerecht. Diese Bestimmungen sollen sicherstellen, daß die veräußerten Gegenstände wieder dem (wenn auch rechtlich getrennten) Familienvermögen zugeführt werden. Dieses Ziel könnte der andere Ehegatte verhindern, wenn er die Annahme der Sache vom Gerichtsvollzieher ablehnt, und zwar sowohl in den Fällen, in denen der Klageantrag auf Leistung an ihn allein, als auch an beide Ehegatten lautet. RGRK/Scheffler, 11. Aufl Anm 10 will die Klage des zustimmungsberechtigten Ehegatten auf Leistung an sich allein zulassen, wenn der andere Ehegatte vor Klageerhebung die Zurücknahme des Gegenstandes abgelehnt hat; noch weitergehend RGRK/Finke Rz 13; Zunft NJW 1958, 131 hält ein bedingtes Urteil auf Herausgabe an den klagenden Ehegatten für den Fall, daß der verfügende Ehegatte in der Zwangsvollstreckung die Annahme ablehnt, für angebracht; einschränkend auf die Fälle, in denen der verfügende Ehegatte die Sachen nicht übernehmen kann oder will, auch MüKo/Gernhuber Rz 13f; Köln FamRZ 1959, 460 will nur zur Herausgabe an beide Ehegatten gemeinsam oder an einen Sequester verurteilen; ähnlich Staud/Felgentraeger 10./11. Aufl Rz 36 (aA Staud/Thiele Rz 33: über § 1368 zur Wiederherstellung des status quo ante), der andere Ehegatte kann aber auch Urteil auf Herausgabe an den verfügenden Ehegatten oder beide, verbunden mit einer Verurteilung des Dritten zur Herausgabe an den Kläger, wenn dessen Ehegatte die Sache nicht übernehmen kann oder will, erwirken (entspr §§ 869 S 2 Hs 2, 986 I S 2). In allen diesen Fällen wäre der nicht verfügende Ehegatte unbillig beschwert, oft sogar auf neue Prozesse angewiesen. Auch in diesen Fällen muß daher nach dem Schutzzweck des § 1368 das Verlangen auf **Herausgabe an sich allein zulässig** sein, zustimmend Brox FamRZ 1961, 286; Pal/Brudermüller Rz 4; Staud/Thiele Rz 32. Der andere Ehegatte kann Einräumung des Allein- oder Mitbesitzes verlangen, Brox FamRZ 1961, 287. Das Risiko eines neuen Prozesses ist ihm zuzumuten, weil er ohne Einwilligung seines Ehepartners verfügt hat. Alle aus dem Revokationsrecht und damit der Prozeßstandschaft erlangten Positionen entfallen mit dem Tod des revozierenden Ehegatten und werden nicht vererbt, vgl Eickmann Rpfleger 1981, 213 (215).

12 b) **Rechtskraftwirkung.** Auch hier sind folgende Fälle zu unterscheiden: **aa)** Macht der nicht verfügende Ehegatte ausschließlich **eigene Rechte** geltend, liegt § 1368 gar nicht vor (Boehmer FamRZ 1959, 83) und dem anderen Ehegatten würde es an einer eigenen Sachbefugnis in einem neuen Prozeß fehlen.

13 bb) Das gilt auch entsprechend in den Fällen, in denen der Ehegatte Ansprüche aus eigener **Mitberechtigung** geltend macht, vgl RGRK/Pikart, § 1011 Rz 13 u Staud/Grunsky § 1011 Rz 8. Insoweit ist der andere Ehegatte trotz rechtskräftigen Urteils nicht gehindert, den Herausgabeanspruch in einem neuen Prozeß nochmals zu erheben.

14 cc) Zweifel bestehen aber in den Fällen, in denen der nicht verfügende Ehegatte als **Prozeßführungsermächtigter** fremde Rechte prozessual im eigenen Namen geltend macht. Die Prozeßführung durch einen Ermächtigten erstreckt ihre Rechtskraft noch nicht grundsätzlich gegen den sachlich Berechtigten, Rosenberg/Schwab, Zivilprozeßrecht, § 46 V 3; Brox FamRZ 1961, 282. Da eine gesetzliche Regelung der Rechtskrafterstreckung fehlt, ist die Frage aus dem Sinn und Zweck der gesetzlichen Verfügungsbeschränkungen zu beantworten. § 1368 will ersichtlich sicherstellen, daß der nicht verfügende Ehegatte in jedem Falle und unabhängig von dem Verhalten seines Ehepartners den Herausgabeanspruch geltend machen kann. Dieses Ziel würde vereitelt werden können, wenn der Ehegatte in einem Prozeß mit seinem Vertragspartner ein für den Dritten obsiegendes rechtskräftiges Urteil ergehen lassen würde (zB durch schlechte Prozeßführung, Anerkenntnis, Säumnis). Auch im entgegengesetzten Fall der Prozeßführung durch den nicht verfügenden Ehegatten könnte der Ehepartner-Vertragsbeteiligte wegen seiner besseren Sachkenntnis ein Interesse an einer nochmaligen gerichtlichen Klärung haben. Eine **Rechtskrafterstreckung** auf den anderen Ehegatten findet daher in beiden Fällen **nicht** statt, so vor allem Brox FamRZ 1961, 282; Baur FamRZ 1958, 257; Gernhuber/Coester-Waltjen, FamR § 35 VI 2; MüKo/Koch Rz 22; RGRK/Finke Rz 19f; Pal/Brudermüller Rz 4; Staud/Thiele Rz 35ff.

15 dd) Der Dritte kann sich gegen diese für ihn mißlichen Folgen **nicht dadurch schützen**, daß er in dem Prozeß des einen Ehegatten gegen ihn dem anderen den **Streit verkündet**, wie es RGRK/Scheffler, 11. Aufl Anm 14 annimmt, der aber übersieht, daß § 72 I ZPO die Wirkungen der Streitverkündung nur für den Fall eines ungünstigen Prozeßausgangs vorsieht; vgl aber RGRK/Finke Rz 17 u 20. Zu einem Sonderfall siehe Staud/Thiele Rz 43. Es bleibt daher nur die Möglichkeit der **Feststellungsklage** gegen den anderen Ehegatten, Brox FamRZ 1961, 284; Baur FamRZ 1958, 257; vgl auch MüKo/Koch Rz 26. Beide Verfahren können verbunden werden (§ 147 ZPO).

16 c) Für die **Rechtshängigkeit** gilt Entsprechendes. Grundsätzlich hindert daher die Geltendmachung des Anspruches durch einen Ehegatten den anderen nicht, auch seinerseits den Dritten mit einem neuen Prozeß zu überziehen. Jeder Ehegatte dürfte aber verpflichtet sein, sich vor Klageerhebung bei dem anderen zu vergewissern, ob der Anspruch schon rechtshängig gemacht worden ist. In diesem Falle ist es ihm zuzumuten, diesem Verfahren als Streithelfer beizutreten (§ 66 I ZPO). Erkundigt er sich nicht oder überzieht er den Dritten mutwillig mit einem neuen Prozeß, so muß er bei sofortigem Anerkenntnis des Dritten die Kosten tragen. Auch diese Verfahren können verbunden werden (§ 147 ZPO).

d) Der nicht verfügende Ehegatte kann seine Rechte aus § 1368 in **allen Verfahrensarten** geltend machen; 17 also sind auch Arrest und einstweilige Verfügung zulässig, Pal/Brudermüller Rz 3. Handelt es sich um Grundstücksrechte, so kann er die Eintragung eines gerichtlichen Veräußerungsverbotes im Grundbuch durch einstweilige Verfügung verlangen, Celle NJW 1970, 1882; BGH BB 1969, 974; vgl auch BayObLG FamRZ 1988, 503 mwN: Ist der Vertragspartner bereits als Eigentümer im Grundbuch eingetragen, so ist der andere Ehegatte berechtigt, im Wege der Beschwerde die Eintragung eines Amtswiderspruchs gem § 71 II S 2 GBO zu verlangen, als Berechtigte sind beide Ehegatten einzutragen, Thüringen FamRZ 2001, 1614. In der **Zwangsvollstreckung** kann der nicht verfügende Ehegatte bei Vollstreckungsmaßnahmen des Dritten gegen den anderen Ehegatten in entsprechender Anwendung des § 771 ZPO die **Drittwiderspruchsklage** erheben, Brandenburg FamRZ 1996, 1015.

Zuständig für alle auf § 1368 gestützten Verfahren ist gem § 23b I S 2 Nr 9 GVG das FamG, BGH FamRZ 1981, 1045 m Anm Spall und Bosch. Dies gilt auch für ein Auskunftsbegehren gem § 242, das ein Vorgehen gem § 1368 vorbereiten soll, Düsseldorf FamRZ 1985, 721.

5. Der benachteiligte Ehegatte kann auch, statt nach § 1368 vorzugehen, unter Umständen nach § 1386 II Nr 1 18 auf **vorzeitigen Ausgleich des Zugewinns** klagen oder ggf den Dritten aus § 1390 in Anspruch nehmen.

6. Haben die Ehegatten durch Ehevertrag die Beschränkungen der §§ 1365, 1369 ausgeschlossen, so entfällt 19 notwendigerweise das Prozeßführungsrecht aus § 1368. Auch der ehevertragliche Ausschluß allein der Revokationsbefugnis bei Fortbestehen der Verfügungsbeschränkungen ist zulässig, ebenso MüKo/Koch Rz 30; Staud/Thiele Rz 54.

1369 *Verfügungen über Haushaltsgegenstände*

(1) Ein Ehegatte kann über ihm gehörende Gegenstände des ehelichen Haushalts nur verfügen und sich zu einer solchen Verfügung auch nur verpflichten, wenn der andere Ehegatte einwilligt.

(2) Das VormG kann auf Antrag des Ehegatten die Zustimmung des anderen Ehegatten ersetzen, wenn dieser sie ohne ausreichenden Grund verweigert oder durch Krankheit oder Abwesenheit verhindert ist, eine Erklärung abzugeben.

(3) Die Vorschriften der §§ 1366 bis 1368 gelten entsprechend.

1. Zweck der Vorschrift. Sie enthält die zweite und für die Allgemeinheit besonders wichtige Beschränkung 1 der Ehegatten in der selbständigen Verwaltung ihres Vermögens. Die zum ehelichen Haushalt gehörenden Gegenstände bilden die materielle Grundlage des Familienlebens; Rechtsgeschäfte über sie soll daher ein Ehegatte nur mit Zustimmung des andern vornehmen können, um das Familienvermögen und die auf Dauer in den Haushalt eingeordneten Gegenstände vor dem einseitigen Zugriff eines Ehegatten zu schützen, Hamm FamRZ 1972, 297. Nach BayObLG FamRZ 1980, 1001 mwN bezweckt die Norm den Schutz vor der Gefährdung der Teilhabe am Hausrat in Ehenot gem der HausratsVO; zustimmend Dörr NJW 1989, 815. § 1369 enthält gleichfalls ein absolutes Veräußerungsverbot, BayObLG FamRZ 1965, 331, ist aber nachgiebiges Recht und von den Ehepartnern abdingbar; Form des Ehevertrages ist hierfür erforderlich. Zur Frage eines Wiederauflebens der Hausratsvinkulierung bei Nichtigkeit eines Ehevertrages gem §§ 1408 II S 2, 1414 S 2 vgl § 1365 Rz 24. Auch zu § 1369 gilt wie bei § 1365 (vgl § 1365 Rz 10) die objektive Theorie; aA Scheld Rpfleger 1973, 280ff mit allen Nachweisen.

2. Haushaltsgegenstände. a) Begriff. Zweifelhaft kann sein, ob das Gesetz durch die Wortwahl „Gegenstände 2 des ehelichen Haushalts" auf § 90 hinweisen und auch Rechte, die sich auf Sachen des ehelichen Hausrats beziehen, darunter verstanden wissen wollte, Ziege NJW 1957, 1580; wohl auch Boehmer FamRZ 1959, 3; einschränkend Pal/Brudermüller Rz 4. Aus dem Wortlaut des Gesetzes läßt sich auch das Gegenteil entnehmen, daß mit „Gegenständen des ehelichen Haushalts" **nur bewegliche Sachen** gemeint sind, die als Gebrauchsgegenstände dem Haushalt dienen, so vor allem Rittner FamRZ 1961, 185; RGRK/Finke Rz 4. Für die letzte Auffassung spricht, daß § 1369 als Ausnahmebestimmung eng auszulegen ist und auch das Gesetz expressis verbis die vinkulierten Objekte unter Ausschluß von Rechten auf (bewegliche) Sachen beschränken wollte, wofür die Formulierung „gehörende" spricht.

b) Was im einzelnen zu den Haushaltsgegenständen gehört, ist nach den Umständen des Einzelfalles zu beurtei- 3 len. Regelmäßig rechnen dazu die Möbel, das Küchengerät, Klavier, Rundfunk- und Fernsehgeräte, Bett- und Tischwäsche, aber nicht Vorräte an Nahrungsmitteln und Brennmaterial (aA MüKo/Gernhuber Rz 8; Staud/Thiele Rz 18), auch nicht Kunstgegenstände von besonderem Wert und die persönlichen Gebrauchsgegenstände eines Ehegatten, zB Uhren, Schmuck, Kleidung. Die Entscheidung des LG Ravensburg FamRZ 1995, 1585, nach der eine Segelyacht im Wert von 140 000 DM Hausrat darstellen soll, wird dem Zweck der Vorschrift nicht gerecht. Durch § 1369 wird dagegen anders als in § 1932 nicht das Recht auf die eheliche Wohnung geschützt. Hat also ein Ehegatte die eheliche Wohnung allein gemietet, so kann er sie auch allein kündigen, vgl LG Stuttgart FamRZ 1977, 200; vgl dazu auch § 1357 Rz 13. Ein Ehegatte kann auch das ihm allein gehörige Grundstück, auf dem sich die Ehewohnung befindet, ohne Zustimmung des andern Ehegatten veräußern oder belasten, falls es nicht sein ganzes Vermögen ausmacht (§ 1365). Wegen der Gründe, die dazu geführt haben, eine Schutzbestimmung in dieser Beziehung nicht vorzusehen, vgl § 1364 Rz 3. Auch ein Pkw kann Hausrat sein, wenn er für den Haushalt und die gemeinsame Lebensführung genutzt wird (KG FamRZ 2002, 1927).

c) Analoge Anwendung. aa) Da § 1369 die auf eine gewisse Dauer in den Haushalt eingeordneten Sachen vor 4 dem einseitigen Zugriff eines Ehegatten schützen wollte, ist diese Vorschrift auch auf **Anwartschaftsrechte** aus

Eigentumsvorbehaltskäufen auszudehnen, wenn sie ihrer Zweckbestimmung nach bereits zu den Haushaltsgegenständen gehören sollen, RGRK/Finke Rz 5; Staud/Thiele Rz 21; BayObLG FamRZ 1980, 571; andernfalls brauchte der Dritte nur nach dem Erwerb der Anwartschaft die Restschuld zu begleichen, um das Vollrecht zu erwerben (BGH 20, 88), ohne daß ein zustimmungspflichtiger Tatbestand eintreten würde. **bb)** Das gilt auch wegen der ähnlichen Interessenlage für den **Lieferungsanspruch** des Käufer-Ehegatten; zwar fehlt der Kaufsache noch die unmittelbare, dingliche Zuordnung zum Familienvermögen, aber beide Ehegatten werden sich doch bei ihren künftigen Dispositionen über das „Familienvermögen" so verhalten, als ob sie den gekauften Haushaltsgegenstand seiner Zweckbestimmung entsprechend bereits in den Haushalt eingeordnet haben; ebenso Rittner FamRZ 1961, 188, der mit Recht den Dritten auch in diesen Fällen als nicht schutzbedürftig ansieht und Boehmer FamRZ 1959, 4; Staud/Thiele Rz 22.

cc) Keine entsprechende Anwendung aber auf Ansprüche aus einem **Arbeitsverhältnis, Energielieferungs-** oder **Versicherungsvertrag**, Rittner FamRZ 1961, 188 gegen Boehmer FamRZ 1959, 4, der Ansprüche aus Sachversicherungen als geschützt ansehen will; wie hier Staud/Thiele Rz 23f; Soergel/H. Lange Rz 15; ferner Ansprüche aus **Gebrauchsüberlassungsverträgen**, da § 1369 nicht das tatsächliche Funktionieren des Haushalts, sondern die dauernde rechtliche Zuordnung der entsprechenden Sachen zum Hausrat sicherstellen will, Rittner aaO; MüKo/Koch Rz 10; Soergel/H. Lange Rz 15; aA Staud/Thiele Rz 25.

5 **3. Inhalt der Beschränkung. a)** Nicht nur die **Verfügung** über Haushaltsgegenstände – Eigentumsübertragung, Sicherungsübereignung (BayObLG FamRZ 1960, 157), Verpfändung, Verfügung über ein Anwartschaftsrecht, aber nicht Vermietung, Leihe oder bloße Besitzübertragung, Saarbrücken OLG 67, 1 –, sondern auch die **Verpflichtung** zu einer solchen Verfügung ist an die Zustimmung des anderen Ehegatten – eventuell seines gesetzlichen Vertreters – gebunden. Wegen der Anwendbarkeit auf Tauschverträge vgl Ziege NJW 1957, 1580. Hat der andere Ehegatte der Verpflichtung zugestimmt, so ist seine Zustimmung zu der Verfügung nicht erforderlich, so schon § 1365 Rz 5 und Reinicke BB 1957, 566; zustimmend Staud/Thiele Rz 9; abweichend Knur DNotZ 1957, 452f. Ein Ehegatte, der einen Haushaltsgegenstand kauft, bedarf keiner Zustimmung, wenn er ihn dem finanzierenden Warenkreditinstitut zur Sicherung übereignet, LG Bielefeld MDR 1963, 760.

6 **b)** Die Beschränkung bleibt bestehen, auch wenn die Ehegatten **getrennt leben**; der eheliche Haushalt ist noch nicht endgültig aufgelöst. Gerade in diesem Stadium ist der Schutz des andern Ehegatten besonders erforderlich; so auch Ziege aaO; BayObLG FamRZ 1960, 157; 1965, 331 u 1980, 571; Saarbrücken OLG 67, 1 mit insoweit zustimmender Anm Lange JuS 1970, 500; Koblenz FamRZ 1991, 1302; dagegen Gernhuber/Coester-Waltjen, FamR § 35 III 4; er erstreckt sich aber nicht auf von einem Ehegatten nach der Trennung neu angeschaffte Sachen, da diese noch nie Bestandteil des ehelichen Haushalts waren. Die schwebend unwirksame Verfügung wird nicht mit Rechtskraft des Scheidungsurteils wirksam, BayObLG FamRZ 1980, 571; so aber Dölle, FamR I § 52 III 1 und Saarbrücken OLG 67, 1 mit insoweit ablehnender Anm Lange JuS 1970, 500, 503; so auch Hamm FamRZ 1972, 297 für den nach rechtskräftiger Scheidung bereits veräußerten Hausrat, für den allein eine Ausgleichszahlung nach § 8 III S 2 HausratsVO in Betracht komme; wie hier Pal/Brudermüller Rz 3; RGRK/Finke, § 1366 Rz 17. Zwar endet mit der Rechtskraft des Scheidungsurteils die Verfügungsbeschränkung. Spätere Verfügungen, auch solche, die eine erneute Vornahme schon während der Ehe getätigter darstellen, sind deshalb auch ohne Zustimmung wirksam, Bärmann AcP 157, 166. Der Schutzzweck der Vorschrift fordert aber, daß auch nach der Scheidung die vorher getroffenen Verfügungen schwebend unwirksam bleiben. Die dem übergangenen Ehegatten zur Verfügung stehenden einstweiligen Sicherungsmittel (§§ 13 HausratsVO, 620 I Nr 7 ZPO; zum Verhältnis dieser Maßnahmen vgl § 1361a Rz 6; § 1389, 1386) und das Recht, vor Eheauflösung den weggegebenen Gegenstand von dem Dritten herauszuverlangen (§ 1368), gingen andernfalls ins Leere. Würde die Verfügung mit Rechtskraft des Scheidungsurteils wirksam, so schiede in diesem Augenblick der Gegenstand aus dem Vermögen des verfügenden Ehegatten aus, die Sicherungsmöglichkeiten nach der HausratsVO könnten nicht eingreifen. Bis zur Eheauflösung kann andererseits der übergangene Ehegatte gute Gründe dafür haben, Schutzmaßnahmen noch nicht zu ergreifen, vgl dazu Lange JuS 1970, 500, 504. Auch wenn der andere Ehegatte nach der Scheidung frei verfügen kann, so sollte man deshalb dem während der Ehe übergangenen Ehegatten nicht die Chance nehmen, vor der erneuten Verfügung Schutzmaßnahmen zu treffen oder sich den Gegenstand im Hausratsverfahren zuweisen zu lassen, vgl auch § 1366 Rz 8.

7 **c)** § 1369 bezieht sich unmittelbar nur auf Rechtsgeschäfte eines Ehegatten über **ihm gehörende** Haushaltsgegenstände. Ein Ehegatte kann aber auch dem andern oder beiden gemeinschaftlich gehörende Gegenstände dieser Art nicht allein rechtswirksam veräußern oder belasten. Entweder ist der Dritte bösgläubig und erwirbt deshalb gemäß §§ 932ff (§ 935) keine Rechte, oder der Dritte nimmt gutgläubig an, daß sein Vertragsgegner Eigentümer bzw Alleineigentümer sei; dann geht er hinsichtlich des dem Verfügenden selbst gehörenden Anteils von dem durch das Gesetz mit der Rechtsfolge der Unwirksamkeit bedachten Sachverhalt aus und kann deshalb keine bessere Rechtsstellung erlangen (ebenso Dölle, FamR I, § 53 IV). Gibt ein Ehegatte sich dem Dritten gegenüber fälschlich als Alleineigentümer aus, so wird der Dritte zwar in seinem guten Glauben an das Eigentum des Veräußerers geschützt; die gesetzliche Verpflichtungs- und Verfügungsbeschränkung muß er aber gleichwohl gegen sich gelten lassen (vgl § 1364 Rz 1, 2). § 1369 ist daher **analog anwendbar**, wenn ein Ehegatte Haushaltsgegenstände veräußert, die dem **anderen Ehegatten gehören**; denn durch die Verfügungsbeschränkung soll die Lebensgrundlage der Familie erhalten bleiben; dieser Normzweck trifft aber die Verfügungsgeschäfte über Haushaltsgegenstände des anderen Ehegatten gehörende Haushaltsgegenstände, Gernhuber/Coester-Waltjen, FamR § 35 III 1; MüKo/Koch Rz 13; Köln MDR 1968, 586; Pal/Brudermüller Rz 1; Eichenhofer JZ 1988, 330; RGRK/Finke Rz 13; Staud/Thiele Rz 34ff, die nur die §§ 932ff anwenden wollen. Aber § 1369 verfolgt einen anderen Schutzzweck als §§ 932ff und stellt eine ergänzende Sonderregelung dar. So ist zB § 1369 II nicht in der Lage, die Erwerbshinderungsgründe der §§ 932ff auszuschließen; kommt daher ein Haushaltsgegenstand dem einen Ehegatten abhanden,

ist ein Rechtserwerb des Dritten stets ausgeschlossen; wie hier auch Baur/Stürner, SachenR, 17. Aufl (1999), § 51 E II 2. Wie andere, so verweist auch Baur darauf, daß im Regelfall wegen des Mitbesitzes beider Ehegatten an den Hausratsgegenständen § 935 den gutgläubigen Erwerb verhindert; er macht aber zusätzlich zutreffend darauf aufmerksam, daß § 935 weiter reicht als § 1369, weil der Makel des Abhandenkommens auch gegen nachfolgende Erwerber fortwirkt.

d) Der Dritte kann einseitige rechtsgeschäftliche Erklärungen in bezug auf Haushaltsgegenstände wirksam **8** allein gegenüber dem Ehegatten, der sein Vertragsgegner ist, abgeben, zB von einem Abzahlungsgeschäft zurücktreten. Der Ehegatte, der die Haushaltsgegenstände versichert hat, kann die Versicherung auch allein aufheben oder kündigen, weil er damit nicht über die Gegenstände selbst verfügt; er kann auch nach Eintritt eines Schadenfalles über die Versicherungssumme ohne Zustimmung des andern Ehegatten verfügen. Dingliche Surrogation gilt hier nicht; zustimmend Weimar aaO. Nicht geschützt ist ein Ehegatte auch dagegen, daß ein Gläubiger des andern in den diesem gehörenden pfändbaren Hausrat vollstreckt (so auch Ziege aaO); sein Besitz oder Gewahrsam steht der Vollstreckung nicht entgegen (vgl § 739 ZPO und § 1362 Rz 13, 15). – Fraglich ist das Verhältnis von § 1369 zu § 1357. ZT wird vertreten, daß Veräußerungsgeschäfte überhaupt nicht unter § 1357 fallen, MüKo/Wacke § 1357 Rz 25; dann stellt sich kein Konkurrenzverhältnis. Dem kann nicht gefolgt werden. Soweit solche Geschäfte zur angemessenen Deckung des Lebensbedarfs der Familie erfolgen, sind sie auch betroffen. § 1369 geht jedoch, soweit er von den Eheleuten nicht abbedungen ist, dann § 1357 vor; vgl auch BayObLG FamRZ 1980, 571; MüKo/Koch Rz 30.

4. Ersetzung der Zustimmung durch das VormG (Abs II). Wie bei Rechtsgeschäften über das Vermögen im **9** ganzen kann auch hier die Zustimmung des anderen Ehegatten durch das VormG ersetzt werden. Wann dieser einen ausreichenden Weigerungsgrund hat, ist nach Lage des Einzelfalles zu beurteilen. Eine Veräußerung von Haushaltsgegenständen ist im allgemeinen nur in Notfällen oder bei Entbehrlichkeit gerechtfertigt. Auch dann kann ein ausreichender Weigerungsgrund darin liegen, daß die Gegenleistung unangemessen niedrig ist oder die Besorgnis besteht, der Ehegatte werde den Erlös unsachgemäß verwenden. Es kommt bei der Prüfung des VormG nicht darauf an, ob das vorgenommene Rechtsgeschäft den Grundsätzen einer ordnungsgemäßen Verwaltung entspricht, sondern es ist zu prüfen, ob von dem Rechtsgeschäft nicht eine Schädigung des Familieninteresses zu besorgen ist; vgl BayObLG FamRZ 1960, 157; Dörr NJW 1989, 815 mwN. Im allgemeinen wird eine Veräußerung von Haushaltsgegenständen nur in Notfällen oder bei Entbehrlichkeit gerechtfertigt sein. Bei Krankheit oder Abwesenheit eines Ehegatten kann anders als in Fällen des § 1365 das VormG die Zustimmung auch ersetzen, ohne daß mit einem Aufschub Gefahr verbunden ist. Wegen des Verfahrens des VormG vgl § 1365 Rz 23.

5. Anwendung der §§ 1366 bis 1368 (Abs III). Die §§ 1366 bis 1368 sind entsprechend anzuwenden (vgl die **10** Bemerkungen zu diesen Vorschriften). Die Berufung auf die Unwirksamkeit des Geschäfts ist grundsätzlich unbefristet möglich. Hat ein Ehegatte aber innerhalb einer den Umständen nach angemessenen Frist die Unwirksamkeit gegenüber dem Dritten nicht geltend gemacht, obwohl das Geschäft bereits durch Übergabe erfüllt worden ist, so wird in diesem Verhalten häufig seine Zustimmung zu der Veräußerung zu erblicken sein, falls er nicht besondere Gründe anführen kann, die gegen diese Annahme sprechen, zB daß er von der Veräußerung oder Sicherungsübereignung bisher nichts wußte oder Schritte gegen diese noch nicht unternehmen konnte. Jedenfalls besteht das Bedürfnis, den Schwebezustand bei Verfügungen über Haushaltsgegenstände im Interesse des gutgläubigen Dritten nicht zu lange zu erstrecken. Anders als bei Rechtsgeschäften über das Vermögen im ganzen ist bei solchen über Haushaltsgegenstände der übergangene Ehegatte nur dann berechtigt, auf vorzeitigen Ausgleich des Zugewinns zu klagen, wenn die Voraussetzungen des § 1386 II Nr 2 iVm § 1375 (Schenkung, Verschwendung oder Benachteiligungsabsicht) vorliegen.

6. Auch die Beschränkung in bezug auf Haushaltsgegenstände kann von dem Ehegatten **durch Ehevertrag** **11** **ausgeschlossen** werden; ebenso Staud/Thiele Rz 75; sie gilt ohne weiteres nicht bei Gütertrennung und bei Gütergemeinschaft.

§ 1370 Ersatz von Haushaltsgegenständen

Haushaltsgegenstände, die an die Stelle von nicht mehr vorhandenen oder wertlos gewordenen Gegenständen angeschafft werden, werden Eigentum des Ehegatten, dem die nicht mehr vorhandenen oder wertlos gewordenen Gegenstände gehört haben.

1. Herkunft und Zweck der Vorschrift. Sie ist dem § 1382 aF nachgebildet und gibt wie dieser eine Auslegungsregel bei Ersatzanschaffungen von Haushaltsgegenständen, aber zugunsten beider Ehegatten. Die Ersetzung verschafft dasselbe Eigentum, das an der ersetzten Sache bestand, BayObLG FamRZ 1970, 32. Ohne Bedeutung ist, daß der Ersatzgegenstand einen wesentlich größeren Wert hat als der ersetzte. Es kommt auch nicht darauf an, mit wessen Mitteln die Gegenstände beschafft wurden und an wen der Veräußerer Eigentum übertragen hat, Baur/Stürner, SachenR, 17. Aufl (1999), § 51 E II 26. Die Vorschrift kann zu einem vorweggenommenen Ausgleich des Zugewinns zwischen den Ehegatten führen, wenn der eine seinen Zugewinn benutzt, um Ersatzanschaffungen zugunsten des andern vorzunehmen.

2. Begriff der Haushaltsgegenstände. Vgl § 1369 Rz 2ff. Ob eine Anschaffung anstelle eines früher vorhan- **2** den gewesenen oder wertlos gewordenen Stücks vorgenommen ist, muß großzügig beurteilt werden (zB Couch statt Sofa, Tisch mit sechs statt vier Stühlen), ebenso Nürnberg FamRZ 1964, 297 (Anbaumöbel statt Wohnzimmer); es darf sich aber nicht um der Art nach ganz andere Sachen handeln oder um eine viel größere Menge. Die Stücke müssen nicht mehr vorhanden oder wertlos geworden sein; dafür kann es entgegen der früher hM ausreichen, daß sie unmodern geworden sind oder aus sonstigen Gründen den Ehegatten nicht mehr genügen, so Nürn-

§ 1370 Familienrecht Bürgerliche Ehe

berg aaO (21 Jahre altes Wohnzimmer); Koblenz FamRZ 1994, 1255; LG Düsseldorf NJW 1972, 60 für die Neumöblierung einer neuen Wohnung bei erheblich größerem Wert der neu angeschafften Möbel; Staud/Thiele Rz 9; großzügig auch Soergel/H. Lange Rz 10 und schon Müller NJW 1947/1948, 42. Wertlosigkeit ist jedenfalls dann anzunehmen, wenn die Sachen nicht mehr geeignet sind, ihrem bestimmungsgemäßen Zweck im Haushalt zu dienen. Sind die Sachen in Verlust geraten, so ist die Vorschrift gleichfalls anwendbar. Etwaige Ersatzansprüche stehen dem Ehegatten zu, der die Neuanschaffung aus seinen Mitteln vornimmt; gegebenenfalls sind sie ihm von dem anderen Ehegatten abzutreten, da dieser nicht bereichert werden soll, ebenso Staud/Thiele Rz 19. Angeschafft iSd Vorschrift sind entgeltlich erworbene Gegenstände, nicht dagegen ererbte, Stuttgart FamRZ 1982, 485.

3   3. **Wirkung der Vorschrift.** Während grundsätzlich auch unter Ehegatten derjenige Eigentum erwirbt, der den hierauf gerichteten Willen hat, ist bei Ersatzanschaffungen für Haushaltsgegenstände eine besondere gesetzliche Auslegungsregel gegeben. Da die Ehegatten den Hausrat gemeinschaftlich benutzen, entspricht es regelmäßig ihrem vermutlichen Willen, daß als Ersatz angeschaffte Stücke demjenigen gehören sollen, dem die nicht mehr vorhandenen oder wertlos gewordenen Stücke gehört haben. Damit wird die Beurteilung der Rechtslage in solchen Fällen vereinfacht. Es kommt nicht darauf an, aus wessen Mitteln die Ersatzstücke angeschafft sind. Die Vorschrift kann dazu dienen, dem Gläubiger eines Ehegatten gegenüber die Vermutung des § 1362 zu widerlegen, s Nürnberg FamRZ 1964, 297. § 1370 gilt nicht bei Gütertrennung; auch bei dieser wird aber häufig ein entspr Wille der Ehegatten angenommen werden können. Es liegt ferner nahe, den bisherigen § 1382 über den 1. 4. 1953 hinaus bis zu seiner Ablösung durch § 1370 zugunsten beider Ehegatten anzuwenden.

4   4. **Kein zwingender Charakter der Vorschrift.** Es bleibt den Ehegatten unbenommen, im Einzelfall bei Anschaffung von Ersatzstücken eine andere Regelung zu vereinbaren. Es genügt hierzu aber nicht der Wille des Ehegatten, der die Anschaffung aus seinen Mitteln vornimmt, der andere muß damit einverstanden sein. Die Form des Ehevertrages ist nicht erforderlich, zust Gernhuber/Coester-Waltjen, FamR § 34 III; Staud/Thiele Rz 30. Der generelle Ausschluß des Surrogationserwerbs nach § 1370 bedarf jedoch der Form des Ehevertrages, zutr Gernhuber/Coester-Waltjen, FamR § 34 III 3; Staud/Thiele Rz 30. Wegen § 137 ist jedoch eine vertragliche Erweiterung der Verfügungsbeschränkung über den Kreis der Haushaltsgegenstände hinaus nicht möglich, vgl Buschendorf, Die Grenzen der Vertragsfreiheit im Ehevermögensrecht, 106, 311ff.

1371 *Zugewinnausgleich im Todesfall*
(1) **Wird der Güterstand durch den Tod eines Ehegatten beendet, so wird der Ausgleich des Zugewinns dadurch verwirklicht, dass sich der gesetzliche Erbteil des überlebenden Ehegatten um ein Viertel der Erbschaft erhöht; hierbei ist unerheblich, ob die Ehegatten im einzelnen Fall einen Zugewinn erzielt haben.**
(2) **Wird der überlebende Ehegatte nicht Erbe und steht ihm auch kein Vermächtnis zu, so kann er Ausgleich des Zugewinns nach den Vorschriften der §§ 1373 bis 1383, 1390 verlangen; der Pflichtteil des überlebenden Ehegatten oder eines anderen Pflichtteilsberechtigten bestimmt sich in diesem Falle nach dem nicht erhöhten gesetzlichen Erbteil des Ehegatten.**
(3) **Schlägt der überlebende Ehegatte die Erbschaft aus, so kann er neben dem Ausgleich des Zugewinns den Pflichtteil auch dann verlangen, wenn dieser ihm nach den erbrechtlichen Bestimmungen nicht zustünde; dies gilt nicht, wenn er durch Vertrag mit seinem Ehegatten auf sein gesetzliches Erbrecht oder sein Pflichtteilsrecht verzichtet hat.**
(4) **Sind erbberechtigte Abkömmlinge des verstorbenen Ehegatten, welche nicht aus der durch den Tod dieses Ehegatten aufgelösten Ehe stammen, vorhanden, so ist der überlebende Ehegatte verpflichtet, diesen Abkömmlingen, wenn und soweit sie dessen bedürfen, die Mittel zu einer angemessenen Ausbildung aus dem nach Absatz 1 zusätzlich gewährten Viertel zu gewähren.**

1   **Schrifttum:** *Bartholomeyczik* in Erman, Gleichberechtigungsgesetz (Nebenband) 1958, §§ 1931, 2303; *Benthin*, Probleme der Zugewinngemeinschaft heute, FamRZ 1982, 338; *Blechschmidt*, Zur Stellung des überlebenden Ehegatten und der gemeinsamen ehelichen Abkömmlinge im gesetzlichen Güterstand der Zugewinngemeinschaft, Diss Bonn 1969; *Boehmer*, Zur Auslegung des § 1371 Abs 1–3 neuer Fassung BGB, NJW 1958, 524; zu § 1371 IV FamRZ 1961, 41ff; *Boerger*, Eheliches Güterrecht, 1989; *Buchholz*, Gestaltungsprobleme des Ehegattenerbrechts: Teilungs- oder Nutzungsprinzip, MDR 1990, 375; *Diederichsen*, Vermögensauseinandersetzung bei der Ehescheidung, 6. Aufl 1997; *Gernhuber*, Geld und Güter beim Zugewinnausgleich, FamRZ 1984, 1053; *Johannsen*, Erbrechtliche Auswirkungen des § 1371 Abs I–III BGB, FamRZ 1961, 17; *ders*, „Ansprüche der Stiefkinder gegen den überlebenden Ehegatten nach § 1371 IV BGB", FamRZ 1961, 163; *Lange*, NJW 1957, 1381; 1958, 288; 1965, 369; *Hermann Lange*, Anm zu BGH 61, 385, JZ 1974, 295; *Lenzen*, Der Zugewinnausgleich bei Gesellschaftsbeteiligungen, BB 1974, 1050; *Odersky*, Die Erbquoten des Ehegatten und der Kinder in den Fällen des § 1931 IV BGB, Rpfleger 1973, 239; *v Olshausen*, Die Konkurrenz von Güterrecht und Erbrecht bei Auflösung der Zugewinngemeinschaft durch Tod eines Ehegatten, Diss Kiel 1968; *ders*, Zugewinnausgleich und Pflichtteil bei Erbschaftsausschlagung durch einen von mehreren Erbeserben des überlebenden Ehegatten?, FamRZ 1976, 678; *ders*, Probleme des Zugewinnausgleichs nach der neuen Höfeordnung, FamRZ 1977, 361; *ders*, Gesetzliches Ehegattenerbrecht neben Großeltern und deren Abkömmlingen im Güterstand der Zugewinngemeinschaft, FamRZ 1981, 633; *Ott/Ott*, Pflichtteilsrecht bei vollständigem Ausschluß erblicher Erbfolge in Personengesellschaften, BWNotZ 1973, 54; *Schwab*, Ehegattenpflichtteil und Zugewinnausgleich, JuS 1965, 432; *ders*, Neue Rechtsprechung zum Zugewinnausgleich, FamRZ 1984, 429; 525; *Thiele*, FamRZ 1958, 393; *Tiedtke*, Rechtsprechung des Bundesgerichtshofs zum ehelichen Güterrecht seit dem 1. Januar 1978, JZ 1984, 1018; 1078; *Werner*, Zugewinnausgleich bei gleichzeitigem Tod der Ehegatten, FamRZ 1976, 249; *ders*, Werterhöhung als ausgleichspflichtiger Zugewinn und erbrechtlicher Vorempfang?, DNotZ 1978, 66.

2   1. **Zur Systematik der Erläuterungen.** Bei den Vorschriften des § 1371 handelt es sich, abgesehen von der in Abs II Hs 1, um erbrechtliche, nicht um güterrechtliche Regelungen, wenn sie auch durch güterrechtliche Erwä-

gungen motiviert sind. Vgl hierzu § 1931 Rz 28. Soweit diese Vorschriften daher das Erbrecht betreffen, sind sie im systematischen Zusammenhang des gesamten Ehegatten- und Verwandtenerbrechts unter § 1931 Rz 20ff erläutert, soweit sie das Pflichtteilsrecht des Ehegatten und der Verwandten angehen, im systematischen Zusammenhang des gesamten Pflichtteilsrechts unter § 2303 Rz 6ff. Auf die Erläuterungen dort wird verwiesen. Nur soweit es sich um besondere Regelungen, wie etwa in Abs IV, oder um Fragen des Zusammenhangs zwischen dem Ehegüterrecht, dem Erbrecht und Pflichtteilsrecht der Ehegatten und Verwandten handelt, sind sie in den Bemerkungen zu § 1371 erläutert. Überschneidungen haben sich dabei wegen der eigenartigen rechtlichen Verzahnung dieser Materien nicht vermeiden lassen.

2. Rechtstatsächliche Bedeutung des § 1371. Schon Finke (Erman, GleichberG, § 1371 Anm 1) hat die Vorschrift des § 1371 zutreffend die bedeutendste des neuen gesetzlichen Güterrechts genannt. Hat die Zugewinngemeinschaft nach ihrer gesetzlichen Regelung ihren Schwerpunkt in der gleichberechtigten Beteiligung der Ehegatten beim Zugewinnausgleich, so soll dieser sich nach dem Willen des Gesetzgebers in der Mehrzahl der Fälle, in denen nämlich eine Ehe mit dem Güterstand der Zugewinngemeinschaft durch den Tod des einen Ehegatten aufgelöst wird, durch eine Verbesserung der erbrechtlichen Beteiligung des überlebenden am Nachlaß des vorverstorbenen Ehegatten ausgleichen. 3

3. Der **rechtspolitische Zweck des § 1371 in der Vorstellung des „Gesetzgebers"** ist vor allem im Bericht des Rechtsausschusses des Bundestages festgehalten worden (BT-Drucks Nr 3409, 14ff): Wenn der Güterstand der Zugewinngemeinschaft aus anderen Gründen als durch den Tod eines Ehegatten, vor allem durch Scheidung der Ehe beendet wird, können und müssen die Schwierigkeiten, die sich häufig bei Berechnung des Zugewinns ergeben, hingenommen werden. Beide Ehegatten leben noch und sind in der Lage, zur Klärung des Sachverhalts beizutragen. Ein Streit zwischen ihnen über die vermögensrechtliche Auseinandersetzung ist nach Scheidung der Ehe oder auch nach Zerrüttung der ehelichen Verhältnisse ohnehin häufig unvermeidbar. Im übrigen hat die Ehe in diesen Fällen meist eine kürzere Zeit bestanden, so daß leichter festgestellt werden kann, welchen Bestand und Wert das Vermögen der Ehegatten bei Beginn des Güterstandes gehabt hat. Wird die Ehe aber durch den Tod eines Ehegatten aufgelöst, so hat sie nicht selten mehrere Jahrzehnte bestanden. Die Ermittlungen zur Berechnung des Zugewinns sind dann oft erheblich schwieriger, zumal der eine Ehegatte nicht mehr lebt. Die Vermögensverhältnisse der Ehegatten haben sich bei längerer Dauer der Ehe vielfach erheblich geändert, insbesondere auch die Bewertungsmaßstäbe infolge Änderung des Geldwertes. Es bestände nicht selten die Gefahr, daß, nachdem die Ehegatten bis zu ihrem Tode einträchtig zusammen gelebt haben, nunmehr wegen des Ausgleichs des Zugewinns zwischen dem überlebenden Ehegatten und den anderen Erben des Verstorbenen – meist den gemeinschaftlichen Kindern – Streitigkeiten entständen. Rechtsstreitigkeiten zwischen Eltern und Kindern sind aber besonders unerfreulich und unerwünscht. Weitere Schwierigkeiten ergäben sich, wenn die Kinder noch minderjährig sind und daher ihre Interessen noch nicht selbst vertreten können. Es bietet sich nun bei Beendigung der Ehe durch den Tod eines Ehegatten eine einfachere Möglichkeit, dem überlebenden Ehegatten einen Anteil an dem vom Verstorbenen erzielten Zugewinn zukommen zu lassen, nämlich durch Erhöhung seiner erbrechtlichen Beteiligung am Nachlaß. Der Überlebende erhält hierbei statt einer grundsätzlich auf Geldzahlung gerichteten Ausgleichsforderung einen zusätzlichen dinglichen Anteil am Nachlaß. Ein Grund zu Meinungsverschiedenheiten zwischen ihm und den anderen Erben des Verstorbenen entfällt in den meisten Fällen, weil die Erbteile eindeutig bestimmt sind. 4

Ist diese Überlegung insoweit verständlich, so wird jedoch der Bruch unverständlich, der sich in § 1371 I Hs 2 vollzieht, denn die erbrechtliche Beteiligung des überlebenden Ehegatten soll sich auch erhöhen, wenn er keinen Zugewinn gemacht hat, wenn er umgekehrt den Kindern des verstorbenen Ehegatten ausgleichspflichtig gewesen wäre, so daß in zahllosen Fällen der Anspruch auf den Zugewinn verkehrt abgegolten wird. Unverständlich ist auch, daß die Rechtssicherheit, der dieser erbrechtliche „Ausgleich des Zugewinns" dienen soll, wieder dadurch aufgehoben werden kann, daß der überlebende Ehegatte sich den güterrechtlichen Anspruch auf den Ausgleich des Zugewinns dadurch verschafft, daß er Erbrecht und zugewandtes Vermächtnis nach § 1371 III ausschlägt, während die Kinder des verstorbenen Ehegatten nicht das Wahlrecht haben, wenn der überlebende Ehegatte nach Güterrecht ausgleichspflichtig gewesen wäre.

Der Kritik hält der Gesetzgeber Bedenken entgegen, daß dem Erblasser die Testierfreiheit unverändert erhalten geblieben sei. Unbilligen oder unerwünschten Ergebnissen müsse dieser im Einzelfall durch Verfügungen von Todes wegen vorbeugen. Der überlebende Ehegatte aber werde gegenüber einer unangemessenen Benachteiligung durch Verfügungen von Todes wegen des Erblassers dadurch geschützt, daß er uU anstelle seiner erbrechtlichen Beteiligung am Nachlaß die Ausgleichsforderung geltend machen könne.

4. Die rechtspolitische Bewertung des erbrechtlichen „Zugewinnausgleichs"

a) Der Überlebende hat die Wahl zwischen dem großen Erbteil einerseits, dem Zugewinnausgleich mit kleinem Pflichtteil andererseits, § 1371 II und III. Er ist daher gezwungen, den wirtschaftlichen Unterschied zwischen beiden Fällen zu errechnen. Die Schwierigkeit ist daher nicht beseitigt, sondern nur an eine andere Stelle verschoben. Sie vergrößert sich durch die kurze Ausschlagungsfrist, in welcher der überlebende Ehegatte zu wählen hat, § 1944 I. Wählt er den Zugewinnausgleich, so ist auch die Streitsituation nicht vermieden. 5

b) Der Zugewinnausgleich, der als Kernstück des neuen gesetzlichen Güterstandes diesem den Namen gegeben hat, ist auf die Fälle beschränkt, in denen Ehe und Güterstand regelwidrig aufgelöst werden, wenn zB die Ehe aufgehoben, geschieden oder durch Wiederverheiratung aufgelöst oder wenn auf vorzeitigen Ausgleich des Zugewinns geklagt wird, §§ 1385, 1386. Für die normale Ehe ohne Gütervertrag besteht daher praktisch „Gütertrennung mit einigen Verfügungsbeschränkungen und einem gesteigerten Erbrecht". Vgl Lüderitz, FamR § 14 II–IV. 6

c) Die erbrechtliche Lösung behandelt gleichartige Fälle ungleichartig. Sie ist zu sehr auf die verwitwete Frau eingestellt und benachteiligt zu ihren Gunsten die Kinder, vor allem die einseitigen Kinder des Mannes, obwohl er 7

§ 1371 Familienrecht Bürgerliche Ehe

häufig den größeren Zugewinn gemacht hat. Sie nehmen nur mit dem durch den höheren Erbteil des überlebenden Ehegatten verminderten Erbteil am Zugewinn teil und sind eigentlich, wenn man das Gesetz (§ 1371 I Hs 1) beim Worte nimmt, von ihm ganz ausgeschlossen. Faktisch wird die hohe Beteiligung des Ehegatten den Zugewinn oft aufzehren, wenn nicht übersteigen. Dabei ist zu berücksichtigen, daß der überlebende Ehegatte nunmehr auch neben Kindern den Voraus erhält, § 1932 I S 2. Die überlebende Frau ist zudem meist durch Ansprüche auf eine Pension, eine Sozialversicherungsrente oder eine Lebensversicherungssumme oder -rente gesichert.

8   d) Die „pauschale Abgeltung" des Zugewinnausgleichs ist vor allem rechtsethisch sehr bedenklich. Weil sie für einige Erbfälle tatsächlich die Gleichberechtigung verwirklicht, nimmt sie bewußt in Kauf, andere Fälle, die ihrer Zahl nach weit überwiegen, ohne Durchführung der Gleichberechtigung und damit ungleichartig zu regeln. Kinder, die durch den großen Erbteil des überlebenden Ehegatten zurückgesetzt sind, werden es nicht verstehen, daß sie ihre Zurücksetzung nur deshalb dulden müssen, weil sie damit pauschal auf etwas verzichten, was andere zu viel erhalten. Die gerechte Regelung des Einzelfalles als rechtsethisches Prinzip eines Gesetzes ist durch sachfremde Erwägungen getrübt.

9   e) Die erbrechtliche Regelung bewahrt allerdings den Nachlaß, der oft schon mit fälligen Geldschulden aus Pflichtteilsrechten beschwert ist, in den Fällen, in denen sie den überlebenden Ehegatten besser stellt als Ausgleichsforderung und kleiner Pflichtteil es tun würden, vor der zusätzlichen Beschwerung mit einer ehegüterrechtlichen Ausgleichsforderung in Geld. Damit hat der Gesetzgeber eine weitere Quelle für eine ungesunde und untragbare Überschuldung der Grund- und Gewerbevermögen beseitigt. Doch diese Gefahren konnten auf andere Weise abgewandt werden, vgl § 1931 Rz 33 mN.

5. Die Mängel des Gesetzestextes

10   Auch die textliche Fassung des § 1371 hat vielfach berechtigte Kritik erfahren, vgl im einzelnen die 6. Aufl Rz 14–19. Besonders folgenschwer ist, daß in der Formulierung des Abs II Hs 2 unklar geblieben ist, worauf sich die Worte „in diesem Falle" beziehen sollen, auf den Fall, daß der überlebende Ehegatte den Ausgleich des Zugewinns verlangen kann oder auf den Fall, daß er Ausgleich des Zugewinns verlangt. Diese vermeidbare Unklarheit hat zu der Kontroverse in der Frage geführt, ob der überlebende Ehegatte auch unter den Voraussetzungen der güterrechtlichen Lösung, so daß er also weder Erbe noch eingesetzter Vermächtnisnehmer ist, ein Wahlrecht zwischen dem kleinen Pflichtteil mit Zugewinnausgleichsforderung und dem großen Pflichtteil ohne Zugewinnausgleichsforderung hat. Vgl hierzu die ausführliche Stellungnahme unter § 2303 Rz 12ff.

Daß auch die vollständige Ausschlagung dem verwitweten Ehegatten nur den kleinen Pflichtteil verschafft, ist wiederum in der gesetzestechnischen Formulierung schlecht zum Ausdruck gekommen. Da die Ausschlagung auf den Erbfall zurückwirkt, fällt sie so unter § 1371 II, daß Abs III nur ein Unterfall des Abs II sein kann. Schon deswegen gehört der selbständige Abs III richtiger als Satz 2 in den Abs II. Immerhin läßt sich dieser Fehler in dem systematischen Zusammenhang für die Erkenntnis der rechtspolitischen Zwecksetzung korrigieren und aus dem Zusammenhang der beiden Abs II und III der Schluß ziehen, daß der verwitwete Ehegatte auch unter den Voraussetzungen der §§ 2306 I S 2, 2307 I S 1 nur den kleinen Pflichtteil geltend machen kann. Näheres unter § 2303 Rz 15–17.

Zum mindesten mißverständlich sind auch die Formulierungen in §§ 1931 III u 2303 II S 2: „Die Vorschriften des § 1371 bleiben unberührt". Sie erwecken den Eindruck, als habe der Gesetzgeber damit gesagt, daß erbrechtliche Bestimmungen nicht in das Familienrecht eingreifen, während tatsächlich umgekehrt § 1371 erbrechtliche Regelungen enthält, die sich nicht nur unter den Ehegatten auswirken, sondern die auch das gesetzliche Erb- und Pflichtteilsrecht der Verwandten wesentlich verändert haben; s dazu BGH NJW 1962, 1719 und unten zu § 2303. Daher meint Heinrich Lehmann mit Recht, § 1931 III hätte besser heißen sollen: „Bei der Zugewinngemeinschaft finden auf das gesetzliche Erbrecht des überlebenden Ehegatten die Sonderbestimmungen des § 1371 Anwendung." Dann käme klar zum Ausdruck, daß es sich bei § 1371 I um eine erbrechtliche, nicht um eine güterrechtliche Regelung handelt, Staud 10./11. Aufl § 1931 Nachtrag Anm 1.

6. Keine Anrechnung von Zuwendungen, die der Erblasser dem überlebenden Ehegatten während der Ehe gemacht hat

11   Solche Zuwendungen können unter den Voraussetzungen des § 1380 auf die Ausgleichsforderung, nicht aber auf den erhöhten Erbteil angerechnet werden. Die Anrechnung von Vorempfängen nach §§ 2050ff ist nur unter Abkömmlingen vorgesehen, weil bei ihnen der vermutliche Wille des Erblassers dahingeht, sie gleich zu behandeln. Durch eine Anrechnung von Zuwendungen an den Ehegatten auf dessen erhöhten gesetzlichen Erbteil würde der Hauptvorteil der erbrechtlichen Lösung, zu klaren und eindeutigen Ergebnissen zu führen, erheblich beeinträchtigt, ebenso Dölle, FamR I § 55 II 1. Die Anrechnung kraft Gesetzes würde auch in vielen Fällen wohl nicht dem vermutlichen Willen des Erblassers entsprechen. Ein Ehegatte, der die Anrechnung für den Fall des Zugewinnausgleichs nach Scheidung der Ehe will, wünscht sie deshalb noch lange nicht, wenn die Ehe bis zu seinem Tode fortbesteht. Im übrigen hat der Erblasser die Möglichkeit, wenn er die Anrechnung will, diesen Willen durch Verfügung von Todes wegen zum Ausdruck zu bringen, indem er den Erbteil seines Ehegatten entsprechend kürzt, vgl dazu auch Maßfeller DB 1957, 626. Der Erblasser kann auch bei einer Zuwendung unter Lebenden bestimmen, daß diese seinem Ehegatten auf den Pflichtteil angerechnet wird (§ 2315). Schlägt der Ehegatte die Erbschaft aus und macht er seine Ausgleichsforderung geltend, so werden Zuwendungen des Erblassers nach § 1380 auf diese angerechnet. Vgl iü zur Rechtsgestalt des erhöhten Ehegattenerbteils § 1931 Rz 28.

7. Inhalt der Vorschrift

12   a) Abs I enthält die **erbrechtliche Lösung** bei Beendigung des gesetzlichen Güterstands durch Tod eines Ehegatten. Der Ausgleich des Zugewinns erfolgt durch pauschale **Erhöhung des Erbteils** des überlebenden Ehegatten

um ein Viertel der Erbschaft. Ob der Verstorbene tatsächlich einen Zugewinn erwirtschaftet hatte und ob dieser den Zugewinn des Überlebenden übersteigt, ist nach Abs I Hs 2 unerheblich.

b) Ein Zugewinnausgleich findet nach der **güterrechtlichen Lösung** des Abs II nur statt, wenn der überlebende Ehegatte weder gesetzlicher noch testamentarischer Erbe des Verstorbenen wird noch mit einem Vermächtnis bedacht wird (dies gilt nach AG Tecklenburg FamRZ 1997, 1013 auch bei geringwertigem Vermächtnis). **aa)** Der **Ausschluß von der Erbfolge** kann nach § 1937 durch Verfügung von Todes wegen erfolgen, ist in der Regel aber auch gegeben, wenn der überlebende Ehegatte auf den Pflichtteil (§ 2304) gesetzt wurde.
bb) Die **Ausschlagung der Erbschaft und der zugewandten Vermächtnisse.** Der überlebende Ehegatte kann aber auch selbst durch Ausschlagung der Erbschaft oder eines ihm zugewandten Vermächtnisses oder beider zusammen die Rechtslage herbeiführen, daß er nicht Erbe oder Vermächtnisnehmer wird. Früher hatte er Anlaß zu einer Ausschlagung im allgemeinen nur, wenn etwa der Nachlaß überschuldet war oder wenn er das ihm Zugedachte anderen zukommen lassen wollte. Heute kann die Ausschlagung ihm auch die Möglichkeit eröffnen, statt der erbrechtlichen Beteiligung am Nachlaß seine Ausgleichsforderung geltend zu machen. Er hat Grund zur Ausschlagung in der Regel nur, wenn er die ihm zugedachte erbrechtliche Beteiligung für unzureichend hält. Hat er während der Dauer des Güterstandes selbst keinen Zugewinn erzielt, der Erblasser aber sein ganzes Vermögen während des Güterstandes erworben, so beträgt die Ausgleichsforderung die Hälfte des Nachlaßwertes nach Abzug der Nachlaßverbindlichkeiten (§§ 1373, 1374, 1378). Hat der Erblasser aber sein Vermögen durch Handlungen vermindert, die nach § 1375 II zur Folge haben, daß der Wert der Vermögensminderung seinem Endvermögen hinzuzurechnen ist, so kann der überlebende Ehegatte unter Umständen mit seiner Ausgleichsforderung noch mehr als die Hälfte des Nachlasses in Anspruch nehmen. Er kann also auch dann ein Interesse an der Ausschlagung der Erbschaft haben, wenn er gesetzlicher Erbe zu ½ oder ¾ würde. Allerdings gibt er damit seine dingliche Beteiligung am Nachlaß gegen die auf eine Geldzahlung gerichtete Ausgleichsforderung preis. Andererseits entzieht er sich damit der Bindung innerhalb der Erbengemeinschaft und der Haftung für die Nachlaßverbindlichkeiten. Er muß sich also entscheiden, ob er den gesetzlichen Erbteil oder die ihm durch Verfügung von Todes wegen zugedachte Beteiligung am Nachlaß annimmt oder ob er unter Verzicht auf diese Ausgleich des Zugewinns verlangen will. Für die Ausschlagung gelten unverändert die §§ 1942ff. Insbesondere kann die Ausschlagung nach § 1950, von den Ausnahmefällen des § 1951 abgesehen, nicht auf einen Teil der Erbschaft beschränkt werden. Soweit der überlebende Ehegatte gesetzlicher oder eingesetzter Erbe ist, muß er die Entscheidung innerhalb der gesetzlichen Ausschlagungsfrist treffen, die nach § 1944 im Regelfall sechs Wochen beträgt. Bei Vermächtnissen besteht zwar keine Ausschlagungsfrist; das Vermächtnis kann aber nicht mehr ausgeschlagen werden, wenn es bereits angenommen ist, § 2180. Diese Regelung schafft im allgemeinen binnen kurzer Frist klare Verhältnisse. Der von Lange (NJW 1957, 1382) angenommene Fall, daß der überlebende Ehegatte zum Nacherben eingesetzt ist, dürfte höchst selten sein. Nach Ablauf der Frist steht fest, ob der überlebende Ehegatte Erbe oder Vermächtnisnehmer wird oder ob er Ausgleich des Zugewinns verlangen kann. Seine Ausgleichsforderung verjährt allerdings erst in drei Jahren (§ 1378 IV). Die Entscheidung kann in gewissen Fällen für ihn schwierig sein, insbesondere wenn er die Höhe der für ihn in Betracht kommenden Ausgleichsforderung nicht übersehen kann, vgl dazu Lange aaO S 1383, oder wenn er etwa die ganze oder einen großen Teil der Erbschaft als Vorerbe eingesetzt ist, der Nacherbfall aber auch für den Fall seiner Wiederverheiratung eintreten soll. Läßt er in diesem Fall die Ausschlagungsfrist ungenutzt verstreichen, so muß er, wenn er sich wiederverheiratet, die Erbschaft an den Nacherben herausgeben, ohne noch seine Ausgleichsforderung geltend machen zu können. In keinem Falle kann er, wenn er die erbrechtliche Beteiligung am Nachlaß annimmt, sei sie auch noch so gering oder durch Anordnung einer Nacherbschaft, Einsetzung eines Testamentsvollstreckers, durch Teilungsanordnungen oder ihn belastende Vermächtnisse beschränkt, daneben Ausgleich des Zugewinns beanspruchen. Das Gesetz sieht nicht vor, daß er das ihm erbrechtlich Zugewandte behalten und daneben etwa die Ausgleichsforderung noch zum Teil geltend machen kann. Wäre das zulässig, so könnte der Wille des Erblassers weitgehend vereitelt werden. Dieser müßte immer damit rechnen, daß sein Ehegatte neben seiner Beteiligung am Nachlaß noch zusätzlich den Bestand des Nachlasses durch Geltendmachung einer Ausgleichsforderung in Anspruch nehmen werde. Der Erblasser soll aber damit rechnen können, daß sein Ehegatte entweder den ihm zugedachten Teil der Erbschaft oder die Ausgleichsforderung hinnimmt, oder zwar seine Ausgleichsforderung geltend macht, dann aber zunächst die Erbschaft oder ein ihm ausgesetztes Vermächtnis ausschlagen muß. Der Erblasser könnte das auch dadurch erreichen, daß er seinen Ehegatten für den Fall, daß dieser die Ausgleichsforderung geltend macht, enterbt. Indem das Gesetz selbst die gekennzeichnete Regelung trifft, erspart es dem Erblasser die Peinlichkeit, eine solche Anordnung treffen zu müssen. Die Verweisung auf den Pflichtteil kann Enterbung sein. Im Zweifel ist sie reale Erbeinsetzung, § 2304. Auch wenn der Erblasser seinen Ehegatten auf den Bruchteil berufen hat, der dem kleinen Pflichtteil entspricht, liegt hierin die schlüssige Enterbung. Der überlebende Ehegatte hat kein Recht, den güterrechtlichen Ausgleich zu verlangen, Bohnen NJW 1970, 1531. Näheres bei § 2304 Rz 3. Solange das Ausschlagungsrecht nicht durch Fristablauf oder Annahme der Erbschaft erloschen ist, geht es mit dem Tod des letztversterbenden Ehegatten auf dessen Erben über. Zu den Problemen, die sich sodann bei einer Teilung des Ausschlagungsrechts unter mehreren Erben (§ 1952 III) ergeben, vgl v Olshausen FamRZ 1976, 678. Zur Problematik des Zugewinnausgleichs beim gleichzeitigen Tod beider Ehegatten vgl § 1372 Rz 2.

8. Geltendmachung der Ausgleichsforderung

Wenn der überlebende Ehegatte aus einem der vorerörterten Gründe nicht Erbe oder Vermächtnisnehmer wird, kann er Ausgleich des Zugewinns im wesentlichen nach den gleichen Vorschriften verlangen, die gelten, wenn der Güterstand aus einem anderen Grunde als durch den Tod beendet wird. Die Ausgleichsforderung richtet sich in diesem Fall gegen die Erben des Verstorbenen. Sie ist eine Nachlaßverbindlichkeit und steht als solche den übrigen Nachlaßverbindlichkeiten gleich, geht aber den Verbindlichkeiten aus Pflichtteilen, Vermächtnissen und Auflagen im Range vor (§ 1991 IV iVm § 327 I Nr 1 und 2 InsO), so die hM zu dem entsprechenden § 226 II Nr 4–6 KO, vgl Pal/Brudermüller Rz 15; Soergel/H. Lange Rz 26; Staud/Thiele Rz 69 mwN. Um den Betrag der Ausgleichsforderung mindert sich der für die Berechtigten von Pflichtteilsansprüchen maßgebende Nachlaßwert. Vermächtnisse und Auflagen stehen der Ausgleichsforderung ebenso wie dem Pflichtteilsanspruch im Range nach. Im übrigen gelten die §§ 1373 bis 1383, 1390. Nach § 1378 IV S 3 gilt § 2332 III entsprechend; die Verjährung der Ausgleichsforderung wird nicht dadurch gehemmt, daß sie erst nach Ausschlagung der Erbschaft oder des Vermächtnisses geltend gemacht werden kann. Die Erben treten hinsichtlich des Rechts und der Pflicht aus § 1379 (Auskunft über den Bestand des Endvermögens) an Stelle des verstorbenen Ehegatten. Die Erben können auch verlangen, daß Zuwendungen des Erblassers an seinen Ehegatten diesem auf die Ausgleichsforderung angerechnet werden (§ 1380). Sie können ein Leistungsverweigerungsrecht wegen grober Unbilligkeit geltend machen (§ 1381), ferner um Stundung nachsuchen (§ 1382). Andererseits kann der überlebende Ehegatte auch ihnen gegenüber den Antrag stellen, daß die Ausgleichsforderung statt durch Geldzahlung durch Übertragung anderer Vermögensgegenstände erfüllt wird (§ 1383). Auch § 1390, der Ansprüche gegen Dritte gibt, ist anwendbar; vgl insbesondere Abs III S 2. Die §§ 1384 bis 1389 sind gegenstandslos, wenn der Güterstand durch den Tod eines Ehegatten beendet wird. Daher sind sie in § 1371 II Hs 1 nicht aufgeführt. Zur entsprechenden Anwendung von § 1384, wenn zum Zeitpunkt des Todes bereits ein Scheidungsverfahren rechtshängig ist, vgl § 1384 Rz 2. Daß der überlebende Ehegatte seine Ausgleichsforderung geltend macht, kann der Erblasser nur dadurch verhindern, daß er durch Ehevertrag mit diesem den Ausgleich des Zugewinns allgemein oder nach dem Tode eines Ehegatten ausschließt. Ein formloser oder nur privatschriftlicher Verzicht eines Ehegatten auf die Ausgleichsforderung ist vor deren Entstehung mit Beendigung des Güterstandes nicht möglich (vgl § 1378 Rz 8). Möglich ist auch eine ehevertragliche Regelung, die den Zugewinnausgleich neben dem Erbrecht vereinbart, Staud/Thiele Rz 137; hingegen bedarf die Veränderung der Erbquote einer letztwilligen Verfügung, wobei wiederum Konversion denkbar ist.

9. Pflichtteilsregelung in den Fällen des Abs II

14 Die Erhöhung des gesetzlichen Erbteils soll den Anspruch des überlebenden Ehegatten auf den Ausgleich des Zugewinns „abgelten". Macht dieser aber die Ausgleichsforderung geltend, so besteht kein gerechtfertigter Anlaß, daneben seine erbrechtlichen Ansprüche zu verbessern. Deshalb bestimmt sich in diesem Falle nach Abs II Hs 2 der Pflichtteil des überlebenden Ehegatten nach dem nicht erhöhten gesetzlichen Erbteil. Die Pflichtteilsansprüche von Abkömmlingen oder Eltern sind dann entsprechend höher. Es bleibt in diesen Fällen bei der bisherigen Regelung der Pflichtteile. Die Erhöhung des Pflichtteils des Ehegatten unterbleibt nicht nur dann, wenn er tatsächlich eine Ausgleichsforderung hat und diese geltend macht, sondern in allen Fällen des Abs II, wenn er nicht Erbe oder Vermächtnisnehmer wird. Es kommt nur darauf an, daß er – abstrakt gesehen – die Möglichkeit hat, Ausgleich des Zugewinns nach Abs II zu verlangen. Der Ehegatte, der weder Erbe noch Vermächtnisnehmer ist, hat also kein Wahlrecht zwischen der Geltendmachung des Ausgleichsanspruchs mit kleinem Pflichtteil nach Abs II oder dem Verzicht auf Zugewinn mit großem Pflichtteil nach Abs I; er ist stets auf die Ansprüche aus Abs II angewiesen, BGH 42; 182 mwN; Gernhuber/Coester-Waltjen, FamR § 37 III 4; Staud/Thiele Rz 62; Dölle, FamR I § 56 II 3; aA vor allem Lange NJW 1958, 288 und – als Epilog – NJW 1965, 369; kritisch zu BGH 42, 182 Schwab JuS 1965, 432. Vgl Bohnen, Auswirkungen des gesetzlichen Güterstandes der Zugewinngemeinschaft auf Pflichtteilsrechte und pflichtteilsrechtliche Verfügungen von Todes wegen, Diss Marburg 1969. Bosch FamRZ 1972, 171f tritt für eine Wahlmöglichkeit des enterbten überlebenden Ehegatten ein wegen der Fernwirkung des § 1931 IV auf die Erbrechtslage bei der Zugewinngemeinschaft in den Fällen des § 1371 II u III, die darin besteht, daß entweder „kleiner Pflichtteil" mit Ausgleich oder der Pflichtteil gewählt wird, der ebenso hoch ist, wie er bei der Gütertrennung sein würde; die ohne die Wahlmöglichkeit bestehende Schlechterstellung könne nicht dem Gesamtplan des Gesetzes entsprechen.

Die Frage, die der BGH offengelassen hat, ob der Ehegatte, der mit einem nur geringfügigen Vermächtnis bedacht worden ist, der Regelung des Abs II zu unterwerfen sei, also nicht den großen, sondern den kleinen Pflichtteil erhalte, wird von Reinicke DB 1965, 1354 im Interesse der Rechtsklarheit mit Recht verneint; er kann den (großen) Zusatzpflichtteil (§ 2305) geltend machen; vgl Gernhuber/Coester-Waltjen, FamR § 37 II 1; s auch § 2303 Rz 24ff. Ob die überlebende Ehegatte die Früchte der Ehe erbrechtlich oder güterrechtlich erntete, hinge sonst in einem weiteren Fall von unsicheren Bewertungen des ganzen Nachlasses ab. Der mit einer Auflage begünstigte oder zum Testamentsvollstrecker ernannte Ehegatte ist hingegen auf die Rechte aus Abs II angewiesen, Staud/Thiele Rz 57, muß sich jedoch dabei den Wert der Auflage anrechnen lassen, Gernhuber/Coester-Waltjen, FamR § 37 II 3. Der Pflichtteil des überlebenden Ehegatten ist also verschieden groß, je nachdem, ob die Voraussetzungen des § 1371 I oder des § 1371 II vorliegen, in umgekehrten Verhältnis dazu stehen die Pflichtteilsansprüche anderer Pflichtteilsberechtigter. Ein Erblasser kann es dadurch, daß er seinen Ehegatten enterbt, gleichviel ob diesem voraussichtlich eine Ausgleichsforderung zustehen wird oder nicht, auch bewirken, daß dessen Pflichtteil sich nicht über das bisher im Gesetz vorgesehene Maß erhöht, also neben Abkömmlingen nur 1/8, neben Verwandten der zweiten Ordnung nur 1/4 beträgt. Dagegen steht dem überlebenden Ehegatten der erhöhte Pflichtteil zu, wenn er zu einer geringeren Quote als Erbe eingesetzt ist und diese mit der Folge des Ausschlusses der Ausgleichsforderung annimmt; er kann sich dann zu seinen Gunsten auf die §§ 2305ff berufen.

15 Verweist der Erblasser seinen Gatten auf den kleinen Pflichtteil, so setzt er ihn in der Regel nicht zum Erben ein (§ 2304), sondern er enterbt ihn unter Anerkennung des gesetzlichen Pflichtteilsanspruches, vgl § 2304 Rz 1. Damit regelt sich der Erwerb des überlebenden Ehegatten güterrechtlich unter Berücksichtigung des kleinen Pflichtteils nach § 1371 II. Ein Wahlrecht zwischen kleinem und großem Pflichtteil hat der Gatte nicht, BGH 42, 182ff für den Fall der „Pflichtteilszuweisung" vgl Ferid NJW 1960, 121ff (127); Staud/Ferid, 10./11. Aufl, § 2304 Anm 74; dagegen Bohnen, Auswirkungen des gesetzlichen Güterstandes der Zugewinngemeinschaft auf Pflichtteilsrechte und pflichtteilsrechtliche Verfügungen von Todes wegen, Diss Marburg 1969, N 4 S 71ff; wie hier jetzt

Staud/Ferid/Ciesler, 12. Aufl, § 2304 Rz 74ff. Auch wenn der Erblasser seinen Ehepartner auf den großen Pflichtteil verweist, enterbt er ihn. So zutr Bohnen NJW 1970, 1532. Die Rechtsfolgen sind gleich denen bei der Verweisung auf den kleinen Pflichtteil.

Hat der Erblasser seinen Gatten mit einem Vermächtnis in Höhe des kleinen Pflichtteils bedacht, so kann dieser den Pflichtteilsanspruch nach § 2307 I S 2 geltend machen, wahlweise die güterrechtliche Lösung nach § 1371 II verlangen, nachdem er das Vermächtnis ausgeschlagen hat; aA AG Tecklenburg FamRZ 1997, 1013.

Schließlich könnte der Erblasser seinen Gatten in Höhe des großen, des kleinen oder mit weniger als dem kleinen Pflichtteil zum Erben einsetzen. Der Erbe muß abwägen, ob er die Erbschaft nach § 1371 III mit der Wirkung ausschlägt, daß er den kleinen Pflichtteil neben dem Zugewinnausgleich erhält.

10. Pflichtteil trotz Ausschlagung (Abs III)

Abs III enthält eine weitere Änderung des Pflichtteilsrechts. Nach § 2303 II kann ein Ehegatte den Pflichtteil nur verlangen, wenn er durch Verfügung von Todes wegen von der Erbfolge ausgeschlossen ist. Schlägt er die Erbschaft aus, so kann er Pflichtteilsansprüche nur ausnahmsweise, insbesondere in den Fällen der §§ 2306, 2307 geltend machen. Der überlebende Ehegatte kann sich unter Umständen auch deshalb veranlaßt sehen, die Erbschaft auszuschlagen, weil er seine Ausgleichsforderung geltend machen will. Meist ist er in solchen Fällen von dem Erblasser schlecht bedacht worden. Die Ausgleichsforderung hat er ohnehin durch seine Mitarbeit in der Ehe verdient; außerdem muß ihm mindestens auch der Pflichtteil zustehen. Er kann zwischen der Erbschaft ohne Ausgleichsforderung und der Ausgleichsforderung ohne Erbschaft, aber mit Pflichtteil wählen. Daher kann er, wenn er die Erbschaft ausschlägt, neben dem Ausgleich des Zugewinns den Pflichtteil auch dann verlangen, wenn dieser ihm nach den allgemeinen erbrechtlichen Bestimmungen nicht zustände, aber gemäß Abs II Hs 2 nur den nicht erhöhten Pflichtteil. Das Ausschlagungsrecht ist vererblich (§ 1952); es geht nach BGH FamRZ 1965, 604 auf die gesetzlichen Erben des Ehegatten über, der (nur) zum Vorerben eingesetzt ist. Machen die gesetzlichen Erben vom Ausschlagungsrecht Gebrauch, dann können sie Zugewinn und kleinen Pflichtteil nach § 1371 II verlangen, weil beide Ansprüche vererblich sind und die Nacherben als Ersatzerben (§ 2102) auf den Rest der Ehegattenerbschaft beschränken, so richtig Bosch, Anm zu BGH aaO, der die Frage nicht zu entscheiden hatte. Es besteht aber kein Grund, dem überlebenden Ehegatten den Pflichtteilsanspruch auch dann zu erhalten, wenn er durch Vertrag mit dem Erblasser auf sein gesetzliches Erbrecht oder auf sein Pflichtteilsrecht verzichtet hat (§ 2346); daß er in einem solchen Falle doch zur Erbschaft berufen wird, kommt dann in Betracht, wenn er nur auf sein Pflichtteilsrecht verzichtet hat oder wenn er zwar auch auf sein gesetzliches Erbrecht verzichtet hat, dann aber durch Verfügung von Todes wegen als Erbe eingesetzt worden ist. Der Pflichtteil steht dem Ehegatten auch dann nicht zu, wenn sein Anspruch auf diesen nach Ausschlagung der Erbschaft mit Erfolg angefochten wird, weil die Voraussetzungen der Erbunwürdigkeit bei ihm vorliegen (§ 2345). Zu dem Fall, daß dem Ehegatten ein Erbteil oder ein Vermächtnis zugewandt, aber der Pflichtteil mit Recht entzogen ist, vgl Lange NJW 1957, 1382 u Braga FamRZ 1957, 339. Im übrigen Näheres bei § 2303 Rz 6ff.

11. Auslegung von Testamenten

Bei der Auslegung von Testamenten, die vor dem Inkrafttreten des GleichberG (1. 7. 1958) errichtet wurden, ist zu beachten, daß die vom Erblasser gebrauchte Wendung „gesetzliche Erben" nunmehr durch §§ 1371, 1931 III ausgefüllt wird. Dabei ist besonders zu prüfen, ob der Erblasser die gesetzliche Erbfolgeregelung nach der Zeit der Testamentserrichtung bestimmen wollte. Hier hilft die Auslegung, ohne daß eine Anfechtung erforderlich ist, Köln FamRZ 1970, 605.

12. Sonderregelung zugunsten der Stiefkinder (Abs IV)

a) Zweck der Vorschrift. Die Vorschrift enthält eine Sonderregelung zugunsten von Abkömmlingen des Erblassers, die nicht zugleich solche des überlebenden Ehegatten sind. Zu ihnen gehören Kinder des Erblassers aus seiner früheren Ehe, mit der Neufassung des Abs IV durch Art 1 Nr 2 NEhelG auch seine nur erbersatzberechtigten nichtehelichen Kinder. Durch das EheGleichG v 19. 12. 1997 wurden nichteheliche Kinder bzgl ihres Erbanspruchs gleichgestellt mit ehelichen Kindern. Sie werden nunmehr wie diese gesetzliche Erben als Abkömmlinge des Erblassers. Einen Erbersatzanspruch gibt es in diesen Fällen nicht mehr. Durch das ErbGleichG wurde auch § 1371 Abs IV durch Streichung des Zusatzes „oder ersatzberechtigte Abkömmlinge" angepaßt. Hätte die Frau bei Beendigung des Güterstandes aus einem anderen Grunde als durch den Tod eine erhebliche Ausgleichsforderung gegen den Mann erworben, so wirkt sich die gesetzliche Regelung des § 1371 I, falls die Frau vor dem Manne stirbt, dahin aus, daß diese Ausgleichsforderung der Frau ihren Abkömmlingen nicht nur nicht zugute kommt, sondern daß darüber hinaus der gesetzliche Erbteil dieser Abkömmlinge infolge Erhöhung des gesetzlichen Erbteils des Mannes vermindert wird. Die Stiefkinder des Mannes nehmen also an seinem Arbeitserfolg ihrer Mutter in der Ehe nicht teil, erben keinen Zugewinnausgleich und können nicht hoffen, beim Tode des Stiefvaters kraft Gesetzes das zu erhalten, was er zum pauschalen Ausgleich des Zugewinns als gesetzlicher Erbe von ihrer Mutter erhalten hat. Denn sie sind nicht gesetzliche Erben des überlebenden Stiefelternteils. Sie haben gegen ihn auch keinen gesetzlichen Unterhaltsanspruch. § 1371 IV schützt sie vor dem äußersten dadurch, daß er den überlebenden Gatten verpflichtet, ihnen, wenn und soweit sie dessen bedürfen, die Mittel zur angemessenen Ausbildung aus dem zusätzlichen, erhöhten Erbteil zu gewähren. Die Stiefkinder, die zu Lebzeiten des weiblichen Elternteils in keinem rechtlichen Kindesverhältnis zu dem Stiefelternteil gestanden haben, erhalten gleichsam „postmortal die Weihe unterhaltsberechtigter Kinder", Boehmer FamRZ 1961, 41, wenn auch nur in den engen gesetzlichen Grenzen und als Ausgleich für den erbrechtlichen Verlust. Denn die pauschale Erhöhung des Ehegattenerbteils verstößt gegen den erbrechtlichen Grundgedanken des Schutzes und der Förderung der jungen Generation ebenso wie gegen den der Erhaltung des Erbgutes in der Stammfamilie, vgl Boehmer FamRZ 1961, 44.

§ 1371 Familienrecht Bürgerliche Ehe

19 b) **Gläubiger des Anspruchs** brauchen nicht nur Stiefkinder des überlebenden Ehegatten, sondern können auch Abkömmlinge dieser Stiefkinder sein. Die Stiefkinder können aus einer früheren Ehe des Erblassers stammen oder seine nichtehelichen Abkömmlinge sein. Es muß sich aber um „erbberechtigte" Abkömmlinge des verstorbenen Ehegatten handeln, die also durch Gesetz oder Verfügung von Todes wegen (str, aA Pal/Brudermüller Rz 7 MüKo/Koch Rz 55 und Staud/Thiele Rz 104 mwN zum Streitstand), zum mindestens nach § 2066 (so Boehmer FamRZ 1961, 47; für entsprechende Anwendung auch RGRK/Finke Rz 55), zu Erben berufen sind und die Erbschaft angenommen haben, sofern der Erblasser ihren Anspruch aus § 1371 IV nicht durch letztwillige Verfügung ausgeschlossen hat. Da der Erblasser einen Abkömmling durch Verfügung von Todes wegen von der Erbfolge (§ 1938) und damit vom Anspruch aus § 1371 IV ausschließen kann, kann er sich auch darauf beschränken, ihm diesen besonderen gesetzlichen Ausbildungsanspruch durch letztwillige Verfügung (nicht Ehevertrag) abzuerkennen, Rittner DNotZ 1957, 499; Knur DNotZ 1957, 477; Gernhuber/Coester-Waltjen, FamR § 37 V 10; MüKo/Koch Rz 86; Staud/Thiele Rz 134. Eine Frage der Auslegung ist, ob der Erblasser dieses schon dadurch tut, daß er neben dem überlebenden Ehegatten als gesetzlichen Erben seine Abkömmlinge durch letztwillige Verfügung bedenkt, so Boehmer FamRZ 1961, 47; Soergel/Hermann Lange Rz 45; iE auch Staud/Thiele Rz 104, der allerdings mangels gesetzlicher oder entsprechend gleich zu behandelnder Erbfolge bereits die Tatbestandsvoraussetzungen als nicht gegeben ansieht. Jedenfalls spricht der Text des Gesetzes nicht dafür, daß die Abkömmlinge gewillkürte Erben mit einem Erbteil sein müssen, der ihrem gesetzlichen Erbteil entspricht. In jeder geringeren Einsetzung den Ausschluß des Abs IV zu sehen, wird weder dem Erblasserwillen noch der Billigkeit gerecht.

20 Der Anspruch steht infolgedessen denjenigen Abkömmlingen nicht zu, die **aa)** nach § 1924 II von der gesetzlichen Erbfolge durch das Repräsentationsrecht der Voreltern für den Stamm ausgeschlossen sind, **bb)** nach § 2346 auf ihr gesetzliches, nach § 2352 auf ihr zugewandtes Erbrecht oder in entsprechender Anwendung der Erbverzichtsvorschriften auf ihren erbrechtlichen Anspruch aus § 1371 IV verzichtet haben, **cc)** die Erbschaft ausgeschlagen haben, **dd)** für erbunwürdig erklärt, die vom Erblasser nach § 1938 enterbt worden sind oder denen der Erblasser den Anspruch nach § 1371 IV durch letztwillige Verfügung entzogen hat.

21 c) Der **Schuldner des Anspruchs** ist der überlebende Ehegatte, der als gesetzlicher Erbe des Erblassers nach § 1371 I den erhöhten gesetzlichen Erbteil erhalten hat. Dem gleichzusetzen ist der Fall, in dem der Erblasser durch Verfügung von Todes wegen gesetzlichen Erben und damit auch seinen im gesetzlichen Güterstand lebenden Ehegatten ohne nähere Bestimmung bedacht hat (§ 2066), Boehmer FamRZ 1961, 47; Johannsen FamRZ 1961, 163; MüKo/Koch Rz 56. Hat der Erblasser dem überlebenden Ehegatten in anderer Weise ein Erbrecht oder ein Vermächtnis zugewandt oder ist dieser nur Pflichtteilsberechtigter, so ist er kein Schuldner aus Abs IV. Dieselbe Rechtslage besteht, wenn der erbberechtigte Ehegatte durch Vertrag mit dem Erblasser auf die Erbschaft verzichtet (§§ 2346, 2352), sie nach § 1371 III ausgeschlagen hat oder wenn er nach § 2344 I für erbunwürdig erklärt wird. Nur wenn er die Nachlaßhälfte annimmt, entsteht seine Pflicht. Ohne jeden Grund kann er sich nicht durch Ausschlagung der Erbschaft entziehen, Boehmer FamRZ 1961, 47.

22 d) Die **Rechtsnatur des Anspruchs**. Der Anspruch nach Abs IV enthält hinsichtlich der Ausbildungskosten unterhaltsrechtliche, aufgrund seiner systematischen Stellung im Gesetz güterrechtliche und wegen der Verknüpfung mit dem Tode eines Ehegatten erbrechtliche Elemente. Im Ergebnis ist er erbrechtlicher Natur. Dies folgt zunächst aus den Anspruchsvoraussetzungen: Der überlebende Ehegatte muß als Erbe berufen sein, die Erbschaft einschließlich des Zusatzviertels angenommen und tatsächlich erlangt haben. Die anspruchstellenden, ausbildungsfähigen und -bedürftigen Stiefkinder müssen erbberechtigt sein. Außerdem bleiben einerseits die Erben des überlebenden Stiefelternteils im Falle seines Nachversterbens mit dem Anspruch gem Abs IV belastet, andererseits bleibt auch den (Stief)kindeskindern der Ausbildungskostenanspruch beim Tode der Stiefkinder erhalten. Ein Verzicht auf den Anspruch ist möglich, § 1614 nicht anwendbar. Vgl zu allem Boehmer FamRZ 1961, 41, insbes 46ff. Die Belastung aus Abs IV hat den Charakter einer „Erbfallschuld", so daß sie als solche zu den Nachlaßverbindlichkeiten des § 1967 II gehören würde. Dafür spricht auch die Formulierung des Abs IV. Nach ihr hat der überlebende Ehegatte die Mittel „aus dem nach Absatz 1 zusätzlich gewährten Viertel zu gewähren". Hierin liegt ein Hinweis auf eine gegenständlich beschränkte Haftung, wie sie etwa in § 2059 I S 1 enthalten ist. Aber die legislatorische Entstehung dieser Formulierung verbietet es, sie auf die Goldwaage juristischer Formulierungskunst zu legen. Jedenfalls sind die allgemeinen Vorschriften über die Haftung des Erben für Nachlaßschulden des BGB unanwendbar. Der überlebende Ehegatte haftet nicht gegenständlich beschränkt „cum viribus hereditatis", sondern mit allen Gegenständen seines gegenwärtigen und künftigen Vermögens, aber rechnerisch beschränkt auf den Wert, den sein zusätzliches Viertel im Augenblick des Erbfalls hat, also beschränkt „pro viribus hereditatis", Johannsen FamRZ 1961, 164; aA Dölle, FamR I § 55 II 2, N 41; MüKo/Koch Rz 62f. Der Stiefelternteil kann nicht geltend machen, daß er mit der Erfüllung des Anspruches seinen standesgemäßen Unterhalt gefährden würde, § 1603 I, da es sich nicht um eine unterhaltsrechtliche Regelung handelt, Johannsen FamRZ 1961, 164; Gernhuber/Coester-Waltjen, FamR § 37 V 6; MüKo/Koch Rz 72. Der Wert des halben Erbteils bestimmt sich nach dem Zeitpunkt des Erbfalls, Johannsen aaO; Rittner DNotZ 1957, 494, 495; aM RGRK/Scheffler, 11. Aufl Anm 47; wie hier aber RGRK/Finke Rz 62.

23 e) Der **Inhalt des Anspruches** geht auf die Gewährung der Mittel für eine angemessene Ausbildung. Sie umfaßt den Besuch von Schulen, Fach-, Fortbildungs- und Hochschulen, sowie die Ausbildung für den erwählten Beruf, auf den der Stiefelternteil keinen Einfluß nehmen kann, da ihm kein Personensorgerecht zusteht. Daß auch die Kosten der Vorbildung zu einem Beruf hierunter fallen, ergibt sich ein Vergleich mit § 1610 II. Dabei ist bestritten, ob die allgemeinen Unterhaltskosten, die in der Ausbildungszeit entstehen, ausgeschaltet werden müssen, soweit sie nicht durch die Umstände und Erfordernisse der Ausbildung erhöht werden, zB bei einem Universitätsstudium, so Johannsen FamRZ 1961, 164; aM Rittner DNotZ 1957, 492, 493, der sämtliche Unterhaltskosten, die mit der Ausbildung zusammenhängen, zu den Ausbildungskosten rechnet, differenzierend Staud/Thiele Rz 115f. Da der

Gesetzgeber den Stiefkindern des überlebenden Ehegatten nach Möglichkeit ein ausreichendes Fortkommen sichern will, ist der Begriff „Mittel zu einer angemessenen Ausbildung" im wesentlichen dem Begriff des Unterhalts in der Ausbildungszeit gleichzusetzen. Kapitalabfindung kann nicht gefordert werden. Als Unterhalt genießt der Ausbildungskostenanspruch entspr den Pfändungsschutz des § 850b ZPO, Lüderitz, FamR § 14 IV 6; aA Staud/Thiele Rz 124; MüKo/Koch Rz 84: nach § 850a Nr 6 ZPO unpfändbar.

Nicht angemessen ist die Ausbildung, wenn sie für den Abkömmling nicht geeignet ist. Dabei sind seine Gaben, seine Neigung, seine Leistungsfähigkeit und die persönlichen Eigenschaften zu berücksichtigen. Auf die Umstände des Einzelfalles, zu denen auch die Höhe des Erbschaftsviertels gehört, ist bei der Bestimmung der Angemessenheit besonders einzugehen. Vgl auch Johannsen FamRZ 1961, 164.

f) Bedürftigkeit des Abkömmlings ist Voraussetzung des Anspruchs. Eigenes Vermögen schließt seine 24 Bedürftigkeit nicht ohne weiteres aus. Seine Substanz braucht nicht angegriffen zu werden, soweit es gebraucht wird, um den Unterhalt des Kindes bis zu der Zeit sicherzustellen, in der das Kind die Mittel für seinen Unterhalt selbst erwerben kann, und soweit es dazu nötig ist, eine angemessene selbständige Lebensstellung des Kindes zu begründen, Johannsen FamRZ 1961, 164; zust Staud/Thiele Rz 106; MüKo/Koch Rz 70. Weiter geht Boehmer FamRZ 1961, 48, nach dem das Stiefkind seine Vermögenssubstanz überhaupt nicht anzugreifen braucht; gegen die analoge Anwendung des § 1602 II auch Gernhuber/Coester-Waltjen, FamR § 37 V 5. Der Anspruch entfällt auch dann nicht, wenn die Kosten der Ausbildung mit der Hilfe leistungsfähiger, unterhaltsverpflichteter Verwandter bestritten werden können; anders Staud/Thiele Rz 108. § 1371 IV und Unterhaltsanspruch setzen gleichermaßen Bedürftigkeit voraus, doch ist der Schuldgrund des Abs IV rangstärker, weil er zusätzlich durch die Kompensation mit dem Verlust an Erbschaftsteilen motiviert ist; im Ergebnis ebenso Rittner DNotZ 1957, 494; Boehmer FamRZ 1961, 48; Gernhuber/Coester-Waltjen, FamR § 37 V 5; soweit die Gegenansicht mit dem formalen Primat der Vermögensteilhabe in § 1371 I argumentiert (zB Staud/Thiele Rz 108) treibt sie die Unbilligkeit der erbrechtlichen Lösung gegenüber den Stiefkindern ohne Not auf die Spitze. Der überlebende Ehegatte kann das Stiefkind auch nicht darauf verweisen, es könne sich durch eigene zumutbare Arbeit die Ausbildungskosten selbst verdienen, zB als Student durch Werkarbeit, Boehmer FamRZ 1961, 48.

g) Mehrere Anspruchsberechtigte bei nichtausreichendem Zusatzerbteil. Diese Frage, die in der Praxis 25 sicherlich nicht selten vorkommen wird, hat das Gesetz nicht geklärt. Entscheidet man sie nach den Grundsätzen über die Konkurrenz einzelner Gläubiger, so kann es besonders dann zu schweren Unbilligkeiten kommen, wenn die jüngeren Stiefkinder ihre Ausbildung noch nicht begonnen haben. Die Ausbildung der älteren Geschwister ist sichergestellt, die der jüngeren dagegen gefährdet. Eine private Befriedigung durch den überlebenden Ehegatten nach insolvenzrechtlichen Grundsätzen ist nicht vorgesehen, obwohl sie in bestimmten Fällen dem deutschen Erbrecht nicht fremd ist, vgl § 1991 IV. Zwei verschiedene Auffassungen werden vertreten. Nach der einen Meinung sollten den älteren Geschwistern, die bereits in der Ausbildung stehen, nur ein Teil der Ausbildungskosten gewährt werden, während der Rest für die Ausbildung der jüngeren Abkömmlinge zurückzuhalten sei; Staud/Thiele Rz 119. Eine andere Meinung rät dazu, die Kosten für die schon in der Ausbildung befindlichen Geschwister zunächst in vollem Umfange zu bestreiten. Der Anspruch mindere sich erst, wenn auch für die jüngeren Anspruchsberechtigten Ausbildungsaufwendungen zu machen seien, die durch das zusätzliche Viertel nicht voll gedeckt werden, Rittner DNotZ 1957, 496. Johannsen FamRZ 1961, 164 hält es für unmöglich, diese Fragen eindeutig zu beantworten, und rät dem verpflichteten Ehegatten, den Gefahren widersprechender Entscheidungen dadurch zu entgehen, daß er es auf eine Klage der Stiefkinder ankommen läßt, die bereits in der Ausbildung stehen, um den jüngeren Stiefkindern in diesem Rechtsstreit den Streit zu verkünden (§ 72 ZPO). Das ist jedoch kein erfreulicher Weg, da er die Beteiligten in den Rechtsstreit zwingt. Die Ansicht Rittners ist zu sehr vom Konkurrenzverhältnis mehrerer Gläubiger bei gegenständlich beschränkter Haftung bestimmt. Die erste Auffassung, die praktisch einer der Besonderheit dieses Anspruches und der rechnerisch beschränkten Haftung gemäßen Analogie zu § 1991 IV entspricht, verdient den Vorzug.

13. Nichteheliche Lebensgemeinschaft

Eine **analoge Anwendung** des § 1371 auf die nichteheliche Lebensgemeinschaft ist ausgeschlossen, weil diese 26 Vorschrift eine Ehe zwingend voraussetzt (so zutr Saarbrücken FamRZ 1979, 796 für §§ 1371, 1931; entschieden Bosch FamRZ 1980, 849, 853: „Aberwitz"). Die analoge Anwendung einzelner güterrechtlicher Vorschriften würde das System spezifisch eherechtlicher, aufeinander abgestimmter Normen zerstören. Saarbrücken aaO verweist auch darauf, daß eine analoge Anwendung des § 1371 auf die eheähnliche Lebensgemeinschaft einen Verstoß gegen Art 6 I GG, der nur Ehe und Familie unter den besonderen Schutz des Staates stellt, enthalten würde.

1372 *Zugewinnausgleich in anderen Fällen*
Wird der Güterstand auf andere Weise als durch den Tod eines Ehegatten beendet, so wird der Zugewinn nach den Vorschriften der §§ 1373 bis 1390 ausgeglichen.

1. Überblick über das System des Zugewinnausgleichs. Soll der Zugewinn unter den Ehegatten ausgeglichen 1 werden, so ist zunächst der Zugewinn festzustellen, den jeder Ehegatte während der Ehe oder während des Güterstandes der Zugewinngemeinschaft gemacht hat. Er ist der Betrag, um den das Endvermögen eines Ehegatten das Anfangsvermögen übersteigt § 1373. § 1374 bestimmt den Begriff des Anfangsvermögens und klärt, unter welchen Voraussetzungen gewisse unentgeltliche Empfänge eines Ehegatten nach Beginn des Güterstandes schon seinem Anfangsvermögen hinzuzurechnen sind. § 1375 legt den Begriff des Endvermögens fest und bestimmt, daß diesem der Wert gewisser Vermögensminderungen, die den Zugewinnausgleichsanspruch beeinträchtigen müßten, dem Endvermögen des betreffenden Ehegatten dennoch zugerechnet werden sollen. § 1376 enthält eine Reihe von

Bewertungsvorschriften. Die Zugewinnbeträge beider Ehegatten, die auf diese Weise errechnet worden sind, werden dann miteinander verglichen. Derjenige Ehegatte, der den geringeren Zugewinn erzielt hat, kann vom anderen die Hälfte des Betrages verlangen, um den sein Zugewinn den des anderen unterschreitet (§ 1378 I). Auf diese Forderung sind gewisse Vorempfänge anzurechnen, Zuwendungen, die der andere Ehegatte mit der Bestimmung gemacht hat, daß sie auf die Ausgleichsforderung angerechnet werden sollen, § 1380. Die Ausgleichsforderung, die sich auf diese Weise errechnet, ist eine reine schuldrechtliche Geldforderung und bildet keine unmittelbare Beteiligung an der Vermögenssubstanz des anderen Ehegatten. Sie ist durch die Verfügungsbeschränkungen der §§ 1365, 1369, durch die Anrechnungsvorschrift des § 1375 II und durch die Möglichkeit einer Klage auf vorzeitigen Ausgleich des Zugewinns (§§ 1385, 1386) in gewissem Umfange schon als künftige Forderung geschützt. Zu prozessualen Fragen bei der Geltendmachung des Zugewinnausgleichs siehe Baur FamRZ 1962, 508ff. Die **Abgrenzung zu** Werten, die dem **Versorgungsausgleich** unterliegen, wird von §§ 1587 III iVm 1587a II getroffen. Siehe dazu im einzelnen die Kommentierung zu § 1587a und § 1375 Rz 1. Ein vom Arbeitgeber als „Alterskapital" zugesagter Einmalbetrag unterliegt dem Zugewinn – und nicht dem Versorgungsausgleich, da letzterer auf den Ausgleich wiederkehrender Versorgungsleistungen und nicht von Kapitalleistungen zugeschnitten ist, BGH FamRZ 2003, 153. Ersatz für eine während der Ehe rückgezahlte Rente kann bei der Scheidung weder im Wege des Zugewinn- noch in dem des Versorgungsausgleichs verlangt werden, vgl Düsseldorf FamRZ 1982, 84; Bamberg FamRZ 1989, 509. Mittel, die zum Erwerb von Rentenanwartschaften zum Ausgleich von Betriebsrentenanwartschaften aufgewendet werden müssen (§ 1587b III), sind iRd Zugewinnausgleichsberechnung nicht zu berücksichtigen, Celle FamRZ 1981, 1066 (1068). Zum Verhältnis von **Zugewinnausgleich** und Verteilung von Hausrat nach der **HausratsVO** hat der BGH in Fortführung von Entscheidungen der OLGe Karlsruhe, Hamm und Köln in FamRZ 1984, 144 mwN festgestellt, daß nach der Hausratsverordnung verteilbarer Hausrat nicht dem Zugewinnausgleich unterfalle und damit auch der Auskunftsanspruch gem § 1379 insoweit nicht bestehe; Hamm MDR 1999, 615. In seiner grundsätzlich zustimmenden Anmerkung dazu weist H. Lange JZ 1984, 384 auf die Probleme hin, die entstehen, falls § 1357 eine dingliche Wirkung zugestanden wird (vgl § 1357 Rz 19) und zweifelt die vom BGH aufgestellte Vermutung der Absicht abschließender Regelung bei einem Vergleich im Hausratsverfahren zutreffend an. Diesbezüglich sollte eine ausdrückliche Vereinbarung mit aufgenommen werden. Ebenfalls zum genannten BGH-Urteil und zur Harmonisierung von Hausratsteilungs- und Zugewinnausgleichsverfahren vgl Smid NJW 1985, 173. Zur Berücksichtigung der bei der Anschaffung des Hausrats entstandenen Verbindlichkeiten im Zugewinnausgleich vgl § 1375 Rz 4.

2 **2. Fälle, in denen der Güterstand durch andere Gründe als durch den Tod eines Ehegatten beendet wird.** Es sind dies die Scheidung oder Aufhebung der Ehe, der gleichzeitige Tod beider Ehegatten (§ 11 VerschG), siehe Gernhuber/Coester-Waltjen, FamR § 36 I 1, und die Wiederverheiratung eines Ehegatten nach Todeserklärung des andern, wenn dieser im Zeitpunkt der Wiederverheiratung noch lebte (vgl § 1363 Rz 2); andernfalls gilt nach Todeserklärung § 1371, Staud/Thiele Rz 8. Die Möglichkeit der **Nichtigerklärung der Ehe** (früher geregelt durch §§ 16ff EheG) ist im Zuge der Wiedereingliederung des EheG in das BGB durch das EheschlRG vom 4. 5. 1998 (BGBl I S 833; Inkrafttreten am 1. 7. 1998) aufgehoben worden. Gründe, die nach bisherigem Recht zur Nichtigkeit der Ehe führten, ermöglichen nur noch eine Aufhebung der Ehe. Die Aufhebung der Ehe wird – ebenso wie die Scheidung – nicht mehr durch Klage begehrt, sondern beantragt (BT-Drucks 13/4898, 22). Im Falle der Aufhebung treten grundsätzlich die vermögensrechtlichen Konsequenzen der Ehe, die auch an die Scheidung geknüpft sind, also auch der Zugewinnausgleich (§ 1318 I). Nur in dem Fall, in dem allein ein Ehegatte gutgläubig war, besteht für diesen die Möglichkeit, binnen sechs Monaten durch Erklärung gegenüber dem bösgläubigen Partner die vermögensrechtlichen Scheidungsfolgen **für die Zukunft** auszuschließen. Das bedeutet aber, daß ein Zugewinnausgleich **in keinem Fall** ausgeschlossen werden kann. Dadurch kann die unbefriedigende Situation eintreten, daß ein gutgläubiger Ehegatte den Ausgleich dem bösgläubigen gegenüber bezahlen soll. Der Gesetzgeber verweist für solche Fälle auf die negative Billigkeitsklausel des § 1381; dazu zu Recht kritisch Beitzke, FS Knur (1972), S 39, 41ff. Ferner kann der Güterstand durch vorzeitigen Ausgleich des Zugewinns (§§ 1385 bis 1388) und durch Ehevertrag (§ 1408) beendet werden. In all diesen Fällen wird der Zugewinn der Ehegatten nach den Vorschriften der §§ 1373 bis 1390 ausgeglichen, also durch Feststellung des beiderseitigen Zugewinns und Ausgleich des halben Unterschiedes. Die Frage, ob bei **gleichzeitigem Tod beider Ehegatten** ein Zugewinnausgleich stattfindet oder nicht, ist umstritten. Der BGH hat sich der Meinung angeschlossen, die einen Ausgleich ablehnt, BGH FamRZ 1978, 678 m Anm Werner DNotZ 1978, 736; zust auch Staud/Thiele, § 1371 Rz 59. Er stellt sich auf den Standpunkt, § 1372ff nur den Zugewinnausgleich unter Lebenden regeln wollen und für den Fall des gleichzeitigen Todes beider Ehegatten daher eine Regelungslücke vorliegt. Eine Schließung dieser Lücke über eine analoge Anwendung des § 1371 II iVm §§ 1372ff andererseits, wie sie Pal/Brudermüller, § 1371 Rz 13 vertritt, lehnt der BGH ab. Er ist der Ansicht, daß ein Anspruch auf Zugewinnausgleich den Erben nur zustehen kann, wenn er zuvor bereits bei dem Erblasser-Ehegatten entstanden ist, daß aber ein entsprechender Anspruch nicht originär bei den Erben selbst entstehen könne. Dieser Ansicht ist jedoch entgegenzuhalten, daß die Frage, ob ein Ausgleich stattfindet, nicht davon abhängen kann, ob ein Ehegatte den anderen, sei es auch nur für Sekunden, überlebt und ob dies nachweisbar ist. Das Zugewinnausgleichssystem sieht, abgesehen vom Ausnahmefall des § 1371 I, bei Auflösung des Güterstandes stets den rechnerischen Zugewinnausgleich vor, für die Herausnahme allein des Falles des gleichzeitigen Versterbens der Eheleute ist kein Grund ersichtlich; wie hier Gernhuber/Coester-Waltjen/Gernhuber Rz 10; Bosch FamRZ 1976, 525 (Anm).

3 **3.** Zu beachten ist, daß es auf Grund der **Verweisung in § 1371 II** ebenfalls zu einem Zugewinnausgleich nach den §§ 1373ff kommen kann, wenn der überlebende Ehegatte nämlich weder Erbe noch Vermächtnisnehmer wird, sei es auch nur, weil er die Erbschaft oder zugewandte Vermächtnisse oder beide mit rückwirkender Kraft ausgeschlagen hat.

4. Regelung des Zugewinnausgleichs durch Vereinbarung der Ehegatten. Wird der Güterstand durch Ehe- 4
vertrag aufgehoben, so bedarf es der Prüfung, ob der Wille der Ehegatten beim Abschluß des Ehevertrages nicht
darauf gerichtet war, den Ausgleich des Zugewinns auch für die Vergangenheit auszuschließen. Eine solche
Annahme liegt häufig nahe, wenn die Ehegatten in dem Ehevertrag außer der Aufhebung des Güterstandes keine
andere Bestimmung getroffen haben. Da das Gesetz aber keine entsprechende Regel aufstellt, muß diese Frage im
Einzelfall geprüft werden. Auch in anderen Fällen der Beendigung des Güterstandes steht nichts entgegen, daß die
Ehegatten den Ausgleich des Zugewinns durch gütliche Vereinbarung anders als im Gesetz vorgesehen regeln.
Auch **anläßlich eines Ehescheidungsverfahrens** sind Vereinbarungen über den Zugewinnausgleich zulässig. Die
Reform des § 1378 III durch das 1. EheRG hat die früher kontrovers ausgetragene Diskussion in Lehre und Rspr
um die Zulässigkeit und insbesondere die erforderliche Form solcher Vereinbarungen beendet, vgl § 1378 Rz 8.
Vertragliche Abänderungen des Ausgleichs während eines Ehescheidungsverfahrens bedürfen der notariellen
Beurkundung oder der sie ersetzenden Aufnahme in das gerichtliche Vergleichsprotokoll im Rahmen von § 127a.
Gleiches gilt auch für bereits vor der Anhängigkeit getroffene Vereinbarungen dieser Art, BGH FamRZ 1983, 157;
aA Tiedtke FamRZ 1983, 457, der diesen Fall über §§ 1408, 1410 gelöst sehen will. Mit der getroffenen Lösung ist
der Gesetzgeber nicht der weiten Auffassung des BGH (Z 54, 38), auch formlose Vereinbarungen zuzulassen,
gefolgt. Die Reform entspricht zwar der Tendenz, Scheidungsvereinbarungen über die vermögensrechtliche Auseinandersetzung nicht unnötig zu erschweren, lehnt aber die Formfreiheit ab, um den sozial schwächeren Ehegatten zu schützen (BT-Drucks 7/650, 258ff).

Die Auffassung von BGH 54, 38 vermochte nicht zu überzeugen. Eine Vereinbarung über den Ausgleich des
Zugewinns betrifft auch das Wesen des gesetzlichen Güterstandes. Sie kann und muß in der Form des Ehevertrages
erfolgen; soweit in die Vereinbarung „Abfindungsklauseln in Gesellschaftsverträgen" einbezogen sind, vgl Heckelmann aaO § 9 B I. Eine Vereinbarung ist auch unter der Bedingung zulässig, daß die Ehe geschieden wird, Hermann Lange aaO; Beitzke FamRZ 1970, 393. Sachgerechter ist es, der Vereinbarung eine Bedingung beizufügen,
als die vom BGH aaO genannte Möglichkeit, den Bestand der Vereinbarung nach § 123 in Frage zu stellen oder
Schadensersatz zu verlangen, wenn das Widerspruchsrecht auf Grund einer arglistigen Täuschung nicht ausgeübt
wurde. Der Schadensersatzanspruch hätte auf die vollzogene Ehescheidung keinen Einfluß. Ist dagegen die Vereinbarung wegen fehlender Form nichtig, so bleibt immerhin der gesetzliche Anspruch auf den Zugewinnausgleich
bestehen. Zu den im einzelnen möglichen Vereinbarungen über die Rechtsfolgen der Scheidung und zu ihrer zivil-,
steuer- und sozialrechtlichen Beurteilung vgl Göppinger, Vereinbarungen anläßlich der Ehescheidung, 7. Aufl,
1998; Hartmann–Hilter, Der Ehevertrag auf der Grundlage des neuen Scheidungsrechts, 1978; vgl auch § 1378
Rz 8 im einzelnen.

Vor **Beendigung des Güterstandes**, also besonders vor Rechtskraft eines Scheidungsurteils, bedarf eine solche
Vereinbarung der Form des Ehevertrages, Bosch FamRZ 1965, 237. **Ist aber der Güterstand beendet** und damit
die Ausgleichsforderung eines Ehegatten gegen den andern entstanden (§ 1378 III), so bedarf es zu einer gütlichen
Regelung des Zugewinnausgleichs der Form des Ehevertrags nicht mehr. Nach Entstehung der Ausgleichsforderung kann ein Ehegatte formlos über sie verfügen, auch in der Weise, daß er ganz oder teilweise durch Vertrag
mit dem andern auf sie verzichtet (vgl § 1378 Rz 7); zustimmend Soergel/H. Lange Rz 6 und Staud/Thiele Rz 17.

Inhaltlich kann ein Ehevertrag, der den Zugewinnausgleich für den Scheidungsfall ausschließt, insbesondere
wenn dies mit dem Verzicht auf Geschiedenen- oder Betreuungsunterhalt verbunden wird, an **§ 138 I oder Rechtsmißbrauch nach § 242 scheitern**. Zwar ist mit dem Gesetz von der autonomen Gestaltungsfreiheit der Ehepartner
über ihre vermögens- und unterhaltsrechtlichen Beziehungen im Grundsatz auszugehen, weil der übereinstimmende Wille auf einen sachgerechten Interessenausgleich schließen läßt, den auch der Staat zu respektieren hat. Eine
Inhaltskontrolle muß aber dort stattfinden, wo der Vertrag nicht Ergebnis gleichberechtigter Partnerschaft, sondern
eine auf ungleichen Verhandlungspositionen basierende Dominanz eines Ehepartners widerspiegelt, zB wenn der
Vertrag zwangsläufig zur Sozialhilfebedürftigkeit eines Partners führt oder die Lasten und Vorteile einseitig verteilt, indem kumuliert Scheidungsunterhalt, Zugewinn- oder Vermögensausgleich sowie der Versorgungsausgleich
ausgeschlossen werden, vgl BVerfG FamRZ 2001, 343 m zust Anm Schwab 349 und Schubert 733; eher kritisch
Bergschneider 1337; vgl auch Anm Röthel NJW 2001, 1334; Anm Grziwotz MDR 2001, 392; Anm Rauscher FuR
2001, 163; Oelkers/Kraft FamRZ 2002, 790, 799; bekräftigt in BVerfG FamRZ 2001, 985. Unter diesen Voraussetzungen scheitern Ehevereinbarungen an den grundsätzlichen Wertungen der Art 6 I, II, IV und 2 I GG. Die
Zivilgerichte haben diese Feststellungen des BVerfG übernommen (BGH FPR 2002, 441; München FamRZ 2003,
35 m zust Anm Bergschneider und 376 m teilw krit Anm Bergschneider; Naumburg FamRZ 2002, 456; Köln
FamRZ 2002, 828; AG Schwäbisch Hall FamRZ 2003, 1284). Gleichwohl sind in jedem Einzelfall die Voraussetzungen eines Grundrechtsstoßes nach den individuellen Gegebenheiten zu prüfen. So kann eine Ehevereinbarung trotz Ausschluß von Zugewinn, Versorgungsausgleich und nachehelichem Unterhalt Bestand haben, wenn
andere Gegenleistungen diese Nachteile relevant kompensieren (Bsp bei BGH FPR 2002, 441) oder aus anderen
Gründen eine kraß ungleiche Lastenverteilung nicht begründbar ist (Bsp bei BGH FamRZ 2003, 846; Düsseldorf
FamRZ 2003, 1287; Koblenz NJW 2003, 2920; Frankfurt FuR 2003, 181; AG Warendorf FamRZ 2003, 609; Köln
FamRZ 2002, 828).

1373 Zugewinn
**Zugewinn ist der Betrag, um den das Endvermögen eines Ehegatten das Anfangsvermögen
übersteigt.**

Die Vorschrift bestimmt den **Begriff des Zugewinns**, der nach § 1363 II S 2 auszugleichen ist, wenn die Zuge- 1
winngemeinschaft beendet ist. Der Zugewinn ist keine selbständige Vermögensmasse, sondern lediglich eine
Rechnungsgröße, nämlich der Betrag, um den das Endvermögen eines Ehegatten sein Anfangsvermögen über-

steigt. Hierdurch unterscheidet sich die Zugewinngemeinschaft von der Errungenschaftsgemeinschaft des BGB, in der der Erwerb der Ehegatten während der Dauer des Güterstandes ihr Gesamtgut, also eine besondere Vermögensmasse bildete. In der Zugewinngemeinschaft gibt es nur das Vermögen des Mannes und das Vermögen der Frau. Zum Zwecke des Ausgleichs des Zugewinns wird auch nicht, wie gelegentlich vorgeschlagen worden ist (vgl dazu die Begründung des RegE, BT-Drucks Nr 224 zu § 1379 S 40), bei Beendigung des Güterstandes der Zugewinn beider Ehegatten zu einer selbständigen Vermögensmasse zusammengefaßt, an der beide Ehegatten dinglich beteiligt wären (Errungenschaftsgemeinschaft von Todes oder Scheidungs wegen); die Mängel und Schwierigkeiten, die die Errungenschaftsgemeinschaft unter Lebenden mit sich bringt, würden sich auch in diesem Falle ergeben, möglicherweise noch in erhöhtem Maße. Es wäre auch wenig einleuchtend, wenn zwischen den Ehegatten gerade nach Beendigung ihrer ehelichen Gemeinschaft eine bisher nicht vorhanden gewesene Vermögensgemeinschaft gebildet werden sollte. Indem der Zugewinn als „Betrag" bezeichnet wird, wird darauf hingedeutet, daß der Anspruch auf Ausgleich des Zugewinns lediglich schuldrechtlicher Natur ist, vgl dazu im übrigen § 1378.

1374 *Anfangsvermögen*
(1) **Anfangsvermögen ist das Vermögen, das einem Ehegatten nach Abzug der Verbindlichkeiten beim Eintritt des Güterstands gehört; die Verbindlichkeiten können nur bis zur Höhe des Vermögens abgezogen werden.**
(2) **Vermögen, das ein Ehegatte nach Eintritt des Güterstands von Todes wegen oder mit Rücksicht auf ein künftiges Erbrecht, durch Schenkung oder als Ausstattung erwirbt, wird nach Abzug der Verbindlichkeiten dem Anfangsvermögen hinzugerechnet, soweit es nicht den Umständen nach zu den Einkünften zu rechnen ist.**

Schrifttum: *Wellkamp,* FuR 2000, 461.

1 **1. Eintritt des Güterstandes.** Der Zeitpunkt des Eintritts des Güterstandes, nach dem das Anfangsvermögen festgestellt wird, fällt im Regelfall mit der Eheschließung zusammen (vgl § 1363 Rz 2). Ist jedoch die Ehe vor dem Inkrafttreten des GleichberG (1. 7. 1958) geschlossen, so tritt der Güterstand erst in diesem Zeitpunkt ein (Nr 3 der Übergangsvorschriften); das Vermögen jedes Ehegatten an diesem Tage ist sein Anfangsvermögen im Sinne des § 1374. Die Ehegatten können aber durch Ehevertrag für die Berechnung des Anfangsvermögens und damit des Zugewinns einen anderen Zeitpunkt als maßgebend erklären, sowohl einen späteren als auch einen früheren, zB den 1. 4. 1953, den Tag des Inkrafttretens des Grundsatzes der Gleichberechtigung; zustimmend Hamburg NJW 1964, 1076; abl MüKo/Koch Rz 3. Hatten die Ehegatten zunächst einen anderen Güterstand vereinbart und begründen sie dann später durch neuen Ehevertrag die Zugewinngemeinschaft, so tritt diese mit Abschluß des neuen Ehevertrages oder mit dem darin vereinbarten Zeitpunkt ein.

2 **2. Anfangsvermögen.** Ebenso wie der Zugewinn ist auch das Anfangsvermögen nur als Rechnungsgröße von Bedeutung. Es bleibt in dem Bestand, in dem es beim Eintritt des Güterstandes gehabt hat, nicht als besondere Vermögensmasse erhalten. Es wird häufig vorkommen, daß die bei Eintritt des Güterstandes vorhanden gewesenen Vermögensgegenstände auch noch bei Beendigung des Güterstandes da sind. Haben sie auch insgesamt an Wert zugenommen, so bleibt es doch dabei, daß Anfangsvermögen nur ihr zusammengerechneter Wert bei Eintritt des Güterstandes ist. Der Wertzuwachs ist Zugewinn. Unter dem Anfangsvermögen sind also nicht die einzelnen, beim Eintritt des Güterstandes vorhandenen Vermögensbestandteile zu verstehen, sondern lediglich die Summe ihres Wertes in diesem Zeitpunkt, BGH FamRZ 1984, 31f. Diese Summe gewinnt man, wenn man die einzelnen Vermögensbestandteile feststellt, deren rechtliche Zuordnung zum Vermögen des betreffenden Ehegatten prüft und sie nach den Grundsätzen des § 1376 bewertet. Damit umfaßt das Anfangsvermögen alle dem Ehegatten zustehenden rechtlichen Positionen von wirtschaftlichem Wert, die beim Eintritt des Güterstandes bereits vorhanden sind, BGH FamRZ 2002, 88; 2001, 278, 280. Generell zur Bestimmung des Anfangsvermögens Wellkamp FuR 2000, 461 und FPR 2000, 300. Ob Teile des betroffenen Vermögens zum Verbrauch bestimmt sind oder ob sie im Endvermögen noch vorhanden sind, ist unerheblich, Hamm FamRZ 1984, 275 mwN. Hier taucht die Frage auf, wann ein Gegenstand überhaupt zum Vermögen zu rechnen ist. Dabei ist der Vermögensbegriff, den der BGH als objektiv bewertbare, rechtlich geschützte Position definiert (FamRZ 1981, 239), hier ebenso zu verstehen wie in § 1922 (vgl § 1922 Rz 6ff), Rittner FamRZ 1961, 506. Zutr hat der BGH entgegen seiner früheren Rspr jetzt klargestellt, daß es auf das Kriterium der Vererblichkeit für die Anerkennung als Vermögenserwerb grundsätzlich nicht ankommt (BGH FamRZ 1986, 1196; BGH FamRZ 1992, 413, zur früheren Rspr: BGH FamRZ 1982, 148). Er folgt damit der hM im Schrifttum, vgl Johannsen/Henrich/Jaeger Rz 8; RGRK/Finke Rz 6; Soergel/H. Lange Rz 7; Staud/Thiele Rz 4; Gernhuber FamRZ 1984, 1053f; Schwab FamRZ 1984, 492. Mit KG FamRZ 1988, 171 daher abzulehnen Stuttgart FamRZ 1986, 466, das ein lebenslanges Nießbrauchsrecht mangels Vererbbarkeit nicht zum (End-)Vermögen rechnen will; hierzu vgl auch München FamRZ 1998, 234. So ist das Unternehmen als einheitlicher Vermögensgegenstand aufzufassen, so daß die Frage, ob gewisse Einzelbestandteile des Unternehmens, etwa der Geschäftswert oder good will Vermögenscharakter haben, nicht erst auftauchen kann, Rittner aaO. Zum Vermögen gehört ua auch die Beteiligung an Personal- und Kapitalgesellschaften, wegen des wirtschaftlichen Wertes des Geschäftsanteiles auch noch die Mitgliedschaft in einer Genossenschaft, nicht mehr aber die Zugehörigkeit zu einem Verein, auch wenn dieser großes Vermögen hat, Rittner aaO, weil die Mitgliedschaft in ihm in der Regel nicht übertragen werden kann und beim Ausscheiden keinen Abfindungsanspruch erzeugt.

3 Zum beiderseitigen Anfangsvermögen gehören auch vor der Ehe entstandene **Forderungen** zwischen den Eheleuten, die bei dem einen als Aktivum, beim anderen als Abzugsposten erscheinen; durch Erfüllung solcher Forderungen, zB durch Übereignung des geschuldeten Grundstücks, kann dann auf keiner Seite eine Veränderung des Vermögensstandes entstehen, Hamburg NJW 1964, 1076 (Übertragung des geschuldeten Erbbaurechts). Forderun-

gen, die einem Ehepartner gegen einen Dritten zustehen, fallen dann unter das Anfangsvermögen, wenn sie bereits vor der Eheschließung entstanden sind, auch wenn sie erst nach der Eheschließung fällig werden, BGH FamRZ 2002, 88 (für einen künftigen Bereicherungsanspruch); 2001, 278, 280; AG Celle FamRZ 1986, 467 (für Ansprüche nach dem Lastenausgleichsgesetz). Nicht mehr dazu zählen Forderungen, die erst durch die Eheschließung begründet werden, BGH 82, 149; Karlsruhe FamRZ 1993, 1447 (für den Witwenrentenabfindungsanspruch nach § 1302 RVO), krit hierzu Schwab FamRZ 1984, 429, 431 und AG Stuttgart FamRZ 1990, 1358, das die Erstattung von in die gesetzliche Rentenversicherung eingezahlte Beiträge zum Anfangsvermögen rechnet, anders BGH NJW 1995, 523 für die Rückerstattung der Beiträge nach § 1304 aF RVO. Forderungen aus vor dem Eintritt des Güterstandes begründeten Dauerschuldverhältnissen fallen unter das Anfangsvermögen nur insoweit, als sie bereits fällig oder als Betrag vorhanden sind; Ansprüche auf künftig fällig werdende wiederkehrende Einzelleistungen, die der Sicherung künftigen Einkommens dienen, stellen keinen gegenwärtigen Vermögenswert dar, BGH FamRZ 1981, 239 mwN (für Versorgungsrechte nach dem Bundesversorgungsgesetz; abl Schwagerl, Zum Charakter der Grundrente nach dem Bundesversorgungsgesetz, NJW 1982, 1798; vgl dazu auch Karlsruhe FamRZ 1979, 432 und Rz 7 aE); vgl auch BGH FamRZ 1980, 39 und § 1376 Rz 5. Nicht zum Anfangsvermögen zählen noch in der Entwicklung begriffene Rechte, die noch nicht zur Anwartschaft erstarkt sind, sowie bloße Erwerbsaussichten, da sie nicht das Merkmal „rechtlich geschützte Position mit wirtschaftlichem Wert" erfüllen, BGH FamRZ 2002, 88; 2001, 278, 280. Ebensowenig zählen Bereicherungsansprüche wegen rechtsgrundlos erbrachter Aufwendungen nach Beginn der Ehe zum Anfangsvermögen, München NJW-RR 2000, 449. Zum Anfangsvermögen rechnet der in einem „qualifizierten Interessenausgleich" für den Verlust des Arbeitsplatzes infolge Betriebsstilllegung zugesagte Abfindungsanspruch eines Ehegatten noch vor Eheschließung, selbst wenn der die Abfindung im einzelnen regelnde Sozialplan erst nach dem Stichtag vereinbart wird, da der qualifizierte Interessenausgleich als Betriebsvereinbarung nach § 77 IV BetrVG normativ wirkt und damit bereits eine gesicherte Anwartschaft oder jedenfalls eine vergleichbare Rechtsposition vermittelt, BGH FamRZ 2001, 278.

Zur Berücksichtigung des Wertes und Wertzuwachses von DDR-Grundbesitz nach und infolge der Wiedervereinigung im Zugewinnausgleich vgl AG Landshut FamRZ 2000, 1098 und AG Stuttgart FamRZ 2000, 1090.

3. Verbindlichkeiten. Der Begriff des Vermögens ist im BGB nicht für alle Fälle einheitlich festgelegt. Manchmal werden darunter nur die Aktiva des Vermögens verstanden (vgl § 311b II Rz 86). Deshalb wird hier klargestellt, daß bei Feststellung des Anfangsvermögens die Verbindlichkeiten abzuziehen sind. Abzuziehen sind alle Verbindlichkeiten, die der Ehegatte bei Eintritt des Güterstandes hat, mögen sie auf Privatrecht oder auf öffentlichem Recht beruhen, zB Steuerschulden – auch sogenannte latente Steuerschulden, die erst nach Veräußerung eines Vermögensgegenstandes entstehen, BGH FamRZ 1989, 1276; 1991, 43; Düsseldorf FamRZ 1989, 1181, mit Besprechung von Tiedtke FamRZ 1990, 1188, und Fischer/Winkelmann, FuR 1991, 21. Auf dem Gebiet des Privatrechts kommen in Betracht dingliche Lasten, schuldrechtliche Verpflichtungen und Verbindlichkeiten, die ihren Grund im Familienrecht (zB rückständige Unterhaltsverpflichtungen) oder im Erbrecht haben (zB bei Eintritt des Güterstandes von dem Ehegatten als Erben noch nicht erfüllte Vermächtnisse oder Pflichtteilsverbindlichkeiten). Wegen der Bewertung der Verbindlichkeiten vgl § 1376 Rz 5. 4

4. Kein negatives Anfangsvermögen. Von besonderer Bedeutung ist die Bestimmung des Abs I Hs 2, daß die Verbindlichkeiten nur bis zur Höhe des Vermögens abgezogen werden können. Sie betrifft den Fall, daß die Schulden eines Ehegatten bei Eintritt des Güterstandes sein Aktivvermögen übersteigen, daß er also überschuldet ist. Würden in diesem Fall die Schulden in vollem Umfang abgezogen, so ergäbe sich rechnerisch ein negativer Wert des Anfangsvermögens. Der Ehegatte müßte dann den andern an seinem Zugewinn während der Ehe auch insoweit beteiligen, als er diesen zur Beseitigung seiner Überschuldung verwenden müßte. Das könnte dazu führen, daß er uU zum Zwecke des Ausgleichs des Zugewinns sein ganzes Vermögen oder den größten Teil an den andern herausgeben müßte. Das wäre keine der ehelichen Schicksalsgemeinschaft entsprechende Regelung; aM Gernhuber/Coester-Waltjen, FamR § 36 III 3; MüKo/Koch Rz 11; wie hier RGRK/Finke Rz 9, 11. Ein Ehegatte soll vielmehr am Zugewinn des andern grundsätzlich nur beteiligt werden, soweit dieser bei Beendigung des Güterstandes tatsächlich vorhanden ist (Ausnahme § 1375 II). Dieses Ergebnis wird erreicht durch die Bestimmung, daß bei Berechnung des Anfangsvermögens die Verbindlichkeiten nur bis zur Höhe dieses Vermögens abzuziehen sind. Beispiel: Ein Ehegatte hat bei Beginn der Ehe Vermögen im Gesamtwert von 10 000 Euro, aber 20 000 Euro Schulden. Sein Anfangsvermögen ist dann mit Null anzusetzen, nicht etwa mit minus 10 000 Euro. Hat er während der Ehe die Schulden abgetragen und am Ende ein schuldenfreies Vermögen von 30 000 Euro, so stellt nur dieses seinen Zugewinn dar. 5

5. Hinzurechnung zum Anfangsvermögen (Abs II). Abs II erweitert den Begriff des Anfangsvermögens, an dem der andere Ehegatte beim Ausgleich des Zugewinns nicht beteiligt wird. Zu Mechanismus und Zweck des § 1374 II vgl Muscheler FamRZ 1998, 265. Der Zugewinn soll grundsätzlich nur ausgeglichen werden, soweit er auf Erwerb durch Arbeit oder Mehrung des Vermögens infolge gewinnbringender Verwertung beruht. Es ist nicht gewollt, daß ein Ehegatte an dem Vermögenszuwachs des andern beteiligt wird, der diesem auf Grund Erbrechts oder durch unentgeltliche Zuwendung zufällt. Eine entsprechende Regelung war auch für die Errungenschaftsgemeinschaft in dem früheren § 1521 vorgesehen. Die unentgeltlichen Zuwendungen werden aber nicht völlig aus der Zugewinnrechnung genommen, sondern lediglich mit ihrem Wert am Tage des Erwerbs (§ 1376 I) als Rechnungsposten zum Anfangsvermögen geschlagen. Erfahren sie eine Wertsteigerung, so erhöht sich hiermit das Endvermögen und es ergibt sich ein Zugewinn, an dem der andere Ehegatte beteiligt ist; anders für die Nacherbenstellung BGH FamRZ 1983, 882: da die **Nacherbenstellung** nur eine Vorwirkung des künftigen Erbrechts sei, gebiete es der Gedanke des § 1374 II, auch diese Wertsteigerungen zu privilegieren. Die Anwartschaft sei daher beim Anfangs- wie beim Endvermögen gleich hoch anzusetzen (ebenso Hamm FamRZ 1984, 481; abl Gernhuber FamRZ 1984, 1053, 1058; Schubert JR 1984, 23). Erfolgt die Wertsteigerung zT aufgrund eigener Leistungen des 6

§ 1374 Familienrecht Bürgerliche Ehe

Bedachten, so sollen diese wiederum beim Anfangsvermögen in Abzug gebracht werden, Hamm aaO. Zur Vermeidung dieser Schwierigkeiten und im Hinblick auf mögliche Wertverluste zu Lasten des anderen Ehegatten will Tiedtke JZ 1984, 1078, 1080 nur das Vollerbrecht privilegieren und die Nacherbenstellung weder beim Anfangsnoch beim Endvermögen berücksichtigen. Der BGH wendet die Grundsätze zur Nacherbenstellung auch auf Wertsteigerungen von Nachlaßvermögen an, die dadurch entstehen, daß sich Belastungen dieser Vermögenswerte durch Nießbrauch oder Leibgeding verringern. In beiden Fällen beruhe der Vermögenserwerb auf durch § 1374 II geschützte Vorgänge: Erwerb mit Rücksicht auf ein künftiges Erbrecht, BGH FamRZ 1990, 603; 1217; Schleswig FamRZ 1991, 943; aA Karlsruhe FamRZ 1990, 56, das darauf abstellt, daß der Wegfall der Belastung mit einem Leibgeding (Altenteil) nicht wegen eines erbrechtlichen Vorgangs nach § 1374 II eintritt; ebenso Bamberg FamRZ 1995, 607 für das Absinken des Wertes eines Leibgedings. Die Anwartschaft aus einem Erbvertrag stellt nach Koblenz FamRZ 1985, 286 mangels Übertragbarkeit keinen objektivierbaren und damit berücksichtigungsfähigen Wert dar. Sog unechter Zugewinn wird von der Rspr nach denselben Grundsätzen, die der BGH generell für das Anfangsvermögen anwendet (dazu § 1376 Rz 3), rechnerisch ausgeschieden, wobei Stichtag hier nicht der Beginn der Zugewinngemeinschaft, sondern der Zeitpunkt des Erwerbs sein soll, BGH FamRZ 1987, 791 mwN; KG FamRZ 1988, 171, 173 mwN; zur grds Kritik s § 1376 Rz 3. Erwerb von Todes wegen im Sinne des Abs II ist Erwerb auf Grund des gesetzlichen Erbrechts oder einer Verfügung von Todes wegen (Testament oder Erbvertrag); der Erwerb kann Erbschaft, Miterbenanteil, Vermächtnis oder Pflichtteil sein, sowie dasjenige, was ein Ehegatte als Abfindung für den Verzicht auf ein Erbrecht oder für die Ausschlagung einer Erbschaft oder eines Vermächtnisses erhalten hat, RGRK/Finke Rz 16. Privilegierter Erwerb iSv § 1374 II liegt auch bei der Befreiung von Verbindlichkeiten durch Konfusion vor, wenn der Ehegatte seinen Gläubiger beerbt, Düsseldorf FamRZ 1988, 287. Dem Erwerb von Todes wegen wird der Erwerb mit Rücksicht auf ein künftiges Erbrecht, zB durch Übertragsvertrag, gleichgestellt. Voraussetzung ist auch hier, daß der Erwerber keine oder keine vollwertige Gegenleistung erbringt. Es genügt, daß der Erwerb eine Verfügung von Todes wegen ersetzen und daß der Erwerber anstelle des im Fall des Todes des Veräußerers so gestellt werden soll, als hätte er den Veräußerer beerbt, Düsseldorf MDR 1972, 782. Anders als im Falle des § 1418 II Nr 2 (Vorbehaltsgut bei Gütergemeinschaft) ist nicht erforderlich, daß der Erblasser oder der Schenker bestimmt, der Erwerb solle dem Anfangsvermögen hinzugerechnet werden. § 1374 II greift selbst dann ein, wenn der Erwerb mit Rücksicht auf ein künftiges Erbrecht in die Form eines Kaufvertrages zur Vermeidung von Steuerschulden und zur Abwehr von Pflichtteilsansprüchen gekleidet wurde, BGH FamRZ 1978, 334. Eine kaufweise erworbene Nacherben-Anwartschaft fällt nicht mehr unter § 1374 II, Hamm FamRZ 1984, 481. Der Begriff der **Schenkung** in § 1374 II ist identisch mit der Schenkung nach § 516 I. Danach müssen Zuwendender und Zuwendungsempfänger darüber einig sein, daß die Zuwendung ohne Gegenleistung des Empfängers erfolgt, vgl Karlsruhe FamRZ 1974, 306, 308. Unschädlich ist insofern ein vom Schenker zurückbehaltenes Nießbrauchsrecht, das während des Güterstandes erloschen ist, Koblenz FamRZ 1983, 166. Die Schenkung muß eine Vermögensbewegung bewirken, so daß unentgeltliche Arbeitsleistungen der Eltern keine Schenkung an ihr Kind sind, BGH FamRZ 1987, 910 mwN. Zu steuerlich motivierten Scheingeschäften vgl BGH FamRZ 1986, 565. „Den Umständen nach" kann aber auch anzunehmen sein, daß die Schenkung zu den Einkünften zu rechnen ist, vgl Zweibrücken FamRZ 1984, 276 und Rz 10.

7   Insbesondere bei unentgeltlichen **Zuwendungen unter Ehegatten** kann anzunehmen sein, daß sie als ausgleichspflichtiger Zugewinn gelten sollen, vgl näher Rz 10. Die Anwendbarkeit des § 1374 II auf Schenkungen unter Ehegatten hat der BGH unter Hinweis auf die Motive des Gesetzgebers und den Ausnahmecharakter der Vorschrift verneint (FamRZ 1987, 791; ebenso die Vorinstanz Frankfurt FamRZ 1987, 62 m zust Anm Netzer; bestätigt in BGH FamRZ 1988, 374; zust auch Pal/Brudermüller Rz 15; Grünenwald NJW 1988, 109;). Anders die bislang hA (vgl München FamRZ 1987, 62; Hamburg NJW 1964, 1076; Gernhuber/Coester-Waltjen, FamR § 36 III 4 N 3; MüKo/Koch Rz 23; RGRK/Finke Rz 18; Soergel/Hermann Lange Rz 14; Staud/Thiele Rz 28). Der BGH setzt damit seine Rspr zur Rückabwicklung von Zuwendungen unter Ehegatten fort, nachdem bereits auch die sog „unbenannten Zuwendungen" unter Verneinung des Schenkungscharakters nicht unter § 1374 II fallen sollen (vgl BGH 82, 227). Die gesamte Konstruktion des BGH ist abzulehnen. Da nach hier vertretener Auffassung mögliche Rückabwicklungsansprüche des Zuwenders durch die Zugewinnausgleichsregelungen nicht verdrängt werden (vgl § 1363 Rz 4) und aus dem privilegierten Bereich die Fälle auszuklammern sind, bei denen ein solcher Erwerb nicht anzunehmen ist (Rz 10), besteht kein Anlaß, für die dann noch verbleibenden Fälle den zuwendenden Ehegatten anders zu behandeln als einen schenkenden Dritten. Ehebedingte Besonderheiten sind dann bereits berücksichtigt und im übrigen von § 1380 erfaßt; krit ebenfalls Soergel/H. Lange Rz 14. Vgl zum ganzen auch Rauscher AcP 186, 529, insbesondere 562ff; Netzer FamRZ 1988, 676 und Grünenwald, Güterrechtlicher und Schuldrechtlicher Ausgleich von Zuwendungen unter Ehegatten, 1988; Seutemann FamRZ 1989, 1023. Zum Verhältnis zu Ansprüchen wegen Wegfalls der Geschäftsgrundlage Düsseldorf FamRZ 2003, 872; München FuR 1999, 34; Löhnig FamRZ 2003, 1521; zum Gesamtkomplex vgl § 1363 Rz 4.

8   Auch **Zuwendungen der Eltern** bzw Schwiegereltern oder von Geschwistern **an die Ehegatten** um der Ehe willen zu deren dauerhafter wirtschaftlicher Sicherung, führen nach BGH FamRZ 1995, 1060; FamRZ 1995, 1056 nicht zu einer Erhöhung des Anfangsvermögens, da es sich wie bei Zuwendungen zwischen den Ehegatten nicht um Schenkung handle; vgl auch Düsseldorf NJW-RR 1996, 517, ebenso Koblenz NJW 2003, 1675 und Karlsruhe FamRZ 2002, 236 für die Schenkung eines PKW zur Erreichung der Arbeitsstelle durch nahe Verwandte als Zuwendung zur Bedarfsdeckung; anders bei in die Ehe eingebrachten Aussteuergegenständen, Celle FamRZ 2000, 226, oder bei ausdrücklicher Bezeichnung als „Erbgut" durch die Schwiegereltern eines Ehegatten, Nürnberg FuR 1998, 233; zur unentgeltlichen Überlassung von Wohnraum durch die Eltern bzw Schwiegereltern anläßlich der Eheschließung vgl München FamRZ 1998, 825. Eine elterliche Schenkung eines Grundstücks ist als Zuwendung nach § 1374 II in das Anfangsvermögen einzustellen, nicht jedoch der spätere Erwerb des auf eigene Rechnung

der Eheleute gebauten Hauses auf dem Grundstück („gemischt begründeter Vermögensanfall"), Celle FuR 2001, 526. Die Erwägungen des BGH zu den unbenannten Zuwendungen der Eheleute, wonach ein im Gesetz nicht normiertes familienrechtliches Rechtsverhältnis eigener Art vorliegt (BGH JZ 1992, 1023) können jedoch nicht auf Zuwendungen Dritter übertragen werden; vgl Tiedtke JZ 1996, 202. Zum Rückübertragungsanspruch nach den Grundsätzen des Wegfalls der Geschäftsgrundlage (§ 313) in diesen Fällen vgl BGH FamRZ 2003, 223; BGH FamRZ 1995, 1060; Köln NJW 1994, 1540. Haben Ehegatten in der Ehe auf einem Grundstück der Eltern des Mannes mit Geldern der Frau zu bauen begonnen und wird das Grundstück vor Bauende dem Sohn geschenkt, ist als privilegiertes Anfangsvermögen des Mannes fiktiv der Wert des Grundstücks ohne Baumaßnahme anzusetzen; da bei dieser Berechnung über die Wertsteigerung durch die Baumaßnahmen die von der Frau eingebrachten Gelder im Zugewinn ausgeglichen werden, scheiden daneben Ansprüche der Frau wegen Wegfalls der Geschäftsgrundlage aus, München FamRZ 2003, 312 m zust Anm Schröder.

Bei Erwerb der in Abs II bezeichneten Art sind gleichfalls die damit verbundenen Verbindlichkeiten abzuziehen; nur der Überschuß wird dem Anfangsvermögen hinzugerechnet. Abzuziehen sind also zB auch die Erbschaftsteuer, Belastungen des erbenden Ehegatten durch Vermächtnisse oder Pflichtteilsverbindlichkeiten, bei einem Übertragsvertrag die dem Ehegatten auferlegten Gegenleistungen. Die Gegenleistung – Einräumung eines Leibgedings, Übernahme der Beerdigungskosten etc – bei einem die Erbfolge vorwegnehmenden Übergabevertrag soll jedoch nach BGH FamRZ 1990, 1083; Köln FamRZ 1989, 1186 nicht abgezogen werden, da die Gestaltung solcher Verträge stark von persönlichen Beziehungen abhänge, ohne daß Leistung und Gegenleistung synallagmatisch aufgerechnet würden; im Vordergrund stehe, die gewollte Eigentumsnachfolge und das Altenteil des Übergebenden sicherzustellen. Das durch gemischte Schenkung erworbene Vermögen ist nach Abzug der Verbindlichkeiten dem Anfangsvermögen hinzuzurechnen, wenn die Gegenleistung in der Eingehung von Verbindlichkeiten besteht, Bamberg FamRZ 1990, 408. Ein Pflichtteilsanspruch gegen den Beschenkten ist nicht vom Wert der Schenkung abzuziehen, Stuttgart FamRZ 1990, 750. Macht ein Ehegatte eine überschuldete Erbschaft und erfüllt er alle Nachlaßverbindlichkeiten, ohne von der Möglichkeit Gebrauch zu machen, die Erbenhaftung zu beschränken, so wird sein Endvermögen hierdurch entsprechend gemindert; die Voraussetzungen des § 1375 II für die Hinzurechnung der Vermögensminderung zum Endvermögen werden im allgemeinen in solchen Fällen nicht vorliegen (vgl § 1375 Rz 6). Andererseits sind die Schulden, die den Nachlaßwert übersteigen, auch nicht vom Anfangsvermögen abzuziehen, denn § 1374 II will lediglich den erwerbenden Ehegatten begünstigen, RGRK/Finke Rz 21; Reinicke BB 1957, 761.

9 Nach BGH 68, 43 ist § 1374 II auf einen Vermögenserwerb, den ein Ehegatte während der Ehe durch einen **Lottogewinn** erzielt, nicht entsprechend anzuwenden, da die §§ 1363ff von einem schematisierten Zugewinnausgleich ausgehen und nicht schlechthin nur dann einen Vermögenserwerb einbeziehen wollen, wenn beide Ehegatten zu ihm in irgendeiner Weise beigetragen haben. Weiterhin sieht der BGH aaO als Grund für die Ausnahmeregelung des § 1374 II nicht allein den Umstand an, daß in den dort genannten Fällen der andere Ehegatte nicht zum Erwerb beigetragen hat, sondern auch, und zwar als wesentlichen Gesichtspunkt, daß eine derartige Zuwendung meist auf persönlichen Beziehungen des erwerbenden Ehegatten zu dem Zuwendenden oder auf ähnlichen besonderen Umständen beruht, vgl auch BGH FamRZ 1978, 334f. Dem ist zuzustimmen. Die Fälle des § 1374 II sind insoweit spezielle Ausnahmefälle, unter die der Lottogewinn nicht einzuordnen ist. § 1374 II ist eine nicht analogiefähige Ausnahmevorschrift mit einer abschließenden Aufzählung der betroffenen Fälle (vgl BGH FamRZ 1988, 593; München NJW-RR 2000, 449), so daß auch **Schmerzensgeldzahlungen** wie jeder andere Erwerb in den Zugewinn fallen; Härtefälle können über § 1381 abgefangen werden, BGH FamRZ 1981, 755. Für Renten und Abfindungen nach dem Bundesentschädigungsgesetz im gleichen Sinne vgl Zweibrücken FamRZ 1985, 710; ebenso Karlsruhe FamRZ 1979, 432 für Versorgungsleistungen nach dem Bundesversorgungsgesetz, unter Hinweis auf die gesetzliche Wertung in Hs 2. Nach BGH NJW 1995, 3113 handelt es sich bei einer **Lebensversicherungssumme**, die ein Ehegatte aus der Versicherung eines ihm nahestehenden verstorbenen Dritten erhält, um privilegiertes Vermögen iSd § 1374 II.

War umgekehrt ein Ehegatte bei Beginn des Güterstandes überschuldet und macht er später eine Erbschaft, so soll es nach dem Bericht des Rechtsausschusses (BT-Drucks 3409, 9) dabei verbleiben, daß sein Anfangsvermögen mit Null anzusetzen und der Wert der Erbschaft abzüglich der Verbindlichkeiten, die auf dieser lasten, hinzuzurechnen ist, so auch BGH FamRZ 1995, 990. Die Erbschaft soll dem erbenden Ehegatten allein zugutekommen. Diese Auffassung dürfte aber nicht unbedenklich sein. Häufig beruht die Überschuldung gerade darauf, daß jemand in Erwartung einer Erbschaft als kreditfähig angesehen wird. Es dürfte aus dieser Erwägung heraus der Billigkeit entsprechen und dem Wortlaut des § 1374 II nicht widerstreiten, die Erbschaft dem wirklichen und nicht dem mit „Null" fingierten Anfangsvermögen zuzurechnen. Es ist nicht einzusehen, weshalb ein Ehegatte sich hinsichtlich seiner Ausgleichspflicht dem andern gegenüber besser stehen soll, wenn er eine Erbschaft während der Dauer des Güterstandes macht, als wenn der Erbfall vorher eingetreten ist (vgl hierzu auch die Ausführungen und Beispiele bei Reinicke BB 1957, 760). Gleicher Ansicht MüKo/Koch Rz 16; Soergel/H. Lange Rz 10; Bärmann AcP 157, 169 u Gernhuber/Coester-Waltjen, FamR § 36 III 4; Lüderitz, FamR § 14 III 3a; aM Bamberg FamRZ 1988, 506; Reinicke aaO; Staud/Thiele Rz 33; RGRK/Finke Rz 23.

10 **6. Keine Zurechnung der Einkünfte.** Es wäre wenig sinnvoll, wollte man solche unentgeltlichen Empfänge dem Anfangsvermögen zurechnen, die nicht der Vermögensbildung, sondern lediglich dem Verbrauch dienen und somit im Endvermögen nicht mehr in Erscheinung treten, vgl BGH FamRZ 1987, 910. Die Folge wäre die fortwährende Erhöhung des Anfangsvermögens bei gleichbleibendem Endvermögen, dh es würde nicht nur eine Nichtbeteiligung des anderen Ehegatten an diesen Zuwendungen, sondern sogar seine Benachteiligung erreicht. Deshalb bestimmt das Gesetz, daß solche unentgeltlichen Empfänge nicht anzurechnen sind, die lediglich dem Verbrauch dienen. Hierbei ist vorwiegend auf wirtschaftliche Gesichtspunkte abzustellen. In Betracht kommen

§ 1374 Familienrecht Bürgerliche Ehe

also geschenkte Zuschüsse der Eltern zum Haushalt der Ehegatten, Zuwendungen für eine Erholungsreise oder bei einem Krankenhausaufenthalt, vgl Pal/Brudermüller Rz 18 u RGRK/Finke Rz 24; s auch Zweibrücken FamRZ 1984, 276. Bei Weihnachtsgratifikationen und anderen freiwilligen Leistungen des Arbeitgebers handelt es sich bereits nicht um Schenkungen. Sie stehen im Zusammenhang mit der aus dem Arbeitsvertrag geschuldeten Leistung, vgl München FamRZ 1995, 1069. Vor allem bei unentgeltlichen Übertragungen unter Ehegatten aus während der Ehe erworbenem Vermögen wird häufig anzunehmen sein, daß der geschenkte Gegenstand – bei geänderter dinglicher Zuordnung – weiter als ausgleichspflichtiger Zugewinn gelten solle (Abs II aE). Legt zB der Ehemann die gemeinsamen Ersparnisse in Wertpapieren an, dann werden beide Ehegatten zu gleichen Teilen an diesem Zugewinn beteiligt; dasselbe gilt, wenn er die Papiere anfänglich auf den Namen der Frau anschafft; errichtet er das Depot zunächst auf seinen Namen und überträgt es erst später „schenkweise" auf den Namen der Frau, etwa um ihr Mittel zu eigener Disposition, vor allem aus den Erträgnissen zu verschaffen, dann wird der Wille regelmäßig dahingehen, daß am ursprünglichen Zugewinn-Charakter nichts geändert wird. Die Auslegungsregeln der §§ 1374 II u 1380 I S 2 entsprechen dem Willen der Eheleute in solchen Fällen nur teilweise; zwar führen sie zu einer Minderung des Ausgleichsanspruchs der Ehefrau um den Wert der Zuwendung; besteht aber kein Ausgleichsanspruch, zB weil die Wertpapiere die gesamten Ersparnisse bilden, dann würde der übertragende Ehegatte nach § 1380 vom Zugewinn ausgeschlossen.

11 7. **Abweichende Vereinbarungen.** Da der Grundsatz der Vertragsfreiheit im Güterrecht weit reicht, können die Ehegatten durch Ehevertrag vom Gesetz abweichende Bestimmungen über die Berechnung des beiderseitigen Anfangsvermögens treffen. Sie können insbesondere zur Vermeidung künftiger Unklarheiten ohne Rücksicht auf den tatsächlichen Bestand und Wert die Höhe des beiderseitigen Anfangsvermögens bindend feststellen (vgl hierzu auch § 1377). Sie können durch Ehevertrag auch gewisse Vermögenswerte zu nicht ausgleichspflichtigen Vermögen eines Ehegatten erklären, die nach den gesetzlichen Vorschriften nicht zum Anfangsvermögen gehören. Umgekehrt kann das Anfangsvermögen oder das diesem hinzuzurechnende, später erworbene Vermögen auch ganz oder zum Teil für ausgleichspflichtig erklärt werden. S auch Knur DNotZ 1957, 462; im Ergebnis ebenso Hamburg NJW 1964, 1076 zur Einbeziehung vorehelichen Erwerbs durch Vorverlegung des Anfangstermins; zust Staud/Thiele Rz 39; Buschendorf, Die Grenzen der Vertragsfreiheit im Ehevermögensrecht, S 114f; aM Gernhuber/Coester-Waltjen, FamR § 36 III 5.

1375 *Endvermögen*

(1) Endvermögen ist das Vermögen, das einem Ehegatten nach Abzug der Verbindlichkeiten bei der Beendigung des Güterstands gehört. Die Verbindlichkeiten werden, wenn Dritte gemäß § 1390 in Anspruch genommen werden können, auch insoweit abgezogen, als sie die Höhe des Vermögens übersteigen.
(2) Dem Endvermögen eines Ehegatten wird der Betrag hinzugerechnet, um den dieses Vermögen dadurch vermindert ist, dass ein Ehegatte nach Eintritt des Güterstands
1. unentgeltliche Zuwendungen gemacht hat, durch die er nicht einer sittlichen Pflicht oder einer auf den Anstand zu nehmenden Rücksicht entsprochen hat,
2. Vermögen verschwendet hat oder
3. Handlungen in der Absicht vorgenommen hat, den anderen Ehegatten zu benachteiligen.
(3) Der Betrag der Vermögensminderung wird dem Endvermögen nicht hinzugerechnet, wenn sie mindestens zehn Jahre vor Beendigung des Güterstands eingetreten ist oder wenn der andere Ehegatte mit der unentgeltlichen Zuwendung oder der Verschwendung einverstanden gewesen ist.

1 1. **Endvermögen** ist das Vermögen jedes Ehegatten bei Beendigung des Güterstandes. Es kommt nur auf den Vermögensstand bei Beendigung der Zugewinngemeinschaft an. Zwischenzeitliche Schwankungen bleiben unberücksichtigt. Darin kann eine Härte für den Ehegatten liegen, der durch seine Mitarbeit zum Ausgleich von Verlusten beigetragen hat, die der andere während der Ehe erlitten hat, vgl hierzu § 1376 Rz 2. Ist, etwa wegen übergroßer Verbindlichkeiten, der Wert des Anfangsvermögens mit Null anzusetzen, so stellt der gesamte Endvermögenswert den Zugewinn dar; ein rechnerischer Ausgleich des unechten Zugewinns (vgl § 1376 Rz 3) findet dann nicht statt, BGH FamRZ 1983, 168; BGH FamRZ 1995, 990. Hinsichtlich des Einbezugs in den Zugewinnausgleich und der Eigentumslage an Haushaltsgegenständen vgl § 1372 Rz 1 aE. Zur Beweislast für Passiva im Endvermögen Köln NJW-RR 1999, 229.

2 Nach der Eherechtsreform durch das 1. EheRG sind alle **Versorgungs-Anwartschaften** und **-Aussichten**, über die ein Versorgungsausgleich nach §§ 1587ff erfolgt, vom Zugewinnausgleich ausgenommen (§ 1587 III), unabhängig davon, ob ein Versorgungsausgleich durchgeführt wird. Welche Positionen im einzelnen darunter fallen, ergibt sich aus § 1587a. Zu berücksichtigen ist bei § 1375 eine private Lebensversicherung, soweit sie Kapitalversicherung ist, vgl BGH FamRZ 1992, 1155, und zwar mit dem Rückkaufswert am Stichtag als seinem gegenwärtigen Vermögenswert, Schwab, Hdb des Scheidungsrechts, Rz 744. Zu berücksichtigen ist sie auch dann, wenn die Lebensversicherung zum Zwecke der Befreiung von der gesetzlichen Versicherungspflicht geschlossen wurde, BGH FamRZ 1984, 156; aA noch LG Krefeld NJW 1974, 368. Anrechte aus Kapital-Lebensversicherungen, die vom Arbeitgeber im Wege der sog Direktversicherung iRd betrieblichen Altersversorgung abgeschlossen worden sind, unterfallen zwar nach BGH FamRZ 1984, 156 nicht dem Versorgungsausgleich, können aber auch iRd Zugewinnausgleichs beim Endvermögen nicht berücksichtigt werden, weil sie bis zum Eintritt des Versicherungsfalles (§ 166 II VVG) nur eine Erwerbsaussicht darstellen; sie haben bis dahin keinen objektiven Wert, weil der Arbeitnehmer nicht gem § 165 I VVG kündigen und den Rückkaufswert erstattet bekommen kann; abweichend jetzt BGH FamRZ 1992, 411; 1993, 1303. Andererseits kann sie aber durch den Arbeitgeber als Versicherungsnehmer widerrufen werden, selbst wenn dieser gem § 1 II S 1 BetrAVG verpflichtet ist, dies nicht zu tun, weil diese Verpflichtung nur im Verhältnis zum Arbeitnehmer, nicht aber zur Versicherung besteht, BGH FamRZ 1984, 666; vgl aber BGH FamRZ 1992, 411. Nach Köln NJW-FER 2001, 1, ist im Endvermögen als unverfallbar eine Versorgungszusage nicht nur unter den Voraussetzungen des § 1 II S 1, I BetrAVG, sondern auch dann zu berücksichtigen, wenn bei einer betrieblichen Altersversorgung in Form der Direktversicherung die Prämien gemäß Vereinbarung zwischen Arbeitgeber und Arbeitnehmer anstelle der Vergütung gezahlt werden. Auch Anwartschaften aus einer nicht gehaltsumwandelnden Direktversicherung gehören in das Zugewinnausgleich, wenn sie zwar noch nicht bei Rechtshängigkeit nach § 1384, aber jedenfalls zum Zeitpunkt der letzten mündlichen Verhandlung unverfallbar oder unwiderruflich geworden sind, wobei es für die Bewertung der Anwartschaft beim Zeitpunkt des § 1384 verbleibt. Auch private Lebensversicherungen, die dem Versicherten die Wahl zwischen einer einmaligen Leistung und einer laufenden Rente einräumen, sind im Rahmen des Zugewinnausgleichs zu berücksichtigen. Lebensversicherungen auf Rentenbasis fallen unter den Versorgungsausgleich, § 1587a II Nr 5. Schmerzensgeldzahlungen und Verdienstausfallentschädigungen fallen ins Endvermögen, eine Berücksichtigung ihres besonderen Entstehungsgrundes und ihrer höchstpersönlichen Natur ist nur iR von § 1381 möglich, BGH 82, 145; Stuttgart FamRZ 2002, 99; aA für Schmerzensgeld Gamp JR 1981, 508. Bezüglich der nach den §§ 11, 12 und 38 Soldatenversicherungsgesetz erst nach dem Stichtag zu zahlenden Übergangsgebührnisse, -beihilfen und Ausgleichszahlungen hat der BGH entgegen der älteren Rspr verschiedener OLGe (vgl 8. Aufl) einen Einbezug in das Endvermögen abgelehnt, BGH FamRZ 1983, 881 mwN; 1980, 39; 1982, 684, und dies mit ihrer Funktion als Sicherung des zukünftigen Lebensunterhalts sowie der Unsicherheit der Anwartschaften begründet. In der Entscheidung FamRZ 1983, 882 hat der BGH zudem die vom Düsseldorf FamRZ 1980, 51 in diesem Zusammenhang vorgeschlagene Analogie zu § 2313 für unzulässig erklärt: die Norm sei eine rein erbrechtliche nicht analogiefähige Ausnahmevorschrift des Pflichtteilsrechts, die das Stichtagsprinzip des Zugewinnausgleichs durchbreche. Die unmittelbar vor dem Stichtag auf das Konto eines Ehegatten überwiesene Sozialhilfe für den Lebensunterhalt des laufenden Monats gehört nicht zum Endvermögen, da sonst der Zugewinnausgleich in die Zeit nach Beendigung des Güterstandes in die Zukunft verlängert würde, Karlsruhe FamRZ 2001, 1301. Der Inkassobestand einer Versicherungsagentur, die als Gesellschaft betrieben wird, begründet einen subjektbezogenen Vermögenswert und ist damit beim Zugewinnausgleich nicht zu berücksichtigen, Koblenz FamRZ 1979, 131. Auch Ansprüche aus Leasingvertrag können einen geldwerten Vorteil beinhalten, der dem Endvermögen hinzugerechnet wird, Bamberg FamRZ 1996, 549. Gleiches gilt für die Wertsteigerung eines Grundstücks durch Bauleistung der Eheleute, Köln NJW-RR 1995, 707, für die vom Arbeitgeber gezahlte Abfindung, Köln VersR 1997, 697 und für einen im Alleineigentum eines Ehegatten stehenden Wohnwagen, Düsseldorf FamRZ 1992, 60. Schließlich zählt zum Endvermögen auch laufendes Einkommen, das am Stichtag in Form von Bar- oder Bankguthaben vorhanden ist (BGH FamRZ 2003, 1544). Zur Behandlung von Ansprüchen auf Einkommensteuerrückerstattungen Köln FuR 1998, 368.

2. Maßgeblicher Zeitpunkt für die Bestimmung des Endvermögens ist die Beendigung des Güterstandes. In den Fällen der Scheidung (§ 1384) und des vorzeitigen Ausgleichs des Zugewinns (§ 1387) tritt für die Berechnung des Zugewinns an die Stelle der Beendigung des Güterstandes der Zeitpunkt, in dem der Scheidungsantrag bzw die Klage auf vorzeitigen Ausgleich des Zugewinns erhoben ist (vgl die Bemerkungen zu §§ 1384, 1387). 3

3. Verbindlichkeiten. Auch beim Endvermögen sind die Verbindlichkeiten des Ehegatten von dem Gesamtwert der Aktiva des Vermögens abzuziehen. Daß auch beim Endvermögen die Verbindlichkeiten im Falle der Überschuldung nur bis zur Höhe des Vermögens abgezogen werden, ergibt sich aus der in Abs I S 2 für den Sonderfall des § 1390 getroffenen gegenteiligen Regelung (vgl § 1390 Rz 3). Ohne Bedeutung ist, ob die Verbindlichkeiten einen familienrechtlichen Grund haben, beispielsweise wenn sie durch Unterhaltsleistungen an den ausgleichspflichtigen Ehegatten entstanden sind, Karlsruhe FamRZ 1986, 167 m Anm Bosch; Celle FamRZ 1991, 944. Ebenso sind sie auch dann in voller Höhe anzusetzen, wenn die Schuldenlast bereits zu einer Verringerung der nachehelichen Unterhaltslast geführt hat, BGH NJW-RR 1986, 1325. Verbindlichkeiten, die im Zusammenhang mit dem Versorgungsausgleich entstanden sind, sind aber, bedingt durch die vollständige Ausgliederung des Versorgungsausgleichsrechts (Rz 2), nicht zu berücksichtigen, Celle FamRZ 1981, 1066, 1068. Sind die Verbindlichkeiten bei der Anschaffung von Hausrat entstanden und haben die Ehegatten bei der außergerichtlichen Regelung des Hausrats keine Absprache darüber getroffen, wer diese Schuld übernimmt, so sind sie nach BGH NJW-RR 1986, 1325 vom Endvermögen des Darlehensnehmers abzuziehen. Zählt zum Endvermögen eine **Beteiligung an einer KG** (Abschreibungsgesellschaft), für die ein negatives Kapitalkonto besteht, so ist dies nicht als Verbindlichkeit abziehbar, da es weder eine gegenwärtige Verpflichtung gegenüber der KG, deren Gläubigern oder den Mitgesellschaftern zum Ausdruck bringt. Es spiegelt nur das Geschäftsergebnis der KG als ganzer wider; gem § 167 I S 2 Hs 2 HGB sind nur künftige Gewinnanteile zur Abdeckung des Verlustsaldos zu verwenden. Ebenso sind eventuelle Steuerschulden, die zwangsläufig infolge Ausscheidens des Gesellschafters (Verkauf) oder Auflösung der Gesellschaft entstünden, nicht berücksichtigungsfähig, da zum Bewertungsstichtag der Steuertatbestand nicht erfüllt ist; vgl BGH FamRZ 1986, 37. Abzusetzen sind hingegen auf die Ehezeit entfallende Einkommensteuerschulden, die erst durch eine nach dem Stichtag erfolgte Selbstanzeige festgestellt werden konnten, München FamRZ 1984, 1096. Haftet ein Ehegatte mit seinem Grundstück für eine Grundschuld wegen Betriebsschulden des anderen Gatten, der den Kredit abzahlt, so rechnet die Grundschuld im Endvermögen als Verbindlichkeit. Soweit dem Ehegatten aus der Sicherungsabrede ein Freistellungsanspruch gegen den anderen Gatten zusteht, schuldet der andere Gatte den Betrag gleichwohl nicht einmal, nämlich entweder dem Kreditgeber oder dem Gatten bei dessen dinglicher Inanspruchnahme, so daß die Schuld im Endvermögen des anderen Gatten nur einmal anzusetzen ist, Karlsruhe FPR 2002, 147. Endet der Güterstand durch den Tod eines Ehegatten und kann der andere, weil er nicht Erbe oder Vermächtnisnehmer wird, nach § 1371 II Ausgleich des Zugewinns verlangen, so sind ebenso wie bei der Berechnung des Pflichtteils (vgl § 2311 Rz 5) nicht die Verbindlichkeiten abzuziehen, die erst mit Beendigung des Güterstandes, dh hier mit dem Erbfall entstehen, insbesondere solche aus Pflichtteilsansprüchen, Vermächtnissen 4

§ 1375 Familienrecht Bürgerliche Ehe

und Auflagen, desgleichen die Erbschaftssteuer. Die Verbindlichkeit des Erben zur Befriedigung des Anspruchs des überlebenden Ehegatten auf Ausgleich des Zugewinns ist ihrerseits eine Nachlaßverbindlichkeit, aber keine Erbfall-, sondern eine Erblasserschuld. Vgl § 1378 Rz 4. Pflichtteilsansprüche sowohl des überlebenden Ehegatten selbst als auch anderer Pflichtteilsberechtigter bestimmen sich daher nach dem um die Ausgleichsverbindlichkeit verminderten Nachlaßwert. Vermächtnisse und Auflagen stehen ohnehin allen anderen Nachlaßverbindlichkeiten nach (vgl § 1973). Der Erblasser kann die Ausgleichsforderung seines Ehegatten nicht durch Anordnung von Vermächtnissen und Auflagen schmälern. Vgl § 1378 Rz 4.

5 **4. Hinzurechnung zum Endvermögen (Abs II). a) Allgemeines.** Ein Ehegatte hat zwar grundsätzlich keinen Anspruch darauf, daß der andere sein Vermögen so verwaltet, daß er einen möglichst hohen Zugewinn erzielt. Der Anspruch eines Ehegatten auf den Ausgleich des Zugewinns darf aber auch nicht durch willkürliches, unredliches Verhalten des andern vereitelt oder geschmälert werden, Rostock FamRZ 2000, 228. Daher bestimmt Abs II, daß dem Endvermögen eines Ehegatten bestimmte Beträge zuzurechnen sind, um die sein Vermögen nach Eintritt des Güterstandes vermindert worden ist. Allen Fällen gemeinsam ist die unsachgemäße und ehewidrige Verwendung des Vermögens. Zum Auskunftsanspruch bei Verdacht einer illegalen Vermögensverfügung Bremen FamRZ 1999, 94 sowie zur Darlegungslast im Rahmen von § 1375 II AG Köln FamRZ 1999, 95. Der Schutz des § 1375 II ist aber nur begrenzt, denn § 1378 II beschränkt zugunsten der Gläubiger die Höhe der Ausgleichsforderung auf den Wert des tatsächlich vorhandenen Vermögens, vgl § 1378 Rz 4. Die Aufzählung in Abs II ist abschließend, die Vorschrift insgesamt eng auszulegen, Karlsruhe FamRZ 1986, 167. Ein Auskunftsanspruch über Verbleib und Verwendung von zB Spargutshaben wegen des Verdachts illoyaler Vermögensminderungen iSd II kann nicht auf § 1379 gestützt werden, der sich nur auf das Endvermögen im Zeitpunkt des Scheidungsantrages bezieht (§ 1384). Ein Auskunftsanspruch kommt vielmehr nur ausnahmsweise nach § 242 in Betracht, wenn und soweit der Ehegatte Auskunft über einzelne Vorgänge verlangt und konkrete Anhaltspunkte für ein Handeln iSd II vorträgt, BGH FamRZ 2000, 948, 950.

6 **b) Zu Abs II Nr 1.** Wegen des Begriffs der unentgeltlichen Zuwendung vgl § 516 Rz 4, 7f, wegen des Begriffs der Schenkungen, durch die einer sittlichen Pflicht oder einer auf den Anstand zu nehmenden Rücksicht entsprochen wird, die Bemerkungen zu § 534. Unentgeltlich sind auch Zuwendungen an Abkömmlinge oder sonstige Verwandte mit Rücksicht auf deren künftiges Erbrecht. Der Anspruch des Ehegatten auf den Ausgleich des Zugewinns darf hierdurch nicht beeinträchtigt werden. Zuwendungen im Wege einer vorweggenommenen Erbfolge sind ihm gegenüber so zu behandeln, als wären sie erst nach dem Tode des Erblassers erfolgt. Dagegen entspricht die Gewährung einer Ausstattung an ein Kind, soweit sie das den Umständen entsprechende Maß nicht übersteigt (vgl dazu § 1624), regelmäßig einer sittlichen Pflicht. Gleiches hat München FamRZ 1985, 814 für die Zuwendung von ⁷/₈ eines Grundstücks an die einzige Tochter unter Hinweis auf die Idee der Familiengemeinschaft und den gemeinsamen Willen der Eheleute, das Grundstück der Tochter in jedem Falle im Erbwege zukommen zu lassen, angenommen. Es betont, daß bei Vorliegen einer Schenkung aus sittlicher Pflicht – im Gegensatz zur Anstandsschenkung – die Üblich- und Gebräuchlichkeit des Geschenks unerheblich ist. Im Einzelfall kann die Abgrenzung zwischen vorweggenommener Erbfolge und Gewährung einer Ausstattung zweifelhaft sein. Die Ausstattung wird im allgemeinen im Verhältnis zum vorhandenen Vermögen geringer sein; sie dient auch den in § 1624 angeführten besonderen Zwecken (Begründung oder Erhaltung einer selbständigen Lebensstellung). Vgl Schmid, Ausstattung und Schenkung, BWNotZ 1971, 29ff. Auch Leistungen, die als vorzeitiger Erbausgleich für das nichteheliche Kind nach § 1934d erbracht werden, sind nicht unentgeltlich. Unentgeltliche Zuwendungen unter den Ehegatten selbst fallen dem Sinn und Zweck der Vorschrift entsprechend nicht unter diese (vgl auch Abs III); auch sie sind zwar nach § 1380 II dem Zugewinn des Ehegatten, der die Zuwendungen gemacht hat, hinzuzurechnen, andererseits aber gemäß § 1380 I dem anderen Ehegatten auf seine Ausgleichsforderung anzurechnen.

Gehört zum Vermögen eines Ehegatten die **Beteiligung an einer Personengesellschaft** und bestimmt der Gesellschaftsvertrag, daß beim Tode eines Gesellschafters die Gesellschaft unter den übrigen fortgesetzt werden soll, ohne daß die Erben abgefunden werden, so liegt in dieser Klausel in der Regel eine unentgeltliche Verfügung zugunsten der Mitgesellschafter, vgl § 1376 Rz 6–9; § 2311 Rz 7.

7 **c) Zu Abs II Nr 2.** Die Ausgaben sind als Verschwendung zu bewerten, wenn sie den Verhältnissen entsprechend unangemessen und unvernünftig hoch sind, vgl Karlsruhe FamRZ 1986, 167 m Anm Bosch. Übermäßige Schenkungen (Nr 1) können sich zugleich als Verschwendung darstellen. Das Verbrennen von Bargeld aus Wut und Enttäuschung über das Scheitern der Ehe erfüllt sowohl den Tatbestand der Verschwendung nach Nr 2 als auch den der Benachteiligungsabsicht nach Nr 3; dabei sind für eine Verschwendung nicht die Motive maßgebend, sondern daß die Maßnahme objektiv unnützig und übermäßig ist und zu den Einkommens- und Vermögensverhältnissen in keinem Verhältnis steht, Rostock FamRZ 2000, 288. Hierzu reicht ein großzügiger Lebensstil oder ein Leben über die Verhältnisse allein noch nicht aus, BGH FamRZ 2000, 948, 950.

8 **d) Zu Abs II Nr 3.** Zur Absicht der Benachteiligung vgl § 2287 Rz 2, 4f. Die Benachteiligungsabsicht muß das entscheidende, wenn auch nicht das einzige Motiv des Ehegatten gewesen sein, BGH FamRZ 2000, 948, 950; KG FamRZ 1988, 171, 173; Frankfurt FamRZ 1984, 1097; Düsseldorf FamRZ 1981, 806. Das Bewußtsein einer Benachteiligung genügt nicht. Nr 3 hat besonders dann Bedeutung, wenn die Voraussetzungen der Nr 1 und 2 nicht vorliegen, wenn zB ein Ehegatte einen Vermögensgegenstand erheblich unter Wert verkauft hat, ohne daß der Wille der Vertragsparteien dahinging, den Käufer mit dem Wertunterschied zu bereichern (vgl § 516 Rz 6). Zur Problematik der Vernichtung von Vermögenswerten im Zusammenhang mit einem Selbstmordversuch vgl Frankfurt FamRZ 1984, 1097 mwN. Dort wird die Anwendung von Nr 3 im Ergebnis mit Hinweis auf die eheliche Schicksalsgemeinschaft abgelehnt.

9 **5. Ausschluß der Hinzurechnung zum Endvermögen (Abs III).** Die Zehnjahresfrist entspricht, soweit es sich um Schenkungen handelt, derjenigen des § 2325 III im Pflichtteilsrecht. Es soll schon im Hinblick auf Beweis-

schwierigkeiten nicht auf zu lange zurückliegende Vorgänge zurückgegriffen werden. Nach der 5. Aufl soll bereits die Eingehung einer Verbindlichkeit genügen, um die Frist in Lauf zu setzen, weil bereits die Verpflichtung eine Vermögensminderung im Sinne des § 1375 II begründe. Dem ist insoweit zuzustimmen, als nach § 1375 I das Endvermögen unter Abzug der Verbindlichkeiten ermittelt wird. Daraus kann aber nicht der Schluß gezogen werden, daß auch für die Fristberechnung der Verpflichtungstatbestand maßgebend sei, so aber MüKo/Koch Rz 35; Staud/Thiele Rz 36; Pal/Brudermüller Rz 12. Damit würde ein unzutreffender Bezugspunkt für die ratio legis des § 1375 III gewählt. Wie bei § 2325 III soll auch mit § 1375 III nach den Vorstellungen des Gesetzgebers ein Rückgriff auf lange zurückliegende Vorgänge vermieden werden (vgl RegE I und II zum GleichberG, BT-Drucks I 3802, 57 und II 224, 4). Dazu gehört aber nicht nur, daß allein auf der Verpflichtungsebene eine Vermögensminderung eingetreten ist. Vielmehr ist nach der gesetzgeberischen Konzeption erst dann ein Rückgriff auf Vermögensminderungen ausgeschlossen, wenn der Gegenstand auch auf der Verfügungsebene zumindest entäußert und vor allem überdies wirtschaftlich genutzt oder das Vermögen ausgeschöpft war. Nach diesem Maßstab sind die fraglichen Einzelfälle zu beurteilen. Zur grundsätzlichen Problematik und speziell zur Frist bei „Abfindungsklauseln in Gesellschaftsverträgen" vgl Heckelmann, Abfindungsklauseln in Gesellschaftsverträgen, 1973, § 11 A VI 1 und 2, S 253, 261. Auch das Einverständnis des andern Ehegatten mit einer unentgeltlichen Zuwendung oder mit der Verschwendung schließt die Hinzurechnung aus. Ein Einverständnis ist aber nicht schon deshalb anzunehmen, weil der andere Ehegatte der unentgeltlichen Zuwendung oder verschwenderischen Maßnahme nicht ernstlich und nachdrücklich widersprochen hat.

6. Abweichende Vereinbarungen. Die Feststellung des für die Berechnung des Zugewinns maßgebenden Endvermögens kann von den Ehegatten durch Ehevertrag abweichend geregelt werden (vgl dazu Knur DNotZ 1957, 475). Ein Ehevertrag, der die Bestimmungen des Abs II außer Kraft setzte, wäre dagegen bedenklich, vgl Staud/Thiele Rz 39; MüKo/Koch Rz 37; ein Ehegatte darf sich nicht im voraus einen Freibrief geben lassen, durch Handlungen der in Abs II bezeichneten Art den Anspruch des andern auf Ausgleich des Zugewinns zu vereiteln.

1376 Wertermittlung des Anfangs- und Endvermögens

(1) Der Berechnung des Anfangsvermögens wird der Wert zugrunde gelegt, den das beim Eintritt des Güterstands vorhandene Vermögen in diesem Zeitpunkt, das dem Anfangsvermögen hinzuzurechnende Vermögen im Zeitpunkt des Erwerbs hatte.

(2) Der Berechnung des Endvermögens wird der Wert zugrunde gelegt, den das bei Beendigung des Güterstands vorhandene Vermögen in diesem Zeitpunkt, eine dem Endvermögen hinzuzurechnende Vermögensminderung in dem Zeitpunkt hatte, in dem sie eingetreten ist.

(3) Die vorstehenden Vorschriften gelten entsprechend für die Bewertung von Verbindlichkeiten.

(4) Ein land- oder forstwirtschaftlicher Betrieb, der bei der Berechnung des Anfangsvermögens und des Endvermögens zu berücksichtigen ist, ist mit dem Ertragswert anzusetzen, wenn der Eigentümer nach § 1378 Abs. 1 in Anspruch genommen wird und eine Weiterführung oder Wiederaufnahme des Betriebs durch den Eigentümer oder einen Abkömmling erwartet werden kann; die Vorschrift des § 2049 Abs. 2 ist anzuwenden.

Schrifttum: *Schröder*, Bewertungen im Zugewinnausgleich, 3. Aufl 2002.

1. Die Vorschrift regelt die **Bewertung des Anfangs- und Endvermögens sowie der Verbindlichkeiten.** Die Regelung ist im Grundsatz klar und einfach, kann aber in der Praxis zu erheblichen Schwierigkeiten führen, insbesondere bei der Bewertung des Anfangsvermögens, da hierfür ein Zeitpunkt maßgebend ist, der unter Umständen lange Jahre zurückliegt. Zur Darlegungs- und Beweislast des Zugewinnausgleichsberechtigten Köln NJW-RR 1999, 229.

2. Grundsätzliches zur Bewertung

Maßgebend für die Feststellung, ob ein Zugewinn vorhanden ist, ist der Vergleich zwischen dem Wert des Anfangsvermögens und dem Wert des Endvermögens. Es ist möglich, daß bei Beendigung des Güterstandes das Vermögen eines Ehegatten sich unverändert aus denselben Gegenständen zusammensetzt wie bei Eintritt des Güterstandes, daß aber gleichwohl der Gesamtwert des Vermögens höher oder niedriger ist (vgl § 1374 Rz 2). Eine Wertsteigerung kann sich auch bei unveränderter Zusammensetzung des Vermögens und, ohne daß etwa einzelne Vermögensgegenstände in ihrem tatsächlichen Bestande verbessert worden sind, aus sonstigen Gründen ergeben, insbesondere aus einer Änderung der Umstände, die im Verkehr für die Bewertung maßgebend sind. Zur Berücksichtigung des Wertzuwachses von DDR-Grundbesitz nach und infolge der Wiedervereinigung beim Zugewinnausgleich Düsseldorf FamRZ 1999, 226 und Bergschneider FamRZ 1999, 1068; Lipp FamRZ 1998, 597; Kogel FamRZ 1998, 596. Ein Grundstück kann eine Wertsteigerung erfahren haben, weil es früher nur als Ackerland geeignet war, inzwischen aber Bauland geworden ist oder weil die Gegend inzwischen stärker besiedelt worden ist. Umgekehrt kann ein Haus infolge einer Änderung des allgemeinen Wohngeschmacks oder Vorbeiführung einer neu angelegten lauten und verkehrsreichen Umgehungsstraße an Wert verloren haben. Der Wert der Einrichtung eines Betriebes kann durch Abnutzung gesunken sein. Wertpapiere können im Kurs gestiegen oder gefallen sein. Alle diese Umstände sind für die Feststellung des Zugewinns von Bedeutung. Eine Wertsteigerung führt zu ausgleichspflichtigem Zugewinn. Ist der Wert des Vermögens seit Eintritt des Güterstandes gesunken, so ergibt sich ein Zugewinn nur dann, wenn der Ehegatte anderweitig, den Wertverlust übersteigende Gewinne gemacht hat. Wertverschiebungen gehen also zugunsten und zu Lasten beider Ehegatten. In erster Linie berühren sie den Vermögensinhaber; zugleich ergibt sich aber für den andern Ehegatten hierdurch ein höherer oder geringerer Ausgleichsanspruch, unter Umständen entfällt ein solcher für ihn überhaupt. Hat ein Ehegatte zwar gewinnbringend in

§ 1376 Familienrecht Bürgerliche Ehe

seinem Geschäftsbetrieb gearbeitet, andererseits aber in gleicher Höhe Vermögensverluste erlitten, etwa durch Kurssturz von Wertpapieren oder Abbrennen eines nicht feuerversicherten Hauses, so übersteigt der Wert seines Endvermögens den des Anfangsvermögens nicht, und der andere Ehegatte kann keine Ausgleichsforderung geltend machen, dies auch dann nicht, wenn er etwa in erheblichem Umfang im Geschäft des Ehegatten mitgearbeitet und dieser nun noch ein beträchtliches Vermögen hat. Diese Regelung kann im Einzelfall zu unbefriedigenden Ergebnissen führen. Bei Mitarbeit eines Ehegatten im Geschäft des anderen kann mit der Annahme einer Innengesellschaft geholfen werden. Im Grundsatz gilt, daß das Anfangsvermögen nach seinem Wert bei Eintritt des Güterstandes, das Endvermögen nach dem Wert bei Beendigung des Güterstandes zu berechnen ist (vgl BT-Drucks Nr 224, 42f). Nur wenn anderenfalls die Wertfeststellungen erheblich erschwert oder unmöglich zu werden drohen, können sie iR eines selbständigen Beweisverfahrens gem § 485 ZPO getroffen werden; im allgemeinen bleiben die Gatten zur Wertfeststellung auf der Auskunftsanspruch gem § 1379 angewiesen, LG Lüneburg FamRZ 1984, 69. Als Wertmesser kommt dabei nur der jeweilige Geldwert in Betracht, was selbstverständlich auch für Geld selbst gilt, Frankfurt FamRZ 1983, 395, Hamm FamRZ 1984, 275. Unrichtig Kleinheyer FamRZ 1957, 285; Thierfelder FamRZ 1959, 225; 1960, 184 sowie 1963, 328 und ihnen folgend LG Berlin FamRZ 1965, 438, nach denen bei „nämlichen Gegenständen" stets auf den „effektiven" Wert zu beiden Zeitpunkten, nicht auf den Geldnennbetrag abzustellen ist. Das widerspricht aber dem Wortlaut des § 1376.

3 Die Erfahrungen, insbesondere aus den letzten Jahrzehnten, zeigen allerdings, daß auf lange Sicht im allgemeinen nicht mit einer Erhöhung, sondern mit einem Absinken der Kaufkraft des Geldes zu rechnen ist. Daraus ergeben sich nach der Konstruktion des Gesetzes Wertsteigerungen, durch die der ausgleichsberechtigte Ehegatte begünstigt wird. Mit Recht sprechen deshalb Thierfelder aaO in diesen Fällen von formellem, RGRK/Scheffler, 11. Aufl § 1391 Anm 19 von scheinbarem, RGRK/Finke Rz 17 und 21 von **unechtem Zugewinn**. Auch dieser begründet jedoch wegen der formalen Gesetzestechnik, die ausschließlich auf den in Geld zu bemessenden Wert abstellt, einen Ausgleichsanspruch, dem aber im Einzelfall das Leistungsverweigerungsrecht aus § 1381 entgegengesetzt werden kann, vgl § 1381 Rz 3; KG MDR 1971, 580f; Soergel/H. Lange Rz 9, weil das Institut des gesetzlichen Zahlungsmittels naturgemäß für Gläubiger und Schuldner gleichermaßen die Möglichkeit von Gewinnen oder Verlusten durch Veränderungen der Kaufkraft in sich trage. Auszugleichen ist bei Grundstücken nicht nur eine Wertsteigerung durch realen Vermögenszuwachs (zB Baumaßnahmen), sondern auch eine bloße Wertveränderung. Der BGH hat seine in BGH 61, 385 und FamRZ 1975, 87; 1978, 332f begründete Auffassung in FamRZ 1984, 31f bekräftigt, die eine Einbeziehung unechter Zugewinne in die Ausgleichsregelung generell ablehnt (zustimmend MüKo/Koch § 1373 Rz 6ff; Pal/Brudermüller Rz 12; Staud/Thiele § 1373 Rz 12ff; kritisch Lange JZ 1974, 293; Medicus DB 1974, 759, 762), weil ein Ausgleich entwertungsbedingter Wertsteigerungen mit dem Zweck der Zugewinngemeinschaft schlechthin unvereinbar sei; die Nachteile, die der Kaufkraftschwund dem Ausgleichspflichtigen bringe, dürften nicht noch außerdem Ausgleichsvorteile für den anderen Gatten bewirken. Ein Billigkeitsausgleich nach § 1381 komme nicht in Betracht, weil es nicht um ein Problem der Einzelfallgerechtigkeit, sondern vielmehr um die Auswirkung eines allgemeinen wirtschaftlichen Sachverhalts gehe. Daher bestimmt der BGH den Zugewinn nicht nach der Differenz der Nominalwerte, sondern nach der Differenz zwischen dem auf Grund des Lebenshaltungskostenindex hochgerechneten Anfangsvermögen und dem jetzigen Endvermögen (ursprüngliches Anfangsvermögen mal Lebenshaltungskostenindex des Endvermögensstichtags geteilt durch Lebenshaltungskostenindex des Anfangsvermögensstichtags = Bereinigtes Anfangsvermögen). Diese Rspr ist in der Grundlage und in den Konsequenzen abzulehnen. In der Sache ist augenfällig das Nominalismusprinzip aufgegeben worden. Diese Einbruchstelle ebnet den Weg für weitere Abweichungen vom Nominalismusprinzip. Der BGH statuiert hier eine automatische Indexierung, für die er auch bei nur geringfügiger Entwertung keine Begrenzung mehr aufstellt. Außer diesen Bedenken verschiebt diese Rspr auch die materiellen Grundlagen des vom Gesetzgeber angestrebten schematischen Zugewinnausgleichs. Während unechte Zugewinne eliminiert bleiben sollen, muß umgekehrt der Ausgleichsberechtigte Währungsentwertungen hinnehmen. Überdies verzerrt die vom BGH vorgenommene pauschale Indexierung des Anfangsvermögens die für die verschiedenen der Bewertung unterliegenden Gegenstände maßgebenden Eigengesetzlichkeiten des jeweiligen Bewertungsmaßstabs. Daß insoweit für Grundstücke anderes gilt als für Wertpapiere, Gesellschaftsbeteiligungen, Kunstgegenstände usw, bedarf keiner näheren Erläuterung. Zudem ergibt der deutsche Lebenshaltungskostenindex etwa für die Bewertung im Ausland gelegener Grundstücke oder ausländischer Kapitalbeteiligungen keinerlei Aussagekraft. Zutr wendet daher das AG Bad Säckingen FamRZ 1997, 611 auf ausländische Immobilien nicht den deutschen Lebenshaltungskostenindex an. Dazu kommen praktische Schwierigkeiten, etwa die Trennung echter und unechter Zugewinne, zB bei Grundstücken, für die sich schwerlich sauber scheiden läßt, zu welchem Anteil die nominelle Werterhöhung auf echter Wertsteigerung und Währungsentwertung beruht. In jedem Fall ist der vom BGH gewählte Maßstab des Lebenshaltungskostenindex ungeeignet, weil er sich auf Verbrauchsgüter bezieht, während es bei § 1376 fraglichen langlebigen Wirtschaftsgüter bezieht (vgl dazu auch Lüderitz, FamR § 14 III 3e). Kogel (FamRZ 2003, 278) tritt daher auch gegen den verbrauchsgüterbezogenen Lebenshaltungskostenindex und für den Baukostenindex ein. Mit Johannsen/Henrich Rz 22 ist allerdings festzustellen, daß sich diese Rspr mittlerweile gefestigt und in der Praxis durchgesetzt hat (vgl für die vom BGH zugrundegelegten Tabellen zum Indexierungsverfahren Brudermüller/Klattenhoff, Tabellen zum Familienrecht, 23. Aufl 2002, zu (I und II). Preisveränderungen, die auf ungewöhnliche Verhältnisse bei Eintritt oder Ende des Güterstandes zurückgehen und in diesem Zeitpunkt von einem besonnenen Betrachter als vorübergehend zu erkennen sind, brauchen nicht berücksichtigt zu werden; siehe dazu BGH NJW 1965, 1589 für den Tiefstand der Berliner Grundstückspreise nach dem Chruschtschow-Ultimatum von 1958 (zu § 2311); siehe auch BGH 13, 45 für administrierte Preise. Ist ein Grundstück zu Anfang und Ende des Güterstandes vorhanden, dann sind wertverbessernde Aufwendungen Zugewinn; normaler Erhaltungsaufwand steigert den inneren Wert nicht und kann deshalb für das Leistungsverweigerungsrecht nach § 1381 berücksichtigt werden; ebenso München NJW 1968, 798 und, mit abweichender Begründung, LG Berlin FamRZ 1965, 438. Ein unbefriedigendes Ergebnis bleibt aber in Fällen zu verzeichnen, in denen ein Ehegatte trotz langjähriger fleißiger Mitarbeit im Geschäft des andern keine Ausgleichsforderung hat, weil dieser entweder keinen Zugewinn erzielt hat oder der erzielte Gewinn früher oder später durch eingetretene Verluste weggefallen ist. Der Mann hat zB sein Anfangsvermögen von 50 000 Euro während der Dauer der Ehe durch Insolvenz verloren, später aber wieder neues Vermögen in dieser Höhe erworben; er hat dann keinen ausgleichspflichtigen Zugewinn. § 1381 ist in diesem Falle nicht anwendbar, weil er nur eine Herabsetzung, nicht auch eine Erhöhung der Ausgleichsforderung über das sich aus den gesetzlichen Bestimmungen ergebende Maß hinaus ermöglicht, ebenso RGRK/Scheffler[11] § 1372 Anm 6.

3. Maßgeblicher Zeitpunkt für die Bewertung des Anfangsvermögens ist der Eintritt des Güterstandes, im Regelfall also der Tag der Eheschließung, bei den übergeleiteten Güterständen der 1. 7. 1958, sonst der Abschluß eines entsprechenden Ehevertrages. Der **Stichtag** für die Bewertung des **Endvermögens** ist der Tag der Beendigung des Güterstandes, also der Tag des Abschlusses eines Ehevertrages, der den Güterstand der Zugewinngemeinschaft aufhebt (§§ 1408, 1414) oder den Ausgleich des Zugewinns ausschließt, oder der Tag, der in diesem Ehevertrag vereinbart ist. Bei Scheidung ist der Zeitpunkt der Rechtshängigkeit des Scheidungsantrags (§ 1384), bei Klage auf vorzeitigen Ausgleich der Zeitpunkt der Klageerhebung (§ 1387) maßgebend. Wertänderungen, die nach diesen Terminen eintreten, sind grundsätzlich nicht mehr zu beachten. So fällt ein vor dem Scheidungsantrag aufgelassenes, aber noch nicht eingetragenes oder vorgemerktes dingliches Grundstücksrecht in den Zugewinn, Köln FamRZ 1983, 813 (Erbbaurecht). Mit der Fixierung der Vermögenswerte zum Bewertungsstichtag sind Wertkorrekturen nach der Systematik des Zugewinnausgleichs ausgeschlossen. Das Risiko nachträglicher Vermögensminderungen durch die Notwendigkeit der Veräußerung von Vermögensgegenständen zum Zweck der Erfüllung des Ausgleichsanspruchs gehen grundsätzlich zu Lasten des Ausgleichsschuldners. Nur unter den von § 2331a her zu interpretierenden generalklauselartigen Voraussetzungen des § 1382 (vgl § 1382 Rz 2) kann in Extremfällen bei Erfüllungsschwierigkeiten mit einer Stundung der Ausgleichsschuld geholfen werden. Kürzungen des Ausgleichsanspruchs nach § 1381 kommen nicht in Betracht, weil diese Vorschrift nicht zur Behebung von Erfüllungsschwierigkeiten konzipiert ist, sondern Störungen in den Grundlagen des schematischen Ausgleichs mildern soll, vgl § 1381 Rz 3. Würde man bereits bei der Berechnung des Endvermögens Abschläge zulassen, wäre das starre Ausgleichssystem, das nur durch § 1382 gemildert werden kann, in seinen Wertungsgrundlagen überspielt. Eine Ausdehnung des Schuldnerschutzes über die Grenzen des § 1382 hinaus ist daher unzulässig.

4. Bewertung des Vermögens und der Verbindlichkeiten

Um den Gesamtwert des Anfangs- und des Endvermögens festzustellen, muß ermittelt werden, welche einzelnen Vermögensgegenstände in dem jeweiligen Zeitpunkt zum Anfangs- bzw zum Endvermögen gehört haben und welchen Geldwert sie bei Eintritt bzw bei Beendigung des Güterstandes hatten. Die Summe aller Verbindlichkeiten ist abzuziehen. Der Wert ist mangels einer besonderen gesetzlichen Bestimmung der durch die allgemeine Verkehrsanschauung bestimmte gemeine Wert, BayObLG FamRZ 1958, 284, also der volle und wirkliche Wert, allg Meinung, vgl nur BGH FamRZ 1986, 37, 39 mwN, nicht ein für steuerliche Zwecke festgesetzter Einheitswert, aber auch nicht ein Liebhaberwert. Der bei vielen Gebrauchsgegenständen meist erheblich niedrigere Liquidationswert ist nur maßgeblich, wenn die Gegenstände infolge des Zugewinnausgleichs zu versilbern sind; so nochmals BGH FamRZ 1986, 37, 40; Gernhuber/Coester-Waltjen, FamR § 36 V 6; Staud/Thiele Rz 11. Ein nur vorübergehender Wertverlust durch Rezessionsschwankung am Grundstücksmarkt ist nicht zu berücksichtigen, wenn überhaupt keine Verkaufsabsicht bestand, BGH FamRZ 1986, 37. Verbindlichkeiten, für die im Außenverhältnis nur ein Ehegatte haftet, können gleichwohl beim Anfangs- und Endvermögen beiden Ehegatten anteilig zugerechnet werden, wenn sie zu rein familiären Zwecken aufgenommen wurden, Koblenz FamRZ 1998, 238. Waren die Gatten einem Dritten als **Gesamtschuldner** verpflichtet, so darf diese Verpflichtung im Zusammenhang mit der Zugewinnausgleichsberechnung im Ergebnis nur der Innenverhältnisquote entsprechend in Ansatz kommen, BGH FamRZ 1991, 1162; 1987, 1239; 1983, 795; Karlsruhe FamRZ 1991, 1195; Frankfurt FamRZ 1985, 482. Köln FamRZ 1988, 287 hat den Gesamtschuldnerausgleich nach § 426 zwischen den Ehegatten auf Leistungen beschränkt, die für die Zeit nach Rechtshängigkeit des Scheidungsverfahrens auszugleichen sind und im übrigen einen Vorrang der güterrechtlichen Vorschriften gesehen. Dem ist der BGH FamRZ 1987, 1239; 1988, 920; 1988, 1031; 1989, 147, entgegengetreten. Danach ist, unabhängig vom Zeitpunkt der Rechtshängigkeit des Scheidungsverfahrens, die Gesamtschuld unter Beachtung des Gesamtschuldnerausgleichs in die Vermögensbilanz einzustellen, so daß der Gesamtschuldnerausgleich das Ergebnis des Zugewinnausgleichs nicht verfälschen könne. Vgl dazu auch BGH FamRZ 1983, 795, 797; 1988, 264; 1988, 373; Nickl NJW 1991, 3124; Kotzur, Die Rechtsprechung zum Gesamtschuldnerausgleich unter Ehegatten, NJW 1989, 817. Für „Die Berechnung des Zugewinns – Probleme im Zusammenhang mit Grundstücken" vgl Pade, Diss Göttingen 1973; zum Verhältnis Gesamtschuldner – zu Zugewinnausgleich vgl Rainer Bosch FamRZ 2002, 366; Gerhards FamRZ 2001, 661; zur Bewertung eines vom Grundstückswert abzuziehenden Wohnrechts eines Dritten vgl Koblenz FamRZ 1988, 64. Bei Kapitalversicherungen ist der Zeitwert an dem in Betracht kommenden Stichtag maßgebend, BGH FamRZ 1984, 666; vgl auch Stuttgart FamRZ 1993, 192; BGH NJW 1995, 2781 zur Bewertung einer Anwartschaft aus einer Lebensversicherung; Johannsen/Henrich/Jaeger Rz 11 mwN, bei Wertpapieren der Kurswert, Staud/Thiele Rz 32f; aA LG Berlin FamRZ 1965, 438, das den „wahren Wert" des Kapitalanteils ermitteln will, auch wenn der Aktionär an der Börse mehr oder weniger erlösen kann. Ein Anrecht auf „Alterskapital" gegen den Arbeitgeber ist mit einem durch Abzinsung ermittelten Wert zu dem für die Ermittlung des Endvermögens maßgebenden Bewertungsstichtag in Ansatz zu bringen, BGH FamRZ 2003, 153. Nach Frankfurt FamRZ 1980, 576 ist der Wert eines Hausgrundstücks nach der aufgrund des BBauG erlassenen VO über Grundsätze für die Ermittlung des Verkehrswertes von Grundstücken idF v 15. 8. 1972 zu bestimmen, wobei je nach Lage des Einzelfalls aus dem Vergleichs-, Ertrags- oder Sachwertverfahren ein berichtigter Wert zu ermitteln ist (ausführlich zur Immobilienbewertung BGH FamRZ 1986, 37, 39f). Bei einer Grundstücksschenkung der Eltern eines Ehegatten an diesen mit vereinbarter Rückfall-

§ 1376 Familienrecht Bürgerliche Ehe

klausel bei Veräußerung oder Belastung des Grundstücks handelt es sich um eine bedingte und damit unsichere Rechtsposition, die für den Zugewinn nur mit dem Schätzwert (einem Bruchteil ds Verkehrswerts) in das Anfangs- und Endvermögen einzustellen ist, München FamRZ 2000, 1152. Der Schätzwert bei unsicheren Positionen ist ggfs durch Einholung eines Sachverständigengutachtens zu bestimmen, BGH FuR 2002, 501. Kautionen sind als sog unsichere Rendite nur mit ihrem Schätzwert, für den der Inhaber beweispflichtig ist, in die Vermögensbilanz einzustellen; ohne verläßliche Schätzung gehören sie dagegen in voller Höhe in das Endvermögen (Karlsruhe FamRZ 2003, 432). Dauernde Nutzungsberechtigungen sind zu kapitalisieren; zur Bewertung eines lebenslangen Nießbrauchs vgl KG FamRZ 1988, 171: anhand objektiver Kriterien zu ermittelnder Schätzwert, für den die aufgrund ex-post Schätzung berechnete mutmaßliche Lebensdauer des Berechtigten am Stichtag maßgeblich ist; zur Berücksichtigung und Bewertung von Nießbrauchrechten vgl BGH FamRZ 1988, 593; Stuttgart FamRZ 1986, 466 und § 1374 Rz 2. Zur Bewertung eines Wiederkaufsrechts vgl BGH FuR 1993, 353. Laufende Ansprüche auf Lohn, Gehalt, Rente, Miete, Pacht und ähnliches rechnen nicht zum Vermögen, sondern zu den Einkünften, das Vermögen stellen nur rückständige Ansprüche dieser Art und die eingezogenen, noch vorhandenen Beträge dar. Vgl näher § 1374 Rz 2f, § 1375 Rz 1. Dagegen ist dem Vermögen zuzurechnen der Restbetrag einer in Raten zahlbaren Kaufpreisforderung. Bei noch nicht fälligen Forderungen ist unter Umständen ein Zwischenzins in Abzug zu bringen, aA MüKo/Koch Rz 15; Staud/Thiele Rz 36; Soergel/H. Lange Rz 15; wie hier Johannsen/Henrich/Jaeger Rz 9. Gehören zum Endvermögen Forderungen, deren Bestand oder Beitreibbarkeit zweifelhaft ist, so sind sie mangels einer Sonderregelung entsprechend den für ähnliche Fälle entwickelten Grundsätzen zu bewerten (vgl für die Pflichtteilsberechnung § 2313). Das gleiche gilt für aufschiebend oder auflösend bedingte Rechte oder Verbindlichkeiten; zustimmend Gernhuber/Coester-Waltjen, FamR § 36 V 6. Bei Verbindlichkeiten, für die andere als Gesamtschuldner mithaften, ist deren Ausgleichspflicht (§ 426) zu berücksichtigen, bei Bürgschaften die Zahlungsfähigkeit des Hauptschuldners im maßgebenden Zeitpunkt. Es dürfte der Billigkeit entsprechen, daß auch hier wie nach § 2313 unter Umständen nach endgültiger Klärung zweifelhafter Posten eine entsprechende nachträgliche Ausgleichung verlangt werden kann, soweit nicht die Ungewißheit der Sach- und Rechtslage zwischen den Beteiligten vergleichsweise endgültig erledigt worden war. Dagegen hat sich nunmehr der BGH FamRZ 1983, 882 gegen eine der Regelung des § 2313 entsprechende Ausgleichung ausgesprochen, da es sich hierbei um eine nicht analogiefähige erbrechtliche Sondervorschrift handle, die im Rahmen des Güterrechts unzulässig den durch das Stichtagsprinzip gewährleisteten Manipulationsschutz mißachten würde (zust Pal/Brudermüller Rz 19; Johannsen/Henrich/Jaeger Rz 10; noch offengelassen in BGH FamRZ 1979, 787). Zur Bewertung von Nacherbenstellung und Erbvertrags-Anwartschaft vgl § 1374 Rz 6. Einkommensteuerrückerstattungsforderungen fallen mit Ablauf des jeweiligen Kalenderjahres in das Endvermögen, Köln FamRZ 1999, 656. Zur Bewertung von Anwaltskanzleien vgl Janssen NJW 2003, 3387 und Römermann/Schröder NJW 2003, 2709 sowie zu Steuerberatersozietäten AG Duisburg-Hamborn FamRZ 2003, 1186 m zust Anm Schröder; zur Bewertung einer gesellschaftsrechtlich ausgestalteten Mitarbeiterbeteiligung bei bereits vorhandenem Unterhaltsvergleich vgl BGH FamRZ 2003, 432 m zust Anm Schröder aaO 434 sowie Kogel aaO 1645.

5. Bewertungen von Unternehmen und Beteiligungen an Unternehmen

6 a) Auch ein Unternehmen ist mit seinem wahren Wert anzusetzen. Dieser ergibt sich auf Grund einer reinen Vermögensbilanz, in der das Unternehmen als wirtschaftende organisatorische und rechtliche Einheit bewertet wird, BGH FamRZ 1986, 776, 779 mwN; WM 1971, 1450; BGH 17, 130, 136; instruktiv BGH WM 1973, 286ff und ist grundsätzlich der objektive Verkehrswert, BGH NJW 1980, 229; 1982, 2441. Da es nach der bisherigen wohl hA und vor allem der Rspr in der Betriebswirtschaftslehre keine einhellig befürwortete Bewertungsmethode gibt, wird der Unternehmenswert durch eine Verbindung von Substanzwert- (= Reproduktionswert)methode und Ertragswertmethode (Rentabilitätsprognose einschließlich good will; genauere Begriffsbestimmungen bei Piltz/Wissmann NJW 1985, 2673, 2674) ermittelt, wobei je nach Sachlage der eine oder andere Aspekt stärker zu berücksichtigen ist, oder nach der sog Mittelwertmethode die Summe der beiden Werte halbiert wird (BGH FamRZ 1986, 776, 780; 1982, 571; 1982, 54; NJW 1982, 2441; 1978, 316, 318; 1977, 949; 1973, 509; Koblenz FamRZ 2002, 1190; Düsseldorf FamRZ 1984, 699, 701). Dies gilt grds auch dann, wenn der Ertragswert negativ ist oder hinter Substanz- und Liquidationswert zurückbleibt. Der Liquidationswert ist idR unterste Grenze des Unternehmenswerts ist nach der Rspr des BGH nur dann maßgebend, wenn es tatsächlich zur Liquidation des Betriebes kommt (BGH FamRZ 1986, 776, 779; NJW 1982, 2441; FamRZ 1982, 571; 1973, 189), oder ein unrentables liquidationsreifes Unternehmen aus wirtschaftlich unvertretbaren Gründen weitergeführt wird und dadurch dem Berechtigten der Anteil an der Differenz zum niedrigsten Gesamtwert entgeht, BGH FamRZ 1986, 776, 779 mwN. Allein auf den Substanzwert kann es ausnahmsweise dann ankommen, wenn das Unternehmen mit der Person des Inhabers „steht und fällt" (BGH FamRZ 1977, 386; Düsseldorf FamRZ 1984, 699, 701). Kritisch zur Neigung der Rspr, die Bewertung vorwiegend als Frage der Betriebswirtschaftslehre und nicht als Rechtsfrage zu sehen, Großfeld JZ 1981, 641 mwN; vgl auch ders, Unternehmensbewertung und Gesellschaftsrecht, 1983. Faktoren der Wertbestimmung sind jedenfalls neben den gegenständlichen auch die ideellen Werte (zB behördliche Konzessionen, Patente, Lizenzen, Urheberrechte, Verlagsrechte usw, vgl RG 167, 262, 263f; MüKo/Koch Rz 25) sowie die offenen und stillen Reserven (BGH 19, 42, 47) und vor allem der sogenannte „innere" Geschäftswert (Firmenwert, good will, façon, vgl BGH FamRZ 1982, 54; 1980, 37; 1978, 332; 1977, 386; BGH 17, 130, 136; Düsseldorf FamRZ 1984, 701). Letzterer ergibt sich etwa aus einem gut organisierten Vertreterstamm, der verkehrsgünstigen Lage der Betriebsstätte, der Organisation des Verkaufs, eingespielten Geschäftsverbindungen mit Lieferanten und Abnehmern sowie dem geschäftlichen Ruf des Unternehmens, seiner Kreditwürdigkeit oder Marktstellung. Der good will ist bei der Berechnung des Endvermögens auch dann zu beachten, wenn eine Abfindungsklausel im Gesellschaftsvertrag seine Berücksichtigung im Falle des Ausscheidens des Gesellschafters ausschließt, vgl Schleswig FamRZ 1986, 1208; Bremen FamRZ 1979, 434. Nach dem BGH (FamRZ 1977, 38;

FamRZ 1977, 386; FamRZ 1978, 332) ist bei der Prüfung, ob ein zugewinnausgleichspflichtiger good will vorhanden ist, keine theoretisch-abstrakte Bewertung vorzunehmen, sondern konkret zu prüfen, ob Betriebe der betreffenden Art als Ganzes verkäuflich sind und dann bei einem Verkauf einen Preis erzielen können, der über den reinen Sachwert hinaus geht und good-will-Faktoren der genannten Art berücksichtigt. Bei einer freiberuflichen Praxis hat der BGH (FamRZ 1977, 38; ebenso Frankfurt FamRZ 1987, 485 mwN) dies bejaht, bei dem Unternehmen eines Handelsvertreters hingegen (FamRZ 1977, 386) wegen der ausschließlich subjektbezogenen Wertfaktoren, die nicht objektivierbar sind, abgelehnt. Gleiches meint im Ergebnis München FamRZ 1984, 1096 von einem Architekturbüro. Für ein Handwerksunternehmen hat der BGH (FamRZ 1978, 332) die Möglichkeit eines ausgleichspflichtigen good will bejaht und von der Prüfung im Einzelfall abhängig gemacht; vgl dazu auch Johannsen WM 1978, 660f; Celle AnwBl 1977, 216. Diese Rspr hat der BGH in FamRZ 1991, 43 konkretisiert: Die Methode, den good will nach dem Ertrag des Unternehmens zu bewerten, begegne Bedenken, da sie sich kaum von der Person des derzeitigen Inhabers trennen lasse, und die Erwartung künftigen Einkommens wegen der Stichtagsregelung des Zugewinnausgleichverfahrens nicht maßgebend sei. Im Ergebnis ließ der BGH es unbeanstandet, daß die Vorinstanz den formal ermittelten Ertragswert für die Praxis eines Orthopäden nach Abzug des Unternehmerlohnes auf 20 % reduziert hatte; vgl hierzu auch die Besprechung von Klingelhöfer FamRZ 1991, 882. Mit welchen Wertansätzen allerdings die einzelnen Wertposten zu versehen sind, ist bis heute ein noch nicht befriedigend gelöstes Problem. Ehevertragliche Vereinbarungen über das einzuhaltende Bewertungsverfahren können in der Praxis wesentliche Erleichterungen bieten, um die Ausgleichsforderungen zu ermitteln. Der good will einer Arztpraxis für Allgemeinmedizin setzt Koblenz FamRZ 1988, 950, mit 25 % des durchschnittlichen Jahresbruttoumsatzes der letzten drei bis fünf Jahre an. Ist der Ausgleich künftiger Anteile am Unternehmensgewinn bereits in einem Unterhaltsvergleich berücksichtigt, bleiben diese für den Zugewinnausgleich außer Betracht, weil ansonsten die Unternehmensbeteiligung doppelt in Ansatz gebracht wäre, BGH FamRZ 2003, 432 m zust Anm Schröder.

b) Dieselben Grundsätze gelten für die **Bewertung der Beteiligung an einer Personengesellschaft**. Zum good 7 will einer Steuerberatersozietät im Zugewinnausgleich vgl BGH NJW 1999, 784; AG Duisburg-Hamborn FamRZ 2003, 1186 m zust Anm Schröder. Der Mitgliedschaftswert ist in vollem Umfang im Endvermögen anzusetzen. Muß der Ausgleichsschuldner zum Zweck der Erfüllung der Ausgleichsschuld die Mitgliedschaft unter Wert übertragen, so gehen solche nachträglichen Vermögensminderungen zu Lasten des Pflichtigen. Noch prekärer ist die Situation, wenn der Ausgleichsschuldner aus diesem Grund die Mitgliedschaft kündigen muß, seine Abfindungsforderung nach §§ 738 I BGB, 105 II, 161 II HGB aber nicht zur Erfüllung der Ausgleichsschuld einsetzen kann, weil der Gesellschaftsvertrag mittels einer Abfindungsklausel den Abfindungsanspruch begrenzt oder gar ausschließt. Dem Schuldner wird damit die Haftungsmasse entzogen, die andererseits Grundlage für die Berechnung seiner Ausgleichspflicht ist. Deshalb versucht das Schrifttum auf vielfältigen Wegen, den Ausgleichsschuldner von einer höheren Inanspruchnahme zu bewahren, als er selbst am Endvermögen auch realisieren kann. Dabei wird für Abschläge vom Vollwert des Gesellschaftsanteils bis hin zum Klauselwert für die Festlegung des Endvermögens plädiert, vgl eingehend Heckelmann Abfindungsklauseln in Gesellschaftsverträgen (1973) § 9 A II. Nach BGH FamRZ 1980, 37 (ebenso Schleswig FamRZ 1986, 1208) ist bei einer Unternehmenbeteiligung ohne Marktpreis im Regelfall der Verkehrswert des Unternehmens und der Umfang der Beteiligung maßgebend; ist letztere unveräußerlich und sieht der Gesellschaftsvertrag für den Fall der Kündigung einen im Verhältnis zum Wert des Unternehmens geringeren Abfindungsanspruch vor, so soll sich dies wertmindernd auswirken können. Der Wert der Beteiligung ist in diesem Fall nach dem BGH aaO auf den Betrag des Abfindungsanspruchs beschränkt, wenn die Kündigung am Bewertungsstichtag bereits erfolgt war; grds zustimmend MüKo/Koch Rz 31.

Huber, Vermögensanteil, Kapitalanteil und Gesellschaftsanteil an Personengesellschaften des Handelsrechts (1970), 347, und Wiedemann, Die Übertragung und Vererbung von Mitgliedschaftsrechten bei Handelsgesellschaften (1965), 218f, treten für den Ansatz des Klauselwertes im Endvermögen ein, weil der Gesellschafter selbst nur den klauselbedingten Abfindungsanspruch erlangen könne. Ein anderer Vorschlag von Staud/Felgentraeger, 10./11. Aufl Anm 29 und Siebert NJW 1960, 1035, geht dahin, entsprechend § 2312 I S 1 vorläufig nur den Klauselwert im Endvermögen anzubringen und bei besserer Realisierung einen Ausgleich nach § 2313 I S 3 stattfinden zu lassen. Überwiegend wird zwar der Vollwert des Anteils als Berechnungsgrundlage anerkannt, eine Korrektur nach Maßgabe des Klauselwertes aber zugelassen, wenn der ausgleichspflichtige Gesellschafter nach Kündigung selbst die Abfindungsklausel hinnehmen muß, vgl ua Rittner FamRZ 1961, 505, 515; Tiedau DNotZ 1961, 97, 119; MDR 1959, 253, 256f. Ein weiterer Versuch zur Problemlösung besteht im Ansatz des Vollwertes analog § 2313 I S 2 und einem Ausgleich der Klauselnachteile nach § 2313 I S 3 im Ausscheidungsfall, vgl Peter Ulmer in Großkomm HGB II 1 (3. Aufl 1973), § 138 Rz 125 mit § 139 Rz 198f; ders ZGR 1972, 342; Sudhoff NJW 1961, 801, 803; ähnlich Reuter, Privatrechtliche Schranken der Perpetuierung von Unternehmen (1973), 292. Schließlich wird von Goroncy, Gesellschaftsrechtliche Probleme der Zugewinngemeinschaft, Diss Bonn 1965, 93ff; Sudhoff NJW 1962, 1900, ein Mittelwert zwischen Voll- und Klauselwert nach den jeweils abzuwägenden Ausscheidensrisiken als Grundlage der Bewertung des Endvermögens vorgeschlagen.

Alle diese Bemühungen sind mit den Wertungen der §§ 1372ff unvereinbar. Für das Endvermögen ist der Zeitpunkt des Güterstandsendes oder einer darauf gerichteten Klage das wertbestimmende Moment, §§ 1376 II, 1384, 1387. Nachträgliche Umstände wie Erfüllungsschwierigkeiten, die Notwendigkeit einer Kündigung der Mitgliedschaft oder die Hinnahme von klauselbedingten Abfindungsnachteilen können nur im Rahmen des § 1382 zu einer Stundung der Ausgleichsforderung führen, vgl § 1381 Rz 3, § 1382 Rz 2, so auch dort Bremen FamNZ 1979, 434, 436, das allerdings zusätzlich eine Anwendung des § 1381 erwägt. Eine Korrektur im Ausgleichsbetrag würde diese Wertungsgrenze im Zugewinnausgleich überspielen und das Wertungssystem aufbrechen. Auch kann die Mitgliedschaft in einer Personengesellschaft schwerlich wie ein aufschiebend oder auch auflösend bedingtes Recht nach § 2313 behandelt werden, so zutr auch Staud/Thiele Rz 31 und Soergel/H. Lange Rz 14; s auch BGH FamRZ 1983, 882, der § 2313 grundsätzlich für analogiefähig hält. Schließlich stellen die vorgeschlagenen Zwischenlösungen zwischen Voll- und Abfindungswert auf die konkrete Zahlungsfähigkeit des Ausgleichsschuldners ab und überlassen die Problematik damit einem Zufallsergebnis. An dem Ansatz des Vollwertes der Mitgliedschaft führt daher auch bei Abfindungsklauseln kein Weg vorbei, so nunmehr zutr auch der BGH FamRZ 1986, 1196; Schleswig FamRZ 1986, 1208, die allerdings eine Wertminderung aufgrund eingeschränkter Verwertbarkeit für möglich halten (so bereits BGH FamRZ 1980, 34). S aber Piltz/Wissmann NJW 1985, 2673, 2682, die darauf hinweisen, daß die Abfindungsklausel für den Ehegatten-Gesellschafter auch Vorteile bringen kann, wenn nämlich andere Gesellschafter ausscheiden; vgl im Ergebnis wie hier Börger, Eheliches Güterrecht Rz 87; Lenzen BB 1974, 1051; Ott/Ott BWNotZ 1973, 54ff; Piltz/Wissmann NJW 1985, 2673 (2680ff); Stötter DB 1970, 573–575; Zimmermann BB 1969, 965, 968f; im Grundsatz auch Staud/Thiele Rz 31; im einzelnen Heckelmann, Abfindungsklauseln in Gesellschaftsverträgen (1973), § 8 A I u II, § 9 A II.

Es fragt sich aber, ob die Problemlösung letztlich nur im Verhältnis zwischen Ausgleichsgläubiger und Ausgleichsschuldner zu suchen ist. Der Zweck der Abfindungsklausel besteht ua gerade darin, den Abzug von Vermögen aus der Gesellschaft zu verhindern, wenn der ausgleichspflichtige Ehegatten-Gesellschafter wegen der Erfüllung des Ausgleichsanspruchs nach Scheidung zur Kündigung der Mitgliedschaft gezwungen wird. Die Berücksichtigung des Vollwertes würde allein den Ehegatten-Gesellschafter mit den Abfindungsverlusten belasten und der Gesellschaft diese Vorteile zuführen und damit vor jeglichem Zugriff des Zugewinngläubigers absichern.

Mit der Abfindungsklausel wird dem Ausgleichsgläubiger daher nach Fixierung des Endvermögens in der Person seines Ausgleichsschuldners die ihm zur Verfügung stehende Haftungsmasse entzogen. Für diesen Tatbestand greifen die Anfechtungsregeln innerhalb und außerhalb der Insolvenz ein. In Betracht kommen die §§ 134 InsO, 4 I AnfG, sofern die Abfindungsklausel rechtlich als Schenkung zu qualifizieren ist. Die Bestimmung des rechtsgeschäftlichen Inhalts von Abfindungsvereinbarungen als Schenkung ist damit die Zentralfrage für die Bewältigung des Konflikts. Unter mehreren Aspekten wird aber nach der Rspr und der hM die Schenkungsnatur verneint.

Nach K. Schmidt (Gesellschaftsrecht, § 50 IV 2c) ergibt sich diese Ablehnung allein aus den nach seiner Auffassung unangemessenen Rechtsfolgen der Schenkung. Eine solche Argumentation – allein gestützt auf die Rechtsfolgen – erscheint jedoch bedenklich, zumal er jede nähere Begründung schuldig bleibt. Maßgebend ist der Schenkungsbegriff des § 516. Das Vollzugsgeschäft besteht in einem Erlaßvertrag über den zugleich mit Abschluß des Gesellschaftsvertrages sonst erst entstehenden Abfindungsanspruch. Auf diesen Erlaß einer künftigen Forderung ist § 397 I entsprechend anwendbar, vgl BGH 40, 326, 330. Problematisch wird aber die Bestimmung des Zuwendungsgegenstandes auf der Kausalebene, da dieser nach § 516 „aus" dem Vermögen des Schenkers stammen muß. Weil die Abfindungsklausel regelmäßig mit Abschluß des Gesellschaftsvertrages vereinbart wird, war der Abfindungsanspruch noch nicht im Vermögen des Klauselbetroffenen. Daher wird bereits eine Zuwendung im Sinne des § 516 geleugnet, vgl Rittner FamRZ 1961, 505, 509. Da das Gesetz aber nur solche Zuwendungen nicht als Schenkung beurteilt wissen will, deren Gegenstand noch nicht sicher dem Vermögen des Schenkers zugerechnet werden kann, andererseits aber der Abfindungsanspruch *zwangsläufig kraft Gesetzes* ohne die Klausel mit dem Gesellschaftsvertrag nach § 738 I S 2 entstehen würde, ist die entsprechende Anwendung des § 516 insoweit geboten, vgl im einzelnen Heckelmann aaO § 3 B I.

Nahezu einhellig wird für diese Zuwendung die Unentgeltlichkeit abgelehnt, wenn die Klausel alle Gesellschafter gleichmäßig trifft. Zwei Argumentationsmuster dienen als Begründung. Zum einen wird die Abfindungsklausel als Mitgliedschaftsregelung verstanden, die als integrierender Bestandteil in die Vielzahl gesellschaftsvertraglicher Einzelvereinbarungen eingebettet sei und deshalb nicht isoliert aus dem Gesamtgefüge des Gesellschaftsvertrages herausgelöst werden könne, vgl BGH DNotZ 1966, 622; Rittner FamRZ 1961, 505, 510–513. Dem ist entgegenzuhalten, daß die Regelungsform der Klausel im Gesellschaftsvertrag es nicht verhindern kann, den Entgeltgehalt der Einzelzuwendung zu überprüfen. Die Vielfalt vermögensrechtlicher Dispositionen im Gesellschaftsvertrag ist vielmehr gerade der Maßstab, an dem der Entgeltcharakter überhaupt erst gemessen werden muß. Vorwiegend wird die Entgeltlichkeit daher auf eine andere Erwägung gestützt. Die Abfindungsklausel wird als aleatorisches Wagnisgeschäft gewertet, bei dem jeder Gesellschafter für die Chance, durch das Ausscheiden eines Mitgesellschafters die klauselbedingten Vermögensvorteile zu erhalten, als äquivalente Gegenleistung und damit als Entgelt das Risiko einsetzt, bei eigenem früheren Ausscheiden allein von den klauselbedingten Nachteilen getroffen zu werden, so ua BGH DNotZ 1966, 622; Reinicke NJW 1957, 562; Säcker, Gesellschaftsvertragliche und erbrechtliche Nachfolge in Gesamthandsmitgliedschaften (1970) 32 N 2; Staud/Ferid/Cieslar, 12. Aufl, Einl § 2303 Rz 131ff; Sudhoff DB 1968, 652. Das Äquivalenzverhältnis ist danach allein dann aufgebrochen, wenn die Klausel nur einen oder einige Gesellschafter trifft oder besondere Umstände (Alter, Krankheit, drohende Vollstreckung) ohnehin das Ausscheiden eines bestimmten Gesellschafters erwarten lassen. Diese Bewertung wird dem Regelungsmotiv von Abfindungsklauseln nicht gerecht. Im Verhältnis von Risiko und Chance fehlt es an der für das Synallagma typischen finalen Gegenseitigkeitsbindung, im Ergebnis Soergel/Dieckmann, 11. Aufl (1982), § 2325 Rz 9; Huber, Vermögensanteil, Kapitalanteil und Gesellschaftsanteil an Personengesellschaften (1970), 466; Reuter, Privatrechtliche Schranken der Perpetuierung von Unternehmen (1973) S 344. Andernfalls müßte man von der These ausgehen, jeder Gesellschafter spekuliere nur auf das Ausscheiden des Mitgesellschafters, was mit der Begründung eines gemeinsamen Zwecks im Sinne des § 705 kaum vereinbar ist. Im übrigen ist die Chance, aus dem Ausscheiden anderer Gesellschafter Vorteile zu ziehen, umso stärker relativiert, wie sich die Zahl der Gesellschafter erhöht. Entscheidend ist jedoch, daß das Ziel der Abfindungsklausel regelmäßig gerade darin besteht, dem einzelnen Ausscheidenden einseitig Nachteile zugunsten der Verbleibenden und der Gesellschaft im Interesse des Fortbestandsschutzes aufzubürden. Diesem Vermögensnachteil steht damit kein Entgelt gegenüber, so daß die Abfindungsklausel als Schenkung zu qualifizieren ist. Damit werden dem Zugewinngläubiger die Zugriffsmöglichkeiten nach §§ 134 InsO, 4 I AnfG eröffnet, wenn der Ehegatten-Gesellschafter wegen der Ausgleichsschuld die Mitgliedschaft kündigen und Abfindungsnachteile hinnehmen muß, ebenso Kilger, KO § 32 Anm 3b, zur früheren Regelung des § 32 KO. Vgl hierzu eingehend und vor allem zu den Klauseldifferenzierungen Heckelmann aaO § 3 B, C.

c) Die Beurteilung ändert sich teilweise, wenn mit dem **Tod des Ehegatten-Gesellschafters** zugleich dessen **8 Mitgliedschaft in der Gesellschaft und die Zugewinngemeinschaft enden** und dabei zusätzlich bestimmte Nachfolgeregelungen und Abfindungsmodalitäten eingreifen. Die vielfältigen Differenzierungen sind bei Heckelmann aaO § 9 A I dargestellt. Nur die wichtigsten Fallgruppierungen können hier hervorgehoben werden.

Unter den Voraussetzungen des § 1371 II, III gilt bezüglich des Zugewinnausgleichs das Vorerwähnte. Aber auch soweit der überlebende Ehegatte pflichtteilsrechtlich beteiligt wird (§§ 1371, 2305, 2307 I S 2), wird der Nachlaß bei Fortführung der Mitgliedschaft durch den oder die Erben nach dem Vollwert des Gesellschaftsanteils berechnet. Kann die Pflichtteilsschuld nicht beglichen werden und müssen die Pflichtteilsberechtigten daher die Mitgliedschaft kündigen, steht dem Pflichtteilsberechtigten auch hier die Anfechtung von Abfindungsklauseln nach §§ 134 InsO, 4 I AnfG zu.

d) Völlig anders ist die Sanktionsstruktur, wenn mit dem **Tod des Gesellschafter-Ehegatten** die **Gesellschaft 9 nur von den übrigen Mitgesellschaftern fortgeführt** wird und der Abfindungsanspruch durch eine Klausel verkürzt ist. Mit der Klausel wird durch eine Schenkung auf den Todesfall der Abfindungsanspruch erlassen. Formerfordernisse nach §§ 518 I, 2301 I bestehen für eine solche gesellschaftsvertragliche Abrede nicht, da mit dem durch den Tod aufschiebend bedingten Erlaßvertrag die Zuwendung bereits vollzogen ist im Sinne des § 518 II, 2301 II. Daher berechnen sich das Endvermögen und der Nachlaß des Gesellschafter-Ehegatten hier nur nach dem klauselbedingten Wertansatz. Der Erbe kann aber nach § 1375 II Nr 1 in Anspruch genommen werden, indem diese Schenkung dem Endvermögen zugerechnet wird. Die Frist des § 1375 III beginnt dabei nicht schon mit Abschluß des Gesellschaftsvertrages, sondern erst mit dem Ausscheiden aus der Gesellschaft. Der Vollzug tritt hier – im Gegensatz zu §§ 518 II, 2301 II – erst mit wirtschaftlicher Entäußerung des Schenkungsgegenstandes ein. Die Gesellschaft und die Mitgesellschafter werden gegenüber einer Schenkungsanfechtung der Abfindungsklausel weithin geschützt, weil die Sonderregelung des § 1390 die Anfechtungsregeln überlagert. Ihre Inanspruchnahme kommt daher nur unter den überaus engen Voraussetzungen nach § 1390 in Betracht. Auf diesem Weg wird damit auch ein stärkerer Bestandsschutz der Gesellschaft gewährleistet als bei einer Nachfolge in die Mitgliedschaft. Vgl zu den Einzelheiten mit allen Nachweisen Heckelmann aaO § 11.

6. Bewertung eines land- oder forstwirtschaftlichen Betriebes

Für die Bewertung eines land- oder forstwirtschaftlichen Betriebes ist ähnlich wie im § 2049 eine Sonderrege- **10** lung zur Sicherung der Lebensgrundlage der Land- und Forstwirte getroffen (Abs IV). Solche Betriebe unterliegen hinsichtlich ihrer Bewertung anderen Gesetzen als sonstige Vermögenswerte, insbesondere Aktien oder städtische Wohngrundstücke. Maßgebend soll bei ihnen statt des Verkehrswertes der Ertragswert sein. Er ist aber nur dann einzusetzen, wenn der land- oder forstwirtschaftliche Betrieb sowohl im Anfangs- als auch im Endvermögen zu berücksichtigen ist, also nicht, wenn der Ehegatte den Betrieb zwischenzeitlich veräußert hat, ferner auch dann nicht, wenn der Betrieb erst während der Ehe erworben worden ist, also noch nicht zum Anfangsvermögen gehörte. Ist der Betrieb aber dem Ehegatten während des Güterstandes durch Erbschaft, Vermächtnis oder im Wege vorweggenommener Erbauseinandersetzung zugefallen, so ist er nach § 1374 II dem Anfangsvermögen hinzuzurechnen. Gehört zu dem Betrieb ein nicht ganz unbedeutender gewerblicher Nebenbetrieb, so ist dieser nach allgemeinen Grundsätzen zu bewerten; dasselbe gilt für sonstige nicht unmittelbar betriebszugehörige Vermögensbestandteile, zB Sparguthaben, Wertpapiere, Kunstgegenstände; weiter hingehen MüKo/Koch Rz 38. Zur Berücksichtigung und Berechnung eines aufgelösten Betriebes vgl Celle Agrarrecht 1987, 46.

Der **Ertragswert** des § 2049 II, auf den im Gesetz verwiesen ist, bestimmt sich grundsätzlich nach dem Reinertrag, den das Gut nach der bisherigen wirtschaftlichen Bestimmung bei ordnungsgemäßer Bewirtschaftung nachhaltig gewähren kann (Zukunftserfolgswert); zur Berechnung im einzelnen vgl Köhne Agrarrecht 1984, 57ff. Art 137 EGBGB erklärt hinsichtlich der näheren Durchführung dieser Berechnung landesrechtliche Bestimmungen für maßgeblich. Dies führte dazu, daß in Schleswig-Holstein gem § 23 des AGBGB SchlH v 27. 9. 1974 (GVBl S 357) das Anderthalbfache des steuerlichen Einheitswertes den maßgeblichen Ertragswert darstellte – eine Summe, die angesichts der letzten Einheitswertfeststellung von 1964 zu verschwindend geringen Beträgen führte. Zudem waren diese in Anfangs- und Endvermögen gleich hoch anzusetzen, so daß ein Zugewinn nie entstehen konnte. Deshalb hat das BVerfG in FamRZ 1985, 256 festgestellt, daß die Anwendung von § 1376 IV im Einzelfall verfassungswidrig sein könnte. Dabei hat es die Privilegierung von Landwirten zu Lasten des ausgleichsberechtigten Ehepartners im Hinblick auf das öffentliche Interesse an der Erhaltung leistungsfähiger Höfe als zulässig und nicht gegen den allgemeinen Gleichheitssatz verstoßend angesehen. In casu wurde aber ein Verstoß gegen Art 3 I und Art 6 I GG gerügt, weil das Gut verpachtet und der Inhaber als Angestellter im öffentlichen Dienst tätig war, der Privilegierungsgrund also nicht (mehr) vorlag, (aaO 260f). Diese Rspr hat das BVerfG in FamRZ 1989, 939 fortgesetzt und entschieden, daß die Durchführung des Zugewinnausgleichs nach § 1376 IV auf Grundlage des Ertragswertverfahrens verfassungswidrig ist, wenn nicht damit gerechnet werden kann, daß der Eigentümer oder ein Abkömmling, sondern allenfalls ein entfernter Verwandter den Betrieb weiterführen will. Der an sich ausgleichsberechtigte Ehepartner verliere auf der Grundlage der Ertragswertberechnung seinen Zugewinnausgleichsanspruch; daher könne ihm dieses Opfer unter Berücksichtigung von Art 6 GG nur zugemutet werden, um die Zerschlagung des Betriebs im Interesse des Ehepartners oder der Kinder zu verhindern. Deshalb hat das BVerfG in einem Parallelverfahren die Anwendung des § 1376 IV nicht beanstandet, da dort der Ehegatte den Betrieb fortführte. Der Gesetzgeber hat durch Einführung des Abs IV 2. Hälfte des 1. Halbsatzes durch Gesetz vom 14. 9. 1994 (BGBl I 2324) den Bedenken des BVerfG Rechnung getragen, ohne die Privilegierung abzuschaffen. Das Ertragswertverfahren kommt demnach nur dann zur Anwendung, wenn der land- oder forstwirtschaftliche Betrieb auch als solcher von dem Eigentümer oder dessen Abkömmlingen weitergeführt wird. Das Privileg kommt nur dem Ehegatten zugute, der als Eigentümer eines solchen Betriebes aus § 1378 I in Anspruch genommen wird.

7. Die Bewertungsgrundsätze des § 1376 können **durch Ehevertrag geändert** werden, vgl Knur DNotZ 1957, **11** 476; Staud/Thiele Rz 41.

§ 1377 Verzeichnis des Anfangsvermögens

(1) Haben die Ehegatten den Bestand und den Wert des einem Ehegatten gehörenden Anfangsvermögens und der diesem Vermögen hinzuzurechnenden Gegenstände gemeinsam in einem Verzeichnis festgestellt, so wird im Verhältnis der Ehegatten zueinander vermutet, dass das Verzeichnis richtig ist.

(2) Jeder Ehegatte kann verlangen, dass der andere Ehegatte bei der Aufnahme des Verzeichnisses mitwirkt. Auf die Aufnahme des Verzeichnisses sind die für den Nießbrauch geltenden Vorschriften des § 1035 anzuwenden. Jeder Ehegatte kann den Wert der Vermögensgegenstände und der Verbindlichkeiten auf seine Kosten durch Sachverständige feststellen lassen.

(3) Soweit kein Verzeichnis aufgenommen ist, wird vermutet, dass das Endvermögen eines Ehegatten seinen Zugewinn darstellt.

1 **1. Zweck der Vorschrift.** § 1377 behandelt die Aufstellung eines Verzeichnisses über den Bestand und Wert des Anfangsvermögens. Dieses soll die Berechnung des Zugewinns erleichtern, da gerade die Feststellung des Bestandes und des Wertes des Anfangsvermögens nach lange zurückliegenden Wertmaßstäben mit besonderen Schwierigkeiten verbunden sein kann.

2 **2. Pflicht zur Mitwirkung.** Die Ehegatten können, wenn sie darüber einig sind, von der Errichtung eines solchen Verzeichnisses absehen. Häufig erübrigt sich die Errichtung, weil kein nennenswertes Anfangsvermögen vorhanden ist. Jeder Ehegatte kann aber von dem andern verlangen, daß er bei der Aufnahme eines Verzeichnisses über sein – nicht des anderen – Vermögen mitwirkt. Die Mitwirkung kann durch Klage erzwungen und ein ergangenes Urteil gemäß § 888 ZPO vollstreckt werden, und zwar auch schon während der Dauer des Güterstandes; aA MüKo/Koch Rz 17: Vollstreckung nach § 894 ZPO; differenzierend Johannsen/Henrich/Jaeger Rz 6: Mitwirkung bei der Aufstellung nach § 888, Mitunterzeichnung eines bereits fertiggestellten Verzeichnisses nach § 894 ZPO. Zur Aufnahme eines Verzeichnisses im Sinne der Bestimmung gehört, daß die Ehegatten persönlich oder durch Bevollmächtigte den Bestand und Wert des beiderseitigen Anfangsvermögens erörtern und das Ergebnis schriftlich in eindeutiger Form niederlegen. Das Verzeichnis betrifft nur das Anfangsvermögen und das diesem nach § 1374 II hinzuzurechnende Vermögen, nicht sonstigen späteren Vermögenserwerb (vgl dazu § 1379, § 1386 III). Erwirbt ein Ehegatte nach Aufnahme des Verzeichnisses Vermögen nach § 1374 II, so kann entsprechende Ergänzung des Verzeichnisses verlangt werden. Das gleiche gilt, wenn sich ergibt, daß die Angaben eines Ehegatten, die dem Verzeichnis zugrundegelegt sind, in wesentlichen Beziehungen unrichtig oder unvollständig sind. Es gelten auch die allgemeinen Vorschriften über die Anfechtung wegen Willensmängeln (§§ 119ff); denn die Erklärungen beider Ehegatten bei Aufstellung des Verzeichnisses sind nicht nur tatsächlicher Art, sondern haben im Hinblick auf die gewollten Rechtsfolgen des Verzeichnisses auch rechtsgeschäftliche Bedeutung; aA Staud/Thiele Rz 15; der dem Verzeichnis als Wissenserklärung Geständniswirkung beilegt, aber die Bestimmungen über Rechtsgeschäfte analog anwenden wollen; wie hier Johannsen/Henrich/Jaeger Rz 2. Die Befugnis, von dem andern Ehegatten Mitwirkung bei der Aufnahme des Verzeichnisses zu verlangen, unterliegt keiner besonderen Verjährung. War das Verzeichnis vorher nicht aufgestellt worden, so kann die Mitwirkung auch noch nach Beendigung des Güterstandes verlangt werden, bis die Ausgleichsforderung selbst verjährt ist; aA Johannsen/Henrich/Jaeger Rz 6; MüKo/Koch Rz 15; Soergel/H. Lange Rz 3; Staud/Thiele Rz 9; wie hier RGRK/Finke Rz 8. Ein auf analoge Anwendung des § 1379 (betrifft das Endvermögen) gestützter Auskunftsanspruch über das Anfangsvermögen des anderen Ehegatten scheidet jedoch wegen des abschließenden Charakters der Regelung des § 1379 aus, Nürnberg FamRZ 1986, 272 mwN; Karlsruhe FamRZ 1986, 1105; 1981, 458ff; Düsseldorf OLGZ 65, 271; aA Peschel-Gutzeit AnwBl 2003, 476 (482ff) unter Berufung auf eine Analogie zu § 2314 oder zumindest auf § 242, womit allerdings die Sonderregelung der §§ 1377 und 1379 überspielt wird. Ist ein Ehegatte gestorben, so treten seine Erben an seine Stelle. Das Verlangen auf Mitwirkung nach Beendigung des Güterstandes kann aber rechtsmißbräuchlich sein, wenn offensichtlich auf beiden Seiten kein Zugewinn erzielt ist.

3 **3. Wirkungen des Verzeichnisses.** Ein von den Ehegatten gemeinsam aufgestelltes Verzeichnis, nicht ein solches, das der eine Teil allein ohne Billigung durch den andern errichtet hat, hat im Verhältnis der Ehegatten zueinander die Vermutung der Richtigkeit für sich, nicht auch im Verhältnis zu Dritten, denen gegenüber das Verzeichnis aber auch eine gewisse tatsächliche Beweiskraft haben kann. Gegenbeweis ist jederzeit und in jeder Form zulässig. Haben die Ehegatten sich allerdings im beiderseitigen Bewußtsein bestehender Zweifel über bestimmte Ansätze in dem Verzeichnis geeinigt, so kommt dem die Bedeutung einer abschließenden Regelung im Sinne des § 779 zu, die später nicht mehr angegriffen werden kann, zust Gernhuber/Coester-Waltjen, FamR § 36 V 2; MüKo/Koch Rz 22. Die Vermutung der Richtigkeit des Verzeichnisses erstreckt sich sowohl auf die Angaben über den Bestand als auch die diejenigen über den Wert der verzeichneten Vermögensgegenstände; sie erstreckt sich auch auf die Angaben über die Verbindlichkeiten. Es ist also bis zum Beweise des Gegenteils davon auszugehen, daß weitere Vermögensgegenstände und Verbindlichkeiten beim Anfangsvermögen nicht zu berücksichtigen sind und daß die angegebenen Vermögensgegenstände und Verbindlichkeiten weder einen geringeren noch einen höheren Wert als angegeben hatten. Die Vermutung deckt aber nicht offenbare Unrichtigkeiten, die keines Beweises bedürfen. Der Besitzer des Verzeichnisses hat einem Ehegatten oder dessen Erben auf Verlangen die Einsicht zu gestatten (§ 810). Darüber hinaus besteht nach allgemeinen Rechtsgrundsätzen die Pflicht zur Auskunft über den Verbleib und über den Inhalt eines verloren gegangenen Verzeichnisses. Haben die Ehegatten ein den Anforderungen des § 1377 entsprechendes Verzeichnis vor dem Inkrafttreten des GleichberG (1. 7. 1958) gemeinsam aufgestellt, so muß die Vermutung der Richtigkeit auch hierfür gelten, allerdings mit der Einschränkung, daß die Vermutung nur für den Zeitpunkt der Aufstellung des Verzeichnisses gilt.

4 **4. Weitere Bestimmungen.** Nach dem für anwendbar erklärten § 1035 ist das Verzeichnis mit der Angabe des Tages der Aufnahme zu versehen und von beiden Teilen zu unterzeichnen; ferner kann jeder Teil verlangen, daß

die Unterzeichnung öffentlich beglaubigt wird, damit bei einem etwaigen späteren Streit die Echtheit der Unterschrift nicht angezweifelt werden kann. Darüber hinaus kann jeder Ehegatte auch Aufnahme des Verzeichnisses durch die zuständige Behörde oder durch einen zuständigen Beamten oder Notar verlangen. Die zuständigen Stellen bestimmt das Landesrecht (§ 200 FGG). Die entstehenden Kosten hat derjenige zu tragen, der die Aufnahme oder Beglaubigung verlangt. Formmängel des Verzeichnisses haben nur dann dessen Ungültigkeit zur Folge, wenn der Mangel einen wesentlichen Punkt betrifft, wenn zB beide Ehegatten oder einer nicht unterschrieben haben; dagegen dürfte ein Fehlen der Angabe über den Tag der Aufnahme im allgemeinen unschädlich sein, weil das Verzeichnis die Vermögensverhältnisse der Ehegatten nicht am Tage der Aufnahme, sondern im Zeitpunkt des Eintritts des Güterstandes bzw des Erwerbs von dem Anfangsvermögen hinzuzurechnendem Vermögen darlegen soll, zust MüKo/Koch Rz 8; Johannsen/Henrich/Jaeger Rz 5.

5. Vermutung bei Fehlen eines Verzeichnisses (Abs III). Ist ein gemeinsames Verzeichnis nicht aufgenommen 5 worden, so wird nach Abs III vermutet, daß beide Ehegatten kein Anfangsvermögen hatten, daß also ihr gesamtes Endvermögen nach Abzug der Verbindlichkeiten Zugewinn darstellt. Die Vermutung gilt, wenn ein Ehegatte gestorben ist, zugunsten und zu Lasten seiner Erben, BGH FamRZ 2002, 606. Die Einrichtung des Verzeichnisses über das Anfangsvermögen vereinfacht also die Berechnung des Zugewinns erheblich, sowohl für den Fall, daß ein Verzeichnis aufgenommen ist, als auch dann, wenn von der Aufnahme abgesehen worden ist. Auch im letzteren Falle ist Gegenbeweis zulässig. Zur Beweislastverteilung BGH NJW-RR 2003, 865; FamRZ 2002, 606; 1989, 954, 955; 1991, 1166. Wird er nicht angetreten und geführt, so braucht zur Berechnung des Zugewinnausgleichs nur der Wert des beiderseitigen Endvermögens festgestellt zu werden (vgl hierzu § 1379).

6. Auf die Aufstellung eines Verzeichnisses kann **verzichtet** werden, aber wirksam nur in der Form des Ehever- 6 trages, vgl Dölle, FamR Bd 1 § 59 II 3d. Die dann eintretende Vermutung des Abs III kann aber nicht ausgeschlossen werden, vgl Buschendorf, Die Grenzen der Vertragsfreiheit im Ehevermögensrecht, 209ff. Die Ehegatten können auch durch Ehevertrag ohne nähere Einzelangaben lediglich den Gesamtwert des beiderseitigen Anfangsvermögens verbindlich feststellen.

1378 *Ausgleichsforderung*

(1) Übersteigt der Zugewinn des einen Ehegatten den Zugewinn des anderen, so steht die Hälfte des Überschusses dem anderen Ehegatten als Ausgleichsforderung zu.
(2) Die Höhe der Ausgleichsforderung wird durch den Wert des Vermögens begrenzt, das nach Abzug der Verbindlichkeiten bei Beendigung des Güterstands vorhanden ist.
(3) Die Ausgleichsforderung entsteht mit der Beendigung des Güterstands und ist von diesem Zeitpunkt an vererblich und übertragbar. Eine Vereinbarung, die die Ehegatten während eines Verfahrens, das auf die Auflösung der Ehe gerichtet ist, für den Fall der Auflösung der Ehe über den Ausgleich des Zugewinns treffen, bedarf der notariellen Beurkundung; § 127a findet auch auf eine Vereinbarung Anwendung, die in einem Verfahren in Ehesachen vor dem Prozessgericht protokolliert wird. Im Übrigen kann sich kein Ehegatte vor der Beendigung des Güterstands verpflichten, über die Ausgleichsforderung zu verfügen.
(4) Die Ausgleichsforderung verjährt in drei Jahren; die Frist beginnt mit dem Zeitpunkt, in dem der Ehegatte erfährt, dass der Güterstand beendet ist. Die Forderung verjährt jedoch spätestens 30 Jahre nach der Beendigung des Güterstands. Endet der Güterstand durch den Tod eines Ehegatten, so sind im Übrigen die Vorschriften anzuwenden, die für die Verjährung eines Pflichtteilsanspruchs gelten.

1. § 1378 regelt die Ausgleichsforderung des einen Ehegatten gegen den andern. Zur Verfassungsmäßigkeit der 1 §§ 1378ff vgl BGH WM 1978, 1390; zur Beweislastverteilung im Ausgleichsverfahren vgl Düsseldorf FamRZ 1988, 63; Hamm FamRZ 1998, 237; Köln FamRZ 1999, 657 zur negativen Feststellungsklage BGH NJW 1986, 2508. Zur Zulässigkeit eines Teilurteils über den Anspruch auf Zugewinnausgleich BGH FamRZ 1989, 954.

2. Begriff und Höhe der Ausgleichsforderung. Während Zugewinn der Betrag ist, um den das Endvermögen 2 eines Ehegatten sein Anfangsvermögen übersteigt, ergibt sich die Ausgleichsforderung, indem der Zugewinn beider Ehegatten miteinander verglichen wird. Beträgt zB der Zugewinn des Mannes während der Dauer des Güterstandes 10 000 Euro, der Zugewinn der Frau 6000 Euro, übersteigt also der Zugewinn des Mannes den der Frau um 4000 Euro, so steht der Frau die Hälfte des Überschusses, also ein Betrag von 2000 Euro als Ausgleichsforderung zu. Hat ein Ehegatte keinen Zugewinn erzielt, beträgt seine Ausgleichsforderung einfach die Hälfte des Zugewinnes des andern. Das gleiche gilt, wenn das Endvermögen eines Ehegatten geringer ist als sein Anfangsvermögen, wenn er also während der Ehe einen Vermögensverlust erlitten hat. Haben die Ehegatten bei Beendigung des Güterstandes gemeinschaftliches Vermögen, das ihnen je zur Hälfte gehört, so kann dieses bei der Feststellung des beiderseitigen Zugewinns außer Betracht gelassen werden, ohne daß dadurch das Ergebnis geändert wird, aber nur dann, wenn sich hierbei nach Abzug der Verbindlichkeiten bei keinem Ehegatten ein negativer Wert des Endvermögens ergibt. Ist das gemeinschaftliche Vermögen der Ehegatten dadurch entstanden, daß ein Ehegatte dem andern den Hälfteanteil unentgeltlich zugewendet hat (zB Erwerb von Grundbesitz aus Mitteln des Mannes, Eintragung beider Ehegatten je zur Hälfte), so ist, wenn die Zuwendung nach § 1380 auf die Ausgleichsforderung anzurechnen ist, gemäß § 1380 II der Hälfteanteil der Frau zunächst nicht ihrem Endvermögen, sondern dem Zugewinn des Mannes zuzurechnen, von der sich hiernach ergebenden Ausgleichsforderung der Frau aber dann der Wert der Zuwendung in Abzug zu bringen (vgl § 1380 II). Die Ausgleichsforderung ist aus Gründen der Rechtsklarheit unabhängig von den Umständen des Einzelfalles auf eine feste Quote festgesetzt, nämlich auf die Hälfte des Betrages, um den der Zugewinn des einen Ehegatten den andern übersteigt. Zu den Gesichtspunkten, nach denen sich die Höhe des Ausgleichsanspruchs bestimmt, eingehend BGH NJW 1966, 2109. Zum „Zugewinnausgleich und Ehescheidungsverbund" vgl Vogel JurBüro 1979, 1746 und Frankfurt FamRZ 1987, 299. Das

§ 1378

UÄndG v 20. 2. 1986 (BGBl I S 301) hat eine Änderung der Vorschriften betr die Rechtsmittelinstanz vorgenommen. Zur Bewertung von Verrechnungsvereinbarungen vgl BGH NJW-RR 1986, 1325.

3. Ausgleichsforderung als Geldforderung. Die Ausgleichsforderung ist grundsätzlich eine Geldforderung. Weder während des Güterstandes noch nach dessen Beendigung ist eine dingliche Beteiligung des einen Ehegatten am Zugewinn des anderen vorgesehen. Stützt sich der Zugewinnausgleich auf den Erwerb von Grundstücken durch den anderen Ehegatten, so liegt dennoch ein rein vermögensrechtlicher Anspruch vor; dingliche Rechtspositionen stellen sich als reine Rechnungsposten des Zugewinns dar, LG Wiesbaden FamRZ 1973, 658. Die Zugewinngemeinschaft begründet in keinem Augenblick eine Vermögensgemeinschaft der Ehegatten (vgl § 1363 Rz 3 u § 1373 Rz 1). Dem Zugewinnausgleichsanspruch als vermögensrechtlichem Anspruch kann grundsätzlich ein Zurückbehaltungsrecht entgegengehalten werden; dies ist lediglich nach Treu und Glauben verwehrt, wenn damit die Durchführung der Auseinandersetzung gefährdet oder in anderer Weise Sicherheitsleistung möglich ist, BGH FamRZ 1985, 48. Lediglich für besondere Ausnahmefälle gibt § 1383 die Möglichkeit, daß dem Ehegatten, dem die Ausgleichsforderung zusteht, auf seinen Antrag durch Entscheidung des VormG bestimmte Vermögensgegenstände an den anderen unter Anrechnung auf die Ausgleichsforderung übertragen werden können (vgl die Bem zu § 1383). Die Eheleute können aber vereinbaren, daß der ausgleichspflichtige Ehegatte bestimmte Gegenstände an Erfüllungs Statt auf die Geldforderung leistet. Nach dem GrEStG sind Ehegattenerwerbe steuerbefreit, auch wenn sie zur Vermögensauseinandersetzung nach der Scheidung oder nach Tod erfolgen, § 3 Nr 4, 5, 3 S 2 GrEStG. Vgl dazu Sigloch, Zum Grunderwerbsteuergesetz 1983, NJW 1983, 1816, 1819. Zu steuerlichen Auswirkungen des Zugewinnausgleichs vgl auch Göppinger, Vereinbarungen anläßlich der Ehescheidung, 7. Aufl 1998, Rz 503f und 515ff. Gegenüber einem vermögensrechtlichen aus der Auflösung der ehelichen Lebensgemeinschaft entsprungenen Anspruch kann ein Ehegatte ein Zurückbehaltungsrecht wegen eines Anspruchs auf Zugewinnausgleich geltend machen; die nach § 273 erforderliche Konnexität besteht, BGH FamRZ 1985, 48, m Anm Seutemann FamRZ 1985, 153; BGH FamRZ 1990, 254; München FamRZ 1990, 884. Diese Rspr hat der BGH in FamRZ 2000, 355 und 2002, 318, bekräftigt und auf die Erklärung der Aufrechnung mit dem Anspruch aus § 1378 I (vgl dazu auch Karlsruhe FamRZ 2002, 1032) ausgedehnt. Der Anspruch auf zukünftigen Zugewinnausgleich kann durch dinglichen Arrest gesichert werden, Hamburg FamRZ 2003, 238; Frankfurt FamRZ 1996, 742; Stuttgart NJW-RR 1996, 961; Karlsruhe NJW 1997, 1017; Hamm FamRZ 1997, 181. Der Ausgleichsgläubiger ist nicht auf die Sicherheitsleistung nach § 1389 im Wege der einstweiligen Verfügung beschränkt (Hamburg FamRZ 2003, 238 mit Abkehr von FamRZ 1982, 284 und FamRZ 1988, 964). Zum „Einstweiligen Rechtsschutz bezüglich des Anspruchs auf Zugewinnausgleich" vgl Stock, Diss Münster 2002.

4. Begrenzung der Ausgleichsforderung (Abs II). Nach § 1375 II sind dem Endvermögen eines Ehegatten gewisse in diesem nicht mehr vorhandene Beträge hinzuzurechnen (verschenkte, verschwendete oder in Benachteiligungsabsicht verschobene Werte). Diese Hinzurechnung könnte dazu führen, daß die Ausgleichsforderung eines Ehegatten uU höher wäre als das bei Beendigung des Güterstandes tatsächlich noch vorhandene Endvermögen des anderen nach Abzug der Verbindlichkeiten. Hierdurch würde die Befriedigung von dessen anderen Gläubigern gefährdet. Die Gläubiger sollen aber dem Ehegatten vorgehen; vgl BGH FamRZ 1988, 925. Daher bestimmt Abs II, daß die Ausgleichsforderung nicht höher sein kann als der Wert des nach Abzug der Verbindlichkeiten vorhandenen Endvermögens des anderen Ehegatten bei Güterstandsende. Dies gilt auch dann, wenn im Einzelfall dessen Endvermögen nicht durch Verbindlichkeiten belastet ist. Ein Ehegatte soll nicht genötigt sein, nicht nur sein ganzes, bei Beendigung des Güterstandes vorhandenes Vermögen zur Befriedigung der Ausgleichsforderung des anderen herauszugeben, sondern darüber hinaus noch seinen künftigen Erwerb zur Erfüllung der Ausgleichsforderung zu verwenden. Fällt hiernach ein Ehegatte mit einem Teil seiner Ausgleichsforderung aus, so gibt ihm § 1390 die Möglichkeit, unter gewissen Voraussetzungen wegen des ausgefallenen Betrages Dritte in Anspruch zu nehmen (vgl die Bemerkungen zu § 1390). **Beispiel:** Mann und Frau hatten kein Anfangsvermögen. Die Frau hat auch keinen Zugewinn gemacht. Der Mann hat bei Beendigung des Güterstandes ein Vermögen von 20 000 Euro, dem Verbindlichkeiten in Höhe von 8000 Euro gegenüberstehen; er hat 18 000 Euro verschwendet oder = geschenkt. Sein Endvermögen beträgt dann unter Berücksichtigung des § 1375 II 20 000 minus 8000 plus 18 000 = 30 000 Euro. Die Ausgleichsforderung der Frau betrüge daher nach § 1378 I 15 000 Euro. Sie erhält aber nach Abs II nur das nach Abzug der Verbindlichkeiten noch Vorhandene, nämlich 12 000 Euro. Wegen der restlichen 3000 Euro kann sie sich an den beschenkten Dritten wenden, § 1390. Der Schutz, den § 1375 II einem Ehegatten gewährt, wird also durch § 1378 II dahin eingeschränkt, daß der Ehegatte keinesfalls mehr erhalten kann als das, was der andere nach Abzug seiner Verbindlichkeiten bei Beendigung des Güterstandes noch besitzt, unbeschadet etwaiger Ansprüche gegen Dritte gemäß § 1390. Zur Begrenzung des Zugewinnausgleichsanspruchs durch § 1378 II Winckelmann FuR 1998, 44, 48.

Stichtag für die Berechnung ist Rechtskraft des Scheidungsurteils, nicht aber Scheidungsantragsstellung, da § 1384 nur für die Zugewinnausgleichsberechnung maßgeblich ist, hM, vgl BGH FamRZ 1988, 925 mwN; Hamm FamRZ 1986, 1106; 1983, 592; Johannsen/Henrich/Jaeger Rz 6 mwN. Somit begrenzen auch solche Verbindlichkeiten die Ausgleichsforderung, die erst nach Rechtshängigkeit des Scheidungsantrags entstanden sind, auch wenn sie möglicherweise auf Verschwendung beruhen, Hamm FamRZ 1986, 1106. AM Ziege NJW 1964, 2394 und im Anschluß Köln FamRZ 1988, 174, die auch für § 1378 II auf die Klageerhebung abstellen. Die Begrenzung der Ausgleichsforderung wird auch nicht dadurch verhindert, daß der andere Ehegatte eine Sicherheitsleistung nach § 1389 erlangt hat, BGH FamRZ 1988, 925, offengelassen aber für die Fälle mit Benachteiligungsabsicht; näher dazu § 1389 Rz 2. Zu beachten ist, daß bei Geltendmachung der Ausgleichsforderung nach dem Tode eines Ehegatten zu den abzuziehenden Verbindlichkeiten nicht solche aus Vermächtnissen und Pflichtteilsansprüchen sowie die Erbschaftsteuer gehören. Vgl dazu § 1375 Rz 4; ebenso Staud/Ferid/Cieslar (12. Aufl) § 2311 Rz 70ff; RGRK/Johannsen § 2311 Rz 5; MüKo/Koch Rz 10; RGRK/Finke Rz 18. In der Ausgleichsforderung verkörpert sich der

Miterwerb des überlebenden Ehegatten während der Ehe. Pflichtteils- und Vermächtnisforderung sind vor dem Erbfall künftige Forderungen, eröffnen dem künftigen Gläubiger Aussichten, begründen aber zu Lebzeiten des Erblassers noch kein gegenwärtiges sicherungsfähiges Anwartschaftsrecht. Vgl für den Pflichtteil vor § 2303 Rz 2. Die Forderung auf Ausgleich des Zugewinns ist dagegen schon vor dem Erbfall durch die Verfügungsbeschränkungen der §§ 1365, 1369, durch die Anrechnungsvorschrift des § 1375 II und durch die Möglichkeit einer Klage auf vorzeitigen Ausgleich des Zugewinns (§§ 1385, 1386) gesetzlich gesichert. Auch ihre Entstehung in den anderen Fällen der Beendigung der Ehe, des Güterstandes oder beim Ausschluß des Zugewinnausgleichs zeigen, daß sie nicht wie das Pflichtteilsrecht und die Vermächtnisforderung unbedingt an den Eintritt des Erbfalls gebunden ist.

Eine **nach Beendigung des Güterstandes** eingetretene **Verringerung des Vermögens** berührt die Höhe der 6 Ausgleichsforderung nicht; diese kann also zur Zeit ihrer Verwirklichung unter Umständen den Vermögensbestand des anderen Ehegatten übersteigen. Wird in einem solchen Falle der Ehegatte wegen seiner Ausgleichsforderung vor anderen Gläubigern befriedigt, so können diese ganz oder zum Teil ausfallen. Bei Insolvenz des Schuldners ist die Ausgleichsforderung gewöhnliche Insolvenzforderung, die an den Rangminderungen für unentgeltliche Zuwendungen, Vermächtnisse und Pflichtteilsansprüche (§ 327 InsO) nicht teilnimmt; vgl hierzu Baur FamRZ 1958, 255; MüKo/Koch Rz 23; RGRK/Finke Rz 18.

5. Entstehung der Ausgleichsforderung (Abs III). Ob und gegebenenfalls in welcher Höhe einem Ehegatten 7 nach Beendigung des Güterstandes eine Ausgleichsforderung gegen den andern zusteht, ist während der Dauer der Ehe noch ungewiß. Es entspricht nicht der Konzeption des gesetzlichen Güterstandes, eine Forderung, die (abgesehen von § 1372 II) nur bei Scheitern der Ehe entstehen kann, schon während deren Dauer zum Gegenstand des Rechtsverkehrs mit Dritten zu machen; zust Gernhuber/Coester-Waltjen, FamR § 36 VII 5, der den Schutz vor verfrühten Verfügungen zugunsten des Ehegatten (Erlaß) als Motiv hinzufügt. Deshalb entsteht die Ausgleichsforderung im Rechtssinn erst mit der Beendigung des Güterstandes und ist erst von da an vererblich, übertragbar und ggf zu verzinsen, Celle FamRZ 1981, 1066 (1070). Sie entsteht also erst mit dem Tode eines Ehegatten, sofern sie in diesem Falle gemäß § 1371 II geltend gemacht werden kann, mit rechtskräftiger Scheidung (dh gem § 271 I sofortige Fälligkeit, vgl BGH FamRZ 1986, 37, 40; s aber Frankfurt FamRZ 1982, 806; Schwab FamRZ 1984, 525, 526: fällig erst am Tage nach Rechtkraft des Scheidungsurteils) oder Aufhebung der Ehe oder mit Rechtskraft des Urteils, durch das auf vorzeitigen Ausgleich des Zugewinns erkannt ist (§ 1388). Wird der Güterstand durch den Tod eines Ehegatten beendet, so steht, wenn der Verstorbene den geringeren Zugewinn erzielt hat, dessen Erben keine Ausgleichsforderung gegen den überlebenden Ehegatten zu, BGH NJW 1995, 1832. Das Recht, statt erbrechtlicher Beteiligung am Nachlaß eine Ausgleichsforderung geltend zu machen, steht gem § 1371 II nur dem überlebenden Ehegatten, nicht den Erben des Verstorbenen zu (vgl aber § 1371 IV, § 1371 Rz 20). Stirbt aber ein Ehegatte nach Beendigung des Güterstandes, so geht seine – bereits entstandene – Ausgleichsforderung oder seine Ausgleichsschuld auf seine Erben über, zu denen auch der überlebende Ehegatte selbst gehören kann, falls die Ehe bis zum Tode des anderen noch fortbestand, etwa im Falle des vorzeitigen Ausgleichs des Zugewinns oder bei Aufhebung des Güterstandes durch Ehevertrag. Es gelten dann die allgemeinen erbrechtlichen Grundsätze für Fälle, in denen ein Gläubiger oder ein Schuldner des Erblassers zu dessen Erben gehört. In den Fällen der Scheidung und Aufhebung der Ehe und des vorzeitigen Ausgleichs des Zugewinns ist gemäß den §§ 1384, 1387 zwar für die Berechnung des Zugewinns der Zeitpunkt der Klageerhebung maßgebend; auch in diesen Fällen entsteht die Ausgleichsforderung aber nach § 1378 III erst mit Beendigung des Güterstandes, der ihre endgültige Höhe auch erst festlegt (Abs II); vorher kann sie nicht geltend gemacht werden, vgl auch Hamburg FamRZ 1963, 648. Zu den Verzugsvoraussetzungen für den Anspruch aus § 1378 I nach dem § 286 nF vgl Löhnig NJW 2000, 3548 und Büttner FamRZ 2000, 921.

Unwirksam sind vor Beendigung des Güterstandes auch **Verpflichtungsgeschäfte über die Ausgleichsforde-** 8 **rung.** Diese können also auch keine Schadensersatzansprüche wegen Nichterfüllung auslösen; ein Ehegatte haftet aus solchen Geschäften höchstens auf Bereicherung oder wegen unerlaubter Handlung. Verfügungs- und Verpflichtungsgeschäfte über die Ausgleichsforderung, die vor Beendigung des Güterstandes getätigt werden, sind auch mit Zustimmung des andern Ehegatten unwirksam; Abs III stellt ein absolutes gesetzliches Verbot im Sinne des § 134 auf. Verzicht auf die künftige Ausgleichsforderung ist vor Beendigung des Güterstandes nur in der Weise möglich, daß die Ehegatten durch Ehevertrag den Ausgleich des Zugewinns ausschließen (vgl auch § 1372 Rz 4); Dölle, FamR I § 61 III; Hermann Lange JZ 1970, 652; Reinicke NJW 1970, 1657. Vereinbarungen über den Zugewinnausgleich während eines Verfahrens auf Auflösung der Ehe sind zwar grundsätzlich zulässig, bedürfen aber der notariellen Beurkundung oder der sie ersetzenden Aufnahmen in das gerichtliche Vergleichsprotokoll im Rahmen von § 127a (III S 2). Nach BGH FamRZ 1983, 157 (159f) können die Gatten sogar vor Anhängigkeit des Scheidungsverfahrens entsprechende Vereinbarungen treffen, soweit sie die Form des § 1378 III S 2 einhalten, für das im Gegensatz zum Formerfordernis des § 1410 keine gleichzeitige Anwesenheit bei der Beurkundung erfordert; zust Johannsen/Henrich/Jaeger Rz 15. Dem tritt Tiedtke entgegen, der nach wie vor auf die Erforderlichkeit und Zulässigkeit eines Ehevertrages gem § 1408 I hinweist und eine Überschreitung der richterlichen Kompetenz und Verletzung des § 1378 III S 3 rügt, JZ 1982, 538; 1983, 457; 554. Dem ist zumindest für die Zeit vor Anhängigkeit zuzustimmen. Im Ergebnis wirkt sich der Unterschied kaum aus. Derartige Scheidungsfolgevereinbarungen oder -vergleiche werden oft so getroffen, daß nicht nur der Zugewinnausgleich, sondern auch der nacheheliche Unterhalt, der Versorgungsausgleich oder sonstige Ausgleichszahlungen vereinbart werden. Erweist sich später ein Teil dieser Vereinbarungen zB als formnichtig, so neigen die OLGe dazu, selbst bei unstreitig durchgeführter und ausführlicher anwaltlicher Belehrung wegen des inneren Zusammenhangs der verschiedenen Problemkreise Gesamtnichtigkeit gem § 139 anzunehmen, Stuttgart FamRZ 1984, 806; Hamburg FamRZ 1985, 290; daher empfiehlt Langenfeld DNotZ 1983, 139 (160f) die Beurkundung der gesamten Vereinbarung. Für das Vergleichsprotokoll gem § 127a ist das Gericht zuständig, bei dem die Ehesache anhängig ist. Damit ist der Gesetzgeber nicht der weiten

§ 1378

Auffassung des BGH (FamRZ 1970, 391; FamRZ 1972, 128; ergänzend FamRZ 1973, 449; vgl auch FamRZ 1977, 37 m krit Anm Bosch; ebenso schon Schön NJW 1969, 1992), gefolgt, die eine formlose Vereinbarung in einem anhängigen Ehescheidungsverfahren für den Fall zulassen wollten, daß die Ehe auf die Klage geschieden wird. Im einzelnen vgl die Ausführungen zu § 1372 Rz 4. Auch der Erlaßvertrag, zB im außergerichtlichen Scheidungsvergleich, ist Verfügung und daher nichtig, vgl Bosch aaO. Auch nach Beendigung des Güterstandes kann die Ausgleichsforderung eines Ehegatten ebenso wie der Pflichtteilsanspruch und der Anspruch des Schenkers auf Herausgabe eines Geschenkes gem § 852 ZPO nur gepfändet werden, wenn sie durch Vertrag anerkannt oder rechtshängig geworden ist; hierdurch soll verhindert werden, daß die Ausgleichsforderung von einem Dritten als Pfändungsgläubiger geltend gemacht werden kann, bevor eindeutig feststeht, daß auch der Ehegatte selbst zu ihrer Geltendmachung gewillt war. Erfolgt die Vereinbarung über den Ausgleich des Zugewinns nach einer ehevertraglichen Beendigung des gesetzlichen Güterstandes, so bedarf sie nicht der Form des Abs III S 2, Düsseldorf FamRZ 1989, 181. Zur Beurteilung einer Vereinbarung über das Zurücktreten der Ausgleichsforderung gegenüber einer Forderung eines Gläubigers des Ausgleichsverpflichteten vgl H.P. Westermann FamRZ 1967, 647. Erlaß der Ausgleichsforderung nach Beendigung des Güterstandes ist steuerpflichtige Schenkung, Gernhuber/Coester-Waltjen, FamR § 36 VII 5; zur steuerlichen Behandlung von Versorgungsleistungen zur Abgeltung des Ausgleichsanspruchs vgl BFH BB 1986, 1554. Die Formvorschrift der §§ 1378 III S 2, 1410 sind nicht entsprechend auf das Versprechen des Partners einer nichtehelichen Lebensgemeinschaft anwendbar, weil es an einem rechtsähnlichen Tatbestand und einer planwidrigen Gesetzeslücke fehlt. Die Warn- und Beratungsfunktion der Form ist abweichend vom ansonsten dispositiven Recht auf die Schutz- und Leitbildfunktion der bürgerlichen Ehe abgestellt, Köln FamRZ 2001, 1608.

9 **6. Verjährung der Ausgleichsforderung (Abs IV).** Die verhältnismäßig kurze Verjährungsfrist von drei Jahren beruht auf der Erwägung, daß der Ausgleich des Zugewinns unter den Ehegatten oder deren Erben nach Beendigung des Güterstandes nicht zu lange hinausgeschoben werden soll. Die Regelung des Abs IV ist im einzelnen dem für die Verjährung eines Pflichtteilsanspruchs geltenden § 2332 I, III nachgebildet. Entscheidend ist, wann der berechtigte Ehegatte (für den Fall der Geschäftsunfähigkeit vgl Frankfurt FamRZ 1987, 1147) von dem rechtskräftigen Urteil Kenntnis erlangt, auf die Kenntnis der Ausgleichsberechtigung kommt es nicht an, Pal/Brudermüller Rz 11. Rechtsmittelverzicht im Scheidungsverfahren in Anwesenheit beider Parteien setzt Verjährungsfrist in Gang, Celle FamRZ 2002, 1030; Naumburg FamRZ 2001, 831; Hamm FamRZ 2000, 230. Dabei muß sich eine Partei die Kenntnis ihres Prozeßbevollmächtigten nach dem Rechtsgedanken des § 166 als ihrem Wissensvertreter zurechnen lassen, Naumburg und Hamm wie zuvor; Köln FamRZ 1986, 482. Die Kenntnis fällt auch nicht rückwirkend dadurch weg, daß der Prozeßbevollmächtigte später Zweifel an der Rechtswirksamkeit des Rechtsmittelverzichts äußert, Köln aaO. Der Ausgleichsberechtigte muß aber die ihm bekannten Tatsachen auch in ihrer rechtlichen Bedeutung erfaßt haben, Rechtsirrtum ist grds beachtlich, BGH NJW 1987, 1766 (bejaht für den Fall eines beim Ablauf der Berufungsfrist noch unerledigten Antrags auf Prozeßkostenhilfe für die Berufung gegen das Scheidungsurteil). Die Beweislast liegt beim Ausgleichsverpflichteten, BGH aaO; Celle FamRZ 2002, 1030. Im Falle des Todes des einen Ehegatten wird die Verjährung der Ausgleichsforderung ebenso wie die des Pflichtteilsanspruchs nicht dadurch gehemmt, daß der Anspruch erst nach Ausschlagung der Erbschaft oder eines Vermächtnisses geltend gemacht werden kann, es wird nur „im übrigen" auf die Vorschriften im Pflichtteilsrecht verwiesen. Ist eine letztwillige Verfügung Ursache für die Entstehung der Ausgleichsforderung, so muß der überlebende Ehegatte von dieser Verfügung und ihrer die Ausgleichsforderung auslösenden Wirkung Kenntnis haben, § 2332 I, RG 115, 30; BGH 15, 83; Frankfurt FamRZ 1986, 807. Auch die Rechtsfolgen der Verfügung muß der Ehegatte kennen, weil nur dann von ihm eine Tätigkeit verlangt werden kann, welche die Verjährung hindert, RG 140, 75; RGRK/Finke Rz 24. Keine Rolle spielen andere, den Nachlaß berührende Verfügungen des Erblassers unter Lebenden, Frankfurt FamRZ 1986, 807. Die Verjährung wird nicht dadurch gehemmt, daß die Ausgleichsforderung erst nach der Ausschlagung geltend gemacht werden kann, § 2332 III; Pal/Brudermüller Rz 13. Im übrigen gelten für die Verjährung die allgemeinen Vorschriften (§§ 194ff); vgl Celle FamRZ 1978, 414. Die Erhebung der Auskunftsklage gem § 1379 bewirkt den Neubeginn (§ 212) der Verjährung des Zahlungsanspruchs zwar grundsätzlich nicht, Celle NJW-RR 1995, 1411; die Erklärung, zu dieser Auskunft bereit zu sein, verbunden mit der Bitte um Fristverlängerung, kann aber als Anerkenntnis gem § 212 zu werten sein, Hamburg FamRZ 1984, 892. Die bloße Erteilung einer Auskunft im Ausgleichsverfahren ist kein die Verjährung neu beginnendes Anerkenntnis iSd § 212, Karlsruhe FamRZ 2001, 832. Die Verjährung beginnt neu, wenn der Berechtigte den Anspruch in irgendeiner Form mittels Leistungsklage geltend macht, BGH FamRZ 1994, 751. Dies gilt auch für eine teilweise unschlüssige Klage, da der fehlende Tatsachenvortrag im Laufe des Rechtsstreits nachgeholt werden kann, BGH FamRZ 1996, 1271. Auch die Klage bei einem unzuständigen Gericht unterbricht die Verjährung, wenn die Verweisung an das zuständige Gericht erfolgt, Naumburg FamRZ 2001, 831. Eine Hemmung der Verjährung tritt ein, wenn für eine diesbezügliche Leistungsklage der Prozeßkostenhilfeantrag ordnungsmäßig begründet und vollständig gestellt wird, Hamm FamRZ 2000, 230; München FamRZ 1996, 418; allerdings nicht, wenn der Antragsteller nicht von Bedürftigkeit ausgehen durfte, Hamm FamRZ 1996, 864. Unterbrechungswirkung hat auch die Rechtshängigkeit einer Stufenklage auf Auskunftserteilung und Zahlung des Zugewinnausgleichs in festgestellter Höhe, BGH FamRZ 1995, 797; Zweibrücken NJW-RR 2001, 865. Nach Insolvenzeröffnung ist die Auskunftsstufe gegen den Gemeinschuldner, die Zahlungsstufe gegen den Insolvenzverwalter als Partei kraft Amtes zu richten, Naumburg NJW-RR 2002, 1704. Wird nach Erlaß eines Teilurteils bzgl des Auskunftsbegehrens der Prozeß länger als drei Jahre nicht betrieben, ist der Zugewinnausgleichsanspruch verjährt, Nürnberg NJW-RR 1995, 1091. Die lediglich Ankündigung, nach Erteilung der Auskunft Zahlungsklage zu erheben, stellt keine Stufenklage dar und bewirkt daher nicht den Neubeginn der Verjährung, Celle NJW-RR 1995, 1411. Eine Klage auf Zahlung des großen Pflichtteils gem § 2303 II iVm § 1371 I unterbricht die Verjährung des Zugewinnausgleichsanspruchs gem § 1371 II nicht, da beide Ansprüche verschiedenen Rechtsgebieten – Erbrecht und Güterrecht – entstammen und

verschieden ausgestaltet sind, BGH FamRZ 1983, 27; Frankfurt FamRZ 1986, 807. Gleiches gilt für die Klage auf Anpassung eines Erbschaftsauseinandersetzungsvertrages, BGH FamRZ 1993, 1181. Besteht die Ehe in den Fällen des vorzeitigen Ausgleichs des Zugewinns (§§ 1385 bis 1388) oder der Aufhebung des Güterstandes durch Ehevertrag noch fort, so ist die Verjährung gehemmt; das Gleiche gilt, wenn Gläubiger oder Schuldner der Ausgleichsforderung nach dem Tode eines Ehegatten die gemeinschaftlichen Abkömmlinge als Erben sind, für die Dauer von deren Minderjährigkeit (§ 207). Heiraten Ehepartner einer Erstehe nach Scheidung einander wieder, so ist die Verjährung des Zugewinnausgleichsanspruchs aus der Erstehe während der Dauer der Zweitehe gehemmt, Nürnberg MDR 1980, 668; Hamm FamRZ 1981, 1065 unter Berufung auf § 208 aF, jetzt § 212 I; AG Biedenkopf FamRZ 2003, 1392. Wegen des Neubeginns der Verjährung gilt das in § 2332 Rz 6 Gesagte sinngemäß. Die Erhebung der Verjährungseinrede kann rechtsmißbräuchlich sein, wenn beide Ehepartner jahrelang einem Irrtum über die Eigentumssituation unterlagen und der Alleineigentümer immer vermeintlichen Pflichten als Miteigentümer nachgekommen ist, Köln FamRZ 1982, 1071, oder wenn die Ehegatten nach der Scheidung einvernehmlich zusammenleben, AG Viechtach FamRZ 1991, 192. Ist der Ausgleichsanspruch verjährt, verstößt die Geltendmachung eines Auskunftsanspruchs gegen § 226, wenn dieser aufgrund der Verjährung des Leistungsanspruchs nur noch als Selbstzweck dient, Celle FamRZ 2002, 1030. § 1378 IV ist entgegen LG Köln FamRZ 1990, 1239, nicht auf sonstige familienrechtliche Ausgleichsansprüche (sog unbenannte Zuwendungen nach der Rspr des BGH) analog anzuwenden, BGH FamRZ 1994, 228. Demgegenüber sind andere Ansprüche – Wegfall der Geschäftsgrundlage (§ 313), Schenkungswiderruf bzw Bereicherungsrecht – vom Zugewinnausgleich zu trennen, bilden erst die Grundlage für diesen und folgen eigenen Regeln. Auch dies zeigt, daß die Rspr des BGH zu den sog unbenannten Zuwendungen schon im Ansatz verfehlt ist; siehe hierzu § 1363 Rz 4. Eine Analogie ablehnend auch Wiek FamRZ 1990, 1239. Zur Verjährung des Anspruchs auf Zugewinnausgleich vgl Schwolow FuR 1998, 196. Zu den Voraussetzungen einer Verjährungshemmung durch sog Stillhalteabkommen BGH NJW 1999, 1101. Zur Verjährung des Ausgleichsanspruchs nach § 40 FGB der DDR bei Scheidung der Ehe nach dem Beitritt vgl BGH FamRZ 2002, 1097. Ist der Zugewinnausgleichsanspruch verjährt, kann nicht automatisch der Ausgleich ehebedingter Zuwendungen nach den Grundsätzen des Wegfalls der Geschäftsgrundlage verlangt werden (Düsseldorf FamRZ 2003, 872 m krit Anm Bergschneider).

7. Abänderung der Bestimmungen des § 1378. Die Zugewinngemeinschaft oder der Ausgleich des Zugewinns können durch Ehevertrag ganz ausgeschlossen werden. Daher ist es – arg a maiore ad minus – auch zulässig, zu vereinbaren, daß eine etwaige Ausgleichsforderung geringer sein soll als in Abs I bestimmt ist. Es kann zB vereinbart werden, daß die Ausgleichsforderung statt der Hälfte nur einen geringeren Teil des Überschusses betragen oder daß sie einen bestimmten Höchstbetrag nicht überschreiten solle. Die erbrechtliche Regelung des § 1371 I wird hierdurch nicht berührt (vgl dazu Knur DNotZ 1957, 473). Grundsätzlich ist es nicht ausgeschlossen, die Ausgleichsforderung durch Ehevertrag auch höher als im Gesetz vorgesehen festzusetzen; im Einzelfall kann eine solche Vereinbarung aber nichtig sein, weil sie einen der Ehegatten, seine Gläubiger oder seine Abkömmlinge bzw Erben in sittenwidriger Weise benachteiligt, vgl eingehender § 1372 Rz 4. Nach Auffassung von Maßfeller (DB 1957, 738) und Gernhuber/Coester-Waltjen, FamR § 32 III 8 wäre sie auch nach § 311b II nichtig; es ist aber zweifelhaft, ob § 311b II auch auf familienrechtliche Verträge anwendbar ist (vgl § 311b Rz 85). Ablehnend Dölle, FamR I § 61 V: § 311b II betreffe nach seinem Wortlaut, seinem Schutzzweck und seiner systematischen Stellung nur schuldrechtliche Verträge. Zu den inhaltlichen Grenzen vgl oben § 1372 Rz 4 aE sowie § 1408 Rz 15 im einzelnen. Unzulässig ist eine Abänderung der den Gläubigerschutz bezweckenden Vorschrift des Abs II; aA Buschendorf, Die Grenzen der Vertragsfreiheit im Ehevermögensrecht, 277ff, der eine vertragliche Fixierung der Rechtshängigkeit des Scheidungsantrags als den für Abs II maßgeblichen Zeitpunkt im Hinblick auf die mangelhafte Sicherung des Zugewinnausgleichsgläubigers durch § 1389 für zulässig und ratsam hält. Die Ehegatten können auch nicht in Abweichung von Abs III bestimmen, daß über die Ausgleichsforderung bereits vor Beendigung des Güterstandes solle verfügt werden können; zust Staud/Thiele Rz 37. Die Verjährungsfrist gem Abs IV gilt grundsätzlich auch bei vertraglicher Regelung des Ausgleichsanspruchs, Karlsruhe FamRZ 1984, 894. Vereinbarungen über die Verjährung, die nach § 225 aF diese bis 31. 12. 2001 weder ausschließen noch erschweren durften, sind in den Grenzen des § 202 nF nunmehr zulässig.

1379 *Auskunftspflicht*
(1) **Nach der Beendigung des Güterstands ist jeder Ehegatte verpflichtet, dem anderen Ehegatten über den Bestand seines Endvermögens Auskunft zu erteilen. Jeder Ehegatte kann verlangen, dass er bei der Aufnahme des ihm nach § 260 vorzulegenden Verzeichnisses zugezogen und dass der Wert der Vermögensgegenstände und der Verbindlichkeiten ermittelt wird. Er kann auch verlangen, dass das Verzeichnis auf seine Kosten durch die zuständige Behörde oder durch einen zuständigen Beamten oder Notar aufgenommen wird.**
(2) **Hat ein Ehegatte die Scheidung oder die Aufhebung der Ehe beantragt, gilt Absatz 1 entsprechend.**

1. Allgemeines. Um seine etwaige Ausgleichsforderung geltend machen zu können, muß ein Ehegatte wissen, wie hoch das Anfangsvermögen und das Endvermögen des andern Ehegatten ist. Da weder das vor der Ehe noch das während der Ehe von jedem Ehegatten erworbene Vermögen gemeinschaftlich wird, jeder Ehegatte auch sein Vermögen grundsätzlich selbständig verwaltet (§§ 1363, 1364), kann er diese Kenntnis unter Umständen nicht zuverlässig haben. Hinsichtlich des Anfangsvermögens trifft § 1377 Vorsorge; § 1379 ist nicht analog anwendbar (vgl näher § 1377 Rz 2 aE). Die erforderliche Kenntnis über das Endvermögen des andern kann ein Ehegatte sich nach § 1379 durch Geltendmachung des Anspruchs auf Auskunftserteilung verschaffen. Dieser Anspruch kann aber erst nach Beendigung des Güterstandes geltend gemacht werden, wenn der Zugewinn der Ehegatten auszugleichen ist. Vorher besteht weder eine Ausgleichsforderung (§ 1378 III) noch ein klagbares Auskunftsrecht; ein

§ 1379 Familienrecht Bürgerliche Ehe

solches könnte leicht den Ehefrieden gefährden (vgl aber auch § 1386 III). Den Anspruch auf Auskunftserteilung haben beide Ehegatten gegeneinander; auch der Ehegatte, der voraussichtlich ausgleichspflichtig ist, hat ein Interesse daran, durch Erteilung der Auskunft über das Endvermögen des andern Klarheit über die Höhe des von ihm geschuldeten Betrages zu gewinnen, zutr BGH FamRZ 1965, 554; Nürnberg FamRZ 1969, 287; München FamRZ 1969, 32. Ob die Auskunft gem § 273 zurückbehalten werden darf, bis der andere Ehegatte die seinerseits geschuldete Auskunft erteilt, ist umstritten: dafür Stuttgart FamRZ 1982, 282; Gernhuber/Coester-Waltjen, FamR § 36 V 4; dagegen Stuttgart FamRZ 1984, 273; Frankfurt FamRZ 1985, 483; Thüringen FamRZ 1997, 1335; Johannsen/Henrich/Jaeger Rz 14. Die Frage ist zu bejahen. Das dagegen angeführte Argument, die Eheleute seien aus dem – ggf nachwirkenden – besonderen ehelichen Treueverhältnis zur reibungslosen Abwicklung der vermögensrechtlichen Fragen der Ehe verpflichtet, ist richtig, besagt aber nichts. Wenn der Auskunftsanspruch schon gerichtlich geltend gemacht wird, gedenkt zumindest der Beklagte offenbar nicht, dieser Verpflichtung nachzukommen. Frühere Kenntnis der Vermögenslage des anderen Gatten eröffnet Manipulationsmöglichkeiten und bereitet viel eher taktischem Vorgehen den Weg, als das bei Zug-um-Zug-Leistung der Auskunft der Fall ist (so aber Frankfurt FamRZ 1985, 483). Die Auskunft muß in Form einer ordnungsgemäßen Zusammenstellung des Endvermögens erfolgen, die mit Unterschrift (aA Zweibrücken FamRZ 2001, 763) und zugehörigen Originalbelegen alle Aktiva und Passiva so genau erfaßt, daß daraus die Zugewinnausgleichsforderung errechnet werden kann, BGH FamRZ 2003, 597 und 1267; Hamm FamRZ 2001, 763 und FamRZ 1976, 631; Düsseldorf FamRZ 1979, 808; Karlsruhe MDR 1998, 53. Bei einem mangelhaften Verzeichnis, welches jedoch nicht von vornherein unbrauchbar ist, kann nicht dessen vollständige Neuerstellung verlangt werden, Zweibrücken FamRZ 2001, 763; Köln FamRZ 1997, 1336. Nach Celle FamRZ 1975, 415 müssen die Angaben des zur Auskunftserteilung Verpflichteten hinreichend bestimmt sein, um dem Partner zu ermöglichen, die Vermögenswerte selbst in etwa zu ermitteln; zustimmend BGH FamRZ 1989, 157, 159; Naumburg FamRZ 2001, 1303; AG Tempelhof-Kreuzberg NJW-RR 2002, 794. Wertangaben muß die Auskunft enthalten (BGH FamRZ 2003, 597 und 1267 verweist hierfür das Recht auf § 1379 I 2), aber zu jedem Gegenstand alle wertbildenden Faktoren angeben, München FamRZ 1995, 737. Zur Auskunft über eine Kapitallebensversicherung Köln FamRZ 2002, 1406; FuR 1998, 430; Köln NJW–FER 1997, 100. § 1379 erfaßt daher zur Bestimmung der Ertragslage eines Unternehmens ggfs die Vorlage der Bilanzen nebst Gewinn- und Verlustrechnungen, zutr BGH FamRZ 1980, 37; Naumburg FamRZ 2001, 1303; Zweibrücken FamRZ 2001, 763; Düsseldorf FamRZ 1999, 1070. Zu den Anforderungen an ein Bestandsverzeichnis bei landwirtschaftlichen Unternehmen vgl Düsseldorf FamRZ 1986, 168. Gegenüber dem Mitglied einer Anwaltssozietät umfaßt der Anspruch auch dessen wirtschaftliche Verhältnisse einschließlich des good will und die Vorlage des Gesellschaftsvertrages, Hamm FamRZ 1983, 812. Der good will („innerer Wert") ist, da er, nach welcher Bewertungsmethode im einzelnen auch verfahren wird, immer zu berücksichtigen und daher auch vom Anspruch gem § 1379 umfaßt, Düsseldorf FamRZ 1981, 48; aA Stuttgart FamRZ 1995, 1586, mit der fragwürdigen Begründung, daß im zu entscheidenden Fall in der Regel ein „good will" nie vorläge. Angaben über einzelne Vermögenstransaktionen können demgegenüber nicht nach § 1379 verlangt werden; die Weigerung, insoweit Auskunft zu geben, kann jedoch die Grundlage für das Verlangen nach eidesstattlicher Versicherung der Vollständigkeit des Verzeichnisses sein (§ 260 II), BGH FamRZ 1976, 516. Bei der Abgabe der eidesstattlichen Versicherung genügt es, wenn Sachgesamtheiten als solche aufgeführt werden; Kleinlichkeit ist jedenfalls zu vermeiden, BGH FamRZ 1984, 144. Auskünfte sind auch dann zu erteilen, wenn sie die Gefahr strafrechtlicher Selbstbelastung mit sich bringen; es besteht dann ein strafprozessuales Verwertungsverbot analog § 136a III S 2 StPO, vgl Stürner NJW 1981, 1757 (1760). Zum Umfang des Auskunftsanspruchs vgl auch BGH JZ 1980, 105 sowie Hartung MDR 1998, 508. Unberührt bleibt der allg Auskunftsanspruch nach § 242, Köln FamRZ 1999, 1071. Da nach BGH FamRZ 1984, 144 nach der HausratsVO verteilbarer Hausrat aus dem Zugewinnausgleich ausfällt, wird er auch nicht von der Auskunftspflicht erfaßt. Der Auskunftsanspruch bezieht sich auch auf die abzuziehenden Verbindlichkeiten. Nach dem Wortlaut des Gesetzes bezieht er sich aber nicht auf die Schenkungen und Verschwendungen, die nach § 1375 II dem Endvermögen hinzuzurechnen sind; eine entspr Anwendung erscheint aber geboten, vgl Bamberg FamRZ 1980, 573; Bosch FamRZ 1964, 442; Soergel/H. Lange Rz 8; Staud/Thiele Rz 12f; aA Gernhuber/Coester-Waltjen FamR § 36 V 5; MüKo/Koch Rz 13ff; es müssen aber Anhaltspunkte für Vorgänge nach § 1375 II vorgetragen sein, so mit Recht einschränkend Nürnberg FamRZ 1965, 334; Düsseldorf 1981, 806f. Der Anspruch kann durch Klage geltend gemacht werden, gegebenenfalls durch Stufenklage, § 254 ZPO; zur Stufenklage AG Gelsenkirchen FamRZ 1978, 776. Zuständig ist das FamG. Auch mit dem Auskunftsanspruch zusammenhängende Zwangsvollstreckungsfragen sind Familiensachen (§ 23b I Nr 9 GVG), Düsseldorf FamRZ 1978, 226. Nach BGH FamRZ 1979, 690 stehen die Vorschriften des § 623ff ZPO über den Verbund von Scheidungs- und Folgesachen einer Entscheidung über ein im Wege der Stufenklage geltend gemachtes Auskunftsbegehren bereits vor der Entscheidung über den Scheidungsantrag nicht entgegen (anders die Vorinstanz Düsseldorf FamRZ 1979, 160). Der BGH aaO verweist zutr darauf, daß § 1379 II gerade den Entscheidungsverbund von Scheidungsausspruch und Regelung des Zugewinnausgleichs dadurch ermöglichen soll, daß vorweg die erforderliche Auskunft verlangt werden kann. Dieser materiellrechtlichen Regelung entspricht in der Tat prozessual nur die Vorabentscheidung über den Auskunftsanspruch. Die Stufenklage bringt den Vorteil mit sich, daß sie die Verjährung neu beginnen läßt, während die Klage auf Auskunftserteilung allein dieses nicht vermag, Celle NJW-RR 1995, 1411. Das auf Aufkunftserteilung lautende Teilurteil ist nach § 888 ZPO zu vollstrecken, Karlsruhe FamRZ 1967, 339; aA Bamberg FamRZ 1999, 512. Wegen der Vollstreckung vgl § 889 ZPO. Ist ein Ehegatte gestorben, so treten auch hinsichtlich der Rechte und Pflichten aus § 1379 seine Erben an seine Stelle. Zu den güterrechtlichen Ausgleichs- und Auskunftsansprüchen und ihrer Verjährung München FamRZ 1969, 332; Köln FuR 1998, 430.

2 **2. Einzelheiten der Regelung.** Die Vorschrift ist im einzelnen dem § 2314 nachgebildet, der den Auskunftsanspruch des Pflichtteilsberechtigten behandelt (vgl die Bem dort). Dem neben dem Auskunftsanspruch aus § 1379 I S 1 bestehenden selbständigen Recht aus Abs I S 2 (vgl BGH FamRZ 1982, 682; zum Verhältnis von Abs I S 1

und S 2 sa BGH FuR 2003, 47; FamRZ 1989, 157) zu verlangen, daß der Wert der Vermögensgegenstände und der Verbindlichkeiten ermittelt wird, entspricht die Pflicht des andern Teils, das hierzu Erforderliche zu tun bzw zu gestatten; es gilt das in § 1377 Rz 4 Gesagte. Hält ein Ehegatte die ihm gemachten Bestands- und Wertangaben für unrichtig, so steht es ihm frei, seiner Forderung andere Annahmen zugrunde zu legen; es handelt sich nicht wie im Falle des § 1377 um ein gemeinsam aufgestelltes Verzeichnis, das die Vermutung der Richtigkeit für sich hat. Der auskunftsberechtigte Ehegatte kann verlangen, daß er, auch wenn das Verzeichnis über das Endvermögen durch den anderen Ehegatten bereits erstellt wurde, nachträglich bei der Vermögensaufstellung hinzugezogen wird, KG NJW-RR 1998, 1155. Anders als in § 2314 I, in § 1377 II S 3 und in § 1379 I S 3 (Beurkundungskosten) ist nicht bestimmt, wer die unter Umständen nicht unerheblichen Kosten der in S 2 vorgesehenen Wertermittlung, zumeist Sachverständigenkosten, zu tragen hat. Den dazu bestehenden Meinungsstreit (vgl Nachw in 8. Aufl) hat der BGH FamRZ 1982, 682 zutreffend mit der überwiegenden Meinung dahingehend entschieden, daß der Auskunftsbegehrende grundsätzlich nur einen Anspruch darauf hat, daß der Verpflichtete die Ermittlungen eines vom ersten bestellten und bezahlten Sachverständigen duldet. Er hat dies damit begründet, daß es mangels einer ausdrücklichen Regelung, wie sie § 1377 II S 3 abschließend für das Anfangsvermögen vorsieht, bei der Grundregel bleibt, daß der Gutachtenbegehrende die Kosten zu tragen hat, was zudem allein dessen Interesse entspricht, einen Gutachter seines Vertrauens zu beauftragen, so auch Karlsruhe FamRZ 1995, 736. Unverändert gültig bleibt dennoch die in BGH 64, 63 getroffene Entscheidung, wonach der Auskunftsverpflichtete die Kosten in den Fällen tragen muß, in denen eine Wertfeststellung durch einen Sachverständigen gar nicht verlangt wird; bestätigt in BGH FamRZ 1991, 316. Der die Kosten tragende Ehepartner kann aber in einem etwa folgenden Rechtsstreit diese Kosten, die der Vorbereitung des Rechtsstreits dienten, gemäß § 91 ZPO erstattet verlangen, wenn er obsiegt.

3. Durch das 1. EheRG wurde **Abs II** eingefügt. Damit ist die Auskunftspflicht für die Fälle der Scheidung oder Aufhebung der Ehe vorverlegt auf den Zeitpunkt der Antragstellung (vgl § 622 I ZPO für die Antragsschrift). Stichtag für die Auskunftsverpflichtung bleibt auch dann die Rechtshängigkeit des Scheidungsantrags, wenn die Ehepartner vorher lange getrennt gelebt haben und der Auskunftspflichtige wegen dieser Trennung eine Herabsetzung des Ausgleichsanspruchs erstrebt, Hamm FamRZ 1987, 701. Nach Abs I entsteht dagegen die Auskunftspflicht erst nach Beendigung des Güterstandes; dh, daß iR einer Stufenklage auch bei Auskunftserteilung nach § 1379 und vorzeitigem Zugewinnausgleich gem § 1386 erst nach Rechtskraft des (Teil-)Urteils, mit dem der Güterstand beendet wurde, die Auskunft verlangt werden kann, Nürnberg FamRZ 1998, 685; Koblenz FamRZ 1990, 1368; Celle FamRZ 1983, 171; zur einhelligen Literatur vgl Scherer FamRZ 2001, 1112, 1113f. Die hiervon abweichende Auffassung von Celle FamRZ 2000, 1369 mit dem in entsprechender Anwendung des § 1379 II beide Klagen verknüpft werden können, um Beweis- und Manipulationsgefahren zu Lasten des Ausgleichsberechtigten zu vermindern, findet im Gesetz keine Grundlage. Da über die Scheidung und Scheidungsfolgen nach neuem Recht grundsätzlich einheitlich und gleichzeitig entschieden werden soll, wurde für die oben genannten weitaus häufigsten Fälle der Güterstandsbeendigung die Vorverlegung erforderlich. Zur Entscheidung im Verbund vgl Frankfurt FamRZ 1987, 299; AG Gelsenkirchen FamRZ 1978, 776ff; zu den diesbezüglichen Verfahrenänderungen durch das UÄndG vgl Einl § 1363 Rz 20.

4. Der **Auskunftsanspruch ist zwingendes Recht.** Ein ehevertraglicher Ausschluß würde eine sachgemäße Feststellung des Zugewinns der Ehegatten stark erschweren, wenn nicht unmöglich machen. Ob ein Ausgleich grob unbillig wäre (§ 1381), berührt den Auskunftsanspruch noch nicht, BGH FamRZ 1972, 128; 1965, 554; Nürnberg FamRZ 1964, 440. Nur wenn ausnahmsweise nicht zweifelhaft ist, daß dem Auskunft Begehrenden keine Ausgleichsforderung zusteht, kann der Einwand des Rechtsmißbrauchs entgegengehalten werden; im Ergebnis ebenso Koblenz FamRZ 1985, 286. Dies liegt aber nicht schon dann vor, wenn die Ehe bereits nach wenigen Jahren wieder geschieden wird und auch während ihres Bestehens die eheliche Gemeinschaft nicht in vollem Umfang hergestellt worden ist, BGH NJW 1972, 433. Der Auskunftsanspruch scheidet aus, wenn der mit ihm angestrebte Zugewinnausgleichsanspruch verjährt und diese Einrede erhoben ist (Rechtsmißbrauch), ua Celle NJW-RR 1995, 1411. Anderes gilt aber dann, wenn mit der verjährten Zugewinnausgleichsforderung noch nach § 390 S 2 aufgerechnet werden kann, AG Bamberg FamRZ 2001, 764.

§ 1380 Anrechnung von Vorausempfängen

(1) Auf die Ausgleichsforderung eines Ehegatten wird angerechnet, was ihm von dem anderen Ehegatten durch Rechtsgeschäft unter Lebenden mit der Bestimmung zugewendet ist, dass es auf die Ausgleichsforderung angerechnet werden soll. Im Zweifel ist anzunehmen, dass Zuwendungen angerechnet werden sollen, wenn ihr Wert den Wert von Gelegenheitsgeschenken übersteigt, die nach den Lebensverhältnissen der Ehegatten üblich sind.

(2) Der Wert der Zuwendung wird bei der Berechnung der Ausgleichsforderung dem Zugewinn des Ehegatten hinzugerechnet, der die Zuwendung gemacht hat. Der Wert bestimmt sich nach dem Zeitpunkt der Zuwendung.

1. Vorbemerkung. Unentgeltliche Zuwendungen unter Ehegatten sind nach der Rspr des BGH nicht dem Anfangsvermögen des Empfängers zuzurechnen (§ 1374 II), FamRZ 1987, 791. Um die damit verbundenen Unstimmigkeiten im Verhältnis zu § 1380 zu beseitigen, rechnet die Rspr das Zugewandte dem Endvermögen des Zuwendenden zu, aber gleichzeitig aus dem Endvermögen des Zuwendungsempfängers heraus (vgl Frankfurt FamRZ 1987, 62, 64). Damit ergeben sich idR jedenfalls für die Fälle, in denen der Beschenkte Ausgleichsgläubiger ist, die gleichen Ergebnisse, wie wenn das Zugewandte nach § 1374 II dem Anfangsvermögen des Empfängers zugerechnet wird; vgl die Rechenbeispiele bei Frankfurt FamRZ 1987, 62. Diese Rspr vermag im Ansatzpunkt schon nicht zu überzeugen, vgl die Kritik bei § 1363 Rz 4 und § 1374 Rz 7, 9. Dies gilt auch für die Fälle, in

§ 1380

denen sich die Vermögensverhältnisse des Beschenkten günstiger entwickelt haben als die des Zuwenders, vgl Rz 7. Es bleibt daher nach hier vertretener Auffassung dabei, daß die Zuwendungen beim Empfänger nicht zu einem ausgleichspflichtigen Zugewinn führen, sondern Einfluß auf die Ausgleichsschuld des zuwendenden Ehegatten haben, § 1380. Zur Anrechnung von Zuwendungen unter Ehegatten im System der §§ 1374 II, 1380 vgl Grünenwald NJW 1988, 109; ders, Güterrechtlicher und schuldrechtlicher Ausgleich von Zuwendungen unter Ehegatten bei Beendigung des gesetzlichen Güterstandes durch die Ehescheidung, 1988; Holzhauer JuS 1983, 830; Netzer FamRZ 1988, 676; v Olshausen FamRZ 1978, 755; Rauscher AcP 186, 529, 562ff; Reinicke/Tiedtke WM 1982, 946; Schwab FamRZ 1984, 525, 526f; Seutemann FamRZ 1983, 990; ders FamRZ 1989, 1023; Tiedtke DNotZ 1983, 161 sowie die weiteren Schrifttumshinweise zu § 1363.

2 2. § 1380 regelt die **Anrechnung von Zuwendungen** unter Lebenden auf die Ausgleichsforderung; er ist dem § 2315 nachgebildet, der die Anrechnung solcher Zuwendungen auf den Pflichtteil behandelt. Die Vorschrift beruht auf der Erwägung, daß solche Zuwendungen unter den Ehegatten häufig einen vorweggenommenen Ausgleich des Zugewinns – ganz oder zum Teil – darstellen.

3 3. Wegen des Begriffs der **Zuwendung** vgl § 516 Rz 4ff. Eine Zuwendung an den Ehegatten kann auch darin bestehen, daß mit dessen Zustimmung und meist in dessen Interesse eine Leistung an einen Dritten, besonders an Verwandte bewirkt wird oder daß umgekehrt ein Dritter, zB eine Versicherungsgesellschaft, zu einer Leistung an den Ehegatten für Rechnung des andern veranlaßt wird. Zuwendung kann auch die Bezahlung von Schulden sein. Gleiches gilt für nicht rückforderbaren überschießenden Unterhalt gem § 1360b, BGH FamRZ 1983, 351.

4 4. **Bestimmung der Anrechnung.** Es wird oft nicht dem Willen eines Ehegatten entsprechen, daß der andere, der solche Zuwendungen erhalten hat, außerdem später seine Ausgleichsforderung in voller Höhe geltend machen kann, insbesondere im Falle der Scheidung der Ehe. Daher wird ihm die Möglichkeit gegeben, zu bestimmen, daß sein Ehegatte sich solche „Vorempfänge" auf die Ausgleichsforderung anrechnen lassen muß. Eine solche Bestimmung muß vor oder bei der Zuwendung getroffen werden; eine später getroffene Bestimmung wäre unwirksam, es sei denn, sie erfolgt durch beide Ehegatten gemeinschaftlich, und zwar in Form des Ehevertrages, Brüning NJW 1971, 922; Staud/Felgentraeger, 10./11. Aufl Rz 16; aA Staud/Thiele Rz 15. Die vor oder zugleich mit der Zuwendung getroffene Bestimmung bedarf dagegen keiner besonderen Form; sie kann uU auch aus schlüssigem Verhalten gefolgert werden. Beweispflichtig dafür, daß die Bestimmung getroffen ist, ist derjenige, der sich darauf beruft, es sei denn, daß die Voraussetzungen des Abs I S 2 vorliegen. Die Bestimmung muß dem Ehegatten, der die Zuwendung erhält, gegenüber getroffen werden; sie ist eine einseitige empfangsbedürftige Willenserklärung (§ 130); MüKo/Koch Rz 4: Bestandteil des Rechtsgrundgeschäftes. Bestimmung durch Verfügung von Todes wegen ist unzulässig. Zur Wirksamkeit ist die Zustimmung des anderen Ehegatten nicht erforderlich; dieser hat nur die Möglichkeit, die Zuwendung abzulehnen, wenn er mit der Anrechnung auf die Ausgleichsforderung nicht einverstanden ist. Ein Ehegatte kann bei einer Zuwendung an den anderen Anrechnung entweder auf die Ausgleichsforderung oder auf den Pflichtteil bestimmen; je nachdem ist § 1380 oder § 2315 anzuwenden. Möglich ist auch, daß er bestimmt, die Zuwendung solle teilweise auf die Ausgleichsforderung, teilweise auf den Pflichtteil angerechnet werden oder in erster Linie auf die zunächst geltend gemachte Forderung. Zur grunderwerbsteuerlichen Beurteilung der Übertragung eines Grundstücks unter Anrechnung auf die Ausgleichsforderung BFH NJW 1970, 2318 (bestätigt in NJW 1972, 1159f und DB 1972, 1273f) und demgegenüber kritisch Klunzinger DStR 1971, 10.

5 5. **Anrechnung ohne Bestimmung (Abs I S 2).** Bei Zuwendungen, die den Wert von nach den Lebensverhältnissen der Ehegatten üblichen Gelegenheitsgeschenken übersteigen, ist im Zweifel anzunehmen, daß die Zuwendung angerechnet werden soll (§ 2315 sieht beim Pflichtteil eine Anrechnung ohne Bestimmung nicht vor). Der Empfänger kann aber den Gegenbeweis führen, daß die Anrechnung auf die Ausgleichsforderung nicht gewollt war; umgekehrt kann der Geber nachweisen, daß er abweichend von § 1374 II bestimmt hatte oder die Umstände dafür sprechen, die Zuwendung nicht dem Anfangsvermögen, sondern dem Zugewinn des Empfängers zuzurechnen, siehe § 1374 Rz 7, 10. Dabei kommt es nur auf den Willen des Gebers zur Zeit der Zuwendung an. Wird bewiesen, daß er zu dieser Zeit die Anrechnung eindeutig nicht wollte, so kommt es nicht darauf an, ob er später anderen Sinnes geworden ist, vielleicht seine Willensänderung sogar durch Verfügung von Todes wegen zum Ausdruck gebracht hat. Kann lediglich festgestellt werden, daß er sich wegen der Frage der Anrechnung keine Gedanken gemacht hat, so muß die Anrechnung vorgenommen werden, wenn die Voraussetzungen des Abs II im übrigen vorliegen. Den Wert von üblichen Gelegenheitsgeschenken übersteigen Zuwendungen von besonderem Wert und Anlaß, insbesondere die Zuwendung von Grundbesitz oder von Grundstücksrechten, eine Lebensversicherung zugunsten des Ehegatten, Gernhuber/Coester-Waltjen, FamR § 36 VII 2, die Beschaffung der Einrichtung eines von diesem eröffneten Geschäftsbetriebes uä. Eine Zuwendung dieser Art liegt regelmäßig auch vor, wenn ein Ehegatte an aus eigenen Mitteln erworbenem oder bebautem Grundbesitz dem anderen Miteigentum einräumt, wie es sehr häufig vorkommt, vgl hierzu Haegele FamRZ 1958, 43; anzurechnen ist in diesem Falle der Wert des Miteigentumsanteils, unter Umständen abzüglich des Wertes der von dem andern Ehegatten selbst erbrachten Leistungen. Zu den Problemen des Ausgleichs und der Rückabwicklung ehebedingter Zuwendungen vgl im einzelnen § 1363 Rz 4; s auch BGH FamRZ 2003, 230; BGH 68, 299; 65, 320. Die üblichen Geburtstags-, Namenstags-, Hochzeitstags- oder Weihnachtsgeschenke sind nur anzurechnen, wenn die Anrechnung nach S 1 bestimmt ist; vgl auch Schopp Rpfleger 1964, 247. Die Anrechnung wird nicht dadurch ausgeschlossen, daß eine Zuwendung vor der Eheschließung, aber im Hinblick auf das bereits bestehende Verlöbnis gemacht ist; zustimmend Dölle, FamR I § 61 VII 2a; aA MüKo/Koch Rz 13; Staud/Thiele Rz 10; Soergel/H. Lange Rz 8. Auf Zuwendungen nach rechtskräftiger Scheidung ist § 1380 I 2 jedenfalls unmittelbar nicht anwendbar. Auch eine entsprechende Anwendung scheidet aus (aM Motzke NJW 1971, 182), weil eine Anrechnung auf den nach § 1378 III schon entstandenen Ausgleichsanspruch in Geld einen Vertrag über die Leistung an Erfüllungs Statt voraussetzen würde (§ 364 I), während die Vermutung nach § 1380 I S 2 für die einseitige Bestimmung durch den Zuwendenden gilt. Im Ergebnis wie hier Soergel/H. Lange Rz 8.

6. Durchführung der Anrechnung. Angerechnet wird nur auf die Ausgleichsforderung, sei es, daß sie nach Scheidung der Ehe, zum Zwecke vorzeitigen Ausgleichs des Zugewinns, nach Aufhebung des Güterstandes durch Ehevertrag oder nach dem Tode des andern Ehegatten geltend gemacht wird. Auf den Erbteil des überlebenden Ehegatten werden Zuwendungen nur angerechnet, wenn der Erblasser dieses durch letztwillige Verfügung bestimmt hat. Eine Anrechnung auf die Ausgleichsforderung kommt nur insoweit in Betracht, als der Empfänger der Zuwendung durch sie bereichert worden ist; mußte er für die Zuwendung eine Gegenleistung erbringen, so ist deren Wert abzuziehen. Abw MüKo/Koch Rz 9, der die Einbeziehung entgoltener Zuwendungen in § 1380 ablehnt. Er läßt dabei die gemischte Schenkung (Gernhuber/Coester-Waltjen, FamR § 36 VII 2) oder teilweise entgeltliche Zuwendung außer Betracht. Da die Ausgleichsforderung auf Geldzahlung gerichtet ist, muß der Wert von Zuwendungen anderer Art in Geld berechnet werden. Im Falle einer Lebensversicherung zugunsten des Ehegatten ist die diesem zugefallene Versicherungssumme, nicht nur der Betrag der bezahlten Prämien anzurechnen (vgl dazu BT-Drucks Nr 3409, 12; aA Lange NJW 1957, 1385). Der Ehegatte, der die Zuwendung macht, kann den anzurechnenden Betrag auch selbst bestimmen, und zwar formlos und jederzeit, nach der Zuwendung, wohl nicht höher, als den Wert der Zuwendung, wohl niedriger, bis zum völligen Verzicht auf die Anrechnung. Er kann auch für den Fall, daß der Güterstand durch seinen Tod beendet und dann die Ausgleichsforderung geltend gemacht wird, durch Verfügung von Todes wegen bestimmen, daß die Anrechnung mit einem niedrigen Betrag erfolgen oder ganz unterbleiben soll; insoweit liegt dann ein Vermächtnis zugunsten des Ehegatten vor, das die Anrechnung im Ergebnis ausschließt. Im übrigen können die Erben des Schuldners ebenso wie dieser selbst die Anrechnung verlangen. Zuwendungen, die ein Ehegatte dem andern vor dem Inkrafttreten des GleichberG (1. 7. 1958) gemacht hat, werden nicht angerechnet. Zu diesem Zeitpunkt bestand der Güterstand der Zugewinngemeinschaft noch nicht; § 1380 war noch nicht in Kraft. Die Zuwendung ist als freiwillige Abgeltung des früher erzielten, nicht ausgleichspflichtigen Zugewinns anzusehen. Anders dürfte die Sach- und Rechtslage zu beurteilen sein, wenn ein Ehegatte bei einer Zuwendung vor dem 1. 7. 1958, insbesondere nach Verkündung des GleichberG, in Kenntnis der gesetzlichen Regelung die Anrechnung bestimmt hat. Für eine solche Bestimmung fehlte es zwar noch an der gesetzlichen Grundlage; der andere Ehegatte, der die Zuwendung mit der Bestimmung der Anrechnung angenommen hat, würde sich aber zu seinem früheren Verhalten in mit Treu und Glauben nicht zu vereinbarender Weise in Widerspruch setzen, wenn er später die Anrechnung nicht gelten lassen wollte. Hat ein Ehegatte vor dem 1. 7. 1958 eine Kapitalversicherung zugunsten des andern abgeschlossen, so ist, wenn diesem später die Versicherungssumme gezahlt wird, der Betrag auf die Ausgleichsforderung anzurechnen. Die Zuwendung liegt in diesem Fall nicht schon in dem Abschluß des Versicherungsvertrages, durch den der andere Ehegatte zunächst nur ein widerrufliches Recht erwirbt, sondern erst in der endgültigen Entstehung der Versicherungsforderung; erst hierdurch tritt die Bereicherung des Ehegatten ein.

7. Die Vorschriften des **Abs II** entsprechen dem § 2315 II. Da die Zuwendung als eine vorweggenommene Leistung auf die Ausgleichsforderung angesehen wird, wird zunächst ihr Wert dem Zugewinn des Ehegatten, der sie gemacht hat, wieder zugerechnet. Beim Zugewinn des andern Ehegatten wird sie nicht berücksichtigt; vgl auch BGH 65, 320, 327; Schleswig FamRZ 1978, 247. Andere Berechnungen nimmt die neue Rspr vor, indem sie die Zuwendung nicht dem Anfangsvermögen des Zuwendungsempfängers nach § 1374 II zurechnet und für die Berechnung nach § 1380 aus dem Endvermögen des Zuwendungsempfängers herausrechnet. Diese Rspr ist abzulehnen, vgl näher Rz 1. Es ist daher nach hier vertretener Auffassung so zu rechnen, wie wenn der Wert der Zuwendung sich noch im Vermögen des Gebers befände. Ergibt sich danach eine Ausgleichsforderung des andern Ehegatten, so wird nunmehr von dieser der anzurechnende Betrag abgezogen. Übersteigt der Wert der Zuwendung die Ausgleichsforderung, weil die Zuwendung ganz oder zum Teil aus Mitteln des Anfangsvermögens gemacht ist, so ist der Ehegatte zu einer Herauszahlung nicht verpflichtet (vgl dazu § 2056: Ausgleichung von Vorempfängen unter Abkömmlingen). Wohl ist es möglich, daß der Ehegatte, der die Zuwendung erhalten hat, außerdem einen höheren Zugewinn erzielt hat als der andere; dann steht diesem insoweit eine Ausgleichsforderung zu. Der Wert der Zuwendung wird nach dem Zeitpunkt, zu dem sie gemacht ist, nicht nach dem Zeitpunkt der Beendigung des Güterstandes berechnet. Zwischenzeitliche Wertveränderungen werden also nicht berücksichtigt. Die Anrechnung wird auch dann vorgenommen, wenn der Empfänger der Zuwendung bei Beendigung des Güterstandes durch sie nicht mehr bereichert ist. Zum Anrechnungsmodus vgl auch MüKo/Koch Rz 20ff m Bsp.

8. Ausschluß der Anrechnung bereits erfolgter oder künftiger Zuwendungen durch Ehevertrag ist zulässig, desgleichen eine Regelung der Anrechnung, die von den Bestimmungen des § 1380 abweicht. Ein Ehegatte kann auch, statt Anrechnung auf die Ausgleichsforderung zu verlangen, eine dem andern gemachte Schenkung nach §§ 528ff widerrufen, sofern die Voraussetzungen dieser Bestimmungen vorliegen.

1381 *Leistungsverweigerung wegen grober Unbilligkeit*
(1) Der Schuldner kann die Erfüllung der Ausgleichsforderung verweigern, soweit der Ausgleich des Zugewinns nach den Umständen des Falles grob unbillig wäre.
(2) Grobe Unbilligkeit kann insbesondere dann vorliegen, wenn der Ehegatte, der den geringeren Zugewinn erzielt hat, längere Zeit hindurch die wirtschaftlichen Verpflichtungen, die sich aus dem ehelichen Verhältnis ergeben, schuldhaft nicht erfüllt hat.

1. Zweck der Vorschrift. § 1381 beruht auf der Erwägung, daß besondere Umstände des Einzelfalls es geboten erscheinen lassen können, eine sich nach den vorangegangenen Bestimmungen ergebende Ausgleichsforderung

§ 1381 Familienrecht Bürgerliche Ehe

herabzusetzen oder ganz auszuschließen, um ein grob unbilliges Ergebnis zu vermeiden. Dem Schuldner der Ausgleichsforderung wird für solche Fälle ein Leistungsverweigerungsrecht eingeräumt.

2. Fälle grober Unbilligkeit. a) Schuldhaftes Verhalten des Ehegatten. Die Voraussetzungen für eine Anwendung dieser Vorschrift können sich aus verschiedenen Gründen ergeben. Der in Abs II angeführte Fall ist nur ein Beispiel, wann grobe Unbilligkeit vorliegen kann, aber nicht vorliegen muß. Wer die wirtschaftlichen Verpflichtungen, die sich aus dem ehelichen Verhältnis für ihn ergeben, längere Zeit hindurch schuldhaft nicht erfüllt hat, verdient meist den Ausgleich des Zugewinns nicht oder nicht in vollem Umfang. Unter den wirtschaftlichen Verpflichtungen in diesem Sinn ist je nach Rollenverteilung die Ausübung einer dem Unterhalt der Familie dienenden Erwerbstätigkeit zu verstehen, Führung des Haushalts, Mitarbeit im Geschäft des Partners usw, vgl §§ 1356, 1360. Sie sind nicht auf die Ehedauer beschränkt, so daß das Leistungsverweigerungsrecht auch dann eingreift, wenn ein geschiedener Ehegatte seine Unterhaltsverpflichtung über Jahre hinweg schuldhaft verletzt hat, Düsseldorf FamRZ 1987, 821. Die bezeichneten Pflichtwidrigkeiten müssen sich aber über einen größeren Zeitraum erstreckt haben, damit sie im Zusammenhang mit der Geltendmachung der Ausgleichsforderung den Tatbestand der groben Unbilligkeit erfüllen, vgl RGRK/Finke Rz 7. Hebt Abs II diesen Fall besonders hervor, so soll damit nicht ausgedrückt sein, daß nicht etwa jedes Verschulden eines Ehegatten, das zur Scheidung der Ehe oder zur Trennung der Ehegatten geführt hat, zB ein Ehebruch, der keinen nachteiligen Einfluß auf die wirtschaftlichen Verhältnisse des anderen Ehegatten gehabt hat, die Ausgleichsforderung beeinträchtigen soll; zutr daher Köln FamRZ 1979, 511, das ein Leistungsverweigerungsrecht ablehnt, wenn die Gläubigerin bei einer Ehedauer von zehn Jahren, in der sie vier Kinder aufgezogen hat, ca neun Monate vor dem Ende des Güterstandes ein Ehebruchsverhältnis eingeht; vgl auch Staud/Thiele Rz 22. Demgegenüber bejaht Hamm FamRZ 1989, 1188 die grobe Unbilligkeit in einem Fall, in dem die Gläubigerin aber einer 33jährigen Ehedauer als Hausfrau vier Kinder aufgezogen hat und in den drei letzten Ehejahren ehebrecherische Beziehungen kurzfristiger Art zu vier Männern unterhielt, und kürzte den Anspruch auf Zugewinnausgleich um ein Drittel. Zwar betonte das Gericht, daß bei der Beurteilung der groben Unbilligkeit nach § 1381 strengere Maßstäbe anzulegen seien als bei § 1579 aF, schweigt aber, worin diese bestehen müßten. Die Entscheidung ist bedenklich, da in diesem Fall wirtschaftliche Auswirkungen der Eheverfehlung völlig ausgeblieben waren, und das ehewidrige Verhalten – gemessen an der Ehedauer – auch keinen langen Zeitraum umfaßte; kritisch zur Entscheidung auch Wiegmann FamRZ 1990, 627. So ließ auch Bamberg FamRZ 1990, 408 ehewidriges Verhalten allein nicht für den Ausschluß des Zugewinnausgleichsanspruchs ausreichen. Wesentlich für den Gesichtspunkt der Dauer ist dabei das Verhältnis von Störungszeitraum zur Güterstandsdauer und nicht zur Dauer des tatsächlichen Zusammenlebens, BGH FamRZ 1980, 877. Es ist aber nicht ausgeschlossen, daß den Eheverfehlungen im Einzelfall Bedeutung beigemessen wird, insbesondere, wenn sie ursächlich für eine ungünstigere Gestaltung der wirtschaftlichen Verhältnisse des andern Ehegatten waren, aber auch, wenn es aus sonstigen Gründen grob unbillig wäre, diesen zugunsten des an der Zerrüttung der Ehe schuldigen oder mitschuldigen Teils mit einer erheblichen, für ihn schwer tragbaren Ausgleichsforderung zu belasten. Es kommen hier besonders schwere Verfehlungen gegen den anderen Ehegatten in Betracht, zB schwere Körperverletzung, Tötung, vgl Karlsruhe FamRZ 1987, 823, oder Tötungsversuch, vgl auch Hamm FamRZ 1976, 633: langjähriges ehebrecherisches Verhältnis; Celle FamRZ 1979, 431: Ausgleich des Zugewinns grob unbillig, wenn besonders schwerwiegendes und langdauerndes ehewidriges Verhalten des anderen Ehegatten die Ehe zerstört hat; Mikosch MDR 1978, 886, der jedoch allzu konturenlos auf die „grundsätzliche Haltung zur Ehe" abstellt. Gleiches gilt für jahrzehntelange Unterdrückung und Mißhandlung eines Ehegatten Bamberg NJW-RR 1997, 1435. Unbilligkeit kann auch vorliegen bei Ersteigerung eines gemeinsamen Grundstücks unter Wert, Düsseldorf NJW 1995, 3193. Aus den angeführten Belegen ergibt sich, daß die früher schon hL auch unter dem jetzigen Recht ihre Fortsetzung findet. Eine schematische Übernahme der Erbunwürdigkeitsgründe des § 2339 scheidet aus, so zutr Karlsruhe FamRZ 1987, 823. Damit entfällt der Zwang, die Ausgleichsforderung unter solchen Umständen immer ganz zu verneinen. Die völlige Versagung muß vielmehr seltene Ausnahme bleiben und kommt allenfalls in Frage, wenn ein besonders grob pflichtwidriges Verhalten mehrere Jahre gedauert hat oder gerade darauf gerichtet ist, den anderen Ehegatten zum Scheidungsantrag zu veranlassen, um den pflichtwidrig handelnden Ehegatten in einem Zeitpunkt, der für ihn günstig ist, den Anspruch auf Zugewinnausgleich zu geben, BGH 46, 343, 352; NJW 1970, 1600f. Denkbar ist nicht nur, den Ausgleich eines Zugewinns zu verweigern, der während des Zeitraums eingetreten ist, in dem der schuldige Ehegatte die Erhebung der Scheidungsklage bewußt zu verzögern wußte, sondern den Ausgleich auch für Gewinne während der Zeit zu verweigern, in der ein Ehegatte in ehebrecherischem Verhältnis lebt, sich von der Ehe abgekehrt hat und deshalb billigerweise auch nicht mehr an ihren finanziellen Vorteilen teilnehmen kann, Karlsruhe FamRZ 1965, 148; Staud/Thiele Rz 20ff; aA Gernhuber/Coester-Waltjen, FamR § 36 VII 6. Gleiches gilt für überzahlten, aber nicht mehr rückforderbaren Unterhalt (Brandenburg NJW-RR 2003, 1083) und unberechtigte Wohnraumnutzung, Celle FamRZ 1981, 1066 (1069f); Köln FamRZ 1998, 1370. Aber auch diese Überlegung muß nicht zum vollständigen Ausschluß des Anspruchs führen, wenn der verletzte Ehegatte die Möglichkeit gehabt hätte, den vorzeitigen Zugewinnausgleich nach § 1385 herbeizuführen, BGH 46, 343. Komplikationen können entstehen, wenn in solchen Fällen beide Ehegatten mitschuldig sind. Grundsätzlich ist aber auch einem die Zerrüttung der Ehe alleinverursachenden Ehegatten die Ausgleichsforderung nicht immer, vor allem nicht immer in voller Höhe zu versagen. Entscheidend müssen immer die gesamten Umstände des Einzelfalles sein; es kommt auf die Prüfung an, ob oder inwieweit der Ausgleich des Zugewinns grob unbillig wäre; instruktiv LG Wiesbaden FamRZ 1973, 658f. Die apodiktisch Nürnberg FamRZ 1964, 441, nach dem selbst schwerste Eheverfehlungen allenfalls zu einer Minderung, niemals zum Ausschluß des Ausgleichs führen sollen. Der Ansatz von Koblenz FamRZ 2002, 1190 u Celle FamRZ 1997, 787 u 1300, nach dem Unbilligkeit vorliegt, wenn der Anspruch auf Zugewinnausgleich dem Gerechtigkeitsempfinden in unerträglicher Weise widerspricht, ist zwar zutreffend, führt jedoch im Ergebnis ebenfalls zu einer Einzelfallprüfung. Besondere Ausgleichsprobleme treten bei Doppelehen auf. Der BGH hat in FamRZ 1980, 768 leider versäumt, zu diesem Problem grundsätzlich

Stellung zu nehmen, wie Görgens JR 1981, 117 zutreffend bemerkt. Er hat nur deutlich gemacht, daß eine nie verwirklichte Lebensgemeinschaft einen Zugewinnausgleichsanspruch nicht per se als grob unbillig erscheinen ließe und der Bigamist durch die Doppelehe weder volle Anspruchsfreiheit noch volle Ausgleichpflicht gegenüber beiden Partnern erlangen sollte. Die Betonung der Umstände des Einzelfalles ist zwar zutreffend, versteht sich aber bei § 1381 von selbst. Die von Hamm FamRZ 1980, 58 im Zusammenhang mit der Härteklausel beim Versorgungsausgleich (§ 1587c; dem folgend auch Koblenz FamRZ 1980, 589) vorgeschlagene „grobe Richtlinie", drei grundsätzlich gleichrangige Positionen anzusetzen, verdient hingegen als Ausgangsüberlegung Zustimmung.

b) Grenzen der Anwendbarkeit des § 1381. Da schuldhaftes Verhalten des ausgleichsberechtigten Gatten nur 3 einen beispielhaft vom Gesetzgeber erwähnten Grund für das Leistungsverweigerungsrecht darstellt, kann die Anwendung des § 1381 im Einzelfall auch geboten sein, ohne daß ein solches schuldhaftes Verhalten eines Ehegatten vorliegt, BGH FamRZ 2002, 606. In Betracht kommen hierzu etwa die Fälle, in denen der nach den gesetzlichen Vorschriften ermittelte Zugewinn eines Ehegatten ganz oder zu einem erheblichen Teil nicht auf einer tatsächlichen Steigerung des Wertes seines Vermögens, sondern auf der allgemeinen Erhöhung des Preisniveaus beruht, vgl dazu § 1376 Rz 3. Auch der Umstand, daß der rein rechnerisch anspruchspflichtige Ehegatte sein Endvermögen erst während außergewöhnlich langer Trennungsfrist erwirtschaftet hat, kann zu grober Unbilligkeit eines Ausgleichs führen, weil dessen gesetzgeberisches Ziel – die Teilhabe am gemeinsam erwirtschafteten Vermögen – in diesem Fall keine tatsächliche Grundlage findet, BGH FamRZ 2002, 606. Ferner kann sich ein Ehegatte auf § 1381 berufen, wenn der andere Teil sein Vermögen schlecht verwaltet und nur deshalb keinen Zugewinn erzielt hat, so etwa, wenn der Ehemann seinen Betrieb leichtsinnig geführt hat, vgl RGRK/Finke Rz 9; Pal/Brudermüller Rz 15. Die Voraussetzungen des § 1381 dürfen aber nicht zu leicht genommen werden. Das aus den gesetzlichen Vorschriften für den Regelfall zu entnehmende Ergebnis darf aus Gründen der Rechtssicherheit nur dann abgeändert werden, wenn es wirklich zur Vermeidung einer **groben** Unbilligkeit erforderlich ist, wenn es dem Billigkeits- und Gerechtigkeitsempfinden in geradezu unerträglicher Weise widersprechen würde, die Ausgleichsforderung in voller Höhe zuzubilligen (Koblenz FamRZ 2002, 1190). Die crux bei der Auslegung dieser Vorschrift liegt daher in der Scheidung „normaler" von grober Unbilligkeit. Eine Eingrenzung ist von zwei Seiten her möglich. Zum einen sind schärfere Anforderungen als bei § 242 zu stellen, weil die Sonderregelung des § 1381 eine allgemeine Bezugnahme auf die Grundsätze von Treu und Glauben ausschließt (vgl Gernhuber/Coester-Waltjen, FamR § 36 VII 6; Thiele JZ 1960, 395; im Ergebnis auch Staud/Thiele Rz 6ff, der aber im Einzelfall auf zu § 242 entwickelte Anwendungsfälle zurückgreifen will, Rz 7). Zum anderen muß die grobe Unbilligkeit den Schuldner noch stärker treffen als die in § 1382 erwähnte besondere Härte. Andernfalls wäre die mit dem Leistungsverweigerungsrecht nach § 1381 gegenüber der bloßen Stundung nach § 1382 verbundene schärfere gesetzliche Sanktion nicht erklärbar. Auch gegenüber den Anforderungen des § 1579 I Nr 4 sind die des § 1381 strenger, denn sie entwickeln keine zukünftig wirkende Dauerbindung, sondern betreffen lediglich in der Vergangenheit erzielten Vermögenszuwachs, Düsseldorf FamRZ 1981, 262 und Anm Bosch 264; insoweit undeutlich BGH FamRZ 1983, 32 (33f). § 1381 greift daher erst ein, wenn eine Stundung nicht mehr ausreicht, um den schutzwürdigen Interessen des Ausgleichspflichtigen Rechnung zu tragen, vgl BGH NJW 1973, 749; 1970, 1600. So sieht der BGH beim Einbezug einer Schmerzensgeldzahlung in den Zugewinn, soweit keine weiteren Umstände dazukommen, keinen Grund für die Anwendung des § 1381, BGH FamRZ 1981, 755. Besondere Umstände sind aber dann gegeben, wenn Schmerzensgeld und Abfindung für Verdienstausfall aus einem schwersten, lebenslangen, mit physischen und psychischen Schäden (Querschnittslähmung) verbundenen Verkehrsunfall herrühren, und daher dem Geschädigten zur längerfristigen Absicherung seiner Versorgungslage der Zugewinn in angemessenem Umfang als Vermögensreserve verbleiben muß, Stuttgart FamRZ 2002, 99. Auch soll nach Hamburg FamRZ 1988, 1166 grobe Unbilligkeit vorliegen, wenn die Ehegatten während des Scheidungsprozesses ihr gemeinsames Grundstück unter Wert verkaufen und sich dies nur zu Lasten eines Ehegatten auswirkt. Unbilligkeiten, die in der Methode der Ausgleichsberechnung oder in der Ausgestaltung der einzelnen Berechnungsfaktoren begründet sind, werden von § 1381 nicht erfaßt, Karlsruhe FamRZ 1986, 167. Generell zu den Grenzen des § 1381 vgl Heckelmann, FS Mühl (1981), 283 (291ff). Kritisch zur Zurückhaltung der Gerichte bei der Anwendung der Unbilligkeitsklausel Bosch NJW 1987, 2617, 2628.

In Rspr und Schrifttum wird § 1381 auch angewendet, wenn es sich um **Schwierigkeiten** des Ausgleichsschuld- 4 ners handelt, den bereits fixierten Anspruch **zu erfüllen**. So soll grobe Unbilligkeit auch dann vorliegen können, wenn der vermögende Gatte, der keinen oder nur einen geringen Zugewinn erwirtschaftet hat, am Zugewinn des anderen Gatten beteiligt werden soll, sofern dessen wirtschaftliche Lage durch den Ausgleich stark belastet oder er außerstande gesetzt würde, seinen eigenen angemessenen Lebensunterhalt zu bestreiten und seine gesetzlichen Unterhaltspflichten zu erfüllen. Zum Verhältnis des § 1381 zum Unterhaltsrecht vgl Heckelmann, FS Mühl (1981), 283 (301ff). Der BGH NJW 1973, 749 u 1970, 1600 plädiert sogar für einen vollen Ausschluß des Ausgleichs, wenn die Versorgungslage des Pflichtigen auf Dauer in Frage gestellt und die zumutbare Opfergrenze überschritten wird; Schleswig NJW-RR 1998, 1225; ähnlich das OLG Frankfurt, das in FamRZ 1983, 921 auf die mangelhafte Versorgungslage infolge eines gescheiterten Lebensplanes abstellt. Bremen FamRZ 1979, 434, 436 erwägt eine Anwendung des § 1381, wenn der ausgleichspflichtige Gesellschafter-Ehegatte zur Erfüllung der Ausgleichsforderung seine Beteiligung veräußern müßte und sich in diesem Fall mit einer ungünstigen – etwa den good will nicht berücksichtigenden – Abfindungsklausel begnügen müßte. Eine Herabsetzung soll auch nach der Fixierung der Ausgleichsforderung eintretenden größeren Vermögensverlusten in Betracht kommen. Allgemein ist im Schrifttum die Tendenz erkennbar, mit Hilfe des § 1381 einen Unternehmensschutz zu bewerkstelligen. So soll nach Thiele JZ 1964, 394, 399 § 1381 die Einbuße der wirtschaftlichen oder beruflichen Existenz verhindern; ebenso Staud/Thiele Rz 30.

Die Auffassungen überdehnen den Anwendungsbereich des § 1381. Die Vorschrift ist nicht konzipiert, um Erfüllungsschwierigkeiten bezüglich der bereits feststehenden Ausgleichspflicht zu begegnen. Diese Funktion ist

§ 1381 Familienrecht Bürgerliche Ehe

allein dem § 1382 zugewiesen, da dort die **besondere Härte** für den Schuldner nach dem Gesetzeswortlaut **in der „sofortigen Zahlung"** liegt, während § 1381 darauf abstellt, daß „der **Ausgleich** des Zugewinns ... grob unbillig wäre". Mit § 1381 sollen nur die groben Unbilligkeiten berichtigt werden, die ihre Ursache in einer **Störung der Grundlagen des schematischen Ausgleichs** finden; so auch BGH FamRZ 1982, 148. Die Korrektur des Ausgleichshöhe betrifft gröbliche Störungen der ehelichen Gemeinschaft und des mit ihr verbundenen Leistungsgleichgewichts, das die §§ 1372ff ausgleichen sollen. Dies bestätigt auch das einzige gesetzliche Beispiel einer groben Unbilligkeit in § 1381 II, das auf Störungen im ehelichen Verhältnis und nicht auf spätere Ausgleichsschwierigkeiten Bezug nimmt. Das folgt letztlich auch aus § 2331a, der bei unzuträglichen Nachteilen durch die Erfüllung des Pflichtteilsanspruchs allein das Stundungsrecht nach § 1382, gerade aber nicht Anspruchskürzungen nach § 1381 zum Vorbild genommen hat, vgl BT-Drucks V 2370, 99; im einzelnen Heckelmann, FS Mühl (1981), 283; Abfindungsklauseln in Gesellschaftsverträgen (1973), § 9 A III 1c.

5 **3. Leistungsverweigerungsrecht im Prozeß.** Können die Parteien sich über die Höhe der Ausgleichsforderung nicht gütlich einigen, so muß der Schuldner sein auf grobe Unbilligkeit gestütztes Leistungsverweigerungsrecht in dem Rechtsstreit, der auf die Klage des Gläubigers hin anhängig geworden ist, durch Einrede geltend machen und die Voraussetzungen erforderlichenfalls beweisen. Die Entscheidung ergeht durch das FamG. Der Schuldner kann auch selbst unter Berufung auf sein Leistungsverweigerungsrecht negative Feststellungsklage erheben, wenn die Voraussetzungen des § 256 ZPO vorliegen. Ist der Ehegatte, der den größeren Zugewinn gemacht hat, gestorben, so steht das Leistungsverweigerungsrecht seinen Erben zu. Das Leistungsverweigerungsrecht wird grundsätzlich nicht durch Verzeihung oder durch Ablauf einer bestimmten Frist ausgeschlossen. Es kommt nur darauf an, ob oder inwieweit der Ausgleich des Zugewinns nach den gesamten Umständen des Falles grob unbillig wäre; hierbei können auch Verzeihung oder Fristablauf eine Rollen spielen. Vgl aber auch BGH FamRZ 1977, 38: bei einverständlicher Scheidung wegen beiderseitigen Verschuldens nach altem Recht kein Verweigerungsrecht nach § 1381. Die Auskunftspflicht nach § 1379 wird durch ein Leistungsverweigerungsrecht nicht berührt, BGH FamRZ 1965, 554; Hamm FamRZ 1987, 701; Nürnberg FamRZ 1964, 440.

6 **4.** Ein **ehevertraglicher Ausschluß** des Leistungsverweigerungsrechts ist nicht möglich, da § 1381 zwingendes Recht darstellt; ebenso MüKo/Koch Rz 38f; Buschendorf, Die Grenzen der Vertragsfreiheit im Ehevermögensrecht, 234ff.

1382 *Stundung*
(1) Das FamG stundet auf Antrag eine Ausgleichsforderung, soweit sie vom Schuldner nicht bestritten wird, wenn die sofortige Zahlung auch unter Berücksichtigung der Interessen des Gläubigers zur Unzeit erfolgen würde. Die sofortige Zahlung würde auch dann zur Unzeit erfolgen, wenn sie die Wohnverhältnisse oder sonstigen Lebensverhältnisse gemeinschaftlicher Kinder nachhaltig verschlechtern würde.
(2) Eine gestundete Forderung hat der Schuldner zu verzinsen.
(3) Das FamG kann auf Antrag anordnen, dass der Schuldner für eine gestundete Forderung Sicherheit zu leisten hat.
(4) Über Höhe und Fälligkeit der Zinsen und über Art und Umfang der Sicherheitsleistung entscheidet das FamG nach billigem Ermessen.
(5) Soweit über die Ausgleichsforderung ein Rechtsstreit anhängig wird, kann der Schuldner einen Antrag auf Stundung nur in diesem Verfahren stellen.
(6) Das FamG kann eine rechtskräftige Entscheidung auf Antrag aufheben oder ändern, wenn sich die Verhältnisse nach der Entscheidung wesentlich geändert haben.

1 **1.** Die Vorschrift regelt die **Stundung der Ausgleichsforderung**. Sie ist in Abs I und IV neu gefaßt durch das UÄndG v 20. 2. 1986 (BGBl I 301), vgl Diederichsen NJW 1986, 1283.

2 **2. Gründe für und gegen eine Stundung.** Auch soweit der Ausgleich des Zugewinns nicht als grob unbillig erscheint, könnte häufig eine sofortige Erfüllung der ganzen Ausgleichsforderung dem Schuldner unzumutbare Schwierigkeiten bereiten. Die Ausgleichsforderung wird sich nicht selten auf einen erheblichen Betrag belaufen. Zu ihrer Erfüllung wird meist eine Inanspruchnahme der Vermögenssubstanz durch Veräußerung oder Belastung einzelner Vermögensgegenstände unvermeidlich sein. Der Schuldner kann im allgemeinen nicht verlangen, daß ihm die Zahlung allein aus seinen laufenden Einkünften ermöglicht wird. Es soll aber nicht dazu kommen, daß er, um sich die erforderlichen Geldbeträge zu beschaffen, Vermögenswerte verschleudern oder daß er etwa seinen Geschäftsbetrieb einstellen muß und die in diesem beschäftigten Kräfte ihren Arbeitsplatz verlieren. Unter solchen Umständen kann es gerechtfertigt sein, dem Schuldner eine angemessene Frist zu gewähren, innerhalb deren er die Mittel zur Erfüllung der Ausgleichsforderung unter angemessenen Bedingungen beschaffen kann. Zur Frage des Unternehmensschutzes nach §§ 1381, 1382 s Heckelmann, FS Mühl (1981), 283. Manchmal werden bestimmte Teilzahlungen in Betracht kommen. Für die Ermittlung einzelner Stundungsgründe kann § 2331a herangezogen werden. Diese Vorschrift ist nach dem Vorbild des § 1382 gebildet worden (Begründung zum RegE, BT-Drucks V 2370, 99). Die dort beispielhaft aufgezählten Stundungsgründe gelten daher auch für § 1382, Heckelmann, Abfindungsklauseln in Gesellschaftsverträgen, 1973, § 9 A III 1b. Durch die Einfügung von **Abs I S 2** durch das UÄndG hat der Gesetzgeber nunmehr eine Fallgruppe bestimmt, bei der die Voraussetzungen der Stundung erfüllt sein sollen. Dadurch soll gewährleistet werden, daß der Ausgleichsschuldner nicht zu Lasten der gemeinschaftlichen (uU auch volljährigen, vgl Diederichsen NJW 1986, 1283, 1285; Johannsen/Henrich/Jaeger Rz 7) Kinder gezwungen ist, zur Erfüllung der Ausgleichsschuld das gemeinsam bewohnte Familienheim zu veräußern oder durch sonstige Maßnahmen (zB Veräußerung von Arbeitsmitteln zur Ausbildung oder Berufsausübung, BT-Drucks 10/2888, 17; Diederichsen NJW 1986, 1283, 1285: „etwas lebensfremd") die Lebensverhältnisse nachhaltig zu

verschlechtern. Die durch die Scheidung ohnehin belasteten Kinder sollen nicht auch noch einer Änderung ihrer gewohnten Lebensumstände ausgesetzt werden, BT-Drucks aaO. Entscheidend ist aber nicht der Erhalt des konkreten Heims, sondern die Beibehaltung vergleichbarer Wohnverhältnisse (BT-Drucks aaO; Finger JR 1985, 1, 2). Abgesehen von diesem Stundungsfall, bei dem die Belange der gemeinschaftlichen Kinder immer den Vorrang gegenüber den Interessen des ausgleichsberechtigten Ehepartners an sofortiger Zahlung genießen, müssen die berechtigten Belange des Gläubigers berücksichtigt werden; die Stundung muß für ihn zumutbar sein. Hieran hat die insoweit nur sprachliche Änderung des Abs I nichts geändert, vgl Diederichsen NJW 1986, 1283, 1285; Johannsen/Henrich/Jaeger Rz 6. Insbesondere die Frau ist häufig darauf angewiesen, den ihr zustehenden Ausgleichsbetrag zu verwenden, um sich eine neue Existenzgrundlage zu schaffen, zumal wenn ihr ein Unterhaltsanspruch gegen den Mann nach der Scheidung nicht zusteht. Es kann ihr nicht immer zugemutet werden, unselbständige Arbeit zu verrichten, um ihren Lebensunterhalt zu verdienen. Der Ausgleich des Zugewinns soll gerade dazu bestimmt sein, ihr eine den bisherigen Verhältnissen der Ehegatten entsprechende neue selbständige Lebensstellung zu verschaffen und sie von der Unterhaltsgewährung durch den Mann oder unterhaltsverpflichtete Verwandte unabhängig zu machen. Dies kommt allerdings nur bei größeren Ausgleichsbeträgen in Betracht. Auch der Tod eines Ehegatten kann für die Stundungsfrage von erheblicher Bedeutung sein. Sowohl die Erben des Gläubigers als auch die des Schuldners sind häufig nicht im gleichen Maße schutzwürdig wie die Ehegatten selbst, es sei denn, daß Erben etwa die minderjährigen Kinder sind oder daß die Erben des Schuldners dessen Betrieb fortführen und die Belange des Betriebes besonders zu berücksichtigen sind. Die bislang umstrittene Frage, ob bei der Stundungsentscheidung neben ökonomischen Daten weitere Gesichtspunkte, zB aus dem persönlichen Bereich, Berücksichtigung finden dürfen (dagegen die 8. Aufl Rz 2; dafür Staud/Thiele [12. Aufl] Rz 12), hat der Gesetzgeber in der Neufassung zugunsten letztgenannter Auffassung entschieden. Dies soll die der Entscheidung des BVerfG v 21. 10. 1980 BVerfG FamRZ 1981, 15 entnommene Formulierung „zur Unzeit" (anstelle von „besonders hart") klarstellen; wirtschaftliche Gesichtspunkte der og Art bleiben aber auch weiterhin maßgeblich (BT-Drucks aaO); vgl dazu auch MüKo/Koch Rz 8.

3. Stundungsantrag und Zuständigkeitsfragen. Das Verfahren ist durch das 1. EheRG (insbes die Zuständigkeitsfragen) und das UÄndG geändert. Für alle Stundungsbegehren ist erstinstanzlich das FamG zuständig, §§ 23b I Nr 10 GVG, 621 I Nr 9 ZPO. Es sind Familiensachen. Damit ist die alte Unterscheidung zwischen Zuständigkeit des Prozeßgerichts und des VormG aufgehoben. In der Sache und für das Verfahren ist weiterhin danach zu unterscheiden, ob die Ausgleichsforderung unbestritten ist oder nicht. Der Antrag auf Stundung einer unbestrittenen Forderung kann isoliert als selbständige Familiensache gestellt werden, er kann aber auch als Folgesache mit einer Scheidungssache verbunden werden. Bei streitiger Ausgleichsforderung ist der Stundungsantrag stets mit dem Rechtsstreit über die Hauptsache zu verbinden (§ 1382 V); auch dieser Rechtsstreit kann als selbständige Familiensache geführt oder mit dem Scheidungsverfahren verbunden werden. Das Verfahren bezüglich des Stundungsantrags richtet sich stets nach dem FGG (§ 621a ZPO). Dies gilt auch dann, wenn der Antrag bei streitiger Forderung mit der entsprechenden Klage verbunden ist. Es ist dann nach unterschiedlichen Verfahrensgrundsätzen zu entscheiden; zur daraus entstehenden Problematik Konzen JR 1978, 362 u 403. Die Entscheidung muß jedoch einheitlich durch Urteil erfolgen (§ 621a II ZPO).

Für die einzelnen Fälle gilt: Wird der isolierte Stundungsantrag (Abs I) im selbständigen Familienverfahren durchgeführt, so ist der Rechtspfleger zuständig (§ 14 Nr 2 RpflG); Rechtsmittel ist die Beschwerde zum OLG (§ 621e I, III ZPO). Bei bestrittenen Ausgleichsforderungen ist der Richter zuständig (§§ 1382 V, 14 Nr 2 RpflG); die Berufung muß zum OLG erfolgen (§ 119 Nr 1a GVG); zur Revision vgl § 621d ZPO. Soll sich das Rechtsmittel jedoch ausschließlich auf die Entscheidung über den Stundungsantrag richten, so ist Beschwerde einzulegen, §§ 621a II S 2, 629a II S 2, 621e ZPO. Erfolgt doch noch Berufung oder Revision, so wird wieder verbunden, vgl §§ 621a II S 2, 629a II S 2, 3, 623 I ZPO. Wird ein Stundungsantrag im Zusammenhang mit einer Scheidungssache gestellt, gelten die Grundsätze des Entscheidungsverbunds (§§ 623ff, 629; Abtrennungsmöglichkeit nach § 628 ZPO). Gemäß § 629 III S 1 ZPO wird die Folgesache gegenstandslos, wenn der Scheidungsantrag abgewiesen wird. Die Fortsetzung des Folgestreits (Ausgleichsforderung und Stundung) als selbständige Familiensache kann vorbehalten werden, § 629 III S 2 ZPO. Grundlage für die Ausgleichsforderung kann dann nicht mehr die Scheidung sein, zB wenn ein Anspruch auf vorzeitigen Ausgleich nach § 1385. Das einheitliche Rechtsmittel gegen eine Verbundentscheidung ist die Berufung, §§ 629 I, 511 ZPO. Für den Stundungsantrag besteht dann keine Revisionsmöglichkeit mehr, § 629a I ZPO; zum Wirksamwerden im Verbund mit der Scheidungssache vgl § 629d ZPO. Auch hier besteht die Möglichkeit, ein Rechtsmittel ausschließlich gegen die Stundungsentscheidung einzulegen; dies ist dann die Beschwerde (§§ 629a II, 621e ZPO); zur Wiederverbindungsmöglichkeit s o. Ist gegen die Abweisung eines Scheidungsantrags Berufung eingelegt und der Entscheidung daraufhin aufgehoben, tritt wieder der Verbund ein, § 629b ZPO. Zur Fortsetzung des Folgesachenverbundes in den (möglicherweise unterschiedlichen) Rechtsmittelinstanzen und zur Teilanfechtung nach dem UÄndG vgl näher Diederichsen aaO. Ist die Ausgleichsforderung umstritten, so kann der Schuldner den Stundungsantrag nur zusammen mit dem Sachantrag stellen. Stellt er ihn erst nach Erledigung des Verfahrens über den Anspruch, so wird der Antrag ohne sachliche Prüfung zurückgewiesen, Naumburg FamRZ 2003, 375. Das gilt aber, wie sich aus Abs VI ergibt, dann nicht, wenn die Gründe, die der Schuldner für sein Stundungsbegehren anführt, sich erst nach der Entscheidung über den Ausgleichsanspruch ergeben haben, Naumburg FamRZ 2003, 375. Ist die Ausgleichsforderung von vornherein nur zum Teil streitig, so kann der Schuldner wegen einer Stundung des unstreitigen Teils sich alsbald an das FamG wenden. Von mehreren Erben eines verstorbenen Ehegatten kann jeder allein Stundung beantragen. Das VormG kann dann die andern zu dem Verfahren hinzuziehen, muß das aber nicht tun; es kann keine Entscheidung gegenüber einem Miterben treffen, der keinen Stundungsantrag gestellt hat. Die Entscheidung kann gegenüber mehreren Miterben verschieden ausfallen.

4. Verfahrensregelung (§ 53a FGG). Das Verfahren bestimmt sich stets nach den Vorschriften des FGG. Die Zuständigkeit regelt sich nach § 45 FGG. In § 53a FGG ist eine Sonderregelung des Verfahrens vorgesehen.

§ 1382

Danach soll das VormG, während eine mündliche Verhandlung im Verfahren der freiwilligen Gerichtsbarkeit sonst nicht allgemein vorgeschrieben ist, mit den Beteiligten mündlich verhandeln und auf eine gütliche Einigung hinwirken (§ 53a I S 1 FGG). Ein Vergleich kann auch die Verpflichtung des Schuldners zur Zahlung der Ausgleichsforderung enthalten (Abs I S 3). Damit erhält der Gläubiger, ohne daß eine Leistungsklage erforderlich wird, einen vollstreckbaren Titel. Ist die Ausgleichsforderung unbestritten, so kann die Zahlungspflicht auf Antrag in die Verfügung aufgenommen und dadurch dem Gläubiger ein vollstreckbarer Titel verschafft werden (§ 53a II S 2 FGG).

Für das Vollstreckungsverfahren nach ZPO (Abs IV) gelten die Vorschriften der §§ 725ff ZPO über die Erteilung und eine etwaige Umschreibung der Vollstreckungsklausel sowie die Behandlung von Einwendungen gegen die Zulässigkeit der Vollstreckungsklausel, ferner die §§ 750ff ZPO über die Durchführung der Zwangsvollstreckung. Über Erinnerungen gemäß § 766 ZPO entscheidet auch hier das Vollstreckungsgericht; über eine Vollstreckungsgegenklage (§ 767 ZPO) entscheidet das FamG (Veränderung der materiellen Rechtslage); für die Drittwiderspruchsklage ist das Gericht des Vollstreckungsortes zuständig (MüKo/Koch Rz 46).

Das FamG kann nach § 1382 VI eine rechtskräftige Entscheidung über die Stundungsfrage auf Antrag aufheben oder ändern, wenn sich die Verhältnisse seit der Entscheidung wesentlich geändert haben. Vollstreckt der Gläubiger aus dem ursprünglichen Titel, ohne auf die Abänderung Rücksicht zu nehmen, so ist die Zwangsvollstreckung nach § 53a IV FGG iVm § 775 Nr 2 u 4 ZPO einzustellen.

Neben dem Rechtsbehelf aus § 1382 kann der Ausgleichsschuldner beim Vollstreckungsgericht Vollstreckungsschutz nach den §§ 765a, 813a ZPO und § 30a ZVG beantragen. Verlangt der Schuldner, ihm Teilzahlungen zuzugestehen oder Stundung zu gewähren, beantragt er also eine materiellrechtliche Veränderung der Forderungsinhalts, so ist die Zuständigkeit des FamG als die speziellere anzusehen. In der Regel wird er es vorziehen, sich an das FamG zu wenden, weil die Voraussetzungen für dessen Eingreifen für ihn günstiger sind. Eine vorläufige Vollstreckbarkeit noch nicht rechtskräftiger Entscheidungen ist nicht vorgesehen. Abs III gibt dem Gericht aber ausdrücklich die Möglichkeit, einstweilige Anordnungen zu treffen, wenn hierfür ein Bedürfnis besteht. Solche einstweiligen Anordnungen, zB eine einstweilige Stundung der ganzen Ausgleichsforderung oder eines Teilbetrages, sind ihrer Natur nach sofort vollziehbar; sie können, um eine Verzögerung des Verfahrens zu vermeiden, nur zusammen mit der Entscheidung angefochten werden. Auch eine einstweilige Anordnung, durch die das Gericht dem Schuldner Sicherheitsleistung aufgibt, dürfte grundsätzlich nicht ausgeschlossen sein; sie ist aber nur in ganz besonders gelagerten Fällen angebracht, weil der Schuldner eine so weitgehende Maßnahme anders als einen Arrest oder eine einstweilige Verfügung erst zusammen mit der Entscheidung anfechten könnte. Im übrigen darf auch durch eine einstweilige Anordnung nicht die Entscheidung ganz oder teilweise vorweggenommen werden.

5   **5. Verzinsung und Sicherheitsleistung.** Die Vorschriften der Abs II bis IV regeln für den Fall der Stundung die Verzinsung der Ausgleichsforderung und die Sicherheitsleistung. Nach Abs II hat der Schuldner eine gestundete Forderung in jedem Falle zu verzinsen. Das FamG ist nicht befugt, ihm die Verzinsung zu erlassen. Es hat lediglich nach billigem Ermessen über die Höhe und nach der Änderung durch das UÄndG nunmehr auch über die Fälligkeit der Verzinsung zu entscheiden. Dabei sind die Einzelfallumstände und die Verhältnisse von Gläubiger und Schuldner gegeneinander abzuwägen; an den gesetzlichen Zinssatz von 5 % über dem Basiszinssatz ist das Gericht zwar nicht gebunden, BayObLG FamRZ 1981, 392, wird aber selten Anlaß haben, darunter zu gehen (vgl §§ 288, 291). Anders verhält es sich, wenn der Gläubiger damit einverstanden ist. Ein höherer Zinssatz kann gerechtfertigt sein, wenn der Gläubiger für die Dauer der Stundung sich die erforderlichen Mittel seinerseits hoch verzinslich beschaffen muß. Die Flexibilisierung in der Bestimmung der Zinsfälligkeit soll das FamG in die Lage versetzen, die für den jeweiligen Einzelfall gerechteste Entscheidung zu treffen, weil auch schon regelmäßige Zinszahlungen eine zu beachtende Belastung des Schuldners darstellen können. Möglich ist sowohl die sofortige Fälligkeit der Zinsen und die spätere der Hauptforderung als auch die spätere Fälligkeit beider Ansprüche (BT-Drucks 10/2888, 17). Anders als zur Verzinsung ist der Schuldner nicht in jedem Fall zur Sicherheitsleistung für die Dauer der Stundung verpflichtet, sondern nur, wenn das FamG diese auf Antrag des Gläubigers anordnet. Häufig würde eine brauchbare Sicherheitsleistung dem Schuldner unzumutbare Schwierigkeiten bereiten. Das FamG entscheidet über einen Antrag des Gläubigers, dem Schuldner Sicherheitsleistung aufzugeben, sowie über Art und Umfang der Sicherheitsleistung ebenfalls nach billigem Ermessen. Wesentlich für diese Entscheidung ist neben der Zumutbarkeit die Vertrauenswürdigkeit des Schuldners unter Berücksichtigung seines bisherigen Verhaltens gegenüber dem Gläubiger. Das Gericht kann ebenso wie in Fällen des § 1668 (Sicherheitsleistung der Eltern für das Kindesvermögen) auch eine andere Art von Sicherheitsleistung als in den §§ 232ff vorgesehen, anordnen.

6   **6. Ein ehevertraglicher Ausschluß** des Rechts des Schuldners, Stundungsantrag zu stellen, ist unzulässig, weil hierdurch die Interessen des Schuldners in von vornherein nicht übersehbarer Weise beeinträchtigt werden könnten. Dagegen ist es zulässig, schon im Ehevertrag die Erfüllung der Ausgleichsforderung in bestimmten Teilzahlungen vorzusehen; Staud/Thiele Rz 49. Der Schuldner wird dadurch aber nicht gehindert, einen weitergehenden Stundungsantrag zu stellen.

1383 *Übertragung von Vermögensgegenständen*

(1) Das FamG kann auf Antrag des Gläubigers anordnen, dass der Schuldner bestimmte Gegenstände seines Vermögens dem Gläubiger unter Anrechnung auf die Ausgleichsforderung zu übertragen hat, wenn dies erforderlich ist, um eine grobe Unbilligkeit für den Gläubiger zu vermeiden, und wenn dies dem Schuldner zugemutet werden kann; in der Entscheidung ist der Betrag festzusetzen, der auf die Ausgleichsforderung angerechnet wird.

(2) Der Gläubiger muss die Gegenstände, deren Übertragung er begehrt, in dem Antrag bezeichnen.

(3) § 1382 Abs. 5 gilt entsprechend.

Eheliches Güterrecht: Gesetzliches **§ 1383**

1. Zweck und Voraussetzungen der Vorschrift. § 1383 gibt dem Gläubiger der Ausgleichsforderung die Möglichkeit, Erfüllung der Ausgleichsforderung statt in Geld durch Übertragung anderer Vermögenswerte zu verlangen. Ein Ehegatte kann an einer solchen Regelung ein besonderes schutzwürdiges Interesse nicht nur in Zeiten einer Geldentwertung oder weitgehenden Bewirtschaftung der Sachwerte haben. Auch in einer freien Wirtschaft mit verhältnismäßig stabilem Geldwert kann es gerade in der Lage, in der sich der wirtschaftlich schwächere Ehegatte nach Beendigung des Güterstandes und Entstehung seiner Ausgleichsforderung manchmal befindet, zur Vermeidung einer groben Unbilligkeit geboten sein, ihn nicht oder jedenfalls nicht ausschließlich durch Zahlung von Geld abzufinden, weil er dieses nicht alsbald oder gleich nutzbringend anlegen kann. Der Grundsatz, daß die Ausgleichsforderung auf Geldzahlung gerichtet ist, darf aber nicht zu weitgehend eingeschränkt werden, weil hierdurch ein starker zusätzlicher Anreiz zu Streitigkeiten zwischen den Ehegatten oder den Erben geschaffen würde. § 1383 ist deshalb schon seinem Wortlaut nach nur auf besonders gelagerte Ausnahmefälle anzuwenden. Er gibt nur dem Gläubiger ein Antragsrecht. Dem Schuldner wird nicht die Möglichkeit eingeräumt zu verlangen, daß er die Ausgleichsforderung statt durch Geldzahlung durch Hingabe anderer Vermögenswerte erfüllen kann. Lehnt der Gläubiger ein entsprechendes, auf besondere Gründe gestütztes Angebot ab, so wird der Lage des Schuldners unter Umständen durch Stundung (§ 1382) Rechnung getragen werden können.

2. Anwendungsfälle. Die Vorschrift soll, während die §§ 1381, 1382 eine grobe Unbilligkeit für den Schuldner verhindern sollen, in gleicher Weise zugunsten des Gläubigers wirken. Unbilligkeit erfordert schwerwiegende Gründe. Nach Hamm FamRZ 1978, 687 kommen andere als wirtschaftliche Umstände nur in Betracht, wenn ihnen ein ganz erhebliches Gewicht beizumessen ist. Aber auch hier ist die Zumutbarkeit für den Schuldner zu prüfen. Für den Schuldner unzumutbar und auch abgesehen davon sachlich unangebracht wäre es in der Regel, zwischen geschiedenen oder getrennt lebenden Ehegatten eine Rechtsgemeinschaft zu begründen, die zu einer Quelle weiterer künftiger Streitigkeiten werden könnte. Es empfiehlt sich deshalb durchweg nicht, einem Ehegatten Miteigentum an einem dem andern gehörenden Grundstück oder eine Beteiligung an dessen Geschäftsbetrieb zuzuweisen, sei es auch nur als stiller Gesellschafter; aA Staud/Thiele Rz 12; Johannsen/Henrich/Jaeger Rz 3: Aufnahme des Gesellschafters wird von § 1383 nicht gedeckt. Dagegen erscheint es, wenn die Voraussetzungen im übrigen vorliegen, grundsätzlich unbedenklich, dem Gläubiger das Eigentum an einem von mehreren Grundstücken des Schuldners (vgl hierzu Feuersänger FamRZ 2003, 645), eine Hypothek oder Grundschuld an diesem gehörenden Grundbesitz oder einen Teil von dessen Besitz an Wertpapieren oder sonstigen Wertgegenständen zu übertragen. Soweit es sich um die Einrichtung der ehelichen Wohnung handelt, bedarf es nach der Scheidung der Ehe einer Anwendung des § 1383 im allgemeinen nicht, weil insoweit die Regelung der HausratsVO eingreift. Da § 1383 aber im Gegensatz zu § 8 HausratsVO die Notwendigkeit voraussetzt, eine grobe Unbilligkeit abzuwenden, soll nach Keidel/Kuntze/Winkler, FGG (14. Aufl 1999), § 53a Rz 28; Soergel/Heintzmann § 1 HausratsVO Rz 18; iE ebenso Johannsen/Henrich/Voelskow vor § 8 HausratsVO Rz 2, regelmäßig das Rechtsschutzinteresse für einen Antrag nach § 1383 fehlen, soweit ein Hausratsverfahren möglich ist; aA Soergel/H. Lange Rz 19. Das Interesse ist aber zB vorhanden, wenn dem Gläubiger an einer entlegenen Wohnung und dem dortigen Hausrat nur im Falle der gleichzeitigen Zuweisung anderer Gegenstände und damit an einer einheitlichen Entscheidung nach § 1383 (nicht § 8 HausratsVO) gelegen ist; im Ergebnis ebenso Staud/Thiele Rz 33. Das Hausratsverfahren entfällt auch, wenn auf vorzeitigen Ausgleich des Zugewinns erkannt ist und die Ehe fortbesteht: Da zwischen getrennt lebenden Ehegatten das Gericht nur die einstweilige Benutzung des Hausrats regeln kann (§ 1361a und § 18a HausratsVO), kann hier der Gläubiger der Ausgleichsforderung unter Umständen gemäß § 1383 auch die Übertragung von Haushaltsgegenständen begehren, die dem Schuldner gehören. Auch nach dem Tode eines Ehegatten kann der Überlebende diese Gegenstände gegebenenfalls gemäß § 1383 beanspruchen, da er sie nach § 1932 als Voraus nur bei gesetzlicher Erbfolge erhält, Erbfolge und Ausgleichsforderung einander gemäß § 1371 aber ausschließen.

3. Verfahren. Sofern die Beteiligten sich nicht gütlich einigen, muß der Gläubiger einen Antrag an das FamG, das ausschließlich zuständig ist, §§ 23b Nr 10 GVG, 621 I Nr 9 ZPO, richten. Es entscheidet, abgesehen von Abs III, der Rechtspfleger (§ 14 Nr 2 RpflG). Das Verfahren richtet sich nach den Grundsätzen des FGG. Auch für dieses Verfahren sind Sonderbestimmungen in § 53a FGG enthalten. Der Gläubiger muß in dem Antrag die Gegenstände, deren Übertragung er begehrt, bezeichnen (§ 1383 II); es soll nicht Sache des Gerichts sein, von sich aus die für eine Übertragung in Betracht kommenden Gegenstände auszuwählen. Das FamG darf aber einen Antrag des Gläubigers, in dem die bestimmte Angabe der begehrten Gegenstände fehlt, nicht ohne weiteres zurückweisen, sondern muß im Hinblick auf die ihm obliegende Aufklärungspflicht (§ 12 FGG) auf die erforderliche Ergänzung des Antrags hinwirken; andernfalls kann der Gläubiger einen neuen, ergänzten Antrag stellen, weil keine Abweisung aus Sachgründen vorliegt. Der Gläubiger kann seinen Antrag auch gegebenenfalls nach Erörterung in der Verhandlung vor dem FamG ändern. Mehrere Erben eines verstorbenen Ehegatten können den Antrag nur gemeinsam stellen, weil darin die Vorbereitung einer Verfügung über die Ausgleichsforderung im Sinne des § 2040 zu sehen ist; vgl auch wegen der Schutzwürdigkeit der Erben § 1382 Rz 2. Gibt das FamG dem Antrag statt, so muß es aus Gründen der Rechtsklarheit in seiner Entscheidung zugleich den Betrag festsetzen, der auf die Ausgleichsforderung anzurechnen ist (§ 1383 I Hs 2). Das Gericht ordnet nur die Übertragung an; der Rechtsübergang erfolgt also nicht, wie nach § 8 HausratsVO, durch Gerichtsentscheidung (vgl dazu Hoffmann/Stephan, HausratsVO, § 8 Anm 5), sondern erst durch entsprechende Übertragungshandlung des Schuldners, ersatzweise durch Vollstreckung gemäß den §§ 883ff ZPO, insbesondere § 894 ZPO, vgl Meyer–Stolte Rpfleger 1976, 6. Zu den verschiedenen Möglichkeiten, eine Forderung als geltend zu machen: selbständiges Verfahren, Verbund, unbestrittener oder streitiger Ausgleichsanspruch vgl § 1382 Rz 3. Es gilt auf Grund der umfassenden Zuständigkeit des FamG folgendes: Ist ein Rechtsstreit über die Ausgleichsforderung anhängig, so kann der Antrag nur in diesem Verfahren gestellt werden, §§ 1383 III iVm 1382 V. Es entscheidet der Richter durch einheitliches Urteil. Ist die Ausgleichsforderung unter den Parteien umstritten, erhebt der Gläubiger zur Klärung jedoch keine Klage, sondern stellt er ausschließlich den Antrag nach § 1383, so gilt, wie bereits hier zum alten Recht vertreten, daß anders als für einen Stundungsantrag des Schuldners (§ 1382) der Antrag nach § 1383 nicht voraussetzt, daß die Ausgleichsforderung nach Grund und Höhe unbestritten ist, s auch Staud/Thiele Rz 18; MüKo/Koch Rz 21. Besteht noch Streit, so soll auch insoweit auf eine gütliche Einigung hingewirkt und ggf ein Vergleich beurkundet werden. Ist eine Einigung über Grund und Höhe der Ausgleichsforderung nicht zu erreichen, so kann das FamG dem Antrag des Gläubigers nur stattgeben, wenn wenigstens der für die Anrechnung in Betracht kommende Teilbetrag vom Schuldner anerkannt wird; sonst muß es den Antrag als zur Zeit unbegründet abweisen; so auch Köln FamRZ 1976, 28 zum alten Recht. Das FamG ist im Verfahren nach § 1383 nicht berechtigt, über die Ausgleichsforderung selbst zu entscheiden; es kann daher auch nicht die Übertragung von Vermögensgegenständen unter Anrechnung eines Betrages, der möglicherweise gar nicht geschuldet wird, anordnen. Eine Verpflichtung des Schuldners zur Zahlung der restlichen Ausgleichsforderung kann das FamG, anders als in Fällen des § 1382 in der Entscheidung über den Antrag des Gläubigers gem § 1383, nicht aussprechen; § 53a II S 2 FGG bezieht sich nur auf den Fall des § 1382. Auch eine Änderung rechtskräftiger Entscheidungen ist anders als bei Stundungsangelegenheiten (§ 1382 VI) nicht zulässig (§§ 18 II, 60 I Nr 5 FGG); Entscheidungen dieser Art vertragen keine spätere Abänderung. Außerhalb des Verfahrens nach §§ 1383, 53a FGG kann sich der Gläubiger die Gegenstände, welche er begehrt, auch nicht durch einstweilige Verfügung sichern lassen, vgl Bartholomeyczik JZ 1965, 501. Hingegen kann das Gericht im Verfahren nach § 1383 einstweilige Anordnungen treffen, die nur zusammen mit der Endentscheidung angefochten werden können (§ 53a III FGG). Insbesondere kommt ein Verfügungsverbot an den Schuldner, gegebenenfalls unter Androhung einer Ordnungsmaßnahme (§ 33 FGG) in Betracht, um zu verhindern, daß der Schuldner die vom Gläubiger begehrten Gegenstände inzwischen veräußert. Wenn ein Verfügungsverbot nach Lage des Falles, insbesondere im Hinblick auf den Gutglaubensschutz für Dritte (§§ 135, 136) nicht als ausreichend erscheint, kann das Gericht auch Hinterlegung oder Sequestration anordnen; grundsätzlich dürften alle Maßnahmen in Betracht kommen, die nach § 938 ZPO bei Erlaß einer einstweiligen Verfügung zulässig sind. Auch hier ist aber Zurückhaltung angebracht, weil der Schuldner einstweilige Anordnungen erst zusammen mit der Endentscheidung anfechten kann (vgl § 1382 Rz 5). § 53a IV FGG, wonach rechtskräftige Entscheidungen, gerichtliche Vergleiche und einstweilige Anordnungen nach den Vorschriften der ZPO vollstreckt werden, gilt auch hier; deshalb muß die Beschlußformel bzw das Urteil die Gegenstände, die herauszugeben sind, mit der Klarheit aufführen, die für die Vollstreckungsorgane erforderlich ist. Es ist möglich und unter Umständen zweckmäßig, daß das FamG ein Verfahren nach § 1382 und ein solches nach § 1383 zur gemeinschaftlichen Verhandlung und Entscheidung verbindet; zust Staud/Thiele Rz 31.

4 4. **Ein ehevertraglicher Ausschluß** der Bestimmungen des § 1383 ist als unzulässig anzusehen; dem Gläubiger darf nicht von vornherein die Möglichkeit genommen werden, gegebenenfalls unter Berufung auf grobe Unbilligkeit die Übertragung bestimmter Vermögenswerte des Schuldners zu beantragen; ebenso schon Knur DNotZ 1957, 459ff, 478; aA Gerold DNotZ 1964, 533, der im Verkehrs- und Familieninteresse für Beschränkbarkeit, zB hinsichtlich Gewerbebetrieben oder Bauernhöfen, eintritt. Dem Interesse des Schuldners wird ausreichend dadurch Rechnung getragen, daß Zumutbarkeitsprüfung erfolgen muß. Zulässig dürfte es sein, durch Ehevertrag für den Fall, daß die Ausgleichsforderung entsteht, im voraus festzulegen, daß der Gläubiger bestimmte Vermögenswerte unter Anrechnung auf die Ausgleichsforderung erhalten soll, zust Dölle, FamR I § 61 XI 5.

1384 *Berechnungszeitpunkt bei Scheidung*
Wird die Ehe geschieden, so tritt für die Berechnung des Zugewinns an die Stelle der Beendigung des Güterstands der Zeitpunkt der Rechtshängigkeit des Scheidungsantrags.

1 1. **Sonderregelung für den Scheidungsfall.** Die Vorschrift enthält für den Fall der Scheidung einer Ehe eine Abweichung von dem sich aus den §§ 1373, 1375, 1376 II ergebenden Grundsatz, wonach der Zugewinn nach dem Zeitpunkt der Beendigung des Güterstandes berechnet wird. Die Abweichung ist von erheblicher praktischer Bedeutung und macht die Ausnahme geradezu zur Regel. Bei Beendigung des Güterstandes durch den Tod eines Ehegatten wird der Ausgleich des Zugewinns gemäß § 1371 meist durch die Erhöhung des gesetzlichen Erbteils des überlebenden Ehegatten abgegolten. Bei Beendigung der Zugewinngemeinschaft durch Ehevertrag wird nach dem Willen der Ehegatten der Ausgleich meist entfallen (vgl § 1372 Rz 4). Die Scheidung der Ehe ist also der Hauptfall des Zugewinnausgleichs nach den §§ 1373ff. Für den Fall des vorzeitigen Ausgleichs des Zugewinns gilt eine dem § 1384 entsprechende Regelung (§ 1387). Im ersten Fall wird der Zugewinn für den Zeitpunkt der Rechtshängigkeit des Scheidungsantrags, somit dessen Zustellung (München FamRZ 1982, 279), berechnet (und zwar auch dann, wenn die Ehepartner vor der Scheidung lange Jahre getrennt gelebt haben und der Ausgleichsverpflichtete deshalb eine Herabsetzung nach § 1381 anstrebt, Hamm FamRZ 1987, 701). Insofern ist § 1384 durch das 1. EheRG der Novelle des Verfahrensrechts angepaßt worden, id § 622 ZPO; materiell hat sich dadurch nichts geändert. Beim vorzeitigen Zugewinnausgleich kommt es auf den Zeitpunkt der Klageerhebung an, id § 253 ZPO. Hat ein Ehegatte sowohl die Klage auf vorzeitigen Ausgleich des Zugewinns als auch den Antrag auf Scheidung der Ehe erhoben und dringt er zuerst mit der ersten, sodann aber auch mit dem zweiten durch, so ist der Zeitpunkt der ersten Klageerhebung maßgebend, obwohl das Urteil, das die vorzeitige Beendigung der Zugewinngemeinschaft ausspricht, mit der Rechtskraft des Scheidungsurteils gegenstandslos wird. Andernfalls würde der Kläger sich durch das zweite siegreiche Urteil um die Früchte seines ersten Erfolges bringen, ebenso RGRK/Finke Rz 9; Heckelmann FamRZ 1968, 59, 68 (unter Erörterung der verschiedenen möglichen Konkurrenzen zwischen §§ 1384, 1387); Johannsen/Henrich/Jaeger Rz 6; aA Johannsen WM 1978, 658. Umgekehrt bleibt dann, wenn bei laufendem Scheidungsverfahren Klage auf vorzeitigen Zugewinnausgleich erhoben wird, der Stichtag gem § 1384 maßgeblich und wird nicht durch den gem § 1387 ersetzt, Hamm FamRZ 1982, 609. Auch im Falle eines Scheidungsverfahrens, das längere Zeit geruht hat und bei den Beteiligten „in Vergessenheit geraten" ist, hat BGH

FamRZ 1983, 350 unter Berufung auf Rechtssicherheitsgesichtspunkte weiterhin den ursprünglichen Zeitpunkt der Klageerhebung und nicht den der Wiederanrufung des Gerichts (so die Vorinstanz Karlsruhe FamRZ 1980, 1119) für maßgeblich erklärt. Ebenso Karlsruhe OLG 76, 211; KG NJW-RR 1996, 1090; differenzierend Johannsen/Henrich/Jaeger Rz 5.

Maßgeblicher Zeitpunkt ist allein die Rechtshängigkeit des Verfahrens, unabhängig davon, wer den Antrag gestellt hat, vgl MüKo/Koch Rz 6, Staud/Thiele Rz 5. Waren mehrere Scheidungsverfahren anhängig, so kommt es auf das Verfahren an, das zur Scheidung geführt hat, BGH FamRZ 1979, 905; AG Köln NJW-FER 2001, 250; vgl auch BGH FamRZ 1967, 138. Für Verfahren nach altem Recht vgl die 8. Aufl. Folgt einem unbegründeten Antrag auf Aufhebung der Ehe ein gerechtfertigter Scheidungsantrag, dann ist der Stichtag des späteren Scheidungsantrages maßgebend, Düsseldorf FuR 2001, 523.

2. Zweck der Vorschrift. Es soll verhindert werden, daß ein Ehegatte nach Rechtshängigkeit des Scheidungsantrags, §§ 622 III, 253 ZPO, seinen Zugewinn zum Nachteil des andern zu verringern sucht. Tut er es dennoch, so ist das jedenfalls ohne rechtliche Bedeutung für die Berechnung seines Zugewinns, weil hierfür nach § 1384 der Zeitpunkt der Rechtshängigkeit des Scheidungsantrags maßgebend ist. Diese Regelung führt anderseits dazu, daß ein Ehegatte an dem Zugewinn, den der andere nach Antragstellung erzielt, nicht beteiligt wird, sofern es zur rechtskräftigen Scheidung der Ehe kommt. Damit entfällt für beide Ehegatten der Anreiz, die Erledigung des Scheidungsstreits im Hinblick auf die Berechnung des Zugewinns zu sehen. Die Ausgleichsforderung entsteht aber auch in diesem Falle erst mit der Beendigung des Güterstandes, dh mit der Rechtskraft des Scheidungsurteils (§ 1378 III) und ist vorher nicht einklagbar, Hamburg FamRZ 1963, 648. Ihre Höhe ist ferner gemäß § 1378 II durch den Wert des zu diesem Zeitpunkt nach Abzug der Verbindlichkeiten vorhandenen Vermögens des Schuldners begrenzt; die dem Gläubigerschutz dienende Vorschrift des § 1378 II wird durch § 1384 nicht berührt, BGH FamRZ 1988, 925. Daran hat sich auch durch den mit der Eherechtsreform eingeführten Entscheidungsverbund nichts geändert, vgl Hamm FamRZ 1983, 592; bekräftigt in FamRZ 1986, 1106; aA Schwab, Hdb des Scheidungsrechts, Rz 785. § 1384 ist entsprechend anwendbar, wenn der Eherechtsstreit nicht zur rechtskräftigen Scheidung der Ehe führt, weil ein Ehegatte vorher stirbt, sofern der Überlebende dann nach § 1371 II Ausgleich des Zugewinns verlangen kann, so jetzt mit ausführlichen Nachweisen zum Streitstand BGH FamRZ 1987, 353 im Anschluß an die überwiegende Ansicht im Schrifttum, vgl Heckelmann FamRZ 1968, 59, 66f; Staud/Thiele Rz 7; Lüderitz, FamR § 14 III 6e; RGRK/Finke Rz 10; aM Köln FamRZ 1985, 933 (Vorinstanz zu BGH aaO); Celle FamRZ 1984, 55; vgl auch Schröder FamRZ 2003, 277; Völlings/Fulbier FuR 2003, 9. Bei Aufhebung der Ehe (§ 1313ff) gelten die Vorschriften für die Ehescheidung entsprechend, so daß auch in diesen Fällen § 1384 anzuwenden ist. Im Einzelfall kann der Schutzzweck der Vorschrift dadurch gefährdet werden, daß ein Ehegatte den anderen in der Absicht, sein Endvermögen zu verschleiern oder zuungunsten des anderen zu vermindern, unter bloßer Vortäuschung einer Versöhnungs- oder Besserungsbereitschaft veranlaßt, den Scheidungsantrag noch nicht zustellen zu lassen. Eine Berücksichtigung des dolosen Verhaltens des Ehegatten, der erst mit der Zustellung betroffen wird, kann nur im Rahmen der elastischeren Bestimmungen §§ 242, 826 ermöglicht werden.

3. Eine **Änderung** der Regelung des § 1384 **durch Ehevertrag** kann zulässig nach § 1410 erfolgen. Diese Vereinbarung ist nur ein Unterfall des nach einhelliger Auffassung modifizierbaren Berechnungsmodus für den Zugewinnausgleich. Anderes gilt nur, wenn die Änderung nur einen Ehegatten treffen soll, da dann dessen geplante Benachteiligung naheliegt.

§ 1385

Vorzeitiger Zugewinnausgleich bei Getrenntleben

Leben die Ehegatten seit mindestens drei Jahren getrennt, so kann jeder von ihnen auf vorzeitigen Ausgleich des Zugewinns klagen.

1. Inhalt der Vorschrift. a) Die Vorschrift ist durch das 1. EheRG geändert worden. Die Neufassung läßt für den vorzeitigen Zugewinnanspruch bei Getrenntlebenden das bisherige Erfordernis des einseitigen Rechts zum Getrenntleben und die damit verbundene Schuldanknüpfung, wie auch sonst im neuen Eherecht, entfallen und stellt nur noch auf die dreijährige Trennungszeit ab. Der Gesetzgeber geht zu Recht davon aus, daß es nach Aufhebung der ehelichen Gemeinschaft an der Grundlage der Zugewinngemeinschaft, dem Erwerb durch die Mitarbeit beider Ehegatten, fehlt, anderseits ein sofortiger Ausgleich im Interesse der Aufrechterhaltung gefährdeter Ehen auszuschließen ist. Nach drei Jahren Trennung ist ein Ausgleich gerechtfertigt. Nach dieser Zeit vermutet das Gesetz das Scheitern der Ehe (§ 1566 II).

b) Dreijährige Trennung. Nach dem Grundsatz des § 1363 II S 2 wird der Zugewinn der Ehegatten erst nach Beendigung des Güterstandes ausgeglichen. Vorher besteht im allgemeinen hierfür kein Bedürfnis, weil die Ehegatten durch die eheliche Lebensgemeinschaft miteinander verbunden sind. Trennen sich aber die Ehegatten, ist der wirtschaftlich schwächere Teil unter Umständen auf den Ausgleich angewiesen. Anderseits darf die Trennung nicht alsbald das Recht auslösen, vorzeitigen Ausgleich des Zugewinns zu verlangen, weil dann die Gefahr bestünde, daß hierdurch das zunächst nur getrübte eheliche Verhältnis endgültig zerrüttet würde. Die Möglichkeit, vorzeitigen Ausgleich des Zugewinns zu verlangen, könnte sogar einen Anreiz zur Trennung geben. Deshalb wird einem Ehegatten dieses Recht erst zugestanden, wenn die Trennung schon mindestens drei Jahre besteht; bei dieser Dauer der Trennung ist meist mit einer Wiederherstellung der ehelichen Gemeinschaft nicht mehr zu rechnen. Wann eine Trennung vorliegt, richtet sich nach § 1567. Auf ein Verschulden oder auf die Trennungsursachen kommt es in keiner Hinsicht mehr an, Staud/Thiele Rz 12. Es genügt, daß die Voraussetzungen des § 1385 in der letzten mündlichen Verhandlung der Tatsacheninstanz erfüllt sind. Ein Interesse an der Klage auf vorzeitigen Ausgleich des Zugewinns kann auch der Ehegatte haben, der selbst den größeren Zugewinn erzielt hat, um die Beteiligung des andern an seinem künftigen Zugewinn auszuschließen (vgl dazu § 1388), gegebenenfalls auch, um als-

§ 1385

Familienrecht Bürgerliche Ehe

bald eine gerichtliche Entscheidung darüber herbeizuführen, ob ihm wegen des in der Vergangenheit erzielten Zugewinns ein Leistungsverweigerungsrecht gemäß § 1381 zusteht.

3 **2. Verfahren.** Die Geltendmachung des Rechts aus § 1385 führt zur Beendigung des Güterstandes und zur Verwirklichung des Zugewinnausgleichs. Dementsprechend muß auch das Recht auf vorzeitigen Ausgleich des Zugewinns durch Klage geltend gemacht werden. Zuständig ist ausschließlich das FamG, §§ 23b I Nr 9 GVG; 621 I Nr 8 ZPO. Der Güterstand endet erst mit der Rechtskraft des Urteils, durch das auf vorzeitigen Ausgleich des Zugewinns erkannt ist (§ 1388). Diesem Urteil kommt rechtsgestaltende Bedeutung zu. Mit der Beendigung des Güterstandes entstehen erst die Ausgleichsforderung (§ 1378 III) und der Anspruch auf Auskunftserteilung (§ 1379). Gleichwohl dürfte aus Gründen der Prozeßökonomie mit der Klage auf vorzeitigen Ausgleich des Zugewinns zugleich Auskunftserteilung und Zahlung des Betrages der Ausgleichsforderung begehrt werden können, zustimmend Celle FamRZ 1983, 171; Johannsen/Henrich/Jaeger Rz 4; Staud/Thiele Rz 18, mindestens dann, wenn die Voraussetzungen des § 259 ZPO für eine Klage auf künftige Leistung vorliegen (vgl hierzu für den Fall der Klage auf Aufhebung des früheren Güterstandes der Verwaltung und Nutznießung KG OLG 11, 281). Ein Urteil auf Auskunftserteilung und Zahlung der Ausgleichsforderung ist aber erst zulässig, wenn zunächst ein Teilurteil, durch das auf vorzeitigen Ausgleich des Zugewinns erkannt ist, rechtskräftig geworden ist, weil damit erst der Güterstand beendet und die Ausgleichsforderung entstanden ist, Celle FamRZ 1983, 171; Koblenz FamRZ 1990, 1368. Der Klage eines Ehegatten fehlt das Rechtsschutzinteresse, wenn der andere sich vorher bereit erklärt, den Güterstand durch Ehevertrag aufzuheben. Statt durch Ehevertrag oder durch Urteil kann der Güterstand auch durch gerichtlichen Vergleich der Ehegatten aufgehoben werden (vgl hierzu für den Fall der Aufhebung einer Gütergemeinschaft RG Recht 1919, 1486). Wird der Rechtsstreit aber dadurch erledigt, daß die Ehegatten sich über die Zahlung eines Ausgleichsbetrages einigen, ohne daß durch Ehevertrag oder gerichtlichen Vergleich die Zugewinngemeinschaft aufgehoben oder der Ausgleich des Zugewinns für die Zukunft ausgeschlossen wird (vgl § 1414), so besteht der Güterstand weiter fort. Der gezahlte Betrag ist jedoch auf eine später etwa entstehende Ausgleichsforderung anzurechnen (§ 1380). Während Parteien des Rechtsstreits über die Erfüllung der Ausgleichsforderung unter Umständen auch die Rechtsnachfolger (Erben oder Einzelrechtsnachfolger) der Ehegatten sein können, kann die Klage auf vorzeitigen Ausgleich des Zugewinns, da sie voraussetzt, daß der Güterstand noch besteht, nur von dem einen Ehegatten gegen den andern erhoben werden. Gegebenenfalls werden die Ehegatten durch ihren Vormund oder Pfleger vertreten. Insolvenz eines Ehegatten hindert seine Aktiv- oder Passivlegitimation nicht; der Insolvenzverwalter kann nicht über die Frage der Aufhebung des Güterstandes streiten. Dagegen tritt der Insolvenzverwalter als Partei ein, soweit es sich um die Erfüllung der Ausgleichsforderung handelt; er kann aber die Ausgleichsforderung als Kläger nur geltend machen, wenn sie bereits durch Vertrag anerkannt oder rechtshängig geworden war (§ 852 ZPO, §§ 35, 36 InsO).

4 Stirbt ein Ehegatte während des Rechtsstreits, so ist dieser, soweit es sich um die Klage auf vorzeitigen Ausgleich des Zugewinns handelt, in der Hauptsache erledigt, da der Güterstand dann ohnehin beendet ist; es tritt die sich aus § 1371 ergebende Regelung ein. Die Hauptsache ist auch erledigt, wenn die Ehe inzwischen rechtskräftig geschieden wird. Es ist denkbar, daß beide Ehegatten mit Klage und Widerklage ein Urteil über den vorzeitigen Ausgleich des Zugewinns erstreben; dem Widerkläger wird jedoch, wenn beide aus § 1385 klagen, in der Regel das Rechtsschutzbedürfnis fehlen, vgl MüKo/Koch, §§ 1385/1386 Rz 33. Der Streitwert ist gemäß § 3 ZPO zu schätzen. Er beträgt in der Regel ein Viertel des zu erwartenden Zugewinnausgleichsanspruchs, BGH FamRZ 1973, 133; aA Staud/Thiele Rz 16; MüKo/Koch Rz 30: Wertfestsetzung nach freiem Ermessen des Gerichts, vgl auch Schumann NJW 1960, 567. Wegen der Eintragung des Urteils ins Güterrechtsregister vgl § 1561 II Nr 1. Der Anspruch auf vorzeitigen Ausgleich des Zugewinns kann durch dinglichen Arrest gesichert werden, Düsseldorf NJW-RR 1994, 453.

5 **3.** § 1385 ist zwingendes Recht und kann **durch Ehevertrag nicht abbedungen** werden.

1386 *Vorzeitiger Zugewinnausgleich in sonstigen Fällen*

(1) Ein Ehegatte kann auf vorzeitigen Ausgleich des Zugewinns klagen, wenn der andere Ehegatte längere Zeit hindurch die wirtschaftlichen Verpflichtungen, die sich aus dem ehelichen Verhältnis ergeben, schuldhaft nicht erfüllt hat und anzunehmen ist, dass er sie auch in Zukunft nicht erfüllen wird.

(2) Ein Ehegatte kann auf vorzeitigen Ausgleich des Zugewinns klagen, wenn der andere Ehegatte
1. ein Rechtsgeschäft der in § 1365 bezeichneten Art ohne die erforderliche Zustimmung vorgenommen hat oder
2. sein Vermögen durch eine der in § 1375 bezeichneten Handlungen vermindert hat
und eine erhebliche Gefährdung der künftigen Ausgleichsforderung zu besorgen ist.

(3) Ein Ehegatte kann auf vorzeitigen Ausgleich des Zugewinns klagen, wenn der andere Ehegatte sich ohne ausreichenden Grund beharrlich weigert, ihn über den Bestand seines Vermögens zu unterrichten.

1 **1. Schuldhafte Nichterfüllung der wirtschaftlichen Verpflichtungen (Abs I).** Die erste Voraussetzung dieser Vorschrift entspricht derjenigen des § 1381 II, wonach der Ausgleich des in der Vergangenheit erzielten Zugewinns uU wegen grober Unbilligkeit ganz oder teilweise verweigert werden kann (vgl § 1381 Rz 2). § 1386 I kann aber nicht nur dem Schutz des Ehegatten dienen, der selbst den größeren Zugewinn erzielt hat; er eröffnet auch dem andern die Möglichkeit, die Entstehung und Erfüllung der Ausgleichsforderung zu seinen Gunsten herbeizuführen, da in Fällen dieser Art meist damit zu rechnen ist, daß die Ausgleichsforderung sich bei weiterem Zuwarten immer mehr verringern würde. Außerdem ist ein Ehegatte häufig auf den Ausgleich des Zugewinns angewiesen, wenn der andere seine wirtschaftlichen Verpflichtungen ihm gegenüber nicht erfüllt. Der vorzeitige Ausgleich des Zugewinns hat allerdings auch die für ihn ungünstige Folge, daß er an dem zukünftigen Zugewinn seines Ehepartners nicht mehr beteiligt wird (vgl § 1388). Voraussetzung ist in beiden Fällen länger andauernde schuldhafte Nichterfüllung der wirtschaftlichen Verpflichtungen durch den beklagten Ehegatten. Die Klage kann nicht allein auf Eheverfehlungen anderer Art, zB auf Ehebruch oder ehewidrige Beziehungen gestützt werden. Sie kann auch nur Erfolg haben, wenn eine Schuld des andern Ehegatten – Haftungsmaßstab § 1359 – dargetan wird; dieser kann sich damit verteidigen, die Nichterfüllung beruhe nicht auf seinem Verschulden, sondern zB auf Krankheit oder unverschuldeter Arbeitslosigkeit. Wann eine Nichterfüllung längere Zeit hindurch anzunehmen ist, kann nur nach den Umständen des Einzelfalles beurteilt werden; jedenfalls muß eine gewisse Beharrlichkeit des schuldhaften Verhaltens vorliegen. Nichterfüllung im Sinne der Vorschrift ist auch unvollständige oder schlechte Erfüllung, zust Staud/Thiele Rz 5. Es muß hinzukommen, daß keine Änderung für die Zukunft zu erwarten ist. Dies kann nicht allein nach den Erklärungen und Versprechungen des beklagten Ehegatten, insbesondere im Rechtsstreit, beurteilt werden, BGH 1, 241; maßgebend muß vor allem sein Verhalten in der Vergangenheit und seine hieraus zu folgernde Vertrauenswürdigkeit sein. Daher reicht die bloße Äußerung, man werde sein Vermögen „abräumen" und der Bedürftige „bekomme kein Geld", für die Voraussetzungen des § 1386 nicht aus, Hamm FamRZ 2000, 228. Klagt der Ehegatte, der den geringeren Zugewinn erzielt hat, so kann es im Hinblick auf die Regelung des § 1388 unter Umständen auch in seinem Interesse liegen und zugleich der Erhaltung der Ehe dienen, wenn der Rechtsstreit vorübergehend zum Ruhen gebracht wird, um abzuwarten, ob der andere Ehegatte sein Verhalten ändert.

2. Gefährung der Ausgleichsforderung durch unzulässige Vermögensmaßnahmen eines Ehegatten **2** **(Abs II).** Diese Vorschrift behandelt zwei Sonderfälle, Verstöße gegen die Vorschriften der §§ 1365, 1375. Nach § 1365 sind zwar sowohl schuldrechtliche wie dingliche Rechtsgeschäfte eines Ehegatten über sein Vermögen im ganzen ohne Zustimmung des andern unwirksam; dieser kann die sich aus der Unwirksamkeit ergebenden Rechte gegen Dritte gerichtlich geltend machen (§ 1368). Es wird ihm aber auch das Recht eingeräumt, unter Berufung auf das unzulässige Verhalten seines Ehepartners, vorzeitigen Ausgleich des Zugewinns zu klagen. Auch in Fällen des § 1375 II wird der Ehegatte rechtlich durch Hinzurechnung der Vermögensminderung zum Endvermögen des andern geschützt; er kann und braucht sich aber nicht darauf zu verlassen, daß diese Regelung zu seinem Schutz ausreichen werde, insbesondere im Hinblick auf die Begrenzung der Ausgleichsforderung gemäß § 1378 II. In beiden Fällen des § 1386 II ist weitere Voraussetzung der Klage auf vorzeitigen Ausgleich des Zugewinns, daß eine erhebliche Gefährdung der künftigen Ausgleichsforderung zu besorgen ist. Maßgeblich für die Beurteilung der Frage, ist das Vorliegen, sind die Verhältnisse im Zeitpunkt der letzten mündlichen Verhandlung, Frankfurt FamRZ 1984, 895. Eine solche Besorgnis ist nicht nur dann gerechtfertigt, wenn weitere unzulässige Maßnahmen des andern Ehegatten zu erwarten sind; sie kann sich auch bereits ausreichend aus dessen bisherigem Verhalten ergeben. Anders als in den Fällen des Abs I wird hier keine wiederholte, längere Zeit hindurch andauernde Vornahme der diskriminierten Handlungen gefordert. Insbesondere in Fällen des § 1365 muß es regelmäßig genügen, daß ein Ehegatte einmal dazu geschritten ist, ein Rechtsgeschäft über sein Vermögen im ganzen ohne Zustimmung des andern vorzunehmen, es sei denn, daß er sich inzwischen in seiner Einstellung zu dem andern Ehegatten und der Wahrung von dessen Rechten und Interessen eindeutig geändert hat. Grundsätzlich kann auch ein Fall der Vermögensminderung nach § 1375 II genügen; hier kann aber eine einzelne Maßnahme unter Umständen nicht ausreichen, um eine erhebliche Gefährdung der künftigen Ausgleichsforderung anzunehmen, insbesondere wenn sie keine großen Vermögenswerte betrifft und Wiederholungsgefahr nicht besteht. Die Klage auf vorzeitigen Ausgleich des Zugewinns ist nicht möglich, wenn die Zustimmung des Ehegatten gemäß § 1365 II durch das VormG ersetzt worden ist oder wenn die Voraussetzungen des § 1375 III vorliegen. Ein Rechtsgeschäft über Haushaltsgegenstände ohne Zustimmung des andern Ehegatten (§ 1369) kann die Klage nur begründen, wenn die Voraussetzungen des Abs II Nr 2 vorliegen. Es ist nicht vorgesehen, daß die Klage innerhalb einer bestimmten Frist nach Vornahme der beanstandeten Handlung erhoben werden muß; bei längerer Hinauszögerung kann aber unter Umständen die Besorgnis einer erheblichen Gefährdung der künftigen Ausgleichsforderung nicht mehr glaubhaft erscheinen. Die Klage nach Abs II kann anders als die nach Abs I nur der Ehegatte erheben, dem selbst voraussichtlich eine Ausgleichsforderung zustehen wird, hM; aA Staud/Thiele Rz 15.

3. Grundlose Weigerung der Unterrichtung über die Vermögensverhältnisse (Abs III). Während des **3** Güterstandes hat ein Ehegatte grundsätzlich nur einen klagbaren Anspruch darauf, sich Kenntnis über das Anfangsvermögen des andern zu verschaffen, indem er die Aufstellung eines gemeinsamen Verzeichnisses gemäß § 1377 verlangt. Erst nach Beendigung des Güterstandes kann er auch Auskunft über das Endvermögen des andern begehren (§ 1379). Ein klagbares Recht auf Auskunft über den jeweiligen Vermögensstand des andern Ehegatten ist nicht vorgesehen, weil hierdurch der Ehefrieden erheblich gefährdet werden könnte. Es entspricht aber den wohlverstandenen Erfordernissen einer ehelichen Lebensgemeinschaft, daß die Ehegatten einander in je nach den Umständen angemessener Weise über ihre Vermögensverhältnisse unterrichten, zumal diese auch für den Umfang ihrer Verpflichtung, zum angemessenen Unterhalt der Familie beizutragen (§§ 1360, 1360a), von Bedeutung sind. Nach § 1353 besteht die Pflicht, in groben Zügen über die von einem Ehegatten vorgenommenen Vermögensbewegungen zu unterrichten, BGH FamRZ 1976, 516; Hamm FamRZ 2000, 228; vgl § 1353 Rz 13; MüKo/Koch §§ 1385/1386 Rz 25; Staud/Thiele Rz 22. Hierzu ist nicht die Vorlage von Belegen oder Einsicht in Geschäftsbücher erforderlich, Hamm FamRZ 2000, 228. Entzieht ein Ehegatte sich dieser Pflicht (§ 1353), so ist regelmäßig der Verdacht gerechtfertigt, daß er seine wirtschaftlichen Verpflichtungen gegenüber dem andern nicht in angemessenem Umfang erfüllen wolle. Deshalb gibt das Gesetz einem Ehegatten auch dann das Recht, auf vorzeitigen Ausgleich des Zugewinns zu klagen, wenn der andere sich ohne ausreichenden Grund beharrlich weigert, ihn über den Bestand seines Vermögens zu unterrichten. Weitere Voraussetzungen für die Klage sind in diesem Fall nicht aufgestellt; insbesondere braucht eine Gefährdung der künftigen Ausgleichsforderung nicht besonders dargetan zu werden. Zur Unterrichtung des Ehegatten über den Vermögensbestand genügt es in der Regel, daß diesem die wesentlichen Angaben gemacht werden, aus denen er die Größe des Vermögens und dessen Zusammensetzung im

§ 1386 Familienrecht Bürgerliche Ehe

großen und ganzen entnehmen kann. Zum Unterschied von Unterrichtungs- und Auskunftserteilung vgl auch Celle FamRZ 1983, 171. Die Unterrichtung über die Vermögensverhältnisse muß aber auf Wunsch des andern Ehegatten in angemessenen Zeitabständen wiederholt werden, insbesondere wenn wesentliche Änderungen eingetreten sind. Wann ein Ehegatte sich ohne ausreichenden Grund weigert, den andern über seine Vermögensverhältnisse zu unterrichten, kann nur nach Lage des Einzelfalles beurteilt werden; ein ausreichender Weigerungsgrund kann insbesondere in einer Neigung des andern zu übermäßigen Ausgaben oder zu unangebrachten Weitergabe der erhaltenen Mitteilungen an Dritte zu finden sein, Gernhuber/Coester-Waltjen, FamR § 36 II 4. Auch über die geschäftliche Lage muß der Ehegatte Auskunft erteilen. Das gilt nicht, wenn der begründete Verdacht besteht, daß das Auskunftsverlangen ein vorsätzlich unlauteres oder geschäftsschädigendes Verhalten ist. Eine beharrliche Weigerung liegt vor, wenn ein Ehegatte wiederholt berechtigten Wünschen des andern nicht entspricht.

4 4. **Verfahren.** Für alle Fälle des § 1386 gilt das zu § 1385 Rz 3 Gesagte. Ein Klage- oder Widerklagebegehren kann auch auf mehrere der Gründe der §§ 1385, 1386 gestützt werden (§ 260 ZPO).

5 5. Die Rechte des § 1386 können als essentiale Schutzrechte **ehevertraglich nicht abbedungen** werden; vgl MüKo/Koch, §§ 1385/1386 Rz 39ff. Eine klar umschriebene Erweiterung des Katalogs ist dagegen möglich.

1387 *Berechnungszeitpunkt bei vorzeitigem Ausgleich*
Wird auf vorzeitigen Ausgleich des Zugewinns erkannt, so tritt für die Berechnung des Zugewinns an die Stelle der Beendigung des Güterstands der Zeitpunkt, in dem die Klage auf vorzeitigen Ausgleich erhoben ist.

1 Die Vorschrift bestimmt für die Fälle des vorzeitigen Ausgleichs des Zugewinns den für dessen Berechnung **maßgebenden Zeitpunkt**; sie entspricht der für den Fall der Scheidung geltenden § 1384 (vgl die Bemerkungen hierzu). Der Güterstand endet zwar erst mit der Rechtskraft des Urteils, durch das auf vorzeitigen Ausgleich des Zugewinns erkannt wird (§ 1388). Es empfiehlt sich aber nicht, diesen Zeitpunkt der Berechnung des Zugewinns zugrunde zu legen, weil sonst ein Ehegatte versuchen könnte, seinen Zugewinn während der Dauer des Rechtsstreits noch zu verringern. Andererseits führt die Regelung dazu, daß der Ehegatte, der den geringeren Zugewinn gemacht hat, an dem seit der Klageerhebung von dem andern erzielten Zugewinn nicht mehr beteiligt wird, falls die Klage Erfolg hat. Die Ausgleichsforderung entsteht aber erst mit Rechtskraft des Urteils; vorher kann über sie nicht verfügt werden (§ 1378 III), sie wird auch durch den Wert des in diesem Zeitpunkt vorhandenen Vermögens begrenzt (§ 1378 II). Es ist jedoch als zulässig anzusehen, daß mit der Klage auf vorzeitigen Ausgleich des Zugewinns bereits der Antrag auf Zahlung des Ausgleichsbetrages verbunden wird (vgl § 1385 Rz 3). Wird der Güterstand vor rechtskräftiger Erledigung des Rechtsstreits durch Scheidung der Ehe oder Tod eines Ehegatten beendet, so ist die Hauptsache, soweit es sich um den Antrag handelt, auf vorzeitigen Ausgleich des Zugewinns zu erkennen, erledigt. Wegen der in solchen Fällen für die Berechnung des Zugewinns maßgebenden Zeitpunktes vgl § 1384 Rz 2; § 1387 ist bei begründeter Klage analog anzuwenden, RGRK/Finke Rz 3. Hat bei einer Klage und Widerklage nur die letztere Erfolg, bestimmt gleichwohl der Zeitpunkt der Klageerhebung den Berechnungszeitpunkt für den Zugewinn, vgl Heckelmann FamRZ 1968, 59, 65; zust MüKo/Koch Rz 4; aA Reinicke BB 1967, 521f. Zu den differenzierten Lösungen bei einer Konkurrenz der Zeitpunkte bei Scheidungsantrag und vorzeitiger Ausgleichsklage nach §§ 1384, 1387 vgl Heckelmann aaO 67f. Nach Hamm FamRZ 1982, 609 ist im Falle einer während eines laufenden Scheidungsverfahrens erhobenen Klage auf vorzeitigen Zugewinnausgleich der Berechnungszeitpunkt gem § 1384 maßgeblich.

1388 *Eintritt der Gütertrennung*
Mit der Rechtskraft des Urteils, durch das auf vorzeitigen Ausgleich des Zugewinns erkannt ist, tritt Gütertrennung ein.

1 1. **Zweck und Inhalt der Regelung.** Die Vorschrift soll wiederholte Streitigkeiten zwischen denselben Ehegatten über einen vorzeitigen Ausgleich des Zugewinns verhindern. Die Regelung ist verfassungskonform, KG FamRZ 1995, 30. Der Güterstand der Zugewinngemeinschaft endet mit der Rechtskraft des Urteils, durch das auf vorzeitigen Ausgleich des Zugewinns erkannt ist. Von da an gilt Gütertrennung zwischen den Ehegatten. Diese Wirkung kann nur durch ein rechtskräftiges Urteil ausgelöst werden, nicht durch ein für vorläufig vollstreckbar erklärtes Urteil oder durch einstweilige Verfügung; ebenso Soergel/H. Lange Rz 5; MüKo/Koch Rz 4 und Staud/Thiele Rz 6. Der Eintritt der Gütertrennung gilt ohne weiteres auch im Verhältnis zu Dritten. § 1412 ist hier anders als bei Aufhebung der Gütergemeinschaft durch Urteil (§§ 1449 II, 1470 II) nicht anwendbar. Dafür besteht hier kein Bedürfnis, weil der Eintritt von Gütertrennung an Stelle der Zugewinngemeinschaft keine nachteiligen Wirkungen für Dritte haben kann, Gottschalg DNotZ 1969, 339. Der Fortfall der Verwaltungsbeschränkungen, die bei der Zugewinngemeinschaft bestehen, kann sich nur zugunsten Dritter auswirken, ebenso Gernhuber/Coester-Waltjen, FamR § 40, 5; Soergel/H. Lange Rz 7; Staud/Thiele Rz 10; RGRK/Finke Rz 6; für (analoge) Anwendung des § 1412 Pal/Brudermüller Rz 4; aM Meyer FamRZ 1957, 285.

2 2. **Folgen der Beendigung der Zugewinngemeinschaft.** Der weitere Zugewinn der Ehegatten wird unter ihnen nicht mehr ausgeglichen. Wird später die Ehe durch den Tod eines Ehegatten aufgelöst, so steht dem Überlebenden auch kein erhöhter gesetzlicher Erbteil zu; das gesetzliche Erbrecht und der Pflichtteil bestimmen sich lediglich nach den §§ 1931, 2303. Der dem Ehegatten gezahlte Ausgleichsbetrag wird aber nicht auf seinen Erbteil angerechnet, sofern der Erblasser das nicht etwa durch Verfügung von Todes wegen bestimmt hat. Eine Anrechnung des Betrages auf den Pflichtteil des überlebenden Ehegatten kann der Erblasser nicht bestimmen, weil es sich bei Erfüllung der Ausgleichsforderung nicht um eine freigebige Zuwendung im Sinne des § 2315 handelt. Der Überle-

bende kann, auch wenn er die Erbschaft ausschlägt, keine weitere Ausgleichsforderung geltend machen. Schlägt er aus, so kann er auch keinen Pflichtteil verlangen, soweit nicht die Sonderfälle der §§ 2305ff vorliegen. § 1371 gilt nicht, weil der Güterstand bereits vor dem Tode des Ehegatten beendet worden war. Der Ausschluß von der Beteiligung am künftigen Zugewinn wird oft eine Härte für den Ehegatten bedeuten, der sich wegen pflichtwidrigen Verhaltens des andern genötigt gesehen hat, auf vorzeitigen Ausgleich zu klagen. Der Gesetzgeber hat das aber bewußt in Kauf genommen, weil es ihm noch unerträglicher erschien, daß die Ehegatten wiederholt über den Ausgleich des Zugewinns streiten könnten (vgl hierzu den Bericht des Rechtsausschusses BT-Drucks Nr 3409, 14). Es ist jedoch möglich, daß die Ehegatten durch Ehevertrag die Zugewinngemeinschaft neu vereinbaren; diese tritt aber nicht schon dadurch wieder ein, daß die Ehegatten sich aussöhnen und die eheliche Gemeinschaft wieder aufnehmen.

3. Ehevertragliche Änderung des § 1388 ist unzulässig, weil dies dem eindeutigen gesetzgeberischen Zweck zuwiderlaufen würde. Erneute Vereinbarung der Zugewinngemeinschaft durch Ehevertrag ist möglich (s Rz 2); vgl auch MüKo/Koch Rz 8f; Staud/Thiele Rz 12; Johannsen/Heinrich/Jaeger Rz 4.   3

1389 *Sicherheitsleistung*

Ist die Klage auf vorzeitigen Ausgleich des Zugewinns erhoben oder der Antrag auf Scheidung oder Aufhebung der Ehe gestellt, so kann ein Ehegatte Sicherheitsleistung verlangen, wenn wegen des Verhaltens des andern Ehegatten zu besorgen ist, dass seine Rechte auf den künftigen Ausgleich des Zugewinns erheblich gefährdet werden.

1. Zweck der Vorschrift. Die Ausgleichsforderung entsteht erst mit der Beendigung des Güterstandes   1
(§ 1378 III), dh insbesondere mit rechtskräftiger Scheidung der Ehe oder mit Rechtskraft des Urteils, durch das auf vorzeitigen Ausgleich des Zugewinns erkannt wird (§ 1388). Das Gesetz gibt dem ausgleichsberechtigten Ehegatten während der Dauer des Güterstandes keine Sicherung durch dingliche Beteiligung oder etwa durch ein Pfandrecht. Die Schutzvorschriften der §§ 1365 bis 1369, 1375 II, 1384, 1387 können die tatsächliche Erfüllung der Ausgleichsforderung nicht immer gewährleisten, zumal die Höhe der Ausgleichsforderung gemäß § 1378 II durch den Wert des bei Beendigung des Güterstandes nach Abzug der Verbindlichkeiten vorhandenen Vermögens begrenzt wird. Nicht selten, besonders wenn das eheliche Verhältnis zerrüttet ist, besteht ein Bedürfnis, die künftige Ausgleichsforderung effektiv zu sichern. Diesem Bedürfnis wird in § 1389 entsprochen, aber nur von dem Zeitpunkt an, da die Klage auf vorzeitigen Ausgleich des Zugewinns oder der Antrag auf Scheidung oder auf Aufhebung der Ehe gestellt ist, weil dann in der Regel mit baldiger Entstehung und Verwirklichung der Ausgleichsforderung zu rechnen ist. Könnte ein Ehegatte jederzeit während der Dauer des Güterstandes Sicherheitsleistung verlangen, so würde hierdurch der Ehefrieden erheblich gefährdet; die Möglichkeit so einschneidender Maßnahmen könnte auch leicht mißbraucht werden. Ein Ehegatte kann vor dem in § 1389 bestimmten Zeitpunkt wegen seiner Rechte auf den künftigen Ausgleich des Zugewinns auch keine Sicherung durch Klage nach § 259 ZPO, Arrest oder einstweilige Verfügung erwirken; denn vor Beendigung des Güterstandes ist noch kein Anspruch entstanden und einklagbar, s dazu RG 74, 158; gleicher Ansicht Hamburg JZ 1965, 498; modifizierend MüKo/Koch Rz 4 mwN: einstweiliger Rechtsschutz, sobald Scheidungsantrag rechtshängig geworden ist; aM auch Ditzen NJW 1987, 1806. Nach Hamburg FamRZ 2003, 238 ist der dingliche Arrest zulässig, sobald der Anspruch als Scheidungsfolgesache im Rahmen einer rechtshängigen Ehesache klagbar ist. Der Anspruch auf Sicherheitsleistung nach § 1389 kann seinerseits nicht durch Arrest gesichert werden (§§ 916, 917 ZPO), Koblenz FamRZ 1999, 97.

2. Sachliche Voraussetzungen. Der Anspruch auf Sicherheitsleistung kann nur von dem Ehegatten gestellt   2
werden, zu dessen Gunsten voraussichtlich künftig eine Ausgleichsforderung entstehen wird. Dies braucht nicht immer derjenige zu sein, der den Antrag auf Scheidung oder die Klage auf vorzeitigen Ausgleich des Zugewinns erhoben hat, da insbesondere in den Fällen des § 1385 und des § 1386 I auch der Ehegatte, der den größeren Zugewinn erzielt hat, mit dem Ziel der Beendigung des Güterstandes auf vorzeitigen Ausgleich klagen kann (vgl § 1385 Rz 2 und 1386 Rz 1). Der Anspruch auf Sicherheitsleistung ist nur begründet, wenn das Verhalten des andern Ehegatten eine erhebliche Gefährdung der Rechte auf den künftigen Ausgleich des Zugewinns besorgen läßt. Eine solche Besorgnis kann sich insbesondere aus einem Verhalten des anderen Ehegatten ergeben, das auch die Klage auf den vorzeitigen Ausgleich des Zugewinns in den Fällen des § 1386 rechtfertigt. Während dort aber nur in den Fällen des Abs II zur Begründung der Klage eine erhebliche Gefährdung der künftigen Ausgleichsforderung dargetan werden muß, ist der Anspruch auf Sicherheitsleistung in jedem Falle nur unter dieser Voraussetzung gegeben. Eine solche Gefährdung ist insbesondere anzunehmen, wenn der andere Ehegatte bestimmte Maßnahmen getroffen oder vorbereitet hat, die befürchten lassen, daß die künftige Ausgleichsforderung gemäß § 1378 II in ihrem Bestande geringer sein oder die künftige Zwangsvollstreckung wegen der Ausgleichsforderung nicht mehr zu einer vollen Befriedigung führen werde. Soweit sich ein Ehegatte bereits einen Vermögenswert des anderen eigenmächtig verschafft hat, besteht kein Sicherungsbedürfnis mehr; im Ergebnis ebenso Hamburg NJW 1964, 1076, das von einer „Vorwegnahme" des Ausgleichs spricht. Die Zueignung führt aber nicht zur Erfüllung des Ausgleichsanspruchs, läßt vielmehr allenfalls eine aufrechnungsfähige Gegenforderung entstehen. Eine Gefährdung braucht nicht bereits eingetreten zu sein. Ein schuldhaftes Verhalten des Ehegatten ist nicht immer erforderlich. Auch geschäftliche Unfähigkeit oder Unerfahrenheit oder eine eingetretene geistige Störung kann den Anspruch auf Sicherheitsleistung rechtfertigen, desgleichen unverschuldeter Vermögensverfall. Nach BGH FamRZ 1988, 925 schützt die Sicherheitsleistung nicht vor einer Begrenzung der Ausgleichsforderung nach § 1378 II, da der Schutz der übrigen Gläubiger dem des ausgleichsberechtigten Ehegatten vorgehe; ebenso RGRK/Finke Rz 13; Soergel/H. Lange Rz 2 und § 1378 Rz 8; aA Johannsen/Heinrich/Jaeger § 1378 Rz 7; MüKo/Koch Rz 1. Offengelassen hat der BGH, ob dies auch für Fälle von Benachteiligungsabsicht gilt.

§ 1389

3 **3. Geltendmachung des Anspruchs.** Der Anspruch auf Sicherheitsleistung muß, sofern der Verpflichtete ihm nicht freiwillig entspricht, grundsätzlich mit Klage geltend gemacht werden. Der Streitwert richtet sich idR nach der Höhe der geforderten Leistung, München Rpfleger 1977, 176. Die Klage kann unbedenklich mit derjenigen auf vorzeitigen Ausgleich des Zugewinns verbunden werden, wenn auch streng genommen Sicherheitsleistung erst verlangt werden kann, nachdem der Antrag auf Scheidung gestellt oder die Klage auf vorzeitigen Ausgleich des Zugewinns erhoben ist. Es wäre übertriebener Formalismus, zunächst nur die Klage auf vorzeitigen Ausgleich zuzulassen und erst nach deren Zustellung eine Erweiterung durch den Antrag auf Sicherheitsleistung. Mit einer Ehesache, insbesondere dem Scheidungsverfahren (§ 606 I ZPO) kann die Klage nach § 1389 nicht verbunden werden, da es sich nicht um eine Folgesache (es wird nicht Sicherheitsleistung für den Fall der Scheidung begehrt) handelt, §§ 610 II, 623 I, 621 I Nr 8 ZPO; vgl dazu MüKo/Koch Rz 16; anders AG Detmold FamRZ 1994, 1387, wenn die Folgesache Zugewinnausgleich praktisch entscheidungsreif ist. Häufig wird aber der Anspruch auf Sicherheitsleistung dringlich sein. Die hA in der Lit gewährt für diesen materiellen Anspruch, nicht aber für den Anspruch auf die künftige Ausgleichsforderung, die Sicherung durch Arrest oder einstweilige Verfügung gem den §§ 916ff ZPO; siehe MüKo/Koch Rz 15; RGRK/Finke Rz 7; Soergel/H. Lange Rz 12; Staud/Thiele Rz 20 mwN. In der Rspr ist die Frage umstritten, wobei eine Entscheidung des BGH wegen § 545 II ZPO nicht ergehen kann. Die Zulässigkeit der einstweiligen Verfügung lehnen ausdrücklich ab Celle FamRZ 1984, 1231 (in der Tendenz auch gegen die Zulässigkeit eines Arrestes; jetzt aber Celle FamRZ 1996, 1429 für die Zulässigkeit des dinglichen Arrests; ebenso Hamm FamRZ 1997, 181; Karlsruhe NJW 1997, 1017) und Hamm FamRZ 1985, 71 (aber ausdrücklich für die Zulässigkeit des Arrestes); gegen die Zulässigkeit des Arrestes haben sich ausgesprochen KG FamRZ 1986, 1107; FamRZ 1994, 1478; Stuttgart FamRZ 1995, 1427; Hamburg FamRZ 1988, 964 (jedoch für die Zulässigkeit einer einstweiligen Verfügung) und FamRZ 1982, 284 (zust Johannsen/Henrich/Jaeger Rz 11). Düsseldorf FamRZ 1991, 351, neigt zur Zulässigkeit einer einstweiligen Verfügung. Nach Köln FamRZ 1983, 709 soll der Arrest jedenfalls dann zulässig sein, wenn der Schuldner mit seiner Sicherheitsleistung in Verzug ist. Der Streit ist praktisch wenig fruchtbar; daß mit einstweiligem Rechtsschutz gewährt werden muß, ergibt sich schon daraus, daß das Auseinanderfallen der für die Zugewinnausgleichsberechnung und für die endgültige Höhe der entstandenen Forderung maßgeblichen Zeitpunkte (§§ 1384, 1378 II) den prospektiven Ausgleichsgläubiger in eine manipulationsgefährdete Situation bringt, die § 1389 allein kaum hinreichend beheben kann; vgl auch Schröder FamRZ 1985, 392. Da der Anspruch auf die Sicherheitsleistung ein sog Individualanspruch ist, der aber in eine Geldforderung übergehen kann, kommen sowohl Arrest als auch einstweilige Verfügung in Betracht. Auch persönlicher Sicherheitsarrest (§ 918 ZPO) ist nicht ausgeschlossen. Zum Streitstand vgl Kohler FamRZ 1989,797, der die Zulässigkeit einer einstweiligen Verfügung mit dem Hinweis auf die Parallelität der Vollstreckung nach § 887 ZPO hinsichtlich Hauptsacheklage nach § 1389 und einstweiliger Verfügung befürwortet.

4 Für die **Höhe der zu leistenden Sicherheit** ist der Umfang der Gefährdung maßgebend (hM, Celle FamRZ 1984, 1231; Johannsen/Henrich/Jaeger Rz 8; MüKo/Koch Rz 14; RGRK/Finke Rz 8; Soergel/H. Lange Rz 7; Staud/Thiele Rz 17;aA Köln FamRZ 1983, 709; 711; Pal/Brudermüller Rz 5; Furtner NJW 1965, 373, 374: Höhe der Ausgleichsforderung); hierbei ist wiederum die Höhe der zu erwartenden Ausgleichsforderung von Bedeutung. Die Sicherheit ist gem den Bestimmungen der §§ 232ff zu leisten. Klageantrag, Urteil und Beschluß nach §§ 916ff ZPO müssen dem Schuldner das Wahlrecht zwischen den Sicherheiten lassen, Furtner NJW 1965, 373. Das Gericht ist anders als im Fall des § 1382 IV nicht befugt, eine andere Art der Sicherheitsleistung anzuordnen. Da die prozessuale Sicherstellung niemals weitergehen darf als der gefährdete materielle Anspruch selbst, können weder ein Veräußerungsverbot noch eine Sequestration angeordnet werden.

5 Die **Vollstreckung eines Titels auf Sicherheitsleistung** erfolgt nach § 887 ZPO, vgl dazu Düsseldorf FamRZ 1984, 704. Werden die Klage auf vorzeitigen Ausgleich des Zugewinns oder der Scheidungsantrag rechtskräftig abgewiesen oder zurückgenommen, so erlischt der Anspruch auf Sicherheitsleistung; eine etwa bereits geleistete Sicherheit ist wieder freizugeben. § 1389 will, indem er den Anspruch auf Sicherheitsleistung an die Anhängigkeit des Rechtsstreits über den vorzeitigen Ausgleich des Zugewinns oder über die Scheidung der Ehe knüpft, gerade verhindern, daß ein Ehegatte eine zeitlich unbefristete Sicherheitsleistung von dem anderen Ehegatten erwirkt, weil das nicht dem Wesen der Ehe entspräche. Dauert der Streit um den Ausgleich des Zugewinns nach Rechtskraft der Scheidung fort, so ist die Sicherheit grds nicht zurückzugeben, Köln FamRZ 1988, 1273; anders bei einer Verzögerung der Klärung des Ausgleichsanspruchs, Köln aaO.

6 **4. Ausschluß oder Einschränkung** des Rechts auf Sicherheitsleistung sind nach ganz hA nicht zulässig; vgl MüKo/Koch § 1389 Rz 22. Eine ehevertragliche Erweiterung um zusätzliche Gründe, die einen Anspruch auf Sicherheitsleistung geben, begegnet dagegen keinen Bedenken, Staud/Thiele § 1389 Rz 26. Eine geleistete Sicherheit kann uU wegen Gläubigerbenachteiligung angefochten werden; das kommt insbesondere in Betracht, wenn sie freiwillig geleistet worden ist.

1390
Ansprüche des Ausgleichsberechtigten gegen Dritte

(1) Soweit einem Ehegatten gemäß § 1378 Abs. 2 eine Ausgleichsforderung nicht zusteht, weil der andere Ehegatte in der Absicht, ihn zu benachteiligen, unentgeltliche Zuwendungen an einen Dritten gemacht hat, ist der Dritte verpflichtet, das Erlangte nach den Vorschriften über die Herausgabe einer ungerechtfertigten Bereicherung an den Ehegatten zum Zwecke der Befriedigung wegen der ausgefallenen Ausgleichsforderung herauszugeben. Der Dritte kann die Herausgabe durch Zahlung des fehlenden Betrags abwenden.

(2) **Das Gleiche gilt für andere Rechtshandlungen, wenn die Absicht, den Ehegatten zu benachteiligen, dem Dritten bekannt war.**

(3) Der Anspruch verjährt in drei Jahren nach der Beendigung des Güterstands. Endet der Güterstand durch den Tod eines Ehegatten, so wird die Verjährung nicht dadurch gehemmt, dass der Anspruch erst geltend gemacht werden kann, wenn der Ehegatte die Erbschaft oder ein Vermächtnis ausgeschlagen hat.

(4) Ist die Klage auf vorzeitigen Ausgleich des Zugewinns erhoben oder der Antrag auf Scheidung oder Aufhebung der Ehe gestellt, so kann ein Ehegatte von dem Dritten Sicherheitsleistung wegen der ihm nach den Absätzen 1 und 2 zustehenden Ansprüche verlangen.

1. Die Vorschrift regelt **Ansprüche des ausgleichsberechtigten Ehegatten gegen Dritte**. Sie enthält eine parallele Regelung zum Pflichtteilsergänzungsanspruch des § 2329, so daß man von einem Ausgleichsergänzungsanspruch sprechen kann, so RGRK/Scheffler, 11. Aufl Anm 4. Die einzelnen Tatbestände des § 1390 werden vom Anfechtungsgesetz nicht erfaßt, da sich durch die Handlungen, die den Zugewinnausgleich gefährden, die Ausgleichsforderung nach § 1378 II verringert und der benachteiligte Ehegatte insoweit überhaupt nicht Gläubiger geworden ist.

2. **Voraussetzungen. a) Ausfall mit der Ausgleichsforderung gegen den Ehegatten.** Die Ausgleichsforderung wird nach § 1378 II zum Schutze der Fremdgläubiger durch den Wert des Endvermögens begrenzt. Ein Ehegatte fällt also mit seiner Ausgleichsforderung gegen den andern aus, soweit dessen Endvermögen nach Abzug der Verbindlichkeiten nicht ausreicht. Der Schutz des Ehegatten durch die Bestimmungen des § 1375 II ist also nur beschränkt. § 1390 eröffnet in einem solchen Falle die Möglichkeit der Inanspruchnahme Dritter. Dritte haften aber nur subsidiär. Sie können frühestens nach Beendigung des Güterstandes und Entstehung der Ausgleichsforderung in Anspruch genommen werden, weil vorher deren Höhe und der Ausfall gemäß § 1378 II nicht feststeht. Ein Dritter haftet nicht, wenn die Ausgleichsforderung gegen den Ehegatten zwar in voller Höhe entstanden ist, von diesem aber nicht oder nur zum Teil beigetrieben werden kann. Soweit ein Ehegatte nach Beendigung des Güterstandes und Entstehung der Ausgleichsforderung, aber vor deren Erfüllung Vermögensgegenstände an Dritte in Benachteiligungsabsicht verschoben hat, kann gegen diese nach den Vorschriften des Anfechtungsgesetzes vorgegangen werden. Beispiel zur Anwendung des § 1390: Der Ehegatte hat ein Endvermögen von 10 000 Euro, das insgesamt Zugewinn darstellt, er hat aber Vermögensgegenstände im Werte von 20 000 Euro verschenkt, die gemäß § 1375 II seinem Endvermögen zuzurechnen sind. Die Ausgleichsforderung des andern Ehegatten, der keinen Zugewinn erzielt hat, betrüge also an sich 15 000 Euro, nach § 1378 II aber nur 10 000 Euro. Der Restbetrag von 5000 Euro kann unter Umständen gegen einen Dritten geltend gemacht werden. Vgl zur Haftung m Beisp auch MüKo/Koch Rz 12ff.

b) Unentgeltliche Zuwendungen. Weitere Voraussetzung der Inanspruchnahme eines Dritten ist, daß dieser von dem ausgleichsverpflichteten Ehegatten eine unentgeltliche Zuwendung erhalten hat, und zwar in der Absicht der Benachteiligung des andern Ehegatten. So zB die unentgeltliche Übertragung eines Hausgrundstücks auf die Lebensgefährtin, AG Meppen NJW-RR 1994, 4. Die Benachteiligungsabsicht des Ehegatten braucht aber dem Dritten nicht bekannt gewesen zu sein. Vgl zur Benachteiligungsabsicht § 1375 Rz 8. Bei einer gemischten Schenkung an einen Dritten (vgl § 516 Rz 16) kann dieser uU zu einem entsprechenden Teilbetrag in Anspruch genommen werden. Der Dritte wird insofern geschützt, als er nur nach Bereicherungsgrundsätzen, zu denen aber auch § 819 gehört, haftet und die Herausgabe des Erlangten durch Zahlung des fehlenden Betrages abwenden kann. Die Vorschrift ist insoweit dem § 2329 nachgebildet. Wegen ihrer fast gleichen Wortfassung ist sie auch ebenso mysteriös wie diese Vorschrift. Jedenfalls richtet sich der Anspruch nicht auf die Übertragung des geschenkten Gegenstandes auf den ausgleichsberechtigten Ehegatten. Weist der Beschenkte nach, daß er nicht mehr bereichert ist, und vermag der ausgleichsberechtigte Ehegatte nicht zu beweisen, daß die Voraussetzungen für die verschärfte Haftung des Beschenkten nach § 819 vorliegen, so wird die Klage abgewiesen. Sonst wird der Beschenkte verurteilt, wegen eines Anspruchs auf Zahlung der Ausgleichsergänzung in Geld die Zwangsvollstreckung in die geschenkten Gegenstände zu dulden. Er kann aber mit einer Ersetzungsbefugnis die Vollstreckung in das Geschenk dadurch abwenden, daß er den fehlenden Betrag zahlt, dh den Ausgleichsanspruch durch Geldzahlung ergänzt, wie es die beiden Vorschriften des § 818 I in ihrem systematischen Zusammenhang ergeben. Es genügt nicht, daß der Beschenkte den Wert der Gegenstände zahlt, aus denen sich der ausgleichsberechtigte Ehegatte durch Vollstreckung befriedigen will. Hat der ausgleichspflichtige Ehegatte Geld geschenkt oder sind keine geschenkten Gegenstände bei der Vollstreckung aufzufinden, ohne daß die Bereicherung des Beschenkten fortgefallen ist, so geht der Anspruch ausnahmsweise auf Zahlung schlechthin, § 818 II. Er kann als Hilfsanspruch erhoben werden. Die rechtstechnische Durchführung ist im einzelnen schon für die Parallelvorschrift des § 2329 bestritten.

Jedoch ist in § 1390 anders als in § 2329 III nicht vorgesehen, daß unter mehreren Beschenkten der frühere Beschenkte nur insoweit haftet, als der spätere Beschenkte nicht verpflichtet ist. Der Ehegatte kann sich daher nach seiner Wahl an mehrere Beschenkte halten, jedoch an jeden nur in Höhe des ihm unentgeltlich Zugewendeten und insgesamt nicht über den Betrag der Ausgleichsforderung hinaus, mit der er gegen seinen Ehegatten ausgefallen ist. Empfänger von Anstandsschenkungen oder unentgeltlichen Zuwendungen, die auf einer sittlichen Pflicht beruhen, haften nicht, weil solche Zuwendungen dem Endvermögen nicht hinzuzurechnen sind (§ 1375 II Nr 1) und daher nicht zu einem Ausfall gemäß § 1378 II führen können, desgleichen nicht Empfänger von Leistungen, die bei Beendigung des Güterstandes schon mindestens zehn Jahre zurückliegen (§ 1375 III). Auch aus Zuwendungen, die vor der Eheschließung erfolgt sind, haftet der Empfänger nicht (vgl § 1375 II: nach Eintritt des Güterstandes). Bei der Prüfung, inwieweit ein Ehegatte Dritte in Anspruch nehmen kann, ist auch § 1375 I S 2 zu berücksichtigen. Während grundsätzlich auch beim Endvermögen die Verbindlichkeiten nur bis zur Höhe des Aktivbestands abgezogen werden, das Endvermögen also keinen negativen Wert haben kann, können hier die Verbindlichkeiten auch insoweit abgezogen werden, als sie die Höhe des Vermögens übersteigen. Der Dritte soll nicht schlechter gestellt werden, als wenn sich die ihm gemachte unentgeltliche Zuwendung noch im Vermögen des ausgleichspflichtigen

Ehegatten befände. Beispiel: Ein Ehegatte hat ein Endvermögen von 12 000 Euro, aber eine Schuldenlast von 18 000 Euro; vorher hat er 24 000 Euro verschenkt. Der Beschenkte hat dem ausgleichsberechtigten Ehegatten nur 9000 Euro, nicht etwa 12 000 Euro herauszuzahlen. Stehen einem überlebenden Ehegatten sowohl eine Ausgleichsforderung als auch ein Pflichtteilsanspruch zu, so kann er die Ansprüche aus den §§ 1390, 2329 nebeneinander geltend machen, soweit die Voraussetzungen für beide vorliegen, zust Staud/Thiele Rz 35; MüKo/Koch Rz 22; jedoch kann ein Dritter insgesamt nicht auf mehr, als er erhalten hat und worum er noch bereichert ist, in Anspruch genommen werden.

5 c) **Andere Rechtshandlungen (Abs II).** Ein Dritter kann auch dann in Anspruch genommen werden, wenn die ihm durch den ausgleichsverpflichteten Ehegatten gewährte Leistung keine unentgeltliche Zuwendung darstellt, wenn ihm aber die Absicht des Ehegatten, den andern zu benachteiligen, bekannt war; auch dann verdient er keinen Schutz. Die Bestimmung ist den Vorschriften des Anfechtungsgesetzes nachgebildet, das unmittelbar nicht anwendbar ist, weil eine Ausgleichsforderung des einen Ehegatten gegen den andern gemäß § 1378 II insoweit nicht besteht. Der Dritte haftet jedoch auch in diesem Falle nur nach Bereicherungsgrundsätzen. Da die Haftung nach Abs I nur eintritt, „soweit ... eine Ausgleichsforderung nicht zusteht", ist bei der Feststellung des Umfangs des Bereicherungsanspruchs der Wert der von dem Dritten erbrachten Gegenleistung abzuziehen, denn in dieser Höhe ist keine Vermögensminderung bei dem Ehegatten eingetreten, die die Ausgleichsforderung hätte verkürzen können (ebenso Soergel/H. Lange Rz 14; aA Staud/Thiele Rz 22; Johannsen/Henrich/Jaeger Rz 6). Dies gilt auch für Geschäfte, deren Zweck es ist, dem ausgleichspflichtigen Schuldner Geld zu verschaffen, das er leichter als andere Vermögensgegenstände verschleudern kann, MüKo/Koch Rz 11; aA Staud/Thiele Rz 11. Auch in diesen Fällen können unter Umständen mehrere, die mit dem Ehegatten Rechtsgeschäfte vorgenommen haben und hierbei dessen Benachteiligungsabsicht kannten, in Anspruch genommen werden. Auch hier ist aber der Zeitpunkt des Eintritts des Güterstandes und die Zehnjahresfrist des § 1375 III zu berücksichtigen.

6 **3. Verjährung der Ansprüche.** Abs III regelt die Verjährungsfrist für die Ansprüche gegen Dritte. Anders als in § 1378 IV (vgl § 1378 Rz 9) beginnt die dreijährige Verjährungsfrist in jedem Fall mit der Beendigung des Güterstandes; dies entspricht der Regelung des § 2332 II. S 2 ist dem § 2332 III nachgebildet.

7 **4. Sicherheitsleistung.** Abs IV gibt einem Ehegatten die Möglichkeit, auch von dem Dritten, obwohl der Anspruch gegen diesen erst mit Beendigung des Güterstandes entsteht, schon vorher Sicherheitsleistung zu verlangen. Auch hier wird aber ebenso wie in § 1389 der Anspruch erst gegeben, wenn die Klage auf vorzeitigen Ausgleich des Zugewinns erhoben oder der Antrag auf Scheidung oder Aufhebung der Ehe gestellt ist, da vorher die Voraussetzungen für die Beendigung des Güterstandes und damit für die Entstehung von Ansprüchen gegen den Dritten noch nicht mit hinreichender Sicherheit abzusehen sind. Der Gesetzgeber hat es hier unterlassen, die Formulierung der Norm an die Reform durch das 1. EheRG (§ 622 ZPO) anzugleichen. Danach wird die Scheidung nicht mehr durch Klage, sondern durch Antragstellung eingeleitet. Eine Gefährdung des Ersatzanspruchs gegen den Dritten ist nicht Voraussetzung des Anspruchs auf Sicherheitsleistung. Es muß aber im Falle des Abs I dargetan werden, daß der andere Ehegatte dem Dritten die unentgeltliche Zuwendung in Benachteiligungsabsicht gemacht hat, im Falle des Abs II, daß dem Dritten die Benachteiligungsabsicht bekannt war, ferner in beiden Fällen, daß der Ehegatte mit einem Teil seiner Ausgleichsforderung voraussichtlich gemäß § 1378 II ausfallen wird. Für die Sicherheitsleistung gelten auch hier die Vorschriften der §§ 232ff. Auch hier sind Sicherungsmaßnahmen durch Arrest und einstweilige Verfügung möglich, aber nicht vor Rechtshängigkeit des Antrags auf Scheidung oder Erhebung der Klage auf vorzeitigen Ausgleich des Zugewinns (vgl § 1389 Rz 1).

8 5. Die Vorschrift kann **nicht durch Ehevertrag außer Kraft gesetzt werden.** Zust Soergel/H. Lange Rz 7.

1391-1407 (wegefallen)

Untertitel 2
Vertragliches Güterrecht

Kapitel 1
Allgemeine Vorschriften

Vorbemerkung

1 **1. Rechtszustand vor dem 1. 4. 1953.** Da das eheliche Güterrecht vom Grundsatz einer begrenzten Vertragsfreiheit beherrscht wird, läßt das Gesetz den Ehegatten freien Raum zu einer vom gesetzlichen Güterstand abweichenden Vereinbarung. Das BGB wollte aber das buntscheckige Bild der bisherigen Systeme vereinfachen und stellte daher den Beteiligten eine Musterordnung zur Verfügung, nach der sie zwischen drei ausgearbeiteten Vertragstypen wählen konnten. Diese entsprachen dem bis zum Inkrafttreten des BGB neben der Verwaltungsgemeinschaft am meisten verbreiteten Systemen der allgemeinen Gütergemeinschaft, Errungenschaftsgemeinschaft und Fahrnisgemeinschaft. Nachdem in §§ 1432–1435 aF Zulässigkeit, Form und Wirkung eines Ehevertrages behandelt und in § 1436 aF die Gütertrennung zum subsidiären gesetzlichen Güterstand bestimmt worden war, befaßten sich die §§ 1437–1518 aF mit der allgemeinen Gütergemeinschaft, §§ 1519–1548 aF mit der Errungenschaftsge-

meinschaft und §§ 1549–1557 aF mit der Fahrnisgemeinschaft. An diese Typen waren die Ehegatten nicht gebunden; sie konnten sie modifizieren und innerhalb der allgemeinen gesetzlichen Schranken durch jede von ihnen gewünschte Regelung ersetzen.

2. Rechtszustand nach dem 1. 4. 1953. Da Art 3 II GG nach allgemeiner Auffassung nicht in bestehende Vertragsverhältnisse eingreift, bleiben Wahlgüterstände, die vor dem 1. 4. 1953 vereinbart sind, unverändert bestehen, vgl Reinicke NJW 1953, 684; Arnold MDR 1953, 326; Krüger DRiZ 1953, 85; Knur DNotZ 1953, 237. Aus den gleichen Gründen konnten Eheleute auch nach dem 1. 4. 1953 die Vertragstypen des BGB in der bis zu diesem Zeitpunkt geltenden Form vereinbaren, denn dem Gleichberechtigungsgrundsatz wurde dadurch genügt, daß beim Vertragsabschluß für beide Ehepartner die gleichen Gestaltungsmöglichkeiten vorhanden gewesen sind; Reinicke und Arnold aaO. Für Gütertrennung und Gütergemeinschaft galten aber, soweit die Ehegatten nichts anderes vereinbarten, vom Inkrafttreten des GleichberG an die neuen, dem Grundsatz der Gleichberechtigung angepaßten Vorschriften (vgl Nr 5 und 6 der Übergangsvorschriften; Einleitung zum ehelichen Güterrecht, Rz 7 und 6. Aufl Rz 2831). 2

3. Rechtszustand nach dem GleichberG. Das GleichberG läßt den Grundsatz der Vertragsfreiheit im Güterrecht unverändert bestehen. Es vereinfacht aber das vertragsmäßige Güterrecht. Errungenschafts- und Fahrnisgemeinschaft sind nur verhältnismäßig selten vereinbart worden. Es wurde daher kein Bedürfnis mehr angenommen, sie weiterhin im BGB als Wahlgüterstände vorzusehen, zumal der neue gesetzliche Güterstand der Zugewinngemeinschaft auf den Grundgedanken der Errungenschaftsgemeinschaft beruht. Außer der Gütertrennung wird nur noch die Gütergemeinschaft als Vertragsgüterstand im Gesetz geregelt. Die Ehegatten können aber weiterhin jede von ihnen gewünschte güterrechtliche Regelung innerhalb der allgemeinen gesetzlichen Schranken treffen. 3

1408 *Ehevertrag, Vertragsfreiheit*
(1) Die Ehegatten können ihre güterrechtlichen Verhältnisse durch Vertrag (Ehevertrag) regeln, insbesondere auch nach der Eingehung der Ehe den Güterstand aufheben oder ändern.
(2) In einem Ehevertrag können die Ehegatten durch eine ausdrückliche Vereinbarung auch den Versorgungsausgleich ausschließen. Der Ausschluss ist unwirksam, wenn innerhalb eines Jahres nach Vertragsschluss Antrag auf Scheidung der Ehe gestellt wird.

Zum **Schrifttum** vgl die Hinw Einl § 1363 Rz 1; ferner: *Brambring*, Ehevertrag und Vermögenszuordnung unter Ehegatten, 4. Aufl 2000; *Brix*, Eheverträge und Scheidungsfolgenvereinbarungen, FamRZ 1993, 12; *Hepting*, Ehevereinbarungen, 1984; *Kanzleiter/Wegmann*, Vereinbarungen unter Ehegatten, 6. Aufl 2001; *Kühne*, Eheliches Güterrecht und Zuwendungsgeschäfte unter Ehegatten, FS Beitzke (1979), S 249; *Langenfeld*, Handbuch der Eheverträge und Scheidungsvereinbarungen, 4. Aufl 2000; *ders*, Ehevertragsgestaltung nach Ehetypen, FamRZ 1987, 9; *ders*, Zur Praxis des Ehevertrages, FamRZ 1994, 201; *Naegele*, Eheverträge – Individuelle Gestaltungsmöglichkeiten vor und nach der Eheschließung, 4. Aufl 1979; *Tiedtke*, Vereinbarungen über den Ausschluß des Zugewinns vor Beginn des Scheidungsverfahrens, JZ 1982, 538; *Wegmann*, FPR 1999, 264; *Zöllner*, Vermögensrechtliche Folgen von Vereinbarungen für den Scheidungsfall, FS Lange (1992), S 973.

1. Allgemeines. Den Hauptanlaß zur Aufhebung oder Änderung des gesetzlichen Güterstandes bietet der in diesem vorgesehene Ausgleich des Zugewinns. Die Ehegatten können diesen ganz ausschließen oder Bestimmungen treffen, die zu einer anderen als der im Gesetz vorgesehenen Berechnung des Zugewinns oder der Ausgleichsforderung führen. Zur Frage, inwieweit solche Abänderungen zulässig sind, vgl im einzelnen die Bemerkungen zu den §§ 1371 bis 1390. Auch die Verwaltungsbeschränkungen, die im gesetzlichen Güterstand beiden Ehegatten gemäß §§ 1365 bis 1369 auferlegt sind, können ganz oder teilweise außer Kraft gesetzt werden. Ob der Ausschluß nur zugunsten eines Ehegatten allein, wenn nicht besondere Umstände vorliegen, gegen die guten Sitten verstößt, wie RGRK/Scheffler, 11. Aufl Anm 61 meint, ist zu bezweifeln, da die mögliche Gütertrennung noch weitergehen kann; wie hier Soergel/Gaul Rz 11. Allerdings kann nicht der Zugewinnausgleich einseitig zugunsten eines Ehegatten ausgeschlossen werden, Bärmann AcP 157, 203; Gernhuber/Coester-Waltjen, FamR § 32 III 5. 1

2. Rechtsnatur und Dauer des Ehevertrages. a) Rechtsnatur. Der Ehevertrag ist ein in bestimmter Form (§ 1410) abgeschlossener Vertrag, durch den die Ehegatten ihre künftigen oder bestehenden güterrechtlichen Verhältnisse auch abweichend von den im Gesetz zur Verfügung gestellten Typen ordnen können. Als Ehegatten im Sinne der §§ 1408ff sind auch Verlobte anzusehen, die vor der Heirat einen Ehevertrag abschließen („auch nach der Eingehung der Ehe", vgl § 1408). Der Ehevertrag regelt güterrechtliche Fragen zwischen den Ehegatten und ihre Beziehung zu Dritten. Der Ehevertrag muß deren Regelung im ganzen oder wenigstens in einigen Punkten zum Gegenstand haben, RGRK/Finke Rz 2; eine Abrede über die allgemeinen vermögensrechtlichen Folgen der Ehe, etwa über die beiderseitige Unterhaltspflicht, über die Vergütung für Mitarbeit im Erwerbsgeschäft des Ehegatten oder eine Regelung vermögensrechtlicher Beziehungen, die auch zwischen Nichtehegatten möglich wäre, stellt keinen Ehevertrag dar. Zur Regelung allgemeiner vermögensrechtlicher Beziehungen der Ehegatten untereinander gehört auch die vertragliche Begründung von Schuldverhältnissen, RG 1987, 60; RG Recht 1915, Nr 2516, wie etwa die Gewährung von Darlehen oder Schenkungen unter Ehegatten. Soweit durch die Schenkung der Güterstand geändert wird oder die Schenkung aus dem Gesamtgut in das Vorbehaltsgut vorgenommen wird, unterliegt diese allerdings der Form des Ehevertrages, da dann eine Regelung der güterrechtlichen Beziehungen vorliegt. Zur Rückforderung von Schenkungen ggf unter dem Gesichtspunkt weggefallener Geschäftsgrundlage, wenn die Ehe geschieden worden ist, vgl § 1363 Rz 4. 2

b) Dauer des Ehevertrages. Der Ehevertrag gilt nur für die Dauer der Ehe. Kommt sie nicht zustande, so ist er gegenstandslos; wird sie aufgelöst, so entfallen seine Wirkungen für die Zukunft. Der Vertrag kann auch für einen kurzen Zeitraum geschlossen werden (Stuttgart MDR 1990, 631 für die Vereinbarung von Gütergemeinschaft 3

§ 1408 Familienrecht Bürgerliche Ehe

allein zur Begründung von Miteigentum des Ehegatten an einem Grundstück). Die Regelung vermögensrechtlicher Beziehungen nach Auflösung der Ehe ist nur dann Ehevertrag, wenn zugleich auf güterrechtliche Befugnisse verzichtet wird, Nürnberg FamRZ 1969, 287 mit kritischer Anm der Redaktion; vgl auch Bosch FamRZ 1965, 237 vgl zur Aufhebung eines Ehevertrages nach rechtskräftiger Scheidung Köln NJW-RR 1999, 1161. Zur Zulässigkeit von Vereinbarungen über den Zugewinnausgleich vor und während des Scheidungsverfahrens § 1372 Rz 4. Eine einseitige Aufhebung des Ehevertrages ist nicht möglich, auch nicht bei Getrenntleben, Pal/Brudermüller Rz 2.

4   **3. Abschluß des Ehevertrages.** Für die Form gilt § 1410, vgl auch die Bem dort; zur Gültigkeit des Vertrages ist die Eintragung im Güterrechtsregister nicht erforderlich, § 1412. Im übrigen gelten für den Ehevertrag die allgemeinen Bestimmungen über Bedingung, Befristung, Anfechtung, MüKo/Kanzleiter Rz 4; Pal/Brudermüller Rz 1; RGRK/Finke Rz 6. Für Eheverträge von beschränkt geschäftsfähigen und geschäftsunfähigen Ehegatten oder Verlobten gilt die Regelung des § 1411. Gewillkürte Stellvertretung ist nach allgemeinen Grundsätzen zulässig; bei Vertretung eines Ehegatten durch einen anderen ist aber § 181 zu beachten, RG 79, 283. Durch intern mögliche Vereinbarung der Rückwirkung eines Ehevertrages werden Dritte nicht berührt (§ 1412); daher kann eine solche Vereinbarung nicht in das Güterrechtsregister eingetragen werden, RJA 5, 190.

5   **4. Grenzen der Vertragsfreiheit. a)** Vgl zu diesem Problem die eingehenden Ausführungen von Buschendorf, Die Grenzen der Vertragsfreiheit im Ehevermögensrecht, 1986; Gernhuber/Coester-Waltjen, FamR § 32 III; Dölle, FamR I § 43 III; Langenfeld, Hdb der Eheverträge und Scheidungsvereinbarungen, 4. Aufl 2000; Reithmann, Eigentumszuordnung unter Ehegatten – Möglichkeiten und Behinderungen einer vertraglichen Regelung, FS (1972), 183; Schwenzer, Vertragsfreiheit im Ehevermögens- und Scheidungsfolgenrecht, AcP 196, 88; Grziwotz, Das Ende der Vertragsfreiheit im Ehevermögens- und Scheidungsfolgenrecht, FamRZ 1997, 585; Schwab DNotZ 1977, Sonderheft S 51; Zöllner FamRZ 1965, 113f; Buttner FamRZ 1998, 1ff sowie die in den Anm zu den Einzelvorschriften angeführten Äußerungen. Es gelten die allgemeinen gesetzlichen Schranken, besonders die §§ 134 und 138. Insbesondere sind Vereinbarungen nichtig, die vom Gesetz gewollten Schutz der Ehegatten untereinander gegen willkürliche Handlungen des einen Teils und vor allem den Schutz der Gläubiger beseitigen oder wesentlich beeinträchtigen sollen (vgl zum gesetzlichen Güterstand die Bemerkungen zu den einzelnen Vorschriften). Der Freiheit der Ehegatten, ihre gegenseitigen Rechte und Pflichten selbst auszugestalten, sind durch eine inhaltliche Kontrolle und ggf Korrektur über die zivilrechtlichen Generalklauseln durch die Gerichte dort Grenzen zu setzen, wo die vertraglichen Regelungen auf ungleichen Verhandlungspositionen basieren und die einseitige Dominanz eines Ehepartners widerspiegeln. In zwei jüngsten Entscheidungen hat das BVerfG zur Wahrung der Grundrechtspositionen aus Art 2 I, 6 GG eine gerichtliche Kontrolle bejaht (BVerfG FamRZ 2001, 343, BVerfG FamRZ 2001, 985). In beiden Fällen wurde der Vertrag, in dem auf gegenseitige Unterhaltsansprüche verzichtet wurde, vor der Ehe in Zusammenhang mit einer Schwangerschaft geschlossen. Das BVerfG sah in der Schwangerschaft bei Abschluß eines Ehevertrages, der einen Verzicht auf gesetzliche Ansprüche bedeutete, ein Indiz für eine vertragliche Disparität, die auf der Unterlegenheit der Schwangeren beruhte. Eine solche Disparität ist dann anzunehmen, wenn sich die Schwangere aufgrund weiterer Umstände in einer stark geschwächten Verhandlungsposition befindet und dadurch zu Vertragsvereinbarungen gedrängt wird, die ihren eigenen Interessen massiv zuwiderlaufen (dazu Bergschneider FamRZ 2001, 1338; Rauscher FuR 2001, 155), vgl eingehend § 1372 Rz 4. Das Gleichberechtigungsgebot des Art 3 II GG wirkt auf die Vertragsgestaltung hingegen nicht ein. Die Rechte und Pflichten der Ehegatten können in einem Ehevertrag unterschiedlich ausgestaltet werden. Die im Schrifttum mehrfach anzutreffende Meinung, daß auch Vereinbarungen in Eheverträgen unzulässig seien, die dem Wesen des Güterstandes widersprächen, dürfte wegen ihres unbestimmten Gehalts wenig brauchbar sein; bei dem gesetzlichen Güterstand der Zugewinngemeinschaft ist sie offensichtlich nicht verwertbar, weil dessen wesentlichster Bestandteil, der Ausgleich des Zugewinns, zweifellos ausgeschlossen werden kann. Fraglich kann dann allenfalls sein, ob die restlichen, nicht ausgeschlossenen Elemente eines Güterstands für sich allein bestehen und die vom Gesetz vorgesehenen Rechtsfolgen entfalten können. Zur Bandbreite güterrechtlicher Modifikationen der Zugewinngemeinschaft vgl Slapnicar FPR 1996, 118. Zum Ausschluß nur der erbrechtlichen Lösung s Rittner DNotZ 1957, 487; Gernhuber/Coester-Waltjen, FamR § 32 III. 5. Bei Gütergemeinschaft ist Befreiung des Gesamtgutsverwalters von der Beschränkung in der Verfügung über Grundstücke möglich, aber nicht die Vereinbarung, daß alles gegenwärtige und künftige Vermögen Vorbehaltsgut eines Ehegatten werden solle, KG DR 1941, 2196. Dagegen sind abweichende Zuordnungen konkreter Gegenstände zu Vorbehalts- oder Gesamtgut sowie eine Ausdehnung der Verfügungsbefreiung in der Gütergemeinschaft zulässig, siehe Zöllner aaO. Zur erbschaftsteuerlichen Behandlung solcher Vereinbarungen vgl Ebeling FR 1969, 384. Durch Ehevertrag kann keine mit dinglicher Gesamtrechtsnachfolge begründet werden, zB nicht mehr die Errungenschaftsgemeinschaft (vgl § 1409 Rz 1 und Haegele, Kann Errungenschaftsgemeinschaft [Fahrnisgemeinschaft] noch als eheliches Güterrecht neu vereinbart werden?, FamRZ 1959, 315; aA Gernhuber/Coester-Waltjen, FamR § 32 III 2). Im Gesetz nicht vorgesehene Verwaltungsbeschränkungen können mit Wirkung gegen Dritte nicht vereinbart werden (§ 137), MüKo/Kanzleiter Rz 13. Unzulässig ist auch eine durch Ehevertrag vorgesehene Beschränkung der Haftung gegenüber den Gläubigern.

6   Wann ein Ehevertrag als **sittenwidrig** anzusehen ist, kann nur nach den Umständen des Einzelfalles beurteilt werden; im allgemeinen wird Sittenwidrigkeit nur unter ganz besonderen Voraussetzungen anzunehmen sein; instruktiv BGH FPR 2002, 441; Köln FamRZ 2002, 828. Eheverträge können auch wegen Gläubigerbenachteiligung nach den Bestimmungen des Anfechtungsgesetzes und nach § 129 InsO anfechtbar sein (BGH NJW 1972, 48; Zweibrücken OLG 65, 304 zu § 29 KO). Für die Möglichkeit der Schenkungsanfechtung nach § 4 InsO ist entscheidend, ob durch die Änderung des güterrechtlichen Status dem anfechtungsberechtigten Gläubiger unmittelbar Vermögensgegenstände entzogen werden. Die Ersetzung der Gütergemeinschaft durch Gütertrennung durch sogenannten Gesamtehevertrag allein begründet die Anfechtbarkeit noch nicht (zutreffend BGH aaO), da zum

einen die güterrechtliche Vertragsfreiheit vorrangig ist, zum anderen jedenfalls bis zur endgültigen Auseinandersetzung den Gläubigern der Zugriff auf das Gesamtgut bleibt. Raum für die Anfechtung einer unentgeltlichen Zuwendung besteht dann, wenn die Ehegatten den ihnen zustehenden Beurteilungsspielraum bei der dem Aufhebungsvertrag folgenden Auseinandersetzung mißbräuchlich überschreiten. Dies liegt aber nicht vor, wenn die Aufteilung nach den Regeln der §§ 1471 ff erfolgt ist, da dann keine Aufopferung ohne Gegenwert aus dem Vermögen eines Ehegatten vorliegt; im Ergebnis ebenso mit anderer Begründung Bähr, Anm zu BGH aaO, JR 1972, 293f. Werden Umsatz- oder Schenkungsgeschäfte in das Gewand eines Ehevertrages gekleidet, um zB Erbschaftsteuern zu sparen, Pflichtteilsansprüche zu verkürzen oder Verkaufsrechte zu vereiteln, dann kann der Ehevertrag nichtig, das verdeckte Geschäft wirksam sein, vgl Gernhuber/Coester-Waltjen, FamR § 32 I 6. Der Grundsatz der Gleichberechtigung steht anerkanntermaßen Eheverträgen, durch die Ehegatten ihre Rechte und Pflichten verschieden regeln, nicht entgegen (vgl vor § 1408 Rz 5). Zu Sinn und Zweck salvatorischer Klauseln siehe Keilbach FamRZ 1992, 1118. Ein Ehevertrag ist nicht schon allein deshalb sittenwidrig oder anfechtbar, weil ein Ehegatte aufgrund fehlender Sprachkenntnis die Vereinbarung im einzelnen nicht verstanden hat, Köln FamRZ 2002, 457.

b) Ob sich die Nichtigkeit der Einzelanordnung auf den gesamten Vertragsinhalt erstreckt, richtet sich nach 7 § 139; hierbei ist der Inhalt der verletzten Vorschrift und ihr Zusammenhang mit der Gesamtregelung von Bedeutung, RGRK/Scheffler, 11. Aufl Anm 11. Einen wichtigen Anhaltspunkt für die Frage, ob nur die ehevertragliche Bestimmung unwirksam ist, die im Widerspruch mit den von den Ehegatten vereinbarten Güterrecht steht, oder der ganze Vertrag erfaßt wird, gibt aber § 1414; der gesamte Vertrag wird selbst dann nicht nichtig, wenn die Ehegatten beim gesetzlichen Güterstand den Zugewinnausgleich ausgeschlossen haben; dann tritt vielmehr Gütertrennung ein.

5. Ehevertragliche Vereinbarungen über den Versorgungsausgleich

Schrifttum: *F. Becker*, Versorgungsausgleichs-Verträge, 1983; *Eichenhofer*, Ausschluß des Versorgungsausgleichs durch Ehevertrag, DNotZ 1994, 213; *Finger*, Vertraglicher Ausschluss über den Versorgungsausgleich und § 1408 Abs 2 – insbesondere: Rücknahme und Abweisung des Scheidungsantrages, FuR 2002, 149; *Gaul*, Die Unwirksamkeit des Ehevertrages über den Versorgungsausgleich infolge der „Rückschlagsperre" des § 1408 II 2 BGB, FamRZ 1981, 1134; *J. Graf*, Dispositionsbefugnisse über den Versorgungsausgleich im Rahmen einer ehevertraglichen Vereinbarung gem § 1408 II, 1985; *Kanzleiter*, Vertragsgestaltung im ehelichen Güterrecht und im Versorgungsausgleich, 1978; *ders*, Gütertrennung als gesetzliche Regelfolge beim ehevertraglichen Ausschluß des Versorgungsausgleichs?, FS Rebmann 1989; *Langenfeld*, Vereinbarungen über den Versorgungsausgleich in der Praxis, NJW 1978, 1503; *ders*, Notarielle Scheidungsvereinbarungen über den Versorgungsausgleich, DNotZ 1983, 139; *v Maydell*, Dispositionsmöglichkeiten der Ehegatten im Rahmen des Versorgungsausgleichs, FamRZ 1978, 749; *Scheld*, Verfassungsrechtliche und notarische Bestandssicherung von § 1408 II BGB, JZ 1980, 643; *Schwab*, Gestaltungsfreiheit und Formbindung im Ehevermögensrecht und die Eherechtsreform, DNotZ 1977, Sonderheft S 51.

a) Abs II, der den Ausschluß des Versorgungsausgleichs (§§ 1587ff) durch Ehevertrag ermöglicht, wurde durch 8 das 1. EheRG eingefügt; zur Verfassungsmäßigkeit der Versorgungsausgleichsregelung generell vgl BVerfG FamRZ 1980, 326, ferner Einl § 1297 Rz 10; zur Verfassungsmäßigkeit von § 1587o II vgl BVerfG und BGH DNotZ 1982, 564 m Anm Zimmermann 573; zu der von § 1408 II S 2 BVerfG NJW 1987, 179; DNotZ 1985, 380. Zur Entstehungsgeschichte vgl 9. Aufl § 1408 II ermöglicht den Ausschluß des Versorgungsausgleichs zu einem Zeitpunkt, zB unmittelbar nach Eingehung der Ehe, zu dem die Konsequenzen der Vereinbarung oft nicht überblickt werden und zwar insbesondere nicht von dem wirtschaftlich und sozial schwächeren Teil, der durch den Versorgungsausgleich geschützt werden soll. Durch die Ausschlußmöglichkeit kann ein Ehegatte, für den keine eigenen Rechte aus der Sozialversicherung bestehen, jegliche soziale Sicherung (abgesehen von möglichen Unterhaltsansprüchen nach §§ 1569ff, 1586b I) nach der Scheidung verlieren, zumal die Geschiedenen-Witwenrente nach § 1265 RVO aF mit Inkrafttreten der Reform am 1. 7. 1977 weggefallen ist. Für Beamte gilt weiterhin die Versorgungsausgleichsregelung nach § 22 BeamtVG. Da mit dem Ausschluß häufig verbundenen Eintritt der Gütertrennung (§ 1414 S 2) findet dann zudem kein Zugewinnausgleich statt. Die Regelung erscheint daher rechtspolitisch nicht bedenkenfrei. Eine dem § 1587o II entsprechende Inhaltskontrolle der Vereinbarung findet nicht statt. Eine gewisse praktische Sicherung erfolgt durch die Beratungspflicht des Notars (§ 17 BeurkG). Daß der Verzichtende Ehegatte die Tragweite der Regelung nicht voll erfaßt hat, hindert die Wirksamkeit des Vertrages nicht, insbesondere besteht kein Anfechtungsrecht, Frankfurt FamRZ 1997, 1540.

b) Der Ausschluß ist nur in einem **Ehevertrag** möglich, dh die Vereinbarung bedarf der notariellen Beurkun- 9 dung nach § 1410. Der betreffende Vertrag kann sich auf eine Vereinbarung nach § 1408 II beschränken. Des weiteren muß die Abrede **ausdrücklich** erfolgen, so daß zB allein die Vereinbarung der Gütertrennung nicht genügt, Koblenz NJW-RR 2002, 1369. Nach dem strengen Gesetzeswortlaut scheint nur ein **völliger Ausschluß** des Versorgungsausgleichs zulässig, nicht aber eine **sonstige inhaltliche Modifizierung**, wie sie bei einer Vereinbarung im Rahmen der Scheidung nach § 1587o möglich ist. Um die Interpretation dieser Norm hatte sich daher zunächst eine umfangreiche und äußerst kontrovers geführte Diskussion entwickelt, vgl hierzu die 7. Aufl. Die Kernargumente einer einschränkenden Interpretation des § 1408 II sind der Wortlaut der Norm, der im Gegensatz zu § 1587o und § 1408 I von „Ausschluß" spricht, sowie das Rechtssicherheitsbedürfnis der Ehegatten. Diese Argumente überzeugen nicht. Wenn der Gesetzgeber die Möglichkeit zum vollständigen Ausschluß der Norm geschaffen hat, so müßte der Teilausschluß als Minus hierzu erst recht möglich sein, hM, Soergel/Gaul Rz 33; BGH FamRZ 1986, 890; 97, 800. Die Erwähnung des Ausschlusses stellt lediglich klar, daß vertragliche Erweiterungen über den bestehenden rechtlichen Rahmen hinaus nicht möglich sein sollen. Weiterhin hat der Gesetzgeber das Institut des Versorgungsausgleichs undifferenziert für alle Eheführungstypen eingeführt. Dadurch entstehen Unzulänglichkeiten (zB bei beiderseitiger Berufstätigkeit, kurzer Ehedauer, vgl v Maydell FamRZ 1978, 751; Schwab DNotZ

§ 1408 Familienrecht Bürgerliche Ehe

1977, Sonderheft S 61). Ihnen vermögen neben dem radikalsten Mittel des Ausschlusses gerade ehevertragliche Modifikationen wirksam zu begegnen.

10 In einem Ehevertrag kann daher nach in der Rspr und dem neueren Schrifttum nahezu einhelliger Meinung auch ein Teilausschluß – insbesondere die Beschränkung auf bestimmte Versorgungsarten – vereinbart werden, BGH NJW 1986, 2316 mwN; Koblenz FamRZ 1986, 273; Pal/Brudermüller Rz 23. Regelbar ist ferner der Ausschluß nur für einen Partner (Verzicht), die quotenmäßige Beschränkung, eine Verkürzung der maßgeblichen Ehezeit, vgl BGH FamRZ 1990, 273; Hamm FamRZ 1990, 416; AG Berlin-Charlottenburg FamRZ 1983, 76, eine Bedingung, eine Befristung, ein Rücktrittsrecht oder ähnliche Modifizierungen, vgl Langenfeld NJW 1978, 1505f; v Maydell FamRZ 1978, 753ff; MüKo/Kanzleiter Rz 22; Pal/Brudermüller Rz 24 modifizierend; Reinartz NJW 1977, 83; ders DNotZ 1978, 274ff; Schwab DNotZ 1977, Sonderheft S 62ff. Nach AG Lörrach NJW 1980, 58 ist der ehevertragliche Teilausschluß wirksam, wenn die Parteien ihn quotenmäßig oder unter Benennung der einzelnen auszuschließenden Anwartschaftsrechte nachvollziehbar umrissen haben und zusätzlich ehevertraglich die künftige Gestaltung ihrer Güterrechtsverhältnisse wegen § 1414 S 2 geregelt ist. Nach LG Kassel Rpfleger 1978, 443 ist ein Ausschluß des Versorgungsausgleichs für die ersten fünf Jahre der Ehe unzulässig, da die Vereinbarung für diese Zeit die Scheidung erleichtern solle und den sozial Schwächeren zum Wohlverhalten zwinge. Umstritten ist, ob der Ausschluß des Versorgungsausgleichs vom Scheidungsverschulden abhängig gemacht werden kann, vgl dazu Walter NJW 1981, 1409; Zimmermann/Becker FamRZ 1983, 11; BGH FamRZ 1996, 1536 geht von der Wirksamkeit ohne weitere Problematisierung aus; § 1409 Rz 2, 9. Aufl. Soweit der Ausschluß reicht, findet kein Versorgungsausgleich statt, § 53d FGG. Möglich ist auch die Änderung des Teilungsmodus dahingehend, daß statt des öffentlich-rechtlichen des schuldrechtlichen Versorgungsausgleichs vereinbart wird, Soergel/Gaul Rz 37; Eichendorfer DNotZ 1994, 213, 219; Pal/Brudermüller Rz 24; aA Zimmermann/Becker FamRZ 1983, 1, 10. Auch hier können variierte Formen vereinbart werden; so ist zB die Abrede einer von § 1587 l abweichenden Verwendungsart zulässig. Vgl dazu Kniebes/Kniebes DNotZ 1977, 286f; Rolland § 1587o Rz 13ff; Ruland NJW 1976, 1715; Schwab DNotZ 1977, Sonderheft S 63). Die gerichtliche Genehmigung einer Vereinbarung gem § 1587o kann vor der Anhängigkeit eines Scheidungsverfahrens nicht erfolgen, Frankfurt FamRZ 1979, 594.

11 Teilausschlüsse und Modifikationen sind nur insoweit zulässig, als die Versorgungsträger durch die getroffenen Regelungen nicht beeinträchtigt werden. Es können daher nicht mehr Anwartschaften der gesetzlichen Rentenversicherung begründet werden, als dem Übertragungsberechtigten aufgrund der gesetzlichen Regelungen zustehen, BGH FamRZ 1990, 273; Koblenz FamRZ 1986, 273; Zweibrücken FamRZ 2001, 165; vgl dazu bereits Rz 9.

12 c) Nach Abs II S 2 ist ein vertraglicher Ausschluß unwirksam, wenn **innerhalb eines Jahres** nach Vertragsschluß **Antrag auf Scheidung** gestellt wird. Die unabdingbare Frist dient dem Schutz der Ehegatten. Dadurch soll verhindert werden, daß der schon zur Scheidung entschlossene Ehegatte das Vertrauen des anderen auf den Fortbestand der Ehe zu einer für diesen nachteiligen Vereinbarung ausnutzt. Die Jahresfrist dürfte dazu jedoch kaum geeignet sein, zumal selbst die Scheidungsabsicht unschädlich ist, wenn nur die Jahresfrist eingehalten wird, BGH FamRZ 1992, 1405; Köln FamRZ 1997, 1539; Düsseldorf FamRZ 1987, 953; Frankfurt FamRZ 1986, 1005. Andererseits führt die Norm zu erheblichen Schwierigkeiten. Das Einreichen einer Antragsschrift reicht nicht, aA Bergerfurth FamRZ 1977, 441f; RGRK/Finke Rz 32. **Entscheidend** ist die **Zustellung der Antragsschrift** beim Gegner, so auch BVerfG DNotZ 1985, 380, 383 mwN unter Bestätigung der entsprechenden obergerichtlichen Rspr, BGH NJW 1985, 315; Pal/Brudermüller § 1408 Rz 29. Der Antrag muß unbedingt gestellt sein, vgl zur Abhängigkeit von der Bewilligung von Prozeßkostenhilfe BGH FamRZ 1999, 155. Auch bei einer Zustellung „demnächst" iSv § 167 ZPO (bis 30. 6. 2002 § 270 III) ist die Frist gewahrt, wenn der ordnungsgemäße Antrag innerhalb der Jahresfrist bei Gericht eingeht, vgl BGH NJW 1985, 315; FamRZ 1992, 1405; Zweibrücken FamRZ 1995, 745; Bamberg FamRZ 1984, 483; KG FamRZ 1982, 813. Kniebes/Kniebes DNotZ 1977, 288 und Reinartz NJW 1977, 83 halten die Antragstellung in der mündlichen Verhandlung für maßgeblich. Nach der Rechtskonstruktion handelt es sich um eine auflösende Bedingung, Frankfurt FamRZ 1979, 594; Pal/Brudermüller Rz 29. Die Sperrfrist beginnt zu dem Zeitpunkt, in dem die Vereinbarung Rechtswirkungen entfaltet, im Fall eines schwebend unwirksamen Vertrages erst mit Eintritt seiner Wirksamkeit, Koblenz FamRZ 1989, 407, bei Verlobten frühestens mit Eheschluß, Pal/Brudermüller Rz 29; Soergel/Gaul Rz 45; aA MüKo/Kanzleiter Rz 29, der Versorgungsausschluß vor Eheschließung § 1408 II S 2 überhaupt nicht anwenden will. Die Sperrfrist des § 1408 II S 2 gilt für alle ehevertraglichen Vereinbarungen nach S 1, also auch für die den Versorgungsausgleich nur modifizierenden (einschränkend insoweit Kniebes/Kniebes DNotZ 1977, 288f). Eine Differenzierung nach dem Inhalt ist bereits aus Rechtssicherheitsgründen auszuschließen, vgl auch Reinartz DNotZ 1978, 281. Wird der Ausschluß des Versorgungsausgleichs nach § 1408 II unwirksam, so richtet sich der Bestand des Ehevertrages im übrigen nach § 139. Ist ein Scheidungsverfahren bereits anhängig, so kann ausschließlich eine Vereinbarung gem § 1587o getroffen werden, BGH FamRZ 1987, 467; Hamm FamRZ 1995, 40.

Wird ein **gestellter Scheidungsantrag** wieder **zurückgenommen**, so bleibt nach hM die Ausschlußvereinbarung wirksam, BGH FamRZ 1986, 788 mwN auch zur Gegenansicht, Pal/Brudermüller Rz 30. Wird der Vertrag während des Scheidungsverfahrens geschlossen, soll er sogar mit Rücknahme des Antrags erstmalig wirksam werden können, Koblenz FamRZ 1986, 122; Hamm FamRZ 1995, 40. Zur Begründung wird angeführt, daß mit der Rücknahme des Antrages nach § 269 III ZPO dessen Wirkungen rückwirkend entfielen und außerdem die Ehegatten die Möglichkeit haben dürften, sich durch Stellung eines nicht ernst gemeinten Scheidungsantrages von den Folgen eines unliebsamen Ehevertrages einseitig zu lösen, BGH aaO. Im übrigen gebiete der Schutzzweck der Norm, die Parteien vor übereilten Entschlüssen zu bewahren, nicht die Annahme der Unwirksamkeit des Ausschlusses des Versorgungsausgleichs. Diese Ansicht überzeugt nicht. Der Wortlaut des Gesetzes knüpft eindeutig allein an die Stellung des Antrages, nicht an dessen Erfolg an. Der sich bei Anwendung der hM ergebende Schwebezustand bis zum rechtskräftigen Abschluß des Scheidungsverfahrens widerspricht der Rechtssicherheit, ebenso

MüKo/Kanzleiter Rz 30 und Erg, Köln FamRZ 1986, 68. Bei der einmal eingetretenen Unwirksamkeit muß es daher bleiben. Dies gilt auch für den Fall der Abweisung des Antrages, Stuttgart NJW 1983, 458 mwN; aA Gernhuber/Coester-Waltjen, FamR § 28 II 9.

Nachdem eine Vereinbarung gem § 1408 II S 2 unwirksam geworden ist, kann über dieselbe Materie iRd Scheidungsverfahrens eine Vereinbarung gem § 1587o getroffen werden. Zur Abgrenzung von §§ 1378 III und 1408 I vgl Brix FamRZ 1993, 12. Diese unterliegt aber nicht mehr der unbeschränkten Privatautonomie der Gatten, sondern erlangt erst durch die familiengerichtliche Genehmigung nach Prüfung der Eignung zur Alterssicherung Rechtswirksamkeit, § 1587o I, II S 2 und 3. Die verfassungsrechtlichen Bedenken (vgl 7. Aufl) gegen diese Beschränkung der Privatautonomie dürfte das BVerfG mit seiner in FamRZ 1982, 769 veröffentlichten Entscheidung ausgeräumt haben.

d) Eine Vereinbarung nach § 1408 II über den Versorgungsausgleich folgt im übrigen den erörterten Regeln des Ehevertrages. So besteht auch die Möglichkeit der **Anfechtung** (§§ 119, 123). Eine besonders klare Fassung des Ehevertrages ist daher in der Praxis geboten; zur ergänzenden Vertragsauslegung siehe Hamm NJW–FER 1998, 196. Zur Möglichkeit des Einwands des **Wegfalls der Geschäftsgrundlage** (§ 313) vgl RGRK/Finke Rz 29; Köln FamRZ 2002, 1492 (bei Ehefortsetzung und Kindesadoption im Anschluß an den Ehevertrag); München FamRZ 1995, 95; KG FamRZ 2001, 1002 (bei nicht ausreichender Alterssicherung des kindererziehenden Partners, wenn diese zur Geschäftsgrundlage gemacht worden war); AG Seligenstadt FamRZ 1995, 878 (bei Vertragsschluß anläßlich Trennung, die später rückgängig gemacht worden war). 13

e) Der Ausschluß des Versorgungsausgleichs führt im Zweifel zur **Gütertrennung**, § 1414 S 2. Die güterrechtlichen Konsequenzen der Sperrfrist des § 1408 II S 2 sind für diesen Fall umstritten, vgl Bosch FamRZ 1976, 403; Hillermeier FamRZ 1976, 580; Kniebes/Kniebes DNotZ 1977, 288; v Maydell FamRZ 1977, 181; Pal/Brudermüller Rz 28; RGRK/Finke § 1414 Rz 15; Rolland § 1587o Rz 10. Der Eintritt der Gütertrennung nach § 1414 S 2 ist akzessorisch zu der Ausschlußvereinbarung. Diese Akzessorietät wirkt sich auch dann aus, wenn innerhalb eines Jahres ein Scheidungsantrag gestellt wird und damit die Vereinbarung rückwirkend entfällt. Auch der Eintritt der Gütertrennung entfällt dann. Der Fortfall der Gütertrennung ist für die Rechtsverhältnisse der Ehegatten untereinander weitgehend unproblematisch. Für den Zugewinnausgleich findet keine Unterbrechung statt, vgl RGRK/Finke § 1414 Rz 15. Probleme können sich Dritten gegenüber ergeben, insbesondere wenn Zwischenverfügungen erfolgt sind. Ist die Gütertrennung eingetragen gewesen, so schützt § 1412 den Dritten. Aber auch ohne entsprechende Eintragung können die Ehegatten dem Dritten einen rückwirkenden Fortfall der Gütertrennung nicht entgegenhalten (§§ 158ff), vgl auch Kniebes/Kniebes DNotZ 1977, 288; RGRK/Finke § 1414 Rz 15. Tritt die Gütertrennung hingegen nicht über die Folgenorm des § 1414 S 2 ein, sondern wird sie ausdrücklich vereinbart, so wird sie nicht durch § 1408 II beseitigt. Dann stellt sich die allgemeine Frage des § 139, so auch Schwab DNotZ 1977, Sonderheft S 67. 14

6. Die **Vertragsfreiheit** bezüglich von Vereinbarungen über den Versorgungsausgleich unterliegt den allgemeinen **gesetzlichen Schranken**. Von Bedeutung ist die Frage nach der Sittenwidrigkeit solcher Vereinbarungen, § 138. Die Abbedingung des Versorgungsausgleichs ohne adäquate Gegenleistung ist im Rahmen der Dispositionsbefugnis nach § 1408 II S 1 möglich, BGH FamRZ 1995, 1482; FamRZ 1997, 156. Es spielt grundsätzlich keine Rolle, wie lange die Ehe gedauert hat, Köln FamRZ 1997, 1539. Die Sittenwidrigkeit und damit Unwirksamkeit der Vereinbarung kann erst bei Hinzutreten besonderer Umstände angenommen werden. Dies gilt auch bei sog „Gesamtverzichtsverträgen", dh Verträge, die neben dem eigentlichen Ehegüterrechtsvertrag gem § 1408 II, in dem Gütertrennung oder Verzicht auf Zugewinnausgleichsansprüche vereinbart wird, und dem Versorgungsausgleichsausschluß gem § 1408 II noch den Verzicht auf den nachehelichen und/oder Trennungsunterhalt enthalten. Es bedarf einer näheren Darlegung, daß dies im Einzelfall zu erheblichen Härten und Notsituationen führen kann. Grundsätzlich sind solche Vereinbarungen jedoch rechtswirksam, BGH FamRZ 1997, 156; 1991, 306; 1990, 372; 1985, 788; Hamburg FamRZ 1991, 1317; Hamm FamRZ 1982, 1215; Stuttgart FamRZ 1999, 24, jedenfalls soweit die Belehrungen des Notars gem § 17 BeurkG zutreffend waren und der Sinngehalt auch für den Rechtsunkundigen erfaßbar zum Ausdruck gebracht wurde, vgl Frankfurt FamRZ 1983, 176; Stuttgart FamRZ 1983, 498 = DNotZ 1983, 693 m Anm Kanzleiter. Soweit sie den nachehelichen Unterhalt betreffen, sind sie nicht einmal formbedürftig, Düsseldorf FamRZ 2001, 765; MüKo/Kanzleiter Rz 7. Bosch hat schon in FamRZ 1982, 1216 zu Hamm aaO 1215 zutreffend angemerkt, daß gerade der Unterhaltsverzicht zu besonders unbefriedigenden Situationen bei dem Ehepartner führen kann, der damit auf einen späteren Unterhaltsanspruch wegen Kindesbetreuung gem § 1570 verzichtet hat (vgl dazu aber auch Frankfurt FamRZ 1984, 486). Die Frage eventueller späterer Bedürftigkeit ist jedoch iR der Beurteilung der Frage, ob eine ehevertragliche Vereinbarung gem § 138 nichtig ist, äußerst vorsichtig zu handhaben. Nach der Rspr ist ein Gesamtverzicht grundsätzlich nicht allein deshalb nichtig, weil er die Gefahr eines späteren „Sozialhilfefalles" heraufbeschwört (vgl Rz 11), BGH FamRZ 1996, 1536. Die Sittenwidrigkeit einer Vereinbarung, durch die der Versorgungsausgleich ausgeschlossen wird, ist jedoch dann anzunehmen, wenn dies objektiv zwangsläufig zur Sozialhilfebedürftigkeit eines Vertragsschließenden führt, BVerfG FamRZ 2001, 343; Naumburg FamRZ 2002, 456. Bei den hier zu beurteilenden Verträgen, die idR nicht in Scheidungsnähe getroffen werden, dürfte meist (insoweit liegt dem von Bosch angemerkten Fall ein Ausnahmesachverhalt zugrunde) § 138 schon mangels Überschaubarkeit der Vermögensentwicklung im Zeitpunkt des Vertragsschlusses selten anzuwenden sein, vgl Frankfurt FamRZ 1984, 486f. Maßgeblich für die Beurteilung der Sittenwidrigkeit sind aber die Umstände im Zeitpunkt des Vertragsschlusses; vgl eingehend zu den Vereinbarungsgrenzen § 1372 Rz 4. Zudem ist zu betonen, daß § 138 nicht zu einer allgemeinen Inhalts- und Äquivalenzkontrolle mißbraucht werden darf (so zutr Kanzleiter in Anm zu Stuttgart DNotZ 1983, 693, 697, der darauf hinweist, daß in casu besser über § 123 entschieden worden wäre; im gleichen Sinne v Hornhardt in Anm zu Köln DNotZ 1981, 445, 447 zu einer Scheidungsvereinbarung). Zur Vertragsfreiheit gehört auch die Möglichkeit bewußten Ver- 15

§ 1408 Familienrecht Bürgerliche Ehe

zichts ohne Gegenleistung (vgl nur Langenfeld, Hdb der Eheverträge und Scheidungsvereinbarungen, Rz 567) und bei notariell beurkundeten Eheverträgen spricht a priori nichts für eine Paritätsstörung. Auch falls Gegenleistungen gewährt werden, ist es unerheblich, ob sie die verlorene Position zweckmäßig ersetzen können und zB zur Alterssicherung geeignet erscheinen. Diese Erwägung hat ausschließlich bei Vereinbarungen nach § 1587o ihren Platz, Hamm NJW-RR 1999, 1306. Das Unwerturteil der Sittenwidrigkeit ist nur ausnahmsweise bei Hinzutreten besonderer Umstände gerechtfertigt. Dabei ist der Inhalt, Beweggrund und Zweck der Gesamtvereinbarung zu berücksichtigen, BGH FamRZ 1991, 306; Köln FamRZ 1995, 929. Ein Verstoß gegen § 138 liegt danach etwa vor, wenn die Wirksamkeit des Ausschlusses von der Zeugung eines Kindes abhängig gemacht wird, vgl AG Lörrach FamRZ 1994, 1456 oder eine „Hausfrauenehe" beabsichtigt und vorhersehbar war, daß die bei Vertragsabschluß bereits schwangere Ehefrau in der Ehe keine Versorgungsanwartschaften erwerben wird, Schleswig MDR 1999, 872; anderes gilt, wenn der Ehefrau als Beamtin auf Lebenszeit nur noch wenige Jahre für den Erwerb eigener Rentenanwartschaften fehlen, Köln FamRZ 2002, 828. Ein Gesamtverzichtsvertrag ist aber nicht allein deshalb nichtig, weil ein Ehepartner in einer Krise die Fortsetzung der Ehe vom Abschluß eines solchen Vertrages abhängig macht, BGH FamRZ 1997, 156; vgl auch Hamm FamRZ 1995, 40 zur Zurücknahme des Scheidungsantrags aufgrund Verzichtsvertrag; ebenso bei Verzicht anläßlich der Trennung, Koblenz NJW-RR 1996, 901. Macht ein Ehegatte die Eheschließung von einem Verzicht des anderen auf den Versorgungsausgleich abhängig, so ist dies ebenfalls zulässig, BGH FamRZ 1996, 1536. Der andere Partner steht mit der Vereinbarung nicht schlechter als bei unterbliebener Eheschließung; kritisch hierzu Dethloff JZ 1997, 414.

16   7. Zu den schenkung- und erbschaftsteuerlichen Aspekten vgl Literaturhinweise in der 9. Aufl.

1409 *Beschränkung der Vertragsfreiheit*
Der Güterstand kann nicht durch Verweisung auf nicht mehr geltendes oder ausländisches Recht bestimmt werden.

1   1. **Normzweck** ist die Gewährleistung von Rechtsklarheit, da Verweise auf schwer zugängliche oder unzulängliche Rechtsquellen Unsicherheit für die Ehegatten und dritte Geschäftspartner mit sich brächten, vgl MüKo/Kanzleiter Rz 1. Die **früheren gesetzlichen Güterstände** der Verwaltung und Nutznießung, der Errungenschafts- und Fahrnisgemeinschaft können im Rahmen eines Ehevertrages nicht durch eine generelle Verweisung vereinbart werden. Möglich ist aber die Herbeiführung dieser Rechtsfolge durch die erschöpfende **Aufnahme der Einzelregelungen** in den Vertrag. Eine Verweisung auf ein verkündetes, aber noch nicht in Kraft getretenes Gesetz ist zulässig.

2   2. Ein Verstoß gegen das Verweisungsverbot führt zur Nichtigkeit der Vereinbarung.

1410 *Form*
Der Ehevertrag muss bei gleichzeitiger Anwesenheit beider Teile zur Niederschrift eines Notars geschlossen werden.

1   1. Der Formzwang dient dem Schutz der Vertragsschließenden vor Übereilung und hat Warn-, Klarstellungs- und Beweisfunktion. Daneben wird die Beratung durch den Notar sichergestellt. Wegen dieses Normzwecks gilt die Vorschrift auch für Vorverträge, RG 48, 186. Zu Rechtsgeschäften im Zusammenhang mit Eheverträgen vgl Kanzleiter NJW 1997, 217.

2   2. Die Form des Abschlusses regeln §§ 6ff BeurkG. Erforderlich ist die gleichzeitige Anwesenheit vor dem Notar, so daß anders als bei der üblichen gerichtlichen und notariellen Beurkundung zeitlich gesonderte Abgabe von Angebot und Annahme entfällt. Der persönliche Abschluß ist nicht erforderlich, vielmehr ist Stellvertretung zulässig, vgl hierzu BGH 138, 239, str, vgl Vollkommer JZ 1999, 522, Einsele NJW 1998, 1206. Zulässig ist auch der Abschluß des Vertrages durch einen Ehegatten allein unter Befreiung von § 181, RG 79, 282; LG Braunschweig NJW-FER 2000, 50; MüKo/Kanzleiter Rz 4. Abschluß eines gerichtlichen Vergleichs (zB über Aufhebung der Gütergemeinschaft) mit Aufnahme ins Protokoll ersetzt die notarielle Beurkundung, § 127a; durch Vergleich im Eheprozeß kann auch eine Vereinbarung über den Zugewinn getroffen werden, ebenso Bosch FamRZ 1965, 237 mN gegen Walberer NJW 1965, 24. Verstoß gegen die Form führt nach § 125 S 1 zur Nichtigkeit. Auch die Aufhebung ist nur in der Form des § 1410 möglich, da der Ehevertrag regelmäßig über die Begründung der Ausgangsverpflichtung hinausgehende Rechtswirkungen hat, sich die Aufhebung also nicht in der bloßen Rückgängigmachung erschöpft, Saarbrücken FamRZ 2002, 1034; Frankfurt FamRZ 2001, 1523; Köln FamRZ 2000, 832; AG Seligenstadt FamRZ 2002, 829.

3   3. Bei Verbindung von Ehe- und Erbvertrag gilt für die Frage, inwieweit die Unwirksamkeit des Erbvertrags auch den Ehevertrag berührt, § 139. Daß bei Verbindung beider Verträge in einer Urkunde nach § 2276 II die Form des Ehevertrags genügt, ist ohne wesentliche Bedeutung, da § 1410 gegenüber dem Formerfordernis des § 2276 I kaum eine Erleichterung bedeutet.

1411 *Eheverträge beschränkt Geschäftsfähiger und Geschäftsunfähiger*
(1) Wer in der Geschäftsfähigkeit beschränkt ist, kann einen Ehevertrag nur mit Zustimmung seines gesetzlichen Vertreters schließen. Dies gilt auch für einen Betreuten, soweit für diese Angelegenheit ein Einwilligungsvorbehalt angeordnet ist. Ist der gesetzliche Vertreter ein Vormund oder Betreuer, so ist außer der Zustimmung des gesetzlichen Vertreters die Genehmigung des VormG erforderlich, wenn der Ausgleich des Zugewinns ausgeschlossen oder eingeschränkt oder wenn Gütergemeinschaft vereinbart oder

aufgehoben wird. **Der gesetzliche Vertreter kann für einen in der Geschäftsfähigkeit beschränkten Ehegatten oder einen geschäftsfähigen Betreuten keinen Ehevertrag schließen.**
(2) **Für einen geschäftsunfähigen Ehegatten schließt der gesetzliche Vertreter den Vertrag; Gütergemeinschaft kann er nicht vereinbaren oder aufheben. Ist der gesetzliche Vertreter ein Vormund oder Betreuer, so kann er den Vertrag nur mit Genehmigung des VormG schließen.**

1. Beschränkte Geschäftsfähigkeit und Betreuung (Abs I). Ein in der Geschäftsfähigkeit beschränkter oder nach den §§ 1896ff betreuter Ehegatte oder Verlobter soll bei jedem Ehevertrag selbst mitwirken, auch wenn es sich nicht um die Vereinbarung oder Aufhebung der Gütergemeinschaft handelt. Der gesetzliche Vertreter oder Betreuer kann in keinem Fall einen Ehevertrag für ihn schließen (S 4). Der in der Geschäftsfähigkeit beschränkte Ehegatte oder Verlobte kann aber einen Ehevertrag nur mit Zustimmung seines gesetzlichen Vertreters schließen (S 1). Der Betreute kann dies grundsätzlich allein, denn er behält seine Geschäftsfähigkeit. Nur wenn für den entsprechenden Bereich ein Einwilligungsvorbehalt nach § 1903 angeordnet ist, bedarf auch er der Einwilligung seines Betreuers (S 2). S 3 trifft eine Sonderregelung für Eheverträge von besonders einschneidender Bedeutung: Vereinbarung oder Aufhebung der Gütergemeinschaft, ferner Ausschließung oder Einschränkung des Ausgleichs des Zugewinns; in diesen Fällen ist, wenn der gesetzliche Vertreter ein Vormund, Pfleger oder Betreuer ist, außer seiner Zustimmung auch die Genehmigung des VormG erforderlich; dies gilt auch, wenn Vater oder Mutter zum Vormund, Pfleger oder Betreuer bestellt sind. Ausschließung des Zugewinnausgleichs liegt auch vor, wenn Gütertrennung vereinbart wird (vgl § 1414). S 3 gilt nicht, wenn nur eine Abänderung der Gütergemeinschaft vereinbart wird, zB Erklärung von Vermögensstücken zum Vorbehaltsgut. Zur Zuständigkeit vgl § 43 II FGG.

2. Geschäftsunfähigkeit (Abs II). Ein Geschäftsunfähiger ist nicht in der Lage, selbst einen Ehevertrag zu schließen; für ihn kann nur der gesetzliche Vertreter tätig werden. Dieser kann nicht Gütergemeinschaft vereinbaren oder aufheben. Wohl kann er einen Ehevertrag schließen, durch den der Ausgleich des Zugewinns ausgeschlossen oder eingeschränkt wird. Es bedarf aber der Vormund, Pfleger oder Betreuer eines Geschäftsunfähigen, nicht der Vater oder die Mutter, zu allen zulässigen Eheverträgen der Genehmigung des VormG, vgl hierzu die §§ 1826ff, 1847.

3. Gewillkürte Stellvertretung. § 1411 ist auch bei Vollmachtserteilung zum Abschluß eines Ehevertrages zu beachten. Im übrigen gelten für die gewillkürte Stellvertretung die allgemeinen Grundsätze; vgl auch § 1410 Rz 2.

1412 *Wirkung gegenüber Dritten*
(1) **Haben die Ehegatten den gesetzlichen Güterstand ausgeschlossen oder geändert, so können sie hieraus einem Dritten gegenüber Einwendungen gegen ein Rechtsgeschäft, das zwischen einem von ihnen und dem Dritten vorgenommen worden ist, nur herleiten, wenn der Ehevertrag im Güterrechtsregister des zuständigen Amtsgerichts eingetragen oder dem Dritten bekannt war, als das Rechtsgeschäft vorgenommen wurde; Einwendungen gegen ein rechtskräftiges Urteil, das zwischen einem der Ehegatten und dem Dritten ergangen ist, sind nur zulässig, wenn der Ehevertrag eingetragen oder dem Dritten bekannt war, als der Rechtsstreit anhängig wurde.**
(2) **Das Gleiche gilt, wenn die Ehegatten eine im Güterrechtsregister eingetragene Regelung der güterrechtlichen Verhältnisse durch Ehevertrag aufheben oder ändern.**

1. Anwendungsbereich. Nach seinem Wortlaut erfaßt § 1412 nur ehevertragliche Veränderungen des Güterrechts. Darüber hinaus ist er jedoch aufgrund von Verweisungen in anderen Normen auch in folgenden Fällen anwendbar: Beschränkung der Verpflichtungsbefugnis der Ehegatten (§ 1357 II S 2), Zugehörigkeit von Vermögensgegenständen zum Vorbehaltsgut bei Gütergemeinschaft (§ 1418 IV), selbständiger Betrieb eines Erwerbsgeschäftes (§§ 1431 III, 1456 III), Aufhebung der Gütergemeinschaft durch Urteil (§§ 1449 II, 1470 II). Keine Anwendung hingegen bei richterlicher Aufhebung der Zugewinngemeinschaft nach § 1388, vgl § 1388 Rz 1.
Die **Eintragungsfähigkeit** (hierzu ausführlich vor § 1558 Rz 2) geht über den Anwendungsbereich des § 1412 hinaus. Entgegen seiner früheren Rspr (BGH 41, 370) bejaht jetzt auch der BGH die Eintragungsfähigkeit von Tatsachen, deren Kenntnis zum Schutz Dritter nicht erforderlich ist, BGH 66, 203 = FamRZ 1976, 443 = NJW 1976, 1741 mit Anm Gottschalg. Das Güterrechtsregister hat über die bloße Schutzfunktion hinaus die Aufgabe der Offenlegung der güterrechtlichen Verhältnisse zwecks Erleichterung des Rechts- und Geschäftsverkehrs, BGH aaO; BayObLG FamRZ 1979, 583, 585.

2. Umfang des Schutzes. Die Schutzwirkung des § 1412 erstreckt sich nur auf den Dritten in seinem Verhältnis zu den beiden Ehegatten; ist zB Gütergemeinschaft vereinbart, aber nicht eingetragen worden, genügt auch bei gemeinschaftlicher Verwaltung des Gesamtgutes entgegen § 740 II ZPO zur Zwangsvollstreckung ein Urteil gegen einen Ehegatten, so daß § 739 ZPO zur Anwendung gelangt, Soergel/Gaul Rz 8; aA MüKo/Kanzleiter Rz 4. Der Schutz der Vorschrift erstreckt sich nicht auf die Ehegatten untereinander.

3. Inhalt des Schutzes. a) Die Vorschrift schränkt die Wirksamkeit einer ehevertraglichen Vereinbarung gegenüber dem gutgläubigen Dritten ein. Dabei wird anders als beim Grundbuch nicht der gute Glaube an den Registerinhalt geschützt; vielmehr darf der Dritte wie beim Handels- und Vereinsregister nur auf das Schweigen des Registers vertrauen. Der Dritte kann daher darauf, daß das Schweigen des Registers darauf vertrauen, daß zwischen Eheleuten der gesetzliche Güterstand gilt; Abweichungen sind ihm gegenüber nur wirksam, wenn sie in das Güterrechtsregister eingetragen worden oder ihm bekannt sind. Ist aber einmal eine abweichende Vereinbarung eingetragen, so kann er sich zwar nicht auf ihre Wirksamkeit, wenn sie unwirksam ist, wenn sie wirksam ist wohl aber auf ihr Fortbestehen verlassen, es sei denn, eine wirksame Änderung ist ihm bekannt geworden. Im Rahmen der gesetzlichen Verwaltungsbeschränkungen im gesetzlichen Güterstand (§§ 1365ff) ist der gute Glaube des Dritten auf keinen

§ 1412 Familienrecht Bürgerliche Ehe

Fall geschützt (vgl § 1365 Rz 10). **b)** Der Inhalt des Schutzes besteht darin, daß der Dritte Abweichungen vom gesetzlichen Güterstand nur gegen sich gelten lassen muß, wenn sie entweder eingetragen oder ihm bekannt gewesen sind. Das gilt für Rechtsgeschäfte und Urteile. Entsprechend den für ein Vertrauen auf Publizitätswirkung allgemein geltenden Schranken versagt der Schutz des § 1412 bei Ansprüchen aus Verwaltungsakten, unerlaubter Handlung oder Gesetz; zB Unterhaltsforderungen, ferner bei einem Erwerb in der Zwangsvollstreckung oder durch Vollziehung von Arrest oder einstweiliger Verfügung, Hamburg OLG 30, 42; die Befriedigungsmöglichkeiten der Gläubiger richten sich nach wirklichem Güterrecht und werden durch § 1412 nicht erweitert, Saarbrücken JBlSaar 1965, 8. Der Schutz beschränkt sich auf unmittelbare Rechtsbeziehungen des Ehegatten zum Dritten, RG Recht 1918, 377. War zB zunächst Gütergemeinschaft eingetragen und später ohne Eintragung Gütertrennung vereinbart worden, so kommt bei mehrmaliger Veräußerung von Gegenständen aus dem früheren Gesamtgut, die jetzt dem nicht verfügenden Ehegatten zu Alleineigentum gehören, die Schutzwirkung des § 1412 nur für die erste Veräußerung in Frage. Der Dritte muß sich Einwendungen gefallen lassen, die auch bei der zu seinen Gunsten angenommenen Regelung begründet wären.

4 Die Wirksamkeit des Rechtsgeschäfts oder Urteils ermöglicht dem Dritten nicht eine Zwangsvollstreckung in die Vermögensmasse, die bei dem Güterstand, auf den er vertrauen darf, möglich wäre; ein Gatte, welcher in Gütertrennung lebt, während Gütergemeinschaft eingetragen ist, kann dem Zugriff eines Gläubigers des Ehepartners in sein Vermögen mit der Interventionsklage begegnen, Colmar OLG 11, 282; Pal/Brudermüller Rz 10. Entspricht die Eintragung nicht der wahren Rechtslage, zB weil der Ehevertrag wegen Formmangels nichtig ist, so darf der Dritte auf sie, anders als im Grundbuchrecht, nicht vertrauen; doch weist Kipp/Wolff, FamR § 42 VI 2 und 3 zutreffend darauf hin, daß eine Haftung aus § 171 ergeben kann, wenn der betreffende Ehegatte die Eintragung veranlaßt hat, und man wird ihm auch darin folgen müssen, daß beim Handelsregister derjenige eine Eintragung gegen sich gelten lassen muß, der in Kenntnis ihrer Unrichtigkeit die Berichtigung schuldhaft unterläßt; ebenso Gernhuber/Coester-Waltjen, FamR § 33 V 2. Ein weitergehender Schutz des Dritten ist nach allgemeinen Grundsätzen (insbes nach §§ 892ff, 932ff) trotz gegenteiliger Eintragung im Güterrechtsregister möglich; wer von einem Ehegatten ein Grundstück erwirbt, der in Gütergemeinschaft lebt, aber im Grundbuch als Alleineigentümer eingetragen ist, wird auch dann nach Grundbuchrecht geschützt, wenn ohne sein Wissen die Gütergemeinschaft eingetragen ist. Das Grundbuch geht dem Güterrechtsregister insoweit vor. Umstritten ist bei einem Erwerb nach §§ 932ff, ob die entgegenstehende Eintragung im Güterrechtsregister der Erwerber bösgläubig macht, so Gernhuber/Coester-Waltjen; aA MüKo/Kanzleiter Rz 10.

5 4. **Ausnahmen vom Schutz des Dritten** begründet die Eintragung der Abweichung von der gesetzlichen Regelung oder der vertraglichen Änderung oder die Kenntnis des Dritten. Maßgebender Zeitpunkt ist beim Rechtsgeschäft dessen Vornahme, also, soweit Genehmigung des VormG erforderlich ist, der Vertragsschluß, nicht die Genehmigung, RG 142, 59, beim Urteil die Rechtshängigkeit. Dabei müssen gerade die für das betreffende Rechtsgeschäft oder Urteil erheblichen Tatsachen eingetragen sein. Kenntnis liegt vor, wenn dem Dritten die Tatsachen bekannt sind; grob fahrlässige Unkenntnis steht dem nicht gleich. Der Gutglaubensschutz läßt eine nach § 816 I S 2 bestehende Herausgabepflicht unberührt, BGH FamRZ 1984, 766.

6 5. **Das Ende des Schutzes** tritt mit Auflösung der Ehe ein, ferner gemäß § 1559, wenn der Ehegatte nach der Eintragung in einen anderen Bezirk verzieht, ohne die Eintragung zu wiederholen. Hinsichtlich der räumlichen und zeitlichen Geltung vgl Art 16 I EGBGB.

1413 *Widerruf der Überlassung der Vermögensverwaltung*

Überlässt ein Ehegatte sein Vermögen der Verwaltung des anderen Ehegatten, so kann das Recht, die Überlassung jederzeit zu widerrufen, nur durch Ehevertrag ausgeschlossen oder eingeschränkt werden; ein Widerruf aus wichtigem Grunde bleibt gleichwohl zulässig.

1 1. **Allgemeines.** Die Vorschrift behandelt den Fall, daß ein Ehegatte sein Vermögen der Verwaltung durch den andern überläßt. Die Bestimmung gilt allgemein für alle Güterstände, auch den gesetzlichen.

2 2. **Voraussetzungen.** Die Vermögensverwaltung wird durch schuldrechtliche Vereinbarung übertragen, die formlos, auch durch schlüssiges Verhalten zustande kommen kann. Erforderlich ist allerdings immer ein entsprechender Rechtsbindungswille. Allein die Tatsache, daß ein Ehegatte mit Billigung des anderen alle finanziellen Angelegenheiten erledigt, reicht nicht aus, BGH FamRZ 1986, 558; BGH NJW 2000, 3199.

3 3. **Das Rechtsverhältnis zwischen den Ehegatten** ist mangels abweichender Vereinbarung der Ehegatten nach den Vorschriften über den Auftrag zu beurteilen, und zwar gemäß § 675 im wesentlichen auch dann, wenn ausnahmsweise Dienst- oder Werkvertrag vorliegt, weil eine Vergütung für die Verwaltungstätigkeit vereinbart ist. Es besteht daher grundsätzlich die Verpflichtung des beauftragten Ehegatten zur Erteilung von Auskunft und Rechenschaft und zur Herausgabe des Erlangten einschließlich der gezogenen Nutzungen (§§ 666, 667). Die Haftung beschränkt sich aber gemäß § 1359 auf die in eigenen Angelegenheiten übliche Sorgfalt; differenzierend MüKo/Kanzleiter Rz 9. § 1413 trifft lediglich eine Sonderregelung hinsichtlich der Widerrufsmöglichkeit. Regelmäßig ist jederzeitiger Widerruf des Auftrags zur Verwaltung des Vermögens zulässig (§ 671). Das Widerrufsrecht kann ausgeschlossen oder eingeschränkt werden, jedoch nur in der Form des Ehevertrages. Immer bleibt ein Widerruf zulässig, wenn ein wichtiger Grund hierfür vorliegt. Eine entgegenstehende Bestimmung im Ehevertrag wäre unwirksam, weil sie einen Ehegatten schutzlos der Willkür des anderen auslieferte. Ein wichtiger Grund zum Widerruf braucht nicht immer auf einem Verschulden des anderen Ehegatten zu beruhen; es genügt, daß die weitere Überlassung der Verwaltung nicht mehr zumutbar ist. Einen wichtigen Grund zum Widerruf kann auch schon die Verweigerung der Auskunftserteilung darstellen. Es bleibt aber zulässig, daß ein Ehegatte mit dem andern vereinbart, dieser solle die bei der Verwaltung gezogenen Nutzungen entsprechend der Regelung des § 1430 aF zur Verwendung nach seinem Ermessen behalten; eine solche Vereinbarung kann auch aus den Umständen entnommen werden. Wenn ein Ehegatte nach Beendigung der Verwaltung und Nutznießung sein Vermögen weiterhin im Besitz des anderen belassen und keine Änderung der bisherigen Verwaltungstätigkeit des anderen verlangt hat, so ist meist Überlassung der Verwaltung nach Auftragsregeln anzunehmen. Es spricht aber keine allgemeine Vermutung dafür, RG Recht 1917, 64. Hat ein Ehegatte aus seinem Vermögen dem anderen ein Darlehen gegeben, so liegt keine Überlassung von Vermögen zur Verwaltung vor; es gelten Darlehensbestimmungen. Auch eine Gebrauchsüberlassung von Grundbesitz unter Ehegatten, die als Miet- oder Pachtverhältnis geregelt ist, stellt keine Überlassung der Vermögensverwalung dar. Im Einzelfall kann sich wiederum bei getrennt lebenden Ehegatten aus §§ 1353, 1361a für den einen die Pflicht ergeben, ihm gehörende Gegenstände, die der andere längere Zeit für den Erwerb des gemeinsamen Unterhalts benutzt hat, dem Ehegatten zu dessen Unterhaltserwerb zu überlassen, vgl Celle FamRZ 1971, 28.

4. Die Rechtsbeziehungen gegenüber Dritten. Die Überlassung der Vermögensverwaltung durch einen Ehegatten an den anderen berechtigt diesen noch nicht zur Vornahme von Rechtsgeschäften gegenüber Dritten, schließt jedoch vielfach eine entsprechende Vollmacht ein. Weder die Überlassung der Verwaltung noch ein Verzicht auf den Widerruf und der Widerruf selbst sind einer Eintragung im Güterrechtsregister bedürftig und fähig; § 1412 ist hier nicht anwendbar. Es gelten vielmehr für die Erteilung und den Widerruf der Vollmacht Dritten gegenüber die allgemeinen Vorschriften der §§ 164ff. Die Überlassung der Verwaltung kann Dritten gegenüber als Bestellung zu einer Verrichtung im Sinne des § 831 erscheinen, RG 91, 363. 4

Kapitel 2
Gütertrennung
Vorbemerkung

1. Als am 1. 4. 1953 der bis dahin geltende gesetzliche Güterstand der Verwaltung und Nutznießung des Ehemannes auf Grund des Gleichberechtigungsgrundsatzes (Art 3 II, 117 GG) außer Kraft trat, ist die Gütertrennung von der Rspr bis zum Erlaß des GleichberG als neuer, maßgebender gesetzlicher Güterstand anerkannt worden, weil sie von den damals geltenden Güterständen dem Gleichberechtigungsgrundsatz am besten entsprach. Da die Gütertrennung mit dem Wesen einer echten Lebensgemeinschaft nicht ganz vereinbar ist, ist dieser Güterstand durch das GleichbG am 1. 7. 1958 durch den gesetzlichen Güterstand der Zugewinngemeinschaft ersetzt worden. 1

2. Übergangsregelung. Bis zum 1. 7. 1958 lebten alle Ehegatten in Gütertrennung, die nicht durch Ehevertrag einen anderen Güterstand vereinbart hatten. Die Überleitungsbestimmungen des GleichberG für den Güterstand der Gütertrennung gelten aber nur für diejenigen Ehen, bei denen die Gütertrennung nicht auf der sich aus Art 3 II GG ergebenden Rechtslage, sondern auf anderen Umständen beruhte; vgl hierzu im einzelnen Art 8 I Nr 5 des GleichberG; Einl § 1363 Rz 7. 2

3. Wesen der Gütertrennung. Das Vermögen der Ehegatten ist voneinander getrennt. Jeder Ehegatte ist in der Verwaltung und Verfügung über sein Vermögen frei und belastet es nur durch von ihm selbst eingegangene Verbindlichkeiten. Beide Ehegatten können aber gemeinschaftliches Vermögen nach Bruchteilsrechten bilden. Außer der Gemeinschaft ist auch ein Treuhands- oder Gesellschaftsverhältnis unter den Eheleuten möglich; vgl MüKo/Kanzleiter vor § 1414 Rz 13; RGRK/Finke. Früher war der Güterstand der Gütertrennung auch für die Besitzfrage von Bedeutung. Das RG nahm an, daß jeder Ehegatte grundsätzlich Alleinbesitz an seinen Sachen habe (JW 1914, 147; 1922, 93), kein Mitbesitz an den Sachen des anderen Ehegatten. Heute ist allgemein anerkannt, daß **beide Ehegatten** auf Grund der ehelichen Lebensgemeinschaft und ihren rechtlichen und sozialen Auswirkungen in der Familiengemeinschaft **Mitbesitz** an der Wohnung und dem gemeinsam benutzten Hausrat haben; BGH 12, 380; München NJW 1972, 542f; Hamm NJW 1956, 1681; RGRK/Finke. Im Rahmen der Zwangsvollstreckung ist allerdings die Vermutungsvorschrift des § 1362 sowie § 739 ZPO zu beachten. Jeder Ehegatte führt seine Prozesse selbständig; es gelten die allgemeinen Vollmachtsgrundsätze. Die vermögensrechtliche Selbständigkeit der Ehegatten wird aber durch die Bindung an die eheliche Lebensgemeinschaft (§§ 1353ff) beschränkt. So kann ein Ehegatte nicht durch Klage auf Herausgabe des ihm gehörenden Hausrats den gemeinschaftlichen Haushalt zerstören, RG 87, 63; § 1353 Rz 13; in die vermögensrechtlichen Verhältnisse der Ehegatten greifen besonders stark die beiderseitigen Unterhaltsverpflichtungen ein, aber auch die Verpflichtung zur Leitung des Hauswesens und zur Mitarbeit im Beruf oder Erwerbsgeschäft des anderen Ehegatten, die in der persönlichen Bindung der Eheleute ihren Ursprung haben und vom Güterstand unabhängig sind. 3

1414 *Eintritt der Gütertrennung*
Schließen die Ehegatten den gesetzlichen Güterstand aus oder heben sie ihn auf, so tritt Gütertrennung ein, falls sich nicht aus dem Ehevertrag etwas anderes ergibt. Das Gleiche gilt, wenn der Ausgleich des Zugewinns oder der Versorgungsausgleich ausgeschlossen oder die Gütergemeinschaft aufgehoben wird.

1. Begriff der Gütertrennung. Was unter Gütertrennung zu verstehen ist, wird im Gesetz nicht ausdrücklich bestimmt. Es ist der Güterstand, bei dem die Ehegatten unbeschadet der Wirkungen der Ehe im allgemeinen (§§ 1353 bis 1362), also insbesondere der Unterhaltspflicht einschließlich der Prozeßkostenvorschußpflicht 1

§ 1414 Familienrecht Bürgerliche Ehe

(§ 1360a IV), der Schlüsselgewalt (§ 1357) sowie der Eigentumsvermutungen (§ 1362, § 739 ZPO) nicht in güterrechtliche Beziehungen zueinander treten. § 1413 ist auch hier anwendbar. Vgl im übrigen vor § 1414 Rz 3. Auch der gesetzliche Güterstand beruht weitgehend auf dem Prinzip der Gütertrennung: §§ 1363, 1364. Bei Gütertrennung bestehen weder die Verwaltungsbeschränkungen der §§ 1365 bis 1369, auch nicht bei Rechtsgeschäften über Haushaltsgegenstände, noch gelten die Vorschriften über den Ausgleich des Zugewinns. Beteiligung eines Ehegatten am Gewinn des anderen kann sich aber aus schuldrechtlichen Vereinbarungen, insbesondere aus einem gesellschaftsähnlichen Verhältnis ergeben; unter Umständen kommt gerade bei Gütertrennung, in der der Zugewinn nicht kraft Gesetzes ausgeglichen wird, stillschweigende Vereinbarung einer sogenannten Innengesellschaft in Betracht, besonders dann, wenn die Mitarbeit eines Ehegatten im Geschäft des andern das übliche Maß wesentlich übersteigt (vgl dazu § 1356 Rz 26 sowie BGH WM 1973, 1242). In Betracht kommt in diesem Fall auch ein Ausgleichsanspruch wegen Wegfalls der Geschäftsgrundlage, BGH NJW 1994, 2545. Haben Eheleute zu hälftigem Miteigentum ein Grundstück erworben und bebaut, dann steht dem Ehemann nach der Scheidung nicht deshalb ein Bereicherungsanspruch zu, weil er die Erwerbs- und Baukosten im wesentlichen aus seinen Einkünften aufbrachte, so BGH FamRZ 1966, 91 für einen Fall der gesetzlichen Gütertrennung vor dem GleichberG vom 1. 7. 1958; mit Recht sieht der BGH in der Einräumung der Mitberechtigung eine gewillkürte Regelung, die dem Zugewinnausgleich nach § 1372 in Motiv und Ergebnis nahekommt; vgl auch BGH FamRZ 1977, 311, 313. Nach Düsseldorf NJW-RR 2003, 1513 hat bei Gütertrennung eines Ehegatten nach Scheidung aufgrund § 242 Anspruch auf den anteiligen Erlös aus dem Verkauf eines dem anderen Gatten allein gehörenden Hausgrundstücks, soweit er den Kaufpreisanteil als unbenannte Zuwendung nur zu dem Zweck zur Verfügung gestellt hat, das Haus dem Gläubigerzugriff zu entziehen.

2 **2. Eintritt von Gütertrennung.** Die Gütertrennung war seit dem 1. 4. 1953 infolge Fortfalls der Verwaltung und Nutznießung gesetzlicher Güterstand, sowohl für vor dem 1. 4. 1953 als für nachher geschlossene Ehen. Gütertrennung bleibt für diese Ehen bestehen, wenn ein Ehegatte seinen diesbezüglichen Willen bis zum 30. 6. 1958 zum Ausdruck gebracht hat (vgl hierzu im einzelnen Nr 3 bis 5 der Übergangsvorschriften und Einl § 1363 Rz 7). Bei Gütertrennung verbleibt es auch, soweit sie früher durch Ehevertrag vereinbart worden ist. Gütertrennung tritt kraft Gesetzes ein mit der Rechtskraft des Urteils, durch das im gesetzlichen Güterstand auf vorzeitigen Ausgleich des Zugewinns erkannt ist (§ 1388) oder durch das die Gütergemeinschaft aufgehoben wird (§§ 1449, 1470). Im übrigen kann Gütertrennung durch Ehevertrag vereinbart werden. § 1414 gibt eine Auslegungsregel für Fälle, in denen der bisherige Güterstand durch Ehevertrag ohne ausdrückliche weitere Regelung aufgehoben wird, aM Johannsen/Henrich/Jaeger, Eherecht § 1414 Rz 1 mwN, demzufolge die Gütertrennung nicht kraft Parteiwillens, sondern kraft Gesetzes eintreten soll. Im Zweifel gilt Gütertrennung als vereinbart, wenn der gesetzliche Güterstand vor der Eheschließung ausgeschlossen oder später aufgehoben wird. Bei einem Ausschluß des gesetzlichen Güterstandes bei gleichzeitiger Vereinbarung wesentlicher Elemente der Zugewinngemeinschaft entsteht der Güterstand der Gütertrennung dagegen nicht, Schleswig FamRZ 1995, 1586. Gütertrennung tritt ein, wenn die Gütergemeinschaft aufgehoben wird, aber auch dann, wenn die Ehegatten durch Ehevertrag den Hauptbestandteil des gesetzlichen Güterstandes, den Ausgleich des Zugewinns, ausschließen (nicht nur einschränken); in diesem Fall ist regelmäßig anzunehmen, daß sie Gütertrennung wollen, also auch die im gesetzlichen Güterstand geltenden Verwaltungsbeschränkungen (§§ 1365 bis 1369) und das erhöhte gesetzliche Erbrecht des überlebenden Ehegatten (§ 1371 I) für sie nicht gelten sollen. Gütertrennung tritt im Zweifel auch dann ein, wenn die Ehegatten durch Ehevertrag einen sonstigen gesetzlich nicht geregelten Güterstand aufheben, ohne etwas anderes zu vereinbaren. Für die fortbestehenden Errungenschafts- und Fahrnisgemeinschaften folgt dies aus § 1436 aF in Verbindung mit Nr 7 der Übergangsvorschriften. Die Gütertrennung tritt, falls sie durch Ehevertrag vereinbart wurde oder gem § 1414 als vereinbart gilt, mit dem Vertragsschluß ein. Dritten gegenüber ist sie nach Maßgabe des § 1412 wirksam, auch wenn die Gütergemeinschaft durch Urteil aufgehoben wird (§§ 1449 II, 1470 II). Dagegen enthält § 1388 keine Bezugnahme auf § 1412 (vgl § 1388 Rz 1). Auch der Ausschluß des Versorgungsausgleichs führt nach § 1408 II zum Eintritt der Gütertrennung. Nur ein völliger Ausschluß des Versorgungsausgleichs, nicht jedoch seine Modifizierung, führt im Zweifel zur Gütertrennung. Die Ehegatten können trotz Ausschlußvereinbarung nach § 1408 II einen anderen Güterstand vereinbaren beziehungsweise beibehalten. Dies muß sich aus der Vereinbarung (durch Auslegung) ergeben, vgl auch Börger, Eheliches Güterrecht Rz 162. Schwierigkeiten bereiten die güterrechtlichen Konsequenzen der Sperrfrist des § 1408 II S 2. Die Gütertrennung ist akzessorisch und damit wie die Vereinbarung über den Ausschluß des Versorgungsausgleichs auflösend bedingt, vgl im einzelnen § 1408 Rz 14.

3 **3. Beendigung der Gütertrennung.** Die Gütertrennung endet, wenn die Ehegatten einen anderen Güterstand, unter Umständen auch den gesetzlichen Güterstand vereinbaren, oder mit Auflösung der Ehe. Wird der Ausschluß des Versorgungsausgleichs durch einen Ehevertrag wiederaufgehoben, so muß eine Auslegung des Ehevertrags ergeben, ob damit auch der uU eingetretene Güterstand der Gütertrennung wiederaufgehoben werden soll. War die Aufhebung gewollt, ist die Form des Ehevertrages zu beachten, Saarbrücken FamRZ 2002, 1034, AG Seligenstadt FamRZ 2002, 829. Im Fall der Auflösung der Ehe regelt sich die Auseinandersetzung hinsichtlich etwaigen gemeinschaftlichen Vermögens nach den allgemeinen Vorschriften über die Gemeinschaft oder die Gesellschaft. Im Falle der Scheidung gelten bezüglich der Ehewohnung und des Hausrats auch bei Gütertrennung die Vorschriften der Hausratsverordnung. Zur vermögensrechtlichen Auseinandersetzung nach Auflösung der Ehe bei Gütertrennung vgl Johannsen/Henrich/Jaeger, Eherecht § 1414 Rz 17ff; Johannsen WM 1978, 502ff sowie die Kommentierungen zu § 313 Rz 55 und vor § 705 Rz 49f. Stirbt ein Ehegatte, so wird der gesetzliche Erbteil des Überlebenden nicht erhöht; es gilt nur § 1931. Dagegen ist auch bei Gütertrennung § 1932 (Voraus des überlebenden Ehegatten) anzuwenden.

Kapitel 3

Gütergemeinschaft

Vorbemerkung

1. Geschichtliches; Verhältnis zur westfälischen Gütergemeinschaft. Die Gütergemeinschaft war vor 1900 im Norden und Süden Deutschlands weitgehend gesetzlicher Güterstand. Das BGB hat sie wegen der schweren Gefährdung der Interessen der Frau als gesetzlichen Güterstand abgelehnt, als Vertragstypus aber sehr ausführlich ausgearbeitet. Bei der Ausgestaltung hat besonders das preußische Gesetz betreffend das eheliche Güterrecht in der Provinz Westfalen und den Kreisen Rees, Essen und Duisburg vom 15. 4. 1860 zum Vorbild gedient. Die Übergangsvorschriften beim Inkrafttreten des BGB haben die „westfälische Gütergemeinschaft" aufrechterhalten, vgl Hamm NJW-RR 1993, 71.

2. Grundgedanken der alten Regelung des BGB. Die allgemeine Gütergemeinschaft vereinigte grundsätzlich das gesamte Vermögen beider Ehegatten zum Gesamtgut, an welchem sie zur gesamten Hand berechtigt waren. Der Anteil des einzelnen blieb zweckgebunden und seiner Verfügung entzogen. Vom Gesamtgut ausgenommen waren für beide Ehegatten gleichmäßig Sondergut und Vorbehaltsgut. Das Gesamtgut oblag der alleinigen Verwaltung des Mannes. Vgl wegen der Einzelheiten die Bemerkungen in der 9. Aufl.

3. Rechtszustand zwischen dem 1. 4. 1953 und dem 30. 6. 1958. Da die Gleichberechtigung in die Vertragsfreiheit nicht eingreift, bleibt für eine vor dem 1. 4. 1953 vereinbarte allgemeine Gütergemeinschaft der bisherige Rechtszustand erhalten. Auch nach diesem Zeitpunkt kann allgemeine Gütergemeinschaft in der früheren Form vereinbart werden; diese Vereinbarung muß aber ausdrücklich sein, vgl § 1409 Rz 1. Wird allgemeine Gütergemeinschaft ohne diesen Zusatz vereinbart, so gelten die Vorschriften des Gesetzes in einer durch die Gleichberechtigung geänderten Form, vgl BayObLG FamRZ 1980, 411, wobei dies im Wege der Auslegung zu ermitteln ist. Im BGB aufrechterhaltene Partikularrechte wie die Westfälische Gütergemeinschaft gelten wegen Art 3 II GG, weil nicht auf vertraglicher Vereinbarung beruhend, in einer der Gleichberechtigung angepaßten Form fort, vgl LG Hamburg NJW 1953, 909 für hamburgisches und Hamm NJW-RR 1993, 71 für westfälisches Güterrecht.

4. Grundzüge der Regelung. Die Verwaltung erfolgt im Zweifel durch beide Ehegatten gemeinsam, durch Ehevertrag kann sie einem einzelnen Ehegatten übertragen werden. Es sind daher Vorschriften aufgestellt, die die Verwaltung des Gesamtguts durch einen der Ehegatten allein, regeln (§§ 1422 bis 1449), ferner solche, die bei gemeinschaftlicher Verwaltung des Gesamtguts durch die Ehegatten gelten (§§ 1450 bis 1470). Bei gemeinschaftlicher Verwaltung des Gesamtguts sind beide Ehegatten einander gleichgestellt. Die Auseinandersetzung des Gesamtguts nach Beendigung der Gütergemeinschaft wird in den §§ 1471 bis 1481 behandelt (zu ehevertraglichen Abreden hierüber vgl Stumpp Rpfleger 1979, 441). Fortgesetzte Gütergemeinschaft tritt nur ein, wenn sie ausdrücklich vereinbart ist (§§ 1482, 1483). Wegen der Übergangsregelung bei Gütergemeinschaft vgl Einl § 1363 Rz 7.

Unterkapitel 1

Allgemeine Vorschriften

1415 *Vereinbarung durch Ehevertrag*
Vereinbaren die Ehegatten durch Ehevertrag Gütergemeinschaft, so gelten die nachstehenden Vorschriften.

Die Gütergemeinschaft kommt als Wahlgüterstand nur durch Abschluß eines entsprechenden Ehevertrags zustande. Zur Frage der Anwendbarkeit von Gesellschaftsregeln bei Bejahung eines Gesellschaftsvertrages zwischen den Ehegatten vgl Rummel, Eheliche Gütergemeinschaft und Gesellschaft bürgerlichen Rechts, FS Demelius (1973), 451; Krüger, Gewinne aus Anteilen an einer Personengesellschaft, an der nur einer der in Gütergemeinschaft lebenden Ehegatten beteiligt ist, BB 1975, 1573; Roth, Die Ehegatten-GmbH in Recht und Praxis, FamRZ 1984, 328. Die Vereinbarung der Gütergemeinschaft oder deren späterer vertraglicher Aufhebung können den Charakter einer Schenkung haben, allerdings nur dann, wenn durch diese Eheverträge an einen Ehegatten eine unentgeltliche Zuwendung gemacht werden soll; vgl Nürnberg FamRZ 1960, 150; BFH NJW 1966, 2140; BGH 116, 178. Die gesetzliche Regelung der Gütergemeinschaft schließt abweichende Vereinbarungen der Ehegatten in einzelnen Beziehungen nicht aus. Wegen der allgemeinen Grenzen der Vertragsfreiheit vgl § 1408 Rz 5.

1416 *Gesamtgut*
(1) **Das Vermögen des Mannes und das Vermögen der Frau werden durch die Gütergemeinschaft gemeinschaftliches Vermögen beider Ehegatten (Gesamtgut). Zu dem Gesamtgut gehört auch das Vermögen, das der Mann oder die Frau während der Gütergemeinschaft erwirbt.**
(2) **Die einzelnen Gegenstände werden gemeinschaftlich; sie brauchen nicht durch Rechtsgeschäft übertragen zu werden.**
(3) **Wird ein Recht gemeinschaftlich, das im Grundbuch eingetragen ist oder in das Grundbuch eingetragen werden kann, so kann jeder Ehegatte von dem anderen verlangen, dass er zur Berichtigung des Grundbuchs mitwirke. Entsprechendes gilt, wenn ein Recht gemeinschaftlich wird, das im Schiffsregister oder im Schiffsbauregister eingetragen ist.**

§ 1416 Familienrecht Bürgerliche Ehe

1 **1. Grundsatz.** Die durch die Ehe begründete engste Lebensgemeinschaft führt auch zu einer völligen Verschmelzung des beiderseitigen Vermögens. Was die Ehegatten besitzen und erwerben, wird grundsätzlich Gesamtgut, Träger der Vermögensbeziehungen sind beide zusammen, „das Ehepaar". Ihre Gemeinschaft ist wie bei der Gesellschaft und der Erbengemeinschaft als Gesamthandsgemeinschaft ausgestaltet; während deren Dauer ist jedem von ihnen eine Verfügung über seinen Anteil am Ganzen wie am einzelnen Gegenstand und ein Anspruch auf Teilung versagt. Vgl Aderhold, Grundstrukturen der Gesamthand, JA 1980, 136; Leikamm, Der Erwerb zum Gesamtgut der Gütergemeinschaft, BWNotZ 1979, 164, sowie allgemein zur Gesamthand und zum Prinzip der gesamthänderischen Bindung J. Blomeyer JR 1971, 397; Flume ZHR 136 (1972), 177 sowie vor allem die Monographie von Schulze/Osterloh, Das Prinzip der gesamthänderischen Bindung (1972). Zu Folgewirkungen der gesamthänderischen Bindung des Gesamtguts bei erwerbswirtschaftlicher Betätigung der Ehegatten vgl Buchner, FS Beitzke (1979), S 153. Wird das Gesamtgut nur von einem Ehegatten verwaltet, so ist handelsrechtlich er allein Inhaber eines dazugehörigen Handelsgeschäfts, BayObLG DNotZ 1978, 437; aA MüKo/Kanzleiter Rz 8. Ist streitig, wie sich die Vereinbarung der allgemeinen Gütergemeinschaft steuerlich auswirkt, so ist über die Einkünfte im Verfahren der einheitlichen Gewinnfeststellung (§ 215 AO) zu befinden, BFH DB 1971, 2189. Zur steuerrechtlichen Behandlung der Ehegatten, wenn ein Gewerbebetrieb zum Gesamtgut gehört, vgl 9. Aufl. Zur erbschaftsteuerlichen Behandlung der Gütergemeinschaft vgl Knur, FS Barz (1974), S 475.

2 **2. Rechtsstellung zum Gesamtgut.** Bei einem Angriff auf einen zum Gesamtgut gehörigen Gegenstand ist jeder Ehegatte als Verletzter selbständig strafantragsberechtigt, RGSt 34, 65; ein zivilrechtlicher Schadensersatzanspruch kann bei gemeinsamer Verwaltung dagegen nur mit Ermächtigung des anderen gerichtlich geltend gemacht werden, BGH FamRZ 1994, 295. Bei gemeinsamer Verwaltung ist zur Vollstreckung in das Gesamtgut ein gegen beide Ehegatten gerichteter Titel erforderlich, LG München II FamRZ 1983, 172. Sonderrechte für einen Ehegatten können am Gesamtgut begründet werden, wenn sie zu seinem Vorbehaltsgut oder Sondergut gehören. So kann eine Hypothek für einen Ehegatten bestellt werden, wenn sie durch Ehevertrag zum Vorbehaltsgut erklärt wird, KGJ 26, 130; RJA 14, 81; aA RGRK/Scheffler, 11. Aufl § 1419 Bem 9; wie hier aber RGRK/Finke Rz 5. Auch die Bestellung eines Nießbrauchs ist zulässig, da dieser zum Sondergut gehört, Colmar OLG 15, 410. Eine Eigentümergrundschuld „für sich selbst als Gesamtgläubiger" können die Ehegatten jedenfalls dann nicht begründen, wenn sie die Grundschuld nicht zum Vorbehaltsgut erklären, BayObLG NJW 1962, 1727; Gesamthands-Eigentümergrundschulden wären möglich, Gernhuber/Coester-Waltjen, § 38 II 4. Zur Beteiligung der Ehegatten an einer Personengesellschaft vgl § 1417 Rz 2.

3 **3. Umfang des Gesamtgutes.** Aus Abs I folgt die Vermutung einer Zugehörigkeit jedes Gegenstandes zum Gesamtgut; sie gilt auch für den Grundbuchrichter, solange ihm nicht die Eigenschaft als Vorbehaltsgut oder Sondergut nachgewiesen ist, KG OLG 38, 250; KGJ 38, 212. Die gesamte Hand erwirbt das Vermögen in seinem jeweiligen Bestand. Zum Gesamtgut gehört zB der Anteil an einer früheren Gütergemeinschaft, die noch nicht auseinandergesetzt ist, RG 125, 352; weitergehend auch schon für die Zeit vor der Auflösung BayObLG JFG 1, 344; RGRK/Scheffler, 11. Aufl § 1417 Anm 16; aA für Sondergut: MüKo/Kanzleiter Rz 11; vgl auch RGRK/Finke Rz 7; zum Gesamtgut gehört das Eigentum wie auch das Anwartschaftsrecht, RG JW 1925, 353; Nutzungen des Gesamtguts und Vorbehaltsguts, Bamberg FamRZ 1987, 703; ebenso Schadensersatzansprüche wegen Verletzung eines Ehegatten und auf Verdienstausfall bei Eingriffen in ein zum Gesamtgut gehörendes Erwerbsgeschäft, BGH FamRZ 1994, 295; die angefallene Erbschaft sowie das Anwartschaftsrecht. Gehört das Nacherbenanwartschaftsrecht eines Ehegatten zum Gesamtgut und endet die Gütergemeinschaft vor Eintritt des Nacherbfalls, kann die Nacherbschaft nicht mehr in das Gesamtgut fallen, LG Frankenthal FamRZ 1983, 1130. Auch erworbene Unternehmensrechte gehören zum Gesamtgut (zB GmbH-Anteile), unterliegen gemeinschaftlicher Verwaltung (§ 1421 S 2), so daß sich ergebende Stimmrechte ebenso nur gemeinschaftlich ausgeübt werden können, Saarbrücken FamRZ 2002, 1034. Zum Gesamtgut kann auch ein von beiden Ehegatten gemeinsam betriebenes Handelsgeschäft gehören. Betreiben die Ehegatten ein Erwerbsgeschäft, besteht keine Vermutung, daß daneben eine GbR errichtet werden sollte, BGH FamRZ 1994, 295. Verwalten die Ehegatten das Handelsgeschäft gemeinschaftlich, müssen sie keinen entsprechenden Gesellschaftsvertrag schließen. Die Vorschriften über die OHG finden auch sonst keine Anwendung auf dieses Handelsgeschäft. Die Gütergemeinschaft ist eine zulässige Form der Mitunternehmerschaft. Es ist deshalb eine entsprechende Eintragung im Handelsregister möglich. Im Falle der gemeinschaftlichen Verwaltung des Gesamtgutes können die Ehegatten eine Firma aus ihren Namen mit der Voranstellung „Eheleute" bilden, der Zusatz „in Gütergemeinschaft" ist nicht zwingend erforderlich (BayObLG FuR 1991, 351; FamRZ 1992, 61). Andererseits kann die Gütergemeinschaft nicht Kommanditistin werden und daher auch als solche nicht in das Handelsregister eingetragen werden, weil sie nach außen nicht als geschlossene Einheit auftritt und als bloße Vermögensgemeinschaft das den Personenhandelsgesellschaften eigene personenrechtliche Mitgliedschaftselement nicht integrieren kann (BayObLG DB 2003, 715). Dem steht die BGH-Rspr, daß die GbR-Außengesellschaft rechtsfähig (BGH 146, 341) und damit auch Kommanditistin sein kann (BGH 148, 291), nicht entgegen. Der BGH hat damit nicht jeder Gesamthand Rechtsfähigkeit zugesprochen und selbige folgerichtig für die Erbengemeinschaft selbst verneint (BGH DB 2002, 2100). Dies gilt aus den vorgenannten Gründen ebenso für die Gütergemeinschaft.

4 **4. Die Begründung der Gesamtguteigenschaft** beruht auf Gesetz. Mit dem Eintritt des Güterstandes gehen die Vermögensgegenstände des Mannes und der Frau durch Gesamtnachfolge auf die Gesamthandsgemeinschaft beider Ehegatten über, ohne daß es noch der für die einzelnen Gegenstände vorgeschriebenen Übertragungsakte bedürfte. Die Gesamtrechtsnachfolge tritt, wenn der Ehevertrag vor Eheschließung geschlossen wird mit dieser, wenn der Ehevertrag während der Ehe geschlossen wird, mit Abschluß des Vertrages ein. Bei Grundstücksrechten wird demnach das Grundbuch unrichtig. Anders ist der Erwerb einzelner Vermögensgegenstände durch einen Ehegatten während der Gütergemeinschaft zu erklären (Abs I S 2). Auf ihn beziehen sich Abs II und III nicht. Hier ist

es nicht erforderlich, zunächst Erwerb durch den handelnden Ehegatten und anschließend (logische Sekunde) Rechtsübergang auf die Gesamthandsgemeinschaft anzunehmen, aA aber noch Dölle, FamR I § 67 I 1b. Eine gesetzliche Erwerbsermächtigung jedes Ehegatten für die Gemeinschaft – sie schließt die Rechtserheblichkeit jedes anderen Erwerbswillens der Ehegatten aus – löst die auftretenden Fragen sachgerechter. Zwar begründet sie, für sich allein gesehen, nur die Rechtsmacht, nicht aber die Verpflichtung zum Erwerb des Gegenstandes für das Gesamtgut, noch ordnet sie es ihm gar unmittelbar zu. Das Institut der Gütergemeinschaft begrenzt aber die Erwerbsmacht des Ehegatten als Teil seiner Privatautonomie derart, daß sie ihm verwehrt, einen Gegenstand durch rechtsgeschäftliche Selbstgestaltung unter Ausschluß der in §§ 1416, 1417, 1418 normierten gesamthänderischen Bindung zu erwerben, Hofmann, Der Erwerb einzelner Gegenstände durch einen Ehegatten in der Gütergemeinschaft, Diss Mainz 1970, S 44ff; ders FamRZ 1972, 117. Zur Tragfähigkeit der Lehre von den Rechtsinstituten und Institutionen vgl Ludwig Raiser, Rechtsschutz und Institutionenschutz im Privatrecht, in: Summum jus summa injuria, 1963, S 145ff. Aus dem gleichen Grunde fällt ein den Ehegatten gemeinsam bestelltes Recht, auch gegen ihren rechtsgeschäftlichen Willen, in das Gesamtgut, BayObLG DNotZ 1968, 493. Den Eheleuten ist es verwehrt, die Verwaltung des Gesamtgutes in der Weise zu regeln, daß jedem von ihnen ein selbständiges alleiniges Verwaltungsrecht zustehe, das mit dem Verwaltungsrecht des anderen konkurriere, BayObLG MDR 1968, 497. Vielmehr ist die Kenntnis des anderen Ehegatten vom Erwerbsakt unerheblich, RG 90, 288. Ebenso gleichgültig ist, ob der Erwerb auf den Namen der Gemeinschaft oder eines Ehegatten erfolgt ist, RG 84, 74. Überflüssig ist die Vorstellung, sobald für einen der Ehegatten der Erwerbsvorgang vollendet sei, werde das erworbene Recht kraft Gesetzes in ein gütergemeinschaftliches umgewandelt. Es ist nicht erforderlich, eine Rechtsnachfolge der Gemeinschaft und damit einen Durchgangserwerb des handelnden Ehegatten aufzunehmen, so auch Lüderitz, FamR § 16 II 1; beiläufig RG 84, 74; aA Enn/Wolff, FamR § 60 II 2 und Staud/Thiele Rz 24; MüKo/Kanzleiter Rz 22 modifizierend; Gernhuber/Coester-Waltjen, FamR § 38 III 2 unter Hinweis auf den Anfall einer Erbschaft zunächst bei den Ehegatten-Erben, auf den auch der Erbschein hinweist, BayObLGZ 1902, 219; darin steht der Universalsukzession aber gerade im Gegensatz zum rechtsgeschäftlichen Erwerb, weil in ihr keine Ermächtigung möglich ist. Jedenfalls entscheidet, soweit ein Erwerb durch guten Glauben erfolgt, die Person des Erwerbenden; böser Glaube des anderen Ehegatten ist unerheblich, RG Gruch 47, 667. Eine entsprechende Anwendung des § 166 auf die Ermächtigung, die aus einem durch Analogie überhöhten Repräsentationsgedanken folgt, liefert die bessere Begründung. Für Gegenstände, die nicht kraft Gesetzes, sondern durch Vereinbarung in das Gesamtgut fallen sollen, gilt die gesetzliche Folge des Abs II nicht, Colmar OLG 7, 54, ebensowenig für eine Überführung eines Gegenstandes aus dem Gesamtgut in das Vorbehaltsgut eines Ehegatten oder umgekehrt: Hier bedarf es also des einzelnen Übertragungsaktes, zB der Auflassung, KGJ 52, 140; aA MüKo/Kanzleiter Rz 18ff.

5. Einzelfragen zum Grundbuchrecht. Die Gemeinschaft ist bei dem betreffenden Recht im Grundbuch unter 5 genauer Bezeichnung des Güterstandes einzutragen. Hinsichtlich des Nachweises vgl §§ 33, 34 GBO. Ist dem Grundbuchamt das Bestehen der Gütergemeinschaft bekannt, so hat es einen Antrag auf Eintragung der Ehegatten als Eigentümer zu Bruchteilen abzulehnen, RG 155, 344. Jedoch können in Gütergemeinschaft lebende Ehegatten ein Grundstück zu Miteigentum nach Bruchteilen erwerben, wenn die Bruchteile Vorbehaltsgut werden, BayObLG FamRZ 1982, 285. Einem Antrag auf Eintragung des Erwerbers als Alleineigentümer kann nicht entsprochen werden; er würde eine Unrichtigkeit des Grundbuchs herbeiführen, zu deren Beseitigung das Grundbuchamt nach § 82 GBO auch von Amts wegen verpflichtet wäre, RG 155, 347. Eine Eintragung beider Ehegatten auf Antrag des Erwerbers ist auch ohne Zustimmung des anderen möglich, da ein Fall der Berichtigung nicht vorliegt, hM, zB BayObLG MDR 1954, 306; Demharter, GBO § 33 Rz 25; ob der verwaltende oder nichtverwaltende Ehegatte den Antrag stellt, ist gleich. Diese Fragen werden von der Rechtsfigur der gesetzlichen Ermächtigung gut gelöst. Schwierigkeiten bereitet eine andere Frage: Wer ist Eigentümer des Grundstückes, das ein Ehegatte während der Gütergemeinschaft erwirbt, bevor er als Eigentümer eingetragen wird? Wenn die gesetzliche Ermächtigung zum Schutze der Gesamthandsgemeinschaft einen anderen Erwerbswillen des Ehegatten rechtsunerheblich macht, so hat die Gemeinschaft doch nicht erworben, da sie nicht als neue Eigentümerin eingetragen worden ist, so daß es sich um einen fehlgeschlagenen Erwerb handelt, der Veräußerer also noch Eigentümer ist (kritisch zu dieser Auffassung Dölle, FamR I § 67 Ic bb, N 47). Wer auch auf den Erwerb während der Gütergemeinschaft Abs II und III anwendet, hat mit diesem Fall keine Schwierigkeiten. Zunächst wird der eingetragene Ehegatte Eigentümer, das Gesamtgut erwirbt nach einer logischen Sekunde das Eigentum nach Abs II. Da das Grundbuch unrichtig ist, besteht ein Grundbuchberichtigungsanspruch gemäß § 894; vgl im einzelnen die Bemerkungen in der 9. Aufl. Wird ein Grundstück den in Gütergemeinschaft lebenden Ehegatten als Bruchteilserwerbern aufgelassen, so kann eine Umschreibung auf die Gütergemeinschaft ohne Wiederholung der Auflassung erfolgen, BGH 82, 346; LG Köln DNotZ 1977, 244; vgl auch LG Aachen DNotZ 1978, 606 für den Fall des nachträglichen Eintritts der Gütergemeinschaft; MüKo/Kanzleiter Rz 26; aA Düsseldorf MDR 1979, 494; BayObLG WM 1978, 1392. Bei Übertragung oder Aufhebung des im Grundbuch für einen Ehegatten eingetragenen Rechts bedarf es nach § 40 I GBO einer vorherigen Eintragung beider Ehegatten nicht, Demharter, GBO § 40 Rz 10; KG JFG 1, 289. Hatte ein Ehegatte bei Begründung der Gütergemeinschaft ein Grundstück bereits an einen Dritten veräußert und aufgelassen, so fällt dieses Grundstück zwar im Wege der Universalsukzession in das Gesamtgut, jedoch belastet mit der Auflassung, an die auch der andere Ehegatte gebunden ist. Seiner Zustimmung bedarf es für die Umschreibung nicht mehr, so auch Tiedtke FamRZ 1976, 510; MüKo/Kanzleiter Rz 7; Böhringer BWNotZ 1983, 133; aA BayObLG MittBayNot 1975, 228.

1417 *Sondergut*
(1) **Vom Gesamtgut ist das Sondergut ausgeschlossen.**
(2) **Sondergut sind die Gegenstände, die nicht durch Rechtsgeschäft übertragen werden können.**
(3) **Jeder Ehegatte verwaltet sein Sondergut selbständig. Er verwaltet es für Rechnung des Gesamtguts.**

§ 1417

1. Allgemeines. § 1417 führt den Begriff des Sonderguts für die Gegenstände, die nicht durch Rechtsgeschäft übertragen werden können, in das BGB ein. Die Vorschriften über das Sondergut sind in die Regelung der Gütergemeinschaft eingefügt (§§ 1420, 1439 bis 1442, 1445, 1446, 1461 bis 1464, 1467, 1468, 1486).

2. Entstehung und Umfang des Sonderguts. Es kann für jeden Ehegatten kraft Gesetzes entstehen; vertraglich kann es jedenfalls mit Wirkung gegenüber Dritten nicht begründet werden. Eine vertragliche Umwandlung in Vorbehaltsgut ist möglich, eine Eintragung der Sondergutseigenschaft im Grundbuch unzulässig. Zu den durch Rechtsgeschäft nicht übertragbaren Gegenständen gehören zB der unpfändbare Gehaltsanspruch des Beamten oder Lohnempfängers, eine gesetzliche Unterhaltsforderung, Posen OLG 8, 336, Nießbrauch, Vorkaufsrecht, Urheberrecht, beschränkte persönliche Dienstbarkeit, eine nach § 1111 II unveräußerliche Reallast, ein Wohnrecht aber nur, wenn es nicht für beide Ehegatten gemeinsam bestellt ist, Haegele Rpfleger 1971, 283, 285; Frankfurt Rpfleger 1973, 395, der Anteil an einer Gesellschaft, besonders an einer OHG, der Anspruch auf Schmerzensgeld, RG 96, 97, vgl dazu Dölle, FamR I § 67 III; Weimar JZ 1981, 448 und Soergel/Gaul Rz 3. Nach BGH FamRZ 1975, 572 können in Gütergemeinschaft lebende Ehegatten unter sich ohne Gesamtgut nur durch ehevertragliche Begründung von **Vorbehaltsgut** errichten. Die Zugehörigkeit der Gesellschaftsanteile zum Sondergut lehnt der BGH im Ergebnis zutreffend ab, so auch Reuter/Kunath JuS 1977, 376; Schünemann FamRZ 1976, 137; aA aber Tiedtke FamRZ 1975, 675. Entgegen der Ansicht des BGH gehören die OHG-Anteile jedoch zum Sondergut der Ehegatten nach § 1417, da der Gesellschaftsanteil, wenn auch dispositiv, nicht übertragbar ist. Dies ist auch kein Fall der rechtsgeschäftlichen Begründung von Sondergut, so aber BGH aaO. Die Zugehörigkeit zum Sondergut tritt vielmehr kraft des gesetzlichen Grundsatzes der Unübertragbarkeit des Gesellschaftsanteils ein, vgl auch Reuter/Kunath JuS 1977, 380; Beitzke FamRZ 1975, 575; dem BGH zustimmend RGRK/Finke § 1418 Rz 5; MüKo/Kanzleiter Rz 10; Schünemann FamRZ 1976, 137. Der Gesellschaftsvertrag und damit die Überführung von Mitteln des Gesamtguts in Sondergut bedarf nicht der Form des § 1410 (aA Beitzke aaO), da das Sondergut nicht rechtsgeschäftlich gebildet wird und andererseits weiterhin wirtschaftlich beim Gesamtgut verbleibt, nämlich für dessen Rechnung verwaltet wird, so auch Reuter/Kunath aaO. Zu den Gewinnen aus Anteilen an einer Personengesellschaft, an der nur einer der in Gütergemeinschaft lebenden Ehegatten beteiligt ist, vgl Krüger BB 1975, 1573. Der Anteil an einer Kapitalgesellschaft fällt in das Gesamtgut. Ein unveräußerliches Recht, das den Ehegatten gemeinsam bestellt ist, fällt zwingend in das Gesamtgut. Es kann ihnen, auch wenn dieses gewollt ist, nicht zugleich als Rechtsgemeinschaft nach § 428 zustehen, BayObLG DNotP 1968, 493. Allgemein zum Umfang des Sondergutes Lutter AcP 161, 163ff.

3. Rechtliche Behandlung des Sonderguts. Jeder Ehegatte ist allein Inhaber der zu seinem Sondergut gehörenden Gegenstände und verwaltet diese ihrem persönlichen Charakter entsprechend selbständig; der andere hat kein Recht auf Mitwirkung oder Einspruch. Die Verwaltung des Sonderguts wird für Rechnung des Gesamtguts geführt. Dieses erhält die Nutzungen des Sonderguts, hat aber auch dessen laufende Lasten zu tragen. Zur Zwangsvollstreckung in Gegenstände des Sonderguts genügt, soweit sie überhaupt möglich ist (§§ 851, 857 ZPO), ein Urteil gegen den Ehegatten, dem das Sondergut gehört. Surrogate des Sonderguts, zB das auf den Lohn- oder Unterhaltsanspruch gezahlte Geld, das Auseinandersetzungsguthaben des Gesellschafters, werden Gesamtgut, es sei denn, daß auch die Surrogate nicht durch Rechtsgeschäft übertragen werden können.

1418 *Vorbehaltsgut*

(1) Vom Gesamtgut ist das Vorbehaltsgut ausgeschlossen.
(2) Vorbehaltsgut sind die Gegenstände,
1. die durch Ehevertrag zum Vorbehaltsgut eines Ehegatten erklärt sind,
2. die ein Ehegatte von Todes wegen erwirbt oder die ihm von einem Dritten unentgeltlich zugewendet werden, wenn der Erblasser durch letztwillige Verfügung, der Dritte bei der Zuwendung bestimmt hat, dass der Erwerb Vorbehaltsgut sein soll,
3. die ein Ehegatte auf Grund eines zu seinem Vorbehaltsgut gehörenden Rechts oder als Ersatz für die Zerstörung, Beschädigung oder Entziehung eines zum Vorbehaltsgut gehörenden Gegenstands oder durch ein Rechtsgeschäft erwirbt, das sich auf das Vorbehaltsgut bezieht.
(3) Jeder Ehegatte verwaltet das Vorbehaltsgut selbständig. Er verwaltet es für eigene Rechnung.
(4) Gehören Vermögensgegenstände zum Vorbehaltsgut, so ist dies Dritten gegenüber nur nach Maßgabe des § 1412 wirksam.

1. Grundsatz. Jeder Ehegatte ist selbständiger Inhaber und Verwalter seines Vorbehaltsguts. Das Vorbehaltsgut entsteht aber anders als das Sondergut nicht kraft Gesetzes. Umwandlung von Vorbehaltsgut in Gesamtgut und umgekehrt ist zulässig; hierzu bedarf es aber außer der Vereinbarung durch Ehevertrag der unmittelbaren Übertragung des betreffenden Gegenstandes; Soergel/Gaul § 1416 Rz 7 mwN; differenzierend Gernhuber/Coester-Waltjen, FamR § 38 V 2. Eintragung der Vorbehaltsgutseigenschaft im Grundbuch ist unzulässig, KG RJA 4, 261.

2. Entstehung von Vorbehaltsgut durch Ehevertrag. Vorbehaltsgut kann jederzeit (vgl § 1408) durch Ehevertrag geschaffen werden. In dem Vertrag können einzelne Gegenstände oder Sachinbegriffe zum Vorbehaltsgut eines Ehegatten erklärt werden; es kann auch genügen, wenn die Gegenstände ihrem Erwerbsgrund nach bezeichnet werden, sofern hierdurch die erforderliche Bestimmbarkeit gewährleistet wird. Formlose Schenkungen der Ehegatten untereinander sind möglich, soweit sie aus dem Vorbehaltsgut des einen in das des anderen erfolgen, Hamburg OLG 12, 312; der Form des Ehevertrages bedarf nur die Umwandlung von Gesamtgut in Vorbehaltsgut. Ein Vertrag darüber, daß alle künftigen Schenkungen Vorbehaltsgut werden sollen, ist wirksam, Soergel/Gaul Rz 4; Pal/Diederichsen Rz 3; Gernhuber/Coester-Waltjen, FamR § 38 V 2; MüKo/Kanzleiter Rz 4; aM RJA 6, 53, weil ein Vertrag für jeden Einzelfall erforderlich sei. Bei Gründung einer OHG mit einem Dritten muß das zur Gründung erforderliche Gesamtgut nicht zuvor durch einen der Form des § 1410 entsprechenden Vertrag zum Vorbehaltsgut erklärt worden sein, BayObLG OLG 81, 384. Zu weitgehende Begründung von Vorbehaltsgut kann wegen Gläubigergefährdung im Einzelfall sittenwidrig sein; die Gläubiger eines Ehegatten können auch uU die Erklärung von Gegenständen zum Vorbehaltsgut des andern nach § 4 I AnfG anfechten, vgl RG 57, 86 zu § 3 Nr 4 AnfG aF. Zur Beteiligung der Ehegatten an Personengesellschaften vgl § 1417 Rz 2.

3. Erwerb von Todes wegen und unentgeltliche Zuwendungen unter Lebenden als Vorbehaltsgut. Der Erblasser oder ein Dritter, der einem Ehegatten eine unentgeltliche Zuwendung macht, kann verhindern, daß die Zuwendung in das Gesamtgut fällt, an dem der andere Ehegatte beteiligt ist, das er möglicherweise sogar allein verwaltet. Der Erblasser muß die Bestimmung, daß die Zuwendung Vorbehaltsgut werden solle, durch letztwillige Verfügung in der im Erbrecht vorgeschriebenen Form treffen; wer einem Ehegatten unter Lebenden eine unentgeltliche Zuwendung macht, kann die Bestimmung formlos diesem gegenüber treffen, aber nur bei der Zuwendung, nicht später, ohne daß es auf die Zustimmung des Ehegatten hierzu ankommt, RG 171, 83. Die Bestimmung kann auch schon getroffen werden, bevor der Ehegatte die Gütergemeinschaft vereinbart hat oder vor seiner Eheschließung, RG 106, 381 unter Aufgabe von RG 65, 367 und hM. Erwerb von Todes wegen kann kraft des gesetzlichen Erbrechts, auf Grund Testaments oder Erbvertrags erfolgen; er kann Erbschaft, Vermächtnis oder Pflichtteil sein. Beim Pflichtteil gilt die Bestimmung nicht als Beschwerung im Sinne des § 2306, da sie das Recht des Pflichtteilsberechtigten nicht schmälert; anders nur, wenn die Bestimmung mit einer Bedingung oder Auflage verbunden ist. Beim Erwerb unter Lebenden entscheidet für die Frage der Unentgeltlichkeit der Zuwendung, ob der Ehegatte, dem die Zuwendung gemacht wird, ein Entgelt zu leisten hat; ob der Zuwendende von anderer Seite, etwa von dem anderen Ehegatten ein Entgelt erhält, ist unwesentlich, RG 171, 87 und hM. Unentgeltlich ist auch eine Zuwendung, die einer sittlichen Pflicht entspricht, wie die Ausstattung eines Kindes, RG 80, 217. Wo dagegen eine Rechtspflicht erfüllt wird, ist die Zuwendung nicht unentgeltlich. Durch Ehevertrag kann auch die Entstehung von Vorbehaltsgut grundsätzlich ausgeschlossen werden.

4. Vorbehaltsguteigenschaft der Surrogate des Vorbehaltsguts. Abs II Nr 3 soll die Erhaltung des Vorbehaltsguts als einer wirtschaftlich selbständigen Vermögensmasse gewährleisten und dessen ordnungsmäßige Verwaltung ermöglichen. Sie enthält den Gedanken der dinglichen Surrogation. Der Begriff des zum Vorbehaltsgut gehörenden Rechts umfaßt alle körperlichen und unkörperlichen Bestandteile des Vorbehaltsguts. Ob der Erwerb kraft Gesetzes erfolgt (Früchte und Nutzungen) oder durch ein Rechtsgeschäft (Vermietung eines Grundstücks, Verzinsung eines Kapitals) oder allgemein Erfüllung eines zum Vorbehaltsgut gehörenden Anspruchs, ist gleich. Als Ersatz für Zerstörung, Beschädigung oder Entziehung eines zum Vorbehaltsgut gehörenden Gegenstandes sind alle Ansprüche gegen Dritte aus unerlaubter Handlung oder Bereicherung zum Nachteil des Vorbehaltsguts anzusehen, auch Ansprüche aus Enteignung, aus einer Versicherung für den Schadensfall, auf den Überschuß bei einer Zwangsversteigerung. Ein Rechtsgeschäft, das sich auf das Vorbehaltsgut bezieht, ist ein solches, das zu diesem in wirtschaftlichem Zusammenhang steht, RG 87, 100; der Bezug muß sowohl in objektiver als auch subjektiver Hinsicht vorliegen, RG 92, 139; LZ 1922, 649. Vgl Bem zu § 2041. Ob die Mittel aus dem Vorbehaltsgut stammen, ist nicht entscheidend.

5. Rechtliche Behandlung des Vorbehaltsguts. Jeder Ehegatte hat grundsätzlich allein den Besitz, freies Verfügungsrecht und unbeschränkte Prozeßführungsbefugnis hinsichtlich seines Vorbehaltsguts. Bei im Vorbehaltsgut stehenden Haushaltsgegenständen ist ebenso wie bei Gütertrennung (vor § 1414 Rz 3) Mitbesitz der Ehegatten anzunehmen, vgl Gernhuber/Coester-Waltjen, FamR § 38 V 5; Besitzmittlerverhältnisse zwischen den Ehegatten sind möglich. Überläßt ein Ehegatte sein Vorbehaltsgut oder Teile desselben der Verwaltung des anderen, so gilt § 1413.

6. Wirkung der Vorbehaltsguteigenschaft gegenüber Dritten. Nach Abs IV ist die Zugehörigkeit von Vermögensgegenständen zum Vorbehaltsgut Dritten gegenüber nur nach Maßgabe des § 1412 wirksam, dh wenn sie ihm bekannt oder im Güterrechtsregister eingetragen ist. Dies gilt unabhängig vom Entstehungsgrund der Vorbehaltseigenschaft. Eine Aufzählung der einzelnen, zum Vorbehaltsgut gehörenden Gegenstände im Güterrechtsregister ist aber entbehrlich, soweit Dritte bei Anwendung der erforderlichen Sorgfalt erkennen können, daß die Eintragung den bestimmten Gegenstand betrifft; zust Gernhuber/Coester-Waltjen, FamR § 38 V 6; das ist auch für den Fall der Surrogation anzunehmen.

7. Wegen des Vorbehaltsguts des überlebenden Ehegatten bei der fortgesetzten Gütergemeinschaft vgl § 1486.

§ 1419 *Gesamthandsgemeinschaft*

(1) Ein Ehegatte kann nicht über seinen Anteil am Gesamtgut und an den einzelnen Gegenständen verfügen, die zum Gesamtgut gehören; er ist nicht berechtigt, Teilung zu verlangen.
(2) Gegen eine Forderung, die zum Gesamtgut gehört, kann der Schuldner nur mit einer Forderung aufrechnen, deren Berichtigung er aus dem Gesamtgut verlangen kann.

1. Grundsatz. Die Gütergemeinschaft ist als Gesamthandsgemeinschaft ausgestaltet. Jeder Ehegatte hat zwar einen Anteil am Gesamtgut und den dazu gehörigen Gegenständen; aber anders als bei der Bruchteilsgemeinschaft ist dieser nicht ziffernmäßig bestimmbar. Daher bedarf es, wenn ein zum Gesamtgut gehörendes Grundstück Vorbehaltsgut werden soll, der Auflassung des ganzen Grundstücks, nicht nur eines Anteils, vgl auch § 1418 Rz 1. Die Vorschrift soll verhindern, daß ein Ehegatte während der Dauer der Gütergemeinschaft diese durch Verfügung über seinen Anteil oder durch das Verlangen auf Teilung sprengen kann. Über das Gesamtgut können sich die Ehegatten erst nach Beendigung des Güterstandes auseinandersetzen (§§ 1471ff).

§ 1419 Familienrecht Bürgerliche Ehe

2 **2. Folgerungen. a)** Jede Verfügung eines Ehegatten über seinen Anteil ist auch mit Zustimmung des anderen unwirksam; das gilt auch für die Abtretung des Auseinandersetzungsanspruchs, KG JW 1931, 1371, die Verpflichtung zur Übertragung der im Falle einer Auseinandersetzung künftig zu erhaltenden Gegenstände, RGRK/Scheffler, 11. Aufl Anm 13, und auch noch nach dem Tode eines Ehegatten bis zur Auseinandersetzung, KG OLG 43, 361. Aus der rechtlichen Unmöglichkeit der Abtretung folgt gemäß § 134 die Unwirksamkeit einer derartigen Verpflichtung, RG JW 1903, Beil Nr 54; Königsberg OLG 4, 343; BGH FamRZ 1966, 443 (dort auch zur Umdeutung in Abtretung des Anspruchs auf das Auseinandersetzungsguthaben). Auch ein Anspruch auf Teilung ist während der Dauer der Gemeinschaft ausgeschlossen. Dagegen kann der Ehegatte über seinen Anteil von Todes wegen verfügen, was aber auch nur Sinn hat, wenn keine fortgesetzte Gütergemeinschaft eintritt; tritt sie ein, so kann der überlebende Ehegatte über seinen Anteil am Gesamtgut letztwillig verfügen, BayObLG JR 1960, 459.

3 **b)** Nach § 860 ZPO ist der Anteil eines Ehegatten am Gesamtgut und den dazu gehörigen Gegenständen, ebenso wie auch der Anspruch auf Auseinandersetzung der ehelichen Gütergemeinschaft, LG Frankenthal Rpfleger 1981, 241, bis zur Beendigung der Gütergemeinschaft unpfändbar; nach § 36 InsO fällt er nicht in die Insolvenzmasse.

4 **c)** Hinsichtlich der Begründung von Sonderrechten am Gesamtgut für einen Ehegatten vgl § 1416 Rz 2.

5 **d)** Einseitige Aufrechnung des Gläubigers mit einer Forderung, deren Berichtigung aus dem Gesamtgut nicht verlangt werden kann, gegen eine Gesamtgutsforderung ist unzulässig. Zulässig dagegen Aufrechnungsvertrag.

1420 *Verwendung zum Unterhalt*
Die Einkünfte, die in das Gesamtgut fallen, sind vor den Einkünften, die in das Vorbehaltsgut fallen, der Stamm des Gesamtgutes ist vor dem Stamm des Vorbehaltsguts oder des Sonderguts für den Unterhalt der Familie zu verwenden.

1 Die Vorschrift gilt auch für den Trennungsunterhalt, BGH 111, 248, nicht für nachehelichen Unterhalt, Nürnberg FuR 1993, 289. Bei der Gütergemeinschaft bildet das Gesamtgut regelmäßig den Hauptteil des Vermögens der Ehegatten; in das Gesamtgut fällt insbesondere auch, soweit nicht durch Ehevertrag etwas anderes vereinbart ist, der Arbeitserwerb der Ehegatten. Deshalb soll der Unterhalt der Familie in erster Linie aus dem Gesamtgut bestritten werden. Dabei kann nicht Zahlung einer Geldrente (§ 1361 IV S 1), sondern nach § 1451 Mitwirkung zu den entsprechenden Verwendungsmaßnahmen verlangt werden, BGH FamRZ 1990, 851; BayObLG FamRZ 1997, 422; München FamRZ 1996, 166; kritisch Kleine FamRZ 1997, 1194. Dies gilt auch bei Geltendmachen von Notunterhalt im Wege der einstweiligen Verfügung, München NJW-RR 1996, 903. Zu den Erträgnissen des Gesamtgutes zählt auch die Nutzung von dazugehörigen Gegenständen, für die, wenn sie nur durch einen Ehegatten erfolgt, auch ein Entgelt zu zahlen ist, Bamberg FamRZ 1987, 703. Es ist zu beachten, daß in das Gesamtgut auch die Einkünfte des Sonderguts (§ 1417 III S 2) fallen. Die Einkünfte des Vorbehaltsguts sind erst in Anspruch zu nehmen, wenn die Einkünfte des Gesamtguts nicht ausreichen. Der Stamm des Vorbehaltsguts und des Sonderguts ist erst nach dem Stamm des Gesamtguts für den Familienunterhalt heranzuziehen. Im allgemeinen werden die Einkünfte vor dem Vermögensstamm zur Bestreitung der laufenden Ausgaben verwendet, also auch die Einkünfte des Vorbehaltsguts vor dem Stamm des Gesamtguts (vgl dazu auch § 1360). Besondere Umstände können aber eine andere Reihenfolge geboten erscheinen lassen. § 1420 gibt nur eine Richtlinie für die Ehegatten, die nicht zwingend ist. Leistet ein Ehegatte zum Unterhalt der Familie einen höheren Beitrag als ihm obliegt, so ist im Zweifel anzunehmen, daß er von dem andern keinen Ersatz verlangen will (§ 1360b).

1421 *Verwaltung des Gesamtguts*
Die Ehegatten sollen in dem Ehevertrag, durch den sie die Gütergemeinschaft vereinbaren, bestimmen, ob das Gesamtgut von dem Mann oder der Frau oder von ihnen gemeinschaftlich verwaltet wird. Enthält der Ehevertrag keine Bestimmung hierüber, so verwalten die Ehegatten das Gesamtgut gemeinschaftlich.

1 Die Ehegatten sollen im Ehevertrag bestimmen, wer zur Verwaltung des Gesamtguts berechtigt sein soll; der Notar oder Richter ist verpflichtet, sie hierüber zu belehren und zu befragen. Es sind drei Möglichkeiten vorgesehen: Verwalter des Gesamtguts können werden der Mann, die Frau oder beide gemeinschaftlich. Dagegen ist nicht vorgesehen, daß beide selbständig und unabhängig voneinander das Gesamtgut verwalten können, weil damit keine ordnungsmäßige Verwaltung gewährleistet wäre und widersprechende Verwaltungshandlungen der Ehegatten sowohl den Ehefrieden als den Rechtsverkehr gefährden könnten, zustimmend Dölle, FamR I § 68 II 1; Soergel/Gaul Rz 3. Eine solche Regelung dürfte daher auch durch Ehevertrag nicht rechtswirksam eingeführt werden können (ebenso BayObLG NJW 1968, 896; Gernhuber/Coester-Waltjen, FamR § 32 III 6 sowie Dölle und Soergel/Gaul aaO; MüKo/Kanzleiter Rz 2), weil sie dem eindeutig erkennbaren Willen des Gesetzgebers widerspräche (vgl den Bericht des Rechtsausschusses, BT-Drucks Nr 3409, 25). Es besteht hierfür auch kein Bedürfnis; es genügt, daß die Ehegatten sich für den Einzelfall oder auch allgemein gegenseitig bevollmächtigen können, wenn sie das für angezeigt halten. Fehlt im Einzelfall eine Bestimmung, tritt kraft Gesetzes gemeinschaftliche Verwaltung des Gesamtguts ein. Ob eine Bestimmung getroffen wurde, ist ggf durch Auslegung zu ermitteln, BayObLG FamRZ 1990, 411. Änderung der Verwaltungsbefugnis ist nur durch neuen Ehevertrag möglich. Die Verwaltungsregelung kann im Güterrechtsregister eingetragen werden. Dritte können bei fehlender Eintragung von gemeinschaftlicher Verwaltung ausgehen.

Eheliches Güterrecht: Vertragliches **§ 1422**

Unterkapitel 2

Verwaltung des Gesamtgutes durch den Mann oder die Frau

1422 *Inhalt des Verwaltungsrechts*
Der Ehegatte, der das Gesamtgut verwaltet, ist insbesondere berechtigt, die zum Gesamtgut gehörenden Sachen in Besitz zu nehmen und über das Gesamtgut zu verfügen; er führt Rechtsstreitigkeiten, die sich auf das Gesamtgut beziehen, im eigenen Namen. Der andere Ehegatte wird durch die Verwaltungshandlungen nicht persönlich verpflichtet.

1. Allgemeines. Die §§ 1422 bis 1449 sehen die Verwaltung des Gesamtguts durch Mann oder Frau vor. Dem Gesamtgutsverwalter wird ein weitgehendes Recht zur Verwaltung des Gesamtguts eingeräumt. Die Verwaltung steht ihm grundsätzlich allein zu. Sie umfaßt das Recht, die zum Gesamtgut gehörenden Sachen in Besitz zu nehmen, über die Gegenstände des Gesamtguts durch Veräußerung oder Belastung zu verfügen und Rechtsstreitigkeiten, die sich auf das Gesamtgut beziehen, im eigenen Namen zu führen. Auch einseitige Rechtsgeschäfte, die sich auf das Gesamtgut beziehen, sind von Dritten nur dem Gesamtgutsverwalter gegenüber vorzunehmen (vgl dagegen bei der gemeinschaftlichen Verwaltung § 1450 II). Das Verwaltungsrecht des Gesamtgutsverwalters ist jedoch durch die §§ 1423 bis 1425 eingeschränkt. Die durch diese Vorschriften gesetzten Schranken können aber nicht ausdehnend ausgelegt werden, RG 69, 179. In den §§ 1428 bis 1433 sind gewisse Befugnisse des anderen Ehegatten vorgesehen.

Der **Gesamtgutsverwalter verwaltet** das Gesamtgut **kraft eigenen Rechts**, nicht als gesetzlicher Vertreter des 2 anderen Ehegatten; er kann diesen persönlich mit Wirkung für dessen Vorbehaltsgut nicht verpflichten, RG Recht 1916, 1725. Der andere Ehegatte wird nur bei bestehender Vollmacht oder Genehmigung persönlich verpflichtet. In der Einwilligung nach §§ 1423–1425 kann eine Vollmachtserteilung nicht gesehen werden. Der andere Ehegatte kann aber über § 1357 persönlich verpflichtet werden. Handelt der andere Ehegatte ohne die erforderliche Einwilligung des Gesamtgutsverwalters, so verpflichtet er sich persönlich und haftet mit seinem Vorbehaltsgut und Sondergut; für von ihm vorgenommene Verfügungen über das Gesamtgut gelten die §§ 182ff. Handelt der Gesamtgutsverwalter in den Fällen der §§ 1423 bis 1425 ohne die erforderliche Einwilligung des anderen Ehegatten, so entsteht für ihn, abgesehen von einer etwaigen Haftung aus Bereicherung oder unerlaubter Handlung, keine schuldrechtliche Verpflichtung. Der andere Ehegatte hat nicht das Recht, Verwaltungshandlungen des Gesamtgutsverwalters, die dieser allein vornehmen kann, zu widersprechen; er kann aber nach § 1435 Auskunft über den Stand der Verwaltung und Ersatz für schuldhafte Minderung des Gesamtguts vom Gesamtgutsverwalter verlangen, letzteres gemäß § 1446 allerdings erst nach Beendigung der Gütergemeinschaft; er kann jedoch, falls die übrigen Voraussetzungen hierfür vorliegen (§§ 917ff ZPO), seinen Ersatzanspruch schon vorher durch Arrest und einstweilige Verfügung sichern lassen, Posen Recht 1903, 1842; Königsberg OLG 2, 70. Das Verwaltungsrecht des Gesamtgutsverwalters hindert den anderen Ehegatten nicht, einen Gegenstand für das Gesamtgut zu erwerben (§ 1416 I S 2); das Grundbuchamt hat eine an ihn gerichtete Auflassungserklärung entgegenzunehmen ohne Rücksicht darauf, wer den obligatorischen Vertrag geschlossen hat, RJA 7, 55. Vgl hierzu aber auch § 1416 Rz 4 und 5.

2. Besitz am Gesamtgut. Der Gesamtgutsverwalter kann auf das Gesamtgut tatsächlich einwirken und die zum 3 Gesamtgut gehörenden Gegenstände in seinen unmittelbaren Besitz nehmen; der andere Ehegatte, richtiger wohl die Gesamthandsgemeinschaft der Ehegatten, wird dann mittelbarer Besitzer, RG 105, 21. Ihn oder sie als Besitzdiener anzusehen, entspräche nicht der richtigen Auffassung vom Wesen der Ehe. Anders, soweit es sich um Sachen handelt, die zum Geschäftsbetrieb eines Ehegatten gehören; hat dieser bei kürzerer Abwesenheit die Führung des Geschäfts dem andern überlassen, so muß man den anderen auch nach heutiger Auffassung als Besitzdiener ansehen. Bei längerer Abwesenheit des Gesamtgutsverwalters ist der andere Ehegatte als alleiniger unmittelbarer Besitzer anzusehen, KG NJW 1949, 383. Bei persönlichen Gebrauchsgegenständen des anderen Ehegatten oder sonstigen Sachen, die er unter Alleinverschluß hält, ferner bei Sachen, die zu einem von ihm betriebenen Erwerbsgeschäft gehören, ist in der Regel unmittelbarer Besitz des anderen Ehegatten anzunehmen, vgl dazu Pohle MDR 1954, 705. Hat der Gesamtgutsverwalter dem selbständigen Betrieb eines Erwerbsgeschäfts durch den anderen Ehegatten zugestimmt, so kann er diesem nicht die für den Fortbetrieb erforderlichen Sachen durch Inbesitznahme entziehen, RG 84, 48. BGH 12, 398 hat bei Gütertrennung Mitbesitz an Ehewohnung und Hausrat angenommen; der BGH leitet den Mitbesitz aus § 1353 her, gleichviel, welcher Ehegatte die Wohnung gemietet oder den Hausrat erworben habe. Da § 1353 eine allgemeine Vorschrift ist, muß bei Gütergemeinschaft das gleiche gelten. Entscheidend für die Besitzverhältnisse ist aber immer die tatsächliche Lage im Einzelfall. Bei Zusammenleben der Ehegatten spricht die Vermutung für den Mitbesitz am Hausrat, dem in den Grenzen des § 866 den Ehegatten auch Besitzschutz gegeneinander gewährt, vgl LG Düsseldorf NJW 1955, 477. Im übrigen erstreckt sich das Recht des Gesamtgutsverwalters auf Inbesitznahme der zum Gesamtgut gehörenden Gegenstände auch gegen Dritte, die etwa solche Sachen in Besitz haben, zB gegen den Vormund des anderen Ehegatten, RG 85, 420. Hat der andere Ehegatte Abhebungen von einem Bankkonto oder Sparbuch vorgenommen, so ist er dem Gesamtgutsverwalter herausgabepflichtig, Darmstadt OLG 34, 91. Ist der andere Ehegatte selbst nur mittelbarer Besitzer, so erwirbt der Gesamtgutsverwalter diesen Besitz und macht den anderen Ehegatten oder die Gesamthandsgemeinschaft zum zweistufigen mittelbaren Besitzer. Auch den durch den anderen Ehegatten als Erben gemäß § 857 erworbenen Besitz erhält der Gesamtgutsverwalter kraft Gesetzes und vermittelt ihn nunmehr dem anderen Ehegatten gemäß § 868. Soweit der Gesamtgutsverwalter unmittelbarer Besitzer wird, ist er für eine Herausgabeklage aus § 985 passiv legitimiert, vgl BGH 2, 164. Der Besitz des Gesamtgutsverwalters ist als sonstiges Recht gemäß § 823 I gegen Verletzung durch Dritte geschützt. Allgemein besteht keine Rechtsvermutung, daß der Gesamtgutsverwalter an allen zum Gesamtgut gehörenden Sachen Besitz ergriffen habe; man kann aber tatsächlich davon aus-

D. Heckelmann 3929

§ 1422 Familienrecht Bürgerliche Ehe

gehen, daß er sein Recht zur Inbesitznahme verwirklicht hat, soweit nicht nach den vorstehenden Ausführungen, insbesondere für persönliche Gebrauchsgegenstände, den Hausrat und die zum Betriebe eines Erwerbsgeschäfts des anderen Ehegatten gehörenden Sachen etwas anderes anzunehmen ist. Gegen Dritte hat der Gesamtgutsverwalter den Anspruch aus § 861. Gegenstände, die der andere Ehegatte gegen seinen Willen fortgeschafft hat, sind ihm abhanden gekommen, Braunschweig OLG 26, 176. Das Besitzrecht des Gesamtgutsverwalters bleibt auch bei Getrenntleben der Ehegatten erhalten, RG Recht 1921, 1912; aber er darf es nicht durch Selbsthilfe verwirklichen, begeht daher verbotene Eigenmacht, wenn er von dem anderen Ehegatten getrennt lebt und aus der diesem überlassenen Wohnung Sachen herausholt, SeuffA 77, 31, vgl auch Kiel SchlHA 1948, 32. Verfügungen des Gesamtgutsverwalters über zum Gesamtgut gehörende Sachen sind wirksam, auch soweit der Gesamtgutsverwalter nicht im Besitz der Sache ist. Umgekehrt kann der andere Ehegatte, auch wenn er im Besitz von Gesamtgut ist, über dieses selbständig nur verfügen, wenn die Voraussetzungen der §§ 1429 bis 1431 vorliegen; vgl jedoch hinsichtlich des Schutzes gutgläubiger Dritter Rz 5.

4 **3. Prozeßführung.** Der Gesamtgutsverwalter hat das aktive und passive Prozeßführungsrecht hinsichtlich des Gesamtguts. Das gilt auch, soweit seine Verpflichtungs- und Verfügungsbefugnis nach den §§ 1423 bis 1425 eingeschränkt ist; jedoch bedürfen Prozeßhandlungen, die gleichzeitig eine materielle Verfügung enthalten wie Vergleich, Verzicht, Anerkenntnis in diesen Fällen der Zustimmung des anderen Ehegatten, hM, zB KG RJA 11, 78. Der Gesamtgutsverwalter kann Zahlung an sich fordern, RG 67, 265, muß aber die Zugehörigkeit der Forderung zum Gesamtgut erkennen lassen, MüKo/Kanzleiter Rz 27. Das Urteil wirkt im Rahmen seiner Prozeßführungsbefugnis hinsichtlich des Gesamtguts auch für und gegen den anderen Ehegatten, KGJ 26, 262. Wird dieser persönlich in Anspruch genommen, so bindet die Rechtskraft ihn insoweit nicht. Dagegen erstreckt sich die Rechtskraft des Urteils auch gegen den Gesamtgutsverwalter, soweit der andere Ehegatte mit seiner Einwilligung oder nach den §§ 1429ff mit Wirkung für und gegen das Gesamtgut prozessiert hat, RG 56, 77; 148, 247. Wegen der Rechtskraftwirkung des Urteils in Fällen des § 1428 vgl § 1368 Rz 12. Die Einwilligung des Gesamtgutsverwalters verleiht dem anderen Ehegatten die Aktivlegitimation zu Rechtsstreitigkeiten über das Gesamtgut; er hat die Klage auf Zahlung an sich oder an den Gesamtgutsverwalter nach Wahl des Schuldners zu richten, RG 60, 147; vgl JW 1910, 818. Passivlegitimiert ist stets der Gesamtgutsverwalter; ein Titel gegen ihn genügt nach § 740 I ZPO zur Zwangsvollstreckung in das Gesamtgut. Der Besitz oder Gewahrsam des anderen Ehegatten steht der Zwangsvollstreckung in das Gesamtgut nicht entgegen (§ 739 ZPO, § 1362 Rz 17). Eines Duldungstitels gegen diesen bedarf es daher nur noch nach Beendigung der Gütergemeinschaft (§ 743 ZPO). Ein Rechtsschutzbedürfnis für eine vorher erhobene Duldungsklage ist aber zu bejahen, wenn Anhaltspunkte dafür vorliegen, daß die Gütergemeinschaft demnächst beendet wird, weil zB ein Scheidungs- oder ein Aufhebungsrechtsstreit schwebt. Wegen der Vollstreckung in das Gesamtgut vgl ü § 1437 Rz 3. Im Rahmen seiner persönlichen Haftung ist auch der andere Ehegatte für die Klage auf Leistung passiv legitimiert. Eines Titels gegen ihn bedarf es immer zur Vollstreckung in sein Vorbehaltsgut und Sondergut. Werden beide Ehegatten aus einer Gesamtgutsverbindlichkeit in Anspruch genommen, so sind sie hinsichtlich der Haftung des Gesamtguts, nicht aber wegen einer etwaigen persönlichen Verpflichtung des anderen Ehegatten notwendige Streitgenossen, Baumbach/Lauterbach/Albers/Hartmann, ZPO, Anh § 52 Rz 7. Wenn der eine Ehegatte den Prozeß führt, kann der andere Zeuge und Nebenintervenient sein.

5 **4. Der Schutz gutgläubiger Dritter** richtet sich nach den allgemeinen Vorschriften. Verfügt der als Alleineigentümer eingetragene Gesamtgutsverwalter entgegen § 1424 über ein Grundstück, so wird der Erwerber gemäß § 892 auch dann geschützt, wenn die Gütergemeinschaft im Güterrechtsregister eingetragen ist. Das gleiche gilt, wenn der andere Ehegatte über ein für ihn als Alleineigentümer eingetragenes Grundstück verfügt. Verfügt der andere Ehegatte über bewegliche Sachen, die sich im Besitz des Gesamtgutsverwalters befinden, so ist gutgläubiger Erwerb durch einen Dritten ausgeschlossen, soweit § 935 II eingreift. Im übrigen wird Eintragung der Gütergemeinschaft im Güterrechtsregister meist große Fahrlässigkeit des Erwerbers im Sinne des § 932 II begründen; aA MüKo/Kanzleiter Rz 22; jedenfalls bei geringwertigen Sachen: RGRK/Finke Rz 26. Die Möglichkeit gutgläubigen Erwerbs bestreitet Gernhuber/Coester-Waltjen, FamR § 38 VII 11, weil der Schein des Eigentums den Mangel in der Verwaltungsmacht nicht ersetzen könne; damit wird der Gutglaubensschutz unzulässig eingeengt; er wäre überall ausgeschlossen, wo besondere Verwaltungszuständigkeiten bestehen, also etwa an Sachen von Handelsgesellschaften, öffentlichem Eigentum, bei Testamentsvollstreckung uam; vgl dazu auch Staud/Thiele, § 1369 Rz 68.

6 **5.** Eine Beschränkung der Rechte des Gesamtgutsverwalters durch Ehevertrag ist zulässig, aber Dritten gegenüber nur nach Maßgabe des § 1412 und des § 137 wirksam.

1423 *Verfügung über das Gesamtgut im Ganzen*
Der Ehegatte, der das Gesamtgut verwaltet, kann sich nur mit Einwilligung des anderen Ehegatten verpflichten, über das Gesamtgut im Ganzen zu verfügen. Hat er sich ohne Zustimmung des anderen Ehegatten verpflichtet, so kann er die Verpflichtung nur erfüllen, wenn der andere Ehegatte einwilligt.

1 **1. Grundgedanke.** Die Beschränkung des Verwaltungsrechts des Gesamtgutsverwalters beruht auf der Erwägung, daß Rechtsgeschäfte über das Gesamtgut im ganzen, wenn der Gesamtgutsverwalter sie allein vornehmen könnte, der Gütergemeinschaft die Grundlage entziehen und die Rechte des anderen Ehegatten gefährden würden. Die Vorschrift entspricht dem § 1365 bei der Zugewinngemeinschaft, vgl auch die dortige Kommentierung.

2 **2. Inhalt der Beschränkung.** Der Einwilligung bedürfen schuldrechtliche Rechtsgeschäfte über das Gesamtgut im ganzen, zB Übertragungsverträge. Das gilt auch, wenn die einzelnen angeführten Vermögensgegenstände das ganze Gesamtgut ausmachen, aber nur wenn der Dritte dies weiß, vgl RG 94, 317 und § 1365 Rz 10. Unerheblich ist, wenn einzelne unbedeutende Stücke des Gesamtguts durch den Vertrag nicht erfaßt werden. Damit die Unwirk-

samkeit des Verpflichtungsgeschäfts nicht durch dessen Erfüllung umgangen werden kann, bedürfen ferner, wenn die Einwilligung des anderen Ehegatten zu dem Verpflichtungsgeschäft fehlt, die zu dessen Erfüllung vorzunehmenden einzelnen Verfügungshandlungen zu ihrer Wirksamkeit der Einwilligung des anderen Ehegatten; eine Verfügung über das Gesamtgut im ganzen („uno actu") ist ohnehin nicht möglich. Verfügungen eines Ehegatten über sein ganzes Vorbehaltsgut oder Sondergut fallen weder unter § 1423 noch unter § 1365, sind vielmehr gemäß §§ 1417 III, 1418 III ohne Zustimmung des andern wirksam.

3. Erteilung der Einwilligung. Hierfür gelten die § 182ff; die Einwilligung kann formlos durch schlüssiges Verhalten erklärt werden, JW 1925, 1139. Es genügt, wenn der Vertragsgegner das Verhalten des anderen Ehegatten nach den allgemeinen Auslegungsregeln als Zustimmung deuten durfte, RG Recht 1924, 996. Kenntnis von der Zustimmungsbedürftigkeit ist nicht erforderlich, RG 108, 281. Ersetzung der Zustimmung des anderen Ehegatten durch das VormG ist nach § 1426 möglich. Vgl im übrigen § 1365 Rz 23.

4. Rechtsfolgen der Erteilung und der Verweigerung der Zustimmung. Handelt der Gesamtgutsverwalter mit Einwilligung des anderen Ehegatten, so verpflichtet er das Gesamtgut und sich persönlich, aber nicht den anderen Ehegatten persönlich. Handelt er ohne dessen Einwilligung, so ist abgesehen von einer Haftung aus Bereicherung oder unerlaubter Handlung auch das schuldrechtliche Geschäft wirkungslos; wäre es wirksam, würde gemäß §§ 1437ff auch das Gesamtgut haften müssen. Wegen des Schutzes gutgläubiger Dritter vgl § 1422 Rz 5.

5. Vertragliche Ausschaltung der den Schutz des anderen Ehegatten bezweckenden Vorschrift legt die Prüfung der Sittenwidrigkeitsfrage nahe; MüKo/Kanzleiter Rz 6 nimmt grds Dispositivität an.

1424 *Verfügung über Grundstücke, Schiffe oder Schiffsbauwerke*

Der Ehegatte, der das Gesamtgut verwaltet, kann nur mit Einwilligung des anderen Ehegatten über ein zum Gesamtgut gehörendes Grundstück verfügen; er kann sich zu einer solchen Verfügung auch nur mit Einwilligung seines Ehegatten verpflichten. Dasselbe gilt, wenn ein eingetragenes Schiff oder Schiffsbauwerk zum Gesamtgut gehört.

1. Allgemeines. Rechtsgeschäfte über Grundstücke bedürfen wegen der besonderen Bedeutung der Zustimmung des anderen Ehegatten. Die Vorschrift gilt auch für eingetragene Schiffe und Schiffsbauwerke, für das Erbbaurecht (§ 11 ErbbauVO vom 15. 1. 1919) sowie für landesrechtlich gleichstehende Rechte (Art 196 EGBGB). Welcher Ehegatte das Grundstück eingebracht hat und ob die Verfügung einseitig oder vertraglich ist, ist gleichgültig. Auf Verfügungen von Todes wegen ist die Vorschrift nicht anwendbar. Grundstücke, hinsichtlich derer nur ein Anspruch auf Auflassung besteht oder die zwar aufgelassen, aber noch nicht umgeschrieben sind, gehören noch nicht zum Gesamtgut, selbst wenn der Anspruch durch eine Vormerkung gesichert war, BGH DNotZ 1971, 725f; BayObLG FamRZ 1954, 257; RG 111, 185.

2. Zum Begriff der Verfügung vgl Einl § 104 Rz 16; MüKo/Kanzleiter Rz 3ff. Darunter fallen Veräußerungen und Belastungen wie zB Bewilligung einer Vormerkung, KGJ 29, 151, Bestellung einer Eigentümergrundschuld, KGJ 43, 256, Änderung eines Grundstücksrechts insoweit, als sie die Haftung des Grundstücks steigert, etwa Erhöhung des Zinssatzes, vgl BayObLG SeuffA 69, 201 und hM; aA Hamburg KGJ 38, 318. Zustimmung des nichtverwaltenden Ehegatten ist erforderlich für Auseinandersetzung über den Nachlaß, zu dem ein Grundstück gehört, da der Sache nach verfügt wird, str, wie hier Pal/Brudermüller Rz 2; MüKo/Kanzleiter Rz 4; Gernhuber/Coester-Waltjen, FamR § 38 VII 9; aA Soergel/Gaul Rz 6. Zuschreibung eines Grundstücks ist Verfügung, soweit das Hauptgrundstück belastet ist, jedoch nur insoweit, wenn das zuzuschreibende Grundstück als Verfügungsobjekt schon zum Gesamtgut gehört, nicht wenn es bisher dem Verwalter gehörte, LG Augsburg Rpfleger 1965, 369 mit Anm Haegele. Dagegen ist keine Verfügung: Vermietung oder Verpachtung eines Gesamtgutsgrundstücks, Änderung eines auf einem Gesamtgutsgrundstück bestehenden Rechts, wie Ausschließung der Kündigungsbefugnis auf Zeit, aA KGJ 29, 20, nachträgliche Brieferteilung, Hamburg OLG 18, 265; Umwandlung einer Form der Belastung in eine andere, wie einer Eigentümergrundschuld in eine Hypothek, aA hinsichtlich sämtlicher Fälle Planck/Unzner § 1445 aF Anm 3, die Zustimmung des Eigentümers zur Rangänderung gemäß § 880 II S 2 sowie zur Löschung einer Hypothek, Grund- oder Rentenschuld, der Antrag auf Zwangsversteigerung eines zum Gesamtgut gehörigen Grundstücks, RG 136, 358; vgl aber Koblenz NJW 1967, 1139 für den Antrag auf Teilungsversteigerung und Soergel/Gaul Rz 5 aE sowie die nachträgliche Unterwerfung unter die sofortige Zwangsvollstreckung, BayObLG SeuffA 69, 367, str; wie hier Soergel/Gaul Rz 6; Gernhuber/Coester-Waltjen, FamR § 38 VII 9. Zur Zuschreibung eines neuerworbenen Grundstücks zu dem zum Gesamtgut gehörigen, LG Augsburg Rpfleger 1965, 369 mit Anm Haegele. Bestellt der Verwalter gleichzeitig mit dem Kauf des Grundstücks für den Veräußerer eine Hypothek für den Kaufpreis oder Kaufpreisrest oder läßt er einen Nießbrauch oder ein Wohnrecht für ihn eintragen, so führt sinngemäße Auslegung zur Verneinung der Anwendung des § 1424, RG 69, 177; MüKo/Kanzleiter Rz 6; Staud/Thiele Rz 12 mwN. Verfügungen über Grundstücksrechte, die zum Gesamtgut gehören, zB Abtretung oder Verpfändung einer solchen Hypothek, fallen nicht unter die Vorschriften, BayObLG Recht 1907, 3525. Das gilt auch für die Löschung einer Auflassungsvormerkung, BGH DNotZ 1971, 725f. Keine Verfügung ist die Prozeßführung hinsichtlich der Prozeßhandlungen, die zugleich eine materiellrechtliche Verfügung enthalten, vgl § 1422 Rz 4. Zwangsvollstreckung gegen den verwaltenden Ehegatten, also Eintragung einer Zwangs- oder Arresthypothek, Widerspruch oder Vormerkung bedürfen nach § 740 ZPO keiner Einwilligung. War bei Eintritt der Gütergemeinschaft das Grundstück eines Ehegatten bereits an einen Dritten veräußert und ihm aufgelassen, so ist für die Umschreibung die Zustimmung des anderen Ehegatten nicht mehr erforderlich, aA BayObLG MittBayNot 1975, 228; vgl im einzelnen § 1416 Rz 5.

3. Verpflichtung zur Verfügung. Hierzu ist Zustimmung des nichtverwaltenden Ehegatten erforderlich, da diese Verpflichtung nach § 1459 das Gesamtgut belastet. Darunter fällt auch Zusicherung von Eigenschaften beim

§ 1424 Familienrecht Bürgerliche Ehe

Verkauf eines Grundstücks, RG JW 1903, Beil Nr 277; doch haftet das Gesamtgut gemäß § 437 Nr 3 für arglistiges Verhalten des Gesamtgutsverwalters beim Vertragsschluß, RG 99, 121, weil der Verwalter nicht Dritter iSd § 123 II S 1 ist. Der Gesamtgutsverwalter kann sich zwar dem Vertragsgegner verpflichten, auf den nichtverwaltenden Ehegatten zwecks Erteilung der Bewilligung einzuwirken, notfalls nach § 1426 das VormG anzurufen, Posen SeuffA 62, 408; die Übernahme einer Haftung würde aber als Umgehung des Gesetzes unwirksam sein; auch eine Vertragsstrafe kann nicht übernommen werden, so mit Recht Posen aaO; Planck/Unzner, § 1445 aF Anm 21; Pal/Brudermüller Rz 4; Kipp/Wolff, § 62 Anm 26; Gernhuber/Coester-Waltjen, FamR § 38 VII 6.

4 4. Hinsichtlich der **Rechtsnatur der Einwilligung** vgl § 1365 Rz 10 und § 1423 Rz 3; wegen des Schutzes gutgläubiger Dritter vgl § 1422 Rz 5.

5 5. **Abänderung durch Ehevertrag** ist zulässig, vgl RG JR 1926, 1254; Gernhuber/Coester-Waltjen, FamR § 32 III 6; aA KGJ 52, 109.

1425 *Schenkungen*
(1) Der Ehegatte, der das Gesamtgut verwaltet, kann nur mit Einwilligung des anderen Ehegatten Gegenstände aus dem Gesamtgut verschenken; hat er ohne Zustimmung des anderen Ehegatten versprochen, Gegenstände aus dem Gesamtgut zu verschenken, so kann er dieses Versprechen nur erfüllen, wenn der andere Ehegatte einwilligt. Das Gleiche gilt von einem Schenkungsversprechen, das sich nicht auf das Gesamtgut bezieht.
(2) Ausgenommen sind Schenkungen, durch die einer sittlichen Pflicht oder einer auf den Anstand zu nehmenden Rücksicht entsprochen wird.

1 1. **Grundsatz.** Da Schenkungen regelmäßig außerhalb des Rahmens einer ordnungsmäßigen Verwaltung liegen, sollen sie nur mit Einwilligung des anderen Ehegatten möglich sein. Zustimmung kann nicht durch Eltern, Pfleger, Vormund oder Betreuer des zustimmungsberechtigten Ehegatten erklärt werden (§§ 1641, 1804, 1908i II S 1). Die Einbeziehung von Schenkungsversprechen aus dem nicht zum Gesamtgut gehörigen Vermögen, also aus Vorbehaltsgut oder Sondergut des Gesamtgutsverwalters folgt aus der Haftung des Gesamtguts für alle vom Gesamtgutsverwalter wirksam eingegangenen Verpflichtungen, § 1437; wirksam daher Schenkungen, bei denen die Haftung des Gesamtguts ausgeschlossen ist, vgl Staud/Thiele Rz 5; Pal/Brudermüller Rz 3. Über Schenkungen zwischen den Ehegatten vgl § 1418 Rz 2, über den Schutz gutgläubiger Dritter vgl § 1422 Rz 5.

2 2. Die **Ausnahme des Abs II** umfaßt zB Zuwendungen an nicht unterhaltsberechtigte Verwandte, Trinkgelder, Hochzeits- und Geburtstagsgeschenke, Beiträge zu gemeinnützigen Unternehmungen. Für welchen der Ehegatten die sittliche Pflicht besteht, ist gleichgültig. Im Gegensatz zur früheren Rechtslage beruht auch die Aussteuer ebenso wie die Ausstattung nicht mehr auf rechtlicher, sondern nur noch auf sittlicher Verpflichtung der Eltern. Gemäß § 1624 ist die dem Kinde gewährte Ausstattung insoweit Schenkung, als sie das den Umständen entsprechende Maß übersteigt; nur im übrigen greift also Abs II ein. Besteht die Ausstattung in der Zuwendung eines Grundstücks, so gilt außerdem § 1424, BayObLG SeuffA 56, 279. Stiftungen sind regelmäßig Schenkungen; Bürgschaftsübernahme kann nach den Umständen des Falles Schenkung sein, RG 54, 284.

3 3. **Grundbuchfragen.** Das Grundbuchamt muß stets den Nachweis fordern, daß die vom Gesamtgutsverwalter beantragte Eintragung nicht schenkungshalber erfolgt, KG OLG 33, 341, vgl dazu 9. Aufl.

4 4. **Vereinbarungen abweichenden Inhalts** legen eine genaue Prüfung der Sittenwidrigkeitsfrage nahe: vgl RGRK/Finke Rz 12ff; MüKo/Kanzleiter Rz 8; aA generell ausgeschlossen, Pal/Brudermüller Rz 1.

1426 *Ersetzung der Zustimmung des anderen Ehegatten*
Ist ein Rechtsgeschäft, das nach den §§ 1423, 1424 nur mit Einwilligung des anderen Ehegatten vorgenommen werden kann, zur ordnungsmäßigen Verwaltung des Gesamtguts erforderlich, so kann das VormG auf Antrag die Zustimmung des anderen Ehegatten ersetzen, wenn dieser sie ohne ausreichenden Grund verweigert oder durch Krankheit oder Abwesenheit an der Abgabe einer Erklärung verhindert und mit dem Aufschub Gefahr verbunden ist.

1 Das VormG kann die Zustimmung des anderen Ehegatten nur in den Fällen der §§ 1423, 1424 ersetzen, nicht auch zu Schenkungen (§ 1425, siehe aber auch Abs II). Das Rechtsgeschäft, zu dem die Zustimmung ersetzt werden soll, kann ein schuldrechtliches oder dingliches sein. Prozeßführung ist kein Rechtsgeschäft; der Gesamtgutsverwalter bedarf zu dieser in keinem Falle der Zustimmung des anderen Ehegatten. Das Rechtsgeschäft muß zur ordnungsgemäßen Verwaltung des Gesamtgutes erforderlich sein: daß es zweckmäßig ist, genügt nicht. Erforderlich kann auch die Übertragung von Baugrund zur Erfüllung eines Pflichtteilsanspruchs oder die Gewinnung des Berechtigten als Hilfskraft für die Bewirtschaftung eines landwirtschaftlichen Anwesens sein, BayObLG FamRZ 1983, 1127. Der Unterschied zu § 1365 II ist dadurch gerechtfertigt, daß es sich dort um das eigene Vermögen eines Ehegatten handelt, hier um das gemeinschaftliche Vermögen. Wenn der andere Ehegatte durch Krankheit oder Abwesenheit an einer Erklärung verhindert ist, kann der Gesamtgutsverwalter unter Umständen aus seiner Verpflichtung zur ordnungsmäßigen Verwaltung (§ 1435) gehalten sein, den Antrag an das VormG zu stellen. Der andere Ehegatte kann sich aber nicht darauf berufen, daß der Gesamtgutsverwalter gegen seine Weigerung das VormG hätte anrufen müssen, KG OLG 7, 48. Vgl im übrigen § 1365 Rz 23. Ausschließung oder Beschränkung der Befugnis des Gesamtgutsverwalters, das VormG anzurufen, ist regelmäßig als unzulässig anzusehen.

1427 *Rechtsfolgen fehlender Einwilligung*
(1) Nimmt der Ehegatte, der das Gesamtgut verwaltet, ein Rechtsgeschäft ohne die erforderliche Einwilligung des anderen Ehegatten vor, so gelten die Vorschriften des § 1366 Abs. 1, 3, 4 und des § 1367 entsprechend.
(2) Einen Vertrag kann der Dritte bis zur Genehmigung widerrufen. Hat er gewusst, dass der Ehegatte in Gütergemeinschaft lebt, so kann er nur widerrufen, wenn dieser wahrheitswidrig behauptet hat, der andere Ehegatte habe eingewilligt; er kann auch in diesem Falle nicht widerrufen, wenn ihm beim Abschluss des Vertrages bekannt war, dass der andere Ehegatte nicht eingewilligt hatte.

Die Vorschrift regelt die Rechtsfolgen, die sich ergeben, wenn ein Rechtsgeschäft ohne die nach den §§ 1423 bis 1425 erforderliche Einwilligung des anderen Ehegatten vorgenommen wird und diese auch nicht nach § 1426 vom VormG ersetzt wird. § 1427 verweist auf die im gesetzlichen Güterstand der Zugewinngemeinschaft enthaltenen Bestimmungen der §§ 1366, 1367. Vgl die Bemerkungen hierzu. An Stelle des § 1366 II tritt, auf den Fall des Bestehens einer Gütergemeinschaft abgestellt, § 1427 II. Kommt das Rechtsgeschäft nicht zustande, so tritt vorbehaltlich einer Haftung aus §§ 823ff, 1437 auch keine persönliche Verpflichtung des Gesamtgutsverwalters ein. Ist das Gesamtgut aus einem unwirksamen Geschäft bereichert, so gilt § 1434; die Haftung des Gesamtgutsverwalters gegenüber dem anderen Ehegatten regelt § 1435.

1428 *Verfügungen ohne Zustimmung*
Verfügt der Ehegatte, der das Gesamtgut verwaltet, ohne die erforderliche Zustimmung des anderen Ehegatten über ein zum Gesamtgut gehörendes Recht, so kann dieser das Recht gegen Dritte gerichtlich geltend machen; der Ehegatte, der das Gesamtgut verwaltet, braucht hierzu nicht mitzuwirken.

Die Vorschrift berechtigt den das Gesamtgut nicht verwaltenden Ehegatten, selbständig gegen Dritte gerichtlich vorzugehen, zu deren Gunsten der Gesamtgutsverwalter ohne seine Zustimmung Verfügungen der in den §§ 1423 bis 1425 bezeichneten Art vorgenommen hat. Der andere Ehegatte kann im eigenen Namen, nicht wie im Falle des § 1429 auch im Namen des Gesamtgutsverwalters klagen und Leistung an sich fordern; soweit es sich um Berichtigung des Grundbuchs handelt, muß er jedoch Rückumschreibung auf die Ehegatten in Gütergemeinschaft beantragen. Das Klagerecht des Gesamtgutsverwalters und sein Recht, eine von dem anderen Ehegatten zurückgeholte Sache wieder in Besitz zu nehmen, bleibt unberührt (§ 1422). Der Dritte kann gegenüber beiden Ehegatten wegen seiner Gegenleistung kein Zurückbehaltungsrecht geltend machen (so die allgemeine Auffassung zu § 1449 aF, vgl Pal/Brudermüller Rz 1; aM Dölle, FamR I § 71 II 3; MüKo/Kanzleiter, § 1427 Rz 5), jedoch den Anspruch auf Herausgabe der Bereicherung des Gesamtguts selbständig geltend machen (§ 1434). Wegen der Kosten des Rechtsstreits vgl § 1438 II. Über die Frage der Rechtskraftwirkung des von einem Ehegatten erstrittenen Urteils gegenüber dem anderen vgl § 1368 Rz 12, wegen der Vollstreckung in das Gesamtgut § 1437 Rz 3.

1429 *Notverwaltungsrecht*
Ist der Ehegatte, der das Gesamtgut verwaltet, durch Krankheit oder durch Abwesenheit verhindert, ein Rechtsgeschäft vorzunehmen, das sich auf das Gesamtgut bezieht, so kann der andere Ehegatte das Rechtsgeschäft vornehmen, wenn mit dem Aufschub Gefahr verbunden ist; er kann hierbei im eigenen Namen oder im Namen des verwaltenden Ehegatten handeln. Das Gleiche gilt für die Führung eines Rechtsstreits, der sich auf das Gesamtgut bezieht.

Die unabdingbare Vorschrift (aA MüKo/Kanzleiter Rz 8) begründet Befugnisse des von der Verwaltung ausgeschlossenen Ehegatten für den Fall der Verhinderung des Gesamtgutsverwalters. Dieser braucht nicht dauernd verhindert zu sein; da die Handlungsbefugnis des anderen Ehegatten nur eintritt, wenn mit einem Aufschub Gefahr verbunden ist, kann auch schon eine kürzere Verhinderung genügen. Eine Verhinderung liegt nicht vor, wenn der Verwalter eine Maßnahme nicht vornehmen will. Wann Gefahr im Verzuge ist, ist nach objektiven Maßstäben zu beurteilen, und zwar nach dem Zeitpunkt, in dem der andere Ehegatte tätig wird. Dabei darf kein zu scharfer Maßstab angelegt werden; späterer Wegfall der Voraussetzungen ist unschädlich, RG Recht 1925, 941; RG 103, 127. Unerheblich ist, ob der Gesamtgutsverwalter in gleicher Weise gehandelt haben würde, wenn er nicht verhindert wäre. § 1429 gibt keine allgemeine Vertretungsbefugnis der Ehegatten füreinander, RG 89, 365. Der andere Ehegatte kann in solchen Fällen Rechtsgeschäfte aller Art vornehmen, auch solche, zu denen der Gesamtgutsverwalter seiner Zustimmung bedarf (§§ 1423–1425), er kann auch über Gegenstände des Gesamtguts verfügen; ferner kann er einen Rechtsstreit führen, sowohl als Kläger wie als Beklagter (S 2). Er ist zum Handeln berechtigt, nicht verpflichtet, darf aber ein begonnenes Handeln nicht ohne vernünftige Gründe zum Nachteil des Gesamtguts aufgeben, insbesondere von einem aufgenommenen Rechtsstreit sich nicht willkürlich wieder loslösen, Stettin OLG 4, 404. Bei seinen Maßnahmen kann er im eigenen Namen oder im Namen des Gesamtgutsverwalters handeln. Nimmt er ein Rechtsgeschäft ausschließlich in eigenem Namen und für eigene Rechnung vor, so verpflichtet er nur sich persönlich. Handelt er im Namen des Gesamtgutsverwalters, so verpflichtet er das Gesamtgut und den Gesamtgutsverwalter persönlich (§§ 1437, 1438); von der eigenen Haftung ist er nur befreit, wenn dem Dritten erkennbar ist, daß er nicht im eigenen Namen handelt (§ 164). Für die Kosten eines von dem anderen Ehegatten geführten Rechtsstreits haftet das Gesamtgut in jedem Falle (§ 1438 II). Führt der andere Ehegatte einen Rechtsstreit im Namen des Gesamtgutsverwalters, so kann aus dem Urteil auch in das Gesamtgut vollstreckt werden; andernfalls bedarf es zu der Vollstreckung eines besonderen Titels gegen den Gesamtgutsverwalter (§ 740 I ZPO, vgl dazu auch § 1437 Rz 3). Tritt Verhinderung des Gesamtgutsverwalters ein, während ein Rechtsstreit anhängig ist, so kann der andere Ehegatte diesen fortführen. Endet die Verhinderung des Gesamtgutsverwalters während der Dauer des Rechtsstreits, so kann er als Nebenintervenient eintreten oder den Rechtsstreit an Stelle des anderen

§ 1430　　　　　　　　　Familienrecht　Bürgerliche Ehe

Ehegatten fortführen, mit Zustimmung des Gegners immer, sonst nur, wenn der andere Ehegatte in seinem Namen aufgetreten war. Steht der Gesamtgutsverwalter wegen seiner Krankheit oder Abwesenheit unter Pflegschaft oder Betreuung, so gilt nicht § 1429, sondern § 1436. Liegt kein Eilfall und auch kein Anlaß zur Bestellung eines Pflegers oder Betreuers vor, so muß gewartet werden, bis die Verhinderung des Gesamtgutsverwalters entfällt und dieser wieder selbst tätig werden kann. UU kann der andere Ehegatte in solchen Fällen auch auf Aufhebung der Gütergemeinschaft klagen (§ 1447 Nr 1).

1430 *Ersetzung der Zustimmung des Verwalters*
Verweigert der Ehegatte, der das Gesamtgut verwaltet, ohne ausreichenden Grund die Zustimmung zu einem Rechtsgeschäft, das der andere Ehegatte zur ordnungsmäßigen Besorgung seiner persönlichen Angelegenheiten vornehmen muss, aber ohne diese Zustimmung nicht mit Wirkung für das Gesamtgut vornehmen kann, so kann das VormG die Zustimmung auf Antrag ersetzen.

1　1. **Ersetzung der Zustimmung des Gesamtgutsverwalters** ist nur möglich zur ordnungsmäßigen Besorgung von persönlichen Angelegenheiten des anderen Ehegatten, nicht von Angelegenheiten, die nur vermögensrechtliche Auswirkungen haben. **Persönliche Angelegenheiten** sind im wesentlichen solche, die Gesundheit, Abstammung, Ehre und Freiheit betreffen, aber zB auch die Abwehr von Ehestörungen, BayObLG FamRZ 1965, 49. Als persönliche Angelegenheiten sind von der Rspr zu den früheren §§ 1402 aF, 1451 aF angesehen worden: eine Badereise, Recht 1908, 3035; die Bevollmächtigung eines Anwalts zur Anfechtung der Entmündigung, KG RJA 12, 11; die Vereinbarung eines Sonderhonorars für den Anwalt im Scheidungsverfahren, KG JW 1934, 908. Dagegen sind als rein vermögensrechtlich angesehen worden Klagen auf Zahlung eines Altenteils, KG JW 1937, 10; die Aufnahme einer Hypothek zur Zahlung einer Kostenschuld, KG OLG 18, 265 sowie eine Klage auf Aufhebung des Güterstandes und Maßnahmen zur Abwehr einer Zwangsvollstreckung, JFG 1, 54; vgl auch § 1360a Rz 4. Ersetzt werden kann nicht nur die Zustimmung zu einem Rechtsgeschäft, auch zu Rechtsstreiten, die die Durchführung eines Rechtsstreits, insbesondere die Aufbringung der hierfür erforderlichen Kosten ermöglichen sollen. Zur Führung des Rechtsstreits über eine persönliche Angelegenheit selbst bedarf ein Ehegatte der Zustimmung des anderen nicht. Vgl wegen der Kosten eines solchen Rechtsstreits auch Rz 5.

2　2. Die Vornahme des Rechtsgeschäfts muß notwendig sein; Zweckmäßigkeit reicht nicht aus, KG Recht 1923, 1016. Nach BayObLG FamRZ 1965, 49 kann die Kündigung eines Mietverhältnisses ungeachtet einer möglicherweise erfolgreichen Ehestörungsklage „erforderlich" sein, um ehewidrige Beziehungen des Gatten zu unterbinden.

3　3. Der Gesamtgutsverwalter muß seine Zustimmung ohne ausreichenden Grund verweigern; bei Verhinderung gilt § 1429.

4　4. Zuständig für die Ersetzung ist das Amtsgericht als VormG; vgl wegen des Verfahrens § 1365 Rz 22; die Ersetzung macht das Rechtsgeschäft wirksam gegenüber dem Gesamtgut und begründet auch eine persönliche Haftung des Gesamtgutsverwalters. Auch der andere Ehegatte wird aus dem Rechtsgeschäft persönlich verpflichtet, sofern er nicht dem Dritten gegenüber zum Ausdruck bringt, daß er nur für Rechnung des Gesamtguts tätig werden will.

5　5. Für die Kosten eines Rechtsstreits haftet das Gesamtgut (§ 1438 II); reicht dieses nicht aus, kann der andere Ehegatte vom Verwalter einen Vorschuß nach § 1360a IV verlangen, vgl § 1360a Rz 18ff.

1431 *Selbständiges Erwerbsgeschäft*
(1) Hat der Ehegatte, der das Gesamtgut verwaltet, darin eingewilligt, dass der andere Ehegatte selbständig ein Erwerbsgeschäft betreibt, so ist seine Zustimmung zu solchen Rechtsgeschäften und Rechtsstreitigkeiten nicht erforderlich, die der Geschäftsbetrieb mit sich bringt. Einseitige Rechtsgeschäfte, die sich auf das Erwerbsgeschäft beziehen, sind dem Ehegatten gegenüber vorzunehmen, der das Erwerbsgeschäft betreibt.
(2) Weiß der Ehegatte, der das Gesamtgut verwaltet, dass der andere Ehegatte ein Erwerbsgeschäft betreibt, und hat er hiergegen keinen Einspruch eingelegt, so steht dies einer Einwilligung gleich.
(3) Dritten gegenüber ist ein Einspruch und der Widerruf der Einwilligung nur nach Maßgabe des § 1412 wirksam.

1　1. **Zweck der Vorschrift.** Sie regelt den Fall, daß der Ehegatte, der das Gesamtgut nicht verwaltet, ein selbständiges Erwerbsgeschäft betreibt, und bestimmt, unter welchen Voraussetzungen Rechtsgeschäfte, die er hierbei vornimmt, ohne Zustimmung des Gesamtgutsverwalters dem Gesamtgut gegenüber wirksam sind. Ohne diese Regelung wäre der Betrieb eines selbständigen Erwerbsgeschäfts durch den Ehegatten, der das Gesamtgut nicht verwaltet, praktisch kaum möglich. Betreibt der andere ein Erwerbsgeschäft gegen den Willen des Verwalters, so sind die von ihm mit Dritten abgeschlossenen Rechtsgeschäfte wirksam. Diese können sich aber, falls der Einspruch des Verwalters oder der Widerruf der Einwilligung ihnen gegenüber wirksam ist (vgl Abs III), nicht an das Gesamtgut halten, sondern nur an das Vorbehaltsgut und Sondergut des anderen Ehegatten.

2　2. Die **Einwilligung des Gesamtgutsverwalters** in den Geschäftsbetrieb des anderen Ehegatten kann vor, bei und nach Beginn des Betriebes erteilt werden, und zwar auch stillschweigend, indem der Gesamtgutsverwalter trotz Kenntnis von einem Einspruch absieht, RG 84, 48, oder indem die Ehegatten gemeinschaftlich eine OHG begründen, RG Recht 1918, 183. Mit Wirkung gegenüber Dritten kann die Einwilligung auch durch Eintragung im Güterrechtsregister nicht bedingt oder befristet erklärt werden, wie hier Staud/Thiele Rz 14; aA MüKo/Kanzleiter Rz 6; Ersetzung durch das VormG gemäß § 1430 kommt regelmäßig nicht in Betracht, weil es sich nicht um eine persönliche Angelegenheit in diesem Sinne handelt, sondern die vermögensrechtlichen Auswirkungen im Vordergrund stehen.

3. Einspruch und Widerruf der Einwilligung können ebenfalls formlos erklärt werden; sie müssen sich auf den ganzen Geschäftsbetrieb beziehen, nicht auf ein einzelnes Rechtsgeschäft. Der andere Ehegatte kann dagegen nicht das VormG anrufen; er kann aber uU bei mißbräuchlichem Handeln des Gesamtgutsverwalters nach § 1447 Nr 1 auf Aufhebung der Gütergemeinschaft klagen. Für die Wirkung des Einspruchs und des Widerrufs Dritten gegenüber gilt § 1412 III; wegen der Eintragung im Güterrechtsregister vgl § 1561 II Nr 3.

4. Wirkungen der Einwilligung. Der Ehegatte kann alle Rechtsgeschäfte vornehmen und Rechtsstreitigkeiten führen, die sein Geschäftsbetrieb mit sich bringt, in diesem Rahmen auch über Gegenstände des Gesamtguts verfügen, die nicht zu seinem Betriebsvermögen gehören. Einseitige Rechtsgeschäfte, die sich auf das Erwerbsgeschäft beziehen, sind ihm gegenüber vorzunehmen. Durch die von ihm eingegangenen Verbindlichkeiten werden auch das Gesamtgut und der Gesamtgutsverwalter persönlich verpflichtet. Dies gilt auch in Fällen der §§ 1423 bis 1425, zB Verpfändung eines zum Gesamtgut gehörenden Grundstücks für Geschäftszwecke. Im Rahmen dessen, was der Geschäftsbetrieb mit sich bringt, liegt aber nicht eine Veräußerung des ganzen Betriebes, KGJ 32, 197, oder die Auflösung einer OHG durch Übertragung des Anteils des Ehegatten auf den anderen Teilhaber, RG 127, 115. Der Erwerb aus dem Geschäftsbetrieb fällt in das Gesamtgut, soweit nicht etwa das Geschäft aus einem der Gründe des § 1418 zum Vorbehaltsgut gehört.

5. Für die **Zwangsvollstreckung in das Gesamtgut** gelten in diesem Falle die §§ 741, 774 ZPO. Hiernach genügt ein Titel gegen den Ehegatten, der das Erwerbsgeschäft betreibt, auch wenn es sich nicht um eine Schuld aus dem Geschäftsbetrieb handelt, es sei denn, daß bei Eintritt der Rechtshängigkeit der Gesamtgutsverwalter Einspruch gegen den Geschäftsbetrieb erhoben oder seine Einwilligung widerrufen hatte und dies im Güterrechtsregister eingetragen war. Der Gesamtgutsverwalter kann aber gegen eine Zwangsvollstreckung in das Gesamtgut Widerspruchsklage erheben mit der Behauptung, er habe nicht in den Geschäftsbetrieb eingewilligt, von diesem auch nichts gewußt, oder der Dritte habe erfahren, daß er Einspruch erhoben oder die Einwilligung widerrufen habe; er kann auch einwenden, es liege keine Geschäftsschuld vor (§§ 774, 771 ZPO). Gegen einen Eingriff in seinen Gewahrsam kann der Gesamtgutsverwalter keine Erinnerung nach § 766 ZPO erheben. Es bedarf daher nicht eines Duldungstitels gegen den Gesamtgutsverwalter; für einen solchen fehlt es am Rechtsschutzinteresse. Eine Ausnahme gilt für den Fall des Getrenntlebens der Ehegatten, weil dann die Vermutung des § 1362 und damit auch § 739 ZPO nicht eingreift. Ist die Gütergemeinschaft beendet, so ist nach § 743 ZPO zur Zwangsvollstreckung in das Gesamtgut ein Titel gegen beide Ehegatten erforderlich; § 741 ZPO ist dann nicht mehr anwendbar.

1432 *Annahme einer Erbschaft; Ablehnung von Vertragsantrag oder Schenkung*

(1) Ist dem Ehegatten, der das Gesamtgut nicht verwaltet, eine Erbschaft oder ein Vermächtnis angefallen, so ist nur er berechtigt, die Erbschaft oder das Vermächtnis anzunehmen oder auszuschlagen; die Zustimmung des anderen Ehegatten ist nicht erforderlich. Das Gleiche gilt von dem Verzicht auf den Pflichtteil oder auf den Ausgleich eines Zugewinns sowie von der Ablehnung eines Vertragsantrags oder einer Schenkung.

(2) Der Ehegatte, der das Gesamtgut nicht verwaltet, kann ein Inventar über eine ihm angefallene Erbschaft ohne Zustimmung des anderen Ehegatten errichten.

1. Erbschaft, Vermächtnis, Vertragsanträge und Schenkungen. In diesen Fällen ist die Zustimmung des Gesamtgutsverwalters wegen des persönlichen Charakters der in Betracht kommenden Rechtsgeschäfte nicht erforderlich, weil das Gesamtgut hierdurch regelmäßig nicht beeinträchtigt wird. Der Gesamtgutsverwalter kann selbst in diesen Fällen nicht handeln (anders bei Inventarerrichtung, vgl Rz 3). Die durch den Gesamtgutsanteil verursachte Mitberechtigung des einen Ehegatten am Nacherbenanwartschaftsrecht des anderen begründet kein Mitwirkungsrecht des Ehegatten, der nicht Nacherbe ist, bei Verfügungen des Vorerben über Gegenstände aus dem Nachlaß; solange bei den persönlichen Geschäften der §§ 1432, 1455 noch kein endgültiger Rechtserwerb zugunsten des betroffenen Ehegatten eingetreten ist, ist dem anderen Ehegatten jede Mitwirkung untersagt, LG Frankenthal FamRZ 1983, 1130. Bei Annahme einer Erbschaft oder eines Vermächtnisses durch den anderen Ehegatten haftet das Gesamtgut für die sich daraus ergebenden Verbindlichkeiten und damit auch der Gesamtgutsverwalter persönlich (§§ 1437, 1438). Dieser kann jedoch unabhängig von dem anderen Ehegatten die im Erbrecht vorgesehenen Maßnahmen zur Beschränkung der Erbenhaftung ergreifen (vgl aber auch § 1439). Annahme eines Vertragsantrags oder einer Schenkung führt nach § 1416, soweit die Schenkung nicht nach § 1418 II Nr 2 Vorbehaltsgut wird, zum Erwerb für das Gesamtgut. Die daraus entstehenden Verpflichtungen werden aber nur bei Zustimmung des Gesamtgutsverwalters Gesamtgutsverbindlichkeiten. Der andere Ehegatte ist selbständig nur zur Ablehnung eines Vertragsantrags oder einer Schenkung berechtigt. Ein von ihm angenommener Vertragsantrag verpflichtet ihn nur mit seinem Vorbehaltsgut und Sondergut; insoweit bedarf er nicht der Zustimmung des Gesamtgutsverwalters (§§ 1417, 1418).

2. Zu den Rechtsgeschäften, die ohne Zustimmung des Gesamtgutsverwalters von dem anderen Ehegatten vorgenommen werden können, gehört auch der Verzicht auf den diesem zustehenden Anspruch auf **Ausgleich eines Zugewinns.** Es handelt sich hierbei um den Fall, daß ein in Gütergemeinschaft lebender Ehegatte in seiner früheren Ehe in Zugewinngemeinschaft lebte und hieraus noch einen Ausgleichsanspruch hat. Auf diesen soll er wegen des persönlichen Charakters ebenso wie auf einen Pflichtteilsanspruch ohne Zustimmung des Gesamtgutsverwalters verzichten können.

§ 1432 Familienrecht Bürgerliche Ehe

3 **3. Inventarerrichtung (Abs II).** Der das Gesamtgut nicht verwaltende Ehegatte kann selbständig ein Inventar über eine ihm angefallene, zum Gesamtgut gehörende Erbschaft errichten. Nach § 2008 ist die Bestimmung einer Inventarfrist auf Antrag eines Nachlaßgläubigers aber nur wirksam, wenn sie auch dem Gesamtgutsverwalter gegenüber erfolgt, damit auch dieser die Möglichkeit hat, durch rechtzeitige und ordnungsgemäße Inventarerrichtung die Gefahr der unbeschränkten Haftung für die Nachlaßverbindlichkeiten abzuwenden (vgl §§ 1994, 2005). Die Errichtung eines Inventars durch einen Ehegatten kommt auch dem anderen zugute.

4 4. Nach § 999 ZPO kann, wenn ein dem anderen Ehegatten zugefallener Nachlaß zum Gesamtgut der Gütergemeinschaft gehört, das **Aufgebot der Nachlaßgläubiger** von beiden Ehegatten unabhängig voneinander beantragt werden. Dasselbe gilt gemäß § 318 InsO vom Antrag auf Eröffnung des **Insolvenzverfahrens**; der Antrag ist aber, wenn er nicht von beiden Ehegatten gestellt wird, nur zuzulassen, wenn die Überschuldung glaubhaft gemacht wird.

1433 Fortsetzung eines Rechtsstreits
Der Ehegatte, der das Gesamtgut nicht verwaltet, kann ohne Zustimmung des anderen Ehegatten einen Rechtsstreit fortsetzen, der beim Eintritt der Gütergemeinschaft anhängig war.

1 Der das Gesamtgut nicht verwaltende Ehegatte kann einen bei Eintritt der Gütergemeinschaft anhängigen Rechtsstreit, auch wenn er sich auf das Gesamtgut bezieht, ohne Zustimmung des Gesamtgutsverwalters fortsetzen, sowohl als Kläger wie als Beklagter, muß aber als Kläger den Klageantrag, wenn der Anspruch zum Gesamtgut gehört, auf Leistung an den Gesamtgutsverwalter ändern. Dieser kann als Nebenintervenient auftreten und wird dann Streitgenosse des anderen Ehegatten (§ 69 ZPO). Eine bei Eintritt der Gütergemeinschaft bestehende Verbindlichkeit ist immer Gesamtgutsverbindlichkeit (vgl §§ 1437ff). Das Urteil wirkt für und gegen das Gesamtgut. Wegen der Erteilung einer für oder gegen das Gesamtgut vollstreckbaren Ausfertigung vgl § 742 ZPO. Betrifft der Rechtsstreit das Vorbehaltsgut oder Sondergut eines Ehegatten, so kann er schon nach §§ 1417, 1418 den Rechtsstreit nach Eintritt der Gütergemeinschaft selbständig fortsetzen.

1434 Ungerechtfertigte Bereicherung des Gesamtguts
Wird durch ein Rechtsgeschäft, das ein Ehegatte ohne die erforderliche Zustimmung des anderen Ehegatten vornimmt, das Gesamtgut bereichert, so ist die Bereicherung nach den Vorschriften über die ungerechtfertigte Bereicherung aus dem Gesamtgut herauszugeben.

1 Die Vorschrift bezweckt den Ausgleich von ungerechtfertigten Vermögensverschiebungen, die dadurch entstehen können, daß das Gesamtgut durch Leistung eines Dritten bereichert ist, der Dritte die Gegenleistung aber nicht aus dem Gesamtgut verlangen kann, weil das Geschäft mangels der erforderlichen Zustimmung eines Ehegatten dem Gesamtgut gegenüber unwirksam ist. Der Gesamtgutsverwalter kann in den Fällen der §§ 1423–1425 nur mit Zustimmung des anderen Ehegatten handeln (vgl aber auch § 1426). Der andere Ehegatte kann mit Wirkung für und gegen das Gesamtgut nur ausnahmsweise in den Fällen der §§ 1428–1433 ohne Zustimmung des Gesamtgutsverwalters handeln. Der Dritte kann in Höhe der Bereicherung als Gesamtgutsverbindlichkeit das Gesamtgut und den Gesamtgutsverwalter persönlich (§ 1437 II) in Anspruch nehmen, aber nicht seinen Bereicherungsanspruch durch Ausübung des Zurückbehaltungsrechts geltend machen (vgl dazu die Bemerkungen zu § 1428). Der Bereicherungsanspruch gegen das Gesamtgut, für den auch die §§ 818, 819 gelten, wird nicht dadurch ausgeschlossen, daß der Dritte einen persönlichen Anspruch gegen den Ehegatten hat, mit dem er den Vertrag geschlossen hat. In den Fällen der §§ 1423–1425 hat der Dritte gegen den Gesamtgutsverwalter und das Gesamtgut weitergehende Ansprüche nur, wenn der Gesamtgutsverwalter sich einer unerlaubten Handlung ihm gegenüber schuldig gemacht hat (vgl § 1422 Rz 2). Wird das Gesamtgut auf andere Weise als durch ein Rechtsgeschäft, das ein Ehegatte ohne die erforderliche Zustimmung des anderen vorgenommen hat, bereichert, zB durch Verbindung, Vermischung oder Verarbeitung, so gelten die für diese Fälle in Betracht kommenden allgemeinen gesetzlichen Vorschriften. Während § 1434 eine Bereicherung des Gesamtguts auf Kosten Dritter betrifft, wird die Ausgleichung zwischen dem Gesamtgut und dem Vorbehaltsgut oder Sondergut des Gesamtgutsverwalters durch § 1445 geregelt.

1435 Pflichten des Verwalters
Der Ehegatte hat das Gesamtgut ordnungsgemäß zu verwalten. Er hat den anderen Ehegatten über die Verwaltung zu unterrichten und ihm auf Verlangen über den Stand der Verwaltung Auskunft zu erteilen. Mindert sich das Gesamtgut, so muss er zu dem Gesamtgut Ersatz leisten, wenn er den Verlust verschuldet oder durch ein Rechtsgeschäft herbeigeführt hat, das er ohne die erforderliche Zustimmung des anderen Ehegatten vorgenommen hat.

1 **1. Pflicht zur Unterrichtung über die Verwaltung.** Der Gesamtgutsverwalter hat wie ein Treuhänder im Interesse beider Ehegatten und der Familie das Gesamtgut ordnungsmäßig zu verwalten. Er hat die gesetzlichen Schranken seiner Befugnisse zu achten und auf Mitwirkungsrechte des anderen Ehegatten Rücksicht zu nehmen. Der Gesamtgutsverwalter hat den anderen Ehegatten über die Verwaltung des Gesamtguts zu unterrichten, um diesem eine Kontrollmöglichkeit zu geben. Eine entsprechende Verpflichtung folgt schon aus § 1353 I; zutr Stuttgart FamRZ 1979, 809f. Damit in dieser Beziehung kein Zweifel aufkommen kann, ist die Verpflichtung im Gesetz ausdrücklich ausgesprochen. Der Gesamtgutsverwalter kann aber von dem anderen Ehegatten zur Unterrichtung über die Verwaltung des Gesamtguts nur mit Klage auf Herstellung des ehelichen Lebens angehalten werden; ein entsprechendes Urteil ist nicht vollstreckbar (§ 888 II ZPO); aA Gernhuber/Coester-Waltjen, FamR § 38 VI 6, der die Unterrichtungsklage wie die Auskunftsklage als Leistungsklage mit Vollstreckung nach §§ 888, 889 ZPO ansieht, dabei aber dem Dauercharakter der Unterrichtung und den Absichten des Gesetzgebers nicht entspricht; wie Gernhuber auch MüKo/Kanzleiter Rz 6.

2. Auskunftspflicht. Anders als beim gesetzlichen Güterstand, in dem nach § 1379 ein Auskunftsanspruch erst nach Beendigung des Güterstandes besteht, wird dem Ehegatten bei der Gütergemeinschaft neben dem Anspruch auf Unterrichtung auch während des Güterstandes ein Anspruch auf Auskunftserteilung über den Stand der Verwaltung des den Ehegatten gemeinschaftlich gehörenden Gesamtguts eingeräumt; zur Abgrenzung der Unterrichtungs- von der Auskunftpflicht vgl Stuttgart FamRZ 1979, 809. Es ist nicht näher bestimmt, unter welchen Voraussetzungen, wann und wie oft dieses Verlangen auf Auskunftserteilung geltend gemacht werden kann. Der Gesetzgeber vertraut darauf, daß es nur „im Notfall" geltend gemacht werde (vgl den Ausschußbericht BT-Drucks Nr 3409, 27). Der von der Verwaltung des Gesamtguts ausgeschlossene Ehegatte kann grundsätzlich von dem Gesamtgutsverwalter jederzeit und, ohne daß es des Nachweises besonderer Voraussetzungen bedarf, Auskunft verlangen, erforderlichenfalls mit Klage. Mißbräuchliche Klagen auf Auskunftserteilung müssen aber verhindert werden. Das Rechtsschutzbedürfnis muß in diesen Fällen besonders sorgfältig geprüft werden. Für den Auskunftsanspruch gelten die §§ 260, 261: Der Gesamtgutsverwalter hat ein Verzeichnis des Bestandes des Gesamtguts vorzulegen und ist gegebenenfalls zur Abgabe einer eidesstattlichen Versicherung verpflichtet (aA MüKo/Kanzleiter Rz 7ff). Die Vollstreckung eines entsprechenden Urteils richtet sich nach den §§ 888, 889 ZPO. § 1435 begründet aber keine Verpflichtung des Gesamtgutsverwalters zur jederzeitigen Rechenschaftslegung im Sinne des § 259; eine solche besteht erst nach Beendigung der Gütergemeinschaft (vgl wegen des Unterschiedes zwischen Auskunftserteilung und Rechenschaftslegung die Bemerkungen zu den §§ 259–261).

3. Ersatzpflicht bei schuldhafter Verminderung des Gesamtguts (S 3). Der Verpflichtung des Gesamtgutsverwalters zur ordnungsmäßigen Verwaltung entspricht seine Ersatzpflicht bei schuldhafter Verminderung des Gesamtguts. Gemäß § 1359 hat der Gesamtgutsverwalter aber nur für die in eigenen Angelegenheiten übliche Sorgfalt einzustehen. Wann im Einzelfall ein durch den Gesamtgutsverwalter verschuldeter Verlust vorliegt, ist Tatfrage. Dem Gesamtgutsverwalter kann nicht jeder geschäftliche Fehlschlag zur Last gelegt werden. Besonders im Rahmen eines Erwerbsgeschäftes müssen häufig auch riskante Geschäfte getätigt werden. Die Frage, ob der Gesamtgutsverwalter die erforderliche Sorgfalt außer acht gelassen hat, ist nach dem Zeitpunkt seines Tätigwerdens zu beurteilen. Eine Verminderung des Gesamtguts, die zum Ersatz verpflichtet, kann aber auch dann vorliegen, wenn der Verlust durch andere, vorteilhafte Maßnahmen ausgeglichen worden ist. Auch ein Unterlassen kann den Gesamtgutsverwalter ersatzpflichtig machen. Daß ein Ersatzanspruch gegen einen Dritten besteht, schließt die Ersatzpflicht des Gesamtgutsverwalters nicht aus, bevor er realisiert und dadurch der Schaden für das Gesamtgut ausgeglichen ist; der Verwalter haftet bis dahin als unechter Gesamtschuldner neben dem Dritten. Weitergehend RGRK/Finke Rz 7 (Gesamtgut nicht vermindert); Soergel/Gaul Rz 11 und Gernhuber/Coester-Waltjen, FamR § 38 VI 6 (kein Schaden bei Realisierbarkeit). Ohne daß es der Feststellung eines sonstigen schuldhaften Verhaltens bedarf, ist der Gesamtgutsverwalter auch dann ersatzpflichtig, wenn er die Verminderung des Gesamtguts durch ein Rechtsgeschäft herbeiführt, das er ohne die erforderliche Zustimmung des anderen Ehegatten, auch ohne daß diese durch das VormG ersetzt worden ist, vorgenommen hat, also durch Geschäfte der in den §§ 1423–1425 bezeichneten Art; analoge Anwendung bei Verletzung von Mitwirkungspflichten aus § 1451, vgl BGH FamRZ 1986, 42; FamRZ 1990, 851. Der Ersatzanspruch des anderen Ehegatten ist eine Verbindlichkeit des Gesamtgutsverwalters ihm gegenüber bei der Auseinandersetzung. Der Anspruch kann von den Gläubigern gepfändet werden, wird aber gemäß § 1446 I erst nach Beendigung der Gütergemeinschaft fällig, was seine vorherige Sicherung durch Arrest oder einstweilige Verfügung nicht ausschließt, Königsberg OLG 2, 70.

4. Ersatzpflicht in anderen Fällen. Soweit einem Ehegatten Vorbehaltsgut oder Sondergut des anderen zur Verwaltung überlassen ist, bestimmt sich die Haftung nach Auftragsgrundsätzen in Verbindung mit § 1359 (vgl § 1413 Rz 3). Auch der von der Verwaltung des Gesamtguts ausgeschlossene Ehegatte kann sich haftbar machen, wenn er bei Ausübung von Verwaltungsbefugnissen in den Fällen der §§ 1428–1433 oder bei unbefugtem Tätigwerden schuldhaft im Sinne des § 1359 einen Schaden herbeiführt. Ein Ehegatte kann sich auch bei Ausübung der Schlüsselgewalt (§ 1357) ersatzpflichtig machen. Wegen der Fälligkeit solcher Verbindlichkeiten vgl § 1446 II.

5. Beschränkung der Haftung des Gesamtgutsverwalters auf grobe Fahrlässigkeit dürfte als zulässig anzusehen sein, dagegen nicht eine noch weitergehende Haftungsbeschränkung, auch nicht Ausschluß der Auskunftspflicht.

1436 Verwalter unter Vormundschaft oder Betreuung

Steht der Ehegatte, der das Gesamtgut verwaltet, unter Vormundschaft oder fällt die Verwaltung des Gesamtguts in den Aufgabenkreis seines Betreuers, so hat ihn der Vormund oder Betreuer in den Rechten und Pflichten zu vertreten, die sich aus der Verwaltung des Gesamtguts ergeben. Dies gilt auch dann, wenn der andere Ehegatte zum Vormund oder Betreuer bestellt ist.

Die Verwaltungsrechte des Gesamtgutsverwalters werden durch den Vormund, Pfleger oder Betreuer, nicht durch den anderen Ehegatten wahrgenommen (vgl aber für den Fall der gemeinschaftlichen Verwaltung des Gesamtguts § 1457). Ist der andere Ehegatte zum Vormund, Pfleger oder Betreuer bestimmt, so verwaltet er das Gesamtgut im Namen des Gesamtgutsverwalters; seine Haftung bestimmt sich aber in diesem Falle nicht nach § 1359, sondern nach § 1833. Der andere Ehegatte ist, solange der Gesamtgutsverwalter nicht unter Vormundschaft oder Pflegschaft gestellt oder für den Bereich eine Betreuung angeordnet ist, nur im Rahmen des § 1429 handlungsberechtigt; unter den Voraussetzungen des § 1447 kann er aber auf Aufhebung der Gütergemeinschaft klagen, vgl insbesondere Nr 1 und 4. Ist der andere Ehegatte Vormund oder Betreuer, so kann er sich eine erforder-

§ 1437 Familienrecht Bürgerliche Ehe

liche Zustimmung selbst erteilen, muß aber ausdrücklich eine dahingehende Erklärung abgeben, KGJ 22, 143; § 181 ist hier nicht anwendbar. Es ist als zulässig anzusehen, daß durch Ehevertrag vereinbart wird, für die Dauer der Minderjährigkeit eines Ehegatten oder für den Fall, daß der Gesamtgutsverwalter betreut wird, solle der andere Ehegatte das Gesamtgut verwalten.

1437 *Gesamtgutsverbindlichkeiten; persönliche Haftung*
(1) Aus dem Gesamtgut können die Gläubiger des Ehegatten, der das Gesamtgut verwaltet, und, soweit sich aus den §§ 1438 bis 1440 nichts anderes ergibt, auch die Gläubiger des anderen Ehegatten Befriedigung verlangen (Gesamtgutsverbindlichkeiten).

(2) Der Ehegatte, der das Gesamtgut verwaltet, haftet für die Verbindlichkeiten des anderen Ehegatten, die Gesamtgutsverbindlichkeiten sind, auch persönlich als Gesamtschuldner. Die Haftung erlischt mit der Beendigung der Gütergemeinschaft, wenn die Verbindlichkeiten im Verhältnis der Ehegatten zueinander dem anderen Ehegatten zur Last fallen.

1 **1. Grundsatz der Haftung des Gesamtguts.** Grundsätzlich können die Gläubiger beider Ehegatten aus dem Gesamtgut, das regelmäßig die Hauptmasse des Vermögens der Ehegatten darstellt, Befriedigung verlangen. Verbindlichkeiten des Gesamtgutsverwalters sind stets auch solche des Gesamtguts, mögen sie vor oder nach Beginn, nicht jedoch nach Beendigung (BGH FamRZ 1986, 41; BayObLG FamRZ 1989, 1119) des Güterstandes begründet worden sein, mögen sie auf Rechtsgeschäft, Gesetz oder unerlaubter Handlung beruhen, sich auf das Gesamtgut oder auf das Vorbehaltsgut oder Sondergut des Gesamtgutsverwalters beziehen. Für die Verbindlichkeiten des anderen Ehegatten haftet das Gesamtgut, soweit nicht die §§ 1438 bis 1440 Ausnahmen bestimmen. Die Verbindlichkeiten aus Rechtsgeschäften im Rahmen des § 1357 entstehen grundsätzlich in der Person beider Ehegatten, vgl § 1357 Rz 18. Die Ausnahme vom Grundsatz der Haftung des Gesamtguts hat zu beweisen, wer sich darauf beruft; jedoch trifft im Rahmen des § 1438, wenn die Entstehung der Schuld aus Rechtsgeschäft unstreitig ist, die Beweislast den Gläubiger. Wird ein Ehegatte aufgrund der Vorschriften über die Gütergemeinschaft in Anspruch genommen, liegt eine Streitigkeit aus dem Ehegüterrecht und damit eine Familiensache iSd §§ 23b I S 2 Nr 9 GVG, 621 Nr 8 ZPO vor, vgl BGH FamRZ 1980, 551.

2 **2. Der Gesamtgutsverwalter haftet persönlich**, dh mit seinem Vorbehalts- und Sondergut für alle in seiner Person entstandenen Verbindlichkeiten. Für in Person des anderen Ehegatten entstandenen Verbindlichkeiten haftet er persönlich als Gesamtschuldner, soweit es sich dabei um Gesamtgutsverbindlichkeiten handelt. Dies rechtfertigt sich daraus, daß der Gesamtgutsverwalter ein fast unbeschränktes Verwaltungs- und Verfügungsrecht hat und ohne die persönliche Haftung aus dem Gesamtgut seine Schulden bezahlen, die des anderen Ehegatten, soweit das Gesamtgut für sie haftet, unbezahlt lassen könnte. Soweit im Innenverhältnis die Verbindlichkeit nicht dem Gesamtgut, sondern dem anderen Ehegatten zur Last fällt (vgl §§ 1441 bis 1444), erlischt die persönliche Haftung des Gesamtgutsverwalters, nicht die Haftung des Gesamtguts, mit der Beendigung der Gütergemeinschaft, nicht erst mit der Auseinandersetzung. Dies gilt auch dann, wenn die Beendigung des Gesamtguts herbeigeführt worden ist, um den Gesamtgutsverwalter von seiner Haftung zu befreien, Hamburg OLG 30, 49. Liegt ein Titel gegen den Gesamtgutsverwalter vor, so muß er das Erlöschen seiner Haftung gemäß § 767 ZPO geltend machen. Eine persönliche Haftung des anderen Ehegatten für Gesamtgutsverbindlichkeiten, soweit er eine solche nicht durch Vertrag übernommen hat, tritt nur im Falle des § 1480 ein, RG 89, 364 (vgl hierzu auch § 1481).

3 **3. Zwangsvollstreckung in das Gesamtgut.** Hierzu ist nach § 740 I ZPO ein Titel gegen den Gesamtgutsverwalter erforderlich und genügend. Das gilt auch, soweit der andere Ehegatte nach § 1428 geklagt hat oder in Fällen des § 1429 einen Rechtsstreit in eigenem Namen geführt hat; in diesen Fällen muß also erforderlichenfalls für eine Zwangsvollstreckung in das Gesamtgut ein zusätzlicher Titel gegen den Gesamtgutsverwalter erwirkt werden, auch wegen der Kosten, für die das Gesamtgut nach § 1438 II immer haftet. So hM; Soergel/Gaul Rz 7; MüKo/Kanzleiter Rz 12. Hat aber der andere Ehegatte gemäß § 1429 einen Rechtsstreit im Namen des Gesamtgutsverwalters geführt, so kann aus dem Urteil ohne weiteres in das Gesamtgut vollstreckt werden. Wegen der Rechtskraftwirkung vgl § 1422 Rz 4. Wenn der andere Ehegatte ein selbständiges Erwerbsgeschäft betreibt, gelten § 1431 und die §§ 741, 774 ZPO (vgl § 1431 Rz 5). Im Falle des § 1433 gilt für die Vollstreckung § 742 ZPO. Bloßer Gewahrsam des Ehegatten, gegen den der Gläubiger keinen Titel hat, steht der Vollstreckung in das Gesamtgut nicht entgegen (§ 739 ZPO, § 1362 Rz 17); eines Duldungstitels gegen diesen bedarf es nur nach Beendigung der Gütergemeinschaft (§ 743 ZPO).

4 **4. Bei Insolvenz des Gesamtgutsverwalters** gehört das Gesamtgut zu dessen Insolvenzmasse; die Gütergemeinschaft wird hierdurch nicht beendet, eine Auseinandersetzung wegen des Gesamtguts findet zwischen den Ehegatten nicht statt. Der Insolvenzverwalter unterliegt nicht den Beschränkungen der §§ 1423 bis 1425. Bei Insolvenz des anderen Ehegatten fällt das Gesamtgut nicht in die Insolvenzmasse (§ 37 I S 3 InsO).

5 **5. Durch Vereinbarung mit den Gläubigern** kann die Haftung der Ehegatten eingeschränkt werden. Durch Vertrag zwischen den Ehegatten kann ihre Haftung gegenüber den Gläubigern nicht abgeändert werden.

1438 *Haftung des Gesamtguts*
(1) Das Gesamtgut haftet für eine Verbindlichkeit aus einem Rechtsgeschäft, das während der Gütergemeinschaft vorgenommen wird, nur dann, wenn der Ehegatte, der das Gesamtgut verwaltet, das Rechtsgeschäft vornimmt oder wenn er ihm zustimmt oder wenn das Rechtsgeschäft ohne seine Zustimmung für das Gesamtgut wirksam ist.

(2) Für die Kosten eines Rechtsstreits haftet das Gesamtgut auch dann, wenn das Urteil dem Gesamtgut gegenüber nicht wirksam ist.

1. Verbindlichkeiten des anderen Ehegatten, die keine Gesamtgutsverbindlichkeiten sind. Die Ausnahme 1
bezieht sich auf während der Gütergemeinschaft durch Rechtsgeschäft begründete Verbindlichkeiten. Das Gesamtgut haftet also unbeschränkt für Verbindlichkeiten des anderen Ehegatten, die dieser vor Eintritt der Gütergemeinschaft durch Rechtsgeschäft begründet hat, ferner für alle während des Güterstandes anders als durch Rechtsgeschäft entstandenen Verbindlichkeiten des anderen Ehegatten, insbesondere für solche, die auf unerlaubter Handlung oder sonst auf dem Gesetz beruhen, zB gesetzliche Unterhaltspflicht, Steuerschulden, soweit hier nicht die weiteren Ausnahmen der §§ 1439, 1440 eingreifen. Für Verbindlichkeiten aus während des Güterstandes getätigten Rechtsgeschäften haftet dagegen das Gesamtgut nur, wenn die Geschäfte entweder von dem Gesamtgutsverwalter oder von dem anderen Ehegatten mit vorheriger oder nachträglicher, aber formlos wirksamer Zustimmung des Gesamtgutsverwalters vorgenommen worden sind oder wenn die Rechtsgeschäfte ohne Zustimmung des Gesamtgutsverwalters für das Gesamtgut wirksam sind; letzteres kommt in Betracht in den Fällen der §§ 1429 bis 1433, ferner bei Rechtsgeschäften im Rahmen der Schlüsselgewalt (§ 1357). Der Gesamtgutsverwalter kann durch Vereinbarung mit dem Gläubiger die Haftung des Gesamtguts und seine persönliche Haftung ausschließen, aber nicht einseitig die Haftung beschränken. Soweit das Gesamtgut und der Gesamtgutsverwalter nicht haften, können die Gläubiger des anderen Ehegatten Befriedigung nur aus dessen Vorbehaltsgut und Sondergut suchen. Vgl aber für den Fall einer Bereicherung des Gesamtguts § 1434.

2. Für die Kosten eines Rechtsstreits, den der andere Ehegatte führt, haftet das Gesamtgut in jedem Falle, 2
auch wenn das Urteil im übrigen dem Gesamtgut gegenüber nicht wirksam ist, gleichviel ob es sich um Aktiv- oder Passiv-Prozesse handelt, auch wenn der Rechtsstreit nur das Vorbehaltsgut oder Sondergut oder eine persönliche Angelegenheit des anderen Ehegatten betrifft, auch bei Rechtsstreitigkeiten zwischen den Ehegatten, München OLG 21, 231. Vgl aber für die Vollstreckung wegen der Kosten eines von dem anderen Ehegatten geführten Rechtsstreits § 1437 Rz 3 und für das Verhältnis der Ehegatten untereinander die §§ 1441 bis 1443 (§ 1441 Rz 4). Kosten des Rechtsstreits sind hier nur die dem Gericht und dem Gegner geschuldeten Beträge, nicht die des eigenen Anwalts oder des Gerichtsvollziehers, Hamburg OLG 24, 36; Kiel OLG 43, 357 und hM; aA KG OLG 21, 224; für die zuletzt genannten Kosten gilt Abs I (vgl § 1430 Rz 1).

3. Die **Kostenvorschußpflicht** eines Ehegatten gegenüber dem andern ist für alle Güterstände einheitlich in 3
§ 1360a IV geregelt (vgl § 1360a Rz 18ff und § 1430 Rz 5). Die Vorschußpflicht entfällt mit Auflösung der Ehe, auch wenn die Auseinandersetzung des Gesamtguts noch nicht erfolgt ist.

1439 *Keine Haftung bei Erwerb einer Erbschaft*

Das Gesamtgut haftet nicht für Verbindlichkeiten, die durch den Erwerb einer Erbschaft entstehen, wenn der Ehegatte, der Erbe ist, das Gesamtgut nicht verwaltet und die Erbschaft während der Gütergemeinschaft als Vorbehaltsgut oder als Sondergut erwirbt; das Gleiche gilt beim Erwerb eines Vermächtnisses.

Das Gesamtgut haftet nicht für Verbindlichkeiten des anderen Ehegatten aus einer Erbschaft oder einem Vermächtnis, die dem anderen Ehegatten während der Gütergemeinschaft als Vorbehaltsgut oder Sondergut zufallen (vgl § 1418 Nr 2). Die Ausnahme bezieht sich also nicht auf Erwerb vor Eintritt der Gütergemeinschaft. Das Gesamtgut haftet auch dann, wenn die Erbschaft oder das Vermächtnis während der Gütergemeinschaft anfallen, aber Bestandteil des Gesamtguts werden (§ 1432). § 1439 greift ferner nicht ein, wenn die Erbschaft oder das Vermächtnis zunächst Gesamtgut wird und erst später durch Ehevertrag zum Vorbehaltsgut erklärt wird, auch nicht bei Verbindlichkeiten, die sich aus unentgeltlichen Zuwendungen eines Dritten unter Lebenden ergeben; insoweit gilt § 1438. Verbindlichkeiten aus einer Schenkung an den anderen Ehegatten werden Gesamtgutsverbindlichkeiten nur, wenn der Gesamtgutsverwalter der Schenkung zugestimmt hat (vgl § 1432 Rz 1). Für Verbindlichkeiten aus einem Erbschaftserwerb des Gesamtgutsverwalters haftet das Gesamtgut nach § 1437 immer, auch wenn dieser Erwerb in dessen Vorbehaltsgut fällt.

1440 *Haftung für Vorbehalts- oder Sondergut*

Das Gesamtgut haftet nicht für eine Verbindlichkeit, die während der Gütergemeinschaft infolge eines zum Vorbehaltsgut oder Sondergut gehörenden Rechts oder des Besitzes einer dazu gehörenden Sache in der Person des Ehegatten entsteht, der das Gesamtgut nicht verwaltet. Das Gesamtgut haftet jedoch, wenn das Recht oder die Sache zu einem Erwerbsgeschäft gehört, das der Ehegatte mit Einwilligung des anderen Ehegatten selbständig betreibt, oder wenn die Verbindlichkeit zu den Lasten des Sonderguts gehört, die aus den Einkünften beglichen zu werden pflegen.

1. Verbindlichkeiten, die das Vorbehaltsgut betreffen. Das Gesamtgut haftet nicht für Verbindlichkeiten des 1
anderen Ehegatten, die mit seinem Vorbehaltsgut zusammenhängen. Es gehören dahin zB Reallasten, die auf einem zum Vorbehaltsgut gehörenden Grundstück ruhen, Steuern oder Abgaben, die für das Vorbehaltsgut zu leisten sind, eine Haftung aus Bereicherung des Vorbehaltsguts oder eine Schadenszufügung durch zum Vorbehaltsgut gehörende Gegenstände (§§ 833 bis 838), hM, vgl Staud/Thiele Rz 5. Dagegen haftet das Gesamtgut für Unterhaltsverbindlichkeiten des anderen Ehegatten, auch soweit diese durch den Besitz von Vorbehaltsgut begründet oder erweitert werden. Das Gesamtgut haftet auch nach S 2 allgemein, wenn das Recht oder die Sache, durch die die Verbindlichkeit ausgelöst wird, zu einem Erwerbsgeschäft gehört, das der andere Ehegatte mit Zustimmung des Gesamtgutsverwalters selbständig betreibt; diese Regelung steht im Zusammenhang mit derjenigen des § 1431 und dient dem Schutz der Geschäftsgläubiger.

§ 1440   Familienrecht Bürgerliche Ehe

2   **2. Verbindlichkeiten, die das Sondergut betreffen.** Da das Sondergut für Rechnung des Gesamtguts verwaltet wird (§ 1417), muß das Gesamtgut auch die Lasten des Sonderguts tragen, die bei ordnungsmäßiger Verwaltung aus den laufenden Einkünften beglichen zu werden pflegen, nicht dagegen die außerordentlichen Lasten, die als auf den Stamm des Sonderguts gelegt anzusehen sind.

1441 *Haftung im Innenverhältnis*
Im Verhältnis der Ehegatten zueinander fallen folgende Gesamtgutsverbindlichkeiten dem Ehegatten zur Last, in dessen Person sie entstehen:
1. **die Verbindlichkeiten aus einer unerlaubten Handlung, die er nach Eintritt der Gütergemeinschaft begeht, oder aus einem Strafverfahren, das wegen einer solchen Handlung gegen ihn gerichtet wird;**
2. **die Verbindlichkeiten aus einem sich auf sein Vorbehaltsgut oder sein Sondergut beziehenden Rechtsverhältnis, auch wenn sie vor Eintritt der Gütergemeinschaft oder vor der Zeit entstanden sind, zu der das Gut Vorbehaltsgut oder Sondergut geworden ist;**
3. **die Kosten eines Rechtsstreits über eine der in den Nummern 1 und 2 bezeichneten Verbindlichkeiten.**

1   **1. Grundgedanke.** Gesamtgutsverbindlichkeiten fallen grundsätzlich dem Gesamtgut in der Weise zur Last, daß sie von den Ehegatten im Endergebnis entsprechend ihrer Beteiligung am Gesamtgut, also je zur Hälfte, zu tragen sind. § 1441 bestimmt einige Ausnahmen von dieser Regel. Für die Berichtigung der in ihm genannten Verbindlichkeiten hat der Ehegatte, in dessen Person sie entstanden sind, zum Gesamtgut Ersatz zu leisten (wegen der Fälligkeit vgl § 1446). Besteht die Verbindlichkeit bei der Auseinandersetzung noch, so kann der Ehegatte Berichtigung aus dem Gesamtgut nicht verlangen (§ 1475 II). Die persönliche Haftung des Gesamtgutsverwalters erlischt mit Beendigung der Gütergemeinschaft, wenn die Verbindlichkeit im Innenverhältnis dem anderen Ehegatten zur Last fällt (§ 1437 II S 2). Der Ehegatte, dem im Innenverhältnis die Verbindlichkeit zur Last fällt, hat dem andern dafür einzustehen, daß dieser von dem Gläubiger nicht in Anspruch genommen wird (§ 1481 III). Abweichende Vereinbarung durch Ehevertrag ist möglich.

2   **2. Die einzelnen Fälle. a) Nr 1.** In Frage kommen Schadensersatzverpflichtungen, ferner Zahlung einer Geldstrafe oder Buße sowie die Kosten eines Strafverfahrens einschließlich eines Privatklageverfahrens, wenn der Ehegatte Angeklagter war, nicht wenn er Privatkläger war, auch Kosten der Verteidigung und der Strafhaft. Vor der Ehe begangene unerlaubte Handlungen gehen zu Lasten des Gesamtguts, auch wenn die Bestrafung erst später erfolgt. Soweit der Gesamtgutsverwalter nach § 1435 S 3 zum Gesamtgut Ersatz zu leisten hat, fällt gleichfalls die Schuld im Innenverhältnis dem Ehegatten zur Last.

3   **b) Nr 2.** In den Fällen der §§ 1439, 1440 S 1 haftet das Gesamtgut ohnehin nicht. Hier kommen Verbindlichkeiten des Ehegatten in Betracht, die sich auf dessen Vorbehaltsgut oder Sondergut beziehen, soweit der Gesamtgutsverwalter das Rechtsgeschäft vorgenommen, ihm zugestimmt hat oder seine Zustimmung entbehrlich ist, zB Verbindlichkeiten aus dinglicher Belastung des Vorbehaltsguts, soweit sie nicht unter § 1440 fallen, gesetzliche Unterhaltsverpflichtungen, die durch Vorhandensein des Vorbehaltsguts begründet oder erweitert worden sind, Verbindlichkeiten aus dem Betriebe eines zum Vorbehaltsgut eines Ehegatten gehörenden selbständigen Erwerbsgeschäfts (§ 1440 S 2, vgl dagegen wegen eines zum Sondergut gehörenden Erwerbsgeschäfts § 1442). Anders als bei Nr 1 kommen hier auch Verbindlichkeiten in Betracht, die vor der Eheschließung, vor Eintritt der Gütergemeinschaft oder vor der Zeit, zu der das Gut Vorbehaltsgut geworden ist, entstanden sind.

4   **c) Nr 3.** Unter einem Rechtsstreit im Sinne dieser Bestimmung sind zivilrechtliche Streitigkeiten aller Art vor den ordentlichen Gerichten, mögen sie persönliche oder vermögensrechtliche Angelegenheiten betreffen, auch Arreste und einstweilige Verfügungen sowie einstweilige Anordnungen zu verstehen, ferner auch Verfahren vor Verwaltungsgerichten, Verwaltungsbehörden oder Schiedsgerichten, aber immer nur, soweit sie Angelegenheiten der in Nr 1 und 2 genannten Art betreffen; für andere Prozesse gilt § 1443. Zu den Kosten gehören nicht nur die gerichtlichen und die dem Gegner geschuldeten, sondern auch die von dem Ehegatten selbst aufgewandten Kosten. Zur Vorschußpflicht vgl § 1430 Rz 5.

1442 *Verbindlichkeiten des Sonderguts und eines Erwerbsgeschäfts*
Die Vorschriften des § 1441 Nr 2, 3 gelten nicht, wenn die Verbindlichkeiten zu den Lasten des Sonderguts gehören, die aus den Einkünften beglichen zu werden pflegen. Die Vorschriften gelten auch dann nicht, wenn die Verbindlichkeiten durch den Betrieb eines für Rechnung des Gesamtguts geführten Erwerbsgeschäfts oder infolge eines zu einem solchen Erwerbsgeschäft gehörenden Rechts oder des Besitzes einer dazu gehörenden Sache entstehen.

1   Da das Sondergut für Rechnung des Gesamtguts verwaltet wird (§ 1417 III S 2), ist gerechtfertigt, daß das Gesamtgut auch im Innenverhältnis die Lasten des Sonderguts eines Ehegatten trägt, die aus den Einkünften beglichen zu werden pflegen. Das gleiche gilt für die Verbindlichkeiten, die durch den Betrieb eines zum Sondergut gehörenden, also für Rechnung des Gesamtguts geführten Erwerbsgeschäfts entstehen, weil andererseits auch der Gewinn aus dem Erwerbsgeschäft dem Gesamtgut zugute kommt. In diesen Fällen gilt also nicht § 1441 Nr 2, 3; es bleibt vielmehr auch im Innenverhältnis der Ehegatten bei der Belastung des Gesamtguts. § 1442 gilt nicht für Verbindlichkeiten, die sich auf das Vorbehaltsgut beziehen, da dieses nach § 1418 III S 2 für eigene Rechnung jedes Ehegatten verwaltet wird; deshalb muß jeder Ehegatte auch im Innenverhältnis die Lasten seines Vorbehaltsguts tragen (§ 1441 Nr 2, 3).

1443 *Prozesskosten*
(1) Im Verhältnis der Ehegatten zueinander fallen die Kosten eines Rechtsstreits, den die Ehegatten miteinander führen, dem Ehegatten zur Last, der sie nach allgemeinen Vorschriften zu tragen hat.
(2) Führt der Ehegatte, der das Gesamtgut nicht verwaltet, einen Rechtsstreit mit einem Dritten, so fallen die Kosten des Rechtsstreits im Verhältnis der Ehegatten zueinander diesem Ehegatten zur Last. Die Kosten fallen jedoch dem Gesamtgut zur Last, wenn das Urteil dem Gesamtgut gegenüber wirksam ist, oder wenn der Rechtsstreit eine persönliche Angelegenheit oder eine Gesamtgutsverbindlichkeit des Ehegatten betrifft und die Aufwendung der Kosten den Umständen nach geboten ist; § 1441 Nr. 3 und § 1442 bleiben unberührt.

1. Zu Abs I. Die Kosten eines Rechtsstreits (vgl dazu § 1441 Rz 4) zwischen den Ehegatten, für die gemäß 1 § 1438 II nach außen hin immer das Gesamtgut haftet, sollen im Innenverhältnis dem Ehegatten zur Last fallen, der sie nach allgemeinen Vorschriften zu tragen hat, dh nach den Vorschriften der ZPO (§§ 91ff) oder auf Grund einer Vereinbarung der Ehegatten (gerichtlicher oder außergerichtlicher Vergleich).

2. Zu Abs II. Die Kosten eines Rechtsstreits, den der Gesamtgutsverwalter mit einem Dritten führt, fallen dem 2 Gesamtgut zur Last, soweit nicht einer der Ausnahmefälle des § 1441 vorliegt. Dagegen hat der andere Ehegatte im Innenverhältnis grundsätzlich die Kosten eines von ihm mit einem Dritten geführten Rechtsstreits zu tragen. Wenn aber das Urteil dem Gesamtgut gegenüber wirksam ist, insbesondere in den Fällen der §§ 1429 bis 1433 (vgl dazu § 1422 Rz 4) oder wenn er den Rechtsstreit mit Zustimmung des Gesamtgutsverwalters geführt hat, muß das Gesamtgut auch im Innenverhältnis die Kosten tragen. Das gleiche gilt, wenn der Rechtsstreit eine persönliche Angelegenheit oder eine Gesamtgutsverbindlichkeit des anderen Ehegatten (vgl dazu §§ 1437 bis 1440) betrifft. Wenn es sich um eine persönliche Angelegenheit des anderen Ehegatten handelt, so hat er mit der Führung des Rechtsstreits eine Angelegenheit beider Ehegatten wahrgenommen. Es entspricht aber auch der Billigkeit, daß das Gesamtgut die Kosten eines Rechtsstreits trägt, der eine persönliche Angelegenheit des Ehegatten betrifft, zumal aus der Erwägung, daß das Vorbehaltsgut oder Sondergut eines Ehegatten häufig nicht imstande ist, die Kosten eines solchen Rechtsstreits zu tragen. In beiden Fällen bleiben aber § 1441 Nr 3 und § 1442 unberührt. Die Kosten eines Rechtsstreits der in § 1441 bezeichneten Art muß immer der Ehegatte tragen, der den Rechtsstreit geführt hat. Das Gesamtgut hat ferner die Kosten eines von dem anderen Ehegatten geführten Rechtsstreits immer nur in der den Umständen nach angemessenen Höhe zu tragen; darüber hinausgehende Kosten hat der andere Ehegatte im Innenverhältnis selbst zu tragen, so auch im Falle eines von vornherein aussichtslosen Prozesses. Zur Vorschußpflicht vgl § 1430 Rz 5.

1444 *Kosten der Ausstattung eines Kindes*
(1) Verspricht oder gewährt der Ehegatte, der das Gesamtgut verwaltet, einem gemeinschaftlichen Kind aus dem Gesamtgut eine Ausstattung, so fällt ihm im Verhältnis der Ehegatten zueinander die Ausstattung zur Last, soweit sie das Maß übersteigt, das dem Gesamtgut entspricht.
(2) Verspricht oder gewährt der Ehegatte, der das Gesamtgut verwaltet, einem nicht gemeinschaftlichen Kind eine Ausstattung aus dem Gesamtgut, so fällt sie im Verhältnis der Ehegatten zueinander dem Vater oder der Mutter zur Last; für den Ehegatten, der das Gesamtgut nicht verwaltet, gilt dies jedoch nur insoweit, als er zustimmt oder die Ausstattung nicht das Maß übersteigt, das dem Gesamtgut entspricht.

1. Zu Abs I. Die Ausstattung (vgl Bem zu § 1624) eines gemeinschaftlichen Kindes fällt grundsätzlich dem 1 Gesamtgut zur Last. Soweit sie das den Umständen entsprechende Maß nicht übersteigt, gilt sie nach § 1624 nicht als Schenkung; der Gesamtgutsverwalter ist daher berechtigt, sie ohne Zustimmung des anderen Ehegatten zu versprechen und zu gewähren. Dagegen kann eine Ausstattung, soweit sie das den Umständen entsprechende Maß übersteigt und damit regelmäßig auch nicht durch sittliche oder Anstandspflicht geboten ist, von dem Gesamtgutsverwalter ohne Zustimmung des anderen Ehegatten wirksam nicht versprochen und gewährt werden (§ 1425); dieser kann das Übermaß nach § 1428 selbständig von dem Kind zurückverlangen, auch den Gesamtgutsverwalter unter Umständen nach § 1435 ersatzpflichtig machen. Übersteigt die Ausstattung das dem Gesamtgut entsprechende Maß, so fällt das Übermaß im Innenverhältnis der Ehegatten dem Gesamtgutsverwalter zur Last, auch wenn der andere Ehegatte mit der übermäßigen Ausstattung einverstanden war oder die Voraussetzungen für eine Ersatzpflicht des Gesamtgutsverwalters nach § 1435 nicht vorliegen. Unbedenklich können die Ehegatten aber formlos wirksam vereinbaren, daß eine Ausstattung, auch soweit sie das dem Gesamtgut entsprechende Maß übersteigt, von diesem getragen werden solle. Gewährt der das Gesamtgut nicht verwaltende Ehegatte einem Kind aus dem Gesamtgut eine Ausstattung, so ist dies, sofern nicht etwa ein Fall des § 1429 vorliegt oder der Gesamtgutsverwalter nachträglich zustimmt, dem Gesamtgut gegenüber unwirksam; der Gesamtgutsverwalter kann das Geleistete von dem Kind zurückverlangen, auch wenn es sich nicht um eine übermäßige Ausstattung handelt. § 1430 (Ersetzung der Zustimmung des Gesamtgutsverwalters durch das VormG) dürfte hier im allgemeinen nicht anwendbar sein, weil es sich nicht um eine persönliche Angelegenheit des Ehegatten handelt; aA Soergel/Gaul Rz 6. Soweit ein Ehegatte eine übermäßige Ausstattung aus seinem Vorbehaltsgut oder Sondergut gewährt, ist das seine Sache; der andere Ehegatte hat kein Recht, dagegen Einwendungen zu erheben.

2. Zu Abs II. Die Ausstattung eines nicht gemeinschaftlichen Kindes fällt im Innenverhältnis der Ehegatten 2 dem Vater oder der Mutter des Kindes zur Last, gleichviel wer Gesamtgutsverwalter ist. Soweit die Ausstattung aber übermäßig ist, fällt sie dem Gesamtgutsverwalter, der sie verspricht oder gewährt, zur Last, auch wenn das Kind nicht von ihm abstammt, es sei denn, daß der andere Ehegatte der übermäßigen Ausstattung zugestimmt hat. Im übrigen gilt auch hier das zu Rz 1 Gesagte.

§ 1445 *Ausgleichung zwischen Vorbehalts-, Sonder- und Gesamtgut*

(1) **Verwendet der Ehegatte, der das Gesamtgut verwaltet, Gesamtgut in sein Vorbehaltsgut oder in sein Sondergut, so hat er den Wert des Verwendeten zum Gesamtgut zu ersetzen.**

(2) **Verwendet er Vorbehaltsgut oder Sondergut in das Gesamtgut, so kann er Ersatz aus dem Gesamtgut verlangen.**

1   **1. Grundgedanke.** Die Vorschrift begründet eine allgemeine Ausgleichspflicht, auch wenn diese nach sonstigen Grundsätzen, insbesondere mangels eines Verschuldens (§ 1435) oder wegen Fehlens der Voraussetzungen für einen Anspruch aus ungerechtfertigter Bereicherung nicht besteht. Entscheidend ist lediglich die Verwendung von Mitteln der einen Masse für Zwecke der anderen, zB Verwendung von Geld, das zum Gesamtgut gehört, zur Instandsetzung eines Hauses, das zum Vorbehaltsgut des Gesamtgutsverwalters gehört. Zu ersetzen ist der Wert der Verwendung ohne Rücksicht auf noch vorhandene Bereicherung. Wegen der Fälligkeit vgl § 1446 I.

2   **2. Nicht unter § 1445 fallende Verwendungsansprüche.** § 1445 regelt nur Ansprüche des Gesamtgutsverwalters gegen das Gesamtgut und solche des Gesamtguts gegen den Gesamtgutsverwalter. Etwaige Ansprüche des anderen Ehegatten oder Ansprüche gegen ihn regeln sich nach den allgemeinen Grundsätzen des Schuldrechts, desgleichen Ansprüche unter den Ehegatten, die sich daraus ergeben, daß Vorbehaltsgut oder Sondergut des einen Ehegatten für das Vorbehaltsgut oder Sondergut des anderen verwandt worden ist. Verwendungsansprüche eines Ehegatten sind ausgeschlossen, soweit § 1360b eingreift, also Vorbehalts- oder Sondergut überobligationsmäßig zum Unterhalt verwendet wird.

§ 1446 *Fälligkeit des Ausgleichsanspruchs*

(1) **Was der Ehegatte, der das Gesamtgut verwaltet, zum Gesamtgut schuldet, braucht er erst nach der Beendigung der Gütergemeinschaft zu leisten; was er aus dem Gesamtgut zu fordern hat, kann er erst nach der Beendigung der Gütergemeinschaft fordern.**

(2) **Was der Ehegatte, der das Gesamtgut nicht verwaltet, zum Gesamtgut oder was er zum Vorbehaltsgut oder Sondergut des anderen Ehegatten schuldet, braucht er erst nach der Beendigung der Gütergemeinschaft zu leisten; er hat die Schuld jedoch schon vorher zu berichtigen, soweit sein Vorbehaltsgut und sein Sondergut hierzu ausreichen.**

1   **1. Zweck der Vorschrift.** Ansprüche der Ehegatten gegeneinander sollen im allgemeinen bis zur Beendigung der Gütergemeinschaft ruhen. Eine Klage auf Feststellung oder künftige Leistung sowie Sicherung durch Arrest oder einstweilige Verfügung werden dadurch nicht ausgeschlossen, sofern die Voraussetzungen hierfür vorliegen. Die Vorschrift gilt für schuldrechtliche Ansprüche aller Art, nicht für dingliche Ansprüche, Hamburg OLG 21, 232. Die Verjährung ist gemäß § 207 I auch nach Beendigung der Gütergemeinschaft gehemmt, solange die Ehe fortbesteht.

2   **2. Zu Abs I. Ansprüche und Schulden des Gesamtgutsverwalters** gegenüber dem Gesamtgut. Beide sind grundsätzlich erst nach Beendigung der Gütergemeinschaft fällig. Für Schulden an das Vorbehaltsgut oder Sondergut des anderen Ehegatten gelten dagegen die allgemeinen Grundsätze.

3   **3. Zu Abs II. Schulden des anderen Ehegatten** braucht auch dieser grundsätzlich erst nach Beendigung der Gütergemeinschaft zu tilgen; dies gilt sowohl für das, was er zum Gesamtgut als auch für das, was er zum Vorbehaltsgut oder Sondergut des Gesamtgutsverwalters schuldet; er muß aber schon vorher leisten, soweit sein Vorbehaltsgut und sein Sondergut ausreichen. Das gilt zB auch für eine vom Gesamtgutsverwalter berichtigte Kostenschuld, die dem anderen Ehegatten im Innenverhältnis zur Last fällt, München OLG 21, 231. Daß das Vorbehaltsgut oder Sondergut des anderen Ehegatten ausreicht, hat der Gesamtgutsverwalter im Streitfall zu beweisen, Hamburg OLG 14, 228. Was der andere Ehegatte zu seinem Vorbehaltsgut oder Sondergut zu fordern hat, kann er sofort verlangen, wenn es fällig ist, und zwar sowohl aus dem Gesamtgut als auch aus dem Vorbehaltsgut oder Sondergut des Gesamtgutsverwalters.

4   **4. Vereinbarungen der Ehegatten** über eine frühere Fälligkeit der beiderseitigen Forderungen oder Schulden sind zulässig, können aber unter Umständen von den Gläubigern angefochten werden.

§ 1447 *Aufhebungsklage des nicht verwaltenden Ehegatten*

Der Ehegatte, der das Gesamtgut nicht verwaltet, kann auf Aufhebung der Gütergemeinschaft klagen,
1. **wenn seine Rechte für die Zukunft dadurch erheblich gefährdet werden können, dass der andere Ehegatte zur Verwaltung des Gesamtgutes unfähig ist oder sein Recht, das Gesamtgut zu verwalten, missbraucht,**
2. **wenn der andere Ehegatte seine Verpflichtung, zum Familienunterhalt beizutragen, verletzt hat und für die Zukunft eine erhebliche Gefährdung des Unterhalts zu besorgen ist,**
3. **wenn das Gesamtgut durch Verbindlichkeiten, die in der Person des anderen Ehegatten entstanden sind, in solchem Maße überschuldet ist, dass ein späterer Erwerb des Ehegatten, der das Gesamtgut nicht verwaltet, erheblich gefährdet wird,**
4. **wenn die Verwaltung des Gesamtguts in den Aufgabenkreis des Betreuers des anderen Ehegatten fällt.**

1   **1. Beendigung der Gütergemeinschaft im allgemeinen.** Die §§ 1447, 1448 geben einem Ehegatten die Möglichkeit, einseitig durch Klage Beendigung der Gütergemeinschaft herbeizuführen, wenn einer der hierfür vorgesehenen Gründe vorliegt. Im übrigen endet die Gütergemeinschaft mit Auflösung der Ehe (Scheidung oder Aufhe-

bung). Durch den Tod eines Ehegatten endet die Gütergemeinschaft nur, wenn es nicht zur Fortsetzung mit den gemeinschaftlichen Abkömmlingen kommt (§§ 1482, 1483). Während Fortbestehens der Ehe kann die Gütergemeinschaft jederzeit durch Ehevertrag beendet werden (§ 1408); Aufhebung der häuslichen Gemeinschaft und Insolvenz eines Ehegatten sind keine Endigungsgründe (vgl dazu § 37 InsO), auch nicht die Todeserklärung eines Ehegatten als solche. Ist der Gütergemeinschaftsvertrag nichtig oder anfechtbar, so gelten die allg Grundsätze.

2. Die Aufhebungsgründe des § 1447. a) Nr 1. Aufhebungsgründe sind **Unfähigkeit** des Gesamtgutsverwalters zur Verwaltung des Gesamtguts oder **Mißbrauch** seiner Rechte; hinzukommen muß in beiden Fällen die Möglichkeit einer erheblichen Gefährdung der Rechte des anderen Ehegatten für die Zukunft. Die Gefährdung braucht aber noch nicht eingetreten zu sein (vgl BT-Drucks Nr 3409, 28). Der Aufhebungsgrund der Unfähigkeit des Gesamtgutsverwalters kann gegeben sein, auch wenn diesem ein Verschulden nicht zur Last fällt, zB wenn er infolge eingetretener Geistes- oder Altersschwäche, ohne daß er betreut wird (vgl dazu Nr 4), wegen lang andauernder schwerer körperlicher Krankheit oder längerer Abwesenheit oder auch wegen eindeutiger geschäftlicher Untüchtigkeit nicht in der Lage ist, das Gesamtgut ordnungsmäßig zu verwalten. Der andere Ehegatte ist nicht darauf beschränkt, nach § 1429 selbst zu handeln. Er kann sich auch dann auf die Unfähigkeit des Gesamtgutsverwalters berufen, wenn diese bereits bei Vereinbarung der Gütergemeinschaft bestanden hat. Ein Mißbrauch der Rechte durch den Gesamtgutsverwalter liegt dann vor, wenn dieser Rechtsgeschäfte ohne die erforderliche Zustimmung des anderen Ehegatten vornimmt, wenn seine Maßnahmen willkürlich und schädlich für das Gesamtgut sind, zB Veräußerung von Vieh und Geräten in einem Umfang, daß dadurch die Fortführung des landwirtschaftlichen Betriebes auf der bisherigen Höhe gefährdet wird, oder leichtfertige Spekulationsgeschäfte. Mißbräuchlich handelt auch der Ehegatte, der das Zustimmungserfordernis dadurch umgeht, daß er die zustimmungsbedürftige Verfügung zwar nicht selbst vornimmt, sich aber insoweit der sofortigen Zwangsvollstreckung durch den Gläubiger unterwirft, BGH 48, 369. Auch durch Verletzung der Auskunftspflicht (§ 1435) kann der Gesamtgutsverwalter seine Rechte mißbrauchen. Die Möglichkeit einer erheblichen Gefährdung der Rechte des anderen Ehegatten für die Zukunft ist regelmäßig anzunehmen, wenn nicht damit zu rechnen ist, daß die Gründe, die den Gesamtgutsverwalter zur Verwaltung unfähig gemacht haben, in absehbarer Zeit fortfallen, oder daß er seine mißbräuchlichen Handlungen in Zukunft nicht wiederholt. Rechtfertigt sein bisheriges Verhalten den Schluß, daß er den Rechten des anderen Teils nicht die nötige Beachtung schenken werde, so braucht ein Schaden oder eine ernstliche Gefährdung weder eingetreten noch ernstlich zu befürchten sein, BGH 48, 369.

b) Nr 2. Es braucht keine schuldhafte **Verletzung der Unterhaltspflicht** durch den Gesamtgutsverwalter vorzuliegen; es genügt, daß er den den Umständen nach angemessenen Beitrag zum Familienunterhalt nicht leistet. Der Familienunterhalt umfaßt den Unterhalt für den anderen Ehegatten und für die gemeinsamen Kinder. Bei Nichtgewährung des Unterhalts an andere Unterhaltsberechtigte kann aber ein Mißbrauch iSv Nr 1 vorliegen. Kein Aufhebungsanspruch nach Nr 2, wenn der andere Ehegatte selbst die Unterhaltsgewährung durch den verwaltenden Ehegatten verhindert hat, RG JW 1924, 678. Es muß für die Zukunft eine weitere erhebliche Gefährdung des Unterhalts zu besorgen sein; maßgebend ist die Lage im Zeitpunkt der letzten mündlichen Verhandlung.

c) Nr 3. Erforderlich ist eine bereits vorliegende **Überschuldung** des Gesamtguts durch in Person des Verwalters entstandene Verbindlichkeiten; es genügt nicht, daß sie erst droht, Hamburg OLG 12, 313; dann kommt aber uU Nr 1 in Betracht. Durch die Überschuldung muß ein späterer Erwerb des anderen Ehegatten erheblich gefährdet werden. Ob im Einzelfall praktisch eine Aussicht auf späteren Erwerb des anderen Ehegatten besteht, ist unerheblich, Hamburg OLG 8, 337. Es kommt auch nicht auf Verschulden des Gesamtgutsverwalters an der Überschuldung an.

d) Nr 4. Aufhebungsgrund ist die **Bestellung eines Betreuers** nur dann, wenn die Verwaltung des Gesamtguts in seinen Aufgabenkreis fällt. Die Tatsache der dauerhaften Verwaltung durch einen Dritten ist dem Ehegatten nicht zuzumuten. Die Wiederaufhebung der Betreuung (§ 1908d) nach Rechtskraft des Urteils, durch das die Gütergemeinschaft aufgehoben worden ist, ist ohne Belang.

3. Prozeßrechtliches. Die Aufhebungsklage muß gegen den Gesamtgutsverwalter gerichtet werden. Der Güterstand wird durch Urteil aufgehoben (§ 1449). Die Ehegatten können die Gütergemeinschaft aber auch durch gerichtlichen Vergleich aufheben, RG Recht 1919, 1486. Es handelt sich um eine Klage im gewöhnlichen Verfahren, keine Ehesache im Sinne der §§ 606ff ZPO. Daher ist Anerkenntnis- oder Versäumnisurteil möglich. Der Streitgegenstand ist ein vermögensrechtlicher; zuständig ist das FamG (§ 621 I Nr 8 ZPO). Der Streitwert ist nach § 3 ZPO zu schätzen; maßgebend ist das Interesse des Klägers an Beendigung der Verwaltungsbefugnis und an der Ermöglichung der Auseinandersetzung. Es beläuft sich auf die Hälfte des klägerischen Anteils am Gesamtgut, BGH NJW 1973, 50. Erbietet sich der Gesamtgutsverwalter zur Aufhebung der Gütergemeinschaft durch Ehevertrag, so fehlt der Klage das Rechtsschutzinteresse; aA MüKo/Kanzleiter Rz 17. Bei Beendigung des Güterstandes (vgl Rz 1) im Laufe des Prozesses erledigt sich die Hauptsache. Nicht selten wird es erforderlich sein, die Rechte des klagenden Ehegatten durch einstweilige Verfügung (§§ 935ff ZPO) zu sichern, insbesondere zwecks Regelung des Unterhalts oder Verhinderung das Gesamtgut schädigender Maßnahmen des Gesamtgutsverwalters. Ein gerichtliches Verfügungsverbot an den Gesamtgutsverwalter schließt aber einen Erwerb durch gutgläubige Dritte nicht aus (§§ 135, 136); daher wird unter Umständen Sequestration erforderlich sein. Eine Aufhebung der Gütergemeinschaft durch einstweilige Verfügung ist nicht möglich.

4. Abänderung oder Einschränkung der Aufhebungsgründe durch Ehevertrag ist als unzulässig anzusehen, zustimmend Dölle, FamR I § 74 I 5; RGRK/Finke Rz 20; vgl aber MüKo/Kanzleiter Rz 21: Erweiterung der Aufhebungsgründe ist möglich.

§ 1448 *Aufhebungsklage des Verwalters*

1448 Der Ehegatte, der das Gesamtgut verwaltet, kann auf Aufhebung der Gütergemeinschaft klagen, wenn das Gesamtgut infolge von Verbindlichkeiten des anderen Ehegatten, die diesem im Verhältnis der Ehegatten zueinander zur Last fallen, in solchem Maße überschuldet ist, dass ein späterer Erwerb erheblich gefährdet wird.

1 Die Vorschrift ist das Gegenstück zu § 1447 Nr 3 (vgl die Bemerkungen hierzu). Der Gesamtgutsverwalter kann sich zur Begründung seiner Aufhebungsklage nur auf Schulden des anderen Ehegatten berufen, die Gesamtgutsverbindlichkeiten sind, aber im Verhältnis der Ehegatten zueinander nach den §§ 1441 bis 1444 dem anderen Ehegatten zur Last fallen, zB Verbindlichkeiten aus einer während der Gütergemeinschaft von dem anderen Ehegatten begangenen unerlaubten Handlung, nicht auf Schulden, für die der andere Ehegatte nur mit seinem Vorbehaltsgut und Sondergut haftet (vgl dazu §§ 1438 bis 1440).

1449 *Wirkung des Aufhebungsurteils*

(1) Mit der Rechtskraft des Urteils ist die Gütergemeinschaft aufgehoben; für die Zukunft gilt Gütertrennung.

(2) Dritten gegenüber ist die Aufhebung der Gütergemeinschaft nur nach Maßgabe des § 1412 wirksam.

1 Ist die Aufhebungsklage in den Fällen der §§ 1447, 1448 begründet, so wird die Gütergemeinschaft durch rechtsgestaltendes Urteil aufgehoben. Die Wirkung des Urteils tritt mit seiner Rechtskraft ein; es ist daher nicht für vorläufig vollstreckbar zu erklären. Die Gütergemeinschaft wird durch Gütertrennung abgelöst. Die Auseinandersetzung des Gesamtguts regelt sich nach den §§ 1471ff. Die Ehegatten verwalten, während sie im übrigen in Gütertrennung leben, das Gesamtgut gemeinschaftlich (§ 1472). Vgl ferner wegen des für die Auseinandersetzung maßgebenden Zeitpunktes § 1479 und wegen des Erlöschens der persönlichen Haftung des Gesamtgutsverwalters für Verbindlichkeiten des anderen Ehegatten, die im Innenverhältnis diesem zur Last fallen, § 1437 II S 2. Dritte werden durch Anwendung des § 1412 geschützt (Abs II); für die Eintragung im Güterrechtsregister gilt § 1561 II Nr 1.

Unterkapitel 3

Gemeinschaftliche Verwaltung des Gesamtgutes durch die Ehegatten

1450 *Gemeinschaftliche Verwaltung durch die Ehegatten*

(1) Wird das Gesamtgut von den Ehegatten gemeinschaftlich verwaltet, so sind die Ehegatten insbesondere nur gemeinschaftlich berechtigt, über das Gesamtgut zu verfügen und Rechtsstreitigkeiten zu führen, die sich auf das Gesamtgut beziehen. Der Besitz an den zum Gesamtgut gehörenden Sachen gebührt den Ehegatten gemeinschaftlich.

(2) Ist eine Willenserklärung den Ehegatten gegenüber abzugeben, so genügt die Abgabe gegenüber einem Ehegatten.

1 **1. Grundsatz.** Gemeinschaftliche Verwaltung tritt entweder bei entsprechender Vereinbarung im Ehevertrag ein oder bei fehlender Verwaltungsregelung (§ 1421 S 2). Die Vorschrift entspricht dem bei der Einzelverwaltung geltenden § 1422. Aus der gemeinschaftlichen Verwaltung folgt, daß beide Ehegatten im Regelfall, soweit nicht in den folgenden Bestimmungen Ausnahmen vorgesehen sind, alle das Gesamtgut betreffenden Maßnahmen nur gemeinschaftlich rechtswirksam vornehmen können. Der eine Ehegatte kann den anderen bevollmächtigen, auch stillschweigend. Dies ist der Fall, wenn dem anderen Ehegatten praktisch die Verwaltung des Gesamtguts überlassen wird, Soergel/Gaul Rz 5. Eine unwiderrufliche generelle Vollmacht bedarf der Form des § 1413. Die über die Anscheins- und Duldungsvollmacht entwickelten Rechtsgrundsätze sind hier von besonderer Bedeutung. Die Schlüsselgewalt (§ 1357) bleibt auch hier unberührt. Ansonsten ist Zustimmung des nichthandelnden Ehegatten erforderlich. Liegt sie nicht vor, ist ein Verpflichtungsgeschäft dem Gesamtgut gegenüber unwirksam; der handelnde Ehegatte verpflichtet sich aber mit seinem Vorbehalts- und Sondergut. Für Verfügungen, die ein Ehegatte ohne die erforderliche Zustimmung des anderen vornimmt, gilt § 1453 und 1455 Nr 8. Über seinen Anteil am Gesamtgut und an den einzelnen dazu gehörenden Gegenständen kann ein Ehegatte schon nach § 1419 nicht verfügen. Erwerb für das Gesamtgut tritt auch ein, wenn ein Ehegatte ohne Zustimmung des anderen etwas erwirbt, es sei denn, daß er es für sein Vorbehalts- oder Sondergut erwirbt; für die aus dem Erwerb entstehenden Verbindlichkeiten haftet aber das Gesamtgut nur bei ungerechtfertigter Bereicherung (§ 1457), gegebenenfalls wegen unerlaubter Handlung des Ehegatten, zB wahrheitswidriger Vorspiegelung des Einverständnisses des anderen, im letzteren Falle aber nur für das negative Interesse. Im Innenverhältnis gilt, wenn ein Ehegatte durch schuldhaftes Verhalten das Gesamtgut schädigt, die Haftung gemäß § 1359. Wegen der Fälligkeit von Ersatzansprüchen vgl § 1468.

2 **2.** Auch der **Besitz** an den zum Gesamtgut gehörenden Sachen gebührt den Ehegatten gemeinschaftlich und gleichrangig. Jeder kann verlangen, daß der andere ihm den Mitbesitz einräumt, soweit der Verwendungszweck das nicht ausschließt, zB bei persönlichen Gebrauchsgegenständen des einzelnen und bei Sachen, die zu einem von einem Ehegatten betriebenen Erwerbsgeschäft gehören (vgl dazu § 1456). Den Besitzschutz gegenüber Dritten kann jeder Ehegatte allein ausüben.

3 **3. Rechtsstreitigkeiten, die sich auf das Gesamtgut beziehen.** Als Kläger müssen die Ehegatten grundsätzlich gemeinsam auftreten; sie sind dann notwendige Streitgenossen. Ausnahmen: die Fälle der §§ 1452, 1454, 1455

Nr 6 bis 10, 1456. Klagt ein Ehegatte sonst allein, ohne daß der andere ihn dazu ermächtigt hat, so ist die Klage wegen fehlender Aktivlegitimation abzuweisen; vgl wegen der Rechtslage nach Beendigung der Gütergemeinschaft die Bemerkungen zu § 1472. Wenn die Ehegatten auf Leistung aus dem Gesamtgut verklagt werden, sind sie gleichfalls notwendige Streitgenossen, aber nicht, soweit sie auch aus der persönlichen Haftung mit ihrem übrigen Vermögen in Anspruch genommen werden (Gesamtschuldner), Gernhuber/Coester-Waltjen, FamR § 38 VIII 5. Werden die Ehegatten als Gesamtschuldner in Anspruch genommen, so können sie allein oder zusammen verklagt werden, BGH FamRZ 1975, 405, 406; wird jedoch eine Gesamthandsklage erhoben, so ist die Klage wegen der notwendigen Streitgenossenschaft gegen einen einzelnen Ehegatten ausgeschlossen, so auch Tiedtke FamRZ 1975, 538, 540; MüKo/Kanzleiter Rz 25; aA BGH FamRZ 1975, 406. Zur Zwangsvollstreckung in das Gesamtgut ist ein Titel gegen beide Ehegatten erforderlich (§ 740 II ZPO), LG Deggendorf FamRZ 1964, 49; vgl aber die Ausnahmefälle der §§ 741, 742 ZPO, dazu BayObLG FamRZ 1983, 1128 und § 1459 Rz 4.

4. Willenserklärungen Dritter (Abs II). Bei Willenserklärungen Dritter gegenüber den Ehegatten genügt die Abgabe gegenüber einem Ehegatten. In Betracht kommen hier nur einseitige Willenserklärungen Dritter, bei denen die Ehegatten lediglich als Empfänger beteiligt sind, zB Mahnung, Kündigung, Anfechtung. Der Ehegatte, dem gegenüber die Willenserklärung von dem Dritten abgegeben wird, ist verpflichtet, den anderen darüber zu unterrichten; das ergibt sich aus dem Sinn und Zweck der gemeinschaftlichen Verwaltung. Abs II gilt nicht für Zustellung in gerichtlichen Verfahren; auch § 171 ZPO ist hier nicht anwendbar. 4

1451 *Mitwirkungspflicht beider Ehegatten*
Jeder Ehegatte ist dem anderen gegenüber verpflichtet, zu Maßregeln mitzuwirken, die zur ordnungsmäßigen Verwaltung des Gesamtguts erforderlich sind.

Die Vorschrift entspricht § 1435 S 1; sie verpflichtet beide Ehegatten, zur ordnungsgemäßen Verwaltung zusammenzuwirken. Sie gilt nur im Verhältnis der Ehegatten zueinander, BGH NJW 1958, 2061. Die Verpflichtung zur Mitwirkung bei der Verwaltung bezieht sich sowohl auf rein tatsächliche Handlungen, BGH FamRZ 1986, 42, zB Bebauung der Äcker, Pflege des Viehs, Instandsetzung reparaturbedürftiger Sachen, wie auf Rechtsgeschäfte und Rechtsstreitigkeiten, die jeweils zur ordnungsmäßigen Verwaltung des Gesamtguts erforderlich sind; dazu gehört auch die Leistung von Unterhalt, BGH FamRZ 1990, 851; BayObLG FamRZ 1997, 422. Im Einzelfall kann es genügen, daß ein Ehegatte in die von dem anderen gewünschten Maßnahmen einwilligt und ihn zur Vertretung gegenüber Dritten bevollmächtigt oder nachträglich seine Zustimmung erteilt. Die zur Erhaltung des Gesamtguts notwendigen Maßnahmen kann jeder Ehegatte ohne Mitwirkung des anderen treffen, aber nur, wenn mit dem Aufschub Gefahr verbunden ist (§ 1455 Nr 10). Den Fall der Verhinderung eines Ehegatten durch Krankheit oder Abwesenheit regelt § 1454. Verletzt ein Ehegatte seine Verpflichtung zur Mitwirkung, so kann er sich nach und unter den Voraussetzungen des § 1359 in entsprechender Anwendung des § 1435 S 3 ersatzpflichtig machen, BGH FamRZ 1986, 40. Zu erforderlichen Rechtsgeschäften und Rechtsstreitigkeiten (nicht auch zu tatsächlichen Verwaltungshandlungen) kann die Zustimmung eines Ehegatten auf Antrag des anderen durch das VormG ersetzt werden (§ 1452). Bei beharrlicher Weigerung eines Ehegatten, zur ordnungsmäßigen Verwaltung des Gesamtguts mitzuwirken, kann der andere auch auf Aufhebung der Gütergemeinschaft klagen (§ 1469 Nr 2). Die Anwendung des § 1451 setzt eine intakte Ehe voraus. Im Fall des Getrenntlebens kann die Erfüllung der Pflichten unzumutbar werden, BGH FamRZ 1986, 40. 1

1452 *Ersetzung der Zustimmung*
(1) Ist zur ordnungsmäßigen Verwaltung des Gesamtguts die Vornahme eines Rechtsgeschäfts oder die Führung eines Rechtsstreits erforderlich, so kann das VormG auf Antrag eines Ehegatten die Zustimmung des anderen Ehegatten ersetzen, wenn dieser sie ohne ausreichenden Grund verweigert.
(2) Die Vorschrift des Absatzes 1 gilt auch, wenn zur ordnungsmäßigen Besorgung der persönlichen Angelegenheiten eines Ehegatten ein Rechtsgeschäft erforderlich ist, das der Ehegatte mit Wirkung für das Gesamtgut nicht ohne Zustimmung des anderen Ehegatten vornehmen kann.

1. Ordnungsmäßige Verwaltung des Gesamtguts (Abs I). Die Vorschrift entspricht dem für die Einzelverwaltung geltenden § 1426. Wegen des Grundsatzes des Zusammenwirkens bei der Verwaltung steht das Recht jedoch beiden Ehegatten zu. Das VormG kann die Zustimmung des anderen Ehegatten sowohl zur Vornahme von Rechtsgeschäften jeder Art, schuldrechtlichen und dinglichen, als auch – anders als bei der Einzelverwaltung (§ 1426) – zur Führung eines Rechtsstreites ersetzen, weil auch ein solcher nach § 1450 grundsätzlich von den Ehegatten gemeinschaftlich zu führen ist. So kann im Rahmen des § 1452 auch die Zustimmung zur Auszahlung von Arbeitslohn des Ehemanns an seine unterhaltsberechtigte Ehefrau ersetzt werden, BayObLG FamRZ 1997, 422. Ebenso fällt der Anspruch auf Auszahlung eines Spargutshabens in das Gesamtgut, BayObLG FamRZ 2001, 1214. Voraussetzung der Ersetzung ist, daß das Rechtsgeschäft oder der Rechtsstreit zur ordnungsmäßigen Verwaltung des Gesamtguts erforderlich, nicht nur zweckmäßig ist, und daß der andere Ehegatte seine Zustimmung ohne ausreichenden Grund verweigert. Es ist nicht Sache des VormG, in jedem Fall zu entscheiden, wenn ein Ehegatte, der gleichberechtigt an der Verwaltung des Gesamtguts beteiligt ist, aus durchaus vertretbaren Gründen eine von dem anderen gewünschte Maßnahme ablehnt; das VormG soll nur eingreifen, um einen durch nicht ordnungsmäßige Verwaltung zu befürchtenden Schaden von dem Gesamtgut abzuwenden; so sind auch die Erfolgsaussichten eines beabsichtigten Rechtsstreits zu werten, Celle FamRZ 1975, 621; BayObLG FamRZ 1990, 411. Ein ausreichender Weigerungsgrund kann vorliegen, wenn nicht wirtschaftliche, sondern ideelle Gesichtspunkte gegen die Vornahme des Rechtsgeschäfts oder die Führung des Rechtsstreits sprechen, vgl Celle FamRZ 1975, 621, zB die Rücksichtnahme auf Verwandte, oder wenn die Befürchtung besteht, daß der antragstellende Ehegatte das Erlangte ord- 1 nungswidrig verwenden wolle. Ein Ehegatte kann Ersetzung der Zustimmung des anderen unter Umständen auch dann beantragen, wenn er allein mit Wirkung für das Gesamtgut handeln zu können glaubt, die Sach- und Rechtslage aber zweifelhaft ist, zB in den Fällen des § 1455 Nr 10, und er deshalb ein berechtigtes Interesse an der Ersetzung der Zustimmung des anderen Ehegatten hat, insbesondere weil ein Dritter mit ihm allein ein Rechtsgeschäft nicht vornehmen will. Wegen des Verfahrens vor dem VormG vgl § 1365 Rz 23; BayObLG Rpfleger 1978, 297.

Die Ersetzung der Zustimmung hat die Wirkung, daß das von einem Ehegatten abgeschlossene Rechtsgeschäft einem von beiden vorgenommenen gleichsteht; es haften nicht nur das Gesamtgut, sondern auch beide Ehegatten persönlich als Gesamtschuldner (§§ 1459, 1460). Der von einem Ehegatten geführte Rechtsstreit ist als von beiden geführt anzusehen; aus dem ergehenden Urteil kann daher in das Gesamtgut vollstreckt werden (§ 740 II ZPO), aber nicht in das Vorbehalts- oder Sondergut des an dem Rechtsstreit nicht persönlich beteiligt gewesenen Ehegatten; aA MüKo/Kanzleiter Rz 12. Lehnt das VormG die Ersetzung der Zustimmung ab, so kann ein Ehegatte ein Verpflichtungsgeschäft auch allein vornehmen, aber nur mit Wirkung für sein Vorbehaltsgut und Sondergut. Von ihm allein vorgenommene Verfügungen über Gesamtgut sind unwirksam (vgl die Bemerkungen zu § 1453). Die Zustimmung ist auch in den Fällen des § 1454 entbehrlich, vgl die dortigen Bemerkungen.

2 **2. Persönliche Angelegenheiten eines Ehegatten.** Die Vorschrift entspricht dem für die Einzelverwaltung geltenden § 1430. Die ohne ausreichenden Grund verweigerte Zustimmung eines Ehegatten kann durch das VormG auch dann ersetzt werden, wenn ein Rechtsgeschäft zwar nicht zur ordnungsmäßigen Verwaltung des Gesamtguts, aber zur ordnungsmäßigen Besorgung der persönlichen Angelegenheiten eines Ehegatten erforderlich ist und ein Ehegatte es allein mit Wirkung für das Gesamtgut nicht vornehmen kann. Nimmt ein Ehegatte auf Grund des Ersetzungsbeschlusses des VormG das Rechtsgeschäft vor, so tritt Haftung des Gesamtguts und beider Ehegatten persönlich ein (§§ 1459, 1460). Zur Führung eines Rechtsstreits, der eine persönliche Angelegenheit eines Ehegatten betrifft, ist die Zustimmung des anderen nicht erforderlich. Wegen der Kosten eines solchen Rechtsstreits vgl § 1460 II, § 1465. Vgl im übrigen die Bemerkungen zu § 1430.

1453 *Verfügung ohne Einwilligung*

(1) Verfügt ein Ehegatte ohne die erforderliche Einwilligung des anderen Ehegatten über das Gesamtgut, so gelten die Vorschriften des § 1366 Abs. 1, 3, 4 und des § 1367 entsprechend.

(2) Einen Vertrag kann der Dritte bis zur Genehmigung widerrufen. Hat er gewusst, daß der Ehegatte in Gütergemeinschaft lebt, so kann er nur widerrufen, wenn dieser wahrheitswidrig behauptet hat, der andere Ehegatte habe eingewilligt; er kann auch in diesem Falle nicht widerrufen, wenn ihm beim Abschluss des Vertrages bekannt war, daß der andere Ehegatte nicht eingewilligt hatte.

1 § 1453 entspricht dem bei der Einzelverwaltung geltenden § 1427 (vgl daher die Bemerkung zu den §§ 1427, 1366, 1367). Bei gemeinschaftlicher Verwaltung haftet das Gesamtgut für Rechtsgeschäfte eines Ehegatten allerdings nur, wenn der andere zugestimmt hat oder wenn das Rechtsgeschäft im Einzelfall (§§ 1452, 1454 bis 1456) ohne seine Zustimmung für das Gesamtgut wirksam ist (§ 1460). Deshalb brauchte die Verpflichtungsfähigkeit der Ehegatten bei der gemeinschaftlichen Verwaltung nicht eingeschränkt zu werden. § 1453 betrifft daher nur Verfügungsgeschäfte. Ein Ehegatte haftet aus von ihm eingegangenen Verbindlichkeiten, soweit sie mangels Zustimmung des anderen dem Gesamtgut gegenüber nicht wirksam sind, ebenso wie bei der Einzelverwaltung der von der Verwaltung des Gesamtguts ausgeschlossene Ehegatte, persönlich mit seinem Vorbehaltsgut und Sondergut. Der andere Ehegatte soll nur gegen ohne seine Zustimmung vorgenommene Verfügungen geschützt werden (vgl dazu auch BT-Drucks Nr 3409, 29).

2 Unter Verfügungen über das Gesamtgut sind alle Verfügungen über einzelne zum Gesamtgut gehörende Gegenstände zu verstehen; eine Verfügung über das Gesamtgut uno actu ist ohnehin nicht möglich.

1454 *Notverwaltungsrecht*

Ist ein Ehegatte durch Krankheit oder Abwesenheit verhindert, bei einem Rechtsgeschäft mitzuwirken, das sich auf das Gesamtgut bezieht, so kann der andere Ehegatte das Rechtsgeschäft vornehmen, wenn mit dem Aufschub Gefahr verbunden ist; er kann hierbei im eigenen Namen oder im Namen beider Ehegatten handeln. Das Gleiche gilt für die Führung eines Rechtsstreits, der sich auf das Gesamtgut bezieht.

1 Die Vorschrift entspricht dem bei der Einzelverwaltung geltenden § 1429, stellt jedoch dem Grundsatz der gemeinschaftlichen Verwaltung entsprechend beide Ehegatten einander gleich. Bei Krankheit oder Abwesenheit eines Ehegatten kann der andere allein handeln, wenn mit einem Aufschub Gefahr verbunden ist. Aufgrund des § 1451 besteht sogar eine Pflicht zur Notverwaltung. Er kann in solchen Fällen sowohl Rechtsgeschäfte aller Art vornehmen als auch einen Rechtsstreit führen, und zwar sowohl als Kläger wie als Beklagter; dabei kann er nach seiner Wahl im eigenen Namen oder im Namen beider Ehegatten handeln. In beiden Fällen werden das Gesamtgut und beide Ehegatten persönlich verpflichtet, §§ 1459, 1460; vgl Soergel/Gaul Anm 4; Gernhuber/Coester-Waltjen, FamR § 38 VIII 2. Zur Zwangsvollstreckung aus einem solchen Urteil vgl § 1459 Rz 4. Liegt kein Eilfall vor, so muß der Ehegatte warten, bis die Verhinderung des anderen wegfällt. Wenn die Voraussetzungen der §§ 1910, 1911 vorliegen, kann er die Bestellung eines Pflegers erwirken. In diesem Fall verwaltet er dann das Gesamtgut allein (§ 1458), in Fällen der §§ 1423 bis 1425 kann der Pfleger die Zustimmung für den andern Ehegatten erteilen (vgl im übrigen die Bemerkungen zu § 1429). Für den Fall, daß ein Ehegatte die erforderliche Zustimmung verweigert, gilt § 1452.

1455 *Verwaltungshandlungen ohne Mitwirkung des anderen Ehegatten*
Jeder Ehegatte kann ohne Mitwirkung des anderen Ehegatten
1. eine ihm angefallene Erbschaft oder ein ihm angefallenes Vermächtnis annehmen oder ausschlagen,
2. auf seinen Pflichtteil oder auf den Ausgleich eines Zugewinns verzichten,
3. ein Inventar über eine ihm oder dem anderen Ehegatten angefallene Erbschaft errichten, es sei denn, dass die dem anderen Ehegatten angefallene Erbschaft zu dessen Vorbehaltsgut oder Sondergut gehört,
4. einen ihm gemachten Vertragsantrag oder eine ihm angebotene Schenkung ablehnen,
5. ein sich auf das Gesamtgut beziehendes Rechtsgeschäft gegenüber dem anderen Ehegatten vornehmen,
6. ein zum Gesamtgut gehörendes Recht gegen den anderen Ehegatten gerichtlich geltend machen,
7. einen Rechtsstreit fortsetzen, der beim Eintritt der Gütergemeinschaft anhängig war,
8. ein zum Gesamtgut gehörendes Recht gegen einen Dritten gerichtlich geltend machen, wenn der andere Ehegatte ohne die erforderliche Zustimmung über das Recht verfügt hat,
9. ein Widerspruchsrecht gegenüber einer Zwangsvollstreckung in das Gesamtgut gerichtlich geltend machen,
10. die zur Erhaltung des Gesamtguts notwendigen Maßnahmen treffen, wenn mit dem Aufschub Gefahr verbunden ist.

1. Grundsatz. Die Vorschrift stellt eine weitere Ausnahme von der Mitwirkungspflicht beider Ehegatten bei Verwaltungsmaßnahmen dar. Wo bei der Einzelverwaltung der von der Verwaltung ausgeschlossene Ehegatte ohne Zustimmung des Gesamtgutsverwalters handeln kann, muß erst recht bei gemeinschaftlicher Verwaltung ein Ehegatte ohne Mitwirkung des anderen tätig werden können. Darüber hinaus werden in einigen weiteren Fällen selbständige Befugnisse jedes Ehegatten begründet. In allen Fällen kommt es nicht darauf an, ob der andere Ehegatte an der Mitwirkung verhindert ist oder dem Verwaltungshandlung widerspricht.

2. Die einzelnen Fälle. a) Nr 1 bis 4 entsprechen dem § 1432. Vgl die dortigen Bemerkungen; jedoch bestimmt sich die Haftung des Gesamtguts für die Verbindlichkeiten der Ehegatten nach den §§ 1459ff. Zu Nr 3 ist zu bemerken, daß jeder Ehegatte, um die Gefahr der unbeschränkten Haftung des Gesamtguts und seiner unbeschränkten persönlichen Haftung für die Nachlaßverbindlichkeiten abzuwenden, auch ein Inventar über eine dem anderen Ehegatten angefallene Erbschaft errichten kann; das gilt nur dann nicht, wenn die dem anderen angefallene Erbschaft zu dessen Vorbehalts- oder Sondergut gehört, weil dann keine Haftung des Gesamtguts und keine persönliche Haftung des nicht erbenden Ehegatten für die Nachlaßverbindlichkeiten eintritt (§ 1461). Wegen der Bestimmung einer Inventarfrist auf Antrag eines Nachlaßgläubigers und der Wirkung der Inventarerrichtung durch einen Ehegatten zugunsten beider vgl § 2008.

Nr 5 und 6 stellen klar, daß jeder Ehegatte ein sich auf das Gesamtgut beziehendes Rechtsgeschäft gegenüber dem anderen Ehegatten allein vornehmen und ein zum Gesamtgut gehörendes Recht gegen den anderen gerichtlich geltend machen kann. In diesen Fällen ist wegen des bestehenden Interessengegensatzes ein gemeinschaftliches rechtsgeschäftliches Handeln und ein gemeinschaftliches Prozessieren der Ehegatten (§ 1450) nicht möglich. Ein Ehegatte kann also zB von dem anderen Ehegatten Rückzahlung eines diesem aus dem Gesamtgut in sein Vorbehaltsgut gegebenen Darlehens fordern, notfalls mit Klage (vgl dazu aber § 1468). Bei der Einzelverwaltung gibt es das wegen des alleinigen Verwaltungsrechts des Gesamtgutsverwalters nicht.

b) Nr 7 entspricht dem § 1433; vgl die dortigen Bemerkungen.

c) Nr 8 entspricht dem § 1428, vgl die dortigen Bemerkungen. Nur der übergangene Ehegatte kann das Revokationsrecht allein ausüben; für den Handelnden gilt § 1450. Das Urteil wirkt gegenüber beiden Ehegatten; wegen der Kosten des Rechtsstreits vgl § 1460 II.

d) Nr 9. Eine entsprechende Vorschrift fehlt bei der Einzelverwaltung. Bei gemeinschaftlicher Verwaltung wird wegen des in solchen Fällen häufig bestehenden Interessenkonflikts zwischen den Ehegatten jedem das Recht eingeräumt, Widerspruchsrechte aller Art gegenüber einer Zwangsvollstreckung in das Gesamtgut geltend zu machen, zB Erinnerung gemäß § 766 ZPO, daß der erforderliche Titel gegen beide Ehegatten (§ 740 II ZPO) nicht vorliege, Vollstreckungsgegenklage gemäß § 767 ZPO, daß die Schuld inzwischen getilgt sei, oder auch Widerspruchsklage gemäß § 771 ZPO. Eine Widerspruchsklage wegen unberechtigter Inanspruchnahme seines Vorbehaltsguts oder Sondergutes kann ein Ehegatte schon nach §§ 1417, 1418 selbständig erheben.

e) Nr 10. Es besteht ein Bedürfnis, daß bei gemeinschaftlicher Verwaltung jeder Ehegatte die zur Erhaltung des Gesamtguts notwendigen Maßnahmen allein treffen kann, wenn mit einem Aufschub Gefahr verbunden ist. Nach Beendigung der Gütergemeinschaft hat jeder Ehegatte diese Befugnis, auch wenn kein unaufschiebbarer Fall vorliegt (§ 1472 III Hs 2). Notwendige Maßnahmen können neben tatsächlichen Handlungen auch Rechtsgeschäfte mit Dritten oder die Führung eines Rechtsstreits sein, für die Anfechtung von Gesellschafterbeschlüssen vgl Saarbrücken NJW-RR 2002, 721. Für von dem Ehegatten hierbei eingegangene Verbindlichkeiten haftet das Gesamtgut und damit auch der andere Ehegatte persönlich als Gesamtschuldner (§§ 1459, 1460). Inwieweit notwendige Erhaltungsmaßnahmen in Betracht kommen und ob mit einem Aufschub Gefahr verbunden ist, ist nach objektiven Gesichtspunkten zu beurteilen, und zwar nach dem Zeitpunkt der Vornahme der Maßnahmen (vgl Bem zu § 1429). Ein Ehegatte ist dem anderen nach § 1359 ersatzpflichtig, wenn er einen Schaden dadurch herbeiführt, daß er bei Vornahme notwendiger Erhaltungsmaßnahmen die erforderliche Sorgfalt außer acht läßt, aber auch wenn er erforderliche Maßnahmen schuldhaft unterläßt (vgl dazu § 1435 Rz 3); der andere muß sich uU eigenes Verschulden entgegenhalten lassen. In den Fällen der Nr 6 bis 10 haftet für die Kosten des von einem Ehegatten geführten Rechtsstreits immer das Gesamtgut, auch wenn der Ehegatte zu Unrecht alleinige Klagebefugnis in Anspruch genommen hat (§ 1460 II). Wegen der Vollstreckung in das Gesamtgut vgl § 1459 Rz 4.

§ 1456 Familienrecht Bürgerliche Ehe

1456 *Selbständiges Erwerbsgeschäft*
(1) Hat ein Ehegatte darin eingewilligt, dass der andere Ehegatte selbständig ein Erwerbsgeschäft betreibt, so ist seine Zustimmung zu solchen Rechtsgeschäften und Rechtsstreitigkeiten nicht erforderlich, die der Geschäftsbetrieb mit sich bringt. Einseitige Rechtsgeschäfte, die sich auf das Erwerbsgeschäft beziehen, sind dem Ehegatten gegenüber vorzunehmen, der das Erwerbsgeschäft betreibt.
(2) Weiß ein Ehegatte, dass der andere ein Erwerbsgeschäft betreibt, und hat er hiergegen keinen Einspruch eingelegt, so steht dies einer Einwilligung gleich.
(3) Dritten gegenüber ist ein Einspruch und der Widerruf der Einwilligung nur nach Maßgabe des § 1412 wirksam.

1   Die Vorschrift entspricht dem bei der Einzelverwaltung geltenden § 1431. Bei gemeinschaftlicher Verwaltung des Gesamtguts ist für beide Ehegatten der selbständige Betrieb eines Erwerbsgeschäfts ohne übermäßige Erschwerung des Rechtsverkehrs nur mit Hilfe dieser Vorschrift möglich. Auch steuerrechtlich ist der Ehegatte Alleinunternehmer im Sinne von § 1 S 1 UStG, da er das Geschäft ohne Mitwirkung seines Ehegatten führt und insbesondere dessen Zustimmung zu Rechtsgeschäften im Geschäftsbetrieb nicht bedarf, BFH 72, 1099. Für die Geschäftsschulden haften das Gesamtgut und beide Ehegatten persönlich (§§ 1459, 1460). Verweigert ein Ehegatte die Einwilligung zu dem Geschäftsbetrieb des anderen oder widerruft er sie, so ist keine Ersetzung durch das VormG möglich; § 1452 ist nicht anwendbar, da er sich nur auf einzelne Rechtsgeschäfte bezieht. UU kommt in einem solchen Falle aber Klage auf Aufhebung der Gütergemeinschaft gemäß § 1469 Nr 2 in Betracht. Im übrigen gelten die Bemerkungen zu § 1431. Wegen der Vollstreckung vgl § 741 ZPO und § 1459 Rz 4.

1457 *Ungerechtfertigte Bereicherung des Gesamtguts*
Wird durch ein Rechtsgeschäft, das ein Ehegatte ohne die erforderliche Zustimmung des anderen Ehegatten vornimmt, das Gesamtgut bereichert, so ist die Bereicherung nach den Vorschriften über die ungerechtfertigte Bereicherung aus dem Gesamtgut herauszugeben.

1   Die Vorschrift entspricht wörtlich dem bei der Einzelverwaltung geltenden § 1434. Bei der gemeinschaftlichen Verwaltung kommt eine Bereicherung des Gesamtguts in Betracht, wenn ein Ehegatte außer in den Fällen der §§ 1452, 1454 bis 1456 ein Rechtsgeschäft ohne Zustimmung des andern abgeschlossen hat. Auf Herausgabe der Bereicherung als Gesamtgutsverbindlichkeit haften beide Ehegatten auch persönlich (§ 1459). Wegen weitergehender Ansprüche kann ein Dritter sich an das Vorbehalts- und Sondergut des Ehegatten halten, zu dem er in rechtsgeschäftliche Beziehungen getreten ist, und zwar anders als bei der Einzelverwaltung, bei der nach §§ 1423 bis 1425 auch das Verpflichtungsgeschäft unwirksam ist, in jedem Falle (vgl § 1453 Rz 1). Darüber hinaus kann der Dritte sich an das Gesamtgut und an beide Ehegatten persönlich halten, wenn der eine Ehegatte sich ihm gegenüber einer unerlaubten Handlung schuldig gemacht hat (vgl § 1460 Rz 2). Das Gesamtgut haftet für den Anspruch auch im Innenverhältnis. §§ 818 IV, 819 sind nur anwendbar, wenn die Voraussetzungen in der Person beider Ehegatten vorliegen. Vgl im übrigen die Bemerkungen zu § 1434.

1458 *Vormundschaft über einen Ehegatten*
Solange ein Ehegatte unter elterlicher Sorge oder unter Vormundschaft steht, verwaltet der andere Ehegatte das Gesamtgut allein; die Vorschriften der §§ 1422 bis 1449 sind anzuwenden.

1   Während bei der Einzelverwaltung an Stelle des Gesamtgutsverwalters nach § 1436 sein Vormund, Pfleger oder Betreuer tritt, übernimmt bei gemeinschaftlicher Verwaltung, wenn ein Ehegatte unter elterlicher Sorge oder Vormundschaft steht, der andere die Verwaltung des Gesamtguts, an der er bisher schon beteiligt war, allein. Dies gilt hier allerdings nicht für den Fall der Betreuung des anderen Ehegatten, da das Betreuungsgesetz vom 12. 9. 1990 (BGBl I 2002) den § 1458 nicht auf die Betreuung ausgedehnt hat, obgleich die frühere Entmündigung vom Begriff der Vormundschaft erfaßt war. Dies scheint gerechtfertigt, da die Geschäftsfähigkeit im Fall der Betreuung unberührt bleibt und der betreute Ehegatte somit selbst entscheiden kann, wie die Verwaltung weiter geführt werden soll. Dem anderen Ehegatten wird allerdings insoweit eine Zusammenarbeit mit dem Betreuer des anderen zugemutet. Zumindest für den Fall, daß ein Einwilligungsvorbehalt nach § 1903 angeordnet ist, ist diese Regelung jedoch problematisch. In der Sache besteht zwischen Betreuung mit Einwilligungsvorbehalt und elterlicher Sorge bzw Vormundschaft kein Unterschied. In beiden Fällen kann der Betroffene Rechtshandlungen nicht oder nur beschränkt ohne Zustimmung seines gesetzlichen Vertreters vornehmen. § 1458 erfaßt gleichwohl die Betreuung nicht. Dem Ehegatten bleibt in diesem Fall daher nur die Möglichkeit, die Aufhebung der Gemeinschaft nach § 1469 Nr 5 zu betreiben. Die Haftung bestimmt sich im Fall von § 1458 nach § 1437 I und II.
    Der verwaltende Ehegatte muß in den Fällen der §§ 1423 bis 1425 die Zustimmung des Vormunds einholen, sofern er nicht selbst zum Vormund bestellt ist. Der Vormund nimmt die Rechte seines Mündels in den Fällen der §§ 1428 bis 1433, 1435 wahr; er kann auch, wenn die Voraussetzungen des § 1447 vorliegen, auf Aufhebung der Gütergemeinschaft klagen. Anders als im Fall des § 1436 verwaltet bei gemeinschaftlicher Verwaltung der eine Ehegatte das Gesamtgut auch dann allein, solange der andere noch unter elterlicher Sorge steht. Es ist als zulässig anzusehen, daß durch Vereinbarung im Ehevertrag bestimmt wird, für die Dauer der Minderjährigkeit solle nicht der andere das Gesamtgut allein verwalten, sondern der gesetzliche Vertreter des Minderjährigen bzw Mündels, dessen Rechte und Pflichten in der gemeinschaftlichen Verwaltung wahrnehmen. Haben beide Ehegatten gesetzliche Vertreter, gemeinschaftliche Verwaltung durch diese.

§ 1459 Gesamtgutsverbindlichkeiten; persönliche Haftung

(1) Die Gläubiger des Mannes und die Gläubiger der Frau können, soweit sich aus den §§ 1460 bis 1462 nichts anderes ergibt, aus dem Gesamtgut Befriedigung verlangen (Gesamtgutsverbindlichkeiten).

(2) Für die Gesamtgutsverbindlichkeiten haften die Ehegatten auch persönlich als Gesamtschuldner. Fallen die Verbindlichkeiten im Verhältnis der Ehegatten zueinander einem der Ehegatten zur Last, so erlischt die Verbindlichkeit des anderen Ehegatten mit der Beendigung der Gütergemeinschaft.

1. Die Vorschrift entspricht dem bei der Einzelverwaltung geltenden § 1437. Auch bei der gemeinschaftlichen Verwaltung gilt der Grundsatz, daß die Gläubiger beider Ehegatten aus dem Gesamtgut, regelmäßig der Hauptmasse des Vermögens der Ehegatten, Befriedigung verlangen können. Bei der gemeinschaftlichen Verwaltung sind aber beide Ehegatten einander gleichgestellt; auch die Haftung gegenüber den Gläubigern ist hier bei beiden die gleiche.

2. **Grundsatz der Haftung des Gesamtguts.** Das Gesamtgut haftet für die Verbindlichkeiten beider Ehegatten. Dieser Grundsatz darf aber im Interesse der Ehegatten und der Familie nicht uneingeschränkt durchgeführt werden. Das Gesamtgut haftet daher in den Fällen der §§ 1460–1462 nicht. Ein Ehegatte wäre sonst nicht gegen ohne seine Zustimmung getroffene Maßnahmen des anderen geschützt. Nimmt ein Ehegatte während der Dauer der Gütergemeinschaft ein Rechtsgeschäft ohne Zustimmung des anderen vor (§ 1460), so haftet dem Vertragsgegner nur der Ehegatte, der das Rechtsgeschäft getätigt hat, mit seinem Vorbehalts- und Sondergut; das Gesamtgut haftet nicht. Die Verpflichtungsfähigkeit der Ehegatten ist – anders als bei der Einzelverwaltung die Verpflichtungsfähigkeit des Gesamtgutsverwalters (§§ 1423 bis 1425) – nicht eingeschränkt (vgl dazu § 1453 Rz 1). Das Gesamtgut haftet jedoch, soweit es sich um Verbindlichkeiten eines Ehegatten handelt, die vor Eintritt der Gütergemeinschaft begründet worden sind, ferner für die auf Grund des Gesetzes geschuldeten Verbindlichkeiten, wie sie während der Gütergemeinschaft entstanden sind, insbesondere Unterhaltsverpflichtungen, Verbindlichkeiten aus unerlaubter Handlung uä. Die Haftung greift nicht ein, wenn die Verbindlichkeit auf einer Tätigkeit als hoheitlich bestellter Pfleger beruht, Frankfurt FamRZ 1983, 173. Vgl im übrigen die Bemerkungen zu den §§ 1460 bis 1462.

3. **Persönliche Haftung der Ehegatten (Abs II).** Während bei der Einzelverwaltung nur eine persönliche Haftung des Gesamtgutsverwalters für alle Gesamtgutsverbindlichkeiten besteht (§ 1437), haften bei der gemeinschaftlichen Verwaltung beide Ehegatten für die Gesamtgutsverbindlichkeiten auch persönlich als Gesamtschuldner, dh auch mit ihrem Vorbehalts- und Sondergut. Da beide das Gesamtgut verwalten, müssen sie auch beide die Haftung übernehmen, die bei der Einzelverwaltung nur den Gesamtgutsverwalter trifft. Während ein Ehegatte gegen rechtsgeschäftliche Verpflichtungen des anderen geschützt ist, sofern er ihnen nicht ausdrücklich oder stillschweigend zugestimmt hat oder einer der Ausnahmefälle der §§ 1454 bis 1456 vorliegt, versagt dieser Schutz bei kraft Gesetzes entstehenden Verbindlichkeiten des anderen Ehegatten (vgl Rz 2). Hier zeigt sich die Gefährlichkeit der gemeinschaftlichen Verwaltung. Das Gesamtgut und auch das Vorbehalts- und Sondergut eines Ehegatten können ohne weiteres für alle nicht auf Rechtsgeschäft beruhenden Verbindlichkeiten des anderen Ehegatten in Anspruch genommen werden; ferner auch für alle rechtsgeschäftlichen Schulden des anderen, die vor Eintritt der Gütergemeinschaft entstanden sind. Die persönliche Haftung eines Ehegatten – nicht die Haftung des Gesamtguts – erlischt aber nach Abs II S 2 mit Beendigung der Gütergemeinschaft, nicht erst mit der Auseinandersetzung, soweit Verbindlichkeiten im Verhältnis der Ehegatten zueinander dem anderen Ehegatten zur Last fallen (§§ 1463 bis 1466). Vgl hierzu im übrigen § 1437 Rz 2.

4. Zur **Zwangsvollstreckung** in das Gesamtgut ist bei gemeinschaftlicher Verwaltung ein Leistungstitel gegen beide Ehegatten erforderlich (§ 740 II ZPO). Ein Duldungstitel gegen einen von beiden genügt nicht; aA MüKo/Kanzleiter Rz 10; Tiedtke FamRZ 1975, 539. Auch hier gilt, wenn ein Ehegatte selbständig ein Erwerbsgeschäft betreibt (§ 1456), die Ausnahme des § 741 ZPO (vgl dazu auch § 774 ZPO). Nach Beendigung der Gütergemeinschaft ist aber § 743 ZPO maßgebend (vgl dazu § 1431 Rz 5). Führt ein Ehegatte einen Rechtsstreit auf Grund eines Ersetzungsbeschlusses des VormG (§ 1452), so muß ein Urteil für und gegen beide Ehegatten ergehen, das zur Zwangsvollstreckung in das Gesamtgut geeignet ist. Das gleiche gilt, wenn ein Ehegatte bei Krankheit oder Abwesenheit des anderen nach § 1454 im Namen beider Ehegatten prozessiert. In den Fällen des § 1455 Nr 7 wird die Vollstreckung in das Gesamtgut durch § 742 ZPO geregelt. Soweit im übrigen ein Ehegatte einen Rechtsstreit allein geführt hat, ist Vollstreckung des Urteils in das Gesamtgut nur möglich, wenn auch ein zusätzlicher Titel gegen den anderen Ehegatten erwirkt wird. Das gilt auch dann, wenn die im Urteil gegen den einen Ehegatten festgestellte Verbindlichkeit eine Gesamtgutsverbindlichkeit ist, für die nach materiellem Recht (§§ 1459, 1460) beide Ehegatten als Gesamtschuldner haften, auch für die Kosten eines Rechtsstreits, für die nach § 1460 II das Gesamtgut immer haftet, auch wenn das Urteil dem Gesamtgut gegenüber nicht wirksam ist (vgl dazu im übrigen § 1437 Rz 3). Widerspruchsrechte gegenüber einer Zwangsvollstreckung in das Gesamtgut kann jeder Ehegatte ohne Mitwirkung des anderen geltend machen (§ 1455 Nr 9, § 1455 Rz 6); er kann sich aber nicht auf Verletzung seines Besitzes oder Gewahrsams berufen (§ 739 ZPO, § 1362 Rz 13ff).

5. **Insolvenz bei gemeinschaftlicher Verwaltung des Gesamtguts.** Anders als bei der Einzelverwaltung wird das Gesamtgut durch das Insolvenzverfahren über das Vermögen eines oder beider Ehegatten nicht berührt. Der Antrag auf Eröffnung des Insolvenzverfahrens kann außer von jedem Insolvenzgläubiger von jedem Ehegatten gestellt werden, ist aber, sofern er nicht von beiden zusammen gestellt wird, nur zuzulassen, wenn die Zahlungsunfähigkeit glaubhaft gemacht wird. Vgl ferner wegen eines Nachlaßinsolvenzverfahrens, falls der Nachlaß zum Gesamtgut gehört, die §§ 315–331 InsO.

6. Durch Vereinbarung mit den Gläubigern können die Ehegatten ihre Haftung einschränken. Durch Vertrag zwischen den Ehegatten kann ihre Haftung gegenüber den Gläubigern nicht abgeändert werden.

§ 1460 *Haftung des Gesamtguts*

(1) Das Gesamtgut haftet für eine Verbindlichkeit aus einem Rechtsgeschäft, das ein Ehegatte während der Gütergemeinschaft vornimmt, nur dann, wenn der andere Ehegatte dem Rechtsgeschäft zustimmt oder wenn das Rechtsgeschäft ohne seine Zustimmung für das Gesamtgut wirksam ist.

(2) Für die Kosten eines Rechtsstreits haftet das Gesamtgut auch dann, wenn das Urteil dem Gesamtgut gegenüber nicht wirksam ist.

1 1. Die Vorschrift entspricht dem bei der Einzelverwaltung geltenden § 1438. Sie stellt die erste und bedeutsamste Ausnahme von dem Grundsatz der Haftung des Gesamtguts für die Verbindlichkeiten beider Ehegatten (§ 1459) auf.

2 2. **Grundsatz.** Das Gesamtgut haftet nach § 1459 grundsätzlich für die Verbindlichkeiten beider Ehegatten. Für von einem Ehegatten während der Gütergemeinschaft vorgenommene Rechtsgeschäfte gilt das aber nur, wenn der andere zugestimmt hat, oder wenn das Rechtsgeschäft ohne seine Zustimmung für das Gesamtgut wirksam ist, dh wenn ein Ehegatte ohne Zustimmung des anderen mit Wirkung für das Gesamtgut handeln kann; es sind dies die Fälle der §§ 1452, 1454 bis 1456, ferner des § 1357 (Schlüsselgewalt). Für rechtsgeschäftliche Verbindlichkeiten eines Ehegatten aus der Zeit vor Beginn der Gütergemeinschaft sowie für kraft Gesetzes entstandene Verbindlichkeiten eines Ehegatten haftet das Gesamtgut unbeschränkt, soweit nicht die weiteren Ausnahmen der §§ 1461, 1462 eingreifen. Wenn es an der erforderlichen Zustimmung eines Ehegatten fehlt, haftet der andere nur mit seinem Vorbehalts- und Sondergut. Ein Ehegatte kann zustimmen, aber seine persönliche Haftung oder die des Gesamtguts durch Vereinbarung mit dem Gläubiger ausschließen. Das Gesamtgut und damit beide Ehegatten persönlich (§ 1459 II) haften auch, wenn sich aus einem dem Gesamtgut gegenüber nicht wirksamen Rechtsgeschäft eines Ehegatten etwa Ansprüche eines Dritten aus ungerechtfertigter Bereicherung des Gesamtguts (vgl dazu § 1457) oder aus unerlaubter Handlung eines Ehegatten ergeben, wenn zB ein Ehegatte die Zustimmung des anderen vorspiegelt hat, aber dann nur auf das negative Interesse. § 1460 greift nicht ein, wenn die Verbindlichkeit auf hoheitlicher Bestellung zum Pfleger beruht, Frankfurt FamRZ 1983, 173.

3 3. **Kosten eines Rechtsstreits (Abs II).** Für die Kosten eines Rechtsstreits, den ein Ehegatte führt, haftet das Gesamtgut in jedem Falle und damit auch der andere Ehegatte persönlich, auch dann, wenn der Rechtsstreit das Vorbehalts- oder Sondergut des Ehegatten oder eine persönliche Angelegenheit eines Ehegatten betrifft (vgl wegen des Innenverhältnisses §§ 1463 bis 1465). Nach § 740 II ZPO ist aber Vollstreckung in das Gesamtgut nur auf Grund eines Titels gegen beide Ehegatten möglich (vgl dazu im übrigen § 1459 Rz 4 und § 1438 Rz 2, 3). Ein Kostentitel gegen einen Ehegatten kann nicht entsprechend § 742 ZPO auf den anderen erstreckt werden, Stuttgart FamRZ 1987, 304.

§ 1461 *Keine Haftung bei Erwerb einer Erbschaft*

Das Gesamtgut haftet nicht für Verbindlichkeiten eines Ehegatten, die durch den Erwerb einer Erbschaft oder eines Vermächtnisses entstehen, wenn der Ehegatte die Erbschaft oder das Vermächtnis während der Gütergemeinschaft als Vorbehaltsgut oder als Sondergut erwirbt.

1 Die Vorschrift entspricht dem bei Einzelverwaltung geltenden § 1439. Sie enthält eine weitere Ausnahme von dem Grundsatz des § 1459. Die Haftung des Gesamtguts und damit auch die persönliche Haftung beider Ehegatten ist ausgeschlossen bei Verbindlichkeiten, die sich daraus ergeben, daß ein Ehegatte während der Gütergemeinschaft eine Erbschaft oder ein Vermächtnis als Vorbehaltsgut oder Sondergut erwirbt. Insoweit haftet nur der Erbe oder Vermächtnisinhaber mit seinem Vorbehalts- und Sondergut, der andere Ehegatte ist in einem solchen Falle auch nicht zur Inventarerrichtung berechtigt (§ 1455 Nr 3). Bei Erwerb von Erbschaft oder Vermächtnis zum Gesamtgut haftet dieses (§§ 1455 Nr 1, 1460). Für Verbindlichkeiten aus einer Schenkung an einen Ehegatten haftet das Gesamtgut nach § 1460 nur, wenn der andere Ehegatte zugestimmt hat (vgl auch § 1455 Nr 4). Vgl im übrigen die Bemerkungen zu § 1439, insbesondere hinsichtlich des Erwerbs zum Sondergut.

§ 1462 *Haftung für Vorbehalts- oder Sondergut*

Das Gesamtgut haftet nicht für eine Verbindlichkeit eines Ehegatten, die während der Gütergemeinschaft infolge eines zum Vorbehaltsgut oder zum Sondergut gehörenden Rechts oder des Besitzes einer dazu gehörenden Sache entsteht. Das Gesamtgut haftet jedoch, wenn das Recht oder die Sache zu einem Erwerbsgeschäft gehört, das ein Ehegatte mit Einwilligung des anderen Ehegatten selbständig betreibt, oder wenn die Verbindlichkeit zu den Lasten des Sonderguts gehört, die aus den Einkünften beglichen zu werden pflegen.

1 Die Vorschrift entspricht dem bei Einzelverwaltung geltenden § 1440. Sie stellt eine weitere Ausnahme von dem Grundsatz des § 1459 auf. Die Haftung des Gesamtguts und damit die persönliche Haftung des anderen Ehegatten wird ausgeschlossen für Verbindlichkeiten eines Ehegatten, die dessen Vorbehalts- oder Sondergut betreffen. Das gilt aber nicht im Rahmen eines selbständigen Erwerbsgeschäfts, das der eine Ehegatte mit Einwilligung oder ohne Einspruch des anderen betreibt (§ 1456) und für Verbindlichkeiten des Sonderguts, die üblicherweise aus den Einkünften beglichen werden, weil das Sondergut für Rechnung des Gesamtguts verwaltet wird (§ 1417 III S 2). Vgl im übrigen die Bemerkungen zu § 1440.

§ 1463 *Haftung im Innenverhältnis*

Im Verhältnis der Ehegatten zueinander fallen folgende Gesamtgutsverbindlichkeiten dem Ehegatten zur Last, in dessen Person sie entstehen:

1. die Verbindlichkeiten aus einer unerlaubten Handlung, die er nach Eintritt der Gütergemeinschaft begeht, oder aus einem Strafverfahren, das wegen einer solchen Handlung gegen ihn gerichtet wird,
2. die Verbindlichkeiten aus einem sich auf sein Vorbehaltsgut oder sein Sondergut beziehenden Rechtsverhältnis, auch wenn sie vor Eintritt der Gütergemeinschaft oder vor der Zeit entstanden sind, zu der das Gut Vorbehaltsgut oder Sondergut geworden ist,
3. die Kosten eines Rechtsstreits über eine der in den Nummern 1 und 2 bezeichneten Verbindlichkeiten.

Die Vorschrift entspricht wörtlich dem bei Einzelverwaltung geltenden § 1441. Vgl die dortigen Bemerkungen. 1

1464 *Verbindlichkeiten des Sonderguts und eines Erwerbsgeschäfts*
Die Vorschrift des § 1463 Nr. 2, 3 gilt nicht, wenn die Verbindlichkeiten zu den Lasten des Sonderguts gehören, die aus den Einkünften beglichen zu werden pflegen. Die Vorschrift gilt auch dann nicht, wenn die Verbindlichkeiten durch den Betrieb eines für Rechnung des Gesamtgutes geführten Erwerbsgeschäfts oder infolge eines zu einem solchen Erwerbsgeschäft gehörenden Rechts oder des Besitzes einer dazu gehörenden Sache entstehen.

Die Vorschrift entspricht dem bei der Einzelverwaltung geltenden § 1442. Vgl die Bemerkungen dort. 1

1465 *Prozesskosten*
(1) Im Verhältnis der Ehegatten zueinander fallen die Kosten eines Rechtsstreits, den die Ehegatten miteinander führen, dem Ehegatten zur Last, der sie nach allgemeinen Vorschriften zu tragen hat.

(2) Führt ein Ehegatte einen Rechtsstreit mit einem Dritten, so fallen die Kosten des Rechtsstreits im Verhältnis der Ehegatten zueinander dem Ehegatten zur Last, der den Rechtsstreit führt. Die Kosten fallen jedoch dem Gesamtgut zur Last, wenn das Urteil dem Gesamtgut gegenüber wirksam ist oder wenn der Rechtsstreit eine persönliche Angelegenheit oder eine Gesamtgutsverbindlichkeit des Ehegatten betrifft und die Aufwendung der Kosten den Umständen nach geboten ist; § 1463 Nr. 3 und § 1464 bleiben unberührt.

Die Vorschrift entspricht dem bei der Einzelverwaltung geltenden § 1443. Abs I stimmt wörtlich mit § 1443 I 1 überein (vgl § 1443 Rz 1). Abs II regelt abweichend von § 1443 II die Frage, wer im Innenverhältnis der Ehegatten die Kosten des Rechtsstreits eines Ehegatten mit einem Dritten zu tragen hat für beide Ehegatten in gleicher Weise. Grundsätzlich fallen die Kosten dem Ehegatten zur Last, der den Rechtsstreit geführt hat. Das Gesamtgut hat aber die Kosten zu tragen, wenn das in dem Rechtsstreit ergangene Urteil dem Gesamtgut gegenüber wirksam ist, dh in den Fällen der §§ 1452, 1454 bis 1456, soweit diese einen Ehegatten berechtigen, einen sich auf das Gesamtgut beziehenden Rechtsstreit allein zu führen, oder wenn der andere Ehegatte der Prozeßführung zugestimmt hat oder das VormG seine Zustimmung ersetzt hat (§ 1452 I). Die Kosten fallen auch dann zur Last, wenn der Rechtsstreit eine persönliche Angelegenheit oder eine Gesamtgutsverbindlichkeit eines Ehegatten betraf, jedoch nur in der den Umständen nach gebotenen Höhe und unbeschadet der Bestimmungen des § 1463 Nr 3 und des § 1464. Vgl im übrigen Bem zu § 1443 und wegen der Erstattung der Kosten aus dem Gesamtgut oder zum Gesamtgut § 1468.

1466 *Kosten der Ausstattung eines nicht gemeinschaftlichen Kindes*
Im Verhältnis der Ehegatten zueinander fallen die Kosten der Ausstattung eines nicht gemeinschaftlichen Kindes dem Vater oder der Mutter des Kindes zur Last.

Die Vorschrift entspricht dem bei Einzelverwaltung geltenden § 1444. Bei gemeinschaftlicher Verwaltung können die Ehegatten aus dem Gesamtgut eine Ausstattung grundsätzlich rechtswirksam nur gemeinschaftlich versprechen. Die Zustimmung des einen kann auf Antrag des anderen durch das VormG ersetzt werden, sofern die Voraussetzungen des § 1452 vorliegen. Es bedarf daher keiner Regelung des Falles, daß eine übermäßige Ausstattung gewährt wird. Sollten ausnahmsweise in einem solchen Falle die Voraussetzungen des § 1454 vorliegen, so ist eine Ersatzpflicht wegen Gewährung einer übermäßigen Ausstattung aus § 1359 nicht ausgeschlossen. Soweit im übrigen ein Ehegatte allein eine Ausstattung aus dem Gesamtgut gibt, kann der andere deren Rückgabe verlangen (§§ 1453, 1455 Nr 8).

Die von den Ehegatten gemeinschaftlich gewährte Ausstattung für ein gemeinschaftliches Kind fällt naturgemäß dem Gesamtgut zur Last, dagegen die Ausstattung eines nicht gemeinschaftlichen Kindes dem Vater oder der Mutter des Kindes; der Stiefelternteil kann sich aber ausdrücklich oder stillschweigend damit einverstanden erklären, daß das Gesamtgut die Ausstattung trägt.

1467 *Ausgleichung zwischen Vorbehalts-, Sonder- und Gesamtgut*
(1) Verwendet ein Ehegatte Gesamtgut in sein Vorbehaltsgut oder in sein Sondergut, so hat er den Wert des Verwendeten zum Gesamtgut zu ersetzen.

(2) Verwendet ein Ehegatte Vorbehaltsgut oder Sondergut in das Gesamtgut, so kann er Ersatz aus dem Gesamtgut verlangen.

Die Vorschrift entspricht dem bei Einzelverwaltung geltenden § 1445. Sie begründet aber anders als diese 1 Bestimmungen Verwendungsansprüche für und gegen beide Ehegatten, soweit es sich um das Verhältnis des Gesamtguts zum Vorbehaltsgut oder Sondergut eines Ehegatten handelt. Ein Ausgleich zwischen dem Vorbehaltsgut oder Sondergut eines Ehegatten und dem des anderen regelt sich nach den allgemeinen Grundsätzen. Für die Fälligkeit der Ansprüche gilt § 1468. Vgl im übrigen Bem zu § 1445.

§ 1468 Familienrecht Bürgerliche Ehe

1468 *Fälligkeit des Ausgleichsanspruchs*
Was ein Ehegatte zum Gesamtgut oder was er zum Vorbehaltsgut oder Sondergut des anderen Ehegatten schuldet, braucht er erst nach Beendigung der Gütergemeinschaft zu leisten; soweit jedoch das Vorbehaltsgut und das Sondergut des Schuldners ausreichen, hat er die Schuld schon vorher zu berichtigen.

1   Die Vorschrift entspricht dem bei Einzelverwaltung geltenden § 1446. Die Fälligkeit der Schulden bestimmt sich danach, ob das Vorbehaltsgut und Sondergut des Schuldners ausreichen. Wenn das der Fall ist, kann der Schuldner von dem andern Ehegatten angehalten werden, notfalls mit Klage, eine Schuld an dessen Vorbehaltsgut oder Sondergut zu erfüllen und gemäß § 1455 Nr 5, 6 auch, eine Schuld an das Gesamtgut zu tilgen. Vgl im übrigen § 1446 Rz 1, 4.

1469 *Aufhebungsklage*
Jeder Ehegatte kann auf Aufhebung der Gütergemeinschaft klagen,
1. wenn seine Rechte für die Zukunft dadurch erheblich gefährdet werden können, dass der andere Ehegatte ohne seine Mitwirkung Verwaltungshandlungen vornimmt, die nur gemeinschaftlich vorgenommen werden dürfen,
2. wenn der andere Ehegatte sich ohne ausreichenden Grund beharrlich weigert, zur ordnungsmäßigen Verwaltung des Gesamtguts mitzuwirken,
3. wenn der andere Ehegatte seine Verpflichtung, zum Familienunterhalt beizutragen, verletzt hat und für die Zukunft eine erhebliche Gefährdung des Unterhalts zu besorgen ist,
4. wenn das Gesamtgut durch Verbindlichkeiten, die in der Person des anderen Ehegatten entstanden sind und diesem im Verhältnis der Ehegatten zueinander zur Last fallen, in solchem Maße überschuldet ist, dass sein späterer Erwerb erheblich gefährdet wird,
5. wenn die Wahrnehmung eines Rechts des anderen Ehegatten, das sich aus der Gütergemeinschaft ergibt, vom Aufgabenkreis eines Betreuers erfaßt wird.

1   1. Die Vorschrift entspricht den bei Einzelverwaltung geltenden §§ 1447, 1448. Nicht vorgesehen ist, daß ein Ehegatte Umwandlung der gemeinschaftlichen Verwaltung in Einzelverwaltung mit ihm als Verwalter des Gesamtguts verlangen kann. Eine solche Umwandlung kann aber durch Ehevertrag vereinbart werden.

2   **2. Die einzelnen Aufhebungsgründe. a) Nr 1.** Die gemeinschaftliche Verwaltung beruht auf dem Grundsatz, daß die Ehegatten zusammenwirken. Ausnahmen: §§ 1452, 1454 bis 1456. Ein eigenmächtiges Handeln eines Ehegatten in anderen Fällen kann das Vertrauensverhältnis, auf dem die gemeinschaftliche Verwaltung aufgebaut ist, zerstören. Es kann sich hierbei sowohl um tatsächliche Verwaltungshandlungen als auch um Rechtsgeschäfte mit Dritten handeln. Ein Ehegatte ist aber zur Aufhebungsklage nicht ohne weiteres berechtigt, sondern nur dann, wenn seine Rechte für die Zukunft durch das eigenmächtige Handeln des anderen erheblich gefährdet werden können, insbesondere also, wenn zu erwarten ist, daß der Ehegatte das eigenmächtige Handeln fortsetzt und dadurch den Bestand des Gesamtguts und den Familienunterhalt erheblich gefährdet, möglicherweise aber auch schon dann, wenn allein die bisher eigenmächtig vorgenommenen Verwaltungshandlungen eine Gefahr für die Rechte des anderen Ehegatten heraufbeschwören. Es genügt die nicht entfernte Möglichkeit einer Gefährdung; nicht erforderlich ist, daß eine Gefährdung bei Erhebung der Klage bereits eingetreten ist. Dabei ist zu beachten, daß, wenn eine von einem Ehegatten ohne die erforderliche Zustimmung des anderen vorgenommene Verwaltungshandlung eine unerlaubte Handlung gegenüber einem Dritten darstellt, das Gesamtgut und der andere Ehegatte persönlich dem Dritten für den daraus entstandenen Schaden haften (vgl § 1460 Rz 2). Statt der Aufhebungsklage kann der Ehegatte gemäß § 1455 Nr 8 gegen den Dritten vorgehen oder gemäß § 1455 Nr 5 und 6 den Ersatzanspruch gegen seinen Ehegatten geltend machen, sofern dessen Vorbehaltsgut und Sondergut ausreichen (§ 1468).

3   **b) Nr 2.** Ein Ehegatte kann bei der gemeinschaftlichen Verwaltung auch durch ein Zuwenig die Grundlage der Gemeinschaft stören, indem er es an der erforderlichen Mitwirkung bei der ordnungsmäßigen Verwaltung des Gesamtguts fehlen läßt. Bei rechtsgeschäftlichen Maßnahmen und Rechtsstreitigkeiten wird es allerdings häufig genügen, daß er seine Zustimmung erteilt, gegebenenfalls im Grundbuchverkehr in der nach § 29 GBO erforderlichen Form. Er kann sich uU sogar durch eine allgemeine Vollmacht an den anderen Ehegatten von einer persönlichen Mitwirkung weitgehend freistellen. Wenn er aber seine Zustimmung zu den erforderlichen Maßnahmen ohne ausreichenden Grund wiederholt versagt oder wenn er es an der nach Lage der Sache gebotenen Beteiligung an den notwendigen tatsächlichen Verwaltungsmaßnahmen (zB Bebauung des Landes, Pflege des Viehes) fehlen läßt, so ist dem anderen Ehegatten uU nicht mehr zuzumuten, an der Gütergemeinschaft festzuhalten; zur Aufhebungsklage ist er aber erst dann berechtigt, wenn sein Ehegatte sich ohne ausreichenden Grund **beharrlich** weigert, das seinerseits Erforderliche zur ordnungsmäßigem Verwaltung des Gesamtguts zu tun. Die Weigerung muß wiederholt erfolgt und trotz Abmahnung fortgesetzt worden sein. Soweit es sich um Rechtsgeschäfte und Rechtsstreitigkeiten handelt, wird ein Ehegatte es im allgemeinen zunächst einmal mit einer Anrufung des VormG gemäß § 1452 als einem milderen Mittel versuchen müssen. Es ist ihm aber nicht zuzumuten, diesen Weg immer wieder zu beschreiten. Ist ein Ehegatte mit ausreichendem Grund, zB wegen Krankheit, Alters, Abwesenheit oder anderweitiger starker Inanspruchnahme, nicht imstande, persönlich in hinreichendem Maße bei der ordnungsmäßigen Verwaltung des Gesamtguts mitzuwirken, so muß er für geeignete Vertretung sorgen; wenn er auch das beharrlich ablehnt, kann das Aufhebungsbegehren des anderen auch gerechtfertigt sein. Die Voraussetzungen der Nr 2 können auch dann gegeben sein, wenn ein Ehegatte wiederholt nicht ordnungsmäßige Verwaltungshandlungen vornimmt und sich beharrlich weigert, dies zu unterlassen; uU können also Nr 1 und Nr 2 zusammentreffen, zB ein Ehegatte nimmt gegen den Widerspruch des anderen unvernünftige Anschaffungen vor und weigert sich fortgesetzt, davon abzulassen und die Ausgaben in angemessenem Rahmen zu halten.

Eheliches Güterrecht: Vertragliches § 1471

c) **Nr 3** entspricht wörtlich dem § 1447 Nr 2, vgl die dortigen Bemerkungen. 4

d) **Nr 4** entspricht dem § 1447 Nr 3 und dem § 1448. Die Überschuldung des Gesamtguts muß durch Verbind- 5
lichkeiten eingetreten sein, die in der Person des anderen Ehegatten entstanden sind, für die aber das Gesamtgut
nach § 1459 haftet und die dem anderen Ehegatten im Innenverhältnis gemäß den §§ 1463 bis 1466 zur Last fallen.
Überschuldung von dessen Vorbehalts- und Sondergut allein reicht nicht aus. Vgl im übrigen § 1447 Rz 4 und die
Bemerkungen zu § 1448.

e) **Nr 5** entspricht dem § 1447 Nr 4, vgl § 1447 Rz 5. Will der Ehegatte des Betreuten nicht gemeinsam mit 6
dem Betreuer die Verwaltung ausüben, ist er darauf beschränkt, die Aufhebungsklage zu erheben, vgl Bem zu
§ 1458.

3. Prozeßrechtliches. Es gilt sinngemäß das in § 1447 Rz 6 Gesagte. Beklagter ist der andere Ehegatte, gege- 7
benenfalls sein Vormund oder Pfleger. Bei etwa erforderlichen Sicherungsmaßnahmen sind die für die gemeinschaftliche Verwaltung geltenden besonderen Grundsätze zu berücksichtigen, insbesondere die §§ 1450, 1452,
1458. Im Wege der einstweiligen Verfügung kann dem klagenden Ehegatten die alleinige Verwaltung nicht übertragen werden.

1470 Wirkung des Aufhebungsurteils
(1) Mit der Rechtskraft des Urteils ist die Gütergemeinschaft aufgehoben; für die Zukunft gilt Gütertrennung.
(2) Dritten gegenüber ist die Aufhebung der Gütergemeinschaft nur nach Maßgabe des § 1412 wirksam.

Die Vorschrift entspricht wörtlich dem für die Einzelverwaltung geltenden § 1449. Vgl die Bemerkung dort. 1
Anstelle des § 1437 II S 2 gilt hier § 1459 II S 2.

Unterkapitel 4
Auseinandersetzung des Gesamtguts

1471 Beginn der Auseinandersetzung
**(1) Nach der Beendigung der Gütergemeinschaft setzen sich die Ehegatten über das Gesamt-
gut auseinander.**
(2) Bis zur Auseinandersetzung gelten für das Gesamtgut die Vorschriften des § 1419.

1. Allgemeines. §§ 1471–1473 behandeln das Rechtsverhältnis von Beendigung der Gütergemeinschaft bis zur 1
Auseinandersetzung. Während dieser Zeit besteht das Gesamthandsverhältnis fort. Das Gesamtgut bleibt eine
gemeinschaftliche Vermögensmasse, wenn auch in Liquidation, Posen Recht 1905, 856. Der Ehegatte kann weder
über seinen Anteil am Gesamtgut noch über den Anteil an den einzelnen Gegenständen verfügen; möglich ist
dagegen eine Verpflichtung über das bei der Auseinandersetzung Erlangte, und zwar auch hinsichtlich einzelner
Gegenstände. Es treten aber in der Gestaltung des Gesamthandverhältnisses wesentliche Änderungen ein. Jeder
Ehegatte kann nunmehr Auseinandersetzung verlangen (zu ehevertraglichen Vereinbarungen für die Auseinandersetzung des Gesamtguts vgl Stumpp Rpfleger 1979, 441); das Gesamtgut wird jetzt gemeinschaftlich verwaltet,
auch wenn vorher ein Ehegatte das Alleinverwaltungsrecht hatte; der Erwerb wird nicht mehr Gesamtgut, soweit
nicht § 1473 eingreift, die Verbindlichkeiten sind nicht mehr solche des Gesamtguts, RG 136, 21. Ergänzend sind
die §§ 741ff über die Gemeinschaft anwendbar. Eine Eintragung im Grundbuch ist zulässig, Colmar OLG 9, 331;
KGJ 50, 152; aA MüKo/Kanzleiter Rz 10.

2. § 1471 gibt einen klagbaren **Anspruch auf Auseinandersetzung** hinsichtlich des Gesamtgutes; Sondergut 2
und Vorbehaltsgut sind bereits getrennte Vermögensmassen. Ausscheiden aus dem Gesamtgut durch einseitige
Verzichtserklärung ist unmöglich, RG 79, 322. Die Auseinandersetzung erfolgt nach den §§ 1475–1481, soweit
die Ehegatten keine andere Regelung getroffen haben. Vertraglicher Ausschluß der Auseinandersetzung ist in den
Grenzen der §§ 749 II, III, 750 zulässig, RG 89, 292; Soergel/Gaul Rz 5; MüKo/Kanzleiter Rz 13; RGRK/Finke
Rz 9; aM die im Schrifttum vorherrschende Ansicht, zB Staud/Thiele Rz 3; Gernhuber/Coester-Waltjen, FamR
§ 38 X 1; RGRK/Scheffler, 11. Aufl Anm 8; Pal/Brudermüller Rz 1 halten nur eine Beschränkung für möglich.
Die Bestimmungen der HausratsVO verdrängen in ihrem Anwendungsbereich die §§ 1471ff, also nur bezüglich
der Regelung des Besitz- und Nutzungsverhältnisses an Ehewohnung und Hausrat (§ 1 HausratsVO). Daß der
Erwerb des Gesamtguts ausschließlich auf der Tätigkeit eines Ehegatten beruht, macht das Verlangen des anderen
nicht sittenwidrig, RG WarnRspr 1925, 58. Dem Auseinandersetzungsverlangen kann jedoch im Einzelfall der
Einwand unzulässiger Rechtsausübung entgegengesetzt werden, BGH FamRZ 1988, 813; ausnahmsweise auch
Korrektur des Ergebnisses über § 242 möglich, BGH FamRZ 1987, 43.

3. Tritt für einen der Ehegatten dessen Erbengemeinschaft ein, so ergibt sich ein doppeltes Gesamthandsverhält- 3
nis, in Ansehung des Gesamtgutes und des Nachlasses, für das die jeweiligen Vorschriften gelten. Der Miterbe hat
nach § 2033 das Recht zur Verfügung über seinen Anteil am Nachlaß auch dann, wenn dieser lediglich aus dem
Anteil am Gesamtgut besteht, und verfügt damit mittelbar auch über dessen Anteil, Colmar OLG 32, 408. Richtiger ist es,
zwischen der rechtsgeschäftlichen Verfügung über den Miterbenanteil und dem damit zusammenhängenden
gesetzlichen Übergang seines Anteils am Gesamtgut zu unterscheiden. Eine Feststellung, daß bestimmte Gegenstände des Gesamtguts ganz oder teilweise zum Nachlaß gehören, ist noch nicht möglich, Hamburg OLG 9, 154.
Jeder Miterbe kann nach § 2040 Auseinandersetzung wegen des Nachlasses und damit des Gesamtgutes fordern,

§ 1471 Familienrecht Bürgerliche Ehe

Posen OLG 36, 198. Die Auseinandersetzung des Gesamtguts muß vor der Auseinandersetzung des Nachlasses erfolgen. Über Eintragung im Grundbuch für diesen Fall vgl Colmar RJA 13, 263.

4 4. **Zwangsvollstreckung und Insolvenz.** Gemäß § 860 II ZPO ist nach Beendigung der Gütergemeinschaft der Anteil eines Ehegatten am Gesamtgut pfändbar; er gehört damit nach §§ 35, 36 I InsO auch zur Insolvenzmasse. Pfändung des Anteils an den einzelnen Gegenständen bleibt unzulässig, vgl Posen Recht 1905, 856 zum alten Recht.

1472 *Gemeinschaftliche Verwaltung des Gesamtguts*
(1) Bis zur Auseinandersetzung verwalten die Ehegatten das Gesamtgut gemeinschaftlich.
(2) Jeder Ehegatte darf das Gesamtgut in derselben Weise wie vor der Beendigung der Gütergemeinschaft verwalten, bis er von der Beendigung Kenntnis erlangt oder sie kennen muss. Ein Dritter kann sich hierauf nicht berufen, wenn er bei der Vornahme eines Rechtsgeschäfts weiß oder wissen muss, dass die Gütergemeinschaft beendet ist.
(3) Jeder Ehegatte ist dem anderen gegenüber verpflichtet, zu Maßregeln mitzuwirken, die zur ordnungsmäßigen Verwaltung des Gesamtguts erforderlich sind; die zur Erhaltung notwendigen Maßregeln kann jeder Ehegatte allein treffen.
(4) Endet die Gütergemeinschaft durch den Tod eines Ehegatten, so hat der überlebende Ehegatte die Geschäfte, die zur ordnungsmäßigen Verwaltung erforderlich sind und nicht ohne Gefahr aufgeschoben werden können, so lange zu führen, bis der Erbe anderweit Fürsorge treffen kann. Diese Verpflichtung besteht nicht, wenn der verstorbene Ehegatte das Gesamtgut allein verwaltet hat.

1 1. **Gemeinschaftliche Verwaltung.** Die Verwaltung des Gesamtguts steht bis zur Auseinandersetzung den Ehegatten gemeinschaftlich zu (Hamm FamRZ 1979, 810), auch wenn bisher ein Ehegatte das Gesamtgut allein verwaltet hat. Der andere hat dann Anspruch auf Einräumung des Mitbesitzes an allen Sachen des Gesamtguts, Hamm SeuffA 72, 13; er hat Anspruch auf Einsichtnahme in die das Gesamtgut betreffenden Urkunden, Hamburg OLG 2, 484, auf Auskunft über den Stand des Gesamtguts, Hamburg Recht 1915, 1563; Nürnberg OLG 24, 13; Hamm FamRZ 1979, 811; Verpflichtung des bisherigen Verwalters zur Offenbarung durch Versicherung an Eides Statt nach § 260 II idF des Gesetzes vom 27. 6. 1970 (BGBl I 911), RG WarnRspr 1919 Nr 117; Staud/Thiele Rz 4. Jeder Ehegatte verpflichtet nunmehr, soweit nicht beide gemeinschaftlich handeln, nur sich persönlich, nicht auch den anderen und das Gesamtgut, und haftet dem Gläubiger nach § 860 II ZPO mit seinem Anteil, RG Recht 1926, 1680. Die bei gemeinschaftlicher Verwaltung während der Dauer der Gütergemeinschaft geltenden Vorschriften, insbesondere §§ 1450 II, 1452, 1454 bis 1456, 1458 sind nicht mehr anwendbar. Bei von beiden vorgenommenen Verpflichtungsgeschäften entstehen Gesamthandsschulden, keine Gesamtgutsverbindlichkeiten; dies kann aber vereinbart werden, München FamRZ 1996, 291. Zu einer Verfügung müssen beide zusammenwirken (gemeinschaftlich oder mit Zustimmung des anderen, vgl Bem zu § 2040; RG 108, 285; bei Überschreitung gelten die §§ 182ff, RG 139, 122. Ausnahmen in Abs III Hs 2 und Abs IV. Deshalb ist an beide Ehegatten zu leisten, jeder Ehegatte kann nur Leistung an beide fordern oder aber Hinterlegung oder Ablieferung an einen Verwahrer für beide in entsprechender Anwendung von § 2039, WarnRspr 1913, 150; BGH FamRZ 1958, 459 (zur fortgesetzten Gütergemeinschaft), Staud/Thiele Rz 7, hM. Einseitige Rechtsgeschäfte sind beiden gemeinsam gegenüber vorzunehmen, Rechtsstreitigkeiten sind aktiv und passiv im Namen beider zu führen, RG 108 (285); Posen OLG 7, 55. Ausnahmen wie bei Verfügungen. Ist ein Rechtsstreit über eine Gesamtgutsverbindlichkeit gegen den früheren Gesamtgutsverwalter anhängig, so muß der Gläubiger auch den anderen Ehegatten verklagen, wenn er in das Gesamtgut vollstrecken will, da nach Beendigung der Gütergemeinschaft ein Urteil gegen den verwaltenden Ehegatten nicht genügt. Nach § 743 ZPO müssen beide Ehegatten verklagt werden, und zwar entweder a) beide auf Leistung, wenn beide für die Gesamtgutsverbindlichkeiten persönlich haften oder b) der persönlich Haftende auf Leistung und der andere auf Duldung der Zwangsvollstreckung. Die Beendigung der Gütergemeinschaft ändert nichts an der Haftung der Ehegatten. Die Verpflichtung zur Duldung der Zwangsvollstreckung ergibt sich aus der gemeinschaftlichen Verwaltung, RG 118, 126 (131).

2 2. **Mitwirkungspflicht.** Abs III gibt jedem Ehegatten einen klagbaren Anspruch auf Mitwirkung zu ordnungsmäßigen Verwaltungshandlungen. Deshalb kann das VormG fehlende Mitwirkungshandlungen nicht ersetzen. Eine ordnungsmäßige Verwaltungshandlung kann auch die Gewährung des Unterhalts an denjenigen sein, der nicht das Gesamtgut besitzt, Hamburg Recht 1918, 726. Diese Mitwirkungspflicht besteht nur dem anderen Ehegatten, nicht aber dem Dritten gegenüber, BGH FamRZ 1958, 459. Die zur Erhaltung des Gesamtgutes notwendigen Maßnahmen kann jeder Ehegatte selbständig vornehmen. Diese Regelung ist der des § 1455 Nr 10 ähnlich, nur ist hier keine Gefahr erforderlich. Notwendig kann auch die Klage auf Herausgabe eines Gegenstands gegen Dritte sein, RG 48, 269, die Einziehung des Pachtzinses aber nur nach Lage des Falles, München OLG 30, 50. Vgl im übrigen § 1455 Rz 7.

3 3. **Fortführung der früheren Verwaltung. a) Bei Gutgläubigkeit (Abs II).** Die Vorschrift soll sowohl den gutgläubigen Verwalter als auch den Dritten schützen. Der Ehegatte darf die Verwaltung in demselben Umfang wie vor Beendigung der Gütergemeinschaft weiterführen, bis er von der Beendigung Kenntnis hat oder sie kennen muß. Seine Verwaltungshandlungen sind sowohl dem Ehegatten als auch dem Dritten gegenüber wirksam. Ihm schadet bereits leichte Fahrlässigkeit. Bei Rechtsgeschäften mit Dritten ist neben dem guten Glauben des Ehegatten außerdem noch guter Glaube des Dritten erforderlich (ähnlich bei §§ 674, 169). Ist nur einer bösgläubig, so entfällt Abs II. Der gute Glaube bezieht sich auf den Wegfall der früher vorhanden gewesenen Verwaltungsbefugnis, RG 136, 19 (23). Für den Ausschluß der Gutgläubigkeit genügt es, wenn der verwaltende Ehegatte oder der Dritte die für die Beendigung maßgebenden Tatsachen kannte oder kennen mußte, zB die Scheidung, Eheaufhebung, vgl Augsburg OLG 40, 75. Kenntnis der daraus resultierenden Folgen ist nicht erforderlich. Für die Gutgläubigkeit genügt es nicht, wenn sie irrigerweise glauben, der Ehegatte handle nicht in der Stellung eines Verwalters des ihm nicht allein gehörenden Gesamtguts, sondern kraft eigenen Verfügungsrechts. Bei Fehlen der Gutgläubigkeit Rechtsfolgen nach §§ 177ff, 677. § 1359 spielt für die Frage des guten Glaubens keine Rolle. Die abgeschwächte Haftung des § 1359 ist nur von Bedeutung für die sich aus der Verwaltungstätigkeit ergebende Haftung.

b) Nach dem Tode eines Ehegatten (Abs IV). Dem Tode steht die Todeserklärung gleich, § 9 I VerschG. Der **4** bereits vor dem Tode des anderen verwaltende oder mitverwaltende Ehegatte ist im Interesse der Erben berechtigt und verpflichtet, die zur ordnungsmäßigen Verwaltung erforderlichen Geschäfte so lange zu führen, bis die Erben selbst Fürsorge treffen können. Die Verpflichtung besteht aber nur für die Vornahme notwendiger Maßnahmen; vgl dazu die Bemerkungen zu § 1451. Die Verpflichtung des Abs IV trifft den das Gesamtgut bisher nicht verwaltenden Ehegatten nicht (S 2). Der andere Ehegatte hat kein Notverwaltungsrecht nach § 1429. Außerdem ist erforderlich, daß Gefahr im Verzuge ist, vgl hierzu Bem zu § 1429.

1473 *Unmittelbare Ersetzung*
(1) Was auf Grund eines zum Gesamtgut gehörenden Rechts oder als Ersatz für die Zerstörung, Beschädigung oder Entziehung eines zum Gesamtgut gehörenden Gegenstands oder durch ein Rechtsgeschäft erworben wird, das sich auf das Gesamtgut bezieht, wird Gesamtgut.
(2) Gehört eine Forderung, die durch Rechtsgeschäft erworben ist, zum Gesamtgut, so braucht der Schuldner sie erst dann gegen sich gelten zu lassen, wenn er erfährt, dass die Forderung zum Gesamtgut gehört; die Vorschriften der §§ 406 bis 408 sind entsprechend anzuwenden.

1. Abs I. Während der Dauer der Gütergemeinschaft fällt aller Erwerb der Ehegatten in das Gesamtgut, soweit **1** er nicht ausnahmsweise in das Vorbehaltsgut oder Sondergut eines Ehegatten fällt (§§ 1417, 1418). Nach Beendigung der Gütergemeinschaft erwirbt jeder Ehegatte grundsätzlich für sich. Eine Ausnahme gilt nur im Rahmen der dinglichen Surrogation. Es gilt also nach Beendigung der Gütergemeinschaft bis zur Auseinandersetzung für das Gesamtgut dasselbe, was während der Gütergemeinschaft gemäß § 1418 II Nr 3 für das Vorbehaltsgut gilt, vgl § 1418 Rz 4.

2. Abs II. Schutzvorschrift für den gutgläubigen Schuldner einer Forderung, die nach Beendigung der Gütergemeinschaft durch Rechtsgeschäft erworben und die nach § 1473 I Bestandteil des Gesamtguts geworden ist. Der **2** Schuldner braucht die Zugehörigkeit einer solchen Forderung zum Gesamtgut, also die Verfügungsbeschränkungen, denen die Ehegatten nach § 1471, 1472 unterliegen, erst dann gegen sich gelten zu lassen, wenn er positive Kenntnis davon hat; Kennenmüssen genügt nicht, RG 135, 251; selbst die Eintragung der Beendigung der Gütergemeinschaft im Güterrechtsregister, die nach § 1412 I gegen den Schuldner wirksam würde, kann wegen § 1473 II die positive Kenntnis nicht ersetzen. §§ 406–408 sind entsprechend anwendbar.

1474 *Durchführung der Auseinandersetzung*
Die Ehegatten setzen sich, soweit sie nichts anderes vereinbaren, nach den §§ 1475 bis 1481 auseinander.

Inhalt der Auseinandersetzung. Vgl insgesamt zur Auseinandersetzung Klein FuR 1995, 165 u 249. Sie **1** bestimmt sich in erster Linie nach einer etwaigen Vereinbarung der Parteien, die aber nicht die Rechte Dritter beeinträchtigen darf (§ 1480). Soweit diese Vereinbarung die nach der Beendigung der Gütergemeinschaft vorzunehmende Auseinandersetzung betrifft, ist sie nicht Ehevertrag und bedarf folglich nicht dessen Form, RG 89, 294. Bei Fehlen einer Vereinbarung greifen die §§ 1475–1481 ein. Der Auseinandersetzungsvertrag hat nur schuldrechtliche Wirkung, KGJ 50, 152. Ansprüche aus dem Auseinandersetzungsvertrag, auch wegen Wegfalls der Geschäftsgrundlage (§ 313) und Nichtigkeit, gehören vor das FamG, BGH FamRZ 1980, 989. Die Auseinandersetzung tritt erst mit Erfüllung der in dem Vertrag übernommenen Verpflichtungen ein. Dabei ist zu beachten, daß der Leistungsvollzug in der Form des jeweils vorgeschriebenen Übertragungsaktes erfolgt, WarnRspr 1922, 55, bei Grundstücken ist Auflassung also erforderlich; das gilt auch bei Umwandlung von Gesamthandseigentum in Bruchteilseigentum, RG 57, 432. Übernimmt der überlebende Ehegatte bei unbeerbter Ehe das ganze Gesamtgut gegen Abfindung der übrigen Erben, so handelt es sich um eine Verfügung dieser Erben über ihren Nachlaß, § 2033 I; besondere Übertragungsakte für die einzelnen Gegenstände sind nicht erforderlich; die Umschreibung im Grundbuch kann im Wege der Berichtigung durchgeführt werden, RJA 3, 262.

Auf Antrag jedes Beteiligten vermittelt auch das Amtsgericht, § 99 FGG; wegen des Verfahrens vgl 9. Aufl. **2**

Kommt es zu keiner Einigung, so muß die Auseinandersetzung im Wege der Klage durchgeführt werden; **3** zuständig ist das FamG, BGH NJW-RR 1998, 1219. Die Durchsetzung erfolgt durch Klage auf Zustimmung zu einem bestimmten Teilungsplan. Eine Gestaltungsfreiheit des Richters gibt es nicht, BGH FamRZ 1988, 813. Die Entscheidung kann auch bereits im Verbundverfahren erfolgen, BGH FamRZ 1982, 991.

1475 *Berichtigung der Gesamtgutsverbindlichkeiten*
(1) Die Ehegatten haben zunächst die Gesamtgutsverbindlichkeiten zu berichtigen. Ist eine Verbindlichkeit noch nicht fällig oder ist sie streitig, so müssen die Ehegatten zurückbehalten, was zur Berichtigung dieser Verbindlichkeit erforderlich ist.
(2) Fällt eine Gesamtgutsverbindlichkeit im Verhältnis der Ehegatten zueinander einem der Ehegatten allein zur Last, so kann dieser nicht verlangen, dass die Verbindlichkeit aus dem Gesamtgut berichtigt wird.

§ 1475

(3) **Das Gesamtgut ist in Geld umzusetzen, soweit dies erforderlich ist, um die Gesamtgutsverbindlichkeiten zu berichtigen.**

1. **1. Abs I.** Die Vorschrift liegt im Interesse der Gläubiger. Gesamtgutsverbindlichkeiten vgl §§ 1437, 1459. Dazu gehören auch Ansprüche eines Ehegatten auf Ersatz aus dem Gesamtgut, §§ 1435 S 3, 1445 II, 1467 I. Diese Ersatzansprüche werden erst mit Beendigung der Gütergemeinschaft fällig, §§ 1446, 1468; dann auch Aufrechnung zulässig. Die Berichtigung der Ansprüche kann nach §§ 362ff, 372ff, 387ff, 397 erfolgen. Berichtigung ist auch dadurch möglich, daß ein Ehegatte die Verbindlichkeit als alleiniger Schuldner übernimmt und der Gläubiger den anderen Ehegatten aus der Haftung entläßt, BGH FamRZ 1986, 40; FamRZ 1985, 903. Keine Gesamtgutsverbindlichkeiten sind Schulden, die erst nach Beendigung der Gütergemeinschaft begründet worden sind, auch wenn beide Ehegatten gemeinschaftlich gehandelt haben; vgl aber München FamRZ 1996, 291. Soweit eine Gesamtgutsverbindlichkeit noch nicht fällig oder streitig ist, dh auch dann, wenn nur über die interne Haftung Meinungsverschiedenheiten unter den Ehegatten bestehen, wird das zur Berichtigung Erforderliche zurückbehalten und bleibt in gemeinsamer Verwaltung, § 1472 I. Sicherheitsleistung oder Hinterlegung kann nicht gefordert werden. Dritte können daraus überhaupt keine Ansprüche geltend machen. Verstößt ein Ehegatte gegen Abs I, so haftet er Dritten nach § 1480, dem anderen Ehegatten nach § 1481. Berichtigt werden zunächst die durch Titel gesicherten Forderungen, dann die übrigen nach der Reihenfolge der Anmeldungen; bei Unzulänglichkeit des Gesamtguts erfolgt verhältnismäßige Befriedigung.

2. **2. Abs II.** Fällt eine Gesamtgutsverbindlichkeit im Innenverhältnis einem der Ehegatten zur Last (§§ 1441 bis 1444, 1463 bis 1466), so bezweckt Abs II den Schutz des anderen. Dessen persönliche Haftung mit seinem Vorbehalts- oder Sondergut ist in diesem Fall gem §§ 1437 II S 2, 1459 II S 2 bereits mit Beendigung der Gütergemeinschaft erloschen. Der persönlich haftende Ehegatte kann die Berichtigung aus dem Gesamtgut nicht verlangen, wohl aber der andere wegen seiner nach § 1480 eintretenden Haftung. Ein selbständiger Gesamtschuldnerausgleich findet vor der Auseinandersetzung nicht statt, Zweibrücken FamRZ 1992, 821.

3. **3. Abs III.** Soweit zur Berichtigung der Gesamtgutsverbindlichkeiten erforderlich, ist das Gesamtgut zu versilbern. Die Art der Umsetzung richtet sich in erster Linie nach der Vereinbarung der Ehegatten. Können sich die Ehegatten nicht einigen, so Auseinandersetzungsklage. Das gilt auch für den Fall von Ersatzansprüchen eines Ehegatten gegen das Gesamtgut, RG 73, 41, da er nichts in natura zu übernehmen braucht, § 1477 II.

1476 *Teilung des Überschusses*

(1) **Der Überschuss, der nach der Berichtigung der Gesamtgutsverbindlichkeiten verbleibt, gebührt den Ehegatten zu gleichen Teilen.**

(2) **Was einer der Ehegatten zum Gesamtgut zu ersetzen hat, muss er sich auf seinen Teil anrechnen lassen. Soweit er den Ersatz nicht auf diese Weise leistet, bleibt er dem anderen Ehegatten verpflichtet.**

1. **1. Abs I.** Überschuß ist der nach Berichtigung der Gesamtgutsverbindlichkeiten und Zurückbehaltung des dafür Erforderlichen (§ 1475 I S 2) verbleibende Rest des Gesamtguts. Zum Aktivbestand hinzuzurechnen ist das, was ein Ehegatte zum Gesamtgut schuldet. Der so verbleibende Überschuß gebührt beiden Ehegatten zu gleichen Teilen, ohne Rücksicht darauf, was jeder eingebracht hat, BayObLG Recht 1906, 1655. Daß das Gesamtgut im wesentlichen durch die Tätigkeit des anderen erworben ist, macht auch das Verlangen nach solcher Teilung nicht unsittlich, RG WarnRspr 1925, 58. Die einzige Ausnahme bildet § 1478.

2. **2. Abs II.** Was ein Ehegatte zum Gesamtgut ersetzen muß, hat er sich bei der Auseinandersetzung anrechnen zu lassen. Er hat im Recht auf Verrechnung und braucht folglich nur insoweit Ersatz aus Gesamtgut zu leisten, wie dies zur Berichtigung von Gesamtgutsverbindlichkeiten erforderlich ist. Dies gilt auch dann, wenn das Übernahmerecht schon vor der Teilung des übrigen Gesamtguts ausgeübt wird, BGH DNotZ 1989, 702. Das Gesamtgut einschließlich der gegen ihn bestehenden Forderung wird geteilt und seine Schuld von der auf ihn entfallenden Hälfte abgezogen. Ist seine Schuld größer als die Hälfte, so bleibt er insoweit dem anderen persönlich verpflichtet.

1477 *Durchführung der Teilung*

(1) **Der Überschuss wird nach den Vorschriften über die Gemeinschaft geteilt.**

(2) **Jeder Ehegatte kann gegen Ersatz des Wertes die Sachen übernehmen, die ausschließlich zu seinem persönlichen Gebrauch bestimmt sind, insbesondere Kleider, Schmucksachen und Arbeitsgeräte. Das Gleiche gilt für die Gegenstände, die ein Ehegatte in die Gütergemeinschaft eingebracht oder während der Gütergemeinschaft durch Erbfolge, durch Vermächtnis oder mit Rücksicht auf ein künftiges Erbrecht, durch Schenkung oder als Ausstattung erworben hat.**

1. **1. Abs I.** Aus dem Recht der Gemeinschaft sind anwendbar §§ 752 bis 757 mit Ausnahme des § 755; an dessen Stelle tritt § 1475. Die Teilung erfolgt also grundsätzlich in Natur, § 752, hilfsweise durch Verkauf, § 753. Besteht auf einer Seite eine Erbengemeinschaft, so genügt die Zerlegbarkeit des zu teilenden Gegenstandes in zwei gleichartige Teile. Die Erbengemeinschaft setzt sich ihrerseits nach erbrechtlichen Grundsätzen auseinander. Der Anspruch aus dem Auseinandersetzungsguthaben, das einem Ehegatten wegen Beteiligung an einer OHG zusteht, muß zum Zwecke der Teilung verkauft werden, RG 146, 284. Hat ein Ehegatte gegen den anderen eine Forderung aus Güterrecht, so kann er die Befriedigung aus der auf den anderen entfallenden Hälfte fordern, § 756; diese muß also notfalls versilbert werden. Das gilt auch für Forderungen aus der Zeit der gemeinschaftlichen Verwaltung, also nach Beendigung der Gütergemeinschaft, und für Kosten der Auseinandersetzung. Der Anspruch richtet sich auch gegen den Sonderrechtsnachfolger, etwa den Pfändungspfandgläubiger.

2. Abs II. Das Übernahmerecht bezieht sich auf die ausschließlich zum persönlichen Gebrauch eines Gatten bestimmten Sachen, vgl über den Begriff § 1362 Rz 14, die Gegenstände, welche bereits bei Beginn der Gütergemeinschaft sein Eigentum waren, und zwar ganz, nicht nur teilweise, RG JR 1925, 780 und die während der Gütergemeinschaft aus den aufgezählten Rechtsgründen erworbenen Sachen, vgl hierzu auch § 1478 Rz 4. Gegenstand iSv § 1477 kann auch ein schuldrechtlicher Anspruch auf Eigentumsübertragung sein, der in das Gesamtgut eingebracht worden ist, Düsseldorf FamRZ 1993, 194; Stuttgart FamRZ 1996, 1474. Für die Surrogate dieser Sachen gilt nicht das gleiche, Hamburg OLG 7, 405. Ein in die Gütergemeinschaft eingebrachtes Grundstück wird nicht dadurch zum Surrogat, daß im Laufe der Ehezeit Umbauten, Neubauten oder Ausbauten vorgenommen worden sind, Nürnberg OLG 82, 375; das gleiche gilt für Grundstücke, die dem Flurbereinigungsverfahren unterlegen haben, Bamberg FamRZ 1983, 72f. Zu ersetzen ist der Wert zZt der Übernahme, BGH FamRZ 1986, 41; eventuell Schätzung durch Sachverständige, für die nicht § 164 FGG gilt, BayObLG JW 1923, 759. Zur Bewertung eines landwirtschaftlichen Betriebes BGH FamRZ 1986, 776 mwN. Der Wertersatz braucht nicht zum Gesamtgut zu erfolgen, vielmehr kann eine Verrechnung mit dem Überschußanteil vorgenommen werden, BGH FamRZ 1988, 926; zum Erwerb durch Erbfolge im Rahmen der Miterbenauseinandersetzung vgl BGH FamRZ 1998, 817. Das Übernahmerecht ist nicht höchstpersönlich, Hamburg OLG 24, 79; es kann durch Rechtsnachfolger, auch durch den Testamentsvollstrecker ausgeübt werden, RG 85, 4. Übernahme ist durch formlose Erklärung bis zur Durchführung der Auseinandersetzung möglich, München FamRZ 1988, 1275, sie ist unwiderruflich; das Recht dazu geht auch nicht durch Klage auf Auseinandersetzung in anderer Form verloren. Die Übernahme gem § 1477 II kann mit der Auseinandersetzung des Gesamtguts verbunden werden, Karlsruhe FamRZ 1982, 286; BGH 84, 336. Übernahme setzt aber vorherige Berichtigung der Verbindlichkeit nach § 1475 III voraus, Köln FamRZ 1991,571, soweit nicht feststeht, daß der Gegenstand zur Schuldentilgung nicht erforderlich ist, Bamberg FamRZ 1987, 825; Frankfurt FamRZ 1984, 170; RG 73, 41. Soweit nicht andere Gegenstände zu diesem Zweck verfügbar sind, geht die Versilberung des Gegenstands zur Schuldendeckung dem Recht vor, RG 85, 9; doch kann etwas anderes vereinbart werden, RG WarnRspr 1922, 55, und der Berechtigte kann den Gegenstand beim Verkauf nach § 753 erwerben. Haben Mann und Frau im Übernahmerecht zB bei Hochzeitsgeschenken, so heben sich die Rechte auf. Das Übernahmerecht ist Gestaltungsrecht. Die Erklärung der Ausübung dieses Rechtes ist daher auch dann nicht gemäß § 311b formbedürftig, wenn sie ein Grundstück betrifft, München FamRZ 1988, 1275. Der Vollzug der Übernahme ist dagegen in der für die Übertragung der betreffenden Gegenstände vorgeschriebenen Form vorzunehmen. Der Pflicht zur Übernahme kann § 273 wegen der Verpflichtung zum Wertersatz entgegengesetzt werden, München FamRZ 1996, 170. Das Übernahmerecht stellt ein die Veräußerung hinderndes Recht iSd § 771 ZPO dar, so daß gegen die Anordnung der Teilungsversteigerung mit der Drittwiderspruchsklage vorgegangen werden kann, BGH FamRZ 1987, 43. Liegt ein Übernahmerecht bezüglich eines Grundstücks vor, kann die Zustimmung zur Auseinandersetzung dem Grunde nach bereits vor Rechtskraft des Scheidungsurteils verlangt werden, AG Aachen FamRZ 1990, 57. Trotz der Übernahmeerklärung steht grundsätzlich beiden Ehegatten bis zum Abschluß der Auseinandersetzung das Recht auf Mitbesitz und Mitverwaltung hinsichtlich des gütergemeinschaftlichen Vermögens zu, Hamm FamRZ 1979, 810.

1478 *Auseinandersetzung nach Scheidung*

(1) Ist die Ehe geschieden, bevor die Auseinandersetzung beendet ist, so ist auf Verlangen eines Ehegatten jedem von ihnen der Wert dessen zurückzuerstatten, was er in die Gütergemeinschaft eingebracht hat; reicht hierzu der Wert des Gesamtguts nicht aus, so ist der Fehlbetrag von den Ehegatten nach dem Verhältnis des Wertes des von ihnen Eingebrachten zu tragen.

(2) Als eingebracht sind anzusehen
1. die Gegenstände, die einem Ehegatten beim Eintritt der Gütergemeinschaft gehört haben,
2. die Gegenstände, die ein Ehegatte von Todes wegen oder mit Rücksicht auf ein künftiges Erbrecht, durch Schenkung oder als Ausstattung erworben hat, es sei denn, dass der Erwerb den Umständen nach zu den Einkünften zu rechnen war,
3. die Rechte, die mit dem Tod eines Ehegatten erlöschen oder deren Erwerb durch den Tod eines Ehegatten bedingt ist.

(3) Der Wert des Eingebrachten bestimmt sich nach der Zeit der Einbringung.

1. Die Vorschrift räumt nach der Scheidung jedem Ehegatten das Recht ein, aus dem Gesamtgut Ersatz des Wertes des von ihm Eingebrachten zu verlangen. Der am Scheitern der Ehe letztlich Schuldige soll nicht dadurch unbillig begünstigt werden, daß er zur Hälfte am Gesamtgut beteiligt wird, wenn er tatsächlich weniger eingebracht hatte (BT-Drucks 7/650, 102, 103). Da jeder der Ehegatten die anteilsmäßige Teilung verlangen kann, liegt es in seiner Entscheidung, solche Unbilligkeiten auszuschließen. Die Vorschrift gilt nur für nach Inkrafttreten des 1. EheRG geschiedene Ehen.

2. Voraussetzungen. § 1478 gilt auch bei Aufhebung der Ehe, sofern Scheidungsfolgenrecht gilt (vgl § 1318). Die Scheidung muß nicht vor Beendigung der Gütergemeinschaft, aber nach Abschluß der Auseinandersetzung erfolgen. Bei Aufhebung der Gütergemeinschaft durch Ehevertrag können die Rechte aus § 1478 für den Fall der Scheidung vorbehalten werden, RG SeuffA 74, 89. Stirbt ein Ehegatte vor rechtskräftiger Beendigung des Scheidungsverfahrens, so greift § 1478 nicht ein, aA MüKo/Kanzleiter Rz 4; wie hier RGRK/Finke Rz 5. Nach rechtskräftiger Scheidung bleibt das Ausschlußrecht aber, da es vererblich ist, für die Erben bestehen. Ein Ausschluß durch Ehevertrag ist zulässig, vgl auch MüKo/Kanzleiter Rz 13ff.

3. Inhalt des Wahlrechts. Nachdem die Berichtigung der Verbindlichkeiten nach § 1475 stattgefunden hat, was stets zuerst geschehen muß, kann ein Ehegatte nach Belieben statt der Regelung des § 1376 I Rückerstattung

§ 1478

des Eingebrachten verlangen, und zwar mangels gegenteiliger Vereinbarung nicht Rückgabe in Natur, sondern Wertersatz, RG SeuffA 77, 2; dadurch wird aber das Übernahmerecht nach § 1477 II nicht ausgeschlossen, BGH NJW-RR 1986, 1132; Karlsruhe FamRZ 1982, 286; BGH 84, 338. In diesem Fall ist der Wert zur Zeit der Übernahme zur Teilungsmasse zu ersetzen, während sich im Fall des § 1478 der Wert nach der Zeit der Einbringung richtet, Abs III. Der Kaufkraftverlust ist dadurch zu berücksichtigen, daß der inflationsbereinigte Wert des Eingebrachten zurückerstattet wird, BGH FamRZ 1982, 991; Karlsruhe FamRZ 1982, 286, jeweils mit krit Anm Bölling; aA Bölling FamRZ 1982, 234; zur Bewertung eines landwirtschaftlichen Betriebes im Rahmen der Auseinandersetzung gem §§ 1477, 1478 BGH FamRZ 1986, 776 mwN. Wie bei § 1477 kann das Wahlrecht durch formlose unbefristete Erklärung bei der Auseinandersetzung ausgeübt werden; sie ist wie im Fall des § 1477 unwiderruflich, Posen Recht 1906, 3306. Verbleibt nach Rückerstattung des von den Ehegatten jeweils Eingebrachten ein Überschuß, so ist dieser gemäß § 1476 I zu teilen. Reicht der Wert des Gesamtgutes zur vollen Rückerstattung an beide Ehegatten nicht aus, so müssen die Ehegatten den Fehlbetrag anteilig tragen.

4   **Als eingebracht gelten: a)** Gegenstände, die einem Ehegatten bei Eintritt in die Gütergemeinschaft gehört haben (Nr 1), auch aufschiebend bedingte Rechte, wenn die Bedingung erst nach Beginn der Gütergemeinschaft eintritt; auch ein bis zum Eintritt der Gütergemeinschaft erworbener Anspruch auf Zugewinnausgleich fällt unter Nr 1, BGH 109, 89 vgl dazu auch Nürnberg FamRZ 1999, 854; Bamberg FamRZ 2001, 1215 für den Zugewinnausgleichsanspruch. **b)** Erwerb auf Grund persönlicher Beziehung (Nr 2), vgl hierzu die Bemerkungen zu § 1374 II. **c)** Mit dem Tod des Ehegatten erlöschende Rechte, zB Leibrente, und Rechte, deren Erwerb durch den Tod eines Ehegatten bedingt sind, zB Anspruch aus einer Lebensversicherung.

1479 *Auseinandersetzung nach Aufhebungsurteil*

Wird die Gütergemeinschaft auf Grund der §§ 1447, 1448 oder des § 1469 durch Urteil aufgehoben, so kann der Ehegatte, der das Urteil erwirkt hat, verlangen, dass die Auseinandersetzung so erfolgt, wie wenn der Anspruch auf Auseinandersetzung in dem Zeitpunkt rechtshängig geworden wäre, in dem die Klage auf Aufhebung der Gütergemeinschaft erhoben ist.

1   **Zweck der Vorschrift.** Bei Beendigung der Gütergemeinschaft durch Aufhebungsurteil bestimmt sich die Auseinandersetzung zwischen den Ehegatten grundsätzlich nach dem Zeitpunkt der Rechtskraft, §§ 1449, 1470. Die Vorschrift gibt dem Ehegatten, der die Aufhebung der Gütergemeinschaft durch Urteil erwirkt hat, das Recht, nach seinem Belieben statt des Zeitpunkts der Rechtskraft den der Rechtshängigkeit zu wählen; vgl für den gesetzlichen Güterstand § 1387. Tut er das, so hat das zur Folge, daß der Erwerb bis auf den des § 1473 nach dem genannten Zeitpunkt nicht mehr in das Gesamtgut fällt, Königsberg HRR 1938, 1113. Allerdings gilt dies nicht rückwirkend und mit dinglicher Wirkung gegen Dritte, insoweit richtig Gernhuber/Coester-Waltjen, FamR § 38 X 4, sondern wird nur im Verhältnis der Ehegatten untereinander fingiert, so daß es keines weiteren Übertragungsakts zwischen ihnen bedarf, Soergel/Gaul Rz 3; aA Gernhuber/Coester-Waltjen aaO; MüKo/Kanzleiter Rz 4; Gläubigern gegenüber tritt die Wirkung immer erst mit Rechtskraft des Urteils ein. Hinsichtlich der Ausübung des Wahlrechts vgl § 1478 Rz 3. Sind Klage und Widerklage auf Aufhebung der Gütergemeinschaft erhoben und bleibt allein die Widerklage erfolgreich, steht auch das Wahlrecht nur dem Widerkläger zu, ob das Gesamtgut für den Zeitpunkt der Rechtskraft des Aufhebungsurteils oder den der Erhebung der Widerklage auseinanderzusetzen ist. Endet bei schwebender Aufhebungsklage die Gütergemeinschaft aus anderem Grund, zB Scheidung oder Tod eines Gatten, ist § 1479 entsprechend anzuwenden, sofern als Vorfrage im Auseinandersetzungsstreit der Erfolg der Aufhebungsklage festgestellt wird. Das Wahlrecht nach § 1479 wird nämlich (anders als bei §§ 1384, 1387, siehe dort) nur dem obsiegenden Kläger gewährt, vgl Heckelmann FamRZ 1968, 59, 65 und 67f.

2   Der Ausschluß oder die Beschränkung des Wahlrechts ist nicht sittenwidrig, vgl Heckelmann FamRZ 1968, 59, 69; aA Pal/Brudermüller Rz 1. Eine solche Vereinbarung berührt nicht das Ordnungsziel der Gütergemeinschaft und läßt nicht vorab mißbilligenswerte Benachteiligungen eines Ehegatten erkennen.

1480 *Haftung nach der Teilung gegenüber Dritten*

Wird das Gesamtgut geteilt, bevor eine Gesamtgutsverbindlichkeit berichtigt ist, so haftet dem Gläubiger auch der Ehegatte persönlich als Gesamtschuldner, für den zur Zeit der Teilung eine solche Haftung nicht besteht. Seine Haftung beschränkt sich auf die ihm zugeteilten Gegenstände; die für die Haftung des Erben geltenden Vorschriften der §§ 1990, 1991 sind entsprechend anzuwenden.

1   **1. Zweck der Vorschrift.** Das Gesamtgut ist gem § 1475 I erst nach Berichtigung der Verbindlichkeiten zu teilen. Geschieht dies nicht und erhält der nicht persönlich haftende Ehegatte Gegenstände aus dem Gesamtgut, kann der Gläubiger darauf nicht mehr zurückgreifen. Zum Schutz der Gläubiger haftet daher auch der andere Ehegatte persönlich, für den eine solche Haftung im Zeitpunkt der Teilung nicht bestand. Die Haftung ist allerdings auf die zugeteilten Gegenstände beschränkt. § 1480 ist zwingendes Gläubigerschutzrecht, vgl MüKo/Kanzleiter Rz 12. Zuständig ist gem § 621 I Nr 8 ZPO das FamG, BGH NJW 1980, 1626. Erlangt der Gesamtgutsgläubiger durch sein Vorgehen keine Befriedigung, so kann er unter gegebenen Voraussetzungen die Auseinandersetzung des Gesamtguts anfechten, § 3 AnfG. § 1480 schließt die Anfechtung nicht aus, RG Gruch 48, 958; 50, 382; vgl auch BGH 57, 126/127.

2   **2. Voraussetzung der Haftung.** Ob eine Teilung des Gesamtguts vorliegt, bestimmt sich nach den Umständen des Falles; Zuweisung einzelner Gegenstände nach § 1477 II genügt nicht, RG 89, 407; andererseits schließt aber deren Zurückhaltung eine Teilung nicht aus, RG JW 1917, 102. Entscheidend ist, ob das Gesamtgut dieser Eigenschaft entkleidet und Sondergut eines der Ehegatten wird, RG 89, 367. Zuweisung des ganzen Gesamtguts an

einen Ehegatten genügt, RG 75, 296. Die Haftung setzt voraus, daß der betreffende Ehegatte überhaupt etwas Pfändbares aus dem Gesamtgut erhalten hat; das muß der Gläubiger beweisen, RG 75, 297. Daher entfällt eine Inanspruchnahme, wenn der Ehegatte aus dem Gesamtgut nichts erhalten hat, gleichgültig, ob er schenkungsweise darauf verzichtet hat oder ob er in irgendeiner Weise von dem anderen Ehegatten aus anderem Vermögen für die Überlassung des Gesamtguts entschädigt worden ist, RG 75, 297. Die Klage ist in diesem Falle abzuweisen, RG 89, 366 (keine Verurteilung unter Vorbehalt der beschränkten Haftung). Anders aber, wenn er die ihm bei der Auseinandersetzung zugeteilten Gegenstände später aufgibt oder später auf sie verzichtet. Dadurch kann er sich der einmal begründeten Haftung nicht entziehen, RG 89, 367.

Eine Inventarfrist kann er dem Ehegatten nicht setzen, RG 79, 355. Durch einseitigen Verzicht kann sich der Ehegatte seiner Haftung nicht entziehen, RG Recht 1917, 640.

3. Art und Umfang der Haftung. Die beiden Ehegatten haften als Gesamtschuldner, §§ 421–425. An die Stelle des § 426 tritt die interne Ausgleichspflicht nach § 1481. Zur Zwangsvollstreckung in die dem nach § 1480 in Anspruch genommenen Ehegatten zugewiesenen Gesamtgutsgegenstände ist ein Titel gegen ihn erforderlich, § 750 I ZPO; ein Titel gegen den anderen Ehegatten genügt nicht, RG 68, 426. Aber er haftet nur mit den ihm zugeteilten Gegenständen. Entsprechend §§ 1990, 1991 muß er sich die Haftungsbeschränkung im Urteil vorbehalten lassen, §§ 786, 780 ZPO, und muß sie nach §§ 786, 781, 785, 767, 769 ZPO in der Zwangsvollstreckung durch Vollstreckungsgegenklage geltend machen, Hamburg SeuffA 61, 45.

1481 *Haftung der Ehegatten untereinander*
(1) Wird das Gesamtgut geteilt, bevor eine Gesamtgutsverbindlichkeit berichtigt ist, die im Verhältnis der Ehegatten zueinander dem Gesamtgut zur Last fällt, so hat der Ehegatte, der das Gesamtgut während der Gütergemeinschaft allein verwaltet hat, dem anderen Ehegatten dafür einzustehen, dass dieser weder über die Hälfte der Verbindlichkeit noch über das aus dem Gesamtgut Erlangte hinaus in Anspruch genommen wird.
(2) Haben die Ehegatten das Gesamtgut während der Gütergemeinschaft gemeinschaftlich verwaltet, so hat jeder Ehegatte dem anderen dafür einzustehen, dass dieser von dem Gläubiger nicht über die Hälfte der Verbindlichkeit hinaus in Anspruch genommen wird.
(3) Fällt die Verbindlichkeit im Verhältnis der Ehegatten zueinander einem der Ehegatten zur Last, so hat dieser dem anderen dafür einzustehen, dass der andere Ehegatte von dem Gläubiger nicht in Anspruch genommen wird.

1. Abs I regelt den Fall, daß bei früherer **Einzelverwaltung** eine vor der Teilung nicht berichtigte Gesamtgutsverbindlichkeit im Innenverhältnis dem Gesamtgut zur Last fällt. Das ist der Fall bei allen Verbindlichkeiten, die nicht nach den §§ 1441 bis 1444 im Innenverhältnis einem der Ehegatten zur Last fallen. Der frühere Gesamtgutsverwalter muß dem nach § 1480 haftenden Ehegatten dafür einstehen, daß dieser nicht über die Hälfte der Verbindlichkeiten in Anspruch genommen wird; die hälftige Teilung der Verbindlichkeiten im Innenverhältnis entspricht dem Teilungsgrundsatz des § 1476 I. Da ferner die Haftung des andern Ehegatten nach § 1480 sich auf die ihm zugeteilten Gegenstände beschränkt, muß der Gesamtgutsverwalter ihm auch dafür einstehen, daß er nicht darüber hinaus in Anspruch genommen wird; der andere Ehegatte braucht nicht für einen am Gesamtgut entstandenen Verlust einzustehen. Liegt seine Inanspruchnahme dagegen noch im Rahmen des ihm Zugeteilten, so verbleibt es im Innenverhältnis dabei, daß jeder Ehegatte die Hälfte trägt.

2. Abs II behandelt denselben Fall bei früherer gemeinschaftlicher Verwaltung. Hier stehen beide Ehegatten einander gleich. Es genügt hier deshalb die Bestimmung, daß jeder dem anderen dafür einzustehen hat, daß er von dem Gläubiger nicht über die Hälfte der Verbindlichkeit hinaus in Anspruch genommen wird. Übersteigt die Hälfte der Verbindlichkeit an Wert dessen, was jeder Ehegatte bei der Teilung erhalten hat, so müssen die Ehegatten auch den Fehlbetrag je zur Hälfte tragen.

3. Abs III behandelt den Fall, daß eine noch nicht berichtigte Verbindlichkeit im Innenverhältnis nicht dem Gesamtgut, sondern gemäß den Bestimmungen der §§ 1441 bis 1444, 1463 bis 1466 einem Ehegatten allein zur Last fällt. Dieser Ehegatte muß dann dem anderen dafür einstehen, daß der Gläubiger ihn nicht in Anspruch nimmt. In diesem Fall kommt es nicht darauf an, ob Einzelverwaltung oder gemeinschaftliche Verwaltung bestanden hat; die Regelung ist in beiden Fällen die gleiche.

4. Unter **Einstehen** im Sinne des § 1481 ist zu verstehen, daß der Ehegatte, den die Einstandsverpflichtung trifft, den anderen von der noch bestehenden Verbindlichkeit gegenüber dem Gläubiger zu befreien hat oder, wenn der andere bereits an den Gläubiger gezahlt hat, ihm ersatzpflichtig ist. Ein Anspruch auf Sicherheitsleistung unter den Ehegatten vor Fälligkeit der Forderung des Gläubigers ist nicht vorgesehen. Dem Gläubiger gegenüber können aus der Regelung des § 1481, die nur das Innenverhältnis betrifft, keine Einwendungen hergeleitet werden.

5. Die Ehegatten können von den Bestimmungen des § 1481 abweichende Vereinbarungen untereinander treffen.

1482 *Eheauflösung durch Tod*
Wird die Ehe durch den Tod eines Ehegatten aufgelöst, so gehört der Anteil des verstorbenen Ehegatten am Gesamtgut zum Nachlass. Der verstorbene Ehegatte wird nach den allgemeinen Vorschriften beerbt.

Der Anteil des verstorbenen Ehegatten am Gesamtgut gehört zum Nachlaß, nicht aber die einzelnen Gesamtgutsgegenstände, BGH 26, 378. Der Überlebende hat sich mit den Erben des verstorbenen Ehegatten über das

Vor §§ 1483 bis 1518   Familienrecht   Bürgerliche Ehe

Gesamtgut der Gütergemeinschaft nach den §§ 1471–1481 auseinanderzusetzen, damit geklärt wird, was in den Nachlaß fällt. Bis zum Abschluß der Auseinandersetzung besteht die güterrechtliche Gesamthandsbindung des im Gesamtgut vereinigten Vermögens beider Ehegatten fort (§§ 1471 II, 1419), so auch wenn der überlebende Ehegatte als alleiniger Vorerbe eingesetzt ist, BayObLG FamRZ 1988, 542. In diesem Fall unterliegt er der Verfügungsbeschränkung des § 2113. Dies erfordert der Schutz des Nacherben. Wie hier MüKo/Kanzleiter Rz 5; BGH NJW 1970, 943, Hamm NJW 1976, 575; aA die hM, BGH FamRZ 1976, 338, Staud/Thiele Rz 9; Soergel/Gaul Rz 2; vgl ausführlich zum Streitstand die Bemerkungen in der 9. Aufl. Ist der Ehegatte Alleinerbe, entfällt eine Auseinandersetzung, da sich die Anteile in einer Person vereinigen. Erst mit dem völligen Abschluß der Auseinandersetzung, also mit der Überführung jeder Gesamthandsberechtigung an jedem einzelnen Gegenstand in Allein- oder Mitberechtigung ist die Liquidation beendet, die Gesamthand erloschen, LG Bückeburg NdsRpfl 1968, 226.

Unterkapitel 5
Fortgesetzte Gütergemeinschaft
Vorbemerkung §§ 1483 bis 1518

1   Fortgesetzte Gütergemeinschaft tritt nur als Ausnahme kraft **ausdrücklicher Vereinbarung durch Ehevertrag** ein. Die fortgesetzte Gütergemeinschaft beläßt den überlebenden Ehegatten bis zu seinem Tode im Genusse des Gesamtguts; die gemeinschaftlichen Abkömmlinge können grundsätzlich bis dahin hinsichtlich des Gesamtguts keine erbrechtlichen Ansprüche geltend machen. Der überlebende Ehegatte nimmt die Stellung des Gesamtgutsverwalters ein, die Abkömmlinge treten an die Stelle des anderen Ehegatten.

2   Es sind **vier Vermögensmassen** vorhanden; das Gesamtgut der fortgesetzten Gütergemeinschaft, das Sonder- und Vorbehaltsgut des Überlebenden und das Vermögen der Abkömmlinge. §§ 1483–1517, welche die fortgesetzte Gütergemeinschaft behandeln, sind zwingendes Recht. Die fortgesetzte Gütergemeinschaft endet durch einseitige oder vertragliche Aufhebung, Tod, Wiederverheiratung und Todeserklärung des Überlebenden, Urteil auf Klage eines Abkömmlings und Tod oder Verzicht aller Abkömmlinge. Beginn und Ende wird im Grundbuch eingetragen. Steht im Grundbuch noch einer der Ehegatten oder beide in Gütergemeinschaft, so bedarf es nach § 40 I GBO keiner vorherigen Berichtigung, soweit es sich um das Vorbehaltsgut oder Sondergut oder die nicht anteilsberechtigten Abkömmlinge handelt; insoweit tritt eine Erbfolge ein. Soll dagegen ein zum Gesamtgut gehöriges Recht übertragen oder gelöscht werden, so liegt keine Erbfolge vor; trotzdem ist § 40 I GBO im Wege ausdehnender Auslegung anwendbar, Demharter, GBO § 40 Rz 10; KG JFG 1, 289. Eine **Eintragung im Güterrechtsregister entfällt**, da es nur Rechtsverhältnisse während der Ehe betrifft. Als Inhaber eines zum Gesamtgut gehörigen Handelsgeschäfts ist der Überlebende im Handelsregister einzutragen, KG JFG 6, 193. Zur Frage der Zugehörigkeit eines Hofes im Sinne der HöfeO zum Gesamtgut vgl BGH FamRZ 1962, 18.

Dem überlebenden Ehegatten wird das Gesamtgut gem § 120 BewG **steuerlich** zugerechnet, wenn er unbeschränkt steuerpflichtig ist. Dann muß er nach § 28 EStG auch die in das Gesamtgut fallenden Einkünfte versteuern; vgl 9. Aufl.

1483   *Eintritt der fortgesetzten Gütergemeinschaft*

(1) Die Ehegatten können durch Ehevertrag vereinbaren, dass die Gütergemeinschaft nach dem Tod eines Ehegatten zwischen dem überlebenden Ehegatten und den gemeinschaftlichen Abkömmlingen fortgesetzt wird. Treffen die Ehegatten eine solche Vereinbarung, so wird die Gütergemeinschaft mit den gemeinschaftlichen Abkömmlingen fortgesetzt, die bei gesetzlicher Erbfolge als Erben berufen sind. Der Anteil des verstorbenen Ehegatten am Gesamtgut gehört nicht zum Nachlass; im Übrigen wird der Ehegatte nach den allgemeinen Vorschriften beerbt.

(2) Sind neben den gemeinschaftlichen Abkömmlingen andere Abkömmlinge vorhanden, so bestimmen sich ihr Erbrecht und ihre Erbteile so, wie wenn fortgesetzte Gütergemeinschaft nicht eingetreten wäre.

1   1. Die Ehegatten können die Vereinbarung, daß die Gütergemeinschaft fortgesetzt werden soll, bei Vereinbarung der Gütergemeinschaft, aber auch jederzeit später treffen (§ 1408). Sie können die Vereinbarung auch wieder aufheben (§ 1518 S 2). In jedem Falle ist Ehevertrag erforderlich; es gelten also die §§ 1410, 1411. Die in § 1411 vorgesehene Erschwerung bei Vereinbarung und Aufhebung von Gütergemeinschaft gilt auch hier. Durch Verfügung von Todes wegen kann ein Ehegatte weder fortgesetzte Gütergemeinschaft anordnen noch eine durch Ehevertrag getroffene Vereinbarung über die Fortsetzung der Gütergemeinschaft widerrufen, sofern nicht ausnahmsweise die Voraussetzungen des § 1509 vorliegen.

2   2. Die Gütergemeinschaft kann nur mit gemeinschaftlichen Abkömmlingen der Ehegatten fortgesetzt werden; diese müssen erbberechtigt sein. Zu diesen gehört auch ein erzeugtes, aber beim Tode des Mannes noch nicht geborenes Kind (§ 1923 II). Wegen erbunwürdiger Abkömmlinge vgl § 1506. Unter Umständen gehören auch Enkel dazu, wenn der Sohn oder die Tochter bereits verstorben sind (§ 1924 III). Es wäre unzulässig, Fortsetzung der Gütergemeinschaft mit nicht gemeinschaftlichen Abkömmlingen zu vereinbaren; deren erbrechtliche Ansprüche können dadurch nicht beeinträchtigt werden.

3   3. Sind nur gemeinschaftliche Abkömmlinge vorhanden, so gehört der Anteil des verstorbenen Ehegatten am Gesamtgut nicht zum Nachlaß. Das Gesamtgut wird nicht auseinandergesetzt; es bleibt als einheitliche Vermögensmasse, die jetzt dem überlebenden Ehegatten und den gemeinschaftlichen Abkömmlingen gehört, bestehen. Der Nachlaß des Verstorbenen besteht nur aus seinem Vorbehalts- und Sondergut; nach deren Wert richten sich etwaige Pflichtteilsansprüche. Was der Überlebende aus dem Vorbehaltsgut des Verstorbenen erbt, wird Gesamtgut, soweit der Erblasser nicht bestimmt hat, daß es Vorbehaltsgut des Überlebenden werden solle (§§ 1486 I, 1418 II Nr 2). Was die Abkömmlinge erben, wird ihr freies Vermögen.

4. Abs II behandelt den Fall, daß neben den gemeinschaftlichen auch einseitige Abkömmlinge vorhanden sind. Ihnen gegenüber gehört der Anteil des Verstorbenen am Gesamtgut zu dessen Nachlaß. Ihr Erbrecht bemißt sich nach allgemeinen Vorschriften, wobei die Konkurrenz durch den Überlebenden zu berücksichtigen ist. Reicht zu ihrer Befriedigung das Sonder- und Vorbehaltsgut des Verstorbenen nicht aus, so muß ein entsprechender Teil des Gesamtguts verwertet werden. Aber dadurch wird der Eintritt der fortgesetzten Gütergemeinschaft nicht gehindert; auch dann nicht, wenn wegen der sich auf das Gesamtgut erstreckenden Anteile einseitiger Abkömmlinge die ganze Auseinandersetzung des Gesamtguts notwendig wird. Auch bei Bemessung ihres Anspruchs auf Pflichtteil und Ergänzung des Pflichtteils ist ihr Anteil am Gesamtgut mitzurechnen. Über den Anteil der einseitigen Abkömmlinge kann der Erblasser letztwillig verfügen, auch einen anderen Erben an ihre Stelle setzen. Denn im Verhältnis zu einseitigen Abkömmlingen tritt keine fortgesetzte Gütergemeinschaft ein, BayObLG 1948/1951, 383 (393); aA MüKo/Kanzleiter Rz 15. Zu den einseitigen erbberechtigten Abkömmlingen gehören seit Inkrafttreten des ErbGleichG am 1. 4. 1998 auch die nichtehelichen Abkömmlinge eines Ehegatten. Zur alten Rechtslage vgl die 9. Aufl. 4

Eine Auseinandersetzung hinsichtlich des Gesamtguts findet gemäß § 1487 als Verwaltungshandlung der fortgesetzten Gütergemeinschaft statt, soweit ein einseitiger Abkömmling ein Erbrecht hat; steht ihm nur ein Vermächtnis oder ein Pflichtteilsrecht zu, so entfällt sie und es ist lediglich der Wert des Anteils am Gesamtgut zu schätzen, BayObLG 1905, 85. Zur Ermittlung des Sonder- und Vorbehaltsguts muß stets eine Auseinandersetzung stattfinden, da der Überlebende sowohl den gemeinschaftlichen wie den einseitigen Abkömmlingen oder etwa erbberechtigten Dritten ihren Anteil ausschütten muß. Eine Ausgleichspflicht nach § 2050 besteht unter gemeinschaftlichen und einseitigen Abkömmlingen; es findet aber der Ausgleich von Vorempfängen im Verhältnis zu den einseitigen sofort, den gemeinschaftlichen gegenüber erst nach Beendigung der fortgesetzten Gütergemeinschaft statt, § 1503 II. 5

5. Die **Haftung für die Nachlaßverbindlichkeit** folgt, soweit überhaupt eine Beerbung eintritt, den allgemeinen Grundsätzen, insbesondere hinsichtlich der Möglichkeit einer Haftungsbeschränkung. Sind nur gemeinschaftliche Abkömmlinge, aber kein Sonder- oder Vorbehaltsgut vorhanden, so fehlt es an einem Nachlaß und die Erben können die Befriedigung der Nachlaßgläubiger nach § 1990 verweigern. Einseitigen Abkömmlingen gegenüber bildet in diesem Falle das Gesamtgut den Nachlaß; doch ist dessen Ermittlung keine Nachlaßteilung, sondern eine Auseinandersetzung güterrechtlicher Art. 6

1484 *Ablehnung der fortgesetzten Gütergemeinschaft*
(1) Der überlebende Ehegatte kann die Fortsetzung der Gütergemeinschaft ablehnen.
(2) Auf die Ablehnung finden die für die Ausschlagung einer Erbschaft geltenden Vorschriften der §§ 1943 bis 1947, 1950, 1952, 1954 bis 1957, 1959 entsprechende Anwendung. Steht der überlebende Ehegatte unter elterlicher Sorge oder unter Vormundschaft, so ist zur Ablehnung die Genehmigung des VormG erforderlich. Dies gilt auch für die Ablehnung durch den Betreuer des überlebenden Ehegatten.
(3) Lehnt der Ehegatte die Fortsetzung der Gütergemeinschaft ab, so gilt das Gleiche wie im Falle des § 1482.

Da die fortgesetzte Gütergemeinschaft eine zugunsten des überlebenden Ehegatten geschaffene Einrichtung ist, und dieser nicht gezwungen werden soll, sie fortzuführen, hat er ein einseitiges Ablehnungsrecht. Nimmt er dieses Recht wahr, fällt der Anteil des verstorbenen Ehegatten in den Nachlaß. Für diesen Fall kann letztwillig über den Anteil verfügt werden. 1

Die Abkömmlinge haben dieses Recht nicht; sie können nach § 1491 auf ihren Anteil verzichten, eventuell nach § 1495 auf Aufhebung klagen. Für die Entschließung des Überlebenden gelten die Grundsätze über Annahme und Ausschlagung einer Erbschaft. Danach macht ausdrückliche oder stillschweigende Annahme eine Ablehnung unmöglich, § 1943. Ablehnung erfolgt durch öffentlich beglaubigte Erklärung an das Nachlaßgericht, § 1945; sie führt dazu, daß wie bei unbeerbter Ehe Erbfolge auch in den Anteil am Gesamtgut stattfindet. Die sechswöchige Frist des § 1944 beginnt mit Kenntnis von der fortgesetzten Gütergemeinschaft, nicht vom Tode, Pal/Brudermüller Rz 1, BGH 31, 209; Staud/Thiele Rz 10; die Kenntnis eines etwa vorhandenen Testaments ist ohne Belang, da anders als bei § 1944 II 1 die fortgesetzte Gütergemeinschaft unabhängig vom Testament eintritt, RG Recht 1924, 1607. Ablehnung bedarf nach Abs II S 2 und 3 der Genehmigung durch das VormG, erfolgt nach § 83 I S 2 InsO im Falle der Insolvenz durch den Gemeinschuldner. Sie muß ebenso wie Annahme unbedingt und unbefristet sein, § 1947, und kann nicht auf einen Teil des Gesamtguts beschränkt werden, § 1950. Über Anfechtung von Annahme und Ablehnung vgl §§ 1954 ff, über Führung von Geschäften des Gesamtguts § 1959. 2

1485 *Gesamtgut*
(1) Das Gesamtgut der fortgesetzten Gütergemeinschaft besteht aus dem ehelichen Gesamtgut, soweit es nicht nach § 1483 Abs. 2 einem nicht anteilsberechtigten Abkömmling zufällt, und aus dem Vermögen, das der überlebende Ehegatte aus dem Nachlass des verstorbenen Ehegatten oder nach dem Eintritt der fortgesetzten Gütergemeinschaft erwirbt.

§ 1485 Familienrecht Bürgerliche Ehe

(2) Das Vermögen, das ein gemeinschaftlicher Abkömmling zur Zeit des Eintritts der fortgesetzten Gütergemeinschaft hat oder später erwirbt, gehört nicht zu dem Gesamtgut.

(3) Auf das Gesamtgut findet die für die eheliche Gütergemeinschaft geltende Vorschrift des § 1416 Abs. 2 und 3 entsprechende Anwendung.

1 Zum Gesamtgut der fortgesetzten Gütergemeinschaft gehört das Gesamtgut der durch den Tod eines Ehegatten beendigten allgemeinen Gütergemeinschaft einschließlich etwaiger Ersatzansprüche an Vorbehaltsgut oder Sondergut eines Ehegatten, aber vermindert um den einem einseitigen Abkömmling nach § 1483 II etwa zustehenden Anteil oder den Anspruch eines ausgeschlossenen gemeinschaftlichen Abkömmlings aus § 1511 II. Hinzu kommt, was der Überlebende aus dem Nachlaß des Verstorbenen erhält und was er während der fortgesetzten Gütergemeinschaft erwirbt, endlich die Nutzungen und Surrogate des Gesamtguts. Nutzungen des Vorbehaltsguts des Überlebenden fallen nicht in das Gesamtgut. Vom Gesamtgut ausgeschlossen ist ferner Sondergut und Vorbehaltsgut des Überlebenden, sowie das Vermögen, das die Abkömmlinge aus dem Nachlaß des Verstorbenen erhalten oder später aus irgendeinem Rechtsgrund erwerben; auch ihren Erwerb in das Gesamtgut fallen zu lassen, würde über den Zweck der fortgesetzten Gütergemeinschaft hinausgehen und ihre wirtschaftliche Selbständigkeit gefährden.

2 Abs III nimmt auch auf § 1416 Bezug. Gemäß § 1416 II und III tritt die Wandlung zum Gesamtgut kraft Gesetzes ohne die sonst erforderlichen Übertragungsakte ein; jeder Teilnehmer der fortgesetzten Gütergemeinschaft kann vom anderen Mitwirkung zur Berichtigung des Grundbuchs fordern. Soweit sich Gegenstände im Besitz des Überlebenden befinden, spricht die Vermutung für ihre Zugehörigkeit zum Gesamtgut; das gilt aber nicht, soweit es sich um die Abgrenzung des Gesamtguts gegen das Vermögen der Abkömmlinge handelt. Wegen der Eintragung im Grundbuch, Güterrechts- und Handelsregister vgl vor § 1483.

1486 *Vorbehaltsgut; Sondergut*
(1) Vorbehaltsgut des überlebenden Ehegatten ist, was er bisher als Vorbehaltsgut gehabt hat oder was er nach § 1418 Abs. 2 Nr. 2, 3 als Vorbehaltsgut erwirbt.
(2) Sondergut des überlebenden Ehegatten ist, was er bisher als Sondergut gehabt hat oder was er als Sondergut erwirbt.

1 Zum **Vorbehaltsgut des Überlebenden** gehört sein Vorbehaltsgut aus der Gütergemeinschaft sowie ein Erwerb gemäß § 1418 II Nr 2 und 3. Die ausschließlich zum persönlichen Gebrauch bestimmten Gegenstände und Arbeitsgeräte sind Gesamtgut; doch besteht Übernahmerecht nach § 1502 I. Ist künftiger Erwerb durch Ehevertrag zum Vorbehaltsgut erklärt, so wirkt das auch bei Anfall nach dem Eintritt der fortgesetzten Gütergemeinschaft; Gernhuber/Coester-Waltjen, FamR § 39 III 3; aA Pal/Brudermüller Rz 1; Soergel/Gaul Rz 4; MüKo/Kanzleiter Rz 4; RGRK/Finke Rz 2. Durch Vertrag während der fortgesetzten Gütergemeinschaft kann Vorbehaltsgut nicht vereinbart werden, § 1518. Bezüglich des Vorbehaltsguts besteht freie Verwaltung und Verfügung; Eintragung im Grundbuch oder Güterrechtsregister findet nicht statt.

2 Das **Sondergut des Überlebenden** unterliegt seiner freien Verwaltung und Verfügung; die Nutzungen fallen ins Gesamtgut, soweit sie übertragbar sind. Für die Abkömmlinge sind diese Vermögensmassen nicht möglich, da sie ohnehin nur mit ihrem Anteil am Gesamtgut an der fortgesetzten Gütergemeinschaft teilnehmen.

1487 *Rechtsstellung des Ehegatten und der Abkömmlinge*
(1) Die Rechte und Verbindlichkeiten des überlebenden Ehegatten sowie der anteilsberechtigten Abkömmlinge in Ansehung des Gesamtgutes der fortgesetzten Gütergemeinschaft bestimmen sich nach den für die eheliche Gütergemeinschaft geltenden Vorschriften der §§ 1419, 1422 bis 1428, 1434, des § 1435 Satz 1, 3 und der §§ 1436, 1445; der überlebende Ehegatte hat die rechtliche Stellung des Ehegatten, der das Gesamtgut allein verwaltet, die anteilsberechtigten Abkömmlinge haben die rechtliche Stellung des anderen Ehegatten.
(2) Was der überlebende Ehegatte zu dem Gesamtgut schuldet oder aus dem Gesamtgut zu fordern hat, ist erst nach der Beendigung der fortgesetzten Gütergemeinschaft zu leisten.

1 **1. Grundgedanke.** In der fortgesetzten Gütergemeinschaft nehmen der Überlebende die Stellung des allein verwaltenden Ehegatten, die Abkömmlinge die des anderen ein; die Vorschrift regelt ihre Rechtsbeziehungen durch Bezugnahme auf die allgemeine Gütergemeinschaft. Die Anteile der Abkömmlinge sind nicht bloße Anwartschaft für den Fall der Auflösung; vielmehr sind alle Anteilsberechtigten zusammen Subjekt des die Gütergemeinschaft bildenden Vermögens und Träger der dazu gehörigen Rechte zur gesamten Hand, RG 75, 418.

2 **2. Aus dem Recht der allgemeinen Gütergemeinschaft ist anwendbar** das Verbot der Verfügung und Aufrechnung gemäß § 1419 I und II. Letztwillige Verfügung des Überlebenden über seinen Anteil ist zulässig, KG JW 1931, 1369; BayObLG 1960, 254. Über den Anteil der Abkömmlinge kann er nicht verfügen; er kann aber einen zur Gütergemeinschaft gehörigen Gegenstand, etwa ein Anwesen, einem Abkömmling gegen Wertersatz zuwenden mit dem Zusatz, daß jeder diese Zuwendung Anfechtende auf den Pflichtteil gesetzt wird, BayObLG JFG 1, 150. Das Recht des Überlebenden aus § 1422 wird durch die Ausnahmen der §§ 1423–1425 eingeschränkt. Die Zustimmung muß in diesen Fällen von allen Abkömmlingen erteilt werden.

3 Ist er gesetzlicher Vertreter der Kinder, so kann er für diese trotz § 181 seine Einwilligung dem Vertragsgegner erklären, RG 76, 93; BayObLG RJA 5, 26 und DNotZ 1952, 163; Soergel/Gaul Rz 9; aM jetzt Staud/Thiele Rz 14; KG JFG 2, 283; Gernhuber/Coester-Waltjen, FamR § 39 IV 3, die vor allem wegen der Interessenkollision die

Bestellung eines Pflegers verlangen. Der überlebende Ehegatte muß aber in den Fällen der §§ 1643, 1821 die Genehmigung des VormG einholen, MüKo/Kanzleiter Rz 7, Staud/Felgentraeger (11. Aufl) Anm 18.

Ist ein Abkömmling verheiratet, so richtet sich Mitwirkung seines Ehegatten nach dem maßgebenden Güter- 4 recht; sein Anteil gehört bei allgemeiner Gütergemeinschaft zum Sondergut, BayObLG SeuffA 59, 184. Durch die Ersetzung der Zustimmung eines verheirateten Abkömmlings gemäß § 1426 wird auch die Zustimmung seines Ehegatten, die nach dem in Betracht kommenden Güterstand erforderlich ist, mit ersetzt, KG HRR 1932, 1925.

Nach § 1428 kann ein Abkömmling, der nicht zugestimmt hat, das Recht selbständig gegen Dritte geltend 5 machen; ein von dem Verstorbenen bereits erworbenes Rückforderungsrecht muß aber von allen gemeinschaftlich geltend gemacht werden, BayObLG SeuffA 63, 252.

Für die Bereicherung des Gesamtguts gilt § 1434, für Haftung des Überlebenden § 1435 S 1 und 3, für den Fall 6 der Vormundschaft § 1436.

3. Unanwendbar sind §§ 1429–1433, da die Abkömmlinge nur mit ihrem Anteil an der fortgesetzten Güterge- 7 meinschaft teilnehmen, und §§ 1437–1444, da die Schuldenhaftung besonders geregelt ist. § 1446 gilt in der Fassung des § 1487 II; für Forderungen und Schulden der gemeinsamen Abkömmlinge sowie für die Auseinandersetzung mit einem einseitigen Abkömmling gilt die Beschränkung nicht.

4. Die **Pfändung eines Anteilsrechts** verbietet § 860 I S 2 ZPO bis zur Beendigung der fortgesetzten Güter- 8 gemeinschaft. Hält man die Pfändung des einem Abkömmling nach diesem Zeitpunkt zufallenden Anteils schon für zulässig, aA Stein/Jonas/Brehm § 860 ZPO Rz 1, so schließt sie jedenfalls nicht aus, daß der betreffende Abkömmling durch Verzicht aus der Gütergemeinschaft ausscheidet, BayObLG SeuffA 62, 183.

1488 *Gesamtgutsverbindlichkeiten*

Gesamtgutsverbindlichkeiten der fortgesetzten Gütergemeinschaft sind die Verbindlichkeiten des überlebenden Ehegatten sowie solche Verbindlichkeiten des verstorbenen Ehegatten, die Gesamtgutsverbindlichkeiten der ehelichen Gütergemeinschaft waren.

1. Die Vorschrift regelt die Haftung des Gesamtguts im Außenverhältnis. **Gesamtgutsverbindlichkeiten** sind 1 alle Verbindlichkeiten des Überlebenden solche des Gesamtguts, gleichgültig, ob sie vor oder nach Eintritt in die fortgesetzte Gütergemeinschaft begründet worden sind, ob sie vor oder während der ehelichen Gütergemeinschaft das Gesamtgut belasteten oder nicht; auch die Unterhaltspflicht eines Kinde gegenüber gehört dazu, Nürnberg Recht 1920, 2869. Gesamtgutsverbindlichkeiten der fortgesetzten Gütergemeinschaft sind außerdem die **Verbindlichkeiten des Verstorbenen**, die Gesamtgutsverbindlichkeiten der ehelichen Gütergemeinschaft waren, auch wenn sie im Innenverhältnis dem anderen Ehegatten zur Last fielen, §§ 1441 bis 1444, 1463 bis 1466. Ist der nicht verwaltungsberechtigte Ehegatte der Überlebende, so sind alle Verbindlichkeiten des früheren Verwalters Gesamtgutsverbindlichkeiten, § 1437. Überlebt der Alleinverwaltungsberechtigte, so sind es nur solche, die nicht unter §§ 1438 bis 1440 fallen. Entsprechendes gilt bei der Mitverwaltung, § 1459; keine Gesamtgutsverbindlichkeiten sind nur solche aus §§ 1460 bis 1462. Wird der Überlebende Erbe des Verstorbenen, so tritt auf Grund des § 1967 doch nach Hs 1 Haftung für alle Verbindlichkeiten des Verstorbenen ein, auch wenn das Gesamtgut nach Hs 2 nicht haften würde (so im Falle des Vorversterbens des nicht oder nicht allein verwaltungsberechtigten Ehegatten). In diesem Fall kann es sich empfehlen, die Erbschaft auszuschlagen, so daß er nur noch am Gesamtgut beteiligt bleibt; will er nicht ausschlagen, so kann er die Haftung gem § 1875 auf den Nachlaß beschränken; die Haftung mit dem Gesamtgut entfällt. Für Verbindlichkeiten der Abkömmlinge haftet das Gesamtgut niemals, Stettin OLG 14, 232.

2. Zur **Zwangsvollstreckung in das Gesamtgut** ist nach § 745 I ZPO ein Titel gegen den überlebenden Ehe- 2 gatten erforderlich und genügend. Aus einem während der Gütergemeinschaft gegen den Gesamtgutsverwalter erwirkten Titel kann gegen diesen sofort vollstreckt werden, wenn er der Überlebende ist; für Erteilung einer vollstreckbaren Ausfertigung gegen den überlebenden, das eheliche Gesamtgut nicht verwaltenden Ehegatten gilt § 744 ZPO. Im Fall der Insolvenz des Überlebenden gehört das Gesamtgut zur Masse, §§ 37 III, 35 InsO; die Insolvenz eines Abkömmlings berührt die fortgesetzte Gütergemeinschaft nicht.

1489 *Persönliche Haftung für die Gesamtgutsverbindlichkeiten*

(1) Für die Gesamtgutsverbindlichkeiten der fortgesetzten Gütergemeinschaft haftet der überlebende Ehegatte persönlich.
(2) Soweit die persönliche Haftung den überlebenden Ehegatten nur infolge des Eintritts der fortgesetzten Gütergemeinschaft trifft, finden die für die Haftung des Erben für die Nachlassverbindlichkeiten geltenden Vorschriften entsprechende Anwendung; an die Stelle des Nachlasses tritt das Gesamtgut in dem Bestand, den es zur Zeit des Eintritts der fortgesetzten Gütergemeinschaft hat.
(3) Eine persönliche Haftung der anteilsberechtigten Abkömmlinge für die Verbindlichkeiten des verstorbenen oder des überlebenden Ehegatten wird durch die fortgesetzte Gütergemeinschaft nicht begründet.

1. **Zu Abs I.** Nach § 1489 I haftet allein der überlebende Ehegatte für die Gesamtgutsverbindlichkeiten (vgl 1 dazu § 1488 Rz 1) der fortgesetzten Gütergemeinschaft persönlich. Die persönliche Haftung tritt kraft Gesetzes ein, soweit sie nicht schon vorher bestand. Der Eintritt der fortgesetzten Gütergemeinschaft bildet nach Abs I einen selbständigen Haftungsgrund für die persönliche Schuldnerschaft des überlebenden Ehegatten für die Verbindlichkeiten des verstorbenen Ehegatten, deren Berichtigung aus dem Gesamtgut verlangt werden kann, RG 148, 243, 248. Anders als nach §§ 1437 II S 2 und 1459 II S 2 endet die Haftung nicht mit Beendigung der fortgesetzten Gütergemeinschaft.

§ 1489 Familienrecht Bürgerliche Ehe

2 2. **Nach Abs II** besteht die Möglichkeit der Haftungsbeschränkung für solche Schulden, die den Überlebenden nur infolge des Eintritts der fortgesetzten Gütergemeinschaft treffen. Sie dient dem Schutz des Überlebenden gegen Inanspruchnahme seines sonstigen Vermögens und dem Schutz der Gesamtgutsgläubiger, denen er schon vor Beginn der fortgesetzten Gütergemeinschaft persönlich haftete, gegen den Zugriff der Gesamtgutsgläubiger, denen der Überlebende erst durch den Eintritt der fortgesetzten Gütergemeinschaft haftet, §§ 1488, 1489 I. Letzteres ist der Fall, wenn der Ehegatte während der ehelichen Gütergemeinschaft nicht persönlich gehaftet hat oder nicht mehr persönlich haften würde, §§ 1437 II S 2, 1459 II S 2, wenn die Gütergemeinschaft nicht fortgesetzt worden wäre. Es gelten die §§ 1967ff; an Stelle des Nachlasses tritt das Gesamtgut einschließlich von Surrogaten sowie dessen, was der Überlebende aus dem Nachlaß des Verstorbenen erwirbt, aber ausschließlich seines späteren Erwerbs. Zulässig sind Gesamtgutsverwaltung nach §§ 1981 bis 1988, Gesamtgutsinsolvenzverfahren nach §§ 1975 iVm §§ 11 II Nr 2, 315–331 InsO, Unzulänglichkeitseinrede und Vollstreckungspreisgabe nach §§ 1990, 1991, Aufgebotsverfahren nach §§ 1970 iVm 990ff ZPO, sowie die aufschiebenden Einreden der §§ 2014, 2015. Für die Form, in welcher die Beschränkung geltend zu machen ist, gilt § 786 ZPO; es bedarf eines Vorbehalts im Urteil nach § 780 I ZPO; gegenüber der Zwangsvollstreckung sind nach § 781 ZPO Einwendungen zu erheben, die gemäß §§ 767, 769, 770 ZPO zu erledigen sind. Die Haftungsbeschränkung greift auch ein, soweit der Überlebende nur aus Abs 1 in Anspruch genommen wird, RG 148, 249. Sie entfällt, soweit er aus anderen Rechtsgründen bereits persönlich haftet, etwa aus der Zeit vor Eintritt der fortgesetzten Gütergemeinschaft oder als Erbe.

3 3. **Zu Abs III.** Die Abkömmlinge haften als solche nicht persönlich; diese Haftung kann aber aus gemeinschaftlichen Verpflichtungen mit dem Überlebenden oder ihrer Stellung als Erben des Verstorbenen begründet sein.

1490 *Tod eines Abkömmlings*

Stirbt ein anteilsberechtigter Abkömmling, so gehört sein Anteil an dem Gesamtgut nicht zu seinem Nachlass. Hinterlässt er Abkömmlinge, die anteilsberechtigt sein würden, wenn er den verstorbenen Ehegatten nicht überlebt hätte, so treten die Abkömmlinge an seine Stelle. Hinterlässt er solche Abkömmlinge nicht, so wächst sein Anteil den übrigen anteilsberechtigten Abkömmlingen und, wenn solche nicht vorhanden sind, dem überlebenden Ehegatten an.

1 1. Fällt während der fortgesetzten Gütergemeinschaft ein Abkömmling durch Tod fort, so besteht sein Nachlaß nur aus seinem sonstigen Vermögen, das sich nach allgemeinen Grundsätzen vererbt. Sein Anteil gehört nicht zum Nachlaß; er kann darüber auch nicht letztwillig verfügen, KG OLG 26, 316. Hinterläßt er seinerseits Abkömmlinge, die nach § 1483 I S 1 an der fortgesetzten Gütergemeinschaft teilgenommen hätten, wenn er gleichzeitig mit dem verstorbenen Ehegatten gestorben wäre, also einschließlich der Abkömmlinge des Verstorbenen mit gesetzlichem Erbrecht, soweit nicht die Ausnahmen der §§ 1491, 1506, 1511, 1517 eingreifen, so treten diese in die fortgesetzte Gütergemeinschaft ein und zwar, wie sich aus § 1503 I ergibt, auch soweit sie erst nach dem Tode des verstorbenen Ehegatten erzeugt sind. Hinterläßt er solche Abkömmlinge nicht, so wächst sein Anteil den übrigen an der Gütergemeinschaft teilnehmenden Abkömmlingen an. Für Abkömmlinge, die erzeugt, aber noch nicht geboren sind, gilt § 1923 II. Seit Inkrafttreten des ErbGleichG stehen nichteheliche Abkömmlinge in bezug auf das Erbrecht den ehelichen gleich.

2 2. War der verstorbene Abkömmling kinderlos und außer dem überlebenden Ehegatten das einzige Mitglied der Gütergemeinschaft, wächst der Anteil dem Ehegatten an. Damit endet die Gütergemeinschaft; vgl Staud/Thiele Rz 13. Die Gesamtgutsgegenstände gehen kraft Gesetzes auf ihn über. Stirbt dagegen ein Abkömmling in der Zeit zwischen der nach §§ 1492ff eingetretenen Beendigung der Gütergemeinschaft und der Auseinandersetzung, so fällt sein Anteil an der Auseinandersetzungsgemeinschaft in seinen Nachlaß, BayObLG MDR 1967, 673.

1491 *Verzicht eines Abkömmlings*

(1) Ein anteilsberechtigter Abkömmling kann auf seinen Anteil an dem Gesamtgut verzichten. Der Verzicht erfolgt durch Erklärung gegenüber dem für den Nachlass des verstorbenen Ehegatten zuständigen Gericht; die Erklärung ist in öffentlich beglaubigter Form abzugeben. Das Nachlassgericht soll die Erklärung dem überlebenden Ehegatten und den übrigen anteilsberechtigten Abkömmlingen mitteilen.
(2) Der Verzicht kann auch durch Vertrag mit dem überlebenden Ehegatten und den übrigen anteilsberechtigten Abkömmlingen erfolgen. Der Vertrag bedarf der notariellen Beurkundung.
(3) Steht der Abkömmling unter elterlicher Sorge oder unter Vormundschaft, so ist zu dem Verzicht die Genehmigung des VormG erforderlich. Dies gilt auch für den Verzicht durch den Betreuer des Abkömmlings.
(4) Der Verzicht hat die gleichen Wirkungen, wie wenn der Verzichtende zur Zeit des Verzichts ohne Hinterlassung von Abkömmlingen gestorben wäre.

1 1. **Grundgedanke.** Das Gesetz gibt dem anteilsberechtigten Abkömmling kein Recht, die fortgesetzte Gütergemeinschaft abzulehnen oder aufzuheben; nur unter den Voraussetzungen des § 1495 kann er auf Aufhebung klagen. Es gestattet ihm aber von dem Grundsatz des § 1419 abweichend die Verfügung über seinen Anteil durch Verzicht. Im Gegensatz zu § 1517 betrifft § 1491 den Verzicht nach Eintritt der fortgesetzten Gütergemeinschaft.

2 2. **Form und Wirkung des Verzichts.** Er erfolgt einseitig durch Willenserklärung gegenüber dem Nachlaßgericht, die schriftlich abgegeben werden kann, aber öffentlich beglaubigt sein muß, oder vertraglich im Wege notarieller Beurkundung oder der sie ersetzenden Aufnahme in einen protokollierten gerichtlichen Vergleich (§ 127a) für Formfreiheit dagegen Venrooy FamRZ 1988, 561. Ein gesetzlicher Vertreter bedarf der Genehmigung des VormG. Verzicht ist noch nach Beendigung der fortgesetzten Gütergemeinschaft bis zur Auseinandersetzung möglich. Er hat dieselbe Wirkung wie der Tod des Abkömmlings nach § 1490 und kann gemäß § 1518 nur zugunsten derjenigen erfolgen, denen der Wegfall des Abkömmlings zustatten kommt. Die Verzichtserklärung ist als Willenserklärung nach den allgemeinen Vorschriften anfechtbar, BayObLG NJW 1954, 928. Der Verzicht muß sich auf den gesamten Anteil beziehen; er ist nicht bedingungsfeindlich. Die Gewährung einer Abfindung durch den Überlebenden oder ein anderes Mitglied der Gütergemeinschaft ist zulässig, RG 75, 263; BayObLG Recht 1916, 2125; eine Abfindung aus dem Gesamtgut kann nur der Überlebende gewähren. Wegen der Wirkung vgl Erl zu § 1490.

3. Die **Zwangsvollstreckung** eines Gläubigers in den künftigen Anteil schließt einen Verzicht nicht aus, vgl 3 § 1487 Rz 8. Über die Anfechtung wegen Gläubigerbenachteiligung vgl Stettin JW 1934, 921.

1492 *Aufhebung durch den überlebenden Ehegatten*
(1) Der überlebende Ehegatte kann die fortgesetzte Gütergemeinschaft jederzeit aufheben. Die Aufhebung erfolgt durch Erklärung gegenüber dem für den Nachlass des verstorbenen Ehegatten zuständigen Gericht; die Erklärung ist in öffentlich beglaubigter Form abzugeben. Das Nachlassgericht soll die Erklärung den anteilsberechtigten Abkömmlingen und, wenn der überlebende Ehegatte gesetzlicher Vertreter eines der Abkömmlinge ist, dem Vormundschaftsgericht mitteilen.
(2) Die Aufhebung kann auch durch Vertrag zwischen dem überlebenden Ehegatten und den anteilsberechtigten Abkömmlingen erfolgen. Der Vertrag bedarf der notariellen Beurkundung.
(3) Steht der überlebende Ehegatte unter elterlicher Sorge oder unter Vormundschaft, so ist zu der Aufhebung die Genehmigung des VormG erforderlich. Dies gilt auch für die Aufhebung durch den Betreuer des überlebenden Ehegatten.

Der Überlebende und nur er kann die fortgesetzte Gütergemeinschaft aufheben, und zwar durch Vertrag mit 1 sämtlichen Mitgliedern der Gemeinschaft, aber auch einseitig, da die Fortsetzung in seinem Interesse eingetreten ist. Eine Abschichtung eines einzelnen Mitglieds ist ihm gegen dessen Willen nicht möglich. Sind bei seiner Wiederverheiratung minderjährige oder bevormundete Abkömmlinge vorhanden, so verpflichtet ihn § 1493 II zur Aufhebung. Diese führt zur Auseinandersetzung. Wegen der Genehmigung des VormG und der zeitlichen Grenze vgl § 1491 Rz 2. Wiederherstellung der Gütergemeinschaft nach Aufhebung ist nach § 1518 unmöglich.

1493 *Wiederverheiratung oder Begründung einer Lebenspartnerschaft des überlebenden Ehegatten*
(1) Die fortgesetzte Gütergemeinschaft endet, wenn der überlebende Ehegatte wieder heiratet oder eine Lebenspartnerschaft begründet.
(2) Der überlebende Ehegatte hat, wenn ein anteilsberechtigter Abkömmling minderjährig ist, die Absicht der Wiederverheiratung dem VormG anzuzeigen, ein Verzeichnis des Gesamtguts einzureichen, die Gütergemeinschaft aufzuheben und die Auseinandersetzung herbeizuführen. Dies gilt auch, wenn die Sorge für das Vermögen eines anteilsberechtigten Abkömmlings zum Aufgabenkreis eines Betreuers gehört. Das VormG kann gestatten, dass die Aufhebung der Gütergemeinschaft bis zur Eheschließung unterbleibt und dass die Auseinandersetzung erst später erfolgt.

1. **Zu Abs I.** Mit der Wiederverheiratung oder der Begründung einer Lebenspartnerschaft (eingefügt durch 1 Art 2 Nr 7 LPartG) endet die fortgesetzte Gütergemeinschaft. Diese Folge kann weder durch letztwillige Verfügung noch durch Vertrag ausgeschlossen werden, § 1518. Der Beendigung steht auch nicht entgegen, daß die Ehe nichtig ist oder aufgehoben wird. Allein die Tatsache der Eheschließung ist entscheidend, nicht ihr Bestand, hM, vgl Staud/Thiele Rz 3; entsprechendes gilt für die Begründung der Lebenspartnerschaft. Nach der Beendigung hat sich der überlebende Ehegatte mit den Abkömmlingen über das Gesamtgut auseinanderzusetzen.

2. **Zu Abs II.** Sind minderjährige oder betreute Abkömmlinge vorhanden, so treffen den überlebenden Ehegat- 2 ten besondere Verpflichtungen, wenn er sich wieder verheiraten will. Dies gilt auch dann, wenn er nicht die elterliche Sorge hat oder deren Betreuer ist. Ist er es, so bestehen daneben die Verpflichtungen aus §§ 1683, 1845, 1908i I. Die Verpflichtungen aus Abs II bestehen auch dann, wenn die fortgesetzte Gütergemeinschaft zwar schon beendet ist, aber eine Auseinandersetzung noch nicht stattgefunden hat, BayObLG JFG 1, 56.

Die Anzeige von der Absicht der Wiederverheiratung kann in jeder Form erfolgen. Aufnahme des Verzeichnis- 3 ses durch eine Behörde sowie Versicherung der Richtigkeit und Vollständigkeit kann nicht verlangt werden. Bei Hausrat genügt Angabe des Gesamtwertes. Die Verbindlichkeiten sind anzugeben, aA Staud/Thiele Rz 10. Belege sind nicht erforderlich. Kosten trägt das Gesamtgut.

Die Auseinandersetzung erfolgt nach §§ 1497 bis 1506; sie ist erst mit völliger Durchführung „herbeigeführt". 4 Das VormG kann Aufschub bis nach Eheschließung bewilligen.

1494 *Tod des überlebenden Ehegatten*
(1) Die fortgesetzte Gütergemeinschaft endet mit dem Tode des überlebenden Ehegatten.
(2) Wird der überlebende Ehegatte für tot erklärt oder wird seine Todeszeit nach den Vorschriften des Verschollenheitsgesetzes festgestellt, so endet die fortgesetzte Gütergemeinschaft mit dem Zeitpunkt, der als Zeitpunkt des Todes gilt.

Das Ende der fortgesetzten Gütergemeinschaft durch Tod des Überlebenden ergibt sich aus ihrem Zweck und ist 1 nach § 1518 zwingend. Lebt der auf Grund unrichtiger Sterbeurkunde für tot Gehaltene noch, so tritt es nicht ein. Ist er aber für tot erklärt worden oder ist die Todeszeit nach den Vorschriften des Verschollenheitsgesetzes festgestellt worden, so endigt sie in dem im Beschluß festgesetzten Zeitpunkt, und es hat dabei auch für den Fall des

§ 1495   Familienrecht   Bürgerliche Ehe

Überlebens sein Bewenden. Durch Aufhebung des Beschlusses wird seine Rechtswirkung rückwirkend beseitigt, hM; aA Gernhuber/Coester-Waltjen, FamR § 39 V 1 mit dem Argument, daß sich die Auseinandersetzung nicht mehr revidieren lasse; das ist faktisch unzutreffend (vgl etwa die divestitures in der US-Antitrustpraxis).

1495 *Aufhebungsklage eines Abkömmlings*
Ein anteilsberechtigter Abkömmling kann gegen den überlebenden Ehegatten auf Aufhebung der fortgesetzten Gütergemeinschaft klagen,
1. wenn seine Rechte für die Zukunft dadurch erheblich gefährdet werden können, dass der überlebende Ehegatte zur Verwaltung des Gesamtgutes unfähig ist oder sein Recht, das Gesamtgut zu verwalten, missbraucht,
2. wenn der überlebende Ehegatte seine Verpflichtung, dem Abkömmling Unterhalt zu gewähren, verletzt hat und für die Zukunft eine erhebliche Gefährdung des Unterhalts zu besorgen ist,
3. wenn die Verwaltung des Gesamtguts in den Aufgabenkreis des Betreuers des überlebenden Ehegatten fällt,
4. wenn der überlebende Ehegatte die elterliche Sorge für den Abkömmling verwirkt hat oder, falls sie ihm zugestanden hätte, verwirkt haben würde.

1   Nr 1 bis 3 entsprechen dem § 1447 Nr 1, 2, 4. Überschuldung des Gesamtguts als solche ist für die Abkömmlinge kein Aufhebungsgrund; es kann aber bei Überschuldung einer der anderen Aufhebungsgründe gegeben sein. Die Verwirkung des Sorgerechts ist im Rahmen von § 1666 zu berücksichtigen, vgl Pal/Diederichsen, § 1680 Rz 2, 3. Ruhen der elterlichen Sorge oder Maßnahmen des VormG nach §§ 1666ff, 1973ff können die Klage nach Nr 1 oder 2 begründen.

2   Jeder einzelne Abkömmling ist klageberechtigt, wenn die Voraussetzungen ihm gegenüber vorliegen. Hebt der überlebende Ehegatte die fortgesetzte Gütergemeinschaft durch einseitige Erklärung auf oder erklärt er sich zu vertraglicher Aufhebung bereit (§ 1492), so erübrigt sich die Klage; war sie bereits erhoben, so ist der Rechtsstreit in der Hauptsache erledigt. Vgl im übrigen § 1447 Rz 2, 3, 5, 6.

1496 *Wirkung des Aufhebungsurteils*
Die Aufhebung der fortgesetzten Gütergemeinschaft tritt in den Fällen des § 1495 mit der Rechtskraft des Urteils ein. Sie tritt für alle Abkömmlinge ein, auch wenn das Urteil auf die Klage eines der Abkömmlinge ergangen ist.

1   Da die Klage den allgemeinen Regeln unterliegt, ist Anerkenntnis- und Versäumnisurteil zulässig. Lautet es auf Aufhebung, so ist es rechtsgestaltend und seine Wirkung bis zur Rechtskraft hinausgeschoben; also keine vorläufige Vollstreckbarkeit. Ein dem Klagenden beitretender Abkömmling ist notwendiger Streitgenosse. Die Rechtskraft des Urteils wird auf alle Abkömmlinge ohne Rücksicht auf ihre Teilnahme am Rechtsstreit erstreckt. Aufhebung der fortgesetzten Gütergemeinschaft durch einstweilige Verfügung ist unzulässig, denn die Gestaltungswirkung der Entscheidung ist mit einem vorläufigen Verfahren unvereinbar, hM; Staud/Thiele Rz 2.

1497 *Rechtsverhältnis bis zur Auseinandersetzung*
(1) Nach der Beendigung der fortgesetzten Gütergemeinschaft setzen sich der überlebende Ehegatte und die Abkömmlinge über das Gesamtgut auseinander.
(2) Bis zur Auseinandersetzung bestimmt sich ihr Rechtsverhältnis am Gesamtgut nach den §§ 1419, 1472, 1473.

1   1. Zu Abs I. Wie nach Beendigung der ehelichen steht auch nach dem Ende der fortgesetzten Gütergemeinschaft jedem Mitglied ein klagbarer Anspruch auf Auseinandersetzung zu. Abtretung dieses Anspruchs ist unzulässig, KG JW 1931, 1371. Auseinandersetzung erübrigt sich, wenn sämtliche teilnahmeberechtigten Abkömmlinge sterben oder verzichten oder der Überlebende von dem einzigen Abkömmling beerbt wird, KG JFG 1, 361.

2   2. Zu Abs II. Aus dem Recht der ehelichen Gütergemeinschaft ist anwendbar das Verbot der Verfügung über den Anteil am Gesamtgut und den einzelnen Gegenständen, § 1419 I, und der Aufrechnung gemäß § 1419 II. Nach § 1472 steht Verwaltung und Verfügung den Teilhabern der fortgesetzten Gütergemeinschaft gemeinschaftlich zu, RG 139, 121; München SeuffA 63, 252; hat der Überlebende sich alleinige Verwaltung angemaßt, so sind seine Erben auskunftspflichtig, RG WarnRspr 1928, 42.

3   Der Anteil der Teilhaber am Gesamtgut ist gemäß § 860 II ZPO nach Beendigung der fortgesetzten Gütergemeinschaft pfändbar und gehört im Fall der Insolvenz zur Masse. Zur Zwangsvollstreckung bedarf es nach § 745 II ZPO eines Titels auf Leistung gegen den Überlebenden und auf Duldung gegen die Abkömmlinge; diese haften für die Gesamtgutsverbindlichkeiten nicht persönlich, müssen aber den Zugriff des Gläubigers in das Gesamtgut dulden, RG 148, 250; Hamburg SeuffA 75, 31.

4   3. Leben die Kinder in einer Auseinandersetzungsgemeinschaft und gleichzeitig in einer Erbengemeinschaft, so finden für jedes Gesamthandsverhältnis dessen besondere Vorschriften Anwendung, Hamm DNotZ 1966, 744. Über das Verhältnis des § 1497 zu § 8 I S 2 HöfeO vgl BGH 44, 328.

1498 *Durchführung der Auseinandersetzung*
Auf die Auseinandersetzung sind die Vorschriften der §§ 1475, 1476, des § 1477 Abs. 1, der §§ 1479, 1480 und des § 1481 Abs. 1, 3 anzuwenden; an die Stelle des Ehegatten, der das Gesamtgut allein

verwaltet hat, tritt der überlebende Ehegatte, an die Stelle des anderen Ehegatten treten die anteilsberechtigten Abkömmlinge. Die in § 1476 Abs. 2 Satz 2 bezeichnete Verpflichtung besteht nur für den überlebenden Ehegatten.

Wie nach § 1497 für das Rechtsverhältnis der Teilhaber, so wird auch für die Auseinandersetzung auf die eheliche Gütergemeinschaft Bezug genommen. § 1518 verbietet dem Überlebenden einseitige Abweichung von diesen Vorschriften; er steht aber einer anderweitigen Vereinbarung nicht entgegen. Das Erb- und Pflichtteilsrecht der Abkömmlinge bleibt durch die „Schichtung" unberührt. Die durch § 1476 I vorgeschriebene Halbteilung schließt den Überlebenden vom Erbrecht am Anteil des Verstorbenen aus, BayObLG 1913, 619. Darin liegt für die Abkömmlinge ein Entgelt dafür, daß sie gegen ihren Willen ihren Erbteil aus der fortgesetzten Gütergemeinschaft erhalten. Der Überlebende wird wegen seines Ablehnungsrechts aus § 1484 nicht benachteiligt. Daß die Anwendung des § 1476 II S 2 ausgeschlossen wird, beruht darauf, daß die Abkömmlinge nicht persönlich verpflichtet werden. An Stelle des § 1477 II treten §§ 1502, 1515. Das ihnen nach § 1479 mit § 1495 eingeräumte Wahlrecht kann nur gemeinsam ausgeübt werden; aA MüKo/Kanzleiter Rz 7. Eine persönliche Haftung kann sich für die Abkömmlinge dem Dritten gegenüber aus § 1480 ergeben. Ihre Ersatzpflicht im Innenverhältnis nach § 1481 modifiziert sich durch § 1500; Staud/Thiele Rz 12, str.

1499 *Verbindlichkeiten zu Lasten des überlebenden Ehegatten*
Bei der Auseinandersetzung fallen dem überlebenden Ehegatten zur Last:
1. die ihm bei dem Eintritt der fortgesetzten Gütergemeinschaft obliegenden Gesamtgutsverbindlichkeiten, für die das eheliche Gesamtgut nicht haftete oder die im Verhältnisse der Ehegatten zueinander ihm zur Last fielen,
2. die nach dem Eintritt der fortgesetzten Gütergemeinschaft entstandenen Gesamtgutsverbindlichkeiten, die, wenn sie während der ehelichen Gütergemeinschaft in seiner Person entstanden wären, im Verhältnis der Ehegatten zueinander ihm zur Last gefallen sein würden,
3. eine Ausstattung, die er einem anteilsberechtigten Abkömmling über das dem Gesamtgut entsprechende Maß hinaus oder die er einem nicht anteilsberechtigten Abkömmling versprochen oder gewährt hat.

1. Die rechtliche Bedeutung der Frage, ob eine Gesamtgutsverbindlichkeit im Innenverhältnis dem Gesamtgut oder dem Überlebenden zur Last fällt, liegt darin, daß dieser nur im ersten Falle bei Berichtigung einer solchen Verbindlichkeit aus seinem Vorbehaltsgut oder Sondergut Ersatz fordern oder bei der Auseinandersetzung Berichtigung aus dem Gesamtgut verlangen kann, im zweiten Falle dagegen bei Berichtigung aus dem Gesamtgut diesem Ersatz leisten muß. Das Gesetz geht davon aus, daß alle Gesamtgutsverbindlichkeiten auch im Innenverhältnis das Gesamtgut belasten und macht in §§ 1499, 1500 von diesem Grundsatz Ausnahmen. Abweichende Vereinbarungen zwischen Überlebendem und Abkömmlingen bleiben trotz § 1518 möglich.

2. Einzelfälle. Nr 1 hat in der ersten Alternative nur bei Überleben des bei der ehelichen Gütergemeinschaft nicht verwaltungsberechtigten oder nur mitverwaltungsberechtigten Ehegatten Bedeutung. Da während der ehelichen Gütergemeinschaft das Gesamtgut für alle Verbindlichkeiten des Alleinverwalters, § 1437 I, bei Mitverwaltung für die Verbindlichkeiten beider haftet, § 1459 I, kann nach der ersten Alternative nur Haftung eintreten für Verbindlichkeiten aus §§ 1438–1440 des früher Nichtverwaltungsberechtigten und für Verbindlichkeiten des Mitverwaltungsberechtigten aus §§ 1460–1462, soweit sie den Überlebenden treffen. Die zweite Alternative umfaßt die §§ 1441–1444, 1463–1466. Nr 2 betrifft die Fälle der §§ 1441, 1442, 1443 I; 1463, 1464, 1465 I. Nr 3 ersetzt die §§ 1444, 1446. Die Regelung entspricht im wesentlichen der des § 1444.

1500 *Verbindlichkeiten zu Lasten der Abkömmlinge*
(1) Die anteilsberechtigten Abkömmlinge müssen sich Verbindlichkeiten des verstorbenen Ehegatten, die diesem im Verhältnisse der Ehegatten zueinander zur Last fielen, bei der Auseinandersetzung auf ihren Anteil insoweit anrechnen lassen, als der überlebende Ehegatte nicht von dem Erben des verstorbenen Ehegatten Deckung hat erlangen können.
(2) In gleicher Weise haben sich die anteilsberechtigten Abkömmlinge anrechnen zu lassen, was der verstorbene Ehegatte zu dem Gesamtgut zu ersetzen hatte.

Die Vorschrift bezeichnet die Verbindlichkeiten, die ausnahmsweise im Innenverhältnis den Abkömmlingen zur Last fallen. Dazu gehören außer den Fällen der §§ 1441–1444 und 1463–1466 die Ersatzpflichten des Verstorbenen zum Gesamtgut, vgl §§ 1445 I, 1446 und 1467 I, 1468. Die Verpflichtung der Abkömmlinge setzt voraus, daß der Überlebende, was er beweisen muß, aus dem Nachlaß des Verstorbenen keine Deckung gefunden hat. Soweit er den Verstorbenen selbst beerbt hat, erlischt die Verpflichtung; aA MüKo/Kanzleiter Rz 2. Die Ersatzpflicht der Abkömmlinge erschöpft sich darin, daß sie sich die betreffende Verbindlichkeit auf ihren Anteil anrechnen lassen müssen; das entspricht ihrer Befreiung von persönlicher Haftung gemäß § 1489 III. Als Erben des Verstorbenen haften sie nach erbrechtlichen Grundsätzen.

1501 *Anrechnung von Abfindungen*
(1) Ist einem anteilsberechtigten Abkömmling für den Verzicht auf seinen Anteil eine Abfindung aus dem Gesamtgut gewährt worden, so wird sie bei der Auseinandersetzung in das Gesamtgut eingerechnet und auf die den Abkömmlingen gebührende Hälfte angerechnet.
(2) Der überlebende Ehegatte kann mit den übrigen anteilsberechtigten Abkömmlingen schon vor der Aufhebung der fortgesetzten Gütergemeinschaft eine abweichende Vereinbarung treffen. Die Vereinbarung

§ 1501

Familienrecht Bürgerliche Ehe

bedarf der notariellen Beurkundung; sie ist auch denjenigen Abkömmlingen gegenüber wirksam, welche erst später in die fortgesetzte Gütergemeinschaft eintreten.

1 1. Die Vorschrift regelt die Verrechnung der einem Abkömmling für den Verzicht auf seinen Anteil gewährten Abfindung. Ohne sie würde diese von dem Überlebenden und den Abkömmlingen je zur Hälfte zu tragen sein; das wäre unbillig, weil der Verzicht nach §§ 1490 S 3, 1491 IV nur den Abkömmlingen zugute kommt. § 1501 bezieht sich nur auf den nach Eintritt der Gütergemeinschaft erklärten Verzicht (§ 1491), nicht auf den vorher erklärten (§ 1517). Die Abfindung muß aus dem Gesamtgut gewährt werden.

§ 1501 erfaßt nicht nur den vertraglichen Verzicht, sondern beide Fälle des § 1491; hM, vgl Soergel/Gaul Rz 2. Mitwirkung der übrigen Abkömmlinge oder deren Zustimmung fordert das Gesetz nicht; übersteigt die Abfindung das dem Anteil des Verzichtenden entsprechende Maß, so kann sie insoweit als Schenkung ohne Genehmigung der übrigen gemäß §§ 1425, 1427 unwirksam sein, Staud/Thiele Rz 4; Soergel/Gaul Rz 3.

Die übrigen Abkömmlinge haben sich die Abfindung der Vorschrift entsprechend anrechnen zu lassen, haften aber nicht persönlich für deren Gewährung. Ihre Verrechnung untereinander regelt § 1503.

2 2. **Abweichende Vereinbarung** ist nach Aufhebung der fortgesetzten Gütergemeinschaft formlos, vorher in der Form des Abs II möglich. Ist der Überlebende gesetzlicher Vertreter eines Abkömmlings, so ist Pflegerbestellung erforderlich. Der Zustimmung des VormG bedarf es nur, wenn die Verrechnung nach § 1503 geändert wird. Die formgerechte Vereinbarung bindet auch spätere Teilhaber an der Gütergemeinschaft.

1502 *Übernahmerecht des überlebenden Ehegatten*

(1) **Der überlebende Ehegatte ist berechtigt, das Gesamtgut oder einzelne dazu gehörende Gegenstände gegen Ersatz des Wertes zu übernehmen. Das Recht geht nicht auf den Erben über.**

(2) Wird die fortgesetzte Gütergemeinschaft auf Grund des § 1495 durch Urteil aufgehoben, so steht dem überlebenden Ehegatten das im Absatz 1 bestimmte Recht nicht zu. Die anteilsberechtigten Abkömmlinge können in diesem Falle diejenigen Gegenstände gegen Ersatz des Wertes übernehmen, welche der verstorbene Ehegatte nach § 1477 Abs. 2 zu übernehmen berechtigt sein würde. Das Recht kann von ihnen nur gemeinschaftlich ausgeübt werden.

1 1. Das **Übernahmerecht des Überlebenden** geht weit über § 1477 II hinaus. Er kann das ganze Gesamtgut übernehmen und gemäß § 1492 den für die Wertberechnung maßgebenden Zeitpunkt der Übernahme bestimmen. Dadurch kann er sich bei Wiederverheiratung seine Existenz erhalten und einem Abkömmling das ganze Gesamtgut oder einen Teil davon, etwa einen Bauernhof, zuwenden. Für einen anteilsberechtigten Abkömmling kann er das Übernahmerecht auch durch letztwillige Verfügung nicht begründen; er kann aber die Erbeinsetzung von Abkömmlingen unter die Bedingung stellen, daß sie ihren Anteil einem anderen übertragen, BayObLG JFG 1, 150. Einem einseitigen Abkömmling gegenüber gilt das Übernahmerecht nicht, RG 118, 389.

2 Für das Übernahmerecht des Überlebenden gilt § 1477 Rz 2. Das Recht ist aber hier höchstpersönlich und kann durch Testamentsvollstrecker oder Gläubiger, der gemäß § 860 ZPO den Anteil gepfändet hat, nicht ausgeübt werden. Die Ausübung wirkt schuldrechtlich; also eventuelle Auflassung erforderlich.

3 2. Ein **Übernahmerecht der Abkömmlinge** tritt bei Aufhebung der fortgesetzten Gütergemeinschaft durch Urteil gemäß § 1495 an die Stelle des Rechts des Überlebenden. Sein Umfang bestimmt sich nach § 1477, vgl § 1477 Rz 2. Das Recht ist vererblich und durch Dritte ausübbar. Einigung der Abkömmlinge ist erforderlich.

4 Abs II ist entsprechend anwendbar, wenn sich die Aufhebungsklage nach Erhebung auf andere Weise als durch Urteil erledigt und sie begründet gewesen wäre, §§ 1498, 1479, vgl RGRK/Finke Rz 3; Staud/Thiele Rz 12.

1503 *Teilung unter den Abkömmlingen*

(1) **Mehrere anteilsberechtigte Abkömmlinge teilen die ihnen zufallende Hälfte des Gesamtguts nach dem Verhältnis der Anteile, zu denen sie im Falle der gesetzlichen Erbfolge als Erben des verstorbenen Ehegatten berufen sein würden, wenn dieser erst zur Zeit der Beendigung der fortgesetzten Gütergemeinschaft gestorben wäre.**

(2) Das Vorempfangene kommt nach den für die Ausgleichung unter Abkömmlingen geltenden Vorschriften zur Ausgleichung, soweit nicht eine solche bereits bei der Teilung des Nachlasses des verstorbenen Ehegatten erfolgt ist.

(3) Ist einem Abkömmling, der auf seinen Anteil verzichtet hat, eine Abfindung aus dem Gesamtgut gewährt worden, so fällt sie den Abkömmlingen zur Last, denen der Verzicht zustatten kommt.

1 1. **Zu Abs I.** Die Vorschrift bestimmt das Teilungsverhältnis für den auf die Abkömmlinge entfallenden Anteil; §§ 1924, 1927, 1930 gelten entsprechend. Der Überlebende kann das Verhältnis nicht ändern; diese Möglichkeit hatte nur der Erstverstorbene im Rahmen der §§ 1511–1513. Das Rechtsverhältnis zwischen den Abkömmlingen ist nicht Gemeinschaft zur gesamten Hand, sondern Bruchteilsgemeinschaft.

2 2. **Zu Abs II.** Wegen der Ausgleichungspflicht vgl §§ 2050, 2051 I, 2053–2057. Bei Teilung des Nachlasses des Erstverstorbenden hat für die gemeinschaftlichen Abkömmlinge eine Ausgleichung nur hinsichtlich des Vorbehaltsguts und Sonderguts, nicht auch des Gesamtguts stattgefunden; waren auch einseitige Abkömmlinge vorhanden, so ist nur im Verhältnis zu ihnen eine Ausgleichung nach § 1483 II bereits erfolgt. Zur Ausgleichung gegenüber dem Überlebenden sind die Abkömmlinge nicht verpflichtet.

3 3. **Zu Abs III.** Gemeint ist ein Verzicht nach § 1491, nicht gemäß § 1517. Die durch § 1501 I vorgeschriebene Berechnung wird ergänzt durch die Bestimmung, welchem Abkömmling die Abfindung in ihrem Verhältnis zueinander zur Last fällt.

1504 *Haftungsausgleich unter den Abkömmlingen*
Soweit die anteilsberechtigten Abkömmlinge nach § 1480 den Gesamtgutsgläubigern haften, sind sie im Verhältnis zueinander nach der Größe ihres Anteils an dem Gesamtgut verpflichtet. Die Verpflichtung beschränkt sich auf die ihnen zugeteilten Gegenstände; die für die Haftung des Erben geltenden Vorschriften der §§ 1990, 1991 finden entsprechende Anwendung.

Haftet ein Abkömmling dem Gläubiger aus §§ 1498, 1480, so kann dieser ihn bis zur Erschöpfung der ihm 1 zugeteilten Gegenstände ohne Rücksicht auf die Größe seines Anteils in Anspruch nehmen. Hat er mehr gezahlt, als seinem Anteil entspricht, so kann er insoweit gegen die übrigen Rückgriff nehmen. Diese haften ihm nicht als Gesamtschuldner, sondern nur nach Größe ihres Anteils und mit Beschränkung auf das ihnen Zugeteilte, die nach § 786 ZPO, §§ 1990, 1991 geltend zu machen ist.

1505 *Ergänzung des Anteils des Abkömmlings*
Die Vorschriften über das Recht auf Ergänzung des Pflichtteils finden zugunsten eines anteilsberechtigten Abkömmlings entsprechende Anwendung; an die Stelle des Erbfalls tritt die Beendigung der fortgesetzten Gütergemeinschaft, als gesetzlicher Erbteil gilt der dem Abkömmling zur Zeit der Beendigung gebührende Anteil an dem Gesamtgut, als Pflichtteil gilt die Hälfte des Wertes dieses Anteils.

Der Anfall der Hälfte des Gesamtguts an die Abkömmlinge beim Ende der fortgesetzten Gütergemeinschaft ist 1 kein Erbfall; er steht diesem aber wirtschaftlich so nahe, daß die §§ 2325–2332 über Ergänzung des Pflichtteils entsprechend anwendbar sind. Dadurch wird verhindert, daß die Ehegatten unter Übergehung der durch §§ 1512, 1513, 1516 oder 1518 gesetzten Schranken die Anteile der Abkömmlinge durch Schenkungen unter Lebenden schmälern.

Die Vorschrift gilt nur für Ergänzung des Anteils der Abkömmlinge bei Auseinandersetzung des Gesamtguts; 2 auf die Erbfolge in das Vorbehaltsgut und Sondergut des Erstversterbenden und Schenkungen des Überlebenden aus dem Vorbehaltsgut sind die Bestimmungen des Erbrechts unmittelbar anwendbar. Schenkungen des Überlebenden aus dem Gesamtgut der fortgesetzten Gütergemeinschaft sind ohne Zustimmung der Abkömmlinge unwirksam. Wie bei § 1503 I wird die Rechtslage so angesehen, als ob der Erstversterbende erst mit Beendigung der fortgesetzten Gütergemeinschaft gestorben wäre. Nach diesem Zeitpunkt wird der Pflichtteil und der Anspruch auf Ergänzung berechnet. Eine Schenkung gilt nach § 2331 I S 1 im Regelfalle als von jedem Ehegatten zur Hälfte gemacht. Die Verjährung des Anspruchs beginnt erst mit Beendigung der fortgesetzten Gütergemeinschaft, RG JW 1911, 996. Er ist nach § 2317 übertragbar und vererblich und im Rahmen des § 852 I ZPO pfändbar. Für die westfälische Gütergemeinschaft nach dem Gesetz vom 16. 4. 1860 gilt die Vorschrift nicht, RG JW 1911, 996.

1506 *Anteilsunwürdigkeit*
Ist ein gemeinschaftlicher Abkömmling erbunwürdig, so ist er auch des Anteils an dem Gesamtgut unwürdig. Die Vorschriften über die Erbunwürdigkeit finden entsprechende Anwendung.

Ist ein gemeinschaftlicher Abkömmling beim Tode des Erstversterbenden bereits für erbunwürdig erklärt wor- 1 den, so verliert er damit auch seinen Anteil am Gesamtgut. Ist ein derartiges Verfahren nicht durchgeführt worden, so kann er nunmehr für anteilsunwürdig erklärt werden. Beim Tode des Überlebenden greifen die Vorschriften über die Erbunwürdigkeit hinsichtlich seines Nachlasses unmittelbar ein. Diese begründet keine Anteilsunwürdigkeit und umgekehrt. Da die fortgesetzte Gütergemeinschaft den Ersatz für die sonst eintretende Erbfolge darstellt, wird man trotz Schweigens des Gesetzes die Vorschrift über die Anteilsunwürdigkeit auch auf den Überlebenden anwenden können, Pal/Brudermüller Rz 2; Planck/Unzner Anm 17; MüKo/Kanzleiter Rz 3; aA RGRK/Finke Rz 2.

Die **Voraussetzungen der Anteilsunwürdigkeit** entsprechen den vier Ziffern des § 2339. Letztwillige Verfü- 2 gungen in diesem Sinne sind auch solche nach §§ 1511–1516. Auch auf die Zustimmungserklärung gemäß § 1516 ist die Vorschrift wegen des gleichen Rechtsgedankens trotz ihres Ausnahmecharakters entsprechend anwendbar, jetzt allgemeine Meinung; Staud/Thiele Rz 4. Anteilsunwürdigkeit wird geltend gemacht durch Anfechtungsklage, die erst nach Eintritt der fortgesetzten Gütergemeinschaft zulässig ist und binnen Jahresfrist seit Kenntnis des Anfechtungsgrundes erhoben werden muß. Anfechtungsberechtigt ist jeder Abkömmling, dem der Wegfall des Anteilsunwürdigen auch nur mittelbar zugute kommen würde. Über Ausschluß durch Verzeihung vgl § 2343. Der Anteil fällt demjenigen zu, der ihn nach § 1483 erhalten hätte, wenn der Unwürdige bei Eintritt der fortgesetzten Gütergemeinschaft schon tot gewesen wäre.

1507 *Zeugnis über Fortsetzung der Gütergemeinschaft*
Das Nachlaßgericht hat dem überlebenden Ehegatten auf Antrag ein Zeugnis über die Fortsetzung der Gütergemeinschaft zu erteilen. Die Vorschriften über den Erbschein finden entsprechende Anwendung.

1. Grundsatz. Verhältnis zum Erbschein. Wie durch den Erbschein die Erbfolge, so wird durch das Zeugnis 1 Eintritt oder Nichteintritt der fortgesetzten Gütergemeinschaft nachgewiesen. Das Zeugnis bezieht sich auf das Gesamtgut, der Erbschein auf das übrige Vermögen des Erstversterbenden, also sein Vorbehaltsgut und Sondergut. Beide sind voneinander unabhängig, KG OLG 6, 320, können aber in einer Urkunde verbunden werden, KG OLG 14, 237. Daß im Einzelfall Vorbehaltsgut oder Sondergut vorhanden ist, braucht für den Erbschein nicht nachgewiesen zu werden, KG OLG 7, 365. Das Zeugnis kann auch noch nach dem Tode des Überlebenden Bedeutung

§ 1507

haben, ein Vermerk über Anteilsverzicht eines Abkömmlings kann bei Unwirksamkeit der Verzichtserklärung auch dann noch berichtigt werden, BayObLG NJW 1954, 928.

2   2. **Antragsberechtigt** ist nur der Überlebende oder sein Rechtsnachfolger, da die Abkömmlinge von Verwaltung und Verfügung ausgeschlossen sind, Hamburg OLG 14, 234; ferner gemäß § 36 II GBO iVm §§ 792, 896 ZPO ein Gläubiger des Überlebenden mit vollstreckbarem Titel. Erst nach Beendigung der fortgesetzten Gütergemeinschaft sind auch die Abkömmlinge antragsberechtigt, KGJ 41, 52; SeuffA 68, 240.

3   3. In dem **Zeugnis** ist auszusprechen, daß nach dem Tode des Erstversterbenden zwischen ihm und den gemeinschaftlichen Abkömmlingen die Gütergemeinschaft fortgesetzt worden ist. Dabei sind anzugeben Name und Wohnort der Ehegatten, der Todestag und zweckmäßig auch Name, Anschrift und Geburtsdatum der Abkömmlinge sowie das Datum des die Gütergemeinschaft begründenden Ehevertrags. Bezugnahme auf Urkunde ist unzulässig, da das Zeugnis aus sich verständlich sein soll, KG RJA 17, 58. Auch einseitige Abkömmlinge, mit denen eine Auseinandersetzung noch nicht stattgefunden hat, sind aufzunehmen; enthält das Zeugnis weder eine derartige Angabe noch eine Beschränkung auf einen Bruchteil des Gesamtguts, so muß man daraus schließen, daß solche Abkömmlinge nicht vorhanden sind, KGJ 34, 229. Über die Größe der Anteile der Abkömmlinge äußert sich das Zeugnis nicht, KG OLG 43, 361 Nr 1. Es kann durch Eintragung späterer Veränderungen ergänzt werden, etwa des Inhalts, daß durch den Tod des einzigen anteilsberechtigten Abkömmlings sich das Gesamtgut in der Hand des Überlebenden vereinigt hat, KG OLG 26, 319. Es ist auch die Bescheinigung zulässig, daß fortgesetzte Gütergemeinschaft nicht eingetreten ist, KGJ 54, 246. Ein Negativattest ist aber zum Nachweis des Nichteintritts der fortgesetzten Gütergemeinschaft im Grundbuchverkehr nicht erforderlich (§ 29 I S 2 GBO), Frankfurt Rpfleger 1978, 412. Wird das Zeugnis erst nach dem Ende der fortgesetzten Gütergemeinschaft ausgestellt, was möglich ist, so hat es die Beendigung auszuweisen. Über die Frage der Zugehörigkeit eines Gegenstandes zum Gesamtgut ergibt das Zeugnis nichts.

4   4. Für das **Verfahren bei Ausstellung des Zeugnisses** gelten die Vorschriften des Erbscheins. Örtlich und sachlich zuständig ist das für den Nachlaß des Erstversterbenden zuständige Amtsgericht; Erteilung durch das Beschwerdegericht ist unzulässig, KGJ 50, 93. Nachzuweisen ist Bestehen der Gütergemeinschaft durch Vorlegung des Ehevertrags, Tod des Erstversterbenden und Vorhandensein, Wegfall und Ausschließung gemeinschaftlicher Abkömmlinge; ferner ist eidesstattlich zu versichern, ob die Vereinbarung der fortgesetzten Gütergemeinschaft durch Vertrag oder letztwillige Verfügung ausgeschlossen ist, KG OLG 18, 271, und ob ein Rechtsstreit anhängig ist. Vgl im übrigen §§ 2353ff; unanwendbar sind §§ 2357, 2360 II, 2363, 2364, 2368. Ein unrichtiges Zeugnis ist gemäß § 2361 von Amts wegen einzuziehen. Einziehung des alten und Erteilung eines neuen Zeugnisses kann auch im Beschwerdewege betrieben werden, KG RJA 17, 57. Vgl BGH 63, 35 zu den Amtspflichten des Nachlaßrichters bei Erteilung des Zeugnisses. Amtspflichten bestehen nur im Hinblick auf mögliche Beeinträchtigungen aus der Verwendung eines unrichtigen Zeugnisses. Anders als der Erbschein kann das Fortsetzungszeugnis berichtigt werden, wenn nach seiner Ausstellung Veränderungen eingetreten sind, die es unrichtig machen. Nach der Beendigung der Gütergemeinschaft ist dies allerdings nur dann zulässig, wenn die Veränderungen vor der Beendigung eingetreten sind oder doch auf diesen Zeitpunkt zurückwirken, BayObLG DNotZ 1968, 35. Zum Fremdrechtserbschein gem § 2369 Dörner DNotZ 1980, 662.

5   5. Die **Wirkung des Zeugnisses** beurteilt sich nach §§ 2365–2367. Die Vermutung spricht für Eintritt der fortgesetzten Gütergemeinschaft; ob diese noch besteht, hat jeder Interessent selbst zu prüfen. Auf Zusätze, die nicht zum gesetzlichen Inhalt des Zeugnisses gehören, bezieht sich die Vermutung nicht, RG 64, 178.

1508 (weggefallen)

1509 *Ausschließung der fortgesetzten Gütergemeinschaft durch letztwillige Verfügung*

Jeder Ehegatte kann für den Fall, dass die Ehe durch seinen Tod aufgelöst wird, die Fortsetzung der Gütergemeinschaft durch letztwillige Verfügung ausschließen, wenn er berechtigt ist, dem anderen Ehegatten den Pflichtteil zu entziehen oder auf Aufhebung der Gütergemeinschaft zu klagen. Das Gleiche gilt, wenn der Ehegatte berechtigt ist, die Aufhebung der Ehe zu beantragen und den Antrag gestellt hat. Auf die Ausschließung finden die Vorschriften über die Entziehung des Pflichtteils entsprechende Anwendung.

1   1. Bei Auflösung der Gütergemeinschaft durch Tod des anderen kann der überlebende Ehegatte die Fortsetzung der Gütergemeinschaft gemäß § 1484 ablehnen, bei ihrem Ende aus anderen Gründen, zB Scheidung, tritt sie ohnehin nicht ein. Für den Fall der Auflösung durch den eigenen Tod gibt die Vorschrift jedem Ehegatten bei Vorliegen bestimmter Gründe das Recht der Ausschließung durch letztwillige Verfügung. Sie kann auch stillschweigend erfolgen, im Erbvertrag nicht vertraglich, sondern nur einseitig, KGJ 51, 170.

2   2. Der Ausschluß erfolgt im Wege letztwilliger Verfügung. Einen Ausschlußgrund bildet nach S 1 das Recht zur Pflichtteilsentziehung gemäß § 2335. Einen weiteren Ausschließungsgrund gibt das Recht zur Klage auf Aufhebung der Gütergemeinschaft, §§ 1447, 1448 bzw 1469. Nach S 2 ist die Fortführung der Gütergemeinschaft auch dann ausschließbar, wenn ein Ehegatte berechtigt ist, die Aufhebung der Ehe zu beantragen (§ 1314) und den Antrag gestellt hat. Die Fortsetzung der Gütergemeinschaft bei einem zwischenzeitlichen Tod sollen sie verhindern können. Allein das Scheitern der Ehe und der daraus resultierende Scheidungsantrag reicht hingegen nicht aus, die Fortführung der Gütergemeinschaft auszuschließen, Pal/Brudermüller Rz 1, RGRK/Finke Rz 4; aA MüKo/Kanzleiter Rz 2: entsprechende Anwendung.

Für die Ausschließung gelten die Regeln über den Pflichtteilsentzug entsprechend, § 2336 regelt die Form, § 2337 die Unwirksamkeit durch Verzeihung. Eine Eintragung im Güterrechtsregister findet nicht statt, KG OLG 40, 79.

1510 Wirkung der Ausschließung
Wird die Fortsetzung der Gütergemeinschaft ausgeschlossen, so gilt das Gleiche wie im Falle des § 1482.

Die Rechtsfolgen sind die gleichen wie bei unbeerbter Ehe, vgl Bem zu § 1482. Letztwillige Verfügungen des Verstorbenen über seinen Anteil werden wirksam. Ob im Ausschluß der fortgesetzten Gütergemeinschaft eine Entziehung des Pflichtteils liegt, ergibt die Auslegung im Einzelfalle. Ein Verstoß gegen § 1509 führt zur Nichtigkeit der Ausschließung; diese kann auch von dem Überlebenden geltend gemacht werden, KG OLG 6, 162.

1511 Ausschließung eines Abkömmlings
(1) Jeder Ehegatte kann für den Fall, dass die Ehe durch seinen Tod aufgelöst wird, einen gemeinschaftlichen Abkömmling von der fortgesetzten Gütergemeinschaft durch letztwillige Verfügung ausschließen.
(2) Der ausgeschlossene Abkömmling kann, unbeschadet seines Erbrechts, aus dem Gesamtgut der fortgesetzten Gütergemeinschaft die Zahlung des Betrags verlangen, der ihm von dem Gesamtgut der ehelichen Gütergemeinschaft als Pflichtteil gebühren würde, wenn die fortgesetzte Gütergemeinschaft nicht eingetreten wäre. Die für den Pflichtteilsanspruch geltenden Vorschriften finden entsprechende Anwendung.
(3) Der dem ausgeschlossenen Abkömmling gezahlte Betrag wird bei der Auseinandersetzung den anteilsberechtigten Abkömmlingen nach Maßgabe des § 1501 angerechnet. Im Verhältnisse der Abkömmlinge zueinander fällt er den Abkömmlingen zur Last, denen die Ausschließung zustatten kommt.

1. **Vorbemerkung.** §§ 1511–1515 betreffen Fälle, in denen ein Ehegatte die Teilnahmeberechtigung eines Abkömmlings an der fortgesetzten Gütergemeinschaft durch letztwillige Verfügung vom Normalfall abweichend regelt. Auch andere als die in diesen Vorschriften vorgesehenen Beschränkungen, zB Verwaltung des Anteils eines Abkömmlings durch einen Dritten, können dadurch angeordnet werden, daß der Ehegatte eine gesetzliche Beschränkung, etwa Herabsetzung des Anteils auf die Hälfte nach § 1512, für den Fall vorsieht, daß sich der Abkömmling seinem Wunsche nicht fügt, Hamburg und RG LZ 1915, 922 und 1658.

2. **Zu Abs I.** Wie der Erblasser gesetzliche Erben durch Testament ausschließen kann, nächste Angehörige aber zum Ausgleich einen Pflichtteilsanspruch erwerben, so kann auch bei der fortgesetzten Gütergemeinschaft jeder Ehegatte, und zwar gemäß § 1516 mit Zustimmung des anderen, für den Fall seines Ablebens einen Abkömmling von der Teilnahme ausschließen, begründet aber dadurch den Anspruch auf Zahlung eines dem Pflichtteil entsprechenden Betrages. Für den Fall der Auflösung der Ehe durch Tod des anderen Ehegatten oder durch andere Gründe, zB Scheidung, wirkt die Ausschließung nicht. Sie liegt im Belieben des Ehegatten, kann unter eine Bedingung gestellt werden, BayObLG JFG 13, 360 und läßt sich auch auf noch nicht erzeugte Abkömmlinge und die Kinder eines Abkömmlings erstrecken. Sie ist stillschweigend möglich etwa durch Einsetzung des Ehegatten zum Alleinerben, KG OLG 7, 62 und 40, 78, gegebenenfalls unter gleichzeitiger Einsetzung der Abkömmlinge zu Nacherben, Stettin OLG 6, 166. Der Ausgeschlossene scheidet aus, als ob er vor Eintritt der fortgesetzten Gütergemeinschaft gestorben wäre; seine anteilsberechtigten Abkömmlinge treten ein, soweit sich nicht die Ausschließung auf sie erstreckt. Werden alle anteilsberechtigten Abkömmlinge ausgeschlossen, so tritt statt der fortgesetzten Gütergemeinschaft Beerbung des Erstversterbenden nach allgemeinen Regeln ein, BayObLG JFG 13, 359, vgl auch die obigen Entscheidungen des KG.

3. **Zu Abs II.** Der ausgeschlossene Abkömmling erhält seinen vollen Erbteil am Vorbehaltsgut und Sondergut, soweit er nicht auch erbrechtlich beschränkt worden ist. Außerdem gewährt ihm die Vorschrift einen nach Pflichtteilsrecht behandelten, vererblichen, übertragbaren, mit der Maßgabe des § 852 II ZPO pfändbaren schuldrechtlichen Anspruch auf Zahlung der Hälfte des Wertes seines Anteils. Bei Berechnung des Pflichtteils scheiden Abkömmlinge aus, die nach § 1517 verzichtet haben, aA RGRK/Scheffler, 11. Aufl Anm 19, nicht aber solche, die durch letztwillige Verfügung ausgeschlossen oder anteilsunwürdig sind oder nach § 1491 nach Eintritt der fortgesetzten Gütergemeinschaft verzichtet haben. Maßgebend ist der Wert des Gesamtguts bei Eintritt der fortgesetzten Gütergemeinschaft.

4. **Zu Abs III.** Die Anrechnung erfolgt nach § 1501 I; der Betrag wird dem Gesamtgut zugezählt und dann von der Hälfte der Abkömmlinge abgezogen.

1512 Herabsetzung des Anteils
Jeder Ehegatte kann für den Fall, dass mit seinem Tode die fortgesetzte Gütergemeinschaft eintritt, den einem anteilsberechtigten Abkömmling nach der Beendigung der fortgesetzten Gütergemeinschaft gebührenden Anteil an dem Gesamtgut durch letztwillige Verfügung bis auf die Hälfte herabsetzen.

Die Herabsetzung bedarf nach § 1516 der Zustimmung des anderen Ehegatten. Sie kann durch Minderung des Anteils oder dessen Belastung mit Zahlung einer entsprechenden Summe an einen Dritten erfolgen. Auf ein bloßes Forderungsrecht statt der Teilnahme an der Gemeinschaft kann der Abkömmling nicht beschränkt werden, RG 105, 244. Eine über die Hälfte hinausgehende Beschränkung gilt als nicht angeordnet. Ob in einer Beschränkung auf den Pflichtteil die Herabsetzung zu sehen ist, bleibt Frage der Auslegung.

§ 1512   Familienrecht   Bürgerliche Ehe

2   Während des Bestehens der fortgesetzten Gütergemeinschaft tritt keine **Wirkung** ein. Nach ihrer Beendigung ermäßigt sich der Anteil auf die Hälfte; die andere Hälfte fällt, soweit nicht nach § 1514 anderweitig verfügt ist, den übrigen anteilsberechtigten Abkömmlingen und, wenn sie fehlen, dem Überlebenden zu. Auch an der Haftung für die Verbindlichkeit und Anrechnung einer an einen anderen Abkömmling ausgeschütteten Abfindung nimmt der Abkömmling nur zur Hälfte teil. Stirbt er, so wirkt die Herabsetzung auch gegen die an seine Stelle tretenden Nachkommen.

1513 *Entziehung des Anteils*
(1) Jeder Ehegatte kann für den Fall, dass mit seinem Tode die fortgesetzte Gütergemeinschaft eintritt, einem anteilsberechtigten Abkömmling den diesem nach der Beendigung der fortgesetzten Gütergemeinschaft gebührenden Anteil an dem Gesamtgut durch letztwillige Verfügung entziehen, wenn er berechtigt ist, dem Abkömmling den Pflichtteil zu entziehen. Die Vorschriften des § 2336 Abs. 2 bis 4 finden entsprechende Anwendung.
(2) Der Ehegatte kann, wenn er nach § 2338 berechtigt ist, das Pflichtteilsrecht des Abkömmlings zu beschränken, den Anteil des Abkömmlings am Gesamtgut einer entsprechenden Beschränkung unterwerfen.

1   **1. Zu Abs I.** Soweit der Erstversterbende beerbt wird, gilt § 2333 für die Entziehung des Pflichtteils unmittelbar. Für die Ausschließung von dem Anteil am Gesamtgut wird er für entsprechend anwendbar erklärt. Hinsichtlich der beiden Möglichkeiten einer Entziehung, der Notwendigkeit einer Zustimmung des anderen Ehegatten und der Frage, ob die Entziehung des Pflichtteils auch die des Anteils enthält, vgl § 1512 Rz 1, hinsichtlich der Wirkung der Entziehung § 1512 Rz 2 mit der Maßgabe, daß der Abkömmling wie bei der Herabsetzung an der fortgesetzten Gütergemeinschaft zunächst teilnimmt, nach ihrem Ende aber mit seinem ganzen Anteil ausscheidet.

2   **2. Zu Abs II.** Im Falle des § 2338 I kann der Ehegatte dem Abkömmling Beschränkungen auferlegen, welche der Einsetzung seiner gesetzlichen Erben als Nacherben oder eines Testamentsvollstreckers entsprechen. Für die Voraussetzungen gilt § 2336, für Beschränkung der Pfändung § 863 III ZPO.

1514 *Zuwendung des entzogenen Betrags*
Jeder Ehegatte kann den Betrag, den er nach § 1512 oder nach § 1513 Abs. 1 einem Abkömmling entzieht, auch einem Dritten durch letztwillige Verfügung zuwenden.

1   Die Leistung an den Dritten kann dem nach §§ 1512, 1513 I betroffenen oder allen Abkömmlingen auferlegt werden; im Zweifel sind die übrigen anteilsberechtigten Abkömmlinge, hilfsweise der Überlebende, beschwert. Auch der Überlebende oder ein anteilsberechtigter Abkömmling kann Dritter im Sinne der Vorschrift sein. Zugewendet werden kann nur ein Geldbetrag, der entweder beziffert oder nach dem Anteil bemessen wird, keine Quote des Gesamtguts und kein dazugehöriger Gegenstand. Für den Anspruch gelten die Vorschriften über das Vermächtnis §§ 2147ff entsprechend; er entsteht mit Beendigung der fortgesetzten Gütergemeinschaft. Mitglied dieser Gemeinschaft wird der begünstigte Dritte nicht.

1515 *Übernahmerecht eines Abkömmlings und des Ehegatten*
(1) Jeder Ehegatte kann für den Fall, dass mit seinem Tode die fortgesetzte Gütergemeinschaft eintritt, durch letztwillige Verfügung anordnen, dass ein anteilsberechtigter Abkömmling das Recht haben soll, bei der Teilung das Gesamtgut oder einzelne dazu gehörende Gegenstände gegen Ersatz des Wertes zu übernehmen.
(2) Gehört zu dem Gesamtgut ein Landgut, so kann angeordnet werden, dass das Landgut mit dem Ertragswert oder mit einem Preis, der den Ertragswert mindestens erreicht, angesetzt werden soll. Die für die Erbfolge geltende Vorschrift des § 2049 findet Anwendung.
(3) Das Recht, das Landgut zu dem in Absatz 2 bezeichneten Wert oder Preis zu übernehmen, kann auch dem überlebenden Ehegatten eingeräumt werden.

1   **1. Zu Abs I.** Voraussetzung ist letztwillige Verfügung und Zustimmung des anderen Ehegatten; bei anderem Ende der Gütergemeinschaft als durch den Tod des Verfügenden ist die Bestimmung gegenstandslos. Das Übernahmerecht kann sich auf das ganze Gesamtgut oder einzelne Gegenstände ohne Rücksicht auf deren Herkunft beziehen. Es kann auch einem Abkömmling zugebilligt werden, dessen Anteil nach §§ 1512, 1513 I herabgesetzt ist. Das in Abs I des § 1502 dem Überlebenden und in Abs II den Abkömmlingen gesetzlich zustehende Übernahmerecht tritt hinter einer letztwilligen Verfügung nach dieser Vorschrift zurück. Übernahme erfolgt durch formlose Erklärung gegenüber den übrigen Teilhabern der Gütergemeinschaft bis zur Beendigung der Auseinandersetzung. Über Verhältnis des Übernahmerechts zur Pflicht der Schuldendeckung und zur Wertermittlung durch Sachverständige vgl § 1477 Rz 2.

2   **2. Zu Abs II und III.** Für ein Landgut, dh einen zu selbständigem landwirtschaftlichen Betrieb geeigneten Grundbesitz, Colmar Recht 1908, 3137; KG JFG 1, 87, kann der Ehegatte Übernahme statt zum Schätzungswert zum Ertragswert im Sinne des § 2049 II oder zu einem diesen Wert mindestens erreichenden Preise anordnen. Hat der Überlebende sein Übernahmerecht nach § 1502 II verloren, so ist eine zu seinen Gunsten getroffene Anordnung nach Abs II wirkungslos. Nach Art 137 EGBGB bleiben landesrechtliche Ausführungsbestimmungen aufrechterhalten.

1516 *Zustimmung des anderen Ehegatten*
(1) Zur Wirksamkeit der in den §§ 1511 bis 1515 bezeichneten Verfügungen eines Ehegatten ist die Zustimmung des anderen Ehegatten erforderlich.
(2) Die Zustimmung kann nicht durch einen Vertreter erteilt werden. Ist der Ehegatte in der Geschäftsfähigkeit beschränkt, so ist die Zustimmung seines gesetzlichen Vertreters nicht erforderlich. Die Zustimmungserklärung bedarf der notariellen Beurkundung. Die Zustimmung ist unwiderruflich.
(3) Die Ehegatten können die in den §§ 1511 bis 1515 bezeichneten Verfügungen auch in einem gemeinschaftlichen Testament treffen.

Der einem Ehegatten nach §§ 1511 bis 1515 freistehende Eingriff in das Anteilsrecht der Abkömmlinge bedarf 1 wegen des erheblichen Interesses des anderen Ehegatten dessen Zustimmung. Diese ist einseitige empfangsbedürftige Willenserklärung an den anderen Ehegatten, für die §§ 182 bis 184 entsprechend gelten. Sie bedarf notarieller Beurkundung nach §§ 6ff BeurkG, ohne Rücksicht auf die Form der letztwilligen Verfügung selbst. Sie ist unwiderruflich, muß bis zum Tode des Erstversterbenden erklärt sein und kann von einem Vertreter im Willen nicht abgegeben werden. Sie hindert weder den Ehegatten, welcher die Verfügung getroffen hat, an deren einseitigem Widerruf, noch den anderen im Falle des Überlebens an der Ablehnung der Fortsetzung der Gütergemeinschaft, welche die Verfügung gegenstandslos macht.

1517 *Verzicht eines Abkömmlings auf seinen Anteil*
(1) Zur Wirksamkeit eines Vertrags, durch den ein gemeinschaftlicher Abkömmling einem der Ehegatten gegenüber für den Fall, dass die Ehe durch dessen Tod aufgelöst wird, auf seinen Anteil am Gesamtgut der fortgesetzten Gütergemeinschaft verzichtet oder durch den ein solcher Verzicht aufgehoben wird, ist die Zustimmung des anderen Ehegatten erforderlich. Für die Zustimmung gilt die Vorschrift des § 1516 Abs. 2 Satz 3, 4.
(2) Die für den Erbverzicht geltenden Vorschriften finden entsprechende Anwendung.

Im Gegensatz zu § 1491 betrifft die Vorschrift den Verzicht eines Abkömmlings *vor* Eintritt der fortgesetzten 1 Gütergemeinschaft. Dieser erfordert einen Vertrag zwischen dem Verzichtenden und einem Ehegatten mit Zustimmung des anderen; er wirkt nur, wenn dieser zuerst verstirbt. Vertragsschluß mit beiden Ehegatten macht die Zustimmung entbehrlich. Über die Zustimmung vgl. Bemerkung zu § 1516; doch ist hier Vertretung im Willen zugelassen. Für den Verzichtsvertrag sowie einen ihn aufhebenden Vertrag gelten die Vorschriften des Erbverzichts. Verzicht führt zum Ausscheiden wie Tod vor dem Eintritt der fortgesetzten Gütergemeinschaft, § 2346 I 1, und erstreckt sich im Zweifel auf Abkömmlinge, § 2349. Ein Anspruch aus § 1511 II steht dem Verzichtenden nicht zu; doch kann ein solcher Anspruch oder anderweitige Abfindung ausbedungen werden. Vgl im übrigen §§ 2346ff.

1518 *Zwingendes Recht*
Anordnungen, die mit den Vorschriften der §§ 1483 bis 1517 in Widerspruch stehen, können von den Ehegatten weder durch letztwillige Verfügung noch durch Vertrag getroffen werden. Das Recht der Ehegatten, den Vertrag, durch den sie die Fortsetzung der Gütergemeinschaft vereinbart haben, durch Ehevertrag aufzuheben, bleibt unberührt.

1. Grundgedanke. Durch die fortgesetzte Gütergemeinschaft wird den Abkömmlingen ihr Erb- und Pflicht- 1 teilsrecht nach dem Erstversterbenden hinsichtlich des Gesamtguts auch gegen ihren Willen entzogen. Im Rahmen der §§ 1511 bis 1515 läßt das Gesetz auch eine Beschränkung ihres an dessen Stelle tretenden Anteilsrechts durch die Ehegatten zu. Unter Benutzung dieser Möglichkeit können ihnen auch andere nicht vorgesehene Beschränkungen mittelbar auferlegt werden, vgl § 1511 Rz 1. Gegen eine weitere Beeinträchtigung ihrer Rechte durch die Ehegatten werden sie durch die zwingende Vorschrift geschützt.

2. Grenzen des Verbots. Verstoß gegen die Vorschrift führt zur Nichtigkeit, die jeder, auch der Überlebende, 2 geltend machen kann, KG OLG 6, 163. Nichtig ist zB die Bestellung eines Nießbrauchs für den Überlebenden an den Anteilen der Abkömmlinge nach Beendigung der fortgesetzten Gütergemeinschaft, eine einseitige Einsetzung des Überlebenden zum Alleinerben, welche das Gesamtvermögen in einer Hand vereinigen soll, KG OLG 31, 399; RG WarnRspr 1908, 163, auch die Einsetzung eines Testamentsvollstreckers an Stelle des Überlebenden zur Verwaltung des Gesamtguts ohne Rücksicht darauf, daß diese dem Interesse der Abkömmlinge dienen soll, RG JW 1916, 44. Dagegen steht die Vorschrift dem Vertrag, durch den sich der Überlebende zugunsten eines Dritten in seinen Befugnissen zur Verwaltung und Verfügung beschränkt, nicht entgegen, RG aaO 45. Über seinen Anteil am Gesamtgut kann der Überlebende mit Vorbehaltsgut und Sondergut auch über das Erbrecht des Abkömmlinge nach erbrechtlichen Grundsätzen verfügen; vgl BGH FamRZ 1985, 278 und NJW 1964, 2298 zur letztwilligen Verfügung über den Anteil am Gesamtgut; die Beschränkungen des § 1483 I S 3 für den erstverstorbenden gelten nicht für den überlebenden Ehegatten. Eine Befreiung des Ehegatten von der Schranke des § 1424 wirkt nicht für den Überlebenden der fortgesetzten Gütergemeinschaft, Köln LZ 1924, 47 und hM, Staud/Thiele Rz 7.

3. Zu S 2. Der Ehevertrag, durch den die fortgesetzte Gütergemeinschaft durch die Ehegatten angeordnet 3 wurde, kann durch Ehevertrag aufgehoben werden, § 1483. Es gelten hierfür die §§ 1410, 1411 (vgl § 1483 Rz 1 und die Bemerkungen zu § 1508).

1519-1557 (weggefallen)

Vor § 1558 Familienrecht Bürgerliche Ehe

Untertitel 3
Güterrechtsregister

Vorbemerkung

1 1. Die Einrichtung des Güterrechtsregisters soll die güterrechtlichen Beziehungen der Ehegatten nach außen hin kundmachen. Dritte müssen solche Vereinbarungen der Ehegatten gegen sich gelten lassen, wenn sie ihnen bekannt oder im Güterrechtsregister eingetragen sind. Andernfalls können Dritte davon ausgehen, daß die Ehegatten im gesetzlichen Güterstand leben. Eintragungen im Güterrechtsregister sind hauptsächlich von Bedeutung, wenn Gütergemeinschaft oder ein nicht im Gesetz geregelter Güterstand vereinbart ist oder wenn der Güterstand der Ehegatten sich nach ausländischem Recht richtet (vgl Art 16 EGBGB und § 1412 Rz 1). Nicht erforderlich ist, daß die Eintragung sich zu Lasten Dritter auswirkt. Daher können auch zugunsten Dritter wirkende Vereinbarungen eingetragen werden, etwa Gütertrennung, BGH FamRZ 1976, 358; Celle FamRZ 1976, 152; LG Osnabrück Rpfleger 1975, 358; aA Gottschalg NJW 1976, 1741.

2 2. Eintragungsfähig sind außer Eheverträgen, durch die der gesetzliche Güterstand ausgeschlossen (s AG Bochum DNotZ 1964, 43 mit Anm Riedel zur Gütertrennung) oder geändert oder eine frühere Regelung der güterrechtlichen Verhältnisse wiederaufgehoben oder geändert wird (zB Aufhebung der Gütergemeinschaft), auch einseitige Rechtsgeschäfte, die Dritten gegenüber hinsichtlich der vermögensrechtlichen Beziehungen der Ehegatten von Bedeutung sind, zB Entziehung oder Beschränkung der Schlüsselgewalt (§ 1357 II), Einspruch eines Ehegatten gegen den Betrieb eines selbständigen Erwerbsgeschäfts durch den anderen oder Widerruf der Einwilligung dazu, aber nur noch bei Gütergemeinschaft (§§ 1431, 1456, 1561 II Nr 3), Begründung von Vorbehaltsgut durch Bestimmung eines Dritten (§ 1418 II Nr 2). Eingetragen werden kann auch die Fortgeltung des Güterstandes der Eigentums- und Vermögensgemeinschaft für Altehen aus der früheren DDR, vgl Brudermüller/Wagenitz FamRZ 1990, 1299. Eine Eintragung mit widersprüchlichen Regelungen kann nicht erfolgen. Nicht eintragungsfähig sind Vereinbarungen, deren Wirkung sich auf das Innenverhältnis der Ehegatten beschränkt. Für den Ausschluß oder Einschränkung des Ausgleichs des Zugewinns BGH 41, 370; MüKo/Kanzleiter Rz 7. Eintragungsfähig ist die Vereinbarung, daß bei anderer Beendigung der Ehe als durch Tod kein Zugewinnausgleich stattfinde, Köln FamRZ 1994, 1256. Schuldenregelung im Verhältnis der Ehegatten zueinander, ferner Vereinbarungen, die nur die Verhältnisse nach Auflösung der Ehe regeln, zB Vereinbarung der fortgesetzten Gütergemeinschaft; diese wird Dritten gegenüber durch ein dem überlebenden Ehegatten ausgestelltes Zeugnis des Nachlaßgerichts nachgewiesen (§ 1507). Nicht eintragungsfähig sind Ausschluß oder Modifikation des Versorgungsausgleichs, MüKo/Kanzleiter Rz 12. Eintragungsfähig ist der Ausschluß von der Verfügungsbeschränkung nach § 1365, vgl Staud/Thiele Rz 7; Pal/Brudermüller Rz 3; BGH 66, 203. In das Register sind danach alle Umstände eintragbar, die die Rechtslage Dritter zu den Ehegatten beeinflussen, nicht nur solche, die sie negativ verändern. Das Güterrechtsregister hat keine ausschließliche Schutzfunktion für Dritte, sondern umfassende Publizitätsfunktion und damit Verkehrserleichterungsfunktion. Mangels Verweisung in § 7 I S 3 LPartG auf § 1412 ist die Vereinbarung der Vermögenstrennung gleichgeschlechtlicher Lebenspartner durch Partnerschaftsvertrag im Güterrechtsregister nicht eintragungsfähig; insoweit besteht keine ausfüllungsbedürftige Gesetzeslücke und auch kein Verstoß gegen Art 3 GG (KG FamRZ 2003, 1278).

3 3. **Verhältnis zum Grundbuch, Handels- und Vereinsregister.** Dem Güterrechtsregister kommt nicht wie dem Grundbuch öffentlicher Glaube zu. Man kann sich vielmehr wie beim Handels- und Vereinsregister nur auf sein Schweigen verlassen; außerdem hält sich seine Schutzwirkung in den für ein Vertrauen auf Publizitätswirkungen allgemein gebotenen Schranken, tritt also nur bei Verkehr durch Rechtsgeschäft ein. Eine Eintragungspflicht ist im Gegensatz zum Handelsregister nicht begründet. Ist ein Ehegatte Kaufmann, so gibt über seine güterrechtlichen Verhältnisse nicht das Handels-, sondern nur das Güterrechtsregister Auskunft, RG 63, 249. Befindet sich seine Handelsniederlassung nicht im Bezirk des Registergerichts, so tritt bezüglich der handelsrechtlichen Rechtsbeziehungen eine Wirkung nur ein, wenn auch im Güterrechtsregister die Handelsniederlassung eingetragen ist, Art 4 EGHGB. Gemäß § 33 GBO ist der Nachweis, daß zwischen Ehegatten Gütertrennung oder ein vertragsmäßiger Güterstand besteht oder ein Gegenstand zum Vorbehaltsgut gehört, durch ein Zeugnis über Eintragung im Güterrechtsregister zu führen; das schließt aber andere Beweisführung schon deshalb nicht aus, weil kein Zwang zur Eintragung ausgeübt werden soll, vgl Demharter GBO § 33 Anm 37ff.

4 4. Die **Prüfungspflicht des Registerrichters** beschränkt sich darauf, ob die beantragte Eintragung inhaltlich zulässig ist und den formellen Erfordernissen entspricht, erstreckt sich aber nicht darauf, ob die abgegebenen Erklärungen wahr sind, KGJ 45, 190. Innerhalb dieses Rahmens hat der Registerrichter selbständig zu prüfen, auch dann, wenn ein anderes Gericht um Eintragung ersucht, vgl dazu § 1560 Rz 1, oder bereits eine gleiche Eintragung vorgenommen hat, Hamburg OLG 12, 308.

5 5. **Verfahren.** Über die Zuständigkeit vgl Bemerkung zu § 1558. Die §§ 1558–1563 sind ergänzt durch §§ 161, 162 in Verbindung mit §§ 127–130, 142, 143 FGG sowie die durch Beschluß des Bundesrates vom 3. 11. 1898 genehmigten „Bestimmungen über das Vereins- und das Güterrechtsregister", vgl die Wiedergabe durch Hermann Lange FamRZ 1964, 546, 548 N 20 und die Nachw bei Soergel/Gaul vor § 1558 Rz 2.

1558 *Zuständiges Registergericht*
(1) Die Eintragungen in das Güterrechtsregister sind bei jedem Amtsgericht zu bewirken, in dessen Bezirk auch nur einer der Ehegatten seinen gewöhnlichen Aufenthalt hat.

(2) Durch Anordnung der Landesjustizverwaltung kann die Führung des Registers für mehrere Amtsgerichtsbezirke einem Amtsgericht übertragen werden.

Die Anknüpfung der Zuständigkeit an den Wohnsitz des Mannes wurde erst 1986 durch Art 2 Nr 2 IPRG beseitigt. Dies war eine Konsequenz aus der Entscheidung des BVerfG NJW 1983, 1968, die Art 15 EGBGB aF, wonach das anzuwendende Güterrecht sich nach dem Wohnsitz des Mannes richten sollte, für verfassungswidrig erklärt hat. 1

Über den zulässigen Inhalt der Eintragung und das sonstige Verfahren vgl die Vorbemerkung. Zuständig ist das Amtsgericht, in dessen Bezirk auch nur einer der Ehegatten seinen gewöhnlichen Aufenthalt hat. Bei mehrfachem Wohnsitz entscheidet der gewöhnliche Aufenthaltsort. Über die Eintragung am Ort der Handelsniederlassung eines Kaufmanns vgl vor § 1558 Rz 3. Fehlt ein Aufenthaltsort im Inland, so haben die Ehegatten keine Möglichkeit, den Schutz des § 1412 durch Eintragung zu begründen. Verstoß gegen die Vorschrift über die örtliche Zuständigkeit begründet Nichtigkeit der Eintragung. Über Eintragung vor Eheschließung vgl § 1560 Rz 1. Für ausländische Ehegatten gilt Art 16 EGBGB. 2

1559 *Verlegung des gewöhnlichen Aufenthalts*
Verlegt ein Ehegatte nach der Eintragung seinen gewöhnlichen Aufenthalt in einen anderen Bezirk, so muss die Eintragung im Register dieses Bezirks wiederholt werden. Die frühere Eintragung gilt als von neuem erfolgt, wenn ein Ehegatte den gewöhnlichen Aufenthalt in den früheren Bezirk zurückverlegt.

Die Wirksamkeit der Eintragung erlischt sofort mit der Änderung des Aufenthaltsorts; wer der Eintragung vertraut, muß sich also vergewissern, ob einer der Ehegatten seinen Aufenthalt in dem Gerichtsbezirk hat. Die Wiederholung der Eintragung am neuen Aufenthaltsort schließt weder Änderungen durch die Ehegatten aus, noch hindert sie den nunmehr zuständigen Richter an einer selbständigen Überprüfung der Voraussetzungen, Hamburg OLG 12, 308 und vor § 1558 Rz 4. Verlegt der Ehegatte seinen Aufenthaltsort zurück, so erhält die Eintragung, wenn sie noch nicht gelöscht ist, ihre frühere Wirkung wieder; etwaige abweichende Eintragungen am zwischenzeitlichen Aufenthaltsort sind bedeutungslos. Eine Änderung kann auch nach Verlegung des Aufenthaltsorts noch im früher zuständigen Register eingetragen werden; dies hat Bedeutung bei einer möglichen Rückverlegung des Aufenthaltsorts, Hamburg MDR 1975, 492. Wegen der Notwendigkeit nochmaliger Veröffentlichung vgl Bemerkung zu § 1562. 1

1560 *Antrag auf Eintragung*
Eine Eintragung in das Register soll nur auf Antrag und nur insoweit erfolgen, als sie beantragt ist. Der Antrag ist in öffentlich beglaubigter Form zu stellen.

1. Bedeutung des Antragserfordernisses. Ob sie den Antrag stellen wollen, liegt im Belieben der Ehegatten; deshalb ist ein Ersuchen eines Gerichts um Eintragung unzulässig, Colmar ZBlFG 1904, 565. Die Ehegatten entscheiden auch über Inhalt und Umfang. Sie können insbesondere bestimmen, welche Bestandteile eines Ehevertrags sie einzutragen wünschen und sind zur Vorlegung des ganzen Vertrags an das Registergericht nicht verpflichtet. Geht die Eintragung über den Antrag hinaus, so wirkt sie trotzdem, da eine bloße Ordnungsvorschrift vorliegt; sie kann aber eine Regreßpflicht begründen und mangels wesentlicher Voraussetzungen von Amts wegen gelöscht werden, vgl vor § 1558 Rz 5. Daß ein Antrag schon vor der Eheschließung gestellt werden kann, ist anerkannt. Damit sind die Belange der Ehegatten hinreichend gewahrt; eine Eintragung vorher ist unzulässig, KG RJA 1, 14 und hM, Staud/Thiele Rz 4. 1

2. Die Form des Antrags regelt S 2 in Verbindung mit § 161 FGG. Danach ist öffentliche Beurkundung erforderlich. Der beurkundende Notar gilt nach §§ 129 FGG, 53 BeurkG als ermächtigt, die Eintragung zu beantragen. Enthält der Ehevertrag bereits den erforderlichen Antrag, so genügt dessen Vorlegung, ist aber auch zur Legitimation des Notars erforderlich, KG RJA 1, 201. Enthält er den Antrag nicht, so bedarf der Notar einer Vollmacht, die Entschließung, ob eingetragen werden soll, trotz § 129 FGG den Ehegatten verbleiben muß, Colmar OLG 5, 196; KG OLG 6, 287. Da der Antrag materiellrechtlichen Inhalt hat, ist nur derjenige Notar fiktiv zur Stellung des verfahrensrechtlichen Eintragungsantrages bevollmächtigt, der den materiellrechtlichen Eintragungsantrag der Eheleute beurkundet oder beglaubigt hat, Köln OLGZ 83, 268, wenn zuvor die Ehegatten die zur Eintragung erforderliche Erklärung abgegeben haben (Celle NJW-FER 2000, 109). Hat der Notar nur den Antrag des einen Ehegatten beurkundet, so muß er nach § 1561 II Nr 1 den Ehevertrag vorlegen, Rostock OLG 3, 368. Für seinen Antrag gilt die Form des S 2 nicht, Gernhuber/Coester-Waltjen, FamR § 33 III 2. 2

3. Die Fassung der Eintragung steht im richterlichen Ermessen. Ist eine der vorgesehenen Vertragstypen gewählt, so genügt dessen Bezeichnung; die Vereinbarung des „gesetzlichen Güterrechts des BGB" ist aber mehrdeutig, KG OLG 9, 447. Über Zurückweisung inhaltlich unzulässiger oder widerspruchsvoller Eintragungen vgl vor § 1558 Rz 2. Die Zurückweisung des Antrags wegen Nichtzahlung des Kostenvorschusses ist unzulässig, Frankfurt FamRZ 1994, 254. 3

1561 *Antragserfordernisse*
(1) Zur Eintragung ist der Antrag beider Ehegatten erforderlich; jeder Ehegatte ist dem anderen gegenüber zur Mitwirkung verpflichtet.
(2) Der Antrag eines Ehegatten genügt

§ 1561

1. zur Eintragung eines Ehevertrags oder einer auf gerichtlicher Entscheidung beruhenden Änderung der güterrechtlichen Verhältnisse der Ehegatten, wenn mit dem Antrag der Ehevertrag oder die mit dem Zeugnis der Rechtskraft versehene Entscheidung vorgelegt wird,
2. zur Wiederholung einer Eintragung in das Register eines anderen Bezirks, wenn mit dem Antrag eine nach der Aufhebung des bisherigen Wohnsitzes erteilte, öffentlich beglaubigte Abschrift der früheren Eintragung vorgelegt wird,
3. zur Eintragung des Einspruchs gegen den selbständigen Betrieb eines Erwerbsgeschäfts durch den anderen Ehegatten und zur Eintragung des Widerrufs der Einwilligung, wenn die Ehegatten in Gütergemeinschaft leben und der Ehegatte, der den Antrag stellt, das Gesamtgut allein oder mit dem anderen Ehegatten gemeinschaftlich verwaltet,
4. zur Eintragung der Beschränkung oder Ausschließung der Berechtigung des anderen Ehegatten, Geschäfte mit Wirkung für den Antragsteller zu besorgen (§ 1357 Abs. 2).

1 1. Abs I stellt als Grundsatz die Notwendigkeit eines Antrags beider Ehegatten auf, insbesondere bei Eintragung der Vorbehaltsguteigenschaft, § 1418, soweit sie sich nicht aus dem Ehevertrag ergibt. Die Mitwirkung des anderen Ehegatten kann durch Klage erzwungen, seine Willenserklärung nach § 894 ZPO ersetzt werden.

2 2. Abs II macht von dem Grundsatz des Abs I für den praktischen Regelfall eine Ausnahme. Danach genügt ein einseitiger Antrag bei Vorlegung des Ehevertrags oder der Ausfertigung einer rechtskräftigen Entscheidung, auf der die einzutragende Änderung beruht. Hierher gehört die Aufhebung der Gütergemeinschaft durch Urteil, §§ 1449, 1470. Eine Änderung des Güterstandes durch einstweilige Verfügung ist unzulässig; nur einzelne Rechtsfolgen können auf diesem Wege abgeändert werden, vgl Bemerkung zu § 1496. Soweit eine derartige Maßnahme überhaupt eintragungsfähig ist, muß jedenfalls die einstweilige Verfügung auf rechtskräftigem Urteil, nicht auf Beschluß oder Verfügung des Vorsitzenden beruhen, KG OLG 9, 36. Der Registerrichter hat die Zulässigkeit der Eintragung auf Ersuchen des Prozeßgerichts selbständig zu prüfen, vgl vor § 1558 Rz 4. Weiterhin genügt ein einseitiger Antrag zur Eintragung eines Ehevertrags; ebenso zur Wiederholung der Eintragung bei einem anderen Registergericht (Nr 2); jedoch muß eine öffentlich beglaubigte Abschrift der früheren Eintragung vorgelegt werden, die nach Aufgabe des bisherigen Wohnsitzes ausgestellt ist, was durch Polizeibescheinigung nachzuweisen ist. Nr 3 betrifft die Fälle des §§ 1431, 1456. Antragsberechtigt ist zwar bei Alleinverwaltung der Verwalter, bei gemeinschaftlicher Verwaltung der Ehegatte, der das Erwerbsgeschäft nicht betreibt. Auch für die Eintragung der Fortgeltung des Güterstandes der Eigentums- und Vermögensgemeinschaft bei Altehen der früheren DDR genügt der Antrag eines Ehegatten, der andere ist jedoch vom Registergericht zu hören (Art 234 § 4 III EGBGB).

3 Im Fall des Abs II Nr 4 steht jedem Ehegatten, der die Schlüsselgewalt des anderen eingeschränkt oder entzogen hat, die einseitige Antragsbefugnis zu. Wird die Schlüsselgewalt durch Entscheidung des VormG wiederhergestellt, so genügt alleiniger Antrag des betroffenen Ehegatten in entsprechender Anwendung des Abs II Nr 4, nachdem die Entscheidung des VormG rechtskräftig geworden ist; aA für Anwendung von Abs II Nr 1 MüKo/Kanzleiter Rz 6; Staud/Thiele Rz 12.

1562 *Öffentliche Bekanntmachung*

(1) Das Amtsgericht hat die Eintragung durch das für seine Bekanntmachungen bestimmte Blatt zu veröffentlichen.

(2) Wird eine Änderung des Güterstands eingetragen, so hat sich die Bekanntmachung auf die Bezeichnung des Güterstands und, wenn dieser abweichend von dem Gesetz geregelt ist, auf eine allgemeine Bezeichnung der Abweichung zu beschränken.

1 Vorgeschrieben ist einmalige Veröffentlichung in dem zur Aufnahme der amtlichen Bekanntmachungen des betreffenden Gerichts bestimmten Blatt. Diese ist ohne Einfluß auf die Wirksamkeit der Eintragung; Unterlassung kann aber Schadensersatzpflicht begründen. Bei Zurückverlegung des Wohnsitzes ist zwar nach § 1559 erneute Eintragung, nicht aber erneute Veröffentlichung erforderlich. Von der Eintragung sind beide Ehegatten zu benachrichtigen, §§ 161, 130 II FGG. Im Rahmen des Abs II kann eine Veröffentlichung des vollständigen Inhalts der Eintragung erspart werden; danach ist eine Aufzählung der zum Vorbehaltsgut gehörigen Gegenstände nicht erforderlich.

1563 *Registereinsicht*

Die Einsicht des Registers ist jedem gestattet. Von den Eintragungen kann eine Abschrift gefordert werden; die Abschrift ist auf Verlangen zu beglaubigen.

1 Auf Einsicht in das Register sowie Erteilung einfacher oder beglaubigter Abschriften aus seinem Inhalt oder Bescheinigungen über das Nichtvorhandensein einer Eintragung gemäß § 162 FGG hat jedermann Anspruch. Dagegen bedarf es zur Einsichtnahme in die Akten nach § 34 FGG der Glaubhaftmachung eines berechtigten Interesses. Soweit auf Schriftstücke bei der Eintragung Bezug genommen worden ist, gelten sie als Inhalt des Registers. Das Datenschutzrecht beschränkt das Einsichtsrecht nicht, Lüke NJW 1983, 1408.

Titel 7
Scheidung der Ehe*

Vorbemerkung § 1564

1. Begriff Scheidung. Scheidung bedeutet Auflösung der Ehe durch Rechtsgestaltungsurteil für die Zukunft. Sie war von der **Nichtigkeit** der Ehe (§§ 16ff EheG) abzugrenzen, die vom Ansatz her in die Vergangenheit wirkte, tatsächlich aber weitgehend nur Zukunftsfolgen auslöste – auch von der **Aufhebung** (§§ 28ff EheG), die ebenfalls Zukunftswirkungen äußerte, die aber als Voraussetzung Gründe berücksichtigte, die das Zustandekommen der Ehe betrafen. Das EheSchlRG vom 4. 5. 1998 (BGBl I 833) hat Aufhebung und Nichtigkeit zur Aufhebung verschmolzen.

2. Entstehungsgeschichte. a) EheG. Zur Entwicklung des Scheidungsrechts vgl 9. Aufl. Das 1. EheRG vom 14. 6. 1976 (BGBl I 1421) brachte mit Wirkung zum 1. 7. 1977 einen grundsätzlichen Wandel.

Im Scheidungsrecht bis zum Inkrafttreten des 1. EheRG mischten sich Verschuldens- und Zerrüttungsdenken. Verschulden des Partners diente in Verbindung mit einem Ehebruch oder mit schweren Eheverfehlungen als Scheidungsgrund (§§ 42, 43 EheG aF). Eigenes Verschulden war geeignet, die Scheidung der Ehe zu erschweren oder zu verhindern (vgl §§ 48 II, 43 S 2 EheG aF). Heillose Ehezerrüttung reichte mitunter für eine Scheidung ohne Rücksicht auf Verschulden des Partners aus – etwa bei dessen Geisteskrankheit oder nach 3jähriger Heimtrennung (§§ 44, 48 EheG aF). Darüber hinaus schwächte Zerrüttungsdenken aber auch den Verschuldensgrundsatz mitunter bei den Scheidungsgründen ab: Schuldhafte Eheverfehlungen eines Ehegatten berechtigten den anderen Ehepartner nur zur Scheidung, wenn ihretwegen die Ehe heillos zerrüttet war (§ 43 EheG). Im Scheidungsfolgenrecht knüpfte vor allem das nacheheliche Unterhaltsrecht an den Gegensatz „Verschuldens-, Zerrüttungsscheidung" an Die Versorgungssysteme der gesetzlichen Rentenversicherung und des Beamtenrechts sahen eine abgeleitete Geschiedenenhinterbliebenenversorgung vor, die (mehr oder weniger stark) vom nachehelichen Unterhaltsrecht oder doch von der nachehelichen Unterhaltslage abhing (§ 1265 RVO aF; § 42 AVG aF; § 22 II BeamtVG aF).

b) Das 1. EheRG v. 14. 6. 1976 (BGBl I 1749) hat sich im Bereich der Scheidungsvoraussetzungen nahezu ganz dem Zerrüttungsgrundsatz verschrieben und das Scheitern der Ehe zum einzigen Scheidungsgrund erhoben (§§ 1565–1568). Die Abkehr vom Verschuldensdenken hatte verschiedene Gründe – (vor allem Mißtrauen gegen „Verschulden" als sachgerechtes Erheblichkeitskriterium, aber auch Zweifel an verläßlicher Feststellbarkeit von „Verschulden" im Eheverfahren; zudem sollte die Intimsphäre der Partner im Eheverfahren geschützt werden). Die nacheheliche Unterhaltspflicht der Ehegatten knüpft an bestimmte Hindernisgründe für eine Erwerbstätigkeit an und richtet sich nach der Bedürftigkeit des einen und nach der Leistungsfähigkeit des anderen Ehegatten (§§ 1569–1586b). Das 1. EheRG hat damit nicht das Unterhaltsmuster des alten Rechts für die Zerrüttungsscheidung, sondern für den Verschuldenstatbestand übernommen. Insoweit wurde die Unterhaltslast für den Verpflichteten ausgeweitet. Das Unterhaltsänderungsgesetz v 20. 2. 1986 (BGBl I 301) hat daran wenig geändert. Anders als das EheG verlangt das neue Recht jedoch, daß die Unterhaltsberechtigung grundsätzlich zu einer bestimmten Zeit (Einsatzzeitpunkt – s § 1569 Rz 7) vorliegen muß.

Ein Versorgungsausgleich hat das alte Recht der Geschiedenenhinterbliebenenversorgung abgelöst (§§ 1587 bis 1587p), der nach dem Grundmuster des Zugewinnausgleichs den Wert der Anwartschaften oder Aussichten auf eine Versorgung verteilen soll, welche die Eheleute während der Ehe im Hinblick auf Alter, Berufs- oder Erwerbsunfähigkeit begründet haben. Dieser Versorgungsausgleich soll dem Berechtigten zu einer eigenständigen Versorgung verhelfen, indem die während der Ehezeit erworbenen Anwartschaften auf eine Versorgung, die den künftigen Unterhalt beider Ehegatten bestimmt sind, im Falle der Scheidung auf beide Ehegatten gleichmäßig verteilt werden. Der Gedanke der Gleichberechtigung der Ehegatten führt dazu, daß die nach allgemeinem Recht gegebene Zuordnung eines Rechts zu einem Ehegatten im Sinne einer Teilhabe am gemeinsam Erwirtschafteten korrigiert wird (BVerfG FamRZ 2002, 527). Die Gleichberechtigung wird nicht hinreichend beachtet, soweit Dieckmann (Erman/Dieckmann[10] vor § 1564 Rz 4; vor § 1569 Rz 17) das neue Recht kritisiert, weil es die „Sozialpflichtigkeit" der Ehe und den Versorgungswert der geschiedenen Ehe zur Entlastung der Gesellschaft verstärkt habe.

c) Das BVerfG hat das neue Scheidungsrecht (auch für „Altehen") im wesentlichen für verfassungsgerecht erachtet (BVerfG FamRZ 1980, 319; 81, 745), allerdings auch Ausschnitte beanstandet, nämlich bei den Scheidungsvoraussetzungen im Bereich der Härteklausel des § 1568 II aF (BVerfG FamRZ 1981, 15) und bei bestimmten Scheidungsfolgen – vornehmlich im nachehelichen Unterhaltsrecht die ursprünglich in § 1579 II aF vorgesehene Widerstandskraft des Anspruchs auf Betreuungsunterhalt gegenüber der negativen Billigkeitsklausel (BVerfG FamRZ 1981, 745) und zum Versorgungsausgleich dessen nachträgliche Verfassungswidrigkeit in Einzellagen (BVerfG FamRZ 1980, 326) und den Versorgungsausgleich durch Nachentrichtung von Beiträgen gem § 1587b III S 1 aF (BVerfG FamRZ 1983, 342). Das Gesetz zur Regelung von Härten im Versorgungsausgleich v 21. 2. 1983 (BGBl I 105), das in erster Linie der Rüge des BVerfG (FamRZ 1980, 326) Rechnung tragen sollte, hat das BVerfG in einem Teilbereich – (Regelung für betriebliche Altersversorgungen) – ebenfalls als verfassungswidrig beanstandet (BVerfG FamRZ 1986, 543).

---

* Die Kommentierung übernimmt stellenweise Erläuterungen aus der Vorauflage von Prof. Dieckmann mit dessen Genehmigung und gibt im übrigen ausschließlich die Meinung von Dr. Graba wieder.

Vor § 1564 Familienrecht Bürgerliche Ehe

6 **3. Weitere Scheidungsfolgenregeln.** Der 7. Titel „Scheidung der Ehe" regelt nur die Scheidungsvoraussetzungen und einen Teil der Scheidungsfolgen, nämlich den Unterhalt für den geschiedenen Ehegatten (§§ 1569–1586b) und die wesentlichen Grundsätze des Versorgungsausgleichs (§§ 1587–1587p). Dazu ist die Barwertverordnung vom 24. 6. 1977 (BGBl I 1014) in der Fassung vom 26. 5. 2003 (BGBl I 728) zu beachten. Darüber hinaus bietet das BGB Regeln zu wichtigen Scheidungsfolgen – etwa zum Namensrecht der geschiedenen Eheleute (§ 1355 V), zur güterrechtlichen Abwicklung der Ehe (§§ 1372ff für die Zugewinngemeinschaft, §§ 1471ff für die Gütergemeinschaft). Scheidung läßt das gesetzliche Ehegattenerbrecht (§ 1931) und dessen „harten Kern", den Ehegattenpflichtteil (§ 2303 II), entfallen und nimmt regelmäßig letztwilligen Verfügungen zugunsten des geschiedenen Ehegatten (§ 2077), gemeinschaftlichen Testamenten (§ 2268) und Erbverträgen (§ 2279) die Wirkung. Mitunter löst schon das eingeleitete Scheidungsverfahren diese Folgen aus (§ 1933) oder die nicht nur vorübergehende Trennung (§ 1671 für die elterliche Sorge).

7 **4. Scheidungsverfahren.** Die ZPO (§§ 606ff, 622ff) regelt (vornehmlich) das Scheidungsverfahrensrecht. Ausschließlich zuständig für Ehescheidungen ist das – als selbständige Abteilung des Amtsgerichts gebildete (§§ 23b, 23c GVG) – FamG (§ 606 I ZPO). Für Scheidungen und Scheidungsfolgen ist ein – allerdings stark aufgelockerter – Verfahrensverbund vorgesehen (§ 623ff ZPO). Ein Rechtsmittel gegen den Scheidungsausspruch setzt eine Beschwer nicht voraus (BGH FamRZ 1983, 1302). Zu weiteren Verfahrensfragen vgl 9. Aufl Rz 7–16.

8 **5. Scheidung bei Auslandsberührung. a) Internationales Privatrecht.** Das – zum 1. 9. 1986 geänderte (BGBl I 1142) – internationale Privatrecht regelt Scheidungssachverhalte mit Auslandsberührung, und zwar weitgehend in Art 17 EGBGB. Vgl dazu die Erläuterungen von Hohloch in diesem Kommentar zum EGBGB.

9 **b)** Die **internationale Zuständigkeit** eines deutschen Gerichts bei einem Scheidungssachverhalt mit Auslandsberührung regelt § 606a ZPO. Der Anwendungsbereich dieser Vorschrift ist durch die Verordnung (EG) Nr 1347/2000 des Rates v. 29. 5. 2000 – EheVO (ABL EG v 30. 6. 2000 Nr L 160/19 = FamRZ 2000, 1141) eingeschränkt. Zu den Einzelheiten s Erman/Hohloch Art 17 EGBGB Rz 64ff.

10 **c)** Die **Anerkennung von Auslandsscheidungen** richtet sich einerseits nach Art 7 § 1 FamRÄndG v 11. 8. 1961 (BGBl I 1221), geändert durch das 1. EheRG vom 14. 6. 1976 (BGBl I 1421), und andererseits nach den §§ 328, 606a ZPO, die das Gesetz zur Neuregelung des internationalen Privatrechts geändert hat. Indes sind Staatsverträge zu beachten -insbesondere die Verordnung (EG) Nr 1347/2000 des Rates v. 29. 5. 2000 – EheVO (ABL EG v 30. 6. 2000 Nr L 160/19 = FamRZ 2000, 1141). Zu den Einzelheiten vgl Erman/Hohloch Art 17 EGBGB Rz 70ff.

11 **d) Privatscheidungen** entziehen sich dem Anerkennungsverfahren gem Art 7 § 1 FamRÄndG nicht, wenn eine ausländische Behörde beteiligt war – etwa mit einer Registrierung (BGH FamRZ 1982, 44; BGH 110, 267; Celle FamRZ 1998, 757). Für die Anerkennung kommt es nicht auf § 328 ZPO an, sondern auf die Normen des deutschen internationalen Privatrechts (BGH FamRZ 1990, 607). Die Wirksamkeit einer im Ausland ohne Mitwirkung einer Behörde vollzogenen Privatscheidung ist ohne förmliches Anerkennungsverfahren zu beurteilen (Hamm IPRax 1989, 107). Bei der Anerkennung kommt es darauf an, ob das gem Art 17 EGBGB berufene Recht die Privatscheidung kennt und nicht gegen die deutsche Vorbehaltsklausel (Art 6 EGBGB) verstößt.

12 **e)** Zu **Scheidungen in der DDR** s Erman/Dieckmann[10] vor § 1564 Rz 12ff.

Untertitel 1

Scheidungsgründe

1564 *Scheidung durch Urteil*
Eine Ehe kann nur durch gerichtliches Urteil auf Antrag eines oder beider Ehegatten geschieden werden. Die Ehe ist mit der Rechtskraft des Urteils aufgelöst. Die Voraussetzungen, unter denen die Scheidung begehrt werden kann, ergeben sich aus den folgenden Vorschriften.

1 **1. Zweck und Einordnung der Vorschrift.** § 1564 schreibt als materiellrechtliche Voraussetzung für die Scheidung einen Antrag eines Ehegatten vor und regelt dessen verfahrensrechtliche Form nach Art einer Klage. Dazu wird bestimmt, daß die Ehe nur in einem gerichtlichen Verfahren durch Urteil geschieden werden kann. Damit sind Privatscheidungen in Deutschland ausgeschlossen. Außerdem wird angeordnet, daß sich die Voraussetzungen einer Scheidung ausschließlich nach den §§ 1565–1568 richten.

2 **2. Scheidbarkeit der Ehe. a) Auflösungsanspruch.** Die Ehe wird zwar, wie § 1353 I S 1 ausdrücklich hervorhebt, auf Lebenszeit geschlossen, dh sie wird regelmäßig erst durch den Tod aufgelöst. Ausnahmsweise kann sie auf Antrag eines oder beider Ehegatten geschieden werden, wenn die Voraussetzungen der §§ 1565–1568 erfüllt sind, so daß sie damit die Eheschließungsfreiheit wieder erlangen. Dies steht im Einklang mit der Verfassung (Art 6 GG; BVerfG FamRZ 1971 414; 1980, 319; 1981, 15; 2001, 986; BGH FamRZ 1979, 285; Knütel FamRZ 1985, 1089, 1090). Die Scheidbarkeit der Ehe entspricht dem Grundsatz, daß Dauerrechtsverhältnisse aus wichtigem Grund außerordentlich beendet werden können. Der Scheidungsantrag kann einer Kündigung nahekommen, insbesondere in den Fällen des § 1565 II (Staud/Rauscher Rz 142). Er muß aber auf einen objektiven Grund gestützt sein, der sich aus der höchstpersönlichen Natur der Ehe ergibt: Die eheliche Verbundenheit baut auf der freien Entscheidung der Ehegatten für ein gemeinsames Leben auf. Wenn sich auch nur einer der Ehegatten von dem anderen unumstößlich abgewandt hat, ist die Grundlage für eine weitere personale Gemeinschaft entfallen, die Ehe sinnlos geworden. An einer sinnlos gewordenen Ehe festgehalten zu werden, kann keinem Ehegatten zuge-

mutet werden. Von dem Scheidungsgegner kann die Einsicht erwartet werden, daß er die Beendigung einer sinnentleerten Ehe auch dem Bande nach hinnehmen muß.

b) Bestehende Ehe. aa) Scheidung setzt eine bestehende Ehe voraus. Die Eheschließung ist durch Vorlage der 3 Heiratsurkunde oder mit sonstigen geeigneten Beweismitteln zu beweisen. Auch die aufhebbare Ehe, insbesondere die Zweckehe (etwa Namensehe) ist scheidbar. Die Fehlehe oder sog **Scheinehe**, die unter Mißbrauch der Rechtseinrichtung geschlossen wurde, wie die mitunter gegen Entgelt geschlossene sog Asylantenehe, bei der von vornherein keine eheliche Lebensgemeinschaft beabsichtigt war (§ 1314 II Nr 5), kann geschieden werden. Dafür ist Prozeßkostenhilfe zu gewähren (str), weil sonst wegen des Scheidungsmonopols des Staates die Scheidung überhaupt unmöglich wäre. Nach § 152 ZPO kann ein Scheidungsverfahren wegen eines Aufhebungsverfahrens ausgesetzt werden.

bb) Nicht scheidbar ist die **nichtige Ehe** (nach dem Sprachgebrauch unter dem EheG: Nichtehe), die nach 4 § 1353 III nicht geheilt ist. Wurde eine unwirksame Ehe geschieden, können daraus nicht Scheidungsfolgen, etwa Anspruch auf nachehelichen Unterhalt, abgeleitet werden. Derjenige, der sich auf die Unwirksamkeit der geschiedenen Ehe beruft, muß dies beweisen, weil er die Unrichtigkeit des Scheidungsurteils, einer öffentlichen Urkunde, geltendmacht.

cc) Die aufgehobene oder bereits rechtskräftig **geschiedene Ehe** kann nicht noch einmal geschieden werden. 5 Wie zu § 37 II EheG (BGH FamRZ 1996, 1209), kann jedoch der geschiedene Ehegatte, der nachträglich von einem Aufhebungsgrund erfährt, ein schutzwürdiges Interesse daran haben, daß durch ein Feststellungsurteil dem Scheidungsurteil nunmehr die Rechtsfolgen des § 1318 beigegeben werden. § 152 ZPO sieht die Aussetzung eines Verfahrens mit Rücksicht auf ein Aufhebungsverfahren vor. Aufhebungs- und Scheidungsverfahren lassen sich miteinander verbinden – dies aber nur in einem Hilfsverhältnis, bei dem das Aufhebungsverfahren (ohne Verfahrensverbund § 623 ZPO) vorgeht (§§ 610, 631 ZPO). Die – nur beschränkt widerklagezugängliche (§ 632 II ZPO) – Feststellungsklage läßt sich nicht mit einer Scheidungsklage verbinden.

dd) Bei der Frage, ob eine Ehe geschieden ist, muß im Inland ein **deutsches Scheidungsurteil** mit seiner 6 Rechtskraft- und Gestaltungswirkung jedenfalls für einen Deutschen **stets beachtet** werden (Dieckmann JuS 1966, 99 [102f]). Das deutsche Scheidungsurteil sollte im Inland auch darüber hinaus Beachtung finden (str; wie hier ua BGH FamRZ 1981, 651). Wird die (Privat-)Scheidung einer (Ausländer-)Ehe zwar im Ausland, aber nicht im Inland anerkannt, so kann ein deutsches Gericht die (hinkende Inlands-)Ehe scheiden, ohne daß es auf die Anerkennungsfähigkeit dieser Entscheidung ankäme (BGH FamRZ 1982, 44).

3. Scheidungsverfahren. Scheidungsmonopol des Staates. Die Ehe kann nach Satz 1 nur in einem gerichtli- 7 chen Verfahren durch Urteil geschieden werden. Satz 1 hat insofern verfahrensrechtlichen Gehalt, als er in der Bundesrepublik Privatscheidungen ausschließt und der Anerkennung gem Art 7 FamRÄndG auch dann entzieht, wenn es sich um Privatscheidungen von Ausländern nach dem gem Art 17 EGBGB maßgeblichen Auslandsrecht handelt (BGH FamRZ 1982, 44) – gleichviel, ob im Inland eine Behörde an der Privatscheidung mitgewirkt hat oder nicht (BayObLG FamRZ 1985, 1258 für ein Scheidungsverfahren nach israelischem Recht, bei dem der Scheidebrief in der Bundesrepublik übergeben und angenommen worden ist). Art 17 II EGBGB nF schreibt den Grundsatz „Inlandsscheidung nur durch ein (deutsches) Gericht" im deutschen internationalen Privatrecht, auch für Lebenssachverhalte mit Auslandsberührung ausdrücklich fest. Für Auslandsscheidungen nach ausländischem Recht kommt eine Anerkennung gem Art 7 § 1 I FamRÄndG in Betracht, wenn eine ausländische Behörde entsprechend den von ihr zu beachtenden Normen mitgewirkt hat (BGH FamRZ 1982, 44). Anerkennungsfähig ist eine Privatscheidung allerdings nicht, wenn für die Scheidung auch deutsches Recht anzuwenden war (BGH FamRZ 1990, 607; Celle FamRZ 1998, 757).

4. Scheidungsantrag. Die Scheidung setzt nach Satz 1 einen Antrag eines oder beider Ehegatten voraus. Der 8 Scheidungsantrag ist zugleich die materiellrechtliche Erklärung des Ehegatten, die Ehe beenden zu wollen, und ein prozessualer der Klage entsprechender Akt (Staud/Rauscher Rz 46). Eine Scheidung von Amts wegen aufgrund eines Antrags des Staatsanwalts oder eines privaten Dritten, etwa von einem Erbprätendenten nach dem Tod eines Ehegatten, gibt es nicht. Als Prozeßhandlung unterliegt der Antrag den Bestimmungen der ZPO. Es gilt der Anwaltszwang nach § 78 ZPO. Ein **Gegenantrag** auf Scheidung ist statthaft – nicht nur, wenn eine Scheidung nach verschiedenen Rechtsordnungen in Betracht kommt (BGH FamRZ 1982, 795 zu Art 17 EGBGB aF), sondern schlechthin (Frankfurt FamRZ 1982, 809). Die Zustimmung zur Scheidung ist kein Gegenantrag. Der Scheidungsantrag, den einen läßt das Rechtsschutzinteresse für den Gegenantrag des anderen Ehegatten nicht entfallen. Der Antrag kann ohne Einwilligung des Gegners zwar nur gem § 269 I ZPO zurückgenommen werden (Frankfurt FamRZ 1982, 809; s § 1566 Rz 3). Möglich aber ist ein Verzicht gem § 306 ZPO; BGH FamRZ 1986, 655; Frankfurt FamRZ 1982, 809). Da die Rechtshängigkeit des Scheidungsantrags für verschiedene vermögensrechtliche Folgen bedeutsam ist (vgl ua § 1384 zu Zugewinnausgleich, § 1587 II für Versorgungsausgleich), ist das Rechtsschutzinteresse für den Gegenantrag auch dann zu bejahen, wenn keine Scheidung im Einvernehmen gem § 1566 I, § 630 ZPO vorliegt.

5. Scheidungsurteil. a) Eheauflösung. Mit der Rechtskraft des Scheidungsurteils tritt dessen Gestaltungswir- 9 kung „Auflösung der Ehe für die Zukunft" ein, die von jedermann zu beachten ist. Auch wenn das OLG die Revision gegen ein Scheidungsurteil nicht zugelassen hat, erwächst das Urteil erst mit Ablauf der Revisionsfrist in Rechtskraft (BGH FamRZ 1990, 283).

b) Auch ein **erschlichenes Scheidungsurteil,** das in Rechtskraft erwachsen ist, löst die Ehe auf (RG JW 1938, 10 1262 [1263]). Dies gilt auch für anerkannte Auslandsurteile (vgl für früheres Recht KG DR 1941, 2201 [2202]). Allerdings kann das Erschleichen der Anerkennung entgegenstehen. Schadensersatzansprüche gem § 826 sind denkbar (BGH FamRZ 1957, 210 [211]; 56, 144; RG 155, 55 [58]).

11 c) Ein **Wiederaufnahmeverfahren** kann (zu Lebzeiten der geschiedenen Eheleute) die Rechtskraft und damit auch die Gestaltungswirkung des Scheidungsurteils beseitigen (§§ 578ff ZPO). Seit dem 1. EheRG ist die Streitfrage des alten Rechts gegenstandslos, ob zum Schutz einer „Zweitehe" das Wiederaufnahmeverfahren nach rechtskräftiger Scheidung der „Erstehe" nur mit dem Ziel betrieben werden könne, den Schuldausspruch zu ändern (vgl ua Ramm JZ 1963, 81), da das Scheidungsurteil keinen Schuldausspruch mehr enthält. Sollte in einem Wiederaufnahmeverfahren die „Erstehe" nicht geschieden werden, wäre die „Zweitehe" als Doppelehe für aufhebbar (früher: nichtig) zu erklären (BGH FamRZ 1976, 336; vgl auch BGH NJW 1953, 423; 59, 45 für Wiedereinsetzung in den vorigen Stand). Ist die Wiederaufnahme des Verfahrens zulässig und begründet, dürfte aber seit dem 1. EheRG die „Erstehe" wegen ihres Scheiterns und wegen der indessen verstrichenen Fristen (vgl §§ 1565f) bei der erneuten Verhandlung zur Hauptsache (§ 590 ZPO) zu scheiden sein, weil auch die (seit dem UÄndG unbefristete) Härteklausel des § 1568 einer Scheidung der „Erstehe" auch dann nicht entgegenstehen sollte, wenn der Antragsteller das Scheidungsverfahren unlauter beeinflußt hat oder die Partner der „Zweitehe" erst in Kenntnis des Wiederaufnahmeverfahrens (der Wiedereinsetzung in den vorigen Stand) geheiratet haben.

12 d) Zu den **Wirkungen** der Ehescheidung vgl vor § 1564 Rz 6. Die Scheidung ist im Familienbuch einzutragen (§ 14 Nr 2 PStG).

13 6. **Verweisung auf §§ 1565–1568. a) Scheidungsvoraussetzungen.** Satz 3 verweist wegen der Scheidungsvoraussetzungen auf die §§ 1565–1568. Dies gilt indes mit folgenden Maßgaben:

14 b) **Ausländisches Sachrecht.** Ein deutsches Gericht hat eine Ehescheidung nicht stets nach Maßgabe der §§ 1565ff zu beurteilen, sondern in Scheidungslagen mit Auslandsberührung mitunter nach einem ausländischen Recht – nämlich dann, wenn dieses Recht gem Art 17 EGBGB scheidungsbefugt ist. Dies kann auch nach der Neuregelung des Internationalen Privatrechts für einen deutschen Staatsangehörigen gelten (Art 17 EGBGB nF in Verbindung mit Art 14 EGBGB nF). Unterstehen die Scheidungsvoraussetzungen einem fremden Recht, so kann ein deutsches Gericht auch auf Trennung von Tisch und Bett erkennen, wenn die maßgebliche Rechtsordnung dies vorsieht (BT-Drucks 10/504, 60 und BGH FamRZ 1976, 452 mit Hinw auf die Rechtsentwicklung).

Wer bei der Rechtshängigkeit des Scheidungsantrags Deutscher ist oder bei der Eheschließung Deutscher war, kann allerdings nach deutschem Recht die Scheidung begehren, wenn das an sich berufene Auslandsrecht nur die Trennung von Tisch und Bett kennt (Art 17 I S 2 EGBGB). Ob Art 17 I EGBGB diesem Antragsteller die Wahl zwischen Scheidung und Trennung von Tisch und Bett läßt oder ob Abs I S 2 diesen Antragsteller auf die Scheidung nach deutschem Recht verweist, läßt der Wortlaut des Gesetzes offen. Die 1. Lösung dürfte seit der Richtungsänderung durch BGH FamRZ 1967, 452 vorzuziehen sein.

15 c) **Prozeßrechtliche Besonderheiten.** Bei einer Scheidung im Einvernehmen gem § 1565 I iVm § 1566 I ist auf die Besonderheit des Verfahrensrechts zu achten (§ 630 ZPO). Die Regeln des Verbundverfahrens (§ 623ff ZPO) erfüllen im verschuldensunabhängigen Scheidungsrecht Schutzfunktionen gegenüber dem Scheidungsgegner. Dieser soll die Scheidung grundsätzlich nur hinnehmen müssen, wenn auch die Folgesachen geregelt sind.

16 d) **Vereinbarungen. aa)** S 3 verbietet zwar, die Scheidungsgründe über den in §§ 1565–1568 gesteckten Rahmen hinaus **zu erweitern.** Die Ehe kann nur geschieden werden, wenn dafür die gesetzlichen Voraussetzungen erfüllt sind, nicht schon, weil beide Parteien dies wollen. Die Vorschrift kann jedoch nicht verhindern, daß von den Parteien abgelaufene Trennungsfristen oder sonstige scheidungserhebliche Sachverhalte vorgetäuscht werden. Die auf diese Weise erwirkte Scheidung ist wirksam.

17 bb) S 3 steht auch **eheerhaltenden Vereinbarungen** entgegen, die eine Scheidung für die Zukunft schlechthin oder für einen begrenzten Zeitraum ausschließen oder erheblich erschweren (BGH FamRZ 1986, 655; Knütel FamRZ 1985, 1089ff. Entgegen der Ansicht von Hattenhauer (ZRP 1985, 200) kann die gemäß § 1353 vorgegebene Lebenslänglichkeit der Ehe nicht gegen eine Scheidung vertraglich abgesichert werden. Dies ergibt sich aus Art 17 EGBGB. Ein Deutscher kann zwar unter den Voraussetzungen des Art 14 III EGBGB bei einer Ehe mit einem Ausländer das Ehewirkungsstatut vertraglich festlegen und damit das Scheidungsstatut bestimmen; kennt das so gewählte Recht die Ehescheidung nicht, ist für sein Scheidungsbegehren aber jedenfalls deutsches Recht dann maßgeblich, wenn er zur Zeit der Rechtshängigkeit des Scheidungsantrags die deutsche Staatsangehörigkeit besitzt. Dieser Ausweg hätte wenig Sinn, wenn man im anwendbaren deutschen Recht die Vereinbarung über das Ehewirkungsstatut zugleich als Vereinbarung über die Scheidungsvoraussetzungen hinzunehmen hätte. Vereinbarungen die – nach Art einer Vertragsstrafe – einen Ehegatten davon abhalten sollen, einen Scheidungsantrag zu stellen, sind unwirksam (BGH FamRZ 1990, 372; Hamm FamRZ 1991, 443). Zu prüfen ist aber, ob eine mit der Stellung des Scheidungsantrags verbundene Abfindungszusage als Abfindungsvereinbarung gedeutet werden kann, für die eine Scheidung der Ehe aufgrund des gestellten Antrags Geschäftsgrundlage ist (BGH aaO). Vereinbarungen, die eine **Scheidung mittelbar erschweren,** – etwa Vereinbarungen über Abfindungszahlungen anläßlich einer Scheidung oder der Stellung eines Scheidungsantrags ohne unterhaltsrechtlichen oder ehegüterrechtlichen Bezug – können (Hamm FamRZ 1991, 443), müssen aber nicht nichtig sein (BGH FamRZ 1990, 372).

18 cc) Auf eine **entstandene** (oder doch bereits **angebahnte**) **Scheidungsbefugnis** kann jeder Ehegatte aber verzichten (BGH FamRZ 1986, 655 Knütel FamRZ 1985, 1089ff). Dann bleiben jedenfalls Trennungszeiten, die vor dem Verzicht liegen, im Rahmen des § 1566 II bei der Frage außer Betracht, ob die Ehe endgültig als gescheitert zu erachten ist. Darüber hinaus können Ereignisse aus der Zeit vor dem Verzicht, die nur für sich eine Scheidung nach § 1565 II vor Ablauf eines Trennungsjahres rechtfertigten, diese Scheidung nicht mehr sichern. Zudem sollte eine zukunftsgerichtete Vereinbarung beachtlich sein, in der sich die Ehegatten (grundsätzlich) auf eine Scheidung gem § 1566 II nach Ablauf einer dreijährigen Trennungsfrist festlegen; die Ehegatten wählen dann nur innerhalb des vom Gesetz angebotenen Ordnungsmusters und vermeiden zum Schutz der Intimsphäre eine mitunter heikle Zerrüttungsprüfung (Knütel FamRZ 1985, 1089). Eine solche Vereinbarung sollte allerdings nicht eine Scheidung gem § 1565 I iVm Abs II (wegen eines wichtigen Grundes aus der Person des Antragsgegners) ausschließen.

dd) Den **Inhalt der Härteklausel** des § 1568, die der Scheidung einer gescheiterten Ehe entgegensteht, können die Eheleute zwar nicht verbindlich festlegen. Eine „Härtefall-Vereinbarung" kann aber die Entscheidung darüber erleichtern, ob sich eine Scheidung in einer bestimmten Lage für den Antragsgegner als schwere Härte darstellt und ob die Belange des Antragstellers bei einer (zur Zeit) versagten Scheidung mißachtet würden. **19**

Von der Frage, ob die Eheleute durch Vereinbarung das Recht der Scheidungsvoraussetzungen verändern können, ist die andere Frage zu trennen, ob die Parteien bestimmte Scheidungsfolgen vertraglich nach Grundsätzen regeln wollen, die Grundwertungen des alten Verschuldensscheidungsrechts entnommen sind (dazu ua Walter NJW 1981, 1409, 1411ff; FamRZ 1982, 7ff; Herb FamRZ 1988, 123). Bei der Antwort auf diese zweite Frage ist jedenfalls zu beachten: §1585c gestattet den Ehegatten Unterhaltsvereinbarungen; § 1579 zählt die statthaften Unterhaltssperren nicht abschließend auf; Eheverträge dürfen einen Ehegatten nicht unangemessen benachteiligen (BVerfG FamRZ 2001, 343).

Vorbemerkung §§ 1565–1568

1. Scheidungstatbestände. a) Scheidungsgrund. Einziger Scheidungsgrund ist das **Scheitern** der Ehe. Das Gesetz formt den Zerrüttungsgedanken in **drei Scheidungstatbeständen** aus: in einer allgemeinen Bestimmung, die den Richter anhält, eine gescheiterte Ehe zu scheiden (§ 1565 I), und in zwei Bestimmungen, in denen **Trennungsfristen** die **unwiderlegliche Zerrüttungsvermutungen** auslösen und dem Richter das Urteil über das Scheitern der Ehe abnehmen (§ 1566 I, II). **1**

b) **Nachgewiesene Zerrüttung.** Die allgemeine Bestimmung ermöglicht eine Scheidung entweder gegen den Widerstand des scheidungsunwilligen Antragsgegners oder im (versteckten) Einvernehmen mit diesem. Sie fordert den Nachweis, daß die Lebensgemeinschaft der Ehegatten nicht mehr besteht und eine Wiederherstellung der Gemeinschaft nicht zu erwarten ist (§ 1565 I S 2). **2**

c) **Einvernehmliche Scheidung.** Der zweite Scheidungstatbestand kommt nur bei Scheidungen im Einvernehmen in Betracht: Leben die Ehegatten seit einem Jahr getrennt, so wird das Scheitern der Ehe unwiderlegbar vermutet, wenn beide Ehegatten die Scheidung beantragen oder der Antragsgegner der Scheidung zustimmt (§ 1566 I). Die Eheleute müssen sich aber über wesentliche Scheidungsfolgen geeinigt haben – etwa über Unterhaltsfragen, über die Rechtsverhältnisse an Ehewohnung und Hausrat und über die elterliche Sorge für ein gemeinschaftliches Kind (§ 630 ZPO). **3**

d) Der dritte Scheidungstatbestand ist für eine **umstrittene Scheidung** gedacht. Nach dreijähriger Trennung wird das Scheitern der Ehe unwiderleglich vermutet (§ 1566 II). **4**

2. Einwendungen. a) Trennungsjahr. Die im Sinn von § 1565 I gescheiterte Ehe kann nicht geschieden werden, wenn die Ehegatten nicht mindestens ein Jahr getrennt leben. Etwas anderes gilt nur, wenn Gründe in der Person des anderen Ehegatten eine sofortige Auflösung der Ehe erfordern, damit eine **unzumutbare Härte** für den Antragsteller vermieden wird (§ 1565 II). **5**

b) Darüber hinaus hindert die **Härteklausel** des § 1568 die Scheidung der gescheiterten Ehe und zwar **aa)** aus besonderen Gründen im Interesse minderjähriger Kinder, die aus der Ehe hervorgegangen sind (§ 1568 Fall 1); **bb)** zum Schutze des weiterhin ehewilligen Partners, der vor schwerer Scheidungshärte wegen außergewöhnlicher Umstände bewahrt werden soll (§ 1568 Fall 2). **6**

6. Scheidungspraxis. In der Praxis ist die Scheidung nach einjähriger Trennungsfrist aufgrund nachgewiesener Zerrüttung der weitaus überwiegend angewandte Tatbestand. Für die Zerrüttung genügt es nach hM (BGH FamRZ 1979, 422), wenn einer der Ehegatten sich von dem anderen endgültig abgewandt hat und die Fortsetzung der Ehe ablehnt. Auch die von beiden Ehegatten gewollte Scheidung wird meist nach dieser Vorschrift durchgeführt, weil sie dann die förmlichen Voraussetzungen des § 630 ZPO nicht einhalten müssen. § 1568 geift selten durch. **7**

1565 *Scheitern der Ehe*

(1) Eine Ehe kann geschieden werden, wenn sie gescheitert ist. Die Ehe ist gescheitert, wenn die Lebensgemeinschaft der Ehegatten nicht mehr besteht und nicht erwartet werden kann, dass die Ehegatten sie wiederherstellen.

(2) Leben die Ehegatten noch nicht ein Jahr getrennt, so kann die Ehe nur geschieden werden, wenn die Fortsetzung der Ehe für den Antragsteller aus Gründen, die in der Person des anderen Ehegatten liegen, eine unzumutbare Härte darstellen würde.

1. Zweck und Einordnung der Vorschrift. Die Bestimmung bezeichnet den alleinigen und ausschließlichen Scheidungsgrund, das Scheitern der Ehe. Einschränkend verlangt das Gesetz, um einer voreiligen Eheauflösung vorzubeugen, daß die Ehegatten, abgesehen von Härtefällen, mindestens seit einem Jahr im Sinn von § 1567 getrennt leben. **1**

2. Scheidungsgrund. Voraussetzung für die Scheidung ist, daß die Ehe objektiv **gescheitert** ist (Zerrüttungsprinzip). Es kommt grundsätzlich nicht darauf an, ob dies einem der Ehegatten anzulasten ist. Das Verhalten des Antragstellers und das des Antragsgegners sind jedoch zu würdigen, wenn eine Scheidung vor Ablauf des Trennungsjahres nach § 1565 II begehrt wird oder wenn gegen die Scheidung besondere Härtegründe im Sinn des **2**

§ 1568 eingewandt werden. Grundsätzlich kann auch derjenige Ehegatte, der durch sein Verhalten die Ehe zerrüttet hat, gegen den Willen des anderen Ehegatten geschieden werden. Das Wort „kann" in Abs I S 1 bezeichnet nicht ein Ermessen des Richters, sondern drückt aus, daß nur wegen des Grundes des Scheiterns die Ehe geschieden werden kann und bei Vorliegen dieser Voraussetzung auf Antrag, außer in den Fällen des § 1568, geschieden werden muß (allg M). Die gescheiterte Ehe kann auch auf Antrag des Gegners geschieden werden, der an der Ehe eigentlich festhalten will, aber einsieht, daß sich der andere Ehegatte endgültig von ihm abgewandt hat (MüKo/Wolf § 1564 Rz 39).

3 **3. Scheitern der Ehe. a)** Nach der **Legaldefinition** des Abs I S 2 ist die Ehe gescheitert, wenn die eheliche Lebensgemeinschaft nicht mehr besteht und nicht erwartet werden kann, daß sie die Ehegatten wiederherstellen.

4 **b)** Der Begriff „**eheliche Lebensgemeinschaft**" setzt sich aus objektiven und subjektiven Elementen zusammen, wobei letztere im Vordergrund stehen (MüKo/Wolf Rz 21). Gemeint sind die individuellen gelebten Verhältnisse und dabei vor allem die besondere personale Beziehung der Ehegatten. Wenn die **eheliche Gesinnung** und die wechselseitige innere Bindung endgültig verloren gegangen sind, ist die Ehe gescheitert. Ob sie von Anfang an zerrüttet war oder erst später gescheitert ist, bleibt gleich.

5 **c)** Die eheliche Lebensgemeinschaft ist der umfassendere Begriff gegenüber der in § 1567 genannten **häuslichen Gemeinschaft**, die mit der Trennung (§ 1567) aufgegeben wird. Die eheliche Lebensgemeinschaft ist das Ganze der ehelichen Verhältnisse, zu dem vor allem das subjektive Merkmal der ehelichen Gesinnung gehört. Die häusliche Gemeinschaft umschreibt dagegen die Realisierung der Lebensgemeinschaft der beiden Ehegatten in einer gemeinsamen Wohnung. Sie bezeichnet einen äußeren, nicht unbedingt notwendigen Teilaspekt dieser Gemeinschaft (BGH FamRZ 2002, 316). Die Aufhebung der häuslichen Gemeinschaft ist ein wesentliches Indiz dafür, daß die eheliche Lebensgemeinschaft nicht mehr besteht (BGH FamRZ 1981, 127). Die eheliche Lebensgemeinschaft kann aber auch ohne häusliche Gemeinschaft fortbestehen, etwa wenn der eine Ehegatte sich längere Zeit in Haft oder in einem Sanatorium befindet (BGH FamRZ 1978, 671; 89, 479) Andererseits kann die Ehe trotz häuslicher Gemeinschaft nach allgemeiner Ansicht (BGH FamRZ 1981, 127) gescheitert sein, etwa weil sich trotz der Aussichtslosigkeit einer Versöhnung keiner der Ehegatten aus wirtschaftlichen Gründen zur Trennung entschließen kann. In diesen Fällen wird die Beendigung der ehelichen Gemeinsamkeiten jedoch im Prozeß meist schwer beweisbar sein. Es ist ähnlich wie bei der Fortsetzung des Geschlechtsverkehrs, der, jedenfalls dann, wenn er nicht eine Ausnahme bleibt, dem Beweis der völligen inneren Entfremdung regelmäßig entgegenstehen wird (Johannsen/Henrich/Jaeger Rz 14a).

6 **d) Geistige Fähigkeit.** Ist ein Ehegatte, etwa wegen einer Hirnschädigung, einer ehelichen Gesinnung nicht mehr fähig, ist die Ehe auf seinen Antrag scheidbar, weil der Verlust jeden ehelichen Empfindens nicht geringer bewertet werden kann als der bewußte Verlust der ehelichen Gesinnung (BGH FamRZ 1989, 479: Der vom Pfleger als gesetzlicher Vertreter gestellte Scheidungsantrag wurde abgewiesen, weil beim geistig Behinderten noch ein Rest an ehelicher Gesinnung vorhanden war). Daraus kann indes nicht umgekehrt geschlossen werden, daß die Ehe gleichsam automatisch schon allein deshalb gescheitert ist, weil ein Ehegatte aufgrund einer geistigen Behinderung, weil er, etwa wegen Demenz, jedes Verständnis für die Ehe veloren hat und deshalb zu eigenem ehelichen Empfinden nicht mehr in der Lage ist. Wenn der andere Ehegatte weiterhin seine Verpflichtung zur ehelichen Verantwortung aus § 1353 I S 2 Hs 2 wahrnimmt und sich dem behinderten Ehegatten in ehelicher Verbundenheit und Fürsorge zuwendet, besteht die eheliche Lebensgemeinschaft als objektiv gelebte Verantwortungsgemeinschaft fort und kann nicht geschieden werden (BGH FamRZ 2002, 316: Abweisung des durch den Betreuer gestellten Scheidungsantrags). Von der Tendenz her ist es zu billigen, daß der BGH (FamRZ 1989, 479; 2002, 316) bei einem Scheidungantrag des gesetzlichen Vertreters hohe Anforderungen an die Feststellung des Scheiterns der Ehe stellt.

7 **e) Zweifache Prüfung.** Das Scheitern der Ehe erfordert die Feststellung, daß die eheliche Lebensgemeinschaft nicht mehr besteht (**Eheanalyse**) und die vorausschauende Beurteilung, daß ihre Wiederherstellung nicht zu erwarten ist (**Eheprognose**). Die personale Bindung der Ehegatten muß unheilbar zerstört sein. Für die Überzeugungsbildung des Richters ist neben objektiven Umständen vor allem die Einstellung der Ehegatten zu ihrer Ehe bedeutsam. Im allgemeinen wird die Aufhebung der häuslichen Gemeinschaft ein Indiz dafür sein, daß die eheliche Lebensgemeinschaft nicht mehr besteht (BGH FamRZ 1978, 671). Die Dauer der Trennungszeit kann es nahelegen, daß mit einer Versöhnung nicht mehr zu rechnen ist ((BGH FamRZ 1981, 127). Weitere Umstände, wie schwerwiegende Auseinandersetzungen, Zusammenleben mit einem neuen Partner, können darauf hindeuten, daß die Ehegatten die Fähigkeit und die Bereitschaft verloren haben, ihr Leben gemeinsam zu gestalten und miteinander wesentliche Entscheidungen für eine gemeinsame Zukunft zu treffen, dh daß die eheliche Gesinnung unwiederbringlich abhanden gekommen ist.

8 **f) Einseitige Abwendung.** Letzthin ist die Ehe gescheitert, wenn sich ein Ehegatte von dem anderen einseitig endgültig abgewendet hat (BGH FamRZ 1979, 422; 79, 1003). Zum Nachweis des Scheiterns der Ehe genügt zwar nach hM (BGH FamRZ 1978, 681; Johannsen/Henrich/Jaeger Rz 25) nicht die Erklärung des Antragstellers oder des Gegners, er sei nicht bereit, die Ehe fortzusetzen. Vielmehr muß der Richter von der unheilbaren Zerrüttung der Ehe überzeugt sein. Dazu muß er sämtliche Umstände würdigen. Lehnt der andere Ehegatte die Scheidung ab, wird es auch darauf ankommen, welche Umstände er vorbringt, die gegen das vom Antragsteller vorgebrachte endgültige Auseinanderleben der Ehegatten sprechen. Für die Bildung der Überzeugung, ob ein Ehegatte oder beide die eheliche Gesinnung verloren haben, sind die Äußerungen neben dem Verhalten die wichtigsten Indizien. Der Scheidungsantrag ist auch bei einseitigem Scheidungsbegehren ein Anzeichen, daß der Ehegatte keine gemeinsame Grundlage für ein weiteres Zusammenleben mit dem anderen Ehegatten sieht (MüKo/Wolf Rz 52; aA Johannsen/Henrich/Jaeger Rz 28). Zweifel an der Glaubhaftigkeit und Ernsthaftigkeit der Erklärungen der Ehegatten werden regelmäßig nicht begründet sein (Staud/Rauscher Rz 51). Im allgemeinen reicht die persönliche Anhörung der Ehegatten nach § 613 I ZPO aus, um zweifelsfreie Feststellungen zu treffen (Staud/Rauscher Rz 87). Keinesfalls darf ein psychologisches Sachverständigengutachten eingeholt werden, ob die Ehe gescheitert ist; denn dies würde dem Gesetzeszweck des seit dem 1. EheRG geltendendem Scheidungsrechts widersprechen, die Intimsphäre der Ehegatten möglichst zu schonen (allg M).

g) Versöhnungschance. Besteht nach der freien Überzeugung des Richters die Aussicht, daß sich die Ehegatten versöhnen, kann er das Verfahren in den Grenzen des § 613 ZPO aussetzen. Versöhnungsbereitschaft beider Ehegatten schließt die Feststellung des Scheiterns der Ehe aus (BGH FamRZ 1995, 229). 9

4. Trennungszeit. a) Trennungsjahr. Aus Abs II ergibt sich, daß auch die im Sinn von Abs I gescheiterte Ehe grundsätzlich nicht geschieden werden kann, wenn die Ehegatten noch nicht ein Jahr getrennt leben (BGH FamRZ 1981, 127). Zum Begriff des Getrenntlebens siehe § 1567. (Die fehlende Erwähnung von § 1565 II in § 1567 ist ein Redaktionsversehen). Die Trennung ist zwar nicht Voraussetzung für eine Scheidung, sondern allein das Scheitern der Ehe. Durch die Vorschrift eines Trennungsjahres soll **Rechtsmißbräuchen** entgegengewirkt werden, zu denen es dadurch kommen könnte, daß ein Ehegatte, der einseitig die Ehe zerstört hat, sogleich aus dem Zerrüttungstatbestand für sich günstige Rechtsfolgen ableitet. Daneben soll **leichtfertigen und voreiligen Scheidungen vorgebeugt** werden (BGH FamRZ 1981, 127). Ferner wird mit dem Trennungsjahr auch dem Ehegatten, der an der Ehe festhält, Zeit gegeben, sich auf eine mögliche Scheidung einzustellen. Außerdem gibt das Trennungsjahr beiden Ehegatten die Chance der Versöhnung. Mit der Voraussetzung der einjährigen Trennung wird zudem an ein äußerliches Indiz aus der Lebenserfahrung für die Feststellung des vorwiegend im Innenbereich der Ehegatten liegenden Scheiterns der Ehe anküpft und damit die Eheanalyse und die nur mit einem gewissen Grad von Wahrscheinlichkeit mögliche Eheprognose abgesichert (BGH FamRZ 1981, 127; Staud/Rauscher Rz 115). Das Trennungsjahr ist, außer im Fall einer Härte nach § 1565 II, auch einzuhalten, wenn die Ehegatten von Anfang an keine eheliche Lebensgemeinschaft begründen wollten (Zweck- oder Fehlehe), weil sie wegen des Mißbrauchs der Eheschließung nicht besser gestellt werden dürfen (hM Staud/Rauscher Rz 101ff). Auch in diesem Fall kommt es nur darauf an, daß im Zeitpunkt der Scheidung die eheliche Lebensgemeinschaft nicht besteht (BGH FamRZ 2002, 316). 10

b) Fristberechnung. Das Trennungjahr läuft von der **Trennung bis zum Zeitpunkt der letzten mündlichen Verhandlung**, auf die das Scheidungsurteil ergeht. Daran ändert nichts, daß bereits an den Zeitpunkt der Zustellung des Scheidungsantrags Rechtswirkungen geknüpft sind, etwa Vorsorgeunterhalt nach § 1361 I S 2, Festlegung des Eheendes für den Zugewinnausgleich nach § 1384 und für den Versorgungsausgleich nach § 1587 II. Ob Benachteiligungen des Gegners ausgleichbar sind, die sich aus einem verfrühten Scheidungsantrag hinsichtlich Folgesachen ergeben können, ist bei der Entscheidung über diese zu prüfen (BGH FamRZ 1997, 347). Der möglichen Benachteiligung des Gegners in der Folgesache wird entgegengetreten, wenn der vorzeitig gestellte und deswegen unschlüssige Scheidungsantrag, wie § 301 ZPO vorschreibt, unverzüglich abgewiesen wird. (Johannsen/Henrich/Jaeger Rz 47; Schwab Scheidungsrecht Rz II 70; aA MüKo/Wolf Rz 64). Prozeßkostenhilfe darf dafür mangels Erfolgsaussicht(§ 114 ZPO) nicht bewilligt werden. Außer der Anordnung des Ruhens des Verfahrens, weil keine Partei einen Antrag stellt (§ 251a III ZPO), gibt es keine Rechtsgrundlage, die Zeit bis zum Ablauf des Trennungsjahres zu überbrücken, etwa durch Einholung von Auskünften für die Folgesache Versorgungsausgleich oder durch hinausgeschobene Terminierung (KG FamRZ 1978, 34; aA KG FamRZ 1983, 821 mit abl Anm Braeuer sowie Burgard und Jacobs FamRZ 1983, 1044; Dietzen FamRZ 1988, 1010; Philippi FamRZ 1985, 712; einschränkend KG FamRZ 1985, 1066) oder Aussetzung nach § 614 ZPO (Bamberg FamRZ 1984, 897). Ist das Trennungsjahr erst im Zeitpunkt des Berufungsurteils abgelaufen, kann trotz begründeten Scheidungsantrags vom OLG die Ehe grundsätzlich nicht geschieden werden. Die Sache ist zur Wiederherstellung des Verbundes an das AG zurückzuweisen, wenn bei diesem eine Folgesache, etwa der Versorgungsausgleich, zur Entscheidung, ansteht (§ 629b ZPO). Die Kosten des Berufungsverfahrens können entspr § 97 II ZPO dem Antragsteller auferlegt werden, außer wenn offen bleiben kann, ob der Antrag bereits in erster Instanz begründet war oder wenn sich der Gegner dem Scheidungsantrag weiterhin widersetzt (BGH FamRZ 1997, 347). Die Fortdauer des Getrenntlebens nach dem Berufungsurteil ist eine neue Tatsache, die im Revisionsverfahren grundsätzlich nicht berücksichtigt werden kann (BGH FamRZ 1978, 884). 11

5. Sofortige Scheidung. a) Härte. Nach § 1565 II kann die gescheiterte Ehe vor Ablauf eines Trennungsjahrs geschieden werden, wenn ihre Fortsetzung aus Gründen, die in der Person des Antragsgegners liegen, eine unzumutbare Härte bedeuten würde. Nach dieser Ausnahmevorschrift muß es für den Antragsteller, der regelmäßig vom Antragsgegner getrennt lebt, aber nicht getrennt leben muß, unzumutbar sein, die Ehe auch nur dem Bande nach bis zum Ablauf eines Trennungsjahres fortzusetzen (BGH FamRZ 1981, 127). Nicht genügen, entgegen Schwab (FamRZ 1979, 14, 19; ders Scheidungsrecht Rz II 54), Umstände, die ohne weiteres, dh ohne das Krisensymptom „Getrenntleben für mindestens ein Jahr", erklären, daß sich der Antragsteller endgültig vom anderen Ehegatten abgewandt hat. Nicht ausreichend ist auch, daß die Gründe für das Scheitern der Ehe nicht ausschließlich beim Antragsteller (so Lüke AcP 178, 1, 26) oder allein bei dem anderen Ehegatten (so aber Holzhauer JZ 1979, 113, 116) liegen. Nur durch die erstgenannte Deutung der Vorschrift wird verhindert, daß die nach dem Gesetz für konkrete Ausnahmefälle vorgesehene Scheidung nach § 1565 II in der Praxis zur Regel wird. 12

b) Gründe beim Antragsgegner. Die Gründe müssen in der Person des Antraggegners liegen, brauchen aber nicht außergewöhnlicher Art, wie bei § 1568, zu sein. Obgleich auch dessen Verhalten erheblich ist, eröffnet § 1565 II auch ohne dessen Verschulden und nicht schon wegen schuldhaften ehewidrigen Betragens die Möglichkeit der sofortigen Scheidung. Es müssen vielmehr in der Person des Antragsgegners Umstände von der Art vorliegen, die es für den Antragsteller unzumutbar erscheinen lassen, mit ihm bis zum Ablauf des Trennungs- 13

§ 1565

jahres weiter verheiratet zu sein. Solche Gründe können namentlich bei Verstößen gegen die Grundlagen der Ehe und gegen die Mindestgebote der Achtung der Person (Mißhandlungen des anderen Ehegatten oder der Kinder) zu bejahen sein (BGH FamRZ 1981, 127). Eine einmalige Tätlichkeit ohne Wiederholungsgefahr wird nicht ohne weiteres ausreichen, aber Demütigungen, etwa Aufnahme eines Partners in die Ehewohnung, die von den Ehegatten, wenn auch mit getrennten Schlafräumen, weiterhin bewohnt wird. Grundsätzlich genügt es, entgegen einer verbreiteten Ansicht (Stuttgart FamRZ 1977, 646; Hamm FamRZ 1978, 28; Karlsruhe FamRZ 1978, 645), allein nicht, daß ein Ehegatte eine ehebrecherische Beziehung hat, insbesondere mit einem Partner in einer anderen Wohnung zusammenlebt; denn dies gehört zum gewöhnlichen Verlauf, der zur Scheidung führt. Ein Grund in der Person des anderen Ehegatten ist regelmäßig zu verneinen, wenn auch der andere Ehegatte eine neuen Partner hat, selbst wenn er diese Beziehung als Reaktion aufgenommen hat (str). Zwar gibt es keine Aufrechnung des gegenseitigen Verhaltens. Offenbar empfindet der verletzte Ehegatte das Verhalten des anderen, jedenfalls jetzt nicht mehr, als hart, sondern als Freibrief für eigenes ehewidriges Verhalten. Alkoholmißbrauch rechtfertigt nicht ohne Begleitumstände, wie etwa Aggressionen, die Scheidung vor dem Trennungsjahr. Der Umstand, daß für den antragstellenden Ehegatten der Zeitpunkt gekommen ist, das Verhalten des anderen nicht weiter hinzunehmen (Bamberg FamRZ 1980, 577), gehört hier, wie bei vielen anderen Scheidungsgründen, zum normalen Geschehensablauf. In seltenen Fällen kann eine Scheidung nach § 1565 II begründet sein, ohne daß die Ehegatten bislang getrennt leben (BGH FamRZ 1981, 127). Gründe, die allein in der Person des Antragstellers liegen, etwa die schwangere Partnerin vor der Niederkunft heiraten zu wollen, reichen nicht aus.

14 c) Fristablauf. Nicht selten erledigt sich die Entscheidung über Härtegründe, weil bis zum Erlaß des Urteils, insbesondere im Berufungsrechtszug, das Trennungsjahr abgelaufen ist (zu den Kosten s Rz 11). Der Antragsteller bzw der Widerantragsteller hat kein Recht darauf, aus einem Härtegrund geschieden zu werden, wenn feststeht, daß die Ehe zerrüttet ist und daß die Ehegatten über ein Jahr getrennt leben (Staud/Rauscher Rz 106). Ist der Scheidungsantrag eines Ehegatten begründet, kann die Ehe geschieden werden, ohne daß über die Begründetheit des Gegenantrags des anderen Ehegatten Beweis erhoben werden muß und ohne daß dieser abgewiesen werden muß, weil über die Scheidung nur einheitlich entschieden werden kann. Der andere Antrag ist damit als erledigt anzusehen (Staud/Rauscher § 1564 Rz 63; aA MüKo/Wolf Rz 89).

15 6. Beweislast. Der Antragsteller muß das Scheitern der Ehe beweisen oder einen der Vermutungstatbestände des § 1566, ferner den Ablauf des Trennungsjahres oder das Vorliegen eines Härtegrundes nach § 1565 II.

1566 *Vermutung für das Scheitern*
(1) Es wird unwiderlegbar vermutet, dass die Ehe gescheitert ist, wenn die Ehegatten seit einem Jahr getrennt leben und beide Ehegatten die Scheidung beantragen oder der Antragsgegner der Scheidung zustimmt.
(2) Es wird unwiderlegbar vermutet, dass die Ehe gescheitert ist, wenn die Ehegatten seit drei Jahren getrennt leben.

1 1. Zweck und Einordnung der Vorschrift. Die Bestimmung knüpft an die Trennungszeit von einem Jahr bei Einverständnis des anderen Ehegatten mit der Scheidung bzw drei Jahren bei mangelnder Einwilligung die unwiderlegbare Vermutung, daß die Ehe im Sinn von § 1565 I gescheitert ist. Das Gesetz geht davon aus, daß ein Getrenntleben von längerer Dauer, das von einem die eheliche Lebensgemeinschaft ablehnenden Willen getragen ist, nach der Lebenserfahrung das Scheitern der Ehe verläßlich anzeigt (BGH FamRZ 1988, 479). Die Vorschrift ergänzt § 1565 I insofern, als nicht mehr das Scheitern der Ehe, sondern der Ablauf einer Trennungsfrist zu beweisen ist. Damit wird eine schonende Form der Scheidungsverfahrens ermöglicht, die die Intimsphäre der Ehegatten wahrt. Zum Begriff Trennung s § 1567 Rz 2.

2 2. Beweislastregeln. Nach der zwingenden Beweislastregel (§ 292 ZPO) darf über das Scheitern der Ehe kein Beweis erhoben werden, wenn die Trennungszeit von einem Jahr bzw drei Jahren eingehalten ist. Daß die Trennungszeit gewahrt ist, muß der Antragsteller beweisen. Für eine Scheidung muß dies zur Überzeugung des Gerichts feststehen. Dies gilt auch, wenn beide Ehegatten geschieden werden wollen. Die Zerrüttung (§ 1565 I), nicht der Ablauf der Trennungszeit, bleibt der Scheidungsgrund. Der unwiderlegliche gesetzliche Schluß von der Trennungszeit auf die Zerrüttung ist verfassungsgemäß (BGH FamRZ 1979, 285).

3 3. Einverständliche Scheidung. Beantragen beide Ehegatten die Scheidung oder stimmt einer dem Antrag des anderen zu, kann die Ehe nach einjähriger Trennung geschieden werden, weil die Zerrüttung im Sinn von § 1565 I vermutet wird. Ein Gegenbeweis ist ausgeschlossen. Die Zustimmung und ihre Rücknahme unterliegen, anders als der Scheidungsantrag und seine Rücknahme (§ 78 II Nr 1 ZPO), nicht dem Anwaltszwang (§§ 630 II S 2, 78 III ZPO; dazu Jost NJW 1980, 327). Während die Zustimmung frei widerruflich ist, kann nach mündlicher Verhandlung der Scheidungsantrag nur mit Zustimmung des Gegners zurückgenommen werden (§ 269 I ZPO). Wird diese verweigert, ist die Scheidungsklage durch Urteil abzuweisen, weil eine Ehe ohne materiell-rechtlichen Antrag nicht geschieden werden kann (hM, str). Der Antrag auf einverständliche Scheidung nach § 1566 I muß nach § 630 ZPO mit übereinstimmendem Vorschlag zur elterlichen Sorge und zum Umgangsrecht sowie einer Einigung über den Unterhalt der gemeinsamen Kinder und des Ehegatten verbunden werden, letzteres regelmäßig in Form eines vollstreckbaren Titels, der auch noch in Form eines Vergleichs vor dem Scheidungsrichter errichtet werden kann (§ 794 I Nr 1 ZPO). Alle Voraussetzungen für eine einverständliche Scheidung müssen spätestens und noch im Zeitpunkt der letzten mündlichen Verhandlung vorliegen. Fehlt eine, kann nicht nach § 1566, aber – bei festgestelltem Scheitern der Ehe – nach § 1565 geschieden werden. Die unheilbare Zerrüttung wird kaum anzuweifeln sein, wenn beide Ehegatten nach mindestens einjähriger Trennung geschieden werden wollen. Die Scheidung kann auch auf diesem Weg unter weitgehender Schonung der Intimsphäre erreicht werden, ohne daß die Voraussetzungen des § 630 ZPO erfüllt und dafür Kosten aufgewendet werden müssen. Die einverständliche Scheidung nach § 1566 I ist deswegen in der Praxis selten.

4. Scheidung nach dreijähriger Trennung. Nach Ablauf einer Trennungsfrist von drei Jahren kann die Ehe auch gegen den Willen des anderen Ehegatten geschieden werden. Auch in diesem Fall bleibt die Zerrüttung (§ 1565) der Scheidungsgrund, aber nicht diese, sondern der Zeitablauf muß bewiesen werden. Die Vorschrift ist verfassungsgemäß (BGH FamRZ 1979, 285). Die Scheidung kann allenfalls wegen eines Härtegrunds nach § 1568 abgelehnt werden. Das Gericht darf das Verfahren, wenn es eine Versöhnung für möglich hält, höchstens für sechs Monate, aussetzen (§ 614 IV ZPO). 4

1567 *Getrenntleben*

(1) Die Ehegatten leben getrennt, wenn zwischen ihnen keine häusliche Gemeinschaft besteht und ein Ehegatte sie erkennbar nicht herstellen will, weil er die eheliche Lebensgemeinschaft ablehnt. Die häusliche Gemeinschaft besteht auch dann nicht mehr, wenn die Ehegatten innerhalb der ehelichen Wohnung getrennt leben.

(2) Ein Zusammenleben über kürzere Zeit, das der Versöhnung der Ehegatten dienen soll, unterbricht oder hemmt die in § 1566 bestimmten Fristen nicht.

1. Zweck und Einordnung der Vorschrift. Die Bestimmung legt den Begriff „Getrenntleben der Ehegatten" fest. Das Getrenntleben ist grundlegend für die Scheidungsvoraussetzungen des § 1565, auch für die von dessen Abs II, der versehentlich nicht erwähnt wird, und für die Zerrüttungsvermutung des § 1566. Das Gesetz geht davon aus, daß ein Getrenntleben von längerer Dauer, das von einem die eheliche Lebensgemeinschaft ablehnenden Willen getragen ist, nach der Lebenserfahrung das Scheitern der Ehe verläßlich anzeigt (BGH FamRZ 1988, 479). An das Getrenntleben knüpfen weitere Bestimmungen, insbesondere §§ 1361 ff an. 1

2. Trennung und häusliche Gemeinschaft. a) Ende der häuslichen Gemeinschaft. Trennung erfordert, daß (objektiv) keine häusliche Gemeinschaft besteht und (subjektiv) dies von mindestens einem der Ehegatten verweigert wird, weil er die eheliche Lebensgemeinschaft ablehnt. Die häusliche Gemeinschaft ist aufgehoben, wenn die Lebensbereiche der Ehegatten soweit von einander geschieden sind, als dies nach den konkreten Verhältnissen möglich ist. Regelmäßig wird die Trennung durch den Auszug eines Ehegatten aus der Ehewohnung vollzogen. Die Ehegatten können jedoch auch in der Ehewohnung getrennt leben (Abs I S 1). Dies setzt aber voraus, daß ihre Gemeinsamkeiten im wesentlichen aufgehört haben und die verbleibenden Berührungen nur punktuell und nicht persönlicher Art sind (BGH FamRZ 1978, 671; 884). Beispiel: Der Mann schläft im Wohnzimmer, die Frau im Schlafzimmer, Bad und Küche werden von beiden benutzt. Ein Ehegatte versorgt nicht mehr den anderen (kein gemeinsames Kochen, keine gemeinsamen Mahlzeiten, kein Wäschewaschen für den anderen). Das Getrenntleben entfällt nicht deswegen, weil sich die Ehegatten in die Betreuung des Kindes teilen oder wenn er den anderen im Falle einer Krankheit umsorgt (BGH FamRZ 1979, 469). Die weitere Benutzung eines gemeinsamen Schlafzimmers wird zu Zweifeln an einer Trennung Anlaß geben. Berufliche Zusammenarbeit oder Kontakte wegen des gemeinsamen Kindes schließen ein Getrenntleben nicht aus. 2

b) Trennungswille. Die Verweigerung der häuslichen Gemeinschaft muß dem anderen Ehegatten gegenüber nicht erklärt werden. Es genügt, daß sie aus dem Verhalten erkennbar ist. Der Ehegatte muß eindeutig zum Ausdruck bringen, daß er nicht mehr die häusliche Gemeinschaft herstellen will (BGH FamRZ 1978, 671). Gemeinsame Urlaubsreisen oder regelmäßige wechselseitige Besuche können den Trennungswillen bezweifeln lassen. Auch bei einer Scheinehe muß der Trennungswille zum Ausdruck gebracht werden, wenn die Eheleute zusammengelebt haben und deswegen die Aufhebung der Ehe nach § 1315 I Nr 5 ausgeschlossen ist. Der unmißverständlich geäußerte Trennungswille unterscheidet eine aus objektiven Gründen, etwa wegen längerer Haft oder Unterbringung in einem Pflegeheim, gegebene Aufhebung der häuslichen Gemeinschaft von der Trennung. In diesem Fall ist der Trennungswille auf die Aufgabe der ehelichen Lebensgemeinschaft gerichtet (BGH FamRZ 1989, 479). 3

c) Willensäußerung. Die Äußerung des Trennungswillens ist keine Willenserklärung. Auch der Geschäftsunfähige ist dazu in der Lage (BGH FamRZ 1989, 479). Bekennt er sich später wieder zur ehelichen Lebensgemeinschaft, ist der Trennungswille nicht mehr gegeben (BGH FamRZ 1989, 479). 4

3. Versöhnungsversuch. a) Trennungsfrist. Der an sich zur Scheidung entschlossene Ehegatte, der einen Versöhnungsversuch machen will, soll nicht befürchten, im Falle des Scheiterns Nachteile zu haben, was ihn vom Versuch abhalten könnte. Deswegen bestimmt Abs II, daß ein kürzeres Zusammenleben die Fristen des § 1566 nicht unterbricht oder hemmt. Entsprechendes gilt für die Frist des § 1565 II. Eine kürzere Frist wird bei Zusammenleben über mehr als drei Monate im allgemeinen nicht mehr anzunehmen sein. **b) Ehewille.** Das Zusammenleben muß der Versöhnung dienen, dh es muß von der Absicht bestimmt sein, die Ehe zu retten. Daneben können weitere Motive, wie Mitleid, Nächstenliebe, Hilfe wegen Erkrankung, vorliegen. **c) Gesamtbild.** Gelegentliche Besuche und der Austausch von Zärtlichkeiten ändern am Getrenntleben nichts. Dies gilt auch für einmaligen Geschlechtsverkehr (Celle FamRZ 1996, 804). **d) Erneute Trennung.** Leben die Ehegatten nach einer Versöhnung wieder zusammen und trennen sie sich dann erneut, sind die Trennungsfristen voll einzuhalten (München FamRZ 1990, 885). 5

4. Der Scheidungsgegner trägt die **Beweislast** dafür, daß sich die zuvor getrennt lebenden Ehegatten nicht nur kürzere Zeit wieder zusammengelebt und sich wieder versöhnt haben (München FamRZ 1990, 885; Zweibrücken FamRZ 1997, 1212). Die Wiederaufnahme des intimen Verkehrs reicht dafür nicht aus (BGH FamRZ 1982, 576). 6

§ 1568 *Härteklausel*

1568 (1) Die Ehe soll nicht geschieden werden, obwohl sie gescheitert ist, wenn und solange die Aufrechterhaltung der Ehe im Interesse der aus der Ehe hervorgegangenen minderjährigen Kinder aus besonderen Gründen ausnahmsweise notwendig ist oder wenn und solange die Scheidung für den Antragsgegner, der sie ablehnt, auf Grund außergewöhnlicher Umstände eine so schwere Härte darstellen würde, dass die Aufrechterhaltung der Ehe auch unter Berücksichtigung der Belange des Antragstellers ausnahmsweise geboten erscheint.
(2) (weggefallen)

1 **1. Zweck und Einordnung der Vorschrift. a) Verfassung.** Das Recht auf Scheidung einer gescheiterten Ehe, das der Ehegatte nach Ablauf der Trennungsfrist durchsetzen kann (§§ 1564–1566), wird durch § 1568 in außergewöhnlichen Ausnahmefällen zum Schutz eines gemeinsamen minderjährigen Kindes oder des anderen Ehegatten eingeschränkt, nicht im Interesse der Ehe als Institution (MüKo/Wolf Rz 2; Staud/Rauscher Rz 4). Der Scheidungswillige muß dies aufgrund der fortwirkenden personalen Verantwortung der Ehegatten hinnehmen (BVerfG FamRZ 1981, 15; 2001, 986).

2 **b) Scheidung zur Unzeit.** Der Abs II, der ausnahmslos eine Grenze von fünf Jahren vorsah, ab der die Scheidung nicht verweigert werden durfte, wurde durch das UÄndG v 20. 2. 1986 (BGBl I 301) beseitigt, nachdem das BVerfG (FamRZ 1981, 15) die Starrheit der Regelung beanstandet hatte. Die in der Praxis selten erfüllte Bestimmung schließt vornehmlich eine Scheidung zur Unzeit aus, wird sie aber kaum überhaupt verhindern können. Die strittige Frage, ob aus verfassungsrechtlichen Gründen die Unzeit einmal beendet sein muß (Staud/Rauscher Rz 18; Ramm JZ 1986, 164, 166; Pal/Brudermüller Rz 1) oder nie aufhören kann (so zutreffend Johannsen/Henrich/Jäger Rz 9f; Schwab FamRZ 1984, 1171, 1175; ders Scheidungsrecht Rz II 97), muß der Scheidungsrichter nicht allgemein, sondern durch Auslegung des Tatbestandsmerkmals „wenn und solange" im konkreten Fall beantworten.

3 **c)** § 1568 ist eine abschließende **Sondervorschrift**, die es nicht zuläßt, die allgemeine Mißbrauchsbestimmung des § 242 heranzuziehen. (MüKo/Wolf Rz 14; Staud/Rauscher Rz 28). Vor Eintritt der Voraussetzungen des § 1568 kann auf auf die Geltendmachung von Härtegründen unstreitig nicht verzichtet werden, wohl aber, wenn sie entstanden sind (Staud/Rauscher Rz 174; aA Johannsen/Henrich/Jaeger Rz 40; Gernhuber/Coester-Waltjen § 25 Nr 6). Zu Vereinbarungen s § 1564 Rz 20.

4 **2. Anwendungsgrundsätze. a) Ausnahme.** Die Scheidung ist die Regel, wenn die Ehe gescheitert und die Trennungszeit abgelaufen ist (§§ 1564–1566). Der Richter braucht im Urteil den Ausnahmetatbestand des § 1568 nicht zu erwähnen, wenn der Sachverhalt dazu keinen Anlaß gibt.

5 **b) Prüfungsreihenfolge.** Die Härteklauseln sind erst zu prüfen, wenn die Voraussetzungen für eine Scheidung nach §§ 1564–1566 festgestellt sind („obwohl die Ehe gescheitert ist"). Dann ist zu entscheiden, ob die Ehe dem Bande nach ausnahmsweise wegen besonderer Umstände im Interesse des Kindes oder des anderen Ehegatten aufrecht zu erhalten ist.

6 **c) Zwingendes Recht.** Der Ausdruck „soll nicht geschieden werden" steht in Korrespondenz zu „kann geschieden werden" in § 1565. Sind die Voraussetzungen einer Härteklausel zu bejahen, darf die Ehe nicht geschieden werden, ohne daß ein Ermessensspielraum besteht (allg M).

7 **3. Kinderschutzklausel. a) Ausnahmefall.** Auch das minderjährige Kind muß es grundsätzlich hinnehmen, daß sich seine Eltern scheiden lassen und sich dadurch seine persönliche und materielle Lebenssituation verschlechtert. Regelmäßig wird dies bereits eine Folge der Trennung sein und kann Anlaß etwa für eine Sorgerechtsregelung nach § 1671 oder für die Schaffung eines Titels über den Unterhalt nach §§ 1601ff geben. § 1568 ist insoweit nicht erfüllt, sondern nur in den Ausnahmefällen, in welchen der Scheidungsausspruch als solcher das Kind außergewöhnlich hart treffen würde (hM; für weiten Anwendungsbereich Schwab Scheidungsrecht Rz II S 108ff).

8 **b) Gemeinsames Kind.** Geschützt ist das gemeinsame minderjährige Kind der Ehegatten, gleich ob es leiblich oder adoptiert ist und gleich, ob die Vaterschaft (§ 1592) anfechtbar ist (aA Erman/Dieckmann[10] Rz 7). Das Stiefkind und das Pflegekind fallen nicht in den Schutzbereich. Der Schutz endet mit der Heirat oder der Volljährigkeit des Kindes, auch wenn dieses behindert ist.

9 **c) Härtegründe.** „Besondere Gründe" können etwa eine ernsthafte Gefahr der Selbsttötung des Kindes sein (Hamburg FamRZ 1986, 469 m Anm Henrich) und sonstige, vor allem seelische Ausnahmesituationen, die nur mit Hilfe von Sachverständigen bewertet werden können. Die Verschlechterung der Unterhaltsposition des Kindes wegen einer neuen Heirat genügt nicht (Staud/Rauscher Rz 74; Johannsen/Henrich/Jaeger Rz 16; aA Schwab, Scheidungsrecht Rz II 111; Erman/Dieckmann[10] Rz 9).

10 **d) Notwendigkeit.** Das Interesse des Kindes muß es „ausnahmsweise notwendig" erscheinen lassen, die Ehe dem Bande nach aufrechtzuerhalten, dh die Ablehnung der Scheidung muß das einzige Mittel sein, um der besonderen Gefährdung des Kindes zu begegnen. Andere geeignete Maßnahmen dürfen nicht in Betracht kommen. Ist die Ablehnung der Scheidung die einzige Möglichkeit, kommt es nicht auf das Interesse des Antragstellers an, seinen nichtehelichen Partner zu heiraten, auch wenn aus dieser Verbindung Kinder hervorgegangen sind. Die strittige Frage, ob diese Interessen überhaupt in die Erwägungen einzubeziehen sind (verneinend MüKo/Wolf Rz 23), stellt sich nicht, wenn die Ablehnung des Scheidungsausspruchs „notwendig" ist.

11 **e)** Die Härtegründe können zwar durch **Zeitablauf** an Gewicht verlieren. Dem Merkmal „wenn und solange" ist indes zu entnehmen, daß der Scheidungsantrag abzuweisen ist, wenn gegenwärtig die Voraussetzungen des Härtetatbestands erfüllt sind. Er bedeutet nicht, daß aufgrund einer Prognose des Wegfalls der Voraussetzungen schon

heute die Scheidung für einen künftigen Zeitpunkt ausgesprochen oder daß das Verfahren bis zum Wegfall des Härtegrundes, etwa bis zum 18. Geburtstag des Kindes, nach § 614 ZPO ausgesetzt werden darf (Hamburg FamRZ 1986, 470 m Anm Henrich; aA Staud/Rauscher Rz 31).

4. Ehegattenschutzklausel. a) Ausnahmefall. Grundsätzlich kann vom dem anderen Ehegatten erwartet werden, daß er sich mit Ablauf der Trennungsfrist auf die Scheidung eingestellt hat. Ausnahmsweise kann aufgrund besonderer Umstände die Zeit bis zur letzten mündlichen Verhandlung vor dem Scheidungsurteil für den anderen Ehegatten, der die Scheidung ablehnt, nicht ausreichend sein. 12

b) Es müssen bei objektiver Beurteilung der gesamten Verhältnisse „**außergewöhnliche Umstände**" vorliegen, die von den gewohnten Gegebenheiten einer Scheidung abweichen (BGH FamRZ 1979, 422; 1981, 1161). Die Umstände können im immateriellen oder im materiellen Bereich liegen. Im ersteren wird dies häufiger der Fall sein als im letzteren, weil die materiellen Härten durch die Regelung der Scheidungsfolgen entweder linderbar oder eher hinzunehmen sind als die Zerstörung sozialer Kontakte und Vereinsamung als Folge der Scheidung. Als außergewöhnliche Umstände werden genannt: schwere Krankheit (BVerfG FamRZ 2001, 986; BGH FamRZ 1985, 905); Alleinlassen zu einer Zeit besonderer Schicksalschläge(BGH FamRZ 1979, 422: Unfalltod des Kindes); schicksalhafter Verlauf der Ehe (Hamm FamRZ 1985, 189: langjährige Pflege eines schwerbehinderten Kindes); wenn eine lange harmonisch verlaufene Ehe mit besonders aufopferungsvollen Leistungen des Scheidungsgegners vorliegt; wenn ein Ehegatte aus einem Betrieb herausgedrängt werden soll, der ihm Lebensinhalt ist (Hamm FamRZ 1989, 1188). In diesen Fällen, insbesondere bei wirtschaftlichen Umständen, ist darauf zu achten, daß der Scheidungsgegner aufgrund des § 1568 nicht den durch die Ehe erlangten Besitzstand verteidigen, sondern nur eine längere Übergangszeit beanspruchen kann, um sich auf die geänderte Lage einzustellen. Es ist deswegen grundsätzlich nicht möglich, daß ein Ehegatte mittels der Ablehnung der Scheidung etwa eine Stellung als Familienangehöriger in einem Betrieb behauptet, die ihm mangels Beteiligung nicht zusteht (Staud/Rauscher Rz 99; aA Schwab Scheidungsrecht Rz II 131). 13

Kein außergewöhnlicher Grund ist das einseitige Ausbrechen aus der Ehe und die Aufnahme einer neuen Beziehung (BGH FamRZ 1981, 1161). Nicht genügen Umstände, denen durch andere geeignete Maßnahmen (BVerfG FamRZ 2002, 986) oder durch Regelung der Scheidungsfolgen, etwa nachehelichen Unterhalt oder Wohnungszuweisung (BGH FamRZ 1984, 559), Rechnung getragen werden kann, ferner nicht: Verschlechterung des Krankenversicherungsschutzes (BGH FamRZ 1981, 649); schuldrechtlicher statt öffentlichrechtlichem Versorgungsausgleich (BGH FamRZ 1985, 912); ausländerrechtliche Nachteile (Karlsruhe FamRZ 1990, 630); hohes Alter; langjährige Ehe (Hamm FamRZ 1989, 1188); Nachteile wegen Krankheit (BGH FamRZ 1979, 469); Wegfalls des Halts bei einer Sucht; Verlust der langjährigen Wohnung (BGH FamRZ 1984, 559); Selbsttötungsgefahr, solange dem Ehegatten die Verantwortlichkeit für sein Verhalten zurechenbar ist (BGH FamRZ 1981, 1161; 1984, 559). Kein außergewöhnlicher objektiver Grund, der die Scheidung der „verweltlichten" bürgerlich-rechtlichen Ehe verhindern kann, ist die religiöse Überzeugung des Antraggegners von der Unauflösbarkeit der Ehe (Hamm FamRZ 1989, 1188; Johannsen/Henrich/Jaeger Rz 29; Gernhuber/Coester-Waltjen § 27 VI S 1; Staud/Rauscher Rz 126; im Ergebnis ebenso Stuttgart FamRZ 1991, 334 mit abl Anm Bosch S 334 und 951 und zust Anm Haufe S 950; AG Schorndorf FamRZ 1992, 568; kritisch Schwab Scheidungsrecht Rz II 132f). 14

c) Abwägung. Die genannten Beispiele sind nicht in dem Sinn zu verstehen, daß bei ihrem Vorliegen stets ein Härtegrund zu bejahen bzw zu verneinen ist. Vielmehr handelte es sich um Gesichtspunkte, die zusammen mit allen übrigen Umständen des Einzelfalls zu bewerten sind, ob der Antragsgegner unter Berücksichtigung der Rechte des Antragstellers über das bei einer Scheidung normale Maß hinaus belastet würde. Bei der Frage der Schutzbedürftigkeit der Ehe sind die Rechte des Antragstellers und die des anderen Ehegatten gegeneinander abzuwägen (BVerfG FamRZ 2001, 986; Hamm NJW-RR 1989, 1159). 15

d) Härtegrad. Die außergewöhnlichen Umstände müssen es bedingen, daß die Auswirkungen der Scheidung für den anderen Ehegatten bei seiner (subjektiven) köperlichen, geistigen und psychischen Verfassung die Intensität einer schweren, ihm ausnahmsweise nicht mehr zumutbaren Härte erreichen würden (BGH FamRZ 1979, 422). Dies wird im allgemeinen zu verneinen sein, wenn ihm selbst die innere Bereitschaft, sei es auch krankheitsbedingt, fehlt, die Ehe fortsetzen (BGH FamRZ 1981, 649; 1985, 905; BVerfG FamRZ 2001, 986). 16

e) Scheidungsbedingte Härte. Die unerträgliche Belastung für den Antragsgegner muß durch den Scheidungsausspruch selbst eintreten, nicht durch die Trennung oder das Scheitern der Ehe (BGH FamRZ 1979, 422; 1981, 1161;). Mit den Worten „wenn und solange" wird hier, wie bei der Kindesschutzklausel, ausgedrückt, daß die Härte im Zeitpunkt der letzten mündlichen Verhandlung über die Scheidung (noch) vorliegen muß. Der Scheidungsantrag ist dann abzuweisen. Er kann, gestützt auf veränderte Tatsachen, wiederholt werden. Als solcher genügt auch der Zeitablauf (Staud/Rauscher Rz 180; Johannsen/Henrich/Jaeger Rz 41). 17

f) Einziges Mittel. Die Aufrechterhaltung der Ehe muß „geboten" sein, dh der Ausspruch der Scheidungs muß verweigert werden, wenn nur dadurch eine sonst eintretende unerträgliche Lage für den anderen Ehegatten vermieden werden kann. Daran fehlt es etwa, wenn diese durch eine Regelung von Scheidungsfolgen im Verbund abgewendet werden kann oder wenn die äußere Strukturen, die der andere Ehegatte zum Eratz der mangelnden inneren Strukturen benötigt, durch andere Maßnahmen gesichert werden könnten (BVerfG FamRZ 2001, 986). 18

5. Verfahren und Beweislast. a) Einwendung. § 1568 enthält keine lediglich auf Vortrag zu berücksichtigende Einrede, sondern eine von Amts wegen zu prüfende Einwendung. Dies gilt nicht nur für die Kindesschutzklausel, die insbesondere auch bei einverständlicher Scheidung nach § 1566 anwendbar ist, sondern auch für die Ehegattenschutzklausel. Der Gesetzgeber hat jedoch den für eheerhaltende Tatsachen gemäß § 616 II ZPO geltendende Amtsermittlungsgrundsatz in Abs III der genannten Bestimmung ausgeschlossen, soweit außergewöhnliche 19

§ 1568 Familienrecht Bürgerliche Ehe

Umstände nach § 1568 berücksichtigt werden sollen. Der Antragsgegner muß deswegen diese Umstände substantiiert vortragen. Das Gericht muß dann von Amts wegen würdigen, ob die Bestimmung des § 1568 erfüllt ist. Zweifel an dieser Wertung gehen zu Lasten des Antragsgegners (aA für Kinderschutzklausel Johannsen/Henrich/Jaeger Rz 43).

20 b) Streitig ist, ob der Vortrag von Härtegründen und dessen Rücknahme dem **Anwaltszwang** nach § 78 ZPO unterliegt, nachdem eine Bestimmung wie § 630 II S 2 ZPO für die Zustimmung zum Scheidungsantrag nach § 1566 fehlt. Die Frage ist zu verneinen, nachdem § 616 III ZPO nur die Amtsermittlung ausschließt, nicht die Berücksichtigung der außergewöhnlichen Umstände. Die Berufung auf diese ist materiellrechtlicher Natur (Staud/Rauscher Rz 171; Bergerfurth FamRZ 1976, 581, 584; Johannsen/Henrich/Sedemund-Treiber § 616 ZPO Rz 6; aA Johannsen/Henrich/Jaeger Rz 38).

Untertitel 2
Unterhalt des geschiedenen Ehegatten
Vorbemerkung §§ 1569–1586b

A) Aufbau des Unterhaltsrechts

1 I. **Begriff und Arten des Unterhalts. 1. Begriff.** Unterhalten heißt, für den eigenen oder den Lebensbedarf eines anderen aufkommen. Das BGB geht von diesem vorrechtlichen Begriff aus und legt die einzelnen Voraussetzungen der gesetzlichen Unterhaltspflicht fest.

2 2. **Unterhaltsarten. a) Naturalunterhalt. aa) Betreuungsunterhalt,** dh unmittelbare Bedarfsbefriedigung durch höchstpersönliche Dienstleistungen im gemeinsamen Haushalt (Haushaltsführung; Pflege; Erziehung). **bb) Sachunterhalt,** dh Leistung von Mitteln zur unmittelbaren Bedarfsbefriedigung, zB Essen oder Wohnraum.
b) Geldunterhalt, dh mittelbare Bedarfsbefriedigung durch Zahlung von Geld. Zunächst wurde nach dem BGB unter „Unterhalt" nur Geldunterhalt verstanden, der auch heute noch die Hauptart des Unterhalts ist (§§ 1612 I S 2, 1585 I S 1). Der um die Betreuung als ursprünglichen Unterhalt erweiterte Unterhaltsbegriff hat nur in einzelnen Bestimmungen (§§ 1360 S 2, 1606 III S 2) Ausdruck gefunden. Er ist von der Rspr grundsätzlich anerkannt (BVerfG FamRZ 1969, 467; BGH FamRZ 1980, 994; 1988, 159), wird indes nur vereinzelt umgesetzt. Dies allgemein zu tun, wird für die nähere Zukunft eine Hauptaufgabe der Rspr und Lehre sein, schon in Hinblick auf den Gleichheitssatz des Art 3 GG, und zwar nicht nur im Verwandtenunterhaltsrecht (Graba FamRZ 1990, 454 und bei Johannsen/Henrich § 1601 Rz 7; Staud/Kappe/Engler vor § 1602 Rz 2), sondern auch im Ehegattenunterhaltsrecht (Graba FPR 2002, 48).

3 II. **Unterhaltsgründe. 1. Rechtsgeschäftlicher und gesetzlicher Unterhalt.** Unterhalt kann rechtsgeschäftlich oder gesetzlich begründet sein.

4 2. **Bedeutung.** In der Praxis wird meist um gesetzlichen Unterhalt gestritten. Rechtsgeschäftlich begründeter Unterhalt ist die seltene Ausnahme. Unterhaltsverträge konkretisieren regelmäßig nur den gesetzlichen Unterhalt (BGH FamRZ 1984, 874).

5 III. **Voraussetzungen des gesetzlichen Unterhaltsanspruchs. 1. Grund und Einzelanspruch.** Gesetzlichen Anspruchsgründe sind Verwandtschaft, Ehe und Lebenspartnerschaft. Aus dem Grundverhältnis gehen bei Erfüllung der gesetzlichen Voraussetzungen die Einzelansprüche hervor. Vorher besteht kein Anspruch und auch kein Anwartschaftsrecht auf Unterhalt (BGH FamRZ 1982, 259).

6 a) **Verwandtschaft** (§ 1601). **aa)** Geradlinige Verwandtschaft in auf- und absteigender Richtung, nicht aber in Seitenlinie (Geschwister) oder unter Schwägerschaft (Stiefkind). **bb)** Das Kindesunterhaltsrecht ist unselbständiger Teil des Verwandtenunterhaltsrechts. Der Anspruch des Kindes vor und nach der Volljährigkeit ist derselbe (BGH FamRZ 1984, 682). **cc)** Der Unterhalt zwischen nicht miteinander verheirateten Eltern ist dem Verwandtenunterhaltsrecht zugeordnet (§ 1615l ff).

7 b) **Ehe. aa)** Familienunterhalt – §§ 1360ff; **bb)** Trennungsunterhalt – § 1361; **cc)** Geschiedenenunterhalt – §§ 1569ff; **dd)** Betreuungsunterhalt nach zweiter Ehe – § 1586a BGB. **ee)** Die Ansprüche aa) bis dd) sind verschiedene Ansprüche (BGH FamRZ 1988, 46; 375).

8 c) **Lebenspartnerschaft. aa)** Während des Zusammenlebens § 5 LPartG. **bb)** Nach der Trennung § 12 LPartG. **cc)** Nach Aufhebung der Partnerschaft § 16 LPartG.

9 2. **Bedarf** – § 1610; §§ 1360a, 1361, 1578; §§ 5, 12, 16 LPartG. Der Bedarf, vom Gesetz das Maß des Unterhalts genannt, ist der zentrale Begriff des Unterhaltsrechts. Auf diesen sind etwa Bedürftigkeit und Leistungsfähigkeit bezogen.

10 a) **Umfassender Umfang. aa)** Elementarunterhalt (Essen, Kleidung, Wohnung und sonstige allgemeine Bedürfnisse). **bb)** Krankenversicherungskosten. **cc)** Pflegeversicherungskosten. **dd)** Alters- und Invaliditätsvorsorge, nur bei Trennungs- und Geschiedenen- sowie nachpartnerschaftlichem Unterhalt. **ee)** aa) bis dd) sind unselbständige Teile des einheitlichen Anspruchs (BGH FamRZ 1982, 255).

11 b) **Höhe (Angemessenheit). aa)** Beim Verwandten nach seiner Lebensstellung, die beim Kind bis zum Abschluß der Ausbildung aus der Lebensstellung der Eltern abgeleitet ist; mindestens Existenzminimum zur

Abwendung von gegenüber Unterhalt nach § 2 BSHG nachrangiger Sozialhilfe (Graba FamRZ 2003, 129; aA BGH FamRZ 2002, 536).

bb) Beim Ehegatten und Lebenspartner nach dem gemeinsam erreichten Lebensstandard. Für einen Fehlbetrag zum Existenzminimum muß der Verwandte aufkommen.

c) Bemessung. aa) Konkrete Bestimmung. **bb)** Pauschal nach Richtlinien (Düsseldorfer Tabelle; Süddeutsche **12** Leitlinien). **cc)** Dynamischer Kindesunterhalt § 1612a. **dd)** Stufenkindesunterhalt § 1612a.

3. Anpruchsberechtigter. Anspruchsberechtigt ist der bedürftige Verwandte, Ehegatte, Lebenspartner, der für **13** seinen Bedarf nicht sorgen kann oder nicht zu sorgen braucht.

a) Berechtigung. aa) Die Unterhaltsberechtigung ist beim Verwandten-, insbesondere beim Kindesunterhalt, **14** idR problemlos (zum Ausbildungsunterhalt s § 1610 II). **bb)** Gleiches gilt für den Ehegattenunterhalt vor und nach der Trennung (§ 1360; § 1361 I S 1) und beim Lebenspartnerunterhalt (§§ 5, 12, 16 LPartG). Beim nachehelichen Unterhalt ist die Berechtigung an die Voraussetzungen der §§ 1570–1573, 1575, 1576; 1586a geknüpft.

b) Bedürftigkeit. Tatsächliches oder mit zumutbarem Einsatz erzielbares Einkommen oder einsetzbares Ver- **15** mögen beseitigt die Bedürftigkeit. **aa)** Verwandter (§ 1602). **bb)** Getrennt lebender oder geschiedener Ehegatte §§ 1361, 1569, 1577. **cc)** Lebenspartner §§ 12, 16 LPartG.

4. Ausschlußgründe sind Sondertatbestände der Verwirkung, dazu Rz 25. **a)** Verwandter: § 1611. **b)** Ehegatte: **16** § 1579. **c)** Lebenspartner: § 16 II S 2 LPartG iVm § 1579.

5. Verpflichteter. Verpflichtet ist der nächste Verwandte, der Ehegatte oder der Lebenspartner, außer er ist **17** nicht leistungsfähig. **a)** Verwandter: § 1603, § 1604. **b)** Ehegatte: § 1581; § 1583. **c)** Lebenspartner: §§ 5, 12, 16 LPartG.

6. Der gegenseitige Anspruch auf **Auskunft** über Einkünfte und Vermögen dient der Vorbereitung des Hauptan- **18** spruchs. **a)** Verwandter: § 1605. **b)** Ehegatten: § 1361 IV S 3; § 1580. **c)** Lebenspartner:§§ 12, 16 LPartG. **d)** Daneben besteht nach st Rspr des BGH (FamRZ 2003, 1836) nach Treu und Glauben (§ 242) ein Auskunftsanspruch, wenn zwischen den Beteiligten besondere rechtliche Beziehungen vertraglicher oder außervertraglicher Art vorhanden sind, die es mit sich bringen, daß der Auskunftsbegehrende entschuldbar über das Bestehen und den Umfang seines Rechtes im Unklaren und deshalb auf die Auskunft des Verpflichteten angewiesen ist, während dieser die Auskunft unschwer erteilen kann und dadurch nicht unbillig belastet wird. **e)** Prozessuale Auskunftspflichten: §§ 643, 648ff ZPO.

7. Konkurrenz der Berechtigten. a) Verwandter und Ehegatten:§ 1609. **b)** Geschiedener und neuer Ehegatte: **19** § 1582.

8. Konkurrenz der Verpflichteten. a) Verwandte untereinander: §§ 1606, 1607; Verwandter und Ehegatte: **20** § 1608. **b)** Geschiedener Ehegatte und Verwandter: § 1584. **c)** Kindergeldausgleich: § 1612b.

9. Form der Unterhaltsgewährung. a) Geldrente. Unterhalt ist grundsätzlich durch Zahlung einer monatli- **21** chen Rente zu gewähren:§ 1612; § 1612a; § 1361 IV S 1–3; § 1585; § 1585a.

b) Andere Formen. Statt Geldunterhalt kann (sekundär) Naturalunterhalt (Sach- oder Betreuungsleistungen) **22** unter bestimmten Voraussetzungen erbracht werden, etwa gegenüber dem Kind durch die Eltern nach § 1612 oder gegenüber dem getrennt lebenden Ehegatten durch Zahlung der laufenden Wohnungskosten gemäß § 242. Unterscheide davon jedoch die Betreuung als primäre Unterhaltsart (s Rz 2).

c) Darlehen. Unterhalt ist eine für den Schuldner verlorene Leistung, die der Gläubiger bei Besserung der wirt- **23** schaftlichen Lage nicht zurückzahlen muß. Grundsätzlich kann Unterhalt nicht als Darlehen gewährt werden (Graba FamRZ 1985, 118). Ausnahmsweise kann der Bedürftige, der einen Rentenantrag gestellt hat, gehalten sein, ein Darlehensangebot des Unterhaltsschuldners anzunehmen, das mit dem Verzicht der Rückzahlung für den Fall der Ablehnung des Rentenantrags verbunden ist (BGH FamRZ 1983, 574; 1989, 718).

d) Für nachehelichen oder nachpartnerschaftlichen Unterhalt kann nach § 1585a bzw § 16 II S 1 LPartG **24 Sicherheitsleistung** verlangt werden.

10. Unterhalt für die Vergangenheit. Unterhalt ist für die gegenwärtigen Bedürfnisse bestimmt und kann nur **25** unter besonderen Voraussetzungen für die Vergangenheit verlangt werden. **a)** Verwandtenunterhaltsrecht: § 1613. **b)** Ehegattenunterhaltsrecht: § 1361 IV S 3 iVm §§ 1360a III, 1613; § 1585b. Nach allgemeinen Grundsätzen (§ 242) kann ein Recht verwirkt sein, wenn der Berechtigte sein Recht längere Zeit (BGH FamRZ 2002, 1698 mit zu Recht kritischer Anm Büttner FamRZ 2003, 449f: ein Jahr) nicht geltend gemacht hat, obwohl er dazu in der Lage war und der Verpflichtete sich mit Rücksicht auf das gesamte Verhältnis des Berechtigten darauf einrichten durfte und eingerichtet hat, daß dieser sein Recht auch künftig nicht geltend machen werde.

11. Sonderbedarf. Neben dem gewöhnlichen laufenden Bedarf sind durch den Unterhalt außergewöhnliche **26** Einzelbedürfnisse zu decken. **a)** Verwandter: § 1613 II. **b)** Trennungsunterhalt: §§ 1361 IV S 4, 1360a III, 1613 II; Geschiedenenunterhalt: § 1585b I. **c)** Lebenspartnerunterhalt: §§ 12 II S 2, 16 II S 2 LPartG. **d)** Prozeßkostenvorschuß beim Verwandten- Ehegatten- und Lebenspartnerschaftsunterhalt direkt oder analog § 1360a IV, nicht bei nachehelichem und nachpartnerschaftlichem Unterhalt (BGH FamRZ 1984, 148 m Anm Herpers FamRZ 1984, 465).

12. Vereinbarungen. Der gesetzliche Unterhaltsanspruch kann durch formfreie Vereinbarung näher bestimmt **27** werden. Auf gegenwärtigen und künftigen Verwandtenunterhalt sowie auf Unterhalt vor der Scheidung oder vor der Aufhebung der Partnerschaft kann nicht verzichtet werden, wohl aber auf nachehelichen oder nachpartnerschaftlichen Unterhalt. **a)** Verwandtenunterhalt: § 1614 BGB. **b)** Trennungsunterhalt: §§ 1361 IV, 1360a II; nachehelicher Unterhalt: § 1585c BGB. **c)** Lebenspartnerunterhalt entspr b): §§ 12 II S 2, 16 II S 2 LPartG.

28   **13. Anspruchsende. a) Verwandter.** Der Anspruch erlischt nach § 1615 grundsätzlich mit dem Tod des Berechtigten oder des Verpflichteten. **b) Ehegatte.** Nach § 1586 erlischt der Anspruch des geschiedenen Ehegatten mit seiner Wiederheirat oder seinem Tod. Nach Auflösung der Folgeehe entsteht nach § 1586a ein neuer Anspruch wegen Betreuungsunterhalt gegen den früheren Ehegatten. Bei Tod des Verpflichteten geht die Unterhaltspflicht gemäß § 1586b auf die Erben als Nachlaßverbindlichkeit über. **c)** Für **Lebenspartner** gilt § 16 II S 2 LPartG.

29   **14. Sozialhilfe** ist gegenüber **Unterhalt** nachrangig (§ 2 BSHG) und beeinflußt nicht den Inhalt und den Umfang der Unterhaltsverpflichtung (BGH FamRZ 1999, 843). In Höhe geleisteter Sozialhilfe geht der Unterhaltsanspruch grundsätzlich gesetzlich auf den Sozialhilfeträger über (§ 91 BSHG). Dieser kann den Unterhaltsanspruch zur Geltendmachung gegen den Schuldner aus den ursprünglichen Berechtigten zurückübertragen. Der Nachrang der Sozialhilfe wird auch dann nicht beseitigt, wenn der Übergang des Unterhaltsanspruchs aus sozialhilferechtlichen Gründen ausgeschlossen ist oder weil im Sozialhilferecht, anders als im Unterhaltsrecht, ein fiktives Einkommen nicht angesetzt wird (BGH FamRZ 1998, 818). In diesen Fällen kann jedoch die Forderung von Unterhalt für die Vergangenheit, dh für die Zeit bis zur Klageerhebung, wegen Treuwidrigkeit (§ 242) ausgeschlossen sein (BGH FamRZ 1999, 843).

30   **15. Unterhalt und Grundsicherung.** Durch das zum 1. 1. 2003 in Kraft getretene Gesetz über die bedarfsorientierte Grundsicherung im Alter und bei Erwerbslosigkeit (GSiG – BGBl I 2001, 1310) wurde eine neue, im Verhältnis zum Unterhalt nicht allgemein subsidiäre Sozialleistung eingeführt (dazu Klinkhammer FamRZ 2002, 997; 2003, 1793; Steymans FamRZ 2002, 1687; Münder NJW 2002, 3661; Günther FR 2003, 10). Einen Übergang des Unterhaltsanspruchs auf die öffentliche Hand, wie ihn § 91 BSHG für den Sozialhilfeträger vorsieht, kennt das GSiG nicht. Während die Sozialhilfe die Überbrückung einer vorübergehenden Notlage bezweckt, soll die Grundsicherung dem Berechtigten auf Dauer eine würdige und unabhängige Existenz sichern. Antragsberechtigt sind über 65 Jahre oder über 18 Jahre alte, dauerhaft erwerbsgeminderte Personen mit dem gewöhnlichen Aufenthalt in der Bundesrepublik Deutschland (§ 1 GSiG). Wirtschaftliche Voraussetzung ist, daß der Antragsberechtigte seinen Lebensunterhalt nicht aus seinem Einkommen und Vermögen beschaffen kann (§ 2 I S 1 GSiG). Einkommen und Vermögen werden nach sozialhilferechtlichen Maßstäben ermittelt. Nach § 2 I S 3 GSiG bleiben Unterhaltsansprüche gegenüber Eltern und Kindern unberücksichtigt, sofern deren jährliches Gesamteinkommen unter 100 000 Euro liegt. Entsprechendes wird man gegenüber Großeltern und Enkelkindern annehmen müssen. Dagegen sind Unterhaltsansprüche gegen den Ehegatten nicht außer Betracht zu lassen. Eine tatsächlich bezogene Grundsicherungsrente ist stets bedürftigkeitsminderndes Einkommen, auch wenn sie zu Unrecht bewilligt wurde; der Leistungsträger kann mangels Übergangs des Unterhaltsanspruchs keinen Rückgriff beim Unterhaltspflichtigen nehmen. Die beanspruchbare Grundsicherung mindert die Bedürftigkeit, soweit Unterhaltsansprüche privilegiert sind. Soweit diese nicht privilegiert sind, etwa wegen Überschreitung der Einkommensgrenzen des unterhaltsverpflichteten Verwandten oder weil ein Ehegatte unterhaltspflichtig ist oder wenn die Unterhaltspflicht auf fiktivem Einkommen beruht, muß das Sozialhilfeamt zwar zur Abwendung einer vorübergehenden Notlage Sozialhilfe leisten. Der Unterhaltsanspruch bleibt aber vorrangig gegenüber der Sozialhilfe mit der Folge des gesetzlichen Übergangs des Unterhaltsanspruchs nach § 91 BSHG.

31   **16. Verfahrensrecht. a) Vereinfachtes Verfahren.** Minderjährigenunterhalt kann bis zur Höhe von 150 % des Regelbetrags nach der RegBetrVO vor Abzug des Kindergelds im Vereinfachten Verfahren nach §§ 645ff ZPO durch den Rechtspfleger tituliert werden. Der Schuldner kann nur beschränkt formalisierte Einwendungen vorbringen (§ 648 ZPO). Die Unterhaltsfestsetzung kann auf die besondere Abänderungsklage nach § 654 ZPO abgeändert werden, ohne daß die Voraussetzungen des § 323 ZPO vorliegen müssen. Damit kann der Titel den individuellen Verhältnissen angepaßt werden. Bei Änderung des nach § 1612b anrechenbaren Kindergelds kann jeder Titel im Vereinfachten Verfahren nach § 655 ZPO abgeändert werden.

32   **b) Klageverfahren. aa) Leistungsklage § 258 ZPO.** Die Vielzahl der künftig entstehenden Ansprüche wird in Verbindung mit dem gegenwärtig bereits vorhandenen Anspruch verfahrensrechtlich durch die Klage nach § 258 ZPO als ein einheitliches Recht auf monatliche Unterhaltszahlungen behandelt und von Augenblick seines Entstehens an als durch den Wegfall seiner Voraussetzungen auflösend bedingt angesehen (BGH FamRZ 1982, 259).

33   **bb) Abänderungsklage § 323 ZPO.** Dem Urteil nach § 258 ZPO ist eine in die Zukunft reichende Rechtskraft eigen. Diese kann durch die Abänderungsklage nach § 323 ZPO bei einer wesentlichen Änderung der Verhältnisse durchbrochen werden. Die Abänderungsklage nach § 323 ZPO ist auch der allein statthafte Rechtsbehelf, um eine Abänderung eines nichtrechtskräftigen Titels, etwa eines gerichtlichen Unterhaltsvergleichs, aufgrund der Regeln der gestörten Geschäftsgrundlage (§ 313) herbeizuführen (dazu Graba Die Abänderung von Unterhaltstiteln Rz 1ff). Die Klage nach § 323 ZPO setzt voraus, daß der gesamte Unterhaltsanspruch tituliert ist, was grundsätzlich zu vermuten ist (BGH FamRZ 1961, 263). Wenn nur ein Teil des Anspruchs tituliert ist, was etwa bei Titulierung eines Betrages über einen freiwillig gezahlten Unterhalt hinaus der Fall ist (BGH FamRZ 1985, 371), kann der Rest nur mit der Erstklage nach § 258 geltendgemacht werden. Für die inhaltliche Abänderung gelten die Bestimmungen des § 323 I bis III nur für rechtskraftsfähige Titel (Urteile). Die Voraussetzungen der Abänderung von nicht rechtskräftigen Titeln, etwa des Vergleichs nach § 794 I Nr 1 ZPO, bestimmen sich nach den Regeln der Geschäftsgrundlage (§ 313), nicht nach § 323 I–III ZPO (BGH FamRZ 1983, 22).

34   **cc) Vollstreckungsgegenklage § 767 ZPO.** Mit der Klage nach § 767 ZPO wird die Vollstreckbarkeit des Unterhaltstitels für immer beseitigt. Nach hM handelt es sich bei den Einwendungen um punktuelle Gründe, die den Unterhaltsanspruch unmittelbar mindern. Zutreffend dürfte sein, daß es sich um Gründe handeln muß, die den

Unterhaltsanspruch gänzlich und für immer gesetzlich erledigt haben (Graba Abänderung von Unterhaltstiteln Rz 148ff). Der BGH (FamRZ 2001, 282) tendiert zu Recht zur Bevorzugung der Abänderungsklage, läßt aber in Zweifelsfällen die Verbindung beider Klagen im Hilfsverhältnis zu (BGH FamRZ 1979, 573 m Anm Baumgärtel FamRZ 1979, 791). Das Gericht muß bei Wahl der falschen Klageart umdeuten oder Gelegenheit zur Antragsänderung geben (BGH FamRZ 1981, 242).

c) Einstweiliger Rechtsschutz. aa) Einstweilige Anordnung §§ 620ff; 641d; 644 ZPO. **bb)** Einstweilige Verfügung §§ 935, 940 ZPO. 35

d) Prozeßkostenhilfe §§ 114ff ZPO (nachrangig gegenüber realisierbarem Anspruch auf Prozeßkostenvorschuß – s Rz 26). 36

B) Eigenheiten des Unterhaltsanspruchs

I. Anspruchsbesonderheiten. 1. Familienrechtlicher Anspruch. a) Höchstpersönlicher Anspruch. Unterhalt ist ein familienrechtlicher Anspruch, der nur den durch das Unterhaltsgrundverhältnis (Verwandtschaft, Ehe, Lebenspartnerschaft) verbundenen Personen zusteht. **b) Wechselseitigkeit.** Die Anspruchsrichtung kann sich zeitlich versetzt ändern. Wer heute berechtigt ist, kann morgen verpflichtet sein und umgekehrt. Eine gleichzeitige Unterhaltsberechtigung und Verpflichtung unter denselben Parteien gibt es nach hM nicht. **c) Gegenwärtigkeit.** Die Voraussetzungen des Unterhaltsanspruchs müssen im jeweiligen Unterhaltszeitraum vorliegen. Fehlende Leistungsfähigkeit im Unterhaltszeitraum läßt die Unterhaltspflicht entfallen, ist also nicht, wie im schuldrechtlichen Anpruch, ein erst bei der Vollstreckung zu berücksichtigender Umstand. Späterer Einkommenserwerb verpflichtet nicht zur Rückzahlung oder zur Nachzahlung. **d) Wechselseitige Abhängigkeit.** Die Voraussetzungen des Anspruchs sind teilweise voneinander abhängig. Der Bedarf wird etwa weitgehend durch die Leistungsfähigkeit bestimmt. **e) Parallele Voraussetzungen.** Der Bedürftigkeit des Berechtigten entspricht die Leistungsfähigkeit des Verpflichteten, der eheangemessene Bedarf des Berechtigten gleicht, jedenfalls bei Ehegatten, grundsätzlich dem des Verpflichteten. Diesen Voraussetzungen liegt der von der Praxis gebrauchte Begriff des Einkommens (s Rz 40) zugrunde. 37

2. Schuldrechtliche Ausgestaltung. Der Unterhaltsanspruch ist einem schuldrechtlichen Anspruch ähnlich ausgestaltet. Gegenwärtiger und künftiger Unterhalt kann grundsätzlich nicht abgetreten werden (§ 400). Zurückbehaltung ist unwirksam. Es gilt ein Aufrechnungsverbot (§ 394) auch gegenüber Einmalzahlungen (Abfindung – BGH FamRZ 2002, 1179) außer bei Arglist, etwa mit einer Forderung aus unerlaubter Handlung (BGH FamRZ 1959, 288 m Anm Bosch). Dem Unterhaltsberechtigten muß in diesem Fall jedoch das Existenzmimimum bleiben (BGH FamRZ 1993, 1186). Zulässig ist die Verrechnung mit Zahlungen unter Vorbehalt zur Abwendung der Zwangsvollstreckung aus einem vorläufig vollstreckbaren Urteil (BGH FamRZ 1988, 259). Der Anspruch verjährt grundsätzlich in drei Jahren (§§ 197 II, 195). Dies gilt auch wegen Sonderbedarfs (Büttner FamRZ 2002, 361). Auch titulierter künftiger Unterhalt verjährt in drei Jahren, im Gegensatz zum titulierten Unterhalt für die Vergangenheit, der in 30 Jahren verjährt (§ 197 I Nr 3, 197 II Alt 2). Der Ablauf der Verjährungsfrist kann aus familiären Gründen gehemmt sein, etwa wegen Minderjährigkeit, bestehender Ehe oder Lebenspartnerschaft (§ 207). Der Gläubiger hat einen Anspruch auf Titulierung, auch wenn der Schuldner bislang stets ordnungsgemäß geleistet hat (BGH FamRZ 1998, 1165). Die Kosten der Titulierung muß der Schuldner tragen (Düsseldorf FamRZ 1994, 1484; Nürnberg OLGRp 2002, 185, str). Der Anspruch auf die Rente gehört im Insolvenzverfahren nicht zur Masse des Unterhaltsgläubigers (§§ 35, 36 InsO, § 850b I ZPO). Im Insolvenzverfahren des Unterhaltsschuldners sind Ansprüche für die Zeit nach Verfahrenseröffnung von der Teilnahme am Verfahren nur dann nicht ausgeschlossen, wenn sie sich gem § 1586b gegen den Erben richten (§ 40 InsO). Dem Gläubiger kann aber aus der Masse Unterhalt gewährt werden (§ 100 II S 2 InsO). Im übrigen ist der Anspruch in den Neuerwerb des Schuldners zu verfolgen, soweit dieser nicht in die Masse fällt (§ 89 II S 2 InsO, § 850d ZPO). Zu weiteren insolvenzrechtlichen Fragen s Uhlenbruck FamRZ 1998, 1473. 38

3. Pflicht und Obliegenheit. a) Nebenpflicht. Aus dem Unterhaltsverhältnis erwachsen neben der Hauptpflicht zur Leistung von Unterhalt gemäß dem Grundsatz von Treu und Glauben (§ 242) Nebenpflichten. Werden diese schuldhaft verletzt, können sie zu Schadensersatzansprüchen führen (BGH FamRZ 1988, 820). So ist etwa der unterhaltsberechtige Ehegatte auf Verlangen des anderen verpflichtet, dem steuerlichen begrenzten **Realsplitting** zuzustimmen, wenn dieser ihm zugleich zusagt, eine daraus erwachsende steuerliche Last auszugleichen. Von Ausgleich sonstiger Nachteile kann der Unterhaltsberechtigte seine Zustimmung nur abhängig machen, wenn er diese im Einzelfall substantiiert darlegt (BGH FamRZ 1984, 1211; 1988, 820: Steuerberaterkosten). Die Zustimmung kann auch dann verlangt werden, wenn die Höhe des geleisteten Unterhalts strittig ist. Sie ist formlos möglich und muß nicht ausschließlich durch Unterzeichnung des Formblatts „Anlage U" erteilt werden, welches auch die Versicherung der Richtigkeit der Angaben des Antragstellers enthält (BGH FamRZ 1998, 953). Der Unterhaltspflichtige ist gehalten, dem sog Real-Splitting durch Eintrag eines Freibetrags auf der Lohnsteuerkarte Rechnung zu tragen, soweit der Unterhalt unstrittig ist (BGH FamRZ 1999, 372). Der Anspruch auf Ausgleich steuerlicher Nachteile ist Teil des gesetzlichen Unterhaltsanspruchs, so daß gegen ihn grundsätzlich nicht mit anderen Forderungen aufgerechnet werden kann (BGH FamRZ 1997, 544). 39

b) Obliegenheit. Beide Unterhaltsparteien treffen im Rahmen des Zumutbaren Obliegenheiten, sich so zu verhalten, daß der Unterhaltsanspruch nicht zu Lasten der anderen Partei verändert wird, insbesondere die Obliegenheit zur Beschaffung von Einkommen, etwa durch Übernahme einer Erwerbstätigkeit (BGH FamRZ 1985, 158) oder zur möglichst ertragreichen Anlage des vorhandenen Vermögens (BGH FamRZ 1988, 145) oder zur Erlangung eines sofortigen Steuervorteils durch Eintragung eines unstrittigen Freibetrags in der Lohnsteuerkarte 40

Vor §§ 1569–1586b   Familienrecht   Bürgerliche Ehe

(FamRZ 1999, 297) oder durch Stellung eines Antrags auf öffentliche Leistungen (BAföG, Rente), wenn dafür die Voraussetzungen vorliegen (BGH FamRZ 1985, 916). Nach der Rspr des BGH (FamRZ 1985, 354) sollen an die Obliegenheiten des Berechtigten und des Verpflichteten zum Einsatz ihrer wirtschaftlichen Mittel grundsätzlich die gleichen Maßstäbe gelten. Man wird indes an denjenigen, der Unterhalt fordert, von der Tendenz her etwas verstärkte Anforderungen stellen müssen, weil grundsätzlich jeder für sich selbst sorgen muß. Eine Unterhaltspartei muß ihre Arbeitskraft so gut wie möglich einsetzen und sich die Einkünfte anrechen lassen, die sie bei gutem Willen durch eine zumutbare Erwerbstätigkeit, auch im Wege eines Arbeitsplatz- oder Berufswechsels, erreichen könnte (BGH FamRZ 1980, 555; 1982, 792 zum Kindesunterhalt). Um eine Zurechnung eines fiktiven Einkommens zu vermeiden, muß sie substantiiert darlegen und gegebenfalls nachweisen, daß es ihr trotz intensiver Bemühungen nicht gelungen ist, eine Tätigkeit zu finden. Die Meldung beim Arbeitsamt reicht dazu nicht aus (BGH FamRZ 1982, 255). Die Erwerbsobliegenheit kann eine Umschulung gebieten, während der sich die Partei um einen Arbeitsplatz bemühen muß (BGH FamRZ 1999, 540). Eine vom Arbeitsamt vorgeschlagene Umschulung ist ein Indiz dafür, daß der Betreffende jedenfalls vom Arbeitsamt nicht zu vermitteln ist (BGH FamRZ 1994, 372). Fehlen Bemühungen um ein Beschäftigung, kommt es darauf an, ob nach den konkreten Umständen eine reale Beschäftigungschance besteht oder diese „gleich Null" ist (BGH FamRZ 1986, 244; 1987, 144; 2003, 1471). Zweifel gehen zu Lasten der Unterhaltspartei (BGH FamRZ 1986, 885). Zu den Folgen einer Obliegenheitsverletzung s Rz 43).

41   **II. Unterhaltsrechtliches Einkommen. 1. Begriff.** Unterhaltsrechtliches Einkommen sind alle Einkünfte ohne Rücksicht auf Herkunft und Verwendungszweck (BGH FamRZ 1988, 604; 1989, 170).

42   **a) Bedeutung.** Der von der Praxis verwendete Begriff des Einkommens ist überall dort von Belang, wo das Gesetz auf die Mittel zur Bedarfsbefriedigung abstellt. Er gilt gleich für beide Unterhaltsparteien.

43   **b) Bemessungszeitraum.** Grundlage der Unterhaltsbemessung ist das bereinigte Nettoeinkommen im Unterhaltszeitraum. Alle empfangenen Gelder oder und geldeswerten Leistungen sind heranzuziehen, neben den laufenden Bezügen auch einmalige Zuwendungen, gegebenenfalls, etwa bei Abfindungen, nach Umlegung auf einen längeren Zeitraum (BGH FamRZ 1982, 250). Das Nettoeinkommen wird bei der Festlegung künftig fällig werdenden Unterhalts (vgl § 258 ZPO) auf der Grundlage der Einkünfte in der Vergangenheit vorausschauend geschätzt, beim Selbständigen mit erfahrungsgemäß wechselnden Einkünften regelmäßig aufgrund seines Einkommens in den letzten drei Jahren (BGH FamRZ 1982, 680), gegebenenfalls auch in weiteren Jahren (BGH FamRZ 1985, 357), beim abhängig Beschäftigten nach seinem Verdienst in den letzten zwölf Monaten (BGH FamRZ 1983, 996). Hinreichend sicher zu erwartende Einkommensänderungen sind zu berücksichtigen. Nicht verläßlich absehbare Einkommensänderungen bleiben einer Abänderungsverfahren nach § 323 ZPO vorbehalten (dazu Graba Die Abänderung von Unterhaltstiteln Rz 25ff)

44   **c) Tatsächliches und fiktives Einkommen.** Grundlage der Bemessung des Unterhalts ist das tatsächliche Einkommen. Nachdem jedoch das Gesetz beim Bedürftigen darauf abstellt, ob er sich nicht selbst unterhalten „kann" (§§ 1602 I, 1569, 1577 I), und beim Verpflichteten, ob er „außerstande" ist, Unterhalt zu leisten (§§ 1603 I, 1581), kommt es regelmäßig, beim Bedarf indes nur ausnahmsweise (s § 1578 Rz 14), auf das durch zumutbaren Einsatz erreichbare Einkommen an. Ein erzielbares Einkommen wird wie ein tatsächliches Einkommen behandelt, wenn zur Ermittlung des Barunterhalts ein geldwerter Gegenstand in Einkommen umzurechnen ist, etwa private Nutzungsmöglichkeit eines Firmenwagens, oder wenn eine Einkommensobliegenheit (s Rz 40) verletzt wird. Die Zurechnung eines fiktiven Einkommens aufgrund eines Verhaltens in der Vergangenheit setzt eine auf die Unterhaltspflicht bezogene (BGH FamRZ 2002, 813) schwere Obliegenheitsverletzung voraus, während für die Gegenwart und Zukunft ein einfacher Verstoß genügt (Graba FamRZ 2001, 1257; § 1573 Rz 14; § 1579 Rz 18ff, § 1581 Rz 14).

45   **d) Obligatorisches und überobligatorisches Einkommen.** Das Einkommen einer Unterhaltspartei, das auf dem Einsatz beruht, der von ihr unterhaltsrechtlich erwartet wird, ist bei der Unterhaltbemessung voll anzusetzen. Einkommen, das auf überobligatorischen Einsatz zurückgeht, ist nach Billigkeit, dh ganz, teilweise oder überhaupt nicht, in der Praxis regelmäßig nach Abzug eines „Bonus", zu berücksichtigen (Gedanke des § 1577 II; BGH FamRZ 1982, 779; 1991, 182; 2001, 350; zur überobligatorischen Erwerbstätigkeit neben Kindesbetreuung). Kann die Erwerbstätigkeit nur bei anderweitiger Betreuung des Kindes ausgeführt werden, sind die dafür notwendigen Kosten vom Einkommen absetzbar(BGH FamRZ 1982, 779; 2001, 350). Für die Beurteilung, ob ein Einkommen überobligatorisch ist, gelten für beide Unterhaltsparteien in etwa die gleichen Maßstäbe. Von der Tendenz her erscheint es jedoch gerechtfertigt, an den Unterhalt Begehrenden leicht erhöhte Anforderungen zu stellen.

46   **2. Einkunftsarten. a) Zum Erwerbseinkommen** gehören alle Geldeinkünfte und geldwerten Vorteile aus einer selbständigen oder angestellten Tätigkeit: Gewinn des Unternehmers; Gehalt einschließlich etwaiger Kinder- und sonstiger Zuschläge (BGH FamRZ 1980, 342: Auslandszuschlag; FamRZ 1983, 49: Ortszuschlag des Beamten; FamRZ 1989, 172); Nebenvergütungen, zusätzliches Monatsgehalt, Weihnachts- und Urlaubsgeld (BGH FamRZ 1980, 984; 1991, 416); Jubiläumszuwendung (BGH FamRZ 1982, 250); vermögenswirksame Leistungen, nicht jedoch Sparzulagen (BGH FamRZ 1980, 984); Ausbildungsvergütung (BGH FamRZ 1981, 541; 2001, 1364); Fliegerzulage (BGH FamRZ 1994, 21); Spesen, Auslösen, Aufwendungspauschale, je vermindert um tatsächlichen Aufwand; (BGH FamRZ 1986, 780: Abgeordnetenpauschale); Entgelt für Schwarzarbeit; Überstundenvergütungen sind in voller Höhe anzurechnen, wenn sie in geringem Umfang anfallen oder das im jeweiligen Beruf übliche Maß nicht übersteigen (BGH FamRZ 1980, 984; 1983, 886); Übergangsgebührnisse und Übergangsbeihilfen eines Zeitsoldaten (BGH FamRZ 1987, 930). Letztere und Abfindungen sind auf mehrere Jahre zu verteilen (BGH FamRZ 1987, 359). Für die private Nutzung des Geschäftswagens ist Einkommen in Höhe der fiktiven Ersparnis für ein unterhaltsrechtlich angemessenes Fahrzeug anzusetzen, nicht nach objektivem oder steuerlich angesetztem Nutzungswert des „aufgedrängten" Autos (München FamRZ 1999, 1350; Schöppe/Friedenburg FuR 1998, 114).

Scheidung der Ehe: Unterhalt **Vor §§ 1569–1586b**

b) Vermögenseinkommen. aa) Erträge aus Beteiligungen; **Zinsen** ab Zeitpunkt der Geldanlage, nicht erst ab **47** Auszahlung (BGH FamRZ 1988, 1145), gegebenenfalls nach Umschichtung des Vermögens (BGH FamRZ 1998, 87); auf die Herkunft des Vermögens kommt es nicht an (BGH FamRZ 1988, 1031 m Anm Voelskow FamRZ 1989, 481: Schmerzensgeld; FamRZ 1985, 354: Erlös aus Verkauf des Familienheims). Eine Bereinigung der Rendite um inflationsbedingte Verluste ist nicht anzuerkennen (BGH FamRZ 1986, 441).

bb) Wohnvorteil. Wohnt eine Unterhaltspartei (gleich ob Verwandter, Ehegatte oder Lebenspartner, und gleich **48** ob Unterhaltsberechtigter oder Verpflichteter) im eigenen Heim, erfordert es die Gleichbehandlung mit dem Normalfall einer Unterhaltspartei, die Miete zahlen muß, daß für den Wohnvorteil ein fiktives Einkommen angesetzt wird (Graba FamRZ 1985, 657; 1995, 385; 2001, 1257, 1259). Nach der hM (BGH FamRZ 1995, 869; 1998, 87; 1998, 899; Gerhardt FamRZ 1993, 1139; Hahne FF 1999, 99) bestimmt sich der Wohnvorteil nach dem objektiven Mietwert, abzüglich Hauslasten (Darlehenszinsen; Darlehenstilgung nur während der Trennung, nicht nach der Scheidung: BGH FamRZ 1998, 87; 2000, 950 m Anm Graba; auch insoweit ist indes der Abzug nach Treu und Glauben anzuerkennen, vgl BGH NJW-RR 1995, 129; FamRZ 1996, 160 zum Kindesunterhalt; FamRZ 2003, 860 zum Elternunterhalt), verbrauchsunabhängige Kosten (BGH FamRZ 2000, 351 m Anm Quack S 665: Grundsteuer, Gebäudeversicherung, richtiger: eigentümertypische Kosten, die üblicherweise nicht auf den Mieter abgewälzt werden), Instandhaltungsrücklage, aber nur für eine bestimmte, notwendige Maßnahme (BGH FamRZ 2000, 351), nicht Kosten für Ausbauten und wertsteigernde Verbesserungen (BGH FamRZ 1984, 39; 1997, 281). Eine Eigenheimzulage ist als Einkommen anzurechen. In der Rspr wird nicht immer mit der nötigen Klarheit herausgestellt, welcher Grund die Zurechnung des fiktiven Einkommens bei Wohnen im eigenen Heim rechtfertigt. Wegen Nutzung ist dieser nur dann wegen Ersparnis die objektive Miete, wenn die Partei die Wohnung zur Marktmiete gemietet hätte. Ist dies zu verneinen, kann nur die unterhaltsrechtlich angemessene Miete angesetzt werden (BGH FamRZ 2003, 1179), die nach der Ansicht des BGH (FamRZ 1998, 899) nicht pauschal mit einem Drittel des für den Unterhalt zur Verfügung stehenden Einkommens, sondern konkret zu ermitteln ist. Der Rest ist „totes Kapital" (BGH FamRZ 1989, 1160; Graba NJW 1987, 1721, 1727). Für die Marktmiete bleibt allenfalls Raum, wenn und soweit der Partei als Obliegenheitsverletzung vorzuwerfen ist, daß sie die Wohnung oder einzelne Räume nicht vermietet (BGH FamRZ 1988, 145). Statt eines Einkommens wegen Ersparnis der Miete ist ein Einkommensansatz wegen Verletzung der Obliegenheit zur Erzielung von Einkommen durch Vermögensumschichtung in Betracht zu ziehen, etwa durch Verkauf des Hauses und verzinsliche Anlage des Erlöses (BGH FamRZ 2000, 950 m Anm Graba). Dies wird bei der insoweit erforderlichen Abwägung aller Umstände nach der Scheidung eher als vor dieser zu bejahen sein. Zum Surrogat des eheprägenden Mietvorteils durch Zinsen aus der Anlage des Verkaufserlöses des Familienheims oder zum Wohnvortei aus der mit dem Kapital angeschafften neuen Wohnung s § 1578 Rz 18).

cc) Vermögensverwertung. Der Vermögensstamm muß für den Unterhalt verwendet werden, außer wenn dies **49** unwirtschaftlich oder unbillig wäre (§§ 1577 III, 1581 S 3). Eine Forderung muß grundsätzlich eingezogen werden (BGH FamRZ 1998, 367). Ein Pflichtteilsrecht ist grundsätzlich geltend zu machen (BGH FamRZ 1982, 996; 1993, 1065). Ein wirtschaftlich nicht mehr vertretbarer Nachteil liegt nicht vor, wenn durch die Verwertung die Ausnutzung künftiger Preissteigerungen verhindert wird (BGH FamRZ 1980, 43). Keine Verwertung des Vermögensstamms ist die Heranziehung einer Leibrente, die aus dem Verkauf von Gesellschaftsanteilen fließt (BGH FamRZ 1994, 228). Die Unterhaltspartei trifft eine Obliegenheit, eigenes Vermögen so ertragreich wie möglich anzulegen und deswegen im Rahmen des Zumutbaren umzuschichten (BGH FamRZ 1986, 439; 1988, 145; 1998, 87). Eine Münzsammlung muß ertragsbringend angelegt werden. Die Zurechnung eines fiktiven Einkommens wegen vorwerfbarer Ausgabe in der Vergangenheit setzt eine grobe Obliegenheitsverletzung voraus (BGH FamRZ 1986, 560; Graba FamRZ 2001, 1257; s Rz 40, 44).

c) Sonstiges Einkommen. Dazu zählen Invaliditäts- und Altersrenten (BGH FamRZ 1983, 574), eine Renten- **50** nachzahlung, verteilt auf längeren Zeitraum (BGH FamRZ 1985, 155); Verletztenrente aus der gesetzlichen Unfallversicherung (BGH FamRZ 1982, 252); Grund- und Ausgleichrenten nach dem BVG (FamRZ 1981, 338) Renten wegen Schadensersatz oder aufgrund einer Lebensversicherung, Sozialleistungen ohne Rücksicht auf ihre Zweckbestimmung, soweit sie nicht gegenüber Unterhalt subsidiär gewährt werden (BGH FamRZ 1993, 417); Arbeitslosengeld; Arbeitslosenhilfe des Unterhaltsverpflichteten, nicht des Unterhaltsberechtigten, die subsidiäre Sozialhilfe ist (BGH FamRZ 1987, 456); zur Grundsicherung s Rz 30; Abfindung aus einem Sozialplan (BGH FamRZ 1982, 250); Krankengeld (BGH FamRZ 1994, 372); Krankenhaustagegeld (BGH FamRZ 1987, 36); primäre BAföG-Leistungen, auch als Darlehen (BGH FamRZ 1985, 916 nur zum Verwandtenunterhalt); Wohngeld, soweit es nicht erhöhte Wohnkosten ausgleicht (BGH FamRZ 1982, 587); erstattete Steuer; Beschädigtenrente (nach Abzug des erhöhten Aufwands, soweit nicht wegen der Vermutung des § 1578a anrechnungsfrei); anrechenbares Einkommen aus Partnerbetreuung (BGH FamRZ 1983, 146; 1985, 273; 1987, 1011); eigener Unterhalt (BGH FamRZ 1987, 472).

d) Kein Einkommen. Kein anrechenbares Einkommen sind: **Sozialhilfe** (s Rz 29); zur Grundsicherung s **51** Rz 30, UVG-Leistungen (BGH FamRZ 2001, 619); **Erziehungsgeld** nach § 9 BErzGG, außer in den Fällen der §§ 1579, 1603 II, 1611 I; ähnlich § 19 SGB XI für **Pflegegeld; Kindergeld** soll nach hM (BGH FamRZ 1997, 806) wie bisher weder den Kindesbedarf noch den Ehegattenbedarf noch die Leistungsfähigkeit erhöht. Es steht gemäß § 1612b den Eltern grundsätzlich je zur Hälfte zu. Der barunterhaltspflichtige Elternteil muß jedoch gemäß § 1612b V seinen Anteil hergeben, soweit das Existenzminimum des Kindes (135 % des Regelbetrags) nicht gewahrt ist (BGH FamRZ 1997, 806; 2002, 536; dazu Graba NJW 2001, 249; s § 1578 Rz 22).

e) Freiwillige Zuwendungen Dritter werden nach hM (BGH FamRZ 1980, 40; 879; 1982, 466; 1990, 979: **52** mietfreies Wohnen; 1993, 417; 1995, 537) entsprechend der Willensrichtung des Zuwendenden meist nicht als Einkommen des Empfängers behandelt. Eine Ausnahmen hat der BGH (FamRZ 1999, 843; 2000, 153) für den

Mangelfall in Betracht gezogen. Freiwillige Zuwendungen sind auch bei der Abwägung bedeutsam, ob eine Abänderung einer Unterhaltsvereinbarung bei wesentlicher Änderung der Geschäftsgrundlage zumutbar ist (BGH FamRZ 2001, 1687). Zuwendungen können auch persönliche Dienstleistungen, wie Krankenpflege, sein, die über den Rahmen der persönlichen Beistandspflicht hinausgehen. Die dadurch ersparten Mittel gehören nicht zum Unterhaltseinkommen (BGH FamRZ 1995, 537). Allgemein sollten freiwillige Zuwendungen Dritter entspr § 1577 II nach Billigkeit als Einkommen angerechnet werden.

53 3. **Nettoeinkommen. a) Bereinigtes Nettoeinkommen.** Grundlage der Unterhaltsbemessung ist das um berücksichtigungsfähige Abzüge bereinigte Nettoeinkommen (dazu ausführlich Graba FS Henrich 2000 S 177). Beiträge für Hausrats-, Unfall-, Brand und Haftpflichtversicherung gehören zu den Kosten der allgemeinen Lebensführung, die nicht abzugsfähig sind. Umgangskosten können allenfalls in Ausnahmefällen abgesetzt werden (BGH FamRZ 1995, 215; 2003, 445: in Fällen des § 1612b V). Von den Einkünften sind die mit ihrer Erzielung verbundenen Kosten (etwa Betriebsausgaben; zum Arbeitnehmer s Rz 56) abzuziehen. Entsprechendes gilt für den besonderen Aufwand bei Bezügen, wie Beschädigtenrenten, die diesen Aufwand decken sollen, soweit nicht schon § 1610a eingreift. Ein Abzug wegen eines Nachholbedarfs ist nicht anerkannt (BGH FamRZ 1985, 155).

54 b) **Steuern.** Die in der Bemessungsperiode tatsächlich **gezahlten Steuern** sind abzusetzen, nach der Scheidung nach Steuerklasse I (BGH FamRZ 1983, 152), bei Wiederheirat, namentlich für den Kindesunterhalt und den Anspruch des neuen Ehegatten, nach Steuerklasse III. Letzteres gilt indes nicht für den Unterhaltsanspruch des geschiedenen Ehegatten, der nach Ansicht des BVerfG (FamRZ 2003, 1821 m Anm Schürmann), im Gegensatz zur bis dahin st Rspr des BGH (FamRZ 1988, 486), nicht am neuen Splittingvorteil teilhaben darf. Steuerersparnisse wegen unterhaltsrechtlich nicht berücksichtigungsfähiger Aufwendungen bleiben außer Betracht (BGH FamRZ 1987, 36; 99, 372). Erhaltene Steuerstattungen sind hinzusetzen (BGH FamRZ 1999, 499). Zum Real-Splitting s Rz 38. Steuerliche Auswirkungen der Unterhaltsleistungen sind erst zu berücksichtigen, wenn sie eingetreten sind (BGH FamRZ 1980, 984; 1983, 670; 1984, 256). An diesem Ist-Prinzip ist, im Gegensatz zum Für-Prinzip (Fischer-Winckelmann/Maier FamRZ 1995, 79), festzuhalten, einmal aus Gründen der Praktikabilität, dann aber auch, weil die tatsächlichen Verhältnisse entscheidend sind (BGH FamRZ 1985, 357), nicht, was sein sollte. Wird eine ungünstigere Steuerklasse gewählt (Kl V statt III), ist dies durch einen Abschlag zu berichtigen (BGH FamRZ 1980, 984). Das steuerliche Einkommen ist mit dem unterhaltsrechtlichen Einkommen nicht identisch, aber regelmäßig die Grundlage für dessen Feststellung (BGH FamRZ 2003, 741). Pauschale steuerliche Ansätze sind nach ihrem konkreten tatsächlichen Gehalt zu berichtigen (BGH FamRZ 1984, 39; 1997, 281). Steuerlich abzugsfähige Posten sind unterhaltsrechtlich belanglos, wenn sie die tatsächlich für den Lebensbedarf zur Verfügung stehenden Mittel nicht mindern (BGH FamRZ 1985, 357). Einkommensverluste aufgrund von Steuersparmaßnahmen werden im allgemeinen unterhaltsrechtlich außer Betracht zu lassen sein, weil grundsätzlich keine Unterhaltspartei zu Lasten der anderen Vermögen bilden darf. Unberücksichtigt bleiben müssen dann aber auch die sich daraus ergebenden Steuervorteile (BGH FamRZ 1987, 913; anders bei Sonderabschreibungen BGH FamRZ 2003, 741).

55 c) Absetzbar sind angemessene **Vorsorgeaufwendungen,** wie Beiträge für Kranken-, Pflege-, Arbeitslosen- und Rentenversicherung oder für eine vergleichbare Alters- und Invaliditätsversorgung, dh in Höhe von rund 20 % des Bruttoeinkommens (BGH FamRZ 2003, 860).

56 d) **Berufsbedingte Aufwendungen.** Von dem sich nach Abzug von Steuer und Vorsorgeaufwendungen ergebenden Nettoeinkommen kann der Arbeitnehmer entweder konkret darzulegende angemessene berufsbedingte Aufwendungen oder (nicht: und) nach dem Vorschlag der Düsseldorfer Tabelle eine Pauschale von 5 % absetzen (BGH FamRZ 2002, 536), bei Ausbildungsvergütung die konkreten ausbildungsbedingten Kosten oder eine Pauschale nach Vorschlag in den OLG-Leitlinien. Bei berufsnotwendiger **PKW**-Benutzung, weil öffentliche Verkehrsmittel nicht ereichbar sind (BGH FamRZ 1989, 483) und ein Wohnungswechsel nicht zumutbar ist (BGH FamRZ 1998, 1501), können neben einer Km-Pauschale nach den jeweiligen Leitlinien (nach Südl entspr § 9 III Nr 1 ZuSEG 0,27 Euro/km – vgl BGH FamRZ 1994, 87) nicht aber weitere Kosten, etwa Kreditraten für die Anschaffung, berücksichtigt werden (Hamm FamRZ 2000, 1367).

57 e) **Vermögensbildung.** Vermögenswirksame Leistungen sind, mit Ausnahme der Sparzulage, nicht abzugsfähig (BGH FamRZ 1980, 984; Mayer/Mayer FamRZ 1993, 258). Abzüge für Vermögensbildung sind nur zulässig, soweit einer Unterhaltspartei unter Abwägung der Interessen aller Beteiligten ein Teil ihres Einkommens zu diesem Zweck zu belassen ist (BGH FamRZ 1987, 36; 1992, 1044). Dies ist bei durchschnittlichen Verhältnissen grundsätzlich zu verneinen (BGH FamRZ 1983, 678). Nach der Trennung werden häufig eingegangene Verpflichtungen zur Vermögensbildung eingeschränkt oder ganz unterlassen werden müssen (BGH FamRZ 1987, 913).

58 f) **Schulden.** Verbindlichkeiten, auch wegen Unterhalts, können im Rahmen des Angemessenen abgesetzt werden. Für den bedürftigen Ehegatten gilt dies nur unter der Voraussetzung, daß die Schuld sein eheprägendes Einkommen oder Surrogatseinkommen mindert (BGH FamRZ 1992, 423 – § 1577; s § 1577 Rz 4; § 1578 Rz 23; § 1581 Rz 13). Es ist ein vernünftiger Tilgungsplan aufzustellen, wobei die Interessen des Unterhaltsgläubigers, des Unterhaltsschuldners und der Drittgläubiger auszugleichen sind (BGH FamRZ 1982, 23; 1984, 657). Die vollstreckungsrechtlichen Regelungen, die den Unterhaltsberechtigten mit Pfändungsfreigrenzen und Pfändungsvorrechten bevorzugen, bieten allein keine Gewähr für einen gerechten Interessenausgleich. Vielmehr sind der Zweck der Verbindlichkeiten, Zeitpunkt und Art der Entstehung, die Dringlichkeit der beiderseitigen Bedürfnisse, die Kenntnis des Unterhaltsschuldners von Grund und Höhe der Unterhaltsschuld und der Möglichkeit zu beachten, die Leistungsfähigkeit des Schuldners ganz oder teilweise wiederherzustellen. Verbindlichkeiten können deshalb auch dann berücksichtigt werden, wenn der Bedürftige nicht einmal den notwendigen Unterhalt erhalten kann (BGH FamRZ 1982, 679; 1984, 657; 1990, 266). Bedarfsmindernde Schulden (§ 1578) und die Leistungsfähigkeit mindernden Schulden (§ 1581) müssen nicht identisch sein. Daß eine Verbindlichkeit die ehelichen Lebensverhältnisse während des Zusammenlebens prägte, spricht zwar grundsätzlich dafür, sie auch nach der Trennung und Scheidung zu berücksichtigen, weil der Ehegatte durch die Trennung nicht besser, aber auch nicht schlechter gestellt werden soll (BGH FamRZ 1982, 23; 1982, 678). Knappere Einkommensverhältnisse, gestiegene Bedürfnislagen, können indes es rechtfertigen, die Tilgung zu strecken und etwa bei Verbindlichkeiten zur Vermögensbildung allein des Schuldners (BGH FamRZ 1984, 358) diese nicht mehr oder nicht mehr in voller Höhe vom Einkommen abzusetzen. Verbindlichkeiten, die in Kenntnis der Unterhaltsschuld begründet wurden, können nur berücksichtigt werden, wenn der Schuldner beweist, daß er sie unbedingt eingehen mußte (BGH FamRZ 1990, 283; 1998, 1501: Hausrat). Zu Hausschulden s Rz 48). Klärungsbedürftig ist die Frage, ob dem Schuldner der Antrag auf Verbraucherinsolvenz zuzumuten ist, um eine Benachteiligung des Unterhaltsberechtigten gegenüber anderen Gläubigern zu vermeiden (Hamm FamRZ 2001, 441 m Anm Born; AG Nordenham m Anm Melchers; Frankfurt FamRZ 2002, 982; Nürnberg FamRZ 2003, 3138; Naumburg FamRZ 2003, 1215 m Anm Melchers S 1769).

g) Erwerbstätigenbonus. Von dem für den Ehegattenunterhalt (nicht beim Familienunterhalt – BGH FamRZ 2002, 742; Graba NJW 1993, 3033, 3035 – und nicht beim Verwandtenunterhalt) verteilbaren (tatsächlichem oder fiktivem) Erwerbseinkommen (BGH FamRZ 1997, 806), nicht von anderen Einkunftsarten, etwa Steuererstattung oder Arbeitlosenbezügen, ist nach allgemeiner Ansicht dem arbeitenden Ehegatten ein maßvoller Anteil vorweg zu belassen, um seinen besonderen Einsatz anzuerkennen und ihm die Arbeitsfreude zu erhalten, nach Ansicht des BGH (FamRZ 1988, 265) auch, um berufsbedingte Aufwendungen abzugelten. Die Höhe bleibt dem Tatrichter überlassen. Die Düsseldorfer Tabelle schlägt ein Siebtel, die Süddeutschen Leitlinien ein Zehntel vor. Gegen den vollen Erwerbstätigenbonus neben einer berufsbedingten Pauschale von 5 % hat der BGH teils Bedenken erhoben (FamRZ 1995, 346, teils die anders lautende Ansicht des Berufungsgerichts gebilligt (BGH FamRZ 2000, 1493 m Anm Scholz und Weychardt FamRZ 2001, 414). Die Bedenken erscheinen nicht gerechtfertigt, einmal aus Gründen der Gleichbehandlung des Arbeitnehmers mit dem Selbständigen und zum anderen, weil ein Arbeitsanreiz gerade bei engen Einkommensverhältnissen einem Ausweichen in die Sozialhilfe entgegenwirkt. Bei gemischtem Erwerbs- und anderem Einkommen erscheint es zur Ermittlung des Erwerbstätigenbonus vertretbar, statt quotenmäßig aufzuteilen, Verbindlichkeiten und Kindesunterhalt erst zuletzt vom Erwerbseinkommen abzuziehen (Graba NJW 1993, 3033; zu anderen Aufteilungsvorschlägen Gutdeutsch FamRZ 1994, 346; Gerhardt FamRZ 1994, 1158). Zum Berechnungsschema für den Ehegattenunterhalt s § 1578 Rz 45.

III. Rückforderung. 1. Vereinbarung. Die Rückzahlung von Unterhalt kann verlangt werden, wenn dies vereinbart wurde. Gleiches gilt, wenn dieser ausnahmsweise als zinsloses Darlehen gewährt werden kann, etwa zur Überbrückung bis zur Nachzahlung einer bereits beantragten Rente (BGH FamRZ 1983, 574).

2. Ein **Erstattungsanspruch** kann nach dem Grundsatz von Treu und Glauben (§ 242) gegeben sein, soweit eine nachträglich erhaltene Rente den Unterhaltsanspruch vermindert hätte (BGH FamRZ 1989, 718; 90, 269).

3. Ungerechtfertigte Bereicherung. a) Ohne Rechtsgrund. Eine Überzahlung von Unterhalt kann als rechtsgrundlos (§ 812) zurückgefordert werden **aa)** bei Leistung **ohne Titulierung** von Anfang an; **bb)** bei Titulierung durch **einstweilige Anordnung** oder diese ersetzenden Vergleich von Anfang an, ohne daß es deren Aufhebung oder Abänderung bedarf (BGH FamRZ 1984, 767; 1991, 1175); **cc) bei titulierter Vereinbarung (Vergleich)** ab dem Zeitpunkt der Abänderung auf eine Abänderungsklage nach § 323 ZPO hin, wenn den Grundsätzen der Geschäftsgrundlage (§ 313) rückwirkend möglich ist (BGH FamRZ 1983, 22); **dd)** bei einem Urteil ab dessen Abänderung, die grundsätzlich nur ab dem Zeitpunkt der Erhebung der Abänderungsklage zulässig ist (§ 323 III S 1 ZPO).

b) Entreicherung. Der Empfänger kann den Wegfall der Bereicherung geltendmachen (§ 818 III). Er muß beweisen, daß er den Unterhalt für seinen Lebensbedarf restlos verbraucht hat (BGH FamRZ 1992, 1152). Dies ist bei mittleren Einkommensverhältnissen zu vermuten (BGH FamRZ 2000, 751).

c) Die **verschärfte Haftung** (§§ 819, 818 IV) erfordert die Kenntnis des Bereicherten vom Fehlen des rechtlichen Grundes und der sich daraus ergebenden Rechtsfolgen. Die Kenntnis der Umstände, auf denen das Fehlen des Rechtsgrunds beruht, reicht nicht aus (BGH FamRZ 1992, 1152). Für die Rechtshängigkeit ist der Zeitpunkt der Erhebung der Rückforderungsklage maßgeblich, nicht der diese vorbereitenden Feststellungs- oder Abänderungsklage (BGH FamRZ 1985, 368; 1074; 1986, 793; 2000, 951). Eine Haftungsverschärfung nach § 820 greift bei einstweiligen Anordnungen und Vergleichen nicht ein, wenn sie, was die Regel ist, nicht rechtsgeschäftlichen, sondern gesetzlichen Unterhalt zum Gegenstand haben (BGH FamRZ 1984, 767; 1998, 951). Bei Leistung unter Vorbehalt ist § 820 nicht entspr anwendbar (Wendl/Gerhardt § 6 Rz 216) Diese schließt entweder die Wirkung des § 814 aus oder verhindert eine Erfüllung im Sinn des § 362 (BGH FamRZ 1984, 470).

4. Schadensersatz. Dem Schuldner kann gegenüber dem Gläubiger ein Schadensersatzanspruch wegen unerlaubter Handlung (§ 823 II iVm § 263 StGB; BGH FamRZ 1997, 483; § 826 bei positiver Kenntnis der Unrichtigkeit des Titels und evident unredlichem Verhalten; BGH FamRZ 1986, 450) oder wegen Verletzung der Auskunftspflicht (§ 1580 Rz 4) zustehen. Eine unrichtige einstweilige Anordnung ist keine Grundlage für Schadensersatz entspr §§ 641g, 717 II, 945 ZPO (BGH FamRZ 2000, 751 = ZZP 2000, 455 m Anm Berger).

5. Schutz des Schuldners. Dem Schuldner stehen zur Verfügung: **aa)** Antrag auf einstweilige Einstellung der Zwangsvollstreckung im Rahmen der Vollstreckungsgegenklage, negativen Feststellungs- oder Abänderungsklage (§ 769 ZPO); **bb)** Verbindung von negativer Feststellungs- oder Abänderungsklage mit Rückforderungsklage; **cc)** Angebot des Unterhalts als zinsloses Darlehen, verbunden mit dem Verzicht auf Rückforderung, falls gezahlter Unterhalt geschuldet ist. Der Gläubiger muß dieses Angebot annehmen (BGH FamRZ 2000, 751).

C) Grundlagen des nachehelichen Unterhaltsrechts

I. Altes und neues Recht. Die §§ 1569ff enthalten das Unterhaltsrecht in der Ausformung des nach dem 1. EheRG v 14. 6. 1976 (BGBl I 1749) seit 1. 7. 1977 geltenden Scheidungsrechts, das vom **Zerrüttungprinzip**

beherrscht wird. Dieses hat das Verschuldensprinzip abgelöst, das das frühere Recht nach dem EheG prägte (s Erman/Dieckmann[10] vor § 1569 Rz 4ff). Dieses ist auch heute noch für Unterhaltsansprüche bei einer Scheidung vor diesem Zeitpunkt maßgebend (Art 12 Nr 3 Abs II des 1. EheRG). Das neue Unterhaltsrecht geht insofern weiter als das frühere, als grundsätzlich der volle Unterhalt nach den ehelichen Lebensverhältnissen und nicht nur ein billiger Unterhalt verlangt werden kann, ohne daß es auf ein Verschulden an der Scheidung ankommt, auch bei allein verschuldeter Scheidung. Im Einzelfall kann ein Verschulden des Bedürftigen zur Begrenzung oder zum Wegfall des Anspruchs führen. Im Gegensatz zum früheren Recht kann eine Unterhaltsanspruch entstehen, wenn der Bedürftige nicht schon bei der Scheidung, sondern erst später auf Unterhalt angewiesen ist (Einsatzzeitpunkt s § 1569 Rz 7). Das frühere Recht kannte den Versorgungsausgleich (§§ 1587ff) nicht, der auf den künftigen Unterhalt der Ehegatten im Falle der Invalidität und des Alters abzielt. Durch den Versorgungsausgleich werden die während der Ehezeit von den Ehegatten erworbenen Rentenanwartschaften auf eine Invaliditäts- und Altersversorgung zwischen ihnen hälftig aufgeteilt, und zwar grundsätzlich in der Weise, daß mit der Scheidung für den Ausgleichsberechtigten eigene, von dem Schuldners unabhängige Rentenanwartschaften in der gesetzlichen Rentenversicherung entstehen. Die im Versorgungsfall gezahlte Rente mindert die Bedürftigkeit.

68 **II. Rechtfertigung des nachehelichen Unterhalts. 1. Nachwirkende Verantwortung.** Die Unterhaltspflicht der Ehegatten leitet sich daraus ab, daß sie mit der Eheschließung für die Lebenszeit eine schicksalhafte Verantwortung für einander übernommen haben (§ 1353 I). Unterhaltsbezogen besteht eine Verpflichtung, die der unter Verwandten nach §§ 1601ff vergleichbar und dieser gegenüber vorrangig ist (gemäß § 1608 S 1 bis zur Scheidung, danach gemäß § 1584 S 1). Der Unterhaltsanspruch nach der Scheidung ist aufgrund der nachwirkenden Mitverantwortung der Ehegatten für einander gerechtfertigt (BVerfG FamRZ 1981, 745; 2001, 986). Eine ehebedingte Bedürftigkeit (BGH FamRZ 1980, 981) oder eine wirtschaftliche, insbesondere eine berufliche Benachteiligung durch die Ehe muß nicht vorliegen. Je länger eine Ehe dauert, desto mehr ist die wirtschaftliche Sicherung des Ehegatten mit dem Bestand der Ehe verbunden, wächst die wirtschaftliche Verflechtung und Abhängigkeit der beiderseitigen Lebensdispositionen und fühlt sich der eine Ehegatte durch die unterhaltsrechtliche Solidarität des anderen abgesichert und kann darauf vertrauen. Gegen eine unzumutbare Inanspruchnahme ist im Einzelfall der Anspruch der Höhe nach oder zeitlich begrenzbar oder ausschließbar (§§ 1573 V, 1578 I S 2, 1579).

69 **2. Kritik. a) Sog Lebensstandardgarantie.** Im Schrifttum (Staud/Verschraegen vor §§ 1569ff Rz 17 mwN) wird die innere Rechtfertigung des geltenden Unterhaltsrechts in Frage gestellt. Die geschiedene Ehe werde noch mehr als nach früherem Recht als Versorgungseinrichtung zur Entlastung der Gesellschaft herangezogen (Erman/ Dieckmann[10] vor § 1569 Rz 17; § 1569 Rz 15). Es sei nicht gerechtfertigt, daß losgelöst von dem Erfordernis der Gegenseitigkeit eine Teilhabe am wirtschaftlichen Aufkommen gesichert werde (Diederichsen FamRZ 1992, 1; NJW 1993, 2264). Diese Kritik übersieht, daß das jetzige Unterhaltsrecht als Teil des verschuldensunabhängigen Scheidungsrecht nur auf dem Hintergrund des früheren Verschuldens-Scheidungsrechts zu verstehen ist. Der schuldlose Ehegatte, der sich im Gegensatz zu früheren Recht nicht gegen die Scheidung wehren kann, soll grundsätzlich seinen den ehelichen Lebensverhältnissen entsprechenden Lebensstandard wahren können, indem ihm auch nach der Scheidung ein Unterhalt nach den ehelichen Lebensverhältnissen zugestanden wird. Der schuldige Ehegatte hat zwar einen Vorteil davon, daß es auf Verschulden nicht mehr ankommt. Dies wird jedoch von einem Scheidungsrecht, das auf die Zerrüttung aufbaut, in Kauf genommen werden. Unbilligkeiten ist im Einzelfall mit Begrenzungs- und Ausschlußtatbeständen entgegenzutreten. Scheidung bedeutet Beendigung der Ehe, macht aber nicht ledig. Es widerspräche dem Gleichheitsgebot der Art 6 GG, den wirtschaftlich schwächeren Ehegatten einseitig mit den Scheidungsfolgen zu belasten (BGH FamRZ 2001, 986; BVerfG FamRZ 2002, 527). Der Tüchtige kann den weniger Tüchtigen, von Ausnahmen (§§ 1573 V, 1578 I S 2) abgesehen, nach der Scheidung nicht auf einen niedrigeren Lebensstandard verweisen. Es ist in erster Linie eine Pflicht des früheren Ehegatten (§ 1584), dann des Verwandten und erst zuletzt der Gesellschaft (Sozialhilfe – § 2 BSHG), für den anderen Ehegatten aufzukommen, soweit dieser nicht selbst für sich sorgen kann.

70 **b) Benachteiligung im Alter.** Gegenüber den kritischen Stimmen gegen einen nachehelichen Unterhalt muß darauf hingewiesen werden, daß in den häufigen Fällen eines nur teilweise bestehenden Anspruchs der Berechtigte im Vergleich zum Verpflichteten im späteren Versorgungsfall, insbesondere im Alter, oft benachteiligt wird. Zwar werden die Mängel der beruflichen Biographie bis zur Erhebung des Scheidungsantrags durch den Versorgungsausgleich ausgeglichen. Es ist indes regelmäßig tatsächlich kaum möglich, aufgrund einer Teilerwerbstätigkeit und aus dem nach dem Teilanspruch auf Unterhalt errechneten Vorsorgeunterhalt eine gleich hohe Altersversorgung zu begründen wie aufgrund einer vollen Erwerbstätigkeit. Selbst wenn dem im Einzelfall gelingen sollte, kann der Verpflichtete im Alter über eine auch nach der Scheidung seinem vollen eheprägenden Bruttoeinkommen aufgebaute Altersversorgung zurückgreifen, während dem Berechtigten nur eine Altersversorgung in Höhe des nach dem Halbteilungsprinzip bemessenen Bedarfs im Sinn von § 1578 zur Verfügung steht. Die Surrogats-Rspr des BGH (FamRZ 2001, 986) hat diese Benachteiligung abgemildert. Es bleibt aber festzuhalten, daß der im Versorgungsfall Bedürftige, soweit er bislang keinen Unterhaltsanspruch hatte, wegen der Voraussetzung des Einsatzzeitpunktes (s § 1569 Rz 7) keinen Ausgleich für die mit dem Übertritt vom Erwerbsleben Eintritt in den Ruhestand verbundene Einkommenseinbuße erhält (§ 1571 Rz 5), soweit diese Unterhaltsberechtigte größer ist als beim Verpflichteten.

71 **c) Haftungsalternativen.** Schließlich muß sich jeder Kritiker die Frage vorlegen, ob statt des geschiedenen Ehegatten der Verwandte (die Eltern oder die Kinder des Geschiedenen) haften sollen (§ 1584) oder ob nicht der frühere Ehegatte „näher dran" ist, der regelmäßig aus der Ehe auch Vorteile zog, insbesondere wenn diese längere Zeit dauerte. Die Verweisung auf die Sozialhilfe dürfte kein allgemein gangbarer Weg sein.

72 **III. Unterhalt bei Scheidung in der DDR.** Für den Unterhalt des Ehegatten, der im Gebiet der früheren DDR vor dem Beitritt (3. 10. 1990) rechtskräftig geschieden worden ist, sind weiter die Bestimmungen der §§ 29 bis 33 FGB maßgebend (§ 234 § 5 EGBGB; s Erman/Dieckmann[10] vor § 1569 Rz 35ff).

Kapitel 1
Grundsatz

1569 *Abschließende Regelung*
Kann ein Ehegatte nach der Scheidung nicht selbst für seinen Unterhalt sorgen, so hat er gegen den anderen Ehegatten einen Anspruch auf Unterhalt nach den folgenden Vorschriften.

1. Zweck und Einordnung der Vorschrift. a) Rechtsnatur. Die Einleitungsbestimmung zu den §§ 1570ff ist 1 keine Anpruchsnorm. Sie betont den Grundsatz der Eigenverantwortung (wie § 1603 I für den Verwandtenunterhalt). Der geschiedene Ehegatte ist, wenn er bedürftig ist, nicht schon deswegen unterhaltsberechtigt ist, sondern nur, wenn die Voraussetzungen eines der strikten Einzeltatbestände der §§ 1570, 1571 bis 1573, 1575, 1586 oder Billigkeitsnorm des § 1576 erfüllt sind (Zum Verhältnis Unterhaltsberechtigung und Bedürftigkeit s vor § 1569 Rz 13ff). Die abschließend aufgezählten Einzeltatbestände, bei denen es sich, abgesehen vom Aufstockungsunterhalt nach § 1573 II, um gesetzlich anerkannte Erwerbshinderungsgründe handelt, decken zwar die meisten der tatsächlich auftretenden Bedürfnislagen ab. Ist dies jedoch nicht der Fall, kann der Ehegatte keinen Unterhalt verlangen, etwa wenn er den Arbeitsplatz verliert, nachdem er voll in das Berufsleben integriert war (BGH FamRZ 1988, 265) oder im Alter, wenn er aus einer Teilerwerbstätigkeit ungenügende Rentenansprüche hat (Graba Unterhalt im Alter 2001 Rz 33ff). Er ist insoweit auf den Anspruch gegen seinen Verwandten (§§ 1601ff), hilfsweise auf Sozialhilfe, angewiesen.

b) Einheitlicher Anspruch. Der Anspruch auf nachehelichen Unterhalt ist ein einheitlicher Anspruch, gleich 2 auf welcher Einzelberechtigung im Sinn der §§ 1570 bis 1573, 1575, 1576 er gestützt ist (BGH FamRZ 1984, 353). Daraus folgt etwa, daß bei einer Verurteilung nach § 258 ZPO eine übersehene weitere Unterhaltsberechtigung und deren Folgen, etwa neben Krankheitsunterhalt nach § 1572 Aufstockungsunterhalt nach § 1573 II mit der Möglichkeit der Befristung nach § 1573 V, nicht korrigierbar ist, weil die Voraussetzungen der einzig statthaften Abänderungsklage nach § 323 ZPO nicht vorliegen (BGH FamRZ 2001, 905). Zum Aufbau des Unterhaltstatbestands und zu Parallelen im Verwandtenunterhaltsrecht s vor § 1569 Rz 5ff).

2. Voraussetzungen. a) Entstehung. Der Anspruch auf nachehelichen Unterhalt entsteht mit der Rechtskraft 3 der Scheidung, nicht erst ab dem Ersten des folgenden Monats. Er kann nicht vor der Rechtskraft der Scheidung angemahnt werden (BGH FamRZ 1988, 370). Ausnahmsweise kann er vor seiner Entstehung (nur) im Verbund mit der Scheidung geltendgemacht werden (§ 623 I S 1 ZPO).

b) Bedürftigkeit. Anspruchsberechtigt ist nur der Ehegatte, der nicht selbst für sich sorgen kann. Er muß 4 außerstande sein, durch Arbeit, mit seinem Vermögen oder aus sonstigen Einkommensquellen den Unterhalt nach den ehelichen Lebensverhältnissen (§ 1578) selbst zu aufzubringen. Soweit er einen darüber hinausgehenden Bedarf hat, etwa um sein Existenzminimum zu decken, kommt ein Anspruch gegen den Verwandten nach §§ 1601ff in Betracht (s vor § 1569 Rz 11).

c) Mehrfache Unterhaltsberechtigung. Die Unterhaltsberechtigung kann aufgrund der einzelnen Tatbestände 5 der § 1570ff mehrfach oder nach einander bestehen (BGH FamRZ 1984, 353). Im ersteren Fall kann die Frage der konkreten Berechtigung nicht offen bleiben, wenn die verschiedenen Berechtigungen unterschiedliche Rechtsfolgen nach sich ziehen (BGH FamRZ 1988, 265). So können etwa Ansprüche nach § 1573 I bis III gemäß Abs IV zeitlich begrenzt werden, während in den Bestimmungen der §§ 1570 bis 1572 eine entsprechende Vorschrift fehlt, so daß eine Befristung nur nach der allgemeinen Bestimmungen der §§ 1578 I S 2, 1579 möglich ist.

3. Stamm- und Anschlußunterhalt. Liegt die Unterhaltsberechtigung bereits allein aufgrund einer der Bestim- 6 mungen der §§ 1570ff vor, kann man von **Stammunterhalt** sprechen. Ist dagegen die Unterhaltberechtigung davon abhängig, daß eine solche zuvor aufgrund eines anderen Tatbestands gegeben war, nennt man dies **Anschlußunterhalt**. Durch den Anschlußtatbestand wird die aufgrund der Voraustatbestands bestehende Unterhaltsberechtigung lückenlos fortgesetzt, nicht aber der Anspruch auf den vollen Bedarf nach den ehelichen Lebensverhältnissen (§ 1578) erweitert, wenn der weggefallene Anspruch sich nur auf einen Teil des Bedarfs bezog (BGH FamRZ 2001, 1291). Durch Stammunterhalt allein oder in Verbindung mit Anschlußunterhalt kann ein lebenslanger Anspruch auf Unterhalt gegeben sein.

4. Einsatzzeitpunkt. Mit Ausnahme des Betreuungsunterhalts (§§ 1570, 1586) und des Billigkeitsunterhalts 7 (§ 1576) muß die Unterhaltsberechtigung (§§ 1571, 1572, 1573, 1575), nicht die Bedürftigkeit (BGH FamRZ 1987, 689; München FamRZ 1993, 564; aA Staud/Verschraegen § 1569 Rz 2f; Schwab/Borth IV 186), zu einer bestimmten Zeit vorliegen, nämlich bei Rechtskraft oder jedenfalls im zeitlichen Zusammenhang mit der Scheidung oder im Zeitpunkt des Wegfalls des Voraustatbestands für den Anschlußunterhalt (Graba in FS J. Groß, 2004 S 93). Durch den vom Unterhaltsberechtigten zu beweisenden Einsatzzeitpunkt wird der Unterhaltsverpflichtete geschützt. Schicksalsbedingte Ereignisse, die sich nach der Scheidung im Leben eines geschiedenen Ehegatten einstellen, gehen grundsätzlich nicht zu Lasten des anderen Ehegatten (BGH FamRZ 2001, 1291). Scheitert der Anspruch am Einsatzzeitpunkt, ist ein Unterhaltsanspruch nach Billigkeit (§ 1576) in Betracht zu ziehen (BGH FamRZ 2003, 1734).

§ 1570 Familienrecht Bürgerliche Ehe

Kapitel 2
Unterhaltsberechtigung

1570 *Unterhalt wegen Betreuung eines Kindes*
Ein geschiedener Ehegatte kann von dem anderen Unterhalt verlangen, solange und soweit von ihm wegen der Pflege oder Erziehung eines gemeinschaftlichen Kindes eine Erwerbstätigkeit nicht erwartet werden kann.

1. Zweck und Einordnung der Vorschrift

1 **a) Aufgabe der Eltern.** § 1570 enthält eine Ausnahme von dem Grundsatz, daß ein geschiedener Ehegatte selbst für sich sorgen muß (§ 1569). Ein Ehegatte kann von dem anderen Unterhalt verlangen, wenn er ein gemeinsames Kind betreut und von ihm deswegen insoweit keine Erwerbstätigkeit erwartet werden kann. Mit der Betreuung eines gemeinschaftlichen Kindes erfüllt der Ehegatte auch eine Aufgabe des anderen Ehegatten. Dies rechtfertigt es, ihn mit dem Unterhalt für den Ehegatten zu belasten (BVerfG FamRZ 1981, 745).

2 **b) Vorzüge.** Der Betreuungsunterhalt ist der stärkste nacheheliche Unterhaltsanspruch. **aa) Kein Einsatzzeitpunkt.** Betreuungsunterhalt ist, anders als der Unterhalt nach §§ 1571 bis 1573, 1575, nicht an einen Einsatzzeitpunkt geknüpft (§ 1569 Rz 7). Eine Berechtigung wegen Betreuungsunterhalt besteht nicht nur dann, wenn bei Rechtskraft der Scheidung das Kind betreut wird, sondern auch, wenn zu einem späteren Zeitpunkt wegen der Betreuung eine Erwerbstätigkeit nicht erwartet werden kann, etwa weil das Kind von einem Elternteil zum anderen gewechselt oder weil es wegen eines Unfalls pflegebedürftig geworden ist. Betreuungsunterhalt kann der Voraustatbestand für Anschlußunterhalt wegen Alters, Krankheit, Arbeitslosigkeit und Aufstockung sein (§§ 1571 Nr 2, 1572 Nr 2, 1573 III, 1575; 1586a I S 2). Damit kann eine Unterhaltsberechtigung für Anschlußunterhalt gegeben sein, die auf Grund der gleichen Bestimmungen als Stammunterhalt mangels Einsatzzeitpunkts zu verneinen wäre.

3 **bb) Keine Befristung.** § 1570 enthält, anders als § 1573 V, keine Bestimmung über die Befristung des Unterhalts. Eine Begrenzung, abgesehen von der inhaltlichen Bezogenheit auf die Betreuungsbedürftigkeit des Kindes, kommt deswegen nur nach den allgemeinen Vorschriften der §§ 1578 I S 2, 1579 in Betracht. Bei deren Anwendung ist die Betreuung als ein Umstand zu würdigen, der gegen die Kürzung spricht.

4 **cc) Ausschluß.** Betreuungszeiten sind im Rahmen von § 1579 Nr 1 wie Ehezeiten zu rechnen. Die Wahrung der Belange des betreuten Kindes ist ein ausdrücklich zu berücksichtigender Umstand, wenn eine Unterhaltskürzung nach § 1579 in Betracht kommt.

5 **dd) Rang.** Kindesbetreuung des geschiedenen Ehegatten oder die der Ehezeit gleichgestellte Betreuungszeit führt zu seinem Unterhaltsvorrang vor dem neuen Ehegatten (§ 1582).

6 **ee) Vermögensverfall.** Der Anspruch auf Betreuungsunterhalt schützt den den Berechtigten gegen das Risiko des Vermögensverfalls (§ 1577 IV S 2).

7 **ff) Wiederaufleben.** Mit der Wiederheirat erloschener Betreuungsunterhalt kann nach der Scheidung der Folgeehe wieder aufleben und Anschlußunterhalt aus anderen Gründen vermitteln (§ 1586a).

8 **c) Betreuungsunterhalt des nichtehelichen Elternteils. aa) Kein Teil des Kindesbedarfs.** Der Unterhalt des Kindes als Teil seines gesamten Lebensbedarfs (§ 1610) kann seine Betreuungskosten umfassen, z B bei Internatsunterbringung. Er deckt indes nur seinen eigenen Lebensbedarf ab. Der Lebensbedarf der Betreuungsperson, eines Dritten, gehört nicht dazu (RG DR 1944, 619 ist eine Ausnahmeentscheidung). Der Dritte bedarf für einen Unterhaltsanspruch einer eigenen Rechtsgrundlage. Dafür kommen außer § 1570 die Vorschrift des § 1615l und die allgemeinen Vorschriften des Verwandtenunterhaltsrechts in Betracht.

9 **bb) Rechtsgrund.** Nach der Bestimmung des § 1615l II S 2, IV hat der Elternteil, der ein nichteheliches Kind betreut, gegenüber dem anderen einen Anspruch auf Unterhalt. Dieser ist aber auf die Dauer von drei Jahren ab der Geburt des Kindes begrenzt und besteht nur ausnahmsweise länger, sofern eine Versagung des Unterhalts nach dieser Frist unter Berücksichtigung der Belange des Kindes grob unbillig wäre. Der Anspruch unter nicht mit einander verheirateten Eltern ist als eine Folge der Zeugung dem Verwandtenunterhaltsrecht zugeordnet (§ 1615l III S 1), während der Anspruch nach § 1570 auf der ehelichen Solidarität beruht (BGH FamRZ 1998, 426). Zwar soll durch den Anspruch nach § 1570 die persönliche Betreuung des Kindes sichergestellt werden. Aber die Betreuungsbedürftigkeit des Kindes ist, entgegen der Ansicht von Dieckmann (Erman/Dieckmann[10] Rz 3), nicht allein der rechtfertigende Grund des Anspruchs. Seine Bedenken, daß mit dem Betreuungsunterhalt das Privatrecht in den Dienst des Ausgleichs zur Entlastung der Gesellschaft von Daseinsvorsorge gestellt werde, geht von einer mit dem nachehelichen Unterhaltsrecht, insbesondere mit § 1570, nicht zu vereinbarenden Vorstellung aus, daß mit der Scheidung die Beziehungen der Ehegatten beendet sind. Dabei wird nicht nur geleugnet, daß die Ehegatten lebenslang die Verantwortung für einander übernommen haben (§ 1353 I S 2), sondern auch verkannt, daß der geschiedene Ehegatte vor dem Verwandten (§ 1684) und dann erst die Allgemeinheit (§ 2 BSHG) für den Unterhalt des anderen Ehegatten aufkommen muß, der nicht selbst für sich sorgen kann. Mit der Eheschließung übernehmen die Ehegatten, im Unterschied zu nichtehelichen Partnern, auch in Hinblick auf die künftigen gemeinsamen Kinder füreinander die Verantwortung (BVerfG FamRZ 2003, 285, 287). Nach der Scheidung soll ein Ehegatte nicht darauf verzichten müssen, das Kind selbst zu betreuen, wenn eine Erwerbstätigkeit aufgenötigt wird (vgl BVerfG FamRZ 2001, 343). Wegen der Verschiedenheit der Ansprüche wäre es verfehlt, würde man aus § 1615l schließen, daß ein Ehegatte ab dem Alter des Kindes von drei Jahren dieses nicht mehr selbst betreuen dürfe, sondern einer Erwerbstätigkeit nachgehen müsse. Die unterhaltsrechtliche Besserstellung des geschiedenen, betreuenden Ehegatten gegenüber dem neuen Ehegatten und gegenüber einem nichtehelichen Elternteil, der von

dem anderen oder von seine Eltern (BGH FamRZ 1985, 273 = JZ 1985, 434 m Anm Derleder = JR 1985, 238 m Anm Göppinger und Anm Ditzen FamRZ 1989, 240; FamRZ 1985, 1245) Unterhalt verlangt, ist kein Wertungswiderspruch (so aber Erman/Dieckmann[10] Rz 3), sondern aufgrund der verschiedenen Verantwortungslagen gerechtfertigt. Durch die Eheschließung hat jeder Ehegatte eine schicksalsgemeinschaftliche Solidarität für den anderen übernommen, der er sich nicht dadurch entziehen kann, daß er eine weitere Ehe schließt und aus dieser oder einer anderen Verbindung Kinder hat. Die bewußt begründete eheliche Solidarität ist stärker als die verwandtschaftliche Solidarität (§§ 1608, 1584). Nicht die unterhaltsrechtliche Solidarität als Folge der Ehe ist in Zweifel zu ziehen, sondern es ist zu fragen, ob nicht sonst der einzelne aus seiner Verantwortung – dazu gehört auch die Sicherstellung der Kindesbetreuung – zu Lasten der Solidarität der Allgemeinheit zu leicht entlassen wird.

2. Betreuung. a) Ein **gemeinsames Kind** ist das vorehelich geborene Kind, wenn die Vaterschaft anerkannt 10 oder gerichtlich festgestellt ist (§§ 1591, 1592 Nr 2, 3) und das während der Ehe oder während 302 Tagen nach deren Auflösung geborene Kind (§§ 1591, 1592 Nr 2, 1593). Eine Ausnahme gilt nach § 1599 II für das nach Anhängigkeit des Scheidungsantrag geborene, von einem Dritten binnen der Frist von einem Jahr nach Rechtskraft der Scheidung anerkannte Kind. Ein gemeinsames Kind ist auch das vor der Rechtskraft der Scheidung geborene Ehebruchskind bis zur erfolgreichen Anfechtung oder bis zur wirksamen Anerkennung (§ 1599; BGH FamRZ 1998, 426; aA Erman/Dieckmann[10] Rz 9). Zum Ausschlußtatbestand bei arglistigem Verhalten der Mutter s § 1579 Rz 28). Gemeinsames Kind ist ferner das adoptierte Kind, das die Stellung eines gemeinschaftlichen Kinds der Ehegatten erlangt hat (§§ 1754, 1767), nicht aber ein Pflegekind (BGH FamRZ 1984, 361;769; s dazu § 1576 Rz 3).

b) Eheliches Kind. Der Unterhaltsanspruch der Mutter, die das von ihrem früheren Ehemann stammende, nach 11 der Scheidung geborene Kind betreut, richtet sich nicht nach § 1570, sondern nach § 1615l (BGH FamRZ 1998, 426). Anders als bei § 1361, reicht die Betreuung eines Kindes aus früherer Ehe, aus sonstiger Beziehung, eines Stiefkinds, eines Pflegekindes oder eines Angehörigen, etwa der Eltern, nicht aus, auch wenn dadurch die Ehe geprägt war. In einem solchen Fall kommt ein Anspruch nach § 1576 in Betracht (BGH FamRZ 1983, 800; 1984, 361; 1984, 769).

3. Pflege oder Erziehung. Die Begriffe Pflege, Erziehung sind aus § 1606 übernommen. Hauptanwendungsfall 12 des § 1570 ist die Betreuung des minderjährigen Kindes, das der Erziehung unterliegt. Ein solches Kind bedarf auch der Pflege. Darunter ist nicht in engen Sinn die Pflege eines Kranken oder Behinderten zu verstehen, sondern die umfassende Besorgung seiner Angelegenheiten im Sinne einer Betreuung. Unter Betreuung versteht man freiwillig übernommene, höchstpersönliche Dienstleistungen für einen anderen in einem gemeinsamen Haushalt (Roth-Stielow NJW 1982, 425; Graba FamRZ 1990, 454; aA Staud/Verschraegen § 1570 Rz 6).

4. Berechtigte Betreuung. Betreuungsunterhalt kann nur derjenige Ehegatte verlangen, der das Kind berech- 13 tigt, nicht dagegen, wer es eigenmächtig betreut (BGH FamRZ 1983, 142). Der Betreuende muß nicht die alleinige Sorge haben. Es genügt das alleinige Aufenthaltsbestimmungsrecht oder daß sich der andere Ehegatte, selbst wenn ihm allein die Sorge zusteht, nicht dagegen wendet, daß das Kind im Haushalt des Elternteils lebt. Es ist auch möglich, daß beide Ehegatten gegenüber demselben Kind oder jeweils gegenüber einem anderen gemeinsamen Kind Betreuungsleistungen erbringen. Beide Eltern können dann unterhaltsberechtigt im Sinn von § 1570 sein. Wegen der zusätzlich erforderlichen Unterhaltsvoraussetzungen kommt es aber nicht zu gegenseitigen Unterhaltspflichten. Vielmehr ist nur ein Ehegatte unterhaltspflichtig (BGH FamRZ 1983, 569). Nach Umfang oder Zeit unwesentliche Betreuung, etwa während des Ferienbesuchs, reicht für eine Berechtigung nicht aus.

5. Betreuender **Ehegatte** kann die Frau oder der Mann sein. 14

6. Erwerbshindernis. a) Minderjähriges Kind. Wegen der Betreuung darf eine Erwerbstätigkeit nicht erwar- 15 tet werden. **aa) Betreuungsbedürftigkeit.** Das minderjährige Kind muß betreuungsbedürftig sein. Es ist aber nicht notwendig, daß sein Wohl die persönliche Betreuung durch den Ehegatten erfordert und diese nicht durch einen Dritten ganz oder teilweise möglich wäre (Johannsen/Henrich/Büttner Rz 25; aA Staud/Verschraegen Rz 16). Vielmehr genügt es, daß von dem Ehegatten bei Anlegung eines objektiven Maßstabs wegen der Betreuung eine Erwerbstätigkeit nicht erwartet werden kann. Grundsätzlich ist die Entscheidung hinzunehmen, das Kind selbst zu betreuen (BGH FamRZ 1980, 1099). Die Oberlandesgerichte haben Leitlinien aufgestellt, die Erfahrungssätze enthalten, in welchem Umfang, abhängig vom Alter des betreuten Kindes, vom Ehegatten eine Erwerbstätigkeit nicht erwartet werden kann. Im allgemeinen wird man bis zum Eintritt des Kindes in die zweite Grundschulklasse eine Erwerbsobliegenheit verneinen können (BGH FamRZ 1983, 456). Danach wird mit einer stundenweisen Beschäftigung begonnen werden müssen, die sich dann zu einer Halbtagsbeschäftigung ab dem 16. Lebensjahr zu einer vollen Erwerbstätigkeit ausweitet (BGH FamRZ 1984, 149; 1985, 50). Bei mehreren Kindern kann dem Ehegatten grundsätzlich nur in geringerem Maß eine Erwerbstätigkeit angesonnen werden (BGH FamRZ 1999, 372; FamRZ 1999, 671). Ein überdurchschnittlicher Betreuungsbedarf von sog Problemkindern ist zu berücksichtigen (BGH FamRZ 1984, 769). Letztlich sind die konkreten Verhältnisse nach der Scheidung (Alter, Gesundheitszustand, Beschäftigungschancen, anderweitige Betreuungsmöglichkeiten, berufliche Betätigung während der Ehe; wirtschaftliche Lage der Ehegatten) entscheidend (BGH FamRZ 1988, 145; 1989, 487). Eine fehlende Pflicht des Betreuenden zum Barunterhalt gegenüber dem Kind (§ 1606 III S 2) führt nicht ohne weiteres dazu, daß der Elternteil auch im Verhältnis zum anderen Ehegatten von jeder Obliegenheit frei wäre, seinen Unterhalt auch nicht teilweise durch eine Erwerbstätigkeit zu decken (BGH FamRZ 1983, 569).

bb) Betreuungsaufwand. Ist der sorgeberechtigte Elternteil nach der Scheidung aus tatsächlichen Gründen 16 gehindert, das Kind zu betreuen, so kann das einen Anspruch auf Betreuungsunterhalt ausschließen. Ein Kind, das in einem Internat, bei Pflegeeltern oder in einem Pflegeheim untergebracht ist, hindert den sorgeberechtigten

Elternteil schwerlich, eine Erwerbstätigkeit aufzunehmen. Andererseits kann der Verpflichtete den Ehegatten nicht auf Entlastungsmöglichkeiten durch Dritte, insbesondere durch öffentlich geförderte Einrichtungen, etwa Kindergarten, veweisen (BGH FamRZ 1983, 456; aA Erman/Dieckmann[10] Rz 16). Betreuungsleistungen durch die Großeltern werden als freiwillige Zuwendungen Dritter nach der Willensrichtung der Zuwendenden meist nicht den Unterhaltspflichtigen zugutekommen können (s vor § 1569 Rz 52). Nimmt der Unterhaltsberechtigte Betreuungsdienste von Dritten in Anspruch, um einer Erwerbstätigkeit nachgehen zu können, sind die dadurch anfallenden Kosten von seinem Einkommen absetzbar (BGH FamRZ 1983, 569; 2001, 350). Das überobligatorische Einkommen ist nur nach Treu und Glauben bei der Unterhaltsbemessung zu berücksichtigen (§ 1577 II). Dies wird im allgemeinen bedeuten, daß ein Teil des Einkommens bei der Unterhaltsbemessung außer Betracht bleibt (BGH FamRZ 2001, 350).

17 **b) Volljähriges Kind.** Anders als in § 1606 III S 2, wo von „Pflege und Erziehung" die Rede ist, heißt es in § 1570 „Pflege oder Erziehung". Betreuungsunterhalt kann auch wegen eines volljährigen Kindes begründet sein, das etwa wegen seiner Behinderung gepflegt wird (BGH FamRZ 1985, 357). Auch beim volljährigen Kind ist zwar nicht erforderlich, daß das Kind durch den Elterteil betreut werden muß. Vielmehr genügt es, daß wegen der Betreuung eine Erwerbstätigkeit nicht erwartet werden kann. Bei der Konkretisierung dieses allgemeinen Rechtsbegriffs ist jedoch zu berücksichtigen, daß das volljährige Kind nicht mehr unter der Personensorge der Eltern steht. Die besondere Verantwortung der Eltern für das Kind, die etwa in der Bestimmung des § 1603 II S 1 zum Ausdruck kommt, ist beendet. Deswegen wird sich ein Elternteil nicht ohne weiteres gegen den Willen des anderen für die Betreuung entscheiden und damit unter Umständen eine Unterhaltsbelastung des anderen Ehegatten auf nicht absehbare Zeit, vielleicht sogar auf Lebensdauer, auslösen können. Die Vorschrift des § 13 IV SGB XI, wonach ein Pflegegeld bei der Pflege von in gerader Linie Verwandten nicht als Einkommen der Pflegeperson anzurechnen ist, hat zwar auch den Zweck, die Pflegebereitschaft zu fördern und die Sozialkassen zu entlasten. Diese öffentlichrechtliche Zweckbestimmung reicht jedoch nicht aus, um den Anspruch auf Betreuungsunterhalt zu rechtfertigen. Auch ausschließlich humanitäre Erwägungen dürften nicht genügen. Es wird wohl unter Abwägung aller Umstände im Einzelfall zu entscheiden sein, inwieweit die Pflege des volljährigen Kindes durch den Elternteil selbst einem ungeschriebenen Gebot entspricht, dem sich auch der andere Elternteil nicht entziehen kann. Dies kann etwa zu bejahen sein, wenn das Kind bislang schon von dem Elternteil betreut wurde und bei einer Fremdbetreuung mit einer wesentlichen Verschlechterung seines Zustands gerechnet werden müßte.

18 **7. Anspruchsende.** Die Unterhaltsberechtigung nach § 1570 endet mit der Betreuung. Soweit die Berechtigung mit wachsendem Alter des Kindes ausläuft, handelt es sich nicht um einen für jedermann ohne weiteres erkennbaren Vorgang. Zur Vermeidung weiterer Inanspruchnahme wegen eines Anschlußtatbestandes ist dem Unterhaltsverpflichteten zu empfehlen, dem Berechtigten gegenüber unmißverständlich zum Ausdruck zu bringen, daß er nicht mehr auf die weitere Gewährung von Unterhalts vertrauen kann (BGH FamRZ 1990, 496). Die Obliegenheit zur Arbeitssuche kann auch schon vor dem Ende der Kindesbetreuung bestehen (BGH FamRZ 1995, 871).

19 **8. Abdingbarkeit.** Grundsätzlich ist der Anspruch auf Betreuungsunterhalt (formfrei) abdingbar, so daß auf ihn auch verzichtet werden kann (BGH FamRZ 1985, 788; aA Bosch FS Habscheid 1989 S 23ff). Nach der Rspr des BGH (FamRZ 1992, 1403; 1995, 291) darf sich der Unterhaltsverpflichtete jedoch auf den Verzicht nicht berufen, soweit der notwendige Bedarf des betreuenden Ehegatten nicht gewahrt ist (§ 242). Diese Grundsätze werden durch die Rspr des BVerfG im Zusammenhang mit der Vereinbarung einer Freistellung von Kindesunterhalt (FamRZ 2001, 343 m Anm Schwab, Schubert S 733 und Bergschneider S 1339 = NJW 2001, 957 m Anm Röthel S 1334 = MDR 2001, 392 m Anm Grziwotz = FuR 2001, 163 m Anm Rauscher S 155; FamRZ 2001, 1291) weiter eingeschränkt. Eine solche Vereinbarung unterliegt der Inhaltskontrolle und ist im Einzelfall als unwirksam zu beanstanden, soweit eine Partei, namentlich die schwangere Braut, aufgrund ungleicher Verhandlungsposition einseitig belastet wird und soweit der Unterhaltsverzicht zu Lasten des Kinds geht, weil der Ehegatte, der keine hinreichendes eigenes Einkommen hat, zu einer Erwerbstätigkeit gezwungen ist und das Kind nicht persönlich betreuen kann oder bei Selbstbetreuung mit ihm unter Verhältnissen leben muß, die seine Entwicklungsmöglichkeiten weit mehr einschränken als es dem elterlichen Vermögen entsprechen würde (s § 1585c Rz 17).

20 **9. Konkurrenzen. a) Kausalität. aa) Reichweite der Privilegierung.** Der Anspruch auf Betreuungsunterhalt geht wegen seiner Vorzugstellung anderen Unterhaltsberechtigten vor. Er verdrängt den Billigkeitsunterhalt nach § 1576 (BGH FamRZ 1984, 361; 769). Vorzugsrechte wegen Kindesbetreuung bestehen nur, soweit die Unterhaltsberechtigung auf diesem Unterhaltsgrund beruht. Deswegen muß im Einzelfall festgestellt werden, inwieweit das Erwerbshindernis durch die Betreuung oder durch andere Gründe bedingt ist. Es genügt einerseits nicht eine irgendwie gegebene Mitkausalität, andererseits ist eine Monokausalität nicht erforderlich (s zu dieser Streitfrage Erman/Dieckmann[10] Rz 15). Vielmehr sind die tatsächlichen Auswirkungen der Betreuung auf die Erwerbsbehinderung festzustellen. Soweit sich der Anspruch auf vollen Unterhalt im Sinn von § 1578 auf mehreren Teilberechtigungen stützt, müssen die einzelnen Anspruchsteile beziffert werden (BGH FamRZ 1990, 492; 2001, 1682). Verliert etwa ein Ehegatte, der neben der Kindesbetreuung nur teilerwerbsfähig war, aber auch teilerwerbstätig sein mußte, seinen Arbeitsplatz, der seinen Unterhalt nachhaltig sicherte, hat er keinen Anspruch auf Betreuungsunterhalt nach § 1570 und mangels Einsatzzeitpunkts auch keinen Anspruch auf Anschlußunterhalt nach §§ 1571 bis 1573, 1575, sondern allenfalls nach § 1576 (Dieckmann FamRZ 1977, 94; Staud/Verschraegen § 1569 Rz 11; aA Derleder/Derleder FamRZ 1977, 587). War der Ehegatte dagegen erwerbsfähig, obwohl ihm dies neben der Kindesbetreuung nicht zuzumuten war, und verliert er seinen Arbeitsplatz, steht ihm ein Anspruch auf Betreuungsunterhalt zu, weil sich der Wegfall der überobligatorischen Tätigkeit, die den Unterhaltsverpflichteten bislang entlastete, sich ebenso wenig zum Nachteil des Berechtigten auswirken darf wie eine Aufgabe der Erwerbstätigkeit.

bb) Anspruchshöhe. Wenn der Ehegatte, wäre er durch die Betreuung nicht an einer Erwerbstätigkeit gehindert, den gesamten Bedarf nach den ehelichen Lebensverhältnissen (§ 1578) mit seinem Verdienst decken könnte, geht der Anspruch nach § 1570 auf den vollen Unterhalt (BGH FamRZ 1991, 304). Kann der geschiedene Ehegatte neben der Betreuung nur eine Teilerwerbstätigkeit ausüben, so kann er nach § 1570 Unterhalt bis zur Höhe des Mehreinkommens verlangen, das er durch eine Vollerwerbstätigkeit verdienen könnte. Wegen einer übrigbleibenden Differenz zum vollen Unterhalt nach den ehelichen Lebensverhältnissen steht ihm ein Anspruch auf Aufstokkungsunterhalt nach § 1573 II zu (BGH FamRZ 1990, 492; Aufgabe der aA FamRZ 1987, 572). Mit diesen Grundsätzen ist die Ansicht des BGH (FamRZ 1987, 572 m Anm Dieckmann S 981; 1990, 492) nicht ohne weiteres zu vereinbaren, daß der Ehegatte, der wegen Betreuung überhaupt an einer Erwerbstätigkeit gehindert ist, den vollen Unterhalt, allein gestützt auf § 1570, verlangen kann, auch wenn der Verdienst aus einer Erwerbstätigkeit nicht den Bedarf nach den ehelichen Lebensverhältnissen decken würde. 21

b) § 1570–§ 1615 l. aa) Gleichzeitige Haftung. Betreut der Ehegatte ein Kind aus der geschiedenen Ehe und ein Kind aus einer weiteren Verbindung (s Rz 9), haftet der geschiedene Ehemann neben dem anderen Vater entspr § 1606 III S 1 nach den Einkommens-, Vermögens- und Betreuungsverhältnissen. Soweit der Unterhalt von einem der Väter nicht erlangt werden kann, muß der andere für den vollen Bedarf entspr § 1607 II aufkommen (BGH FamRZ 1998, 541). 22

bb) Alleinige Haftung. Entgegen Wagner (NJW 1998, 3097) schuldet der geschiedene Ehemann, wenn die Unterhaltsverpflichtung des nichtehelichen Vaters nach Ablauf von drei Jahren seit der Geburt des Kindes gemäß § 1615 l I S 3 geendet hat, weiterhin nicht bloß einen Unterhaltsanteil. Er muß vielmehr den vollen Betreuungsunterhalt aufbringen, soweit die geschiedene Ehefrau durch die Betreuung des gemeinsamen Kindes an einer Erwerbstätigkeit gehindert ist. Ob der geschiedenen Ehefrau im Zeitpunkt der Wegfall der Unterhaltsanspruchs gegen den nichtehelichen Vater (§ 1615 l I S 3) ein Anspruch auf Arbeitslosenunterhalt (§ 1573 I) gegenüber dem geschiedenen Ehemann zusteht, hängt davon ab, inwieweit sie nunmehr wegen der Betreuung des gemeinsamen Kindes an einer Erwerbstätigkeit gehindert ist. Es kann etwa sein, daß sie nur einen Teilanspruch hat, weil für einen gesamten Anspruch es am Einsatzzeitpunkt fehlt, wenn sie neben der Betreuung des gemeinschaftlichen Kindes eine Erwerbstätigkeit in einem gewissen Umfang bereits früher hätte aufnehmen können und dies nur wegen des nichtehelichen Kindes unterlassen hat. 23

10. Beweislast. Der Unterhaltsgläubiger muß die Voraussetzungen für einen Betreuungsunterhalt beweisen. Er genügt seiner Behauptungs- und Beweislast, wenn er sich wegen altersbedingter Betreuungsbedürftigkeit des Kindes auf eine Regelung in Leitlinien stützt (BGH FamRZ 1983, 456). Wer von solchen Erfahrungssätzen Abweichendes geltendmacht, muß dies beweisen, also etwa der Verpflichtete, daß neben der Betreuung eines Kindes im Vorschulalter eine Erwerbstätigkeit eines bestimmten Umfangs erwartet werden kann (BGH FamRZ 1998, 1501), oder der Berechtigte, daß trotz des Alter des Kindes von 16 Jahren eine Ganztagsbeschäftigung nicht angesonnen werden kann (BGH FamRZ 1990, 496). 24

§ 1571 *Unterhalt wegen Alters*

Ein geschiedener Ehegatte kann von dem anderen Unterhalt verlangen, soweit von ihm im Zeitpunkt
1. der Scheidung,
2. der Beendigung der Pflege oder Erziehung eines gemeinschaftlichen Kindes oder
3. des Wegfalls der Voraussetzungen für einen Unterhaltsanspruch nach den §§ 1572 und 1573
wegen seines Alters eine Erwerbstätigkeit nicht mehr erwartet werden kann.

Schrifttum: *Graba,* Unterhalt im Alter, Bonn, 2001

1. Zweck und Einordnung der Vorschrift. Die unterhaltsrechtliche Verantwortlichkeit für den wegen Alters erwerbsunfähigen Ehegatten gehört zu den Nachwirkungen der Ehe als einer grundsätzlich lebenslangen Schicksalsgemeinschaft (BGH FamRZ 1981, 1163; 1982, 929). Der Anspruch besteht nicht nur, wenn der geschiedene Ehegatte noch keine Rente als Folge des Versorgungsausgleich erhält, sondern auch, wenn diese die Bedürftigkeit nach § 1577 I mindernde Rente und sein sonstiges Einkommen für den vollen Bedarf nach § 1578 nicht ausreichen. Altersunterhalt wird ohne Rücksicht auf ehebedingte Bedürftigkeit gewährt, also auch dem Ehegatten, der bereits bei der Heirat wegen seines Alters oder aus sonstigen Gründen nicht mehr erwerbsfähig gewesen ist (BGH FamRZ 1982, 28 [29]). Nicht zuletzt deswegen wird die Berechtigung des Altersunterhalts in Zweifel gezogen (Erman/Dieckmann[10] Rz 1; Staud/Verschraegen Rz 1), jedoch zu Unrecht (s vor § 1569 Rz 70). Es ist auch grundsätzlich nicht möglich, allgemein den Anwendungsbereich der Vorschrift mit Hilfe des § 1579 zu beschränken. Auf die Dauer der Ehe kommt es nur im Rahmen des § 1579 Nr 1 an. Eine Herabsetzung nach § 1578 I S 2 ist möglich. 1

2. Altersgrenze. a) 65 Jahre. Eine Altersgrenze, ab der die Aufnahme einer Erwerbstätigkeit regelmäßig nicht mehr zu erwarten ist, nennt das Gesetz nicht. Maßgebend sind zwar grundsätzlich die Verhältnisse des Einzelfalls (BGH FamRZ 1999, 708). Man wird sich aber **im allgemeinen** an die Altersgrenze von 65 Jahren im Renten- und Versorgungsrecht als Richtungsweiser halten können (§ 35 SGB VI; § 25 BRRG; § 41 BBG; siehe auch BT-Drucks 7/650, 123), weil nach allgemeiner Auffassung ab diesem Zeitpunkt eine Erwerbstätigkeit nicht mehr erwartet werden kann (vgl BGH FamRZ 1993, 43). Dies gilt grundsätzlich auch beim Freiberufler. Vorgezogene Ruhestandsgrenzen, die für bestimmte Berufsgruppen wie Polizeibeamte, Soldaten oder Piloten gelten, rechtfertigen dagegen nicht Altersunterhalt. Ebensowenig eröffnet die die rentenrechtliche Möglichkeit auf ein vorgezogenes Ruhegeld allein einen Anspruch auf Altersunterhalt (BGH FamRZ 1999, 708), auch nicht der arbeitsrechtliche Vorruhestand 2

§ 1571

oder die Altersteilzeit. Eine vorzeitige Versetzung eines Beamten in den Ruhestand ist dagegen grundsätzlich hinzumehmen (BGH FamRZ 1984, 662; vgl Hamm FamRZ 1995, 1422 zur Anrechnung von Nebeneinkünften). Es kommt darauf an, ob wegen des Alters eine angemessene Beschäftigung im Sinn von § 1574 II nicht mehr ausgeübt werden kann.

Es besteht **kein Anlaß,** im Einzelfall die durch das öffentliche Versorgungsrecht vorgezeichneten **allgemeinen Altersgrenzen** wesentlich zu **unterschreiten.** Es ist deshalb bedenklich, wenn der BGH (FamRZ 1983, 144) einen Altersunterhalt für eine Frau erwägt, die beim Ergehen des Berufungsurteils erst 48 Jahre alt). Bedenklich ist es auch, wenn Hamburg (FamRZ 1991, 445) einer 53jährigen Frau Altersunterhalt zuspricht, die als 45jährige geschieden wurde und zZ der Scheidung Erwerbslosenunterhalt zu beanspruchen gehabt hätte, weil für sie eine zumutbare Erwerbstätigkeit nicht zu erlangen war, und die als 53jährige keine Erwerbstätigkeit dieser Art mehr findet, weil sie in der Zwischenzeit erfolgversprechende Ausbildungs- oder Fortbildungsmaßnahmen unterlassen hat. Mit Recht fordert demgegenüber Koblenz grundsätzlich auch im Alter von 53 Jahren eine Aufnahme einer Erwerbstätigkeit, und zwar auch dann, wenn die unterhaltsbegehrende Ehefrau seit ihrem 22. Lebensjahr nicht mehr außerhalb des Haushalts in abhängiger Tätigkeit gearbeitet hat (FamRZ 1992, 950). Wer trotz angestrengter Bemühungen keine Erwerbsstelle findet, kann aber gem § 1573 I unterhaltsberechtigt sein (Gernhuber/Coester-Waltjen § 30 III S 2).

3 b) Es ist zu vermeiden, die **Erwerbsobliegenheit** von Schuldner und Gläubiger mit verschiedenem Maß zu messen. Wenn etwa auf seiten des Unterhaltspflichtigen die Einkommensminderung wegen eines nicht näher begründeten vorzeitigen Ruhestands hingenommen werden soll, paßt es schlecht zusammen, den etwa gleichaltrigen unterhaltsberechtigten Ehegatten auf eine Erwerbstätigkeit zu verweisen.

Unabhängig von der Art des ausgeübten Berufes macht es einen Unterschied, ob man in einem bestimmten Alter eine Erwerbstätigkeit **neu** aufnehmen soll, oder aber ob man eine ausgeübte Tätigkeit mit Rücksicht auf sein Alter unterhaltsträchtig aufgeben kann (KG FamRZ 1981, 1173). Wer eine ausgeübte Beschäftigung fortsetzt, obwohl er eine Altersgrenze des öffentlichen Versorgungsrechts überschritten hat, übt deshalb noch keine „unzumutbare" Erwerbstätigkeit aus. Offengelassen hat der BGH (FamRZ 1987, 691) bislang die Frage, ob ein Ehegatte, der nach längerer Tätigkeit im eigenen Haushalt nur noch nach einer – seines Alters wegen nicht mehr sinnvollen – Ausbildung eine Erwerbstätigkeit aufnehmen könnte, auch vor Eintritt in das allgemeine „Rentenalter" gemäß § 1571 unterhaltsberechtigt ist. Nach Dieckmann (Erman/Dieckmann[10] Rz 3) soll diese Frage im Hinblick auf § 1573 V verneint werden. Die Tatsache, daß kurz vor der Altersgrenze eine Beschäftigung, die mit der Begründung einer angemessenen Altersversorgung verbunden ist, meist nicht gefunden werden kann, spricht indes für die Bejahung (Graba Unterhalt im Alter 2001 Rz 38).

4 3. Teilunterhalt. a) Teilberechtigung. Das Alter entscheidet nicht nur darüber, ob eine Erwerbstätigkeit zu erwarten ist, sondern auch, welcher Art eine zumutbare Erwerbstätigkeit sein soll (§ 1574 II). Kann wegen des Alters teilweise Erwerbstätigkeit übernommen werden, kann Altersunterhalt nur „soweit" verlangt werden, als das Einkommen aus einer Teilzeitbeschäftigung hinter dem aus einer vollen Beschäftigung zurückbleibt. Kann die angemessene Erwerbstätigkeit nach der Lage auf dem Arbeitsmarkt nicht gefunden werden, kommt insoweit ein Anspruch nach § 1573 I in Betracht. Ein darüber hinaus bestehender Fehlbetrag zum vollen Unterhalt nach § 1578 kann durch Aufstockungsunterhalt nach § 1573 II gedeckt werden (BGH FamRZ 1999, 708). Weil Ansprüche nach § 1573 gemäß Abs V der genannten Vorschrift, im Gegensatz zum Anspruch auf Altersunterhalt, zeitlich begrenzt werden können, ist die genaue Rechtsgrundlage festzuhalten, es sei denn, daß nach den Umständen des Falles eine Begrenzung nicht in Betracht kommt.

5 b) **Unterhaltsberechnung.** Besteht beispielsweise ein Bedarf im Sinn von § 1578 von 1000 Euro, der in Höhe von 750 Euro durch Krankheitsunterhalt (§ 1572) gedeckt war, während der Ehegatte im übrigen gehalten war, sich den Unterhalt durch eine Teilzeitbeschäftigung zu verdienen, die er jedoch entgegen der Obliegenheit nicht aufgenommen hat, kann er, 65 Jahre alt geworden, nicht Altersunterhalt in Höhe von 1000 Euro verlangen. Vielmehr liegen die Voraussetzungen für einen höheren Anspruch als 750 Euro als Altersunterhalt nach § 1571 Nr 3 nicht vor. Eine Unterhaltsberechtigung nach einer anderen Bestimmung ist nicht gegeben. Erhält der Ehegatte eine Altersrente von 200 Euro, kann er nicht wegen des Einkommensverlustes von 50 Euro den anderen Ehegatten in Anspruch nehmen. Es dürfte sogar zutreffend sein, daß dem bedürftigen Ehegatten noch nicht einmal ein Altersunterhalt von 750 Euro zusteht, weil er sich nach § 1577 I sein eigenes Einkommen auf den Bedarf nach § 1578 anrechnen lassen muß: 1000 Euro – 200 Euro = 800 Euro. Der Bedarf ist nur zu drei Viertel vom anderen Ehegatten zu decken. Es wäre wohl genau so nicht richtig, die Altersrente von 200 Euro allein auf den Unterhalt anzurechnen, wie es nicht richtig wäre, das neue Einkommen des Berechtigten allein als Ersatz für das Erwerbseinkommen anzusetzen. Mangels genauer Anhaltspunkte für die Zuordnung der Altersrente als Ersatz für früheres (fiktives) Eigeneinkommen einerseits und wegen des Erwerbshindernisses gegebenen Teilunterhalts andererseits, erscheint es billig, die Rente von 200 Euro im Verhältnis 750 zu 250 aufzuteilen. Damit ist auf den Altersunterhalt von 750 Euro ein Betrag von 150 Euro anzurechnen. Das entfallene Erwerbseinkommen von 250 Euro wird mit 50 Euro ausgeglichen. Im übrigen muß der mit dem Eintritt in den Ruhestand verbundene Einkommensverlust vom Unterhaltsberechtigten selbst getragen werden (Graba Unterhalt im Alter 2001 Rz 35).

6 4. **Ursächlichkeit.** Alter muß der Grund sein, weshalb dem Ehegatten keine Erwerbstätigkeit angesonnen werden kann. Strittig ist, ob es genügt, daß Alter eine überwiegende Mitursache ist, etwa neben Krankheit (Soergel/Häberle Rz 8), oder ob Alter die einzige Ursache sein muß (Staud/Verschraegen Rz 7). Im Einzelfall muß wertend entschieden werden, inwieweit das Alter an einer angemessenen Erwerbstätigkeit hindert. Die Unterhaltsberechtigung kann mehrfach begründet sein, etwa wenn neben der Unzumutbarkeit einer Erwerbstätigkeit wegen Alters auch eine Unzumutbarkeit wegen der Betreuung eines volljährigen behinderten Kindes (§ 1570) zu bejahen ist, welche ebenso für sich allein bereits für die Bejahung der Unterhaltsberechtigung ausreichen würde.

5. Einsatzzeitpunkt. a) Stamm- und Anschlußunterhalt. Der Anspruch besteht nur, wenn und weil das Alter zu 7
den im Gesetz bestimmten Zeitpunkten eine Erwerbstätigkeit nicht erwarten läßt (s § 1569 Rz 7). Maßgeblich kann die Zeit der Scheidung sein (Nr 1); dann handelt es sich um Stammunterhalt. In allen anderen Fällen geht es dagegen um Anschlußunterhalt an eine andere Unterhaltsberechtigung. Durch Anschlußunterhalt wird die Unterhaltsberechtigung nicht erweitert. Bezog sich der Voraustatbestand nur auf Teilunterhalt, kann deswegen aufgrund des Anschlußtatbestandes nicht mehr, insbesondere nicht voller Unterhalt verlangt werden (BGH FamRZ 2001, 1291).

b) Voraustatbestände. Entgegen dem Wortlaut der Nr 2 kommt es nicht auf das tatsächliche Ende der Betreu- 8
ung an. Vielmehr besteht ein Anspruch auf Anschlußunterhalt, wenn und soweit diese Pflege und Erziehung zuvor einen Anspruch auf Betreuungsunterhalt gem § 1570 begründet hatte (BGH FamRZ 1990, 496); Enden die Voraussetzungen für den Anspruch auf Betreuungsunterhalt, bevor die Voraussetzungen für den Anspruch auf Altersunterhalt erfüllt sind, kann sich der Altersunterhalt nur an einen anderen Voraustatbestand anschließen – nicht aber an den Betreuungsunterhalt (BGH FamRZ 1990, 496 zum Krankheitsunterhalt gem § 1572). Entsprechendes gilt, wenn der Anspruch an die Stelle eines Anspruchs auf Krankheitsunterhalt (§ 1572) oder eines Anspruchs auf Unterhalt mangels zumutbarer Erwerbstätigkeit (§ 1573 I, IV S 1) tritt (Nr 3). Stellt der Berechtigte, der die „Altersgrenze" erreicht hat, seine Bemühungen um eine angemessene Erwerbstätigkeit ein, so löst der Anspruch auf Altersunterhalt gem Nr 3 einen Anspruch aus § 1573 I ab. Dagegen kommt es nicht zum Anschlußunterhalt gem Nr 3, wenn der Berechtigte seine Bemühungen schon früher entgegen den Anforderungen des § 1573 aufgegeben hat. Andere Unterhaltsrisiken deckt der Anspruch nicht ab. Wer im vorgerückten Alter eine Erwerbstätigkeit einbüßt, die den Unterhalt nachhaltig gesichert hat, ist nicht unterhaltsberechtigt (Dieckmann FamRZ 1977, 81 [95];). Bei Verlust des Arbeitsplatzes wegen Alters kann in entsprechender Anwendung von § 1573 IV ein Anspruch zu bejahen sein, wenn der Berechtigte nach der Scheidung über längere Zeit eine angemessene Erwerbstätigkeit ausgeübt hat, aus deren Verdienst jedoch nicht eine angemessene Alterssicherung begründet werden konnte (s § 1573 Rz 37; Koblenz NJW-RR 1986, 555; aA Erman/Dieckmann[10] Rz 5). Nach dem Wortlaut des Gesetzes ist auch weder der Anspruch auf Aus-(Fort-)bildungsunterhalt (§ 1575) noch der Anspruch auf (zeitlich begrenzten) Billigkeitsunterhalt (§ 1576) geeignet, sich in einem Anspruch auf Altersunterhalt fortzusetzen. Trotzdem können diese Ansprüche für einen Anspruch auf Altersunterhalt mittelbar von Bedeutung sein – dies dann, wenn sich an sie ein anderer Unterhaltsanspruch anschließt, der seinerseits den Anspruch auf Altersunterhalt auslöst. So kann der Anspruch auf Ausbildungsunterhalt in einen Anspruch auf Erwerbslosenunterhalt (§ 1573 I) einmünden (Düsseldorf FamRZ 1987, 708), der dann über den Krankheits- (§ 1572) zum Altersunterhalt führt.

b) Vermögenswegfall. Das Gesetz erwähnt als maßgeblichen Zeitpunkt nicht Verzehr oder Wegfall eines Ver- 9
mögens, das den geschiedenen Ehegatten bislang vom Unterhalt ausgeschlossen hatte (vgl §§ 1577 III, IV). Der Anspruch auf Altersunterhalt als Anschlußunterhalt setzt zwar nicht (notwendig) voraus, daß der geschiedene Ehegatte einen „Vorunterhalt" in Anspruch genommen hat. Entfiel die Unterhaltspflicht des (möglichen) Schuldners nur deshalb, weil der frühere Partner auf sein Vermögen verwiesen werden konnte (§ 1577 III), so kann, wenn auch die Voraussetzung des Einsatzzeitpunkts gewahrt ist, ein Anspruch auf Altersanschlußunterhalt entstehen, wenn das Vermögen verbraucht ist. Das gilt allerdings nicht, wenn dieses Vermögen zur Zeit der Scheidung eine nachhaltige Unterhaltssicherung verheißen hat (§ 1577 IV S 1). Wer im Vertrauen auf sein Vermögen keine Anstrengungen unternommen hat, eine angemessene Erwerbstätigkeit zu finden, oder gar eine – aus der Sicht der Unterhaltstatbestände – gebotene Erwerbstätigkeit ausgeschlagen hat, kann nach Verzehr dieses Vermögens nicht den Altersbedarf gem § 1571 decken (Dieckmann FamRZ 1977, 81 [101f]; s auch § 1577 Rz 48f).

c) Bedürftigkeit. Im Einsatzzeitpunkt muß die Unterhaltsberechtigung wegen Alters zu bejahen sein. Dagegen 10
brauchen die übrigen Anspruchsvoraussetzungen, insbesondere die Bedürftigkeit, nicht vorzuliegen (BGH FamRZ 1987, 689; München FamRZ 1983, 564; Wendl/Pauling § 4 Rz 48; Pal/Brudermüller § 1571 Rz 2; MüKo/Maurer § 1571 Rz 10; aA Erman/Dieckmann[10] Rz 7; Johannsen/Henrich/Büttner § 1569 Rz 6; Staud/Verschraegen § 1569 Rz 2, § 1571 Rz 15). Die Vertreter der Gegenansicht berücksichtigen nicht hinreichend, daß durch den Einsatzzeitpunkt nicht an eine zufällige Lage für die Verteilung des Risikos angeknüpft wird. Vielmehr ist maßgebend, ob im Scheidungszeitpunkt oder im Zeitpunkt des Anschlußunterhalts ein den Unterhalt nachhaltig sichernder Zustand, insbesondere durch die Möglichkeit einer Erwerbstätigkeit zu bejahen ist.

d) Lückenlose Berechtigung. Anschlußaltersunterhalt erfordert eine zeitlich lückenlose Verbindung mit dem 11
Voraustatbestand (BGH FamRZ 2001, 1291). Eine „Unterhaltskette" mit dem Zeitpunkt der Scheidung braucht jedoch entgegen einer verbreiteten Ansicht (Johannsen/Henrich/Büttner § 1570 Rz 6) beim Betreuungsunterhalt nicht vorzuliegen, weil die Berechtigung auch ohne zeitlichem Zusammenhang mit der Scheidung, etwa bei späterer Sorgerechtsänderung, gegeben sein kann. Hier genügt es, daß das altersbedingte Erwerbshindernis im unmittelbaren Anschluß an den Wegfall des Anspruchs nach § 1570 oder des § 1586a zu bejahen ist.

6. Konkurrenzen. a) § 1571–1570. Die Unterhaltsberechtigung kann doppelt begründet sein (aA Erman/ 12
Dieckmann[10] Rz 10, der Subsidiarität des Altersunterhalts gegenüber dem Betreuungsunterhalt annimmt). Während der Betreuung eines minderjährigen oder volljährigen Kindes können beide Berechtigungen auch nebeneinander hinsichtlich verschiedener Teile des Anspruchs bestehen.

b) § 1571–1572. Krankheit (§ 1572) und Alter (§ 1571) können nacheinander jeweils allein oder auch neben- 13
einander jeweils eine Teilberechtigung begründen, aber wohl nicht kumulativ. Vielmehr geht Krankheitsunterhalt vor (Argument aus Nr 2), solange nicht Altersunterhalt wegen einer praktisch unveränderlichen Unterhaltsberechtigung bis zum Lebensende gegeben ist. Altersunterhalt weist mit seiner Anlehnung an die Altersgrenze von 65 Jahren mehr objektive Züge als Krankheitsunterhalt auf. Altersunterhalt besteht, wenn dem Ehegatten wegen seiner Lebensjahre keine Erwerbstätigkeit zuzumuten ist, gleich ob diese aus gesundheitlichen Gründen noch ausgeführt werden könnte oder nicht.

§ 1571　Familienrecht　Bürgerliche Ehe

14　c) § 1571–§ 1573 I. Arbeitslosenunterhalt setzt die Bejahung einer Erwerbsobliegenheit voraus und geht deswegen Altersunterhalt vor (Argument aus Nr 2). § 1571 ist heranzuziehen, wenn wegen des Alters eine Ausbildung nicht mehr sinnvoll ist (BGH FamRZ 1987, 691). Wenn wegen des Alters typischerweise eine angemessene Erwerbstätigkeit nicht gefunden werden kann, kommt nach Ansicht des BGH (FamRZ 1999, 708) Altersunterhalt in Betracht, dagegen Arbeitslosenunterhalt, wenn wegen der konkreten Umstände des Einzelfalls aufgrund des Alters die Aufnahme einer angemessenen Tätigkeit scheitert. Es kann auch neben Altersunterhalt ein Anspruch auf Arbeitslosenunterhalt bestehen, wenn trotz des Alters eine Teilzeitbeschäftigung erwartet, diese aber nicht gefunden werden kann.

15　d) § 1571 I–1573 II. Aufstockungsunterhalt setzt voraus, daß der Berechtigte eine angemessene Tätigkeit im Sinn von § 1574 II ausübt, aber mit seinem Verdienst nicht den vollen Unterhalt im Sinn von § 1578 decken kann. Daß der Bedürftige wegen seines Alters oder wegen der Lage auf dem Arbeitsmarkt an einer angemessenen Beschäftigung gehindert ist, rechtfertigt einen Anspruch auf Aufstockungsunterhalt nicht (BGH FamRZ 1990, 708). Zum Teilunterhalt s Rz 4.

16　e) § 1571–§ 1573 III. Für den Anschlußarbeitslosen- und Anschlußaufstockungsunterhalt nach § 1573 III gelten die vorausgehenden Ausführungen bei Rz 14 und 15 entsprechend.

17　f) § 1571–§ 1573 IV. Altersunterhalt kann im Anschluß an eine Unterhaltsberechtigung wegen Wegfalls einer den vollen oder den Teilunterhalt nicht nachhaltig sichernden Erwerbstätigkeit zu bejahen sein. Zur entsprechenden Anwendung von § 1573 IV im Fall des alterbedingten Verlusts des Arbeitsplatzes s Rz 8).

18　7. **Beweislast.** Der Unterhalt fordernde Ehegatte muß die Voraussetzungen der Anspruchsberechtigung nach § 1571 darlegen und beweisen und daß nicht etwa bloß ein Anspruch auf Krankheitsunterhalt (§ 1572) oder ein zeitlich begrenzbarer Anspruch nach § 1573 I, V gegeben ist (Johannsen/Henrich/Büttner Rz 19).

1572 Unterhalt wegen Krankheit oder Gebrechen

Ein geschiedener Ehegatte kann von dem anderen Unterhalt verlangen, solange und soweit von ihm vom Zeitpunkt
1. **der Scheidung,**
2. **der Beendigung der Pflege oder Erziehung eines gemeinschaftlichen Kindes,**
3. **der Beendigung der Ausbildung, Fortbildung oder Umschulung oder**
4. **des Wegfalls der Voraussetzungen für einen Unterhaltsanspruch nach § 1573**

an wegen Krankheit oder anderer Gebrechen oder Schwäche seiner körperlichen oder geistigen Kräfte eine Erwerbstätigkeit nicht erwartet werden kann.

1　1. **Zweck und Einordnung der Vorschrift.** Die Vorschrift gewährt dem geschiedenen Ehegatten einen Anspruch auf Unterhalt, wenn von diesem zu bestimmten Zeiten wegen einer **Krankheit** oder eines **gleichgestellten Leidens** eine angemessene (§ 1574 I, II) Erwerbstätigkeit nicht erwartet werden kann. Die geschuldete Solidarität im Krankheitsfall ist eine Folge davon, daß die Ehegatten sich zu einer schicksalhaften Lebensgemeinschaft verbunden haben (BGH FamRZ 1994, 566). Gerade die gegenüber der Entstehungszeit des Gesetzes noch verschärften Voraussetzungen für eine Berufs- und Erwerbsunfähigkeitsrente in der gesetzlichen Rentenversicherung zeigen, daß der Ehegatte auf die persönlich übernommene Absicherung durch den anderen Ehegatten mehr vertrauen können muß als auf die anonymen kollektiven Einrichtungen der Daseinsvorsorge. Die Belastung durch Krankheitsunterhalt kann nach der Rspr des BGH (FamRZ 1994, 566; 1995, 1405; 1996, 1272) durch die negative Billigkeitsklausel des § 1579 nicht abgemildert werden, soweit damit lediglich eine Einschränkung des Anspruchsgrundes, etwa wegen einer bereits bei der Eheschließung vorliegenden Krankheit, erreicht werden soll. Bedenklich erscheint dies in den Fällen, in denen der Bedürftige die eheliche Solidarität aufgekündigt hat. Begrenzt wird die Haftung des anderen Ehegatten durch die Voraussetzung, daß das krankheitsbedingte Erwerbshindernis zu einem bestimmten Zeitpunkt vorliegen muß. Schicksalsbedingte Ereignisse, die sich erst nach der Scheidung einstellen, sollen grundsätzlich nicht mehr zu Lasten des anderen gehen (RegE BT-Drucks 7/650, 124).

2　2. **Krankheitsbedingte Erwerbsunfähigkeit. a)** Was unter **Krankheit** zu verstehen ist, erläutert das Gesetz nicht. Man wird (in Anlehnung an das Sozialrecht) als Krankheit einen objektiv erfaßbaren regelwidrigen Körper- oder Geisteszustand erachten können, der ärztlicher Behandlung bedarf oder (zugleich oder ausschließlich) Erwerbsunfähigkeit zur Folge hat (Hamburg FamRZ 1982, 702; BSGE 26, 240). Der Krankheit stehen **andere Gebrechen** oder die **Schwäche der körperlichen** oder **geistigen Kräfte** gleich.

Gewisse körperliche Abnutzungserscheinungen und Unpäßlichkeiten reichen nicht für eine Erwerbsunfähigkeit aus. Auch ein erheblich Versehrter kann noch zu einer Erwerbstätigkeit in der Lage sein, wie zahlreiche Kriegsversehrte gezeigt haben (BGH FamRZ 1984, 353). Gesundheitliche Beeinträchtigungen, die hinreichender Anlaß für die Wahl des Vorruhestands sein mögen, erfüllen nicht notwendig die Voraussetzungen für einen Anspruch nach § 1572. Alkohol- und Drogenabhängigkeit ist zwar als Krankheit im Sinn des § 1572 einzustufen. Sie führt indes dann nicht zum Anspruch, wenn der geschiedene Ehegatte keine erfolgversprechenden Versuche unternommen hat, um seine Arbeitsfähigkeit wiederherzustellen und ihm deswegen mutwilliges Verhalten im Sinn von § 1579 Nr 3 vorzuwerfen ist (BGH FamRZ 1981, 1042; 1988, 375). Gleiches gilt bei einer psychischen Fehlhaltung, die der Rentenneurose des Haftpflicht- und Sozialhilferechts entspricht (BGH FamRZ 1984, 660; Hamburg FamRZ 1982, 702).

3　b) **Keine Ehebedingtheit.** Die anspruchserhebliche Krankheit muß nicht ehebedingt sein. Anspruchsberechtigt ist auch, wer schon bei Eingehung der Ehe erkrankt war (BGH FamRZ 1981, 1163: multiple Sklerose; Nürnberg

FamRZ 1981, 964: Zuckerkrankheit; Hamburg FamRZ 1981, 160: Aortensyndrom). Gleichgültig ist dabei, ob der kranke Ehegatte bei der Heirat von der Krankheit gewußt hat oder nicht (BGH FamRZ 1981, 1163; 1994, 566).

c) Die **Dauer der Krankheit** ist nach dem Wortlaut des Gesetzes nicht entscheidend. Auch eine vorüberge- 4 hende Erkrankung kann einen Anspruch auf laufenden Unterhalt begründen, wenn der Bedürftige deswegen nicht erwerbstätig sein kann und die Krankheit einen bei der pauschalierenden unterhaltsrechtlichen Betrachtungsweise zu vernachlässigenden Zeitraum übersteigt (Johannsen/Henrich/Büttner Rz 8; aA Erman/Dieckmann[10] Rz 4). Nicht selten fehlt es in diesen Fällen für den laufenden Unterhalt an der Bedürftigkeit, weil Lohn oder Gehalt fortgezahlt oder Sozialleistungen erbracht werden (§ 1577 I). In Betracht kommt allenfalls ein Anspruch wegen Sonderbedarfs (§ 1585b I). Wer als **Selbständiger** im Wirtschaftsleben erwerbstätig ist, muß Zeiten vorübergehender Krankheit aus eigener Kraft überbrücken; denn die Vorsorge für derartige „Ausfallzeiten" gehört zum Berufsrisiko. Wer zum anspruchserheblichen Zeitpunkt **nicht** oder noch **nicht wieder** erwerbstätig ist, wird regelmäßig die Voraussetzungen für einen Anspruch aus § 1573 I erfüllen (Schumacher DRiZ 1976, 345), so daß es an einem praktischen Bedürfnis fehlt, kurzfristig den Anspruch auf Krankheitsunterhalt (§ 1572) einzusetzen.

d) **Kausalität**. Eine **Krankheit** führt nur dann zu einem Unterhaltsanspruch, solange und soweit **ihretwegen** 5 vom geschiedenen Ehegatten eine Erwerbstätigkeit nicht erwartet werden kann. Es kommt nicht darauf an, ob der Bedürftige die frühere Arbeit nicht mehr ausführen kann. Es muß viel mehr eine Erwerbsunfähigkeit vorliegen. Ein Anspruch aus § 1572 besteht nicht, wenn trotz der gesundheitlichen Einschränkungen eine angemessene vollschichtige Erwerbstätigkeit übernommen werden kann (BGH FamRZ 1991, 170; 1993, 789). Ist dies für eine gewisse Zeit bis zur Wiederherstellung der Erwerbsfähigkeit zu bejahen, besteht nur für diesen Zeitraum ein Anspruch. Gestattet die gesundheitliche Beeinträchtigung zwar keine vollschichtige Beschäftigung, kommt der Unterhaltsanspruch nach § 1572 nur hinsichtlich des Fehlbetrags zwischen dem Einkommen aus der teilweisen und der vollen Beschäftigung in Betracht. Eine darüberhinaus etwa bestehende Lücke zum vollen Unterhalt nach § 1578 kann durch Aufstockungsunterhalt nach § 1573 II geschlossen werden (BGH FamRZ 1991, 170; 1993, 789).

3. **Einsatzzzeitpunkt. a) Maßgebliche Einsatzzeitpunkte.** Die Unterhaltsberechtigung ist nur gegeben, wenn 6 die Krankheit oder das gleichgestellte Leiden zu einem bestimmten Zeitpunkt die Aufnahme einer Erwerbstätigkeit nicht erwarten lassen, nämlich nach Nr 1 im Zeitpunkt der Rechtskraft der Scheidung, nach Nr 2 im Zeitpunkt der Beendigung der Pflege oder Erziehung eines gemeinschaftlichen Kindes, dh im Anschluß an einen Anspruchs auf Betreuungsunterhalt nach § 1570 (BGH FamRZ 1990, 260;496), nach Nr 3 im Anschluß an Unterhalt wegen Ausbildung, Fortbildung nach § 1575 oder nach Nr 4 im Anschluß an einen Anspruch auf Arbeitslosen- oder Aufstockungsunterhalt nach § 1573 (s § 1569 Rz 7). Durch den Einsatzzeitpunkt wird die unterhaltsrechtliche Verantwortung des verpflichteten Ehegatten nach Art einer Schutzvorschrift begrenzt (BGH FamRZ 2001, 1291). Auch wenn der bedürftige Ehegatte nicht selbst für sich sorgen kann, ist die Inanspruchnahme des anderen Ehegatten ausgeschlossen, wenn das Erwerbshindernis Krankheit nicht im Einsatzzeitpunkt besteht. Bei Ausbruch einer Krankheit 23 Monate nach der Scheidung fehlt es am notwendigen Zusammenhang mit dem Zeitpunkt der Scheidung, selbst wenn die Krankheit schon zu dieser Zeit latent vorhanden war (BGH FamRZ 2001, 1291). Hat sich das bereits im Einsatzzeitpunkt vorliegende Leiden verschlimmert, kann auch insoweit ein Anspruch nach § 1572 bestehen (BGH FamRZ 1984, 353; FamRZ 1987, 684: teilweise Erwerbsunfähigkeit bei der Scheidung; volle Erwerbsunfähigkeit zwei Jahre später). Das Risiko des Arbeitsplatzverlustes aufgrund einer späteren Erkrankung muß der geschiedene Ehegatte selbst tragen. Deshalb besteht kein Anspruch nach § 1572, wenn der Bedürftige nach Ablauf eines zeitlich begrenzten Anspruchs auf Billigkeitsunterhalt erkrankt (§ 1576). Soweit für sich der geschiedene Ehegatte durch den Verdienst aus einer nachhaltig sichernden Erwerbstätigkeit sorgen konnte, kann er nicht den infolge einer Erkrankung entstehende Einkommensausfall als Unterhalt nach § 1572 verlangen (Hamm FamRZ 1999, 230). Scheitert der Krankheitsunterhalt am Einsatzzeitpunkt, ist ein Anspruch auf Billigkeitsunterhalt nach § 1576 zu prüfen (BGH FamRZ 2003, 1734).

b) **Lückenlose Berechtigung**. Anschlußunterhalt erfordert eine zeitlich lückenlose Verbindung mit dem Vor- 7 austatbestand (BGH FamRZ 2001, 1291). Eine „Unterhaltskette" mit dem Zeitpunkt der Scheidung braucht jedoch entgegen einer verbreiteten Ansicht (Johannsen/Henrich/Büttner § 1570 Rz 6) nicht bei allen Unterhaltsberechtigungen vorzuliegen. Vielmehr genügt beim Betreuungsunterhalt, der auch ohne zeitlichem Zusammenhang mit der Scheidung, etwa bei späterer Sorgerechtsänderung, gegeben sein kann, daß das krankheitsbedingte Erwerbshindernis im unmittelbaren Anschluß an den Wegfall des Anspruchs nach § 1570 oder des § 1586a zu bejahen ist.

c) **Unterhaltsberechtigung**. Im Einsatzzeitpunkt muß die Unterhaltsberechtigung wegen Krankheit vorliegen, 8 nicht aber die übrigen Anspruchsvoraussetzungen, insbesondere nicht die Bedürftigkeit (BGH FamRZ 1987, 689; München FamRZ 1983, 564; Wendl/Pauling § 4 Rz 48; Pal/Brudermüller § 1571 Rz 2; MüKo/Maurer § 1571 Rz 10; aA Johannsen/Henrich/Büttner § 1569 Rz 6; Staud/Verschraegen § 1569 Rz 2, § 1571 Rz 15) oder die Leistungsfähigkeit (Schwab/Borth IV 384; aA Staud/Verschraegen § 1569 Rz 2). Die Vertreter der Gegenansicht berücksichtigen nicht hinreichend, daß durch den Einsatzzeitpunkt nicht an eine zufällige Lage für die Verteilung des Risikos angeknüpft wird. Vielmehr ist maßgebend, ob im Scheidungszeitpunkt oder im Zeitpunkt des Anschlusses ein den Unterhalt nachhaltig sichernder Zustand, insbesondere durch die Möglichkeit einer Erwerbstätigkeit, zu bejahen ist Dies ergibt der Sinnzusammenhang mit dem Anspruch nach § 1573 IV.

d) **Teilunterhalt**. Bei den „**Anschlußtatbeständen**" der **Nr 2 bis 4** – Beendigung der Pflege oder Erziehung 9 eines gemeinschaftlichen Kindes, Beendigung einer Ausbildung, Fortbildung oder Umschulung und Wegfall der Voraussetzungen für einen Unterhaltsanspruch nach § 1573 – löst der Anspruch auf Krankheitsunterhalt nur den aus anderem Rechtsgrund gegebenen früheren Unterhaltsanspruch ab (BGH FamRZ 1990, 496 zur Ablösung eines Anspruchs auf Betreuungsunterhalt). War dieser **nur** auf **Teilunterhalt** gerichtet, reicht der Anspruch auf Krankheitsunterhalt nicht weiter (BGH FamRZ 2001, 1291; Stuttgart FamRZ 1983, 501; Dieckmann FamRZ 1977, 81 [96f]). Auch ein krankheitsbedingter Sonderbedarf (vgl § 1585b I) ist deshalb nicht in voller Höhe dem Schuldner anzulasten.

10 e) **Betreuungsunterhalt als Voraustatbestand.** Bei Nr 1 kommt es nicht allein auf die Beendigung von Pflege und Erziehung eines gemeinschaftlichen Kindes an; vielmehr muß diese Pflege oder Erziehung geeignet gewesen sein, einen Anspruch auf Betreuungsunterhalt auszulösen (BGH FamRZ 1990, 260; Dieckmann FamRZ 1977, 81 [96]).

11 f) **Ausbildungsunterhalts als Voraustatbestand.** Nr 3 sorgt nicht nur für Krankheitsunterhalt, wenn der geschiedene Ehegatte bei der Beendigung der Ausbildung, Fortbildung oder Umschulung erkrankt, die einen Unterhaltsanspruch gem § 1575 begründet hat. Der Anspruch entsteht auch, wenn der Gläubiger **während** der **Ausbildung** (nicht nur kurzfristig) erkrankt (Dieckmann FamRZ 1977, 81 [96]). Bei kurzfristigen Erkrankungen läuft der Ausbildungsunterhalt weiter.

12 g) **Arbeitslosen- und Aufstockungsunterhalt als Voraustatsbestand.** Nr 4 sichert dem erkrankten Ehegatten den Anschlußunterhalt, wenn ein Unterhaltsanspruch gem § 1573 entfällt. Das ist (vornehmlich) dann der Fall, wenn der geschiedene Ehegatte während seiner (im Sinne des § 1573 I anspruchserheblichen) Erwerbslosigkeit nicht nur vorübergehend erkrankt oder wenn er eine ihm angebotene, angemessene Erwerbstätigkeit wegen der indessen ausgebrochenen Krankheit nicht annehmen kann oder wenn er wegen der Krankheit eine Erwerbsstelle verliert, die den Unterhalt nicht nachhaltig gesichert hat (§ 1573 IV S 1). Dagegen besteht der Anspruch nicht, wenn der geschiedene Ehegatte zu einer Zeit erkrankt, da ihm ein Unterhaltsanspruch gem § 1573 I nicht mehr zusteht – etwa weil er sich um eine angemessene Erwerbstätigkeit nicht hinreichend bemüht hat oder weil er angebotene, angemessene Arbeitsplätze grundlos ausgeschlagen oder weil er sich der Umschulungs- oder Fortbildungsobliegenheit (§ 1574 III) entzogen hat. Denn § 1572 Nr 4 setzt einen Unterhaltsanspruch gem § 1373 voraus, der entweder durchgehend von der Rechtskraft des Scheidungsurteils bis zum Einsatzzeitpunkt bestanden hat (Celle FamRZ 1997, 1074) oder doch den Anschluß an die Rechtskraft des Urteils über einen anderen Vorunterhalt (etwa gem § 1570) wahrt. Er entsteht auch dann nicht, wenn der geschiedene Ehegatte bei seiner Erkrankung bereits eine Erwerbstätigkeit gefunden hat, die den Unterhalt nachhaltig gesichert hat. Hat eine Krankheit das Hineinwachsen in die wirtschaftliche Selbständigkeit bedroht, so ist der Unterhaltsanspruch zu bejahen, wenn der geschiedene Ehegatte die Erwerbstätigkeit letzthin wegen der Erkrankung aufgeben muß (Dieckmann FamRZ 1977, 81 [96]). Das gilt insbesondere, wenn der geschiedene Ehegatte seinen Gesundheitszustand überschätzt und eine Erwerbstätigkeit trotz einer Erkrankung übernommen hat, die sich nachträglich verschlimmert und die ihn zur Aufgabe der Erwerbsstelle zwingt (BT-Drucks 7/650, 124). Wird der Berechtigte aber 4 Jahre nach Scheidung der Ehe und nach fast 4 Jahren fester Anstellung infolge einer Psychose, die im Ansatz schon während der Ehe aufgetreten war, erwerbsunfähig, kommt ein Anspruch gem §§ 1572 Nr 4, 1573 IV S 1 nicht in Betracht, weil es am zeitlichen Zusammenhang fehlt (Karlsruhe FamRZ 1994, 105; vgl BGH FamRZ 2001, 1291).

Kommt als Einsatzzeitpunkt eines Unterhaltsanspruchs nach § 1572 der Wegfall der Voraussetzungen für einen Unterhaltsanspruch nach § 1573 I in Betracht, soll sich der Unterhaltspflichtige nach der Rspr des BGH (FamRZ 1990, 496) unter Umständen nach Treu und Glauben (§ 242) nicht darauf berufen können, daß der Unterhaltsberechtigte in einer Zeit, während der der Pflichtige tatsächlich Unterhalt geleistet hat, die zum Nachweis eines Anspruchs nach § 1573 I an sich erforderlichen Erwerbsbemühungen unterlassen hat.

13 h) **Vermögenswegfall.** Hat den geschiedenen Ehegatten ein verwertbares (§ 1577 III) Vermögen vom Unterhalt ausgeschlossen, gelten die Darlegungen zum Altersunterhalt entsprechend (§ 1571 Rz 9). Wer im Vertrauen auf sein Vermögen keine Anstrengungen unternommen hat, eine angemessene Erwerbstätigkeit zu finden, oder gar eine – aus der Sicht der Unterhaltstatbestände – gebotene Erwerbstätigkeit ausgeschlagen hat, kann nach Verzehr oder Verlust dieses Vermögens nicht Krankheitsunterhalt fordern, soweit eine Lohnfortzahlung oder eine Berufs- oder Erwerbsunfähigkeitsrente die Bedürftigkeit behoben hätte.

14 4. **Krankengeld.** Der Anspruch besteht nicht, soweit der geschiedene Ehegatte wegen der Krankheit oder des gleichgestellten Leidens **Leistungen** erhält, die seine Bedürftigkeit mindern (§ 1577 I), etwa eine Rente wegen verminderter Erwerbsfähigkeit, Krankengeld, Übergangsgeld, oder Entschädigungsrenten, die dem Haftpflichtrecht entstammen. Übernehmen Versorgungsträger die Kosten für eine Entziehungskur, kann sich der Unterhalt auf ein Taschengeld verkürzen (Hamm FamRZ 1989, 631). Der Berechtigte ist auch gehalten, Leistungen dieser Art in Anspruch zu nehmen und sich um Leistungen dieser Art zu kümmern – so, wie er als Gesunder gehalten ist, sich um eine angemessene Erwerbstätigkeit zu bemühen.

15 6. **Beweislast.** Der Bedürftige muß Art und Umfang seiner gesundheitlichen Beeinträchtigung, aus denen die volle oder teilweise Erwerbsbehinderung abgeleitet wird, sowie das Bestehen des Anspruchs im Einsatzzeitpunkt im einzelnen darlegen und beweisen (BGH FamRZ 2001, 1291). Im Prozeß ist meist erforderlich, ein Sachverständigengutachten einzuholen.

§ 1573 *Unterhalt wegen Erwerbslosigkeit und Aufstockungsunterhalt*

(1) **Soweit ein geschiedener Ehegatte keinen Unterhaltsanspruch nach den §§ 1570 bis 1572 hat, kann er gleichwohl Unterhalt verlangen, solange und soweit er nach der Scheidung keine angemessene Erwerbstätigkeit zu finden vermag.**

(2) **Reichen die Einkünfte aus einer angemessenen Erwerbstätigkeit zum vollen Unterhalt (§ 1578) nicht aus, kann er, soweit er nicht bereits einen Unterhaltsanspruch nach den §§ 1570 bis 1572 hat, den Unterschiedsbetrag zwischen den Einkünften und dem vollen Unterhalt verlangen.**

(3) Absätze 1 und 2 gelten entsprechend, wenn Unterhalt nach den §§ 1570 bis 1572, 1575 zu gewähren war, die Voraussetzungen dieser Vorschriften aber entfallen sind.
(4) Der geschiedene Ehegatte kann auch dann Unterhalt verlangen, wenn die Einkünfte aus einer angemessenen Erwerbstätigkeit wegfallen, weil es ihm trotz seiner Bemühungen nicht gelungen war, den Unterhalt durch die Erwerbstätigkeit nach der Scheidung nachhaltig zu sichern. War es ihm gelungen, den Unterhalt teilweise nachhaltig zu sichern, so kann er den Unterschiedsbetrag zwischen dem nachhaltig gesicherten und dem vollen Unterhalt verlangen.
(5) Die Unterhaltsansprüche nach Absatz 1 bis 4 können zeitlich begrenzt werden, soweit insbesondere unter Berücksichtigung der Dauer der Ehe sowie der Gestaltung von Haushaltsführung und Erwerbstätigkeit ein zeitlich unbegrenzter Unterhaltsanspruch unbillig wäre; dies gilt in der Regel nicht, wenn der Unterhaltsberechtigte nicht nur vorübergehend ein gemeinschaftliches Kind allein oder überwiegend betreut hat oder betreut. Die Zeit der Kindesbetreuung steht der Ehedauer gleich.

1. Zweck und Einordnung der Vorschrift

a) Arbeitslosenunterhalt. Abs I schließt Versorgungslücken, die nicht von Betreuungs- (§ 1570), Alters- (§ 1571) oder Krankheitsunterhalt (§ 1572) gedeckt werden, soweit der geschiedene Ehegatte nicht eine angemessene Erwerbstätigkeit finden kann. Das gleiche gilt gemäß Abs III, wenn der Bedürftige im Anschluß an diese Tatbestände (wobei dies bei Altersunterhalt praktisch kaum vorkommen wird) oder bei Wegfall eines Anspruchs auf Ausbildungsunterhalt im Sinn von § 1575 keine angemessene Arbeit findet.
Der Anspruch auf Arbeitslosenunterhalt steht nach Abs IV S 1 auch dem geschiedenen Ehegatten zu, der eine angemessene Erwerbstätigkeit ausgeübt, aber wieder verloren hat, bevor die Tätigkeit den Unterhalt nachhaltig zu sichern vermochte. Das Gesetz bürdet damit das Risiko des Arbeitsmarktes dem leistungsfähigen geschiedenen Ehegatten auf. 1

b) Aufstockungsunterhalt. Auch wer nach der Scheidung eine angemessene Erwerbstätigkeit ausübt kann nach Abs II Aufstockungsunterhalt bis zum vollen Unterhalt gem § 1578 I S 1 fordern. Der Aufstockungsanspruch steht dem Berechtigten nach Abs IV S 2 auch nach dem Verlust einer angemessenen Erwerbstätigkeit zu, die den Unterhalt nur teilweise nachhaltig sichert. Damit gibt das Gesetz dem geschiedenen Ehegatten eine Art „Lebensstandardgarantie". Die Surrogats-Rspr des BGH (FamRZ 2001, 986; gebilligt vom BVerfG FamRZ 2002, 527; s § 1578 Rz 19), wonach das nacheheliche Erwerbseinkommen des früher haushaltsführenden Ehegatten wie eheprägendes Einkommen zu behandeln ist, führt vermehrt zu Aufstockungsunterhalt, weil beide Ehegatten einen Anspruch auf gleiche Teilhabe am gemeinsam Erwirtschafteten haben. Im Gegensatz zu den anderen Unterhaltsberechtigungen, die ein Einkommensdefizit wegen eines Erwerbshindernisses ausgleichen, wird durch den Aufstockungsunterhalt ein Bedarfsdefizit allein aus Gründen der gleichen Teilhabe an den die ehelichen Lebensverhältnissen prägenden Einkommen ausgeglichen (Maier NJW 2002, 3359). 2

c) Gleiche Teilhabe. Durch den Arbeitslosen- und den Aufstockungsunterhalt soll dem geschiedenen Ehegatten der Unterhalt nach den ehelichen Lebensverhältnissen gewährleistet und verhindert werden, daß der bedürftige Ehegatte durch die Scheidungsfolgen einseitig belastet wird (vgl BGH FamRZ 2001, 986). Die Verteilung des Arbeitsmarktrisikos und die sog Lebensstandardgarantie beruhen auf den Gedanken der **nachwirkenden Verantwortung** der Ehegatten für einander und der Verhinderung des sozialen Abstiegs durch die Scheidung (BVerfG FamRZ 1981, 745). Soweit kritisiert wird, etwa von Dieckmann (Erman/Dieckmann[10] Rz 2), daß das Gesetz in vielen Fällen ohne jede privatrechtliche Rechtfertigung die geschiedene Ehe als Versorgungseinrichtung in den Dienst der Entlastung der Gesellschaft für Daseinsvorsorge stelle, ist dies unbegründet (s § 1569 Rz 68ff). Die Sorge für den Unterhalt, ist primär die Aufgabe des einzelnen, danach seines Ehegatten, dann seiner mit ihm geradlinig Verwandten (bis zur Scheidung § 1608; danach § 1584) und erst zuletzt der Gesellschaft (§ 2 BSHG). Wer heiratet, will mit dem Ehegatten den gleichen Lebensstandard teilen. Dieser hat nach dem Grundsatz der **Gleichberechtigung** (Art 6 I GG; BVerfG FamRZ 2002, 527) darauf auch einen Anspruch. Nach dem früheren Scheidungsrecht konnte der Scheidungswillige den an der Ehezerrüttung schuldlosen Ehegatten nicht auf einen niedrigeren Lebensstandard verweisen, weil er grundsätzlich die Scheidung nicht erwirken konnte. Nach dem geltenden Scheidungsrecht kann die Ehe zwar ohne Rücksicht auf fehlendes Verschulden geschieden werden, aber um den Preis der sog Lebensstandardgarantie. Letztere schließt ein, daß vom Unterhaltschuldner auch das Risiko zu tragen ist, daß der bedürftige Ehegatte keine angemessene Arbeitsstelle findet, die ihm einen Verdienst bringt, der den vollen Bedarf im Sinn von § 1578 deckt. Kritisch sind die Fälle, in denen der geschiedene Ehegatte nacheheliche Solidarität von dem anderen in Form von Unterhalt einfordert, obgleich er sich selbst vorher nicht solidarisch verhalten hat. Nach dem geltenden Recht kann dies nur im Einzelfall berücksichtigt werden, soweit ein gesetzlicher Einwendungstatbestand (§§ 1573 V, 1578 I S 2, 1579) erfüllt ist. Wenn man mit der allgemeinen Meinung grundsätzlich ein verschuldensunabhängiges Scheidungsrecht bejaht, ist die Bestimmung des § 1573 eine folgerichtige Ausformung des Grundgedankens, daß sich kein Ehegatte durch Scheidung von der auf Lebenszeit übernommenen Verantwortung für den anderen (§ 1353 I) lösen kann. Es ist insbesondere grundsätzlich nicht möglich, den Unterhaltanspruch zu verkürzen, insbesondere nicht, daß der Tüchtige den minder Tüchtigen ohne weiteres auf seinen vorehelichen Status verweist. Eine Auslegung, wonach das nacheheliche Unterhaltsrecht lediglich ehebedingte berufliche Nachteile ausgleichen soll, findet im Gesetz keine Stütze. 3

2. Anwendungsbereich

a) Fallkonstellationen. § 1573 deckt unterhaltsrechtlich (im wesentlichen) folgende **Einzelfälle** ab: **aa)** Der bislang nicht erwerbstätige Ehegatte findet nach der Scheidung trotz seiner Bemühungen im Erwerbsleben keine angemessene Stelle (Abs I). **bb)** Der geschiedene Ehegatte hat bis zur Scheidung eine nicht angemessene Erwerbs- 4

§ 1573

tätigkeit ausgeübt und diese nach der Scheidung aufgegeben – etwa weil er keine angemessene Erwerbstätigkeit gefunden hat und der Fortbildungsobliegenheit (§ 1574 III) genügen will (Abs I). **cc)** Der geschiedene Ehegatte behält eine bei der Scheidung ausgeübte unangemessene Erwerbstätigkeit bei, weil eine angemessene Erwerbsstelle nicht in Aussicht ist; er erhält Unterhalt gem Abs I, soweit es nicht zur Anrechnung nach § 1577 II S 2 kommt. Das gleiche gilt, wenn der geschiedene Ehegatte bis zur Scheidung nicht erwerbstätig gewesen ist und dann eine unangemessene Tätigkeit übernommen hat. **dd)** Der geschiedene Ehegatte behält die bei der Scheidung ausgeübte angemessene Erwerbstätigkeit bei, die ihm nicht den vollen Unterhalt im Sinne des § 1578 I S 1 einträgt; er kann den Unterschiedsbetrag fordern (Abs II). Entsprechendes gilt, wenn der geschiedene Ehegatte diese Tätigkeit erst nach der Scheidung aufgenommen hat; dann kann sich aber die Richtgröße für den vollen Unterhalt verändern. **ee)** Der geschiedene Ehegatte hatte zeitweilig Betreuungs-, Krankheits- oder Ausbildungsunterhalt zu fordern; die Voraussetzungen für diesen Unterhalt sind indessen entfallen; der geschiedene Ehegatte findet aber trotz seiner Bemühung keine angemessene Erwerbstätigkeit oder nur eine solche Erwerbstätigkeit, die den vollen Unterhalt nicht einträgt; er ist entweder gem Abs I oder gem Abs II anspruchsberechtigt (Abs III). **ff)** Der geschiedene Ehegatte büßt (ohne unterhaltsrechtliche Vorwerfbarkeit) eine angemessene Erwerbstätigkeit ein, die seinen Unterhalt nicht nachhaltig zu sichern vermochte; er ist nunmehr unterhaltsberechtigt (Abs IV 1). **gg)** Eine angemessene Erwerbstätigkeit, die den Unterhalt teilweise nachhaltig gesichert hat, ist weggefallen; der geschiedene Ehegatte erhält den Unterschiedsbetrag zwischen dem nachhaltig gesicherten und dem vollen Unterhalt (Abs IV S 2).

5 **b) Ergänzungsunterhalt.** Zum Aufstockungsunterhalt kann es auch kommen, wenn die Bedarfslücke zum vollen Unterhalt nach § 1578 nicht auf einem unzureichenden Erwerbseinkommen beruht, etwa wenn beide Ehegatten gleich viel verdienen, der Verpflichtete aber ein zusätzliches Einkommen, zB wegen Wohnvorteils, hat. Allgemein ist Abs II zur Schließung der Lücke des Bedarfs nach § 1578 heranzuziehen, die der Bedürftige im Einsatzzeitpunkt nicht durch eigenes Einkommen oder Unterhalt nach §§ 1570 bis 1572 decken kann (s Rz 2).

3. Arbeitslosenunterhalt

6 **a) Nachrang.** Der Anspruch aus § 1573 I setzt eine Erwerbs- oder Ausbildungsobliegenheit (vgl §§ 1569, 1574 III) voraus. Er besteht nur, wenn und soweit es an einem Unterhaltsanspruch wegen Kindesbetreuung, Alters oder Krankheit fehlt, der gewährt wird, weil eine Erwerbstätigkeit nicht zu erwarten ist. Der Anspruch ist deshalb gegenüber den Ansprüchen der §§ 1570 bis 1572 subsidiär (Stuttgart FamRZ 1979, 1018), aber auch gegenüber dem Anspruch auf Ausbildungsunterhalt (§ 1575), weil dieser gewährt wird, um den Gläubiger vor dem Einsatz seiner Arbeitskraft im Erwerbsleben zu bewahren. Gewähren die vorrangigen Unterhaltsansprüche nur Teilunterhalt, deckt § 1573 den Unterhaltsrest ab. Zum Verhältnis des Aufstockungsunterhalts nach § 1573 II zu den Unterhaltstatbeständen des § 1573 I und III vgl BGH FamRZ 1988, 701).

7 **b) Einsatzzeitpunkt.** Der Anspruch setzt voraus, daß der Bedürftige nach der Scheidung nicht erwerbstätig ist. Der Einsatzzeitpunkt (s § 1569 Rz 7) ist weniger eng an die Rechtskraft des Scheidungsurteils gebunden als in §§ 1571, 1572. Ein zeitlicher Zusammenhang ist jedoch erforderlich (verneint von BGH FamRZ 1987, 684: eineinhalb Jahre später; FamRZ 1988, 701: zwei Jahre später) Gleichgültig ist, ob die Erwerbsuntätigkeit ehebedingt war oder nicht (BGH FamRZ 1980, 126). Wer erst nach der Scheidung eine bislang ausgeübte angemessene Erwerbstätigkeit verliert, kann gem Abs IV S 1 unterhaltsberechtigt sein.

8 **c) Unangemessene Erwerbstätigkeit.** Unterhaltsberechtigt ist gem Abs I auch, wer eine während der Ehe ausgeübte unangemessene Tätigkeit vor der Scheidung aufgibt oder aber eine solche Tätigkeit nach der Scheidung aufnimmt oder fortführt (vgl Rz 4, Fälle b und c). Die nach der Scheidung ausgeübte unangemessene Erwerbstätigkeit darf den Ehegatten aber nicht an der Ausbildung, Fortbildung oder Umschulung hindern, die gem § 1574 III von ihm erwartet wird. Einkünfte aus dieser Tätigkeit sind gem § 1577 II anzurechnen.

9 **d) Angemessene Erwerbstätigkeit.** Der Bedürftige muß erwerbsfähig sein, darf aber eine im Sinne von § 1574 II angemessene Tätigkeit nicht oder nicht voll ausüben und trotz Bemühungen nicht finden können (BGH FamRZ 1985, 53; 1999, 708). Kann er wegen der Lage auf dem Arbeitsmarkt nur eine Teilzeitbeschäftigung finden, folgt daraus nicht, daß es sich um eine angemessene Tätigkeit handelt. Ist dies nicht der Fall, hat er keinen Anspruch nach Abs II, aber nach Abs I (BGH FamRZ 1988, 265) Eine Erwerbstätigkeit, die nur ihrer Art, nicht aber ihrem Umfang nach angemessen ist – (Bsp: Schuldienst mit beschränkter Stundenzahl) – führt in jedem Fall zu einem Unterhaltsanspruch auf den Unterschiedsbetrag zum vollen Unterhalt, und zwar (bereits nach Abs I und nicht erst nach Abs II). Die Einordnungsfrage dürfte für die Praxis ohne Belang sein, wenn allein die Lage auf dem Arbeitsmarkt den Berechtigten daran hindert, die Teilzeitbeschäftigung in eine Vollzeitbeschäftigung auszuweiten; denn sowohl der Anspruch aus Abs I als auch der Anspruch aus Abs II ist der Begrenzungsregel des Abs V ausgesetzt. Probleme ergeben sich erst, wenn andere Erwerbshindernisse der Aufnahme einer Vollzeittätigkeit entgegenstehen (BGH FamRZ 1988, 265 für Krankheit und BGH FamRZ 1987, 572 m Anm Dieckmann S 981 für die Betreuung eines gemeinschaftlichen Kindes). Der BGH (FamRZ 1990, 492) hat allerdings seine ursprüngliche Rspr aufgegeben und die Reichweite des §§ 1570, 1572 zugunsten des § 1573 II beschränkt. Danach kann, wenn neben der Betreuung nur eine Teilzeitbeschäftigung erwartet werden kann, nach § 1570 Unterhalt in Höhe der Differenz zum Verdienst aus einer Ganztagsbeschäftigung begehrt werden, während hinsichtlich des dann noch verbleibenden Fehlbetrags zwischen der Summe von Unterhalt und Verdienst zum vollen Unterhalt nach § 1578 ein Anspruch nach Abs II in Betracht kommt.

10 **e) Erwerbsbemühungen. aa)** Die Erwerbslosigkeit reicht für sich allein nicht aus, den Unterhaltsanspruch zu begründen. Vielmehr setzt der Anspruch zudem – letzthin erfolglose – Bemühungen des geschiedenen Ehegatten **um eine angemessene Erwerbstätigkeit** voraus. Die Angemessenheit der Erwerbstätigkeit ergibt sich aus

§ 1574 II. Hat der Berechtigte wegen der Leistungsschwäche des Schuldners nur Billigkeitsunterhalt (§ 1581) zu erwarten, können geringere Anforderungen an die Angemessenheit der Erwerbstätigkeit im Sinn von § 1574 II als bei voller Leistungsfähigkeit des Schuldners gestellt werden.

bb) An die Bemühungen um eine derartige Erwerbstätigkeit sind **strenge Anforderungen** zu stellen (Soergel/ Häberle Rz 7). Eine Meldung beim Arbeitsamt wird in der Regel nicht ausreichen, zumal das Arbeitsamt den Zugang zu vielen Arbeitsstellen nicht ausschließlich verschafft (Stuttgart FamRZ 1983, 1233 [1235]). Die Bemühungen dürfen sich nicht auf den bisherigen Lebenskreis beschränken; sie müssen die **Bereitschaft** zum (zumutbaren) **Ortswechsel** einschließen. Das Recht auf Freizügigkeit (Art 11 GG) – auch in seiner negativen Form, einen Wohnsitz nicht zu wechseln – wird durch unterhaltsrechtlich gebotene Ortswechsel nicht berührt, wenn es um Ortswechsel der Schuldner geht, die anderwärts eine bessere Erwerbsmöglichkeit finden (BGH FamRZ 1980, 1113 [- Verwandtenunterhalt; KG FamRZ 1984, 592 – Ehegattenunterhalt). Entsprechendes muß für die Anforderungen an den Gläubiger gelten (vor § 1569 Rz 39). Auch eine krisenfeste Teilzeitbeschäftigung schließt eine Obliegenheit nicht stets aus, sich um eine Vollzeitbeschäftigung zu bemühen (Celle FamRZ 1994, 963; aber auch Düsseldorf FamRZ 1991, 194: keine Bemühungen um Vollzeitstelle geboten, wenn Teilzeitarbeit gut bezahlt und „sicher").

cc) Zeitpunkt. Die anspruchserheblichen Bemühungen um eine Erwerbstätigkeit (oder um eine Ausbildung iSd § 1574 III) müssen grundsätzlich spätestens bei Rechtskraft des Scheidungsurteils einsetzen (aA offenbar Düsseldorf FamRZ 1991, 193 [194]; wohl auch BGH FamRZ 1987, 684, die nur einen zeitlichen Zusammenhang mit der Scheidung fordern). Mitunter sind diese Bemühungen aber auch schon früher zu erwarten; insbesondere soll sich der Berechtigte bei langer Dauer der Trennung oder einer auf sonstige Weise erkennbaren Zerrüttung der Ehe auch schon vor der Scheidung auf die neue Lage einstellen und sich um eine (Wieder-)Eingliederung in das Erwerbsleben bemühen (BGH FamRZ 1986, 553; Bamberg FamRZ 1986, 682; Hamm FamRZ 1986, 1108). Die (vorgezogene) Erwerbstätigkeitsobliegenheit verletzt aber nicht notwendig, wer sich (aussichtsreich) für einen anderen Beruf ausbilden läßt; dies gilt selbst dann, wenn die (zeitlich begrenzte) Ausbildung die Scheidung überdauert (BGH FamRZ 1986, 1085). Ähnlich wie im Bereich des § 1574 sollten die gebotenen Bemühungen auch Berufsüberlegungen einschließen. Die Arbeitssuche ist während der Zeit, für die Unterhalt gem § 1573 I beansprucht (und gewährt) wird, fortzusetzen (Soergel/Häberle Rz 6). Allerdings wird der geschiedene Ehegatte seine Bemühungen in der Zeit einschränken können, in der er seiner Ausbildungs-, Fortbildungs- oder Umschulungsobliegenheit iSd § 1574 III nachkommt. Auch wenn – angesichts der Lage auf dem Arbeitsmarkt – „Lebenszeitstellungen" nicht Ziel der Bemühungen sein müssen, ist doch auf eine Erwerbstätigkeit zu achten, die eine nachhaltige Sicherung des Unterhalts iSd Abs IV S 1 verspricht.

dd) Vom Berechtigten sind auch dann Bemühungen um eine Erwerbstätigkeit verlangen, wenn die Lage auf dem Arbeitsmarkt für diese Bemühungen nur **geringe Erfolgsaussichten** eröffnet. Ist der Arbeitsmarkt praktisch verschlossen, sind die Anforderungen an die Erwerbsbemühungen aber nicht zu überspannen (Bamberg FamRZ 1998, 243). Der BGH hat zunächst der Sache nach den Berechtigten von diesen Bemühungen freigestellt, wenn nur eine ganz unrealistische und rein theoretische Beschäftigungschance bestanden hätte, die nur mit einem Nullwert zu veranschlagen ist (BGH FamRZ 1986, 885). Dabei sollte jeder ernsthafte Zweifel an der Erfolglosigkeit hypothetischer Erwerbsbemühungen zu Lasten des Unterhaltsklägers gehen (BGH aaO). Er hat diesen Ansatz später dahin erweitert: eine auf § 1573 I gestützte Unterhaltsklage dürfe nicht schon dann abgewiesen werden, wenn der Anspruchsteller die ihm subjektiv zumutbaren Anstrengungen nicht oder nicht ausreichend unternommen habe, eine angemessene Erwerbsmöglichkeit zu finden; darüber hinaus müsse feststehen oder zumindest nicht auszuschließen sein, daß bei genügenden Bemühungen eine reale Beschäftigungschance bestanden hätte, was in erster Linie von objektiven Voraussetzungen abhänge wie den Verhältnissen auf dem Arbeitsmarkt und den persönlichen Eigenschaften des Bewerbers wie Alter, Ausbildung, Berufserfahrung und Gesundheitszustand (BGH FamRZ 1987, 144; 1987, 912.;1987, 689;. Der BGH (FamRZ 1990, 496) hat dem Verpflichteten die Berufung auf mangelnde Erwerbsbemühungen nach Treu und Glauben versagt, wenn dieser auf Grund eines Unterhaltsurteils trotz Wegfalls der Voraussetzungen für den Unterhaltstatbestand Unterhalt leistet und den Berechtigten nicht auf seine Erwerbsobliegenheit hinweist, wie es ohne weiteres erkennbar sei.

ee) Folge der Obliegenheitsverletzung. Wer gegen die Obliegenheit verstößt, sich um eine angemessene Erwerbstätigkeit zu bemühen (oder sich iSd § 1574 III ausbilden zu lassen), gefährdet nicht nur den Unterhaltsanspruch gem § 1573 I für einen bestimmten Zeitraum, in dem ihm ein „fiktives" Erwerbseinkommen angerechnet werden soll (vgl ua Stuttgart FamRZ 1983, 1233; Hamm FamRZ 1986, 1108; vgl auch den Ansatz bei Bamberg FamRZ 1988, 725; 1277 m Anm van Els FamRZ 1989, 397); er gefährdet damit zugleich Anschlußunterhalt bei Krankheit (§ 1572) (Düsseldorf FamRZ 1998, 1519) und Alter (§ 1571). Wegen einer einfachen Verletzung der Erwerbsobliegenheit kann dem Bedürftigen für die Gegenwart und Zukunft ein fiktives Einkommen zugerechnet werden (vor § 1569 Rz 39, 43). Die Zurechnung eines fiktiven Einkommens wegen eines in der Vergangenheit liegenden Verhaltens setzt eine schwerwiegende Obliegenheitsverletzung voraus (BGH FamRZ 1988, 145 für den Unterhaltsschuldner; für den Gläubiger gelten indes die gleichen, eher noch strengere Anforderungen, BGH FamRZ 1985, 354; Graba FamRZ 2001, 1257, 1263) Ein solche kann auch dann zu bejahen sein, wenn der Bedürftige sich längere Zeit nicht hinreichend um einen Arbeitsplatz gekümmert hat (Zweibrücken FamRZ 1999, 881; gebilligt vom BGH FamRZ 2000, 1358; München FamRZ 1994, 1406; Karlsruhe FamRZ 2000, 1419). Scheitert die Unterhaltsberechtigung am Einsatzzeitpunkt, kommt es nicht darauf an, ob gegenwärtig kein Verstoß gegen die Erwerbsobliegenheit vorliegt, etwa weil sich der Bedürftige nunmehr ausreichend um einen Arbeitsplatz bemüht oder aus persönlichen Gründen oder wegen der Lage auf dem Arbeitsmarkt keine Beschäftigungschance hat. Dem Bedürftigen ist, wenn er ohne die Obliegenheitsverletzung in der Vergangenheit jetzt ein Einkommen hätte, etwa Krankengeld, dieses fiktiv anzurechnen (BGH FamRZ 1988, 597, 599; Hamm FamRZ 1988, 1612).

15 **ff) BErzGG und Erwerbsobliegenheit.** Ein nicht gemeinschaftliches Kind, das Bundeserziehungsgeld iSd § 9 S 1 BErzGG vermittelt, löst keinen Anspruch auf Betreuungsunterhalt (§ 1570) aus. Es stellt auch nicht von einer Erwerbsobliegenheit iSd § 1573 frei. Entschiede man anders, verschärfte man auch das Risiko des Schuldners, Anschlußunterhalte tragen zu müssen. Wer sich, um Bundeserziehungsgeld zu beziehen, aus dem Erwerbsleben ausgliedert, muß sich deshalb zwar nicht das Bundeserziehungsgeld, wohl aber (zumindest) das fiktive Einkommen aus der aufgegebenen Erwerbsstellung zurechnen lassen. (Und wer einer Erwerbsstellung, die den Unterhalt nachhaltig zu sichern versprach, im Hinblick auf Erziehungsgeld aufgegeben hat, ohne sich die Wiedereinstellung zu sichern, hat keinen Anspruch auf „Anschlußunterhalt", wenn er keine Erwerbsstellung mehr findet oder krank wird.)

16 **f) Persönliche Arbeitshinderungsgründe.** Aus welchen Gründen die Arbeitssuche erfolglos bleibt, ist ohne Belang. Nach dem Gesetz trägt der Verpflichtete nicht nur das Risiko der Lage auf dem Arbeitsmarkt; er ist auch mit Risiken aus der Person des Berechtigten belastet (Beispiele: Alkoholbedingte Unzuverlässigkeit, Vorstrafen, hohe Ausfallzeiten). Ob bei persönlichen Hinderungsgründen durch die grundsätzlich anwendbaren Ausschlußtatbestände des § 1579 Nr 3 und Nr 7 eine Entlastung des Schuldners erreichbar ist, (so Dieckmann FamRZ 1977, 81), ist zweifelhaft. Wer sich im Vertrauen auf die Verläßlichkeit eines Vermögens nicht um eine Erwerbstätigkeit bemüht oder gar eine angebotene Erwerbsstelle ausschlägt, kann nach dem Verlust oder dem Verzehr des Vermögens nicht Unterhalt gem § 1573 I fordern (§ 1577 IV S 1)

17 **g) Fortbildung.** Um eine angemessene Erwerbstätigkeit braucht sich nicht nur nicht zu bemühen, wer gem § 1575 Ausbildungsunterhalt fordern darf, sondern auch, wer seiner Ausbildungs-, Fortbildungs- oder Umschulungsobliegenheit (§ 1574 III) genügt. Die erforderliche Ausbildungs-, Fortbildungs- oder Umschulungszeit überdeckt ein Unterhaltsanspruch gem § 1573 I, der auch Kosten der Ausbildung (usw) einschließt (§ 1578 II). Die Ausbildung muß allerdings für eine angemessene Erwerbstätigkeit auch erforderlich sein;

18 **h) Öffentliche Förderung.** Soweit das Sozialrecht öffentliche Förderungsleistungen vorsieht, sind diese nach den jeweils geltenden Bedingungen grundsätzlich in Anspruch zu nehmen. Das gilt auch für Leistungen in Gestalt eines Darlehens jedenfalls dann, wenn die Rückzahlungsbedingungen auf die soziale Lage des Schuldners Rücksicht nehmen (BGH FamRZ 1985, 916; Graba FamRZ 1985, 118 für die Förderung nach BAföG-Grundsätzen – jeweils für Verwandtenunterhalt.). Solche Leistungen sind im Sinn von § 1577 I anrechenbares Einkommen. Förderungsleistungen, die das Gesetz an die Übernahme einer versicherungspflichtigen Beschäftigung in bestimmtem Umfang nach Abschluß der Förderungszeit knüpft – wie etwa vormals die Unterhaltsrente gem § 46 II AFG aF oder die Lehrgangs- und Fahrtkosten gem § 46 III iVm § 45 AFG aF – muß der Berechtigte jedenfalls dann in Anspruch nehmen, wenn er sich nur einer eingeschränkten Rückzahlungsgefahr aussetzt, nämlich der Gefahr, das Geld rückerstatten zu müssen, wenn er ohne wichtigen Grund die versicherungspflichtige Beschäftigung nicht annimmt (aA Karlsruhe FamRZ 1985, 286 für § 46 II AFG aF; aber wer sich vorbehält, eine versicherungspflichtige Beschäftigung auch ohne wichtigen Grund nicht anzutreten, kann es mit der erwerbstätigkeitsbezogenen Fortbildung nicht so ernst meinen). Öffentliche Förderungsleistungen sind dem privaten Unterhaltsrecht gegenüber nicht schlechthin subsidiär, sondern nur insoweit, als sich dies aus der konkreten Struktur ihrer Anrechnungs- und Überleitungsbestimmungen ergibt (Dieckmann FamRZ 1977, 81 [92f]; Paulus FamRZ 1981, 640; BGH FamRZ 1980, 126; Schleswig SchlHA 1984, 163). Deshalb ist die Inanspruchnahme oder Anrechnung öffentlicher Förderungsleistungen nicht allgemein mit dem Hinweis auf (angebliche) Subsidiarität dieser Leistungen zu verneinen (so aber – verfehlt – Düsseldorf FamRZ 1981, 39). Diese Grundeinsicht ist im Hinblick auf häufige Änderungen bei Einzelheiten des Förderungswesens zu beachten.

19 **i)** Ein **Studium,** das ein geschiedener Ehegatte erst während der Ehe oder nach der Trennung aufgenommen hat, kann ihn von der Erwerbsobliegenheit der §§ 1569, 1573 freistellen und einen Unterhaltsanspruch gem § 1573 I auslösen (BGH FamRZ 1980, 126; 2001, 350; Hamm FamRZ 1980, 1123; 1978, 899; KG FamRZ 1978, 692). Richtig ist das für die Fälle, in denen mit Rücksicht auf die ehelichen Lebensverhältnisse die Wiederaufnahme einer früher ausgeübten Erwerbstätigkeit gem § 1574 II als unzumutbar erscheint und wenn sich darüber hinaus gerade das gewählte Studium als erforderlich (oder doch zumindest angemessen) erweist, um den Weg zur wirtschaftlichen Selbständigkeit zu ebnen. Ob das zutrifft, ist aber für jeden Einzelfall gesondert zu prüfen.

20 **j) Dauer des Unterhaltsanspruchs.** Das Gesetz sieht eine zeitliche Grenze für den Unterhaltsanspruch nicht vor. Da dem Berechtigten der Unterhalt aber nur solange und soweit gewährt wird, als dieser keine angemessene Erwerbstätigkeit zu finden vermag, kann sich die Inhaltsschranke für den Unterhaltsanspruch auch als Zeitschranke auswirken (Dieckmann FamRZ 1977, 81 [91]; Karlsruhe FamRZ 1983, 716: Unterhalt unter bestimmten Umständen nur für 6 Monate zugesprochen. Zur „immanenten Zeitschranke" vgl auch Düsseldorf FamRZ 1991, 193). Die durch Abs V gebotene Möglichkeit, den Unterhaltsanspruch zeitlich zu begrenzen, hat die in Abs I enthaltene „immanente Zeitschranke" nicht beseitigt. Der Unterhaltsanspruch kann aber auch in einen Unterhaltsanspruch aus anderen Rechtsgründen übergehen.

4. Abs II – Aufstockungsunterhalt

21 **a) Bedarfslücke.** Abs II durchbricht den Grundsatz der wirtschaftlichen Eigenverantwortlichkeit eines jeden Ehegatten für sich selbst (§ 1569) mit einem Aufstockungsanspruch: Auch wer – bereits bei der Scheidung (BGH FamRZ 1981, 241) oder später – eine angemessene Erwerbstätigkeit ausübt, kann den Unterschiedsbetrag zwischen dem vollen Unterhalt (§ 1578 I) und dem erzielten Erwerbseinkommen fordern (soweit er diesen Unterschied nicht aus den Einkünften oder dem Stamm seines Vermögens zu decken vermag; vgl § 1577). Das Gesetz verheißt aufgrund der gleichberechtigten Teilhabe der Ehegatten an den ehelichen Lebensverhältnissen eine Art „Lebensstandardgarantie" (s Rz 2). In Betracht kommt ein Aufstockungsanspruch nicht nur neben einem Anspruch auf Erwerbslosenunterhalt gem § 1573 I. Er kann auch entstehen, wenn es an diesem Anspruch fehlt, weil sich der Berechtigte nicht hinreichend um eine Erwerbsstellung gekümmert hat und sich deshalb ein fiktives Einkommen anrechnen lassen muß, das den vollen Unterhalt nicht deckt (BGH FamRZ 1990, 499). Der Anspruch ist auch neben einem Anspruch auf Betreuungsunterhalt (BGH FamRZ 1990, 492), Altersunterhalt (BGH FamRZ 1999, 708) oder Krankheitsunterhalt (BGH FamRZ 1993, 789) möglich.

b) Subsidiarität. Der Anspruch auf Aufstockungsunterhalt ist nach dem Wortlaut des Gesetzes („soweit...") 22 subsidiär gegenüber einem Anspruch aus §§ 1570 bis 1572, und nach der Systematik auch gegenüber einem Anspruch nach Abs I oder IV S 1 (BGH FamRZ 1988, 701).

c) Einsatzzeitpunkt. Abs II nennt keinen bestimmten Einsatzzeitpunkt (s § 1569 Rz 7). Aus dem Umstand, daß 23 der Tatbestand an die (umgesetzte) Erwerbsobliegenheit anküpft und der Anspruch subsidiär gegenüber den an Einsatzzeitpunkte anküpfenden Bestimmungen der §§ 1571, 1572, 1573 I und IV ist, ergibt sich jedoch, daß die Unterhaltsberechtigung für den Aufstockungsunterhalt nach der Scheidung (BGH FamRZ 1983, 886) oder im Zeitpunkt des Beginns des Anschlußunterhalts (BGH FamRZ 1985, 161) vorliegen muß (MüKo/Maurer Rz 14). Nachdem der Betreuungsunterhalt (1570) keinen Einsatzzeitpunkt kennt, ist ein diesen selbst oder daran gebundenen Anschlußunterhalt ergänzender Anspruch auch nicht an einen bestimmten Zeitpunkt geknüpft.

d) Teilunterhalt. In den Fällen, in denen eine Unterhaltsberechtigung nach §§ 1570 bis 1572 nur hinsichtlich 24 eines Teils des Unterhalts besteht, während der Bedürftige wegen eines weiteren Teils des Bedarfs im Sinn von § 1578 selbst durch eine Erwerbstätigkeit deckt oder decken muß und nur wegen des Restes ein Anspruch auf Aufstockungsunterhalt hat, ist darauf zu achten, daß die Anschlußberechtigung, etwa wegen Alters nach Krankheit, sich nur auf diesen Teil des Anspruchs beschränkt (BGH FamRZ 2001, 1291) und eine durch den Eintritt in den Ruhestand sich ergebende Einkommenslücke nicht durch Aufstockungsunterhalt geschlossen werden kann (BGH FamRZ 1999, 708; Graba Unterhalt im Alter Rz 33ff).

b) Höhe des Anspruchs. aa) Ungedeckter Bedarf. Für jede Unterhaltsberechtigung des geschiedenen Ehegat- 25 ten, auch für die nach Abs II, gilt, daß sich die Höhe des Unterhaltsanspruchs aus dem Unterschiedsbetrag zwischen dem „vollen" Unterhalt, dem nach den ehelichen Lebensverhältnissen (§ 1578 I S 1) oder dem angemessenen Unterhalt (§ 1578 I S 2), und dem eigenem Einkommen ergibt. Der Bedarf im Sinn von § 1578 ist der Maßstab (s vor § 1569 Rz 9ff). Soweit der Bedürftige diesen Bedarf durch eigenes Einkommen decken kann, hat er keinen Unterhaltsanspruch. Soweit er dazu nicht in der Lage ist, kommt ein Unterhaltsanspruch in Betracht, wenn dafür eine Unterhaltsberechtigung vorliegt (s vor § 1569 Rz 13ff). § 1573 II gibt eine Unterhaltsberechtigung, soweit das Erwerbseinkommen zuzüglich einem sonstigen nach § 1577 anrechenbaren Einkommen, etwa aus unzumutbaren Anstrengungen oder aus Vermögen, nicht ausreicht, um den vollen Bedarf im Sinn von § 1578 zu decken. Die Höhe des Aufstockungsunterhalts ergibt sich damit rechnerisch durch Abzug des eigenen Einkommens vom Bedarfsbetrag. § 1573 II ist neben § 1577 ein Beleg, daß dem Gesetz die Abzugs- oder Anrechnungsmethode zugrundeliegt.

c) Berechnungsmethoden. Der Streit, nach welcher Methode der Unterhaltsanspruch des geschiedenen Ehe- 26 gatten zu berechnen ist, ob nach der Differenz- oder Anrechnungsmethode oder einer sonstigen Methode, hat seinen dogmatischen Sitz bei § 1578, nicht bei § 1577 und nicht bei § 1573 (s § 1578 Rz 35). Er betrifft die Vorfrage für die Anwendung des § 1573, ob Einkommen des Unterhaltsberechtigten zum bedarfsprägenden Einkommen im Sinn von § 1578 gehört. Bei der Anwendung des § 1573 II ist der Streit schon entschieden: Von dem nach welcher Methode auch immer festgestellten Bedarf wird das Einkommen des Berechtigten im Sinn von § 1577 und ein etwaiger Unterhaltsbetrag nach §§ 1570 bis 1572, 1573 I, IV abgezogen. Für den verbleibenden Rest kommt Abs II als Anspruchsgrundlage in Betracht.

d) Wesentlichkeitsgrenze. Ob mit dem Aufstockungsanspruch auch **geringe Einkommensunterschiede** aus- 27 zugleichen sind, ist str (nein Erman/Dieckmann[10] Rz 26; Staud/Verschraegen Rz 36). Dem Gesetz, das auf die Wahrung des ehelichen Lebensstandards abstellt, ist eine Einschränkung nicht zu entnehmen. Der BGH (FamRZ 1984, 988) hat eine solche Begrenzung nicht vorgenommen.

5. Abs III – Anschlußunterhalt

a) Voraustatbestand. Abs III gewährt sowohl den Anspruch auf Unterhalt mangels angemessener Erwerbstä- 28 tigkeit (Abs I) als auch den Aufstockungsanspruch (Abs II) als Ansprüche auf **Anschlußunterhalt,** wenn die Voraussetzungen für die Ansprüche gem §§ 1570 bis 1572, 1575 entfallen sind (BGH FamRZ 1980, 126; 1985, 161;). Einen Anschlußunterhalt an einen Billigkeitsunterhalt gem § 1576 sieht das Gesetz nicht vor.

b) Anschluß an Betreuungsunterhalt. Die Erwerbstätigkeitsbemühungen sollten nicht erst beim Wegfall des 29 Anspruchs auf Betreuungsunterhalt einsetzen, sondern schon zuvor; denn Kindesbetreuung mag zwar an einer Erwerbstätigkeit hindern, nicht aber an Bemühungen um eine spätere Erwerbstätigkeit. Erwerbstätigkeitsbemühungen wird man auch schon vor dem Wegfall des Anspruchs auf Ausbildungsunterhalt (§ 1575) erwarten können, wenn sich der Ausbildungserfolg mit großer Wahrscheinlichkeit abzeichnet. Wer sich nicht spätestens beim Einsatzzeitpunkt um eine angemessene Erwerbstätigkeit bemüht, kann später nicht Unterhalt gem § 1573 I, III fordern, wenn seine späteren Bemühungen ergebnislos bleiben. Etwas anders gilt nur dann, wenn trotz Bemühungen keine realistische Chance bestand, überhaupt einen Arbeitsplatz zu finden oder einen solchen, der den Unterhalt nachhaltig gesichert hätte.

c) Anschluß an Ausbildungsunterhalt. Ist der „Ausbildungsunterhalt" gem § 1575 ausgelaufen, darf sich der 30 Berechtigte bei seinen Erwerbstätigkeitsbemühungen nicht auf die Suche nach einer Erwerbsstelle beschränken, die einem erreichten höheren Ausbildungsstand entspricht (§ 1575 III). Ihm steht sonst der Unterhalt gem § 1573 I

§ 1573 Familienrecht Bürgerliche Ehe

nicht zu. Einkünfte aus einer Erwerbstätigkeit, die zwar nicht dem neuen Ausbildungsstand entsprechen, wohl aber den Anforderungen des § 1574 II, sind nicht als Einkünfte aus unzumutbarer Erwerbstätigkeit zu behandeln, können aber Spielraum für einen Aufstockungsanspruch gem Abs II belassen. Wer eine sichere Erwerbstätigkeit aufgibt, um sich auf Kosten des geschiedenen Partners im Sinne des § 1575 weiterbilden zu lassen, später aber keine Erwerbsstelle mehr findet, sollte am Risiko seiner Fehlprognose gem § 1579 Nr 7 beteiligt werden (Dieckmann FamRZ 1977, 81 [93]; wohl auch Soergel/Häberle Rz 24). Ist der Schuldner im einsatzerheblichen Zeitpunkt leistungsunfähig oder leistungsschwach, so steht das der Geltendmachung des Anspruchs grundsätzlich nicht entgegen, wenn der Schuldner später leistungskräftig wird. Etwas anderes sollte allerdings gelten, wenn der Schuldner seine Leistungsfähigkeit erst zu einer Zeit wiedererlangt, da die (hypothetische) begrenzte Zeit für einen Erwerbslosenunterhalt abgelaufen ist, die sich bei einer Begrenzung der Unterhaltszeit gem § 1573 V ergeben hätte Der Berechtigte muß sich zudem während der Zeit der Leistungsunfähigkeit oder -schwäche weiterhin um eine angemessene Erwerbstätigkeit bemühen. Ist der Berechtigte im Einsatzzeitpunkt wegen verwertbaren Eigenvermögens nicht bedürftig, kann der Anspruch ebenfalls später entstehen, wenn das Vermögen später verzehrt oder sonst weggefallen ist. Das gilt allerdings nicht, wenn das Vermögen beim Einsatzzeitpunkt eine nachhaltige Sicherung des Unterhalts versprochen hat (§ 1577 IV S 1 in entsprechender Anwendung). Das gilt auch dann nicht, wenn sich der Berechtigte bis zum Wegfall oder Verzehr des Vermögens nicht um eine angemessene Erwerbstätigkeit bemüht hat.

6. Abs IV – Nachträglicher Verlust einer angemessenen Erwerbstätigkeit

31 a) **Risikoverteilung.** Abs IV behandelt das unterhaltsrechtliche Risiko, wenn ein Ehegatte eine angemessene Erwerbstätigkeit einbüßt, die er bei oder nach der Scheidung oder aber zu einem einsatzerheblichen Zeitpunkt des Abs III ausgeübt hat. Der Verlust der Erwerbstätigkeit gehört entweder zum Risikobereich des Berechtigten oder zum Risikobereich des Verpflichteten – je nachdem, ob es dem geschiedenen Ehegatten mit seinen Bemühungen gelungen ist, den Eigenunterhalt durch seine Erwerbstätigkeit **nachhaltig zu sichern** oder nicht. Das Gesetz geht dabei von der richtigen Grundvorstellung aus: eine angemessene Erwerbstätigkeit zum maßgeblichen Zeitpunkt dürfe sich nicht schlechthin als Unterhaltssperre für den Berechtigten erweisen, wenn dieser noch nicht in die wirtschaftliche Selbständigkeit hineingewachsen ist. Es bürdet aber andererseits dem Verpflichteten ein erhebliches Risiko des Arbeitsmarktes auf – vor allem in einer Umbruchzeit, in der Arbeitsplätze unsicher werden, die vormals als sicher gegolten haben. Dieses Risiko ist für den Verpflichteten besonders dann hoch, wenn dieser dem Berechtigten für eine bestimmte Zeit Unterhalt ohne Rücksicht auf dessen Bedürftigkeit in Erwartung zusagt, der Berechtigte werde diese Zeit zur Fortbildung nutzen, und der Berechtigte statt dessen eine Stelle annimmt, die sich aus der Rückschau als nicht geeignet erweist, den Unterhalt nachhaltig zu sichern (vgl BGH FamRZ 1988, 701). Weder aus Abs IV noch aus einer anderen Bestimmung des Gesetzes läßt sich ein allgemeiner Grundsatz entnehmen, daß ein geschiedener Ehegatte Unterhalt nicht mehr beanspruchen kann, wenn im Zeitpunkt der Scheidung zu erwarten war, sein Unterhalt werde wegen bestimmter Lebensverhältnisse nachhaltig gesichert sein (BGH FamRZ 1987, 689).

32 b) **Voraussetzungen.** Abs IV S 1 setzt im einzelnen voraus: aa) Der geschiedene Ehegatte muß **nach der Scheidung** eine angemessene **Erwerbstätigkeit** ausgeübt (und später wieder verloren) haben. Einer Erwerbstätigkeit stehen Versorgungsleistungen in einer nichtehelichen Lebensgemeinschaft nicht gleich (BGH FamRZ 1987, 689). (Eine andere Frage ist es, ob diesem Ehegatten nach dem Scheitern der nichtehelichen Lebensgemeinschaft ein „wieder aufgelebter" Unterhaltsanspruch gem § 1573 I zusteht. Diese Frage ist zu verneinen, wenn sich der Gläubiger wegen unterlassener Erwerbsbemühungen im Einsatzzzeitpunkt um diesen Unterhaltsanspruch gebracht hat oder wenn § 1579 ein Wiederaufleben abschneidet; vgl aber auch BGH FamRZ 1987, 689.)

Anspruchserheblich ist nicht jede Erwerbstätigkeit irgendwann nach der Ehe. Vielmehr kommt es auf eine Erwerbstätigkeit an, die bei oder nach der Scheidung oder aber zum einsatzerheblichen Zeitpunkt gem Abs III einen Anspruch aus § 1573 I ausgeschlossen oder verkürzt hat (Soergel/Häberle Rz 25). Dabei kann es sich auch um eine Beschäftigung handeln, die der geschiedene Ehegatte bereits während der Ehe ausgeübt hatte (BGH FamRZ 1985, 53). Eine **unangemessene** Beschäftigung (§ 1574 I, II) beläßt es entweder beim Anspruch gem § 1573 I – vorbehaltlich einer Einkommensanrechnung gem § 1577 II S 2 – oder aber beim Verlust des Unterhaltsanspruchs, nämlich dann, wenn es an den Bemühungen um eine angemessene Erwerbstätigkeit fehlt oder gefehlt hat (Bsp: Arbeitsuche auf Gelegenheitsjobs beschränkt), außer wenn die Bemühungen bei realistischer Betrachtung zu keinem oder zu keinem den Unterhalt nachhaltig sichernden Arbeitsplatz geführt hätten (BGH FamRZ 2003, 1734). Führen spätere Bemühungen zu einer angemessenen Erwerbstätigkeit, die aber letzthin den Unterhalt nicht nachhaltig zu sichern vermag, erschließt Abs IV S 1 beim Wegfall dieser Beschäftigung den schon zuvor „verspielten" Unterhaltsanspruch nicht neu.

33 bb) Die **Einkünfte** aus dieser Erwerbstätigkeit müssen **weggefallen** sein. Da das Gesetz die **Bemühungen** des Berechtigten um eine nachhaltige Sicherung des Unterhalts durch den Berechtigten erwähnt, wird man nur einen **nicht vorwerfbaren** Verlust der Erwerbstätigkeit als anspruchserheblich berücksichtigen können (Dieckmann FamRZ 1977, 81 [90]; Pal/Brudermüller Rz 29; Soergel/Häberle Rz 26). Im Gegensatz zu den genannten Autoren wird man jedoch es nicht als ausreichend ansehen können, daß der Bedürftige einen wichtigen Grund zur Kündigung des Arbeitsverhältnisses gegeben oder ohne wichtigen Grund die Arbeitsstelle aufgegeben hat. Vielmehr muß ihm, wie in vergleichbaren Fällen, eine unterhaltsbezogene grobe Obliegenheitsverletzung anzulasten sein (Gedanke des § 1579 Nr 3; s vor § 1569 Rz 43; Graba FamRZ 2001, 1257).

34 cc) Die übernommene Erwerbstätigkeit darf den **Unterhalt nicht nachhaltig gesichert** haben. Das Gesetz knüpft mit der Formel von der „nachhaltigen Sicherung" des Unterhalts an § 75 BEG an, ohne damit die Risikoverteilung zwischen den geschiedenen Ehegatten scharf zu umreißen. Sicher ist nur: Eine nachhaltige Sicherung

ist allein von einer **Dauerbeschäftigung** zu erwarten, nicht dagegen von einer Tätigkeit, die von vornherein nur als vorübergehende Beschäftigung angelegt ist (Soergel/Häberle Rz 27; BT-Drucks 7/650, 127f; Frankfurt FamRZ 1987, 1042 für zeitlich befristete Arbeitsbeschaffungsmaßnahmen). Im übrigen wird man auf den Ansatz des Unterhaltsrechts achten müssen, das vom Sozialmuster der Ehe ausgeht, in der die Frau nicht oder nur zum Teil erwerbstätig ist und nach der Scheidung Schwierigkeiten hat, wirtschaftlich selbständig zu werden. Das sollte bei der Auslegung berücksichtigt werden. Abs IV S 1 kommt deshalb in erster Linie für den Ehegatten in Betracht, der **vor der Scheidung nicht erwerbstätig** gewesen ist und der nach der Scheidung eine besonders krisenanfällige Erwerbstätigkeit aufnimmt, oder eine Erwerbstätigkeit, der er letzthin nicht gewachsen ist, weil er seine Leistungsfähigkeit überschätzt hat (BGH 88, 256); Abs IV S 1 bewahrt den Berechtigten aber nicht schlechthin vor allen Risiken des Wirtschaftslebens, die auch einen Dritten treffen können – etwa vor dem Insolvenzverfahren des Unternehmens, in dem der Berechtigte (nicht nur vorübergehend) tätig gewesen ist (BGH FamRZ 1985, 1234), oder vor dem – technikbedingten – Wegfall des Arbeitsplatzes, an dem der Berechtigte (nicht nur vorübergehend) geschafft hat (Dieckmann FamRZ 1977, 81 [90]). Abs IV S 1 stellt auch nicht auf die Sicherheit eines bestimmten Arbeitsplatzes ab, sondern auf die nachhaltige Sicherheit des Unterhalts durch Erwerbstätigkeit (BGH FamRZ 1985, 53). Deshalb spricht ein Stellenwechsel oder eine gelegentliche Arbeitslosigkeit nicht notwendig gegen eine nachhaltige Sicherung des Unterhalts im Sinne des Abs IV). Abs IV S 1 greift auch dann ein, wenn der geschiedene Ehegatte bereits **bei der Scheidung erwerbstätig** ist – sei es, weil er erst nach der Trennung eine Beschäftigung aufgenommen hat, oder sei es, weil er bereits während der Ehe gelegentlich oder jedenfalls nicht mit dem Ziel einer (Vollzeit-)Dauer-Beschäftigung erwerbstätig gewesen ist. Abs IV S 1 gilt auch für den Ehegatten, der **während der Ehe „angemessen" und auf Dauer erwerbstätig** gewesen ist. Es kommt nicht darauf an, ob er bereits in die wirtschaftliche Selbständigkeit hineingewachsen ist, sondern ob im Zeitpunkt der Scheidung eine nachhaltige Sicherung des Unterhalts durch die Erwerbstätigkeit gegeben ist (BGH FamRZ 1985, 33; aA Dieckmann FamRZ 1977, 81 [90]).

Maßgeblicher **Zeitpunkt** für die Frage, ob die Erwerbstätigkeit den Unterhalt nachhaltig zu sichern vermochte, ist frühestens die Zeit der Scheidung, und zwar auch dann, wenn es sich um den Wegfall einer Beschäftigung handelt, die der Berechtigte bereits während der Ehe aufgenommen hat (BGH FamRZ 1985, 53). **35**

Im übrigen kommt es bei der Sicherungsfrage auf eine – (wenn auch nachträgliche) – „objektive Vorausschau" eines „optimalen Betrachters" aus der Sicht der Verhältnisse zu der Zeit an, da der Berechtigte die Erwerbstätigkeit aufgenommen hat, auch wenn die Umstände erst später zutage treten (BGH FamRZ 1985, 1234; 1988, 701). Denn da die Erwerbstätigkeit den Unterhalt letzthin nicht gesichert hat, ließe sich allein aus der Rückschau die Frage nach der Nachhaltigkeit der Sicherung zumeist nur verneinen. Über die Nachhaltigkeit der Sicherung sollte aber nach dem Anliegen des Gesetzes nicht die Dauer der Erwerbstätigkeit entscheiden, sondern die Erwartung, die Tätigkeit werde auf Dauer ausgeübt werden können (BT-Drucks 7/650, 127; BGH FamRZ 1985, 1234). Maßgeblich ist daher, ob die Erwerbstätigkeit im Zeitpunkt ihrer Aufnahme nach objektiven Maßstäben und allgemeiner Lebenserfahrung mit einer gewissen Sicherheit als dauerhaft angesehen werden konnte, oder ob befürchtet werden mußte, daß der Bedürftige seine Erwerbsstelle durch einen außerhalb seiner Entschließungsfreiheit liegenden Umstand in absehbarer Zeit wieder verliert (BGH FamRZ 2003, 1734). Bei der „objektiv nachträglichen Vorausschau" können auch Ereignisse des Wirtschaftslebens, aber auch die Gesundheit oder das Alter des Ehegatten von Bedeutung sein (BGH FamRZ 1985, 79; kritisch Dieckmann FamRZ 1977, 81, 90). **36**

Eine den Unterhalt nachhaltig sichernde Erwerbstätigkeit liegt nur dann vor, wenn sie auch die Möglichkeit für eine angemessene Altersvorsorge bietet, weil bei einer nachhaltig sichernden Erwerbstätigkeit ein Anspruch auf Altersunterhalt nach § 1571 verschlossen ist (Koblenz FamRZ 1986, 471 LS = NJW-RR 1986, 555; aA Erman/Dieckmann[10] Rz 35). Die sog Geringverdiener-Beschäftigung dürfte diese Voraussetzungen nicht erfüllen, weil die damit verbundene Alterssicherung minimal ist (Schmidbauer FamRZ 2000, 715). **37**

Zu Recht bezweifelt Dieckmann (Erman/Dieckmann[10] Rz 35), ob den Weg zum Altersunterhalt Erwerbszeiten vor dem Eintritt in den „Ruhestand" verlegen sollen, die wegen ihrer Kürze die Frage nach der Nachhaltigkeit der Unterhaltssicherung nicht verläßlich beurteilen lassen. Mit Coester-Waltjen (bei Gernhuber FamR § 30 III 3) ist die entsprechende Anwendung von Abs IV zu befürworten, wenn zwar nach der Scheidung ein Abeitsplatz gefunden wurde, dieser alsbald aus Altersgründen verlorenging.

Zur Sicherungskraft eines Arbeitsplatzes in der DDR für einen dort geschiedenen Ehegatten s Erman/Dieckmann[10] Rz 35a. **38**

c) **Teilsicherung, Abs IV S 2.** Abs IV erfaßt mit S 1 einmal die Fälle, in denen der Berechtigte von vornherein nur einen Teil seines Unterhalts durch seine Erwerbstätigkeit „nachhaltig" zu sichern vermochte und seine Erwerbstätigkeit trotz dieser Sicherung später verloren hat. Der Verlust berührt den „Aufstockungsanspruch" (§ 1573 II) nicht, der bereits zuvor bestanden hat. Darüber hinaus betrifft Abs IV S 2 aber auch Fälle, in denen ein „Aufstockungsanspruch" gefehlt hat, weil der Berechtigte mit einer angemessenen Erwerbstätigkeit den vollen Unterhalt selbst erwirtschaften konnte. Muß der Berechtigte diese Erwerbstätigkeit einschränken – etwa mit einem Übergang von der Vollzeit- zur Teilzeitbeschäftigung – und hatte die Erwerbstätigkeit den Unterhalt zuvor nicht „nachhaltig" im Sinne des Abs IV S 1 gesichert, so steht dem Berechtigten ebenfalls ein Ergänzungsanspruch auf den Unterschiedsbetrag zum vollen Unterhalt zu. Abs IV S 2 gleicht aber nicht jeden Einkommensverlust beim Übergang von einer Vollzeit- auf eine Teilzeiterwerbstätigkeit aus. **39**

7. Anspruchsbegrenzung nach Abs V

a) **Einordnung. aa)** Abs V setzt aus **Billigkeitsgründen** den aus § 1573 abgeleiteten Unterhaltsansprüchen **Zeitgrenzen,** wenn nach Art und Dauer der Ehegestaltung eine lebenslange Unterhaltsgewährung unbillig wäre **40**

§ 1573 Familienrecht Bürgerliche Ehe

(Pal/Brudermüller Rz 31). Nach dem Willen des Gesetzgebers sollte durch Abs V und die Bestimmung des § 1578 I S 2 die zeitlich unbegrenzte Lebensstandard-Garantie in solchen Fällen eingeschränkt werden, in denen etwa die Ehe von nicht langer Dauer war, aus ihr keine gemeinschaftlichen Kinder hervorgegangen sind, die der Berechtigte längerfristig betreut hat oder betreut, der Berechtigte keine ehebedingten beruflichen Nachteile hat in Kauf nehmen müssen und keine sonstigen Gründe vorliegen, die eine Weiterzahlung des vollen ehenangemessenen Unterhalts rechtfertigen (Hahne FamRZ 1986, 305). Durch die Vorschrift des Abs V sollte insbesondere das unterhaltsrechtliche **Risiko** der **Lage** auf dem **Arbeitsmarkt** für den Verpflichteten abgeschwächt werden. Die Vorschrift gilt nur für den Anspruch auf **Erwerbslosen-** oder auf **Aufstockungsunterhalt.** Sie ist auf andere Unterhaltsansprüche auch dann nicht entsprechend anzuwenden, wenn und soweit diese nicht ehebedingte Nachteile ausgleichen sollen. Bei derartigen Ansprüchen kann aber das Maß des Unterhalts nach dem – ähnlich gefaßten – § 1578 I S 2 herabgesetzt werden. Zudem betrifft die Zeitschranke des Abs V die Ansprüche auf Krankheit (§ 1572) und Altersunterhalt (§ 1571) mittelbar, wenn und weil sie die Möglichkeit zum Anschlußunterhalt versperrt.

41 bb) Trotz der „Kann-Formel" des Gesetzes handelt es sich um von Amts wegen anwendbares **zwingendes Recht,** das weder die Unbilligkeitsprüfung noch die zeitliche Begrenzung des Anspruchs in das Ermessen des Gerichts stellt, wenn ein zeitlich unbegrenzter Anspruch unbillig wäre (Soergel/Häberle Rz 34). Nicht die Billigkeit einer lebenslangen Unterhaltsgewährung, sondern deren Unbilligkeit ist zu prüfen.

42 cc) Abs V ist trotz seines **Ausnahmecharakters** in seinem Anwendungsbereich nicht beschränkt (Brudermüller FamRZ 1998, 649). Beim UÄndG hatte man ursprünglich die zeitliche Begrenzung der aus § 1573 hergeleiteten Ansprüche als vom Gesetzgeber des 1. EheRG „verkannte" Regel und die zeitliche Unbegrenztheit als Ausnahme erachtet (BT-Drucks 10/2888, 17f). Diesen Ansatz hat der Rechtsausschuß zwar abgeschwächt (BT-Drucks 10/4514, 6, 21). Letzthin hat das Gesetz aber für die Unbilligkeitsprüfung mit der „Insbesondere-Formel" einen weiten Spielraum geschaffen. Der Grundsatz, daß bei Vorliegen einer Unterhaltsberechtigung eine lebenslange Unterhaltsverpflichtung besteht, soweit nicht im Einzelfall die Voraussetzungen des Abs V, des § 1578 I S 2 oder des § 1579 vorliegen (BGH FamRZ 1999, 710), wird jedoch dadurch nicht aufgehoben (anders Erman/Dieckmann[10] Rz 40; Staud/Verschraegen Rz 85).

43 dd) **Einfache Unbilligkeit.** Die Begrenzungsklausel greift bereits dann ein, wenn sich ein zeitlich unbegrenzter Unterhaltsanspruch als unbillig erweist; die Anforderungen sind also um einiges geringer als bei § 1579.

44 ee) **Verhältnis zu § 1578 I S 2, 3.** Die Begrenzungsregel des Abs V stimmt ihrem Wortlaut nach zwar weitgehend mit der Begrenzungsregel des § 1578 I S 2, 3 für das Richtmaß des Unterhalts überein. Die beiden Vorschriften können jeweils allein oder neben einander angewandt werden (BGH FamRZ 2000, 1499). Beide Klauseln unterscheiden sich aber in ihren Zielen. § 1578 I S 2 soll überzogenen Unterhaltserwartungen entgegenwirken (Hahne FamRZ 1986, 305 [307]). Er ist deshalb stärker auf die individuellen Verhältnisse in der Ehe zugeschnitten als § 1573 V, der den Verpflichteten von einem Risiko entlasten will, das vor allem auf die gesamtgesellschaftlichen Rahmenbedingungen zurückzuführen ist. Deshalb kann bei der Billigkeitsprüfung den vom Gesetz genannten Entscheidungsmerkmalen – Dauer der Ehe, Gestaltung der Haushaltsführung, Erwerbstätigkeit, Kinderbetreuung – unterschiedliches Gewicht zukommen: Was man noch gerade als billig empfinden mag, wenn es darum geht, die Unterhaltserwartungen eines alten (vgl § 1571) oder kranken (vgl § 1572) Menschen zu begrenzen, kann bereits unbillig sein, wenn um die Zeitschranken für die aus § 1573 hergeleiteten Unterhaltsansprüche eines rüstigen arbeitslosen (vgl § 1573) oder auch erwerbstätigen (vgl § 1573 II) Menschen gestritten wird.

45 b) **Beispielhafte Kriterien.** Das Gesetz zählt die für die Unbilligkeitsprüfung erheblichen Entscheidungsmerkmale mit seiner „Insbesondere-Formel" nur beispielhaft auf (Soergel/Häberle Rz 33). Ein Fehlverhalten des Berechtigten, das § 1579 Nr 2–7 nur bei grober Unbilligkeit ahndet, ist aber im Rahmen des Abs V nicht zu berücksichtigen (BT-Drucks 10/4514, 21; Hahne FamRZ 1986, 305 [308, 310]; BGH FamRZ 1986, 886). Bewertungserheblich sind Umstände, die nicht mit einem „Fehlverhalten" des Berechtigten in Beziehung stehen. Das gilt etwa für die „Dauer der Ehe". Für den Einsatz der Zeitschranke kommt es weder bei Ehen, die innerhalb der zu § 1579 Nr 1 entwickelten Zeitvorstellungen von 2–3 Jahren), noch bei länger währenden Ehen auf „grobe Unbilligkeit" an (Soergel/Häberle Rz 31; BGH FamRZ 1989, 483). Zweifelhaft ist, ob ein Verhalten des Berechtigten, das nicht als „Fehlverhalten" zu bewerten ist, wohl aber einen „sonstigen" wichtigen Grund im Sinne des § 1579 Nr 7 aus objektiven Unzumutbarkeitsgründen darstellt, im Rahmen des Abs V beachtungsfähig ist). Dies gilt etwa für die Aufnahme der Beziehung zu einem neuen Lebenspartner, die nicht zum Ausschluß des Unterhaltsanspruchs gem § 1579 Nr 7 geführt hat. Die Frage wird zu verneinen sein (Soergel/Häberle Rz 37; aA Erman/Dieckmann[10] Rz 43).

46 c) **Ehedauer und Betreuung.** Das Gesetz hebt als Beurteilungsmerkmale besonders die Dauer der Ehe, die Gestaltung von Haushaltsführung und Erwerbstätigkeit und die Betreuung eines gemeinschaftlichen Kindes hervor. Das darf indes nicht zu dem Fehlschluß verleiten, die Zeitschranke des Abs V gelte nur für kinderlose Berufstätigenehen von kurzer bis mittlerer Dauer. Kein für die Billigkeitsprüfung hervorgehobenes Merkmal entscheidet allein für oder gegen die zeitliche Begrenzung des Unterhaltsanspruchs (oder die Herabsetzung der Unterhaltserwartungen gem § 1578 I S 2); auch die „Kindesbetreuung" (Abs V S 1 Hs 2) soll nur in der Regel gegen eine zeitliche Begrenzung sprechen. So muß vor allem die Sorgerechtsentscheidung zugunsten eines berufstätigen Ehegatten nicht dessen nachehelichen „Unterhaltsstatus" auf Dauer festschreiben, wenn es an ehebedingten Nachteilen fehlt (Hahne FamRZ 1986, 305 [308]).

47 aa) Bei der **Dauer der Ehe ist,** wie bei § 1579 Nr 1 auf die Zeit ab der Eheschließung bis zur Erhebung des Scheidungsantrags abzustellen (BGH FamRZ 1991, 307). Zeiten der Trennung sind nicht auszuscheiden, aber

besonders zu würdigen. Je mehr die Bedürftigkeit auf eine ehezeitbedingte wirtschaftliche Abhängigkeit vom Verpflichteten und auf ehebedingte Umstände zurückzuführen ist, desto weniger wird eine zeitliche Begrenzung des Unterhalts in Betracht kommen (BGH FamRZ 1990, 857). Haben Eheleute nach einer Scheidung einander wiedergeheiratet, so sind nach erneuter Scheidung die Ehejahre beider Ehen nicht zusammenzuzählen (Karlsruhe FamRZ 1989, 511).

Zeiten der „Kindesbetreuung" sind der Ehedauer zuzurechnen, und zwar ohne Rücksicht darauf, ob für diese Zeit ein Anspruch auf Betreuungsunterhalt gem § 1570 bestanden hat oder nicht.

Das Gesetz sieht keine bestimmte Dauer vor, ab der der Unterhaltanspruch allgemein nicht mehr begrenzt werden darf. Ab einer Dauer von zehn Jahren wird indes die Ehedauer, vorbehaltlich stets zu berücksichtigender Umstände des Einzelfalls, durchschlagendes Gewicht erhalten (BGH FamRZ 1990, 857). **48**

Eine Ehe von kurzer Dauer im Sinne des § 1579 Nr 1 ist dem Anwendungsbereich des Abs V nicht entzogen. Gerade bei Ehen bis zu einer Dauer von rund 3 Jahren kommt es für eine zeitliche Begrenzung des Unterhaltsanspruchs nicht – wie bei § 1579 Nr 1 – auf „grobe", sondern nur auf „schlichte" Unbilligkeit an (Hahne FamRZ 1986, 305 [307, 310]; Soergel/Häberle Rz 31). § 1579 Nr 1 wird durch § 1573 V praktisch verdrängt (BGH FamRZ 1989, 483, 486). § 1579 bleibt für die aus § 1573 abgeleiteten Ansprüche bei Ehen dieser Zeitspanne von Belang, soweit es um die sofortige Herabsetzung oder den sofortigen Ausschluß des Unterhalts geht; im übrigen gilt § 1579 Nr 1 auch für die Frage nach der zeitlichen Begrenzung ausschließlich bei Ansprüchen auf Alters- (§ 1571) und Krankheitsunterhalt (§ 1572). **49**

bb) Mit dem Hinweis auf die **Gestaltung von Haushaltsführung und Erwerbstätigkeit** will das Gesetz vor allem einer zeitlichen Begrenzung des Unterhaltsanspruchs entgegenwirken, wenn der Berechtigte ehebedingte Nachteile im Erwerbsleben erlitten hat (BT-Drucks 10/4514, 21; Hahne FamRZ 1986, 305 [307, 310]; s auch BGH FamRZ 1986, 886 zu § 1578 I S 2). Die Surrogats-Rspr des BGH (FamRZ 2001, 986; s § 1578 Rz 19) hat die mit der früheren Rspr verbundene Benachteiligung des früher haushaltsführenden Ehegatten weitgehend beseitigt. Damit wurde die Möglichkeit von Ansprüchen erweitert. Zugleich hat der BGH auf die Prüfung einer Entlastung des Verpflichteten durch eine zeitliche Begrenzung des Anspruchs nach Abs V und § 1578 I S 2 hingewiesen. Die Umsetzung im Einzelfall bleibt indes schwierig, insbesondere beim Aufstockungsunterhalt, nachdem das BVerfG (FamRZ 2002, 527) die Wahrung des Grundsatzes der gleichen Teilhabe der Ehegatten am gemeinsam Erarbeiteten angemahnt hat. **50**

d) Unbilligkeit. aa) Bei der **zeitlichen Begrenzung** ist – trotz des Ausnahmecharakters der Bestimmung (vgl Rz 40) das Reformziel zu beachten, den Verpflichteten von einer unbilligen Beschwerung mit dem allgemeinen Risiko der Arbeitsmarktlage zu entlasten. **51**

Bei einer kinderlosen Ehe von noch nicht langer Dauer wird ein zeitlich unbegrenzter Unterhalt im allgemeinen als unbillig zu erachten sein, sofern nicht erhebliche ehebedingte Nachteile den Betroffenen belasten. Eheliches Fehlverhalten des Unterhaltsberechtigten ist nach hM (BGH FamRZ 1986, 886; Hahne FamRZ 1986, 305, 308; aA Staud/Verschraegen) abschließend von § 1579 erfaßt und deswegen bei der Anwendung des Abs V bedeutungslos. Um einen Rückfall in das Verschuldensscheidungsrecht zu vermeiden, wird man der hM folgen müssen. Die Zwecke der Ausschlußtatbestände des § 1579 und der Begrenzungsregeln des Abs V und des § 1578 I S 2 sind zwar verschieden. Dennoch ist es schwer zu vermitteln, daß die Lage auf dem Arbeitsmarkt, die der Berechtigte nicht zu verantworten hat, leichter, nämlich bei einfacher Unbilligkeit, den Unterhaltsanspruch entfallen läßt als ehewidriges Verhalten, das erst bei grober Unbilligkeit zum Ausschluß führt. Wenn eheliches Fehlverhalten des Berechtigten keine Rolle spielen darf, muß dies grundsätzlich auch auf Seiten des Verpflichteten gelten. Bei der Billigkeitsprüfung ist verschieden zu bewerten, ob die Lage auf dem Arbeitsmarkt allgemein schlecht ist oder ob die Chancen des Bedürftigen deswegen gering sind, weil er wegen Alter, Krankheit oder mangelnder beruflicher Praxis nur schwer in das Erwerbsleben eingegliedert werden kann. Treffen Arbeitslosen- oder Aufstockungsunterhalt mit anderen Unterhaltsberechtigungen (§§ 1570–1572) zusammen, ist bei der Anwendung des Abs V das Gewicht der Verursachungsbeiträge zu würdigen (Brudermüller FamRZ 1998, 649, 656). Eine zeitliche Begrenzung ist nicht möglich, wenn der Berechtigte durch die Begrenzung seines vorrangigen Anspruchs, etwa nach § 1573 I, das Arbeitsmarktrisiko bereits übernommen hat (Düsseldorf FamRZ 1987, 595). In allen Fällen muß bei den Erwägungen mitbedacht werden, daß der Ehegatte grundsätzlich einen Anspruch auf gleichmäßige Teilhabe am gemeinsam Erwirtschafteten hat (BVerfG FamRZ 2002, 527).

bb) Kein Ausschluß von Anfang an. Die vom Gesetz vorgesehene „zeitliche Begrenzung" läßt einen Ausschluß des Unterhalts, bezogen auf den Einsatzzeitpunkt des Unterhaltsanspruchs nicht zu (so wohl auch BGH FamRZ 1986, 886 für § 1578 I S 2; Koblenz FamRZ 1987, 160). Eine Übergangszeit soll dem Berechtigten helfen, sich auf die veränderte Sachlage einzustellen. Diese Übergangszeit darf nicht in ein strenges Verhältnis zur Dauer der Ehe gesetzt werden (BGH aaO; Hahne FamRZ 1986, 305 zu § 1578 I S 2). **52**

Entgegen der Ansicht von Dieckmann (Erman/Dieckmann[10] Rz 53) ist es nicht bedenklich, der Dauer der Ehe besondere Bedeutung beizumessen. (Giesing FamRZ 1986, 937; Düsseldorf FamRZ 1987, 162 zu Zeitgrenzen beim Aufstockungsunterhalt). Dem Verpflichteten kann das Arbeitsmarktrisiko desto mehr zugemutet werden, je länger er mit dem Berechtigten verheiratet war und daraus Vorteile zog. Möglich ist es, den Anspruch auf den von Abs V betroffenen Unterhalt in Abstufungen auslaufen zu lassen, indem man die Eingriffsmöglichkeiten des § 1578 I S 2 und § 1573 V miteinander verbindet – etwa für ein Jahr den vollen Unterhalt iSd § 1578 I S 1 und für 2 weitere Jahre den ermäßigten Unterhalt iSd § 1578 I S 2 zuspricht (vgl den Ansatz bei Hamm FamRZ 1986, 908; Düsseldorf FamRZ 1987, 945; Karlsruhe FamRZ 1989, 511).

cc) Kindesbetreuung während der Ehe oder nach der Scheidung schließt eine zeitliche Begrenzung des Unterhaltsanspruchs regelmäßig, aber nicht immer (Hamm FamRZ 1995, 1204); aus, sofern sie einem gemeinschaftli- **53**

§ 1573 Familienrecht Bürgerliche Ehe

chen Kind zugute gekommen ist (Abs V S 1 Hs 2). Das Gesetz verstärkt damit die Verbindung zwischen dem Unterhaltsinteresse der Betreuungsperson mit dem Betreuungsinteresse des Kindes. Da es darum geht, ehebedingte Nachteile abzuschwächen (BT-Drucks 10/4514, 21), muß es sich um ein gemeinschaftliches Kind aus der Ehe handeln (und nicht um ein nachgeborenes „nichteheliches" Kind). Der Berechtigte muß das Kind allein oder überwiegend betreuen oder betreut haben. Aufstockungsunterhalt neben Kindesbetreuung und Teilerwerbstätigkeit kann begrenzt werden, wenn der Berechtigte durch die Kindesbetreuung keine wesentlichen Einbußen erlitten hat (BGH FamRZ 1990, 1847; 1993, 789; 1999, 708). Zusätzliche Belastungen durch die Kindesbetreuung sind jedoch bei der Bestimmung der Übergangsfrist zu berücksichtigen (BGH FamRZ 1990, 492).

54 dd) Die Vorzugsregel des Abs V S 1 Hs 2 greift **nur im Regelfall** und nicht bei besonderen Lagen – etwa wenn der Berechtigte das Kind entgegen einer gerichtlichen Sorgerechtsentscheidung oder (ohne eine solche Entscheidung) zu seinen Gunsten gegen den Willen des anderen Ehegatten betreut (BT-Drucks 10/4514, 21). Der Schutz des Hs 2 entfällt aber auch, wenn der Berechtigte das Kind erheblich vernachlässigt hat, dagegen nicht, wenn die Betreuung für die Erwerbslosigkeit nicht ursächlich ist (aA Erman/Dieckmann[10] Rz 55).

55 e) **Besonderheiten beim Aufstockungsunterhalt.** In der kinderlosen Berufstätigenehe, in der beide Partner voll erwerbstätig sind, ist ein Einkommensunterschied der Ehegatten in aller Regel nicht ehebedingt. Dennoch sieht das Gesetz grundsätzlich einen Aufstockungsunterhalt vor. Dieser ergibt sich aus dem Grundsatz der gleichen Teilhabe an den ehelichen Lebensverhältnissen und am gemeinsam Erwirtschafteten, was auch bei der Rechtsanwendung von Verfassungs wegen zu beachten ist (BVerfG FamRZ 2002, 257). Der Aufstockungsunterhalt kann nur unter Abwägung der in Abs V S 1 genannten Umstände zeitlich begrenzt werden, wenn die unbefristete Inanspruchnahme des Verpflichteten unbillig wäre. Im Gegensatz zur Ansicht von Dieckmann (Erman/Dieckmann[10] Rz 58) kann dies bei einer Ehe von längerer Dauer nicht mehr als Regelfall angesehen werden.

Kindesbetreuung im Sinne des Abs V S 1 Hs 2 steht einer zeitlichen Begrenzung des Aufstockungsanspruchs nicht entgegen, wenn der Berechtigte ohne ehebedingte Nachteile im Erwerbsleben tätig ist (so wohl auch Hahne FamRZ 1986, 305 [308, 310]; Düsseldorf FamRZ 1994, 756).

Bei Aufstockungsansprüchen verhältnismäßig geringen Ausmaßes scheint eine zeitliche Begrenzung naheliegend, wenn die Daseinsgrundlage des Berechtigten gesichert ist (Erman/Dieckmann[10] Rz 60). Indes muß dabei darauf geachtet werden, daß der Wegfall des Aufstockungsunterhalts für den Berechtigten, der keine Aussichten hat, seine Altersversorgung entscheidend zu verbessern, im Versorgungsfall erheblich spürbar sein kann. Kein hinreichender Grund für eine zeitliche Begrenzung liegt vor, wenn der Aufstockungsanspruch letzthin nicht dem Berechtigten, sondern dem Träger der Sozialhilfelast oder einem anderen Versorgungsträger zustatten käme (aA Erman/Dieckmann[10] Rz 60).

56 f) **Rechtsfolgen.** Mit Ablauf der Begrenzungsfrist enden die aus §§ 1573 abgeleiteten Ansprüche. Anschlußunterhalte (§ 1571, 1572) sind nur noch möglich, wenn sie vor dem Ende der Ablaufzeit einsetzen. Erkrankt der Berechtigte während der Ablaufzeit, kann der zeitlich begrenzte Anspruch auf Erwerbslosenunterhalt in einen zeitlich unbegrenzten Anspruch gem § 1572 umschlagen.

57 g) **Verhältnis zu anderen Begrenzungsbestimmungen. aa)** Abs V gilt nur für ein Unterhaltsberechtigung wegen Arbeitslosen- oder Aufstockungsunterhalt nach Abs I–IV. Die Vorschrift ist neben der für alle Tatbestände geltenden Bestimmung des § 1578 I S 2 anwendbar (BGH FamRZ 2000, 1499). Während Abs V nach Ablauf einer bestimmten Zeit den Anspruch entfallen läßt, sieht § 1578 I S 2 vor, daß der ehangemessene Unterhalt nach einer bestimmten Frist auf den angemessenen Bedarf ermäßigt wird. Abs V will einer Unbilligkeit entgegenwirken, die mit der allgemeinen Lage des Arbeitsmarkts zusammenhängt. § 1578 I S 2 stellt dagegen mehr auf die Verhältnisse der konkreten Ehegatten ab. **bb)** Die Unterhaltsberechtigung nach Abs I–IV und deren zeitliche Begrenzung wegen einfacher Unbilligkeit nach Abs V ist zuerst abzuhandeln. Dabei ist ein eheliches Fehlverhalten beider Ehegatten nicht erheblich. Im übrigen sind § 1573 V und § 1579 neben einander anwendbar. Im Anschluß an die Feststellung des Tatbestands des § 1573 (einschließlich des Abs V) ist § 1579 zu prüfen. Dabei ist auf ein etwaiges Fehlverhalten des Unterhaltsberechtigten einzugehen, aber auch sonstige Gründe, die die Inanspruchnahme des Verpflichten als grob unbillig, dh im Rahmen eines verschuldensunabhängigen Unterhaltsanspruchs als unzumutbare Belastung erscheinen lassen.

58 h) **Verfahrensfragen.** Über Zeitgrenzen hat das Gericht bereits im Streit um den Unterhalt zu entscheiden und dabei die vorhersehbare Entwicklung zu beachten. Hat das Gericht von einer Zeitgrenze abgesehen, kann der Verpflichtete eine wesentliche Änderung der Verhältnisse mit der Abänderungsklage (§ 323 ZPO), nicht mit der Vollstreckungsgegenklage (§ 767 ZPO) geltend machen, die aber der Sperrwirkung des § 323 II ZPO wegen nur auf neue Umstände gestützt werden darf (BGH FamRZ 2000, 1499 m Anm Gottwald; 2001, 905). Hat das Gericht eine Zeitgrenze festgelegt, kann der Berechtigte einen nicht aus § 1573 hergeleiteten Unterhaltsanspruch mit einer Abänderungsklage geltend machen; er muß dabei aber auf die Einsatzzeitpunkte achten; ein indessen abgelaufener Erwerbslosen-(Aufstockungs-)unterhalt kann aber in der Zwischenzeit von einem Krankheitsunterhalt gem § 1572 abgelöst worden sein (BGH FamRZ 1995, 665; 1990, 496).

8. Beweislast

59 a) **Zu Abs I.** Der Unterhalt begehrende Ehegatte trägt die Beweislast dafür, daß er im Einsatzzeitpunkt nach der Lage auf dem Arbeitsmarkt und seinen persönlichen Voraussetzungen (Alter, Gesundheit, berufliche Kenntnisse) keine angemessene Erwerbstätigkeit finden kann (BGH FamRZ 1984, 988). Dazu muß er im einzelnen darlegen, daß er sich hinreichend um eine Arbeitsstelle bemüht hat. Die Meldung beim Arbeitsamt als arbeitslos genügt allein nicht. Das Fehlen hinreichender Bemühungen ist nur dann unschädlich, wenn feststeht, daß nach den Umständen im konkreten Fall bei ausreichenden Bemühungen keine reale Beschäftigungschance bestanden hätte.

Jeder ernsthafte Zweifel geht zu Lasten des Klägers (BGH FamRZ 1986, 244; 1986, 885; 1987, 144). Eine vom Arbeitsamt vorgeschlagene Umschulungsmaßnahme kann ein Indiz dafür sein, daß der Betreffende nicht ohne weiteres zu vermitteln ist (BGH FamRZ 1994, 372).

b) Zu Abs II. Der Unterhalt fordernde Ehegatte muß zum Beweis des durch den Aufstockungsunterhalts zu deckenden Fehlbetrags den Bedarf nach den ehelichen Lebensverhältnissen, und das Einkmmen aus der Ausübung einer angemessenen vollen Erwerbstätigkeit im Einsatzzeitpunkt beweisen (BGH FamRZ 1988, 927).   **60**

c) Zu Abs III. Der Bedürftige muß Voraussetzungen und Wegfall eines Anspruchs nach §§ 1570 bis 1572, 1575 beweisen sowie, daß er trotz hinreichender Bemühungen keine angemessene Erwerbstätigkeit finden kann.   **61**

d) Zu Abs IV. Der Bedürftige muß beweisen, daß die nachhaltige Sicherung seines Unterhalts durch die weggefallene Erwerbstätigkeit trotz seiner Bemühungen nicht zu erreichen war oder bei realistischer Betrachtung nicht zu erlangen gewesen wäre (BGH FamRZ 1985, 1234).   **62**

e) Zu Abs V. Die Voraussetzungen des Abs V als einer anspruchsbegrenzenden Norm hat grundsätzlich der Unterhaltsverpflichtete zu beweisen. Sind indessen Billigkeitsgründe dargetan, trägt der Unterhaltsberechtigte die Beweislast für Umstände, die zu seinen Gunsten, also gegen eine zeitliche Begrenzung oder für eine längere Schonfrist sprechen (BGH FamRZ 1990, 857).   **63**

1574 Angemessene Erwerbstätigkeit

(1) Der geschiedene Ehegatte braucht nur eine ihm angemessene Erwerbstätigkeit auszuüben.

(2) Angemessen ist eine Erwerbstätigkeit, die der Ausbildung, den Fähigkeiten, dem Lebensalter und dem Gesundheitszustand des geschiedenen Ehegatten sowie den ehelichen Lebensverhältnissen entspricht; bei den ehelichen Lebensverhältnissen sind die Dauer der Ehe und die Dauer der Pflege oder Erziehung eines gemeinschaftlichen Kindes zu berücksichtigen.

(3) Soweit es zur Aufnahme einer angemessenen Erwerbstätigkeit erforderlich ist, obliegt es dem geschiedenen Ehegatten, sich ausbilden, fortbilden oder umschulen zu lassen, wenn ein erfolgreicher Abschluss der Ausbildung zu erwarten ist.

1. Zweck und Einordnung der Vorschrift. § 1574 ist keine Anspruchsnorm, sondern bestimmt näher die Erwerbsobliegenheit des geschiedenen Ehegatten, der nach § 1569 grundsätzlich selbst für sich sorgen muß. Dazu muß er eine angemessene Erwerbstätigkeit übernehmen. Durch die gesetzliche Umschreibung der Angemessenheit in Abs II werden die Voraussetzungen für eine Anspruchsberechtigung nach §§ 1570–1573 konkretisiert. Wenn nach den Umständen im Einzelfall nur eine nicht angemessene Tätigkeit in Betracht kommt, kann der geschiedene Ehegatte nach diesen Bestimmungen Unterhalt verlangen (BGH FamRZ 1983, 144). Abs III erweitert den Kreis der **Obliegenheiten** und hält den Berechtigten an, sich ausbilden, fortbilden oder umschulen zu lassen, wenn er sonst nur eine im Sinne des Abs II unangemessene Erwerbstätigkeit fände (BGH FamRZ 1984, 561); an die Stelle der Erwerbs- tritt die Ausbildungs- (Fortbildungs-, Umschulungs-)obliegenheit (BGH FamRZ 1986, 1085).   **1**

2. Kriterien der Angemessenheit. a) Gesamtschau. Grundsätzlich obliegt es dem Bedürftigen, die Art der ihm zuzumutenden Tätigkeit zu bestimmen (BGH FamRZ 1986, 1085). Er braucht nicht irgendeine, muß jedoch eine angemessene Erwerbstätigkeit übernehmen. Abs II nennt fünf Kriterien der Angemessenheit, ohne damit abschließend alle erheblichen Umstände zu nennen (aA Soergel/Häberle Rz 9). Bei den **einzelnen Merkmalen** stellt das Gesetz auf die **Person** des **Berechtigten** ab, indem es auf dessen Ausbildung, Fähigkeiten, Lebensalter und Gesundheitszustand verweist, und zudem auf die **ehelichen** Lebensverhältnisse, bei denen auf die Dauer der Ehe und auf die Dauer der Pflege oder Erziehung eines gemeinschaftlichen Kindes zu achten ist. Bei der gebotenen **Gesamtschau** kann letzthin das eine oder das andere Merkmal den Ausschlag geben. Beachtenswert sind auch Umstände, die mit der Erwerbsstelle zusammenhängen – etwa die Beschaffenheit des Arbeitsplatzes, die Entfernung von der Wohnung und die Verkehrsverbindungen. Ein **Ortswechsel** ist nicht nur dem Verpflichteten zumutbar, sondern auch dem Gläubiger, nachdem die Anforderungen an die Erfüllung der Erwerbsobliegenheit an beide Parteien nach hM grundsätzlich gleich zu stellen sind. Eher sind von demjenigen, der Unterhalt verlangt, sogar leicht höhere Anstrengungen zu fordern (s vor § 1569 Rz 39). Ist der Verpflichtete leistungsschwach oder gar leistungsunfähig (§ 1581), können sich die Anforderungen an die Aufnahme einer Erwerbstätigkeit für den Bedürftigen erhöhen.   **2**

b) Die Ausbildung kann vor, während oder nach der Ehe abgeschlossen worden sein. Der erhöhte Ausbildungsstand, der mit Hilfe eines Ausbildungsunterhalts (§ 1575 I, II) erreicht worden ist, muß aber beim Angemessenheitsurteil außer Betracht bleiben (§ 1575 III), auch ein erhöhter Ausbildungsstand, den der Berechtigte mit Hilfe des auf § 1573 I gegründeten Unterhaltsanspruchs erreicht hat, als er seiner Ausbildungsobliegenheit (§ 1574 III) nachgekommen ist (Dieckmann FamRZ 1977, 81 [90]). Besonders heikel sind die Fälle, in denen der geschiedene Ehegatte vor der Ehe eine Berufsausbildung beendet (und – vielleicht – eine Berufstätigkeit aufgenommen), während der Ehe aber eine (weitere) Ausbildung begonnen hat, die er beenden will (Beispiele: Frankfurt FamRZ 1979, 591: Bürokraft holt während der Ehe das Abitur nach und beginnt das Studium der Archäologie und Frühgeschichte; KG FamRZ 1978, 692: Krankenschwester will das während der Ehe begonnene Medizinstudium fortsetzen; etwas anders gelagert FamRZ 1980, 126: Kaufmännischer Angestellter beginnt vor der Ehe Psychologiestudium, das er krankheitshalber im Laufe der Ehe unterbrechen muß und nach der Scheidung beenden will; KG FamRZ 1984, 898: Fremdsprachenkorrespondentin betreibt während der Ehe Sprachstudien, eine Ausbildung an der theologisch-pädagogischen Akademie und nimmt nach der Trennung ein Universitätsstudium der Germanistik, Geschichte und katholischen Theologie auf). In Fällen dieser Art versucht man vielfach, den Unterhalt für die Studienzeit jedenfalls dann zu sichern, wenn ein erfolgreicher   **3**

§ 1574

Abschluß des Studiums zu erwarten ist, und erachtet dabei auch eine frühere Erwerbstätigkeit im Hinblick auf die ehelichen Lebensverhältnisse nicht mehr als angemessen (vgl Paulus Der Anspruch auf Finanzierung einer Ausbildung im Unterhaltsrecht und im Sozialrecht 1984 S 270f; BGH FamRZ 1980, 126; Hamm FamRZ 1980, 1123; auch KG FamRZ 1984, 898; vom Ansatz her, wenn auch für Trennungsunterhalt, BGH FamRZ 1981, 439). Dabei wird der soziale Zuschnitt der Ehe und der **Lebensplan** der Ehegatten betont, aber das **Scheitern** dieses Lebensplanes übersehen. Das Gesetz weist einen „besonderen" Ausbildungsanspruch aus (§ 1575). Deshalb sollte man beim „verkappten" Ausbildungsanspruch, der eine Erwerbstätigkeitsobliegenheit (ohne Rücksicht auf § 1574 III) durchbricht, Vorsicht walten lassen, soweit es um die „Unangemessenheit" einer Tätigkeit geht, die einer früheren Ausbildung entspricht (vgl Frankfurt FamRZ 1979, 591; auch – dem Ansatz nach – Frankfurt FamRZ 1985, 712f und Schleswig SchlHA 1984, 163). Ein seit der Trennung vorbereitetes und nahezu mit der Scheidung aufgenommenes Studium befreit jedenfalls dann nicht von der Erwerbsobliegenheit, wenn es nicht dem gemeinsamen Lebensplan entsprochen hat.

Im übrigen kann auch eine Erwerbstätigkeit angemessen sein, die außerhalb des Berufsbildes liegt, innerhalb dessen Rahmen der geschiedene Ehegatte eine Beschäftigung angestrebt hat, sofern die Erwerbstätigkeit nur die in der Ausbildung erworbenen Kenntnisse sachgerecht verwerten läßt. Darüber hinaus kann – mit Rücksicht auf die übrigen Merkmale, auf die es bei der Gesamtschau ankommt – auch eine Erwerbstätigkeit angemessen sein, die mit der ursprünglichen Ausbildung nicht mehr verwandt ist; denn Ausbildungen verändern im Laufe der Zeit ohnehin ihren Charakter (BGH FamRZ 1991, 416); und eine bestimmte Ausbildung sollte „Beweglichkeit" im Erwerbsleben nicht behindern. Deshalb hat der BGH mit Recht die Stellung als Verkäuferin in einem „Haus für gepflegte Wohnkultur" nicht von vornherein als unangemessen für eine geschiedene Ehefrau gewürdigt, die eine Ausbildung als Erzieherin genossen hatte (BGH aaO).

4   c) Beachtlich sind ferner die **Fähigkeiten**, die sich der geschiedene Ehegatte ohne Rücksicht auf eine Berufsausbildung angeeignet hat. Diese Fähigkeiten können sowohl geistiger als auch körperlicher Art sein. Sie können den „Ausbildungsstand" übertreffen, aber auch unterschreiten.

Weichen Ausbildung und Fähigkeiten von einander ab, so wird man der fähigkeitsbezogenen Erwerbsobliegenheit jedenfalls dann den Vorrang einräumen müssen, wenn die Erwerbstätigkeit auch den ehelichen Lebensverhältnissen entspricht und die Voraussetzungen für einen Fortbildungsanspruch gem § 1575 II nicht bestehen (Bsp: Wer als Arzt in einen Verlag „eingeheiratet" hat, in diesem erfolgreich tätig gewesen ist und darüber im Medizinalbereich den Anschluß verloren hat, kann sich nicht auf seine frühere Tätigkeit als Arzt und auf eine Fortbildungsobliegenheit gem § 1574 III berufen, wenn er nach der Scheidung in einem anderen Verlag eine vergleichbare Tätigkeit zu finden vermag). Allerdings können „Laufbahnvorschriften", die Stellenvergaben beherrschen, die Bedeutung der Ausbildung verstärken.

Die Erwerbstätigkeit muß Ausbildung und/oder Fähigkeiten des geschiedenen Ehegatten nicht ausschöpfen, um angemessen zu sein; denn es geht für den geschiedenen Ehegatten nicht darum, seine Anlagen auf die denkbar beste Weise im Berufsleben zu entfalten (vgl dazu Dieckmann FamRZ 1977, 81 [88]; Schumacher DRiZ 1976, 343), sondern nur darum, die Arbeitskraft im Erwerbsleben angemessen auszunutzen. Deshalb kann sich der geschiedene Ehegatte auch nicht auf eine selbständige Tätigkeit berufen, die ihm nichts einbringt, sondern muß notfalls ein abhängiges Beschäftigungsverhältnis annehmen (Stuttgart FamRZ 1991, 1059: Selbständige Gastwirtin, die seit rund 3 Jahren nur mit Verlust wirtschaftet, soll entsprechend ihrer früheren Tätigkeit wieder als Verkäuferin arbeiten; siehe aber auch BGH FamRZ 1988, 1145). Andererseits braucht sich der geschiedene Ehegatte aber auch nicht auf eine Erwerbstätigkeit verweisen zu lassen, die weder seiner Ausbildung entspricht noch seine Fähigkeiten fordert.

5   d) **Lebensalter und Gesundheitszustand** entscheiden einmal darüber, ob von dem geschiedenen Ehegatten eine Erwerbstätigkeit zu erwarten ist; sie entscheiden zum anderen über die Angemessenheit der Erwerbstätigkeit sofern und soweit die erste Frage zu bejahen ist. Mitunter werden Lebensalter und Gesundheitszustand bereits die Fähigkeiten des geschiedenen Ehegatten für einen bestimmten Beruf beeinträchtigen – etwa wenn es auf körperliche Leistungskraft oder auf Konzentrationsfähigkeit ankommt (Beispiel nach BGH FamRZ 1986, 1085: Nervöse Versagenszustände und depressive Phasen können die Tätigkeit als Programmiererin beeinträchtigen). Alterserfordernisse, auf die das Erwerbsleben in bestimmten Sparten achtet – etwa bei Berufssportlern, Mannequins, Flugzeugführern – sind zu berücksichtigen. Sie schließen aber die Zumutbarkeit einer anderen Erwerbstätigkeit nicht aus – auch wenn im allgemeinen die Wiederaufnahme einer früher ausgeübten Tätigkeit einem geschiedenen Ehegatten eher anzusinnen ist als die Aufnahme eines neuen Berufes (Soergel/Häberle Rz 5). Vom Alter her kann auch einer 50jährigen geschiedenen Ehefrau eine Erwerbstätigkeit außerhalb des vormals erlernten Berufs angesonnen werden (BGH FamRZ 1991, 416); auch geschiedener Ehefrau im Alter von 53 Jahren, die seit ihrem 22. Lebensjahr nicht mehr außerhalb des Haushalts in abhängiger Tätigkeit gearbeitet hat (Koblenz FamRZ 1992, 950).

Bietet der Arbeitsmarkt älteren oder krankheitsanfälligen Menschen **allgemein** im Verhältnis zu anderen Bewerbern schlechtere Erwerbsaussichten, reicht dies allein nicht aus, die Zumutbarkeit einer Erwerbstätigkeit zu verneinen. Wegen des Alters und wegen bestimmter Beeinträchtigungen der Gesundheit können jedoch schwere oder in gewisser Hinsicht belastende Tätigkeiten unzumutbar sein.

6   e) Um angemessen zu sein, muß die Erwerbstätigkeit den **ehelichen Lebensverhältnissen** entsprechen. Das Gesetz berücksichtigt damit „ehebedingte Statusänderungen". Es schützt so die Frau, die während der Ehe nicht oder nur gelegentlich erwerbstätig gewesen ist, vor der (vielfach als „sozialer Abstieg" empfundenen; KG FamRZ 1984, 898) Rückkehr in einen Beruf, der „unter" den (im wesentlichen vom Erwerbseinkommen des Mannes geprägten) ehelichen Lebensverhältnissen liegt. Das Gesetz soll mit dem Hinweis auf die ehelichen Lebensverhältnisse umgekehrt den Verpflichteten vor einer Inanspruchnahme bewahren, wenn der Berechtigte „unter seinem

Ausbildungsstand" geheiratet hat, während der Ehe nicht erwerbstätig gewesen ist und nach der Scheidung eine Tätigkeit ablehnt, die seiner Ausbildung nicht entspricht. Indes dürfte in Fällen dieser Art (häufig) ein Unterhaltsanspruch gem § 1575 II, der den Anschluß an das Fachwissen der früheren Ausbildung sichern soll, vor einer Erwerbstätigkeit bewahren, die den ehelichen Lebensverhältnissen entspricht. Im einzelnen ist zu beachten:

aa) Maßgeblicher Zeitpunkt für die ehelichen Lebensverhältnisse ist die **Scheidung der Ehe**; außergewöhnliche, nicht vorhersehbare Veränderungen nach der Trennung bleiben außer Betracht (BGH FamRZ 1983, 144; FamRZ 1984, 561). Außergewöhnliche Einkommensverbesserungen, die der Unterhaltspflichtige zwischen Trennung und Scheidung erzielt, können zwar beim Maß des Unterhalts (§ 1578 I) berücksichtigt werden, wenn der Berechtigte an diesen Steigerungen durch Unterhaltsleistungen oder andere laufende Zuwendungen teilgehabt hat (BGH FamRZ 1982, 576). Das kann sich auch beim Urteil über die Angemessenheit einer Erwerbstätigkeit auswirken; Steigerungen dieser Art kommen aber beim Urteil über die Angemessenheit einer Erwerbstätigkeit (§ 1574 II) geringere Bedeutung zu als beim Urteil über das Maß des Unterhalts (§ 1578 I; BGH FamRZ 1984, 561). 7

bb) Die **ehelichen Lebensverhältnisse** richten sich einmal – wie beim Maß des Unterhalts (§ 1578 I) – nach den Einkommens- und Vermögensverhältnissen der Eheleute (BGH FamRZ 1983, 144; FamRZ 1984, 561). Diese können die Aufnahme einer früheren Erwerbstätigkeit als unangemessen erscheinen lassen (Bsp: BGH FamRZ 1983, 144: Verkäuferin, die vor der Heirat nur kurz berufstätig ist, heiratet Chemigraphen, der später Werkdozent an einer Hochschule für bildende Künste und nach der Trennung Professor wird). Bei den ehelichen Lebensverhältnissen ist nicht nur das Einkommen zu berücksichtigen, sondern auch die **Dauer der Ehe** (Abs II Hs 2). Bei kürzeren Ehen wird man das „Lebensstandarddenken" vernachlässigen können, weil sich der geschiedene Ehegatte an diesen Lebensstandard noch nicht nachhaltig gewöhnt hat. Bei diesen Ehen wird die Frage nach der Wiederaufnahme einer früher ausgeübten Erwerbstätigkeit häufig von der Frage nach der Fortsetzung eines während der Ehe aufgenommenen Studiums überlagert. Eine Berechtigung haben die ehelichen Lebensverhältnisse als Maßstab für die Angemessenheit der Erwerbstätigkeit, weil der geschiedene Ehegatte den Lebensstandard der Eheleute durch seine Leistungen mitgeprägt hat (vgl BGH FamRZ 2001, 968). Bei längeren Ehen wird man dem „Lebensstandarddenken" mehr Bedeutung beimessen müssen, insbesondere in Verbindung mit dem Alter des geschiedenen Ehegatten (Dieckmann FamRZ 1977, 81 [88]). Vom 30jährigen geschiedenen Ehegatten kann man mehr „gesellschaftliche Beweglichkeit" erwarten als vom 50jährigen. Aber für eine 50jährige Ehefrau, deren Berufsausbildung den heutigen Anforderungen unter Umständen nicht mehr entspricht, bietet der Arbeitsmarkt keine angemessene Erwerbsstellen – selbst wenn die Ehe 23 Jahre gewährt hat und die Eheleute in guten finanziellen Verhältnissen gelebt haben (BGH FamRZ 1991, 416 gegen Koblenz FamRZ 1990, 751: Erzieherin kann – je nach den Umständen – als Verkäuferin in einem „Haus für gepflegte Wohnkultur" arbeiten). Arbeit in einem Pflegeberuf ist auch in gehobenen wirtschaftlichen Verhältnissen zumutbar – vor allem, wenn eine solche Tätigkeit schon während der Ehe ausgeübt wurde (Hamm FamRZ 1997, 1076). Für eine approbierte Ärztin, die in ihrem Beruf tätig war, kommt eine Betätigung in einem klassischen Heilberuf in Betracht (Hamm FamRZ 1998, 243). 8

Wenn die Eheleute seit längerer Zeit getrennt leben, ist zu prüfen, inwieweit Entwicklungen nach der Trennung noch imstande waren, die ehelichen Lebensverhältnisse prägend zu beeinflussen (BGH FamRZ 1983, 144).

Eine während der Ehe (nicht nur vorübergehend) ausgeübte Erwerbstätigkeit wird in aller Regel nach der Scheidung nicht als „unangemessen" zu beanstanden sein, es sei denn es liegen besondere Entwicklungen vor, etwa Verschlechterung des Gesundheitszustands (BGH FamRZ 1986, 1085);

cc) Bei den ehelichen Verhältnissen ist auch die Dauer der Pflege oder Erziehung eines gemeinschaftlichen Kindes zu berücksichtigen (Abs II Hs 2). Nacheheliche Betreuungszeiten sind erheblich, wenn und soweit sie einen Anspruch auf Betreuungsunterhalt (§ 1570) vermittelt haben. 9

4. Ausbildungsobliegenheit. a) Erforderliche Ausbildung. Abs III begründet für den geschiedenen Ehegatten die Obliegenheit, sich **ausbilden, fortbilden** oder **umschulen** zu lassen, soweit dies zur Aufnahme einer **angemessenen Erwerbstätigkeit erforderlich** ist. Diese Obliegenheit ist nicht mit dem „Recht auf Ausbildung" trotz angemessener Erwerbstätigkeit zu verwechseln, das § 1575 I u II begründen. Erst wenn nach den Umständen des Falles gegenwärtig nur unangemessene Tätigkeiten in Betracht kommen, tritt an Stelle der Erwerbsobliegenheit die Ausbildungsobliegenheit (BGH FamRZ 1984, 561). Sie kann auch bestehen, wenn der geschiedene Ehegatte angemessen beschäftigt ist, seine Erwerbstätigkeit aber den vollen Unterhalt nicht deckt oder doch nicht nachhaltig sichert; in diesem Fall verfehlt eine solche Beschäftigung das Ziel „wirtschaftliche Selbständigkeit" (Soergel/Häberle Rz 14). Die Anforderungen an den Berechtigten, der das angemessene Erwerbstätigkeit ohne nachhaltige Sicherungskraft ausübt, dürfen aber nicht überspannt werden (Karlsruhe FamRZ 1984, 1018, allerdings überwiegend für Obliegenheit während der Trennung und nicht unbedenklich: keine Promotionsobliegenheit für wissenschaftliche Mitarbeiterin, die mit einem Zeitvertrag bei der Universität als Dozentin für Slavistik tätig ist und in 6½ Jahren die ihr für die eigene wissenschaftliche Weiterbildung zur Verfügung gestellten 30 % der Arbeitszeit nicht zur Promotion genutzt hat). Angemessen ist eine mit der Ausbildung angestrebte Erwerbstätigkeit, die sich im Rahmen des § 1574 II hält. Dabei wird man einen gewissen Spielraum nach „unten" und „oben" hinnehmen können (so wohl auch Soergel/Häberle Rz 17). Eine Ausbildung, die diese Grenzen überschreitet und den Berechtigten in einen eindeutig sozial höher eingeschätzten Beruf führen soll, wird von der Obliegenheit aber nicht mehr gedeckt (Schleswig SchlHA 1984, 163). Als eheunangemessen erachtet Frankfurt (FamRZ 1995, 879) mit Recht die Aufnahme eines Medizinstudiums einer Frau, die als Volksschulabgängerin wegen der Ehe eine Steuergehilfenausbildung abgebrochen und in der Ehe bis zur Trennung einen Realschulabschluß nachgeholt hat, wenn der Mann in der Ehe zunächst als Reisender und dann als Vertreter tätig gewesen ist. 10

b) Berufsbezogene Ausbildung. Die Obliegenheit hält den geschiedenen Ehegatten nicht an, seine Persönlichkeit nach Neigungen und Fähigkeiten so gut wie möglich zu entfalten, sondern in angemessener Weise wirtschaft- 11

§ 1574 Familienrecht Bürgerliche Ehe

lich selbständig zu werden, um so auch den Unterhaltsschuldner zu entlasten. Auf die Neigungen und Fähigkeiten des Unterhaltsberechtigten ist Rücksicht zu nehmen (BGH FamRZ 1984, 561; Schleswig FamRZ 1982, 703 [704]). Der Unterhaltsberechtigte braucht nicht im Interesse des Verpflichteten eine möglichst kurze und kostengünstige Ausbildung für eine angemessene Erwerbstätigkeit zu wählen; einer besonders zeit- und kostenaufwendigen Ausbildung darf er sich aber nur aus außergewöhnlichen Gründen zuwenden (BGH FamRZ 1984, 561 verneint für eine 41jährige Frau, die das Studium der Vor- und Frühgeschichte, der klassischen Archäologie und Urgeschichte begonnen hatte, das bis zu der – für unerläßlich gehaltenen – Promotion ungefähr 8 Jahre in Anspruch nehmen dürfte).

12   Erforderlich ist die Ausbildung (usw) auch dann nicht, wenn nach einem erfolgreichen Abschluß eine Erwerbstätigkeit in dem angestrebten Berufsbild wegen des dann erreichten Alters nicht mehr zu erwarten ist. Die Ausbildungsobliegenheit besteht aber grundsätzlich auch noch im mittleren Lebensalter, zumindest für eine kürzere Ausbildung (Schleswig FamRZ 1982, 703 : 45jährige Frau ohne Berufsausbildung plant Ausbildung als medizinisch-technische Assistentin).

13   c) **Ausbildungserfolg.** Ein erfolgreicher Abschluß der Ausbildung muß zu erwarten sein. Der Unterhaltsberechtigte braucht sich nicht einer Ausbildung (usw) zu unterziehen, der er seines Alters, seiner Fähigkeiten oder seines Gesundheitszustandes wegen nicht gewachsen ist. Der geschiedene Ehegatte darf aber auch eine zumutbare Ausbildung (usw) nicht hintertreiben.

14   d) **Beginn der Obliegenheit.** Die Obliegenheit setzt – zunächst nur verhalten – bereits mit der Trennung ein und verstärkt sich mit deren Dauer bis zur Scheidung (Karlsruhe FamRZ 1984, 1018); sie kann eine Erwerbstätigkeitsobliegenheit in der Trennungszeit überlagern und ersetzen (BGH FamRZ 1986, 553; 1986, 1085). Eine Überlegungs- und Entscheidungsfrist ist dem Berechtigten zuzubilligen (Schleswig FamRZ 1982, 703) – auch eine zusätzliche Wartezeit, bis ein begehrter Ausbildungsplatz „frei" wird. Dem Berechtigten sollte man aber bis zu diesem Zeitpunkt eine „Zwischenbeschäftigung" ansinnen und dabei die Angemessenheitserwartungen nicht allzu hoch schrauben (Dieckmann FamRZ 1977, 81 [91]). Dieser Grundsatz kann im Einzelfall aber durchbrochen werden (Schleswig FamRZ 1982, 703f).

15   e) **Arbeitslosenunterhalt.** Der Berechtigte, der seiner Ausbildungsobliegenheit nachgeht, hat gem § 1573 I Unterhalt zu beanspruchen (BGH FamRZ 1984, 561, 563), der auch die Ausbildungskosten umfaßt (§ 1578 II); denn die Ausbildungsobliegenheit, die eine – in § 1573 I vorausgesetzte – Erwerbstätigkeitsobliegenheit überlagert, setzt sich durch. Dabei sollte es auch bleiben, wenn dem Berechtigten während der gewissenhaft betriebenen Ausbildung (usw) eine angemessene Erwerbstätigkeit angeboten wird, die den vollen Unterhalt sichert (aA Soergel/Häberle Rz 17; denn sonst wären die Ausbildungsbemühungen vergeblich.).

16   f) **Erwerbsobliegenheit.** Nach Abschluß der Ausbildung ist dem Berechtigten nicht nur eine Erwerbstätigkeit anzusinnen, die dem Aus-, Fort- oder Weiterbildungsstand entspricht, sondern auch eine andere Beschäftigung, die den Merkmalen des § 1574 II genügt. Dies gilt insbesondere, wenn die Ausbildung den Leistungsstand des geschiedenen Ehegatten gegenüber der Ausgangslage verbessert hat. Der Rechtsgedanke des § 1575 III muß auch hier gelten. Allerdings ist der Unterhaltspflichtige grundsätzlich nicht gehalten, dem geschiedenen Ehegatten eine – gemessen an § 1574 II – höherwertige Ausbildung zu finanzieren (Schleswig SchlHA 1984, 163).

17   g) **Obliegenheitsverletzung.** Der Berechtigte, der seine **Ausbildungsobliegenheit verletzt**, verliert seinen Unterhaltsanspruch für den Zeitraum, in dem er seiner Obliegenheit schuldhaft nicht nachkommt, nicht aber schlechthin (aA Erman/Dieckmann[10] Rz 18; MüKo/Maurer Rz 33). Bei Obliegenheitsverletzung (s vor § 1569 Rz 39, 43) kann ein fiktives Einkommen anzurechnen sein, das die Bedürftigkeit mindert, oder der Anspruch gem § 1579 herabsetzbar sein (BGH FamRZ 1986, 553; 1986, 1085; 1988, 701). Der Berechtigte, der seine Ausbildung abbricht oder erfolglos beendet, hat nicht schon deshalb seine Obliegenheit verletzt. Vielmehr sind die Gründe für den Abbruch oder das Scheitern zu berücksichtigen. Die Kosten einer vergeblichen Ausbildung sind nicht zurückzuerstatten.

18   **5. Beweislast.** Der Unterhalt fordernde Ehegatte hat zu beweisen, daß eine Ausbildung, Fortbildung oder Umschulung für eine angemessene Erwerbstätigkeit erforderlich ist und von ihm ein erfolgreicher Abschluß erwartet werden kann. Für die Rechtsfrage der Angemessenheit der Erwerbstätigkeit hat jede Partei die Umstände darzulegen und zu beweisen, aus denen sie eine für sich günstige Rechtsfolge ableitet (Baumgärtel/Laumen/Pruskowski Rz 3).

1575 *Ausbildung, Fortbildung oder Umschulung*

(1) Ein geschiedener Ehegatte, der in Erwartung der Ehe oder während der Ehe eine Schul- oder Berufsausbildung nicht aufgenommen oder abgebrochen hat, kann von dem anderen Ehegatten Unterhalt verlangen, wenn er diese oder eine entsprechende Ausbildung sobald wie möglich aufnimmt, um eine angemessene Erwerbstätigkeit, die den Unterhalt nachhaltig sichert, zu erlangen und der erfolgreiche Abschluss der Ausbildung zu erwarten ist. Der Anspruch besteht längstens für die Zeit, in der eine solche Ausbildung im Allgemeinen abgeschlossen wird; dabei sind ehebedingte Verzögerungen der Ausbildung zu berücksichtigen.

(2) Entsprechendes gilt, wenn sich der geschiedene Ehegatte fortbilden oder umschulen lässt, um Nachteile auszugleichen, die durch die Ehe eingetreten sind.

(3) Verlangt der geschiedene Ehegatte nach Beendigung der Ausbildung, Fortbildung oder Umschulung Unterhalt nach § 1573, so bleibt bei der Bestimmung der ihm angemessenen Erwerbstätigkeit (§ 1574 Abs. 2) der erreichte höhere Ausbildungsstand außer Betracht.

Scheidung der Ehe: Unterhalt § 1575

1. Zweck und Einordnung der Vorschrift. a) Anspruch. Das nacheheliche Unterhaltsrecht erwähnt die Ausbildung in den §§ 1574 III, 1575 und 1578 II. **§ 1574 III** hält einen geschiedenen Ehegatten an, sich auszubilden, fortbilden oder umschulen zu lassen, wenn und weil ohne eine solche Maßnahme eine angemessene Erwerbstätigkeit nicht zu finden ist. Er begründet also eine **Obliegenheit**, deren Verletzung zum Verlust der Unterhaltsberechtigung führen kann. Demgegenüber gewährt § 1575 I, II unter bestimmten Voraussetzungen dem geschiedenen Ehegatten einen **Unterhaltsanspruch**, der die **Ausbildungs-, Fortbildungs-** oder **Umschulungszeit** überbrücken soll – und zwar auch dann, wenn der geschiedene Ehegatte ohnehin eine angemessene Erwerbstätigkeit zu finden vermag oder gar bereits ausübt (BGH FamRZ 1985, 782; 1695). Die Ausbildungskosten gehören nach § 1578 II zum Lebensbedarf. Sie müssen nach dem Abschluß oder bei einem Abbruch der Ausbildung nicht erstattet werden. 1

b) Ziel. Der Grundsatz des § 1569, wonach nur derjenige Ehegatte einen Unterhaltsanspruch hat, der nicht selbst für seinen Unterhalt sorgen kann, wird durch die Bestimmung des § 1575 durchbrochen. Unterhaltsberechtigt ist auch derjenige Ehegatte, der zwar eine angemessene Erwerbstätigkeit finden könnte, dem aber aus mit der Ehe zusammenhängenden Gründen ein (höhere) Ausbildungsstand für eine besser qualifizierte, seinen Unterhalt nachhaltig sichernde Tätigkeit fehlt. Durch § 1575 sollen die wirtschaftlichen Nachteile ausgeglichen werden, die der Ehegatte in seinem beruflichen Fortkommen mit Rücksicht auf die Ehe auf sich genommen hat.(BGH FamRZ 1985, 782). Durch die Berufsausbildung soll der Ehegatte befähigt werden, auf Dauer eine angemessene Beschäftigung auszuüben, damit die unterhaltsrechtliche Beziehung zischen den Ehegatten endgültig gelöst werden kann (BGH FamRZ 1985, 353). Ziel des Anspruchs ist es, den wirtschaftlichen Status des geschiedenen Ehegatten im Erwerbsleben zu verbessern, und zwar beim Anspruch auf Fortbildungs- oder Umschulungsunterhalt (Abs II), um ehebedingte Nachteile auszugleichen; dagegen setzt der Anspruch auf Ausbildungsunterhalt gem Abs I nach seinem Wortlaut ehebedingte Nachteile nicht voraus. 2

c) Familien- und Trennungsunterhalt. Zu den persönlichen Lebensverhältnissen, die durch den Familienunterhalt nach §§ 1360, 1360a zu decken sind, können auch die Kosten einer Ausbildung gehören (BGH FamRZ 1981, 439; 1985, 353). Ausbildungsunterhalt kann auch im Rahmen des Trennungsunterhalts geschuldet sein, obwohl er in § 1361 nicht erwähnt wird, weil der getrennt lebende Ehegatte nicht schlechter gestellt werden darf als der geschiedene (BGH FamRZ 1980, 821; 1985, 782). Wenn den Ehegatten im Fall der Scheidung eine Obliegenheit zur Ausbildung nach § 1574 III träfe, umfaßt der Trennungsunterhalt auch die Ausbildungskosten. Dagegen lehnt der BGH (FamRZ 2001, 350) einen weitergehenden, allein nach den Maßstäben des § 1575 gerechtfertigten Anspruch ab, weil während der Trennungszeit, in welcher eine Versöhnung der Ehegatten nicht ausgeschlossen werden kann, nicht mehr Unterhalt verlangt werden kann als die Aufrechterhaltung des ehelichen Lebensstandards gebietet. Eine Ausnahme kann allenfalls dann in Betracht kommen, wenn ein Ehegatte während der Trennungszeit im Vorgriff auf die Voraussetzungen des § 1575 eine Ausbildung aufnimmt, nachdem das endgültige Scheitern der Ehe feststeht (BGH FamRZ 1985, 782). 3

d) Lebenspartnerunterhalt. Das LPartG kennt keine dem § 1575 entsprechende Einzelbestimmung, verweist jedoch in § 16 II auf § 1578 II, wonach die Ausblidungskosten zum Lebensbedarf gehören. 4

e) Verwandtenunterhalt. Der geschiedene Ehegatte kann auch gegen den Verwandten einen Anspruch auf Ausbildungsunterhalt nach §§ 1602, 1610 II haben, für den indes der Ehegatte nach § 1584 vorrangig haftet (BGH FamRZ 1985, 353). 5

f) Öffentliche Ausbildungsförderung. Der Anspruch nach § 1575 besteht grundsätzlich unabhängig von einer öffentlichen Ausbildungsförderung. Maßnahmen der Ausbildungsförderung, etwa nach dem BAFöG, können jedoch die Bedürftigkeit mindern (vgl BGH FamRZ 1985, 916). 6

2. Voraussetzungen des Anspruchs nach Abs I. a) Ehebezogener Ausbildungsmangel. Nach Abs I setzt der Anspruch auf Ausbildungsunterhalt voraus, daß der geschiedene Ehegatte entweder in Erwartung der Ehe oder während der Ehe eine Schul- oder Berufsausbildung nicht aufgenommen oder abgebrochen hat. Zwischen Ausbildungsmangel und Ehe muß ein zeitlichem Zusammenhang bestehen. Im ersten Fall muß er mit der Heiratsabsicht zusammenhängen, nicht etwa mit eigener Unzulänglichkeit, im zweiten Fall braucht er nicht ehebedingt zu sein. Einer Ausuferung des Anspruchs wird man mit Zumutbarkeitsschranken entgegen wirken (Dieckmann FamRZ 1977, 81). **Beispiele**: Die Braut hat ein Studium an ihrem Wohnort nicht aufgenommen, weil sie schwanger war oder weil sie mit dem Mann abgesprochen hat, daß sie nach der Heirat mit ihm ins Ausland geht, wo er arbeitet. Der Ehegatte, der sein Studium während der Ehe wegen Krankheit abgebrochen hat, kann dieses nach der Scheidung fortsetzen und Ausbildungsunterhalt verlangen (BGH FamRZ 1980, 126). 7

b) Der Ehegatte muß eine bestimmte **Schul- oder Berufsausbildung** unterlassen haben. Dies ist in einem weiten Sinn zu verstehen. Auch ein Studium kann dazu gehören. Der Ehegatte muß nunmehr dieselbe oder eine entsprechende, dh statusgleiche Ausbildung, aufnehmen. Dies ist nicht in fachlicher, sondern in sozialer Hinsicht zu verstehen (Staud/Verschraegen Rz 23: Anwaltsgehilfin entspricht Krankenschwester). Der Wechsel der Fachrichtung darf jedoch nicht mit einer für den anderen Ehegatten unzumutbare Verlängerung der Ausbildungszeit verbunden sein. Eine Zweitausbildung kann grundsätzlich nicht verlangt werden (Köln FamRZ 1996, 867). **Beispiel:** Die Ehefrau, die wegen der Ehe eine Ausbildung zur Krankenschwester abgebrochen hat, kann diese nach der Scheidung fortsetzen oder eine Ausbildung als Rechtsanwaltsgehilfin machen (Köln FamRZ 1996, 86). Sie kann aber nicht auf Kosten des anderen das Abitur nachholen und studieren. 8

c) Einsatzzeitpunkt. Die Ausbildung muß zwar nicht im Scheidungszeitpunkt oder im Zeitpunkt des Beginns der Erwerbsobliegenheit, etwa nach Beendigung des Anspruchs auf Betreuungsunterhalt nach § 1570, aber so bald wie möglich aufgenommen werden (s § 1569 Rz 7). Dies bedeutet, daß der Ehegatte mit der Aufnahme der Aus- 9

§ 1575 Familienrecht Bürgerliche Ehe

bildung nicht grundlos warten darf, sondern die bei objektiver Beurteilung nach den Umständen nächste Möglichkeit zu einer Ausbildung nach der Scheidung ergreifen muss. Dabei ist ihm eine angemessene Überlegungsfrist zuzubilligen. Das OLG Köln (FamRZ 1996, 867) hat diese Voraussetzung in einem Fall bejaht, in welchem bei einer Ehezeit von 14 Jahren mit Kindesbetreuung die Ausbildung erst 14 Monate nach der Scheidung begonnen wurde, nachdem der Versuch gescheitert war, im früheren Beruf eine feste Arbeitsstelle zu finden. Für die Überbrückungszeit bis zum Beginn der Ausbildung wird regelmäßig eine Erwerbstätigkeit erwartet werden können (Dieckmann FamRZ 1977, 81, 91).

10 **d) Berufliche Ausbildung. aa)** Der Ehegatte darf sich nicht um der Bildung oder Persönlichkeitsentwicklung willen ausbilden lassen (BGH FamRZ 1987, 79). Vielmehr muß die Ausbildung bezwecken, eine angemessene, nachhaltig sichernde Erwerbstätigkeit zu erlangen. Dies schließt nicht aus, daß auch ein Ehegatte einen Anspruch auf Ausbildungsunterhalt hat, der zwar eine angemessene Erwerbstätigkeit aufnehmen könnte, aber durch die Ausbildung eine ohne die Ehe schon früher erreichte **Verbesserung** seine Status im Erwerbsleben erstrebt (BGH FamRZ 1985, 782).

11 **bb)** Gründe, die im Sinn des § 1574 III gegen die **Erforderlichkeit** einer Ausbildung sprechen (BGH FamRZ 1984, 561), können auch einem Anspruch auf Ausbildungsunterhalt nach § 1575 entgegenstehen. Die Finanzierung einer besonders kostspieligen Ausbildung kann nur unter besonderen Umständen verlangt werden.

12 **cc)** § 1575 nennt zwar keine bestimmte **Altersgrenze**, die für einen Ausbildungsunterhalt einzuhalten ist. Wenn indes der Ehegatte bei Abschluß der Ausbildung zu alt sein wird, um überhaupt erwerbstätig zu sein, kann er nicht Unterhalt nach § 1575 beanspruchen. Dies ergibt sich auch daraus, daß Ausbildungsunterhalt nicht zu den in § 1571 aufgeführten Voraustatbeständen gehört.

13 **dd)** Ein Anspruch nach § 1575 wird auch dann zu verneinen sein, wenn bei realistische Betrachter der **Arbeitsmarkt** für den Ehegatten wegen seines am Ende der Ausbildung erreichten Alters verschlossen sein wird. Gleiches gilt für eine Ausbildung, für die es praktisch keine Abeitsstelle gibt.

14 **ee)** In diesen Fällen wird es auch an der Voraussetzung fehlen, daß die Erwerbstätigkeit den Unterhalt **nachhaltig sichert** (Frankfurt FamRZ 1985, 712: Studienziel „Magister" reicht nicht aus).

15 **e) Ausbildungsverhältnis.** Nach der Rspr des BGH (FamRZ 1987, 795) ist eine Ausbildung im Sinn des § 1575 nur dann zu bejahen. wenn sich der Ehegatte in einem Ausbildungsverhältnis mit einem bestimmten Plan unter Leitung eines bestimmten Ausbilders befindet. Eine selbständige berufliche Tätigkeit genügt auch dann nicht, wenn sie nach einer bestimmten Dauer die Zulassung zu einer berufsqualifizierenden Prüfung, etwa zum Buchhändler, ermöglicht.

16 **f) Erfolgsaussicht.** Voraussetzung des Ausbildungsunterhalt ist weiter, daß der erfolgreiche Abschluß der Ausbildung erwartet werden kann. Daran fehlt es, wenn etwa gesundheitliche Gründe entgegenstehen oder die für ein Studium erforderliche Begabung nicht vorliegt, was sich etwa aus schlechten Noten im Abitur und ungenügenden Leistungsergebnissen im abgebrochenen Studium ergeben kann. Der erfolgreiche Abschluß kann auch dann gefährdet sein, wenn der Unterhaltsanspruch nur teilweise die Kosten während der Ausbildungszeit deckt und die Finanzierung des Restes ungewiß bleibt.

17 **g) Unterhaltszeitraum.** Der Unterhaltsanspruch besteht nach § 1575 I S 2 längstens für die Zeit, in welchem die Ausbildung im allgemeinen abgeschlossen wird. Ehebedingte Verzögerungen sind hinzunehmen, nicht aber solche, die auf höchstpersönlichen Gründen beruhen. Eine krankheitsbedingte Verzögerung der Ausbildung, die von den Ehegatten einverständlich hingenommen wurde, steht einer ehebedingten Verzögerung gleich (BGH FamRZ 1980, 126). Unverschuldete Unterbrechungen, etwa wegen Krankheit, Notwendigkeit der Kindesbetreuung, oder der Abbruch der Ausbildung sind dem Verpflichteten unverzüglich mitzuteilen (BGH FamRZ 1980, 1095). Sie lassen zwar den Unterhaltsanspruch für die nachfolgende Ausbildungszeit nicht entfallen. Für die Dauer der Unterbrechung, soweit diese nicht nach Treu und Glauben hinnehmbar ist, kann indes ein Unterhaltsanspruch nicht auf § 1575 gestützt werden, sondern nur auf eine sonstige Vorschrift der Unterhaltsberechtigung, auch auf § 1576.

18 **13. Voraussetzungen des Anspruchs nach Abs II. a) Ehebedingter Ausbildungsrückstand.** In Abs II werden der Ausbildung Fortbildung und Umschulung gleichgesetzt. Die Begriffe sind in Anlehnung an das in zwischen außer Kraft getretene Ausbildungsförderungsgesetz in das BGB gekommen. Man wird sie so verstehen müssen, daß eine vorhandene berufliche Ausbildung oder berufliche Erfahrungen ausgebaut oder den geänderten beruflichen Anforderungen angepaßt werden können (BGH FamRZ 1987, 795). Neben einer ersten berufsbezogenen Ausbildung soll auch deren Auffrischung und auch die Qualifikation für einen Berufswechsel vom Ausbildungsunterhalt gedeckt sein, jedoch nicht ein Studium (BGH FamRZ 1985, 782).

19 Der Fortbildungs- oder Umschulungswillige hat darzutun, welche Stellung im Berufsleben er ohne die Ehe (nach aller Voraussicht) erreicht hätte. Hat die Heirat den Ehegatten nach Deutschland geführt, ist bei dem Vergleich der Berufslagen (nicht nur, aber auch) der Lebensstandard, den der Beruf ohne die Ehe im Ausland vermittelt hätte, zu dem Lebensstandard in Beziehung zu setzen, den der Beruf ohne Fortbildung oder Umschulung im Inland verschafft (BGH FamRZ 1984, 988).

20 **b) Berufsbezogene Maßnahme.** Die **Entsprechung** zu Abs I bedeutet vor allem: Fortbildung oder Umschulung müssen auf eine Erwerbstätigkeit ausgerichtet sein, die den Unterhalt nachhaltig zu sichern verheißt (Rz 2, 10). Der geschiedene Ehegatte muß für die angestrebte Maßnahme geeignet sein (Rz 16) und sich „sobald wie möglich" fortbilden oder umschulen lassen (Rz 9). Bei der Dauer des Unterhalts wird man sich an die Richtwerte der Förderungsprogramme zu halten haben.

4. Bedarf. Der für die Zeit der Ausbildung zu deckende Bedarf bestimmt sich nach den ehelichen Lebensverhältnissen (§ 1578). Er kann im Sinn von § 1578 I S 2 zeitlich begrenzt und dann auf den angemessenen Bedarf herabzustufen sein. Er umfaßt auch die Kosten einer Krankenversicherung und die Ausbildungskosten (§ 1578 II), nicht jedoch Vorsorgeunterhalt (§ 1578 III). 21

5. Arbeitslosigkeit. a) Grundsatz. Soweit nach der Ausbildung keine angemesene Erwerbstätgkeit gefunden werden kann, besteht grundsätzlich ein Anspruch nach § 1573 I. 22

b) Niveausteigerung. Der geschiedene Ehegatte kann als Folge der Ausbildung auf Kosten des anderen Ehegatten ein Niveau erreichen, das über den ehelichen Lebensverhältnissen liegt, wie sich aus § 1575 III ergibt (BGH FamRZ 1985, 782). Findet der Ehegatte nach der Ausbildung keinen dieser entsprechenden Arbeitsplatz, kann er nach Abs III grundsätzlich nur den Unterhalt nach den ehelichen Lebensverhältnissen verlangen, und zwar nicht mehr nach § 1575, sondern nur, soweit eine anderweitige Anspruchsberechtigung, etwa wegen Krankheit nach 1572 Nr 3 oder als Anschlußunterhalt nach 1573 III, gegeben ist; denn mit der Beendigung der Ausbildung gilt der Grundsatz des § 1569, daß der geschiedene Ehegatte für sich selbst sorgen muß. Für eine kurz bemessene Übergangsfrist – allenfalls drei Monate – wird man indes dem Ehegatten zugestehen können, daß er sich nach dem Abschluß der Ausbildung um eine seiner erlangten Qualifikation angemessene Stelle bemühen darf. Danach ist die Voraussetzung für Arbeitslosenunterhalt nach § 1573 III iVm Abs I zu verneinen, wenn er eine angemessene, wenn auch nicht ausbildungsadäquate Stelle finden könnte. Abs III greift auch dann ein, wenn ein Anspruch gem Abs I u II nur an der Bedürftigkeit des Berechtigten scheitert, weil ein Dritter die Ausbildungskosten zu tragen hat, auch wenn der Berechtigte „Ausbildungsunterhalt" gem § 1573 I in Verbindung mit § 1574 II bezogen hat. 23

c) Surrogatseinkommen. Auch ein Erwerbseinkommen, das aufgrund einer niveausteigernden Ausbildung erzielt wird, ist als Surrogat des Wertes der Familienarbeit im Sinn der Rspr des BGH (FamRZ 2001, 96; s § 1578 Rz 19) wie eheprägendes Einkommen zu behandeln, weil keine außergewöhnliche Entwicklung vorliegt. 24

6. Konkurrenzen. a) § 1575–§ 1573. Nach zutreffender, überwiegender Meinung ist die Rechtsgrundlage für den Unterhaltsanspruch nur oder auch § 1573 I, wenn der Ehegatte überhaupt nur durch eine Ausbildung eine angemessene Erwerbstätigkeit finden kann. Dagegen ist nach Häberle (bei Soergel Rz 20) § 1573 subsidiär gegenüber § 1575. Der BGH (FamRZ 1980, 126) hat die Frage offengelassen. 25

b) § 1575–§§ 1570ff. Der Ehegatte ist nach § 1575 anspruchsberechtigt, weil er sich ausbilden darf, obwohl er eine angemessene Erwerbstätigkeit ausüben könnte. Dagegen beruhen die Anspruchsberechtigungen nach §§ 1570 bis 1573 darauf, daß der Ehegatte aus bestimmten, gesetzlich anerkannten Gründen an einer Erwerbstätigkeit gehindert ist. Kann der Ehegatte wegen eines Ausbildungsmangels keine angemessene Erwerbstätigkeit finden, obliegt es ihm nach § 1574 III als besondere Form der Erwerbsobliegenheit, sich ausbilden zu lassen. Daraus ergibt sich, daß der Ehegatte nur nach § 1575 anspruchsberechtigt ist, wenn er eine angemessene Erwerbstätigkeit zwar finden könnte, er indes eine mit der Ehe zusammenhängenden Ausbildungsmangels antreten will. Nur nach § 1573 I (oder nach §§ 1570–1572, 1573 II, III) besteht eine Anspruchsberechtigung, wenn der Ehegatte zwar wegen eines Ausbildungsmangels, der aber mit der Ehe nichts zu tun hat, keine angemessene Erwerbstätigkeit findet. Liegt schließlich ein mit der Ehe zusammenhängender Ausbildungsmangel vor, ohne dessen Beseitigung keine Chance auf eine angemessene Stelle auf dem Arbeitsmarkt besteht, dann kann der Ehegatte nach § 1575 Unterhalt verlangen. § 1573 I greift mangels Erwerbsobliegenheit nicht ein. 26

c) Arbeitsbemühungen. Es kommt vor, daß der geschiedene Ehegatte, der nach der Ehe (erstmalig oder wieder) erwerbstätig sein will, trotz hinreichender Bemühungen keine angemessene Beschäftigung findet, weil er nicht genügend qualifiziert ist. Ist dies mit der Ehe zusammenhängenden Gründen der Fall, kann er die Arbeitsbemühungen abbrechen und muß dies sobald wie möglich tun, wenn er Ausbildungsunterhalt nach § 1575 beanspruchen will. Bis dahin hat er einen Anspruch nach § 1573 I. Ein solcher Anspruch ist auch dann gegeben, wenn der Ehegatte nach Abschluß der Ausbildung keine angemessene Erwerbstätigkeit findet (Köln FamRZ 1996, 867). 27

7. Beweislast. Der Anspruchssteller muß die Voraussetzungen für einen Ausbildungsunterhalt beweisen. Bei einem Abbruch der Ausbildung während der Ehe wird die Ehebedingtheit vermutet (BGH FamRZ 1980, 126). Im übrigen muß für den Anspruch nach Abs I nur der zeitliche Zusammenhang des Ausbildungsmangels mit der Ehe, nicht dessen Ehebedingtheit bewiesen werden (Baumgärtel/Laumen/Pruskowski Beweislast Rz 2; str). Für den Anspruch nach Abs II muß bewiesen werden, daß Nachteile ausgeglichen werden sollen, die durch die Ehe entstanden sind. 28

1576 *Unterhalt aus Billigkeitsgründen*

Ein geschiedener Ehegatte kann von dem anderen Unterhalt verlangen, soweit und solange von ihm aus sonstigen schwer wiegenden Gründen eine Erwerbstätigkeit nicht erwartet werden kann und die Versagung von Unterhalt unter Berücksichtigung der Belange beider Ehegatten grob unbillig wäre. Schwer wiegende Gründe dürfen nicht allein deswegen berücksichtigt werden, weil sie zum Scheitern der Ehe geführt haben.

1. Zweck und Einordnung der Vorschrift. Die **positive** Billigkeitsklausel oder **Härteklausel** des § 1576 geht auf den Rechtsausschuß zurück. Dieser hat einerseits mit der Billigkeitsklausel jede ehebedingte Bedürftigkeit erfassen und Härten ausschließen wollen, die der Aufzählungsgrundsatz mit sich bringt (BT-Drucks 7/4361, 17). Er hat aber andererseits an umgrenzten Unterhaltstatbeständen mit erwerbstypischen Bedürftigkeitsmerkmalen und genau festgelegten anspruchserheblichen Zeitpunkten festgehalten. Die Voraussetzung der „ehebedingten Bedürftigkeit" ist indes weder bei den Tatbeständen der §§ 1570 bis 1575 noch bei dem des § 1576 Gesetz gewor- 1 den (BGH FamRZ 2003, 1734). Der Anwendungsbereich der Vorschrift ist im Verhältnis zum Regelungsbereich der §§ 1570ff nicht gegenständlich auf andere als die dort genannten Gründe begrenzt. Der Billigkeitsanspruch kann als Art Auffangtatbestand auch Unterhaltslücken schließen, die das Gesetz im Anspruchskatalog der §§ 1570ff dem Risikobereich des Berechtigten zugedacht hat (BGH FamRZ 1983, 800; 1984, 361). Die damit verbundene Gefahr einer allgemeinen uferlosen Auffangklausel hat sich in der Praxis nicht verwirklicht. Die Anwendung der Vorschrift ist auf einzelne Ausnahmefälle beschränkt, in welchen die Versagung von Unterhalt dem Gerechtigkeitsempfinden in unerträglicher Weise widerspräche.

2 **2. Voraussetzungen. a)** Überblick. § 1576 setzt zweierlei voraus: **Sonstige schwerwiegende Gründe** dürfen die Aufnahme einer Erwerbstätigkeit nicht erwarten lassen (Rz 3ff); die **Versagung** von Unterhalt müßte unter Berücksichtigung der Ehegattenbelange **grob unbillig** sein (Rz 8ff). Ob Erwägungen bei der Frage nach der Schwere der Gründe oder nach der groben Unbilligkeit anzustellen sind, kann im Einzelfall str sein, ist letzthin aber nur eine Standortfrage.

3 **b) Schwerwiegende Gründe. aa)** Als schwerwiegende Gründe kommen auch Umstände in Betracht, die der Anspruchskatalog der §§ 1570ff zwar erwähnt, aber für unerheblich erachtet – etwa die Betreuung eines nicht gemeinschaftlichen Kindes, das aus einer früheren Ehe des Bedürftigen stammt (BGH FamRZ 1983, 800) oder das als gemeinsames Pflegekind der Ehegatten in der Familie aufgewachsen ist (BGH FamRZ 1984, 361), oder wenn ein Ehegatte mit Zustimmung des anderen das Pflegeverhältnis begründet hat (BGH FamRZ 1984, 769). Auch an die Betreuungsbedürftigkeit anderer Personen, etwa der Eltern, ist zu denken. Die Betreuungsbedürftigkeit allein kann aber nicht entscheidend sein (BGH FamRZ 1984, 361). Weitere Umstände müssen hinzukommen.

4 **bb)** Die schwerwiegenden Gründe brauchen zwar nicht auf „ehelichen Verhältnissen" zu beruhen. Deshalb gewährt § 1576 **nicht** nur Unterhalt für **ehebedingte** Bedürftigkeit (BGH FamRZ 1983, 800). Das Fehlen von ehebedingten Gründen spricht indes gegen ihre Einstufung als schwerwiegende Gründe (noch enger Dieckmann FamRZ 1977, 81).

5 **cc)** Ob die Anforderungen an die Zumutbarkeit einer Erwerbstätigkeit im Bereich des § 1576 gegenüber diesen Anforderungen im Rahmen des § 1570 zu steigern sind, ist str (ja: Düsseldorf FamRZ 1980, 56; nein: Düsseldorf FamRZ 1981, 1070). Hat das nicht gemeinschaftliche Kind während der Ehe den später geschiedenen Partner an einer Erwerbstätigkeit (auch zunächst nach der Trennung der Eheleute) nicht gehindert, sollte die Frage, ob eine Erwerbstätigkeit erwartet werden kann, besonders kritisch geprüft werden – und zwar unabhängig vom „Billigkeitsurteil" über die Versagung des Unterhalts (vgl den Ausgangsfall zu BGH FamRZ 1984, 361).

6 **dd)** Besonders heikel ist die Frage, ob § 1576 zu einem **Ausbildungsunterhalt** führen kann, wenn die Voraussetzungen des § 1575 nicht vorliegen. Diese Frage wird mitunter mit dem Hinweis auf eine abschließende Regelung der Aus- und Fortbildungsfinanzierungsfrage in den §§ 1573, 1574 III, 1578 II u 1575 verneint (Düsseldorf FamRZ 1980, 585; MüKo/Maurer Rz 21). Das ist richtig, wenn man der Rspr des BGH zur Ausbildungsfinanzierung folgt. Der BGH hält Studierende nach der Trennung (BGH FamRZ 1981, 439) oder nach der Scheidung (BGH FamRZ 1980, 126) nicht schlechthin an, ein Studium abzubrechen und die Arbeitskraft im Erwerbsleben einzusetzen; er gewährt vielmehr unter bestimmten Voraussetzungen einen Unterhaltsanspruch, der sich aus § 1361 oder § 1573 I herleitet, um die Fortsetzung des Studiums zu ermöglichen. Eine weitere Verlagerung fremder Aus- und Fortbildungskosten auf den geschiedenen Ehegatten mit Hilfe der Härteklausel des § 1576 wäre in der Tat unangebracht.

7 **ee)** Besondere **Opfer**, die ein Ehegatte während der Ehe erbracht hat, rechtfertigen – für sich allein betrachtet – den Einsatz der Härteklausel nicht. Sie können aber bei der Frage, ob und ab wann eine Erwerbstätigkeit zu erwarten ist, ebenso von Bedeutung sein wie bei dem Billigkeitsurteil über die Unterhaltserwartungen. Man darf aber mit Hilfe der Härteklausel nicht schlechthin die „Altersgrenze" für den Altersunterhalt vorverlegen, nur weil ältere Menschen auf dem Arbeitsmarkt schwer ein Unterkommen finden (vgl aber die – vom BGH insoweit nicht beanstandete – Ausgangsentscheidung zu BGH FamRZ 1984, 361). Man darf auch nicht ohne Rücksicht auf solche Opfer schlechthin die Anforderungen an den Krankheitsunterhalt (§ 1572) senken.

8 **c) Grobe Unbilligkeit. aa)** Schwerwiegende Gründe rechtfertigen den Unterhaltsanspruch nur dann, wenn seine Versagung unter Berücksichtigung der Belange beider Ehegatten grob unbillig wäre, dh seine Ablehnung dem Gerechtigkeitsempfinden in unerträglicher Weise widerspräche (BGH FamRZ 1983, 800). Bei den Billigkeitserwägungen ist auf den Zusammenhang zu achten zwischen dem schwerwiegenden Grund, der die Aufnahme einer Erwerbstätigkeit nicht erwarten läßt, und der Art der Partner, während der Ehe ihr Leben zu gestalten. So reicht etwa die Aufnahme der Eltern des jetzt bedürftigen Ehegatten in den gemeinsamen Hausstand – für sich allein betrachtet – nicht aus. Vielmehr muß die jetzige Bedarfslage auf einer gemeinsam verantworteten Lebensgestaltung der Eheleute beruhen, die Vertrauensschutz auf den Fortbestand der Unterhaltslage auch nach dem Scheitern des Lebensplanes erheischt; das ist etwa dann der Fall, wenn ein Ehegatte den anderen zur Aufgabe einer Erwerbstätigkeit wegen der Betreuung der Angehörigen veranlaßt hat (Gernhuber/Coester-Waltjen § 30 VII 4). Erweist sich ein **Pflegekind** als Erwerbshindernis, kann mit Rücksicht auf das Kindesinteresse die Verantwortlichkeit eines geschiedenen Ehegatten für den Fortbestand der Unterhaltslage gesteigert werden, wenn die Ehegatten das Pflegekind gemeinsam angenommen haben (BGH FamRZ 1984, 361) oder (allerdings wohl nur mit Abschwächung) wenn ein Ehegatte mit Zustimmung des anderen das Pflegeverhältnis begründet hat (BGH FamRZ 1984, 769). So ist besondere Vorsicht geboten, wenn ein Ehegatte der Aufnahme eines Pflegekindes nur zugestimmt hat, um das – vom Partner sonst befürchtete – Scheitern der Ehe abzuwenden. Mit Recht versagt deshalb Hamm (FamRZ 1996, 1417) den Anspruch, wenn das Kind erst kurz vor dem endgültigen Scheitern der Ehe in die eheliche Gemeinschaft aufgenommen worden ist. Bei der Billigkeitsbeurteilung kann die Dauer des Pflege-

verhältnisses Bedeutung erlangen, darüber hinaus aber auch der Zeitabstand zwischen Begründung des Pflegeverhältnisses und Trennung oder Scheidung. Ein erst nach der Scheidung aufgenommenes Pflegekind soll zum Unterhaltsanspruch nach § 1576 verhelfen, wenn dieses von der gemeinsamen Tochter der geschiedenen Eheleute abstammt (AG Herne-Wanne FamRZ 1996, 1016; bedenklich, weil der Sache nach Probleme aus dem Verwandtenunterhaltsrecht in das nacheheliche Unterhaltsrecht verlagert werden).

bb) Die negative Billigkeitsklausel des **§ 1579** ist gegenüber der positiven Billigkeitsklausel des § 1576 nicht einzusetzen. Wohl aber sind Umstände, die sich im Rahmen des § 1579 als unterhaltsfeindlich erweisen, in die Billigkeitsprüfung gem § 1576 einzubeziehen (BGH FamRZ 1984, 361). S 2 verbietet nur, schwerwiegende Gründe allein deswegen zu berücksichtigen, weil sie zum Scheitern der Ehe geführt haben, schließt aber – entgegen dem Ansatz des Rechtsausschusses – die Mitberücksichtigung solcher Umstände nicht aus. Da es sich bei dem Billigkeitsanspruch um eine Ausnahmeregel handelt, sollte man die Grenzlinie für die Beachtlichkeit ehezerstörenden Verhaltens, an dem der gemeinsame Lebensplan gescheitert ist, nicht so eng ziehen wie im Bereich des § 1579 Nr 6, 7; denn es fehlt dann an dem schutzwürdigen Vertrauen, dem die Härteklausel des § 1576 dienen soll (vgl zu diesem Vertrauen Gernhuber/Coester-Waltjen § 30 VII 4). Man muß die Grenzlinie auch nicht so ziehen, wie bei der entsprechenden Bestimmung zum Versorgungsausgleich, des § 1587c Nr 1 Hs 2 (so aber offenbar Soergel/Häberle Rz 4 bei Fn 6 aE unter Hinweis auf BGH FamRZ 1983, 32 zu dieser Bestimmung); denn beim Versorgungsausgleich geht es um eine Abwicklung für die Vergangenheit, beim Unterhalt um eine Gestaltung für die Zukunft. **9**

Ein Ehebruchskind, dessen Ehelichkeit (Vaterschaft) erfolgreich angefochten worden ist, sollte mit seinem Betreuungsbedarf keinen Billigkeitsunterhalt gem § 1576 auslösen (Celle FamRZ 1979, 238 [239]; aA Frankfurt FamRZ 1982, 299 [aber Beschränkung auf den notwendigen Unterhalt] m Anm Bosch; Soergel/Häberle Rz 10 bei besonderen Voraussetzungen). Ein nacheheliches gemeinschaftliches Kind führt nicht zum Billigkeitsanspruch des § 1576 (BGH FamRZ 1998, 426). Ein genetisch gemeinschaftliches Kind, das einem (noch) früheren Ehemann der Mutter als Vater zugeordnet ist, soll dagegen diesen Anspruch auslösen (Düsseldorf FamRZ 1999, 1274; nicht unbedenklich).

4. Einsatzzeitpunkt. Anspruchserhebliche Einsatzzeitpunkte sieht das Gesetz nicht vor. § 1576 kann also vom Ansatz einen Unterhaltsanspruch auch dann noch rechtfertigen, wenn nach dem abgebrochenen Verknüpfungszusammenhang der „normalen" Rechtfertigungstatbestände Unterhalt nicht mehr zu erwarten wäre (BGH FamRZ 2003, 1734). Stellt sich eine Bedarfslage nach dem Abbruch des Verknüpfungszusammenhanges ein, ist aber beim Billigkeitsurteil besonders darauf zu achten, ob ehebedingte Bedürftigkeit ausgeglichen werden soll oder etwas anderes. Je später nach der Ehescheidung eine ungedeckte Bedarfslage auftritt, um so eher wird man geneigt sein, die Versagung eines Unterhaltsanspruchs nicht als grob unbillig zu empfinden. Der Unterhaltsanspruch sollte aber nicht schon dann gewährt werden, wenn es nur um den Abbruch des Verknüpfungszusammenhanges geht und dieser in den Verantwortungsbereich des Berechtigten fällt, sondern nur, wenn schwerwiegende Gründe, insbesondere Vertrauenstatbestände, vorliegen, die in ihrer Gewichtung den Unterhaltstatbeständen des Gesetzes entsprechen (Hamm FamRZ 1999, 230). **10**

5. Zeitraum. Der Unterhaltsanspruch kann (mit Rücksicht auf die „Solange-Formel") zeitlich begrenzt werden. Nach dem Wortlaut des Gesetzes kann ein zeitlich begrenzter Billigkeitsunterhalt nicht einen Anschlußunterhalt – etwa wegen Alters oder wegen Krankheit – auslösen. Das kann zu Fragwürdigkeiten führen – vor allem dann, wenn der Billigkeitsunterhalt Härten mildern soll, die sich aus den Einsatzzeitpunkten für die „normalen" Unterhaltstatbestände ergeben. Wer „Billigkeitsunterhalt" erhalten soll, um die Zeit bis zum Erreichen der Altersgrenze im Sinne des § 1571 zu überbrücken, kann schwerlich nach „Erreichen der Altersgrenze" unterhaltslos bleiben. Spricht man mit Rücksicht darauf den Billigkeitsunterhalt zeitlich unbegrenzt zu, verhilft man dem Gläubiger zu einem sachlich häufig nicht gerechtfertigten Rangvorzug (vgl § 1582). Das Billigkeitsurteil sollte darauf Bedacht nehmen und einen vorranglosen, gegenüber § 1578 ermäßigten Anschlußunterhalt sichern können (wohl auch Gernhuber/Coester-Waltjen § 30 VII 6). **11**

6. Das Billigkeitsurteil betrifft nicht nur den Grund, sondern auch (trotz des Standortes der Gesetzesbestimmung) die **Höhe** des Anspruchs (Dieckmann FamRZ 1977, 81 [98]). Der Anspruch muß deshalb nicht notwendig am Richtmaß des § 1578 I gemessen werden. Die Versagung von Unterhalt ist aber nicht schon dann nicht mehr grob unbillig, wenn die Unterhaltslast den angemessenen Eigenbedarf des Schuldners gefährdet (vgl § 1582 iVm § 1581; aA anscheinend Köln FamRZ 1980, 886). **12**

7. Der **Rang** des nach § 1576 Unterhaltsberechtigten (§ 1582) ist nicht aus Billigkeitsgründen veränderbar (BGH FamRZ 1985, 911). **13**

8. Konkurrenzen. Der Anspruch auf Billigkeitsunterhalt ist s gegenüber dem Anspruch auf Betreuungsunterhalt (§ 1570) subsidiär (BGH FamRZ 1984, 361; 1984, 769), ferner gegenüber Krankheitsunterhalt nach § 1572 (BGH FamRZ 2003, 1734), aber auch gegenüber den übrigen Einzelansprüchen der §§ 1571–1575, weil § 1576 nur eingreift, wenn nicht einer von diesen erfüllt ist (MüKo/Maurer Rz 21; Staud/Verschraegen Rz 38). **14**

9. Beweislast. Der Bedürftige hat die Voraussetzungen für die schwerwiegenden Gründe darzulegen und zu beweisen. Für die Billigkeitsprüfung hat jeder Ehegatte die zu seinen Gunsten sprechenden Umstände darzulegen und zu beweisen (Staud/Verschraegen Rz 41). **15**

1577 *Bedürftigkeit*

(1) Der geschiedene Ehegatte kann den Unterhalt nach den §§ 1570 bis 1573, 1575 und 1576 nicht verlangen, solange und soweit er sich aus seinen Einkünften und seinem Vermögen selbst unterhalten kann.

§ 1577 Familienrecht Bürgerliche Ehe

(2) Einkünfte sind nicht anzurechnen, soweit der Verpflichtete nicht den vollen Unterhalt (§ 1578) leistet. Einkünfte, die den vollen Unterhalt übersteigen, sind insoweit anzurechnen, als dies unter Berücksichtigung der beiderseitigen wirtschaftlichen Verhältnisse der Billigkeit entspricht.

(3) Den Stamm des Vermögens braucht der Berechtigte nicht zu verwerten, soweit die Verwertung unwirtschaftlich oder unter Berücksichtigung der beiderseitigen wirtschaftlichen Verhältnisse unbillig wäre.

(4) War zum Zeitpunkt der Ehescheidung zu erwarten, dass der Unterhalt des Berechtigten aus seinem Vermögen nachhaltig gesichert sein würde, fällt das Vermögen aber später weg, so besteht kein Anspruch auf Unterhalt. Dies gilt nicht, wenn im Zeitpunkt des Vermögenswegfalls von dem Ehegatten wegen der Pflege oder Erziehung eines gemeinschaftlichen Kindes eine Erwerbstätigkeit nicht erwartet werden kann.

Schrifttum: *Dieckmann,* FamRZ 1977, 98ff; *Schwab,* § 1577 II BGB – Das große Rätsel? 3. Deutscher Familiengerichtstag, Bielefeld 1981, S 23ff; *Krenzler,* FamRZ 1983, 653ff.

1   **1. Zweck und Einordnung der Vorschrift. a) Bedürftigkeit.** Grundsätzlich muß der geschiedene Ehegatte selbst für seinen Unterhalt sorgen (§ 1569). Er kann indes Unterhalt von dem anderen Ehegatten verlangen, wenn er die Anspruchsvoraussetzungen der Tatbestände der §§ 1570 bis 1573, 1575, 1576 erfüllt und im Sinn von § 1577 bedürftig ist, dh wenn er seinen eheangemessenen oder angemessenen Bedarf im Sinn von § 1578 nicht durch eigene tatsächliche oder mit zumutbarem Einsatz erzielbare Einkünfte oder mit seinem Vermögen decken kann (s vor § 1569 Rz 15). Abs I schreibt als zwingende Regel vor, daß Einkommen und Vermögen aus zumutbarem Einsatz für den eigenen Unterhalt heranzuziehen sind. Die nicht ohne weiteres verständliche Bestimmung des Abs II sieht vor, daß überobligatorisches Einkommen nur nach Billigkeit auf den Bedarf anzurechnen ist. Sie ist neben § 1573 II ein Beleg dafür, daß dem Gesetz die Anrechnungs- oder Abzugsmethode zugrundeliegt (s § 1578 Rz 35). Abs III bezeichnet die Voraussetzungen, unter denen der Bedürftige das Vermögen für seinen Unterhalt verwerten muß. Abs IV regelt, mit gleichem Grundgedanken wie § 1573 IV für den Wegfall einer Erwerbstätigkeit (BGH FamRZ 1987, 689), den Fall, daß der Ehegatte ohne zeitlichem Zusammenhang mit der Scheidung bedürftig wird, weil sein den Unterhalt nachhaltig sicherndes Vermögen entfallen ist. Nach dem Grundsatz des Abs IV S 1 besteht kein Anspruch, wenn im Zeitpunkt der Scheidung der Unterhalt im Zeitpunkt durch eigenes Vermögen nachhaltig gesichert schien. S 2 macht davon eine Ausnahme für den Fall, daß der Ehegatte im Zeitpunkt des Vermögenswegfalls ein Kind betreut. Damit wird klargestellt, daß die nicht an einen Einsatzzeitpunkt geknüpfte Unterhaltsberechtigung wegen Kindesbetreuung nach § 1570 auch für den bislang durch sein Vermögen abgesicherten Ehegatten gilt. Fehlte im Zeitpunkt der Scheidung die Bedürftigkeit wegen eines Vermögens, das den Unterhalt nicht nachhaltig sicherte, und fällt dieses weg, besteht ein Unterhaltsanspruch, wenn die Voraussetzungen einer Unterhaltsberechtigung nach §§ 1570–1573, 1575, 1576, dh soweit vorgeschrieben, auch die des Einsatzzeitpunktes, erfüllt waren. Die Bedürftigkeit muß nicht im Einsatzzeitpunkt vorliegen (s § 1569 Rz 7). Dagegen ist der Bestimmung des Abs IV nicht zu entnehmen, daß es eine eigene Unterhaltsberechtigung zum Einsatzzeitpunkt „Wegfall des nicht nachhaltig den Unterhalt sichernden Vermögens" gibt oder der Einsatzzeitpunkt für eine Unterhaltsberechtigung nach anderen Vorschriften auf den Zeitpunkt des Wegfalls des nicht nachhaltig sichernden Vermögens verschoben wird.

Deshalb besteht kein Unterhaltsanspruch, wenn der geschiedene Ehegatte zunächst im Vertrauen auf ein nicht verläßliches Vermögen oder auf Gelegenheitseinkünfte eine Dauerbeschäftigung ausgeschlagen oder sich um eine solche Beschäftigung nicht ernstlich bemüht hat und das Vermögen aufgezehrt ist oder die Gelegenheitseinkünfte ausbleiben – gleichviel, ob der geschiedene Ehegatte jetzt trotz ernstlicher Bemühungen eine angemessene Erwerbstätigkeit nicht mehr zu finden vermag (vgl § 1573 I) oder den Zugang zum Arbeitsmarkt wegen einer Erkrankung (vgl § 1572) oder seines Alters (vgl § 1573) versperrt sieht (Dieckmann FamRZ 1977, 81 [101f]). Entfallen Einkünfte aus einer angemessenen Erwerbstätigkeit, die den Unterhalt nachhaltig zu sichern versprachen, ergibt sich dies bereits aus § 1573 IV.

2   **b) Parallelvorschriften.** Das nachpartnerschaftliche Unterhaltsrecht (§ 16 LPartG) und das Verwandtenunterhaltsrecht (§ 1602) begnügen sich mit allgemein gehaltenen Bestimmungen. Der Rechtsgedanken des § 1577 II ist jedoch auch im Verwandtenunterhaltsrecht heranziehbar (BGH FamRZ 1995, 475).

3   **2. Grundregel des Abs I. a) Minderung der Bedürftigkeit.** Einkünfte und Vermögen des nach den §§ 1570ff unterhaltsberechtigten geschiedenen Ehegatten schließen einen Unterhaltsanspruch aus, soweit sie den Lebensbedarf dieses Ehegatten decken – gleichviel, ob sich dessen Unterhaltserwartungen auf den „vollen" Unterhalt im Sinne des § 1578 I S 1 richten oder auf den „angemessenen" Unterhalt im Sinne des § 1578 I S 2 beschränken. Allerdings muß es sich um Vermögen handeln, für das ein Verwertungszwang besteht (Abs III), und um Einkünfte, die zumutbaren Anstrengungen entstammen (Abs II). Die anrechnungsfähigen Einkünfte und Vermögenserlöse verkürzen den Unterhaltsanspruch gegen den leistungsfähigen Schuldner; ihre Auswirkung auf den Billigkeitsanspruch ist wegen Abs II S 2 problematisch.

4   **b)** Der Begriff der **Einkünfte** umfaßt im Sinne des unterhaltsrechtlichen Einkommens (s vor § 1569 Rz 41ff) alle zur Bedarfsbefriedigung geeigneten Mittel. Trotz der allgemeinen Geltung der Einkommenslehre für alle Tatbestände müssen das bedarfsprägende Einkommen im Sinn von § 1578, das die Bedürftigkeit bestimmende Einkommen nach § 1577 und das die Leistungsfähigkeit begründende Einkommen im Sinn von § 1581 nicht identisch sein. Namentlich ist ein Einkommen nach § 1577 auf den Bedarf im Sinn von § 1578 mindernd anzurechnen, gleich, ob es zum bedarfsbestimmenden Einkommen (ursprünglich oder als Surrogat) gehört oder nicht. Maßgebend ist das Nettoeinkommen, bereinigt um berufsbedingte Aufwendungen (vor § 1569 Rz 53).

5   **c) Verbindlichkeiten. aa)** Schulden des Unterhaltsberechtigten mindern das nach § 1577 anrechenbare Einkommen grundsätzlich nicht, wie der Umkehrschluß aus dem anders gefaßten § 1581 ergibt. Die Unterhaltspflicht

umfaßt grundsätzlich nicht die Verpflichtung, die Schulden des anderen Ehegatten zu tilgen (BGH FamRZ 1985, 902; 1990, 280: Prozeßkosten; FamRZ 1985, 273: Unterhaltschuld). Ausnahmsweise sind indes Unterhaltsschulden und andere Verbindlichkeiten vom Einkommen absetzbar, wenn sie das eheprägende Einkommen oder Surrogatseinkommen des Unterhaltsberechtigten mindern, also etwa der Barunterhalt für das während der Ehe betreute Kind. Der BGH (FamRZ 1991, 1163) weist zu Recht daraufhin, daß der allein verdienende neue Ehegatte eine Nebenbeschäftigung des anderen Ehegatten dulden muß, damit dieser seiner Unterhaltspflicht gegenüber einem Kind oder dem Ehegatten aus erster Ehe nachkommen kann (BGH FamRZ 1980, 43; 1986, 668; 2001, 1065). Er fährt fort, es sei nicht einzusehen, daß Einkünfte, die zur Deckung des Unterhaltsbedarfs des erstehelichen Kindes eingesetzt worden seien, von der Trennung an nur für den Bedarf der Ehegatten verfügbar sein sollten. Zwar bezieht sich diese Entscheidung ausdrücklich nur auf Trennungsunterhalt. Für den nachehelichen Unterhalt kann indes trotz des Grundsatzes der Eigenverantwortung (§ 1569) und des Wortlauts der § 1577 aus Gründen der Gleichbehandlung der Ehegatten nichts anderes gelten (BGH FamRZ 1987, 259). Den Unterhalt für ein nach der Scheidung geborenes Kind kann der Berechtigte, im Gegensatz zum Verpflichteten (§ 1581), nicht einkommensmindernd geltendmachen.

bb) Einkommensmindernd kann dem Grundsatz nach auch eine vor der Trennung begründete, eheprägende 6 Darlehensverbindlichkeit sein, die aus dem eheprägenden Einkommen oder Surrogatseinommen des Unterhaltsberechtigten abgetragen wird, aber nicht zu einem negativen Einkommen führen darf (BGH FamRZ 1992, 423). Anders zu entscheiden, verstieße gegen den Grundsatz der Gleichbehandlung der Ehegatten bei der Bemessung des Bedarfs (§ 1578). Die für jede Berücksichtigung von Verbindlichkeiten notwendige erforderliche Abwägung der Interessen aller Beteiligten nach dem Grundsatz von Treu und Glauben kann indes zu dem Ergebnis führen, daß ein nach § 1578 gerechtfertigter Einkommensabzug im Rahmen der Bedürftigkeitsprüfung nach § 1577 wegen des Grundsatzes der Eigenverantwortung nicht oder nicht im vollen Umfang begründet ist. Als mögliches Ergebnis der Abwägung ist der Rspr des BGH (FamRZ 1998, 87; s vor § 1569 Rz 59) zuzustimmen, wonach Kapitaltilgungen, anders als Zinstilgungen, bei der Bewertung des Wohnvorteils nach § 1577 nicht beachtlich seien. Die vom BGH angeführte Begründung, daß Unterhalt nicht die Vermögensbildung bezweckt, würde an sich auch dem Abzug von Zinstilgungen entgegenstehen.

d) Erwerbseinkommen ist nach Abzug eines **Erwerbstätigenbonus** in die Unterhaltsrechnung einzustellen (s 7 vor § 1569 Rz 59).

e) Tatsächliches und erzielbares Einkommen. Zu dem auf den Unterhaltsbedarf im Sinn von § 1578 I S 1 8 bzw 2 anrechenbaren Einkommen gehört nicht nur das tatsächliche Einkommen, sondern auch das Einkommen, das dem bedürftigen Ehegatten fiktiv zuzurechnen ist, etwa wegen eines Wohnvorteils (s § 1569 Rz 48) oder wegen Verletzung einer Obliegenheit zur Übernahme einer Erwerbstätigkeit (s vor § 1569 Rz 44, 40) oder der Obliegenheit, das Vermögen so ertragreich wie möglich anzulegen, oder bei Verstoß gegen die Obliegenheit, eine Rente in der gesetzlichen Rentenversicherung zu beantragen, für die die Voraussetzungen erfüllt sind. Fiktive Zinsen aus der Anlage eines nicht mehr vorhandenen Geldbetrags sind nicht anrechenbar, wenn dieser mutwillig im Sinn von § 1579 Nr 3 ausgegeben wurde (BGH FamRZ 1990, 989; s vor § 1569 Rz 44). Bei Unterlassung einer gebotenen, erfolgversprechenden Ausbildung können nicht ohne weiteres die Einkünfte angerechnet werden, die bei deren Abschluß erzielt werden könnten, soweit nicht § 1579 Nr 3 erfüllt ist (BGH FamRZ 1986, 553; 88, 701).

f) Einkommensarten. aa) Erwerbseinkommen. Einkommen aus einer zumutbaren Erwerbstätigkeit ist auf 9 den Bedarf im Sinn von § 1578 anzurechnen (s vor § 1569 Rz 46).

bb) Vermögenseinkommen. Zu den Einkünften aus Vermögen und zum Einsatz der Vemögenssubstanz s vor 10 § 1569 Rz 47ff; zum Wohnvorteil s vor § 1569 Rz 48. Vermögenserträge sind ohne Rücksicht auf die Herkunft des Vermögens (BGH FamRZ 1985, 354) und ohne Billigkeitserwägungen (BGH FamRZ 1985, 357; 582; 1988, 1031) bedürftigkeitsmindernd zu berücksichtigen. Maßgebend sind die tatsächlichen Verhältnisse im Unterhaltszeitraum, die sich von den eheprägenden Verhältnissen im Sinn von § 1578 unterscheiden können (BGH FamRZ 1986, 437; 1998, 87). Auch das erzielbare Einkommen aus einer Abwägung aller Umstände auf seiten beider Parteien zumutbaren Vermögensumschichtung ist anzurechnen. Die tatsächliche Anlage des Vermögens muß sich, auch unter Berücksichtigung steuerlicher Gesichtspunkte, eindeutig als unwirtschaftlich darstellen. Wird mit dem Verkaufserlös des Familienheims eine andere Wohnung erworben, so ist als Ertrag deren Wohnwert anzusetzen (BGH FamRZ 2001, 1140). Mußte der Erwerb durch zusätzliche Kredite finanziert werden, sind die Kosten der Finanzierung vom Mietwert der Wohnung abzusetzen, bevor der Wohnwert in Beziehung zum möglichen Ertrag des Kapitals gesetzt wird (BGH FamRZ 1988, 87). Diese Rspr zu § 1577 wurde durch die Entscheidung des BGH (FamRZ 2001, 1140) nicht berührt, wonach der Bedarf im Sinn von § 1578 durch die Zinsen aus der Anlage des Erlöses des Familienheims oder der Wohnwert der neuen Wohnung bestimmt wird, soweit dieser auf den Einsatz des Erlöses des Familienheims zurückzuführen ist. Bei der Zurechnung eines fiktiven Einkommens ist von der Frage, ob dem bedürftigen Ehegatten eine gegenwärtige, einfache Verletzung der Obliegenheit zur Vermögensumschichtung vorzuwerfen ist, die Frage zu unterscheiden. ob ihm eine schwerere Obliegenheitsverletzung im Sinn von § 1579 Nr 3 in der Vergangenheit aus der unterlassenen Anlage des Erlöses aus dem Verkauf des Familienheims anzulasten ist (s § 1569 Rz 43). Nach Ausgabe des Vermögens ist kein Einkommen anrechenbar (BGH FamRZ 1988, 159), außer im Fall der mutwillig hereigeführten Bedürftigkeit im Sinn von § 1579 Nr 3.

cc) Sonstiges Einkommen ist auf den Bedarf nach § 1578 anzurechnen (s vor § 1569 Rz 50). Altersversorgun- 11 gen aus einem Beamten- oder beamtenähnlichen Rechtsverhältnis sind voll anzurechnen, ebenso Altersversorgungen aus der gesetzlichen Rentenversicherung, der Zusatzversorgung des öffentlichen Dienstes oder aus einer betrieblichen Altersversorgung. Auch Rentenanteile, die auf dem Versorgungsausgleich beruhen, decken den Bedarf ab dem Zeitpunkt der Auszahlung (BGH FamRZ 2002, 88). Zu dem nach Abs I anrechenbaren Einkommen gehört neben dem fiktiven Entgelt entspr § 850h ZPO für den objektiven Wert der Betreuung (Haushaltsführung) eines leistungsfähigen Partners (BGH FamRZ 1984, 662: Bemessung wie bei Schadensersatzrenten bei Verletzung oder Tötung von Hausfrauen; vgl auch OLG-Leitlinien) ein ersparter Mietaufwand, wenn der Partner für die Miete aufkommt, ohne daß es darauf ankommt ob dieser die andere Unterhaltspartei entlasten will (BGH FamRZ 1995, 343). Subsidiäre Sozialleistungen mindern die Bedürftigkeit nicht. Dazu gehört auch eine wiederaufgelebte Witwenversorgung (BGH FamRZ 1979, 211; 1986, 889; kritisch Dieckmann FamRZ 1987, 231).

12 **dd) Freiwillige Leistungen Dritter.** S dazu vor § 1569 Rz 52. Ein nach hM nicht anrechenbares Einkommen kann auch bei freiwilligen Leistungen eines Partners gegeben sein, dem nicht der Haushalt geführt wird (BGH FamRZ 1980, 40; 1982, 466).

13 **3. Anrechnungsregeln. a) Grundsatz.** Tatsächliches oder fiktives Einkommen ist auf den Unterhalt anzurechnen, dh von dem nach § 1578 I S 1 und 2 eheangemessenen oder dem angemessenen Bedarf abzusetzen. Dies gilt auch dann, wenn der Bedarf und das Einkommen nicht den Betrag erreichen, der dem Existenzminimum entspricht.

14 **b)** Der Streit, ob Einkommen des Unterhaltsberechtigten nach der Differenzmethode oder der **Anrechnungsmethode** zu berücksichtigen ist, gehört nicht zu § 1577, sondern stellt schlagwortartig die Frage, ob Einkommen des Berechtigten als bedarfsbestimmend im Sinn von § 1578 anzusehen ist (s § 1578 Rz 35). Diese Frage ist vorrangig zu beantworten. Auf den nach welcher Methode auch immer ermittelten Bedarf im Sinn von § 1578 ist nach § 1577 jedes Einkommen anzurechnen, gleich ob es bedarfsprägend ist oder nicht.

15 **c) Teilunterhalt.** Schuldet der Verpflichtete, etwa als Aufstockungsunterhalt nach § 1573 II, Deckung nur eines Teils des Bedarfs im Sinn von § 1578, während der Berechtigte für den Rest mit seinem Einkommen aufkommen muß, ist das eigene tatsächliche oder fingierte Einkommen auf den Bedarf im Sinn von § 1578 anzurechnen, während der Verpflichtete den verbleibenden Bedarf zu befriedigen hat. Hat der Verpflichtete einen Teil des Anspruchs verloren, etwa nach § 1579, ist bei der Anrechnung seines Einkommens so zu verfahren, wie wenn der Beschränkungstatbestand nicht vorläge. Der Bedürftige kann also nicht etwa zunächst sein Einkommen für den Ausgleich des ihm versagten Unterhalts verwenden, sondern muß es sich auf den vollen Bedarf im Sinn von § 1578 anrechnen lassen.

16 **d) Billigkeitsunterhalt.** Die Einkommensanrechnung auf den „Unterhalt", dh den Bedarf im Sinn von § 1578, ist vorrangig vorzunehmen. Erst danach ist zu prüfen, ob nach § 1581 ein geringerer Unterhalt wegen eingeschränkter Leistungsfähigkeit aus Billigkeitsgründen in Betracht kommt.

17 **4. Anrechnung nach Abs II. a) Billigkeit.** Im Gegensatz zu Abs I, der zumutbares Einkommen betrifft, welches zwingend auf den Bedarf nach § 1578 I S 1 oder 2 anzurechnen ist, ist Gegenstand der Regelung des Abs II unzumutbares Einkommen. Dieses ist nach S 2 nur nach Billigkeit anzurechnen, soweit es nicht überhaupt nach S 1 anrechnungsfrei bleibt (BGH FamRZ 1983, 146).

18 **b) Unzumutbares Einkommen** ist ein solches, das auf überobligatorischem Einsatz beruht (s vor § 1569 Rz 39, 44). Ob dies zu bejahen ist, bestimmt sich nach der konkreten Lage des Ehegatten nach der Scheidung. Grundsätzlich muß der geschiedene Ehegatte selbst für sich sorgen (§ 1569) und dazu die ihm zumutbaren Anstrengungen unternehmen, um sich ein Einkommen zu verschaffen, insbesondere durch eine Erwerbstätigkeit. Wenn er indes mehr tut, als von ihm erwartet werden kann, soll er sein Einkommen gemäß S 1 zur Wahrung des „vollen Unterhalts", dh seines eheangemessenen Bedarfs im Sinn von § 1578 I S 1, bzw in Ausnahmefällen des angemessenen Bedarfs nach § 1578 I S 2, verwenden dürfen. Soweit dann noch Einkommen übrigbleibt, soll gemäß S 2 der Unterhaltsverpflichtete durch eine Anrechnung nach Billigkeit entlastet werden (BGH FamRZ 1995, 343).

19 **c) Einkommensarten.** Abs II bezieht sich auf jedes unzumutbare Einkommen. **aa) Überobligatorische Erwerbstätigkeit** (s § 1570 Rz 15). Ob eine Erwerbstätigkeit unzumutbar ist, ist auf Grund der Würdigung aller Umstände in der konkreten Lage des Bedürftigen festzustellen (BGH FamRZ 1988, 145). Die Fortsetzung einer bislang ausgeübten Tätigkeit spricht gegen die Unzumutbarkeit, anders, wenn während des Zusammenlebens der Ehegatten in der Zeit der berufsbedingten Abwesenheit der andere Elternteil das Kind betreute (Born FamRZ 1997, 129 zu Fallgruppen). Die Surrogats-Rspr des BGH zum Hausfrauen-Unterhalt (FamRZ 2001, 986; s § 1578 Rz 19) hat nichts an den Voraussetzungen geändert, unter denen eine Erwerbstätigkeit als unzumutbar einzustufen ist. Sie bedeutet im vorliegenden Zusammenhang, daß eine nach den gegenwärtigen Verhältnissen nach der Scheidung unzumutbare Erwerbstätigkeit, obwohl sie die ehelichen Lebensverhältnisse nicht prägte, Ersatz der Familienarbeit sein kann und deswegen der Verdienst nach allgemeinen Grundsätzen (s vor § 1569 Rz 44) ganz oder teilweise in einer nach Treu und Glauben zu bemessenden Höhe wie eheprägendes Einkommen bei der Bedarfsbestimmung nach § 1578 zu behandeln ist (aA BGH FamRZ 2003, 518 m Anm Büttner = FPR 2003, 241 m Anm Graba). Für die Anrechnung auf den Bedarf gilt zwar grundsätzlich § 1577 II, nicht Abs I. Es ist aber zu prüfen, ob nicht jeweils der gleiche Betrag in die Unterhaltsrechnung eingesetzt werden kann, weil diese Differenzierung kaum zu vermitteln ist. Die Praxis neigt dazu – dogmatisch ungenau, aber meist billig – die Rechtsanwendung zu vereinfachen, indem sie insbesondere bei Betreuung von Kindern sowohl auf seiten des unterhaltspflichtigen (s Rz 24) als auch des unterhaltsberechtigten Ehegatten das volle oder um einen maßvollen „Betreuungsbonus" bereinigte, überobligatorische Einkommen beim Bedarf (§ 1578), bei der Bedürftigkeit (§ 1578 I) und bei der Leistungsfähigkeit (§ 1581) in die Unterhaltsrechnung in gleicher Höhe einsetzt und nach diesem Abschlag wie obligatorisches Einkommen behandelt.

20 **bb) Überobligatorische Vermögenseinkünfte**, etwa durch nicht gebotene Untervermietung (Krenzler FamRZ 1983, 653).

§ 1577

cc) Überobligatorisches sonstiges Einkommen, etwa ein Unterhaltsgeld, das vom Arbeitsamt während einer 21
Ausbildung gezahlt wird, die aufzunehmen neben der Betreuung eines Kleinkindes nicht erwartet werden kann.
Das Einkommen aus der Betreuung eines leistungsfähigen Partners ist grundsätzlich nicht deswegen überobligatorisch, weil eine Ganztagsbeschäftigung ausgeübt wird (BGH FamRZ 1995, 343). „Erwerbsersatzeinkommen" im
Anschluß an unzumutbare Tätigkeit soll der Anrechnungsregel des Abs II unterfallen (für Arbeitslosengeld im
Anschluß an Stuttgart NJW 1980, 2715). Das ist fragwürdig, weil der Berechtigte in der Zeit des Arbeitslosengeldbezuges nicht unzumutbar belastet ist. Deshalb rechnet jetzt auch Stuttgart FamRZ 1996, 415 Arbeitslosengeld im
Anschluß an eine überobligationsmäßige Tätigkeit voll an.

d) Keine Sanktion. Das überobligatorische Einkommen ist nach Abs II anzurechnen, ohne daß es darauf 22
ankommt, weshalb der Verpflichtete nicht den vollen Unterhalt leistet, insbesondere ob dieser pflichtwidrig handelt oder ob er leistungsschwach oder leistungsunwillig ist. Es ist auch unerheblich, aus welchen Gründen der
Berechtigte überobligatorisch tätig wird, ob aus Not oder weil der Verpflichtete zu wenig Unterhalt leistet (BGH
FamRZ 1983, 146) oder weil er möglichst selbständig sein will.

e) BGH-Rspr. Nach der Leitentscheidung des BGH (FamRZ 1983, 146), die sich auf den insoweit gleich zu 23
behandelnden Trennungsunterhalt (§ 1361) bezieht, ist in folgenden Schritten vorzugehen: (1) Feststellung des „vollen" Unterhalts nach den ehelichen Lebensverhältnissen nach § 1578, wozu der BGH neben dem Quotenunterhalt
auch einen trennungsbedingten Mehrbedarf rechnet. (2) Darauf angerechnet das Einkommen aus zumutbarem Einsatz
gemäß Abs I, ergibt die Höhe des Unterhaltsanspruchs. (3) Davon abgezogen der vom Verpflichteten geleistete Unterhalt, ergibt das anrechnungsfreie Defizit nach Abs II. (4) Dieses abgezogen vom unzumutbaren Einkommen des
Berechtigten ergibt das nach Billigkeit auf den Unterhaltsanspruch anrechenbare Einkommen. (5) Anrechnung nach
Billigkeit bedeutet, daß aufgrund einer Abwägung aller Umstände auf seiten beider Unterhaltsparteien das Einkommen ganz, teilweise oder gar nicht anrechenbar ist, nicht also ohne weiteres zur Hälfte. (6) Ist der eingemessene
Selbstbehalt des Verpflichteten nicht gewahrt, ist dies bei den Billigkeitserwägungen namentlich zu berücksichtigen.

f) Entsprechende Anwendung auf Unterhaltspflichtigen. Eine – gleichsam spiegelverkehrte – analoge 24
Anwendung des Abs II ist in Fällen geboten, in denen der unterhaltspflichtige geschiedene Ehegatte gemeinschaftliche minderjährige Kinder betreut, seine bisher ausgeübte Erwerbstätigkeit voll fortsetzt und einen Teil der Einkünfte für sich als nur bedingt anrechnungsfähig bewahren will, bis der eigene „volle" Unterhalt gedeckt ist (Griesche FamRZ 1981, 841 und den Ansatz bei Hamm FamRZ 1980, 255).

5. Verwertung des Vermögensstamms nach Abs III. a) § 1577–§ 1581. Abs III schränkt die Verpflichtung 25
des Berechtigten, den Stamm des Vermögens für den Eigenunterhalt zu verwerten, in zweifacher Hinsicht ein.
Eine unwirtschaftliche (Rz 26f) oder unbillige (Rz 28) Verwertung ist nicht geboten. Die Vorschrift entspricht dem
Wortlaut nach § 1581 S 2, der den Vermögenseinsatz des Verpflichteten vor dem Umschlag in die Billigkeitshaftung regelt. Trotz des Strebens nach „Waffengleichheit" ist die Bestimmung problematisch; denn der Berechtigte,
der sein Vermögen nur unwirtschaftlich verwerten könnte, darf auf Unterhalt vom vermögenslosen Verpflichteten
hoffen, der seiner Erwerbseinkünfte wegen hinreichend leistungsfähig ist, und so Vermögen retten, während der
Schuldner darauf verzichten muß, Vermögen zu bilden. Den ursprünglichen Absichten entspricht das nicht (Dieckmann FamRZ 1977, 81 [101] m Nachw). Die Spannungslage kann sich – je nach den Anforderungen an die Wirtschaftlichkeitsprüfung etwas verschärfen.

Für die Verwertungsobliegenheit kommt es auf Herkunft und Art des Vermögens nicht an. So erfaßt die Obliegenheit auch Vermögen, das einem Zugewinnausgleich (BGH FamRZ 1985, 357) oder einer sonstigen vermögensrechtlichen Auseinandersetzung unter Ehegatten im Hinblick auf die Scheidung entstammt (BGH FamRZ 1985,
354; 1987, 912) – auch Einrichtungsgegenstände mit hohem Sammlerwert (Köln FamRZ 1982, 1018).
Der Tatrichter hat die gem § 1577 III gebotenen Billigkeitserwägungen anzustellen; diese sind revisionsrichterlicher Prüfung nur eingeschränkt zugänglich (BGH FamRZ 1987, 912; 1986, 560).

b) Über die **Unwirtschaftlichkeit** der Vermögensverwertung entscheiden nach der wohl überwiegenden Mei- 26
nung (Soergel/Häberle Rz 28,) nicht nur allgemeine Wirtschaftlichkeitserwägungen, sondern auch Art und Größe
des Vermögens sowie die Lebenserwartung des Berechtigten (vgl auch den Ansatz BGH FamRZ 1985, 354 [356]).
Danach ist eine Verwertung jedenfalls dann nicht unwirtschaftlich, wenn der Berechtigte mit dem Erlös nach aller
Voraussicht seinen Unterhalt auf Lebenszeit bestreiten kann (Soergel/Häberle Rz 28 im Anschluß an den Ansatz in
RG 97, 276). Im übrigen sollen allgemeine Wirtschaftlichkeitserwägungen entscheiden und bei Unwirtschaftlichkeit die Verwertungssperre eingreifen, ohne daß es einer weiteren Billigkeitsprüfung bedarf. Das kann indessen
nicht mehr gelten, wenn der Berechtigte nur Billigkeitsunterhalt (§ 1581) erreichen erreicht hat (so wohl auch Soergel/
Häberle Rz 28 aE und der Ansatz in BGH FamRZ 1980, 43 für Verwandtenunterhalt gegenüber minderjährigen,
unverheirateten Kindern). An eine weitergehende Billigkeitsprüfung ist in einem Zerrüttungsscheidungsrecht zu
denken, das vom Grundsatz der wirtschaftlichen Eigenverantwortung ausgeht (Dieckmann FamRZ 1977, 81 [101]
und der Ansatz bei Stuttgart FamRZ 1985, 607, das sich gegen eine scharfe Trennung von „Unbilligkeit" und
„Unwirtschaftlichkeit" ausspricht [S 609]).

Über die Wirtschaftlichkeit entscheidet auch die Verwertungsart. So kann bei Miteigentum an einem Haus- 27
grundstück die Aufhebung der Gemeinschaft nebst Teilung des Erlöses vor der Veräußerung oder Belastung des Miteigentumsanteils vorzuziehen sein (BGH FamRZ 1984, 662). Zumutbarkeitsgrundsätze sind zu beachten, wenn es
darum geht, ob und in welcher Weise der Berechtigte gehalten ist, sein Vermögen umzuschichten, damit sich
höhere Erträge erzielen lassen (BGH FamRZ 1986, 560; 1986, 439). Der Erlös aus dem Verkauf eines bislang
bewohnten Familienheims darf der Berechtigte nicht ohne weiteres zum Erwerb eines Eigenheims verwenden,
wenn durch eine verzinsliche Anlage des Kapitals höhere Erträge zu erwirtschaften wären; ihm droht sonst eine
Bedürftigkeitsminderung wegen fiktiver Erträge (BGH FamRZ 1998, 87 mit Anm Dieckmann LM § 1577 Nr 21).

§ 1577 Familienrecht Bürgerliche Ehe

28 c) Bei der Frage nach der **Unbilligkeit** der Verwertung ist auf die wirtschaftlichen Verhältnisse beider Ehegatten zu achten – etwa darauf, ob auch dem Verpflichteten Vermögen zur freien Verfügung verbleibt (BGH FamRZ 1985, 354; 1987, 912; München FamRZ 1994, 1459). Rücklagen für Krankheits- oder Notfälle sind zu bedenken (BGH FamRZ 1985, 354; 1984, 364; allerdings wohl unter dem Blickwinkel der Wirtschaftlichkeit). Übersteigt das Vermögen nicht eine Rücklage für den Notfall, ist eine Verwertung auch dann nicht anzusinnen, wenn vergleichbares Vermögen beim Schuldner fehlt, dieser aber anderweitig abgesichert ist (Hamburg FamRZ 1996, 292 für Pfarrer als Schuldner). Braucht der Verpflichtete eigenes Vermögen für seinen Unterhalt nicht zu verwerten, muß der Berechtigte deshalb aber nicht notwendig von der Verwertung eigenen Vermögens freigestellt sein. Die Vermögensinteressen Dritter – etwa naher oder unterhaltsberechtigter Angehöriger – sind in die Erwägungen einzubeziehen (BGH FamRZ 1980, 126; aA Erman/Dieckmann[10] Rz 46). Geht es um einen am Kindeswohl ausgerichteten Anspruch auf Betreuungsunterhalt, der nur den Mindestbedarf deckt und trotz eines Unterhaltsverzichts gewährt wird, erscheint es aber statthaft, auf Kindesinteressen Rücksicht zu nehmen (noch weitergehend Düsseldorf FamRZ 1996, 734). Um seine Bedürftigkeit zu beheben, muß der Berechtigte einen fälligen Pflichtteilsanspruch grundsätzlich geltend machen; bei der Billigkeitsprüfung ist auf die Zumutbarkeit zu achten; diese entfällt nicht schon dann, wenn dem Pflichtteilsberechtigten die Enterbung durch den Pflichtteilsschuldner droht (aA 9. Aufl) oder wenn der Erbe den Nachlaß zur Befriedigung des Pflichtteilsanspruchs nur unwirtschaftlich verwerten kann (BGH FamRZ 1993, 1065; Abgrenzung zu BGH FamRZ 1982, 996).

29 d) Verwertungsobliegenheit und Verwertungssperren gelten auch beim **Trennungsunterhalt** gem § 1361. Die Verwertungsobliegenheit reicht aber im allgemeinen nicht so weit wie nach der Scheidung und findet jedenfalls in § 1577 III ihre äußerste Grenze; für die Beurteilung kommt es auch darauf an, ob die Ehegatten bereits während der Ehe den Vermögensstamm angegriffen haben – auch auf die Dauer der Trennung (BGH FamRZ 1985, 360).

30 6. Unterhaltsanspruch bei wechselnder Bedürftigkeit, Verhältnis zu Abs IV. a) Wegfall des Vermögens. Abs I und II beschränken Unterhaltsansprüche, die nach den tatbestandsmäßigen Voraussetzungen der §§ 1570 bis 1576 „dem Grunde nach" bestehen und sich nach ihrer Höhe an § 1578 I S 1, 2, aber auch an §§ 1579 und 1581 ausrichten, solange und soweit es an der Bedürftigkeit des Berechtigten fehlt. Die Ansprüche **„aktualisieren"** sich grundsätzlich wieder, wenn der Berechtigte später bedürftig wird, soweit nicht Zeitgrenzen (vgl §§ 1579, 1573 V) dem entgegenstehen. Diesen Grundsatz durchbrechen § 1573 IV beim Wegfall von Einkünften aus gebotener Erwerbstätigkeit, die eine nachhaltige Sicherung des Unterhalts versprochen haben, und der auf dem gleichen Grundgedanken beruhende Abs IV beim Wegfall von Vermögen und Vermögenseinkünften, von denen eine nachhaltige Sicherung des Unterhalts erwartet werden durfte (BGH FamRZ 1987, 689) – dies allerdings nur beschränkt (vgl Abs IV S 2). Der Verpflichtete soll nicht das Risiko für diese schicksalsbedingte Bedürftigkeit tragen, die nicht im Zusammenhang mit der Ehe steht.

31 b) **Nachhaltige Unterhaltssicherung.** Ob ein Vermögen den Unterhalt nachhaltig im Sinne von S 1 zu sichern verspricht, ist nach den Verhältnissen zum Zeitpunkt der Scheidung zu beurteilen (Soergel/Häberle Rz 31) Mitunter reicht das Vermögen des Berechtigten zwar nicht aus, den „vollen" (§ 1578 I S 1), „angemessenen" (§ 1578 I S 2) oder gem § 1579 „herabgesetzten" Unterhalt zu decken – wohl aber im Verein mit Einkünften aus einer gebotenen Erwerbstätigkeit, die den Unterhalt nachhaltig zu sichern verspricht. Dann müssen Wirtschaftlichkeitserwägungen eine Verwertung nicht hindern; wohl aber können Billigkeitserwägungen dieser Verwertung entgegenstehen. S 1 sollte – entsprechend dem Rechtsgedanken des § 1573 IV – auch dann gelten, wenn ein Vermögen entfällt, das nur im Verein mit Einkünften aus gebotener Erwerbstätigkeit des Berechtigten dessen Unterhalt nachhaltig zu sichern versprochen hat. Unabhängig hiervon bewahrt S 1 den Berechtigten nicht davor, sich eine Erwerbstätigkeit zu bemühen, die aus der Sicht der Unterhaltstatbestände geboten ist. Wer im Vertrauen auf die Verläßlichkeit eines Vermögens von einer solchen Erwerbstätigkeit absieht und den Unterhaltsanspruch gem § 1573 I – ganz oder zum Teil – verloren hat, kann beim Wegfall des Vermögens in Höhe des Anspruchsverlustes weder Unterhalt gem § 1573, noch „Anschlußunterhalt" aus Alters- (§ 1571) oder Krankheitsgründen (§ 1572) fordern (Dieckmann FamRZ 1977, 81 [101f]).

32 c) Da **Kindesbetreuung** zu den Nachwirkungen der Ehe zählt, bleibt der Unterhaltsanspruch erhalten, wenn beim Wegfall des Vermögens wegen Pflege oder Erziehung eines gemeinschaftlichen Kindes eine Erwerbstätigkeit nicht erwartet werden kann (S 2). Damit verschieben sich auch die Einsatzzeitpunkte für Anschlußunterhalte (Soergel/Häberle Rz 32; zweifelnd Gernhuber/Coester-Waltjen § 30 II 5) – dies aber nur, soweit ein Anspruch auf Betreuungsunterhalt (§ 1570) zu dieser Zeit noch bestanden hat. War beim Wegfall des Vermögens bereits eine Teilzeitbeschäftigung zu erwarten und hat der Berechtigte diese Beschäftigung nicht ausgeübt, besteht insofern ein Anspruch gem § 1573 I, als der Berechtigte sich um die Tätigkeit hinreichend, wenn auch erfolglos, bemüht hat – andernfalls nicht.

33 7. Trotz des Wortlauts von § 1577 trägt der Berechtigte die **Beweislast** für seine Bedürftigkeit (BGH FamRZ 1980, 126; 83, 150). Er hat auch Vorbringen des Verpflichteten zu widerlegen: er müsse sich eine Vergütung wegen Haushalts- und Versorgungsleistungen für einen Partner anrechnen lassen (BGH FamRZ 1995, 291: nichtehelicher Partner; FamRZ 1995, 216: gleichgeschlechtlicher Partner). Wird behauptet, daß die Bedürftigkeit durch strafbares oder unredliches Verhalten, etwa Abzweigung von einer größeren Summe vom Haushaltsgeld, entfallen sei, muß diesen Ausnahmetatbestand der Verpflichtete als Aufsteller der Behauptung beweisen (BGH FamRZ 1983, 670).

1578 *Maß des Unterhalts*

(1) Das Maß des Unterhalts bestimmt sich nach den ehelichen Lebensverhältnissen. Die Bemessung des Unterhaltsanspruchs nach den ehelichen Lebensverhältnissen kann zeitlich begrenzt und

danach auf den angemessenen Lebensbedarf abgestellt werden, soweit insbesondere unter Berücksichtigung der Dauer der Ehe sowie der Gestaltung von Haushaltsführung und Erwerbstätigkeit eine zeitlich unbegrenzte Bemessung nach Satz 1 unbillig wäre; dies gilt in der Regel nicht, wenn der Unterhaltsberechtigte nicht nur vorübergehend ein gemeinschaftliches Kind allein oder überwiegend betreut hat oder betreut. Die Zeit der Kindesbetreuung steht der Ehedauer gleich. Der Unterhalt umfasst den gesamten Lebensbedarf.

(2) Zum Lebensbedarf gehören auch die Kosten einer angemessenen Versicherung für den Fall der Krankheit und der Pflegebedürftigkeit sowie die Kosten einer Schul- oder Berufsausbildung, einer Fortbildung oder einer Umschulung nach den §§ 1574, 1575.

(3) Hat der geschiedene Ehegatte einen Unterhaltsanspruch nach den §§ 1570 bis 1573 oder § 1576, so gehören zum Lebensbedarf auch die Kosten einer angemessenen Versicherung für den Fall des Alters sowie der verminderten Erwerbsfähigkeit.

1. Zentrale Bedeutung

a) Bedarf. Die Bestimmung regelt **Maß** (Abs I S 1, 2) und **Umfang** (Abs I S 4, Abs II, III) des Unterhaltsanspruchs, dh nach dem Sprachgebrauch der Praxis den Bedarf des nach §§ 1570 bis 1573, 1575, 1576 unterhaltsberechtigten Ehegatten. Der Bedarf ist der Maßstab für die Bedürftigkeit nach § 1577 und die Leistungsfähigkeit nach § 1581 (s vor § 1569 Rz 9ff). Mit der Bestimmung des Bedarfs des Berechtigten wird zugleich der Bedarf des Verpflichteten festgelegt, weil beide Ehegatten an den ehelichen Lebensverhältnissen grundsätzlich in gleicher Weise teilhaben (BGH FamRZ 1984, 356; 1990, 260). 1

b) Ehegatten- und Verwandtenbedarf. S vor § 1569 Rz 9ff. 2

c) Altes und neues Recht. Durch das 1. EheRG v. 14. 6. 1976 (BGBl I 1749) wurde das vom Verschuldensprinzip geprägte Scheidungsrecht mit Wirkung ab 1. 7. 1977 durch ein auf dem Zerrüttungsprinzip beruhendes Scheidungsrecht ersetzt. Bei der damit verbundenen Neugestaltung des Unterhaltsrechts übernahm das neue Recht aus § 58 EheG den für die Scheidung aus alleinigem oder überwiegendem Verschulden geltenden Maßstab, den „nach den ehelichen Lebensverhältnissen angemessenen Unterhalt", wortgenau für den Trennungsunterhalt in § 1361 und sinngleich für den nachehelichen Unterhalt in § 1578. Dies bedeutet gegenüber dem alten Recht insofern eine Verschärfung, als § 60 EheG bei beiderseitigem Verschulden nur einen Unterhaltsbeitrag nach Billigkeit vorsah. Die Rspr hat bei der Anwendung des § 1578 die Ergebnisse der Auslegung von § 58 EheG übernommen (BGH FamRZ 1981, 241). 3

2. Zweck

a) Eheangemessener und angemessener Bedarf. Grundsätzlich bestimmt sich der Bedarf gemäß Abs I S 2 nach den ehelichen Lebensverhältnissen. Durch einen Unterhalt nach den ehelichen Lebensverhältnissen soll verhindert werden, daß der Ehegatte infolge der Scheidung sozial absinkt (sog **Lebensstandardgarantie**), nachdem er sich, auch wenn er am Scheitern der Ehe schuldlos ist, anders als nach dem früheren Recht gegen die Scheidung nicht wehren kann. Nur ausnahmsweise soll er sich aufgrund der durch das UÄndG v. 20. 2. 1986 (BGBl I 301) eingefügten Bestimmungen des Abs I S 2 und 3 mit einem niedrigeren Unterhalt abfinden müssen, der seinen angemessenen Lebensbedarf deckt. 4

b) Die sog **Lebensstandardgarantie** ist als „Preis" für ein vom Verschulden unabhängiges Scheidungsrecht grundsätzlich unbedenklich (BVerfG FamRZ 1981, 745; BGH FamRZ 1983, 678; aA Erman/Dieckmann[10] Rz 2; Staud/Verschraegen Rz 4). Soweit nicht ein gesetzlicher Minderungstatbestand, etwa § 1579, erfüllt ist, muß es hingenommen werden, daß auch der an der Scheidung schuldige Ehegatte Anspruch auf Unterhalt nach den ehelichen Lebensverhältnissen hat. Die „Lebensstandardgrantie" darf jedoch, im Gegensatz zur hM, nicht in dem Sinn verstanden werden, daß der geschiedene Ehegatte verlangen kann, daß ihm, gegebenenfalls mit Hilfe des trennungsbedingten Mehrbedarfs, alle scheidungsbedingten Nachteile durch Unterhalt ausgeglichen werden (s unten Rz 43). Sie beschränkt sich in der Praxis regelmäßig auf die gleichmäßige Aufteilung des für den Ehegattenunterhalt zur Verfügung stehenden Einkommens. 5

3. Auslegungsgrundsätze

a) Unbestimmter Rechtsbegriff. Zwar handelt es sich bei der Bedarfsregelung um striktes Recht (Derleder FuR 1990, 9, 18, Fn 63). Bei der Konkretisierung der unbestimmten Rechtsbegriffe „Unterhalt nach den ehelichen Lebensverhältnissen" und „angemessener Lebensbedarf" durch den Richter sind jedoch die zum Grundsatz von Treu und Glauben (§ 242) entwickelten Grundsätze zu beachten (Graba FamRZ 2004, 1). Dies kann dazu führen, daß etwa Einkommensminderungen wegen Arbeitslosigkeit (BGH FamRZ 1988, 256, 257) oder eines hinzunehmenden Wechsels zu einer schlechter bezahlten Arbeitsstelle (BGH FamRZ 2003, 590 m Anm Büttner S 594 und Graba S 746) oder Eintritts in den Ruhestand (BGH FamRZ 1988, 817, 819) oder aus sonstigen Gründen, die die Zurechnung eines fiktiven Einkommens ausschließen (BGH FamRZ 1988, 705: Niedergang der allgemeinen wirtschaftlichen Verhältnisse in Südafrika), bereits bei der Bedarfsbemessung nach § 1578, nicht erst bei der Prüfung der Leistungsfähigkeit nach § 1581 zu berücksichtigen sind, weil eine andere Betrachtung, wie der BGH (FamRZ 1988, 256, 257) sich ausdrückt, auf Unverständnis stoßen würde. Eine solche Absenkung des Lebensstandards braucht indes nicht weiter hingenommen zu werden, wenn ausreichend verteilbare Mittel wieder vorhanden sind, etwa weil eine neue Arbeitsstelle mit entsprechendem Verdienst gefunden wurde (Graba FamRZ 1999, 1115, 1119). Es ist deswegen notwendig, beim Bedarf nach § 1578 das **Höchstmaß des Unterhalts** (z B nach dem Erwerbseinkommen) und den **aktuellen Bedarf** (z B nach den gegenwärtigen Arbeitslosenbezügen) auseinander zu halten. Zu unterscheiden davon ist der Billigkeitsunterhalt nach § 1581, der nicht auf der gleichberechtigten Teilhabe der Ehegatten an den ehelichen Lebensverhältnissen beruht, sondern auf dem Vorrecht des unterhaltsverpflichteten Ehegatten, sein Einkommen zuerst für seinen Bedarf zu verwenden, ehe er Unterhalt leisten muß. 6

§ 1578 Familienrecht · Bürgerliche Ehe

7 **b) Auslegungsmethode.** Bei der Festlegung des Bedarfs nach § 1578 ist eine ähnliche Aufgabe zu lösen, wie bei der Anpassung eines Unterhaltsurteils nach § 323 ZPO oder eines Unterhaltsvergleichs nach den Regeln der Geschäftsgrundlage (§ 313, s Graba Abänderung von Unterhaltstiteln Rz 344ff; vgl BGH FamRZ 2003, 590, 592). Trotz der Verschiedenheit der Ansprüche auf Trennungs- und nachehelichen Unterhalt (s vor § 1569 Rz 7) ist bei beiden das Merkmal Unterhalt nach den ehelichen Lebensverhältnissen dasselbe. Es ist zu fragen, ob Veränderungen nach der Trennung und Scheidung den ehelichen Lebensverhältnissen zuzurechnen sind und zu einer Bedarfsanpassung führen oder bei der Bedarfsfeststellung außer acht zu lassen sind.

8 **c) Konkrete Verhältnisse.** Maßgebend sind die Verhältnisse der konkreten Ehe. Der Ehegatte soll nach der Scheidung grundsätzlich nicht schlechter stehen, aber auch nicht besser als während der Ehe. Die ehelichen Lebensverhältnisse, **nicht** der zum menschenwürdigen Leben notwendige Geldbetrag, das **Existenzminimum**, bestimmen den Ehegattenbedarf (BGH FamRZ 1987, 266; 1996, 345). Für dieses haftet der Verwandte (§ 1684). Hilfsweise (§ 2 BSHG) ist Sozialhilfe in Anspruch zu nehmen (BGH FamRZ 1995, 346 m abl Anm Luthin FAmRZ 1995, 472). Die ehelichen Lebensverhältnisse, bezeichnen aber auch die **Höchstgrenze des Unterhalts** (BGH FamRZ 1988, 817). Dies bedeutet einerseits, daß es keine allgemeine Sättigungsgrenze gibt (BGH FamRZ 1982, 151), andererseits aber auch, daß ein höherer Unterhalt nicht verlangt werden kann, als den ehelichen Lebensverhältnissen entspricht. Die Bemessung nach den konkreten Verhältnissen schließt es aus, den Unterhalt allein nach abstrakten Maßstäben, etwa einem allgemeinen Lebenshaltungsindex, zu bemessen (BGH FamRZ 1987, 459). Dem steht es jedoch nicht entgegen, einen solchen als Hilfsmittel heranzuziehen, um aus einer für einen früheren Zeitpunkt geschätzten Unterhaltsgröße einen Annäherungswert für die gegenwärtige Unterhaltshöhe nach den Verhältnissen im Einzelfall zu gewinnen (BGH NJW-RR 1986, 71).

9 **d)** Der Grundsatz der Bedarfsbestimmung nach den konkreten Lebensverhältnissen der Ehegatten wird durch die Anlegung eines **objektivierenden Maßstabs** modifiziert. Entscheidend ist der Lebensstandard, der aus Sicht eines vernünftigen Betrachters angemessen erscheint. Eine zu dürftige Lebensführung bleibt ebenso außer Betracht wie ein übertriebener Aufwand (BGH FamRZ 1982, 151; 1989, 1160). An einer Beschränkung des Konsumverhaltens zugunsten der Vermögensbildung, mit der der Ehegatte während des Zusammenlebens einverstanden war, kann er nicht festgehalten werden (BGH FamRZ 1988, 259). Andererseits kann eine vorübergehende Einschränkung hinzunehmen sein, etwa zur Erleichterung der mit der Eröffnung einer freiberuflichen Praxis verbundenen finanziellen Lasten (BGH FamRZ 1988, 256).

10 **e) Beurteilungszeitpunkt.** Die für den nachehelichen Unterhalt maßgebenden ehelichen Lebensverhältnissen sind diejenigen im **Zeitpunkt der Scheidung** (bei Verbundentscheidung aus Sicht der letzten mündlichen Verhandlung vor dem Tatrichter – BGH FamRZ 1985, 357), nicht die im Zeitpunkt der Trennung (BGH FamRZ 1981, 241; st Rspr) und nicht die zu einem nach der Scheidung liegendem Zeitpunkt. Dies ergibt sich daraus, daß die Ehe bis zur Rechtskraft des Scheidungsurteils besteht (§ 1564 S 2). Die Zeit der Trennung bis zum Eheende wird durch den Trennungsunterhalt nach § 1361 abgedeckt, für den die jeweiligen Verhältnisse im Unterhaltszeitraum unter Einschluß gewöhnlicher Entwicklungen maßgebend sind (BGH FamRZ 1986, 244; 1988, 256). An den Trennungsunterhalt schließt sich grundsätzlich lückenlos der Anspruch auf nachehelichen Unterhalt an. Die Maßgeblichkeit des Scheidungseitpunkts ist indes nicht in dem Sinn zu verstehen, daß die mehr oder weniger zufällig in diesem Zeitpunkt vorliegendem Verhältnisse entscheiden sind, etwa eine kurzfristig bestehende Arbeitslosigkeit. Maßgebend sind vielmehr die im Zeitpunkt der Scheidung die konkrete Ehe **prägenden** Verhältnisse, die den Lebensstandard der Ehegatten nachhaltig beeinflußt haben (BGH FamRZ 1986, 437). Um die prägenden Verhältnisse festzustellen, ist es regelmäßig notwendig, die Verhältnisse während des Zusammenlebens und die **Entwicklung nach der Trennung** zu erforschen. Eine **normale Entwicklung der wirtschaftlichen Verhältnisse bis zur Scheidung** ist grundsätzlich miteinzubeziehen (BGH FamRZ 1982, 576). Außergewöhnliche Entwicklungen, etwa die unerwartete Entwicklung eines kleinen Geschäftes zu einem gutgehendem Unternehmen im Verlauf der 18jährigen Trennung (BGH FamRZ 1982, 576: Pelztierfall), bleiben außer Betracht. **Einkommenssteigerungen nach der Scheidung** sind nach der Rspr des BGH (FamRZ 2003, 590; Born FamRZ 1999, 541) nur zu berücksichtigen, wenn ihnen eine Entwicklung zugrunde liegt, die **aus Sicht der Scheidung mit hoher Wahrscheinlichkeit zu erwarten** war, und wenn diese **Erwartung** die ehelichen Lebensverhältnisse bereits **mitgeprägt** hat. Nach der geänderten Hausfrauen-Rspr (BGH FamRZ 2001, 986; s Rz 19) darf zur Vermeidung einer verfassungswidrigen Ungleichbehandlung der Ehegatten (BVerfG FamRZ 2001, 527) nicht darauf abgestellt werden, ob der früher haushaltsführende Ehegatte im Zeitpunkt der Scheidung seinen Plan, eine Erwerbstätigkeit zu übernehmen, bereits zumindest teilweise umgesetzt hat. Vielmehr ist wegen der Gleichwertigkeit der Familienarbeit (Kindesbetreuung und Haushaltsführung) die einen Ehegatten mit den Barleistungen des erwerbstätigen Ehegatten und der gleichen Teilnahme beider Ehegatten an den ehelichen Lebensverhältnissen auch der Verdienst aus einer erstmals nach der Scheidung aufgenommenen Erwerbstätigkeit des früher haushaltsführenden Ehegatten zum eheprägenden Einkommen zu rechnen. Die Grenze bildet nach dieser Rspr nicht mehr der bis zur Scheidung erreichte Lebensstandard. Vielmehr sind, abgesehen von außergewöhnlichen Entwicklungen, Einkommenszuwächse bei beiden Ehegatten zu berücksichtigen. In Konsequenz dieser Rspr wird man **alle Einkünfte aus einer die eheliche Lebensverhältnisse prägenden Einkommensquelle und deren Surrogate als bedarfsbestimmend** heranzuziehen haben, wenn keine außergewöhnliche Entwicklung vorliegt. Deswegen ist der Unterhalt im allgemeinen nach den gegenwärtigen Einkommensverhältnisse beider Ehegatten bemessen. Der unterhaltsberechtigte Ehegatte nimmt am Auf und Ab des dem Grunde nach identischen Einkommens teil, das den ehelichen Lebensstandard mitbestimmt (BGH FamRZ 1987, 912). Trennungs- und scheidungsbedingte Umstände beinflussen die ehelichen Lebensverhältnisse grundsätzlich nicht (BGH FamRZ 1986, 473). Der unterhaltsverpflichtete Ehegatte kann sich nicht auf Einkommensminderungen berufen, die auf einer Verletzung seiner Erwerbsobliegenheit beruhen (BGH FamRZ 1992, 1045, 1047) oder durch freiwillige berufliche oder wirtschaftliche Dispositionen veranlaßt sind, die er durch zumutbare Vorsorge auffangen hätte können (BGH FamRZ 1988, 145, 147). Bei der Bemessung des Unterhalts von geschiedenen Ehegatten, die ihren gewöhnlichen Aufenthalt noch vor dem Beitritt der DDR in die Bundesrepublik verlegt haben, hat der BGH (FamRZ 1995, 473) auf die Einkünfte abgestellt, die die Ehegatten bei Projektion ihrer persönlichen Verhältnisse auf entsprechende Verhältnisse in der Bundesrepublik im Zeitpunkt der Scheidung erzielt hätten.

c) **Gleichberechtigung.** Bei der Auslegung und Anwendung des Begriffs „Unterhalt nach den ehelichen Lebensverhältnissen" ist eine Lösung zu finden, die namentlich den Grundsätzen der Gleichheit (Art 3 GG) und Gleichberechtigung der Ehegatten zur Wirksamkeit verhilft (BVerfG FamRZ 2002, 527; BGH FamRZ 2001, 986). Auf der gleichberechtigten Teilhabe der Ehegatten an den ehelichen Lebensverhältnissen beruht die hM (aA Weychardt FamRZ 1989, 239), wonach das für den Ehegattenunterhalt zur Verfügung stehende Einkommen auf beide grundsätzlich gleichmäßig zu verteilen ist (**Halbteilungsgrundsatz**). Ausfluß dessen, daß beide Ehegatten „im gleichen Boot sitzen", ist, daß beide Ehegatten nach der Scheidung Einkommensminderungen hinnehmen müssen, die sie auch in der fortbestehender Ehe gemeinsam tragen müßten, etwa solche als Folge der Arbeitslosigkeit oder eines hinnehmbaren Stellenwechsels mit Verdiensteinbußen (BGH FamRZ 2003, 590 m Anm Büttner S 594 und Graba S 746) oder des Eintritts in den Ruhestand. Die Gleichheit gebietet es auch, daß etwa die trennungsbedingte Einkommensminderung durch Veränderung der Steuerklasse (von III nach I) von beiden hinzunehmen ist (BGH FamRZ 1988, 817) oder die nach dem Auszug eines Ehegatten aus dem Familienheim entfallene Möglichkeit der Zurechnung eines Einkommens wegen Mietersparnis in Höhe des „toten Kapitals" (s § 1569 Rz 48 und unten Rz 18). Ebenso gebietet es die gleiche Berechtigung der Ehegatten, daß auch Einkommenszuwächse vor und nach der Scheidung beiden Ehegatten zu gleichen Teilen zugute kommen müssen (BVerfG FamRZ 2002, 527). **11**

4. Eheliche Lebensverhältnisse

a) **Begriff.** Zu den ehelichen Lebensverhältnissen sind **alle Umstände** zu rechnen, **die den Lebensstandard der Ehegatten bestimmen.** Nach der Formulierung des BGH (FamRZ 2001, 986) werden die ehelichen Lebensverhältnisse durch die Gesamtheit aller wirtschaftlich relevanten beruflichen, gesundheitlichen, familiären und ähnlichen Faktoren mitbestimmt. Einkommen und Vermögen sind zwar bedeutsam, aber nicht die ausschließlich erheblichen Umstände. Neben den wirtschaftlichen Verhältnissen sind auch andere Umstände, auch immaterielle, für die Bedarfsermittlung erheblich, ungeachtet dessen, daß der Unterhalt letztlich grundsätzlich in einer Geldzahlung (§ 1585) ausgedrückt wird. (Zum Bedarf als Höchstmaß des Unterhalts und zum aktuellen Bedarf s Rz 6). **12**

b) **Einkommen.** Es gelten die Grundsätze der allgemeinen Einkommenslehre (s vor § 1569 Rz 41ff) mit folgender Ergänzung: **aa)** Der eheliche Lebensstandard wird durch das Einkommen mitbestimmt, wenn nur ein Ehegatte Einkommen hat, durch dieses, wenn beide Einkommen haben, durch die zusammengerechneten **Einkommen beider Ehegatten** (BGH FamRZ 1981, 539; 1982, 892). Grundsätzlich sind alle Einkünfte heranzuziehen (BGH FamRZ 1988, 1145). **13**

bb) Maßgebend ist das **tatsächliche** Einkommen (BGH FamRZ 1997, 281). Ein fiktives Einkommen ist nur dann anrechenbar, soweit diesem ein geldwerter Vorteil entspricht, etwa Mietersparnis (s vor § 1569 Rz 48), oder soweit das während des Zusammenlebens erzielte Einkommen wegen einer Obliegenheitsverletzung nicht mehr erzielt wird, indem nunmehr mutwillig die Arbeitszeit reduziert wird (BGH FamRZ 1992, 1045). **14**

cc) Es muß sich um ein **nachhaltiges** Einkommen handeln. Dies bedeutet nicht, daß nur wiederkehrende Einkünfte (Monatslohn) zu berücksichtigen wären. Auch unregelmäßige und einmalige Bezüge, wie Gewinnbeteiligungen, Abfindungen, sind, gebenenfalls verteilt auf einen längeren Zeitraum, zum bedarfprägenden Einkommen zu rechnen (vgl aber BGH FamRZ 2003, 590 m Anm Büttner S 594 und Graba S 746 im Fall des hinnehmbaren Wechsels auf eine schlechter bezahlte Stelle). Dies gilt jedenfalls für den Unterhalt in der Vergangenheit. Bei der vorausschauenden Beurteilung, ob für die Zukunft von gleichem Bedarf ausgegangen werden kann, ist ein einmaliger Bezug wegzulassen, wenn auszuschließen ist, daß dieser durch Einkommensteigerungen an anderer Stelle ausgeglichen wird. Nach der Ansicht des BGH (FamRZ 1983, 146; 1984, 364; dazu ausführlich Born FamRZ 1997, 129) fehlt die Nachhaltigkeit, wenn es sich um ein Einkommen aus einer **überobligatorischen** Erwerbstätigkeit handelt, die jederzeit wieder beendet werden kann. Dem ist zu widersprechen(s vor § 1569 Rz 44). Überobligatorisches Einkommen liegt bei mehr als zu erwartendem Einsatz vor. Auch wenn eine Tätigkeit jederzeit eingestellt werden kann, ohne daß ein (fiktives) Einkommen weiter zuzurechnen ist, können sowohl auf seiten des unterhaltsverpflichteten wie des unterhaltsberechtigten Ehegatten prägende Einkünfte vorliegen (MüKo/Maurer Rz 21). Diese sind nach einem Billigkeitsabschlag (entspr § 1577 II) anzusetzen, solange sie erzielt werden. Gleiches gilt für Surrogationseinkommen (s Rz 19) aus einer nach der Trennung oder Scheidung aufgenommenen überobligatorischen Erwerbstätigkeit des früher haushaltsführenden Ehegatten (aA BGH FamRZ 2003, 518 m Anm Büttner = FPR 2003, 241 m Anm Graba). **15**

dd) Einkommensänderungen. Die Rspr geht mit der Bejahung einer gewöhnlichen, in der Ehe angelegten Einkommensentwicklung (s Rz 10) sehr weit. Zu erklären ist dies damit, daß der unterhaltsberechtigte Ehegatte bei der aktuellen Bedarfsbemessung (s Rz 6) auch nahezu alle Einkommensminderungen hinnehmen muß. **Beispiele für gewöhnliche Entwicklung:** Einkommenmehrung aufgrund üblichen beruflichen Aufstiegs: Hauptmann/Oberstleutnant (BGH FamRZ 1982, 684); Assistenzarzt/Oberarzt (BGH FamRZ 1988, 145); Betriebsarzt/Arbeitsmediziner (BGH FamRZ 1988, 156); Sparkassenangestellter/Stellvertretender Direktor (BGH FamRZ 1988, 256). **Beispiele für außergewöhnliche Entwicklung:** kleines Geschäft wird zu Großbetrieb (BGH FamRZ 1982, 576); wissenschaftlicher Mitarbeiter mit ungewisser beruflicher Zukunft erlangt besser bezahlte Stellung in der Wirtschaft (BGH FamRZ 1985, 791). **16**

ee) Zuwendungen Dritter zählen nach hM grundsätzlich nicht zum bedarfsbestimmenden Einkommen (s vor § 1569 Rz 52). **17**

18 ff) Wohnvorteil. Soweit Eheleute billiger als zur Miete wohnen, gleich ob beiden oder einem von ihnen die Wohnung gehört oder ob sie aus sonstigen Gründen (BGH FamRZ 1988, 1031: dingl Wohnrecht; FamRZ 1994, 228: schuldrechtliches Wohnrecht) nicht die übliche Miete zu zahlen haben, ist ihnen in Höhe des ersparten Aufwands ein Wohnvorteil anzurechnen (BGH FamRZ 1986, 48; 2000, 950; s § 1569 Rz 48). Nach der geänderten Rspr des BGH (FamRZ 2001, 1140 m Anm Graba FPR 2002, 48) bemißt sich das anrechenbare Einkommen wegen Wohnvorteils nach der Veräußerung des einem oder beiden Ehegatten gehörenden Familienheims nicht mehr nach der Differenz von Mietersparnis und Hauslasten, sondern nach den tatsächlichen oder erzielbaren Zinsen aus der Anlage des Hauserlöses durch einen oder beide Ehegatten (BGH FamRZ 2002, 88) oder, soweit aus dem Kapital ein neues Heim angeschafft wurde, nach dem darauf beruhendem Wohnvorteil, oder, soweit eine Obliegenheit zur Vermögensumschichtung besteht (s vor § 1569 Rz 49), aus dem dann erzielbaren Einkommen. Die Rspr beruht auf der Ansicht, daß der Verkaufserlös als Surrogat des Familienheims und die Zinsen aus der Anlage des Erlöses als **Surrogat** der eheprägenden Nutzung anzusehen sind. Der BGH (FamRZ 2002, 88) hat in einem Hinweis klargestellt, daß die Zinsen auch insoweit bedarfsprägend anzusetzen sind, als sie den Wohnwert übersteigen. Dagegen bestehen Bedenken in Hinblick auf die durch § 1578 festgelegte Höchstgrenze des Unterhalts nach den ehelichen Lebensverhältnissen. Nach der Ansicht des BGH wird die Rendite aus einem Nettovermögen (Verkaufspreis abzüglich getilgter Hausschulden) für den Unterhalt herangezogen. Bedarfsbestimmend ist jedoch nicht das Anlagevermögen, sondern das Verbrauchsvermögen (München FamRZ 1999, 509), hier das fiktive Einkommen aufgrund Nutzung. Der Surrogatsgedanke rechtfertigt zwar dem Grunde nach die Zurechnung der Zinsen aus der Anlage (schon wegen der grundsätzlichen Obliegenheit zur Umschichtung des Vermögens). Die Einkommensanrechnung ist jedoch auf die Höhe des durch den Auszugs beider Ehegatten entstandenen „toten Kapitals" zu begrenzen. Der scheidungsbedingte Verkauf des Grundstücks ändert nichts daran, daß der Anlagewert des Vermögens, obgleich in der Ehe vorhanden und in der gleichen Quelle begründet, nicht die für den Unterhalt bestimmenden Lebensverhältnisse prägt. Durch die Berücksichtigung der Zinsen kann und muß nur die Absenkung des ehelichen Lebensstandards ausgeglichen werden, die durch die auszugsbedingte verminderte Einkommensanrechnung hingenommen werden mußte (Graba FamRZ 1995, 385). Auf der Grundlage der Ansicht des BGH sind wohl auch die Zinsen aus der Anlage einer Zugewinn-Ausgleichszahlung als bedarfsbestimmend anzusehen (Büttner/Niepmann NJW 2001, 2115, 2122), und zwar gleich, ob sie der unterhaltsberechtigte oder unterhaltsverpflichtete Ehegatte zieht oder ziehen müßte. Zinsen aus einer nach der Trennung oder der Scheidung angefallenen Erbschaft oder Schenkung sind dagegen mangels Surrogats nicht bedarfserhöhend zu berücksichtigen.

19 gg) Haushaltsführung. In Abkehr von seiner langjährigen Rspr behandelt der BGH seit seinem Urt v 13. 6. 2001 (FamRZ 2001, 986 m Anm Scholz S 1061, Luthin S 1065 und Borth S 1653 = MDR 2001, 991 m Anm Niepmann = FuR 2001, 306 m Anm Rauscher S 385 und Gerhardt S 433 = FF 2001, 135 m Anm Miesen und Born S 183 = JZ 2002, 37 m Anm Veit sowie Anm Graba FPR 2002, 48 und Maier NJW 2002, 3359) das Einkommen aus einer nach der Scheidung (und Trennung) erstmals aufgenommenen (oder erweiterten) Erwerbstätigkeit des früher den Haushalt führenden Ehegatten als bedarfsbestimmend. Die Erwerbstätigkeit könne als Surrogat der früheren Familienarbeit, der Verdienst als **Surrogat** des Wertes seiner bisherigen Tätigkeit angesehen werden, von Ausnahmen einer ungewöhnlichen vom Normalverlauf abweichenden Karriereentwicklung abgesehen. Damit wird für die in der Praxis wichtigstens Fallgruppe die Unbilligkeit beseitigt, die mit der in § 1577 vorgeschriebenen Anrechnung des Einkommens des Unterhaltsberechtigten auf den Bedarf nach § 1578 verbunden ist, wenn dieser ohne Rücksicht auf für den Wert der Haushaltsführung ermittelt wird (so früher st Rspr, BGH FamRZ 1984, 149). Die Haushaltsführung wird indes vom BGH weiterhin nicht als eigenständige Unterhaltsleistung (Betreuungsunterhalt) anerkannt, sondern als Quasi-Erwerbstätigkeit eingestuft. Die Hausfrauen-Ehe wird nach der Scheidung wie eine Doppelverdiener-Ehe behandelt. Der BGH hat die Frage, ob in anderen Fallgruppen für den Wert der Haushaltsführung ein bedarfsprägendes Einkommen anzusetzen ist (dazu Graba FamRZ 1999, 1115), ausdrücklich offengelassen. Einem Hinweis in einer Entscheidung (BGH FamRZ 2002, 88), wonach Zinsen aus der Anlage des Verkaufserlöses des Familienheims nicht als Ersatz für den Wert der Haushaltsführung zum bedarfsprägenden Einkommen zu rechnen seien, weil sie insoweit kein Surrogat seien, muß jedoch entnommen werden, daß er den Ansatz von Ersatzeinkommen davon abhängig macht, daß **dieselbe Einkommensquelle** vorliegt. Als Surrogat sind bedarfsbestimmend nicht nur das tatsächliche Erwerbseinkommen, sondern auch das wegen Verletzung der Erwerbsobliegenheit fiktiv anrechenbare Einkommen, ferner überobligatorisches Einkommen (auch ohne Abzug eines billigen Anteils, der dem Bezieher vorweg verbleibt; aA BGH s Rz 15), das fiktive **Entgelt für Partnerbetreuung** (BGH FamRZ 2001, 1693 m Anm Büttner), Rente wegen Erwerbsunfähigkeit, **Altersrente** des früher haushaltsführenden Ehegatten, auch soweit sie auf vorehelich erworbenen Anwartschaften oder auf dem Versorgungsausgleich beruht (BGH FamRZ 2002, 88, abweichend von BGH FamRZ 1987, 459; aA KG FamRZ 2002, 460), auch die Rente, die auf dem Vorsorgeunterhalt beruht, weil auch die Beiträge aus dem gemeinsam erwirtschafteten Einkommen stammen (aA BGH FamRZ 2003, 848 m ablehnender Anm Hoppenz).

20 Das **BVerfG** (FamRZ 2002, 527 m Anm Scholz S 733) hat die frühere Rspr des BGH zum Hausfrauen-Unterhalt beanstandet und die neue als eine verfassungsrechtlich mögliche Auslegung gebilligt. Die Ehegatten seien frei in ihrer Entscheidung, wer von ihnen erwerbstätig sei und in welchem Umfang und (oder) wer die Kinder betreue und den Haushalt führe. Beide Ehegatten leisteten im Rahmen der gemeinsam getroffenen Arbeits- und Aufgabenzuweisung einen gleichwertigen Beitrag zu den ehelichen Lebensverhältnissen (§§ 1360 S 2, 1606 III S 2). Deswegen hätten sie auch grundsätzlich einen Anspruch auf gleichwertige Teilhabe am gemeinsam Erwirtschafteten. Dies gelte auch für den nachehelichen Unterhalt. Zu Einkommenszuwächsen aufgrund einer normalen Entwicklung, an denen beide gleich zu beteiligen sind, gehöre auch der Verdienst aus einer Erwerbstätigkeit des früher haushaltsführenden Ehegatten. Anderenfalls würde der Wert der Familienarbeit zu Lasten dieses Ehegatten im Nachhinein mißachtet.

hh) **Kritik der Surrogats-Rspr.** Die Surrogats-Rspr behandelt nicht eheprägendes Einkommen als eheprägend, 21 weil die Einkommensquelle die gleiche ist. Gegen eine Erstreckung des Gedankens der Surrogats, der bei Erwerbseinkommen (Austausch von Gehalt und Unternehmergewinn; von Erwerbsverdienst und Altersrente) schon immer herangezogen wurde, auf alle übrigen Einkommensarten, ist nichts einzuwenden. Es indes zu bedenken, daß durch das Merkmal Unterhalt „nach den ehelichen Lebensverhältnissen" (§ 1578) der Bedarf nicht nur gewährleistet, sondern auch beschränkt wird (BGH FamRZ 1988, 817). Dieser Gedanke wird vom BGH nicht problematisiert. Dazu hätte insbesondere in der ersten Surrogats-Entscheidung zum Wohnvorteil (BGH FamRZ 2001, 1140) Veranlassung bestanden, die eine Rspr änderte (Abweichung von BGH FamRZ 1988, 87), ohne dies zum Ausdruck zu bringen (fehlender Leitsatz) und ohne sich mit der Tragweite des Gedankens des Surrogats auseinanderzusetzen, insbesondere als Vorgabe für die auf diesen Gedanken gestützte Hausfrauen-Entscheidung (die Hausfrau und das „tote Kapital"; vgl Graba FamRZ 1999, 1115). Mit dem Hinweis auf eine außergewöhnliche Entwicklung wird die Funktion einer Begrenzung nur unzureichend erreicht, weil diese in der Praxis kaum vorkommt. Begrenzungen nach § 1573 V oder § 1578 I S 2 sind im Einzelfall nur schwer zu begründen (Maier NJW 2003, 1631). Nach der neuen Rspr wird mit der Scheidung die Hausfauen-Ehe zur Doppelverdiener-Ehe. Die Spar-Ehe wird zur Verbrauchsehe, weil auch der im Familienheim angelegte Vermögenswert über das während der Ehe wirkende Maß hinaus (BGH FamRZ 2002, 88) als unterhaltsrechtliches Einkommen herangezogen wird, nicht nur begrenzt auf die Wiederbelebung des durch Auszug beider Ehegatten entstandenen „toten Kapitals" (Graba FPR 2002, 48). Was für die Zinsen aus der Anlage des Erlöses des Familienheims gilt, wird auch – auf beiden Seiten – für Einkommen aus den möglichen Anlage des Zugewinnausgleichs und überhaupt des eheprägenden Vermögens gelten müssen. Mit den bisherigen, unstrittigen unterhaltsrechtlichen Grundsätzen ist dies nur schwer zu vereinbaren. Die Surrogats-Rspr arbeitet mit einem doppelten Surrogat: Familienarbeit – Erwerbstätigkeit, Wert der Familienarbeit – Verdienst; Wohnungseigentum – Nutzung; Verkaufserlös – Zinsen. Unterhaltsrechtlich bedeutsam ist nur das zweite Surrogat. Der Wohnvorteil besteht auch dann, wenn ein Nichteigentümer günstiger als ein Mieter wohnt (BGH FamRZ 1994, 228). Deswegen beruht die Schlußfolgerung der Surrogats-Rspr auf einer nicht notwendigen Voraussetzung. Der Wert der Familienarbeit ist als eheprägend auch dann anzuerkennen, wenn kein Erwerbsverdienst erzielt wird, sondern ein Ersatzeinkommen aus einer nicht eheprägenden Quelle vorliegt, etwa Wohngeld. Durch die Surrogats-Theorie werden die Ungerechtigkeiten der alten Rspr zwar für die praktisch häufigste Fallgruppe beseitigt. Die „Familienarbeit" wird jedoch nur als eine Art der Erwerbstätigkeit anerkannt, dh die Betreuung durch den haushaltsführenden Ehegatten wird nicht als ursprüngliche Unterhaltsleistung gewertet. Letzteres ist indes der entscheidende Gesichtspunkt. Diese Kernfrage meinte der BGH „jedenfalls" bei einer späteren Erwerbstätigkeit der Hausfrau nicht beantworten zu müssen. Diese Entscheidung wird auf Dauer vermieden werden können, indem an einen Ersatz, statt an den ursprünglichen Gegenstand angeknüpft wird. Die fehlende Anerkennung des Betreuungsunterhalts als ursprüngliche Form des Unterhalts neben dem Barunterhalt (s vor § 1569 Rz 2) bedeutet eine Ungleichbehandlung des Betreuenden im Vergleich zum Barunterhaltspflichtigen. Dieser Verstoß gegen den Gleichheitssatz, der verfassungsrechtlich bedenklich ist, trifft in der Praxis meist die Frau.

ii) **Kindergeld** ist nach hM (BGH FamRZ 1997, 806 m Anm Spangenberg S 1272) kein bedarfsprägendes Einkommen für den Ehegattenunterhalt. Mit der Aufgabe seiner früheren anderen Ansicht (BGH FamRZ 1992, 539 m Anm Graba) wollte der BGH vermeiden, daß die früher entsprechend § 1606 III, nunmehr durch § 1612b geregelte Aufteilung des Kindergelds unter den Eltern (BGH FamRZ 2002, 536) über den für Ehegatten geltenden Halbteilungsgrundsatz des § 1578 korrigiert wird. Diese Gefahr besteht nicht (mehr), weil sowohl § 1578 als auch § 1612b von einer Halbteilung ausgehen. Außerdem wird dabei nicht berücksichtigt, daß Eltern und Ehegatten nicht dieselben Personen sein müssen, aber die Unterhaltslast für ein bis zur Rechtskraft der Scheidung geborenes Kind, gleich welcher Ehegatte der Schuldner ist, nach der Rspr des BGH (FamRZ 1999, 367 m Anm Graba = JZ 1999, 676 m Anm Veit) über den Vorwegabzug des Kindesunterhalts (s Rz 29) und aufgrund des Halbteilungsprinzips von beiden Ehegatten hälftig getragen werden muß. Diese Last wird gemindert, soweit das Kindesexistenzminimum durch Kindergeld (einschließlich Zählkindvorteil) gedeckt ist. Es erscheint unbillig, wenn diese Erleichterung nach der Trennung und Scheidung nur noch dem Schuldner des Kindesunterhalts zugute kommt. Der Zweck des Kindergelds (Sicherung des Existenzminimums des Kindes und dann Erleichterung der Unterhaltslast des Unterhaltspflichtigen) steht es nicht entgegen, wenn der Ehegatte an der Unterhaltslast (über Vorwegabzug und Halbteilungsprinzip) insoweit nicht beteiligt wird, als dieser das Kindergeld ausgleichend gegenübersteht (Graba FamRZ 2003, 129). 22

c) **Verbindlichkeiten** s vor § 1569 Rz 58. aa) **Grundsatz.** Eheprägende (nicht trennungsbedingte) Verbindlichkeiten können das für den Ehegattenbedarf maßgebliche Einkommen mindern. Ein negativer Einkommensansatz ist indes nie gerechtfertigt. Maßgebend ist unter Berücksichtigung gewöhnlicher Entwicklungen die Höhe der Verbindlichkeiten bei der Scheidung, außer der Wegfall hat schon in diesem Zeitpunkt die ehelichen Lebensverhältnisse geprägt (BGH FamRZ 1988, 701; 1995, 869). Mit diesen Grundsätzen ist die Surrogats-Rspr des BGH (s Rz 19) nicht ohne weiteres zu vereinbaren. Nach dieser werden die Zinsen aus der Anlage des um die getilgten Verbindlichkeiten bereinigten Hauserlöses als bedarfsprägend angesehen und zwar auch insoweit, als sie den früheren Wohnwert übersteigen (BGH FamRZ 2002, 88). 23

bb) **Steuern** (s vor § 1569 Rz 54) sind grundsätzlich in der im Bemessungzeitraum tatsächlich gezahlten Höhe abzuziehen. Entgegen der bislang st Rspr des BGH (FamRZ 1988, 486) darf indes nach Ansicht des BVerfG (FamRZ 2003, 1821 m Anm Schürmann) der Splittingvorteil aus einer neuen Ehe dem Unterhaltsverpflichteten nicht dem geschiedenen Ehegatten zugute kommen, so daß dessen Unterhaltsanspruch aufgrund einer fiktiven Steuerlast nach Steuerklasse I zu berechnen ist. Der Vorteil aus dem sog Realsplitting (s vor § 1569 Rz 39) erhöht das eheprägende Einkommen. Erstattungen sind als Einkommen anzusetzen (BGH FamRZ 1988, 817), für künftige Jahre indes nicht, wenn in diesen eine Erstattung nicht mehr in Betracht kommt (BGH FamRZ 1999, 372). 24

§ 1578 Familienrecht Bürgerliche Ehe

Auszuscheiden sind Steuervergünstigungen, die auf unterhaltsrechtlich nicht anerkannten Ausgaben für Steuermodelle beruhen (BGH FamRZ 1987, 46), nicht aber solche für Sonderabschreibungen (BGH FamRZ 2003, 741).

25 cc) **Vorsorgeaufwendungen** (s vor § 1569 Rz 55) sind in angemessenen Umfang abzugsfähig, etwa Beiträge für Kranken- und Pflegeversicherung (BGH FamRZ 1985, 357), auch Zusatzversicherung (BGH FamRZ 2002, 88), Altersvorsorge (BGH FamRZ 1985, 471).

26 dd) **Kosten für besonderen Aufwand,** etwa wegen einer Behinderung (BGH FamRZ 1985, 357), sind gegebenenfalls nach Schätzung (entspr § 287 ZPO) beücksichtigungsfähig, soweit nicht schon die Vermutung nach § 1610a eingreift.

27 ee) Eheprägende **Verbindlichkeiten** können das für den Ehegattenbedarf verteilungsfähige Einkommen im Rahmen des Angemessenen (BGH FamRZ 1982, 23) mindern (s Graba FS Henrich 2000 S 177, 198). Dies gilt sowohl auf seiten des unterhaltsverpflichteten (BGH FamRZ 1984, 358) als auch des unterhaltsberechtigten Ehegatten (BGH FamRZ 1991, 1163). Kein Ehegatte kann grundsätzlich Unterhalt erwarten, ohne daß die bereits während des Zusammenlebens begründeten Zahlungsverpflichtungen gegenüber Dritten bei der Bemessung berücksichtigt werden. Die umfassende Abwägung der Interessen aller Beteiligten kann indes zu dem Ergebnis führen, daß die Schulden, insbesondere wenn das Einkommen gesunken ist, in niedrigeren Raten als vor der Trennung zurückgezahlt werden müssen und daß nach der Scheidung Verbindlichkeiten, soweit sie der eigenen Vermögensbildung dienen, dem anderen Ehegatten nicht entgegengehalten werden können (zum objektivierenden Maßstab s Rz 9). Ein Pkw-Kredit kann auch bei Anschaffung eines Ersatzfahrzeugs weiter zu berücksichtigen sein (BGH NJW 1998, 2811), ein nach der Trennung aufgenommenes Darlehen für die Anschaffung von Hausrat nur, wenn die Eingehung der Verbindlichkeit unvermeidbar war (BGH FamRZ 1998, 1501). Trennungs- und scheidungsbedingte Prozeßkosten sind nicht als eheprägend zu berücksichtigen (Karlsruhe NJW-RR 1998, 578; MüKo/Maurer Rz 8). Verbindlichkeiten, die in der Vergangenheit nicht bedient wurden, sind nur dann zu berücksichtigen, wenn von einer Nachzahlung bzw Zahlung im künftigen Unterhaltszeitraum ausgegangen werden kann. Zum Abzug von Verbindlichkeiten vom Surrogatseinkommen s. § 1577 Rz 5.

28 ff) Soweit Einkommen während des Zusammenlebens für die **Vermögensbildung** verwendet wurde, etwa Beiträge für eine Lebensversicherung, kann es gerechtfertigt sein, die Ausgaben über den Zeitpunkt der Trennung und Scheidung hinaus anzuerkennen (BGH FamRZ 1992, 423).

29 e) **Prägender Unterhalt. aa) Kindesunterhalt.** Nach hM wird zur Emittlung des für den Ehegattenunterhalt verteilbaren Einkommens der **Unterhalt für die gemeinsamen Kinder und die bis zur Rechtskraft der Scheidung geborenen nicht gemeinsamen Kinder** des Verpflichteten (BGH FamRZ 1999, 367 m Anm Graba) und des Unterhaltsberechtigten bei Unterhaltszahlung aus seinem Einkommen (BGH FamRZ 1991, 1163; 87, 259), auch wenn sie volljährig sind (BGH FamRZ 1990, 979), vom eheprägenden Einkommen abgezogen, in der Regel der Betrag der jeweiligen Einkommensgruppe der Düsseldorfer Tabelle mit dem Kindergeldabzug (BGH FamRZ 1997, 806). Gleiches gilt bei Surrogatseinkommen (s § 1577 Rz 5). Wird weniger als der titulierte Kindesunterhalt gezahlt, ist nach Ansicht des BGH (FamRZ 2000, 351) dennoch der titulierte Betrag maßgebend, wenn nicht davon auszugehen ist, daß das Kind auf Nachforderung verzichtet hat. Wenn die Unterhaltsverpflichtung gegenüber dem Kind entfällt, ist der Ehegattenunterhalt, im Gegensatz zum Wegfall sonstiger Verbindlichkeiten, nach dem ungekürzten Einkommen zu bemessen, auch wenn kein zeitlicher Zusammenhang mit der Scheidung besteht (BGH FamRZ 1990, 1085 m Anm Dieckmann S 1335 unter Aufgabe früherer aA). Der Vorwegabzug des Kindesunterhalts kann zu unangemessen niedrigem Ehegattenunterhalt führen. Er hat deswegen zu unterbleiben, wenn sich aus dieser Handhabung ein Mißverhältnis zum wechselseitigen Bedarf der Beteiligten ergibt (BGH FamRZ 1987, 456). Die wachsenden Zahl von Kindern aus verschiedenen Verbindungen läßt es nicht (mehr) zu, sich damit zu beruhigen, daß die Aufteilung des Einkommens in Ehegatten- und Kindesunterhalt wenig praktische Bedeutung habe, weil der geschiedene Ehegatte und die Kinder „aus einem Topf" wirtschafteten. Es ist deswegen zu erwägen, jedenfalls in diesen Fallgruppen den Quotenunterhalt des Ehegatten ohne Vorwegabzug des Kindesunterhalts zu ermitteln und, auch in Hinblick auf die Gleichrangigkeit der Ansprüche minderjähriger Kinder und des Ehegatten (§ 1609 II S 1), die Abstimmung der konkurrierenden Ansprüche sowie die endgültige Verteilung des Einkommens unter den Ehegatten der Leistungsstufe (§ 1581) zu überlassen. Eine Überdenkung der bisher üblichen Bemessung nach der Düsseldorfer Tabelle erscheint auch deswegen veranlaßt, weil nach § 1612b V (dazu Graba NJW 2001, 249) der Barunterhaltspflichtige meist ohne Rücksicht auf die Zuordnung zu einer bestimmten Einkommensgruppe einen Betrag in Höhe der 6. Einkommensgruppe abzüglich halbes Kindergeld aufbringen muß (München FamRZ 2001, 1077). Die Düsseldorfer Tabelle wird für den Kindesunterhalt insoweit nicht (mehr) benötigt, sondern nur, um die Höhe des Vorwegabzugs für den Ehegattenunterhalt zu ermitteln. Allgemein sollte sich der Vorwegabzug auf die tatsächliche Belastung beschränken, meist der Unterhalt der 6. Tabellenstufe (Existenzminimum) abzüglich halbes Kindergeld (Graba FamRZ 2003, 129; aA BGH FamRZ 2002, 536 m Anm Büttner: Tabellenunterhalt der jeweiligen Einkommensgruppe). In Änderung der früheren Ansicht ist nunmehr nach dem BGH (FamRZ 2003, 363 m Anm Scholz und Graba FamRZ 2004, 1) im absoluten Mangelfall, wenn der Vorwegabzug des Tabellen-Kindesunterhalts zu einem unangemessenen niedrigen und kein Vorwegabzug zu einem Ehegattenunterhalt über dem Mindestbetrag nach der Düsseldorfer Tabelle führen würde, der jeweilige Mindestsatz für den Ehegatten nach der Tabelle und für die Kinder ein Mindestbedarf von 135 % des Regelbetrags in die Rechnung einzustellen.

30 bb) **Ehegattenunterhalt.** Der Unterhalt für den Gatten aus früherer Ehe prägt die Lebensverhältnisse der neuen Ehe. Dagegen ist der Unterhalt des neuen Ehegatten, ebenso wie der Unterhalt für ein nach der Scheidung geborenes Kind, bei der Bemessung des Bedarfs des geschiedenen Ehegatten nicht zu berücksichtigen.

Scheidung der Ehe: Unterhalt **§ 1578**

cc) Elternunterhalt kann zwar eheprägend sein (BGH FamRZ 2003, 860), wird aber wegen seines Nachrangs (§ 1609) selten zum Zug kommen. **31**

f) Erwerbstätigenbonus. Von dem für den Ehegattenunterhalt verteilbaren Erwerbseinkommen (BGH FamRZ 1997, 806), also erst nach Abzug von Verbindlichkeiten und Kindesunterhalt, ist ein Bonus ($1/7$ nach Düsseldorfer Tabelle, $1/10$ nach SüdL) abzusetzen (s vor § 1569 Rz 59). **32**

5. Bedarfsbemessung

a) Bei der **konkreten Bemessung** wird der Unterhalt nach den Kosten bemessen, die für die einzelnen eheprägenden Bedarfsposten aufzubringen sind. Diese Unterhaltsbemessung ist in den nicht gerade häufigen Fällen eines hohen Einkommens üblich, das weit mehr als die unterhaltsrechtliche Bedürfnislage abdeckt (zB BGH FamRZ 1987, 691). **33**

b) Die gleichmäßige Aufteilung der für den Ehegattenunterhalt zur Verfügung stehenden Mittel (zur Ausnahme des Erwerbstätigenbonus s Rz 32) führt zum hälftigen **Quotenunterhalt**, der in der Praxis meist geübten Bemessungsform (s Düsseldorfer Tabelle). Der Quotenunterhalt deckt den aktuellen Bedarf ab, der unter dem Höchstgrenze des Unterhalts liegen kann (s Rz 6). **34**

c) **Differenz- oder Additionsmethode.** Mit diesen Ausdrücken wird schlagwortartig ausgedrückt, welches Einkommen den Bedarf nach § 1578 bestimmt. Die davon zu unterscheidende Abzugs- oder Anrechnungsmethode besagt, daß das Einkommen des Berechtigten nicht bedarfserhöhend im Sinn von § 1578 ist, sondern nur gemäß § 1577 auf den Bedarf anzurechnen, dh vom Bedarfsbetrag abzuziehen ist und damit die Höhe des Anspruchs mindert. Bei der Alleinverdienerehe beträgt der Bedarf grundsätzlich die Hälfte des Einkommens (zB 4000 : 2 = 2000). Haben beide Ehegatten Einkommen (sog Doppelverdienerehe) werden die beiderseitigen Einkommen addiert (Additionsmethode) und hälftig geteilt. Dies ergibt den Bedarf nach § 1578 (4000 + 2000 = 6000 : 2 = 3000). Wird vom Bedarf das Einkommen des Berechtigten nach § 1577 abgezogen, ergibt dies den Unterhalt (3000 − 2000 = 1000). Dasselbe Ergebnis errechnet sich nach der Differenzmethode, indem vom Einkommen des einen Ehegatten das des anderen abgezogen und der Rest hälftig geteilt wird (4000 − 2000 = 2000 : 2 = 1000) (Methodenbeispiel s BGH FamRZ 2001, 986). Die Anwendung der Additions- oder Differenzmethode setzt voraus, daß es sich um die ehelichen Lebensverhältnisse prägendes Einkommen handelt oder daß nicht prägendes Einkommen ausnahmsweise wie prägendes behandelt wird, wie etwa in den Fällen der Surrogats-Rspr (s Rz 18ff) oder wenn die Minderung eines prägenden Einkommens durch ein nicht prägendes Einkommen ausgeglichen wird, etwa das ruhestandsbedingte Absinken der Bezüge des Ehemannes durch die Altersrente der Ehefrau (BGH FamRZ 1988, 817). Dogmatischer Ort der Additions- oder der Differenzmethode ist § 1578, dogmatischer Ort der Anrechnungsmthode dagegen § 1577. Nach § 1577 ist jedes Einkommen auf den nach § 1578 ermittelten Bedarf anzurechnen, gleich ob es bedarfserhöhend oder nicht berücksichtigt wurde. Ist dies nicht der Fall, vermindert sich der Unterhalt um das volle anrechenbare Einkommen des Unterhaltsberechtigten. Dagegen führt die Berücksichtigung des Einkommens des Unterhaltsberechtigten als bedarfsprägend im Sinn von § 1578 dazu, daß sich der Unterhalt als Folge des Halbteilungsprinzips lediglich um die Hälfte des eigenen Einkommens des Berechtigten mindert. Die Bedeutung der geänderten Rspr des BGH (FamRZ 2001, 986) zum Hausfrauen-Unterhalt (s Rz 19) liegt darin, daß früher der Verdienst aus einer nach der Trennung oder Scheidung aufgenommenen Erwerbstätigkeit den Unterhalt voll minderte und nunmehr nur noch zur Hälfte. **35**

d) **Angemessenheitskontrolle.** Jede Verteilung des Einkommens auf die Ehegatten ist auf ihre Angemessenheit zu überprüfen und gegebenenfalls zu modifizieren (BGH FamRZ 1981, 539; 1998, 899; 1999, 367). **36**

6. Umfang des Unterhalts

a) **Einheitlicher Anspruch.** Der Unterhalt umfaßt nach Abs I S 4 den gesamten Lebensbedarf. Zusätzlich können nach hM trennungsbedingter Mehrbedarf (s Rz 43) und ein Sonderbedarf (§ 1585b I) geltendgemacht werden. Der einheitliche Unterhaltsanspruch gliedert sich in Elementar-, Kranken- und Pflegeversicherungs- und Vorsorgeunterhalt (BGH FamRZ 1982, 255). Elementar-, Kranken- und Pflegeversicherungsunterhalt sind untereinander gleichrangig und vorrangig gegenüber Vorsorgeunterhalt (BGH FamRZ 1989, 483). Kranken- und Pflegeversicherungs- sowie Vorsorgeunterhalt sind gesondert auszuweisen und zweckgebunden zu verwenden (BGH FamRZ 1982, 887; 1981, 442). Der Verpflichtete kann aber Zahlung an eine Versicherung statt an den Berechtigten nur im Falle pflichtwidriger Verwendung verlangen (BGH FamRZ 1989, 483). Für den Verpflichteten besteht die Gefahr, doppelt in Anspruch genommen zu werden, weil nach der Rspr des BGH (FamRZ 1987, 684) dem Berechtigten eine zweckwidrige Verwendung nur unter den Voraussetzungen des § 1579 Nr 3 anzulasten ist. **37**

b) Zum **Elementarunterhalt** gehören nach Abs II auch die Kosten einer Schul- oder Berufsausbildung, einer Fortbildung oder Umschulung nach §§ 1574, 1576 sowie ein etwaiger behinderungsbedingter Zusatzbedarf. **38**

c) **Kranken- und Pflegeversicherungs-Unterhalt.** Für die angemessene Vorsorge im Falle von Krankheit und Pflegebedürftigkeit ist nach Abs II Unterhalt in Höhe der erforderlichen Versicherungsbeiträge zu gewähren. Hat der Berechtigte jedoch eigenes Einkommen, besteht insoweit kein Anspruch, als dieses für diese Kosten ausreicht. Vielmehr ist dieses, wie auch auf seiten des Verpflichteten geschieht, um diese Ausgaben zu bereinigen. Bei während der Ehe durch Beihilfe begünstigten Beamtenehegatten kann weiterhin eine private (Zusatz-)Versicherung angemessen sein (BGH FamRZ 1983, 676). Das für den Ehegattenunterhalt verteilbare Einkommen des Verpflichteten ist um die Versicherungsbeiträge für den Kranken- und Pflegeversicherungsunterhalt des Berechtigten zu vermindern und dann der Quotenunterhalt zu ermitteln. **39**

d) **Vorsorgeunterhalt. aa) Bedeutung.** In den Fällen der Unterhaltsberechtigung nach §§ 1570 bis 1573 oder § 1576, nicht beim Ausbildungsunterhalt nach § 1575, gehören zum Lebensbedarf nach Abs III auch die Kosten **40** für eine angemessene Versicherung für den Fall des Alters- sowie der Berufs- und Erwerbsunfähigkeit. Mit dem Vorsorgeunterhalt wird der den Unterhalt tragende Gedanke der Behebung einer gegenwärtigen Bedürfnislage ausgeweitet. Zu einer wirksamen Vorsorge ist der Unterhalt selten geeignet, weil die für eine längere Anlage notwendige Sicherheit des nachhaltigen Bezugs in bestimmter Höhe oft fehlt (s vor § 1569 Rz 70). Wegen der Selbstbeteiligung des Unterhaltsberechtigten in Form eines gekürzten Elementarunterhalts wird der Vorsorgeunterhalt häufig nicht geltendgemacht. Der Berechtigte hat die Wahl, für welche Form der Altersvorsorge er sich entscheiden will, kann sich also auch zu einer privaten Altersvorsorge entschließen (BGH FamRZ 1982, 684) und muß dazu keine näheren Angaben machen, außer wenn begründete Zweifel an der zweckentsprechenden Verwendung bestehen (BGH FamRZ 1987, 684). Für den angemessenen Aufwand geben die Beiträge der gesetzlichen Rentenversicherung ein Richtmaß (BGH FamRZ 1981, 442).

41 **bb)** Abs III **bezweckt**, dem geschiedenen Ehegatten zu ermöglichen, eine ehebedingte Behinderung seiner Erwerbstätigkeit auszugleichen und im Wege der freiwilligen Versicherung seine Versorgung zu erhöhen (BGH FamRZ 1981, 442). Ein Bedürfnis auf Vorsorgeunterhalt ist nicht zu verneinen, wenn der Berechtigte eine Altersversorgung erwarten kann, die diejenige des Verpflichteten erreicht (BGH FamRZ 1981, 442). Ein Anspruch auf Vorsorgeunterhalt besteht regelmäßig bis zum 65. Lebensjahr des Berechtigten. Dies gilt auch dann, wenn er eine Rente wegen Berufs- oder Erwerbsunfähigkeit bezieht (BGH FamRZ 2000, 351). Auch bei Unterhalt wegen Alters nach § 1571 kann Vorsorgeunterhalt, entgegen einer verbreiten Ansicht (Erman/Dieckmann[10] Rz 41), nicht schlechthin wegen Zweckerreichung ausgeschlossen werden.

42 **cc)** Bei der **Berechnung** des Vorsorgeunterhalts lehnt sich die hM (BGH FamRZ 1981, 422) an das Vorbild der Versicherung des Arbeitnehmers in der gesetzlichen Rentenversicherung an (s Bremer Tabelle von Gutdeutsch). (1) Der rechnerische Quotenunterhalt wird in ein fiktives Bruttoeinkommen umgerechnet, nach hM ohne Krankenversicherungsbeiträge (BGH FamRZ 1983, 888; aA Gröning FamRZ 1984, 736). (2) Daraus wird der Vorsorgeunterhalt in Höhe des fiktiven Beitragssatzes in der gesetzlichen Rentenversicherung errechnet. (3) Der Vorsorgeunterhalt wird vom für den Unterhalt der Ehegatten verteilbaren Einkommen des Verpflichteten abgesetzt. (4) Die Hälfte des Restes ergibt den Elemetarunterhalt. **Beispiel** (1) 4000 : 2 = 2000; (2) 2000 × 20 % = 400 Vorsorgeunterhalt; (3) 4000 – 400 = 1600; (4) 1600 : 2 = 800 Elementarunterhalt. Besteht nur ein Anspruch auf Teilunterhalt, wird der Vorsorgeunterhalt nur davon berechnet. Erwerbseinkommen des Berechtigten, das (etwa mangels Versicherungspflicht) nicht mit der Begründung von Anwartschaften für eine Altersvorsorge verbunden ist, wird bei der Berechnung nicht berücksichtigt (BGH FamRZ 1999, 367). Soweit der Berechtigte über Kapitalzinsen, Mieterträge, Gebrauchvorteile oder sonstiges Einkommen verfügt, das in seiner Art zur Altersvorsorge geeignet ist, kann daran nach Ansicht des BGH (FamRZ 2000, 351 mit Berechnungsbeispiel) nicht für den Vorsorgeunterhalt angeknüpft werden. Die zweistufige Berechnung des Vorsorgeunterhalts kann unterbleiben, wenn die Gefahr der Verletzung des Halbteilungsgrundsatzes nicht besteht, etwa bei konkreter statt quotenmäßiger Bedarfsbemessung, bei besonders günstigen wirtschaftlichen Verhältnissen (BGH FamRZ 1988, 1145), wenn der Altersvorsorgeunterhalt aus den früher zur Vermögensbildung verwendeten Einkünften aufgebracht werden kann oder wenn wegen der Anrechnung von Einkommen des Unterhaltsberechtigten auf den Bedarf ein die ehelichen Lebensverhältnisse bestimmendes Einkommen dem Unterhaltsverpflichteten allein verbleibt (BGH FamRZ 1998, 541).

43 **d) Trennungsbedingter Mehrbedarf.** Nach einer von Hampel (FamRZ 1981, 851; 1984, 621; Bemessung des Unterhalts 1994 Rz 138) begründeten Lehre folgt aus der sog Lebensstandardgarantie, daß der Unterhalt nach § 1578 auch die Mittel umfaßt, die der einzelne Ehegatte braucht, um seine trennungsbedingten Aufwendungen auszugleichen. Dem hat sich die hM mit dem BGH (FamRZ 1982, 255; 1985, 374; 1991, 67; 1995, 346 m Anm Luthin S 472 und Becker S 667) mit der Maßgabe angeschlossen, daß ein trennungsbedingter Mehrbedarf, der bei jedem Ehegatten auftreten kann, ausdrücklich geltend gemacht und konkret dargelegt werden muß. Diese Ansicht, die zum Teil zur Korrektur der inzwischen aufgenebenen früheren Hausfrauen-Rspr verwendet wurde, sollte überprüft werden (Erman/Dieckmann[10] Rz 32; Staud/Verschraegen Rz 91; Mayer FamRZ 1992, 138). Kein Ehegatte kann erwarten, bei gleichen Mitteln als Einzelperson das Leben auf demselben sozialen Niveau führen zu können wie vorher zusammen mit dem anderen Ehegatten. Beide müssen es hinnehmen, daß die Vorteile des Wirtschaftens „aus einem Topf" entfallen sind. Sie können insoweit keinen Ausgleich in Form von Unterhalt beanspruchen, weder vom anderen Ehegatten noch von den gemäß § 1684 nachhaftenden Verwandten (Graba FamRZ 2002, 857).

e) Sonderbedarf, etwa Umzugskosten (BGH FamRZ 1983, 29), kann zusätzlich zum laufenden Unterhalt geltendgemacht werden (s § 1585b).

44 **f)** Der Geschiedenenunterhalt umfaßt nicht einen Anspruch auf Zahlung eines **Prozeßkostenvorschusses** (BGH FamRZ 1984, 148).

7. Berechnungsschema

45

Schuldner	Gläubiger
(1) Bruttoeinkommen	dito
(2) ./. Steuern	dito
(3) ./. Krankenversicherungsbeitrag	dito
(4) ./. Pflegeversicherungsbeitrag	dito
(5) ./. Rentenversicherungsbeitrag	dito
(6) ./. Arbeitslosenversicherungsbeitrag	dito
(7) prägendes Nettoeinkommen	dito
(8) ./. berufsbedingte Aufwendungen (konkret oder 5 %)	dito

Schuldner	Gläubiger
(9) ./. besonderer Aufwand (zB des Behinderten)	dito
(10) ./. prägende Verbindlichkeiten	dito
(11) ./. prägender Kindesunterhalt	dito
(12) Für Ehegattenunterhalt verteilbares Einkommen	dito
(13) ./. Erwerbstätigenbonus	dito
(14) Schuldner-Einsatzeinkommen	Gläubiger-Einsatzeinkommen

(15) Schuldner-Einsatzeinkommen + Gläubiger-Einsatzeinkommen
(bei fehlendem Gläubigereinkommen: ./. Kranken- und Pflegeversicherungsbeiträge des Gläubigers) = rechnerisches Ehegatten-Einsatzeinkommen

(16) Ehegatten-Einsatzeinkommen : 2 = rechnerischer Quotenunterhalt
(Dieser ist der maßgebende Quotenunterhalt, wenn kein Kranken- und Pflegeversicherungs- und kein Vorsorgeunterhalt geltend gemacht werden.)

(17) Rechnerischer Quotenunterhalt ./. (prägendes und nicht prägendes) Gläubigereinkommen = rechnerischer Unterhalt.
(Dieser ist der Unterhalt, wenn kein Kranken- und Pflegeversicherungs- und kein Vorsorgeunterhalt geltendgemacht werden.)

(18) Rechnerischer Unterhalt + Zuschlag nach Bremer Tabelle × Beitragssatz der gesetzlichen Rentenversicherung = Vorsorgeunterhalt

(19) Schuldner-Einsatzeinkommen (gegebenenfalls abzüglich Kranken- und Pflegeversicherungsbeiträge für Gläubiger) (13) ./. Vorsorgeunterhalt = Elementarunterhalts-Einsatzeinkommen des Schuldners

(20) Elementarunterhalts-Einsatzeinkommen des Schulderns + Gläubiger-Einsatzeinkommen (14) = Ehegatten-Elementarunterhalts-Einsatzeinkommen

(21) Ehegatten-Elementarunterhalts-Einsatzeinkommen : 2 = Elementarquotenunterhalt

(22) Elementar-Quotenunterhalt ./. (prägendes und nicht prägendes) Gläubigereinkommen = Elementarunterhalt.

(23) Hinzu kommt ein trennungsbedingter Mehrbedarf.

(24) Kranken- und Pflegeversicherungsunterhalt + Vorsorgeunterhalt + Elementarunterhalt + trennungsbedingter Mehrbedarf (+ Sonderbedarf) = Gesamt-Unterhalt.

Anmerkung zu (13). Nach BGH (FamRZ 1983, 888) ist zuerst der Krankenversicherungsunterhalt vom Einkommen des Verpflichteten abzuziehen, dann der Erwerbstätigenbonus und danach der Vorsorgeunterhalt zu berechnen. Die Begründung, daß die Krankenversicherungskosten beim Verpflichteten vorweg berücksichtigt werden und eine Ungleichheit vermieden werden müsse, trägt nicht, weil sie auch auf Vorsorgeaufwendungen zutrifft.

8. Angemessener Bedarf

a) Zweck. Die durch das UÄndG v. 20. 2. 1986 eingeführte Neuregelung (Abs I S 2 u 3) will die – an den ehelichen Lebensverhältnissen ausgerichtete – Lebensstandardgarantie **zeitlich begrenzen** als **Richtmaß der Unterhaltserwartungen** danach **verändern**. Sie steht insbesondere als ein Regulativ für die Fälle zur Verfügung, in denen eine unbefristete Beteiligung des geschiedenen Ehegatten an Einkommenssteigerungen des Verpflichteten, mögen sie auch schon zur Zeit der Scheidung bereits abzusehen gewesen sein, nicht angemessen wäre (BGH FamRZ 1987, 459). Liegen die Voraussetzungen für die Billigkeitsentscheidung vor, muß der Richter die Unterhaltserwartungen herabsetzen, auch wenn Abs I S 2 nur als „Kann-Bestimmung" gefaßt ist (Hahne FamRZ 1986, 305 [306]). Die Regelung gilt für alle Unterhaltsansprüche (Hahne FamRZ 1986, 305 [308]; BGH FamRZ 1986, 886]) – abgesehen vom Ausnahmeanspruch des § 1576, der ohnehin beim Ausmaß des Unterhalts auf Billigkeitserwägungen achtet. Die Bestimmung wird in der Praxis selten angewandt. Dies hängt wohl damit zusammen, daß auch durch den Ausschlußtatbestand des § 1579 der Unterhalt gekürzt wird, aber nur unter der Voraussetzung der groben Unbilligkeit, und, ungeachtet der verschiedenen Normzwecke, für eine einfache Unbilligkeit, die zu einem vergleichbaren Ergebnis führt, nur schwer Raum zu finden ist.

Die **Herabsetzung** des Unterhalts sollte den **Grund** des **Anspruchs** betreffen (Dieckmann FamRZ 1987, 231 [237f]). 46

b) Mißglückte Fassung. Die Neuregelung ist redaktionell in mehrfacher Hinsicht mißlungen: **aa)** Die Bestimmung erweckt – zu Unrecht – den Anschein, nach Ablauf einer bestimmten Frist könnten sich die Unterhaltserwartungen des Ehegatten, dem die ehelichen Lebensverhältnisse noch nicht einmal den Mindestbedarf verheißen haben, auf den angemessenen Lebensbedarf steigern. Ziel des Gesetzes war es aber, die Unterhaltserwartungen zu **senken** (BR-Drucks 501/84, 20). An dieser Grundhaltung hat das Ersatzrichtmaß „angemessener Lebensbedarf" nichts geändert. Der Berechtigte sollte zwar „auch nach der zeitlichen Begrenzung mehr als das Existenzminimum" als Unterhalt beanspruchen dürfen (BT-Drucks 10/4514, 22; BGH FamRZ 1986, 886 [889]). Die Unterhaltserwartungen des Berechtigten aus einer Ehe mit „guten" Unterhaltsverhältnissen sollten nicht auf den notwendigen Unterhalt abgesenkt werden. Dagegen verhilft die Bestimmung dem Ehegatten, dessen Unterhalt nach den ehelichen Lebensverhältnissen allenfalls oder noch nicht einmal „Mindestbedarfssätze" erreichte, nicht zu einem erhöhten Unterhalt, wenn sich später die Einkommensverhältnisse des Verpflichteten verbessern (so wohl auch Hahne FamRZ 1986, 305 [309], unklar allerdings S 310; Hamm FamRZ 1998, 292). 47

§ 1578

48 **bb)** Unglücklich ist das Richtmaß „angemessener Lebensbedarf" gewählt. Nach dem alten Unterhaltsverständnis konnte man den „vollen" Unterhalt im Sinne der §§ 1573 II, 1577 II, der sich an den ehelichen Lebensverhältnissen im Sinne des § 1578 I S 1 ausrichtete, als den „angemessenen Unterhalt" betrachten (Hampel FamRZ 1984, 621; Schwab FamRZ 1986, 128). In Zukunft umfaßt der „volle" Unterhalt (§§ 1573 II, 1577 II) sowohl den an den ehelichen Lebensverhältnissen ausgerichteten (§ 1578 I S 1) als auch den „angemessenen" Lebensbedarf (§ 1578 I S 2) (undeutlich BGH FamRZ 1986, 886 bei 5a, der unter dem „vollen" Unterhalt offenbar den an den ehelichen Lebensverhältnissen im Sinne des § 1578 I S 1 ausgerichteten Unterhalt versteht).

Dieser ist nicht mit dem „angemessenen Unterhalt" des Verwandtenunterhaltsrechts (§ 1610 I) zu verwechseln, in dem die Lebensstellung des Bedürftigen über die Angemessenheit des Unterhalts entscheidet. Er entspricht nicht dem „angemessenen eigenen Unterhalt", der den Verpflichteten im Sinne des § 1581 vor einer Inanspruchnahme auf den „vollen" Unterhalt schützen soll. Er eröffnet auch nicht den Weg zu einem allgemeinen „Warenkorbdenken" und zu einem „Tabellenunterhalt nach Bedarfssätzen", der auf das gegenwärtige Einkommen des Verpflichteten eingestellt ist, zu einem Billigkeitsunterhalt im Sinn von § 1581 (BGH FamRZ 1986, 886) oder zu einem „Mindestunterhalt" (s aber auch Diederichsen NJW 1986, 1283 [1288]; Hahne FamRZ 1986, 305 [309]).

49 **c) Maßstab.** Der angemessene „Lebensbedarf" im Sinne des § 1578 I S 2 für den geschiedenen Ehegatten ist individuell zu bestimmen (so wohl auch BGH FamRZ 1986,), und zwar mit Abschlägen vom „vollen Unterhalt" im Sinne des § 1578 I S 1. Beim Angemessenheitsurteil ist auf die Zielvorstellung des Rechtsausschusses (BT-Drucks 10/4514, 22) zu achten, die Unterhaltserwartungen auf den Ausgleich ehebedingter Nachteile zu beschränken (BGH FamRZ 1986, 886) – dies aber mit Vorbehalten. Die wirtschaftliche Stellung, die der Berechtigte vor der Ehe innehatte oder ohne die Ehe erreicht hätte, ist mit ehebedingten Nachteilen in Beziehung zu setzen, die der Verpflichtete erlitten hat (vgl den Ansatz bei Bamberg FamRZ 1988, 1277). Zudem ist das Lebensrisiko einer Ehe, die zu einem „sozialen Abstieg" des Berechtigten geführt hat, nicht mit einem Rückgriff auf die voreheliche oder doch auf die ohne Ehe mögliche Lebensstellung des Berechtigten auszugleichen – dies auch dann nicht, wenn sich die Einkommensverhältnisse der Verpflichteten nach der Scheidung verbessern (Hahne FamRZ 1986, 305 [309]).

50 **d) Unbilligkeitsprüfung.** Wie bei § 1573 V zählt das Gesetz die Beurteilungsmerkmale für die Unbilligkeitsprüfung (Dauer der Ehe, Gestaltung von Haushaltsführung und Erwerbstätigkeit, Kindesbetreuung) nur beispielhaft und nicht erschöpfend auf. Berücksichtigungsfähig sind also auch andere Umstände oder auch der Alters- oder Gesundheitszustand. Da § 1578 I S 2 aber (vom Ansatz her wie § 1579) alle Unterhaltsansprüche betrifft und gerade die Unterhaltserwartungen des Ehegatten senken soll, der ehebedingte Nachteile nicht erlitten hat (BT-Drucks 10/4514, 22), wird man Umstände außer acht lassen müssen, die mit der Ehe in keinem Zusammenhang stehen. So kann eine Krankheit berücksichtigt werden, wenn sie (oder deren Verschlimmerung) auf besondere Belastungen in der Ehe zurückzuführen ist (BGH FamRZ 1986, 886 [888]), nicht aber schlechthin. Die Rechtsfolgen eines Fehlverhaltens des Unterhaltsberechtigten sind in § 1579 abschließend geregelt und daher im Rahmen der Billigkeitsabwägung nicht mehr zu beachten (BGH FamRZ 1986, 886: Je mehr die Bedürftigkeit auf ehebedingte Nachteile, wie Aufgabe der Erwerbstätigkeit, Vermögensdispositionen oder Erkrankung als Folge der Mithilfe beim Bau des Familienheims, zurückzuführen ist, desto weniger kommt eine zeitliche Begrenzung des Unterhalts in Betracht). Bei bedarfserhöhendem Surrogats-Einkommen des früher haushaltsführenden Ehegatten ist eine Befristung des vollen Unterhalts zwar nach der Rspr des BGH (FamRZ 2001, 986) zu prüfen, aber wegen des verfassungsmäßigen Rechts des Ehegatten auf gleiche Teilhabe kaum durchführbar (Maier NJW 2003, 1631).

51 **e) § 1573 V.** Die im Gesetz erwähnten Beurteilungsmerkmale stimmen mit den Beurteilungsmerkmalen bei der **Unbilligkeitsprüfung** im Rahmen des § 1573 V überein. Auf die Erläuterungen dort kann deshalb verwiesen – dies allerdings nur mit Vorbehalten wegen der verschiedenen Ziele der beiden Bestimmungen. Da es bei § 1578 I S 2 nicht – wie bei § 1573 V iVm § 1573 I – um das Risiko des Arbeitsmarktes im Erwerbsleben, sondern vornehmlich darum geht, ehebedingte Vorteile nicht auf Dauer aufrechtzuerhalten, können die einzelnen Beurteilungsmerkmale in beiden Bestimmungen verschiedenes Gewicht erlangen. Erscheint es im Hinblick auf Kindesbetreuung etwa billig, das Risiko des Arbeitsmarktes beim Verpflichteten zu belassen, ist es trotzdem statthaft, die Unterhaltserwartungen gem § 1578 I S 2 zu begrenzen, wenn der Berechtigte ehebedingte Nachteile nicht erlitten hat. § 1578 I S 2 und § 1573 V können jeweils allein oder nebeneinander angewandt werden (BGH FamRZ 2000, 1499).

52 **f) Einzelheiten zur Herabsetzungsentscheidung. aa)** Der an den ehelichen Lebensverhältnissen (§ 1578 I S 1) ausgerichtete Unterhalt ist **nicht sofort**, sondern erst nach einer gewissen Zeitspanne zu kürzen, die nicht in ein strenges Verhältnis zur Dauer der Ehe – gerechnet von der Eheschließung bis zur Zustellung des Scheidungsantrags – zu setzen ist (BGH FamRZ 1986, 886 [889]); denn dem Berechtigten soll eine Übergangszeit eröffnet werden, um sich auf die neue Sachlage einstellen zu können. Diese Übergangszeit muß bei Ehen von verhältnismäßig „kurzer" Dauer nicht nur Monate betragen (Hamm FamRZ 1986, 908 [909]); sie braucht aber auch bei Ehen von „längerer" Dauer nicht auf etliche Jahre ausgedehnt zu werden (Bamberg FamRZ 1988, 1277 [1280] gegen Düsseldorf FamRZ 1987, 162 [165]). Trennungszeiten, die der Scheidung vorausgehen, können sich – ähnlich wie bei der Entscheidung zur Zeitgrenze gem § 1573 V – auswirken.

53 **bb)** Die im Gesetz erwähnten (und nicht erwähnten) Entscheidungsmerkmale sollten nicht nur bei der Frage nach der Zeitgrenze für die Unterhaltserwartungen gem Abs I S 1 Bedeutung erlangen, sondern auch für das Ersatzrichtmaß gem § 1578 I S 2, das mit der Formel vom „angemessenen Lebensbedarf" auf eine „dem Einzelfall gerecht werdende Bemessungsgrundlage" (BGH FamRZ 1986, 886 [889]) und damit auf eine individuelle Bestimmung abzielt. In der (vollen) Erwerbstätigenehe, in sich die Eheleute (mehr oder weniger) die Hausarbeit teilen oder den Haushalt einem Dritten überlassen, wird regelmäßig die vom Beruf des Berechtigten geprägte Lebensstellung über die Unterhaltserwartungen entscheiden – dies vor allem dann, wenn der Berechtigte durch die Ehe keine Berufsnachteile erlitten hat. Kindesbetreuung (Abs I S 2 Hs 2) steht zwar in der Regel einer Herabsetzung der Unterhaltserwartungen entgegen, nicht aber schlechthin. So muß vor allem eine Sorgerechtsentscheidung zugunsten eines berufstätigen Ehegatten nicht dessen nacheheliche Unterhaltserwartungen auf Dauer festschreiben, wenn es an ehebedingten Nachteilen fehlt (Hahne FamRZ 1986, 305 [308]). Die ehebedingten Nachteile, die der Verpflichtete aus Rücksicht auf den Berechtigten erlitten hat, sollten ebenfalls zu beachten sein (Bsp: der Verpflichtete hat während der Ehe eine – mit einem Ortswechsel verbundene – einkommenstrรัchtige Erwerbstätigkeit ausgeschlagen, weil sich der Berechtigte nicht aus seiner Umgebung lösen wollte. Wäre es zu dem Stellungswechsel gekommen, hätte der Verpflichtete zwar wegen des erhöhten Lebensstandards für den Berechtigten mehr Unterhalt zahlen müssen, für seinen eigenen Bedarf aber auch mehr behalten.).

„Mindestbedarfssätze" für den unterhaltsberechtigten Ehegatten sind für den „angemessenen" Lebensbedarf im Sinne des Abs I S 2 allenfalls dann von Belang, wenn die ehelichen Lebensverhältnisse (Abs I S 1) Unterhaltserwartungen über dieser Größenordnung gewährleistet haben. Nachdem die Höhe des nach den ehelichen Lebensverhältnissen bemessenen Unterhalts im Verhältnis zu den dem Unterhaltspflichtigen verbleibenden Mitteln jedoch stets ein für die Billigkeitsprüfung wichtiger Anhaltspunkt ist (BGH FamRZ 1988, 817), wird eine Herabsetzung unterhalb des Existenzminimums kaum in Betracht kommen (Hamm FamRZ 1998, 292). Auch wird der voreheliche Lebensstandard grundsätzlich nicht unterschritten werden können (BGH FamRZ 1986, 886).

Statthaft sollte es auch sein, das Maß der Unterhaltserwartungen „schrittweise" zu senken und damit „Übergänge" zu schaffen (Celle FamRZ 1987, 69f) – vor allem auch bei der „Zweiverdienerehe". Die – zulässige (Hamm FamRZ 1986, 908 [909f]) – Verbindung von Herabsetzung des Richtmaßes (§ 1578 I S 2) und zeitlicher Begrenzung des Anspruchs (§ 1573 V) dürfte nicht die einzige Lösung sein, Übergangshärten zu mildern.

Zweifelhaft ist es dagegen, ob man bei der Herabsetzung unter „angemessenem Lebensbedarf" im Sinne des Abs I S 2 auch einen Unterhalt verstehen darf, der von dem – ohnehin problematischen – Vorsorgeanteil für Alter und Erwerbsunfähigkeit (Abs III) entlastet ist und nur noch gegenwärtigen Bedarf deckt. Wortlaut und Entstehungsgeschichte sprechen nicht für eine derartige Lösung, auch wenn sie praktikabel erscheint. Der BGH (FamRZ 1989, 483 [486f]) hält offenbar sowohl den Fortfall des Altersvorsorgeunterhalts als auch eine erhebliche Kürzung des Krankenvorsorgeunterhalts für statthaft.

g) Rechtsfolge. Abs I S 2 gestattet **nur die Herabsetzung, nicht den Wegfall des vollen oder herabgesetzen** 54 **Unterhalts** (BGH FamRZ 1999, 710). Das herabgesetzte Richtmaß wirkt sich jedoch auf den Unterhaltsanspruch aus, und zwar dem Grunde nach. Dieser verringert sich oder entfällt ganz – etwa wenn der Berechtigte seinen Unterhalt aus dem geminderten Lebensstandard aus eigenen tatsächlichen oder anrechenbaren fiktiven Einkünften oder aus eigenem Vermögen bestreiten kann (BR-Drucks 501/84, 20).

h) Verhältnis zu anderen Bestimmungen. Ein Aufstockungsanspruch (§ 1573 II) kann nach der Herabsetzung 55 des Richtmaßes in der Regel nicht entfallen; besteht er trotz der Kürzung fort, kann er gem § 1573 V ausgeschlossen werden. Da § 1578 I S 2 das Richtmaß für den „vollen" Unterhalt verschiebt, wirkt sich das neue Richtmaß auf der Anrechnung eigener (auch „fiktiver") Einkünfte aus. § 1579 geht wegen seiner schärferen Anforderungen § 1578 I S 2 vor, soweit ein „Fehlverhalten" des Berechtigten im Sinne des § 1579 Nr 2–6 in Frage steht. Bei Überschneidungen mit § 1579 Nr 1 (Ehe von kurzer Dauer) und § 1579 Nr 7 (sonstiger wichtiger Grund, der sich auch aus allein den Unterhaltspflichtigen objektiv unzumutbar belastenden Umständen ergeben kann, Celle FamRZ 1986, 910), kann das Richtmaß der Unterhaltserwartungen bereits unter den „leichteren" Voraussetzungen des § 1578 I S 2 herabgesetzt werden. Nach der Formulierung des BGH (FamRZ 1989, 483, 486 zu § 1573 V) wird § 1579 Nr 1 durch Abs I S 2 „faktisch verdrängt". Fehlleistungen in Haushalt und Beruf können im Hinblick auf das Merkmal „Gestaltung von Haushaltsführung und Erwerbstätigkeit" wohl nicht unterhalb der Einsatzschwelle des § 1579 berücksichtigt werden (aA Erman/Dieckmann[10] Rz 62). Eine Herabsetzung des Unterhalts gem § 1578 I S 2 schließt eine weitere Kürzung der Unterhaltserwartungen (aus anderen Gründen) gem § 1579 nicht aus. Eine Kürzung des Unterhaltsanspruchs gem § 1579, die noch nicht die Unterhaltsgrenze des § 1578 I S 2 erreicht hat, steht einer weiteren Kürzung gem Abs I S 2 nicht entgegen. Auch ein verminderter Unterhaltsanspruch schlägt in einen Billigkeitsanspruch gem § 1581 um, wenn der „angemessene Eigenbedarf" des Verpflichteten nicht gewährleistet bliebe; Abs I S 2 verschiebt aber das Richtmaß für den angemessenen Eigenbedarf des Verpflichteten nicht.

i) Verfahrensfragen. Über die Zeitgrenze für den Unterhalt nach Abs I S 1 und über den Ersatzmaßstab hat das 56 Gericht bereits im Streit um den Unterhalt zu entscheiden und dabei die vorhersehbare Entwicklung zu beachten (BGH FamRZ 2001, 905). Eine spätere unvorhersehbare wesentliche Änderung der Verhältnisse kann der Verpflichtete mit der Abänderungsklage gemäß § 323 ZPO geltend machen (BT-Drucks 10/4514, 22).

9. Beweislast

Der Unterhaltsberechtigte muß den Bedarf (Maß und Umfang des Unterhalts) nach den ehelichen Lebensver- 57 hältnissen darlegen und gegebenenfalls beweisen. Dies gilt auch insoweit, als der Bedarf vom Einkommen des Verpflichteten abhängt. Ihm steht dafür ein Auskunftsanspruch nach § 1580 zur Verfügung, den er auch in Form der Stufenklage (§ 254 ZPO) zusammen mit dem Ansprüchen auf Belegvorlage, eidesstattliche Versicherung und Zahlung geltendmachen kann. In der Praxis wird indes selten auf diesem Weg vorgegangen, teils weil Auskunftsklagen regelmäßig zwar erfolgreich sind, aber das Verfahren verzögern, teils, weil der Verpflichtete nach § 138 IV ZPO den Vortrag über sein Einkommen nicht lediglich bestreiten kann, sondern ihm substantiierte Behauptungen entgegensetzen muß. Legt er nicht selbst Einkommensnachweise, etwa Gehaltsbescheinigung, vor, muß er damit rechnen, dies aufgrund einer vorbereitenden Maßnahme des Gerichts nach § 273 ZPO tun zu müssen. Im tatsächlichen Ergebnis muß deswegen grundsätzlich jeder Ehegatte sein Einkommen darlegen und belegen. Dies gilt insbesondere für Einkommensänderungen während des Verfahrens (§ 138 ZPO).

§ 1578a

1578a *Deckungsvermutung bei schadensbedingten Mehraufwendungen*
Für Aufwendungen infolge eines Körper- oder Gesundheitsschadens gilt § 1610a.

1. Zweck und Einordnung der Vorschrift. Die – am 23. 1. 1991 in Kraft getretene (BGBl I 46) – Vorschrift übernimmt für das nacheheliche Unterhaltsrecht die in § 1610a aufgestellte Vermutung: Sozialleistungen für Aufwendungen wegen eines Körper- oder Gesundheitsschadens überstiegen nicht die Kosten der Aufwendungen, für die sie gedacht seien. Das Gesetz will mit dieser Vermutung in Unterhaltsstreitigkeiten den Leistungsempfänger begünstigen, der die Deckungsgleichheit von schadensbedingtem Mehrbedarf nicht darlegen und beweisen muß, um die Sozialleistung der Unterhaltsabrechnung fernzuhalten (BT-Drucks 11/6153, 5f). Die Bestimmung entzieht Sozialleistungen dieser Art aber nicht schlechthin dem nachehelichen Unterhaltsrecht – (wie etwa § 9 BErzGG das Erziehungsgeld, abgesehen von der Härtefallregelung des § 1579). Sie begnügt sich vielmehr mit einer **widerlegbaren Vermutung.** Die Vorschrift betrifft nur öffentliche Sozialleistungen. Privatrechtliche Unfallrenten bleiben ebenso außer Betracht wie Schmerzensgeldrenten (Künkel FamRZ 1991, 1131 [1132]) oder Zinserträge eines Schmerzensgeldkapitals. Sie ist als Ausnahmevorschrift für einen ganz bestimmten Sachverhalt auf andere Sachverhalte nicht entsprechend anzuwenden – etwa bei „Aufwandsentschädigungen" welcher Art auch immer (BGH FamRZ 1986, 780). Die Vermutung gilt nicht für nacheheliche Unterhaltsansprüche aus dem Ehegesetz (Hamm FamRZ 1991, 1198f).

2. Geltungsbereich. a) Einkommen. Zu beachten ist diese Vorschrift bei der Bestimmung der ehelichen Lebensverhältnisse iSd § 1578 I S 1 (Hamm FamRZ 1991, 1199 [1200]), bei der Anrechnung eigener Einkünfte (§ 1577) und bei der Leistungsfähigkeit des Schuldners (§ 1581). Bei der Bedarfsbestimmung greift die Vermutung übrigens auch dann ein, wenn sie den Leistungsempfänger nicht begünstigt (Rz 6).

b) Die Vermutung des § 1610a gilt nur für „**Sozialleistungen**", also für (unmittelbare) Geld- und Sachzuwendungen. Mittelbare Vergünstigungen – etwa die Auswirkungen eines Freibetrags für Schwerbehinderte – sollten außer Betracht bleiben (Künkel FamRZ 1991, 1131 [1132]). Diese Sozialleistungen müssen als eine Art Aufwendungsersatz für einen Mehrbedarf gedacht sein, den Körper- oder Gesundheitsschäden auslösen. Dazu gehören neben den Leistungen aus der Pflegeversicherung (Büttner FamRZ 1995, 193) ua (BT-Drucks 11/6153, 7) die Führzulage nach § 14 BVG, der Pauschbetrag für Kleider- und Wäscheverschleiß nach § 15 BVG, Zuschüsse nach § 11 BVG iVm der Orthopädieverordnung, Kostenerstattungen für Maßnahmen der Heil- und Krankenbehandlung oder einer Badekur nach § 18 BVG, Kriegsopferfürsorgeleistungen, die Grundrente nach § 31 BVG, die Schwerstbeschädigtenzulage nach § 31 V BVG und die Pflegezulage nach § 35 BVG. Auf diese Leistungen trifft § 1610a auch dann zu, wenn das Bundesversorgungsgesetz nur aufgrund eines anderen Gesetzes entsprechend anwendbar ist, wie etwa gem § 51 BSeuchenG. Aber auch Leistungen aufgrund anderer Gesetze können erfaßt werden – etwa Geldleistungen an Schwerbehinderte gem § 31 III S 1 Nr 1 SchwbG iVm § 1ff Ausgleichsabgabenverordnung (Künkel FamRZ 1991, 1131 [1132 bei Anm 9]). Die Vermutung sollte aber auch dann eingreifen, wenn die Sozialleistung auch dem Ausgleich immaterieller Beeinträchtigungen dient (BT-Drucks 11/6153, 6). Indes können sich in diesem Ausgleichsbereich Schwierigkeiten ergeben; (vgl etwa die bisherige Rspr zum Blindengeld; s einerseits Karlsruhe FamRZ 1990, 1240 [1241]: keine Anrechnung als unterhaltserhebliches Einkommen; andererseits Hamm FamRZ 1990, 405: Sozialleistung grundsätzlich anrechenbar, aber im Einzelfall durch konkret dargelegten Mehrbedarf aufgezehrt; Saarbrücken FamRZ 1988, 1183 [allerdings zu §115ZPO]: grundsätzlich anrechenbar und nur zu einem Teil anrechnungsfrei).

c) Einkommensersatz. Die Vermutung erfaßt dagegen nicht Leistungen mit Einkommensersatzfunktion (BT-Drucks aaO) – etwa das Versorgungskrankengeld nach § 16ff, der Berufsschadensausgleich nach § 30, die Ausgleichsrente nach § 32 BVG (Hamm FamRZ 1992, 186) oder eine Arbeitsunfallrente (Hamm FamRZ 2001, 441).

3. Widerlegung der Vermutung. Die Vermutung ist widerlegbar. Der Gegner des Sozialleistungsempfängers muß darlegen und notfalls beweisen, ob die Zuwendung der leistungsbezogenen Aufwendungen übersteigt und dem Empfänger ermöglicht, andere Ausgaben zu bestreiten oder Ersparnisse zu bilden. Im Streit um die Leistungsfähigkeit (§ 1581) ist das der Gläubiger, im Streit um die Eigendeckung des Unterhalts (§ 1577) ist das der Schuldner. Da das Gesetz nur der Vermutung „Sozialleistung gleich gesundheitsbedingter Mehrbedarf" arbeitet, ist die Vermutung schon dann widerlegt, wenn der Beweispflichtige dartut, die Sozialleistung übersteige den gesundheitsbedingten Mehraufwand; auf die Höhe des Überschusses kommt es nicht an. Ist die gesetzliche Vermutung entkräftet, ist der gesundheitsbedingte Mehrbedarf wieder nach allgemeinen Grundsätzen darzutun und zu beweisen (so wohl auch Künkel FamRZ 1991, 1131 [1134]). In diesem Fall können aber Beweiserleichterungen allgemeiner Art helfen (BT-Drucks 11/6153).

1579 *Beschränkung oder Wegfall der Verpflichtung*
Ein Unterhaltsanspruch ist zu versagen, herabzusetzen oder zeitlich zu begrenzen, soweit die Inanspruchnahme des Verpflichteten auch unter Wahrung der Belange eines dem Berechtigten zur Pflege oder Erziehung anvertrauten gemeinschaftlichen Kindes grob unbillig wäre, weil
1. die Ehe von kurzer Dauer war; der Ehedauer steht die Zeit gleich, in welcher der Berechtigte wegen der Pflege oder Erziehung eines gemeinschaftlichen Kindes nach § 1570 Unterhalt verlangen konnte,
2. der Berechtigte sich eines Verbrechens oder eines schweren vorsätzlichen Vergehens gegen den Verpflichteten oder einen nahen Angehörigen des Verpflichteten schuldig gemacht hat,
3. der Berechtigte seine Bedürftigkeit mutwillig herbeigeführt hat,
4. der Berechtigte sich über schwer wiegende Vermögensinteressen des Verpflichteten mutwillig hinweggesetzt hat,

5. der Berechtigte vor der Trennung längere Zeit hindurch seine Pflicht, zum Familienunterhalt beizutragen, gröblich verletzt hat,
6. dem Berechtigten ein offensichtlich schwer wiegendes, eindeutig bei ihm liegendes Fehlverhalten gegen den Verpflichteten zur Last fällt oder
7. ein anderer Grund vorliegt, der ebenso schwer wiegt wie die in den Nummern 1 bis 6 aufgeführten Gründe.

1. Zweck und Einordnung der Vorschrift

a) **Ausschlußtatbestand.** Die negative Härteklausel beschränkt den Unterhaltsanspruch, indem der Verpflichtete vor übermäßigen Belastungen verschont wird und gewährleistet die Verfassungsmäßigkeit des verschuldensunabhängigen Unterhaltsrechts (BVerfG FamRZ 1981, 745; BGH FamRZ 1990, 492). Die Bestimmung enthält eine besondere Ausgestaltung des Grundsatzes von Treu und Glauben und schließt in ihrem Anwendungsbereich den Rückgriff auf § 242, insbesondere die Verwirkung, aus (BGH FamRZ 1982, 898). Die Bestimmung ist nicht auf Einrede, sondern von Amts wegen zu berücksichtigen. Der Anwendungsbereich der Vorschrift ist auf Ausnahmesachverhalte beschränkt. Sie darf nicht dazu benutzt werden, die gesetzliche Regelung in ihr Gegenteil zu verkehren (BGH FamRZ 1980, 291). Der Tatbestand des § 1579 darf nicht mit Rücksicht auf eine sonst eingreifende lebenslange Unterhaltsverpflichtung über seinen vorgegebenen Anwendungsbereich ausgedehnt werden (BGH FamRZ 1999, 710). § 1579 beschränkt den einheitlichen Anspruchs auf nachehelichen Unterhalt dem Grunde nach. Eine Beschränkung wirkt sich daher auch auf einen Anschlußunterhalt aus.

b) **Prüfungsfolge.** Bei der Anwendung ist in drei Schritten vorzugehen: (1) Feststellung eines Ausschlußgrundes der Nr 1 bis 6 oder des Auffangtatbestandes der Nr 7 (ohne Billigkeitserwägungen). (2) Würdigung, daß und inwieweit wegen dieses Ausschlußgrundes unter Berücksichtigung aller Umstände, namentlich der Wahrung der Belange des vom Berechtigten betreuten gemeinschaftlichen Kindes, die Inanspruchnahme des Verpflichteten grob unbillig wäre. (3) Wertende Folgerung, inwieweit zur Vermeidung der groben Unbilligkeit der Unterhaltsanspruch zeitlich zu begrenzen, herabzusetzen oder zu versagen ist. Während bei der Zumutbarkeitsprüfung des zweiten Schritts der Tatrichter einen vom Revisionsgericht nur eingeschränkt überprüfbaren Beurteilungsspielraum hat, ist die Rechtsfolge des dritten Schritts zwingend vorgeschrieben.

c) Abgesehen von Nr 1, ist die Bestimmung auf den **Trennungsunterhalt** entspr anwendbar (§ 1361 III).

d) § 1579 betrifft auch **aufhebbare Ehen** (§§ 1313ff), soweit gem § 1318 nacheheliches Unterhaltsrecht eingreift. Krankt eine geschiedene Ehe an einem Aufhebungsgrund, der für einen Ehegatten nacheheliches Unterhaltsrecht ausschließt (§ 1318 I, II), ist die Befreiung von der Unterhaltslast durch einen Zusatz zum Scheidungsurteil zu erwirken (vgl BGH FamRZ 1996, 1209); der Betroffene sollte sich aber auch im Unterhaltsstreit auf § 1579 Nr 7 berufen können (vgl Hamm FamRZ 1987, 947 zum alten Recht). Zum früheren Recht vgl 9. Aufl.

e) **Scheidung nach altem Recht.** Unterhaltsansprüche, die sich (noch) nach §§ 58ff EheG richten, unterstehen auch dessen Einschränkungsregeln (§§ 65f EheG); § 1579 gilt nicht (BGH FamRZ 1982, 259). Nach Meinung des AG München (FamRZ 1995, 1491) ist der Rechtsgedanke des § 1579 Nr 7 bei einer Altscheidung auf den Billigkeitsanspruch anzuwenden, der gem § 60 EheG nur einen Beitrag zum Unterhalt verheißt und zeitlich begrenzt ist).

f) **Parallelvorschriften.** Das LPartG verweist in § 16 II S 2 auf § 1579. Parallelvorschrift im Verwandtenunterhaltsrecht ist § 1611.

2. Die einzelnen Ausschlußgründe

a) **Ehe von kurzer Dauer (Nr 1).** Das Vertrauen auf die volle unterhaltsrechtlichen Solidarität des anderen Ehegatten erscheint nicht gerechtfertigt, wenn die Ehegatten so kurz verheiratet waren, daß es nicht zu einer tieferen gegenseitigen Abhängigkeit und wirtschaftlichen Verflechtung der beiderseitigen Lebenspositionen gekommen ist (BGH FamRZ 1981, 140). Ausnahmsweise erscheint deswegen die Beschränkung der grundsätzlich lebenslangen Unterhaltsverpflichtung geboten.

aa) Die Ehe währt zwar von der Eheschließung bis zur Rechtskraft des Scheidungsurteils. Im Sinne der Nr 1 begrenzt indes die herrschende Meinung – entsprechend §§ 1384, 1587 II – die **Dauer der Ehe** mit der Rechtshängigkeit des Scheidungsantrags (BGH FamRZ 1990, 492; 1981, 140), und zwar des Antrags, der zur Scheidung geführt hat; ein früher gestellter erfolgloser Antrag bleibt außer Betracht (BGH FamRZ 1986, 886). Haben geschiedene Eheleute einander wiedergeheiratet, sind die Zeiten der beiden Ehen nicht zusammenzuzählen (Hamm FamRZ 1989, 1091). Tatsächliches Zusammenleben ist für die Dauer der Ehe nicht entscheidend (BGH FamRZ 1979, 569; 1980, 981). Trennungszeiten kürzen die Ehe nicht ab (BGH FamRZ 1982, 894 [895]), können sich aber im Rahmen der Nr 7 auswirken (Dieckmann FamRZ 1977, 81 [104]; BGH FamRZ 1988, 930;) und für die Billigkeitsschranken der §§ 1573 V, 1578 I S 2 Bedeutung gewinnen. Vor- oder nacheheliches Zusammenleben verlängert die Dauer der Ehe nicht. Voreheliches Verhalten kann aber bei Abgrenzungen innerhalb der „kritischen" Frist (vgl Rz 6) insofern entscheidungserheblich sein, soweit es um die Frage geht, ob die Parteien ihre Lebensführung aufeinander eingestellt haben (BGH FamRZ 1986, 886; 1995, 1406).

bb) Wann eine Ehe nur von kurzer Dauer ist, sagt das Gesetz nicht. Der BGH geht einmal von Regelvorstellungen aus, nach denen Ehen bis zu zwei Jahren als „kurz" (FamRZ 1981, 140 [142]) und Ehen ab einer Dreijahresdauer nicht mehr als kurz zu erachten seien (FamRZ 1982, 254; 1986, 886 [887]; 1999, 710: $5^{1}/_{4}$ Jahre nicht kurz). Er stellt auf die Lebenslage der einzelnen Eheleute ab und läßt dabei das Maß der Verflechtung der beiderseitigen Lebensdispositionen und den Grad der wechselseitigen Abhängigkeit der Partner im Hinblick auf ein gemein-

§ 1579

schaftliches Lebensziel entscheiden (BGH FamRZ 1981, 140; 1982, 254). Auch bei einer Eheschließung im Alter können nicht allgemein andere zeitliche Grenzen als bei Heirat in jungen Jahren gezogen werden (BGH FamRZ 1982, 582). Eine Bindung der Dauer der Unterhaltspflicht an die Ehedauer sieht das Gesetz nicht vor. Es besteht grundsätzlich eine lebenslange Unterhaltsverpflichtung, auch bei der kinderlosen Ehe, soweit nicht im Einzelfall Beschränkungen eingreifen (BGH FamRZ 1999, 710). Der zeitlichen Konkretisierung des BGH ist zuzustimmen (kritisch Erman/Dieckmann[10] Rz 6). Sie erleichtert die Rechtsanwendung und ermöglicht es, besonderen Umständen des Einzelfalls Rechnung zu tragen.

10 cc) Die **Ehedauer** verlängert sich um die Zeit, in welcher der Berechtigte Betreuungsunterhalt gem § 1570 fordern konnte, nicht jedoch um die Zeit, in welcher er voraussichtlich einen Anspruch auf Betreuungsunterhalt haben wird (BVerfG FamRZ 1989, 941; 1990, 492; überholt BGH FamRZ 1987, 572). Nach der Rspr des BVerfG (FamRZ 1989, 941) schließt Kindesbetreuung nicht von vornherein einen Unterhaltsausschluß aus. Es ist zunächst von der tatsächlichen Ehezeit auszugehen und, wenn diese kurz ist, die zur Wahrung der Belange des Kindes gesetzlich vorgesehene Abwägung vorzunehmen. Behauptet der Verpflichtete eine kurze Ehezeit, muß sich das Gericht damit auseinandersetzen, um den Grundsatz des rechtlichen Gehörs zu wahren (BVerfG FamRZ 1992, 782).

11 dd) Eine kurze Ehedauer schließt allein den Unterhaltsanspruch nicht aus, auch nicht die Betreuung eines Kindes. Zusätzlich ist zu prüfen, ob die Inanspruchnahme des Verpflichteten grob unbillig wäre (BVerfG FamRZ 1992, 1283). Je kürzer indes die Ehe ist, desto mehr kann die innere Berechtigung für eine unbeschränkte Unterhaltsverpflichtung fehlen (BGH FamRZ 1989, 483). Je länger die Ehe über zwei Jahre dauert, desto mehr ist auf die konkreten Umstände einzugehen, die die grobe Unbilligkeit begründen (BGH FamRZ 1982, 582). Ehebedingte Nachteile, die sich nicht mehr auswirken, können nicht berücksichtigt werden, etwa der Verlust des Unterhaltsanspruchs gegen den ersten Ehegatten, wenn dieser leistungsunfähig ist (BGH FamRZ 1989, 483). Vor einem völligen Ausschluß des Unterhalts ist zu prüfen, ob die umfängliche oder zeitliche Beschränkung zur Vermeidung einer unzumutbaren Belastung des Verpflichteten ausreicht (BGH FamRZ 1982, 582).

12 b) **Straftaten des Berechtigten gegen den Verpflichteten (Nr 2).** Die Unterhaltsschranke der Nr 2 entspricht unterhaltsrechtlich dem Pflichtteilsentziehungsgrund des § 2332 Nr 3 und (im wesentlichen) der Sperre des § 1611 I S 1 Fall 3 im Recht der Verwandtenunterhalts. Nr 2 ist eine besondere Ausformung der Verwirkung.

13 aa) Als **Straftaten** kommen nur Verbrechen (§ 12 I StGB) und schwere vorsätzliche Vergehen (§ 12 II StGB) in Betracht. In der Praxis spielen vor allem eine Rolle Körperverletzungen (BGH FamRZ 1984, 34; Koblenz FamRZ 1991, 1312; FamRZ 1998, 745 – Mitverschulden ist zu berücksichtigen; siehe aber auch Düsseldorf FamRZ 1983, 585), fortgesetzte schwere Beleidigungen, Verleumdungen und schwerwiegende falsche Anschuldigungen, die sich auf die persönliche und berufliche Entfaltung des Unterhaltspflichtigen auswirken (BGH NJW 1982, 100; Koblenz FamRZ 1991, 1312), Falschaussagen im Ehelichkeitsanfechtungsprozeß (Bremen FamRZ 1981, 953) und Prozeßbetrug in Unterhaltssachen durch falsche Angaben über die Bedürftigkeit (BGH FamRZ 1990, 1095 – Abbruch des Studiums verschwiegen; FamRZ 1981, 539; 1984, 32 zu § 66 EheG; vgl auch BGH FamRZ 2000, 153 zu § 138 ZPO; Celle FamRZ 1991, 1313 – Arbeitseinkommen verschwiegen; Frankfurt FamRZ 1990, 1363 – Renteneinkommen verschwiegen; siehe aber auch Frankfurt FamRZ 1992, 327 – betrügerisches Verschweigen unerheblich, sofern nur Mindestunterhalt umkämpft; Oldenburg FamRZ 1991, 827 – Pflegegeld verschwiegen; Düsseldorf FamRZ 1989, 61 – Einkommensverschweigung im Abänderungsverfahren; Zweibrücken FamRZ 1996, 220 – substantiiertes Leugnen eigener Einkünfte; Karlsruhe FamRZ 1995, 1488 – wahrheitswidriges Bestreiten der Einnahmen aus Telefonsex. Auch außerhalb eines Verfahrens kann sich das Verschweigen von Einkünften als Betrug(sversuch) erweisen (vgl Schleswig FamRZ 1996, 221, bestätigt durch BGH FamRZ 1997, 483; Koblenz FamRZ 1997, 1338). Bei Verletzung der Pflicht zur ungefragten Information muß das Verschweigen von Einkommen evident unredlich sein (BGH FamRZ 1997, 483). Als Prozeßbetrug wird auch das Bestreiten oder Verschweigen anderer unterhaltsschädlicher Tatsachen gewertet – vor allem unrichtige Angaben über das Verhältnis zu einem neuen Partner (vgl Stuttgart FamRZ 1997, 419; Hamm FamRZ 1997, 1337). Für die Schwere des Vergehens ist auch die Dauer der Beeinträchtigung von Bedeutung und ob der andere empfindlich getroffen wurde (BGH FamRZ 1997, 483). Gleichgültig ist die Begehungsform (Vollendung, Versuch) – auch, ob die Straftat verfolgt worden ist oder nicht. Nr 2 greift auch dann ein, wenn es sich um ein Antragsdelikt handelt (Diebstahl oder Unterschlagung unter Ehegatten, § 247 StGB) und der Beeinträchtigte keinen Strafantrag gestellt hat. Nr 2 setzt Schuldfähigkeit des Berechtigten voraus; verminderte Schuldfähigkeit kann die grobe Unbilligkeit ausschließen (BGH NJW 1982, 100), sie muß das aber nicht (Hamm NJW 1991, 1119). An die tatsächlichen Feststellungen in einem Strafurteil ist der Zivilrichter nicht gebunden (vgl § 14 II Nr 1 EGZPO), auch nicht an die rechtliche Würdigung (Freispruch oder Verurteilung).

14 bb) Die Straftat muß sich **gegen den Verpflichteten oder einen nahen Angehörigen** des Verpflichteten gerichtet haben. Zu diesen zählen (etwa) ein neuer Ehegatte oder ein Verlobter des Verpflichteten, Verwandte in gerader Linie, aber auch entferntere Verwandte oder Verschwägerte, zu denen der Verpflichtete enge Familienbeziehungen unterhält. Ist die Unterhaltslast auf den Erben gem § 1586b übergegangen, sollten zumindest ab dieser Zeit Straftaten gegen den Erben die Unterhaltssperre auslösen (aA Soergel/Häberle Rz 8).

15 cc) **Zeitpunkt.** Ob der Berechtigte die Straftat während oder nach der Ehe verübt hat, bleibt gleichgültig. Bei einer während der Ehe verübten Straftat können Verzeihungserwägungen nicht außer Betracht bleiben (aA Erman/Dieckmann[10] Rz 11, str, offengelassen BGH FamRZ 2003, 521). Eine nacheheliche Straftat berührt nicht die bis zu diesem Zeitpunkt entstandenen Ansprüche und wirkt, von Ausnahmefällen abgesehen, nur für die Zukunft (BGH FamRZ 1984, 34).

dd) Überschneidungen (ua) mit Nr 4 sind möglich (Koblenz FamRZ 1991, 1312). **16**

c) Mutwillige Herbeiführung der Bedürftigkeit (Nr 3). Der Unterhaltsanspruch sichert den geschiedenen **17** Ehegatten zwar grundsätzlich ab, gibt ihm aber nicht die Freiheit, ein verantwortungsloses Leben zu führen, ohne sich um die Sicherung seines Lebensbedarfs zu kümmern. Soweit die Voraussetzungen eines Unterhaltsanspruchs (im allgemeinen) nicht erfüllt sind, braucht man auf die Sperrbestimmung der Nr 3 nicht zurückzugreifen; ob diese Voraussetzungen erfüllt sind, ist nicht nach Nr 3 zu beurteilen (BGH FamRZ 1992, 423).

aa) Grundsatz. Der geschiedene Ehegatte muß grundsätzlich selbst für sich sorgen (§ 1569), insbesondere **18** durch Aufnahme einer Erwerbstätigkeit. Wenn er diese Obliegenheit verletzt, kann ihm ein fiktives Einkommen zuzurechnen sein, das auf den Unterhalt nach § 1577 I anzurechnen ist (s vor § 1569 Rz 39, 44). Während für die Zurechnung eines fiktiven Einkommens in der Gegenwart und bei vorausschauender Festlegung des Unterhalts auch für die Zukunft eine einfache Obliegenheitsverletzung ausreicht, ist der Nr 3 zu entnehmen, daß die Zurechnung eines fiktiven Einkommens wegen eines in der Vergangenheit liegenden Verhaltens Mutwilligkeit, dh eine grobe Obliegenheitsverletzung, erfordert (Graba FamRZ 2001, 257). Mutwilligkeit setzt weder Absicht noch Vorsatz voraus: Es genügt eine **unterhaltsbezogene Leichtfertigkeit** (BGH FamRZ 1984, 364; 2002, 23). Diese ist anzunehmen, wenn der Berechtigte in unverständlicher Weise gegen die Verpflichtung verstoßen hat, sich selbst um seinen Lebensbedarf zu kümmern (Bamberg FamRZ 1984, 388). Nach der Rspr des BGH kommt es auf eine Art bewußte Fahrlässigkeit an, mit der sich der Berechtigte bei seinem bedürftigkeitserheblichen Verhalten verantwortungs- oder rücksichtslos gegen den Verpflichteten über die nachteiligen Folgen für seine Bedürftigkeit hinweggesetzt hat (FamRZ 1984, 364; 1988, 1031; 1990, 989). Einsichts- und Willensschwächen – etwa bei Drogen- und Alkoholabhängigen – können den Vorwurf der Mutwilligkeit ausschließen (BGH FamRZ 1988, 375; Bamberg FamRZ 1998, 370). In Fällen dieser Art sollte aber (gegen den Ansatz in BGH FamRZ 1987, 572) geprüft werden, ob die Härteklausel der Nr 7 wegen objektiver Unzumutbarkeit der Inanspruchnahme eingreift (so mit Recht Hamm FamRZ 1998, 311, wenn verminderte Schuldfähigkeit Verwirkungstatbestände von Nr 2 und 4 ausschließt).

bb) Einzelfälle. Wer die Versorgungsgemeinschaft Ehe aufs Spiel setzt, handelt nach dem Grundmuster des **19** nachehelichen Unterhaltsrechts nicht mutwillig im Sinne der Nr 3 (BGH FamRZ 1979, 569) – auch nicht, wer nach 44jähriger Ehe die Ehewohnung verläßt und „trennungsbedingten Mehrbedarf" verursacht (BGH FamRZ 1986, 434). Wer einen Schadensersatzanspruch wegen eines unfallbedingten Verdienstausfalls nicht erhebt, macht sich nicht (notwendig) mutwillig bedürftig, wenn er im Haftpflichtstreit den Einwand erheblichen mitwirkenden Verschuldens zu fürchten hat (BGH FamRZ 1988, 1031). Eine andere Frage ist es, ob dieses mitwirkende Verschulden am Unfall im Rahmen der Nr 4 oder – im Zusammenhang mit dem Abstandnahme von der Verfolgung eines Schadensersatzanspruchs – im Rahmen der Nr 7 zu beachten ist. Verbrauch eigenen Vermögens ist nur bei Ausgaben mutwillig, die den Rahmen des nach der Bedürfnislage des Einzelfalls unter Berücksichtigung der wirtschaftlichen Verhältnisse des Verpflichteten Angemessenen deutlich übersteigen (BGH FamRZ 1984, 364). Das kann auch bei Luxusausgaben zutreffen, die der Berechtigte mit Zugewinnausgleich bestreitet (Karlsruhe FamRZ 1983, 506). Mit einer letzthin gegen den Willen des Ehemannes durchgeführten (ursprünglich gemeinsam angestrebten) künstlichen Befruchtung, die in Schwangerschaft auslöst, kann eine Ehefrau nicht mutwillig ihre Bedürftigkeit herbeiführen (BGH FamRZ 2001, 541 = MDR 2001, 692 m Anm Born; bedenklich jedenfalls in Hinblick auf Nr 7).

Vermögen, das der Berechtigte aus der Sicht des Eigenunterhalts für sich (noch) bewahren darf, sollte nicht schlechthin dem Verzehr ohne Rücksicht auf zukünftige Unterhaltslagen freigegeben sein (Koblenz FamRZ 1990, 51). Schichtet der unterhaltsberechtigte geschiedene Ehegatte (ererbtes) Kapitalvermögen in ein Eigenheim um, muß diese wirtschaftliche Maßnahme nicht als unterhaltsbezogene Leichtfertigkeit zu werten sein (BGH FamRZ 1986, 560). Die freiwillige Aufgabe einer Erwerbsstelle oder ein Verhalten, das zum Verlust des Arbeitsplatzes führt, kann nur bei unterhaltsbezogener, grober Obliegenheitsverletzung als mutwillig erachtet werden (BGH FamRZ 1985, 158; 2000, 815 zu § 1603: Diebstahl beim Arbeitgeber). Wer gegen eine Ausbildungsobliegenheit im Sinne des § 1574 III verstößt und sich erfolgversprechenden Ausbildungsmaßnahmen für eine angemessene nacheheliche Erwerbstätigkeit verschließt, kann unterhaltsbezogen leichtfertig verhalten, und zwar dann, wenn er gegen eine Ausbildungsobliegenheit während der Trennungszeit verstößt (BGH FamRZ 1986, 553; 1985, 782). In Betracht kommen auch die Weigerung, Alkohol- oder Drogensucht bekämpfen zu lassen (BGH FamRZ 1981, 1042; 1987, 359; 1988, 375). Bedürftigkeit, die auf fehlgeschlagene Selbstmordversuche zurückgeht, wird man jedenfalls dann nicht als mutwillig erachten können, wenn dem Berechtigten wegen psychischer Störungen mit Krankheitswert beim Selbstmordversuch die nötige Erkenntnisfähigkeit gefehlt hat, die Folgen eines Fehlschlags vorauszusehen (BGH FamRZ 1989, 1054). Eine andere Frage ist es, ob der Verpflichtete gem Nr 7 entlastet werden kann – ähnlich wie von den Folgen krankheitsbedingter Bedürftigkeit. Mutwillig kann auch die unterlassene Vorsorge für das Alter sein (aber BGH FamRZ 1983, 803 [804]), insbesondere dann, wenn der Berechtigte Altersvorsorgeunterhalt zweckwidrig verbraucht hat (BGH FamRZ 1982, 1187: fiktives Renteneinkommen). Allerdings hat der BGH diesen Ansatz später abgeschwächt (FamRZ 1987, 684: keine Mutwilligkeit bei zweckwidriger Verwendung des Vorsorgeunterhalts in einer Notlage). Der Sperre kann sich auch aussetzen, wer Rentenansprüche nicht rechtzeitig geklärt oder geltendgemacht hat (Bamberg FamRZ 1984, 388).

d) Mutwilliges Mißachten schwerwiegender Vermögensinteressen des Verpflichteten (Nr 4). Es stellt ein **20** widersprüchliches Verhalten dar, wenn der geschiedene Ehegatte Unterstützung von dem anderen Ehegatten fordert, wenn er vorher dessen Vermögensinteressen schwerwiegend mißachtet hat. Die durch das Unterhaltsrechtsänderungsgesetz eingeführte Bestimmung soll Verstöße gegen Vermögensinteressen des Verpflichteten unterhaltsrechtlich ahnden (BT-Drucks 10/2888, 20). Die Bestimmung kann auch Fälle erfassen, die man vor der Gesetzesänderung dem Auffangtatbestand des § 1579 I Nr 4 aF zugewiesen hatte. Beispiele: Ehefrau hält Ehemann davon ab, berechtigte Ehelichkeitsanfechtungsklage zu erheben (BGH FamRZ 1985, 267; ähnlich Oldenburg FamRZ

§ 1579

1991, 448, das allerdings das „Unterschieben" eines Kindes, das nicht vom Ehemann der Mutter abstammt, der Nr 6 zuordnet). Der Gläubiger schwärzt den Schuldner bei einer Behörde oder beim Arbeitgeber an (Zweibrücken FamRZ 1989, 63; 1980, 1010). Der Unterhaltsberechtigte erwirkt betrügerisch die Verurteilung zu Unterhaltszahlungen, indem er den Abbruch des Studiums verschweigt (BGH FamRZ 1990, 1095).

21 **aa)** Unter „mutwillig" ist, wie bei Nr 3, eine gesteigerte Leichtfertigkeit zu verstehen haben, die auf bewußter Fahrlässigkeit beruht (BGH FamRZ 2002, 23).

22 **bb)** Hinwegsetzen über schwerwiegende Vermögensinteressen des Verpflichteten kann sich der Berechtigte sowohl während als auch nach der Ehe. Das Verhalten braucht nicht zu einem Vermögensschaden geführt zu haben; eine Vermögensgefährdung reicht aus. In Betracht kommen etwa leichtfertige Angriffe auf die Berufsstellung des Verpflichteten (BT-Drucks 10/2888, 20; Düsseldorf FamRZ 1996, 1418; Karlsruhe FamRZ 1998, 746; Hamm FamRZ 1987, 946), haltlose Verdächtigungen bei der Finanzverwaltung oder auch leichtfertige Strafanzeigen (AG Aachen FamRZ 1998, 747) oder der Mißbrauch einer Vollmacht. Wie bei Nr 2 sollte die „Verzeihung" beachtlich sein, etwa wenn der Berechtigte den Mißbrauch einer Vollmacht nachträglich genehmigt hat. Ein Mißachten nur „mittelbarer" Vermögensinteressen des Verpflichteten sollte nicht ausreichen. Wer sein eigenes Vermögen leichtfertig verwirtschaftet, mag sich der Unterhaltssperre der Nr 3 aussetzen, nicht aber der Unterhaltsschranke der Nr 4.

23 **e) Grobe Verletzung der Pflicht, zum Familienunterhalt beizutragen (Nr 5).** Die Bestimmung nimmt eine Härteklausel auf, die dem Ansatz nach bereits im Entwurf zum 1. EheRG enthalten war (BT-Drucks 7/650, 10), vom Rechtsausschuß aber gestrichen wurde (BT-Drucks 7/4361, 32); eine ähnliche Härteregelung findet sich im Recht des Versorgungsausgleichs (§§ 1587c Nr 3, 1587h Nr 3). Die Bestimmung, die einen Fall des widersprüchlichen Verhaltens regelt, hat in der Praxis keine Bedeutung erlangt.

24 **aa)** Die Pflicht, zum Familienunterhalt beizutragen, kann ein Ehegatte auf mehrfache Weise verletzen – etwa, indem er erzielte Erwerbs- oder Vermögenseinkünfte dem Familienunterhalt nicht zuführt, sondern für sich selbst verbraucht, die Arbeitskraft im Erwerbsleben nicht einsetzt, obwohl es an einer Vereinbarung für die Haushaltsführung fehlt, als Unterhalt geschuldete Mitarbeit im Beruf oder Geschäft des anderen verweigert oder als haushaltsführender Ehegatte den Haushalt vernachlässigt. Erheblich sind nur grobe Pflichtverletzungen über längere Zeit. Über die Nichterfüllung der geschuldeten Unterhaltsleistung hinaus müssen weitere objektive Merkmale vorliegen, die dem pflichtwidrigen Verhalten ein besonderes Gewicht verleihen, etwa wenn dadurch der Unterhaltsberechtigte in erheblich Schwierigkeiten bei der Beschaffung seines Lebensbedarfs geraten ist (BGH FamRZ 1986, 658 zu § 1587c Nr 3). Der (objektiv) grobe Verstoß muß dem Ehegatten vorwerfbar sein. Eine Pflichtverletzung von „längerer Zeit" wird jeden falls bei einem Jahr anzunehmen sein (Pal/Brudermüller Rz 22; Häberle FamRZ 1986, 311 [312]: „nicht unter einem Jahr, wenn nicht länger"; Weychardt DAVorm 1984, 839: 3 Jahre). Entscheidend sind die Umstände des Einzelfalls.

25 **bb)** Erheblich sind nach dem abschließendem Wortlaut der Bestimmung nur Verstöße gegen die Pflicht, zum Familienunterhalt (Eltern und Kind) beizutragen, nicht wegen des Trennungsunterhalts.

26 **f) Offensichtlich schwerwiegendes, eindeutig beim Berechtigten liegendes Fehlverhalten gegen den Verpflichteten (Nr 6).** Die durch das UÄndG neu eingeführte Sperre geht (vornehmlich) auf die Rspr des BGH zu § 1579 I Nr 4 aF zurück (FamRZ 1979, 569; 1983, 142; 1983, 569), die bei der Frage nach der groben Unbilligkeit einer nachehelichen Unterhaltslast personales Fehlverhalten des Bedürftigen auch in einem Zerrüttungsscheidungsrecht nicht schlechthin ausklammern wollte. Die Bestimmung beschränkt den Unterhaltsanspruch des Ehegatten, der einseitig die nicht schon gestörte eheliche Lebensgemeinschaft aufgibt und sich gegen den Willen des anderen Ehegatten einem anderen Partner nachhaltig zuwendet (BGH NJW 1986, 722 zu Nr 4 aF). Sie hat besonders Bedeutung für den Trennungsunterhalt nach § 1361, weil nach der Scheidung intime Beziehungen, auch in Form der nichtehelichen Lebensgemeinschaft, kein Fehlverhalten gegenüber dem anderen Ehegatten sind. Bei der Fortsetzung der Beziehung ist es jedoch regelmäßig gerechtfertigt, daß auch der nacheheliche Unterhaltsanspruch verkürzt oder ausgeschlossen ist (BGH FamRZ 1984, 297).

Ehewidrige Beziehungen gehören erfahrungsgemäß zum gewöhnlichenVerlauf einer Ehekrise, die zur Scheidung führt. Sie allein reichen für die Erfüllung der Nr 6 nicht aus. Vielmehr muß die Zuwendung zu einem anderen Partner als ein schwerwiegendes, klar bei dem Berechtigten liegendes Fehlverhaltenzu werten sein (BGH FamRZ 1989, 1279). Dabei ist auch das Verhalten des anderen Ehegatten nicht außer Betracht zu lassen. Es kommt darauf an, ob sich etwa dieser bereits voher von der Ehe losgesagt und Trennungsabsichten geäußert hat (BGH FamRZ 1983, 150).

27 **aa) Zeitpunkt des Fehlverhaltens.** Unterhaltsschädlich kann sich sowohl ein Verhalten während der Ehe erweisen, als auch ein Verhalten nach der Scheidung: Allerdings kann ein- und dasselbe Verhalten verschieden bewertet werden – je nach dem, ob es in die Zeit der Ehe oder in die Zeit nach der Scheidung fällt – etwa, wenn es um die Aufnahme von Beziehungen zu einem anderen Partner geht. In Grenzfällen ist auch an ein voreheliches Verhalten zu denken. Auch bei einem ehefeindlichen Verhalten kann es darauf ankommen, ob die Ehe bereits gescheitert ist oder nicht (Häberle FamRZ 1986, 311 [314]; BGH FamRZ 1981, 1042 [1043]; 1983, 150 [152]). Nimmt der Berechtigte nach der Scheidung nichteheliche Lebensbeziehungen zu einem anderen Partner auf, sollte man den Lösungsansatz nicht bei Nr 6, sondern in der Auffangregel Nr 7 suchen (Dieckmann FamRZ 1984, 946 [952]; Häberle FamRZ 1986, 311 [315f]).

Die Präsenswendung „zur Last fällt" zwingt nicht zu der Auslegung, das beanstandete Verhalten müsse zur Zeit der Inanspruchnahme des Verpflichteten noch andauern (Diederichsen NJW 1986, 1283 [1289 Fn 106]; aA Ramm JZ 1986, 164 [168]).

Das Fehlverhalten eines Ehegatten, das bereits mehrere Jahre zurückliegt, dem verletzten Partner aber erst bei den Trennungsauseinandersetzungen bekannt wird, schließt den Einsatz der Härteklausel nicht aus; eine Inanspruchnahme des Verpflichteten muß bei Abwägung aller Umstände aber nicht grob unbillig sein (Düsseldorf FamRZ 1986, 62 zu § 1579 I Nr 4 aF). Ein Fehlverhalten ist nicht deshalb unbeachtlich, weil es in die Endzeit einer lange währenden Ehe fällt (BGH NJW 1986, 722 zu Nr 4 aF für Trennungsunterhalt: Aufnahme intimer Beziehungen erst nach 23jähriger Ehe, wie sich aus dem Urteil zum nachehelichen Unterhalt [BGH FamRZ 1986, 443f] ergibt). Die Dauer der Ehe kann aber bei der Billigkeitsabwägung berücksichtigt werden.

bb) Das Fehlverhalten des bedürftigen Ehegatten muß **schwerwiegend** und **offensichtlich** sein. Soweit es sich 28 um Fehlverhalten während der Ehe handelt, kommen schwere Verstöße gegen die Pflicht zur ehelichen Lebensgemeinschaft in Betracht (§ 1353 I S 1). Die Weigerung eines Ehegatten, einen gemeinsamen Wohnsitz an dem vom anderen Ehegatten gewünschten Ort zu begründen, löst die Härteklausel der Nr 6 nur dann aus, wenn sich der Berechtigte ohne sachliche Gründe von einigem Gewicht einem objektiv vernünftigen und zumutbaren Vorschlag des Verpflichteten willkürlich verschlossen hat (BGH FamRZ 1987, 572 m Anm Dieckmann S 981; 1990, 492). Auswanderung des Sorgeberechtigten, die das Umgangsrecht des anderen Ehegatten vereitelt, ist grundsätzlich kein schwerwiegendes Fehlverhalten, wenn über die Auswanderungsabsicht nicht getäuscht wurde (BGH FamRZ 1987, 356). Abredewidriger Nichtgebrauch von Verhütungsmitteln und die Verweigerung der Abtreibung sind nicht als Fehlverhalten iS der Nr 6 zu werten (Stuttgart FamRZ 1987, 700). Zwar dürfen nicht sämtliche „schweren Eheverfehlungen" im Sinne des § 43 EheG aF im Rahmen der Nr 6 Bedeutung gewinnen. Die Aufnahme intimer Beziehungen zu einem anderen Partner ist aber jedenfalls dann beachtlich, wenn die Beziehungen eine gewisse Nachhaltigkeit erreichen (BGH FamRZ 1982, 463; 1982, 466 = NJW 186, 722 für Trennungsunterhalt zu Nr 4 aF; vgl auch Nürnberg FamRZ 1995, 674 – nach einseitiger Abkehr und fehlgeschlagenem Versöhnungsversuch erwartet Frau ein Kind). Nichteheliches Zusammenleben ist dafür nicht erforderlich (BGH FamRZ 1981, 439 [441]; Häberle FamRZ 1986, 311 [313]). Flüchtige Beziehungen zu wechselnden Partnern reichen aus (BGH FamRZ 1983, 670; Häberle FamRZ 1986, 311 [313]). Der – beim Übergang zum Zerrüttungsscheidungsrecht häufig erörterte – einmalige Ehebruch darf jedenfalls nicht zum völligen Ausschluß des Unterhalts führen – gleichviel, ob man diesen Ehebruch den Tatbestand der Nr 6 nicht verwirklichen läßt (so Häberle FamRZ 1986, 311 [313]) oder ob man eine Tatbestandsverwirklichung (je nach den Begleitumständen) für möglich erachtet (so Scheld FamRZ 1978, 651ff zu Nr 4 aF) und die Entscheidung in die Unbilligkeitsabwägung verlagert. Entsprechendes gilt für die Aufnahme ehefeindlicher Beziehungen zu einem anderen Partner erst nach dem Scheitern der Ehe (vgl BGH FamRZ 1982, 752 zu Nr 4 aF). Daß sich Ehebrüche in der „Hausfrauen-(oder Hausmänner-) ehe" für die Unterhaltslage folgenschwerer auswirken können als in der „Berufstätigenehe", macht sie im Rahmen der Nr 6 nicht unbeachtlich (aA Wiegmann NJW 1982, 1369 für Nr 4 aF). Die Abkehr vom Ehegatten und die Zuwendung zu einem anderen Partner kann sich auch dann als unterhaltsschädliches Fehlverhalten erweisen, wenn in der neuen Verbindung eine Geschlechtsgemeinschaft nicht besteht (Hamm FamRZ 1981, 162; vgl auch KG FamRZ 1989, 868 m Anm Finger FamRZ 1989, 1180 und Diener FamRZ 1990, 407). Entscheidend ist letztlich die Abkehr mit ihren Begleitumständen. Das Abhalten von der rechtzeitigen Anfechtung der Vaterschaft eines Kindes (BGH FamRZ 1985, 51 zu Nr 4 aF) und das (bedingt vorsätzliche) „Unterschieben" eines Kindes, das nicht vom Ehemann der Mutter stammt, können (auch) unter Nr 6 fallen (BGH FamRZ 1985, 267 zu Nr 4 aF; Oldenburg FamRZ 1991, 448; Hamburg FamRZ 1996, 946; Köln FamRZ 1998, 749). Entsprechendes kann gelten, wenn die Mutter den Scheinvater zur Anerkennung der Vaterschaft und zur Heirat durch arglistige Täuschung bestimmt hat und die Ehe geschieden (und nicht aufgehoben) worden ist; allerdings ist in Fällen dieser Art auch an den Auffangtatbestand der Nr 7 zu denken. Ist der Getäuschte mit einer Aufhebungsklage erfolglos geblieben, soll die Täuschung allerdings im Streit um den nachehelichen Unterhalt nach einer Scheidung unbeachtlich bleiben (BGH FamRZ 1983, 456; Hamm FamRZ 1987, 947).

Nacheheliches Fehlverhalten kann auch in einem groben Verstoß gegen das „Wohlverhaltensgebot" (§ 1634 I S 2 aF, 1684 II) liegen, wenn der unterhaltsbedürftige, sorgeberechtigte Ehegatte dem Umgang des Kindes mit dem anderen Elternteil hintertreibt (Häberle FamRZ 1986, 311 [313]; vgl auch Celle FamRZ 1989, 1194; München FamRZ 1998, 750). Greift § 1579 Nr 6 wegen schuldhafter Vereitelung des Umgangsrechts ein, kann ein auf den Mindestbedarf herabgesetzter Unterhalt wieder zur vollen Höhe aufleben, wenn der Umgangsberechtigte sein Recht nicht nur vorübergehend ausüben kann (Nürnberg FamRZ 1994, 1393). Zum nachehelichen Fehlverhalten im Zusammenhang mit dem Freitod eines gemeinsamen Kindes Celle FamRZ 1995, 1489. Auch beleidigender Telefonterror kommt als Verwirkungsgrund in Betracht (Hamm FamRZ 1996, 223).

cc) Das **Fehlverhalten** liegt „eindeutig" beim Bedürftigen, wenn es nicht (gleichsam) als Antwort auf gewich- 29 tiges Fehlverhalten des Verpflichteten zu verstehen ist, das dem Bedürftigen das Festhalten an der Ehe erheblich erschwert hat und deshalb das eigene Fehlverhalten in milderem Licht erscheinen läßt (BGH FamRZ 1982, 463 zu Nr 4 aF). Fehlverhalten, das einen als auch gegen Fehlverhalten des anderen abzuwägen – dies aber nur dann, wenn das Fehlverhalten des Berechtigten mit dem des Verpflichteten zusammenhängt (BGH FamRZ 1985, 267 zu Nr 4 aF). Eine „allgemeine Schuldaufrechnung" hat zu unterbleiben; zudem muß das dem Verpflichteten vorgeworfene Fehlverhalten selbst von einigem Gewicht sein (BGH FamRZ 1982, 463 zu Nr 4 aF). Hat sich der unterhaltspflichtige Ehegatte selbst von der Ehe abgekehrt und ehewidrige Beziehungen zu einem neuen Partner aufgenommen, so nimmt das früher aufgenommenen ehewidrigen Beziehungen des Berechtigten zu einem Dritten auch dann nicht die Beachtlichkeit, wenn dem unterhaltspflichtigen Ehegatten diese Beziehungen verborgen geblieben sind (BGH NJW 1986, 722 für Trennungsunterhalt zu Nr 4 aF). Andererseits kann aus der Aufnahme ehewidriger Beziehungen des anderen Ehegatten zu schließen sein, daß auch seine ehelichen Gefühle bereits im Zeitpunkt der Abkehr des unterhaltsberechtigten Ehegatten erkaltet waren und er von dem Fehlverhalten nicht mehr wesentlich betroffen wurde (BGH NJW 1986, 722).

§ 1579

30 **g) Anderer, ebenso schwerwiegender Grund (Nr 7).** Der **Auffangtatbestand** (Nr 7) „anderer Grund von gleichem Gewicht" ist gegenüber der Nr 4 aF, der verhaltens- und zustandsbezogene Härtezonen betroffen hat, durch die neu eingefügten verhaltensbezogenen Sondertatbestände Nr 4–6 weitgehend entlastet. Welche Härtefälle er aufnehmen soll, bleibt ungewiß. In Betracht kommen vornehmlich **objektive** Gegebenheiten und Veränderungen der Lebensverhältnisse der Ehegatten, die eine (dauerhafte) **Unterhaltsbelastung** des Verpflichteten als **unzumutbar** erscheinen lassen (BGH FamRZ 1983, 569; 1988, 930; 1994, 566; 1995, 1405). Letztlich ist entscheidend, ob sich der „Berechtigte" mit seinem Unterhaltsbegehren objektiv treuwidrig verhält (BGH FamRZ 1994, 558: Trennungsunterhalt versagt, wenn und weil sich die Ehegatten vor der Eheschließung darüber einig waren, daß wegen der kirchlich nicht geschiedenen Vorehe eines Ehegatten eine Gemeinschaft ausgeschlossen sein sollte und auch nicht aufgenommen wurde). Aber im einzelnen verbleiben Unsicherheiten.

31 Für die Partnerbeziehung als Ausschlußgrund im Sinn von Nr 7 gelten nach der Rspr des BGH (FamRZ 1989, 487) folgende Grundsätze:
(1) Intime Beziehungen, auch in Form der nichtehelichen Lebensgemeinschaft, reichen allein nicht aus, um den Tatbestand zu erfüllen.
(2) Dagegen liegt bei Fortsetzung eines Verhältnisses nach der Scheidung, das während der Trennung ein einseitiges schwerwiegendes Fehlverhalten im Sinn von Nr 6 darstellte, regelmäßig ein Grund nach Nr 7 vor (BGH FamRZ 1983, 569; 1984, 154). Dies gilt unabhängig davon, ob der Partner in der Lage ist, den geschiedenen Ehegatten zu unterhalten.
(3) Wie vorstehend (2) kann es zu beurteilen sein, wenn die Beziehung des Unterhaltsberechtigten zum Lebenspartner geeignet ist, wegen besonderer, etwa kränkender oder sonst anstößiger Begleitumstände den Verpflichteten in außergewöhnlicher Weise zu treffen, in der Öffentlichkeit bloßzustellen oder sonst in seinem Ansehen zu schädigen (BGH FamRZ 1981, 752).
(4) Ein Härtegrund ist ferner zu bejahen, wenn der geschiedene Ehegatte nur deshalb seinen Partner nicht heiratet, um den Unterhaltsanspruch nicht zu verlieren (BGH FamRZ 1983, 569; 1983, 676; 1984, 154).
(5) Auch wenn der geschiedene Ehegatte aus hinzunehmenden Gründen von einer Wiederheirat absieht, kann die fortdauernde Unterhaltsbelastung und der damit verbundene Eingriff in die Handlungsfreiheit und Lebensgestaltung für den Unterhaltspflichtigen unzumutbar sein, wenn kein verständlicher Grund vorliegt, daß die Partner nicht zu einer „ehegleichen ökonomischen Solidarität" gelangen (BGH FamRZ 1983, 569). Dies setzt allerdings voraus, daß der geschiedene Ehegatte in der neuen Gemeinschaft ein den ehelichen Lebensverhältnissen im Sinn von § 1578 entsprechendes Auskommen findet. Hat der Partner nicht entsprechende Mittel, kommt ein Ausschluß, eine Herabsetzung oder eine zeitliche Beschränkung nach Nr 7 unter diesem Gesichtspunkt nicht in Betracht.
(6) Lassen die wirtschaftlichen Verhältnisse des Partners die Verweisung auf eine Unterhaltsgemeinschaft nicht zu, kann dennoch ein Härtegrund im Sinn von Nr 7 zu bejahen sein, wenn sich aus den objektiven Gegebenheiten und den Veränderungen der Lebensverhältnisse ergibt, daß die Unterhaltsbelastung die Grenze des Zumutbaren überschreitet. Dies ist der Fall, wenn die Partner auf Dauer in einer verfestigten Gemeinschaft zusammenleben und nach dem Erscheinungsbild in der Öffentlichkeit diese Form bewußt für die weitere Zukunft gewählt haben. Ob zwischen den Partnern intime Beziehungen bestehen, ist nicht entscheidend (BGH FamRZ 2002, 810). Die verfestigte Gemeinschaft, die gleichsam an die Stelle der Ehe getreten ist, setzt eine Mindestdauer des Zusammenlebens von zwei bis drei Jahren voraus (BGH FamRZ 1997, 671).
Problematisch ist, wann von einer verfestigten Partnerbeziehung im Sinne einer eheähnlichen Verbindung auszugehen ist (dazu Büttner FamRZ 1987, 23; Nehlsen-v Stryk FamRZ 1990, 109). Eine gemeinsame Wohnung oder ein gemeinsamer Haushalt ist nicht erforderlich (BGH FamRZ 1984, 986; 1995, 540; 1997, 671). Wichtig soll das **Erscheinungsbild in der Öffentlichkeit** sein (BGH FamRZ 1984, 986 zu Nr 4 aF). Dabei kommt es auf die Erkennbarkeit der Partnerschaft aufgrund der nach außen dringenden Begebenheiten an, nicht dagegen ob die Partnerschaft tatsächlich in diesem Sinn bewertet wird (BGH FamRZ 1997, 67). Es ist zu würdigen, ob die Beziehung in ihrer persönlichen und wirtschaftlichen Ausprägung von ihrer Intensität einem eheähnlichen Verhältnis gleichkommt, wozu gehört, daß die Partner wechselseitig für einander einstehen und sich gegenseitig helfen und unterstützen (BGH FamRZ 2002, 810).
Letztlich unterliegt es der verantwortlichen Beurteilung des Tatrichters, ob der Tatbestand des eheähnlichenZusammenlebens aus tatsächlichen Gründen für gegeben zu erachten ist oder nicht (BGH FamRZ 1995, 540). Der BGH (FamRZ 2002, 23 m Anm Schwab) hat mit dieser Begründung die Beurteilung des Berufungsgerichts nicht beanstandet, welches eine auf Distanz angelegte Partnerbeziehung nicht als eheähnliches Zusammenleben bewertet hatte. Es handelt sich um eine auf den Einzelfall bezogene Entscheidung, die kaum als Präjudiz für die Beurteilung anderer Fälle heranziehbar ist.
Verfestigte Beziehungen in einer gleichgeschlechtlichen Partnerschaft schließen nach der Rspr des BGH (FamRZ 1995, 344) den Unterhaltsanspruch nicht gem Nr 7 aus. Diese ist indes aufgrund des LPartG überholt, weil die Lebenspartnerschaft, soweit es um die Unterhaltsbeziehungen geht, der Ehe vergleichbares Rechtsinstitut darstellt. Der BGH (FamRZ 2002, 810) hat diese Frage in einer Entscheidung offengelassen, in welcher eheähnliche Gemeinschaft zu bejahen war, bei der der Partner an die Stelle des Unterhaltsverpflichteten getreten ist. Gleichgeschlechtliche Partnerschaften können auch aus wirtschaftlichen Gesichtspunkten Folgen für den Unterhaltsanspruch haben (BGH FamRZ 1995, 344).

32 Die Auffangklausel der Nr 7 kann zudem Unterhaltsansprüche nach dem gesetzlichen Grundmuster treffen, die anderer objektiver Gegebenheiten wegen den Unterhaltsverpflichteten grob unbillig belasteten. Das gilt etwa für die Belastung mit einem Kranken- (§ 1572) oder Erwerbslosen- (§ 1573)Unterhalt, weil der Berechtigte wegen einer Körperverletzung durch den neuen Lebensgefährten arbeitsunfähig ist (Düsseldorf FamRZ 1987, 487). Das sollte übrigens auch dann gelten, wenn Lebensumstände aus der Person eines neuen Lebensbegleiters den Berechtigten psychisch erkranken lassen und damit arbeitsunfähig machen. Zwar läßt eine unerkannte voreheliche Erkrankung des Bedürftigen und die darauf beruhende Unterhaltslast für den Pflichtigen die Auffangklausel der Nr 7 nicht eingreifen; denn diese Klausel kann die von § 1572 gewollte Risikoverteilung nicht außer Kraft setzen (BGH FamRZ 1994, 566; 1995, 1405). Trotzdem sollte die Klausel bei Unterhaltslasten eingreifen können, die auf eine schon vor der Ehe bestehende oder erst während der Ehe aufgetretene Erkrankung zurückzuführen sind, wenn weitere Umstände hinzutreten, auch wenn diese – für sich betrachtet – nicht ausreichen, einen anderen Tatbestand des § 1579 zu erfüllen (Karlsruhe FamRZ 1998, 751; Brandenburg FamRZ 1996, 866; Oldenburg FamRZ 1991, 827 [828]; AG Rastatt FamRZ 1991, 824 [826] im Anschluß an Celle FamRZ 1986, 910). Wenn für die positive Billigkeitsklausel des § 1576 auch Umstände in Betracht kommen, die der Anspruchskatalog der §§ 1570ff zwar erwähnt, aber für unerheblich erachtet (vgl § 1576 Rz 4), sollte bei der negativen Billigkeitsklausel des § 1579 Nr 7 auch auf Umstände zurückgegriffen werden können, die den Anspruch auslösen, und auf solche, die der Beeinträchtigungskatalog des § 1579 anspricht, letzthin aber nicht ausreichen, sofern nur das Gesamtbild der Einzelumstände eine unzumutbare Härte der Unterhaltslast erkennen läßt (bedenklich daher BGH FamRZ 1999, 710; auch BGH FamRZ 1995, 1405; gegen Hamm FamRZ 1994, 1037). Ob bewußtes Verschweigen der Krankheit oder das besondere Ausmaß der Belastung berücksichtigungsfähig sind, hat der BGH (FamRZ 1994, 566) offengelassen; die Frage sollte bejaht werden, weil es um die Zumutbarkeit der Belastung geht und beide Momente objektiv geeignet sind, die Zumutbarkeitsentscheidung zu beeinflussen. Wer eine letztlich gegen den Willen des Ehemannes (ursprünglich gemeinsam angestrebte) künstliche Befruchtung, weder als Härtegrund iS der Nr 3, noch der Nr 4 erachtet (BGH FamRZ 2001, 541 = MDR 2001, 692 m Anm Born; Stuttgart FamRZ 1999, 1136), sollte wenigstens mit der Auffangklausel der Nr 7 arbeiten können, vor allem dann, wenn sich – wie im Streitfall – die Ehefrau der Eigenverantwortlichkeit bewußt war. Mit der Auffangklausel der Nr 7 können zudem Härten gemildert werden, die sich aus der Rangordnung des § 1582 für den geschiedenen und einen neuen Ehepartner ergeben, etwa wenn der neue Ehegatte Kinder aus der neuen Ehe zu betreuen hat und der Mindestbedarf dieses Ehegatten weder vom Partner noch mit öffentlichen Mitteln nach Art der Sozialhilfe gedeckt wird (BGH FamRZ 1988, 705). Daß die neue Familie des Schuldners unterhalb der Sozialhilfeschwelle leben muß, wenn dieser den Anspruch des geschiedenen Ehegatten erfüllt, rechtfertigt es aber allein nicht, den Unterhaltsanspruch des mit den Familienangehörigen gleichrangigen Berechtigten gem Nr 7 herabzusetzen und den Berechtigten auf Sozialhilfe zu verweisen (BGH FamRZ 1996, 1272). Auch nach der Reform des Eheschließungsrechts sollten Aufhebungsgründe (§§ 1313ff) im Rahmen der Nr 7 jedenfalls dann beachtenswert sein, wenn kein erfolgloses Aufhebungsverfahren stattgefunden hat (zum alten Recht vgl 9. Aufl). Darüber hinaus sollte Nr 7 – entgegen dem Ansatz in BGH FamRZ 1982, 1999; 86, 244) – auch Unterhaltsansprüche aus Ehen betreffen, in denen die Partner zwar über längere Zeit verheiratet waren, aber wesentliche Teile der Ehezeit (mehr oder weniger) wirtschaftlich unabhängig voneinander getrennt gelebt haben – auch, wenn man mit dem BGH nicht allgemeines Verwirkungsdenken (§ 242) eingreifen lassen will; denn objektiv unzumutbar kann eine Belastung mit Unterhalt auch in Fällen dieser Art sein – vor allem dann, wenn der Verpflichtete Anlaß hatte, auf den Fortbestand des belastungsfreien Zustandes zu vertrauen und in diesem Vertrauen sein Leben in einer bestimmten Weise eingerichtet hat. Haben die Eheleute nur kurze Zeit zusammengelebt, kommt ein Einsatz der Auffangklausel in Betracht (BGH FamRZ 1988, 930 gegen den Ansatz in BGH FamRZ 1986, 244).

h) Verhältnis der einzelnen Tatbestände zueinander: Die Nr 1 bis 6 können nebeneinander erfüllt sein. Nr 7 **33** schließt die Lücke für Sachverhalte, die nicht unter Nr 1 bis 6 fallen, aber zu einer unzumutbaren Inanspruchnahme des Verpflichteten führen würden (MüKo/Maurer Rz 68). Nach der Rspr des BGH (FamRZ 1980, 981; 1987, 572 m abl Anm Dieckmann S 981; 1995, 1405; 1999, 710) darf derselbe Sachverhalt, der nach Nr 1 bis 6 nicht ausreichen würde, um den Unterhaltsanspruch auszuschließen, nicht als anderer Grund im Sinn der Nr 7 gewertet werden. Ein nach den Einzeltatbeständen jeweils unerheblicher Sachverhaltsteil kann indes zur Überschreitung der Tatbestandsschwelle der Nr 7 führen, weil bei stets notwendiger Gesamtschau (KG FamRZ 1990, 746) ein zustandsbezogener, objektiver Grund im Sinn von Nr 7 anzunehmen ist, der die Inanspruchnahme des Verpflichteten als unzumutbar erscheinen läßt. Trotz Verneinung eines einseitigen Fehlverhaltens im Sinn von Nr 6 kann bei einer längeren, ehegleichen Beziehung zu einem anderen Partner der Unterhalt nach Nr 7 beschränkt werden. Offenbar will auch der BGH (FamRZ 1989, 487) insoweit nicht anders entscheiden. Nr 7 ist auch anwendbar, wenn weitere Umstände hinzukommen: Die Ehe war zwar nicht kurz im Sinn von Nr 1, die Ehegatten haben aber nur wenige Monate zusammengelebt (BGH FamRZ 1988, 930).

3. Wirkungsweise der Härteklausel

Die Härteklausel des § 1579 nimmt zwar nicht schon dann Einfluß auf den Unterhaltsanspruch, wenn ein Härte- **34** fall vorliegt, sondern erst dann, wenn sich die Inanspruchnahme des Verpflichteten als grob unbillig erweist (BGH FamRZ 1982, 463; 1982, 582; 1983, 670). Dabei sind die Belange der geschiedenen Eheleute (Rz 35) und die des dem Berechtigten zur Pflege oder Erziehung anvertrauten gemeinschaftlichen Kindes (Rz 36ff) bei der Doppelfrage zu berücksichtigen, ob die Härteklausel überhaupt eingesetzt werden soll und wenn ja, in welcher Weise (Rz 40ff). Maßgeblich ist dabei, ob die Zumutbarkeitsgrenze überschritten wird.

a) Belange der geschiedenen Ehegatten. Bei der Bedeutung der Ehegattenbelange kann es auch auf die Lei- **35** stungskraft des Verpflichteten ankommen. Wohlstand eines Ehegatten darf aber nicht bei kurzen Ehen (Nr 1) zur Grundlage einer lebenslangen Versorgung oder zum unterhaltsrechtlichen Freibrief bei schweren Verbrechen (Nr 2), bei Fehlverhalten (vgl Nr 6) oder bei einem Verhalten werden, das den Härtefall der Nr 7 auszulösen geeignet ist. Deshalb ist auch ein begüteter Unterhaltspflichtiger bei kurzer Ehe nicht schon dann zu lebenslangem Unterhalt verpflichtet, wenn der Gläubiger alt und bedürftig ist und seinen Lebensunterhalt nicht aus eigenen Mitteln bestreiten kann (AG Ludwigsburg FamRZ 1992, 442). Beim Trennungsunterhalt ist kein Härtegrund allein darin zu sehen, daß der Berechtigte 25 Jahre lang nicht Unterhalt verlangt hat (BGH FamRZ 1985, 376). Grob unbillig kann die Inanspruchnahme dann sein, wenn der Berechtigte auf Verwandtenunterhalt oder Sozialhilfe angewiesen ist. Sozialhilfebedürftigkeit allein rechtfertigt aber den Unterhaltsanspruch noch nicht. Dabei ist zu beachten, daß Verwandte gegenüber Unterhaltserwartungen eine größere Schutzzone haben (vgl § 1603 I) als ein geschiedener Ehegatte (vgl § 1581). Maßgeblich kann auch die Ehebedingtheit der Bedürftigkeit sein (Oldenburg FamRZ 1991, 827; Soergel/Häberle Rz 27).

36 **b) Belange des dem Berechtigten anvertrauten gemeinschaftlichen Kindes.** Während sich nach dem 1. EheRG der Anspruch auf Betreuungsunterhalt schlechthin gegen Billigkeitseinschränkungen abschirmen sollte (vgl Abs II aF), sollen nunmehr bei den Unbilligkeitsabwägungen die Belange des zur Pflege oder Erziehung anvertrauten gemeinschaftlichen Kindes nur noch gewahrt werden. Die Neufassung entspricht der bisherigen – durch die Rspr (vgl BVerfG FamRZ 1981, 745; BGH FamRZ 1983, 142) geprägten – Rechtslage, nach der das Kind entweder durch eine Elternvereinbarung oder aber durch eine Sorgerechtsentscheidung des FamG dem Berechtigten anvertraut sein mußte, sollte die Schutzklausel ausgelöst werden. Wer sich eigenmächtig eines Kindes versichert, kann in Härtefällen die eigenen Unterhaltserwartungen nicht mit dem Betreuungsinteresse des Kindes verteidigen.

37 **aa)** Nur die Belange eines **gemeinschaftlichen Kindes** schwächen die negative Härteklausel ab. Als gemeinschaftlich sollte nur ein Kind erachtet werden, das einen Anspruch auf Betreuungsunterhalt auslöst.

38 **bb) Betroffener Unterhalt.** Anders als früher erschließt sich nach dem Wortlaut des Gesetzes nicht nur der Anspruch auf Betreuungsunterhalt (§ 1570) den Kindesbelangen, sondern jeder Unterhaltsanspruch. Hindern Pflege und Erziehung eines Kindes den Berechtigten aber nicht mehr, seine Arbeitskraft ganz oder zum Teil im Erwerbsleben einzusetzen, werden Kindesbelange den Anspruch auf einen Anschlußunterhalt regelmäßig nur für eine Übergangszeit vor dem Einsatz der Härteklausel bewahren. Findet der Berechtigte die ihm ab einem (mehr oder weniger) bestimmten Kindesalter zumutbare Beschäftigung trotz seiner ernstlichen Bemühungen nicht, so ist der gem § 1573 I ausgelöste neue Unterhaltsanspruch grundsätzlich von der negativen Härteklausel betroffen. Obwohl die Kindesbelange bereits bei der Beendigung des Anspruchs auf Betreuungsunterhalt bewertet worden sind, ist jedoch die frühere Betreuung ein Umstand, der bei der Gesamtwürdigung der Belange beider Ehegatten zu würdigen ist. Findet der Berechtigte eine ihm zumutbare Teilzeitbeschäftigung, so müssen die Kindesbelange den auf § 1570 gegründeten Restanspruch nicht gegen den Einsatz der Härteklausel abschirmen (Diederichsen NJW 1986, 1283 [1290]). Entsprechendes gilt, wenn der Berechtigte die zumutbare Teilzeitbeschäftigung nicht aufnimmt und sich deshalb ein „fiktives Einkommen" anrechnen lassen muß (Oldenburg FamRZ 1986, 1218). Enden Pflege und Erziehung ganz, entfaltet die Härteklausel ihre volle Wirkung. Sie kann nunmehr auch zum Verlust des Rechts auf Unterhalt führen. Kindesbetreuung aus früherer Zeit kann sich im Rahmen der Härteklausel des § 1579 anders auswirken als im Rahmen der Billigkeitsklauseln in §§ 1573 V und 1578 I S 2 (Diederichsen NJW 1986, 1283).

39 **cc)** Das BVerfG hatte die Abschirmklausel (Abs II aF) nur für besonders gelagerte Härtefälle beanstandet. Nach der **Neufassung** kann der Einsatz der negativen Billigkeitsklausel **nicht auf einen gesteigerten Härtefall beschränkt** bleiben, auch wenn der Rechtsausschuß allgemein den Vorrang der Kindesbelange betont hat (BT-Drucks 10/4514, 20). Eine weitergehende Lösung wäre zwar verfassungsverträglich; sie ist aber nicht verfassungsgeboten. Forderte die Verfassung, den Unterhaltsbedarf eines Elternteils, der ein Kind betreut, in einem bestimmten Ausmaß sicherzustellen, wäre der – vom BVerfG bestätigte (BVerfG FamRZ 1984, 364) – Rangvorzug für den Betreuungsunterhalt des geschiedenen Ehegatten (§ 1570) gegenüber dem Unterhaltsanspruch des neuen Ehepartners, der ein Kind betreut, nicht zu rechtfertigen. Die Belange des Kindes können (in „einfachen" Fällen grober Unbilligkeit) schon dann gewahrt sein, wenn anstelle eines Unterhaltsausschlusses nur eine Minderung oder zeitliche Begrenzung des Anspruchs gewählt wird.

40 **c) Ausschluß und Herabsetzung des Unterhalts und seine Grenzen.** Ob die Härteklausel zum Ausschluß des Unterhaltsanspruchs, zur Herabsetzung oder zur zeitlichen Begrenzung führt, richtet sich nach den Umständen des Einzelfalles. Letztlich entscheidet die **Zumutbarkeit** einer Belastung. Dabei kommt es einmal auf das Verhältnis der Ehegatten zueinander an und zum anderen auf Belange des zur Pflege oder Erziehung anvertrauten gemeinschaftlichen Kindes. Deshalb ist bei der Billigkeitswertung schwer Vergleichbares gegeneinander abzuwägen. Im allgemeinen werden **Kindesbelange Vorrang** genießen (BT-Drucks 10/4514, 20), weil sie nicht nur zu „berücksichtigen", sondern zu „wahren" sind. Das schließt im Einzelfall den Vorrang des Schuldnerinteresses nicht aus (Henrich FamRZ 1986, 401ff). Die Billigkeitsklausel ist elastisch. Sie läßt auch einen abgestuften Einsatz zu – als Ergebnis einen herabgesetzten Unterhalt auf Zeit.

41 **aa)** Sind Kindesbelange nicht zu wahren, kommt es nur auf die **Belange der Ehegatten** an. Bei der umfassenden Prüfung der Umstände, ob der Verpflichtete unverhältnismäßig belastet würde, kommt seinen Einkommensverhältnissen eine wesentliche Bedeutung zu (BGH FamRZ 1984, 154). Wird dem berechtigten Ehegatten ein Einkommen wegen Partnerbetreuung angerechnet und dadurch der Unterhaltsanspruch vermindert, kann dies zu einer Vermeidung einer unverhältnismäßigen Belastung des Verpflichteten führen (BGH FamRZ 1984, 154; 1984, 356). Dieser Gesichtspunkt führt in der Praxis häufig dazu, daß die Beschränkung des Anspruchs erst mit der Verfestigung der Partnerbeziehung nach zwei- bis dreijähriger Partnerbeziehung aktuell wird.

Auf Seiten des Unterhaltsberechtigten sind die Schwierigkeiten zu würdigen, auf dem Arbeitsmarkt eine angemessene Stelle zu finden (BGH FamRZ 1983, 670), ferner seine Verdienste um die Familie, insbesondere bei der Betreuung der Kinder (BGH FamRZ 1986, 889). Bei Ehen von langer Dauer wird die Abwägung aller Umstände nur selten zur Beschränkung des Unterhaltsanspruchs führen, weil die Lebensverhältnisse beider Ehegatten tiefgehend miteinander verflochten sein werden (BGH FamRZ 1986, 443; NJW 1986, 722; kritisch Dieckmann FamRZ

1984, 946 und Erman/Dieckmann[10] Rz 35a). Eine Herabsetzung des Unterhalts unter das Existenzminimums bedarf besonderer Gründe. Auf seiten des Verpflichteten ist zu würdigen, daß ihm durch die Unterhaltsleistung weniger als sein eheangemessener Unterhalt verbliebe (BGH FamRZ 1984, 356). Sind seine finanziellen Verhältnisse angespannt, weil er für das von ihm betreute gemeinschaftliche Kind auch den Barunterhalt aufbringen muß, kann der Unterhalt für den Ehegatten eine unverhältnismäßige Belastung bedeuten (BGH FamRZ 1984, 34).

bb) Kindesbelange (Henrich FamRZ 1986, 401ff). Bis zum 1. 4. 1986 versagte die Schutzklausel des Abs II aF **42** gegenüber dem Anspruch auf Betreuungsunterhalt, wenn das Kindesinteresse Unterhaltsleistungen nicht oder nicht in vollem Umfang erforderte oder wenn der bedürftige Ehegatte einen Härtefall – (vornehmlich gem Nr 4 aF) – in besonders krasser Weise verwirklicht hatte (vgl ua BGH FamRZ 1983, 676; 1984, 154; Zweibrücken FamRZ 1985, 186). Seit dem 1. 4. 1986 wird man in den vergleichbaren Fällen den Unterhalt entweder ganz ausschließen oder doch herabsetzen und/oder zeitlich begrenzen. Im übrigen kommt eine Herabsetzung des Unterhalts in Betracht, die sich mit einer Zeitgrenze verbinden läßt, so daß der Unterhalt abgestuft ausläuft. Denkbar sind aber auch Fälle, in denen der Unterhaltsanspruch vorerst unangetastet bleibt – nämlich bis zum Ende der Pflege oder Betreuung des gemeinschaftlichen Kindes

Die Belange des Kindes erschweren zwar einen **völligen Unterhaltsausschluß**; sie stehen diesem aber nicht schlechthin entgegen (Zweibrücken FamRZ 1989, 6 Hamm FamRZ 1991, 828; 1992, 936). Nach dem Willen des Gesetzgebers soll indes das dem betreuenden Ehegatten anvertraute, dh mit dem Willen des Verpflichteten oder auf Grund einer gerichtlichen Sorgeentscheidung betreute Kind grundsätzlich nicht unter dem Fehlverhalten des Ehegatten leiden, der aufgrund einer erzwungenen Erwerbstätigkeit zeitlich nur noch unzureichend seiner Elternaufgabe nachkommen könnte. Es liegt auch im Kindesinteresse, dessen Belange zu wahren, nicht nur zu berücksichtigen sind, daß der Lebensstandard des betreuenden Elternteils, der mit der Betreuung auch eine Aufgabe des anderen Elternteils wahrnimmt, nicht absinkt (BVerfGFamRZ 1981, 745). Eine Beeinträchtigung der Kindesbelange liegt insbesondere nahe, wenn durch den Unterhalt nicht das Existenzminimum des Ehegatten gedeckt wäre. Deshalb ist es, entgegen der Ansicht von Dieckmann (Erman/Dieckmann[10] Rz 35b), unbedenklich, wenn dem Berechtigten ein „**Mindestunterhalt**" zugebilligt wird, der sich der Anrechnung „fiktiver Einkünfte" verschließt, um Unterhaltsleistungen an das Kind vor dem Zugriff für den Eigenbedarf der Betreuungsperson zu bewahren (BGH FamRZ 1989, 1279; 1997, 873). Wenn der Betreuende auf den Unterhalt angewiesen ist, weil er nicht von anderer Seite Mittel erhält, oder wenn die Betreuung des Kindes nicht in anderer Weise als durch den unterhaltsberechtigten Elternteil sichergestellt werden kann, wird eine Anspruchsbeschränkung im allgemeinen nicht durchgreifen (BGH FamRZ 1989, 1279; 1997, 671). In schwerwiegenden Härtefällen kommt ein Ausschluß des Unterhalts selbst dann in Betracht, wenn die Belange des Kindes beeinträchtigt werden (BGH FamRZ 1998, 541); denn die Belange des Kindes sind nur im Rahmen einer Unbilligkeitsabwägung zu „wahren" – nicht aber über die Grenzen einer grob unbilligen Inanspruchnahme hinaus (Celle FamRZ 1987, 603; offengelassen BGH FamRZ 1989, 1279). In solchen Fällen kann auch eine verstärkte Erwerbsobliegenheit zu bejahen sein (BGH FamRZ 1998, 541). Auf die Inanspruchnahme von Sozialhilfe darf der Berechtigte nicht verwiesen werden (BGH FamRZ 1989, 1279; Schwenzer FamRZ 1989, 685). Wenn die Betreuungsperson Leistungen nach dem BErzGG erhält, sind diese zwar grundsätzlich nicht als unterhaltsrechtliches Einkommen anzurechnen, nicht aber in den Härtefällen des § 1579 (§ 9 BErzGG). Wer Leistungen für ein später geborenes Kind bezieht, muß sich diese auf seinen „Mindestbedarf" anrechnen lassen, den ein anderes Kind „garantieren" soll.

Unterhalt kann auch herabgesetzt oder zeitlich begrenzt werden, wenn es um den Anspruch auf Betreuungsunterhalt (§ 1570) geht (erhebliche Vorbehalte dagegen bei Henrich FamRZ 1986, 401).

Bei Ehen von kurzer Dauer sollte es möglich sein, anstelle eines Unterhaltsausschlusses einen zeitlich begrenzten Unterhalt zuzusprechen, der nicht zu einer Ergänzungszeit iS der Nr 1 Hs 2 führt (so wohl auch Köln FamRZ 1990, 1241). Für ein Kind, das (noch) dem früheren Ehemann der Mutter mit Rücksicht auf die Ehe zugeordnet ist (§§ 1592 Nr 1, 1593, 1591 aF), obwohl es offenbar oder unstreitig nicht vom (früheren) Ehemann der Mutter abstammt, ist jedenfalls kein Unterhalt zuzusprechen, der den „Zeitzuschlag" (Nr 1 Hs 2) oder den Rangvorzug (§ 1582 I S 2, 3) auszulösen vermag.

cc) Die **Beschränkung** des Unterhaltsanspruchs durch einen Ausschlußtatbestand des § 1579 ist, anders als die **43** allgemeineVerwirkung, nicht endgültig (BGH FamRZ 1986, 443; NJW 1986, 722; FamRZ 1987, 689; 1987, 1238; Hamm FamRZ 1996, 1080). Ist etwa die Beziehung zu einem anderen Partner beendet oder übernimmt der Ehegatte nunmehr im Einverständnis mit dem anderen oder nach einer Sorgerechtsänderung die Betreuung des gemeinschaftlichen Kindes, ist aufgrund der neuen Lage zu prüfen, ob die nunmehrige Inanspruchnahme des Unterhaltsverpflichteten diesen unzumutbar belasten würde.

Bei der neuen Billigkeitsprüfung sind alle Umstände zu berücksichtigen – vor allem das Ausmaß der Zeit, die der (ursprünglich) Berechtigte in der neuen Partnerschaft verbracht hat, aber auch die Lage des Verpflichteten, der im Vertrauen auf den Wegfall der Unterhaltspflicht Lebensdispositionen getroffen hat (BGH FamRZ 1987, 689).

Hat die neue Beziehung zunächst nur den Anspruch auf Trennungsunterhalt betroffen und ist die neue Partnerschaft bereits vor der Ehescheidung beendet worden, geht es wegen der Verschiedenartigkeit des Anspruchs auf Trennungsunterhalt vom Anspruch auf nachehelichen Unterhalt (BGH FamRZ 1988, 370) nicht um die Frage, ob der Unterhaltsanspruch „wieder auflebt". Vielmehr ist für den Anspruch auf nachehelichen Unterhalt die Zumutbarkeitsfrage neu zu prüfen; dabei können die frühere Verbindung und der Zeitablauf bedeutsam sein. Wer wegen einer neuen Partnerschaft seinen Anspruch auf Trennungsunterhalt ganz oder teilweise verloren hat, büßt seinen Anspruch auf Geschiedenenunterhalt in der nämlichen Weise ein, wenn er die neue Lebensbeziehung fortsetzt (BGH FamRZ 1983, 569; 1983, 676; 1984, 154). Auch im übrigen wirken Härten, die den Anspruch auf Trennungsunterhalt ausgeschlossen oder verkürzt haben, beim Anspruch auf den Geschiedenenunterhalt – trotz der Verschiedenheit beider Ansprüche (BGH FamRZ 1981, 242) – fort (Häberle FamRZ 1986, 311 für die Fallgruppe

§ 1579 Familienrecht Bürgerliche Ehe

Nr 6). Ein Unterhaltsausschlußtatbestand läßt im allgemeinen Unterhaltsforderungen unberührt, die bis zu dessen Eintritt aufgelaufen sind (BGH FamRZ 1984, 34).

44 **dd) Folgen der Herabsetzung.** Zweifelhaft kann sein, ob (1) der Bedarf im Sinn von § 1578 durch den Ausschlußtatbestand beschränkt wird (so Dieckmann FamRZ 1987, 231; 1987, 981) oder (2) der Unterhaltsanspruch nach Anrechnung eigenen Einkommens des Berechtigten gemäß § 1577 oder (3) der aufgrund der Prüfung der Leistungsfähigkeit zu zahlende Unterhalt. Die systematische Stellung im Kapitel „Unterhaltsberechtigung" und nach §§ 1577, 1578 und vor § 1581 sprechen für die 2. Alternative (BGH FamRZ 1984, 154). Eine wiederaufgelebte Hinterbliebenenversorgung (vgl § 107 SGB VI; § 44 V BVG) ist nicht auf die gem § 1579 herabgesetzte Unterhaltsrente anzurechnen (BGH FamRZ 1986, 889; Düsseldorf FamRZ 1998, 743; aA Dieckmann FamRZ 1987, 231). Beim Wettbewerb zweier Ansprüche auf Betreuungsunterhalt (§§ 1570, 1615l II) ist zunächst der Anteil zu ermitteln, der auf den nichtehelichen Vater entfällt (§§ 1615l I, III, 1606 III entspr) und erst dann zu kürzen (BGH FamRZ 1998, 541); dabei ist Erziehungsgeld nur beim geschiedenen Ehegatten zu beachten (§ 9 BErzGG).

Wird der Unterhaltsanspruch gem § 1579 auf einen „Mindestbedarf" begrenzt, ist damit der „Vorsorgeunterhalt" schon deshalb entzogen, weil der „Elementarunterhalt" dem „Vorsorgeunterhalt" vorgeht (aA Bremen FamRZ 1999, 1138).

Darüber hinaus ist es zweifelhaft, ob § 1579 auch gestattet, den Verpflichteten, der einen bestimmten Elementarunterhalt zahlen muß, vom Vorsorgeunterhalt zu entlasten. Denn diese „Entlastung" könnte sich auch für den Verpflichteten nachteilig auswirken, weil dem Berechtigten Unterhaltsanteile zum Aufbau einer Altersvorsorge fehlen, die dem Verpflichteten in der Zukunft zustatten kommen könnten. Ein „Abkoppeln" des Vorsorgeunterhalts vom Elementarunterhalt gem § 1579 wird sich aber dann rechtfertigen lassen, wenn Deckungslücken beim Berechtigten nach Eintritt des Vorsorgefalls den Verpflichteten nicht belasten.

4. Beweislast

45 Der Verpflichtete trägt grundsätzlich die Darlegungs- und Beweislast für die Tatsachen, die ein Eingreifen der Härteklausel rechtfertigen (BGH FamRZ 1991, 670). Das gilt bei Nr 6 auch für die Frage, ob das Fehlverhalten eindeutig beim Berechtigten liegt. Beachtliche Gegenvorwürfe des Bedürftigen muß der Verpflichtete zwar ausräumen (BGH FamRZ 1982, 463; FamRZ 1983, 670 zu Nr 4 aF). Soweit der Verpflichtete die Vorwürfe aber nur „bestreiten" kann, sind an die Darlegungslast keine hohen Anforderungen zu stellen (BGH FamRZ 1982, 463). Mitunter hilft dem Verpflichteten der Beweis des ersten Anscheins (BGH FamRZ 1985, 267 zu Nr 4 aF für die Frage nach einem bedingten Vorsatz bei einer Kindesunterschiebung; ähnlich Oldenburg FamRZ 1991, 448). Daß von der neuen Eheschließung nur abgesehen wurde, um den Unterhaltsanspruch nicht zu verlieren (BGH FamRZ 1983, 569) oder daß bei einem fehlgeschlagenen Selbsttötungsversuch mutwillig die Bedürftigkeit herbeigeführt wurde (BGH FamRZ 1989, 1054), ist vom Verpflichteten individuell zu beweisen. Wenn die Unterhaltspflicht nur für den Zeitraum „ruhte", in der ein geschiedener Ehegatte mit einem neuen Partner unterhaltsschädlich im Sinne von § 1579 Nr 7 zusammen lebt, trägt der Unterhaltspflichtige die Darlegungs- und Beweislast nicht nur für das Eingreifen der Härteklausel, sondern auch für einen dauerhaften Ausschluß des Anspruchs, also für die unterhaltsschädliche Fortdauer der Beziehungen (BGH FamRZ 1991, 670). Allerdings muß der Berechtigte seine Bedürftigkeit darlegen und beweisen, nämlich daß ihm für Haushalts- und Versorgungsleistungen kein Geld zusteht.

§ 1580 *Auskunftspflicht*

Die geschiedenen Ehegatten sind einander verpflichtet, auf Verlangen über ihre Einkünfte und ihr Vermögen Auskunft zu erteilen. § 1605 ist entsprechend anzuwenden.

1 **1. Zweck und Einordnung der Vorschrift. a) Treu und Glauben.** Bis zum Inkrafttreten des 1. EheRG sah das Gesetz weder im Verwandten- noch im Ehegattenunterhaltsrecht eine Auskunftspflicht vor. Diese ergab sich indes aus dem Grundsatz von Treu und Glauben (§ 242), der weiterhin bei nach dem EheG geschiedene Ehen heranzuziehen ist (BGH FamRZ 1982, 1189). Die Bestimmung sollte den Eheleuten helfen, Voraussetzungen eines Unterhaltsanspruchs und dessen Umfang festzustellen. Sie enthält keine abschließende Regelung. Daneben kann ein Auskunftsanspruch nach § 242 bestehen (s vor § 1569 Rz 18). Unter besonderen Umständen kann aus § 242 eine Pflicht zu ungefragter Mitteilung über die den Unterhalt begründenden Umstände bestehen. Die Bestimmung des § 1605 des Verwandtenrechts ist entsprechend anwendbar. Für den nachpartnerschaftlichen Unterhalt wird in § 16 II S 2 LPartG auf § 1580 verwiesen.

2 **b) Im Prozeß** kann das Gericht im Sinne einer vorbereitenden Maßnahme nach § 273 ZPO gem § 643 ZPO den Parteien aufgeben, unter Vorlage entsprechender Belege über ihre Einkünfte, ihr Vermögen und ihre persönlichen und wirtschaftlichen Verhältnisse Einkünfte Auskunft zu erteilen. Kommt die Partei der Aufforderung nicht genügend nach, kann das Gericht bei Arbeitgebern, Sozialversicherungs- und Rentenversicherungsträgern Auskünfte einholen, anders als beim Unterhalt des minderjährigen Kindes jedoch nicht beim Finanzamt. § 643 ZPO wird man einen authentischen Hinweis des Gesetzgebers für den Umfang der unter den Unterhaltsparteien bestehenden Auskunftsverpflichtung entnehmen können. Aus der Pflicht zu wahrheitsgemäßen Angaben im Prozeß nach § 138 ZPO kann sich ebenfalls eine Pflicht zur ungefragten Anzeige vom Vorliegen und der Änderung von den Unterhaltsanspruch begründenden Umständen ergeben (BGH FamRZ 2000, 153).

3 **2. Beiderseitige Auskunftspflicht.** Die Auskunftspflicht belastet beide Ehegatten, unabhängig von der Rolle als Gläubiger oder Schuldner. Trotz der „Wechselseitigkeit" der Auskunftspflicht besteht kein Leistungsverweigerungsrecht entsprechend § 320 oder gem § 273 (München FamRZ 1989, 284; Bamberg FamRZ 1985, 610; Köln FamRZ 1987, 714). Damit wird vermieden, daß sich die Geltendmachung von Unterhalt verzögert und der Streit darüber ins vorbeitenden Verfahren verlagert wird.

Scheidung der Ehe: Unterhalt §1580

3. Verlangte und ungefragte Auskunft. Nach dem Wortlaut des § 1580 setzt die Auskunftspflicht ein Verlangen des auskunftsberechtigten Ehegatten voraus. Eine allgemeine Pflicht zur ungefragten Mitteilung über den Unterhaltsanspruch berührende Umstände besteht nicht. Ein Ausnahme ist hinsichtlich Veränderungen von unterhaltserheblichen Umständen nach dem Grundsatz von Treu und Glauben (§ 242) zu bejahen, wenn für den Gegner ein offensichtliches Interesse an der Mitteilung besteht und das Schweigen evident unredlich erscheint, etwa wenn der Unterhaltsberechtigte eine Ausbildung endgültig abgebrochen und eine Arbeit aufgenommen hat oder wenn die Voraussetzungen für eine Unterhaltsabänderung offensichtlich vorliegen (BGH FamRZ 1986, 450; 1986, 794; 1988, 270; 2003, 1836). Bei einem Unterhaltsvertrag kann sich eine Nebenpflicht zur Auskunftserteilung aus dessen Inhalt ergeben, etwa wenn ein bestimmter Nettoverdienst des Berechtigten anrechnungsfrei bleiben soll und der Verdienst diese Grenze deutlich übersteigt (BGH FamRZ 1997, 483). Allgemein sollte jedoch die Pflicht zur Auskunft bei durch Urteil und bei durch Vertrag (Vergleich) konkretisiertem Unterhalt nicht unterschiedlich beurteilt werden. Es erscheint auch nicht gerechtfertigt, an den Unterhaltsberechtigten strengere Anforderungen als an den Unterhaltsverpflichteten zu stellen. Der BGH (FamRZ 1986, 794) versagt, falls nicht besondere Umstände hinzutreten, einen Schadensersatzanspruch gem § 826, wenn der Gläubiger (nur) eine rechtskräftig zuerkannte Unterhaltsrente weiter entgegennimmt, ohne die Aufnahme einer Erwerbstätigkeit offenzulegen. Verschweigt der Berechtigte aber eine günstige, für den Unterhaltsanspruch ersichtlich grundlegende Änderung der wirtschaftlichen Verhältnisse offenbar unredlich, kommt ein Schadensersatzanspruch auch dann in Betracht, wenn der Verpflichtete nicht nach einer Verhältnisänderung gefragt hat (BGH FamRZ 1986, 450; eine unrichtige Rechtsauskunft muß nicht zur Redlichkeit des Berechtigten führen und damit die Sittenwidrigkeit ausschließen, BGH aaO 453f). Auch der Schuldner, der eine grundlegende Verbesserung seiner Leistungsfähigkeit evident unredlich verschweigt, verletzt seine (erweiterte) Auskunftspflicht und macht sich schadensersatzpflichtig (BGH FamRZ 1988, 270). Wer mit der Erteilung der Auskunft in Verzug gerät, kann sich schadensersatzpflichtig machen (BGH FamRZ 194, 163 für Verwandtenunterhalt; BGH FamRZ 1985, 155 für Ehegattenunterhalt). Die Durchschlagskraft eines solchen Schadensersatzanspruchs wird allerdings – zumindest im Hinblick auf § 254 – angezweifelt, weil der Gläubiger unschwer die Stufenklage erheben kann (Hamm FamRZ 1986, 1111 für Verwandtenunterhalt). Zur allgemeinen Problematik der unterhaltsrechtlichen Pflicht zu ungefragten Informationen Hoppenz FamRZ 1989, 337.

4. Begrenzung der Auskunftspflicht. Der Auskunftsanspruch besteht nicht nur dann, wenn die Unterhaltspflicht eines geschiedenen Ehegatten dem Grunde nach feststeht und die Parteien nur noch über die Höhe streiten (München FamRZ 1989, 284), denn auch von Einkommen und Vermögen, über das Auskunft begehrt wird, kann der gegenwärtige Bestand der Unterhaltspflicht abhängen. Allerdings soll der Auskunftsanspruch auch nicht nur die Neugierde eines geschiedenen Ehegatten befriedigen. Deshalb besteht der Auskunftsanspruch für einen (denkbaren) Unterhaltsgläubiger nur, wenn die von den wirtschaftlichen Verhältnissen der Parteien unabhängigen Voraussetzungen des Unterhaltsanspruchs gegeben sind (BGH FamRZ 1982, 1189). Bestreitet ein Ehegatte seine Unterhaltspflicht im Hinblick auf die Sonderlagen des § 1579, so ist zu unterscheiden: Da bei der von § 1579 gebotenen umfassenden Billigkeitsabwägung auch die Einkommens- und Vermögensverhältnisse eine Rolle spielen können, schließt ein Verwirkungstatbestand die Auskunftspflicht grundsätzlich nicht aus (BGH FamRZ 1983, 996; München FamRZ 1998, 741; Bamberg FamRZ 1998, 741; Frankfurt FamRZ 1988, 62). Um den Ehegatten vor lästiger Ausforschung zu schützen, sind aber Ausnahmen geboten, wenn die Einkommens- und Vermögensverhältnisse letzthin nicht entscheiden können – etwa bei einer kinderlosen Ehe von kurzer Dauer iSd § 1579 Nr 1, nach deren Ende ein Partner nur ehebedingte Vorteile bewahren will. Darüber hinaus kann die Auskunftspflicht ausgeschlossen oder eingeschränkt sein – dann nämlich, wenn die begehrte Auskunft unter keinem Gesichtspunkt auf die Unterhaltspflicht Einfluß haben kann (BGH FamRZ 1982, 996). Ganz ausgeschlossen ist der Auskunftsanspruch etwa, wenn der Verwirkungseinwand (§ 1579) einem Unterhaltsanspruch entgegensteht, weil die Parteien von vornherein jede Gemeinschaft ausgeschlossen und nur eine formelle Ehe angestrebt haben (BGH FamRZ 1994, 558). Er ist es auch, wenn die Eheleute in wirtschaftlich so günstigen Verhältnissen gelebt haben, daß ein Teil der Einkünfte nicht für den Lebensbedarf verwendet, sondern der Vermögensbildung zugeführt wurde, und wenn die Leistungsfähigkeit des verpflichteten Ehegatten auch für die Zahlung höherer Unterhaltsbeträge außer Streit steht (BGH FamRZ 1994, 11691). In einem solchen Fall kann der Berechtigte die Aufwendungen, die er zur Aufrechterhaltung des ehelichen Lebensstandards benötigt, aus eigenem Wissen konkret darlegen, ohne auf eine Auskunft des Verpflichteten angewiesen zu sein. Eingeschränkt ist die Auskunftspflicht, wenn der Unterhaltsgläubiger Auskunft über die Höhe eines Pflichtteilsanspruchs erstrebt, den geltend zu machen dem Unterhaltsschuldner nicht zuzumuten ist (BGH aaO; vgl dazu auch den Bewertungswechsel BGH FamRZ 1993, 1065), oder wenn es um die Auskunft über den Anfall einer Erbschaft nach Trennung der Eheleute geht und dieser Anfall – wie wohl zumeist – als außergewöhnliches Ereignis zu werten ist, das die ehelichen Lebensverhältnisse nicht (mehr) zu prägen vermochte (Frankfurt FamRZ 1986, 165). Das gilt aber auch für Einkünfte, die ein Schulder (Jahre) nach der Ehescheidung erzielt und die den Rahmen der unterhaltserheblichen („fortgeschriebenen") ehelichen Lebensverhältnisse (§ 1578 I) sprengen (BGH FamRZ 1985, 791). Das gilt endlich für Vermögen des Verpflichteten, dessen Weiterwicklung für den Unterhaltsanspruch des Berechtigten ohne Belang ist (vgl den Ansatz bei Frankfurt FamRZ 1991, 1334). Der Unterhaltsgläubiger ist aber zur Auskunft darüber verpflichtet, ob und wie er Kapitalbeträge angelegt hat, wenn diese Anlage für eine Herabsetzung einer Unterhaltsrente von Belang sein kann (Karlsruhe FamRZ 1990, 756). Bietet der Gläubiger einen Verzicht für die Zukunft an, dürften dessen veränderte wirtschaftliche Verhältnisse den Verpflichteten allenfalls dann etwas angehen, soweit der Verpflichtete eine Erstattung überzahlten Unterhalts anstrebt.

5. Umfang der Auskunft. Auskunft ist über Einkünfte und Vermögen zu erteilen. **a)** Das **Vermögen** ist in den wesentlichen Bestandteilen darzulegen, damit sich der Lebenszuschnitt während der Ehe (§ 1578 I) und die Verwertungsmöglichkeit (vgl §§ 1577 III, 1581 S 2) beurteilen lassen. Belege können aber – anders als bei den Ein-

§ 1580 Familienrecht Bürgerliche Ehe

künften (vgl § 1605 I S 2) – nicht gefordert werden (Hamburg FamRZ 1985, 394; Karlsruhe FamRZ 1986, 271), auch nicht Vermögenssteuererklärungen oder -bescheide (Düsseldorf FamRZ 1980, 260). Haben sich geschiedene Eheleute über Unterhalt ohne Rücksicht auf bekanntes Vermögen verglichen, braucht der Gläubiger über den Verbleib von Vermögensgegenständen später nicht Auskunft zu geben, die dem Schuldner bei Abschluß des Vergleichs bekannt waren, wenn es um die Abänderung des Unterhaltsvergleiches geht (Hamburg FamRZ 1985, 394). Dagegen ist die weitergehende Meinung nicht unbedenklich: über den Verbleib eines Vermögensgegenstandes brauche grundsätzlich nicht Auskunft gegeben zu werden, weil sich die Auskunft nur auf einen Zeitpunkt und nicht auf einen Zeitraum beziehe (Karlsruhe FamRZ 1986, 271). Besteht etwa der Verdacht, ein Ehegatte habe ursprünglich für die ehelichen Lebensverhältnisse maßgebliches Vermögen vor der Scheidung „verbraucht", kann der andere zwar eine eidesstattliche Versicherung für die gemachte Angabe fordern (BGH FamRZ 1976, 516 zur Auskunft bei der Zugewinngemeinschaft gem § 1379). Das hilft dem Ehegatten aber in manchen Fällen nicht viel. Zwar mag man bisweilen mit dem fiktiven Ertrag eines fiktiven Vermögens abhelfen können, das man dem Ehegatten zurechnet, der die Aufklärung hintertreibt. Richtiger erscheint es aber, in den Fällen, in denen man an eine solche Anrechnung denkt, den Pflichtigen auch zur Auskunft über den Verbleib von Vermögensgegenständen anzuhalten – schon um eine psychologische Sperre gegen leichtfertige Auskünfte zu errichten.

7   b) **Einkünfte** sind dagegen zu belegen (§ 1605 I S 2). Der Beleganspruch ist ein eigener Anspruch neben dem auf Auskunft (München FamRZ 1994, 1126). aa) Der **unselbständig** tätige Ehegatte hat Arbeitgeberbescheinigungen beizubringen, die Aufschluß über die Einkünfte der letzten 12 Monate geben, und zwar getrennt nach den jeweiligen Monaten, damit sich die sachgerechte Ausnutzung der Arbeitskraft überprüfen läßt, uU auch den Arbeitsvertrag (BGH FamRZ 1994, 28). Anzugeben sind auch Nebeneinkünfte (auch aus „Schwarzarbeit") – dies aber nur soweit, als sie für die Höhe des Unterhaltsanspruchs von Belang sein können. Hierbei sollten zumindest Zumutbarkeitsgrenzen beachtet werden. So ist es höchst zweifelhaft, ob (und in welchem Ausmaß) ein 79jähriger Rentner – auch wenn er rüstig ist – Auskunft über Einkünfte aus Handwerksarbeiten bei nicht verwandten Dritten geben muß, (für unbeschränkte Auskunftspflicht Frankfurt FamRZ 1985, 481).

8   bb) Bei **selbständig** tätigen Eheleuten ist der Auskunftszeitraum zu erweitern, da sich sonst ein angemessenes Durchschnittseinkommen nicht verläßlich ermitteln läßt. In Betracht kommt ein Zeitraum von etwa 3 Jahren (BGH FamRZ 1982, 151; 1982, 680). Selbständige Gewerbetreibende haben auf Verlangen grundsätzlich Einkommensteuerbescheide vorzulegen (BGH FamRZ 1982, 151), und zwar auch dann, wenn sie mit einem neuen Ehegatten zusammen veranlagt werden; sie können dann aber bestimmte Betragsangaben unkenntlich machen, die ausschließlich den Ehegatten betreffen oder doch den Eigenanteil des Schuldners nicht erkennbar machen (BGH FamRZ 1982, 680). Auch eine Einkommensteuererklärung ist regelmäßig vorzulegen; das gilt indessen nicht, wenn der Verpflichtete seine Einkünfte in anderer Weise ausreichend belegt und ein schutzwürdiges Interesse daran hat, bestimmte Angaben zurückzuhalten, oder sich aufgrund besonderer Umstände der Gefahr mißbräuchlicher Verwendung aussetzt (BGH FamRZ 1982, 680 für Verwandtenunterhalt; s auch RG 148, 278 für ein Gesellschaftsverhältnis). Bei selbständigen Unternehmern oder Gesellschafter-Geschäftsführern einer GmbH erstreckt sich die Auskunftspflicht auch auf die Vorlage von Bilanzen und Gewinn- und Verlustrechnungen (BGH FamRZ 1982, 680). Der Verpflichtete hat auch einzelne Teile der Bilanz aufzuschlüsseln; er muß diese Erläuterungen aber nicht in allen Einzelheiten belegen, wenn und weil die Grenze des Zumutbaren überschritten würde (Stuttgart FamRZ 1991, 84). Die Auskunftspflicht in diesem Sinne erfüllt der Schuldner aber nicht schon dann, wenn er dem Berechtigten Einsicht in die maßgeblichen Unterlagen gestattet (Stuttgart aaO). Zu bedenken bleibt aber auch hier: Einkommen, das für den Unterhaltsanspruch nicht von Belang sein kann, sollte die Auskunftspflicht nicht erfassen. Das gilt für Einkünfte, die den ehelichen Lebensstandard nicht geprägt haben ebenso wie für spätere Einkommen, das zu den ehelichen Lebensverhältnissen keine Beziehung mehr aufweist.

9   c) **Sonstige Umstände.** Nach dem Gesetzeswortlaut ist Auskunft nur über das Vermögen und die Einkünfte zu verteilen. Dies ist nach dem Sinn und Zweck des Auskunftsanspruchs zu eng. Auch sonstige, insbesondere persönliche Umstände sind mitzuteilen, wenn sie den Unterhaltsanspruch beeinflussen können (vgl § 643 ZPO), etwa Erwerbs- oder Ausbildungsbemühungen oder bei Betreuungsunterhalt die zusätzlichen Betreuung eines nicht gemeinschaftlichen Kindes, die zur anteiligen Haftung der Väter führen kann (vgl BGH FamRZ 1998, 541). Der Verpflichtete muß auch solche Belastungen angeben, die seine Leistungsfähigkeit beeinträchtigen und die gleichrangigen Unterhaltsberechtigten (Köln FamRZ 2000, 622). Der wiederverheiratete Ehegatte muß Angaben über die Einkünfte seines Ehegatten nach § 242 machen, soweit diese erforderlich sind, um dessen Anteil am Familienunterhalt zu bestimmen; denn durch letzteren wird die finanzielle Lage des Schuldners beeinflußt. Dieser muß auch über Art und Umfang seiner Arbeitsleistung Auskunft geben, wenn er im Betrieb des neuen Ehegatten beschäftigt ist und sich dies als verschleiertes Arbeitsverhältnis darstellt (BGH FamRZ 2003, 1836 zum Verwandtenunterhalt). Gegen den neuen Ehegatten hat der geschiedene unterhaltsberechtigte Ehegatte keinen Auskunftsanspruch.

10   6. **Form der Auskunft.** Die Auskunft muß in systematischer Form erteilt werden. Dabei müssen die steuerrechtlich beachtlichen Aufwendungen von solchen abgrenzbar sein, die unterhaltsrechtlich erheblich sind (BGH FamRZ 1980, 790). Persönliche Unterzeichnung der Erklärung ist nicht notwendig (aA München FamRZ 1996, 306).

11   7. Nach §§ 1580, 1605 II kann eine **neue Auskunft,** außer bei Anhalt für Einkommens- oder Vermögensverbesserungen, grundsätzlich erst nach zwei Jahren verlangt werden. Aufgrund des eindeutigen Wortlauts des Gesetzes und weil trotz der Wahrheitspflicht nach § 138 ZPO Einkommensänderungen während des Prozesses oft nicht mitgeteilt werden, ist die Ansicht (BGH 1987, 483 f; Karlsruhe FamRZ 1991, 1470) abzulehnen, daß die Zweijahresfrist bei einem Urteil ab dem Tag der letzten mündlichen Verhandlung und bei einem Vergleich ab dem Abschlußzeitpunkt laufe. Wegen der Nichtidentität von Trennungs- und nachehelichem Unterhalt (BGH FamRZ 1988, 370) kann grundsätzlich auch vor Ablauf dieser Frist eine auf den nachehelichen Unterhalt bezogene Auskunft verlangt werden (Hamm FamRZ 1996, 898; aA Thüringen FamRZ 1997, 1280; Erman/Dieckmann[10] Rz 9). Dies wird nur ausnahmsweise zu verneinen sein, wenn eine Änderung der insoweit maßgeblichen Verhältnisse ausgeschlossen werden kann. Ein verfahrensrechtlich nicht erledigtes Auskunftsbegehren läßt sich trotz der Sperrfrist des § 1605 II zeitlich erweitern (Düsseldorf FamRZ 1997, 1281).

8. Bei Übergang des Unterhaltsanspruchs auf den **Sozialhilfeträger** geht auch der Auskunftsanspruch über (§ 91 I S 1 BSHG). 12

9. **Verfahrensrechtliche Fragen und Beweislast. a) Verbund.** Die Auskunftspflicht belastet **geschiedene** Eheleute: Der Auskunftsanspruch kann aber bereits ab der Rechtshängigkeit des Scheidungsantrages im Verbundverfahren geltend gemacht werden, und zwar mit einer Stufenklage (§ 254 ZPO), bei der über den Auskunftsantrag auch schon vor dem Urteil über den Scheidungsantrag entschieden werden kann (BGH FamRZ 1982, 151). Vorbereitende Auskunftsansprüche, die nicht im Rahmen einer Stufenklage geltend gemacht werden, gehören dagegen nicht in den Verfahrensverbund, sondern sind nach Abtrennung (§ 145 ZPO) in einem gesonderten Verfahren zu verhandeln (BGH FamRZ 1997, 811). 13

b) Beim **Klageantrag** ist auf den vollstreckungsfähigen Inhalt eines Urteils zu achten. Die Auskunft muß so bestimmt sein, daß der Berechtigte ihr entnehmen kann, welche konkreten Belege er zu ihrer Bestätigung verlangen kann. Sie muß ohne Zweifel über ihren Inhalt und ihre Reichweite Gegenstand einer eidesstattlichen Versicherung sein können. Eine Verurteilung, Auskunft über die Einkommens- und Vermögensverhältnisse durch Vorlage eines geordneten Verzeichnisses zu erteilen, ist kein zur Vollstreckung geeigneter bestimmter Titel (Frankfurt FamRZ 1991, 1334). Der Berechtigte muß im Klageantrag die Belege genau bezeichnen, die der Verpflichtete vorlegen soll (BGH FamRZ 1983, 454; Stuttgart FamRZ 1991, 84). Deswegen kann bei einer Stufenklage der Berechtigte gezwungen sein, den Antrag auf Vorlage der Belege nicht schon mit dem Auskunftsantrag zu stellen, sondern erst nach Erteilung der Auskunft. 14

c) **Beweislast.** Der Bedürftige, der Auskunft verlangt, muß darlegen, daß die Voraussetzungen eines Unterhaltsanspruchs, abgesehen von den wirtschaftlichen Verhältnissen, vorliegen (BGH FamRZ 1982, 1189). Wer die eidesstattliche Versicherung verlangt, muß beweisen, daß die Auskunft nicht mit der erforderlichen Sorgfalt erteilt wurde (BGH NJW 1966, 1117), nicht, daß sie unrichtig ist (BGH WM 1956, 31). Wer eine Auskunft wegen evident unredlichen Verhaltens begehrt, muß dieses beweisen (BGH FamRZ 1988, 270; 1997, 483). 15

Kapitel 3
Leistungsfähigkeit und Rangfolge

1581 *Leistungsfähigkeit*
Ist der Verpflichtete nach seinen Erwerbs- und Vermögensverhältnissen unter Berücksichtigung seiner sonstigen Verpflichtungen außerstande, ohne Gefährdung des eigenen angemessenen Unterhalts dem Berechtigten Unterhalt zu gewähren, so braucht er nur insoweit Unterhalt zu leisten, als es mit Rücksicht auf die Bedürfnisse und die Erwerbs- und Vermögensverhältnisse der geschiedenen Ehegatten der Billigkeit entspricht. Den Stamm des Vermögens braucht er nicht zu verwerten, soweit die Verwertung unwirtschaftlich oder unter Berücksichtigung der beiderseitigen wirtschaftlichen Verhältnisse unbillig wäre.

1. **Zweck und Einordnung der Vorschrift. a) Billigkeitsunterhalt.** § 1581 schreibt die Unterhaltsregelung des § 59 EheG fort, die den Unterhaltsanspruch gegen den allein oder überwiegend für schuldig erklärten Ehegatten bei dessen Leistungsschwäche (unter bestimmten Voraussetzungen) in einen Billigkeitsanspruch umschlagen ließ. Seit der Änderung kommt es für diesen Umschlag nicht mehr darauf an, ob die Leistungsschwäche auf weiteren Verpflichtungen beruht oder nicht (BT-Drucks 7/650, 139). Anders als früher muß der Verpflichtete erst den Stamm seines Vermögens verwerten, ehe die Billigkeitsregel eingreift. 1

b) **Vorrang des Unterhaltspflichtigen.** Während die Bestimmung des § 1578, die den Bedarf regelt, auf dem Grundsatz der gleichen Berechtigung beider Ehegatten aufbaut, wird durch die Bestimmung des § 1581 bei der Voraussetzung der Leistungsfähigkeit dem Unterhaltsinteresse des Pflichtigen der Vorrang eingeräumt. Er soll grundsätzlich seinen eigenen angemessenen Unterhalt sicherstellen dürfen, ehe er dem geschiedenen Ehegatten Unterhalt leisten muß. Wenn seine Mittel unter Berücksichtigung einer angemessenen Schuldentilgung für seinen angemessenen Unterhalt und den des geschiedenen Ehegatten nicht ausreichen, dh im Mangelfall, muß er diesem nicht nach striktem Recht Unterhalt nach den ehelichen Lebensverhältnissen leisten. Er wird indes, anders als der leistungsunfähige Verwandte im Sinn von § 1603 I, nicht frei, sondern muß nach Billigkeit Unterhalt leisten (BGH FamRZ 1983, 678; 1990, 260). Die Bestimmung greift einmal ein, wenn sich die Leistungsfähigkeit des Verpflichteten nach der Scheidung abschwächt; sie kann aber auch für den Unterhalt von Bedeutung sein, der sofort nach der Scheidung zu leisten ist. Zudem kommt ein Billigkeitsanspruch gem § 1581 gleich nach der Scheidung in Betracht, wenn man den angemessenen Eigenbedarf des Schuldners um einen trennungsbedingten Mehrbedarf erweitert. In jedem Fall muß der notwendige Selbstbehalt gewahrt sein, weil durch die Unterhaltsleistung kein Unterhaltspflichtiger sozialhilfebedürftig werden darf (BGH FamRZ 1983, 678; 1990, 849). 2

c) **Absoluter Mangelfall.** In vielen Fällen ist der geschiedene Ehegatte nicht nur dem anderen Ehegatten, sondern auch weiteren Personen (Ehegatten aus erster Ehe, minderjährigen und volljährigen Kindern, nichtehelichem Elternteil) unterhaltspflichtig. Die Mangellage ist verschärft (s Rz 26). 3

§ 1581 Familienrecht Bürgerliche Ehe

4 **d) Vorrangige Haftung des Verwandten.** Der geschiedene Ehegatte wird in der Praxis meist wegen Billigkeitsunterhalt in Anspruch genommen, wie wenn es die Vorschrift des § 1584 nicht gäbe, wonach der im Sinn von § 1603 leistungsfähige Verwandte vor dem Ehegatten für den Unterhalt des Geschiedenen haftet, wenn der eigene angemessene Unterhalt des verpflichteten Ehegatten gefährdet ist (s § 1584 Rz 9). Solche Verwandte (Eltern, manchmal auch Kinder) werden regelmäßig überhaupt nicht erwähnt, obwohl sie nicht selten leistungsfähig sein dürften und auch vor der Inanspruchnahme von Sozialhilfe eintreten müßten (§ 2 BSHG).

5 **e)** Auf den **Trennungsunterhalt** (§ 1361) ist die Vorschrift nicht anwendbar (Pal/Brudermüller Rz 1; aA BVerfG FamRZ 2002, 1397, das indes den billigen Selbstbehalt nicht vom notwendigen unterscheidet). Der getrennt lebende Ehegatte haftet bis zum notwendigen Selbstbehalt; denn der Ehegatte kann nicht besser, aber auch nicht schlechter stehen als das minderjährige unverheiratete Kind (arg aus § 1609 II S 1; Dieckmann, 3. Dt FamGT 1980, 41, 44). Auf die vorrangige Haftung des leistungsfähigen Verwandten nach § 1608 ist hinzuweisen (vgl Rz 4).

6 **f) Parallelvorschriften.** Parallelvorschrift im Verwandtenunterhaltsrecht ist § 1603. Für den Lebenspartnerunterhalt verweist § 16 II S 2 LPartG auf § 1581.

7 **g) Normaufbau.** Bei der Normanwendung ist zwischen den Voraussetzungen und der Rechtsfolge „Unterhalt nach Billigkeit" zu unterscheiden. Die Prüfung der Voraussetzungen besteht aus der Feststellung des für alle Bedürftigen erforderlichen Einkommens (Normalfall), der Feststellung des verteilbaren Einkommens des Pflichtigen und der Prüfung der Gefährdung des eigenen Unterhalts des Verpflichteten. Für die Rechtsfolge „Haftung nach Billigkeit" muß der Selbstbehalt des Verpflichteten unter Abwägung der beiden Ehegatten zur Verfügung stehenden Mittel und ihrer Bedürfnisse nach individuellen Gesichtspunkten festgelegt werden.

8 **2. Erforderliches Einkommen.** Der Normalfall liegt vor, wenn der Verpflichtete über ein ausreichendes Einkommen (s vor § 1569 Rz 40ff) verfügt, um seinen eigenen angemessenen Unterhalt, den Unterhalt des geschiedenen Ehegatten sowie seine sonstigen Verpflichtungen gegenüber anderen Unterhalts- und sonstigen Gläubigern zu erfüllen.

9 **a)** Der **Unterhalt des Berechtigten** bestimmt sich nach den ehelichen Lebensverhältnissen oder ist der angemessene Unterhalt im Sinn von § 1578. Es handelt sich also grundsätzlich um den Quotenunterhalt, nach hM zuzüglich trennungsbedingtem Mehrbedarf (s § 1578 Rz 43). Weil es darauf ankommt, ob der Verpflichtete den Unterhalt „gewähren" kann, ist der Betrag maßgebend, der sich nach Anrechnung eigener Einkünfte des Berechtigten (§ 1577) und nach einer eventuellen Kürzung nach §§ 1573 V, 1578 I S 2, 1579 ergibt.

10 **b)** Der **eigene angemessene Unterhalt des Verpflichteten** bestimmt sich nicht nach der für den Verwandtenunterhalt maßgebenden Vorschrift des § 1603 iv, sondern nach § 1578 (BGH FamRZ 1990, 260). Dies ergibt sich daraus, daß wegen der gleichberechtigten Teilhabe beider Ehegatten an den ehelichen Lebensverhältnissen ihr Bedarf grundsätzlich gleich ist. Maßgebend ist deswegen grundsätzlich der Quotenunterhalt zuzüglich Erwerbstätigenbonus und nach hM ein etwaiger trennungsbedingter Mehrbedarf (BGH FamRZ 1990, 979; s § 1578 Rz 43).

11 **c)** Im Normalfall muß der Verpflichtete auch alle seine sonstigen Verpflichtungen erfüllen können. Im Mangelfall sind jedoch nur die vorrangigen **Verbindlichkeiten,** gegebenenfalls anteilig, zu berücksichtigen, während nachrangige erst zum Zug kommen, wenn vorrangige voll befriedigt sind (BGH FamRZ 1988, 705).

12 **3. Verteilbares Einkommen. a)** Zur Ermittlung der verteilungsfähigen Einsatzmasse ist zunächst auf die Grundsätze der **allgemeinen Einkommenslehre** zu verweisen (s vor § 1569 Rz 41ff).

13 **c)** Maßgeblich für die verteilungsfähige Einsatzmasse sind die **Einkommens-** und **Vermögensverhältnisse** des Schuldners. **aa) Anzurechnen** sind grundsätzlich **erzielte Erwerbseinkünfte**, abzüglich eines **Erwerbstätigenbonus** (BGH FamRZ 1997, 806; s vor § 1569 Rz 59), Bei Einkünften aus Nebentätigkeiten ist auf deren Zumutbarkeit nach Treu und Glauben zu achten (BGH FamRZ 1980, 984). Das gilt insbesondere für Zusatz- und Nebentätigkeiten, die der Schuldner erst nach der Scheidung aufgenommen hat. Maßgeblich ist das **Nettoeinkommen**, das sich nach Abzug von Steuern und gesetzlichen Vorsorgekosten für Krankheit, Erwerbsunfähigkeit, Alter und Arbeitslosigkeit ergibt; freiwillige Vorsorgekosten sind den gesetzlichen gleichzusetzen. Steuervorteile, die der verpflichtete Ehegatte wegen Wiederheirat erlangt, sind weder bei der Bemessung des Bedarfs des geschiedenen Ehegatten nach § 1578 noch diesem gegenüber bei der Leistungsfähigkeit nach § 1581 zu berücksichtigen (BVerfG FamRZ 2003, 1821 m Anm Schürmann im Gegensatz zu der bis dahin hM – BGH FamRZ 1988, 486). Dagegen erhöht den Splittingvorteil den Bedarf der übrigen Unterhaltsberechtigten (Kinder, gleich aus welcher Verbindung; neue Ehefrau) und erhöht diesen gegenüber die Leistungsfähigkeit.

14 **bb)** In zumutbarer Weise **erzielbares**, aber nicht erzieltes **Erwerbseinkommen** ist anzurechnen (BGH FamRZ 1999, 843; 1981, 539; s vor § 1569 Rz 40, 44). Für die Zurechnung eines fiktiven Einkommens kommt es darauf an, ob dem Schuldner eine Verletzung der Obliegenheit zur Einkommenserzielung in der Vergangenheit oder in der Gegenwart vorzuwerfen ist. Während in der Gegenwart eine einfache Obliegenheitsverletzung ausreicht, kann wegen eines Verhaltens in der Vergangenheit nur schwerwiegendes unterhaltsbezogenes Verschulden die Zurechnung eines fiktiven Einkommens in der früher erzielten Höhe rechtfertigen (BGH FamRZ 1993, 1055; 1994, 240; Graba FamRZ 2001, 1257, 1264). Dies kann etwa bejaht werden, wenn der Verpflichtete die Arbeitsstelle ohne zureichenden Grund gekündigt hat (FamRZ 1985, 158), nicht aber bei unfreiwilligem Arbeitsplatzverlust, der keine Verletzung der Unterhaltspflicht darstellt (BGH FamRZ 2000, 815: Diebstahl beim Arbeitgeber; FamRZ 1994, 240: alkoholbedingte Kündigung; FamRZ 2002, 813: Strafhaft wegen Sexualdelikts gegenüber unterhaltsberechtigtem Kind). Auf krankheitsbedingte Leistungsunfähigkeit kann sich nicht berufen, wer die Kündigung seines Arbeitsplatzes leichtfertig verschuldet oder eine ihm geboten Möglichkeit nicht wahrgenommen hat, eine zumutbare andere versicherungspflichtige Tätigkeit aufzunehmen (BGH FamRZ 1988, 597). Wird die Obliegenheit, sich um eine Arbeit zu bemühen, über längere Zeit verletzt, kann dies ein schwerwiegendes Verschulden darstellen, welches es rechtfertigt, dem Unterhaltsschuldner ein fiktives Einkommen auch in der späteren Zeit anzurechnen, in welcher er unverschuldet keine Arbeit erhält (Zweibrücken FamRZ 1999, 881; gebilligt BGH FamRZ 2000, 1358; München FamRZ 1994, 1406; Karlsruhe FamRZ 2000, 1419). Grundsätzlich darf ein Beruf nicht aufgegeben werden, um eine Ausbildung aufzunehmen, wenn der Unterhaltsberechtigte dadurch auf die Dritte oder Sozialhilfe angewiesen wäre (BGH FamRZ 1981, 639). Eine angefangene Ausbildung, die schon weit fortgeschritten ist, kann nach Abwägung der Interessen unter Umständen abgeschlossen werden, auch wenn die Ehefrau ihren Erwerbsverdienst wegen der Geburt eines weiteren Kindes verloren hat (BGH FamRZ 1983, 140). Beim Wechsel in die Selbständigkeit muß der Unterhaltsverpflichtete durch geeignete Maßnahmen (Rücklage, Kreditaufnahme) Vorsorge treffen, daß er seine Unterhaltspflicht jedenfalls vorerst erfüllen kann (BGH FamRZ 1982, 365; 1987, 372; 1988, 145 m Anm Hoppenz). Scheitert der Selbständige, muß er alles unternehmen, um wieder leistungsfähig zu werden. Er muß sich etwa beim Arbeitsamt wegen einer Umschulung erkundigen, wenn er sich nicht dem Vorwurf aussetzten will, unterhaltsrechtlich leichtfertig zu handeln (BGH FamRZ 1999, 843: gebilligtes Urteil des OLG München). Wer seinen Beruf aufgibt, um betagte und pflegebedürftige Eltern zu versorgen, kann sich auf mangelnde Leistungsfähigkeit nicht berufen und muß sich ein fiktives Einkommen anrechnen lassen (AG Weilburg FamRZ 1991, 451).

Die Anforderungen an die Obliegenheit zur Erzielung von Einkommen, sind beim Geschiedenenunterhalt geringer als beim Trennungs- und Minderjährigenunterhalt. Dies ist daraus zu schließen, daß der Verpflichtete wegen der durch die Scheidung gelockerten Beziehung grundsätzlich nicht bis zum notwendigen Selbstbehalt, sondern nur nach Billigkeit haftet. Dies kann etwa bedeuten, daß dem Unterhaltspflichtigen nicht ein Ortswechsel oder erschwerte Arbeitsbedingungen zuzumuten sind, um den Geschiedenenunterhalt aufzubringen (vgl BGH FamRZ 1986, 556 zur Vermögensverwertung). Ein Schuldner aus einem strukturschwachen Gebiet, dem ein Ortswechsel nicht zuzumuten ist, braucht sich fiktives Einkommen nicht zurechnen zu lassen, wenn er sich nicht in einer anderen Region um Arbeit bemüht (Hamm FamRZ 1999, 165). Wer sich aus **Gesundheitsgründen** den Anforderungen einer Arbeitsstelle nicht mehr gewachsen fühlt, muß nicht notwendig alle sozialen Sicherungen ausschöpfen, die ihm den Arbeitsplatz – zumindest auf Zeit – bewahren, sondern kann von sich aus kündigen, ohne sich damit schon dem Vorwurf der Verantwortungslosigkeit oder Leichtfertigkeit auszusetzen (BGH FamRZ 1985, 158; FamRZ 2003, 1471 m Anm Luthin). Einkommenseinbußen auf Grund von Altersteilzeit oder Vorruhestand schmälern die Leistungsfähigkeit in der Regel nicht (Hamm FamRZ 1999, 1078). Eine vorzeitige Pensionierung durch den Dienstherrn muß der Unterhaltsberechtigte jedenfalls dann hinnehmen, wenn die Versorgungsbezüge einen angemessenen Lebensstandard ermöglichen (BGH FamRZ 1984, 662).

Nach der „**Hausmann-Rspr**" (BGH FamRZ 2001, 614 und 1065 je m Anm Büttner m ausführlichen Rspr-Nachweisen) kann sich der Verpflichtete wegen des Gleichrangs der Unterhaltsansprüche von Kindern aus erster Ehe und aus sonstigen Verbindungen mit der früheren Ehegatten (§ 1609) grundsätzlich nicht auf Leistungsunfähigkeit berufen, wenn er seine Erwerbstätigkeit im Hinblick auf die Betreuung von Kindern aus einer neuen Ehe oder einer nichtehelichen Lebensgemeinschaft aufgegeben hat. Regelmäßig wird die Aufgabe der Erwerbstätigkeit gegenüber den anderen gleichrangigen Unterhaltsberechtigten eine grobe Verletzung der Erwerbsobliegenheit darstellen (Graba FamRZ 2001, 1257, 1264). Jedenfalls wenn dem Berechtigten ein Anspruch auf Betreuungsunterhalt (§ 1570) zusteht, kann dem Verpflichteten ein fiktives Einkommen zugerechnet werden, ohne daß die hinreichender Leistungsfähigkeit des neuen Ehegatten die Inanspruchnahme seines Selbstbehalts in Betracht käme. An die Zumutbarkeitserwägungen, die einen „Rollentausch" vom „Vollerwerbstätigen" zum „Hausmann" hinnehmbar erscheinen lassen, sind strenge Anforderungen zu stellen (BGH FamRZ 1996, 796 = LM § 1570 Nr 16 m krit Anm Dieckmann). Eine Einbuße des Unterhalts muß der Berechtigte nur dann hinnehmen, wenn das Interesse des Unterhaltspflichtigen und seiner neuen Familie das Interesse des anderen Berechtigten an der Beibehaltung der bisherigen Unterhaltssicherung deutlich überwiegt. Ob dazu eine finanzielle Verbesserung der wirtschaftlichen Lage der neuen Familie ausreicht, hat der BGH offen gelassen. Auch in diesem Fall muß der Pflichtige seine häusliche Tätigkeit, gegebenenfalls unter Inanspruchnahme einer entgeltlichen Betreuung des Kindes durch Dritte, auf das unbedingt Notwendige beschränken und wenigstens eine Nebentätigkeit aufnehmen, um auch zum Unterhalt der Unterhaltsberechtigten aus erster Ehe beitragen zu können (BGH FamRZ 1980, 43).

dd) Erzielte Vermögenseinkünfte stärken die Leistungskraft des Schuldners(s vor § 1569 Rz 47.
(1) Greift die Verwertungssperre (S 2) nicht ein, muß der Verpflichtete auch den **Stamm** seines **Vermögens verwerten** (s vor § 1569 Rz 49), und zwar sowohl für den Geschiedenen- als auch für den Trennungsunterhalt (BGH FamRZ 1986, 556). Die Verwertung kann nicht verlangt werden, wenn dadurch die Sicherung des eigenen Unterhalts bis zum voraussichtlichen Lebensende in Frage gestellt würde (BGH Urt v 20. 3. 1985 – IVb ZR 8/84). Der Verwertungszwang kann auch den Verpflichteten anhalten, sein Vermögen „umzuschichten", um einen höheren Ertrag zu erzielen. Zumindest beim Trennungsunterhalt ist dem Verpflichteten aber grundsätzlich eine Vermögensverwertung nicht zuzumuten, die diesem die Grundlage der beruflichen Existenz entzöge und die gemeinsame Lebensgrundlage bei einer Fortsetzung der Ehe gefährdete (BGH FamRZ 1986, 556). Nach der Scheidung soll eine Verwertungsobliegenheit nicht schon deshalb ausscheiden, weil der Unterhaltsverpflichtete mit dem Vermögen (weitgehend) seinen Beruf verlöre (BGH FamRZ 1986, 556 [557] im Hinblick auf ein landwirtschaftliches Anwesen; Revisionsentscheidung zu Schleswig FamRZ 1985, 809 m Anm Zieroth; s auch Koblenz FamRZ 1985, 812 im Hinblick auf ein Frachtmotorschiff auf dem Rhein). Droht ein „Existenzverlust", sollte aber geprüft werden, ob ein Unterhaltsanspruch an § 1579 Nr 7 unter Berücksichtigung weiterer Umstände scheitert. Einem nach Stammhirnblutungen arbeitsunfähigen Verpflichteten hat der BGH (FamRZ 1985, 691) zugestanden, sein Sparvermögen von 15000 DM nicht für den Unterhalt des geschiedenen Ehegatten zu verwenden, nachdem über seinen Antrag auf Erwerbsunfähigkeitsrente noch nicht entschieden war.

§ 1581 Familienrecht Bürgerliche Ehe

(2) Greift die Verwertungssperre (S 2) nicht ein und handelt es sich um ein deckungskräftiges Schuldnervermögen, schlägt der am § 1578 I ausgerichtete Unterhaltsanspruch nicht in einen Billigkeitsanspruch um. Die Verwertungsvoraussetzungen sind deshalb bereits bei den Voraussetzungen des Billigkeitsunterhalts zu prüfen (aA Soergel/Häberle Rz 7).

(3) Die **Verwertungssperre** für den Schuldner (S 2) entspricht dem Wortlaut nach der Verwertungssperre für den Gläubiger (§ 1577 III; dazu BGH FamRZ 1985, 354). Sie schützt den Schuldner, wenn eine Vermögensverwertung entweder **unwirtschaftlich** oder aber **unbillig** wäre. Wie bei der Verwertungsobliegenheit für den Berechtigten sollten aber beide Gründe nicht scharf voneinander getrennt, sondern in Grenzlagen auch unwirtschaftliche Verwertungen aus Billigkeitsgründen hingenommen werden (vgl Dieckmann FamRZ 1977, 162 Fn 162).

18 ee) Auch sonstiges Einkommen erhöht die Leistungsfähigkeit (s vor § 1569 Rz 50). Unterhaltsansprüche, die dem geschiedenen Ehegatten gegen Verwandte oder gegen einen neuen Ehegatten zustehen, können bei der Bemessung der Leistungskraft eines geschiedenen Ehegatten nicht außer Betracht bleiben (BGH FamRZ 2001, 614; 2001, 1065; aA Dieckmann 3. Dt FamGT S 60). Vermögensrechtliche Vorteile, die dem Verpflichteten aus dem Zusammenleben mit einem neuen Lebenspartner erwachsen, stärken die unterhaltsrechtliche Leistungsfähigkeit des Verpflichteten insoweit, als der Selbstbehalt wegen gemeinsamer Haushaltsführung mit einem ebenfalls berufstätigen Partner geringer angesetzt werden kann (BGH FamRZ 1998, 286).

19 c) **Verbindlichkeiten.** Verpflichtungen können die Leistungskraft des Schuldners schmälern (s vor § 1569 Rz 58). **aa)** Das gilt einmal für **Unterhaltspflichten** – dies aber nur, soweit der Unterhaltsberechtigte den Rang des geschiedenen Ehegatten teilt oder gar diesem vorgeht (vgl § 1582 für einen früher geschiedenen Ehegatten). Gleichrangig sind die Unterhaltsansprüche der unverheirateten Kinder des Schuldners (§ 1609 II S 1), die entweder minderjährig oder als „Hauskinder" in der allgemeinen Schulausbildung das 21. Lebensjahr noch nicht vollendet haben (§ 1603 II). Der Unterhalt für diese Kinder ist aber – ebenso wie bei der Ermittlung der „ehelichen Lebensverhältnisse" (§ 1578 Rz 29) – nicht schlechthin vom Nettoeinkommen abzuziehen und diesen Kindern zu gewährleisten (s Rz 26). Alle sonstigen Verwandten des Schuldners gehen dem geschiedenen Ehegatten im Range nach (§ 1609 II S 2); ein neuer Ehegatte ist nur in Ausnahmefällen dem geschiedenen Ehegatten ranggleich (§ 1582). Diese Unterhaltslasten sind aber vom verteilungsfähigen Einkommen des Unterhaltsschuldners nicht schlechthin, sondern allenfalls unter Vorbehalt abzusetzen, denn sie können selbst gekürzt werden. Unterhaltsrückstände sind grundsätzlich nicht abzugsfähig.

20 **bb) Sonstige Verbindlichkeiten** sind zu berücksichtigen, str ist nur, in welchem Rahmen. Einige wollen zunächst sämtliche Verbindlichkeiten beachten und erst bei der Feststellung des Billigkeitsunterhalts eine Angemessenheitsauswahl treffen (Soergel/Häberle Rz 11). Richtiger dürfte es sein, wie beim Verwandtenunterhalt, der einen vergleichbaren Billigkeitsanspruch nicht kennt, bereits bei der Beurteilung der Leistungsfähigkeit (§ 1603 I) eine Auswahl der berücksichtigungsfähigen Verbindlichkeiten zu treffen. Letzthin geht es dabei um eine Standortfrage, denn über die maßgeblichen Berücksichtigungskriterien (und deren Unschärfe) ist man sich im wesentlichen einig. Zu unterscheiden ist zunächst zwischen berücksichtigungsfähigen und anderen Verbindlichkeiten, auf die sich der Schuldner nach Treu und Glauben nicht berufen kann – etwa auf Schulden, die luxuriösen Zwecken dienen und für deren Begründung es angesichts der Lage des Schuldners keinen verständigen Grund gibt (BGH FamRZ 1984, 358). Über die Einordnung ist nach billigem Ermessen im Rahmen einer umfassenden Interessenabwägung zu entscheiden (BGH aaO im Anschluß an BGH FamRZ 1982, 23). Zu berücksichtigen sind dabei auch Zeit und Anlaß der Schuldbegründung. Schulden aus der Ehezeit hätten auch beim Fortbestand der Ehe die Unterhaltserwartungen der anderen Ehegatten beeinträchtigt und vom dem Ansatz her deshalb Berücksichtigung. Der Verpflichtete kann sich aber bei Verbindlichkeiten aus späterer Zeit, die er in Kenntnis der Unterhaltsverpflichtung begründet hat, nicht auf eine wegen dieser Schulden eingetretene Verminderung der Leistungsfähigkeit berufen, wenn er sich nicht notwendig und unausweichlich verschulden mußte; für diesen Ausnahmefall trägt der Verpflichtete die Darlegungs- und Beweislast (BGH FamRZ 1990, 283 für Trennungsunterhalt gem § 1361). Prozeßkostenhilferaten – auch für den laufenden Unterhaltsprozeß – schwächen zwar die Leistungskraft des Schuldners. Es ist indes zu bedenken, daß die Höhe der Ratenverpflichtung von den berücksichtigten Unterhaltspflichten abhängig ist und die Raten deswegen regelmäßig zumutbar belasten. Berücksichtigungsfähige Schulden sind nicht zum Nennbetrag abzusetzen, sondern nur im Rahmen eines vernünftigen **Tilgungsplans** (BGH FamRZ 1982, 23; 1982, 678). Zu Zins- und Tilgungsleistungen für die **Wohnung** s vor § 1569 Rz 48. Es handelt sich dabei zum Teil um Kosten der Lebenshaltung, die grundsätzlich nicht abzugsfähig sind, und zum Teil um Kosten zur Vermögensbildung, die Lebenshaltung grundsätzlich auch nicht entlasten sollen. Zins und Tilgung sind im allgemeinen bis zur Grenze des Nutzungswertes zu beachten, die den Eigentümer belasten; ein Einkommen bleibt also nur übrig, soweit der Eigentümer „billiger" wohnt als der Mieter. Dies gilt auch, wenn die frühere Ehewohnung für den darin verbliebenen Ehegatten zu groß ist, falls keine Obliegenheit zum Auszug und Verwertung des Grundeigentums durch (Voll- oder Teil-)Vermietung oder Verkauf besteht (BGH FamRZ 2000, 950 m Anm Graba). Zins- und Tilgungsleistungen, die eine ersparte Miete übersteigen, sind nur im Rahmen des § 242 zu berücksichtigen (BGH NJW-RR 1995, 129; FamRZ 1996, 160 zum Kindesunterhalt) – in der Regel also nur für eine Übergangszeit, damit der Schuldner nicht mittelbar zu einer unwirtschaftlichen Verwertung des Grundvermögens gezwungen wird. Nach der Rspr des BGH (FamRZ 1998, 87) sollen nur Zinslasten, nicht Tilgungen absetzbar sein, weil eine Vermögensbildung zu Lasten der anderen Unterhaltspartei nicht anerkannt werden könne. Dieser Gedanke trifft zwar auch auf die Zinszahlungen zu, führt indes als Ergebnis der Abwägung nach Treu und Glauben meist zu billigen Lösungen.

21 d) Weitere Voraussetzung des Billigkeitsunterhalts ist eine **Gefährdung des eigenen angemessenen Unterhalts,** wenn der Schuldner dem Gläubiger den nach § 1578 bemessenen Unterhalt gewährte. Der angemessene Unterhalt umfaßt auch die in § 1578 II u III genannten Vorsorgekosten. Was angemessen ist, richtet sich nach den

derzeitigen Lebensverhältnissen des Schuldners. Der angemessener Eigenbedarf des Schuldners kann über dem nach § 1578 berechneten Unterhalt für den Gläubiger liegen, für den entweder die ehelichen Lebensverhältnisse zur Zeit der Scheidung maßgeblich sind (§ 1578 I S 1) oder der „angemessene Lebensbedarf" iSd § 1578 I S 2. Der Schuldner darf nicht schlechter stehen als der Gläubiger; deshalb richtet sich der angemessene Eigenbedarf **zumindest nach den ehelichen Lebensverhältnissen** (BGH FamRZ 1990, 260). Der auf dieser Grundlage veranschlagte Eigenbedarf kann durch einen Zuschlag erweitert werden, der „trennungsbedingten Mehrbedarf" des Gläubigers umfaßt (BGH FamRZ 1990, 979), sofern man nur überhaupt mit einem trennungsbedingten Mehrbedarf arbeiten will (§ 1578 Rz 43). Dies gilt auch dann, wenn sich die Unterhaltserwartungen des Berechtigten nur noch am „angemessenen Lebensbedarf" (§ 1578 I S 2) ausrichten; denn die Grundsätze, die für eine Senkung der Unterhaltserwartungen des Berechtigten sprechen, müssen die Schutzstellung für den Verpflichteten nicht berühren.

Unterschreitet der nach Maßgabe der ehelichen Lebensverhältnisse ermittelte Bedarf des Schuldners dessen „notwendigen" Lebensbedarf, besteht mangels Erfüllung der Voraussetzungen des § 1581 (s Rz 7) kein Selbstbehalt des Schuldners nach Billigkeit (Düsseldorf FamRZ 1991, 198; Pal/Brudermüller Rz 1; aA Nürnberg FamRZ 1996, 352 und wohl auch BGH FamRZ 1990, 260; Erman/Dieckmann[10] Rz 14).

4. Bei der **Billigkeitsentscheidung**, die § 1581 fordert, sind sämtliche Unterhaltserwartungen mit den verfügbaren Mitteln zu vergleichen und nach Billigkeit zu verkürzen, wenn die Verteilungsmasse nicht ausreicht. Bei ihr geht es aber nicht nur um eine Verteilung der Einsatzmasse, die von § 1578 abweicht. Vielmehr können auch einzelne Voraussetzungen für die Entstehung eines Unterhaltsanspruchs schärfer beurteilt werden. Der Berechtigte kann sich nicht mehr darauf berufen, nur eine im Sinne des § 1574 zumutbare Erwerbstätigkeit aufzunehmen (vgl schon für das alte Recht RG 101, 206 [208]). Desgleichen steigen die Anforderungen an die Aufnahme einer Erwerbstätigkeit für denjenigen, der sich allgemein beim Betreuungsunterhalt (§ 1570) mit geringen Erwartungen begnügt. Allerdings ist auf gleiche Maßstäbe für Gläubiger und Schuldner zu achten. Das gilt auch bei der Verwertung des eigenen Vermögens, bei der nunmehr Billigkeitsdenken über Wirtschaftlichkeitserwägungen zu stellen ist. Freiwillige Zuwendungen Dritter an den Berechtigten können in erweitertem Ausmaß berücksichtigt werden (BGH FamRZ 1999, 843 und den Ansatz in RG JW 1917, 288 für das alte Recht). Ob der Anlaß, der zur Ehescheidung geführt hat, über § 1579 hinaus Beachtung verdient, ist umstritten (nein: Soergel/Häberle Rz 15). Man wird auf sämtliche Umstände des Einzelfalles achten müssen. So hat das OLG Köln einem 80jährigen Rentner, den die 26 Jahre jüngere Frau nach 18jähriger Ehe verlassen hat, die Rente von 1950 DM in vollem Umfang bewahrt und dabei auf Zumutbarkeitskriterien abgestellt (FamRZ 1980, 1006). **22**

Erzielte Einkünfte aus – trotz gesteigerter Anforderungen immer noch – unzumutbarer Erwerbstätigkeit (die bei der Frage nach der Leistungsfähigkeit zunächst außer Betracht geblieben sind), können im Rahmen der Billigkeitsverteilung nach Treu und Glauben in weiterem Umfang berücksichtigt werden. Ein Erwerbstätigenbonus sollte nicht entfallen (vgl aber BGH FamRZ 1997, 806), wenn auch auf anderer Prüfungsstufe. Das gilt auch für entsprechende Einkünfte des Gläubigers. Das Rangverhältnis (§§ 1582, 1609 II) kann die Billigkeitsentscheidung zwar nicht unmittelbar verändern (Düsseldorf FamRZ 1982, 1076); wohl aber kann die Billigkeitsentscheidung letzthin einzelne Posten aus der Verteilungsmasse betreffen. Sie kann auch bei der Freigabe der Verteilungsmasse für ranggleiche Gläubiger zwischen bevorzugten Kindern (§ 1603 II) und dem geschiedenen Ehegatten unterscheiden (Weychardt DAVorm 1980, 673 [693]; Dieckmann 3. Dt FamGT S 57). Sie kann endlich die Gleichstellung zwischen Ehegatten und iS des § 1603 II bevorzugten Kindern (§ 1609 II) – mittelbar – abschwächen, etwa wegen erhöhter Anforderungen an den Einsatz der Arbeitskraft im Erwerbsleben des Berechtigten (vgl dazu schon München OLG 30, 58 [60] für die unterhaltsrechtliche Lage nach dem BGB der Urfassung mit allerdings fragwürdiger Begründung). Zu denken ist auch an eine Änderung von „Verteilungsquoten". **23**

Auch wenn die Leistungsfähigkeit für Elementar- und Vorsorgeunterhalt grundsätzlich einheitlich zu beurteilen ist (BGH FamRZ 1982, 890), kann letzterer bei der Billigkeitsentscheidung ganz außer acht gelassen oder doch gekürzt werden; er geht jedenfalls dem Anspruch auf laufenden Unterhalt nach (BGH FamRZ 1981, 442). Der Schuldner soll dem Gläubiger in erster Linie den laufenden Lebensbedarf sichern, nicht zum Aufbau einer Altersversorgung beitragen, derweilen die Sozialhilfe für die Alltagskosten sorgt. **24**

Bei der **Verteilung** ist dem Schuldner ein **Eigenbedarf** zu gewährleisten, für den die meisten Unterhaltsrichtlinien der Oberlandesgerichte „Selbstbehaltssätze" ausweisen. Über Grund und Grenzen des verteidigungsfähigen Eigenbedarfs kann man streiten. Zu bedenken sind folgende Grundregeln: Ein Unterhaltsrecht, das den Schuldner zum Sozialhilfeempfänger machte und/oder in die Schwarzarbeit triebe, überforderte den Schuldner; darüber kann auch eine Ideologie vom „gemeinsamen Weg zum Sozialamt" nicht hinwegtäuschen. Verbleiben muß dem Schuldner von seinen einsatzfähigen Mitteln deshalb, was ihm die Inanspruchnahme der Sozialhilfe erspart (BGH FamRZ 1983, 678). Das wird in der Regel ein Betrag sein, den die Unterhaltsrichtlinien der Oberlandesgerichte als „notwendigen" Selbstbehalt bezeichnen. Der Grundsatz, daß durch den Unterhalt der Leistende nicht sozialhilfebedürftig werden darf, gilt jedoch nicht für seine nachrangigen Angehörigen, die mit ihm in einem Haushalt leben (BGH FamRZ 1996, 1272). Der verteidigungsfähige Eigenunterhalt kann mit Rücksicht auf die sozialrechtliche Lage diese Mindestsätze aber auch erheblich überschreiten. Da § 1603 II S 1, 2 im Verwandtenrecht den Schuldner anhält, alle verfügbaren Mittel für sich und minderjährige sowie volljährige „Hauskinder" in der allgemeinen Schulausbildung bis zur Vollendung des 21. Lebensjahres gleichmäßig zu verwenden, kann der „Mindestselbstbehalt" des Schuldners gegenüber dem geschiedenen Ehegatten aber nur Unterhalt nach Billigkeit erwartet, kann der „Mindestselbstbehalt" des Schuldners gegenüber dem geschiedenen Ehegatten größer sein als gegenüber diesen Kindern. Erwerbstätigen Schuldnern kann ein größerer Mindestselbstbehalt zugedacht werden als nicht erwerbstätigen Verpflichteten. In der Praxis ist auf die Richtlinie der Oberlandesgerichte zu achten. **25**

H.-U. Graba

§ 1581 Familienrecht Bürgerliche Ehe

Der dem Schuldner verbleibende „Eigenunterhalt" kann bei der stets gebotenen Billigkeitsabwägung auch den Betrag übersteigen, den (vormals) die Leitlinien als „großen Selbstbehalt" ausgewiesen haben, dies vor allem, wenn der eheangemessene Bedarf über diesem Betrag liegt. Nach der Rspr des BGH (FamRZ 1983, 678) kommt es bei der Billigkeitsentscheidung nicht darauf an, daß dem Unterhaltsschuldner weniger an Eigenunterhalt verbleibt, als der Gläubiger selbst verdient.

26 **5. Absoluter Mangelfall.** Besondere Schwierigkeiten bereitet der Mangelfall, wenn die Verteilungsmasse die Unterhaltserwartungen des geschiedenen Ehegatten und gleichstufig berechtigter Kinder und sonstiger gleichrangiger Unterhaltsberechtigter nicht deckt und deshalb eine Kürzung geboten ist. Nach dem BGH (FamRZ 1997, 806; teilweise geändert FamRZ 2003, 363 m Anm Scholz und Graba FamRZ 2004, 1) ist in folgenden Schritten vorzugehen:

a) Zur Errechnung der Verteilungsmasse für den Unterhalt des Ehegatten und der Kinder werden vom Einkommen des Verpflichteten seine berücksichtigungsfähigen Verbindlichkeiten und sein Selbstbehalt abgezogen. Unter angemessenem Selbstbehalt nach S 1 ist der eheangemessene Unterhalt im Sinn von § 1578 (Einkommensquote zuzüglich etwaigem trennungsbedingten Mehrbedarf), nicht etwa der angemessene Unterhalt im Sinn von § 1603 I zu verstehen. Der billige Selbstbehalt im Sinn von § 1581 ist nach den individuellen Verhältnissen festzulegen. Er darf nicht ohne Erwägungen in der Mitte zwischen dem notwendigen und den angemessenen Bedarf nach der Düsseldorfer Tabelle angesetzt werden. Der notwendige Selbstbedarf darf indes nie unterschritten werden. Dieser wird regelmäßig im absoluten Mangelfall anzusetzen sein. Kindergeld einschließlich etwaigem Zählkindvorteil werden insoweit nicht berücksichtigt.

b) Zur Ermittlung der Einsatzbeträge in die Unterhaltsrechnung sind der volle Ehegattenunterhalt im Sinn von § 1578 (nach Vorwegabzug des Kindes-Tabellenunterhalt errechneter Quotenunterhalt zuzüglich etwaigem konkret darzulegenden, trennungsbedingten Mehrbedarf, nicht ein Mindestunterhalt) und der Kindesunterhalt (Tabellenunterhalt der jeweiligen Einkommensgruppe ohne Abzug von Kindergeld, BGH FamRZ 2000, 1492 m Anm Scholz, nicht ein Mindestunterhalt – FamRZ 2002, 536) festzustellen. Würde der Vorwegabzug des Kindesunterhalts zu einem unangemessenen niedrigen Ehegattenbedarf führen, hat er zu unterbleiben. Würde sich ohne Vorwegabzug ein Ehegattenbedarf ergeben, der über dem Mindestunterhalt nach der Düsseldorfer Tabelle liegt, sind als Einsatzbeträge für den Ehegatten der jeweilige Tabellen-Mindestsatz und für die Kinder ein Mindestbetrag von 135 % des Regelbetrags nach der RegelbetragVO in die Mangelrechnung einzustellen.

c) Der Einsatzbetrag wird gekürzt, indem dieser mit der Verteilungsmasse vervielfacht und durch die Bedarfssumme aller Einsatzbeträge geteilt wird. Nachrangige Unterhaltsberechtigte werden nicht berücksichtigt.

d) Das Ergebnis ist darauf zu überprüfen, ob die Aufteilung des Einkommens auf die Ehegatten und Kinder billig ist (Angemessenheitskontrolle), insbesondere ob nicht ein Beteiligter durch die Rechnung mit Mindestbeträgen besser gestellt wird als wenn kein Mangelfall vorläge. Erst in diesem Rahmen ist das Kindergeld unter die Eltern auszugleichen. Dies unterbleibt nach § 1612b V, soweit das Barexistenzminimum des Kindes, das bei 135 % des Regelbetrags anzunehmen ist, durch den Unterhalt des barunterhaltspflichtigen Elternteils nicht gewahrt ist. Zur Mangelfallberechnung vgl zudem Fröschle FamRZ 1999, 1241; Hoppenz FamRZ 1999, 1473; Oelkers/Kraeft FamRZ 1999, 1476.

27 **6. Harmonisierungsbedarf.** Im Mangelfall tritt die Problematik der üblichen Unterhaltsberechnung zu Tage und ergeben sich die Fragen der Harmonisierung des Verwandten- und Ehegattenunterhaltsrecht. Beim **Kindesunterhalt** erkennt der BGH (FamRZ 2002, 536) in Auslegung des § 1610 keinen **Mindestbedarf,** sondern nur eine von den Eltern abgeleitete Lebensstellung an. Dies entspricht zwar der hM, insbesondere der Düsseldorfer Tabelle, ist indes mit der unbestreitbar richtigen Überlegung nicht zu vereinbaren, daß jeder Mensch, auch das Kind, einen gewissen Betrag, in welcher Höhe auch immer, unabhängig von der Lebensstellung der Eltern als „Lebensbedarf" braucht, um existieren zu können (Graba FamRZ 2003, 129). Beim **Ehegattenunterhalt** lehnt der BGH zu Recht einen **Mindestbedarf** ab (s § 1578 Rz 8); denn der Ehegatte hat nur einen Anspruch auf Unterhalt nach den ehelichen Lebensverhältnissen und kann, wenn damit sein Existenzminimum nicht gewährleistet ist, den Verwandten in Anspruch nehmen. Dennoch rechnet, wie in anderen Fällen des Einsatzunterhalts (BGH FamRZ 2001, 21 und 1065), der BGH mit Mindesteinsatzbeträgen (FamRZ 2003, 363). Der Hinweis auf die Angemessenheitskontrolle rechtfertigt nicht, im Mangelfall einen Bedarf zuzugestehen, der im Normalfall nicht anerkannt wird. Dennoch ist dem BGH im Ergebnis zu folgen, weil die Mindestunterhaltssätze als Hilfsmittel zur Konkretisierung der unbestimmten Rechtsbegriffe des angemessenen Kindesbedarfs nach § 1610 und des eheangemessenen Bedarfs nach § 1578 verwendet werden. Der so festgestellte Bedarf ist nach zwingendem Recht als Einsatzbetrag in die Mangelrechnung einzustellen und anteilig zu kürzen (Graba FamRZ 2004, 1). Der **Vorwegabzug** des Kindesunterhalts zur Ermittlung des Ehegattenbedarfs nach § 1578 kann dazu führen, daß für sich für den Ehegatten im Verhältnis zum Kindesunterhalt ein unbilliger niedriger Bedarf ergibt. In diesen Fällen muß der Vorwegabzug unterbleiben (BGH FamRZ 1987, 456; Düsseldorf FamRZ 1998, 851 m Anm Gutdeutsch S 1611 zur Errechnung der Kappungsgrenze). Das Problem des Vorwegabzugs wird dadurch verschärft, daß nicht auf die tatsächliche Belastung mit Barkindesunterhalt, dh nach Gegenrechnung mit dem **Kindergeld**, abgestellt wird, sondern auf den Tabellenunterhalt. Deswegen wird etwa die geschiedene Ehefrau durch den Unterhaltsanspruch des bis zur Scheidung geborenen Ehebruchskindes des Mannes im Ergebnis mehr belastet als dieser (BGH FamRZ 1999, 367 m Anm Graba). Dies hat weiter eine Folge, daß Ehegattenunterhalt des Verpflichteten, der 135 % des Regelbetrags abzüglich Kindergeldanteil aufbringen muß, geringer angesetzt wird, als wenn der Verpflichtete 100 % des Regelbetrags ohne Anrechnung des Kindergelds aufbringen muß, obgleich der effektiv für das Kind zur Verfügung stehende Betrag und die Belastung des Verpflichteten in beiden Fällen (fast) gleich sind. Zwar darf die Wertung des § 1612b V nicht über den Halbteilungsrundsatz bei der Anwendung des § 1578 außer Kraft gesetzt werden. Es ist indes nicht zutreffend, daß das Kindergeld für den Ehegattenbedarf nach den ehelichen Lebensverhältnissen und den Kindesbedarf nicht bestimmt ist. Die verdeckte „Unterhaltszahlung" nach § 1612b V ist in das Unterhaltssystem einzuordnen, nicht lediglich von außen bei der Angemessenheitskontrolle zu berücksichtigen (Graba FamRZ 2003, 129).

Im verschärften Mangelfall stellt sich die Frage, wie dem Problem Rechnung zu tragen ist, daß der **Selbstbehalt**, den der Verpflichtete beanspruchen kann, gegenüber den einzelnen Gläubigern **verschieden** hoch ist (§ 1603 II S 1: notwendiger Selbstbehalt – § 1581: angemessener Selbstbehalt), auch wenn die Gläubiger, etwa Ehefrau und Kinder (§ 1609 S 2) untereinander gleichrangig sind. Die hM (BGH FamRZ 1997, 806) löst dies mit Hilfe einer mehrstufigen Unterhaltsberechnung. Auf der ersten Stufe werden der volle Ehegattenunterhalt und der Tabellenkindesunterhalt entsprechend der Verteilungsmasse bei Wahrung des billigen Selbstbehalts des Verpflichteten gekürzt. Auf der zweiten Stufe wird der Kindesunterhalt ermittelt, indem zunächst vom Einkommen des Verpflichteten der notwendige Selbstbehalt und der in der ersten Stufe errechnete Ehegattenunterhalt abgezogen werden. Der Rest wird anteilig auf die Kinder verteilt. Diese Methode führt jedoch im allgemeinen nicht zu einer unterschiedlichen Belastung des Verpflichteten entprechend der verschiedenen Selbstbehalte, sondern regelt nur die Einkommensverteilung unter den Berechtigten (Graba FamRZ 1992, 541). In der Praxis kommt es fast immer zur anteiligen Kürzung des Ehegattenunterhalts und des Kindesunterhalts auf der Grundlage des nach Abzug des notwendigen Eigenbedarfs ermittelten verteilungsfähigen Einkommens.

6. Beweislast. Nach der negativen Fassung des § 1581 wird die Leistungsfähigkeit vermutet. Der Verpflichtete 28 muß deswegen beweisen, daß er nicht voll leistungsfähig ist (BGH FamRZ 1980, 770). Dazu muß er seinen eigenen Bedarf, einschließlich eines etwaigen konkreten trennungsbedingten Mehrbedarfs, sowie seine Verpflichtungen mit den Umständen, die sie berücksichtigsfähig erscheinen lassen (BGH FamRZ 1990, 283), insbesondere weitere bestehende Unterhaltsansprüche beweisen. Zum Nachweis der Einkommenslage darf er sich nicht mit einer Verweisung auf steuerliche Unterlagen begnügen, sondern muß seine Einnahmen und Aufwendungen so darlegen, daß sich die ausschließlich steuerrechtlich beachtlichen Aufwendungen von den unterhaltsrechtlich erheblichen absondern lassen (BGH FamRZ 1980, 770; 1985, 357). Zum Beweis im Fall der Arbeitslosigkeit s vor § 1569 Rz 39. Sind die Voraussetzungen des § 1581 unstrittig oder bewiesen, muß jede Partei die für sie günstigen Umstände für die Billigkeitsabwägung beweisen. Veranlaßt ist ein Hinweis auf § 1584 (s § 1584 Rz 10). Vor der Inanspruchnahme des Ehegatten auf Billigkeitsunterhalt haftet der leistungsfähige Verwandte.

1582 *Rangverhältnisse mehrerer Unterhaltsbedürftiger*

(1) Bei Ermittlung des Unterhalts des geschiedenen Ehegatten geht im Falle des § 1581 der geschiedene Ehegatte einem neuen Ehegatten vor, wenn dieser nicht bei entsprechender Anwendung der §§ 1569 bis 1574, § 1576 und des § 1577 Abs. 1 unterhaltsberechtigt wäre. Hätte der neue Ehegatte nach diesen Vorschriften einen Unterhaltsanspruch, geht ihm der geschiedene Ehegatte gleichwohl vor, wenn er nach § 1570 oder nach § 1576 unterhaltsberechtigt ist oder die Ehe mit dem geschiedenen Ehegatten von langer Dauer war. Der Ehedauer steht die Zeit gleich, in der ein Ehegatte wegen der Pflege oder Erziehung eines gemeinschaftlichen Kindes nach § 1570 unterhaltsberechtigt war.
(2) § 1609 bleibt im Übrigen unberührt.

1. Zweck und Einordnung der Vorschrift. a) Vorrang des geschiedenen Ehegatten. Die Bestimmung betrifft 1 das Rangverhältnis zwischen dem geschiedenen Ehegatten und einem neuen Ehepartner bei Mangellagen (§ 1581). Sie billigt dem geschiedenen Ehegatten grundsätzlich den Unterhaltsvorrang zu. Das Unterhaltsrecht nach dem EheG sah (zumindest nach überwiegender Meinung) die Unterhaltserwartungen der früheren und jetzigen Ehegatten als gleichrangig an(Soergel/Donau[10] § 59 EheG Rz 16 mwN).

Das BVerfG hat gleichwohl diese Regelung für verfassungsgemäß erachtet – jedenfalls was den Rangvorzug des Anspruchs auf „Betreuungsunterhalt" anlangt (BVerfG FamRZ 1984, 346). Der neue Ehegatte weiß und muß sich darauf einrichten, daß seine Ehe mit der „wirtschaftlichen Hypothek" der Unterhaltslast aus früherer Ehe belastet ist. Der Vorrang des früheren Ehegatten ist der „Preis" dafür, daß dieser sich nach Ablösung des Verschuldensprinzip durch das Zerrüttungsprinzip gegen eine Scheidung nicht wehren kann, auch wenn er am Scheitern der Ehe nicht schuld ist. Er ist problematisch, wenn der unterhaltsberechtigte Ehegatte die Ehe zerstört oder „grundlos" verlassen hat und dies nicht nach § 1579 berücksichtigt wird. (Dieckmann FamRZ 1977, 163; zum ganzen kritisch auch Staud/Schragen Rz 4). Durch die Entscheidung des BVerfG (FamRZ 2003, 1821), wonach der Unterhaltsanspruch des geschiedenen Ehegatten durch den Splittingvorteil wegen Wiederheirat des Verpflichteten nicht berührt wird, wurden zwar die Unterhaltschancen des neuen Ehegatten tatsächlich verbessert. Sein Nachrang wurde indes bestätigt.

b) Parallelvorschriften. Ergänzend sind die Rangvorschriften des § 1609 (Kinder und Ehegatten; s auch 2 Abs II), des § 1615 l (nicht verheirateter Elternteil) sowie für mehrere Lebenspartner (§ 16 III S 1 LPartG) zu beachten.

c) Altehen. Für Ehen, die vor dem 1. 7. 1977 geschieden worden sind, bleibt es beim alten Recht; § 1582 gilt 3 nicht entsprechend (BGH Urt v 21. 9. 1983 – IVb ZR 11/82).

2. Reichweite der Norm. a) Mehrere Scheidungen. Seinem Wortlaut nach betrifft § 1582 das Rangverhältnis 4 zwischen einem früheren Ehegatten und dem Partner einer neuen (während) Ehe. Die Bestimmung wahrt den einen Rangvorzug für den Partner der früheren Ehe auch dann, wenn die neue Ehe geschieden worden ist. Heiratet der Schuldner ein drittes Mal, geht der geschiedene Ehepartner der Zweitehe dem neuen Ehegatten (grundsätzlich) vor, muß aber dem Partner der geschiedenen Erstehe den Vorrang überlassen. Den Vorrang aus einer früheren Scheidung sollte eine spätere (neuerliche) Ehe nicht wiederaufheben (so auch AG Bochum FamRZ 1990, 1003). Fraglich ist allerdings, ob der Rangvorzug auch eingreift, wenn der Partner der früher geschiedenen Ehe nur Unter-

§ 1582 Familienrecht Bürgerliche Ehe

halt gemäß § 1586a zu erwarten hat und dieser Anspruch erst nach der Scheidung der später geschlossenen Ehe den Pflichtigen belastet. Nach dem Ansatz des Gesetzes dürfte die Frage zu bejahen sein.

5 **b) Ordnungsmuster.** § 1582 greift (mit seinem Rangvorzug für den geschiedenen Ehegatten) nur bei **Mangellagen** im Sinne des § 1581 ein, also nicht, wenn der Schuldner die Unterhaltspflichten aus der alten und der neuen Ehe erfüllen kann, ohne seinen angemessenen Eigenbedarf zu gefährden. Die Bestimmung schützt aber die – an § 1578 I S 1 oder § 1578 I S 2 ausgerichteten – Unterhaltserwartungen des geschiedenen Ehegatten schlechthin, soweit der Rangvorzug reicht. Abs I S 2 und 3 ist zu entnehmen, daß bei der Verteilung des Einkommens und des Einsatzes des Vermögens des Unterhaltspflichtigen die Bedürfnisse seines jetzigen Ehegatten nicht zu berücksichtigen sind. Der BGH (FamRZ 1986, 790) hat ausdrücklich ein Vorrangsverständnis verworfen, das zunächst nur den Mindestunterhalt des früheren Ehegatten sichern, sodann den Mindestunterhalt des neuen Ehegatten gewährleisten und schließlich den verbleibenden Rest gem den §§ 1581, 1582 verteilen will. Die Bestimmung setzt weiterhin einen Unterhaltsanspruch des früheren Ehegatten voraus; dabei genügt ein „Aufstockungsanspruch" gem § 1573 (BGH FamRZ 1983, 678). Schließlich muß der neue Ehegatte unterhaltsberechtigt sein. Diese Berechtigung entfällt für den getrenntlebenden Ehegatten, der sich aus eigener Erwerbstätigkeit, sonstigem Einkommen oder verwertbarem Vermögen selbst unterhalten kann (§ 1361). Der nicht getrenntlebende neue Ehegatte ist wegen seiner Teilnahmeberechtigung am Familienunterhalt und mit Rücksicht auf die Freiheit der Eheleute, die ehelichen Lebensverhältnisse ohne vorgegebenes Ordnungsmuster zu gestalten, grundsätzlich unterhaltsberechtigt (§§ 1356 I, 1360). Gerade auf die freie Wahl der Ehegestalt („Hausfrauenehe/Erwerbstätigenehe") und die Teilnahme am Familienunterhalt in der neuen Ehe werden faktisch durch § 1582 eingeschränkt, indem er früheren Ehegatten grundsätzlich den Vorrang einräumt und den neuen Ehegatten nur ausnahmsweise gleichziehen läßt (Abs I S 1), diese Ausnahme aber wiederum in bestimmten Fällen zugunsten des früheren Ehegatten durchbricht (Abs I S 2, 3).

6 **4. Einzelheiten. a) Nachrang des neuen Ehegatten.** Nach Abs I S 1 geht der Unterhaltsanspruch des geschiedenen Ehegatten, sofern nicht dem Partner der neuen Ehe aus der Sicht des Scheidungsrechts – abgesehen vom Ausbildungsunterhaltsanspruch gem § 1575 – Unterhaltsansprüche zustünden, wäre seine Ehe ebenfalls geschieden. Die Unterhaltsansprüche des neuen Ehegatten sind also (nicht an §§ 1360, 1361, sondern) am Scheidungsrecht zu messen. Danach muß der neue Ehegatte mit einem Rangrücktritt seines Unterhaltsanspruchs rechnen, wenn er jung, gesund, kinderlos und erwerbsfähig ist. Sein aus §§ 1360 oder 1361 hergeleiteter Unterhaltsanspruch bleibt dann außer Betracht, wenn er auch das Risiko der Lage auf dem Arbeitsmarkt zu tragen hat (vgl Rz 7).

7 **b) Gleichrang.** Hätte der neue Ehegatte in **entsprechender Anwendung** der §§ 1569–1574, 1576 und des § 1577 I Unterhalt zu erwarten, so sind die Unterhaltsansprüche des früheren und des neuen Ehegatten **gleichrangig.** Das gilt insbesondere, wenn von dem neuen Ehegatten wegen der Betreuung eines gemeinschaftlichen Kindes, aber auch wegen Krankheit oder Alters eine Erwerbstätigkeit nicht erwartet werden kann. Die Ausschlußtatbestände des § 1579 gefährden den Gleichrang nicht (Oldenburg FamRZ 1999, 518). Schwierigkeiten bereitet bei der entsprechenden Anwendung des § 1573 die Frage, in welchem Ausmaß der neue Ehegatte im Hinblick auf die Rangfrage das Risiko der allgemeinen Lage auf dem Arbeitsmarkt zu tragen hat. Mit einer Zeitgrenze für den „fiktiven" Unterhaltsanspruch gem § 1573, die § 1573 V für den Unterhaltsanspruch des geschiedenen Ehegatten seit dem UÄndG vorsieht, wird man die Unterhaltserwartungen des neuen Ehegatten schwerlich einschränken können, solange die Ehegatten zusammenleben; und selbst nach einer Trennung ist die entsprechende Anwendung des § 1573 problematisch. Vom neuen Ehegatten sind aber vom Ansatz her die Bemühungen um eine Erwerbstätigkeit zu erwarten, die man auch dem geschiedenen Ehegatten ansinnt – dies allerdings mit ehebedingten Einschränkungen (etwa im Hinblick auf die Annahme einer Erwerbstätigkeit, die zu einem Wohnsitzwechsel zwänge). Bei der entsprechenden Anwendung des § 1573 ist zwar auf die Angemessenheit der Erwerbstätigkeit zu achten (§ 1574 I, II). Den „ehelichen Lebensverhältnissen" wird man aber – jedenfalls bei Beginn der Ehe – keine erhebliche Bedeutung beimessen können, weil es (anders als nach der Scheidung) an der Gewöhnung fehlt. Schwierigkeiten bereiten bei der entsprechenden Anwendung des § 1573 auch der Aufstockungsanspruch (§ 1573 II) und der Anspruch wegen Wegfalls einer nicht hinreichend sicheren Erwerbstätigkeit (§ 1573 IV) – vor allem im Hinblick auf die Frage, ob sich der „volle" Eigenbedarf des neuen Ehegatten am (früheren) Gesamteinkommen (§ 1573 IV) auszurichten hat oder nur am Einkommen des Schuldners. Die in den §§ 1571–1573 anspruchserheblichen Zeitpunkte müssen bei der entsprechenden Anwendung außer Betracht bleiben (Soergel/Häberle Rz 4). Außer Betracht bleibt auch der – vom Gesetz nicht erwähnte – Anspruch auf Ausbildungsunterhalt (§ 1575), und zwar selbst dann, wenn die neue Ehegatte während der Ehe eine Ausbildung abschließt und sich fortbildet. Etwas anderes gilt, wenn der neue Ehegatte eine angemessene Erwerbstätigkeit nicht findet und sich deshalb im Rahmen der (vergleichbaren) Obliegenheit des § 1574 III weiterbildet (Dieckmann FamRZ 1977, 163). Kann der neue Ehegatte seinen Eigenunterhalt aus Einkünften oder dem Stamm des Vermögens (nach der Verwertungsregel des § 1577 III) decken, fehlt es ebenfalls am Gleichrang der Ansprüche.

8 **c) Unbedingter Vorrang.** In bestimmten Fällen geht **der geschiedene Ehegatte** dem Partner der neuen Ehe **stets vor** – gleichviel, aus welchen Gründen dieser aus der Sicht der Unterhaltstatbestände des Scheidungsrechts unterhaltsberechtigt wäre. Das gilt einmal, wenn dem geschiedenen Ehegatten **Betreuungsunterhalt** gem § 1570 (Rz 9) oder **Billigkeitsunterhalt** gem § 1576 (Rz 10) zusteht. Darüber hinaus genießt der geschiedene Ehegatte mit allen Unterhaltsansprüchen den Rangvorzug, wenn die geschiedene Ehe „**von langer Dauer war**"; dabei „verlängert" sich die Ehezeit rechnerisch um die Zeit, in der die Pflege oder Betreuung eines gemeinschaftlichen Kindes zum Unterhalt gem § 1570 geführt hat (Abs I S 2 u 3) (Rz 11). Der Unterhaltsvorzug besteht nach dem Wortlaut des Gesetzes auch dann, wenn der neue Ehegatte selbst ein gemeinschaftliches Kind zu betreuen hat oder die neue Ehe mittlerweile „von langer Dauer" ist.

Scheidung der Ehe: Unterhalt § 1582

aa) Der Vorzug für den **Betreuungsunterhalt** ist verfassungsmäßig (BVerfG FamRZ 1984, 346), und zwar auch dann, wenn der neue Ehegatte Kinder aus der neuen Ehe zu betreuen hat und der Mindestbedarf dieses Ehegatten nicht vom Partner, sondern nur von der Sozialhilfe gedeckt wird (BGH FamRZ 1988, 705; kritisch Erman/Dieckmann[10] Rz 9). Die starre Vorrangregel wird in Fällen dieser Art mit der Härteklausel des § 1579 Nr 7 aufgelockert, wenn die Eheleute in einem Land leben, in dem öffentliche Mittel nach Art der Sozialhilfe diese Sicherung nicht gewährleisten (BGH FamRZ 1988, 705).

Der Rangvorzug reicht nur soweit, wie § 1570 Betreuungsunterhalt gewährt. Ist der geschiedene Ehegatte gem § 1570 nur berechtigt, Teilunterhalt zu fordern, weil ihm eine Erwerbstätigkeit angesonnen werden kann, deren Erträge den vollen Unterhalt nicht decken, und steht dem Berechtigten wegen des ungedeckten Restes ein Anspruch aus § 1573 II zu (dazu Dieckmann FamRZ 1987, 981), so ist zu unterscheiden: Der Teil-(Anspruch) auf Betreuungsunterhalt genießt den Rangvorzug, der (Teil-)Anspruch gem § 1573 II nur, wenn die Ehe von langer Dauer war (Rz 11).

bb) Nicht bedenkenfrei ist der Rangvorzug für den **Billigkeitsanspruch** (§ 1576) – dies vor allem dann, wenn sich die Unterhaltserwartungen des neuen Ehegatten selbst aus Billigkeitserwägungen im Sinne dieser Bestimmung herleiten oder aber auf Alter, Krankheit oder Kinderbetreuung beruhen.

cc) Eine **Ehe von langer Dauer** verhilft jedem Unterhaltsanspruch zum Rangvorzug. Die Dauer der Ehe wird von der Eheschließung bis zur Rechtshängigkeit des Scheidungsantrages gerechnet (BGH FamRZ 1983, 886; 1985, 362). Jedenfalls eine Ehe, die in diesem Sinne 15 Jahre lang gewährt hat, führt nach der Rspr zum Rangvorzug (BGH FamRZ 1983, 886; 1986, 790). Die amtliche Begründung wollte eine Ehezeit von 20 Jahren ausreichen lassen (BT-Drucks 7/650, 143). Wie bei jeder Zeitgrenze können sich im Einzelfall Härten ergeben. Mitunter wurden schon 14 Jahre als ausreichend erachtet (Hamm FamRZ 1982, 70; aA Koblenz FamRZ 1983, 281). Bei einer kürzeren Ehe ist der „Betreuungsunterhaltszeitzuschlag" zu beachten, den Abs I S 3 gewährt. Nach dem Sinn dieser Bestimmung kann der Zeitzuschlag nur den Unterhaltsanteil betreffen, den der Betreuungsunterhalt vermittelt hat. Wer etwa nach 8jähriger Ehe 7 Jahre lang gem § 1570 teilunterhaltsberechtigt war und wegen des Restes nur (nicht rangbegünstigten) Unterhalt gem § 1573 zu fordern hatte, kann nach Ablauf dieser 7 Jahre nicht gut für den gesamten Unterhalt Rangvorzug genießen, wenn er nunmehr kein gemeinschaftliches Kind mehr zu betreuen braucht, aber auch keine Vollzeitstelle findet.

Der BGH hat den Rangvorzug, der auf eine lange Dauer der geschiedenen Ehe zurückgeht, jedenfalls dann für verfassungsmäßig erachtet, wenn der Partner der neuen Ehe keinen Betreuungsunterhalt entsprechend § 1570 zu erwarten hat (BGH FamRZ 1985, 362). Verworfen hat er ein Gesetzesverständnis (Schleswig FamRZ 1983, 282), das zunächst den Mindestunterhalt des vorrangigen Ehegatten, sodann den Mindestbedarf des nachrangigen Ehegatten berücksichtigen und schließlich den verbleibenden Rest nach §§ 1581, 1582 verteilen will (BGH FamRZ 1986, 790). In einer späteren Entscheidung hat er den so verstandenen Rangvorzug jedenfalls dann bekräftigt, wenn der Mindestbedarf in der neuen Ehe des Schuldners in der Weise gesichert ist, daß dem Schuldner der „große Selbstbehalt" nach Maßgabe der Unterhaltsrichtlinien verbleibt und der neue Ehegatte einen „Mindestunterhalt" erhält (BGH FamRZ 1987, 916). Nicht vom BGH entschieden ist, ob sich der Rangvorzug abschwächt, wenn der „Mindestbedarf" in der neuen Ehe des Schuldners nicht gedeckt ist, oder ob die Regelung gelten soll, die eingreift, wenn in Mangellagen ein Anspruch auf Betreuungsunterhalt mit einem Unterhaltsanspruch des neuen Ehegatten zusammentrifft, der eigene Kinder aus der neuen Ehe zu betreuen hat (vgl dazu BGH FamRZ 1984, 346). Im allgemeinen, dh soweit nicht ausnahmsweise § 1579 Nr 7 herangezogen werden kann (BGH FamRZ 1985, 911), dürfte die Frage aufgrund der Erwägung zu verneinen sein, der unterhaltsbedürftige Ehegatte könne sich nach dem Scheidungsrecht des 1. EheRG auf Dauer nicht dem Scheidungsbegehren des anderen mit Erfolg widersetzen und damit eine neue Ehe verhindern.

5. Geschiedener Ehegatte und Kinder. a) Relative Rangordnung. Abs II regelt bei Mangellagen im Sinne des § 1581 das **Rangverhältnis** zwischen dem geschiedenen **Ehegatten** und unterhaltsberechtigten **Verwandten**. Der Ehegatte steht den Kindern gleich, die minderjährig sind oder das 21. Lebensjahr noch nicht vollendet haben und sich als „Hauskinder" in allgemeiner Schulausbildung befinden (§ 1603 II), und geht allen übrigen Verwandten vor (§ 1609 II S 1).

Die iS § 1603 II bevorzugten Kinder stehen im Rang einander gleich – gleichviel, ob sie „ehelich" oder „nichtehelich" sind, gleichviel auch, aus welcher Ehe sie stammen (§ 1609; Dieckmann FamRZ 1977, 161; BGH FamRZ 1988, 705). Diese wiederum teilen den Rang mit dem geschiedenen Ehegatten (§ 1609 II S 2). Da der geschiedene Ehegatte aber (zumeist) gegenüber dem neuen Ehegatten Rangvorrang genießt, wird mit diesem (relativen) Rangvorrang der Ansatz durchbrochen: Sind zwei Personen einer dritten ranggleich, so sind sie auch untereinander ranggleich.

Zu den Schwierigkeiten dieser „relativen Rangordnung" und zum verfehlten Berechnungsverfahren des Rechtsausschusses (BT-Drucks 7/4361, 34) vgl 9. Aufl.

b) Berichtigende Auslegung. Der BGH hat den Berechnungsansatz des Rechtsausschusses verworfen und § 1609 II S 1 einschränkend ausgelegt. Danach besteht der vorgesehene unterhaltsrechtliche Gleichrang nur zwischen den Vorzugskindern iS der §§ 1603 II, 1609 II und dem geschiedenen Ehegatten, wenn der Schuldner wieder geheiratet hat, nicht aber zwischen diesen Kindern und dem Partner der neuen Ehe (BGH FamRZ 1988, 705). Demgemäß sind in einer ersten Berechnungsstufe nur die Unterhaltsansprüche des vorrangig berechtigten (geschiedenen) Ehegatten und der Vorzugskinder zu berücksichtigen; und zwar der Unterhaltsbedarf des geschiedenen Ehegatten mit dem Maßstab des § 1578 I und die Unterhaltserwartungen der „Vorzugs"-Kinder nach Maßgabe des Einkommens, das der Schuldner erzielt (und nicht nach Maßgabe von Mindestbeträgen). In der weiteren Berechnungsstufe sind die Unterhaltsansprüche entsprechend der Einsatzmasse anteilig herabzusetzen und nach-

§ 1582 Familienrecht Bürgerliche Ehe

zuberechnen, falls sich ein Mißverhältnis zwischen Kindes- und Ehegattenunterhalt ergibt; der neue Ehegatte kann leer ausgeben, auch wenn er der Sozialhilfe überantwortet wird (BGH; FamRZ 1997, 806). Hat der frühere Ehegatte keinen Anspruch auf Unterhalt, sind die Ansprüche des neuen Ehegatten und der minderjährigen Kinder gleichrangig (§ 1609 II; Hamm FamRZ 1993, 1237; Bamberg FamRZ 1999, 250).

6. Beweislast. Grundsätzlich ist vom Vorrang des Anspruchs des geschiedenen Ehegatten auszugehen. Der Verpflichtete muß die Voraussetzungen der Abs I S 1 für einen Unterhaltsanspruch des neuen Ehegatten beweisen, welcher ausnahmsweise zum Gleichrang führt. In Entgegnung muß der geschiedene Ehegatten nach Abs I S 2 und 3 seine Anspruchsberechtigung nach § 1570 oder § 1576 oder die lange Dauer der Ehe samt einer eventuellen Berechtigung nach § 1570 beweisen.

Gebenenfalls muß der Unterhaltsverpflichtete das Bestehen gleichrangigerAnsprüche minderjähriger und privilegierter volljähriger Kinder beweisen.

1583 *Einfluss des Güterstands*
Lebt der Verpflichtete im Falle der Wiederheirat mit seinem neuen Ehegatten im Güterstand der Gütergemeinschaft, so ist § 1604 entsprechend anzuwenden.

1 **1. Zweck und Einordnung der Vorschrift.** § 1583 entspricht seinem Inhalt nach § 68 EheG. Er regelt die Frage, welche Bedeutung dem **Gesamtgut** zukommt, wenn der Unterhaltsschuldner nach einer Wiederheirat im Güterstand der **Gütergemeinschaft** (§§ 1415ff) lebt und die Leistungsfähigkeit des Schuldners oder die Grenzen des Billigkeitsunterhalts zu beurteilen sind. Hierbei ist § 1604 entsprechend anzuwenden.

2 **2. Inhalt.** Die Unterhaltspflicht eines jeden Ehegatten ist nach § 1604 so zu beurteilen, als ob das Gesamtgut dem Unterhaltspflichtigen allein gehörte. Dieser rechnerische Vermögenszuwachs beim Schuldner steigert zwar nicht die (nach wie vor) an den ehelichen Lebensverhältnissen ausgerichteten Unterhaltserwartungen des Gläubigers (§ 1578 I S 1); er kann aber einen Unterhaltsanspruch, der sich auf diese Verhältnisse bezieht, stützen oder neu entstehen lassen (etwa nach einem Wegfall der bisherigen Leistungsgrundlage „Erwerbseinkommen"). Sind beide Ehegatten ihren früheren Partnern, Kindern oder sonstigen Verwandten unterhaltspflichtig, so gilt § 1604 S 2, der im Unterhaltsrechtsverhältnis zwischen dem Gläubiger der einen Ehegatten und dessen (an sich nicht unterhaltspflichtigem) Partner im Hinblick auf das Gesamtgut unterstellt. Damit werden die Unterhaltsgläubiger des neuen Ehegatten mit den Unterhaltsgläubigern des geschiedenen Ehegatten aus der maßgeblichen Rangstufe ranggleich. Zu berücksichtigen sind bei „Mangellagen" also nur Unterhaltsansprüche der Kinder iS des § 1603 II und – war der neue Ehegatte ebenfalls geschieden – Unterhaltsansprüche von dessen früherem Partner. Die entsprechende Anwendung des § 1604 S 2 darf nicht dazu führen, daß der neue Ehegatte (als Gütergemeinschafter) in Mangellagen (§ 1581) seine eigenen Unterhaltserwartungen wegen § 1582 abschreiben muß, soweit der Anspruch des geschiedenen Ehegatten aus dem Gesamtgut gedeckt werden kann. Die Leistung des aus dem Gesamtgut zu erbringenden Unterhalts gehört zur ordnungsgemäßen Vewaltung (BGH FamRZ 1990, 851). § 1583 gilt auch bei fortgesetzter Gütergemeinschaft gem §§ 1483ff (Soergel/Häberle Rz 4). Bei der Haftung des Gesamtgutes kann man aber schwerlich die bislang gem §§ 1581, 1604 S 2 berücksichtigten Unterhaltsverbindlichkeiten des überlebenden Ehegatten beim Unterhaltsanspruch des geschiedenen Partners gem § 1586b I S 2 streichen.

3 **3. Zugewinnausgleich und Gütertrennung.** Für die Zugewinngemeinschaft und die Gütertrennung gelten keine Besonderheiten. Vermögen des neuen Ehegatten kommt dem Unterhaltsanspruch eines geschiedenen Partners allenfalls mittelbar zustatten, nämlich soweit es den Unterhaltspflichtigen vom Familienunterhalt in der neuen Familie entlastet und soweit in den Hausmann-Fällen (s § 1581 Rz 16) der neue Ehegatte für den Selbstbehalt des Unterhaltspflichtigen aufkommt, so daß der Verdienst aus einer Nebenbeschäftigung voll für den unterhaltsberechtigten geschiedenen Ehegatten und das Kind aus erster Ehe verwendet werden kann (BGH FamRZ 2001, 614; 2001, 1065; 2002, 742).

4 **4. Beweislast.** Wer sich auf Gütergemeinschaft beruft, muß diese beweisen.

1584 *Rangverhältnisse mehrerer Unterhaltsverpflichteter*
Der unterhaltspflichtige geschiedene Ehegatte haftet vor den Verwandten des Berechtigten. Soweit jedoch der Verpflichtete nicht leistungsfähig ist, haften die Verwandten vor dem geschiedenen Ehegatten. § 1607 Abs. 2 und 4 gilt entsprechend.

1 **1. Zweck und Einordnung der Vorschrift. a) Anspruchskonkurrenz.** Der geschiedene Ehegatte kann auch einen Unterhaltsanspruch gegen seinen Ehegatten nach §§ 1569ff und gegen seinen Verwandten nach §§ 1601ff haben. § 1584 regelt das Verhältnis dieser beiden Ansprüche. Die Bestimmung übernimmt die Regelung des § 63 EheG. Dem § 1581 entspricht für die Zeit vor der Scheidung § 1608. Zum gesetzlich nicht geregelten Verhältnis zwischen Ehegatten- und Betreuungsunterhalt gem § 1615c s BGH FamRZ 1998, 541: anteilige Haftung von geschiedenem Ehemann und nichtehelichem Vater gem § 1606 III S 1. § 16 II S 2 LPartG verweist auf § 1584.

2 **b) Bedeutung.** Bemerkenswert ist, daß die Haftung der Verwandten für Geschiedenenunterhalt (und für den Unterhalt vor der Scheidung nach § 1608) in der Praxis selten geltend gemacht wird, obgleich in vielen Fällen leistungsfähige Eltern und manchmal auch leistungsfähige Kinder vorhanden sein müßten. Diese Verwandten werden indes überhaupt nicht erwähnt, so daß im Mangelfall ohne weiteres von einer Haftung des Ehegatten ausgegangen wird. Dies dürfte teils darauf beruhen, daß die vorrangige Haftung des Verwandten wenig bekannt ist, weil sie von der Düsseldorfer Tabelle nicht erwähnt wird, teils aber auch darauf, daß die vorrangige Verwandtenhaftung nicht den allgemeinen Vorstellungen entspricht und in der Sozialhilfepraxis nicht wahrgenommen wird.

2. Haftung nach Leistungsfähigkeit. Die Unterhaltspflicht des **leistungsfähigen** geschiedenen **Ehegatten** 3 geht der Unterhaltspflicht der **Verwandten** vor (S 1). Der Ehegatte kann nicht einwenden, der Verwandte könne den Unterhalt leichter oder müsse diesen anteilig aufbringen. Leistungsfähige Verwandte (§ 1603 I) haften vor dem leistungsunfähigen (oder leistungsschwachen) geschiedenen Ehegatten (S 2). Ist die Rechtsverfolgung des Unterhaltsanspruchs gegen den leistungsfähigen geschiedenen Ehegatten im Inland ausgeschlossen oder erheblich erschwert, haften die Verwandten des Berechtigten ebenfalls vor dem Ehegatten; sie können aber aufgrund eines gesetzlichen Forderungsübergangs Rückgriff nehmen (S 3 in Verbindung mit § 1607 II S 2). Fehlt es an einem Unterhaltsanspruch gegen den Ehegatten, haften die Verwandten nur nach Maßgabe der §§ 1601ff.

3. Haftungsgrenze. Die vorrangige Leistungspflicht des geschiedenen Ehegatten endet dort, wo die Grenzlinie 4 zum Billigkeitsunterhalt gem § 1581 überschritten wird, dh, wenn der eheangemessene Unterhalt im Sinn von § 1578 (BGH FamRZ 1990, 260) gefährdet wäre (s § 1581 Rz 29). Kann der geschiedene Ehegatte aber wenigstens ohne Selbstgefährdung den an den ehelichen Lebensverhältnissen ausgerichteten (§ 1578 I S 1) oder den „angemessenen" (§ 1578 I S 2) Unterhalt des Berechtigten zum Teil decken, haben die Verwandten nur für den Rest aufzukommen – dies aber nur bis zur Grenze ihrer Leistungsfähigkeit (§ 1603), mitunter also auch für einen „Teilunterhalt". Bei der Grenze für den angemessenen Eigenbedarf, der nicht gefährdet werden soll, spielen in der Rspr Selbstbehaltserwägungen eine Rolle; mitunter wird aber bereits bei den für den Unterhalt verteilungsfähigen Mitteln angesetzt (Dieckmann, 3. Dt FamGT S 41ff).

Der für den Ehegattenunterhalt maßgebliche Bedarf (§ 1578 I S 1, 2), kann von dem Lebensbedarf abweichen, der im Verwandtenunterhaltsrecht maßgeblich ist (§ 1610 I). Hat der vorrangig haftende geschiedene Ehegatte nur einen geringeren Lebensbedarf des Gläubigers abzudecken, vermindern die Unterhaltsleistungen, mit denen der Verwandte die „Wertspitze" im Verwandtenunterhalt abdeckt, zugleich die Bedürftigkeit des Gläubigers gegenüber dem Ehegatten iSd § 1577 I (Wendl/Gutdeutsch § 5 Rz 65; vgl zu der ähnlichen Problematik beim Zusammentreffen von Unterhaltspflicht und Wiederauflebensrente Dieckmann FamRZ 1987, 231; s aber auch BGH FamRZ 1986, 889).

4. Haftungsvorrang des Verwandten. Der Haftungsvorrang (S 2) belastet nur **leistungsfähige Verwandte** 5 (§ 1603). Die Grenzlinie zum angemessenen Eigenbedarf darf nie unterschritten werden – anders als im Recht des Ehegattenunterhalts, das bei der Eigengefährdung des Schuldners immer noch einen Billigkeitsunterhaltsanspruch vorsieht (§ 1581). Wann ein Schuldner seinen angemessenen Eigenbedarf gefährdet, wird für den Verwandten- und Geschiedenenehegattenunterhalt insofern verschieden beantwortet, als nach der Rspr des BGH (FamRZ 1990, 260 zu § 1581) unter angemessenem Ehegattenunterhalt der Unterhalt im Sinn von § 1578 I S 1 zu verstehen ist, der mit dem angemessenen Selbstbehalt des Verwandten im Sinn von § 1603 I nicht gleichgesetzt werden darf. Die Verwandten sollten aber stets nur im Rahmen ihrer eigenen Unterhaltspflicht haften. Unterhaltsbestandteile, die zwar zum Ehegattenunterhalt gehören, nicht aber zum Verwandtenunterhalt – wie die Kosten einer angemessenen Versicherung für Alter, Berufs- und Erwerbsunfähigkeit (§ 1578 III) – bleiben bei den Verwandten außer Betracht (Soergel/Häberle Rz 3). Deshalb dürfte es nicht angängig sein, leistungsfähige Verwandte für den Elementarunterhalt heranzuziehen und den Ehegatten für den Vorsorgeunterhalt aufkommen zu lassen, für den dessen Leistungskraft ausreicht; denn sonst hätten die Verwandten mittelbar für Vorsorgeunterhalt aufzukommen. Deshalb sollte bei der Beurteilung der Leistungsfähigkeit der Vorsorgebedarf außer Betracht bleiben; das kann den Vorsorgeunterhalt – ganz oder zum Teil – entfallen lassen. Das ist auch zu beachten, wenn der unterhaltspflichtige geschiedene Ehegatte den Bedarf des Berechtigten teilweise zu decken vermag. Die Verwandten den Elementarunterhalt und den Ehegatten den Vorsorgeunterhalt (§ 1578 III) bestreiten zu lassen, ist selbst dann problematisch, wenn die – rechtlich geschützten – Unterhaltserwartungen des Gläubigers im Bereich des Verwandtenunterhalts die entsprechenden Erwartungen des Gläubigers im Bereich des Ehegattenelementarunterhalts übertreffen und mit den – um den Vorsorgebedarf angereicherten – Gesamterwartungen des Gläubigers im Ehegattenunterhalt übereinstimmen; denn trotz der Zweckbindung des Vorsorgeunterhalts müßten die Vorsorgeleistungen des Ehegatten die Verwandten entlasten, deren gegenüber Vorsorgebedarf nicht anerkennungsfähig ist. Vgl dazu auch Cambeis-Glenz Der Vorsorgeunterhalt ... S 203ff – allerdings mit dem Ziel, den nachrangigen Billigkeitsanspruch des § 1581 auch dann Vorsorgeunterhaltsanteile erfassen zu lassen, wenn der Verwandte zumindest einen Teil des Elementarunterhalts zu tragen hat. Soweit der Haftungsvorrang der Verwandten reicht, schuldet der geschiedene Ehegatte keinen Unterhalt (und damit auch keinen Vorsorgeunterhalt iSd § 1578 III) – auch nicht nach Billigkeitsgrundsätzen gem § 1581. Dem (vorrangig) unterhaltspflichtigen Verwandten steht auch dann kein Ersatzanspruch für den bislang geleisteten Unterhalt zu, wenn sich die Leistungskraft des geschiedenen Ehegatten später verbessert. Ab dieser Verbesserung gilt dann aber wieder der Haftungsvorrang des geschiedenen Ehegatten gem S 1, den der Verwandte mit der Abänderungsklage (§ 323 ZPO) geltend zu machen hat.

5. Die Ersatzhaftung der Verwandten gem S 3 tritt ein, wenn die (vorrangige) Unterhaltspflicht des geschie- 6 denen Ehegatten zwar besteht, im **Inland** aber **nicht** oder nur unter erheblichen Erschwerungen **durchsetzbar** ist. Die Erschwernisse bei der Rechtsverfolgung können sowohl ein Erkenntnis- als auch ein Vollstreckungsverfahren betreffen. In Betracht kommen etwa ständiger Wechsel der Arbeitsstelle oder des Aufenthaltsortes, aber auch das Brachlegen der Arbeitskraft, die zu einem „fingierten" Erwerbseinkommen führen. Rechtsverfolgungsmöglichkeiten im Ausland stellen die Ersatzhaftung nicht in Frage. Die Ersatzhaftung der Verwandten löst – anders als der Vorranghaftung gem S 2 – ein Rückgriffsrecht aus.

6. Ausschlußtatbestand. Soweit die Härteklausel des § 1579 den geschiedenen Ehegatten von der Unterhalts- 7 pflicht freistellt, fehlt es an einem Unterhaltsanspruch aus dem Recht des Ehegattenunterhaltsrechts und damit an einem Wettbewerb zwischen Verwandten- und Ehegattenunterhaltsrecht. Die Verwandten müssen deshalb grundsätzlich stets vorrangig haften, soweit § 1579 eingreift – gleichviel, ob die Unterhaltspflicht bereits in der Zeit der Scheidung oder erst später beschränkt wird. Die Unterhaltspflicht der Verwandten kann sich nur nach Maßgabe

§ 1584 Familienrecht Bürgerliche Ehe

des § 1611 lindern – also in den seltenen Fällen, in denen die Umstände, die zum Verlust des Ehegattenunterhalts geführt haben, zugleich einen Verlust des Verwandtenunterhalts rechtfertigen. Im Gegensatz zu Dieckmann (Erman/Dieckmann[10] Rz 6) dürfte es nicht angehen, die Beschränkungsregel des § 1611 III sinngemäß auf Ehegatten zu erweitern, die einem Verwandten den Weg zum Verwandtenunterhalt gegen rangfernere Verwandte verlegt, wenn der Unterhaltsanspruch gegen einen rangnäheren Verwandten verwirkt worden ist. Sofern indes § 1579 einen Unterhaltsanspruch aufgrund eines (vergleichbaren) Sachverhaltes einschränkt, der im Recht des Verwandtenunterhalts gem § 1611 I, III zu einer Unterhaltssperre führte, ist auch die Inanspruchnahme der Verwandten ausgeschlossen (vgl vom Ansatz her Beckmann FamRZ 1983, 863 [865]). Zu Unterhalts**verzichten** vgl § 1585c Rz 18. Ein Verzicht auf Ehegattenunterhalt aus „verständigem Anlaß" sollte die Ersatzhaftung der Verwandten aufleben lassen. „Unverständige" (leichtfertige) Unterhaltsverzichte, falls sie überhaupt wirksam sind (s § 1587c Rz 18), sollten die Haftung der Verwandten entsprechend § 1611 beschränken.

8 **7. Ersatzhaftung. a) Anspruchsübergang.** Trifft den Verwandten nur die Ersatzhaftung gem S 3, so geht der Unterhaltsanspruch gegen den geschiedenen Ehegatten kraft Gesetzes über (§ 1607 II S 2 iVm § 412). Der Übergang darf nicht zum Nachteil des Berechtigten geltend gemacht werden (Abs II S 3 iVm § 1607 IV); der Anspruch des geschiedenen Ehegatten auf laufenden Unterhalt geht dem Rückgriffsanspruch des Verwandten vor; Rangstreitigkeiten können mitunter erst im Vollstreckungsverfahren geklärt werden (Koblenz FamRZ 1977, 68 zu § 1615b aF). Einwendungen kann der Schuldner gem §§ 404ff erheben. Die Beschränkung, Unterhalt für die Vergangenheit geltend zu machen (§ 1585b II), gilt auch für den übergegangenen Anspruch (BGH FamRZ 1984, 775 für den familienrechtlichen Ausgleichsanspruch unter Ehegatten). Mit dem Übergang verliert der Anspruch aber gewisse Eigenheiten, die ihm zuvor als Unterhaltsanspruch zukamen. Er kann abgetreten, gepfändet und verpfändet werden und genießt keinen Aufrechnungsschutz mehr. Das Pfändungsvorrecht des § 850d ZPO kommt ihm nicht mehr zustatten. Es verbleibt jedoch bei der kurzen Verjährungsfrist des § 197 II iVm § 195 (im einzelnen str, aber überwiegende Meinung, vgl etwa MüKo/Maurer § 1584 Rz 9).

9 **b) Leistung des nachrangigen Verwandten.** Zweifelhaft ist, ob eine Regelungslücke vorliegt und § 1607 entsprechend angewendet werden kann, wenn der nachrangig unterhaltspflichtige Verwandte Unterhalt leistet, ohne daß die Rechtsverfolgung gegen den Schuldner im Inland erschwert ist (so Erman/Dieckmann[10] Rz 8). Eher ist ein familienrechtlicher Ausgleichsanspruch oder ein Anspruch aus Geschäftsführung ohne Auftrag oder auf die Bereicherung (so Staud/Verschraegen Rz 13) in Betracht zu ziehen. Befürwortet werden Ansprüche dieser Art auch nur in den Grenzen des § 1613 I (vgl etwa BGH FamRZ 1984, 775);

10 **8. Beweislast.** Der Ehegatte, der sich an einen Verwandten hält, muß beweisen, daß bei Inanspruchnahme des geschiedenen Ehegatten dessen angemessener Unterhalt im Sinn von § 1581 gefährdet wäre (Zweibrücken FamRZ 1987, 590). Kommt die Inanspruchnahme eines weiteren gleichrangigen Verwandten in Betracht, muß der Ehegatte auch beweisen, daß dieser leistungsunfähig im Sinn von § 1603 I ist (Hamm FamRZ 1996, 116) und nicht etwa anteilig haftet. Im Unterhaltsstreit zwischen den geschiedenen Ehegatten hat der Verpflichtete zu beweisen, daß er ohne Gefährdung seines angemessenen Unterhalts im Sinn von § 1581 nicht leisten kann und daß es vor seiner Inanspruchnahme auf Billigkeitsunterhalt einen Verwandten gibt, dessen vorrangige Haftung nach § 1584 I S 2 in Betracht kommt. Der bedürftige Ehegatte muß dann beweisen, daß der Verwandte ohne Gefährdung seines angemessenen Selbstbehalts im Sinn von § 1603 I nicht leistungsfähig ist (Düsseldorf FamRZ 1982, 611), Gelingt dieser Beweis, ist die Rechtsfolge des § 1581, die Leistung von Unterhalt nach Billigkeit durch den geschiedenen Ehegatten, zu prüfen. Bei Inanspruchnahme des Verwandten statt des zuerst haftenden Ehegatten muß der bedürftige Ehegatte beweisen, daß die Rechtsverfolgung des geschiedenen Ehegatten im Inland ausgeschlossen oder erheblich erschwert ist.

Kapitel 4
Gestaltung des Unterhaltsanspruchs

1585 *Art der Unterhaltsgewährung*
(1) Der laufende Unterhalt ist durch Zahlung einer Geldrente zu gewähren. Die Rente ist monatlich im Voraus zu entrichten. Der Verpflichtete schuldet den vollen Monatsbetrag auch dann, wenn der Unterhaltsanspruch im Laufe des Monats durch Wiederheirat oder Tod des Berechtigten erlischt.
(2) Statt der Rente kann der Berechtigte eine Abfindung in Kapital verlangen, wenn ein wichtiger Grund vorliegt und der Verpflichtete dadurch nicht unbillig belastet wird.

1 **1. Zweck und Einordnung der Vorschrift.** Die Bestimmung regelt die Art der Unterhaltsgewährung. Sie entspricht im wesentlichen § 62 EheG. Der neue Begriff „der laufende Unterhalt" in Abs I S 1 macht deutlich, daß der Berechtigte uU neben der Rente eine einmalige Zahlung wegen Sonderbedarfs fordern kann (§ 1585b I), und regelt die Sicherheitsleistung (§ 62 II S 2, 3 EheG) eigenständig und neu (§ 1585a). Durch die Geldzahlung soll dem Berechtigten eine vom Verpflichteten unabhängige Lebensführung ermöglicht werden. Parallelvorschriften für den Familienunterhalt sind § 1360a II S 1, für den Trennungsunterhalt § 1361 IV, für den Lebenspartnerunterhalt § 16 II S 2 LPartG, für den Verwandtenunterhalt § 1612.

2 **2. Form der Leistung. a) Rente oder Abfindung.** Der Berechtigte kann Unterhalt nur in Form einer Geldrente (Abs I) und (ausnahmsweise) in Gestalt einer Kapitalabfindung (Abs II) fordern. Unterhaltsersatzleistungen anderer Art können die Parteien nur (aber auch) in einer Unterhaltsvereinbarung gem § 1585c festlegen (etwa die Abfindung mit bestimmten Vermögenswerten, aber auch die Begründung eines Arbeitsverhältnisses, das – ernst gemeint – Unterhaltsfragen lösen soll; vgl BGH FamRZ 1984, 874. Arbeitsverhältnisse dieser Art sind im Hinblick auf § 1573 IV aber besonders problematisch). Anders als im Recht des Verwandtenunterhalts (§ 1612 I S 2) kann der Verpflichtete auch bei besonderen Gründen nicht eine andere Art der Unterhaltsgewährung verlangen. Der Verpflichtete darf grundsätzlich nur in Form einer Geldrente leisten (Abs I S 1). Der Berechtigte muß indes die Leistung in anderer Form, insbesondere für die Vergangenheit, gelten lassen, wenn er sich sonst treuwidrig (§ 242) verhalten würde, etwa wenn unstrittig auf den Berechtigten entfallene Stromkosten, die weiterhin vom Konto des Verpflichteten abgebucht wurden, von ihm nicht als Teiltilgung des Unterhalts anerkannt werden. Die Parteien können eine andere Form als Geldleistung vereinbaren (BGH FamRZ 1997, 484).

b) Unterhalt kann grundsätzlich nicht als **Darlehen** gewährt werden (Graba FamRZ 1985, 118; vor § 1569 Rz 23). **3** Ausnahmsweise läßt die Rspr zur Vermeidung einer womöglich ungerechtfertigten Inanspruchnahme auf Unterhalt ein Darlehen zu. Der Bedürftige, der einen Rentenantrag gestellt hat, muß das Angebot eines Darlehens annehmen, das mit dem Verzicht auf Rückzahlung im Falle der Ablehnung der Rente verbunden ist (BGH FamRZ 1983, 574; 1989, 718). Auf die gleiche Konstruktion verweist der BGH (FamRZ 2000, 751), um einem aufgrund eines Titels, letztlich aber zu Unrecht in Anspruch genommenen Unterhaltsschuldner die Erstattung auch gegenüber einem Empfänger zu sichern, der sich auf den Wegfall der Bereicherung nach § 818 III beruft. Die besondere Schutzbedürftigkeit des Unterhaltsschuldners ergibt sich in diesen Fällen daraus, daß die Bösgläubigkeit im Sinn von § 818 IV erst mit der Erhebung der Rückzahlungsklage, nicht etwa der negativen Feststellungsklage oder der Abänderungsklage, eintritt (BGH FamRZ 1992, 1152; 1986, 793; vor § 1569 Rz 62ff). In beiden Fallgruppen ist die Konstruktion nicht unbedingt notwendig. In den Rentenfällen ist bei einer Nachzahlung ein auf den Grundsatz von Treu und Glauben (§ 242) gestützter Erstattungsanspruch anerkannt (BGH FamRZ 1989, 718; 1990, 269). In den Bereicherungsfällen kann der Schuldner die negative Feststellungs- oder Abänderungsklage mit einer Rückforderungsklage verbinden und eine einstweilige Einstellung der Zwangsvollstreckung (entspr § 769 ZPO) beantragen. Verweisung auf ein Darlehen sollte deswegen sehr zurückhaltend geschehen. Sie ist beim Ausbildungsunterhalt (§ 1575) abzulehnen. Dieser mag in manchen Fällen als anstößig empfunden werden, weil er dem Berechtigten ohne Rücksicht auf ehebedingte Nachteile den Weg in eine soziale Stellung ebnet, die mit den ehelichen Lebensverhältnissen nichts gemein hat. Das sollte einen aber auf die Grundsatzfrage nach der Berechtigung des so ausgestalteten Unterhaltsanspruchs zurückführen und nicht nach Auswegen suchen lassen, die neue Schwierigkeiten eröffnen. Auch die Darlehensgewährung trennt geschiedene Eheleute wirtschaftlich nicht voneinander und kann zu Rückzahlungsstreitigkeiten führen.

3. Unterhaltsrente. a) Die **Unterhaltsverpflichtung** besteht grundsätzlich **lebenslänglich** (BGH FamRZ **4** 1999, 710). Dennoch ist die Praxis nicht unbedenklich, die Rente regelmäßig unbefristet zuspricht, weil etwa die Berechtigung für Betreuungsunterhalt (§ 1570) im allgemeinen mit dem 15. Lebensjahr des Kindes endet und der Gläubiger, der im Anschluß daran Arbeitslosenunterhalt im Sinn von § 1573 I geltendmacht, die Voraussetzungen der neuen Anspruchsgrundlage beweisen muß. Unter Umständen soll sich der Unterhaltspflichtige, der tatsächlich Unterhalt geleistet hat, nach Treu und Glauben (§ 242) nicht darauf berufen können, daß der Bedürftige Erwerbsbemühungen unterlassen hat (BGH FamRZ 1990, 496).

b) Vorauszahlung. Die Rente ist monatlich im voraus zu entrichten (Abs I S 2), also zum 1. eines jeden **5** Monats. Den vollen Monatsbetrag schuldet der Verpflichtete auch für den Monat, in dem der Berechtigte heiratet oder stirbt (Abs I S 3). Eine entsprechende Anwendung dieser Regel wird empfohlen, wenn der Berechtigte den Unterhaltsanspruch verwirkt (§ 1579 Nr 2–7) oder aus anderen Gründen einbüßt – etwa bei der Aufnahme einer angemessenen Erwerbstätigkeit (Soergel/Häberle Rz 5). Das mag Abrechnungen vereinfachen, entspricht aber kaum dem Ansatz des Unterhaltsrechts. Umgekehrt kann man den Lauf der Unterhaltszahlungen nicht erst mit dem Monat beginnen lassen, der auf die Rechtskraft des Scheidungsurteils folgt; denn der Anspruch auf Scheidungsunterhalt sollte nahtlos an den Anspruch auf Trennungsunterhalt (§ 1361) anschließen, und dieser kann mitten im Monat erlöschen (BGH FamRZ 1981, 441; 1988, 370).
Die Zahlung ist zum 1. eines jeden Monats zu leisten. Die **Rechtzeitigkeit** der Leistung richtet sich nach den allgemeinen Regeln für Geldschulden (vgl § 270 Rz 2ff). Verspäteter Geldeingang trotz rechtzeitiger Einzahlung oder Überweisung belastet den Schuldner nicht. Das gilt auch dann, wenn die Parteien in einem Unterhaltsvergleich einen anderen Zahlungszeitpunkt oder Zeitraum festgelegt haben – etwa „Zahlung bis zum 7. eines jeden Monats" (Köln FamRZ 1990, 1243 gegen AG Überlingen FamRZ 1985, 1143).

4. Abfindung. a) Wichtiger Grund. Das in Abs II vorgesehene Recht auf Kapitalabfindung soll dem Unter- **6** haltsgläubiger die Möglichkeit geben, sich möglichst bald wirtschaftlich vom geschiedenen Partner zu lösen (BT-Drucks 7/650, 146). Es steht nur dem Berechtigten zu, es ist aber zeitlich unbegrenzt. Der Verpflichtete kann nicht gegen den Willen des Berechtigten die Rente durch einen Kapitalbetrag ersetzen (BGH FamRZ 1993, 1186). Gerichtet ist der Anspruch auf Geld und nicht auf andere Vermögensgegenstände (AG Glücksburg FamRZ 1978, 781). Anspruchsvoraussetzung ist einmal ein wichtiger Grund – etwa der Aufbau einer selbständigen Stellung im Erwerbsleben, nicht aber die beabsichtigte Wiederheirat des Verpflichteten (Soergel/Häberle Rz 9; aA MüKo/ Maurer Rz 9), schon gar nicht die bevorstehende Wiederheirat des Berechtigten, die den Unterhaltsanspruch erlöschen ließe (§ 1586 I). Darüber hinaus darf die Abfindung den Verpflichteten nicht unbillig belasten; sie muß unschwer geleistet werden können (BT-Drucks 7/650, 146). Eine verlustreiche Veräußerung von Vermögensstücken oder riskante Entnahmen aus Wirtschaftsvermögen sind nicht zu erwarten, auch nicht eine Kreditaufnahme.

b) Die **Höhe** der Abfindung richtet sich nach Höhe und Dauer der – um Sonderbedarfszuschläge ergänzten – **7** Rente. Maßgeblich sind also ua die Lebenserwartung des Berechtigten und dessen Aussichten, wieder zu heiraten oder im Berufsleben den eigenen Unterhalt ganz oder zum Teil zu verdienen. Die Leistungsfähigkeit des Verpflichteten ist nur bei der Höhe der abzulösenden Unterhaltsrente und bei der Frage der Unbilligkeit einer Abfindungsbelastung zu berücksichtigen; eine „unbillige" Abfindung kann aber nicht mit Rücksicht auf die Leistungsfähigkeit des Verpflichteten ermäßigt werden (Soergel/Häberle Rz 10).

8   c) Folgen. Die Abfindung bewirkt nach hM, daß die Unterhaltspflicht für immer erlischt. Ob diese Ansicht zutreffend ist, erscheint zweifelhaft (vgl § 1585c Rz 16 zur Rechtsnatur des Verzichts). Jedenfalls kann der Berechtigte für die Zukunft weder Geldrente noch Sonderbedarf fordern, sondern nur noch die (vereinbarte oder zuerkannte) Abfindung. Dies gilt auch dann, wenn die Abfindung ihren Zweck nicht ereicht oder der Berechtigte später aus anderen Gründen bedürftig wird. Andererseits muß dem Berechtigten (oder dessen Erben) die Abfindung verbleiben, wenn sich der wichtige Grund alsbald erledigt – etwa weil der Berechtigte im Lotto gewinnt, eine Erbschaft macht, wieder heiratet oder stirbt. Außer Betracht bleibt auch eine nachträgliche Verschlechterung der Vermögensverhältnisse des Schuldners, die aus der Rückschau die Abfindung als unbillig erscheinen läßt. Hat der Berechtigte allerdings abfindungserhebliche Umstände arglistig verschwiegen – etwa die unmittelbar bevorstehende Heirat oder Übernahme einer gesicherten Erwerbstätigkeit – kommt ein Schadensersatzanspruch gem § 826 in Betracht (RG DR 1939, 306 [308] für eine Vergleichslage). Darüber hinaus sollte man in Analogie zu § 1579 Nr 2 einen Rückgewähranspruch erwägen, wenn sich der Berechtigte eines Verbrechens oder eines schweren vorsätzlichen Vergehens gegen den Verpflichteten schuldig macht.

9   d) Zeitpunkt. Zweifelhaft ist, wann der Anspruch auf Unterhalt in den Anspruch auf Kapitalabfindung umschlägt. Die überwiegende Meinung läßt den Zeitpunkt entscheiden, an dem die – auf Abfindung gerichtete – Erklärung des Berechtigten dem Verpflichteten zugeht (§ 130 I S 2) (Gernhuber/Coester-Waltjen § 30 XI 2; MüKo/Maurer Rz 12). Das führt zwar zu einer in sich geschlossenen Lösung, aber auch zu fragwürdigen Ergebnissen. Das (Tatsachen-)Gericht müßte im Streit um die Abfindung deren Voraussetzungen aus der Rückschau und nicht nach dem Stand der letzten mündlichen Verhandlung beurteilen. Es müßte die Abfindung auch bei nachträglich wesentlich veränderten Verhältnissen zusprechen – etwa wenn der Verpflichtete indessen verarmt, der Berechtigte aber Lottomillionär ist. Richtiger dürfte es deshalb sein, die Unterhaltspflicht erst mit Ablauf des Monats erlöschen zu lassen, in dem das zusprechende Abfindungsurteil rechtskräftig oder eine Vereinbarung über die Abfindung getroffen wird.

10   e) Abfindungsverträge sind statthaft. Sie können auf andere Leistungsgegenstände als auf Geld gerichtet sein – etwa auf Sachwerte. Verpflichtet sich der Schuldner, den Berechtigten in einem eigenen Unternehmen zu beschäftigen oder in einem beherrschten Unternehmen beschäftigen zu lassen, so ist das nicht als „Abfindungsvereinbarung" zu erachten, die eine Unterhaltspflicht erlöschen läßt. Verträge über Unterhaltsrenten gewähren einen Anspruch auf Kapitalabfindung nur dann, wenn der Vertrag dies vorsieht (RG WarnRsp 1940, Nr 107). Das sollte auch dann gelten, wenn die Parteien mit dem Vertrag die gesetzliche Unterhaltspflicht ausgestalten wollen (str; aA ua die 7. Aufl und Soergel/Häberle Rz 14).

11   5. Leistung ins Ausland. Bei Geldrenten, die ins Ausland zu überweisen sind, müssen die durch das einschlägige ausländische Devisenrecht vorgezeichneten Erfüllungsmöglichkeiten beachtet werden (BGH FamRZ 1987, 682: Polen). Der Gläubiger ist nicht gehalten, deutsches Geld zu einem Schwarzmarktkurs zu tauschen (BGH FamRZ 1987, 682). Er braucht sich auch nicht auf das Angebot eines in seinem Aufenthaltsland lebenden Dritten einzulassen, für den Unterhalt in der Landeswährung aufzukommen (BGH FamRZ 1987, 370 für Kindesunterhalt in der Tschechoslowakei). Umgekehrt sollte aber auch der Schuldner nicht auf Umwegen (Abtretung an Deckungserbringer, Einziehungsermächtigung) angehalten werden können, dem Gläubiger im Ausland zu Devisen zu verhelfen, die dieser zum Schwarzmarktkurs wechseln und sich so einen Lebensstandard verschaffen kann, der den Verhältnisrahmen sprengt; zur Unterhaltsleistung nach Polen Bytomski/Bytomski FamRZ 1991, 783; Passauer FamRZ 1990, 14ff).

12   7. Beweislast. Die Unterhaltspartei, die eine andere Art der Unterhaltsleistung als Geldzahlung geltendmacht, muß der Ausnahmetatbestand beweisen. Der Ehegatte, der eine Abfindung verlangt, hat den wichtigen Grund und die deren Umfang bestimmenden Tatsachen zu beweisen. Der Verpflichtete muß beweisen, daß er durch die Abfindung unbillig belastet würde.

1585a *Sicherheitsleistung*

(1) Der Verpflichtete hat auf Verlangen Sicherheit zu leisten. Die Verpflichtung, Sicherheit zu leisten, entfällt, wenn kein Grund zu der Annahme besteht, dass die Unterhaltsleistung gefährdet ist oder wenn der Verpflichtete durch die Sicherheitsleistung unbillig belastet würde. Der Betrag, für den Sicherheit zu leisten ist, soll den einfachen Jahresbetrag der Unterhaltsrente nicht übersteigen, sofern nicht nach den besonderen Umständen des Falles eine höhere Sicherheitsleistung angemessen erscheint.
(2) Die Art der Sicherheitsleistung bestimmt sich nach den Umständen; die Beschränkung des § 232 gilt nicht.

1   1. Zweck und Einordnung der Vorschrift. § 1585a ersetzt und verändert § 62 I S 2 u 3 EheG. Abs I S 1 gewährt den Anspruch auf **Sicherheitsleistung** schlechthin. Dieser entfällt nur bei mangelnder Gefährdung des Berechtigten oder unbilliger Belastung des Verpflichteten (S 2). Abs I S 3 begrenzt die **Höhe** der Sicherheitsleistung. Abs II befreit den Richter ausdrücklich von den Schranken des § 232. Durch die Sicherheitsleistung soll der Gläubiger vor ausbleibenden Unterhaltszahlungen geschützt werden.

Für den Verwandtenunterhalt und für den Trennungsunterhalt gibt es keine vergleichbare Bestimmung. Die Vorschrift ist insoweit nicht entsprechend anwendbar (Düsseldorf FamRZ 1980, 1116; 81, 67).

2   2. Voraussetzungen. a) Gefährdungsvermutung. Das Gesetz kehrt beim Anspruch auf Sicherheitsleistung das bisherige Regel-Ausnahme-Verhältnis um und bürdet dem Schuldner die Beweislast für die Ausnahmen von der Sicherheitsleistung – keine Gefährdung der Unterhaltsleistung, unbillige Belastung des Verpflichteten – auf. Hat der Schuldner ein regelmäßiges Arbeitseinkommen oder sonstige sichere Einkünfte, ist eine Gefährdung der

Unterhaltsleistung regelmäßig nicht anzunehmen (Soergel/Häberle Rz 1); Verdachtsgründe für eine trotzdem bestehende Gefahrenlage – etwa eine bevorstehende Übersiedlung ins Ausland – sollte dann der Berechtigte zumindest substantiiert behaupten müssen. Eine erneute Heirat des Schuldners kann ein Gefährdungsgrund sein (Staud/Verschraegen Rz 3; aA Erman/Dieckmann[10] Rz 2). Eine Sicherheitsleistung kann den Schuldner unbillig belasten, wenn sie dessen Kreditrahmen bis zur Existenzgefährdung einschränkt (BT-Drucks 7/650, 146).

b) Höhe. Der einfache Jahresbetrag der Unterhaltsrente begrenzt für den Regelfall die Höhe der Sicherheitslei- 3 stung. Ein höherer Sicherheitswert kommt nur bei besonderen Umständen in Betracht – etwa, wenn der Schuldner verschwenderisch lebt oder sein Vermögen verschleudert oder verschiebt. Unterhaltsverpflichtungen von kurzer Dauer rechtfertigen nur eine entsprechend ermäßigte Sicherheitsleistung. Eine Sicherungsdauer von fünf Jahren kann, wie beim Arrest (Düsseldorf FamRZ 1994, 111) angeordnet werden.

c) Art. Die Umstände bestimmen die Art der Sicherheitsleistung (Abs II). Diese kann das Gericht nach freiem 4 Ermessen ohne Rücksicht auf die Beschränkung des § 232 festlegen. So kommt etwa die Verpfändung von Wertpapieren oder einer Lebensversicherungsforderung in Betracht, auch eine Bürgschaft, obwohl eine Realsicherheit möglich wäre. Die Abtretung künftiger Ansprüche auf Lohn, Gehalt oder ähnliche wiederkehrende Bezüge sollte aber unzulässig sein, da sie über die Sicherung des Unterhaltsanspruches hinausgeht (Soergel/Häberle Rz 3). Der Gläubiger, der bereits einen vollstreckbaren Titel erwirkt hat, kann aber auf das zukünftige Arbeitseinkommen mit der Vorratspfändung zugreifen, sofern der Schuldner in Unterhaltsrückstand geraten ist (§ 850d III ZPO); er erlangt dann eine ähnliche Stellung wie bei der Vorausabtretung.

Hat das Gericht die Art der Sicherheitsleistung nicht näher bestimmt, so gilt § 232.

d) Die Sicherheitsleistung ist nur auf **Antrag** zuzusprechen (§ 308 I ZPO). Hat das Gericht den gestellten 5 Antrag auf Sicherheitsleistung übergangen, so ist das Urteil zu ergänzen (§ 321 ZPO). Einen ursprünglich nicht gestellten Antrag auf Sicherheitsleistung kann der Berechtigte nachträglich erheben – dies aber nur unter der Voraussetzung des § 324 ZPO, also wenn sich die Vermögensverhältnisse des Verpflichteten erheblich verschlechtert haben. Unter diesen Umständen kann auch eine Erhöhung der Sicherheitsleistung gefordert werden. Umgekehrt kann der Schuldner gem § 324 ZPO Aufhebung der Sicherheitsleistung fordern, wenn die Voraussetzungen für diese Anordnung später entfallen sollten (Soergel/Häberle Rz 4).

§ 1585b Unterhalt für die Vergangenheit

(1) Wegen eines Sonderbedarfs (§ 1613 Abs. 2) kann der Berechtigte Unterhalt für die Vergangenheit verlangen.

(2) Im Übrigen kann der Berechtigte für die Vergangenheit Erfüllung oder Schadensersatz wegen Nichterfüllung erst von der Zeit an fordern, in der der Unterhaltspflichtige in Verzug gekommen oder der Unterhaltsanspruch rechtshängig geworden ist.

(3) Für eine mehr als ein Jahr vor der Rechtshängigkeit liegende Zeit kann Erfüllung oder Schadensersatz wegen Nichterfüllung nur verlangt werden, wenn anzunehmen ist, dass der Verpflichtete sich der Leistung absichtlich entzogen hat.

1. Zweck und Einordnung der Vorschrift. a) Vergangenheitsunterhalt. Unterhalt soll den gegenwärtigen 1 Lebensbedarf befriedigen, nicht frühere Mangellagen ausgleichen. Der Gläubiger soll angehalten werden, für die zeitnahe Verwirklichung seines Unterhaltsanspruchs zu sorgen. Tut er dies nicht, erlischt der Anspruch. Der Verpflichtete soll vor einer Inanspruchnahme bewahrt werden, auf die er sich nicht einzustellen brauchte. Als Ausnahme von dem Grundsatz in praeteritum non vivitur regelt die Bestimmung, unter welchen Voraussetzungen der Gläubiger Unterhalt für die Vergangenheit fordern kann, nämlich wegen eines Sonderbedarfs (Abs I), bei Verzug oder Rechtshängigkeit des Unterhaltsanspruchs (Abs II) und wenn sich der Schuldner der Leistung absichtlich entzogen hat (Abs III). Fraglich ist, ob und nach welchen Grundsätzen der Anspruch auf Sonderbedarf zeitlich begrenzt werden soll, den Abs I für die Vergangenheit schlechthin freizugeben scheint, bei dem aber das Recht des Verwandtenunterhalts (§ 1613 II S 2 aF, § 1613 II Nr 1) und das Recht des ehelichen Trennungsunterhalts (§§ 1361 IV S 3, 1360a III) Verzug voraussetzt, sofern mit dem rechtshängigen Anspruch Sonderbedarf geltend gemacht wird, der mehr als ein Jahr nach Klagerhebung zurückliegt. Auf einen weiteren Unterschied ist hinzuweisen: Während die Bestimmung des § 1613, die für den Verwandtenunterhalt und den Trennungsunterhalt (§§ 1361 IV 4, 1360a III) auch die Aufforderung zur Auskunft über die Einkünfte und das Vermögen als Voraussetzung für rückständigen Unterhalt genügen läßt und dies auch prozessual für die Abänderungsklage nach § 323 III S 2 ZPO für die Durchbrechung der Rechtskraft bewirkt, fehlt diese durch das KUG eingeführte Erweiterung des Tatbestands für den Geschiedenenunterhalt in § 1585b. Nachdem der Gesetzgeber nur das Verwandtenunterhaltsrecht geändert hat, wird man insoweit nicht von einer Gesetzeslücke ausgehen können. Deswegen ist eine entsprechende Anwendung des § 1613 abzulehnen (aA MüKo/Maurer Rz 11).

Verfolgt man die Entstehungsgeschichte (vgl 9. Aufl), wird man beim **allgemeinen Unterhalt** Abs III als **Verschärfung** der in Abs II aufgestellten Voraussetzungen (Rechtshängigkeit oder Verzug) erachten müssen (so auch BGH FamRZ 1988, 370; 1987, 1014). Im Hinblick auf den allgemeinen Unterhalt ist also bei Abs III zunächst nach dem Verzug des Schuldners und erst dann danach zu fragen, ob die Annahme gerechtfertigt ist, der Schuldner habe sich absichtlich der Leistung entzogen.

Geht es um **Sonderbedarf**, greift Abs III ebenfalls ein. Für einen längeren Zeitraum als ein Jahr vor Rechtshängigkeit der Klage muß der Schuldner also auch Sonderbedarf leisten, wenn anzunehmen ist, er habe sich der Leistungspflicht absichtlich entzogen. Fraglich ist nur, ob – wie beim allgemeinen Unterhalt – darüber hinaus Verzug nötig ist (den § 1613 II S 2 aF, § 1613 II Nr 1 für den Verwandtenunterhalt fordert) oder nicht. Wortlaut und Auf-

§ 1585b Familienrecht Bürgerliche Ehe

bau der Bestimmung sprechen gegen das Verzugserfordernis, das man nach dem Sinnzusammenhang erwarten müßte. Man wird die Vorschrift berichtigend auslegen können (vgl BGH FamRZ 1983, 29).

2 **b) Vertraglicher Unterhalt.** Auf vertragliche Unterhaltsansprüche sind die Absätze II und III (zumindest entsprechend) nach Maßgabe folgender Grundsätze anwendbar (BGH FamRZ 1988, 150): Rückständigen Unterhalt kann der Berechtigte grundsätzlich auch für eine Zeit verlangen, in der der Verpflichtete nicht in Verzug und der Anspruch nicht rechtshängig war, weil eine vertragliche Regelung des Unterhalts einer Mahnung oder Klagerhebung gleichzusetzen ist; für eine länger als ein Jahr vor Rechtshängigkeit liegende Zeit kann aber auch der vertraglich geregelte Unterhalt nur unter den in Abs III genannten Voraussetzungen verlangt werden, sofern der Vertrag nicht eindeutige Anhaltspunkte für einen Verzicht des Schuldners auf den Schutz dieser Regelung bietet. Die Rückgriffsschranke sollte auch bei einem gesetzlichen Forderungsübergang gem § 1584 S 3 für den unterhaltspflichtigen Verwandten gelten (BGH FamRZ 1984, 775).

3 **c) Anspruchsübergang auf Sozialhilfeträger.** Geht der Unterhaltsanspruch gem § 91 I BSHG auf den Träger der Sozialhilfe über, eröffnet § 91 III BSHG eine weitergehende Rückgriffsmöglichkeit für die Vergangenheit, wenn dem Verpflichteten der Bedarf unverzüglich nach Kenntnis des Trägers der Sozialhilfe schriftlich mitgeteilt worden ist (Scholz FamRZ 1994, 1). Hat der Gläubiger den Schuldner schon zuvor in Verzug gesetzt, kann der Sozialhilfeträger ohne Rücksicht auf die Bedarfsanzeige auch für einen weitergehenden Zeitraum übergegangene Ansprüche für die Vergangenheit durchsetzen. Die Zeitschranke des Abs III gilt auch für ihn (BGH FamRZ 1987, 1014 noch zum alten Recht).

4 **2. Unter Sonderbedarf** ist – wie beim Verwandtenunterhalt (§ 1613 II S 1) – unregelmäßiger, außergewöhnlich hoher Bedarf zu verstehen. Regelmäßiger Zusatzbedarf, etwa wegen einer Behinderung, oder nicht außergewöhnlich hoher Einzelbedarf, erfüllt diese Voraussetzung nicht. Ob Sonderbedarf nur der überraschend auftretende und der Höhe nach nicht abschätzbare Bedarf ist (so BGH FamRZ 1982, 145), erscheint zweifelhaft (Hamburg FamRZ 1991, 109 m Anm Henrich). Unregelmäßig ist ein Bedarf, der von der laufenden Unterhaltsrente nach billigem Urteil nicht erfaßt wird. Über die Außergewöhnlichkeit der Höhe entscheidet das Verhältnis von Bedarf zur Verfügungsmasse. Zu prüfen bleibt aber stets, ob und inwieweit der Berechtigte den Sonderbedarf wenigstens teilweise selbst zu tragen hat (BGH FamRZ 1982, 145). In Betracht kommen können etwa Umzugs- oder Krankheitskosten (die allerdings regelmäßig durch die vom § 1578 II gebotene Krankenversicherung abgedeckt werden sollen).

5 **3. Verzug oder Rechtshängigkeit. Rückstände von laufendem Unterhalt** und Schadensersatz wegen Nichterfüllung kann der Berechtigte nur nach Rechtshängigkeit des Anspruchs oder Verzug des Schuldners fordern (Abs II). Die **Rechtshängigkeit** richtet sich nach den §§ 253, 261, 498, 696 III, 700 ZPO. Die „Vorwirkungsregel" des § 270 II sollte – zumindest entsprechend – gelten (streitig wie hier Schleswig FamRZ 1988, 961 für Abs III). Der **Verzug** setzt nur dann keine **Mahnung** voraus, wenn der Verpflichtete seine Unterhaltsschuld nach Bestand und Höhe kennt (BGH FamRZ 1981, 866 zu § 1613; str). Nach § 286 II Nr 3 ist die Mahnung entbehrlich, wenn der Verpflichtete die Unterhaltsleistung eindeutig und endgültig verweigert; diese Verweigerung löst aber nicht Verzug für die Vergangenheit aus (BGH FamRZ 1985, 155). Der Mahnung steht ein dem Schuldner zugegangenes Prozeßkostenhilfegesuch gleich (BGH FamRZ 1990, 283; 1992, 920). Die Mahnung erfordert zwar nicht eine genaue Bezifferung des Unterhaltsbetrages, wohl aber einen Inhalt, der dem Unterhaltsschuldner klarmacht, welchen genauen Unterhaltsbetrag der Gläubiger von ihm fordert (BGH FamRZ 1984, 163; 1985, 155). Eine unbezifferte Mahnung genügt, wenn sie mit einem Auskunftsverlangen verbunden ist und einem zulässigen Antrag bei einer Stufenklage gem § 254 ZPO entspricht (BGH FamRZ 1990, 283). Fordert der Berechtigte zuviel, so schadet das der Mahnung nicht; fordert der Berechtigte zu wenig, erfaßt der Verzug nur den angemahnten Teilbetrag (BGH FamRZ 1982, 887). Der einmal begründete Verzug erstreckt sich auf die künftig fällig werdenden, wiederkehrenden Unterhaltsforderungen, solange die anspruchsbegründenden Voraussetzungen fortbestehen, ohne daß eine Mahnung in Zeitabständen wiederholt werden müßte; unternimmt der Berechtigte allerdings nach einer Mahnung längere Zeit nichts, um seine Forderung durchzusetzen, kommt eine Verwirkung des Anspruchs auf die Rückstände in Betracht (BGH FamRZ 1988, 370). Die Mahnung, die sich auf den **Trennungsunterhalt** bezieht, setzt den Schuldner **nicht** wegen eines künftigen Anspruchs auf **nachehelichen Unterhalt** in Verzug, der einen Anspruch auf Trennungsunterhalt mit der Rechtskraft des Scheidungsurteils ablöst (BGH FamRZ 1988, 370 m krit Anm Schmitz S 88). Das mag zwar für den Gläubiger lästig sein, der seinen Unterhaltsanspruch nicht bereits im Scheidungsverfahren geltend macht, nicht aber für den Gläubiger, der seinen Unterhaltsanspruch im Verbundverfahren verfolgt, so wie das dem Grundansatz der Reform des Scheidungs-(Verfahrens-)rechts entspricht. Deshalb ist es auch bedenklich, wenn mitunter auf eine Mahnung des Gläubigers nach Rechtskraft des Scheidungsurteils im Hinblick auf eine Unterhaltsverweigerung des Schuldners vor diesem Zeitpunkt verzichtet wird (Karlsruhe FamRZ 1990, 70: Unterhaltsanspruch im Scheidungsverfahren nicht geltend gemacht, Schuldner lehnt bei außergerichtlichen Verhandlungen über den nachehelichen Unterhalt kurz vor Rechtskraft des Scheidungsurteils Unterhaltszahlungen ab, die einen bestimmten Betrag übersteigen). Ebenso bedenklich ist es, wenn man eine Mahnung aus der Zeit vor Rechtskraft des Scheidungsurteils für einen Verzug ausreichen läßt – also aus einer Zeit, in der ein Anspruch auf nachehelichen Unterhalt noch gar nicht entstanden ist (so aber Celle FamRZ 1991, 1202). Abgesehen von rechtskonstruktiven Überlegungen: Dem ursprünglichen Reformdenkansatz, die Scheidungsfrage gemeinsam mit der Frage des nachehelichen Unterhalts in einem Verbundverfahren zu lösen, widerspricht es, wenn man mit dem dargelegten Verzugsverständnis Unterhalt für die Vergangenheit auf diese Weise im nachehelichen Verfahren erschließen läßt. Der BGH hat deshalb diese Auffassung mit Recht verworfen (BGH FamRZ 1992, 920). Eine verzugserhebliche Mahnung kann in der Aufrechnungserklärung mit dem Anspruch auf nachehelichen Unterhalt auch dann gesehen werden, wenn der Anspruch gegen eine nicht familienrechtliche Forderung aufgerechnet werden soll (BGH FamRZ 1996, 1067). Eine in der Klagerhebung liegende und durch Klagerücknahme einseitig zurückgenommene Mahnung löst keinerlei Rechtswirkungen für zukünftigen Unterhalt aus (BGH

FamRZ 1983, 352 für Verwandtenunterhalt). Sie läßt aber bereits eingetretene Verzugsfolgen (für bislang aufgelaufene Unterhaltsraten) nicht ohne weiteres rückwirkend entfallen; vielmehr bedarf es zur Beseitigung der Verzugsfolgen grundsätzlich eines Verzichts in Form eins Erlaßvertrags (§ 397 I; BGH FamRZ 1988, 478). Wer sich nach der einseitigen Rücknahme der Mahnung auf ihre Rechtsfolgen beruft, kann – insbesondere unter dem Gesichtspunkt der Verwirkung – wider Treu und Glauben (§ 242) handeln (BGH FamRZ 1987, 40). Die irrige Beurteilung der Rechtslage führt auch grundsätzlich nicht zu einem entschuldbaren Rechtsirrtum, der den Schuldner gem § 286 IV entlasten könnte (BGH FamRZ 1983, 353; 1985, 155). Hamm FamRZ 1995, 613 will den Verzögerungsschaden nicht Abs II unterwerfen. Nach hM (BGH FamRZ 1987, 352) können Verzugs- oder Prozeßzinsen nach §§ 288, 291 auch wegen künftiger Raten verlangt werden, die nicht rechtzeitig bezahlt werden.

Bei dem in Abs II erwähnten „Schadensersatz wegen Nichterfüllung" kann es sich der Sache nach nur um den Verzögerungsschaden gem § 280 II handeln (Gernhuber/Coester-Waltjen § 30 XI 4). In Betracht kommen etwa Zinsen für die Aufnahme eines Darlehns oder die – nicht als Sonderbedarf erfaßbaren – Anschlußkosten, die eine nicht wirksam bekämpfte Krankheit verursacht hat.

Schadensersatzansprüche aus unerlaubter Handlung gem § 823 II in Verbindung mit § 263 StGB und § 826 wegen vorgetäuschter Leistungsschwäche bei Unterhaltsvertragsverhandlungen erfaßt Abs II nicht (RG 164, 65 [69] zu § 1613). Dagegen sollten Schadensersatzansprüche, die sich („nur") auf eine Verletzung der Unterhaltspflicht (§ 170b StGB) gründen, Abs II unterstehen.

4. Die Zeitschranke von einem Jahr (Abs III) gilt gleichermaßen bei gesetzlich oder vertraglich geregeltem **6** Unterhalt (BGH FamRZ 1989, 150) für laufenden Unterhalt, Sonderbedarf und Schadensersatz, und zwar ab Rechtshängigkeit und nicht bereits ab Zugang oder Einreichung eines Prozeßkostenhilfegesuchs (Schleswig FamRZ 1988, 961). Der Rechtshängigkeit soll es gleich stehen, wenn der Unterhaltsgläubiger vor oder Widerklage der Vollstreckungsabwehrklage des Unterhaltsschuldners gegen einen vermeintlichen Unterhaltstitel entgegen getreten ist (Karlsruhe FamRZ 1988, 400; aber bedenklich). Die Zeitschranke soll offenbar auch nicht dem Zinsanspruch entgegenstehen, den der Unterhaltsgläubiger nicht bereits im Unterhaltsstreit erhoben hat, sondern erst nach dessen Ausgang selbständig geltend macht (BGH FamRZ 1987, 352, dort allerdings als Problem nicht ausdrücklich angesprochen). Dem Sinn der Bestimmung – Druck auf den Gläubiger, Unterhaltsansprüche nachhaltig zu verfolgen – dürfte es eher entsprechen, die Sperre eingreifen zu lassen; der Anspruch auf Prozeßzinsen kann schwerlich anders behandelt werden als der Anspruch auf Zinsen, die Bestandteil eines Verzugsschadens (§ 288) sind. Auch wer den Verpflichteten in Verzug gesetzt hat, muß (regelmäßig) seinen Anspruch gerichtlich verfolgen, will er einen größeren Unterhaltszeitraum als das letzte Jahr vor der Rechtshängigkeit abdecken. Die (für manchen Einzelfall mißliche) Bestimmung soll den Berechtigten anhalten, seinen Unterhaltsanspruch ernstlich und nachhaltig zu verfolgen. Sie belastet auch den Träger der Sozialhilfe (BGH FamRZ 1987, 1014 und Rz 1). Für einen Schadensersatzanspruch aus unerlaubter Handlung, der bereits dem Anwendungsbereich des Abs II entzogen ist, sollte die Sperre nicht gelten. Sie trifft auch nicht Erstattungsansprüche, die steuerliche Nachteile im Zusammenhang mit einem Realsplitting ausgleichen sollen (BGH FamRZ 1985, 1232).

Die Zeitschranke entfällt nur, wenn die Annahme gerechtfertigt ist, der Schuldner habe sich der Leistung **absichtlich** entzogen. Dafür ist ein aktives Hintertreiben der Unterhaltsverpflichtung nicht immer erforderlich; vielmehr genügt jedes zweckgerichtete Verhalten (auch Unterlassen), das die zeitnahe Realisierung der Unterhaltsschuld verhindert oder zumindest wesentlich erschwert (BGH FamRZ 1989, 150), nicht aber die bloße Einstellung der Zahlungen und das Nichtmitteilen der Einstellungsgründe (Köln FamRZ 1997, 426). Trotz Erfüllung der Voraussetzungen des § 1585b kann ein Unterhaltsrückstand ausnahmsweise nach § 242 **verwirkt** sein, wenn zum Zeitmoment – mindestens ein Jahr –, besondere Umstände hinzutreten, aufgrund derer sich der Schuldner darauf einrichten durfte und eingerichtet hat, der Gläubiger werde seinen Anspruch nicht mehr geltend machen (BGH FamRZ 1988, 370; 1999, 843 zu Trennungsunterhalt für die Zeit vor Klageerhebung bei Bezug von Sozialhilfe FamRZ 2002, 1698 zum Elternunterhalt für die Zeit vor Klageerhebung bei Bezug von Sozialhilfe FamRZ 2002, 1698 zum Elternunterhalt für die Zeit kritischer Anm Büttner FamRZ 2003, 449).

5. Schuldnerschutz. Auch der Anspruch auf Unterhalt für die Vergangenheit ist nur bedingt pfändbar (§ 850b **7** ZPO); er genießt das Pfändungsvorrecht des § 850d ZPO und Aufrechnungsschutz gem § 394 S 1. Im Konkurs des Schuldners konnte er in voller Höhe angemeldet werden (Jaeger/Henckel § 3 KO Rz 110). Vor der Verfahrenseröffnung fällige Rückstände nehmen am Insolvenzverfahren teil (§ 40 InsO) und sind der Restschuldbefreiung ausgesetzt (§§ 286ff 3 VI InsO).

6. Beweislast. Der Unterhaltsberechtigte muß einen Sonderbedarf sowie Fälligkeit und Mahnung beweisen; der **8** Schuldner hat darzutun, daß er das Ausbleiben der Leistung nicht zu vertreten habe. Bei Abs III muß der Gläubiger Tatsachen dartun, die den Schluß rechtfertigen, der Schuldner habe sich der Leistung absichtlich entzogen. Entkräftet der Schuldner die tatsächliche Vermutung, die gegen ihn spricht, ist der Gläubiger beweispflichtig. Das Verhalten des Schuldners, der entgegen einer Vereinbarung Einkommensveränderungen nicht unaufgefordert anzeigt, läßt den Schluß auf seine Absicht zu, sich erhöhten Unterhaltsleistungen entziehen zu wollen (BGH FamRZ 1989, 150).

§ 1585c
Vereinbarungen über den Unterhalt

Die Ehegatten können über die Unterhaltspflicht für die Zeit nach der Scheidung Vereinbarungen treffen.

1. Zweck und Einordnung der Vorschrift. a) Stellung im neuen Scheidungsrecht. Das 1. EheRG hat in **1** § 1585c wörtlich § 72 S 1 EheG übernommen. Das neue Recht zielt darauf ab, die Scheidungsfolgen grundsätzlich mit dem Scheidungsausspruch zu regeln. Es setzt bei der offenen Scheidung im Einvernehmen (§ 1566 I) nicht nur die Einigung der Parteien über die gesetzliche Unterhaltspflicht voraus (§ 630 I Nr 3 ZPO), sondern hält das

§ 1585c   Familienrecht   Bürgerliche Ehe

Gericht darüber hinaus an, dem Scheidungsantrag erst stattzugeben, wenn die Ehegatten einen vollstreckbaren Titel für den Unterhaltsanspruch herbeigeführt haben (§ 630 III ZPO). Unterhaltsvereinbarungen vor einer Scheidung helfen nicht nur, das Ziel zu erreichen, Scheidung und Scheidungsfolgen gleichzeitig zu regeln; sie können auch Scheidungsspannungen entschärfen.

2   **b) Nachgiebiges Recht.** § 1585c gestattet Vereinbarungen über den nachehelichen Unterhalt innerhalb der allgemeinen Grenzen für die Vertragsfreiheit; er weist damit das nacheheliche Unterhaltsrecht als nachgiebiges Recht aus (BGH FamRZ 1978, 873).

3   **c) Anwendungsbereich.** § 1585c erlaubt den Eheleuten nicht nur Unterhaltsverträge für die Zeit nach der Scheidung, sondern auch für die Zeit nach der Aufhebung der Ehe (§ 1313). Eine für den Fall der Scheidung getroffene Unterhaltsvereinbarung nimmt einem Ehegatten aber nicht das Recht, sich nach der Aufhebung der Ehe auf eine gem § 1318 günstigere Rechtslage zu berufen.

4   **d) Übergangsrecht.** Ist die Ehe nach altem Recht geschieden worden, bleiben Unterhaltsvereinbarungen aus der Zeit vor dem Inkrafttreten des 1. EheRG unberührt (Art 12 Nr 3 Abs II S 1. EheRG); sie sind also nach § 72 EheG zu beurteilen. Stammt die Vereinbarung aus der Zeit vor dem 1. 7. 1977, ist die Ehe aber danach geschieden worden, gilt § 1585c (Art 12 Nr 3 I des 1. EheRG).

5   **2. Unterhaltsvertrag. a) Parteien** des Vertrags über den nachehelichen Unterhalt sind die Ehegatten. Sie können diesen aber auch schon in Hinblick auf die beabsichtige Heirat schließen.

6   **b) Zeitpunkt.** Die Ehegatten können sich vor, während oder nach dem Scheidungsverfahren über den nachehelichen Unterhalt einigen.

7   **c)** Für die Vereinbarung über den Unterhalt ist keine bestimmte **Form** vorgeschrieben. Ein mündlicher Vertrag ist wirksam. Schriftform ist aus Gründen der Beweisbarkeit zu empfehlen. Wird eine Unterhaltsvereinbarung mit einer anderen formbedürftigen Absprache verbunden, ist mit Rücksicht auf § 139 auf eine für die andere Vereinbarung geforderte Form zu achten (BGH FamRZ 2002, 1179). An einen formlosen Unterhaltsverzicht sind strenge Anforderungen zu stellen. Soweit aus einer Vereinbarung vollstreckt werden soll, ist die für einen Titel vorgeschriebene Form einzuhalten, etwa nach § 794 I Nr 1 ZPO für einen Prozeßvergleich oder nach § 794 I Nr 5 ZPO für eine notarielle Urkunde.

8   **d) Einzel- oder Teilregelung.** Unterhaltsvereinbarungen können einzeln abgeschlossen oder mit Absprachen verbunden werden, etwa über die Verteilung des Hausrats, den Ausgleich des Zugewinns oder den Versorgungsausgleich. Bei einer solchen Verbindung ist auf die Besonderheiten zu achten, die das Gesetz bei den einzelnen Regelungsgegenständen vorsieht (etwa zum Ausgleich des Zugewinns entweder Ehevertrag gem § 1410 oder gem § 1378 III eine notariell beurkundete oder gem § 127a ZPO vor dem Prozeßgericht protokollierte Vereinbarung während eines Verfahrens, das auf [vorzeitigen Zugewinnausgleich oder] Auflösung der Ehe gerichtet ist; allerdings statthaft auch vor Rechtshängigkeit des beabsichtigten Scheidungsverfahrens notariell beurkundete Vereinbarung; BGH FamRZ 1983, 157). Wegen der Bedingungsfeindlichkeit der Auflassung (§ 925 II) darf ein notarieller Vertrag, der (auch) eine Grundstücksübereignung einleiten soll, nicht die Formel „für den Fall der Scheidung" enthalten; vielmehr ist der Grundstückseigentümer auf andere Weise zu sichern – etwa mit der gemeinsamen verfahrensbezogenen Anweisung der Eheleute an den Notar, die Auflassungsurkunde erst nach Rechtskraft des Scheidungsurteils herauszugeben und an das Grundbuchamt weiterzuleiten, oder mit einer Auflassungsvormerkung (§ 883) für einen bedingten Rückübereignungsanspruch, falls die Ehe nicht geschieden werde. Ein Prozeßvergleich, der eine Auflassung einschließt, darf nicht unter Widerrufsvorbehalt geschlossen werden (BGH NJW 1988, 415). Bei Vereinbarungen über den Versorgungsausgleich außerhalb eines Eheverfahrens ist auf § 1408 II und innerhalb eines Eheverfahrens auf § 1587o II zu achten. Bei der Verbindung mehrerer Abmachungen gehen die Eheleute aber das Risiko ein, daß die Nichtigkeit einer Absprache die Nichtigkeit des Gesamtwerkes nach sich zieht (§ 139). Dieses Risiko kann die Eheleute auch dann treffen, wenn die Eheleute ihre Abwicklungsvereinbarung zum Teil außergerichtlich und zum Teil gerichtlich getroffen haben, beide Vereinbarungen aber inhaltlich zusammenhängen (BGH FamRZ 1991, 681 zum Versorgungsausgleich). Deshalb empfehlen sich Abmachungen darüber, welche Folgen die Teilnichtigkeit auslösen sollen. Unterhaltsvereinbarungen können auch mit Absprachen nicht vermögensrechtlicher Art verbunden werden, etwa über die elterliche Sorge oder über das Umgangsrecht. Eine solche Vereinbarung kann aber als Verstoß gegen die guten Sitten gem § 138 nichtig sein – etwa, wenn ein Verzicht auf das Umgangsrecht mit einer Freistellung von der Unterhaltslast gegenüber dem Kind verkoppelt wird (BGH FamRZ 1984, 778). Zur Unwirksamkeit nach § 242 s Rz 17.

9   **e)** Unterhaltsvereinbarungen unterliegen nicht dem **Anwaltszwang.** Für Verfahren mit Anwaltszwang, etwa in einer Scheidungsfolgesache nach § 78 II Nr 1 oder im höheren Rechtszug, können die Parteien einen Unterhaltsvergleich gem § 794 I Nr 1 ZPO nur schließen, wenn beide durch Rechtsanwälte vertreten sind (BGH FamRZ 1991, 679 zum Versorgungsausgleich). Ein mangels ordnungsgemäßer Vertretung durch einen Rechtsanwalt prozeßrechtlich unwirksamer Unterhaltsvertrag kann jedoch eine materiellrechtlich wirksame Vereinbarung sein, wenn dies dem mutmaßlichem Parteiwillen entspricht (BGH FamRZ 1985, 166).

10   **2. Neubegründung oder Ausgestaltung des gesetzlichen Unterhalts. a) Begründung von Unterhalt. aa)** Durch Vertrag kann eine eigenständige Unterhaltsverpflichtung begründet werden. Diese kann die gesetzliche Unterhaltspflicht verdrängen oder neben diese treten. Es kann aber auch eine die gesetzliche Unterhaltspflicht lediglich konkretisierende Vereinbarung vorliegen. Maßgebend ist der Wille der Parteien, der durch Auslegung zu erforschen ist. Für eine selbständige Verpflichtung spricht, wenn die Leistung ohne Rücksicht auf die Bedürftigkeit des Gegners versprochen wird. Eine nach Inkrafttreten des neuen Scheidungsrechts geschlossene Unterhaltsvereinbarung, die an das Verschulden an der Trennung oder Scheidung anknüpft, ist als selbständige Unterhaltsverpflich-

tung zu werten (BGH FamRZ 1995, 665). Bei einer Leibrente im Sinn von § 759 ist die Schriftform gem § 761 zu wahren. Im Zweifel ist nicht von einer selbständigen Begründung einer Unterhaltsverpflichtung auszugehen (BGH FamRZ 1984, 874). Ob bei einer selbständigen Unterhaltsregelung Vorschriften des gesetzlichen Unterhaltsrechts, etwa der §§ 1582–1585b, 1586–1586b, entsprechend herangezogen werden können, ist nach dem mutmaßlichen Parteiwillen und dem Zweck des Vertrags zu beantworten. Ein vereinbarter (oder aus § 242 abgeleiteter) Anspruch des Berechtigten auf Ausgleich der steuerlichen Nachteile durch das „begrenzte Realsplitting" (§ 10 I Nr 1 EStG) hat unterhaltsähnlichen Charakter und ist deshalb grundsätzlich aufrechnungsfeindlich (BGH FamRZ 1997, 544) – nicht aber gegenüber einem Schadensersatzanspruch gem § 717 II ZPO wegen zuviel beigetriebenen Unterhalts (Hamm FamRZ 1999, 436).

bb) Der Rechtsstreit über vertraglich begründeten Unterhalt ist keine Familiensache im Sinn von § 23b Nr 6 **11** GVG (BGH FamRZ 1978, 674; s aber Schleswig FamRZ 1991, 1203 zum selbständigen Leibrentenversprechen aus einem Ehevertrag). Soweit die Anküpfung an gesetzlichen Unterhalt fehlt, sind Pfändungsschutz nach § 850b ZPO, das Pfändungsvorrecht des § 850d ZPO sowie eine insolvenzrechtliche Behandlung gem §§ 40, 100 InsO nicht gewährleistet.

b) Konkretisierung des gesetzlichen Unterhalts. aa) Unterhaltsverträge schaffen regelmäßig nicht eine neue **12** Unterhaltsverpflichtung, sondern konkretisieren den gesetzlich geschuldeten Unterhalt (BGH FamRZ 1979, 910). Die Parteien haben zwar eine weitgehende Gestaltungsfreiheit, weil das nacheheliche Unterhaltsrecht abdingbar ist. Soweit in der Vereinbarung aber nichts Abweichendes bestimmt ist, kann davon ausgegangen werden, daß sie sich an das gesetzliche Regelungsmuster halten und dieses im ihrem konkreten Fall näher ausgestalten. Zweckmäßig ist es, die Einkommensverhältnisse und die sonstigen Umstände, die der Unterhaltsbemessung zugrundegelegt werden, in Hinblick auf eine spätere Abänderung der Vereinbarung ausdrücklich festzualten.

bb) Berücksichtigung zukünftiger Verhältnisse. Die Parteien können in ihrer Unterhaltsvereinbarung die **13** zukünftigen Verhältnisse bereits mitberücksichtigen, um eine zugesagte Unterhaltsrente den Erwartungen anzupassen, etwa dem Berechtigten einen bestimmten Prozentsatz von einer Einkommenssteigerung des Verpflichteten zubilligen oder den Unterhalt nach ein bestimmtend Zeit einschränken oder ausschließen. Sie können auch den vorgesehenen Unterhalt gegen die allgemeine Geldentwertung schützen. Nach Aufhebung des § 3 II WährG (Art 9 § 1 EuroG v 11. 6. 1998 – BGBl I 1242) ist einerseits auf das Preis- und Wertklauselverbot in § 2 I PrAng-PrKlG (eingefügt durch Art 9 § 4 EuroG) und andererseits auf die Ausnahmen von diesem Verbot in § 1 der PrKlVO v 23. 9. 1998 (BGBl I 3043) und auf die Genehmigungsmöglichkeiten nach dieser VO zu achten.

3. Unterhaltsverzicht. a) Die nach § 1585c bestehende **Vertragsfreiheit** gestattet es, auf nachehelichen Unter- **14** halt zu verzichten, und zwar nicht nur für die Vergangenheit, sondern, anders als auf Verwandtenunterhalt und auf Familien- und Trennungsunterhalt (§§ 1614 I, 1360a III, 1361 IV S 3), auch auf künftige Ansprüche.

b) Formel. Ein Verzichtsvertrag könnte etwa lauten: Die Parteien verzichten wechselseitig auf jeglichen Unter- **15** halt, auch für den Fall der Not oder einer Gesetzesänderung. Der jeweilige Gegner nimmt den Verzicht an. Damit sollen alle nachehelichen Ansprüche, auch ein eventueller Anspruch nach § 1586a, ausgeschlossen werden. Der Verzicht auf Unterhalt umfaßt aber auch den Kranken- und Pflegeversicherungs- sowie den Vorsorgeunterhalt iSd § 1578 III.

Ein Unterhaltsverzicht mit einem Notfallvorbehalt ohne nähere Umschreibung legt fest, unter welchen Voraussetzungen und bis zu welcher Grenze Unterhalt gefordert werden kann. Maßgeblich ist nicht ein „notdürftiger" Unterhalt (iSd § 65 EheG aF), der nur die elementarsten Lebensbedürfnisse abdeckt, sondern ein „notwendiger" Unterhalt, der allerdings dem – an den ehelichen Lebensverhältnissen ausgerichteten – „vollen" Unterhalt iSd § 1578 I S 1 nicht entspricht (BGH FamRZ 1981, 1104 zum alten Recht; Karlsruhe FamRZ 1985, 1050) und sich mit dem „angemessenen" Unterhalt iSd § 1578 I S 2 nicht notwendig zu decken braucht. Ein Eigenverdienst ist auf den Bedarf anzurechnen (Karlsruhe FamRZ 1985, 1050). Wegen der begrifflichen Unklarheiten empfiehlt es sich, Unterhaltsvoraussetzungen und Grenzen im „Notfall" deutlich zu kennzeichnen.

c) Rechtsnatur. Die hM (BGH FamRZ 1985, 787) qualifiziert den Verzicht als Erlaß im Sinn von § 397. Das **16** „Stammrecht" soll damit erlöschen (BGH FamRZ 1997, 873). Es indes zweifelhaft, ob es ein solches überhaupt gibt und wie diese Ansicht mit der hM (BGH FamRZ 1982, 259; 1987, 682) vereinbart werden kann, wonach der Unterhaltsanspruch erst in jedem Augenblick neu entsteht, in welchem die dafür erforderlichen gesetzlichen Voraussetzungen vorliegen. Nachdem die gesetzliche Regelung nur Geltung beansprucht, wenn die Parteien keine andere Abrede treffen, ist der Ansicht (Hess FamRZ 1996, 981) zu folgen, die in dem Verzicht keine Verfügung, sondern eine schuldrechtliche Regelung sieht, die lediglich das gesetzliche Regelungsmodell verdrängt. Damit ist auch erklärbar, daß bei einem nach § 242 unwirksamen Verzicht die gesetzlichen Unterhaltsregeln gelten. Prozessual erscheint es vorzugswürdig, im Gegensatz zur hM den Verzicht auf den materiellen Unterhaltsanspruch – anders als den Verzicht auf die Rechte aus einem Unterhaltstitel – zu den mit der Abänderungsklage nach § 323 ZPO, nicht mit der Vollstreckungsgegenklage nach § 767 ZPO, vorzubringenden Gründen zu rechnen (Graba Abänderung von Unterhaltstiteln Rz 168).

d) Die Parteien müssen, um einen wirksamen Unterhaltsverzicht zu vereinbaren, die **Grenzen der Vertrags-** **17** **freiheit** einhalten, die sich aus den Bestimmungen des § 134 (Gesetzesverstoß), des § 138 I (Sittenwidrigkeit) und des § 242 (Grundsatz von Treu und Glauben) ergeben. Bei der Anwendung von § 242 geht es einmal um die Frage, ob dem Unterhaltsschuldner ein treuwidriges Verhalten vorzuwerfen ist, wenn er sich auf die Rechte aus dem Verzicht beruft. Daneben und demgegenüber vorrangig ist zu prüfen, ob der Verzicht wegen Mißbrauchs des Instituts des Vertragfreiheit unwirksam ist. Am treuwidrigen Verhalten setzt der BGH (FamRZ 1991, 306; 1992, 1403; 1995, 291; 1997, 873; s dazu Büttner FamRZ 1998, 1) an, der einen Verzicht auf Betreuungsunterhalt

§ 1585c Familienrecht Bürgerliche Ehe

(§ 1570) grundsätzlich als wirksam anerkennt, aber dem Begünstigten das Recht abspricht, sich auf den Verzicht zu berufen, soweit der geschiedene Ehegatte wegen der Betreuung nicht einer Erwerbstätigkeit nachgehen kann, die im seinen notwendigen Bedarf sichert. Diese Rspr wird indes aufgrund einer Entscheidung des BVerfG (FamRZ 2001, 343 m Anm Schwab, Schubert S 733 und Bergschneider S 1339 = NJW 2001, 957 m Anm Röthel S 1334 = MDR 2001, 392 m Anm Grziwotz = FuR 2001, 163 m Anm Rauscher; Langenfeld DNotZ 2001, 272; Bergschneider MittBayNot 2001, 402; Büttner FF 2001, 65; Dauner-Lieb AcP 201 [2001], 295; dies FF 2001, 129; 2003, 117; Grziwotz MDR 2001, 393; FF 2001, 41; ders FPR 2001, 111; Bäumel FPR 2001, 113) zu überprüfen sein. Das BVerfG geht zwar in Übereinstimmung mit dem BGH (FamRZ 1985, 788) davon aus, daß ein Verzicht auf Betreuungsunterhalt (§ 1570) grundsätzlich wirksam vereinbart werden kann (aA Bosch FS Habscheid 1989 S 23ff). Es hält indes eine Inhaltskontrolle des Vertrags für erforderlich, ob die Grundrechte der Art 2 und 6 GG, durch die Abmachung gewahrt werden. Das BVerfG hat einen vor der Hochzeit geschlossenen Ehevertrag als verfassungswidrig beanstandet, wenn nach den im Einzelfall vorliegenden Umständen zum einem eine ungleiche Verhandlungsposition der schwangeren Braut durch für sie benachteiligende Abreden (Unterhaltsverzicht; teilweise Freistellung des Vaters vom Barkindesunterhalt) ausgenutzt worden sei und zum anderen das Kindeswohl gefährdet werde, wenn seine Betreuung und ein den Verhältnissen beider Eltern angemessener Barunterhalt nicht mehr sichergestellt seien. Zwar hat das BVerfG keine bestimmte Generalklausel genannt. Es liegt jedoch nahe, sich an die Rspr zur Inhaltskontrolle allgemeinen Geschäftsbedingungen vor Schaffung des AGBG zu erinnern, welche teils auf § 138, teils und später immer häufiger auf § 242 gestützt wurde (s Schlosser/Graba AGBG 1977, vor §§ 9–11 Rz 8ff). Bei der Anwendung des § 242 nach der Rspr des BVerfG geht es um die noch nicht hinreichend geklärte Frage, inwieweit ein Unterhaltsverzicht im Rahmen einer Inhaltskontrolle wegen Mißbrauchs des Instituts der Vertragsfreiheit zu beanstanden ist (Hess FamRZ 1996, 981; kritisch Erman/Dieckmann[10] Rz 6ff). Maßstab für diese Inhaltskontrolle ist der Ordnungsgehalt des abbedungenen Rechts. Dazu gehört nicht nur das (mögliche) Bestehen eines Unterhaltsanspruchs, beispielsweise nach § 1570, sondern auch die Stellung dieses Anspruchs im Rechtssystem, also etwa die primäre Haftung des leistungsfähigen Ehegatten vor dem Verwandten nach § 1584 S 1 und die Haftung des Unterhaltsschuldners vor dem Eintritt des Trägers der Sozialhilfe nach § 2 BSHG. Ein Mißbrauch des Instituts der Vertragsfreiheit ist anzunehmen, wenn durch den Unterhaltsverzicht die durch die abbedungene Ordnung Geschützten unangemessen benachteiligt werden (allgemeiner Rechtsgedanke des § 307). Je mehr in einem Ehevertrag Rechte abbedungen werden, desto eher ist eine einseitige Benachteiligung anzunehmen (BVerfG FamRZ 2001, 985). Eine einseitige Benachteiligung liegt regelmäßig vor, wenn trotz des gleichen Beitrags beider Ehegatten zu den ehelichen Lebensverhältnissen der haushaltsführende und kindesbetreuende Gatte vom Anspruch auf gleiche Teilhabe am Zugewinn, Versorgungsausgleich und Unterhalt ganz oder im wesentlichen ausgeschlossen wird (München FamRZ 2003, 35; Revision BGH XII ZR 265/02).

Methodisch liegt es nahe, wie bei der Rspr, deren Kodifizierung 1976 zum AGBG führte, an Hand von Fallgruppen die Kriterien herauszuarbeiten, die für eine unangemessene Benachteiligung erfüllt sein müssen, um den Vertrag im Wege der Inhaltskontrolle zu beanstanden. Das BVerfG läßt, anders als dem BGH (FamRZ 1992, 1403), das Argument nicht gelten, daß bereits die Eheschließung eine rechtliche Besserstellung im Verhältnis zu nicht verheirateten Mutter bedeutet, welche den Verzicht auf Betreuungsunterhalt grundsätzlich rechtfertigt. Man wird diesen Gedanken dahin verallgemeinern können, daß der Verzicht auf Betreuungsunterhalt nicht allein damit gerechtfertigt werden kann, daß die Verzichtende nicht schlechter steht als eine mit dem Vater nicht verheiratete Mutter, die Ansprüche nur nach § 1615 l hat, welche hinter dem Betreuungsunterhalt nach § 1570 zurückbleiben. Der Grundsatz der Selbstverantwortlichkeit bedeutet zwar, daß der Geschiedene einem Ledigen gleichsteht, weil jener im Unterschied zu diesem gerade unter den Voraussetzungen der §§ 1570ff einen Unterhaltsanspruch hat, weil der Ehegatte, im Gegensatz zum nichtehelichen Elternteil mit der Eheschließung sich verpflichtet hat, für den anderen Gatten und für ein gemeinsames Kind Verantwortung zu tragen (§ 1353 I; BVerfG FamRZ 2003, 285, 287). Im Einzelfall wird deswegen zu prüfen sein, ob der Verzicht auf Betreuungunterhalt schon dann hinzunehmen ist, wenn nur der notwendige Bedarf des betreuenden Ehegatten anderweitig gesichert ist, weil dieser möglicherweise mit dem Kind unter Verhältnissen leben muß, die diese Entwicklung mehr einschränken, als dem gemeinsamen Vermögen der Eltern entspricht. Die Rspr des BGH, die den Einwand gegen den Unterhaltsverzicht auf die Zeit der Betreuung begrenzt, berücksichtigt auch nicht, daß der betreuende Ehegatte mit einer später beginnenden Erwerbstätigkeit berufliche Nachteile und Einbußen für seine Altersversorgung erleiden kann, die durch Vorsorgeunterhalt nicht ausgeglichen werden (München FamRZ 2003, 35). Dies kann eine einseitige Benachteiligung bedeuten. Nach der Rspr des BGH (FamRZ 1991, 306; 1992, 1403) sind für die Beurteilung die Verhältnisse im Zeitpunkt des Vertragsschlusses maßgebend. Ob daran uneingeschränkt festgehalten werden kann, erscheint zweifelhaft. Bei der vom BVerfG verlangten Inhaltskontrolle wird zwar von den Verhältnissen im Zeitpunkt des Vertragschlusses auszugehen sein. Es werden aber die Auswirkungen der Vereinbarung im Falle des Eintritts der geregelten Verhältnisse nicht unberücksichtigt bleiben dürfen. Die Ausnutzung einer ungleichen Verhandlungsposition wird bei einem Unterhaltsverzicht im Rahmen des Scheidungsverfahrens oder nach der Scheidung weniger zum Tragen kommen als die Beeinträchtigung des Kindeswohls. Ein Verzicht des betreuenden Ehegatten auf Unterhalt wird nur dann unbedenklich sein, wenn sein eigener an den ehelichen Lebensverhältnissen entsprechender oder im Sinn von § 1578 I S 2 angemessener Bedarf durch Erwerbs- oder sonstige Einkünfte jedenfalls annähernd gesichert ist, etwa auch aus der Anlage einer Abfindung oder einer Zahlung aus dem Zugewinnausgleich. Zum unzulässigen Verzicht bei Änderung der Verhältnisse s Rz 34.

18 e) **Verwandtenunterhalt.** Der Verzicht auf Ehegattenunterhalt kann bedeuten, daß vorrangige Haftung des geschiedenen Ehegatten nach § 1584 S 1 entfällt und allein der Verwandte, die Eltern oder die Kinder, als Unterhaltspflichtige übrigbleiben (aA Frankfurt FamRZ 1984, 395, das dem Verzicht im Verhältnis zu den Verwandten keine Wirkung beimißt). Die Frage, ob der Ehegatte durch den Verzicht seinen Unterhalt im Sinn von § 1611 verwirkt hat, ist grundsätzlich zu verneinen. Die primäre Haftung des Verwandten ist nicht ursächlich für die Bedürftigkeit (Staud/Engler § 1611 Rz 12; aA Köln FamRZ 1983, 643, das ein sittliches Verschulden verneint). Auch die übrigen tatbestandlichen Alternativen des § 1611 sind nicht erfüllt. Nach der Rspr des BGH (FamRZ 1982, 898; 1985, 273; 1988, 159) enthält die Bestimmung eine abschließende Regelung. Dem wird man grundsätzlich folgen können. Dies schließt indes nicht aus, in Fällen, in denen eine Grundrechtsverletzung vorliegt, eine Ausnahme anzunehmen (LG Kiel FamRZ 1996, 47). Gleiches gilt, wenn der Verzicht im Sinn der Rspr des BGH (FamRZ 1983, 137; 1992, 1403; s Rz 19) im Verhältnis zu einem Sozialhilfeträger nach § 138 I sittenwidrig wäre, weil die im Verhältnis zu diesem nach § 2 BSHG vorrangige Inanspruchnahme des Verwandten zwangsläufig mit der Entlassung des Ehegatten aus der Haftung verbunden ist (Hamm FamRZ 1996, 116).

f) Sozialhilfe. aa) Nach der Rspr des BGH (FamRZ 1983, 137; 1992, 1403; 1985, 788) kann eine Scheidungsvereinbarung, in der ein nicht erwerbstätiger und nicht vermögender Ehegatte auf nachehelichen Unterhalt mit der Folge verzichtet, daß er zwangsläufig der Sozialhilfe anheimfallen muß, den guten Sitten zuwiderlaufen und damit nach § 138 nichtig sein, auch wenn sie nicht auf einer Schädigungsabsicht des Ehegatten zu Lasten des Trägers der Sozialhilfe beruht, die Parteien sich jedoch grob fahrlässig der Erkenntnis der Schädigung des Trägers der Sozialhilfe verschlossen haben. Für die Beurteilung der Sittenwidrigkeit der Verzichtsabrede kommt es auf den aus der Zusammenfassung von Inhalt, Beweggrund und Zweck zu entnehmenden Gesamtcharakter der Vereinbarung an. Nach aA (Meder FuR 1993, 12; Münder FuR 1997, 281) soll der Verzicht uneingeschränkt wirksam sein, nach der Meinung von Baumann (bei Staud Rz 192) jedenfalls grundsätzlich, weil Ehegatten nicht schlechter behandelt werden dürften als Partner nichtehelicher Lebensgemeinschaften, bei denen die Allgemeinheit nicht vor unberechtigter Inanspruchnahme geschützt sei. Demgegenüber hält Verschraegen (bei Staud vor § 1569ff Rz 85) den Unterhaltsverzicht dem Sozialhilfeträger gegenüber für (relativ) unwirksam, weil jeder Unterhaltsanspruch mit dem Grundsatz der Subsidiarität der Sozialhilfe belastet sei (vgl BGH FamRZ 1995, 1123 zu § 528). Zutreffend erscheint, daß es um eine im Wege der Inhaltskontrolle zu prüfende Frage der Begrenzung der Vertragsfreiheit geht, soweit Dritte belastet werden (Hess NJW 1996, 981; s Rz 16). Eine Unwirksamkeit des Verzichts wird dann anzunehmen sein, wenn den Parteien sich bei Abschluß des Vertrags aufdrängen mußte, daß der Verzichtende selbst nicht in der Lage sein werde, für seinen künftigen notwendigen Bedarf selbst zu sorgen. 19

bb) Der Wechsel vom „Überleitungs-" zum „Übergangssystem" im Sozialhilferecht hat zur Folge, daß der Gläubiger auf Unterhalt für die Vergangenheit nach einem Forderungsübergang gem § 91 I S 1 BSHG nur verzichten kann, wenn der Schuldner den Gläubigerwechsel nicht kennt (§§ 412, 407 I S 1). Eine „Bedarfsanzeige" des Sozialhilfeträgers gem § 91 III S 1 BSHG zerstört den „guten Glauben" des Schuldners. Damit wird die Streitfrage des alten Rechts entschärft, ob eine Rechtswahrungsanzeige spätere Vereinbarungen zu Lasten des Sozialhilfeträgers an § 138 scheitern läßt, und einseitiges Begünstigungsverhalten des Gläubigers, das den Rückgriff des Sozialhilfeträgers erschwert (wie die Rücknahme einer Mahnung), die Verwirkungskraft abspricht (BGH FamRZ 1987, 40); denn die neue „Bedarfsanzeige" hat (auch) die Wirkung einer Mahnung. Der Wechsel vom „Überleitungs-" zum „Übergangssystem" hindert den Gläubiger zwar nicht, für die Zukunft auf Unterhalt zu verzichten, auch wenn der Sozialhilfeträger bereits Sozialhilfe leistet und gem § 91 III S 2 BSHG berechtigt ist, auf zukünftige Leistungen zu klagen, weil die Hilfe voraussichtlich auf längere Zeit zu gewähren ist. Denn der Gläubiger bleibt trotz der „Übergangsanfälligkeit" der Ansprüche Herr des Unterhaltsrechts und selbst klagebefugt. Eine „Bedarfsanzeige" gem § 91 III S 1 BSHG ändert daran nichts. Der Verzicht zu Lasten des Sozialhilfträgers wird indes regelmäßig im Sinn der Rspr des BGH (FamRZ 1987, 40) gem § 138 I sittenwidrig und deswegen nichtig sein. 20

4. Änderung der Geschäftsgrundlage. a) Rechtsgrundlage. Bei Vereinbarungen über den Unterhalt ist regelmäßig davon auszugehen, daß sie auf der Grundlage der gegenwärtigen Verhältnisse abgeschlossen werden (BGH FamRZ 2001, 1364). Sie können deswegen nach den von der Rspr entwickelten Grundsätzen der Geschäftsgrundlage abgeändert werden. Diese wurden früher dem Grundsatz von Treu und Glauben (§ 242) zugeordnet und sind seit 1. 1. 2002 aufgrund des Gesetzes zur Modernisierung des Schuldrechts v. 26. 11. 2001 (BGBl I 3138) in § 313 kodifiziert. Vorrangig gilt der Wille der Parteien. Diese können die Abänderbarkeit grundsätzlich ausschließen oder dafür bestimmte Voraussetzungen vereinbaren (BGH FamRZ 1983, 22). Die Vorschrift des § 323 ZPO gilt hinsichtlich der inhaltlichen Voraussetzungen der Abänderbarkeit nur für rechtskraftfähige Titel (Urteile), nicht für die Abänderbarkeit von Unterhaltsverträgen (BGH FamRZ 1983, 22), außer die Parteien haben dies besonders vereinbart (zu Einzelheiten s Graba Abänderung von Unterhaltstiteln Rz 1ff). § 323 ZPO ist für nicht rechtskraftfähige Titel nur insoweit bedeutsam, als die Vorschrift die Abänderungsklage als die statthafte Klageart für die Abänderung eines jeden Unterhaltstitels zwingend festlegt, also sowohl für ein Unterhaltsurteil als auch für einen Unterhaltsvergleich oder eine notarielle oder Jugendamtsurkunde. 21

b) Wirksamer Vertrag. aa) Anders als § 323 ZPO für Urteile gestattet § 313 die Abänderung eines Unterhaltsvertrags nicht nur wegen nachträglicher Änderung der diesem zugrundegelegten Verhältnisse, sondern auch dann, wenn sich die Vorstellungen über bereits im Zeitpunkt des Vertragsabschlusses vorliegenden Umstände, die zur Grundlage des Vertrags gemacht wurden, sich als falsch herausstellen. Solche falschen Vorstellungen können nach § 313 nur zu einer Anpassung führen, wenn der Vertrag gleichwohl wirksam ist. Damit ist die Wirksamkeit des Vertrags logischerweise zuerst zu klären. Die weitgehend zum gleichen Ziel führenden Voraussetzungen der Abänderbarkeit sind indes meist leichter zu beweisen als Unwirksamkeits- oder Anfechtungsgründe. Außerdem geht es den Parteien meist weniger um den Unterhalt in der Vergangenheit als um die künftigen Leistungen. In der Praxis wird deswegen meist über die Abänderung, nicht über die Wirksamkeit, gestritten. 22

bb) Unterhaltsvergleiche können gem § 779 unwirksam sein, wenn der nach dem Inhalt des Vertrages als feststehend zugrundegelegte Sachverhalt der Wirklichkeit nicht entspricht. § 779 I ist jedoch bei einem Irrtum über streitige oder ungewisse Umstände oder Rechtslagen nicht anzuwenden, die der Vergleich beheben soll (BGH 23

FamRZ 1986, 1082). Um solche Umstände geht es regelmäßig bei einem Unterhaltsvergleich, so daß die Vorschrift praktisch kaum zur Anwendung kommt.

24   cc) Wenn eine Unterhaltspartei bei den Vergleichsverhandlungen Einkünfte verschwiegen hat, berechtigt dies die andere nicht zur Anfechtung wegen arglistiger Täuschung nach § 119 oder § 123, sofern trotz ungesicherter Feststellung der Einkommensverhältnisse ein Vergleich geschlossen wurde; denn es fehlt an der Kausalität zwischen der Täuschungshandlung und dem Vergleichsabschluß (BGH FamRZ 1986, 1082). Wer seinen geschiedenen Ehegatten auf Unterhalt in Anspruch nimmt, soll nicht gehalten sein, von sich aus die Beziehungen zu einem neuen Partner zu offenbaren, soweit es nicht um die Sicherstellung der Versorgung durch diesen neuen Partner geht (BGH FamRZ 1986, 1082; aber bedenklich). Eine Anfechtung wegen arglistiger Täuschung soll deshalb ausgeschlossen sein, wenn der auf Unterhalt drängende geschiedene Ehegatte diese Beziehungen ungefragt verschweigt. Andererseits hat der BGH (FamRZ 2000, 153) die Pflicht der Partei zur wahrheitsgemäßen Angaben namentlich im laufenden Prozeß nach § 138 ZPO betont. Die geschiedene Ehefrau, die einen Unterhaltsanspruch geltendmacht, hätte deswegen eine Zuwendung von 250 0000 DM ihrer Mutter offenbaren müssen, auch wenn sie der Meinung war, daß der Unterhaltspflichtige durch diese Schenkung nach dem Willen der Zuwendenden nicht entlastet werden sollte.

25   c) **Vertragsanpassung. aa)** Die Regeln der Geschäftsgrundlage (§ 313) gestatten es grundsätzlich nicht, den vereinbarten Unterhalt neu festzulegen. Er ist vielmehr an die veränderten Verhältnisse anzupassen. Maßgebend ist insoweit in erster Linie der Wille der Parteien. Diese können auch vereinbaren, daß nach dem Eintritt einer wesentlichen Änderung der Verhältnisse der Unterhalt ohne Bindung an den Vertrag nach den dann anwendbaren gesetzlichen Bestimmungen festzusetzen ist. Läßt sich der Vereinbarung nicht verläßlich entnehmen, auf welcher Geschäftsgrundlage diese abgeschlossen ist, ist der Unterhalt nach den gesetzlichen Bestimmungen festzusetzen (BGH FamRZ 2001, 1140). Anders als bei einem Urteil nach § 323 III S 1 ZPO kann eine Unterhaltsvereinbarung, etwa ein Unterhaltsvergleich, auch für die Zeit vor Erhebung der Abänderungsklage abgeändert werden. Die rückwirkende Beseitigung des Rechtsgrunds im Sinn von § 812 nützt indes dem Unterhaltsschuldner kaum, wenn der Unterhalt im Sinn von § 818 III verbraucht ist, nachdem er im Sinn von § 818 IV nicht schon durch die Erhebung der Abänderungsklage, sondern erst der Rückforderungsklage geschützt ist (s vor § 1569 Rz 64).

26   bb) Entgegen einem vereinbarten Ausschluß der Abänderbarkeit kann eine Abänderung in Betracht kommen, wenn die Daseinssicherung des Schuldners gefährdet wäre (RG 166, 40; Bamberg FamRZ 1998, 830). In diesen Grenzfällen sollte der Schutz des § 313 auch dann wirken, wenn der Schuldner eine – vom Unterhaltsrecht losgelöste – Leibrente zugesagt hat. Die Wiederheirat des Schuldners ist nach der Wertung des § 1582 allenfalls in den Fällen beachtlich, in denen der neue Ehegatte wegen seines Unterhaltsanspruchs gleichen Rang mit dem alten Ehegatten erlangt (BGH FamRZ 1986, 790).

27   cc) Eine Verbesserung der Einkommens- und Vermögenslage beim Gläubiger, etwa infolge der Aufnahme einer Erwerbstätigkeit, ist regelmäßig ein Abänderungsgrund. Wiederheirat des Gläubigers läßt den Unterhaltsanspruch entfallen, sofern dem Vertrag nichts Gegenteiliges zu entnehmen ist. Zur Aufnahme eines nichtehelichen Lebensgemeinschaft s § 1579 Rz 31.

28   dd) Der Parteiwille entscheidet darüber, welche Verhältnisse für die Parteien in welchem Ausmaß erheblich sind (BGH FamRZ 1997, 811). Deshalb verbietet sich eine schematische Beurteilung. Insbesondere bei beschränkten wirtschaftlichen Verhältnissen kann die Abänderung des Vertrags auch dann in Betracht kommen, wenn die Unterhaltsänderung unter 10 % liegt (BGH FamRZ 1986, 790; 1992, 539 mit Anm Graba). Haben die Parteien den Unterhalt auf der Grundlage von Leitlinien oder einer bestimmten Rspr des BGH festgelegt, kann ab dem Zeitpunkt der Änderung der Leitlinien oder der Änderung der Rspr die Abänderung verlangt werden (BGH FamRZ 2001, 1687 m Anm Gottwald).

29   ee) Die Berufung auf den **Unterhaltsverzicht** kann bei wesentlicher Veränderung der Verhältnisse nach dem Grundsatz von Treu und Glauben (§ 242) in Einzelfällen scheitern (BGH FamRZ 1985, 787: nachträgliche Geburt eines Kindes; München FamRZ 1985, 1264: alsbaldige Liquidation des Unternehmens, das bei der Vermögensauseinandersetzung mit Unterhaltsverzicht übertragen wurde; Hamm FamRZ 1986, 471: 12 Jahre zurückliegender Unterhaltsverzicht aus einer Zeit mit anderer Arbeitsmarktlage und sonst veränderter Umstände, insbesonderer Fortführung der Ehe). Sind die Eheleute beim Unterhaltsverzicht aber von ganz bestimmten Voraussetzungen und Erwartungen ausgegangen, die sich – aus der Rückschau betrachtet – von vornherein als irrig erweisen, steht der Verzicht einem Unterhaltsanspruch nicht entgegen – (richtigerweise wohl, weil die Geschäftsgrundlage von vornherein gefehlt hat. Beispiel nach BGH FamRZ 1987, 46: Die Parteien wähnen den Unterhalt der Frau durch den erwarteten Erlös aus der Veräußerung von Grundvermögen gedeckt; das Vermögen läßt sich nicht zum erhofften Preis und zur erwarteten Zeit veräußern). Zur Anwendung des § 242 bei einem Unterhaltsverzicht auf Betreuungsunterhalt s oben Rz 17).

Unterhaltsverzichte aus der Zeit vor dem Inkrafttreten des 1. EheRG, die nach altem Recht gültig waren, sollten schon wegen der Übergangsbestimmung des Art 12 Nr 3 II S 2 des 1. EheRG bestandskräftig bleiben. Eine Korrektur nach den Grundsätzen über den Wegfall der Geschäftsgrundlage kann allenfalls dann in Betracht kommen, wenn der Geschäftswille zumindest des Verzichtsurhebers erkennbar auf den Fortbestand des im wesentlichen verschuldensabhängigen Scheidungsrechts aufbaute (BGH FamRZ 1985, 788; weitergehend, aber bedenklich Hamm FamRZ 1986, 471).

Ebenso wie Unterhaltsversprechen sind Unterhaltsverzichte regelmäßig nicht als Schenkung zu erachten; deshalb kommt ein Widerruf des Verzichts gem § 528 grundsätzlich nicht in Betracht.

Haben die Eheleute in einer Scheidungsvereinbarung einen wechselseitigen Unterhaltsverzicht erklärt und für die Ehefrau nur einen Unterhaltsanspruch vorgesehen, falls diese durch Betreuung eines gemeinsamen Kindes an der Aufnahme einer Erwerbstätigkeit gehindert werde, so kann (zumindest) eine (ergänzende) Vertragsauslegung der Frau den Unterhaltsanspruch versagen, wenn nicht die Betreuung des Kindes, sondern eine nichteheliche Partnerschaft, aus der ein Kind hervorgegangen ist, an der Aufnahme einer Erwerbstätigkeit hindert. Auf „Verwirkungserwägungen" kommt es dann ebensowenig an wie auf die Frage, ob nach dem gesetzlichen Unterhaltsrecht ein Anspruch bestünde (BGH FamRZ 1995, 726).

5. Steuerrechtsfragen. Für das Steuerrecht ist die Unterscheidung zwischen gesetzesbezogenen und selbständigen Unterhaltsverträgen seit dem 1. 1. 1975 nicht mehr von Bedeutung. Seitdem unterliegen Unterhaltsleistungen an den geschiedenen oder getrennt lebenden Ehegatten grundsätzlich dem Abzugsverbot des § 12 Nr 2 EStG, das seit dem Kalenderjahr 1979 allerdings durch ein begrenztes Realsplitting durchbrochen wird (§ 10 I Nr 1 EStG): Ein unbeschränkt Steuerpflichtiger kann diese Unterhaltsleistungen bis zur Grenze von 13 805 Euro jährlich als Sonderausgaben absetzen, sofern der Empfänger unbeschränkt steuerpflichtig ist und dem Antrag des Unterhaltsschuldners zugestimmt hat. Der Gläubiger muß die beim Schuldner abzugsfähigen Unterhaltsleistungen zusammen mit seinen anderen Einkünften versteuern (§ 22 Nr 1a EStG). Hat der Berechtigte für den Unterhalt allerdings eine Gegenleistung erbracht – etwa auf Zugewinn- und Versorgungsausgleich verzichtet – greift das Abzugsverbot nicht mehr ein, wenn der Unterhaltscharakter nicht überwiegt. So kann ein Ehegatte, der in einer Vereinbarung über Scheidungsfolgen dem Partner für dessen Verzicht auf Ausgleich des Zugewinns wiederkehrende Versorgungsleistung zugesagt hat, diese als dauernde Last gem § 10 I Nr 1 EStG abziehen, sobald die Summe der geleisteten Beträge den Wert des Zugewinnausgleichsanspruchs übersteigt (vgl BFH BStBl 1986 II, 674 und FamRZ 1987, 280f [LS]).

6. Verfahrensfragen. a) Zuständigkeit. Zuständig für Streitigkeiten aus und um Unterhaltsvereinbarungen ist das FamG (§§ 23a Nr 2, 23b Nr 6 GVG), sofern der Vertrag nicht eine vom gesetzlichen Unterhaltsrecht völlig losgelöste Rente begründen soll.

b) Beweislast. Wer sich auf die Nichtigkeit einer Unterhaltsvereinbarung beruft, muß die Nichtigkeitsvoraussetzungen behaupten und beweisen (BGH NJW 1964, 1072). Der Abänderungskläger trägt die Beweislast für die tatsächlichen Voraussetzungen eines Abänderungsgrundes (BGH FamRZ 1995, 665). Steht jedoch fest, daß der dem abzuändernden Titel zugrunde liegende Unterhaltstatbestand entfallen ist, trägt der Abänderungsbeklagte die Beweislast für die Tatsachen, die aufgrund anderer Unterhaltstatbestände die Aufrechterhaltung des Titels rechtfertigen (BGH FamRZ 1990, 496).

c) Zur **Abänderung** von Unterhaltstiteln s vor § 1569 Rz 92 und Graba Abänderung von Unterhaltstiteln Rz 1ff.

Kapitel 5

Ende des Unterhaltsanspruchs

1586 *Wiederverheiratung, Begründung einer Lebenspartnerschaft oder Tod des Berechtigten*
(1) Der Unterhaltsanspruch erlischt mit der Wiederheirat, der Begründung einer Lebenspartnerschaft oder dem Tode des Berechtigten.
(2) Ansprüche auf Erfüllung oder Schadensersatz wegen Nichterfüllung für die Vergangenheit bleiben bestehen. Das Gleiche gilt für den Anspruch auf den zur Zeit der Wiederheirat, der Begründung einer Lebenspartnerschaft oder des Todes fälligen Monatsbetrag.

1. Zweck und Einordnung der Vorschrift. a) Ziel. Die Bestimmung übernimmt der Sache nach den Inhalt der §§ 67, 69 EheG, spart aber die Regelung der Bestattungskosten (§ 69 II EheG) aus. Wiederheirat, Begründung einer Lebenspartnerschaft oder Tod des Berechtigten lassen die Unterhaltspflicht erlöschen – der Tod endgültig, die Wiederheirat oder Begründung einer Lebenspartnerschaft (das Fehlen dieser Alternative in § 1586a ist wohl ein Redaktionsversehen, s § 1586a Rz 5) mit der Möglichkeit eines Wiederauflebens nach Maßgabe des § 1586a. Für den nachpartnerschaftlichen Unterhalt ist die Vorschrift gem § 16 II LPartG anwendbar. Parallelvorschrift des Verwandtenunterhaltsrecht ist § 1615.

b) Unterhaltsvertrag. Abweichende Vereinbarungen können anfechtbar sein – etwa gem § 123 wegen arglistiger Täuschung, wenn der Berechtigte die unmittelbar bevorstehende Wiederheirat verschwiegen hat. Die Anwendbarkeit der Bestimmung auf vertraglich begründeten Unterhalt ist eine Frage der Auslegung der Abrede.

2. Anspruchsende. a) Wiederheirat. Neue Heirat verschafft dem geschiedenen Ehegatten einen Unterhaltsanspruch gegen den neuen Ehegatten (§ 1360). Gleiches gilt bei Begründung einer Lebenspartnerschaft (§ 5 LPartG). Deshalb erlischt die aus der früheren Ehe hergeleitete Unterhaltspflicht. Diese kann aber nach Maßgabe des § 1586a wieder aufleben, wenn die neue Ehe oder die Lebenspartnerschaft **aufgelöst** wird (§ 1586a Rz 2). Zur Rechtslage bei deren **Vernichtung** (§§ 23ff EheG) vgl 9. Aufl.

b) Nichteheliche Lebensgemeinschaft. Wendet sich der Berechtigte einem neuen Partner in einer eheähnlichen Gemeinschaft zu, ohne diesen zu heiraten, ist § 1586 nicht entsprechend anwendbar, weil ein gesetzlicher Unterhaltsanspruch gegen den Partner fehlt. Der Unterhalt kann nach § 1579 ausgeschlossen sein (s § 1579 Rz 31).

c) Tod des Berechtigten. aa) Beim **Tod** des Berechtigten (zum Tode des Verpflichteten s § 1586b) endet der auf Deckung des gegenwärtigen Lebensbedarfs gerichtete Unterhaltsanspruch endgültig (abgesehen von der in Abs II vorgesehenen Ausnahme).

bb) Die Bestattungskosten, die den Erben treffen (§ 1968), fallen dem Verpflichteten nicht mehr hilfsweise zur Last (Dieckmann FamRZ 1977, 161 [165]). Entgegen der amtlichen Begründung (BT-Drucks 7/650, 150) gehören

§ 1586

Beiträge zu einer Sterbeversicherung auch nicht als „Vorsorgekosten" zum Unterhalt. Damit würde der Grundgedanke des Unterhaltsrechts, gegenwärtigen Lebensbedarf zu sichern, ins Uferlose überdehnt.

7 **3. Rückstände.** Abs II läßt Ansprüche auf **Unterhaltsrückstände** und auf **Schadensersatz** wegen Nichterfüllung (§ 1585b) bei Wiederheirat oder Begründung einer Lebenspartnerschaft zugunsten des Berechtigten und bei dessen Tod zugunsten der Erben fortbestehen, und zwar gem Abs II S 2 auch den Anspruch auf den Unterhaltsbetrag für den Heirats- oder Sterbemonat in voller Höhe. Auch der Anspruch auf Kapitalabfindung (§ 1585 II) entstammt dem Unterhaltsrecht und soll den Lebensbedarf des Berechtigten sichern. Eine bereits geleistete Abfindung muß dem Berechtigten oder dessen Erben regelmäßig verbleiben. Ansprüche auf eine Kapitalabfindung, die erst nach Tod oder Wiederheirat des Berechtigten fällig werden, sind zu erfüllen (aA Erman/Dieckmann[10] Rz 7).

8 **4. Beweislast und Verfahren. a) Beweislast.** Wer sich auf das Erlöschen des Unterhaltsanspruchs durch Tod Wiederheirat oder Begründung einer Lebenspartnerschaft beruft, ist dafür beweispflichtig.

9 **b) Klageart.** Der Erlöschensgrund ist mit der Vollstreckungsgegenklage nach § 767 ZPO geltendzumachen.

1586a *Wiederaufleben des Unterhaltsanspruchs*

(1) Geht ein geschiedener Ehegatte eine neue Ehe ein und wird die Ehe wieder aufgelöst, so kann er von dem früheren Ehegatten Unterhalt nach § 1570 verlangen, wenn er ein Kind aus der früheren Ehe zu pflegen oder zu erziehen hat. Ist die Pflege oder Erziehung beendet, so kann er Unterhalt nach den §§ 1571 bis 1573, 1575 verlangen.

(2) Der Ehegatte der später aufgelösten Ehe haftet vor dem Ehegatten der früher aufgelösten Ehe.

1 **1. Zweck und Einordnung der Vorschrift. a) Zweck.** Wegen der Verantwortung der Ehegatten für das gemeinsame Kind ist die Rechtsstellung des wegen Betreuung unterhaltsberechtigten geschiedenen Ehegatten nicht nur nach § 1570 bevorzugt ausgestaltet. § 1586a gewährt ihm auch an Stelle des durch die Wiederheirat erloschen Anspruchs einen neuen Anspruch auf Betreuungsunterhalt mit der Möglichkeit des Anschlußunterhalts. Zur Kritik (Erman/Dieckmann[10] Rz 1)gegen die im früheren Scheidungsrecht unbekannte Berechtigung ist darauf hinzuweisen, daß der in der Praxis selten geltendgemachte Anspruch im Interesse des Kindeswohls gerechtfertigt erscheint und ein Fehlen des Anspruchs die Wiederverheiratung hindern könnte (Johannsen/Büttner Rz 1).

2 **b)** Der **neue Anspruch** ist trotz inhaltlichen Gleichlauts mit dem früheren nicht identisch (BGH FamRZ 1988, 4). Eine Vereinbarung über den früheren Anspruch (Verzicht) erfaßt ohne entsprechenden Parteiwillen nicht den neuen Anspruch.

3 **2. Anwendungsbereich. a) Weitere Ehe.** Die Unterhaltspflicht lebt wieder auf, wenn der **Tod** des neuen Partners (Saarbrücken FamRZ 1987, 1046) oder ein **Scheidungsurteil** die neue Ehe aufgelöst hat. Nach dem Wortlaut des Gesetzes scheint nur die Auflösung der „Anschlußehe" die Unterhaltspflicht eines geschiedenen früheren Ehegatten wieder aufleben zu lassen. Nach den Grundgedanken des Gesetzes wird man aber auch die Auflösung einer weiteren Ehe des Berechtigten für Ansprüche gegen den geschiedenen Ehegatten der „ersten" Ehe ausreichen lassen müssen.

4 **b) Eheaufhebung.** Wird die Ehe aufgehoben,(§§ 1313ff), sollte die Wiederauflebensregel zumindest entsprechend gelten. Dabei ist zu beachten: Hat der (vormals geschiedene) Ehegatte aus der späteren Ehe keinen Unterhalt gem § 1318 II zu erwarten, lebt der Anspruch aus der alten Ehe vorbehaltlos auf, weil Rangfragen (Abs II) entfallen (Abs I). Besteht ein Anspruch gem § 1318 II S 1, geht dieser dem wiederaufgelebten Anspruch aus der früheren Ehe vor – allerdings nur nach Maßgabe seiner Reichweite. Besteht nur ein Anspruch gem § 1318 II S 2 (Kindesbetreuung – Versagung grob unbillig), sollte wegen der Rangregel von Abs II über die grobe Unbilligkeit nicht auch mit einem Seitenblick auf die (denkbare) Ersatzhaftung entschieden, also der Anspruch ohne Rücksicht auf diese bejaht oder verneint werden. Endet die Ehe nach fälschlicher Todeserklärung durch Wiederheirat des Zurückgebliebenen (§ 1319 II; vgl auch § 38 II EheG) – nicht des für tot Erklärten (BGH FamRZ 1994, 498) –, so ist str, ob die Unterhaltsbeziehungen enden (Dölle I § 30 I 2; AG Bad Schwalbach NJW 1978, 1313) oder ob der frühere Ehegatte wenigstens Billigkeitsunterhalt fordern darf (Hamm FamRZ 1982, 800 mit Nachweisen). Die erste Ansicht dürfte vorzuziehen sein, denn der Anspruch wurde vor allem wegen abhängiger Versorgungsansprüche bejaht (BSozG FamRZ 1967, 568; BVerwG FamRZ 1992, 258), für die sich ein Fortbestand fingieren läßt. Verschollenheit des Partners der neuen Ehe läßt die Unterhaltspflicht nicht mit Rücksicht auf erweiterte Grundgedanken des Versorgungsrechts aufleben (§§ 1271 RVO aF, 48 AVG aF, 68 RKG aF; § 49 SGB VI). Löst eine Wiederheirat nach fälschlicher Todeserklärung die „Zweitehe" auf, steht der Unterhaltsberechtigung aus der „Drittehe" Unterhaltsansprüchen mit Rücksicht auf § 1586 I entgegen, die sich aus der „ersten" Ehe herleiten. Eine andere Frage ist es, ob bereits die Todeserklärung wegen ihrer Todesvermutung (§ 9 VerschG) zum Wiederaufleben der Unterhaltsansprüche gem § 1586a führt. Diese Frage wird man bejahen können, auch wenn das Familienrecht an manchen Stellen Wirkungen einer Todeserklärung besonders regelt (vgl ua §§ 1494 II, 1884 II, 1921 III): dies allerdings erst ab Rechtskraft des Todeserklärungsbeschlusses.

5 **c)** Obwohl die Begründung einer **Lebenspartnerschaft** wie die Wiederheirat nach § 1586 den Unterhaltsanspruch aus der früheren Ehe erlöschen läßt, wird die Auflösung der Lebenspartnerschaft in § 1586a nicht als Anküpfungsgrund für einen Anspruch genannt. Nach dem Zweck der Bestimmung ist auch in diesem Fall ein Anspruch zu bejahen (Büttner FamRZ 2001, 1105, 1111; aA Schwab FamRZ 2001, 385, 393).

6 **3.** Der Anspruch auf den **Betreuungsunterhalt** wird in der Regel bereits bei Auflösung der späteren Ehe wieder aufleben. Er kann aber auch neu entstehen, wenn die Kinder aus der früheren Ehe erst zu späterer Zeit den Berechtigten an der Aufnahme einer Erwerbstätigkeit hindern. Hat der Berechtigte Kinder aus beiden Ehen im

Sinne des § 1570 zu betreuen, wird man wegen der Rangregel des Abs II nicht von einer „anteiligen" Haftung ausgehen können, die der BGH beim Zusammentreffen des auf § 1570 gestützten Anspruchs mit einem Anspruch auf Betreuungsunterhalt gem § 1615c II vorsieht (BGH FamRZ 1998, 541). Vielmehr ist zu unterscheiden. Besteht ein Anspruch auf den vollen Unterhalt gegen den Partner der später aufgelösten Ehe gem § 1570, weil die Kinder aus dieser Ehe ohne Rücksicht auf die Kinder aus der früheren Ehe die Betreuungsperson an der Aufnahme einer Erwerbstätigkeit hindern, so geht dieser Anspruch einem (denkbaren) Anspruch gegen den Partner der früher aufgelösten Ehe vor (§ 1586a II). Hindern dagegen die Betreuungstätigkeiten den Berechtigten nur in ihrem Zusammenwirken bei der Aufnahme einer Erwerbstätigkeit, wird man Teilunterhaltsansprüche gegen beide Partner gewähren müssen – dies auch dann, wenn nach dem Lebensverlauf das Kind aus der späteren Ehe erst zur Aufgabe einer zuvor ausgeübten Erwerbstätigkeit geführt hat (Dieckmann FamRZ 1977, 161 [167]; vgl auch Soergel/Häberle § 1586a Rz 3; Gernhuber/Coester-Waltjen § 30 XIII 5). In Fällen dieser Art ist aber besonders sorgsam zu prüfen, ob Kinder aus der früher aufgelösten Ehe wirklich im Sinne des § 1570 betreuungsbedürftig sind; denn der geschiedene Ehegatte soll nicht das unterhaltsrechtliche Risiko des Ehegattenunterhalts tragen, das Kinder einer späteren Ehe bereiten.

4. Anschlußunterhalt. § 1586a I S 2 sichert nur den **„Anschluß"** an einen **Betreuungsunterhalt** (§ 1570). **7** Die dort genannten Ansprüche können nur entstehen, wenn die Voraussetzungen für einen Anspruch gem § 1570 entweder bei Auflösung der späteren Ehe vorgelegen haben oder doch danach eingetreten sind. Allerdings dürfte eine potentielle Unterhaltspflicht gem §§ 1586a I S 1, 1570 ausreichen, die zunächst hinter der gem § 1586b II vorrangigen Unterhaltspflicht des Partners der später aufgelösten Ehe zurücktritt, aber später etwa wegen der Leistungsunfähigkeit des „Erstschuldners" aktuell wird. Abgesehen hiervon, trägt der Partner der früheren Ehe die unterhaltsrechtlichen Risiken der Anschlußtatbestände (Alter, Krankheit, Lage auf dem Arbeitsmarkt) nicht.

5. Bedarf. Maß und Umfang richten sich nach § 1578. Entscheidend sind deshalb zunächst die ehelichen **8** Lebensverhältnisse der früher aufgelösten Ehe, und zwar auch dann, wenn der Lebensstandard dieser Ehe den Lebensstandard der späteren übertroffen hat (Soergel/Häberle Rz 5 gegen Gernhuber/Coester-Waltjen § 30 XIII 4, der wegen einer Gewöhnung an den verminderten Lebenszuschnitt in Fällen dieser Art den Lebensstandard der später aufgelösten Ehe für maßgeblich erachtet; diese – durchaus sachgerechte – Lösung läßt sich indessen erzielen, wenn die Unterhaltserwartungen gem § 1578 I S 2 auf den „angemessenen Lebensbedarf" zurückzuführen sind – auch ein Beispiel dafür, daß sich trotz Kinderbetreuung Unterhaltserwartungen im Rahmen des § 1578 I S 2 verkürzen lassen.)

6. Rangfolge. Die erst durch den Vermittlungsausschuß eingeführte (BT-Drucks 7/4992, 5) **Rangfolgeregel** des **9** **Abs II** ist problematisch, nicht nur, weil sie – im Gegensatz zu anderen unterhaltsrechtlichen Bestimmungen (vgl §§ 1607, 1584) – keine Vorsorge für das Rechtsverfolgungsrisiko trifft. Der Ehegatte der früher aufgelösten Ehe haftet jedenfalls dann, wenn und soweit der Ehegatte der später aufgelösten Ehe Unterhalt nicht schuldet – wohl auch, wenn dieser mangels Leistungsfähigkeit nur im Billigkeitsrahmen haftet (§ 1581). Dagegen entfällt nach dem Wortlaut des Gesetzes die Leistungspflicht des Ehegatten der früher aufgelösten Ehe schon dann, wenn und soweit der Berechtigte vom Partner der später aufgelösten Ehe Unterhalt zu fordern hat, seinen Anspruch aber wegen erschwerter Rechtsverfolgung nicht durchzusetzen vermag (so ausdrücklich Gernhuber/Coester-Waltjen § 30 XIII 4). Richtiger dürfte es allerdings sein, wegen der ersichtlichen Anschauungslücke im Gesetzgebungsverfahren und wegen des sonst nicht haltbaren Vorrangs des Ehegatten vor der Verwandtenhaftung (§ 1607) den Ehegatten der früher aufgelösten Ehe auch dann haften zu lassen, wenn ein bestehender Unterhaltsanspruch gegen den vorrangig haftenden Schuldner an Rechtsverfolgungsschwierigkeiten leidet (vgl § 1607 II S 1). Dann muß man aber auch dem nachrangig haftenden Ehegatten der früher aufgelösten Ehe, der in einem solchen Fall in Anspruch genommen wird, einen Ausgleichsanspruch gegen den Ehegatten der später aufgelösten Ehe entsprechend § 1607 II S 2 zubilligen (MüKo/Maurer Rz 11).
Die Frage, ob der Partner der später aufgelösten Ehe unterhaltspflichtig ist, kann auch im Unterhaltsstreit gegen den Partner der früher aufgelösten Ehe als Vorfrage geklärt werden (Hamm FamRZ 1986, 364).

7. Prozessuale Fragen und Beweislast. a) Wegen der fehlenden Identität der Ansprüche darf die **Zwangsvoll-** **10** **streckung** aus dem Titel wegen Betreuungsunterhalt (§ 1570) nicht wegen des Unterhalts nach § 1586a betrieben werden (BGH FamRZ 1988, 46).

b) Hat der frühere Ehegatte nach Scheidung der Ehe erneut geheiratet, ist eine auf die Härteklausel (§ 1579 **11** Nr 6 und 7) gestützte **Feststellungsklage** unzulässig; bei Auflösung der neuen Ehe komme ein Unterhaltsanspruch gemäß § 1586a I nicht in Betracht (Karlsruhe FamRZ 1989, 184).

c) Beweislast. Der Unterhaltsberechtigte darf sich nicht darauf beschränken darzulegen, daß sein früherer **12** Anspruch wiederaufgelebt sei, sondern muß die tatsächlichen Voraussetzungen des Anspruchs nach § 1586a beweisen.

1586b *Kein Erlöschen bei Tod des Verpflichteten*

**(1) Mit dem Tode des Verpflichteten geht die Unterhaltspflicht auf den Erben als Nachlaßverbindlichkeit über. Die Beschränkungen nach § 1581 fallen weg. Der Erbe haftet jedoch nicht über einen Betrag hinaus, der dem Pflichtteil entspricht, welcher dem Berechtigten zustände, wenn die Ehe nicht geschieden worden wäre.
(2) Für die Berechnung des Pflichtteils bleiben Besonderheiten auf Grund des Güterstands, in dem die geschiedenen Ehegatten gelebt haben, außer Betracht.**

§ 1586b Familienrecht Bürgerliche Ehe

1 **1. Zweck und Einordnung der Vorschrift.** Im Unterhaltsrecht für Verwandte, sowie beim Familien- und Trennungsunterhalt endet die Unterhaltspflicht für die Zukunft mit dem Tod des Schuldners (§§ 1615 I, 1360a III, 1361 IV S 4). Im Gegensatz dazu läßt § 1586b die Unterhaltspflicht auf den Erben des Verpflichteten als Nachlaßverbindlichkeit übergehen – gleichsam als Ersatz für die (mit der Scheidung verlorene Hoffnung auf eine) gesetzliche Nachlaßteilhabe. Zur Entwicklungsgeschichte dieser Haftungsverlagerung s 9. Aufl. Der Erbe haftet aber nur bis zur Grenze eines fiktiven Ehegattenpflichtteils (§ 1586b I S 3), für dessen Berechnung die güterrechtlichen Besonderheiten der geschiedenen Ehe außer Betracht bleiben (§ 1586b II). Durch die Vorschrift wird die nach § 1584 vorrangige Haftung des Ehegatten vor den Verwandten beibehalten (kritisch zur rechtspolitischen Rechtfertigung Roessink FamRZ 1990, 924; Erman/Dieckmann[10] Rz 1).

Die Haftungsverlagerung auf den Erben gilt auch für Unterhaltsansprüche nach Aufhebung einer Ehe gem § 1318 II S 1, nicht aber (wohl) für die Billigkeitsansprüche gem § 1318 II S 2. § 1586b gilt entsprechend für den nachpartnerschaftlichen Unterhalt (§ 16 II S 2 LPartG).

2 **2. Der Anspruch** löst zwar eine **Nachlaßverbindlichkeit** aus, für die der Erbe die Haftung gem §§ 1975ff (und bei fortgesetzter Gütergemeinschaft gem § 1489) beschränken kann (vgl Rz 13). Miterben haften gem §§ 2058ff grundsätzlich als Gesamtschuldner.

3 **3. Rechtsnatur.** Der Anspruch behält seine Eigenheit als **familienrechtlicher Unterhaltsanspruch**. Deshalb gelten – abgesehen von den Besonderheiten gem Abs I S 1 u 2 – die allgemeinen unterhaltsrechtlichen Regeln weiter. So entfällt etwa der Unterhaltsanspruch, wenn der Berechtigte nicht mehr im Sinne der §§ 1569ff bedürftig ist oder wieder geheiratet hat (§ 1586 I). Der Anspruch umfaßt auch Vorsorgeunterhaltsanteile (§ 1578 III). Zeitgrenzen (vgl §§ 1573 V, 1579) können den Erben entlasten, bevor der pflichtteilsbezogene Haftungsrahmen ausgeschöpft ist. § 1579 gestattet zwar, den Unterhaltsanspruch zu kürzen (BGH FamRZ 2003, 521), nicht aber die Haftsumme auf einen bestimmten Betrag zu kürzen, der den fiktiven Pflichtteil unterschreitet. Im Rahmen der „negativen Härteklausel" des § 1579 Nr 2 wird man schwere Verfehlungen gegen den Erben dann beachten müssen, wenn dieser nicht Angehöriger des Verstorbenen ist (aA Soergel/Häberle § 1579 Rz 8). Das Recht, eine Kapitalabfindung zu fordern (§ 1585 II), bleibt erhalten (str; wie hier Soergel/Häberle Rz 6); es darf aber nicht in ein Recht verkehrt werden, den „fiktiven" Pflichtteil zu fordern.

Da der Anspruch ein familienrechtlicher Unterhaltsanspruch ist, den das Gesetz ausdrücklich als Nachlaßverbindlichkeit auf die Erben überleitet, ist die Forderung von der Pflichtteilsberechnung vom pflichtteilserheblichen Nachlaß (vgl § 2311) abzusetzen, damit Erbe und Pflichtteilsberechtigter die Unterhaltslast gemeinsam tragen (Soergel/Dieckmann § 2311 Rz 12; aA Probst AcP 191, 138ff).

4 **4. Der Wegfall der Beschränkungen** (§ 1581 I S 2) bedeutet jedenfalls: Ein angemessener Eigenunterhalt des Erblassers ist nicht mehr zu berücksichtigen; die Unterhaltserwartungen eines neuen Ehegatten und diesem ranggleicher Kinder (§§ 1609, 1603 II) bleiben außer Betracht; denn deren Unterhaltsansprüche sind mit dem Tod des Verpflichteten erloschen (§§ 1615 I, 1360a III). Ist der neue Ehegatte allerdings gem § 1933 S 3 unterhaltsberechtigt, ergeben sich Probleme, wenn dieser und der geschiedene Ehegatte im Range gleichstehen.

5 **5. Bedarfsbemessung. a) Bedarfsfortschreibung.** Der geschiedene Ehegatte kann den „vollen"- also entweder den an den „ehelichen Lebensverhältnissen" ausgerichteten oder den „angemessenen" – Unterhalt (§ 1578 I) fordern, aber nicht mehr. Zweifelhaft ist allerdings, von welcher Bezugsgröße bei der Ermittlung dieses Unterhalts auszugehen ist; denn mit dem Tod des Schuldners entfallen Einkünfte aus früherer Erwerbstätigkeit, aber auch bestimmte Ausgaben. Wegen des Wegfalls der (Erwerbs-)Einkünfte wird für die Mehrzahl der Fälle eine Herabsetzung des Unterhaltsanspruchs empfohlen (MüKo/Maurer Rz 6), und zwar bis zum völligen Wegfall (Soergel/Häberle Rz 5). Das wurde zwar bereits für das alte Recht angenommen (Soergel/Donau § 70 EheG Rz 6), war aber bereits dort nicht unbedenklich und überflüssig, weil der Erbe die Möglichkeit hatte, die Unterhaltspflicht mit Rücksicht auf die Ertragskraft des Nachlasses und die eigenen Verhältnisse der Billigkeit anpassen zu lassen. Die neue Begrenzungsregel stellt nicht mehr auf (die Verhältnisse der Erben und) die Ertragsfähigkeit des Nachlasses ab – schon gar nicht auf die Hälfte der Vermögenseinkünfte des Erblassers aus der letzten Zeit vor dem Erbfall wie das BGB der Urfassung (§ 1582 I S 2 aF); es begrenzt die Erbenschuld vielmehr auf einen fiktiven Pflichtteil (Abs I S 3) ohne Rücksicht auf eine Zeit, in der dieser Haftungsrahmen auszuschöpfen ist. Man kann deshalb die mit dem Tod entfallenen Erwerbseinkünfte des Erblassers schwerlich bei der Bemessung des Unterhaltsanspruchs außer Betracht lassen, sondern sollte die Unterhaltspflicht auf den Erben regelmäßig so übergehen lassen, wie sie den Erben beim Erbfall belastet hat – bereinigt allerdings um „Grenzverbesserungen nach oben", die sich aus dem Wegfall der Billigkeitsbeschränkungen gem § 1581 ergeben. Auch eine Anpassung an gestiegene Lebenshaltungskosten ist statthaft (Celle FamRZ 1987, 1038) – dies aber nur bei der Unterhaltsrente, nicht bei der Haftsumme des fiktiven Pflichtteils. Auch wenn man so verfährt, kann der geschiedene Ehegatte nie mehr als einen „eheangemessenen Prozentsatz" der letzten Verteilungsmasse erhalten (und nicht 100 %, weil der Schuldner gestorben ist). Kinder, deren Unterhaltsansprüche erloschen sind, dürfen bei der Verteilung der Einsatzmasse auch nicht einfach hinweggedacht werden, sondern nur soweit, als sie eine „Mangellage" im Sinne des § 1581 mitverursacht haben (str). Trotzdem kann die Unterhaltsschuld des Erben die Unterhaltsschuld des Erblassers unterschreiten – dann nämlich, wenn sich die Bedürftigkeit des Berechtigten nach dem Erbfall mindert (etwa wenn diesem Geschiedenen-Hinterbliebenen-Versorgung aus der gesetzlichen Unfallversicherung zusteht, § 66 SGB VII).

6 **b) Schadensersatz.** Verstirbt der Verpflichtete infolge eines Haftpflichtereignisses, das dem Grunde nach geeignet ist, für den Berechtigten einen Schadensersatzanspruch gem § 844 II (oder einer entsprechenden Bestimmung eines außerhalb des BGB geregelten Gefährdungshaftungsrechts) auszulösen, wird man unterscheiden müssen: Ein zu Lebzeiten des Verpflichteten nur aus dem Ertrag oder dem Vermögen bestrittener Unterhalt läßt einen Schadensersatzanspruch nicht entstehen, soweit die Verpflichtung der Erben reicht, weil nur die unterhaltsträchtige

Vermögensmasse den Träger gewechselt hat (vgl den Ansatz in BGH NJW 1961, 2009). Hat der Verpflichtete dagegen den Unterhalt aus einem – nunmehr entfallenen – Erwerbseinkommen bestritten, besteht im Hinblick auf § 843 IV ein Schadensersatzanspruch, der zum Vermögen des Berechtigten gehört und dessen Bedürftigkeit ausschließen sollte. Geht man demgegenüber von einer gleichstufigen Haftung von Schädiger und Erben aus, sollte der Erbe nur Zug um Zug gegen Abtretung des Schadensersatzanspruchs zu leisten verpflichtet sein.

5. Haftungsgrenze. Abs I S 3 begrenzt die Haftung des Erben dem Betrag nach auf einen **fiktiven Pflichtteil**, 7 der dem Berechtigten beim Fortbestand der Ehe zustünde, und zwar ohne Rücksicht auf den Güterstand, in dem die Ehegatten gelebt haben (Abs II). Das ist in mehrfacher Hinsicht problematisch:

a) Haftungssumme. Bei der Ermittlung der Haftsumme kommt es einmal auf die **Pflichtteilsquote** und zum 8 anderen auf den **pflichtteilserheblichen** Nachlaß an. Bei der Feststellung des für den Pflichtteil erheblichen fiktiven Ehegattenerbteils ist auf den Zeitpunkt des Erbfalls abzustellen und nach § 2310 zu verfahren. Deshalb ist (etwa) ein Abkömmling, der zwar die Scheidung, nicht aber den Erbfall erlebt hat, nicht mitzuzählen. Die Pflichtteilsquote richtet sich allein nach den §§ 1931 I, II; 2303, 2310. Sie beträgt neben Abkömmlingen ⅛, neben Verwandten der 2. Erbordnung ¼, und neben Großeltern ¼ bis ⁷⁄₁₆. Da güterstandsbezogene Besonderheiten außer Betracht bleiben (Abs II), ist sie für alle geschiedenen Ehegatten gleich, die miteinander in Unterhaltswettbewerb treten, und zwar ohne Rücksicht auf die Lebenserwartung des Berechtigten. Bei der Ermittlung der Pflichtteilsquote sind zwar die Kinder aus einer späteren Ehe mitzuzählen, der spätere Ehegatte bleibt aber unberücksichtigt.

Über die Höhe der Haftsumme (nach Maßgabe dieser Quote) entscheidet die Größe des Gesamtnachlasses zur 9 Zeit des Erbfalls (§ 2311) (und nicht das Vermögen des Erblassers zur Zeit der Scheidung). Von dessen Wert sind auch Nachlaßverbindlichkeiten abzuziehen, die mit Rücksicht auf eine spätere, durch den Tod des Erblassers aufgelöste Ehe begründet worden sind – etwa die güterrechtliche Ausgleichsforderung des überlebenden Ehegatten einer Zugewinngemeinschaftsehe (Dieckmann FamRZ 1977, 161 [170]). Zwar soll der Berechtigte so gestellt werden, „wie wenn die Ehe nicht geschieden worden wäre"; und beim Fortbestand der Ehe wäre die nächste Heirat unterblieben, die letzthin zu der Ausgleichsforderung geführt hat. Man kann aber die neue Ehe und deren Güterrecht nicht übergehen. Treten mehrere geschiedene Ehegatten in Unterhaltswettbewerb, so ist für jeden die Haftsumme verschieden. Bei der Ermittlung des fiktiven Pflichtteils ist vom pflichtteilserheblichen Nachlaß der Betrag abzusetzen, der dem Berechtigten aus einer früher aufgelösten Ehe als Unterhalt zusteht. Dieser Betrag deckt sich aber nicht notwendig mit der Haftsumme, die als fiktiver Pflichtteil für den Partner aus der später aufgelösten Ehe auszuwerfen ist (so aber die amtliche Begründung BT-Drucks 7/650, 153; Rolland Rz 11). Die Haftsumme gibt vielmehr nur die Höchstgrenze an, bis zu der die Unterhaltsschuld des Erben abzusetzen ist, die ihrerseits gem § 2311 II S 1 unter Berücksichtigung von Leibrentengrundsätzen und versicherungsmathematischen Berechnungen zu schätzen ist. Man verkürzte die Unterhaltserwartungen des Partners einer später aufgelösten Ehe sachwidrig, setzte man bei dessen fiktivem Pflichtteil die volle Haftsumme des Ehegatten einer früher aufgelösten Ehe ab, der nur eine geringe Lebenserwartung hat und zudem nur Teilunterhalt fordern darf (Dieckmann FamRZ 1977, 161 [169f]).

Bei der Ermittlung der Haftsumme ist vom **Ist-Bestand** des aktiven Nachlasses auszugehen. Ergänzungspflichtige Schenkungen (§§ 2325ff) sind einzubeziehen (BGH FamRZ 2001, 282; aA Erman/Dieckmann[10] Rz 10). Anders als die Unterhaltsrente (vgl Rz 5) ist die Haftsumme nicht der Geldentwertung oder gestiegenen Lebenshaltungskosten anzupassen; dies auch dann nicht, wenn der Wert des ererbten Vermögens später ansteigt.

b) Hat der geschiedene Ehegatte **Erbverzicht** ohne Pflichtteilsvorbehalt oder **Pflichtteilsverzicht** geleistet, entfällt 11 auch die Unterhaltspflicht des Erben, nicht aber bei einem Erbverzicht mit Pflichtteilsvorbehalt; denn das Gesetz gewährt den – atypischen – Unterhaltsanspruch über den Tod des Unterhaltsschuldners hinaus gleichsam als Ersatz für den Verlust einer erbrechtlichen Nachlaßteilhabe (BT-Drucks 7/650, 151f), die ihrerseits einen überlebenden Ehegatten (auch) für verlorene Unterhaltserwartungen entschädigt. Bei einem Erbverzicht ohne Pflichtteilsvorbehalt oder bei einem Pflichtteilsverzicht hat der geschiedene Ehegatte aber nichts mehr zu erwarten, für das ihm im Ersatz geboten werden müßte (Dieckmann NJW 1980, 2777ff, FamRZ 1992, 633; 1999, 1029 gegen Pentz FamRZ 1998, 1344; Soergel/Häberle Rz 1). Grziwotz FamRZ 1991, 1258 will aus Sorge um einen nicht beabsichtigten Verlust von Unterhaltsansprüchen über den Tod hinaus einem Pflichtteilsverzicht Auswirkungen auf den Unterhaltsanspruch versagen. Indes kann man sich gegen einen Verlust des Unterhaltsanspruchs gegen die Erben durch eine klare Unterhaltsvereinbarung schützen (Dieckmann NJW 1980, 2777, 2781; FamRZ 1992, 633).

6. Verfahrensfragen. a) Familiensache. Trotz der Beziehung zum Erbrecht leitet sich der Anspruch nach wie 12 vor aus der durch die Ehe begründeten gesetzlichen Unterhaltspflicht ab; er bleibt deshalb Familiensache im Sinne des § 23b I S 2 Nr 6 GVG (Soergel/Häberle Rz 3).

b) Haftungsvorbehalt. Der Erbe, der seine Haftung auf den Nachlaß beschränken will, muß sich im Streit mit 13 dem Berechtigten im Urteil die Beschränkung vorbehalten lassen (§ 780 ZPO, vgl RG 162, 298 [300]). Ist ein Titel gegen den Erblasser auf ihn gem § 727 ZPO umgeschrieben worden, so kann der Erbe Einwendungen gegen die Erteilung der Vollstreckungsklausel gem § 732 ZPO geltend machen und/oder Klage gem §§ 785, 767 ZPO erheben. Dies setzt allerdings eine Umschreibungsmöglichkeit gem § 727 ZPO voraus. Diese ist zu bejahen, weil der Unterhaltsanspruch derselbe bleibt (MüKo/Maurer Rz 13 vgl dazu auch Bosch FamRZ 1985, 388 [389]; zweifelnd Erman/Dieckmann[10] Rz 13). Bei einer einstweiligen Anordnung gem §§ 620 S 1 Nr 6, 621g ZPO sollte eine Umschreibung des Titels jedenfalls nicht in Betracht kommen.

c) Die **Begrenzung** der Unterhaltsschuld des Erben gem Abs I S 3 **auf** den fiktiven **Pflichtteil** schafft ebenfalls 14 Verfahrensprobleme; denn sie ergibt sich von selbst und muß nicht – wie die Herabsetzung des Unterhaltsanspruchs gem § 70 II S 2 EheG – vom Erben beantragt werden. Der Unterhaltsanspruch setzt also einen pflichtteils-

§ 1586b Familienrecht Bürgerliche Ehe

erheblichen Nachlaß voraus; der Umfang dieses Nachlasses entscheidet darüber hinaus über die Zeit, in der die Unterhaltsrente zu zahlen ist. Deshalb müßte im Unterhaltsstreit zwischen dem Berechtigten und dem Gläubiger – streng genommen – zunächst der „pflichtteilserhebliche" Nachlaß ermittelt und sodann die Laufzeit der Rente festgelegt werden, weil der Gläubiger wegen der Haftungsbegrenzung keinen Anspruch auf eine zeitlich unbeschränkte Unterhaltsrente hat. Der Gläubiger müßte sich also im Wege der Stufenklage (§ 254 ZPO) zunächst Auskunft über den Bestand des Nachlasses gem §§ 1580, 2314 sichern und sodann die Rente mit ihrer Zeitgrenze festlegen lassen (§ 2314 begrenzt den Inhalt des Anspruchs insoweit, als nur Auskunft über den Bestand des Nachlasses gefordert werden kann, der für die Berechnung des fiktiven Pflichtteils maßgeblich ist, vgl Rz 10). Dieser Weg ist für den Berechtigten möglich, aber auch umständlich. Erachtet man demgegenüber die Haftungsbegrenzung als Einwendung des Erben (Soergel/Häberle Rz 9), so ist diese zwar im Unterhaltsstreit bereits zu berücksichtigen; man sollte dem verurteilten Erben aber wenigstens gestatten, die Erschöpfung der Haftsumme später mit der Vollstreckungsabwehrklage (§ 767 ZPO) ohne Rücksicht auf die Sperre des § 767 ZPO oder mit der Abänderungsklage (§ 323 ZPO) geltend zu machen (BGH FamRZ 2001, 282) – und zwar ohne einen Vorbehalt, der dem Beschränkungsvorbehalt des § 780 ZPO entspricht (vgl Dieckmann FamRZ 1977, 161 [177]; siehe aber auch Bosch FamRZ 1985, 388ff).

15 **d) Insolvenz.** Die Unterhaltsschuld kann (auch) bei Nachlaßinsolvenz (§§ 317ff InsO) nur bis zur Höchstgrenze des fiktiven Pflichtteils geltend gemacht werden. Insofern hat sich an der Rechtslage gegenüber der KO nichts geändert (zu dieser vgl 9. Aufl). Der Anspruch zählt nicht zu den nachrangigen Forderungen iS der §§ 39, 327 InsO; er ist vor Pflichtteilsansprüchen zu erfüllen. Allerdings genießt er das Masseprivileg des § 100 InsO auch dann nicht, wenn der Erbe zugleich Familienangehöriger des Berechtigten ist.

16 **7. Unterhaltsvereinbarung.** Bei Unterhaltsverträgen sollten die Parteien klarstellen, was sie wollen: eine Unterhaltspflicht, die beim Tode des Schuldners erlischt, eine Unterhaltsrente auf Lebenszeit des Berechtigten, die aus dem Nachlaß ohne die Beschränkung auf den „fiktiven" Pflichtteil zu zahlen ist, oder eine Unterhaltsrente, die zwar auf die Erben übergeht, aber nur mit der Begrenzung des § 1586b I S 3. Ergibt eine Auslegung des Vertrages dies nicht, wird man die Lücke mit einem Rückgriff auf § 1586b schließen können und zwar gleich, ob es sich um eine unselbständige oder selbständige Unterhaltsabrede handelt (aA für letztere Hambitzer FamRZ 2001, 201 mwN). Nicht jede Unterhaltsvereinbarung, die keine ausdrückliche Bestimmung zur Regelung beim Tod des Unterhaltsschuldners enthält, muß bereits zu der Annahme führen, die Unterhaltslast sei vererblich. Standen etwa dem Verpflichteten bei Abschluß der Vereinbarung nur Erträge aus dem Einsatz der Arbeitskraft als Unterhaltsmittel zur Verfügung und konnte mit einem nennenswerten Nachlaß nicht gerechnet werden, kann bereits eine ergänzende Vertragsauslegung den Ausschluß der Unterhaltspflicht für den Erben ergeben, um diesem Scherereien für Nichtigkeiten zu ersparen.

Besonders wichtig ist es, den Parteiwillen klarzustellen, wenn der Unterhaltsvereinbarung ein Erbverzicht ohne Pflichtteilsvorbehalt oder ein Pflichtteilsverzicht vorangegangen ist, an denen der Übergang der Unterhaltslast auf den Erben regelmäßig scheitert (vgl Rz 11).

17 **8. Unterhalt nach § 1933 S 3. a)** Hat der Tod eines Ehegatten die Ehe aufgelöst und darf der Berechtigte vom Erben gem § 1933 S 3 Unterhalt fordern, weil er sein Ehegattenerbrecht gem § 1933 S 1 eingebüßt hat, ist zu beachten:

aa) Eine **Hinterbliebenenversorgung** (etwa gem § 46 SGB VI) mindert die Bedürftigkeit des Berechtigten. Der Unterhaltsanspruch zählt nicht zum Erwerbs- oder Erwerbsersatzeinkommen iSd § 18a SGB IV und ist deshalb nicht auf die Hinterbliebenenversorgung gem § 1281 RVO aF, § 58 AVG aF, § 97 SGB VI anzurechnen (obwohl er bei der Berechnung des Vorsorgeunterhalts gem § 1578 III der Sache nach wie Erwerbsersatzeinkommen behandelt wird).

bb) Anhängiger Rechtsstreit. War der Unterhaltsanspruch als Folgesache anhängig (§ 623 I ZPO), erledigt sich das Verfahren in der Hauptsache mit dem Tod des Verpflichteten (§ 619 ZPO); der Unterhaltsstreit kann gegen den Erben auch nicht entsprechend § 626 II ZPO fortgeführt werden (Rolland § 619 ZPO Rz 11 mit der allerdings zweifelhaften Begründung, der Anspruch setze die Rechtskraft des Scheidungsurteils voraus; das trifft beim Unterhaltsanspruch aus § 1933 S 3 gerade nicht zu). Ein verkündetes, aber noch nicht rechtskräftig gewordenes Urteil wird wirkungslos (BGH FamRZ 1981, 245 für Versorgungsausgleich). Eine im Verfahren ergangene einstweilige Anordnung tritt gem § 620f ZPO außer Kraft und läßt sich daher nicht auf den Erben umschreiben. War der Unterhaltsanspruch anhängig, aber nicht in den Verfahrensverbund einbezogen, kommteine Fortsetzung des Rechtsstreits gegen den Erben (§ 239 ZPO) in Betracht.

b) Todeszeitpunkt. Der Tod tritt an die Stelle der Scheidung, soweit es um unterhaltsrechtlich erhebliche Zeitpunkte geht – etwa bei den Einsatzzeitpunkten einzelner Unterhaltsansprüche (§§ 1571–1573, 1575), aber auch bei der Bestimmung der ehelichen Lebensverhältnisse (§ 1578 I S 1).

c) Mehrere Ansprüche. Trifft der Unterhaltsanspruch eines geschiedenen Ehegatten (§ 1586b) mit dem Unterhaltsanspruch eines späteren Ehegatten (§ 1933 S 3) zusammen, ist bei der Bestimmung von dessen Haftsumme (Rz 9) der Wert des Unterhaltsanspruchs des geschiedenen Ehegatten abzusetzen, wenn dieser dem späteren Ehegatten im Range vorgegangen ist (§ 1582). Bei Ranggleichheit sollte nach einem Billigkeitsausgleich gesucht werden, der nicht zu Lasten des Erben geht.

18 **9. Steuerrecht.** Der Erbe kann die gem § 1586b geschuldeten Unterhaltsleistungen nicht als Sonderausgaben abziehen (BFH DB 1998, 552).

Verordnung über die Behandlung der Ehewohnung und des Hausrats (Hausratsverordnung)*

vom 21. Oktober 1944 (RGBl. I S. 256, BGBl. III 404-3), zuletzt geändert durch das Gesetz zur Verbesserung des zivilgerichtlichen Schutzes bei Gewalttaten und Nachstellungen sowie zur Erleichterung der Überlassung der Ehewohnung bei Trennung (BGBl. I S. 3513)

Vorbemerkung

1. Einordnung. a) Zweck. Die HausratsVO ermöglicht es, wegen des Streits der Ehegatten um Hausrat und Ehewohnung für die Zeit nach der Scheidung oder der Aufhebung der Ehe schnell und einfach eine gestaltende Regelung nach Billigkeit durch den Richter im Verfahren der freiwilligen Gerichtsbarkeit herbeizuführen. 1

b) Bedürfnis. Anlaß der 1944 erlassenen HausratsVO war die kriegsbedingte Verknappung von Haushaltsgegenständen und Wohnraum. Zur Entstehungsgeschichte s Schubert JZ 1983, 839. Die amtliche Begründung befindet sich in DJ 1944, 278ff. Auch heute noch besteht ein Bedürfnis, nach der Trennung der Eheleute die Nutzung von Hausrat und Ehewohnung und anläßlich der Scheidung die Verteilung des Hausrats und die Zuweisung der Ehewohnung in einem schnellen, auf die Bedürfnisse des Einzelfalls ausgerichteten Verfahren zu regeln (BGH FamRZ 1984, 144). Eine ausführliche Rspr-Übersicht findet sich bei Brudermüller FamRZ 1999, 129ff, 193ff; 2003, 1705ff. 2

c) Verfassungsmäßigkeit. Die HausratsVO ist verfassungsgemäß und verletzt insbesondere nicht Art 14 GG (BVerfG FamRZ 1991, 1413; BayObLG NJW 1961, 317; kritisch Johannsen/Henrich/Brudermüller Rz 2). 3

d) Formelles und materielles Recht. Die HausratsVO regelt jedes Hausratsverfahren. Sie enthält indes die materielle Rechtsgrundlage nur für Regelungen nach der Scheidung, während für die Zeit nach der Trennung die Bestimmungen der §§ 1360a und 1360b BGB die Grundlage abgeben. 4

e) Innen- und Außenverhältnis. Die Vorschriften der §§ 1360a, 1360b BGB ermöglichen lediglich eine auf das (Innen-)Verhältnis der Ehegatten beschränkte Regelung und diese begrenzt auf die Nutzung von Hausrat und Ehewohnung. Dagegen können nach der HausratsVO für die Zeit nach der Scheidung und oder der Aufhebung der Ehe (§ 25) der Hausrat mit dinglicher Wirkung und die Ehewohnung auch im Verhältnis zum Vermieter einem Ehegatten zugewiesen werden. Dritte sind deswegen nicht am Verfahren für eine Regelung nach der Trennung, sondern nur am Verfahren für eine Regelung nach der Scheidung zu beteiligen. Die auf §§ 1360a, 1360b BGB gestützte Regelung verliert mit der Rechtskraft des Scheidungsurteils, entgegen der wohl hM (Erman/Dieckmann¹⁰ § 18a Rz 5; Maurer FamRZ 1991, 886; 891; Johannsen/Henrich/Brudermüller § 18a Rz 3 je mwN), nicht ihre Wirksamkeit, sondern erst mit einer Regelung nach §§ 1ff. Dies erfordert nicht nur die Vermeidung eines regelungslosen Zustands (MüKo/Gindullis § 18a Rz 3), sondern auch die allgemeine Struktur der Regelungen, welche eine verfahrensrechtliche Unterordnung der endgültigen Regelung für die Zeit nach der Trennung unter die Regelung für die Zeit nach der Scheidung nicht kennt. 5

2. Aufbau. Die HausratsVO **gliedert** sich in allgemeine Vorschriften (§§ 1, 2), besondere Vorschriften für die Wohnung (§§ 3–7), besondere Vorschriften für den Hausrat (§§ 8–10), Verfahrens- (§§ 11–18a), Kosten- (§§ 20–23) sowie Schlußvorschriften (§§ 25, 27). 6

3. Sonderregelung. a) Grundsatz. Ausschließlich zuständig für Hausratsverfahren ist das FamG (§ 23b I Nr 8 GVG; § 11). Es handelt sich um ein Verfahren der freiwilligen Gerichtsbarkeit (§ 13 I). Soweit die ausschließliche Zuständigkeit nach der HausratsVO reicht, kann kein Zivilprozeß geführt werden. Wegen eines Gegenstands, der der gestaltenden Regelungsbefugnis des Haushaltsrichters unterliegen, können keine Ansprüche geltendgemacht werden. Im Hausratsverfahren entscheidet der Richter gemäß § 2 nach billigem Ermessen auch insoweit, als das allgemeine Recht eine strikte Regelung vorsieht. Das allgemeine Verfahrensrecht und allgemeine materielle Recht werden durch die HausratsVO in deren Anwendungsbereich verdrängt. 7

b) Einzelheiten. aa) Die HausratsVO ist anwendbar, gleich in welchem Güterstand die Ehegatten leben. Die **Eigentumslage** ist insofern von Bedeutung, als der Hausratsrichter die Eigentumsverhältnisse an der Wohnung nicht verändern darf (BGH FamRZ 1977, 458; KG FamRZ 1986, 72) und diese dem Nichteigentümer nach § 3 zur Nutzung nur zugewiesen werden soll, um eine unbillige Härte zu vermeiden. Allein einem Ehegatten gehörender Hausrat soll dem Nichteigentümer nach § 9 nur zugewiesen werden, wenn dieser auf die Weiterbenutzung angewiesen ist und dem Eigentümer die Überlassung zugemutet werden kann. Im Regelfall behält der Alleineigentümer die ihm gehörenden Sachen. Die Kompetenz des Hausratsrichters wird durch seine beschränkten Eingriffsmöglichkeiten in die Eigentumslage begrenzt. Die HausratsVO regelt auch nicht Ersatzansprüche der Ehegatten untereinander, die sich auf Hausrat oder die Ehewohnung beziehen (BGH FamRZ 1980, 45; KG FamRZ 1974, 195), etwa wegen Veräußerung oder Zerstörungen. 8

bb) Zugewinnausgleich. Für die Abgrenzung von Gegenständen, die dem Hausratsverfahren und solchen, die dem Zugewinnausgleichsverfahren unterliegen, bedeutet die genannte Regelungsbefugnis nach der HausratsVO, daß Sachen im Alleineigentum eines Ehegatten grundsätzlich dem Zugewinnausgleich unterliegen und umgekehrt, daß Hausrat im gemeinsamen Eigentum der Ehegatten, was nach § 8 der Regelfall ist, dem Zugewinnausgleich 9

---

* Die Kommentierung übernimmt stellenweise Erläuterungen aus der Vorauflage von Prof. Dieckmann mit dessen Genehmigung und gibt im übrigen ausschließlich die Meinung von Dr. Graba wieder.

entzogen ist (BGH FamRZ 1984, 144; kritisch Erman/Dieckmann[10] Rz 11; Smid NJW 1985, 173). Er ist in diesem Fall weder als Anfangs- noch als Endvermögen zu berücksichtigen (aA Rahm/Künkel/Niepmann IV 141).

10 **cc) Herausgabeklage.** Das aufgrund der Ehe bestehende Besitz- und Nutzungsrecht am Hausrat und an der Ehewohnung (BGH FamRZ 1978, 496) liegt den Bestimmungen der §§ 1360a, 1360b zugrunde. Eine mögliche Regelung nach diesen Vorschriften schließt, ebenso wie eine mögliche Regelung gemäß der HausratsVO für die Zeit nach der Scheidung, eine auf § 985 BGB gestützte Herausgabeklage oder mit § 861 BGB begründete Besitzschutzklage eines Ehegatten gegen den anderen aus, soweit es um Ehewohnung oder Hausrat geht (BGH FamRZ 1976, 691; 1978, 496; 1982, 1200; 1984, 575). Dies ergibt sich auch daraus, daß das FamG ausschließlich zuständig ist (§ 18 I S 1), für die Zeit nach der Trennung (§§ 1361a, 1361b BGB) und im Verbund mit der Scheidung oder auch im isolierten Verfahren für die Zeit nach der Scheidung die Rechtsverhältnisse an der Ehewohung und am Hausrat, gegebenenfalls durch eine einstweilige Anordnung (§§ 620 Nr 7, 621g ZPO), zu regeln.

11 **dd) Nutzungsregelung durch das Prozeßgericht.** Wer die beiden Ehegatten gehörende Ehewohnung in Trennungsabsicht ohne Rückkehrwillen verlassen hatte, konnte nach der früheren Rechtslage Verwaltung und Benutzung gem § 745 II BGB vom Prozeßgericht regeln lassen und eine Nutzungsentschädigung verlangen (BGH FamRZ 1982, 355; Koblenz FamRZ 1989, 85) oder aber die Beteiligung an den Kosten des Hauses, die auch mit einer Einrede geltend gemacht werden konnte (BGH FamRZ 1983, 265). Bei Alleineigentum konnte ein Nutzungsentgelt nach §§ 987ff BGB verlangt werden (BGH FamRZ 1978, 496; Graba NJW 1987, 1721, 1723). Ein Verfahren nach der HausratsVO kam nicht in Betracht, weil eine Zuweisung der Ehewohnung nicht angestrebt wurde (aA Schleswig FamRZ 1988, 722). Nach der Neufassung des § 1361b BGB durch das GewSchG hat sich die Rechtslage geändert: Der gerichtlichen Wohnungszuweisung ist nunmehr in den Fällen des § 1361b IV BGB der freiwillige Auszug gleichgestellt. Wer aus der Ehewohnung ausgezogen ist und gegenüber dem anderen Ehegatten nicht binnen sechs Monaten eine ernstliche Rückkehrabsicht bekundet, überläßt nach der unwiderleglichen Vermutung des § 1361b IV BGB dem anderen Ehegatten das alleinige Nutzungrecht. Er kann nach § 1361b III S 2 BGB eine billige Vergütung verlangen. Diese Regelung, die im Hausratsverfahren durchzusetzen ist, schließt die Geltendmachung eines Anspruchs oder einer Einrede vor dem Streitgericht aus. § 1361b BGB ist jedoch nur eine Rechtsgrundlage für die Zeit bis zur Scheidung. Für die Zeit nach der Scheidung hat der in der Wohnung verbliebene Ehegatte kein aus der Ehe abgeleitetes Mit-Besitzrecht mehr (BGH FamRZ 1978, 496), welches aufgrund einer richterlichen Anordnung nach § 1361b BGB oder aufgrund der unwiderleglichen gesetzlichen Vermutung des § 1361b IV BGB in einen Alleinbesitz übergehen könnte. Für ein ausschließliches Besitzrecht bedarf es einer Anordnung nach der HausratsVO oder eines Einverständnisses des Allein- oder Miteigentümers. Wird erstere nicht beantragt, weil die Ehegatten einig sind, wer die Wohnung künftig benutzen soll, spricht dies dafür, die frühere Rspr (BGH FamRZ 1982, 355) weiterhin heranzuziehen, dh § 745 II BGB anzuwenden. Die Entscheidung des Prozeßgerichts ist dann als eine „anderweitige Regelung" anzusehen, die eine im Scheidungsverfahren erlassene einstweilige Anordnung gemäß § 620f ZPO außer Kraft treten läßt oder die Wirkung eines Beschlusses nach § 1361b BGB beendet, falls dieser, entgegen der hM (s Rz 5), mit der Rechtskraft des Scheidungsurteils nicht seine Wirksamkeit verloren hat.

12 **4. Unterhalt.** Die Regelungsmöglichkeit bezüglich Hausrat und Ehewohnung nach der HausratsVO besteht grundsätzlich unabhängig davon, ob ein Ehegatte dem anderen Unterhalt leisten muß. Anordnungen des Hausratsrichters können sich jedoch auf die Bedürftigkeit oder die Leistungsfähigkeit auswirken, etwa weil dem Wohnungsbenutzer eine Mietersparnis als fiktives Einkommen zuzurechnen ist, das durch eine auferlegte Ausgleichszahlung an den anderen Ehegatten gemindert sein kann, während diese beim Empfänger das Einkommen erhöht. Wird der Unterhalt ermittelt, ohne daß eine rechtskräftige Entscheidung im Hausratsverfahren vorliegt, geschieht dies aufgrund der vorliegenden tatsächlichen Verhältnisse. Das (mögliche) Hausratsverfahren wirkt insoweit nicht als Sperre, weil im Unterhaltsverfahren die Rechtsverhältnisse an der Ehewohnung nicht „geregelt", sondern lediglich unterhaltsrechtliche Folgerungen aus den tatsächlich vorliegenden Umständen gezogen werden. Die Unterhaltsfestsetzung, die die Nutzung der früheren Ehewohnung berücksichtigt, kann eine anderslautende Regelung nach der HausratsVO erübrigen.

13 **5. Gewaltschutzgesetz.** Das Gesetz zur Verbesserung des zivilgerichtlichen Schutzes bei Gewalttaten und Nachstellungen sowie zur Erleichterung der Überlassung der Ehewohnung bei Trennung v 11. 12. 2001 (BGBl I 3513) betrifft alle Personen, nicht nur Ehegatten, und kommt als Rechtsgrundlage für die grundsätzlich zeitlich befristete Überlassung einer gemeinsam genutzten Wohnung zur Nutzung seitens des Täters zugunsten des Opfers in Betracht. Daneben besteht die Möglichkeit einer ehegattenspezifischen Regelung nach der HausratsVO. Zuständig ist in jedem Fall das FamG.

14 **6.** Ist über das Vermögen eines Ehegatten das **Insolvenzverfahren** eröffnet worden, so fragt es sich, ob der Familienrichter noch Rechtsgestaltungsakte über masseverfangene Gegenstände – etwa über ein Einfamilienhaus des Gemeinschuldners oder über wertvollen Hausrat (vgl BGH FamRZ 1984, 575 und §§ 35, 36 III InsO) – treffen kann. Diese Frage sollte im Interesse der Gläubigergemeinschaft verneint werden. Dem Verwalter, der wertvollen Hausrat des Ehegattenschuldners gegen den Willen des anderen Ehegatten zur Masse ziehen will, sollte die Herausgabeklage nicht versagt werden.

15 **7. Internationales Privatrecht.** Nach Art 17a EGBGB, eingeführt aufgrund des GewSchG, unterliegt die Nutzungsbefugnis für die im Inland belegene Ehewohnung und den im Inland befindlichen Hausrat den deutschen Sachvorschriften. Die frühere Streitfrage (dazu Erman/Dieckmann[10] Rz 14), ob dies auch im Falle der Scheidung gilt, ist damit erledigt.

16 **8. DDR – Hausratsverfahren.** S Erman/Dieckmann[10] Rz 15.

Abschnitt 1
Allgemeine Vorschriften

1 *Aufgabe des Richters*
(1) Können sich die Ehegatten anläßlich der Scheidung nicht darüber einigen, wer von ihnen die Ehewohnung künftig bewohnen und wer die Wohnungseinrichtung und den sonstigen Hausrat erhalten soll, so regelt auf Antrag der Richter die Rechtsverhältnisse an der Wohnung und am Hausrat.
(2) Die in Absatz 1 genannten Streitigkeiten werden nach den Vorschriften dieser Verordnung und den Vorschriften des Zweiten und des Dritten Abschnitts im Sechsten Buch der Zivilprozeßordnung behandelt und entschieden.

1. Zweck und Einordnung der Vorschrift. a) Abs I bestimmt die **Voraussetzungen** für eine Regelung nach 1 der HausratsVO, Abs II bezeichnet das dabei zu beachtende Verfahren. Die Vorschrift des Abs I ist keine Anspruchsgrundlage (Johannsen/Henrich/Brudermüller Rz 1); denn sie gibt nicht einer Person das Recht, von einer anderen ein Tun oder Unterlassen zu verlangen (§ 194 I BGB). Sie beschreibt, wie es in der Überschrift heißt, die Aufgabe des Richters und gibt ihm die Befugnis zur Regelung der Verhältnisse an der Wohnung (§§ 3–7) und am Hausrat (§§ 8–19). Die HausratsVO verdrängt als Sondervorschrift die allgemeinen Vorschriften (s vor § 1 Rz 7ff).

b) Bei der Anordnung der **Rechtfolgen** räumt § 2 dem Richter der freiwilligen Gerichtsbarkeit die Möglichkeit 2 der Gestaltung nach billigem Ermessen ein.

c) Abs II unterstellt das **Verfahren** den Regeln der §§ 11–18 und der §§ 621–630 ZPO. Das bedeutet ua: Der 3 Prozeßrichter muß den Rechtsstreit an den Hausratsrichter abgeben, wenn Ansprüche wegen der Ehewohnung oder des Hausrats in einem Rechtsstreit geltend gemacht werden (§ 18 I S 1). Einstweilige Anordnungen können im Scheidungsverbundverfahren nach § 620 Nr 7 ZPO und im isolierten Verfahren nach § 621g ZPO bezüglich Hausrat und Ehewohnung erlassen werden. Die vor der Einfügung des § 621g ZPO aufgrund des GewSchG auf Richterrecht beruhende Möglichkeit einer einstweiligen Anordnung nach dem FGG im isolierten Verfahren ist durch die Kodifizierung beseitigt worden.

2. Persönlicher Anwendungsbereich. Nur Ehegatten können ein Verfahren nach der HausratsVO beantragen. 4 Ausschließlich ihnen, nicht einem Dritten, auch nicht ihrem Kind, kann Hausrat oder die Ehewohnung zugewiesen werden. Im Falle des Todes eines Ehegatten, ist das Verfahren in der Hauptsache erledigt. Es kann nur wegen der Kosten weitergeführt werden (Hamm FamRZ 1965, 220; 1969, 102). Eine entsprechende Anwendung auf nichteheliche Lebensgemeinschaften ist ausgeschlossen. Für Lebenspartner enthalten die §§ 14, 17ff LPartG vergleichbare Bestimmungen.

3. Gegenständlicher Anwendungsbereich. a) Abschließende Regelung. Nur die Rechtsverhältnisse am Haus- 5 rat und an der Ehewohnung, nicht an anderen Gegenständen, können nach der HausratsVO geregelt werden. Es handelt sich insoweit um eine lückenlose Regelung, die eine entsprechende Anwendung auf andere Gegenstände ausschließt.

b) Ehewohnung. aa) Der **Begriff** ist nach allgemeiner Meinung weit auszulegen. Er umfaßt alle Räume, die die 6 Ehegatten zum Wohnen benutzt oder gemeinsam bewohnt haben oder die dafür nach den Umständen bestimmt waren (BGH FamRZ 1990, 987). Maßgeblich sind insoweit die tatsächlichen Verhältnisse bis zur Rechtskraft des Scheidungsurteils (BayObLG FamRZ 1961, 317). Auch wenn die Ehegatten die Wohnung nie bezogen hatten, sie aber zur gemeinsamen Wohnung bestimmt war, etwa als Ersatz der früheren Wohnung, ist sie eine Ehewohnung im Sinne der HausratsVO (München FamRZ 1986, 1019). Haben die Eheleute dagegen nie häuslich zusammengelebt, fehlt es nach den tatsächlichen Umständen an einer Ehewohnung, auch wenn die Wohnung eines Ehegatten zum gemeinsamen Leben vorgesehen war (Erman/Dieckmann[10] Rz 8). Trennung beseitigt die Eigenschaft Ehewohnung nicht. Keine Ehewohnung sind gewerblich oder beruflich genutzte Räume.

bb) Eigenschaften. Zur Ehewohnung sind auch Nebenräume, wie Keller, Dachboden, Garage, und ein Haus- 7 garten (Frankfurt FamRZ 1956, 112) zu rechnen. Unerheblich ist, wem die Wohnung gehört (KG FamRZ 1984, 1242; München FamRZ 1991, 1452; BVerfG FamRZ 1991, 1413: Genossenschaftswohnung). Auch eine Baracke oder ein Gartenhaus (Wohnlaube) kann eine Ehewohnung sein (BGH FamRZ 1990, 987). Die Ehegatten können mehrere Ehewohnungen haben. Strittig ist, ob auch Wochenend- und Ferienhäuser dazu zu rechnen sind. Zu weit dürfte es führen, auch diese Wohnungen, in denen die Eheleute eine begrenzte Zeit des Jahres verbracht haben, als Ehewohnungen zu verstehen (Zweibrücken FamRZ 1981, 259 und KG FamRZ 1986, 1010; München FamRZ 1994, 1331; Bamberg FamRZ 2001, 1316; aA KG FamRZ 1974, 198 [199]; Frankfurt FamRZ 1982, 398); denn der Zweck der HausratsVO deckt die Verteilung von Wohnraum nicht mehr, der zusätzlich zu einer Ehewohnung zur Verfügung gestanden hat (Erman/Dieckmann[10] Rz 8).

c) Hausrat. aa) Begriff. Zur Wohnungseinrichtung und zum Hausrat gehören die Gegenstände, die nach den 8 Vermögens- und Lebensverhältnissen der Ehegatten für die Wohnung, die Hauswirtschaft und das Zusammenleben der Familie bestimmt sind (BGH FamRZ 1984, 144). Nicht gehören dazu Gegenstände von individuellem Interesse oder Gebrauch, wie Schmuck, Kleidung, das nur von einem Ehegatten gespielte Musikinstrument (BayObLG 52, 279) oder eine Münzsammlung, auch nicht Sachen, die dem Beruf oder Erwerb dienen oder die als Kapitalanlage bestimmt sind oder die nach der Trennung angeschafft wurden (BGH FamRZ 1984, 144).

bb) Eigenschaften. Neben der Wohnungseinrichtung (Möbel, Teppiche, Bilder, Lampen, Vorhänge) zählen 9 zum Hausrat auch Rundfunk- und Fernsehgeräte, Geschirr, Tischwäsche, Küchengeräte, Waschmaschine, Staub-

HausratsVO § 1   Hausratsverordnung

sauger u dergl, auch für die Familienmitglieder bestimmte Bücher. Zum Hausrat gehören auch Gegenstände von **hohem Wert** einschließlich kostbarer Kunstgegenstände, wenn sie ihrer Art nach als Hausratsgegenstände geeignet sind und nach dem Lebenszuschnitt der Ehegatten als solche dienen (BGH FamRZ 1984, 575; Bamberg FamRZ 1997, 378). Eine **Einbauküche** unterliegt dem HausratsVO, wenn es sich um einen Serienartikel handelt, der mit unwesentlichen Änderungen an die örtlichen Verhältnisse aufgestellt wird. Sie entzieht sich dem Hausratsverfahren, wenn sie wesentlicher Bestandteil eines Gebäudes ist (§ 94 II BGB); ist sie Zubehör (§ 97 BGB), sollte sie dem Wohnungsnutzer zugewiesen werden (Stuttgart FamRZ 1999, 855). Im westfälischen Raum gelten Einbauküchen allerdings weder als wesentliche Bestandteile noch als Zubehör (Hamm FamRZ 1998, 1028). Ein **Pkw** ist nach allgemeine Sprachgebrauch kein Hausrat, kann aber ausnahmsweise unter besonderen Umständen ein Haushaltsgegenstand sein (BGH FamRZ 1983, 794), nämlich dann, wenn er kraft gemeinsamer Zweckbestimmung der Ehegatten ganz oder überwiegend dem ehelichen und familiären Zusammenleben dient (BGH FamRZ 1991, 43, 49; BayObLG FamRZ 1982, 399; Oldenburg FamRZ 1997, 942 LS), also etwa dem Einkauf, Wochenend- und Urlaubsfahrten, der Kinderbetreuung oder dergl (Köln FamRZ 1980, 249; 2002, 322; Karlsruhe FamRZ 2001, 760). Allerdings wird die Hausratseigenschaft eines Pkws mitunter bereits dann angenommen, wenn das Fahrzeug nicht überwiegend für berufliche Zwecke eines Ehegatten benutzt wird, sondern vorzugsweise für private Zwecke der ganzen Familie, und zwar aufgrund entsprechender gemeinsamer Zweckbestimmung der Eheleute (Hamburg FamRZ 1990, 1118; vgl auch Hamm FamRZ 1990, 54 allerdings unter Einsatz beider Formeln). Die zweite Ansicht ist bedenklich, wenn sie die Zuordnung eines Pkws zum Hausrat erleichtern sollte. Kein Hausrat ist ein Pkw, der zum persönlichen Gebrauch nur eines Ehegatten bestimmt ist (BayObLG 52, 279 unter Hinweis auf die amtlichen Erläuterungen zu § 1 in DJ 1944, 278; Zweibrücken FamRZ 1983, 615 [616]). Maßgeblich für die Verfahrensart ist die tatsächliche Darstellung des Antragstellers (BGH FamRZ 1980, 988f; 1983, 794; Walter JZ 1983, 54 [55]). Ein von den Eheleuten angeschafftes Wohnmobil soll als Hausrat zu erachten sein, wenn es nach seiner Zweckbestimmung familiären und häuslichen Zwecken diente – etwa dem Einkauf und gemeinsamen Wochenend- und Urlaubsfahrten (Köln FamRZ 1992, 696). Das ist bedenklich. Wohnwagen dienen regelmäßig den Eheleuten als beweglicher Ersatz für Wochenend- oder Ferienhäuser; und diese entziehen sich grundsätzlich dem Hausratsverfahren. Düsseldorf (FamRZ 1992, 60) zählt ein Wohnmobil – im Gegensatz zu Stuttgart einen Wohnwagen (FamRZ 1978, 703) – wegen der eingeschränkten Nutzungsmöglichkeit denn auch nicht zum Hausrat, der sich einem Zugewinnausgleich entzieht. Dresden (MDR 2003, 995) zählt eine gemeinschaftlich benutzte Motoryacht zum „Hausrat"; diese Zuordnung ist verfehlt.

10 Nicht zum Hausrat im eigentlichen Sinne zählen **Haustiere** und langlebige Vorräte (Wein, Heizöl), sie können aber wie Hausrat behandelt werden (Zweibrücken FamRZ 1998, 1432 für Hund als Haustier; zum „Umgangsrecht" mit dem Hund Schleswig NJW 1998, 3127 AG Bad Mergentheim FamRZ 1998, 1432). Dagegen ist ein Haus auch dann nicht Hausrat, wenn es rechtlich als bewegliche Sache einzuordnen ist (Bremen FamRZ 1963, 366). Eine Wohnungseinrichtung entzieht sich der Hausratseigenschaft jedenfalls dann, wenn die Einzelstücke wesentliche Bestandteile geworden sind (Hamm FamRZ 1991, 89; Frankfurt FamRZ 1982, 938 [939]), das allerdings eine Zuteilung gem § 9 erwägt.

11 cc) **Ersatzgegenstand.** Ansprüche gegen Dritte, die an Stelle von Hausratgegenständen treten, können wie diese verteilt werden, etwa ein Herausgabeanspruch, der aus §§ 1368, 1369 (BGH FamRZ 1983, 794) oder aus dem Eigentum am Hausrat abgeleitet wird (BayObLG FamRZ 1965, 331) oder ein Schadensersatz- oder Versicherungsanspruch oder öffentlichrechtliche Ansprüche wegen Verlusts von Hausrat (KG FamRZ 1960, 239). Schadensersatzansprüche gegen den anderen Ehegatten bleiben dagegen außer Betracht (BGH FamRZ 1980, 45). Über diese entscheidet der Prozeßrichter.

12 **4. Zeitlicher Anwendungsbereich. a)** Die HausratsVO ermöglicht eine Regelung anläßlich der Scheidung, dh für die Zeit **nach der Scheidung.** Eine materiellrechtlich auf die HausratsVO gestützte Regelung vor der Scheidung ist (nur) im Verbundverfahren nach § 623 ZPO zulässig mit Wirksamkeit ab der Rechtskraft der Scheidung (§ 629d). Für die Zeit davor enthält die HausratsVO auch keine materielle Rechtsgrundlage, vielmehr sind insoweit §§ 1360a, 1360b BGB heranzuziehen. Nach der Scheidung kann ein isoliertes Verfahren betrieben werden. Es ist nicht zulässig, daß Ehegatten, die nicht getrennt leben oder nicht geschieden sind, den Hausratsrichter anrufen.

13 **b)** Die HausratsVO soll eine Regelung für die **Zukunft** ermöglichen. Der Streit, ob für die Vergangenheit eine Nutzungsentschädigung geschuldet sei, gehört nicht dazu (Hamburg FamRZ 1982, 941 für Ehewohnung).

14 **c) Vorhandener Hausrat.** Ein im Zeitpunkt der Scheidung nicht mehr vorhandener Gegenstand kann grundsätzlich nicht nach der HausratsVO zugewiesen werden (BGH FamRZ 1983, 794 für die Nutzungsregelung nach der Trennung; Hamm FamRZ 1996, 1423). Ist von einem Ehegatten nach der Scheidung Hausrat beiseite geschafft worden, kann allenfalls das Eigentum am einzelnen Gegenstand zugewiesen werden, während etwaige Schadensersatzansprüche vor dem Prozeßgericht durchzusetzen sind (BGH FamRZ 1988, 155; KG FamRZ 1974, 195; Düsseldorf FamRZ 1986, 1132).

15 **5. Einigungsmangel. a) Grundsatz.** Das Haushaltsverfahren ist nur zulässig, wenn sich die Ehegatten über die Verteilung des Hausrats oder über die künftige Bewohnung der Ehewohnung nicht geeinigt haben. Der Streit um die Ausgleichsforderung unter Hinnahme der Aufteilung oder um die Erfüllung einer Vereinbarung ist vom Streitgericht zu entscheiden (BGH FamRZ 1979, 789; 1986, 454; 1988, 155). Bei einer rechtswirksamen Einigung über einen Teil des Hausrats hat der Richter nur noch über die Verteilung des Rests zu entscheiden (BGH NJW 1955, 1355). Bei dieser Entscheidung ist das von den Ehegatten erzielte Ergebnis zu berücksichtigen, damit eine gerechte Gesamtverteilung erreicht wird. Eine wirksame Einigung liegt nicht vor, wenn die Ehegatten eine vollständige Einigung angestrebt haben, aber nur eine Teileinigung erzielen konnten (§ 154 BGB). Dies gilt namentlich in den Fällen, in welchen sie über eine Ausgleichszahlung des einen Ehegatten gegen den anderen kein Ein-

vernehmen erzielt haben (vgl BGH FamRZ 1986, 454). Hinsichtlich der Ehewohnung fehlt eine im Sinn von Abs I erhebliche Einigung, wenn sich die Ehegatten zwar darüber verständigt haben, wer von ihnen die Wohnung künftig bewohnen soll, aber der Vermieter nicht bereit ist, den Ehegatten als alleinigen Mieter für die Zukunft anzuerkennen (Hamburg FamRZ 1990, 651; Celle FamRZ 1998, 1530).

b) Strittige Einigung. Bei einem Streit der Ehegatten, ob, in welchem Umfang und mit welchem Inhalt eine Einigung vorliegt, ist der Hausratsrichter nach § 18 ausschließlich zuständig. Der Haushaltsrichter kann insoweit eine feststellende Entscheidung mit bindender Wirkung für den Streitrichter erlassen (Bremen FamRZ 1963, 366; Hamm FamRZ 1980, 901; zweifelnd Zweibrücken FamRZ 1987, 1054). 16

6. Antrag. a) Verfahrensantrag. Das Hausratsverfahren wird nur auf Antrag eingeleitet. Beim Hausratsverfahren handelt es sich um eine Regelungstreitigkeit der freiwilligen Gerichtsbarkeit, bei der sich die Ehegatten mit ihren widerstreitenden Interessen gegenüberstehen. Der Richter ist jedoch nicht an den Antrag, wie im Zivilprozeß, gebunden (BGH NJW 1955, 1355). Er hat vielmehr über die Verteilung aller Gegenstände, über die keine Einigung vorliegt, nach billigem Ermessen zu entscheiden. Nach § 13 I iVm § 12 FGG ist der Sachverhalt von Amts wegen aufzuklären. Ein Auskunftsbegehren nach Art einer Stufenklage kann nicht erhoben werden. Man wird sogar einen Auskunftsanspruch nach § 242 BGB verneinen müssen (Celle FamRZ 1986, 491; Düsseldorf FamRZ 1985, 1152; aA KG FamRZ 1982, 68; Düsseldorf FamRZ 1987, 81), weil auch insoweit die HausratsVO das allgemeine Recht verdrängt. Für das Verfahren besteht kein Anwaltszwang, außer wenn es sich um eine Folgesache der Scheidung handelt (§ 78 II ZPO). 17

b) Antragsfrist. Die HausratsVO schreibt keine Frist nach der Scheidung vor, innerhalb derer eine Regelung beantragt werden muß. Für die Auseinandersetzung über die Ehewohnung ist indes zu beachten, daß nach § 12 in Rechte des Vermieters oder eines Drittbeteiligten nach einer Frist von einem Jahr nach der Scheidung nur bei deren Einverständnis eingreifen darf. Ein erst geraume Zeit nach der Scheidung gestellter Antrag kann verwirkt sein (Bamberg FamRZ 1992, 332; Naumburg FamRZ 2002, 672). Der Zeitablauf ist auch ein Umstand, der bei der Ausübung des billigen Ermessens nach § 2 erheblich sein kann. 18

2 *Grundsätze für die rechtsgestaltende Entscheidung*

Soweit der Richter nach dieser Verordnung Rechtsverhältnisse zu gestalten hat, entscheidet er nach billigem Ermessen. Dabei hat er alle Umstände des Einzelfalls, insbesondere das Wohl der Kinder und die Erfordernisse des Gemeinschaftslebens, zu berücksichtigen.

1. Zweck und Einordnung der Vorschrift. Die Bestimmung befaßt sich mit einer Teil-Frage der Stellung des Richters bei der Anordnung von Rechtsfolgen nach der HausratsVO. Soweit der Richter nach der HausratsVO Rechtsverhältnisse zu gestalten hat, entscheidet er gemäß S 1 nach billigem Ermessen. S 2 gibt eine Anweisung für den richtigen Gebrauch des Ermessens. Die Bestimmung ist vor dem Hintergrund zu verstehen, daß es sich beim Verfahren nach der HausratsVO um ein Verfahren der freiwilligen Gerichtsbarkeit handelt (§ 13 I). Anders als im Zivilprozeß wird die wesentliche Aufgabe des Hausratsrichters nicht in der Feststellung von Ansprüchen aufgrund eines in der Vergangenheit verwirklichten Tatbestands und einer daraus im allgemeinen zwingend abzuleitenden Rechtsfolge, meist in einer Leistungsverpflichtung, gesehen, sondern in der Gestaltung von Rechtsverhältnissen für die Zukunft, allerdings beschränkt auf die Rechtsverhältnisse am Hausrat und an der Ehewohnung. Neben der Gestaltungsbefugnis ist indes die feststellende Aufgabe des Richters nicht gänzlich beseitigt. Soweit der Haushaltsrichter etwa zu erkennen hat, ob ein bestimmtes Recht, etwa Eigentum am Hausrat oder an der Wohnung, besteht, gewährt ihm § 2 keine Freiheit (Amtl Erläuterungen DJ 1944, 279; BayObLG 1952, 279). 1

2. Voraussetzungen der Ermessensentscheidung. Der Bestimmung des § 2 ist nicht zu entnehmen, welche Voraussetzungen erfüllt sein müssen, damit der Hausratsrichter rechtsgestaltend entscheiden kann. Diese Voraussetzungen ergeben sich einmal aus §§ 1, 3ff für die Rechtsverhältnisse an der Wohnung und §§ 1, 8ff für die Rechtsverhältnisse am Hausrat. Daneben sind die allgemeinen Grundsätze für eine richterliche Entscheidung zu beachten. Dazu gehört insbesondere, daß der Sachverhalt umfassend erforscht sein muß (§ 12 FGG). Er muß etwa klären, welche Hausratsgegenstände vorhanden sind (BGH NJW 1955, 1355 m Anm Johannsen LM Nr 2 zu § 1 HausratsVO). Er muß über den gesamten unverteilten Hausrat entscheiden (BGH aaO) und darf nicht Teil-Entscheidungen erlassen, abgesehen von einer Teilentscheidung über den gesamten Hausrat einerseits und die Ehewohnung andererseits, weil sonst das Ziel einer zweckmäßigen und gerechten Entscheidung gefährdet wäre. 2

3. Ausübung des Ermessens. a) Umfassende Erwägungen. Die, wie es in der Überschrift heißt, „Grundsätze für die rechtsgestaltende Entscheidung" erfordern es, sämtliche Umstände des Einzelfalls zu berücksichtigen, dh in die Erwägungen einzubeziehen. Alle für eine zweckmäßige und gerechte Entscheidung erheblichen Gesichtspunkte sind zu würdigen. Bei der Erwähnung des Wohls der Kinder und der Erfordernisse des Gemeinschaftslebens handelt es sich nur um Beispiele („insbesondere"). 3

b) Kindeswohl. Bei der Zuteilung von Hausrat und der Ehewohnung sind nicht allein die Interessen der Ehegatten, sondern auch das Wohl der Kinder zu berücksichtigen. Gemeint sind die gemeinsamen Kinder der Ehegatten. Ob auch gemeinsame Pflegekinder oder ein Kind, das mit Zustimmung des anderen Ehegatten in Pflege genommen wurde, darunter zu verstehen sind, ist zweifelhaft. Die frühere Aufnahme in die Familie ist jedenfalls ein zu würdigender Umstand. Auch die Interessen volljähriger Kinder sind zu beachten, etwa des 18Jährigen, der kurz vor dem Abitur steht, oder des behinderten Kindes. In erster Linie geht es jedoch um minderjährige Kinder. Sie sollen durch die Scheidung möglichst nicht in Mitleidenschaft gezogen werden. Bei dem Ehegatten, der die Kinder betreut, werden deswegen die schwerer wiegenden Interessen liegen (KG FamRZ 1967, 631; Karlsruhe FamRZ 1981, 1087). Er wird die größeren Chancen haben, die Ehewohnung auch künftig bewohnen zu können 4

HausratsVO § 2   Hausratsverordnung

und die Haushaltsgegenstände, etwa die Waschmaschine, zu erhalten, die bei einem Haushalt mit Kindern dringender als von einem Alleinstehenden benötigt werden. Erfahrungsgemäß ist es auch schwerer, mit Kind eine geeignete Ersatzwohnung zu erhalten.

5 c) Mit der Berücksichtigung der Erfordernisse des **Gemeinschaftslebens** ist gemeint, daß bei der Wohnungszuweisung für die Entscheidung wichtig ist, inwieweit der eine oder der andere Ehegatte und die gemeinsamen Kinder von der Wohnung aus am sozialen Leben teilnehmen können (BayObLG 1957, 33; 56, 370), ob etwa die Wohnung in der Nähe des Arbeitsplatzes, der Schule oder von Verwandten liegt, die etwa in Notfällen bei der Betreuung des Kindes helfen können. Zu berücksichtigen ist auch, ob sich der eine Ehegatte besser als der andere in die Hausgemeinschaft einfügt.

6 d) **Sonstige Umstände.** Die Berücksichtigung aller Umständen schließt ein, daß auch ein Verschulden am Scheitern der Ehe nicht ausgeklammert werden kann. Zwar ist das Hausratsverfahren nicht der Ort, um das verschuldensunabhängige Scheidungsrecht zu korrigieren. Der Ehegatte, der die Wohnung haben will, um darin mit seinem Ehebruchpartner zu leben, kann jedoch gegenüber dem anderen nicht schwerer wiegende Interessen geltendmachen, selbst dann nicht, wenn aus der Verbindung ein Kind hervorgegangen ist. Es geht nicht um die zweckmäßige Zuteilung von irgendwelche Wohnraum, sondern wer die frühere Ehewohnung künftig bewohnen soll. Gründe, die nach ihrem Gewicht mit denen vergleichbar sind, die zum Ausschluß des Unterhalts nach § 1579 BGB, des Zugewinnausgleichs nach § 1381 BGB oder des Versorgungsausgleichs nach § 1587c BGB führen, werden auch bei der Wohnungszuweisung gegen den Ehegatten sprechen. Zu würdigen wird auch das Verhalten im Zusammenhang mit der Trennung oder Scheidung sein, etwa, daß im Unterhaltsrechtstreit durch falsche Angaben Vorteile erreicht wurden oder erreicht werden sollten. Zu berücksichtigen sind weiter Alter und Gesundheit des einzelnen Ehegatten, von wem bei kurzer Ehe die Wohnung vorher bewohnt worden war.

7 e) **Gesetzliche Ermessensschranken.** Unerwähnt in § 2 sind die ohnehin zu beachtenden gesetzlichen Einschränkungen des Ermessens, die in den nachfolgenden Bestimmungen der HausratsVO genannt sind, etwa solche, die sich aus dem Alleineigentum eines Ehegatten an der Wohnung (§ 3) oder am Hausrat (§ 9) ergeben.

Abschnitt 2

Besondere Vorschriften für die Wohnung

Vorbemerkung

1 1. Bei der **Ehewohnung** kommt es darauf an, ob es sich um eine „schlichte" Mietwohnung handelt (§ 5), um eine Dienst- oder Werkwohnung (§ 4) oder ob das Haus, das die Wohnung beherbergt, den Ehegatten gemeinsam gehört oder einem Ehegatten allein oder zusammen mit einem Dritten zugeordnet ist (§ 3 I); dingliche Wohnberechtigungen stehen für die Verteilung dem Eigentum gleich (§ 3 II).

2 2. Der Richter darf – anders als beim Hausrat (vgl §§ 8, 9) – die **Eigentumsverhältnisse nicht verändern** (BGH FamRZ 1977, 458; KG FamRZ 1986, 72f) – auch nicht die Rechtsträgerschaft bei dinglicher Wohnberechtigung. Er muß sich vor Entscheidungen hüten, die dem Inhalt des dinglichen Wohnrechts zuwiderlaufen (§ 3 Rz 4).

3 3. Zum Begriff Ehewohnung s § 1 Rz 6. Der Richter ist auch dann darauf beschränkt, die **Nutzung** der Ehewohnung zu **regeln,** wenn sich diese in einem Haus befindet, das rechtlich als bewegliche Sache einzuordnen ist (Schleswig SchlHA 1955, 25). Soweit allerdings ein Wohnwagen als Hausrat erachtet wird (LG Stuttgart FamRZ 1978, 703, aber bedenklich), gelten indes die Verteilungsvorschriften der §§ 8ff.

3 *Wohnung im eigenen Hause eines Ehegatten*
(1) Ist einer der Ehegatten allein oder gemeinsam mit einem Dritten Eigentümer des Hauses, in dem sich die Ehewohnung befindet, so soll der Richter die Wohnung dem anderen Ehegatten nur zuweisen, wenn dies notwendig ist, um eine unbillige Härte zu vermeiden.
(2) Das gleiche gilt, wenn einem Ehegatten allein oder gemeinsam mit einem Dritten der Nießbrauch, das Erbbaurecht oder ein dingliches Wohnrecht an dem Grundstück zusteht, auf dem sich die Ehewohnung befindet.

1 1. **Zweck und Einordnung der Vorschrift.** Die Bestimmung enthält eine gesetzliche Schranke für die Ausübung des billigen Ermessens bei der Gestaltung von Rechtverhältnissen nach § 2. Sie will bei der Wohnraumverteilung Eingriffe in das **Eigentum** oder in **dingliche Wohnberechtigungen** eines Ehegatten weitgehend vermeiden. Deshalb bevorzugt sie den Ehegatten, der allein oder mit einem Dritten Eigentümer des Hauses ist, in dem die Ehewohnung liegt, oder dem allein oder mit einem Dritten ein dingliches Recht an dem Ehewohnungsgrundstück zusteht, das eigentumsähnlich den Zugriff auf seine Nutzung berechtigt. Der nicht dinglich Berechtigte soll die Wohnung nur in Ausnahmefällen zur Abwehr unbilliger Härten erhalten. Die Bestimmung gilt gem § 60 WEG auch für Wohnungseigentum (§ 1 WEG) und Dauerwohnrechte (§ 31 WEG).

2 2. **Ehegatten als Miteigentümer.** Sind die Ehegatten Miteigentümer oder **gemeinsam dinglich berechtigt,** so ist § 3 anzuwenden, wenn der Anteil eines Ehegatten größer ist als der des Partners; (Beispiel: Miteigentum im Verhältnis ¾ zu ¼). Bei gleicher Berechtigung entscheidet der Richter nach billigem Ermessen (§ 2; BGH FamRZ 1994, 98), aber nur über die Nutzungsmöglichkeit. Ist ein Miteigentümer zugleich Erbbauberechtigter, greift der Zuteilungsvorzug von Abs II ein (Oldenburg FamRZ 1998, 571). Der Richter kann ein Mietverhältnis begründen

Besondere Vorschriften für die Wohnung § 4 HausratsVO

(§ 5 II) oder ein Nutzungsverhältnis mit Ausgleichszahlung (§ 5 Rz 12; s auch BayObLG FamRZ 1974, 22) – dies übrigens auch dann, wenn er eine teilbare Wohnung aufteilt und einem Ehegatten mehr an Wohnfläche zuspricht, als diesem nach dem Wert seines Anteils zukommt.

3. Eigentum eines Ehegatten. Ist ein Ehegatte **allein** oder **gemeinsam** mit einem **Dritten Eigentümer** des Hausgrundstücks mit der Ehewohnung oder der Ehewohnung selbst, ist nach der Scheidung eine Zuweisung an den Nichteigentümer zwar statthaft (und kein Verstoß gegen den Eigentumsschutz der Verfassung; BayObLG FamRZ 1974, 17; FamRZ 1977, 467) – dies aber nur in Ausnahmefällen zur Abwehr **unbilliger Härten** und nur gegen Entgelt (München FamRZ 1995, 1205). Das gilt auch dann, wenn sich die Wohnung teilen ließe (Schleswig SchlHA 1957, 125). Eine solche Härte ist nicht schon dann anzunehmen, wenn der Nichteigentümer die Wohnung dringender braucht als der Eigentümer oder wenn der Standortwechsel mit Unbequemlichkeiten für den Nichteigentümer verbunden ist. Es müssen vielmehr weitere gewichtige Umstände hinzukommen. Eine solche Härte kommt etwa dann in Betracht, wenn ein Siedlungshaus mit öffentlichen Mitteln für Kinderreiche gefördert worden ist und der sorgeberechtigte Nichteigentümer für sich und die Kinder keine geeignete Wohnung findet (Stuttgart OLG 68, 124). Auch sonst kann der Wohnbedarf minderjähriger Kinder, die beim sorgeberechtigten Nichteigentümer leben, für die Annahme einer unbilligen Härte bedeutsam sein (BayObLG FamRZ 1974, 17; vgl auch Köln FamRZ 1996, 492: in angebotener Ersatzwohnung mit zwei Zimmern müßte Frau der Kinder wegen im Wohnzimmer schlafen). Bei der unbilligen Härte ist aber in erster Linie auf das Verhältnis der Eheleute zueinander zu achten. Hat etwa der sorgeberechtigte Elternteil gem § 1579 BGB keinen oder nur den notdürftigen Unterhalt zu erwarten und ist deshalb für ihn und die Kinder eine Wohnung zu beschaffen, die der Ehewohnung nicht vergleichbar ist, so reicht das zur Annahme einer unbilligen Härte nicht aus; denn das Zuweisungsverfahren soll nicht zu einer Art „Naturalunterhalt" führen, der die Unterhaltslücke schließt, die § 1579 BGB aufgetan hat (München FamRZ 1995, 1205). Räume, in denen ein Ehegatte seine Praxis oder ein Gewerbe ausgeübt hat, zählen regelmäßig nicht zur Ehewohnung und sind dem Verfahren entzogen. Nur wenn die Wohnräume zugleich als Praxis oder Geschäftsräume dienen, können Schwierigkeiten bei der Verlegung für die Härtefrage bedeutsam sein; sie sollten aber besser außer Betracht bleiben, zumal da Räumungsfristen geeignet sind, Härten zu mildern. Außer Betracht bleiben sollte auch der Unterhaltsbedarf des Nichteigentümers, der sich durch Untervermietung eine Einnahmequelle erschließen will.

4. Dingliches Wohnrecht. Die Vorzugsstellung des Abs I genießt auch, wer (allein oder zusammen mit einem Dritten) als Erbbauberechtigter, Nießbraucher oder Träger eines beschränkten dinglichen Wohnrechts die Wohnung nutzen darf (Abs II). Zu den Wohnrechten in diesem Sinne dürfte nicht nur das Wohnungsrecht des § 1093 BGB zählen, das den Eigentümer von der Nutzung ausschließt, sondern auch eine beschränkte persönliche Dienstbarkeit iSd § 1090 BGB und eine „Wohnreallast", obwohl die Dienstbarkeit iSd § 1090 BGB den Eigentümer nicht von der Benutzung der Räume ausschließt und die Wohnungsreallast nicht an bestimmten Räumen bestellt werden kann (vgl zu den Abgrenzungen Hamm Rpfleger 1975, 357; BayObLG Rpfleger 1981, 352). Ist es dem Berechtigten nicht gestattet, das Wohnrecht durch einen Dritten ausüben zu lassen, dürfte der Richter nicht befugt sein, die Ehewohnung dem dinglich nicht berechtigten Ehegatten zuzuweisen – wohl aber, wenn es dem Berechtigten nicht um die Wohnung, sondern nur um eine Nutzungsentschädigung geht (Bamberg FamRZ 1996, 1085 für einen Sonderfall).

5. Eigentum – Dingliches Wohnrecht. Ist ein Ehegatte iSd Abs II dinglich berechtigt und der andere Ehegatte Eigentümer, genießt grundsätzlich der dinglich Berechtigte den Vorzug des Abs II (so im Ergebnis Düsseldorf FamRZ 1980, 171 [172] m abl Anm Rüffer; Soergel/Heintzmann Rz 8). Demgegenüber will Stuttgart (FamRZ 1990, 1260) diesen Vorzug nur gelten lassen, wenn das dingliche Wohnrecht den Eigentümer von der Nutzung ausschließt (vgl § 1093 BGB), nicht aber bei der schlichten Wohnungsdienstbarkeit nach §§ 1090–1092 BGB; in diesem Fall soll es bei der Verteilungsregel des § 2 verbleiben (so auch Naumburg FamRZ 1998, 1529). Das ist bedenklich, weil der in Abs II betonte Zuweisungsvorzug für den Inhaber eines dinglichen Wohnrechts entwertet wird. Wer sich als Ehegatteneigentümer darauf eingelassen hat, dem Partner eine Wohnungsdienstbarkeit einzuräumen, sollte den Wert dieses Wohnrechts bei einer Scheidung nur dann schmälern können, wenn es gilt, eine unbillige Härte zu vermeiden.

6. Gestaltungsmöglichkeiten. Der Richter kann ein Nutzungs- oder ein Mietverhältnis begründen (§ 5 II), wenn er dem dinglich nicht berechtigten Ehegatten die Wohnung zuweist (Bay ObLG FamRZ 1974, 22). Ein Dritter ist als Miteigentümer am Verfahren zu beteiligen (§ 7) und in das Nutzungs- oder Mietverhältnis einzubeziehen. Dem Ehegatten, der die Wohnung aufgeben muß, kann der Richter eine **Räumungsfrist** bewilligen (Karlsruhe NJW 1959, 342). Er kann auch eine Ausgleichszahlung entspr § 5 II S 2 für die Zuweisung der Ehewohnung anordnen (BayObLG FamRZ 1965, 513f; Naumburg FamRZ 1998, 1529).

4 *Dienst- und Werkwohnung*
Eine Wohnung, die die Ehegatten auf Grund eines Dienst- oder Arbeitsverhältnisses innehaben, das zwischen einem von ihnen und einem Dritten besteht, soll der Richter dem anderen Ehegatten nur zuweisen, wenn der Dritte einverstanden ist.

1. Zweck und Einordnung der Vorschrift. Die Bestimmung setzt der **Ausübung des billigen Ermessens bei der Gestaltung von Rechtsverhältnissen nach § 2 eine gesetzliche Schranke.** Dienst- oder Werkwohnungen soll der Richter dem Ehegatten, der nicht in einem Dienst- oder Arbeitsverhältnis zum Vermieter oder einem Dritten steht, dessen Interessen der Vermieter wahrnimmt (Schleswig SchlHA 1982, 197), nur im **Einverständnis** mit dem Vermieter zuweisen. Diese Begünstigung verstößt weder gegen Art 3 II GG noch gegen Art 6 GG (BayObLG FamRZ 1972, 467). Sie greift nur ein, wenn das Arbeitsverhältnis mit einem Ehegatten z Zt der Entscheidung besteht (Schleswig SchlHA 1955, 281) und die im Mietvertrag vorgesehene Frist noch nicht verstrichen ist, nach deren Ablauf die Wohnung nicht mehr mit Rücksicht auf das Arbeitsverhältnis als überlassen gilt (Hamburg FamRZ 1982, 939), und zwar selbst dann, wenn der Arbeitgeber die Wohnung nur an Betriebsangehörige weitergeben will. AA Frankfurt FamRZ 1991, 838 für Werkswohnungen, die nach Ablauf einer gewissen Zeit als unabhängig vom Arbeitsverhältnis vergeben gelten. Es wäre auch eigentümlich, wenn zwar Genossenschaftswohnungen satzungswidrig dem Ehegatten zugewiesen werden können, der nicht Genossenschaftsmitglied ist (BVerfG FamRZ 1991, 1413), nicht aber ursprüngliche Dienst- oder Werkwohnungen an den außerhalb des Dienst- oder Arbeitsverhältnisses stehenden Ehegatten, wenn diese Wohnungen indessen vom Arbeitsvertrag unabhängig geworden sind.

Die Sollvorschrift läßt aber Ausnahmen zu (aA Schleswig SchlHA 1982, 197; wie hier Frankfurt FamRZ 1991, 838; 1992, 695). Dem Ehegatten, der nicht im Arbeitsverhältnis zum Vermieter steht, sollte die Wohnung aber nur unter ganz außergewöhnlichen Umständen und regelmäßig nur auf vorübergehende Zeit zugewiesen werden (Soergel/Heintzmann Rz 3). Dem Arbeitnehmer-Ehegatten darf jedenfalls die Fortsetzung des Dienst- oder Arbeitsverhältnisses weder unmöglich gemacht (LG Wuppertal MDR 1949, 170 [171]) noch unzumutbar erschwert werden (BayObLG FamRZ 1972, 467). „Bergarbeiterwohnungen" dürfen aber nicht an den Ehegatten ohne Arbeitsverhältnis überlassen werden (Hamm FamRZ 1981, 183 [184]).

2 **2. Beide Ehegatten als Werksangehörige.** Stehen beide Ehegatten in einem Dienst- oder Arbeitsverhältnis, das zu der Wohnung geführt hat, und gibt ein Ehegatte anläßlich der Scheidung die Arbeitsstelle auf, so gilt § 4 zugunsten des Ehegatten, der die Tätigkeit beim Vermieter fortsetzt. Bleibt das Dienst- oder Arbeitsverhältnis mit beiden Ehegatten erhalten, entscheidet der Richter gem § 2. Er hat aber auf das Interesse des Arbeitgebers Rücksicht zu nehmen – etwa eine Fachkraft im Werk oder doch in unmittelbarer Werknähe wohnen zu lassen.

3 **3. Arbeitsplatznahe Wohnung.** Wurde die Wohnung dem Arbeitnehmer vom Vermieter überlassen, weil dieser die Wohnungslage bestimmter Arbeitnehmer fördern will oder ein Interesse daran hat, daß der Arbeitnehmer eine Wohnung in der Nähe des Arbeitsplatzes bezieht, ist § 4 mangels Lücke im Gesetz nicht entsprechend anwendbar (Johannsen/Henrich/Brudermüller Rz 2; MüKo/Gindullis Rz 5; aA Fehmel Rz 5). Diese Interessen sind im Rahmen des § 2 zu berücksichtigen.

4 **4. Beteiligung des Arbeitgebers.** Der Dienstherr (Arbeitgeber) ist am Verfahren zu beteiligen (§ 7).

5 *Gestaltung der Rechtsverhältnisse*
(1) Für die Mietwohnung kann der Richter bestimmen, dass ein von beiden Ehegatten eingegangenes Mietverhältnis von einem Ehegatten allein fortgesetzt wird oder daß ein Ehegatte an Stelle des anderen in ein von diesem eingegangenes Mietverhältnis eintritt. Der Richter kann den Ehegatten gegenüber Anordnungen treffen, die geeignet sind, die aus dem Mietverhältnis herrührenden Ansprüche des Vermieters zu sichern.

(2) Besteht kein Mietverhältnis an der Ehewohnung, so kann der Richter zugunsten eines Ehegatten ein Mietverhältnis an der Wohnung begründen. Hierbei setzt der Richter die Miete fest.

1 **1. Zweck und Einordnung der Vorschrift.** Die Vorschrift konkretisiert das nach § 2 bestehende Ermessen des Richters. Er kann ein an der Ehewohnung (s § 1 Rz 6) bestehendes Mietverhältnis umgestalten (Abs I) oder ein Mietverhältnis neu begründen (Abs II) und insoweit auch in Rechte Dritter **eingreifen**. Die Bestimmung verstößt nicht gegen die Eigentumsgarantie des Grundgesetzes (BayObLG NJW 1961, 317). Abs I gilt entsprechend für entgeltliche Nutzungsverträge mit Wohnungsgenossenschaften oder -vereinen (BGH LM HausratsVO § 3 Nr 1). In Fällen dieser Art kann der Richter die Wohnung auch dem Ehegatten zuweisen, der nicht Genosse oder Vereinsmitglied ist (München FamRZ 1991, 1452, bestätigt durch BVerfG FamRZ 1991, 1413). Allerdings kann der Richter den begünstigten Außenseiter nicht in das Nutzungsverhältnis eintreten lassen, sondern muß ein Mietverhältnis gem Abs II begründen. § 5 kann auch Ehewohnungen betreffen, die mit Hilfe eines **Aufbaudarlehens** erstellt worden sind, das einem Ehegatten nach dem Lastenausgleichsgesetz gewährt worden ist (BayObLG MDR 1964, 506; KG FamRZ 1967, 631).

2 **2. Umgestaltung des Mietverhältnisses. a) Vermieter – Ehegatten. aa)** Ein Rechtsgestaltungsakt ist nur erforderlich, wenn an Stelle des Alleinmieters der andere Ehegatte in das Mietverhältnis eintreten oder wenn nur ein Ehegatte das gemeinsam begründete Mietverhältnis fortsetzen soll. Das Einverständnis des Vermieters ist nur erforderlich, wenn der Auseinandersetzungsantrag später als ein Jahr nach Rechtskraft des Scheidungsurteils gestellt wird (§ 12). Ist der Zuweisung auch dann widersprechen, wenn ein Bürge benannt wird (München NJW-RR 1995, 1474). Eigenbedarf des Vermieters ist im Zuweisungsverfahren regelmäßig auch dann nicht zu beachten, wenn nur der außerhalb des Mietverhältnisses stehende Ehegatte die Wohnung anstrebt (BayObLG NJW 1961, 317 [318]). Der Richter darf einem Ehepartner **gegen dessen Willen** die Wohnung nicht mit der Maßgabe zuweisen, daß dieser die Miete allein schuldet (Celle FamRZ 1981, 958 [959]).

3 **bb)** Für das im Hinblick auf die Person des Mieters umgestaltete Rechtsverhältnis gelten die Bestimmungen des Vertrages fort. Der Richter ist nicht befugt, den ursprünglichen Vertragsinhalt abzuändern. Nur wenn ein Mietverhältnis neu begründet wird (Abs II), kommt eine Zeitgrenze für den Mietvertrag in Betracht (BayObLG NJW 1957, 62). Begründet der Richter nach einer Wohnungsteilung neue Mietverträge (§ 6 II), sollten sich diese im Zeitrahmen des ersetzten Vertrages halten, sofern der Vermieter nicht einer anderen Regelung zustimmt. Die Ehescheidung berechtigt keinen Ehegatten-Mieter, das Mietverhältnis vorzeitig zu kündigen. Auch der Hausratsrichter kann das Mietverhältnis nicht vorzeitig auflösen, wenn beide Ehegatten aus der Ehewohnung streben (vgl dazu auch Köln FamRZ 1989, 640).

cc) Mit der Rechtskraft der Entscheidung (§ 16 I) **erlischt** das Mietverhältnis für den weichenden Ehegatten. **4** Dieser schuldet – vorbehaltlich einer anderweitigen Regelung gem Abs I S 2 (vgl Rz 5) – nur noch die für ihn bis zum maßgeblichen Zeitpunkt aufgelaufenen Rückstände, auf die sich auch das Vermieterpfandrecht an seinen eingebrachten Sachen beschränkt. Wer in den Vertrag eintritt, (ohne zuvor Mitmieter gewesen zu sein), haftet dagegen für die Rückstände nicht (BGH NJW 1962, 487).

dd) Mit der Umgestaltung kann sich die Lage des Vermieters verschlechtern, etwa wenn dieser einen Zweit- **5** schuldner verliert oder einen zahlungsschwachen Mieter erhält. Der Richter kann deshalb gem Abs I S 2 Maßnahmen treffen, die den Vermieter sichern sollen, zB den weichenden Ehegatten für die zukünftigen Mietforderungen Sicherheit leisten lassen oder einen Schuldbeitritt anordnen. Karlsruhe (FamRZ 1999, 301) läßt den weichenden zahlungsfähigen Mieter für einen (doppelt) begrenzten Zeitraum gesamtschuldnerisch für die Miete in der derzeitigen Höhe forthaften, wenn das Sicherungsinteresse des Vermieters gefährdet ist. Dem weichenden Mieter darf die Mithaftung für die künftigen Mietforderungen nicht auferlegt werden, wenn der verbleibende Ehegatte zahlungskräftig ist und schon während der Ehe die Miete aus eigenen Mitteln aufgebracht hat (Karlsruhe FamRZ 1995, 45).

ee) Das Einvernehmen der Ehegatten über die zukünftige Gestaltung des Mietverhältnisses schließt ein Zutei- **6** lungsverfahren gem § 5 nicht aus (Karlsruhe FamRZ 1995, 45; FamRZ 1981, 182); denn nur der Richter kann gegen den Willen des Vermieters das Mietverhältnis umgestalten. Durch einstweilige Anordnungen nach §§ 620 S 1 Nr 7, 621g ZPO läßt sich das Rechtsverhältnis zum Vermieter nicht regeln (Hamburg FamRZ 1983, 621).

b) Verhältnis der Ehegatten unter einander. aa) Kann der Richter davon absehen, das Mietverhältnis umzu- **7** gestalten, weil der Alleinmieter die Wohnung erhält, so ist zu Lasten des weichenden Ehegatten eine **Räumungsanordnung** zu erlassen (vgl § 15). Für **Räumungsfristen** gelten die §§ 15, 2 (und nicht § 721 ZPO), wenn nach der HausratsVO entschieden worden ist (Stuttgart FamRZ 1980, 467; Hamburg FamRZ 1983, 1151); bei einer einstweiligen Anordnung kann eine Räumungsfrist gem §§ 620 S 1 Nr 7, 621g ZPO bewilligt werden In Betracht kann eine **Ausgleichszahlung** entsprechend § 8 III S 2 kommen, wenn der weichende Ehegatte Aufwendungen für die Wohnung bestritten hat (Karlsruhe FamRZ 1981, 1087; Fehmel § 5 Rz 27; Haußleiter/Schulz Kap 4 Rz 103; aA Johannsen/Henrich/Brudermüller Rz 25; Hamburg FamRZ 1988, 80, das Ausgleichsansprüche in das allgemeine Streitverfahren verweisen will; richtiger dürfte es sein, Ausgleichszahlungen zugunsten des weichenden Ehegatten, der Geldmittel und/oder Arbeit zum Ausbau der Wohnung aufgewendet hat, schon im Hausratsverfahren zu berücksichtigen; der Wunsch, die Ehewohnung zu erhalten, kann sich abschwächen, wenn Ausgleichslagen zu bedenken sind). Aufwendungen für eine Ersatzwohnung (BayObLG FamRZ 1974, 22) oder für Umzugskosten können ebenfalls eine Ausgleichszahlung rechtfertigen, unabhängig davon, daß sie einen unterhaltsrechtlichen Sonderbedarf begründen können (§ 1585b I BGB).

bb) Gestaltet der Richter das Mietverhältnis um, weil ein Ehegatte dieses Verhältnis allein fortsetzen oder **8** anstelle des anderen in das von diesem begründete Mietverhältnis eintreten soll, kommen die in Rz 7 erwähnten Anordnungen für das Verhältnis der Ehegatten zueinander ebenfalls in Betracht.

cc) Mitunter kann der Richter das Mietverhältnis nicht mehr umgestalten, weil die in § 12 vorgesehene Frist **9** verstrichen ist und der Vermieter eine Vertragsänderung ablehnt. Dann muß sich der Richter darauf beschränken, das Innenverhältnis der Ehegatten zueinander zu regeln (BayObLG FamRZ 1970, 33; MüKo/Müller-Gindullis Rz 11). Dabei ist es auch statthaft, die Wohnung dem (früheren) Ehegatten allein zuzuweisen, der außerhalb des Mietverhältnisses steht, und diese Zuweisung mit einer Freistellungsverpflichtung zugunsten des Ehegatten zu verbinden, der von der Wohnungsnutzung ausgeschlossen wird (München FamRZ 1986, 1019 [1021]).

3. Neubegründung eines Mietverhältnisses. a) Fehlendes Mietverhältnis. Nach **Abs II** ist zu verfahren, **10** wenn **kein Mietverhältnis an der Ehewohnung** besteht (Beispiel: die Ehewohnung liegt in einem Haus, das im Alleineigentum eines Ehegatten oder im Miteigentum beider Partner steht; sie ist eine Eigentumswohnung mit entsprechender Zuordnung, oder den Eheleuten von Angehörigen unentgeltlich zur Verfügung gestellt worden). Er greift auch ein, wenn die Wohnung iSd § 6 II geteilt wird. Hat der Alleinmieter das Mietverhältnis gekündigt, kann der Richter ein Mietverhältnis mit dem Ehegatten, der in der Wohnung verblieben ist, rückwirkend so begründen, daß der Anschluß an das frühere Mietverhältnis gewahrt bleibt (BayObLG NJW 1961, 317 [318]; Hamburg FamRZ 1982, 939).

b) Mietverhältnis. Der Richter wird regelmäßig einen **Mietvertrag** neu begründen. Dieser kann auch befristet **11** sein. Ist er das, gilt für ihn die Sozialklausel des § 574 BGB (BayObLG FamRZ 1974, 17 zum früheren § 556b BGB). Zur vorläufigen Sicherung eines Ehegatten, der die Weiterveräußerung der Ehewohnung durch den Ehegatteneigentümer fürchtet, läßt sich im Eheverfahren auch ein (vorläufiges) Mietverhältnis begründen (Düsseldorf FamRZ 1985, 1153). Die Miete muß nicht notwendig der Marktmiete entsprechen (Düsseldorf aaO), insbesondere dann, wenn der Wohnbedarf gemeinsamer minderjähriger Kinder zu decken ist (BayObLG FamRZ 1977, 467). Allerdings müssen sich die Zuweisung der Wohnung und die Festsetzung der Miete im Rahmen der Unterhaltserwartungen halten. Das Mietverhältnis untersteht den Regeln des Mietrechts. Eingriffe nach Änderung der Verhältnisse sind aber auch gem § 17 möglich.

Begründet der Richter kein Mietverhältnis, so ist § 5 II entsprechend anzuwenden. Der Familienrichter kann dann eine vom Berechtigten zu zahlende Nutzungsentschädigung festsetzen (BayObLG 1953, 45; FamRZ 1974, 22). Eine solche Entscheidung ist von Amts wegen und zugleich mit der Entscheidung über die Zuweisung der Ehewohnung zu treffen (München FamRZ 1990, 530). Eine Nutzungsentschädigung für die Vergangenheit kommt nicht in Betracht, wenn der Richter bei der Zuweisungsentscheidung eine Nutzungsentschädigung nicht festgesetzt hat (München aaO).

HausratsVO § 5

12 **c) Nutzungsverhältnis.** Sind die Ehegatten **Miteigentümer**, kann sich der Richter auch darauf beschränken, das Nutzungsverhältnis im Rahmen der Miteigentümerschaft zu regeln und eine Nutzungsentschädigung festzusetzen (BayObLG FamRZ 1974, 22; AG Charlottenburg FamRZ 1980, 1136). Die Entscheidung über die Nutzungsentschädigung ist von Amts wegen zu treffen – zugleich mit der Entscheidung über die Zuweisung der Ehewohnung (BayObLG FamRZ 1974, 22; München FamRZ 1990, 530). Ist die Entscheidung unterblieben, ist eine Abänderung nur nach Maßgabe des § 17 für die Zukunft möglich (München FamRZ 1990, 530; aA München FamRZ 1989, 199). Streiten die Ehegatten allerdings nur über eine Nutzungsentschädigung (und nicht über die zukünftige Benutzung der Ehewohnung), handelt es sich nicht mehr um eine Rechtssache nach der HausratsVO, sondern um einen Streit aus Gemeinschaftseigentum (§§ 741ff BGB), für den das Prozeßgericht zuständig ist (BGH FamRZ 1982, 355). Beabsichtigt das Gericht, entgegen § 5 II nicht ein Mietverhältnis, sondern gem § 2 ein unentgeltliches und unbefristetes Nutzungsverhältnis für einen Ehegatten an der Ehewohnung zu begründen, muß es zur Vermeidung eines Verstoßes gegen Art 103 I GG den Eigentümer auf diese für ihn regelmäßig nicht vorhersehbare Rechtsfolge hinweisen (BVerfG FamRZ 2002, 451).

13 **d) Ausgleichszahlungen** (vgl Rz 7) können auch bei einer Entscheidung im Rahmen des Abs II in Betracht kommen (Naumburg FamRZ 1998, 1529 – Entschädigung für ein entwertetes Wohnrecht; Köln FamRZ 2002, 1124 – Verrechnung der Ausgleichszahlung mit Nutzungsentschädigung).

14 **4.** Die **Zwangsvollstreckung** des rechtskräftigen Räumungsbeschlusses findet nach den Vorschriften der ZPO statt (§ 16 III), und zwar gem § 885 ZPO (Soergel-ErgBd/Heintzmann § 16 Rz 5 gegen Köln FamRZ 1983, 1231, das die Zwangsvollstreckung für die Zeit des Getrenntlebens vor der Scheidung gem § 888 ZPO regeln will). Wird einem Ehegatten die Wohnung durch einstweilige Anordnung allein zugewiesen, bleiben die Abs II–IV des § 885 allerdings bei der Zwangsvollstreckung außer Betracht, weil ein Ehegatte vor einer endgültigen Regelung nicht gezwungen werden kann, seine sämtlichen Sachen aus der Wohnung zu entfernen (Hamburg FamRZ 1983, 1151). Zur Änderung von Räumungsfristen s § 17 Rz 2 und § 15 Rz 3. Die HausratsVO kommt als Titel nur für die Ehegatten in Betracht. Bei einem vom Hausratsrichter befristeten Mietverhältnis kann der Vermieter nach Ende der Mietzeit nicht nach der HausratsVO, sondern nur auf einem im Prozeß erstrittenen Titel die Räumung verlangen (BayObLG NJW 1957, 62).

6 *Teilung der Wohnung*
(1) Ist eine Teilung der Wohnung möglich und zweckmäßig, so kann der Richter auch anordnen, daß die Wohnung zwischen den Ehegatten geteilt wird. Dabei kann er bestimmen, wer die Kosten zu tragen hat, die durch die Teilung und ihre etwaige spätere Wiederbeseitigung entstehen.
(2) Für die Teilwohnungen kann der Richter neue Mietverhältnisse begründen, die, wenn ein Mietverhältnis schon bestand, an dessen Stelle treten. § 5 Abs. 2 Sätze 2 und 3 gelten sinngemäß.

1 **1. Zweck und Einordnung der Vorschrift.** Die Vorschrift konkretisiert das Ermessen nach § 2. Die **Teilung der Wohnung** kommt bei Miet- und Untermietverhältnissen in Betracht, aber auch bei Wohnungen, die einem oder beiden Ehegatten gehören. Sie darf nur zwischen den Ehegatten und nicht zwischen einem Ehegatten und einem Dritten (etwa dem Hauseigentümer) stattfinden (BayObLG NJW 1961, 317 [319]) und hat zu unterbleiben, wenn ständige Streitigkeiten zu befürchten sind (Schleswig SchlHA 1957, 125). Veränderungen am Baukörper müssen der Bauordnung entsprechen. Veränderungskosten hat der Richter einem Ehegatten oder einem Ehegatten aufzuerlegen (Soergel/Heintzmann Rz 3 und überwiegende Meinung). Ein Nebengelaß ist ebenfalls zu teilen.

2 **2. Wirkung.** Mit Rechtskraft (§ 16 I) der Teilungsanordnung erlischt ein bestehender Mietvertrag und wird durch Mietverhältnisse ersetzt (vgl Abs II S 1), die der Richter zweckmäßigerweise begründet.

7 *Beteiligte*
Außer den Ehegatten sind im gerichtlichen Verfahren auch der Vermieter der Ehewohnung, der Grundstückseigentümer, der Dienstherr (§ 4) und Personen, mit denen die Ehegatten oder einer von ihnen hinsichtlich der Wohnung in Rechtsgemeinschaft stehen, Beteiligte.

1 **1. Zweck und Einordnung der Vorschrift** Die Vorschrift räumt bestimmten Personen, deren Rechte die Entscheidung betreffen kann, die – parteiähnliche (BayObLG FamRZ 1970, 36 [37]) – Verfahrensstellung eines **Beteiligten** ein und begrenzt zugleich den Kreis der Beteiligten (BayObLG FamRZ 1977, 467), denen rechtliches Gehör zu gewähren ist und die beschwerdebefugt sind. Außer den Ehegatten nennt das Gesetz in erster Linie den **Vermieter**, der auch eine Baugenossenschaft (BayObLG 1953, 208), ein Bauverein (vgl Oldenburg NdsRpfl 1952, 153) oder eine Erbengemeinschaft sein kann – auch ein Hauptmieter, der untervermietet hat (BayObLG 1955, 202). In Betracht kommen weiterhin die **Grundstücks-** oder **Wohnungseigentümer** (§ 60 WEG); diesen sind Nießbraucher oder sonstige (iSd § 3 II) dinglich Berechtigte gleichgestellt, und zwar auch dann, wenn sie nicht Vermieter sind (Celle NdsRpfl 1961, 228; Stuttgart OLGZ 1968, 126). Beteiligt ist auch, wer zusammen mit dem Ehegatten hinsichtlich der Wohnung in einer **Rechtsgemeinschaft** steht – etwa ein neuer Ehegatte des in der Wohnung verbliebenen Partners oder dessen Untermieter. Zweifelhaft ist dagegen, ob auch nahe Angehörige oder der Lebensgefährte beteiligt sind, die der Wohnungsinhaber ohne Vertrag aufgenommen hat. Die Frage ist zu verneinen (Müko/Müller-Gindullis Rz 7; aA Schwab/Maurer I 96). Nicht beteiligt ist das minderjährige Kind des Ehegatten, das keine besondere Besitzbeziehung zur Ehewohnung aufweist (BayObLG FamRZ 1977, 467), und nicht das Jugendamt, dem nur ein Anhörungsrecht nach § 49a II FGG beschränkt auf den Fall einer ablehnenden Entscheidung über den Antrag auf Zuweisung der Ehewohnung nach § 1361b BGB oder nach dem GewSchG eingeräumt ist, dem aber nach § 13 IV die Entscheidung mitzuteilen ist. Bei Wohnungen iSd § 4 ist der **Arbeitgeber oder Dienstherr** auch dann beteiligt, wenn er nicht zugleich Vermieter ist. **Nicht beteiligt** ist der Ausgeber einer Heimstätte (Braunschweig OLG 74, 354), oder der Insolvenzverwalter über das Vermögen eines Ehepartners (Celle MDR 1962, 416). Das sollte den Verwalter aber nicht hindern, das Eigentum des Gemeinschuldners zur Masse zu ziehen (vor § 1 Rz 14).

2. Beteiligtenstellung. a) Zustellung. Wegen des Anspruchs auf rechtliches Gehör (BVerfG FamRZ 2002, 451), und wegen der Beschwerdebefugnis (Rz 1) sind Anträge und Entscheidungen den **Drittbeteiligten zuzustellen** (BayObLG FamRZ 1970, 36 [37]). 2

b) Der Hauseigentümer kann regelmäßig im Zuweisungsverfahren **Eigenbedarf** oder sonstige Umstände nicht geltend machen, die in einem Auflösungs- oder Räumungsstreit wesentlich sind (BayObLG NJW 1961, 317 [318]). 3

c) Einstweilige Anordnung. Der Eigentümer der Ehewohnung und die übrigen in § 7 genannten Personen sind im Verfahren nach § 620 S 1 Nr 7 oder § 621g ZPO nicht beteiligt, wenn die Benutzung der Ehewohnung durch einstweilige Anordnung geregelt werden soll (Hamm FamRZ 1987, 1277). Das nämliche gilt für das Regelungsverfahren gemäß § 1361b BGB, § 18a (Brudermüller FamRZ 1987, 109 [120]; aA Koblenz FamRZ 1987, 406). 4

Abschnitt 3
Besondere Vorschriften für den Hausrat

Vorbemerkung

1. Eigentum am Hausrat. a) Art 14 GG. Die §§ 8–10, die für die Verteilung des Hausrats gelten, sind mit dem Grundgesetz vereinbar (BayObLG 1955, 56; NJW 1961, 317). Die Verordnung darf allerdings nicht als Rechtfertigungsgrundlage für eine (entschädigungslose) Umverteilung wertvoller Einrichtungsgegenstände mißverstanden werden. 1

b) Zum Begriff des **Hausrats** s § 1 Rz 8. 2

c) Eigentumslage. Über die **Verteilung** des **Hausrats** entscheiden die **Eigentumsverhältnisse**; und zwar gilt für gemeinsames Eigentum der Ehegatten § 8 und für Alleineigentum eines Ehepartners § 9. Eingriffe in Rechte Dritter gestattet die Verordnung nicht; der Richter kann nur die Haftung der Ehegatten im Innenverhältnis regeln (§ 10). Anders als im Ehewohnungsverfahren (vgl § 7) ist ein Dritter deshalb auch dann nicht „beteiligt", wenn es auf sein Einverständnis als Gläubiger ankommt (vgl § 10 II). Ein Vermieterpfandrecht erlischt auch dann nicht, wenn der Richter einen Gegenstand aus dem Alleineigentum des Mieter-Ehegatten dem Nichtmieter-Ehegatten zuweist (vgl § 9 I). Zur Mitberechtigung eines Dritten vgl § 9 Rz 2. Maßgeblicher Zeitpunkt für die Frage, welche Gegenstände zum Hausrat gehören, ist grundsätzlich der Zeitpunkt der Rechtskraft des Scheidungsurteils (Düsseldorf FamRZ 1986, 1132; 1986, 1134; s § 1 Rz 12). 3

2. Verfahren. a) Eine **Einigung** der Eheleute über den Hausrat läßt ein Verteilungsverfahren entfallen, soweit diese reicht. Bei der Entscheidung über den Rest ist das Einigungsergebnis zu berücksichtigen (vgl § 1 Rz 4). Im übrigen sind die Rechtsverhältnisse am **gesamten Hausrat** zu regeln (BGH NJW 1955, 1355). Teilentscheidungen über Hausrat sind unstatthaft. 4

b) Strittiges Eigentum. Die **Vorfrage nach den Eigentumsverhältnissen** entscheidet der Hausratsrichter, wenn die Eheleute um das Eigentum streiten (vgl § 1 Rz 5). Der Prozeßrichter ist zuständig, wenn ein Dritter Hausrat als Eigentum für sich beansprucht (München MDR 1951, 623) oder wenn der Insolvenzverwalter über das Vermögen eines Ehegatten (wertvollen) Hausrat zur Masse ziehen will (vgl vor § 1 Rz 14). Die Entscheidung des Hausratsrichters zur Eigentumsfeststellung kann in Rechtskraft erwachsen, aber einer späteren Feststellungsklage das Rechtsschutzbedürfnis nehmen (vgl Soergel/Heintzmann zu § 8 Rz 7). 5

c) Die Teilungsentscheidung muß eine **Herausgabeanordnung** enthalten, wenn ein Gegenstand aus dem Besitz eines Ehegatten in den des anderen überwechseln soll (Düsseldorf FamRZ 1986, 1134 [1136]). Zugeteilten Hausrat muß sich der Zuteilungsempfänger im Wege der Zwangsvollstreckung verschaffen (§ 16 III) oder – falls die Herausgabe unmöglich ist – Schadensersatz vor dem Prozeßgericht fordern. 6

d) Zugewinnausgleich. Zum Verhältnis Hausratsverfahren – Zugewinnausgleichsverfahren s vor § 1 Rz 9. 7

8 *Gemeinsames Eigentum beider Ehegatten*
(1) Hausrat, der beiden Ehegatten gemeinsam gehört, verteilt der Richter gerecht und zweckmäßig.
(2) Hausrat, der während der Ehe für den gemeinsamen Haushalt angeschafft ist, gilt für die Verteilung (Absatz 1) auch dann, wenn er nicht zum Gesamtgut einer Gütergemeinschaft gehört, als gemeinsames Eigentum, es sei denn, daß das Alleineigentum eines Ehegatten feststeht.
(3) Die Gegenstände gehen in das Alleineigentum des Ehegatten über, dem sie der Richter zuteilt. Der Richter soll diesem Ehegatten zugunsten des anderen eine Ausgleichszahlung auferlegen, wenn dies der Billigkeit entspricht.

1. Zweck und Einordnung der Vorschrift. Die Bestimmung konkretisiert die Ermessensvorschrift des § 2. Sie schließt (bei Bruchteilseigentum) eine Verteilung nach Maßgabe der §§ 732ff BGB aus. Die Zuteilung an andere Personen als die Ehegatten ist ausgeschlossen. Die Miteigentumsvermutung (Abs II) erspart Beweiserhebungen (s aber auch Rz 3, 6). 1

HausratsVO § 8 Hausratsverordnung

2 2. **Gemeinsam gehörender Hausrat (Abs I).** Abs I gilt nur für Hausrat, der im **Gemeinschaftseigentum** der Ehegatten steht, und zwar sowohl für Bruchteils- als auch für Gesamthandseigentum. Verteilungsfähig soll auch Hausrat sein, an dem die Ehegatten nur Mitbesitz erlangt haben (Hamm FamRZ 1990, 531). Das ist nur vertretbar, wenn der Eigentümer den Besitz den Ehegatten ausdrücklich zum Mitbesitz überlassen hatte. Zuzuweisen ist dann nur der Mitbesitz und nicht etwa das Eigentum; der bisherige Mitbesitz verwandelt sich in einen Alleinbesitz.

3 3. **Vermutung des Abs II. a) Zusammenleben.** Die Vermutung des Abs II betrifft nur Hausratsanschaffungen während der Ehe (s Rz 4). Sie ist widerlegbar, kann aber die Grundsätze des Ehegüterrechts unterlaufen, wenn sie nicht widerlegt wird. Allerdings verdrängt sie nicht die Ersetzungsregel des § 1370 BGB in der Zugewinngemeinschaftsehe (KG FamRZ 1968, 648). § 1370 gilt auch, wenn das Ersatzgut wertvoller ist als der ersetzte Gegenstand (BayObLG FamRZ 1970, 31). Anschaffungen **nach der Trennung** zählen in der Regel nicht zum Hausrat (BGH FamRZ 1984, 144);

4 b) **Anschaffen** setzt einen entgeltlichen Erwerb voraus. Ererbter oder geschenkter Hausrat fällt nicht unter die Miteigentumsvermutung. Bei selbstgefertigtem Hausrat aus angeschafftem Stoff kommt es darauf an, ob der Stoffwert oder die Herstellungsleistung gem § 950 BGB über die Eigentumslage entscheidet (str; vgl Düsseldorf NJW 1959, 1046 [LS]). Unter Eigentumsvorbehalt erworbener Hausrat ist gem § 10 II verteilungsfähig; die Erwerbsanwartschaft sollte man aber nicht der Miteigentumsvermutung unterfallen lassen. Hausrat, der von einem Ehegatten **vor der Ehe** zu Alleineigentum erworben wurde, fällt auch dann nicht unter die Miteigentumsvermutung, wenn der Alleineigentümer für die Anschaffung ein Darlehen aufgenommen hat und dieses Darlehen erst während der Ehe zurückzahlt – dies auch dann nicht, wenn die Mittel vom anderen Ehegatten stammen (Zweibrücken FamRZ 1987, 165). Von einem Verlobten vor der Ehe unter Eigentumsvorbehalt angeschaffter Hausrat, der erst nach der Eheschließung bezahlt wird, fällt nicht unter die Vermutung (Schleswig SchlHA 1957, 207; aA Johannsen/Henrich/Brudermüller Rz 11).

5 c) **Widerlegung.** Die Vermutung ist (nur) widerlegt, wenn das Alleineigentum eines Ehegatten feststeht. Ist der **Erwerb** des Alleineigentums dargetan, sollte allerdings vom Fortbestand dieses Rechts ausgegangen und dem Erwerber nicht zusätzlich der Nachweis aufgebürdet werden, er habe das Alleineigentum nicht nachträglich verloren. Die Vermutung soll nicht jede Beweisaufnahme zur Klärung der Eigentumslage verhindern, sondern nur langwierigen und unverhältnismäßig kostspieligen Beweiserhebungen entgegenstehen (aA Kiel JR 1948, 344: Vermutung nur widerlegt, wenn Eigentum außer Streit). Bei Zugewinngemeinschaftsehen ist der Nachweis des Alleineigentums schon dann geführt, wenn die Ersatzguteigenschaft iSd § 1370 BGB feststeht (aA Hamm FamRZ 1998, 1028: § 1370 gelte nicht, wenn verbrauchte oder wertlose Hausratsgegenstände aus gemeinsamen Mitteln während der Ehe angeschafft wurden). Im übrigen begründen Schlüsselgewaltsgeschäfte, mit denen Hausrat erworben wird, nicht schon kraft Gesetzes Miteigentum (BGH FamRZ 1991, 923). Die Einigungserklärung eines Ehegatten beim Erwerb von Hausrat für den gemeinsamen Haushalt ist – wenn nicht etwas anderes erklärt wird oder besondere Umstände dagegen sprechen – aber dahin zu verstehen, daß beide Ehegatten Miteigentümer werden sollen (BGH aaO).

6 Da der Anschaffungsbegriff „Geschenke" nicht erfaßt, braucht weder bei Hochzeits- noch bei Ehegattengeschenken eine Miteigentumsvermutung widerlegt zu werden. Bei Ehegattengeschenken wird man gemeinsames Eigentum der Eheleute (Celle MDR 1960, 934 [LS]), bei Hochzeitsgeschenken Dritter jedenfalls dann Miteigentum der Ehegatten annehmen können, wenn eine „Hausratswunschliste" ausgelegt wurde. Im übrigen kommt es für die Frage Allein- oder Gemeinschaftseigentum auf die Person des Schenkers und dessen Beziehung zu den Verlobten an, auch auf die Art des Geschenkes. Wird mit geschenktem Geld Hausrat angeschafft, ist aber wiederum die Miteigentumsvermutung zu entkräften.

7 4. **Zuteilung. a) Grundsätze.** Bei der **gerechten und zweckmäßigen Verteilung** (Abs I) sind die Grundsätze des § 2 zu beachten. Dabei können Umstände entscheiden, die nicht ausreichen, die Miteigentumsvermutung zu widerlegen. Insbesondere ist zu berücksichtigen, ob ein Ehegatte Hausrat aus eigenen Ersparnissen angeschafft oder allein oder überwiegend benutzt hat. Diese Umstände sind aber dann nicht mehr bewertungserheblich, wenn der Gegenstand, stünde er im Alleineigentum eines Ehegatten, auch dem anderen Ehegatten zugewiesen werden müßte, weil dieser auf die Weiterbenutzung angewiesen ist. Jedenfalls entscheidet die Herkunft der Mittel für den Erwerb von Hausrat iSd Abs I nicht allein über die Verteilung der Gegenstände (Düsseldorf FamRZ 1987, 1055).

8 b) **Wirkung.** Die Miteigentumsgemeinschaft wird mit der Rechtskraft des Beschlusses (§ 16) aufgelöst; der Zuteilungsempfänger wird auch dann **Alleineigentümer**, wenn der andere Ehegatte den Gegenstand weiterbenutzen darf und erst später herausgeben muß. Rechte Dritter bleiben unberührt. Daher ist ein „gutgläubiger Erwerb" an Hausrat, der den Ehegatten nicht gehört, ausgeschlossen (Saarbrücken OLG 67, 1). Beim Vermieterpfandrecht ist allerdings zu beachten: Der „weichende Mieter" haftet auch mit dem Zuteilungsempfang nur für Rückstände (§ 5 Rz 4).

9 6. Die in Abs III S 2 vorgesehene **Ausgleichszahlung** kommt nur in Betracht, soweit sich bei der Verteilung von Gemeinschaftseigentum Ungleichgewichte ergeben; Alleineigentum, das ein Ehegatte behält, bleibt bei der Billigkeitsprüfung selbst dann außer Betracht, wenn der andere Ehegatte mittelbar dieses Alleineigentum (mit-) finanziert hat (Zweibrücken FamRZ 1987, 165). Eine Ausgleichszahlung kann auch nicht an Stelle einer gerechten und zweckmäßigen Verteilung des gemeinsamen Hausrats gefordert werden (Zweibrücken FamRZ 1985, 819; Frankfurt FamRZ 1983, 730; vgl auch vor § 1 Rz 17; vor § 8 Rz 4). Deshalb ist aber ein Antrag noch nicht unzulässig, das Gericht solle alle Hausratsgegenstände, die den Ehegatten gemeinsam gehören, dem anderen Teil zuweisen und dem Antragsteller eine entsprechende Ausgleichszahlung zubilligen (Karlsruhe FamRZ 1987, 848); nur muß die angestrebte Gesamtregelung „gerecht und zweckmäßig" sein. Bei der Billigkeitsentscheidung, für die auch die Grundsätze des § 2 gelten, sind auch die wirtschaftlichen Verhältnisse der Eheleute und die Ursachen für den Mehrempfang zu berücksichtigen. Ein voller Wertausgleich für den Mehrempfang muß nicht erzielt werden. Schadensersatzansprüche eines Ehegatten gegen den anderen wegen Hausratsverkürzung sind nicht zu berücksichtigen (§ 1 Rz 11). Eine Ausgleichszahlung für einen nicht mehr vorhandenen Gegenstand kommt jedenfalls dann nicht in Betracht, wenn dieser der einzige Gegenstand des Verfahrens ist (Hamm FamRZ 1996, 1223 mit noch weiterem Ansatz). Gegen eine „isolierte" Ausgleichszahlung auch Naumburg FamRZ 1994, 390; Thüringen FamRZ 1996, 1293 (LS). Eine Ausgleichsforderung ist grundsätzlich in Geld festzusetzen. Ausnahmsweise kann der Richter dem benachteiligten Ehegatten zum Ausgleich auch Gegenstände aus dem Alleineigentum des anderen Ehegatten zuweisen, ohne dafür ein angemessenes Entgelt (vgl § 9 II S 2) festzusetzen (BayObLG FamRZ 1970, 31 [33]). Ohne Zustimmung des Alleineigentümers ist diese Form des Ausgleichs allerdings nur bei notwendigen Gegenständen, auf deren Weiterbenutzung der Nichteigentümer angewiesen ist, statthaft (§ 9 I). Im Verfahren kann gegen die Ausgleichsforderung nicht aufgerechnet werden (Hamm FamRZ 1981, 293). Die Ausgleichsanordnung führt nicht zu einem Erwerb, auf den Sachmängelrecht anzuwenden wäre.

9 *Alleineigentum eines Ehegatten*
(1) Notwendige Gegenstände, die im Alleineigentum eines Ehegatten stehen, kann der Richter dem anderen Ehegatten zuweisen, wenn dieser auf ihre Weiterbenutzung angewiesen ist und es dem Eigentümer zugemutet werden kann, sie dem anderen zu überlassen.
(2) Im Falle des Absatzes 1 kann der Richter ein Mietverhältnis zwischen dem Eigentümer und dem anderen Ehegatten begründen und die Miete festsetzen. Soweit im Einzelfall eine endgültige Auseinandersetzung über den Hausrat notwendig ist, kann er statt dessen das Eigentum an den Gegenständen auf den anderen Ehegatten übertragen und dafür ein angemessenes Entgelt festsetzen.

1. Zweck und Einordnung der Vorschrift. Die Bestimmung beschränkt das richterliche Ermessen nach § 2. 1
Sie gestattet Eingriffe in das Alleineigentum eines Ehegatten unter erschwerten Voraussetzungen als bei Überlassung auf Zeit oder auf nur gegen Entgelt.

2. Voraussetzungen. a) § 9 setzt **Alleineigentum** eines Ehegatten an Hausrat (vgl § 1 Rz 8) voraus. Hausrat, 2
der einem Ehegatten nur als „Miteigentum" (Bruchteils-, Gesamthandseigentum) zusteht, entzieht sich der Hausratsverteilung, wenn die Eigentümergemeinschaft nicht nur aus den Ehegatten (vgl § 8) besteht. Bei Hausratserwerb unter Eigentumsvorbehalt gilt § 10 II.

b) Notwendiger Hausrat. Zuweisungsfähig sind nur notwendige Hausratsgegenstände. In Betracht kommen in 3
erster Linie Einrichtungsgegenstände (Betten, Tische, Schränke, Stühle, Geschirr, Bestecke, Wäsche). Auch wenn sich Lebens- und Einrichtungsgewohnheiten gegenüber der Entstehungszeit der HausratsVO geändert haben, sollten Einrichtungsgegenstände außer Betracht bleiben, die nur der Bequemlichkeit oder der Gastlichkeit dienen (vgl Soergel/Heintzmann Rz 3). Musikinstrumente können unter besonderen Voraussetzungen „notwendig" sein – etwa wenn sie zur Ausbildung eines Kindes gehören (BayObLG 1952, 279).

c) Angewiesenheit. Der andere Ehegatte muß auf die Weiterbenutzung angewiesen sein. Das soll er nicht nur 4
dann sein, wenn Ersatz – (wie zur Entstehungszeit der Verordnung) – nicht oder nur schwerlich zu beschaffen ist, sondern auch dann, wenn seine Einkommens- und Vermögensverhältnisse eine Ersatzbeschaffung nicht oder nur unter unverhältnismäßigem Aufwand gestatten (Hamm JMBl NW 1959, 17). Da der Gegenstand aber nur gegen Entgelt zugewiesen werden darf (Abs II und Rz 7) und das Entgelt dem Verkehrswert jedenfalls anzunähern ist (vgl Rz 9), dürften die Einkommens- und Vermögensverhältnisse des Zuweisungsanwärters bei der Entscheidung über das „Angewiesensein" regelmäßig nur eine untergeordnete Rolle spielen. Angewiesen ist der sorgeberechtigte Ehegatte auch auf notwendigen Hausrat für ein gemeinschaftliches minderjähriges Kind – nicht aber für weitere Personen.

d) Zumutbarkeit. Die Zuweisung muß dem Eigentümer zuzumuten sein. Dabei sind sämtliche Umstände des 5
Einzelfalls zu berücksichtigen und nicht nur wirtschaftliche Umstände maßgeblich (Fehmel Rz 12). Umstände, die geeignet sind, einen nachehelichen Unterhaltsanspruch auszuschließen oder einzuschränken, können auch einer Hausratszuweisung gem Abs I entgegenstehen (Fehmel Rz 13 für § 1579 Nr 6). Auch Ehen von „kurzer" Dauer werden regelmäßig eine Umverteilung nicht rechtfertigen. Wertvolle Kunstgegenstände, die als Hausrat gedient haben, sollten grundsätzlich von der Zuweisung ausgeschlossen sein (Schubert JR 1984, 381), zumal das Ersatzgut zumeist billiger zu beschaffen ist.

3. Zuweisung. a) Miete oder Eigentum. Der Richter kann entweder ein Mietverhältnis begründen (Abs II S 1) 6
oder aber dem anderen Ehegatten den Hausrat zu Eigentum zuweisen (Abs II S 2).

aa) Ein Mietverhältnis entsteht mit der Rechtskraft des Zuweisungsbeschlusses (§ 16 I), es endet mit Ablauf 7
der vorgesehenen Zeit, kann aber gem § 17 durch den Familienrichter geändert werden. Für Streitigkeiten aus dem Mietverhältnis – nicht aber um dessen Abänderung – ist das Prozeßgericht zuständig. Gegen die Forderung auf Miete sollte im Hausratsverfahren nicht mit Gegenansprüchen aufgerechnet werden können, auch nicht mit Unterhaltsforderungen (vgl zur entsprechenden Lage bei der Forderung auf einen Ausgleichsbetrag § 8 Rz 9). Ein Leihverhältnis ist ausgeschlossen (LG Itzehoe SchlHA 1948, 162). Als Quelle neuer Streitigkeiten empfehlen sich weder langfristige Mietverträge über widerstandsfähigen Hausrat noch Mietverträge über verschleißanfällige Gegenstände.

bb) Eigentum geht (bereits) mit der Rechtskraft des Zuweisungsbeschlusses über (§ 16 I). Eine Sachmängel- 8
haftung kommt nicht in Betracht, obwohl der Erwerber ein Entgelt zahlen muß.

HausratsVO § 9 Hausratsverordnung

9 b) Das **Entgelt** (für die Gebrauchsüberlassung oder den Eigentumserwerb) muß nicht dem Verkehrswert entsprechen (so aber wohl LG Itzehoe SchlHA 1948, 162), sollte diesem aber angenähert sein. Ähnlich wie bei der Ermittlung des Beschwerde- und Kostenwertes (§ 14 Rz 10) ist bei einer Eigentumszuweisung dieser Wert nicht nur nach den Preisen zu ermitteln, die sich auf einem Gebrauchtwarenmarkt erzielen lassen. Regelmäßig ist eine Geldsumme festzusetzen. Ein Ausgleich in Sachwerten kommt bei einer Zuweisung gem § 9 an beide Ehegatten in Betracht. Entsprechendes gilt, wenn der Zuweisungsempfänger bei der Teilung des gemeinsamen Hausrats gem § 8 „weniger" erhalten hat als der Alleineigentümer des Zuweisungsguts (§ 8 Rz 9).

10 *Gläubigerrechte*
(1) **Haftet ein Ehegatte allein oder haften beide Ehegatten als Gesamtschuldner für Schulden, die mit dem Hausrat zusammenhängen, so kann der Richter bestimmen, welcher Ehegatte im Innenverhältnis zur Bezahlung der Schuld verpflichtet ist.**
(2) **Gegenstände, die einem der Ehegatten unter Eigentumsvorbehalt geliefert sind, soll der Richter dem anderen nur zuteilen, wenn der Gläubiger einverstanden ist.**

1   1. **Zweck und Einordnung der Vorschrift.** Zur zweckmäßigen und billigen Zuteilung des Hausrats im Sinn von § 2 gehört die Beantwortung der Frage, welcher Ehegatte die mit dem Hausrat verbundenen Schulden zu tilgen hat. Abs I gibt insoweit eine Regelungsbefugnis. Abs II schränkt den Grundsatz des § 2 für unter Eigentumsvorbehalt stehenden Hausrats ein.

2   2. **Tilgungsbestimmung.** Die Bestimmung des Abs I ändert nichts im **Außenverhältnis an Schulden,** die mit der Anschaffung, Unterhaltung oder Instandsetzung von **Hausrat** zusammenhängen. Eine Schuldbefreiung ist für einen Ehegatten nur mit Einwilligung des Gläubigers zu erwirken, der seinerseits auf eine Zustimmung eines Bürgen oder Verpfänders zu achten hat (vgl § 418 I S 3 BGB). Im **Innenverhältnis** kann der Richter aber einen Ehegatten zur Schuldentilgung verpflichten – zweckmäßigerweise (aber nicht notwendig) den Ehegatten, der den Gegenstand erhält, auf den sich die Schuld bezieht. Das Gericht darf aber nur Schulden im Innenverhältnis regeln, die mit **verteiltem Hausrat** zusammenhängen; Schulden, die sich auf andere Gegenstände beziehen – etwa auf bereits veräußerten Hausrat oder auf Sachen ohne Hausratseigenschaft –, bleiben außer Betracht (BayObLG FamRZ 1985, 1057). Wer keinen Hausrat erhält, muß den anderen nicht (zusätzlich) von Hausratsverbindlichkeiten freistellen; denn das käme einer Ausgleichsanordnung zu Lasten dessen gleich, der nichts empfängt (BayObLG aaO; aA offenbar Soergel/Heintzmann Rz 7: Bestimmung gem § 10 auch dann statthaft, wenn gesamter Hausrat außerhalb des Hausratsverfahrens verteilt; aber das führte der Sache nach zu „isolierten Ausgleichsanordnungen", die nicht zulässig sind; BayObLG FamRZ 1985, 1057; Hamm FamRZ 1996, 1223 und vor § 1 Rz 17; vor § 8 Rz 4). Die Bestimmung des Richters für das Innenverhältnis sollte eine – gem § 887 II ZPO vollstreckbare – Freistellungsanordnung ergänzen (vgl § 15).

3   2. **Gegenstände unter Eigentumsvorbehalt.** a) **Eigentümerinteresse.** Abs II will (in erster Linie) im Interesse des Vorbehaltsverkäufers verhindern, daß bei Hausrat, der unter Eigentumsvorbehalt erworben worden ist, Kaufgeldschulden und Anwartschaftsberechtigter auseinanderfallen. Deshalb soll der „andere" Ehegatte die Anwartschaft nur im Einverständnis mit dem Gläubiger erhalten. Die Bestimmung ist (vornehmlich) auf Erwerbslagen zugeschnitten, in denen ein Ehegatte allein Vertragspartner des Vorbehaltsverkäufers ist. In Fällen dieser Art sollte aber auch eine Besitzüberlassung an den „anderen" Ehegatten aufgrund eines Mietverhältnisses das Einverständnis des Gläubigers voraussetzen, weil dieser auch am tatsächlichen Verbleib des Vorbehaltsguts interessiert ist. Sind beide Ehegatten Kaufgeldschuldner und (gemeinschaftlich) anwartschaftsberechtigt, sollte der Gläubiger mit der Zuweisung an einen Ehegatten auch einverstanden sein. Das Einverständnis des Gläubigers mit der Zuteilung an einen Ehegatten reicht für sich allein nicht aus, den anderen Ehegatten aus der Schuld zu entlassen. Eine Zuteilung gegen den Willen des Gläubigers verschafft diesem eine Beschwerdeberechtigung. Die Zustimmung des Gläubigers muß zwar auch in Ausnahmefällen erbeten werden (Saarbrücken OLG 67, 1 [3]). Der Richter darf sich aber über eine Verweigerung hinwegsetzen („soll"). Haben beide Ehegatte unter Eigentumsvorbehalt erworben, ist gemäß § 8 zu verteilen.

4   b) **Sicherungsübereigneter Hausrat.** Abs II sollte entsprechend gelten, wenn die Ehegatten Hausrat zur Sicherung übereignet haben – jedenfalls dann, wenn die Gestaltungsform „auflösend bedingte Übereignung" gewählt wurde.

Abschnitt 4

Verfahrensvorschriften

Vorbemerkung

1   1. **Verbund oder selbständiges Verfahren.** Ehewohnungs- und Hausratsangelegenheiten können als Familiensachen (§ 621 I Nr 7 ZPO) entweder selbständig oder als Folgesache im Scheidungsverbund durchgeführt werden (§ 623 I ZPO). **Folgesache** ist ein Verfahren nach der HausratsVO dann, wenn eine Entscheidung für den Fall der Scheidung zu treffen ist und von einem Ehegatten rechtzeitig begehrt wird (§ 623 I S 1 ZPO); das Hausratsverfahren muß bis zum Schluß der mündlichen Verhandlung des ersten Rechtszugs in der Scheidungssache anhängig gemacht sein (§ 623 II S 1 ZPO). Das bedeutet jedenfalls: Nach Schluß der mündlichen Verhandlung im 1. Rechtszug zur Scheidung ist ein rechtzeitiges Begehren ausgeschlossen. Ob umgekehrt ein bis zu diesem Zeitpunkt anhängig gemachtes Verfahren stets für ein „rechtzeitiges" Begehren iSd § 623 I S 1 ZPO ausreicht, läßt der Wort-

laut des Gesetzes zwar offen. Dafür spricht sehr die Abtrennungsregel des § 628 I Nr 3 ZPO. Das Hausratsverfahren ist abzutrennen und selbständig weiterzuführen, wenn ein Dritter (vgl § 7) am Verfahren beteiligt ist (§ 623 I S 2 ZPO). Es kann aber – wie auch sonst – aus dem Verbund gelöst werden, vor allem wenn sich die Entscheidung über den Scheidungsausspruch außergewöhnlich verzögerte (§ 628 I Nr 3 ZPO). Als selbständige Familiensache wird ein Hausratsverfahren gem § 18a HausratsVO, §§ 1361a, 1361b BGB mit Rücksicht auf die Trennung oder die Trennungsabsichten durchgeführt, oder wenn dieses Verfahren erst nach der letzten mündlichen Verhandlung zur Scheidungssache im ersten Rechtszug (§ 623 II S 1 ZPO) oder erst nach Rechtskraft des Scheidungsurteils anhängig gemacht wird.

2. Anwaltszwang. a) Hauptsacheverfahren. Für Eheleute besteht im Hausratsverfahren Anwaltszwang, wenn **2** es sich um ein Verbundverfahren handelt (§ 78 II S 1 Nr 1 ZPO). Vom Anwaltszwang ausgenommen sind alle selbständigen Familiensachen im Verfahren des ersten und des zweiten Rechtszugs (§ 78 II S 1 Nr 2, 3 ZPO). Eine Rechtsbeschwerde ist nicht statthaft (§§ 629a II S 1, 621e II S 1 ZPO). Wird nach der Rücknahme oder Abweisung des Scheidungsantrags ein Hausratsverfahren selbständig weitergeführt (§§ 626 II, 629 III S 2 ZPO), so kommt nur ein „trennungsbezogenes" Hausratsverfahren gem § 18a HausratsVO, §§ 1361a, 1361b BGB in Betracht, das dem Anwaltszwang nicht unterliegt. Wird ein Hausratsverfahren, das als Folgesache anhängig war, abgetrennt oder nach rechtskräftiger Scheidung selbständig weitergeführt, besteht der ursprünglich begründete Anwaltszwang weiter; denn die Eigenschaft als Folgesache geht weder durch eine isolierte Anfechtung noch durch eine Abtrennung nach § 628 ZPO verloren (BGH FamRZ 1979, 232).

b) Für den Antrag auf eine **einstweilige Anordnung (§§ 620 Nr 7, 621g)** besteht kein Anwaltszwang, auch **3** dann nicht, wenn für das „Hauptverfahren" als Folgesache Anwaltszwang herrscht; denn der Antrag kann – anwaltsfrei (§ 78 III ZPO) – auch zu Protokoll der Geschäftsstelle erklärt werden (§ 620a II S 2 ZPO). Das weitere Verfahren ist aber nicht mehr anwaltsfrei, sofern das „Hauptverfahren" dem Anwaltszwang unterworfen ist (Fehmel § 13 Rz 8).

11 *Zuständigkeit*
(1) Zuständig ist das Gericht der Ehesache des ersten Rechtszuges (Familiengericht).
(2) Ist eine Ehesache nicht anhängig, so ist das Familiengericht zuständig, in dessen Bezirk sich die gemeinsame Wohnung der Ehegatten befindet. § 606 Abs. 2, 3 der Zivilprozeßordnung gilt entsprechend.
(3) Wird, nachdem ein Antrag bei dem nach Absatz 2 zuständigen Gericht gestellt worden ist, eine Ehesache bei einem anderen Familiengericht rechtshängig, so gibt das Gericht im ersten Rechtszug das bei ihm anhängige Verfahren von Amts wegen an das Gericht der Ehesache ab. § 281 Abs. 2, 3 Satz 1 der Zivilprozeßordnung gilt entsprechend.

1. Sachlich zuständig ist das FamG, und zwar **ausschließlich** (§ 23b I S 2 Nr 8 GVG, § 621 I Nr 7 ZPO). Vor dem **1** Prozeßgericht geltend gemachte Hausrats- oder Ehewohnungsansprüche sind an das FamG abzugeben (§ 18 I S 1). Die Zuständigkeit des FamG erstreckt sich auch auf den einstweiligen Rechtsschutz wegen eigenmächtig verbrachten Hausrats, und zwar – kraft Sachzusammenhangs – selbst dann, wenn einem geringen Teil der herausverlangten Gegenstände die Hausratseigenschaft fehlt (BGH FamRZ 1982, 1200; Walter JZ 1983, 54 [56]; s auch vor § 1 Rz 7).

2. Bei der örtlichen Zuständigkeit ist zu unterscheiden. Ist eine **Ehesache** anhängig (§ 606 I ZPO), so ist das **2** Gericht der Ehesache zuständig (Abs I), und zwar das FamG des ersten Rechtszugs ohne Rücksicht darauf, in welcher Instanz die Ehesache anhängig ist. Für einstweilige Anordnungen ist aber § 620a IV ZPO zu beachten (§ 13 Rz 8). Ist eine **Ehesache nicht** anhängig – nach rechtskräftiger Scheidung oder bei Getrenntleben (§§ 1361a, 1361b BGB, § 18a), entscheidet das FamG der gemeinsamen Wohnung (Abs II S 1). Fehlt es an ihr im Inland, gelten die Regeln des § 606 II, III ZPO mit der Stufenfolge: letzter gemeinsamer gewöhnlicher Aufenthalt, sofern ein Ehegatte sich dort weiterhin aufhält; gewöhnlicher Aufenthaltsort des Antragsgegners; gewöhnlicher Aufenthaltsort des Antragstellers; FamG beim Amtsgericht Schöneberg in Berlin. Die örtliche Zuständigkeit ist **ausschließlich** (BGH FamRZ 1978, 402).

3. Abgabe. Bei **nachträglicher Anhängigkeit** einer Ehesache gilt Abs III: Das Gericht des ersten Rechtszuges **3** hat das anhängige Verfahren von Amts wegen an das Gericht der Ehesache abzugeben (Abs III S 1). Zur Abgabe kommt es also nicht, wenn das Hausratsverfahren bereits in der Beschwerdeinstanz schwebt. Der Abgabebeschluß ist – entsprechend § 281 II ZPO – bindend und unanfechtbar. Eine Ausnahme hiervon gilt, wenn der Verweisungsbeschluß jeglicher Rechtsgrundlage entbehrt und sich als willkürlich erweist oder wenn die Verweisung des Verfahrens an ein nach den prozessualen Vorschriften unzuständiges Gericht auf der Versagung rechtlichen Gehörs gegenüber einem Verfahrensbeteiligten beruht (BGH FamRZ 1978, 402). Das abgegebene Verfahren ist als selbständige Familiensache weiterzuführen, sofern nicht rechtzeitig das Verbundverfahren beantragt wird.

4. Zuständigkeitsbestimmung. Halten sich zwei FamG für örtlich unzuständig, gelten sowohl § 36 Nr 6 ZPO **4** als auch § 281 II ZPO entsprechend (BGH FamRZ 1987, 155). Verweist ein FamG die Hausratssache an ein anderes Gericht, so kann die Bindungswirkung auch ohne Verweisungsantrag eintreten, sofern den Beteiligten nur rechtliches Gehör geboten worden ist (BGH FamRZ 1978, 402). Für die Anhängigkeit des Verfahrens reicht die formlose Mitteilung der Antragsschrift an den Antragsgegner aus (BGH aaO).

12 *Zeitpunkt der Antragstellung*
Wird der Antrag auf Auseinandersetzung über die Ehewohnung später als ein Jahr nach Rechtskraft des Scheidungsurteils gestellt, so darf der Richter in die Rechte des Vermieters oder eines anderen Drittbeteiligten nur eingreifen, wenn dieser einverstanden ist.

HausratsVO § 12   Hausratsverordnung

1 **1. Zweck und Einordnung der Vorschrift.** Die Bestimmung will den Zeitraum der Ungewißheit für Dritte abkürzen, die am Schicksal der Wohnung interessiert sind. Der Richter darf in die Rechte dieser Drittbeteiligten nur mit deren Einverständnis eingreifen, wenn der Antrag später als ein Jahr nach Rechtskraft des Scheidungsurteils gestellt wird. Eine Klage vor dem Prozeßgericht wahrt die Frist auch dann, wenn die Sache erst nach Fristablauf an das FamG abgegeben wird (§ 18 II). Dagegen soll der beim unzuständigen Gericht gestellte Antrag die Frist nur dann wahren, wenn er nach Abgabe innerhalb der Frist beim zuständigen Gericht eingeht (Soergel/Heintzmann Rz 2).

2 **2. Entscheidungssperre für das Außenverhältnis.** Nach Ablauf der Frist darf der Richter ohne das Einverständnis des Dritten abgeschlossene Mietverträge weder aufheben noch ändern; das gilt auch dann, wenn eine Wohnung geteilt wird (BayObLG 1955, 202 [204]) oder wenn das von beiden Ehegatten begründete Mietverhältnis nur von einem Ehegatten fortgesetzt werden soll (Schleswig SchlHA 1955, 203 [204]). Das Einverständnis des Dritten kann noch in der Beschwerdeinstanz widerrufen werden (BayObLG 1957, 33 [38f]). Bei Erbengemeinschaften entscheidet über das Einverständnis die – nach der Größe der Erbteile errechnete – Mehrheit (KG HuW 1954, 172).

3 **3. Verhältnis unter den Ehegatten.** Entscheidungen, die nur das **Innenverhältnis** der Eheleute betreffen, setzten das Einverständnis des Dritten nicht voraus (BayObLG FamRZ 1970, 33; München FamRZ 1986, 1019). Sie sind auch noch nach Ablauf der Jahresfrist statthaft und können zu einer Freistellung des weichenden Mieters von der Zahlungspflicht im Innenverhältnis führen; dagegen besteht kein Anspruch des weichenden Mieters gegen den Wohnungsinhaber auf Zustimmung zur Kündigung des Mietvertrages (AG Charlottenburg FamRZ 1990, 532). Deshalb darf der Richter die Wohnungsnutzung unter den Ehegatten aufteilen, wenn die Mietverträge erhalten bleiben (KG FamRZ 1960, 443ff). Problematisch sind allerdings Entscheidungen, die (ohne Einverständnis des Vermieters) einem Ehegatten-Mieter aufgeben, die Wohnung zu verlassen, und dem Wohnungsinhaber anhalten, den weichenden Mieter von der Mietzahlung im Innenverhältnis freizustellen (Soergel/Heintzmann Rz 5). Diese Gestaltung ist zwar mit dem Wortlaut des Gesetzes vereinbar (KG FamRZ 1960, 443ff; LG Berlin FamRZ 1963, 95; sie entzieht aber dem Dritten das Vermieterpfandrecht an den eingebrachten Sachen des weichenden Mieters für die Zukunft und beläßt dem Dritten einen Mieter, dessen Zahlungswille wegen des Wohnungsverlustes gelitten hat; der Freistellungsanspruch entschädigt den weichenden Mieter häufig nur unzulänglich, zumal er (auch nach Übergang in einen Zahlungsanspruch) an Aufrechnungsbeeinträchtigungen gegenüber dem Unterhaltsanspruch des Ehegatten leidet (§ 394 BGB; s auch LG Wiesbaden FamRZ 1963, 94f).

13 *Allgemeine Verfahrensvorschriften*

(1) Das Verfahren ist unbeschadet der besonderen Vorschrift des § 621a der Zivilprozeßordnung eine Angelegenheit der freiwilligen Gerichtsbarkeit.
(2) Der Richter soll mit den Beteiligten in der Regel mündlich verhandeln und hierbei darauf hinwirken, dass sie sich gütlich einigen.
(3) Kommt eine Einigung zustande, so ist hierüber eine Niederschrift aufzunehmen, und zwar nach den Vorschriften, die für die Niederschrift über einen Vergleich im bürgerlichen Rechtsstreit gelten.
(4) Lebt ein Kind in einer Wohnung, die Gegenstand einer Entscheidung über die Zuweisung ist, teilt der Richter dem Jugendamt, in dessen Bereich sich die Wohnung befindet, die Entscheidung mit.
(5) (gegenstandslos)

1 **1. Das Verfahren ist unübersichtlich geregelt.** Weil es sich um eine Angelegenheit der **freiwilligen Gerichtsbarkeit** handelt, gelten die Vorschriften des FGG und der Verordnung – dies wegen § 621a ZPO aber nur, soweit nicht Sonderregeln der ZPO oder des GVG eingreifen (vgl im einzelnen Thomas/Putzo § 621a ZPO Rz 4ff; betroffen werden insbesondere die Bestimmung des örtlich zuständigen Gerichts, die Ausschließung und Ablehnung von Richtern, die Zuziehung von Beiständen und Bevollmächtigten und die Bekanntgabe gerichtlicher Verfügungen). Zum Anwaltszwang s vor § 11 Rz 2, 3; zum **Antrag** vgl § 1 Rz 17. Die Beiordnung eines Rechtsanwalts im Rahmen der Prozeßkostenhilfe kann im Verfahren auf Zuweisung der Ehewohnung im Wege der einstweiligen Anordnung erforderlich sein (Hamm FamRZ 1990, 892).

2 **2.** Es gilt der **Amtsermittlungsgrundsatz** (§ 12 FGG, § 621a I S 2 ZPO). (Auch) die Parteien haben aber das Verfahren zu fördern und erhebliche Tatsachen vorzutragen und Beweismittel zu nennen. Für eine Beweisaufnahme gilt § 15 FGG; (Beeidigung von Zeugen Ermessenssache des Gerichts; Versicherung an Eides Statt zulässig). Die Beweisaufnahme ist parteiöffentlich, (während das Verfahren selbst nicht öffentlich ist; § 170 S 1 GVG. Da das Hausratsverfahren streitmäßigen Charakter hat, muß derjenige, der aus einer bestimmten Tatsache Rechtsfolgen herleitet, die Rechtsnachteile tragen, wenn die Tatsache von Amts wegen nicht ermittelt läßt; allerdings löst die Vermutung des § 8 II manche „Beweislastfragen".

3 **3.** Abs II schreibt für den Regelfall eine **mündliche Verhandlung** vor, auch für die Beschwerdeinstanz. Nur in Ausnahmefällen kann auf die mündliche Verhandlung verzichtet werden (BayObLG FamRZ 1970, 36 [37]). Der Richter soll auf eine gütliche Einigung hinwirken, die als gerichtlicher Vergleich gem §§ 159ff ZPO zu protokollieren ist. Der Vergleich kann auch Streitfragen regeln, die über das Hausratsverfahren hinausgehen (MüKo/Müller-Gindullis Rz 5). Bei der offenen Vereinbarungsscheidung gem § 1565 I BGB fordert § 630 III ZPO einen vollstreckbaren Vergleich regelmäßig als Sachentscheidungsvoraussetzung. Die Entscheidung ergeht durch Beschluß, im Verbundverfahren durch Urteil (§ 629 I ZPO).

4 **4. Einstweiliger Rechtsschutz. a) Einstweilige Verfügungen** sind jedenfalls dann unzulässig, wenn man auch Besitzschutzansprüche dem Hausratsverfahren zuweist (vor § 1 Rz 10). Diese Zuweisung dürfte zu bejahen sein (so wohl die hM; vgl BGH FamRZ 1982, 1200; Schleswig FamRZ 1997, 892; Soergel/Lange § 1361a Rz 4; MüKo/Müller-Gindullis Rz 6; Hamm NJW 1982, 1108; aA wohl Thomas/Putzo/Hüßtege § 620 ZPO Rz 6: bis zur Anhängigkeit eines Eheprozesses einstweilige Verfügung zulässig; das ist im Hinblick auf §§ 1361a, 1361b BGB, 18a bedenklich; aA wohl auch Hambitzer FamRZ 1989, 236, der von einer freien Anspruchskonkurrenz zwischen §§ 861, 862 und §§ 1361a, 1361b ausgeht und der Hausratsverordnung nur die Ansprüche gem §§ 1361a und 1361b zuweist). Düsseldorf (FamRZ 1987, 484 m Anm Müller) erkennt zwar Besitzschutzstreitigkeiten unter Eheleuten um Hausrat als Familiensache an, bejaht aber darüber hinaus den einstweiligen Rechtsschutz im Wege der einstweiligen Verfügung außerhalb des Hausratsverfahrens. Das Gericht eröffnet damit uneingeschränkt den Weg zur zweiten Instanz (Müller FamRZ 1987, 484f). Ob das einer einfachen und zweckmäßigen Hausratsverteilung entspricht (vgl vor § 1 Rz 13), erscheint indes zweifelhaft (vgl § 14 Rz 12).

b) Einstweilige Anordnungen können ergehen aa) im „Hausratsverfahren" gem § 621g ZPO, das Trennungsstreitlagen (§§ 1361a, 1361b BGB) bewältigen soll, und zwar auch dann, wenn um Besitzschutz (§§ 861, 862 BGB) gestritten wird (Köln FamRZ 1997, 1276; Hamm FamRZ 1991, 81), und das auch dann statthaft ist, wenn ein Scheidungsverfahren voraus (Schleswig FamRZ 1997, 892; Köln FamRZ 1986, 703). Allerdings setzt sie eine solche Anordnung in anhängiges Verfahren voraus (Schleswig FamRZ 1997, 892); zudem muß die Endentscheidungsreife fehlen (Hamburg FamRZ 1996, 1294); bb) im isolierten Hausratsverfahren für die Zeit nach der Scheidung für die Verteilung von Ehewohnung und Hausrat gem § 621g ZPO; cc) im Scheidungsverbundverfahren gem § 620 Nr 7 ZPO. Durch diese aufgrund des GewSchG in die ZPO aufgenommene Bestimmung wurde der einstweilige Rechtsschutz im isolierten Verfahren dem im Verbundverfahren angeglichen. Auf die frühere nach Richterrecht ausgestaltete einstweilige Anordnung des FGG-Verfahrens kann wegen der Kodifizierung und Ersetzung des § 13 IV aF nicht mehr zurückgegriffen werden. Eine einstweilige Anordnung ist zulässig, sobald eine Ehesache oder eine Hausratssache oder ein darauf gerichtetes Prozeßkostengesuch eingereicht ist (§ 620a I S 1 ZPO). Sie erfordert stets einen Antrag. Die aufgrund mündlicher Verhandlung erlassene einstweilige Anordnung über einen Antrag auf Zuweisung der Ehewohnung ist mit der sofortigen Beschwerde zum OLG anfechtbar. Im übrigen, dh insbesondere bezüglich Hausrats, sind die Entscheidungen unanfechtbar (§ 620e ZPO). Nach § 620f ZPO tritt die einstweilige Anordnung grundsätzlich erst mit der Wirksamkeit einer anderweitigen Regelung außer Kraft. Dies bedeutet, daß die im Scheidungsverfahren erlassene einstweilige Anordnung erst mit der Wirksamkeit einer endgültigen Regelung des Hausrats oder der Ehewohnung nach der HausratsVO außer Kraft tritt. Bei einer einstweiligen Anordnung nach § 621g ZPO kann sowohl eine Regelung aufgrund der §§ 1361a, 1361b BGB als auch eine solche nach der HausratsVO eine anderweitige Regelung sein. In allen Fällen sind auch sonstige anderweitigen Regelungen denkbar, etwa durch Vereinbarung der Ehegatten, aber auch durch Urteil des Prozeßgerichts.

c) Inhalt. Die einstweilige Anordnung soll die endgültige Entscheidung nicht vorwegnehmen. Deshalb wird sie sich regelmäßig darauf beschränken müssen, Benutzungsfragen im Hinblick auf Hausrat und Ehewohnung zu regeln. Denkbar sind aber auch Veräußerungs- oder Verbringungsverbote zum Schutz des Hausrats (vgl MüKo/Müller-Gindullis Rz 7). Nur in Ausnahmefällen dürfte es angängig sein, einem Ehegatten die Ehewohnung zur alleinigen Nutzung zuzuweisen und den anderen Ehegatten anzuhalten, die Wohnung mit den eigenen Hausratsgegenständen zu räumen (vgl auch § 5 Rz 14).

5. Mitteilung an das Jugendamt. Nach der Neufassung des Abs IV aufgrund des GewSchG hat der Richter dem Jugendamt die Entscheidung über die Zuweisung der Ehewohnung, in welcher ein Kind lebt, mitzuteilen, Unter Entscheidungen sind auch einstweilige Anordnungen zu verstehen. Damit wird bezweckt, daß das Jugendamt unverzüglich prüfen kann, ob Maßnahmen zum Schutz des minderjährigen Kindes veranlaßt sind. Eine Beteiligtenstellung ist damit nicht verbunden, nachdem § 7 nicht geändert wurde (s § 7 Rz 1).

14 *Rechtsmittel*

Eine Beschwerde nach § 621e der Zivilprozeßordnung, die sich lediglich gegen die Entscheidung über den Hausrat richtet, ist nur zulässig, wenn der Wert des Beschwerdegegenstandes sechshundert Euro übersteigt.

1. Zweck und Einordnung der Vorschrift. Für Beschwerden gegen Endentscheidungen in Angelegenheiten der freiwilligen Gerichtsbarkeit nach § 621e ZPO ist die für Berufungen in Streitsachen geltende Vorschrift des § 511 II S Nr 1 ZPO nicht anwendbar, wonach das Rechtsmittel nur zulässig ist, wenn der Wert der Beschwer sechshundert Euro übersteigt. Bei diesem Grundsatz bleibt es auch für Beschwerden in Hausratssachen. Ausgenommen sind solche, die sich lediglich gegen Entscheidungen über Hausrat richten. Bei diesen muß der Wert der Beschwer 600 Euro übersteigen.

2. Allgemeines zum Rechtsmittelverfahren. a) Berufung. Hat das FamG über die Hausratsangelegenheit im **Verbund** entschieden, so ist gegen das Urteil **Berufung** einzulegen, sofern das Rechtsmittel nicht auf die Entscheidungsgegenstände aus dem Bereich der freiwilligen Gerichtsbarkeit beschränkt werden. Eine Revision gegen ein Verbundurteil des Oberlandesgerichts wegen einer Hausratsangelegenheit ist nicht zulässig (§ 629a I ZPO).

b) Mit der – berufungsähnlich ausgestalteten – **befristeten Beschwerde** des § 621e ZPO werden angefochten:
– Beschlüsse des FamG als Endentscheidungen in Hausratsangelegenheiten;
– Verbundurteile des FamG über Hausratssachen, sofern die Hausratsentscheidung allein oder zusammen nur mit anderen Entscheidungen aus dem FGG-Bereich angegriffen werden soll (§ 629a II S 1).

Eine Rechtsbeschwerde gegen die Entscheidung des OLG in Hausratsangelegenheiten ist unzulässig (§§ 621e II S 1, 629a II S 1 ZPO), und zwar auch dann, wenn das OLG die Erstbeschwerde oder Berufung als unzulässig verworfen hat (BGH FamRZ 1980, 670; FamRZ 1980, 234). Die Beschwerde ist binnen einer Notfrist von einem

H.-U. Graba

HausratsVO § 14 Hausratsverordnung

Monat (§§ 621e III S 2, 517 ZPO) nach der Zustellung von Amts wegen (§ 270 I ZPO) beim OLG (§ 119 I Nr 2 GVG) einzulegen. Die Frist ist gewahrt, wenn die – beim Amtsgericht eingereichte – Beschwerde innerhalb der Rechtsmittelfrist zum OLG gelangt (BGH FamRZ 1978, 232; 1978, 492). Die Beschwerde ist in einer Frist von zwei Monaten ab Zustellung der Entscheidung zu begründen (§§ 621e, 520 II S 1 ZPO) – dies aber nicht in der strengen Form des § 520 ZPO (vgl § 621e III S 2 ZPO). Bei Fristversäumnis richtet sich die Wiedereinsetzung in vorigen Stand nach den Vorschriften der ZPO (§§ 233ff) und nicht nach § 22 II FGG (BGH FamRZ 1979, 30 für die entsprechende Frage im Sorgerechtsverfahren). Das Beschwerdegericht muß nicht in der Sache selbst entscheiden, sondern kann die angefochtene Entscheidung aufheben und die Sache an das Amtsgericht zurückverweisen – etwa bei einem schweren Verfahrensfehler (Hamm FamRZ 1991, 466).

4   c) **Anwaltszwang** gilt im Beschwerdeverfahren bei Folgesachen (§ 78 II Nr 1 ZPO) – also wenn die Hausratsentscheidung des FamG in einem Verbundurteil ergangen ist (BGH FamRZ 1979, 232, allerdings zum Versorgungsausgleich), aber auch dann, wenn das FamG die Hausratssache gem § 628 I Nr 3 ZPO aus dem Verbund abgetrennt hat). Selbständige Hausratsangelegenheiten sind auch im Beschwerdeverfahren anwaltsfrei (BGH FamRZ 1978, 232, zur Sorgerechtsregelung).

5   d) **Aufschiebende Wirkung.** Die Beschwerde verhindert den Eintritt der Wirksamkeit der Entscheidung (§ 16 I S 1). Das FamG darf seine Entscheidung zwar nicht mehr abändern (§§ 621e III, 318 ZPO). Das soll einer neuen Entscheidung bei wesentlicher Änderung der Verhältnisse gem § 17 aber nicht entgegenstehen (Fehmel § 17 Rz 1).

6   e) Auch das Beschwerdegericht ist an **Anträge** der Ehegatten nicht gebunden ist. Es hat einheitlich über alle zu verteilende Gegenstände zu entscheiden, über deren Verteilung sich die Eheleute nicht geeinigt haben, (BGH NJW 1955, 1355). Eine **Teilanfechtung** kommt nur in Betracht, soweit es um Entscheidungsbestandteile geht, die sich rechtlich unabhängig voneinander überprüfen lassen (BayObLG FamRZ 1970, 33). So läßt sich etwa die Entscheidung über die Ehewohnung von der Entscheidung über den Hausrat abspalten. Auch wenn das Gericht an Sachanträge nicht gebunden ist, gilt das **Verschlechterungsverbot** jedenfalls insoweit, als dem Beschwerdeführer nicht etwas ohne entsprechenden Gegenwert entzogen werden darf (BayObLG FamRZ 1977, 467; Hamm FamRZ 1969, 428; Soergel/Heintzmann Rz 8). Wegen dieses Verbots ist aus Gründen der Gerechtigkeit und der Prozeßwirtschaftlichkeit die **unselbständige Anschlußbeschwerde** zulässig (BayObLG FamRZ 1977, 467; BGH NJW 1978, 1977 zum WEG; FamRZ 1979, 230; 1983, 154 zum Versorgungsausgleich).

7   3. § 14 bezieht sich nur auf **Endentscheidungen** in Hausratsangelegenheiten. Zwischenentscheidungen, die geeignet sind, in Rechte der Beteiligten einzugreifen, sind mit der einfachen Beschwerde (§ 19 I FGG) anzufechten (BGH FamRZ 1979, 224; FamRZ 1979, 696 für Zwangsgeldandrohungen im Versorgungsausgleichsverfahren). Eine weitere Beschwerde kommt nicht in Betracht (BGH FamRZ 1979, 696).
Für die Anfechtung einstweiliger Anordnungen gilt § 620c ZPO (s § 13 Rz 5).

8   4. **Wert des Beschwer. a)** Der **Wert des Beschwerdegegenstandes** muß bei Endentscheidungen, die sich nur auf Hausrat beziehen, 600 Euro übersteigen. Die Beschränkung gilt nicht, wenn der Beschwerdeführer mit der Entscheidung über den Hausrat zugleich die Entscheidung über die Ehewohnung angreift oder eine hausratsverfahrensfremde Entscheidung beanstandet (Frankfurt NJW 1963, 594 im Hinblick auf einen Schadensersatzanspruch). Hat der Richter aber hausratsfremde Gegenstände als Hausrat verteilt und damit seine Zuständigkeit überschritten, greift § 14 ein (MüKo/Müller-Gindullis Rz 5; Düsseldorf FamRZ 1988, 535).

9   b) **Amtsermittlung.** Ob der Beschwerdeführer den Wert des Beschwerdegegenstandes **glaubhaft zu machen** hat (so KG FamRZ 1960, 241 und Fehmel Rz 16 mwN) oder ob das Gericht diesen Wert von Amts wegen ermitteln muß (so Zweibrücken FamRZ 1976, 699; BayObLG 1959, 472 [476]), ist str. Vorzugsweise dürfte die zweite Auffassung sein, auch wenn das Beschwerdeverfahren gem § 621e ZPO berufungsnah ausgestaltet ist, zumal § 621e III nicht auf § 511 II Nr 1 ZPO verweist. Zwar beherrschen das Hausratsverfahren nicht Sachanträge. Trotzdem wird man als äußersten Rahmen für den Wert des Beschwerdegegenstandes den Unterschiedswert ansetzen müssen, der zwischen den vom Beschwerdeführer im ersten Rechtszug entwickelten Zuteilungsvorstellungen und dem Wert der erhaltenen Zuteilung liegt. Dieser Wert ermäßigt sich, wenn der Beschwerdeführer weniger anstrebt.

10   c) Für die Wertberechnung ist der „**Verkehrswert**" anzusetzen (Zweibrücken FamRZ 1976, 699), der allerdings nicht ohne weiteres dem Gebrauchtwarenmarktwert entspricht (dazu allerdings Saarbrücken AnwBl 1984, 372 m krit Anm Schmidt; siehe auch Fehmel Rz 14 und § 14 Rz 2). Der Wert des Beschwerdegegenstandes läßt sich nicht ausweiten, indem man in der Beschwerdeinstanz mehr begehrt als im ersten Rechtszug (BayObLG 1955, 324 [327f]).

11   5. Zu Voraussetzungen und Anfechtbarkeit einer **einstweiligen Anordnung** s § 13 Rz 5.

15 *Durchführung der Entscheidung*
Der Richter soll in seiner Entscheidung die Anordnungen treffen, die zu ihrer Durchführung nötig sind.

1   1. **Zweck und Einordnung der Vorschrift.** Die Entscheidung des Hausratsrichters soll nicht nur billig (§ 2), sondern auch praktisch brauchbar sein. Sie soll einen vollstreckungsfähigen Inhalt haben (§ 16 III), für den der Richter von Amts wegen (Fehmel Rz 1) zu sorgen hat.

2   2. **Zweckentspechende Maßnahmen. a) Wohnungszuweisung.** Bei Entscheidungen zur **Ehewohnung** ist eine **Räumungsanordnung** zu treffen (BGH FamRZ 1994, 98, 101) und (gegebenenfalls) eine Räumungsfrist zu bewil-

ligen (BayObLG FamRZ 1975, 421). Diese Frist läßt sich verlängern – allerdings nur bei einer wesentlichen Veränderung der Verhältnisse gem § 17 I (so München FamRZ 1978, 196f; Stuttgart FamRZ 1980, 467 [468]; Fehmel Rz 5) und nicht im großzügigeren Rahmen der §§ 2, 15 ergehen (so aber MüKo/Müller-Gindullis Rz 2 iVm § 17 Rz 5). Die Regelung des § 17 verdrängt § 16 III und damit auch die §§ 721, 765a ZPO (München FamRZ 1978, 196f). Räumungsanordnungen kommen auch gegenüber Dritten in Betracht – etwa gegenüber dem neuen Lebensgefährten, den der Ehegatte indessen in die Wohnung aufgenommen hat (Pal/Brudermüller Rz 3). Die Entscheidung über die Räumungsfrist ist Endentscheidung und mit der Beschwerde gem § 621e ZPO anfechtbar (München FamRZ 1978, 196), und zwar (wohl) auch dann, wenn sie im Abänderungsverfahren (§ 17) ergeht (offengelassen Stuttgart FamRZ 1980, 467). Bei einer Entscheidung, die nicht als „Endentscheidung" einzuordnen ist, sollte die einfache FGG-Beschwerde (§ 19 FGG) gegeben sein (Fehmel Rz 7). Auch für eine Räumungsfrist aus einem **Vergleich** kann eine Räumungsfrist gewährt werden (Karlsruhe Justiz 1979, 438). Neben der Räumung ist die Herausgabe der Wohnung an den anderen Ehegatten anzuordnen (Pal/Brudermüller Rz 2).

b) Hausratsentscheidungen sollten eine **Herausgabeanordnung** enthalten, die alle Gegenstände genau bezeichnet, die an einen Ehegatten herauszugeben sind (vgl Düsseldorf FamRZ 1986, 1134 [1136]). Herausgabeanordnungen Zug um Zug sind statthaft (Fehmel Rz 14). 3

c) Bei **Zahlungsanordnungen** (Beispiele: Ausgleichszahlung gem § 8 III S 2 oder Erwerbsentgelt gem § 9 II S 2) ist der Betrag festzusetzen. Soweit Umzugskosten zu erstatten sind, kommt aber auch eine spätere Festlegung in Betracht (Fehmel Rz 16). 4

16 *Rechtskraft und Vollstreckbarkeit*
(1) Die Entscheidungen des Richters werden mit der Rechtskraft wirksam. Sie binden Gerichte und Verwaltungsbehörden.
(2) Die Änderung und die Begründung von Mietverhältnissen durch den Richter bedarf nicht der nach anderen Vorschriften etwa notwendigen Genehmigung.
(3) Aus rechtskräftigen Entscheidungen, gerichtlichen Vergleichen und einstweiligen Anordnungen findet die Zwangsvollstreckung nach den Vorschriften der Zivilprozeßordnung statt.

1. **Keine vorläufige Vollstreckbarkeit.** Die Entscheidungen des Hausratsrichters, außer Anordnungen des vorläufigen Rechtsschutzes, werden erst mit der Rechtskraft wirksam (Abs I S 1) und vollstreckbar. Eine vorläufige Vollstreckbarkeit gibt es nicht (Karlsruhe FamRZ 1983, 731). 1

2. **Rechtskraft.** Die formelle Rechtskraft tritt mit der Unanfechtbarkeit der Entscheidung ein. Unanfechtbar ist die Entscheidung nach Ablauf der Rechtsmittelfrist oder nach einem Rechtsmittelverzicht (BGH FamRZ 1981, 947) oder wenn das Beschwerdegericht entschieden hat, weil damit der Instanzenzug erschöpft ist. Bei einer Folgesache wird die Entscheidung **nicht vor Rechtskraft des Scheidungsausspruchs** wirksam (§ 629d ZPO), auch nicht, wenn die Hausratssache nicht als Folgesache anhängig gemacht worden und wenn eine Entscheidung im Beschwerdeverfahren ergangen ist, obwohl die Ehesache im Revisionsverfahren schwebt. Die Änderungsmöglichkeit (§ 17) schwächt allerdings formelle und materielle Rechtskraft ab. 2

3. **Gestaltungswirkung.** Abs I S 1 (Wirksamkeit der Entscheidungen) betrifft (auch) die Gestaltungswirkung der Entscheidungen – etwa den Übergang des Eigentums oder das Inkrafttreten (Erlöschen) eines Mietverhältnisses. 3

4. **Mietbindungsvorschriften.** Abs II ist im Zusammenhang mit öffentlich-rechtlichen Regeln (vornehmlich aus dem Bereich einer Wohnungszwangswirtschaft) zu verstehen. Neben der Entscheidung des Hausratsrichters bedarf es keiner Genehmigung der Wohnungsbehörde; anders bei Vergleichen (Fehmel Rz 10). 4

5. Die **Zwangsvollstreckung** richtet sich nach den Vorschriften der ZPO (**Abs III**). Sie setzt, außer bei einstweiligen Anordnungen, eine Vollstreckungsklausel voraus. Die Abänderungsmöglichkeit gem § 17 geht der – grundsätzlich zulässigen (Hamm FamRZ 1988, 745) – Vollstreckungsabwehrklage vor. Vermag der Herausgabeschuldner Hausrat nicht mehr herauszugeben, kann der Gläubiger zum Schadensersatzanspruch übergehen (§ 893 I ZPO), der beim Prozeßgericht des ersten Rechtszugs zu erheben ist (Koblenz FamRZ 1982, 507). Vollstreckungsberechtigt ist nur der Titelgläubiger (Ehegatte), nicht etwa der Vermieter. 5

6. **Zurückbehaltungsrechte** dürfen schon im „Erkenntnisverfahren" bei Hausratsangelegenheiten regelmäßig nicht berücksichtigt werden (BayObLG FamRZ 1975, 421 [423] für Zugewinnausgleich). Sie sollten auch im Vollstreckungsverfahren außer Betracht bleiben, soweit sie nicht wegen eines im selben Verfahren festgestellten und in entgegengesetzter Richtung wirkenden Anspruchs erhoben werden (LG Münster FamRZ 1957, 264 [LS]). 6

7. Die **Aufrechnung** gegen eine im Hausratsverfahren angeordnete Ausgleichszahlung ist ausgeschlossen (Hamm FamRZ 1988, 745f). 7

17 *Änderung der Entscheidung*
(1) Haben sich die tatsächlichen Verhältnisse wesentlich geändert, so kann der Richter seine Entscheidung ändern, soweit dies notwendig ist, um eine unbillige Härte zu vermeiden. In Rechte Dritter darf der Richter durch die Änderung der Entscheidung nur eingreifen, wenn diese einverstanden sind.
(2) Haben die Beteiligten einen gerichtlichen Vergleich (§ 13 Abs. 3) geschlossen, so gilt Absatz 1 sinngemäß.
(3) Will der Richter auf Grund der Absätze 1 oder 2 eine Wohnungsteilung (§ 6) wieder beseitigen, so soll er vorher die Gemeinde hören.

HausratsVO § 17 Hausratsverordnung

1 **1. Zweck und Einordnung der Vorschrift.** Die Bestimmung ermöglicht es, die Entscheidung an wesentlich veränderte tatsächliche Verhältnisse anzupassen. Sie durchbricht damit das Änderungsverbot des § 18 II FGG für Verfügungen, die der sofortigen (oder doch einer „qualifizierten") Beschwerde unterliegen; die Änderungsbefugnis ist aber an strengere Voraussetzungen gebunden als in § 18 I FGG.

2 **2. Voraussetzungen für eine Abänderung.** Abzuändern ist die Entscheidung nur, wenn sich die **tatsächlichen Verhältnisse nachträglich wesentlich geändert** haben und wenn es gilt, eine **unbillige** Härte zu vermeiden. Die Bestimmung betrifft auch Entscheidungen für das Getrenntleben gem § 18a (Köln FamRZ 1997, 892); sie ist eng auszulegen; (aA offenbar BayObLG 1963, 286 [287] und Frankfurt OLG 77, 405). Wenigstens im Hausrats- und Ehewohnungsrecht sollte eine endgültige Trennung der Eheleute angestrebt werden (Fehmel Rz 5 u 6). In Betracht kommt vor allem eine nachträgliche Umgestaltung der elterlichen Sorge (vgl die amtlichen Erläuterungen DJ 1944, 282). Der Änderungsgrund „Wiederheirat" (vgl Schleswig JR 1949, 448; Soergel/Heintzmann Rz 2) ist problematisch, weil eine neue Bindung die alte Lösung der Ehewohnungs- und Hausratsfrage schwerlich als unbillig hart erscheinen läßt (Fehmel Rz 9). Nachträgliche Einkommenssteigerungen oder nachträglicher Vermögenserwerb sollten zu einer nachträglichen Ausgleichszahlung oder deren Aufhebung allenfalls dann führen, wenn die ursprüngliche Entscheidung aus besonderen Gründen vom Gleichwertigkeitsdenken kraß abgewichen ist. Bei Räumungsfristen kann die getäuschte Erwartung ausreichen, der Räumungsschuldner werde innerhalb einer bestimmten Zeit eine angemessene Ersatzwohnung finden (München FamRZ 1978, 196).

3 **3.** Die Abänderungsbefugnis gilt sinngemäß für einen gerichtlichen **Vergleich,** der im Hausratsverfahren geschlossen worden ist. Darüber hinaus sollte die Bestimmung bei Hausrats- und Ehewohnungsvergleichen aus einem anderen gerichtlichen Verfahren gelten (LG Berlin FamRZ 1971, 31) und zusätzlich bei außergerichtlichen Einigungen aus diesem Sachgebiet (BGH FamRZ 1994, 98; Soergel/Heintzmann Rz 5). Ein Unterhaltsvergleich, der einem Ehegatten die Benutzung der Ehewohnung anstelle eines Barunterhalts überläßt, ist aber nicht im Wohnungszuweisungsverfahren abzuändern, sondern nach den Grundsätzen über die Abänderung von Unterhaltsvergleichen (Karlsruhe FamRZ 1995, 1157).

4 **4. Ursprüngliche Fehler.** Beruht die frühere Entscheidung oder der Vergleich auf der irrigen Annahme bestimmter tatsächlicher Voraussetzungen, wird man § 17 entsprechend anzuwenden haben (BayObLG 1963, 286; Hamm FamRZ 1988, 645; Soergel/Heintzmann Rz 3). Das gilt insbesondere für arglistig erschlichene Vergleiche oder Entscheidungen. Gründe, die im Zivilprozeß ein Wiederaufnahmeverfahren rechtfertigen, sollen die Änderungsbefugnis des § 17 ebenfalls auslösen (BayObLG 1963, 286). Ob grobe Rechtsfehler des Gerichts allein für eine Änderung der Entscheidung ausreichen, erscheint zumindest zweifelhaft (vgl den Ausgangsfall zur Auskunftsentscheidung von Frankfurt FamRZ 1988, 645).

5 **5.** Das Verbot, in **Rechte Dritter** ohne deren Einverständnis einzugreifen (Abs I S 2), ist bei einer „Rückverteilung" von Hausrat problematisch, soweit es um die Gefährdung von Vermieterpfandrechten geht. Bei Ehewohnungen gilt auch für das Abänderungsverfahren die Schutzfrist des § 12 (Fehmel Rz 14).

6 **6.** Das **Abänderungsverfahren** setzt einen **Antrag** voraus (str; wie hier BGH FamRZ 1994, 98; Fehmel Rz 4, 18; aA Soergel/Heintzmann Rz 6). Zuständig ist bei Entscheidungen das FamG des 1. Rechtszuges. Dessen Zuständigkeit ist auch dann gegeben, wenn ein Vergleich im Beschwerdeverfahren geschlossen worden ist (str; wie hier Fehmel Rz 18; aA Soergel/Heintzmann Rz 6: FamG des Vergleichs). Die Zuständigkeit des (erstinstanzlichen) FamG ergibt sich bei einem Vergleich, der außergerichtlich oder vor einem anderen Gericht geschlossen wurde, aus § 11 (MüKo/Müller-Gindullis Rz 6; Soergel/Heintzmann Rz 6). Nach dem Tod eines Ehegatten ist eine Abänderung ausgeschlossen.

7 **7. Anhörung der Gemeinde.** Abs III ist ohne praktische Bedeutung.

18 *Rechtsstreit über Ehewohnung und Hausrat*
(1) **Macht ein Beteiligter Ansprüche hinsichtlich der Ehewohnung oder des Hausrats (§ 1) in einem Rechtsstreit geltend, so hat das Prozeßgericht die Sache insoweit an das nach § 11 zuständige Familiengericht abzugeben. Der Abgabebeschluß kann nach Anhörung der Parteien auch ohne mündliche Verhandlung ergehen. Er ist für das in ihm bezeichnete Gericht bindend.**
(2) **Im Falle des Absatzes 1 ist für die Berechnung der im § 12 bestimmten Frist der Zeitpunkt der Klageerhebung maßgebend.**

1 **1. Zweck und Einordnung der Vorschrift.** Die Bestimmung sichert bei Auseinandersetzungen um Ehewohnung und Hausrat die **ausschließliche sachliche Zuständigkeit des FamG,** wenn ein Scheidungs- oder Aufhebungsverfahren anhängig ist. Darüber hinaus setzt die ausschließliche Zuständigkeit des FamG bereits dann ein (vgl § 18a), wenn bei Ehewohnungsstreitigkeiten ein Ehegatte den Willen zum Getrenntleben bekundet (§ 1361b BGB) oder wenn bei Hausratsauseinandersetzungen die Ehegatten getrennt leben (§ 1361a BGB) – die Zuständigkeitszeitpunkte sollten allerdings aufeinander abgestimmt werden. Das Prozeßgericht hat die Sache an das gem § 11 zuständige FamG auch dann abzugeben, wenn die Zuständigkeit erst im Laufe des Verfahrens wechselt (BGH FamRZ 1976, 691). Zur Zuständigkeit bei Ehegatteninsolvenz s aber vor § 1 Rz 14. Hausrats- und Ehewohnungsstreitigkeiten, die sich auf eine **Einigung** der Eheleute für die Zeit **nach der Scheidung** gründen, gehören vor das Prozeßgericht (vgl vor § 1 Rz 9) – abgesehen von Abänderungen gem § 17. Zur Zuständigkeit bei Streitlagen gem §§ 1361a, 1361b BGB im Hinblick auf Ehewohnung vgl Köln FamRZ 1987, 77 und auf Hausrat trotz früherer Einigung § 1 Rz 15.

2 **2. Abgabe.** Das Prozeßgericht **1. Instanz** hat die Familiensache **von Amts wegen** an das FamG abzugeben, also ohne Antrag einer Partei. Im Berufungsverfahren ist eine Abgabe ausgeschlossen (§ 513 II ZPO). Statthaft ist auch eine „beschränkte Abgabe", wenn nur ein Teil des Streitgegenstandes vor das FamG gehört (vgl Abs I S 1: „insoweit"; Fehmel Rz 4; MüKo/Müller-Gindullis Rz 2).

3. Bindung. a) Abgabe an FamG. Der Abgabebeschluß bindet das bezeichnete Gericht gem Abs I S 3 auch **3** dann, wenn das Abgabegericht zu Unrecht eine Hausratssache angenommen hat (str, wie hier BayObLG FamRZ 1968, 319; 1975, 582; Soergel/Heintzmann Rz 3; Fehmel Rz 13; Heintzmann FamRZ 1983, 957 [960]; MüKo/Müller-Gindullis Rz 4). Die Bindung betrifft nicht nur das bezeichnete Gericht, sondern auch die als „FamG" bezeichnete Sprucheinheit (Abteilung) des Gerichts (Heintzmann aaO S 960). Deshalb sollte auch eine Abgabe innerhalb ein und desselben Amtsgerichts von der Prozeßabteilung an das FamG binden (Heintzmann aaO, S 960 Soergel-ErgBd/Heintzmann Rz 3; aA Bamberg FamRZ 1990, 179). Dagegen soll der Abgabebeschluß das FamG nicht hinsichtlich der materiell-rechtlichen Grundlagen und der Verfahrensart binden (Heintzmann aaO S 960; Fehmel Rz 13).

Die Bindungswirkung entfällt nur, wenn dem Abgabebeschluß jede gesetzliche Grundlage fehlt (Köln FamRZ 1980, 173 [174]). Auch ein (grober) Verstoß gegen das Gebot, rechtliches Gehör zu gewähren, kann zur Bindungslosigkeit führen (BGH FamRZ 1978, 402). Die Bindungswirkung erlischt, wenn sich nach Abgabe an das FamG der Sachgegenstand verändert. Das FamG kann dann an das zuständige Prozeßgericht verweisen (Frankfurt FamRZ 1981, 186).

Die Abgabeentscheidung in Beschlußform ist grundsätzlich unanfechtbar; als Urteil des Berufungsgerichts ist sie der Revision zugänglich (BGH FamRZ 1994, 98) – jedenfalls wenn sich die Revision gegen den Hauptantrag richtet, die Verweisung aber einen Hilfsantrag betrifft (Soergel-ErgBd/Heintzmann Rz 4). Der Rechtsgedanke des § 281 II S 2 ZPO aus dem Verweisungsrecht gilt auch hier (vgl dazu den Ansatz BGH FamRZ 1978, 888). Ob eine Ausnahme von der Beschwerdesperre zu gelten hat, wenn die Abgabeentscheidung keine Bindungswirkung entfaltet (so die 7. Aufl und Soergel/Heintzmann Rz 4), ist zweifelhaft; denn der Fehler kann dann auch vor dem FamG erfolgreich gerügt werden.

b) Abgabe vom FamG. Auch der Familienrichter kann mit bindender Wirkung die – von ihm nicht als Hausrats- **4** oder Ehewohnungsangelegenheit eingeschätzte – Sache an das Prozeßgericht abgeben (BGH NJW 1980, 2466 zu § 46 WEG). (In Fällen dieser Art ist aber eine „Weiterverweisung" vom Amtsgericht an das Landgericht oder vom Landgericht an die Prozeßabteilung des Amtsgerichts noch möglich; Heintzmann FamRZ 1983, 957 [960]).

4. Weiteres Verfahren. Das Verfahren vor dem FamG setzt das Verfahren vor dem Abgabegericht nicht einfach **5** fort (KG FamRZ 1974, 195 [197]). Für das (Gerichts-)Kostenrecht bilden die Verfahren aber eine Einheit (vgl § 23).

5. Wahrung der Jahresfrist. Eine vor dem Prozeßgericht erhobene Klage wahrt die Frist des § 12 – dies allerdings **6** (wohl) nur dann, wenn sie die Ehewohnung und nicht nur Hausrat betrifft.

18a *Getrenntleben der Ehegatten*
Die vorstehenden Verfahrensvorschriften sind sinngemäß auf die Verteilung des Hausrats im Falle des § 1361a und auf die Entscheidung nach § 1361b des Bürgerlichen Gesetzbuchs anzuwenden.

1. Zweck und Einordnung der Vorschrift. a) Rechtsentwicklung. Das **GleichberG** hat mit § 1361a BGB **1** eine materiell-rechtliche Grundlage geschaffen, um Haushaltsgegenstandsfragen für getrenntlebende Eheleute zu regeln, und darüber hinaus § 18a eingefügt, um diese Regelung dem Hausratsverfahren zuzuweisen. Das **UÄndG** hat die **Ehewohnung** mit § 1361b BGB in das materiell-rechtliche Regelungsgefüge einbezogen und § 18a für das Verfahrensrecht ergänzt. Zur Entwicklungsgeschichte vgl 9. Auflage.

b) Reichweite der Analogie. § 18a beruft seinem Wortlaut nach nur die Verfahrensvorschriften (§§ 11–18) der **2** Verordnung zur Entscheidung bei Trennungsstreitlagen der §§ 1361a, 1361b BGB. Gleichwohl dürfte die **Miteigentumsvermutung** des § 8 II auch im Verfahren gem § 18a gelten (Fehmel Rz 2; Soergel/Heintzmann Rz 1). Die **Kostenvorschriften** (§§ 20ff) sind ebenfalls anzuwenden (BayObLG 1960, 370; Hamm OLG 69, 136). Vermieter und Grundstückseigentümer sollten aber nicht Beteiligte im Verfahren gemäß § 1361b BGB sein (Brudermüller FamRZ 1987, 109 [120]; aA Koblenz FamRZ 1987, 406). Zur Beteiligung des Kindes und des Jugendamts s § 7 Rz 1; beachte § 49a II FGG (Anhörung) und § 13 IV (Mitteilung).

2. Materielle Rechtsgrundlage. Zu den materiell-rechtlichen Regeln vgl die Erläuterungen zu §§ 1361a, **3** 1361b BGB. Anders als das Hausratsverfahren für die Zeit nach der Ehescheidung zielt das Verfahren gem § 18a nicht auf endgültige Lösungen. Deshalb verbieten sich Eigentumsübertragungen bei Hausrat und Eingriffe in Mietverhältnisse mit Außenwirkung. Das Rechtsverhältnis an der Ehewohnung kann unter den Ehegatten auch dann nach Maßgabe von § 1361b BGB geregelt werden, wenn das Nutzungsverhältnis durch eine Obdachloseneinweisung begründet worden ist (Stuttgart FamRZ 1990, 1354). Streiten die Parteien nicht um die Nutzungsmöglichkeit, sondern um ein Nutzungsentgelt, dürfte ein Hausratsverfahren zu verneinen sein (str; wie hier Bamberg FamRZ 1990, 179; aA KG FamRZ 1997, 421 LS; Soergel-ErgBd/Heintzmann § 18a Rz 10, § 1 Rz 11a; vgl Parallelfrage im Hausratsverfahren allgemein § 5 Rz 12).

3. Verfahrenseinleitung. Das Verfahren setzt einen Einigungsversuch der Eheleute über Hausrat nicht voraus **4** (Soergel/Heintzmann Rz 3). Eine Einigung, an die sich ein Ehegatte nicht mehr gebunden fühlt, steht dem Verfahren aber auch nicht entgegen (Köln FamRZ 1987, 77). Das Verfahren ist nur auf Antrag einzuleiten; auf Sachanträge der Beteiligten kommt es nicht an (Zweibrücken FamRZ 1987, 508). Für die Zuständigkeit des FamG gilt § 11. Wird eine Ehesache bei einem anderen FamG anhängig, führt das zur Abgabe nach § 11 III S 1. Das Verfah-

HausratsVO § 18a Hausratsverordnung

ren wird aber nicht mit dem Eheverfahren verbunden, weil die Entscheidung nicht „für den Fall der Scheidung" zu treffen ist (vgl § 623 I S 1 ZPO). Ein angerufenes Prozeßgericht muß die Sache an das FamG abgeben (§ 18 I S 1).

5   **4. Verhältnis zum Scheidungsverfahren.** Ein anhängiges Eheverfahren läßt das Rechtsschutzinteresse für ein Verfahren gem § 18a nicht entfallen, obwohl das Eheverfahren die Möglichkeit einer einstweiligen Anordnung gem § 620 S 1 Nr 7 ZPO bietet (Zweibrücken FamRZ 1988, 86; Köln FamRZ 1986, 703; Hamm FamRZ 1968, 648). Die einstweilige Anordnung gem § 620 S 1 Nr 7 ZPO überdauert ein Scheidungsverfahren, das mit der Scheidung endet, bis zum Wirksamwerden einer anderweitigen Regelung (§ 620f I S 1 ZPO). Die Entscheidung gem § 18a HausratsVO soll mit der Auflösung der Ehe ihre Wirksamkeit verlieren (Zweibrücken FamRZ 1991, 848; Soergel/Heintzmann Rz 6; Erman/Dieckmann[10] Rz 5). Dies dürfte nicht zutreffen, weil ein Titel nicht mit Wegfall seiner Grundlage unwirksam wird (s vor § 1 Rz 5). Mit der Rechtskraft der Ehescheidung wird ein isoliertes Verfahren nach §§ 1361a, 1361b BGB, § 18a unzulässig (Zweibrücken FamRZ 1991, 848). Steht eine Entscheidung noch aus, sollte es allerdings in ein Verfahren nach §§ 1ff bei einem entsprechenden Antrag übergeleitet werden. Eine Fortsetzung im Beschwerdeverfahren (von Karlsruhe FamRZ 1988, 1305 für eine Wohnraumstreitlage gem § 1361b BGB empfohlen), erscheint dagegen problematisch.

6   **5. Erledigung.** Leben die Eheleute nicht mehr getrennt, erledigt sich das Verfahren **in der Hauptsache** (Fehmel Rz 43). Wird ein Scheidungsantrag zurückgenommen oder abgewiesen, so kann sich ein Ehegatte durch Beschluß oder im Urteil vorbehalten lassen, die Hausrats- oder Ehewohnungsangelegenheit gem §§ 1361a, 1361b BGB als selbständige Familiensache fortzusetzen (§§ 626 II, 629 III S 2 ZPO).

7   **6. Sonderregeln.** Auch das Hausratsverfahren gem § 18a HausratsVO, §§ 1361a, 1361b BGB verdrängt einen Herausgabeanspruch (§ 985 BGB), der vor dem Prozeßgericht geltend gemacht werden könnte (vor § 1 Rz 7 und BGH FamRZ 1976, 691; 1982, 1200; Zweibrücken FamRZ 1991, 848) und Besitzschutzansprüche gem § 861 BGB (Köln FamRZ 1997, 1276; Schleswig FamRZ 1997, 892). Der Vorrang dieser Regelung schließt indessen nicht aus, zumindest die Grundgedanken des Besitzschutzrechts auch im Verfahren nach der HausratsVO zu beachten (Soergel/Lange § 1361a Rz 13, § 1361b Rz 8; Düsseldorf 9. FamS FamRZ 1984, 1095; Karlsruhe FamRZ 2001, 760; Köln FamRZ 2001, 174; Johannsen/Henrich/Brudermüller § 1361a Rz 61; allerdings str; aA etwa Schleswig aaO; für freie Anspruchskonkurrenz Hambitzer FamRZ 1989, 236). Der materiellrechtliche Streit um die Bestandsfestigkeit einer Schenkung oder Eigentumsübertragung von Möbeln soll dagegen im streitigen Verfahren zu bereinigen sein (Celle FamRZ 1997, 381; aber zweifelhaft). Der Vorrang des Hausratsverfahrens gilt allerdings nur für Ehewohnung und Haushaltsgegenstände iSd § 1361a BGB; beim Streit um bewegliche Sachen, die nicht zum Hausrat zählen; greifen die Sonderregeln nicht ein – etwa beim Streit um persönliche Gebrauchsgegenstände (Karlsruhe FamRZ 1979, 609; Düsseldorf FamRZ 1978, 358; FamRZ 1986, 1134), um als Kapitalanlage gedachte Kunstgegenstände oder um Berufsgut (vgl § 1 Rz 9). Im Eheverfahren kann das FamG aber einstweilige Anordnungen zu Sachen treffen, die zum persönlichen Gebrauch eines Ehegatten oder eines Kindes bestimmt sind (§ 620 S 1 Nr 8 ZPO). Eine „Einheitszuständigkeit" des FamG wird man allerdings bei „Mischfällen" kaum annehmen können, wenn nur einem geringen Teil der umstrittenen Gegenstände die Hausratseigenschaft fehlt (§ 11 Rz 1).

8   **7.** Gem § 621g ZPO können im Rahmen eines Hausratsverfahrens gem § 18a in Betracht **einstweilige Anordnungen** ergehen (s § 13 Rz 5). Bei Anhängigkeit einer Ehesache besteht die Wahl zwischen einer Anordnung nach § 620 Nr 7 im Rahmen des Eheverfahrens (Scheidung) oder im Rahmen des Hausratsverfahrens (§ 620g).

19 (aufgehoben)

Abschnitt 5

Kostenvorschriften

20 *Kostenentscheidung*
Welcher Beteiligte die Gerichtskosten zu tragen hat, bestimmt der Richter nach billigem Ermessen. Dabei kann der Richter auch bestimmen, daß die außergerichtlichen Kosten ganz oder teilweise zu erstatten sind.

1   **1. Zweck und Einordnung der Vorschrift.** Die Vorschrift zieht Folgerungen aus den Grundsatz des § 2 für die Kostenentscheidung. Als „abweichende" Regelung iSd § 13a III FGG gilt die Bestimmung für das **isolierte Hausratsverfahren** und für das **Verfahren nach § 18a** (Koblenz FamRZ 1987, 852), und zwar in **beiden Rechtszügen** – ebenso für ein Anordnungsverfahren gem § 621g ZPO, soweit darin überhaupt eine Kostenentscheidung wegen § 620g ZPO veranlaßt ist. Die Bestimmung greift auch dann ein, wenn sich das Verfahren in der Hauptsache erledigt (BayObLG MDR 1968, 934); erledigt sich die Hauptsache durch den Tod eines Ehegatten, ist das Verfahren wegen der Kosten mit den Erben fortzusetzen (Hamm FamRZ 1969, 102). Nach § 20 ist auch bei der **Rücknahme** eines Antrags zu verfahren (Fehmel Rz 6). Allerdings muß eine Rücknahme nicht notwendig eine Kostenerstattungspflicht auslösen (Soergel/Heintzmann Rz 2).

Ist das Hausratsverfahren eine **Folgesache**, so gelten – auch bei einer Abtrennung – grundsätzlich die §§ 93a, 97 III, 98 ZPO, und zwar auch im Hinblick auf einstweilige Anordnungen gem § 620 S 1 Nr 7 ZPO (§ 620g ZPO; hM, vgl ua Fehmel Rz 3; Soergel/Heintzmann Rz 3). Streitig ist, ob über die Kosten gem § 20 in den Fällen zu entscheiden ist, die in den §§ 93a, 97 III, 98 ZPO nicht ausdrücklich geregelt sind – wie etwa bei der Rücknahme einer Beschwerde (so Frankfurt FamRZ 1986, 368; Hamburg FamRZ 1979, 326; Oldenburg FamRZ 1980, 1135; Fehmel Rz 3; aA ua München FamRZ 1979, 734). Im Gleichklang mit den übrigen Angelegenheiten der freiwilligen Gerichtsbarkeit, etwa Versorgungsausgleich, Sorge, Umgang), sollte auch bei Rücknahme § 93a ZPO herangezogen werden.

2. Über **Gerichtskosten** muß der Richter entscheiden (S 1), und zwar nach billigem Ermessen. Beachtlich sind dabei der Ausgang des Verfahrens, die wirtschaftlichen Verhältnisse der Beteiligten, das Verfahrensverhalten, aber auch das Verhalten während der Ehe, soweit es für eine Sachentscheidung im Hausratsverfahren beachtlich ist. Dritte (§ 7) können mit der Kostenlast beschwert werden, sofern sie das Verfahren mit unbegründeten Einwänden verteuert und verzögert haben (BayObLG MDR 1968, 934). 2

3. Über **außergerichtliche Kosten kann** der Richter (ebenfalls nach Billigkeitsregeln; Rz 2) entscheiden. Sieht er davon ab, trägt jeder Beteiligte seine eigenen außergerichtlichen Kosten. 3

4. **Anfechtbarkeit.** Die Kostenentscheidung ist nur zusammen mit der Entscheidung in der Sache selbst anfechtbar (§ 20a I FGG). Gegen eine „isolierte" Kostenentscheidung findet die sofortige Beschwerde statt, wenn der Wert des Beschwerdegegenstandes 100 Euro übersteigt und wenn gegen die Entscheidung in der Hauptsache ein Rechtsmittel statthaft gewesen wäre (§ 20a II FGG), nicht die Beschwerde nach § 621e ZPO, weil es sich nicht um eine Endentscheidung in der Sache handelt (München FamRZ 1979, 733). Bei unzulässigen Kostenentscheidungen gilt § 20a II FGG entspr; diesen Entscheidungen sollen inhaltlich unrichtige Entscheidungen zu Lasten der Staatskasse gleichstehen (Koblenz FamRZ 1996, 1023; nicht unbedenklich). Hat das Gericht die – einseitig erklärte – Erledigung der Hauptsache durch Beschluß festgestellt und zugleich über die Kosten entschieden, ist die Beschwerde gem § 621e ZPO gegeben (Köln FamRZ 1983, 1262). 4

5. Die **Kostenfestsetzung** richtet sich nach den allgemeinen Vorschriften (§ 13a II FGG, §§ 103–107 ZPO). Gegen den Kostenfestsetzungsbeschluß des Rechtspflegers (§ 21 Nr 1 RPflG) findet bei einem Wert des Beschwerdegegenstands bis 50 Euro die befristete Erinnerung und bei einem höheren Wert die befristete Beschwerde statt (statt § 11 RPflG, §§ 104 III S 1, 567 II S 2 ZPO). Da auch das Kostenfestsetzungsverfahren Familiensache ist (BGH FamRZ 1978, 585), hat das OLG über die Beschwerde zu entscheiden. Der Kostenfestsetzungsbeschluß wird nach den Regeln der ZPO vollstreckt. 5

6. **Kostenschuldner** ist neben demjenigen, dem die Kosten durch Entscheidung des Richters auferlegt wurden (§ 3 KostO), der Antragsteller und – im Beschwerdeverfahren – der Beschwerdeführer (§ 2 Nr 1 KostO). 6

21 *Kosten des Verfahrens* (aufgehoben)

1. **Aufhebung der Vorschrift.** § 21 wurde aufgehoben durch Art 3 § 27 G v 16. 2. 2001 – BGBl I 266; s nun § 100 KostO). 1

2. **Gerichtsgebühren** werden nach dem GKG erhoben, wenn sich die Hausrats- und Ehewohnungsangelegenheit als Folgesache (§ 623 I ZPO) erweist, und zwar auch nach einer Abtrennung (§ 628 I S 3 ZPO) oder nach einer „isolierten" Anfechtung einer Verbundentscheidung (§ 629a II ZPO). Bei einem selbständigen Hausratsverfahren gilt die Kostenordnung (§ 100) mit ihren Gebühren, die sich aus der Anlage zu § 32 KostO ergeben. Für beide Rechtszüge gelten dieselben Regeln (§ 131a KostO): eine halbe Gebühr bei rechtzeitiger Rücknahme des Antrags, eine volle Gebühr bei einer Einigung, die dreifache Gebühr bei einer richterlichen Entscheidung (§ 100 I KostO). Bei den im ersten Rechtszug angefallenen Kosten verbleibt es aber auch dann, wenn im Beschwerdeverfahren Antrag oder Beschwerde zurückgenommen werden. 2

3. Der **Geschäftswert** ist im **selbständigen Hausratsverfahren** (im Gegensatz zu § 31 KostO) gem § 100 III S 2 KostO von Amts wegen festzusetzen (im Folgesachenverfahren gelten die §§ 24, 25 GKG). Beim Streit um die **Ehewohnung** ist der einjährige Mietwert maßgeblich. Der Geschäftswert ermäßigt sich entsprechend, wenn der Streit nur einen Teil der Ehewohnung betrifft. Er ermäßigt sich entsprechend § 100 III S 2 KostO, wenn die Beteiligten in einem Regelungsstreit gemäß § 1361b BGB im Hinblick auf die Trennung der Ehe weiter um die Benutzung der Ehewohnung streiten (Hamm FamRZ 1997, 380; Hamburg FamRZ 1991, 967; Karlsruhe FamRZ 2003, 1767; Hälfte der Jahresmiete). Beim **Hausrat** kommt es auf den Verkehrswert an (Nürnberg FamRZ 1998, 310), den allerdings nicht nur ein Denken in Gebrauchtwarenmarktpreisen bestimmen sollte (vgl § 14 Rz 10; allerdings str, vgl Fehmel Rz 6). Erheblich ist nicht nur (mit Rücksicht auf Miteigentum der Eheleute) die Hälfte dieses Wertes (Fehmel Rz 7 gegen Saarbrücken AnwBl 1981, 405). Streiten die Beteiligten nur um Benutzung des Hausrats (etwa im Rahmen des § 18a), so ist der Geschäftswert nach freiem Ermessen zu schätzen (§ 100 III S 2 KostO; Faustregel: ¼ bis ⅕ des Verkehrswertes). Entsprechendes sollte gelten, wenn die Parteien im Hinblick auf Besitzschutzlagen nur um die Rückführung einzelner Hausratsgegenstände streiten (Fehmel Rz 10). Ausgleichszahlungen (§§ 8, 9) und Vergütungen (§§ 1361a, 1361b BGB) sind unerheblich. Die Wertansätze für Hausrat und Ehewohnung sind zusammenzurechnen. Bei Anträgen, die in der HausratsVO keine Grundlage finden, bestimmt der Antrag den Geschäftswert (Schleswig SchlHA 1978, 145 für die Zuweisung eines Miteigentumsanteils am Hausgrundstück). Bei **Folgesachen** gilt für die Wertberechnung § 12 GKG (Hälfte des Gesamtwertes der Hausratsgegenstände Nürnberg FamRZ 1998, 310). 3

4. Der Festsetzungsbeschluß ist mit der Beschwerde gem §§ 31 III, 14 III, IV KostO, 567 II ZPO anfechtbar, sofern der Beschwerdegegenstand 50 Euro übersteigt. Der Beschwerdegegenstand errechnet sich aus dem Unterschied zwischen dem erlangten oder auferlegten Kostenbetrag und der erstrebten Abänderung einschließlich der 4

HausratsVO § 21   Hausratsverordnung

Anwaltskosten, die der Kostenschuldner zu tragen hat. Über die Beschwerde entscheidet das OLG, weil es auch insoweit um eine Familiensache handelt. Eine Rechtsbeschwerde ist ausgeschlossen (§ 621e II ZPO; vgl BGH NJW 2003, 69). Nach übermäßig langem Zeitablauf kann das Recht zur unbefristeten Beschwerde verwirkt werden (BayObLG 1978, 309 [311]).

5   5. Für **Prozeßkostenhilfe** gelten die Vorschriften der ZPO (§§ 114ff) im selbständigen Hausratsverfahren entsprechend (§ 14 FGG). Gegen die Ablehnung ist die einfache Beschwerde (§ 19 FGG) gegeben.

22 *Rechtsanwaltsgebühren* (aufgehoben)

1   Ersetzt durch § 63 I Nr 1 BRAGO (Art VIII KostÄndG). Die Bestimmungen des 3. Abschnitts der BRAGO gelten sinngemäß. Die Prozeß-, Verhandlungs-, Beweis- und Erörterungsgebühr fällt nur zur Hälfte an (§ 63 III BRAGO). Bei einem Vergleich erhält der Anwalt die volle Gebühr (§ 23 BRAGO). Die ermäßigten Gebühren gelten auch für den im Prozeßkostenhilfeverfahren beigeordneten Anwalt (§ 123 BRAGO). Im Beschwerdeverfahren (§ 14) werden die gleichen Gebühren erhoben wie im ersten Rechtszug (§ 63 II BRAGO).

Wird das Hausratsverfahren als **Folgesache** geführt (§ 20 Rz 1), gelten die §§ 7 III, 31 III und 61a BRAGO. Scheidungs- und Folgesachen gelten als ein Verfahren. Der Geschäftswert ergibt sich aus der Summe der Einzelwerte (§ 19a GKG), und dieser richtet sich nach § 12 I GKG. Die Gebührenbeschränkung des § 63 III BRAGO entfällt.

23 *Kosten des Verfahrens vor dem Prozeßgericht*

Gibt das Prozeßgericht die Sache nach § 18 an das nach dieser Verordnung zuständige Familiengericht ab, so ist das bisherige Verfahren vor dem Prozeßgericht für die Erhebung der Gerichtskosten als Teil des Verfahrens vor dem übernehmenden Gericht zu behandeln.

1   1. Die Bestimmung ist durch Art X § 5 KostÄndG neu gefaßt worden.

2   2. Das Verfahren vor dem Prozeßgericht und das Verfahren vor dem Hausratsrichter bilden kostenrechtlich eine Einheit. Gerichtskosten werden nur nach Maßgabe der §§ 20, 21 erhoben.

3   3. Für die Rechtsanwaltsgebühren ist § 14 BRAGO erheblich.

Abschnitt 6
Schlußvorschriften

24 (aufgehoben)

25 *Aufhebung und Nichtigerklärung der Ehe*
Wird eine Ehe aufgehoben, so gelten die §§ 1 bis 23 sinngemäß.

1   Neugefaßt durch Art 11 EheSchlRG (und nicht aufgehoben), obwohl bereits § 1318 IV BGB eine entsprechende Anwendung gebietet, bei der die Umstände der Eheschließung und bei einem Verstoß gegen § 1306 BGB (Doppelehe) die Belange der dritten Person besonders zu berücksichtigen sind. („Nichtigerklärung" war in der Überschrift zu streichen.)

26 (aufgehoben)

1   Das FamRÄndG von 1961 (Art 5 Nr 7) hat die Bestimmung aufgehoben.

27 *Inkrafttreten*
(1) **Diese Verordnung tritt am 1. November 1944 in Kraft.**
(2) (aufgehoben)

1   Das FamRÄndG von 1961 (Art 5 Nr 7) hat den früheren Abs II aufgehoben.

Untertitel 3
Versorgungsausgleich
Vorbemerkung

I. Rechtspolitische Legitimationen des Versorgungsausgleichs (VersA) 1
II. Entwicklung und Ausblick 6
III. Verfassungsrecht 10
IV. Verhältnis zu sonstigen Scheidungsfolgen 14
V. Verfahren 17
VI. Interlokale Besonderheiten 26
VII. Auslandsbezug 32
VIII. Übergangsrecht 36

Schrifttum: *Adam*, Internationaler Versorgungsausgleich, 1985; *Adlerstein/Wagenitz*, Nachehelicher Unterhalt und Versorgungsausgleich in den neuen Bundesländern, FamRZ 1990, 1300; *Bergner*, Versorgungsausgleich – Ein Leitfaden (VersA), 1996; *ders*, Nicht-volldynamische Anrechte im Versorgungsausgleich, NJW 2002, 260; *ders*, Die Berücksichtigung veränderter Verhältnisse im „Erstverfahren" über den Versorgungsausgleich und der Härteklausel des § 10a Abs 3 VAHRG, NJW 1989, 1975; *ders*, Das Gesetz zur Regelung von Härten im Versorgungsausgleich, DRV 1983, 215; *Borth*, Versorgungsausgleich in anwaltschaftlicher und familiengerichtlicher Praxis, 3. Aufl 1998 (Borth VersA); *ders*, Rechtsprechungsübersicht zum Versorgungsausgleich ab dem 1. 1. 1992, FamRZ 1996, 641, 714; ab dem 1. 1. 1996, FamRZ 1997, 1041; ab dem 1. 4. 1997, FamRZ 2001, 877; ab dem 1. 7. 2000, FamRZ 2003, 889; *Dörr*, Zum Versorgungsausgleichsverfahren, FamRZ 1987, 1093; *ders*, Die Entwicklung des Versorgungsausgleichsrechts seit dem 1. EheRG, NJW 1990, 1768, 2217, 2721; *Gernhuber/Coester-Waltjen*, Lehrbuch des Familienrechts, 4. Aufl 1994 (FamR); *Glockner/Übelhack*, Die betriebliche Altersversorgung im Versorgungsausgleich, 1993; *Götsche*, Die Praxis des Versorgungsausgleichs in den neuen Bundesländern, FamRZ 2002, 1235; *Hahne*, Die Abänderung rechtskräftiger Versorgungsausgleichsentscheidungen gemäß § 10a VAHRG, FamRZ 1987, 217; *dies*, Betriebsrenten im Versorgungsausgleich, BetrAV 1995, 271; *Hauß*, Versorgungsausgleich und Verfahren in der anwaltlichen Praxis; *Johannsen/Henrich/Bearbeiter*, Eherecht, 3. Aufl 1998 (J/H/Bearbeiter); *Hoppenz*, Familiensachen, 7. Aufl 2001; *Klattenhoff/Grün*, Versorgungsausgleich – FuR-Praxis, 1999; *Klattenhoff*, Probleme der Umrechnung nicht volldynamischer Anrechte im Versorgungsausgleich; DRV 2000, 685; *ders*, Der Versorgungsausgleich in der Alterssicherung der Landwirte, NZS 1995, 337, 393; *ders*, Bewertung dynamischer Rentenanrechte im Versorgungsausgleich, DAngVers 1994, 19, 68; *ders*, Die private Lebensversicherung im Versorgungsausgleich; NZS 1994, 537; *ders*, Versorgungsausgleich und Einigungsvertrag, DAngVers 1990, 435; *Köbl*, Der Versorgungsausgleich – Ordnungsaufgaben, Erfüllungsdefizite, Reformansätze, DAngVers 1989, 434, 477; *Michaelis/Sander*, 20 Jahre Versorgungsausgleich in der Rentenversicherung, DAngVers 1997, 281; *Morawietz*, Die Bewertung teildynamischer Betriebsrentenanwartschaften im Versorgungsausgleich, 1981 (Morawietz); *Rahm/Künkel/Bearbeiter*, Handbuch des Familiengerichtsverfahrens (R/K/Bearbeiter); *Ruland*, Neuregelungen im Recht des Versorgungsausgleichs, NJW 1992, 77; *ders*, Das Gesetz über weitere Maßnahmen auf dem Gebiet des Versorgungsausgleichs, NJW 1987, 345; *ders*, Probleme des Versorgungsausgleichs in der betrieblichen Altersversorgung und privaten Rentenversicherung, 1982; *ders*, Das „Rentensplitting" im Versorgungsausgleich als verfassungsrechtliches Problem, DRV 1980, 48; *Saar*, Versorgungsausgleich und Beamtenversorgung, 1989 (Saar); *Schmeiduch*, Die Auswirkungen des Rentenreformgesetzes 1992 auf den Versorgungsausgleich, FamRZ 1991, 377; *Wagenitz*, Abschied von der Rechtskraft, JR 1987, 53; *ders*, Auf der Suche nach den tragenden Prinzipien des Versorgungsausgleichs; FamRZ 1986, 18; *Wagner*, Versorgungsausgleich mit Auslandsberührung, 1996 (VersAAusl); *Zacher* (Hrsg), Der Versorgungsausgleich im internationalen Vergleich und in der zwischenstaatlichen Praxis – Colloquium des MPI für internationales und zwischenstaatliches Sozialrecht, 1985 (VersA-Colloquium).

Hilfsmittel: *Gutdeutsch*, Familienrechtliche Berechnungen für Windows, Edition 2/2003; *Hauß*, ADVOexpert Familienrecht; RV-Calc (Version 2.0/2003), RPZ-Spezial-Software GmbH.

I. Rechtspolitische Legitimationen des Versorgungsausgleichs (VersA). Beim VersA handelt es sich um eine Folge der gescheiterten und durch richterlichen Gestaltungsakt aufgelösten Ehe, der aus Anlaß der Ehescheidung (§ 1587 I) sowie bei Aufhebung einer Ehe (§ 1318 III, § 1320 II) stattfindet (selbst dann, wenn die Ehegatten sich nach Scheidung und Abtrennung des VersA erneut geheiratet haben; BGH FamRZ 1983, 465). Ein vorzeitiger Ausgleich (entsprechend § 1385) ist nicht möglich, jedoch kommt für Anrechte der gesetzlichen Rentenversicherung ein Rentensplitting unter Ehegatten gemäß § 120a SGB VI in Betracht (vgl Rz 7). Die Einführung des VersA geht auf das **1. EheRG** vom 14. 6. 1976 (BGBl I 1421) zurück (vgl Ruland NJW 1976, 1713). Er ist mit Wirkung vom 1. 7. 1977 an die Stelle der – für zuvor ausgesprochene Scheidungen weiterhin maßgebenden – Regelungen über die Geschiedenen-Hinterbliebenenrente (§ 243 SGB VI; vgl Skorzik Kompaß 2000, 27) und über den beamtenrechtlichen Unterhaltsbeitrag an den geschiedenen Ehegatten (§ 86 I BeamtVG iVm § 125 II BBG aF oder entsprechendem Landesrecht) getreten. Dieser Systemwechsel von der am Unterhaltsersatz orientierten zur eigenständig-partizipatorischen sozialen Sicherung ist auch dann verfassungsrechtlich nicht zu beanstanden, wenn im Einzelfall ein VersA nicht vorgenommen werden kann (BVerfG FamRZ 1986, 875). Im Beitrittsgebiet ist das Recht des VersA am 1. 1. 1992 in Kraft getreten, und zwar – aus verfassungsrechtlichen Gründen (vgl BT-Drucks 15/877, 15; 13/6649) – ebenfalls nur mit Wirkung für künftige Ehescheidungen (Art 234 § 6 EGBGB, vgl Rz 26). 1

Der VersA bezweckt eine **gleichmäßige Teilhabe** beider Ehegatten an den während der Ehe erworbenen, der gemeinsamen Lebensgestaltung im Alter und bei verminderter Erwerbsfähigkeit dienenden Versorgungsanrechten (BGH FamRZ 1979, 477 [479f]). Er hat daher grundsätzlich die hälftige Teilung der ehezeitbezogenen Versorgungsanrechte zum Inhalt, und zwar zu Lasten des Ehegatten mit den werthöheren Anrechten, der Anrechte an den Berechtigten abzugeben und zu dessen Gunsten aus seinem Kapitalvermögen neue Anrechte zu begründen hat. Damit wird dem Gedanken gleicher Berechtigung beider Partner im wirtschaftlichen Bereich auch nach der Eheauflösung Rechnung getragen (BVerfG FamRZ 1986, 543 [547]; 1983, 342 [346]; 1980, 326 [333]). Zudem 2 wird dem Partner mit den wertniedrigeren Anrechten eine grundsätzlich eigenständige, vom Versorgungsschicksal des Verpflichteten und dessen Leistungsfähigkeit und -willigkeit unabhängige Sicherung für den Fall des Alters und der verminderten Erwerbsfähigkeit verschafft (BVerfG FamRZ 1986, 543 [547]). Dies geschieht durch einen eheinternen Ausgleich von Vorsorgewerten, ohne es durch die Inanspruchnahme öffentlicher Mittel zu einer verfassungsrechtlich bedenklichen Subventionierung der Ehescheidung kommen zu lassen (Schmeiduch DRV 1985, 586 [593]).

4   Der VersA ist eine **Ergänzung des Zugewinnausgleichs** (BVerfG FamRZ 1986, 875 [876]). Er überträgt dessen Halbteilungsprinzip (§ 1378 I) auf typische Vorsorgegüter, die damit einen unabhängig von der sonstigen Vermögensentwicklung zu bewertenden Teil des ehelich erworbenen Vermögens darstellen. Mit dem VersA wird dem Umstand Rechnung getragen, daß das in den Systemen sozialer Sicherheit erworbene Vorsorgevermögen für weite Bevölkerungsteile das einzig nennenswerte Vermögensgut ist, das den Charakter von Eigentum iS von Art 14 GG hat und eine freiheitssichernde Funktion besitzt (BVerfG 69, 272 [300f]; BVerfG FamRZ 1980, 326 [332f]). Der VersA bewegt sich dabei „in einer Zone diffuser Legitimation" (so treffend Köbl VersA-Colloquium S 47 [60]). Stillschweigend liegt ihm das Leitbild der „Einverdienerehe" oder der „Hinzuverdienerehe" zu Grunde (Gernhuber/Coester-Waltjen FamR § 28 I 3; Dauner-Lieb AcP 2001, 295 [312]), bei der einer der Partner zugunsten des gemeinsamen Lebensplans auf volle Teilnahme am Erwerbsleben und damit verbundene Verdienst- und Vorsorgechancen verzichtet. Die hierauf beruhenden (ehebedingten) Vorsorgenachteile werden, soweit sie nicht – wie etwa durch die Anrechnung von Kindererziehungs- und Pflegezeiten in der gesetzlichen Rentenversicherung (vgl § 3 S 1 Nr 1, 1a SGB VI) – einen Ausgleich durch die staatliche Gemeinschaft erfahren, im Rahmen des Familienunterhalts und nach dem Tod des Ehegatten durch eine am Gedanken des Unterhaltsersatzes orientierte Hinterbliebenenrente ausgeglichen (BVerfG FamRZ 1998, 811 [814]). Der VersA bei Scheidung legitimiert sich in diesen Fällen als eine Art Nacherbringung pauschalen Vorsorgeunterhalts, mit dem die nicht mehr zu realisierende, in der Ehe begründete Vorsorgesicherung teilweise kompensiert wird (Ruland DRV 1980, 48 [50]). Da der Unterhaltsanspruch des den Familienhaushalt führenden Ehegatten auch auf die Sicherstellung künftigen Bedarfs gerichtet ist (BGH FamRZ 1960, 225; Krause/Ruland ZSR 1969, 269), käme es einer teilweisen Rücknahme geleisteten Unterhalts gleich, wenn der Partner mit den höheren Versorgungsanrechten diese im Falle der Eheauflösung gänzlich für sich behalten würde. Die kausale Mitverantwortung des Ehegatten mit den höheren Versorgungsanrechten für das Versorgungsschicksal seines Partners sowie die Gleichberechtigungsidee rechtfertigen es, zur Erfüllung des Anspruchs des Ausgleichsberechtigten auf die Versorgungsanrechte oder auf das sonstige Vermögen des wirtschaftlich stärkeren Partners zuzugreifen, um eine einseitige Zuordnung der Vorsorgenachteile zu vermeiden, die auf der früheren gemeinsamen Lebensplanung beruhen.

5   Die Rspr sieht den VersA auch dann als rechtsethisch legitimiert an, wenn beide Ehegatten während der Ehe erwerbstätig waren und keine ehebedingten Vorsorgenachteile eingetreten sind (BVerfG FamRZ 2003, 1173 [1174]; BGH FamRZ 1988, 710; 1986, 563; Bremen FamRZ 2002, 466). Er wird insoweit wie der Zugewinnausgleich mit der Überlegung gerechtfertigt, daß die während der Ehe erworbenen Vorsorgewerte der Ehegatten das Ergebnis gemeinsamer Lebensleistung sind – **Mitverdienstidee** – (BVerfG FamRZ 2003, 1173; 1993, 1173 [1176]; 1993, 405 [406]; ebenso – in Bezug auf § 1578 – BVerfG FamRZ 2002, 527 [529]). Hierbei handelt es sich um eine Fiktion, die der Prüfung an der ökonomischen Wirklichkeit nicht standhält (hierzu Wagenitz FamRZ 1986, 18 [19]; Köbl VersA-Colloquium S 47 [59]). Zwar wird die Ehe (auch) als Wirtschaftsgemeinschaft verstanden (BVerfG FamRZ 1988, 919), was den Schluß rechtfertigen könnte, bei Ehescheidung ebenso wie bei der Auflösung anderer Gemeinschaften sei der Gewinn gemeinsamer, einem übereinstimmenden Ziel dienender Bemühungen angemessen zu verteilen (vgl etwa § 734). Die ökonomische Gemeinschaft der Ehegatten ist jedoch realistisch betrachtet regelmäßig nur eine Verbrauchsgemeinschaft mit grundsätzlich eigenständigen Wirtschaftssubjekten, jedoch keine auf den gemeinsamen Einkommens- und Vermögenserwerb bezogene Gemeinschaft (vgl Schwab FamRZ 1979, 276 [277f]). In diesen Fällen fehlt es an einer überzeugenden Legitimation des VersA (so auch Gernhuber/Coester-Waltjen FamR § 28 I 3), die um so gravierender wird, je weiter die Arbeit in der Familie – korrespondierend mit den in der Rspr des BVerfG (vgl FamRZ 1992, 1038), konkretisierten verfassungsrechtlichen Anforderungen – in den eigenständigen Versicherungsschutz einbezogen wird. Das hier vorliegende Legitimationsdefizit wird auch nicht durch die vor allem in der Rspr des BGH herausgestellte – lebensnähere – **Mitversorgungsidee** beseitigt, nach der mit dem VersA sichergestellt werden soll, daß die während der Ehe erworbenen Versorgungsanrechte auch nach der Scheidung dem gemeinsamen Unterhaltssicherung im Alter und bei verminderter Erwerbsfähigkeit dienen (BGH FamRZ 1979, 477 [480]; auch hierzu kritisch Wagenitz FamRZ 1986, 18 [20]). Entweder fehlt es nämlich an einem Versorgungsbedürfnis des Berechtigten oder an einer Mitverantwortlichkeit des Partners für die Differenz in den Versorgungseinkommen, die ihre Ursache in geschlechtsspezifischen, strukturellen Einkommens- und Vorsorgenachteilen hat und damit überindividueller Natur ist.

6   **II. Entwicklung und Ausblick.** Das Recht des VersA ist seit seinem Wirksamwerden im früheren Bundesgebiet auf Grund mehrerer Entscheidungen des BVerfG (BVerfG 53, 257 = FamRZ 1980, 326; 63, 88 = FamRZ 1983, 342; 71, 364 = FamRZ 1986, 543) gesetzgeberisch weiterentwickelt worden. Erste, zunächst befristete Regelungen enthielt das VAHRG vom 21. 2. 1983 (BGBl I 105), das durch das Gesetz über weitere Maßnahmen auf dem Gebiet des VersA (VAwMG) vom 8. 12. 1986 (BGBl I 2317) geändert und ergänzt worden ist. Die frühere Befristung einzelner Regelungen des VAHRG ist mit Wirkung ab dem 1. 1. 1992 entfallen (vgl Art 30 Nr 2 des Rentenüberleitungsgesetzes – RÜG – vom 25. 7. 1991; BGBl I 1606).

7   Das VAHRG war zunächst dazu bestimmt, dem Auftrag des BVerfG zu entsprechen, im Wege einer Modifikation der leistungsrechtlichen Auswirkungen des Wertausgleichs (§ 1587b I, II) sicherzustellen, daß dieser bei „Ineffektivität" des VersA infolge allenfalls geringfügiger Leistungen aus der Versicherung des Ausgleichsberechtigten sowie bei drohender Doppelbelastung des Verpflichteten durch VersA und nachehelichem Unterhalt nicht zu

Grundrechtsverletzungen führt (BVerfG FamRZ 1980, 326 [334]). Diesen verfassungsrechtlichen Anforderungen ist mit den rückwirkend zum 1. 7. 1977 in Kraft getretenen Härteregelungen der §§ 4, 5 VAHRG, deren Vereinbarkeit mit dem GG zwischenzeitlich bestätigt worden ist (vgl BVerfG FamRZ 1989, 827 zu § 4 VAHRG; BSG FamRZ 1987, 380; BVerwG FamRZ 1995, 929 zu § 5 VAHRG) und die gemäß § 7 VAHRG auf den Ausgleich durch Beitragszahlung übertragen worden sind (vgl BVerfG FamRZ 1983, 342 [348]), entsprochen worden (vgl hierzu Michaelis/Sander DAngVers 1983, 104). Zugleich diente das VAHRG der Ersetzung der schon früh als problematisch erkannten (vgl BT-Drucks 9/1981, 18 und 9/2296, 10) Beitragszahlungspflicht, deren Rechtsgrundlage in § 1587b III S 1 Hs 1 kurz zuvor mit einer Entscheidung des BVerfG vom 27. 1. 1983 (FamRZ 1983, 342) für nichtig erklärt worden war. An die Stelle der Beitragszahlungspflicht auf Grund gerichtlicher Leistungsentscheidung traten die Ausgleichsformen der fakultativen Realteilung sowie des analogen Quasi-Splittings (§ 1 II, III VAHRG), subsidiär der schuldrechtliche VersA nach § 2 VAHRG – allerdings ohne Abfindungsrecht nach § 1587l (vgl hierzu Gutdeutsch/Lardschneider FamRZ 1983, 845; Klauser MDR 1983, 529). Das mit dem VAHRG geschaffene – zunächst nur als vorläufige Regelung gedachte – Ausgleichssystem ist vom BVerfG mit einer weiteren Entscheidung vom 8. 4. 1986 (FamRZ 1986, 543) insbesondere wegen der weitgehenden Verweisung von Anrechten, die nicht nach § 1587b I, II auszugleichen sind, in den schuldrechtlichen VersA ebenfalls beanstandet worden. Mit dem am 1. 1. 1987 in Kraft getretenen VAwMG (vgl hierzu umfassend Bergner SozVers 1987, 57, 85 und 197), dessen im Gesetzgebungsverfahren grundlegend geänderter Entwurf bereits vor der Entscheidung des BVerfG vorlegt worden war (vgl BT-Drucks 10/5447 und 10/6369; hierzu Hampel FamRZ 1986, 218), wurde vor allem das öffentlich-rechtliche Ausgleichssystem durch § 3b VAHRG weiter ausgebaut und verfeinert, die Abfindung nach § 2 VAHRG erworbener schuldrechtlicher Ausgleichsansprüche wieder eröffnet, der schuldrechtliche Ausgleich durch Schaffung der verlängerten schuldrechtlichen Ausgleichsrente (§ 3a VAHRG) verstärkt (Wagenitz FamRZ 1987, 1) sowie durch § 10a VAHRG auch aus verfassungsrechtlichen Gründen (vgl BVerfG FamRZ 1993, 161; BSG SozR 2200 § 1304a Nr 16) in weitem Umfang die Abänderung von Entscheidungen über den öffentlich-rechtlichen VersA eröffnet (vgl Hahne FamRZ 1987, 217).

Die **weitere Rechtsentwicklung** im nationalen Bereich war im wesentlichen durch die – an eine Übergangsgesetzgebung für die Zeit bis zum Wirksamwerden des VersA im Beitrittsgebiet (vgl hierzu BGH FamRZ 1991, 421; Klattenhoff DAngVers 1990, 435) anschließende – Überleitung des Versorgungsausgleichsrechts auf die neuen Bundesländer zum 1. 1. 1992 geprägt, mit welcher auf die spezifischen Erscheinungsformen dort erworbener Anrechte Rücksicht zu nehmen war (vgl Rz 19). Seit 1995 können Anrechte der Alterssicherung der Landwirte gemäß §§ 43, 110 ALG im Wege der konditionierten Realteilung ausgeglichen werden (vgl Klattenhoff NZS 1995, 393 [395]), während Bemühungen um eine sachgerechte Erstreckung der Realteilung auf das System der Beamtenversorgung bislang ohne gesetzgeberisches Ergebnis geblieben sind (vgl Schulz-Weidner FuR 1993, 313; Staud/Rehme 1587b Rz 20f). Änderungen sind jedoch zu erwarten, seitdem der Deutsche Bundestag die Bundesregierung allein während der 15. Legislaturperiode bereits dreimal aufgefordert hat, hier zu einer Rechtsänderung zu gelangen (vgl auch BT-Drucks 14/3456, 24). Durch das Altersvermögensergänzungsgesetz (AVmEG) vom 21. 3. 2001 (BGBl I 403) ist mit Wirkung ab 1. 1. 2002 für dynamische Anrechte der gesetzlichen Rentenversicherung in Form des Rentensplittings unter Ehegatten (§ 120a SGB VI) eine fakultative, rentenversicherungsinterne Teilung von Anrechten während bestehender Ehe eingeführt worden (vgl Eichler DAngVers 2002, 7). Weitere gesetzgeberische Maßnahmen auf dem Gebiet des VersA stehen in Aussicht, nachdem der BGH die veralteten Rechnungsgrundlagen der **BarwertV** beanstandet, diese nur noch für einen Anpassungszeitraum für anwendbar und die gesetzgebenden Körperschaften aufgefordert hat, zu einer Neuregelung – ggf auch nur vorläufiger Natur – zu gelangen (BGH FamRZ 2001, 1695). Der BGH hat damit zu einem zentralen Problem der aktuellen rechtspolitischen und verfassungsrechtlichen Diskussion über den VersA Stellung genommen (vgl Bergner NJW 2002, 260 m umfangr Nachw zu früheren Arbeiten dieses Verfassers; Glockner/Gutdeutsch FamRZ 1999, 896; Klattenhoff DRV 2000, 685). In deren Mittelpunkt steht – über die Detailprobleme der BarwertV hinausgehend – die grundsätzliche Frage, ob an der Konzentration des VersA in der gesetzlichen Rentenversicherung festgehalten werden kann (vgl das vom BGH zitierte Schreiben des BMJ vom 30. 11. 2000, aaO [1699]); denn die kapitalwertbezogene Vergleichbarmachung unterschiedlich dynamischer Anrechte auf der Grundlage rentenversicherungsspezifischer Rechengrößen (§ 1587a III, IV) ist eine Konsequenz der „Einbahnstraße in die gesetzliche Rentenversicherung" nach Erfassung und der hälftigen Teilung des sich aus einer Gesamtsaldierung ergebenden Wertdifferenz (vgl Klattenhoff DRV 2000, 685 [696]). Da zugleich neue Vorsorgeformen (ergänzende, kapitalgedeckte Altersvorsorge; §§ 10a, 82 EStG) im VersA zu berücksichtigen sind sowie auf grundlegende Weiterentwicklungen in den gewachsenen Alterssicherungssystemen (vor allem im Bereich der betrieblichen Altersversorgung [vgl Höfer DB 2001, 1145; Stiefermann AuA 2001, 388] und der öffentlich-rechtlichen Zusatzversorgung (Stephan ZTR 2002, 49)] sowohl im materiellen Recht als auch im Verfahrensrecht reagiert werden muß, steht eine **Strukturreform** des VersA im Raum (vgl Bundesjustizministerin Zypries am 13. 2. 2003 vor dem Deutschen Bundestag, Plenarprotokoll 15/25, 1983 D ff; BT-Drucks 15/953, 4). Das BMJ hatte sich vor Ablauf der in der Appellentscheidung des BGH definierten Erwartungsfrist mit Ende des Jahres 2002 dafür ausgesprochen, bereits im Vorfeld der in Aussicht stehenden grundlegenden Neuordnung des VersA von einer Fortschreibung der problematischen Strukturen des geltenden Rechts abzusehen (eingehend Klattenhoff/Schmeiduch FamRZ 2003, 409; vgl auch Borth FamRB 2002, 385). Hierbei ließ es sich von der Überlegung leiten, daß eine Überarbeitung der BarwertV nicht auf eine Aktualisierung der diesem Regelungswerk zu Grunde liegenden biometrischen Grunddaten beschränkt werden könne. Vielmehr war aus der Sicht des BMJ aus rechtlichen sowie versicherungsmathematischen Gründen eine Überprüfung der Strukturen der BarwertV und aller übrigen Bestimmungsgrößen, die auf den Barwert eines Anrechts Einfluß nehmen (Rechnungszins [= langfristige Kapitalmarktrendite, BVerfG 68, 287, 306], Einkommensdynamik, Raster zur Erfassung untypischer Dynamikentwicklungen, Problem geschlechtsspezifischer Rechengrößen), erforderlich. Angesichts der sich hieraus ergebenden Schwierigkeiten hatte das BMJ daher mit dem **Referentenentwurf eines Gesetzes zur Ergänzung und Änderung des Rechts des VersA** Verbesserungen des schuldrechtlichen VersA zu erwägen gegeben und ua vorgeschlagen, für die Übergangszeit bis zur Strukturreform den Anwendungsbereich dieser Ausgleichsform zu erweitern. Da der VersA in ca 95 % aller Fälle Anrechte im Anwartschaftsstadium erfaßt, hätte dies für die allermeisten Fälle faktisch eine Art Ausgleichsmoratorium bedeutet. Zugleich wäre für die aktuell unabweisbar regelungsbedürftigen Fälle, in denen der VersA schon unmittelbar auf die Versorgungsansprüche der Ehegatten Einfluß nimmt, im Grundsatz sichergestellt worden, daß den Mängeln des geltenden Rechts in einem einfachen Verfahren wirksam (dh: auf der Grundlage des tatsächlichen Werts der auszugleichenden Anrechte) abgeholfen wird (Überblick in FamRZ 24/2002, Umschlagseite II). Der Vorschlag des BMJ stieß vornehmlich im Kreis der Landesjustizverwaltungen sowie in der Anwaltschaft auf Kritik (vgl etwa Stellungnahme der BRAK in FuR 2003, 21). Mit dieser wurde insbesondere die mangelnde Sicherungswirkung des schuldrechtlichen VersA beanstandet und zugunsten einer Teilaktualisierung der BarwertV lediglich auf der Grundlage neuer biometrischer Daten plädiert (vgl hierzu auch Rehme FuR 2003, 50). Vor diesem Hintergrund hat sich die Bundesregierung entschlossen, mit der Zweiten Verordnung zur Änderung der BarwertV vom 26. 5. 2003 (BGBl I 728) eine auf aktuelle biometrische Rechnungsgrundlagen konzentrierte – und bis zum 31. 5. 2006 befristete – Novellierung der BarwertV vorzunehmen (vgl BR-Drucks 198/03, 11f), um der familienrechtlichen Praxis nach dem generellen Unwirksamwerden der BarwertV möglichst kurzfristig wieder eine gesicherte Arbeits- und Entscheidungsgrundlage für die Ausgleich nicht volldynamischer Versorgungsanrechte zur Verfügung zu stellen. Mit der Neuregelung ist den Beanstandungen des BGH, welche dieser in seiner Entscheidung vom 5. 9. 2001 (FamRZ 2001, 1695) ausgesprochen hatte, abgeholfen worden (BGH FamRZ 2003, 1639; zur Bewertung von Anrechten im Leistungsstadium jedoch aA München NJW 2003, 3571 mit Anm Bergner aaO, 3527 [3528]). Bei der Novelle handelt es sich um Übergangsrecht, das einen – verfassungsrechtlich nicht angreifbaren – „Zwischenschritt" zu der in Angriff genommenen grundlegenden Neuordnung des Ausgleichs nicht volldynamischer Anrechte darstellt (BGH FamRZ 2003, 1639 und 1648; Kritik bei Bergner NJW 2003, 1625 und 3527).

9 Im **internationalen Rahmen** war der VersA – abgesehen von Teilungsmechanismen für Vorsorgegüter im US-amerikanischen und kanadischen Recht (vgl Reinhard, Rechtsordnungen mit VersA im Sinne des Art 17 III EGBGB, 1995; Steinmeyer FamRZ 1982, 335; Bürsch ZVglRWiss 1980, 191) – über lange Zeit hinweg eine singuläre Erscheinung des deutschen Familienrechts (Wagner VersAAusl Rz 25). Dieses Bild hat sich jedoch geändert: Das Europäische Parlament hat sich bereits mit einer Entschließung vom 21. 1. 1994 (ABl Nr C 44/218) dafür ausgesprochen, den Vorsorgeschutz geschiedener Ehegatten zu verbessern, indem die Mitgliedstaaten der EU ein obligatorisches und verschuldensunabhängiges System der Teilung von Rentenanrechten bei Trennung und Scheidung einführen. Darüber hinaus kennen nunmehr die Niederlande, die Schweiz (vgl Wagner VersAAusl Rz 31, 78; Henrich Internationales Familienrecht, 2000, S 163; zur Schweiz auch Reusser FamRZ 2001, 595; Sturm/Sturm StAZ 2000, 349 [352]) und – seit dem 1. 12. 2000 – auch Großbritannien einen VersA.

10 III. Verfassungsrecht. Beim VersA (einschließlich des verlängerten schuldrechtlichen VersA; vgl BVerfG FamRZ 1993, 1173 [1175]) handelt es sich um eine Bestimmung von Inhalt und Schranken des Eigentums iS von Art 14 I S 2 GG, dessen insbesondere auf Anrechte der gesetzlichen Rentenversicherung, der betrieblichen Altersversorgung und der Soldatenversorgung beschränkte Schutzwirkung für Anrechte der Beamtenversorgung in Art 33 V GG aufgegangen ist (BVerfG 97, 271 [295]). Der mit dem VersA verbundene – häufig schwerwiegende – Eingriff in grundrechtlich geschützte Rechtspositionen wird im Regelfall durch **Art 6 I GG**, der nicht nur die intakte Ehe schützt (BVerfG FamRZ 1986, 543 [547]), und **Art 3 II GG** gerechtfertigt (vgl BVerfG FamRZ 1989, 827 [830]); 1980, 326 [333]; denn zum Wesen des auf Lebenszeit angelegten Ehe gehört die gleiche Berechtigung beider Partner, die sich auch nach Trennung und Scheidung der Eheleute auf ihre Versorgung auswirkt. Insbesondere ist im Hinblick auf Art 3 II GG die Leistung des Ehepartners, der den Haushalt führt und die Pflege und Erziehung der Kinder übernimmt, der Unterhaltsleistung durch Bereitstellung der notwendigen Barmittel gleichzusetzen (BVerfG FamRZ 1993, 1173 [1176] und 405). Diese Legitimation des VersA umfaßt die Gesamtheit der in der Ehezeit erworbenen Alterssicherungen (vgl BVerfG FamRZ 1986, 543 [548];1983, 342 [346]). Der Gesetzgeber war jedoch nicht von Verfassungs wegen gehalten, den VersA einzuführen (BVerfG FamRZ 1986, 543 [547] unter Bezugnahme auf BVerfG FamRZ 1978, 173 [175]; anders jedoch BVerfG FamRZ 2003, 1173, wo das Gericht für den Familienarbeit leistenden Ehegatten erstmals einen verfassungsrechtlichen Anspruch auf gleiche Teilhabe an dem in der Ehe erworbenen Vorsorgevermögen postuliert).

11 Auch wenn das Grundkonzept des VersA mit dem GG vereinbar ist, so kann es doch – atypische – Fälle geben, in denen die uneingeschränkte Durchführung des nach dem gesetzlichen Schema ermittelten Ausgleichs nicht durch Art 6 I GG und Art 3 II GG legitimiert wird. Demgemäß konnte das BVerfG den VersA nur deshalb als verfassungsgemäß beurteilen, weil insbesondere die **Härteklauseln der §§ 1587c, 1587h** geeignet sind, als Gerechtigkeitskorrektiv Grundrechtsverletzungen im Einzelfall zu verhindern (vgl BVerfG FamRZ 2003, 1173; 1984, 653 unter Bezugnahme auf BVerfG FamRZ 1980, 326 [334]). Insoweit ist es Aufgabe der Fachgerichte, im konkreten Fall ein dem Zweck des VersA und dem GG entsprechendes Ergebnis zu erzielen, das ungerechte Schematisierungen vermeidet (BVerfG FamRZ 1980, 326 [334]).

12 Auch die **Durchführung des VersA im Zusammenhang mit der Ehescheidung** ist verfassungsrechtlich unbedenklich, da damit dem Ausgleichsberechtigten grundsätzlich zu einer sofortigen sozialen Absicherung verholfen und beiden Ehegatten Klarheit über ihre versorgungsrechtliche Situation verschafft wird, um die vermögensrechtlichen Auseinandersetzungen zwischen ihnen möglichst umfassend und abschließend zu regeln (BVerfG FamRZ 1989, 827 [830]; 1980, 326 [334]). Der Gedanke, daß die während der Ehe nach Maßgabe der vereinbarten Arbeitsteilung gemeinsam erwirtschafteten Versorgungsanrechte gleichmäßig auf beide Partner zu verteilen sind, trägt nur, soweit der VersA wirklich zu einer gleichen Aufteilung des Erworbenen führt. Kürzungen der Versorgung, die dem Halbteilungsprinzip nicht entsprechen, können grundsätzlich nicht auf Art 6 I GG und Art 3 II GG gestützt werden. Der Gesetzgeber war daher verfassungsrechtlich verpflichtet, die – nun mit § 10a VAHRG geschaffene – Möglichkeit einer Korrektur des rechtskräftig durchgeführten VersA für die Fälle zu eröffnen, in denen sich später herausstellt, daß die mit dem VersA verteilten Anrechte nicht oder nicht in voller Höhe entstanden oder daß tatsächlich entstandene Anrechte des Ausgleichsberechtigten unberücksichtigt geblieben sind (BVerfG FamRZ 1993, 161; BSG SozR 2200 § 1304a Nr 15). Hierbei durfte eine an der Wesentlichkeitsgrenze des § 323 I ZPO orientierte relative Erheblichkeitsschwelle berücksichtigt werden (BVerfG FamRZ 1993, 161 und 1420; BGH FamRZ 1993, 796).

Der öffentlich-rechtliche VersA verfolgt das Ziel, dem Ehegatten mit den geringeren ehezeitbezogenen Anrech- 13 ten eine **eigenständige Versorgung** für den Fall des Alters und der Invalidität zu verschaffen. Nach dessen Durchführung bestehen zwei selbständige Versorgungsverhältnisse, so daß die versorgungs- oder rentenrechtlichen Schicksale der geschiedenen Ehegatten grundsätzlich unabhängig voneinander zu sehen sind (BVerfG FamRZ 1991, 413). Hieraus folgt, daß Versorgungskürzungen auf Seiten des Ausgleichsverpflichteten und Leistungen an den Ausgleichsberechtigten auch unter Berücksichtigung verfassungsrechtlicher Vorgaben nicht miteinander korrespondieren müssen (BVerfG FamRZ 1996, 341 [342]); dies ist letztlich eine Konsequenz des Versicherungsprinzips oder – bei beamtenrechtlichen Versorgungsanrechten – des aus Gründen der Kostenneutralität gebotenen globalen Risikoausgleichs (BVerfG FamRZ 1989, 827 [830]; Ruland SozVers 1989, 181). Der rechtskräftig vollzogene VersA mit der Folge zweier getrennter Versorgungsverhältnisse verliert allerdings seine verfassungsrechtliche Rechtfertigung, wenn eine spürbare Kürzung der Versorgung des Ausgleichsverpflichteten dem Berechtigten nicht angemessen zugute kommt (BVerfG FamRZ 1996, 341 [342]; 1980, 326 [335f]). Das ist vom BVerfG sowohl für den Fall des Versterbens des Ausgleichsberechtigten vor dem Verpflichteten bejaht worden, wenn aus dem VersA keine oder nur geringfügige Leistungen erbracht worden sind, als auch für den Fall der Doppelbelastung des Ausgleichsverpflichteten durch VersA und Unterhalt an den Ausgleichsberechtigten, der noch nicht Rente aus dem im VersA erworbenen Anrecht erhalten kann. Der Beanstandung des BVerfG ist durch die (ihrerseits verfassungsrechtlich unbedenklichen, vgl Rz 6) leistungsrechtlichen Härtekorrektive der §§ 4ff VAHRG entsprochen worden.

IV. Verhältnis zu sonstigen Scheidungsfolgen. Der VersA tritt im Rahmen der Bereinigung der wirtschaftli- 14 chen Folgen der gescheiterten Ehe an die Seite von Unterhalt und Zugewinnausgleich, ist aber zT anders legitimiert und strukturiert (vgl von Hornhardt FamRZ 1979, 655). So dient er zwar der Sicherung des Unterhalts des Berechtigten im Falle der verminderten Erwerbsfähigkeit und im Alter (BGH FamRZ 1979, 477 [479]), hat aber als ein auf dem Mitverdienstgedanken beruhender Teilhabeanspruch – anders als der Unterhalt – weder die Bedürftigkeit des Berechtigten noch die Leistungsfähigkeit des Verpflichteten zur Voraussetzung (BGH FamRZ 1982, 258). Allerdings ist zur Abstimmung mit dem **Unterhaltsrecht** (§§ 1569ff) gemäß § 1587c Nr 1/§ 1587h Nr 1 ein vollständiger oder teilweiser Ausschluß des VersA möglich, wenn der ungekürzte Ausgleich zu einem (höheren) Unterhaltsanspruch des bereits rentenberechtigten Ausgleichsverpflichteten gegen den Berechtigten führen würde (BGH FamRZ 1987, 255; Düsseldorf FamRZ 1995, 1277). Für die Bemessung des Unterhaltsbedarfs sind gemäß § 1578 I die ehelichen Lebensverhältnisse maßgebend. Hierbei sind auch nach der Scheidung erworbene Versorgungsansprüche zu berücksichtigen. Dies gilt im Grundsatz unabhängig davon, welche Tatsachen dem Versorgungserwerb zugrunde liegen und welchem Zeitraum diese zuzuordnen sind sind (BGH FamRZ 2003, 848; 2002, 88; KG FamRZ 2003, 1107; Koblenz OLGRp 2002, 9; Büttner FF 2002, 31), so daß auf dem VersA beruhende Ansprüche jedenfalls dann zu berücksichtigen sind, wenn sich bei beiden – bereits versorgungsberechtigten – Ehegatten der VersA auswirkt (Scholz FamRZ 2002, 733 [735]; weitergehend BGH FPR 2002, 528). Das Versorgungseinkommen ist bedürftigkeitsmindernd anzurechnen; dies kann vom Verpflichteten bis zum Zeitpunkt der Klageerhebung mit der Vollstreckungsabwehrklage (§ 767 ZPO) geltend gemacht werden, danach mit der Abänderungsklage nach § 323 ZPO (BGH FamRZ 1988, 1156). Führt der VersA auf Seiten des Ausgleichsverpflichteten zu einer Versorgungskürzung, so ist dies zu berücksichtigen, führt allerdings zu einer Kompensation der Berücksichtigung der auf dem VersA beruhenden Versorgung als Surrogateinkommen (BGH FamRZ 2001, 986) des Berechtigten (zutreffend KG FamRZ 2002, 460 [462]). Der schuldrechtliche VersA ist im Verhältnis zum nachehelichen Unterhalt vorrangig (Celle FamRZ 1982, 501).

Hat ein **unterhaltsberechtigter geschiedener Ehegatte einen Rentenantrag gestellt** und während des Verwal- 15 tungsverfahrens weiterhin Unterhalt in Anspruch genommen, so können bei rückwirkender Rentengewährung Benachteiligungen des Unterhaltsverpflichteten eintreten. Zu deren Vermeidung kann dieser dem Berechtigten bis zur Bewilligung der Rente ein zins- und tilgungsfreies Darlehen mit der Verpflichtung anbieten, im Falle endgültiger Ablehnung des Rentenantrags auf dessen Rückzahlung zu verzichten, während das Darlehen im Falle der Rentenbewilligung zurückzuzahlen ist. Erfährt der Unterhaltsverpflichtete erst nach rückwirkender Zuerkennung der Rente von dem Antrag des Berechtigten, so kommt ein aus der Rentennachzahlung zu erfüllender Erstattungsanspruch des Unterhaltspflichtigen in der Höhe in Betracht, in der sich der Unterhaltsanspruch des Berechtigten ermäßigt hätte, wenn die Rente sofort bewilligt worden wäre (BGH FamRZ 1989, 718 mwN). Vgl im übrigen die Erläuterungen zu § 5 VAHRG.

Im Rahmen von § 1587c Nr 1/§ 1587h Nr 1 kann auch das Ergebnis der **güterrechtlichen Scheidungsausein-** 16 **andersetzung** nach Billigkeitsgesichtspunkten zu einem vollständigen oder teilweisen Ausschluß des VersA führen (BGH FamRZ 1987, 923). In diesem Zusammenhang hat es die Rspr als grob unbillig angesehen und damit die Voraussetzungen der Härteklausel bejaht, wenn der Ausgleichsberechtigte über bedeutende wirtschaftliche Werte verfügt, an denen der ausgleichsverpflichtete Ehegatte – etwa infolge Gütertrennung oder weil das Vermögen gemäß § 1374 II vom Ausgleich ausgenommen ist – nicht beteiligt wird (BGH FamRZ 1992, 47; Düsseldorf 1993, 1470; KG FamRZ 1997, 28).

17 **V. Verfahren.** Beim VersA einschließlich seiner Nebenansprüche (BGH FamRZ 1981, 533) handelt es sich um eine Angelegenheit der **freiwilligen Gerichtsbarkeit** (§ 621a I S 1 ZPO). Es gelten grundsätzlich die allgemeinen Vorschriften des FGG, ergänzt um die spezifischen Regelungen der §§ 53bff FGG. Deren Anwendung wird jedoch teilweise durch ein kompliziertes und unübersichtliches System von vorrangig zu berücksichtigenden Vorschriften der ZPO und des GVG verdrängt (etwa § 64 III S 1 FGG; § 621a I S 2 ZPO). Im Ergebnis findet damit ein Mischsystem aus Vorschriften des FGG, der ZPO und des GVG Anwendung, das durch die Verfahrensgrundsätze der freiwilligen Gerichtsbarkeit geprägt wird (vgl allgemein Hannemann DAngVers 1977, 116):

18 1. Das Verfahren über den VersA wird – abgesehen vom schuldrechtlichen VersA und von den in Art 17 III S 2 EGBGB geregelten Fällen mit Auslandsbezug – von Amts wegen eingeleitet; es gilt nach § 623 I S 3 ZPO, § 12 FGG das **Amtsermittlungsprinzip** (Brandenburg FamRZ 2002, 168). Das FamG ermittelt von sich aus die Anrechte der Ehegatten und ist an deren Vortrag nicht gebunden (BGH FamRZ 1984, 990). Antragsbeschränkungen im **schuldrechtlichen VersA**, bei dem es im Ermessen des Ausgleichsberechtigten steht, den Ausgleichsanspruch geltend zu machen (BGH FamRZ 2001, 1447), sind hingegen zu beachten (Saarbrücken FamRZ 2003, 614; die Interessen der Versorgungsträger werden durch § 3a III VAHRG ausreichend geschützt). Es darf den Sachvortrag eines Ehegatten nicht nach § 138 III ZPO als zugestanden ansehen (BVerfG FamRZ 1992, 1151; Saarbrücken FamRZ 2003, 614 [615]), sondern muß die objektive Wahrheit ergründen und auch unstreitige Tatsachen auf ihre Richtigkeit prüfen (Frankfurt FamRZ 1991, 579). Das Gericht darf seine Ermittlungen erst dann einstellen, wenn deren Fortsetzung ein die Entscheidung beeinflussendes Ergebnis nicht erwarten läßt (Naumburg FamRZ 2003, 383 unter Hinweis auf BayObLG FamRZ 1990, 1162). Es muß aber nicht jeder nur denkbaren Möglichkeit nachgehen (Brandenburg FamRZ 2002, 1122). Ermittlungen sind nur insoweit angezeigt, als das Vorbringen der Beteiligten oder der Sachverhalt bei sorgfältiger Überlegung dazu Anlaß geben (Karlsruhe FamRZ 1992, 689). Hieraus folgt auch, daß das Gericht davon absehen kann, von sich aus nach Härtegründen iS der §§ 1587c, 1587h zu forschen, die nicht offensichtlich sind (BGH FamRZ 1988, 709). Die Pflicht des FamG, den Sachverhalt aufzuklären, findet dort ihre Grenze, wo es die Verfahrensbeteiligten allein oder in erster Linie in der Hand haben, die notwendigen Erklärungen abzugeben (BGH FamRZ 1988, 1148) oder vorhandene Beweismittel vorzulegen, um eine ihren jeweiligen Interessen entsprechende Entscheidung herbeizuführen (BGH FamRZ 1994, 234). Insoweit obliegt es den Beteiligten, deren persönliches Erscheinen angeordnet werden kann (Stuttgart FamRZ 1986, 705), durch eingehende Tatsachendarstellung an der Sachverhaltsaufklärung mitzuwirken und Beweismittel einzubringen. Zur Behandlung des VersA bei **ungeklärtem Versorgungsverhältnis** vgl Brandenburg FamRZ 2002, 1122; Hamm FamRZ 2000, 673; Schleswig FamRZ 1990, 527 (Feststellung: „Der VersA wird nicht geregelt" – problematisch, richtig wäre Verweisung in den schuldrechtlichen VersA oder Vorbehalt einer Abänderung nach § 10a VAHRG [vgl Thüringen FamRZ 2000, 673]; unzulässig ist es auch, in diesen Fällen mit dem OLG Karlsruhe zu unterstellen, die Anrechte der Ehegatten seien gleich hoch [vgl Karlsruhe FamRZ 2002, 1494 mit abl Anm Kemnade]).

19 2. **Verfahrensbeteiligte** sind neben den Ehegatten die durch den öffentlich-rechtlichen VersA betroffenen Versorgungsträger (§ 53b II S 1 FGG). Dies sind die Träger der gesetzlichen Rentenversicherung, bei denen die Versicherungskonten der Ehegatten geführt werden (vgl §§ 125ff SGB VI), die Träger der Versorgungslast sowie – über § 11 I VAHRG – die Träger der Anrechte, die dem Ausgleich nach § 1 II, III VAHRG unterliegen (BGH FamRZ 1987, 52). Die Einholung von Versorgungsauskünften gemäß § 53b II S 2 FGG stellt keine formelle Verfahrensbeteiligung eines Versorgungsträgers dar (Brandenburg FamRZ 2000, 1028). Der Träger eines schuldrechtlich auszugleichenden Anrechts ist nicht am Verfahren über den VersA zu beteiligen (BGH FamRZ 1991, 175; 1989, 370).

20 3. Das Gericht holt gemäß § 53b II S 2 FGG/§ 11 II S 1 VAHRG bei den zuständigen **Versorgungsträgern** und sonstigen Stellen (Dresden FamRZ 2000, 298) **Auskünfte** über die Höhe der von den Ehegatten während der Ehezeit erworbenen Versorgungsanrechte ein. Die Versorgungsauskünfte sind als Konkretisierung einer Nebenpflicht aus dem Beschäftigungs- oder Versorgungsverhältnis unentgeltlich zu erteilen (Köln FamRZ 1985, 719), müssen über die rechtlichen und tatsächlichen Versorgungsgrundlagen informieren sowie eine Berechnung des Ehezeitanteils des Anrechts umfassen (Frankfurt FamRZ 2000, 540; Hamburg FamRZ 2000, 541). Der Versorgungsträger ist – ohne daß dies der Einwilligung der Ehegatten bedürfte (Zweibrücken FamRZ 1998, 918) – zur Auskunfterteilung verpflichtet und kann, auch wenn er öffentlich-rechtlich organisiert ist (str, bejahend Frankfurt JurBüro 1987, 97; KG NJW-RR 1996, 252; FamRZ 1998, 839), durch Zwangsgeld (§ 33 FGG) zur Auskunft angehalten werden (Dresden FamRZ 2000, 298). Das Gericht ist an die Auskunft des Versorgungsträgers, die an die Stelle des Zeugen- und Sachverständigenbeweises tritt (BSG FamRZ 1996, 1333 [1334]), nicht gebunden und hat diese selbst auf ihre Richtigkeit zu überprüfen (BGH FamRZ 1998, 89 [92]; 1984, 159). Der öffentlich-rechtliche Versorgungsträger haftet nach § 839 für eine falsche Versorgungsauskunft (BGH FamRZ 1998, 89; hierzu Schmeiduch SGb 1998, 326). Zur Schadensersatzpflicht privater Versorgungsträger vgl Hamm FamRZ 1985, 718; Karlsruhe NJW 1986, 854; LG Aachen NJW 1983, 830.

21 4. Ist der VersA Folgesache (§ 623 I S 1, 3 ZPO), so gilt nach der zwingenden und von Amts wegen zu berücksichtigenden Regelung des § 78 II ZPO für die **Ehegatten** bereits für das Verfahren vor dem FamG **Anwaltszwang** (zu Haftungsrisiken vgl Schöppe-Fredenburg/Schwolow FuR 1997, 65, 104; Ruland AnwBl 1982, 85). Nach der schrittweise Aufhebung der Lokalisierungszwanges genügt seit dem Inkrafttreten der Novelle des § 78 ZPO durch das OLG-Vertretungsänderungsgesetz vom 23. 7. 2002 (BGBl I 2850) am 1. 8. 2002 die Vertretung durch einen bei (irgendeinem) Amts- oder Landgericht zugelassenen Rechtsanwalt, während es für das Verfahren vor dem OLG der Vertretung durch einen bei einem OLG (vgl Vossler FamRB 2002, 319) und für das Verfahren vor dem BGH der Vertretung durch einen beim BGH zugelassenen Anwalt bedarf (§ 78 I ZPO). Im selbständigen Verfahren gilt Anwaltszwang nur für die Rechtsbeschwerde und Nichtzulassungsbeschwerde vor dem BGH (§ 78 I S 4,

III ZPO). Anwaltszwang besteht auch dann, wenn der VersA gemäß § 628 ZPO abgetrennt (BGH FamRZ 1998, 1505) oder durch ein isoliertes Rechtsmittel aus dem Verbund herausgelöst worden ist (BGH FamRZ 1979, 908). Der anwaltliche Vertretungszwang erstreckt sich auch auf Prozeßvergleiche sowie auf gerichtlich protokollierte Vereinbarungen nach § 1587o (BGH FPR 2002, 84; FamRZ 1991, 679; 1986, 458). Die in § 78 IV ZPO genannten **Versorgungsträger** bedürfen in allen Verfahren über den VersA, unabhängig davon, in welcher Instanz die Sache anhängig ist, nicht der anwaltlichen Vertretung (§ 78 II – IV ZPO).

5. Der Verbund zwischen Scheidungssache und dem VersA kann nach § 628 I ZPO – auch in der Rechtsmittelinstanz (BGH FamRZ 1980, 1108) – durch **Abtrennung des Verfahrens über den VersA** aufgelöst werden, wenn eine Entscheidung vor der Eheauflösung nicht möglich ist, vor einem anderen Gericht ein Rechtsstreit über ein auszugleichendes Anrecht anhängig ist (dann zugleich Aussetzung des Verfahrens), die gleichzeitige Entscheidung über den VersA den Scheidungsausspruch so außergewöhnlich verzögern würde, daß der Aufschub auch unter Berücksichtigung des konkret durchzuführenden Ausgleichs eine besondere Härte darstellen würde (die Rspr sieht – ausgehend von der tatsächlichen Anhängigkeit des Scheidungsverfahrens, vgl Zweibrücken FamRZ 2002, 334 – eine Verfahrensdauer von bis zu zwei Jahren noch als normal an; BGH FamRZ 1991, 1043; 1986, 890; kritisch Naumburg FamRZ 2002, 331). Hat einer der Ehegatten angleichungsdynamische Anrechte (vgl Rz 27) erworben, so kommt eine Abtrennung und Aussetzung des VersA nach § 2 I S 2 VAÜG in Betracht. Zur **Aussetzung des Verfahrens**: § 53c FGG, ferner entsprechende Anwendung der allgemeinen Regelungen des Zivilprozeßrechts (Brandenburg FamRZ 2000, 1423). 22

6. Die **Entscheidung über den VersA** ergeht grundsätzlich mit dem Scheidungsurteil (§ 629 I ZPO), ansonsten durch Beschluß. Sie unterbleibt, soweit die Ehegatten den VersA wirksam ausgeschlossen haben (§ 53d S 1 FGG). Die Entscheidung soll gemäß § 53b I FGG nach mündlicher Verhandlung erfolgen und ist wegen des hohen Schwierigkeitsgrades der Materie stets zu begründen (§ 313 ZPO; 53b III FGG). Auch eine **Teilentscheidung** über den VersA (entsprechend § 301 ZPO) ist in Bezug auf einen abgrenzbaren, entscheidungsreifen und vom Ergebnis der weiteren Ermittlungen unabhängigen Teil des Verfahrensgegenstandes zulässig (BGH FamRZ 1983, 38 und 890; Zweibrücken FamRZ 1986, 164). Dies setzt voraus, daß die Teilregelung so beschaffen ist, daß sich aus der späteren Entscheidung keine Umkehr der Ausgleichspflicht und auch kein niedrigerer Ausgleichsanspruch ergeben kann (vgl Oldenburg FamRZ 2003, 1752 [1753]; Klattenhoff/Schmeiduch FamRZ 2003, 409 [412]). Eine Regelung durch **einstweilige Anordnung** ist im Rahmen des Wertausgleichs (§ 1587b I, II; § 1 II, III VAHRG) unzulässig (Frankfurt OLGRp 2003, 7), kann jedoch – auch über den Anwendungsbereich von § 3a IX VAHRG hinaus – im schuldrechtlichen VersA erfolgen (Einzelheiten bei Gießler, Vorläufiger Rechtsschutz in Ehe-, Familien- und Kindschaftssachen, 2000, Rz 952ff). Stellt das Gericht fest, daß ein Anrecht dem **schuldrechtlichen VersA** unterliegt, liegen dessen Fälligkeitsvoraussetzungen (§ 1587g I S 2) jedoch noch nicht vor, so ist es angezeigt (jedoch nicht zwingend [zutreffend Zweibrücken FamRZ 2003, 1290]), im Tenor zur Klarstellung auf den schuldrechtlichen VersA hinzuweisen (Dresden FamRZ 2003, 1195 [1196]). 23

7. Gegen eine im Scheidungsverbund ergangene Entscheidung über den VersA ist die **Beschwerde** beim OLG (§ 119 I Nr 1 lit a GVG, § 64 III S 1 FGG) zulässig (§ 629a II iVm § 621e I ZPO), die keinen bestimmten Antrag enthalten muß (BGH FamRZ 1994, 158). Eine Mindestbeschwer ist nicht erforderlich (Naumburg FamRB 2003, 211; 2002, 259; aA Dresden FamRZ 1996, 742). Die Fristen für die Berufung gelten entsprechend (§ 621e III S 2 iVm §§ 517f ZPO), so daß die Beschwerde innerhalb eines Monats nach Zustellung der vollständig abgefaßten Entscheidung, spätestens aber mit dem Ablauf von fünf Monaten nach der Verkündung beginnt. Die Begründungsfrist beträgt entsprechend § 520 II ZPO zwei Monate und beginnt mit dem vorstehend genannten Zeitpunkt (Bergerfurth FamRZ 2001, 1493). Das Rechtsmittelgericht hat die vorinstanzliche Entscheidung in jeder Richtung in Übereinstimmung mit der materiellen Rechtslage zu bringen, soweit nicht das Verbot der Schlechterstellung des Rechtsmittelführers entgegensteht (BGH FamRZ 2003, 29 [31]). Beschwerdeberechtigt iS von § 20 I FGG ist auch der am Verfahren über den VersA zu beteiligende Versorgungsträger, wobei es genügt, wenn der VersA mit einem im Gesetz nicht vorgesehenen Eingriff in seine Rechtsstellung verbunden ist; auf eine finanzielle Mehrbelastung kommt es nicht an (BGH FamRZ 1989, 721; 1981, 132). Damit wird dem gesetzlichen rechtlichen Interesse des Versorgungsträgers (auch außerhalb der gesetzlichen Rentenversicherung; Karlsruhe FamRZ 1989, 984) an einer dem Gesetz entsprechenden Regelung des VersA Rechnung getragen, zumal er auf Grund seiner Sachkenntnis besonders berufen ist, rentenrechtliche Fehler zu beanstanden. Die Anwendung von § 1587c kann der Versorgungsträger allerdings grundsätzlich (dh abgesehen von den Fällen, in denen die Härteklausel wie eine Bewertungsvorschrift angewendet wird; vgl BGH FamRZ 1988, 822) nicht angreifen (Hamm FamRZ 1988, 1070), ebenso nicht die Genehmigung eines vertraglichen Ausschlusses des VersA (Köln FamRZ 1988, 182). Das Verbot der **Schlechterstellung des Rechtsmittelführers** gilt zugunsten der Ehegatten auch für das Verfahren über den VersA in der Rechtsmittelinstanz (BGH FamRZ 1983, 44). Es findet jedoch – wegen der Ungewißheit über die künftigen Auswirkungen des VersA bei der Bewertung von Anwartschaften – grundsätzlich keine Anwendung zugunsten des beschwerdeführenden Versorgungsträgers (BGH FamRZ 1990, 273 und 1339), es sei denn, die Abänderung der angefochtenen Entscheidung wirkt sich für ihn nur nachteilig aus (BGH FamRZ 2003, 29 [31]). Gegen die Entscheidung des OLG ist die **Rechtsbeschwerde** beim BGH (§ 133 GVG, § 64 III S 1 FGG) zulässig, wenn sie vom OLG oder – im Fall der Nichtzulassungsbeschwerde (entsprechend § 544 ZPO) – vom BGH zugelassen worden ist; mit ihr kann nur eine Rechtsverletzung gerügt werden (§ 621e II ZPO). 24

8. Entscheidungen über den öffentlich-rechtlichen VersA in den Formen des § 1587b I, II sowie des § 1 II, III; § 3b I Nr 1 VAHRG werden als echte Streitsachen der freiwilligen Gerichtsbarkeit formell und materiell **rechtskräftig** (BGH FamRZ 1989, 264) und haben mit Eintritt ihrer Wirksamkeit **unmittelbar rechtsgestaltende Wirkung** (BGH FamRZ 1991, 934; BSG FamRZ 1991, 556; 1990, 874). Entscheidungen über eine Beitragszahlung nach § 3b I Nr 2 VAHRG sowie über den schuldrechtlichen VersA (§§ 1587g, 1587l) sind Leistungsentscheidun- 25 gen, die nach den Vorschriften der ZPO vollstreckt werden müssen (§ 53g III FGG). Eine Abänderung des öffentlich-rechtlichen VersA ist – abgesehen von den sich aus §§ 319–321 ZPO (analog) ergebenden Korrekturmöglichkeiten (BGH FamRZ 1989, 264; Bamberg FamRZ 1998, 764; Düsseldorf FamRZ 1992, 189; Karlsruhe MDR 2003, 523) – nach § 10a VAHRG ebenso wie eine Wiederaufnahme in entsprechender Anwendung der §§ 578ff ZPO möglich (BGH FamRZ 2002, 1553; 1989, 264; 1980, 989). Zum schuldrechtlichen VersA vgl § 1587f Rz 3.

26 **VI. Interlokale Besonderheiten. 1.** Für Ehegatten, die **vor 1992** nach dem im Beitrittsgebiet (§ 18 III SGB IV) geltenden Recht **geschieden** worden sind, gilt aus verfassungsrechtlichen Gründen (BT-Drucks 13/6649, 4) das Recht des VersA grundsätzlich nicht (Art 234 § 6 EGBGB, vgl BGH FamRZ 1992, 295; Adlerstein/Wagenitz FamRZ 1990, 1300; Klattenhoff DAngVers 1990, 435). Die hiervon betroffenen früheren Ehegatten haben gemäß § 243a S 1 SGB VI auch keinen Anspruch auf Hinterbliebenenversorgung nach ihrem früheren Partner (BSG NJ 1997, 555 mit kritischer Anm Lauterbach; verfassungsrechtliche Einwände auch bei Heinke/Fuchsloch NJ 2002, 113). Der Ausschluß der nach dem Recht des Beitrittsgebiets geschiedenen Ehegatten von der Geschiedenen-Hinterbliebenenrente soll nach der (auch im Hinblick auf ein früheres Judikat [vgl BVerfG SozR 3–2200 § 1265 Nr 10] in den Gründen nicht überzeugenden) Rspr des BVerfG ungeachtet der vorgenannten Kritik im Schrifttum jedenfalls in solchen Fällen verfassungsrechtlich unbedenklich sein, in denen die Betroffenen wegen ausreichender eigenständiger Versorgungseinkünfte nicht schutzbedürftig sind (BVerfG FamRZ 2003, 1261; vgl hierzu auch BVerfG FamRZ 2003, 1732). Das mit dem Einigungsvertrag geschaffene Überleitungsrecht schließt jedoch die Durchführung des VersA für Ehescheidungen, die während der Zeit vom 1. 7. 1977 bis zum 31. 12. 1991 im Beitrittsgebiet ausgesprochen worden sind (vgl hierzu Brandenburg FamRZ 2002, 1190 [1191]), nicht aus, nachdem nach den Grundsätzen des interlokalen Kollisionsrechts ein VersA möglich gewesen wäre. Um dem Normzweck des Art 234 § 6 EGBGB zu entsprechen, muß der VersA kollisionsrechtlich jedoch am Tag vor In-Kraft-Treten des Einigungsvertrages, dh am 2. 10. 1990, möglich gewesen sein (BGH FamRZ 1994, 160 und 884). Zum interlokalen Kollisionsrecht vgl Art 17 EGBGB Rz 84ff.

27 **2.** Das Wirksamwerden des VersA im Beitrittsgebiet ist durch das am 1. 1. 1992 in Kraft getretene **VersA-Überleitungsgesetz** (VAÜG) vom 25. 7. 1991 (BGBl I 1606, 1702) flankiert worden (vgl Hahne FamRZ 1991, 1392; Klattenhoff DAngVers 1991, 352). Die Anwendung des VAÜG hat zur Voraussetzung, daß einer der Ehegatten während der Ehezeit angleichungsdynamische Anrechte (minderer Art) iS von § 1 II, III VAÜG erworben hat (vgl hierzu näher Dresden FamRZ 1998, 630; 1997, 615; unzutreffend jedoch Naumburg NJ 2000, 262, das die einkommensabhängige Dynamik der für die Versorgung maßgebenden allgemeinen Bemessungsgrundlage des auszugleichenden Anrechts verkennt). Zur Umwertung nicht volldynamischer Anrechte im Beitrittsgebiet vgl Brandenburg FamRZ 2000, 676; 2003, 534 und zu den sich aus der Gesamtleistungsbewertung in der gesetzlichen Rentenversicherung ergebenden Besonderheiten auch bei Tatbeständen im früheren Bundesgebiet AG Tempelhof-Kreuzberg FamRZ 1997, 427. **Grundstrukturen** des VAÜG (vgl hierzu Götsche FamRZ 2002, 1235):

28 **a)** Zur **Vermeidung von Saldierungsproblemen** bei unterschiedlich dynamischen Anrechten werden vorrangig angleichungsdynamische Anrechte beider Ehegatten untereinander verrechnet (vgl BGH FamRZ 2001, 1701). Das VAÜG sieht – in § 2 I S 1 Nr 1 iVm § 3 I Nr 4 VAÜG – einen gesonderten Ausgleich vor, ohne das Prinzip des Einmalausgleichs aufzugeben und einen systemwidrigen „Hin-und-Her-Ausgleich" angleichungsdynamischer Anrechte einerseits und sonstiger Anrechte andererseits zuzulassen (vgl Brandenburg FamRZ 2001, 489; Dresden FamRZ 1999, 1204). Der Ausgleichsberechtigte erhält zum Ausgleich angleichungsdynamischer Anrechte vergleichbare Anrechte in der gesetzlichen Rentenversicherung nach § 1 Nr 5 VAÜG, § 264a SGB VI), während der Ausgleichsverpflichtete auf der Grundlage der §§ 264a, 265a SGB VI einen Abschlag hinzunehmen hat, der sich gleichfalls angleichungsdynamisch entwickelt. Um einen zulässigen In-sich-Ausgleich angleichungsdynamischer Anrechte zu ermöglichen, können die Ehegatten gemäß § 1587o vereinbaren, daß nicht angleichungsdynamische Anrechte wie angleichungsdynamische Anrechte behandelt werden sollen, so daß nicht mehr Anrechte unterschiedlicher Dynamik zu verrechnen sind, sondern insgesamt gleichwertige Anrechte zu saldieren sind (BGH FamRZ 2001, 1701 mwN). Die Vereinbarung muß sich jedoch in dem durch § 1587o I S 2 gesteckten Rahmen bewegen (Brandenburg FamRZ 1998, 1142; Karlsruhe FamRZ 2000, 1155).

29 **b)** Ist nach der „In-sich-Verrechnung" angleichungsdynamischer Anrechte ein verbleibender Überschuß mit sonstigen Anrechten des anderen Ehegatten zu verrechnen oder hat einer der Ehegatten angleichungsdynamische Anrechte minderer Art iS von § 1 III VAÜG erworben, so ist der **VersA** gemäß § 2 I S 1 Nr 1 und S 2 VAÜG bis zur Einkommensangleichung (hierunter versteht § 1 IV VAÜG den Zeitpunkt der Herstellung einheitlicher Versorgungsbemessungsgrundlagen) **zwingend auszusetzen** (Karlsruhe NJW-RR 1996, 903; zu Fällen irrtümlicher Aussetzung vgl Brandenburg FamRZ 1996, 496; Köln FamRZ 1994, 1041); den Rechtsstreit über den VersA wird entsprechend § 628 ZPO abgetrennt und die Ehe vorab geschieden. Nach § 2 I S 1 Nr 2 VAÜG ist der VersA jedoch auch in den oben beschriebenen Fällen durchzuführen, wenn (spätestens im Zeitpunkt der letzten tatrichterlichen Entscheidung) bereits ein Leistungsfall, der zu Kürzungen oder Berechtigungen auf Grund des VersA führen würde, eingetreten ist (vgl hierzu Brandenburg FamRZ 2002, 1190 und 1256). Hieraus folgt ua, daß das Verfahren über den VersA ausgesetzt werden muß, wenn zwar aus der Versicherung des Verpflichteten eine Rente zu zahlen ist, eine Kürzung derselben aber wegen des so genannten Rentnerprivilegs (noch) nicht erfolgen kann (Brandenburg FamRZ 1998, 1441; Nürnberg FamRZ 1995, 1362; Naumburg FamRZ 2003, 40). Nach Abschluß der Angleichungsphase findet eine Wiederaufnahme des VersA statt (§ 2 III VAÜG). Angleichungsdynamische Anrechte werden sodann unter Einbeziehungangleichungsbedingter, jedoch auf das Eheende zurück bezogener Wertveränderungen berücksichtigt. Dies bedeutet, daß ihnen die Werte zugrunde zu legen sind, die sie gehabt hätten, wenn die Angleichungsphase zum Eheende bereits abgeschlossen gewesen wäre (§ 5 Nr 1–3 VAÜG).

30 **c)** Ist der VersA nach § 2 I S 2 VAÜG ausgesetzt worden und **tritt vor dem Zeitpunkt der Einkommensangleichung ein Leistungsfall ein,** auf den der VersA Einfluß nehmen würde, so ist das Verfahren nach der –

abschließenden (so Brandenburg FamRZ 1998, 1441) – Regelung des § 2 II VAÜG wieder aufzunehmen. Angleichungsdynamische Anrechte sind unter Berücksichtigung der zwischenzeitlich eingetretenen angleichungsbedingten Wertveränderungen zu erfassen. Die Wertveränderung soll mit Hilfe eines durch Bekanntmachung des BMGS nach § 3 II Nr 1 lit a VAÜG festgestellten Angleichungsfaktors ausgedrückt werden, der die über die Dynamik eines vergleichbaren „West-Anrechts" hinausgehende Dynamik eines in den neuen Bundesländern erworbenen Anrechts dokumentiert (§ 3 III iVm II Nr 1 lit a VAÜG). Ab- und Zuschläge werden je nach dem, welche Anrechte überwiegen, in Entgeltpunkte (Ost) oder Entgeltpunkte umgerechnet (§ 3 III iVm II Nr 2 VAÜG). Diese Fälle erfordern sodann eine Nachkorrektur angleichungsbedingter Wertveränderungen im Rahmen einer oder mehrerer Abänderungen nach § 10a VAHRG.

d) Bestandsrenten auf Grund von Versicherungsfällen vor 1992, die nach dem im Beitrittsgebiet geltenden **31** Recht der gesetzlichen Rentenversicherung berechnet und in einem pauschalen Verfahren auf das System des SGB VI umgestellt worden sind (§ 307a SGB VI), und **Vergleichsrenten** (= Renten auf Grund von Leistungsfällen vom 1. 1. 1992 bis 31. 12. 1996, die in Anwendung des in Art 2 RÜG kodifizierten Rechts des Beitrittsgebiets berechnet worden sind) werden nach einem an den Besonderheiten des Leistungsrechts angemessenen Schema bewertet und mit ihrem dynamischen Betrag im öffentlich-rechtlichen VersA berücksichtigt (§ 3 I Nr 2, 3; und II Nr 1 lit a VAÜG). Ein etwaiger zusätzlicher Ausgleichsbetrag, der schrittweise abgebaut wird, unterliegt gemäß § 3 I Nr 6, II Nr 1 lit a VAÜG einem gesonderten schuldrechtlichen VersA (vgl Brandenburg NJWE-FER 2001, 35).

VII. Auslandsbezug. Zur **internationalen Zuständigkeit** der deutschen Gerichte vgl Art 17 EGBGB Rz 64f **32** [68]; im übrigen ergibt sich die internationale Zuständigkeit für den isolierten VersA nach Art 17 III S 2 in solchen Fällen, in denen eine internationale Zuständigkeit für die Scheidung nicht bestünde (zB Scheidung österreichischer Staatsangehöriger in Österreich, wenn ein Ehegatte deutsche Anrechte erworben hat), aus dem Gleichlaufprinzip (Stuttgart FamRZ 1991, 1068; Henrich IPRax 1993, 189; 1990, 255). Welches Recht auf den VersA zur Anwendung gelangt, wenn ein Sachverhalt Bezüge zu einer ausländischen Rechtsordnung ausweist, beurteilt sich seit dem 1. 9. 1986 (vgl Art 220 I EGBGB; BGH FamRZ 1993, 416; zur Verfassungsgemäßheit des intertemporalen Rechts vgl BVerfG IPRspr 1990, 179) nach der **versorgungsausgleichsspezifischen Sonderkollisionsnorm** des Art 17 III EGBGB (vgl Art 17 EGBGB Rz 49ff; ferner Klattenhoff FuR 2000, 49, 108; Finger FF 2002, 154). Wurde die Ehe eines Ehegatten durch ein **ausländisches Gericht** oder unter Mitwirkung einer ausländischen Behörde aufgelöst und ist die Eheauflösung im Inland (vgl insbesondere § 328 ZPO oder – bei Privatscheidungen – das nach Art 17 I EGBGB berufene Scheidungsstatut, jeweils iVm Art 7 § 1 FamRÄndG; Art 14f Brüssel II VO vom 29. 5. 2000 [ABl EG L 160 S 19f]) als wirksam anzusehen, so ist ein VersA von Amts wegen (vgl AG Charlottenburg FamRZ 1989, 514) – in den Fällen des regelwidrigen VersA nach Art 17 III 2: auf Antrag – in einem selbständigen Verfahren durchzuführen, wenn er nach den Kollisionsnormen des deutschen Rechts vorzunehmen ist (BGH FamRZ 1993, 798; Stuttgart FamRZ 1991, 1068; von Bar IPRax 1994, 100).

Auch **ausländische Anrechte**, die nicht – regelwidrig (etwa nach dem Fremdrentengesetz [FRG] vom 25. 2. **33** 1960 [BGBl I 93] oder dem nur noch übergangsweise anzuwendenden deutsch-polnischen Sozialversicherungsabkommen vom 9. 10. 1975 [BGBl 1976 II 396]) in der deutschen gesetzlichen Rentenversicherung abzugelten sind – unterliegen dem VersA (BGH FamRZ 2001, 284 [285]; 1982, 473; Hamm FamRZ 2002, 1568; Naumburg FamRZ 2001, 497; Zweibrücken FamRZ 2001, 497). Sie haben nicht mit den Leistungen aus der deutschen gesetzlichen Rentenversicherung identisch zu sein (BGH FamRZ 2001, 284 [285]; Hamm FamRZ 2002, 1568), müssen aber die Voraussetzungen des § 1587 erfüllen, so daß Renten der steuerfinanzierten **Staatsbürgerversorgung** nicht in den VersA fallen (Hamm und Köln, FamRZ 2001, 31; aA Naumburg FamRB 2002, 259; Gutdeutsch FamRB 2003, 63). Dies gilt aus Kausalitätsgründen auch dann, wenn während der Anwartschaftszeit eine Berufsarbeit ausgeübt worden ist (aA Oldenburg FamRZ 2002, 961), da diese auf den Anspruch ohne Einfluß ist (Stillich DAngVers 1999, 140; Borth FamRZ 2003, 889). Vom Ausgleich auszunehmen sind ebenso Anrechte, die faktisch wertlos sind, weil sie im Leistungsfall nicht realisiert werden können (BGH FamRZ 2003, 1737; Karlsruhe FamRZ 2000, 677; Nürnberg FamRZ 1999, 1203; Zweibrücken FamRZ 2003, 1752). Die Erfassung ausländischer Anrechte ist ein Gebot der Gleichbehandlung sowie – wenn diese Anrechte auf Seiten des Berechtigten vorliegen – des verfassungsrechtlichen Eigentumsschutzes (vgl Bericht der Bundesregierung zur Rechtsstellung des ausgleichsberechtigten Ehegatten beim Ausgleich fremder Versorgungsanrechte vom 28. 12. 1994, BR-Drucks 1146/94, 2; Klattenhoff DRV 2000, 685 [686, 705]). Beeinflussen die ausländischen Anrechte weder Richtung noch Umfang des Ausgleichs der inländischen Anrechte, kann auf deren Ermittlung und Bewertung verzichtet werden und das ausländische Anrecht dem schuldrechtlichen VersA überlassen bleiben. Hängt jedoch von der Höhe der ausländischen Anrechte die Ausgleichsrichtung ab, ist deren Bewertung und Einstellung in die Ausgleichsbilanz unerläßlich (Hamm IPRspr 1990, 168; Karlsruhe FamRB 2002, 260; Köln FamRZ 2002, 1632; Schleswig SchlHA 1998, 262;); zu den Ermittlungs- und Bewertungsmöglichkeiten vgl Wagner VersAAusl Rz 41ff. Können die ausländischen Anrechte in diesen Fällen aus rechtlichen oder tatsächlichen Gründen nicht bewertet werden, so unterbleibt insgesamt ein öffentlich-rechtlicher VersA; der Ausgleich aller Anrechte beider Parteien ist dem schuldrechtlichen VersA – und ggf einer späteren Abänderung nach § 10a VAHRG (Karlsruhe FamRZ 2000, 677) – vorzubehalten (Celle FamRZ 2001, 1462; Düsseldorf FamRZ 1994, 903; Köln FamRZ 1986, 689). Die **Rechtshängigkeit des Scheidungsantrags** (§ 1587 II) beurteilt sich bei Scheidung durch ein ausländisches Gericht nach der lex fori (BGH FamRZ 1993, 798 [800]). In diesem Zusammenhang ist auch dann auf den Scheidungsantrag abzustellen, wenn der nach ausländischem Recht ausgesprochenen Scheidung ein gerichtliches Trennungsverfahren vorausging (BGH FamRZ 1994, 825; ggf jedoch Herabsetzung des Ausgleichs nach § 1587c Nr 1).

Der VersA ist regelmäßig auch dann durchzuführen, wenn einer der Ehegatten oder beide ihren **gewöhnlichen** **34** **Aufenthalt im Ausland** haben; hierbei ist es im Grundsatz unerheblich, daß der ausländische Aufenthaltsstaat die Vollstreckung aus einer zum Ausgleich verpflichtenden Entscheidung nicht zulassen würde (BGH FamRZ 1982,

473). Da das deutsche Auslandsrentenrecht (§§ 110, 270b ff SGB VI) vom Grundsatz des Leistungsexports geprägt wird (§ 110 II SGB VI), ist ein Ausschluß des VersA ist nicht bereits deswegen vorzunehmen, weil der ausgleichsberechtigte Ehegatte im Ausland lebt (Karlsruhe FamRZ 1998, 1029). Allerdings kann der Umstand, daß ein Rentenberechtigter, der nicht Deutscher ist (§ 2 Ia SGB IV), Rente bei gewöhnlichem Aufenthalt im Ausland regelmäßig nur in Höhe von 70 % des Inlandsanspruchs erhält (§ 113 III SGB VI), im Rahmen der Billigkeitsentscheidung nach Art 17 III S 2 EGBGB berücksichtigt werden (BGH FamRZ 2000, 418); in diesem Rahmen ist außerdem ein etwaiger **Unterschied in der Kaufkraftparität** zu berücksichtigen (Frankfurt FamRZ 2000, 163).

35 Der **Ausgleich ausländischer Anrechte** erfolgt – auch wenn es sich um Anrechte aus der gesetzlichen Rentenversicherung handelt – nicht nach § 1587b (Bamberg FamRZ 1986, 691; Wagner VersAAusl Rz 43), sondern nach § 2 VAHRG (vgl BGH FamRZ 1989, 949; Hamm FamRZ 1989, 759; München FamRZ 1996, 554; AG Kelheim IPRax 1985, 109) mit der Abfindungsoption nach § 1587l (KG FamRZ 1990, 1257; Stuttgart FamRZ 1989, 760), die dem Berechtigten jedoch verschlossen ist, wenn es zu einer Konkurrenz zwischen scheidungsspezifischen Leistungen des ausländischen Rechts und deutschem Recht kommt (Hamm FamRZ 2002, 1568). Für den verlängerten schuldrechtlichen VersA gilt § 3a V VAHRG. Sind die Anrechte bewertungsfähig und liegen sie ausschließlich auf Seiten des Ausgleichsberechtigten vor, so kann der VersA ohne weiteres öffentlich-rechtlich durchgeführt werden, da durch die Einbeziehung lediglich der Ausgleichsanspruch gemindert wird (Zweibrücken FamRZ 2001, 497).

36 **VIII. Übergangsrecht.** Der VersA ist im **früheren Bundesgebiet** am 1. 7. 1977 in Kraft getreten. Er ist nach Art 12 Nr 3 III S 1 des 1. EheRG ausgeschlossen, wenn die Ehe nach den „bisher geltenden Vorschriften" geschieden worden ist. Das Gesetz stellt dabei darauf ab, ob der Scheidung das bis zum In-Kraft-Treten des 1. EheRG geltende Recht zugrunde liegt; dh es kommt letztlich darauf an, ob das Scheidungsurteil vor oder frühestens am 1. 7. 1977 verkündet worden ist (BGH FamRZ 1985, 270). Zu der bei Anwendung des Übergangsrechts zu beachtenden Besonderheiten anerkennungsbedürftiger ausländischer Scheidungsurteile vgl BGH FamRZ 1983, 357; 1982, 1189. Im übrigen gelangt der VersA (verfassungsrechtlich unbedenklich, BVerfG FamRZ 1980, 326 [336]) auch dann zur Anwendung, wenn die Ehe vor dem 1. 7. 1977 geschlossen worden ist und nach diesem Zeitpunkt aufgelöst wird – **Altehen** – (Art 12 Nr 3 I des 1. EheRG).

37 Bei Scheidung einer Altehe ist zu berücksichtigen, daß nach Art 12 Nr 3 III S 2 des 1. EheRG ein **VersA nicht stattfindet**, wenn die Ehegatten vor dem 1. 7. 1977 künftige Unterhaltsansprüche endgültig abgefunden oder (auch formfrei, BGH FamRZ 1985, 263) eine vertragliche Scheidungsfolgenregelung über die an sich dem VersA unterliegenden Anrechte getroffen haben (die auch einen gegenleistungsfreien Verzicht auf den VersA enthalten kann; BGH FamRZ 1995, 1482). Hinzu kommt, daß nach der für alle Ausgleichsformen geltenden (BGH FamRZ 1987, 145) Regelung des Art 12 Nr 3 III S 3, 4 des 1. EheRG auf Antrag des Ausgleichsverpflichteten der Ausgleichsanspruch herabgesetzt werden kann. Die Herabsetzung erfolgt, wenn die Ehe allein wegen des Widerspruchs des anderen Ehegatten (§ 48 II EheG) nicht geschieden werden durfte und die uneingeschränkte Durchführung des Ausgleichs für ihn auch unter Berücksichtigung der Interessen des anderen Ehegatten grob unbillig wäre; die Herabsetzungsquote ist auf die Hälfte des auf die Trennungszeit entfallenden Anspruchs begrenzt. Liegen die Voraussetzungen der Übergangsregelung nicht vor, so kann bei einer Altehe die langjährige Trennung der Ehegatten im Rahmen von § 1587c Nr 1/§ 1587h Nr 1 berücksichtigt werden, und zwar auch dann, wenn die Trennung erst nach dem 30. 6. 1977 erfolgt ist (vgl BGH FamRZ 1987, 149; 1983, 35).

38 Für das **Beitrittsgebiet** gilt die intertemporale Abgrenzungsregelung des Art 234 § 6 EGBGB (vgl Rz 26). Danach findet das Recht des VersA auf Ehen, die vor 1992 geschieden worden sind (insoweit ist auf den Scheidungsausspruch abzustellen, Brandenburg FamRZ 2002, 1190; Celle FamRZ 1991, 714), keine Anwendung, sofern nicht nach den Regeln des interlokalen Kollisionsrechts bereits vor 1992 ein VersA durchzuführen war. Von einem VersA nach 1992 ausgenommen bleiben Anrechte, die Grundlage einer vor dem 3. 10. 1990 getroffenen wirksamen Vereinbarung der Ehegatten nach den §§ 14f, §§ 39f FGB oder Gegenstand einer gerichtlichen Entscheidung im Rahmen der Vermögensauseinandersetzung waren (Art 234 § 6 S 2 EGBGB). Einem langjährigen Getrenntleben der Ehegatten vor dem 3. 10. 1990 ist im Rahmen der allgemeinen Härteregelungen Rechnung zu tragen (Brandenburg FamRZ 2002, 1190; 1998, 682; Thüringen FamRZ 1997, 751).

Kapitel 1

Grundsatz

1587 *Auszugleichende Versorgungsanrechte*
(1) Zwischen den geschiedenen Ehegatten findet ein Versorgungsausgleich statt, soweit für sie oder einen von ihnen in der Ehezeit Anwartschaften oder Aussichten auf eine Versorgung wegen Alters oder verminderte Erwerbsfähigkeit der in § 1587a Abs. 2 genannten Art begründet oder aufrechterhalten worden sind. Außer Betracht bleiben Anwartschaften oder Aussichten, die weder mit Hilfe des Vermögens noch durch Arbeit der Ehegatten begründet oder aufrechterhalten worden sind.
(2) Als Ehezeit im Sinne der Vorschriften über den Versorgungsausgleich gilt die Zeit vom Beginn des Monats, in dem die Ehe geschlossen worden ist, bis zum Ende des Monats, der dem Eintritt der Rechtshängigkeit des Scheidungsantrags vorausgeht.
(3) Für Anwartschaften oder Aussichten, über die der Versorgungsausgleich stattfindet, gelten ausschließlich die nachstehenden Vorschriften; die güterrechtlichen Vorschriften finden keine Anwendung.

1 **I. Allgemeines.** Die Vorschrift enthält in Abs I S 1 – durch § 1587a I ergänzte – Grundsätze des VersA (bei dem es sich danach um eine auf die Alters- und Invaliditätsversorgung bezogene Scheidungsfolge auf der Grund-

lage einer Erfassung der während der Ehe erworbenen Versorgungsanrechte handelt) und konkretisiert mit Abs I S 2 den Zugewinngedanken, indem Vorsorgewerte, die nicht auf Arbeit oder Vermögenseinsatz der Ehegatten beruhen, vom Ausgleich ausgenommen werden. In Abs II wird der versorgungsausgleichsspezifische Begriff der Ehezeit durch eine pauschalierende, vornehmlich technisch motivierte Definition bestimmt. Mit Abs III werden Überschneidungen mit dem Ehegüterrecht vermieden: Die Regelung legt fest, daß das Güterrecht für die (abstrakt) dem VersA unterliegenden Anrechte nicht gilt, während andererseits solche Werte nicht vom VersA erfaßt werden, die Gegenstand der güterrechtlichen Teilungsmasse sind (BGH FamRZ 1992, 790); ferner wird klargestellt, daß der VersA – vorbehaltlich von Härtefällen ungleicher Vermögensverteilung iS von § 1587c Nr 1/ § 1587h Nr 1 (vgl § 1587c Rz 14) – unabhängig davon vorzunehmen ist, in welchem Güterstand die Ehegatten gelebt haben.

II. Gegenständlicher Anwendungsbereich (Abs I). Der VersA erfaßt **sämtliche Vorsorgewerte auf Bruttobasis** (BGH FamRZ 1999, 218) und in ihrem gesamten Umfang (also einschließlich aller nicht familienstandsbezogenen Leistungselemente; BGH FamRZ 1991, 1415; 1985, 1236; Hamm FamRZ 1998, 628), soweit sie auf Arbeit oder Kapital beruhen und in ihrer Typik im wesentlichen den Anrechten aus den öffentlich-rechtlichen Regelsicherungssystemen gleichen (im einzelnen streitig, vgl BGH FamRZ 1988, 936). Dies gilt unabhängig davon, ob das auszugleichende Anrecht im In- oder Ausland erworben worden ist (BGH FamRZ 1982, 473), ob sein Wert steigt und welcher Dynamik es ggf unterliegt (sogar degressive Leistungen unterliegen dem – schuldrechtlichen – VersA; vgl § 3 I Nr 6 S 4 VAÜG; BGH FamRZ 1990, 276); ob es sich im Anwartschafts- oder im Leistungsstadium befindet (BGH FamRZ 1983, 36; 1980, 129); ob es ausnahmsweise eine Geschiedenen-Hinterbliebenenversorgung vorsieht (Karlsruhe IPRax 1982, 245), ob der Berechtigte seinen gewöhnlichen Aufenthalt im Inland hat (Karlsruhe NJWE-FER 1998, 146) und ob dem Anrecht ein öffentlich-rechtliches oder privatrechtliches Rechtsverhältnis zugrunde liegt. Dem VersA unterliegen Anrechte auch dann, wenn die versicherungsrechtlichen Versorgungsvoraussetzungen (Wartezeit etc) noch nicht erfüllt sind (§ 1587a VII); noch verfallbare Anrechte der betrieblichen Altersversorgung bleiben dem schuldrechtlichen VersA (mit der Alternative einer Nachholung des öffentlich-rechtlichen VersA, § 10a I Nr 2 VAHRG) vorbehalten (§ 1587a II Nr 3 S 3). Die Bewertung typischer Versorgungsanrechte ergibt sich aus § 1587a II, mit dessen Katalog der Kreis der auszugleichenden Anrechte allerdings nicht abschließend definiert wird (Folge aus § 1587a V; vgl BGH FamRZ 1988, 273; 1984, 156). Leistungen und Aussichten auf Leistungen, die nach den Kriterien des Abs I nicht auszugleichen sind, können nach den Umständen des Einzelfalls im Rahmen der Härteregelungen (§ 1587c Nr 1/§ 1587h Nr 1) berücksichtigt werden (BGH FamRZ 1987, 45; Köln FamRZ 2001, 31).

Das Altersvermögensgesetz (AVmG) vom 26. 6. 2001 (BGBl I 1310) hat im Zusammenhang mit der Definition der Förderkriterien der ergänzenden, kapitalgedeckten Altersvorsorge (vgl Ernst & Young/VDR, Ratgeber zur Altersvorsorge, 2001, S 107f) erneut die Leitbildfunktion der Regelsicherungssysteme für die Altersvorsorge anerkannt. Hieraus – wie auch aus der Struktur des auf die Teilung laufender Leistungen zugeschnittenen VersA (BGH FamRZ 2003, 664 [665]; 1993, 682 [683]) – folgt, daß Anrechte, die nicht in Form regelmäßig wiederkehrender Geldleistungen bei Eintritt eines typischen Bedarfsfalls (dies ist hier der Fall des auf Invalidität oder Alter beruhenden Unvermögens, einer existenzsichernden Erwerbstätigkeit nachzugehen) der Sicherung des Lebensunterhalts dienen sollen, nicht vom VersA erfaßt werden. Es ist auch nicht möglich, der – gemessen an dem Leitbild laufender Leistungen – untypischen Beschaffenheit von Einmalleistungen dadurch Rechnung zu tragen, daß diese in Anwendung von § 1587a III Nr 1 verrentet werden (BGH FamRZ 2003, 923). Das Gesetz nimmt eine typisierende und vorwiegend praktisch begründete Erfassung von Vorsorgegütern vor, indem lediglich (Aussichten auf) laufende Leistungen in den VersA einbezogen werden. Im übrigen fragt es nicht danach, welcher Zweck mit der Bildung anderen Vermögens – dessen Vorsorgeeignung vom Gesetzgeber (in fragwürdiger Weise, vgl Klattenhoff in Hauck/Noftz, SGB VI, K § 230 Rz 27) anerkannt worden ist – verfolgt wird, denn dies würde im Massenverfahren des VersA zu schwierigen Fragen der Abgrenzung und der Vergleichbarmachung führen (aA Glockner/Goering FamRZ 2002, 282 [284]; Schmalz-Brüggemann FamRZ 1996, 1053). **Einmalige Leistungen** sind demnach in Übereinstimmung mit der gesetzgeberischen Regelungsabsicht (BT-Drucks 11/8367 mwN) grundsätzlich nicht in den VersA einzubeziehen (BVerfG FamRZ 1993, 1173 [1177]; BGH FamRZ 2003, 153; 1996, 98; 1986, 892). Dies gilt unabhängig davon, ob es sich um Leistungen der privaten Vorsorge (BGH FamRZ 2003, 664 und 923), der betrieblichen Altersversorgung (BGH FamRZ 1993, 793; 1984, 156; Bamberg FamRZ 1981, 279; Bremen OLGRp 1999, 88; Saarbrücken NJW-RR 2000, 293) oder um Leistungen handelt, die – zuletzt auf Grund von § 231 V–VII SGB VI (vgl Geisler DAngVers 2000, 138) – zur Versicherungsbefreiung in der gesetzlichen Rentenversicherung geführt haben (BGH FamRZ 1984, 156; Stuttgart FamRZ 1983, 815); ein Ausgleich derartiger Anrechte kann nur güterrechtlich erfolgen (BGH FamRZ 2003, 664 und 1993, 1303; 1992, 411; BGH 67, 262). Ein Anrecht, das auf die Zahlung einer Rente gerichtet ist, kann jedoch nicht deshalb im VersA unberücksichtigt bleiben, weil beabsichtigt wird, die Versorgungsansprüche später abfinden zu lassen (BGH FamRZ 1993, 684 [685]). Ebenso steht in Anlehnung an § 1 I S 1 Nr 4 AltZertG (Art 7 AVmG) die Zusammenfassung von monatlichen Einzelleistungen jedenfalls dann der Berücksichtigung im VersA nicht entgegen, wenn hiervon höchstens 3 Monatsrenten erfaßt werden. Ist ein auf eine Kapitalleistung gerichtetes Anrecht mit einer **Rentenoption** verknüpft, so führt das zugunsten der Rente ausgeübte Wahlrecht zur Einbeziehung des Anrechts in den VersA, wenn von der Option vor Eintritt der Rechtshängigkeit des Scheidungsantrags Gebrauch gemacht worden ist (BGH FamRZ 1993, 793; vgl auch Celle FamRZ 1999, 1200). Dies gilt auch **für neue Vorsorgetypen** in Form während der Anwartschaftsphase variabler und in ihrer Typik nicht exakt faßbarer betrieblicher Anrechte (Bamberg FamRZ 2001, 997; Stuttgart FamRZ 2001, 998; krit Hauß MDR 2001, 1220). Nicht in den VersA fällt ferner eine **Beitragserstattung** (BGH FamRZ 1992, 45; 1986, 657) oder ein Ausgleichsbetrag bei Versetzung in den Ruhestand nach Erreichen einer vorzeitigen Altersgrenze (§ 48 BeamtVG). Wegen der Konzentration des VersA auf typische,

§ 1587

am Vorbild der gesetzlichen Rentenversicherung orientierte Versorgungen unterliegt ein Leibgedinge nicht dem Ausgleich nach § 1587, da dieses nicht selbständige Geld-, sondern **Sachleistungen** zum Inhalt hat (BGH FamRZ 1993, 682).

4 Das – insoweit durch die moderne (von Anrechten sprechende) Gesetzgebung überholte – BGB differenziert nach dem Grad der Verfestigung der Versorgungsposition. Es gilt: **Versorgung** ist ein nach Erfüllung der persönlichen und versicherungsrechtlichen Voraussetzungen (zB § 34 I SGB VI) bereits realisierter Leistungsanspruch. Diesem vorgeschaltet sind – gestuft nach der Sicherheit der Erwartung einer künftigen Leistung – Versorgungsanwartschaften und -aussichten. **Anwartschaft** auf Versorgung ist eine dem Grund und der Höhe nach gesicherte Erwartung, nach Erfüllung aller Voraussetzungen eine Versorgung zu erhalten – aufschiebend bedingtes Recht – (BVerfG FamRZ 1980, 326 [332]). Bei der **Versorgungsaussicht** handelt es sich um eine Vorstufe der Anwartschaft, die vorliegt, wenn eine Beschäftigung so angelegt ist, daß bei gewöhnlicher Entwicklung der Berufslaufbahn eine Rechtsstellung erlangt wird, die dem Beschäftigten eine Versorgungsanwartschaft vermittelt (BGH FamRZ 1985, 687 mN). Diese Voraussetzungen sind zu bejahen bei Probe- und Widerrufsbeamten sowie Zeitsoldaten (BGH FamRZ 1982, 362), bei einer aufgeschobenen Nachversicherung (§ 184 II SGB VI; BGH FamRZ 1988, 1253), bei Anrechten iS von § 1587a II Nr 1, die auf Dienstzeiten beruhen, welche nur von einem (noch nicht gestellten) Antrag zu berücksichtigen sind (§§ 11f BeamtVG; BGH FamRZ 1983, 999), bei Leistungen aus betrieblichen Unterstützungskassen (BGH FamRZ 1986, 338) oder bei zwar widerruflichen, jedoch nach bisheriger Übung und gesicherter Prognose auch künftig zu erwartenden Leistungen (BGH FamRZ 1985, 1236). Hat einer der Ehegatten eine (nicht rückkaufsfähige) **Risikoversicherung** abgeschlossen und ist bis zum Ende der Ehezeit noch kein Leistungsfall eingetreten, so liegt im Hinblick auf die Ungewißheit der Realisierung künftiger Ansprüche noch nicht einmal eine Versorgungsaussicht vor (BGH FamRZ 1986, 344).

5 Dem VersA unterliegen Anrechte auf eine regelmäßig wiederkehrende Geldleistung, die dem Einkommensersatz nach Eintritt von Erwerbsunvermögen dient, das auf dem fortgeschrittenen Lebensalter (zur Funktion der Altersrente als Rente wegen typisierter Erwerbsminderung vgl BSG SozR 2200 § 1248 Nr 48) oder auf einer Erwerbsminderung beruht. Leistungsansprüche oder -aussichten mit anderer Zweckbestimmung unterliegen nicht dem VersA (BGH FamRZ 1988, 936 [937]), es sei denn, diese Leistung tritt als Surrogat an die Stelle eines an sich auszugleichenden Anrechts und übernimmt damit dessen Funktion (vgl BGH aaO [939]). Es reicht aus, wenn – wie oftmals bei Altersvorsorgeverträgen (vgl § 1 I S 1 Nr 2 AltZertG) – nur eines der genannten Risiken abgesichert ist. Aus den vorgenannten Überlegungen fällt der verrentete Ertrag aus Vermögensauflösung nicht in den VersA (Ruland/Tiemann, VersA und steuerliche Folgen der Ehescheidung, 1977, Rz 59); dies gilt ebenso für Vermögenserträgnisse, zB aus Kapitalvermögen, Vermietung oder Verpachtung (Bergner DRV 1977, 1 [90]). Eine Leistung, die keine Versorgung wegen Alters- oder verminderter Erwerbsfähigkeit ist, unterliegt nicht deswegen dem VersA, weil während ihrer Laufzeit ein Versorgungsfall eintritt. Bei der Beurteilung der Zweckbestimmung einer Leistung ist ein objektiver Maßstab anzulegen, so daß die von den Beteiligten verfolgten Motive und Ziele nur insoweit zu berücksichtigen sind, als sie in den rechtlichen Grundlagen der Leistung Ausdruck gefunden haben (BGH FamRZ 1993, 684 [685]). Lassen sich diese nicht objektivieren, müssen sie unberücksichtigt bleiben. **Altersversorgung** ist eine nach Erreichen einer starren oder flexiblen Altersgrenze fällig werdende (auch befristete) Leistung. Auf die Regelaltersgrenzen der öffentlich-rechtlichen Sicherungssysteme (65. Lebensjahr) kommt es nach Ansicht des BGH nicht an (FamRZ 1988, 936); hiervon abweichend sollte zur klaren Abgrenzung von **Vorruhestandsleistungen** und Übergangsgeldern (etwa nach §§ 47, 47a, § 67 IV BeamtVG) – die nicht auszugleichen sind (BGH FamRZ 2001, 27; Brandenburg FamRZ 2002, 754; Karlsruhe FamRZ 1998, 629; Hahne BetrAV 1995, 271) – und in Anlehnung an Definitionen anderer Gesetze (§ 231 V S 1 Nr 2 SGB VI, § 1 I S 1 Nr 2 Alt-ZertG, § 40b I S 2 EStG) von einer Leistung wegen Alters nur dann ausgegangen werden, wenn sie frühestens mit Vollendung des 60. Lebensjahres fällig wird (so auch zu § 14a ArbPlSchG BVerwG NVwZ-RR 1998, 46). Bei dem Begriff der **verminderten Erwerbsfähigkeit** handelt es sich um einen Sammelterminus, mit dem die – nach dem Grad der Leistungseinschränkung gestuften – medizinischen und arbeitsmarktbezogenen Voraussetzungen für die dauernden Entgeltersatzleistungen der gesetzlichen Rentenversicherung wegen Erwerbsunvermögen auf Grund eines Körper- oder Gesundheitsschadens beschrieben werden (§§ 43, 240 SGB VI; vgl hierzu Stichnoth/Wiechmann DAngVers 2001, 53). Die Regelung des Abs I gebraucht diesen Begriff jedoch in unspezifisch-pauschalierender Form. Daher unterliegen auch solche Anrechte dem VersA, denen ein vom Rentenversicherungsrecht abweichender Invaliditätsbegriff zugrunde liegt oder bei denen es sich um Leistungen wegen Invalidität handelt, die – wie bei der privaten Unfallversicherung – von der Erfüllung einer besonderen Kausalitätsbedingung abhängig sind (Klattenhoff NZS 1994, 537 [540]). Nicht auszugleichen sind Anrechte, die Leistungsgegenstand einer bloßen Schadensversicherung sind (zB Pflegerentenversicherung). Aus Gründen der Praktikabilität wird – systemwidrig – eine **Hinterbliebenenversorgung** als unselbständige Annexleistung der Anrechte aus den Regelsicherungssystemen mit ausgeglichen (vgl Klattenhoff DRV 2000, 685 [697]). Eine isolierte Hinterbliebenenversorgung unterliegt jedoch nicht dem VersA (BGH FamRZ 1992, 165 [166]); darüber hinaus bleibt eine Vorsorge zugunsten der Hinterbliebenen als Element einer verminderten Versorgung bei der Kapitalwertermittlung iS § 1587a III Nr 1 unberücksichtigt (BGH aaO und FPR 2002, 182; Frankfurt NJW-RR 1990, 1224; Karlsruhe FamRZ 1991, 1066).

6 Anrechte der Alters- und Invaliditätssicherung unterliegen – entsprechend dem Zugewinngedanken – nach Abs I S 2 nur dann dem VersA, wenn sie mit Hilfe des **Vermögens** oder durch **Arbeit** der Ehegatten begründet oder aufrechterhalten worden sind (vgl auch vor § 1587 Rz 33). Erfaßt werden obligatorische und fakultative Vorsorgemaßnahmen, zB neben Anrechten auf Grund einer Pflichtversicherung auch solche auf Grund einer freiwilligen Versicherung (München NJW-RR 1997, 134). Begründet wird ein Anrecht durch alle Tatsachen, die seine Entstehung oder seinen Wertzuwachs zur Folge haben, während es aufrechterhalten wird, wenn die Voraussetzungen für den (künftigen) Anspruch wenigstens teilweise während der Ehezeit erfüllt werden (BT-Drucks 7/650, 155).

Aus der Gleichstellung von Anspruchserwerb und Anspruchswahrung folgt, daß auch der Beamte ausgleichspflichtig ist, der im Zeitpunkt der Eheschließung die für die höchstmögliche Versorgung (§ 14 I S 1 BeamtVG) maßgebende Dienstzeit bereits zurückgelegt hatte. Auf **Arbeit** beruhen Anrechte, die allein das versorgungsrechtliche Äquivalent einer Beschäftigung (etwa als Beamter) oder selbstständigen Tätigkeit (etwa als arbeitnehmerähnlicher Selbstständiger iS von § 17 I S 2 BetrAVG) sind. Auf dem Einsatz von **Vermögen** beruhen Anrechte, denen ganz oder teilweise Sach- oder Geldmittel zugrunde liegen, wobei es sich auch um Mittel Dritter (zB Beitragszahlung für Kindererziehungszeiten nach § 177 SGB VI; zu deren Einbeziehung in den VersA vgl Brandenburg FamRZ 2000, 891) oder um darlehensweise gewährte Mittel handeln kann (Hamm FamRZ 1998, 297; Köln FamRZ 2000, 157; 1996, 1549; Koblenz FamRZ 2001, 1221; nicht überzeugend dagegen Nürnberg FamRZ 2002, 1632). Anrechte, denen beitragsfreie Zeiten der gesetzlichen Rentenversicherung (§ 54 IV SGB VI) oder diesen vergleichbare ruhegehaltfähige Dienstzeiten (etwa § 12 BeamtVG) zugrunde liegen, sind ohne weiteres in den VersA einzubeziehen (KG FamRZ 1981, 680). Auf die Herkunft des Vermögens kommt es – abweichend von § 1374 II – grundsätzlich nicht an. Dem VersA unterliegen demnach auch Anrechte, die auf Grund eines vorehelich erworbenen Vermögens (BGH FamRZ 1984, 570) begründet worden sind. Entsprechendes gilt für Anrechte, die auf geschenkten Mitteln beruhen (BGH FamRZ 1987, 48), es sei denn, der Schenkende zahlt die Beiträge direkt an den Versorgungsträger (BGH FamRZ 1983, 262). Nach – zu enger (so zutreffend J/H/Hahne Rz 16) – Auffassung des BGH bleiben Anrechte darüber hinaus lediglich dann unberücksichtigt, wenn wirtschaftlich ein Vorgang vorliegt, der einer Zuzahlung an den Versorgungsträger gleichkommt (BGH NJW 1984, 570; Nürnberg FamRZ 1996, 1550). Dies bedeutet, daß zwischen der Schenkung an den begünstigten Ehegatten und der Beitragszahlung ein enger zeitlicher Zusammenhang bestehen und der Begünstigte sich wie ein Beauftragter des Schenkers verhalten muß (Hamm OLGRp 1999, 105). Handelt es sich bei dem zur Begründung von Versorgungsanrechten eingesetzten Vermögen allerdings um das Ergebnis einer vorzeitigen Regelung der güterrechtlichen Scheidungsfolgen (etwa nach § 1385), so sind diese Anrechte – unabhängig davon, bei welchem Ehegatten sie vorliegen – mit Rücksicht auf Abs III auszugleichen (BGH FamRZ 1992, 790; Koblenz OLGRp 1998, 407; Köln FamRZ 1995, 1549; Nürnberg EzFamR aktuell 1995, 2; zu weitgehend jedoch KG FamRZ 2003, 39).

Insbesondere **folgende Leistungen** sind kein Äquivalent von Arbeit oder Kapitaleinsatz der Ehegatten und **unterliegen** deswegen **nicht dem VersA**: Kindererziehungsleistung iS von §§ 294ff SGB VI (BGH 1991, 675; Thüringen FamRZ 1998, 1438) und deren Ersatzleistungen (§ 307a I S 3 SGB VI); Grundsicherung nach dem GSiG (vgl Braun SGb 2003, 238; Klingbeil DAngVers 2002, 129); Landabgaberente nach §§ 121ff ALG (BGH FamRZ 1988, 272); Leistungen nach dem LAG, Produktionsaufgaberente (Klattenhoff NZS 1995, 337 [339]); Renten des sozialen Entschädigungsrechts – BEG, BVG, OEG, IfSG, 1. SED-UnrechtsBerG; HIV-HilfeG, Unterstützungsabschlußgesetz, Entschädigungsrentengesetz – (BGH FamRZ 1981, 239); Unterhaltsbeitrag an einen disziplinarrechtlich aus dem Dienst entfernten Beamten (BGH FamRZ 1997, 15), Verletztenrente aus der gesetzlichen Unfallversicherung nach §§ 56ff SGB VII (BGH FamRZ 1993, 682) und dieser vergleichbare Unterhaltsbeiträge nach § 38 sowie § 68 S 2 BeamtVG) sowie der Dienstbeschädigungsausgleich; Leistungen im Beitrittsgebiet iS von § 9 AAÜG, private Schadensersatzrenten sowie ausländische Renten, die ohne individuelle Vorleistung als Staatsbürgerversorgung gewährt werden (Düsseldorf FamRZ 2001, 1461 mwN; Borth FamRZ 2003, 889).

III. Ehezeit (Abs II). 1. Allgemeines. Der VersA wird durch den Gedanken der ehelichen Wirtschafts- und Versorgungsgemeinschaft legitimiert, zugleich aber auch begrenzt: Auszugleichen sind nur die **in der Ehe erworbenen Anrechte** (BGH FamRZ 1995, 289), wobei sich die Ehezeit nicht nach deutschem Recht richten muß (BGH FamRZ 1982, 795 [798]) und auch während des Getrenntlebens erworbene Anrechte grundsätzlich dem VersA unterliegen (BVerfG FamRZ 1980, 326 [333]; BGH FamRZ 1984, 467; 1983, 36). Ein nach der Scheidung begründetes Anrecht bleibt selbst dann unberücksichtigt, wenn ihm Bemessungszeiten zugrunde liegen, die auf die Ehezeit entfallen (BGH FamRZ 1987, 921; 1984, 569; insoweit nicht überzeugend Köln FamRZ 2002, 1496 [kritisch auch Hauß FamRB 2002, 230]). Versorgungserwerb vor der Ehe bleibt unberücksichtigt, auch wenn sich das vor der Ehe erworbene Anrecht während der Ehezeit im Wert verändert (Düsseldorf FamRZ 1979, 595). Eine Besonderheit gilt hinsichtlich der **Zurechnungszeit**, die als vorzeitigem Eintritt der Erwerbsminderung anzurechnen ist: Im Beamtenversorgungsrecht ist die Zurechnungszeit nach Ansicht des BGH (FamRZ 1982, 36) lediglich ein Berechnungselement der Versorgung, so daß das hierauf beruhende Anrecht nicht dem VersA unterliegt, wenn der Versorgungsanspruch bereits vor der Ehe entstanden ist. Die rentenrechtliche Zurechnungszeit soll dagegen ein anspruchsbegründendes Zeitelement sein (BGH FamRZ 1986, 337); hieraus folgt, daß das auf der Zurechnungszeit beruhende Anrecht auch in den VersA fällt, wenn die verminderte Erwerbsfähigkeit vor der Ehezeit eingetreten ist (berechtigte Kritik an dieser Differenzierung: Empfehlungen des 11. DFGT FamRZ 337 [338]; Bergner VersA § 1587a S 53f). Der Verlust eines vor der Ehe erworbenen Anrechts durch Beitragserstattung aus Anlaß der Heirat ist nicht auszugleichen (Düsseldorf FamRZ 1982, 84), kann aber im Rahmen der Härteregelungen berücksichtigt werden (BGH FamRZ 1988, 489; zur Berücksichtigung beim Zugewinnausgleich vgl BGH FamRZ 1995, 289).

2. In-Prinzip. Aus den zu Rz 8 erläuterten Grundsätzen ergibt sich für den Fall, daß der Zeitpunkt der Beitragszahlung nicht mit dem Zeitraum identisch ist, für den der Beitrag verwendet wird, folgendes (vgl Schmeiduch FamRZ 1983, 119): Anrechte auf Grund von Beiträgen, die nach Eintritt der Rechtshängigkeit des Scheidungsantrags für die Ehezeit nachgezahlt worden sind, unterliegen nicht dem VersA (BGH FamRZ 1987, 364; 1983, 683; 1981, 1169), während Anrechte, welche auf Beiträgen beruhen, die während der Ehezeit – und darüber hinaus bis zu dem Tag vor Eintritt der Rechtshängigkeit (vgl Rz 15) – gezahlt worden sind, auch dann auszugleichen sind, wenn die so erworbenen Beitragszeiten (§ 55 SGB VI) vor der Ehezeit liegen (Koblenz FamRZ 1992, 825; Köln FamRZ 2000, 157; Thüringen FamRZ 2000, 234). Abzustellen ist auf den Zeitpunkt der tatsächlichen Beitragszahlung, frühestens auf den Tag der Belastung des Kontos des Beitragszahlers (BGH FamRZ 1996, 1538). Das In-

§ 1587 Familienrecht Bürgerliche Ehe

Prinzip gilt unabhängig vom ehelichen Güterstand (KG FamRZ 1996, 1552) für alle Formen der Nachentrichtung freiwilliger Beiträge einschließlich der früheren Beitragsnachzahlung für Zeiten einer „Heiratserstattung" (BGH FamRZ 1997, 414; Koblenz FamRZ 2001, 1221; Nürnberg FamRZ 1996, 1550). Nach hM gelten diese Grundsätze darüber hinaus für die Nachzahlung von Pflichtbeiträgen für Beschäftigte (Hamm FamRZ 1983, 729; zutreffende Kritik bei Schmeiduch FamRZ 1983, 119 [120]; ders FamRZ 1984, 64) und Selbstständige (BGH FamRZ 1985, 687; Thüringen FamRZ 2000, 234; zu Recht kritisch Bergner VersA S 9), in diesen Fällen ist die Beitragsforderung des Rentenversicherungsträgers nicht zugewinnmindernd zu berücksichtigen, um einen doppelten Nachteil des Partners des säumigen Beitragsschuldners zu vermeiden. Das In-Prinzip gilt jedoch nicht bei der Nachversicherung eines (früheren) Beamten, Richters oder Soldaten (§ 8 I S 2 iVm § 185 II S 1 SGB VI; vgl Schmeiduch FamRZ 1983, 119). Es entscheidet aber über die Frage, ob Anrechte auf Grund von Beitragsleistungen, die nach dem Rentenversicherungsrecht nicht in die Versicherungsbiographie eingeordnet werden (vgl etwa § 187 I Nr 1; §§ 187a, 187b SGB VI), dem ehelichen Versorgungserwerb zuzurechnen sind (vgl Klattenhoff DAngVers 1997, 129). Nach Schmeiduch (FamRZ 1999, 1035) ist das In-Prinzip ferner bei **flexiblen Arbeitszeitregelungen** (vgl hierzu Diller NZA 1998, 792; Gaul BB 1998, 1634) zu beachten und hierbei auf den Zeitpunkt der tatsächlichen Beitragzahlung abzustellen: Das vom Arbeitnehmer in der Ansparphase erworbene Wertguthaben hat danach bis zu seiner bestimmungsgemäßen Verwendung nicht die Qualität eines Versorgungsanrechts (Schmeiduch aaO [1037]; aA Borth FamRZ 2001, 577, der nicht zu Unrecht eine Versorgungsaussicht bejaht und die Anrechte auf die Ansparphase verteilt, jedoch die Frage offenläßt, ob auch ein bereits verwendetes Guthaben ggf umzuverteilen ist). Kann das Wertguthaben – etwa bei Ende der Beschäftigung infolge verminderter Erwerbsfähigkeit – nicht vereinbarungsgemäß verwendet werden, so sind gemäß § 23b II–IIIa SGB IV Beiträge zur Rentenversicherung zu zahlen, die zu einem Zuschlag an Entgeltpunkten führen (§ 70 III SGB VI). Dieses Anrecht unterliegt dem VersA, wenn die Beitragzahlung während der Ehezeit, spätestens bis zum Eintritt der Rechtshängigkeit erfolgt ist (Schmeiduch aaO [1038]). Führt das In-Prinzip – etwa bei ungenügender Abstimmung mit dem Güterrecht – zu einem grob unbilligen Ergebnis, kommt insoweit ein Ausschluß des VersA gemäß § 1587c Nr 1/§ 1587h Nr 1 in Betracht (BGH FamRZ 1987, 364). Es ist fraglich, ob diese Grundsätze auch für die **Altersvorsorgezulage** bei der ergänzenden, kapitalgedeckten Altersvorsorge iS von § 83 EStG gelten. Die Zulage wird erst nach Ablauf des Jahres, für das sie verwendet werden soll, auf Antrag direkt an den Anbieter des geförderten Altersvorsorgevertrages gezahlt und dem Vertrag gutgeschrieben (§§ 89, 90 EStG). Damit ist sie dem ehezeitlichen Versorgungserwerb (nur) dann zuzuordnen, wenn die Zulage tatsächlich während der Ehezeit geleistet worden ist. Es handelt sich hierbei allerdings um Bagatellanrechte, deren Ermittlung sehr aufwendig ist. Aus Gründen der Verfahrensökonomie und im Hinblick darauf, daß der Zulagenanspruch bereits am 31. 12. des Verwendungsjahres entsteht (§ 88 EStG), sollte daher bei Anwendung des In-Prinzips auf den sich aus § 88 EStG ergebenden Zeitpunkt abgestellt werden. Zur Zuordnung von **Bonuspunkten** bei Zusatzversorgungen des öffentlichen Dienstes (zB nach § 19 des Tarifvertrages Altersversorgung – ATV – vom 1. 3. 2002, GMBl 371) vgl § 1587a Rz 44.

10 **3. Momentaufnahme.** Dem VersA unterliegen die auf die Ehezeit entfallenden Anrechte grundsätzlich mit dem Wert, der sich auf der Basis der **tatsächlichen und rechtlichen Verhältnisse bei Ende der Ehezeit** ergibt (BGH FamRZ 1999, 157; 1987, 918); soweit in § 1587a II vom Eintritt der Rechtshängigkeit des Scheidungsantrags die Rede ist, handelt es sich um ein redaktionelles Versehen (BGH FamRZ 1982, 36 [39]). Damit soll die Vergleichbarkeit der Anrechte sichergestellt und die Berücksichtigung nachehelichen Versorgungserwerbs ausgeschlossen werden (BGH FamRZ 1999, 221). Der Bewertungsstichtag ist – etwa im Rahmen von § 1587o – **nicht disponibel** (BGH FamRZ 1990, 273; Celle FamRZ 1994, 1039; Frankfurt FamRZ 1996, 550; Köln FamRZ 1998, 1377; München FamRZ 1994, 1082). Für die Beurteilung der Unverfallbarkeit noch nicht zum Vollrecht erstarkter (BGH FamRZ 1997, 1535) betrieblicher Versorgungsanrechte ist nach § 1587a II Nr 3 S 3 der Zeitpunkt der letzten tatrichterlichen Entscheidung maßgebend (BGH FamRZ 1982, 1195 [1196]). Das Erlöschen eines Anrechts ist allerdings bis zum Zeitpunkt der gerichtlichen Entscheidung über den VersA zu berücksichtigen (BGH FamRZ 2003, 664; 1995, 31; 1992, 45; 1987, 1016); der Wegfall kann ausnahmsweise unbeachtlich sein, wenn er auf einer bewußten Schädigungsabsicht beruht (BGH FamRZ 1989, 42; 1988, 1148) oder eine illoyale Versorgungseinwirkung iS von § 1587c Nr 2/§ 1587h Nr 2 darstellt (vgl auch § 10d VAHRG).

11 **Generelle Änderungen.** Hat sich nach Ehezeitende das für die Bewertung eines Anrechts maßgebende Versorgungsrecht geändert, so ist auf die im Zeitpunkt der Entscheidung bereits verkündete und in Kraft getretene (BGH FamRZ 1993, 414) neue Rechtslage abzustellen (BGH FamRZ 1988, 1251 [1252]; 1984, 565 [566]), und zwar auch dann, wenn das neue Recht erst in der letzten Instanz zur Kenntnis gelangt oder nach der Entscheidung der letzten Tatsacheninstanz in Kraft getreten ist (BGH FamRZ 2002, 608; 1998, 421). Dies beruht auf der Überlegung, daß Berechnungen auf der Basis fiktiver Werte möglichst unterbleiben sollen, um verfassungsrechtlich bedenkliche Abweichungen vom Halbteilungsprinzip zu vermeiden (BGH FamRZ 2003, 437 [439]; München FamRZ 2003, 932). Der Berücksichtigung steht nicht entgegen, daß erst die nach Ende der Ehezeit eingetretene Rechtsänderung dazu führt, daß der auf die Ehe entfallenden Sachverhalte einen Versorgungserwerb darstellen (Saarbrücken OLGRp 1999, 153). Diese Grundsätze gelten nicht nur für die Änderung von Gesetzen im formellen Sinne (BGH FamRZ 1986, 447 [448]), sondern für jede individuelle oder überindividuelle Regelung der Versorgungsgrundlagen, zB die Satzung einer Zusatzversorgungskasse (FamRZ 1983, 1192) oder einer berufsständischen Versorgungseinrichtung (BGH FamRZ 1990, 382) oder für eine betriebliche Versorgungsordnung (BGH FamRZ 1986, 976).

12 **Individuelle Änderungen.** Zur Vermeidung eines späteren Abänderungsverfahrens nach § 10a VAHRG – also aus prozeßökonomischen Gründen – sind alle nach Ende der Ehezeit eingetretenen, endgültig feststehenden Veränderungen in den individuellen, für die Bemessung der Versorgung maßgebenden Verhältnissen zu berücksichtigen (BGH FamRZ 1988, 1148 und 940), und zwar auch im Rechtsmittelverfahren vor dem BGH, wenn die Änderungen unstreitig sind, keiner weiteren tatrichterlichen Feststellungen bedürfen und schutzwürdige Belange eines Beteiligten nicht entgegenstehen (BGH FamRZ 2002, 93). Dies gilt ohne Rücksicht auf das Wesentlichkeitserfordernis oder die Wartezeitwirksamkeit iSv § 10a II, das Antragserfordernis des § 10a IV VAHRG sowie – im Hinblick auf § 10a V VAHRG – unabhängig davon, wie alt die Ehegatten sind oder ob sie bereits einen Leistungsanspruch erworben haben (BGH FamRZ 1989, 43). Allerdings leitet die – insoweit nicht überzeugende (zur Kritik: R/K/Klattenhoff V Rz 614f) – Rspr des BGH aus dem **Billigkeitskorrektiv** des § 10a III VAHRG ab, daß im Erstverfahren ausnahmsweise von der Berücksichtigung tatsächlicher nachehelicher Versorgungsveränderungen abzusehen sei, wenn eine wirtschaftliche Entwicklung eingesetzt habe oder sich abzeichne, deren Ergebnis voraussichtlich die Berücksichtigung dieser Veränderungen in einem späteren Abänderungsverfahren ausschließen würde. Damit soll verhindert werden, daß durch eine verfrühte Berücksichtigung tatsächlicher Veränderungen das Billigkeitskorrektiv außer Kraft gesetzt wird (BGH FamRZ 1989, 44 [45] im Anschluß an Wagenitz JR 1987, 53 [55]). In der Jurisdiktion des BGH ist die Bedeutung individueller nachehelicher Versorgungsveränderungen für die Wertermittlung im Erstverfahren über den VersA damit der Beachtlichkeit genereller Veränderungen angenähert worden, nicht ohne allerdings eine problematische Differenzierung beizubehalten (ebenfalls kritisch hinsichtlich der Unterscheidung: Bergner VersA S 19).

Berücksichtigungsfähige Veränderungen tatsächlicher Art sind solche, die einem Versorgungsanrecht am Ende der Ehezeit aufgrund der Versorgungsregelung bereits latent innegewohnt haben, während Veränderungen unberücksichtigt bleiben müssen, soweit sie auf neu hinzugetretenen Umständen ohne Bezug zu den ehelichen Lebensverhältnissen beruhen (BGH FamRZ 1997, 285; 1990, 605). Zu beachten sind etwa bei Anrechten iS von § 1587a II Nr 1 die Versetzung in den Ruhestand wegen Dienstunfähigkeit (BGH FamRZ 1989, 727) oder das Erreichen einer (auch vorzeitigen) Altersgrenze (BGH FamRZ 1996, 215; 1995, 29); die Beurlaubung ohne Dienstbezüge (BGH FamRZ 1988, 940); das Verfehlen der Voraussetzungen des § 5 III BeamtVG (Dörr NJW 1990, 1771 oder das Ausscheiden aus dem Dienstverhältnis mit anschließender Nachversicherung (§ 8 II SGB VI) ohne Beachtung der hierfür maßgebenden Gründe (BGH FamRZ 1989, 42, 43 und 44; 1988, 1148), bei Anrechten der berufsständischen Altersversorgung eine nacheheliche Beitragsfreistellung (BGH NJW-RR 1989, 1477) und bei betrieblichen Versorgungsanrechten die vorzeitige Beendigung der Betriebszugehörigkeit (BGH FamRZ 1993, 304; 1990, 605). Nicht zu berücksichtigen sind dagegen beispielsweise bei endbezügeabhängigen Anrechten Änderungen der individuellen Bemessungsgrundlage infolge eines beruflichen Aufstiegs oder eines veränderten Vergütungsdienstalters (BGH FamRZ 1999, 413 und 157; 1991, 1421; 1987, 918) sowie nach herrschender – jedoch nicht überzeugender (hierzu im einzelnen vgl § 10a VAHRG Rz 11) – Meinung die Übernahme als Beamter (BGH FamRZ 1984, 569) oder Berufssoldat (BGH FamRZ 2003, 29; 1981, 856) bzw die Berufung eines Widerrufsbeamten in ein Beamtenverhältnis auf Probe (BGH FamRZ 1982, 362). Auch bleibt die Suspendierung vom Dienst unberücksichtigt, da sie (zunächst) ohne Auswirkung auf den versorgungsrechtlichen Status des Beamten ist (Hamm FamRZ 1988, 625); dies gilt im Ergebnis auch für den Fall einer befristeten Kürzung des Ruhegehalts auf Grund einer Disziplinarmaßnahme (München FamRZ 1999, 1430; ggf aber Korrektur nach § 1587c Nr 1 BGB).

4. Ausgleichsform. In welcher der Formen des öffentlich-rechtlichen VersA der Ausgleichsanspruch erfüllt wird, ist – auch im Abänderungsverfahren (Celle FamRZ 1989, 985 [989]) – auf der Grundlage der tatsächlichen und rechtlichen Verhältnisse zum Zeitpunkt der Entscheidung der letzten Tatsacheninstanz zu beurteilen (BGH FamRZ 1999, 221); hieraus folgenden Härten kann im Rahmen von § 1587c Rechnung getragen werden (Hamm FamRZ 1986, 1222). Neu eingeführte Ausgleichsformen sind auch noch in Verfahren vor dem BGH zu berücksichtigen (BGH FamRZ 1983, 1003 [1004]). Umstände, die erst nach diesem Zeitpunkt eintreten, bleiben im Erstverfahren über den VersA unberücksichtigt (BGH FamRZ 1989, 44 [45]) und damit einem Abänderungsverfahren nach § 10a VAHRG überlassen (BGH FamRZ 1989, 264).

5. Berechnung der Ehezeit. a) Allgemeines. Die spezifische Definition der Ehezeit in Abs II legt den versorgungsausgleichsrechtlichen Erfassungszeitraum fest. Die pauschalierende Regelung dient der vereinfachten Wertermittlung (BGH FamRZ 1993, 292) und ermöglicht es, über den VersA im Verfahrensverbund zu befinden (Karlsruhe FamRZ 1979, 824). Für die Zeit nach Eintritt der Rechtshängigkeit des Scheidungsantrags hat der ausgleichsberechtigte Ehegatte ggf Anspruch auf Altersvorsorgeunterhalt (§ 1361 I S 2). Die Pauschalregelung bedarf der **Korrektur im Einzelfall:** Anrechte auf Grund von nachgezahlten Beiträgen sind im Interesse der Abstimmung mit dem Ehegüterrecht (zu dessen – abweichendem – Stichtag vgl § 1384) auch auszugleichen, wenn sie nach Ehezeitende iS von Abs II, aber vor Eintritt der Rechtshängigkeit geleistet worden sind (BGH FamRZ 1981, 1169). Sie sind demgegenüber nicht zu berücksichtigen, wenn die Nachzahlungsbeiträge zwar im Kalendermonat der Eheschließung, jedoch tatsächlich vor dem Zeitpunkt der Heirat gezahlt worden sind (BGH FamRZ 1993, 292). Bei **wiederholter Ehe** mit demselben Partner werden die während der früheren Ehe erworbenen Anrechte nicht in den VersA einbezogen (BGH FamRZ 1982, 1193; 1983, 461); ist jedoch der VersA anläßlich der ersten Ehescheidung auflösend bedingt ausgeschlossen worden, so bedarf es gesonderter Entscheidungen für beide Ehezeiten (BGH FamRZ 1994, 96). Eine **kurze Ehezeit** nimmt dem Ausgleich nicht die Rechtfertigung iS der §§ 1587c, 1587h (BGH FamRZ 1981, 944; Köln FamRZ 1998, 302), kann das FamG allerdings veranlassen, bei Prüfung der Genehmigungsfähigkeit einer Vereinbarung nach § 1587o einen weniger strengen Maßstab anzulegen. Haben die Ehegatten den **VersA ausgeschlossen** (§ 1408 II) und wird der Ausschluß während der Ehe wieder aufgehoben, so unterliegen die während der gesamten Ehezeit erworbenen Anrechte dem VersA, sofern nichts anderes vereinbart ist (Gruntkowski MittRheinNotK 1993, 18). Die Festlegung der Ehezeit während des Verfahrens ist nicht isoliert anfechtbar (J/H/Hahne Rz 34 mwN)

b) Beginn und Ende der Ehezeit. Der **Beginn der Ehe** bestimmt sich nach dem Zeitpunkt der rechtswirksamen Eheschließung (§ 1310 [früher § 11 I EheG]; ggf das nach Art 13 EGBGB berufene Recht); er darf auch im Fall einer vorausgegangenen eheähnlichen Gemeinschaft nicht vorverlegt werden (Hamburg FamRZ 1979, 518

§ 1587 Familienrecht Bürgerliche Ehe

[519]). Das **Ende der Ehezeit** wird für Zwecke des VersA abweichend von § 1564 S 2 bestimmt; sie endet nach Abs II mit Ablauf des Kalendermonats, der dem Eintritt der Rechtshängigkeit des zum Scheidungsausspruch führenden Scheidungsantrags vorausgeht (keine Besonderheit bei Restitutionsklage, Schleswig FamRZ 1982, 1081); ein früheres, rechtskräftig abgeschlossenes Verfahren ist unbeachtlich. Dies ist zwingendes und auch im Rahmen von Vereinbarungen nach §§ 1408, 1587o zu beachtendes Recht; es kann jedoch vereinbart werden, daß nur die bis zu einem bestimmten Zeitpunkt erworbenen Anrechte ausgeglichen werden (Bamberg FamRZ 2000, 292; Saarbrücken OLGRp 1999, 227; vgl Rz 10). Die Rechtshängigkeit tritt grundsätzlich mit der wirksamen Zustellung der Scheidungsantragsschrift ein (Celle FamRZ 1996, 297; Naumburg FamRZ 2000, 1288; vgl § 608, § 261 I, § 253 I ZPO). Ist der Scheidungsantrag vor Ablauf des Trennungsjahres iS von § 1566 I („verfrüht") gestellt worden, so kommt in Anwendung von § 242 ein Hinausschieben des für das Ende der Ehezeit maßgebenden Zeitpunkts in Betracht, um gewichtige Nachteile für den Antragsgegner abzuwenden (vgl hierzu BGH FamRZ 1997, 347; Oldenburg FamRZ 1996, 1480; Krause FamRZ 2002, 1386). Die Zustellung eines Antrags unter Prozeßkostenhilfe reicht nicht aus (BGH FamRZ 1982, 1005); es sei denn, daß bei förmlicher Zustellung von Scheidungsantrag und Prozeßkostenhilfe-Gesuch nicht deutlich wurde, daß sich die Zustellung nur auf den Antrag auf Prozeßkostenhilfe beziehen sollte (BGH FamRZ 1987, 362 [364]). Ging dem Scheidungsausspruch eine auf Scheidung umgestellte Eheaufhebungsklage voraus, so ist der Zeitpunkt der Zustellung der Aufhebungsklage maßgebend (BGH FamRZ 1989, 153). Die **Heilung von Mängeln** bei der Zustellung des Scheidungsantrags gemäß § 295 ZPO wirkt nur für die Zukunft (BGH FamRZ 1984, 368 [369]). Eine nicht oder nicht formgerecht vorgenommene Zustellung gilt somit als in dem Zeitpunkt erfolgt, in dem sich der Antragsgegner in der mündlichen Verhandlung rügelos auf diese einläßt (Brandenburg FamRZ 1998, 1439) oder in dem ihm die Antragsschrift – welche ihm nach dem Willen des Gerichts zugestellt werden sollte (BGH FamRZ 1993, 309; Thüringen 1998, 1446) – tatsächlich zugegangen ist (§ 189 ZPO; vgl BGH aaO; Brandenburg FamRZ 2001, 1220). Ist die Rechtshängigkeit auch nicht entsprechend § 261 II ZPO durch Stellung des Scheidungsantrages in der mündlichen Verhandlung eingetreten (Brandenburg FamRZ 1998, 1439), gleichwohl aber ein Scheidungsausspruch ergangen, so bestimmt sich das Ende der Ehezeit nach dem Eintritt der Rechtskraft des Scheidungsurteils (Zweibrücken FamRZ 1999, 27). Bei Scheidung durch ein ausländisches Gericht bestimmt sich die Rechtshängigkeit nach der lex fori (BGH FamRZ 1993, 798; 1992, 1058). Läßt sich der Zeitpunkt der Zustellung des Scheidungsantrags nicht mehr exakt feststellen, so trifft die **Darlegungslast** den Ehegatten, der aus einer längeren Ehezeit den Vorteil eines höheren VersA ziehen würde; er trägt den Nachteil der Nichtfeststellbarkeit des Zustellungsdatums (BGH FamRZ 1989, 1058 [1059]).

17 Bei **mehreren Scheidungsanträgen** gilt der Grundsatz, daß der Antrag maßgebend ist, durch den das zur Scheidung führende Verfahren eingeleitet worden ist (BGH FamRZ 1991, 1042 mwN). Hiervon ist – selbst in Übergangsfällen (BGH FamRZ 1980, 552 [553]) – auch dann auszugehen, wenn es zur Aussetzung oder zum tatsächlichen Stillstand des Scheidungsverfahrens (einschließlich eines Weglegens der Akte) gekommen ist (BGH NJW-RR 1993, 898; FamRZ 1986, 335) oder wenn die Rechtshängigkeit eines früher eingeleiteten Scheidungsverfahrens übersehen worden ist und die Ehe im Rahmen eines neuen Antrags in einem selbstständigen Verfahren geschieden wird. In diesen Fällen kann die Anknüpfung an den zur Scheidung führenden (früheren oder späteren) Antrag aber gegen Treu und Glauben verstoßen (BGH FamRZ 1991, 1042 [1043]; Köln FamRZ 1992, 685). Dies gilt etwa bei vorbehaltloser Versöhnung der Ehegatten, wenn diese übereinstimmend das Scheidungsverfahren als erledigt angesehen und wiederum längere Zeit zusammengelebt haben; hier ist auf den Zeitpunkt abzustellen, in dem die Fortsetzung des Verfahrens beantragt wird (BGH FamRZ 1991, 1042; 1986, 335; Hamm FamRZ 1991, 844; Karlsruhe NJW-RR 2003, 363). Diese Grundsätze gelten auch für den Fall, daß der ursprüngliche Scheidungsantrag in der mündlichen Verhandlung nicht gestellt, zurückgewiesen oder zurückgenommen wird, die Ehe aber – in demselben anhängigen Verfahren – auf einen Antrag des Gegners geschieden wird (BGH FamRZ 1982, 153; Naumburg FamRZ 2002, 754). Da dies ein einheitliches Verfahren zur Voraussetzung hat, ist für das Ehezeitende doch der Scheidungswiderklageantrag maßgebend, wenn der Scheidungsantrag vor Zustellung des Widerklageantrags zurückgenommen worden ist (BGH FamRZ 1983, 38). Im übrigen kann der Antragsteller bei längerem Ruhen des Verfahrens den Scheidungsantrag – einseitig allerdings nur im Rahmen von § 269 I ZPO – zurücknehmen, um durch einen neuen Antrag ein späteres Ende der Ehezeit herbeizuführen (Borth FamRZ 2003, 889).

18 **IV. Ausschließliche Anwendung des Rechts des VersA (Abs III).** Nach der – nicht dispositiven – Regelung des Abs III gelten für Anrechte, die dem Grunde nach dem VersA unterliegen (Abs I, II), ausschließlich die §§ 1587ff und die ergänzenden Regelungen des VAHRG sowie des VAÜG. Die güterrechtlichen Vorschriften finden weder subsidiär, ergänzend oder anstelle der Regelungen des VersA Anwendung, und zwar auch dann nicht, wenn es im Einzelfall nicht zu einem VersA kommt, etwa in den Härtefällen des § 1587c oder auf Grund einer Disposition der Ehegatten (BGH FamRZ 1995, 289 [290]). Die Regelung betrifft insbesondere Anrechte aus einer privaten Rentenversicherung sowie anderweitige der ergänzenden kapitalgedeckten Altersvorsorge außerhalb der betrieblichen Altersversorgung iS von § 1 AltZertG. Das Ausschließlichkeitsprinzip hat zur Folge, daß der VersA im Hinblick auf die soziale Funktion der von ihm erfaßten Vorsorgegüter auch dann stattfindet, wenn die Ehegatten Gütertrennung vereinbart haben (KG FamRZ 1996, 1552). Soweit sich hieraus unbillige Härten ergeben, kann dem im Rahmen von § 1587c Nr 1/§ 1587h Nr 1 Rechnung getragen werden (vgl § 1587c Rz 19). Aus Abs III ergibt sich ferner, daß eine Vermögensposition nur entweder dem VersA oder dem Güterrecht, niemals beiden Ausgleichssystemen unterliegen kann, so daß solche Anrechte nicht dem VersA unterfallen, die mit Mitteln aus einem vorzeitigen Zugewinnausgleich (BGH FamRZ 1992, 790; Köln 2000, 157) oder einer vorausgegangenen vertraglichen Vermögensauseinandersetzung (Zweibrücken FamRB 2003, 79) erworben worden sind. Zur Abstimmung zwischen VersA und Zugewinnausgleich bei Anwendung des In-Prinzips vgl Rz 15. Eine gesetzliche Verknüpfung zwischen Güterstand und VersA ergibt sich aus § 1414 S 2, wonach bei einem ehevertraglichen (Voll-)Ausschluß des VersA (§ 1408 II) Gütertrennung eintritt, sofern die Ehegatten nichts anderes vereinbart haben.

Kapitel 2
Wertausgleich von Anwartschaften oder Aussichten auf eine Versorgung

1587a *Ausgleichsanspruch*
(1) Ausgleichspflichtig ist der Ehegatte mit den werthöheren Anwartschaften oder Aussichten auf eine auszugleichende Versorgung. Dem berechtigten Ehegatten steht als Ausgleich die Hälfte des Wertunterschieds zu.

(2) Für die Ermittlung des Wertunterschieds sind folgende Werte zugrunde zu legen:
1. Bei einer Versorgung oder Versorgungsanwartschaft aus einem öffentlich-rechtlichen Dienstverhältnis oder aus einem Arbeitsverhältnis mit Anspruch auf Versorgung nach beamtenrechtlichen Vorschriften oder Grundsätzen ist von dem Betrag auszugehen, der sich im Zeitpunkt des Eintritts der Rechtshängigkeit des Scheidungsantrags als Versorgung ergäbe. Dabei wird die bis zu diesem Zeitpunkt zurückgelegte ruhegehaltfähige Dienstzeit um die Zeit bis zur Altersgrenze erweitert (Gesamtzeit). Maßgebender Wert ist der Teil der Versorgung, der dem Verhältnis der in die Ehezeit fallenden ruhegehaltfähigen Dienstzeit zu der Gesamtzeit entspricht. Unfallbedingte Erhöhungen bleiben außer Betracht. Insofern stehen Dienstbezüge entpflichteter Professoren Versorgungsbezügen gleich und gelten die beamtenrechtlichen Vorschriften über die ruhegehaltfähige Dienstzeit entsprechend.
2. Bei Renten oder Rentenanwartschaften aus der gesetzlichen Rentenversicherung ist der Betrag zugrunde zu legen, der sich am Ende der Ehezeit aus den auf die Ehezeit entfallenden Entgeltpunkten ohne Berücksichtigung des Zugangsfaktors als Vollrente wegen Alters ergäbe.
3. Bei Leistungen, Anwartschaften oder Aussichten auf Leistungen der betrieblichen Altersversorgung ist,
   a) wenn bei Eintritt der Rechtshängigkeit des Scheidungsantrags die Betriebszugehörigkeit andauert, der Teil der Versorgung zugrunde zu legen, der dem Verhältnis der in die Ehezeit fallenden Betriebszugehörigkeit zu der Zeit vom Beginn der Betriebszugehörigkeit bis zu der in der Versorgungsregelung vorgesehenen festen Altersgrenze entspricht, wobei der Betriebszugehörigkeit gleichgestellte Zeiten einzubeziehen sind; die Versorgung berechnet sich nach dem Betrag, der sich bei Erreichen der in der Versorgungsregelung vorgesehenen festen Altersgrenze ergäbe, wenn die Bemessungsgrundlagen im Zeitpunkt des Eintritts der Rechtshängigkeit des Scheidungsantrags zugrunde gelegt würden;
   b) wenn vor dem Eintritt der Rechtshängigkeit des Scheidungsantrags die Betriebszugehörigkeit beendet worden ist, der Teil der erworbenen Versorgung zugrunde zu legen, der dem Verhältnis der in die Ehezeit fallenden Betriebszugehörigkeit zu der gesamten Betriebszugehörigkeit entspricht, wobei der Betriebszugehörigkeit gleichgestellte Zeiten einzubeziehen sind.
   Dies gilt nicht für solche Leistungen oder Anwartschaften auf Leistungen aus einem Versicherungsverhältnis zu einer zusätzlichen Versorgungseinrichtung des öffentlichen Dienstes, auf die Nummer 4 Buchstabe c anzuwenden ist. Für Anwartschaften oder Aussichten auf Leistungen der betrieblichen Altersversorgung, die im Zeitpunkt des Erlasses der Entscheidung noch nicht unverfallbar sind, finden die Vorschriften über den schuldrechtlichen Versorgungsausgleich Anwendung.
4. Bei sonstigen Renten oder ähnlichen wiederkehrenden Leistungen, die der Versorgung wegen Alters oder verminderte Erwerbsfähigkeit zu dienen bestimmt sind, oder Anwartschaften oder Aussichten hierauf ist,
   a) wenn sich die Rente oder Leistung nach der Dauer einer Anrechnungszeit bemisst, der Betrag der Versorgungsleistung zugrunde zu legen, der sich aus der in die Ehezeit fallenden Anrechnungszeit ergäbe, wenn bei Eintritt der Rechtshängigkeit des Scheidungsantrags der Versorgungsfall eingetreten wäre;
   b) wenn sich die Rente oder Leistung nicht oder nicht nur nach der Dauer einer Anrechnungszeit und auch nicht nach Buchstabe d bemisst, der Teilbetrag der vollen bestimmungsmäßigen Rente oder Leistung zugrunde zu legen, der dem Verhältnis der in die Ehezeit fallenden, bei der Ermittlung dieser Rente oder Leistung zu berücksichtigenden Zeit zu deren voraussichtlicher Gesamtdauer bis zur Erreichung der für das Ruhegehalt maßgeblichen Altersgrenze entspricht;
   c) wenn sich die Rente oder Leistung nach einem Bruchteil entrichtete Beiträge bemisst, der Betrag zugrunde zu legen, der sich aus den in die Ehezeit entrichteten Beiträgen ergäbe, wenn bei Eintritt der Rechtshängigkeit des Scheidungsantrags der Versorgungsfall eingetreten wäre;
   d) wenn sich die Rente oder Leistung nach den für die gesetzlichen Rentenversicherungen geltenden Grundsätzen bemisst, der Teilbetrag der sich bei Eintritt der Rechtshängigkeit des Scheidungsantrags ergebenden Rente wegen Alters zugrunde zu legen, der dem Verhältnis der in die Ehezeit fallenden Versicherungsjahre zu den insgesamt zu berücksichtigenden Versicherungsjahren entspricht.
5. Bei Renten oder Rentenanwartschaften auf Grund eines Versicherungsvertrags, der zur Versorgung des Versicherten eingegangen wurde, ist,
   a) wenn es sich um eine Versicherung mit einer über den Eintritt der Rechtshängigkeit des Scheidungsantrags hinaus fortbestehenden Prämienzahlungspflicht handelt, von dem Rentenbetrag auszugehen, der sich nach vorheriger Umwandlung in eine prämienfreie Versicherung als Leistung des Versicherers ergäbe, wenn in diesem Zeitpunkt der Versicherungsfall eingetreten wäre. Sind auf die Versicherung Prämien auch für die Zeit vor der Ehe gezahlt worden, so ist der Rentenbetrag entsprechend geringer anzusetzen;
   b) wenn eine Prämienzahlungspflicht über den Eintritt der Rechtshängigkeit des Scheidungsantrags hinaus nicht besteht, von dem Rentenbetrag auszugehen, der sich als Leistung des Versicherers ergäbe, wenn in diesem Zeitpunkt der Versicherungsfall eingetreten wäre. Buchstabe a Satz 2 ist anzuwenden.

§ 1587a   Familienrecht   Bürgerliche Ehe

(3) Bei Versorgungen oder Anwartschaften oder Aussichten auf eine Versorgung nach Absatz 2 Nr. 4, deren Wert nicht in gleicher oder nahezu gleicher Weise steigt wie der Wert der in Absatz 2 Nr. 1 und 2 genannten Anwartschaften, sowie in den Fällen des Absatzes 2 Nr. 5 gilt Folgendes:
1. Werden die Leistungen aus einem Deckungskapital oder einer vergleichbaren Deckungsrücklage gewährt, ist die Regelaltersrente zugrunde zu legen, die sich ergäbe, wenn der während der Ehe gebildete Teil des Deckungskapitals oder der auf diese Zeit entfallende Teil der Deckungsrücklage als Beitrag in der gesetzlichen Rentenversicherung entrichtet würde;
2. werden die Leistungen nicht oder nicht ausschließlich aus einem Deckungskapital oder einer vergleichbaren Deckungsrücklage gewährt, ist die Regelaltersrente zugrunde zu legen, die sich ergäbe, wenn ein Barwert der Teilversorgung für den Zeitpunkt des Eintritts der Rechtshängigkeit des Scheidungsantrags ermittelt und als Beitrag in der gesetzlichen Rentenversicherung entrichtet würde. Das Nähere über die Ermittlung des Barwerts bestimmt die Bundesregierung durch Rechtsverordnung mit Zustimmung des Bundesrates.

(4) Bei Leistungen oder Anwartschaften oder Aussichten auf Leistungen der betrieblichen Altersversorgung nach Absatz 2 Nr. 3 findet Absatz 3 Nr. 2 Anwendung.

(5) Bemisst sich die Versorgung nicht nach den in den vorstehenden Absätzen genannten Bewertungsmaßstäben, so bestimmt das Familiengericht die auszugleichende Versorgung in sinngemäßer Anwendung der vorstehenden Vorschriften nach billigem Ermessen.

(6) Stehen einem Ehegatten mehrere Versorgungsanwartschaften im Sinne von Absatz 2 Nr. 1 zu, so ist für die Wertberechnung von den sich nach Anwendung von Ruhensvorschriften ergebenden gesamten Versorgungsbezügen und der gesamten in die Ehezeit fallenden ruhegehaltfähigen Dienstzeit auszugehen; sinngemäß ist zu verfahren, wenn die Versorgung wegen einer Rente oder einer ähnlichen wiederkehrenden Leistung einer Ruhens- oder Anrechnungsvorschrift unterliegen würde.

(7) Für die Zwecke der Bewertung nach Absatz 2 bleibt außer Betracht, dass eine für die Versorgung maßgebliche Wartezeit, Mindestbeschäftigungszeit, Mindestversicherungszeit oder ähnliche zeitliche Voraussetzungen im Zeitpunkt des Eintritts der Rechtshängigkeit des Scheidungsantrags noch nicht erfüllt sind; Absatz 2 Nr. 3 Satz 3 bleibt unberührt. Dies gilt nicht für solche Zeiten, von denen die Rente nach Mindesteinkommen in den gesetzlichen Rentenversicherungen abhängig ist.

(8) Bei der Wertberechnung sind die in einer Versorgung, Rente oder Leistung enthaltenen Zuschläge, die nur auf Grund einer bestehenden Ehe gewährt werden, sowie Kinderzuschläge und ähnliche familienbezogene Bestandteile auszuscheiden.

I. Allgemeines 1	5. Anrechte der privaten Lebensversicherung (Abs II Nr 5) 61
II. Ausgleichsverpflichteter und Ausgleichsanspruch (Abs I) 3	6. Atypische Anrechte (Abs V) 68
III. Bewertung der auf die Ehezeit entfallenden Anrechte (Abs II, V)	IV. Umwertung nicht volldynamischer Anrechte (Abs III) 70
1. Anrechte nach beamtenrechtlichen Vorschriften oder Grundsätzen (Abs II Nr 1) 4	V. Zusammentreffen verschiedener Anrechte (Abs VI) 77
2. Dynamische Anrechte der gesetzlichen Rentenversicherung (Abs II Nr 2) 25	VI. Wartezeiten und vergleichbare Versorgungsvoraussetzungen (Abs VII) 85
3. Betriebliche Versorgungsanrechte (Abs II Nr 3) . . 42	VII. Familienstandsbezogene Leistungselemente (Abs VIII) 87
4. Sonstige Anrechte außerhalb der Lebensversicherung (Abs II Nr 4) 55	

1 **I. Allgemeines.** § 1587a konkretisiert für den öffentlich-rechtlichen VersA (Parallelregelung für den schuldrechtlichen VersA: § 1587g I, II S 1) den Grundsatz des § 1587, indem – ergänzt durch § 1587b III S 3 Hs 2 – der ausgleichsverpflichtete Ehegatte bestimmt und auf der Basis des Halbteilungsprinzips die Höhe des Ausgleichsanspruchs festgelegt wird. Ausgleichspflichtig ist danach der Ehegatte, der während der Ehe die insgesamt werthöheren Anrechte erworben hat. Damit ist klargestellt, daß nach einer **Globalerfassung und Saldierung aller Anrechte** grundsätzlich nur einer der Ehegatten ausgleichsverpflichtet ist, so daß ein „Hin-und-Her-Ausgleich" ausgeschlossen ist (Ausnahmen: schuldrechtlicher Rückausgleich [BGH FamRZ 1988, 822] und gesonderter schuldrechtlicher VersA für degressive Anrechte im Beitrittsgebiet). Der Ausgleichsanspruch des Berechtigten beträgt rechnerisch die Hälfte des Unterschiedsbetrages zwischen der von ihm erworbenen (unverfallbaren) Anrechten und der Summe der (ebenfalls unverfallbaren) Anrechte des Verpflichteten. Somit verfügen die Ehegatten nach Durchführung des VersA im Grundsatz (dh abgesehen von den Fällen des Ausgleichs durch Beitragszahlung) über gleich hohe ehezeitbezogene Anrechte. Abweichungen von der Halbteilung – und zwar ausschließlich zugunsten des Verpflichteten (BGH FamRZ 1987, 48; 1985, 687) – können sich bei Anwendung von Härteregelungen (§§ 1587c, 1587h; Art 12 Nr 3 III S 3, 4 des 1. EheRG; Art 17 III S 2 Hs 2 EGBGB) oder auf Grund einer Parteidisposition ergeben, wobei zu beachten ist, daß auch die Gestaltungsbefugnis der Ehegatten nicht über den gesetzlichen Ausgleichsanspruch hinausgeht.

2 Der aktuelle Wert eines Anrechts ergibt sich aus dem jeweils maßgebenden Versorgungsrecht, beispielsweise in der gesetzlichen Rentenversicherung aus den §§ 63ff SGB VI und in der Beamtenversorgung aus den §§ 4ff BeamtVG. Dem VersA unterliegen nur die während der Ehe erworbenen Anrechte. Da die Ehezeit regelmäßig nicht mit der Erwerbszeit eines Anrechts identisch ist, regelt **Abs II**, der einen (im Hinblick auf Sonderformen der kapitalgedeckten, ergänzenden Altersvorsorge iSv §§ 10a, 82ff EStG unvollständigen) Katalog der häufigsten Versorgungsanrechte enthält und für atyische Vorsorgeformen durch die Auffangregelung des **Abs V** ergänzt wird, wie der auf die Ehezeit entfallende Teil eines Anrechts zu ermitteln ist. Spezialgesetzliche Bewertungsvorschriften enthalten § 25a AbgG; § 99 II, III ALG sowie § 3 I Nr 1–3, § 5 Nr 4 VAÜG. Soweit nicht bereits eine Versorgung bezogen wird, ist das in den Ausgleich einzubeziehende Anrecht in der Weise zu ermitteln, daß die Leistung wegen Alters (bei isolierten Versorgungen wegen verminderter Erwerbsfähigkeit: die Leistung wegen voller Erwerbsminderung) errechnet wird, die sich – bezogen auf die Ehezeit – auf der Grundlage des im Entscheidungszeitpunkt geltenden Rechts ergäbe (vgl Rz 19), wenn zum Ehezeitende der Versorgungsfall eingetreten wäre (bei dem in Abs II genannten Bewertungsstichtag des Eintritts der Rechtshängigkeit des Scheidungsantrags handelt es sich um ein redaktionelles Versehen, BGH FamRZ 1982, 36 und 1005). Besteht bereits ein Versorgungsanspruch, erübrigt sich eine fiktive Wertermittlung, wenn es sich bei der Versorgung um die „endgültige", die Wertverhältnisse dauerhaft prägende Leistung handelt (BGH FamRZ 1999, 499; 1996, 1538; 1991, 1415; 1990, 1341; 1982, 33). Die Anrechte werden auf **Bruttobasis** – also ohne Abzug direkter Steuern und Vorsorgeaufwendungen – erfaßt (vgl § 1587 Rz 2); einem gravierenden Ungleichgewicht in den Nettoergebnissen des VersA kann bei beiderseitigem Versorgungsbezug im Rahmen der Härteregelungen Rechnung getragen werden (vgl § 1587c Rz 16). Mit der – verfassungsrechtlich umstrittenen (vgl hierzu Bergner NJW 2002, 260; Klattenhoff DRV 2000, 685; BGH FamRZ 2001, 1695) – Umwertungsanordnung in **Abs III und IV** sollen auf der unterschiedlichen Dynamik beruhende qualitative Ungleichheiten der verschiedenartigen Anrechte ausgeglichen und diese für die Gesamtsaldierung sowie für den Ausgleich in der gesetzlichen Rentenversicherung tauglich gemacht werden. Die Regelung betrifft Anrechte, die nicht wie die Anrechte der gesetzlichen Rentenversicherung und der Beamtenversorgung während der Anwartschafts- und Leistungsphase der allgemeinen Einkommensentwicklung folgen, mithin nicht volldynamisch sind (dem stehen die einer stärkeren Wertsteigerung unterliegenden Anrechte im Beitrittsgebiet gegenüber, für deren Ausgleich das VAÜG gilt; vgl vor § 1587 Rz 28). Mit **Abs VI** wird der Umstand berücksichtigt, daß die dem VersA unterliegenden Anrechte auf Grund von Antikumulationsregelungen ganz oder teilweise nicht zur Auszahlung gelangen können, wenn sie mit funktionsgleichen Anrechten aus anderen Systemen zusammentreffen; diese Leistungsminderungen sind bei der Wertermittlung nach Abs II Nr 1 zu berücksichtigen. In Ergänzung zu den Abs II und V bestimmt **Abs VII**, daß es nicht darauf ankommt, ob die zeitlichen Voraussetzungen für den Versorgungsanspruch bei Durchführung des VersA erfüllt sind. Hiervon ausgenommen sind gemäß Abs II Nr 3 S 3 aber noch verfallbare betriebliche Versorgungsanrechte, die nach Eintritt der Unverfallbarkeit entweder dem schuldrechtlichen VersA unterliegen (§ 1587f Nr 4) oder im Rahmen einer Abänderung nach § 10a I Nr 2 VAHRG nachträglich im Rahmen des öffentlich-rechtlichen VersA ausgeglichen werden können. Nicht in den Ausgleich einzubeziehen sind nach **Abs VIII** familienstandsbezogene Leistungselemente, da sie nur vorübergehend gezahlt werden (dies gilt jedoch nicht für den Ehegattenzuschlag in der Alterssicherung der Landwirte; vgl § 98 VIII, § 99 II S 1 Nr 1 ALG).

II. Ausgleichsverpflichteter und Ausgleichsanspruch (Abs I). Nach S 1 ist der Ehegatte mit den werthöheren 3 Anrechten (einschließlich bereits laufender Versorgungen; vgl § 1587 Rz 2) zum Ausgleich verpflichtet. Die Anrechte des Verpflichteten sind auch dann „werthöher", wenn nur er während der Ehe Versorgungsanrechte erworben hat. Erforderlich ist die Berechnung und Ermittlung des Ehezeitanteils jedes einzelnen Anrechts (ausgenommen sind lediglich erst zukünftig schuldrechtlich auszugleichende Anrechte, die nicht in Anrechten zu verrechnen sind, die dem öffentlich-rechtlichen VersA unterliegen; vgl § 1587 Rz 33). Diesem Zweck dienen den Eigenarten des jeweiligen Versorgungssystems angepaßten und durch Abs V vervollständigten Bewertungsvorschriften des Abs II. Den Regelungen liegt die Annahme zugrunde, daß wegen des Prinzips des lebenslangen Aufbaus einer Versorgung und der sich daraus ergebenden Interdependenzen zwischen den einzelnen versorgungsrechtlich erheblichen Tatbeständen der Ehezeitanteil eines Anrechts regelmäßig nicht unmittelbar aus den der Ehe zugeordneten Tatbeständen ermittelt werden kann. Abs II stellt daher im Grundsatz **3 Bewertungsmethoden** zur Verfügung (Bergner VersA 8): Quotelung (ggf bis zur Regelaltersgrenze hochgerechneten) Anrechts nach einem Zeit/Zeit-Verhältnis, Berechnung isoliert aus der Ehezeit bei rein beitragsbezogenen Anrechten und Berechnung aus den in der Ehezeit begründeten, individuell wertbestimmenden Faktoren (zB Entgeltpunkten). Die jeweils maßgebende Regelung des Abs II ist auch anzuwenden, wenn der auf einen **Teil der Ehezeit** entfallende Wert eines Anrechts zu ermitteln ist (BGH FamRZ 2001, 1444; 1990, 273; 1986, 252), etwa um den Ausgleichsanspruch nach § 1587d herabsetzen zu können.

III. Bewertung der auf die Ehezeit entfallenden Anrechte (Abs II, V). 1. Anrechte nach beamtenrechtli- 4 chen Vorschriften oder Grundsätzen (Abs II Nr 1). a) Allgemeines. Durch Abs II Nr 1 wird – ergänzt durch Abs VI – bestimmt, wie der Wert der Anrechte der Beamten, Berufsrichter, Berufssoldaten der Bundeswehr und der Beschäftigten zu ermitteln ist, die auf Grund ihres Arbeitsverhältnisses ein Anrecht erworben haben, das in seiner Typik beamtenrechtlichen Grundsätzen entspricht (beamtenähnliches Versorgungsanrecht). Das beamtenrechtliche oder -ähnliche Anrecht muß grundsätzlich zum Ehezeitende vorliegen. Ist es zuvor erloschen, so hat der VersA auf der Grundlage des sich aus der Nachversicherung (§ 8 II SGB VI) ergebenden Anrechts zu erfolgen (BGH FamRZ 1989, 42; 1988, 1148). Dies gilt auch, wenn die Voraussetzungen für die Nachversicherung dem Grunde nach bereits eingetreten sind, die Zahlung der Beiträge jedoch gemäß § 184 SGB VI aufgeschoben ist (BGH FamRZ 1988, 1253). Wird das beamtenrechtliche oder -ähnliche Anrecht dagegen erst nach dem Ehezeitende begründet, so liegen auch dann keine Anrechte iSv Abs II Nr 1 vor, wenn ruhegehaltfähige Dienstzeiten zum Teil auf die Ehezeit entfallen (BGH FamRZ 2000, 748; 1987, 921; 1984, 569; zu einem Sonderfall der „Übernahme der bisherigen Versorgungszusicherung" vgl BGH FamRZ 1999, 221). Die Vorschrift ist insgesamt innerstaatlich-territorial geprägt und erfaßt nur die nach deutschem Recht erworbenen Versorgungsanrechte (BGH FamRZ 1996, 98; 1988, 273). Für die nach Abs II Nr 1 zu bewertenden Anrechte stehen verschiedene Ausgleichsformen zur Verfügung, und zwar – in Abhängigkeit von der Organisationsform des Versorgungsträgers – das (analoge) Quasi-Splitting, die fakultativ mögliche Realteilung sowie subsidiär der schuldrechtliche VersA gemäß § 2 VAHRG (BGH FamRZ 1987, 918).

§ 1587a Familienrecht Bürgerliche Ehe

5 **b) Personenkreis. aa) Personen in einem öffentlich-rechtlichen Dienstverhältnis.** Das öffentlich-rechtliche Dienstverhältnis ist eine durch Ernennung oder Wahl begründete (vgl § 5 I Nr 1, II S 1, § 95 I S 2 BRRG), gegenseitig berechtigende und verpflichtende Rechtsbeziehung öffentlich-rechtlicher Natur zwischen einem Beschäftigten und einem Dienstherrn iSv § 121 BRRG (§ 2 I BRRG). In einem solchen Dienstverhältnis stehen insbesondere **Beamte im staatsrechtlichen Sinne**, also Berufsbeamte einer Körperschaft, Anstalt oder Stiftung des öffentlichen Rechts, ohne daß es darauf ankommt, ob konkret hoheitliche Aufgaben wahrgenommen werden oder nicht (insoweit mißverständlich J/H/Hahne Rz 10). In einem öffentlich-rechtlichen Dienstverhältnis stehen zudem **Ehrenbeamte** (zur Bewertung vgl aber Rz 13), **Berufs- und Zeitsoldaten** der Bundeswehr (vgl Saar S 170ff; zur Bewertung der Anrechte der Zeitsoldaten vgl aber Rz 12) sowie **Berufsrichter** des Bundes und der Länder, und zwar sowohl die Richter auf Zeit und auf Lebenszeit sowie die ehrenamtlichen Richter (§§ 44ff DRiG), die nicht lediglich von Fall zu Fall zur Wahrnehmung des Richteramtes hinzugezogen werden (Saar S 164). Ob auch die **Kirchenbeamten** in einem öffentlich-rechtlichen Dienstverhältnis stehen, ist umstritten (FamK/Rolland Rz 5), kann aber bei Anwendung von Abs II Nr 1 unentschieden bleiben, da deren Versorgungsstatus wenigstens beamtenähnlicher Natur ist. Nicht in einem öffentlich-rechtlichen Dienstverhältnis stehen – abgesehen von den regionalen Besonderheiten Baden-Württembergs (§§ 114f BNotO) – die **Notare**.

6 Anrechte aus öffentlich-rechtlichen **Amtsverhältnissen** unterliegen nicht der Bewertung nach Abs II Nr 1 (FamK/Rolland Rz 4). Dies betrifft insbesondere Inhaber eines parlamentarischen Mandats auf der Ebene des Bundes oder der Länder sowie Mitglieder des Europäischen Parlaments (vgl hierzu § 25a AbgG und § 10 EuAbgG; BGH FamRZ 1988, 380), Bundesbeauftragte (zB für den Datenschutz), Angehörige der Bundes- oder einer Landesregierung einschließlich der Parlamentarischen Staatssekretäre sowie den Wehrbeauftragten des Deutschen Bundestages. Die Bewertung dieser Anrechte erfolgt nach Abs II Nr 4, V (zusammenfassend Saar S 350).

7 **bb) Personen mit beamtenähnlichen Versorgungsanrechten.** Nach Abs II Nr 1 werden ferner Anrechte von Personen bewertet, denen Anspruch auf Versorgung nach beamtenrechtlichen Grundsätzen zugesichert ist. Hierbei kommt es auf die Organisationsform des Arbeitgebers, der die Versorgung zugesagt hat, nicht an (BGH FamRZ 1994, 232; 1985, 794). Die beamtenähnliche Versorgung beruht auf (Kirchen)Gesetz, Dienstordnung, Satzung, Statut oder Einzel- oder Kollektivvertrag und muß dem Alimentationsprinzip folgen sowie nach Voraussetzungen, Art und Umfang ungeachtet gewisser Abweichungen dem Beamtenrecht entsprechen (BGH NJWE-FER 1999, 25; FamRZ 1994, 232). Sie muß auf einem Rechtsanspruch beruhen und wenigstens nach dem letzten Arbeitsentgelt sowie der Beschäftigungsdauer ausgerichtet sein (Pal/Brudermüller Rz 18). Schuldner der Versorgung ist der Arbeitgeber oder eine von ihm ohne Beteiligung des Beschäftigten finanzierte Versorgungseinrichtung (BSG 55, 19; enger RGRK/Wick Rz 28 mwN). Eine Versorgung nach beamtenrechtlichen Grundsätzen ist auch dann zu bejahen, wenn es sich um eine kombinierte („gestufte") Versorgung handelt (vgl BSG SozR 2200 § 1260c Nr 15; BAG 6, 272 [275]). Besteht Versicherungsfreiheit oder Befreiung von der Versicherungspflicht nach **§ 5 I Nr 2 bzw § 6 I S 1 Nr 2 SGB VI**, so sind auch die Voraussetzungen des Abs II Nr 1 erfüllt; die Anwendung dieser Regelung hat ihre Freistellung von der Versicherungspflicht jedoch nicht zur Voraussetzung (Düsseldorf FamRZ 1991, 1205). Die Bewertung nach Abs II Nr 1 geht der im Bereich betrieblicher Vorsorgemaßnahmen konkurrierenden Regelung des Abs II Nr 3 vor (BGH FamRZ 1994, 232). Beamtenähnliche Versorgungsanrechte liegen im allgemeinen vor bei Beschäftigten der öffentlich-rechtlichen Religionsgemeinschaften (Celle FamRZ 1983, 191; Frankfurt, FamRZ 1987, 719); bei Lehrern an Privatschulen und nichtstaatlichen Hochschulen (BGH FamRZ 1987, 918; 1985, 794), bei Angestellten öffentlicher Banken (BGH FamRZ 1994, 232; NJWE-FER 1999, 22) sowie bei Dienstordnungsangestellten der Sozialversicherungsträger und ihrer Verbände (vgl etwa § 144 SGB VII, § 52 II ALG; AG Tempelhof-Kreuzberg FamRZ 2001, 483; Schleswig SchlHA 1982, 136).

8 **cc) Einzelne Personengruppen. (1) Beamte auf Lebenszeit erhalten** – abgesehen von Besonderheiten bei „Altfälle" – bei Dienstunfähigkeit und im Alter eine nach Abs II Nr 1 zu bewertende Versorgung in Anwendung des BeamtVG. Für sogenannte **politische Beamte** (§§ 31f BRRG) gelten insoweit keine statusrechtlichen Besonderheiten; sie sind entweder Beamte auf Lebenszeit oder Beamte auf Probe, eine nicht dauerhafte Leistungserhöhung nach § 14 VI BeamtVG ist nicht zu beachten (Saar S 143, 150). Versorgungsanrechte iSv von Abs II Nr 1 erwerben auch **Berufsrichter,** und zwar die Richter auf Lebenszeit oder auf Zeit, die Richter auf Probe und die Richter kraft Auftrags.

9 **(2)** Auch bei **Beamten auf Zeit** iSv § 3 I S 1 Nr 2, § 12b BRRG (zB kommunale Wahlbeamte; vgl BGH FamRZ 1995, 414; 1992, 46) liegen nach Abs II Nr 1 zu bewertende Anrechte vor. Dies gilt jedoch nicht, wenn sie nicht in den Ruhestand versetzt werden dürfen (vgl etwa §§ 48, 48b, 48d HRG), sondern mit Ablauf der Dienstzeit entlassen (§ 96 II BRRG) und sodann nachversichert werden. In diesen Fällen ist auf der Grundlage von Abs V die Nachversicherungsaussicht in der gesetzlichen Rentenversicherung im VersA zu berücksichtigen. Entsprechendes gilt bei kommunalen Wahlbeamten, die als Beamte auf Zeit an sich einen Anspruch auf Ruhegehalt erwerben, jedoch bis zum Ablauf der Amtszeit die für eine Versorgung maßgebende Mindestdienstzeit nicht erfüllen können (Brandenburg FamRZ 2000, 538).

10 **(3)** Der Bewertung nach Abs II Nr 1 unterliegen auch Anrechte eines **Beamten auf Probe** (BGH FamRZ 1982, 362), da das – versorgungsrechtlich noch labile – Probebeamtenverhältnis auf die Überleitung in ein Beamtenverhältnis auf Lebenszeit angelegt ist, die praktisch auch stattfindet. Keine nach Abs II Nr 1 auszugleichenden (sondern atypische, auf der Grundlage einer Nachversicherungsaussicht in der gesetzlichen Rentenversicherung zu bewertende) Anrechte haben dagegen **Beamte auf Widerruf** iSv § 3 I Nr 4 BRRG (BGH FamRZ 1982, 362; 1981, 856). Diese haben jedoch eine alternativ ausgestaltete Versorgungsaussicht; denn in Abhängigkeit von der weiteren Berufslaufbahn wird deren Dienstzeit entweder einer künftigen Versorgung iSv Abs II Nr 1 als ruhegehaltfähig zugrunde gelegt oder für ihre Dauer eine Nachversicherung (regelmäßig) in der gesetzlichen Rentenver-

sicherung vorgenommen. Daher ist bei Widerrufsbeamten in Anwendung von Abs V von dem Wert auszugehen, der sich ergeben würde, wenn der Beamte in der gesetzlichen Rentenversicherung nachversichert worden wäre (BGH FamRZ 1987, 921; 1982, 362; 1981, 856). Umstritten ist die Frage, ob auch eine nach dem Ende der Ehezeit erfolgte Berufung des Widerrufsbeamten in ein Probebeamtenverhältnis und die darauf beruhende Verbesserung des Versorgungsstatus – gegebenenfalls im Abänderungsverfahren nach § 10a VAHRG – zu berücksichtigen ist. Sie wird von der wohl hM verneint (vgl etwa BGH FamRZ 2003, 29), da die spätere Entwicklung keinen Bezug zu den ehelichen Verhältnissen mehr haben soll, ist aber richtigerweise zu bejahen (R/K/Klattenhoff Rz V 682; FamK/Rolland Rz 15), da der versorgungsrechtliche Status des Widerrufsbeamten als „Nukleus einer beamtenrechtlichen Versorgung betrachtet werden kann" (so treffend Rolland aaO).

(4) Hinsichtlich des wissenschaftlichen **Hochschulpersonals im Beamtenverhältnis** ist danach zu unterscheiden, ob sich dessen versorgungsrechtliche Stellung nach dem auf Grund des HRG vom 26. 1. 1976 (BGBl I 185, mehrfach geändert) geschaffenen Recht oder nach früherem Recht (§ 75 HRG aF, § 91 I BeamtVG) beurteilt. Nach **neuem Recht** gilt, daß Professoren als Beamte auf Probe, Zeit oder auf Lebenszeit und Hochschuldozenten, die zu Beamten auf Lebenszeit ernannt worden sind, wie andere Beamte auch Anrechte iSv Abs II Nr 1 haben (§ 1 I, § 67 BeamtVG). Hingegen sind die Anrechte der wissenschaftlichen und künstlerischen Assistenten, Oberassistenten und -ingenieure sowie der Hochschuldozenten auf Zeit auf der Grundlage ihrer Nachversicherungsaussicht in der gesetzlichen Rentenversicherung zu bewerten, da diese in der Regel nicht in den Ruhestand versetzt, sondern entlassen werden und ein (nicht auszugleichendes) Übergangsgeld erhalten. Hinsichtlich des wissenschaftlichen Hochschulpersonals, dessen versorgungsrechtliche Stellung nach **altem Recht** zu beurteilen ist, gilt, daß ordentliche und außerordentliche Professoren als Lebenszeitbeamte Anrechte iSv Abs II Nr 1 haben, und zwar auch außerplanmäßige Professoren, obgleich diese Beamte auf Widerruf sind. Beziehen Hochschullehrer **Emeritenbezüge** oder stehen ihnen (solange sie nicht gemäß § 76 II HRG auf die Emeritierung verzichtet haben) solche in Aussicht, so unterliegen diese nach Abs II Nr 1 S 5 mit ihrem Ehezeitanteil in voller Höhe – jedoch korrigiert um familienstandsbezogene Leistungsbestandteile (Abs VIII) – dem VersA (BGH FamRZ 1983, 467). Verzichtet der Hochschullehrer auf das Privileg der Emeritierung, so tritt er mit Erreichen der Altersgrenze in den Ruhestand und erwirbt nach näherer Maßgabe von § 67 BeamtVG einen Ruhegehaltsanspruch wie andere Beamte auch. Universitätsdozenten, beamtete Lektoren, wissenschaftliche Assistenten einschließlich Oberassistenten und -ingenieure sind dienstrechtlich Beamte auf Widerruf, versorgungsrechtlich Probebeamte. Sie haben nach hM keine Anrechte iSv Abs II Nr 1 (Karlsruhe FamRZ 1983, 408); vielmehr werden die von ihnen erworbenen Anrechte in Anwendung von Abs V auf der Grundlage ihrer Nachversicherungsaussicht in der gesetzlichen Rentenversicherung in den VersA einbezogen.

(5) Anrechte der **Berufssoldaten der Bundeswehr** (§ 14 I Nr 1 iVm §§ 15ff SVG) sind wie die Anrechte der Beamten auf Lebenszeit nach Abs II Nr 1 zu bewerten. Das SVG kennt hingegen keine Alters- und Invaliditätsversorgung (in Form von Ruhegehalt oder Unterhaltsbeitrag) für **Zeitsoldaten**. Die rentenversicherungsfreie Dienstzeit als Zeitsoldat wird nach dem Ausscheiden aus dem Dienstverhältnis in der gesetzlichen Rentenversicherung nachversichert; tritt der Zeitsoldat – ausnahmsweise – in ein Dienstverhältnis als Berufssoldat oder als Beamter über, so wird er nicht nachversichert, seine Dienstzeit wird vielmehr bei der Begründung und Bemessung des künftigen Ruhegehaltsanspruchs berücksichtigt. Da Zeitsoldaten jedoch nicht regelmäßig in eine Beschäftigung einrücken, die ihnen eine verfestigte Aussicht auf Versorgung nach beamtenrechtlichen Vorschriften oder Grundsätzen vermittelt (BGH FamRZ 1981, 856 [857]), liegt hier kein Anrecht iSv Abs II Nr 1 vor. Dem VersA ist die Nachversicherungsaussicht in der gesetzlichen Rentenversicherung zugrunde zu legen (BGH FamRZ 1987, 921; 1982, 154; 1981, 856).

(6) Ehrenbeamte erhalten keine Versorgung nach beamtenrechtlichen Vorschriften oder Grundsätzen (§ 115 II S 1 BRRG). Bei einem Dienstunfall haben sie allerdings Anspruch auf Leistungen der Dienstunfallfürsorge (§ 115 II S 2 BRRG, § 177 II BBG, § 68 BeamtVG), die wegen ihres Entschädigungscharakters nach Abs II Nr 1 S 4 nicht ausgleichspflichtig sind. Der für verschiedene Gruppen von Ehrenbeamten nach spezialgesetzlichen Vorschriften vorgesehene **Ehrensold** ist ebenfalls keine Versorgung iSv Abs II Nr 1 (vgl BSG 50, 231). Es handelt sich jedoch um ein auf Arbeit beruhendes Anrecht iSv § 1587 I S 1, das jedenfalls dann auszugleichen und gemäß Abs II Nr 4 lit b zu bewerten ist, wenn die zeitlichen Mindestvoraussetzungen für die Zahlung eines Ehrensoldes erfüllt sind (so im Ergebnis auch FamK/Rolland Rz 27; Bergner VersA S 118).

c) Versorgungstypen. Dem Ausgleich unterliegen beamtenrechtliche und -ähnliche Anrechte unter Einbeziehung der jährlichen Sonderzuwendung sowie eines etwaigen Anpassungszuschlags. Zu berücksichtigen ist auch ein bereits zuerkannter **Unterhaltsbeitrag** nach § 2 I Nr 1 iVm § 15 BeamtVG, nach wohl herrschender (vgl etwa J/H/Hahne Rz 39) – allerdings nicht voll überzeugender – Meinung jedoch nur dann, wenn er unwiderruflich gezahlt wird (kritisch R/K/Klattenhoff Rz V 173). Nicht einbezogen werden Unterhaltsbeiträge nach den §§ 38, 38a BeamtVG und unfallbedingte Erhöhungen des Ruhegehalts (§§ 34 bis 37, 43 und 82 BeamtVG, § 5 II BeamtVG in der seit 1. 7. 1997 geltenden Fassung [vgl hierzu Celle FamRZ 2003, 1291]), wegen eines Dienstunfalls gewährte Unterhaltsbeiträge an Ehrenbeamte (§ 68 S 2 BeamtVG), der Ausgleich bei vorgezogenen Altersgrenzen nach § 48 BeamtVG (BGH FamRZ 1982, 999), auf den §§ 14a, 50e BeamtVG beruhende vorübergehende Versorgungserhöhungen sowie – wegen Abs VIII – der kindbezogene Erhöhungsbetrag nach § 50 I S 2 BeamtVG. Zu Übergangsgeldern und Unterhaltsbeiträgen nach Disziplinarrecht vgl § 1587 Rz 5, 7.

Die nach Maßgabe des Gesetzes über die Gewährung einer jährlichen Sonderzuwendung (SZG) zu zahlende **Sonderzuwendung** unterliegt als unselbständiges – und daher nicht gemäß Abs III zu dynamisierendes (BGH FamRZ 1999, 713 im Anschluß an Kemnade FamRZ 1998, 1363) – Versorgungselement (§ 2 II, § 50 IV BeamtVG) dem Ausgleich nach Abs II Nr 1 (st Rspr seit BGH FamRZ 1982, 36). Sie wird im VersA dem vollen laufenden

§ 1587a Familienrecht Bürgerliche Ehe

Ruhegehalt mit einem Zwölftel ihres Wertes hinzugerechnet (BGH FamRZ 1999, 713; 1991, 1415). Bei der Bemessung der Sonderzuwendung muß berücksichtigt werden, daß sie auf den Stand von Dezember 1993 eingefroren worden ist und nach § 13 SZG mit Hilfe eines der Festschreibung der Leistungshöhe dienenden Bemessungsfaktors ermittelt wird (BGH FamRZ 2000, 746). Nach verschiedentlich vertretener Auffassung ist die Sonderzuwendung in Höhe des Betrages zu berücksichtigen, der sich aus der Anwendung des im *Entscheidungszeitpunkt* maßgebenden Bemessungsfaktors ergibt (BGH FamRZ 2003, 435 [437]; Celle FamRZ 2002, 170; zur Bemessung der Sonderzuwendung bei einem Ende der Ehezeit vor 1993 vgl Celle FamRZ 2003, 1291 [1293]). Dieser **Auffassung ist nicht zu folgen.** Die statische Sonderzuwendung (ausgedrückt als degressiver Bemessungsfaktor) wird zutreffend als ein lediglich die Dynamik der einheitlich zu beurteilenden Versorgung dämpfendes, unselbständiges Leistungselement der in Abs III als volldynamisch anerkannten Beamtenversorgung verstanden. Wenn deren von der Wertsteigerung der gesetzlichen Rentenversicherung abweichende Dynamik versorgungsausgleichsrechtlich irrelevant ist (BGH FamRZ 1994, 92), so muß auch der Faktor immer mit seinem bei Ehezeitende maßgebenden Wert berücksichtigt werden (R/K/Klattenhoff Rz V 174). Hierbei handelt es sich jedoch um ein nur noch übergangsweise auftretendes Problem, da eine grundlegende Veränderung des Versorgungsrechts, die der bisherigen Rspr die Legitimation entziehen dürfte, in Aussicht steht: Das Bundesbesoldungs- und -versorgungsanpassungsgesetz 2003/2004 vom 10. 9. 2003 (BGBl I 1798) hat eine Neugestaltung der jährlichen Sonderzahlungen ermöglicht (vgl §§ 67f BBesG nF, § 50 IV, V BeamtVG nF). Der Bund beabsichtigt, diese Möglichkeit mit dem – bei Redaktionsschluß nur im Entwurf vorliegenden – Haushaltsbegleitgesetz 2004 (BT-Drucks 15/1502) zu nutzen und eine deutliche Kürzung der (für Versorgungsempfänger statischen) Sonderzahlung vorzunehmen (vgl Brudermüller NJW 2003, 3166 [3169]).

16 Die nach rentenrechtlichen Grundsätzen bemessenen **Zuschläge zum Ruhegehalt** nach §§ 50a, 50b, 50d BeamtVG sind zwar Bestandteil der Versorgung (§ 2 I Nr 9 BeamtVG), stehen jedoch nicht im Zusammenhang mit der ruhegehaltfähigen Dienstzeit. Wegen ihrer Anlehnung an das Rentenversicherungsrecht sind sie grundsätzlich nach Abs II Nr 4 lit d zu bewerten (vgl Celle FamRZ 1999, 861).

17 **d) Ermittlung des Ehezeitanteils. aa) Allgemeines.** Die Bewertungsregelung des Abs II Nr 1 sieht vor, den Ehezeitanteil auf der Grundlage einer (fiktiven) **Vollversorgung** sowie eines **Zeit/Zeit-Verhältnisses** zu ermitteln. Mit dieser Methode wollte der Gesetzgeber des 1. EheRG insbesondere den Strukturprinzipien des bis 1991 geltenden Versorgungsrechts Rechnung tragen (vgl hierzu Saar S 285). Die Berechnungsmethode verteilt das insgesamt erworbene Versorgungsanrecht gleichmäßig auf die gesamte Erwerbszeit, da jede einzelne Zeiteinheit nach dem beamtenrechtlichen Lebenszeitprinzip gleichwertig zur Versorgung beiträgt. Das 1992 in Kraft getretene und durch das Versorgungsänderungsgesetz 2001 vom 20. 12. 2001 (BGBl I 3926) wiederum grundlegend geänderte Recht sieht – ergänzt durch eine Grundsicherung (§ 14 IV BeamtVG) – für den Regelfall ein proportional-lineares Ansteigen der Versorgung um 1,79375 % je ruhegehaltfähigem Dienstjahr vor (Lümmen/Grunefeld ZTR 2002, 210 und 264; Strötz/Stadler/Wilhelm ZBR 2002, 149; Strötz ZBR 1991, 230). Obgleich damit grundsätzlich jeder Zeiteinheit ein konstanter Versorgungswert zugeordnet werden kann, ist die Ermittlung des Ehezeitanteils auf der Grundlage der pro-rata-temporis-Methode weiterhin erforderlich (zu Einzelheiten vgl R/K/Klattenhoff Rz V 175).

18 Die **Berechnung des Ehezeitanteils** der Versorgung erfolgt **konkret** in zwei Schritten. Zunächst wird bei noch nicht realisierten Ansprüchen auf der Grundlage der Gesamtzeit (vom Eintritt in das Beschäftigungsverhältnis unter Einschluß etwaiger ruhegehaltfähiger Vordienstzeiten bis zur individuell maßgebenden Regelaltersgrenze) und der Bemessungsgrößen bei Ehezeitende eine **fiktive Altersversorgung** errechnet. Wird jedoch bei Ehezeitende bereits Versorgung wegen Alters oder verminderter Erwerbsfähigkeit bezogen, so ist die Wertermittlung auf der Grundlage der bereits laufenden Versorgung vorzunehmen (BGH FamRZ 1996, 215; 1982, 36). Bei der Anwartschaftsbewertung bleiben Berechnungsvorschriften, die an ein Ausscheiden aus dem Dienst vor der individuell maßgebenden Altersgrenze anknüpfen (zB § 13 I BeamtVG) unberücksichtigt; beim Ausgleich einer tatsächlich gewährten Versorgung sind sie aber als Berechnungselement der vollen Versorgung (nicht bei der Bildung des Zeit/Zeit-Verhältnisses) zu berücksichtigen (BGH FamRZ 1996, 215; 1982, 36). Der dem VersA unterliegende Teil des (fiktiven) vollen Anrechts wird berechnet, indem das fiktive oder tatsächlich gewährte Ruhegehalt mit der ruhegehaltfähigen Dienstzeit in der Ehe multipliziert und durch die Gesamtzeit dividiert wird – **pro-rata-temporis-Methode.** In diesem System führt eine vorgezogene Altersgrenze oftmals zu einem höheren Ehezeitanteil der Versorgung, da die kürzere Lebensarbeitszeit regelmäßig nicht mit einer proportional geringeren Versorgung korrespondiert. Dieses Ergebnis ist – auch verfassungsrechtlich – gerechtfertigt (BVerfG FamRZ 2001, 277), weil die Versorgung in kürzerer Zeit erworben wird als in solchen Fällen, in denen der Versorgungsinhaber nach Erreichen der Regelaltersgrenze aus dem Dienst ausscheidet (RGRK/Wick Rz 73), da hier jeder Zeiteinheit – und damit auch jedem auf die Ehezeit entfallenden Monat der Dienstzeit – versorgungsrechtlich eine höhere Wertigkeit zukommt (BGH FamRZ 1993, 302); vgl im übrigen § 1587c Rz 20. Bei der Berechnung des Zeit/Zeit-Verhältnisses bleiben Erhöhungen der ruhegehaltfähigen Dienstzeit, die nur ein **Berechnungselement** der Versorgung sind und nicht auf selbständig anrechenbaren versorgungserheblichen Dienstzeiten und vergleichbaren Zeiten beruhen, unberücksichtigt (BGH FamRZ 1996, 215; 1995, 28), was insbesondere für die Zurechnungszeit nach § 13 I BeamtVG (BGH FamRZ 1982, 36; kritisch: 11. DFGT FamRZ 1996, 337 [338]; Bergner VA S 23) von praktischer Bedeutung ist.

19 **bb) Bestimmung der vollen Versorgung. (1) Grundsätze.** Bei **Anwartschaften** wird die volle Versorgung in Anwendung der jeweils maßgebenden Versorgungsregelung unter Berücksichtigung von Übergangsrecht (hierzu – jeweils mwN – im einzelnen: Stellungnahme des BMJ vom 2. 4. 2002 in FamRZ 2002, 804; RdSchr des BMI vom 3. 9. 2002, GMBl, 689; Bergner FamRZ 2002, 1229; Bremen FamRZ 2003, 929; Celle FamRZ 2002, 823; München FamRZ 2003, 932) errechnet, wobei der Berechnung die Gesamtzeit und die bei Ehezeitende gegebenen entgeltbezogenen Bemessungsgrößen zugrunde liegen. Auf einem früheren VersA beruhende Versorgungskürzungen

(BGH FamRZ 2000, 748; 1997, 1534) und Leistungen auf Grund von Kapitalbeträgen, die zur Wiederauffüllung geminderter Anrechte gezahlt worden sind (BGH FamRZ 1998, 419; berechtigte Kritik bei Soergel/Schmeiduch Rz 92), bleiben unberücksichtigt. Hinsichtlich der Anwendung des (oft degressiv ausgestalteten und/oder nur befristet anwendbaren) Übergangsrechts bei Anrechten im Anwartschaftsstadium ist grundsätzlich auf die voraussichtlichen Verhältnisse im Zeitpunkt des Erreichens der Regelaltersgrenze abzustellen (BMJ aaO; im einzelnen R/K/ Klattenhoff Rz V 179). Die Bestimmung der Gesamtzeit ist auf die im Einzelfall maßgebende – ggf vorgezogene – **Regelaltersgrenze** zu beziehen, und zwar bereits dann, wenn von ihr typischerweise Gebrauch gemacht wird (BGH FamRZ 1982, 999 und 1005). Hiervon abweichende, konkret nicht realisierte versorgungsrechtliche Gestaltungsmöglichkeiten bleiben bei der Bewertung von Anwartschaften unberücksichtigt (BGH FamRZ 1982, 999). Regelaltersgrenze ist bei Beamten sowie Richtern grundsätzlich das 65. Lebensjahr, für Richter am BVerfG sowie für emeritierungsberechtigte Professoren das 68. Lebensjahr. Laufbahnspezifische Altersgrenzen bestehen für Polizeivollzugsbeamte, Beamte des feuertechnischen Dienstes in den Feuerwehren, für Beamte im Justizvollzugsdienst (jeweils das 60. Lebensjahr), für Beamte des Flugkontrolldienstes (55. Lebensjahr) sowie für Berufssoldaten, die als Strahlflugzeugführer oder Kampfbeobachter bereits ab Vollendung des 41. Lebensjahres und auch außerhalb dieser Verwendung teilweise deutlich vor dem 65. Lebensjahr Altersversorgung in Anspruch nehmen können (§§ 44, 45 SG). Für Zeitbeamte, denen die Vergünstigung des § 66 II BeamtVG zugute kommt, endet die Gesamtzeit mit Ablauf der Zeit, für die sie in das Amt gewählt worden sind (vgl BGH FamRZ 1992, 46 mwN), spätestens mit Erreichen der im Einzelfall maßgebenden Altersgrenze.

Bei bereits **realisierten Ansprüchen** auf Versorgung wegen Alters oder verminderter Erwerbsfähigkeit erfolgt 20 die Wertermittlung auf der Grundlage der **tatsächlich gewährten Versorgung**, jedoch unter Ausschluß familienstandsbezogener Leistungsbestandteile iSv § 5 I Nr 2 § 50 I Nr 2 BeamtVG (BGH FamRZ 1996, 215; 1982, 36), einer Versorgungserhöhung nach den §§ 14a, 50e BeamtVG sowie Versorgungsveränderungen auf Grund der §§ 57, 58 BeamtVG. Hieraus folgt, daß die Gesamtzeit bei Empfängern eines Ruhegehalts mit dem tatsächlichen Eintritt in den Ruhestand endet (BGH FamRZ 1999, 499; 1996, 215; 1993, 302). Zu der Versorgung gezahlte degressive Ausgleichsbeträge sind zwar auszugleichen, unterfallen aber dem schuldrechtlichen VersA (Celle FamRZ 2003, 1291 [1292]). Eine befristete Kürzung der Versorgung nach Disziplinarrecht bleibt als nicht dauerhaft wirkende Versorgungsänderung grundsätzlich unberücksichtigt. Ein **Versorgungsabschlag** bei vorzeitiger Inanspruchnahme der Versorgung wegen Alters oder bei Dienstunfähigkeit bleibt aus Gründen der Gleichbehandlung mit Rentenversicherten entsprechend dem Grundgedanken des Abs II Nr 2 im VersA unberücksichtigt (Borth VersA Rz 183; Pal/Brudermüller Rz 30 mwN; aA Celle FamRZ 2003, 1291 [1293]; Staud/Rehme Rz 176).

Die Versorgung bemisst sich auf der Grundlage wert- und zeitbezogener Elemente. **Kernbestandteil der Ver-** 21 **sorgung** ist das lebenslänglich zu gewährende **Ruhegehalt** (§ 2 I Nr 1 BeamtVG). Das Ruhegehalt wird auf der Grundlage der ruhegehaltfähigen Dienstbezüge (Wertfaktor) und der ruhegehaltfähigen Dienstzeit (Zeitfaktor) berechnet (§ 4 III BeamtVG). Die ruhegehaltfähige Dienstzeit bestimmt den Vomhundertsatz, der auf die ruhegehaltfähigen Dienstbezüge anzuwenden ist; dieser definiert das Verhältnis von Erwerbs- zu Versorgungseinkommen, steigt mit der Dauer der Dienstzeit und ist auf 71,75 % begrenzt. Ist die auf der Grundlage der ruhegehaltfähigen Dienstbezüge und der ruhegehaltfähigen Dienstzeit – verlängert um die Zeit bis zur Altersgrenze – errechnete fiktive Vollversorgung (nicht lediglich wegen langer Freistellungszeiten) niedriger als die **Mindestversorgung** nach § 14 IV BeamtVG, so ist diese dem VersA zugrunde zu legen.

(2) Wertfaktor. Maßgebend sind die bei Ende der Ehezeit zustehenden **ruhegehaltfähigen Dienstbezüge** oder 22 – zB bei einer Beurlaubung – die zuletzt zustehenden Dienstbezüge (BGH FamRZ 1996, 98). Bei Beamten auf Probe mit leitender Funktion iSv § 12a BRRG/§ 24a BBG ist im Hinblick auf § 15a II BeamtVG von den zuletzt als Lebenszeitbeamter erhaltenen Bezügen auszugehen (R/K/Klattenhoff Rz V 185; aA Borth VersA Rz 158). Im Ergebnis gilt Entsprechendes, wenn die Führungsposition unter Begründung eines Beamtenverhältnisses auf Zeit iSv § 12b BRRG vergeben worden ist (Einzelheiten bei R/K/Klattenhoff aaO).

Die im VersA zu berücksichtigenden **ruhegehaltfähigen Dienstbezüge** sind gemäß § 5 I BeamtVG das Grund- 23 gehalt (ohne Berücksichtigung einer Erhöhung nach § 5 II BeamtVG) und sonstige, im Besoldungsrecht als ruhegehaltfähig anerkannte Entgeltbestandteile (hierbei handelt es sich insbesondere um Zulagen, von denen viele gemäß § 81 II BBesG nur noch übergangsweise ruhegehaltfähig sind; vgl Koblenz OLGRp 1999, 11). Der **Familienzuschlag** (§§ 39ff BBesG) bleibt gemäß Abs VIII sowohl als Bestandteil der Berechnung des Ruhegehalts (§ 5 I S 1 Nr 2 BeamtVG) als auch in seiner Funktion als kindbezogene Zusatzleistung zum Ruhegehalt (§ 50 I S 2 BeamtVG) unberücksichtigt. Für die Bewertung von Anwartschaften ist – vorbehaltlich § 5 V BeamtVG – von den Bezügen nach der tatsächlichen Besoldungsgruppe und Dienstaltersstufe bei Ehezeitende auszugehen. Ohne Einfluß auf die Bewertung sind **nach Ende der Ehezeit eintretende Erhöhungen der** ruhegehaltfähigen **Dienstbezüge** infolge einer Beförderung oder auf Grund des Ansteigens der Besoldungsdienstalters (BGH FamRZ 1999, 157; 1987, 918), während eine rückwirkende allgemeine Besoldungserhöhung zu berücksichtigen ist (Saarbrücken FamRZ 1994, 758). Auf die Erfüllung der zeitlichen Voraussetzungen für die Berechnung der Versorgung aus einem Beförderungsamt (§ 5 III BeamtVG) kommt es nicht an (BGH FamRZ 1982, 31), es sei denn, diese können objektiv nicht mehr erfüllt werden.

(3) Zeitfaktor. Die auf Grund der tatsächlichen beruflichen Laufbahn anrechenbare ruhegehaltfähige Dienstzeit 24 (§§ 6 bis 13, § 67 II BeamtVG) bestimmt im Grundsatz die Höhe des (auf die ruhegehaltfähigen Dienstbezüge anzuwendenden) Ruhegehaltssatzes (§ 14 I, § 66 II, §§ 85f BeamtVG). Die **Zurechnungszeit** (§ 13 I BeamtVG) ist nur dann bei der Ermittlung der vollen Versorgung (nicht jedoch bei der Bildung des Zeit/Zeit-Verhältnisses) zu berücksichtigen, wenn dem VersA eine bereits gezahlte Versorgung wegen Dienstunfähigkeit zugrunde gelegt werden muß (BGH FamRZ 1982, 36). Dies gilt nach der auf der Rspr des BGH beruhenden hM auch insoweit, als die

§ 1587a Familienrecht Bürgerliche Ehe

Zurechnungszeit über das Ende der Ehezeit hinausgeht (BGH FamRZ 1995, 98 KG FamRZ 1985, 612; MüKo/ Gräper Rz 78; zur Kritik vgl Rz 18). Zeiten einer Beurlaubung ohne Dienstbezüge oder einer Teilzeitbeschäftigung, die nicht oder nur anteilig ruhegehaltfähig sind, sind bei der Anwartschaftsbewertung (auch) für die voraussichtliche Dauer der nach der Ehezeit liegenden Beurlaubung oder Teilzeitbeschäftigung nicht oder nur anteilig zu berücksichtigen, die weitere Zeit bis zur Altersgrenze ist voll zu berücksichtigen (BGH FamRZ 1988, 940; 1986, 563). Vordienstzeiten auf Grund von Kann-Vorschriften sind immer zu berücksichtigen, auch wenn der Beamte den versorgungsrechtlich hierfür erforderlichen Antrag noch nicht gestellt hat (BGH FamRZ 1983, 999; 1981, 665); zur zeitlichen Zuordnung dieser teilweise nur beschränkt berücksichtigungsfähigen Zeiten vgl Bremen FamRZ 2003, 929.

25   2. **Dynamische Anrechte der gesetzlichen Rentenversicherung (Abs II Nr 2). a) Allgemeines. aa) Anwendungsbereich.** Nach Abs II Nr 2 ist dem VersA der Betrag zugrunde zu legen, der sich am Ende der Ehezeit aus den in die Ehezeit fallenden Entgeltpunkten ohne Berücksichtigung eines Zugangsfaktors als Altersvollrente ergibt oder bei Eintritt eines Leistungsfalles ergäbe. Die Regelung fingiert für die Anwartschaftsbewertung einen Eintritt der Rentenvoraussetzungen zum Ehezeitende mit einem Rentenbeginn am folgenden Monatsersten (Schmeiduch FamRZ 1991, 377 [383]). Sie geht in ihrer nunmehr geltenden, am 1. 1. 1992 in Kraft getretenen Fassung auf das RRG 1992 vom 18. 12. 1989 (BGBl I 2261, ber 1990 I 1337) zurück und konzentriert die Bewertungsregelungen für dynamische (und angleichungsdynamische, vgl § 3 Nr 1, II Nr 1 lit a VAÜG) Anrechte aus der deutschen gesetzlichen Rentenversicherung (§ 23 I Nr 1 SGB I) im BGB (vgl Klattenhoff DAngVers 1992, 57, 85; Ruland NJW 1992, 77; Schmeiduch FamRZ 1991, 377). Erfaßt werden nur Anrechte der Rentenversicherung der Arbeiter (§ 23 II Nr 1 SGB I iVm §§ 127ff SGB VI) und der Angestellten (§ 23 II Nr 2 SGB I iVm §§ 132ff SGB VI) sowie der knappschaftlichen Rentenversicherung (§ 23 II Nr 3 SGB I iVm §§ 136ff SGB VI), die der Alters- und Invaliditätssicherung dienen (§ 1587 I). Nicht dem Ausgleich unterliegen also Kindererziehungsleistungen (§ 1587 Rz 7); ferner nicht die Knappschaftsausgleichsleistung (§ 239 SGB VI), da diese einen arbeitsmarktorientierten, dem Vorruhestandsgeld ähnlichen Charakter hat. **Nicht zur gesetzlichen Rentenversicherung** iSv Abs II Nr 2 zählt die Alterssicherung der Landwirte, bei der es sich um eine berufsständische Sondersicherung Selbstständiger und ihrer Familienangehörigen handelt (BSG SozR 3–2200 § 1246 Nr 3, 6; Bamberg FamRZ 1991, 1065; Zweibrücken FamRZ 1990, 965). Die in den Sonderversorgungssystemen des Beitrittsgebiets (vgl Anlage 2 zum AAÜG vom 25. 7. 1991, BGBl I 1606, 1677 [mehrfach geändert]) erworbenen Anrechte auf Alters-, Erwerbsminderungs- und Hinterbliebenenversorgung sind mit der Schließung und Überführung dieser Rechte zu Anrechten der gesetzlichen Rentenversicherung geworden (vgl hierzu Stephan DAngVers 1997, 8; Heller DAngVers 2001, 66). Anrechte aus privaten Versicherungen unterliegen auch dann (nicht Abs II Nr 2, sondern) dem Ausgleich nach Abs II Nr 5, wenn sie zur Rentenversicherungsfreiheit (zB nach § 231 S 2 Nr 1, V–VII SGB VI) geführt haben (vgl hierzu BT-Drucks 11/8367). Die statischen Anrechte (bis längstens 1997 zulässigen) Höherversicherung (hierzu Gessner DAngVers 1998, 48) und vergleichbare Anrechte (vgl § 248 III S 2 Nr 3, § 269 SGB VI) unterliegen der Bewertung nach Abs II Nr 4 lit c (zu weiteren Besonderheiten vgl Bergner DRV 1977, 1 [47]). Statische Leistungen aus Beiträgen, die im Beitrittsgebiet gezahlt worden sind (vgl § 315b SGB VI), unterliegen im VersA der Bewertung nach dem jeweils sachnächsten Bewertungsschema des Abs II Nr 4 (Brandenburg FamRZ 2000, 676; Götsche FamRZ 2002, 1235). Degressive Ausgleichsbeträge werden gesondert bewertet und unterliegen dem schuldrechtlichen VersA (vgl Karlsruhe FamRZ 2001, 1374).

26   Bei einem **ausländischen Rentenversicherungsträger** erworbene Anrechte, die nicht in der deutschen gesetzlichen Rentenversicherung wie nach deutschem Recht erworbene Anrechte abzugelten sind, unterliegen der Bewertung nach Abs II Nr 4, V und sind nach § 2 VAHRG schuldrechtlich auszugleichen (zu alledem vor § 1587 Rz 33). Nach Abs II Nr 2 zu bewerten sind jedoch Anrechte aus einer ausländischen Sozialversicherung, die auf Grund der „Minirenten-Regelungen" des internationalen Sozialrechts in die Versicherungslast eines deutschen Rentenversicherungsträgers fallen (Bergner IPRax 1982, 231 [233]; Maier VersA-Colloquium S 150, 439). Diese Regelungen sollen verhindern, daß aus nur kurzen, lediglich für die Zusammenrechnung mit ausländischen Zeiten aktivierten rentenrechtlichen Zeiten „Minirenten" zu zahlen sind, so daß der Bagatellanspruch vom zuständigen Rentenversicherungsträger des anderen Staates zu erfüllen ist. Entsprechendes gilt für Anrechte, die in ausländischen Sozialversicherungen erworben worden sind, jedoch nach den Versicherungslastregelungen des internationalen Sozialrechts von einem deutschen Rentenversicherungsträger honoriert werden (vgl hierzu Hillen DRV 1987, 172). Im übrigen sind ausländische Versicherungszeiten nach Maßgabe des internationalen Sozialrechts zu berücksichtigen, soweit sie auf die Berechnung des innerstaatlichen Anspruchs Einfluß nehmen (Hannemann/Kunhardt DAngVers 1990, 27).

27   Die nach Abs II Nr 2 zu bewertenden Anrechte unterliegen der **Ausgleichsform** des § 1587b I/§ 3 I Nr 4 VAÜG. In sehr seltenen Fällen knappschaftlicher Anrechte kann es zu einem Überschreiten des Höchstbetrages (§ 1587b V iVm § 76 II S 3 SGB VI) und zu einem schuldrechtlichen VersA (§ 1587f Nr 2) kommen.

28   **bb) Allgemeine Bewertungsregeln.** Die Regelung des Abs II Nr 2 entspricht systematisch § 124 II SGB VI (Schmeiduch FamRZ 1991, 377 [378]), nach der sich die auf einen Zeitabschnitt entfallende Rente oder Anwartschaft ergibt, wenn nach Ermittlung der Entgeltpunkte für alle rentenrechtlichen Zeiten die Rente oder Anwartschaft aus den auf diesen Zeitabschnitt entfallenden Entgeltpunkten berechnet wird. Das auf die Ehezeit entfallende Anrecht kann also nicht ausschließlich auf Grund der während der Ehezeit zurückgelegten rentenrechtlichen Zeiten ermittelt werden, da dem Rentenrecht die Betrachtung der Lebensleistung des Versicherten eigen ist. Eine isolierte Erfassung und Bewertung der auf die Ehezeit entfallenden rentenrechtlichen Zeiten würde zu verzerrten Ergebnissen führen, da der wirkliche Wert des auf eine Teilzeit entfallenden Anrechts nur aus dem vollständig ermittelten Anrecht abgeleitet werden kann (Frankfurt NJW 1979, 1609; Häupler Mitt LVA Ofr/Mfr 1982, 365 [371f]). Auf die Erfüllung der Wartezeit (Mindestversicherungszeit, vgl § 34 I SGB VI) kommt es nach Abs VII

S 1 nicht an. Jedoch sind die sonstigen Anrechnungs- und Ausschlußvorschriften des SGB VI und der rentenversicherungsrechtlichen Nebengesetze grundsätzlich nach Maßgabe der im Beurteilungszeitpunkt gegebenen tatsächlichen Verhältnisse zu berücksichtigen (vgl etwa § 56 IV, § 70 IIIa S 1, § 71 IV SGB VI; § 18 II, III FRG); die zu Rz 19 erläuterten Grundsätze der Anwendung von Übergangsrecht gelten auch hier. Der Beurteilungszeitpunkt unterliegt nicht der Parteidisposition (§ 1587 Rz 10).

Das auszugleichende Anrecht ist – ohne Berücksichtigung von **Zusatzleistungen** iSv § 23 I Nr 1 lit e SGB I – 29 als Bruttobetrag (vgl § 1587 Rz 2) einer **Vollrente wegen Alters** (also ohne Zurechnungszeit) zu ermitteln, und zwar auch dann, wenn tatsächlich eine Teilrente gezahlt wird. Besitzschutzvorschriften (§ 88 I S 2 SGB VI), wonach einer Rente wenigstens die persönlichen Entgeltpunkte einer früheren Erwerbsminderungs- oder Erziehungsrente zugrunde zu legen sind, wenn die Folgerente spätestens nach 24 Kalendermonaten beginnt, finden im Rahmen des VersA keine Anwendung (vgl aber Rz 39ff). Die Antikumulationsregelungen für das Zusammentreffen einer Rente mit nicht dem VersA unterliegendem Sozialeinkommen (zB §§ 93, 266f, 311f SGB VI) sind nach den Grundsätzen des Abs VI nicht zu berücksichtigen (Celle FamRZ 1989, 1098; Kemnade FamRZ 1987, 494). Gleiches gilt für die sich aus den §§ 110ff, 272f ergebenden Leistungsbeschränkungen bei gewöhnlichem Auslandsaufenthalt des Leistungsberechtigten (BGH FamRZ 1991, 421). Das wirtschaftliche Ergebnis der Anwendung dieser Vorschriften kann allerdings im Rahmen von § 1587b IV oder bei Anwendung von § 1587c Nr 1 von Bedeutung sein. Bei der Ermittlung des Anrechts bleibt ein **Zugangsfaktor** (§ 63 V, §§ 77, 86a SGB VI) unberücksichtigt, und zwar auch dann, wenn der Ehegatte bereits Rente bezieht, die unter Berücksichtigung eines vom Faktor 1 abweichenden Zugangsfaktors erhöht oder gemindert worden ist (Stuttgart FamRZ 1999, 863; Borth FamRZ 2001, 878 [881]; aA Staud/Rehme Rz 234f). Damit wird an den objektiven, von dem persönlichen Anspruchsverhalten des Berechtigten unabhängigen Wert eines Anrechts angeknüpft, der sich am idealtypischen Fall der Bestimmung der Inanspruchnahme der Rente mit Erreichen der maßgebenden Altersgrenze orientiert. Es wird dem Umstand Rechnung getragen, daß Veränderungen des Nominalwerts eines Anrechts durch den Zugangsfaktor die (im Bereich der Altersrenten) gewillkürten individuellen Leistungsdauern zum Ausgleich bringen sollen. Hiervon sollen Ansprüche oder Verpflichtungen des anderen Ehegatten unberührt bleiben, der einem eigenen versicherungsmathematischen Wagnisausgleich unterliegt.

b) Rentenformel. aa) Grundsätze. Das auszugleichende Anrecht bestimmt sich nach der **Rentenformel** der 30 §§ 63ff, 254bf SGB VI. Mit § 63 SGB VI wird in die Rentenberechnung eingeführt und eine Darstellung rentenrechtlicher Funktionszusammenhänge vorgenommen, während § 64 SGB VI den Rechenweg zur Bestimmung der Monatsrente (Rentenformel) beschreibt. Die Bestimmungsgrößen der Rentenformel sind die Entgeltpunkte, der Zugangsfaktor als Ausgleichsmechanismus für individuelles Anspruchsverhalten, der Rentenartfaktor und der aktuelle Rentenwert. Bei Anrechten aus dem Beitrittsgebiet und gleichstehenden Anrechten treten an die Stelle des aktuellen Rentenwerts und der Entgeltpunkte der (niedrigere, jedoch einer gesteigerten Dynamik unterliegende) aktuelle Rentenwert (Ost) sowie die Entgeltpunkte (Ost), vgl § 254b I SGB VI. Weist die Versicherungsbiografie sowohl Bezüge zum früheren Bundesgebiet als auch zum Beitrittsgebiet aus, sind grundsätzlich zwei Teilrenten zu berechnen. Die Monatsrente ergibt sich aus der Summe der Teilrenten (§ 254b II SGB VI). Die kalendermonatliche Rente wird auf Grundlage der Verhältnisse im Zeitpunkt des Rentenbeginns errechnet, indem die unter Berücksichtigung des Zugangsfaktors ermittelte Zahl persönlicher Entgeltpunkte (= Zugangsfaktor × Entgeltpunkte, § 66 I SGB VI) mit dem Rentenartfaktor und dem aktuellen Rentenwert multipliziert wird (zu den Rechenregeln vgl § 121 II, § 123 I SGB VI). Die Anknüpfung an den aktuellen Rentenwert bewirkt, daß Anrechte aus der gesetzlichen Rentenversicherung unter Berücksichtigung von Belastungsveränderungen für den Versicherungsaufwand der Entwicklung der Arbeitnehmereinkommen folgen (§ 63 VII, § 255a II SGB VI). Hat ein Ehegatte in der Ehezeit Entgeltpunkte der Rentenversicherung der Arbeiter und der Angestellten als auch der **knappschaftlichen Rentenversicherung** erworben, so sind gemäß § 80 SGB VI zwei nach Versicherungszweigen getrennte Monatsteilbeträge zu ermitteln (vgl hierzu §§ 79ff SGB VI), deren Summe das in den VersA einzubeziehende Anrecht ergibt. In diesen Fällen unterliegt dem VersA uU auch der Leistungszuschlag für ständige Arbeiten unter Tage nach § 85, § 307a IV Nr 2 SGB VI (Hamm FamRZ 1980, 898), der den mit diesen Zeiten belegten Kalendermonaten zu gleichen Teilen zuzuordnen ist. Der Leistungszuschlag wird nur berücksichtigt, wenn der Versicherte die erforderliche sechsjährige Untertagebeschäftigung erfüllt hat; Abs VII gilt nicht (entsprechend BGH FamRZ 1986, 975).

bb) Die einzelnen Berechnungselemente. Die wesentliche individuelle Bestimmungsgröße der Rentenberech- 31 nung sind die **Entgeltpunkte,** in denen sich sowohl die Versicherungsdauer als auch die relative Entgeltposition des Versicherten im Gefüge der Versichertengemeinschaft ausdrücken. Ein Entgeltpunkt entspricht dem Wert der von einem Durchschnittsverdiener für ein Kalenderjahr geleisteten Beiträge (§ 63 II S 2 SGB VI). Die Summe der Entgeltpunkte ergibt sich aus der Addition der Entgeltpunkte für Beitragszeiten und beitragsfreie Zeiten sowie der Zuschläge an Entgeltpunkten für beitragsgeminderte Zeiten. Es kann sich um Zuschläge für besondere Beiträge (vgl Klattenhoff DAngVers 1997, 129; Schmeiduch Mitt LVARheinpr 1997, 65) oder einen VersA erhöhen oder auf Grund eines VersA vermindern (§ 66 I Nr 4–7 SGB VI). Wie der VersA kann auch das Rentensplitting unter Ehegatten (§ 120a SGB VI) als eine Art rentenversicherungsinterner VersA zu Zu- und Abschlägen (und zwar auch bei demselben Ehegatten) führen (Eichler DAngVers 2002, 7; Schmeiduch LVARheinprMitt 2001, 459; 2002, 1). Mit dem – für Bewertungszwecke im VersA irrelevanten – **Zugangsfaktor** sollen Vor- und Nachteile einer unterschiedlichen Rentenbezugsdauer ausgeglichen werden (§ 63 V SGB VI). Der **Rentenartfaktor** (§ 67, § 308 I SGB VI) drückt das Sicherungsziel der jeweiligen Rente aus und bestimmt ihr Verhältnis zur Altersrente. Er steht in engem Zusammenhang mit dem aktuellen Rentenwert, der dem monatlichen Altersrentenertrag aus einem kalenderjährlichen Durchschnittsverdienst entspricht (§ 68 I S 1 SGB VI). Der Rentenartfaktor einer Altersrente aus der Rentenversicherung der Arbeiter und der Angestellten beträgt mithin 1,0, in der bifunktional ausgerichte-

§ 1587a   Familienrecht Bürgerliche Ehe

ten knappschaftlichen Rentenversicherung 1,3333 (§ 67 Nr 1, § 82 S 1 Nr 1 SGB VI). Der im Grundsatz einkommensindexierte (§ 63 VII SGB VI) **aktuelle Rentenwert** (§§ 68, 255e SGB VI) hat die Funktion einer allgemeinen Bemessungsgrundlage. Er dient dazu, die in der Summe der Entgeltpunkte zum Ausdruck kommende relative Rentenhöhe durch Einbindung in einen aktuellen wirtschaftlichen Bezugsrahmen, in dem sich die gegenwärtigen Einkommen repräsentieren, in einem wirtschaftlichen Verkehrswert (als Nominalwert) auszudrücken. Er gilt für sämtliche Rentenansprüche aus allen Versicherungszweigen auf Grund rentenrechtlicher Zeiten in früheren Bundesgebiet und diesen gleichstehenden Zeiten. Für die Ermittlung von Ansprüchen aus rentenrechtlichen Zeiten in den neuen Bundesländern und diesen gleichstehenden Zeiten gilt – vorbehaltlich § 254d II SGB VI – der aktuelle Rentenwert (Ost) iSv § 255a SGB VI. Er gibt die besonderen wirtschaftlichen Verhältnisse im Beitrittsgebiet wieder; sein Verhältnis zum aktuellen Rentenwert drückt den Verlauf der Einkommensangleichung in den beiden früheren deutschen Staaten aus.

32   c) **Rentenrechtliche Zeiten.** Nach § 54 SGB VI sind rentenrechtliche Zeiten Beitragszeiten, beitragsfreie Zeiten und Berücksichtigungszeiten. **Beitragszeiten** sind Zeiten mit vollwertigen Beiträgen und beitragsgeminderte Zeiten. Maßgebend für die Begründung einer Beitragszeit und den Anspruchserwerb ist die tatsächliche Beitragszahlung (BSG SozR 3–2400 § 25 Nr 6), und zwar auch im Rahmen der Nachversicherung (BGH NJW-RR 1988, 1410; aA BSG SozR 3–2600 § 8 Nr 4), es sei denn, die Beiträge gelten auf Grund einer gesetzlichen Fiktion als gezahlt (etwa § 203 II SGB VI). Vollwertige Beitragszeiten sind Beitragszeiten auf Grund Pflichtversicherung oder freiwilliger Versicherung, die nicht beitragsgeminderte Zeiten (§ 54 III SGB VI) sind. Hierzu zählen im VersA auch die auf der Nachzahlung für Zeiten einer **Heiratserstattung** beruhenden Beitragszeiten (BGH NJWE-FER 1999, 3). Pflichtbeitragszeiten sind Zeiten, für die nach Bundesrecht oder gleichstehendem Recht Pflichtbeiträge wirksam gezahlt worden sind oder als gezahlt gelten (§ 55 I S 1 SGB VI). Als Beitragszeiten gelten auch Zeiten, für die nach § 70 IIIa S 2 lit b SGB VI Entgeltpunkte gutgeschrieben worden sind, weil gleichzeitig Berücksichtigungszeiten für mehrere Kinder vorliegen. Zu weiteren Einzelheiten vgl Klattenhoff DAngVers 1994, 19 [24]. **Beitragsgeminderte Zeiten** sind Kalendermonate, die sowohl mit Beitragszeiten als auch Anrechnungszeiten, einer Zurechnungszeit oder Ersatzzeiten belegt sind (§ 54 III SGB VI). Unerheblich ist, ob sich die Zeiten überdecken, überschneiden oder innerhalb eines Kalendermonats aufeinander folgen (zB Zeiten der beruflichen Wiedereingliederung arbeitsunfähiger Versicherter iSv § 74 SGB V). Daneben sind einzelne Zeiten auf Grund gesetzlicher Fiktion als beitragsgeminderte Zeiten zu bewerten (vgl etwa § 62, 246 SGB VI). **Beitragsfreie Zeiten** sind Kalendermonate, die mit Anrechnungszeiten einschließlich der pauschalen Anrechnungszeit, der Zurechnungszeit oder Ersatzzeiten belegt sind, wenn für sie nicht auch Beiträge gezahlt worden sind. Sie werden – vorbehaltlich der für Ersatzzeiten maßgebenden Konkurrenzregelung des § 250 II – ohne weitere Voraussetzungen angerechnet, nehmen jedoch in besonderen Fällen nicht an der Gesamtleistungsbewertung teil (§ 71 IV, § 74 S 3 SGB VI). Bei den Anrechnungszeiten (§§ 58, 252ff SGB VI; §§ 21, 29 FRG) handelt es sich um Zeiten, in denen der Versicherte an der Beitragszahlung unverschuldet gehindert war, ohne daß dies auf staatliche Veranlassung zurückzuführen wäre (vgl BSG 41, 41; 35, 234; zB Arbeitsunfähigkeit, Arbeitslosigkeit). Die **Zurechnungszeit** (§§ 59, 253a SGB VI) sichert – ua bei frühem Eintritt von verminderter Erwerbsfähigkeit – durch „Streckung" der Versicherungsdauer längstens bis zum 60. Lebensjahr ein dem Sicherungsziel der Rente angemessenes Leistungsniveau (BVerfG 59, 287 [296]). Sie ist im VersA nur insoweit von Bedeutung, als sie Merkmal einer leistungssteigernden, der Berechnung einer Altersrente zugrunde zu legenden Anrechnungszeit (§ 58 I S 1 Nr 5 SGB VI) ist. Soweit die auf die Zeit vom 55. bis zum 60. Lebensjahr entfallende Zurechnungszeit bis zum 31. 12. 2003 nur quotiert anzurechnen ist (§ 253a SGB VI), gilt, daß diese Zeit unmittelbar an den Kalendermonat der Vollendung des 55. Lebensjahres bzw – bei einem späteren Leistungsfall – an den Beginn der Zurechnungszeit anschließt (vgl Schmeiduch FamRZ 1991, 377 [382]). **Ersatzzeiten** (§§ 250f SGB VI) gewähren einen rentenrechtlichen Ausgleich für Zeiten, in denen vom Versicherten eine Altersvorsorge jedenfalls nicht zu erwarten war (zB Wehrdienst vor dem 8. 5. 1945, Vertreibung, NS-Verfolgung usw). Sie haben Entschädigungsfunktion für ein vom Staat verlangtes oder ihm letztlich zu verantwortendes Sonderopfer (BVerfG SozR 2200 § 1251 Nr 90) und können grundsätzlich längstens bis 1991 angerechnet werden. **Berücksichtigungszeiten** für Kindererziehung oder eine unentgeltliche Pflege in der Zeit vom 1. 1. 1992 bis zum 31. 3. 1994 (§§ 57, 249f) vermitteln eine relativ schwache Rechtsstellung. Für den VersA ist festzuhalten, daß sie sich bei der Ermittlung von Zuschlägen für Kindererziehung oder -betreuung nach § 70 IIIa SGB VI, im Rahmen der Gesamtleistungsbewertung (§ 71 III SGB VI) und als anspruchsbegründende Zeit für die Mindestentgeltpunktbewertung (§ 262 I SGB VI) mittelbar anspruchserhöhend auswirken.

33   d) **Ermittlung von Entgeltpunkten. aa) Entgeltpunkte für Beiträge.** Für **Beitragszeiten** werden Entgeltpunkte ermittelt, indem die Beitragsbemessungsgrundlage (§§ 161ff SGB VI) eines Kalenderjahres durch das Durchschnittentgelt für dieses Kalenderjahr geteilt wird (Sonderregelung für Nachzahlungsbeiträge: § 70 V, § 256 VI SGB VI). **Kindererziehungszeiten**, die Pflichtbeitragszeiten sind (§§ 3, 56, 177 SGB VI) und weiteres dem VersA unterliegen (Brandenburg FamRZ 2000, 891; Zweibrücken, FamRZ 2000, 890), werden – ggf additiv und dann limitiert durch die Beitragsbemessungsgrenze – mit kalendermonatlich 0,0833 (in der knappschaftlichen Rentenversicherung: 0,0625) Entgeltpunkten berücksichtigt (Langen DAngVers 1998, 73). Lohnnachteile werden durch die **Mindestentgeltpunkte** bei geringem Arbeitsentgelt (§ 262; § 307a II S 4 SGB VI) ausgeglichen, was allerdings – auch bei der Bewertung nach Abs II Nr 2 – ua voraussetzt, daß 35 Jahre mit rentenrechtlichen Zeiten belegt sind. Bei der Ermittlung der Entgeltpunkte nach § 70 I S 2, § 256a I S 2 SGB VI für das Jahr des Rentenbeginns und das vorausgegangene Jahr vorläufig bestimmte (dh auf der Grundlage feststehender Werte aktualisierte) Durchschnittsentgelte zugrunde zu legen (als Rentenbeginn ist von dem Tag nach dem Ehezeitende auszugehen, vgl Rz 25). Dies gilt jedoch im Interesse der Teilung möglichst realistischer Werte – und entgegen der Rspr des BGH (FamRZ 1991, 173) – nicht, wenn das „endgültige" Durchschnittsentgelt aus der

Anlage 1 zum SGB VI im Zeitpunkt der Entscheidung bereits bekannt ist (FamK/Wagenitz Rz 62; Staud/Rehme Rz 218; München FamRZ 1992, 1192). Steht für das Jahr des Endes der Ehezeit ein vorläufiges Durchschnittsentgelt nicht zur Verfügung, so ist von dem jeweils maßgebenden „endgültigen" Wert auszugehen (BGH FamRZ 1993, 294; Kemnade FamRZ 1992, 331). Das Rentenversicherungsrecht kennt neben den zeit- und entgeltbezogenen Beiträgen, die zum Erwerb von Beitragszeiten führen, **Beiträge eigener Art,** die durch einen Zuschlag an Entgeltpunkten abgegolten werden (§ 66 I Nr 4–7 SGB VI), der sich im einzelnen nach § 70 III, § 76 IV, §§ 76a, 76b SGB VI errechnet (zur versorgungsausgleichsrechtlichen Erfassung dieser Anrechte vgl Rz 36 und § 1587 Rz 9).

bb) Beitragsfreie und beitragsgeminderte Zeiten. Beitragsfreie Zeiten werden grundsätzlich einheitlich mit 34 einem Durchschnittswert aus den Beitragszeiten und Berücksichtigungszeiten aller Versicherungszweige (also einschließlich der knappschaftlichen Rentenversicherung) als Gesamtleistung während des insgesamt belegungsfähigen Zeitraums bewertet (§ 63 III, § 71 I SGB VI). Die Gesamtleistungsbewertung sieht die Ermittlung des individuellen Durchschnittswerts aus den Entgeltpunkten für Beitrags- und Berücksichtigungszeiten des Versicherten (Wertfaktor) vor und setzt die tatsächliche eigene Beitragsleistung in Verhältnis zur möglichen und zumutbaren Beitragsleistung während des gesamten Versicherungslebens (Zeitfaktor). Sie schließt 2 Alternativberechnungen (Grundbewertung und Vergleichsbewertung, vgl §§ 72, 73 SGB VI) ein, um negative Auswirkungen beitragsgeminderter Zeiten auf die Gesamtleistungsbewertung auszuschließen. Die Bewertung erfolgt mit dem höheren Wert (§ 71 II S 2 SGB VI). Der Zeitfaktor drückt sich in der Zahl der mit Beiträgen belegungsfähigen Monate während der Gesamtzeit grundsätzlich vom 16. Lebensjahr bis zum Leistungsfall aus. Die belegungsfähige Gesamtzeitraum iSv § 72 II SGB VI schließt bei der Anwartschaftsbewertung im Erstverfahren über den VersA mit dem Ehezeitende ab. Die im Diskussions- und Referentenentwurf des RRG 1992 vorgeschlagene Regelung, die Gesamtleistungsbewertung auf das 65. Lebensjahr des Ehegatten zu beziehen, um damit – weil die Zeit zwischen dem Ehezeitende und dem 65. Lebensjahr eine Lücke geblieben wäre – zu durch die weitere Entwicklung unveränderlichen Werten zu gelangen, ist im Hinblick auf die ihr immanente Benachteiligung des Berechtigten nicht realisiert worden (Klattenhoff DAngVers 1992, 57 [64]). Für Anrechnungszeiten wegen Arbeitsunfähigkeit oder Arbeitslosigkeit wird der Gesamtleistungswert individuell und absolut begrenzt, zT sind sie von der Gesamtleistungsbewertung ausgeschlossen, während Zeiten der Schulausbildung nur zeitlich beschränkt bewertet werden (vgl §§ 74, 263 SGB VI). **Beitragsgeminderte Zeiten** sind Beitragszeiten (§ 54 I Nr 1 lit b SGB VI), sollen jedoch nicht schlechter bewertet werden als beitragsfreie Zeiten (vgl BSG SozR 2200 § 1255 Nr 16). Nach § 71 II SGB VI ist daher ein Zuschlag an Entgeltpunkten zu gewähren, wenn die Summe der Entgeltpunkte aus den auf alle beitragsgeminderte Zeiten entfallenden Beiträgen niedriger ist als die Summe der Entgeltpunkte, die sich aus der Bewertung aller beitragsgeminderter Zeiten als beitragsfreie Zeiten im Rahmen der Vergleichsbewertung ergibt. Entgeltpunkte (Ost) werden beitragsfreien Zeiten in dem Verhältnis zugeordnet, wie die der Ermittlung des Gesamtleistungswerts zugrunde gelegten Entgeltpunkte (Ost) zu der Summe aus Entgeltpunkten und Entgeltpunkten (Ost) stehen (§ 263a SGB VI).

e) Ermittlung des auf die Ehezeit entfallenden Anrechts. aa) Individuelle Bestimmungsgrößen (Entgelt- 35 **punkte, Zugangsfaktor).** Grundsätzlich ist der Bewertung des auf die Ehezeit entfallenden Anrechts der gesamte Versicherungsverlauf unter Berücksichtigung der bis zum Ehezeitende zurückgelegten rentenrechtlichen Zeiten zugrunde zu legen (vgl Rz 28). Die damit verbundene Ermittlung des vollen Anrechts ist zudem erforderlich, um ggf ein Super-Splitting durchführen sowie die im Rahmen der Zweckmäßigkeits- und Wirtschaftlichkeitsprüfung des § 1587b IV erforderlichen Überlegungen vornehmen und die insoweit notwendigen Anträge stellen zu können. Der Zugangsfaktor findet im VersA keine Berücksichtigung (vgl Rz 29).

Jedem **Monat mit einer rentenrechtlichen Zeit** wird – ggf in einem pauschalen Verfahren (vgl etwa § 71 II 36 S 2, § 262 II SGB VI) – ein Wert an Entgeltpunkten zugeordnet. Die auf die Ehezeit entfallenden Entgeltpunkte können daher – abgesehen von Anrechten, die nach 1587 I S 2 vom Ausgleich auszunehmen oder in Anwendung des In-Prinzips dem ehebezogenen Erwerb hinzuzurechnen oder von ihm auszunehmen sind – grundsätzlich auf der Basis der der Ehezeit zuzuordnenden rentenrechtlichen Zeiten bestimmt werden. Die hM weist – auf der Grundlage des geltenden Rechts zutreffend – Rentenanrechte, die ein Arbeitnehmer erworben hat, der auf Grund einer **flexiblen Arbeitszeitregelung** von der Arbeit freigestellt ist und Arbeitsentgelt aus einem von ihm zuvor (durch Einkommensverzicht) angesparten oder später wiederaufzufüllenden Wertguthaben erhält, dem Zeitraum zu, für den das Guthaben verwendet wird (vgl Schmeiduch FamRZ 1999, 1035 [1037]; aA Borth FamRZ 2001, 877); zu sogenannten Störfällen vgl § 1587 Rz 9. Da der Zuschlag an Entgeltpunkten für Arbeitsentgelt aus einer **versicherungsfreien geringfügigen Beschäftigung** iSv § 5 II S 1 Nr 1 SGB VI auf die Bewertung anderer Zeiten ohne Einfluß ist, kann dieser gemäß § 76b III iVm § 124 II SGB VI unmittelbar auf der Grundlage der aus der Beschäftigung erzielten Entgelte der Ehezeit zugeordnet werden (Pal/Brudermüller Rz 41). Die auf einem früheren **Rentensplitting unter Ehegatten** (§ 120a SGB VI) beruhenden Wertveränderungen haben immer einen Bezug zum ehelichen Versorgungserwerb und sind ohne Besonderheiten im VersA zu berücksichtigen (Hauck/Noftz-Klattenhoff SGB VI **K** § 120a Rz 15). Der **Zuschlag an Entgeltpunkten für beitragsgeminderte Zeiten** ist auf die Kalendermonate mit beitragsgeminderten Zeiten gleichmäßig zu verteilen (§ 71 II S 2 SGB VI). Die pauschalierende Verteilung hat uU zur Folge, daß eine beitragsgeminderte Zeit einen Zuschlag an Entgeltpunkten erhält, obwohl sie als Beitragszeit bereits höher bewertet wird denn als beitragsgeminderte Zeit. Dies ist versorgungsausgleichsrechtlich nicht unproblematisch, als der Zuschlag für beitragsgeminderte Zeiten entfallende Zuschlag auf deren niedriger, kompensationsbedürftiger Bewertung beruhen kann. Hat der Versicherte Entgeltpunkte und Entgeltpunkte (Ost) erworben, erhält er den Zuschlag für beitragsgeminderte Zeiten gemäß § 263a SGB VI anteilig in Form von Entgeltpunkten (Ost), und zwar unabhängig von der konkreten Zuordnung der um den Zuschlag zu erhöhenden Entgeltpunkte (vgl Rz 34). Auch dieser leicht zu vermeidende Schematismus ist versorgungsausgleichsrechtlich bedenklich. Ist in den Versicherungsunterlagen das versicherte Entgelt für das volle Kalenderjahr eingetragen, entfällt die Ehezeit aber nur auf einen Teil des Kalenderjahres, so hat die Ermittlung des auf diesen Abschnitt entfallenden Anrechts auf Grund des nach dem pauschalen Verteilungsschlüssel des § 123 III SGB VI ermittelten Teilentgelts zu erfolgen.

37 Die für Zeiten vor 1957 mindestens zu berücksichtigende **pauschale Anrechnungszeit** (§ 253 SGB VI) ist zeitlich nicht fixiert, so daß § 253 II SGB VI die auf einen Teilzeitraum entfallende Pauschalzeit individuell zuordnt (die Regelung trägt damit den verfassungsrechtlichen Bedenken gegen das vor 1992 geltende Recht Rechnung; vgl BGH FamRZ 1996, 406 [407]). Als eine Folge der begrenzten Gesamtleistungsbewertung sind nachgewiesene Anrechnungszeiten vor 1957 gemäß § 263 IV SGB VI wenigstens mit dem Wert zu berücksichtigen, der sich für die pauschale Anrechnungszeit ergeben würde. Die sich hieraus ergebenden zusätzlichen Entgeltpunkte sind auf die der begrenzten Gesamtleistungsbewertung unterliegenden Anrechnungszeiten vor 1957 zu verteilen. Hinsichtlich der **Mindestentgeltpunkte bei geringem Arbeitsentgelt** gilt nach § 262 II SGB VI ein sehr pauschales Verteilungsverfahren: Sie werden den Kalendermonaten mit vollwertigen Pflichtbeiträgen vor 1992 zu gleichen Teilen zugeordnet, also auch solchen, die mit wenigstens 0,0625 Entgeltpunkten bewertet worden sind und damit für eine Aufstockung auf den Mindestentgeltpunktwert nicht in Frage kommen. Die Pauschalierung ist nicht unproblematisch, da es Versorgungswerte Tatbeständen (Zeiten) zuordnet und damit über deren Einbeziehung in den VersA entscheidet, die für den Anspruchserwerb nicht kausal sind. Der Zuschlag für die Mindestentgeltpunktbewertung bei Bestandsrenten nach Art 82 RRG 1992 ist auf die Pflichtbeitragszeiten von 1973 bis 1991 zu verteilen, die nicht mit mindestens 0,0625 Entgeltpunkten bewertet worden sind, soweit es sich nicht um die Pflichtbeiträge der ersten 5 Kalenderjahre um einer Kindererziehung handelt. In Bezug auf den **Zuschlag an Entgeltpunkten** nach § 70 IIIa SGB VI **für Zeiten der Kindererziehung oder der Pflege eines behinderten Kindes** gilt folgendes: Zusätzliche Entgeltpunkte nach S 2 lit a der Regelung sind mit ihrem jeweils auf einen konkreten Zeitabschnitt entfallenden Wert den ihnen zugrundeliegenden Pflichtbeitragszeiten zuzuordnen, während die Gutschrift an Entgeltpunkten nach S 2 lit b derselben Regelung mit 0,0278 Entgeltpunkten monatlich, gegebenenfalls reduziert um die zusätzlichen Entgeltpunkte nach lit a, zu berücksichtigen ist.

38 **bb) Allgemeine Bestimmungsgrößen (Rentenartfaktor/aktueller Rentenwert).** Nach § 67 Nr 1 SGB VI beträgt der Rentenartfaktor für eine Regelaltersrente der Rentenversicherung der Arbeiter und der Angestellten 1,0. Von ihm ist auch auszugehen, wenn der Ehegatte eine Rente bezieht, die mit einem anderen Rentenartfaktor berechnet worden. Für Anrechte, die der knappschaftlichen Rentenversicherung zuzuordnen sind, gilt immer der nach § 82 Nr 1 SGB VI maßgebende Rentenartfaktor 1,3333. Der abstrakte, in Entgeltpunkten ausgedrückte Wert des Anrechts wird durch seine Bezugnahme auf den aktuellen Rentenwert oder – nach § 3 Nr 1 lit a VAÜG – den aktuellen Rentenwert (Ost) – in einen Nominalbetrag umgewandelt und in einen aktuellen wirtschaftlichen Bezugsrahmen gestellt. Maßgebend ist der aktuelle Rentenwert/aktuelle Rentenwert (Ost), der im Zeitpunkt des Endes der Ehezeit (nicht des fiktiven Rentenbeginns) gilt (vgl Rz 25).

39 **f) Besonderheiten bei Rentenbezug. aa) Allgemeines.** Nach dem SGB VI bestehen Ansprüche auf Versichertenrenten jeder Art grundsätzlich unabhängig nebeneinander (§ 89 I SGB VI). Gezahlt wird jedoch nur die höchste Leistung; bei gleich hohen Renten gilt die Rangfolgeregelung. Anspruch auf Rente wegen verminderter Erwerbsfähigkeit (§§ 43f, 240 SGB VI) oder auf Erziehungsrente (§§ 47, 243a SGB VI) besteht längstens bis zur Regelaltersgrenze; vollendet der Berechtigte das 65. Lebensjahr, so ist – sofern er nichts anderes bestimmt – von Amts wegen eine Regelaltersrente festzustellen (§ 115 III SGB VI). Wird innerhalb von 24 Kalendermonaten nach einer Erwerbsminderungs- oder Erziehungsrente eine Versichertenrente gezahlt, werden der neuen Rente im Wege des Bestandsschutzes wenigstens die Entgeltpunkte der früheren Rente zugrundegelegt (§ 88 I S 2 SGB VI). Ebenso bleibt die Summe der einer Altersrente zugrundeliegenden Entgeltpunkte auch einem vorübergehenden Wegfall dieser Rente (wegen Überschreitens der Hinzuverdienstgrenzen) bestandsgeschützt (§ 88 I S 1 SGB VI). Das RRG 1992 hat klargestellt, daß anstelle des fiktiven Anrechts (als Anwartschaft auf eine Regelaltersrente als Vollleistung) die tatsächlich gezahlte, ggf erst nach Ende der Ehezeit erworbene (BGH FamRZ 1990, 1341) Rente mit ihren Wertverhältnissen zu berücksichtigen ist, wenn die Summe der der Vollrente zugrundeliegenden oder zugrundezulegenden Entgeltpunkte höher ist als die Summe der Entgeltpunkte aus der Anwartschaftsberechnung und die tatsächlich gezahlte Rente nicht mehr entfallen kann (BT-Drucks 11/4124, 234). Ist danach die bereits zustehende Rente zu berücksichtigen, kommt es nicht darauf an, ob das auf die Ehezeit entfallende Anrecht, das nach den Verhältnissen der gezahlten Rente bemessen worden ist, höher oder niedriger als die ehezeitbezogene Anwartschaft auf Regelaltersrente (BGH FamRZ 1997, 160; Schmeiduch FamRZ 1998, 684). Der Bewertung der vor 1992 zugegangenen, auf der Grundlage des im früheren Bundesgebiet geltenden Rechts berechneten Renten ist das mit dem RRG 1992 geschaffene Recht zugrundezulegen (BGH FamRZ 1997, 160; 1996, 406); zu den Besonderheiten vgl Klattenhoff DAngVers 1994, 68 [73f] und FamK/Wagenitz Rz 90.

40 **bb) Altersrente.** Erhält der Ehegatte im Zeitpunkt der Entscheidung über den VersA eine Altersrente als Voll- oder Teilleistung, gilt folgendes: Hat er bereits das 65. Lebensjahr vollendet, handelt es sich um die „endgültige", in den VersA einzubeziehende Rente (vgl BGH FamRZ 1996, 406; 1984, 673), es sei denn, der Ehegatte erhält eine Teilrente, während deren Bezugsdauer er weitere Entgeltpunkte erworben hat. Bei einer Teilrente ist für den VersA von der der Vollrente zugrundezulegenden Entgeltpunkten auszugehen (vgl Rz 29). Hat der Ehegatte das 65. Lebensjahr noch nicht vollendet, so steht ihm mit Eintritt der Leistungsvoraussetzungen die Regelaltersrente zu. Ist die Summe der Entgeltpunkte des fiktiv ermittelten Anrechts höher als die der tatsächlich gezahlten Rente, ist im VersA von diesem Wert auszugehen, da der Ehegatte dieses Anrecht mit dem Erwerb eines Anspruchs auf Regelaltersrente realisieren wird (München NJW 2003, 3571 [3572]). Ist die Summe der Entgeltpunkte niedriger als die der tatsächlich gezahlten Rente zugrundeliegenden Entgeltpunkte, ist von den Verhältnissen der tatsächlich gezahlten Rente auszugehen, da dieser Wert dem Ehegatten im Hinblick auf § 88 I S 1 SGB VI dauerhaft bleibt. Der Vergleich zwischen dem fiktiven Anrecht und der „tatsächlich gezahlten" Rente ist auch dann vorzunehmen, wenn die Rente

wegen Überschreitens der Hinzuverdienstgrenzen nicht (mehr) gezahlt wird, da dem Ehegatten die bisherigen Entgeltpunkte bestandsgeschützt verbleiben. Beim Vergleich ist auf die Summe der der Rente/Anwartschaft insgesamt zugrundeliegenden Entgeltpunkte einer Altersvollrente, nicht auf den Bruttozahlbetrag abzustellen.

cc) Erwerbsminderungs- oder Erziehungsrente. Erhält der Ehegatte im Zeitpunkt der Entscheidung über den 41 VersA eine Erwerbsminderungs- oder Erziehungsrente, gilt folgendes: Ist die Summe der dem fiktiven Anrecht zugrundeliegenden Entgeltpunkte höher als die der gezahlten Rente zugrundeliegenden Entgeltpunkte, ist von den Wertverhältnissen des fiktiven Anrechts auszugehen, das der Ehegatte spätestens mit Wegfall der bis zum 65. Lebensjahr befristeten Rente und Eintritt der Voraussetzungen für eine Altersrente realisieren wird (BGH FPR 2002, 142 und 182). Ist die Summe der gezahlten Entgeltpunkte des fiktiven Anrechts dagegen geringer als die Summe der Entgeltpunkte der tatsächlich gezahlten Rente, ist von den Wertverhältnissen der tatsächlich gezahlten Rente auszugehen, wenn es sich hierbei um die „endgültige" Rente handelt (BGH FamRZ 1984, 673). Das ist die Rente, deren Wertverhältnisse die künftigen Ansprüche auf Dauer prägen. Dies kann bei einer Erziehungsrente nur der Fall sein, wenn innerhalb von 24 Kalendermonaten nach dem voraussichtlichen Anspruchsverlust (§ 100 III SGB VI) durch Eintritt der Volljährigkeit des Kindes eine Regelaltersrente beginnen kann. Bei einer Rente wegen verminderter Erwerbsfähigkeit kommt es auf die Umstände des Einzelfalles an, ob ein Wegfall der Rente vor der Vollendung des 63. Lebensjahres (= Zeitraum von 24 Kalendermonaten vor Beginn der Regelaltersrente) ausgeschlossen ist (Karlsruhe FamRZ 1999, 921; Bamberg FamRZ 1990, 73). Auf eine bestimmte Lebensaltersgrenze kann hierbei nicht schematisierend abgestellt werden (BGH FamRZ 1989, 723). Die Rente ist mit ihrem auf die – im Leistungsfall als Anrechnungszeit zu berücksichtigende – Zurechnungszeit entfallenden *ehezeitbezogenen* Wertbestandteil zu berücksichtigen, und zwar auch dann, wenn der Leistungsfall für diese Rente vor Beginn der Ehezeit eingetreten ist (BGH FamRZ 1989, 721; 1988, 489; 1986, 337).

3. Betriebliche Versorgungsanrechte (Abs II Nr 3, IV). a) Allgemeines. aa) Anwendungsbereich. Das 42 Recht des VersA versteht den Begriff der betrieblichen Altersversorgung wie das **Arbeitsrecht** (BGH FamRZ 1997, 285; 1993, 684) und schließt bereits – als Versorgungsaussicht – widerrufliche Anrechte ein, die bei Unterstützungskassen erworben worden sind (BGH FamRZ 1986, 338). Konstitutiv für die betriebliche Altersversorgung sind der Versorgungszweck, ein den Anspruch auslösendes biologisches Ereignis sowie die mittelbare oder unmittelbare Zusage aus Anlaß eines Arbeitsverhältnisses (BAG DB 1995, 735; 1994, 539). Zur betrieblichen Altersversorgung zählen – in ihrer Gesamtheit (also einschließlich etwaiger Sonderleistungen, Hamm FamRZ 1998, 628) und unabhängig von der Bezeichnung (BAG DB 1987, 52) – unter anderem Leistungen, die der Sicherung im Alter und bei verminderter Erwerbsfähigkeit dienen und einem Arbeitnehmer (§ 17 I S 1 BetrAVG) aus Anlaß seiner Beschäftigung oder einer arbeitnehmerähnlichen Person iSv § 17 I S 2 BetrAVG (Einfirmenvertreter, Angehörige freier Berufe, Versicherungsvertreter und Mitglieder gesellschaftsrechtlicher Organe ohne bestimmende Unternehmensbeteiligung, vgl BAG AP Nr 1, 2 u 4 zu § 17 BetrAVG) aus Anlaß der Tätigkeit für ein Unternehmen gezahlt werden oder in Aussicht stehen (vgl Köln FamRZ 2002, 1496). Die Leistungen beruhen auf freiwilliger (einzel- oder kollektivrechtlicher) Zusage (BAG DB 1975, 1062; DB 1987, 743), betrieblicher Übung in Verbindung mit dem Gleichbehandlungsgrundsatz (für teilzeitbeschäftigte Arbeitnehmer konkretisiert in § 4 I S 1 TzBfG) oder – im Fall der Entgeltumwandlung – auf einem Verlangen des Arbeitnehmers (§ 1a; § 17 I S 3, V; § 30h BetrAVG). Betriebliche Altersversorgung ist auch die durch eine **Pensionskasse** im Kapitaldeckungsverfahren durchgeführte und auf Gesetz beruhende **Hüttenknappschaftliche Zusatzversicherung** im Saarland nach §§ 10ff HZvG vom 21. 6. 2002 (BGBl I 2167), und zwar auch insoweit, als nach früherem Recht erworbene Anrechte nach §§ 27ff HZvG in das neue kapitalgedeckte System übertragen worden sind (BT-Drucks 14/9007 S 25; vgl im übrigen Rz 60). Nach § 1 II BetrAVG liegt betriebliche Altersversorgung auch vor bei beitragsorientierten Leistungszusage (etwa in Form von Rentenbausteinen), einer Beitragszusage mit Mindestleistung (Langohr-Plato/Teslau DB 2003, 661), einer Entgeltumwandlung (hierzu insgesamt Blomeyer BetrAV 2001, 401 und 530, Grabner BetrAV 2003, 17; Reinecke NJW 2001, 3511; Grabner/Bode DB 2001, 481) oder bei der Verwendung von Arbeitsentgelt zur Finanzierung von Leistungen der betrieblichen Altersversorgung, wenn diese Leistungen von der Versorgungszusage des Arbeitgebers umfaßt werden (vgl BT-Drucks 14/9442 S 50; Schwark/ Gunia BetrAV 2003, 98). Obgleich auch **Kapital- und Sachleistungen** (zB Kapitalbausteine, Deputate etc) zur betrieblichen Altersversorgung zählen (Ahrend/Förster/Rühmann BetrAVG § 1 Rz 14), unterfallen sie – abgesehen von Auszahlungsplänen mit Restverrentung – nicht dem VersA (vgl § 1587 Rz 3). Bereits definitorisch scheiden Notfallunterstützungen (vgl BAG DB 1995, 725), Treueprämien (BAG DB 1972, 2114), Überbrückungszahlungen (BAG DB 1999, 1403) oder Übergangsgelder (BAG DB 1988, 2007) aus, da sie **keine Leistungen der betrieblichen Altersversorgung** sind (Karlsruhe FamRZ 1998, 629; Hahne BetrAV 1995, 271). Entsprechendes gilt für Versicherungen, die vom Arbeitnehmer nach Ende der Beschäftigung fortgesetzt werden (vgl § 2 II S 2 Nr 3, III S 2 Nr 2 BetrAVG). Bei Gesamtversorgungssystemen kann es zu Überschneidungen mit **beamtenähnlichen Versorgungen** (vgl Rz 7) kommen; die Bewertung ist dann nach Abs II Nr 1 vorzunehmen (BGH FamRZ 1994, 232; Frankfurt FamRZ 1987, 719). Bei externen Durchführungsformen der betrieblichen Altersversorgung entscheidet über den VersA das arbeitsrechtliche Grundverhältnis (BGH FamRZ 1993, 793).

bb) Erscheinungsformen der betrieblichen Altersversorgung. Die **Durchführung** der betrieblichen Alters- 43 versorgung kann unmittelbar durch das Unternehmen als Versorgungsträger (unmittelbare Zusage) erfolgen (Baumeister DAngVers 2002, 187). Alternativ oder ergänzend hierzu kann sie aber auch über einen der in § 1b II–IV BetrAVG genannten betrieblichen oder überbetrieblichen Versorgungsträger durchgeführt werden (mittelbar Zusage), und zwar durch Pensionskassen und -fonds, Unterstützungskassen sowie durch Versicherungsunternehmen, die nicht Pensionskassen sind (Direktversicherungen, auch in Form Fondsgebundener Lebensversicherungen). Keine betrieblichen Versorgungsträger sind Rückdeckungsversicherungen (BAG DB 1972, 2068) und sogenannte Richtlinienverbände (zB Bochumer und Essener Verband; BGH FamRZ 2000, 89). Die **Leistungsbemes-**

§ 1587a Familienrecht Bürgerliche Ehe

sung liegt weitgehend in der Gestaltungsautonomie der Beteiligten und ist daher uneinheitlich, typische Leistungsformen im VersA zu berücksichtigender Anrechte sind etwa Festbetragsregelungen, einkommensabhängige Regelungen, Rentenbausteinmodelle, Gesamtversorgungen und Höchstbegrenzungsregelungen (Schoden BetrAVG 2. Aufl AE Rz 138ff; Stephan ZTR 2002, 49 [51]). Leistungen der betrieblichen Altersversorgung haben neben dem Eintritt des Versorgungsfalls regelmäßig die Erfüllung einer **Wartezeit** (Mindestbetriebszugehörigkeit) zur Voraussetzung, die durch die jeweils maßgebende Versorgungsregelung definiert wird (Ahrend/Förster/Rühmann § 1b BetrAVG Rz 14). Scheidet der Arbeitnehmer nach Eintritt der Unverfallbarkeit aus dem Betrieb aus, hat er jedoch die längere Wartezeit noch nicht erfüllt, so kann er die verbleibende Zeit außerhalb des Betriebes zurücklegen (§ 1b I S 5 BetrAVG). Ist die Wartezeit nicht erfüllt, jedoch noch erfüllbar, so bleibt dies im Hinblick auf Abs VII S 1 unbeachtlich (Pal/Brudermüller Rz 56). Allerdings gilt die Besonderheit, daß das Anrecht dann nicht in den öffentlich-rechtlichen VersA einbezogen werden darf, wenn die gegenüber den gesetzlichen Unverfallbarkeitsfristen günstigere Wartezeit noch nicht erfüllt ist, da diese als erste Stufe der Unverfallbarkeit eines betrieblichen Versorgungsanrechts anzusehen ist (BGH FamRZ 1986, 250; 1982, 899). Auf die Wartezeit können **Vordienstzeiten** (etwa aus einem vorangegangenen Arbeitsverhältnis) angerechnet werden, die darüber hinaus aber auch die Unverfallbarkeit bewirken und den Leistungsanspruch beeinflussen können (BGH FamRZ 1986, 338; 1985, 263). Das ist eine Frage der Vertragsauslegung (BGH FamRZ 1983, 1001); will der Arbeitgeber die Anrechnung beschränken, so muß er dies in einer nach 1972 getroffenen Vereinbarung klar zum Ausdruck bringen (BGH aaO; BAG DB 1982, 1728).

44 **cc) Zusatzversorgung des öffentlichen Dienstes.** Die Zusatzversorgung für Arbeitnehmer des öffentlichen Dienstes (zB bei der Versorgungsanstalt des Bundes und der Länder – VBL – [BGH FamRZ 1982, 899]) oder kommunalen respektive kirchlichen Zusatzversorgungskassen (BGH FamRZ 1994, 98]) wird durch Pensionskassen auf Grund eines Gruppenversicherungsvertrages mit dem Arbeitgeber als Versicherungsnehmer und dem pflichtversicherten Arbeitnehmer als Bezugsberechtigten durchgeführt (Thiel BetrAV 2003, 181 [182]; Preis/Temming ZTR 2003, 262). Die Zusatzversorgung hat ihre frühere Sonderstellung, die darin bestand, den versicherten Arbeitnehmern eine am Leitbild der Beamtenversorgung orientierte Gesamtversorgung zu gewährleisten (BGH FamRZ 1981, 1051), durch die am 1. 1. 2002 wirksam gewordene **strukturelle Neuausrichtung** auf Grund des Altersvorsorgeplans 2001 vom 13. 11. 2001 und der seiner Konkretisierung dienenden Tarifverträge vom 1. 3. 2002 – ATV und ATV-K – (§ 1587 Rz 9 aE) weitgehend verloren, da nur noch einzelne Versorgungsträger eine Gesamtversorgung gewähren (vgl hierzu Fieberg BetrAV 2002, 230; Preis/Temming aaO; Stephan ZTR 2002, 49 und 150). Mit der Reform ist die Orientierung der Versorgungsleistung an externen Bestimmungsgrößen (Beamtenversorgung, Grundversorgung und Steuerrecht) entfallen. Die Zusatzversorgung erbringt jetzt versicherungsmathematisch bemessene Leistungen ua im Alter und bei Invalidität, deren Höhe grundsätzlich von dem während der gesamten Beschäftigungszeit im öffentlichen Dienst versicherten Einkommen und dem Lebensalter, das für jedes Beschäftigungsjahr dem Einkommen zuzuordnen ist (Altersfaktor), abhängig ist. Nach der neuen Berechnungsformel (Punktemodell) sind für jedes Beschäftigungsjahr auf der Grundlage des Verhältnisses des auf einen Monat entfallenden Individualentgelts zu dem Referenzentgelt (von 1000 Euro) und unter Berücksichtigung des Altersfaktors Versorgungspunkte zu ermitteln (§§ 8, 9, 19 ATV). Deren Gesamtbetrag wird um Sozial- und Bonuspunkte erhöht. Die sich hieraus ergebende Summe wird zur Errechnung der Versorgung mit einer als Messbetrag definierten allgemeinen Bemessungsgrundlage von 4 Euro multipliziert (§ 7 ATV). Die laufende Rente wird nach § 11 ATV entsprechend § 16 III Nr 1 BetrAVG zum 1. 7. eines jeden Jahres mit 1 % angepaßt (sie ist also nicht volldynamisch iSv Abs III, vgl Nürnberg FamRZ 2003, 314; Thüringen vom 20. 8. 2003 – 1 UF 366/02 – nv; Wein BetrAV 2002, 523 [528]; aA Stuttgart vom 22. 3. 2002 – 16 UF 35/02 – nv und Zweibrücken vom 9. 10. 2003 – 5 UF 28/03 – nv). **Übergangsrecht:** Am 31. 12. 2001 bereits laufende Versicherungs- und Versorgungsrenten werden als Besitzstandsrenten weitergezahlt und jeweils zum 1. 7. isoliert um 1 % erhöht (Hügelschäffer BetrAV 2002, 237 [239]). Nach früherem Recht erworbene Anwartschaften auf Versorgungsrente (hierzu BGH FamRZ 1982, 899 [902]) sind in Form einer Startgutschrift (§ 32 I ATV) in das Punktemodell übergeführt worden. Sie sind damit auch unverfallbar iSv Abs II Nr 3 S 3 geworden und können nunmehr im Rahmen einer Abänderung nach § 10a I Nr 2 VAHRG in den öffentlich-rechtlichen VersA einbezogen werden. Bei latent Versicherten ist der nach früherem Recht – mit Ausnahme von § 44a VBL-S und vergleichbaren Regelungen – ermittelte Unverfallbarkeitswert transferiert worden. Bei aktiv Versicherten wurde insbesondere zwischen älteren und jüngeren Beschäftigten unterschieden: Ältere Beschäftigte im früheren Bundesgebiet erhielten eine Gutschrift an Versorgungspunkten auf der Grundlage des konkreten Werts ihrer vor 2002 erworbenen Anwartschaften, während die Anwartschaften anderer Beschäftigter gemäß § 18 II BetrAVG pauschal ermittelt und übergeführt worden sind (Preis/Temming aaO). **Die Bewertung** der ausschließlich nach neuem Recht erworbenen Anrechte kann abweichend von Abs II Nr 3 gemäß Abs II Nr 4 lit d auf der Basis der auf die Ehezeit entfallenden Versorgungspunkte (entsprechend Celle FamRZ 1986, 913 zu einer vergleichbaren Regelung in der berufsständischen Altersversorgung) erfolgen (im Ergebnis auch Glockner FamRZ 2002, 287). Dies setzt jedoch voraus, daß die – der Realisierung der Anwartschaftsdynamik dienenden Bonuspunkte (§ 19 ATV) – zeitlich zugeordnet werden können. In diesem Fall sind sie der Ehezeit nach dem **In-Prinzip** (vgl § 1587 Rz 9) zuzuordnen; nach Ende der Ehezeit erworbene Bonuspunkte bleiben unberücksichtigt (entsprechend AG Mannheim FamRZ 1982, 1083 [1086]; vgl hierzu auch BAG DB 1987, 743). Ist dies nicht der Fall, ist die Wertermittlung entsprechend § 2 I BetrAVG nach Abs II Nr 3 vorzunehmen. § 18 II BetrAVG idF des Gesetzes vom 28. 2. 2000 (BGBl I 1914) ist (noch) auf die vor 2002 geltende Recht zugeschnitten (Stephan ZTR 2001, 103) und damit bei aktiv Versicherten nicht anwendbar (eine etwaige Parallelregelung im Satzungsrecht des Versorgungsträgers ist unwirksam; vgl BGH FamRZ 2002, 608; 1401 und 1402); an seine Stelle dürfte zur Zeit § 2 I BetrAVG, für nach 2001 erworbene Anrechte § 2 Va Hs 2 BetrAVG, treten. Vor 2002 entstandene Ansprüche auf eine endgültige Versorgung sind gemäß Abs II Nr 3 lit b isoliert auf der Grundlage der tatsächlich gezahlten Rente zu bewerten (Nürnberg FamRZ 2003, 314). Dies trägt dem nunmehr eigenständigen Charakter der Zusatz-

versorgung Rechnung und begegnet zugleich den gegen die VBL-Methode mit ihren Interdependenzen zum Rentenversicherungsrecht erhobenen Bedenken (vgl Oldenburg FamRZ 2001, 484). Bei Mischversorgungen, denen sowohl nach altem Recht erworbene und in das neue System übergeleitete Anrechte als auch nach neuem Recht erworbene Anrechte zugrundeliegen, wären dann die einzelnen Teile der Versorgung getrennt voneinander nach den vorstehend beschriebenen Methoden zu bewerten, bei der zeitbezogenen Bewertung begrenzt auf die Zeit bis zum 31. 12. 2001 (Glockner aaO). Da die Zusatzversorgung der Arbeitnehmer des öffentlichen Dienstes jedoch insgesamt zu einer den privaten kapitalgedeckten Betriebsrentensystemen angenäherten betrieblichen Altersversorgung geworden ist, erscheint es auch vertretbar, die (künftige) betriebliche Versorgungsleistung, so wie sie sich als Besitzstandsrente oder aus der Summe von Startgutschrift und den später erworbenen Versorgungspunkten ergibt, als Ganzes nach Abs II Nr 3 zu bewerten.

b) Unverfallbarkeit. aa) Allgemeines. Betriebliche Versorgungsanrechte beider Ehegatten (BGH FamRZ 1988, 822; 1983, 267 und 1001) im Anwartschaftsstadium (nicht also bereits realisierte Ansprüche, vgl BGH FamRZ 1997, 1535; Koblenz FamRZ 2003, 1755) unterliegen – auch nach dem In-Kraft-Treten des VAHRG und des VAwMG (BGH FamRZ 1988, 822; 1986, 247) – dem öffentlich-rechtlichen VersA nur insoweit, als sie unverfallbar sind (Abs II Nr 3 S 3). Dies ist von Amts wegen zu prüfen (§ 12 FGG) und kann nicht unstreitig gestellt werden (BGH FamRZ 1987, 55). Noch nicht unverfallbare Anrechte der betrieblichen Altersversorgung sind dem schuldrechtlichen VersA vorbehalten (§ 1587f Nr 4) oder nach Eintritt der Unverfallbarkeit nach § 10a I Nr 2 VAHRG im Rahmen eines Abänderungsverfahrens öffentlich-rechtlich auszugleichen (Hahne FamRZ 1987, 217 [221]). Bei Schaffung der – von den Grundsätzen des Abs VII abweichenden (hierzu berechtigte Kritik bei Bergner VersA Allg Einführung S 47) – Regelung ließen sich die gesetzgebenden Körperschaften angesichts der früheren Unabänderlichkeit des VersA und der Belastungen durch den Ausgleich nach § 1587b III von der Überlegung leiten, den öffentlich-rechtlichen Ausgleich besonders labiler Anrechte auszuschließen. Angesichts der hohen Fluktuation auf dem Arbeitsmarkt wurden betriebliche Versorgungsanrechte als besonders ungesichert verstanden, da sie auch aus dem Gedanken der Anerkennung der Betriebstreue heraus zugesagt werden (BAG NZA 1995, 734) und daher bei einem Ausscheiden des Arbeitnehmers aus dem Betrieb vor Erreichen der jeweils maßgebenden Unverfallbarkeitsfristen erlöschen (BGH 1982, 899; BT-Drucks 7/4361, 38). Die Regelung ist nur in Bezug auf betriebliche Versorgungsanrechte von Bedeutung und **nicht analogiefähig** (BGH NJWE-FER 1999, 25; FamRZ 1991, 1420; 1988, 51). Für die Feststellung der Unverfallbarkeit ist **der Zeitpunkt** der letzten mündlichen Verhandlung in der Tatsacheninstanz maßgebend (BGH FamRZ 1991, 1421; 1982, 1193 und 1195).

bb) Der **Begriff der Unverfallbarkeit** ist ein Terminus des Rechts der betrieblichen Altersversorgung. Mit ihm werden Anwartschaften in ihrem gesamten Leistungsspektrum qualifiziert, welche dem Arbeitnehmer, dem eine betriebliche Altersversorgung zugesagt worden ist, nach Ablauf einer Wartefrist dem Grunde und der Höhe nach auch nach dem Ausscheiden aus der Beschäftigung vor Eintritt des Leistungsfalles verbleiben. Das BetrAVG regelt iS von Mindestnormen (§ 17 III BetrAVG; vgl hierzu Celle FamRZ 1994, 1463) die Voraussetzungen, unter denen nach Ablauf einer Wartefrist betriebliche Versorgungsanwartschaften dem Grunde nach unverfallbar werden (§ 1b I, V; § 30f) und in welcher Höhe dem Arbeitnehmer die zugesagte Anwartschaft im Falle eines vorzeitigen Ausscheidens aus der Beschäftigung zusteht (§§ 2, 30g BetrAVG). Weicht das im Einzelfall maßgebende Recht (Arbeits- oder Tarifvertrag, Betriebsvereinbarung etc) wirksam (dh regelmäßig: zugunsten des Arbeitnehmers) von den Unverfallbarkeitsvoraussetzungen des BetrAVG ab, so ist dies auch im VersA zu beachten (Celle FamRZ 1994, 1463).

Die **Unverfallbarkeit dem Grunde nach** tritt gemäß den gesetzlichen Mindestanforderungen ein, wenn der Arbeitnehmer im Zeitpunkt des Ausscheidens aus dem Betrieb das 30. Lebensjahr vollendet hat und die Versorgungszusage wenigstens 5 Jahre bestanden hat; ein Ausscheiden auf Grund einer Vorruhestandsregelung ist unschädlich (§ 1b I BetrAVG). Für vor 2001 ausgesprochene Zusagen bleibt es im Grundsatz beim früheren Recht (§ 30f BetrAG). Beruht die betriebliche Altersversorgung auf Entgeltumwandlung, so tritt die Unverfallbarkeit sofort ein (§ 1b V BetrAVG). Für vor 2001 ausgesprochene Entgeltumwandlungszusagen bleibt es gemäß § 30f S 2 BetrAVG beim früheren (Richter-)Recht, dem Versorgungsinhaber für den Regelfall eine sofort einsetzende vertragliche Unverfallbarkeit zusprach (BAG DB 1993, 2538). Sofort unverfallbar werden auch kapitalgedeckte, von der Versorgungszusage des Arbeitgebers umschlossene Anrechte der betrieblichen Altersversorgung aus Entgeltverwendung iS von § 1 II Nr 4 BetrAVG. **Einzelheiten:** Unzulässig sind Vorschaltzeiten, nach denen eine Versorgungszusage erst nach Ablauf einer bestimmten Zeit entstehen soll (BAG DB 1977, 1704). Die Betriebszugehörigkeit muß – vorbehaltlich abweichender Vereinbarungen im Einzelfall – zusammenhängend zurückgelegt worden sein (BAG DB 1990, 284). Bei Betriebsinhaberwechsel unterbricht die Betriebszugehörigkeit nicht (§ 1b I S 3 BetrAVG). Auch Teilzeitbeschäftigungen sind auf die Betriebszugehörigkeit anzurechnen (BAG DB 1993, 169). Der Betriebszugehörigkeit werden ua Zeiten des Mutterschutzes, des gesetzlichen Wehr- oder Zivildienstes, der Fachausbildung von Zeitsoldaten und die Elternzeit gesetzlich gleichgestellt. Darüber hinaus kann nach dem für die Versorgung maßgebenden Recht (regelmäßig vertraglich) die Anrechnung von Vordienstzeiten (auch) auf die Unverfallbarkeitsfristen in Betracht kommen (BGH FamRZ 1983, 1001), wobei es sich um Zeiten bei demselben oder einem anderen Arbeitgeber handeln kann. Der Berücksichtigung eines nach arbeitsrechtlichen Regelungen unverfallbaren Anrechts aus einer **Direktversicherung** (§ 1b II BetrAVG), steht nicht entgegen, daß der Arbeitnehmer versicherungsrechtlich nicht unwiderruflich bezugsberechtigt ist (BGH FamRZ 1992, 411). Entsprechendes gilt in Bezug auf einen versicherungsrechtlich zulässigen, arbeitsrechtlich aber unwirksamen Widerruf eines unverfallbaren Anrechts (zu den Fällen der Entgeltumwandlung vgl § 1b V S 2 BetrAVG).

Unverfallbar **der Höhe nach** ist die Anwartschaft, deren Wert durch die künftige berufliche oder betriebliche Entwicklung des Arbeitnehmers nicht mehr beeinträchtigt werden kann (BGH FamRZ 1982, 899 [902]), wobei die Möglichkeit, daß die Anwartschaft noch aus einem besonderen, im Verhalten des Arbeitnehmers liegenden wichti-

§ 1587a Familienrecht Bürgerliche Ehe

gen Grund (BAG DB 1980, 500) oder aus anderem Anlaß (zB Wegfall der Geschäftsgrundlage bei planwidrig eingetretener Überversorgung, vgl BAG DB 1999, 389; 1991, 2161) ganz oder teilweise entfallen kann, unbeachtlich ist (BGH FamRZ 1986, 341). Den unverfallbaren **Anspruch der Höhe nach** bestimmt – vorbehaltlich abweichender Regelungen (vgl Rz 46 aE) – § 2 BetrAVG (Übergangsrecht: § 30g BetrAVG). Nach § 2 I S 1 BetrAVG ist unverfallbar der Teil der ohne das vorzeitige Ausscheiden zustehenden Leistung, der dem Verhältnis der tatsächlichen Betriebszugehörigkeit zu der Zeit vom Beginn der Betriebszugehörigkeit bis zum Erreichen der nach der Versorgungsregelung maßgebenden festen Altersgrenze entspricht (zeitratierliche Methode). Bei Direktversicherungen und Pensionskassen (nicht bei Pensionsfonds, bei denen im Fall der Entgeltumwandlung allerdings § 2 Va BetrAVG gilt; aA Glockner/Goering FamRZ 2002, 282) kann der Arbeitgeber jedoch unter bestimmten Voraussetzungen anstelle der ratierlichen Methode zugunsten der so genannten **versicherungsvertraglichen Lösung** optieren (§ 2 II S 2, III S 2 BetrAVG). Sie stellt sicher, daß der Arbeitgeber nicht durch Verpflichtungen belastet wird, die sich (etwa bei kurzer Laufzeit der Versicherung) daraus ergeben, daß der zeitratierlich ermittelte Anspruch versicherungstechnisch noch nicht gedeckt ist und somit ein arbeitsrechtlicher Anspruch des Arbeitnehmers auf ergänzende Leistungen des Arbeitgeber besteht (§ 1 I S 3 BetrAVG). Hat sich der Arbeitgeber vor der letzten Tatsachenentscheidung für die versicherungsvertragliche Lösung ausgesprochen, so ist im VersA von dem so bemessenen (und nach Abs II Nr 5 lit b zu bewertenden) Anrecht auszugehen (J/H/Hahne Rz 192; MüKo/Rühmann Rz 363; weitergehend RGRK/Wick Rz 218); im übrigen gilt das Bewertungsschema des Abs II Nr 3 lit a (BGH FamRZ 2003, 1648 [1649]). Vergleichbare versicherungsrechtliche Regelungen stehen mit § 2 Va, Vb BetrAVG für die Entgeltumwandlung sowie für beitragsorientierte Zusagen zur Verfügung (Grabner BetrAV 2003, 17; Höfer BetrAV 2001, 314; Sasdrich/Wirth BetrAV 2001, 401); vgl hierzu Rz 49–52. **Bei endbezügeabhängigen betrieblichen Versorgungsanwartschaften** ist zu beachten, daß nach § 2 V BetrAVG die individuelle Bemessungsgrundlage auf die Verhältnisse im Zeitpunkt des Ausscheidens aus dem Betrieb festgeschrieben wird; bis zum Eintritt des Leistungsfalls ist die Dynamik, die auf der Anbindung an das (letzte) Entgelt beruht, damit verfallbar und muß gemäß Abs II Nr 3 S 3 im öffentlich-rechtlichen VersA unberücksichtigt bleiben (BGH FamRZ 2001, 477; 1994, 23; 1991, 1416). Dies gilt im Erstverfahren über den VersA aus praktischen Erwägungen auch insoweit, als sich die Anwartschaftsdynamik zwischen Ehezeitende und dem Zeitpunkt der Entscheidung über den VersA realisiert hat (BGH FamRZ 1991, 1421). Die nach dem Ehezeitende realisierte Anwartschaftsdynamik kann später im schuldrechtlichen VersA oder im Rahmen eines Abänderungsverfahrens nach § 10a I Nr 2 VAHRG berücksichtigt werden.

49 c) **Die Wertermittlung im einzelnen. aa) Allgemeines.** Zentrales Element der Wertermittlung ist die **Betriebszugehörigkeit**, die sowohl für die Berechnung des Teilwerts eines Versorgungsanrechts maßgebend als auch Differenzierungsmerkmal zwischen den alternativen Berechnungswegen des Abs II Nr 3 ist. Die Ermittlung des auf die Ehezeit entfallenden Teils der Versorgung entspricht methodisch der Grundregelung des § 2 I S 1 BetrAVG (BT-Drucks 7/4361, 38), versagt jedoch bei der Bewertung nicht pensionsfondsgebundener, versicherungsmathematisch basierter Versorgungszusagen, deren Unverfallbarkeitswert sich aus § 2 II S 2, III S 2, Va oder Vb ergibt (Pal/Brudermüller Rz 60; Glockner/Goering FamRZ 2002, 282 [284]). Die Regelung unterscheidet danach, ob die Betriebszugehörigkeit des Arbeitnehmers im Zeitpunkt der letzten tatrichterlichen Entscheidung (vgl BGH FamRZ 1990, 605; 1986, 335) noch andauert oder bereits beendet ist. Sie beginnt mit dem tatsächlichen Eintritt in den Betrieb (Hamm FamRZ 1991, 955), endet mit der Auflösung des Arbeitsverhältnisses durch einseitige oder einvernehmliche Aufhebung oder Tod (BGH FamRZ 2001, 25; 1990, 605) und wird durch Nachdienstzeiten verlängert (BAG DB 1992, 2251). Ferner endet sie mit dem Eintritt des Leistungsfalles und der darauf beruhenden Auflösung des Arbeitsverhältnisses (BGH FamRZ 1982, 33). Werden Zeiten einer Beurlaubung ohne Entgelt oder einer **Teilzeitbeschäftigung** nicht oder nur teilweise angerechnet, so sind sie nach den für die Bewertung beamtenrechtlicher Versorgungsanrechte maßgebenden Grundsätzen bei der Dauer der Betriebszugehörigkeit zu berücksichtigen (vgl Rz 24). Die Berechnung des Ehezeitanteils erfolgt auch in den Fällen auf der Grundlage der tatsächlichen Betriebszugehörigkeit, in denen die Versorgungszusage erst nach dem Betriebseintritt ausgesprochen worden ist, die Mitgliedschaft in der betrieblichen Versorgungseinrichtung erst nach Betriebseintritt begonnen hat (BGH FamRZ 1997, 166; 1991, 1416; Kemnade FamRZ 1999, 924) oder die Betriebszugehörigkeit erst ab einem bestimmten Zeitpunkt anzurechnen ist (vgl BGH FamRZ 1989, 844 [846]; Folge: bedenkliche Verzerrungen und Fehlbewertungen, daher für eine vergleichbare Fragestellung aA Braunschweig FamRZ 1995, 363); ebenso ist die Dauer der Mitgliedschaft in einer ausländischen Versorgungseinrichtungen eines Trägerunternehmens unerheblich (BGH FamRZ 1997, 166 [167]). Berücksichtigt werden auch – und zwar in dem von der Versorgungsregelung vorgesehenen Umfang (BGH FamRZ 1985, 363) – die der Betriebszugehörigkeit **gleichgestellten Zeiten.** Dies sind vertraglich vereinbarte Vordienstzeiten oder gesetzlich gleichgestellte Zeiten, zB § 6 II ArbPlSchG; § 10 II MuSchG. Voraussetzung für ihre Berücksichtigung bei der Wertermittlung nach Abs II Nr 3 ist jedoch, daß diese Zeiten – anders als die in § 8 III SVG genannten Zeiten – zumindest auch für die Höhe der Versorgung von Bedeutung sind (BGH FamRZ 1992, 791; 1986, 338; 1985, 263); eine Berücksichtigung dem Grunde nach dürfte insoweit ausreichen. Die in § 1b I S 2 BetrAVG genannten Zeiten des Vorruhestandes sind nur anspruchswirksam (nicht auch leistungserhöhend) und daher unberücksichtigt zu lassen. Die Berechnung erfolgt auf der Grundlage von **vollen Monaten** (BGH FamRZ 2001, 284; Hamm FamRZ 1999, 923), und zwar beginnend vom 1. des Monats des Betriebseintritts bis zum Ehezeitende bzw dem letzten Tag des Monats vor dem Betriebsaustritt (Köln FamRZ 1999, 1430).

50 bb) **Andauernde Betriebszugehörigkeit.** Bei noch andauernder Betriebszugehörigkeit ist in einem ersten Schritt die **fiktive Vollversorgung** zu errechnen. Dies ist – auch bei kombinierten Alters- und Invaliditätsversorgungen – die Versorgung wegen Alters, die der Ehegatte auf der Grundlage der bei Ehezeitende maßgebenden individuellen Bemessungsgrundlagen (Tarifgruppe etc, vgl BGH FamRZ 1987, 918) erhielte, wenn die Betriebszugehörigkeit bis zu dem Erreichen der für ihn maßgebenden festen Altersgrenze fortdauern würde. Als **feste Altersgrenze** ist vom 65. Lebensjahr auszugehen, wenn die Versorgungsregelung nicht etwas anderes bestimmt (Hamm FamRZ 1989, 290). Eine mögliche vorzeitige Inanspruchnahme der Altersrente (§ 6 BetrAVG) bleibt unbeachtlich, ebenso die bloße Absicht, über das 65. Lebensjahr hinaus zu arbeiten (BGH FamRZ 1993, 684). Bei einer **isolierten Invaliditätsversorgung** ist (abweichend von der durch die gesetzliche Ermächtigungsgrundlage nicht gedeckten und daher unwirksamen Regelung des § 2 IV S 6/§ 3 IV S 4 BarwertV) auf das mittlere Zugangsalter für Renten wegen verminderter Erwerbsfähigkeit abzustellen (Soergel/Häußermann Rz 219). Das noch nicht ausgeübte Recht des Arbeitgebers, bei einer Direktversicherung oder Pensionskassenzusage zugunsten der **versicherungsvertraglichen Lösung** zu optieren, bleibt unberücksichtigt; dieses Gestaltungsrecht ist erst dann zu beachten, wenn von ihm tatsächlich Gebrauch gemacht worden ist (BGH FamRZ 2003, 1648; aA Braunschweig OLGRp 1999, 238, das unter dem Gesichtspunkt der Verfallbarkeit nicht beitragsgedeckter betrieblicher Versorgungen auch eine präsumtive Option zugunsten der versicherungsvertraglichen Lösung berücksichtigen will). Bei **Entgeltumwandlung und beitragsorientierten** Versorgungszusagen ist immer von dem sich aus § 2 Va, 30g I BetrAVG ergebenden Betrag auszugehen. Entsprechendes gilt für eine Beitragszusage mit Mindestleistung, deren wirklicher, über die Garantieleistung hinausgehender Wert im Anwartschaftsstadium nicht erfaßbar ist. Hier kann eine Gesamtverweisung in den schuldrechtlichen VersA erfolgen oder ein Ausgleich auf der Grundlage des aktuellen Werts der Unverfallbarkeitsleistung nach § 2 Vb BetrAVG mit späterer Abänderung entsprechend § 10a I Nr 2 (Pal/Brudermüller Rz 63).

Zur Ermittlung des **Ehezeitanteils** der vollen Versorgung ist nach der pro-rata-temporis-Methode die volle Ver- **51** sorgung mit dem Wert zu multiplizieren, der sich aus dem Verhältnis der auf die Ehezeit entfallenden Betriebszugehörigkeit zu der bis zur festen Altersgrenze insgesamt möglichen Betriebszugehörigkeit ergibt, wobei der Betriebszugehörigkeit gleichgestellte Zeiten zu berücksichtigen sind (Rz 49). Bei **mehreren** (selbstständigen) **Versorgungen** kann sich ein unterschiedliches Zeit/Zeit-Verhältnis ergeben (BGH FamRZ 1992, 791). Handelt es sich bei dem Unverfallbarkeitswert um einen nach § 2 Va, Vb BetrAVG bemessenen versicherungsmathematischen Wert, so findet – vergleichbar den Fällen einer versicherungsmathematischen Lösung bei Pensionskassen und Direktversicherungen (vgl Rz 48) – anstelle einer ratierlichen Ermittlung der Wertermittlung nach Abs II Nr 5 lit a statt (Pal/Brudermüller Rz 66). Bei (mehrstufigen) **Gesamtversorgungszusagen** ist – auch im Bereich der privaten betrieblichen Altersversorgung (BGH FamRZ 1994, 506; 1991, 1416; Karlsruhe FamRZ 1996, 553) – nach der zum früheren Gesamtversorgungssystem der öffentlich-rechtlichen Zusatzversorgung entwickelten **VBL-Methode** zu verfahren, und zwar auch dann, wenn die Grundversorgung eine verrentete Kapitalleistung ist (BGH FamRZ 1998, 420). Danach wird die bis zur festen Altersgrenze hochgerechnete volle Gesamtversorgung auf der Grundlage eines Zeit/Zeit-Verhältnisses der Ehezeit zugeordnet. Von dieser Teil der Gesamtversorgung wird zur Ermittlung des Ehezeitanteils der als Differenzrente zu zahlenden betrieblichen Versorgung der auf die Ehezeit entfallende Teil der Grundversorgung abgezogen. Ist die auf die Gesamtversorgung anzurechnende Grundversorgung zT vor dem Beginn der Betriebszugehörigkeit erworben worden und liegt diese Zeit nicht auch zugleich der Berechnung der betrieblichen Gesamtversorgung zugrunde, so ist vor Ermittlung des Ehezeitanteils der Gesamtversorgung die vorbetrieblich erworbene Grundversorgung abzuziehen (BGH FamRZ 1996, 93; 1995, 88; 1991, 1416; Karlsruhe FamRZ 2000, 674; Bergner NZS 1993, 482). Dies alles gilt entsprechend für **limitierte Gesamtversorgungen** (Höchstbegrenzungsregelungen), wenn die betriebliche Versorgungsleistung und die Grundversorgung den maßgebenden Höchstbetrag überschreiten (BGH FamRZ 1995, 88; 1991, 1421; Dörr NJW 1992, 953). Wird der Höchstbetrag jedoch nicht überschritten, so ist jedes der Anrechte isoliert nach dem gemäß Abs II maßgebenden Schema zu bewerten (Hamm FamRZ 1999, 923; Zweibrücken FamRZ 1999, 928). Der auf die Ehezeit entfallende Höchstbetrag wird bestimmt, indem der um die vorbetrieblich erworbene Grundversorgung bereinigte Grenzwert der bis zur festen Altersgrenze hochgerechneten Gesamtversorgung mit dem nach Abs II Nr 3 lit a maßgebenden Zeit/Zeit-Verhältnis multipliziert wird (streitig, wie hier Celle FamRZ 1989, 402; Braunschweig OLGRp 1999, 238; RGRK/Wick Rz 252; aA Zweibrücken FamRZ 1999, 928).

cc) **Beendete Betriebszugehörigkeit.** Ist der Arbeitnehmer bereits aus dem Betrieb ausgeschieden, so steht die **52** Höhe der erworbenen Anrechte fest. Diese können mit ihrem wirklichen Wert berücksichtigt werden, ohne daß hypothetische Berechnungen für einen zukünftigen Zeitpunkt erforderlich sind (BGH FamRZ 1982, 899; BT-Drucks 7/4361, 38). Wird bei Ehezeitende die Betriebsrente bereits gezahlt, so ist diese also unter Herausrechnung von familienbezogenen Leistungselementen iSv Abs VIII der Wertermittlung zugrundezulegen (vgl BGH FamRZ 1982, 33). Hat der Ehegatte noch keinen Leistungsanspruch erworben, so ist der Berechnung der nach § 2 I–IV BetrAVG ermittelte Betrag zugrundezulegen; in den Fällen des § 2 Va, Vb BetrAVG findet Abs II Nr 5 lit a Anwendung (Pal/Brudermüller Rz 70). Die Berechnung erfolgt auch dann gemäß Abs II Nr 3 lit b, wenn trotz fortdauernder Betriebszugehörigkeit die berücksichtigungsfähige Dienstzeit endet (Braunschweig FamRZ 1995, 363), jedoch – aus Gründen der Abstimmung mit der Rspr des BGH (FamRZ 1997, 166) – nur unter der Voraussetzung, daß die Unverfallbarkeit bis zum Ende der berücksichtigungsfähigen Dienstzeit eingetreten ist (RGRK/Wick Rz 233).

Die **Ermittlung des Ehezeitanteils** erfolgt auf der Grundlage der Dauer der Betriebszugehörigkeit und etwaiger **53** gleichgesteller, auf die Versorgungshöhe Einfluß nehmender Zeiten mit Hilfe der pro-rata-temporis-Methode (Rz 51), wobei die Dauer der Betriebszugehörigkeit mit dem Ausscheiden aus dem Betrieb grundsätzlich feststeht. Bei einer Gesamtversorgung ist zu berücksichtigen, daß die Fixierung der für die Leistungsbemessung maßgebenden Verhältnisse auf den Zeitpunkt des Ausscheidens aus dem Betrieb nach § 2 V BetrAVG nicht nur für die betriebliche Versorgung selbst, sondern auch für die anzurechnende Grundversorgung gilt, um ein dynamikbedingtes Aufzehren der Betriebsrente zu verhindern (BAG DB 1984, 1995). Ist bei **Direktversicherungen** und **Pensionskassen** von der versicherungsvertraglichen Lösung Gebrauch gemacht worden, so gilt Abs II Nr 5 lit b (Rz 48).

§ 1587a Familienrecht Bürgerliche Ehe

54 **d) Dynamisierung (Abs IV).** Die Regelung des Abs IV ist wie ein weiterer Satz von Abs III zu lesen und betrifft damit nur solche Anrechte der betrieblichen Altersversorgung, die nicht volldynamisch sind (J/H/Hahne Rz 232; Soergel/Häußermann Rz 415). Sie erfaßt seit 2002 auch alle Leistungen aus der **öffentlich-rechtlichen Zusatzversorgung**, da diese – einschließlich der vor 2002 zugegangenen Versorgungsrenten (Besitzstandsrenten) – nicht volldynamisch sind (Rz 44). Die Regelung sieht vor, diese Anrechte auf der Grundlage ihres – nach der BarwertV (vgl Rz 76) zu bestimmenden – Barwerts nach dem System des Abs III Nr 2 zu dynamisieren. Es lag offensichtlich in der gesetzgeberischen Intention, im Interesse einer Gleichbehandlung alle Leistungen der betrieblichen Altersversorgung auf der Grundlage ihres Barwerts umzuwerten (vgl BT-Drucks 7/4361, 40; BR-Drucks 191/77, 12), und zwar auch dann, wenn sie aus einem Deckungskapital finanziert werden. Barwert und Deckungskapital sind versicherungsmathematisch grundsätzlich gleichzusetzen (vgl Rz 76). Wegen der Pauschalierungen und Typisierungen der BarwertV stellt sich jedoch die Frage, ob der Bewertung deckungskapitalbezogener Anrechte der betrieblichen Altersversorgung anstelle des Barwerts das individuell ermittelte (hierzu BGH FamRZ 1991, 310 [313]) Deckungskapital zugrundezulegen ist. Dies wird von der hM jedenfalls für die Fälle bejaht, in denen der Arbeitgeber zugunsten der „versicherungsvertraglichen Lösung" optiert hatte (J/H/Hahne Rz 238; MüKo/Rühmann Rz 470; RGRK/Wick Rz 373; Staud/Rehme Rz 449; Braunschweig OLGRp 1999, 238; offen gelassen in BGH FamRZ 2003, 1648; 1994, 23), so daß danach deckungskapitalbezogene Anrechte der betrieblichen Altersversorgung nach Abs III Nr 1 umzuwerten sein sollten, wenn der Arbeitgeber von seinem Optionsrecht nach § 2 II S 2, III S 2 BetrAVG Gebrauch gemacht hat. Darüber hinaus sollte der Umwertung ein individuelles Deckungskapital zu Grunde gelegt werden, wenn dieses höher als der sich bei Anwendung der BarwertV ergebende Kapitalwert (so teilweise auch Staud/Rehme Rz 449).

55 **4. Sonstige Anrechte außerhalb der Lebensversicherung (Abs II Nr 4). a) Allgemeines.** Die **Generalklausel** des Abs II Nr 4 erfaßt unter Verzicht auf eine formale Zuordnung und Benennung sonstige, nicht in Abs II Nr 1–3, 5 genannte Anrechte auf Versorgung wegen Alters und verminderter Erwerbsfähigkeit iSv § 1587 I, auch wenn sie noch nicht dauerhaft gesichert (unverfallbar) sind (BGH FamRZ 1988, 51; Karlsruhe FamRZ 1996, 553). Für die Bewertung dieser Anrechte wird auf die unterschiedlichen Methoden der Berechnung der (künftigen) Versorgung abgestellt. Die hierfür vorgesehenen Bewertungsschemata – von denen wiederum Abs II Nr 4 lit b eine (weitere) Auffangvorschrift darstellt (Karlsruhe FamRZ 1990, 1252) – entsprechen im systematischen Ansatz den Regelungen in Abs II Nr 1–3, die aus Transparenzgründen für regelmäßig zum Ausgleich anstehende Anrechte geschaffen worden sind. Die Vorschrift wird für atypische Anrechte durch Abs V ergänzt, der auf der Tatbestandsseite dem lit b entspricht, dem Gericht jedoch einen noch größeren Entscheidungsfreiraum eröffnet. Wird bereits **Versorgung bezogen**, so unterliegt diese – und nicht eine fiktiv errechnete Versorgung wegen Alters – nach den zu Rz 39f erläuterten Grundsätzen dem VersA. Der Bewertung nach Abs II Nr 4 unterliegen neben Leibrenten (RGRK/Wick Rz 287) insbesondere Anrechte der berufsständischen Altersversorgung (Einzelheiten bei MüKo/Glockner Rz 409ff), auf Grund von Höherversicherungsbeiträgen nach § 269 I oder § 315b SGB VI (Brandenburg FamRZ 2000, 676), aus der Alterssicherung der Landwirte (Zweibrücken FamRZ 2000, 959; Klattenhoff NZS 1995, 337 und 393), aus Altersvorsorgeverträgen außerhalb der Lebensversicherung iSv §§ 10a, 82 EStG sowie aus ausländischen, zwischen- oder überstaatlichen Versorgungseinrichtungen (München FamRZ 1996, 554) einschließlich der betrieblichen Altersversorgung. Für Anrechte der Abgeordnetenversorgung gilt die Sonderregelung des § 25a AbgG (vgl Braun/Jantsch/Klante AbgG § 25a Rz 9ff). Zu weiteren Anwendungsfällen vgl Rz 6, 13, 16.

56 **b) Berechnung nach der Dauer einer Anrechnungszeit (lit a).** Bemißt sich die (künftige) Versorgung – abgesehen von ihren allgemeinen Bestimmungsgrößen (zB allgemeine Bemessungsgrundlage) – ausschließlich nach der Dauer einer Anrechnungszeit, so ist dem VersA der Betrag zugrundezulegen, der sich auf die Ehezeit entfallenden Anrechnungszeit ergäbe, wenn bei Ehezeitende der Leistungsfall eingetreten wäre. Die Regelung betrifft Anrechte, die nach dem Vorbild einer Festbetragszusage während der gesamten Dauer der Zugehörigkeit zu einer Versorgungseinrichtung linear ansteigen. Sie erfaßt insbesondere Anrechte aus der **Alterssicherung der Landwirte**, weil die Berechnungsvorschrift des § 23 ALG die direkte Zuordnung des Anrechts zu einzelnen Teilzeiträumen anhand des auf diese jeweils entfallenden Bruchteils der Steigerungszahl iSv § 23 III ALG ermöglicht (Greßmann/Klattenhoff FamRZ 1995, 577 [579]). Der auf die Ehezeit entfallende Teil des als Altersrente zu bewertenden Anrechts ergibt sich, indem die nach § 23 II ALG maßgebende Steigerungszahl für die auf die Ehezeit entfallenden rentenrechtlichen Zeiten mit dem bei Ehezeitende geltenden allgemeinen Rentenwert (§ 23 IV ALG) multipliziert wird (Celle FamRZ 1997, 1340; 1995, 1360). Ein Abschlag nach § 23 VIII ALG ist ebenso wie eine Erhöhung des auszugleichenden Anrechts gemäß § 103 ALG nicht zu berücksichtigen, während die Hofabgabe zu fingieren ist (Rz 86). Hat der landwirtschaftliche Unternehmer auch Anrechte als mitarbeitender Familienangehöriger erworben, die wegen der niedrigeren Beitragsleistung nur in geringer Höhe erbracht werden (§ 23 III Nr 2 ALG), so erfolgt die Bewertung nach lit d (Staud/Rehme Rz 368). Bezieht der Ehegatte spätestens im Zeitpunkt der Entscheidung über den VersA eine Rente wegen Erwerbsminderung (§ 13 ALG), so gelten die oben zu Rz 41 entwickelten Grundsätze entsprechend mit der Besonderheit, daß es in der Alterssicherung der Landwirte keine § 88 I SGB VI entsprechende Besitzschutzklausel gibt (vgl Klattenhoff NZS 1995, 337 [341f]). Der Leistungsberechtigte hat jedoch – anders als in der gesetzlichen Rentenversicherung – die Möglichkeit, über das 65. Lebensjahr hinaus die Erwerbsminderungsrente zu beziehen, wenn diese höher ist als die Altersrente (Antikumulationsregelung: § 27 I ALG). Diese Grundsätze gelten uneingeschränkt nur für Anrechte, die auf Beitragszeiten beruhen, die nach Juli 1990 zurückgelegt worden sind. Für Fälle, in denen vor dem 1. 7. 1995 wenigstens 5 Beitragsjahre zurückgelegt worden sind und der Leistungsfall bis zum 30. 6. 2009 eintritt (Übergangsfälle) enthält § 99 II, III ALG eigene Regelungen für die Berechnung des Ehezeitanteils des auszugleichenden Anrechts sowie für die Einbeziehung familienstandsbezogener Leistungserhöhungen (hierzu Celle FamRZ 1995, 1360). Danach ist als Ausgangswert zunächst die nach dem Hauptrecht erworbene ehezeitbezogene Anwartschaft zu

errechnen (§ 23 II ALG) und sodann der nach Übergangsrecht (§ 97 ALG) zustehende, ebenfalls ehezeitbezogene Zuschlag für Zugangsrenten zu bestimmen. Dies geschieht, indem nach Maßgabe von § 99 II ALG die nach dem bis 1994 geltenden Recht zu bestimmende Besitzschutzrente – ggf unter Einbeziehung eines Ehegattenzuschlags – festgestellt, hiervon der Ausgangswert abgezogen und dieses Ergebnis mit dem nach § 99 II S 2 Nr 2 ALG maßgebenden Abschmelzungsfaktor vervielfältigt wird. Hierbei ist zu beachten, daß § 99 II S 1 Nr 2 ALG der Bewertung noch nicht realisierter Ansprüche dient und eine Hochrechnung auf die bis zur Vollendung des 65. Lebensjahres günstigenstenfalls erreichbare Versorgung nach den in der Rspr des BGH entwickelten Grundsätzen zur gesamtzeitbezogenen Bewertung (vgl BGH FamRZ 1982, 36; 1996, 1538) zu unterbleiben hat, wenn wegen einer dauerhaften, vollständigen Erwerbsminderung des Ehegatten die Zahlung weiterer Beiträge zur Alterssicherung der Landwirte ausgeschlossen ist (die zum früheren Recht ergangene Rspr des BGH [FamRZ 1988, 378] ist seit dem Inkrafttreten des ASRG am 1. 1. 1995 gegenstandslos). Hieraus wird nach § 97 XI ALG eine Steigerungszahl errechnet, die mit der Steigerungszahl aus dem Ausgangswert die Gesamtsteigerungszahl für das ehezeitbezogene Anrecht ergibt. Aus der Multiplikation der Gesamtsteigerungszahl mit dem bei Ehezeitende maßgebenden allgemeinen Rentenwert ergibt sich der Nominalwert des in den VersA einzubeziehenden Anrechts (ausführlich Klattenhoff NZS 1995, 393). Zur Bestandsrente aus der Alterssicherung der Landwirte auf Grund von Leistungsfällen, die vor 1995 eingetreten sind, vgl Rz 57.

c) **Auffangregelung (lit b).** Bemißt sich die (künftige) Versorgung nicht oder nicht nur nach der Dauer einer Anrechnungszeit (lit a) und auch nicht nach den für die gesetzliche Rentenversicherung geltenden Grundsätzen (lit d), so wird subsidiär dem VersA – entsprechend der Bewertung nach Abs II Nr 1 und 3 – der Teilbetrag der vollen Versorgung zugrundegelegt, der den Verhältnis der in die Ehezeit fallenden versorgungserheblichen Zeit zu deren voraussichtlicher Gesamtdauer bis zu der im konkreten Fall maßgebenden Regelaltersgrenze entspricht (zu der zu berücksichtigenden Altersgrenze vgl Rz 19 und Nürnberg FamRZ 1984, 1113). Bei Bezug einer **Versorgung wegen verminderter Erwerbsfähigkeit** vor der Erreichen der Regelaltersgrenze endet die Gesamtzeit mit Beginn der Versorgung, wenn danach keine weiteren Anrechte mehr erworben werden (BGH FamRZ 1996, 1538). Die Berechnung erfolgt anhand der bei Ehezeitende maßgebenden Bemessungsgrundlagen. Soweit die nach lit b zu bewertende Anrechte nach den Grundsätzen der Gesamtversorgung bemessen werden, ist die VBL-Methode anzuwenden (BGH FamRZ 1988, 51). Die Auffangregelung erfaßt Versorgungssysteme, deren Leistungen auf einer Kombination verschiedener Variablen beruhen, und gilt insbesondere für zahlreiche berufsständische Versorgungseinrichtungen der verkammerten freien Berufe (Karlsruhe FamRZ 1990, 1252 [1253]); Überblick bei RGRK/Wick Rz 292 und MüKo/Glockner Rz 412. Im Bereich der **Alterssicherung der Landwirte** gilt die proportional-lineare Rentenformel (Rz 56) nicht für die Bestandsrente, die bereits vor 1995 begonnen haben); sie sind gemäß § 94 IV, § 98 ALG nicht neu berechnet, sondern nur umgewertet worden. Bei diesen Renten ist der Ehezeitanteil daher wie nach dem bis 1994 geltenden Recht (BGH FamRZ 1984, 42) gesamtzeitbezogen zu ermitteln (Greßmann/Klattenhoff FamRZ 1995, 577 [580]), wobei jedoch die familienstandsbedingte Leistungserhöhung zugunsten des nicht selbst nach dem ALG versicherten Ehegatten in den VersA einzubeziehen ist (§ 98 VII ALG).

d) **Beitragsbezogene Berechnung (lit c).** Nach lit c sind Anrechte zu bewerten, die nach einem Bruchteil entrichteter Beiträge zu bemessen sind. In diesen Fällen wird dem VersA der Betrag der Altersrente zugrunde gelegt, der sich aus den bei der Ehezeit nach dem In-Prinzip (§ 1587 Rz 9) zuzuordnenden Beiträgen ergäbe, wenn mit Ende der Ehezeit der Versorgungsfall eingetreten wäre. Ist der Wert des auszugleichenden Anrechts von der nachehelichen Zahlung von Beiträgen abhängig, so ist für die Bewertung ggf zu unterstellen, daß die Beitragszahlung mit dem Ende der Ehezeit zum Abschluß gelangt ist (Frankfurt FamRZ 1991, 1066). Der Bewertung nach dieser Regelung unterliegen seit 2002 als Besitzstandsrente weitergezahlte (einfache) Versicherungsrenten aus der öffentlich-rechtlichen Zusatzversorgung (hinsichtlich der zugleich in das Versorgungspunktemodell übergeleiteten Ansprüche auf qualifizierte Versicherungsrente gilt Nr 3 S 1 lit b); Anrechte aus Höherversicherungsbeiträgen zur gesetzlichen Rentenversicherung, Anrechte bei der Versorgungsanstalt der deutschen Bühnen (Nürnberg FamRZ 1996, 551) oder der deutschen Kulturorchester (BGH FamRZ 1985, 1119 und 1235) sowie bei bestimmten berufsständischen Versorgungseinrichtungen (Aufzählung bei MüKo/Glockner Rz 412).

e) **Berechnung nach den Grundsätzen der gesetzlichen Rentenversicherung (lit d).** Nach lit d sind Anrechte zu bewerten, die nach den für die gesetzliche Rentenversicherung (Abs II Nr 2) geltenden Grundsätzen bemessen werden. Hierbei handelt es sich um Anrechte, die im wesentlichen durch die Dauer der Versicherungszugehörigkeit (Zeitfaktor), die Höhe der Beiträge (Wertfaktor; auch bei nur mittelbarer Anknüpfung, etwa in Form des versicherten Einkommens) und das Durchschnittseinkommen einer Vergleichsgruppe (zur Bildung einer relativen Wertposition) geprägt sind, was auch dann bejaht werden kann, wenn Zeit- und Wertfaktor in einer Rechengröße (Werteinheiten, Entgeltpunkte, Steigerungszahlen etc) zusammengefaßt werden (Pal/Brudermüller Rz 96). Die Auffassung des BGH (FamRZ 1996, 95 mwN), eine der gesetzlichen Rentenversicherung vergleichbare Leistungsbemessung sei dann zu verneinen, wenn sich die allgemeine Bemessungsgrundlage des zu bewertenden Anrechts zwar an einem Durchschnittseinkommen orientiert, dieses Verfahren aber letztlich von der Leistungsfähigkeit des Versorgungsträgers abhängig ist, ist nicht überzeugend, da für die gesetzliche Rentenversicherung (wie die Absenkung des Rentenniveaus durch die Strukturreform der gesetzlichen Rentenversicherung im Jahr 2001 verdeutlicht hat; vgl Köhler DAngVers 2001, 165; Ruland NJW 2001, 3505) nichts anderes gilt.

Dem VersA wird der **Teilbetrag der** als (fiktive) **Rente** wegen Alters berechneten Leistung zugrunde gelegt, der dem Verhältnis der in die Ehezeit fallenden Versicherungsjahre zu den bis zum Ehezeitende insgesamt anzurechnenden Versicherungsjahre entspricht. Berechnungsstichtag ist das Ehezeitende als fiktiver Versicherungsfall. Der Regelung liegt wie dem Vorbild in Abs II Nr 2 der Gedanke zugrunde, daß wegen der rechtlichen Wechselwirkung zwischen den jeweils für die Leistungshöhe maßgebenden Sachverhalten eine isolierte Ermittlung des Anrechts

§ 1587a   Familienrecht   Bürgerliche Ehe

allein auf Grund der auf die Ehezeit entfallenden Sachverhalte regelmäßig nicht zu zutreffenden Ergebnissen führt. Sie sieht daher eine anteilige Zuordnung des Gesamtanrechts zur Ehezeit entsprechend dem Verhältnis der für die Leistungshöhe maßgebenden Bemessungsgrößen zueinander vor. Der in lit d gebrauchte Terminus „Versicherungsjahre" war bereits vor dem RRG 1992 und der darauf beruhenden Änderung von Abs II Nr 2 lediglich als konkretisierungsbedürftiger Pauschalbegriff zu verstehen. Bei Anwendung von lit d ist daher anstelle der „Versicherungsjahre" von den individuell für die Leistungshöhe maßgebenden Rechengrößen (Steigerungszahlen, Wertpunkte etc) auszugehen (Pal/Brudermüller aaO). Das frühere Sondersystem der umlagefinanzierten **hüttenknappschaftlichen Zusatzversicherung** im Saarland wird nur noch für ältere Versicherte und Personen, die am 30. 6. 2002 bereits leistungsberechtigt waren, weitergeführt (§ 1 II iVm §§ 16ff HZvG); diese Anrechte unterliegen wie bisher der Bewertung nach lit d (BGH FamRZ 1984, 573). Die in der neu eingerichteten, kapitalgedeckten Pensionskasse erworbenen oder in diese übergeführten Anrechte unterliegen als Anrechte der betrieblichen Altersversorgung der Wertermittlung nach Abs II Nr 3.

61 **5. Anrechte der privaten Lebensversicherung (Abs II Nr 5). a) Allgemeines.** Dem Ausgleich nach Abs II Nr 5 unterliegen Anrechte, die auf einem privaten Versicherungsvertrag (§§ 1ff, §§ 159ff und §§ 179ff VVG) beruhen, der zur Versorgung des Versicherten eingegangen worden ist. Dies gilt auch für Versicherungsverträge, die der ergänzenden kapitalgedeckten Altersvorsorge iSv § 1 I S 1 AltZertG dienen (Bergschneider FamRZ 2003, 1609 [1612]). Voraussetzung für die Einbeziehung des Anrechts in den VersA ist ein Vertrag, der eine Personenversicherung zum Inhalt hat und bei Eintritt des Versicherungsfalls die Zahlung einer **Zeit- oder Leibrente** (auch als Verrentung einer Leistung aus einer Kapitalversicherung) vorsieht. Erfaßt werden damit insbesondere Anrechte aus einer **Lebensversicherung** (einschließlich der Berufsunfähigkeits-, Berufsunfähigkeitszusatz- und Unfallzusatzversicherung). Bei dieser handelt es sich um eine Personenversicherung, welche – soweit im VersA von Bedeutung – als Erlebensfallversicherung bei Eintritt eines im Voraus bestimmten Ereignisses auf Grund der während der Anwartschaftsphase (zeitlich begrenzt oder unbegrenzt) laufend oder einmalig erbrachten Beiträge die nach den Grundsätzen der Summenversicherung bemessene Versicherungsleistung in Geld erbringt. Die Beiträge haben bei der **kapitalbildenden Lebensversicherung** auf den Erlebensfall die Funktion der individuellen Risikodeckung durch einen Ansparprozeß (§ 341f HGB, §§ 65ff VAG), wobei der neben dem Risiko- und Kostenbeitrag zu leistende Sparbeitrag der verzinslichen Ansammlung des Deckungskapitals dient. Die **Risikoversicherung** beruht auf einem sich mit jeder Versicherungsperiode kontinuierlich erlöschenden und erneuernden Gegenseitigkeitsverhältnis zwischen Beitrag des Versicherungsnehmers und Risikotragung des Versicherers ohne fortwirkenden Versicherungsschutz (der Versicherungsschutz beruht mithin auf dem letzten Beitrag). Durch die Beitragszahlung wird die Anwartschaft auf die zugesagte Leistung aufrechterhalten (BGH FamRZ 1986, 344), ohne daß ein individueller Sparvorgang stattfindet. Der Beitrag wird zur Finanzierung der laufenden Leistungsverpflichtungen der Versichertengemeinschaft und zur Deckung der Verwaltungs- und Abschlusskosten des Versicherers (Risiko- und Kostenbeitrag) eingesetzt. Ein Deckungskapital wird erst bei Eintritt des Versicherungsfalls gebildet; tritt dieser nicht ein, so erlischt die Versicherung. Die Beiträge sind so kalkuliert, daß Teile des gleichbleibenden Beitrags zu Beginn des Versicherungsverhältnisses zur Vorfinanzierung künftiger (risikogemäß höherer) Beiträge dienen (Ritter A Widmung in Freundschaft 1211). Diese Rückstellung ist kein Deckungskapital im Sinne der §§ 174, 176 VVG. Hat sich der Versicherungsschutz nicht bis zum Ehezeitende in einem Leistungsanspruch konkretisiert, so liegt kein im VersA zu berücksichtigender Versorgungswert vor (BGH FamRZ 1986, 344), während die Einbeziehung in den VersA zu erfolgen hat, wenn die bei Ende der Ehezeit gewährte Rente auf Grund eines während der Ehe geleisteten Beitrags zu zahlen ist (BGH FamRZ 1993, 299; Karlsruhe FamRZ 1996, 1554; Koblenz FamRZ 1998, 1365). Die Bewertung erfolgt grundsätzlich auch dann nach Abs II Nr 5 (und nicht hilfsweise nach Abs V), wenn das danach vorgesehene Verfahren – bei noch nicht realisierten Risikoversicherungen – keinen Wert ergibt und das Anrecht nicht in den VersA – und zwar auch nicht in den schuldrechtlichen VersA – einbezogen werden kann (RGRK/Wick Rz 342 mwN). Die selbständige Berufsunfähigkeits- und die Unfallversicherung können nur als Risikoversicherung, die Lebensversicherung kann als Risikoversicherung, als kapitalbildende Versicherung oder als eine Kombination beider Formen durchgeführt werden. Unverfallbare Berufsunfähigkeitsversicherungen im Rahmen betrieblicher Altersversorgung sind immer in den VersA einzubeziehen sind, da der Versicherte in diesen Fällen mit der Arbeits- oder Beitragsleistung arbeitsrechtlich einen dauerhaften Versorgungswert erworben hat (Annas VW 1977, 566 [568]).

62 Die Lebensversicherung kann als **Zusatzversicherung** mit einer Hauptversicherung zu einer Einheit verknüpft werden. Mit der Leibrentenversicherung kann eine Unfall- und eine Berufsunfähigkeits-Zusatzversicherung verbunden werden. Die Unfall-Zusatzversicherung ist eine Todesfallversicherung und damit im VersA irrelevant. Die Berufsunfähigkeits-Zusatzversicherung (BUZ) gewährt bei voller oder teilweiser Berufsunfähigkeit für die Dauer der Leistungsminderung – längstens bis zum 65. Lebensjahr – Beitragsbefreiung für die Hauptversicherung (insoweit unterliegt sie nicht dem VersA; BGH FamRZ 1988, 488 [489]; Koblenz FamRZ 2001, 995) und ggf eine Geldrente. Seit 1990 (vgl Mustergeschäftsplan für die BUZ in VerBAV 1990, 341) kennt auch die BUZ unter einschränkenden Voraussetzungen die Zahlung einer Rückvergütung bei Kündigung oder die Umwandlung in eine beitragsfreie Versicherung. Eine nach diesen Grundsätzen durchgeführte Versicherung ist als kapitalbildende, einen echten Versorgungswert darstellende Versicherung in den VersA einzubeziehen (vgl BGH FamRZ 1994, 559).

63 Ist der Lebensversicherungsvertrag als **Direktversicherung** im Rahmen der betrieblichen Altersversorgung (§ 1 II BetrAVG) abgeschlossen worden, so unterliegt das Anrecht der Bewertung nach Abs II Nr 3 (J/H/Hahne Rz 222; Koblenz FamRZ 2001, 995), es sei denn, der Arbeitnehmer ist aus dem Betrieb ausgeschieden und der Arbeitgeber hat nach § 2 II S 2, III S 2 BetrAVG für die versicherungsvertragliche Lösung optiert (vgl Rz 48) oder die Versorgungszusage ist in Form einer beitragsorientierten Leistungszusage oder einer Beitragszusage mit Mindestleistung (§ 1 II Nr 1, 2 BetrAVG) abgegeben worden (Pal/Brudermüller Rz 97). Eine **Kapitalversicherung**

sieht die Zahlung der Versicherungsleistung als Einmalbetrag oder in Teilbeträgen (zB nach Ablauf des 15., 20., 25. usw Versicherungsjahres) vor und unterliegt nicht dem VersA (vgl im einzelnen § 1587 Rz 3). Diese Anrechte sind – mit ihrem versicherungstechnischen Zeitwert (BGH FamRZ 1995, 1270; 1992, 411 und 1155) – im Rahmen der güterrechtlichen Scheidungsfolgenregelung zu berücksichtigen, also regelmäßig im Zugewinnausgleich (BGH FamRZ 2003, 664; 1995, 1270; 1993, 1303; 1992, 411 und 1155; 1984, 666). Dies gilt nicht für die mit einer Kapitalversicherung verknüpfte rückkauffähige oder bereits zum Leistungsanspruch erstarkte BUZ, soweit diese eine Barrente vorsieht (Karlsruhe FamRZ 1996, 1554; Koblenz FamRZ 1998, 1365); anderenfalls sind sie im VersA nicht zu berücksichtigen (BGH FamRZ 1988, 488).

Anrechte aus Individualversicherungen unterliegen den **Ausgleichsformen des VAHRG**. Im Bereich der Privatversicherung hat die Realteilung Verbreitung gefunden (Ellger FamRZ 1986, 513; Frels VersR 1983, 112). Das frühere BAV (nun: Bundesanstalt für Finanzdienstleistungsaufsicht) hat einen Mustergeschäftsplan für die Realteilung von Rentenversicherungen veröffentlicht (VerBAV 1987, 271).   64

b) Zuordnung der Anrechte. Versicherter iSv Abs II Nr 5 und Inhaber des Anrechts ist der Bezugsberechtigte, der das Hauptrecht aus der Versicherung in Anspruch nehmen kann. Hierbei handelt es sich um den Versicherungsnehmer, wenn kein oder nur ein widerrufliches Bezugsrecht zugunsten eines Dritten (vgl BAG DB 1991, 2242) eingeräumt worden ist, oder ein – spätestens bei Eintritt des Leistungsfalles – unwiderruflich bezugsberechtigter Dritter (vgl BAG DB 1990, 2474; Pal/Brudermüller Rz 98). Die Rentenversicherung muß der Alters- und Invaliditätsversorgung des Versicherten dienen. Hieraus folgt, daß der Bezugsberechtigte mit der Gefahrsperson (das ist derjenige, in dessen Person die Fälligkeitsvoraussetzungen für die vereinbarte Leistung eintreten müssen) identisch zu sein hat. Dies ergibt sich aus der Funktion der in den VersA einbezogenen Anrechte und aus dem Erfordernis ihrer Homogenität (im einzelnen R/K/Klattenhoff Rz V 276.5; aA etwa RGRK/Wick Rz 332). Zur Rentenversicherung auf verbundene Leben vgl R/K/Klattenhoff Rz V 276.7.   65

c) Versorgungszweck. Privatversicherungsanrechte unterliegen dem VersA nur, soweit sie der Versorgung bei gesundheits- oder altersbedingtem Erwerbsunvermögen dienen. Bei einer Pensionsversicherung sind Wertbestandteile, die auf die Hinterbliebenenversorgung entfallen, herauszurechnen (§ 1587 Rz 5). Bei der Frage, ob eine Versorgung wegen Alters iSv § 1587 I vorliegt, ist der Multifunktionalität der Privatversicherung, die nicht im Zusammenhang mit der Teilnahme am Erwerbsleben steht, Rechnung zu tragen; „Kaufpreis-Rentenversicherungen", die deutlich vor dem 60. Lebensjahr zu Leistungen führen, sind vom VersA auszuschließen (Einzelheiten bei § 1587 Rz 5). Private Berufsunfähigkeitsrenten sind auf Kapitaleinsatz beruhende Anrechte wegen verminderter Erwerbsfähigkeit iSv § 1587 I (BGH FamRZ 1993, 299; Koblenz FamRZ 2001, 995; Stuttgart FamRZ 2001, 493), private Pflegerenten(zusatz)versicherungen als mehrbedarfsorientierte Schadensversicherungen jedoch nicht (R/K/Klattenhoff Rz V 273.25). Die – auf Beitragszahlung beruhende – private Unfallversicherung macht die der Versorgung dienende Rentenleistung von einer – abstrakten – Minderung der Erwerbsfähigkeit infolge des Unfalls abhängig. Sie ist daher eine von der Erfüllung einer besonderen Kausalitätsbedingung abhängige Versorgung für den Fall geminderter Erwerbsfähigkeit iSv von § 1587 I (str, wie hier Soergel/Winter Rz 321; Gitter/Hoffmann FS Beitzke S 937 [942]).   66

d) Bewertung. Bei der Wertermittlung ist – bezogen auf das Eheende – zwischen Versicherungen mit fortbestehender Beitragszahlungspflicht und ohne einer solchen (beitragsfreie Versicherung, Einmalbeitrag, Leistungsbezug) zu unterscheiden. Dem Ausgleich unterliegt der Wert, der sich aus dem Deckungskapital (vgl hierzu Rz 74) der während der Ehe erworbenen Rente ohne Berücksichtigung etwaiger nachehelicher Beitragszahlungen ergibt (Pal/Brudermüller Rz 99), während im familienrechtlichen VersA eine Bewertung direkt auf der Basis des Deckungskapitals nach der ausschließlich Dynamisierungszwecken dienenden Regelung des Abs III Nr 1 unzulässig ist (J/H/Hahne Rz 228; Annas VW 1977, 566 [568]). Bei einer **beitragspflichtigen Versicherung** ist dem VersA eine Differenzrente zugrunde zu legen, die sich errechnet, wenn die fiktive beitragsfreie Rente zu Beginn der Ehezeit (die ggf mit dem Wert „Null" anzusetzen ist) von der ebenfalls fiktiven beitragsfreien Rente bei Ehezeitende abgezogen wird. Die beitragsfreie Rente wird nach den Grundsätzen des Privatversicherungsrechts ermittelt (BT-Drucks 7/650, 158). Es handelt sich um die Leistung, die sich ergäbe, wenn das bis zum Stichtag angefallene Deckungskapital nach den anerkannten Regeln der Versicherungsmathematik und dem Geschäftsplan des Versicherers als Einmalbeitrag für eine den vereinbarten Konditionen entsprechende Versicherung gezahlt würde (§ 174 II VVG). Ein sogenannter Storno-Abzug (§ 176 IV VVG) ist nicht vorzunehmen, sofern die Versicherung nicht tatsächlich beitragsfrei gestellt wird (BGH FamRZ 1992, 411 [413]; 1986, 344). Ist die **Beitragspflicht erloschen**, so ist von der versicherten Rente, soweit sie während der Ehezeit durch Beiträge oder versorgungswirksame Überschußanteile erworben worden ist, auszugehen; die Differenzrente ist wie bei beitragspflichtiger Versicherung zu ermitteln. Ist der Versicherungsfall eingetreten und wird bei Ehezeitende bereits Rente gezahlt, so ist für die Ermittlung der Differenzrente von der im Zeitpunkt des Versicherungsfalls zustehenden Rente und dem ihr zugrundeliegenden (höchsten) Deckungskapital auszugehen. Unterliegen Leistungen aus einer **Risikoversicherung** dem VersA (vgl Rz 61), so findet Abs II Nr 5 lit b in Ermangelung eines Deckungskapitals iSv §§ 174, 176 VVG keine Anwendung (BR-Drucks 191/77, 13). Da die Rente ihren Grund im letzten Beitrag vor Eintritt des Leistungsfalls hat, ist das Anrecht in voller Höhe anzusetzen (Gitter/Hoffmann FS Beitzke S 937 [957]; J/H/Hahne Rz 230).   67

6. Atypische Anrechte (Abs V). Mit Abs V wird die Verweisung des § 1587 I S 1 auf den in Abs II enthaltenen Katalog typischer Vorsorgeformen korrigiert und der **Anwendungsbereich des VersA erweitert** (BGH FamRZ 1984, 565; 1981, 856). Die Regelung trägt vor dem Hintergrund unterschiedlicher, mit einem starren Raster nicht präzis erfaßbarer Formen der Alters- und Invaliditätssicherung (insbesondere im internationalen Bereich; vgl BGH FamRZ 1996, 98; 1982, 473; BT-Drucks 7/4361, 40) dem Gebot der Totalerfassung aller Vorsorgegüter, die den   68

§ 1587a Familienrecht Bürgerliche Ehe

materiellen Anforderungen des § 1587 I genügen, Rechnung. Sie hat die Funktion eines Auffangtatbestandes für Anrechte, die weder ihrer Art noch ihrer Berechnungsweise nach zu den in Abs II genannten Versorgungen zählen (BGH FamRZ 1999, 713). In diesen Fällen atypischer Anrechte (BGH FamRZ 1988, 1251) ist es dem FamG gestattet, den auf die Ehezeit entfallenden Wert des auszugleichenden Anrechts in sinngemäßer Anwendung der Absätze II–IV nach billigem Ermessen zu bestimmen. Die Vorschrift ist tatbestandsmäßig positiv und negativ abzugrenzen: Sie erfaßt (nur) solche Vorsorgewerte, die den Anforderungen des § 1587 I genügen, erlaubt also zB nicht den Ausgleich von Kapitalleistungen (BGH FamRZ 1984, 156). Darüber hinaus hat sie nicht die Funktion eines Korrektivs zu den Abs II–IV; soweit diese eine Regelung enthalten, ist Abs V also nicht anzuwenden (BGH FamRZ 1983, 40). Ebenso gestatten es lediglich tatsächliche oder rechtliche Schwierigkeiten bei der Ermittlung und Bewertung eines der in Abs II genannten Anrechte nicht, von Abs V Gebrauch zu machen.

69 Bei **Anwendung von Abs V** ist auf der Grundlage eines Vergleichs des atypischen Anrechts mit den in Abs II genannten Anrechten festzustellen, welche der Bewertungsregelungen am sachnächsten ist. Dieses Bewertungsschema ist nach Maßgabe der Spezifika des auszugleichenden Anrechts zu modifizieren, wobei die Bewertungsgrundsätze der Abs III, VI–VIII beachtet werden müssen (RGRK/Wick Rz 392). Auf der Grundlage von Abs V sind etwa die Anrechte von Zeitsoldaten und Widerrufsbeamten zu bewerten (Rz 10, 12), ferner von Personen in einem öffentlich-rechtlichen Amtsverhältnis (Rz 6), von Regierungsmitgliedern und von früheren Beamten und versorgungsrechtlich gleichstehenden Beschäftigten, deren Nachversicherung nach § 184 II SGB VI aufgeschoben ist (BGH FamRZ 1988, 1253). Nach Abs V zu bewerten sind darüber hinaus Anrechte aus Altersvorsorgeverträgen in Form von Bank- und Investmentfondssparplänen. **Degressive Leistungen** unterliegen auch außerhalb des Anwendungsbereichs von § 3 I Nr 6 S 1 VAÜG dem schuldrechtlichen VersA (BGH FamRZ 1990, 276 und 380; Celle FamRZ 1992, 690; Hamburg FamRZ 1988, 1063).

70 **IV. Umwertung nicht volldynamischer Versorgungsanrechte (Abs III).** Bei der Wertermittlung bleiben **qualitative Unterschiede** der dem VersA unterliegenden Anrechte – insbesondere hinsichtlich des Leistungsspektrums – grundsätzlich unberücksichtigt (BGH FamRZ 1983, 40), können jedoch bei Anwendung der §§ 1587c, 1587h oder im Rahmen der Kapitalwertbestimmung nicht volldynamischer Anrechte Einfluß auf den Ausgleichsanspruch nehmen (Klattenhoff DRV 2000, 685 [689]). Dies beruht im wesentlichen auf Notwendigkeiten der Pauschalierung und Typisierung, die aus Gründen der Praktikabilität auch das Massenverfahren des VersA prägen müssen (Ruland DRV 1984, 415 [420]). Lediglich der jedenfalls bisher besonders gewichtige (vgl Gutdeutsch DRV 2000, 426) und daher bei der Wertermittlung zwingend beachtliche Unterschied einer verschiedenartigen Dynamik ist nach Maßgabe von Abs III – dessen Anwendungsbereich durch Abs IV auf nicht volldynamische Anrechte der betrieblichen Altersversorgung erstreckt wird (vgl Rz 54) – zu berücksichtigen: Anrechte iSv Abs II Nr 4 und V, die nicht wenigstens annähernd entsprechend den in Abs II Nr 1 und 2 genannten Anrechten (gesetzliche Rentenversicherung/Beamtenversorgung) der allgemeinen Einkommensentwicklung folgen, sind danach in ein dynamisches Anrecht umzurechnen und mit diesem Wert im VersA zu berücksichtigen. Hierbei teilen **unselbständige Elemente eines Versorgungsanrechts** (zB die beamtenrechtliche Sonderzuwendung) das Schicksal der Versorgung als Ganzes; ist diese also volldynamisch, so unterbleibt hinsichtlich einzelner Teile eine isolierte Umrechnung (zutreffend BGH FamRZ 2000, 748; 1999, 713 im Anschluß an Kemnade FamRZ 1998, 1363). Darüber hinaus unterliegen unabhängig von ihrer Wertentwicklung Anrechte iSv Abs II Nr 5 wegen der besonderen versicherungstechnischen Struktur der Lebensversicherung immer der Umwertung nach Abs III Nr 1 (Soergel/Häußermann Rz 356), da die dynamische Lebensversicherung (Zuwachs- oder Anpassungsversicherung) als beitragsdynamisch zu definieren ist und damit den Voraussetzungen für ein volldynamisches Anrecht genügen kann. Wechselt ein Anrecht seine Qualität, indem die von einem Stichtag an erworbenen Anrechte – abweichend von den zuvor erworbenen Rechten – volldynamisch sind oder umgekehrt, so ist eine mehrstufige Bewertung vorzunehmen (Nürnberg, München und Bamberg FamRZ 1995, 815, 816 und 1495).

71 Die Umwertung dient dem Ziel, **unterschiedlich dynamische Anrechte** hinsichtlich ihrer Dynamik **einander anzugleichen**, um sie mit ihrem wirklichen wirtschaftlichen Wert zum Ausgleich zu bringen (BGH FamRZ 1985, 1119 [1120]; 1983, 40 [41]; BT-Drucks 7/4361, 39; BR-Drucks 191/77, 11). Das Erfordernis einer Umwertung nicht volldynamischer Anrechte ergibt sich uneingeschränkt jedoch nur für den **öffentlich-rechtlichen VersA** durch Übertragung oder Begründung von Rentenrechten, da hier entweder unterschiedlich dynamische Anrechte beider Ehegatten miteinander zu verrechnen sind oder dem Ausgleichsberechtigten zum Ausgleich eines nicht volldynamischen Anrechts des Verpflichteten ein Anrecht in der gesetzlichen Rentenversicherung gutzubringen ist. Im schuldrechtlichen VersA ist eine Dynamisierung jedoch im allgemeinen entbehrlich (§ 1587g Rz 4). Von ihr ist auch bei einer Realteilung nicht volldynamischer Anrechte abzusehen, wenn eine Verrechnung mit Anrechten, die einer anderen Dynamik unterliegen, nicht stattfindet (BGH NJW-RR 1989, 1026 [1028]; Stuttgart FamRZ 1999, 925).

72 Das Gesetz nimmt in Abs III die regeldynamischen (also *nicht* in § 1 II, III VAÜG definierten) Anrechte der gesetzlichen Rentenversicherung und der Beamtenversorgung zum **Vergleichsmaßstab** für eine volldynamische Versorgungsentwicklung und bedient sich hierbei eines stark pauschalierenden Prüfschemas, da die Vergleichsanrechte systembedingt unterschiedlich angepaßt werden (Einzelheiten bei Klattenhoff DRV 2000, 685 [690f]). Anrechte der gesetzlichen Rentenversicherung sind (während der Anwartschafts- und Leistungsphase) dynamisch, weil sie unter Berücksichtigung von Belastungsveränderungen für den Altersvorsorgeaufwand der Entwicklung des Bruttodurchschnittsentgelts im früheren Bundesgebiet folgen (§§ 65, 228b und §§ 68, 255e SGB VI; vgl Langen DAngVers 2001, 239). Entsprechendes gilt für Anrechte der Beamtenversorgung, weil sie sich grundsätzlich aus den aktuellen (ihrerseits dynamischen, vgl § 14 BBesG) ruhegehaltfähigen Bezügen grundsätzlich des letzten Amtes (§ 5 BeamtVG) errechnen und die laufenden Versorgungsbezüge den Bezügen der aktiven Beamten folgen (§ 70 I BeamtVG), wobei die der Dämpfung der Dynamik dienenden Maßnahmen durch das Versorgungsände-

§ 1587a

rungsgesetz 2001 zu berücksichtigen sind (§ 69e III–IV BeamtVG; vgl hierzu Lümmen/Grunefeld ZTR 2002, 210). Ein Anrecht in der **Anwartschaftsphase** ist volldynamisch, wenn seine Wertsteigerung bis zum Leistungsfall und während der anschließenden Leistungsphase nach der tatsächlichen Praxis des Versorgungsträgers (BGH FamRZ 1999, 218; 1997, 166) mit der Entwicklung von Anrechten aus *einem* der in Abs III genannten Systeme (Vergleichsanrechte) annähernd Schritt hält (BGH FamRZ 1992, 1051; 1989, 844; 1983, 40); nach Dauer und/oder Umfang geringfügige Abweichungen sind unbeachtlich (BGH FamRZ 1997, 166; 1992, 1052; 1985, 1119). Bei Prüfung der Dynamik ist darauf abzustellen, ob die regelmäßigen (jedoch nicht unbedingt jährlichen, vgl Karlsruhe FamRZ 2002, 1568) Anpassungen des zu bewertenden Anrechts in der Vergangenheit längerfristig denen eines der Vergleichsanrechte mindestens annähernd gleichkamen und ob dies auch für die Zukunft nach den für die Versorgung maßgebenden Umständen (vgl hierzu BGH FamRZ 1985, 1119 [1121]) ausreichend sicher zu erwarten ist (BGH FamRZ 2002, 1554; 1983, 40). Hierbei steht der Annahme einer volldynamischen Wertentwicklung nicht entgegen, wenn die Anpassungen auf Überschußerträgen beruhen (BGH FamRZ 2002, 1554; 1997, 166; 1992, 1051 mit nicht recht überzeugender Abgrenzung von der Behandlung der Dynamik aus Überschüssen bei deckungskapitalbezogenen Anrechten in BGH FamRZ 1991, 310 [312] und BGH NJW-RR 2002, 289; kritisch auch Hamburg FamRZ 2001, 999 [1000]). Das FamG hat insoweit in Konkretisierung von § 12 FGG eigene **aktuelle Feststellungen** zu treffen und darf sich nicht lediglich darauf beschränken, ungeprüft an frühere Entscheidungen anzuknüpfen (BGH FamRZ 1998, 424; 1996, 481). Zu den bisherigen Anpassungszeitpunkten und -volumina der Vergleichsanrechte vgl Gutdeutsch FamRZ 1994, 612 mit Tabelle, ergänzt in FamRZ 2003, 314. Bei einer Gesamtversorgung kommt es auf deren Ausgestaltung – nicht auf die der Einzelanrechte – an (BGH FamRZ 1991, 174) und bei einem bereits realisierten **Leistungsanspruch** auf die Verhältnisse (ausschließlich) während der Leistungsphase an (BGH FamRZ 1997, 161; 1992, 47; Celle FamRZ 1993, 208).

73 Ein **Indiz** für die Beurteilung der Dynamik eines Anrechts in der Anwartschaftsphase ist das **Finanzierungsverfahren**. Bei Anrechten, die im Umlageverfahren oder offenen Deckungsplanverfahren finanziert werden, kann regelmäßig von einer dynamischen Versorgungsentwicklung ausgegangen werden (BGH FamRZ 1991, 1420; Düsseldorf FamRZ 1996, 1483; Heubeck/Zimmermann, BB 1981, 1225 [1230]), während Anrechte, die im Anwartschaftsdeckungsverfahren finanziert werden, nicht volldynamisch sind (BGH FamRZ 1992, 1051). Die in Abs III genannten Vergleichsanrechte unterliegen auf Grund überindividueller Entwicklungen und ohne weiteren Mitteleinsatz des Versorgungsinhabers einer Wertsteigerung. Hieraus folgt, daß **beitragsdynamische Anrechte**, bei denen eine Erhöhung der Beiträge nach dem Äquivalenzprinzip eine Erhöhung der zu erwartenden Leistungen bewirkt, nicht als volldynamisch angesehen werden können (BGH FamRZ 2002, 1554; 1996, 481; 1987, 361; 1988, 488; 1985, 1119). Dies gilt im Ergebnis auch für (preisdynamische) Anrechte, die der Entwicklung der Lebenshaltungskosten folgen (BGH FamRZ 1995, 88; 1985, 1119 und 1235). Preisdynamisch sind insbesondere Renten aus der betrieblichen Altersversorgung, die (abgesehen von Beitragszusagen mit Mindestleistung und Leistungen auf Grund von Auszahlungsplänen einschließlich Restverrentung) nach § 16 BetrAVG grundsätzlich im 3-Jahres-Rhythmus der Anpassungsprüfungspflicht unterliegen (BGH FamRZ 1991, 1421; 1985, 1235; Dörr/Hansen NJW 2001, 3230 [3235]; aA neuerdings Glockner FamRZ 2003, 1233 [1235]). Zu endbezügeabhängigen und deswegen (etwa bei tarifgebundenen Entgelten) dynamischen Anrechten der **betrieblichen Altersversorgung** vgl Rz 48.

74 Das nicht volldynamische Anrecht ist – jedenfalls bei Anrechten außerhalb der betrieblichen Altersversorgung (Rz 54) – vorrangig auf der Basis des individuell gebildeten Deckungskapitals umzuwerten. Fehlt es für einen nicht nur geringfügigen Teil der Leistungen an einem individuellen Deckungskapital (zB dann, wenn Anpassungen aus dem kollektiven Beitragsaufkommen finanziert werden), ist eine deckungskapitalbezogene Umwertung nicht möglich (BGH FamRZ 1992, 165 [167]). **Deckungskapital** ist der während der Anwartschaftszeit „angesparte" Betrag, der sich aus den (verzinsten) Beiträgen einschließlich etwaiger Überschüsse ergibt, vermindert um den Risikoanteil der Beiträge sowie um die Verwaltungskosten (BGH FamRZ 1992, 165; 1989, 155; BT-Drucks 11/8367, 3); zur Bereinigung um Deckungsmittel für eine Hinterbliebenenversorgung vgl § 1587 Rz 5 und Bergner SozVers 2001, 9. Für die übrigen nicht volldynamischen Anrechte sieht Abs III Nr 2 deren Dynamisierung auf der Grundlage ihres Barwerts vor, der verbindlich der – seit ihrer am 1. 1. 2003 in Kraft getretenen Novellierung wieder anzuwendenden (vgl Rz 76) – BarwertV zu bestimmen sein soll. Die Umwertung erfolgt auf der Basis des nach den vorstehenden Grundsätzen ermittelten Kapitalwerts des auszugleichenden Anrechts und der **Rechnungsgrundlagen der gesetzlichen Rentenversicherung** (Klattenhoff DRV 2000, 685 [696]), indem die Regelaltersrente der Rentenversicherung der Arbeiter und der Angestellten errechnet wird, die sich ergäbe, wenn der Kapitalwert bei Ende der Ehezeit als Beitrag in die Rentenversicherung der Arbeiter und Angestellten eingezahlt würde. Technisch dienen der Umrechnung die gemäß § 187 III S 3 SGB VI vom BMGS im BGBl I bekanntgegebenen (bis 2001 durch RechtsVO festgestellten) **Rechengrößen** zur Durchführung des VersA, mit denen aus dem Kapitalwert des nicht volldynamischen Anrechts Entgeltpunkte – das Gesetz sieht die Ermittlung von angleichungsdynamischen Anrechten auf der Grundlage von Entgeltpunkten (Ost) nicht vor (vgl Brandenburg FamRZ 2003, 534; 2001, 489; Thüringen FPR 2002, 12) – errechnet werden (Rundung nach § 121 I, II SGB VI). Die Entgeltpunkte werden sodann mit dem bei Ehezeitende geltenden aktuellen Rentenwert multipliziert (gerundet nach § 121 II, § 123 I SGB VI), um zu der in die Ausgleichsbilanz einzustellenden fiktiven Regelaltersrente zu gelangen. Bei einem Ehezeitende vor 1992 ist in Ermangelung amtlich festgestellter Rechengrößen von den von der BfA in (bedenklicher) rückwirkender Anwendung seit 1992 geltenden Rechts des SGB VI ermittelten Werten auszugehen (BGH FamRZ 1993, 294; aA Klattenhoff FamRZ 1992, 896; FuR 1992, 233). Die für die Zeit bis 2001 auf der Grundlage von **DM** festgestellten Rechengrößen können auch unter der Geltung der neuen Währung ab 2002 weiter angewendet werden (Schreiben des BMJ vom 30. 5. 2001, FamRZ 2001, 1201). Die Rechengrößen zur Durchführung des VersA sind jeweils zusammenfassend dokumentiert in FamRZ 2003, 214 und DAngVers 2003, 106.

§ 1587a Familienrecht Bürgerliche Ehe

75 Die Verwendung rentenversicherungsspezifischer Rechengrößen bewirkt über den Ausgleich von Dynamikunterschieden hinausgehende Nominalwertveränderungen des auszugleichenden Anrechts, die sich aus den unterschiedlichen Rechnungsgrundlagen des rentenversicherungsexternen, nicht volldynamischen Sicherungssystems einerseits und der gesetzlichen Rentenversicherung andererseits erklären (Klattenhoff DRV 2000, 685 [688, 696f]; überzeugend auch Bergner NJW 2002, 260 [261]). Sie werden gerechtfertigt durch die rechtspolitisch und auch verfassungsrechtlich ausreichend legitimierte Einbeziehung des Berechtigten in die gesetzliche Rentenversicherung, die aus Gleichbehandlungsgründen anhand der spezifischen Vorgaben des Rentenversicherungsrechts erfolgen muß. Die Heranziehung rentenversicherungsrechtlicher Rechnungsgrundlagen begegnet daher jedenfalls dann **keinen verfassungsrechtlichen Bedenken,** wenn das umzuwertende Anrecht auf Seiten des Verpflichteten zu berücksichtigen und der auf dieses Anrecht gestützte Ausgleichsanspruch in der gesetzlichen Rentenversicherung zu erfüllen ist (BGH FamRZ 2001, 1695 mit Anm Kemnade im Anschluß an Klattenhoff DRV 2000, 685 [702]; kritisch Bergner FamRZ 2002, 218 und NJW 2002, 260). Dagegen kann es dem gesetzlichen System der Umwertung nicht volldynamischer Anrechte in anderen Fällen an einer den verfassungsrechtlichen Anforderungen genügenden, über den Gedanken eines einheitlichen Bewertungsmechanismus hinausgehenden Legitimation fehlen (Klattenhoff aaO [708]; insoweit offener BGH aaO [1697f], der allerdings eine Korrektur im Rahmen von § 1587c Nr 1 für erforderlich hält). Während dieses Strukturproblem von vornherein dem Mechanismus des § 1587a III, IV immanent war (hierzu grundlegend Morawietz 20ff), beruhen weitere Verzerrungen auf einer Veränderung der dem Umwertungssystem 1977 zu Grunde gelegten volkswirtschaftlichen Rahmenbedingungen. Die Umwertung basiert auf der Annahme eines langfristigen Gleichklangs zwischen Zins und Einkommensdynamik (Zimmermann, Der VersA bei betrieblicher Altersversorgung, 1978, 388; Klattenhoff/Schmeiduch FamRZ 2003, 409), der allerdings seit den 80er Jahren des vergangenen Jahrhunderts nicht mehr sichergestellt ist (Riedel/Haueisen OLGRp 2003 K 14, 29; Klattenhoff/Schmeiduch aaO). Aus der gedämpften Einkommensdynamik als Fortschreibungsmaßstab der Vergleichsversorgungen iS von § 1587a III folgt eine ungenügende versorgungsausgleichsrechtliche Erfassung des tatsächlichen Werts der auf der Basis einer (fiktiven) Kapitalmarktrendite abgezinsten, nicht volldynamischen Versorgungsanrechte.

76 Der **Barwert** verkörpert den Gegenwartswert aller nach statistischer Wahrscheinlichkeit künftig anfallenden Leistungsverpflichtungen in Abhängigkeit von Leistungsspektrum, Zins und Biometrie (vgl BGH FamRZ 1992, 165 [166]; 1983, 40 [43]; BFH NJW 1998, 3519 [3520]; BFHE 130, 372 [375]; 194, 191 [194]; BFH BetrAV 2001, 685; BAG NZA 2002, 851) und entspricht damit versicherungsmathematisch dem individuell zu ermittelnden (BGH FamRZ 1991, 310; Frankfurt FamRZ 1984, 1024) Deckungskapital (BGH FamRZ 1992, 165 [166]). Dieser Kapitalwert ist verbindlich nach dem Raster der BarwertV und mit Hilfe der den Tabellen zur BarwertV zu entnehmenden Faktoren zu ermitteln (BGH FamRZ 2003, 1639; 1991, 1421 [1424]). Das Ausschließlichkeitsprinzip, niedergelegt in § 1 III BarwertV, beruht darauf, daß das Verfahren des VersA bei den von § 1587a III Nr 2, IV erfaßten Massenversorgungen aus Gründen einer einheitlichen und einfachen Rechtsanwendung auf Typisierungen auf der Basis legislatorisch legitimierter Wertungen zugeschnitten ist (BR-Drucks 198/03, 10; ebenso BGH NJW-RR 2002, 289). Die nunmehr maßgebenden Faktoren der BarwertV beruhen auf der am 1. 1. 2003 in Kraft getretenen Zweiten Verordnung zur Änderung der BarwertV vom 26. 5. 2003 (BGBl I 728). Die für die Faktoren des früheren Rechts maßgebenden **biometrischen Rechnungsgrundlagen** sind vom BGH mit einer Entscheidung vom 5. 9. 2001 (FamRZ 2001, 1695 mit Anmerkung Kemnade; hierzu Gutdeutsch BGHRp 2001, 916) **beanstandet worden,** weil sie infolge neuerer statistischer Ergebnisse veraltet waren – insbesondere der veränderten Sterblichkeit der Erwerbsbevölkerung (vgl Heubeck/Engbrocks BetrAV 2003, 128) nicht Rechnung trugen – und damit eine den tatsächlichen Verhältnissen angemessene Bestimmung des Barwerts nicht sicherstellen konnten. Mit seiner Entscheidung griff der BGH (nur) teilweise zuvor in der Wissenschaft (insbesondere Gutdeutsch/Glockner FamRZ 1999, 896; Bergner FamRZ 1999, 1487; differenzierend Klattenhoff DRV 2000, 685; FamRZ 2000, 1257) und in der obergerichtlichen Rspr (insbesondere München FamRZ 1999, 1432) erhobene Bedenken auf, die neben Spezifika der BarwertV auch grundsätzliche Einwände gegen die Umwertungsmethode des Abs III zum Gegenstand hatten. Er lehnte es aber ab, der Barwertbestimmung in der Literatur veröffentlichte „Ersatztabellen" (Glockner/Gutdeutsch FamRZ 2000, 271) zugrundezulegen (vgl auch BGH FamRZ 2002, 608, 1401 und 1402), sondern forderte den Normgeber auf, die BarwertV bis zum 31. 12. 2002 an die geänderten Verhältnisse anzupassen. Bis zu diesem Zeitpunkt sollte die – verfassungswidrige (so zutreffend Oldenburg FamRZ 2002, 1408) – VO aus Gründen der Rechtssicherheit und -einheit (insbesondere Oldenburg FamRZ 2001, 491; Zweibrücken FamRZ 2001, 495) für die Anwartschaftsbewertung weiter anzuwenden sein, während beim Ausgleich bereits realisierter Versorgungsansprüche (nicht nur im Erstverfahren über den VersA, sondern auch in Bezug auf bereits früher geregelte Sachverhalte; vgl Bergner NJW 2002, 260 [266]) uU eine individuelle Barwertermittlung vorzunehmen war. Als Reaktion auf die Appellentscheidung des BGH hatte sich das BMJ zunächst dafür ausgesprochen, von einer Überarbeitung der BarwertV abzusehen. Eine solche Maßnahme schien dem BMJ angesichts fehlender belastbarer, langfristig ausgerichteter Parameter für eine (versicherungsmathematisch und rechtlich gebotene) grundsätzliche Überarbeitung der BarwertV bei wertender Betrachtung und realistischem Ansatz aller auf den Kapitalwert eines Anrechts Einfluss nehmender Bestimmungsgrößen nicht vertretbar. Es sprach sich daher als Alternative zu einer Fortschreibung der Strukturen des geltenden Rechts für eine partielle und zeitlich begrenzte Erweiterung des schuldrechtlichen VersA aus (vgl hierzu vor § 1587 Rz 8). Mit diesem Konzept sollte eine verfahrensökonomische, praktikable und in ihren rechtspolitischen Ergebnissen akzeptable Vorschaltregelung zu einer grundlegenden Neuordnung des Rechts des VersA geschaffen werden (vgl Klattenhoff/Schmeiduch FamRZ 2003, 409; Riedel/Haueisen OLGRp 2003 K 14, 29). Das Unbehagen an der Methode und den Wirkungen des Ausgleich nicht volldynamischer Anrechte beruht nämlich nicht auf spezifischen Mängeln der BarwertV (Klattenhoff DRV 2000, 685 [696f]. Eine bloße Aktualisierung der BarwertV ist also ungeeignet, die Strukturprobleme des VersA zu lösen, sondern schreibt Mängel des bestehenden Ausgleichssystems fort (das dies mit der Zweiten Verordnung zur Änderung der BarwertV gleichwohl geschehen ist, beruht ausschließlich auf pragmatischen, den Charakter typischen Übergangsrechts prägenden Erwägungen; vgl vor § 1587 Rz 8). Von der Bundesregierung ist daher eine **Strukturreform** des VersA in Aussicht gestellt worden (vgl die vom BGH zitierte Stellungnahme des BMJ, FamRZ 2001, 1695 [1699]; Bundesjustizministerin Zypries am 13. 2. 2003 vor dem Deutschen Bundestag, Plenarprotokoll 15/ 25, 1983D; BT-Drucks 15/953, 4; BR-Drucks 198/03, 11. Ein erster Schritt ist mit einer rechtswissenschaftlichen Untersuchung gemacht worden (kurz dargestellt bei Bergner FamRZ 1999, 1487 [1489]). Diese hat sich für ein flexibel ausgestaltetes, die Autonomie privater Versorgungsträger berücksichtigendes und möglichst kostenneutrales System der obligatorischen Realteilung nicht volldynamischer Anrechte ausgesprochen (vgl Klattenhoff aaO [702, 709]; Empfehlungen des 14. DFGT, FamRZ 2002, 296 [298]), das eine Alternative zu einem ebenfalls denkbaren Ausbau des – um weitere Sicherungen zugunsten des Berechtigten verstärkten – schuldrechtlichen VersA sein könnte (hierfür bereits früher Morawietz 71ff; Lohmann DRV 1985, 577 [584]; Heubeck DRV 1985, 603 [606]; Körber und Laskowski „Zur Sache" 2/76, 64, 112, 148; zurückhaltend bejahend auch FamK/Wagenitz Rz 11 aE). Hierbei sind Lösungsmöglichkeiten in Anlehnung an das in der Schweiz entwickelte Modell eines zivilrechtlichen Ausgleichs in der Beruflichen Vorsorge (BV) erworbener Anrechte denkbar (vgl hierzu Reusser FamRZ 2001, 595 [600]). Bis zur Bereinigung der Strukturprobleme des VersA ist der öffentlich-rechtliche Ausgleich nicht volldynamischer Anrechte, denen kein individuelles Deckungskapital zu Grunde liegt, auf der Basis der novellierten BarwertV vorzunehmen, die provisorischen Charakter hat und sich als Zwischenschritt zur Strukturreform versteht (BGH FamRZ 2003, 1639; Riedel/Haueisen OLGRp 2003 K 14, 29). Die **BarwertV** ist im **Anh § 1587a** abgedruckt und kurz erläutert.

V. Zusammentreffen verschiedener Anrechte. 1. Grundsätze. Im Prinzip bleibt es auf die **Bewertung eines Anrechts ohne Einfluß,** wenn dieses im Leistungsfall zwar dem Grunde nach – dh als Stammrecht (zu diesem Begriff vgl BSG SozR 3–2600 § 263 Nr 1) – vorliegt, jedoch nicht (voll) realisiert werden kann, weil der Grundanspruch nur zu einer ganz oder teilweise **ruhenden Einzelleistung** führt (Hamm FamRZ 1980, 373; München FamRZ 1980, 1025). Nach Abs VI – der bei allen Ausgleichsformen zur Anwendung gelangt (BGH FamRZ 1996, 98) – gilt dies jedoch nicht, wenn ein dem VersA unterliegendes Anrecht unter Berücksichtigung einer Höchstgrenze oder auf Grund einer Anrechnungsregelung wegen des Zusammentreffens mit einem anderen Anrecht ruht. In diesen Fällen miteinander konkurrierender Anrechte ist im VersA von dem sich nach Anwendung der versorgungsrechtlichen Antikumulationsregelung ergebenden Betrag auszugehen. Allerdings hat dies weiter zur Voraussetzung, daß das zum Ruhen des Leistungsanspruchs führende Anrecht seiner Art nach ebenfalls dem VersA unterliegt und – nach den Maßstäben der Abs II und V – während der Ehezeit erworben worden ist (BGH FamRZ 2000, 749; 1988, 273; 1986, 563; 1983, 358 und 1005; BT-Drucks 7/650, 158). Hieraus folgt etwa, daß ein Ruhen der Versorgung aufgrund einer Einmalleistung als Surrogat (vgl etwa § 55 I S 2 Nr 3 und S 3, § 56 III BeamtVG) unberücksichtigt bleibt, da beide Leistungen kein nach § 1587 I auszugleichendes Anrecht darstellen. Zur Abstimmung mit dem Ehegüterrecht vgl R/K/Klattenhoff Rz V 191. Der Einschränkung, ein Ruhen der (künftigen) Versorgung nur dann bei der Wertermittlung zu berücksichtigen, wenn es auf Anrechten beruht, die ihrerseits während der Ehezeit erworben worden sind (vgl BGH FamRZ 2000, 749), liegt die Überlegung zugrunde, daß das Stammrecht auf das auszugleichende Anrecht während der Ehe erworben worden ist, so daß es nicht gerechtfertigt ist, dem Ehegatten des Versorgungsinhabers ein Ruhen der Versorgung wegen nicht in der Ehezeit erworbener anderweitiger Versorgungsanrechte entgegenzuhalten (Saar S 325f).

Die Bewertungsregelung des Abs VI erfaßt unmittelbar – und zwar bereits bei der Bewertung noch im Anwartschaftsstadium befindlicher Anrechte – die Regelungen des **öffentlichen Dienstrechts** über die Begrenzung der Versorgungsansprüche bei einem Zusammentreffen mit Ruhestandsbezügen aus einer weiteren Verwendung im öffentlichen Dienst (§ 54 BeamtVG), aus einer internationalen Verwendung (§ 56 BeamtVG) und bei Zusammentreffen mit funktionsgleichen Renten aus der gesetzlichen Renten- und Unfallversicherung, der Zusatzversorgung des öffentlichen Dienstes oder Kapital- oder Rentenleistungen aus einer berufsständischen Versorgungseinrichtung oder privaten Lebensversicherung („befreiende Lebensversicherung"), wenn der Arbeitgeber an den Beiträgen wenigstens zur Hälfte beteiligt war (§ 55 BeamtVG). Die genannten Antikumulationsregelungen dienen der Vermeidung von Überversorgungen, die sich insbesondere bei Mischlaufbahnen ergeben können (BVerfG NVwZ 1982, 429; BVerwG NVwZ 1985, 422; BVerwG 74, 285 [287]). Sie sollen die dem Beamten zufließende Gesamtversorgung aus wenigstens zwei Teilleistungen auf den Betrag zu begrenzen, den er als Höchstversorgung allein aus dem zuletzt ausgeübten Amt beanspruchen könnte (BVerfG 76, 256 [298]; BVerwG NVwZ 1985, 422). Mit Abs VI werden dagegen nicht die Fälle des Zusammentreffens von Versorgungsbezügen mit Erwerbs- und Erwerbsersatzeinkommen (§ 53, § 66 VII BeamtVG) erfaßt, da es sich bei dem zum Ruhen der Versorgung führenden Einkommen nicht um Leistungen aus einem dem VersA unterliegenden Anrecht handelt. Die Regelung stellt darüber hinaus für **sämtliche Anrechte, die dem VersA unterliegen,** klar, daß bei einem Zusammentreffen verschiedener Versorgungen, von denen jede einzelne im Grundsatz auszugleichen ist, die einschlägigen Anrechnungs- und Ruhensvorschriften im Rahmen der Wertermittlung zu berücksichtigen sind (Bergner VersA S 120). Daher sind etwa die Wirkungen von § 29 IV, VI AbgG oder § 129 ALG zu berücksichtigen, während Minderungen der Rente aus der gesetzlichen Rentenversicherung, die sich wegen des Zusammentreffens mit einer **Verletztenrente** aus der gesetzlichen Unfallversicherung ergeben, ohne Einfluß auf die Wertermittlung bleiben (vgl Rz 29). Im Rahmen von Abs VI kommt es bei der Bewertung von Anwartschaften – entsprechend Abs VII – nicht darauf an, ob der Inhaber des im Leistungsfall ruhenden Anrechts die für die Inanspruchnahme der anderen Versorgung maßgebende **Wartezeit** erfüllt hat (BGH FamRZ 1983, 358). Wird die Wartezeit für die anderweitige Versorgung doch nicht erfüllt und ist das Anrecht damit zu niedrig bewertet worden, so kommt eine Abänderung der Entscheidung über den VersA nach § 10a VAHRG in Betracht (BGH FamRZ 1988, 273; grundsätzliche Kritik bei Bergner DRV 1985, 636 [648f]).

§ 1587a
Familienrecht Bürgerliche Ehe

79 **2. Die Antikumulationsregelungen im einzelnen. a) Zusammentreffen mehrerer Versorgungsbezüge (§ 54 BeamtVG).** Um eine Doppelalimentierung des Ruhestandsbeamten bei Kumulation gleichartiger Versorgungen iSv Abs VI Hs 1 zu vermeiden, bestimmt § 54 BeamtVG (Übergangsrecht: § 85 VI BeamtVG), daß Anspruch auf Ruhegehalt aus einer früheren Verwendung im öffentlichen Dienst (§ 53 VIII BeamtVG) nur insoweit zusteht, als die Summe der Versorgungsbezüge aus dem letzten Amt und aus der früheren Verwendung die in § 54 II S 1 Nr 1 BeamtVG bezeichnete Höchstgrenze nicht überschreitet. Höchstgrenze ist das Ruhegehalt, das sich nach dem auf das frühere Anrecht anzuwendenden Recht auf der Grundlage der aus der früheren und der neuen Verwendung errechneten ruhegehaltfähigen Dienstzeit und der ruhegehaltfähigen Dienstbezüge der Besoldungsgruppe, aus der sich das frühere Ruhegehalt errechnet, ergibt. § 54 BeamtVG ist bei der Wertermittlung mit folgenden **Maßgaben** anzuwenden: Zur Bestimmung der früheren Versorgung ist zu unterstellen, daß in dem Zeitpunkt, in dem die Erweiterungszeit (Abs II Nr 1 S 2) endet, der Versorgungsfall eintritt, wenn der Beamte noch keinen Leistungsanspruch realisiert hat; hilfsweise ist das Anrecht aus dem früher begründeten Dienstverhältnis das für die Bestimmung der Höchstgrenze maßgebliche ältere Anrecht (Saar S 313). Die ruhegehaltfähigen Dienstbezüge sind um familienstandsbezogene Bestandteile zu bereinigen (Abs VIII) und auf der Grundlage der Endstufe der für die Berechnung maßgebenden Besoldungsgruppe (und nicht der bei Ehezeitende erreichten Stufe des Grundgehalts) zu berücksichtigen (Saar S 314). Die auf Grund des neuen Dienstverhältnisses erworbene Anwartschaft des noch nicht versorgungsberechtigten Ehegatten ist auf die Regelaltersgrenze hochzurechnen. Bei der Bestimmung der gesamten ruhegehaltfähigen Dienstzeit ist bei Anwartschaften die Erweiterungszeit unter Ausschluß von Doppelanrechnungen zu berücksichtigen (Pal/Brudermüller Rz 115).

80 Das Ergebnis aus der Anwendung von Abs VI Hs 1 ist in die Berechnung nach Abs II Nr 1 einzustellen. Da die zusammentreffenden Versorgungsanrechte gleichartig sind und einem einheitlichen Bewertungsschema unterliegen, bereitet die **Ermittlung des Ehezeitanteils** der wie eine Gesamtversorgung zu erfassenden Anrechte keine Probleme. Die aus der neuen (in voller Höhe zu gewährenden) und der früheren (ruhenden) Versorgung oder Versorgungsanwartschaft gebildete Summe wird im Verhältnis der insgesamt in die Ehe fallenden ruhegehaltfähigen Dienstzeiten zur Gesamtdienstzeit aus allen Dienstverhältnissen quotiert, wobei Doppelanrechnungen unterbleiben (streitig, wie hier J/H/Hahne Rz 79; RGRK/Wick Rz 404; Bergner VersA S 121).

81 **b) Zusammentreffen mit Renten (§ 55 BeamtVG).** § 55 BeamtVG regelt das Zusammentreffen ungleichartiger, aber funktionsgleicher Anrechte (vgl Plagemann NVwZ 1985, 885; Kümmel RiA 1984, 80) und ist gemäß Abs VI Hs 2 im VersA zu berücksichtigen. Die – zugunsten von Beamten, deren Dienstverhältnis vor 1966 begründet worden ist, übergangsrechtlich (Art 2 § 2 III des 2. HStruktG vom 22. 12. 1981, BGBl I 1523) ergänzte – Regelung limitiert den Versorgungsanspruch beim Zusammentreffen mit Ruhegehalt mit einer im Sicherungsziel entsprechenden Rente aus der gesetzlichen Rentenversicherung oder einer gleichstehenden Leistung aus einem anderen Sicherungssystem iSv § 55 I S 2 Nr 2–4 BeamtVG einschließlich einer an die Stelle dieser Renten tretenden Surrogatleistung (§ 55 I S 3–5 BeamtVG). Renten, die auf freiwilliger Versicherung (einschließlich Höherversicherung) in der gesetzlichen Rentenversicherung oder bei einem anderen Leistungsträger beruhen, bleiben unberücksichtigt, es sei denn, der Arbeitgeber hat die Beiträge wenigstens zur Hälfte getragen (§ 55 IV BeamtVG; vgl hierzu BGH FamRZ 1995, 413; 1988, 49 und BVerwG ZBR 1995, 376). Unberücksichtigt bleiben auch Zu- und Abschläge auf Grund eines **VersA** nach § 1587b sowie § 1 VAHRG. Das Ruhegehalt wird nur insoweit gewährt, als die aus der anderweitigen Leistung und dem Ruhegehalt gebildete Summe den nach § 55 II Nr 1 BeamtVG (Übergangsrecht: § 85 VI BeamtVG) maßgebenden **Höchstbetrag** nicht überschreitet. In dem Höchstbetrag drückt sich als fiktive Vollversorgung das versorgungsrechtliche Äquivalent für die Lebensarbeitsleistung des Ruhestandsbeamten aus, wenn dieser nur einem Versorgungssystem angehört hätte, und zwar dem grundsätzlich zuletzt zuständigen System der Beamtenversorgung, nach deren Grundsätzen die Gesamtversorgung als Summe aus Beamtenversorgung und Rente bestimmen soll (R/K/Klattenhoff Rz V 201f).

82 Jedes der bei Anwendung von Abs VI Hs 2 zu berücksichtigenden Anrechte ist entsprechend seiner Typik auf der Grundlage des nach Abs II, V maßgebenden Bewertungsverfahrens zu erfassen (BGH FamRZ 1983, 385 und 1005; München FamRZ 1981, 686). Die **Wirkungen der Ruhensregelung** sind im VersA – nach einer Modifikation der langjährigen, in ihren Konsequenzen jedoch im Streit gebliebenen (vgl München FamRZ 1996, 740; Hoppenz FamRZ 1983, 466; Saar S 319ff) Rspr des BGH – wie folgt zu bestimmen (grundlegend: BGH FamRZ 2000, 746; 1984, 565; 1983, 385; vgl auch Saar S 321f): Ermittlung des Gesamtruhensbetrages (= durchschnittlicher monatlicher Ruhensbetrag der gesamten Beamtenversorgung) durch Abzug des Höchstbetrages von der aus dem vollen (fiktiven) Ruhegehalt und sämtlichen Rentenanrechten errechneten Summe. Sodann Ermittlung des ehezeitbezogenen Ruhensbetrages, indem der Gesamtruhensbetrag nach dem Verhältnis der ehezeitlich erworbenen Entgeltpunkte zu den insgesamt erworbenen Entgeltpunkten quotiert wird, gegebenenfalls getrennt nach Entgeltpunkten und Entgeltpunkten (Ost). In einem weiteren Schritt ist der Ehezeitanteil der vollen Beamtenversorgung nach dem Zeit/Zeit-Verhältnis des Abs II Nr 1 S 3 zu ermitteln. Zuletzt ist der ehezeitbezogene Ruhensbetrag vom Ehezeitanteil der ungekürzten Beamtenversorgung abzuziehen. Bei der Wertermittlung sind folgende **Besonderheiten** zu beachten: Die **Sonderzuwendung** nach § 7 SZG, die sowohl dem VersA unterliegt als auch in die Ruhensregelung des § 55 BeamtVG einzubeziehen ist, hat die Errechnung eines durchschnittlichen monatlichen Ruhensbetrages zur Konsequenz. Dies folgt aus § 9 S 2 SZG, wonach die für die Anwendung von Ruhensvorschriften maßgebenden Höchstgrenzen für den Monat Dezember zu verdoppeln sind. Da die ruhenswirksame Rente in unveränderter Höhe gezahlt wird, kann die verdoppelte Höchstgrenze zur Folge haben, daß im Monat Dezember über die Sonderzuwendung hinaus auch noch ein in den übrigen Monaten des Jahres ruhender Versorgungsteil zu zahlen ist. Der aus der Gegenüberstellung von verdoppelter Höchstgrenze und der Summe aus ungekürztem Ruhegehalt, ungekürzter Sonderzuwendung und der Rente ermittelte Ruhensbetrag ist auf das Jahr umzurechnen (BGH FamRZ 1983, 358 [362]). Die Höchstgrenze des § 55 II Nr 1 lit a BeamtVG ist im VersA ebenso wie im Versorgungsrecht auf der Grundlage der Endstufe der Besoldungsgruppe und nicht auf der Grundlage der bei Ehezeitende erreichten Stufe zu errechnen (BGH FamRZ 2000, 749). Die bei der Bestimmung der Höchstgrenze zu berücksichtigenden ruhegehaltfähigen Dienstbezüge sind ebenso wie das in die Ruhensberechnung einzubeziehende Ruhegehalt um familienstandsbezogene Bestandteile zu bereinigen (Abs VIII). Abs VII findet Anwendung (Rz 85).

c) Zusammentreffen mit Versorgung aus zwischen- oder überstaatlicher Verwendung (§ 56 BeamtVG). 83
Trifft ein nach dem BeamtVG erworbener Anspruch auf Ruhegehalt mit einer den Leistungen nach deutschem Recht vergleichbaren Versorgung (vgl BVerwG DÖD 1997, 274) auf Grund einer früheren Verwendung bei einer **zwischen- oder überstaatlichen Einrichtung** zusammen, so wird die Summe der Versorgungsbezüge durch § 56 BeamtVG begrenzt. Danach ruht das nach deutschem Recht erworbene Ruhegehalt in Höhe des Betrages, um den die Summe der selbst erworbenen Versorgungsbezüge die in § 56 II BeamtVG genannte Höchstgrenze übersteigt. Wenigstens ruht es in Höhe des Betrages, der einer Minderung des Ruhegehaltssatzes in Höhe von 1,79375 % für jedes im Rahmen der internationalen Verwendung zurückgelegte Dienstjahr entspricht (BGH FamRZ 1996, 98; Jedamzik DÖD 1997, 104). Die Versorgung ruht in voller Höhe, wenn der Ruhestandsbeamte wegen verminderter Erwerbsfähigkeit die Höchstversorgung aus seinem Amt bei der internationalen Einrichtung erhält. Der Grenzbetrag wird in sinngemäßer Anwendung von § 54 II BeamtVG auf der Grundlage der gesamten ruhegehaltfähigen Dienstzeit (einschließlich der im internationalen Dienst zurückgelegten Zeit) sowie der ruhegehaltfähigen Dienstbezüge aus der Endstufe der nächsthöheren deutschen Besoldungsgruppe errechnet. Die Ruhensregelung des § 56 BeamtVG ist im VersA mit folgenden **Besonderheiten** anzuwenden (BGH FamRZ 1996, 98): Ob der Höchstbetrag überschritten wird, bestimmt sich nach den insgesamt erworbenen und den bis zur Altersgrenze noch anfallenden Anrechten. Über die Frage, ob der Mindestruhensbetrag zu berücksichtigen ist, ist anhand der bei Ehezeitende maßgebenden Bemessungsgrundlagen nach den Verhältnissen zum Zeitpunkt des Erreichens der für die deutsche Versorgung geltenden Altersgrenze zu beurteilen.

Folgende **Rechenschritte** sind notwendig: Die ungekürzte deutsche Versorgung ist isoliert nach dem Zeit/Zeit- 84
Verhältnis des Abs II Nr 1 der Ehezeit zuzuordnen. Da die internationale Versorgung regelmäßig ebenfalls gesamtzeitbezogen zu bewerten ist, ist sodann der auf der Anwendung der ersten Alternative des § 56 I S 1, II BeamtVG beruhende Minderungsbetrag in dem Umfang zu berücksichtigen, in dem die auf die Ehezeit entfallende internationale Dienstzeit zu der für die Bewertung dieses Anrechts maßgebenden Gesamtzeit steht. Ist anstelle dieses Betrages der Mindestruhensbetrag zu berücksichtigen, so ist dies im VersA nur insoweit zu beachten, als die Zeit der internationalen Verwendung, die der Berechnung des Mindestruhensbetrages zugrunde liegt, auf die Ehezeit entfällt (BGH FamRZ 1996, 98; 1988, 273; kritisch Bergner IPRax 1988, 281). Der auf die Ehezeit entfallende (Mindest)Ruhensbetrag ist erst nach der Berechnung des Ehezeitanteils des ungeminderten deutschen Anrechts abzuziehen (entsprechend BGH FamRZ 2000, 746; Saar S 336).

VI. Wartezeiten und vergleichbare Versorgungsvoraussetzungen (Abs VII). Vielfach macht die Inanspruch- 85
nahme einer Versorgung neben der Erfüllung der persönlichen Leistungsvoraussetzungen den Nachweis einer **Wartezeit**, Mindestbeschäftigungszeit oder einer vergleichbaren zeitlichen Mindestvoraussetzung erforderlich (vgl etwa § 34 I SGB VI). So setzt etwa die Regelaltersrente aus der gesetzlichen Rentenversicherung die Erfüllung der allgemeinen Wartezeit voraus (§ 35 Nr 2 SGB VI), die 5 Jahre beträgt (§ 50 I SGB VI) und auf die die in § 51 I, IV und § 52 SGB VI genannten Tatbestände angerechnet werden. Die Berücksichtigung von Wartezeitregelungen im Rahmen des Wertausgleichs ist nicht unproblematisch, weil die Erfüllung oder Nichterfüllung der Wartezeit ein der persönlichen Risikosphäre jedes Ehegatten zuzuordnender Vorgang ist. So erscheint es etwa unbillig und nach dem Gedanken der Verselbstständigung des Versorgungsschicksals der Ehegatten unvereinbar, ein (nach den Wertungen des Gesetzes: von den Ehegatten gemeinsam erworbenes) Anrecht des Verpflichteten vom Ausgleich auszunehmen, weil dieser die Wartezeit nicht erfüllt, während der Berechtigte die Wartezeit für eine eigene Versorgung (unter Berücksichtigung eines Zuschlags auf Grund des VersA) ohne weiteres erfüllen kann (so auch Soergel/Schmeiduch Rz 85). Auch ein solches Anrecht stellt ein vermögenswertes Recht dar (Düsseldorf FamRZ 1989, 189), das auch güterrechtlich nicht auszugleichen ist, wenn eine anstelle der Versorgung zustehende Austrittsleistung nach der Scheidung fällig wird.

Wie sich auch aus dem Wortlaut der Regelung ergibt („*... noch* nicht erfüllt ..."), liegt dieser die Auffassung 86
zugrunde, nur solche Anrechte auszugleichen, die auch zum Anspruch erstarken (so auch Bergner VersA S 133; aA BGH v 10. 11. 1982 – IVb ZB 860/80 – nv). Dies bestätigen die gesetzgeberischen Materialien (BT-Drucks 7/4361, 36), in denen es heißt, die Regelung beruhe auf der Erfahrung, daß die zeitlichen Mindestvoraussetzungen für eine Versorgung in aller Regel später erfüllt würden (ebenso BGH FamRZ 1982, 31). Für die Bewertung von Anwartschaften (auch im Rahmen von Abs VI, jedoch mit dem Vorbehalt einer Abänderung nach § 10a VAHRG, BGH FamRZ 1996, 98; 1988, 273; 1983, 358) ordnet Abs VII S 1 an, daß die Anrechte nach Abs II und ergänzend: nach Abs V auch dann im VersA zu berücksichtigen sind, wenn die zeitlichen oder sonstigen **versorgungsrechtlichen Voraussetzungen** für einen Leistungsanspruch zum Bewertungsstichtag noch **nicht erfüllt** sind. Nach den legislatorischen Intentionen soll die Regelung Zufallsergebnisse insbesondere bei jüngeren Ehegatten vermeiden (vgl BT-Drucks 7/650, 159). Das Risiko der Nichterfüllung der Voraussetzungen hat der Inhaber des noch unvollkommenen Anrechts zu tragen (Düsseldorf FamRZ 1989, 189). Neben der Wartezeit gilt der Abs VII S 1 zugrundeliegende Rechtsgedanke auch hinsichtlich vergleichbarer tatsächlicher Voraussetzungen für die Versorgung oder einzelner Versorgungsteile, etwa für die Mindestdienstzeit für die Versorgung aus einem Beförderungsamt nach § 5 III BeamtVG (BGH FamRZ 1982, 31), die Hofabgabe nach § 11 I Nr 3 ALG (BGH FamRZ 1984, 42), die geschäftsplanmäßigen Voraussetzungen für die nach Abs II Nr 5 lit a vorgesehene (fiktive) Umwandlung in eine beitragsfreie Versicherung (BGH FamRZ 1986, 344) oder die „Unverfallbarkeit" von Anrechten außerhalb der betrieblichen Altersversorgung (BGH FamRZ 1991, 1420; 1984, 573). Die Rspr läßt dies jedoch nicht zu in

§ 1587a Familienrecht Bürgerliche Ehe

Bezug auf Mindestzeiten für die Ruhegehaltfähigkeit von Zulagen (BGH FamRZ 1986, 975) oder für Ausschlußregelung des § 50a I S 2 BeamtVG (Celle FamRZ 1995, 1158); vgl auch Rz 30. Umstritten ist die Bewertung, wenn im Einzelfall feststeht, daß der Inhaber der Anwartschaft die Wartezeit nicht mehr erfüllen kann. Lediglich für den Ausgleich von Anrechten iSv Abs II Nr 2 ergibt sich hinreichend klar aus § 210 IV SGB VI, daß es bei der prognostischen Bewertung nach Abs VII S 1 verbleibt (Soergel/Schmeiduch Rz 85; Pal/Brudermüller § 10a VAHRG Rz 9). Auch in den übrigen Fällen sollte es aus den zu Rz 85 genannten Gründen jedenfalls im Wertausgleich bei der Bewertung nach Abs VII S 1 bleiben (aA MüKo/Dörr § 10a VAHRG Rz 47; Bergner VersA S 133). Das Gesetz enthält zwei **Ausnahmen:** Zunächst wird mit Abs VII S 1 Hs 2 klargestellt, daß die Berücksichtigung betrieblicher Versorgungsanrechte im öffentlich-rechtlichen VersA zur Voraussetzung hat, daß sie im Zeitpunkt der Entscheidung dem Grunde und der Höhe nach unverfallbar sind (Rz 46f). Ferner findet gemäß Abs VII S 2 bei der Bewertung von dynamischen Anrechten der gesetzlichen Rentenversicherung der Grundsatz des Abs VII S 1 Hs 1 keine Anwendung, soweit es um die Ermittlung von Mindestentgeltpunkten bei geringem Arbeitsentgelt geht (§ 262, § 307a II S 4 SGB VI). Dies gilt auch in Bezug auf die Erfüllung sonstiger Anrechnungs- und Ausschlußvorschriften des Rentenversicherungsrechts (vgl Rz 28).

87 **VII. Familienstandsbezogene Leistungselemente (Abs VIII).** Leistungselemente des in den VersA einzubeziehenden Anrechts, die dem **Familienlastenausgleich** dienen und mit Rücksicht auf im Familienrecht begründete Verpflichtungen des Versorgungsinhabers gezahlt werden (insbesondere Kinderzuschläge uä), bleiben bei der Wertermittlung unberücksichtigt. Dies folgt aus ihrer Zweckbindung sowie aus dem Umstand, daß sie nicht auf Dauer, sondern nur für die Zeit einer persönlichen familiären Situation gezahlt werden. Die Regelung betrifft vor allem die Bewertung der Anrechte von Beamten, Richtern und Berufssoldaten nach Abs II Nr 2, bei denen nur das Grundgehalt ohne Familienzuschlag (§§ 39ff BBesG; § 5 I S 1 Nr 2 BeamtVG) der Wertermittlung zugrundezulegen ist und bei Versorgungsempfängern ein Erhöhungsbetrag nach § 50 I S 2 BeamtVG unberücksichtigt bleibt, und zwar auch dann, wenn der geschiedene Versorgungsinhaber auf Grund seiner nachehelichen Unterhaltspflicht weiterhin Anspruch auf Familienzuschlag hat (Frankfurt FamRZ 1988, 404). Sind Anrechte der **Alterssicherung der Landwirte** auszugleichen, kann bei Bestandsrenten und in Übergangsfällen nach spezialgesetzlichen Regelungen (vgl § 98 VII; § 99 II Nr 1 ALG) auch der Ehegattenzuschlag dem VersA unterliegen (Klattenhoff NZS 1995, 393). Rentenanrechte auf Grund von Kindererziehungszeiten und Zuschläge nach § 70 IIIa SGB VI sind ebenso wie die entsprechenden beamtenrechtlichen Leistungen (§§ 50a, 50b BeamtVG) keine familienstandsbezogenen Leistungsbestandteile iSv Abs VIII (vgl Celle OLGRp 1998, 248). Ebenso findet Abs VIII keine Anwendung, wenn das Anrecht – etwa durch Ermittlung von Entgeltpunkten auf Grund des versicherten Arbeitsentgelts (§ 70 I SGB VI) – dauerhaft durch familienbezogene Bestimmungsgrößen des Entgelts geprägt wird (vgl BGH FamRZ 1985, 797; Köln FamRZ 1998, 1364).

Anhang zu § 1587a

Verordnung zur Ermittlung des Barwerts einer auszugleichenden Versorgung nach § 1587a Abs. 3 Nr. 2 und Abs. 4 des Bürgerlichen Gesetzbuchs (Barwert-Verordnung)

vom 24. Juni 1977 (BGBl I 1014), zuletzt geändert durch VO vom 26. Mai 2003 (BGBl I 728)

§ 1 Barwert zur Errechnung des Versorgungsausgleichs

(1) Für die Ermittlung des Wertunterschiedes ist bei

a) den in § 1587a Abs. 2 Nr. 3 des Bürgerlichen Gesetzbuchs bezeichneten Leistungen oder Anwartschaften auf Leistungen der betrieblichen Altersversorgung,

b) den in § 1587a Abs. 2 Nr. 4 des Bürgerlichen Gesetzbuchs bezeichneten sonstigen Renten oder ähnlichen wiederkehrenden Leistungen, die der Versorgung wegen Alters oder verminderter Erwerbsfähigkeit zu dienen bestimmt sind, oder Anwartschaften hierauf

die Regelaltersrente zugrunde zu legen, die sich ergäbe, wenn ihr Barwert als Beitrag in der gesetzlichen Rentenversicherung entrichtet würde. Dies gilt nicht, wenn ihr Wert in gleicher oder nahezu gleicher Weise steigt wie der Wert der in § 1587a Abs. 2 Nr. 1 und 2 des Bürgerlichen Gesetzbuchs bezeichneten Versorgungen und Anwartschaften (volldynamische Versorgungen) und sie daher mit diesen unmittelbar vergleichbar sind; dies gilt ferner nicht in den Fällen des Buchstaben b, wenn die Leistungen ausschließlich aus einem Deckungskapital oder einer vergleichbaren Deckungsrücklage gewährt werden. Einer Anwartschaft steht die Aussicht auf eine Versorgung gleich.

(2) Absatz 1 ist entsprechend anzuwenden, wenn die Leistungen aus den in § 1587a Abs. 2 Nr. 5 des Bürgerlichen Gesetzbuchs bezeichneten Renten oder Rentenanwartschaften auf Grund eines Versicherungsvertrages nicht oder nicht ausschließlich aus einem Deckungskapital oder einer vergleichbaren Deckungsrücklage gewährt werden.

(3) Der Barwert ist nach Maßgabe der folgenden Vorschriften aus den Tabellen zu ermitteln, die dieser Verordnung anliegen.

§ 2 Barwert einer zumindest bis zum Leistungsbeginn nicht volldynamischen Anwartschaft auf eine lebenslange Versorgung

(1) Der Barwert einer Anwartschaft auf eine lebenslange Versorgung, deren Wert zumindest bis zum Leistungsbeginn nicht in gleicher Weise steigt wie der Wert einer volldynamischen Versorgung, wird ermittelt, indem der Jahres-

betrag der nach § 1587a Abs. 2 Nr. 3 oder 4 des Bürgerlichen Gesetzbuchs auszugleichenden Versorgung mit dem Kapitalisierungsfaktor vervielfacht wird, der sich aus den anliegenden Tabellen 1 bis 3 ergibt.

(2) Ist eine Versorgung wegen Alters und verminderter Erwerbsfähigkeit zugesagt oder besteht aus sonstigen Gründen hierauf eine Anwartschaft, so ist die Tabelle 1 anzuwenden. Für jedes Jahr, um das der Beginn der Altersrente vor der Vollendung des 65. Lebensjahres liegt, sind die Werte der Tabelle 1 um 8 vom Hundert, mindestens jedoch auf die sich nach Absatz 3 Satz 1 und 2 ergebenden Werte, zu erhöhen. Für jedes Jahr, um das der Beginn der Altersrente nach der Vollendung des 65. Lebensjahres liegt, sind die Werte der Tabelle 1 um 5 vom Hundert, höchstens aber um 30 vom Hundert, zu kürzen. Steigt der Wert der Versorgung ab Leistungsbeginn in gleicher Weise wie der Wert einer volldynamischen Versorgung, so sind die Werte der Tabelle 1 um 65 vom Hundert zu erhöhen.

(3) Ist nur eine Altersversorgung zugesagt oder besteht aus sonstigen Gründen hierauf eine Anwartschaft, so ist die Tabelle 2 anzuwenden. Für jedes Jahr, um das der Beginn der Altersrente vor der Vollendung des 65. Lebensjahres liegt, sind die Werte der Tabelle 2 um 12 vom Hundert zu erhöhen. Für jedes Jahr, um das der Beginn der Altersrente nach der Vollendung des 65. Lebensjahres liegt, sind die Werte der Tabelle 2 um 9 vom Hundert, höchstens aber um 70 vom Hundert, zu kürzen. Steigt der Wert der Versorgung ab Leistungsbeginn in gleicher Weise wie der Wert einer volldynamischen Versorgung, so sind die Werte der Tabelle 2 um 80 vom Hundert zu erhöhen.

(4) Ist nur eine Versorgung wegen verminderter Erwerbsfähigkeit zugesagt oder besteht aus sonstigen Gründen hierauf eine Anwartschaft, so ist die Tabelle 3 anzuwenden. Für jedes Jahr, um das das Höchstalter für den Beginn der Rente wegen verminderter Erwerbsfähigkeit vor der Vollendung des 65. Lebensjahres liegt, sind die Werte der Tabelle 3 um 8 vom Hundert zu kürzen. Für jedes Jahr, um das das Höchstalter nach der Vollendung des 65. Lebensjahres liegt, sind die Werte der Tabelle 3 um 6 vom Hundert, höchstens aber um 25 vom Hundert, zu erhöhen. Steigt der Wert der Versorgung ab Leistungsbeginn in gleicher Weise wie der Wert einer volldynamischen Versorgung, so sind die Werte der Tabelle 3 um 70 vom Hundert zu erhöhen. Der erhöhte Wert darf bei Tabelle 3 jedoch nicht den Vervielfacher übersteigen, der sich bei der Anwendung der Tabelle 1 ergäbe. Bei einer steigenden Anwartschaft richtet sich der Jahresbetrag der auszugleichenden Rente nach der Versorgung, die sich bei Eintritt der verminderten Erwerbsfähigkeit im Höchstalter ergäbe.

Ist der Wert einer Tabelle zu erhöhen oder zu kürzen, weil der Beginn der Altersrente oder das Höchstalter für den Beginn der Rente vor oder nach Vollendung des 65. Lebensjahres liegt, so ist diese Erhöhung oder Kürzung zunächst ohne Rücksicht darauf durchzuführen, ob der Wert der Versorgung ab Leistungsbeginn in gleicher Weise steigt wie der Wert einer volldynamischen Versorgung. Steigt der Wert einer Versorgung ab Leistungsbeginn in gleicher Weise wie der Wert einer volldynamischen Versorgung, so ist der nach Satz 1 erhöhte oder gekürzte Wert um den maßgebenden Vomhundertsatz zu erhöhen.

§ 3 Barwert einer nur bis zum Leistungsbeginn volldynamischen Anwartschaft auf eine lebenslange Versorgung

(1) Der Barwert einer Anwartschaft auf eine lebenslange Versorgung, deren Wert nur bis zum Leistungsbeginn in gleicher Weise steigt wie der Wert einer volldynamischen Versorgung, wird ermittelt, indem der Jahresbetrag der nach § 1587a Abs. 2 Nr. 3 oder 4 des Bürgerlichen Gesetzbuches auszugleichenden Versorgung mit dem Kapitalisierungsfaktor vervielfacht wird, der sich aus den anliegenden Tabellen 4 bis 6 ergibt.

(2) Ist eine Versorgung wegen Alters und verminderter Erwerbsfähigkeit zugesagt oder besteht aus sonstigen Gründen hierauf eine Anwartschaft, so ist die Tabelle 4 anzuwenden. Für jedes Jahr, um das der Beginn der Altersrente vor der Vollendung des 65. Lebensjahres liegt, sind die Werte der Tabelle 4 um 3,5 vom Hundert, mindestens jedoch auf die sich nach Absatz 3 Satz 1 und 2 ergebenden Werte, zu erhöhen. Für jedes Jahr, um das der Beginn der Altersrente nach der Vollendung des 65. Lebensjahres liegt, sind die Werte der Tabelle 4 um 3 vom Hundert, höchstens aber um 25 vom Hundert, zu kürzen.

(3) Ist nur eine Altersversorgung zugesagt oder besteht aus sonstigen Gründen hierauf eine Anwartschaft, so ist die Tabelle 5 anzuwenden. Für jedes Jahr, um das der Beginn der Altersrente vor der Vollendung des 65. Lebensjahres liegt, sind die Werte der Tabelle 5 um 6 vom Hundert zu erhöhen. Für jedes Jahr, um das der Beginn der Altersrente nach der Vollendung des 65. Lebensjahres liegt, sind die Werte der Tabelle 5 um 6,5 vom Hundert, höchstens aber um 60 vom Hundert, zu kürzen.

(4) Ist nur eine Versorgung wegen verminderter Erwerbsfähigkeit zugesagt oder besteht aus sonstigen Gründen hierauf eine Anwartschaft, so ist die Tabelle 6 anzuwenden. Für jedes Jahr, um das das Höchstalter für den Beginn der Rente wegen verminderter Erwerbsfähigkeit vor der Vollendung des 65. Lebensjahres liegt, sind die Werte der Tabelle 6 um 10 vom Hundert zu kürzen. Für jedes Jahr, um das das Höchstalter nach der Vollendung des 65. Lebensjahres liegt, sind die Werte der Tabelle 6 um 9,5 vom Hundert, höchstens aber um 50 vom Hundert, zu erhöhen. Der erhöhte Wert darf bei Tabelle 6 jedoch nicht den Vervielfacher übersteigen, der sich bei Anwendung der Tabelle 4 ergäbe. Bei einer steigenden Anwartschaft richtet sich der Jahresbetrag der auszugleichenden Rente nach der Versorgung, die sich ohne Berücksichtigung der Dynamik bei Eintritt der verminderten Erwerbsfähigkeit im Höchstalter ergäbe.

§ 4 Barwert einer Anwartschaft auf eine zeitlich begrenzte Versorgung

(1) Zur Ermittlung des Barwertes einer Anwartschaft auf eine zeitlich begrenzte Versorgung ist zunächst nach § 2 oder § 3 zu verfahren. Der danach ermittelte Betrag ist gemäß Absatz 2 zu kürzen.

(2) Für jedes Jahr, um das die in der Versorgungsregelung vorgesehene Laufzeit 10 Jahre unterschreitet, ist ein Abschlag von 10 vom Hundert vorzunehmen. Wird eine Versorgung allein wegen verminderter Erwerbsfähigkeit gewährt, ist ein Abschlag von 50 vom Hundert vorzunehmen, wenn sich nicht nach Satz 1 ein höherer Kürzungsbetrag ergibt. Der Barwert ist jedoch nicht höher als die Summe der vom Ende der Ehezeit an noch zu erwartenden Leistungen, wenn unterstellt wird, daß der Versorgungsfall zum Ende der Ehezeit eingetreten ist.

Anh § 1587a Familienrecht Bürgerliche Ehe

§ 5 Barwert einer bereits laufenden, zumindest ab Leistungsbeginn nicht volldynamischen Versorgung

(1) Der Barwert einer bereits laufenden lebenslangen Versorgung, deren Wert zumindest ab Leistungsbeginn nicht in gleicher Weise steigt wie der Wert einer volldynamischen Versorgung, wird ermittelt, indem der Jahresbetrag der nach § 1587a Abs. 2 Nr. 3, 4 oder 5 des Bürgerlichen Gesetzbuchs auszugleichenden Leistung mit dem Kapitalisierungsfaktor vervielfacht wird, der sich aus der anliegenden Tabelle 7 ergibt.

(2) Zur Ermittlung des Barwertes einer bereits laufenden Versorgung, deren Wert zumindest ab Leistungsbeginn nicht in gleicher Weise steigt wie der Wert einer volldynamischen Versorgung und die zeitlich begrenzt ist, ist zunächst nach Absatz 1 zu verfahren. Von dem danach ermittelten Betrag ist für jedes Jahr, um das die Restlaufzeit 10 Jahre unterschreitet, ein Abschlag von 10 vom Hundert vorzunehmen. Der Barwert ist jedoch nicht höher als die Summe der vom Ende der Ehezeit an noch zu erwartenden Leistungen.

§ 6 Höchstbetrag des Barwerts

Der nach den vorstehenden Vorschriften ermittelte Barwert ist soweit zu kürzen, als im Einzelfall die Entrichtung des Barwerts als Beitrag in der gesetzlichen Rentenversicherung aus dieser zu einer höheren Rente führen würde, als sie der Berechnung des Barwerts zugrunde gelegen hat.

§ 7 Inkrafttreten, Außerkrafttreten

Diese Verordnung tritt am 1. Juli 1977 in Kraft. Sie tritt am 31. Mai 2006 außer Kraft.

Tabelle 1

Barwert einer zumindest bis zum Leistungsbeginn nicht volldynamischen Anwartschaft auf eine lebenslange Versorgung wegen Alters und verminderter Erwerbsfähigkeit
(§ 2 Abs. 2)

Lebensalter zum Ende der Ehezeit	Vervielfacher	Lebensalter zum Ende der Ehezeit	Vervielfacher
bis 25	1,3	45	3,8
26	1,4	46	4,0
27	1,5	47	4,2
28	1,5	48	4,4
29	1,6	49	4,6
30	1,7	50	4,9
31	1,8	51	5,1
32	1,9	52	5,4
33	2,0	53	5,7
34	2,1	54	6,0
35	2,2	55	6,3
36	2,3	56	6,6
37	2,5	57	6,9
38	2,6	58	7,3
39	2,7	59	7,6
40	2,9	60	8,0
41	3,0	61	8,4
42	3,2	62	8,8
43	3,4	63	9,3
44	3,6	64	9,9
		ab 65	10,2

Anmerkungen:

1. Für jedes Jahr, um das der Beginn der Altersrente vor der Vollendung des 65. Lebensjahres liegt, sind die Werte dieser Tabelle um 8 vom Hundert, mindestens jedoch auf die sich nach Tabelle 2 und der Anmerkung 1 hierzu ergebenden Werte, zu erhöhen; für jedes Jahr, um das der Beginn der Altersrente nach der Vollendung des 65. Lebensjahres liegt, sind die Werte dieser Tabelle um 5 vom Hundert, höchstens aber um 30 vom Hundert, zu kürzen.
2. Steigt der Wert der Versorgung ab Leistungsbeginn in gleicher Weise wie der Wert einer volldynamischen Versorgung, so sind die Werte dieser Tabelle um 65 vom Hundert zu erhöhen.

Tabelle 2

Barwert einer zumindest bis zum Leistungsbeginn nicht volldynamischen Anwartschaft auf eine lebenslange Versorgung wegen Alters
(§ 2 Abs. 3)

Lebensalter zum Ende der Ehezeit	Vervielfacher	Lebensalter zum Ende der Ehezeit	Vervielfacher
bis 25	1,0	45	3,1
26	1,1	46	3,3
27	1,1	47	3,5
28	1,2	48	3,7

Lebensalter zum Ende der Ehezeit	Vervielfacher	Lebensalter zum Ende der Ehezeit	Vervielfacher
29	1,3	49	3,9
30	1,4	50	4,1
31	1,4	51	4,4
32	1,5	52	4,7
33	1,6	53	5,0
34	1,7	54	5,3
35	1,8	55	5,6
36	1,9	56	5,9
37	2,0	57	6,3
38	2,1	58	6,7
39	2,2	59	7,2
40	2,3	60	7,6
41	2,5	61	8,1
42	2,6	62	8,7
43	2,8	63	9,2
44	2,9	64	9,9
		ab 65	10,2

Anmerkungen:
1. Für jedes Jahr, um das der Beginn der Altersrente vor der Vollendung des 65. Lebensjahres liegt, sind die Werte dieser Tabelle um 12 vom Hundert zu erhöhen; für jedes Jahr, um das der Beginn der Altersrente nach der Vollendung des 65. Lebensjahres liegt, sind die Werte dieser Tab um 9 vom Hundert, höchstens aber um 70 vom Hundert, zu kürzen.
2. Steigt der Wert der Versorgung ab Leistungsbeginn in gleicher Weise wie der Wert einer volldynamischen Versorgung, so sind die Werte dieser Tabelle um 80 vom Hundert zu erhöhen.

Tabelle 3

Barwert einer zumindest bis zum Leistungsbeginn nicht volldynamischen Anwartschaft auf eine lebenslange Versorgung wegen verminderter Erwerbsfähigkeit
(§ 2 Abs. 4)

Lebensalter zum Ende der Ehezeit	Vervielfacher
bis 29	0,8
30–39	1,3
40–45	1,9
46–51	2,5
52–60	3,0
61–62	2,3
63	1,4
64	0,5
ab 65	0,3

Anmerkungen:
1. Für jedes Jahr, um das das Höchstalter für den Beginn der Rente wegen verminderter Erwerbsfähigkeit vor der Vollendung des 65. Lebensjahres liegt, sind die Werte dieser Tab um 8 vom Hundert zu kürzen; für jedes Jahr, um das das Höchstalter nach der Vollendung des 65. Lebensjahres liegt, sind die Werte dieser Tabelle um 6 vom Hundert, höchstens aber um 25 vom Hundert, zu erhöhen.
2. Steigt der Wert der Vers ab Leistungsbeginn in gleicher Weise wie der Wert einer volldynamischen Versorgung, so sind die Werte dieser Tabelle um 70 vom Hundert zu erhöhen.
3. Der erhöhte Wert darf bei dieser Tabelle nicht den Vervielfacher übersteigen, der sich bei Anwendung der Tabelle 1 ergäbe.

Tabelle 4

Barwert einer nur bis zum Leistungsbeginn volldynamischen Anwartschaft auf eine lebenslange Versorgung wegen Alters und verminderter Erwerbsfähigkeit
(§ 3 Abs. 2)

Lebensalter zum Ende der Ehezeit	Vervielfacher	Lebensalter zum Ende der Ehezeit	Vervielfacher
bis 25	9,0	45	9,3
26	9,0	46	9,3
27	9,0	47	9,3
28	9,0	48	9,3
29	9,0	49	9,4
30	9,0	50	9,4
31	9,0	51	9,5

Anh § 1587a Familienrecht Bürgerliche Ehe

Lebensalter zum Ende der Ehezeit	Vervielfacher	Lebensalter zum Ende der Ehezeit	Vervielfacher
32	9,0	52	9,5
33	9,1	53	9,5
34	9,1	54	9,6
35	9,1	55	9,6
36	9,1	56	9,7
37	9,1	57	9,7
38	9,1	58	9,8
39	9,1	59	9,8
40	9,2	60	9,9
41	9,2	61	9,9
42	9,2	62	10,0
43	9,2	63	10,1
44	9,2	64	10,1
		ab 65	10,2

Anmerkungen:
Für jedes Jahr, um das der Beginn der Altersrente vor der Vollendung des 65. Lebensjahres liegt, sind die Werte dieser Tabelle um 3,5 vom Hundert, mindestens jedoch auf die sich nach der Tabelle 5 und der Anmerkung hierzu ergebenden Werte, zu erhöhen; für jedes Jahr, um das der Beginn der Altersrente nach der Vollendung des 65. Lebensjahres liegt, sind die Werte dieser Tabelle um 3 vom Hundert, höchstens aber um 25 vom Hundert, zu kürzen.

Tabelle 5

Barwert einer nur bis zum Leistungsbeginn volldynamischen Anwartschaft auf eine lebenslange Versorgung wegen Alters
(§ 3 Abs. 3)

Lebensalter zum Ende der Ehezeit	Vervielfacher	Lebensalter zum Ende der Ehezeit	Vervielfacher
bis 25	7,7	45	8,1
26	7,7	46	8,1
27	7,7	47	8,2
28	7,7	48	8,2
29	7,7	49	8,3
30	7,7	50	8,3
31	7,8	51	8,4
32	7,8	52	8,4
33	7,8	53	8,5
34	7,8	54	8,6
35	7,8	55	8,7
36	7,8	56	8,8
37	7,8	57	9,0
38	7,9	58	9,1
39	7,9	59	9,3
40	7,9	60	9,5
41	7,9	61	9,6
42	8,0	62	9,8
43	8,0	63	10,0
44	8,0	64	10,1
		ab 65	10,2

Anmerkung:
Für jedes Jahr, um das der Beginn der Altersrente vor der Vollendung des 65. Lebensjahres liegt, sind die Werte dieser Tabelle um 6 vom Hundert zu erhöhen; für jedes Jahr, um das der Beginn der Altersrente nach der Vollendung des 65. Lebensjahres liegt, sind die Werte dieser Tabelle um 6,5 vom Hundert, höchstens aber um 60 vom Hundert, zu kürzen.

Tabelle 6

Barwert einer nur bis zum Leistungsbeginn volldynamischen Anwartschaft auf eine lebenslange Versorgung wegen verminderter Erwerbsfähigkeit
(§ 3 Abs. 4)

Lebensalter zum Ende der Ehezeit	Vervielfacher
bis 29	4,4
30–39	4,5
40–45	4,5

Lebensalter zum Ende der Ehezeit	Vervielfacher
46–51	4,5
52–60	4,0
61–62	2,6
63	1,5
64	0,6
ab 65	0,3

Anmerkungen:
1. Für jedes Jahr, um das das Höchstalter für den Beginn der Rente wegen verminderter Erwerbsfähigkeit vor der Vollendung des 65. Lebensjahres liegt, sind die Werte dieser Tabelle um 10 vom Hundert zu kürzen; für jedes Jahr, um das das Höchstalter nach der Vollendung des 65. Lebensjahres liegt, sind die Werte dieser Tabelle um 9,5 vom Hundert, höchstens aber um 50 vom Hundert, zu erhöhen.
2. Der erhöhte Wert darf bei dieser Tabelle jedoch nicht den Vervielfacher übersteigen, der sich bei Anwendung der Tabelle 4 ergäbe.

Tabelle 7

Barwert einer bereits laufenden lebenslangen und zumindest ab Leistungsbeginn nicht volldynamischen Versorgung
(§ 5)

Lebensalter zum Ende der Ehezeit	Vervielfacher	Lebensalter zum Ende der Ehezeit	Vervielfacher
bis 25	10,3	55	11,2
26	10,4	56	11,2
27	10,5	57	11,2
28	10,5	58	11,1
29	10,6	59	11,1
30	10,6	60	11,0
31	10,6	61	10,9
32	10,7	62	10,7
33	10,7	63	10,5
34	10,7	64	10,3
35	10,7	65	10,0
36	10,7	66	9,8
37	10,7	67	9,5
38	10,7	68	9,2
39	10,8	69	8,9
40	10,8	70	8,6
41	10,8	71	8,3
42	10,8	72	8,0
43	10,8	73	7,7
44	10,9	74	7,4
45	10,9	75	7,1
46	10,9	76	6,9
47	11,0	77	6,6
48	11,0	78	6,3
49	11,0	79	6,0
50	11,1	80	5,7
51	11,1	81	5,5
52	11,1	82	5,2
53	11,2	83	5,0
54	11,2	84	4,8

Einführung in die BarwertV

1. Anwendungsbereich. Die BarwertV erfaßt in erster Linie die in § 1587a II Nr 3, 4 und 5 genannten, nicht – oder zumindest nicht weit überwiegend (vgl hierzu BGH FamRZ 1991, 310 [313]) – auf einem individuellen Deckungskapital beruhenden Anrechte wegen Alters und verminderter Erwerbsfähigkeit. Hiervon ausgenommen sind volldynamische Anrechte; darunter versteht § 1 I S 2 BarwertV Anrechte, deren Wertsteigerung wenigstens annähernd der Dynamik der in § 1587a III definierten und an der Entwicklung der Einkommen im früheren Bundesgebiet orientierten Maßstabsversorgungen entspricht (vgl hierzu die Übersicht bei Pal/Brudermüller § 1587a Rz 106). **Endbezügeabhängige Anrechte** der betrieblichen Altersversorgung, die auf Grund der Orientierung an der tariflichen Einkommensentwicklung während der Anwartschaftsphase dynamisch sind, unterliegen gleichwohl wie statische Anrechte dem öffentlich-rechtlichen VersA, weil diese Dynamik wegen des betriebsrentenrechtlichen Festschreibungsgrundsatzes des § 2 V BetrAVG noch verfallbar ist (vgl § 1587a Rz 48). Darüber hinaus betrifft die BarwertV die nach § 1587a V zu bewertenden, nicht volldynamischen Anrechte, allerdings – entsprechend dem subsidiären Charakter der barwertbezogenen Umwertung (BGH FamRZ 1983, 40 [42]) – ebenfalls nur dann, wenn diese nicht oder nicht ausschließlich aus einem individuellen Deckungskapital finanziert werden. Bei der selbständigen Berufsunfähigkeitsversicherung als **Risikoversicherung** (vgl § 1587a Rz 61) wird kein Deckungskapital gebildet. Sind Anrechte dieser Art – nach Eintritt eines Leistungsfalls – auszugleichen, so müssen sie nach der BarwertV umgerechnet werden (vgl BGH FamRZ 1993, 299; Brandenburg FamRZ 2002, 168; Koblenz FamRZ 1998, 1365; BR-Drucks 191/77, 13 und 17), sofern sie nicht volldynamisch sind (hierzu Karlsruhe FamRZ 1996, 1554). Zur Umwertung deckungskapitalbezogener Anrechte der betrieblichen Altersversorgung (Direktversicherungen, Pensionskassen- und -fondszusagen) vgl § 1587a Rz 54. Es gilt das **Ausschließlichkeitsprinzip** (§ 1 III BarwertV) mit der Folge, daß – die Verfassungsgemäßheit der BarwertV vorausgesetzt – der Barwert eines nicht volldynamischen Anrechts ausschließlich nach Maßgabe der §§ 2ff BarwertV aus den der VO beigegebenen **Tabellen** zu errechnen ist (vgl § 1587a Rz 76). Eine anderweitige Barwertbestimmung durch das Gericht – etwa auf Grund § 1587a V – ist unzulässig (BGH FamRZ 2003, 1639; Pal/Brudermüller Rz 10), kann jedoch im Rahmen von § 1587o I S 2 vereinbart werden. Die BarwertV gilt auch für nicht volldynamische Anrechte, die im Ausland oder im Beitrittsgebiet (vgl Götsche FamRZ 2001, 1235 [1236]) erworben worden sind.

2 **2. Struktur der BarwertV.** Die BarwertV stellt versicherungsmathematisch errechnete Faktoren für die Ermittlung des Kapitalwerts nicht volldynamischer Versorgungsanrechte, denen kein individuelles Deckungskapital zu Grunde liegt, zur Verfügung. Sie unterscheidet zwischen Anrechten in der Anwartschafts- und in der Leistungsphase, wobei sie bei Anwartschaften nach dem Spektrum versorgungsausgleichsrechtlich relevanter Leistungen differenziert. Da der **Barwert ein Pendant des Deckungskapitals** ist (BGH FamRZ 1992, 165 [166]) und daher den aktuellen Kapitalwert künftiger Leistungsverpflichtungen abbildet, liegen der BarwertV ua Annahmen über die langfristige Kapitalmarktrendite (Rechnungszins [von 5,5 %; zu diesem vgl BGH FamRZ 2003, 1639]), über die Wahrscheinlichkeit des Eintritts eines Leistungsfalls sowie über die Dauer der Leistungsverpflichtung (Sterbe- und Invalidisierungswahrscheinlichkeiten) zu Grunde (vgl BR-Drucks 198/03, 11). Die biometrischen Grundannahmen beruhen auf 1998 veröffentlichten versicherungsmathematischen Richttafeln von Prof. Klaus Heubeck (vgl zu diesen Heubeck BetrAV 1999, 41 [42]; Haferstock/Kerstein BB 1999, 254 [255]). Differenzierungen nach dem Grad der Dynamik enthält die BarwertV nicht (Celle FamRZ 1989, 402; Karlsruhe FamRZ 1998, 298; Nürnberg FamRZ 1990, 1251). Sie erfaßt auf der Dynamik beruhende Versorgungswerte nur insoweit, als die Dynamik wenigstens annähernd der – rechnerisch ebenfalls mit 5,5 % jährlich angesetzten (Koblenz FamRZ 1985, 293) – (Einkommens-)dynamik der Anrechte aus den Maßstabsversorgungen des § 1587a III entspricht. Die hierin liegende Schematisierung ist auch unter Berücksichtigung des Umstandes, daß zurzeit sämtliche Versorgungen einer gedämpften und sich annähernden Dynamik unterliegen, verfassungsrechtlich bedenklich (vgl Klattenhoff DRV 2000, 685 [694, 705] mwN).

3 Die Barwertfaktoren für Anwartschaften beruhen auf **typisierenden Annahmen** über Altersgrenzen und stellen damit Basiswerte dar, von denen ausgehend durch Zu- und Abschläge untypischen Gestaltungen entsprochen werden kann. **Zuschläge** bei vorgezogenen Altersgrenzen tragen der höheren Wahrscheinlichkeit des Leistungseintritts, einer längeren Rentenlaufzeit oder dem niedrigeren Risiko des Eintritts verminderter Erwerbsfähigkeit Rechnung (vgl hierzu Karlsruhe FamRZ 1988, 845). Dagegen dienen **Abschläge** bei einer höheren Altersgrenze der Berücksichtigung einer geringeren Erlebenswahrscheinlichkeit und einer kürzeren Rentenlaufzeit. Bei der Bemessung von Zu- und Abschlägen ist auf volle Jahre abzustellen (Düsseldorf FamRZ 1997, 87 [88]); die für jeweils ein Jahr angegebenen Prozentsätze sind zu addieren. Treffen Erhöhungs- oder Kürzungstatbestände zusammen, so sieht § 2 V BarwertV eine **multiplikative Verknüpfung** vor, bei welcher der zweite Korrekturfaktor an dem durch den ersten Korrekturfaktor erhöhten (bzw bei Abschlägen: gekürzten) Wert berechnet wird. Die Leistungsdynamik von in der Anwartschaftsphase statischen Anrechten wird in Form eines – in Abhängigkeit von gesicherten Risiken zu bestimmenden – Zuschlags in Höhe von 65, 70 oder 80 % berücksichtigt (vgl zu dem bis zum 31. 12. 2002 geltenden Recht BGH FamRZ 1988, 488); eine Anwartschaftsdynamik ist bereits in die § 3 BarwertV konkretisierenden Tabellen 4–6 eingearbeitet. Der veränderte Faktor ist auf eine Dezimalstelle zu berechnen (Düsseldorf aaO).

4 **3. Rechenweg.** Der Barwert – errechnet auf zwei Dezimalstellen – ergibt sich durch Multiplikation des nach dem Lebensalter im Zeitpunkt des Ehezeitendes (vgl hierzu BGH FamRZ 1991, 1421 [1425]) und dem Lebensalter bei Rentenbeginn (oder – bei Invaliditätsversorgungen – dem Höchstalter für den Beginn der Versorgung) maßgebenden Faktors mit dem Jahresbetrag des in den VersA einzubeziehenden Anrechts. Zur weiteren Ermittlung des volldynamischen Anrechts ist dieser Wert mit Hilfe der Rechengrößen für die Umrechnung von Kapitalwerten nach § 187 III S 3 SGB VI in Entgeltpunkte umzurechnen und sodann mit dem bei Ehezeitende maßgebenden aktuellen Rentenwert zu multiplizieren (Berechnungsbeispiel bei Naumburg FamRZ 2001, 1527; Zweibrücken FamRZ 1999, 1206).

5 **4. Auslegungshinweise.** Die **Altersbestimmung** erfolgt in der Weise, daß die bei Ende der Ehezeit vollendeten Lebensjahre zu zählen sind (Heubeck BB-Beilage 6/77, 8); Auf- oder Abrundungen sind unzulässig (Frankfurt FamRZ 1982, 1081; Hamm FamRZ 1985, 945). Es gelten § 187 II S 2 und § 188 II (Hamm FamRZ 1985, 945). Danach wird ein bestimmtes Lebensjahr mit Ablauf des Tages vollendet, der dem Geburtstag vorausgeht; hierbei zählt der Tag der Geburt als der erste Geburtstag (vgl BSG SozR 2200 § 1248 Nr 44; BVerwG 30, 167).

6 Eine **laufende Leistung** iS von § 5 BarwertV liegt nur vor, wenn auf die auszugleichende Versorgung bei Ende der Ehezeit bereits Anspruch bestand (BGH FamRZ 2000, 89; 1994, 1583). Bezieht der Ehegatte eine Versorgung, die in der Leistungsphase einer der Wertsteigerungen der Maßstabsversorgungen vergleichbaren Dynamik unterliegt, so ist die Versorgung auch dann nicht umzuwerten, wenn sie während der Anwartschaftsphase nicht volldynamisch war (BGH FamRZ 1992, 47; 1989, 35). Die Bewertung nach § 5 BarwertV (auf der Grundlage der sich aus

Tabelle 7 ergebenden Faktoren) gilt für alle laufenden Leistungen unabhängig davon, welches Leistungsspektrum der Versorgung zu Grunde liegt (BGH FamRZ 1996, 157). Voraussetzung für die Bewertung nach § 5 BarwertV ist jedoch, daß es sich bei der laufenden Versorgung um eine nicht nur vorläufig festgestellte Leistung handelt (Nürnberg FamRZ 2000, 538).

Anrechte, die im Rechtssinne **zeitlich begrenzt** (befristet) sind, werden auf der Grundlage eines im Hinblick auf den niedrigeren Versorgungswert (vgl BR-Drucks 191/77, 18) gekürzten Barwerts umgewertet (§§ 4, 5 II BarwertV). Dieser Kürzung unterliegt jede Versorgung, deren Laufzeit zehn Jahre unterschreitet; für jedes fehlende Jahr ist ein Abschlag von 10 % (für jeden Monat 1/120) vorzunehmen. Eine Rente mit einer Laufzeit von wenigstens 10 Jahren kam 1977 – dem Zeitpunkt der Schaffung der Regelung – praktisch einer lebenslangen Rente gleich (BR-Drucks aaO). Diese Bewertung ist im Hinblick auf die inzwischen spürbar längeren durchschnittlichen Rentenlaufzeiten verfassungsrechtlich nicht mehr hinnehmbar (so im Ergebnis auch Stuttgart FamRZ 2001, 493). 7

1587b *Übertragung und Begründung von Rentenanwartschaften durch das Familiengericht*

(1) Hat ein Ehegatte in der Ehezeit Rentenanwartschaften in einer gesetzlichen Rentenversicherung im Sinne des § 1587a Abs. 2 Nr. 2 erworben und übersteigen diese die Anwartschaften im Sinne des § 1587a Abs. 2 Nr. 1, 2, die der andere Ehegatte in der Ehezeit erworben hat, so überträgt das Familiengericht auf diesen Rentenanwartschaften in Höhe der Hälfte des Wertunterschieds. Das Nähere bestimmt sich nach den Vorschriften über die gesetzlichen Rentenversicherungen.
(2) Hat ein Ehegatte in der Ehezeit eine Anwartschaft im Sinne des § 1587a Abs. 2 Nr. 1 gegenüber einer Körperschaft, Anstalt oder Stiftung des öffentlichen Rechts, einem ihrer Verbände einschließlich der Spitzenverbände oder einer ihrer Arbeitsgemeinschaften erworben und übersteigt diese Anwartschaft allein oder zusammen mit einer Rentenanwartschaft im Sinne des § 1587a Abs. 2 Nr. 2 die Anwartschaften im Sinne des § 1587a Abs. 2 Nr. 1, 2, die der andere Ehegatte in der Ehezeit erworben hat, so begründet das Familiengericht für diesen Rentenanwartschaften in einer gesetzlichen Rentenversicherung in Höhe der Hälfte des nach Anwendung von Absatz 1 noch verbleibenden Wertunterschieds. Das Nähere bestimmt sich nach den Vorschriften über die gesetzlichen Rentenversicherungen.
(3) Soweit der Ausgleich nicht nach Absatz 1 oder 2 vorzunehmen ist, hat der ausgleichspflichtige Ehegatte für den Berechtigten als Beiträge zur Begründung von Anwartschaften auf eine bestimmte Rente in einer gesetzlichen Rentenversicherung den Betrag zu zahlen, der erforderlich ist, um den Wertunterschied auszugleichen;* dies gilt nur, solange der Berechtigte die Voraussetzungen für ein Altersruhegeld aus einer gesetzlichen Rentenversicherung noch nicht erfüllt. **Das Nähere bestimmt sich nach den Vorschriften über die gesetzlichen Rentenversicherungen. Nach Absatz 1 zu übertragende oder nach Absatz 2 zu begründende Rentenanwartschaften sind in den Ausgleich einzubeziehen; im Wege der Verrechnung ist nur ein einmaliger Ausgleich vorzunehmen.**
(4) Würde sich die Übertragung oder Begründung von Rentenanwartschaften in den gesetzlichen Rentenversicherungen voraussichtlich nicht zugunsten des Berechtigten auswirken oder wäre der Versorgungsausgleich in dieser Form nach den Umständen des Falles unwirtschaftlich, soll das Familiengericht den Ausgleich auf Antrag einer Partei in anderer Weise regeln; § 1587o Abs. 1 Satz 2 gilt entsprechend.
(5) Der Monatsbetrag der nach Absatz 1 zu übertragenden oder nach Absatz 2, 3 zu begründenden Rentenanwartschaften in den gesetzlichen Rentenversicherungen darf zusammen mit dem Monatsbetrag der in den gesetzlichen Rentenversicherungen bereits begründeten Rentenanwartschaften des ausgleichsberechtigten Ehegatten den in § 76 Abs. 2 Satz 3 des Sechsten Buches Sozialgesetzbuch bezeichneten Höchstbetrag nicht übersteigen.
(6) Bei der Übertragung oder Begründung von Rentenanwartschaften in der gesetzlichen Rentenversicherung hat das Familiengericht anzuordnen, dass der Monatsbetrag der zu übertragenden oder zu begründenden Rentenanwartschaften in Entgeltpunkte umzurechnen ist.

I. Grundsätzliches. Während § 1587a bestimmt, welcher der Ehegatten als Ergebnis eines eheinternen Austausches von Vorsorgegütern ausgleichsberechtigt ist und wie hoch sein Ausgleichsanspruch ist, regelt § 1587b, der durch § 1587f sowie durch die §§ 1, 2 und 3b VAHRG ergänzt wird, in welcher Form der Anspruch erfüllt wird, in welcher Rangordnung die verschiedenen Ausgleichsformen zueinander stehen und in welchem Umfang auf die Anrechte der Verpflichteten zugegriffen oder ihm eine Zahlungsverpflichtung auferlegt wird. Für die Erfüllung des Ausgleichsanspruchs stehen vorrangig (vgl BVerfG FamRZ 1986, 543 [547]) die Ausgleichsformen des **öffentlich-rechtlichen VersA** zur Verfügung, in denen der Anspruch des Berechtigten durch rechtsgestaltende Entscheidung des FamG (vgl BSG FamRZ 1991, 934 [935]; KG FamRZ 1993, 1221) erfüllt und diesem eine unmittelbare Berechtigung gegenüber dem Versorgungsträger verschafft wird (Wertausgleich, vgl Abs I, II; § 1 II, III; § 3b I Nr 1 VAHRG). Darüber hinaus kann dem Verpflichteten im öffentlich-rechtlichen VersA – im Verhältnis zum Wertausgleich subsidiär (BGH FamRZ 1993, 166 [168]) – durch familiengerichtliche Leistungsentscheidung auferlegt werden, im Wege der Beitragszahlung ein Anrecht zugunsten des Berechtigten in der gesetzlichen Rentenversicherung zu begründen (§ 3b I Nr 2 VAHRG). Im Rahmen des öffentlich-rechtlichen VersA ist im Wege der Verrechnung nur ein einmaliger Ausgleich vorzunehmen (Abs III S 3); ein Hin-und-Her-Ausgleich ist ausgeschlossen (München FamRZ 1993, 1460); jedoch kann sich nach einer Abänderung gemäß § 10a VAHRG die Ausgleichsrichtung umkehren (BGH FamRZ 1993, 175). Innerhalb einer Ausgleichsform ist der Ausgleich – abgesehen von den Fällen des § 3b I Nr 1 VAHRG – auf die Hälfte des Ehezeitanteils beschränkt (Hamburg FamRZ

___
* § 1587b III S 1 Hs 1 ist mit Art 2 I GG iVm dem Rechtsstaatsprinzip unvereinbar und nichtig (BVerfG 63, 88 = FamRZ 1983, 342).

§ 1587b   Familienrecht Bürgerliche Ehe

1980, 271). Der Ausgleichsanspruch, der im Wege des Wertausgleichs zu erfüllen ist, unterliegt nach § 194 II nicht der **Verjährung** (Karlsruhe FamRZ 2002, 1633).

2   Der öffentlich-rechtliche VersA wird im zeitlichen **Zusammenhang mit der Scheidung** durchgeführt. Er konzentriert sich auch nach Einführung der fakultativen Realteilung iSv § 1 II VAHRG – noch (Änderungen infolge der Rentenreform 2001/2002 sind absehbar) – auf die **gesetzliche Rentenversicherung** (vgl BVerfG FamRZ 1986, 543 [547]). Für diese spricht, daß es sich bei ihr um ein grundsätzlich offenes Sicherungssystem mit einem auf typische Risiken zugeschnittenen, umfassenden Leistungsspektrum handelt, welches einen weiteren Ausbau bereits erworbener Anrechte erlaubt (Klattenhoff DRV 2000, 685 [700]). Der Ausgleich ist hierbei auf einen Höchstbetrag (Abs V iVm § 76 II S 3 SGB VI) beschränkt, der die Leistung verkörpert, die günstigstenfalls während der Ehezeit durch Beitragszahlung in der gesetzlichen Rentenversicherung hätte erworben werden können. Das vorstehende Konzept bezweckt, die Versorgungsschicksale der Ehegatten mit der Ehescheidung voneinander zu lösen (BVerfG FamRZ 1996, 341 [342]) und den Ausgleichsberechtigten sofort nach Scheidung und VersA dauerhaft und eigenständig sozial abzusichern (BSG SozR 3–2600 § 225 Nr 1). Zugleich soll sich der Verpflichtete – der hierdurch im Rahmen des nachehelichen Unterhalts entlastet werden kann – über seine eigene Versorgungssituation klar werden und seine geminderten Anrechte wieder aufstocken können (BVerfG FamRZ 1993, 161; BT-Drucks 7/650, 159).

3   Kann ein öffentlich-rechtlicher VersA nicht vorgenommen oder ein hiernach erworbener Anspruch gegen den Verpflichteten nicht realisiert werden; so findet – mit Abfindungsoption (§ 1587l) und einer möglichen postmortalen Absicherung des Berechtigten (§ 3a VAHRG) – der unterhaltsähnlich strukturierte **schuldrechtliche VersA** statt (§ 1587f, § 2 VAHRG), der allerdings die Versorgungsschicksale der Ehegatten intensiv miteinander verknüpft läßt und daher vergleichsweise labil ist (BVerfG FamRZ 1986, 543 [547]). Der schuldrechtliche VersA steht den Ehegatten auch als alternative Ausgleichsform zur Verfügung, sofern sie eine entsprechende Abrede treffen (dann jedoch grundsätzlich ohne Absicherung des Todesfallrisikos, § 3a III S 2 VAHRG). Die Rspr hat darüber hinaus die Anwendungsfälle des schuldrechtlichen VersA um den Fall der Nichtermittelbarkeit ausländischer Anrechte (auf Seiten des Berechtigten) ergänzt (Karlsruhe, FamRZ 2000, 677 mwN). Die Ausgleichsformen des öffentlich-rechtlichen und des schuldrechtlichen VersA bestehen unabhängig nebeneinander; der schuldrechtliche VersA kann daher uU auch in einer dem öffentlich-rechtlichen VersA entgegengesetzten Richtung erfolgen (BGH FamRZ 1988, 822; 1982, 899; vgl auch § 3 I Nr 6 S 4, II Nr 1 lit a; § 5 Nr 4 VAÜG). Jedoch ist auch ein dem schuldrechtlichen VersA unterliegendes Anrecht grundsätzlich in die Ausgleichsbilanz einzustellen. Es vermag auf Seiten des Ausgleichsverpflichteten dessen Ausgleichspflicht zu begründen oder zu erhöhen oder den Ausgleichsanspruch zu mindern, wenn nur der Ausgleichsberechtigte über solche Anrechte verfügt oder zwar auch der Ausgleichsverpflichtete über solche Anrechte verfügt, diese jedoch hinter den vergleichbaren Anrechten des Ausgleichsberechtigten zurückbleiben (BGH FamRZ 1983, 1003; Karlsruhe FamRZ 1994, 1180).

4   Die Regelung betrifft den **Wertausgleich** durch Übertragung (Splitting) oder Begründung von Rentenanrechten auf Grund eines gerichtlichen Gestaltungsakts (Quasi-Splitting) in Bezug auf die in § 1587a II Nr 1, 2 genannten Anrechte (gemäß § 3 I Nr 1 VAÜG gilt Abs I auch in Bezug auf angleichungsdynamische Anrechte der gesetzlichen Rentenversicherung). Für alle anderen Anrechte sowie für Anrechte iS von § 1587a II Nr 1, deren Träger privatrechtlich organisiert und nicht zu den in Abs II genannten Rechtsträgern zählt, erfolgt der Ausgleich in einer der Formen der §§ 1, 2, 3b VAHRG. Diese Ausgleichsformen sind gemäß § 1 I VAHRG an die Stelle der nach dem 1. EheRG vorgesehenen obligatorischen Beitragszahlung zum Ausgleich solcher Anrechte, für die ein Splitting oder Quasi-Splitting nicht in Betracht kommt (Abs III S 1), getreten. Die öffentlich-rechtlichen Ausgleichsformen des § 1 II, III VAHRG wurden mit Wirkung zum 1. 4. 1983 – zunächst befristet bis 1986 – geschaffen, nachdem das BVerfG (FamRZ 1983, 342) die Verfassungswidrigkeit der obligatorischen Beitragszahlungen festgestellt hatte (vgl Klauser MDR 1983, 529). Zugleich wurde mit dem ebenfalls neuen § 2 VAHRG der Anwendungsbereich des schuldrechtlichen VersA erweitert und für diese Fälle die Abfindung gemäß § 1587l ausgeschlossen. Vor dem Hintergrund erneuter verfassungsgerichtlicher Beanstandungen (BVerfG FamRZ 1986, 543) erweiterte das (insoweit) am 1. 1. 1987 in Kraft getretene VAwMG den Kreis der öffentlich-rechtlichen Ausgleichsformen um die des § 3b VAHRG und beseitigte zugleich die früheren Abfindungsbeschränkungen; die Ausgleichsmechanismen des VAHRG wurden in diesem Zusammenhang unbefristet in Geltung gesetzt (Wagenitz FamRZ 1987, 1). Für die nach Abs I, II auszugleichenden Anrechte – dies sind vor allem solche iSv § 1587a II Nr 3–5, V – gilt folgendes:

– Vorrangig ist nach § 1 II VAHRG die ehezeitbezogene hälftige Teilung eines auf Seiten des Verpflichteten bestehenden Anrechts bis zur Höhe des (noch) zu erfüllenden Ausgleichsanspruchs vorzunehmen und damit zugunsten des Berechtigten ein eigenes und dauerhaft beständiges Versorgungsanrecht unmittelbar beim Leistungsträger des Verpflichteten oder einem anderen Leistungsträger (außerhalb der gesetzlichen Rentenversicherung) zu begründen, wenn die für das auszugleichende Anrecht maßgebende Regelung dies zuläßt (zB §§ 43, 110 ALG) – **Realteilung**. Der Realteilung liegt das technische Verfahren zugrunde, welches durch die Regelung (Geschäftsplan, Satzung etc) bestimmt worden ist, der das auszugleichende Anrecht unterliegt (BT-Drucks 9/2296, 11).

– Ist keine Realteilung möglich, findet ein Ausgleich in entsprechender Anwendung von Abs II statt, wenn das auszugleichende Anrecht bei einem öffentlich-rechtlichen Versorgungsträger mit Sitz im Inland erworben worden ist – **analoges Quasi-Splitting** (§ 1 III VAHRG). Das Rechtsverhältnis, das dem Anrecht zugrunde liegt, braucht nicht öffentlich-rechtlicher Natur zu sein; ebenso braucht das auszugleichende Anrecht nicht beamtenähnlicher Natur zu sein (BGH FamRZ 1985, 56).

– Zum Ausgleich eines danach noch verbleibenden inländischen Anrechts kann das FamG nach § 3b I Nr 1 VAHRG in begrenztem Umfang auf andere, auch vor der Ehezeit erworbene Anrechte, die im öffentlich-rechtlichen VersA teilungsfähig sind, zugreifen – **erweiterter öffentlich-rechtlicher VersA** (insbesondere in der Form des Super-Splittings bei Anrechten aus der gesetzlichen Rentenversicherung) – oder gemäß § 3b I Nr 2 VAHRG die **Zahlung von Beiträgen zur gesetzlichen Rentenversicherung** anordnen, sofern dies dem Verpflichteten zumutbar ist.

– Kann der Ausgleichsanspruch nicht in den Formen des öffentlich-rechtlichen VersA einschließlich des § 3b I VAHRG erfüllt werden, so unterliegt das auszugleichende Anrecht gemäß § 2 VAHRG dem schuldrechtlichen VersA, auf den die §§ 1587gff sowie § 3a VAHRG zur Anwendung gelangen.

Alle Formen des öffentlich-rechtlichen VersA unterliegen dem **Korrektiv** des Abs IV, der dem FamG die Möglichkeit eröffnet, auf Antrag den VersA abweichend von dem gesetzlich vorgesehenen Muster zu regeln, wenn dessen Durchführung unwirtschaftlich wäre oder der Ausgleich seinen Zweck verfehlen würde. Hierbei hat es jedoch die Rangfolge der öffentlich-rechtlichen Ausgleichsformen sowie das Verbot eines gesetzlich nicht vorgesehenen Eingriffs in die in der gesetzlichen Rentenversicherung oder der Beamtenversorgung erworbenen Anrechte zu beachten. Die Wahl der **Ausgleichsform** erfolgt auf der Grundlage der rechtlichen und tatsächlichen Verhältnisse im Zeitpunkt der letzten tatrichterlichen Entscheidung über den VersA (vgl § 1587 Rz 14); dem Ausgleich unterliegen nur solche Anrechte, die im Entscheidungszeitpunkt noch **vorhanden** sind (BGH FamRZ 2003, 664 [665]; 1995, 31).

Zwischen den Ausgleichsformen des § 1587b besteht eine für das FamG verbindliche und zugleich der Disposition der Ehegatten entzogene **Rangfolge** (BGH FamRZ 1988, 153; 1981, 1051), die auch durch das VAHRG nicht geändert worden ist (BGH FamRZ 1983, 1003; Bamberg FamRZ 1998, 29). Danach hat das Splitting – sofern beim Verpflichteten ein Überhang an gesetzlichen Rentenanrechten gegenüber den Anrechten des Berechtigten iSv § 1587a II Nr 1, 2 vorliegt (Schleswig SchlHA 2001, 186) – Vorrang vor dem Ausgleich im Wege des Quasi-Splittings (München FamRZ 1993, 1460); so daß dem Ausgleich nach Abs II unterliegen soll, nicht dadurch ausgeglichen werden dürfen, daß anstelle des Quasi-Splittings Anrechte in der gesetzlichen Rentenversicherung übertragen werden (BGH FamRZ 1986, 250). Der Vorrang von Abs I ist auch dann unbedenklich, wenn der Verpflichtete Anrechte iS von § 1587a II Nr 1 *und* 2 erworben hat, ihm die in der gesetzlichen Rentenversicherung erworbenen Anrechte – die mit höheren gleichartigen Anrechten des Berechtigten zu verrechnen sind – aber nicht zugute kommen, da er die Wartezeit nicht erfüllen wird (Düsseldorf FamRZ 1989, 190); hierbei handelt es sich um ein allgemeines – ggf über § 10a VAHRG zu lösendes – Problem des § 1587 VII (Staud/Rehme Rz 102ff). Hat der Verpflichtete sowohl beamtenrechtliche Anrechte als auch Anrechte der gesetzlichen Rentenversicherung erworben, so ergibt sich aus der Rangstelle des Abs I, daß Anrechte des Berechtigten, die nicht der Bewertung nach § 1587a II Nr 1, 2 unterliegen, vorrangig mit Anrechten des Verpflichteten iSv § 1587a II Nr 1 zu saldieren sind (München FamRZ 1993, 1460; Stuttgart FamRZ 1996, 1083). Der Ausgleich nach Abs II geht den Ausgleichsformen des VAHRG vor, die ebenfalls in einem Rangverhältnis zueinander stehen. Durch § 1 III VAHRG wird klargestellt, daß – auch bei öffentlich-rechtlichen Versorgungsträgern (Stuttgart FamRZ 2000, 549) – die Realteilung (§ 1 II VAHRG) Vorrang beansprucht, während sodann geprüft werden muß, ob ein Ausgleich im Wege des analogen Quasi-Splittings nach § 1 III VAHRG erfolgen kann. Ist dies nicht möglich, so gelangen für (unverfallbare) inländische Anrechte die Ausgleichsformen des § 3b VAHRG zur Anwendung; von diesen ist der Ausgleich durch Beitragszahlung nachrangig gegenüber dem erweiterten öffentlich-rechtlichen VersA (BGH FamRZ 1997, 166). Erst dann kommt nach der Auffangregelung des § 2 VAHRG ein schuldrechtlicher VersA in Betracht. Allerdings steht die Anwendung des § 3b I VAHRG im Ermessen des Gerichts, bei dessen Gebrauch die Grundsätze des Abs IV zu beachten sind. Hieraus folgt, daß insbesondere bei Anrechten mit Hinterbliebenenversorgung von einem öffentlich-rechtlichen VersA abzusehen ist, wenn sich der schuldrechtliche Ausgleich wirtschaftlich günstiger auswirken würde als der erweiterte Wertausgleich oder die Beitragszahlung. Hierbei sind die Wirkungen der Umwertung nicht volldynamischer Anrechte und das Leistungsspektrum der gesetzlichen Rentenversicherung zu berücksichtigen (Karlsruhe FamRZ 1988, 954 und 1290).

Der Wertausgleich findet trotz des nur von **Anwartschaften** (= noch nicht zum Vollrecht erstarkte Werte) sprechenden Gesetzeswortlauts auch statt, wenn einer der Ehegatten (unabhängig von seiner Berechtigten- oder Verpflichtetenstellung) schon versorgungsberechtigt ist oder auch beide bereits eine Versorgung beziehen (BGH FamRZ 1985, 1119; 1980, 129). Dies gilt – mit unmittelbar eintretenden leistungsrechtlichen Auswirkungen (BGH FamRZ 1986, 337; BSG FamRZ 1982, 1008) – selbst dann, wenn der Rentenanspruch des Berechtigten vor oder während der Ehe entstanden ist (BGH FamRZ 1982, 258). Erfolgt der VersA durch gerichtlich angeordnete oder vereinbarte Beitragszahlung, so ist allerdings das Versicherungsprinzip (§ 76 V, § 187 IV SGB VI) zu beachten (BSG MDR 1984, 787), wird jedoch bei fristgerechter Beitragsentrichtung durch die auf das Eheende zurückwirkende Zahlungsfiktion des § 187 V SGB VI abgemildert.

II. Übertragung von Rentenanrechten – Splitting – (Abs I). Die Übertragung von Anrechten der gesetzlichen Rentenversicherung ist als systeminterne Versorgungsumschichtung eine Form der **Realteilung**. Andere Anrechte können nur nach Maßgabe von § 1 II VAHRG real geteilt werden (berechtigte Kritik für die Fälle sogenannter Beamtenehen bei Schulz-Weidner FuR 1993, 313). Dem Splitting unterfallen die den Rentenanpassungen (§ 65 SGB VI) unterliegenden dynamischen (und angleichungsdynamischen, vgl § 3 I Nr 1 VAÜG) Anrechte aus der deutschen gesetzlichen Rentenversicherung (kein Splitting fremder Anrechte, vgl BGH FamRZ 1989, 949; Hamm FamRZ 1989, 759) im Anwartschafts- und Leistungsstadium. Hierzu zählen ungeachtet des § 1 I S 1 SGB IV nicht Anrechte der Alterssicherung der Landwirte (Bamberg FamRZ 1991, 1065; Zweibrücken FamRZ 2000, 959), da es sich bei dieser um ein eigenständiges, berufsgruppenspezifisches Sondersicherungssystem handelt (vgl BSG SozR 3–2200 § 1246 Nr 3, 6). Der im Wege des Splittings zu übertragende Wert ist der Betrag, der sich ergibt, wenn die Wertdifferenz zwischen den Rentenanrechten des Verpflichteten und diesen Anrechten des Berechtigten sowie dessen Anrechten iS von § 1587a II Nr 1 (auch dann, wenn sie nicht bei einem öffentlich-recht-

§ 1587b Familienrecht Bürgerliche Ehe

lichen Rechtsträger erworben worden sind) durch zwei dividiert wird. Ein „Übersteigen" der Anrechte des Verpflichteten iSv Abs I ist auch dann zu bejahen, wenn der Berechtigte überhaupt keine Anrechte erworben hat (BGH FamRZ 1980, 129). Der im Splitting zu übertragende Wert darf nach dem Grundsatz des Einmalausgleichs und der Verrechnung (Abs III S 3) nicht höher sein als der gesamte Ausgleichsanspruch des Berechtigten (Karlsruhe FamRZ 1994, 1180).

8 **Statische Anrechte** der gesetzlichen Rentenversicherung (§§ 269, 315b SGB VI) unterliegen dem Ausgleich nach § 1 III VAHRG. **Degressive Ausgleichsbeträge** sind schuldrechtlich auszugleichen. Dies betrifft insbesondere Bestands- und Vergleichsrenten im Beitrittsgebiet, deren (gesonderter) schuldrechtlicher Ausgleich gesetzlich angeordnet ist (§ 3 I Nr 6 S 4; II Nr 1 lit a, § 5 Nr 4 VAÜG), darüber hinaus aber auch materielle Unrechtsleistungen, die aus verwaltungsrechtlichen Gründen nicht entzogen werden können und gemäß § 48 III SGB X von den Rentenanpassungen ausgenommen sind (Bergner VersA § 1587a S 57, in Anlehnung an BGH FamRZ 1990, 276).

9 Das Splitting erfolgt durch **Übertragung von Rentenanrechten**, ausgedrückt in einem auf das Ehezeitende bezogenen Nominalbetrag in Euro (auch bei einem Ende der Ehezeit vor 2002), **auf das Versicherungskonto** (§ 149 SGB VI) des Ausgleichsberechtigten bei dessen gemäß § 53b II FGG am VersA-Verfahren beteiligten Träger der gesetzlichen Rentenversicherung (Zuständigkeit: §§ 125ff SGB VI). Das Rentensplitting stellt einen die Beteiligten bindenden Gestaltungsakt des FamG dar (BGH FamRZ 1982, 687; BSG SozR 2200 § 1304a Nr 16), mit dem es zugleich die Umrechnung der übertragenen Anrechte in Entgeltpunkte (Abs VI iVm § 76 IV SGB VI) oder (gemäß § 3 I Nr 5, II Nr 2 VAÜG iVm § 264a II SGB VI) in Entgeltpunkte (Ost) anordnet und dem Ausgleichsberechtigten einen eigenständigen Versicherungsschutz (§ 8 I S 1 Nr 2 SGB VI) verschafft. Die Umrechnung soll den (angleichungs-) dynamischen Charakter des versorgungsausgleichsrechtlichen Teilungsgegenstands mit der Konsequenz grundsätzlich veränderlicher Kürzungs- und Erhöhungsbeträge (kann nicht durch Vereinbarung ausgeschlossen werden; BVerwG FamRZ 1987, 810) verdeutlichen. Darüber hinaus bezweckt sie im Grundsatz eine gleichmäßige Entwicklung des ausgeglichenen Anrechts und der auf dem VersA beruhenden Zu- und Abschläge.

10 Das übertragene **Anrecht geht** mit Eintritt der Rechtskraft der Entscheidung des FamG (BSG FamRZ 1991, 934) **sofort** und grundsätzlich dauerhaft **auf den Ausgleichsberechtigten über** (BVerfG FamRZ 1996, 341; 1989, 827 [830]; 1980, 326 [334]; BSG SozR 3–2600 § 225 Nr 1). Eine bei Eintritt der Wirksamkeit der Entscheidung über den VersA bereits laufende und eine unmittelbar danach gleich hohe oder niedrigere Rente wird nach der – verfassungsgemäßen (BVerfG FamRZ 1996, 341; BVerwG ZBR 1994, 248) – Regelung des § 101 III SGB VI erst gekürzt, wenn aus dem im VersA erworbenen Anrecht Rente zu zahlen ist (Rentnerprivileg); auf deren Dauer kommt es nicht an (BVerwG NJW-RR 1994, 1218; VGH München DÖD 1997, 202). Das FamG ist nicht berechtigt, den VersA solange hinauszuschieben, bis der Verpflichtete einen Rentenanspruch besitzt (Düsseldorf FamRZ 1985, 1143). Das sogenannte Rentnerprivileg kommt allein wegen einer auf dem vorzeitigen Eintritt verminderter Erwerbsfähigkeit beruhenden höheren Versorgungseinbuße nicht in Betracht (vgl BVerwG NJW-RR 1995, 962 zu einer vergleichbaren Fragestellung in der Beamtenversorgung). Die **versicherungsrechtlichen Folgen** des Splittings ergeben sich aus §§ 52, 76, 86, 264a SGB VI: Danach sind die gemäß Abs I übertragenen Rentenanrechte wartezeitwirksam (Kemnade FamRZ 2002, 289) und leistungserhöhend (nach Maßgabe von § 100 I SGB VI auch bei einer bereits laufenden Rente; vgl BSG FamRZ 1982, 1008), stehen aber Rentenanrechten auf Grund von Pflichtbeiträgen nicht gleich (BVerfG FamRZ 1980, 326 [335]). Hieraus folgt zB, daß durch sie die versicherungsrechtlichen Voraussetzungen für die Leistungen der gesetzlichen Rentenversicherung, welche Pflichtversicherten vorbehalten sind (zB Rente wegen verminderter Erwerbsfähigkeit), nicht erfüllt werden können (BSG FamRZ 1990, 1346; kritisch Kohleiss/Kohleiss-Rottmann FamRZ 1995, 774), ohne daß dies den VersA unwirtschaftlich machen würde (so BGH FamRZ 1984, 667; vgl auch Ruland DRV 1984, 415 [418]). Der Verpflichtete kann die **Minderung** seiner Rentenanwartschaft bis zur Bewilligung einer Altersvollrente (§ 187 IV, § 281a IV SGB VI) ganz oder teilweise durch Beitragszahlung wieder **ausgleichen** (§ 187 I Nr 1, § 281a I Nr 1 SGB VI).

11 **III. Begründung von Rentenanrechten in der gesetzlichen Rentenversicherung – Quasi-Splitting – (Abs II).** Während Anrechte der gesetzlichen Rentenversicherung der Realteilung unterliegen, ist von einem systeminternen Ausgleich von Anrechten aus einem öffentlich-rechtlichen Dienstverhältnis im Hinblick auf den berufsgruppenspezifischen Charakter der Beamten-, Richter- und Soldatenversorgung abgesehen worden (BT-Drucks 7/650, 160; Zur Sache 2/76, Reform des Ehe- und Familienrechts, S 244f). Dies gilt – mit gewichtigen Nachteilen für den Schutz bei verminderter Erwerbsfähigkeit sowie unter Hinnahme eines verfassungsrechtlich bedenklichen Wertverlustes infolge des systemübergreifenden Ausgleichs – selbst dann, wenn beide Ehegatten Beamte sind (BGH FamRZ 1984, 667; zutreffende Kritik bei Schulz-Weidner FuR 1993, 313; Staud/Rehme Rz 21f). Abs II sieht daher die Inanspruchnahme der gesetzlichen Rentenversicherung als Transferstelle vor. Hierbei wird dem Ausgleichsberechtigten durch Gestaltungsentscheidung des FamG **zu Lasten der Versorgungsanrechte des Verpflichteten** iS von § 1587a II Nr 1 ein eigenständiges **Anrecht in der gesetzlichen Rentenversicherung gutgebracht** (BSG SozR 3–2200 § 1304b Nr 4; BSG SozR 3–2600 § 225 Nr 2), was nach § 57 BeamtVG zu einer grundsätzlich sofortigen und dauerhaften Kürzung der (künftigen) Versorgung in Form von Ruhegehalt, Unterhaltsbeitrag oder Emeritenbezügen (nicht der Dienstbezüge; BGH FamRZ 1981, 856) führt (OVG Koblenz FamRZ 1991, 994). Der Versorgungsträger des Verpflichteten erstattet dem Rentenversicherungsträger des Berechtigten im Leistungsfall die auf dem VersA beruhenden Aufwendungen; in Bagatellfällen zahlt er Beiträge (§ 225 SGB VI iVm der VersA-Erstattungsverordnung – VAErstV – vom 9. 10. 2001, BGBl I 2628). Der Ausgleich nach Abs II kann zu ungleichen Teilungsergebnissen führen, da Beamtenpensionen und Renten (noch) unterschiedlich besteuert werden (vgl BVerfG NJW 2002, 1103) und sich im Krankheitskostenschutz voneinander unterscheiden.

Das Quasi-Splitting macht es erforderlich, die vom Verpflichteten bei einem der in Abs II genannten Versorgungsträger erworbenen beamtenrechtlichen und -ähnlichen Anrechte sowie etwaige Anrechte iS von § 1587a II Nr 2 den dynamischen Rentenanrechten des Berechtigten sowie – unabhängig von der Organisationsform des Versorgungsträgers (RGRK/Wick Rz 52) – allen Anrechten iS von § 1587a II Nr 1 gegenüberzustellen. Hierbei ist das Ergebnis des vorrangig durchzuführenden Ausgleichs nach Abs I zu berücksichtigen, so daß ein Quasi-Splitting stattfindet, soweit der Ausgleichsanspruch des Berechtigten noch nicht erfüllt worden ist (Schleswig SchlHA 2001, 186) und dessen Gesamtanspruch nicht überschritten wird. Der Ausgleich der Anrechte von Widerrufsbeamten, Zeitsoldaten und früheren Angehörigen des öffentlichen Dienstes, deren Nachversicherung aufgeschoben ist (§ 184 SGB VI), erfolgt nach § 1 III VAHRG. Sind sie jedoch vor der letzten tatrichterlichen Entscheidung über den VersA nachversichert worden, so ist eine Splitting (BGH FamRZ 1982, 154) vorzunehmen, während der Ausgleich in Anwendung von Abs II zu erfolgen hat, wenn der Widerrufsbeamte oder Zeitsoldat vor diesem Zeitpunkt in ein Beamtenverhältnis auf Probe bzw in ein Berufssoldatenverhältnis eingetreten ist (BGH FamRZ 2003, 29; 1987, 921). **12**

Dem Quasi-Splitting unterliegen die nach § 1587a II Nr 1 zu bewertenden Anrechte des Ausgleichsverpflichteten nur dann, wenn ihr unmittelbarer (vgl BGH FamRZ 1987, 52) **Schuldner** zu den in Abs II genannten **Personen des öffentlichen Rechts** mit Sitz im Inland (vgl BGH FamRZ 1988, 273) oder zu deren (auch privatrechtlich organisierten) Vereinigungen oder Arbeitsgemeinschaften zählt (Düsseldorf FamRZ 1991, 1205; Köln FamRZ 1999, 861). Grund: Sicherstellung, daß Erstattungsansprüche des Rentenversicherungsträgers (§ 225 I SGB VI) dauerhaft erfüllt werden, und Konzentration des kostenexpansiven Quasi-Splittings (BGH FamRZ 1985, 794) auf nicht grundrechtsfähige Rechtsträger (vgl hierzu BSG SozR 3-2600 § 225 Nr 1 unter Bezug auf BVerfG 21, 362). Die Abs II zugrunde liegende pauschale Abgrenzung von Versorgungsträgern hat zur Konsequenz, daß Anrechte nach beamtenrechtlichen Grundsätzen, deren Schuldner ein privater Versorgungsträger ist, auch dann nicht im Wege des Quasi-Splittings (sondern schuldrechtlich) auszugleichen sind, wenn der Versorgungsträger aus öffentlichen Mitteln finanziert oder von öffentlich-rechtlichen Rechtsträgern getragen wird (BGH FamRZ 1987, 918; 1986, 248; 1985, 794). Mit Rücksicht auf die durch Art 140 GG iVm Art 137 III WRV garantierte **Kirchenautonomie,** die sich auch auf die Versorgung der Beschäftigten bezieht (BVerwG DVBl 1983, 507), soll ein Quasi-Splitting hinsichtlich solcher Anrechte, die bei öffentlich-rechtlich organisierten Versorgungsträgern der Kirchen erworben worden sind, nur erfolgen, wenn das Kirchenrecht dies (konkludent) gestattet (Celle FamRZ 1983, 191). **13**

Die **leistungsrechtlichen Auswirkungen** des rechtskräftig durchgeführten Ausgleichs nach Abs II entsprechen unter Berücksichtigung der Besonderheiten, die sich aus dem mit dem Quasi-Splitting begründeten mehrseitigen Rechtsverhältnis ergeben, im Grundsatz den Wirkungen des Splittings (vgl Rz 9–11). Der Ausgleichsverpflichtete, dessen Versorgung auf Grund des Quasi-Splittings zu mindern ist, kann (auch während des Versorgungsbezuges, jedoch nur mit Wirkung für die Zukunft, OVG Lüneburg ZBR 1999, 388) die Kürzung seiner Versorgung durch Zahlung eines Kapitalbetrags an seinen Versorgungsträger abwenden (§ 58 BeamtVG); die Leistung von Teilbeträgen ist möglich. Verliert der Ausgleichsverpflichtete seinen Versorgungsstatus und ist er deswegen auf der Basis der vollen beitragspflichtigen Entgelte aus der früheren Beschäftigung nachzuversichern (§§ 8, 181ff SGB VI), so gelten die nach Abs II begründeten Anrechte als übertragen (§ 185 I 1 SGB VI); zugleich entfällt die Erstattungspflicht des Dienstherrn (§ 225 I S 2 SGB VI). Hieraus ergibt sich – gemessen an den mit der Nachversicherung veränderten Wertverhältnissen – ein zu hoher Ausgleichsbetrag, dem im Rahmen einer Abänderung nach § 10a I Nr 1 VAHRG Rechnung getragen werden kann (Schmeiduch FamRZ 1991, 377 [389]). **14**

IV. Begründung von Rentenanrechten durch Beitragszahlung (Abs III S 1, 2). Soweit der Ausgleichsanspruch nicht in einer der Formen des Abs I, II erfüllt werden konnte, kein Anwendungsfall des § 1587f vorlag und die Ehegatten nichts anderes vereinbart hatten, war der Verpflichtete nach der Konzeption des 1. EheRG gehalten, zugunsten des Berechtigten Beiträge zur gesetzlichen Rentenversicherung zu zahlen. Der **obligatorische Beitragsausgleich** war unflexibel, mit unverhältnismäßigen wirtschaftlichen Belastungen des Verpflichteten verbunden und – da die Forderungen mangels Leistungsfähigkeit des Verpflichteten oft nicht realisiert werden konnten – von ungenügender Sicherungsqualität; er ist vom BVerfG daher mit einer Entscheidung vom 27. 1. 1983 für verfassungswidrig erklärt worden (FamRZ 1983, 342). An seine Stelle sind am 1. 4. 1983 die Ausgleichsformen des VAHRG getreten, die durch das VAwMG – dem ein erneutes Verdikt des BVerfG (FamRZ 1986, 543) vorausgegangen war – mit Wirkung zum 1. 1. 1987 weiter verfeinert worden sind. Von dieser Neuregelung sind die nicht an den obligatorischen Beitragsausgleich geknüpften allgemeinen Vorschriften grundsätzlich unberührt geblieben (BGH FamRZ 1986, 247). Dies gilt insbesondere für die Rangfolge der Ausgleichsformen (BGH FamRZ 1983, 1003 [1004]). Hieraus folgt, daß die in Abs I, II nicht genannten Anrechte beider Ehegatten, die früher von Abs III S 1 erfaßt wurden, einander gegenüberzustellen und zu saldieren sind. Ergibt sich hieraus ein Überschuß auf Seiten des Berechtigten, so kommt es im Rahmen des Einmalausgleichs zu einer Verrechnung dieses Betrages mit den übrigen (werthöheren) Anrechten des Verpflichteten. Übersteigen dagegen die in Abs I, II nicht genannten Anrechte des Verpflichteten die des Berechtigten, so ist der Wertunterschied dieser Anrechte nach Maßgabe des VAHRG auszugleichen (BGH FamRZ 1988, 273 [276], 1983, 1003 [1004]). **15**

Die Entscheidung des BVerfG vom 27. 1. 1983 hat sowohl die **Rechtskraft zuvor** auf der Grundlage von Abs III **ergangener Leistungsentscheidungen** als auch die Wirksamkeit bereits gezahlter Beiträge **unberührt** gelassen (§ 79 II, § 95 II BVerfGG; Hamm 1985, 402 und 495; BSG 66, 44). Forderungen aus solchen Titeln können noch erfüllt werden, sind jedoch nicht mehr vollstreckbar (Hamburg FamRZ 1988, 1177), hier bleibt der schuldrechtliche VersA nach § 1587f Nr 3 oder Selbstzahlung (Bergner VersA S 14). Sie unterliegen auch keiner Titelanpassung gemäß § 53e I FGG (Hamm FamRZ 1999, 864). Die Ehegatten können ungeachtet der Nichtigkeit des Abs III S 1 Hs 1 bis zum Eintritt der Bindungswirkung des Verwaltungsaktes, mit welchem dem Aus- **16**

§ 1587b Familienrecht Bürgerliche Ehe

gleichsberechtigten eine Altersvollrente zugesprochen wird, vereinbaren, den Ausgleichsanspruch im Wege der Beitragszahlung zu erfüllen (§ 187 I Nr 2 und IV SGB VI; BVerfG FamRZ 1983, 342 [348]).

17 **V. Einmalausgleich und Verrechnung (Abs III S 3).** Die Regelung des Abs III S 3 korrespondiert mit § 1587a I S 2, wonach nur ein Ehegatte Verpflichteter ist, und legt das **Prinzip der Verrechnung und des Einmalausgleichs** fest. Dieses Prinzip gilt für sämtliche Formen des öffentlich-rechtlichen VersA einschließlich der Ausgleichsmechanismen des VAHRG. Es soll im Hinblick auf das gestufte und auf dem Rangfolgeprinzip beruhende System der Ausgleichsformen des § 1587b sowie des VAHRG vermeiden, daß die Ehegatten einander zugleich als Berechtigter und Verpflichteter gegenüberstehen (BT-Drucks 7/4361, 41). Von der Verrechnung ausgeschlossen bleiben noch verfallbare Anrechte beider Ehegatten aus der betrieblichen Altersversorgung (BGH FamRZ 1988, 822) und degressiv ausgestaltete Anrechte, die – soweit es sich um Anrechte aus dem Beitrittsgebiet handelt – dem gesonderten schuldrechtlichen VersA unterliegen. Bei einem späteren schuldrechtlichen VersA kann der Ausgleich (beschränkt auf das dieser Ausgleichsform unterliegende Anrecht) auch in die andere Richtung erfolgen (BGH FamRZ 1988, 822; 1982, 899); während sich aus einem Abänderungsverfahren nach § 10a VAHRG eine Umkehr der Gesamtausgleichspflicht ergeben kann. Die vorstehend erläuterten Prinzipien gelangen nur modifiziert zur Anwendung, wenn wenigstens einer der Ehegatten während der Ehezeit **angleichungsdynamische Anrechte** iS von § 1 II VAÜG erworben hat (§ 3 I Nr 4 VAÜG; vgl vor § 1587 Rz 28 und Klattenhoff DAngVers 1991, 352 [360]).

18 **VI. Ausgleich in anderer Weise (Abs IV). 1. Allgemeines.** Bei Abs IV handelt es sich um eine Ausprägung des Verhältnismäßigkeitsprinzips (hierzu im einzelnen FamK/Wagenitz Rz 86). Sie betrifft die Fälle **eines unbilligen Ungleichgewichts** zwischen der Belastung des Verpflichteten und der Begünstigung des Berechtigten bei Durchführung des öffentlich-rechtlichen VersA und dient dem Zweck, außerhalb des legislatorischen Regelungsziels liegende – letztlich verfassungswidrige – Ergebnisse des VersA infolge einer schematischen Anwendung der auf den Regelfall zugeschnittenen gesetzlichen Teilungsmechanismen zu verhindern (BVerfG FamRZ 1980, 326 [335]; BGH FamRZ 1981, 1051 [1058]). Mit der Regelung wird dem FamG ermöglicht, auf Antrag (Hinweispflicht des FamG nach § 139 ZPO, vgl Bergner IPRax 1984 [189]) eines der Ehegatten den VersA auch in anderer Weise als nach Abs I, II vorzunehmen. Den Versorgungsträgern steht kein Antragsrecht zu (Koblenz FamRZ 1996, 1084), sie sind jedoch im Einzelfall auf Grund einer Fürsorge- und Förderungspflicht gegenüber dem von ihnen betreuten Ehegatten gehalten, diesen auch hier auf etwaige Möglichkeiten der Schadensabwehr hinzuweisen. Der Antrag kann auch noch im Beschwerdeverfahren gestellt werden (BGH FamRZ 1982, 263).

19 Voraussetzung für den VersA in anderer Weise ist, daß sich die nach dem Gesetz vorgesehene Übertragung oder Begründung von Rentenanrechten voraussichtlich nicht zugunsten des Berechtigten auswirken würde – **Zweckverfehlung** – oder der VersA in dieser Form nach den Umständen des Falles unwirtschaftlich wäre – **Unwirtschaftlichkeit**. Aus dem in Abs IV Hs 2 enthaltenen Hinweis auf § 1587o I S 2 folgt, daß das FamG hierbei nicht über den gesetzlich vorgesehenen Umfang hinaus Anrechte in der gesetzlichen Rentenversicherung übertragen oder begründen darf (BGH FamRZ 1981, 1051 [1060]); ebenso hat es die Rangfolge der öffentlich-rechtlichen Ausgleichsformen zu beachten (BGH FamRZ 1986, 250). Abs IV gilt auch – wie sich bereits aus § 3 VAHRG ergibt (J/H/Hahne § 1 VAHRG Rz 8 und § 3 VAHRG Rz 6) – für die Ausgleichsformen des VAHRG (zur Realteilung vgl etwa BGH FamRZ 1998, 421) mit der Besonderheit, daß der der Regelung zugrundeliegende Individualisierungsgedanke bereits das bei Anwendung von § 3b VAHRG auszuübende Ermessen zu leiten hat (FamK/Wagenitz Rz 87).

20 **2.** Die Beurteilung der **Zweckverfehlung** des VersA macht die **Prognose der wirtschaftlichen Auswirkungen des** nach dem gesetzlichen Schema durchgeführten **Ausgleichs** auf Seiten des berechtigten Ehegatten erforderlich. Hierbei genügt eine begründete Erwartung, wobei auch objektiv mögliche künftige Entwicklungen zu berücksichtigen sind. Von einer Zweckverfehlung ist insbesondere dann auszugehen, wenn der Berechtigte auch unter Hinzurechnung der aus dem VersA in Aussicht stehenden Wartezeitmonate iSv § 52 I SGB VI die für eine Regelaltersrente maßgebende Wartezeit von 5 Jahren (§ 35 Nr 2 iVm § 51 I, IV SGB VI) nicht erfüllen kann (BGH FamRZ 1984, 667; 1980, 129; Karlsruhe FamRZ 1994, 1190). Die Regelung ist in diesem Zusammenhang insbesondere dann von Bedeutung, wenn der Berechtigte (etwa als Beamter) freiwillige Beiträge nur dann leisten darf, wenn er die Wartezeit von 5 Jahren erfüllt hat (§ 7 II SGB VI). Kann auch unter Einbeziehung weiterer Wartezeitmonate aus dem VersA die Wartezeit von 5 Jahren nicht erfüllt werden, so ist das Anrecht für die Alterssicherung des Berechtigten wertlos (Zweibrücken FamRZ 1987, 722). Der mangelnde **Versicherungsschutz im Falle verminderter Erwerbsfähigkeit** ist nach Ansicht des BGH bei Durchführung des VersA zugunsten ausgleichsberechtigter **Beamter** im Rahmen von Abs IV unerheblich (BGH FamRZ 1984, 667), da bei diesem Personenkreis die Alterssicherung im Vordergrund stehen soll (kritisch Schulz-Weidner FuR 1993, 313).

21 **Weitere Fälle der Zweckverfehlung** des VersA: Der Berechtigte bezieht eine **Verletztenrente** aus der gesetzlichen Unfallversicherung (§§ 56ff SGB VII), die nach Maßgabe von § 93 SGB VI auf die Rente aus der gesetzlichen Rentenversicherung (einschließlich des Zuschlags auf Grund des VersA) anzurechnen ist, so daß die Durchführung des VersA nur zu einer Kürzung der Leistung aus der gesetzlichen Rentenversicherung führt. Entsprechendes gilt bei **betrieblichen Altersversorgungen** auf Gesamtversorgungsbasis oder auf der Basis einer Höchstbetragsregelung (vgl auch BAG MDR 2001, 1246) sowie in solchen Fällen, in denen der zugunsten des Berechtigten durchgeführte VersA zu einer Minderung einer subsidiären, mit der Scheidung wiederauflebenden Versorgung nach einem früheren Ehegatten führt (vgl BVerwG IÖD 2002, 129 [abweichend von BSG 64, 194]; BGH FamRZ 1989, 46). Zu den bei übergangsweiser Anwendung des deutsch-polnischen Sozialversicherungsabkommens vom 9. 10. 1975 (BGBl II 1976, 393) noch auftretenden Fällen der Zweckverfehlung des öffentlich-

rechtlichen VersA bei gewöhnlichem Aufenthalt des Berechtigten in Polen vgl Frankfurt FamRZ 2000, 163; Karlsruhe FamRZ 2000, 963.

3. Unwirtschaftlichkeit. Ob der öffentlich-rechtliche VersA unwirtschaftlich ist, ist nach **strengen objektiven Maßstäben** zu beurteilen, die sich am Ziel des VersA (Aufbau einer eigenständigen sozialen Sicherung des Berechtigten durch gleichberechtigte Teilhabe an dem während der Ehe gemeinsam erworbenen Versorgungsvermögen) und an den nicht nur augenblicklichen Interessen beider Ehegatten (nicht der Versorgungsträger) orientieren (BGH FamRZ 1981, 1051 [1058]; 1980, 28 [36]). Unwirtschaftlich kann der VersA insbesondere dann sein, wenn der Berechtigte **außerhalb der gesetzlichen Rentenversicherung vorgesorgt** hat und für ihn der Ausbau der anderweitigen Sicherung vorteilhafter wäre als der Erwerb eines Anrechts in der gesetzlichen Rentenversicherung. Andererseits gilt, daß allein die Gefährdung der ausreichenden Alterssicherung des Ausgleichsverpflichteten (vgl jedoch § 1587c Rz 14) oder eine länger dauernde Kürzung seiner Versorgung nicht zur Unwirtschaftlichkeit des VersA führt (BGH FamRZ 1983, 461), was auch für den Fall zu verneinen ist, daß die Ehegatten einander nach der Scheidung – aber vor der Durchführung des VersA – erneut geheiratet haben (BGH FamRZ 1983, 461 [463]).

4. Rechtsfolge. Liegen die materiell-rechtlichen Voraussetzungen des Abs IV vor und hat einer der Ehegatten beantragt, den VersA abweichend vom gesetzlichen Muster durchzuführen, so muß das FamG darüber entscheiden, **auf welche andere Weise der VersA** – ggf auch im Rahmen einer Teilregelung (BGH FamRZ 1981, 1051) – **vorzunehmen ist** (BGH FamRZ 1982, 998). Es kann sich nicht darauf beschränken, die Durchführung des VersA in der gesetzlich vorgesehenen Form lediglich abzulehnen (Celle FamRZ 1980, 1032) oder – außerhalb des Anwendungsbereichs von § 1587c – gänzlich vom VersA abzusehen (BGH FamRZ 1986, 250; 1983, 263). Das FamG entscheidet über die alternative Ausgleichsform nach seinem Auswahlermessen (vgl aber Rz 19), von dem es entsprechend dem mit dem VersA verfolgten Zweck Gebrauch zu machen hat. Das Ermessen wird allerdings eingeschränkt, sofern sich die Ehegatten auf eine andere Ausgleichsform verständigt haben (BGH FamRZ 1982, 998). Abs IV ermöglicht nicht nur eine alternative Regelung in Form des schuldrechtlichen VersA (§ 1587f Nr 5; allerdings ohne die befriedigende Absicherung des Todesfallrisikos [§ 3a III S 1 VAHRG]). Darüber hinaus kommt zB auch die Zahlung von Rentenversicherungsbeiträgen (§ 187 I Nr 2 SGB VI; möglich ist aber auch die Zahlung ordentlicher freiwilliger Beiträge oder von Beiträgen nach §§ 187a, 187b SGB VI), der Abschluß einer Lebensversicherung (Hamm NJW-RR 1998, 1619), die Übertragung von zur Vorsorge geeigneten Vermögenswerten, die Realteilung von (nicht dem VersA unterliegenden) Vorsorgegütern (München FamRZ 1991, 956) oder sonstigem vorsorgetauglichem Vermögen (Wohneigentum etc) mit entsprechenden Sicherungen für den Todes- und Insolvenzfall in Betracht (BGH FamRZ 1981, 1051).

VII. Höchstbetrag (Abs V). Der Erwerb von Anrechten in der gesetzlichen Rentenversicherung auf Grund des zugunsten des Berechtigten durchgeführten VersA wird gemäß Abs V iVm § 76 II S 3 SGB VI durch einen **Höchstbetrag** begrenzt (Einzelheiten: Klattenhoff DAngVers 1992, 57 [69]), der entsprechend der Rangfolge der Ausgleichsformen auszuschöpfen ist (Pal/Brudermüller Rz 48). Die Begrenzung betrifft die Ausgleichsformen des § 1587b; § 1 III, § 3b VAHRG (BGH FamRZ 1989, 720; Düsseldorf NJW-RR 1991, 1477; Hamm FamRZ 1988, 957) sowie die Beitragszahlung im VersA auf Grund einer Vereinbarung der Ehegatten; von praktischer Bedeutung ist sie nur in Fällen des (analogen) Quasi-Splittings. Ein verbleibender Ausgleichsanspruch ist gemäß § 1587f Nr 2 – mit Abfindungsoption (§ 1587l) – schuldrechtlich zu erfüllen.

Die Übertragung oder Begründung von Anrechten ist nur zulässig in Höhe des Werts, der sich als Differenz aus den bereits in der Ehezeit erworbenen Rentenanrechten und den Anrechten ergibt, die der Ehegatte erhielte, wenn er in jedem Kalendermonat der Ehezeit 0,6667 Entgeltpunkte (kalenderjährlich 2 Entgeltpunkte) erworben hätte (Gallon [SozVers 2003, 141] fordert im Hinblick auf die Erhöhung der Beitragsbemessungsgrenze in der gesetzlichen Rentenversicherung durch das Beitragssatzsicherungsgesetz vom 23. 12. 2002 [BGBl I, 4637] eine Anhebung des Höchstbetrages, was angesichts der nur geringfügigen Ungleichbehandlung Geschiedener gegenüber „regulär" Versicherten und im Hinblick auf das Typisierungsbedürfnis der Praxis nicht überzeugt). Hinsichtlich der Zuordnung auf Beitragszeiten (§ 55 I SGB VI) beruhender Anrechte zur Ehezeit gilt hier das **Für-Prinzip** (BGH FamRZ 1991, 420); Entgeltpunkte für Beiträge, die nicht zu Beitragszeiten führen, sondern in Form eines Zuschlags abgegolten werden (§ 66 I Nr 4–5, § 70 III SGB VI), bleiben unberücksichtigt. Beim Ausgleich angleichungsdynamischer Anrechte ist der Höchstbetrag gemäß § 264a III SGB VI auf der Grundlage von Entgeltpunkten (Ost) zu ermitteln (Brandenburg FamRZ 2002, 1256; Dresden FamRZ 2002, 398; Thüringen FamRZ 2002, 397 im Anschluß an Klattenhoff in Hauck/Noftz, SGB VI, K § 76 Rz 24, K § 264a Rz 21; unzutreffend Dresden FamRZ 2000, 962; Naumburg OLGRp 2003, 105). Die Regelung zielt vor dem Hintergrund einer faktischen – durch die Beitragsbemessungsgrenzen (§§ 157, 159 SGB VI) bewirkten – Leistungslimitierung in der gesetzlichen Rentenversicherung auf eine Gleichbehandlung von Personen, die auf Grund des VersA Anrechte erwerben, mit Versicherten, die der Rentenversicherung als Beitragszahler angehören (BGH FamRZ 1991, 420; 1989, 720). Sie unterstellt hierbei in nicht unproblematischer Fortschreibung des bis 1991 geltenden Rechts, daß während eines Kalenderjahres höchstens zwei Entgeltpunkte erworben werden können.

Eine **Entscheidung** über den VersA, die dem Berechtigten über den Höchstbetrag hinausgehende Anrechte zuspricht, ist kraft Gesetzes **unwirksam** (§ 76 II S 3 Hs 2 SGB VI). Hierbei handelt es sich um eine auf dem RRG 1992 vom 18. 12. 1989 (BGBl I 2261) beruhende materielle Neuregelung gegenüber dem bis 1991 geltenden Recht, nach dem auch solche Entscheidungen nach Eintritt ihrer Rechtskraft verbindlich waren (BSG FamRZ 1991, 556). Hinsichtlich vor dem 1992 rechtskräftig gewordener Entscheidungen der Familiengerichte, durch die Rentenanrechte über einen Höchstbetrag hinaus übertragen oder begründet worden sind, ist es beim früheren Recht geblieben (BSG NJWE-FER 2001, 271).

§ 1587b Familienrecht Bürgerliche Ehe

27 **VIII. Umrechnung in Entgeltpunkte (Abs VI).** Nach Abs VI hat das FamG bei allen Durchführungswegen des VersA in der gesetzlichen Rentenversicherung (Bergner VersA S 23) anzuordnen, daß der Monatsbetrag der übertragenen oder begründeten Anrechte in Entgeltpunkte umzurechnen ist (bei Unterlassen ggf Urteilsergänzung nach § 321 ZPO; vgl Ruland NJW 1992, 77 [82]). Die – für angleichungsdynamische Anrechte der gesetzlichen Rentenversicherung durch § 3 I Nr 5, II Nr 2 VAÜG ergänzte – Regelung hat im Hinblick auf Abs I S 2, II S 2 iVm § 76 II, III SGB VI lediglich klarstellende Funktion. Vor dem Hintergrund noch unspezifischer Rechengrößen für das Beitrittsgebiet wird mit der Anordnung des FamG über die Umrechnung des Monatsbetrags der übertragenen oder begründeten Anrechte in einen Relativwert (Entgeltpunkte/Entgeltpunkte [Ost]) zunächst klargestellt, mit Hilfe welcher Werte die erforderliche Berechnung vorzunehmen ist. Mit der Umrechnung soll den betroffenen Ehegatten nach den gesetzgeberischen Intentionen zudem verdeutlicht werden, daß der VersA keinen feststehenden Nominalbetrag zum Gegenstand hat, sondern daß den Ehegatten ein dynamischer Wert gutgebracht oder abgezogen wird (BT-Drucks 12/405, 173).

1587c *Beschränkung oder Wegfall des Ausgleichs*
Ein Versorgungsausgleich findet nicht statt,
1. soweit die Inanspruchnahme des Verpflichteten unter Berücksichtigung der beiderseitigen Verhältnisse, insbesondere des beiderseitigen Vermögenserwerbs während der Ehe oder im Zusammenhang mit der Scheidung, grob unbillig wäre; hierbei dürfen Umstände nicht allein deshalb berücksichtigt werden, weil sie zum Scheitern der Ehe geführt haben;
2. soweit der Berechtigte in Erwartung der Scheidung oder nach der Scheidung durch Handeln oder Unterlassen bewirkt hat, dass ihm zustehende Anwartschaften oder Aussichten auf eine Versorgung, die nach § 1587 Abs. 1 auszugleichen wären, nicht entstanden oder entfallen sind;
3. soweit der Berechtigte während der Ehe längere Zeit hindurch seine Pflicht, zum Familienunterhalt beizutragen, gröblich verletzt hat.

1 **I. Allgemeines.** Beim VersA handelt es sich um **einen sektoralen Zugewinnausgleich** in Bezug auf typisches, am Leitbild der öffentlich-rechtlichen Regelsicherungssysteme orientiertes Vorsorgevermögen (§ 1587 Rz 2). Er unterliegt damit hinsichtlich der erfaßten Vorsorgewerte und in Bezug auf den Erfassungszeitraum Beschränkungen und Schematisierungen, die ohne Berücksichtigung der sonstigen wirtschaftlichen Scheidungsfolgen und bei strikter Anwendung der Ausgleichsregeln zu Zweckverfehlungen und sogar verfassungswidrigen Unbilligkeiten führen können. Insbesondere die Beschränkung auf typische Alters- und Invaliditätsversorgungen bei gleichzeitiger Außerachtlassung der sonstigen wirtschaftlichen Verhältnisse der Ehegatten, die Berücksichtigung ausschließlich des ehezeitbezogenen Versorgungserwerbs und schließlich die Erfassung der Verhältnisse nur zu einem bestimmten Bewertungsstichtag (Momentaufnahme) können zur Folge haben, daß der VersA seine in der ehelichen Lebens- und Versorgungsgemeinschaft liegende Legitimation verliert (BVerfG FamRZ 2003, 1173; 1993, 405 [406] mwN). In Konkretisierung des Rechtsgedankens des **§ 242** (BGH FamRZ 1993, 176) soll der Ausgleichsanspruch daher – unabhängig vom jeweiligen Durchführungsweg des Ausgleichs (BGH FamRZ 1980, 326 [334]) – ganz oder teilweise ausgeschlossen werden, wenn der legislatorische Sinn des VersA nicht erfüllt, dessen uneingeschränkte Durchführung den Grundgedanken dieses Rechtsinstituts in unerträglicher Weise widersprechen würde (BGH FamRZ 1982, 258; Eichenhofer FuR 1994, 65). Da der VersA die Beteiligung an Vermögenswerten zum Gegenstand hat, die in der vergangenen Gemeinschaft auf Grund gleichwertiger Beiträge zum Familienunterhalt und zum Zwecke gemeinsamer Alterssicherung erworben worden sind, ist die Interventionsgrenze – ähnlich wie beim Zugewinnausgleich (§ 1381) – jedoch höher anzusetzen als bei der für das nacheheliche Unterhaltsrecht maßgebenden Härteklausel des § 1579 (BGH FamRZ 1985, 45).

2 Die Regelung kombiniert zwei besondere Billigkeitstatbestände (Nr 2, 3) mit einer generellen Härteklausel (Nr 1) und gestattet es, zugunsten des Verpflichteten alle im Einzelfall für die Lebensführung der früheren Ehegatten maßgebenden Verhältnisse nach Gesichtspunkten der Billigkeit zu berücksichtigen. Damit ist die Möglichkeit eröffnet, den rechnerisch ermittelten Ausgleichsanspruch herabzusetzen, um **verfassungswidrige Ergebnisse** bei Anwendung der auf den typischen Fall zugeschnittenen Regelungen des VersA zu vermeiden (BVerfG FamRZ 2003, 1173; 1984, 653; 1980, 326 [334]; BGH FamRZ 1979, 477 [482]). Hierbei ist es Aufgabe der Tatsachengerichte, ungerechte Schematisierungen zu vermeiden und im konkreten Fall ein dem Zweck des VersA entsprechendes Ergebnis zu erzielen, also eine ausgewogene soziale Sicherung beider Ehegatten herbeizuführen (BVerfG FamRZ 1984, 653; Düsseldorf FamRZ 1993, 1322). Darüber hinaus sind personenrechtliche Elemente zu berücksichtigen (Frankfurt NJW-RR 1991, 772): So fehlt dem VersA etwa die Rechtfertigung, wenn zwischen den Ehegatten ein illoyal bewirktes Ungleichgewicht der aus der ehelichen Lebensgemeinschaft folgenden Pflichten und Lasten vorliegt (BVerfG FamRZ 1980, 326 [334]). Bei der Erfassung und Bewertung des Sachverhalts gilt das **Individualisierungsprinzip**, denn eine schematische Anwendung der Norm durch bloßes Einordnen des Sachverhalts in eine bestimmte Fallgruppe kann deren Funktion, im *Einzelfall* grobe Unbilligkeiten und Grundrechtsverletzungen auszuschließen (BGH FamRZ 1991, 310 [313]), nicht gerecht werden (MüKo/Dörr Rz 2). Darüber hinaus schließt es dieser Grundsatz nach Auffassung des BGH aus, im System der Bewertungsregeln begründete zwangsläufige Wirkungen des VersA zu korrigieren (BGH FamRZ 1990, 1341; 1982, 999 [problematisch]).

3 Die gesetzliche Bezugnahme auf die **beiderseitigen Verhältnisse der Ehegatten** hat bei Anwendung der **Generalklausel** der Nr 1 zur Konsequenz, daß alle Umstände, die die Verhältnisse beider Ehegatten geprägt haben, zu berücksichtigen sind (vgl BVerfG FamRZ 2003, 1173 [1174]), während den Interessen Dritter grundsätzlich keine Bedeutung beizumessen ist (Bamberg FamRZ 1997, 29; zu Einzelheiten vgl R/K/Klattenhoff V Rz 526.6). Der VersA kann daher nicht aus verfahrensökonomischen Gründen (Köln FamRZ 1986, 689; Naumburg OLGRp 2002,

92; aA Brandenburg FamRZ 2003, 1754 mwN) oder wegen Unwirtschaftlichkeit (hier gilt § 1587b IV; vgl Karlsruhe FamRZ 1998, 1029) ausgeschlossen werden. Ferner können die am Verfahren über den VersA beteiligten Versorgungsträger als Vertreter von Drittinteressen keine Herabsetzung des Ausgleichsanspruchs begehren (BGH FamRZ 2001, 1447; 1984, 990 [992]). Wird der Ausgleichsanspruch gemäß § 1587e IV S 2 gegenüber den Erben des Ausgleichsverpflichteten geltend gemacht, so können sich auch diese auf die Härteregelungen berufen, wobei es statthaft ist, die durch den Tod des Ausgleichsverpflichteten entstandene Lage zu berücksichtigen (BGH FamRZ 1984, 467; noch weitergehend Frankfurt FamRZ 1995, 299 [problematisch; zutreffend dagegen Brandenburg FamRZ 2002, 756]). Im Verhältnis der speziellen Härteklauseln der Nr 2, 3 zur Auffangregelung der Nr 1 gilt, daß Umstände, die in den Anwendungsbereich der speziellen Härteregelungen fallen, dort aber nicht ausreichen, für sich allein zwar nicht zur Anwendung der Nr 1 führen, jedoch mit weiteren Umständen einen Ausschluß des VersA bewirken können (BGH NJW-RR 1987, 578).

Die Härteregelungen dienen nach hM – ausschließlich – dem **Schuldnerschutz**. Dies bedeutet, daß (auch) in 5
entsprechender Anwendung dieser Vorschriften lediglich eine Herabsetzung des Ausgleichsanspruchs, nicht aber – direkt oder (durch Nichtberücksichtigung von Anrechten, vgl BGH FamRZ 1987, 48) indirekt – eine Erhöhung des Anspruchs gestattet ist (BGH FamRZ 1993, 175 [176]; mit beachtlichen Erwägungen aA Karlsruhe FamRZ 1986, 917). Es ist in der Rspr jedoch noch nicht abschließend geklärt worden, ob der Ausgleichsberechtigte nach allgemeinen Grundsätzen sozial adäquater Rechtsausübung eine Korrektur des Ausgleichsergebnisses zu seinen Gunsten verlangen kann (vgl Rz 7).

II. Verhältnis zu anderen Regelungen. 1. Ausstrahlung auf den schuldrechtlichen VersA. § 1587c betrifft 6
den öffentlich-rechtlichen VersA, während § 1587h für den schuldrechtlichen VersA gilt. Die in § 1587h Nr 1 enthaltene Generalklausel ist offensichtlich infolge eines gesetzgeberischen Versehens nicht der für den öffentlich-rechtlichen VersA maßgebenden Härteregelung angepaßt worden (Eichenhofer FuR 1994, 64 [72]). Die unter Billigkeitsgesichtspunkten relevanten Problemlagen sind jedoch weitgehend formenneutral und ergeben sich unabhängig von dem jeweiligen Durchführungsweg des VersA. Vor diesem Hintergrund ist es nach Art 3 I GG geboten, die Härteklausel des § 1587c Nr 1 im schuldrechtlichen VersA entsprechend anzuwenden (vgl BGH FamRZ 1987, 145; 1984, 251).

2. Anspruchsbeschränkungen nach allgemeinen Grundsätzen. Bei § 1587c handelt es sich um eine versor- 7
gungsausgleichsspezifische Konkretisierung allgemeiner Regelungen, welche die Wahrnehmung einer formal zustehenden Berechtigung unter einen Billigkeitsvorbehalt stellen. Mit Rücksicht auf den spezialgesetzlichen Charakter des § 1587c kann der Verpflichtete daher nicht die insoweit verdrängten allgemeinen Verwirkungsregelungen für sich in Anspruch nehmen (BGH FamRZ 1993, 176; vgl auch J/H/Hahne Rz 27). Während es dem Berechtigten nach hM gestattet ist, sich rechtsanalog zu § 1587c zu berufen (vgl Rz 5), ist noch nicht abschließend geklärt, ob dieser die allgemeinen Korrektive, welche eine sozial adäquate Rechtswahrnehmung sicherstellen sollen, für sich in Anspruch nehmen kann. Der BGH hat dies nicht ausgeschlossen, sondern vielmehr die Anwendung allgemeiner Grundsätze für möglich erklärt, wenn sich der Verpflichtete einer in bewußter Schädigungsabsicht vorgenommenen Versorgungsverkürzung schuldig gemacht hat (FamRZ 1989, 42 [43]; 1988, 1148 [1151]). Da die Interessenlage beim Berechtigten der beim Verpflichteten entsprechen kann (Celle FamRZ 1999, 1200), sollte dem Ausgleichsberechtigten auch aus verfassungsrechtlichen Gründen die Geltendmachung von Einwänden nicht vorenthalten werden, deren Erhebung dem Verpflichteten erlaubt ist (Karlsruhe FamRZ 1986, 917; FamK/Rolland Rz 7; Eichenhofer FPR 2003, 180 [182]). Die zur Anwendung der allgemeinen Regelungen führende Interventionsgrenze ist – ebenfalls aus Gründen der Gleichbehandlung – allerdings so hoch wie bei dem Verpflichteten anzusetzen, der sich auf § 1587c beruft. Ist das manipulierte Anrecht des Ausgleichsverpflichteten vollständig erloschen, so kann es nicht mehr in der gesetzlich vorgesehenen Form (auch nicht hilfsweise nach § 3b I Nr 2 VAHRG) ausgeglichen werden (vgl BGH FamRZ 1995, 31); es besteht jedoch ein Schadensersatzanspruch nach § 826 (Borth VersA Rz 745).

3. Internationales Privatrecht. Der regelwidrige VersA nach deutschem Recht gemäß Art 17 III S 2 EGBGB 8
hat ua zur Voraussetzung, daß die Durchführung des Ausgleichs im Hinblick auf die beiderseitigen wirtschaftlichen Verhältnisse auch während der nicht im Inland verbrachten Zeit der Billigkeit nicht widerspricht (Art 17 EGBGB Rz 57). Das Verhältnis von § 1587c zu der kollisionsrechtlichen Billigkeitsklausel ist unklar (kritisch R/K/Paetzold Rz VIII 929), da die bei Art 17 III Hs 2 EGBGB zu beachtenden Sondersachverhalte bei Auslandsbezug auch im Rahmen von § 1587c berücksichtigt werden können (vgl etwa BGH FamRZ 1982, 795). Gleichwohl hat der BGH festgestellt, daß neben der kollisionsrechtlichen Billigkeitsregelung die allgemeine Härteregelung anzuwenden ist (BGH FamRZ 1994, 825; ebenso Karlsruhe FamRZ 2002, 1633). Die materielle Bedeutung dieser kollisionsrechtlichen Parallelregelung zu § 1587c (und 1587h) dürfte sich darauf beschränken, dem Gericht die Möglichkeit zu eröffnen, den VersA bereits vor Erreichen der Interventionsschwelle des allgemeinen Rechts auszuschließen (Klattenhoff FuR 2000, 108 [112]).

4. Anwendung im Abänderungsverfahren (grundlegend Kemnade FS Henrich 355). Hier ist weitgehend 9
unstreitig, daß die Anwendung des § 1587c im Ausgangsverfahren über den VersA nicht nach dessen Abschluß gemäß § 10a VAHRG korrigiert werden kann (BGH FamRZ 1993, 175; Celle FamRZ 2003, 1291 [1293]; MüKo/Dörr § 10a VAHRG Rz 9; RGRK/Wick § 10a VAHRG Rz 23; differenzierend dagegen J/H/Hahne § 10a VAHRG Rz 45). Damit ist eine Entscheidung über Härtegründe, die noch einer Entwicklung unterliegen, bereits im Scheidungszusammenhang zu treffen und nicht einem Abänderungsverfahren vorzubehalten (BGH FamRZ 1996, 1540; 1993, 405). Ebenso kann eine Abänderung nicht mit dem Ziel begehrt werden, auf Grund von Umständen, die bereits im Zeitpunkt der Erstentscheidung vorlagen, den VersA herabzusetzen (Köln FamRZ 1990, 294; AG Melsungen FamRZ 2002, 1258). Wird der zunächst ausgleichsberechtigte Ehegatte auf Grund einer Abänderung des

VersA gemäß § 10a VAHRG zum Ausgleichsverpflichteten, so kann er die nach § 1587c maßgebenden Härtegründe im Abänderungsverfahren geltend machen (BGH FamRZ 1993, 175). Der BGH hat es darüber hinaus abgelehnt, eine Korrektur des rechtskräftig durchgeführten VersA nach § 10a VAHRG allein mit dem Ziel einer Herabsetzung des Ausgleichsanspruchs gemäß § 1587c zuzulassen (BGH FamRZ 1996, 1540; 1989, 725; ebenso Hamm FamRZ 2003, 236; Zweibrücken FamRZ 2001, 1410). Dies kann wegen der grundrechtssichernden Funktion der Norm und aus Gründen der Harmonisierung mit dem schuldrechtlichen VersA (vgl § 1587h Rz 2) nicht überzeugen (vgl § 10a VAHRG Rz 1; ferner Bergner NJW 1990, 678; Staud/Rehme § 10a VAHRG Rz 76f; Borth VersA Rz 812). Auch dann, wenn man eine Abänderung des VersA aus Härtegründen zuläßt, die sich erst nach der Erstentscheidung realisiert haben, müssen Umstände, die keinen Bezug zur ehelichen Versorgungsgemeinschaft haben, ohne Einfluß bleiben (zu diesem Gedanken vgl BGH FamRZ 2000, 749; 1996, 1540; 1988, 47 [48]). Dies folgt aus den Legitimationsgrundlagen des VersA und dient der Koordinierung mit sonstigen Scheidungsfolgenregelungen, die an den von dem ehelichen Lebensverhältnissen geprägten Status anknüpfen. Der BGH hat auch die Frage noch nicht entschieden, ob in solchen Fällen, in denen eine Abänderung des VersA nach § 10a I, II VAHRG zulässig ist, neben der danach gebotenen Korrektur des früheren Ausgleichs eine Herabsetzung nach § 1587c wegen solcher Umstände erfolgen kann, die nicht von der Rechtskraft der früheren Entscheidung erfaßt werden. Dies ist unter Zurückstellung rechtssystematischer Bedenken mit der hM in der Literatur zu bejahen (Bergner Soz-Vers 1987, 85 [88]; MüKo/Dörr § 10a VAHRG Rz 11f; J/H/Hahne § 10a VAHRG Rz 45; RGRK/Wick § 10a VAHRG Rz 24), jedoch wiederum begrenzt auf solche Umstände, die einen Bezug zur ehelichen Versorgungsgemeinschaft haben.

10 **5. Vereinbarungen.** Über die Anwendung des § 1587c können die Ehegatten nach § 1408 II, § 1587o disponieren. Eine solche Parteivereinbarung zugunsten des Berechtigten ist nicht genehmigungsbedürftig (BGH FamRZ 2001, 1447). Härtegründe, die für sich allein nicht zu einer Herabsetzung des VersA führen, können es dem FamG gestatten, eine mit Rücksicht auf diese Umstände getroffene Parteivereinbarung der Ehegatten auch dann zu genehmigen, wenn die Voraussetzungen des § 1587o II S 4 nicht vorliegen (BGH FamRZ 1982, 688). Vereinbaren die Ehegatten, der VersA solle (nach den gesetzlichen Vorschriften) durchgeführt werden, so steht dies der Anwendung von § 1587c nicht entgegen (Schleswig SchlHA 2002, 133).

11 **III. Die Ausschlußtatbestände im einzelnen. 1. Grobe Unbilligkeit des Ausgleichsergebnisses (Nr 1). a) Grundsätze.** Die Korrektur des rechnerisch ermittelten Ausgleichsanspruchs nach Nr 1 hat ein **gravierendes Legitimationsdefizit** (zB fehlende Versorgungsgemeinschaft bei lediglich formaler Eheschließung vgl Schleswig SchlHA 2002, 133) zur Voraussetzung. Dieses liegt nicht bereits vor, wenn die Grundgedanken des VersA auf das rechnerisch gewonnene Ergebnis nicht zutreffen (BGH NJW 1984, 302); sondern erst dann, wenn auf Grund besonderer Umstände des Einzelfalls die schematische Durchführung des VersA dessen Grundideen in unerträglicher Weise widersprechen würde (BGH FamRZ 1995, 413; 1987, 923; 1988, 822; 1982, 258). Lediglich allgemeine Billigkeitserwägungen führen nicht zur Anwendung des Härtekorrektivs (Stuttgart FamRZ 2000, 824), da dieses Ausnahmecharakter hat, der Ausgleich obligatorisch durchgeführt werden muß und der VersA im Scheidungszusammenhang der Disposition der Ehegatten weitgehend entzogen ist (BGH, FamRZ 1981, 756; vgl auch Rz 1 aE). Ist die Ehe vor dem In-Kraft-Treten der §§ 1587ff geschlossen worden, kann mit Rücksicht auf den Vertrauensschutz des Ausgleichsverpflichteten ein großzügigerer Maßstab in Betracht kommen (BGH FamRZ 1987, 255; für das Beitrittsgebiet vgl Brandenburg FamRZ 1998, 682).

12 Die grobe Unbilligkeit des uneingeschränkten VersA muß sich aus den **beiderseitigen** wirtschaftlichen, sozialen oder persönlichen **Verhältnissen** der Ehegatten ergeben. Da es beim VersA um die Aufteilung zweckgebundenen Vermögens geht, hebt Nr 1 den Vermögenserwerb während der Ehe und im Zusammenhang mit der Scheidung besonders hervor. Die Regelung hat keinen abschließenden Charakter, so daß auch vor oder nach der Ehe eingetretene Vermögenszuwächse oder -verluste zu berücksichtigen sind; künftiges Vermögen allerdings nur dann, wenn es mit ausreichender Gewißheit anfällt (BGH FamRZ 1996, 1540; 1988, 940). Die grobe Unbilligkeit kann sich aber auch aus sonstigen Umständen einschließlich eines ehelichen Fehlverhaltens im immateriellen Bereich ergeben (BGH NJW 1982, 1940), wobei auch die Berücksichtigung selbst verschuldeter Lebenserschwernisse nicht ausgeschlossen ist (BGH FamRZ 1982, 475). Ebenso ist die Berücksichtigung solcher Umstände, die zum Scheitern der Ehe geführt haben, statthaft, ohne daß dem Nr 1 Hs 2 entgegenstehen würde (BGH FamRZ 1983, 32), weil es lediglich ausgeschlossen ist, diese Umstände *allein* deswegen zu berücksichtigen, weil sie zum Scheitern der Ehe geführt haben. Bei der Bewertung der wirtschaftlichen Verhältnisse der Ehegatten hat eine wertende Gesamtbetrachtung aller Umstände des Einzelfalls zu erfolgen, soweit diese objektiv auf deren Leistungsfähigkeit Einfluß nehmen. Die Beurteilung erstreckt sich bei noch erwerbstätigen Ehegatten zunächst auf die beiderseitigen Erwerbs- und Versorgungsmöglichkeiten (BGH FamRZ 1982, 36), wobei das gesundheitliche Leistungsvermögen der Ehegatten, ihr Alter, ihre Ausbildung und die bisherige Berufspraxis zu berücksichtigen sind (BGH FamRZ 1984, 467; Hamburg FamRZ 2002, 1257), darüber hinaus aber auch fortwirkende Erwerbsbeeinträchtigungen infolge der gescheiterten Ehe. Ferner ist auch nicht dem VersA unterliegendes Transfereinkommen zu berücksichtigen, sofern es objektiv der Unterhaltssicherung dient (Köln FamRZ 2001, 31). Dies gilt etwa für die Verletztenrente aus der gesetzlichen Unfallversicherung mit ihrem den Einkommensersatz dienenden Bestandteil (Brudermüller/Klattenhoff FuR 1993, 333) oder für Leistungen des sozialen Entschädigungsrechts (BGH FamRZ 1987, 255; Celle FamRZ 1989, 1098). Bei dem Vermögen, das unter Berücksichtigung der güterrechtlichen Scheidungsfolgen und der Unterhaltsregelung bei Prüfung der Härteklausel zu berücksichtigen ist, ist es unerheblich, woher es stammt (BGH FamRZ 1981, 394) und ob es auf gemeinsamer Leistung der Ehegatten beruht (BGH FamRZ 1981, 130).

13 **b) Typische Problemlagen. aa) Bagatellausgleich.** Die gelegentlich vertretene Auffassung, ein Ausgleich im Bagatellbereich sei grob unbillig (Brandenburg FamRZ 2000, 893), ist abzulehnen (J/H/Hahne Rz 19; RGRK/

Wick Rz 28), da dieser Gesichtspunkt nur von verfahrensökonomischer Bedeutung ist. Hiermit korrespondiert die Frage des VersA bei **kurzer Ehedauer**. In diesen Fällen kann der VersA nach Ansicht des BGH mit der Begründung ausgeschlossen werden, daß keine Versorgungsgemeinschaft vorgelegen habe (BGH FamRZ 1981, 944 mit ablehnender Anm von Hornhardt FamRZ 1982, 30; kritisch auch RGRK/Wick Rz 49; FamK/Rolland Rz 28; bejahend jedoch Saarbrücken MDR 2003, 510 und Borth FamRZ 2001, 877 [889]).

bb) Bedürftigkeit des Verpflichteten. Da der VersA keinen dem Unterhaltsrecht vergleichbaren Selbstbehalt kennt, stellt allein die nach ungekürzter Durchführung des Ausgleichs drohende Hilfebedürftigkeit des Verpflichteten iSd GSiG keinen Härtegrund dar (BVerfG FamRZ 2003, 1173 [1174]; BGH FamRZ 1993, 682). Ein Ausschluß des VersA ist jedoch dann vorzunehmen, wenn der uneingeschränkte Ausgleich nicht zu einer ausgewogenen sozialen Sicherheit beider Ehegatten beiträgt, sondern vielmehr der Ausgleichsberechtigte durch Versorgungseinkommen oder nicht auszugleichendes Vermögen wenigstens ausreichend abgesichert ist oder sich durch weiteren Versorgungserwerb eine angemessene Sicherung aufbauen kann, während der Ausgleichsverpflichtete auf seine Versorgung dringend angewiesen ist (BGH FamRZ 1999, 714; 1996, 1540; 1982, 36; 1981, 130). In diesem Sinne unbillige Ergebnisse können insbesondere bei so genannten phasenverschobenen Ehen eintreten, in denen der angemessen versorgte Ausgleichsberechtigte während der Ehezeit bereits Versorgung erhielt, während der Ausgleichsverpflichtete noch am Erwerbsleben teilnahm (Köln FamRZ 1988, 849; Celle FamRZ 1981, 1083). 14

cc) Persönliche Gründe. Auch persönliches Fehlverhalten des Berechtigten kann die uneingeschränkte Durchführung des VersA als grob unbillig erscheinen lassen, und zwar selbst dann, wenn es ohne wirtschaftliche Relevanz ist (BGH FamRZ 1990, 985 mwN). Da es um die Verteilung auf vergangener Gemeinschaft beruhender Vermögenswerte geht, rechtfertigen jedoch nur ganz krasse Verfehlungen (vgl Hamm FamRZ 2003, 1295; 1997, 566), die die uneingeschränkte Durchführung des VersA als unerträglich erscheinen lassen (BGH FamRZ 1987, 362), die Anwendung der Härteklausel. Dies ist im Allgemeinen erst dann zu bejahen, wenn der Berechtigte seine Pflichten über lange Zeit hinweg nachhaltig verletzt hat (Celle FamRZ 1993, 208). Auch ein einmaliges Fehlverhalten kann zur Anwendung der Härteklausel führen, und zwar dann, wenn es außergewöhnlich schwer wiegt (Brandenburg FamRZ 2003, 384; MDR 2000, 522). **Einzelfälle: (1)** Die Berechtigte hat den Verpflichteten in den irrigen Glauben versetzt oder ihn trotz eigener Zweifel in der Annahme belassen, der Vater ihres Kindes zu sein – **Scheinvaterschaft** – (BGH FamRZ 1987, 362; 1985, 267; 1983, 32), und zwar unter Umständen auch dann, wenn dem Verpflichteten ein Schadensersatzanspruch zusteht (Karlsruhe FamRZ 1994, 1474); § 1599 I ist zu beachten (BGH NJW 1983, 824). **(2)** Der berechtigte Ehegatte hat sich eines **Verbrechens oder eines schweren vorsätzlichen Vergehens** gegen den Verpflichteten (Frankfurt FamRZ 1990, 1259) oder einen nahen Angehörigen des Verpflichteten schuldig gemacht (Brandenburg FamRZ 2000, 891), etwa der Tötung eines gemeinsamen Kindes (BGH FamRZ 1990, 985; Hamburg NJW 1982, 1823; Nürnberg FamRZ 1982, 308) oder des sexuellen Mißbrauchs eines Kindes des Ausgleichsverpflichteten (Brandenburg FamRZ 2003, 384). Bei erwiesener oder nicht auszuschließender Schuldunfähigkeit in Bezug auf das dem Berechtigten zur Last gelegte Verbrechen kommt die Anwendung von Nr 1 nicht in Frage (BGH FamRZ 1990, 985 [problematisch], differenzierter Karlsruhe NJW-RR 2000, 372). 15

dd) Steuerliche Ungleichheiten der Versorgungseinkünfte (vgl BVerfG NJW 2002; 1103; Bergner NJW 1990, 678). Der VersA wird auf der Basis von Bruttowerten durchgeführt (§ 1587 Rz 2). Insbesondere die Versorgungsbezüge der Beamten, Richter und Berufssoldaten einerseits und die Renten aus der gesetzlichen Rentenversicherung andererseits werden jedoch (noch) unterschiedlich einkommensteuerrechtlich belastet (zu den Perspektiven einer spätestens bis 2004 vorzunehmenden Reform vgl Ruland StB 2003, 42). Dies führt beim Ausgleich von Anrechten iS von § 1587a II Nr 1 dazu, daß der Berechtigte im Hinblick auf die Nettoerträgnisse der ihm gutgebrachten Anrechte mehr bekommt, als der ausgleichspflichtige Ehegatte mit Blick auf seine Nettoversorgung behält (BGH FamRZ 1989, 727). Der unterschiedlichen steuerlichen Belastung der verschiedenen Alterseinkommen kann im Rahmen von Nr 1 Rechnung getragen werden, da die *verfügbaren* Einkünfte zu den bei Anwendung der Härteklausel zu berücksichtigenden wirtschaftlichen Verhältnissen zählen (BGH FamRZ 1987, 255). Diese Möglichkeit steht dem FamG jedoch nur offen, wenn *beide* Ehegatten (einseitiger Versorgungsbezug reicht nicht aus; BGH FamRZ 1993, 302) bereits Versorgung erhalten, da lediglich in diesen Fällen von den wandelbaren individuellen Besteuerungsmerkmalen abhängige Steuerbelastung zuverlässig erfaßt werden kann (BGH FamRZ 1999, 497; 1995, 29). Wiegt die Abweichung in den Nettoergebnissen des VersA schwer genug, um sie als grob unbillig erscheinen zu lassen, so ist eine Herabsetzung des VersA vorzunehmen (BGH FamRZ 1999, 497). Hierbei ist das Gericht allerdings nicht verpflichtet, eine rechnerisch präzise und dauerhaft beständige Korrektur des auf Bruttobasis ermittelten Anspruchs vorzunehmen (MüKo/Dörr Rz 26); es genügt vielmehr, wenn es sich um ein Ergebnis bemüht, das im Rahmen des Möglichen dem Grundsatz effektiver Halbteilung am nächsten kommt, ohne den Ausgleichsberechtigten zu benachteiligen (BGH FamRZ 1989, 1163). 16

ee) Studentenehe. Der uneingeschränkte VersA kann als grob unbillig angesehen werden, wenn der Verpflichtete seinem Partner eine Ausbildung finanziert hat und ihm damit einen wirtschaftlichen Vorteil hat zukommen lassen, an dessen Ertrag er infolge der Scheidung nicht mehr teilhaben kann (Köln FamRZ 1994, 1473). Hier sieht die Rspr die Unzumutbarkeit des ungekürzten VersA in einer drohenden Doppelbelastung des Verpflichteten, der dem ohnehin begünstigten früheren Partner im Wege des VersA einen weiteren Vermögensvorteil zuwenden müsste (BGH FamRZ 1989, 1060; 1988, 600; 1983, 1217; Hamm FamRB 2003, 146). Jedoch führt nicht schematisch jede „Studentenehe" zur Herabsetzung des VersA (Köln FamRZ 1981, 574). Eine Härtekorrektur des rechnerisch ermittelten Ausgleichs setzt vielmehr voraus, daß besondere Umstände des Einzelfalls zu einem mit dem Wesen der Ehe nicht zu vereinbarenden Leistungsungleichgewicht zwischen den Ehegatten geführt haben. Diese Voraussetzungen sind etwa dann erfüllt, wenn der Ausgleichsverpflichtete während der Ausbildung den wesentlichen Teil des Familienunterhalts getragen hat (BGH FamRZ 1988, 600; NJW-RR 1987, 578) oder sich in sonstiger 17

§ 1587c Familienrecht Bürgerliche Ehe

Weise überobligationsmäßig in der Ehe eingesetzt hat (BGH FamRZ 1989, 1060; Hamm FamRZ 1998, 684). Unerheblich ist, ob die Ausbildung erfolgreich war (BGH NJW-RR 1987, 578) oder bis zum Ehezeitende zu einem Abschluß geführt hat (KG FamRZ 1980, 800). Ebenso ist irrelevant, ob der Berechtigte nach der Ausbildung eine Tätigkeit in dem angestrebten Beruf aufgenommen hat (Hamm FamRZ 1986, 72; Köln FamRZ 1994, 1473; 1989, 1197).

18 **ff) Trennungszeit.** Auch die während des Getrenntlebens der Ehegatten erworbenen Anrechte unterliegen dem VersA (§ 1587 Rz 8). Die Trennung führt jedoch zu einer tatsächlichen Aufhebung der ehelichen Lebens- und Versorgungsgemeinschaft und nimmt dem VersA damit die eigentliche Rechtfertigung (BGH FamRZ 1982, 475). Daher kann die längere Trennung der Ehegatten zu einer Kürzung des VersA führen (BGH FamRZ 1993, 302; Brandenburg FamRZ 2002, 756 und 1190; Karlsruhe FamRZ 2001, 1223; zu eng Bamberg FamRZ 2001, 1222 und hieran anschließend Erk/Deisenhofer FamRZ 2003, 134), und zwar auch dann, wenn die Trennungszeit nach dem Wirksamwerden des Rechts des VersA liegt (Düsseldorf FamRZ 1993, 1322). Wann von einer längeren Trennung gesprochen werden kann, ist nach dem Verhältnis der Trennungszeit zur Dauer der tatsächlichen ehelichen Lebensgemeinschaft zu beurteilen (Brandenburg FamRZ 2002, 756; J/H/Hahne Rz 24). Die Herabsetzung des Ausgleichsanspruchs kommt nicht in Betracht, soweit die Ausgleichsberechtigte weiterhin aus der Ehe herrührende Aufgaben (zB Kindererziehung) erfüllt hat (BGH FamRZ 1986, 252). Im übrigen ist die Verteilung und Wahrnehmung der Aufgaben vor der Trennung in die Abwägung einzubeziehen, so daß ein früherer überobligatorischer Einsatz des Ausgleichsberechtigten im Einzelfall der Anwendung der Härteklausel entgegenstehen kann (Hamm FamRZ 2000, 160).

19 **gg) Verhältnis zu sonstigen Scheidungsfolgen.** (1) Im Rahmen von Nr 1 ist vor allem das Ergebnis der **güterrechtlichen Auseinandersetzung** zwischen den Ehegatten zu berücksichtigen (BGH FamRZ 1989, 491; 1988, 47; BT-Drucks 7/650, 162). In diesem Zusammenhang erweist sich der uneingeschränkte VersA dann als grob unbillig, wenn der Berechtigte über bedeutende wirtschaftliche Werte verfügt, an denen der Ausgleichsverpflichtete güterrechtlich nicht beteiligt wird (KG FamRZ 1997, 28; Karlsruhe FamRZ 2001, 1223), wobei auch die Vermögensverhältnisse des Verpflichteten zu berücksichtigen sind. Der Ausgleichsanspruch des Berechtigten ist ferner herabzusetzen, wenn der Verpflichtete zu dessen Gunsten Beiträge für eine Alters- und Invaliditätsversorgung gezahlt hat, die (als Rentenanrecht) im VersA und (als Vermögenswert) auch beim Zugewinnausgleich keine Berücksichtigung finden (BGH FamRZ 1987, 364; Düsseldorf FamRZ 1985, 77). (2) Im Interesse einer Abstimmung mit dem nachehelichen **Unterhaltsrecht** ist eine Herabsetzung des VersA vorzunehmen, wenn dessen ungekürzte Durchführung zu einem Unterhaltsanspruch des bereits rentenberechtigten Ausgleichsverpflichteten gegenüber dem Ausgleichsberechtigten führen würde (BGH FamRZ 1987, 255). Auch gesetzliche Unterhaltspflichten des ausgleichsverpflichteten Ehegatten gegenüber Dritten können berücksichtigt werden (BGH FamRZ 1982, 475), was allerdings nur in Bezug auf Ansprüche solcher Personen in Betracht kommen kann, die im Verhältnis zum Ausgleichsberechtigten gleichrangig unterhaltsberechtigt sind.

20 **hh) Schematisierungen bei der Bewertung von Anrechten.** Nr 1 dient auch der Korrektur unbilliger Schematisierungen beim Ausgleich von Anrechten iSv § 1587a II Nr 1 (und anderer Anrechte, die gesamtzeitbezogen bewertet werden), wenn dem Versorgungsinhaber vor Erreichen der Regelaltersgrenze eine Versorgung wegen verminderter Erwerbsfähigkeit zugesprochen wird. Die Errechnung der Ehezeitanteils der Versorgung auf Grund der verkürzten Gesamtzeit mit der Folge, daß ein größerer Teil der bereits realisierten Leistung auszugleichen ist, muß grundsätzlich hingenommen werden (BVerfG FamRZ 2001, 277; BGH FamRZ 1991, 1415). Eine Herabsetzung des VersA zugunsten des Verpflichteten, bei dem vorzeitig eine Minderung der Erwerbsfähigkeit eingetreten ist, kommt jedoch in Betracht, wenn der Berechtigte im Verhältnis zum Verpflichteten eine unverhältnismäßig hohe Versorgung erreichen wird und der Verpflichtete auf seine Anrechte dringend angewiesen ist (BGH FamRZ 1999, 499; zum Maß des Anspruchsausschlusses vgl Rz 27). Diese Grundsätze sind im allgemeinen nicht auf die Fälle der freiwilligen Inanspruchnahme einer Versorgung wegen Alters vor Erreichen der Regelaltersgrenze übertragbar (R/K/Klattenhoff V Rz 526.29). Als grob unbillig kann sich in Einzelfällen auch die strenge Beachtung des In-Prinzips erweisen (vgl Rz 19).

21 **ii) Versorgungsbedürfnis des Berechtigten.** Der VersA hat nicht ein konkretes Versorgungsbedürfnis des Ausgleichsberechtigten zur Voraussetzung (BGH FamRZ 1999, 714), so daß er auch dann vorzunehmen ist, wenn beide Ehegatten während der (kinderlosen) Ehe auf Grund einer Erwerbstätigkeit Versorgungsanrechte erworben haben und konkrete ehebedingte Vorsorgenachteile nicht eingetreten sind (BGH FamRZ 1995, 413). Das Fehlen ehebedingter Vorsorgedefizite auf Seiten des Ausgleichsberechtigten ist jedoch im Rahmen einer Gesamtbetrachtung zu berücksichtigen, wenn weitere Umstände hinzutreten, die eine grobe Unbilligkeit begründen können (BGH FamRZ 1989, 492).

22 **2. Manipulationen des Versorgungsbestandes (Nr 2). a) Allgemeines.** Nach Nr 2 findet ein VersA nicht statt, soweit der berechtigte Ehegatte im Zusammenhang mit der Scheidung zu seinem Vorteil auf die Ausgleichsbilanz eingewirkt hat, ohne hierfür einen Rechtfertigungsgrund zu haben. Welcher der Ehegatten ausgleichsberechtigt ist, beurteilt sich unter Berücksichtigung der Konsequenzen der illoyalen Versorgungseinwirkung. Die Manipulationsklausel konkretisiert den Rechtsgedanken des § 162 (Karlsruhe FamRZ 1983, 818). Sie dient der Vermeidung von Unbilligkeiten, die sich aus dem Prinzip der Momentaufnahme (§ 1587 Rz 10) ergeben, wenn der Ausgleichsberechtigte auf das Versorgungsgefälle zwischen den Ehegatten mit der Absicht, einen Ausgleichsanspruch zu erwerben oder zu erhöhen, treuwidrig Einfluß genommen hat. Im Rahmen von Nr 2 bleiben illoyale Versorgungsverkürzungen des Ausgleichsverpflichteten sanktionsfrei und können auch nicht im Wege einer Analogie berücksichtigt werden (BGH FamRZ 1993, 175; aA FamK/Rolland Rz 7, 47); der Berechtigte kann sich jedoch auf den allgemeinen Rechtsgrundsatz des § 162 berufen (vgl Rz 7).

b) **Voraussetzungen im einzelnen.** Die Regelung der Nr 2 erfaßt – außerhalb des Anwendungsbereichs von 23
§ 10d VAHRG liegende – unmittelbare und mittelbare **Einwirkungen auf das Versorgungsverhältnis** in Form
von Handeln oder Unterlassen, wie etwa eine Beitragserstattung (Bamberg FamRZ 1979, 239) oder Kapitalabfindung, die Auflösung eines Altersvorsorgevertrages, die Umwandlung einer privaten Rentenversicherung in eine
Kapitalversicherung oder die Einstellung der Beitragszahlung mit der Folge des Erlöschens des Versorgungsverhältnisses. Der Ausgleichsberechtigte muß in **Erwartung der Scheidung** auf seine Versorgung eingewirkt haben.
Dies betrifft vor allem vor der Scheidung liegende Handlungen und Unterlassungen; es sind jedoch auch nach der
Scheidung liegende, aber auf die Ehezeit zurückwirkende Versorgungsverkürzungen bis zur Entscheidung über
den VersA in einem abgetrennten oder isolierten Verfahren zu berücksichtigen. Erforderlich ist ein bewußter
Zusammenhang des versorgungsrelevanten Verhaltens mit der Scheidung in dem Sinne, daß der zu erwartende
VersA das bestimmende Motiv des Verhaltens des Ausgleichsberechtigten gewesen ist (Karlsruhe FamRZ 1983,
818). Fehlt jeder zeitliche Bezug zur Scheidung, so sind die objektiven Auswirkungen eines Handelns oder Unterlassens auf die Versorgungssituation hinzunehmen (BGH FamRZ 1988, 709). Eine Herabsetzung des VersA
kommt nicht in Betracht, wenn das Verhalten zwar in einem Zusammenhang mit der zu erwartenden Ehescheidung
stand, ihm jedoch **billigenswerte** oder vom Berechtigten nicht zu vertretende **Motive** zugrunde lagen (Ruland
NJW 1976, 1713 [1719]). Nicht jede im Zusammenhang mit der Scheidung vorgenommene Versorgungseinwirkung führt also zur Anwendung von Nr 2, sondern nur eine treuwidrige Einflussnahme auf die Ausgleichsbilanz;
denn die Manipulationsklausel der Nr 2 ist eine auf den VersA bezogene Ausprägung des Gedankens von Treu
und Glauben (BGH FamRZ 1986, 658). Das Element der Treuwidrigkeit fehlt auch dann, wenn der Berechtigte zwar
seine Anrechte verkürzt und eine Austrittsleistung erhalten hat, diese Leistung aber dem güterrechtlichen Ausgleich unterliegt oder für einen gemeinsamen Zweck verwendet worden ist (MüKo/Dörr Rz 39).

3. Unterhaltspflichtverletzung (Nr 3). a) Allgemeines. Nach Nr 3 ist der VersA ausgeschlossen, soweit der 24
Berechtigte während der Ehe über längere Zeit hinweg seine Pflicht, zum Familienunterhalt beizutragen, grob verletzt hat. Eine nachhaltige Verletzung der familienrechtlichen Beistandspflichten soll nicht durch einen uneingeschränkten VersA „prämiert" werden (Bergner VersA S 19). Die Regelung soll eine Lastendisparität zwischen den
früheren Partnern vermeiden und dient damit deren Rechtsgleichheit iS von Art 3 II GG (BGH FamRZ 1979, 477
[482]). Verletzt der Ausgleichsverpflichtete seine Unterhaltspflicht, so führt das nicht zu einer Erhöhung des Ausgleichsanspruchs (Hamm FamRZ 1981, 973); die Pflichtverletzung kann jedoch das Fehlverhalten des Berechtigten kompensieren und damit zur uneingeschränkten Durchführung des VersA führen.

b) **Voraussetzungen im einzelnen.** Mit Nr 3 werden (ausschließlich) während der Ehe begangene Verletzungen 25
der Unterhaltspflicht erfaßt, und zwar gegenüber dem Ehegatten (einschließlich der während der Trennung eingetretenen Pflichtverletzungen; vgl J/H/Hahne Rz 37 aE) sowie gegenüber gemeinsamen Kindern. Der Entscheidung
darüber, ob eine Unterhaltspflichtverletzung vorliegt, ist das Recht zugrunde zu legen, das während der Ehezeit
galt (BGH FamRZ 1987, 49); Nicht erforderlich ist die Strafbarkeit oder Bestrafung der Unterhaltspflichtverletzung. Die Regelung sanktioniert Verletzungen der Bar- als auch der Naturalunterhaltspflicht, so daß auch in der
Vernachlässigung der Haushaltsführung oder der Kindererziehung eine Unterhaltspflichtverletzung gesehen werden kann (Celle FamRZ 1987, 837). Die Pflichtverletzung muß nach der **Adäquanztheorie** geeignet gewesen sein,
die Befriedigung des Unterhaltsbedarfs der Familienangehörigen zu gefährden; sie kann in einem Unterlassen
(Nichtleistung von Unterhalt) als auch in einem positiven Tun (Herbeiführung der Leistungsunfähigkeit, Verschwendung oder böswillige Vereitelung der Zwangsvollstreckung) bestanden haben. Das pflichtwidrige Verhalten
des Ausgleichsberechtigten muß vorwerfbar (schuldhaft) und unterhaltsbezogen sein (BGH FamRZ 1987, 49;
Celle FamRZ 1981, 576; Stuttgart FamRZ 1981, 1193). Damit können schicksalhafte Entwicklungen – wie etwa
ein auf Krankheit beruhendes Versagen – nicht zum Ausschluß des VersA führen (Bamberg FamRZ 1979, 522; vgl
aber auch Düsseldorf FamRZ 2000, 162 zu Fällen einer Therapieverweigerung). In Bezug auf den **Grad des Verschuldens** gilt, daß auch leichtfertige Unterhaltspflichtverletzungen als Konsequenz bewußter Fahrlässigkeit zum
Ausschluß des VersA führen (J/H/Hahne Rz 39; umstritten).

Der Ausschluß des VersA nach Nr 3 hat eine **intensive Unterhaltspflichtverletzung** des Berechtigten zur Voraussetzung. Es muß sich daher – in Übereinstimmung mit dem Maßstab der Nr 1 – um eine gröbliche Pflichtverletzung handeln, die während der Ehe über längere Zeit hinweg erfolgt ist. Als **gröblich** kann eine Unterhaltspflichtverletzung erst dann bezeichnet werden, wenn über die Nichtleistung des Unterhalts hinaus weitere Merkmale vorliegen, die dem pflichtwidrigen Verhalten ein besonderes Gewicht verleihen und es als besonders
rücksichtslos erscheinen lassen (Nürnberg FuR 2000, 278). Dies ist etwa der Fall, wenn ein Unterhaltsberechtigter
dadurch in ernsthafte Schwierigkeiten bei der Sicherstellung des Lebensbedarfs geraten ist oder der Berechtigte
ihm offenstehende und zumutbare Erwerbsmöglichkeiten nicht wahrgenommen hat, so daß der andere Ehegatte
zur Aufnahme einer überobligationsmäßigen Erwerbstätigkeit gezwungen war (BGH FamRZ 1987, 49 und 918;
NJW-RR 1987, 578). Der Berechtigte kann sich nicht dadurch entlasten, daß durch den überobligationsmäßigen
Einsatz des Verpflichteten oder auf Grund der Hilfe eines Dritten eine akute Notlage vermieden worden ist (Hamburg FamRZ 1984, 712; Karlsruhe FamRZ 1988, 70). Weitere Voraussetzung für die Herabsetzung des Ausgleichsanspruchs ist, daß der Ausgleichsberechtigte seine Unterhaltspflicht über **längere Zeit** hinweg verletzt hat. Insoweit ist keine Schematisierung möglich, sondern im Einzelfall eine Bewertung des Verhaltens des Ausgleichsberechtigten und der Auswirkungen seiner Pflichtwidrigkeit vorzunehmen, wobei insbesondere die Ehedauer, die
seit der Pflichtverletzung verstrichene Zeit wie auch die Tragung aus der Ehe folgender Obliegenheiten (Kindererziehung, Haushaltsführung etc) zu berücksichtigen sind.

IV. Rechtsfolgen. 1. Generalklausel (Nr 1). Die Generalklausel gestattet sowohl einen **vollständigen Ausschluß** als auch eine **teilweise Herabsetzung** des VersA (Hamm FamRZ 1991, 1451). Allerdings kommt wegen
des Ausnahmecharakters der Regelung und der hoch angesetzten Interventionsgrenze in den meisten Fällen ledig-

lich ein Teilausschluß in Frage (MüKo/Dörr Rz 37). Für das Maß des Anspruchsausschlusses ist der auf der Grundlage einer Gesamtbetrachtung festgestellte Grad der Unbilligkeit maßgebend (BGH FamRZ 1983, 32), so daß keine schematische Abhängigkeit zwischen der Zeit, in der die Voraussetzungen der Härteklausel vorgelegen haben, und dem Umfang der Kürzung besteht (BGH NJW-RR 1987, 578). Beruht die grobe Unbilligkeit auf der Aufhebung der Lebensgemeinschaft der Ehegatten, unterliegen im Grundsatz nur die bis zur Trennung erworbenen Anrechte dem Ausgleich (Celle FamRZ 2001, 163). Steht der Teilausschluß des VersA im Zusammenhang mit dem Eintritt der vorzeitigen Dienstunfähigkeit eines Ehegatten (Rz 20), so kommt eine Herabsetzung bis auf den Betrag in Betracht, der auszugleichen wäre, wenn der Ehegatte bei Ehezeitende noch aktiv im Dienst gestanden hätte (BGH FamRZ 1999, 499; Celle FamRZ 2003, 1291). In welcher **Form** das Gericht einen Teilausschluß vornimmt, unterliegt seinem Ermessen. Es ist zulässig, den Anspruch für verschiedene Anrechte in unterschiedlichem Maße herabzusetzen oder ein Anrecht voll, ein anderes jedoch nur teilweise oder gar nicht auszugleichen (BGH FamRZ 1987, 48). Findet nur ein Ausschluß der während eines Teils der Ehezeit erworbenen Anrechte statt, so ist der auf den Teilzeitraum entfallende Betrag nach der jeweils maßgebenden Regelung des § 1587a II zu ermitteln (BGH FamRZ 1991, 177; 1987, 923).

28   2. **Spezielle Billigkeitsklauseln (Nr 2, 3).** Bei Anwendung von **Nr 2** ist der Ausgleichsanspruch auf den Betrag herabzusetzen, der sich ergeben würde, wenn das in illoyaler Weise nicht erworbene oder zum Erlöschen gebrachte Anrecht des Ausgleichsberechtigten in die Ausgleichsbilanz einzustellen wäre. Es ist jedoch nicht möglich, darüber hinaus den Ausgleichsberechtigten zum Verpflichteten zu machen (vgl aber Rz 7). Nach **Nr 3** erfolgt eine Herabsetzung – in Ausnahmefällen auch ein vollständiger Ausschluß – des Ausgleichsanspruchs nach Maßgabe der Intensität der Unterhaltspflichtverletzung. Es besteht kein schematischer Zusammenhang zwischen der Dauer der Pflichtverletzung und dem Umfang der Kürzung; diese beschränkt sich nicht auf die während der Dauer der Pflichtverletzung erworbenen Anrechte beider Ehegatten (BGH FamRZ 1987, 49).

29   **V. Verfahren.** Die Härteregelungen sind im Erstverfahren über den VersA (BVerfG FamRZ 1993, 405) anzuwenden und setzen die vollständige Ermittlung der Anrechte beider Ehegatten voraus (Karlsruhe FamRZ 1984, 1114). Die Ermittlung und Prüfung von Härtegründen erfolgt von Amts wegen (Hamm FamRZ 1991, 1451) und ohne Bindung an etwaige Vorstellungen der Ehegatten (es sei denn, diese sind als Ehevertrag oder Scheidungsvereinbarung beachtlich; vgl BGH FamRZ 2001, 1447) im Rahmen tatrichterlicher Würdigung des Einzelfalls (BGH FamRZ 1988, 489). Die tatsächlichen Voraussetzungen des § 1587c muß nach allgemeinen Darlegungs- und Beweislastregelungen der Ausgleichsverpflichtete geltend machen (BGH FamRZ 1996, 1540), was auch noch (erstmalig) im Verfahren vor dem OLG geschehen kann (BGH FamRZ 1985, 267). Hierbei ist mit Rücksicht auf die grundrechtssichernde Funktion des § 1587c kein strenger Maßstab anzulegen (Schleswig SchlHAnz 2000, 64). Das Gericht braucht jedoch regelmäßig nicht von sich aus nach Umständen zu forschen, die zur Anwendung der Härteregelungen führen können. Es kann vielmehr wegen der einander gegenüberstehenden Interessen der Ehegatten davon ausgehen, daß diese ihnen vorteilhafte Umstände von sich aus vorbringen, so daß der Ausgleichsverpflichtete gehalten ist, nicht ohne weiteres ersichtliche Umstände, welche die Anwendung der Härteklausel rechtfertigen sollen, in das Verfahren einzubringen (BGH FamRZ 1993, 682).

1587d *Ruhen der Verpflichtung zur Begründung von Rentenanwartschaften*

(1) Auf Antrag des Verpflichteten kann das Familiengericht anordnen, dass die Verpflichtung nach § 1587b Abs. 3 ruht, solange und soweit der Verpflichtete durch die Zahlung unbillig belastet würde, insbesondere außerstande gesetzt wird, sich selbst angemessen zu unterhalten und seinen gesetzlichen Unterhaltspflichten gegenüber dem geschiedenen Ehegatten und den mit diesem gleichrangig Berechtigten nachzukommen. Ist der Verpflichtete in der Lage, Raten zu zahlen, so hat das Gericht ferner die Höhe der dem Verpflichteten obliegenden Ratenzahlungen festzusetzen.

(2) Das Familiengericht kann eine rechtskräftige Entscheidung auf Antrag aufheben oder ändern, wenn sich die Verhältnisse nach der Scheidung wesentlich geändert haben.

1   Die Regelung betrifft den obligatorischen Beitragsausgleich nach § 1587b III S 1 Hs 1, der durch das BVerfG mit seiner Entscheidung vom 27. 1. 1983 (FamRZ 1983, 342) für verfassungswidrig und nichtig erklärt worden ist (vgl § 1587b Rz 15) und an dessen Stelle die Ausgleichsformen des VAHRG getreten sind. Die Vorschrift erfaßt damit nur noch (nicht nach Art 4 § 1 VAwMG übergeleitete) Altfälle (Zweibrücken FamRZ 2002, 399), in denen der Verpflichtete leistungswillig ist (keine Präklusionsklausel; vgl BGH FamRZ 1981, 1051 [1059]). Für eine vereinbarte Beitragszahlung (§ 187 I Nr 2 SGB VI) gilt § 242. Für die Ausgleichsform des § 3b I Nr 2 ist Abs I entbehrlich, weil die Zumutbarkeit der Beitragszahlung dort bereits Tatbestandsvoraussetzung ist und danach eine Ratenzahlung (nicht jedoch ein Ruhen der Zahlungspflicht) möglich ist; Abs II gelangt jedoch entsprechend zur Anwendung.

1587e *Auskunftspflicht; Erlöschen des Ausgleichsanspruchs*

(1) Für den Versorgungsausgleich nach § 1587b gilt § 1580 entsprechend.
(2) Mit dem Tode des Berechtigten erlischt der Ausgleichsanspruch.
(3) Der Anspruch auf Entrichtung von Beiträgen (§ 1587b Abs. 3) erlischt außerdem, sobald der schuldrechtliche Versorgungsausgleich nach § 1587g Abs. 1 Satz 2 verlangt werden kann.
(4) Der Ausgleichsanspruch erlischt nicht mit dem Tode des Verpflichteten. Er ist gegen die Erben geltend zu machen.

1   **I. Allgemeines.** Die Vorschrift normiert wechselseitige, auf die Durchführung des öffentlich-rechtlichen VersA bezogene Auskunftspflichten der Ehegatten untereinander (Abs I) und enthält Regelungen über das Erlöschen des

Ausgleichsanspruchs (Abs II–IV). Danach erlischt der Anspruch mit dem Tod des Berechtigten, während er im Fall des Todes des Verpflichteten gegen dessen Erben geltend zu machen ist. Um Doppelbelastungen zu vermeiden, geht der Anspruch des Berechtigten auf Beitragszahlung unter, sobald dieser den schuldrechtlichen VersA verlangen kann. Für Auskünfte im (verlängerten) schuldrechtlichen VersA gelten Parallelregelungen in § 1587k I sowie § 3a VIII, während die Auskunftsregelung des § 10a XI VAHRG der Vorbereitung eines Abänderungsverfahrens dient.

II. Auskunftspflichten zwischen den Ehegatten. 1. Zweck. Abs I (verfassungsgemäß, vgl BVerfG FamRZ 2 1978, 769) ordnet die entsprechende Anwendung von § 1580 und – auf Grund Weiterverweisung – der §§ 1605, 260 und 261 an. Die Ehegatten sind danach einander zur formgerechten Erteilung von schriftlichen Auskünften über alle für den öffentlich-rechtlichen VersA maßgebenden Umstände sowie zur Vorlage von Beweismitteln verpflichtet. Der Auskunftsanspruch soll die Entscheidung über den VersA oder eine Parteivereinbarung vorbereiten. Er dient der Orientierung über die Versorgungsanrechte des Partners, um sich über die versorgungsausgleichsrechtliche Verteilungsmasse Klarheit zu verschaffen. Es besteht daher kein Anspruch, wenn der VersA nach § 1408 II, § 1587o wirksam ausgeschlossen worden ist (BGH FamRZ 1981, 533) oder aus anderen Gründen unterbleibt (Frankfurt FamRZ 1982, 185). Der Erhebung des Anspruchs wird durch die teilweise parallelen Auskunftsrechte des FamG (§ 11 II VAHRG) nicht grundsätzlich das Rechtsschutzinteresse genommen (Frankfurt FamRZ 2000, 99; Nürnberg FamRZ 1995, 300; RGRK/Wick Rz 2; Bergerfurth FamRZ 2001, 474 [475]; aA Oldenburg FamRZ 1999, 1207).

2. Voraussetzungen und Inhalt. Der Nebenanspruch auf Auskunft setzt ein berechtigtes Interesse an der Rege- 3 lung des VersA (vgl hierzu Düsseldorf FamRZ 1990, 46) im Scheidungszusammenhang voraus, das – zB im Hinblick auf § 1587o – bereits vor Eintritt der Rechtshängigkeit des Scheidungsantrags vorliegen kann (Bremen FamRZ 1979, 834; Koblenz FamRZ 1978, 702; str) Der Anspruch besteht auch während des Verfahrens über den VersA (Frankfurt FamRZ 2000, 99; Hamburg FamRZ 2002, 103), erlischt jedoch mit der gerichtlichen Entscheidung über den VersA (BGH FamRZ 1982, 687; ggf Ansprüche nach § 1353 I iVm § 242, BGH FamRZ 1984, 465). Die Auskunftspflicht erstreckt sich auf alle tatsächlichen und rechtlichen Umstände, die im Einzelfall für die Bestimmung des Ehezeitanteils eines Anrechts oder im Rahmen von § 1587c maßgebend sind (Hamm FamRZ 1978, 700; Karlsruhe FamRZ 2003, 1840). Sind für die Höhe des auf die Ehezeit entfallenden Anrechts auch vor oder nach der Ehezeit liegende Sachverhalte maßgeblich, so ist auch hierüber Auskunft zu erteilen. Es besteht jedoch keine Verpflichtung, den Ehezeitanteil des auszugleichenden Anrechts zu berechnen. Der Auskunftspflichtige hat Belege vorzulegen (Versicherungspolicen, Altersvorsorgeverträge, Rentenbescheide etc). Seine Auskunft muß klar, verständlich und übersichtlich sein, so daß eine Nachprüfung möglich ist; darüber hinaus ist es jedoch ihm überlassen, in welcher Form er seiner Verpflichtung nachkommt (BGH FamRZ 1984, 465). Besteht Grund zu der Annahme, daß die Auskunft „nicht mit der erforderlichen Sorgfalt" erteilt worden ist, kann der Gläubiger verlangen, daß der Auskunftspflichtige eine Eidesstattliche Versicherung abgibt (§ 260 II analog).

3. Verfahren. Der Auskunftspflicht hat grundsätzlich höchstpersönlichen Charakter, ist allerdings – mit ggf 4 reduziertem Umfang – von einem Dritten zu erfüllen, sofern sich (in den Fällen des Abs IV) der Hauptanspruch gegen diesen richtet (BGH FamRZ 1985, 263). Das ausschließlich zuständige FamG entscheidet auf Antrag im FGG-Verfahren durch Beschluß iSv § 621e ZPO (BGH FamRZ 1981, 533), und zwar auch im Verbund und im Stufenverfahren (Düsseldorf FamRZ 1978, 423). Die Durchsetzung des Anspruchs kann im isolierten Verfahren oder im Scheidungsverbund – dann auch im Stufenverfahren analog § 254 ZPO (Frankfurt FamRZ 2000, 99) mit dem Ergebnis einer Teilentscheidung (Hamburg FamRZ 1981, 179) – erfolgen. Im Verbund besteht immer Anwaltszwang (Karlsruhe FamRZ 1980, 811). Die **Vollstreckung** geschieht gemäß § 53g III FGG iVm § 888 ZPO auf Antrag des Gläubigers (Karlsruhe FamRZ 1983, 578; Hamm 1986, 828); neben Zwangsgeld ist auch Erzwingungshaft möglich (Stuttgart EzFamR aktuell 1999, 389).

4. Weitere Auskunftsrechte: Das FamG kann vom Versorgungsträger Auskünfte über den Bestand und die 5 Höhe von Versorgungsanrechten einholen (vor § 1587 Rz 20); ebenso haben die Ehegatten gegenüber dem Gericht Auskunft zu erteilen (§ 11 II VAHRG). Diese haben wiederum Ansprüche gegen den Träger der auszugleichenden Versorgung (vgl Triebs FamRB 2002, 241): Das Auskunftsrecht – das nur in der gesetzlichen Rentenversicherung normiert worden ist (§ 109 III S 1) – steht grundsätzlich dem Inhaber der Versorgungszusage (Versicherten, Beschäftigten etc) zu und beruht auf der Fürsorgepflicht des Versorgungsträgers (RGRK/Wick Rz 3). Über die Anrechte des seiner Auskunftspflicht nicht genügenden und gemahnten Versicherten muß der Rentenversicherungsträger gegenüber dem Partner des Versicherten unter den Voraussetzungen des § 109 III S 2 SGB VI Auskunft erteilen (vgl auch § 74 Nr 2 lit b SGB X).

III. Erlöschen des Ausgleichsanspruchs (Abs II, III). Nach Abs II erlischt der im öffentlich-rechtlichen 6 VersA erworbene Anspruch mit dem **Tod des Berechtigten,** weil damit das Bedürfnis nach einer eigenständigen Alters- und Invaliditätssicherung entfallen ist (ggf Urteilsergänzung analog § 321 ZPO; Frankfurt FamRZ 1990, 296). Einem Ausgleich allein zugunsten von (versorgungsberechtigten)Hinterbliebenen fehlt die familienrechtliche Legitimation. Die Regelung erfaßt Fälle, in denen der Berechtigte nach Rechtskraft der Scheidung, jedoch – etwa während eines abgetrennten oder isolierten Verfahrens – vor Eintritt der Rechtskraft der Entscheidung über den VersA verstirbt (Saarbrücken FamRB 2002, 168); sie gilt auch in den Fällen des § 2 I VAÜG (Pal/Brudermüller Rz 7; aA KG FamRZ 2003, 1841 mit krit Anm Kemnade). Stirbt er vor Eintritt der Rechtskraft des Scheidungsurteils, so findet ein VersA überhaupt nicht statt (§ 619 ZPO; vgl BGH FamRZ 1984, 467), während der Tod des Berechtigten nach Eintritt der Rechtskraft der Entscheidung über den öffentlich-rechtlichen VersA nach Maßgabe der §§ 4, 7 VAHRG zu Ausgleichs- oder Erstattungsansprüchen führt (BSG FamRZ 1993, 1430). Abs II findet ferner Anwendung, wenn eine Beitragszahlung rechtskräftig angeordnet oder vereinbart wurde, die Beiträge

§ 1587e Familienrecht Bürgerliche Ehe

jedoch bis zum Tod des Berechtigten noch nicht (vollständig) gezahlt worden sind. Nach dem Erlöschen des Ausgleichsanspruchs gezahlte Beiträge sind unwirksam und gemäß § 26 SGB IV zu erstatten. Nach Abs III erlischt der Anspruch auf Beitragszahlung gemäß § 1587b III S 1, sobald der (verlängerte) schuldrechtliche VersA verlangt werden kann (§ 1587g I S 2 iVm § 1587f oder §§ 2, 3a VAHRG; vgl BGH FamRZ 1988, 936 [938]); die Regelung findet im Rahmen von § 3b I Nr 2 VAHRG sowie in Fällen einer vereinbarten Beitragszahlung entsprechend Anwendung (weiterer Erlöschensgrund: Bewilligung einer Altersvollrente; vgl § 3b I Nr 2 S 1 Hs 2 VAHRG).

7 IV. Tod des Verpflichteten (Abs IV). Verstirbt der Verpflichtete nach Eintritt der Rechtskraft der Scheidung, so erlischt der Anspruch gemäß Abs IV – der für alle Formen des öffentlich-rechtlichen VersA gilt (BGH FamRZ 1986, 894) – nicht, sondern ist mit etwaigen Nebenansprüchen (BGH FamRZ 1986, 253) gegen die **Erben** geltend zu machen. Bei einer Erbengemeinschaft kann jeder einzelne Miterbe das Verfahren allein aufnehmen. Die dem VersA unterliegenden Vorsorgewerte – bei denen es sich um höchstpersönliche Rechte handelt, die nicht in den Nachlaß fallen (Ausnahme: Altersvorsorgevermögen iSv § 10 I S 5 EStG) – werden als fortbestehend fingiert, so daß zu Lasten der „herrenlosen" Anrechte des verstorbenen Verpflichteten ein Ausgleich vorgenommen werden kann (BGH FamRZ 1985, 1240 [1241]; 1984, 467 [468]; Brandenburg FamRZ 1998, 682). Für die Erben, die von Amts wegen am Verfahren zu beteiligen sind, gelten die Regeln über die Prozeßstandschaft (BGH FamRZ 1982, 473 [474]). Die Erben können die gleichen Einwendungen wie der Verpflichtete erheben (BGH FamRZ 1984, 467 [468]; Brandenburg FamRZ 2002, 756); allerdings ist die durch den Tod eingetretene Situation ergänzend zu berücksichtigen. Die §§ 239ff ZPO gelten entsprechend (BGH FamRZ 1984, 467 [469]; Nürnberg FamRZ 1996, 175). War der verstorbene Verpflichtete auf Grund Leistungsentscheidung (§ 3b I Nr 2 VAHRG) oder Vereinbarung (§ 1587o) zur Beitragszahlung verpflichtet, so zählt die noch nicht erfüllte Verpflichtung zu den Nachlassverbindlichkeiten (§ 1967ff). Die Erben können ihre Haftung auf den Nachlaß beschränken oder das Erbe ausschlagen (ggf § 780 ZPO). Sie haben nach hM (etwa RGRK/Wick Rz 18) aber nicht die Möglichkeit, sich auf wirtschaftliche Unzumutbarkeit zu berufen oder Ratenzahlung zu beantragen, da es sich insoweit um Rechte handelt, die sich aus dem familienrechtlichen Verhältnis zwischen den früheren Ehegatten herleiten.

Kapitel 3

Schuldrechtlicher Versorgungsausgleich

1587f *Voraussetzungen*
In den Fällen, in denen
1. **die Begründung von Rentenanwartschaften in einer gesetzlichen Rentenversicherung mit Rücksicht auf die Vorschrift des § 1587b Abs. 3 Satz 1 zweiter Halbsatz nicht möglich ist,**
2. **die Übertragung oder Begründung von Rentenanwartschaften in einer gesetzlichen Rentenversicherung mit Rücksicht auf die Vorschrift des § 1587b Abs. 5 ausgeschlossen ist,**
3. **der ausgleichspflichtige Ehegatte die ihm nach § 1587b Abs. 3 Satz 1 erster Halbsatz auferlegten Zahlungen zur Begründung von Rentenanwartschaften in einer gesetzlichen Rentenversicherung nicht erbracht hat,**
4. **in den Ausgleich Leistungen der betrieblichen Altersversorgung auf Grund solcher Anwartschaften oder Aussichten einzubeziehen sind, die im Zeitpunkt des Erlasses der Entscheidung noch nicht unverfallbar waren,**
5. **das Familiengericht nach § 1587b Abs. 4 eine Regelung in der Form des schuldrechtlichen Versorgungsausgleichs getroffen hat oder die Ehegatten nach § 1587o den schuldrechtlichen Versorgungsausgleich vereinbart haben,**
erfolgt insoweit der Ausgleich auf Antrag eines Ehegatten nach den Vorschriften der §§ 1587g bis 1587n (schuldrechtlicher Versorgungsausgleich).

1 I. Allgemeines. 1. Voraussetzungen und Wirkungen. § 1587f enthält eine grundsätzlich nicht analogiefähige (BGH FamRZ 1987, 149 [150]) Enumeration von Anwendungsfällen des schuldrechtlichen VersA (Folge: im Wege des schuldrechtlichen VersA kann keine Korrektur des öffentlich-rechtlichen VersA vorgenommen werden; BGH FamRZ 1993, 304). Der Katalog des § 1587f wird gesetzlich durch § 2 VAHRG (BGH FamRZ 1986, 338) sowie durch § 3 I Nr 6, 7 VAÜG ergänzt. Darüber hinaus hat die Rspr in den Fällen der Nichtermittelbarkeit ausländischer Anrechte des Berechtigten einen weiteren Anwendungsfall des schuldrechtlichen VersA gesehen (vor § 1587 Rz 33). Ferner hat die Rspr degressiv ausgestaltete Leistungen und Leistungselemente dem schuldrechtlichen VersA vorbehalten (BGH FamRZ 1988, 1251; vgl auch Rz 4). Diese Ausgleichsform erfaßt die in § 1587a II, V genannten und nicht im Wege des öffentlich-rechtlichen VersA auszugleichenden Versorgungsansprüche (kein schuldrechtlicher Ausgleich von Anwartschaften; § 1587g I S 2). Während der öffentlich-rechtliche VersA als Amtsverfahren ausgestaltet ist und auf Grund einer gerichtlichen Gestaltungsentscheidung zur Begründung eigenständiger Anrechte zugunsten des Berechtigten führt, wird durch den antragsabhängigen schuldrechtlichen VersA die Teilung bereits laufender Versorgungsrenten durch Gewährung eines unterhaltsähnlichen Zahlungsanspruchs gegen den Verpflichteten erreicht (BGH FamRZ 1990, 606). Der schuldrechtliche VersA kann erst verlangt werden, wenn beide Ehegatten einen Versorgungsanspruch erworben haben oder wenn der Verpflichtete versorgungsberechtigt ist und auf Seiten des Berechtigten wenigstens ein Versorgungsfall vorliegt. Der Anspruch erlischt mit dem Tod des Ausgleichsverpflichteten (BGH FamRZ 1989, 950), an seine Stelle tritt ggf ein Anspruch auf verlängerte schuldrechtliche Ausgleichsrente (§ 3a VAHRG).

2. Subsidiarität. Das Ziel einer eigenen und dauerhaft beständigen Absicherung des Berechtigten wird mit 2 dem schuldrechtlichen VersA trotz der Abfindungsoption nach § 1587l und der Regelung des § 3a VAHRG nicht in einer dem öffentlich-rechtlichen VersA gleichwertigen Form verwirklicht. Zwar können diese **Nachteile** zT dadurch kompensiert werden, daß im schuldrechtlichen VersA von einer Umrechnung nicht volldynamischer Anrechte abzusehen ist (Folge ist die „Flucht in den schuldrechtlichen VersA", Borth VersA Rz 8), gleichwohl ist die auf dieser Ausgleichsform beruhende soziale Sicherung des Ausgleichsberechtigten so labil (Zweibrücken FamRZ 1999, 1206), daß der schuldrechtliche VersA – auch im Verhältnis zu § 3b VAHRG (Köln FamRZ 1987, 1156) oder einer Abänderung nach § 10a VAHRG (BGH FamRZ 2003, 1738 [1739f]) – nur subsidiär erfolgen soll (BVerfG FamRZ 1986, 543 [547]); BGH FamRZ 1988, 836 (838]). Daher kann eine schuldrechtliche Ausgleichsrente auch nicht für die Zeit bis zur Rechtskraft des öffentlich-rechtlichen VersA zugesprochen werden (BGH FamRZ 1987, 149). Die Subsidiarität des schuldrechtlichen VersA gilt auch für das Abänderungsverfahren nach § 10a VAHRG (Celle FamRZ 1993, 1328), so daß eine Abänderung nicht deswegen unterbleiben kann, weil ein schuldrechtlicher Ausgleich möglich ist (Köln FamRZ 1990, 294). Ein grundsätzlich möglicher, jedoch konkret unterbliebener öffentlich-rechtlicher VersA schließt den schuldrechtlichen Ausgleichsanspruch jedoch nicht aus (Hamm FamRZ 1994, 1528). Unterliegt ein Anrecht nach einem Teilausgleich im Wege des öffentlich-rechtlichen VersA einem schuldrechtlichen Restausgleich, so ist es neu zu berechnen, wenn das Anrecht im öffentlich-rechtlichen VersA falsch bewertet worden ist; der schuldrechtliche Ausgleich ist dann in Höhe der Differenz zwischen dem bereits ausgeglichenen Teil und dem wirklichen Versorgungswert vorzunehmen (Hamm FamRZ 1994, 1526).

3. Verfahren. Vgl vor § 1587 Rz 17ff. Der schuldrechtliche VersA ist (auch im Scheidungsverbund) von einem 3 **Antrag** abhängig, der bloße Verfahrensvoraussetzung ist (Celle FamRZ 1993, 1328 [1330]) und beim FamG gestellt werden muß (Antrag im Rechtsmittelverfahren unzulässig; BGH FamRZ 1990, 606). An den Antrag sind keine strengen Zulässigkeitsanforderungen zu stellen (KG FamRZ 1987, 287), insbesondere braucht er nicht beziffert zu werden (BGH FamRZ 1991, 177 [179]), erfolgt jedoch eine Bezifferung, so wird die Entscheidung – sofern kein wirksamer Verzicht vorliegt – hierdurch nicht der Höhe nach begrenzt (Oldenburg FamRZ 2001, 1528). Die Ausgleichsrente wird im allgemeinen in einem isolierten Verfahren geltend gemacht, da im Zeitpunkt der Scheidung regelmäßig die Fälligkeitsvoraussetzungen des § 1587g I S 2 nicht vorliegen. Der schuldrechtliche VersA (einschließlich § 1587h) kann dann auch nicht vorab im Wege einer **Regelung der künftigen Ausgleichsleistung** oder einer Grundentscheidung erfolgen (BGH FamRZ 1984, 251 [253]). Ebenso ist im Scheidungszusammenhang – abgesehen von den seltenen Fällen des § 1587f Nr 2 (BGH FamRZ 1988, 380 [382]) – auch keine **feststellende Entscheidung** über den künftigen schuldrechtlichen VersA möglich (BGH FamRZ 1995, 293 [295]). Wird der schuldrechtliche VersA aus Transparenzgründen im Tenor der Entscheidung über den öffentlich-rechtlichen VersA vorbehalten (vgl vor § 1587 Rz 23 aE), so hat dies grundsätzlich nur deklaratorische Bedeutung (BGH FamRZ 1985, 799; 1984, 668). Entscheidungen über den schuldrechtlichen VersA werden formell und materiell rechtskräftig (BGH FamRZ 1984, 669); sie können gemäß § 1587g III iVm § 1587d II sowie analog § 10a VAHRG (Empfehlungen des 13. DFGT unter A.IV.2.b, FamRZ 2000, 273) abgeändert werden; die Wiederaufnahme in entsprechender Anwendung der §§ 578ff ZPO ist zulässig (BGH FamRZ 1984, 669). Der Träger der schuldrechtlich auszugleichenden Versorgung ist nicht am Verfahren zu beteiligen (BGH FamRZ 1991, 175); dies geschieht erst dann, wenn ein Anspruch nach § 3a VAHRG geltend gemacht wird (BGH FamRZ 1989, 369).

II. Die einzelnen Ausgleichstatbestände. Nach Nr 1 findet der schuldrechtliche VersA statt, wenn die **Begrün-** 4 **dung von Rentenanwartschaften** durch Beitragszahlung nicht mehr möglich ist, weil – bei Ende der Ehezeit (vgl § 187 V SGB VI) – zugunsten des Berechtigten bereits eine (vorzeitige) Vollrente wegen Alters festgestellt worden ist (§ 1587b III S 1 Hs 2; § 3b I Nr 2 S 1 Hs 2 VAHRG). Der Ausschluß konkretisiert das Versicherungsprinzip (BGH FamRZ 1981, 1051 [1059]) und greift erst dann, wenn dem Berechtigten ein bindender Rentenbescheid (§ 77 SGG) erteilt worden ist (BGH FamRZ 1988, 936 [938]), mit dem für den Zeitpunkt der Beitragszahlung ein Rentenanspruch zuerkannt worden ist. Nr 2 erfaßt die Fälle, in denen in der gesetzlichen Rentenversicherung ausgeschlossen ist, weil sonst der **Höchstbetrag** iSv § 1587b V überschritten würde (Celle FamRZ 1993, 1328; BSG NJWE-FER 2001, 271). Nr 3 betrifft unmittelbar die Fälle, in denen der Verpflichtete die ihm nach § 1587b III S 1 Hs 1 auferlegte **Beitragszahlung nicht** (vollständig) **erbracht** hat, eine Abänderung gemäß Art 4 § 1 VAwMG nicht erfolgt ist (hierzu Hahne FamRZ 1987, 429) und später Umstände eingetreten sind, welche die weitere Beitragszahlung objektiv ausschließen (BGH FamRZ 1988, 936 [938]). Die Regelung findet entsprechend Anwendung bei Beitragsanordnungen nach § 3b I Nr 2 VAHRG. Hat der Verpflichtete teilweise geleistet, so erfolgt hinsichtlich des nicht erfüllten Ausgleichsanspruchs ein schuldrechtlicher Teilausgleich. Verfahrensrecht: § 53f FGG (ggf iVm § 11 I VAHRG). Dem Ausgleich nach Nr 4 unterliegen Anrechte der **betrieblichen Altersversorgung** auf Seiten beider Ehegatten (BGH FamRZ 1988, 822 [825]), die im Zeitpunkt der letzten tatrichterlichen Entscheidung über den VersA **noch verfallbar** und im öffentlich-rechtlichen VersA nicht zu berücksichtigen waren (§ 1587a II Nr 3 S 3). Sie können im Leistungsfall als spätestem Zeitpunkt des Eintritts der Unverfallbarkeit schuldrechtlich ausgeglichen werden, und zwar auch in einer dem öffentlich-rechtlichen VersA entgegengesetzten Richtung (schuldrechtlicher Rückausgleich; BGH FamRZ 1982, 899). Dem Ausgleich nach Nr 4 unterliegen (vorbehaltlich § 3 I Nr 6, 7 VAÜG) auch degressive Leistungen (BGH FamRZ 1990, 276 und 380; Celle FamRZ 1992, 690). Der schuldrechtliche VersA nach Nr 4 konkurriert mit der (vorrangigen, vgl Rz 2) Abänderung des früheren VersA gemäß § 10a I Nr 2 VAHRG. Nr 5 eröffnet den schuldrechtlichen VersA für Fälle, in denen das FamG in Anwendung **von § 1587b IV** an sich dem öffentlich-rechtlichen VersA unterliegende Anrechte in den schuldrechtlichen Ausgleich verwiesen hat, und darüber hinaus Fälle, in denen die Ehegatten diese Ausgleichsform **vereinbart** haben (§ 1587o, § 1408 II).

§ 1587g Anspruch auf Rentenzahlung

(1) Der Ehegatte, dessen auszugleichende Versorgung die des anderen übersteigt, hat dem anderen Ehegatten als Ausgleich eine Geldrente (Ausgleichsrente) in Höhe der Hälfte des jeweils übersteigenden Betrags zu entrichten. Die Rente kann erst dann verlangt werden, wenn beide Ehegatten eine Versorgung erlangt haben oder wenn der ausgleichspflichtige Ehegatte eine Versorgung erlangt hat und der andere Ehegatte wegen Krankheit oder anderer Gebrechen oder Schwäche seiner körperlichen oder geistigen Kräfte auf nicht absehbare Zeit eine ihm nach Ausbildung und Fähigkeiten zumutbare Erwerbstätigkeit nicht ausüben kann oder das 65. Lebensjahr vollendet hat.

(2) Für die Ermittlung der auszugleichenden Versorgung gilt § 1587a entsprechend. Hat sich seit Eintritt der Rechtshängigkeit des Scheidungsantrags der Wert einer Versorgung oder einer Anwartschaft oder Aussicht auf Versorgung geändert oder ist eine bei Eintritt der Rechtshängigkeit des Scheidungsantrags vorhandene Versorgung oder eine Anwartschaft oder Aussicht auf Versorgung weggefallen oder sind Voraussetzungen einer Versorgung eingetreten, die bei Eintritt der Rechtshängigkeit gefehlt haben, so ist dies zusätzlich zu berücksichtigen.

(3) § 1587d Abs. 2 gilt entsprechend.

1 **I. Allgemeines.** Der schuldrechtliche VersA – dem (ohne Rücksicht auf ihre Verfallbarkeit, Koblenz FamRZ 1983, 608) nur zum Vollrecht erstarkte Anrechte unterliegen – setzt die Erfüllung eines der Grundtatbestände des § 1587f oder § 2 VAHRG voraus (BGH FamRZ 1981, 1051 [1060]). Er begründet einen unterhaltsähnlich strukturierten, aber von den wirtschaftlichen Verhältnissen grundsätzlich unabhängigen Anspruch auf eine aus der auszugleichenden Versorgung zu zahlende Geldrente. Im einzelnen regelt § 1587g den Gegenstand sowie die Durchführung des schuldrechtlichen VersA: Abs I S 1 ist Anspruchsgrundlage für die schuldrechtliche Ausgleichsrente, definiert die Höhe des Anspruchs und bestimmt – ergänzt durch die §§ 1587i, 1587l – die Erfüllungsform, während Abs I S 2 festlegt, wann der Anspruch auf Ausgleichsrente entsteht. Diese wird nicht erst ab Rechtskraft der Entscheidung über den schuldrechtlichen VersA, sondern – sofern die Voraussetzungen des Abs I S 2 vorliegen – ab Verzug (§ 1587k I iVm § 1585b II) geschuldet (Hamm FamRZ 1987, 290; Köln FamRZ 1985, 403). Die schuldrechtliche Ausgleichsrente soll nach einer Entscheidung des OLG Saarbrücken (FamRZ 2002, 324) auch für den Kalendermonat, in dem der Rentenanspruch entsteht, in voller Höhe geschuldet sein (dies begegnet Bedenken, da es an einer klaren Rechtsgrundlage fehlt). Nach Abs II S 1 gilt für die Bewertung der Anrechte die Grundnorm des § 1587a sinngemäß (dh: mit Ausnahme von § 1587a III, IV; VII), wobei es Abs II S 2 gebietet, nach Ende der Ehezeit eingetretene Veränderungen zu berücksichtigen. Schließlich gestattet Abs III die Änderung eines rechtskräftig durchgeführten schuldrechtlichen VersA, um später eingetretenen Veränderungen Rechnung zu tragen. Über § 1587g können die Ehegatten – genehmigungsfrei (Karlsruhe FamRZ 1989, 762) – disponieren.

2 **II. Ausgleichsrente (Abs I). 1. Gegenständlicher Anwendungsbereich.** Der schuldrechtliche VersA erfaßt die während der Ehezeit durch Arbeit oder Kapitaleinsatz erworbenen Versorgungsansprüche iSv § 1587a III, V einschließlich degressiver Leistungen (§ 1587f Rz 4), für die ein öffentlich-rechtlicher VersA durchgeführt werden kann oder – soweit dies nach § 3b VAHRG im Ermessen des FamG liegt – tatsächlich nicht vorgenommen worden ist (BGH FamRZ 2001, 25). An die Stelle der an sich auszugleichenden Versorgung tritt nicht auszugleichendes Einkommen, wenn dieses die ausgleichspflichtige Versorgung überlagert (BGH FamRZ 1988, 936 [939]).

3 **2. Ausgleichspflicht.** Ausgleichspflichtig – auch im Rahmen eines schuldrechtlichen Rückausgleichs (BGH FamRZ 1982, 899 [907]) – ist der frühere Ehegatte, dessen auf die Ehezeit entfallende, dem schuldrechtlichen VersA unterliegende Versorgung höher ist als die des früheren Partners (Koblenz FamRZ 1992, 687). Hierbei können auch Anrechte des Berechtigten zu saldieren sein, die öffentlich-rechtlich auszugleichen wären, wenn sie der Verpflichtete erworben hätte (BGH FamRZ 2001, 25). Wurde ein Anrecht bereits teilweise öffentlich-rechtlich ausgeglichen (etwa in den Fällen des § 1587f, § 3b I Nr 1 VAHRG), so findet nur noch ein **schuldrechtlicher Restausgleich** statt, bei dessen Berechnung keine Bindung an den früheren öffentlich-rechtlichen VersA besteht (BGH FamRZ 1995, 157; Hamm FamRZ 1994, 1526). Zur Feststellung des bereits erfüllten Teilausgleichsanspruchs ist bei einem nicht volldynamischen Anrecht dessen dynamisierter Wert in einen nicht volldynamischen Betrag zurückzurechnen (BGH FamRZ 2000, 89; Kemnade FamRZ 1999, 821 [823]). Berücksichtigt die frühere Entscheidung über den VersA noch nicht die am 1. 1. 2003 in Kraft getretene Neufassung der BarwertV durch die Novelle vom 26. 5. 2003 (Anh § 1587a), so ist bei dieser Berechnung von den Rechengrößen des früheren Rechts auszugehen, um eine unangemessene Benachteiligung des Berechtigten zu vermeiden. Nach der im Vordringen befindlichen (rechtssystematisch allerdings nicht überzeugenden) Meinung, die im Ergebnis die Unzulänglichkeiten der BarwertVO abmildern will (Klattenhoff DRV 2000, 685 [686]), soll der schon im öffentlich-rechtlichen VersA ausgeglichene Betrag auf der Grundlage des aktuellen Rentenwerts aktualisiert und das Ergebnis vom theoretischen Gesamtausgleichsbetrag der nicht volldynamischen Versorgung abgezogen werden (Celle FamRZ 2002, 244; Oldenburg FamRZ 2001, 1528; jeweils mwN; Hauß FamRB 2002, 111 [113]). Die Ausgleichsrente beträgt **die Hälfte des** nach den Verhältnissen bei Eheende (BGH FamRZ 1999, 218) ermittelten, jedoch nach Maßgabe von Abs II S 2 aktualisierten **Wertunterschieds** der im öffentlich-rechtlichen VersA nicht ausgeglichenen Anrechte beider Ehegatten auf **Bruttobasis** (BGH FamRZ 1994, 560; Düsseldorf FamRZ 1997, 677; jedoch Korrektur des Bruttoergebnisses nach § 1587h Nr 1, vgl Celle FamRZ 1995, 812). Hat der Verpflichtete **mehrere Anrechte** erworben, die dem schuldrechtlichen VersA unterliegen, so ist jeweils nur das Anrecht auszugleichen, aus dem bereits Leistungen zu erbringen sind (einer später hinzutretenden Versorgung kann nach Abs III Rechnung getragen werden).

4 **III. Wertermittlung (Abs II). 1. Grundsatz.** Die **Bewertung** der schuldrechtlich auszugleichenden Anrechte erfolgt nach Abs II S 1 entsprechend § 1587a II, V, VI und VIII sowie § 25a AbgG. Eine Umwertung nicht volldynamischer Anrechte nach § 1587a III, IV unterbleibt (BGH FamRZ 2000, 89; 1997, 285), da auch den Verände-

rungen, die auf einer unterschiedlichen Dynamik der zu saldierenden Anrechte beruhen, im Rahmen von Abs II S 2 und Abs III Rechnung getragen werden kann (BGH FamRZ 1993, 304 [306]; Celle FamRZ 2002, 244). Grundlage für die Bewertung des Anrechts sind die Wertverhältnisse bei **Ende der Ehezeit** (BGH FamRZ 1999, 218 [219]; 1987, 145 [146]). Damit bleiben spätere Veränderungen, die auf individuellen Umständen beruhen und keinen Bezug zur ehelichen Versorgungsgemeinschaft haben (etwa der berufliche Aufstieg des Versicherten), bei der Wertermittlung unberücksichtigt (BGH FamRZ 1997, 285 [286]; 1990, 605 [606]; BT-Drucks 7/4361, 47). Erhält der Verpflichtete nur eine **Teilversorgung** der vollen Altersversorgung, so ist der Anspruch auf Ausgleichsrente entsprechend zu mindern (Soergel/Lipp Rz 5).

2. Berücksichtigung nachehelicher Versorgungsveränderungen. Nach Abs II S 2 – der mit § 10a VAHRG 5 teilkorrespondiert und von Amts wegen zu berücksichtigen ist (Hamm FamRZ 1990, 889; 1987, 290) – sind bei der Bewertung der dem schuldrechtlichen VersA unterliegenden Anrechte nach Ende der Ehezeit eingetretene Veränderungen zu berücksichtigen (im Hinblick auf das Fehlen eines ausdrücklichen Korrektivs [vergleichbar § 10a III VAHRG] nicht unproblematisch; vgl Rz 7). Auf den Umfang der Wertveränderung kommt es nicht an. Die Regelung soll ein möglichst gerechtes und dem Halbteilungsprinzip entsprechendes Ergebnis sicherstellen (BGH FamRZ 1993, 304 [305]), wobei jedoch der Grundsatz des ehezeitbezogenen Versorgungserwerbs aufrechterhalten bleibt. Dies bedeutet, daß nur solche Veränderungen zu berücksichtigen sind, die dem Anrecht von vornherein innewohnen (BGH FamRZ 1997, 285 [286]; 1987, 145 [147]; München FamRZ 1998, 1376) und im Sinne einer Aktualisierung des auf das Eheende bezogenen Versorgungswerts nachzuzeichnen sind. Erfaßt sind damit etwa Wertsteigerungen auf Grund der Dynamik eines Anrechts (BGH FamRZ 2001, 25; Celle FamRZ 1992, 690 [693]), insbesondere die Einkommensdynamik endbezügeabhängiger Anrechte in der Anwartschaftsphase (München FamRZ 1998, 1376) oder die Dynamik betrieblicher Versorgungsanrechte iSv § 16 BetrAVG (Hamm FamRZ 1994, 1528). Ferner können Änderungen in den rechtlichen Grundlagen der Versorgung (Hamm FamRZ 1994, 1528) oder auch tatsächliche Änderungen – bei zeitratierlich zu bewertenden Anrechten etwa ein von der Regelaltersgrenze abweichender Eintritt in den Ruhestand (BGH FamRZ 2000, 89 mwN) – berücksichtigt werden. Ebenso ist der vollständige Wegfall eines Anrechts auf Grund rechtlicher oder tatsächlicher Umstände zu berücksichtigen (jedoch sind § 1587h Nr 2 und § 242 [vgl hierzu Karlsruhe FamRZ 1986, 917] zu beachten). Die obergerichtliche Rspr (Düsseldorf FamRZ 1999, 1208; Karlsruhe FamRZ 1996, 673) sieht in der nachehelichen **Kapitalisierung** eines Anrechts keinen Versorgungswegfall. Dies stellt (ungeachtet der gegenteiligen Auffassung des BGH [in FamRZ 2003, 664]) rechtspolitisch befriedigende Ergebnisse sicher, obgleich eine Lösung über § 242 überzeugender wäre, da der VersA insgesamt nicht auf Kapitalleistungen zugeschnitten ist (§ 1587 Rz 3).

IV. Fälligkeit der Rente. Die Ausgleichsrente soll aus der laufenden, dem schuldrechtlichen VersA unterliegenden Versorgung des Verpflichteten gezahlt werden (zuvor kommt allenfalls eine Abfindung nach § 1587l in 6 Betracht), wobei es der unterhaltsähnlichen Ausgestaltung des schuldrechtlichen VersA entspricht, die Inanspruchnahme des Verpflichteten darüber hinaus von einem aktuellen Versorgungsbedürfnis des Berechtigten abhängig zu machen. Diese Verknüpfung zwischen der Ausgleichsrente und den Versorgungsschicksalen der früheren Ehegatten stellt die Fälligkeitsregelung des Abs I S 2 her. In Bezug auf den **Verpflichteten** gilt, daß dieser die dem schuldrechtlichen VersA unterliegende Versorgung (wegen Alters- oder Invalidität; vgl BGH FamRZ 1987, 145) erlangt hat, wobei es sich auch um eine atypische Versorgung handeln kann (BGH FamRZ 2001, 27). Grundsätzlich muß also die Versorgung (oder ein Versorgungssurrogat) tatsächlich gewährt werden; die bloße Erfüllung der materiell-rechtlichen Versorgungsvoraussetzungen genügt nicht (Celle FamRZ 1995, 812). Etwas anderes gilt jedoch, wenn der Verpflichtete ohne billigenswerten Grund oder sogar in Schädigungsabsicht von der Realisierung eines ihm materiell-rechlich zustehenden Anspruchs absieht; dann muß er wie im Unterhaltsrecht (vgl Brudermüller/Klattenhoff, FuR 1993, 333) so behandelt werden, als beziehe er die auszugleichende Versorgung (Pal/Brudermüller Rz 19). Auszugleichen ist auch eine abgetretene Versorgung (BGH FamRZ 1988, 936 [939]), was zur Vermeidung von Manipulationen auch dann zu gelten hat, wenn der Abtretung kein wirtschaftlicher Vorteil gegenübersteht (vgl hierzu auch Nürnberg FamRZ 2002, 1632). Darüber hinaus muß der **Berechtigte** eine Versorgung iSv § 1587 I erlangt haben, bei der es sich auch um eine vorzeitige, ausländische oder außerhalb der Ehe erworbene Leistung (BGH FamRZ 2001, 27 und 284) oder um eine Rente wegen teilweiser Minderung der Erwerbsfähigkeit handeln kann (RGRK/Wick Rz 9; aA J/H/Hahne Rz 8). Bezieht der Berechtigte (noch) keine derartige Versorgung, so steht ihm die Ausgleichsrente unter im übrigen unveränderten Voraussetzungen zu, wenn der Berechtigte auf nicht absehbare Zeit (dh – wie in der gesetzlichen Rentenversicherung, BSG SozR 3–2600 § 43 Nr 13 – wenigstens 6 Kalendermonate) wegen **Krankheit oder Behinderung** eine zumutbare Erwerbstätigkeit nicht mehr ausüben kann oder das **65. Lebensjahr** vollendet hat (BSG SozR 2200 § 1248 Nr 44).

III. Abänderung (Abs III). Mit Abs III wird für den Bereich des schuldrechtlichen VersA (vgl BGH FamRZ 7 1993, 304) die Regelung des § 1587d II für entsprechend anwendbar erklärt. Damit kann eine rechtskräftige Entscheidung (auch Abänderungsentscheidung) bei Eintritt einer wesentlichen Veränderung der für die Wertermittlung nach Abs II oder für die Anwendung der Härteklausel des § 1587h Nr 1 (RGRK/Wick Rz 27) maßgebenden Verhältnisse auf Antrag eines der Ehegatten mit Wirkung für die Zukunft abgeändert werden. Von vornherein fehlerhafte Entscheidungen über den schuldrechtlichen VersA sind in entsprechender Anwendung von § 10a VAHRG oder §§ 578ff ZPO abzuändern (J/H/Hahne § 1587g Rz 24; Empfehlungen des 13. DFGT FamRZ 2000, 273 [275]). Gründe der Gleichbehandlung gebieten es, die Abänderung von Entscheidungen über den schuldrechtlichen VersA mit einem § 10a III VAHRG entsprechenden **Billigkeitskorrektiv** zu versehen. Diese Gründe legen es darüber hinaus nahe, den Rechtsbegriff „wesentliche Änderung" entsprechend der Definition des **§ 10a II VAHRG** zu konkretisieren (J/H/Hahne Rz 23, jedoch ohne die „absolute" Wesentlichkeitsgrenze; aA BGH FamRZ 1990, 380). Abänderungen nach Abs III können vermieden werden, indem in geeigneten Fällen die Ausgleichsrente in Höhe eines Prozentsatzes der ausgleichenden Versorgung festgestellt wird (München FamRZ 1999,

R. Klattenhoff

§ 1587h Beschränkung oder Wegfall des Ausgleichsanspruchs

Ein Ausgleichsanspruch gemäß § 1587g besteht nicht,

1. soweit der Berechtigte den nach seinen Lebensverhältnissen angemessenen Unterhalt aus seinen Einkünften und seinem Vermögen bestreiten kann und die Gewährung des Versorgungsausgleichs für den Verpflichteten bei Berücksichtigung der beiderseitigen wirtschaftlichen Verhältnisse eine unbillige Härte bedeuten würde; § 1577 Abs. 3 gilt entsprechend;
2. soweit der Berechtigte in Erwartung der Scheidung oder nach der Scheidung durch Handeln oder Unterlassen bewirkt hat, dass ihm eine Versorgung, die nach § 1587 auszugleichen wäre, nicht gewährt wird;
3. soweit der Berechtigte während der Ehe längere Zeit hindurch seine Pflicht, zum Familienunterhalt beizutragen, gröblich verletzt hat.

1 **I. Allgemeines.** Für den schuldrechtlichen VersA (§ 1587f, § 2 VAHRG) einschließlich der Sonderformen des verlängerten (vgl § 3a VI VAHRG) sowie des gesonderten schuldrechtlichen VersA (§ 3 I 1 Nrn 6, 7 VAÜG) steht mit § 1587h eine eigene Härteregelung zur Verfügung, die in ihrer Funktion dem § 1587c entspricht. Damit korrespondiert, daß die in den Nrn 2, 3 geregelten Ausschlußtatbestände fast wörtlich mit den in § 1587c genannten Härtegründen übereinstimmen. Dem Wortlaut nach erfaßt Nr 2 allerdings nur illoyale Einwirkungen auf bereits realisierte Ansprüche und nicht auf noch im Anwartschaftsstadium befindliche Anrechte; insoweit ist die Regelung lückenhaft und iS einer erweiternden, auch Anwartschaften erfassenden Auslegung anzuwenden. Im übrigen kann auf die Bemerkungen zu § 1587c Rz 22f verwiesen werden. Der Ausschlußtatbestand der Nr 1 ist enger gefaßt als die vergleichbare Regelung für den öffentlich-rechtlichen VersA. Während nach § 1587c Nr 1 eine umfassende Billigkeitsprüfung unter Einschluß auch wirtschaftlich irrelevanter Gesichtspunkte vorzunehmen ist, spricht Nr 1 nur von der Berücksichtigung der wirtschaftlichen Verhältnisse. Diese Beschränkung beruht auf einem gesetzgeberischen Versehen (RGRK/Wick Rz 2): Da dem FamG auch für die dem schuldrechtlichen VersA unterliegenden Anrechte die Möglichkeit gegeben sein muß, verfassungswidrigen Wirkungen des VersA durch eine umfassende, nicht nur auf die wirtschaftlichen Verhältnisse bezogene Billigkeitsregelung zu begegnen (BVerfG FamRZ 1980, 326 [334]), ist – auch mit Rücksicht auf Art 3 I GG – § 1587c im schuldrechtlichen VersA entsprechend anzuwenden (BGH 1987, 145).

2 Wie im öffentlich-rechtlichen VersA, so ist auch über die Anwendung von § 1587h von Amts wegen zu entscheiden (vgl auch § 1587c Rz 29), und zwar – bei Nr 1 unter Berücksichtigung der nachehelichen Entwicklung (BGH FamRZ 1985, 263; Karlsruhe FamRZ 1989, 762) – im allgemeinen erst dann, wenn die schuldrechtliche Ausgleichsrente fällig geworden ist (BGH FamRZ 1984, 251; zu Ausnahmen vgl J/H/Hahne Rz 3). Eine Veränderung der für die Billigkeitsprüfung maßgebenden Verhältnisse kann nach hM im Rahmen einer Abänderung gemäß § 1587g III iVm § 1587d II berücksichtigt werden.

3 **II. Bedürftigkeitsprüfung (Nr 1).** Auch der schuldrechtliche VersA ist als auf der Gleichberechtigungsidee beruhender Teilhabeanspruch von den wirtschaftlichen Verhältnissen der Ehegatten unabhängig (BGH FamRZ 1985, 263 [265]); wegen seiner unterhaltsähnlichen Struktur findet jedoch **eine objektive Bedürftigkeitsprüfung** statt (BVerfG FamRZ 1986, 543 [547]): Nach Nr 1 ist der schuldrechtliche Ausgleichsanspruch ganz oder teilweise ausgeschlossen, wenn der Berechtigte seinen angemessenen Unterhalt im Alter oder bei verminderter Erwerbsfähigkeit auch ohne die (volle) Ausgleichsrente bestreiten kann und die Zahlung des Ausgleichs für den Verpflichteten in Anbetracht der beiderseitigen wirtschaftlichen Verhältnisse eine unbillige Härte (= grobe Unbilligkeit; vgl Karlsruhe FamRZ 2003, 1840 [1841]) darstellen würde. Das mangelnde Versorgungsbedürfnis des Berechtigten muß also mit einer wirtschaftlich beengten Situation des Ausgleichsverpflichteten zusammentreffen (BGH FamRZ 1985, 263). Hieraus folgt, daß es andererseits hinzunehmen ist, wenn der Ausgleichsverpflichtete infolge des schuldrechtlichen VersA sozialhilfebedürftig wird, sofern der Berechtigte auf den Ausgleich dringend angewiesen ist (Hamm FamRZ 1990, 869).

4 Der nach den Lebensverhältnissen **angemessene Unterhalt** des Ausgleichsberechtigten ist nach den Gegebenheiten im Zeitpunkt des Eintritts der Fälligkeit der schuldrechtlichen Ausgleichsrente zu beurteilen und bestimmt sich nach dem aktuellen Lebensstandard des Berechtigten (Karlsruhe FamRZ 2003, 1840; Zweibrücken FamRZ 2002, 399). Der Beurteilungsmaßstab wird allerdings nach oben durch die (aktualisierten) ehelichen Lebensverhältnisse iSv § 1578 begrenzt (Celle FamRZ 1982, 501; Hamm FamRZ 1987, 290). Dies beruht vor allem auf der Überlegung, daß der Verpflichtete nicht dadurch benachteiligt werden soll, daß der Berechtigte nach der Ehe eine durch die ehelichen Lebensverhältnisse nicht vorgezeichnete Verbesserung seines wirtschaftlichen und sozialen Status erfahren hat (J/H/Hahne Rz 5; Bergner VersA S 2; aA RGRK/Wick Rz 7; Soergel/Lipp Rz 3). Im Unterhaltsrecht sind grundsätzlich alle (die ehelichen Lebensverhältnisse prägenden) tatsächlich bedarfsdeckenden Einkünfte auf Nettobasis ohne Rücksicht auf ihren Entstehungsgrund und eine etwaige Zweckbindung zu berücksichtigen (vgl etwa BGH FamRZ 1994, 228). Entsprechendes gilt für die im Rahmen von Nr 1 zu berücksichtigenden Einkünfte, zu denen insbesondere Versorgungsleistungen – und zwar ohne Rücksicht auf ihre Veranlassung (§ 1610a gilt jedoch entsprechend) – zählen. Als Einkommen aus einer Erwerbstätigkeit ist nur zu berücksichtigen, wenn die Tätigkeit iS von § 1574 I, § 1577 zumutbar ist (was wegen des Alters oder der geminderten Leistungsfähigkeit des Berechtigten oftmals nicht der Fall sein wird). Unterhaltsleistungen Dritter – etwa des neuen Ehegatten des Ausgleichsberechtigten – sind jedenfalls dann zu berücksichtigen, wenn diese im Verhältnis zum Ausgleichspflichtigen grundsätzlich gleichrangig zur Unterhaltsgewährung an den Berechtigten verpflichtet sind. Hinsichtlich der Verwertung des Vermögensstamms gilt gemäß § 1587h Nr 1 S 2 die Regelung des § 1577 III.

Ferner muß die Inanspruchnahme des Ausgleichsverpflichteten auf Grund des schuldrechtlichen VersA unter Berücksichtigung der beiderseitigen wirtschaftlichen Verhältnisse der früheren Ehegatten eine **unbillige Härte** darstellen. In diesem Zusammenhang sind die von beiden Ehegatten zu tragenden Verbindlichkeiten einschließlich der Unterhaltspflichten sowie die eigenen (aus Gründen der Gleichbehandlung mit dem Berechtigten: angemessenen) Bedürfnisse des Verpflichteten (BT-Drucks 7/650, 166) zu berücksichtigen. Eine unbillige Härte liegt nicht bereits dann vor, wenn dem Verpflichteten als Ergebnis des schuldrechtlichen VersA insgesamt geringere Versorgungseinkünfte zustehen als dem Berechtigten (Celle FamRZ 1982, 501 [503]; 1993, 1328 [1332]; Hamm FamRZ 1987, 290 [291]; Karlsruhe FamRZ 1989, 762). Sie ist vielmehr erst dann zu bejahen, wenn der Verpflichtete durch die Zahlung der (ungekürzten) Ausgleichsrente außerstande gesetzt würde, sich selbst und die mit dem ausgleichsberechtigten früheren Ehegatten gleichrangig Unterhaltsberechtigten angemessen zu unterhalten (Celle 1993, 1328 [1332]; RGRK/Wick Rz 9 mwN). Hinsichtlich der Verwertung des Vermögensstamms gilt auch in Bezug auf den Ausgleichsverpflichteten § 1577 III entsprechend (Eichenhofer FuR 1994, 72).

1587i *Abtretung von Versorgungsansprüchen*

(1) Der Berechtigte kann vom Verpflichteten in Höhe der laufenden Ausgleichsrente Abtretung der in den Ausgleich einbezogenen Versorgungsansprüche verlangen, die für den gleichen Zeitabschnitt fällig geworden sind oder fällig werden.
(2) Der Wirksamkeit der Abtretung an den Ehegatten gemäß Absatz 1 steht der Ausschluss der Übertragbarkeit und Pfändbarkeit der Ansprüche nicht entgegen.
(3) § 1587d Abs. 2 gilt entsprechend.

I. Allgemeines. Anstelle der Inanspruchnahme des Verpflichteten kann der Berechtigte nach Abs I in Höhe der laufenden Ausgleichsrente Abtretung der dem schuldrechtlichen VersA unterliegenden Leistungsansprüche, die für den gleichen Zeitraum fällig geworden sind oder fällig werden, verlangen (Grundsatz der Zeitidentität; Celle FamRZ 1993, 1328 [1332]; Hamm FamRZ 1987, 290 [292]). Mit dem Anspruch unmittelbar gegen den Versorgungsträger, der analog § 260 ZPO zugleich mit dem Grundanspruch geltend gemacht werden kann, soll der Berechtigte von dem Risiko der Zwangsvollstreckung freigestellt werden (BT-Drucks 7/650, 168; Zweibrücken FamRZ 2003, 1290 [1291]). Er kann damit zwischen der Abtretung und der Zwangsvollstreckung wählen, der allerdings ein etwaiger Pfändungsschutz (§§ 850ff ZPO) entgegenhalten kann. Der Abtretung steht nach Abs II ein etwaiger Ausschluß der Übertragbarkeit oder Pfändbarkeit nicht entgegen. Das FamG kann eine rechtskräftige Entscheidung über die Abtretung auf Antrag entsprechend § 1587d II aufheben oder ändern, wenn sich die Verhältnisse wesentlich geändert haben (Abs III).

II. Abtretungsanspruch (Abs I). Der Abtretungsanspruch setzt eine bereits fällige Ausgleichsrente voraus und erstreckt sich nur auf die dem schuldrechtlichen VersA unterliegenden (also auf die Ehezeit entfallenden) Anrechte sowie auf etwaige Versorgungssurrogate (hierzu Düsseldorf FamRZ 1999, 1208; Karlsruhe 1996, 673); er wird durch den Ausgleichsanspruch (§ 1587g I S 1) begrenzt. In Bezug auf Ausgleichsansprüche, für die nach dem Grundsatz der Zeitidentität (vgl Rz 1) keine Abtretung verlangt werden kann (zB Rückstände), gelten die allgemeinen Durchsetzungsregeln. Bei mehreren schuldrechtlich auszugleichenden Versorgungen gilt § 262 entsprechend (FamK/Rolland Rz 9; aA J/H/Hahne Rz 3). Kommt ein Abtretungsvertrag nicht zustande, so kann der Verpflichtete gerichtlich auf Abgabe einer Abtretungserklärung in Anspruch genommen werden. Wird dem Antrag entsprochen, so gilt die Abtretung gemäß § 53g III FGG iVm § 894 ZPO mit Rechtskraft des Beschlusses des FamG als erfolgt. Die Abtretung wirkt **erfüllungshalber** (Düsseldorf FamRZ 1999, 1208 [1210]). Mit der Abtretung wird kein Versorgungsverhältnis zwischen dem Leistungsträger und dem Ausgleichsberechtigten begründet (FamK/Rolland Rz 3), so daß mit dem Tod des Berechtigten die abgetretenen Anrechte an den Verpflichteten zurückfallen (§ 1587k II S 2).

III. Ausschluß von Übertragungsbeschränkungen (Abs II). Die Übertragung von Versorgungsansprüchen ist nach allgemeinen Regelungen ausgeschlossen, soweit dies vertraglich vereinbart ist (§ 399) oder soweit diese unpfändbar sind (§ 400). Diese Beschränkungen gelten aus Gründen der Harmonisierung mit dem öffentlich-rechtlichen VersA für das Abtretungsverlangen nach § 1587i nicht (vgl BT-Drucks 7/650, 168, 7/4361, 47). Eine Gefährdung der wirtschaftlichen Existenzgrundlage des Verpflichteten kann allerdings im Rahmen des § 1587h Nr 1 berücksichtigt werden.

1587k *Anwendbare Vorschriften; Erlöschen des Ausgleichsanspruchs*

(1) Für den Ausgleichsanspruch nach § 1587g Abs. 1 Satz 1 gelten die §§ 1580, 1585 Abs. 1 Satz 2, 3 und § 1585b Abs. 2, 3 entsprechend.
(2) Der Anspruch erlischt mit dem Tode des Berechtigten; § 1586 Abs. 2 gilt entsprechend. Soweit hiernach der Anspruch erlischt, gehen die nach § 1587i Abs. 1 abgetretenen Ansprüche auf den Verpflichteten über.

I. Allgemeines. Die Vorschrift enthält ergänzende Regelungen für den schuldrechtlichen VersA, indem sie wegen der Nebenansprüche und Zahlungsmodalitäten einzelne Vorschriften des Unterhaltsrechts für entsprechend anwendbar erklärt und die Rechtsfolgen des Todes des Berechtigten regelt.

II. Auskunftsanspruch und Zahlungsmodalitäten (Abs I). Das **Auskunftsrecht** dient der Geltendmachung eines Anspruchs auf schuldrechtliche Ausgleichsrente oder Abfindung nach § 1587l (vgl Karlsruhe FamRZ 1996, 673) sowie der Vorbereitung einer Abänderung nach § 1587g III iVm § 1587d II (insoweit ist § 1605 II entsprechend anzuwenden). Es erstreckt sich auf alle nach § 1587g für den Anspruch dem Grunde und der Höhe nach

§ 1587k

maßgebenden Umstände (einschließlich Bestands- und Wertveränderungen), ferner auf die im Rahmen der Härteklauseln zu berücksichtigenden Tatsachen. Für den verlängerten schuldrechtlichen VersA gilt § 3a VIII VAHRG. Im übrigen wird auf die Erläuterungen zu der Parallelregelung des § 1587e I verwiesen (§ 1587e Rz 2ff). Der Ausgleichsanspruch ist durch eine **Geldrente** zu erfüllen (§ 1587g I S 1), die nach § 1587g I S 2 fällig wird und monatlich im Voraus zu zahlen ist (Monatsprinzip); für den Todesmonat des Berechtigten steht die volle Ausgleichsrente zu (analog § 1585 I S 2, 3). Die fällig gewordene Ausgleichsrente kann für die **Vergangenheit** – taggenau (vgl jedoch § 1587g Rz 1 – nur ab Rechtshängigkeit (Zustellung des Antrags auf Durchführung des schuldrechtlichen VersA, jedoch nicht vor dem nach § 1587 I S 2 bestimmten Zeitpunkt; Celle FamRZ 2002, 244 [248]; 1993, 1328 [1331]) oder Verzug (§ 286) verlangt werden (BGH FamRZ 1985, 263 [265]; KG FamRZ 1987, 287). An die Mahnung – ggf auch als Stufenmahnung (vgl BGH FamRZ 1990, 283 [285]) – sind keine strengen Anforderungen zu stellen (Hamm FamRZ 1990, 889), insbesondere kann eine Bezifferung unterbleiben (BGH FamRZ 1989, 950 [951]; Oldenburg FamRZ 2001, 1528). § 286 III gilt nicht (Büttner FamRZ 2002, 361 [366]). Im Hinblick auf den periodisch wiederkehrenden Charakter des schuldrechtlichen Ausgleichsanspruchs braucht die Mahnung nicht wiederholt zu werden, solange die Rentenvoraussetzungen erfüllt sind (vgl BGH FamRZ 1988, 370). Dem Schuldner der Ausgleichsrente können hinsichtlich rückständiger Beträge keine Ratenzahlungen gewährt werden (Celle FamRZ 2003, 1299). Aus dem für entsprechend anwendbar erklärten § 1585b III folgt, daß für Ansprüche, deren Fälligkeit mehr als 1 Jahr vor der Rechtshängigkeit eingetreten ist, Erfüllung oder Schadensersatz wegen Nichterfüllung nur verlangt werden kann, wenn anzunehmen ist, daß sich der Verpflichtete der Leistung absichtlich entzogen hat.

3   **III. Tod des Berechtigten (Abs II).** Nach Abs II S 1 Hs 1 erlischt der schuldrechtliche Ausgleichsanspruch mit dem Tod des Berechtigten (zum Abfindungsanspruch vgl § 1587m und zum verlängerten schuldrechtlichen VersA vgl § 3a VI VAHRG). Für den Todesmonat ist die Ausgleichsrente in voller Höhe zu zahlen (vgl Rz 2). Nach § 1587i abgetretene Versorgungsansprüche fallen unter Beachtung von § 407 an den Verpflichteten zurück (Abs II S 2). Ansprüche auf rückständige Beträge sowie auf Schadensersatz wegen Nichterfüllung bestehen fort und können von den Erben geltend gemacht werden. **Verstirbt der Verpflichtete**, so erlischt der schuldrechtliche Ausgleichsanspruch (BVerfG FamRZ 1986, 543 [547]; BGH FamRZ 1989, 950). Sieht das auszugleichende Anrecht jedoch eine Hinterbliebenenversorgung an den überlebenden Ehegatten vor, so kommt nach § 3a VAHRG ein postmortaler Anspruch vorrangig gegen den Träger des auszugleichenden Anrechts in Betracht.

1587l *Anspruch auf Abfindung künftiger Ausgleichsansprüche*

(1) Ein Ehegatte kann wegen seiner künftigen Ausgleichsansprüche von dem anderen eine Abfindung verlangen, wenn diesem die Zahlung nach seinen wirtschaftlichen Verhältnissen zumutbar ist.
(2) Für die Höhe der Abfindung ist der nach § 1587g Abs. 2 ermittelte Zeitwert der beiderseitigen Anwartschaften oder Aussichten auf eine auszugleichende Versorgung zugrunde zu legen.
(3) Die Abfindung kann nur in Form der Zahlung von Beiträgen zu einer gesetzlichen Rentenversicherung oder zu einer privaten Lebens- oder Rentenversicherung verlangt werden. Wird die Abfindung in Form der Zahlung von Beiträgen zu einer privaten Lebens- oder Rentenversicherung gewährt, so muss der Versicherungsvertrag vom Berechtigten auf seine Person für den Fall des Todes und des Erlebens des 65. oder eines niedrigeren Lebensjahrs abgeschlossen sein und vorsehen, dass Gewinnanteile zur Erhöhung der Versicherungsleistungen verwendet werden. Auf Antrag ist dem Verpflichteten Ratenzahlung zu gestatten, soweit dies nach seinen wirtschaftlichen Verhältnissen der Billigkeit entspricht.

1   **I. Allgemeines.** § 1587l eröffnet dem Berechtigten (kein Antragsrecht des Verpflichteten) die Möglichkeit, den Verpflichteten auf die zweckgebundene Abfindung – auch Teilabfindung (Wagenitz FamRZ 1987, 1 [5]) – künftiger, auf der Grundlage ihres Zeitwerts ermittelter Leistungen in Anspruch zu nehmen, wenn dem Verpflichteten die Zahlung wirtschaftlich zumutbar ist. Die Abfindung dient der Trennung der Versorgungsschicksale der Ehegatten (KG FamRZ 1990, 1257 [1258]) und wird an Erfüllungs Statt gewährt (§ 364 I). Zugleich wird mit ihr die soziale Absicherung des Berechtigten verbessert: Da dieser nach dem Tod des Verpflichteten in typischen Fällen durch den verlängerten schuldrechtlichen VersA (§ 3a VAHRG) gesichert ist, geht es hier vornehmlich um die Schließung von Sicherungslücken, wie sie sich ergeben können, wenn beim Berechtigten ein Versicherungsfall eintritt, bevor der Verpflichtete eine Versorgung erlangt hat (BT-Drucks 7/650, 168f). Das FamG entscheidet über die Abfindung auf Antrag (Düsseldorf FamRZ 1988, 958), der uU schon im Scheidungsverbund gestellt werden kann (BGH FamRZ 1984, 668). Der verlängerte schuldrechtliche VersA bleibt unberührt, da die Abfindung lediglich der Abgeltung der bis zum Tod des Verpflichteten anfallenden Ansprüche auf schuldrechtliche Ausgleichsrente dient (Pal/Brudermüller Rz 5; aA J/H/Hahne Rz 2). Eine Abfindung kommt insbesondere bei solchen Anrechten in Betracht, bei denen der Erwerb einer eigenständigen Alterssicherung im Wege eines Ausgleichs nach § 3b I VAHRG ausgeschlossen ist (zB bei ausländischen Anrechten; Wagenitz FamRZ 1987, 1 [5]; vgl vor § 1587 Rz 35).

2   **II. Voraussetzungen (Abs I).** Die Abfindung gilt **künftigen Ansprüchen** auf schuldrechtliche Ausgleichsrente iSv § 1587g I S 1. Es muß sich also um ein nach § 1587f, § 2 VAHRG dem schuldrechtlichen VersA (einschließlich Rückausgleich) unterliegendes unverfallbares (BGH FamRZ 1984, 668 [669]) Anrecht handeln (Stuttgart FamRZ 1989, 760 [762]); ausgeschlossen sind degressive Anrechte. Die Abfindung ist nicht nur dann zulässig, wenn die Voraussetzungen des § 1587g I S 2 noch nicht vorliegen, sondern auch nach deren erstmaligem Eintritt, allerdings nur in Bezug auf künftig fällig werdende Einzelansprüche auf schuldrechtliche Ausgleichsrente (FamK/ Rolland Rz 8; RGRK/Wick Rz 8; aA J/H/Hahne Rz 5). Die Abfindung ist ausgeschlossen, wenn aus versorgungsrechtlichen Gründen eine dem Sicherungszweck der Abfindung entsprechende Verwendung der Leistung des Verpflichteten nicht mehr möglich ist. Ferner kann die Abfindung nur dann verlangt werden, wenn sie dem Verpflichteten **nach seinen wirtschaftlichen Verhältnissen** (unter Einbeziehung von Ratenzahlungen nach Abs III S 3) **zumutbar** ist, was das FamG im Streitfall positiv festzustellen hat. Die Zumutbarkeitskriterien entsprechen den Maßstäben des § 3b I Nr 2 VAHRG (vgl § 3b VAHRG Rz 8).

III. Bemessung der Abfindung (Abs II). Der Abfindung ist der nach § 1587g II ermittelte **Zeitwert** der bei- 3 derseitigen Anrechte zugrunde zu legen. Unter Zeitwert ist der Wert im Zeitpunkt der Abänderungsentscheidung zu verstehen (BT-Drucks 7/4361, 47), so daß nach Ehezeitende eingetretene, ausgleichsrelevante Änderungen des Werts eines Anrechts zu berücksichtigen sind, ohne daß weitere Voraussetzungen (Billigkeit, Erheblichkeit) zu erfüllen wären. Zeitwert ist darüber hinaus als **Barwert** (zu diesem Begriff § 1587 Rz 76) zu definieren; denn nur dieser verkörpert den aktuellen Wert aller künftig zu erwartenden Ausgleichsleistungen. Die Abfindungssumme ist daher das Ergebnis einer versicherungsmathematischen Berechnung auf der Basis der auf die aktuellen Verhältnisse bezogenen schuldrechtlichen Ausgleichsrente und deren zu erwartender Dynamik, der biometrischen Wahrscheinlichkeiten auf Seiten beider Ehegatten sowie eines angemessenen Rechnungszinses (Bergner VersA S 8f; anders die hM, wonach Abfindungsbetrag die jeweils maßgebende „Einkaufssumme" des auszugleichenden Anrechts sein soll [J/H/Hahne Rz 4], so iE auch Hamm NJW-RR 1998, 1619).

IV. Abfindungsform (Abs III). Die Abfindung ist zweckgebunden und soll der eigenständigen Alters- und 4 Invaliditätssicherung des Berechtigten dienen. Sie kann daher – vorbehaltlich einer abweichenden Vereinbarung der Ehegatten – nur in Form der Zahlung von Beiträgen zur gesetzlichen Rentenversicherung oder Lebensversicherung (als Kapital- oder Rentenversicherung) erfolgen. Die Zahlung von Beiträgen zur gesetzlichen Rentenversicherung setzt voraus, daß der Ausgleichsberechtigte nach allgemeinen Vorschriften versicherungsberechtigt ist (zB §§ 7, 187af, 204ff, 284ff SGB VI), da die ausgleichsspezifischen Regelungen der §§ 187, 281a SGB VI im Rahmen von § 1587l nicht gelten (Soergel/Schmeiduch § 1587b Rz 177). Soll die Abfindung für eine private Lebensversicherung bei einem deutschen oder ausländischen Versicherungsunternehmen verwendet werden, so muß der Berechtigte Versicherungsnehmer sein und der Versicherungsvertrag den im Gesetz genannten qualitativen Anforderungen genügen, wobei eine Absicherung für den Fall verminderter Erwerbsfähigkeit nicht erforderlich ist. Über das so begründete Privatversicherungsverhältnis kann der Ausgleichsberechtigte ungeachtet des Versorgungszwecks frei verfügen (vergleichbar BSG 23, 241; FamK/Rolland Rz 20); unterhaltsrechtlich bleibt § 1587n zu beachten. Hat der Berechtigte ausbaufähige Anrechte in einem anderen Sicherungssystem erworben (etwa auf Grund eines Altersvorsorgevertrages), so kann er analog Abs III die Abfindung auch für eine Aufstockung dieser Anrechte verwenden. Die Anordnung von Ratenzahlungen nach Abs III S 3 soll ausschließen, daß die Abfindung schon daran scheitert, daß dem Verpflichteten deren Zahlung in einer Summe nicht möglich ist (BT-Drucks 7/650 S 169); es gilt der gleiche Maßstab wie bei Abs I (J/H/Hahne Rz 7).

1587m *Erlöschen des Abfindungsanspruchs*

Mit dem Tode des Berechtigten erlischt der Anspruch auf Leistung der Abfindung, soweit er von dem Verpflichteten noch nicht erfüllt ist.

In Entsprechung zu § 1587k II S 1 erlischt der noch nicht erfüllte Anspruch auf Abfindung künftiger schuld- 1 rechtlicher Ausgleichsansprüche aus § 1587l mit dem Tod des Berechtigten, da der Abfindungszweck nicht mehr erreicht werden kann. War der Abfindungsanspruch in einen Schadensersatzanspruch wegen Nichterfüllung übergegangen, so fällt dieser in den Nachlaß und kann von den Erben realisiert werden (RGRK/Wick Rz 1, str). § 7 VAHRG verpflichtet den Rentenversicherungsträger, in Härtefällen iSv § 4 VAHRG die auf Grund der Abfindung empfangenen Beiträge zu erstatten (zur Lebensversicherung Karlsruhe VersR 1990, 1338). Bei Tod des Verpflichteten sind Rückstände und Schadensersatzansprüche gegen die Erben geltend zu machen (FamK/Rolland Rz 4).

1587n *Anrechnung auf Unterhaltsanspruch*

Ist der Berechtigte nach § 1587l abgefunden worden, so hat er sich auf einen Unterhaltsanspruch gegen den geschiedenen Ehegatten den Betrag anrechnen zu lassen, den er als Versorgungsausgleich nach § 1587g erhalten würde, wenn die Abfindung nicht geleistet worden wäre.

Schuldrechtliche Ausgleichsansprüche, die gemäß § 1587l abgefunden worden sind, sind in ihrer jeweils maß- 1 gebenden Höhe (§ 1587g II S 2, III) auf den nachehelichen Unterhaltsanspruch des Berechtigten anzurechnen, sobald die Voraussetzungen des § 1587g I S 2 vorliegen. Die Regelung weist das Risiko, daß sich die auf Grund der Abfindung erlangte Versorgung überhaupt nicht (etwa bei Kapitalisierung) oder nicht in Höhe der an sich zu gewährenden Ausgleichsrente realisiert, dem Berechtigten zu und schließt es damit aus, einen auf der Abfindung beruhenden Nachteil durch einen höheren nachehelichen Unterhalt zu Lasten des Verpflichteten auszugleichen.

Kapitel 4

Parteivereinbarungen

1587o *Vereinbarungen über den Ausgleich*

(1) Die Ehegatten können im Zusammenhang mit der Scheidung eine Vereinbarung über den Ausgleich von Anwartschaften oder Anrechten auf eine Versorgung wegen Alters oder verminderter Erwerbsfähigkeit (§ 1587) schließen. Durch die Vereinbarung können Anwartschaftsrechte in einer gesetzlichen Rentenversicherung nach § 1587b Abs. 1 oder 2 nicht begründet oder übertragen werden.

§ 1587o   Familienrecht   Bürgerliche Ehe

(2) Die Vereinbarung nach Absatz 1 muss notariell beurkundet werden. § 127a ist entsprechend anzuwenden. Die Vereinbarung bedarf der Genehmigung des Familiengerichts. Die Genehmigung soll nur verweigert werden, wenn unter Einbeziehung der Unterhaltsregelung und der Vermögensauseinandersetzung offensichtlich die vereinbarte Leistung nicht zu einer dem Ziel des Versorgungsausgleichs entsprechenden Sicherung des Berechtigten geeignet ist oder zu keinem nach Art und Höhe angemessenen Ausgleich unter den Ehegatten führt.

1   **I. Allgemeines.** Gemäß § 1587o können die Ehegatten nach sachverständiger Belehrung durch einen formgebundenen und genehmigungsbedürftigen Vertrag (BGH FamRZ 1994, 96) im zeitlichen Zusammenhang mit der Scheidung – darüber hinaus aus Anlaß einer Abänderung nach § 10a VAHRG (Pal/Brudermüller Rz 1; Göppinger/Wenz § 3 Rz 125) – eine privatautonome, interessengerechte Gestaltung der versorgungsrechtlichen Scheidungsfolgen vornehmen (vgl BGH FamRZ 1986, 890 [892]). Mit der Anerkennung der Dispositionsmacht über den VersA wird dem Freiheitsgrundrecht aus Art 6 I GG Rechnung getragen (BVerfG FamRZ 2001, 343 [345]). Ihre Grenzen ergeben sich – neben den allgemeinen Beschränkungen der Vertragsfreiheit (Gruntkowski MittRhNotK 1993, 1 [19]) – aus Abs II S 4 konkretisierten Strukturprinzipien des Versorgungsrechts und dem Sicherungsziel des VersA (vgl BVerfG FamRZ 1982, 769). Eine Vereinbarung kann **zweckmäßig** sein (Göppinger/Wenz § 3 Rz 143ff): (1) Der Verpflichte wird den Berechtigten voraussichtlich lange überleben oder lange vor diesem Versorgung beziehen; hier kann die grundsätzlich sofortige und dauerhafte Versorgungskürzung durch einen VersA in anderer Form vermieden werden. (2) Der Verpflichtete wünscht seine auf Grund des VersA zu kürzende Versorgung zu behalten, ist aber an der Wiederauffüllung der geminderten Anrechte aus versicherungsrechtlichen Gründen gehindert. (3) Der Berechtigte ist (etwa als Beamter) rentenversicherungsfrei und daher durch einen VersA in der gesetzlichen Rentenversicherung nicht optimal abgesichert (vgl Schulz-Weidner FuR 1993, 313). (4) Die gesetzliche Ausgleichsform wäre unwirtschaftlich oder zweckverfehlt iSv § 1587b IV (Karlsruhe FamRZ 2000, 962). (5) Es besteht nur eine geringe Wertdifferenz und das VersA-Verfahren würde die Scheidung unvertretbar hinauszögern. (6) Es bestehen rechtliche oder tatsächliche Unsicherheiten über den VersA, die im Wege gegenseitiger Nachgebens bereinigt werden (BGH FamRZ 1987, 578). Ob und inwieweit die Ehegatten in Fällen mit Bezug zu einer **ausländischen Rechtsordnung** gemäß § 1587o über den VersA disponieren können, beurteilt sich nach Art 17 III EGBGB (Bamberg FamRZ 2002, 1120). Für die insoweit zu beachtende Form des Rechtsgeschäfts enthält Art 11 I EGBGB eine eigenständige Anknüpfung.

2   **II. Abgrenzung zum Ehevertrag, Scheidungszusammenhang.** Der VersA kann nach § 1408 II – auch im Vorfeld der Trennung (BGH FamRZ 1992, 1405 mwN; Brandenburg FamRZ 2003, 1289) – Gegenstand eines **Ehevertrages** sein (Eichenhofer DNotZ 1994, 213). Der Ehevertrag ist jedoch nur wirksam, wenn nicht innerhalb von einem Jahr nach Vertragsschluß die Scheidung beantragt wird (vgl § 1408 Rz 12). Hieraus folgt, daß nach Eintritt der Rechtshängigkeit des zum Scheidungsausspruch führenden Scheidungsantrags – vom Sonderfall der Antragsrücknahme abgesehen (BGH FamRZ 1986, 788) – nur nach Maßgabe von § 1587o über den VersA disponiert werden kann (BGH FamRZ 2001, 1447). Die Vereinbarung nach § 1587o – die als Subsidiärregelung mit einem Ehevertrag verknüpft werden kann (aber keine Umdeutung eines unwirksamen Ehevertrages; Gruntkowski MittRhNotK 1993, 1 [23]) – setzt einen **Zusammenhang mit der Scheidung** voraus, was zeitlich (und nicht lediglich inhaltlich) zu verstehen ist. Dieser Zusammenhang ist im Hinblick auf § 1408 II S 2 jedenfalls immer dann zu bejahen, wenn die Vereinbarung in dem Jahr, das dem Eintritt der Rechtshängigkeit vorausgeht, getroffen worden ist (BGH FamRZ 1986, 788); darüber hinaus kann mit der hM (vgl etwa MüKo/Strobel Rz 5 mwN) eine Vereinbarung nach § 1587o auch dann (retrospektiv betrachtet) nicht verneint werden, wenn sie länger als ein Jahr vor Stellung des Scheidungsantrags abgeschlossen worden ist (offen gelassen bei Brandenburg FamRZ 2003, 1289). Die Vereinbarung kann bis zum rechtskräftigen Abschluß des (abgetrennten) Verfahrens über den VersA getroffen werden (BGH FamRZ 1989, 1060; 1982, 688). Ist die Entscheidung über den VersA rechtskräftig geworden, so sind Vereinbarungen – abgesehen von den Fällen des § 10a VAHRG – grundsätzlich ausgeschlossen (BGH FamRZ 2002, 1553; München FamRZ 1997, 1082; Zweibrücken FamRZ 2002, 1410). Ebenso sind der einseitige Rücktritt (auch bei entsprechendem Vorbehalt; vgl Gruntkowski MittRhNotK 1993, 1 [27]) oder die einvernehmliche Aufhebung einer Vereinbarung über den bereits vollzogenen öffentlich-rechtlichen VersA unzulässig (Bamberg FamRZ 2001, 499; KG FamRZ 2000, 1157; Köln FamRZ 2000, 832). Vereinbarungen nach der Scheidung sind zulässig – und zwar ohne Berücksichtigung der aus Abs II folgenden Einschränkungen – wegen noch nicht erfüllter Beitragsforderungen (BayObLG NJW 1981, 1519) und in Bezug auf den schuldrechtlichen VersA (BGH FamRZ 2001, 1447).

3   **III. Inhalt der Vereinbarung. 1. Grundsatz.** Gegenstand der Vereinbarung (auch als Gesamt- oder Teilvereinbarung) können bis zur Höhe des Gesamtausgleichsanspruchs **sämtliche Anrechte** iSv § 1587 I sein, sofern grundsätzlich ein VersA vorzunehmen ist (BGH FamRZ 1982, 794). **Verfügungsbeschränkungen** ergeben sich aus **Abs I S 2**: Danach ist es aus Strukturgründen des Versorgungsrechts (vgl Nürnberg FamRZ 1995, 177) verboten, dem Ausgleichsberechtigten im Wege des Ausgleichs nach § 1587b I, II oder nach § 1 III, § 3b I Nr 1 VAHRG Rentenanrechte über den im Gesetz vorgesehenen Umfang hinaus gutzubringen oder die Ausgleichsrichtung umzukehren (BGH FamRZ 2001, 1701; 1990, 384; 1981, 1051 [1060]). Dies gilt auch für mittelbare Einflußnahmen auf die Ausgleichsbilanz (wie etwa die Nichtberücksichtigung von Anrechten des Berechtigten, vgl BGH FamRZ 1990, 273; 1988, 153) und bedeutet darüber hinaus, daß die gesetzliche Rangfolge der Ausgleichsformen einzuhalten ist (BGH FamRZ 1986, 250). Eine entgegenstehende Vereinbarung ist – ungeachtet ihrer Genehmigung (BGH FamRZ 1991, 679) – nach § 134 nichtig (BGH FamRZ 1988, 153; Karlsruhe FamRZ 2000, 1155).

4   **2. Genehmigungsfähiger Inhalt.** Die Vereinbarung kann ua enthalten: (1) Begrenzung des Ausgleichsanspruchs oder eine Herabsetzung der Ausgleichsquote; (2) Nichtberücksichtigung von Anrechten des Verpflichteten (Nürnberg FamRZ 1995, 177); (3) Kürzung der Ehezeit unter Beibehaltung des Bewertungsstichtages (BGH

FamRZ 2001, 1444; Frankfurt FamRB 2002, 294; FamRZ 1996, 550); (4) Modifikation der Härteregelungen (BGH FamRZ 2001, 1447); (5) Änderung der Ausgleichsform (zB anstelle des öffentlich-rechtlichen VersA der schuldrechtliche VersA [unzutreffend dagegen Eichenhofer FPR 2003, 185, 187], ggf unter Modifizierung des § 1587l, oder – mit Zustimmung des Versorgungsträgers – eine andere Form des öffentlich-rechtlichen VersA [vgl BGH FamRZ 2002, 1554]); (6) Bedingungen, Befristungen und Rücktrittsvorbehalte außerhalb des Wertausgleichs (Gruntkowski MittRhNotK 1993, 1 (27]); (7) Ausschluß oder Teilausschluß (BGH FamRZ 2001, 1701) des VersA gegen angemessene Gegenleistung oder – in Ausnahmefällen – ohne Ausgleichssurrogat (Gruntkowski aaO [26]).

IV. Form der Vereinbarung. Die Vereinbarung (nicht deren spätere Änderung; Karlsruhe FamRZ 1995, 361) **5** bedarf nach Abs II S 1 der notariellen Beurkundung, der gemäß Abs II S 2 der gerichtliche Vergleich gleichgestellt ist (§ 127a). Damit soll eine angemessene **Beratung** der Ehegatten sichergestellt werden (vgl § 17 BeurkG). Der Notar kann die Beurkundung auf Grund der Angaben der Ehegatten vornehmen und darf diese nur unter den Voraussetzungen es § 4 BeurkG verweigern. Er hat auf die rechtlichen Risiken hinzuweisen und über das Äquivalenzerfordernis zu informieren. Eine eigene, eingehende Prüfungspflicht hat er nicht, es sei denn, er übernimmt einen eigenständigen Auftrag gemäß § 24 BNotO (BVerfG FamRZ 1982, 769; Gruntkowski MittRhNotK 1993, 1 [23]). Erfolgt die Vereinbarung in Form eines gerichtlichen Vergleichs, trifft den Familienrichter gemäß § 1 II BeurkG die Belehrungspflicht (Udsching NJW 1978, 294). Dann muß die Vereinbarung der Ehegatten, die beide regelmäßig anwaltlich vertreten sein müssen (vor § 1587 Rz 21), im Protokoll über die mündliche Verhandlung festgehalten, den Parteien vorgelesen bzw vorgespielt und von ihnen sodann genehmigt werden; fehlt es an einem dieser Erfordernisse, ist die Vereinbarung gemäß § 125 unwirksam (Brandenburg FamRZ 2000, 1157). Der Mangel der Form wird auch durch die familiengerichtliche Genehmigung (BGH FamRZ 1991, 679 und 681) oder die Vornahme eines in der Vereinbarung vorgesehenen Erfüllungsgeschäfts nicht geheilt (vgl auch Rz 10).

V. Genehmigungserfordernis. Die notarielle oder gerichtlich protokollierte Vereinbarung ist nach Abs II S 3 **6** von Amts wegen und unbedingt (BGH FamRZ 1987, 578; Köln FamRZ 1997, 569) zu genehmigen (verfassungsgemäß, vgl BVerfG FamRZ 1982, 769). Bis zur Genehmigung – über die wegen § 53d S 1 FGG vorrangig, jedoch frühestens nach Eintritt der Rechtshängigkeit des Scheidungsantrags zu entscheiden ist (Göppinger/Wenz § 3 Rz 187) – ist die Vereinbarung schwebend unwirksam. **Zuständig** ist das FamG und im Verfahren in 2. Instanz das OLG (BGH FamRZ 1987, 578); im Verfahren vor dem BGH wiederum das FamG (Pal/Brudermüller Rz 25). Mit dem Genehmigungserfordernis wird dem **sozialen Schutzbedürfnis** des Berechtigten entsprochen – auch im öffentlichen Interesse – die Verwirklichung des Sicherungsziels des VersA sichergestellt (BGH FamRZ 2001, 1447 [1448]). Wird die Vereinbarung im Anschluß an die Scheidung hinsichtlich eines noch regelungsfähigen Teilbereichs geändert, so ist dies nicht genehmigungsbedürftig. Die Genehmigung kann durch isolierten Beschluß oder (auch stillschweigend; BGH FPR 2002, 84) mit der Entscheidung über den VersA erfolgen (Frankfurt FamRZ 1996, 550). Deren Verweigerung ist – sofern nicht in einem isolierten Verfahren entschieden wird (BGH FamRZ 1999, 576) – nicht selbstständig anfechtbar (§ 53d S 2 FGG). Die Ehegatten haben dann die Möglichkeit, die Entscheidung über den VersA mit einem Rechtsmittel anzugreifen und – unter Darlegung des Ausgleichssurrogats (Bamberg FamRZ 1998, 374) – geltend zu machen, die Genehmigung sei zu Unrecht verweigert worden (BGH FamRZ 1982, 1463; Köln FamRZ 1997, 569).

VI. Genehmigungsvoraussetzungen. 1. Allgemeines. Nach Abs II S 4 ist die Genehmigung (nur) zu versagen, **7** wenn bei einer Gesamtbetrachtung der wirtschaftlichen Scheidungsfolgen die vereinbarte Leistung (Ausgleichssurrogat) offensichtlich nicht zu einer dem Ziel des VersA entsprechenden Sicherung geeignet ist oder zu keinem nach Art und Höhe angemessenen Ausgleich führt. Die Regel ist also die Genehmigung, während deren Versagung die Ausnahme sein soll (Göppinger/Wenz § 3 Rz 156). Das Gericht hat zwar im Regelfall die gesetzliche Ausgleichslage zu erfassen (Celle FamRZ 1996, 614), mit dem Merkmal der „Offensichtlichkeit" wird es aber davon freigestellt, das Ausgleichssurrogat im Detail mit dem Ergebnis eines fiktiven VersA vergleichen zu müssen (BGH FamRZ 1994, 234 [236]). Die **Darlegungslast** liegt bei dem Ehegatten, der sich auf die Vereinbarung beruft (BGH FamRZ 1989, 1062; Frankfurt FamRZ 1997, 1540). Da Abs II **keine abschließende Regelung** der Genehmigungsvoraussetzungen enthält (BGH FamRZ 1982, 471 [473]), ist eine Vereinbarung auch dann zu genehmigen, wenn es des VersA nicht bedarf, um dem Berechtigten im Alter und bei verminderter Erwerbsfähigkeit zu schützen (BGH FamRZ 1994, 234). Die Genehmigungsvoraussetzungen sind weniger streng auszulegen, wenn der Berechtigte bereits eine volle eigene Versorgung erworben hat oder nur eine geringe Wertdifferenz auszugleichen ist (Düsseldorf FamRZ 1981, 285). Genehmigungsfähig ist ein vereinbarter Ausschluß des VersA ferner immer dann, wenn er im Hinblick auf Härtegründe iSv § 1587c erfolgt (BGH FamRZ 2001, 1447). Diese Gründe können schon dann bei Ausübung des Beurteilungsermessens berücksichtigt werden, wenn die für die Anwendung der Härteklausel maßgebende Interventionsschwelle noch nicht erreicht ist (Hamburg FamRZ 1991, 202; Oldenburg FamRZ 1990, 295).

2. Sicherungszweck. Im Rahmen der ersten Prüfalternative des Abs II S 4 ist aus der individuellen Perspektive **8** des Berechtigten unter Berücksichtigung der sonstigen wirtschaftlichen Scheidungsfolgen eine Gesamtbewertung der Sicherungsqualität der als Ausgleichssurrogat vereinbarten Leistung vorzunehmen. „Leistung" ist das (auch nur mittelbare, vgl Oldenburg FamRZ 1990, 295) wirtschaftliche Gesamtergebnis aller Scheidungsfolgen (Göppinger/Wenz § 3 Rz 137; zu typischen Ersatzleistungen vgl Pal/Brudermüller Rz 13). Hierbei ist zu berücksichtigen, daß die gesetzliche Rentenversicherung grundsätzlich nur noch Pflichtversicherten Versicherungsschutz bei verminderter Erwerbsfähigkeit gewährt, die Genehmigung einer Vereinbarung nicht zwingend daran zu scheitern hat, daß die Surrogatleistung keinen Invaliditätsschutz vorsieht (Pal/Brudermüller Rz 12). Das FamG hat zu prüfen, ob dem Berechtigten auf Grund der Surrogatleistung eine eigenständige, dauerhafte und bedürftigkeitssowie familienstandsunabhängige Sicherung seiner Existenzgrundlage spätestens nach Vollendung des 65. Lebensjahres in Aussicht steht. Die so definierte Leistung ist zur Absicherung des Berechtigten **geeignet,** wenn sie die-

§ 1587o

sem wenigstens im Alter einen laufenden wirtschaftlichen Vorteil (grundsätzlich als Geldrente) verschafft, welcher der Bedarfssicherung dient und (für den Fall der Leistungsunfähigkeit und des Todes des Verpflichteten) rechtlich abgesichert ist. Die erneute **Eheschließung** des Berechtigten – ggf auch mit dem Verpflichteten – genügt diesen Anforderungen nicht (BGH FamRZ 1994, 96; 1982, 471).

9   3. **Angemessenheitprüfung.** Das Ausgleichssurrogat darf nach Art und Höhe nicht in einem offensichtlich unangemessenen Verhältnis zum gesetzlichen Anspruch des Berechtigten stehen. Bei Prüfung der Art des Ausgleichssurrogats ist nach der am Ziel des VersA zu messenden Eignung der Leistung zu fragen, so daß eine Überschneidung mit dem zu Rz 8 erläuterten Prüfelement vorliegt. Mit dem weiteren Prüfungsmerkmal der Höhe der Ersatzleistung wird auf den wirtschaftlichen Wert derselben abgestellt (hierzu Düsseldorf FamRZ 1995, 1496), ohne eine volle Gleichwertigkeit zu fordern (Brandenburg FamRZ 2002, 754). Ein **Verzicht** auf den VersA **ohne Gegenleistung** ist grundsätzlich unzulässig (Pal/Brudermüller Rz 14, Staud/Eichenhofer Rz 18; Düsseldorf FamRZ 1986, 68; Zweibrücken FamRZ 1998, 1377) und auch im Hinblick auf § 138 bedenklich, wenn dies vorhersehbar zur Hilfebedürftigkeit iS des BSHG führt und besondere Gründe eine mißbräuchliche Rechtsgestaltung indizieren (BGH FamRZ 1996, 1536; Gruntkowski MittRhNotK 1993, 1 [19]). Er kann jedoch genehmigt werden, wenn der Berechtigte auf den VersA nicht angewiesen ist (vgl Oldenburg FamRZ 1995, 744) oder der gesetzliche Anspruch gering ist (Köln FamRZ 2002, 829; AG Münster NJW 1978, 1592; AG Stuttgart NJW 1978, 893). Bei einem Teilverzicht kann ein großzügigerer Maßstab angelegt werden.

10 **VI. Rechtsfolgen und Bestandskraft.** VersA-Vereinbarungen, die wirksam und genehmigt sind, sind für das FamG und die Versorgungsträger verbindlich (Pal/Brudermüller Rz 29), wenn die Ehe geschieden wird (sie bleiben unwirksam, wenn die Ehe nicht geschieden wird; Göppinger/Wenz § 3 Rz 190). Die Vereinbarungen bedürfen der Umsetzung durch eine Gestaltungsentscheidung oder die Mitwirkung des FamG nach § 53e II, III FGG, sofern sie den Wertausgleich oder die Zahlung von Beiträgen zur gesetzlichen Rentenversicherung zum Gegenstand haben; im übrigen unterbleibt eine Entscheidung (§ 53d S 1 FGG). Es gelten die allgemeinen Regeln des Vertragsrechts, insbesondere die §§ 125, 134, 138, 139, 142 I oder § 242 (BGH FamRZ 1994, 96; 1991, 681; 1988, 1254), ergänzt durch das Instrument des § 10a IX VAHRG. Werden bei Abschluß der Vereinbarung strittige Rechtsfragen später geklärt, ist weder die Anfechtung noch die Berufung auf den Wegfall der Geschäftsgrundlage möglich (BGH FamRZ 1987, 578). Eine unwirksame Vereinbarung, die nicht durch die gerichtliche Genehmigung geheilt werden kann (BGH FamRZ 1991, 679; Karlsruhe FamRZ 2000, 1155), führt nach dem Abschluß des Verfahrens über den VersA, so daß trotz Genehmigung und rechtskräftiger Scheidung entweder eine neue Vereinbarung abgeschlossen oder eine gerichtliche Entscheidung – ggf auch im isolierten Verfahren – getroffen werden muß (BGH FamRZ 1994, 96; Köln FamRZ 1998, 373). Dagegen soll nach der Rspr des BGH (FamRZ 2002, 1553) eine familiengerichtliche Gestaltungsentscheidung, die der Umsetzung einer Parteivereinbarung dient, auch dann wirksam bleiben, wenn die Vereinbarung ihre Bestandskraft verloren hat. In diesen Fällen dürfte den früheren Ehegatten eine Abänderung in entsprechender Anwendung von § 10a VAHRG möglich sein.

Kapitel 5

Schutz des Versorgungsschuldners

1587p *Leistung an den bisherigen Berechtigten*
Sind durch die rechtskräftige Entscheidung des Familiengerichts Rentenanwartschaften in einer gesetzlichen Rentenversicherung auf den berechtigten Ehegatten übertragen worden, so muss dieser eine Leistung an den verpflichteten Ehegatten gegen sich gelten lassen, die der Schuldner der Versorgung bis zum Ablauf des Monats an den verpflichteten Ehegatten bewirkt, der dem Monat folgt, in dem ihm die Entscheidung zugestellt worden ist.

1   **I. Allgemeines.** Durch die an § 407 orientierte Schuldnerschutzregelung wird dem Rentenversicherungsträger bei Rentenberechtigung aus den Versicherungsverhältnissen beider früherer Ehegatten eine Schutzfrist gewährt, innerhalb der mit befreiender Wirkung an den bisherigen Gläubiger der Rentenleistung gezahlt werden kann. Die Frist gestattet es ihm, die Entscheidung über den VersA administrativ umzusetzen, ohne das Risiko einer Doppelleistung in Kauf nehmen zu müssen (BSG FamRZ 1983, 389; ausführlich Baltzer/Joedt SGb 1982, 417). Der Ausgleich nach § 1587b I führt auch dann mit Eintritt der Rechtskraft und Wirksamkeit der Entscheidung über den VersA zu einer materiellen Umverteilung von Rentenanrechten im Verhältnis zwischen den früheren Ehegatten, wenn beide bereits Rente beziehen (BSG FamRZ 1982, 1008; Celle FamRZ 1997, 1218 [1219]). Die Entscheidung des FamG bedarf jedoch der technischen Umsetzung durch den auch die beteiligten Rentenversicherungsträger (BSG FamRZ 1983, 669). Wegen der erforderlichen Rechen- und Bescheidarbeiten sowie mit Rücksicht darauf, daß Zahlungsveränderungen unter den Bedingungen der automatisierten Massenverwaltung und im Hinblick auf die vorschüssige Zahlung der Renten (§ 118 I SGB VI) nur mit gewissen Zeitverzögerungen vollzogen werden können, ist den Rentenversicherungsträgern eine Schutzfrist von einem Kalendermonat eingeräumt worden. Dies ändert nichts daran, daß das Splitting mit Eintritt der Verbindlichkeit der Entscheidung über den VersA vollzogen ist (BSG FamRZ 1990, 874), so daß der Rentenanspruch des Berechtigten dem Grunde nach unbeeinflußt bleibt. Auch werden durch § 1587p Ansprüche der früheren Ehegatten untereinander (nach § 816 II) nicht ausgeschlossen (Hamm FamRZ 1990, 528); der Erstattungsanspruch des Berechtigten entfällt allerdings, soweit ihm der Ausgleichsverpflichtete Unterhalt gezahlt hat (RGRK/Wick Rz 10). Der Schuldnerschutz nach § 1587p findet seine Entsprechung in § 10a VII S 2 VAHRG (für das Abänderungsverfahren) und § 3a VII VAHRG (für den verlängerten schuldrechtlichen VersA).

Scheidung der Ehe: Versorgungsausgleich § 1587p

II. Anwendungsbereich. 1. Ausgleichsformen. § 1587p hat die Übertragung von Rentenanrechten iS von 2
§ 1587b I (einschließlich § 3b I Nr 1 VAHRG) im Erstverfahren über den VersA zur Voraussetzung und gilt im
Hinblick auf die Funktionseinheit der gesetzlichen Rentenversicherung auch dann, wenn für die früheren Ehegatten verschiedene Versicherungsträger zuständig sind. Die Vorschrift gilt nach § 3 VAHRG auch im Fall des Ausgleichs statischer Leistungen der gesetzlichen Rentenversicherung nach § 1 III VAHRG sowie bei der Realteilung innerhalb eines rentenversicherungsexternen Versorgungssystems, da auch hier Schuldneridentität besteht (vgl BT-Drucks 9/2296, 14); mit der im Vordringen befindlichen Meinung sollte § 1587p darüber hinaus auch in anderen
Fällen des Wertausgleichs analog zur Anwendung gelangen (RGRK/Wick Rz 13).

2. Voraussetzungen. Die Regelung setzt voraus, daß im Zeitpunkt des Eingangs der Rechtskraftbescheinigung 3
des FamG beim Rentenversicherungsträger des Verpflichteten (vgl Rz 4) aus dessen Versicherung eine Rente laufend gezahlt wird und zugleich aus der Versicherung des Berechtigten vor Ablauf der Schutzfrist Rente aus dem
übertragenen Anrecht zu zahlen ist. Sie erfaßt nicht die Fälle, in denen aus der Versicherung des Berechtigten erst
nach der verbindlichen Entscheidung über den VersA Rente gezahlt wird, deren Beginn materiell-rechtlich eine
rückwirkende Minderung der Rente des Ausgleichsverpflichteten bewirkt (aA Soergel/Schmeiduch Rz 15). Ist der
Betrag, um den die Rente aus der Versicherung des Berechtigten zu erhöhen ist, höher als der Betrag, um den die
Rente aus der Versicherung des Verpflichteten zu mindern ist, so findet § 1587p hinsichtlich des Differenzbetrages
keine Anwendung. Ist er niedriger, so kommt in Bezug auf den Differenzbetrag ein Erstattungsanspruch des Versicherungsträgers in Betracht (Soergel/Schmeiduch Rz 20).

III. Schutzfrist. Nach dem Gesetzeswortlaut beginnt die Schutzfrist in dem Monat, in welchem dem Renten- 4
versicherungsträger des Verpflichteten die Entscheidung über den VersA zugestellt worden ist. Die Wortfassung
der Norm berücksichtigt jedoch nicht, daß die Versicherungsträger der Ehegatten als Beteiligte (§ 53b II FGG)
bereits vor Eintritt der Verbindlichkeit der Entscheidung von dieser Kenntnis erhalten (§ 621a I iVm § 317 ZPO).
Da der Schuldnerschutz erst mit Eintritt der Rechtskraft und Wirksamkeit der Entscheidung über den VersA
Bedeutung erlangen kann, weil erst dann die Versicherungsverhältnisse der Ehegatten verändert werden, muß der
Beginn der Frist aus Sinn und Zweck der Vorschrift erschlossen werden. In Korrektur des legislatorischen Versehens hat das BSG daher entschieden, daß die Frist mit der Kenntnisnahme von der Rechtskraft und Wirksamkeit
der Entscheidung des FamG durch den Versicherungsträger des Verpflichteten – regelmäßig also mit dem Eingang
der Rechtskraftbescheinigung bei diesem – beginnt (BSG FamRZ 1983, 389). Hierbei steht der Kenntnis vom Eintritt der Rechtskraft das Kennenmüssen gleich (BSG FamRZ 1983, 669), so daß der Versicherungsträger auf
Grund seiner sozialrechtlichen Förderungspflicht (§ 2 II iVm § 17 I Nr 1 SGB I) in Ausnahmefällen gehalten ist,
sich bei Verzögerungen nach Zustellung der Entscheidung darüber zu informieren, wann diese rechtskräftig geworden ist (kritisch Bergner VersA S 2). Von dem Zeitpunkt des Eingangs der Rechtskraftbescheinigung ist regelmäßig auch dann auszugehen, wenn das OLG im Rechtsmittelverfahren entschieden hat, und zwar selbst dann, wenn
die Zulässigkeitsvoraussetzungen für die Revision oder die Rechtsbeschwerde nicht erfüllt sind (BSG FamRZ
1985, 595 unter Hinweis auf GmS-OGB FamRZ 1984, 975). Hat der BGH über den VersA entschieden, beginnt
die Frist mit dem Eingang der Entscheidung beim Versicherungsträger des Verpflichteten, da eine mögliche Verfassungsbeschwerde kein den Eintritt der Rechtskraft hinderndes Rechtsmittel ist (vgl Düsseldorf FamRZ 1985,
620). Wird aus der Versicherung des Ausgleichsverpflichteten über die Schutzfrist hinaus ungekürzt Rente gezahlt,
kann deren rückwirkende Minderung auf Grund des VersA nur unter den Voraussetzungen und im Rahmen der
§§ 24, 48, 50 SGB X erfolgen (BSG SozR 2200 § 1304a Nr 10; SozR 1300 § 48 Nr 36).

VAHRG § 1 Beseitigung der Beitragszahlungspflicht

Gesetz zur Regelung von Härten im Versorgungsausgleich
vom 21. Februar 1983 (BGBl. I S. 105)
zuletzt geändert durch Gesetz zur Herstellung der Rechtseinheit in der gesetzlichen
Renten- und Unfallversicherung (Renten-Überleitungsgesetz – RÜG) vom 25. Juli 1991 (BGBl. I S. 1606)

I. Maßnahmen zur Beseitigung der Beitragszahlungspflicht im Versorgungsausgleich

1 *[Ersetzung der Beitragszahlung durch Wertausgleich]*
(1) Sind im Versorgungsausgleich andere als die in § 1587b Abs. 1 und 2 des Bürgerlichen Gesetzbuchs genannten Anrechte auszugleichen, so gelten an Stelle des § 1587b Abs. 3 Satz 1 des Bürgerlichen Gesetzbuchs die nachfolgenden Bestimmungen.
(2) Wenn die für ein Anrecht des Verpflichteten maßgebende Regelung dies vorsieht, begründet das Familiengericht für den anderen Ehegatten ein Anrecht außerhalb der gesetzlichen Rentenversicherung (Realteilung). Das Nähere bestimmt sich nach den Regelungen über das auszugleichende und das zu begründende Anrecht.
(3) Findet ein Ausgleich nach Absatz 2 nicht statt und richtet sich das auszugleichende Anrecht gegen einen öffentlich-rechtlichen Versorgungsträger, so gelten die Vorschriften über den Ausgleich von Anrechten aus einem öffentlich-rechtlichen Dienstverhältnis (Quasi-Splitting) sinngemäß.

1 **1. Grundsätzliches.** Nach Abs I treten an die Stelle der verfassungswidrigen obligatorischen Beitragszahlung nach § 1587b III S 1 Hs 1 BGB (vgl § 1587b BGB Rz 15) die Realteilung, das Quasi-Splitting, der erweiterte öffentlich-rechtliche VersA sowie die Beitragszahlung nach § 3b I und subsidiär der schuldrechtliche VersA mit Abfindungsoption nach der Auffangregelung des § 2. Die Substituierung des Beitragsausgleichs früheren Rechts betrifft nur die Form der Erfüllung des Anspruchs des Berechtigten in Bezug auf die nicht bereits nach § 1587b I, II BGB ausgeglichenen Anrechte (Saarbrücken FamRZ 1992, 70), berührt aber nicht die §§ 1587, 1587a sowie § 1587b I, II, IV–VI BGB. Auch § 1587b III BGB hat weiterhin Bedeutung: S 1 Hs 2 gilt weiter für Vereinbarungen über die Zahlung von Beiträgen im VersA (Bergner DRV 1983, 215 [219]), hat jedoch für Beitragsanordnungen iSv S 1 Hs 1 faktisch keine Bedeutung mehr (im Rahmen von § 3b I Nr 2 gilt eine eigene Ausschlussregelung). Darüber hinaus gilt das Prinzip des Einmalausgleichs nach S 3 unverändert weiter (BT-Drucks 9/2296, 11). Wird die Ausgleichsform der Realteilung erst nach der letzten Tatsachenentscheidung über den VersA eingeführt, so kann dies nach § 10a I Nr 3 im Abänderungsverfahren berücksichtigt werden (vgl BGH FamRZ 1998, 421), und zwar auch noch nach dem Tod des Verpflichteten (BGH FamRZ 1993, 173).

2 **2. Realteilung (Abs II). a) Allgemeines.** Im Wege der Realteilung begründet das FamG zugunsten des Berechtigten durch Gestaltungsentscheidung (BGH FamRZ 1998, 421) ein Anrecht außerhalb der gesetzlichen Rentenversicherung (§ 23 I Nr 1 SGB I), wenn die maßgebende Versorgungsregelung (Gesetz, Satzung, Einzel- oder Kollektivvertrag etc) dies generell oder im Einzelfall (BGH FamRZ 1999, 158; 1997, 169) vorsieht. Auch eine Super-Realteilung (nach § 3b I Nr 1) ist – abgesehen von der Alterssicherung der Landwirte – nur mit Zustimmung des Versorgungsträgers möglich (Wagenitz JR 1987, 1 [3]; Ruland NJW 1987, 345 [347]). Von den Ausgleichsformen des VAHRG ist die Realteilung vorrangig anzuwenden. Hierin drückt sich die gesetzgeberische Vorstellung aus, die Realteilung sei die Idealform einer am wirklichen Wert eines konkreten Anrechts orientierten Halbteilung und ermögliche es, den Besonderheiten des jeweiligen Ausgleichsgegenstandes Rechnung zu tragen. Als Teilungsinstrument der öffentlich-rechtlichen VersA, das kostenneutrale Ausgleichsmodi (vgl Rhiel NZA 1988, 347) gestattet, dient sie neben dem Sicherungsbedürfnis des Berechtigten auch dem Interesse des Versorgungsträgers, den verlängerten schuldrechtlichen VersA zu vermeiden (BGH FamRZ 2003, 1739 [1740]; Frankfurt FamRB 2003, 352). Regelform der Realteilung ist der systeminterne Ausgleich, bei dem der Berechtigte grundsätzlich Anrechte derselben Art erhält, wie sie der Verpflichtete hat; möglich ist aber auch die Inanspruchnahme eines anderen Versorgungsträgers (RGRK/Wick Rz 17). Das dem Berechtigten zugesprochene Anrechte muß dem Anrecht des Verpflichteten annähernd **gleichwertig** sein (BGH FamRZ 1994, 559); eine rechnerisch präzise Gleichheit ist – auch in den anderen Ausgleichsformen – nicht möglich (so zutreffend BGH FamRZ 2001, 1695 [1698]). Dies bedeutet bei einer nominalwertorientierten Teilung, daß das Anrecht grundsätzlich gegen dieselben Risiken Schutz gewähren oder – bei Wegfall eines der Risiken – einen anderen Vorteil vermitteln muß (überzeugend FamK/Wagenitz Rz 34; Karlsruhe FamRZ 1999, 1586). Bei einer am Kapitalwert orientierten Halbteilung ist dagegen unabhängig von der Ausgestaltung des dem Berechtigten gutgebrachten Anrechts grundsätzlich ein angemessenes Ausgleichsergebnis sichergestellt (Heubeck/Uebelhack BetrAV 1988, 53 [57]). Bei der Gleichwertigkeit ist – abgesehen von der Hinterbliebenenversorgung (Heubeck/Uebelhack aaO) – auch eine **Gleichartigkeit** erforderlich, da die Typik der Anrechte aus den öffentlich-rechtlichen Regelsicherungssystemen eine bestimmte Sicherungsqualität indiziert. Die Ausgestaltung der Realteilung steht weitgehend im Ermessen des Versorgungsträgers (BGH FamRZ 1988, 1254; Bamberg NJW-RR 1993, 646; Koblenz FamRZ 2001, 995), der hierbei einer Angemessenheitskontrolle durch das FamG unterliegt (BGH FamRZ 1999, 158; 1998, 421; 1997, 1470). Entscheidend ist, ob das vom Versorgungsträger vorgesehene Ausgleichsverfahren zu einer auf dem Halbteilungsprinzip beruhenden Umschichtung von Vorsorgevermögen führt, das dem Berechtigten eine dauerhafte und eigenständige Sicherung bei Eintritt von Invalidität und/oder im Alter verschafft (vgl hierzu BGH FamRZ 1985, 799).

3 Die Realteilung ist nicht auf öffentlich-rechtliche Versorgungsträger, wo sie außerhalb der Alterssicherung der Landwirte insbes im Bereich der berufsständischen Altersversorgung der verkammerten freien Berufe von Bedeutung ist (Schwesinger, VersA und berufsständische Versorgungswerke, S 206ff), beschränkt; im Bereich privatrechtlicher Versorgungen findet sie vor allem in der privaten Lebensversicherung statt (Ellger FamRZ 1986, 513; vgl Mustergeschäftsplan des BAV für die Realteilung in der privaten Rentenversicherung VerBAV 1987, 271).

b) Mindestanforderungen. Die Ausgestaltung und technische Durchführung der Realteilung bestimmt sich 4
gemäß Abs II S 2 nach den vom FamG zu beachtenden (BGH NJWE-FER 1997, 5) Regelungen des Versorgungsrechts. Das Gericht hat aber zu überprüfen, ob das vorgesehene Teilungsverfahren bestimmten Mindestanforderungen genügt. Diese ergeben sich aus der Art der Realteilung als einer Form des öffentlich-rechtlichen VersA, dem Rechtsgedanken des § 1587b IV BGB und einem allgemeinen Benachteiligungsverbot (BGH FamRZ 1989, 951; 1988, 1254). Hat die zuständige Aufsichtsbehörde die Regelung über die Realteilung genehmigt, so kann in der Regel davon ausgegangen werden, daß das Ergebnis der Realteilung generell angemessen ist (BT-Drucks 9/2296 S 11; Koblenz FamRZ 2001, 995). Sind diese Voraussetzungen nicht erfüllt, kann das FamG sie nicht ersetzen, sondern muß den VersA so regeln, wie er ohne die Realteilung zu regeln wäre (BGH FamRZ 2003, 1738; 1997, 1470; 1993, 298). Zur Frage, ob der Versorgungsträger verpflichtet ist, den §§ 4ff entsprechende **Härteregelungen** zu schaffen, vgl § 10 Rz 2f und AG Mainz FamRZ 1999, 931. Zulässig sind auch unter diesen Voraussetzungen Beschränkungen der Realteilung in Bezug auf den Personenkreis. Solche Regelungen, mit denen die Homogenität des versicherten Personenkreises gewahrt werden soll, kennen insbesondere die berufsständischen Versorgungsträger (vgl etwa BGH FamRZ 1989, 951 und 1281; 1988, 1254; Frankfurt FamRZ 1989, 70; München FamRZ 1991, 956); sie sind aber auch aus dem Recht der Alterssicherung der Landwirte (§ 43 I S 2, § 110 ALG) vertraut (Stuttgart FamRZ 2001, 549). Ferner sind Beschränkungen über den Umfang des Ausgleichs (Frankfurt FamRZ 1998, 626) iS eines Mindestbetrages (Braunschweig OLGRp 1999, 238; Frankfurt FamRB 2003, 115; Karlsruhe FamRZ 1993, 1212; Naumburg FamRZ 2001, 1305) oder Höchstwertes (RGRK/Wick Rn 30) ebenso wenig zu beanstanden wie die Belastung beider Ehegatten mit auf den VersA beruhenden Kosten und Risikoerhöhungen (Braunschweig OLGRp 1999, 238; Heubeck/Uebelhack BetrAV 1988, 53 [589]). Im Hinblick auf die zwingende Rangfolge der Ausgleichsformen ist es allerdings unzulässig, die Realteilung von der vorherigen Ausschöpfung der Ausgleichsform des § 3b I Nr 1 abhängig zu machen (Frankfurt OLGRp 2002, 326; unzutreffend dagegen Frankfurt FamRZ 1998, 626).

c) Ausgleichsverfahren. Für die Realteilung stehen verschiedene **Teilungsmethoden** zur Verfügung (BT- 5
Drucks 9/2296, 11): Zulässig sind – wie etwa in der Alterssicherung der Landwirte (Klattenhoff NZS 1995, 393 [395]) – eine Teilung von Nominalwerten (Frankfurt FamRZ 1989, 70), die Halbteilung des Kapitalwerts (BGH FamRZ 1988, 1254; Bamberg FamRZ 1985, 942) oder ein Ausgleich in der Weise, daß aus dem Kapitalwert des auf das Ehezeit entfallenden Anrechts für beide Ehegatten gleich hohe Versorgungswerte errechnet werden (Braunschweig OLGRp 1999, 238; Celle FamRZ 1985, 939; München FamRZ 1991, 576; Ellger FamRZ 1986, 513 [515]; Heubeck/Uebelhack BetrAV 1988, 53 [58]; Bedenken bei Gutdeutsch FamRB 2003, 115 im Anschluß an Gutdeutsch/Lardschneider FamRZ 1983, 845 [849]). Mit tragenden Prinzipien des VersA nicht vereinbar dürfte dagegen der Vorschlag von Rühmann sein, nach dem gesetzlichen Schema den Nominalwert des dem Berechtigten gutzubringenden Anrechts zu ermitteln, sodann dessen Barwert festzustellen und als letzten Schritt den Barwert von dem Barwert des auszugleichenden Anrechts abzuziehen (vgl Rühmann in Betriebliche Altersversorgung 1986, Arbeit und Alter Verlag Wiesbaden, 113 [117]), da hier weder Kapital- noch Nominalwerte gleichmäßig geteilt werden. Die Realteilung wird grundsätzlich ohne Umwertung nach § 1587a III, IV BGB auf der Basis des **Nennwerts** des auszugleichenden Anrechts durchgeführt (BGH NJW-RR 1989, 1026 [1028]; Stuttgart FamRZ 1999, 924).

3. Analoges Quasi-Splitting (Abs III). a) Allgemeines. Ist das Anrecht nicht nach Abs II auszugleichen (dies 6
ist auch dann der Fall, wenn das FamG nach den zu Rz 4 dargelegten Grundsätzen hiervon absehen muß), so finden in Bezug auf die Form des Ausgleichs und dessen leistungsrechtliche Auswirkungen die Vorschriften über den Ausgleich von Anrechten aus einem öffentlich-rechtlichen Dienstverhältnis sinngemäß Anwendung, wenn das zum Ausgleich heranzuziehende Anrecht bei einem öffentlich-rechtlich organisierten Rechtsträger erworben worden ist. Die Verweisung gilt nur für die Form der Erfüllung des Anspruchs, nicht aber darüber hinaus zB für die Wertermittlung, die Frage der Unverfallbarkeit (BT-Drucks 9/2296, 12; vgl hierzu § 1587a BGB Rz 45ff), die Dynamikqualität oder die Rangfolge der Ausgleichsformen. Die Verweisung des Abs III führt also zur Anwendung von § 1587b II BGB und den beamtenrechtlichen Regelungen (§§ 57, 58 BeamtVG) über die Kürzung der Versorgung sowie deren Wiederauffüllung (Schleswig SchlHA 1997, 17; Bergner DRV 1983, 215 [222 f]). Damit werden durch richterlichen Gestaltungsakt Anrechte in der gesetzlichen Rentenversicherung begründet (Thüringen FamRZ 2002, 397). Der Träger des auszugleichenden Anrechts erstattet dem Rentenversicherungsträger des Berechtigten entsprechend § 225 I SGB VI die Aufwendungen oder zahlt Beiträge nach § 225 II SGB VI; er ist berechtigt, die Versorgung an den Verpflichteten und seine Hinterbliebenen (unter Beachtung des so genannten Pensionärsprivilegs; BGH NJW 1995, 567) zu kürzen.

b) Betroffene Versorgungsanrechte. Dem Ausgleich nach Abs III unterliegen nur die bei einem öffentlich- 7
rechtlichen Versorgungsträger erworbenen Anrechte (zur Begründung vgl BGH FamRZ 1985, 56; Karlsruhe FamRZ 1988, 845; Bergner DRV 1983, 215 [221]). Ein Versorgungsträger ist die Rechtspersönlichkeit, die die Versorgungszusage abgibt und im Versicherungsfall die zugesagten Leistungen erbringt (BGH FamRZ 1993, 299). Ist der Versorgungsschuldner privatrechtlich organisiert, so ist Abs III auch dann nicht anzuwenden, wenn er aus öffentlichen Mitteln finanziert oder von öffentlich-rechtlichen Rechtsträgern getragen wird (BGH FamRZ 1986, 248; 1985, 794). Bei unselbständigen Organisationseinheiten kommt es auf die Organisationsform des Verwaltungsträgers an, während bei selbständigen Rechtsträgern auch im Bereich der betrieblichen Altersversorgung (Pensionskassen, Direktversicherungen etc) allein auf deren Rechtsform abzustellen ist (BGH FamRZ 1987, 52; Bremen FamRZ 1985, 943). Hieraus folgt für **betriebliche Versorgungsanrechte der Beschäftigten der Deutschen Bahn** und des Bundeseisenbahnvermögens, die aus Kontinuitätsgründen noch bei der Bahnversicherungsanstalt (BVA) Abt B erworben worden sind (vgl hierzu BFH BStBl II 2002, 22), daß diese dem Ausgleich nach § 1 III unterliegen. Dieses Ergebnis beruht auf der Weiteranwendungsklausel des § 15 I S 1 und 2 des Bundeseisenbahnneuglie-

derungsgesetzes (BEZNG) vom 27. 12. 1993 (BGBl I 2378, ber 2439), die für den Versichertenbestand im Zeitpunkt der Neuordnung des Eisenbahnwesens am 1. 1. 1995 weiterhin eine Zusatzversorgung durch die – als Körperschaft des öffentlichen Rechts mit der Funktion einer Pensionskasse ausgestaltete – BVA Abt B vorsieht. Etwas anderes gilt jedoch in Bezug auf diejenigen Beschäftigten, für welche die Weiteranwendungsklausel des BEZNG nicht zur Anwendung gelangt (insbesondere also für Arbeitnehmer, die erst nach 1994 eingestellt worden sind, und für frühere Beschäftigte der Deutschen Reichsbahn). Träger der diesen Beschäftigten zugesagten betrieblichen Altersversorgung ist die Deutsche Bahn AG, und zwar ungeachtet des Umstandes, daß sich diese (bis zum 31. 12. 2003) bei der technischen Abwicklung der Versorgungszusage im Wege eines Auftrags der BVA bedient. Diese Anrechte unterliegen demgemäß nicht dem Ausgleich nach § 1 III, sondern sind grundsätzlich schuldrechtlich auszugleichen (Naumburg FamRB 2003, 115). Ab 2004 übernimmt die Deutsche Bahn AG die Durchführung ihrer betrieblichen Altersversorgung selbst. Für den Ausgleich nach Abs III genügt, daß der Träger des auszugleichenden Anrechts eine Körperschaft, Anstalt oder Stiftung des deutschen (BT-Drucks 9/2296, 12; Stuttgart FamRZ 1989, 760) öffentlichen Rechts ist, während die Rechtsnatur des Versorgungsverhältnisses, die Art der Versorgung oder die Aufgabenstellung des Versorgungsträgers ohne Bedeutung sind (BGH FamRZ 1986, 344; 1984, 1212; Naumburg 2002, 92). Bei mehreren Versorgungsträgern iSv Abs III erfolgt eine Quotierung (BGH FamRZ 1984, 1214; Saarbrücken FamRZ 1992, 70; Hamm NJWE-FER 1998, 268). Dem **Ausgleich nach Abs III unterliegen** insbesondere (vgl hierzu im einzelnen Pal/Brudermüller Rz 7f) die betriebliche Altersversorgung des öffentlichen Dienstes, die Abgeordnetenversorgung der Landtage und des Deutschen Bundestages, Anrechte bei den öffentlich-rechtlichen Rundfunkanstalten und Banken, die Alterssicherung der Landwirte (soweit nicht prioritär die Realteilung erfolgt), Anrechte bei sonstigen Sozialversicherungsträgern, (nicht realteilungsfähige) Anrechte der berufsständischen Altersversorgung sowie die Höherversicherung in der gesetzlichen Rentenversicherung. Die Regelung erfaßt darüber hinaus Anrechte von Zeitsoldaten sowie von Beamten auf Widerruf und schließlich die Anrechte von früheren Beamten, Richtern und Soldaten, deren Nachversicherung gemäß § 184 SGB VI aufgeschoben ist.

2 *[Schuldrechtlicher Versorgungsausgleich]*
Soweit der Ausgleich nicht nach § 1 durchgeführt werden kann, findet der schuldrechtliche Versorgungsausgleich statt.

1   Die Regelung erweitert den Katalog des § 1587f BGB und hat im Verhältnis zu den Ausgleichsformen des öffentlich-rechtlichen VersA Auffangfunktion (BGH FamRZ 1988, 936 [938 f]), indem sie Anrechte, die nach Durchführung des Ausgleichs gemäß § 1587b BGB nicht vorrangig nach § 1 II, III oder (konkret) gemäß § 3b I ausgeglichen werden können, dem schuldrechtlichen VersA unterstellt. Für die Durchführung des (antragsabhängigen) Ausgleichs nach § 2 gelten die allgemeinen Regelungen der §§ 1587g–1587n BGB. Dem Ausgleich nach § 2 unterliegen insbesondere nicht realteilungsfähige Anrechte bei einem privatrechtlichen Träger der betrieblichen Altersversorgung, Anrechte iSv § 1587a II Nr 1 BGB bei einem privaten Versorgungsträger (Köln FamRZ 1999, 861) und ausländische Anrechte (Schleswig SchlHA 1998, 262).

3 *[Geltung allgemeiner Vorschriften]*
Soweit die Vorschriften des Bürgerlichen Gesetzbuchs über den Versorgungsausgleich auf einen Ausgleich nach diesem Gesetz nicht unmittelbar anzuwenden sind, gelten sie sinngemäß.

1   Mit der Vorschrift wird der Tatsache Rechnung getragen, daß infolge der Ablösung des verfassungswidrigen § 1587b III S 1 Hs 1 BGB vor allem der Ausgleich von Anrechten iSv § 1587a II Nr 3–5, V BGB außerhalb des BGB auf der Grundlage der §§ 1, 2, 3b erfolgt. Diese Ausgleichsmechanismen müssen in das mit dem 1. EheRG geschaffene und durch das VAÜG weiterentwickelte System eingefügt werden (BGH FamRZ 1983, 1003). § 3 hat daher klarstellende Funktion und sichert als Auffangregelung die durchgängige Anwendung der materiellen, in das BGB eingestellten Vorschriften des öffentlich-rechtlichen VersA, während § 2 eine eigenständige Verweisung für den schuldrechtlichen VersA enthält (zum Verfahrensrecht vgl § 11 I). Die Regelung gilt für sämtliche Ausgleichsformen des VAHRG, soweit nicht im jeweiligen Sachzusammenhang eine abschließende Sonderregelung getroffen worden ist (vgl etwa § 3a VI, 3b I Nr 2 S 2). Zu Einzelheiten vgl J/H/Hahne Rz 5f.

1a. Verlängerung des schuldrechtlichen Versorgungsausgleichs

3a *[Verlängerter schuldrechtlicher Versorgungsausgleich]*
**(1) Nach dem Tod des Verpflichteten kann der Berechtigte in den Fällen des schuldrechtlichen Versorgungsausgleichs von dem Träger der auszugleichenden Versorgung, von dem er, wenn die Ehe bis zum Tode des Verpflichteten fortbestanden hätte, eine Hinterbliebenenversorgung erhielte, bis zur Höhe dieser Hinterbliebenenversorgung die Ausgleichsrente nach § 1587g des Bürgerlichen Gesetzbuchs verlangen. Für die Anwendung des § 1587g Abs. 1 Satz 2 des Bürgerlichen Gesetzbuchs ist nicht erforderlich, daß der Verpflichtete bereits eine Versorgung erlangt hatte. Sind mehrere Anrechte schuldrechtlich auszugleichen, so hat jeder Versorgungsträger die Ausgleichsrente nur in dem Verhältnis zu entrichten, in dem das bei ihm bestehende schuldrechtlich auszugleichende Anrecht zu den insgesamt schuldrechtlich auszugleichenden Anrechten des Verpflichteten steht. Eine bereits zu entrichtende Ausgleichsrente unterliegt den Anpassungen, die für die Hinterbliebenenversorgung maßgebend sind.
(2) Absatz 1 findet keine Anwendung, wenn die für das auszugleichende Anrecht maßgebende Regelung in dem Zeitpunkt, in dem der Anspruch nach Absatz 1 bei dem Versorgungsträger geltend gemacht wird,
1. für das Anrecht eine Realteilung vorsieht, oder**

2. dem Berechtigten nach dem Tod des Verpflichteten einen Anspruch gewährt, der dem Anspruch nach Absatz 1 bei Würdigung aller Umstände allgemein gleichwertig ist.

(3) Absatz 1 findet keine Anwendung in den Fällen des § 1587f Nr. 5 in Verbindung mit § 1587b Abs. 4 des Bürgerlichen Gesetzbuchs. In den Fällen des § 1587f Nr. 5 in Verbindung mit § 1587o des Bürgerlichen Gesetzbuchs gilt Absatz 1 insoweit nicht, als die vereinbarte Ausgleichsrente die nach dem Gesetz geschuldete Ausgleichsrente übersteigt und der Versorgungsträger nicht zugestimmt hat.

(4) Eine an die Witwe oder den Witwer des Verpflichteten zu zahlende Hinterbliebenenversorgung ist in Höhe der nach Absatz 1 ermittelten und gezahlten Ausgleichsrente zu kürzen. Die Kürzung erfolgt auch über den Tod des Berechtigen hinaus. Satz 2 gilt nicht, wenn der Versorgungsträger nach Absatz 1 nur Leistungen erbracht hat, die insgesamt zwei Jahresbeträge der auf das Ende des Leistungsbezugs berechneten Ausgleichsrente nicht übersteigen. Hat er solche Leistungen erbracht, so sind diese auf die an die Witwe oder den Witwer des Verpflichteten zu zahlende Hinterbliebenenversorgung anzurechnen.

(5) Ist eine ausländische, zwischenstaatliche oder überstaatliche Einrichtung Träger der schuldrechtlich auszugleichenden Versorgung, so hat die Witwe oder der Witwer des Verpflichteten auf Antrag die entsprechend den vorstehenden Absätzen ermittelte Ausgleichsrente zu entrichten, soweit die Einrichtung an die Witwe oder den Witwer eine Hinterbliebenenversorgung erbringt. Leistungen, die der Berechtigte von der Einrichtung als Hinterbliebener erhält, werden angerechnet.

(6) In den Fällen der Absätze 1, 4 und 5 gelten § 1585 Abs. 1 Sätze 2 und 3, § 1585b Abs. 2 und 3, § 1587d Abs. 2, § 1587h und § 1587k Abs. Satz 1 des Bürgerlichen Gesetzbuchs entsprechend.

(7) Der Versorgungsträger wird bis zum Ablauf des Monats, der dem Monat folgt, in dem er von der Rechtskraft der Entscheidung über die Ausgleichsrente nach Absatz 1 Kenntnis erlangt,
1. gegenüber dem Berechtigten befreit, soweit er an die Witwe oder den Witwer des Verpflichteten Leistungen erbringt, welche die um die Ausgleichsrente nach Absatz 1 gekürzte Hinterbliebenenversorgung übersteigen;
2. gegenüber der Witwe oder dem Witwer des Verpflichteten befreit, soweit er an den Berechtigten nach Maßgabe eines gegen den Verpflichteten gerichteten Vollstreckungstitels, der diesen wegen des bei dem Versorgungsträger begründeten Anrechts zur Zahlung einer Ausgleichsrente verpflichtete, oder auf Grund einer Abtretung nach § 1587i Abs. 1 des Bürgerlichen Gesetzbuchs Leistungen erbringt, welche die Ausgleichsrente nach Absatz 1 übersteigen. Nach Ablauf des Monats, der dem Monat folgt, in dem der Berechtigte den Versorgungsträger zur Zahlung der Ausgleichsrente aufgefordert und ihm eine beglaubigte Abschrift des Vollstreckungstitels übermittelt hat, findet Nummer 1 keine Anwendung; Nummer 1 findet ferner insoweit keine Anwendung, als der Versorgungsträger in dem dem Tod des Verpflichteten vorangehenden Monat an den Berechtigten auf Grund einer Abtretung nach § 1587i des Bürgerlichen Gesetzbuchs Leistungen erbracht hat;
3. gegenüber dem Berechtigten befreit, soweit er an die Witwe oder den Witwer des Verpflichteten nach Maßgabe einer gemäß Absatz 9 Satz 3 ergangenen einstweiligen Anordnung Leistungen erbringt, welche die um die Ausgleichsrente nach Absatz 1 gekürzte Hinterbliebenenversorgung übersteigen; gegenüber der Witwe oder dem Witwer des Verpflichteten wird er befreit, soweit er an den Berechtigten nach Maßgabe einer solchen einstweiligen Anordnung Leistungen erbringt, welche die Ausgleichsrente nach Absatz 1 übersteigen. Nach Ablauf des Monats, der dem Monat folgt, in welchem dem Versorgungsträger die einstweilige Anordnung zugestellt worden ist, finden die Nummern 1 und 2 keine Anwendung.

(8) Der Berechtigte und die Witwe oder der Witwer des Verpflichteten sind verpflichtet, einander und dem nach Absatz 1 verpflichteten Versorgungsträger die Auskünfte zu erteilen, die zur Feststellung eines Anspruchs nach den vorstehenden Absätzen erforderlich sind. Die Träger einer im schuldrechtlichen Versorgungsausgleich zu berücksichtigenden Versorgung sind einander, dem Berechtigten und der Witwe oder dem Witwer des Verpflichteten verpflichtet, diese Auskünfte zu erteilen. Ist der Wert eines Anrechts von dem Wert eines anderen Anrechts abhängig, so hat der Träger des anderen Anrechts dem Träger des einen Anrechts die erforderliche Auskunft über den Wert des anderen Anrechts zu erteilen. § 1605 des Bürgerlichen Gesetzbuchs gilt entsprechend.

(9) Über Streitigkeiten entscheidet das Familiengericht. In den Fällen des Absatzes 1 hat das Gericht die Witwe oder den Witwer des Verpflichteten, in den Fällen des Absatzes 4 den Berechtigten zu beteiligen. Das Gericht kann auf Antrag des Berechtigten oder der Witwe oder des Witwers des Verpflichteten im Wege der einstweiligen Anordnung die Zahlung der Ausgleichsrente nach den Absätzen 1 und 5 und die an die Witwe oder den Witwer des Verpflichteten zu zahlende Hinterbliebenenversorgung regeln. Die Entscheidung nach Satz 3 ist unanfechtbar; im übrigen gelten die §§ 620a bis 620g der Zivilprozeßordnung entsprechend.

1. Allgemeines. Die Regelung trägt dem Umstand Rechnung, daß die schuldrechtliche Ausgleichsrente mit 1 dem Tod des Verpflichteten endet (BGH FamRZ 1989, 950). Sie zielt auf eine qualitative Angleichung der Ausgleichsformen und bezweckt die **Absicherung des berechtigten Ehegatten** nach dem Tod des Verpflichteten durch einen eigenständigen (BGH FamRZ 1996, 1465; 1991, 927) Leistungsanspruch, der sich grundsätzlich gegen den Träger des schuldrechtlich auszugleichenden Anrechts richtet. Die Interessen des Versorgungsträgers werden durch die Anknüpfung an die Witwen- oder Witwerversorgung (Abs I S 1), die Subsidiarität des verlängerten schuldrechtlichen VersA gegenüber autonomen Regelungen über die Geschiedenenversorgung oder die Realteilung (Abs II) sowie durch das Kürzungsrecht nach Abs IV gewahrt (vgl hierzu auch § 1 Rz 2). Die Regelung begegnet keinen verfassungsrechtlichen Bedenken, obgleich sie auch für vor ihrem In-Kraft-Treten geschiedene Ehen gilt (BVerfG FamRZ 1993, 1173; Schulz-Weidner SozVers 1992, 113).

2. Voraussetzungen (Abs I–III). a) Grundsatz. Der verlängerte schuldrechtliche VersA findet – vorbehaltlich 2 Abs II und III – in Bezug auf solche Anrechte des Verpflichteten statt, die nach § 2, § 1587f BGB oder § 3 I Nr 6,

VAHRG § 3a Verlängerung des schuldrechtlichen Versorgungsausgleichs

7 VAÜG schuldrechtlich auszugleichen sind (Abs I S 1). Ist der Ausgleichsanspruch nach § 1587l BGB abgefunden worden, so steht dies dem Anspruch nach § 3a nicht entgegen, da sich die Abfindung nur auf die vom Verpflichteten selbst zu leistende Ausgleichsrente erstreckt (Pal/Brudermüller Rz 4). Er hat zur Voraussetzung, daß der Verpflichtete verstorben oder verschollen ist und der Träger des schuldrechtlich auszugleichenden Anrechts dem Berechtigten als Rente oder in Form einer Einmalleistung (Wagenitz FamRZ 1987, 1 [5]) eine Hinterbliebenenversorgung zahlen müßte, wenn die Ehe nicht geschieden worden wäre (AG Friedberg FamRZ 1999, 1433). Hierbei handelt es sich um **zwingendes Recht**, so daß die Zusage einer Witwen- oder Witwerversorgung im Reflex auch immer den geschiedenen Ehegatten begünstigt (Karlsruhe FamRZ 1988, 1290; Stuttgart NJW-RR 1996, 259). Die Verknüpfung zwischen Hinterbliebenenversorgung und VersA wirkt jedoch auch anspruchsbegrenzend, weil der Berechtigte die Ausgleichsrente nur unter den Voraussetzungen und bis zur Höhe der fiktiven Hinterbliebenenversorgung verlangen kann (München FamRZ 2000, 1222). Hieraus folgt, daß für die abgeleitete Hinterbliebenenversorgung typische Leistungsbeschränkungen (zB Wiederverheiratungsklauseln und Anrechnungsregelungen; vgl im einzelnen Grün FPR 2000, 332) den Anspruch auf verlängerte Ausgleichsrente belasten (Frankfurt EzFamR aktuell 2001, 188; München FamRZ 2000, 1222); Leistungen aus einem anläßlich der Scheidung mit dem Verstorbenen durchgeführten öffentlich-rechtlichen VersA werden jedoch nicht angerechnet (J/H/Hahne Rz 17; unzutreffend MüKo/Glockner Rz 12). Ob bei einer – zum Erlöschen des Anspruchs führenden – Wiederverheiratung des Berechtigten eine **Abfindung** zu leisten ist, wenn das Versorgungsrecht dies für die Hinterbliebenenversorgung vorsieht (so Pal/Brudermüller Rz 8 mN), erscheint fraglich, da die Anknüpfung an das Versorgungsrecht nicht zu Leistungen führen soll, die der VersA nicht kennt.

3 Die **Voraussetzungen** für den Anspruch dem Grunde und der Höhe nach ergeben sich **im übrigen** grundsätzlich aus § 1587g BGB. Auf Seiten des Berechtigten müssen also die Fälligkeitsvoraussetzungen des § 1587g I S 2 BGB eingetreten sein, während der Verpflichtete im Zeitpunkt seines Todes noch nicht versorgungsberechtigt gewesen sein muß (BGH FamRZ 1989, 1283). Die Ausgleichsrente beläuft sich – vorbehaltlich einer Begrenzung auf die fiktive Hinterbliebenenversorgung – auf den Betrag, den der Verpflichtete im Zeitpunkt seines Todes erbracht hat, wobei etwaige Fehler der Berechnung zu korrigieren (entsprechend BGH FamRZ 1995, 157) und nachträgliche Entwicklungen zu berücksichtigen sind (Hamm FamRZ 2001, 1221). War der Verpflichtete noch nicht versorgungsberechtigt, ist eine hypothetische Ausgleichsrente nach § 1587g II S 1 BGB zu ermitteln, bei der grundsätzlich von einer (fiktiven) Rente wegen verminderter Erwerbsfähigkeit auszugehen ist (MüKo/Glockner Rz 13). Abweichend von § 1587g III BGB erfolgt nach Abs I S 4 eine automatische Anpassung der bereits laufenden verlängerten Ausgleichsrente in Anwendung der für die Versorgung geltenden Regelungen. Unterliegen **mehrere Versorgungen** dem schuldrechtlichen VersA, so schuldet jeder Versorgungsträger nach Abs 1 S 3 nur den Teil der einheitlich ermittelten Ausgleichsrente, dem das Verhältnis des Ehezeitanteils des bei ihm erworbenen Anrechts zur Summe der auf die Ehezeit entfallenden, schuldrechtlich auszugleichenden Anrechte entspricht. Dabei sind auch solche Anrechte des Verpflichteten zu berücksichtigen, die keine Hinterbliebenenversorgung einschließen (J/H/Hahne Rz 18).

4 b) **Beschränkungen. aa) Vorrang autonomer Regelungen (Abs II)**. Die verlängerte Ausgleichsrente steht nach Nr 1 nicht zu, wenn – ggf im Rahmen einer Abänderung nach § 10a I Nr 3 – für das auszugleichende Anrecht konkret eine Realteilung (§ 1 II) durchgeführt werden kann (BGH FamRZ 1997, 1470 [1472]; RGRK/Wick Rz 20). Dies gilt – mit Wirkung für künftige Einzelansprüche – auch dann, wenn die Realteilung erst nach dem Tod des Verpflichteten und dem Erwerb einer verlängerten schuldrechtlichen Ausgleichsrente eingeführt worden ist (BGH FamRZ 1993, 173). Darüber hinaus ist nach der Konkurrenzregelung der Nr 2 (Düsseldorf FamRZ 2000, 829) ein Anspruch nach Abs I ausgeschlossen, wenn das für das auszugleichende Anrechte maßgebende Recht dem Berechtigten einen insgesamt gleichwertigen Versorgungsanspruch einräumt (vgl etwa § 22 II BeamtVG). Für die Feststellung der Gleichwertigkeit der Ersatzleistung mit der Ausgleichsrente ist unter Anlegung eines großzügigen Vergleichsmaßstabs eine qualitative Gesamtbewertung erforderlich (J/H/Hahne Rz 7).

5 bb) **Manipulations- und Schutzklausel (Abs III)**. Mit Abs III soll die Umgehung versorgungsrechtlicher Vorschriften sowie eine mißbräuchliche Inanspruchnahme der den Ehegatten eingeräumten Dispositionsmacht vermieden werden (Pal/Brudermüller Rz 19). Die Regelung des Abs S 1 schließt den Anspruch auf Ausgleichsrente aus, wenn das FamG nach § 1587b IV iVm § 1587f Nr 5 BGB anstelle des öffentlich-rechtlichen VersA einen schuldrechtlichen Ausgleich angeordnet hat. Damit wird sichergestellt, daß Vorschriften des Versorgungsrechts, die einem Leistungsanspruch aus dem VersA entgegenstehen, umgangen werden können und dem Versorgungsträger darüber hinaus die mit dem Wertausgleich verbundene Möglichkeit genommen wird, die Versorgung des Verpflichteten zu kürzen (BT-Drucks 10/5447, 12). Nach S 2 sind auf einer Vereinbarung (§ 1587o, § 1408 II BGB) beruhende Ansprüche, die über den gesetzlich geschuldeten schuldrechtlichen Ausgleichsanspruch hinausgehen, vom Träger der auszugleichenden Versorgung nur dann zu erfüllen, wenn er der Vereinbarung zugestimmt hat. Hierin konkretisiert sich das allgemeine Verbot eines Vertrages zu Lasten Dritter.

6 3. **Kürzungsregelung (Abs IV)**. Die Regelung des Abs IV soll – gemeinsam mit der Alternative der kapitalwertorientierten und daher kostenneutralen Realteilung – **Mehraufwendungen** des Versorgungsträgers infolge der verlängerten schuldrechtlichen Ausgleichsrente vermeiden. Es handelt sich für öffentlich-rechtliche Versorgungsträger um zwingendes (vgl zB § 31 SGB I), im übrigen um dispositives Recht (BT-Drucks 10/5447, 13). Der Versorgungsträger kann ab dem Zeitpunkt des Zusammentreffens der Ansprüche die Witwen- oder Witwerversorgung an den überlebenden (früheren) Ehegatten des Verpflichteten um die volle Ausgleichsrente kürzen. Zum globalen Ausgleich verbleibender Mehrbelastungen innerhalb des Versorgungsbestandes verbleibt es bei der Kürzung, wenn der Berechtigte verstorben ist und Leistungen nach Abs I erhalten hat, deren Summe 2 Jahresbeträge der letzten Ausgleichsrente nicht überschreitet. Im übrigen entfällt die Kürzung mit Wirkung für die Zukunft; an den Berechtigten gezahlte Leistungen sind auf die wieder in voller Höhe zu erbringende Hinterbliebenenversorgung anzurechnen.

4. Fremde Anrechte (Abs V). Die in § 3b II genannten Versorgungsträger unterliegen nicht der deutschen Gerichtsbarkeit, so daß ihnen nicht die Zahlung einer verlängerten Ausgleichsrente auferlegt werden kann (BT-Drucks 10/5447, 13), weil dies einen unzulässigen Eingriff (vgl Wagner VersAAusl Rz 43) in ausländisches öffentliches Recht darstellen würde. Der Anspruch nach Abs I richtet sich daher gegen den überlebenden (früheren) Ehegatten des Verpflichteten, wenn das auszugleichende Anrecht bei einer ausländischen, zwischen- oder überstaatlichen Einrichtung erworben worden ist und der Hinterbliebene eine – den Anspruch des Berechtigten zugleich begrenzende – Witwen- oder Witwerversorgung aus dem Versorgungsverhältnis des Verstorbenen erhält. Eine Hinterbliebenenversorgung, die dem Berechtigten vom Träger der auszugleichenden Versorgung gezahlt wird, ist anzurechnen.

5. Verweisungen (Abs VI). Die Regelung des Abs VI bewirkt durch eine Reihe von Verweisungen, daß die für den schuldrechtlichen VersA geltenden Regelungen auch für den Anspruch nach § 3a gelten. Dadurch ist sichergestellt, daß die Rente monatlich im voraus gezahlt und in voller Höhe auch für den Todesmonat geschuldet wird (§ 1585 I S 2, 3 BGB). Wegen der Verweisung auf § 1585b II, III BGB kann für die Vergangenheit Ausgleichsrente nur bei Rechtshängigkeit, Verzug (zum Mahnerfordernis vgl Bamberg FamRZ 1998, 1367) oder bei absichtlicher Entziehung von der Leistungspflicht verlangt werden (BGH FamRZ 2001, 284); ggf können Verzugszinsen verlangt werden (Hamm FamRZ 2001, 1221). Eine wesentliche Änderung der Verhältnisse außerhalb des Anwendungsbereichs von Abs I S 4 kann entsprechend § 1587d II BGB zur Abänderung der rechtskräftigen Entscheidung des FamG führen; im übrigen gilt § 10a entsprechend (J/H/Hahne Rz 40). § 1587h BGB ist im Rahmen von § 3a eigenständig zu prüfen. Bei Anwendung der allgemeinen Härteklausel ist dabei nach hM auf die wirtschaftlichen Verhältnisse des Ehegatten aus einer erneut eingegangenen Ehe des Verpflichteten abzustellen (München FamRZ 2000, 1222 [1224]; Grün FPR 2000, 332). Dies ist problematisch, weil mit dieser Auffassung sowohl vom öffentlich-rechtlichen VersA abgewichen als auch der Charakter der Hinterbliebenenversorgung als einer abgeleiteten Sicherung vernachlässigt wird. Der Anspruch erlischt gemäß § 1587k II S 1 BGB mit dem Tod des Berechtigten.

6. Schuldnerschutz (Abs VII). Mit Abs VII soll der Versorgungsträger in solchen Fällen, in denen er bereits Leistungen an die Witwe oder den Witwer des Verpflichteten erbringt, zugleich aber auch für die Vergangenheit (vgl Rz 8) auf verlängerte schuldrechtliche Ausgleichsrente in Anspruch genommen werden kann, vor Doppelleistungen geschützt werden. Die Schutzfrist endet mit Ablauf des Kalendermonats, der auf den Zeitpunkt folgt, in dem ihm die Rechtskraft der Entscheidung über den Anspruch nach Abs I bekannt wird. Nach **Nr 1** wird der Versorgungsträger gegenüber dem Berechtigten befreit, soweit er Witwen- oder Witwerversorgung in Höhe der Ausgleichsrente gezahlt hat (BGH FamRZ 2001, 284; Bamberg FamRZ 1998, 1367). Der Schuldnerschutz endet jedoch mit Ablauf des Kalendermonats, der auf die Übermittlung einer beglaubigten Abschrift des gegen den Verstorbenen gerichteten Vollstreckungstitels folgt; ferner bedarf es des Schutzes überhaupt nicht, wenn die Versorgung in Höhe der Ausgleichsrente nach § 1587i BGB abgetreten war (Nr 2 S 2). Gemäß **Nr 2** wird der Versorgungsträger gegenüber dem überlebenden Ehegatten des Verpflichteten befreit, soweit er auf Grund eines gegen den Verpflichteten bestehenden Vollstreckungstitels oder einer Abtretung nach § 1587i BGB Leistungen an den Berechtigten erbringt. Dem Vertrauensschutz bei einer einstweiligen Anordnung nach Abs IX dient **Nr 3**. Eine einstweilige Anordnung nach Abs IX geht einer früheren, unter Beteiligung des verstorbenen Verpflichteten getroffenen Regelung vor. Der Versorgungsträger muß die der einstweiligen Anordnung entsprechenden Leistungen ab Beginn des auf die Zustellung der Entscheidung folgenden Kalendermonats erbringen. Die im Rahmen der Schuldnerschutzvorschriften erbrachten Leistungen lassen die materielle Rechtslage – und damit auch etwaige Ansprüche aus den §§ 812ff BGB – unberührt (BGH FamRZ 2001, 284; Karlsruhe FamRZ 1993, 75).

7. Auskunftsansprüche (Abs VIII). Die Regelung des Abs VIII konstituiert umfassende wechselseitige Auskunftsansprüche aller Verfahrensbeteiligten, die sich auf alle Umstände tatsächlicher und rechtlicher Natur erstrecken, welche konkret für den Anspruch dem Grunde und der Höhe nach von Bedeutung sind. Für alle Auskunftsansprüche gilt § 1605 BGB entsprechend, so daß der Auskunftspflichtige auch Belege vorzulegen hat.

8. Verfahren (Abs IX). Es handelt sich um ein eigenständiges Verfahren (Rz 1), für das die allgemeinen – durch Abs IX ergänzten – Grundsätze des schuldrechtlichen VersA gelten (zB Antragsprinzip). Nach S 1 ist für Streitigkeiten über den verlängerten schuldrechtlichen VersA – einschließlich der Kürzung der Hinterbliebenenversorgung nach Abs IV (Wagenitz FamRZ 1987, 1 [8]) und der Nebenansprüche nach Abs VIII – sachlich das FamG zuständig. Hauptbeteiligter am Verfahren ist neben dem Antragsteller der Versorgungsträger (RGRK/Wick Rz 45); darüber hinaus ordnet S 2 im Interesse einer einheitlichen Entscheidung die Beteiligung des überlebenden Ehegatten des Verpflichteten oder – bei einem Streit über Abs IV – des Berechtigten an. Der Berechtigte und der überlebende Ehegatte können nach S 3 beim FamG eine einstweilige Anordnung über die vorläufige Zahlung der Ausgleichsrente und über die Kürzung der Hinterbliebenenversorgung beantragen, um während des Streitverfahrens eine Grundsicherung des Berechtigten sicherzustellen. Für das Verfahren gelten die §§ 620a–620g ZPO. Die Regelung durch einstweilige Anordnung ist nach S 4 entsprechend § 621c S 2 ZPO unanfechtbar. Für feststellende Entscheidungen über die verlängerte schuldrechtliche Ausgleichsrente fehlt vor dem Tod des Verpflichteten regelmäßig das Feststellungsinteresse (BGH FamRZ 1996, 1465).

Ib. Regelung des Versorgungsausgleichs in anderer Weise

3b *[Weitere Formen des öffentlich-rechtlichen Versorgungsausgleichs]*
(1) **Verbleibt auch nach Anwendung des § 1587b des Bürgerlichen Gesetzbuchs und des § 1 Abs. 2 und 3 noch ein unverfallbares, dem schuldrechtlichen Versorgungsausgleich unterliegendes Anrecht, kann das Familiengericht**

VAHRG § 3b Regelung des Versorgungsausgleichs in anderer Weise

1. ein anderes vor oder in der Ehezeit erworbenes Anrecht des Verpflichteten, das seiner Art nach durch Übertragung oder Begründung von Anrechten ausgeglichen werden kann, zum Ausgleich heranziehen. Der Wert der zu übertragenden oder zu begründenden Anrechte darf, bezogen auf das Ende der Ehezeit, insgesamt zwei von Hundert des auf einen Monat entfallenden Teils der am Ende der Ehezeit maßgebenden Bezugsgröße (§ 18 des Vierten Buches Sozialgesetzbuch) nicht übersteigen;
2. den Verpflichteten, soweit ihm dies nach seinen wirtschaftlichen Verhältnissen zumutbar ist, verpflichten, für den Berechtigten Beiträge zur Begründung von Anrechten auf eine bestimmte Rente in einer gesetzlichen Rentenversicherung zu zahlen; dies gilt nur, solange der Berechtigte die Voraussetzungen für eine Vollrente wegen Alters aus der gesetzlichen Rentenversicherung noch nicht erfüllt. Das Gericht kann dem Verpflichteten Ratenzahlungen gestatten; es hat dabei die Höhe der dem Verpflichteten obliegenden Ratenzahlungen festzusetzen; § 1587d Abs. 2, § 1587e Abs. 3 und § 1587f Nr. 3 des Bürgerlichen Gesetzbuchs gelten entsprechend.

(2) Absatz 1 findet auf die in § 3a Abs. 5 bezeichneten Versorgungen keine Anwendung.

1 **1. Grundsätzliches.** Bei § 3b handelt es sich um eine auf das Verhältnis zwischen den Ehegatten zugeschnittene Schutzvorschrift zugunsten des Berechtigten (BGH FamRZ 1991, 679; 1989, 602), welche die Nachteile des schuldrechtlichen VersA (vgl § 1587f BGB Rz 2) vermeiden und zu einer eigenständigen sozialen Sicherung verhelfen soll (Düsseldorf FamRZ 1988, 404; Köln FamRZ 1987, 1156). Es entspricht dieser Funktion der Norm, daß das Gericht gegen den – ggf erst im Beschwerdeverfahren geäußerten (Zweibrücken FamRZ 1999, 1206) – Willen des Berechtigten keinen Ausgleich nach § 3b anordnen darf (BGH FamRZ 2001, 477; Köln FamRZ 1999, 1205), und zwar unabhängig davon, ob der Wille einseitig erklärt worden ist (BGH FamRZ 1993, 172) oder (konkludent) in einer Vereinbarung der Ehegatten zum Ausdruck gelangt ist (BGH FamRZ 1989, 602). Liegt eine hierauf gerichtete Willensbekundung des Berechtigten nicht vor, so ist § 3b zwar von Amts wegen anzuwenden, die Entscheidung über die Anwendung der Regelung steht jedoch im **Ermessen** des FamG (BGH FamRZ 1993, 172; München FamRZ 1988, 955). Von diesem ist nach Maßgabe des Normzwecks und unter Berücksichtigung der Interessen der Ehegatten Gebrauch zu machen (BGH FamRZ 1992, 921). Dies führt dabei regelmäßig zur Anwendung von Abs I Nr 1 (Karlsruhe FamRZ 1988, 954; Köln FamRZ 1987, 1156; Naumburg FamRZ 2001, 1527). Sinnvollerweise (wegen § 3a III S 1) sind bereits bei der Ermessensausübung die Grundsätze des § 1587b IV BGB zu beachten (BGH FamRZ 1993, 172; 1987, 918), so daß von einem Ausgleich nach Abs I auch dann abzusehen ist, wenn dieser nicht zugunsten des Berechtigten auswirken würde oder unwirtschaftlich wäre (Karlsruhe FamRZ 1988, 954 und 1290; AG Rastatt FamRZ 1990, 1365). Hierbei ist zu berücksichtigen, daß der Berechtigte oftmals durch § 3a für den Fall des Todes des Verpflichteten ausreichend gesichert ist (Celle FamRZ 1999, 930; Hamm FamRZ 1996, 171; Karlsruhe OLGRp 2000, 263). Die Wirtschaftlichkeit und Angemessenheit des Ausgleichs nach § 3b steht vor allem dann in Frage, wenn das zu diesem Zweck gemäß § 1587a III, IV BGB dynamisierte Anrecht einen erheblich geringeren Ausgleichswert hat als das schuldrechtlichen VersA unterliegende und daher nicht umzuwertende Anrecht (Celle FamRZ 1999, 930; München FamRZ 1998, 679; Zweibrücken FamRZ 1999, 1206). Ein Detail der Ermessensausübung betrifft die Auffassung, vom Ausgleich nach Abs I sei abzusehen, wenn das auszugleichende Anrecht ähnlich ungesichert erscheint wie die nach Abs II ausgenommenen Anrechte (so BGH FamRZ 1999, 158). Sie ist abzulehnen, da der **labilen Sicherungsqualität** einzelner Anrechte im Rahmen von § 10a Rechnung getragen werden kann und im übrigen im VersA – soweit gesetzlich nicht ausdrücklich etwas anderes geregelt ist – keine Rolle spielt (vgl BGH FamRZ 1986, 338). Für beide Ausgleichsformen des § 3b gilt die **Höchstbetragsregelung** des § 1587b V BGB (BGH FamRZ 1989, 720; 1988, 38).

2 **2. Gegenständlicher Anwendungsbereich.** § 3b stellt dem Gericht in Abs I zwei Ausgleichsformen zur Verfügung: den erweiterten öffentlich-rechtlichen VersA nach Nr 1 sowie – hierzu nachrangig (BGH FamRZ 1988, 936) – die Beitragszahlung zur gesetzlichen Rentenversicherung nach Nr 2. Der Ausgleich nach Abs I ist im Verhältnis zu den anderen Formen des öffentlich-rechtlichen VersA subsidiär (§ 1587b BGB Rz 4; Karlsruhe 1991, 458), betrifft also Fälle, in denen nach Anwendung von § 1587b BGB und § 1 II, III noch ein (gemäß § 2 oder § 1587f BGB) an sich schuldrechtlich auszugleichender Anspruch verbleibt. Ausgenommen sind ausdrücklich noch nicht verfallbare betriebliche Versorgungsanrechte (BGH FamRZ 1989, 720) sowie die in Abs II bezeichneten Anrechte mit Bezug zu einer fremden Rechtsordnung (vgl Rz 10), ferner degressive Anrechte und solche Anrechte, die dem schuldrechtlichen Rückausgleich unterliegen (in deren Einbeziehung läge eine Verletzung von § 1587b III S 3 BGB). Für Anrechte, die nicht dem schuldrechtlichen VersA unterliegen, steht § 3b nicht zur Verfügung (BT-Drucks 10/6369 S 19).

3 Bei der Bestimmung des dem schuldrechtlichen VersA unterfallenden Anrechts ist als Vorfrage darüber zu entscheiden, wie nach Anwendung von § 1587b BGB Anrechte des Berechtigten mit verschiedenen, jeweils nach dem VAHRG auszugleichenden Anrechten des Verpflichteten zu verrechnen sind. Die der Rspr überlassene Frage (Nürnberg FamRZ 1988, 1060) ist vom BGH (FamRZ 2001, 477; 1994, 90) entgegen der früher herrschenden – überzeugenderen – Meinung (Rangfolgemethode; vgl etwa Gutdeutsch/Lardschneider FamRZ 1983, 850) zugunsten der **Quotierungsmethode** entschieden worden. Danach sind die Anrechte des Berechtigten quotiert (im Verhältnis des ehezeitlichen Werts des jeweiligen Anrechts zum ehezeitlichen Wert aller Anrechte) mit allen nach den §§ 1, 2 auszugleichenden Anrechten des Verpflichten zu verrechnen. Verbleibt ein schuldrechtlich auszugleichender Rest, so wird nach Abs I Nr 1 stärker auf ein Anrecht zugegriffen, nach dem § 1 ausgeglichen wurde.

4 **3. Erweiterter öffentlich-rechtlicher VersA (Abs I Nr 1).** Dem VersA unterliegt grundsätzlich nur das während der Ehe erworbene Vorsorgevermögen, das bis zur Hälfte seines ehezeitbezogenen Werts (vgl BGH FamRZ 1994, 90) zum Ausgleich herangezogen wird. Hiervon abweichend gestattet es Abs I Nr 1 dem FamG, zum Ausgleich eines der in Rz 2 genannten Anrechte des Verpflichteten ein anderes Anrecht heranzuziehen, das in oder vor der Ehe erworben worden ist und für einen Ausgleich nach § 1587b BGB oder § 1 II, III zur Verfügung steht.

Anrechte, die nach Ende der Ehezeit erworben worden sind, scheiden für den erweiterten öffentlich-rechtlichen VersA aus (J/H/Hahne Rz 15; aA Bergner VersA S 9). Die Regelung bewirkt also einen Austausch des Teilungsgegenstandes, indem das an sich dem schuldrechtlichen VersA unterliegende Anrecht dem Verpflichteten verbleibt, während ein anderes im Rahmen des Wertausgleichs verstärkt oder erstmalig zum Ausgleich herangezogen wird. Soll der Ausgleich nach Abs I Nr 1 im Wege der Realteilung erfolgen, so setzt dies grundsätzlich die Zustimmung des Versorgungsträgers voraus (§ 1 Rz 2). Der erweiterte Ausgleich vollzieht sich, indem zunächst der Ehezeitanteil des an sich schuldrechtlich auszugleichenden Anrechts festgestellt wird, noch nicht im Rahmen der vorrangigen Ausgleichsformen verrechnete Anrechte des Berechtigten sind zu saldieren (vgl Rz 3). Hierbei sind nicht volldynamische Anrechte im allgemeinen (und zwar auch im Rahmen von § 1 II) zu dynamisieren, vor allem, weil sie mit dynamischen Anrechten zu verrechnen sind oder zu Lasten solcher Anrechte des Verpflichteten ausgeglichen werden (Wagenitz FamRZ 1987, 1 [3]). Sodann wird der Wertausgleich in einer der Formen des § 1587b BGB und § 1 vorgenommen und in einem abschließenden Schritt ein weiterer Ausgleich nach Abs I Nr 1 angeordnet (eine getrennte Tenorierung empfiehlt sich; J/H/Hahne Rz 15).

Im Hinblick auf die unterschiedliche rechtliche und wirtschaftliche Qualität der Anrechte (vgl Wagenitz FamRZ 1987, 1 [3 f]) wird der Ausgleich nach Abs I Nr 1 durch einen **Grenzbetrag** in Höhe von 2 % der bei Ehezeitende geltenden monatlichen Bezugsgröße (§ 18 I SGB IV) limitiert (Tabelle: FamRZ 2003, 217). Sind mehrere Anrechte auszugleichen, so kann der Grenzbetrag nur einmal ausgeschöpft werden (BGH FamRZ 1992, 921; Celle FamRZ 1995, 366). Die Höhe des auszugleichenden Anrechts ist unbeachtlich; erfolgt nur ein Teilausgleich, so ist der Restbetrag nach Abs I Nr 2 oder doch schuldrechtlich auszugleichen. **Sonderregelungen:** Im Beitrittsgebiet ist nach Maßgabe von § 4 I Nr 1 VAÜG auf die Bezugsgröße (Ost) abzustellen (Dresden FamRZ 2000, 962), bei einem Ehezeitende vor Juli 1990 auf die im 1. Halbjahr 1990 geltende Rechengröße (vgl AG Tempelhof-Kreuzberg FamRZ 1997, 427). Bei Fällen im „westdeutschen Rechtskreis", in denen das Ehezeitende vor dem 1. 7. 1977 liegt, ist der Grenzbetrag aus der ab Juli 1977 geltenden Bezugsgröße abzuleiten (Art 4 § 4 VAwMG). 5

Verfügt der **Verpflichtete** über **mehrere Anrechte**, die zum Ausgleich eines an sich schuldrechtlich auszugleichenden Anrechts herangezogen werden können, so hat das FamG ein an den Interessen des Berechtigten orientiertes Auswahlermessen, welche Versorgung es heranzieht (BGH FamRZ 1992, 921; Karlsruhe FamRZ 1999, 925); eine Quotierung ist nicht erforderlich. Hat der Verpflichtete dagegen mehrere Anrechte erworben, die an sich dem schuldrechtlichen VersA unterliegen, und können diese nicht alle nach Abs I Nr 1 ausgeglichen werden, so hat das FamG im Hinblick auf § 3a I vorrangig solche Anrechte auszugleichen, denen eine Hinterbliebenenversorgung fehlt (Frankfurt FamRZ 1989, 401; Hamm FamRZ 1990, 173). 6

4. Beitragsausgleich (Abs I Nr 2). a) Allgemeines. Die Vorschrift – die für das Beitrittsgebiet durch § 4 I Nr 2 VAÜG ergänzt wird (vgl Dresden FamRZ 1999, 1204) – knüpft an den nichtigen § 1587b III S 1 Hs 1 BGB (§ 1587b BGB Rz 15) sowie an die Rspr des BVerfG zu den Anforderungen an einen verfassungsgemäßen VersA durch Beitragszahlung (BVerfG FamRZ 1986, 543) an. Wegen des Zeitpunkts und des Umfang der Belastung durch die Beitragszahlung ist diese Ausgleichsform allen Formen des Wertausgleichs gegenüber nachrangig (BGH FamRZ 1997, 166; 1988, 936). Abs I Nr 2 gestattet nur die Zahlung von Beiträgen (eigener Art) zur gesetzlichen Rentenversicherung (§ 187 I Nr 2, § 281a I Nr 2 SGB VI), reguläre Rentenversicherungsbeiträge oder Beiträge an ein anderes Sicherungssystem können nur nach Maßgabe einer Vereinbarung, nach § 1587l oder § 1587b IV BGB gezahlt werden. Unterbleibt die angeordnete Beitragszahlung, so kann der Berechtigte die Beiträge selbst zahlen (er hat dann einen Anspruch aus ungerechtfertigter Bereicherung gegenüber dem Verpflichteten) oder den Verpflichteten gemäß § 1587f Nr 3 BGB auf schuldrechtlichen VersA in Anspruch nehmen (die Entscheidung über die Beitragszahlung ist dann aufzuheben; § 11 I iVm § 53f FGG). 7

b) Voraussetzungen. Das FamG kann dem Verpflichten auferlegen, zum (Teil-)Ausgleich eines der in Rz 2 genannten – ggf zu dynamisierenden (§ 1587a III, IV BGB) – Anrechte für den Berechtigten Beiträge zur gesetzlichen Rentenversicherung zu zahlen. Dies hat jedoch die – vom FamG positiv festzustellende (KG FamRZ 2002, 467) – wirtschaftliche **Zumutbarkeit** zur Voraussetzung (BGH FamRZ 1988, 936). Hierbei kann nicht auf eine bestimmte Quote des einsetzbaren Vermögens abgestellt werden (Hamm FamRZ 1990, 1255; 1989, 400; aA München FamRZ 1998, 679). Erforderlich ist vielmehr eine individuelle Prüfung unter Berücksichtigung der Einkommens- und Vermögenssituation sowie der Verbindlichkeiten des Verpflichteten (Celle FamRZ 1995, 366; Hamm FamRZ 1990, 1255), wozu auch Unterhaltsverpflichtungen gegenüber dem Berechtigten unterhaltsrechtlich gleichrangigen Gläubigern zählen. Die Zumutbarkeitsklausel soll sicherstellen, daß dem Verpflichteten nur solche Belastungen auferlegt werden, die weder seinen angemessenen Unterhalt gefährden noch den Stamm seines Vermögens angreifen (Hamm FamRZ 1999, 929; NJWE-FER 1996, 28). Wegen der spürbaren Belastung durch die Beitragszahlung, der ohnehin beanspruchten Leistungsfähigkeit des Verpflichteten sowie der Alternative des schuldrechtlichen VersA mit Abfindungsoption und Absicherung des Todesfallrisikos ist kein zu strenger Maßstab anzulegen (BGH FamRZ 1997, 166; Hamm FamRZ 1996, 171). Der Verpflichtete kann jedoch nicht verlangen, seinen Vermögensstamm völlig unangetastet zu lassen (BGH aaO; Bergner VersA S 13) oder ihm nur solche Belastungen aufzuerlegen, die für ihn „praktisch nicht spürbar" sind (aA Oldenburg FamRZ 2003, 768). Hier kommt es auf die Höhe und Art des Vermögens, dessen Verwendungszweck und Verwertungsmöglichkeiten an. Zumutbar ist in Ausnahmefällen (in denen eine Ratenzahlung etwa wegen drohender Invalidität des Ausgleichsberechtigten nicht angemessen ist) auch die Aufnahme eines den persönlichen Verhältnissen nach zumutbaren Darlehens, um damit die Beitragszahlung zu finanzieren (Köln FamRZ 2002, 1492). Unzumutbar ist die Veräußerung des Familienheims (Hamm FamRZ 1990, 1255; 1989, 400; Köln FamRZ 1987, 1156) oder der Einsatz des überwiegenden Teils des Zugewinns (BT-Drucks 10/5447, 25). Die Möglichkeit von Ratenzahlungen ist zu berücksichtigen, wobei zu bedenken ist, daß der Verpflichtete durch die Auferlegung niedriger Raten nicht zum Dauerschuldner gemacht werden soll (Hamm NJWE-FER 1996, 28; Ruland NJW 1987, 345 [348]). Die Anordnung der Beitragszahlung 8 kommt nach S 1 Hs 2 – korrespondierend mit §187 IV SGB VI – nur in Betracht, wenn der Berechtigte bei Ende der Ehezeit noch keine bindend festgestellte **Altersvollrente** bezog (BGH FamRZ 1988, 936; dann schuldrechtlicher VersA nach § 1587f Nr 1 BGB).

9 c) **Durchführung.** Die Berechnung der Beiträge erfolgt nach Maßgabe von § 187 II/§ 281a II, III SGB VI auf der Grundlage der für das Ehezeitende geltenden Rechengrößen (Celle FamRZ 1999, 1200 und 930; Hamm NJWE-FER 1996, 28; bei verspäteter Zahlung Neufeststellung des Beitragsaufwands nach § 53e III FGG). Nach der Schutzvorschrift des § 187 V S 1 SGB VI gelten die Beiträge in Bezug auf ihre Berechnung und ihre leistungsrechtlichen Auswirkungen als bei Ehezeitende (im Verfahren nach § 10a: Eingang des Abänderungsantrags) gezahlt, wenn sie innerhalb von 3 Monaten (bei Auslandsaufenthalt des Verpflichteten: 6 Monate) nach Zugang der Rechtskraftmitteilung gezahlt werden (BGH FamRZ 1993, 684); dies gilt jedoch hinsichtlich der Beitragshöhe nicht, wenn das Verfahren ausgesetzt war. Ist die Beitragsberechnung nach den Verhältnissen im Zahlungszeitpunkt günstiger, so ist auf diesen Zeitpunkt abzustellen (Frankfurt FamRZ 1993, 1457). Das FamG kann – auch außerhalb des Scheidungsverfahrens (analog § 1587d II BGB) – **Ratenzahlungen** gestatten, wobei es auch deren Höhe festsetzen muß. Die Prüfung, bei der die Interessen der Ehegatten gegeneinander abzuwägen sind (München FamRZ 1988, 955), erfolgt im Scheidungszusammenhang von Amts wegen. Nach der **Verweisungsvorschrift** des S 2 Hs 2 gelten in Bezug auf die Änderung einer rechtskräftigen Entscheidung, das Erlöschen des Anspruchs sowie den Übergang in den schuldrechtlichen VersA § 1587e II, § 1587e III und § 1587f Nr 3 BGB entsprechend; die Verweisung erstreckt sich nicht auf § 1587d I BGB (also kein Ruhen der Zahlungsverpflichtung).

10 5. **Ausschluß fremder Anrechte (Abs II).** Versorgungsanwartschaften und -ansprüche, die der Verpflichtete bei einem ausländischen, zwischen- oder überstaatlichen Versorgungsträger (§ 3a V) erworben hat, können nach Abs II nicht im Wege des erweiterten öffentlich-rechtlichen VersA oder durch Beitragszahlung ausgeglichen werden. Dem liegt der Gedanke zu Grunde, daß fremde Anrechte wegen ihrer von der Typik inländischer Anrechte abweichenden Ausgestaltung vielfach nicht zuverlässig bewertet werden können und im Streit- und Insolvenzfall möglicherweise nicht ausreichend gesichert sind (BT-Drucks 10/6369, 20). Diese Anrechte bleiben dem schuldrechtlichen VersA vorbehalten; künftige Ausgleichsansprüche können nach § 1587l BGB abgefunden werden (§ 1587l BGB Rz 1). Abs II steht **Vereinbarungen** der Ehegatten über den Ausgleich fremder Anrechte in den Formen des Abs I nicht entgegen (RGRK/Wick Rz 55).

3c (aufgehoben)

II. Auswirkungen des Versorgungsausgleichs in besonderen Fällen

Vorbemerkung §§ 4–10

1 Die §§ 4–8 enthalten im Kern **materielles Leistungsrecht**. Sie betreffen solche Fälle, in denen der bürgerlich-rechtliche VersA in verfassungsgemäßer Weise rechtskräftig durchgeführt worden ist, die leistungsrechtlichen Konsequenzen des VersA oder – im Anwendungsbereich des § 7 – die Auswirkungen auf das sonstige Vermögen jedoch nicht durch dessen in der ehelichen Versorgungsgemeinschaft liegende Legitimation gerechtfertigt werden. Die Regelungen konkretisieren daher die verfassungsrechtlichen Anforderungen an die Ausgestaltung der leistungsrechtlichen Auswirkungen des VersA (BVerfG FamRZ 1980, 326). Danach können verfassungswidrige Ergebnisse des VersA im Zusammenhang mit dem Tod des Berechtigten eintreten, wenn aus dem von ihm erworbenen Anrecht keine oder nur geringfügige Leistungen erbracht worden sind. Ferner sind Grundrechtsbeeinträchtigungen denkbar, wenn der Berechtigte noch keine Leistungen aus dem VersA erhalten kann und auf gesetzlichen Unterhalt des bereits versorgungsberechtigten Verpflichteten angewiesen ist. Die – nicht analogie- oder erweiterungsfähigen (BVerwG MDR 1995, 176; FamRZ 1991, 429; BSG SozR 2200 § 1304a Nr 15) – Ausnahmeregelungen in § 4 (BVerfG FamRZ 1989, 827; BSG SozR 5795 § 4 Nr 3, 4, 6) und § 5 (BGH NJW-RR 1989, 965; BSG FamRZ 1987, 380) sind verfassungskonform. Die Härteregelungen lassen die Entscheidung des FamG über den VersA unverändert und korrigieren lediglich auf der Ebene des Versorgungsrechts dessen Konsequenzen (BSG SozR 5795 § 4 Nr 6, 9; FamRZ 1993, 1430). Dies bedeutet auch, daß § 4 nicht vor Eintritt eines Leistungsfalls auf Seiten des Verpflichteten angewendet werden kann (BVerwG NJW 1990, 1866; BSG FamRZ 1990, 619); der Versorgungsträger ist aber berechtigt, ggf eine Zusicherung (§ 34 SGB X, § 38 VwVfG) auszusprechen. Vor diesem Zeitpunkt finden jedoch die Parallel- und Ergänzungsregelungen der §§ 7 und 8 Anwendung (LSG Niedersachsen FamRZ 1990, 1116).

4 *[Wegfall der Versorgungskürzung nach dem Tod des Berechtigten]*
(1) Ist ein Versorgungsausgleich gemäß § 1587b Abs. 1 oder 2 des Bürgerlichen Gesetzbuchs durchgeführt worden und hat der Berechtigte vor seinem Tod keine Leistungen aus dem im Versorgungsausgleich erworbenen Anrecht erhalten, so wird die Versorgung des Verpflichteten oder seiner Hinterbliebenen nicht auf Grund des Versorgungsausgleichs gekürzt.
(2) Ist der Berechtigte gestorben und wurden oder werden aus dem im Versorgungsausgleich erworbenen Anrecht Leistungen gewährt, die insgesamt zwei Jahresbeträge einer auf das Ende des Leistungsbezugs ohne Berücksichtigung des Zugangsfaktors berechneten Vollrente wegen Alters aus der Rentenversicherung der Arbeiter und der Angestellten aus dem erworbenen Anrecht nicht übersteigen, so gilt Absatz 1 entsprechend, jedoch sind die gewährten Leistungen auf die sich aus Absatz 1 ergebende Erhöhung anzurechnen.

(3) Wurde der Verpflichtete nach Durchführung des Versorgungsausgleichs vor dem 1. Januar 1992 nachversichert, so sind insoweit dem Rentenversicherungsträger die sich aus Absatz 1 und 2 ergebenden Erhöhungen vom Dienstherrn zu erstatten; § 290 Satz 2 des Sechsten Buches Sozialgesetzbuch gilt entsprechend.

I. Allgemeines. § 4 verpflichtet den Versorgungsträger, auf Antrag (§ 9 I, II) von der an sich gebotenen Kürzung der Versorgung des Verpflichteten und seiner Hinterbliebenen auf Grund des VersA (vgl etwa § 76 III SGB VI, § 57 BeamtVG, § 24 II ALG) abzusehen, wenn sich der Wertausgleich – unabhängig von der Ausgleichsform (vgl BVerfG FamRZ 1989, 827 [829]; zum VersA im Wege der Beitragszahlung vgl aber § 7 und zur Realteilung § 10 Rz 2f) – als „ineffektiv" erwiesen hat. Hierbei handelt es sich um Fälle, in denen der Ausgleichsberechtigte nach Durchführung des VersA verstorben ist und allenfalls geringfügige Leistungen aus dem zu seinen Gunsten übertragenen oder begründeten Anrecht erbracht worden sind. Da der Anspruch auf schuldrechtliche Ausgleichsrente mit dem Tod des Berechtigten erlischt (§ 1587k II S 1 BGB), ist für diese Ausgleichsform ein § 4 entsprechendes Härtekorrektiv entbehrlich (vgl § 3a IV S 3, 4). 1

II. Tod des Berechtigten ohne Leistungsanspruch (Abs I). Die Kürzung der Versorgung (nicht anderer Leistungen, zB Beitragserstattungen) des Verpflichteten und seiner Hinterbliebenen unterbleibt, wenn der Berechtigte verstorben oder verschollen (§ 49 SGB VI; § 29 BeamtVG) ist und ihm (sowie seinen Hinterbliebenen, BSG SozR 5795 § 7 Nr 1; HessVGH NJW 1997, 1323; OVG Koblenz NJW-RR 1986, 373, VGH München DÖD 1997, 201) keine Leistungen aus dem im VersA erworbenen Anrecht gezahlt worden sind; wobei auf die *tatsächliche* (VGH München ZBR 1992, 382) und materiell rechtmäßige Leistungsgewährung abzustellen ist. Zu berücksichtigen sind alle tatsächlich an den Berechtigten oder an Dritte (zB Hinterbliebene, auch wenn sie nicht mit dem Verpflichteten verwandt sind [Bayer LSG v 23. 7. 2002 – LG RJ 67/01 – nv]; Erstattungsberechtigte iSv §§ 102ff SGB X, Rechtsnachfolger oder – im Rahmen von § 1587p BGB – den Verpflichteten [BSG 66, 162 und 198]) erbrachten **Leistungen** der gesetzlichen Rentenversicherung iSv § 23 I Nr 1 lit a-e (BSG FamRZ 1993, 1430), soweit sie den Versicherungsträger wirtschaftlich belasten (BSG FuR 1991, 292 mit Anm Klattenhoff). Unbeachtlich sind Leistungen, die nach Grund, Höhe und dem Zeitpunkt ihres Entstehens nicht kausal auf dem VersA beruhen (BSG SozR 3–5795 § 4 Nr 6). Die Kürzung der Versorgung entfällt frühestens mit Ablauf des Monats, in dem der Berechtigte verstorben ist (BSG SozR 3–5795 § 4 Nr 7). Dies geschieht jedoch rückwirkend auf den Beginn der Leistung aus dem Versorgungsverhältnis des Verpflichteten (BSG SozR 1300 § 48 Nr 36; SGb 1989, 209 mit Anm Schmeiduch), in der gesetzlichen Rentenversicherung allerdings – ohne Berücksichtigung etwaiger Beschränkungen aus § 48 IV iVm § 44 IV SGB X – in Form eines richterrechtlich entwickelten (problematischen) Rückausgleichsanspuchs (BSG SozR 3–5795 § 4 Nr 7 = SGb 2002, 619 mit Anm Schmeiduch aaO, 597). 2

III. Tod des Berechtigten und geringfügige Leistungen (Abs II). Von der auf dem VersA beruhenden Versorgungskürzung ist unter im übrigen unveränderten Voraussetzungen (Rz 2) auch dann abzusehen, wenn aus der Versicherung des Verpflichteten Leistungen erbracht worden sind oder werden. Diese dürfen aber einen Grenzbetrag von insgesamt 2 Jahresbeträgen einer auf das Ende des Leistungsbezugs als Vollrente und ohne knappschaftliche Besonderheiten berechneten Regelaltersrente aus dem im VersA erworbenen Anrecht nicht übersteigen. Zum Begriff der „Leistungen" vgl Rz 2. Liegen einer Rente neben dem im VersA erworbenen Zuschlag an Entgeltpunkten weitere Entgeltpunkte zugrunde (§ 66 I SGB VI), so sind die Rente und rentenakzessorische Leistungen (zB Beiträge zur Kranken- & Pflegesicherung; BSG FamRZ 1990, 876) nur mit dem Teilwert der vollen Bruttoleistung zu berücksichtigen, der auf dem Zuschlag beruht. Dies gilt auch dann, wenn die Rente nur auf Grund der im VersA erworbenen Wartezeitmonate (§ 52 I SGB VI) in Anspruch genommen werden kann (Bergner DRV 1983, 215 [235]). Leistungen zur Teilhabe (§ 9ff SGB VI) müssen kausal auf dem VersA beruhen (der VersA kann also nicht hinweggedacht werden, ohne daß diese Leistungen entfielen, vgl BSG SozR 3–5795 § 4 Nr 6; LSG NRW v 10. 9. 2002, L 18 RJ 108/01 – nv). Ist dies zu bejahen, so sind auch die entsprechend der Verhältnis der im VersA erworbenen Entgeltpunkte zu allen Entgeltpunkten zu berücksichtigen (keine Anwendung der Kausalitätsklausel des § 1 III S 2 VAErstV, BR-Drucks 646/01, 7). Zur Beitragserstattung vgl § 210 IV SGB VI. Der – ggf für jede Ausgleichsform gesondert festzustellende – **Grenzbetrag** ist als Bruttowert und ohne akzessorische Leistungen auf der Grundlage der bei Ende des (letzten) Leistungsbezugs (Rente, Beitragserstattung etc) geltenden Bemessungsgrundlagen zu errechnen. Eine **Anrechnungsklausel** sieht vor, die aus dem VersA erbrachten Leistungen ohne Beachtung etwaiger Schutzbestimmungen (§ 51 SGB I) auf die sich aus der Anwendung von Abs II ergebende Erhöhung anzurechnen. Die Anrechnung erfaßt zunächst die Nachzahlung bzw für die Vergangenheit zustehenden Rückausgleichsanspruch (vgl Rz 2) und – sofern dies nicht ausreicht – den Erhöhungsbetrag der laufenden Versorgung bis zu dem Zeitpunkt, in dem die Summe der Leistungen aus dem vom Berechtigten im VersA erworbenen Anrecht erreicht ist. 3

IV. Nachversicherung (Abs III). Die Regelung des Abs III betrifft den VersA nach § 1587b II BGB, wenn der Verpflichtete vor 1992 geschieden und in der gesetzlichen Rentenversicherung oder berufsständischen Altersversorgung nachversichert worden ist. Hier sind die Entgelte, die der Bemessung der allein vom früheren Dienstherrn zu tragenden Nachversicherungsbeiträge zugrunde zu legen waren, gemindert worden, um diesem einen Ausgleich für die fortbestehende Erstattungspflicht gegenüber dem Rentenversicherungsträger des Berechtigten zu schaffen. Die Regelung des Abs III stellt klar, daß auch die auf der Kürzung der Entgelte beruhende Rentenminderung eine Härte iSv § 4 sein kann. Sie entfällt, sobald der frühere Ausgleich nach § 1587b II BGB in einem Abänderungsverfahren durch ein Splitting der auf Grund der Nachversicherung erworbenen Rentenanrechte ersetzt wird. 4

5 *[Kürzungssuspension bei Unterhaltspflicht]*
(1) Solange der Berechtigte aus dem im Versorgungsausgleich erworbenen Anrecht keine Rente erhalten kann und er gegen den Verpflichteten einen Anspruch auf Unterhalt hat oder nur deshalb nicht hat, weil der Verpflichtete zur Unterhaltsleistung wegen der auf dem Versorgungsausgleich beruhenden Kürzung sei-

VAHRG § 5 Auswirkungen in besonderen Fällen

ner Versorgung außerstande ist, wird die Versorgung des Verpflichteten nicht auf Grund des Versorgungsausgleichs gekürzt.
(2) § 4 Abs. 3 gilt entsprechend.

1 I. Allgemeines. § 5 hat **Doppelfunktion** (Heilemann FamRZ 1999, 1039): Die Regelung dient – ggf auch im Rahmen wiederholter Anwendung (BayVGH DÖD 1997, 202) – der Vermeidung einer Belastungskumulation des Verpflichteten im Verhältnis zum Berechtigten durch Unterhalt und VersA (BVerwG 109, 231 [233]) sowie der Sicherstellung seiner Leistungsfähigkeit, um den Unterhalt des bedürftigen Berechtigten, der noch keine Rente erhalten kann, befriedigen zu können (BSG NJW-RR 1996, 899). Die Regelung beläßt dem verpflichteten früheren Ehegatten (nicht den Hinterbliebenen, BVerwG FamRZ 1991, 429, und zwar auch dann nicht, wenn sie nach § 1586b BGB haften, VGH Mannheim FamRZ 1990, 102) die ungekürzte Versorgung, wenn er vor dem Berechtigten einen Versorgungsanspruch erworben hat und zugleich Unterhaltsansprüchen des Berechtigten ausgesetzt ist (BVerwG Buchholz 239.1 § 4 BeamtVG Nr 1; BSG FamRZ 1987, 380). Von dem Zusammentreffen beider Voraussetzungen kann lediglich dann abgesehen werden, wenn der Verpflichtete nach § 1581 BGB *nur* wegen der auf dem VersA beruhenden Kürzung seiner Versorgung nicht unterhaltspflichtig ist (was praktisch keine Bedeutung haben dürfte, da die ungekürzte Rente der Unterhaltsbemessung zugrunde zu legen ist, wenn die Voraussetzungen des § 5 erfüllt sind; vgl BSG SozR 3–5795 § 5 Nr 4; Nürnberg 1997, 961). **Beginn und Ende** der Kürzungssuspension ergeben sich aus dem jeweils maßgebenden Versorgungsrecht (etwa §§ 99, 100 SGB VI).

2 II. Anspruchsvoraussetzungen. Erste Voraussetzung ist, daß der Berechtigte **kraft Gesetzes** (BSG SozR 3–5795 § 5 Nr 2, 3) einen – nicht notwendigerweise ununterbrochenen (VG Bayreuth FamRZ 2000, 960) – **Unterhaltsanspruch** gegen den Verpflichteten hat (daher keine Härtekorrektur bei entschädigungslosem Unterhaltsverzicht; BGH FamRZ 1994, 1171). Hierbei handelt es sich regelmäßig um einen Anspruch auf der Grundlage der §§ 1569ff BGB (BSG SozR 3–5795 § 5 Nr 2). In Betracht kommen ferner Ansprüche aus § 1360 BGB (BVerwG FamRZ 1991, 429; BGH FamRZ 1983, 461) – allerdings nur dann, wenn der Beitrag des Verpflichteten zum Familienunterhalt den Beitrag des Berechtigten übersteigt (LSG Mainz SozVers 1998, 329) – § 1361 BGB oder nach dem gemäß Art 18 IV EGBGB anwendbaren fremden Recht. Dem gesetzlich geschuldeten Unterhalt steht ein vereinbarter Unterhalt gleich, soweit die Vereinbarung lediglich die Gesetzeslage konkretisiert (BGH FamRZ 1997, 1470 [1472]); im übrigen kann aus Gründen der Mißbrauchsabwehr ein lediglich vereinbarter Unterhalt nicht berücksichtigt werden (BayVGH DÖD 1997, 202; aA Heilemann SGb 1998, 463 mit Erwiderung von Winkler SGb 1999, 245). Auf die **Höhe des geschuldeten Unterhalts** kommt es nicht an (BVerwG MDR 1995, 176; BGH FamRZ 1994, 1171; OVG Münster FamRZ 2002, 827; FamRB 2002, 102); die – in ihren Ergebnissen teilweise nicht überzeugende, jedoch nunmehr einheitliche – Rspr läßt selbst dann eine Härtekorrektur zu, wenn der geschuldete Unterhalt tatsächlich nicht geleistet wird (VGH Mannheim FamRZ 2001, 1149 m umfangr Nachw aus der Rspr des BSG und BVerwG). Der Gewährung laufenden Unterhalts steht die befristete oder dauerhafte **Unterhaltsabfindung** durch Zuwendung eines Kapitals oder sonstigen Vermögensvorteils gleich, allerdings beschränkt auf den Zeitraum, für den der Verpflichtete ohne die Abfindung gesetzlichen Unterhalt leisten müsste (BSG SozR 3–5795 § 5 Nr 1–3; BGH FamRZ 1994, 1171; BVerwG 109, 231). Ein **Vollstreckungstitel** ist nicht erforderlich (OVG Münster FamRZ 2001, 1151; OVG Koblenz FamRZ 1990, 104), hat jedoch Indizwirkung, es sei denn, seine Wirkungen könnten nach den Grundsätzen der §§ 323, 767 ZPO beseitigt oder abgewehrt werden (BSG SozR 3–5795 § 5 Nr 4). § 5 hat weiter zur Voraussetzung, daß der Berechtigte **keine Rente** aus dem im VersA erworbenen Anrecht erhalten „kann", wobei ein „Rentenstammrecht" ausreiche (RGRK/Wick Rz 6). Grundsätzlich ist hierbei auf den von einem Antrag abhängigen (§ 115 I SGB VI; § 19 S 1 SGB IV) Rentenbescheid und den sich daraus ergebenden Rentenbeginn abzustellen, was jedoch nicht gelten kann, wenn es der Berechtigte ohne billigenswerten Grund unterläßt, den ihm materiell zustehenden Anspruch geltend zu machen (Pal/Brudermüller Rz 5). Hat der Berechtigte eine **Beitragserstattung** (§ 210 SGB VI) in Anspruch genommen, so kann einer unvertretbaren unterhaltsrechtlichen Belastung des Verpflichteten im Rahmen von § 1579f Nr 3 BGB Rechnung getragen werden.

6 *[Nachzahlungen bei Kürzungssuspension]*
Sind Nachzahlungen zu leisten, so erfolgen sie in den Fällen des § 5 an den Verpflichteten und an den Berechtigten je zur Hälfte.

1 Erfaßt die Kürzungssuspension nach § 5 auch einen Anspruchszeitraum vor Beginn der laufenden Versorgung, so ist die Summe der sich hieraus ergebenden Erhöhungsbeträge der Nettoversorgung ohne Berücksichtigung akzessorischer Leistungen (Nachzahlung) jeweils zur Hälfte an den Verpflichteten und den Berechtigten zu leisten. Die Vorschrift stand im Zusammenhang mit dem auf den 1. 7. 1977 zurückwirkenden In-Kraft-Treten der 1983 geschaffenen Härteregelungen des VAHRG und sollte für die Vergangenheit einen pauschalen Ausgleich zwischen den früheren Ehegatten herbeiführen (vgl BT-Drucks 9/2296, 15), und zwar iS einer materiell-rechtlich abschließenden und an die Stelle allgemeiner Ausgleichsmechanismen (vgl BGH FamRZ 1985, 155) tretenden Regelung. In der Rspr ist der Regelung ein über den Normzweck hinausgehender **Anwendungsbereich** zugesprochen worden, weil sie jede Art von Nachzahlung erfassen soll (BSG 66, 144; BSG FuR 1992, 119 mit abl Anm Klattenhoff). In der Praxis findet sie demnach auch Anwendung bei Erstfeststellung der Versorgung (BSG SozR 3–5795 § 5 Nr 1), obgleich hier unterhaltsrechtliche Nachteile nicht eintreten können (vgl § 5 Rz 1 aE). Selbst dann, wenn während des Nachzahlungszeitraums der volle Unterhalt geleistet worden ist, soll § 5 gelten (BGH FamRZ 1994, 1171; BSG SozR 3–5795 § 5 Nr 1). Eine Abmilderung der Konsequenzen des weit verstandenen Anwendungsbereichs erfolgt, indem die hM die Regelung des § 6 als nur – versorgungsrechtlich allerdings entbehrliche – formale Auszahlungsanordnung versteht (BGH FamRZ 2003, 1086; aA Frankfurt FuR 2002, 81; Klattenhoff aaO). Folgt man dieser, so bleibt das materielle Unterhaltsverhältnis der früheren Ehegatten – mit der Folge etwaiger Bereicherungsansprüche – unberührt (BGH aaO; AG Rosenheim FamRZ 1999, 1207).

7 *[Rückzahlung von Beiträgen zugunsten des Berechtigten]*
Sind auf Grund des Versorgungsausgleichs für den Berechtigten Beiträge zu einer gesetzlichen Rentenversicherung geleistet worden, sind dem Leistenden vom Rentenversicherungsträger die Beiträge unter Anrechnung der gewährten Leistungen zurückzuzahlen, wenn feststeht, daß aus dem durch die Beitragszahlungen begründeten Anrecht keine höheren als die in § 4 Abs. 2 genannten Leistungen zu gewähren sind.

I. Allgemeines. Die Regelung überträgt aus Gründen der Gleichbehandlung der Ausgleichsformen (vgl BGH **1** FamRZ 1981, 1051 [1058]) die Grundsätze der vom BVerfG für den Wertausgleich geforderten Härtekorrektur in Fällen eines „ineffektiven" VersA (§ 4) auf den Ausgleich durch Zahlung von Beiträgen zur gesetzlichen Rentenversicherung. Für diese Ausgleichsform wurde eine § 5 entsprechende Regelung nicht geschaffen (der Situation des auf Unterhalt in Anspruch genommenen Verpflichteten kann – sofern er aktuell überhaupt noch durch den VersA belastet ist – im Rahmen der Zumutbarkeitsklausel des § 3b I Nr 2 sowie durch Ratenzahlung entsprochen werden). Eine Beitragsrückzahlung führt zur Auflösung des Versicherungsverhältnisses und ist daher nur gerechtfertigt, wenn endgültig feststeht, daß aus dem im VersA erworbenen Anrecht allenfalls geringfügige Leistungen zu erbringen waren (Soergel/Schmeiduch Rz 12). Deswegen sind die Voraussetzungen des § 7 strenger als die der Parallelregelung des § 4 (Pal/Brudermüller Rz 1). So ist es möglich, daß die Voraussetzungen des § 4 vorliegen, während eine Beitragsrückzahlung nach § 7 (noch) nicht in Betracht kommt, während es andererseits – wegen der unterschiedlichen leistungsrechtlichen Wirkungen der einzelnen Ausgleichsformen (vgl § 1587b BGB Rz 6) – auch denkbar ist, daß die Voraussetzungen des § 7 bejaht werden können, während eine Härtekorrektur nach § 4 abzulehnen ist (MüKo/Gräper Rz 9).

II. Anwendungsbereich. Erfaßt werden Beitragszahlungen zugunsten des Berechtigten auf Grund einer **Lei-** **2** **stungsentscheidung** des FamG nach § 1587b III BGB (die Verfassungswidrigkeit dieser Regelung hat grundsätzlich nicht die Unwirksamkeit zuvor gezahlter Beiträge zur Folge; Hamm FamRZ 1985, 402, 495), § 1587b IV BGB oder § 3b I Nr 2; einer **Parteivereinbarung** oder eines Ehevertrages (§ 187 I Nr 2; § 281a I Nr 2 SGB VI); einer **Abfindung** nach § 1587l BGB oder einer nach § 1408 II, § 1587o BGB vereinbarten (Nach-)Zahlung **freiwilliger Beiträge** zur gesetzlichen Rentenversicherung (RGRK/Wick Rz 1; aA Soergel/Schmeiduch Rz 3).

III. Voraussetzungen und Folgen. 1. Anspruchsvoraussetzungen. Die Rückzahlung von Beiträgen erfolgt, **3** wenn der Ausgleichsberechtigte verstorben oder verschollen ist. Sie setzt voraus, daß er und etwaige Hinterbliebene aus dem durch Beitragszahlung begründeten Anrecht bisher keine Leistungen (§ 4 Rz 2f) erhalten haben oder noch erhalten können, die den Grenzbetrag des § 4 II überschreiten. Eine Rückzahlung ist ausgeschlossen, wenn die Überschreitung noch möglich ist. Dieses Risiko besteht auch dann, wenn im Zeitpunkt des Todes des Berechtigten die Wartezeit nicht erfüllt ist, da eine Beitragserstattung in Anspruch genommen werden kann (§ 210 I Nr 3, IV SGB VI). Bereits vor dem Erlöschen eines Waisenrentenanspruchs kommen vorläufige Leistungen nach § 42 SGB I in Betracht, wenn abzusehen ist, daß bis zum Erreichen der Altersgrenze des § 48 IV Nr 2 SGB VI keine Leistungen mehr gewährt werden können, die den Grenzbetrag überschreiten (BSGE 66, 44).

2. Rechtsfolgen. Die Rückzahlung berechnet sich auf der Grundlage des Nominalwerts der tatsächlich gezahl- **4** ten Beiträge. Etwaige, den Grenzwert insgesamt nicht überschreitende Leistungen aus dem durch Beitragszahlung begründeten Anrecht sind abzuziehen. Die Beiträge sind an den **Leistenden** zu zahlen. Dies ist regelmäßig der Verpflichtete, ausnahmsweise aber auch ein Dritter (zB dessen Erbe, vgl § 1587e IV BGB), dem dann in Ergänzung von § 9 II ein Antragsrecht zusteht (Michaelis/Sander DAngVers 1983, 104 [112]).

8 *[Rückzahlung von Wiederauffüllungsleistungen]*
Ein zur Abwendung der Kürzung gezahlter Kapitalbetrag ist unter Anrechnung der gewährten Leistung zurückzuzahlen, wenn feststeht, daß aus dem im Versorgungsausgleich erworbenen Anrecht keine höheren als die in § 4 Abs. 2 genannten Leistungen zu gewähren sind.

Hat der Verpflichtete Kapital eingesetzt, um die auf dem VersA beruhende Kürzung seiner Versorgung ganz **1** oder teilweise abzuwenden (§ 1587b BGB Rz 10, 14), erweist sich jedoch im Nachhinein als entbehrlich, weil der Versorgungsträger nach § 4 verpflichtet ist, die ungekürzte Versorgung zu erbringen, so sind die vom Verpflichteten erbrachten Zahlungen nach § 8 – der die Härteregelung des § 4 ergänzt, dessen Voraussetzungen jedoch denen des strengeren § 7 entsprechen – zu erstatten. Die Wiederauffüllungsleistungen können nicht zur Aufstockung der ungekürzten Versorgung eingesetzt werden (Bergner DRV 1983, 215 [243]). Auf den Rückzahlungsbetrag (ermittelt auf der Grundlage des Nominalwerts des eingesetzten Kapitals) sind die Leistungen anzurechnen, die aus dem gezahlten Kapital erbracht worden sind (streitig, wie hier Bergner aaO; Schmalhofer DÖD 1983, 189 [201]). Die Anrechnung unterbleibt, wenn die ungekürzte Versorgung auch ohne die Wiederauffüllungsleistung zugestanden hätte.

9 *[Verfahren]*
(1) Über Maßnahmen nach §§ 4 bis 8 entscheidet der Leistungsträger auf Antrag.
(2) Antragsberechtigt sind der Verpflichtete und, soweit sie belastet sind, seine Hinterbliebenen. In den Fällen des § 5 kann auch der Berechtigte den Antrag stellen.
(3) Ansprüche nach §§ 4 bis 8 gehen auf den Erben über, wenn der Erblasser den erforderlichen Antrag gestellt hatte.
(4) Der Antragsberechtigte und der Leistungsträger können von den betroffenen Stellen die für die Durchführung von Maßnahmen nach §§ 4 bis 8 erforderliche Auskunft verlangen.
(5) In den Fällen des § 5 hat der Verpflichtete dem Leistungsträger die Einstellung der Unterhaltsleistungen, die Wiederheirat des Berechtigten sowie dessen Tod mitzuteilen.

R. Klattenhoff

VAHRG § 9 Auswirkungen in besonderen Fällen

1   **I. Allgemeines.** § 9 hat im wesentlichen **verfahrensrechtliche Natur.** Die Vorschrift begründet die Entscheidungskompetenz der Leistungsträger und regelt zugleich das Antragsprinzip (Abs I, II), den Rechtsübergang bei Tod des Anspruchsberechtigten (Abs III) sowie besondere Auskunfts- und Mitwirkungspflichten (Abs IV, V).

2   **II. Zuständigkeit und Antragsprinzip.** Da die Härteregelungen des VAHRG die leistungsrechtlichen Auswirkungen des rechtskräftig durchgeführten VersA korrigieren (§§ 4–6) oder dem Versorgungsträger Rückzahlungspflichten auferlegen (§§ 7, 8), stellt Abs I klar, daß die Anwendung der Härteregelungen in die Zuständigkeit des nach allgemeinen Kompetenzregelungen bestimmten Leistungsträgers fällt (BSG FamRZ 1989, 971), während die gerichtliche Entscheidung über den VersA unberührt bleibt (vor §§ 4–10 Rz 1). **Leistungsträger** ist bei Anwendung der §§ 4–6 und 8 der aktuelle Versorgungsträger des Verpflichteten oder seiner Hinterbliebenen und bei Anwendung von § 7 der Rentenversicherungsträger des Berechtigten. Die Härteregelungen setzen einen (lediglich) das Verfahren auslösenden, formlosen und nicht fristgebundenen Antrag voraus; auf die Antragsmöglichkeit ist – ggf auch spontan – im Rahmen behördlicher Informationspflichten (zB § 14 SGB I) hinzuweisen. In der gesetzlichen Rentenversicherung schließt der auf eine optimale Rechtsverwirklichung zielende allgemeine Leistungsantrag den Antrag auf Härtekorrektur ein (BSG SozR 3–5795 § 5 Nr 2). **Antragsberechtigt** sind nach Abs II S 1 der Verpflichtete und – nach seinem Tod – die Hinterbliebenen, wenn diese durch die Minderung ihrer Hinterbliebenenversorgung belastet sind; in Unterhaltsfällen (§ 5) hat nach Abs II S 2 auch der Berechtigte ein Antragsrecht, das ihn befähigt, die Kürzung der Versorgung des unterhaltsverpflichteten früheren Partners zu beseitigen, um somit über die Erhöhung der Versorgungsbezüge des Ausgleichspflichtigen effektiv die eigene Einkommenssituation zu verbessern (VGH Mannheim FamRZ 2001, 1149); vgl im übrigen § 7 Rz 4.

3   **III. Vererblichkeit.** Ansprüche aus den §§ 4–8 erlöschen mit dem Tod des Anspruchsberechtigten. Vor diesem Zeitpunkt entstandene Ansprüche gehen jedoch nach Abs III auf die Erben (§§ 1922ff BGB) über, sofern der Anspruchsberechtigte diese zuvor durch Antrag geltend gemacht hat. § 56 SGB I wird insoweit verdrängt (Michaelis/Sander DAngVers 1983, 104 [106]).

4   **IV. Auskunfts- und Mitwirkungspflichten.** Zur Einleitung und Durchführung von Verfahren auf der Grundlage der §§ 4–8 können der Antragsberechtigte und der Leistungsträger nach Abs IV von den betroffenen Stellen die erforderlichen **Auskünfte** verlangen. Soweit für das Verwaltungsverfahren der Versorgungsträger der Amtsermittlungsgrundsatz (zB § 20 SGB X) und das Prinzip der Mitwirkungspflicht (zB § 60 SGB I) gelten, ist die Regelung entbehrlich. „Betroffene Stellen" sind neben Versorgungsträgern, Behörden usw auch Privatpersonen. Nach Abs V bestehen in Unterhaltsfällen spezifische, allerdings nicht abschließende **Mitteilungspflichten,** denen der Verpflichtete zur Vermeidung von Überzahlungen ohne besondere Aufforderung nachzukommen hat. Die auf das eigene Wissen beschränkte Mitteilungspflicht besteht, wenn die Unterhaltsleistung tatsächlich eingestellt worden ist (vgl RGRK/Wick Rz 2; hierin ist ein Indiz für den Wegfall der Voraussetzungen für die Kürzungssuspension zu sehen), der Berechtigte erneut geheiratet hat oder verstorben ist (Wegfall des Unterhaltsanspruchs, vgl § 1586 I BGB). Eine Verletzung der Mitteilungspflicht führt zur rückwirkenden Aufhebung der Kürzungssuspension und entsprechenden Erstattungsforderungen des Versorgungsträgers (zB § 48 I S 2 Nr 2, § 50 SGB X).

10 *[Härtekorrektur beim Ausgleich nach § 1 Abs. 3 VAHRG]*
   In den Fällen des § 1 Abs. 3 gelten die §§ 4 bis 9 sinngemäß.

1   Die Regelungen des II. Abschnitts gelten unmittelbar nur für das Splitting, das Quasi-Splitting und den Ausgleich durch Beitragszahlung. Da **§ 1 III** den Ausgleichsmechanismus des § 1587b II BGB auf weitere Anrechte erstreckt, die bei einem öffentlich-rechtlich organisierten Rechtsträger im Inland erworben worden sind, stellt § 10 klar, daß die Härteregelungen der §§ 4ff. (mit Ausnahme der rentenversicherungsspezifischen § 7) einschließlich des Verfahrensrechts auch hier gelten, um verfassungswidrigen Auswirkungen des VersA begegnen zu können. Die Regelungen gelten wegen der unselbständigen Funktion des § 3b I Nr 1 auch für diese Ausgleichsform, sofern sie im Zusammenhang mit § 1587b I, II BGB angewendet worden ist.

2   Die Härteregelungen gelten nicht ausdrücklich für die **Realteilung** (BGH FamRZ 2003, 1738 [1741]; 1997, 1470). Es sind jedoch auch hier Härten denkbar, die sich aus den Auswirkungen des VersA ergeben und die der Verpflichtete nach der Rspr des BVerfG nicht hinzunehmen braucht. In den wirtschaftlichen Auswirkungen unterscheidet sich die Realteilung nicht grundsätzlich von den anderen Formen des Wertausgleichs. Bei einem öffentlich-rechtlich organisierten, unmittelbar grundrechtsgebundenen Versorgungsträger ergibt sich die Verpflichtung zur Schaffung von Härteregelungen bereits daraus, daß dieser den – ansonsten über § 10 sichergestellten – Schutz des Verpflichteten nicht durch Einführung der Realteilung wesentlich verkürzen darf (BGH FamRZ 1993, 298). Im übrigen haben es die gesetzgebenden Körperschaften den Versorgungsträgern überlassen, bei Einführung der Realteilung selbst eine Vorsorge gegen verfassungswidrige Härten zu treffen (BT-Drucks 9/2296, 16; BGH FamRZ 1989, 951). Damit ist also von einer Ausstrahlung der verfassungsrechtlichen Wertungen, die dem Kernbestand der Härteregelungen als konkretisiertem Verfassungsrecht zugrundeliegen, auch auf privatrechtliche Versorgungsverhältnisse ausgegangen worden. Der Gesetzgeber durfte hierbei die auch in der Rspr anerkannte Bedeutung der Grundrechte und der objektiven Wertordnung des GG, zu der auch der Schutz von Ehe und Familie und die Gleichberechtigung der Geschlechter als Legitimationsgrundlagen des VersA gehören, im Bereich der dem Privatrecht zuzuordnenden betrieblichen Altersversorgung vor Augen haben (BAG AP Nr 69 zu Art 3 GG und Nr 158, 179 und 183 zu § 242 BGB – Ruhegehalt; BVerfG AP Nr 2, 11–14 zu § 1 BetrAVG – Unterstützungskassen). Ferner ist mit § 3a IV S 3, der für den Bereich des verlängerten schuldrechtlichen VersA eine an § 4 orientierte eigene Härteregelung enthält, deutlich die Geltung dieser Wertungen auch in der Privatrechtssphäre zum Ausdruck gebracht worden. Härteregelungen sind den Versorgungsträgern auch wirtschaftlich zumutbar, da es ihnen gestattet ist, damit verbundene Kosten auf die früheren Ehegatten zu überwälzen. Hinzu kommt, daß es verfassungsrechtlich

nicht absolut ausgeschlossen ist, den privaten Versorgungsträgern Kosten aus dem VersA im Rahmen einer sachgerechten, angemessenen und flexiblen Regelung aufzuerlegen (BVerfG FamRZ 1986, 543 [549]). Auch private Versorgungsträger sind daher – abweichend von der hM (BGH FamRZ 1998, 421 [423] mwN) – verfassungsrechtlich gehalten, im Rahmen ihrer Gestaltungsautonomie bei der Realteilung Vorkehrungen zu treffen, die verfassungswidrigen Auswirkungen des VersA begegnen (FamK/Wagenitz § 1 VAHRG Rz 46; Gutdeutsch/Lardschneider FamRZ 1983, 845 [849]). Vgl im übrigen § 1 Rz 4.

Die für die Realteilung maßgebenden **Härteregelungen müssen** – auch bei Anrechten, die bei einem öffentlich-rechtlichen Versorgungsträger erworben worden sind – mit den Vorschriften des VAHRG **nicht identisch sein** (BGH FamRZ 1993, 298 [299]). Damit wird der Gestaltungsautonomie des Trägers des der Realteilung unterliegenden Anrechts Rechnung getragen. So wird es unschädlich sein, wenn der Versorgungsträger etwa einen Risikoabschlag vornimmt. Ferner kann er die Härtekorrektur in Unterhaltsfällen von strengeren Voraussetzungen abhängig machen oder auf den Unterhaltsanspruch des Berechtigten begrenzen. Nicht zu beanstanden ist auch, wenn die für die Realteilung maßgebenden Härteregelungen solchen Vorschriften des VAHRG nicht entsprechen oder diese überhaupt nicht aufgreifen, die nicht zum verfassungsrechtlichen Kernbestand des VAHRG gezählt werden können (§§ 6, 8, 9). 3

IIa. Abänderung von Entscheidungen über den Versorgungsausgleich

10a *[Abänderung des öffentlich-rechtlichen Versorgungsausgleichs]*
(1) Das Familiengericht ändert auf Antrag seine Entscheidung entsprechend ab, wenn
1. ein im Zeitpunkt des Erlasses der Abänderungsentscheidung ermittelter Wertunterschied von dem in der abzuändernden Entscheidung zugrunde gelegten Wertunterschied abweicht, oder
2. ein in der abzuändernden Entscheidung als verfallbar behandeltes Anrecht durch Begründung von Anrechten ausgeglichen werden kann, weil es unverfallbar war oder nachträglich unverfallbar geworden ist, oder
3. ein von der abzuändernden Entscheidung dem schuldrechtlichen Versorgungsausgleich überlassenes Anrecht durch Begründung von Anrechten ausgeglichen werden kann, weil die für das Anrecht maßgebende Regelung eine solche Begründung bereits vorsah oder nunmehr vorsieht.
(2) Die Abänderung findet nur statt, wenn
1. sie zur Übertragung oder Begründung von Anrechten führt, deren Wert insgesamt vom Wert der durch die abzuändernde Entscheidung insgesamt übertragenen oder begründeten Anrechte wesentlich abweicht, oder
2. durch sie eine für die Versorgung des Berechtigten maßgebende Wartezeit erfüllt wird, und
3. sie sich voraussichtlich zugunsten eines Ehegatten oder seiner Hinterbliebenen auswirkt.
Eine Abweichung ist wesentlich, wenn sie 10 vom Hundert des Wertes der durch die abzuändernde Entscheidung insgesamt übertragenen oder begründeten Anrechte, mindestens jedoch 0,5 vom Hundert des auf einen Monat entfallenden Teils der am Ende der Ehezeit maßgebenden Bezugsgröße (§ 18 des Vierten Buches Sozialgesetzbuch) übersteigt.
(3) Eine Abänderung findet nicht statt, soweit sie unter Berücksichtigung der beiderseitigen wirtschaftlichen Verhältnisse, insbesondere des Versorgungserwerbs nach der Ehe, grob unbillig wäre.
(4) Antragsberechtigt sind die Ehegatten, ihre Hinterbliebenen und die betroffenen Versorgungsträger.
(5) Der Antrag kann frühestens in dem Zeitpunkt gestellt werden, in dem einer der Ehegatten das 55. Lebensjahr vollendet hat oder der Verpflichtete oder seine Hinterbliebenen aus einer auf Grund des Versorgungsausgleichs gekürzten Versorgung oder der Berechtigte oder seine Hinterbliebenen auf Grund des Versorgungsausgleichs Versorgungsleistungen erhalten.
(6) Durch die Abänderungsentscheidung entfällt eine für die Versorgung des Berechtigten bereits erfüllte Wartezeit nicht.
(7) Die Abänderung wirkt auf den Zeitpunkt des der Antragstellung folgenden Monatsersten zurück. Die Ehegatten und ihre Hinterbliebenen müssen Leistungen des Versorgungsträgers gegen sich gelten lassen, die dieser auf Grund der früheren Entscheidung bis zum Ablauf des Monats erbringt, der dem Monat folgt, in dem er von dem Eintritt der Rechtskraft der Abänderungsentscheidung Kenntnis erlangt hat. Werden durch die Abänderung einem Ehegatten zum Ausgleich eines Anrechts Anrechte übertragen oder für ihn begründet, so müssen sich der Ehegatte oder seine Hinterbliebenen Leistungen, die der Ehegatte wegen dieses Anrechts gemäß § 3a erhalten hat, anrechnen lassen.
(8) Hat der Verpflichtete auf Grund einer früheren Entscheidung des Familiengerichts Zahlungen erbracht, gelten die Absätze 1 bis 7 entsprechend. Das Familiengericht bestimmt, daß der Berechtigte oder der Versorgungsträger den zuviel gezahlten Betrag zurückzuzahlen hat, der Versorgungsträger unter Anrechnung der dem Berechtigten oder seinen Hinterbliebenen zuviel gewährten Leistungen. § 1587d des Bürgerlichen Gesetzbuchs gilt zugunsten des Berechtigten entsprechend.
(9) Die vorstehenden Vorschriften sind auf Vereinbarungen über den Versorgungsausgleich entsprechend anzuwenden, wenn die Ehegatten die Abänderung nicht ausgeschlossen haben.
(10) Das Verfahren endet mit dem Tod des antragstellenden Ehegatten, wenn nicht ein Antragsberechtigter binnen drei Monaten gegenüber dem Familiengericht erklärt, das Verfahren fortsetzen zu wollen. Nach dem Tod des Antraggegners wird das Verfahren gegen dessen Erben fortgesetzt.
(11) Die Ehegatten oder ihre Hinterbliebenen sind verpflichtet, einander die Auskünfte zu erteilen, die zur Wahrnehmung ihrer Rechte nach den vorstehenden Vorschriften erforderlich sind. Sofern ein Ehegatte

VAHRG § 10a   Abänderung von Entscheidungen

oder seine Hinterbliebenen die erforderlichen Auskünfte von dem anderen Ehegatten oder dessen Hinterbliebenen nicht erhalten können, haben sie einen entsprechenden Auskunftsanspruch gegen die betroffenen Versorgungsträger. Die Ehegatten und ihre Hinterbliebenen haben den betroffenen Versorgungsträgern die erforderlichen Auskünfte zu erteilen.

(12) Hat der Verpflichtete Zahlungen zur Abwendung der Kürzung seines Versorgungsanrechts geleistet, sind die unter Berücksichtigung der Abänderung der Entscheidung zuviel geleisteten Beträge zurückzuzahlen.

1   **I. Allgemeines. 1. Zweck.** Der öffentlich-rechtliche VersA wird grundsätzlich im Scheidungszusammenhang durch eine formell und materiell rechtskräftig werdende Entscheidung des FamG geregelt (vor § 1587 BGB Rz 17). Hierbei liegt ihm eine Bewertung der während der Ehe erworbenen Anrechte nach Maßgabe der rechtlichen und tatsächlichen Verhältnisse bei Ehezeitende zugrunde (§ 1587 BGB Rz 10). Der sofortige und endgültige Vollzug des VersA ist (auch) verfassungsrechtlich legitimiert (vor § 1587 BGB Rz 12). Gleichwohl erwies sich die früher prinzipiell irreversible Durchführung des öffentlich-rechtlichen VersA auf der Grundlage – in der Anwartschaftsphase – bloß fiktiver und noch nicht verfestigter Werte schon kurz nach Einführung des neuen Rechtsinstituts als verfassungsrechtlich nicht hinnehmbar (vgl hierzu BGH FamRZ 1991, 1415 [1416]), da zahlreiche Änderungen der Versorgungsrechte belegt hatten, daß die dem Ausgleich von Anwartschaften zugrunde liegenden Annahmen über die Höhe und den Bestand von Anrechten den tatsächlichen Verhältnissen im Leistungsfall nicht entsprechen würden (Lohmann DRV 1985, 577 [584]; Bergner DRV 1985, 636 [637]). Mit § 10a wird daher in weitem Umfang, jedoch begrenzt auf für den VersA typische Abänderungsgründe (vgl BGH FamRZ 1996, 1540 und 282; Stuttgart FamRZ 2002, 614), ein Wiederaufgreifen rechtskräftiger Entscheidungen ermöglicht. Im Vordergrund steht hierbei die Abänderung nach Abs I Nr 1 für den Fall, daß sich im Abänderungszeitpunkt bei einer rückschauenden Betrachtung der Anrechte auf der Grundlage ihrer ehebezogenen Bestimmungsgrößen eine Veränderung im Wertunterschied ergibt. Damit kann **Grundrechtsverletzungen** begegnet werden, die eintreten können, wenn der rechtskräftig durchgeführte VersA das Ziel einer Halbteilung des wirklichen Werts der während der Ehe erworbenen Anrechte verfehlt (BVerfG FamRZ 1993, 161 [162]; BSG SozR 2200 § 1304a Nr 16). Einem materiell richtigen Ausgleichsergebnis ist gegenüber dem Rechtsfrieden einer bereits ergangenen Entscheidung weitgehend Vorrang eingeräumt worden; denn im Rahmen von Abs I Nr 1 erfolgt eine **Totalrevision** der früheren Entscheidung (BGH FamRZ 1990, 276; 1989, 264). Somit berechtigen nicht nur nachträgliche Veränderungen, sondern auch Unrichtigkeiten der abzuändernden Entscheidung (Rechen- und Methodenfehler, ungenügende Bewertungsgrundlagen, fehlerhafte Ehezeit) zu einer Abänderung der Erstentscheidung (BGH FamRZ 1988, 276; Frankfurt EzFamR aktuell 2002, 27). Darüber hinaus gestattet § 10a I Nr 2, 3 im Interesse des sozialen Schutzes des Berechtigten eine Abänderung im Hinblick auf einen möglichen oder möglich gewordenen öffentlich-rechtlichen VersA.

2   **2. Reichweite.** § 10a betrifft rechtskräftige VersA-Entscheidungen einschließlich Abänderungsentscheidungen (vor Eintritt der Rechtskraft besteht kein Rechtsschutzbedürfnis; Köln FamRZ 1999, 169; München OLGRp 1994, 8). Diese müssen einen Ausgleich nach § 1587b I–IV BGB; § 1 II, III oder § 3b I zum Gegenstand gehabt oder ein betriebliches Versorgungsanrecht dem schuldrechtlichen VersA vorbehalten haben; die Regelung erfaßt hierbei auch so genannte Negativentscheidungen (Hamm FamRZ 1992, 826 [827]) und Ausschlüsse nach § 3c aF (BGH FamRZ 1996, 282). Haben die Ehegatten über den VersA disponiert, so unterliegt die Vereinbarung der Abänderung gemäß Abs IX, während ein auf § 1587l BGB beruhender Titel über die Abfindung künftiger schuldrechtlicher Ausgleichsansprüche nach Abs VIII abgeändert werden kann (Hahne FamRZ 1987, 217 [222]). Abs I Nr 1 findet für die Korrektur von vornherein unrichtiger Entscheidungen über den schuldrechtlichen VersA entsprechend Anwendung (§ 1587f BGB Rz 3).

3   **3. Konkurrenzen. a) Weitere Korrektive.** Neben § 10a ist die Wiederaufnahmeklage in entsprechender Anwendung der §§ 578ff ZPO möglich (BGH FamRZ 1989, 264; AG Tempelhof-Kreuzberg FamRZ 1997, 568). Zulässig sind ferner eine Korrektur offenbarer Unrichtigkeiten analog § 319 ZPO (Karlsruhe MDR 2003, 523) sowie eine Urteilsergänzung entsprechend § 321 ZPO (Frankfurt FamRZ 1990, 296; Schleswig FamRZ 1989, 517); ausgeschlossen ist jedoch die Abänderungsklage gemäß § 323 ZPO (BGH FamRZ 1982, 367). **b) Schuldrechtlicher VersA.** Das Abänderungsverfahren geht dem schuldrechtlichen VersA vor (§ 1587f BGB Rz 2), es sei denn, die Abänderung der früheren Entscheidung über den öffentlich-rechtlichen VersA hat keine Auswirkungen auf die schuldrechtliche Ausgleichsrente (München FamRZ 1993, 574).

4   **4. Verfahren.** Es handelt sich um ein isoliertes, selbstständiges Verfahren (Karlsruhe FamRZ 1999, 1207), das einen formfreien Antrag (mit lediglich verfahrensauslösendem Charakter, vgl BGH FamRZ 2003, 1738 [1739]) bei dem nach § 621 II S 2 ZPO iVm § 45 FGG örtlich zuständigen FamG (Koblenz FamRZ 2000, 490) voraussetzt. Der Antrag bedarf keiner exakten Bezifferung, muß aber das Abänderungsziel schlüssig darlegen (BGH FamRZ 2003, 1738 [1739], woran kein zu strenger Maßstab anzulegen ist (Dörr NJW 1988, 97 [102]). Im Rahmen der Totalrevision der früheren Entscheidung (Rz 1) muß das Gericht ohne Bindung an den Vortrag der Beteiligten (die jedoch nach § 1587o BGB auch im Rahmen eines Abänderungsverfahrens disponieren können) **von Amts wegen** den Sachverhalt vollständig aufklären und auf die wahre aktuelle Sach- und Rechtslage abstellen (BGH v 30. 1. 1991 – XII ZB 155/88 – nv; Celle FamRZ 2003, 1291 [1292]; Karlsruhe FamRZ 1991, 458), so daß es auch eine dem Antragsteller nachteilige Entscheidung treffen kann (KG OLGRp 1998, 373; dann ggf Antragsrücknahme). Für die früheren Ehegatten und ihre Hinterbliebenen besteht **Anwaltszwang** nur im Verfahren der Rechtsbeschwerde (§ 78 I S 4; II und III ZPO; Saarbrücken OLGRp 2000, 642). Hinsichtlich der **Ausgleichsform** gilt, daß das FamG bei der Abänderung die Ausgleichsmechanismen des im Entscheidungszeitpunkt geltenden Rechts anzuwenden hat, auch wenn die auf der Grundlage des früheren Rechts ergangene Erstentscheidung andere Ausgleichsformen vorsah (BGH FamRZ 1989, 1058; in den Fällen des § 1587b III S 1 BGB kommt aus Gründen der Gleichbehandlung die entsprechende Anwendung von Art 4 § 1 I S 2 VAwMG in Betracht).

II. Abänderungsgründe (Abs I). 1. Grundsatz.
Abs I Nr 1–3 enthält eine abschließende (BGH FamRZ 1996, 282) Aufzählung von Abänderungsgründen, die zu einer „entsprechenden" Neuregelung des VersA führen (der also im übrigen keiner erneuten Überprüfung zugänglich ist; vgl BT-Drucks 10/6369, 21; BGH FamRZ 1996, 1540 [1542] und 282 [283]; Düsseldorf FamRZ 1988, 959). Abs I Nr 1 und Nr 2 betreffen Umstände, die zu einem anderen Wertunterschied führen, so daß sich die frühere Entscheidung als objektiv unrichtig erweist, während Abs I Nr 3 den Fall regelt, daß anstelle des früheren schuldrechtlichen VersA ein Wertausgleich möglich ist (Pal/Brudermüller Rz 5).

2. Wertabweichung (Nr 1).
a) Nr 1 beschreibt den **wichtigsten Korrekturgrund:** Danach ist eine Abänderung zugunsten eines der früheren Ehegatten oder seiner Hinterbliebenen zulässig, wenn ein im Zeitpunkt des Erlasses der Abänderungsentscheidung ermittelter Wertunterschied von dem Wertunterschied abweicht, welcher der früheren – abzuändernden – Entscheidung zugrunde gelegt worden ist. Damit wird wie bei der Erstentscheidung das Ziel verfolgt, alle in die öffentlich-rechtliche Ausgleichsbilanz einzustellenden Anrechte mit ihrem aktuellen, jedoch auf das Ehezeitende bezogenen Wert zu erfassen (BGH FamRZ 1993, 796). Im Rahmen einer erneuten Totalerfassung aller Anrechte sind – ohne Rücksicht auf ihre Verursachung – alle rechtlichen und tatsächlichen Umstände zu berücksichtigen, die einen Bezug zur ehelichen Versorgungsgemeinschaft haben (vgl BGH FamRZ 1994, 92 [94 f]) und rückwirkend betrachtet einen anderen Ehezeitanteil der Anrechte oder eine andere Ausgleichsform ergeben (BT-Drucks 10/5447, 17 und 10/6369, 21; BGH FamRZ 1993, 796; 1990, 276). Rechtlichen oder tatsächlichen Veränderungen kann das Gericht Rechnung tragen, ohne daß es auf den Zeitpunkt des Eintritts der Änderungen ankommt (BGH FamRZ 1996, 215; 1988, 1148). Darüber hinaus kann es auf die Feststellung des Wertunterschiedes bezogene Fehler der Erstentscheidung korrigieren (BGH FamRZ 1989, 725; München FamRZ 1997, 1082), zB solche, die auf mangelhaften Auskünften der Versorgungsträger (BGH FamRZ 1989, 264) oder auf zu Unrecht nicht in den VersA einbezogenen Anrechten (BGH FamRZ 1995, 1062; 1988, 276; München FamRZ 1991, 576) beruhen. Dem steht nicht entgegen, daß diese bereits durch Rechtsmittel hätten ausgeräumt werden können (Ruland NJW 1987, 345 [349]). Das Gericht kann seiner Entscheidung ferner eine geänderte Rechtsauffassung zugrunde legen (Koblenz FamRZ 1987, 950; RGRK/Wick Rz 20), wobei es ggf auf die Leitlinienfunktion gefestigter Rspr der obersten Bundesgerichte Rücksicht zu nehmen und bei Abweichungen die Argumentationslast zu tragen hat.

b) Wertunterschied ist – wie bei § 1587a I S 2 BGB – der Betrag, um den die in der Ehezeit erworbenen regel- oder angleichungsdynamischen Anrechte (ggf nach Dynamisierung) die gegenüberzustellenden Anrechte des anderen Ehegatten übersteigen (BGH FamRZ 1989, 725). Einzubeziehen sind auch dem schuldrechtlichen VersA unterliegende Anrechte, die als Saldierungsposten in die Ausgleichsbilanz einzustellen sind (Ausnahme: degressive Leistungen). Eine Beschränkung des Verfahrens auf einzelne Anrechte ist nicht möglich, da nur bei einer Gesamtüberprüfung der Erstentscheidung allen (auch gegenläufigen; vgl Karlsruhe FamRZ 2001, 1374) Entwicklungen der beiden Ehegatten Rechnung getragen werden kann (BGH FamRZ 1991, 676; Düsseldorf FamRZ 1997, 87; Kemnade FamRZ 1998, 1363). Ob eine Änderung im Wertunterschied eingetreten ist, ist anhand eines Vergleichs der früheren Entscheidung über den öffentlich-rechtlichen VersA mit einer neuen Berechnung auf der Grundlage der tatsächlichen Sach- und Rechtslage zu prüfen, die der die individuellen Bemessungsgrundlagen bei Ehezeitende zugrunde liegen, diese jedoch aktualisiert nach Maßgabe der zwischenzeitlich eingetretenen und auf den ehezeitbezogenen Versorgungserwerb zurückwirkenden Änderungen (BGH FamRZ 1994, 92 [94]). Die Wertberechnung im Abänderungsverfahren erfolgt auf der Grundlage eines möglichst aktuellen, für alle Anrechte gleichen Bewertungsstichtags – Abänderungsversicherungsfall – (Celle FamRZ 1989, 985).

c) Abänderungsgründe (vgl auch Rz 6). Abs I Nr 1 ist auf die Besonderheiten des dem VersA unterliegenden Teilungsgegenstandes zugeschnitten (BGH FamRZ 1996, 1540; 1989, 725). Die Regelung soll der Tatsache Rechnung tragen, daß insbesondere die in den öffentlich-rechtlichen Regelsicherungssystemen erworbenen Anrechte vor allem während der Anwartschaftsphase auf Grund rechtlicher und tatsächlicher Umstände zahlreichen Veränderungen unterliegen (vgl hierzu BVerfG NJW 1982, 155 [158]; Rechtsänderungsübersicht in FamRZ 1997, 927 [928]). In der forensischen Praxis steht daher die Anpassung des rechtskräftig durchgeführten VersA an die veränderten Verhältnisse im Vordergrund.

aa) Rechtsänderungen und vergleichbare Änderungen. Nach dem Ende der Ehezeit eingetretene Änderungen des Versorgungsrechts sind zu berücksichtigen, soweit das neue Recht nach seinem zeitlichen Geltungswillen auf den Wert des auszugleichenden Anrechts Einfluß nimmt (BGH FamRZ 1998, 421; 1996, 98). Ist der VersA auf der Grundlage eines fingierten Leistungsfalls (Versorgungsanwartschaft) durchgeführt worden, so kann dies im allgemeinen bejaht werden, weil eine Anwartschaft bis zu ihrer Verfestigung zum Leistungsanspruch regelmäßig Veränderungen ausgesetzt ist (vgl BGH FamRZ 1993, 294). War der VersA im Erstverfahren auf der Basis der bereits tatsächlich gezahlten Versorgung vorzunehmen (§ 1587a BGB Rz 20, 39ff), so ist zu prüfen, ob sich die Neuregelung nach dem jeweils maßgebenden Übergangsrecht – etwa nach den §§ 300ff SGB VI oder gemäß § 69e BeamtVG – auf den bereits realisierten Anspruch auswirkt (hierzu BGH FamRZ 1996, 406; 1994, 92; Celle FamRZ 2002, 823; BMJ-Schreiben vom 2. 4. 2002, FamRZ 2002, 804). Die Kodifikationen der wichtigsten staatlich organisierten Alterssicherungssysteme – der gesetzlichen Rentenversicherung, der Beamten-, Richter- und Soldatenversorgung sowie der Alterssicherung der Landwirte – sind in der jüngeren Vergangenheit wiederholt umfassend und tiefgreifend novelliert worden. Darüber hinaus hat der große Bereich der Zusatzversorgung der Arbeitnehmer des öffentlichen Dienstes eine strukturelle Neuausrichtung erfahren (§ 1587a BGB Rz 44). Dies alles hat erworbene Anwartschaften (§ 300 I, § 306 I SGB VI; § 81 II BBesG) und teilweise auch bereits realisierte Ansprüche (vgl etwa § 69e II–IV BeamtVG) inhaltlich umgestaltet (Deisenhofer FamRZ 2002, 288); so daß frühere Entscheidungen über den VersA oftmals korrekturbedürftig geworden sind (Klein/Klattenhoff, Das gesamte Familienrecht, § 10a VAHRG Rz 24ff). Änderungen in den **untergesetzlichen Grundlagen** eines Versorgungsanrechts (Satzung, Einzel- oder Kollektivvertrag etc) sind wie Gesetzesänderungen zu berücksichtigen (BGH FamRZ 1994, 92). Einer Normänderung steht die Änderung der der Norminterpretation zugrundeliegenden höchstrichterlichen Rspr (Celle FamRZ 1989, 985) oder der ständigen, gerichtlich nicht beanstandeten Verwaltungsübung gleich.

10   **bb) Tatsächliche Änderungen.** Zu berücksichtigen sind alle in den individuellen, rechtserheblichen Verhältnissen eingetretene Veränderungen, die einen Bezug zum ehelichen Versorgungserwerb haben (BGH FamRZ 1999, 157). Auf die Gründe für die Wertveränderung (zB ein Verschulden an dem vollständigen oder teilweisen Wegfall eines Anrechts) kommt es nicht an, es sei denn, beruht auf einer in Schädigungsabsicht vorgenommenen – und daher nach dem Grundsatz des § 162 unbeachtlichen – Manipulation eines der Ehegatten (BGH FamRZ 1989, 42; 1988, 1148). Zu beachten sind in der **Beamtenversorgung** zB ein Versorgungsverlust mit darauf folgender Nachversicherung nach § 8 II SGB VI (BGH FamRZ 1997, 158; 1989, 42 und 43; dies gilt nicht für Zeitsoldaten und Widerrufsbeamte; vgl § 1587a BGB Rz 10, 12); die Zurruhesetzung vor der Regelaltersgrenze wegen Dienstunfähigkeit oder nach Erreichen einer vorgezogenen (Antrags)Altersgrenze (BGH FamRZ 1996, 215; 1991, 1415; 1989, 492; vgl auch Rz 19), Beurlaubung oder Teilzeittätigkeit (§ 6 I S 2 Nr 5, S 3ff; § 7 S 2 und § 8 II BeamtVG; BGH FamRZ 1988, 940); Eintritt des Versorgungsfalls vor Ablauf der Mindestdienstzeit iSv § 5 III BeamtVG und bei Zeitbeamten die Verlängerung der Amtszeit (BGH FamRZ 1995, 414). In der **gesetzlichen Rentenversicherung** führen insbesondere die Änderung des Gesamtleistungswerts für die Bewertung beitragsfreier und -geminderter Zeiten (§§ 71f; 263 f SGB VI) oder die Erfüllung der Voraussetzungen für die Mindestentgeltpunktbewertung nach § 70 IIIa oder § 262 SGB VI zu abänderungsrelevanten Wertveränderungen. In Bezug auf sonstige **Sicherungssysteme** gilt, daß ein vorzeitiger Abschluß der Erwerbs- und Versorgungsbiographie vor Erreichen der Regelaltersgrenze (zB infolge des Eintritts einer Erwerbsminderung) bei zeitratierlich zu bewertenden Anrechten zu Wertveränderungen führen kann (BGH FamRZ 1990, 605; Celle FamRZ 1989, 985; Hamm FamRZ 1990, 173); dies gilt ferner für Überleitungen berufsständischer Versorgungsanrechte auf einen anderen Versorgungsträger (Nürnberg FamRZ 1996, 1481), Veränderungen in der (prognostizierten) Dynamik eines Anrechts (BGH FamRZ 1995, 88 [92]) oder für die Beitragsfreistellung in einer berufsständischen Versorgungseinrichtung (BGH NJW-RR 1989, 1477).

11   **cc) Nicht zu berücksichtigen** sind vor allem Umstände, die keinen Bezug zum ehezeitlichen Versorgungserwerb haben, da der VersA durch die eheliche Versorgungsgemeinschaft nicht nur legitimiert, sondern auch begrenzt wird. Daher bleiben die bei Ehezeitende gegebenen variablen Bemessungsgrundlagen eines Anrechts (zB jeweilige Einkommenshöhe) festgeschrieben, so daß ein zwischenzeitlich eingetretener beruflicher Aufstieg ohne unmittelbaren Einfluß auf die Wertermittlung bleibt (BGH FamRZ 1999, 157; 1994, 92). Hieraus folgt die herrschende – allerdings nicht überzeugende – Meinung, daß der Eintritt eines früheren Widerrufsbeamten oder Zeitsoldaten in ein Probebeamten- oder Berufssoldatenverhältnis nicht zu einer abänderungsrelevanten Wertveränderung führe (BGH FamRZ 2003, 29; 1987, 921; 1982, 154; zur Kritik im einzelnen R/K/Klattenhoff Rz V. 682). Darüber hinaus bleiben Bestimmungsgrößen der Versorgung außerhalb des Anwendungsbereichs if 1587a VI BGB, die ohne dauerhaften Einfluß auf das Versorgungsstammrecht sind, unberücksichtigt (dies gilt zB für das Auslandsrentenrecht der gesetzlichen Rentenversicherung nach §§ 110ff SGB VI, für Versorgungserhöhungen nach §§ 14a, 50e BeamtVG oder für disziplinarrechtliche Kürzungen des Ruhegehalts, München FamRZ 1999, 1430). Im Rahmen von § 10a unbeachtlich ist ferner die unterschiedliche Wertsteigerung nach Durchführung des VersA im Bereich der nach § 1587a III BGB als volldynamisch definierten, jedoch in unterschiedlichen Sicherungssystemen erworbenen Anrechte der gesetzlichen Rentenversicherung und der Beamtenversorgung (BGH FamRZ 1994, 93 [95]), da eine andere Betrachtung der gesetzlichen Gleichstellung dieser Anrechte widerspräche. Schließlich führt auch die Beitragserstattung nach § 210 SGB VI nicht zu einer Abänderung (da sie mit § 210 IV SGB VI abschließend geregelt ist).

12   **3. Verfallbarkeitsklausel (Nr 2).** Die Regelung der Nr 2 gestattet – als Unterfall von Nr 1 (Düsseldorf FamRZ 1988, 959) – die Abänderung des VersA in solchen Fällen, in denen ein Anrecht des Verpflichteten oder Berechtigten (Karlsruhe FamRZ 2000, 235) im Zeitpunkt der früheren Entscheidung (§ 1587a II Nr 3 S 3 BGB) dem Grunde oder der Höhe nach verfallbar war (§ 1587a BGB Rz 45ff) oder zu Unrecht als noch verfallbar angesehen wurde. Ist nach der Entscheidung über den VersA die Unverfallbarkeit dieses Anrechts eingetreten oder ist der objektive Mangel der früheren Entscheidung erst später erkannt worden, so erfolgt – verknüpft mit einer Totalrevision der früheren Entscheidung – anstelle des schuldrechtlichen VersA der Ausgleich in den Formen der §§ 1, 3b (ggf auch noch nach der Regelung des schuldrechtlichen VersA, vgl BGH FamRZ 1998, 421). Die Regelung dient insbesondere der Erfassung der wegen § 2 V BetrAVG zunächst als verfallbar angesehenen, nachehelichen Anwartschaftsdynamik eines unverfallbaren betrieblichen Versorgungsanrechts (§ 1587a BGB Rz 48). Sind die Anrechte auf Seiten des Berechtigten zu berücksichtigen, ohne daß dieser zum Verpflichteten wird, so wirken sie nur ausgleichsmindernd und „können nicht durch die Begründung von Anrechten ausgeglichen werden"; insoweit ist Nr 1 anzuwenden (Bergner VersA S 17). Der Berechtigte muß wegen des Abwertungseffekts des § 1587a III, IV BGB prüfen, ob er in Bezug auf die nicht volldynamischen Anrechte des Verpflichteten am schuldrechtlichen VersA (§ 1587f Nr 4) auf der Grundlage von Nominalbeträgen – und ggf mit einem Anspruch nach § 3a – festhalten will (in diesen Fällen Karlsruhe FamRZ 1988, 845 und 1290).

13   **4. Änderung der Ausgleichsform (Nr 3).** Die Regelung der Nr 3 dient dem Sicherungsbedürfnis des Berechtigten und dem Interesse des Versorgungsträgers an der Vermeidung des verlängerten schuldrechtlichen VersA. Sie erlaubt – auch nach Eintritt der Voraussetzungen des § 1587g I S 2 BGB (BGH FamRZ 1998, 421) – die Abänderung einer früheren Entscheidung über den VersA, wenn mit dieser (auch nur mittelbar) ein unverfallbares Anrecht des Verpflichteten dem schuldrechtlichen Ausgleich überlassen worden ist. Dies setzt weiter voraus, daß das Anrecht nun durch Begründung von Anrechten ausgeglichen werden kann, weil die maßgebende Regelung eine

solche Begründung bereits vorsah oder diese Möglichkeit erst nachträglich infolge Einführung der Realteilung oder auf Grund eines Statuswechsels des Versorgungsträgers geschaffen worden ist (BGH FamRZ 2003, 1738; 1993, 173). Eine Abweichung im Wertunterschied ist nicht erforderlich. Die generelle Einführung des § 3b berechtigt jedoch nicht zur Abänderung (BGH FamRZ 1997, 285). Der Abänderungsantrag kann sofort nach Eintritt der Voraussetzungen gestellt werden, sofern auch die Bedingungen des Abs V erfüllt sind. Für die Alterssicherung der Landwirte gilt die Sonderregelung des § 110 S 2, 3 ALG.

III. Wesentlichkeitserfordernis (Abs II). 1. Allgemeines. Mit Abs II werden die sich aus Abs I ergebenden 14 Abänderungsmöglichkeiten von einem objektiven **Rechtsschutzbedürfnis** auf Seiten der Ehegatten und ihrer Hinterbliebenen abhängig gemacht. Voraussetzung für die Abänderung ist zunächst, daß sie zu einem vom früheren VersA wesentlich abweichenden Ausgleich führt, weil das neue Ausgleichsergebnis nicht nur geringfügig vom früheren Ausgleich differiert oder konkret die Erfüllung einer Wartezeit zur Folge hat. Ferner setzt jede Abänderung voraus, daß sie sich (auch) zugunsten eines geschiedenen Ehegatten oder seiner Hinterbliebenen auswirkt.

2. Erheblichkeitsschwelle (S 1 Nr 1). Das Erheblichkeitserfordernis des Abs II S 1 Nr 1 knüpft an § 323 I 15 ZPO an (Wagenitz JR 1987, 53 [55]). Die Regelung macht die Abänderung davon abhängig, daß diese zur Übertragung oder Begründung von Anrechten in allen Formen des öffentlich-rechtlichen VersA (Köln FamRZ 1998, 169) führt, deren Wert in der Summe von dem Wert der durch die frühere Entscheidung insgesamt übertragenen oder begründeten Anrechte **wesentlich abweicht.** Hierbei sind schuldrechtlich auszugleichende Anrechte nicht zu berücksichtigen (München FamRZ 1998, 679) und durch Beitragszahlung zu begründende Anrechte nur insoweit, als die Beiträge tatsächlich gezahlt worden sind. Mit dem Erheblichkeitserfordernis sollen unnötige Streitigkeiten vermieden und die FamG von Bagatellverfahren entlastet werden (BVerfG FamRZ 1993, 161 [163]). Die Differenz zwischen dem Ausgleichsergebnis der ersten Entscheidung und dem Ergebnis der Abänderungsentscheidung ist nach Abs II S 2 wesentlich, wenn sie **10 %** des Wertes der dem Berechtigten durch die frühere Entscheidung im öffentlich-rechtlichen VersA *insgesamt* (vgl BGH FamRZ 1991, 676) gutgebrachten Anrechte übersteigt, womit eine schematische, aber dennoch individualisierende Prüfung sichergestellt ist. Die Regelung ist verfassungskonform, den gesetzgebenden Körperschaften obliegt jedoch eine Beobachtungspflicht (vgl hierzu BVerfG FamRZ 1993, 161 und 1420; BGH FamRZ 1993, 797; von Maydell FuR 1993, 146). Die relative Erheblichkeitsschwelle wird durch eine **objektive Erheblichkeitsschwelle** ergänzt; denn die nach den vorstehenden Grundsätzen errechnete Differenz muß auf jeden Fall mehr als 0,5 % der am Ende der Ehezeit geltenden monatlichen Bezugsgröße betragen (Tabelle in FamRZ 2003, 217). Bei angleichungsdynamischen Anrechten (minderer Art) gilt nach § 4 II Nr 2 VAÜG die Bezugsgröße (Ost) und bei einem Eheende vor 1977 gemäß Art 4 § 4 VAwMG die für 1977 maßgebende Bezugsgröße (zu Fällen im Beitrittsgebiet, in denen das Eheende vor Juli 1990 liegt, vgl AG Tempelhof-Kreuzberg FamRZ 1997, 427). Scheitert die Korrektur des öffentlich-rechtlichen VersA an Abs II, so steht dies einer Verrechnung des „richtig ermittelten" Anrechts im schuldrechtlichen VersA nicht entgegen (Celle FamRZ 1993, 1328 [1331]).

3. Wartezeiterfüllung (S 1 Nr 2). Liegen die Voraussetzungen der Nr 1 nicht vor, so kann gleichwohl eine 16 Abänderung vorgenommen werden, wenn durch die Abänderung eine für die Versorgung des Berechtigten oder seiner Hinterbliebenen maßgebende, bislang noch nicht erfüllte Wartezeit (§§ 50–52, 243b SGB VI) konkret erfüllt wird. Die Regelung gilt entsprechend für die Inanspruchnahme anderer rentenrechtlicher Rechtspositionen (etwa § 7 II SGB VI) mit Ausnahme der Beitragserstattung und darüber hinaus auch für den VersA im Wege der Realteilung (Klattenhoff/Greßmann FamRZ 1995, 577 [584]). Würde zwar infolge einer Abänderung die Wartezeit erfüllt werden, kann aber auch dann keine Rente gezahlt werden, weil die sonstigen versicherungsrechtlichen Rentenvoraussetzungen nicht gegeben sind, ist keine Korrektur des VersA vorzunehmen (RGRK/Wick Rz 50).

4. Begünstigungserfordernis (S 1 Nr 3). Die Abänderung hat ferner zur Voraussetzung, daß sie sich voraus- 17 sichtlich (nicht unbedingt sofort; vgl Schleswig SchlHA 1997, 17) zugunsten eines Ehegatten oder seiner Hinterbliebenen auswirkt. Die Regelung soll verhindern, daß die Abänderung ausschließlich zum Vorteil eines Versorgungsträgers erfolgt (BT-Drucks 10/5447, 19), während eine Abänderung, die neben dem Ehegatten oder seinen Hinterbliebenen *auch* den Versorgungsträger begünstigt, nicht ausgeschlossen ist (Köln FamRZ 1990, 294). Problematisch ist die Berücksichtigung der Interessenlage der Hinterbliebenen, da deren Absicherung außerhalb des Regelungszwecks des VersA liegt. Aus der Subsidiarität des schuldrechtlichen VersA nach § 1587f Nr 4 BGB folgt, daß einer Abänderung die Begünstigungswirkung nicht mit dem Argument abgesprochen werden kann, der Ehegatte könne den Verpflichteten auf schuldrechtlichen VersA in Anspruch nehmen (Köln aaO). Für angleichungsdynamische Anrechte (minderer Art) gilt ergänzend § 4 II Nr 1 VAÜG.

IV. Billigkeitskorrektiv (Abs III). 1. Allgemeines. Während die Abänderungsvoraussetzungen durch die Abs I 18 und II objektiviert werden, erlaubt es das Korrektiv des Abs III, aus Billigkeitserwägungen ganz oder teilweise von der Abänderung abzusehen. Hierbei können nur die wirtschaftlichen Verhältnisse der Ehegatten oder ihrer Hinterbliebenen, insbesondere der nachehelichen Versorgungserwerb, berücksichtigt werden (BGH FamRZ 1988, 1148 [1150]); aus dieser Beschränkung folgt auch, daß es grundsätzlich unerheblich ist, warum es zum Wegfall oder zur Minderung eines Anrechts gekommen ist (vgl Rz 10). Bei Anwendung des Billigkeitskorrektivs ist an die Maßstäbe des § 1587c BGB anzuknüpfen (Hamm FamRZ 1994, 1468; Celle FamRZ 1990, 985). Dies bedeutet, daß die Ausnahmevorschrift, welche eine Abweichung vom Halbteilungsprinzip legitimiert, eng auszulegen ist. Ihre Anwendung ist streng an den Einzelfall zu binden (BayObLG NJW 1994, 1785) und auf untypische Fälle beschränkt (KG FamRZ 1996, 1422; Nürnberg FamRZ 1990, 759). Anders als bei der Schuldnerschutzvorschrift des § 1587c BGB gilt das Billigkeitskorrektiv für beide Ehegatten und ihre Hinterbliebenen (Kemnade FS Henrich S 355 [360]; MüKo/Dörr Rz 82; aA Bergner VersA S 23), also für den Berechtigten (der einen höheren Ausgleichsanspruch durchzusetzen wünscht) als auch für den Verpflichteten (der eine Herabsetzung des Ausgleichsanspruchs wünscht).

19 **2. Fallgruppen.** Grob unbillig ist die Abänderung wegen der Erhöhung des Ehezeitanteils, wenn diese darauf beruht, daß bei dem berechtigten oder verpflichteten Inhaber eines zeitratierlich zu bewertenden Anrechts vor Erreichen der Regelaltersgrenze verminderte Erwerbsfähigkeit eingetreten ist, und er seine Anrechte dringend benötigt, während der andere auf die Erhöhung nicht angewiesen ist (Bamberg FamRZ 1989, 756; KG OLGRp 1998, 373; Nürnberg FamRZ 1990, 759). Hierbei ist zu berücksichtigen, ob der Besitzstand des Ausgleichsverpflichteten infolge des Rentner-/Pensionärsprivilegs vorübergehend geschützt ist (Düsseldorf OLGRp 1997, 164; Schleswig SchlHA 1997, 17). Ferner kann die Abänderung grob unbillig sein, wenn der wirtschaftlich gesicherte Antragsteller des streitigen Teils des Anrechts nicht bedarf, der Antragsgegner hierauf jedoch dringend angewiesen ist oder die Abänderung zu einem erheblichen Ungleichgewicht zwischen den beiderseitigen Versorgungen führen würde (Köln FamRZ 1999, 1207; Kemnade FS Henrich S. 355 [360]). Schließlich ist an den Fall zu denken, daß sich die Versorgungsanrechte des Ausgleichsberechtigten infolge der Anrechnung von Kindererziehungszeiten erhöht haben, dieser nach der Scheidung weiterhin wegen der Kindererziehung nicht (angemessen) berufstätig war und auch keinen Vorsorgeunterhalt erhalten hat, während der Verpflichtete durch Erwerbstätigkeit weitere Anrechte erwerben konnte (Ruland NJW 1987, 345 [350]; Kemnade aaO [363]).

20 **V. Verfahrensvorschriften. 1. Antragsprinzip (Abs IV, V). a) Antragsberechtigung.** Der Abänderungsantrag (Rz 4) kann von den Ehegatten, ihren Hinterbliebenen und den betroffenen Versorgungsträgern gestellt werden. Hinterbliebene sind die Personen, die abgeleitete Ansprüche aus dem auf Grund des VersA veränderten Versicherungs- oder Versorgungsverhältnis eines der Ehegatten herleiten können, also der überlebende Ehegatte, ein früherer Ehegatte (aA BGH FamRZ 1993, 173) und Kinder des Verstorbenen, wobei es sich nicht um gemeinsame Kinder mit den früheren Partner handeln muß. Mit Hilfe des eigenen Antragsrechts ist es den Hinterbliebenen möglich, eine Abänderung auch dann herbeizuführen, wenn der verstorbene frühere Ehegatte die Voraussetzungen des Abs V noch nicht erfüllt hatte. Das Antragsrecht steht ihnen auch dann zu, wenn bereits der Ehegatte einen Abänderungsantrag gestellt hatte und sie die Frist des Abs X für die Fortsetzung des Verfahrens versäumt haben (BGH FamRZ 1998, 1504). Die **Versorgungsträger** können – vorausgesetzt, der VersA wirkt sich (auch) zugunsten eines der Ehegatten oder ihrer Hinterbliebenen aus (Abs II S 1 Nr 3) – einen Antrag stellen, wenn sie (künftig) auf Grund des VersA Leistungen zu mindern oder (ggf im Wege der Erstattung nach § 225 SGB VI oder im Rahmen des verlängerten schuldrechtlichen VersA) zu erbringen haben. Das Antragsrecht der Versorgungsträger dient dem Zweck, zu ihren Lasten gehende Manipulationen der Ehegatten zu verhindern (Köln FamRZ 1990, 294; Schleswig SchlHA 1997, 17), und – in den Fällen von Abs I Nr 3 – dem Interesse an der Vermeidung des verlängerten schuldrechtlichen VersA durch Realteilung (BGH FamRZ 2003, 1738 [1740]).

21 **b) Zeitpunkt der Antragstellung.** Die Abänderung ist nur zulässig, wenn eine der antragsberechtigten natürlichen Personen im Zeitpunkt der Antragstellung das 55. Lebensjahr vollendet hat, ausgleichsbedingt erhöhte oder geminderte Leistungen bezieht oder diese Leistungen nun in den öffentlich-rechtlichen VersA einzubeziehen sind. Der Aufschub der Abänderung dient der Verfahrensökonomie und drängt die Notwendigkeit, mehrere – möglicherweise gegenläufige – Abänderungen vornehmen zu müssen, zurück (BT-Drucks 10/5447, 20). Unerheblich ist, welcher der Ehegatten das 55. Lebensjahr vollendet hat und welche Rolle er im Abänderungsverfahren einnimmt; es genügt also auch, wenn der Antragsgegner die Altersgrenze überschritten hat. Zulässig ist ein Abänderungsantrag auch dann, wenn der iSv § 43 SGB VI erwerbsgeminderte Berechtigte das 55. Lebensjahr noch nicht vollendet hat und wegen Nichterfüllung der Wartezeit keine Rente erhält, auf Grund der Abänderungsentscheidung und der Hinzurechnung weiterer Wartezeitmonate aber Rente erhalten kann (Hamm FamRZ 1992, 826 [828]).

22 **2. Tod eines der Beteiligten (Abs X).** Die Entscheidung über den VersA kann auch nach dem Tod eines Ehegatten oder seiner Hinterbliebenen abgeändert werden, soweit sich dies voraussichtlich zugunsten des anderen Ehegatten oder seiner Hinterbliebenen auswirkt. Der Anspruch ist dann gegen die Erben des Verstorbenen geltend zu machen (BSG SozR 2200 § 1304a Nr 16; BGH FamRZ 1989, 1283). Verstirbt der Antragsteller, so endet nach S 1 (korrespondierend mit § 1587e II BGB) das Abänderungsverfahren, sofern nicht ein anderer Antragsberechtigter (Abs IV) innerhalb einer die Wiedereinsetzung verbietenden Ausschlussfrist (BGH FamRZ 1998, 1504) von 3 Monaten nach dem Tod des Antragstellers gegenüber dem FamG erklärt, das Verfahren fortsetzen zu wollen. Beim Tod des Antragsgegners wird das Verfahren nach S 2 entsprechend § 1587e IV BGB gegen die Erben – die nicht mit den Hinterbliebenen identisch sein müssen (BT-Drucks 10/6369, 23) – als Prozeßstandschafter fortgesetzt (Braunschweig FamRZ 2001, 1153). Ist das Verfahren auf Antrag des Versorgungsträgers eingeleitet worden, so sind beide Ehegatten Antragsgegner (BGH FamRZ 1990, 1339). War der Antragsgegner anwaltlich vertreten, tritt keine Verfahrensunterbrechung ein, jedoch kann das Verfahren entsprechend §§ 239, 246 ZPO ausgesetzt und wieder aufgenommen werden (Dörr NJW 1988, 97 [104]).

23 **3. Auskunftspflichten (Abs XI).** Mit Abs XI wird den Antragsberechtigten (Abs IV) ein der Verfahrensvorbereitung dienender Auskunftsanspruch eingeräumt, der entsprechend § 254 ZPO sinnvoller Weise (wegen Abs VII S 1) auch in Stufenform geltend gemacht werden kann (Dörr FamRZ 1987, 1093). Wechselseitig zur Auskunft verpflichtet und berechtigt sind nach S 1 die Ehegatten und ihre Hinterbliebenen; subsidiär besteht eine Auskunftspflicht des Versorgungsträgers (S 2). Die Regelung des S 3, die weitgehende von den Verfahrensgrundsätzen des Versorgungsrechts (zB Amtshilfe und Amtsermittlung) verdrängt wird, stellt klar, daß die Ehegatten und ihre Hinterbliebenen den betroffenen Versorgungsträgern die erforderlichen Auskünfte zu erteilen haben. Die Auskunftspflicht erstreckt sich auf alle Tatsachen, die zur Wahrnehmung der Rechte im Abänderungsverfahren erforderlich sind, also auch auf Umstände, die nach Abs III relevant sind.

24 **VI. Wartezeitwirkungen (Abs VI).** Hat der Berechtigte durch den öffentlich-rechtlichen VersA (einschließlich Realteilung) die Wartezeit für eine Rente erfüllt (vgl etwa § 52 I SGB VI, § 17 IV ALG), so entfällt die Wartezeit nicht, wenn der Ausgleichsanspruch im Wege einer Abänderung herabgesetzt wird (Grundsatz des § 305 SGB VI).

Dies gilt auch dann, wenn, wenn die frühere Entscheidung selbst eine Abänderungsentscheidung war (BT-Drucks 10/5447, 20). Die Begünstigung gilt nur für die Wartezeiterfüllung selbst, nicht jedoch für eine bestimmte Anzahl wartezeitwirksamer Monate. Für den Nachweis einer längeren, bislang nicht erfüllten Wartezeit ist daher von der tatsächlichen Zahl an Wartezeitmonaten auszugehen.

VII. Rückwirkung auf den Antragszeitpunkt (Abs VII). 1. Allgemeines. Abweichend von allgemeinen Grundsätzen (vor § 1587 BGB Rz 25) tritt nach S 1 die Gestaltungswirkung der Abänderungsentscheidung – abgesehen vom Ausgleich nach § 3b I Nr 2 (vgl hierzu Klattenhoff DAngVers 1992, 85 [90]) – bereits an dem der Antragstellung (= Eingang des Antrags beim FamG; vgl BGH FamRZ 1998, 1504 [1505]) folgenden Monatsersten ein, nicht jedoch vor dem Eintritt des Abänderungsgrundes. Dies gilt auch im Hinblick auf die Erfüllung der Wartezeit (Michaelis/Sander DAngVers 1987, 86 [94]). Die Regelung soll der Gefahr von Verfahrensverzögerungen begegnen (BT-Drucks 10/5447, 20). Führt die Abänderung zu einem höheren Ausgleichsanspruch, so bleibt die Versorgung des bei Eintritt der Rechtskraft der Abänderungsentscheidung (Soergel/Schmeiduch Rz 138) bereits leistungsberechtigten Verpflichteten entsprechend den Regelungen über das **Pensionärs- und Rentnerprivileg** insoweit vorläufig ungekürzt (BGH NJW 1995, 657; Köln FamRZ 1994, 907), und zwar unabhängig davon, ob die Versorgung bereits gemindert worden ist oder auf Grund des Pensionärs- und Rentnerprivilegs ungemindert gezahlt wird (Schleswig SchlHA 1997, 17; Klattenhoff DAngVers 1992, 85 [89]). Führt die Abänderung zu einer Minderung des Ausgleichsanspruchs oder fällt dieser weg, so gilt das Pensionärs- und Rentnerprivileg nach § 101 III S 3 SGB VI/§ 30 I S 2 ALG entsprechend.

2. Schutz des Versorgungsträgers. Die dem § 1587p BGB nachgebildete **Schuldnerschutzregelung** des S 2 gelangt zur Anwendung, wenn im Zeitpunkt des Zugangs der Rechtskraftbescheinigung (§ 706 ZPO) aus den Versorgungsverhältnissen beider Ehegatten bereits Leistungen gezahlt werden. Sie bestimmt, daß die Ehegatten und ihre Hinterbliebenen Leistungen des Versorgungsträgers der Verpflichteten gegen sich gelten lassen müssen, die dieser auf Grund der früheren Entscheidung bis zum Ablauf des Monats erbringt, der dem Monat folgt, in dem der Versorgungsträger von dem Eintritt der Rechtskraft der Abänderungsentscheidung Kenntnis erlangt hat (führt die Abänderung zu einer Minderung des Ausgleichsanspruchs, so ist auf die Kenntnisnahme des Versorgungsträgers des Berechtigten abzustellen). Der Kenntnis steht das Kennenmüssen gleich (Pal/Brudermüller Rz 30). Die Regelung gilt für sämtliche Formen des Wertausgleichs (zum Quasi-Splitting vgl KG FamRZ 1996, 1422). Dem Ehegatten, der zugunsten des anderen zuviel an Versorgung eingebüßt hat, steht ein Bereicherungsanspruch zu (vgl Hamm FamRZ 1990, 528). Die Regelung des S 3 vermeidet ungerechtfertigte Begünstigungen in solchen Fällen, in denen nach Zuerkennung einer verlängerten schuldrechtlichen Ausgleichsrente im Rahmen einer Abänderung gemäß Abs I Nr 3 ein öffentlich-rechtlicher VersA vorgenommen worden ist. Der Berechtigte muß sich hier die für den gleichen Zeitraum (auch von einem anderen Versorgungsträger) bereits geleistete Ausgleichsrente anrechnen lassen (Dörr NJW 1988, 97 [103]).

VIII. Abänderung und Kapitalleistungen (Abs VIII, XII). 1. Zahlungen zugunsten des Berechtigten. Gemäß Abs VIII gelten die Abs I–VII auch in Fällen, in denen der Verpflichtete oder ein anderer (§ 3b Rz 7) gemäß § 1587l III BGB oder § 3b I Nr 2 Beiträge zugunsten des Berechtigten gezahlt hat. Die Vorschrift befaßt ferner die Abfindung nach § 1587l BGB sowie den Ausgleich nach § 1587b IV BGB, auch soweit es um Beiträge zur gesetzlichen Rentenversicherung geht, da die Korrektur der familienrechtlichen Grundlage der Zahlung auf das Sozialrecht durchschlägt (Pal/Brudermüller Rz 33; aA MüKo/Dörr Rz 105). Zu Zahlungsvereinbarungen der Ehegatten vgl Rz 30.

2. Neuregelung des VersA. Steht auf Grund der Abänderung ein höherer Ausgleichsanspruch zu, kann das FamG einen weiteren Ausgleich in allen Formen der §§ 1, 3b oder nach § 1587b IV BGB anordnen. Wurden **dem Verpflichteten zu hohe Zahlungen auferlegt**, so sind nach Abs VIII S 2 die – nicht dynamisierten – Beiträge zurückzuzahlen (zur Berechnung des Rückzahlungsbetrages, wenn Raten gezahlt worden sind und der Beitragsausgleich nicht vollständig zu beseitigen ist, vgl Dörr NJW 1988, 97 [103]). Der Versicherungsträger darf die aus der Versicherung des Berechtigten bis zum Ablauf der Schutzfrist des Abs VII S 2 zuviel gezahlten Leistungen auf den Rückzahlungsbetrag anrechnen. Die Rückzahlung erfolgt – entsprechend § 7 – an den „Leistenden" (ggf also an den Berechtigten oder einen Dritten). Die Rückzahlung obliegt regelmäßig dem Rentenversicherungsträger des Berechtigten. Er selbst ist ausnahmsweise rückzahlungspflichtig, wenn es um Anrechte geht, die bei einem privaten Versicherungsträger begründet worden sind, weil in deren Bestand nicht eingegriffen werden kann (Karlsruhe VersR 1990, 1138; BT-Drucks 10/5447, 21). In diesen Fällen kann das FamG nach Abs VIII S 3 entsprechend § 1587d BGB das **Ruhen der Rückzahlungsverpflichtung oder Ratenzahlungen** anordnen, wenn der Berechtigte durch die Rückzahlung in seiner Lebensführung unangemessen beeinträchtigt würde.

3. Wiederauffüllungsleistungen (Abs XII). Hat der Verpflichtete zur Abwendung der auf dem VersA beruhenden Kürzung seiner Anrechte Wiederauffüllungsleistungen erbracht (zB nach § 187 I Nr 1 SGB VI, § 58 BeamtVG), so sind diese Zahlungen vom Leistungsträger des Verpflichteten zu erstatten, soweit sich ihr Zweck infolge einer Herabsetzung des Ausgleichsanspruchs im Rahmen einer Abänderung erledigt hat. Der Versorgungsträger ist entsprechend Abs VIII S 2 berechtigt, auf Grund der Zahlung bereits erbrachte Leistungen anzurechnen (Michaelis/Sander DAngVers 1987, 86 [95]).

IX. Abänderung von Vereinbarungen (Abs IX). Nach Abs IX kann eine wirksame (Bamberg FamRZ 2001, 499) Vereinbarung der Ehegatten über den öffentlich-rechtlichen VersA nach § 1408 II, § 1587o BGB, Art 12 Nr 3 III S 2 des 1. EheRG, Art 234 § 6 S 2 EGBGB entsprechend Abs I–VIII abgeändert werden. Danach ist es zB möglich, eine Abfindungszahlung auf Grund einer objektiv zu hoch angesetzten Versorgung den tatsächlichen Verhältnissen anzupassen (BT-Drucks 10/5447, 21). Die Abänderung schließt auch Fälle des Vollausschlusses des VersA ein, unterbleibt andererseits aber, wenn sie von den Ehegatten verbindlich ausgeschlossen worden ist. Da nur eine

VAHRG § 10d Auskunftspflicht

„entsprechende" Anwendung der Abs I–VIII erfolgt, ist es nicht zwingend erforderlich, daß gemäß Abs II S 1 Nr 1 anstelle des vereinbarten Ausgleichs nunmehr ein öffentlich-rechtlicher VersA vorzunehmen ist (J/H/Hahne Rz 52). Für die Abänderung einer vor 1987 getroffenen Vereinbarung gilt Abs IX nur nach Maßgabe von § 13 I Nr 2. Neben Abs IX kommt wegen der in Abs I genannten Gründe eine Anpassung der Vereinbarung wegen Störung der Geschäftsgrundlage nicht in Betracht; außerhalb dieses Anwendungsbereichs bleibt § 313 anwendbar. Für den schuldrechtlichen VersA gilt Abs IX analog.

10b (aufgehoben)

10c (aufgehoben)

10d *[Leistungsverbot während des Verfahrens über den Versorgungsausgleich]*
Bis zum wirksamen Abschluß eines Verfahrens über den Versorgungsausgleich ist der Versorgungsträger verpflichtet, Zahlungen an den Versorgungsberechtigten zu unterlassen, die auf die Höhe eines in den Versorgungsausgleich einzubeziehenden Anrechts Einfluß haben können.

1 Einmalige Leistungen (einschließlich Abfindungen, Beitragserstattungen usw) unterliegen nicht dem VersA. Da sie weder dem güterrechtlich Ausgleich unterliegen (wegen § 1384 BGB) noch als Versorgungssurrogat im Verfahren über den öffentlich-rechtlichen VersA berücksichtigt werden können, wenn die ihnen zugrunde liegenden Anrechte im Entscheidungszeitpunkt nicht mehr existent sind (BGH FamRZ 1995, 31; 1987, 1016; vgl im einzelnen § 1587 BGB Rz 3), soll § 10d der Gefahr einer Manipulation der Ausgleichsbilanz begegnen. Die Vorschrift ergänzt die nur den Verpflichtenden schützende Regelung des § 1587c Nr 2/§ 1587h Nr 2 BGB (Soergel/Schmeiduch Rz 1) und konstituiert eine **echte Unterlassungsverpflichtung** (BGH FamRZ 1995, 31). Hat der Versorgungsträger entgegen § 10d geleistet und kann der Erstattungsvorgang nicht beseitigt werden, so kommen Schadensersatzansprüche gemäß § 823 II BGB oder § 839 BGB iVm Art 34 GG in Betracht (BGH FamRZ 1992, 45). Ist die objektiv zu Unrecht erbrachte Leistung ohne Verschulden des Versorgungsträgers gezahlt worden, so kommt ihm ein §§ 407, 412 BGB entsprechender Schuldnerschutz zugute (Bergner VersA S 3)

2 Das Leistungsverbot betrifft **sämtliche Austrittsleistungen** in Form von Abfindungen, Kapitalisierungen und Erstattungen, die zum vollständigen oder teilweisen Erlöschen eines dem VersA unterliegenden Anrechts führen. Dies gilt unabhängig von der Qualität der Anrechte, der Art des Versorgungsverhältnisses, der Organisationsform des Versorgungsträgers und von der jeweiligen Ausgleichsform. Erfaßt werden also insbesondere Beitragserstattungen nach § 210 SGB VI (BGH FamRZ 1995, 31) oder § 76 ALG, Abfindungen nach § 3 BetrAVG und Auszahlungen des Rückkaufwerts nach § 176 VVG (Stuttgart RuS 1995, 197), nicht jedoch Umwandlungen einer Rentenversicherung (mit Kapitaloption) in eine Kapitalversicherung (BGH FamRZ 2003, 664 [665]; Celle FamRZ 1999, 1200). Ebenfalls nicht betroffen ist die Erstattung zu Unrecht gezahlter (unwirksamer) Beiträge nach § 26 SGB IV (es besteht auch keine familienrechtliche Obliegenheit zur Umwandlung zu Unrecht gezahlter Pflichtbeiträge in freiwillige Beiträge nach § 202 SGB VI).

3 Das Leistungsverbot setzt ein, sobald der Versorgungsträger von der Anhängigkeit eines VersA-Verfahrens (einschließlich eines Abänderungsverfahrens) oder von einem im Ausland vorrangig (vgl § 261 III Nr 1 ZPO) anhängigen, anerkennungsfähigen Scheidungsverfahren mit der Folge eines deutschen VersA (Soergel/Schmeiduch Rz 1) Kenntnis erlangt. Dies geschieht idR mit dem Eingang des Auskunftsersuchens des FamG; das Kennenmüssen steht der positiven Kenntnis gleich (LSG NRW EzS 60/147). Das Verbot endet mit Eintritt der Wirksamkeit der Entscheidung über den VersA gemäß § 629d ZPO, so daß es nicht – etwa in Bezug auf einen künftigen schuldrechtlichen Ausgleich – außerhalb eines konkreten Verfahrens zu beachten ist.

III. Auskunftspflicht im Versorgungsausgleich

11 *[Verfahren und Auskunftspflicht]*
(1) Entscheidet nach diesem Gesetz das Familiengericht, so gelten die verfahrensrechtlichen Vorschriften über den Versorgungsausgleich entsprechend, soweit sie nicht unmittelbar anzuwenden sind.
(2) Das Gericht kann über Grund und Höhe der Versorgungsanwartschaften und Versorgungen von den hierfür zuständigen Behörden, Rentenversicherungsträgern, Arbeitgebern, Versicherungsunternehmen und sonstigen Stellen sowie von den Ehegatten und ihren Hinterbliebenen Auskünfte einholen. Die in Satz 1 bezeichneten Stellen, die Ehegatten und ihre Hinterbliebenen sind verpflichtet, den gerichtlichen Ersuchen Folge zu leisten.

1 **1. Abs I** stellt eine Parallelregelung zu § 3 (der für das materielle Recht gilt) dar. Es handelt sich um eine der formalen Sonderstellung des VAHRG Rechnung tragende generelle **Verweisungsnorm** über die Geltung verfahrens- und kostenrechtlicher Vorschriften (Frankfurt OLGRp 1997, 167) für das familiengerichtliche Verfahren nach diesem Gesetz. Für die Härtekorrekturen nach den §§ 4–8 gilt der jeweils nach Art der Versorgung gegebene Rechtsweg.

2 **2. Auskunftspflichten gegenüber dem Gericht (Abs II).** Abs II begründet für sämtliche Verfahren über den VersA, die vom FamG durchzuführen sind, eine Auskunftspflicht der Ehegatten, ihrer Hinterbliebenen und (unab-

hängig vom verfahrensrechtlichen Status; vgl Naumburg FamRZ 2001, 550) der Versorgungsträger gegenüber dem Gericht (Brandenburg NJ 1996, 150; Celle MDR 1994, 488). Die Auskunftspflichten zwischen den Ehegatten und ihren Hinterbliebenen ergeben sich aus § 1587e I und § 1587k I BGB sowie aus § 3a VIII, § 9 IV und § 10a XI. Indem es die Regelung gestattet, auch die Ehegatten und ihre Hinterbliebenen auf Erteilung von Auskunft in Anspruch zu nehmen (und damit über § 53b II FGG hinausgeht), effektiviert sie den Amtsermittlungsgrundsatz (Dresden FamRZ 2000, 298) und dient der Verfahrensökonomie. Die Auskunftspflicht beginnt mit dem Eintritt der Rechtshängigkeit (vgl Brandenburg FamRZ 1998, 681; Köln FamRZ 1984, 1111); ihr kann nicht mit dem Einwand begegnet werden, der Scheidungsantrag sei unbegründet (Braunschweig FamRZ 1995, 300; Karlsruhe FamRZ 1994, 1330; Saarbrücken OLGRp 2001, 290), sofern die Erfolglosigkeit des Antrags nicht ausnahmsweise offensichtlich ist (Pal/Brudermüller Rz 2 unter Hinweis auf Düsseldorf FamRZ 1987, 618). Die Verpflichtung erlischt mit der Rechtskraft der Entscheidung über den VersA (BGH FamRZ 1984, 465). Sie geht mit dem Tod des Auskunftspflichtigen auf dessen Erben über (BGH FamRZ 1986, 253). Zur Auskunftspflicht der Versorgungsträger im einzelnen vor § 1587 BGB Rz 20.

Die Auskunftspflicht betrifft alle für die Entscheidung über den VersA erforderlichen Tatsachen auch außerhalb **3** der Ehe (Höhe von Versorgungsanrechten, Einwirkungen auf das Versorgungsverhältnis, Härtegründe usw). Sie kann formfrei erteilt werden (§ 1587e BGB Rz 3) und erstreckt sich auch auf die Beibringung geeigneter Beweismittel. Der Auskunftspflichtige (auch der öffentlich-rechtliche Versorgungsträger; vor § 1587 BGB Rz 20; aA Keidel/Kuntze § 53b FGG Rz 9a) kann gemäß § 33 FGG durch ein zuvor anzudrohendes (Stuttgart FamRZ 1986, 705) **Zwangsgeld** – nicht jedoch durch Erzwingungshaft (Stuttgart EzFamR aktuell 1999, 370) – zur Erteilung der Auskunft angehalten werden. Die Festsetzung des Zwangsgelds hat ein konkretes und eindeutiges Auskunftsersuchen zur Voraussetzung (Brandenburg NJ 1996, 150; Frankfurt FamRZ 2000, 540; Karlsruhe FamRZ 1989, 651) und ist nach § 19 FGG anfechtbar (Bremen FamRZ 1984, 713; Triebs FamRB 2002, 241).

IV. Übergangs- und Schlußbestimmung

12 *[Berlin-Klausel]*
(gegenstandslos)

13 *[Inkrafttreten, Außerkrafttreten]*
(1) Es treten in Kraft
1. die §§ 4 bis 10 mit Wirkung vom 1. Juli 1977;
2. die §§ 3a, 3b, 10a und 10d am 1. Januar 1987; § 10a Abs. 9 gilt für vor dem 1. Januar 1987 geschlossene Vereinbarungen, jedoch mit der Maßgabe, dass sie nur abgeändert werden können, soweit die Bindung an die Vereinbarung auch unter besonderer Berücksichtigung des Vertrauens des Antragsgegners in die getroffene Vereinbarung für den Antragsteller unzumutbar ist; wurde im Zusammenhang mit der Vereinbarung über den Versorgungsausgleich auch anderes geregelt, findet eine Abänderung nicht statt, es sei denn, daß die Regelung im übrigen auch ohne den Versorgungsausgleich getroffen worden wäre;
3. die §§ 10b und 10c am 1. Januar 1988;
4. die übrigen Vorschriften dieses Gesetzes mit Wirkung vom 1. April 1983.

(2) (aufgehoben)

1. Geltung der Härteregelungen (Abs I Nr 1). Das VAHRG ist im früheren Bundesgebiet allgemein am 1. 4. **1** 1983 in Kraft getreten (§ 13 I aF). Die auf die Rspr des BVerfG (vor § 4 Rz 1) zurückzuführenden Härteregelungen des II. Abschnitts sind rückwirkend zum 1. 7. 1977, dem Zeitpunkt der Einführung des VersA durch das 1. EheRG (vor § 1587 BGB Rz 1, 6), in Kraft gesetzt und zunächst bis zum 31. 12. 1986 befristet worden (§ 13 II, III aF). Während die Rückwirkung verfassungswidrige Ergebnisse auch für die Vergangenheit beseitigen sollte, machte die Befristung deutlich, daß die Neuregelung als kurzfristige Sofortlösung drängender Probleme anstelle der angestrebten grundsätzlichen Novellierung des VersA unter dem Vorbehalt einer Überprüfung stand. Das rückwirkende In-Kraft-Treten der Härteregelungen führte zu Nachzahlungen, die in „Unterhaltsfällen" nach § 6 auf beide Ehegatten zu verteilen waren (BSG FuR 1992, 119 mit Anm Klattenhoff). Das VAHRG ist im Beitrittsgebiet mit Wirkung vom 1. 1. 1992 in Kraft getreten (Anlage I Kapitel II Sachgebiet B Abschnitt III Nr 13 des Einigungsvertrages iVm Art 234 § 6 EGBGB).

Die Befristung der Härteregelungen, deren § 7 durch Art 2 Nr 4 VAwMG mit Rückwirkung auf den 1. 7. 1977 **2** geringfügig geändert worden ist, wurde durch Art 2 Nr 7 VAwMG beibehalten. Ihre Geltungsdauer wurde jedoch bis zum 31. 12. 1994 verlängert, um den gesetzgebenden Körperschaften die Möglichkeit zu geben, über deren langfristige Gestaltung auf Grund einer verläßlich-präzisen Kostenschätzung entscheiden zu können. Nachdem die gegen die Härteregelungen erhobenen verfassungsrechtlichen Einwände von der Rspr des BVerfG und der obersten Bundesgerichte nicht aufgenommen worden waren (vor § 4 Rz 1), wurden sie durch Art 30 Nr 2 des Rentenüberleitungsgesetzes (RÜG) vom 25. 7. 1991 (BGBl I 1606) mit Wirkung ab dem 1. 1. 1992 in unbefristetes Recht übergeführt, um den früheren Ehegatten und ihren Hinterbliebenen eine verläßliche Planungsgrundlage für ihre Altersversorgung zu verschaffen. Zugleich wurde damit dem Umstand Rechnung getragen, daß die Härteregelungen im Kern indisponibel sind (BT-Drucks 12/405, 173).

2. Geltung der Ausgleichsregeln. Mit Wirkung zum 1. 4. 1983 schuf das VAHRG in Ergänzung zu § 1587b I, **3** II und IV BGB die Ausgleichsformen des analogen Quasi-Splittings und der Realteilung nach § 1 II, III (zur – vereinbarten oder nach § 1587b IV BGB mit Zustimmung des Versorgungsträgers angeordneten – Realteilung vor dem 1. 4. 1983 vgl BGH FamRZ 1982, 998; AG Charlottenburg FamRZ 1983, 80). Die Ausgleichsregelungen gelten für alle Entscheidungen über den VersA, die nach dem 31. 3. 1983 ergehen, und zwar auch im Abänderungsverfahren (BGH FamRZ 1986, 894; 1985, 1240; 1983, 1003). Das VAHRG ersetzte mit den neuen Ausgleichsregeln – ergänzt durch den schuldrechtlichen VersA nach § 2 und begleitet von einer Einschränkung des Abfindungsrechts für Ansprüche nach § 2 – den VersA durch Beitragszahlung nach § 1587b III S 1 Hs 1 BGB, der vom BVerfG für verfassungswidrig und nichtig erklärt worden war (BVerfG FamRZ 1983, 342). Das Fehlen von Überleitungsregelungen in Bezug auf vor dem 1. 4. 1983 ausgesprochene Beitragsanordnungen und die ausnahmslose Verweisung von sonstigen Anrechten, die nicht § 1587b I, II BGB unterfallen und auch nicht in einer der öffentlich-rechtlichen Teilungsformen des § 1 ausgeglichen werden können, wurde – ebenso wie die Beschränkung des Abfindungsrechts – wiederum für verfassungswidrig erklärt (BVerfG FamRZ 1986, 543).

4   Durch das **VAwMG** (vor § 1587 BGB Rz 6) ist als Reaktion auf die verfassungsgerichtlichen Beanstandungen mit Wirkung ab 1. 1. 1987 ein erweiterter öffentlich-rechtlicher VersA (§ 3b I Nr 1) eingeführt worden und die Wiederzulassung des VersA im Wege der durch die Leistungsfähigkeit des Verpflichteten konditionierten Beitragszahlung (§ 3b I Nr 2) erfolgt. Ferner wurde allgemein wieder – und zwar rückwirkend zum 1. 4. 1983 – die Abfindung schuldrechtlicher Ausgleichsansprüche gestattet. Zugleich wurde das für den Ausgleich nach dem VAHRG maßgebende Recht unbefristet in Kraft gesetzt, während durch die wegen Fristablaufs am 31. 12. 1988 inzwischen gegenstandslos gewordene Regelung des Art 4 § 1 VAwMG (vgl Hahne FamRZ 1987, 429) die Möglichkeit geschaffen wurde, in Fällen einer nicht erfüllten Beitragsanordnung nach § 1587b III S 1 BGB oder eines dem schuldrechtlichen VersA vorbehaltenen Anrechts einen Ausgleich in den Formen des VAHRG nachzuholen. Unter den Voraussetzungen des Art 4 § 2 I VAwMG konnte der Ausgleichsberechtigte – auf Antrag, der bis zum 31. 12. 1988 zu stellen war – von einem öffentlich-rechtlichen Versorgungsträger die Leistungen erhalten, die ihm zugestanden hätten, wenn § 1 bereits am 1. 7. 1977 in Kraft getreten wäre.

5   **3. Geltung sonstiger Bestimmungen.** Die mit dem VAwMG geschaffenen Regelungen über den verlängerten schuldrechtlichen VersA (§ 3a), die Abänderung von Entscheidungen über den öffentlich-rechtlichen VersA (§ 10a) und über das Abfindungsverbot während eines anhängigen Verfahrens über den VersA (§ 10d) sind am 1. 1. 1987 in Kraft getreten.

6   Die **verlängerte schuldrechtliche Ausgleichsrente** steht auch dann zu, wenn die Entscheidung über den VersA bereits vor 1987 getroffen worden ist oder der Tod des Verpflichteten bereits zuvor eingetreten ist (BGH FamRZ 1989, 1283 und 1285). Nach der – wegen Fristablaufs am 31. 12. 1988 – ebenfalls zwischenzeitlich gegenstandslos gewordenen Übergangsregelung des Art 4 § 2 I VAwMG konnte der Ausgleichsberechtigte von einem öffentlich-rechtlichen Versorgungsträger ua die Leistungen erhalten, die er auf Grund des VersA erhalten hätte, wenn § 3a bereits am 1. 7. 1977 in Kraft getreten wäre. Nach Art 4 § 2 II VAwMG standen ihm von einem privaten Versorgungsträger grundsätzlich die Leistungen zu, die er erhalten hätte, wenn § 3a bereits am 8. 4. 1986 gegolten hätte. Die **Abänderungsregelung** des § 10a, deren Geltung zunächst bis 1994 befristet war und die durch Art 30 Nr 2 lit b RÜG mit Wirkung zum 1. 1. 1992 in Dauerrecht übergeführt worden ist, erfaßt auch Altfälle, die zuvor grundsätzlich nur der Wiederaufnahme in entsprechender Anwendung der §§ 578ff ZPO zugänglich waren (vgl § 10a Rz 3). Ihr In-Kraft-Treten (erst) zum 1. 1. 1987 ist verfassungsrechtlich unbedenklich (BSG SozR 2200 § 1304c Nr 16). Soll eine Vereinbarung über den VersA gemäß § 10a IX abgeändert werden, die vor 1987 getroffen worden ist, so kann dies nur unter den in Abs I Nr 2 Hs 2, 3 genannten einschränkenden Voraussetzungen erfolgen.

7   Der **Ausschluß von Bagatellanrechten** des Verpflichteten nach der mit dem VAwMG geschaffenen und am 1. 1. 1987 in Kraft getretenen Regelung des § 3c hatte sich in der gerichtlichen Praxis nicht bewährt (vgl BT-Drucks 12/405, 174) und ist daher durch Art 30 Nr 2 lit a RÜG mit Wirkung ab 1. 1. 1992 beseitigt worden. Die der **Vereinfachung des Finanzausgleichs** zwischen den Versorgungsträgern beim (analogen) Quasi-Splitting dienenden, durch das VAwMG mit Wirkung vom 1. 1. 1988 eingefügten Regelungen der §§ 10b, 10c sind am 1. 1. 1992 inhaltlich in das SGB VI übernommen worden (vgl dort § 183, § 185 II S 2, § 225) und haben damit ihren Standort im VAHRG verloren. Hierbei ist das System der Nachversicherung nach einem (analogen) Quasi-Splitting gemäß § 10c, das zunächst nur für Zeitsoldaten und Widerrufsbeamte galt, auf alle künftigen Nachversicherungen (§ 277 S 1 SGB VI) übertragen worden (Schmeiduch FamRZ 1991, 377 [389]). In bezug auf die vor 1988 durchgeführten Nachversicherungen von Zeitsoldaten wurden zur Abgeltung von Erstattungsansprüchen der Rentenversicherungsträger für Aufwendungen aus dem VersA nach Art 4 § 3 VAwMG Pauschalbeiträge gezahlt.

Gesetz über die Eingetragene Lebenspartnerschaft (Lebenspartnerschaftsgesetz – LPartG)

vom 16. Februar 2001 (BGBl. I S. 266),
geändert durch das Gesetz zur Verbesserung des zivilgerichtlichen Schutzes bei Gewalttaten und Nachstellungen sowie zur Erleichterung der Überlassung der Ehewohnung bei Trennung vom 11. Dezember 2001 (BGBl. I S. 3513)

Vorbemerkung

Materialien: BT-Drucks 14/3571; BT-Drucks 14/4545 Anl 1 und 2; BT-Drucks 14/4550; BT-Drucks 14/4875; BT-Drucks 14/4878.

Schrifttum: *Battes*, Probleme bei der Anwendung des Gesetzes über Eingetragene Lebenspartnerschaften, FuR 2002, 49ff, 113ff; *Coen*, Das Lebenspartnerschaftsgesetz in der notariellen Praxis – Eine Einführung –, BWNotZ 2001, 167ff; *Dethloff*, Die Eingetragene Lebenspartnerschaft – Ein neues familienrechtliches Institut, NJW 2001, 2598ff; *Dorsel*, Grundzüge des neuen Lebenspartnerschaftsgesetzes, RNotZ 2001, 151ff; *Finger*, Die registrierte Lebenspartnerschaft – Überblick über die Neuregelung und kritische Bestandsaufnahme, MDR 2001, 199ff; *Henrich*, Kollisionsrechtliche Fragen der eingetragenen Lebenspartnerschaft, FamRZ 2002, 137ff = in Schwab (Hg), Die eingetragene Lebenspartnerschaft (2002), S 313ff; *Jakob*, Die eingetragene Lebenspartnerschaft im Europarecht, FamRZ 2002, 501ff = in Schwab (2002) S 336ff; *D. Kaiser*, Das Lebenspartnerschaftsgesetz, JZ 2001, 617ff; *N. Mayer*, Das Gesetz zur Beendigung der Diskriminierung gleichgeschlechtlicher Gemeinschaften: Lebenspartnerschaften, ZEV 2001, 169ff; *Meyer/Mittelstädt*, Das Lebenspartnerschaftsgesetz, Kommentierende Darstellung anhand der Materialien, 2001; *Muscheler*, Das Recht der Eingetragenen Lebenspartnerschaft, 2001; *Rellermeyer*, Die Eingetragene Lebenspartnerschaft. Grundzüge des LPartG und Auswirkungen auf die Tätigkeit des Rechtspflegers, Rpfleger 2001, 381ff; *Schwab*, Eingetragene Lebenspartnerschaft – Ein Überblick –, FamRZ 2001, 385ff = in Schwab (2002), S 145ff; *Süß*, Notarieller Gestaltungsbedarf bei Eingetragenen Lebenspartnerschaften mit Ausländern, DNotZ 2001, 168ff; *Wellenhofer-Klein*, Die eingetragene Lebenspartnerschaft, 2003.

1. Gesetzgebungsgeschichte. Am 1. 8. 2001 ist mit dem „Gesetz zur Beendigung der Diskriminierung gleichgeschlechtlicher Gemeinschaften" (vom 16. 2. 2001, BGBl I 266) das Lebenspartnerschaftsgesetz (LPartG) **in Kraft getreten**, das gleichgeschlechtlichen Paaren mit der eingetragenen Lebenspartnerschaft eine der Ehe angenäherte, verfestigte Solidargemeinschaft als neues Rechtsinstitut öffnet. Das Gesetz beruht auf einem Entwurf, den die Regierungsfraktionen SPD und Bündnis 90/Die Grünen im Juli 2000 – in Reaktion auf den stark kritisierten Rohentwurf des Justizministeriums vom Dezember 1999 – in den Bundestag eingebracht haben (BT-Drucks 14/3571). Wegen der berechtigten Befürchtung, der Bundesrat werde die erforderliche Zustimmung verweigern, ist der Gesetzesentwurf in zwei Teile aufgespalten worden: in das eigentliche Lebenspartnerschaftsgesetz (LPartG) und in das zustimmungsbedürftige Lebenspartnerschafts-Ergänzungsgesetz (LPartErgG) (BT-Drucks 14/4545 Anl 1 und 2, BR-Drucks 738/00 und 739/00). Der Bundestag hat beide Teilentwürfe am 10. 11. 2000 verabschiedet, der Bundesrat die Zustimmung zum Ergänzungsgesetz am 1. 12. 2000 verweigert (BT-Drucks 14/4875). Der vom Bundestag am 8. 12. 2000 angerufene Vermittlungsausschuß (BT-Drucks 14/4878) hat seine Beratungen zum LPartErgG am 7. 2. 2001 vertagt und eine Bund-Länder-Arbeitsgruppe eingesetzt.

Weite Teile der Literatur halten das LPartG und die Aufspaltung des Reformvorhabens in zwei Teile für verfassungswidrig (s nur Gröschner in Dreier, 1996, Art 6 GG Rz 32; Krings ZPR 2000, 409, 413ff; Scholz/Uhle NJW 2001, 393, 398ff). Die Länder Bayern und Sachsen hatten versucht, das Inkrafttreten des LPartG per einstweiliger Anordnung zu verhindern, sind damit aber am 18. 7. 2001 beim **BVerfG** gescheitert (BVerfG NJW 2001, 2457). Die Normenkontrollanträge der Länder Bayern, Sachsen und Thüringen gegen LPartG und LPartErgG hat das BVerfG mit Urteil vom 17. 7. 2002 (NJW 2002, 2543) als unbegründet zurückgewiesen: Die Einführung des Rechtsinstituts der eingetragenen Lebenspartnerschaft für gleichgeschlechtliche Paare **verletze weder Art 6 I, II GG noch Art 3 I, III S 1 GG**. Seit Inkrafttreten des LPartG haben mehr als 3000 gleichgeschlechtliche Paare eine Lebenspartnerschaft begründet (Mitteldeutsche Zeitung vom 8. 4. 2002 unter Berufung auf dpa).

Die Überschrift des Gesetzes kennzeichnet die dort geregelte Verbindung zwar als „**eingetragene** Lebenspartnerschaft", spricht aber in den Normen nur von „Lebenspartnerschaft". Daß die Lebenspartnerschaft eingetragen werden wird, sagt das Gesetz nicht ausdrücklich. Erst wenn das LPartErgG in Kraft tritt, soll nach dessen Art 1 Nr 1 in § 1 LPartG ein neuer Abs III eingefügt werden, nach dem der Standesbeamte die Begründung der Lebenspartnerschaft in ein Lebenspartnerschaftsbuch einträgt. Bis dahin ist das Gesetz ohne Grund mit „eingetragene" Lebenspartnerschaft überschrieben. Allerdings können die Länder besondere Vorschriften über die Eintragung der Lebenspartnerschaft vorsehen (§ 1 Rz 3). Soweit in Gesetzen, etwa dem BGB, von „Lebenspartnerschaft" und „Lebenspartner(n)" die Rede ist, sind nur eingetragene Lebenspartnerschaften und Lebenspartner iSd LPartG gemeint.

2. Verhältnis zum Eherecht des BGB. Gelungen ist das Gesetz nicht (Schwab FamRZ 2001, 385, 387 = in Schwab S 145, 149: „nicht zu den Ruhmestaten der Gesetzgebungstechnik"; durchgängig krit Muscheler passim), insbesondere ist es **wenig originell**. Es bedient sich im wesentlichen zweier Reglungstechniken: Zum einen schreibt das LPartG das Eherecht des BGB in weiten Teilen ab und ersetzt die Wörter „Ehe" durch „Lebenspartnerschaft" sowie „Ehegatten" durch „Lebenspartner". Zum anderen begnügt sich das LPartG häufig damit, auf Normen des BGB-Eherechts zu verweisen; teilweise sind auch Normen des BGB um den „Lebenspartner" ergänzt worden (zB §§ 1682 S 2, 1685 II BGB). Angesichts dieser Regelungstechnik bestehen in weiten Bereichen nur –

mehr oder minder gewichtige – **graduelle Unterschiede** zum Eherecht des BGB. Grund für diese Unterschiede ist die Absicht, den durch Art 6 I GG gebotenen Abstand zur Ehe zu wahren; ein **durchgängiges Prinzip ist aber nicht erkennbar** (Schwab FamRZ 2001, 385, 386 = in Schwab S 145, 148). Flankiert wird das LPartG durch die Änderung zahlreicher Folgeregelungen im BGB, in der ZPO, dem FGG sowie in zahlreichen Nebengesetzen.

5   Das LPartG kennt kein Pendant zum Verlöbnis iSd § 1298ff BGB, sondern beginnt in § 1 mit der Begründung der Lebenspartnerschaft. Eine an Begründungsmängeln leidende Lebenspartnerschaft ist – anders als die Ehe nach §§ 1313ff BGB – nicht lediglich für die Zukunft aufhebbar, sondern von Anfang an nichtig (§ 1 Rz 11ff). Lebenspartner sind – anders als Ehegatten – nicht zu einer „Lebensgemeinschaft" iSd § 1353 I S 2 BGB, insbesondere nicht zu einer Hausgemeinschaft, sondern gem § 2 nur zu einer dahinter zurückbleibenden **Solidargemeinschaft** verpflichtet (§ 2 Rz 1f). Folgerichtig knüpft § 15 die Aufhebung („Scheidung") der Partnerschaft nicht materiell an die Zerrüttung der Lebensgemeinschaft, sondern formal an die Erklärung eines oder beider Lebenspartner, die Partnerschaft nicht fortsetzen zu wollen, verbunden mit dem Ablauf einer 12-Monats- bzw einer 36-Monatsfrist (§ 15 Rz 3ff). Gemeinsame Kinder von Lebenspartnern kennt das Gesetz nicht (§ 9 Rz 1–3), erweitert aber die Rechte eines Stieflebenspartners auf eine Mitsorgebefugnis (§ 9 Rz 4ff). Das LPartG enthält auch keine Regelungen für die Haushaltsführung durch einen Partner, geht allerdings von der faktischen Möglichkeit einer Haushaltsführungspartnerschaft aus (§ 2 Rz 3) und erstreckt über § 8 II insbesondere die § 1357, 1362, 1365–1369 BGB auf Lebenspartner. Ausdruck der lebenspartnerschaftlichen Solidargemeinschaft sind die Unterhaltspflichten während bestehender Lebenspartnerschaft (§ 5), während des Getrenntlebens der Partner (§ 12) und nach Aufhebung der Partnerschaft (§ 16) sowie das gesetzliche Erbrecht mit Pflichtteilsanspruch jedes Lebenspartners aus § 10. Anders als das Eherecht des BGB setzen §§ 12, 16 aber als Regel voraus, daß der nicht erwerbstätige Lebenspartner nach Trennung der Partner oder Aufhebung der Partnerschaft selbst für seinen Unterhalt aufkommt (§ 12 Rz 3, § 16 Rz 5f). Mit den Unterhaltspflichten und der erbrechtlichen Stellung korrespondieren bis zum Inkrafttreten des LPartErgG zudem keine steuerrechtlichen Vorteile; steuerrechtlich stehen Lebenspartner wie Fremde zueinander. Abstriche an der lebenspartnerschaftlichen Solidargemeinschaft macht das LPartG, soweit es von einem Versorgungsausgleich für die Partner absieht (§ 6 Rz 5). Das LPartG kennt auch keinen gesetzlichen Vermögensstand, sondern verlangt für die Begründung der Lebenspartnerschaft gem §§ 1 I S 4, 6 I, daß die Lebenspartner einen Vermögensstand konstitutiv vereinbaren und den gewählten Vermögensstand der Behörde mitteilen (§ 1 Rz 4f, § 6 Rz 1, § 7 Rz 1ff). Auffangvermögensstand im Fall einer unwirksamen Vermögensvereinbarung ist gem § 6 III die Vermögenstrennung (§ 6 Rz 2). Damit ist die Lebenspartnerschaft im Verhältnis zur Ehe gekennzeichnet durch die **größere Selbständigkeit des einzelnen Partners**; das LPartG hat die **Doppelverdienerpartnerschaft** vor Augen (Grziwotz DNotZ 2001, 280, 283; Pal/Brudermüller Rz 4).

6   3. **Verfahrensrecht.** Für Streitigkeiten über Rechte und Pflichten der Lebenspartner aus der Lebenspartnerschaft oder nach deren Aufhebung, die **§ 661 ZPO** als „Lebenspartnerschaftssachen" bezeichnet, sind gem **§§ 23a Nr 6, 23b S 2 Nr 15 GVG** die **Familiengerichte** zuständig. Grundsätzlich finden die Verfahrensregeln für Ehesachen auch auf Partnerschaftssachen Anwendung, § 661 II ZPO.

7   4. **Internationales Privatrecht.** Für Lebenspartnerschaften mit Auslandsbezug ist mit § 17b EGBGB eine eigenständige Kollisionsnorm geschaffen worden (dazu Henrich FamRZ 2002, 137ff = in Schwab S 313ff und Süß DNotZ 2001, 168ff; Erman/Hohloch § 17b EGBGB). Die Zuständigkeit deutscher Gerichte in Lebenspartnerschaftssachen mit Auslandsberührung richtet sich nach §§ 606a, 661 III ZPO.

Abschnitt 1
Begründung der Lebenspartnerschaft

1 Form und Voraussetzungen

(1) Zwei Personen gleichen Geschlechts begründen eine Lebenspartnerschaft, wenn sie gegenseitig persönlich und bei gleichzeitiger Anwesenheit erklären, miteinander eine Partnerschaft auf Lebenszeit führen zu wollen (Lebenspartnerinnen oder Lebenspartner). Die Erklärungen können nicht unter einer Bedingung oder Zeitbestimmung abgegeben werden. Die Erklärungen werden wirksam, wenn sie vor der zuständigen Behörde erfolgen. Weitere Voraussetzung für die Begründung der Lebenspartnerschaft ist, dass die Lebenspartner eine Erklärung über ihren Vermögensstand (§ 6 Abs. 1) abgegeben haben.

(2) Eine Lebenspartnerschaft kann nicht wirksam begründet werden
1. mit einer Person, die minderjährig oder verheiratet ist oder bereits mit einer anderen Person eine Lebenspartnerschaft führt;
2. zwischen Personen, die in gerader Linie miteinander verwandt sind;
3. zwischen vollbürtigen und halbbürtigen Geschwistern;
4. wenn die Lebenspartner bei der Begründung der Lebenspartnerschaft darüber einig sind, keine Verpflichtungen gemäß § 2 begründen zu wollen.

1   1. **Begründung des Lebenspartnerschaft (Verpartnung).** Eine Lebenspartnerschaft kann gem **§ 1 I S 1** nur zwischen zwei (und nicht mehr) **Personen gleichen Geschlechts** geschlossen werden. Eine homosexuelle Beziehung der Partner wird zwar die Regel sein, ist aber weder nach § 1 noch nach § 2 Voraussetzung für die Begründung der Partnerschaft (näher § 2). Anders als gem § 8 I Nr 2 TSG das Bestehen einer Ehe hindert das Bestehen

einer Lebenspartnerschaft keinen Partner daran, im Anschluß an eine geschlechtsumwandelnde Operation gerichtlich feststellen zu lassen, daß er dem anderen Geschlecht angehört. An der wirksam begründeten Lebenspartnerschaft ändert die Geschlechtsumwandlung nichts; sie begründet lediglich die Aufhebbarkeit der Partnerschaft nach § 15 und ggf die Anfechtbarkeit nach § 119 II BGB (Muscheler Rz 47).

Die Lebenspartnerschaft wird gem § 1 I S 1 durch einen Vertrag begründet, nämlich durch die **gegenseitige** 2 **Erklärung** beider Partner, miteinander eine Partnerschaft auf Lebenszeit führen zu wollen. Erforderlich ist die **persönliche Abgabe** der Erklärung bei **gleichzeitiger Anwesenheit** beider Partner; das schließt eine Erklärung durch Stellvertreter oder Boten aus. Wegen der besonderen Bedeutung des Rechtsgeschäfts können die Willenserklärungen **nicht unter einer Bedingung oder Befristung** abgegeben werden, § 1 I S 2. Verstoßen die Lebenspartner gegen § 1 I S 2, ist nicht nur die Bedingung oder Befristung, sondern die die Partnerschaft begründende Willenserklärung insgesamt unwirksam (Rz 11).

§ 1 I S 3 bindet die Erklärungen der Partner an eine Form: Die Erklärungen sind nur wirksam, wenn sie vor der 3 **zuständigen Behörde** abgegeben werden. Ursprünglich sollten gleichgeschlechtliche Partner vor den Standesbeamten treten dürfen (§ 1 RegE, BT-Drucks 14/3571, 3 und 36), wegen der Zustimmungsbedürftigkeit durch den Bundesrat ist der Standesbeamte aber in das LPartErgG verbannt worden (vor § 1 Rz 1). Die Bestimmung der zuständigen Behörde bleibt nach der jetzt geltenden Fassung des LPartG den **Ländern** überlassen, die auch die einzuhaltende Zeremonie und ggf das Eintragungsverfahren regeln. Die Länder haben überwiegend den Standesbeamten (Berlin, Bremen, Hamburg, Mecklenburg-Vorpommern, Niedersachen, Nordrhein-Westfalen, Sachsen-Anhalt, Schleswig-Holstein) oder Gebietskörperschaften, etwa die Gemeinden, für zuständig erklärt (Baden-Württemberg, Brandenburg, Hessen, Rheinland-Pfalz, Saarland, Thüringen; Sachsen: Regierungspräsidium), die Gebietskörperschaften setzen häufig wiederum den Standesbeamten ein. Nur in Bayern ist der Notar die partnerschaftsschließende Behörde. Die Behörde ist auf eine Zeugenrolle beschränkt: Konstitutiv für die Begründung der Lebenspartnerschaft ist, daß die beiden Partner erklären, miteinander eine Partnerschaft auf Lebenszeit eingehen zu wollen; diese Erklärungen müssen lediglich zur Wahrnehmung der Behörde gelangen (Muscheler Rz 54; Schwab FamRZ 2001, 385, 387 = in Schwab S 145, 152; Coen BWNotZ 2001, 167, 169; Pal/Brudermüller Rz 3).

§§ 1 I S 4, 6 I verlangen für die Begründung der Lebenspartnerschaft, daß die Lebenspartner einen **Vermögens-** 4 **stand vereinbaren** und den gewählten Vermögensstand der partnerschaftsschließenden **Behörde mitteilen**. Der Abschluß des Lebenspartnerschaftsvertrags kann durch eine Ausfertigung nachgewiesen werden; das ist nach § 1 aber nicht zwingend. Die Vereinbarung über den Vermögensstand ist konstitutiv (§ 6 Rz 1), die Erklärung gegenüber der zuständigen Behörde deklaratorisch. Gleichwohl erhebt § 1 I S 4 die Erklärung, daß ein Vermögensstand vereinbart worden ist, zur Wirksamkeitsvoraussetzung für die eingetragene Lebenspartnerschaft: **Fehlen** Vereinbarung oder Erklärung vollständig, ist die Lebenspartnerschaft nicht wirksam begründet (Rz 11; Muscheler Rz 62; Schwab FamRZ 2001, 385, 389 = in Schwab S 145, 157; Battes FuR 2002, 49, 52; Pal/Brudermüller § 6 Rz 2).

Sind Vereinbarung oder Erklärung über die Vermögensverhältnisse der Lebenspartner lediglich **fehlerhaft**, hilft 5 § 6 III für den Fall, daß die konstitutive Vereinbarung über den Vermögensstand Fehler aufweist: die Vereinbarung ist unwirksam, es bleibt bei der vorpartnerschaftlichen Vermögenstrennung (§ 6 Rz 2). Hingegen gilt bei falscher Erklärung über die Vermögensverhältnisse der Grundsatz des § 1 I S 4: die Partnerschaft ist nicht wirksam begründet (Rz 11). Soll kein Lebenspartnerschaftsvertrag iSd § 7 abgeschlossen werden, können Vereinbarung und Erklärung aber tatsächlich zusammenfallen: Erklären die Partner, den Vermögensstand der Ausgleichsgemeinschaft vereinbart zu haben, so liegt darin in der Regel zugleich eine entsprechende Vereinbarung (sa N. Mayer ZEV 2001, 169; Battes FuR 2002, 49, 51); Erklärung und Vereinbarung decken sich. Für die konstitutive Vereinbarung über den Vermögensstand kommt es allerdings nicht auf den Empfängerhorizont der partnerschaftsschließenden Behörde, sondern auf den des Lebenspartners als Vertragspartner an. Deswegen liegt in der Erklärung gegenüber der Behörde, man habe die Ausgleichsgemeinschaft vereinbart, keine gleichzeitige Vereinbarung der Ausgleichsgemeinschaft, wenn die **Erklärung bewußt falsch** ist. In der Erklärung kann dann zwar – falsa demonstratio non nocet – die formwidrige Vereinbarung der Vermögenstrennung liegen, die durch § 6 III gerettet wird. Das ändert aber nichts daran, daß die Erklärung über den Vermögensstand vor der Behörde falsch und die Lebenspartnerschaft deswegen unwirksam ist (Battes FuR 2001, 49, 52; aA Schwab FamRZ 2001, 385, 389 = in Schwab S 145, 157; auch Meyer/Mittelstädt S 35; Rieger FamRZ 2001, 1497, 1499 = in Schwab S 186, 190). Bewußt falsch ist die Erklärung auch dann, wenn die Lebenspartner entgegen ihren Angaben vor der Behörde, sie hätten eine Ausgleichsgemeinschaft vereinbart, tatsächlich einen notariell beurkundeten Lebenspartnerschaftsvertrag nach § 7 I abgeschlossen haben. Auch die Erklärung, man habe sich über die Ausgleichsgemeinschaft geeinigt, kann nicht in einen Änderungsvertrag umgedeutet werden, da die Partner einen Lebenspartnerschaftsvertrag grds nur durch notariell beurkundeten Vertrag ändern oder aufheben können (§ 7 Rz 3). Demgegenüber hindert eine nur **unbewußt falsche Erklärung** die Begründung der Lebenspartnerschaft nicht: Es wird von den Partnern nicht verlangt, daß sie eine objektiv zutreffende Erklärung abgeben, sondern nur, daß sie wiedergeben, was sie subjektiv vereinbart haben. Gibt die Erklärung vor der Behörde die Art der Vereinbarung (Ausgleichsgemeinschaft oder notarieller Lebenspartnerschaftsvertrag) richtig wieder, ist diese Vereinbarung aber nach § 6 III unwirksam, wird die Lebenspartnerschaft daher wirksam begründet.

2. Begründungshindernisse. Anders als § 1303 BGB für die Eheschließung formuliert das LPartG nicht posi- 6 tiv eine „Partnerschaftsmündigkeit", sondern sagt in **§ 1 II Nr 1 Alt 1** negativ, daß mit einer minderjährigen Person eine Lebenspartnerschaft nicht wirksam begründet werden kann. Eine Lebenspartnerschaft können damit nur **zwei volljährige Personen** eingehen. Anders als nach § 1303 II BGB kann vom Erfordernis der Volljährigkeit keine Befreiung erteilt werden, weil der Schutzzweck, der minderjährigen werdenden Mutter die Tür zur Ehe zu öffnen, bei gleichgeschlechtlichen Paaren nicht greift (Muscheler Rz 48; krit Finger FuR 2000, 291, 393; Grziwotz DNotZ

2001, 280, 284; noch § 9 Rz 1ff). Obwohl das LPartG dazu nichts ausdrücklich sagt, ist für die Begründung der Lebenspartnerschaft wie für jeden Vertragsschluß Voraussetzung, daß beide Partner **geschäftsfähig** sind; insoweit genügt eine partielle Partnerschaftsgeschäftsfähigkeit (Muscheler Rz 49; allg Erman/Roth § 1304 Rz 3).

7 § 1 II Nr 1 Alt 2 verbietet in Anlehnung an § 1306 BGB eine **Doppelpartnerschaft**: Wer verpartnert ist, darf eine neue Lebenspartnerschaft mit einem Dritten nicht eingehen, bevor die frühere Lebenspartnerschaft durch Tod oder Aufhebung aufgelöst ist. Ebenso ist die Begründung einer Lebenspartnerschaft ausgeschlossen, wenn einer der Partner bereits mit einer anderen Person eine **Ehe** führt.

8 Im umgekehrten Fall verbietet § **1306 BGB** die Eheschließung nur bei bereits bestehender Ehe, hingegen **nicht bei bereits bestehender Lebenspartnerschaft**. Ein Nebeneinander von Lebenspartnerschaft und Ehe hat aber weder der Gesetzgeber gewollt noch ist es praktikabel, wie das Fehlen jeglicher Vorschriften über das Rangverhältnis von Ehegattenunterhalt und Lebenspartnerunterhalt (Muscheler Rz 145) und die erheblichen erbrechtlichen Probleme (Leipold ZEV 2001, 218, 222ff) zeigen. In Betracht kommt ein Eheverbot der bestehenden Lebenspartnerschaft gem § 1314 II Nr 5 BGB iVm § 1353 I S 2 BGB (Beck NJW 2001, 1894, 1900; zu § 1306 BGB analog neigt Dethloff NJW 2001, 2598, 2599). Von einem Eheverbot geht auch die neugefaßte Dienstanweisung für Standesbeamte aus (15. DA-ÄndVwV vom 14. 6. 2001, BR-Drucks 445/01, Begründung zu Nr 14 S 21): Der Standesbeamte muß die Eheschließung gem § 1310 I S 2 BGB verweigern, wenn offenkundig ist, daß die Brautleute eine eheliche Lebensgemeinschaft iSd § 1353 BGB nicht begründen wollen. Er darf die Eheschließung aber dann nicht verweigern, wenn diese ernstlich gewollt ist, etwa weil der Bräutigam keinerlei Kontakt zu seinem ihm nur noch rechtlich verbundenen Lebenspartner pflegt; das erfordert schon die durch Art 6 I GG gewährleistete Eheschließungsfreiheit (Meyer/Mittelstädt S 35; Pal/Brudermüller Rz 6; aA Beck NJW 2001, 1894, 1900). Bei tatsächlich gelebter ehelicher Lebensgemeinschaft würde ein etwaiger Begründungsmangel analog § 1315 I Nr 5 BGB geheilt, Ehe und Lebenspartnerschaft bestünden dauerhaft nebeneinander. Anders als das formale Verwandtschaftsanknüpfende Verbot der Doppelehe in § 1306 BGB kann der an materielle Kriterien anknüpfende Aufhebungsgrund des § 1314 II Nr 5 BGB ein Nebeneinander von Ehe und Lebenspartnerschaft damit nicht in jedem Fall verhindern. Deswegen bleibt nur eine Lösung: Als das durch Art 6 I GG ausdrücklich geschützte Rechtsinstitut muß die Ehe eine daneben bestehende, grundgesetzlich als solche nicht geschützte Lebenspartnerschaft verdrängen. Mit der Eingehung der Ehe wird die Lebenspartnerschaft **automatisch aufgelöst** (Muscheler Rz 145ff; Meyer/Mittelstädt S 36f; Battes FuR 2002, 113, 115; das erwägen auch Pal/Brudermüller Rz 6; Sachs JR 2001, 45, 48; Schwab FamRZ 2001, 385, 389 = in Schwab S 145, 158; ausführlich D. Kaiser FamRZ 2002, 866, 868f = Schwab S 279, 285ff; vgl BVerfG 17. 7. 2002, Rz 84f).

9 Zwischen **engen Verwandten,** dh zwischen Personen, die in gerade Linie miteinander verwandt sind, und zwischen vollbürtigen und halbbürtigen Geschwistern ist nach **§ 1 II Nr 2 und 3** die Lebenspartnerschaft ausgeschlossen; das entspricht § 1307 S 1 BGB für die Ehe. Diese Regelung, die bei der Ehe auf die Durchsetzung des Inzestverbots aus eugenischen Gründen zielt (Erman/Roth § 1307 BGB Rz 2), entbehrt bei gleichgeschlechtlichen Lebenspartnerschaften eines Sachgrundes (Battes FuR 2002, 49, 53; Muscheler Rz 51 hält § 1 II Nr 2 gar für verfassungswidrig). Mangels Regelungslücke, jedenfalls mangels vergleichbarer Interessenlage können die §§ 1307 S 2, 1308 BGB nicht analog angewandt werden (anders für durch Adoption begründete Verwandtschaftsbeziehungen Schwab FamRZ 2001, 385, 389 = in Schwab S 145, 158f; Coen BWNotZ 2001, 167, 179; Meyer/Mittelstädt S 37).

10 Der Standesbeamte darf eine Ehe nicht schließen, wenn offenkundig ist, daß die Ehegatten eine Verpflichtung zur ehelichen Lebensgemeinschaft nicht eingehen wollen (§ 1310 I S 2 Hs 2 iVm § 1314 II Nr 5 BGB). Ein solches Partnerschaftshindernis besteht für gleichgeschlechtliche Partner nicht. Nach **§ 1 IV Nr 4** ist die Lebenspartnerschaft aber unwirksam, wenn die Lebenspartner bei der Begründung der Lebenspartnerschaft darüber einig sind, **keine Verpflichtungen gem § 2** begründen zu wollen. Da § 2 den Lebenspartnern nur ein Minimum an Pflichten auferlegt (§ 2 Rz 1ff), wird es nur in seltenen Ausnahmefällen zur Anwendung des § 1 II Nr 4 kommen (Muscheler Rz 46, 65, 140).

11 **3. Rechtsfolgen von Begründungsmängeln.** An Begründungsmängeln leidende Ehen sind – außer bei Verstoß gegen § 1310 I S 1 BGB – wirksam und können nach §§ 1313ff BGB nur für die Zukunft aufgehoben werden oder nach §§ 1564ff BGB geschieden werden. Abweichend von § 1314 BGB kennt das LPartG keinen besonderen Beendigungstatbestand für den Fall, daß die Begründung der Partnerschaft mängelbehaftet ist: Eine Lebenspartnerschaft ist **nicht wirksam begründet** worden, wenn es an einer vom LPartG aufgestellten Begründungsvoraussetzung fehlt; sie ist eine Nicht-Partnerschaft (Schwab FamRZ 2001, 385, 388 = in Schwab S 145, 153; Coen BWNotZ 2001, 167, 170; Meyer/Mittelstädt S 34f; Wellenhofer-Klein Rz 81; aA offenbar Grziwotz DNotZ 2001, 280, 292f). Daneben gelten mit §§ 104ff, §§ 116ff BGB die allgemeinen Vorschriften (Schwab FamRZ 2001, 385, 388 = in Schwab S 145, 153; Muscheler Rz 68ff; Meyer/Mittelstädt S 35; Pal/Brudermüller Rz 8; aA Grziwotz DNotZ 2001, 280, 292f; Dethloff NJW 2001, 2598, 2600). Ob eine Lebenspartnerschaft wirksam zustande gekommen ist, kann durch Feststellungsurteil des Familiengerichts nach § 661 I Nr 3, II ZPO geklärt werden.

12 Muscheler (Rz 67ff; auch Battes FuR 2002, 49, 54; Pal/Brudermüller Rz 8) meint, eine an Begründungsmängeln leidende, aber tatsächlich gelebte Lebensgemeinschaft sei nicht von Anfang an unwirksam, sondern nach den Regeln über fehlerhafte Dauerschuldverhältnisse nur für die Zukunft beendbar (**„fehlerhafte" Lebenspartnerschaft**). Für die Beendigung genüge eine formfreie und fristlose Beendigungserklärung eines Partners. Diese Auffassung ist **abzulehnen** (wohl auch Schwab FamRZ 2001, 385, 388 und 397; Meyer/Mittelstädt S 34f): Im Eherecht hat der Gesetzgeber den Grundsatz, daß ein in Vollzug gesetztes Dauerschuldverhältnis bei anfänglichen Mängeln nur mit Wirkung für die Zukunft beendet werden kann, mit §§ 1313ff BGB gesetzlich aufgegriffen und besonders ausgestaltet. Entsprechende Regelungen fehlen im LPartG, obwohl sich dieses iü entweder durch Verweis auf oder durch wortgetreue Übernahme von BGB-Vorschriften maßgeblich an das Eherecht anlehnt. Der Gesetzgeber schweigt insoweit beredt: Die unter Begründungsmängeln leidende Lebenspartnerschaft ist nicht lediglich für die Zukunft auflösbar, sondern von Anfang an unwirksam; sie entfaltet keinerlei Rechtswirkungen. Ohnehin verhülfe eine „fehlerhafte" Lebenspartnerschaft den Partnern nicht zum Aufhebungsfolgenrecht der §§ 16–18 LPartG oder zu den güterrechtlichen Folgen der Aufhebung nach § 6 I S 4 mit §§ 1371ff BGB – insoweit bedürfte es in jedem Fall einer ausdrücklichen gesetzlichen Anordnung, wie sie das Eherecht mit § 1318 BGB enthält (so auch Muscheler Rz 67; abl hinsichtlich des Überschußausgleichs Battes FuR 2002, 49, 54). Mit der fehlerhaften Lebenspartnerschaft würde zudem eine weitreichende Rechtsunsicherheit in das Gesetz eingeführt: Das Bestehen oder Nichtbestehen der Lebenspartnerschaft hinge von einer privatautonomen und zudem formlosen Erklärung eines Lebenspartners gegenüber dem anderen (§ 143 I BGB) ab (ausführlich D. Kaiser FamRZ 2002, 866, 867f = in Schwab S 279, 282ff; Wellenhofer-Klein Rz 86).

Begründungsmängel können zwar nicht wie bei der Ehe nach § 1315 BGB geheilt werden. Die Lebenspartner **13** können die Partnerschaft aber **qua Bestätigung vollwirksam** werden lassen. Das macht bei Formmängeln, Nichtigkeit wegen Minderjährigkeit usw keine Probleme, da eine Bestätigung des Lebenspartnerschaftsvertrages nach § 141 BGB voraussetzt, daß beide Partner das Rechtsgeschäft erneut vornehmen, also die Partnerschaft in der nach § 1 I S 1 vorgeschriebenen Form begründen (Muscheler Rz 70; allg Erman/Palm § 141 BGB Rz 5). Hingegen genügt für die Bestätigung einer anfechtbaren Willenserklärung nach § 144 II BGB eine formlose, auch konkludente Erklärung, trotz der Anfechtbarkeit an der Partnerschaft festhalten zu wollen; diese Erklärung ist nach hM nicht empfangsbedürftig (Erman/Palm § 144 BGB Rz 1, 3). Das erschwert die Feststellung, ob eine Lebenspartnerschaft besteht oder nicht.

Abschnitt 2
Wirkungen der Lebenspartnerschaft

2 *Partnerschaftliche Lebensgemeinschaft*
Die Lebenspartner sind einander zur Fürsorge und Unterstützung sowie zur gemeinsamen Lebensgestaltung verpflichtet. Sie tragen füreinander Verantwortung.

Während § 1353 I S 2 BGB anordnet: „Die Ehegatten sind einander zur ehelichen Lebensgemeinschaft ver- **1** pflichtet", erlegt § 2 gleichgeschlechtlichen Partnern nur die Pflicht zu gegenseitiger Verantwortung, Fürsorge und Unterstützung auf und – aufgrund der Beschlußempfehlung des Rechtsausschusses – auch zur „gemeinsamen Lebensgestaltung" (die Pflicht zur gemeinsamen Lebensgestaltung ist in § 661 I Nr 3 ZPO allerdings nicht aufgenommen worden). Die **Rechte und Pflichten** zwischen den Lebenspartnern **bleiben damit hinter denen der Ehepartner zurück** (D. Kaiser JZ 2001, 617, 618f; Muscheler Rz 135ff; Grziwotz DNotZ 2001, 280, 284f; Pal/Brudermüller Rz 2). Im wesentlichen sieht § 2 eine Pflicht zum gegenseitigen Beistand und zur gegenseitigen Kooperation und Rücksichtnahme vor (Bericht des Rechtsausschußes, BT-Drucks 14/4450, 6). Diese **Solidarpflichten** werden näher ausgeformt durch die Unterhaltspflicht des § 5, die § 12 auf die Zeit des Getrenntlebens und § 16 auf die Zeit nach Aufhebung der Partnerschaft erstreckt.

Während die „eheliche Lebensgemeinschaft" des § 1353 I S 2 BGB grds eine häusliche Gemeinschaft von **2** Mann und Frau (BGH FamRZ 1990, 492, 495; Erman/Heckelmann § 1353 Rz 7) und auch eine Geschlechtsgemeinschaft voraussetzt (BGH NJW 1967, 1078, 1079; Erman/Heckelmann § 1353 Rz 5), enthält das LPartG **keine Verpflichtung zur Haus- und Geschlechtsgemeinschaft**; das ist ausweislich der Gesetzesbegründung gewollt (BT-Drucks 14/3751, 36). Das LPartG verpflichtet die Partner nicht zur „Gestaltung des gemeinsamen Lebens", sondern nur zur „gemeinsamen Lebensgestaltung" (Schwab FamRZ 2001, 385, 390 = in Schwab S 145, 161f; Muscheler Rz 139) und geht über die Pflicht zur Kooperation und Rücksichtnahme damit nicht hinaus (Rz 1). Im Vordergrund steht die **Absprache** der Lebenspartner über ihre Lebensgestaltung. Zwar überläßt es auch das BGB den Eheleuten, ihre Beziehungen zueinander weitgehend autonom zu gestalten (Erman/Heckelmann § 1353 Rz 4ff). Das ändert aber nichts daran, daß normativ (und in der Lebenswirklichkeit) die Haus- und Geschlechtsgemeinschaft der Regelfall und eine abweichende Gestaltung des Zusammenlebens die Ausnahme ist. Das LPartG **setzt das Zusammenleben** der Partner in vielen Vorschriften hingegen lediglich **faktisch voraus**. Etwa verbietet es jedem Partner, über Haushaltsgegenstände ohne Einwilligung des anderen zu verfügen (§ 8 II mit § 1369 BGB), erlaubt die Zuweisung der gemeinsamen Wohnung und Hausratsgegenstände an einen Lebenspartner bei Trennung der Partner (§§ 13, 14) und bei Aufhebung der Lebenspartnerschaft (§§ 17–19) und spricht im Erbrecht sogar ausdrücklich vom „lebenspartnerschaftlichen Haushalt" (Recht auf den Voraus, § 10 I S 2).

Das LPartG enthält auch **keine Regelungen über die Haushaltsführung**. Während Eheleute die Haushaltsfüh- **3** rung im gegenseitigen Einvernehmen regeln (§ 1356 I S 1 BGB) und ein Ehegatte durch die Haushaltsführung seine Unterhaltspflicht erfüllt (§ 1360 S 2 BGB), taucht das Wort „Haushalt" bei den allgemeinen Wirkungen der Lebenspartnerschaft nicht auf. Spiegelbildlich fehlt auch die Pflicht der Lebenspartner, bei Wahl und Ausübung einer Erwerbstätigkeit aufeinander Rücksicht zu nehmen, wie dies § 1356 I S 2 BGB für Eheleute normiert: Das LPartG enthält die Haushaltsführungspartnerschaft nicht einmal als ein gesetzliches Modell. Wiederum geht das Gesetz aber von der **faktischen Möglichkeit** aus, daß einer der Lebenspartner sich darauf beschränkt, den gemeinsamen Haushalt zu führen. Etwa verweist § 8 II auf die „Schlüsselgewalt" des § 1357 BGB, auf die gerade Hausmann und Hausfrau angewiesen sind, und auf § 1369 BGB, der jedem Ehegatten die Verfügung über ihm gehörende Haushaltsgegenstände nur mit Einwilligung des anderen erlaubt, um den gemeinsamen Haushalt als Basis der Partnerschaft zu sichern. Führt ein Lebenspartner den Haushalt, so erfüllt er damit in der Regel seine Unterhaltspflicht aus § 5 (§ 5 Rz 5) und hat gegen den anderen einen Anspruch auf Taschengeld (§ 5 Rz 3); wird der haushaltsführende Lebenspartner verletzt, hat er einen eigenen Schadensersatzanspruch aus §§ 842, 843 BGB (näher Erman/Schiemann § 842 BGB). Es steht den Lebenspartnern frei, **einander den Mitbesitz an Wohnung und Haushaltsgegenständen** einzuräumen. Eine Pflicht dazu besteht aber weder aus § 2, noch kann diese aus § 8 II mit §§ 1365, 1369 BGB gefolgert werden (anders Pal/Brudermüller § 8 Rz 3 wegen §§ 1365, 1369 BGB; Schwab FamRZ 2001, 385, 391 = in Schwab S 145, 162 und Grziwotz DNotZ 2001, 280, 290 nehmen lediglich ein Recht auf Mitgebrauch einer bereits gemeinsamen Wohnung an).

4   Schließlich **fehlt** im LPartG ein Passus, der wie § 1353 I S 1 BGB bestimmt: „Die Ehe wird auf **Lebenszeit** abgeschlossen." Obwohl die Verbindung zwischen zwei Menschen gleichen Geschlechts „Lebenspartnerschaft" heißt, enthält das Gesetz insoweit nur die Pflicht der Partner zu einer Absichtserklärung: Die Lebenspartnerschaft setzt nach § 1 I S 1 voraus, daß die Partner „erklären, miteinander eine Partnerschaft auf Lebenszeit eingehen zu wollen". Damit ist aber – in Anlehnung an § 1310 I S 1 BGB – wohl nicht mehr gemeint, als die abzuschließende Partnerschaft beim Namen zu nennen (Dorsel RNotZ 2001, 151; krit D. Kaiser JZ 2001, 617, 618; aA Dethloff NJW 2001, 2598, 2600; Coen BWNotZ 2001, 167, 171; Pal/Brudermüller Rz 1).

5   Die Pflichten der Lebenspartner aus § 2 sind **einklagbar.** Daraus, daß der neue § 661 II ZPO für das Verfahren vor dem Familiengericht auch auf die Verfahrensvorschriften über die „Herstellung des ehelichen Lebens" verweist, kann man aber nicht schließen, daß es eine Klage auf Herstellung der lebenspartnerschaftlichen Gemeinschaft gäbe: Zu einer lebenspartnerschaftlichen Gemeinschaft sind die Lebenspartner gerade nicht verpflichtet (Rz 1f; sa Schwab FamRZ 2001, 385, 391 = in Schwab S 145, 163). Eingeklagt werden können nur die aus § 2 bestehenden Solidarpflichten, die Unterhaltspflichten aus §§ 5, 12 und 16 sowie die Pflicht zum Überschußausgleich nach § 6 (§ 6 Rz 3ff). Konsequent verhindert **§ 888 III ZPO** nur die Vollstreckung von Urteilen zur Herstellung des „ehelichen" Lebens, erwähnt das lebenspartnerschaftliche Leben aber nicht (für eine entsprechende Anwendung des § 888 III ZPO auf die Durchsetzung eines bestimmten, vertraglich vereinbarten Sexualverhaltens Grziwotz DNotZ 2001, 280, 290).

3 *Lebenspartnerschaftsname*

(1) Die Lebenspartner können einen gemeinsamen Namen (Lebenspartnerschaftsnamen) bestimmen. Zu ihrem Lebenspartnerschaftsnamen können die Lebenspartner durch Erklärung den Geburtsnamen eines der Lebenspartner bestimmen. Die Erklärung über die Bestimmung des Lebenspartnerschaftsnamens soll bei der Begründung der Lebenspartnerschaft erfolgen. Die Erklärungen werden wirksam, wenn sie vor der zuständigen Behörde erfolgen. Voraussetzung für die Wirksamkeit einer später abgegebenen Erklärung ist ihre öffentliche Beglaubigung.

(2) Ein Lebenspartner, dessen Geburtsname nicht Lebenspartnerschaftsname wird, kann durch Erklärung dem Lebenspartnerschaftsnamen seinen Geburtsnamen oder den zur Zeit der Erklärung über die Bestimmung des Lebenspartnerschaftsnamens geführten Namen voranstellen oder anfügen. Dies gilt nicht, wenn der Lebenspartnerschaftsname aus mehreren Namen besteht. Besteht der Name eines Lebenspartners aus mehreren Namen, so kann nur einer dieser Namen hinzugefügt werden. Die Erklärung wird wirksam, wenn sie vor der zuständigen Behörde erfolgt. Die Erklärung kann widerrufen werden; in diesem Fall ist eine erneute Erklärung nach Satz 1 nicht zulässig. Der Widerruf wird wirksam, wenn er vor der zuständigen Behörde erfolgt. Die Erklärung und der Widerruf müssen öffentlich beglaubigt werden.

(3) Ein Lebenspartner behält den Lebenspartnerschaftsnamen auch nach der Beendigung der Lebenspartnerschaft. Er kann durch Erklärung seinen Geburtsnamen oder den Namen wieder annehmen, den er bis zur Bestimmung des Lebenspartnerschaftsnamens geführt hat, oder seinen Geburtsnamen dem Lebenspartnerschaftsnamen voranstellen oder anfügen. Absatz 2 gilt entsprechend.

(4) Geburtsname ist der Name, der in die Geburtsurkunde eines Lebenspartners zum Zeitpunkt der Erklärung nach den Absätzen 1 bis 3 einzutragen ist.

1   Wie Eheleute gem § 1355 BGB einen gemeinsamen Ehenamen wählen können, können Lebenspartner gem § 3 I den Geburtsnamen eines Partners (Legaldefinition in § 3 IV; beachte § 1617 III BGB) zu ihrem **gemeinsamen Lebenspartnerschaftsnamen** bestimmen. Allerdings „sollen" Mann und Frau einen gemeinsamen Namen führen (§ 1355 I S 1), während Lebenspartner dies tun „können". Tun sie es nicht, behalten sie ihre bisherigen unterschiedlichen Nachnamen; das wird anders als in § 1355 I S 3 BGB allerdings nicht ausdrücklich geregelt, sondern als selbstverständlich vorausgesetzt. Bis zur Begründung der Lebenspartnerschaft können die Erklärungen über die Namenswahl formlos abgegeben werden; nach der Verpartnerung abgegebene Erklärungen müssen öffentlich beglaubigt werden, § 3 II S 3 mit § 129 BGB. Auch nach Beendigung der Lebenspartnerschaft – sei es durch Tod eines Partners, sei es durch die Aufhebung der Partnerschaft nach § 15, sei es durch Eheschließung eines Partners (§ 1 Rz 8) – behält der überlebende bzw jeder Lebenspartner den Lebenspartnerschaftsnamen, wenn er nicht seinen Geburtsnamen oder den bis zur Verpartnerung geführten Namen wieder annimmt oder seinen Geburtsnamen dem Partnerschaftsnamen entsprechend § 3 II voranstellt oder anfügt, § 3 III. Letzteres ist nach § 3 III S 3 mit II S 4 und 7 nur durch öffentlich beglaubigte Erklärung vor der zuständigen Behörde möglich.

2   Wird der Geburtsname eines Partners zum Partnerschaftsnamen, kann der andere Partner dem Partnerschaftsnamen seinen eigenen Nachnamen (also nicht nur seinen Geburtsnamen) **voranstellen oder anfügen, § 3 II (Begleitname).** Nicht zulässig sind dabei Namen, die aus mehr als zwei Namen zusammengesetzt sind, § 3 II S 2

Wirkungen der Lebenspartnerschaft § 5 LPartG

und 3. Jeder Lebenspartner kann auch erst die Beendigung der Partnerschaft zum Anlaß nehmen, seinen Geburtsnamen dem Lebenspartnerschaftsnamen voranzustellen oder anzufügen, § 3 III S 2 und 3 (Rz 1 aE). Anders als die Wahl des Lebenspartnerschaftsnamens nach § 3 I (Rz 1) bedarf die Erklärung über den Begleitnamen nach § 3 II S 7 in jedem Fall der öffentlichen Beglaubigung – das gleiche gilt für den Widerruf der Erklärung über den Begleitnamen, § 3 II S 5–7.

§ 3 ist inhaltlich vollständig dem **§ 1355 BGB nachgebildet** (näher Erman/Heckelmann § 1355 BGB). Einziger Unterschied ist neben dem Fehlen einer dem § 1355 I S 3 BGB entsprechenden Norm (Rz 1), daß die Erklärungen über die Namenswahl nicht gegenüber dem Standesbeamten abzugeben sind, sondern gegenüber der zuständigen **Behörde** (§ 3 I S 4, II S 4 und 6). Gemeint ist die nach Landesrecht zu bestimmende Behörde, vor der die Partner die Begründung der Lebenspartnerschaft erklären, § 1 I S 3 (§ 1 Rz 3).

4 *Umfang der Sorgfaltspflicht*
Die Lebenspartner haben bei der Erfüllung der sich aus dem lebenspartnerschaftlichen Verhältnis ergebenden Verpflichtungen einander nur für diejenige Sorgfalt einzustehen, welche sie in eigenen Angelegenheiten anzuwenden pflegen.

Wie **§ 1359 BGB für** Ehegatten beschränkt § 4 die Haftung der Lebenspartner untereinander auf die in eigenen Angelegenheiten übliche Sorgfalt. Auch auf Lebenspartner findet **§ 277 BGB** Anwendung, so daß diese untereinander jedenfalls für vorsätzliches und grob fahrlässiges Verhalten haften (s Pal/Brudermüller Rz 1). Der Haftungsmaßstab gilt nicht nur bei Körperverletzungen des einen durch den anderen Lebenspartner, sondern etwa auch im Rahmen der Haushaltsführung, der Schlüsselgewalt des § 8 II mit § 1357 BGB sowie bei der Erfüllung der Unterhaltspflichten aus §§ 5 und 12. Nicht anwendbar ist das Haftungsprivileg bei Kraftfahrzeugunfällen, bei denen ein Lebenspartner den anderen verletzt (BT-Drucks 14/3751, 37; vgl Erman/Heckelmann § 1359 BGB Rz 4; Wellenhofer-Klein Rz 167).

5 *Verpflichtung zum Lebenspartnerschaftsunterhalt*
Die Lebenspartner sind einander zum angemessenen Unterhalt verpflichtet. Die §§ 1360a und 1360b des Bürgerlichen Gesetzbuchs gelten entsprechend.

Schrifttum: *Büttner*, Unterhaltsrecht der eingetragenen Lebenspartnerschaft, FamRZ 2001, 1105ff = in *Schwab* (Hg) 2002, S 221ff

1. Grundsatz. Lebenspartner sind einander gem § 5 S 1 verpflichtet, angemessenen Unterhalt zu leisten; diese Unterhaltspflicht konkretisiert die Pflicht der Lebenspartner zur Fürsorge und Unterstützung aus § 2 (BT-Drucks 14/3571, 37). § 5 S 1 entspricht weitgehend dem für Eheleute geltenden § 1360 S 1 BGB. Es fehlt aber zum einen der lediglich klarstellende Einschub, daß der Unterhalt durch Arbeit oder Vermögen zu erbringen ist (Rz 5), zum anderen die Zielrichtung des § 1360 S 1 BGB, den Unterhalt der „Familie" zu sichern (Rz 2). Für den Umfang der Unterhaltspflicht und das Problem der Zuvielleistung verweist § 5 S 2 vollumfänglich auf die §§ 1360a und b BGB. Gem §§ 1360a III, 1615 I BGB erlischt der Unterhaltsanspruch grds mit dem Tod des Berechtigten oder Verpflichteten. Vor Inkrafttreten des LPartErgG korrespondieren mit den Unterhaltspflichten der Lebenspartner keine steuerrechtlichen Vorteile.

2. Umfang der Unterhaltspflicht. § 1360a I BGB, auf den § 5 S 2 für den Umfang der partnerschaftlichen Unterhaltspflicht verweist, nimmt auf § 1360 S 1 BGB Bezug und definiert den angemessenen Unterhalt der „**Familie**". Das paßt weder in das Gesamtkonzept des LPartG, das eine lebenspartnerschaftliche Familie allenfalls rudimentär kennt (§ 9 Rz 1ff), noch zu § 5 S 1, der die Lebenspartner anders als § 1360 S 1 BGB die Ehegatten gerade nicht zum Unterhalt der Familie verpflichtet (Rz 1). § 1360 I BGB wird man deswegen nur vorsichtig entsprechend auf die Lebenspartnerschaft anwenden können. § 1360a I BGB nennt für den Umfang der Unterhaltspflicht nur den Lebensbedarf der „**gemeinsamen unterhaltsberechtigten Kinder**". Gemeinsame Kinder können gleichgeschlechtliche Lebenspartner grds nicht haben (§ 9 Rz 1–3). Obwohl § 5 S 2 lediglich die entsprechende Anwendung der §§ 1360a, 1360b BGB anordnet, dh eine an die Besonderheiten der eingetragenen Lebenspartnerschaft angepaßte Geltung dieser Normen, werden Kinder lediglich eines Lebenspartners wegen des eindeutigen Wortlauts nicht von § 1360a I BGB erfaßt (Muscheler Rz 101f; Schwab FamRZ 2001, 385, 392 = in Schwab S 145, 165; Dethloff NJW 2001, 2598, 2600f; Coen BWNotZ 2001, 167, 172; allg Erman/Heckelmann § 1360a Rz 7). Die Erstreckung der Unterhaltspflicht auf im gemeinsamen Haushalt lebende Kinder eines Lebenspartners hätte der Gesetzgeber ausdrücklich anordnen müssen – ähnlich wie er dies für andere Fragen in § 14 I S 2 und in §§ 1682 S 2, 1685 II BGB getan hat (§ 9 Rz 11, § 14 Rz 3). Eine Unterhaltspflicht für Kinder eines Lebenspartners können die Partner aber vertraglich vereinbaren (Muscheler Rz 101; Schwab FamRZ 2001, 385, 392 = in Schwab S 145, 165; Grziwotz DNotZ 2001, 280, 297; allg Erman/Heckelmann § 1360a BGB Rz 7); dabei wird eine Unterhaltszusage schon in der Vereinbarung der Lebenspartner zu sehen sein, das Kind als gemeinschaftliches zu erziehen (Muscheler Rz 185; vgl BGH 129, 297ff). Von §§ 844 II, 845 BGB werden vertragliche Unterhaltspflichten jedoch nicht erfaßt.

Die Unterhaltspflicht richtet sich nach § 5 S 2 mit § 1360a I BGB zum einen darauf, die **persönlichen Bedürf- 3 nisse der Lebenspartner** zu decken. Zu den persönlichen Bedürfnissen gehören Aufwendungen für Kleidung, für die berufliche Fortbildung, für kulturelle Bedürfnisse usw. Ebenso gehört ein durch Krankheit bedingter Sonderbedarf (Arzt-, Krankenhaus- und Pflegekosten) zum Unterhalt, soweit dieser nicht durch Versicherungsleistungen abgedeckt ist. Da eine Altersvorsorge anders als in der Ehe nicht über den Versorgungsausgleich erreicht wird (§ 6 Rz 5), umfaßt die Unterhaltspflicht auch die Kosten einer angemessenen Erwerbsunfähigkeits- und Altersversiche-

D. Kaiser 4213

rung (§ 12 Rz 5 und § 16 Rz 3; abl Muscheler Rz 103). Ein Lebenspartner mit keinen oder nur geringen eigenen Einkünften hat zudem einen Anspruch auf Taschengeld und nach § 5 S 2 mit § 1360a IV BGB auf einen Prozeßkostenvorschuß (Büttner FamRZ 2001, 1105, 1106 = in Schwab S 221, 223f; Pal/Brudermüller Rz 3; allg Erman/ Heckelmann § 1360a Rz 4 und 17ff). Zum anderen zielt die Unterhaltspflicht auf die **Kosten des Haushalts**, und zwar selbst dann, wenn die Lebenspartner keinen gemeinsamen Haushalt führen (§ 2 Rz 2).

4 Maßstab für den Unterhalt sind nach § 5 S 2 mit § 1360a I BGB die tatsächlichen Lebensverhältnisse, wie sie sich aufgrund der Absprache der Lebenspartner, des verfügbaren Einkommens und der sozialen Stellung ergeben. Auf einen Mindeststandard kann vertraglich nicht verzichtet werden, § 5 S 2 mit §§ 1360a III, 1614 BGB. Hat ein Lebenspartner **zuviel geleistet**, ist nach **§ 5 S 2** mit **§ 1360b BGB** im Zweifel anzunehmen, daß er keinen Regreß beim Partner beabsichtigt.

5 3. **Art der Unterhaltsleistung und Unterhaltsmittel.** Der Unterhaltsanspruch geht idR nicht auf Geld (Barunterhalt), sondern ist **Naturalunterhalt**, etwa durch Zurverfügungstellung der gemeinschaftlichen Wohnung. § 1360 S 1 BGB nennt als Unterhaltsmittel Arbeit und Vermögen der Ehegatten, § 5 S 1 erwähnt demgegenüber keinerlei Unterhaltsmittel. Sachlich ändert dies nichts (vgl Pal/Brudermüller Rz 1). Nach § 1360 S 2 BGB erfüllt der haushaltsführende Ehegatte seine Pflicht, „durch Arbeit" zum Familienunterhalt beizutragen, „in der Regel" durch die Führung des Haushalts; auch dazu fehlt ein Pendant im LPartG (§ 2 Rz 3). Gleichwohl können Lebenspartner im Rahmen ihrer Verantwortungsgemeinschaft nach § 2 (stillschweigend) vereinbaren, daß ein Partner seine Unterhaltspflicht aus § 5 dadurch erfüllt, daß er den lebenspartnerschaftlichen Haushalt führt (Muscheler Rz 100). Wird der haushaltsführende Lebenspartner verletzt, hat er einen eigenen Schadensersatzanspruch aus §§ 842, 843 BGB (§ 2 Rz 3); wird er getötet, kann der andere Lebenspartner über § 844 II BGB Schadensersatz in Form einer Geldrente verlangen.

6 4. **Abweichende Regelungen.** Auf den Unterhaltsanspruch kann wegen des Verweises auf **§§ 1360a III, 1614 BGB** in § 5 S 2 für die Zukunft nicht wirksam verzichtet werden (G. Müller DNotZ 2001, 581, 584; krit Muscheler Rz 110).

7 5. **Rangfolge.** Sind **mehrere Unterhaltsschuldner** vorhanden, haftet der Lebenspartner gem **§ 1608 S 4 mit S 1 BGB** vor unterhaltspflichtigen Verwandten, es sei denn, er ist nicht leistungsfähig, **§ 1608 S 4 mit 2 BGB**. Für die Leistungsfähigkeit ist aber zum einen zu beachten, daß die Pfändungsfreiheit von Arbeitseinkommen nach § 850 I S 2 ZPO erhöht wird, wenn der Lebenspartner aufgrund Gesetzes seinem Partner Unterhalt gewährt. Zum anderen kann ein Lebenspartner, der außerstande ist, seinen eigenen und den Unterhalt seines Lebenspartners zu bestreiten, gem § 528 I S 1 BGB Geschenke von Dritten zurückverlangen. Ist die Rechtsverfolgung gegen den Lebenspartner im Inland ausgeschlossen oder erschwert, muß zwar ein Verwandter einspringen; in diesem Fall geht der Unterhaltsanspruch gegen den Lebenspartner aber im Wege der cessio legis auf den Verwandten über, § 1604 S 4 mit S 3 und §§ 1607 II, IV BGB. Keine Regelung trifft das LPartG für den umgekehrten Fall, daß **mehrere Unterhaltsbedürftige** vorhanden sind, ein Lebenspartner etwa neben seinem Partner auch Kindern Unterhalt schuldet. Insoweit wird man den für den nachpartnerschaftlichen Unterhalt geltenden **§ 16 III** entsprechend anwenden können (Muscheler Rz 109; dazu § 16 Rz 10).

6 *Erklärung über den Vermögensstand*
(1) **Vor der Begründung der Lebenspartnerschaft haben sich die Lebenspartner über den Vermögensstand zu erklären. Dabei müssen die Lebenspartner entweder erklären, dass sie den Vermögensstand der Ausgleichsgemeinschaft vereinbart haben, oder sie müssen einen Lebenspartnerschaftsvertrag (§ 7) abgeschlossen haben.**
(2) **Beim Vermögensstand der Ausgleichsgemeinschaft wird Vermögen, das die Lebenspartner zu Beginn der Lebenspartnerschaft haben oder während der Lebenspartnerschaft erwerben, nicht gemeinschaftliches Vermögen. Jeder Lebenspartner verwaltet sein Vermögen selbst. Bei Beendigung des Vermögensstandes wird der Überschuss, den die Lebenspartner während der Dauer des Vermögensstandes erzielt haben, ausgeglichen. Die §§ 1371 bis 1390 des Bürgerlichen Gesetzbuchs gelten entsprechend.**
(3) **Ist die Vereinbarung nach Absatz 1 Satz 2 oder der Lebenspartnerschaftsvertrag unwirksam, so besteht Vermögenstrennung.**

Schrifttum: *Rieger,* Das Vermögensrecht der eingetragenen Lebenspartnerschaft, FamRZ 2001, 1497ff = in *Schwab* (Hg), Die eingetragene Lebenspartnerschaft (2002), 186ff. Iü s bei § 7.

1 1. **Vermögensstände.** Das in §§ 6 und 7 LPartG enthaltene Vermögensrecht im engeren Sinne entspricht dem ehelichen Güterrecht. Ehegatten leben stets in einem bestimmen Güterstand. Haben sie ihre güterrechtlichen Beziehungen nicht gem § 1408 I BGB durch Ehevertrag besonders geregelt, gilt für sie nach § 1363 I BGB der gesetzliche Güterstand der Zugewinngemeinschaft. Demgegenüber kennt das LPartG **keinen gesetzlichen Regelvermögensstand**. Als denkbare Vermögensstände nennt es ausdrücklich nur die Ausgleichsgemeinschaft (in § 6 I S 2, II) und die Vermögenstrennung (in § 6 III); ob auch eine Vermögensgemeinschaft vereinbart werden kann, ist streitig (§ 7 Rz 6). Grds müssen die Partner gem § 7 I einen notariell beurkundeten Lebenspartnerschaftsvertrag abschließen, um ihre vermögensrechtlichen Verhältnisse zu regeln. Aus §§ 6 I S 2, 7 II folgt aber, daß die Ausgleichsgemeinschaft vor Eingehung der Lebenspartnerschaft formlos vereinbart werden kann (BT-Drucks 14/ 3751, 38; Grziwotz DNotZ 2001, 280, 285; Rieger FamRZ 2001, 1497, 1499 = in Schwab S 186, 192f; noch § 7 Rz 2). Die Vereinbarung der Lebenspartner hat – anders als im Eherecht – nicht nur korrigierende, sondern konstitutive Wirkung (Rieger FamRZ 2001, 1497, 1498 = in Schwab S 186, 187).

Das LPartG kennt zwar keinen gesetzlichen Regelgüterstand, in § 6 III aber einen **Auffanggüterstand** für den 2 Fall, daß die von den Partnern getroffene vermögensrechtliche Regelung unwirksam ist: die **Vermögenstrennung**. Das ergibt ein seltsames Bild: Wollen die Partner trotz Begründung der Lebenspartnerschaft nichts an ihren vermögensrechtlichen Beziehungen ändern, also die Trennung ihrer Vermögen beibehalten, müssen sie dies ausdrücklich und zudem notariell beurkundet vereinbaren, § 7 I. Wollen sie sich hingegen den komplizierten und auf die Lebensverhältnisse häufig nicht passenden Regeln der Ausgleichsgemeinschaft unterwerfen, können sie dies mündlich tun. Ist diese Vereinbarung unwirksam (auch nach Anfechtung der Vertragserklärungen; dazu N. Mayer ZEV 2001, 169, 171), greift als Auffangtatbestand die – bei Vereinbarung nur mit notarieller Beurkundung erreichbare – Vermögenstrennung. In jedem Fall muß man den Lebenspartnern eine von § 6 III **abweichende Regelung** gestatten, dh ihnen erlauben, für den Fall einer unwirksamen Vermögensstandsvereinbarung hilfsweise andere Regelungen zu treffen (Grziwotz DNotZ 2001, 280, 288; Coen BWNotZ 2001, 167, 172, 181).

2. Insbesondere: Ausgleichsgemeinschaft. Der einzige gesetzlich geregelte Vermögensstand der Lebenspart- 3 nerschaft ist die Ausgleichsgemeinschaft. Wie die Zugewinngemeinschaft unter Ehegatten ist sie gekennzeichnet dadurch, daß die beiderseitigen Vermögensmassen getrennt bleiben (§ 6 II S 1) und daß jeder Lebenspartner sein Vermögen selbst verwaltet (§ 6 II S 2). Nach § 6 II S 3 müssen die Lebenspartner bei der Beendigung der Ausgleichsgemeinschaft den währenddessen erzielten Vermögensüberschuß ausgleichen; für den Ausgleich wird in S 4 mit §§ 1371–1390 BGB auf die Vorschriften des ehelichen Zugewinnausgleichs verwiesen. Ausgleichsgemeinschaft und **Zugewinngemeinschaft** sowie Überschußausgleich und Zugewinnausgleich sind damit **identisch**, sie heißen nur anders (zur Zugewinngemeinschaft Erman/Heckelmann §§ 1372ff BGB). Auf die §§ 1365–1370 BGB wird in § 6 nicht verwiesen, weil diese Normen nach § 8 II für Lebenspartner unabhängig vom gewählten Vermögensstand gelten (§ 8 Rz 6f).

Der **Überschußausgleich** ist durchzuführen, wenn der Vermögensstand der **Ausgleichsgemeinschaft endet**. 4 Dies ist einmal dann der Fall, wenn einer der Lebenspartner stirbt (§ 10 Rz 5f). Zu Lebzeiten beider Partner endet die Ausgleichsgemeinschaft insbesondere, wenn die Lebenspartnerschaft durch Urteil nach § 15 LPartG aufgehoben wird; das gleiche gilt, wenn die Lebenspartnerschaft durch Heirat eines Lebenspartners automatisch endet (§ 1 Rz 8). Ein Überschußausgleich ist auch dann durchzuführen, wenn die in Ausgleichsgemeinschaft lebenden Partner durch Lebenspartnerschaftsvertrag einen anderen Vermögensstand wählen (§ 7 Rz 5f), weil damit zugleich der Vermögensstand der Ausgleichsgemeinschaft beendet wird. Gleiches gilt, wenn die Lebenspartner ihre Partnerschaft im Ausland erneut begründen und das dortige Recht eine Ausgleichsgemeinschaft nicht kennt bzw einen anderen gesetzlichen Regelgüterstand vorsieht. Denn nach Art 17b I S 1 und III EGBGB gelten für die güterrechtlichen (sic!) Wirkungen einer im In- und Ausland eingetragenen Lebenspartnerschaft die Sachvorschriften des Staates, in dem die Partner zuletzt eine Lebenspartnerschaft begründet haben – vorbehaltlich der Sperrklausel des Art 17b IV EGBGB (zum Kollisionsrecht Süß DNotZ 2001, 168ff und Henrich FamRZ 2002, 137ff = in Schwab S 313ff; s noch § 7 Rz 6). Wegen der Bezugnahme auf § 1385 BGB können Lebenspartner auch Klage auf vorzeitigen Überschußausgleich erheben, wenn sie seit mindestens drei Jahren getrennt leben (zum Begriff des Getrenntlebens § 12 Rz 1).

Im Überschußausgleich sind **alle rechtlich geschützten geldwerten Positionen** zu berücksichtigen. Nicht dar- 5 unter fallen Haushaltsgegenstände, soweit sie bei Aufhebung der Lebenspartnerschaft im Verfahren nach § 19 mit §§ 8–10 HausratsVO verteilt werden. § 1587 II BGB nimmt aus dem ehelichen Zugewinnausgleich auch **Versorgungsanwartschaften und -aussichten** heraus. Das LPartG verweist **aber** weder auf diese Vorschrift, noch sieht es überhaupt einen Versorgungsausgleich vor. Gleichwohl wird vertreten, daß Versorgungsanwartschaften und -aussichten jedenfalls teilweise nach den Vorschriften des Überschußausgleichs ausgeglichen werden müßten (Rieger FamRZ 2001, 1497, 1503ff = in Schwab S 186, 205ff; sa Langenfeld ZEV 2002, 8, 9). Das LPartG spricht eine andere Sprache: Der Gesetzgeber hat den Versorgungsausgleich im LPartG bewußt ausgeklammert. In § 6 II S 4 hat er ausdrücklich nur auf die §§ 1371–1390 BGB und daher auch § 1587 II BGB eingeschränkten Anwendungsbereich verwiesen. Unter Lebenspartnern soll ein Überschußausgleich nur in dem Umfang stattfinden wie zwischen Eheleuten ein Zugewinnausgleich (ausdrücklich gegen einen Versorgungsausgleich Büttner FamRZ 2001, 1105, 1111 = in Schwab S 221, 239; Pal/Brudermüller Rz 3; vom vollständigen Ausschluß scheinen auszugehen Grziwotz DNotZ 2001, 280, 297; N. Mayer ZEV 2001, 169, 175; Dethloff NJW 2001, 2598, 2601; G. Müller DNotZ 2001, 581, 585f). Wollen die Lebenspartner einen Versorgungsausgleich, müssen sie im Lebenspartnerschaftsvertrag eine ausdrückliche Regelung treffen (§ 7 Rz 5). Zum Anspruch auf Vorsorgeunterhalt § 5 Rz 3, § 12 Rz 5 und § 16 Rz 3.

3. Innengesellschaft und unbenannte Zuwendungen. Vermögenszuwendungen können auch unter Lebens- 6 partnern nach den Grundsätzen der Abwicklung stillschweigend begründeter Innengesellschaften und des Wegfalls der Geschäftsgrundlage unbenannter Zuwendungen rückgängig gemacht werden (Rieger FamRZ 2001, 1497, 1506f = in Schwab S 186, 213ff; N. Mayer ZEV 2001, 169, 175; dazu Erman/Heckelmann § 1363 Rz 4).

7 *Lebenspartnerschaftsvertrag*
(1) **Die Lebenspartner können ihre vermögensrechtlichen Verhältnisse durch Vertrag (Lebenspartnerschaftsvertrag) regeln.** Der Vertrag muss bei gleichzeitiger Anwesenheit beider Lebenspartner zur Niederschrift eines Notars geschlossen werden. Die §§ 1409 und 1411 des Bürgerlichen Gesetzbuchs gelten entsprechend.

(2) **Absatz 1 Satz 2 gilt nicht, wenn die Lebenspartner vor der Begründung der Lebenspartnerschaft den Vermögensstand der Ausgleichsgemeinschaft in der in § 6 Abs. 1 vorgesehenen Form vereinbaren.**

Schrifttum: *Grziwotz*, Die Lebenspartnerschaft zweier Personen gleichen Geschlechts, DNotZ 2001, 280ff; *Langenfeld*, Der Vertrag der eingetragenen Lebenspartnerschaft, ZEV 2002, 88f; *G. Müller*, Partnerschaftsverträge nach dem Lebenspartnerschaftsgesetz (LPartG) – Hinweise zur Vertragsgestaltung, DNotZ 2001, 581ff. Siehe noch bei § 6.

1 **1. Form.** Die Lebenspartner müssen ihren Vermögensstand durch einen Lebenspartnerschaftsvertrag iSd § 7 I vereinbaren. Die Form entspricht der des Ehevertrags nach § 1410 BGB: Der Lebenspartnerschaftsvertrag muß bei gleichzeitiger, aber nicht notwendig persönlicher Anwesenheit beider Lebenspartner abgeschlossen werden. Damit erlaubt das LPartG, was schon für Eheverträge als mißlich empfunden wird (Streitstand bei Erman/Heckelmann § 1410 Rz 2): Jeder Lebenspartner kann sich bei Abschluß des Lebenspartnerschaftsvertrages vertreten lassen, sogar vom anderen Lebenspartner als seinem Vertragspartner (beachte aber § 17 IIa BeurkG). Die Vollmacht des Stellvertreters kann nach § 167 II BGB formfrei erklärt werden, es sei denn, sie ist unwiderruflich. Der Vertrag muß nach § 7 I S 2 zur **Niederschrift eines Notars** geschlossen werden – um eine fachkundige Beratung zu sichern und den schwächeren Vertragspartner vor Übervorteilung zu schützen (BT-Drucks 14/3751, 38).

2 Trotz der mißverständlichen Formulierung in § 6 I S 2 und III ist auch die **Vereinbarung der Ausgleichsgemeinschaft** ein Lebenspartnerschaftsvertrag, wie § 7 II zeigt (Rieger FamRZ 2001, 1497, 1500 = in Schwab S 186, 195): § 7 II ordnet für den Fall, daß die Ausgleichsgemeinschaft vor Eingehung der Lebenspartnerschaft begründet wird, eine Ausnahme von dem für Lebenspartnerschaftsverträge bestehenden Formgebot des § 7 I an. Die Ausgleichsgemeinschaft kann deswegen **formlos**, also mündlich und durch nacheinander abgegebene Willenserklärungen vereinbart werden. Die Ausnahme von § 7 I gilt aber **nur dann**, wenn die Ausgleichsgemeinschaft (1) vor Eintragung der Lebenspartnerschaft vereinbart wird und (2) die Partner das gesetzliche Modell der Ausgleichsgemeinschaft uneingeschränkt übernehmen (s BT-Drucks 14/3571, 38; Grziwotz DNotZ 2001, 280, 286; Rieger FamRZ 2001, 1497, 1500 = in Schwab S 186, 194; Muscheler Rz 75). Sobald die Lebenspartner von den gesetzlichen Regeln der Ausgleichsgemeinschaft **abweichen**, müssen sie dies durch notariell beurkundeten Lebenspartnerschaftsvertrag tun. Ebenso können sie während bereits bestehender Partnerschaft ihren bisherigen Vermögensstand nur ändern, wenn sie vor den Notar ziehen (Rz 3). Das gilt, wie § 7 II deutlich macht, auch dann, wenn in Vermögenstrennung lebende Lebenspartner zum Vermögensstand der Ausgleichsgemeinschaft wechseln wollen.

3 Darf der Lebenspartnerschaftsvertrag nur in der Form des § 7 I geschlossen werden (Rz 1), bedarf auch ein **Aufhebungsvertrag** als actus contrarius und ein **Änderungsvertrag** dieser Form: Lebenspartner können einen Lebenspartnerschaftsvertrag nicht formlos, sondern nur durch notariell beurkundeten Vertrag wieder aufheben oder ändern (s noch Rz 7).

4 **2. Vertragspartner.** § 7 I S 1 nennt als Vertragspartner des Lebenspartnerschaftsvertrages nur die „Lebenspartner", also die bereits im Stand der Lebenspartnerschaft Lebenden. Weil §§ 1 I S 4, 6 I S 1 eine Erklärung über den Vermögensstand aber schon vor Eingehung der Lebenspartnerschaft verlangen, müssen **auch noch nicht verpartnerte Personen** einen Lebenspartnerschaftsvertrag abschließen können (Rieger FamRZ 2001, 1497, 1498 = in Schwab S 186, 188; Muscheler Rz 73). Obwohl nach § 1 II Nr 1 nur Volljährige eine Lebenspartnerschaft eingehen können (§ 1 Rz 6), macht der Verweis in § 7 I S 3 auf § 1411 BGB deutlich, daß schon der **beschränkt Geschäftsfähige** einen Lebenspartnerschaftsvertrag abschließen kann, soweit sein gesetzlicher Vertreter zustimmt (§ 1411 I S 1 BGB). Auch ein unter Einwilligungsvorbehalt stehender Betreuter kann den Vertrag mit Zustimmung seines gesetzlichen Vertreters abschließen (§ 1411 I S 2 BGB). Für einen geschäftsunfähigen Lebenspartner schließt der gesetzliche Vertreter den Vertrag (§ 1411 II BGB); ist der gesetzliche Vertreter ein Vormund, muß auch die Genehmigung des Vormundschaftsgerichts eingeholt werden (§ 1411 II S 2 BGB).

5 **3. Inhalt.** Durch Lebenspartnerschaftsvertrag können die Partner ihre vermögensrechtlichen Verhältnisse regeln – wie Ehegatten ihre güterrechtlichen Verhältnisse nach § 1408 I BGB durch Ehevertrag. So können die Lebenspartner die Regeln über die **Ausgleichsgemeinschaft modifizieren**, etwa den Überschußausgleich für den Fall der lebzeitigen Beendigung der Partnerschaft ausschließen, müssen dann aber die Form des § 7 I einhalten (Rz 2). Ratgeber schlagen regelmäßig vor, für die Lebenspartnerschaft die **Vermögenstrennung** zu wählen, weil die Ausgleichsgemeinschaft auf die spezifischen Bedürfnisse gleichgeschlechtlicher Partner, die in der Regel beide berufstätig seien, nicht passe (Langenfeld ZEV 2002, 8, 10; Coen BWNotZ 2001, 167, 182). Die Lebenspartner können im Lebenspartnerschaftsvertrag auch einen – lediglich schuldrechtlichen – **Versorgungsausgleich** vereinbaren; Vereinbarungen zu Lasten der gesetzlichen Rentenversicherung, privater Rentenversicherer und der Beamtenversorgung sind als Verträge zu Lasten Dritter unwirksam (G. Müller DNotZ 2001, 581, 585f; Dorsel RNotZ 2001, 151, 153).

6 Streitig ist, ob die Lebenspartner auch eine „**Vermögensgemeinschaft**" nach dem Vorbild der ehelichen Gütergemeinschaft vereinbaren können. Praktische Bedeutung kann die Frage vor allem für im Ausland abgeschlossene Lebenspartnerschaften erlangen, für die die Gütergemeinschaft gilt. Denn nach der Sperrklausel des **Art 17b IV EGBGB** kann eine solche Lebenspartnerschaft keine weitergehenden Wirkungen haben als im BGB und LPartG für Lebenspartnerschaften vorgesehen (wie weit die Sperrwirkung reicht und ob diese auch Abweichungen eines ausländischen Güterstandes von einem inländischen Vermögensstand erfaßt, ist allerdings unklar: einerseits Süß DNotZ 2001, 168, 170ff; andererseits Henrich FamRZ 2002, 137, 140 = in Schwab [2002], S 313, 321f). Obwohl der Gesetzgeber davon ausgegangen ist, daß die Lebenspartner eine Vermögensgemeinschaft sowohl durch Verweis auf die Vorschriften über die eheliche Gütergemeinschaft in §§ 1415ff BGB als auch durch individuelle Festlegung im Lebenspartnerschaftsvertrag vereinbaren können (BT-Drucks 14/3751, 38), wird der pauschale Verweis auf die §§ 1415ff BGB im Lebenspartnerschaftsvertrag in der Lit nur vereinzelt für möglich gehalten (Muscheler Rz 74; Leipold ZEV 2001, 218, 220; s auch Dorsel RNotZ 2001, 151, 152). Herrschend ist die Auffassung, die Lebenspartner könnten eine Vermögensgemeinschaft durch notariell beurkundeten Vertrag eigenständig vereinbaren (Muscheler Rz 74; Epple BWNotZ 2001, 44, 46; Dorsel RNotZ 2001, 151, 152; Leipold ZEV 2001,

218, 220; Schwab FamRZ 2001, 385, 388 = in Schwab S 145, 155; Süß DNotZ 2001, 168, 172; Dethloff NJW 2001, 2598, 2601; Coen BWNotZ 2001, 167, 172). Selbst das geht **zu weit** (N. Mayer ZEV 2001, 169, 175; Grziwotz DNotZ 2001, 280, 287; Langenfeld ZEV 2002, 8, 9; Meyer/Mittelstädt S 47; Pal/Brudermüller Rz 1; Wellenhofer-Klein Rz 143): Gesamthandsberechtigungen einschließlich der damit verbundenen Verfügungsbeschränkungen und Haftungsregelungen können nur gewählt werden, sofern der Gesetzgeber solche Gesamthandsberechtigungen zur Verfügung stellt (Rieger FamRZ 2001, 1497, 1506 = in Schwab S 186, 213; Grziwotz DNotZ 2001, 280, 289: allg Rauscher, Familienrecht 2001, Rz 362; MüKo/Kanzleiter § 1408 Rz 13; Staud/Thiele 2000 vor §§ 1408ff Rz 15f). Stellt das LPartG die Vermögensgemeinschaft als Typus nicht zur Verfügung, können die Lebenspartner auch durch Vertrag keine entsprechenden Regelungen treffen. Ebenso ist es den Lebenspartnern verwehrt, sich an das Recht der Gütergemeinschaft anzuhängen: Auf die Gütergemeinschaft nimmt das LPartG – anders als etwa auf die Zugewinngemeinschaft und andere güterrechtliche Regelungen des BGB – gerade nicht Bezug. Aus der Tatsache, daß der Gesetzgeber Lebenspartnern den Weg zur Vermögensgemeinschaft öffnen wollte, dafür aber einen nicht gangbaren Weg gewählt hat, kann auch nicht eine ungewollte Regelungslücke gefolgert werden, die in Analogie zu §§ 1415ff BGB zu schließen wäre (so aber Rieger FamRZ 2001, 1497, 1506 = in Schwab S 186, 213). Das geht schon wegen der Wirkung zu Lasten Dritter zu weit.

4. Unwirksamkeit. Regeln die Vertragspartner ihre vermögensrechtlichen Verhältnisse **vor Eintragung** der Lebenspartnerschaft, ist diese Vereinbarung aber unwirksam, bleibt nach § 6 III die Trennung der beiderseitigen Vermögen bestehen (§ 6 Rz 2). Ist eine **nachträgliche Veränderung** der Vermögensverhältnisse unwirksam, greift § 6 III hingegen nicht: Dieser erfaßt nach seinem eindeutigen Wortlaut nur die vor Begründung der Lebenspartnerschaft abgeschlossenen Lebenspartnerschaftsverträge. Bei Unwirksamkeit eines Änderungsvertrages gilt vielmehr die **bisher wirksam bestehende Regelung** der Vermögensverhältnisse fort (Rieger FamRZ 2001, 1497, 1498 = in Schwab S 186, 188). 7

Als **Unwirksamkeitsgründe** kommen in Betracht vor allem die Nichteinhaltung der Form des § 7 I, daneben Mängel bei der Stellvertretung eines Vertragspartners und der Abschluß eines Lebenspartnerschaftsvertrags durch geschäftsunfähige oder beschränkt geschäftsfähige Personen. Hingegen wird man im Wege der **Inhaltskontrolle nur selten** dazu kommen, daß ein Lebenspartnerschaftsvertrag unwirksam ist: Das LPartG kennt keinen gesetzlichen Regelgüterstand, der Gestaltungsspielraum der Vertragspartner ist sehr weit (auch Rieger FamRZ 2001, 1497, 1501 = in Schwab S 186, 197). Insbesondere können vor Eingehung der Lebenspartnerschaft getroffene Vereinbarungen, die darauf zielen, die Vermögen der Lebenspartner weitgehend auseinander zu halten, nicht unwirksam sein. Denn Rechtsfolge der Unwirksamkeit ist nach § 6 III eine vollständige Vermögenstrennung, so daß über die Unwirksamkeit der Schutz des schwächeren Vertragspartners nicht erreicht wird (Rieger FamRZ 2001, 1497, 1501 = in Schwab S 186, 198; krit Grziwotz DNotZ 2001, 280, 287). Anders kann es sein, wenn die Lebenspartner während schon bestehender Lebenspartnerschaft die Vermögensverhältnisse zum Nachteil eines Partners auseinanderdividieren, da Rechtsfolge der Unwirksamkeit hier das Fortbestehen der bisherigen, den Partner besser schützenden Regelung ist (Rz 6). 8

5. Keine Eintragung in ein „Vermögensrechtsregister". Das LPartG enthält weder eigene Regelungen über ein Vermögensrechtsregister, noch enthält es Vorschriften über die entsprechende Anwendung des § 1412 BGB über das Güterrechtsregister. Lebenspartnerschaftsverträge können deswegen nirgendwo eingetragen werden, auch nicht im Güterrechtsregister (KG FGPrax 2003, 85; aA nur Rellermeyer Rpfleger 2001, 381, 382f; s noch § 8 Rz 5). 9

8 Sonstige vermögensrechtliche Wirkungen

(1) Zugunsten der Gläubiger eines der Lebenspartner wird vermutet, dass die im Besitz eines Lebenspartners oder beider Lebenspartner befindlichen beweglichen Sachen dem Schuldner gehören. Im Übrigen gilt § 1362 Abs. 1 Satz 2 und 3 und Abs. 2 des Bürgerlichen Gesetzbuchs entsprechend.
(2) § 1357 und die §§ 1365 bis 1370 des Bürgerlichen Gesetzbuchs gelten entsprechend.

1. Allgemeines. Die allgemeinen vermögensrechtlichen Folgen der Lebenspartnerschaft regelt das LPartG nur in einem Punkt selbst – in § 8 I durch Wiederholung des BGB – und verweist im übrigen vollumfänglich auf das BGB. Die Folgen des § 8 treten **unabhängig vom gewählten Vermögensstand** ein. Das entspricht für die Eigentumsvermutung des § 8 I mit § 1362 BGB und für die Schlüsselgewalt des § 8 II mit § 1357 BGB der Rechtsstellung von Eheleuten. Während Ehegatten den Verfügungsbeschränkungen der §§ 1365, 1369 BGB aber nur im Güterstand der Zugewinngemeinschaft unterliegen, verweist § 8 II für alle in einer Lebenspartnerschaft verbundenen Paare auf § 1365, 1369 BGB, also selbst dann, wenn die Lebenspartner Vermögenstrennung vereinbart haben (§ 7 Rz 5). 1

2. Eigentumsvermutung, § 8 I mit § 1362 BGB. § 8 I S 1 enthält (wie § 1362 I BGB für die Ehe) **zugunsten der Gläubiger** eines Lebenspartners die widerlegliche Vermutung, daß alle beweglichen Gegenstände im unmittelbaren oder mittelbaren Besitz, insbesondere im Mitbesitz der Lebenspartner, gerade im Eigentum des Schuldners stehen. Gleichgestellt werden nach § 8 I S 2 mit § 1362 I S 3 BGB Inhaberpapiere und Orderpapiere, die mit Blankoindossament versehen sind. Zwar sind Lebenspartner nach § 2, anders als Eheleute aus § 1353 I S 2 BGB, nicht dazu verpflichtet, einander Mitbesitz an Hausratsgegenständen einzuräumen (§ 2 Rz 3). § 739 ZPO erweitert für Vollstreckungshandlungen aber die Fiktion des Besitzes und Gewahrsams gerade des Schuldners auf die eingetragene Lebenspartnerschaft. Damit haftet jeder Lebenspartner mit seinen Sachen für die Schulden des anderen. Die Lebenspartner können sich vor der Eigentumsvermutung des § 8 I dadurch schützen, daß sie Vermögensverzeichnisse aufstellen und während der Lebenspartnerschaft fortführen (Epple BWNotZ 2001, 44, 46; Langenfeld ZEV 2002, 8, 9). Zudem nimmt § 8 I S 2 mit § 1362 II BGB die ausschließlich zum persönlichen Gebrauch eines 2

Lebenspartners bestimmten Sachen von der Eigentumsvermutung des § 8 I S 1 aus. Näher Erman/Heckelmann § 1362 BGB.

3 Wie § 1362 BGB für Eheleute knüpft § 8 I an das Zusammenleben der Lebenspartner in einem **gemeinsamen Haushalt** und an die damit verbundene Beweisnot des Vollstreckungsgläubigers an (das ist sachgerecht: N. Mayer ZEV 2001, 169, 172; Muscheler Rz 82ff; Rieger FamRZ 2001, 1497, 1507 = in Schwab S 186, 216f; Grziwotz, DNotZ 2001, 280, 291; Dethloff NJW 2001, 2598, 2601; Coen BWNotZ 2001, 167, 173; Wellenhofer-Klein Rz 154; krit noch D. Kaiser JZ 2001, 617, 620). Deswegen gilt die Eigentumsvermutung nach § 8 I S 2 mit § 1362 II S 2 BGB nicht, wenn die Lebenspartner getrennt leben und die Sachen im Besitz des Lebenspartners befinden, der nicht Schuldner ist. Anders als bei § 12 (§ 12 Rz 1) genügt für das **Getrenntleben** die rein tatsächliche, nicht nur vorübergehende räumliche Trennung. Ob ein Lebenspartner die Lebenspartnerschaft aufheben will, ist hingegen unerheblich: Der Gerichtsvollzieher kann nur das äußere Merkmal der Trennung feststellen, hingegen nicht den subjektiven Willen der Lebenspartner überprüfen. Aus demselben Grund ist – wiederum anders als bei § 12 – eine räumliche Trennung auch erforderlich, um die Vermutung des § 8 I S 1 auszuschließen; ein Getrenntleben innerhalb derselben Wohnung genügt nicht. Bei Getrenntleben der Lebenspartner gilt für die Eigentumsverhältnisse die allgemeine Vermutung des § 1006 BGB.

4 **3. Schlüsselgewalt, § 8 II mit § 1357 BGB.** Obwohl das LPartG Haushaltsführungs- und Zuverdienerpartnerschaft nicht als typisch ansieht und in der Lebenswirklichkeit die Doppelverdienerpartnerschaft die Regel sein dürfte (vor § 1 Rz 5; § 2 Rz 3), erstreckt § 8 II die Schlüsselgewalt des § 1357 BGB auf Lebenspartner (krit auch Muscheler Rn. 87; Rieger FamRZ 2001, 1497, 1507 = in Schwab S 186, 215): Jeder Lebenspartner kann den anderen auch ohne rechtsgeschäftliche Vollmacht für Geschäfte zur Deckung des angemessenen Lebensbedarfs mitberechtigen und mitverpflichten; beide Partner haften gesamtschuldnerisch. Das gilt nicht, soweit Geschäfte zur Deckung des Lebensbedarfs des Kindes eines Lebenspartners getätigt werden, selbst wenn dieses Kind im partnerschaftlichen Haushalt lebt: Anknüpfungspunkt der Schlüsselgewalt ist die Pflicht beider Eheleute aus § 1360 BGB, zum Familienunterhalt beizutragen. § 1357 I S 1 BGB stellt damit auf ein Lebensbedarfsdeckungsgeschäft iSd § 1360a BGB ab; § 1360a I BGB erfaßt aber nur den Unterhaltsbedarf gemeinsamer Kinder (§ 5 Rz 2; ebenso Muscheler Rz 89; aA Schwab FamRZ 2001, 385, 393 = in Schwab S 145, 169). Voraussetzung für § 8 II mit § 1357 BGB ist, daß die Lebenspartner in einem **gemeinsamen Haushalt** zusammenleben: Die Schlüsselgewalt endet, wenn die Lebenspartner getrennt leben, § 8 II S 2 mit § 1357 III BGB (zum Begriff des Getrenntlebens § 12 Rz 1).

5 Unklar ist, auf welchem Wege die Lebenspartner die Leistungspflicht aus § 1357 BGB **abbedingen** können: Nach **§ 1357 II BGB**, auf den § 8 II verweist, besteht lediglich die wechselseitige Möglichkeit jedes Lebenspartners, die Mithaftung des anderen durch einseitige Erklärung auszuschließen. Dieser Ausschluß wirkt gem § 1357 II S 2 BGB Dritten gegenüber aber nur, wenn er im Güterrechtsregister des zuständigen Amtsgerichts eingetragen oder dem Dritten bei Vertragsschluss bekannt ist, § 1412 BGB. Das LPartG kennt kein Vermögensregister (§ 7 Rz 9). Wendete man § 1357 II BGB wortlautgetreu an, könnte jeder Lebenspartner seine Mithaftung lediglich durch ausdrückliche Bekanntgabe gegenüber dem kontrahierungswilligen Dritten ausschließen (davon scheint G. Müller DNotZ 2001, 581, 584 auszugehen). Das widerspräche aber dem Zweck der Norm, jedem Partner die Möglichkeit zu geben, Verträge selbständig abschließen zu können. Im Ergebnis wäre es Lebenspartnern weithin verwehrt, ihre Mithaftung auszuschließen; das ist wegen der übermäßigen Belastung des nicht kontrahierenden Lebenspartners verfassungsrechtlich bedenklich (sa Rieger FamRZ 2001, 1497, 1507 = in Schwab S 186, 216). Überwiegend wird deswegen vertreten, den Lebenspartnern müsse es erlaubt sein, einen Haftungsausschluß in Güterrechtsregister eintragen zu lassen (Muscheler Rz 89; Rieger FamRZ 2001, 1497, 1507 = in Schwab S 186, 216; Grziwotz DNotZ 2001, 280, 291; Rellermeyer Rpfleger 2001, 381, 382f). Das Güterrechtsregister den Lebenspartnern nur zu öffnen, soweit darin der Ausschluß der Schlüsselgewalt eingetragen werden kann, genügt aber nicht den Publizitätserfordernissen (abl auch Meyer/Mittelstädt S 49; Pal/Brudermüller Rz 2; wohl auch Langenfeld ZEV 2002, 8, 9; Coen BWNotZ 2001, 167, 173): Wer sucht im grds Eheleuten vorbehaltenen Güterrechtsregister nach Haftungsausschlüssen zugunsten gleichgeschlechtlicher Lebenspartner? Vorzugswürdig ist eine dritte, ebenfalls mit dem Wortlaut des § 8 II mit § 1357 BGB vereinbare Lösung: Mangels Vermögensregisters kann jeder Lebenspartner seine Mithaftung **durch bloße Erklärung gegenüber dem anderen Lebenspartner**, dh ohne Publizitätsakt, ausschließen (Meyer/Mittelstädt S 49; Pal/Brudermüller Rz 2; wohl auch Langenfeld ZEV 2001, 8, 9 und 10; abl Rieger FamRZ 2001, 1497, 1507 = in Schwab S 186, 216). Zu verlangen ist aber, daß die Lebenspartner die **Form des § 7 I** einhalten, da sie mit dem Ausschluß der Schlüsselgewalt ihre vermögensrechtlichen Verhältnisse regeln, und nur so das Mindestmaß an Rechtssicherheit gewährleistet wird (auch Meyer/Mittelstädt S 49). Daß der Schutz des Rechtsverkehrs gleichwohl weitgehend beschnitten wird, schadet deswegen nichts, weil Haushaltsführungspartnerschaften weder vom Gesetz noch vom Rechtsverkehr als Regelfall angesehen werden (Rz 4). Allerdings bestehen wegen der Schlechterstellung der Eheleute gegenüber den Lebenspartnern auch insoweit verfassungsrechtliche Bedenken.

6 **4. Verfügungsbeschränkungen, § 8 II mit §§ 1365–1369 BGB.** § 8 II beschränkt die Lebenspartner zusätzlich in der Verfügung über Vermögensgegenstände, und zwar auch dann noch, wenn die Partner getrennt leben (§ 12 Rz 1): Jeder Partner kann über sein Gesamtvermögen nur mit Einwilligung des anderen verfügen (§ 1365 I S 1 BGB), eine entsprechende Beschränkung besteht für Verfügungen über **Haushaltsgegenstände** (§ 1369 BGB); näher Erman/Heckelmann. Eheleute unterliegen diesen Verfügungsbeschränkungen nur im Fall der Zugewinngemeinschaft, Lebenspartner in jedem Fall (Rz 1). Zwar hindert der Normzweck der §§ 1365ff BGB es nicht, Verfügungsbeschränkungen auf gleichgeschlechtliche Lebenspartner auch dann zu übertragen, wenn diese nicht im Vermögensstand der Ausgleichsgemeinschaft leben. Denn die Verfügungsbeschränkungen bezwecken nicht nur den auf in Vermögenstrennung lebende Partner nicht passenden Schutz der späteren Ausgleichsforderung, sondern wollen auch die wirtschaftliche Grundlage der Partnerschaft sowie den gemeinsamen Haushalt als Lebensgrundlage zu erhalten (Erman/Heckelmann § 1365 Rz 2). Da das LPartG aber weder das Zusammenleben der Partner noch eine Haushaltsführungspartnerschaft als typisch ansieht (§ 2 Rz 2f), leuchtet es nicht ein, Lebenspartner überhaupt und zudem stärker als Ehegatten in ihrer Verfügung über Hausratgegenstände und ihr Vermögen als Ganzes zu beschränken (D. Kaiser JZ 2001, 617, 620; N. Mayer ZEV 2001, 169, 172; Muscheler Rz 94; Rieger FamRZ 2001, 1497, 1507f = in Schwab S 186, 217; G. Müller DNotZ 2001, 581, 584; Schwab FamRZ 2001, 385, 393 = in Schwab (Fn 5) S 145, 170f; zust aber Dethloff NJW 2001, 2598, 2601f; Coen BWNotZ 2001, 167, 173). Die §§ 1365, 1369 BGB sind nach dem Willen der Gesetzesverfasser **abdingbar** (BT-Drucks 14/3751, 38); auch hierfür ist die **Form des § 7 I** einzuhalten (Muscheler Rz 95; Pal/Brudermüller Rz 3; Wellenhofer-Klein Rz 162).

5. **Surrogation, § 8 II mit § 1370 BGB.** Mit § 1370 BGB überträgt § 8 II LPartG eine weitere Norm des ehelichen Zugewinnrechts auf Lebenspartner selbst dann, wenn diese die Vermögenstrennung vereinbart haben. Werden Haushaltsgegenstände ersetzt, wird Eigentümer der neuen Sache derjenige, dem die ersetzte Sache gehörte – unabhängig davon, mit wessen Mitteln die Anschaffung getätigt wurde. Im Vermögensstand der Ausgleichsgemeinschaft werden durch die Surrogation ausgelöste Wertsteigerung im Wege des Überschußausgleiches ausgeglichen. Bei Vermögenstrennung ist die Surrogationsregel hingegen ungerecht (Rieger FamRZ 2001, 1497, 1508 = in Schwab S 186, 219) – und kann durch notariell beurkundeten **Lebenspartnerschaftsvertrag iSd § 7 I abbedungen** werden. 7

9 *Sorgerechtliche Befugnisse des Lebenspartners*
(1) Führt der allein sorgeberechtigte Elternteil eine Lebenspartnerschaft, hat sein Lebenspartner im Einvernehmen mit dem sorgeberechtigten Elternteil die Befugnis zur Mitentscheidung in Angelegenheiten des täglichen Lebens des Kindes. § 1629 Abs. 2 Satz 1 des Bürgerlichen Gesetzbuchs gilt entsprechend.
(2) Bei Gefahr im Verzug ist der Lebenspartner dazu berechtigt, alle Rechtshandlungen vorzunehmen, die zum Wohl des Kindes notwendig sind; der sorgeberechtigte Elternteil ist unverzüglich zu unterrichten.
(3) Das Familiengericht kann die Befugnisse nach Absatz 1 einschränken oder ausschließen, wenn dies zum Wohl des Kindes erforderlich ist.
(4) Die Befugnisse nach Absatz 1 bestehen nicht, wenn die Lebenspartner nicht nur vorübergehend getrennt leben.

I. Keine gemeinsame Elternschaft. Während Ehegatten gem § 1741 II S 2 BGB ein Kind nur gemeinschaftlich adoptieren können, ist Lebenspartnern die **gemeinschaftliche Adoption fremder Kinder verwehrt**: Da sie mangels Änderung der Adoptionsvorschriften als nicht verheiratet gelten, bleibt es für Lebenspartner gem § 1742 I S 1 BGB beim Zwang zur Einzeladoption. Auch die sog **Stiefelternadoption**, also die Adoption des leiblichen Kindes des anderen Lebenspartners mit dem Ziel der gemeinsamen Elternschaft, ist nicht möglich. Zwar kann ein Lebenspartner das leibliche Kind des anderen annehmen – wenn beide leiblichen Eltern des Kindes einwilligen, §§ 1747, 1748 BGB. Anders als unter Ehegatten, bei denen das Kind durch eine solche Adoption die rechtliche Stellung eines gemeinschaftlichen Kindes erlangt (§ 1754 I BGB), gilt für Lebenspartner § 1754 II BGB: Mit der Adoption wird die verwandtschaftliche Beziehung des Kindes zu den leiblichen Eltern durchschnitten und es wird rechtlich allein Kind des adoptierenden Lebenspartners, §§ 1754 II, 1755 I S 1 BGB. Es findet also ein Austausch der Elternstellung unter den Lebenspartnern statt: Der leibliche Elternteil hört rechtlich auf Elternteil zu sein und gibt diese Position an seinen Lebenspartner ab. 1

Kommt **während bestehender Lebenspartnerschaft** ein Kind eines Lebenspartners zur Welt (etwa im Wege einer künstlichen Befruchtung oder durch sexuelle Kontakte mit Dritten), so werden die Lebenspartner ebenfalls nicht gemeinsame Eltern: Wird in einer lesbischen Partnerschaft eine **Lebenspartnerin Mutter**, erwirbt sie mit der Geburt gem § 1626a II BGB das alleinige Sorgerecht. Die andere Lebenspartnerin kann nicht, auch nicht im Wege der Stiefelternadoption (Rz 1) ebenfalls rechtliche Mutter werden; sie ist auf das Mitsorgerecht aus § 9 beschränkt (Rz 4ff); zur Vaterschaft des Erzeugers s §§ 1592 Nr 2 und 3, §§ 1594ff, 1600d, e mit §§ 1601ff, 1684 I BGB. Wird ein **Lebenspartner Vater**, kann er durch Anerkennung seiner Vaterschaft mit Zustimmung der Mutter (§§ 1594, 1595 I BGB) oder durch Vaterschaftsfeststellung (§ 1600d, e BGB) auch rechtlich Vater werden; die vorrangige Vaterschaft eines Ehemannes der Mutter kann er wegen § 1600 BGB allerdings nicht beseitigen. Steht der Lebenspartner rechtlich als Vater fest, kann er durch Erklärung und Erklärung der Mutter gem § 1626a I Nr 1 BGB das gemeinsame Sorgerecht für das Kind erwerben; gem § 1672 I BGB auch das alleinige Sorgerecht, sofern dies dem Wohl des Kindes entspricht und die Mutter zustimmt. Bei alleinigem Sorgerecht ist sein Lebenspartner nach § 9 mitsorgeberechtigt (Rz 4ff). Die Zustimmung der Mutter zur Übertragung der alleinigen Sorge auf den Vater kann durch das Familiengericht nicht ersetzt werden; bei Weigerung der Mutter bleibt dem Vater nur den Weg über § 1666 BGB. 2

Gemeinsame Kinder von Lebenspartnern sind **nur in den seltenen Fällen** denkbar, in denen ein Lebenspartner das erwachsene Kind des anderen Lebenspartners adoptiert (§ 1768 I S 2 BGB) oder in denen ein heterosexuelles Paar gemeinschaftliche Kinder hat und die Eltern nach der Geschlechtsumwandlung eines Elternteils eine Lebenspartnerschaft begründen (Grziwotz ZEV 2002, 55, 56; zu gemeinsamer Pflegschaft und Vormundschaft von Lebenspartnern s Muscheler Rz 177ff). Gegenüber einem erwachsenen Kind besteht kein Sorgerecht, § 1626 I S 1 BGB. 3

II. Aufwertung der Stiefelternschaft. 1. „Kleines Sorgerecht". Um zumindest das Zusammenleben von Lebenspartnern mit Kindern zu erleichtern, wertet das LPartG mit § 9 die Stiefelternstellung des Nicht-Elternteils auf; eine entsprechende Regelung ist für Ehegatten mit § 1687b in das BGB eingefügt worden. Der Lebenspartner 4 erhält eine **Mitentscheidungsbefugnis** in Angelegenheiten des täglichen Lebens eines minderjährigen Kindes (§ 1626 I S 1 BGB), sofern der **leibliche Elternteil alleinsorgeberechtigt** ist. Das eindeutige Erfordernis der Alleinsorge kann nicht im Wege der einschränkenden Auslegung auf die Fälle erweitert werden, in denen der Elternteil bei gemeinsamer elterlicher Sorge gem § 1687 I S 2 BGB das Alleinentscheidungsrecht in Angelegenheiten des täglichen Lebens des Kindes hat (so aber Motzer FamRZ 2001, 1034, 1040; Pal/Brudermüller Rz 1). Das Mitsorgerecht aus § 9 I ist wie das Sorgerecht des § 1626 BGB ein Pflichtrecht (Erman/Michalski § 1687 BGB Rz 3). Da die elterliche Sorge gem § 1629 I S 1 BGB die **Vertretung** des Kindes umfaßt, schränkt § 9 I das Alleinvertretungsrecht des sorgeberechtigten Elternteils aus § 1629 I S 3 BGB ein und räumt auch dessen Lebenspartner ein Vertretungsrecht ein, soweit dessen Mitsorgerecht reicht (Rz 6); es gilt § 1629 I S 2 BGB. Um Interessenkollisionen zu vermeiden, schließt § 9 I S 2 den Lebenspartner von der Vertretung des Kindes aus, soweit nach § 1795 BGB ein Vormund von der Vertretung des Kindes ausgeschlossen wäre; das entspricht § 1629 II S 1 BGB für das Vertretungsrecht des sorgeberechtigten Elternteils. Zum Notvertretungsrecht des § 9 II Rz 9f.

5   Das Mitsorgerecht wird nicht schon ipso iure mit Eingehung der Lebenspartnerschaft bzw der Geburt des Kindes in einer bestehenden Lebenspartnerschaft **begründet** (so aber Pal/Brudermüller Rz 1). Denn nach § 9 IV ist die Mitsorge daran gebunden, daß die Lebenspartner in einer häuslichen Gemeinschaft zusammenleben: Bei nicht nur vorübergehendem Getrenntleben erlischt das Sorgerecht; haben die Partner nie zusammengelebt, entsteht es erst gar nicht. § 9 IV scheint nur ein Zusammenleben der Lebenspartner zu fordern. Entsprechend seinem Zweck, das Entstehen einer neuen sozialen Familie zu fördern (BT-Drucks 14/3751, 39), ist § 9 I, IV aber dahin auszulegen, daß auch das Kind in der häuslichen Gemeinschaft mit den Partnern leben muß. Das findet einen gesetzlichen Anhaltspunkt in der Beschränkung des Mitsorgerechts auf die Angelegenheiten des täglichen Lebens, die insbesondere die tägliche Betreuung und Versorgung des Kindes meinen. Das Mitsorgerecht entsteht somit frühestens mit **Eingehung der Lebenspartnerschaft** nach § 1 und zusätzlich der – von § 2 nicht geforderten (§ 2 Rz 2) – **Begründung eines gemeinsamen Haushaltes zwischen beiden Lebenspartnern und dem Kind**. Zudem setzt das Entstehen des Mitsorgerechts das **Einvernehmen**, also die Zustimmung des allein sorgeberechtigten Elternteils voraus: Der Elternteil kann das Mitsorgerecht seines Lebenspartners ausschließen (Muscheler Rz 203; MüKo/ Finger § 1687b BGB Rz 1, 3; sa G. Müller DNotZ 2001, 581, 587f). Denn anders als §§ 1627 S 1, 1687 I S 1 BGB, die lediglich für die Ausübung der elterlichen Sorge das gegenseitige Einvernehmen der Eltern verlangen, regelt § 9 I schon die „Befugnis" zur elterlichen Sorge überhaupt (Muscheler Rz 203; aA Meyer/Mittelstädt S 51; Motzer FamRZ 2001, 1034, 1039; Pal/Brudermüller Rz 1; differenzierend Wellenhofer-Klein Rz 212f) und anders als §§ 1356 I S 1, 1627 S 1 BGB verlangt § 9 I auch nicht ein gegenseitiges Einvernehmen, sondern lediglich das Einvernehmen des sorgeberechtigten Elternteils; es handelt sich um eine einseitige Gestattungsbefugnis (zur Entscheidungsbefugnis des Familiengerichts aus § 9 III s Rz 7).

6   Inhaltlich erstreckt sich die Mitentscheidungsbefugnis des Lebenspartners auf die **Angelegenheiten des täglichen Lebens** des Kindes iSd § 1687 I S 3 BGB (Erman/Michalski § 1687 BGB Rz 3); in Angelegenheiten von erheblicher Bedeutung für das Kind (§ 1687 I S 1 BGB) entscheidet der alleinsorgeberechtigte Elternteil allein. Begrenzt wird die Mitentscheidungsbefugnis des Lebenspartners durch das nach § 9 I erforderliche **Einvernehmen** des Alleinsorgeberechtigten. Da anders als in §§ 1356 I S 1, 1627 BGB nicht vom gegenseitigen Einvernehmen der Lebenspartner die Rede ist, sondern lediglich das Einvernehmen des sorgeberechtigten Elternteils vorausgesetzt wird, kann dieser selbständig entscheiden, in welchem Umfang er dem Lebenspartner eine Mitentscheidungsbefugnis einräumt (MüKo/Finger § 1687b BGB Rz 1; sa Pal/Brudermüller Rz 1; abw für eine Bindungswirkung des erteilten Einvernehmens Muscheler Rz 203; Motzer FamRZ 2001, 1034, 1039; auch Schwab FamRZ 2001, 385, 394 = in Schwab S 145, 173): So wie gem §§ 1687 I S 4, 1687a BGB die Entscheidungsbefugnis desjenigen Elternteils, bei dem sich das Kind nicht ständig aufhält, in Angelegenheiten der tatsächlichen Betreuung vom grundsätzlichen Einverständnis des „hauptsächlich" oder alleinsorgeberechtigten Elternteils abhängt, so hängt der Umfang der Mitentscheidungsbefugnis des Stiefelternteils nach § 9 I, § 1687b BGB davon ab, daß der alleinsorgeberechtigte Elternteil zustimmt; sa § 1626a I Nr 1 BGB. Erlaubte man dem Alleinsorgeberechtigten nicht, sein Einvernehmen einzuschränken oder ganz zu entziehen, wäre dieser in Angelegenheiten des täglichen Lebens stärker gebunden als in Angelegenheiten von erheblicher Bedeutung für das Kind (Wellenhofer-Klein Rz 213, 215). Die einseitige Befugnis des alleinsorgeberechtigten Elternteils, das Mitsorgerecht des Lebenspartners einzuschränken, wird aber ihrerseits **beschränkt**: zum einen durch das Wohl des Kindes und dessen Interesse an stabilen sorgerechtlichen Verhältnissen (§ 1626 BGB), zum anderen durch § 2, der ein Gebot zur Rücksichtnahme auf den Lebenspartner beinhaltet und diesen vor willkürlichen Beschränkungen der Mitsorge schützt. Durch die einseitige Einschränkungsbefugnis des alleinsorgeberechtigten Elternteils wird der Rechtsverkehr, insbesondere hinsichtlich der Vertretungsbefugnis des Lebenspartners (Rz 4), auch nicht über Gebühr beeinträchtigt; Rechtsunsicherheit bestünde in gleichem Maße, wenn man den Umfang der Mitsorge dem gegenseitigen Einvernehmen der Lebenspartner anheimstellte (Muscheler Rz 203); vgl auch § 1688 III BGB.

7   Nach **§ 9 III** kann das **Familiengericht** das Mitsorgerecht **einschränken oder ausschließen**, wenn dies zum Wohl des Kindes erforderlich ist; das bedeutet eine gegenüber § 1666 I BGB herabgesetzte Eingriffsschwelle. Da das Mitsorgerecht an das Einvernehmen des alleinsorgeberechtigten Elternteils gebunden ist (Rz 5f), hat § 9 III die Fälle im Auge, in denen der Lebenspartner das Mitsorgerecht in einer das Wohl des Kindes beeinträchtigenden Weise ausübt, ohne vom sorgeberechtigten Elternteil daran gehindert zu werden. Zu denken ist etwa daran, daß der Lebenspartner das Kind schlägt. Das Gericht kann auf Antrag, etwa des von der elterlichen Sorge ausgeschlossenen leiblichen Elternteils tätig werden, aber auch von Amts wegen. Zuständig ist der **Rechtspfleger**; § 14 I Nr 16 RPflG, der für Entscheidungen nach §§ 1687 II, 1687a BGB die Zuständigkeit des Richters anordnet, ist auf § 9 III, § 1687b BGB nicht erstreckt worden (Muscheler Rz 195, der über § 1628 BGB analog aber doch zu einer Zuständigkeit des Richters nach § 14 I Nr 5 RPflG kommt).

Beendet wird das kleine Sorgerecht zum einen dadurch, daß der leibliche Elternteil sein Einvernehmen nach **8** § 9 I verweigert (Rz 5f; Muscheler Rz 193) oder das Familiengericht dieses nach § 9 III ausschließt (Rz 7). Zum anderen endet die Mitsorge des Lebenspartners, wenn die Partner nicht nur vorübergehend getrennt leben, § 9 IV (zum Begriff des Getrenntlebens § 12 Rz 1), wenn die Lebenspartnerschaft nach § 15 aufgehoben wird oder durch Eheschließung eines Lebenspartners endet (§ 1 Rz 8), oder wenn der allein sorgeberechtigte Elternteil stirbt (s noch Rz 11f). Schließlich erlischt das Mitsorgerecht, wenn der allein sorgeberechtigte Elternteil das Sorgerecht nach §§ 1666, 1672 BGB vollständig verliert oder aus der Alleinsorge ein gemeinsames Sorgerecht mit dem anderen Elternteil wird (etwa gem § 1626a I Nr 1 BGB).

2. Notvertretungsrecht. Bei Gefahr in Verzug, insbesondere bei Unfällen und plötzlicher Krankheit des Kin- **9** des, ist der Lebenspartner nach § 9 II berechtigt, alle zum Wohl des Kindes notwendigen Rechtshandlungen vorzunehmen, wenn die Entscheidung des sorgeberechtigten Elternteils nicht rechtzeitig eingeholt werden kann. So darf der Lebenspartner in eine notwendige medizinische Heilbehandlung, etwa in eine Operation des Kindes, in eine Bluttransfusion usw einwilligen. Über solche Notmaßnahmen muß der Lebenspartner den sorgeberechtigten Elternteil gem § 9 II Hs 2 unverzüglich unterrichten. Das entspricht §§ 1629 I S 4, 1687b II BGB. Inhaltlich ist das Notvertretungsrecht nicht auf die Angelegenheiten des täglichen Lebens iSd § 9 I mit § 1687 I S 3 BGB beschränkt (Muscheler Rz 194; Wellenhofer-Klein Rz 221). Eine Möglichkeit des Familiengerichts, das Notvertretungsrecht einzuschränken, sieht § 9 II nicht vor; ein gerichtliches Eingreifen bleibt daher nur nach § 1666 BGB möglich (Schwab FamRZ 2001, 385, 395 = in Schwab S 145, 174). Gem § 9 IV schließt das nicht nur vorübergehende Getrenntleben der Partner lediglich das Mitsorgerecht aus § 9 I aus, hingegen nicht das Notvertretungsrecht des § 9 II.

Fraglich ist, ob das Notvertretungsrecht des § 9 II wie die Mitsorge nach § 9 I **auf den Fall beschränkt** ist, daß **10** der leibliche Elternteil das **alleinige Sorgerecht** für das Kind hat (so selbstverständlich Motzer FamRZ 2001, 1034, 1039), oder ob auch dann ein Notvertretungsrecht besteht, wenn die gemeinsame elterliche Sorge der leiblichen Eltern über das Kind fortbesteht oder aber kein Lebenspartner das Sorgerecht hat (im letzteren Sinne Muscheler Rz 194). Für die Beschränkung des Notvertretungsrechts auf den Fall des § 9 I spricht zum einen die Formulierung „der Lebenspartner", die auf den Lebenspartner iSd § 9 I Bezug nimmt, und zum anderen die Tatsache, daß „der" (Singular!) sorgeberechtigte Elternteil zu unterrichten ist. Auch die Regelungen des BGB über das elterliche Sorge- und Umgangsrecht sprechen gegen ein Notvertretungsrecht jenseits des Anwendungsbereichs des § 9 I: Das Notvertretungsrecht steht grds nur den Eltern und diesen grds auch nur dann zu, wenn sie sorgeberechtigt sind, §§ 1629 I S 1 mit 4, 1687 I S 5 BGB (Erstreckung auf den nicht sorgeberechtigten Elternteil nur nach § 1687a BGB). Der Lebenspartner ist kein Elternteil. Als Minimum für ein Notvertretungsrecht muß man daher voraussetzen, daß er iSd § 9 I, IV mitsorgebefugt ist (ebenso § 1688 I, IV BGB für das Sorgerecht des Stiefelternteils, bei dem sich das Kind gem § 1682 S 2 BGB [Rz 11] befindet). Abweichend von § 9 I ist das Notvertretungsrecht aber nicht vom Einvernehmen des allein sorgeberechtigten Elternteils abhängig (Rz 5f).

3. Flankierende Normen. § 9 wird durch **Änderungen des BGB** flankiert. Stiefeltern, die mit dem Kind län- **11** gere Zeit in häuslicher Gemeinschaft gelebt haben, erhalten ein **Umgangsrecht**, wenn dies dem Wohl des Kindes dient: neben dem (früheren) Ehegatten auch der (frühere) Lebenspartner, **§ 1685 II BGB**. Nach dem Tod des Elternteils, bei dem sich das Kind bisher aufgehalten hat (ebenso bei Todeserklärung, § 1681 BGB, bei Ruhen der elterlichen Sorge oder bei tatsächlicher Verhinderung an deren Ausübung, § 1678 BGB mit §§ 1674, 1675 BGB), kann das Familiengericht anordnen, daß das Kind im bisherigen gemeinsamen Haushalt beim Lebenspartner des Verstorbenen verbleibt, wenn das Kindeswohl durch den Umzug zum anderen leiblichen Elternteil gefährdet würde (sog **Verbleibensanordnung, §§ 1682 S 2, 1688 IV BGB**). Für Umgangsrecht und Verbleibensanordnung kommt es nicht auf die Ausgestaltung des Sorgerechts, sondern allein darauf an, daß das Kind mit dem Lebenspartner (§ 1685 II BGB) bzw mit dem Lebenspartner und dem leiblichen Elternteil (§ 1682 S 2 BGB) längere Zeit **in häuslicher Gemeinschaft gelebt** hat. §§ 1685 II, 1682 S 2 BGB greifen deswegen auch dann, wenn der Lebenspartner wegen fortbestehender gemeinsamer elterlicher Sorge beider Elternteile kein Mitsorgerecht nach § 9 hatte. Ist beim Tod des Elternteils kein anderer Elternteil vorhanden, auf den das Sorgerecht nach § 1680 BGB übergehen könnte, kann der Lebenspartner versuchen, Vormund des Kindes zu werden; die Bestellung zum Vormund wird nach § 11 II mit § 1779 II S 2 BGB begünstigt. Der leibliche Elternteil kann seinen Lebenspartner gem § 1777 I BGB auch durch letztwillige Verfügung zum Vormund des Kindes benennen; das ist ausgeschlossen, wenn der andere Elternteil noch lebt, §§ 1680, 1773 I BGB (G. Müller DNotZ 2001, 581, 588).

Nicht auf Lebenspartner erstreckt wurde § 1618 BGB über die **Einbenennung**. Deswegen können Lebenspart- **12** ner dem Kind eines Partners weder ihren Partnerschaftsnamen iSd § 3 erteilen noch den Nachnamen des Kindes dem Partnerschaftsnamen voranstellen oder anfügen. Mangels Verwandtschaftsverhältnisses schuldet der Lebenspartner **keinen Kindesunterhalt** nach § 1601ff BGB. Auch die Unterhaltspflicht aus § 5 erfaßt den Lebensbedarf von im gemeinsamen Haushalt lebenden Kindern des anderen Lebenspartners nicht (§ 5 Rz 2); der Lebenspartner kann sich lediglich vertraglich zur Unterhaltsleistung verpflichten (§ 5 Rz 2). Mangels Verwandtschaftsverhältnisses erwirbt das Kind auch **kein gesetzliches Erb- und Pflichtteilsrecht** nach dem Tod des mit ihm nicht verwandten Lebenspartners; gem § 11 II gelten Kind und Lebenspartner lediglich als miteinander verschwägert (§ 11 Rz 2). Möglich ist nur die testamentarische Erbeinsetzung des Kindes durch den Lebenspartner; Pflichtteilsansprüche können so nicht begründet werden.

Fraglich ist, ob für den mitsorgeberechtigten Lebenspartner nach § 9 I der herabgesetzte Sorgfaltsmaßstab des **13** **§ 1664 BGB** gilt. Zwar bezweckt § 1664 BGB, das innerfamiliäre Leben möglichst von Störungen freizuhalten (MüKo/Huber § 1664 BGB Rz 2) und paßt deswegen auch auf Stiefeltern, die mit dem Kind in einem Haushalt zusammenleben. Gleichwohl spricht § 1664 BGB nur von „Eltern" und bezieht – anders als etwa §§ 1682 S 2,

1685 II BGB (Rz 11) – längere Zeit in häuslicher Gemeinschaft mit dem Kind lebende Ehegatten und Lebenspartner nicht ein. Auch die Formulierung „bei der Ausübung der elterlichen Sorge" läßt nicht auf eine Erweiterung des § 1664 BGB wenigstens auf solche Stiefelternteile schließen, die nach § 9 I und § 1687b BGB mitsorgebefugt sind: Während „Eltern" den persönlichen Anwendungsbereich der Vorschrift umreißt, bezeichnet „bei der Ausübung der elterlichen Sorge" lediglich den sachlichen Anwendungsbereich. Die entsprechende Vorschrift des § 1359 BGB ist für den Haftungsmaßstab zwischen den Lebenspartnern in § 4 ausdrücklich übernommen worden; hinsichtlich des Haftungsmaßstabs zwischen Lebenspartner und Kind sind hingegen weder das LPartG noch das BGB angepaßt worden. § 1664 BGB ist auf Lebenspartner (und Ehegatten) von Eltern damit **nicht**, mangels Regelungslücke auch nicht entsprechend anwendbar. Auch **§1618a BGB** verpflichtet nur „Eltern" und Kinder zu Beistand und Rücksicht, nicht aber Stiefeltern. Zwar ist der Lebenspartner aufgrund des Pflichtrechtcharakters der Mitsorge aus § 9 I (Rz 4) zur Rücksichtnahme gegenüber dem Kind verpflichtet, nicht aber das Kind gegenüber dem Stiefelternteil (gegen eine analoge Anwendung auch MüKo/v Sachsen Gessaphe § 1618a BGB Rz 6; sa Staud/Coester § 1618a BGB Rz 25; aA Erman/Michalski § 1618a BGB Rz 3).

10 *Erbrecht*

(1) Der überlebende Lebenspartner des Erblassers ist neben Verwandten der ersten Ordnung zu einem Viertel, neben Verwandten der zweiten Ordnung oder neben Großeltern zur Hälfte der Erbschaft gesetzlicher Erbe. Zusätzlich stehen ihm die zum lebenspartnerschaftlichen Haushalt gehörenden Gegenstände, soweit sie nicht Zubehör eines Grundstücks sind, und die Geschenke zur Begründung der Lebenspartnerschaft als Voraus zu. Ist der überlebende Lebenspartner neben Verwandten der ersten Ordnung gesetzlicher Erbe, so steht ihm der Voraus nur zu, soweit er ihn zur Führung eines angemessenen Haushalts benötigt. Auf den Voraus sind die für Vermächtnisse geltenden Vorschriften anzuwenden.

(2) Sind weder Verwandte der ersten noch der zweiten Ordnung noch Großeltern vorhanden, erhält der überlebende Lebenspartner die ganze Erbschaft.

(3) Das Erbrecht des überlebenden Lebenspartners ist ausgeschlossen, wenn zur Zeit des Todes des Erblassers
1. die Voraussetzungen für die Aufhebung der Lebenspartnerschaft nach § 15 Abs. 2 Nr. 1 oder 2 gegeben waren und der Erblasser die Aufhebung beantragt oder ihr zugestimmt hatte oder
2. der Erblasser einen Antrag nach § 15 Abs. 2 Nr. 3 gestellt hatte und dieser Antrag begründet war.
In diesen Fällen gilt § 16 entsprechend.

(4) Lebenspartner können ein gemeinschaftliches Testament errichten. Die §§ 2266 bis 2273 des Bürgerlichen Gesetzbuchs gelten entsprechend.

(5) Auf eine letztwillige Verfügung, durch die der Erblasser seinen Lebenspartner bedacht hat, ist § 2077 Abs. 1 und 3 des Bürgerlichen Gesetzbuchs entsprechend anzuwenden.

(6) Hat der Erblasser den überlebenden Lebenspartner durch Verfügung von Todes wegen von der Erbfolge ausgeschlossen, kann dieser von den Erben die Hälfte des Wertes des gesetzlichen Erbteils als Pflichtteil verlangen. Die Vorschriften des Bürgerlichen Gesetzbuchs über den Pflichtteil gelten mit der Maßgabe entsprechend, dass der Lebenspartner wie ein Ehegatte zu behandeln ist.

(7) Die Vorschriften des Bürgerlichen Gesetzbuchs über den Erbverzicht gelten entsprechend.

Schrifttum: *Dickhuth-Harrach*, Erbrecht und Erbrechtsgestaltung eingetragener Lebenspartner, FamRZ 2001, 1660ff = in *Schwab* (Hg), Die eingetragene Lebenspartnerschaft (2002), S 248ff; *Eue*, Erbrechtliche Zweifelsfragen des Gesetzes zur Beendigung der Diskriminierung gleichgeschlechtlicher Gemeinschaften, FamRZ 2001, 1196ff = in *Schwab* S 243ff; *Grziwotz*, Erbrechtliche Gestaltungen bei gleichgeschlechtlichen Paaren, ZEV 2002, 55ff; *Leipold*, Die neue Lebenspartnerschaft aus erbrechtlicher Sicht, insbesondere bei zusätzlicher Eheschließung, ZEV 2001, 218ff; *Löhnig*, Veränderungen im Recht der Wohnraummiete durch das Lebenspartnerschaftsgesetz, FamRZ 2001, 891ff = in *Schwab* S 301ff; *Reich*, Erbschaft- und schenkungssteuerliche Rahmenbedingungen der Vermögensnachfolge eingetragener Lebenspartner, ZEV 2002, 395ff

1 **I. Gesetzliche Erbfolge. 1. Gesetzliches Erbrecht des überlebenden Lebenspartners.** Lebenspartnern wird ein gesetzliches Erbrecht wie Eheleuten eingeräumt (**§ 10 I–III** wie §§ 1931–1933 BGB). § 10 I S 1 wiederholt für den Lebenspartner fast wörtlich § 1931 I S 1 BGB für den Ehegatten, es fehlen nur die Wörter „als ... berufen". Der Anteil des überlebenden Lebenspartners am Nachlaß beträgt ¼ neben Verwandten der ersten Ordnung iSd § 1924 BGB (Kinder und Kindeskinder des Erblassers) und ½ neben Verwandten der zweiten Ordnung iSd § 1925 BGB (Eltern des Erblassers und deren Abkömmlinge, insbesondere Geschwister, Neffen und Nichten des Erblassers) sowie neben Großeltern; iü erbt der Lebenspartner alles, § 10 II in Anlehnung nach § 1931 II BGB.

2 **Nicht** in das LPartG übernommen wurde die – nur selten praktisch werdende – Regelung des **§ 1931 I S 2 BGB**. Lebt ein Großelternteil beim Erbfall nicht mehr, erhöht sich gem § 1931 I S 2 BGB der Erbteil des Ehegatten entgegen der Grundregel des § 1926 I S 1 BGB um dessen Erbteil, sofern Abkömmlinge von Großeltern vorhanden sind: der Ehegatte schaltet Abkömmlinge von Großeltern als Erben vollständig aus. Für den Lebenspartner bleibt es hingegen bei der Grundregel des § 1926 III–V BGB, wenn neben ihm Großeltern zu Erben berufen sind: an die Stelle eines vorverstorbenen Großelternteils treten im Erbfall dessen Abkömmlinge (Onkel und Tanten, Cousins und Cousinen usw) oder, wenn keine Abkömmlinge vorhanden sind, der andere Großelternteil oder dessen Abkömmlinge (§ 1926 III BGB); ist ein Großelternpaar vorverstorben, ohne Abkömmlinge zu hinterlassen, so erben die anderen Großeltern oder ihre Abkömmlinge (§ 1926 IV BGB). Abkömmlinge von Großeltern verdrängen damit zwar nicht den Ehegatten (§ 1931 I S 2 BGB), grds aber den Lebenspartner (§ 1926 II, III BGB). Merkwürdigerweise erbt der Lebenspartner gem **§ 10 II** alles, wenn beim Tod des Partners alle Großeltern vorverstorben sind: Selbst wenn die Großeltern Abkömmlinge hinterlassen, werden diese durch den Lebenspartner verdrängt.

Das ist widersprüchlich (krit auch Dickhuth-Harrach FamRZ 2001, 1660, 1661f = in Schwab S 248, 249ff; Pal/Brudermüller Rz 1; Wellenhofer-Klein Rz 246).

Ebenfalls **nicht** in das LPartG übernommen worden ist die Regelung des **§ 1934 BGB**, nach der ein Ehegatte 3
nicht nur als solcher gem § 1931 BGB erbt, sondern kumulativ auch als Verwandter. Das ist trotz § 1 II Nr 2 und 3
(§ 1 Rz 9) wegen des Fehlens einer dem § 1931 I S 2 BGB entsprechenden Regel (Rz 2) **häufiger praktisch** als
bei Ehegatten, da der verstorbene Lebenspartner gem § 1926 II–V BGB auch von seinen Onkeln und Tanten, Cousins und Cousinen beerbt wird: Ist der Erblasser oder die Erblasserin Onkel oder Tante des überlebenden Lebenspartners (Lebenspartner als Erbe zweiter Ordnung gem § 1925 BGB) oder dessen Neffe oder deren Nichte oder
dessen Cousin oder Cousine (Lebenspartner als Erbe dritter Ordnung nach § 1926 III–V BGB), kommt der
Lebenspartner auch als Erbe kraft Verwandtschaft in Betracht (sa Leipold ZEV 2001, 218, 220; insoweit fälschlich
aA Muscheler Rz 112; Dickhuth-Harrach FamRZ 2001, 1660, 1662 = in Schwab S 248, 252). Da § 1934 BGB nur
klarstellende Bedeutung hat, ist **trotz Fehlens** einer entsprechenden Regelung auch ein Lebenspartner zugleich als
Verwandter des Erblassers zum Erben berufen (Leipold ZEV 2001, 218, 220; Dickhuth-Harrach FamRZ 2001,
1660, 1662 = in Schwab S 248, 252; Pal/Edenhofer § 1934 BGB Rz 1; Wellenhofer-Klein Rz 247; aA Muscheler
Rz 112; sa N. Mayer ZEV 2001, 169, 172).

Nach der hier vertretenen Auffassung kann es zu einem Nebeneinander von Ehe und Lebenspartnerschaft nicht 4
kommen (§ 1 Rz 8). Ein solches Nebeneinander würde zu erheblichen, kaum lösbaren erbrechtlichen Problemen
führen (dazu Leipold ZEV 2001, 218, 222ff, der das LPartG wegen dieser Probleme für nichtig hält, und Eue
FamRZ 2001, 1196ff = in Schwab S 243ff).

2. Pauschaler Überschußausgleich in der Ausgleichsgemeinschaft. Haben die Lebenspartner die Ausgleichs- 5
gemeinschaft vereinbart (§ 6 Rz 1, 3ff), verweist zwar nicht § 10 (anders als § 1931 III BGB für Ehegatten im
Güterstand der Zugewinngemeinschaft), aber **§ 6 II S 4 LPartG** auf **§ 1371 I BGB** (s nur Leipold ZEV 2001, 218,
219; Dickhuth-Harrach FamRZ 2001, 1660, 1662 = in Schwab S 248, 252; Pal/Brudermüller Rz 1): Der gesetzliche Erbteil des überlebenden Lebenspartners wird pauschal um ¼ erhöht, dh er erhält mindestens ½ der Erbmasse
(neben Kindern des verstorbenen Lebenspartners) oder sogar ¾ (neben Eltern, Geschwistern und Großeltern),
ansonsten gem § 10 II alles. Parallel dazu reduzieren sich die Pflichtteilsansprüche von Verwandten, wenn der verstorbene Lebenspartner diese enterbt hat, etwa die der Eltern des Verstorbenen. Angesichts dieser Vorteile überrascht es nicht, daß der Lesben- und Schwulenverband in Deutschland (LSVD) auf seiner Webseite als besonders
attraktives Muster eines Lebenspartnerschaftsvertrages eine Ausgleichsgemeinschaft vorschlägt, in der der Überschußausgleich auf die Beendigung der Lebenspartnerschaft durch den Tod eines Partners beschränkt wird; der
„Erhalt der erbrechtlichen Vorteile" wird dabei besonders hervorgehoben. Alternativ zum pauschalen Überschußausgleich besteht beim Tod eines Lebenspartners auch die Möglichkeit des § 1371 II, III BGB, den „güterrechtlichen" Überschußausgleich zu verlangen (§ 6 Rz 3, 5).

Der pauschale Zugewinnausgleich ist schon für die Ehe umstritten, weil er auch dann möglich ist, wenn der 6
Verstorbene während der Ehe keinen Zugewinn erwirtschaftet hat, so daß sich der Erbteil des Alleinverdieners
beim Tod der Hausfrau ebenfalls um ¼ erhöht (Diederichsen FamRZ 1992, 1, 9; Pal/Brudermüller vor § 1363
BGB Rz 8 mNw). Auf gleichgeschlechtliche Lebenspartnerschaften **paßt** die Regelung des § 1371 I BGB **gar
nicht** (ausführlich Kaiser JZ 2001, 617, 622f; krit auch Dickhuth-Harrach FamRZ 2001, 1660, 1662 = in
Schwab S 248, 252f): Der Güterstand der Zugewinngemeinschaft ist auf die Haushaltsführungs- und die Zuverdienerehe ausgerichtet, nicht aber auf die kinderlose Doppelverdienerehe (s nur MüKo/Koch vor § 1363 Rz 5, 8). Die
Haushaltsführung durch einen Partner und die gemeinsame Erziehung von Kindern entspricht bei gleichgeschlechtlichen Lebenspartnern aber weder der rechtlichen noch der tatsächlichen Typik (§ 2 Rz 3 und § 9 Rz 1ff).
Vor allem führt die Erhöhung des Lebenspartnererbteils dazu, daß die Erbteile der Kinder des Verstorbenen entsprechend gemindert werden. Das trifft die gemeinsamen Kinder in einer Ehe idealtypisch nicht besonders hart, da
sie hoffen können, als gesetzliche Erben des überlebenden Ehegatten doch wieder das auf diesen übergegangene
Vermögen des Vorverstorbenen zu erhalten. Gemeinsame Kinder kann ein gleichgeschlechtliches Paar aber grds
nicht haben (§ 9 Rz 1). Es bleibt daher für die Kinder des verstorbenen Lebenspartners bei der – wenig befriedigenden – Lösung des § 1371 IV BGB: Nur bei Bedürftigkeit können sie vom überlebenden Partner die Mittel verlangen, die sie zu einer angemessenen Ausbildung benötigen – aus dessen zusätzlichem Erbteil von ¼.

3. Keine Sonderregeln bei Vermögenstrennung. Eine dem **§ 1931 IV BGB** entsprechende Regelung fehlt 7
im LPartG. Besteht in einer Ehe beim Erbfall Gütertrennung und sind neben dem Ehegatten Kinder des Erblassers
als gesetzliche Erben berufen, so erhöht sich der Ehegattenerbteil, bis er denjenigen der Kinder erreicht (also von
¼ gem § 1931 I S 1 BGB auf ½ neben einem Kind und auf ⅓ neben zwei Kindern). Der Ehegatte soll nicht weniger erben als jedes Kind und so für eine etwaige Mitarbeit beim Vermögenserwerb hinreichend entschädigt werden
(die Entschädigungsfunktion übernimmt für Abkömmlinge der Ausgleichsanspruch des § 2057a BGB). Diese
Regelung wird auf die Lebenspartnerschaft nicht erstreckt, obwohl die Vermögenstrennung gem § 6 III Auffangvermögensstand ist: Der Lebenspartner erbt bei Vermögenstrennung neben Kindern des Erblassers immer nur ¼,
§ 10 I S 1. Diese Schlechterstellung der Lebenspartner gegenüber Ehegatten (die die weniger bedeutsame Schlechterstellung aus der Nichtübertragung des § 1931 I S 2 BGB fortsetzt, Rz 2) kann nicht damit begründet werden,
daß Lebenspartner keine gemeinsamen Kinder haben können. Denn § 1931 IV BGB stellt den überlebenden Ehegatten nicht nur mit gemeinsamen Kindern, sondern mit allen Kindern des Erblassers gleich (Dickhuth-Harrach
FamRZ 2001, 1660, 1663 = in Schwab S 248, 254). Eine Begründung gibt der Gesetzgeber ohnehin nicht (die
Nichtübernahme des für verfehlt gehaltenen § 1931 IV BGB begrüßen Muscheler Rz 116; Dickhuth-Harrach
FamRZ 2001, 1660, 1663 = in Schwab S 248, 254ff).

8 **4. Recht auf den Voraus.** Zusätzlich zum gesetzlichen Erbrecht wird dem überlebenden Partner gem § 10 I S 2–4 in Anlehnung an § 1932 BGB ein Vorab-Anspruch auf die Haushaltsgegenstände eingeräumt. Neben Verwandten der ersten Ordnung, also neben Kindern und Kindeskindern des Erblassers iSd § 1924 BGB, hat der Lebenspartner Anspruch auf den Voraus nach § 10 I S 3 nur, soweit er die Haushaltsgegenstände zur Führung eines angemessenen Haushalts benötigt; das entspricht § 1932 I S 2 BGB. Auf den Voraus sind die für **Vermächtnisse** geltenden Vorschriften anzuwenden, § 10 I S 4 und § 1932 II BGB: Haushaltsgegenstände gehen nicht im Wege der Universalsukzession auf den Lebenspartner über; dieser hat nur einen schuldrechtlichen Herausgabeanspruch gegen die Erben (näher Erman/Schlüter § 1932 BGB).

9 **5. Ausschluß des lebenspartnerschaftlichen Erbrechts.** Das gesetzliche Erbrecht des § 10 I S 1 setzt voraus, daß der Erbe Lebenspartner des Erblassers ist, also eine **wirksame Lebenspartnerschaft** besteht: Mit Aufhebung der Lebenspartnerschaft nach § 15 erlischt auch das gesetzliche Erbrecht des bisherigen Lebenspartners. In Anlehnung an § 1933 S 1 BGB ist das gesetzliche Erbrecht des überlebenden Lebenspartners nach **§ 10 III S 1** schon vorher ausgeschlossen, wenn beim Tod des Erblassers die **Voraussetzungen für die Aufhebung** der Lebenspartnerschaft nach § 15 II S 2 Nr 1 oder 2 gegeben waren (§ 15 Rz 3–7) und der Erblasser die Aufhebung beantragt oder ihr durch Erklärung vor dem Gericht zugestimmt hatte (Nr 1), oder wenn der Erblasser einen Antrag nach § 15 II Nr 3 gestellt hatte und dieser Antrag begründet war (Nr 2). Wie bei § 1931 BGB ist die Rechtshängigkeit des Aufhebungsantrags Voraussetzung (Dickhuth-Harrach FamRZ 2001, 1660, 1664 = in Schwab S 248, 258). Obwohl das LPartG dies anders als § 1933 I S 1 BGB nicht ausdrücklich sagt, folgt aus dem systematischen Zusammenhang, daß mit dem gesetzlichen Erbrecht auch das Recht auf den **Voraus** aus § 10 I S 2–4 entfällt (Leipold ZEV 2001, 218, 220; Dickhuth-Harrach FamRZ 2001, 1660, 1664 = in Schwab S 248, 257; N. Mayer ZEV 2001, 169, 173; Muscheler Rz 113; Pal/Brudermüller Rz 3; Lange/Kuchinke § 12 VIII 3 S 276; Wellenhofer-Klein Rz 257).

10 Eine Entsprechung zu § 1933 S 2 BGB fehlt in § 10 I konsequent, da das LPartG kein Pendant zur Aufhebung der Ehe nach 1313ff BGB kennt (§ 15 Rz 1). Auch die Regelung des **§ 1933 S 1 BGB** wird **nicht vollständig** übernommen: Für die Ehe knüpft § 1933 S 1 BGB generell an die Möglichkeit der Scheidung an und schließt das Erbrecht des überlebenden Ehegatten aus, wenn der Erblasser selbst den Scheidungsantrag gestellt oder dem Scheidungsantrag des anderen Ehegatten zugestimmt hatte. Zwar hindert der **Antrag des Erblassers** auf Aufhebung der Lebenspartnerschaft das gesetzliche Erbrecht seines Lebenspartners gem § 10 III S 1 auch in jedem Fall. Hingegen reicht die **Zustimmung zum Aufhebungsantrag des Lebenspartners** nur in den Fällen, in denen der Partner die Aufhebung auf den Ablauf der Fristen nach § 15 II S 2 Nr 1 und 2 stützt, § 10 III S 1 Nr 1 (§ 15 Rz 4–7), hingegen nicht, wenn der Partner sein Aufhebungsbegehren mit dem materiellen Aufhebungsgrund des § 15 II Nr 3 begründet, § 10 III S 1 Nr 2 (§ 15 Rz 8; krit Muscheler Rz 113). Auch im übrigen wird das lebenspartnerschaftliche Erbrecht gegenüber dem Ehegattenerbrecht **verlängert**, da die Lebenspartner im stark formalisierten Aufhebungsverfahren den Ablauf der 12- oder 36-Monatsfrist nach Abgabe bzw Zustellung der Nichtfortsetzungserklärung abwarten müssen, bevor die Lebenspartnerschaft aufgehoben werden kann (§ 15 Rz 3 mit der Ausnahme des § 15 II Nr 3). Beim Widerruf einer oder beider Nichtfortsetzungserklärungen entfällt grds die Aufhebbarkeit der Lebenspartnerschaft (mit der Ausnahme des § 15 III S 2, § 15 Rz 7f), weswegen das Erbrecht des Lebenspartners bestehen bleibt. Wird der Widerruf erst nach Ablauf der gem § 15 II maßgeblichen Fristen wirksam, lebt das nach § 10 III S 1 zunächst ausgeschlossene Erbrecht wieder auf, weil eine Aufhebungsvoraussetzung fehlt (Dickhuth-Harrach FamRZ 2001, 1660, 1664 = in Schwab S 248, 260; abl N. Mayer ZEV 2001, 169, 172). Insgesamt werden Lebenspartner in ihrer Testierfreiheit stärker eingeschränkt, da in jedem Fall der Pflichtteilsanspruch des Lebenspartners bestehen bleibt, solange die Voraussetzungen des § 10 III S 1 nicht gegeben sind – selbst wenn der Erblasser den Lebenspartner enterbt hat (Rz 12).

11 Wie nach § 1933 S 3 BGB tritt an die Stelle des gesetzlichen Erbrechts ein **Unterhaltsanspruch** des überlebenden Lebenspartners gegen den Erben, **§ 10 III S 2 mit § 16**. Gem § 16 II sind für den Unterhaltsanspruch die Beschränkungen des § 1586b BGB zu beachten. Einen Anspruch auf den Pflichtteil erwirbt der überlebende Ehegatte nicht; mit dem Wegfall des gesetzlichen Erbrechts nach § 10 II S 1 fällt auch der Pflichtteilsanspruch weg (Rz 12).

12 **II. Pflichtteil und Dreißigster. 1. Pflichtteil.** Der neugefaßte § 1938 BGB erlaubt es dem Erblasser, seine letztwillige Verfügung darauf zu beschränken, seinen Lebenspartner zu enterben, ohne gleichzeitig eine andere Person als Erben einsetzen zu müssen (negatives Testament). Wird ein Lebenspartner durch letztwillige Verfügung enterbt, hat er gem **§ 10 VI S 1** gegen die Erben einen Pflichtteilsanspruch in Höhe der Hälfte des gesetzlichen Erbteils. § 10 VI S 1 entspricht § 2303 II S 1 mit I BGB für den Pflichtteilsanspruch des enterbten Ehegatten. Nach § 10 VI S 2 gelten die Pflichtteilsvorschriften des BGB unter der ausdrücklichen Maßgabe entsprechend, daß der Lebenspartner **wie ein Ehegatte** zu behandeln ist. Das erstreckt die Gleichbehandlung von Ehegatten und Lebenspartnern auch auf die Fälle, in denen es nicht um Ansprüche des Lebenspartners, sondern um **Ansprüche Dritter** geht. Etwa bleibt bei der Berechnung des Pflichtteils eines Abkömmlings und der Eltern des Erblassers der dem überlebenden Lebenspartner gebührende Voraus gem § 2311 I S 2 BGB außer Betracht (Muscheler Rz 111, 123) und beginnt beim Pflichtteilsergänzungsanspruch die Zehn-Jahres-Ausschlußfrist für beeinträchtigende Schenkungen an den Lebenspartner gem § 2325 III BGB erst mit der Aufhebung der Lebenspartnerschaft zu laufen (BT-Drucks 14/3751, 40; Muscheler Rz 123; Meyer/Mittelstädt S 55; Leipold ZEV 2001, 218, 221; Dickhuth-Harrach FamRZ 2001, 1660, 1666 = in Schwab S 248, 265; Coen BWNotZ 2001, 167, 175; Pal/Brudermüller Rz 4; Lange/Kuchinke § 12 VIII 5 S 277; aA N. Mayer ZEV 2001, 169, 173; allg zum Pflichtteilsrecht Erman/Schlüter § 2303ff BGB). Mit dem gesetzlichen Erbrecht (Rz 9f) fällt auch der Pflichtteilsanspruch weg (zur Ausnahme des § 1371 III BGB Rz 13).

Obwohl § 10 VI – anders als § 2303 II S 2 BGB – nicht ausdrücklich auf das Recht der Zugewinn- und Aus- **13** gleichsgemeinschaft verweist – wird der Pflichtteilsanspruch über § 6 II S 4 ergänzt durch die vermögensrechtlichen Regelungen des **§ 1371 BGB** (Rz 5f): Haben die Lebenspartner im Vermögensstand der **Ausgleichsgemeinschaft** gelebt und ist dem enterbten Lebenspartner vom Erblasser auch kein Vermächtnis zugewandt worden, hat der enterbte Lebenspartner Anspruch auf den kleinen Pflichtteil, dh den Pflichtteil berechnet anhand des nicht erhöhten gesetzlichen Erbteils aus § 10 I S 1 LPartG, und kumulativ auf Ausgleich des Überschusses wie bei Aufhebung der Partnerschaft (§ 6 II S 4 mit §§ 1371 II, 1373ff BGB). Zudem geben § 6 II S 4 mit § 1371 III BGB und § 2307 I S 1 BGB dem überlebenden Lebenspartner die Möglichkeit, seinen Erbteil oder ein Vermächtnis auszuschlagen, und kumulativ den kleinen Pflichtteil und den vermögensrechtlichen Ausgleich des Überschusses zu verlangen. Hingegen besteht nach ganz hM kein Wahlrecht des Erblassers, anstelle des kleinen Pflichtteils plus Überschußausgleich den großen Pflichtteil, also den Pflichtteil berechnet nach dem gem § 1371 I BGB erhöhten Erbteil, zu verlangen (Muscheler Rz 115; Dickhuth-Harrach FamRZ 2001, 1660, 1662 = in Schwab S 248, 253; allg Erman/Heckelmann § 1371 BGB Rz 12ff). Demgegenüber folgt aus der Nichtübernahme des § 1931 IV BGB, daß der überlebende Lebenspartner im Fall der Vermögenstrennung auch pflichtteilsmäßig schlechter steht als der Ehegatte bei Gütertrennung.

2. Dreißigster. Haben die Lebenspartner bis zum Tode eines Partners zusammengelebt, enthält der enterbte **14** überlebende Partner über den Umweg des **§ 11 I** (Definition der Lebenspartner als Familienangehörige, § 11 Rz 1) gem **§ 1969 BGB** auch den sog Dreißigsten, dh einen Unterhaltsanspruch gegen die Erben für die ersten dreißig Tage nach dem Tod des Partners.

III. Gewillkürte Erbfolge. 1. Weitgehende Gleichstellung mit Ehegatten. Lebenspartner werden den Ehegat- **15** ten auch im Bereich der gewillkürten Erbfolge weitgehend gleichgestellt. Das geschieht zum einen dadurch, daß § 10 IV, V Vorschriften des Ehegattenerbrechts aus dem BGB übernimmt bzw weit umfänglich auf diese verweist (Rz 16, 18f), und zum anderen dadurch, daß BGB-Vorschriften unmittelbar auf Lebenspartner erstreckt werden (Rz 17f; krit Muscheler Rz 118).

2. Gemeinschaftliches Testament. Die Partnerschaftsgebundenheit des Vermögens über den Tod eines Part- **16** ners hinaus ermöglicht **§ 10 IV**, dessen S 1 dem § 2265 BGB entspricht und der in S 2 auf **§§ 2266–2273 BGB** verweist: Lebenspartner können – wie bisher nur Ehegatten – von der Formerleichterung des § 2267 BGB Gebrauch machen und ein gemeinschaftliches Testament errichten und so aufeinander abgestimmte, ggf bindende wechselbezügliche Verfügungen von Todes wegen iS der §§ 2270, 2271 BGB treffen (näher Erman/M. Schmidt §§ 2265ff BGB; zu spezifischen Problemen des Berliner Testaments iSd 2269 BGB in Lebenspartnerschaften Dickhuth-Harrach FamRZ 2001, 1660, 1669 = in Schwab S 248, 273f; sa Grziwotz DNotZ 2001, 280, 300).

3. Erbvertrag. Wie jedermann steht auch Lebenspartnern die Möglichkeit offen, letztwillige Verfügungen in **17** einem Erbvertrag iS der §§ 2274ff BGB zu treffen (für den Erbvertrag anstelle des gemeinschaftlichen Testaments plädiert Dickhuth-Harrach FamRZ 2001, 1660, 1668 = in Schwab S 248, 270 m Nw). Die neugefaßte Auslegungsregel des **§ 2280 BGB**, die auf § 2269 BGB (Berliner Testament) verweist, gilt auch für Erbverträge zwischen Lebenspartnern; der neugefaßte **§ 2292 BGB** ermöglicht es Lebenspartnern, einen zwischen ihnen geschlossenen Erbvertrag durch gemeinschaftliches Testament aufzuheben (zu § 2279 BGB gleich Rz 18). Soweit das Gesetz mit §§ 2275 II, 2276 II und 2292 BGB besondere Vorschriften nur für Ehegatten enthält, sind diese auf Lebenspartner nicht anwendbar.

4. Ausschluß des lebenspartnerschaftlichen Erbrechts. Wie § 10 III S 1 das gesetzliche Erbrecht des überle- **18** benden Lebenspartners enden läßt, wenn der Erblasser an der Lebenspartnerschaft nicht mehr festhalten will und die Voraussetzungen für die Aufhebung der Partnerschaft nach § 15 gegeben sind (Rz 9f), läßt **§ 10 V mit § 2077 I BGB** in diesem Fall auch eine letztwillige Verfügung des Erblassers unwirksam werden; ein gemeinschaftliches Testament ist nach **§ 10 IV mit § 2268 I BGB** insgesamt unwirksam. § 10 IV mit § 2268 I BGB ordnet ausdrücklich an, daß die letztwillige Verfügung unwirksam ist, wenn die Partnerschaft im Zeitpunkt des Todes des Erblassers bereits aufgehoben war. In allen Fällen retten § 10 V mit § 2077 III BGB und § 10 IV mit § 2268 II BGB die letztwillige Verfügung, wenn anzunehmen ist, daß die Verfügungen auch für den Fall der Aufhebbarkeit oder Aufhebung der Lebenspartnerschaft getroffen worden sind. Nach **§ 2279 II BGB** gilt § 2077 BGB für den Erbvertrag zwischen Lebenspartnern nicht nur hinsichtlich der Zuwendungen an den Lebenspartner, sondern auch zu Lasten bedachter Dritter.

Dem Gesetzgeber sind aber **Flüchtigkeitsfehler** unterlaufen, weil er den Ausschluß des partnerschaftlichen **19** Erbrechts bei gewillkürter Erbfolge – anders als in § 10 III S 1 beim gesetzlichen Erbrecht – nicht selbst geregelt, sondern pauschal auf 2077 I und III BGB verwiesen hat. Während in § 10 III S 1 zutreffend eine Entsprechung zu § 1933 S 2 BGB fehlt, da das LPartG kein Pendant zur Aufhebung der Ehe nach 1313ff BGB kennt (§ 15 Rz 1), verweist § 10 IV auch auf § 2077 I S 3 BGB für die Aufhebung der Ehe. Da dieser Verweis ins Leere geht, schadet er nichts. Zu sachlichen Änderungen führt hingegen der Pauschalverweis auf **§ 2077 I S 1 BGB**: Während § 10 III S 1 Nr 1 für den Ausschluß des gesetzlichen Erbrechts den Aufhebungsantrag des Erblassers in jedem Fall, dessen Zustimmung zum Aufhebungsantrag des anderen Lebenspartners aber nur für die Aufhebung nach § 15 II Nr 1 und 2 ausreichen läßt (Rz 10), begründet die Zustimmung des Erblassers zum Aufhebungsantrag des Partners nach § 10 IV mit § 2077 I S 1 BGB in jedem Fall die Unwirksamkeit des Testaments – auch wenn der Lebenspartner einen Aufhebungsantrag nach § 15 II Nr 3 gestellt hat. Die Abweichungen sind nicht nachvollziehbar; sie sind im Gesetzgebungsverfahren offenbar übersehen worden (s BT-Drucks 14/3751, 40).

IV. Erbverzicht. Nach **§ 10 VII** gelten die **§§ 2346ff BGB** über den Erbverzicht für Lebenspartner entspre- **20** chend. Durch notariell beurkundeten Vertrag mit dem Erblasser (§ 2348 BGB) kann jeder Lebenspartner sowohl auf das gesetzliche Erbrecht (§ 2346 I BGB) als auch nur auf sein Pflichtteilsrecht verzichten (§ 2346 II BGB);

näher Erman/Schlüter §§ 2346ff BGB. **Zweifelhaft** ist, ob die Auslegungsregel des § 2350 II BGB, nach der ein Erbverzicht eines Abkömmlings im Zweifel nur zugunsten der Abkömmlinge und des Ehegatten des Erblassers gelten soll, von der Verweisung des § 10 VII erfaßt wird. Dagegen spricht, daß § 10 VI S 2 für den Pflichtteil den Lebenspartner ausdrücklich dem Ehegatten gleichstellt und sich deswegen etwa auf § 2325 III BGB erstreckt (Rz 12), während § 10 VII dies für den Erbverzicht unterläßt (sa Meyer/Mittelstädt S 55; Wellenhofer-Klein Rz 165; abl Muscheler Rz 124; Lange/Kuchinke § 12 VIII 6 S 277; Dickhuth-Harrach FamRZ 2001, 1660, 1666 = in Schwab S 248, 266).

21 **V. Keine Steuerprivilegien.** Das Erbrecht von Lebenspartnern wird momentan noch dadurch erheblich beeinträchtigt, daß die Lebenspartner nach der Erbschaftssteuerklasse III besteuert werden (dazu Reich ZEV 2002, 395, 396ff). Erst wenn mit dem **Lebenspartnerschaftsergänzungsgesetz** (vor § 1 Rz 1) Änderungen des Erbschaftsteuerrechts in Kraft treten, wird die erbrechtliche Stellung von Lebenspartnern von entsprechenden steuerrechtlichen Vorteilen flankiert.

22 **VI. Fortsetzung des Wohnraummietverhältnisses.** Regelungsbedürftig beim Tod eines Lebenspartners ist auch die Frage, ob der überlebende Partner in das Mietverhältnis nachfolgt, wenn nicht er, sondern der Verstorbene Mieter der gemeinsamen Wohnung war. Regelungen darüber finden sich nicht im LPartG, sondern – wie bisher – ausschließlich im BGB. Das „Gesetz zur Beendigung der Diskriminierung gleichgeschlechtlicher Gemeinschaften" (vor § 1 Rz 1) hat die §§ 569ff BGB geändert, das am 1. 9. 2001 in Kraft getretene Mietrechtsreformgesetz vom 19. 6. 2001 (BGBl I 2001, 1157) hat die Änderungen in der durch den Rechtsausschuß gegebenen Fassung (BT-Drucks 14/5663, 20) übernommen und teilweise modifiziert. Wie der Ehegatte (§ 563 I S 1 BGB) tritt auch der Lebenspartner in das Mietverhältnis ein, wenn er mit dem verstorbenen Mieter einen gemeinsamen Haushalt geführt hatte (§ 563 I S 2 BGB). Der Lebenspartner ist gegenüber dem Ehegatten aber weiterhin **schlechter gestellt**. Der Ehegatte hat nicht nur Vorrang vor sonstigen Familienangehörigen und vor ständigen Mitbewohnern des verstorbenen Mieters, sondern auch vor etwaigen Kindern – seien es gemeinsame Kinder, seien es lediglich Kinder des Verstorbenen: Nur er, nicht auch die Kinder können im Todesfall Mieter der Ehewohnung werden (§ 563 II S 1, 3 und 4 BGB). Hingegen verdrängt der Lebenspartner nach § 563 II S 3 und 4 BGB lediglich sonstige Angehörige und ständige Mitbewohner des verstorbenen Mieters, muß aber zusammen mit den Kindern des verstorbenen Mieters in das Mietverhältnis eintreten, wenn die Kinder dies wünschen (§ 563 II S 2 BGB). Erstmals wird auch ein Eintrittsrecht gleichgeschlechtlicher Partner begründet, die in einer nicht eingetragenen („nichtehelichen") Partnerschaft zusammenleben, § 563 II S 4 BGB (Muscheler Rz 133). Näher zum Eintrittsrecht Muscheler Rz 128ff; Löhnig FamRZ 2001, 891ff = in Schwab S 301ff und Erman/Jendrek §§ 563ff BGB.

11 Sonstige Wirkungen der Lebenspartnerschaft

(1) Ein Lebenspartner gilt als Familienangehöriger des anderen Lebenspartners, soweit nicht etwas anderes bestimmt ist.

(2) Die Verwandten eines Lebenspartners gelten als mit dem anderen Lebenspartner verschwägert. Die Linie und der Grad der Schwägerschaft bestimmen sich nach der Linie und dem Grad der sie vermittelnden Verwandtschaft. Die Schwägerschaft dauert fort, auch wenn die Lebenspartnerschaft, die sie begründet hat, aufgelöst wurde.

1 So wenig wie das LPartG gemeinsame Kinder der Lebenspartner vorsieht (§ 9 Rz 1–3), so wenig enthält es das Wort „Familie" – außer mittelbar durch den Verweis auf § 1357 I S 1 BGB in § 8 II („Geschäfte zur angemessenen Deckung des Lebensbedarfs der Familie"; § 8 Rz 4, auch § 5 Rz 2). Gleichwohl wird der Lebenspartner in § 11 I ausdrücklich als **„Familienangehöriger"** des anderen fingiert („gilt"). **§ 11 I** zielt lediglich darauf ab, **Vorschriften außerhalb des LPartG**, die sich auf Familienangehörige erstrecken, auch auf Lebenspartner auszudehnen, etwa in § 1969 I BGB (§ 10 Rz 14), den § 67 II VVG (Ausschluß des Versicherungsregreßes) und den § 100 InsO (Unterhalt aus der Insolvenzmasse). Der Lebenspartner fällt zusätzlich unter die Normen, die zwar nicht von Familienangehörigen sprechen, diese aber mit dem Begriff „Familie" erfassen, wie §§ 554 II S 2, 1093 II BGB und § 7 BSHG. Über § 11 I sind Lebenspartner auch mit dem Begriff „Angehöriger" gemeint, etwa in § 530 I BGB und in Art 104 IV GG. Nach § 11 I Hs 2 werden Lebenspartner den „Familienangehörigen" aber dann **nicht gleichgestellt**, wenn andere Gesetze für die Begriffe „Familienangehöriger", „Familie" und „Angehöriger" eine eigenständige Legaldefinition enthalten, wie § 11 I StGB, der in Nr 1 lit a den Lebenspartner besonders erwähnt.

2 Nach **§ 11 II** gilt der Lebenspartner aufgrund der Lebenspartnerschaft als **verschwägert** mit den Verwandten seines Partners. § 11 II entspricht § 1590 BGB wörtlich, mit der einzigen Ausnahme, daß Ehegatten verschwägert „sind", während Lebenspartner nur als verschwägert „gelten". Näher Erman/Holzhauer § 1590 BGB.

Abschnitt 3
Getrenntleben der Lebenspartner

12 Unterhalt bei Getrenntleben

(1) **Leben die Lebenspartner getrennt, so kann ein Lebenspartner von dem anderen den nach den Lebensverhältnissen und den Erwerbs- und Vermögensverhältnissen während der Lebenspartnerschaft angemessenen Unterhalt verlangen. Der nicht erwerbstätige Lebenspartner kann darauf verwiesen werden,**

seinen Unterhalt durch eine Erwerbstätigkeit selbst zu verdienen, es sei denn, dass dies von ihm nach seinen persönlichen Verhältnissen unter Berücksichtigung der Dauer der Lebenspartnerschaft und nach den wirtschaftlichen Verhältnissen der Lebenspartner nicht erwartet werden kann.
(2) Ein Unterhaltsanspruch ist zu versagen, herabzusetzen oder zeitlich zu begrenzen, soweit die Inanspruchnahme des Verpflichteten unbillig wäre. § 1361 Abs. 4 und § 1610a des Bürgerlichen Gesetzbuchs gelten entsprechend.

Schrifttum wie bei § 5.

I. Getrenntleben. Leben Lebenspartner getrennt, gewährt das LPartG einem Partner – wie in der Ehe – unabhängig vom Vermögensstand einen Anspruch auf angemessenen Unterhalt (§ 12 LPartG, § 1361 BGB) sowie auf Hausratsverteilung und Zuweisung der gemeinsamen Wohnung (§§ 13, 14 LPartG, §§ 1361a, b BGB). Das Getrenntleben der Lebenspartner kann **in Anlehnung an** die Legaldefinition des Getrenntlebens von Ehegatten in **§ 1567 BGB** bestimmt werden. Da Lebenspartner anders als Ehegatten aber nicht zu einer ehelichen Lebensgemeinschaft und damit auch nicht zu einer häuslichen Gemeinschaft verpflichtet sind (§ 2 Rz 2), sondern § 2 gleichgeschlechtlichen Partnern nur die Pflicht zu gegenseitiger Verantwortung, Fürsorge, Unterstützung und zur gemeinsamen Lebensgestaltung auferlegt (§ 2 Rz 1), muß genügen, daß ein Partner diese **Solidargemeinschaft**, wie sie sich aus dem bisherigen Konsens der Partner ergibt, nicht mehr will (s Muscheler Rz 231f; Büttner FamRZ 2001, 1105, 1006 = in Schwab S 221, 224f; Pal/Brudermüller Rz 3). Es genügt das einfache Getrenntleben; anders als etwa § 9 IV verlangt § 12 I keine auf Dauer angelegte („nicht nur vorübergehende") Trennung. 1

II. Trennungsunterhalt. 1. Inhalt und Begrenzung. Hinsichtlich des Trennungsunterhalts lehnt sich § 12 **stark an** § 1361 BGB für den Trennungsunterhalt von Ehegatten an (dazu Erman/Heckelmann § 1361 BGB): Bei Getrenntleben der Lebenspartner verwandelt sich der gegenseitige Anspruch auf Beitrag zum gemeinsamen „Familien"-Unterhalt nach § 5 (§ 5 Rz 2f und 5) gem § 12 S 1 mit § 1361 IV 1, 2 BGB in einen einseitigen, auf Geld gerichteten Anspruch des finanziell weniger leistungsstarken Lebenspartners gegen den anderen Partner auf angemessenen Unterhalt (Unterhaltsrente). Bedarfsmaßstab sind gem § 12 I S 1 die lebenspartnerschaftlichen Lebensverhältnisse. Der Unterhalt kann nach § 12 II S 2 mit §§ 1361 IV, 1360a III, 1613 I BGB auch für die Vergangenheit verlangt werden; nach § 12 II S 2 mit §§ 1361 IV, 1360a III, 1614 BGB ist er für die Zukunft unverzichtbar. Gem § 12 II S 2 gelten § 1610a BGB und über §§ 1361 IV, 1360a BGB auch §§ 1613 II, 1615 BGB entsprechend. Der Anspruch auf Trennungsunterhalt erlischt mit Rechtskraft des Aufhebungsurteils nach § 15 (§ 16 Rz 2) oder wenn die Lebenspartner die Trennung wieder aufheben (dann wieder Unterhalt nach § 5). Es bestehen aber drei wesentliche Unterschiede zum Trennungsunterhalt nach § 1361 BGB (Rz 3f). 2

2. Erwerbsobliegenheit. Erstens ist das Regel-Ausnahme-Verhältnis für die **eigene Erwerbstätigkeit des Unterhaltsberechtigten** umgekehrt: Während der bisher nicht erwerbstätige Ehegatte nur ausnahmsweise darauf verwiesen werden kann, sein Geld selbst zu verdienen (§ 1361 II BGB: „nur dann, ... wenn"), ist es bei gleichgeschlechtlichen Lebenspartnerschaften **die Regel**, daß der bisher nicht erwerbstätige Lebenspartner nach der Trennung selbst für seinen Unterhalt aufkommt (§ 12 I S 2: „es sei denn") (BT-Drucks 14/3751, 41). Zweitens stellt § 12 – abweichend von § 1361 II BGB – für die Erwerbsobliegenheit des Unterhalt begehrenden Lebenspartners nicht darauf ab, ob dieser früher erwerbstätig war. Der Lebenspartner muß deswegen darlegen und beweisen, daß er seinen Unterhalt nicht durch eigene Erwerbstätigkeit sichern kann und zwar auch dann, wenn er während des Zusammenlebens nicht erwerbstätig war (Schwab FamRZ 2001, 385, 392 = in Schwab S 145, 166; Büttner FamRZ 2001, 1105, 1107 = in Schwab S 221, 228; Pal/Brudermüller Rz 11). § 12 I S 1 betont damit die wirtschaftliche Selbständigkeit jedes Partners (auch § 2 Rz 1ff; krit Muscheler Rz 104). Im Umkehrschluß folgt aus § 12 I S 1, daß der Lebenspartner die Substanz seines eigenen Vermögens im allgemeinen nicht anzugreifen braucht (Pal/Brudermüller Rz 6; allg Erman/Heckelmann § 1361 BGB Rz 10). 3

3. Härteklausel. Drittens ist der lebenspartnerschaftliche Unterhaltsanspruch nach **§ 12 II S 1** bereits dann zu versagen, wenn die Inanspruchnahme des bisherigen Hauptverdieners **unbillig** wäre (zum Kriterium der Unbilligkeit vgl Bremen FamRZ 2003, 1280, 1281). Hingegen scheiden Unterhaltsansprüche von Eheleuten erst dann aus, wenn die Schwelle grober Unbilligkeit überschritten ist (§ 1361 III mit § 1579 BGB). § 12 II S 1 steht in Widerspruch zu § 16 II S 2, der ebenfalls auf § 1579 BGB verweist. Wegen des eindeutigen Wortlauts des § 12 II S 1 („unbillig"), kann der Trennungsunterhalt aber nicht in Anlehnung an § 16 II S 2 mit § 1579 BGB erst an der groben Unbilligkeit für den Verpflichteten scheitern. Um Widersprüche zu vermeiden, muß vielmehr auch für den Anspruch auf Aufhebungsunterhalt die Grenze bloßer Unbilligkeit gelten. Dafür spricht zum einen, daß der Anspruch auf Trennungsunterhalt gegenüber dem auf Aufhebungsunterhalt stärker ist, da er das Fortbestehen der Lebenspartnerschaft und damit die aus § 2 ergebenden Solidarpflichten voraussetzt. Zum anderen entspricht eine solche Herabsetzung des Billigkeitsmaßstabes der Tendenz des LPartG, die wirtschaftliche Selbständigkeit jedes Partners stärker im Vordergrund zu stellen (Rz 3). Da § 16 II S 2 nur die „entsprechende" Anwendung des § 1579 BGB anordnet, läßt sich eine einschränkende Auslegung mit dem Wortlaut des LPartG vereinbaren (Büttner FamRZ 2001, 1105, 1108 = in Schwab S 221, 228f; Weinreich FuR 2001, 481, 484; Wellenhofer-Klein Rz 314, 331; aA Pal/Brudermüller Rz 9 und § 16 Rz 12; Battes FuR 2002, 113, 119). 4

4. Vorsorgeunterhalt. Anders als § 1361 I S 2 BGB sieht § 12 **keinen Anspruch** des bedürftigen Lebenspartners auf Erwerbsunfähigkeits- und Altersvorsorgeunterhalt vor. Auch das steht in Widerspruch zu § 16, der in den Anspruch auf Aufhebungsunterhalt einen angemessenen Erwerbsunfähigkeits- und Altersversicherung einbezieht, § 16 II mit § 1578 III. § 1361 I S 2 BGB schließt für Eheleute die Lücke zwischen dem Versorgungsausgleich, der den Zeitraum bis zur Rechtshängigkeit des Scheidungsantrags erfaßt (§ 1587 I S 1, II BGB), und dem Scheidungsunterhalt, der ab Rechtskraft des Scheidungsurteils einen Anspruch auf Vorsorgeunterhalt gewährt (§ 1578 III BGB). Zwar kennt das LPartG keinen Versorgungsausgleich (§ 6 Rz 5). Erkennt § 16 II aber mit 5

§ 1578 III BGB einen Anspruch auf Vorsorgeunterhalt für die Zeit nach Aufhebung der Lebenspartnerschaft an, muß ein entsprechender Anspruch erst recht während des Getrenntlebens bestehen, während dessen die Partner die Solidarpflichten aus § 2 treffen. Trotz Fehlens einer ausdrücklichen Anordnung kann man den Anspruch auf Vorsorgeunterhalt vom Anspruch auf „angemessenen Unterhalt" in § 12 I S 1 als mitumfaßt ansehen (Büttner FamRZ 2001, 1105, 1107 = in Schwab S 221, 226f; Pal/Brudermüller Rz 8; Wellenhofer-Klein Rz 313; aA Muscheler Rz 103, 264; Battes FuR 2002, 113, 119ff). Dann muß auch die während des Zusammenlebens der Partner bestehende Unterhaltspflicht Vorsorgeaufwendungen umfassen (§ 5 Rz 3); eine Geltendmachung für die Vergangenheit ist aber gem § 5 mit §§ 1360a III, 1614 BGB ausgeschlossen.

6   **5. Rangfolge.** Für die Rangfolge mehrerer Unterhaltsschuldner gilt **§ 1608 S 4 BGB** (dazu § 5 Rz 7). Für den umgekehrten Fall, daß mehrere Unterhaltsbedürftige vorhanden sind, trifft das LPartG keine Regelung. Insoweit wird man **§ 16 III entsprechend** anwenden können (§ 5 Rz 7).

13 *Hausratsverteilung bei Getrenntleben*

(1) Leben die Lebenspartner getrennt, so kann jeder von ihnen die ihm gehörenden Haushaltsgegenstände von dem anderen Lebenspartner herausverlangen. Er ist jedoch verpflichtet, sie dem anderen Lebenspartner zum Gebrauch zu überlassen, soweit dieser sie zur Führung eines abgesonderten Haushalts benötigt und die Überlassung nach den Umständen des Falles der Billigkeit entspricht.
(2) Haushaltsgegenstände, die den Lebenspartnern gemeinsam gehören, werden zwischen ihnen nach den Grundsätzen der Billigkeit verteilt. Das Gericht kann eine angemessene Vergütung für die Benutzung der Haushaltsgegenstände festsetzen.
(3) Die Eigentumsverhältnisse bleiben unberührt, sofern die Lebenspartner nichts anderes vereinbaren.

1   § 13 entspricht **§ 1361a BGB nahezu wörtlich**, lediglich der Begriff „Ehegatten" ist durch „Lebenspartner" ersetzt worden (zum Begriff des Getrenntlebens im LPartG § 12 Rz 1; zum Normzweck und Norminhalt iü Erman/Heckelmann § 1361a). Nicht ausdrücklich übernommen worden ist § 1361a III S 1 BGB, nach dem das zuständige Gericht über die Verteilung der Haushaltsgegenstände entscheidet, wenn sich die Partner nicht einigen können: § 13 I S 1 nennt diejenigen, die die Haushaltsgegenstände nach Billigkeitsgrundsätzen unter den Lebenspartnern verteilen, nicht. Der Gesetzgeber scheint als selbstverständlich davon ausgegangen zu sein, daß das Familiengericht nicht nur gem § 13 II S 2 die Vergütung für die Gebrauchsüberlassung festlegt, sondern ebenso bestimmt, welche Haushaltsgegenstände zu überlassen sind. Insofern ist § 13 II S 1 sinngemäß dahin auszulegen, daß das Familiengericht im Streitfall auch für die Verteilung der den Lebenspartnern gemeinsam gehörenden Haushaltsgegenstände zuständig ist (Pal/Brudermüller Rz 2).

2   Die Befugnis des Gerichts, eine **angemessene Vergütung** für die Benutzung der Haushaltsgegenstände festzusetzen, bezieht sich nach § 1361a III S 2 BGB sowohl auf die Gebrauchsüberlassung von Haushaltsgegenständen im Alleineigentum des anderen Ehegatten nach § 1361a I S 2 BGB als auf die Überlassung gemeinsamer Haushaltsgegenstände zur alleinigen Nutzung nach § 1361a II BGB. Demgegenüber scheint **§ 13 II S 2** seiner systematischen Stellung nach lediglich für die Überlassung gemeinsamer Gegenstände zur alleinigen Nutzung nach § 13 II S 1 zu gelten. Die Gesetzesbegründung wiederum bezieht die Vergütungspflicht ausschließlich auf die Überlassung von Haushaltsgegenständen im Alleineigentum des anderen Lebenspartners (BT-Drucks 14/3571, 41). Offenbar handelt es sich um ein Redaktionsversehen. Deswegen muß § 13 II S 2 systematisch dahin ausgelegt werden, daß er für die Gebrauchsüberlassung **sowohl nach § 13 I S 2 als auch nach § 13 II S 1** gilt (Muscheler Rz 238; Wellenhofer-Klein Rz 275).

14 *Wohnungszuweisung bei Getrenntleben*

(1) Leben die Lebenspartner voneinander getrennt oder will einer von ihnen getrennt leben, so kann ein Lebenspartner verlangen, dass ihm der andere die gemeinsame Wohnung oder einen Teil zur alleinigen Benutzung überlässt, soweit dies auch unter Berücksichtigung der Belange des anderen Lebenspartners notwendig ist, um eine unbillige Härte zu vermeiden. Eine unbillige Härte kann auch dann gegeben sein, wenn das Wohl von im Haushalt lebenden Kindern beeinträchtigt wird. Steht einem Lebenspartner allein oder gemeinsam mit einem Dritten das Eigentum, das Erbbaurecht oder der Nießbrauch an dem Grundstück zu, auf dem sich die gemeinsame Wohnung befindet, so ist dies besonders zu berücksichtigen; Entsprechendes gilt für das Wohnungseigentum, das Dauerwohnrecht und das dingliche Wohnrecht.
(2) Hat der Lebenspartner, gegen den sich der Antrag richtet, den anderen Lebenspartner widerrechtlich und vorsätzlich am Körper, der Gesundheit oder der Freiheit verletzt oder mit einer solchen Verletzung oder der Verletzung des Lebens gedroht, ist in der Regel die gesamte Wohnung zur alleinigen Benutzung zu überlassen. Der Anspruch auf Wohnungsüberlassung ist nur dann ausgeschlossen, wenn keine weiteren Verletzungen und widerrechtlichen Drohungen zu besorgen sind, es sei denn, dass dem verletzten Lebenspartner das weitere Zusammenleben mit dem anderen wegen der Schwere der Tat nicht zuzumuten ist.
(3) Wurde einem Lebenspartner die gemeinsame Wohnung ganz oder zum Teil überlassen, so hat der andere alles zu unterlassen, was geeignet ist, die Ausübung dieses Nutzungsrechts zu erschweren oder zu vereiteln. Er kann von dem nutzungsberechtigten Lebenspartner eine Vergütung für die Nutzung verlangen, soweit dies der Billigkeit entspricht.
(4) Ist ein Lebenspartner aus der gemeinsamen Wohnung ausgezogen, um getrennt zu leben und hat er binnen sechs Monaten nach seinem Auszug eine ernstliche Rückkehrabsicht dem anderen Lebenspartner gegenüber nicht bekundet, so wird unwiderleglich vermutet, dass er dem in der gemeinsamen Wohnung verbliebenen Lebenspartner das alleinige Nutzungsrecht überlassen hat.

Ebenso wie § 1361b BGB ist § 14 in seiner ursprünglich (für fünf Monate) geltenden Fassung durch das am 1. 1. 2002 in Kraft getretene Gesetz zur Verbesserung des zivilgerichtlichen Schutzes bei Gewalttaten und Nachstellungen sowie zur Erleichterung der Überlassung der Ehewohnung bei Trennung vom 11. 12. 2001 (BGBl I 3513) vollständig **neu gefaßt** worden. § 14 entspricht **§ 1361b BGB nahezu wörtlich**, lediglich die Begriffe „Ehegatte(n)" und „Ehewohnung" sind durch die Begriffe „Lebenspartner" und „gemeinsame Wohnung" ersetzt worden (näher zum Normzweck und Norminhalt Erman/Heckelmann § 1361b BGB; zum Begriff des Getrenntlebens im LPartG § 12 Rz 1). Eine Abweichung enthält § 14 IV: Während § 1361b IV BGB darauf abstellt, daß ein Ehegatte nach der „Trennung der Ehegatten iSd § 1567 I BGB" aus der Wohnung ausgezogen ist, mußte § 14 IV mangels Pendants zu § 1567 I BGB ergänzt werden um den Passus „um getrennt zu leben". Das meint das Getrenntleben iSd § 12 (§ 12 Rz 1).

Anders als § 17 S 2, der abweichend von der Parallelvorschrift des § 2 S 2 HausratsVO Kinder nicht besonders 2 erwähnt (§ 17 Rz 1), nennt **§ 14 II S 1** als unbillige Härte, die für die Überlassung der gemeinsamen Wohnung an einen Lebenspartner spricht, das **Wohl von im Haushalt lebenden Kindern**.

Abschnitt 4
Aufhebung der Lebenspartnerschaft

15 *Aufhebung*
(1) Die Lebenspartnerschaft wird auf Antrag eines oder beider Lebenspartner durch gerichtliches Urteil aufgehoben.
(2) Das Gericht hebt die Lebenspartnerschaft auf, wenn
1. beide Lebenspartner erklärt haben, die Lebenspartnerschaft nicht fortsetzen zu wollen, und seit der Erklärung zwölf Monate vergangen sind;
2. ein Lebenspartner erklärt hat, die Lebenspartnerschaft nicht fortsetzen zu wollen, und seit der Zustellung dieser Erklärung an den anderen Lebenspartner 36 Monate vergangen sind;
3. die Fortsetzung der Lebenspartnerschaft für den Antragsteller aus Gründen, die in der Person des anderen Lebenspartners liegen, eine unzumutbare Härte wäre.
(3) Die Lebenspartner können ihre Erklärungen nach Absatz 2 Nr. 1 oder 2 widerrufen, solange die Lebenspartnerschaft noch nicht aufgehoben ist. Widerruft im Falle des Absatzes 2 Nr. 1 einer der Lebenspartner seine Erklärung, hebt das Gericht die Lebenspartnerschaft auf, wenn seit der Abgabe der übereinstimmenden Erklärung 36 Monate vergangen sind.
(4) Die Erklärungen nach Absatz 2 Nr. 1 und 2 und nach Absatz 3 müssen persönlich abgegeben werden und bedürfen der öffentlichen Beurkundung. Sie können nicht unter einer Bedingung oder einer Zeitbestimmung abgegeben werden.

Schrifttum: *D. Kaiser*, „Entpartnerung" – Aufhebung der eingetragenen Lebenspartnerschaft gleichgeschlechtlicher Partner, FamRZ 2002, 866ff = in *Schwab* (Hg), Die eingetragene Lebenspartnerschaft (2002), S 279ff

I. Allgemeines. Der Begriff „Aufhebung" in § 15 ist schlecht gewählt, da er an die Aufhebung der Ehe erinnert, 1 also an deren ex nunc-Auflösung wegen Mängeln bei der Eheschließung gem §§ 1313ff BGB. Die Tatbestandsvoraussetzungen und die Verknüpfung mit dem nachpartnerschaftlichen Unterhalt in § 16 zeigen aber, daß die „Aufhebung" der Partnerschaft in § 15 der **„Scheidung"** der Ehe nach §§ 1564–1568 BGB entspricht. Wofür das BGB fünf Paragraphen mit insgesamt acht Absätzen braucht, benötigt das LPartG nur einen Paragraphen mit vier Absätzen. Aufhebung der Lebenspartnerschaft und Scheidung der Ehe unterscheiden sich nicht nur durch die Kürze der Regelung, sondern weisen auch inhaltlich erhebliche Unterschiede auf.

II. Aufhebung durch gerichtliches Urteil, § 15 I. Die Lebenspartnerschaft wird nach § 15 durch Urteil aufge- 2 löst. Obwohl in § 15 I – anders als in § 1564 S 1 BGB für die Ehescheidung – das Wort „nur" fehlt, folgt aus dem Schweigen des LPartG im übrigen, daß das gleiche gemeint ist: Auch die eingetragene Lebenspartnerschaft kann **nur** durch gerichtliches Urteil und nur im Wege des durch § 15 näher ausgestalteten Antragsverfahrens aufgehoben werden. Das schließt jede andere Aufhebungsmöglichkeit aus, insbesondere die Privataufhebung und eine Aufhebung von Amts wegen (Muscheler Rz 241; Pal/Brudermüller Rz 1). Anders als in § 1564 BGB fehlt in § 15 auch die Aussage, daß die Partnerschaft **mit Rechtskraft des Urteils** endet. Gleichwohl kann nichts anderes gelten (Muscheler Rz 242). Eine Ausnahme besteht wegen Art 6 I GG dann, wenn ein Lebenspartner die Ehe mit einem Dritten eingeht: Schon die Eheschließung löst die Lebenspartnerschaft auf (§ 1 Rz 8).

III. Aufhebungsvoraussetzungen nach § 15 II. 1. Zerrüttung keine Voraussetzung. Die Aufhebung der 3 Lebenspartnerschaft ist rechtlich an geringere Voraussetzungen gebunden als die Scheidung einer Ehe: Eine Ehe kann nach § 1565 I BGB geschieden werden, wenn sie gescheitert ist; dafür knüpft § 1566 BGB an den Ablauf einer Frist von einem Jahr (bei Einigsein beider Ehegatten über die Scheidung) oder von drei Jahren an die unwiderlegliche Zerrüttungsvermutung. Die Eheleute müssen das Scheitern ihrer Ehe gem § 1565 I BGB auch anderweit nachweisen, allerdings unter erschwerten Voraussetzungen, solange sie noch nicht ein Jahr getrennt leben, § 1565 II BGB. Hingegen enthält das LPartG – mit Ausnahme des § 15 II Nr 3 – keine materiellen Aufhebungsvoraussetzungen, sondern knüpft die Aufhebung der Partnerschaft ohne weiteres an die Erklärung eines oder beider Partner an, die Partnerschaft nicht fortsetzen zu wollen, verbunden mit dem **Ablauf einer 12-Monats- bzw**

einer **36-Monatsfrist**, § 15 II Nr 1 und 2 LPartG (das BGB mißt in Jahren, das LPartG in Monaten). Da formale Kriterien genügen, fehlt im LPartG konsequenterweise eine „umgekehrte Härteklausel", wie sie mit § 1568 BGB die Ehescheidung zur Unzeit verhindert. Die formalisierte Auflösung gründet auf der unterschiedlichen Intensität der Bindung, die das Gesetz von Eheleuten einerseits, von gleichgeschlechtlichen Lebenspartnern andererseits fordert: Verlangt das LPartG weder eine lebenslange Bindung noch das Zusammenleben der Partner (§ 2 Rz 2, 4), so kann es für die Aufhebung der Partnerschaft nicht voraussetzen, daß die Lebensgemeinschaft zerrüttet ist und Zerrüttungsvermutungen an das Getrenntleben anknüpfen (Schwab FamRZ 2001, 385, 398 = in Schwab S 145, 182; N. Mayer ZEV 2001, 169, 174; Grziwotz DNotZ 2001, 280, 293; Coen BWNotZ 2001, 167, 176; abl Dethloff NJW 2001, 2598, 2603). Ist die Zerrüttung der Partnerschaft keine Aufhebungsvoraussetzung, kann auch das glückliche Zusammenleben beider Partner bis zur Aufhebungsentscheidung die Entpartnerung durch das Gericht nicht hindern; ein Getrenntleben ist unerheblich (Muscheler Rz 244; Pal/Brudermüller Rz 2). Faktisch wird die Aufhebung der Lebenspartnerschaft allerdings dadurch erschwert, daß das Lebenspartnerschaftsgesetz starr an den Ablauf der 12- und der 36-Monatsfrist anknüpft und eine Aufhebung ohne Fristablauf nur in dem Ausnahmefall des § 15 II Nr 3 zuläßt.

4   **2. Nichtfortsetzungserklärung eines Lebenspartners, § 15 II Nr 2.** Erklärt ein Lebenspartner, die Lebenspartnerschaft nicht fortsetzen zu wollen, hebt das Gericht die Partnerschaft auf Antrag auf, wenn seit Zustellung der Nichtfortsetzungserklärung beim anderen Lebenspartner **36 Monate** vergangen sind. **Zustellung** heißt Zustellung durch den Gerichtsvollzieher, vgl § 132 BGB, §§ 166ff ZPO (BT-Drucks 14/3751, 41; Muscheler Rz 247; Finger MDR 2001, 199, 201; Pal/Brudermüller Rz 7). Die **Nichtfortsetzungserklärung** ist formalisiert: Sie zielt nur darauf ab, das formale Partnerschaftsband lösen zu wollen, hingegen nicht auf die Aufhebung der gelebten Lebensgemeinschaft (Muscheler Rz 247; gerade Rz 3). Da die Rechtsfolge, nach Ablauf der 36-Monats-Frist einen Antrag auf Aufhebung der Lebenspartnerschaft stellen zu können, kraft Gesetzes und nicht als gewillkürte Folge der Erklärung eintritt, ist die Nichtfortsetzungserklärung – ähnlich der Mahnung nach § 286 I BGB – keine Willenserklärung, sondern eine geschäftsähnliche Handlung, auf die die Vorschriften über Willenserklärungen nur entsprechende Anwendung finden (so auch Muscheler Rz 250; krit Coen BWNotZ 2001, 167, 177 Fn 85). Wegen dieser beschränkten Rechtsfolge hindert es die Wirksamkeit der Erklärung nicht, wenn der Erklärende die Aufhebung der Partnerschaft im Zeitpunkt der Erklärung (noch) gar nicht wünscht (Muscheler Rz 247). Deswegen können Trennungserklärungen auf Vorrat abgegeben werden, um die lange Frist des § 15 II Nr 1 möglichst früh in Lauf zu setzen (Muscheler Rz 247; Grziwotz DNotZ 2001, 280, 294; Dethloff NJW 2001, 2598, 2603; Finger MDR 2001, 199, 202; Wellenhofer-Klein Rz 293; aA Pal/Brudermüller Rz 2; Battes FuR 2002, 113, 114). § 15 IV S 2 **verbietet** es aber ausdrücklich, die Nichtfortsetzungserklärung unter einer **Bedingung oder Zeitbestimmung** zu stellen, etwa unter die Bedingung, daß der Partner seinen neuen Freund wieder verläßt oder sein promiskes außerpartnerschaftliches Leben einschränkt.

5   Nach § 15 IV S 1 muß der Lebenspartner **persönlich** erklären, die Lebenspartnerschaft nicht fortsetzen zu wollen; Stellvertretung ist nicht möglich. Wie bei der Einwilligung in einen ärztlichen Heileingriff hindert die Geschäftsunfähigkeit die Abgabe der Nichtfortsetzungserklärung nicht, solange der Lebenspartner die **natürliche Einsichtsfähigkeit** in sein Tun hat (Muscheler Rz 247). Auch insoweit haben es verheiratete Geschäftsunfähige leichter, da sie die Scheidungsvoraussetzung „Trennung" als Tathandlung ohne weiteres herbeiführen können. Gem § 15 IV S 1 muß die Nichtfortsetzungserklärung **öffentlich beurkundet** werden. Der Allgemeine Teil des BGB kennt in § 128 nur die „notarielle Beurkundung" und in § 129 die „öffentliche Beglaubigung". Mit der Formulierung „öffentliche Beurkundung" erweitert das Gesetz (wie auch in §§ 1597 I, 1746 II S 2 BGB) die Zahl der für die Beurkundung zuständigen Stellen über den Notar hinaus, etwa auf den Standesbeamten und auf das Prozeßgericht. Solange weder das LPartG noch das LPartGErgG eine öffentliche Stelle mit der Beurkundung betrauen, bleibt es bei § 1 BeurkG: Nur der Notar ist für die Beurkundung einer Nichtfortsetzungserklärung zuständig (näher D. Kaiser FamRZ 2002, 866, 870 = in Schwab S 279, 291).

6   **3. Nichtfortsetzungserklärung beider Lebenspartner, § 15 II Nr 1.** Haben beide Lebenspartner öffentlich beurkundet (§ 15 IV, Rz 5) erklärt, die Lebenspartnerschaft nicht fortsetzen zu wollen, kann das Gericht die Partnerschaft 12 Monate später aufheben. Eine Zustellung der Erklärung an den anderen Lebenspartner ist – anders als in § 15 II Nr 2 (Rz 4) – nicht vorgeschrieben: Die Nichtfortsetzungserklärung des § 15 II Nr 1 ist **nicht empfangsbedürftig**, sie wird auch dann wirksam, wenn der andere Partner von der Erklärung keinerlei Kenntnis erlangt. In der Praxis ist aber die Zustellung der Nichtfortsetzungserklärung an den anderen Lebenspartner zu empfehlen, da nur so die 36-Monatsfrist nach § 15 II Nr 2 in Gang gesetzt werden kann. § 15 II Nr 1 verlangt lediglich, daß „beide Partner erklärt haben", die Lebenspartnerschaft nicht fortsetzen zu wollen; demgegenüber spricht § 15 III S 2 von einer „übereinstimmenden Erklärung" beider Lebenspartner. Aus § 15 III kann aber nicht gefolgert werden, daß beide Partner die Nichtfortsetzungserklärung gemeinsam bzw zumindest mit Bezug auf die Erklärung des anderen Partners abgeben müssen: § 15 IV S 2 verbietet gerade Erklärungen, die unter der Bedingung abgegeben werden, daß auch der andere Partner seinen Nichtfortsetzungswillen erklärt. Zwar hindert § 15 IV S 2 die gleichzeitige Abgabe der Nichtfortsetzungserklärungen nicht; die Erklärungen stimmen dann schon wegen des formalisierten Erklärungsinhalts miteinander überein. Anders als § 1 I S 1 für die Eingehung der Lebenspartnerschaft verlangt § 15 II Nr 1 LPartG aber weder die beiderseitige Anwesenheit der Lebenspartner noch die Abgabe der einen Nichtfortsetzungserklärung mit Bezug auf die andere. Deswegen beginnt die 12-Monatsfrist nach § 15 II Nr 1 bei nacheinander erklärtem Nichtfortsetzungswillen ab dem Zeitpunkt zu laufen, in dem die **letzte der beiden Nichtfortsetzungserklärungen** abgegeben worden ist (Muscheler Rz 248; Grziwotz DNotZ 2001, 280, 293).

7   **4. Widerruf der Nichtfortsetzungserklärung(en), § 15 III.** Jede Nichtfortsetzungserklärung ist gem § 15 III S 1 frei widerruflich. Der Widerruf bedarf nach § 15 IV wie die Nichtfortsetzungserklärung der öffentlichen Beurkundung, er muß persönlich und darf weder bedingt noch befristet erklärt werden. Als actus contrarius ist der

Widerruf einer Nichtfortsetzungserklärung iSd § 15 II Nr 2 empfangsbedürftig (Rz 4), der einer Erklärung iSd § 15 II Nr 1 (Rz 6) hingegen nicht (Muscheler Rz 249). Ein Widerruf ist nur möglich, solange die Lebenspartnerschaft noch nicht aufgehoben ist, dh das Aufhebungsurteil noch nicht rechtskräftig ist. Hat nur ein Lebenspartner gem § 15 II Nr 2 erklärt, die Lebenspartnerschaft nicht fortsetzen zu wollen, und widerruft er diese Erklärung, so kann das Gericht die Lebenspartnerschaft nicht aufheben. Das gleiche gilt, wenn beide Lebenspartner nach § 15 II Nr 1 den Willen zur Nichtfortsetzung der Partnerschaft erklärt und beide diese Erklärungen widerrufen haben.

Widerruft im Fall des § 15 II Nr 1 (Rz 6) nur einer der Partner seine Erklärung, hebt das Gericht gem **§ 15 III** **8** **S 2** die Lebenspartnerschaft auf, wenn **seit Abgabe der übereinstimmenden Erklärung 36 Monate** vergangen sind. Abweichend von § 15 II Nr 2 (Rz 4) sieht § 15 III S 2 vom Erfordernis der Zustellung der Nichtfortsetzungserklärung ab: Die 36-Monatsfrist läuft nach dem Widerruf einer von zwei Nichtfortsetzungserklärungen ab, ohne daß die nicht widerrufene Erklärung dem anderen Partner zugestellt oder auch nur zugegangen sein muß (Muscheler Rz 248; um ein Redaktionsversehen handelt es sich ausweislich der Gesetzesmaterialien nicht, Rechtsausschuß BT–Drucks 14/4550, 9, 29). Man muß § 15 III S 2 aber einschränkend auslegen: Die 36-Monatsfrist beginnt nur in den Fällen ab der zweiten Nichtfortsetzungserklärung zu laufen, in denen sich die Lebenspartner auf Erklärungen nach § 15 II Nr 1 beschränkt und von deren Zustellung an den anderen Lebenspartner abgesehen haben. Hat ein Partner hingegen auch das procedere des § 15 II Nr 2 eingehalten und seine Nichtfortsetzungserklärung zustellen lassen, muß die Frist **ab Zustellung der Nichtfortsetzungserklärung** beginnen, wenn der andere Lebenspartner seine Nichtfortsetzungserklärung widerruft. Andernfalls hätte es der aufhebungsunwillige Lebenspartner in der Hand, die Aufhebung der Lebenspartnerschaft dadurch zu verzögern, daß er wie sein Partner eine Nichtfortsetzungserklärung abgibt, diese kurz vor Ablauf der 12-Monatsfrist widerruft und so einen Neubeginn der 36-Monatsfrist auslöst (ebenso Pal/Brudermüller Rz 6; Wellenhofer-Klein Rz 295; ausführlich D. Kaiser FamRZ 2002, 866, 871 = in Schwab S 279, 293ff).

5. Aufhebung wegen besonderer Härte, § 15 II Nr 3. Einziger materieller Aufhebungsgrund ist § 15 II Nr 3, **9** nach dem ein Partner die Aufhebung der Lebenspartnerschaft durchsetzen kann, wenn die Fortsetzung für ihn aus Gründen in der Person des anderen Partners eine unzumutbare Härte wäre. § 15 II Nr 3 **entspricht wörtlich dem § 1565 II BGB**. § 1565 II BGB wird eng interpretiert: Die unzumutbare Härte muß sich auf das Eheband, dh auf das Verheiratetsein, nicht bloß auf die Fortsetzung des ehelichen Zusammenlebens beziehen (Erman/Graba § 1565 Rz 12). Das wird man schon deswegen auf die Lebenspartnerschaft übertragen müssen, weil für Lebenspartner ohnehin keine Pflicht zum Zusammenleben besteht (§ 2 Rz 2). Nach § 1565 II BGB genügt das bloße Scheitern der Ehe nicht für deren vorzeitige Beendigung, sondern muß die Fortsetzung der Ehe unzumutbar sein. Das ist dann der Fall, wenn der andere Ehegatte dem Geschlechtsverkehr dauernd verweigert oder den Scheidungswilligen schwer beleidigt, demütigend beschimpft oder mißhandelt (Erman/Graba § 1565 Rz 13). Der identische Wortlaut spricht dafür, die hM zu § 1565 II BGB auf § 15 II Nr 3 LPartG zu übertragen. Das ließe aber die **unterschiedliche Funktion der Vorschriften** außer Betracht: Während § 1565 II BGB die nach § 1565 I S 2 BGB bestehende Möglichkeit einschränkt, die gescheiterte Ehe scheiden zu lassen, und mit unzumutbarer Härte zwingend mehr meint als das bloße Scheitern der Ehe, erweitert § 15 II Nr 3 die Möglichkeiten der Partner, die eingetragene Lebenspartnerschaft aufheben zu lassen, und führt an die Stelle des rein formalen Fristenlaufs die Zerrüttung als Aufhebungsgrund überhaupt erst ein. Zudem reichen die Verpflichtungen der Lebenspartner untereinander weniger weit als die zwischen Eheleuten (§ 2 Rz 1ff). Deswegen wird man die Aufhebung einer Lebenspartnerschaft nach § 15 II Nr 3 schon unter geringeren Voraussetzungen zulassen müssen als die Ehescheidung nach § 1565 II BGB (D. Kaiser FamRZ 2002, 866, 872 = in Schwab S 279, 296f; auch Dethloff NJW 2001, 2598, 2603; aA Muscheler Rz 246; Coen BWNotZ 2001, 167, 177; Battes FuR 2001, 113f; Wellenhofer-Klein Rz 297).

6. Abweichende Vereinbarungen. Für Vereinbarungen der Lebenspartner, die von § 15 abweichen, muß das **10** gleiche gelten wie für Abreden zwischen Eheleuten, die §§ 1564ff BGB abbedingen (sa Muscheler Rz 242): Die Lebenspartner können die Aufhebung der Partnerschaft nicht – und sei es auch nur zeitlich begrenzt – ausschließen. Zulässig ist es hingegen, wenn die Aufhebung erschwert wird, etwa indem ein Lebenspartner sich vertraglich zu einer Abfindung verpflichtet; eine Grenze bilden die §§ 134, 138 BGB. So wie jeder Lebenspartner nach § 15 III S 1 bis zur gerichtlichen Aufhebung der Partnerschaft seine Nichtfortsetzungserklärung widerrufen kann, so kann er auch auf andere in der Vergangenheit bereits entstandene Aufhebungsvoraussetzungen verzichten, etwa versprechen, sich auf eine bereits abgelaufene Frist oder auf einen personenbezogenen Härtegrund nach § 15 II Nr 3 nicht zu berufen.

III. Aufhebungsverfahren vor Gericht. Die formalisierten Regelvoraussetzungen für die Aufhebung der **11** Lebenspartnerschaft nach § 15 II Nr 1 und 2 sind einfach festzustellen. Gleichwohl hat der Gesetzgeber nicht den für den Abschluß der Lebenspartnerschaften zuständigen Beamten mit deren Aufhebung betraut, sondern die **Familiengerichte**, § 661 I Nr 1 ZPO mit §§ 23a Nr 6, 23b S 2 Nr 15 GVG. Unabweisbar ist deren Beteiligung nur beim Aufhebungsgrund der besonderen Härte nach § 15 II Nr 3 LPartG (krit auch Muscheler Rz 245). Nach § 661 II ZPO sind im Partnerschaftsaufhebungsverfahren mit §§ 622ff ZPO grds die Verfahrensregeln für die Ehescheidung entsprechend anzuwenden: Das Aufhebungsverfahren wird nicht durch Klage, sondern durch Antrag eingeleitet, § 15 I, §§ 661 II, 622 I ZPO. Antragsbefugt ist jeder Lebenspartner – auch dann, wenn die 12-monatige Aufhebungsfrist des § 15 II Nr 1 durch Nichtfortsetzungserklärung beider Partner in Gang gesetzt worden ist. Es herrscht in allen Rechtszügen Anwaltszwang, § 78 II S 1 ZPO. Stellt der Antragsgegner keinen eigenen Aufhebungsantrag, braucht er sich nicht anwaltlich vertreten zu lassen, kann dann aber keine wirksamen Prozeßhandlungen vornehmen, §§ 661 II, 613 ZPO, beachte auch §§ 661 II, 625 ZPO. Gem §§ 661 II, 616 I, II ZPO gilt grds der **Untersuchungsgrundsatz**, der darauf zielt, das Scheitern der Ehe zu ermitteln. Der Untersuchungsgrundsatz läuft im Anwendungsbereich des LPartG leer, soweit die Aufhebung der Partnerschaft nach den rein formalen Voraussetzungen der § 15 II Nr 1 und 2 begehrt wird und spielt eine Rolle nur bei Aufhebungsentscheidungen nach § 15 II Nr 3. Da eine Entsprechung für § 1568 BGB im LPartG fehlt, gilt § 616 III ZPO nicht.

12   In Partnerschaftssachen gibt es mangels Versorgungsausgleichs **keinen Zwangsverbund** zwischen Aufhebung und Aufhebungsfolgen, sondern lediglich einen **gewillkürten Verbund** auf Antrag nach §§ 661 II, 623, 629 ZPO (Musceler Rz 258; Büttner FamRZ 2001, 1105, 1112 = in Schwab S 221, 241; D. Kaiser FamRZ 2002, 866, 873 = in Schwab S 279, 300). Auch § 630 ZPO ist nicht anwendbar, da das LPartG keinen dem §§ 1565, 1566 I BGB entsprechenden Aufhebungsgrund kennt (Musceler Rz 258). Wird auf Aufhebung der Lebenspartnerschaft erkannt, sind die Kosten der Aufhebungssache und der Aufhebungsfolgesachen nach § 93a V iVm I ZPO gegeneinander aufzuheben.

16 *Nachpartnerschaftlicher Unterhalt*

(1) Kann ein Lebenspartner nach der Aufhebung der Lebenspartnerschaft nicht selbst für seinen Unterhalt sorgen, kann er vom anderen Lebenspartner den nach den Lebensverhältnissen während der Lebenspartnerschaft angemessenen Unterhalt verlangen, soweit und solange von ihm eine Erwerbstätigkeit, insbesondere wegen seines Alters oder wegen Krankheiten oder anderer Gebrechen nicht erwartet werden kann.

(2) Der Unterhaltsanspruch erlischt, wenn der Berechtigte eine Ehe eingeht oder eine neue Lebenspartnerschaft begründet. Im Übrigen gelten § 1578 Abs. 1 Satz 1, Satz 2 erster Halbsatz und Satz 4, Abs. 2 und 3, §§ 1578a bis 1581 und 1583 bis 1586 und § 1586b des Bürgerlichen Gesetzbuchs entsprechend.

(3) Bei der Ermittlung des Unterhalts des früheren Lebenspartners geht dieser im Falle des § 1581 des Bürgerlichen Gesetzbuchs einem neuen Lebenspartner und den übrigen Verwandten im Sinne des § 1609 Abs. 2 des Bürgerlichen Gesetzbuchs vor; alle anderen gesetzlich Unterhaltsberechtigten gehen dem früheren Lebenspartner vor.

Schrifttum wie bei § 5.

1 **1. Allgemeines.** Das LPartG lehnt sich in §§ 16ff für die Folgen der Aufhebung der Lebenspartnerschaft an den Geschiedenenunterhalt nach §§ 1569ff BGB und an die HausratsVO an. Hingegen sieht das Gesetz für gleichgeschlechtliche Lebensgemeinschaften keinen Versorgungsausgleich entsprechend §§ 1587ff BGB vor (§ 6 Rz 1). Wird die Lebenspartnerschaft dadurch beendet, daß ein Lebenspartner die Ehe mit einer dritten Person schließt (§ 1 Rz 8), gelten die §§ 16ff entsprechend (so auch Schwab FamRZ 2001, 385, 389 = in Schwab S 145, 158; Battes FuR 2002, 113, 116).

2 **2. Inhalt und Maß des Unterhaltsanspruchs.** Im Anschluß an den Lebenspartnerschaftsunterhalt nach § 5 oder an den Trennungsunterhalt nach § 12 erlangt der bedürftige Lebenspartner (Rz 4f) gem § 16 einen Anspruch auf nachpartnerschaftlichen Unterhalt, sobald das Aufhebungsurteil nach § 15 rechtskräftig ist. Der Unterhaltsanspruch richtet sich gem § 16 II S 2 mit § 1585 BGB auf eine monatlich zu zahlende **Geldrente**.

3 **Maß des Unterhalts** sind nach § 16 I die „**Lebensverhältnisse während der Lebenspartnerschaft**"; das wiederholt § 16 II durch Verweis auf die „ehelichen Lebensverhältnisse" des § 1578 I S 1 BGB (näher Erman/Graba § 1578 BGB Rz 12ff). Zum Lebensbedarf gehören nach § 16 II S 2 mit § 1578 II und III BGB auch die Kosten einer Kranken- und Pflegeversicherung sowie einer Erwerbsunfähigkeits- und Altersversicherung, ohne daß der Anspruch auf Vorsorgeunterhalt beschränkt ist (zum Trennungsunterhalt § 12 Rz 5; zu Schul- und Berufsausbildungskosten Rz 6). § 16 I begrenzt den Anspruch – wie § 12 I S 1, § 1361 I S 1 BGB den Anspruch auf Trennungsunterhalt – auf den nach Maß der lebenspartnerschaftlichen Verhältnisse „**angemessenen**" Unterhalt (Grziwotz DNotZ 2001, 280, 296; N. Mayer ZEV 2001, 169, 174). Gleichzeitig verweist § 16 II S 2 auf § 1578 I S 2 Hs 1 BGB, nach dem der Unterhalt erst nach einer gewissen Zeit auf den angemessenen Unterhalt herabgesetzt werden kann, soweit eine zeitlich unbegrenzte Orientierung an den partnerschaftlichen Lebensverhältnissen unbillig wäre, insbesondere bei nur kurzer Dauer der Lebenspartnerschaft. Gemeint ist Unterschiedliches: Der angemessene Lebensbedarf iSd § 16 I begrenzt den Unterhalt nach den lebenspartnerschaftlichen Verhältnissen per se, etwa wenn die Lebenspartner vor Aufhebung ihrer Partnerschaft im Luxus geschwelgt haben. Hingegen erlaubt es § 16 II S 2 mit § 1578 I S 2 HS 1 BGB, vom Maß angemessenen der lebenspartnerschaftlichen Verhältnisse ganz auf ein niedrigeres, insbesondere ein dem vorpartnerschaftlichen entsprechendes Lebensniveau herabzugehen (vgl Erman/Graba § 1578 BGB Rz 46ff). **Nicht verwiesen** wird auf § 1578 I S 2 Hs 2 und S 3 BGB, der die Zeit der **Kinderbetreuung** der Ehedauer gleichstellt und eine Herabsetzung des Unterhalts auf den angemessenen Lebensbedarf in der Regel ausschließt, wenn der Unterhaltsberechtigte ein gemeinschaftliches Kind nicht nur vorübergehend betreut oder betreut hat (krit Musceler Rz 264). Die Herausnahme dieser Vorschriften aus dem Verweis auf das BGB-Eherecht macht deutlich, daß die Betreuung von Kindern beim Unterhalt von Ex-Lebenspartnern nur ausnahmsweise berücksichtigt werden kann (Rz 6).

4 **3. Unterhaltstatbestand.** § 16 setzt wie jeder Unterhaltsanspruch Bedürftigkeit des Unterhaltsgläubigers (§ 16 I) sowie Leistungsfähigkeit des Unterhaltsschuldners (§ 16 II mit § 1581 BGB) voraus. Für den nachpartnerschaftlichen Unterhalt gilt ebenso wie für den Geschiedenenunterhalt nach § 1569 BGB der Grundsatz der Eigenverantwortlichkeit: Jeder Partner ist gehalten, nach der Aufhebung der Partnerschaft selbst für seinen Unterhalt zu sorgen. Während die §§ 1570ff BGB den Unterhaltsanspruch eines geschiedenen Ehegatten grds auf abschließend in Einzelparagraphen aufgezählte Gründe beschränken und um eine positive Härteklausel ergänzen (§ 1576 BGB), geht das LPartG über die **Generalklausel** des § 16 I nicht hinaus: Der Lebenspartner hat einen Unterhaltsanspruch, „soweit und solange von ihm eine Erwerbstätigkeit ... nicht erwartet werden kann."

Trotz dieser Generalklausel ist das LPartG – entgegen dem ersten Anschein – nicht weiter formuliert als das 5
BGB (so aber Schwab FamRZ 2001, 385, 392 = in Schwab S 145, 167 jeweils in Fn 53; Muscheler Rz 262; Coen
BWNotZ 2001, 167, 178; auch noch D. Kaiser JZ 2001, 617, 622), sondern **enger:** § 16 II S 2 **verweist weder auf**
§ 1574 BGB noch auf § 1577 BGB. Während § 1574 BGB den Grundsatz der Eigenverantwortlichkeit begrenzt
und Eheleuten nur eine „angemessene" Erwerbstätigkeit abverlangt, muß ein Lebenspartner **jeder**, auch einer seiner Ausbildung usw nicht entsprechenden **Erwerbstätigkeit** nachgehen, bevor er Anspruch auf nachpartnerschaftlichen Unterhalt hat (Rz 3). Bedürftig ist ein Lebenspartner nach dem allgemeinen gehaltenen § 16 II Hs 1 in Übereinstimmung mit § 1577 I BGB, wenn er sich weder aus Erwerbseinkünften noch aus seinem Vermögen selbst unterhalten kann. Mangels ausdrücklichen Verweises gelten die Beschränkungen des § 1577 II, III und IV 2 BGB aber nicht: Tatsächliche Einkünfte kürzen das Unterhaltsbedürfnis des Lebenspartners abweichend von § 1577 II BGB in jedem Fall (Muscheler Rz 264; Büttner FamRZ 2001, 1105, 1110 = in Schwab S 221, 235; abl Pal/Brudermüller Rz 10). Anders als ein Ehegatte nach § 1577 III BGB ist ein Lebenspartner grds gehalten, auch den Stamm seines **Vermögens** zu verwerten, bevor er Unterhalt verlangen kann (Muscheler Rz 264; enger Büttner FamRZ 2001, 1105, 1110 = in Schwab S 221, 235; sa Pal/Brudermüller Rz 10). Ein Unterhaltsanspruch entsteht nicht, wenn zur Zeit der Aufhebung der Lebenspartnerschaft vorhandenes Vermögen später wegfällt und zwar entgegen § 1577 IV 2 BGB auch dann nicht, wenn vom Lebenspartner im Zeitpunkt des Vermögensverfalls wegen der Erziehung eines Kindes eine Erwerbstätigkeit nicht erwartet werden kann (Muscheler Rz 264).

Einziger Unterhaltstatbestand ist nach § 16 I die **nicht erwartbare Erwerbstätigkeit** des unterhaltsbedürftigen 6
Partners. Der Unterhaltstatbestand wird durch die Einfügung „insbesondere wegen seines **Alters** oder wegen **Krankheiten** und anderer Gebrechen" beispielhaft illustriert. Diese Beispiele knüpfen an den nachehelichen Unterhalt aus §§ 1571, 1572 BGB an; es gelten die gleichen Maßstäbe (Büttner FamRZ 2001, 1105, 1109 = in Schwab S 221, 232f; dazu Erman/Graba §§ 1571, 1572 BGB). Entgegen der merkwürdigen Pluralformulierung „Krankheiten" muß es genügen, wenn die Erwerbstätigkeit wegen einer Krankheit nicht erwartet werden kann. Die übrigen Unterhaltsgründe des BGB lassen sich unter den weit gefaßten Tatbestand des § 16 I LPartG subsumieren – allerdings nur mit Abstrichen: Da das LPartG gemeinschaftliche Kinder von Lebenspartnern grds nicht kennt (§ 9 Rz 1–3), löst die **Betreuung von Kindern** durch einen Ex-Lebenspartner anders als nach § 1570 BGB nicht automatisch einen Unterhaltsanspruch aus (vgl Rz 3 aE). Inwieweit eine Erwerbstätigkeit wegen der Betreuung von Kindern ausscheidet, ist in jedem Einzelfall zu prüfen und kommt in der Regel nur in Betracht, wenn es sich um ein Kind handelt, daß im beiderseitigen Einverständnis in die Lebenspartnerschaft hineingeboren oder -adoptiert worden ist (s Büttner FamRZ 2001, 1105, 1109 = in Schwab S 221, 232; Grziwotz DNotZ 2001, 280, 297f; weiter Muscheler Rz 262; Wellenhofer-Klein Rz 320f; auch Pal/Brudermüller Rz 5). Wegen **Arbeitslosigkeit** (vgl § 1573 BGB) wird ein Ex-Lebenspartner nur ausnahmsweise nachpartnerschaftlichen Unterhalt beanspruchen können: Da mangels Verweises auf § 1574 BGB nach § 16 I Hs 2 schon jede erwartbare Erwerbstätigkeit Unterhaltsansprüche ausschließt (Rz 5), muß der Ex-Lebenspartner auch Tätigkeiten ergreifen, die seiner Ausbildung und seinen bisherigen Tätigkeiten nicht entsprechen (Büttner FamRZ 2001, 1105, 1109 = in Schwab S 221, 233; Muscheler Rz 262). Die Einschränkungen des § 1573 V BGB gelten sinngemäß, um eine vom LPartG nicht gewollte Besserstellung der Lebenspartner gegenüber Ehegatten zu vermeiden (Büttner FamRZ 2001, 1105, 1109 = in Schwab S 221, 233f und Pal/Brudermüller Rz 7, die merkwürdigerweise auch § 1573 IV BGB entsprechend anwenden wollen). Kann der Ex-Lebenspartner mit der von ihm erwartbaren Erwerbstätigkeit den Standard der lebenspartnerschaftlichen Lebensverhältnisse (Rz 3) nicht halten, hat er mangels Verweises auf § 1573 II BGB keinen Anspruch auf Aufstockungsunterhalt (Büttner FamRZ 2001, 1105, 1109 = in Schwab S 221, 234; Pal/Brudermüller Rz 8); der erwerbstätige Ex-Lebenspartner muß sich mit weniger begnügen, als er bei Bestehen eines Unterhaltsanspruchs nach § 16 I S 2 bekäme. Mangels Verweises auf § 1575 BGB hat ein Ex-Lebenspartner auch **keinen Anspruch auf Unterhalt für** partnerschaftsbedingt unterbliebene oder unterbrochene **Aus- und Fortbildung**; auch § 16 I kann in solcher Absicht nicht gestützt werden. Deswegen erfaßt der nachpartnerschaftliche Lebensunterhalt trotz des Verweises in § 16 II S 2 auf § 1578 II nicht die Kosten einer Schul-, Berufs- oder Fortbildung nach den §§ 1574, 1575 BGB (str, vgl Wellenhofer-Klein Rz 325).

Anders als das nacheheliche Unterhaltsrecht sieht § 16 keine **Einsatzzeitpunkte** für den nachpartnerschaftli- 7
chen Unterhalt vor. Daraus kann jedoch nicht geschlossen werden, daß das LPartG keinen zeitlichen Zusammenhang zwischen Aufhebung der Lebenspartnerschaft und Bedürftigkeit verlangt: § 16 geht stärker als die §§ 1569ff BGB von der wirtschaftlichen Eigenverantwortung jedes Lebenspartners aus. Wie schon die partnerschaftliche Gemeinschaft (§ 2 Rz 1ff), so ist auch die nachpartnerschaftliche Solidargemeinschaft schwächer ausgestaltet als zwischen Ehegatten. Ein Ex-Lebenspartner hat deswegen nur dann Anspruch auf nachpartnerschaftlichen Unterhalt, wenn ein Unterhaltstatbestand in **engem zeitlichen Zusammenhang** mit der Aufhebung der Lebenspartnerschaft eintritt (auch Büttner FamRZ 2001, 1105, 1108f = in Schwab S 221, 231f; Pal/Brudermüller Rz 2; Battes FuR 113, 117f; abl Muscheler Rz 262).

4. Ende und Begrenzung des Unterhaltsanspruchs. Der Unterhaltsanspruch erlischt, wenn der unterhaltsbe- 8
rechtigte Lebenspartner eine **neue Ehe oder eine neue Lebenspartnerschaft** eingeht, § 16 II S 1 sowie § 16 II S 2 mit § 1586 I BGB. Ein Verweis auf das Wiederaufleben des Unterhaltsanspruchs bei Auflösung der neuen Ehe nach § 1586a BGB fehlt hingegen – und in § 1586a I BGB das Wiederaufleben des Unterhaltsanspruchs eines Ehegatten bei Auflösung der neuen Lebenspartnerschaft (für eine entsprechende Ergänzung des § 1586a BGB Büttner FamRZ 2001, 1105, 1111 = in Schwab S 221, 238; Pal/Brudermüller Rz 14; aA Schwab FamRZ 2001, 385, 393 = in Schwab S 145, 169). Mit dem **Tod** des Unterhaltsschuldners erlischt die Unterhaltspflicht nach § 16 II S 2 mit § 1586b nicht, sondern geht auf die Erben über.

Nach **§ 16 II S 2 mit § 1579 BGB** kann der Unterhaltsanspruch vollständig versagt, herabgesetzt oder zeitlich 9
begrenzt werden, wenn die Inanspruchnahme des Verpflichteten *grob* unbillig ist. Um einen Widerspruch zum stär-

keren Anspruch auf Trennungsunterhalt aus § 12 zu vermeiden, ist die lediglich „entsprechende" Anwendung des § 1579 BGB dahin zu interpretieren, daß der Unterhaltsanspruch aus § 16 auch schon bei **bloßer Unbilligkeit** beschränkt werden kann (§ 12 Rz 4 m Nw). Nach § 16 II S 2 mit § 1579 BGB muß einer der in Nr 1–7 genannten Tatbestände vorliegen. Nr 6 (schwerwiegendes Fehlverhalten gegen den Verpflichteten) ist aber an dem nach § 2 geringeren Pflichtenmaßstab zwischen Lebenspartnern (§ 2 Rz 1ff) zu messen, so daß sexuelle Kontakte zu anderen Personen dann nicht ausreichen, wenn die Lebenspartner im beiderseitigen Einvernehmen in einer für Drittkontakte offenen Beziehung lebten (auch Büttner FamRZ 2001, 1105, 1110 = in Schwab S 221, 237; Pal/Brudermüller Rz 11; Wellenhofer-Klein Rz 333). Eine entsprechende Anwendung des § 1573 V BGB kommt nicht in Betracht (aA Pal/Brudermüller Rz 13), ist aber auch nicht erforderlich, da Fälle, in denen vom Ex-Lebenspartner eine Erwerbstätigkeit nicht erwartet werden kann, kaum vorstellbar sind (Rz 5f).

10 5. **Abweichende Vereinbarungen.** Der nachpartnerschaftliche Unterhalt kann – wie bei Ehegatten der nacheheliche Unterhalt – **vertraglich abweichend geregelt** werden, **§ 16 II S 2 mit § 1585c BGB**. § 1614 BGB gilt anders als für den lebenspartnerschaftlichen Unterhalt (§ 5 Rz 4) und den Trennungsunterhalt (§ 12 Rz 2) nicht: Der unterhaltsberechtigte Lebenspartner kann, auch schon vor Begründung der Lebenspartnerschaft, wirksam auf nachehelichen Unterhalt verzichten; eine Grenze zieht erst § 138 BGB. Fälle gestörter Vertragsparität werden beim nachpartnerschaftlichen Unterhalt seltener sein als bei Vereinbarungen zwischen Ehegatten, da der häufige Fall der Unterhaltsverzichts einer schwangeren Frau, um den Vater zur Ehe zu bewegen, bei Lebenspartnern nicht denkbar ist (Büttner FamRZ 2001, 1105, 1111 = in Schwab S 221, 237f; Pal/Brudermüller Rz 15; auch Grziwotz DNotZ 2001, 280, 286). Vertragliche Abweichungen von § 16 sind **formfrei** zulässig. Vereinbaren die Partner den Aufhebungsunterhalt aber zusammen mit dem Lebenspartnerschaftsvertrag über ihre Vermögensverhältnisse, greift wegen des Regelungszusammenhanges auch für die Unterhaltsvereinbarung die Form des § 7 I S 2 (D. Kaiser JZ 2001, 617, 621; Dorsel RNotZ 2001, 151, 153; G. Müller DNotZ 2001, 581, 585).

11 6. **Rangfolge.** In **Mängelfällen**, in denen der Unterhaltspflichtige nicht in der Lage ist, allen unterhaltsberechtigten Personen vollumfänglich Unterhalt zu leisten, stehen Lebenspartner schlechter als Ehegatten: Ein früherer Lebenspartner geht einem späteren gem § 16 III vor – so wie grds ein früherer Ehegatte dem späteren vorgeht (1582 I S 1 BGB). Während Ehegatten aber minderjährigen Kindern im Rang gleichstehen (§ 1582 II mit § 1609 II S 1 Hs 1 BGB) und volljährigen Kindern und den übrigen Verwandten im Rang vorgehen (§ 1582 II mit § 1609 II S 1 Hs 2, S 2 BGB), rangieren Ex-Lebenspartner gem § 16 III Hs 2 sowohl hinter den minderjährigen als auch hinter den volljährigen Kindern des Unterhaltsschuldners, ebenso hinter dem jetzigen oder früheren Ehegatten des Lebenspartners und hinter der Mutter eines nichtehelichen Kindes iSd § 1615 l BGB. Das LPartG enthält damit eine **unterhaltsrechtliche Höherbewertung** zum einen der **Eltern-Kind-Beziehung** gegenüber der Beziehung unter Lebenspartnern, zum anderen der Beziehung zwischen (geschiedenen) Eheleuten gegenüber der zwischen Ex-Lebenspartnern: Der Ex-Lebenspartner geht lediglich sonstigen Verwandten iSd § 1609 II BGB und späteren Lebenspartnern im Rang vor (Rechtsausschuß BT-Drucks 14/4550, 7).

12 Sind mehrere Unterhaltsschuldner vorhanden, haftet der Ex-Lebenspartner gem **§ 16 II S 2 mit § 1584 S 1 BGB** vor unterhaltspflichtigen Verwandten. Nur wenn der Ex-Lebenspartner nicht leistungsfähig ist, tritt die Unterhaltspflicht der Verwandten an die Stelle der Unterhaltspflicht des Lebenspartners, § 16 II S 2 mit **§ 1584 S 2 BGB**. Ist die Rechtsverfolgung gegen den Ex-Lebenspartner im Inland ausgeschlossen oder erschwert, muß auch ein Verwandter einspringen; in diesem Fall geht der Unterhaltsanspruch gegen den Lebenspartner im Weg der cessio legis auf den Verwandten über, § 16 II S 2 mit **§§ 1584 S 3, 1607 II, IV BGB**. Das entspricht der Regelung des **§ 1608 S 4 BGB** für den lebenspartnerschaftlichen Unterhalt nach § 5 (§ 5 Rz 7) und den Trennungsunterhalt nach § 12 (§ 12 Rz 6).

17 *Familiengerichtliche Entscheidung*
Können sich die Lebenspartner anlässlich der Aufhebung der Lebenspartnerschaft nicht darüber einigen, wer von ihnen die gemeinsame Wohnung künftig bewohnen oder wer die Wohnungseinrichtung und den sonstigen Hausrat erhalten soll, so regelt auf Antrag das Familiengericht die Rechtsverhältnisse an der Wohnung und am Hausrat nach billigem Ermessen. Dabei hat das Gericht alle Umstände des Einzelfalls zu berücksichtigen. Die Regelung der Rechtsverhältnisse an der Wohnung oder am Hausrat hat rechtsgestaltende Wirkung.

1 Die Entscheidungen des Familiengerichts nach §§ 13, 14 regeln die Rechtsverhältnisse an der **gemeinsamen Wohnung und am Hausrat** lediglich vorläufig für die Zeit des Getrenntlebens; ihre Wirksamkeit endet mit Rechtskraft des Aufhebungsurteils nach § 15. Deswegen ermöglicht §§ 17–19 eine endgültige Entscheidung des Familiengerichts, wenn sich die Lebenspartner bei der Aufhebung ihrer Partnerschaft nicht darüber einigen können, wem die gemeinsame Wohnung, die Wohnungseinrichtung und der sonstige Hausrat zustehen soll. Das Hausrats- und Wohnungszuteilungsverfahren nach §§ 17ff kann bei rechtzeitiger Antragstellung (§§ 661 I Nr 5, II, 621 Nr 7, 623 I ZPO) als Aufhebungsfolgesache im gewillkürten Verbund (§ 15 Rz 11) oder als selbständiges Verfahren im Anschluß an die rechtskräftige Aufhebung der Lebenspartnerschaft (§§ 661 II, 621 I Nr 7 ZPO) durchgeführt werden. Das Verfahren richtet sich, wenn in §§ 18f nichts Abweichendes bestimmt ist, nach den Vorschriften der HausratsVO, §§ 661 II, 621 I Nr 7, 621a I S 1 ZPO (Muscheler Rz 267; auch BT-Drucks14/3571, 42; Pal/Brudermüller Rz 2; abl N. Mayer ZEV 2001, 169, 174).

2 § 17 S 1 **entspricht** § 1 I und § 2 S 1 **HausratsVO**. § 17 S 2 ordnet ebenso wie § 2 S 2 HausratsVO an, daß das Gericht alle Umstände des Einzelfalls zu berücksichtigen hat, erwähnt aber anders als die HausratsVO das **Wohl der Kinder** und die Erfordernisse des Gemeinschaftslebens **nicht besonders**. Daß § 17 nicht ausdrücklich vom Wohl der Kinder spricht, paßt zur Grundtendenz des LPartG, Kinder in gleichgeschlechtlichen Lebenspartnerschaften weitgehend zu ignorieren (s § 9 Rz 1ff, § 16 Rz 3, 6), erstaunt aber insoweit, als der neugefaßte § 14 I S 2 für die vorläufige Zuweisung der Ehewohnung bei Getrenntleben das Wohl von im Haushalt lebenden Kindern ausdrücklich erwähnt (§ 14 Rz 2). Das Schweigen des Gesetzes ändert nichts daran, daß auch bei Lebenspartnerschaften unter dem Obersatz „Umstände des Einzelfalls" viel dafür spricht, dem leiblichen und damit im Verhältnis zum Partner ausschließlich sorgeberechtigten Elternteil das Verbleiben in der Wohnung zu ermöglichen, um einem Kind seinen gewohnten Lebensraum zu erhalten (s Erman/Graba § 2 HausratsVO Rz 4). Allg zu §§ 1, 2 HausratsVO Erman/Graba.

18 *Entscheidung über die gemeinsame Wohnung*
(1) Für die gemeinsame Wohnung kann das Gericht bestimmen, dass
1. ein von beiden Lebenspartnern eingegangenes Mietverhältnis von einem Lebenspartner allein fortgesetzt wird oder
2. ein Lebenspartner in das nur von dem anderen Lebenspartner eingegangene Mietverhältnis an dessen Stelle eintritt.
(2) Steht die gemeinsame Wohnung im Eigentum oder Miteigentum eines Lebenspartners, so kann das Gericht für den anderen Lebenspartner ein Mietverhältnis an der Wohnung begründen, wenn der Verlust der Wohnung für ihn eine unbillige Härte wäre.
(3) Die §§ 3 bis 7 der Verordnung über die Behandlung der Ehewohnung und des Hausrats und § 60 des Wohnungseigentumsgesetzes gelten entsprechend.

§ 18 konkretisiert die Entscheidungsbefugnisse des Gerichts, sofern Lebenspartner über eine gemeinsame Wohnung verfügen (§ 2 Rz 2). **§ 18 I** betrifft die **gemietete Wohnung** und ermöglicht es dem Richter in Anlehnung an § 5 I HausratsVO, das Mietverhältnis umzugestalten und entweder den Mietvertrag mit beiden Lebenspartnern auf einen Lebenspartner zu beschränken (§ 18 I Nr 1) oder einen Partner anstelle des anderen in den Mietvertrag eintreten zu lassen (§ 18 I Nr 2). Entscheidungsmaßstab ist der des billigen Ermessens in § 17 S 1. **§ 18 II** bindet die Zuweisung einer Wohnung, die **im Eigentum oder Miteigentum eines Lebenspartners** steht, in Anlehnung an § 3 HausratsVO an strengere Voraussetzungen: Das Gericht kann ein Mietverhältnis des Nichteigentümers an der Wohnung nur begründen, wenn der Verlust dieser Wohnung für ihn eine unbillige Härte wäre. Über 18 III sind die §§ 3–7 HausratsVO entsprechend anwendbar.   1

19 *Entscheidung über den Hausrat*
Für die Regelung der Rechtsverhältnisse am Hausrat gelten die Vorschriften der §§ 8 bis 10 der Verordnung über die Behandlung der Ehewohnung und des Hausrats entsprechend. Gegenstände, die im Alleineigentum eines Lebenspartners oder im Miteigentum eines Lebenspartners und Dritten stehen, soll das Gericht dem anderen Lebenspartner nur zuweisen, wenn dieser auf ihre Weiterbenutzung angewiesen ist und die Überlassung dem anderen zugemutet werden kann.

§ 19 konkretisiert die Entscheidungsbefugnisse des Gerichts hinsichtlich des Hausrats der Lebenspartner. § 17,   1
der die Entscheidungsbefugnisse auf die gemeinsame Wohnung, die Wohnungseinrichtung und den sonstigen Hausrat bezieht, macht deutlich, daß es sich um **Hausrat aus der gemeinsamen Wohnung** handeln muß: § 19 setzt ein bisheriges Zusammenleben der Lebenspartner voraus (Muscheler Rz 269). Für die Hausratsverteilung verweist § 19 S 1 auf §§ 8–10 HausratsVO (dazu Erman/Graba). **§ 19 S 2** ist – abweichend von der Verweisung in § 19 S 1 – **weiter gefaßt** als § 9 I HausratsVO: Nach § 19 S 2 können nicht nur „notwendige", sondern alle Gegenstände im Alleineigentum eines Partners dem anderen zugewiesen werden. Eine sachliche Abweichung wird dies aber allenfalls in Ausnahmefällen bedeuten, da der Lebenspartner in der Regel nur bei notwendigen Gegenständen (zur Definition Erman/Graba § 9 Rz 3) auf eine Weiterbenutzung iSd § 19 S 2 angewiesen ist. Schwerer fällt ins Gewicht, daß § 19 S 2 abweichend von § 9 I HausratsVO dem Richter die Möglichkeit eröffnet, Gegenstände im Miteigentum des Lebenspartners und eines Dritten dem anderen Lebenspartner zuzuweisen; gemeint ist wohl lediglich die Zuweisung des Miteigentumsanteils des Lebenspartners (Rieger FamRZ 2001, 1497, 1503 = in Schwab S 186, 204). Daß § 19 S 2 „soll ... nur" formuliert, § 9 I HausratsVO hingegen „kann", bedeutet keinen Unterschied, da auch nach § 9 I HausratsVO eine Zuweisung nur ausnahmsweise möglich ist.

§ 1588

Titel 8
Kirchliche Verpflichtungen

1588 Die kirchlichen Verpflichtungen in Ansehung der Ehe werden durch die Vorschriften dieses Abschnitts nicht berührt.

Abschnitt 2
Verwandtschaft

Vorbemerkung

Schrifttum: siehe vor Einl § 1297ff sowie Einl § 1297 Rz 17 und 18.

1   I. In dem **Abschnitt Verwandtschaft** (§§ 1589 bis 1772) handelt das BGB in 7 Titeln von Verwandtschaft und Schwägerschaft (§§ 1589, 1590), Abstammung (§§ 1591 bis 1600e), Unterhaltspflicht (§§ 1601 bis 1615o), vom Rechtsverhältnis zwischen den Eltern und dem Kind im allgemeinen (§§ 1616 bis 1625), der elterlichen Sorge (§§ 1626 bis 1698b) und der Beistandschaft (§§ 1712 bis 1717); der Abschnitt schließt mit den Vorschriften über die Annahme als Kind (§§ 1741 bis 1772).

2   **System und Inhalt** dieses 2. Abschnitts erfuhren mehrfache Änderungen. Durch das GlBerG vom 18. 6. 1957 (BGBl I 609) wurde das Recht des ehelichen Kindes umgestaltet. Es folgte eine Neuregelung vor allem der Ehelichkeitsanfechtung durch das FamRÄndG vom 11. 8. 1961 (BGBl I 1221). Eine wesentliche systematische Neuordnung brachte das NEhelG von 1969 (BGBl I 1243, vgl dazu Einl § 1297 Rz 19, sowie Odersky, NEhelG: Einführung, Übersicht). Bis zum Inkrafttreten dieses Gesetzes am 1. 7. 1970 hatte das „uneheliche" – danach „nichteheliche" – Kind als nicht verwandt mit seinem Vater gegolten. Der 7. Titel hatte bereits zahlreiche punktuelle Änderungen erfahren, als das AdoptG vom 2. 7. 1976 diese Materie grundlegend neu ordnete (vor § 1741 Rz 2). Mit Wirkung vom 1. 1. 1980 regelte das SorgeRG vom 18. 7. 1979 (BGBl I 1061) das Recht der elterlichen Sorge über eheliche Kinder im 5. Titel (§§ 1626–1698b) und über nichteheliche Kinder in den §§ 1705–1711 neu. Das KindRG beseitigte die Unterscheidung von ehelichen und nichtehelichen Kindern, indem es das Abstammungsrecht und das Recht der elterlichen Sorge für alle Kinder einheitlich gestaltete; das BeistandsschaftG beseitigt die Amtspflegschaft und führt für alle Kinder einheitlich die freiwillige Beistandschaft ein und das KindUG vereinheitlichte und verbesserte das Recht des Kindesunterhalts.

3   Unter der **begrifflichen** Überschrift „Verwandtschaft" regelt das BGB in den §§ 1589 bis 1772 1. die auf Abstammung beruhende Verwandtschaft, 2. die mit Eheschließung begründete Schwägerschaft (§ 1590) und 3. die Begründung von Verwandtschaft durch „Annahme als Kind" auf Grund Beschlusses des VormG.

4   II. **Rechtsfolgen** der Verwandtschaft ergeben sich **a)** insbesondere im Unterhaltsrecht (§§ 1601ff), Erbrecht – nämlich bei der gesetzlichen Erbfolge (§§ 1924–1930) und dem Pflichtteilsrecht (§§ 2303ff) –, für das Rechtsverhältnis zwischen Eltern und Kindern (§§ 1616ff) sowie bei Auswahl (§ 1779) und Stellung des Vormunds (§§ 1852, 1855) sowie Auswahl eines Betreuers (§ 1897 V). **b) Außerhalb des BGB** sind zu nennen: Ausschließung und Ablehnung vom Richteramt (§§ 41 Nr 3, 42 ZPO, § 22 Nr 3 StPO, 6 I Nr 3 FGG, 18 I Nr 1 BVerfGG; auf § 41 Nr 3 ZPO verweisen §§ 51 I FGO, 60 I SGG, 54 I VwGO), vom Amt des Notars (§§ 3 I Nr 3, 6 I Nr 3, 7 Nr 3 BeurkG), des Urkundsbeamten (§§ 49 ZPO, 31 StPO, 54 I VwGO, 60 I SGG, 51 I FGO), der Schöffen (§ 31 I StPO), des Rechtspflegers (§ 10 S 1 RPflG), des Gerichtsvollziehers (§ 155 I Nr 3, II Nr 3 GVG) und des Dolmetschers (§§ 191 S 1 GVG, 55 VwGO, 61 I SGG, 52 I FGO); Zeugnisverweigerungsrechte (§§ 383 I Nr 3, 384 Nr 1, 2, 385 I, 408 I S 1 ZPO, 15 FGG, 52 I Nr 3, 55, 61 Nr 2, 63, 76 I S 1, 95 II S 2, 97 I Nr 1 StPO, 98 VwGO, 118 SGG, 82 FGO); Ablehnung eines Sachverständigen (§§ 406, 41 Nr 3 ZPO; 74, 22 Nr 3 StPO, 15 FGG, 54 I VwGO, 60 I SGG, 51 I FGO); Antrags- und Beschwerderecht (§ 57 I Nr 1, § 1635, 361 II StPO); Anfechtungsmöglichkeiten bei Gläubiger benachteiligenden Verträgen (§§ 138, 133 II InsO); Auswirkungen auf Strafen (§§ 77 II, 139 III, 157 I, 173 I, II, 194 I, II, 213, 247, 258 VI, 263 IV, 294 StGB). Nach Art 51 EGBGB sind die Begriffe der Verwandtschaft und Schwägerschaft in diesen Vorschriften die des BGB.

5   III. Die Klage auf **Feststellung des Verwandtschaftsverhältnisses** ist gem § 256 ZPO zulässig, wenn ein rechtliches Interesse an der alsbaldigen Feststellung dieses Dauerrechtsverhältnisses besteht. Dieses ist schon dann vorhanden, wenn das zu erlassende Urteil die Rechtsverhältnisse der Parteien in irgendeiner Richtung klärt (dazu BGH NJW 1957, 1067, 1069). Urteile, die auf die Feststellungsklage nach § 256 ZPO ergehen, wirken nur inter partes. In der allgemeine Feststellungsklage verdrängenden besonders geregelten **Verfahren in Kindschaftssachen** der §§ 640ff ZPO bedarf es im Gegensatz zu den Klagen nach § 256 ZPO grundsätzlich keines besonderen Feststellungsinteresses oder Rechtsschutzbedürfnisses, weil die Berufung auf die Klagevoraussetzungen das Feststellungsinteresse in sich trägt, BGH NJW 1973, 51. Das Urteil wirkt gem § 640h ZPO inter omnes. Zu den weiteren besonderen Verfahrensregelungen siehe Einl § 1297 Rz 6.

6   IV. **Kindschaftssachen** sind gem **§ 640 II ZPO** Verfahren, die zum Gegenstand haben 1. die Feststellung des Bestehens oder Nichtbestehens eines Eltern-Kind-Verhältnisses zwischen den Parteien; hierunter fällt auch die

Feststellung der Wirksamkeit oder Unwirksamkeit einer Anerkennung der Vaterschaft, 2. die Anfechtung der Vaterschaft oder 3. die Feststellung des Bestehens oder Nichtbestehens der elterlichen Sorge der einen Partei für die andere.

Für Kindschaftssachen sind die Amtsgerichte (§ 23a Nr 1 GVG), und zwar gem § 23b I Nr 12 GVG die Familiengerichte, für Berufungen und Beschwerden gegen Entscheidungen der Amtsgerichte die Oberlandesgerichte zuständig (§ 119 Nr 1a GVG). Gegen Berufungsurteile ist die Revision an den BGH (§ 133 GVG) nur zulässig, wenn das OLG sie zugelassen hat, weil die Rechtssache grundsätzliche Bedeutung hat oder das Urteil auf einer Abweichung von einer Entscheidung des BGH beruht (§ 543 ZPO). 7

V. Der Begriff des **Angehörigen** umfaßt immer den Ehegatten, Verwandte und Verschwägerte, kann aber darüber hinaus auch den Verlobten, in den Haushalt aufgenommene Pflegepersonen sowie nichteheliche Partner und faktische Stiefkinder/-eltern umfassen. Im BGB ist die Reichweite des Angehörigenbegriffs nach Sinn und Zweck der jeweiligen Norm (§§ 530, 563 II, 1611, 1969; § 11 I LPartG) zu bestimmen, während andere Gesetze aufzuzählen pflegen, welche Personen als Angehörige zusammengefaßt werden (§ 11 StGB, § 15 AO). 8

VI. **Übergangsvorschriften.** Von den 4 Gesetzen, welche die Kindschaftsreform 1998 bilden, dem BeistandschaftsG vom 4. 12. 1997, dem KindRG vom 16. 12. 1997, dem ErbrechtsgleichstellungsG vom 16. 12. 1997 und dem Kind UG vom 6. 4. 1998, ist das ErbrechtsgleichstellungsG am 1. 4. 1998 und sind die drei anderen am 1. 7. 1998 in Kraft getreten. Alle materiellen Übergangsregelungen sind in das EGBGB eingestellt worden (Art 3 BeistandschaftsG: Art 223 EGBGB; Art 12 KindRG: Art 224 §§ 1–3 EGBGB; Art 2 ErbrechtsgleichstellungsG: Art 227 EGBGB). Verfahrensrechtliche Übergangsregelungen enthalten das KindRG, und zwar in Art 15 §§ 1 bis 2 sowie das KindUG in Art 5. 9

1. Übergangsprobleme können sich bei Kindern stellen, die vor dem 1. 7. 1998 geboren sind. Der wesentliche Inhalt der Reform, die Beseitigung des Unterschieds zwischen ehelichen und nichtehelichen Kindern, setzt sich für die Zeit nach dem 1. 7. 1998 ohne weiteres auch bei vor diesem Zeitpunkt geborenen Kindern durch. Sie haben mit dem 1. 7. 1998 ihren spezifischen Status als eheliches oder nichteheliches Kind verloren. Das ergibt sich ohne weiteres daraus, daß die Normen, die für nichteheliche Kinder besondere Rechtsfolgen anordneten, mit diesem Tag außer Kraft getreten sind. Ein nach dem 1. 7. 1998 eintretender Tatbestand, der nach früherem Recht eine besondere Rechtsfolge ausgelöst hätte, hat diese Rechtsfolge nicht mehr. 10

Was die Vaterschaftszuordnung eines vor dem 1. 7. 1998 geborenen Kindes angeht, so bleibt es gem Art 224 § 1 EGBGB bei der in diesem Zeitpunkt bestehenden Zuordnung. Ihre Änderung durch „Anfechtung der Ehelichkeit" oder „Anfechtung der Anerkennung der Vaterschaft" richtet sich jedoch nach dem neuen Recht (Art 224 § 1 II EGBGB), also den §§ 1600ff. Daher kann seit dem 1. 7. 1998 auch die Mutter eines vor diesem Tag geborenen Kindes nach § 1600 die Ehelichkeit anfechten. Da sie zuvor nicht anfechtungsberechtigt war, hat mit diesem Tag die zweijährige Anfechtungsfrist iSd § 1600b begonnen, wenn die Mutter schon vorher die gegen die Vaterschaft sprechenden Umstände gekannt hat, andernfalls beginnt die Frist mit der späteren Erlangung der Kenntnis. Dagegen können die Eltern des Mannes, die bis zum 1. 7. 1998 nach § 1600g II aF anfechtungsberechtigt waren, seitdem nicht mehr anfechten. Das neue Recht hat den Weg zur Beseitigung der auf Ehe mit der Mutter beruhenden Vaterschaft in einem speziellen Fall erleichtert. Dieser § 1599 II ist kraft Art 224 III EGBGB entsprechend schon auf Kinder anzuwenden, die vor dem 1. 7. 1998 geboren sind. War zur Zeit der Geburt ein Antrag auf Scheidung der Ehe anhängig und ist die Ehe darauf geschieden worden oder wird sie noch geschieden, dann genügt es, daß auch der damalige Ehemann der Mutter der Anerkennung der Vaterschaft durch einen anderen Mann zustimmt, damit das Kind diesem als Vater zugeordnet wird. Nur muß die Anerkennung spätestens bis zum Ablauf eines Jahres nach Rechtskraft des Scheidungsurteils wirksam geworden sein.

Das neue Recht hat die Möglichkeit des Kindes, die Vaterschaft anzufechten, erweitert. Die erweiterten Möglichkeiten gelten ohne weiteres auch für die vor dem 1. 7. 1998 geborenen Kinder. War einem solchen Kind nach bisherigem im Gegensatz zum neuen Recht die Anfechtung verschlossen, so kann es ab dem 1. 7. 1998 von den erweiterten Möglichkeiten Gebrauch machen. Das gilt für ein Kind, das seinem vor dem 1. 7. 1998 nach § 1596 aF erforderlichen Anfechtungsgründe hatte oder beim Eintritt seiner Volljährigkeit die zweijährige Frist des § 1598 verstreichen ließ, weil es damals noch keine Kenntnis von gegen die Vaterschaft sprechenden Umständen hatte. War aus diesen Gründen eine Klage des Kindes abgewiesen worden, so steht die Rechtskraft der Entscheidung einer erneuten Anfechtung nicht entgegen. In diesen Fällen eröffnet Art 224 § 1 IV EGBGB dem Kind mit dem 1. 7. 1998 eine zweijährige Anfechtungsfrist. 11

Nach altem (§ 1600n II aF) wie nach neuem Recht (§ 1600e II) kann die gerichtliche Feststellung der Vaterschaft auch nach dem Tod des Mannes beantragt werden, nur nicht durch Klage, sondern durch Antrag beim FamG, früher beim VormG. Hat der verstorbene Mann ein nichteheliches Kind hinterlassen, so gehörte dies nach früherem Recht, nämlich §§ 55b I und III FGG aF weder zu den anzuhörenden noch zu den beschwerdeberechtigten Personen. Dieser Ausschluß ist mit dem 1. 7. 1998 durch Änderung des § 55b FGG gefallen, so daß das früher nichteheliche Kind seitdem beschwerdebefugt ist. War die Vaterschaft vor dem 1. 7. 1998 rechtskräftig festgestellt, so bleibt es dabei. Gegen den feststellenden Beschluß war und ist nach § 60 Nr 6 FGG die sofortige Beschwerde gegeben. Nach Art 224 § 1 V EGBGB steht die nach früherem Recht eingetretene Wirksamkeit eines die Vaterschaft feststellenden Beschlusses einer Beschwerde des mit dem 1. 7. 1998 beschwerdebefugt gewordenen früher nichtehelichen Kindes des Mannes nicht entgegen. Das FamG wird in solchen Fällen die Wirksamkeit dadurch nach neuem Recht herbeiführen, daß es den Beschluß dem früher nichtehelichen Kind des als Vater festgestellten Mannes zustellt. Hat das Kind mit einer Beschwerde Erfolg und wird der Feststellungsantrag abgewiesen, so hat das erbrechtliche Folgen: das antragstellende Kind scheidet rückwirkend aus dem Kreis der Erbberechtigten nach dem Vater aus. 12

Vor § 1589 Familienrecht Verwandtschaft

13 2. **Prozessuale Übergangsvorschriften** enthält nur das KindRG in Art 15 §§ 1 und 2 zu den statusrechtlichen Neuerungen. Vor dem 1. 1. 1998 anhängige oder erstinstanzlich entschiedene Verfahren sind danach weiterhin nach den bis zum 1. 7. 1998 geltenden Verfahrensvorschriften fortzuführen (Art 15 § 1 KindRG). Als in der Hauptsache, und zwar ohne Erhebung einer Gerichtsgebühr erledigt anzusehen sind am 1. 7. 1998 anhängige Verfahren, die zum Gegenstand haben entweder die Anfechtung der Ehelichkeit oder Vaterschaft durch die Eltern des Mannes nach § 1600g II aF (Art 15 § 2 II KindRG), die Genehmigung des VormG nach § 1600k I S 2, II S 1 aF (Art 15 § 2 III KindRG, die Ehelichkeitserklärung eines Kindes (Art 15 § 2 V KindRG) oder die Regelung der elterlichen Sorge nach § 1671 aF, wenn nicht bis zum Ablauf von 3 Monaten nach dem 1. 7. 1998 ein Elternteil beantragt, daß ihm vom FamG die elterliche Sorge (teilweise) allein übertragen wird (Art 15 § 2 IV KindRG).

14 Ein am 1. 7. 1998 anhängiges Verfahren über die Anfechtung der Ehelichkeit oder der Anerkennung der Vaterschaft wird als Verfahren auf Anfechtung der Vaterschaft fortgeführt (Art 15 § 2 I KindRG) und richtet sich nach den hierfür geltenden neuen Vorschriften (Art 224 § 1 II EGBGB).

Titel 1
Allgemeine Vorschriften

1589 *Verwandtschaft*
Personen, deren eine von der anderen abstammt, sind in gerader Linie verwandt. Personen, die nicht in gerader Linie verwandt sind, aber von derselben dritten Person abstammen, sind in der Seitenlinie verwandt. Der Grad der Verwandtschaft bestimmt sich nach der Zahl der sie vermittelnden Geburten.

1 1. **Textgeschichte.** Der jetzt einzige Absatz hat noch die ursprüngliche Fassung, früherer Abs II aufgehoben durch Art 1 Nr 3 NEhelG v 19. 8. 1969 (dazu BT-Drucks V/2370, 24).

2 2. **Die Bestimmung definiert die Verwandtschaft** vom Kern ihres Begriffs als Blutsverwandtschaft her als die auf Abstammung beruhende Beziehung von Personen. Bei der reinen Tragemutter (§ 1591 Rz 2) fehlt es zwar an der genetischen Abstammung des Kindes, nicht aber an einer biologischen Verbindung mit der Mutter. Dagegen wird die nur genetische Mutter durch § 1591 als lex specialis aus dem Verwandtschaftsbegriff des bürgerlichen Rechts ausgeschlossen. Die Funktion von Verwandtschaft geht aber über den genetischen Kern hinaus in das Soziale. Entsprechend hat § 1589 mehr die Funktion, den Innenraum der Verwandtschaft zu gliedern, als deren Wesen zu bestimmen. Da die Analogie zur Familie von den Anfängen her ein wesentlicher Baugedanke sozialer Gebilde ist, ist die Adoption nie als Widerspruch zur Blutsverwandtschaft gesehen worden.

3 3. In **gerader Linie** sind verwandt: Vater, Sohn, Enkel usw. In der **Seitenlinie**: Bruder, Schwester, Vetter usw. In der Seitenlinie können in der auf- und in der absteigenden Linie unterschiedlich viele Geburten dazwischenliegen: Onkel, Tante oder Neffe, Nichte usw. Der **Grad der Verwandtschaft** bestimmt sich nach der Zahl der sie vermittelnden Geburten: dabei wird die Person, deren Verwandtschaftsverhältnis zu einer anderen Person festgestellt werden soll, selbst nicht mitgezählt. Daher ist der Sohn mit dem Vater im 1., mit dem Großvater im 2. Grad – in gerader Linie – verwandt, mit dem Bruder in der Seitenlinie im 2., mit dem Vetter im 4. Grad.

4 4. **Verwandtschaft** in gerader Linie kann auch **ohne Abstammung** bestehen, nämlich in allen Fällen des § 1592 zwischen Vater und Kind sowie kraft Adoption (§ 1752).

5 5. Zur Klage auf Feststellung des Verwandtschaftsverhältnisses siehe vor § 1589 Rz 5.

6. Recht auf Kenntnis der eigenen Abstammung

Schrifttum: Coester-Waltjen, Jura 1989, 520; *Deichfuß*, NJW 1988, 113; *Donhauser*, Das Recht des Kindes auf Kenntnis der genetischen Abstammung, 1996; *Eidenmüller*, Der Auskunftsanspruch des Kindes gegen seine Mutter auf Benennung des leiblichen Vaters, JuS 1989, 789; *Enders*, NJW 1989, 881; *Frank*, FamRZ 1988, 113; *Giesen*, JZ 1989, 364; *Hassenstein*, FamRZ 1988, 120; *Kleineke*, Das Recht auf Kenntnis der eigenen Abstammung, Diss Göttingen 1976; *Koch*, FamRZ 1990, 589; *Lenze*, Kriterien für eine Rechtsgüterabwägung zwischen dem Recht des Kindes etc und dem Schutz der Intimsphäre der Mutter, ZfJ 1998, 101; *Mansees*, NJW 1988, 2984; *Oberloskamp*, FuR 1991, 263; *v Sethe*, Die Durchsetzbarkeit des Rechts auf Kenntnis der eigenen Abstammung aus der Sicht des Kindes, 1995; *Smid*, JR 1990, 221.

6 Ein solches Recht ist zwar nicht unumstritten (dagegen: Deichfuß, Gottwald, Koch), wird aber überwiegend, besonders vom BVerfG anerkannt (Urt v 31. 1. 1989, BVerfG 79, 256 = FamRZ 1989, 255). Seine Bedeutung liegt nicht nur im rein Persönlichen, wo in einer Kenntnis des eigenen Herkunft ein Erschwernis für seine seelisch-geistige Selbstfindung und Entwicklung gesehen wird. Die Bedeutung der genetischen Herkunft in medizinischer Hinsicht zeigt die vielfache Frage nach Krankheits- und Todesursache bei Eltern und Geschwistern in anamnetischem Zusammenhang. Schließlich ist die Kenntnis Voraussetzung dafür, daß das Kind über die Begründung oder Änderung seines Status vor allem gegen den Vater vermögensrechtliche Ansprüche auf Unterhalt und ein Erbrecht begründen kann. Im Statusrecht hatte das BVerfG Vorschriften des BGB für mit dem GG unvereinbar erklärt, soweit diese dem volljährigen Kind, von den gesetzlichen Anfechtungstatbeständen abgesehen, nicht nur die Änderung seines familienrechtlichen Status, sondern auch die gerichtliche Klärung seiner Abstammung verwehrten. Das KindRG hat dieser Kritik durch eine Neugestaltung des Anfechtungsrechts entsprochen, in dessen Rahmen die Anfechtungsmöglichkeiten besonders des volljährigen Kindes erheblich erweitert worden sind (§ 1600 Rz 2).

Das BVerfG hatte aus dem Persönlichkeitsrecht des Kindes lediglich abgeleitet, daß ihm erlangbare Informationen über seine Herkunft von staatlichem Recht nicht vorenthalten werden dürfen, aber nicht die Drittwirkung, daß das Kind von seinen Eltern **Auskunft** verlangen kann (BVerfG 79, 256, 269). Ob de lege ferenda dem Kind in Erfüllung einer verfassungsmäßigen Schutzpflicht durch die Rspr ein solcher Anspruch zu geben ist, stellt sich nicht in voller Schärfe, weil § 1618a zwar vom Gesetzgeber nicht als Anspruchsgrundlage gemeint war, aber verfassungskonform als solche interpretiert werden kann (BVerfG FamRZ 1989, 147; LG Münster FamRZ 1999, 1440; Staud/Rauscher vor § 1589 Rz 88; Pal/Diederichsen vor § 1591 Rz 3; MüKo/v. Sachsen Gessaphe § 1618a Rz 14). Die Pflicht zur Auskunft wird aus der von Eltern dem Kind geschuldeten Rücksicht abgeleitet, wobei die Gegenseitigkeit der Rücksichtspflicht treffend zum Ausdruck bringt, daß das Persönlichkeitsrecht der Mutter gegen das des Auskunft verlangenden Kindes abzuwägen ist, ein Vorgang, dessen Ergebnis nach der weit in diese Richtung gehenden Entscheidung BVerfG 96, 56 künftig wohl in jedem Fall dem BVerfG zur Überprüfung unterbreitet werden kann (kritisch deswegen Starck JZ 1997, 779). Das Kind kann die Rücksicht in erster Linie im Hinblick auf seine Selbstfindung verlangen, ohne daß ein finanzielles Interesse gänzlich herausgehalten werden könnte (so aber Staud/Rauscher vor § 1589 Rz 94). Den Auskunftsanspruch hat nicht nur das vaterlose Kind (offengelassen von BVerfG FamRZ 1989, 147; so aber Eidenmüller JuS 1998, 789; MüKo/Seidel Rz 34; wie hier Staud/Rauscher vor § 1589 Rz 91; Mansees NJW 1988, 2986); die Sperrwirkung eines in väterlicher Linie bestehenden Status (§ 1592 Rz 7ff) steht nicht entgegen. Das KindRG schließt mit seiner Erweiterung der Anfechtungsmöglichkeiten für das Kind zwar eine isolierte Abstammungsfeststellung aus, aber nicht eine Auskunftsklage; das Kind muß nach dem Inhalt der Auskunft über die Anfechtung entscheiden können.

Weiß die Mutter selbst nicht, wer von mehreren in Betracht kommenden Männern der Vater ist, so ist sie dem Kind zu deren Angabe verpflichtet (LG Münster FamRZ 1990, 1031; im Ergebnis ebenso, jedoch unter Ablehnung der Begründung mit § 1618a, Zweibrücken NJW 1990, 719 und LG Landau DAVorm 1989, 634). In dem Konflikt mit anderen Auskunftsinteressenten, besonders Sozialleistungsträgern, denen bisher in Abwägung gegen das Geheimhaltungsinteresse der Mutter kein Auskunftsanspruch zugebilligt wurde (dazu Koch FamRZ 1990, 569, 572), dürfte jedenfalls dann, wenn das Kind den ihm zustehenden Anspruch erfolgreich geltend gemacht hat, das Geheimhaltungsinteresse der Mutter nicht mehr vorrangig schützenswert sein. Weil die Vollstreckung eines Urteils die Erfüllbarkeit des Anspruchs voraussetzt, muß das Kind die **Beweislast** hinsichtlich der Kenntnis der Mutter tragen (Köln FamRZ 1994, 1197).

Das zur Auskunft verpflichtende Urteil ist nach § 888 I ZPO **vollstreckbar** (Stuttgart DAVorm 1999, 721; Hamm NJW 2001, 1870; Bremen NJW 2000, 693; Eidenmüller S 792; aA MüKo/Seidel Rz 36; Frank/Helms FamRZ 1997, 1261, die sämtlich § 888 III ZPO entsprechend anwenden).

Das durch heterologe Insemination erzeugte Kind hat gegen seine Eltern – seine Mutter und den Gilt-Vater, meistens den Ehemann der Mutter – Anspruch auf **Auskunft über den Samenspender** oder den behandelnden Arzt. Gegen andere Personen als die Eltern ist, da § 1618a nicht eingreift, eine Anspruchsgrundlage problematisch. Wenn der Behandlungsvertrag mit dem Arzt nicht ausdrücklich eine Drittberechtigung des Kindes vorsieht, kann sie ihm durch Auslegung entnommen werden. Auch dürfte auf der Grundlage von § 823 I die Ingerenz des Arztes ihm die Pflicht auferlegen, durch seine Auskunft die Beeinträchtigung des Persönlichkeitsrechts des Kindes zu vermeiden. Unvereinbar damit ist die frühere und im Ausland noch anzutreffende Anonymität der Samenspende zum Zweck heteronomer künstlicher Befruchtung. Den Arzt trifft hinsichtlich des Spenders von ihm verwendeten Samens eine Dokumentationspflicht, und die Verwendung eines sog Samen-Cocktails ist unzulässig (vgl Staud/Rauscher Anh § 1592 Rz 26, 27).

Der Auskunftsanspruch ist keine Kindschaftssache, weder kraft Sachzusammenhangs noch kraft Analogie (Saarbrücken FamRZ 1990, 1371; anders Moritz Jura 1990, 134/138; Hilger FamRZ 1988, 764). Weder der Untersuchungsgrundsatz noch die Interomnes-Wirkung des Urteils wären passend. Doch liegt auch **keine vermögensrechtliche Streitigkeit** vor (so aber die bisherige Praxis, AG und LG Passau, vgl FamRZ 1988, 210, LG Münster FamRZ 1990, 1032; wie hier Staud/Rauscher vor § 1589 Rz 94), weil es nicht angeht, die Angabe des Klägers über sein ideelles oder finanzielles Motiv maßgebend sein zu lassen. Bezeichnend hat das LG Münster bei Bemessung der Beschwer den personenrechtlichen Charakter entscheidend sein lassen. Unter der regelmäßig gegebenen Voraussetzung, daß der Gegenstandswert 5000 Euro nicht überschreitet (§ 3 ZPO), ist nach § 23 Nr 1 GVG erstinstanzlich das AG zuständig. Zweite und letzte Instanz ist das LG (§ 72 GVG).

§ 1590 Schwägerschaft

(1) Die Verwandten eines Ehegatten sind mit dem anderen Ehegatten verschwägert. Die Linie und der Grad der Schwägerschaft bestimmen sich nach der Linie und dem Grade der sie vermittelnden Verwandtschaft.

(2) Die Schwägerschaft dauert fort, auch wenn die Ehe, durch die sie begründet wurde, aufgelöst ist.

1. Schwägerschaft wird begründet durch Ehe zuzüglich Verwandtschaft. Verschwägert ist jeder mit den Ehegatten seiner Verwandten; wer verheiratet ist, ist mit den Verwandten seines Ehegatten verschwägert. Innerhalb der Kernfamilie wird die Schwägerschaft als Stiefverhältnis bezeichnet: Stiefkind, -mutter, -vater. Das die Schwägerschaft mitbegründende Verwandtschaftsverhältnis bestimmt auch die Linie und den Grad der Schwägerschaft. Daher ist ein Ehegatte mit den Eltern des anderen Ehegatten, seinen Schwiegereltern, in gerader Linie im ersten Grad, mit dem Bruder des anderen Ehegatten, seinem „Schwager", in der Seitenlinie im 2. Grad verschwägert. Nicht verschwägert sind die Geschwister des einen mit denen des anderen Ehegatten („Schwippschwäger") oder die beiderseitigen Kinder, die Ehegatten von anderen Partnern haben, weil deren Verhältnis durch Ehe und 2 Verwandtschaftsverhältnisse begründet ist. Nach erfolgreicher Anfechtung der Ehelichkeit bleibt der Mann Stiefvater des Kindes seiner Ehefrau.

§ 1590

2 2. **Voraussetzung der Schwägerschaft** ist eine **gültige Ehe**; Verlobung genügt nicht. Auch eine nach früherem Recht nichtige Ehe begründet die Schwägerschaft. Im Strafrecht wird hier die Fortdauer des Angehörigenverhältnisses angenommen, Schönke/Schröder/Eser 26. Aufl § 11 StGB Rz 9. Die Auflösung der die Schwägerschaft begründenden Ehe durch Tod oder Wiederverheiratung nach Todeserklärung, Aufhebung oder Scheidung der Ehe beendet die Schwägerschaft nicht. Dagegen begründet die Geburt nach Auflösung der Ehe keine Schwägerschaft (Staud/Rauscher Rz 7). Demgemäß sind Verwandte eines Ehegatten, die nach Auflösung der Ehe geboren werden, nicht mit dem früheren Ehegatten ihres Verwandten verschwägert.

3 3. **Rechtsfolgen der Schwägerschaft** werden in §§ 1779 II S 2 und 1847, ferner in § 57 I Nr 1 und 3 FGG erwähnt. Außerhalb des BGB gelten die für die Verwandtschaft unter vor § 1589 Rz 4 aufgeführten Vorschriften auch für den Verschwägerten.

4 4. Durch die Schwägerschaft werden grundsätzlich weder Unterhaltsansprüche noch ein Erbrecht begründet. Das wirkt sich insbesondere für Stiefkinder nachteilig aus, die nur beim Tod des Elternteils nach § 1371 IV einen begrenzten Ausbildungsunterhaltsanspruch gegen den überlebenden Stiefelternteil erwerben können. Daher wird die Rechtsstellung der Stiefkinder als unbefriedigend kritisiert und Abhilfe vorgeschlagen, dazu näher Soergel/Gaul Rz 6–9, MüKo/Mutschler 3. Aufl Rz 6–8, Gernhuber/Coester-Waltjen § 4 II 5. Allerdings bleibt zu bedenken, daß Stiefkinder durch Adoption seitens des Stiefelternteils die Stellung ehelicher Kinder erhalten können, dazu näher § 1741 Rz 22ff.

Titel 2
Abstammung

Vorbemerkung

Schrifttum: *Bentert*, Der Vater, aber nicht der Vater, FamRZ 1996, 1386f; *R. Frank*, Abstammung und Status, in Deutsche Wiedervereinigung, Zur Familienrechtspolitik nach der Wiedervereinigung, hg v T. Ramm und A. Grandke, 1995; *Gaul*, Die Neuregelung des Abstammungsrechts durch das KindRG, FamRZ 1997, 1441ff; *Greßmann*, Neues Kindschaftsrecht, 1998; *Helms*, Reform des deutschen Abstammungsrechts – Zum Entwurf des Kindschaftsrechtsreformgesetzes aus rechtsvergleichender Perspektive, FuR 1996, 178ff; *ders*, Vaterschaftsanfechtung durch den Erzeuger des Kindes?, FamRZ 1997, 913ff; *Knittel/Mühlens/Kirchmeier*, Kindschaftsrecht, 2. Aufl 1999; *Mutschler*, Emanzipation und Verantwortung – Zur Neuordnung des Abstammungsrechts, FamRZ 1994, 65ff; *ders*, Interessenausgleich im Abstammungsrecht – Teilaspekte der Kindschaftsrechtsreform, FamRZ 1996, 1381ff; *Schlegel*, Die Auswirkungen des Kindschaftsrechtsreformgesetzes auf den Bereich der künstlichen Fortpflanzung, FuR 1996, 284ff.

1 1. Der 2. Titel des 2. Abschnitts des Vierten Buches wurde durch das Kindschaftsrechtsreformgesetz (KindRG) neu gestaltet; seine frühere Unterteilung in I. Eheliche Verwandtschaft und II. Nichteheliche Abstammung ist dabei entfallen.

2 2. Mit der Abstammung regelt das Gesetz den Personenstand. Für den Begriff des Personenstandes bestehen unterschiedliche Definitionen (siehe hierzu Massfeller/Hoffmann § 1 PStG Rz 4). Das Personenstandsgesetz verwendet den Begriff in § 1 I und § 2 I in einem weiteren, in §§ 26, 27 und 30 hingegen in einem engeren Sinne. Während er in diesen Vorschriften auf den „Kindschaftsstand" beschränkt ist, bedeutet er in anderen Zusammenhängen alle „persönlichen Grundverhältnisse eines Menschen", die nach dem Gesetz in die Personenstandsbücher einzutragen sind.

3 3. Das **Personenstandsgesetz** regelt die Beurkundung des Personenstandes im Heiratsbuch, Familienbuch, Geburtenbuch und Sterbebuch durch den Standesbeamten sowie das auf Antrag eines Beteiligten gegebene Weisungsrecht des Amtsgerichts. Beweiskraft der Standesamtsbücher: § 60 PStG.

1591 *Mutterschaft*
Mutter eines Kindes ist die Frau, die es geboren hat.

1 **Textgeschichte.** Art 1 Nr 1 KindRG, Einzelbegründung BT-Drucks 13/4899, 82f.

2 Der Rechtssatz dieser Vorschrift lag noch jedem Abstammungsrecht zugrunde, dem des BGB bisher jedoch unausgesprochen. Seit die moderne Fortpflanzungsmedizin eine Aufspaltung von genetischer und Tragemutterschaft ermöglicht, hat der natürliche Begriff der Mutter seine Eindeutigkeit verloren. Die deutsche Rechtsordnung verwirft die Erscheinung **gespaltener Mutterschaft**: § 1 I Nr 1 und Nr 6 EmbryonenschutzG verbieten die medizinische Assistenz bei Ei- und Embryonenspende, und §§ 13c und d AdVermiG verbieten die Vermittlung einer Leihmutter, die nach einem Embryonentransfer ein genetisch nicht eigenes Kind gebären würde. Aber das Statusrecht hat auch für Fälle Vorkehrungen zu treffen, in denen eine Eispende entweder verbotswidrig oder im Ausland vorgenommen wurde. Schon vor dem KindRG ging die herrschende Ansicht dahin, daß nur die Tragemutter Mutter im statusrechtlichen Sinne sei (Nachweise MüKo/Mutschler 3. Aufl §§ 1591, 1592 aF Fn 250). Nicht alle Stellungnahmen waren klar, aber eindeutige Gegenstimmen scheint es nicht gegeben zu haben. Bereits der Zweck, dem Kind jedenfalls primär (evtl vorbehaltlich einer Anfechtung, dazu Rz 3) einen möglichst zweifelsfreien, leicht feststellbaren Status zu geben, spricht für die Tragemutter (so besonders Mutschler aaO). Der Gesetzgeber hat mit Recht auch körperliche und psychosoziale Gründe für die Tragemutter sprechen lassen: in der Tragezeit wird das

Kind körperlich von der austragenden Frau beinflußt, und es wächst eine psychologische Beziehung, die gewöhnlich bei der Frau die Bereitschaft zu nachgeburtlicher Betreuung und eine Haltung der Verantwortlichkeit gegenüber dem Kind zur Folge hat, was bei der Eispenderin nicht im gleichen Maße der Fall ist.

Die **Zuordnung** des Kindes an die Frau, die es geboren hat, ist **endgültig**. Das in den §§ 1599 bis 1600c, 1600e 3 geregelte Anfechtungsverfahren kennt nur eine Anfechtung der Vaterschaft. Die Ablehnung einer Anfechtbarkeit auch der Mutterschaft entspricht ebenfalls der vor dem KindRG herrschenden Ansicht, der jedoch Gegenstimmen gegenüberstanden (Kollhosser JA 1985, 553, 556; für bestimmte Fälle auch Coester-Waltjen GA 56. DJT, 1986, B 113, der sich Mutschler, MüKo 3. Aufl §§ 1591, 1592 aF Rz 53, angeschlossen hatte). Aber die Verhältnisse auf der Mutterseite sind mit denen auf der Vaterseite, wo die Tragemutter keine Entsprechung hat, nicht vergleichbar. Während die Anfechtung der Vaterschaft eine unrichtige Zuordnung des Kindes beseitigt, würde eine Anfechtung der Mutterschaft eine der beiden „Spaltmütter" beseitigen, was die gegebene Konstellation verfälschen würde und nur als Austausch der einen gegen die andere Spaltmutter aus besonderen Gründen gerechtfertigt werden könnte. Die genetische Mutter zur Mutter im Rechtssinn zu machen, diese positive Wirkung könnte das Institut der Anfechtung gar nicht leisten, vielmehr fällt ihre Wirkung in den Funktionsbereich der Adoption, deren Regelungen auch die Möglichkeit, die Tragemutter zu verdrängen, erfaßt.

Weil das Verhältnis der nur genetischen Mutter zum Kind kein Kindschaftsverhältnis ist, kann es nicht im Kind- 4 schaftsprozeß des § 640 II Nr 1 ZPO festgestellt werden. Dem Kind steht jedoch die einfache **Feststellungsklage nach § 256 ZPO** offen (BT-Drucks aaO, ebenso schon vorher MüKo/Mutschler 3. Aufl §§ 1591, 1592 Rz 54; ablehnend Staud/Rauscher Anh § 1591 Rz 41). Ein Rechtsverhältnis im Sinne dieser Bestimmung liegt vor, weil sowohl beim Eheverbot der Verwandtschaft (§ 1307) als auch dem Straftatbestand des Beischlafs zwischen Verwandten (§ 173 StGB) sinngemäß genetische Abstammung hinreicht und die heutige Würdigung des Rechtes des Kindes auf Kenntnis seiner Abstammung die Qualifikation des Verhältnisses zur nur genetischen Mutter als Rechtsverhältnis gebietet. Die Lage ist anders als beim männlichen Erzeuger, bei dem die gleichen Umstände deswegen nicht die Feststellbarkeit nach § 256 ZPO begründen, weil diese Feststellung dem besonderen Statusverfahren der §§ 1600c–e vorbehalten ist. Was für eine Klage des Kindes gilt, gilt jedoch nicht auch für die Mutter, insoweit wohl ebenso Schwab/Wagenitz FamRZ 1997, 1377f, nicht anders – entgegen wiederholten Anführungen im anderen Sinn – BT-Drucks 13/4899, 83, offengelassen in BVerfG FamRZ 2003, 816, 821). Das Urteil hat freilich keine Statuswirkung, darf und braucht sie nicht zu haben. Weil in dem Verfahren der einfachen Feststellungsklage die Dispositionsmaxime nicht ausgeschlossen ist, wird ihre Zulässigkeit für das genetische Mutter-Kind-Verhältnis verneint von Gaul FamRZ 1997, 1441, 1444, FamRefK/Wax § 1591 Rz 5. Wenn Wax statt dessen das Kind auf den Auskunftsanspruch gegen die Mutter verweist, so ist das zu formell gesehen. Von einer Frau, die zur Verdeckung der Abstammung ein falsches Geständnis oder Anerkenntnis abzugeben fähig wäre, wäre auch keine wahrheitsgemäße Auskunft zu erwarten. Vor allem eröffnete die Auskunftsklage keinen Weg zu einer körperlichen Untersuchung, besonders einer Blutentnahme nach § 372a ZPO, die im Streitfall allein Gewißheit verschafft. In diesen Fällen kann das Abstammungsverhältnis aber auch inzidenter in einem allgemeinen Zivilrechtsstreit oder einem Strafverfahren festgestellt oder verneint werden.

§ 1591 entspricht funktional dem römischen Rechtssatz „mater semper certa est" (Dig 2.4.5), der die Beweisbar- 5 keit des Geburtsvorgangs und die Identifizierung von Mutter und Kind voraussetzt. Bei **Zweifeln, welche Frau das Kind geboren hat** oder welches Kind von der Frau geboren wurde, zwischen welchen Personen also das Mutter-Kind-Verhältnis besteht, ist der Kindschaftsprozeß des § 640 II Nr 1 ZPO gegeben (Stein/Jonas/Schlosser ZPO 21. Aufl 1993, § 640 Rz 15 MüKo-ZPO/Coester-Waltjen § 640 Rz 8; anders mit der Begründung FamRefK/Wax § 1591 Rz 8). Lange Zeit konnte dieser Beweis nur in einem Zeugnis über den Geburtsvorgang und die daran zu Mutter und Kind beteiligten Personen geführt werden. Noch heute dienen die rechtsvorsorglichen Vorschriften der §§ 17–20 PStG der Sicherung dieses Beweises; nach wie vor haben sie den Zweck, Zweifel über die mütterliche Abstammung nicht aufkommen zu lassen. Tritt der Zweifelsfall dennoch ein, so kommt der genetischen Begutachtung ausschlaggebende Bedeutung zu (§ 1600c Rz 5ff und § 1600d Rz 7ff).

1592 *Vaterschaft*
Vater eines Kindes ist der Mann,
1. **der zum Zeitpunkt der Geburt mit der Mutter des Kindes verheiratet ist,**
2. **der die Vaterschaft anerkannt hat oder**
3. **dessen Vaterschaft nach § 1600d gerichtlich festgestellt ist.**

1. Textgeschichte und Grundsätzliches. Art 1 Nr 1 KindRG. Die Vorschrift bringt die **Einheitlichkeit des** 1 **Status als Vater** zum Ausdruck, unabhängig von ehelicher oder nichtehelicher Geburt. Damit ist sie Kernstück der Kindschaftsrechtsreform 1998. In der Rechtsgeschichte hatte der natürliche Erzeuger verbreitet in keiner rechtlichen Beziehung zum Kind gestanden. Davon zeugte bis 1970 noch § 1589 II aF, wonach der nichteheliche Vater als nicht mit seinem Kind verwandt galt. Seit dem NEhelG war das nichteheliche Vater-Kind-Verhältnis zwar statusmäßig anerkannt, hatte aber einem ehelichen Verhältnis rechtlich in mehrfacher Hinsicht nachgestanden.

2. Anders als bei der Mutter kann der Zuordnung des Kindes an einen Mann als Vater nicht in vergleichbarer 2 Weise an einen natürlichen Vorgang angeknüpft werden: für Beischlaf gibt es gewöhnlich keine Zeugen, und Zeugung bzw Empfängnis sind nicht unmittelbar beweisbar. Aber für einen Sachverständigen mit den erforderlichen technischen Mitteln ist heute die Abstammung in fast allen Fällen feststellbar. Gleichwohl hat der Gesetzgeber aus guten Gründen nicht den Status des Vaters in jedem Falle von einer naturwissenschaftlichen Feststellung abhängig gemacht. Denn in aller Regel besteht an der Abstammung des Kindes auch in der väterlichen Linie kein Zweifel; in diesen Fällen wäre die kostspielige wissenschaftliche Vaterschaftsfeststellung auf kein Verständnis gestoßen.

3 Die Vaterschaftszuordnung geschieht **normativ a)** in § 1592 Nr 1 mittels der Ehe zwischen dem Mann und der Mutter. Diese Vorschrift entspricht dem bisherigen Recht (§§ 1593, 1591 aF) und beruht historisch auf dem römischen Rechtssatz „pater est quem nuptiae demonstrant" (Dig 2.4.5). Es kommt auf den Bestand der Ehe im Zeitpunkt der Geburt an, mag die Zeugung auch vor der Eheschließung liegen. War die Ehe im Zeitpunkt der Geburt schon aufgelöst, so kann ein innerhalb von 300 Tagen danach geborenes Kind gleichwohl den früheren Ehemann zum Vater haben (§ 1593), jedoch nicht mehr im selben Umfang wie vor dem KindRG (§ 1593 Rz 1). Auch ein später als 300 Tage nach Auflösung der Ehe geborenes Kind (§ 1593 S 2) kann den früheren Ehemann der Mutter zum Vater haben, obwohl die konkret längere Empfängniszeit häufig in einem gerichtlichen Verfahren wird geklärt werden müssen (§ 1593 Rz 2).

4 **b)** Gem §§ 1592 Nr 2 und 3 geschieht die Vaterschaftszuordnung durch darauf zielende rechtliche Akte. Auch das entspricht dem bisherigen Recht (§ 1600a S 1 aF), jedoch mit dem Unterschied, daß die Tatsache, daß die Mutter in diesen Fällen nicht verheiratet ist, keinen Statusunterschied zu Nr 1 mehr begründet. Die davon früher abhängenden weiteren Unterschiede vor allem beim Kindesnamen, der elterlichen Sorge und im Erbrecht sind heute so weit wie möglich abgebaut. Nach wie vor ergeben sich Unterschiede daraus, daß nicht miteinander verheiratete Eltern keinen Ehenamen führen, der dem Kind überkommen könnte, und daß sie eine gemeinsame elterliche Sorge gemäß § 1626a nur durch darauf gerichtete Erklärungen herbeiführen können.
c) Die **Anerkennung** der Vaterschaft ist ein privatautonomes Rechtsgeschäft (§§ 1594–1598).
d) Die gerichtliche **Feststellung** der Vaterschaft ist in §§ 1600d und e geregelt.

5 **3.** Ehe, Anerkennung oder gerichtliche Feststellung begründen den **Status** als Vater und Kind, ohne daß die biologische Abstammung ein Element des Statustatbestands wäre. So wird der Ehemann der Mutter Vater des Kindes, auch wenn es offensichtlich unmöglich ist, daß er das Kind gezeugt hat, zB wegen Abwesenheit während der ganzen Empfängniszeit. Selbst wenn er verschollen war, hat das von der Ehefrau geborene Kind den Ehemann zum Vater, obwohl es gar nicht von ihm stammen kann. Wird der Ehemann später für tot erklärt und liegt der dabei festgestellte Todeszeitpunkt mehr als 300 Tage vor der Geburt, so wird das Kind rückwirkend (§ 9 I VerschG) vaterlos. Entsprechendes gilt bei unrichtiger Anerkennung der Vaterschaft und folgt für die gerichtliche Feststellung aus der Rechtskraft des die Vaterschaft feststellenden Urteils.

6 **4.** In einem **Status** ist ein mehreren Normen gemeinsames personales Tatbestandselement, hier die Abstammung in der väterlichen Linie, zu einem eigenen Rechtsverhältnis von Hilfsnormcharakter verselbständigt.
a) Das bedeutet, daß die Abstammung außerhalb des Status weder schlicht bestritten (positive **Sperrwirkung**) noch eine andere Abstammung behauptet werden kann (negative Sperrwirkung). Diese Folgen ergeben sich aus dem Sinn des Statusverhältnisses, sind aber gleichwohl punktuell im Gesetz ausgedrückt, und zwar im Zusammenhang mit solchen Bestimmungen, die Begründung oder Beseitigung des Status regeln, indem diesen Bestimmungen Ausschließlichkeit beigelegt wird:
Weil der Statustatbestand des § 1592 Nr 1 in der Verweisung auf einen Status, den der Ehe mit der Mutter, besteht, gibt es für diesen Fall keinen den Fällen des § 1592 Nr 2 und 3 vergleichbaren Begründungstatbestand. Daher entbehrt dieser wichtigste Statustatbestand einer die Sperrwirkung ausdrückenden Bestimmung. Solange es eine eigene Ehelichkeitsanfechtung gab, war bei diesem Beseitigungstatbestand die Sperre des § 1593 aF ausgedrückt. Nachdem die frühere Ehelichkeitsanfechtung mit der Anfechtung der Vaterschaftsanerkennung zu dem einheitlichen Institut der Vaterschaftsanfechtung des § 1599 zusammengelegt ist, findet sich im Zusammenhang mit der Anfechtung keine Anordnung der Sperrwirkung mehr, sondern nur noch bei den Begründungstatbeständen der Vaterschaftsanerkennung in §§ 1594 und 1599 II S 3, wobei die zweite Bestimmung eine Anerkennung regelt, die speziell eine durch Ehe mit der Mutter begründete Vaterschaft ablöst; daher kommt darin die positive Sperrwirkung der durch Ehe mit der Mutter begründeten Vaterschaft zum Ausdruck. Für die Statusbegründung durch Vaterschaftsfeststellung ist die Sperrwirkung in § 1600d IV mit den gleichen Worten wie in § 1594 I ausgedrückt.
b) Ist der Status durch gerichtliches Urteil begründet (§ 1592 Nr 3), so fällt die Sperrwirkung weitgehend mit der für und gegen alle wirkenden **Rechtskraft** (§ 640h ZPO) zusammen. Ist eine Anfechtungsklage rechtskräftig abgewiesen, so besteht die absolute Urteilswirkung neben der positiven und negativen Wirkung des fortbestehenden Status. Ist eine Klage auf Feststellung der Vaterschaft nach § 1600d abgewiesen, so scheint zwar nur die nicht etwa durch dessen S 2 eingeschränkte, absolute Rechtskraft nach § 640h S 1 ZPO zu bestehen. Aber auch hier geht von dem Fehlen irgendeines Statustatbestandes eine negative Sperre aus, die aus dem abschließenden Charakter des § 1592 folgt: keiner ist Vater, der nicht einen der drei Tatbestände dieser Bestimmung verwirklicht. Auch ohne negative rechtskräftige Feststellung ist ein Mann gehindert, die Vaterschaft bezüglich eines Kindes geltend zu machen, mit dem ihn nicht einer der Statustatbestände des § 1592 verbindet.

7 **c)** In **verfassungsrechtlicher** Sicht kann die einfach-gesetzliche Rechtsstellung des nur **biologischen Vaters** nicht befriedigen (Helms FamRZ 1997, 913; Pal/Diederichsen § 1600 Rz 3). Wird das Kind vaterlos geboren, so kann der Erzeuger zwar auf Feststellung seiner Vaterschaft klagen (§§ 1600d I, 1600e I). Ist die Mutter im Zeitpunkt der Geburt aber verheiratet oder kommt pränatal die Vaterschaftsanerkennung eines anderen Mannes zustande, so hat der Erzeuger keinen Zugang zur Vaterschaft, es sei denn, die Vaterschaft würde von Mutter, Scheinvater oder Kind angefochten. Selbst bei vaterloser Geburt ist vom Erzeuger erhobene Feststellungsklage davon bedroht, daß vor Rechtskraft eine fremde Vaterschaftsanerkennung zustandekommt.
In allen diesen Fällen scheitert der Erzeuger an dem gleichgerichteten Willen der drei anderen Beteiligten, das Kind dem anderen Mann zuzuordnen. Diese Regelung besteht um des Vorranges einer faktischen Familie vor dem bloß genetischen Verhältnis willen. Diese Wertentscheidung des Gesetzgebers ist nicht begründet, wenn die rechtlichen Eltern keine soziale Familie bilden und der biologische Vater bereit ist, Elternverantwortung zu übernehmen. Insoweit ist § 1600 mit seinem Ausschluß des biologischen Vaters von jeder Anfechtungsmöglichkeit nicht

durch den von Art 6 I GG aufgegebenen Schutz der Familie gedeckt und verletzt den biologischen Vater in seiner verfassungsmäßigen Elternstellung aus Art 6 II GG (BVerfG v 9. 4. 2003 FamRZ 2003, 816).

d) Jeder der drei Statustatbestände reicht hin, das Kind einem Mann als Vater zuzuordnen, aber keiner ist geeignet, eine bereits bestehende Zuordnung an einen anderen Mann zu verdrängen; das ist für die Anerkennung in § 1594 II und für die Feststellung in § 1600d I ausgedrückt und kann ebenfalls als Sperrwirkung bezeichnet werden, die aber das Verhältnis der Statustatbestände zueinander betrifft und in deren wechselseitiger Subsidiarität besteht. Doch entspricht jedem Begründungstatbestand für den Status ein Beseitigungstatbestand: Auch die Vaterschaft kraft Feststellung endet mit der Aufhebung des Urteils im Wiederaufnahmeverfahren (vgl § 641i ZPO). Mit der Vollendung des Beseitigungstatbestandes ist dann der Weg frei für eine andere Zuordnung des Kindes.

e) Allein für die Vaterschaft kraft Ehe mit der Mutter (§ 1592 Nr 1) fehlt es für das Verhältnis zu den beiden anderen Statustatbeständen an einer die Subsidiarität ausdrückenden Sperrklausel. Das ist darin begründet, daß die automatische Erfüllung dieses Tatbestandes im Zeitpunkt der Geburt jede andere Zuordnung des Kindes in den zeitlichen Nachrang verweist: Daraus ergibt sich der Eindruck eines „**Rangsystems**" mit Vorrang von § 1592 Nr 1 (MüKo/Wellenhofer-Klein § 1599 Rz 6). Erst seit es die pränatale Anerkennung gibt (§ 1594 IV) und auch die genetische Abstammung des Embryos feststellbar ist, stellt sich die Frage, ob sich § 1592 Nr 1 auch gegenüber einer zeitlich früheren Anerkennung der Feststellung durchsetzt. Dem Umstand, daß beide Zuordnungen den Status erst mit der Geburt des Kindes begründen, kann nichts für die Lösung der Frage entnommen werden, dies auch für die Zuordnung kraft § 1592 Nr 1 gilt und die Vorwirkung des Statusverhältnisses gemäß § 1912 II ebenfalls für jede der drei Statusbegründungen gelten würde.

Ein Vorrang für § 1592 Nr 1 ergibt sich aber ohne weiteres aus dem Gesichtspunkt der Priorität, wenn die Ehe vor der Anerkennung oder der Feststellung begründet wurde. Die Priorität sollte aber auch entscheidend sein, wenn die Ehe erst später – aber vor der Geburt des Kindes – geschlossen wurde, und dann bedeutet, daß das Kind nicht den Ehemann der Mutter, sondern den Anerkennenden oder den gerichtlich Festgestellten zum Vater erhält (ebenso Lipp/Wagenitz, Das neue Kindschaftsrecht, 1999, § 1594 Rz 8; aA MüKo/Wellenhofer-Klein).

5. Die Sperre bedeutet im einzelnen: **a)** Im **Verhältnis des Vaters zu dem Kind** ist die **negative** Feststellungsklage für beide Beteiligte ausgeschlossen. Eine **positive** Feststellungsklage des Mannes lassen Beitzke/Lüderitz zu, weil § 1593 (entsprechend jetzt § 1592 Nr 1) die Rechtsstellung des Kindes schützen wolle, sich einer Verstärkung dieser Stellung daher nicht entgegenstelle (FamR 25. Aufl § 22 III). Dagegen fehlt nach Dölle II, 65, Stein/Jonas/Schlosser ZPO § 640 Rz 27, LG Köln DAV 1969, 96 dem Ehemann der Mutter das Rechtsschutzbedürfnis für eine Feststellung der Abstammung. Für diese Ansicht spricht, daß das Vater-Kind-Verhältnis in diesem Fall nicht durch Abstammung, sondern durch die Ehe mit der Mutter begründet wird und diese Voraussetzung allein mit dem Personenstandsregister bewiesen wird. Auch weist Gaul darauf hin, daß eine Abweisung des Feststellungsantrags dessen kontradiktorisches Gegenteil, also die Verneinung der Vaterschaft zum Inhalt hätte, was mit dem bestehenden Status unvereinbar wäre. Daher muß mit Soergel/Gaul § 1593 aF Rz 19 auch der Weg der positiven Feststellungsklage als gesperrt angesehen werden. Gegen die **Behauptung eines Dritten**, das Kind stamme nicht vom Vater ab, wehrt sich der Vater mit Unterlassungsklage.

b) Auch im **Verhältnis des Kindes zu einem dritten Mann** ist für beide Seiten die **positive** Feststellungsklage ebenso ausgeschlossen (BGH 80, 218 = FamRZ 1981, 538). Das gilt nicht nur für die Statusklage des Dritten, sondern auch für eine allgemeine Feststellungsklage nach § 256 ZPO, für die zwar das Vorliegen eines Rechtsverhältnisses so wenig wie bei der genetischen Mutter (§ 1591 Rz 4) verneint werden kann, der aber die negative Sperrwirkung des bestehenden Status entgegensteht. Die zwingende Priorität der Anfechtung der Vaterschaft vor der Erhebung einer auf Feststellung einer anderweitigen Vaterschaft gerichteten Klage bringt das Kind nicht in Gefahr, bei vorzeitigem Tod des Erzeugers sein Erbrecht diesem oder väterlichen Verwandten gegenüber zu verlieren, weil die Vaterschaft gem § 1600e II unbeschränkt lange nach dem Tod des Vaters festgestellt werden kann.

Auch der Wirksamkeit einer **Anerkennung der Vaterschaft** steht die Sperrwirkung entgegen (§ 1594 II). Während aber die entsprechende Bestimmung des § 1600b III aF vom Gesetzgeber so gemeint war und in Lehre und Rspr so verstanden wurde, daß eine vorzeitige und daher gesperrte Anerkennung unwirksam ist und auch bei späterem Wegfall der Sperre grundsätzlich nicht erstarkt (9. Aufl § 1593 Rz 10), kommt in § 1594 II der Wille des Gesetzgebers des KindRG zum Ausdruck, nur eine schwebende Unwirksamkeit eintreten zu lassen (BT-Drucks 13/4899, 84). Eine vorzeitige Anerkennung erstarkt zur Wirksamkeit, wenn der entgegenstehende Status des Kindes beseitigt wird.

c) Der Ausschluß auch der allgemeinen **negativen Feststellungsklage** im Verhältnis des Kindes zu einem dritten Mann ergibt sich aus der umgekehrten Reziprozität von positiver und negativer Feststellung auf der einen und von Abweisung und Stattgabe des Antrages auf der anderen Seite: Die Abweisung eines negativen Feststellungsantrags würde die positive Feststellung bedeuten, daß der andere Mann der Vater des Kindes ist (vgl Rz 10); dem stünde die Sperrwirkung entgegen. Diese gilt denn Streitgegenstand nach wie vor der Fassung des Antrages unabhängig. Folge ist, daß ein Mann, der in der Empfängniszeit mit der Mutter verkehrt hat, die Ungewißheit, ob vielleicht nach Jahren eine Anfechtung der Vaterschaft, sei es des Ehemannes der Mutter, sei es des Mannes, der die Vaterschaft anerkannt hat, den Weg zur Feststellung seiner Vaterschaft freimacht, nicht beseitigen kann. Immerhin kann er versuchen, durch Information der Anfechtungsberechtigten die Frist in Lauf zu setzen. Gesperrt ist eine negative Statusklage ebenso wie eine negative Feststellungsklage, gerichtet auf Nichtbestehen der biologischen Vaterschaft.

d) Keinen Status hat die **Totgeburt**. In solchem Fall kann auch die verheiratete Mutter ohne weiteres aus § 1615l gegen den außerehelichen Erzeuger vorgehen, vgl § 1615n; ebenso kann der Ehemann, der die Kosten von Schwangerschaft und Geburt getragen hat, bei dem Erzeuger Regreß nehmen. In diesem Prozeß muß der Ehe-

§ 1592 Familienrecht Verwandtschaft

mann allerdings die Vermutung des § 1600c I inzidenter widerlegen. Entsprechend steht auf seiten des Inanspruchgenommenen die Sperre des § 1594 I nicht entgegen (Gernhuber/Coester-Waltjen § 51 Fn 7 mN).

15 e) Durch die Sperrwirkung ausgeschlossen ist die Geltendmachung **statusbezogener familien- und erbrechtlicher Ansprüche**, die mit dem auf § 1592 beruhenden Vater-Kind-Verhältnis nicht vereinbar sind.

Daher kann vor Anfechtung der Vaterschaft weder wegen Unterhalts das Kind (BGH 92, 275, 278 = FamRZ 1985, 61, 62) noch wegen der Unterhalts- und Entbindungskosten gem **§§ 1615l und o** die Mutter noch im Regreßwege ihr Ehemann den Erzeuger des Kindes in Anspruch nehmen, den vor Feststellung seiner nichtehelichen Vaterschaft überdies § 1600d IV vor Inanspruchnahme schützt (vgl Soergel/Gaul § 1600d Rz 25).

Nur § 1592, nicht auch §§ 1594 I, 1600d IV, steht einem auf § 823 gestützten deliktischen Schadensersatzanspruch, den der BGH (NJW 1962, 1057) allerdings ablehnt, gegen den Ehestörer auf Ersatz der Entbindungs- und Unterhaltskosten entgegen. Umgekehrt lockern §§ 1615o BGB, 641d ZPO nur die Sperre der §§ 1594 I, 1600d IV (vgl § 1600d Rz 4), nicht die des § 1592.

16 f) Auch im **öffentlichen Recht** wirkt die Sperre des § 1592 überall dort, wo Normen an den familienrechtlichen Status einer Person anknüpfen. Das ist entschieden für § 11 II WehrpflG (BVerwG FamRZ 1968, 385) sowie für das Sozialversicherungsrecht (BSG NJW 1960, 2214; FamRZ 1969, 539). § 52 II BVersG, der den Rentenanspruch des Kindes einer Mutter verneint, deren früherer Ehemann während der Empfängniszeit verschollen war, ist aber verfassungskonform (BVerfG FamRZ 1959, 195, 197), wenn auch im Recht der sozialen Sicherheit nicht analog anzuwenden (BSozG NJW 1961, 700).

17 **11. Grenzen der Sperrwirkung. a)** In zwei Fällen ergeben sich Durchbrechungen der Sperrwirkung aus dem Gesetz. **aa)** Das Eheverbot der Verwandtschaft besteht zwischen dem statusmäßigen Scheinvater und dem Kind, aber auch zwischen diesem und dem Erzeuger. Denn daraus, daß § 1307 S 2 das Eheverbot aufrechterhält, wenn das natürliche Verwandtschaftsverhältnis durch Adoption gem § 1755 erloschen ist, geht hervor, daß die leibliche Abstammung auch ohne entsprechenden Status das Verbot begründet.

18 **bb)** Im **Strafrecht** ist der Unterhaltsanspruch des Kindes gegen den statusmäßigen Vater ungeachtet der Richtigkeit der Zuordnung durch den Straftatbestand des § 170 StGB bewehrt (BGHSt 12, 166 BayObLG FamRZ 1961, 395, beide zu § 170a aF StGB). Dagegen setzt der Straftatbestand des **§ 173** StGB Beischlaf mit einem „leiblichen Abkömmling" voraus, was gerade auf das Verhältnis des Erzeugers und nicht des Scheinvaters zum Kind zutrifft (BGHSt 29, 387). Auch § 174 I Nr 3 StGB nennt beim Tatbestand des sexuellen Mißbrauchs das leibliche und das angenommene Kind und ermöglicht damit angesichts des Analogieverbotes dem Mann die Verteidigung, daß sein ihm statusmäßig zugeordnetes Kind von einem anderen abstammt. Das bedeutet eine Schutzlücke, weil die Norm auch das Erziehungsverhältnis schützen soll; in einem solchen stehen faktische ebenso wie genetische Eltern. Der Scheinvater kann freilich nur Täter nach § 174 I Nr 1 oder 2 StGB sein, was jedoch im Fall der Nr 3 einen besonderen Mißbrauch voraussetzt.

19 **b)** Andere Grenzen der Sperrwirkung beruhen auf Gerechtigkeitsgesichtspunkten. In diesen Fällen wäre es unerträglich, wenn das Recht die Augen davor verschlösse, daß der Status der wirklichen Abstammung widersprechen kann. Eine dem Status widersprechende Abstammung kann dann inzidenter geltend gemacht werden.

20 **aa)** § 1592 hindert nicht, daß der Erzeuger **vertraglich die Unterhaltspflicht** für das Kind **übernimmt** und diese Verpflichtung gegen ihn durchgesetzt wird; ein „Geltendmachen" der Vaterschaft liegt darin nicht (BGH 46, 56 = NJW 1966, 2159 und dazu Kreft LM Nr 6 zu § 1593; Gernhuber/Coester-Waltjen § 51 I 6). Eine solche Verpflichtung kann im Gegenzug gegen die Nichtausübung des Anfechtungsrechtes durch den Scheinvater eingegangen werden, liegt auch vor, wenn eine verheiratete Frau, die sich als Ersatz- oder Tragemutter bereit erklärt, und ihr Ehemann sich für den Fall, daß Adoption durch die Wunscheltern scheitert, die Freistellung von der Unterhaltspflicht versprechen lassen; das Verbot der Leihmutterschaft durch das EmbryonenschutzG reicht nicht so weit, aber § 134 auch diese Unterhaltsvereinbarung zu vernichten (Coester-Waltjen FamRZ 1992, 369, 371).

21 **bb) Bei Ehebruchskind und § 1570.** Zum Teil wird bereits angenommen, daß ein dem Ehemann kraft § 1592 Nr 1 zugeordnetes, aber nicht von ihm stammendes Kind nicht iSv **§ 1570** mit der Folge gemeinschaftlich sei, daß seine Betreuung die Mutter von der Obliegenheit, ihren Unterhalt selbst zu verdienen, befreie (vgl Rolland/Hülsmann Eherecht, § 1570 Rz 26 mit Verweis auf die Vorauf1.). Dem kann nicht gefolgt werden; die Unterhaltsberechtigung der Mutter, die wegen der Betreuung des Kindes nicht erwerbstätig sein kann, ist dann Folge der unterlassenen Anfechtung. Immerhin kann die Scheidung dazu führen, daß die Inanspruchnahme des früheren Ehemannes grob unbillig ist. Aber allein der Umstand, daß das Kind im Ehebruch empfangen wurde, begründet nicht schon die Anwendung des § 1579. Hat jedoch der Ehebruch die Ehe zum Scheitern gebracht oder die Ehefrau den Mann von der Anfechtung abgehalten (BGH FamRZ 1985, 51, 53) oder ihn im Zusammenhang mit dem Ehebruch verlassen oder stammt das Kind gar aus einer ehebrecherischen Lebensgemeinschaft, die von der Frau der Ehe vorgezogen wurde, dann dürften die Voraussetzungen von § 1579 Nr 6 oder 7 vorliegen. Die Billigkeitsbeurteilung macht an der von § 1592 errichteten Sperre nicht Halt.

22 **cc) Bei Ausfüllung von Härteklauseln des Scheidungsfolgerechts.** Unter dem bis 1977 geltenden Scheidungsrecht war überwiegend anerkannt, daß § 1593 aF den ehelichen Scheinvater nicht hindert, im Scheidungsrechtsstreit den Ehebruch der Frau vorzutragen und unter Beweis zu stellen (Staud/Lauterbach 10./11. Aufl Rz 14). Das gilt auch heute, soweit etwa im Zusammenhang mit §§ 1565 II, 1568, 1579, 1587c ein **Verschulden der Ehefrau** erheblich sein kann (Gernhuber/Coester-Waltjen § 51 I mit Fn 16). Auch wenn die Nichtausübung des Anfechtungsrechtes auf einer Absprache zwischen den Ehegatten beruht, ist dann, wenn Voraussetzungen oder Einhaltung einer solchen Absprache in irgendeinem Zusammenhang streitig werden, kein Teil gehindert, bei der Wahrnehmung seiner Rechte die Tatsache des Ehebruchs geltend zu machen.

dd) Bei einer Entscheidung über die Aufhebung der **gemeinsamen elterlichen Sorge** nach Trennung oder 23
Scheidung (§§ 1671f), bei der unter dem Gesichtspunkt des Kindeswohls die Einstellung des Vaters zum Kind
Bedeutung hat, kann in diesem Zusammenhang die fehlende Abstammung vom Vater berücksichtigt werden
(BayObLG FamRZ 1959, 122, 124). Ob der Umstand, daß der Vater selbst die Abstammung des Kindes von ihm
anzweifelt, gegen ihn spricht (BayObLG FamRZ 1959, 122, 124 mN), hängt von der Tendenz ab, mit der der Vater
diesen Gesichtspunkt einbringt (ähnlich Gernhuber/Coester-Waltjen § 51 I Rz 11). Für das Umgangsrecht jedes
Elternteils aus § 1684 I gilt Entsprechendes.

ee) In Literatur und Rspr ist wiederholt versucht worden, die Sperre des § 1593 aF mit dem Argument zu über- 24
winden, daß der Status des Kindes unangefochten bleibe, wenn lediglich die Tatsache seiner Zeugung durch einen
anderen als den Ehemann zur Begründung eines **Schadensersatzanspruchs gegenüber einem Dritten** geltend
gemacht werde:

(1) Diese Argumentation ist heute nur noch anerkannt für den **Ersatzanspruch** des ehelichen Scheinvaters 25
gegen den Rechtsanwalt, der die Frist für die Ehelichkeitsanfechtungsklage versäumt hat: BGH 72, 299 gegen
Köln NJW 1967, 1090, das auch hier § 1593 aF angewendet hatte.

(2) In folgendem Fall kann die Sperrwirkung der Verteidigung gegen einen Schadensersatzanspruch nicht ent- 26
gegengesetzt werden (Feuerborn FamRZ 1991, 515): Der Ehemann hat sich im Einvernehmen mit seiner Frau sterilisieren lassen, gleichwohl empfängt sie von ihm ein Kind. Die Verteidigungsmöglichkeit des von den Eltern auf
Ersatz der Unterhaltskosten in Anspruch genommenen **Arztes** ist hier dem Familienfrieden überzuordnen. Wenn
das Kind nicht vom Ehemann abstammt, liegt mindestens von seiten der Mutter der Versuch einer sittenwidrigen
Schädigung vor, die gerade durch die Sperrwirkung ermöglicht wäre. An § 826 bricht sich die Sperrwirkung aber
ausnahmslos (vgl Rz 28).

(3) Gegenüber Ehebrecher. In einem Fall, in dem die Ehefrau und ihr Freund bewußt keine Vorsicht hatten 27
walten lassen, weil der Ehemann ein etwa gezeugtes Kind für sein eigenes halten würde, hat das RG § 826 bejaht
und den Ersatzanspruch nicht an der Sperrwirkung scheitern lassen (RG 152, 397). Düsseldorf NJW 1952, 1336
und Hamm JZ 1953, 757 haben dann auch ohne qualifizierende Umstände § 826 neben § 823 angewendet, weil
jeder Ehebruch strafbar und sittenwidrig sei. Diese Rspr wurde kritisiert, weil die bloße Tatsache des Ehebruchs
noch nicht das Merkmal der Sittenwidrigkeit enthalte (Roquette JW 1937, 741; Dölle I S 383 Fn 78). Die zahlreichen Stimmen, die im Gegensatz zum BGH den Ehestörer aus § 823 haften lassen (§ 1353 Rz 32ff), setzen für
eine Realisierung des Ersatzanspruchs die Anfechtung der ehelichen Vaterschaft voraus (Boehmer AcP 155, 181;
Jayme, Die Familie im Recht der unerlaubten Handlungen, S 223; Oldenburg MDR 1953, 170; Celle FamRZ
1964, 366).

(4) Wenn die Voraussetzungen des **§ 826** gegeben sind, überwindet dieser Tatbestand die Sperre des § 1592. 28
Insofern ist denen zu widersprechen, die in diesem Zusammenhang § 823 und § 826 in einem Atemzug nennen
und dabei auch § 826 an der Sperrwirkung scheitern lassen, so MüKo/Mutschler, 3. Aufl § 1593 aF Rz 18, Staud/
Göppinger 12. Aufl § 1593 aF Rz 31 oder Gernhuber/Coester-Waltjen § 51 I 6 S 760. Wird § 826, was allein
angeht, auf qualifizierte Fälle beschränkt, vor allem solche, in denen der Erzeuger oder ein anderer den Vater arglistig von der Erhebung der Anfechtungsklage abgehalten oder im Prozeß oder außerhalb über die Umstände der
Zeugung des Kindes getäuscht hat, dann hat der BGH in JZ 1962, 756 solche Fälle ausdrücklich von seinem
Widerspruch gegen RG 152, 397 (vgl Rz 27) ausgenommen. Gleiches gilt für G. Boehmer JZ 1962, 731, 733, G.
und D. Reinicke NJW 1955, 217 und Tiedtke FamRZ 1970, 232. Der Gegenansicht, die auch § 826 in jedem Fall
an der Sperrwirkung scheitern läßt, ist nur so viel zuzugeben, daß die genannten Fälle der Arglist ihre Lösung
darin finden können, daß für den Vater, der seine Täuschung entdeckt, eine neue Anfechtungsfrist zu laufen
beginnt oder er den Restitutionsgrund des § 580 Nr 1 oder 3 ZPO hat. Aber wegen der Prozeßkosten und dann,
wenn nach rechtskräftiger Verneinung der Vaterschaft kein anderer Mann als Vater festgestellt werden kann oder
der Festgestellte nicht in der Lage ist, den dann aus § 1607 III begründeten Regreß zu leisten, bleibt das berechtigte Ersatzbegehren des Vaters gegen einen Dritten, der arglistig gehandelt hat, bestehen. Auch § 826 der Sperrwirkung unterzuordnen, verträgt sich nicht damit, daß diese Vorschrift nach heute wieder allgemeiner Ansicht
sogar gegen das Institut der Rechtskraft behauptet (vgl § 826 Rz 45f); die absolute Rechtskraft eines Statusurteils
und die Sperrwirkung als negative Statuswirkung sind eng benachbart.

f) Die Sperrwirkung kann solchen Rechtshandlungen nicht entgegenstehen, die gerade **auf die Durchführung** 29
des Anfechtungsverfahrens zielen. So ist dem Kind, dessen Mutter gem §§ 1795 I Nr 1, 3, 1796 von der Vertretung
im aktiven oder passiven Anfechtungsrechtsstreit ausgeschlossen ist, ein Pfleger zu bestellen (vgl § 1600a Rz 6).

g) Keine Sperre gegenüber Rückwirkungen der Anfechtung. Schließlich hindert die Sperre nicht, nach 30
erfolgreicher Anfechtung für den zurückliegenden Zeitraum alle Folgerungen aus dem veränderten Status, besonders bezüglich der Unterhaltspflicht, zu ziehen (Gernhuber/Coester-Waltjen § 51 VIII 1; MüKo/Mutschler, 3. Aufl
§ 1593 aF Rz 31; Soergel/Gaul § 1593 aF Rz 33f; Düsseldorf FamRZ 1991, 1457). Vor Rechtskraft der Feststellung der Nichtvaterschaft aufgelaufene Unterhaltsrückstände der früheren Vaterschaft können entfallen. Damit der Erzeuger
vom Kind selbst oder im Regreßweg (§ 1607 Rz 22) vom Ehemann der Mutter oder anderen Personen, die an das
Kind Unterhalt geleistet haben, in Anspruch genommen werden kann, ist jedoch erforderlich, daß er iSd § 1592
Nr 2 oder 3 als Vater festgestellt ist. Daß vom Scheinvater namens des Kindes getätigte Rechtsgeschäfte wirksam
bleiben, vgl § 1599 Rz 7, ist keine Folge der Sperrwirkung.

Für vor dem 1. 7. 1998 geborene Kinder richtet sich gem Art 224 § 1 I EGBGB die Vaterschaft nach altem, eine 31
Anfechtung der Ehelichkeit oder der Anerkennung der Vaterschaft jedoch nach neuem Recht (Art 224 § 1 II
EGBGB).

§ 1593 Vaterschaft bei Auflösung der Ehe durch Tod

§ 1592 Nr. 1 gilt entsprechend, wenn die Ehe durch Tod aufgelöst wurde und innerhalb von 300 Tagen nach der Auflösung ein Kind geboren wird. Steht fest, dass das Kind mehr als 300 Tage vor seiner Geburt empfangen wurde, so ist dieser Zeitraum maßgebend. Wird von einer Frau, die eine weitere Ehe geschlossen hat, ein Kind geboren, das sowohl nach den Sätzen 1 und 2 Kind des früheren Ehemanns als auch nach § 1592 Nr. 1 Kind des neuen Ehemannes wäre, so ist es nur als Kind des neuen Ehemanns anzusehen. Wird die Vaterschaft angefochten und wird rechtskräftig festgestellt, dass der neue Ehemann nicht Vater des Kindes ist, so ist es Kind des früheren Ehemannes.

1 **Textgeschichte.** Art 1 Nr 1 KindRG, AmtlBegr BT-Drucks 13/4890, 83f; Art 1 Nr 8 EheschlG. S 3 entspricht § 1600 I aF, und S 4 entspricht § 1600 II aF.

2 Die Vorschrift **erweitert** § 1592 Nr 1 auf den Fall, daß die Ehe der Mutter im Zeitpunkt der Geburt nicht mehr besteht, sondern durch Tod des Ehemannes geendet hat. Soweit noch ein Teil der Empfängniszeit in die Ehezeit fällt, kann angenommen werden, daß das Kind vom verstorbenen Ehemann gezeugt ist. Dem Tod steht bei Verschollenheit die Todesvermutung gleich, die sich bei Todeserklärung aus § 10, bei bloßer Feststellung der Todeszeit aus § 44 VerschG ergibt. Die Vaterschaft des verstorbenen Ehemannes anfechten können nach § 1600 die Mutter und das Kind, dieses gegen den Willen der sorgeberechtigten Mutter aber erst ab Volljährigkeit. Setzt die Mutter bei ihrer Entscheidung, nicht anzufechten, das Interesse des Kindes hinter ihr eigenes zurück, so kann ihr das VormG nach §§ 1629 II S 3, 1796 die Vertretung für diese Angelegenheiten entziehen und an ihrer Stelle nach § 1909 einen Pfleger bestellen.

3 **Anders als nach bisherigem Recht** (§ 1593 aF) tritt die Erweiterung bei anderen Endigungsgründen der Ehe, nämlich Scheidung und Aufhebung, nicht mehr ein. In diesen Fällen beruht die Beendigung der Ehe auf einem Zerwürfnis der Gatten, so daß die Annahme, sie hätten in der letzten Zeit noch geschlechtlich miteinander verkehrt, nicht mehr im selben Maß wie bei intakter Ehe begründet ist. Das ist besonders plausibel im Fall der Ehescheidung, die darauf beruhen kann, daß sich die Ehefrau einem anderen Partner zugewandt hat. Die Neuregelung soll die in diesen Fällen besonders häufigen Anfechtungsprozesse ersparen. Ist das Kind gleichwohl vom früheren Ehemann der Mutter gezeugt, so kann die Vaterschaft nach § 1600d festgestellt werden.

4 Auch in **zeitlicher Hinsicht** wurde die Erweiterung der Zuordnung an den früheren Ehemann von 302 auf 300 Tage verkürzt. Es ist dies eine Folgerung daraus, daß in § 1600d III die gesetzliche Empfängniszeit um 2 Tage verkürzt worden ist (§ 1600d Rz 32). Die Befristung und ihre Verkürzung schließen jedoch die Zuordnung eines später als 300 Tage nach dem Tod des Ehemanns geborenen Kindes an den Ehemann nicht aus, wenn gemäß **S 2** feststeht, daß das Kind mehr als 300 Tage vor seiner Geburt empfangen wurde. Auch in diesem Fall beruht die Vaterschaftszuordnung auf der Ehe; an den Beweis sind jedoch strenge Anforderungen zu stellen (LG Dortmund JW 1937, 1309), und zwar um so strengere, je länger die Tragzeit gewesen sein soll. Weil wie im Statusprozeß nach § 640 II Nr 1 erfolgte, auf § 1593 S 2 gestützte Feststellung der Vaterschaft der Anfechtung nach § 1600ff ausgesetzt bleibt, ist ein auf diese Feststellung gerichteter Antrag neben dem im Verfahren nach § 640 II Nr 3 ZPO gestellten aus § 1600d unzulässig. Die medizinischen Voraussetzungen werden häufig nur in einem gerichtlichen Verfahren zu klären sein, sei es nach dem PStG (§ 45ff) oder in einem Statusprozeß (§ 640 II ZPO).

5 Hat sich die Mutter nach dem Tod des früheren Gatten **wiederverheiratet**, so würde die Erweiterung von § 1592 Nr 1 durch § 1593 S 1 zu einer doppelten Zuordnung des Kindes führen, die § 1593 **S 3** – entsprechend dem bisherigen § 1600 I – durch die Regelung vermeidet, die nach der Wiederheirat der Mutter geborene Kind dem neuen Ehemann zuordnet. Das bedeutet eine Einschränkung von § 1593 S 1, die aber mit dessen Einschränkung gegenüber dem bisherigen Recht (Rz 3) an Bedeutung verloren hat. Aber gerade im Fall der Beendigung der früheren Ehe durch Tod hat die Zuordnung des Kindes an den neuen Ehemann den Nachteil, daß diese Zuordnung von seiten des verstorbenen Mannes nicht mehr korrigiert werden kann. Denn das in solchem Fall nach dem bisherigen § 1595a aF gegebene Anfechtungsrecht der Eltern des Mannes wurde abgeschafft. Durch „rechtzeitige" Wiederheirat kann die schwangere Witwe erreichen, daß sie Alleinerbin ihres verstorbenen Mannes wird oder sich mindestens ihr gesetzlicher Erbteil erhöht.

6 Wird im Fall des **S 3** auf Anfechtungsklage gerichtlich festgestellt, daß der neue Ehemann nicht der Vater des Kindes ist, so entfällt rückwirkend die doppelte Zuordnung und es bleibt nur diejenige an den verstorbenen Ehemann bestehen. Diese Folgerung ordnet – entsprechend dem bisherigen § 1600 II – § 1593 **S 4** an.

§ 1594 Anerkennung der Vaterschaft

(1) Die Rechtswirkungen der Anerkennung können, soweit sich nicht aus dem Gesetz anderes ergibt, erst von dem Zeitpunkt an geltend gemacht werden, zu dem die Anerkennung wirksam wird.
(2) Eine Anerkennung der Vaterschaft ist nicht wirksam, solange die Vaterschaft eines anderen Mannes besteht.
(3) Eine Anerkennung unter einer Bedingung oder Zeitbestimmung ist unwirksam.
(4) Die Anerkennung ist schon vor der Geburt des Kindes zulässig.

1 1. **Textgeschichte.** Art 1 Nr 1 KindRG, AmtlBegr BT-Drucks 13/4899, 84.

2 2. Die Vorschrift nennt die Voraussetzungen, unter denen das Rechtsgeschäft der Anerkennung wirksam ist.

3 **Abs I** bezeichnet die den Status **gestaltende Wirkung** der Anerkennung. Diese wirkt zwar zurück, zB auf den Zeitpunkt eines das Kind berechtigenden Erbfalles, aber die Rückwirkung kann nicht vor dem Wirksamwerden der Anerkennung geltend gemacht werden.

3. **Abs II** entspricht dem bisherigen § 1600b III aF, der jedoch die endgültige Unwirksamkeit der Anerkennung anordnete, während jetzt nur noch **schwebende Unwirksamkeit** eintritt, die zur Wirksamkeit erstarkt, sobald die Vaterschaft des anderen Mannes rechtskräftig angefochten oder der sie feststellende Titel beseitigt ist. Scheidung oder Aufhebung der Ehe mit der Mutter ändern noch nichts an der Vaterschaft des früheren Ehemannes. Im Fall des scheidungsakzessorischen Statuswechsels nach § 1599 II kann die Anerkennung der hier erforderlichen Zustimmung des Ehemannes der Mutter und der Rechtskraft des Scheidungsurteils vorausgehen, wird dann aber erst mit Hinzutreten dieser beiden Erfordernisse wirksam.

4. **Abs III** entspricht dem bisherigen § 1600b I aF. Das Erfordernis der Klarheit duldet **keine Bedingung oder Befristung** von statusgestaltenden Erklärungen, vgl §§ 1311 S 2, 1597 III S 2, § 1752 II.

5. **Abs IV** entspricht dem bisherigen § 1600b II aF. Die **pränatale** Anerkennung kann Wirkungen nur entfalten, wenn ein lebendes Kind geboren wird. Nach § 1595 III kann auch die Zustimmung bereits pränatal erklärt werden. Die pränatale Anerkennung ist Voraussetzung dafür, daß die Eltern pränatale Sorgeerklärungen (§ 1626 II) mit der Wirkung abgeben können, daß das Kind mit der Geburt unter ihrer gemeinsamen Sorge steht und bereits die Fürsorge für die Leibesfrucht gem § 1912 II beiden Elternteilen zusteht, ferner dafür, daß gem § 1617 I S 1 nur beide Eltern bereits mit der Meldung der Geburt den Geburtsnamen des Kindes bestimmen können. Hat die Mutter den Anerkennenden vor der Geburt geheiratet, so beruht seine Vaterschaft auf § 1592 Nr 1 (Soergel/Gaul § 1600b aF Rz 6 mN).

6. Hat die Mutter vor der Geburt des Kindes einen anderen Mann geheiratet, so wird dieser nach § 1592 Nr 1 Vater des Kindes. Die pränatale Anerkennung wird durch eine spätere ebenfalls „pränatale" Eheschließung mit einem anderen Mann nicht wirkungslos (§ 1592 Rz 9). Anders, wenn ihr die Eheschließung vorausgegangen ist; dann kann sie gem Abs II erst dann wirksam werden, wenn die Vaterschaft des Ehemannes erfolgreich angefochten wird (s Rz 6).

Auch eine **präkonzeptionelle** Anerkennung ist zuzulassen (ebenso MüKo/Wellenhofer-Klein Rz 41), die sich allerdings auf eine konkret bevorstehende (Er-)Zeugung beziehen muß. Ein Bedürfnis danach besteht bei ärztlich unterstützter Fortpflanzung im analog-heteronomen System, also bei Impotenz des mit der Mutter nicht verheirateten Wunschvaters, wo zu den juristischen Präliminarien der ärztlichen Behandlung die Sicherstellung der Vaterschaft gehört (§ 1600 Rz 7). Von daher sollte bei einer „natürlichen" heterologen Fortpflanzungshilfe nichts anderes gelten.

7. Der Wegfall des Erfordernisses der Zustimmung des Kindes im Regelfall ermöglicht die **postmortale** Vaterschaftsanerkennung nach dem Tod des Kindes (BayObLG FamRZ 2001, 1543), wenn die Mutter unmittelbar vor seinem Tod zustimmungsberechtigt war.

8. Wegen Willensmangels ist die Anerkennung nicht nach §§ 119ff mit der Folge der Unwirksamkeit nach § 142 I anfechtbar, aber eine Anfechtung nach §§ 119ff kann im Rahmen der Vaterschaftsanfechtung andere Wirkungen haben: Der Fall der Drohung kann nach § 1600b VI S 1 die Anfechtungsfrist verlängern, jeder Willensmangel zerstört nach § 1600c II die nach dessen Abs I an die Anerkennung sonst geknüpfte Vaterschaftsvermutung.

9. Auch wenn das Kind noch keinen Vater hat, auf Grund einer rechtskräftigen Entscheidung aber feststeht, daß der Anerkennende nicht der Vater des Kindes ist, muß die Anerkennung wegen der Rechtskraft dieser Entscheidung als unwirksam angesehen werden (vgl § 1600d Rz 30).

1595 *Zustimmungsbedürftigkeit der Anerkennung*
(1) **Die Anerkennung bedarf der Zustimmung der Mutter.**
(2) **Die Anerkennung bedarf auch der Zustimmung des Kindes, wenn der Mutter insoweit die elterliche Sorge nicht zusteht.**
(3) **Für die Zustimmung gilt § 1594 Abs. 3 und 4 entsprechend.**

1. **Textgeschichte.** Art 1 Nr 1 KindRG, AmtlBegr BT-Drucks 13/4899, 54, 84f.

2. Seit mit dem NEhelG das damals uneheliche Kind mit seinem Vater auch im Rechtssinne verwandt ist, sollte sich kein Mann ihm als Vater aufdrängen können; daher bedurfte die Anerkennung seitdem der Zustimmung des Kindes. Das KindRG hat ein Zustimmungsrecht der Mutter eingeführt, das nunmehr regelmäßig dasjenige des Kindes verdrängt. Nach der AmtlBegr ist die Mutter aus eigenem Recht zustimmungsberechtigt. Darin liegt eine Parallele zu dem Recht der Eltern gem § 1747, in die Adoption ihres Kindes einzuwilligen. Das Zustimmungsrecht der Mutter setzt daher nicht voraus, daß sie für das Kind sorgeberechtigt ist.

Das **Zustimmungsrecht der Mutter** ist rechtspolitisch zweifelhaft (verfassungsrechtliche Bedenken auch bei Pal/Diederichsen Rz 1). Mit ihrer Zustimmung gestaltet die Mutter ein zwischen dem Mann und dem Kind, also zwischen Dritten, bestehendes Rechtsverhältnis, von dem sie selbst nur reflexartig, am meisten bei der elterlichen Sorge, betroffen ist. Dadurch wird das verfassungsmäßige Persönlichkeitsrecht nicht nur des Kindes (Staud/Göppinger 12. Aufl § 1600c aF Rz 1), sondern auch des Mannes beeinträchtigt, der zwar nicht beanspruchen kann, über die Begründung des Vater-Kind-Verhältnisses allein zu entscheiden, der aber durch das Erfordernis der Einwilligung der Mutter einer weitergehenden Fremdbestimmung unterworfen ist (Beitzke/Lüderitz § 23 II 4; Henrich § 17 IV 2a; Giesen Rz 526 Fn 19) als bei reiner Zustimmungsberechtigung des Kindes. Wenn die AmtlBegr dem Mann auf die Möglichkeit verweist, auf Feststellung der Vaterschaft zu klagen, so kann ihm auf diesem Weg bis zur Rechtskraft des Urteils die Anerkennung eines anderen Mannes zuvorkommen, die er nicht anfechten kann (vgl § 1600d Rz 2). Nicht geregelt ist der Fall des Todes der Mutter. Nach der AmtlBegr entfällt dann die Möglichkeit der Anerkennung und bleibt nur die Vaterschaftsfeststellung nach §§ 1600d und e. Diese Lösung läge nahe, wenn die Mutter wegen ihrer Kenntnis in das Rechtsgeschäft der Vaterschaftsanerkennung einbezogen wäre. Es war dem Gesetzgeber aber darauf angekommen, die Rechte der Mutter, also ihr Persönlichkeitsrecht, zu stärken.

§ 1595

Folgerichtig muß mit dem Tod der Mutter das Erfordernis ihrer Zustimmung entfallen (ebenso Staud/Rauscher Rz 15; MüKo/Wellenhofer-Klein Rz 8).

3 Das Erfordernis der **Zustimmung des Kindes** (§ 1600c aF) ist für den Regelfall entfallen. Nachdem die Mutter ein eigenes Zustimmungsrecht erhalten hat und gem § 1626a II – nach Wegfall der Pflegschaft des § 1706 aF – der geborene uneingeschränkte gesetzliche Vertreter des Kindes ist, wäre ihre doppelte Beteiligung an der Zustimmung ein „sinnloser Formalismus" gewesen (BT-Drucks 13/4899, 84). Schon daraus ergibt sich, daß das **volljährige** Kind zusätzlich zur Mutter zustimmungsberechtigt ist. Bei **Minderjährigkeit** des Kindes wäre der sinnlose Formalismus dann vermieden worden, wenn die Mutter nur in den Ausnahmefällen, in denen sie nicht schon als Vertreterin des Kindes beteiligt ist, das Zustimmungsrecht aus eigenem Recht erhalten hätte. Der Gesetzgeber hat umgekehrt das Zustimmungsrecht des Kindes an die Voraussetzung geknüpft, daß die Mutter insoweit nicht sorgeberechtigt ist. Die Regelung ist wenig geglückt, wenn sie das Einwilligungsrecht des Kindes von der fehlenden Sorgeberechtigung der Mutter abhängig macht, obwohl deren Beteiligung von der Innehabung des Sorgerechts unabhängig ist. Nach dem Gesetzeszweck soll das Kind nur dann zustimmungsberechtigt sein, wenn der Mutter nicht zugetraut werden kann, daß sie ihr eigenes Zustimmungsrecht auch im Interesse des Kindes ausübt. Das ist dann der Fall, wenn die Mutter in persönlichen Angelegenheiten nicht sorgeberechtigt ist. Von den Fällen fehlender voller Geschäftsfähigkeit der Mutter abgesehen, wird diese Voraussetzung, je jünger das Kind ist, desto seltener vorliegen und bei pränataler Anerkennung praktisch nie.

4 Die so zu verstehende Voraussetzung, daß „der Mutter insoweit die elterliche Sorge nicht zusteht", ist gegeben,
– wenn der Mutter die elterliche Sorge gem **§ 1666** in einem Bereich entzogen ist, in den die Mitwirkung an der Anerkennung der Vaterschaft fiele, wenn sie nicht eigenes Recht der Mutter wäre;

5 – wenn die Mutter, wäre sie nicht aus eigenem Recht, sondern als gesetzliche Vertreterin des Kindes beteiligt, gem **§ 1795** von der Vertretung des Kindes bei der Zustimmung ausgeschlossen wäre. Das ist besonders der Fall, wenn Anerkennender der Ehemann der Mutter ist (vgl § 1795 Rz 3);

6 – wenn analog **§ 1796** bei einer von der Mutter gewollten Vaterschaftsanerkennung das Interesse des Kindes zu dem Interesse der Mutter, ihres Ehemannes oder eines in gerader Linie mit der Mutter Verwandten in erheblichem Gegensatz steht. Zwar wollte der Gesetzgeber ein wahrnehmende Pfleger wahrzunehmende Zustimmungsrecht des Kindes dadurch zugunsten des alleinigen Zustimmungsrechtes der Mutter weiter beschränken, daß ein Pfleger nicht schon gem § 1796 bestellt werden kann und soll, weil das Interesse des Kindes zu dem Interesse der Mutter in erheblichem Gegensatz steht. Denn § 1629 II S 3 Hs 2 idF des BeistandschaftsG schließt § 1796 „für die Feststellung der Vaterschaft" aus. Dieser Wortlaut ist objektiv zweideutig, er kann im engeren Sinne der gerichtlichen Feststellung der Vaterschaft (§§ 1592 Nr 3, 1600d) oder im weiteren Sinne jeder materiellen Feststellung des Vaters verstanden werden, wie dies der Gesetzessprache in § 1706 Nr 1 aF und dem entsprechenden neuen § 1712 I Nr 1 entspricht (vgl § 1712 Rz 8). In der AmtlBegr des KindRG zum neu eingeführten Zustimmungsrecht der Mutter (S 54) ist als ergänzendes Mittel, deren Stellung gerade bei der Vaterschaftsanerkennung zu stärken, auf den durch das BeistandG eingeführten § 1629 II S 3 Hs 2 hingewiesen. Dem kann jedoch nicht gefolgt werden. Bedeutung hätte die Einschränkung des § 1796 nur in Fällen, in denen die Mutter die Feststellung der Vaterschaft will, während ein Pfleger des Kindes sie aus dessen Interesse ablehnen würde. Lehnt die Mutter dagegen die Vaterschaftsanerkennung ab, so kann sie diese allein durch Verweigerung ihrer Zustimmung verhindern, ohne daß es nötig wäre, dem Kind das Zustimmungsrecht zu versagen. Daher können die in der AmtlBegr zum BeistandschaftG zu § 1630 II S 3 Hs 2 gegebenen Beispiele der Zeugung des Kindes durch Inzest oder Vergewaltigung (BT-Drucks 13/892, 34) nicht davon überzeugen, der Mutter trotz Interessenwiderstreits die Vertretung bei der Vaterschaftsanerkennung zu belassen, weil diese Gründe nur geeignet sind, die Mutter zur Ablehnung einer Vaterschaftsfeststellung zu veranlassen, was sie auch im Rahmen die Einschränkung durchsetzen kann. Die weite Auslegung von § 1629 II S 3 Hs 2 und Heranziehung im Rahmen von § 1595 wäre daher nur geeignet, der Mutter zu ermöglichen, die Vaterschaftsanerkennung eines Mannes auch gegen das Interesse des Kindes zu erreichen. Die Anwendung von § 1796 ist aber bei einem Kleinkind und besonders bei pränataler Anerkennung der Vaterschaft das einzig mögliche Korrektiv zugunsten des Kindeswohls. I Erg wie hier MüKo/Wellenhofer-Klein Rz 10.

7 Gesetzlicher Vertreter des Kindes bei Ausübung des Zustimmungsrechts ist unter der Voraussetzung des § 1773 I ein Vormund und andernfalls, wenn das Kind für einzelne oder einen Ausschnitt aus den Angelegenheiten der elterlichen Sorge einen gesetzlichen Vertreter erhalten hat, ein Pfleger, in dessen Aufgabenbereich die Wahrnehmung des Zustimmungsrechtes fallen muß.

8 3. Nicht erforderlich ist, wenn die Mutter verheiratet ist, die Zustimmung des **Ehemannes** zu der Anerkennung durch einen anderen Mann, die dieser vorsorglich für den Fall erklärt, daß die auf § 1592 Nr 1 beruhende Vaterschaft des Ehemannes erfolgreich angefochten wird.

9 4. Die Verweisung des **Abs III** auf § 1594 III stellt klar, daß auch die Zustimmung der Mutter und des Kindes keine Bedingung oder Befristung dulden; die Verweisung auf § 1594 IV ermöglicht, auch die Zustimmung pränatal zu erteilen.

1596

Anerkennung und Zustimmung bei fehlender oder beschränkter Geschäftsfähigkeit
(1) Wer in der Geschäftsfähigkeit beschränkt ist, kann nur selbst anerkennen. Die Zustimmung des gesetzlichen Vertreters ist erforderlich. Für einen Geschäftsunfähigen kann der gesetzliche Vertreter mit Genehmigung des Vormundschaftsgerichts anerkennen. Für die Zustimmung der Mutter gelten die Sätze 1 bis 3 entsprechend.

Abstammung § 1597

(2) Für ein Kind, das geschäftsunfähig oder noch nicht 14 Jahre alt ist, kann nur der gesetzliche Vertreter der Anerkennung zustimmen. Im Übrigen kann ein Kind, das in der Geschäftsfähigkeit beschränkt ist, nur selbst zustimmen; es bedarf hierzu der Zustimmung des gesetzlichen Vertreters.
(3) Ein geschäftsfähiger Betreuter kann nur selbst anerkennen oder zustimmen; § 1903 bleibt unberührt.
(4) Anerkennung und Zustimmung können nicht durch einen Bevollmächtigten erklärt werden.

1. **Textgeschichte.** Art 1 Nr 1 KindRG, AmtlBegr BT-Drucks 13/4899, 85. Das KindRVerbG v 12. 4. 2002 hat in Abs I S 4 die Verweisung auf den vorangehenden S 3 erweitert.

2. Die Vorschrift regelt zusammengefaßt die Vertretbarkeit und die **Ersatzzuständigkeit** bei der Erklärung der Anerkennung und der Zustimmung, wenn der Anerkennende oder ein Zustimmungsberechtigter nicht voll geschäftsfähig ist oder einen Betreuer hat. Die Vorschrift entspricht für den Anerkennenden und zustimmungsberechtigte Kind dem früheren § 1600d aF und fügt die Regelung für die zustimmungsberechtigte Mutter hinzu.

3. Anerkennung und Zustimmungen sind insofern **höchstpersönlich**, als **gewillkürte Stellvertretung** ausgeschlossen ist (Abs IV). Auch ein Betreuer kann den geschäftsfähigen Betreuten nicht vertreten. Ein Betreuer, der einem sich auf Anerkennung oder Zustimmung erstreckenden Einwilligungsvorbehalt unterliegt, sowie Mann, Mutter oder Kind, wenn in der Geschäftsfähigkeit beschränkt – das heißt minderjährig und nicht geschäftsunfähig – das Kind jedoch nur, wenn über 14 Jahre, müssen die Erklärung selbst abgeben, brauchen dazu aber die Zustimmung des gesetzlichen Vertreters. Nur für einen **geschäftsunfähigen Mann** oder ein ausnahmsweise zustimmungsberechtigtes geschäftsunfähiges oder noch nicht 14 Jahre altes **Kind** gibt der gesetzliche Vertreter allein die Erklärung ab; der Vertreter des geschäftsunfähigen Mannes, nicht aber das Kind, braucht dazu die Genehmigung des VormG.

Hinsichtlich des durch das KindRG eingeführten Erfordernisses der Zustimmung auch der Mutter war ursprünglich in Abs I S 4 nur auf die Sätze 1 und 2 verwiesen, so daß in der 10. Aufl die Ansicht vertreten worden war, daß bei **Geschäftsunfähigkeit der Mutter** keine Anerkennung möglich sei. Nach der Änderung durch den KindRVerbG wird die geschäftsunfähige Mutter ebenso wie ein solcher Vater nunmehr bei dem Rechtsgeschäft der Anerkennung gesetzlich vertreten.

4. Als **gesetzlicher Vertreter zuständig** ist a) bei einem Volljährigen, Mann oder Kind, der Betreuer; b) bei Minderjährigkeit von Mann oder Mutter der elterliche Inhaber der Personensorge, der Vormund oder ein Ergänzungspfleger; c) bei dem minderjährigen Kinde gem § 1595 II nie die Mutter, weil das Kind nur zustimmungsberechtigt ist, wenn es einen Vormund oder Pfleger hat.

5. Haben Mann, Mutter oder Kind, **ohne geschäftsunfähig zu sein**, einen **Betreuer**, so kann sich dessen Aufgabenkreis auf die Anerkennung oder Zustimmung dazu grundsätzlich nicht erstrecken; das folgt aus **Abs III Hs 1**. Das in Hs 2 angeordnete Unberührtbleiben von § 1903 besagt, daß ein Einwilligungsvorbehalt bezüglich der Anerkennung oder Zustimmung angeordnet werden kann. Die Besonderheit dieser Regelung besteht darin, daß die Angelegenheit nur bei Anordnung eines Einwilligungsvorbehalts Aufgabe des Betreuers sein kann und dieser auf die Einwilligung in die vom Betreuten abgegebene Erklärung beschränkt ist, die Anerkennung bzw die Zustimmung zur Anerkennung aber nicht selbständig erklären kann. Ist der Betreute **geschäftsunfähig**, so kann nur ein Betreuer der gesetzliche Vertreter sein, der gem Abs I – mit Genehmigung des VormG – die Anerkennung oder Zustimmung erklärt. Bei Geschäftsunfähigkeit des Betreuten kann somit die Anerkennung (Abs I S 2) oder die Zustimmung des Kindes dazu zum Aufgabenkreis des Betreuers gehören oder diesen bilden.

6. Ist ein Betreuer mit dem Aufgabenkreis der Anerkennung bzw der Zustimmung zur Anerkennung der Vaterschaft bestellt, so kann die Frage der Geschäftsunfähigkeit des Betreuten offen bleiben, wenn für diese Angelegenheit ein Einwilligungsvorbehalt angeordnet ist und Betreuter und Betreuer die anerkennende bzw zustimmende Erklärung abgegeben haben und das VormG die Erklärung des Betreuten genehmigt. Verweigert der Betreute die anerkennende bzw zustimmende Erklärung, kommt die Anerkennung nur zustande, wenn er geschäftsunfähig ist und die Anerkennung zum Wohl des Betreuten erforderlich wird (§ 1901 III S 1 und § 1901 Rz 10 aE).

1597 *Formerfordernisse; Widerruf*

(1) Anerkennung und Zustimmung müssen öffentlich beurkundet werden.
(2) Beglaubigte Abschriften der Anerkennung und aller Erklärungen, die für die Wirksamkeit der Anerkennung bedeutsam sind, sind dem Vater, der Mutter und dem Kind sowie dem Standesbeamten zu übersenden.
(3) Der Mann kann die Anerkennung widerrufen, wenn sie ein Jahr nach der Beurkundung noch nicht wirksam geworden ist. Für den Widerruf gelten die Absätze 1 und 2 sowie § 1594 Abs. 3 und § 1596 Abs. 1, 3 und 4 entsprechend.

1. **Textgeschichte.** Art 1 Nr 1 KindRG, AmtlBegr BT-Drucks 13/4899, 85.

2. **Zu Abs I.** Die vor dem KindRG in § 1600e I aF vorgeschriebene Form der **öffentlichen Beurkundung** gilt jetzt außer für die Anerkennung für jede Zustimmung, also auch die eines gesetzlichen Vertreters, gem § 1599 II S 2 Hs 2 auch für die des Ehemannes der Mutter im dort geregelten Fall. Für die vorbehaltene Einwilligung eines Betreuers kann nichts anderes gelten.

3. **Abs II.** Die Erklärungen sind **nicht empfangsbedürftig**. Nicht als Wirksamkeitserfordernis, aber gleichwohl zwingend schreibt Abs II vor, daß von allen für die Wirksamkeit der Anerkennung bedeutsamen Erklärungen beglaubigte Abschriften dem Vater, der Mutter, dem Kind und dem Standesbeamten zu übersenden sind; hinsichtlich des Standesbeamten folgt dies schon aus § 29 II PStG. Jeder Beteiligte kann dann dem Datum der letzten

erforderlichen Beurkundung entnehmen, wann die Vaterschaftsanerkennung zustande gekommen ist, was für die Anfechtungsfrist nach § 1600h Bedeutung hat. Die Übersendung an die genannten Beteiligten hat auch dann zu erfolgen, wenn diese ihre gleichgerichtete Erklärung bereits übersandt haben. Bei nicht voll Geschäftsfähigen ist analog § 131 I und II S 1 an den gesetzlichen Vertreter zu übersenden, bei beschränkt Geschäftsfähigen ist § 131 II S 2 Fall 2 jedoch nicht anwendbar. Aus dem gleichen Grund, aus dem das Kind im Regelfall nicht einwilligungsberechtigt ist, braucht ihm dann auch nicht übersandt zu werden. **Zeitpunkt**, zu dem das Rechtsgeschäft der Vaterschaftsanerkennung **wirksam wird**, ist somit die Beurkundung der letzten erforderlichen Erklärung bzw. der Zugang der letzten Zustimmung eines gesetzlichen Vertreters zu der Erklärung des minderjährigen Vertretenen bzw Bekanntgabe der erforderlichen, noch ausstehenden Genehmigung des VormG zur Erklärung des gesetzlichen Vertreters eines geschäftsunfähigen Beteiligten. Hinsichtlich der Genehmigung des VormG bleibt es bei §§ 1832, 1828 und hat der Vormund diese als engeres Wirksamkeitserfordernis seiner eigenen Erklärung gem § 1597 II weiterzuübersenden.

4 4. Während nach dem bisherigen § 1600e III aF die Zustimmung, auch die eines gesetzlichen Vertreters, bis zum Ablauf von 6 Monaten nach Beurkundung der Anerkennung erteilt werden konnte, verzichtet das neue Recht auf eine solche Frist und führt statt dessen in **Abs III** ein **Widerrufsrecht** des Anerkennenden ein, wenn die Anerkennung 1 Jahr nach der Beurkundung seiner Anerkennungserklärung noch nicht wirksam geworden ist. Infolge der Verweisung des Abs III S 2 auf Abs I muß der Widerruf öffentlich beurkundet werden. Infolge der Verweisung auf Abs II muß je eine beglaubigte Abschrift der Mutter, dem Kind und dem Standesbeamten übersandt werden. Infolge der Verweisung auf § 1594 III darf der Widerruf nicht bedingt oder befristet sein. Infolge der Verweisung auf § 1596 I hat für einen geschäftsunfähigen Mann der gesetzliche Vertreter mit Genehmigung des VormG den Widerruf zu erklären; ist der Mann nicht geschäftsunfähig, aber noch nicht volljährig, also in der Geschäftsfähigkeit beschränkt, so kann der Anerkennende selbst widerrufen, braucht dazu jedoch die Zustimmung seines gesetzlichen Vertreters. Aus der Verweisung auf § 1596 III folgt, daß ein volljähriger Anerkennender, der unter Betreuung steht, ohne geschäftsunfähig zu sein, nur selbst widerrufen kann, es sei denn, für die Angelegenheit der Vaterschaftsanerkennung oder enger für die Angelegenheit des Widerrufs wäre ein Einwilligungsvorbehalt angeordnet: auch dann kann er nur selbst widerrufen, braucht dazu aber die Einwilligung seines Betreuers. Nur bei Geschäftsunfähigen kann der Betreuer mit Genehmigung des VormG widerrufen.

5 5. Mit dem Widerruf verlieren auch vorher abgegebene Erklärungen ihre Wirksamkeit, so daß sie erneuert werden müssen, falls der Widerrufende erneut die Anerkennung erklärt.

6 6. Zuständig für die öffentliche Beurkundung sind der Notar (§ 20 BNotO), das Amtsgericht (§ 62 Nr 1 BeurkG, § 3 Nr 1 lit f RpflG), der Standesbeamte (§ 29a I PStG, § 58 BeurkG), die Urkundsperson beim Jugendamt (§ 59 I 1 Nr 1 SGB VIII, § 59 BeurkG) und das Gericht, bei dem eine Vaterschaftsklage anhängig ist (§ 641c ZPO).

1598 *Unwirksamkeit von Anerkennung, Zustimmung und Widerruf*
(1) Anerkennung, Zustimmung und Widerruf sind nur unwirksam, wenn sie den Erfordernissen der vorstehenden Vorschriften nicht genügen.
(2) Sind seit der Eintragung in ein deutsches Personenstandsbuch fünf Jahre verstrichen, so ist die Anerkennung wirksam, auch wenn sie den Erfordernissen der vorstehenden Vorschriften nicht genügt.

1 1. Textgeschichte. Art 1 Nr 1 KindRG, AmtlBegr BT-Drucks 13/4899, 85f.

2 2. Die Vorschrift entspricht weitgehend dem bisherigen § 1600f aF.

3 3. Indem eine Unwirksamkeit von Anerkennung, Zustimmung oder Widerruf auf die Fälle eines Verstoßes gegen die vorstehenden Vorschriften beschränkt wird, werden allgemeine Vorschriften, nach denen eine Willenserklärung nichtig oder vernichtbar (anfechtbar) ist, ausgeschlossen. Im Gegenschluß ergibt Abs I die positive und negative, naturgemäß gegen alle wirkende Statuswirkung der Anerkennung, ebenso wie die zur Anerkennung in Alternative stehende Vaterschaftsfeststellung durch Urteil in § 640h ZPO niedergelegt ist.

4 4. Die Erklärung genügt zB dann den vorstehenden Vorschriften nicht, wenn sie von einem Geschäftsunfähigen (§§ 104 Nr 2, 105 I) oder im Zustand der Erklärungsunfähigkeit (§ 105 II), nicht vom richtigen gesetzlichen Vertreter oder nicht in der in § 1597 I vorgeschriebenen Form abgegeben wurde. Die in § 1597 II vorgeschriebene Übersendung beglaubigter Abschriften ist zur Wirksamkeit nicht erforderlich; Unterbleiben oder Fehlerhaftigkeit der Übersendung sind daher unschädlich.

5 5. Von der Beschränkung des Abs I unberührt bleiben indessen solche Unwirksamkeitsgründe, die außerhalb des Tatbestandes der Vaterschaftsanerkennung im Status des Kindes liegen. Die Unwirksamkeit einer Anerkennung, solange die Vaterschaft eines anderen Mannes besteht, ist in § 1594 II angeordnet.

6 6. Die Bedeutung des Abs I liegt im Ausschluß anderer denkbarer Unwirksamkeitsgründe. Nach allgemeiner Ansicht ist keine der zum Rechtsgeschäft der Vaterschaftsanerkennung gehörenden Erklärungen wegen Willensmangels mit der Folge anfechtbar, daß die Rechtswirkung entfiele (KG NJW-RR 1987, 388). Die darin liegende Strenge ist hinnehmbar, weil dem Erklärenden die Anfechtung der Vaterschaft nach § 1600 offensteht und § 1600c II der irrtümlichen oder abgenötigten Erklärung die Wirkung abspricht, das Ergebnis des Anfechtungsprozesses durch eine von der Anerkennung ausgehende Vermutung zu beeinflussen.

7 7. Vor allem macht der Umstand, daß die Anerkennung oder eine Zustimmung **wider besseres Wissen** abgegeben wurden, die Vaterschaftsanerkennung nicht wirkungslos. Die Charakterisierung der Anerkennungserklärung als Wissenserklärung (Firsching Rpfleger 1970, 1/15) oder „Wissens- und Willenserklärung" (Pal/Diederichsen § 1600b aF Rz 1; Göppinger DRiZ 1970, 149, MüKo/Mutschler 3. Aufl § 1600a aF Rz 3) trifft den Regelfall, aber nicht den juristischen Kern: denn auch die bewußt unrichtige Anerkennung ist wirksam (so jedenfalls die hM, Gernhuber/Coester-Waltjen § 52 I 3 mN; Pal/Diederichsen § 1594 Rz 4; MüKo/Mutschler 3. Aufl § 1600a aF Rz 3, anders jetzt MüKo/Wellenhofer-Klein § 1594 Rz 4; Soergel/Gaul § 1600f aF Rz 2; Lüderitz Rz 647). Dagegen hatte RGSt 70, 237 eine nach § 169 StGB strafbare Personenstandsfälschung angenommen und zuletzt BGH NJW 1951, 354 daraus gem § 134 die Unwirksamkeit der wahrheitswidrigen Vaterschaftsanerkennung gefolgert (ebenso Köln FamRZ 1974, 266, 267; Brüggemann FamRZ 1966, 530, 539; Roth-Stielow, Abstammungsprozeß, Rz 194 Fn 3; anders LG Krefeld DAVorm 1974, 261). Aber die unrichtige Anerkennung verfälscht nicht, sondern begründet erst den Personenstand des Kindes (ähnlich Schönke/Schröder/Lenckner StGB 26. Aufl § 169 Rz 7 und 9). Für den Erfolg der stets möglichen Anfechtung der Anerkennung kommt es nicht auf die Wahrhaftigkeit der Anerkennungserklärung, sondern die Richtigkeit der Feststellung an (Soergel/Gaul § 1600a aF Rz 2). Die Vaterschaftsanerkennung ist kein Anerkenntnis iSv § 307 I ZPO und kann daher, wenn im Prozeß erklärt, nicht Grundlage eines Anerkenntnisurteils sein (Hamm FamRZ 1988, 854). Die Anerkennung ist auch dann nicht wirkungslos, wenn sie gegen § 5 IV S 1 AdVermiG (vor § 1741 Rz 20) verstößt. Die Sanktion auf die verbotene Vermittlung beschränkt sich auf ein Bußgeld nach dem OWiG (§ 14 II Nr 1 und III AdVermiG).

8. Die Unwirksamkeit einer Vaterschaftsanerkennung kann in jeder Weise geltend gemacht werden. Anlaß zu rechtlichen Schritten gegen den Anschein einer wirksamen Vaterschaftsanerkennung besteht dann, wenn diese gem § 29 I PStG zu einem Randvermerk bei dem Geburteneintrag geführt hat. Gem § 47 PStG kann jeder Beteiligte die Streichung des Randvermerks beantragen. Das Berichtigungsverfahren unterfällt gem § 48 PStG dem FGG; zuständig ist gem § 50 PStG das Amtsgericht am Ort des Standesamtes, welches das betreffende Personenstandsbuch führt. Vater oder Kind können den Schein einer wirksamen Vaterschaftsanerkennung auch durch negative Feststellungsklage beseitigen; das erforderliche Feststellungsinteresse kann nach dem KindRG auch der Mutter nicht abgesprochen werden. **8**

9. Gem **Abs II** heilen Mängel des Rechtsgeschäftes der Vaterschaftsanerkennung 5 Jahre nach der Eintragung in ein deutsches Personenstandsbuch. Die Frist ist gewahrt, wenn die Berichtigung beantragt oder Feststellungsklage erhoben ist; während der Dauer des Verfahrens ist die Ausschlußfrist analog § 204 mit der Folge des § 209 gehemmt (Staud/Göppinger 12. Aufl § 1600f aF Rz 15 mwN; die abweichende Ansicht von RGRK/Böckermann § 1600f aF Rz 10 ist weder vom Wortlaut geboten noch mit dem Grundsatz vereinbar, daß die Dauer eines Verfahrens dem Antragsteller nicht zum Nachteil gereichen darf; ablehnend auch Staud/Rauscher Rz 16). **9**

1599 Nichtbestehen der Vaterschaft

(1) § 1592 Nr. 1 und 2 und § 1593 gelten nicht, wenn auf Grund einer Anfechtung rechtskräftig festgestellt ist, dass der Mann nicht der Vater des Kindes ist.

(2) § 1592 Nr. 1 und § 1593 gelten auch nicht, wenn das Kind nach Anhängigkeit eines Scheidungsantrags geboren wird und ein Dritter spätestens bis zum Ablauf eines Jahres nach Rechtskraft des dem Scheidungsantrag stattgebenden Urteils die Vaterschaft anerkennt; § 1594 Abs. 2 ist nicht anzuwenden. Neben den nach den §§ 1595 und 1596 notwendigen Erklärungen bedarf die Anerkennung der Zustimmung des Mannes, der im Zeitpunkt der Geburt mit der Mutter des Kindes verheiratet ist; für diese Zustimmung gelten § 1594 Abs. 3 und 4, § 1596 Abs. 1 Satz 1 bis 3, Abs. 3 und 4, § 1597 Abs. 1 und 2 und § 1598 Abs. 1 entsprechend. Die Anerkennung wird frühestens mit Rechtskraft des dem Scheidungsantrag stattgebenden Urteils wirksam.

1. Textgeschichte. Art 1 Nr 1 KindRG, AmtlBegr BT-Drucks 13/4899, 86. **1**

2. Systematik. Abs I begründet die Möglichkeit, jede nicht auf gerichtlicher Feststellung beruhende Vaterschaftszuordnung durch Anfechtungsklage zu beseitigen und leitet zu den §§ 1600 bis 1600b über, welche die Klagebefugnis (§ 1600), die Anfechtungsfrist (§ 1600a) und eine die Anfechtung erschwerende Vaterschaftsvermutung (§ 1600b) regeln. Die früher getrennten Institute der Anfechtung der Ehelichkeit und der Anfechtung der Anerkennung der Vaterschaft sind nunmehr vereinheitlicht zusammengefaßt. **2**

3. Die **Anfechtung der Vaterschaft** geschieht grundsätzlich durch Klage, ausnahmsweise (§ 1600e II) in einem Verfahren nach FGG durch Antrag. Mit der Anfechtung übt der Berechtigte eine ihm eingeräumte Gestaltungsmacht aus, und zwar mittels Prozeß- bzw Verfahrenshandlung, und zwar im Sinne von J. Goldschmidt eine Erwirkungshandlung. Der Anfechtung liegt ein materielles Gestaltungsrecht zugrunde; es handelt sich nicht um eine reine Prozeßhandlung (Staud/Rauscher Rz 5; MüKo/Wellenhofer-Klein Rz 16). Die strittige Frage des Umgangsrechts des nicht sorgeberechtigten Vaters (uneingeschränkt BGH FamRZ 1988, 711; verneinend Nürnberg NJW 1988, 831) ist nach Klageerhebung grundsätzlich nur noch unter den Voraussetzungen des § 1685 II, also nach Maßgabe der Klindeswohldienlichkeit zu bejahen, weil einem weiteren Recht das widersprüchliche Verhalten des Noch-Vaters entgegensteht. **3**

a) Das stattgebende Urteil wird, in Anlehnung an den Wortlaut von § 641 ZPO, als Feststellungs-, neuerdings häufiger als **Gestaltungsurteil** aufgefaßt (Soergel/Gaul § 1593 aF Rz 5). Inhaltlich trifft es eine Feststellung, aber seine Wirkung ist rechtsgestaltend; aus dem feststellenden Inhalt des gestaltenden Urteils ergibt sich seine Rückwirkung auf den Zeitpunkt der Geburt des Kindes. **4**

b) Die **Rechtskraft** des **stattgebenden Urteils** schließt ein auf Feststellung desselben Mannes als Vater gerichtetes Verfahren nach § 1600d aus. In einem Verfahren auf Feststellung der Vaterschaft eines anderen Mannes kann nicht eingewandt werden, daß der erste Mann der Vater sei, dieser braucht vor allem keine humangenetische Untersuchung (§ 372a ZPO) zu dulden. Die Unterscheidung von Status und zugrunde liegenden Tatsachen, mit welcher der BGH (FamRZ 1982, 697) die abweichende Entscheidung begründet hatte, ist allzu gesucht und nur vom Ergeb- **5** nis her erklärlich; bei der heute erreichten Sicherheit eines Ausschlußurteils (vgl § 1600c Rz 15) ist eine Durchbrechung der Rechtskraft nicht mehr begründet (anders noch die 10. Aufl, wie hier Zöller/Philippi § 640h ZPO Rz 3).

6 c) Der **Umfang der Rechtskraft eines** die Anfechtungsklage **abweisenden Urteils** ist umstritten. Die Rechtskraft bestimmt sich danach, ob in den Gründen nur das Anfechtungsrecht des Klägers, zB mangels Berechtigung oder wegen Fristversäumung, oder ob die Abstammung verneint wird (MüKo-ZPO/Coester-Waltjen § 640h Rz 9; Wieczorek/Schlüter § 640h ZPO Rz 8; Stein/Jonas/Schlosser § 640h ZPO Rz 5). Darüber hinaus hat Düsseldorf NJW 1970, 2760 von der Rechtskraft den Fall ausgenommen, daß der Kläger abgewiesen wurde, weil er den von ihm für die Einholung eines Gutachtens angeforderten Kostenvorschuß nicht eingezahlt hatte. Noch weiter darüber hinaus wird man in Würdigung der verfassungsrechtlichen Bedeutung der Abstammung nur einer solchen Abweisung die Inter-omnes-Wirkung zusprechen dürfen, die auf einer unbeschränkten Ermittlung beruht und nicht durch ein nur im gegebenen Zeitpunkt nicht behebbares Defizit von Untersuchungsmaterial behindert war.

7 d) Mit der **rückwirkenden** Feststellung, daß der Mann nicht der Vater des Kindes ist, verliert dieser ebenfalls rückwirkend die **elterliche Sorge**. War er mit der Mutter gemeinsam sorgeberechtigt, so sind in der Vergangenheit namens des Kindes getätigte Rechtsgeschäfte nur wirksam, wenn die gemeinsam mit dem Vater gesamtvertretungsberechtigte Mutter unmittelbar oder als Bevollmächtigte ihres Mannes mitgewirkt hat, und zwar kraft des Alleinvertretungsrechtes der Mutter (ebenso Gernhuber/Coester-Waltjen § 51 VIII Fn 4; MüKo/Wellenhofer-Klein Rz 28). Die Ansicht, welche die vom Mann namens des Kindes getätigten Rechtsgeschäfte analog dem früheren, durch das BtG aufgehobenen § 115 I S 2 wirksam sein ließ (Boehmer, Grundlagen Bd 1 S 123; Staud/Göppinger 12. Aufl § 1593 aF Rz 36; Soergel/Gaul § 1593 aF Rz 34; MüKo/Mutschler 3. Aufl § 1593 aF Rz 31), hat daher nur noch für Fälle Bedeutung, in denen der Vater allein sorgeberechtigt gewesen war. Soweit dem Scheinvater das Sorge- oder Vertretungsrecht vom Gericht übertragen war (§§ 1628, 1671, 1672, 1678 II, 1680), sieht Staud/Rauscher Rz 31 einen Hoheitsakt mit hinreichendem Grund für die Vertretungsmacht, der vom Wegfall seiner statusmäßigen Voraussetzung nicht berührt wird. Im verbleibenden Fall des § 1678 I, in dem die alleinige Sorgeberechtigung ex lege eintritt, verweist Rauscher nur auf die Möglichkeit nachträglicher Genehmigung durch den neuen Vertretungsberechtigten. Das befriedigt nicht, wie das Beispiel zeigt, daß der Scheinvater etwa ein dem Kind gehörendes Grundstück verkauft hat. Lüderitz Rz 666 verweist anstelle des aufgehobenen § 115 auf die §§ 1698a, 1698b, 1893, welche eine erloschene gesetzliche Vertretungsmacht zugunsten gutgläubiger Dritter fortbestehen lassen, ebenso MüKo/Wellenhofer-Klein Rz 28; der gleiche Rechtsgedanke liegt § 32 FGG zugrunde.

Auch nach erfolgreicher Anfechtung behält der frühere Ehemann oder nichteheliche Partner der Mutter das Recht auf **Umgang** mit dem Kind nach § 1685 II.

8 5. **Wirkungen der Anfechtungsklage und des stattgebenden Urteils auf Unterhaltspflicht des Vaters.** Die Wirkungen einer erfolgreichen Anfechtung treten erst mit der Rechtskraft des Urteils ein. Daher schuldet der Scheinvater dem Kind Unterhalt bis zur Rechtskraft des seine Vaterschaft verneinenden Urteils (BGH FamRZ 1981, 531, 532). Die Anfechtung allein rechtfertigt nicht einmal die Einstellung der Zwangsvollstreckung aus einem Unterhaltstitel gegen den anfechtenden Vater (LG Stuttgart DAVorm 1980, 115, 117); ausnahmsweise kann jedoch das Unterhaltsverlangen rechtsmißbräuchlich sein (Hamm NJW 1994, 2424).

9 Mit der Rechtskraft des Anfechtungsurteils entfällt die Unterhaltspflicht des Vaters. Ein Titel wird jedoch nicht von selbst wirkungslos, sondern ist auf Vollstreckungsgegenklage des Mannes (§ 767 ZPO) aufzuheben.

Gleiches gilt für Leistungen des nicht mit der Mutter verheirateten Mannes **an die Mutter** auf Grund § 1615l aber auch für Leistungen der Mutter an das Kind betreuenden Mann auf Grund von Abs IV dieser Vorschrift.

Auch der Anspruch, den die das Kind betreuende Mutter nach Scheidung aus § 1570 gegen den früheren Ehemann hat, ist nach Rechtskraft des Anfechtungsurteils nicht mehr gegeben, ein Unterhaltstitel auf Vollstreckungsgegenklage aufzuheben. Allerdings kann sich die Leistung aus einem konkurrierenden Unterhaltsgrund als berechtigt erweisen; vor der Scheidung wird das angesichts § 1361 II sogar die Regel sein. Die grundsätzliche Unterhaltsberechtigung des nur getrenntlebenden, wirtschaftlich schwächeren Ehegatten hängt va davon ab, ob ihm eine Erwerbstätigkeit obliegt. Bei dieser Frage kann das nach erfolgreicher Anfechtung einseitige Kind der Mutter nur dann zu Lasten des Ehemannes berücksichtigt werden, wenn er zuvor im Bewußtsein, daß das Kind nicht von ihm stammt, das Familienleben mit dem Kind aufgenommen hatte.

10 Das erfolgreiche Anfechtungsurteil begründet die **Rückforderung** früher **geleisteten Unterhalts**. Das gilt für alle Leistungen des Mannes, für deren Rechtsgrund die Abstammung des Kindes von ihm konstitutiv war; dieser Rechtsgrund ist rückwirkend entfallen (BGH LM § 812 Nr 150). Die Kenntnis der Mutter von der fehlenden Abstammung muß das Kind gem §§ 819, 166 gegen sich gelten lassen. Die Sperrwirkung des wie immer begründeten Status steht einem Unterhaltsregreß grundsätzlich nicht entgegen (§ 1592 Rz 28). War der Unterhaltsanspruch des Kindes aber tituliert, so bildet der Titel einen eigenen, der bereicherungsrechtlichen Rückforderung entgegenstehenden Rechtsgrund (BGH NJW 1982, 1147; Reuter/Martinek, Ungerechtfertigte Bereicherung, 1983, S 131). Doch unterliegt der Titel der Beseitigung im Wiederaufnahmeverfahren, deren Wirkung ihrerseits rückwirkend eintritt. Im Fall des § 1592 Nr 3, in dem die Vaterschaft durch gerichtliches Urteil nach § 1600d festgestellt war, unterliegt ein Unterhaltsurteil der Restitution nach § 580 Nr 6 ZPO, wenn das Feststellungsurteil später, vor allem nach § 641i ZPO, aufgehoben wird. In Analogie dazu muß auch in den anderen Fällen des § 1592, in denen der Status durch Ehe oder Anerkennung der Vaterschaft begründet war, bei rückwirkend eintretender Änderung des Status ein Unterhaltsurteil aufhebbar sein. Diese Analogieüberlegung stützt jene Ansicht, die anders als BGH 34, 77, die gem § 30 PStG erfolgende Beischreibung zum Geburtsvermerk als Restitutionsgrund nach § 580 Nr 7 lit b ZPO behandelt (Gaul FamRZ 1961, 174 und bei Soergel § 1593 aF Rz 35, KG FamRZ 1975, 624). Zum Regreß des Scheinvaters wegen zu Unrecht geleisteten Unterhalts s § 1607 Rz 22. Was sich einem Anspruch des

H. Holzhauer

Scheinvaters gegen die Mutter auf **Auskunft** über die Person des Erzeugers entgegengestellt, ist weniger die fehlende Grundlage – für den früheren Ehemann kann sie in der (früheren) Ehe liegen, vor allem dann, wenn er Trennungs- oder Scheidungsunterhalt leistet (zweifelnd MüKo/Wellenhofer-Klein Rz 24) oder häufig in § 826 – als die praktische Bedeutungslosigkeit der Kenntnis des Erzeugers angesichts fehlender Antragsberechtigung auf Vaterschaftsfeststellung. Nur wenn der Regreßanspruch zum Liquidationsinteresse gerechnet wird, auf das gemäß der im Schrifttum maßgebend vertretenen Ansicht der Ehestörer deliktisch haftet (Erman/Schiemann § 823 Rz 45), läuft es darauf hinaus, ob sich die Sperrwirkung dem Schadensersatzanspruch entgegenstellt, was jedenfalls für einen Anspruch aus § 826 zu verneinen ist (§ 1593 Rz 25f). Ungehindert ist der Regreß gegen die Mutter, aber auch gegen das Sozialamt, wenn dieses nach §§ 90, 91 BSHG vermeintliche Ansprüche gegen den Kindesvater geltend gemacht hat und durch dessen Leistung bereichert ist (BGH 78, 201).

6. Gegen die rechtskräftige Entscheidung über die Anfechtungsklage ist nach § 641i ZPO die erleichterte Restitutionsklage bei neuem Vaterschaftsgutachten gegeben. **11**

7. Die neuartige Vorschrift des **Abs II** betrifft Kinder, die nach Eingang eines Scheidungsantrags bei Gericht und vor Rechtskraft des darauf ergehenden Scheidungsurteils geboren sind, und läßt eine auf der Ehe mit der Mutter beruhende Vaterschaftszuordnung ausnahmsweise ohne gerichtliches Anfechtungsverfahren dadurch entfallen, daß ein anderer Mann die Vaterschaft für das Kind anerkennt. Dieser „**scheidungsakzessorische Statuswechsel**" (Wagner FamRZ 1999, 7) erfordert, daß der Ehemann der Mutter der Vaterschaftsanerkennung zustimmt. Die Änderung der Vaterschaftszuordnung beruht dann auf der privatautonomen Disposition der drei beteiligten Personen und der ihr innewohnenden Richtigkeitsgewähr, verstärkt durch die indizielle Kraft des vor der Geburt des Kindes gestellten Scheidungsantrags und der darauf erfolgten Ehescheidung. Dadurch sollen Anfechtungsprozesse vermieden werden (BT-Drucks 13/4899, 52f). Die Tauglichkeit zu diesem Zweck bestreitet Gaul mit Hinweis darauf, daß der Dreierkonsens gewöhnlich vor Anfang an da ist, der Scheinvater aber durch den Druck der Befristung seines Anfechtungsrechts und seiner nur schwer rückholbaren Unterhaltsleistungen zu baldiger Klageerhebung gedrängt werde. Verbreitet wird die Umgehung des Kindes als verfassungswidrig angesehen (Gaul FamRZ 2000, 1461, 1464 l Sp; Staud/Rauscher § 1595 Rz 8; MüKo/Seidel vor § 1591 Rz 26). Die Regelung dagegen nach Abwägung billigend MüKo/Wellenhofer-Klein Rz 44). **12**

Folgt das Scheidungsurteil der Anerkennung nach, ist der Zeitpunkt seiner Rechtskraft gleichgültig; bei umgekehrter Reihenfolge darf die Anerkennung nicht später als ein Jahr nach Eintritt der Rechtskraft wirksam werden. Abs II ändert nichts daran, daß das von der verheirateten Frau geborene Kind, solange die Ehe besteht, dem Ehemann als Vater zugeordnet ist. Dabei bleibt es auch, wenn die Ehe rechtskräftig geschieden worden ist, bis zum Wirksamwerden der Anerkennung. Ist die Ehe im Zeitpunkt der Geburt bereits geschieden, greift § 1591 Nr 1 nicht mehr ein und ist eine Zustimmung des früheren Ehemannes zur Vaterschaftsanerkennung nicht erforderlich. **13**

a) Die Anordnung des **Abs II S 1 Hs 2** mit der Suspension der Vorschrift des § 1594 II war überflüssig, weil die scheidungsabhängige Anerkennung entweder die Vaterschaft des Ehemanns beendet oder § 1594 II ihre Wirkung bis zur Rechtskraft des Scheidungsurteils suspendiert. Die **Verweisungen des** Abs II S 2 Hs 2 bedeuten: Die Zustimmung des Ehemanns ist höchstpersönlich in dem Sinn, daß sie nicht von einem Bevollmächtigten erklärt werden kann. Sie kann nicht bedingt oder befristet, aber schon vor der Geburt des Kindes abgegeben werden. Nur für einen Geschäftsunfähigen handelt sein gesetzlicher Vertreter mit Genehmigung des VormG. Ist der Ehemann der Mutter minderjährig, so kann er nur selbst zustimmen, braucht dazu aber die Zustimmung seines gesetzlichen Vertreters. Ist der Ehemann zwar geschäftsfähig, hat er aber einen Betreuer, so kann die Zustimmung nur dann zum Aufgabenkreis eines Betreuers gehören, wenn speziell für diese oder sie umfassende Angelegenheiten ein Einwilligungsvorbehalt angeordnet wurde; in solchem Fall kann der Mann zwar ebenfalls nur selbst zustimmen, braucht dazu aber die Einwilligung seines Betreuers. Die Zustimmung muß öffentlich beurkundet werden; eine beglaubigte Abschrift ist dem Vater, der Mutter, dem Kind sowie dem Standesbeamten zu übersenden. **14**

b) Die **Bezugnahme** des Abs II S 1 **auf § 1593** kann nur den Fall gelten, daß der Ehemann der Mutter nach Anhängigkeit eines Scheidungsantrags vor der Geburt des Kindes stirbt, in welchem Fall der Scheidungsantrag gegenstandslos geworden ist. Hatte der Ehemann eine pränatale Zustimmungserklärung abgegeben, genügt sie, um die Anerkennung wirksam werden zu lassen; das Erfordernis des rechtskräftigen Scheidungsurteils ist sinnlos geworden. Sind die Erklärungen aller Beteiligten pränatal abgegeben, so ist es in dieser Konstellation, in welcher das Kind nach dem Tod des Vaters geboren wird, möglich, daß infolge der erweiterten Anerkennung nicht ein Zuordnungswechsel eintritt, sondern das Kind von Anfang an dem Anerkennenden zugeordnet wird. Das zunächst dem verstorbenen Ehemann zugeordnete Kind kann nur dann den Anerkennenden rückwirkend als Vater erhalten, wenn der Ehemann der Mutter zu Lebzeiten seine pränatale Zustimmung erklärt hatte und die Anerkennung binnen eines Jahres nach dem Tod wirksam zustande kommt. Denkbar ist ein Fall, in dem § 1599 II sowohl an § 1593 wie an § 1592 Nr 1 anknüpft, dann nämlich, wenn die Mutter in der Empfängniszeit zunächst einen ersten Mann durch Tod verloren, dann wiedergeheiratet hat und noch vor der Geburt des Kindes die Scheidung der neuen Ehe beantragt wird. Fällt die Geburt nun in die Ehezeit, so macht § 1593 S 3 eine Zustimmung auch des verstorbenen Ehemannes zu der Anerkennung des Dritten entbehrlich. **15**

c) **Wird eine Anerkennung,** die dem Kind erstmalig einem Vater zugeordnet, sondern seine Zuordnung gem Abs II geändert hat, **ihrerseits angefochten**, so fragt es sich, ob es bei der Aufhebung der früheren Zuordnung bleibt (so Gaul FamRZ 1997, 1441; Helms FuR 1996, 178, 183; MüKo/Wellenhofer-Klein Rz 43) oder ob diese wiederhergestellt wird. Bereits der Wortlaut von § 1599 spricht für das Wiederwirksamwerden der früheren Zuordnung. Die Kopula „und" in § 1599 I verneint nicht in ein und demselben Fall die Geltung beider Vorschriften, sondern je nach dem nur die Geltung der einen oder anderen. Die automatische Wiederherstellung des früheren Status ist die Regel, wenn der statusändernde Akt seinerseits rückwirkend entfällt (vgl § 1593 S 4). Es **16**

§ 1599

geht nicht an, die negative Wirkung des statusändernden Aktes von der positiven zu trennen und nur jene aufrechtzuerhalten. Dagegen geltend gemachte Sachgründe überzeugen nicht. Wenn Helms diesen Grund in der fehlenden Tragfähigkeit der alten Ehe sieht, so impliziert das die Involvierung eines weiteren „dritten" Mannes, was nicht wahrscheinlicher ist als die Vaterschaft des früheren Ehemannes. Die Beseitigung der Vaterschaft des Ehemanns der Mutter infolge der dreiseitigen Anerkennung der Vaterschaft durch den anderen Mann kann, als privatautonomer Akt, nicht einer Anfechtung gleichgestellt werden (so aber Wellenhofer-Klein), weil die Abstammung nicht objektiv geklärt worden ist. Vorzuziehen ist die Lösung, die den früheren Ehemann und das Kind auf die Anfechtung der wieder wirksam gewordenen Vaterschaft verweist (im Ergebnis ebenso Veit FamRZ 1999, 902 sub IV).

17 Das Wiederwirksamwerden der Zuordnung an den früheren Ehemann tritt rückwirkend ein. Ein zuvor begründeter Regreß wegen dem Kind geleisteten Unterhalts (Rz 10) verliert seine Grundlage. Die elterliche Sorge, die rückwirkend entfallen war (Rz 7), stellt sich wieder her und entfällt nach der Reform des § 1671 nicht mehr dadurch, daß die Eltern geschieden wurden. Jedoch war der frühere Ehemann seit Wirksamwerden der dann angefochtenen Anerkennung gehindert, sein Sorgerecht auszuüben. Dieses Hindernis war rechtlicher Art, insofern der frühere Ehemann mit der Anerkennung der Vaterschaft durch den anderen seine verwandtschaftliche Elternstellung verloren hatte. Nach deren rückwirkender Wiederherstellung behält das Hindernis einen tatsächlichen Charakter. Wenn nach § 1674 tatsächliche Verhinderung nur und solange das Ruhen der elterlichen Sorge bewirkt, wie entsprechende gerichtliche Feststellungen erfolgt sind, hat die von der Anerkennung und ihrer späteren Anfechtung ausgehende Statuswirkung eine ebenso deutlich normativ klarstellende Wirkung.

18 7. Nach Art 224 § 1 III EGBGB ist § 1598 II entsprechend anzuwenden auf Kinder, die vor dem 1. 7. 1998 geboren sind.

1600 *Anfechtungsberechtigte*

(1) Berechtigt, die Vaterschaft anzufechten, sind der Mann, dessen Vaterschaft nach § 1592 Nr. 1 und 2, § 1593 besteht, die Mutter und das Kind.

(2) Ist das Kind mit Einwilligung des Mannes und der Mutter durch künstliche Befruchtung mittels Samenspender eines Dritten gezeugt worden, so ist die Anfechtung der Vaterschaft durch den Mann oder die Mutter ausgeschlossen.

1 1. **Textgeschichte.** Abs I Nr 1 KindRG, AmtlBegr BT-Drucks 13/4899, 54ff, 86; Stellungnahme des BR S 148, Bericht des Rechtsausschusses BT-Drucks 13/8511, 72. Bewußt war der Gesetzgeber Anregungen, auch dem Erzeuger des Kindes das Anfechtungsrecht zu geben (Schwenzer FamRZ 1992, 121, 124; Coester JZ 1992, 809, 811), nicht gefolgt (AmtlBegr S 57 unter 9). Das **BVerfG** (Beschl v 9. 4. 2003, FamRZ 2003, 816) hat den Ausschluß des **biologischen Vaters** von der Anfechtungsberechtigung dann für unvereinbar mit seinem in Art 6 II S 1 GG begründeten verfassungsmäßigen Elternrecht beurteilt, wenn das Kind mit seinem Vater keine soziale Familie bildet, dies in einem Fall, in dem der biologische Vater nach der Geburt des Kindes mit diesem und der Mutter eine zeitlang zusammengelebt hatte. Das BVerfG hat dem Gesetzgeber aufgegeben, bis zum 30. 4. 2004 eine verfassungsgemäße Regelung zu treffen. Bis zur Neuregelung sind gerichtliche Verfahren auszusetzen, soweit ihre Entscheidung von der Verfassungsmäßigkeit aus § 1600 abhängt. **Abs II** eingeführt durch KindRVerbG v 1. 2. 2002, in Kraft seit 12. 4. 2002.

2 2. **Reformgehalt.** Entsprechend der Zusammenführung der bisher getrennten Institute der Ehelichkeitsanfechtung und der Anfechtung der Vaterschaftsanerkennung ist der bisher unterschiedliche Kreis der Anfechtungsberechtigten vereinheitlicht worden. **Anfechtungsberechtigt** sind nunmehr der Mann, die Mutter und das Kind. Die Eltern des Mannes sind als Anfechtungsberechtigte ausgeschieden. So wie bisher schon der Mann, brauchen Mutter und Kind keinen besonderen Anfechtungsgrund.

3 3. **Anfechtungsrecht des Kindes.** Indem der frühere § 1596 aF für eine Anfechtung durch das Kind besondere Gründe vorsah, sollte ein zwar nicht genetisches, aber faktisch intaktes Familienverhältnis geschützt werden. Das KindRG hat diesen Zweck hinter dem Interesse des Kindes an Kenntnis seiner Abstammung zurückgestellt, und zwar unter wohlbedachter Verwerfung der im Beschluß des BVerfG 90, 263 aufgezeigten Alternative einer statusunabhängigen Feststellungsklage.

4 4. **Anfechtungsrecht der Mutter.** Im bisherigen Recht wurde es zunehmend als widersprüchlich empfunden, daß die Mutter nicht die Ehelichkeit, wohl aber bei Nichtehelichkeit des Kindes eine Anerkennung der Vaterschaft anfechten konnte. Ursprünglich war dieser Unterschied sachlich begründet, weil die Mutter nur im 1. Fall über ein regelmäßig intaktes rechtliches Familienverhältnis disponiert hätte, während ein nichtehelicher Vater früher regelmäßig nicht mit dem Kind zusammenlebte. Daß die Mutter durch das Anfechtungsrecht auch gleichsam dafür „entschädigt" werden sollte, daß sie bisher an der Anerkennung nicht beteiligt war, war ebenfalls begründet, weil sie damit einen Erzeuger nicht von der Vaterschaft fernhalten, einen bloßen Scheinvater aber aus dieser Rolle verdrängen konnte.

Daß die Beseitigung der so gesehenen Widersprüche nur in der Erweiterung des Anfechtungsrechtes der Mutter bestehen konnte, war für eine Reform, die unter der Flagge einer Besserstellung der Frau unternommen wurde, fraglos. Nicht beachtet wurde, daß die Mutter mit ihrem Anfechtungsrecht über das rechtliche Vater-Kind-Verhältnis ausübt, das auch ohne genetischen Zusammenhang wertvoll sein kann. Das ideologische Motiv hat auch bewirkt, daß die im Regierungsentwurf als Abs II vorgesehene Beschränkung des Anfechtungsrechtes der Mutter durch eine Kindeswohlkontrolle auf Kritik des Bundesrates hin vom Rechtsausschuß gestrichen wurde. Ursprünglich sollte während der Minderjährigkeit des Kindes eine Anfechtung durch die Mutter unter Kindeswohlvorbehalt stehen und bei Volljährigkeit des Kindes von seiner Zustimmung abhängen. Der Bundesrat sah für diese Beschränkung keinen ausreichenden Grund. Höher veranschlagt wurde ein Interesse der Mutter, die genetisch unzutreffende rechtliche Zuordnung des Kindes zu beseitigen.

5. Mit **Abs II** hat der Gesetzgeber die vom BGH (87, 169 = FamRZ 1983, 686) offengehaltene Möglichkeit der Anfechtung nach konsentierter künstlicher Befruchtung für den Vater und die Mutter, nicht auch für das Kind, ausgeschlossen (zur bisherigen Rechtslage 10. Aufl Rz 3–6). Die Gesetzesänderung verwirklicht die vor der Entscheidung des BGH allgemein angestrebte Lösung, obwohl sich deren Gründe danach zunehmend Anerkennung verschafft haben, zumal die Unterhaltspflicht des Vaters auf rechtsgeschäftlicher Grundlage von der statusmäßigen Vaterstellung abgekoppelt wurde. Die Gesetz gewordene Lösung hat den Vorzug, den Samenspender, der wegen des Rechts des Kindes auf Kenntnis seiner Abstammung nicht anonym bleiben darf (§ 1589 Rz 28), vor einer späteren Feststellung seiner Vaterschaft zu bewahren. 5

a) Entgegen Vorschlägen der Literatur und Vorentwürfen läßt Abs II die **formlose Einwilligung** genügen. Weil die künstliche Befruchtung im Inland gem § 11 I Nr 1 ESchG unter Arztvorbehalt steht, wird der behandelnde Arzt zur Abwendung eigener Haftung dafür sorgen, daß die rechtlichen Grundlagen für den Status des durch seine Mitwirkung zu erzeugenden Kindes zweifelsfrei gesichert sind. 6

b) Die Einwilligung ist bis zur Durchführung der künstlichen Befruchtung widerruflich. Nachträglich kann die Einwilligung nicht erteilt werden. Auch ohne vorherige Einwilligung bleibt der Ehemann der Mutter oder der Mann, der die Vaterschaft des durch künstliche Befruchtung erzeugten Kindes anerkannt hat, endgültig Vater, wenn er sein Anfechtungsrecht nicht rechtzeitig ausübt. Eine Anfechtung kann rechtsmißbräuchlich sein, wenn der Mann sich zuvor gegenteilig erklärt hat. Ein Mann, der die Mutter nach der Geburt des Kindes geheiratet hat, kann die Vaterschaft anerkennen (vgl § 1598 Rz 7) oder sein Stiefkind adoptieren. Ein nichtehelicher Partner der Mutter kann das Kind nicht als gemeinschaftliches Kind adoptieren, sondern nur als seines anerkennen. 7

c) Die Einwilligung des Mannes kann unter **Willensmängeln** leiden. Solche können weder mit dem Hinweis auf das Versorgungsinteresse des Kindes, noch mit dem Interesse die Mutter, der Verantwortung für das Kind nicht alleine tragen zu müssen, noch etwa im Hinblick darauf, daß die genetische Vaterschaft willensunabhängig eintritt, als irrelevant angesehen werden. Jedoch fließt die besondere Bedeutung des Statusverhältnisses bei einer Irrtumsanfechtung über die nach § 119 I erforderliche objektive Wertung und bei einer Täuschung kraft der gebotenen Analogie zu § 1314 II Nr 3 in die Abwägung ein.
Weil die Statusverhältnisse keine Rechtsunklarheit ertragen, können Willensmängel der Einwilligung in ausdehnender Auslegung von § 1600c II nur im Rahmen des prozessualen Verfahrens der Vaterschaftsanfechtung geltend gemacht werden, wobei es für die Rechtzeitigkeit statt auf die Fristen der §§ 120, 124 auf die des § 1600b ankommt. 8

d) Beruft sich der Mann darauf, das Kind stamme in Wahrheit nicht aus der künstlichen Befruchtung, sondern aus einem Seitensprung der Mutter, so hat der Rechtsausschuß des BT den Gesetzeswortlaut gerade zu dem Zweck gegenüber dem Entwurf des BR geändert, um in diesem Fall die Anfechtung zu ermöglichen. Für die Relevanz dieses Falles, dem keine Täuschung durch die Frau zugrunde liegen muß, ist seine Einordnung in die Kategorien der Irrtumslehre unwichtig. Hatte der Mann eine Vorstellung hinsichtlich der Person des Samenspenders präzisiert und weicht der zur Befruchtung verwendete Samen davon ab, so hängt die Anfechtbarkeit wesentlich von der objektiven Würdigung („verständige Würdigung...") der Abweichung ab. Die Anfechtbarkeit dürfte zu verneinen sein, wenn beide Partner getäuscht wurden oder geirrt haben. 9

e) Auf den Fall, daß Frau und Mann vereinbaren, daß sie ein Kind durch Geschlechtsverkehr mit einem anderen Mann empfängt, ist § 1600 II nicht entsprechend anwendbar. Ist der Mann mit der Mutter verheiratet oder hat er die Vaterschaft des Kindes anerkannt, so ist diese anfechtbar. Ist seine Zustimmung aber ursächlich für die Existenz des Kindes geworden, so kann darin die rechtsgeschäftliche Grundlage für eine Unterhaltspflicht gegenüber dem Kind gesehen werden, welche die Anfechtung und den Fortfall der gesetzlichen Unterhaltspflicht überdauert. Ohne Ehe mit der Mutter oder Vaterschaftsanerkennung dürften die Umstände allein ausreichen, ein konkludentes Unterhaltsversprechen anzunehmen. 10

f) Daß das Gesetz nichts über die Erklärung der Einwilligung durch einen Vertreter sagt, dürfte im Sinn weitgehender Höchstpersönlichkeit der Einwilligung zu verstehen sein. Weder ein gewillkürter noch ein gesetzlicher Vertreter können für den Vertretenen einwilligen. Auf dieser Linie läge es, beschränkt Geschäftsfähige von der Möglichkeit der Einwilligung auszuschließen. Das könnte in denkbaren Extremfällen, wie Todesgefahr eines 17jährigen, zu Härtefällen führen, so daß ein beschränkt Geschäftsfähiger einwilligen können soll, aber nur mit Zustimmung seines gesetzlichen Vertreters (ebenso A. Roth JZ 2002, 651, 653). 11

6. Übergangsvorschriften. Die Anfechtung der Ehelichkeit oder Anfechtung der Anerkennung der Vaterschaft richtet sich gem Art 224 § 1 II EGBGB nach dem neuen Recht (BGH DAVorm 1999, 413). Am 1. 7. 1998 bereits anhängige Verfahren, die die Anfechtung der Ehelichkeit oder die Anfechtung der Anerkennung der Vaterschaft zum Gegenstand haben, werden nach dem 30. 6. 1998 als Verfahren auf Anfechtung der Vaterschaft nach neuem Recht fortgeführt (Art 15 § 2 I KindRG) und richten sich nach den hierfür geltenden neuen Vorschriften (Art 224 § 1 II EGBGB). Die erweiterten Möglichkeiten der Anfechtung der Vaterschaft durch das Kind (vgl § 1600 Rz 20f) gelten ohne weiteres auch für die vor dem 1. 7. 1998 geborenen Kinder. War einem Kind nach bisherigem im Gegensatz zum neuen Recht die Anfechtung verschlossen, so kann es seit dem 1. 7. 1998 von den erweiterten Möglichkeiten Gebrauch machen. Das gilt für ein Kind, das keinen der vor dem 1. 7. 1998 nach § 1596 aF erforderlichen Anfechtungsgründe hatte. Für die vorher nicht anfechtungsberechtigt gewesene **Mutter** fehlt eine solche Vorschrift, ohne daß darin ein Verfahrensverstoß läge (Stuttgart DAVorm 1999, 303). Als in der Hauptsache, und zwar ohne Erhebung einer Gerichtsgebühr, erledigt anzusehen sind am 1. 7. 1998 anhängige Verfahren, die die Anfechtung der Ehelichkeit oder Vaterschaft durch die **Eltern des Mannes** nach § 1600g II aF zum Gegenstand haben (Art 15 § 2 II KindRG). 12

H. Holzhauer

§ 1600a

Persönliche Anfechtung; Anfechtung bei fehlender oder beschränkter Geschäftsfähigkeit

(1) Die Anfechtung kann nicht durch einen Bevollmächtigten erfolgen.

(2) Der Mann, dessen Vaterschaft nach § 1592 Nr. 1 und 2, § 1593 besteht, und die Mutter können die Vaterschaft nur selbst anfechten. Dies gilt auch, wenn sie in der Geschäftsfähigkeit beschränkt sind; sie bedürfen hierzu nicht der Zustimmung ihres gesetzlichen Vertreters. Sind sie geschäftsunfähig, so kann nur ihr gesetzlicher Vertreter anfechten.

(3) Für ein geschäftsunfähiges oder in der Geschäftsfähigkeit beschränktes Kind kann nur der gesetzliche Vertreter anfechten.

(4) Die Anfechtung durch den gesetzlichen Vertreter ist nur zulässig, wenn sie dem Wohl des Vertretenen dient.

(5) Ein geschäftsfähiger Betreuter kann die Vaterschaft nur selbst anfechten.

1 1. Textgeschichte. Art 1 Nr 1 KindRG, AmtlBegr BT-Drucks 13/4899, 87.

2 2. Die Vorschrift regelt die Klagebefugnis, die Prozeßfähigkeit sowie die gesetzliche Vertretung eines nicht voll prozeßfähigen Klägers im gleichen Sinne wie im bisherigen Recht.

3 3. **Gewillkürte Stellvertretung** ist ausgeschlossen (Abs I). Darin kommt die weitgehende Höchstpersönlichkeit der Anfechtung zum Ausdruck. Sie bestimmt weitgehend auch die Regelung der Ersatzzuständigkeiten:

4 a) Ist der Mann, die Mutter oder das Kind **geschäftsunfähig**, so kann der gesetzliche Vertreter anfechten. Es sind dies bei einem Minderjährigen die Eltern oder der Vormund, bei einem Volljährigen der Betreuer, wenn sich sein Aufgabenkreis auf die Anfechtung erstreckt, oder ein Pfleger mit der entsprechenden Aufgabe.

5 b) Bei **beschränkter Geschäftsfähigkeit** – die es nur noch bei Minderjährigen zwischen dem 7. und 18. Lebensjahr gibt – ist zu unterscheiden: der Mann und die Mutter können auch als beschränkt Geschäftsfähige selbständig anfechten und brauchen dazu nicht die Genehmigung des gesetzlichen Vertreters. Für das in der Geschäftsfähigkeit beschränkte Kind kann nur der gesetzliche Vertreter anfechten. Dadurch soll vermieden werden, daß das Kind etwa in einem pubertären Konflikt eine ungerechtfertigte Entscheidung trifft.

6 c) Als gesetzlicher Vertreter des Kindes im Anfechtungsverfahren ist der Mann stets durch § 1629 II S 1 iVm §§ 1795 II, 181 (vgl § 181 Rz 4) ausgeschlossen, die mit ihm verheiratete Mutter durch § 1795 I Nr 1 und die nach Scheidung oder ohne Ehe mit dem Vater gemeinsam sorgeberechtigte Mutter in gleicher Weise wie der Vater, weil die erstgenannte Vorschrift stets beide Eltern ausschließt (MüKo/Huber § 1629 Rz 42; speziell für nicht mehr miteinander verheiratete Eltern: Köln FamRZ 2001, 245; anders Gernhuber/Coester-Waltjen S 775). Der Ausschluß bezieht sich aber nur auf die Durchführung des Anfechtungsverfahrens, nicht auf die Entschließung dazu, so daß der nach § 1909 zu bestellende Ergänzungspfleger sich nicht gegen den Willen des Vertretenen zur Anfechtung zu entschließen hat, es sei denn, er werde nach § 1796 wegen Interessengegensatzes des Vertretenen zum Überlegungspfleger bestellt (§ 1795 Rz 20). Solange dem Kind kein Pfleger bestellt ist, besteht nicht nur die Ablaufhemmung gem § 1600b VI iVm § 210, sondern der Fristlauf kann auch nicht beginnen (Hamm DAVorm 1987, 535; Soergel/Gaul § 1596 aF Rz 9). Fortfall eines handlungsfähigen Vertreters während der laufenden Frist begründet keine Hemmung mit der Folge des § 209, sondern führt nur nach Maßgabe des § 210 iVm § 1600b VI S 2 zu einer Fristverlängerung.

7 d) Steht der Anfechtungsberechtigte unter **Betreuung**, so kann er, wenn er nicht geschäftsunfähig ist, selbständig anfechten. Eine Kompetenz des Betreuers kann auch nicht dadurch begründet werden, daß ein Einwilligungsvorbehalt angeordnet wird; das folgt aus § 1903 II.

8 4. **Abs IV. a)** Jede Anfechtung durch einen gesetzlichen Vertreter, sei es für das Kind, für den Mann oder für die Mutter, wird vom Gericht auf ihre Kindeswohldienlichkeit überprüft. Wird diese verneint, so ist die Klage des dann rechtsmachtlosen Vertreters als unzulässig abzuweisen (Pal/Diederichsen Rz 10).

Jeder gesetzliche Vertreter ist auf das Wohl des Vertretenen verpflichtet (für Eltern vgl § 1627; für Vormund und Pfleger §§ 1792 Rz 1, 1915; für Betreuer § 1901 II). Doch besteht für diese Pflicht im allgemeinen nur eine mittelbare Sanktion (§§ 1666, 1833, 1908i I 1, 1915) und hat das kontrollierende Gericht dabei den verfassungsrechtlichen Vorrang des Elternrechts (Gernhuber/Coester-Waltjen § 57 IX 1) bzw die Selbständigkeit des Vormunds, Pflegers und Betreuers (§ 1833 Rz 1, § 1901 Rz 5) zu beachten. Darüber geht Abs IV ebenso hinaus wie über den abstrakten Charakter auch der gesetzlichen Vertretung (vor § 164 Rz 6, 12).

9 b) Daß seine Anfechtung der Mutter nicht in gleicher Weise durch eine gerichtliche Überprüfung auf Kindeswohldienlichkeit beschränkt ist, wird vielfach kritisiert (Gaul FamRZ 1997, 1441, 1458; FamRefK/Wax § 1600 Rz 6; Schwab, Familienrecht, Rz 473). Auch wenn Anfechtung durch die Mutter aus eigenem Recht nicht geradezu dem Kindeswohl dient, wird sie ihm doch selten widersprechen. Das wäre vor allem dann der Fall, wenn das Kind eine Bindung an den Vater hätte. Eine solche kann aber in den ersten beiden Lebensjahren des Kindes noch kaum entstanden sein, auf die sich in aller Regel die Anfechtungsberechtigung der Mutter beschränkt (§ 1600b Rz 8 aE).

10 c) Die Anfechtung dient dem Kindeswohl nicht schon dann, wenn sie ihm nicht widerspricht (so aber Staud/Rauscher Rz 52ff). Vielmehr müssen die für eine Anfechtung sprechenden Gründe deutlich überwiegen. Für die Abwägung relevante Umstände sind: **aa)** Die Willensrichtung des Kindes. **bb)** Die Willensrichtung anderer Familienangehörigen, der anderen Anfechtungsberechtigten jedoch nur, wenn sie die Anfechtung ablehnen. **cc)** Für die Anfechtung spricht, wenn der Mann nur einem von ihm abstammenden Kind verpflichtet sein will; kein Grund für die Anfechtung kann das Interesse von Kind oder Mutter sein, Unterhalt auch von einem nicht genetischen Vater zu erhalten. **dd)** Gegen die Anfechtung sprechen kann eine geringe Prozeßaussicht, weil das Verfahren das dann wahrscheinlich erhalten bleibende Verhältnis der Beteiligten belasten kann.

d) In dem wichtigsten Fall, in dem die Mutter das Kind vertritt, spricht für die Anfechtung die Berichtigung der Zuordnung, wann der wahrscheinliche Vater zur Anerkennung bereit ist oder diese bereits erklärt hat. Wichtigster Gegengrund ist eine Bindung des Kindes an den bisherigen Vater. Da aber die Beziehung der zur Anfechtung bereiten Mutter zu dem Vater stets gescheitert sein dürfte, kommt es darauf an, inwieweit die Bindung des Kindes an den Vater unter diesen Verhältnissen lebendig bleiben kann. Keinesfalls darf durch die Anfechtung die Grundlage dafür beseitigt werden, daß dem Vater nach §§ 1671, 1672 das alleinige Sorgerecht übertragen werden kann.

e) Im Ergebnis wird das Wohl des bisherigen Vaters oder der Mutter selten, das des Kindes regelmäßig der Anfechtung nicht entgegenstehen. Dem Erfordernis der Kindeswohldienlichkeit ist aber zu entnehmen, daß die Darlegungs- und Feststellungslast den Anfechtenden trifft (LG Köln FamRZ 2001, 245).

1600b *Anfechtungsfristen*

(1) Die Vaterschaft kann binnen zwei Jahren gerichtlich angefochten werden. Die Frist beginnt mit dem Zeitpunkt, in dem der Berechtigte von den Umständen erfährt, die gegen die Vaterschaft sprechen.
(2) Die Frist beginnt nicht vor der Geburt des Kindes und nicht, bevor die Anerkennung wirksam geworden ist. In den Fällen des § 1593 Satz 4 beginnt die Frist nicht vor der Rechtskraft der Entscheidung, durch die festgestellt wird, dass der neue Ehemann der Mutter nicht der Vater des Kindes ist.
(3) Hat der gesetzliche Vertreter eines minderjährigen Kindes die Vaterschaft nicht rechtzeitig angefochten, so kann das Kind nach dem Eintritt der Volljährigkeit selbst anfechten. In diesem Falle beginnt die Frist nicht vor Eintritt der Volljährigkeit und nicht vor dem Zeitpunkt, in dem das Kind von den Umständen erfährt, die gegen die Vaterschaft sprechen.
(4) Hat der gesetzliche Vertreter eines Geschäftsunfähigen die Vaterschaft nicht rechtzeitig angefochten, so kann der Anfechtungsberechtigte nach dem Wegfall der Geschäftsunfähigkeit selbst anfechten. Absatz 3 Satz 2 gilt entsprechend.
(5) Erlangt das Kind Kenntnis von Umständen, auf Grund derer die Folgen der Vaterschaft für es unzumutbar werden, so beginnt für das Kind mit diesem Zeitpunkt die Frist des Absatzes 1 Satz 1 erneut.
(6) Der Fristablauf ist gehemmt, solange der Anfechtungsberechtigte widerrechtlich durch Drohung an der Anfechtung gehindert wird. Im Übrigen sind die für die Verjährung geltenden Vorschriften der §§ 206, 210 entsprechend anzuwenden.

1. **Textgeschichte.** Art 1 Nr 1 KindRG, AmtlBegr BT-Drucks 13/4899, 87f, 146, 166f, 184; Art 1 Nr 9 EheschlRG.

2. Wie bisher nur der Mann, braucht nunmehr auch das Kind ebenso wie die neuerdings anfechtungsberechtigte Frau für die Anfechtung **keinen besonderen Grund**. Lediglich für das neuerliche Anfechtungsrecht des Kindes nach Abs V ist die Unzumutbarkeit der Folgen der Vaterschaft Voraussetzung des erneuten Fristlaufs.

3. a) Zu Recht wurde die **Befristung** des Anfechtungsrechts beibehalten, um eine Spekulation mit der Anfechtung in Grenzen zu halten und vor allem widersprüchliches Verhalten eines Anfechtungsberechtigten zu verhindern. Der Mann könnte sonst zB bei einer ungünstigen Entwicklung des Kindes, das Kind nach jahrelanger Entgegennahme von Unterhalt dann, wenn der Vater seinerseits auf Unterhalt angewiesen wäre, auf die Anfechtungsmöglichkeit zurückgreifen. Andererseits bietet die Frist von 2 Jahren einen angemessenen Überlegungszeitraum; das BVerfG hat die Verfassungsmäßigkeit einer Befristung nicht in Frage gestellt (38, 241 = NJW 1975, 203, 208).

Die hL (zuletzt BGH FamRZ 1998, 955) knüpft nicht nur an das Verstreichen der Frist den Verlust des Anfechtungsrechts, sondern behandelt die Umstände des **Fristbeginns** als Voraussetzung der Anfechtungsberechtigung, verlangt also gegen die Vaterschaft sprechende Umstände als Voraussetzung der **Schlüssigkeit**. Diese Auslegung widerspricht der ratio legis, wie sie aus der Gesetzgebungsgeschichte hervorgeht. Ursprünglich hatte der Ehemann nur binnen eines Jahres nach Kenntnis der Geburt anfechten können. Dieses Anfechtungsrecht sollte durch das ÄnderungsG v 12. 4. 1938 (RGBl I 380) mittels der Flexibilisierung des Fristerfordernisses zeitlich nach vorne erweitert, aber nicht nach hinten eingeschränkt werden. Die hL führt zu dem unschönen Ergebnis, daß eine Klage, deren Unschlüssigkeit übersehen wurde, infolge eines Gutachtens, das zu Unrecht eingeholt wurde, ihre Schlüssigkeit erhalten kann. Dadurch, daß ein Abstammungsgutachten auch außerhalb eines Prozesses leicht erreichbar geworden ist, kann von der engen Auslegung der Anfechtungsvoraussetzungen keine restriktive Wirkung mehr ausgehen. Wo gleichwohl ein Anfechten „ins Blaue hinein" verhindert werden soll, ist das Rechtsschutzbedürfnis der gegebene Filter (so schon Demharter FamRZ 1985, 232; im Erg ebenso MüKo/Wellenhofer-Klein Rz 17).

b) Die Frist, die nach bisherigem Recht teilweise nur 1 Jahr betragen hatte, beträgt nunmehr einheitlich 2 Jahre. Sie berechnet sich nach §§ 187 I und 188 II. Beruht die Vaterschaft auf Anerkennung und hat der Mann diese Erklärung unter dem Einfluß von Irrtum, Täuschung oder Drohung abgegeben, so geht die Anfechtung nach §§ 119ff mit beschränkter Wirkung (§ 1600c II) in der Anfechtung der Vaterschaft nach §§ 1600ff auf und haben die Bestimmungen der §§ 120, 124 neben § 1600b I keine Bedeutung; für den Lauf der Frist nach Abs I bringt Abs VI S 1 für den Fall der Drohung eine notwendige Modifikation.

c) Für den **Beginn der Frist** gelten zunächst notwendige **aa) objektive Voraussetzungen,** besonders aus Abs II: (1) Das Kind muß geboren sein. (2) Beruht die anzufechtende Vaterschaft auf Anerkennung, so muß diese durch Hinzutreten aller erforderlichen Zustimmungen, im Fall des § 1594 II durch Wegfall der Vaterschaft des anderen Mannes (ebenso im Fall des § 1593 S 4, vgl § 1600b II S 2), im Fall des § 1599 II durch Rechtskraft des Scheidungsurteils, wirksam geworden sein. (3) Über Abs II hinaus ist erforderlich, daß **(a)** der anfechtungsberech-

§ 1600b

tigte Mann Kenntnis von der Geburt hat und bei Anfechtung binnen der ersten beiden Jahre das Kind nicht irrtümlich für später geboren hält und **(b)** das anfechtende minderjährige Kind oder der geschäftsunfähige Anfechtungsberechtigte einen gesetzlichen Vertreter hat (vgl § 1600a Rz 6).

7 bb) Sodann setzt der Fristbeginn voraus, daß der Anfechtungsberechtigte **subjektiv** von den gegen die Vaterschaft sprechenden Umständen **Kenntnis** hat. Weil die anderen Voraussetzungen regelmäßig früher eintreten, formuliert Abs I das Erfahren der gegen die Vaterschaft sprechenden Umstände als den die Frist in Lauf setzenden Vorgang. Diese Kenntnis kann aber ausnahmsweise bereits vor Vorliegen der objektiven Voraussetzungen des Anfechtungsrechts (Rz 6) gegeben sein, etwa bei bewußt falscher Anerkennung (§ 1598 Rz 7) oder bei der Anfechtungsberechtigung des Kindes infolge erneuten Fristlaufs (Abs III und V).

8 Maßgebender „**Umstand**" ist nicht die fehlende Abstammung des Kindes vom Mann, sondern immer nur eine oder mehrere Tatsachen, die darauf schließen lassen. Die fehlende Abstammung kann sich zwingend daraus ergeben, daß der Mann, etwa bei Abwesenheit, der Mutter während der ganzen Empfängniszeit nicht beigewohnt hat oder aus seiner Unfruchtbarkeit. In aller Regel werden durch die Umstände aber nur Zweifel an der Abstammung des Kindes vom Mann begründet, die jedoch, um die Anfechtungsfrist in Lauf zu setzen, ernsthaft sein müssen. In diesen Zusammenhang gehört es, wenn der BGH betont, daß Gerüchte und allgemeine Vermutungen eines Mehrverkehrs der Mutter nicht ausreichen (FamRZ 1984, 80). Als Umstände, deren Kenntnis den Lauf der Frist in Gang setzt, sind angesehen worden:

Geschlechtsverkehr der Frau während der Empfängniszeit mit einem anderen Mann: ständige Rspr seit RG 163, 72, zuletzt BGH FamRZ 1978, 494; Hamm NJW-RR 1995, 643, und zwar auch dann, wenn auch der Anfechtende der Mutter während der Empfängniszeit beigewohnt hat: Braunschweig DAV 1982, 1086 (anders, wenn die Mutter dem Ehemann glaubhaft versichert hat, daß der andere Mann unfruchtbar sei: BGH FamRZ 1989, 169) oder bei dem Verkehr mit dem anderen Mann empfängnisverhütende Vorkehrungen getroffen waren (Hamm FamRZ 1999, 1362). Der Kenntnis steht nicht entgegen, daß die Mutter erklärt hat, das Kind stamme vom Anfechtenden oder den anderweitigen Verkehr einräumt, aber dem Anfechtenden erklärt hat, ihn nicht auf Unterhalt in Anspruch zu nehmen (Karlsruhe FamRZ 2001, 702); – zweiwöchiger Urlaub der Mutter mit einem anderen Mann in der Empfängniszeit (Hamm FamRZ 1992, 47); – fehlende Ähnlichkeit des Kindes, dafür Ähnlichkeit mit einem früheren Freund der Mutter (Karlsruhe DAV 1989, 416); Abweichungen in charakteristischen Merkmalen wie der Hautfarbe, anders bei der Augenfarbe (wegen der Möglichkeit rezessiver Vererbung); – Beiwohnung des Ehemanns der Mutter nur zu einem Zeitpunkt, von dem an gerechnet die Tragzeit außergewöhnlich lang (11 Monate: Köln MDR 1958, 1652, Brandenburg FamRZ 1996, 138) oder außergewöhnlich kurz wäre und das Kind dennoch bei der Geburt nicht übertragen oder voll ausgereift war: BGH FamRZ 1979, 1007; 73, 592; – Auch ein Privatgutachten über die Abstammung kann ein gegen die Vaterschaft sprechender Umstand sein, seine Verwertbarkeit vorausgesetzt. Die Richtlinien (§ 1600c Rz 4) verlangten die Einwilligung des Probanden oder bei seiner „Geschäftsunfähigkeit" die seines Sorgeberechtigten. Der nach dem Grad seiner Reife entscheidungsfähige Minderjährige kann allein entscheiden. Der eigenmächtige Zugriff auf Körpermaterial verletzt, auch ohne rechtswidrigen Eingriff, das Recht auf informationelle Selbstbestimmung, das jedoch abzuwägen ist gegen das berechtigte Interesse des Mannes auf Kenntnis seiner Vaterschaft, auch dieses ist ein Aspekt des allgemeinen Persönlichkeitsrechts (BVerfG FamRZ 2003, 816, 820). Daß dieses Recht anspruchsbewehrt sei, diese vom BVerfG offengelassene Frage ist nicht Voraussetzung für den Einbezug dieses Rechts in die Abwägung. Bei der Abwägung kann nicht immer das Recht des Kindes obsiegen (so aber Rittner/Rittner NJW 2002, 1745, 1751), weil die Klärung der Abstammung nicht notwendig eine intakte Familie bedroht und damit das Kindeswohl gefährdet, regelmäßig zB nicht, wenn das Kind vaterlos ist, von der Mutter allein erzogen wird oder mit einem Stiefvater zusammenlebt; das Interesse des Mannes ist um so mehr berechtigt, wenn er mit der Unterhaltspflicht belastet ist. – Für eine Anfechtung durch die Mutter, aus eigenem Recht oder in Vertretung des Kindes, beginnt die Frist regelmäßig mit der Geburt des Kindes, es sei denn, bei dem Verkehr mit dem anderen Mann als dem Giltvater wären zuverlässige empfängnisverhütende Vorkehrungen getroffen gewesen. – Für den anfechtenden Mann braucht dagegen die Angabe der Mutter, das Kind von einem anderen Mann empfangen zu haben, nicht in jedem Fall die Frist in Lauf zu setzen (im Fall KG DAV 1990, 942 hatte die Mutter diese Angabe in einem Streit um das Besuchsrecht des inzwischen von ihr geschiedenen Ehemannes gemacht).

9 Die Umstände müssen objektiv vorliegen, der Mann muß sie kennen, braucht aber nicht aus ihnen die Überzeugung abzuleiten, nicht der Vater zu sein. Für die Folgerung aus den Umständen auf die fehlende Abstammung wird allgemein nicht auf die Person des Anfechtenden, sondern auf einen objektiv, durchschnittlich vernünftig Urteilenden abgestellt (BGH FamRZ 1990, 507; 1978, 494). Der Verständnishorizont des Anfechtungsberechtigten bliebe dann maßgebend nur für die Aufnahme der ersten Information. Diese Objektivierung hat ihren Sinn verloren. Als sie nach 1938 in der Rspr ausgebildet wurde, zielte sie auf einen Gleichklang mit dem Tatbestandsmerkmal, das seinerzeit über den Erfolg der Anfechtung entschied, der offensichtlichen Unmöglichkeit des § 1591 aF. Seit über die Abstammung in aller Regel naturwissenschaftlich exakt entschieden wird, worauf aber keine Parallelwertung in der Laiensphäre abstellen kann, ist der Grund für die Objektivierung entfallen; dem auf die Steuerung des Verhaltens des Anfechtungsberechtigten abzielende Zweck der Befristung entspricht eine subjektive Ausrichtung. Allerdings soll der Berechtigte seine Entscheidung auch im Interesse der anderen Beteiligten baldmöglichst treffen; aber wenn er innerhalb der gegebenen Intimgruppe in seiner Individualität bekannt ist, gibt es kein berechtigtes Interesse daran, statt auf ihn auf einen objektiven Beurteiler abzustellen. Etwas anderes ist es, daß der Berechtigte dann, wenn er behauptet, anders geurteilt zu haben als ein durchschnittlich verständiger Mann, dafür die Feststellungslast trägt.

10 Der Berechtigte kann während des Laufs der Zwei-Jahres-Frist die **Kenntnis** der Umstände **wieder verlieren**, nämlich durch Erfahren zutreffender oder vermeintlicher Umstände, welche die Wahrscheinlichkeit der Abstammung von ihm wieder erhöhen. Dann entfällt die begonnene Frist. Häufig wird es sich um Informationen des Mannes von seiten der Mutter handeln (Rücknahme eines Geständnisses von Mehrverkehr: Düsseldorf FamRZ 1994, 223, anders Hamm FamRZ 1994, 186; BGH FamRZ 1989, 169: der andere Mann sei zeugungsunfähig), mit denen sie nicht selten auf die Täuschung des Anfechtungsberechtigten abzielt, wie eine übereinstimmende eidliche Aussage der Ehefrau und ihres Liebhabers: BGH 61, 195, 201f; Stuttgart DAVorm 1979, 356, 358). Einem solchen Tendenzwechsel der Informationen darf der Anfechtungsberechtigte jedoch nicht leichtgläubig folgen, sondern er muß mögliche Nachforschungen anstellen (Staud/Rauscher Rz 30). Erfährt der Anfechtungsberechtigte danach neue, gegen die Vaterschaft sprechende Umstände, so beginnt eine neue Frist zu laufen.

Rechtsirrtum steht dem Beginn des Fristlaufs nicht entgegen, sei es, daß der Berechtigte nicht weiß, daß es der Anfechtung bedarf, um fehlende Abstammung geltend zu machen (BGH 24, 134; Koblenz FamRZ 1997, 1171), sei es, daß er irrtümlich meint, ein erklärter Verzicht auf das Anfechtungsrecht sei wirksam (Köln FamRZ 1987, 1171). **11**

Für die Kenntnis kommt es auf denjenigen an, der hinsichtlich des Anfechtungsrechtes ausübungsberechtigt ist, ggf also auf den **gesetzlichen Vertreter** (Celle DAVorm 1998, 237 gegen Rostock DAVorm 1995, 388; dazu Bökkermann FamRZ 1996, 238). Diese Wissenszurechnung beruht auf dem Rechtsgedanken des § 166 I. Eine einseitige Kenntnis nur des Vertretenen ist irrelevant. Ein Vertreterwechsel unterbricht den Fristlauf nicht (Frankfurt DAVorm 1996, 901). Diese Kontinuität bei einem Vertreterwechsel gilt aber nicht auch für die Kenntnis von Umständen, so daß es nicht darauf ankommt, ein Verstreichenlassen der Frist durch den früheren Vertreter mittels § 206 zu bekämpfen. **12**

d) Am **Fristende** können Probleme auftreten, wenn die Anfechtungsklage bei einem **unzuständigen Gericht** eingereicht wird. Verweist dieses die Sache an das zuständige Gericht, so ist schon die erste Einreichung für die Fristwahrung maßgebend (BGH 35, 344). Ist die Klage innerhalb der Frist eingereicht, erleidet sie aber eine **Zustellungsverzögerung**, so ist das bis zu etwa 14 Tagen unter § 167 ZPO unschädlich (BGH FamRZ 1995, 1484, 1485). Auf noch längeren Abstand der Zustellung zum Fristende kann sich der Gegner gem § 295 ZPO nicht berufen, wenn er den Zustellungsmangel zunächst ungerügt gelassen hat, BGH NJW 1972, 1373. Wegen Störungen aus dem Justizbereich s Rz 15. Wenn der Kläger in der Klageschrift ausdrücklich darauf hinweist, daß die Frist alsbald abläuft, kann die Klage auch ohne Prozeßkostenvorschuß zugestellt werden, BGH FamRZ 1960, 138. **13**

e) **Fristhemmung. aa)** In Abs VI S 1 ist der Gedanke des früheren § 1600h II S 2 „aufgenommen" (BT-Drucks S 88), die Regelung aber abgewandelt. Willensmängel nach §§ 119ff machen eine Anerkennung nicht mit der Nichtigkeitsfolge des § 142 anfechtbar, begründen auch keine Vaterschaftsanfechtung, aber können in deren Rahmen andere Folgen haben (§ 1594 Rz 8), eine **widerrechtliche Drohung** nach Abs VI S 1 für das Fristende: die Frist verlängert sich um die Zeit, während der die Drohung den Berechtigten an einer Anfechtung gehindert hat. Die Beschränkung auf den Fall der Drohung ist sachgemäß, weil im Fall eines Irrtums bereits die den Fristlauf auslösende Kenntnis fehlt oder wieder verlorengegangen ist (vgl Rz 10). **14**

Ist die Anfechtungsfrist gewahrt, so ist § 204 II S 2 über das Ende der Hemmung, wenn das Verfahren von den Parteien nicht betrieben wird, auf die Ausschlußfrist des § 1600b I nicht anzuwenden; das Ruhen des Verfahrens schadet dem Anfechtungskläger also nicht (Köln FamRZ 2001, 246).

bb) Gem der Verweisung des Abs VI S 2 auf **§ 206** ist der Lauf der Frist gehemmt, solange der Anfechtungsberechtigte durch Stillstand der Rechtspflege oder in anderer Weise durch **höhere Gewalt** innerhalb der letzten sechs Monate an der Anfechtung gehindert war. Höhere Gewalt im Sinn eines für den Anfechtungsberechtigten unabwendbaren Zufalls wurde angenommen: bei plötzlicher Erkrankung, Hamburg HansGZ 1936 B 29; – bei Störungen aus dem Justizbereich, so wenn das Kind in der Geburtsurkunde unrichtig als „nichtehelich" eingetragen wurde, RG 160, 92; wenn die Klage durch Versehen des Gerichts zu spät zugestellt wurde, RG WarnRspr 1936, Nr 40; Hamm FamRZ 1977, 551, 553; wenn das Gericht die erforderliche Bestellung eines Pflegers für das Kind verzögert, Köln DAVorm 1976, 348 oder einen fehlerhaften Hinweis (Thüringen OLG-NL 1995, 182) oder der Rechtspfleger eine falsche Rechtsauskunft gegeben hat (Celle DAVorm 1998, 237, 240f); – bei Armut, wenn spätestens am letzten Tag der Frist ein vollständiger Antrag auf Prozeßkostenhilfe gestellt wird (KG FamRZ 1978, 927, vgl auch § 206 Rz 4; aA MüKo/Wellenhofer-Klein Rz 5). **15**

Keine höhere Gewalt liegt dagegen gem dem Grundsatz des § 85 II ZPO vor, wenn der Anwalt die Frist versäumt oder über das Anfechtungsrecht unrichtig belehrt hat: BGH DAVorm 1982, 890; BGH FamRZ 1972, 498; BGH 31, 342, 347; das BVerfG hat die Anwendung von § 85 II ZPO auch in Statussachen gebilligt (35, 41 = NJW 1973, 1315 mit ablehnender Anm Schlabrendorff). Hatte der Mann Anlaß, die Anfechtungsklage zu erheben, davon aber mangels sicheren Nachweises abgesehen, so begründet es keine höhere Gewalt, wenn sich später die medizinischen Untersuchungsmethoden verbessern und den sicheren Nachweis der fehlenden Abstammung erbringen (RG JW 1935, 2716; BGH FamRZ 1975, 483; Gaul FS Bosch 1976, 241, 268 mit Fn 143). Keine höhere Gewalt war auch der zunächst glückliche Verlauf der Ehe mit der konsentiert heterolog inseminierten Mutter, der erst nach deren Scheitern und später als 2 Jahre nach Geburt des Kindes den Wunsch nach Anfechtung aufkommen ließ (Köln FamRZ 1997, 171). Im Fall von Abs VI S 1 und § 206 analog wird der Zeitraum der Hemmung in die Frist nicht eingerechnet. Diese verlängert sich um den Zeitraum der Hemmung. **16**

cc) Die Verweisung des Abs VI S 2 auf **§ 210** hat für den Fall Bedeutung, in dem der Berechtigte zwar bei Beginn der Anfechtungsfrist geschäftsfähig ist oder einen gesetzlichen Vertreter hat, aber in den letzten 6 Monaten vor regelmäßigem Ablauf der Frist **geschäftsunfähig** wird oder den gesetzlichen Vertreter verliert; dann werden an den Zeitpunkt, zu dem der Mangel behoben ist, 6 Monate angehängt, die den Fristablauf entsprechend verlängern. Für den Mann und die Mutter hat der Fall der Minderjährigkeit wegen § 1600a I S 2 keine Bedeutung, weil sie das Anfechtungsrecht gleichwohl selbständig ausüben. **17**

§ 1600b   Familienrecht Verwandtschaft

18 f) Die Rechtzeitigkeit der Anfechtung ist nicht positive, sondern ihre Verspätung eine negative Voraussetzung, so daß der Anfechtungsgegner die **Feststellungslast** für die Umstände trägt, bei denen die Anfechtung verspätet wäre (KG FamRZ 1978, 494, 495). Lediglich für einen Wegfall der begonnenen Frist trägt der Berechtigte die Feststellungslast (Zweibrücken FamRZ 1984, 80).

19 **4. Erfordernis substantiierter Darlegung oder Rechtsschutzinteresse.** Weil die Kenntnis von gegen die Vaterschaft sprechenden Umständen keine Voraussetzung der Anfechtungsberechtigung ist (Rz 4), ist die Anfechtungsklage begründet, wenn es an der Abstammung fehlt, ohne daß es auf die Umstände ankäme, aus denen dies geschlossen wird. Die Relevanz von Umständen beschränkt sich auf den Aspekt der Verfristung, soll aber einen Kläger nicht abhalten, frühzeitig zu klagen. Die abgelehnte Ansicht mag plausibel gewesen sein, solange die Abstammung einem unmittelbaren naturwissenschaftlichen Beweis noch kaum zugänglich war und die Umstände als Hilfstatsachen des Beweisthemas fungierten. Nur im Weg eines Begründungstausches könnte dem ein Bestandsschutz für das Eltern-Kind-Verhältnis substituiert werden, der aber richtig als Erfordernis eines **Rechtsschutzinteresses** zu behandeln ist. Das ist vor allem für eine Klage des Kindes zu erwägen, das nach seiner Volljährigkeit gehindert werden soll, „ins Blaue hinein" den Familienfrieden zu gefährden (ähnlich Karlsruhe FuR 1998, 380: unzulässige Rechtsausübung). Sein berechtigtes Rechtsschutzinteresse muß der Anfechtende darlegen. Auf der Grundlage der oben (Rz 4) abgelehnten herrschenden Ansicht, wonach gegen die Vaterschaft sprechende Umstände das Anfechtungsrecht begründen und zusätzlich die Frist in Gang setzen, wird allgemein der subjektive Vortrag solcher Umstände verlangt (Zöller/Greger vor § 284 ZPO Rz 5; Baumbach/Lauterbach/Albers/Hartmann vor § 284 ZPO Rz 27; Thomas/Putzo § 284 ZPO Rz 3). Indessen muß der Anfechtende sein berechtigtes Rechtsschutzinteresse dartun, also vortragen und ggf beweisen; der Anfechtungsgegner trägt dann die Feststellungslast dafür, daß das Anfechtungsrecht auf Grund der zeitlichen Verhältnisse dieser Umstände verfristet ist.

5. Erneute Anfechtungsfrist für das volljährige Kind

20 a) Das volljährig gewordene Kind ist nach Abs I anfechtungsberechtigt, wenn gegen den gesetzlichen Vertreter des minderjährigen Kindes keine Anfechtungsfrist zu laufen begonnen hatte. Die Frist gegen das Kind beginnt, sobald es von Umständen erfährt, die gegen die Vaterschaft sprechen. Hat schon das minderjährige Kind Kenntnis von solchen Umständen erhalten, so beginnt die Zweijahresfrist gleichwohl erst mit Eintritt der Volljährigkeit (Grund: Rz 12).

Mit Erreichen der Volljährigkeit hat das Kind nach Abs III ein erneutes Anfechtungsrecht, das nicht präjudiziert ist durch Unterlassungen seines gesetzlichen Vertreters zur Zeit seiner Minderjährigkeit. Es ist das gleiche Lösung, die schon früher nach § 1600k IV aF für das die Anerkennung der Vaterschaft anfechtende nichteheliche Kind gegolten hatte, während das eheliche Kind dafür einen Anfechtungsgrund brauchte und das Recht nur bis zur Vollendung seines 20. Lebensjahres ausüben konnte. In beidem hatte das BVerfG (zuletzt BVerfG 90, 263) eine Verletzung des grundgesetzlichen Rechtes des Kindes auf Kenntnis der eigenen Abstammung gesehen. Damit ist Abs III das Kernstück der Umsetzung des verfassungsmäßigen Rechts des Kindes auf Kenntnis der eigenen Abstammung. Das neuerliche Anfechtungsrecht des Kindes unterliegt lediglich der Verfristung nach Abs I. Ein Handeln seines gesetzlichen Vertreters muß das Kind jedoch entsprechend seinem Ergebnis gegen sich gelten lassen; ein der Anfechtung stattgebendes Urteil ebenso wie ein abweisendes, und zwar nach Maßgabe der Rechtskraft; ist die Abweisung mit Versäumung der Frist begründet oder damit, daß die Klage mangels Kindeswohldienlichkeit unzulässig ist, dann ist das Kind an einer erneuten Anfechtungsklage nicht gehindert. Auch tritt das Kind mit seiner Volljährigkeit in einen vom Vertreter begonnenen Prozeß ein, kann die Anfechtung nun aber aus seiner durch Eintritt der Volljährigkeit kraft Abs III veränderten Rechtsstellung begründen.

21 b) Eine Neuerung des KindRG ist das **neuerliche Anfechtungsrecht** des Kindes nach Abs V. Es orientiert sich an der bisherigen Struktur des Anfechtungsrechtes des ehelichen Kindes, das in § 1596 aF einen besonderen, die Anfechtung motivierenden Grund verlangt hatte. Während damals solche Gründe für jede Anfechtung aus dem Recht des Kindes vorliegen mußten, eröffnet ihr Eintreten jetzt ein neues Anfechtungsrecht nach Verstreichen sowohl der gegen den gesetzlichen Vertreter des minderjährigen Kindes als auch gegen dieses selbst nach Eintritt seiner Volljährigkeit abgelaufenen Frist. Die Unzumutbarkeit kann auch schon während der Minderjährigkeit des Kindes eintreten, so daß der gesetzliche Vertreter das erneute Anfechtungsrecht ausüben kann. Jetzt muß die **Vaterschaft** wegen neu bekannt gewordener Umstände **unzumutbar** geworden sein. Das Kind mag das Anfechtungsrecht nach Abs III nicht ausgeübt haben, weil allein die fehlende Abstammung von dem nach § 1592 Nr 1 oder 2 als Vater geltenden Mann ihm dafür kein hinreichender Grund war. Es soll sich aber anders entscheiden können, wenn das Vater-Kind-Verhältnis für es aus welchen Gründen auch immer zu einer schweren Belastung geworden ist. Das neuerliche Anfechtungsrecht aus Abs V fällt mit dem aus Abs III zusammen, wenn die Unzumutbarkeit gleichzeitig mit den gegen die Vaterschaft sprechenden Umständen bekannt wird. Andernfalls läuft vom Eintritt der Unzumutbarkeit ab eine erneute Anfechtungsfrist. Das gilt auch dann, wenn die Frist für die Anfechtung nach Abs III erst angebrochen war; diese Frist verlängert sich dann um zwei Jahre.

Die Unzumutbarkeit kann sich nicht aus dem „Umstand" ergeben, daß das Kind seine fehlende Abstammung von dem nach § 1592 Nr 1 oder 2 als Vater geltenden Mann jetzt anders beurteilt. Die Ausfüllung des Begriffs der Unzumutbarkeit kann sich zunächst am früheren § 1596 orientieren. Hat der Vater eine „schwere Erbkrankheit" (§ 1596 I Nr 5 aF) oder führt er einen ehrlosen oder unsittlichen Lebenswandel oder hat er sich Verfehlungen gegenüber dem Kind zuschulden kommen lassen (§ 1596 I Nr 4 aF), so ist die Vaterschaft unzumutbar. Die Unzumutbarkeit muß aber nicht derart aus der Person des Vaters verursacht sein, sondern kann sich aus der personalen Konstellation ergeben, so wenn die Mutter den biologischen Vater geheiratet hat oder auch schon dann, wenn die Ehe der Mutter mit dem rechtlichen Vater gescheitert ist (§ 1595 I Nr 2 aF). Problematisch ist, ob sich die Unzumutbarkeit ohne Veränderungen im Vater-Kind-Verhältnis allein daraus ergeben kann, daß das Kind seinen wahren Erzeuger etwa wegen dessen Reichtum als Vater vorzieht (ablehnend MüKo/Wellenhofer-Klein Rz 31).

6. Für das Anfechtungsverfahren gilt gem §§ 640 I, 616 I ZPO der **Untersuchungsgrundsatz**; dieser ist durch § 640d ZPO jedoch insoweit eingeschränkt, als der Anfechtende der Berücksichtigung anfechtungsstützender Tatsachen widerspricht.

§ 1600c *Vaterschaftsvermutung im Anfechtungsverfahren*

(1) In dem Verfahren auf Anfechtung der Vaterschaft wird vermutet, dass das Kind von dem Mann abstammt, dessen Vaterschaft nach § 1592 Nr. 1 und 2, § 1593 besteht.

(2) Die Vermutung nach Absatz 1 gilt nicht, wenn der Mann, der die Vaterschaft anerkannt hat, die Vaterschaft anficht und seine Anerkennung unter einem Willensmangel nach § 119 Abs. 1, § 123 leidet; in diesem Falle ist § 1600d Abs. 2 und 3 entsprechend anzuwenden.

1. Textgeschichte und Systematik. Art 1 Nr 1 KindRG; AmtlBegr BT-Drucks 13/4899, 88; § 1600c entspricht § 1600m S 1 und 2 aF. – Im Zusammenhang mit der Aufgabe der Unterscheidung von ehelichen und nichtehelichen Kindern faßt § 1600c die früher getrennten Institute der Ehelichkeitsanfechtung (§ 1594ff aF) und Anfechtung der Vaterschaftsanerkennung (§§ 1600ff aF) zusammen (vgl § 1599 Rz 2). Bei der auf § 1592 Nr 1 bezogenen Vermutung ist die frühere Unterscheidung einer Beiwohnungs- und einer Empfängnisvermutung aufgegeben worden, die gesetzestechnisch zweifelhaft und tatsächlich überholt war, weil heute das Kind durch medizinische Eingriffe empfangen sein kann, in welchem Fall die Vermutung auf das Einverständnis des Ehemannes zu erstrecken ist. Klagebefugnis und gerichtliche Zuständigkeit sind für die **Vaterschaftsanfechtung** und für die Vaterschaftsfeststellung § 1600d in § 1600e gleich geregelt.

2. Bedeutung der Vaterschaftsvermutung. Nach § 1600c scheint die Vaterschaftsvermutung im Mittelpunkt zu stehen. Diese hatte tragende Funktion, solange es noch keine naturwissenschaftlichen Beweismöglichkeiten gab. In § 1591 aF war bezüglich des Ehemanns der Mutter die Vaterschaftsvermutung differenziert: zunächst wurde vermutet, daß er der Mutter in der Empfängniszeit beigewohnt hat (Beiwohnungsvermutung), daran schloß sich stillschweigend die Empfängnis- bzw Zeugungsvermutung an. Eine ausdrückliche Zeugungsvermutung unter der Voraussetzung nachgewiesener Beiwohnung kennt noch heute das Verfahren auf Vaterschaftsfeststellung (§ 1600d II S 1). Beruhte die angefochtene Vaterschaft auf Anerkennung, so war die Vermutung schon nach § 1600m aF, wie jetzt nach § 1600c I, eine einheitliche. Für die Widerlegung der früheren Ehelichkeitsvermutung hatte § 1591 aF noch auf die „Offensichtlichkeit" abgestellt und verriet damit seine Herkunft aus der Zeit vor der naturwissenschaftlichen Abstammungsbegutachtung. Heute hat die Vaterschaftsvermutung im Anfechtungsprozeß indessen keine Wirkung, die über den allgemeinen beweisrechtlichen Grundsatz hinausginge, daß der Kläger die Beweis- bzw Feststellungslast für die tatsächlichen Voraussetzungen der begehrten Rechtsfolge trägt.

3. Aus dem Grundsatz der **Amtsermittlung** (§§ 640 I, 616 ZPO) folgt, daß das Gericht zunächst die Beweismittel zur Feststellung der Abstammung auszuschöpfen hat, bevor es gemäß der Vaterschaftsvermutung oder Feststellungslast entscheiden darf. In Betracht kommt ein **Zeugenbeweis** über Indizien für die fehlende Abstammung vom vermuteten Vater. In der dem „scheidungsakzessorischen Statuswechsel" des § 1599 II nahekommenden Konstellation, in der die Mutter, ihr gegenwärtiger oder früherer Ehemann und ein dritter Mann in einem förmlichen Beweisverfahren übereinstimmende Angaben machen, aus denen die von dem Dritten gem § 1593 II vorab anerkannte Vaterschaft folgt, neigen Gerichte dazu, von einem serologischen Gutachten abzusehen (AG Hamburg DAVorm 1999, 156; AG Hannover FamRZ 2001, 245). Das hat vor allem dann Bedeutung, wenn ein „scheidungsakzessorischer Statuswechsel" nach § 1599 II an zeitlichen Voraussetzungen scheitert. Diese Praxis widerspricht nicht der für statuserhaltende Tatsachen in §§ 640 I, 616 ZPO vorgeschriebenen Amtsermittlung (so aber Gaul FamRZ 2000, 1461, 1467), weil diese lediglich die Beibringungsinitiative, aber nicht die Beweiswürdigung betrifft, die hier die Entbehrlichkeit weiterer Ermittlungen ergibt. Auch spricht das Ziel der „Statuserhaltung" wenig gegen die anscheinende Beweiserleichterung, weil es angesichts der bereitstehenden Vaterschaftsanerkennung des dritten Mannes um einen Statuswechsel geht.

Auch in Fällen, in denen ein Mann die Anfechtung damit begründet, daß seine Einwilligung in die künstliche Befruchtung der Mutter mittels Samenspende eines Dritten an einem Willensmangel gelitten habe (§ 1600 Rz 9), ist eine serologische Begutachtung entbehrlich, wenn an der Samenspende eines Dritten kein Zweifel besteht.

Die Vaterschaft ist ausgeschlossen, wenn das Kind nicht aus dem Samen des Mannes erzeugt worden ist. Von der Möglichkeit medizinischer Zeugungshilfen abgesehen, ist dies der Fall, wenn der Mann der Mutter während der Empfängniszeit nicht beigewohnt hat. Insofern hat eine Widerlegung der in der Vaterschaftsvermutung enthaltenen Beischlafsvermutung noch immer Bedeutung. Wichtigster Fall ist die Abwesenheit des Mannes. Unsicher ist dagegen der Versuch, eine impotentia coeundi (Beischlafsunfähigkeit) zu beweisen. Auch der Beweis der Unfruchtbarkeit (impotentia generandi) ist nicht einmal dann sicher, wenn die Unfruchtbarkeit sowohl für einen Zeitpunkt vor als auch für einen Zeitpunkt nach der Empfängniszeit bewiesen wird, und zwar um so weniger, je weiter beide Zeitpunkte auseinanderliegen.

Die **künstliche Insemination** darf nach § 9 Nr 1 ESchG nur von einem Arzt vorgenommen werden, der dabei einer Dokumentationspflicht unterliegt. Wer sich auf diese Möglichkeit beruft, muß einen tatsächlichen Hinweis in dieser Richtung geben. Die notwendige Beteiligung der Mutter und die gebotene Dokumentation der Samenspende schließen Unsicherheiten über das Faktum einer künstlichen Zeugung praktisch aus.

4. Die größte Bedeutung hat jedoch eine **wissenschaftliche Abstammungsbegutachtung**. Für sie gibt es Richtlinien, die früher vom Bundesgesundheitsamt (BGA) erarbeitet wurden. Nach dessen Auflösung im Jahre 1994 war diese Aufgabe dem Robert Koch-Institut, Bundesinstitut für Infektionskrankheiten und nicht übertragbare Krankheiten, Nordufer 20, 13353 Berlin, übertragen. Inzwischen sind die **„Richtlinien** für die Erstattung von Abstammungsgutachten" (FamRZ 2002, 1159) unter Mitwirkung des Robert Koch-Instituts vom Wissenschaftli-

§ 1600c   Familienrecht Verwandtschaft

chen Beirat der Bundesärztekammer erneuert worden. Daneben bestehen noch veraltete BGA-Richtlinien zur Erstattung von DNA-Abstammungsgutachten von 1992 (BGBl 1992, 392–393).

5 5. **Genetische und biostatistische Grundlagen der Abstammungsbegutachtung.** Jede Abstammungsbegutachtung ist insofern eine genetische, als sie sich die Tatsache zunutze macht, daß der Mensch seine unveränderlichen Eigenschaften von den Eltern nach Regeln ererbt, von denen es nur in geringem Umfang Ausnahmen gibt. Die Eigenschaften, die für den Zweck der Abstammungsbegutachtung beobachtet werden, gehören zunächst dem **Phänotyp** an. Das heute in den Hintergrund getretene anthropologische oder **erbbiologische** Verfahren (§ 1600d Rz 21) beschränkte sich ganz auf den augenscheinlichen, teilweise anthropometrisch festgestellten Phänotyp des Kindes und des Eventualvaters (**EV**) und bejahte die Vaterschaft ab einem bestimmten Grad von Ähnlichkeit. Auch das im letzten Jahrhundert gefundene, seitdem stetig weiterentwickelte Verfahren der **serologischen**, auch hämatologischen oder **Blutgruppenbegutachtung** knüpft an den Phänotyp des Blutes an. Mit den in den letzten Jahren herrschend gewordenen **molekularbiologischen Methoden** werden genotypische Merkmale der **DNS** erhoben, wofür in erster Linie wiederum Blutproben entnommen werden, aber auch Mundschleimhautabstrich oder andere Körperzellen dienen können. Hierbei werden die Merkmale von Mutter, Kind und EV an Erbgesetzen verglichen. Ergibt sich ein Ausschluß, so ist der Anfechtungsklage stattzugeben, während im Verfahren der Vaterschaftsfeststellung, wo ein positiver Nachweis angestrebt wird, unter Zuhilfenahme statistischer Daten über die Frequenzen der Blutgruppen und genetischen Polymorphismen nebst ihren Unregelmäßigkeiten in der Bevölkerung die Wahrscheinlichkeit der Abstammung vom EV ermittelt wird. Das ist bis zum Grad von an Sicherheit grenzender Wahrscheinlichkeit möglich.

6 Hinsichtlich der Blutgruppen gibt es vier Kategorien der herkömmlichen Blutgruppensysteme (die drei klassischen Systemkategorien Erythrozyten-Membranantigene, Serum-Protein-Systeme, Erythrozyten-Enzymsysteme und das später dazugekommene, heute schon wieder in den Hintergrund tretende HLA-System). Das zuerst entdeckte ABO-System umfaßt die Merkmale A, A1, A2, B, AB und O; jedes Individuum, welches zB das Merkmal A hat, gehört zu dieser „Blutgruppe".

7 Der Phänotyp des Menschen wird durch sein **Genom** bestimmt, das, in jeder Körperzelle vorhanden, ihren genetischen Code enthält und ihre Bildung programmiert. Die Mendelschen Erbgesetze kennen Merkmale, die zwar ererbt werden, aber nicht in jeder Generation in Erscheinung treten, sondern in der Verbindung mit bestimmten Merkmalen des anderen Elternteils latent bleiben und erst in der Enkelgeneration wieder in Erscheinung treten. Latente Merkmale sind zwar im Genom enthalten, ohne aber im Phänotyp ausgeprägt zu sein. Die moderne Wissenschaft hat auch diesen **Genotyp** erforscht, der bis zu einem gewissen Grad unmittelbar erkannt und für die Abstammungsbestimmung nutzbar gemacht werden kann, und zwar auch mit Merkmalen, die nach heutigem Wissensstand insofern funktionslos sind, als sie nicht den Phänotyp bestimmen (**DNA-Begutachtung**).

8 In seinen Körperzellen hat der Mensch 46 paarig angelegte **Chromosomen** als Träger der Erbinformation: 44 Körperchromosomen (= **Autosomen**) und 2 Geschlechtschromosomen (= **Gonosomen**). Eine besondere Art Körperzellen sind die Keimzellen (= Geschlechtszellen, Gameten, nämlich Samen- oder Eizellen), die in der Reifungsteilung (= Meiose) gebildet werden. Hierbei wird als Voraussetzung der Fortpflanzung der in den Körperzellen angelegte doppelte Chromosomensatz auf einen einfachen Chromosomensatz reduziert, der nach Zufälligkeit das mütterliche oder das väterliche Chromosom trägt. Aus diploiden Zellen entstehen somit **haploide** Keimzellen, in deren einer zB die Chromosomen 5, 8 und 10 väterlichen, in deren anderer mütterlichen Ursprungs sind. Auf diese Weise bleibt die Erbinformation der Menge nach konstant, dh sie verdoppelt sich in der Folgegeneration nicht. Bei der Befruchtung läßt die Vereinigung von Ei und Samenzelle wieder einen diploiden Chromosomensatz mit 46 paarig angelegten Chromosomen entstehen.

9 Auf den Chromosomen sind an einer jeweils definierten Stelle (Locus = **Genort**) Anlagen, **Gene** lokalisiert, die zu einem bestimmten System gehören, das für die Ausbildung einer bestimmten Erscheinung (Phänotyp) zuständig ist, zB für die Augenfarbe oder für bestimmte Bluteigenschaften. Da ein jedes Autosom in der Körperzelle doppelt vorhanden ist, einmal väterlicher und einmal mütterlicher Herkunft, hat der Mensch an einem Genort immer zwei Gene = Allele. Sind die Anlagen auf beiden Allelen gleich, so spricht man von **Reinerbigkeit** (= Homozygotie); unterscheiden sie sich, spricht man von **Mischerbigkeit** (= Heterozygotie). Im Rahmen der Mischerbigkeit können beide Allele zur Ausprägung kommen; dann sind beide Merkmale kodominant und Genotyp und Phänotyp stimmen überein. Es kann aber auch sein, daß ein Allel das andere überdeckt, dieses ist dann **dominant**, das andere **rezessiv**; Genotyp und Phänotyp fallen auseinander. Während bei den klassischen Systemen und dem HLA-System das Genprodukt untersucht und aus ihm unter Berücksichtigung der Erbgesetze auf das Gen zurückgeschlossen wird, wird bei den DNA-Systemen unmittelbar das Genom untersucht, allerdings in Abschnitten, in denen die Allele nicht codiert sind.

Was unterschiedliche Merkmale zu einem System zusammenschließt, ist phänotypisch ihre Funktionsgleichheit und genotypisch ihre Lokalisierung am selben Genort, wobei das Individuum nur eines der Merkmale und zwei der dieses begründenden Allele haben kann. Die Variationsbreite innerhalb der Systeme (Multallelie) begründet die Vielfalt der Arten und zugleich die Eigenart des Individuums.

10 Die Merkmale eines Systems werden nach den Regeln der Mendelschen Erbregeln von den Eltern auf die Kinder vererbt. Das bedeutet, daß sich notwendig innerhalb eines jeden Merkmalsystems beim Kind ein mütterliches Merkmal wiederfindet; das andere Merkmal muß vom Vater stammen. Ein Mann, der dieses Merkmal nicht besitzt, kann nicht der Vater sein. Dabei ist zu berücksichtigen, daß sich ein rezessiv vererbliches Merkmal beim mischerbigen Vater phänotypisch dem Nachweis entzieht; doch muß es bei ihm genotypisch vorhanden sein. Ein „klassischer" Ausschluß liegt vor, wenn der EV ein Merkmal nicht hat, welches das mischerbige Kind vom Vater haben muß. Auch entgegengesetzte Reinerbigkeit bei Kind und EV bedeutet grundsätzlich den Ausschluß dieses

Mannes. Der Reinerbigkeitsausschluß erreicht aber nicht die Sicherheit des „klassischen" Ausschlusses, weil er durch ein – in den meisten Systemen seltenes – sogenanntes **stummes Merkmal** vorgetäuscht sein kann.

Stumme Merkmale gehören zu den **Unregelmäßigkeiten**, die einen Ausschluß vortäuschen können. Ein stummes Merkmal kann EV an das Kind weitergegeben haben, es entzieht sich aber dem Nachweis, verhält sich also ähnlich wie ein rezessiv vererbliches Merkmal. Denselben Effekt eines scheinbaren Ausschlusses hat eine maternale **Disomie**: das Kind kann durch eine Fehlverteilung 2 gleiche (isodisome) oder verschiedene (heterodisome) mütterliche und kein väterliches Chromosom erhalten haben; infolge davon kann ein Mann zu Unrecht ausgeschlossen werden. Eine paternale Disomie ist dagegen wesentlich seltener. Schließlich kann sogar ein klassischer Ausschluß durch eine **Neumutation** beim Kind vorgetäuscht sein. 11

In den **DNA-Systemen** wird das menschliche Genom zur Abstammungsbegutachtung benutzt. Die gesamte DNA ergäbe, aneinandergereiht, einen Molekülfaden von 1,8 m Länge. Ein Faden besteht aus ca 3 Milliarden Bausteinen, und zwar den Basen A (= Adenin), C (= Cytosin), G (= Guanin) und T (= Thymin). Für 80 % der DNA ist bisher keine Funktion bekannt (extragene DNA). Der für die Abstammungsbegutachtung benutzbare Polymorphismus besteht in Unregelmäßigkeiten, nämlich in zusätzlichen, fehlenden oder ausgetauschten Gliedern der Basenkette oder in unterschiedlichen Wiederholungseinheiten (**repeats**) von Basen. 20–30 % der extragenen DNA treten im haploiden Genom – in der Abfolge der Basen A, C, G und T wiederholt auf. Von dieser repetiven DNA sind etwa 60 % sogenannte Tandemrepeats. Das sind vielfach wiederholte Sequenzen, die als **VNTR** (Variable Number of Tandem Repeats) bezeichnet werden. Eine Wiederholungseinheit (**repeat**) kann aus 2 bis 100 Basen bestehen. Dadurch werden die sonst identischen DNA-Abschnitte unterschiedlich lang. Dieser **Längen-Polymorphismus** ist von höchster Individualität und wird nach den Mendelschen Erbgesetzen vererbt. 12

Eine Abstammungsbegutachtung setzt grundsätzlich Untersuchungsmaterial von Kind, Mutter und EV voraus, wobei fehlendes Material einer dieser Personen durch Material von ihren Eltern oder auch von Geschwistern ersetzt werden kann. Auch bei dominant-rezessiv vererblichen Merkmalen ist Untersuchungsmaterial von Angehörigen förderlich. Untersucht werden Blutproben; in den herkömmlichen Systemen einschließlich dem HLA-System sind Blutmerkmale notwendig Gegenstand der Untersuchung. Auch die DNA-Analyse wird regelmäßig an dem aus Blutzellen gewonnenen Genom vorgenommen. Die DNA-Analyse ist jedoch auch mit anderen Körperzellen möglich, die sogar der Leiche entnommen sein können. 13

Unabhängig davon, ob eine Anfechtungs- oder Feststellungsklage vorliegt, testet jede Begutachtung zunächst den Ausschluß des EV. Nach den Richtlinien ist die Aussage, daß die Abstammung vom EV ausgeschlossen ist, bei drei und mehr Ausschlußkonstellationen auf verschiedenen Chromosomen begründet. Kein Ausschluß in einem einzigen System kann als sicher gelten. Die Unsicherheit resultiert aus der Möglichkeit genetischer Unregelmäßigkeiten (Rz 11); zudem können Mängel bei der Gewinnung des Untersuchungsmaterials und seiner Bearbeitung im Labor nicht ausgeschlossen werden. Das Erfordernis, daß die Ausschlüsse auf verschiedenen Chromosomen liegen müssen, erklärt sich daraus, daß Merkmale vorkommen, die zwar verschiedenen Systemen angehören, aber auf demselben Chromosom liegen, „eng gekoppelt" sind und daher nicht unabhängig voneinander vererbt werden. 14

Hat sich kein sicherer Ausschluß ergeben, muß nach den Richtlinien eine biostatistische Würdigung unter Einbeziehung von möglichen Mutationen bzw stummen Allelen erfolgen. Es sind dann die Befunde im Hinblick auf ihren Beweiswert durch geeignete statistische Maßzahlen zu quantifizieren (11.1). Eine solche Maßzahl ist die **Ausschluß**- oder **Auschließungschance** oder -wahrscheinlichkeit (**A**), auch Vaterschaftsausschlußchance (**VACH**) genannt. Auf der Grundlage der Kenntnis der Merkmale von Mutter und Kind kann für jedes Merkmalsystem bestimmt werden, welche Merkmale ein Mann haben muß, der als Vater in Betracht kommt. A gibt an, wie häufig in der Gesamtbevölkerung der Typ Mann vorkommt, der das erforderliche Merkmal aufweist. Für den Fall, daß der im Verfahren stehende Mann in dem gegebenen System ausgeschlossen ist, hat A keine Bedeutung. Ist er jedoch nicht ausgeschlossen, so macht es einen Unterschied, ob er damit zu einem engen Kreis von zB 5 % aller Männer der Bevölkerung gehört oder zu einem weiten Kreis von 95 %. Im ersten Fall ist der im Verfahren stehende Mann mit größerer, nämlich mit einer Wahrscheinlichkeit von 100 : 5 = 20 : 1 der wirkliche Vater als im zweiten Fall, in dem seine Vaterschaft im selben Maß unwahrscheinlich ist. Die Ausschlußwahrscheinlichkeit ist dadurch steigerungsfähig, daß mehrere Systeme herangezogen werden. Die Kombination der Ausschlußwerte errechnet sich nach der Formel A gesamt = $1 - (1 - A1) \times (1 - A2) \times (1 - An)$. Bei Einsatz aller theoretisch möglichen Systeme könnte die kombinierte VACH dem Wert 1 bzw 100 % soweit angenähert werden, daß praktisch jeder Nichtvater ausgeschlossen wäre. 15

Es läßt sich auch die Wahrscheinlichkeit angeben, mit der ein Nichtvater in jedem System ausgeschlossen werden kann. Hierbei wird ohne Rücksicht auf eine bestimmte Mutter-Kind-Konstellation bestimmt, wie die einzelnen Blutgruppen des Systems in der Bevölkerung repräsentiert sind. Die allgemeine Vaterschafts-Ausschluß-Chance **AVACH** eines Systems ist hoch, wenn die es konstituierenden Allele in der Bevölkerung ziemlich gleichmäßig häufig sind; die AVACH ist kleiner, wenn die Allele ungleich häufig sind. Der größere AVACH eines Systems findet seine statistische Entsprechung darin, daß in einem solchen System Ausschlüsse seltener sind. Auch die **kombinierte AVACH** aller Systeme kann nach der oben für die konkreten Ausschlußchancen angegebene Formel errechnet werden. Die kombinierte AVACH betrug zB bei Einsatz 16 effektiver klassischer Systeme 98,3 %. Wenn die Richtlinien unter Ziff 2.6.2 das Erfordernis aufstellen, daß mit der für die Untersuchung ausgewählten Systemen eine kombinierte AVACH von 99,99 % erreicht wird, so ist dies nur durch Einsatz des jedoch kaum mehr gebräuchlichen HLA-Systems oder der dieses verdrängenden DNA-Systeme mit ihrem hohen Grad an Polymorphismus erreichbar. Bei dem Wert von 99,99 % wäre ein Ausgeschlossener, der trotzdem der Vater ist, einer unter 10 000 Männern. 16

§ 1600c   Familienrecht   Verwandtschaft

17 Die **populationsgenetischen Daten** bestehen in Allelfrequenzen einschließlich der Längen-Polymorphismen in den DNA-Systemen, bei gekoppelt vererblichen Allelen in den Rekombinationsraten und in Zahlen über die Frequenz von stummen Allelen und Neumutationen. Sie beruhen auf Stichprobenuntersuchungen und zurückliegenden Abstammungsbegutachtungen. Ihre Validität hängt von der Zahl der in den Durchschnittswert eingegangenen Einzeluntersuchungen ab. Die Datenbanken der einzelnen Arbeitsgruppen werden mit der Zeit immer vollständiger und valider. Daß sie trotzdem voneinander abweichen können, liegt einmal daran, daß nicht für alle Blutgruppen internationale Qualifikationsstandards für ihre Bestimmung bestehen (für die DNA Systeme: DNA recommendations, in: International Journal of Legal Medicine 1997, 175; 1994, 159; 1992, 361). Vor allem aber variieren die Frequenzen nach Gruppen und Rassen. Während die Unterschiede innerhalb der westeuropäischen Bevölkerung zB zwischen Deutschen, Italienern und Spaniern gering sind, sind sie im Verhältnis zu kaukasischen europäischen Gruppen wie Türken, Nordafrikanern, Iranern und Afghanen größer. Extreme Unterschiede gibt es im Vergleich zu anderen Rassen wie Negriden und Asiaten. Die biostatistische Berechnung muß daher die Herkunft des vor Gericht stehenden Mannes berücksichtigen und das zutreffende Datenmaterial zugrunde legen; die Richtlinien fordern daher, die ethnische Herkunft des Probanden zu dokumentieren.

18 6. Die **Vaterschaftsanerkennung**, an welche die Vermutung der Vaterschaft anknüpft, kann an einem **Willensmangel** leiden. In einem solchen Fall schließt § 1598 I eine Anfechtung mit der Wirkung des § 142 aus (§ 1598 Rz 3).

19 a) An einen Willensmangel der Anerkennungserklärung des Mannes knüpft Abs II jedoch die Folge, daß in dem von ihm angestrengten Anfechtungsverfahren die Vermutung des Abs I nicht gilt. Dabei kommt es auf Rechtzeitigkeit im Sinne der §§ 121, 124 nicht an. Anstelle der Vermutung des Abs I gilt die an nachzuweisenden Beischlaf anknüpfende Empfängnisvermutung des § 1600d II.

20 b) Der Wortlaut verneint die Vermutung nur, **wenn der Mann die Vaterschaft anficht**. Demgemäß wurde zum früheren Recht (§ 1600c S 2 aF) die Vermutung nur in Verfahren auf Anfechtungsklage des Mannes verneint (Soergel/Gaul § 1600m aF Rz 7) und dem nur die früher anstelle des verstorbenen Mannes anfechtungsberechtigten Eltern gleichgestellt. Begründet wurde die dem Wortlaut entsprechende enge Auslegung damit, daß den Mann die Folgen einer unrichtigen Anerkennung am stärksten belasten (Soergel/Gaul aaO). Von dem System differenzierender Anfechtungsberechtigungen ist das KindRG jedoch abgerückt – die unterschiedlichen Anfechtungsinteressen können nicht mehr auf einen Nenner gebracht werden. Danach ist die Vermutung des Abs I auch dann nicht begründet, wenn **Mutter oder Kind** anfechten und **einen Willensmangel des Mannes** geltend machen.

21 c) Ferner betrifft der Wortlaut nur Fälle, in denen die Anerkennungserklärung des Mannes unter einem Willensmangel leidet. Aber auch die zur Anerkennung erforderliche **Erklärung eines anderen „Anfechtungsberechtigten"** kann unter einem Willensmangel leiden. Eine Anfechtung nach den allgemeinen Regeln mit der Wirkung des § 142 und der weiteren Wirkung, daß die Anerkennung unwirksam wäre, schließt § 1598 I auch insoweit aus (MüKo/Mutschler 3. Aufl § 1600c aF Rz 6; aA MüKo/Wellenhofer-Klein 4. Aufl Rz 13; Staud/Rauscher Rz 23). Nach Gernhuber/Coester-Waltjen ist ein Willensmangel bei anderen nicht bedacht worden, doch hätten solche Fälle keine praktische Bedeutung (§ 52 IV Fn 15). Das kann kein Argument sein, wenn ein entsprechender Fall auftritt. Dann kann eine unterschiedliche Behandlung der verschiedenen Anfechtungsberechtigten nicht begründet werden. Die Vermutung des Abs I entfällt also auch dann, wenn die zur Anerkennung erforderliche Erklärung eines anderen Anfechtungsberechtigten unter einem Willensmangel leidet (aA Staud/Rauscher, § 1600m aF Rz 23 aE).

22 d) § 119 I erfaßt zunächst **Irrtümer** in der Erklärungshandlung; solche sind aber durch die für die Anerkennungserklärung in § 1597 I vorgeschriebene notarielle Beurkundung praktisch ausgeschlossen. § 119 I erfaßt zweitens Irrtümer über den Inhalt der Erklärung; solche sind bei Nichtbeherrschung der deutschen Sprache oder etwa bei Verwechslung des Kindes, auf das sich die Erklärung bezieht, denkbar. Auch ein Irrtum über die essentiellen rechtlichen Folgen der Anerkennung ist denkbar und begründet dann zugleich den Verdacht mangelnder Beratung durch den beurkundenden Notar. Als Motivirrtum irrelevant wäre die irrtümliche Annahme, Vater des Kindes zu sein.

23 e) Größere Bedeutung hat der Tatbestand der **arglistigen Täuschung, § 123**. Die Täuschung muß einen Bezug auf die Abstammung des Kindes haben, so daß es zB nicht genügt, wenn die Mutter über ihre Bedürftigkeit getäuscht hat. Die Mutter, die in der Empfängniszeit auch mit einem anderen Mann verkehrt hat, trifft keine Offenbarungspflicht, so daß eine Täuschung durch Unterlassen ausscheidet. Auch ein reines Schweigen der Mutter auf Vorhaltungen des Mannes wegen Mehrverkehrs erfüllt den Tatbestand nicht (Staud/Rauscher Rz 28; MüKo/Wellenhofer-Klein Rz 15). Dagegen liegt eine Täuschung schon in einfachem Leugnen sowie jedem Zerstreuen eines beim Manne aufgekommenen Verdachtes, besonders durch unwahre Angaben, mögen diese auch nur Indizien betreffen. Die Täuschung kann auch von einem Dritten verübt sein, etwa dem gesetzlichen Vertreter des Kindes. Da die Anerkennungserklärung nicht gegenüber der Mutter abzugeben ist, kommt es nicht darauf an, ob sie die Täuschung kannte oder kennen mußte. Die Täuschung muß über einen Irrtum des Mannes **kausal** für seine Anerkennungserklärung geworden sein. Die Kausalität ist nicht in jedem Falle zu verneinen, in dem der Mann die Abstammung des Kindes von einem anderen für möglich gehalten hat, wenn die Täuschung nur einen stärkeren Verdacht oder größere Gewißheit gibt, bei welcher er die Anerkennung nicht erklärt hätte. Nicht erforderlich ist, daß der Täuschende final im Sinne einer Absicht auf Vaterschaftsanerkennung abgezielt hat. Doch ist die Täuschung nur dann arglistig, wenn der Täuschende mindestens damit rechnete oder es später kommen sah, daß der Irrtum des Mannes für eine Anerkennungserklärung ursächlich würde.

Wegen der Gleichgerichtetheit von Vaterschaftsvermutung und Feststellungslast bedeutet die Verneinung der Vaterschaftsvermutung durch **Abs II**, daß die **Feststellungslast beim Anfechtungsgegner** liegt. Dieser ist dann in der gleichen Rolle wie derjenige, der auf Feststellung der Vaterschaft klagt (MüKo/Mutschler 3. Aufl § 1600m aF Rz 1). Das kommt in der Verweisung von Abs II Hs 2 auf § 1600d II und III zum Ausdruck. Infolge der Verweisung auf § 1600d II kommt die engere Vaterschaftsvermutung des Feststellungsverfahrens zum Zuge, die an eine in die Empfängniszeit fallende Beiwohnung anknüpft. Die Verweisung auf § 1600d III gilt der Empfängniszeit.

§ 1600d Gerichtliche Feststellung der Vaterschaft

(1) Besteht keine Vaterschaft nach § 1592 Nr. 1 und 2, § 1593, so ist die Vaterschaft gerichtlich festzustellen.

(2) Im Verfahren auf gerichtliche Feststellung der Vaterschaft wird als Vater vermutet, wer der Mutter während der Empfängniszeit beigewohnt hat. Die Vermutung gilt nicht, wenn schwerwiegende Zweifel an der Vaterschaft bestehen.

(3) Als Empfängniszeit gilt die Zeit von dem 300. bis zu dem 181. Tage vor der Geburt des Kindes, mit Einschluss sowohl des 300. als auch des 181. Tages. Steht fest, dass das Kind außerhalb des Zeitraums des Satzes 1 empfangen worden ist, so gilt dieser abweichende Zeitraum als Empfängniszeit.

(4) Die Rechtswirkungen der Vaterschaft können, soweit sich nicht aus dem Gesetz anderes ergibt, erst vom Zeitpunkt ihrer Feststellung an geltend gemacht werden.

1. **Textgeschichte.** Art 1 Nr 1 KindRG, AmtlBegr BT-Drucks 13/4899, 87. Die Vorschrift bringt nur bei der 1 Empfängniszeit Neuerungen gegenüber dem bisherigen Recht und entspricht weitgehend den §§ 1600n und 1600o aF.

2. Wenn ein Kind nicht dem Ehemann der Mutter zugeordnet ist, dann steht die gerichtliche Feststellung der 2 Vaterschaft in Alternative zur Anerkennung. Gemäß **Abs I** ist eine **gerichtliche Feststellung** ausgeschlossen, wenn das Kind schon nach §§ 1592, 1593 einem Mann als Vater zugeordnet ist, also durch Ehe oder Anerkennung. Dabei kann eine wirksame Anerkennung der gerichtlichen Feststellung bis zur Rechtskraft zuvorkommen und sie gegenstandslos machen (Stein/Jonas/Schlosser § 641c ZPO Rz 2). Danach kann sich der Erzeuger eines Kindes mit seinem Wunsch, der rechtliche Vater des Kindes zu werden, auch gegenüber der nicht verheirateten Mutter nicht durchsetzen, wenn diese der Vaterschaftsanerkennung eines anderen Mannes zustimmt, sofern das Rechtsgeschäft der Anerkennung nur vor Rechtskraft des von dem Erzeuger angestrebten Feststellungsurteils wirksam wird (§ 1597 Rz 3 aE, vgl aber Erl zu § 1600). Keinesfalls darf die Vaterschaft eines anderen Mannes schon gerichtlich festgestellt sein; in solchem Fall steht die gem § 640h S 1 und 3 ZPO auf alle erstreckte Rechtskraft des Urteils einer anderen Klage entgegen.

3. Eine **positive Feststellungsklage** bedarf grundsätzlich keines besonderen Rechtsschutzinteresses. Der Mann, 3 das Kind oder die Mutter brauchen sich selbst dann, wenn die anderen zur Vaterschaftsanerkennung bzw zur Zustimmung dazu bereit sind, nicht auf diesen einfacheren und billigeren Weg verweisen zu lassen, sondern können die Feststellung der Abstammung beanspruchen, weil die rechtskräftige Feststellung bestandskräftiger ist als die anfechtbare Anerkennung (für das Kind KG DAVorm 1991, 946). Nur wenn so wenig Anhalt dafür besteht, daß das Kind von dem klagenden oder beklagten Mann abstammt, daß ein Antrag auf Prozeßkostenhilfe als mutwillig abzuweisen wäre, fehlt der Klage das Rechtsschutzbedürfnis (Staud/Göppinger 12. Aufl § 1600n aF Rz 13). Auch wenn das Kind von Dritten adoptiert wurde, ist ein Feststellungsinteresse noch gegeben, weil gem § 1755 I S 2 bestimmte Ansprüche des Kindes nach wie vor von der Feststellung abhängen können und bei einer Aufhebung des Annahmeverhältnisses das Verhältnis zu den leiblichen Eltern gem § 1764 III wieder auflebt (§ 1755 Rz 7; Koblenz FamRZ 1979, 968). Ist bereits eine Feststellungsklage des Kindes anhängig, so fehlt ihm das Rechtsschutzinteresse für die Klage gegen einen anderen Mann; dagegen waren im RegE zum NEhelG (BT-Drucks V/3719, 37) Mehrfachklagen als zulässig angesehen. Im Anschluß an Göppinger (FamRZ 1970, 125) wird die Unzulässigkeit allgemein über die Inter-omnes-Wirkung des erstreiten Urteils gefolgert (so auch Soergel/Gaul § 1600n aF Rz 9). Dem Interesse des Kindes oder der Mutter an alsbaldiger Feststellung eines anderen Mannes als Vater dient auf prozeßökonomische Weise die Möglichkeit, dem anderen Mann gem § 640e II ZPO den Streit zu verkünden (vgl Staud/Rauscher § 1600e Rz 83).

4. Auch eine **negative Feststellungsklage** ist zulässig (§§ 640 II Nr 1, 641h ZPO), erfordert jedoch ein Rechts- 4 schutzinteresse. Die Zulässigkeit wird von Göppinger, Gravenhorst und Damrau (FamRZ 1970, 125; 127 und 287 Fn 37) bestritten, weil § 1600a S 2 aF, jetzt § 1600 IV, ein Rechtsschutzinteresse ausschließe. Diese Ansicht vernachlässigt hinter der rechtlichen Wirkung den tatsächlichen Gehalt des Statusverhältnisses und das Grundrecht des Kindes zu wissen, ob Abstammung besteht oder nicht. Hat das Kind allerdings kraft Vaterschaftsanerkennung einen Vater, so schließt die Sperrwirkung eine negative Feststellungsklage aus, weil eine Klageabweisung der Anerkennung widerspräche (§ 1592 Rz 7). Berühmt sich in solchem Fall ein anderer Mann der Vaterschaft, so kann das Kind Unterlassungsklage erheben. Entsprechendes gilt für einen Mann, wenn sich ein Kind, das einem anderen Mann als Vater zugeordnet ist, gleichwohl der Abstammung von ihm berühmt. Hat das Kind einen Vater, so ist im Verhältnis zu jedem anderen Mann nur eine Unterlassungsklage möglich. Die negative Statusklage kann es nur zwischen einem Mann und einem Kind geben, das noch keinen Vater im statusrechtlichen Sinne hat.

Sind von oder gegenüber mehreren Männern gleichzeitig mehrere positive oder negative Feststellungsklagen erhoben, so sollte das Gericht die spätere(n) bis zur rechtskräftigen Entscheidung der früheren aussetzen (vgl Gernhuber/Coester-Waltjen § 52 III Fn 2).

5. **Feststellungswiderklage** ist nur ausnahmsweise zulässig. Gegenüber einer positiven Feststellungsklage ist 5 eine negative Feststellungswiderklage unzulässig, weil sie denselben Streitgegenstand hätte (Staud/Rauscher § 1600e Rz 23). Gegenüber der negativen Feststellungsklage des Mannes muß das Kind jedoch die positive Feststellungswiderklage haben, um damit einen Antrag nach §§ 641d, 653 ZPO (§ 1600e Rz 4) verbinden zu können;

§ 1600d Familienrecht Verwandtschaft

die Identität des Streitgegenstandes macht dann umgekehrt die negative Feststellungsklage des Mannes unzulässig (Staud/Göppinger 12. Aufl § 1600n aF Rz 19).

6 6. **Nachrang der Vaterschaftsvermutung.** Nach §§ 640, 616 I ZPO hat das Gericht in Kindschaftssachen von Amts wegen die Wahrheit zu ermitteln. So wenig es ein Anerkenntnis gibt (§§ 640 I, 617), so wenig nimmt ein Geständnis einer klagebegründenden oder -verneinenden Tatsache die Beweisbedürftigkeit, dies schon deswegen, weil das Tatbestandsmerkmal der Abstammung als auf Zeugung bzw Empfängnis beruhend, einem sinnfälligen Beweis überhaupt nicht zugänglich ist. Erst dann, wenn das Gericht sich weder positiv noch negativ von der Abstammung überzeugen kann, kommt die **Vermutung des Abs II** ins Spiel. Während aber nach § 1600c I die Ehe mit der Mutter oder die Anerkennung der Vaterschaft eine umfassende Vaterschaftsvermutung begründet, kennt § 1600d II nur eine Zeugungsvermutung unter der Voraussetzung nachgewiesener Beiwohnung während der Empfängniszeit (Rz 24). Eine ältere Ansicht vom Vorrang der Vermutung (Oldenburg FamRZ 1979, 679; Hamburg DAVorm 1972, 26f; Grunsky StAZ 1970, 248; ähnlich noch Beitzke/Lüderitz § 23 IV) ist heute nicht mehr vertretbar, nachdem eine naturwissenschaftliche Begutachtung in aller Regel zu einem sicheren Ergebnis führt und das Kind ein Recht auf Kenntnis seiner Abstammung hat.

7 7. Die **Methode der Begutachtung a)** ist im Rahmen der gerichtlichen Vaterschaftsfeststellung im Ausgangspunkt keine andere als im Verfahren der Vaterschaftsanfechtung (vgl § 1600c Rz 5–17): in einem ersten Schritt wird getestet, ob der beteiligte Mann als Vater ausgeschlossen ist. In diesem Fall ist die positive Feststellungsklage abzuweisen. Ergibt sich kein Ausschluß, so zielt die von den Richtlinien vorgeschriebene Quantifizierung durch geeignete Maßzahlen auf den Zahlenwert für die Wahrscheinlichkeit, mit welcher der nicht ausgeschlossene Mann der wirkliche Vater ist. Die allgemeine Formel, daß der Vollbeweis die Überzeugung des Gerichts von einer beweisbedürftigen Tatsache mit „an Sicherheit grenzender Wahrscheinlichkeit" voraussetzt (so für § 1600o aF BGH NJW 1976, 369, 370), hat bei der Vaterschaftsfeststellung besondere Bedeutung, weil der positive Vaterschaftsbeweis mit statistischen Methoden geführt wird, die selbst im idealen Fall keinen absoluten Beweis erbringen, sondern höchstens eine infinitesimale Annäherung der Wahrscheinlichkeit an die Sicherheit.

8 b) Einen Hinweis auf die Wahrscheinlichkeit, mit welcher der nicht ausgeschlossene Mann der Vater des Kindes ist, ergibt schon der Wert der **Ausschlußchance (A)**. Diese stützt sich auf die Merkmalkonstellation von Mutter und Kind und nimmt den Mann als Träger der nach Erbgesetzen erforderlichen Merkmale ins Visier (§ 1600c Rz 10). Ist der im Verfahren stehende Mann auf Grund seiner Merkmale als Vater nicht ausgeschlossen, obwohl die Ausschlußchance zB 99,98 % beträgt, so ist er einer unter 5 000, wenn er gleichwohl der Vater ist. Nach Richtlinien ist aber erst bei einem Wahrscheinlichkeitswert W von 99,9 die Vaterschaft „praktisch erwiesen".

9 c) Die genetischen Merkmale sind nicht die einzigen Parameter für die Wahrscheinlichkeit der Vaterschaft. Ein nicht genetischer Parameter wird als **a priori-Wahrscheinlichkeit** bezeichnet: wie oft steht erfahrungsgemäß der wahre Vater, wie oft stehen Nichtväter im Verfahren? Erfahrungsgemäß steht in mehr als der Hälfte der Fälle der wahre Vater im Verfahren. Daraus könnte abgeleitet werden, daß der im Verfahren stehende Mann mit einem Übergewicht von zB 60 : 40 wahrscheinlich der wirkliche Vater ist. Aber aus rechtsstaatlichen Gründen wird das abgelehnt und die a priori-Wahrscheinlichkeit 50 : 50 = 1 angenommen, dh, a priori spricht nichts für oder dagegen, daß der im Verfahren stehende Mann der wirkliche Vater ist (vgl MüKo/Seidel Rz 85).

10 d) Die Ausschlußwahrscheinlichkeit konvergiert zwar zunehmend mit der **Vaterschaftswahrscheinlichkeit W**, ist aber nicht mit ihr identisch. Getestet wird hierbei ein Merkmal des Kindes, das ihm die Mutter nicht vererbt haben kann und das daher vom Vater stammen muß. Wenn der Eventualvater (EV) dieses Merkmal hat, ist er nicht als Vater ausgeschlossen; eine Vaterschaftsgewißheit würde aber erfordern, alle anderen Männer als Vater auszuschließen. Weil das nicht möglich ist, kann nur statistisch und näherungsweise eine Vaterschaftswahrscheinlichkeit ermittelt werden. Eine Wahrscheinlichkeitsaussage erlaubt bereits der Nichtausschluß. Denn damit gehört EV zu der Teilmenge von Männern in der Bevölkerung, die das erforderliche Merkmal tragen. Weisen zB 20 von 100 zufällig gegriffenen Männern der Bevölkerung das Merkmal auf, so ist EV mit einer gewissen Wahrscheinlichkeit der Vater. Die Bruch- oder Prozentzahl für das Kollektiv der nicht ausgeschlossenen Männer in der Gesamtbevölkerung wird als Y bezeichnet. Je kleiner Y ist, desto wahrscheinlicher ist EV der Vater.

11 e) Die Männer, die als Vater nicht ausgeschlossen sind, haben unterschiedliche Chancen, wirklicher Vater des Kindes zu sein. Weist ein Mann das erforderliche Merkmal in homozygoter Form auf, so vererbt er es jedem Kind; weist er es heterozygot auf, nur jedem zweiten. X bezeichnet den Wert, mit dem der nicht ausgeschlossene EV unter allen nicht ausgeschlossenen Männern wahrscheinlich der Vater ist. Je größer der Wert X ist, desto höher ist die Wahrscheinlichkeit, daß EV wirklicher Vater ist. Der Quotient aus X und Y (X/Y) ist der **Paternitätsindex** (PI); indem dieser Zahlenwert für mehrere Merkmale ermittelt wird, ergibt sich ein Wert, der besagt, mit welcher Wahrscheinlichkeit EV der wahre Vater ist. Der Umrechnung dieses Zahlenwerts in eine Prozentzahl dient das Essen-Möller-Verfahren.

12 f) Zur **Verbalisierung der Prozentwerte** bedienen sich Gutachter einer zuerst von Hummel (Die medizinische Vaterschaftsbegutachtung mit biostatistischem Beweis, 1961, 47) vorgeschlagenen Tabelle. Auf sie hat sich der Rechtsausschuß des BT bei der Formulierung von § 1600o idF des NEhelG berufen, mit der § 1600d II insoweit übereinstimmt und die auch der BGH als Anhalt für den Tatrichter billigt (BGH 61, 165, 172). Danach sollte bei einem Wert von 99,8 und darüber die Vaterschaft „praktisch erwiesen" sein. Dieser Wert bedeutet, daß der Richter in 1000 gleichgelagerten Fällen nur 2 mal irrt. Die Richtlinien (§ 1600c Rz 4) ordnen für den Regelfall erst einem Wert W > 99,9 % das verbale Prädikat „Vaterschaft praktisch erwiesen" und „mit an Sicherheit grenzender Wahrscheinlichkeit" zu. Dieser Wert bedeutet, daß der Richter in 1000 gleichgelagerten Fällen nur 1 mal irrt. Nach Hummel ist unter dem Wert von 99,8 bis herab zu 99,0 die Vaterschaft „höchst wahrscheinlich", unterhalb 99,0 bis 95 „sehr wahrscheinlich", unterhalb 95 bis 90 „wahrscheinlich" und unterhalb von 90 „unentschieden".

g) Die Frage nach dem **erforderlichen Wahrscheinlichkeitsgrad** stellt sich in zwei Hinsichten. In **prozessualer** Hinsicht fragt es sich, bei welchem biostatistischen Wahrscheinlichkeitswert das Gericht die amtliche Ermittlung nicht weiterzuführen braucht, um die Vaterschaft feststellen zu können. Ein **Beweisantrag** der die Feststellung bekämpfenden Partei darf niemals damit abgelehnt werden, daß die Vaterschaft aufgrund des erreichten Wahrscheinlichkeitswertes schon bewiesen wäre (BGH FamRZ 1990, 615: Antrag auf serologische Untersuchung eines Mehrverkehrszeugen). Ein Beweisantrag darf vielmehr nur aus den Gründen zurückgewiesen werden, die in § 244 III StPO eine Regelung gefunden haben (BGH FamRZ 1994, 506). Von ihnen hat hier besondere Bedeutung, daß das Beweismittel „völlig ungeeignet" ist. So ist ein erbbiologisches Gutachten (§ 1600c Rz 5) nicht geeignet, eine hohe biostatistische Vaterschaftswahrscheinlichkeit (Celle NJW 1990, 2942: 99,0 %) zu entkräften. Die AVACH (§ 1600c Rz 16) erlaubt es, die Eignung der Blutgruppen zum Vaterschaftsausschluß zu vergleichen. Unzulässig soll nach BGH FamRZ 1991, 426, 428 ein Antrag sein, der auf eine nochmalige Begutachtung durch einen anderen Gutachter gerichtet ist; das kann jedoch nicht gelten, wenn gegen den ersten Sachverständigen Ablehnungsgründe (§ 406 ZPO) sprechen oder Einwände nicht mehr seine Kompetenz geltend gemacht werden können. Meistens sind Beweisanträge auf eine Ausdehnung der Begutachtung auf weitere Blutgruppen- oder Merkmalsysteme gerichtet, in diesen Fällen entscheidet allein der Gesichtspunkt der Eignung. Mißverständlich erscheint in demselben Urteil des BGH die Bemerkung, wonach ein Beweisantrag unzulässig sei, der nur auf die Relativierung des festgestellten Wahrscheinlichkeitswertes gerichtet sei, statt auf gänzlichen Ausschluß als Erzeuger. Denn die Bekämpfung der Vaterschaftsfeststellung impliziert immer die Behauptung, nicht der Vater zu sein, und zielt somit auf den Ausschluß; auch kann eine „Relativierung", die den Wahrscheinlichkeitswert unter einen bestimmten Wert herabdrückt, die Feststellung als Vater ausschließen. Gegenüber einem danach zulässigen Beweisantrag gibt es somit keinen Schwellenwert einer Wahrscheinlichkeit, der die Ablehnung rechtfertigen würde. Eine steuernde Funktion kann allein die Kostentragungspflicht haben. Eine Partei, die trotz zur Feststellung ausreichenden Wahrscheinlichkeitswertes ihr entgegengesetztes Ziel durch Beweisanträge weiter verfolgt, läuft erhöhte Gefahr zu unterliegen und gemäß § 91 ZPO die Kosten einschließlich des von ihr zusätzlich beantragten Beweismittels tragen zu müssen. Dabei kann das Gericht gem §§ 402, 379 ZPO die Anordnung einer erweiterten Begutachtung von einem hinreichenden Auslagenvorschuß abhängig machen, eine Möglichkeit, die erst von der Schwelle an besteht, wo die Amtsermittlung endet (Thomas/Putzo § 379 ZPO Rz 3). Ist dem Beweisantragsteller Prozeßkostenhilfe bewilligt, so kann die Bewilligung beschränkt werden, wenn von Amts wegen keine Ermittlungen mehr veranlaßt sind (Hamm FamRZ 1992, 455). Auch für die Erschöpfung der Amtsermittlung kann es keinen allgemeinen Schwellenwert der Wahrscheinlichkeit geben, weil sie von Umständen des Einzelfalls abhängt, wenn bei identischem Wahrscheinlichkeitswert die im gegebenen Fall angezeigten Beweismittel erschöpft sind. Es macht einen Unterschied, ob ein Wahrscheinlichkeitswert schon durch ein Basisgutachten erreicht wurde und eine erweiterte Begutachtung naheliegt, oder ob die Möglichkeiten der Blutgruppenbegutachtung praktisch erschöpft sind.

h) In **materieller** Hinsicht ist zunächst seit langem anerkannt, daß nach Erhebung aller gebotenen Beweise eine hinreichend hohe biostatistische Wahrscheinlichkeit die Bejahung der Vaterschaft begründet (BGH FamRZ 1994, 506 mN). Hier erscheint auch ein allgemeiner **Schwellenwert** jedenfalls für Fälle tunlich, in denen die Beweismittel erschöpft sind und keine besonderen Umstände gegen die Vaterschaft sprechen. Ursprünglich sollte der Wert von 99,73 diese Funktion haben. Nach H. Mayer werde bei diesem Wert „im allgemeinen die Sicherheit einer naturwissenschaftlichen Tatsache angenommen" (Deutsche Zeitschrift für die gesamte gerichtliche Medizin 40 [1950–51] 327, 331). Entsprechend urteilte das KG (DAVorm 1980, 660, 662 und 1991, 864; ebenso noch Soergel/Gaul § 1600a aF Rz 7). Zweibrücken hat bei 99,78 die Vaterschaft bejaht (FamRZ 1981, 205). Bei Hummel hat gemäß seiner Verbalisierung der Zahlenwerte (Rz 12) der Wert von 99,8 diese Funktion; ebenso München FamRZ 1984, 1148. Daß neuere Urteile eher darüber liegen, belegt die steigende Effizienz der Begutachtung, besagt aber nichts gegen einen Schwellenwert von 99,8 für eine Bejahung der Vaterschaft, wenn keine Umstände dagegen sprechen.

i) Dieser **Schwellenwert** wird in der Praxis fast immer **erreicht**. Gegebenenfalls müssen über die von den Richtlinien vorgeschriebenen weitere Systeme untersucht werden. Heute existieren einige tausend mehr oder weniger aussagekräftige Systeme. Das Standardgutachten des Instituts für Rechtsmedizin der Universität Münster umfaßte schon vor Jahren 13 Systeme, davon 8 klassische und 5 DNA-Systeme. Von nach Zufallsgesichtspunkten ausgewählten 78 Standardgutachten dieses Instituts wurde in 19 Fällen ein Mehrfachausschluß und in 59 Fällen eine Vaterschaftsplausibilität von mehr als 99,87, in 33 Fällen sogar von 99,999 % errechnet.

8. Grenzen der Begutachtung. In Einzelfällen hat die serologisch-biostatistische Methode immanente Schwierigkeiten oder Grenzen. **a)** Als **Defizienz** wird die Erscheinung angesprochen, daß von einer Person, die bei methodischem Vorgehen in die Analyse einzubeziehen ist, kein Untersuchungsmaterial zu erlangen ist. Dabei muß der Tod der Person nicht die Defizienz genetischen Materials bedeuten, weil solches auch von der Leiche gewonnen werden kann. Im übrigen kann die Defizienz einer Person durch Material ihrer Eltern überbrückt und durch Material von Geschwistern einigermaßen ausgeglichen werden.

b) Kommen als Vater mehrere Männer in Betracht, die miteinander **verwandt**, besonders Brüder sind, oder besteht die Möglichkeit, daß das Kind im **Inzest** erzeugt wurde, so ist ein Vaterschaftsausschluß erschwert. Aber nur dann, wenn als Väter **eineiige Zwillingsbrüder** in Betracht kommen, versagt eine Blutgruppenbegutachtung überhaupt (Hamm FamRZ 1995, 245).

c) Blutmerkmale und Genfrequenzen variieren in der Weltbevölkerung nach geographischer Herkunft und Rassenzugehörigkeit. Bei **Fremdstämmigkeit** muß die biostatistische Berechnung daher die Herkunft des einbezogenen Mannes berücksichtigen und das passende Datenmaterial zugrunde legen. Wird in Fällen von Fremdstämmig-

§ 1600d Familienrecht Verwandtschaft

keit mit den durchschnittlichen mitteleuropäischen Frequenzen gerechnet, so wird das Ergebnis ungenau. Stimmen Kind und Mann in seltenen Systemen überein, wird die Plausibilität unterschätzt; bei Übereinstimmung in häufigen Systemen wird sie überschätzt; letzteres ist der Regelfall (Ritter FamRZ 1973, 121, 125).

19 d) **Zusammenfassend** ist die serologische und DNA-Begutachtung erschwert oder unmöglich **aa)** in Inzestfällen und wenn eineiige Zwillingsbrüder (Hamm FamRZ 1995, 245) als Vater in Betracht kommen, **bb)** wenn die biostatistische Wahrscheinlichkeit den Wert von – nach den Richtlinien – 99,9 % nicht erreicht **cc)** oder wenn sie ihn zwar erreicht oder übersteigt, aber besondere **Umstände** die Wahrscheinlichkeit herabsetzen. An derartigen Umständen kommen in Betracht: **(1) Mehrverkehr** mit einem oder mehreren anderen Männern, die nicht untersucht oder nach dem Ergebnis der Untersuchung als Vater ausgeschlossen sind. Liegt Mehrverkehr vor, so setzt dies die a priori-Wahrscheinlichkeit (Rz 9) tendenziell herab (BGH DAVorm 1990, 463, 464). Die Auswirkung einer geringen a priori-Wahrscheinlichkeit für die Vaterschaft des EV darf aber nicht überschätzt werden. Bei hoher Vaterschaftswahrscheinlichkeit von zB 99, 98, berechnet auf der Grundlage des üblichen a priori von 1 : 1, müßte das a priori auf 0,002941176 gesenkt werden, damit der Schwellenwert von 99,9 unterschritten wird, was einen Mehrverkehr mit 340 Männern bedeuten würde! (Zahlen aus einem Münsterer Blutgruppengutachten BG 117/94); ähnlich Hamburg DAVorm 1992, 968. **(2)** Der Zeitpunkt eines einmaligen oder der Zeitraum eines mehrfachen Geschlechtsverkehres innerhalb der Empfängniszeit, der in Relation zum Reifegrad des geborenen Kindes eine Empfängnis unwahrscheinlich machen (BGH FamRZ 1987, 583).

20 **9. Andere Begutachtungsverfahren.** Versagt ausnahmsweise die Blutgruppenbegutachtung, so ist auf andere Verfahren der Abstammungsbegutachtungen zurückzugreifen, solche nämlich, die vor Aufkommen und Perfektionierung der serologischen und DNA-Begutachtung den Statusprozeß beherrscht haben.

21 a) Beim **erbbiologischen** oder Ähnlichkeitsgutachten werden Kind und Mann im Hinblick auf 150 bis 200 Merkmale der äußeren Körperform verglichen. Während einzelne Ähnlichkeiten oder ein geringes Maß von Gesamtähnlichkeit zufällig sein kann, hat eine größere Ähnlichkeit genetische Ursachen. Während aber die Methode der Blutgruppenbegutachtung analytisch ist, ist die der anthropologischen Begutachtung deskriptiv-morphologisch. Beweisend ist dabei nicht die Summe von Teilähnlichkeiten, sondern die Ähnlichkeit von größeren oder kleineren Merkmalkomplexen, wenn diese bei der Mutter fehlen. Aussichtsreich ist die Begutachtung erst, wenn das Kind mindestens 3 Jahre alt ist (Richtlinien der Arbeitsgemeinschaft anthropologisch-erbbiologischer Abstammungsgutachten in gerichtlichen Verfahren aus dem Jahr 1967, abgedruckt bei K. Müller, Der Sachverständige im gerichtlichen Verfahren, 1. Aufl 1973, S 688ff). Was den Beweiswert eines erbbiologischen Gutachtens angeht, so kann ein serologischer Ausschluß dadurch nicht entkräftet werden. Aber bei einem serostatistischen Wahrscheinlichkeitswert von weniger als 99,0 bis herab zu 90 % („Vaterschaft wahrscheinlich") kann ein die Vaterschaft „sehr wahrscheinlich" machendes erbbiologisches Gutachten den vollen Beweis herbeiführen (BGH FamRZ 1974, 87 und 644). Es kann aber auch die Verneinung der Vaterschaft begründen (BGH 7, 116) und erst recht schwerwiegende Zweifel (dazu Rz 25), dies jedoch nicht, wenn die serostatistische Wahrscheinlichkeit über einem Wert von 99 liegt (BGH 61, 165, 172; Zweibrücken DAV 1981, 465: 99,9 %).

22 b) Ein geburtsurkundlich-gynäkologisches oder **Tragzeitgutachten** zieht aus dem Reifegrad des Neugeborenen Schlüsse auf den wahrscheinlichen Zeitpunkt oder Zeitraum der Empfängnis, wodurch die allgemeine Empfängniszeit des Abs III konkretisiert, ausnahmsweise auch nach vorne oder hinten (Rz 37) überschritten werden kann. Der Beweiswert eines Tragzeitgutachtens hängt wesentlich von der Zuverlässigkeit der Zeugenaussage des Geburtshelfers, der Hebamme, des Arztes oder anderer Personen über die Reifemerkmale ab (Träger ua MedR 1984, 90).

23 c) Eine **andrologische** Begutachtung dient dem Beweis der Unfruchtbarkeit beim Mann.

24 **10. Zeugungsvermutung.** Wegen der überragenden Bedeutung des Sachverständigenbeweises ist die der Zeugungsvermutung nach **Abs II** gering und beschränkt sich auf die seltenen Fälle, in denen die Vaterschaftswahrscheinlichkeit den Schwellenwert (Rz 14) nicht erreicht, etwa keine zuverlässigen populationsgenetischen Daten vorhanden sind oder trotz einer die Schwelle überschreitenden biostatistischen Wahrscheinlichkeitsgrades gravierende Umstände gegen eine Vaterschaft sprechen. Typische Fälle sind totale Defizienz, Inzest und der Fall, daß eineiige Brüder als Vater in Betracht kommen, sofern nicht die anderen Verfahren der Abstammungsbegutachtung (Rz 20–23) Klarheit erbringen. Immer müssen die gebotenen Beweise erhoben sein (BGH FamRZ 1991, 426).

Die Zeugungsvermutung setzt voraus, daß der **Beischlaf** während der gesetzlichen oder der konkretisierten Empfängniszeit **feststeht**. Der Beischlaf kann mit allen Beweismitteln bewiesen werden. Zusammenleben mit einem Mann spricht prima facie für Beiwohnung (Beitzke/Lüderitz § 23 IV 2). Mangels eines Zeugnisses des beklagten Mannes reicht die Angabe der Mutter über eine Beiwohnung angesichts der statistischen Unzuverlässigkeit solcher Angaben (dazu KG FamRZ 1974, 467, 468) ohne stützende Indizien kaum aus. Eine biostatistische Wahrscheinlichkeit, die zur Feststellung der Vaterschaft nicht ausreicht, aber zwischen einem Wert von 99 und 90 % die Vaterschaft sehr wahrscheinlich oder wahrscheinlich macht, kann ebenso wie das positive Ergebnis eines erbbiologischen Gutachtens die für die Vermutung erforderliche Annahme einer Beiwohnung stützen. Der entgegengesetzten Ansicht von BGH NJW 1976, 369, dieser zustimmend Gernhuber/Coester-Waltjen § 52 III 6 Fn 21, haben Odersky (ebenda S 370) und Maier NJW 1976, 1135 zu Recht widersprochen.

25 **11. Schwerwiegende Zweifel.** Die Zeugungsvermutung endet gem **Abs II S 2** in Fällen schwerwiegender Zweifel. Solche können allein durch einen geringen Grad biostatistischer Vaterschaftswahrscheinlichkeit begründet sein. Wie die Vermutung überhaupt nur unterhalb eines bestimmten Wahrscheinlichkeitswertes ins Spiel kommt, kann die Feststellung der Vaterschaft nur innerhalb eines bestimmten Bereiches der Wahrscheinlichkeitsskala allein auf die Vermutung gegründet werden. Grunsky hat vorgeschlagen, erst von 50 % abwärts schwerwiegende Zweifel anzunehmen; bei diesem Wert könnte der im Verfahren stehende Mann ebensogut der Vater sein wie nicht (ähnlich BGH DAVorm 1981, 275 und Johannsen, FS Bosch, 1976, 488). Ein tendenziell niedriger Grenzwert kann nicht mit Art 6 GG begründet werden (so aber BGH 61, 165, 169), denn das Kind hat kein Grundrecht auf irgendeinen Mann als Vater. Mit BGH aaO sind schwerwiegende Zweifel schon bei weniger als 95 % anzunehmen; dann würde sich unter 5 gleichgelagerten Fällen bereits ein Nichtvater befinden (ebenso Hummel bei Ponsold, Lehrbuch der gerichtlichen Medizin, 3. Aufl S 557). Schon der geringste Verdacht auf **Mehrverkehr** der Mutter begründet Zweifel, bei feststehendem Mehrverkehr sind diese schwerwiegend (Karlsruhe FamRZ 2001, 931). Bei erwiesenem Mehrverkehr entfiel früher die Vermutung. Der Wegfall dieser sog exceptio plurium war ein Reformziel des NEhelG. Daß für das vaterlose Kind möglichst ein Mann als Vater festgestellt werden sollte, auch auf die Gefahr, daß er nicht der Erzeuger wäre, war problematisch und ist in Widerspruch getreten zum Recht des Kindes auf Kenntnis seiner Abstammung, das gemäß dem KindRG nur im Rahmen des Statusrechtes seine Befriedigung findet. Daher ist die Tendenz, bei Mehrverkehr eine geringere Wahrscheinlichkeit genügen zu lassen (Grunsky StAZ 1970, 248, 252; BGH DAVorm 1981, 274), abzulehnen; der Gedanke des § 830 kann nicht in das Statusrecht übernommen werden. Damit entfällt jeder Grund, für sogenannte **Dirnenfälle** die Beweiserleichterung der Zeugungsverhütung wieder zurückzunehmen (so aber Beitzke/Lüderitz § 23 IV 3).

12. Verfahren

Ein schriftliches Vorverfahren nach § 276 ZPO entfällt gem §§ 640 I, 611 II ZPO. Jedoch hat der Richter schon **26** vor dem ersten Termin gem § 273 ZPO erforderlichenfalls den Parteien die Ergänzung ihrer Angaben zur Beiwohnung (Datum oder Daten), bezüglich Mehrverkehrs (auch die Personalien), zur Empfängnis (letzte Menstruation) und zur Geburt (Personalien von Hebamme oder Arzt, Reifemerkmale des Kindes) aufzugeben.

Gem § 640e ZPO ist im ersten Termin die Mutter, soweit sie nicht Partei ist, zu laden. Grundsätzlich ist in **27** jedem Abstammungsprozeß ein Blutgruppengutachten einzuholen; die Zahl der in die Untersuchung einzubeziehenden Personen (Voreltern, Geschwister, Mehrverkehrer) richtet sich nach den Parteiangaben und den Umständen. Die Richtlinien der Bundesärztekammer (§ 1600c Rz 8) stellen unter 4.1 Kriterien für die Qualifikation von Sachverständigen auf. Seine allgemeine Vereidigung (§ 410 II ZPO) ist nicht Voraussetzung für die Verwertbarkeit des Gutachtens, die Vereidigung kann nach dem Ermessen des Gerichts im Prozeß erfolgen. Verzeichnisse der Sachverständigen werden in den Amtsblättern der Landesjustizminister von Zeit zu Zeit veröffentlicht, zB JMBl NW 1993, 249 mit Änderungen 1995, 158 und 1997, 26 (für alle Länder, und zwar für serologische wie für anthropologisch-erbbiologische Abstammungsgutachten). Über den Umfang des Gutachtensauftrags und die Person des Gutachters entscheidet der Richter nach seinem Ermessen. Aus ökonomischen Gründen ist zunächst ein Standardgutachten in Auftrag zu geben. In geeigneten Fällen schlägt der Sachverständige eine Erweiterung der Begutachtung vor. Kann die weiterführende Begutachtung nicht durch den Erstsachverständigen vorgenommen werden oder erachtet dieser die Bestätigung bestimmter Untersuchungsergebnisse für notwendig, so soll der Erstsachverständige eine Zweitbegutachtung durch einen weiteren Sachverständigen vorschlagen. Die Stufenbegutachtung erfordert bei serologischen Gutachten neuerliche Blutproben. Infolge des Grundsatzes der Amtsermittlung haben **Beweisanträge** die Bedeutung von Anregungen an das Gericht, steigern aber nicht den Umfang der erforderlichen Ermittlung über den vom Grundsatz bestimmten Rahmen hinaus (Staud/Rauscher Rz 20; MüKo/Seidel Rz 49; aA Leipold FamRZ 1973, 65/68).

Vor dem 9. Lebensmonat können mangels Ausreifung noch nicht alle Systeme untersucht werden (Richtlinien **28** unter 2.3.1). Eine erbbiologische Begutachtung setzt voraus, daß das Kind zwei bis drei Jahre alt ist. Die DNA-Analyse ist dagegen sowohl schon pränatal aufgrund einer Fruchtwasserprobe als auch noch postmortal möglich (vgl aber § 1600e Rz 4). Doch gibt es bestimmte Systeme, die erst nach der Geburt ausreifen; sollen sie getestet werden, so soll nach den Richtlinien die Blutentnahme erst nach dem 8. Monat erfolgen.

Jede Person hat nach § 372a ZPO **Untersuchungen zu dulden** (verfassungsgemäß: BVerfG DAVorm 1979, **29** 356). Der Begriff der Untersuchung umfaßt die ausdrücklich genannte Blutprobe, aber auch die Entnahme für eine DNA-Analyse tauglichen Materials (Speichel, Haarwurzeln). Entzieht sich ein Beklagter dieser Pflicht, ist vor allem eine Blutentnahme gegenüber Ausländern nicht durchsetzbar, so kann trotz der den Abstammungsprozeß beherrschenden Amtsermittlung nach den Grundsätzen über die **Beweisvereitelung** verfahren werden (BGH FamRZ 1986, 663): Das kann nicht aus der objektiven Feststellungslast gefolgert werden, sondern nur aus vorangegangenem sexuellen Umgang mit der Mutter (§ 242). Unter der Voraussetzung des Abs II trifft den beklagten Mann dann der Nachteil, daß schwerwiegende Zweifel an der Vaterschaft nicht durch ein Blutgruppengutachten begründet werden können.

13. Ist **positive Feststellungsklage** erhoben und gewinnt das Gericht die Überzeugung (§ 286 ZPO) von der **30** Vaterschaft des Mannes, **gibt es der Klage statt**, indem es die Vaterschaft des Mannes feststellt. Auch dann, wenn sich die Überzeugung des Gerichts darauf beschränkt, daß der Mann der Mutter während der Empfängniszeit beigewohnt hat, die bestehenden Zweifel an der Vaterschaft aber nicht schwerwiegend sind, ist so zu entscheiden. Bestehen dagegen schwerwiegende Zweifel an der Zeugung durch den Mann oder auch nur leichte Zweifel bereits an der Beiwohnung, oder ist das Gericht überzeugt, daß der Mann nicht der Vater des Kindes ist, so **weist es die Klage ab**. Das Gericht stellt in keinem dieser Fälle zusätzlich fest, daß der Mann das Kind nicht gezeugt hat. Gleichwohl hat die Abweisung der positiven Feststellungsklage in allen Fällen inter omnes (§ 640h ZPO) die Wirkung, daß feststeht, daß der Mann nicht der Vater des Kindes ist. ZB wäre nach Rechtskraft des abweisenden Urteils ein Vaterschaftsanerkenntnis des Mannes, auch wenn das Kind zustimmt, unwirksam (vgl § 1594 Rz 9).

Der **negativen Feststellungsklage** (Rz 4) gibt das Gericht statt, wenn es davon überzeugt ist, daß der Mann das **31** Kind nicht gezeugt hat, und stellt dies im Tenor fest. Gleiches gilt, wenn das Gericht nur von der Beiwohnung überzeugt ist, an der Zeugung aber schwerwiegende Zweifel bestehen. Auch wenn das Gericht zwar nicht überzeugt ist, daß der Mann das Kind nicht gezeugt hat, aber schwerwiegende Zweifel an seiner Vaterschaft oder auch nur leichte Zweifel daran hat, daß der Mann der Mutter des Kindes überhaupt beigewohnt hat, ist einer negativen Feststellungsklage stattzugeben und festzustellen, daß der Mann das Kind nicht gezeugt hat. In allen anderen Fällen ist die negative Feststellungsklage abzuweisen. Aber nur, wenn einer den Mann betreffenden positiven Feststellungsklage stattzugeben wäre, ist gemäß § 641h ZPO im Tenor auszusprechen, daß der Mann als Vater feststeht. Anders in Fällen, in denen der Mann zwar nicht als Vater ausgeschlossen ist, aber weder die Wahrscheinlichkeit noch die Vermutung nach Abs II seine Feststellung begründen würde; es sind dies die oft als Non-liquet bezeichneten Fälle; in ihnen kann weder eine positive Feststellung erfolgen noch kann einer negativen Feststellungsklage stattgegeben werden, diese ist vielmehr schlicht, dh ohne den in § 641h ZPO vorgesehenen Ausspruch abzuweisen.

32   14. Die **gesetzliche Empfängniszeit** war zuvor in § 1592 aF geregelt. Die Neuregelung in § 1600d III läßt die Empfängniszeit statt mit dem 302. erst mit dem 300. Tag vor der Geburt des Kindes beginnen und die gesetzliche Bestimmung der Empfängniszeit zurücktreten, wenn im Einzelfall nicht nur, wie schon bisher, eine längere, sondern auch eine kürzere Tragzeit feststeht. Die Verkürzung des Abstands vom Beginn der Empfängniszeit zur Geburt dient der Rechtsvereinheitlichung in Europa, wo nur Österreich ebenfalls den 302. und die Niederlande sogar den 306. Tag maßgebend sein lassen, während in den meisten Staaten der 300. Tag gilt (Amtl Begr BT-Drucks 13/489, 87). Die Klarstellung, daß gegebenenfalls auch eine kürzere Empfängniszeit maßgebend sein kann, entspricht der früher schon hL und trägt den Erfolgen der Neonatologie Rechnung. Bei Zählung der Tage vor der Geburt wird der Tag der Geburt nicht mitgerechnet. Vom 300. bis zum 181. Tag umfaßt die gesetzliche Empfängniszeit somit 120 Tage.

33   Die gesetzliche Empfängniszeit dient der Vaterschaftszuordnung in den Fällen des § 1593 I S 1 und § 1600d II: Ein nach Auflösung der Ehe durch Tod des Ehemanns geborenes Kind wird ihm nur dann zugerechnet, wenn die Empfängniszeit noch in die Ehezeit fällt, dh der Mann mindestens im frühesten danach möglichen Empfängniszeitpunkt noch gelebt hat. Die Zeugungsvermutung knüpft nur an eine Beiwohnung an, die in die Empfängniszeit fällt.

34   **Empfängniszeit** ist der rückblickend vom Zeitpunkt der Geburt definierte Zeitraum zwischen dem Tag, an dem das Kind spätestens und dem Tag, an dem es frühestens empfangen worden sein kann. An die in der Empfängniszeit liegende Empfängnis schließt sich die Tragzeit an, die danach längstens 300 und mindestens 181 Tage beträgt. Bei einem voll ausgetragenen Kind kann die Tragzeit nicht unter 230 Tagen liegen (Saarbrücken DRspr I 167, 72).

35   **Tag der Geburt** ist bei einer sich über mehr als einen Tag hinziehenden Geburt derjenige, an dem sich die Trennung des Kindes vom Mutterleib vollendet, nur bei ungewöhnlich langer Geburt der Tag, an dem der Geburtsvorgang unter gewöhnlichen Umständen vollendet gewesen wäre (so zuerst München JW 1929, 2291). Bei Zwillings- und Mehrlingsgeburten ist für die Feststellung der Empfängniszeit der Geburtstag des ersten Kindes maßgebend (anders Peters StAZ 1972, 322).

36   Im gegebenen Fall kann die gesetzliche Empfängniszeit eingeschränkt werden; am Ende dieses Prozesses der Konkretisierung steht die **konkrete Tragzeit des Kindes**. Steht fest, daß die Mutter an einem früheren als dem 181. Tag vor der Geburt des Kindes schwanger war oder bis zu einem späteren als dem 300. Tag nicht schwanger war, so hat die Verkürzung der konkreten Empfängniszeit im Rahmen der §§ 1593 I S 1 und 1600d II Bedeutung für die Vaterschaftszuordnung oder die Zeugungsvermutung. Eine kürzere Empfängniszeit, die einen länger zurückliegenden Beischlaf irrelevant macht, kann durch den Zeitpunkt der letzten Menstruation vor der Geburt oder auch durch ein Tragzeitgutachten nachgewiesen werden.

37   Im Regelfall liegt die Konkretisierung innerhalb der gesetzlichen Empfängniszeit, also des Zeitraums vom 300. bis zum 181. Tag vor der Geburt. Sie kann ausnahmsweise jedoch auch **außerhalb der gesetzlichen Empfängniszeit** liegen. Dieser Möglichkeit trägt Abs III S 2 Rechnung. Eine solche Verschiebung der Empfängniszeit nach vorne oder hinten bedeutet, daß feststehen muß, daß die Mutter bereits seit einem früheren als dem 300. Tag vor der Geburt kontinuierlich schwanger war oder an einem späteren als dem 181. Tag vor der Geburt noch nicht schwanger war. An den Beweis einer länger als 300 Tage zurückliegenden Empfängnis sind strenge Anforderungen zu stellen (LG Dortmund JW 1937, 1309; Staud/Rauscher § 1600d Rz 85). In schlechter Gesetzgebungstechnik erfaßt Abs III S 2 die konkretisierte Empfängniszeit als eine Fiktion, um damit auszudrücken, daß auch an die so konkretisierte Empfängniszeit die Rechtsfolgen der §§ 1593 I S 1 und 1600d II anknüpfen. Daß die konkrete Empfängniszeit auch näher als 181 Tage an die Geburt heranrückt, war im Jahre 1900 noch ausgeschlossen. Dagegen können heute in seltenen Fällen auch Frühgeburten nach einer Tragzeit von weniger als 181 Tagen am Leben gehalten und großgezogen werden.

1600e *Zuständigkeit des Familiengerichts; Aktiv- und Passivlegitimation*

(1) Auf Klage des Mannes gegen das Kind oder auf Klage der Mutter oder des Kindes gegen den Mann entscheidet das Familiengericht über die Feststellung oder Anfechtung der Vaterschaft.

(2) Ist die Person, gegen die die Klage zu richten wäre, verstorben, so entscheidet das Familiengericht auf Antrag der Person, die nach Absatz 1 klagebefugt wäre.

1   **Gesetzgebungsgeschichte.** Art 1 Nr 1 KindRG. Der RegE wurde gem Nr 6 der Stellungnahme des BR redaktionell geändert. AmtlBegr BT-Drucks 13/4899, 148.

2   Nachdem die Befugnis für die Anfechtungsklage bereits in § 1600 geregelt ist, fügt § 1600e die Regelung für die Passivlegitimation hinzu und regelt darüber hinaus die Aktiv- und Passivlegitimation für die Feststellungsklage. Damit bringt § 1600e die nunmehr einheitliche Regelung von Aktiv- und Passivlegitimation für alle Vater-

schaftsklagen zum Ausdruck, wobei sich für Feststellungsklagen keine Änderung gegenüber dem früheren § 1600l I aF ergibt.

Die **Zuständigkeit** für Vaterschaftsklagen wurde zusammen mit allen Kindschaftssachen vom allgemeinen Prozeßgericht auf das FamG übertragen (§ 621 II Nr 10 ZPO idF des KindRG). Dabei kam es dem Gesetzgeber besonders darauf an, daß Kindesunterhaltssache und Abstammungssache vom selben Gericht entschieden werden können. Ist der Aufenthalt des Mannes unbekannt, kann die Klage gem § 185 ZPO öffentlich zugestellt werden (Stuttgart DAVorm 1974, 614). Der Beklagte, der infolgedessen ohne seine Kenntnis verurteilt worden ist, kann analog § 579 I Nr 4 ZPO Wiederaufnahme des Verfahrens beantragen (Hamm FamRZ 1981, 205). 3

Anders als nach § 1594 IV die Anerkennung, ist die Feststellungsklage erst nach der Geburt des Kindes zulässig; es gibt **keine pränatale gerichtliche Vaterschaftsfeststellung** (MüKo/Mutschler 3. Aufl § 1600n aF Rz 2 aE, § 1600b aF Rz 3). Wenn schutzwürdige Belange auf dem Spiel stehen, kommt pränatal eine inzidente Prüfung der Vaterschaft in Betracht. Eine DNA-Analyse des Kindes kann schon während der Schwangerschaft, sogar aus bei einer anderweitigen Untersuchung abgezweigtem Material vorgenommen werden; nur die serologische Begutachtung ist noch nicht möglich (§ 1600d Rz 28). Ebenfalls anders als nach § 1594 II (§ 1594 Rz 4) die Anerkennung, ist die Vaterschaftsklage erst zulässig, wenn eine anderweitige Vaterschaft auf Anfechtungsklage rechtskräftig beseitigt ist (BGH 80, 218). 4

Grundsätzlich ist die festgestellte Vaterschaft **notwendige Grundlage** für alle materiellen Ansprüche gegen den Vater sowie für seine Rechte. Ausnahmen sind die Unterhaltspflicht des mit der Mutter nicht verheirateten Erzeugers gegenüber Mutter und Kind und umgekehrt sein Anspruch auf Betreuungsunterhalt (§ 1615l, 10. Aufl Rz 26), die beide gem § 1615o durch einstweilige Verfügung schon bei vermuteter Vaterschaft geltend gemacht werden können. Auch können nach § 641d ZPO Kind und Mutter mit der Klage auf Feststellung der Vaterschaft und auch schon mit einem Antrag auf Prozeßkostenhilfe vom Vater **Unterhalt** beanspruchen. Nach § 653 ZPO kann das Kind mit der Klage den Antrag auf Unterhalt in Höhe der Regelbeträge, vermindert oder erhöht um die nach §§ 1612b und c anzurechnenden Leistungen, verbinden. Erledigt sich die Hauptsache dadurch, daß der beklagte Mann die Vaterschaft anerkennt, wird der auf Unterhalt gerichtete Anspruch nicht unzulässig (Hamm FamRZ 1972, 268).

Die **Berufung** gegen Entscheidungen des FamG – auch in Statussachen – geht gem § 119 I Nr 1 GVG an das OLG. Für die **Revision** gegen das Endurteil des OLG ist der BGH zuständig (§ 133 Nr 1 GVG). Nach § 621d ZPO findet die Revision nur statt, wenn sie vom OLG zugelassen oder dieses die Berufung als unzulässig verworfen hat. 5

Abs II regelt die **postmortale Statusänderung** nach dem Tod von Vater oder Kind. Hier wurde die bisherige Möglichkeit der §§ 1595a, 1600f II aF, wonach die Eltern des Mannes innerhalb zeitlicher Grenzen sowohl die Ehelichkeit des Kindes als auch eine von dem Sohn abgegebene Vaterschaftsanerkennung anfechten konnten, beseitigt. Im übrigen folgt die Neuregelung dem, was auf Grund des bisherigen § 1600n aF für die Vaterschaftsfeststellung gegolten hat. Auch wenn beide, Mann und Kind, gestorben sind, kann die Mutter den Anfechtungs- oder Feststellungsantrag stellen. 6

Mangels eines Klagegegners kann eine postmortale Kindschaftssache nicht nach den Bestimmungen der ZPO, sondern nur nach denen des FGG durchgeführt werden. Zuständig ist der Richter (Vorbehalt des § 14 Nr 3 lit b RPflG). Örtlich zuständig ist das Gericht am Wohnsitz, hilfsweise am gewöhnlichen Aufenthalt des Mannes, auch nach dessen Tod (§§ 43, 36 FGG). Das Verfahren untersteht dem FGG, zusätzlich den speziellen Regelungen der ZPO für Kindschaftssachen in §§ 640ff. Mutter und Kind sind an dem Verfahren materiell beteiligt und daher beizuladen. Nach § 55b I FGG hat das Gericht die Mutter sowie, wenn der Mann gestorben ist, dessen Ehefrau, Lebenspartner, Eltern und Kinder zu hören. Der Untersuchungsgrundsatz des § 12 FGG ist analog § 640d ZPO eingeschränkt. Gegen die Entscheidung des FamG ist nach §§ 60 I Nr 6, 55b II FGG die sofortige Beschwerde gegeben. Beschwerdebefugt sind nach § 55b III FGG neben den nach Abs I zu hörenden Personen: Mutter des Kindes, sowie Lebenspartner, Ehefrau, Eltern und Kinder des verstorbenen Mannes. Obwohl der Gesetzgeber mit der Verweisung nur die Beschwerdebefugnis dieser Personen klarstellen wollte, ohne daß § 20 FGG verdrängt werden sollte (Blaese FamRZ 1990, 13), erfordert die Rechtssicherheit eine Beschränkung des Beschwerderechts auf diesen Personenkreis (Hamm FamRZ 1982, 1239). Sonst wäre die Rechtskraft der Feststellung davon abhängig, daß die Verfügung des Gerichts zB den wahren Eltern gem § 16 II FGG zugestellt würde, die nach § 20 FGG beschwerdebefugt wären! Stirbt der Mann oder das Kind während des Prozesses, erledigt sich die Klage; der Antrag an das FamG muß kann (!) zurückgewiesen werden. 7

Übergangsvorschriften. Hat der verstorbene Mann ein nichteheliches Kind hinterlassen, so gehörte dies nach §§ 55b I und III aF FGG weder zu den anzuhörenden noch zu den beschwerdebefugten Personen. Dieser Ausschluß ist mit dem 1. 7. 1998 durch Änderung des § 55b FGG gefallen, so daß das früher nichteheliche Kind seitdem beschwerdebefugt ist. War die Vaterschaft vor dem 1. 7. 1998 rechtskräftig festgestellt, so bleibt es dabei. Nach Art 224 § 1 V S 1 EGBGB steht die nach bisherigem Recht eingetretene Wirksamkeit eines die Vaterschaft feststellenden Beschlusses einer Beschwerde des mit dem 1. 7. 1998 beschwerdebefugt gewordenen früher nichtehelichen Kindes des Mannes nicht entgegen. Das FamG wird in solchen Fällen die Wirksamkeit dadurch nach neuem Recht herbeiführen, daß es den Beschluß dem früher nichtehelichen Kind als Vater festgestellten Mannes zustellt. Hat das Kind mit einer Beschwerde Erfolg und wird der Feststellungsantrag abgewiesen, so hat das erbrechtliche Folgen: das antragstellende Kind scheidet rückwirkend aus dem Kreis der Erbberechtigten nach dem Vater aus. Die Beschwerdefrist beginnt dabei frühestens am 1. 7. 1998 (Art 224 § 1 V S 2 EGBGB). 8

H. Holzhauer

Titel 3
Unterhaltspflicht

Vorbemerkung

Schrifttum: *Eschenbruch*, Der Unterhaltsprozeß, 3. Aufl 2002; *Göppinger/Wax*, Unterhaltsrecht, 8. Aufl 2003; *Heiß/Born*, Unterhaltsrecht (Loseblattsammlung); *Kalthoener/Büttner/Niepmann*, Die Rspr zur Höhe des Unterhalts, 8. Aufl 2002; *Lohmann*; Neue Rspr des BGH zum FamR, 8. Aufl 1997; *Luthin*, Handbuch des Unterhaltsrechts, 9. Aufl 2002; *Schwab*, Handbuch des Scheidungsrechts, 4. Aufl 2000; *Wendl/Staudigl*, Das Unterhaltsrecht in der familienrichterlichen Praxis, 5. Aufl 2000 mit Nachtrag 2001.

Rechtsprechungsübersichten: *Kalthoener/Niepmann*, Die Entwicklung des Unterhaltsrechts seit Mitte 2002 NJW 2003, 2492 und seit Mitte 2001 NJW 2002, 2283; *Graba*, Die Entwicklung des Unterhaltsrechts nach der Rspr des BGH im Jahr 2002, FamRZ 2003, 577 und im Jahr 2001, FamRZ 2002, 715.

Tabellen und Leitlinien: *Kemnade/Scholz/Zieroth*, Daten und Tabellen zum Familienrecht, 3. Aufl 1999; Tabellen und Leitlinien zur Unterhaltsberechnung: Schönfelder ErgBd 47–47s.

1 **A. Unterhaltsbegriff.** Der Begriff Unterhalt ist im Gesetz nicht definiert und hat im Familienrecht unterschiedliche Bedeutungen. Zum einen entspricht Unterhalt dem **Lebensbedarf** eines Menschen, den **Aufwendungen für die Lebensführung** (Göppinger/Wax Rz 1; Staud/Engler Rz 1). In diesem Sinn wird er zB in § 1569 verwandt: „kann ein Ehegatte nach der Scheidung nicht selbst für seinen Unterhalt sorgen". Andere Beispiele sind §§ 1602, 1603 und 1610. Zum anderen bedeutet Unterhalt **eine Leistung**, die der Deckung des Lebensbedarfs dient, so zB in § 1601: „Verwandte . . . (sind) verpflichtet, sich Unterhalt zu gewähren" (Göppinger/Wax Rz 2; vgl MüKo/Luthin Rz 1: Unterhalt als Beitrag).

2 **B. Grundzüge der Geschichte des Verwandtenunterhalts im BGB. I.** Das BGB hat mit seinem **Inkrafttreten** zum 1. 1. 1990 das Unterhaltsrecht zwischen Verwandten als Teil des Familienrechts einheitlich geregelt und zuvor geltendes gemeines Recht und Partikularrechte, insbesondere das Preußische ALR, abgelöst. Es blieb zunächst unverändert, lediglich 1938 wurden in §§ 1608 und 1609 relativ geringfügige Änderungen vorgenommen.

Anschließende Änderungen sind das Ergebnis gewandelter gesellschaftlicher Anschauungen und verfassungsrechtlicher Vorgaben. Die Regelung der Gleichberechtigung in Art 3 II GG setzte iVm Art 117 I GG zum 1. 4. 1953 § 1606 II S 2 außer Kraft, der eine grundsätzlich im Verhältnis zur Mutter vorrangige Haftung des Vaters vorgesehen hatte. Art 3 II GG führte zudem zum **Gleichberechtigungsgesetz** vom 18. 6. 1957 mit Änderungen von §§ 1604 und 1612 sowie der Aufhebung von § 1605.

Das **Familienrechtsänderungsgesetz** vom 11. 8. 1961 ersetzte den Begriff des standesmäßigen Unterhalts in §§ 1603, 1608 und 1610 durch den Begriff des angemessenen Unterhalts um klarzustellen, daß Herkunft und Geburt die Höhe des Unterhalts nicht beeinflussen sollen.

Durch das **Nichtehelichengesetz** vom 19. 8. 1969 wurde erstmals in erheblichem Umfang in die gesetzlichen Regelungen eingegriffen. Zur Umsetzung des ebenfalls durch dieses Gesetz eingefügten Art 6 V GG wurden parallel zur Aufhebung des § 1589 II, nach dem ein nichteheliches Kind und sein Vater als nicht verwandt galten, im neu geschaffenen § 1615a im Grundsatz die allgemeinen Vorschriften über den Verwandtenunterhalt auch für uneheliche Kinder für anwendbar erklärt, allerdings mit Besonderheiten in §§ 1615b bis 1615o. Für die Mutter des nichtehelichen Kindes wurde statt eines Entschädigungsanspruches in § 1715 aF, der auf Ersatz der Kosten und eine schuldrechtlich ausgestaltete Unterhaltspflicht für die ersten 6 Wochen nach der Geburt gerichtet war, neben dem nunmehr in § 1615k geregelten Kostenerstattungsanspruch in § 1615 l ein Unterhaltsanspruch begründet, der auf die Zeit von 6 Wochen vor bis 8 Wochen nach der Geburt und bis zu einem Jahr bei schwangerschaftsbedingter Erwerbsunfähigkeit oder bei Versorgungsproblemen des Kindes ausgedehnt wurde. Zudem wurde der Unterhaltsbegriff in § 1606 III auf die Betreuungsleistungen ausgedehnt.

Das **Volljährigengesetz** vom 31. 7. 1974 wirkte sich durch die Senkung des Volljährigkeitsalters indirekt auf Unterhaltspflichten aus und fügte zudem in § 1610 II hinzu, daß der Unterhalt die Kosten einer angemessenen Berufsausbildung umfasse.

Das **1. Eherechtsreformgesetz** vom 14. 6. 1976 schuf einen ausdrücklichen Auskunftsanspruch in § 1605 und fügte in § 1610 den Abs III hinzu, der einen Mindestbedarf in Höhe des Regelunterhalts vorsah.

Das **Gesetz zur vereinfachten Abänderung von Unterhaltsrenten** vom 29. 7. 1976 führte in § 1612a eine vereinfachte, aber noch nicht automatisierte Abänderungsmöglichkeit von Unterhaltstiteln ein.

§ 1610a wurde durch das **Gesetz zur unterhaltsrechtlichen Berechnung von Aufwendungen für Körper- und Gesundheitsschäden** vom 15. 1. 1991 einfügt.

Zahlreiche und wichtige Änderungen erfolgten durch das **Kindschaftsreformgesetz** vom 16. 12. 1997 und das **Kindesunterhaltsgesetz** vom 6. 4. 1998, beide in Kraft getreten zum 1. 7. 1998. Insbesondere wurden die allgemeinen Bestimmungen über den Kindesunterhalt dadurch auch für nichteheliche Kinder anwendbar, daß die besonderen Vorschriften der §§ 1615b bis 1615k aufgehoben wurden. Zudem wurden neben einigen anderen Änderungen volljährige Schüler bis zum 21. Lebensjahr in §§ 1603 und 1609 minderjährigen Kindern teilweise gleichgestellt, der Ausgleich des Kindergeldes in § 1612b geregelt, und § 1612a wurde dahin umgewandelt, daß die Anpassung von Unterhaltsrenten automatisiert und dynamisiert wurde.

Durch das Gesetz zur **Ächtung der Gewalt in der Erziehung** und zur **Änderung des Kindesunterhaltsrechts** vom 2. 11. 2000 wurden § 1612b V zu Lasten des Barunterhaltspflichtigen geändert und in § 1612a die Anpassung der Unterhaltstitel von den Rentenerhöhungen abgekoppelt.

Das **Gesetz zur Modernisierung des Schuldrechts** vom 26. 11. 2001 hat auch Teile des Unterhaltsrechts berührt, insbesondere die Verjährung.

Die Möglichkeit, den dynamisierten Unterhalt in Form des sog Stufenunterhalts (s § 1612a Rz 7) geltend zu machen, wurde durch das **Gesetz zur Einführung des Euro** zum 1. 1. 2002 wieder abgeschafft.

II. In den **Beitrittsgebieten** trat zum 3. 10. 1990 das Verwandtenunterhaltsrecht des BGB in Kraft, mit Ausnahme der Regelunterhaltsverordnung. Die Landesregierungen der neuen Länder wurden gem Art 234 §§ 8 und 9 EGBGB zum Erlaß von Anpassungs- und Regelbedarfsverordnungen ermächtigt, die auch erlassen wurden. Sie wurden dadurch hinfällig, daß die Bundesregierung durch die VO über die Anpassung und Erhöhung von Unterhaltsrenten Minderjähriger vom 25. 9. 1995 auch den Prozentsatz nach § 1612a und den Regelbedarf nach § 1615f II festsetzte. Durch das KindUG wurden die Verordnungsermächtigungen dann als gegenstandslos aufgehoben. **3**

C. Systematik. I. Gem der **Stellung** der §§ 1601 bis 1615o als 3. Titel des Abschnitts „**Verwandtschaft**" (§§ 1589–1777) regeln sie nur die Unterhaltspflicht zwischen Verwandten. Außerhalb stehen die Vorschriften über die Unterhaltspflicht zwischen Ehegatten (§§ 1360 bis 1361) und geschiedenen Ehegatten (§§ 1569 bis 1586b). Der mit „Allgemeine Vorschriften" überschriebene Untertitel 1 (§§ 1601–1615) bildet daher keinen „Allgemeinen Teil" für alle Vorschriften über gesetzliche Unterhaltspflicht. Jedoch wird in §§ 1360a III, 1361 IV S 4, 1580, 1583, 1584, 1585b auf einzelne dieser allgemeinen Vorschriften verwiesen. Allgemeinen Charakter haben die §§ 1601–1615 aber nur im Verhältnis zu den „Besonderen Vorschriften für das Kind und seine nicht miteinander verheirateten Eltern" des 2. Untertitels. Die zahlreichen inhaltlichen Besonderheiten des Unterhaltsrechts zwischen Eltern und ihrem minderjährigen und/oder unverheirateten Kind haben keine systematische Sonderstellung erhalten, sondern stehen in den allgemeinen Vorschriften über die Unterhaltspflicht im jeweiligen Regelungszusammenhang. **4**

II. Weitere Bestimmungen, die auch die Unterhaltspflicht unter Verwandten betreffen, finden sich außerhalb der §§ 1601 bis 1615o. Im Rahmen der Vorschriften über die **Schenkung** sichert § 519 den angemessenen Unterhalt des Schenkers durch die Einrede des Notbedarfs. Gleiches bewirkt § 528 durch das Rückforderungsrecht des verarmten Schenkers (§ 528 I S 1), wobei der Beschenkte die Herausgabe der Schenkung durch Zahlung des für den Unterhalt des Schenkers erforderlichen Betrags abwenden kann (§ 528 I S 2). Im **Erbrecht** regeln §§ 1963, 2141 einen Anspruch der werdenden Mutter eines Erben auf Unterhalt aus dem Nachlaß und § 1969 begründet den Anspruch von Familienangehörigen des Erblassers auf den sog Dreißigsten. Einen unterhaltsartigen Anspruch gewährt § 1371 IV den Stiefkindern des überlebenden Ehegatten im gesetzlichen Güterstand. Regelungen über die Unterhaltspflicht unter Verwandten enthält auch das **Adoptionsrecht** (s § 1601 Rz 6ff). **5**

D. Dogmatik. Unter Verwandten gerader Linie besteht gem § 1601 aufgrund der besonderen persönlichen Beziehung ein **Grundverhältnis**. Auf dessen Basis entsteht der **Unterhaltsanspruch**, jedoch erst, wenn weitere Voraussetzungen hinzutreten. Wichtigste weitere sachliche Voraussetzungen in der Person des Berechtigten die **Bedürftigkeit** (§ 1602) und in der Person des Verpflichteten die **Leistungsfähigkeit** (§ 1603). Auch das Nichtvorhandensein eines vorrangigen Unterhaltspflichtigen kann als negative Tatbestandsvoraussetzung des Unterhaltsanspruchs bezeichnet werden (Staud/Engler § 1606 Rz 5; s § 1606 Rz 2). **6**

Auch die **Geltendmachung** des Anspruchs ist als eine Entstehungsvoraussetzung anzusehen. Insofern ist der Unterhaltsanspruch ein verhaltener Anspruch (Hübner Rz 424).

E. Unterhaltsrechtliche Sonderregelungen. I. Die **Verjährung** auch von Unterhaltsansprüchen ist im Rahmen der Schuldrechtsmodernisierung zum 1. 1. 2002 neu geregelt worden. Die Übergangsvorschrift enthält Art 229 § 6 EGBGB. Die regelmäßige **Verjährungsfrist** beträgt 3 Jahre, § 195. Diese gilt für **nichttitulierte Unterhaltsleistungen** und **titulierte künftig** fällig werdende Ansprüche, § 197 II. Soweit Unterhaltsansprüche der Vergangenheit tituliert sind, verjähren sie in 30 Jahren, § 197 I Nr 2 und Nr 3 bis 5. Im Bereich des Verwandtenunterhalts ist die Verjährung gem § 207 I Nr 2 für Ansprüche der Kinder **gehemmt**, solange sie minderjährig sind. Die Hemmung endet bei Abtretung oder gesetzlichem Übergang, beginnt bei Rückübertragung aber von neuem (Pal/Heinrichs § 207 Rz 21). Die Verjährung **beginnt** gem § 212 I **erneut**, wenn der Schuldner gegenüber dem Gläubiger den Anspruch durch Abschlagszahlung, Zinszahlung, Sicherheitsleistung oder in anderer Weise anerkennt (Nr 1) oder eine gerichtliche oder behördliche Vollstreckungshandlung vorgenommen oder beantragt wird (Nr 2). **7**

II. Verwirkung nach allgemeinen Grundsätzen gem § 242 kommt auch schon vor Ablauf der kurzen Verjährungsfrist in Betracht (BGH FamRZ 2002, 1698; Knittel JAmt 2001, 568 [570]); zweifelnd Büttner FamRZ 2002, 361 [364f]). Erforderlich sind ein Zeit- und ein Umstandsmoment. Wie sich aus § 1585b III ergibt, wird Verwirkung beim Unterhalt kaum in Betracht kommen, wenn der Unterhaltsanspruch weniger als 1 Jahr alt ist. Beim Umstandsmoment sind besondere Umstände erforderlich, aufgrund derer der Verpflichtete darauf vertrauen durfte, daß die Ansprüche nicht geltend gemacht werden (Büttner FamRZ 2002, 361 [364]). Die ordnungsgemäße Anmahnung von Kindesunterhalt schließt dies idR aus (Köln FamRZ 2000, 1434). Auch titulierte Ansprüche können der Verwirkung unterliegen. Die Durchsetzung kann im Einzelfall näher sein als bei nichttitulierten Ansprüchen (BGH FamRZ 1999, 1422), dies muß aber nicht so sein (Hamburg FamRZ 2002, 327 [328]). Verwirkung kommt nicht in Betracht, wenn Vollstreckungsmaßnahmen nur nicht erfolgt sind, weil mit einem Erfolg nicht zu rechnen war und daher lediglich Kosten verursacht worden wären. Von der Verwirkung unberührt bleiben die Ansprüche für die Zukunft (BGH FamRZ 1982, 898; Göppinger/Macco Rz 1516). **8**

III. Zurückbehaltungsrecht. Der Bedürftige ist auf rechtzeitige und ungekürzte Unterhaltsleistungen angewiesen, um seinen Lebensbedarf zu decken. Dies schließt ein Zurückbehaltungsrecht idR aus (Göppinger/Strohal Rz 105; Schwab/Borth V Rz 14). Ausnahmen sind allenfalls denkbar, soweit die Wahrung der berechtigten Inter- **9**

Vor § 1601 Familienrecht Verwandtschaft

essen des Unterhaltsschuldners dies erfordert und der Zurückbehalt in angemessenem Umfang erfolgt (Göppinger/Strohal Rz 105; Hamm FamRZ 1996, 49 [50]). Bei titulierten Ansprüchen des Unterhaltsgläubigers bedarf es jedenfalls der Vollstreckungsgegenklage (Müller DAVorm 1996, 866).

10 **IV. Aufrechnung. 1. Aufrechnung mit einer Unterhaltsforderung.** An fehlender **Gegenseitigkeit** scheitert die Aufrechnung eines Elternteils gegen einen gegen ihn selbst gerichteten Anspruch mit Unterhaltsansprüchen des Kindes (BGH FamRZ 2003, 1471 [1472]). An der **Fälligkeit** fehlt es bei künftigen Forderungen. Fällig werden Unterhaltsansprüche grundsätzlich am 1. des Monats (s § 1612 Rz 42). § 394 S 1, keine Aufrechnung gegen **unpfändbare Forderung**, findet keine Anwendung auf die Forderung, mit der aufgerechnet werden soll, da nur die Aufrechnung gegen eine Forderung, die der Pfändung nicht unterworfen ist, nicht stattfindet und § 394 nur dem Schutz des Unterhaltsgläubigers dient (BGH FamRZ 1996, 1067 [1068]).

11 **2. Aufrechnung gegen eine Unterhaltsforderung.** Gem § 394 S 1 findet eine Aufrechnung gegen eine Forderung nicht statt, soweit die Forderung der Pfändung nicht unterworfen ist. Gesetzliche – nicht rein vertragliche (BGH FamRZ 2002, 1180 [1182]; s Rz 26) – Unterhaltsansprüche sind nach § 850b I Nr 2 ZPO grundsätzlich unpfändbar. Allerdings können gem § 850b II ZPO Unterhaltsrenten nach den für Arbeitseinkommen geltenden Vorschriften gepfändet werden, wenn die Vollstreckung in das sonstige bewegliche Vermögen des Schuldners zu keiner vollständigen Befriedigung geführt hat oder dies zu erwarten ist und wenn die Vollstreckung „nach den Umständen des Falles, insbesondere nach der Art des beizutreibenden Anspruchs und der Höhe der Bezüge, die Pfändung der Billigkeit entspricht". Damit handelt es sich bei Unterhaltsansprüchen um sog **bedingt pfändbare Ansprüche**. Diese stehen unpfändbaren Forderungen gleich, es sei denn, daß das Vollstreckungsgericht die Pfändung zugelassen hat (BGH 31, 210 [217] und BGH NJW 1970, 282; Pal/Heinrichs § 394 Rz 3). Somit setzt die Aufrechnung voraus, daß das Vollstreckungsgericht die **Pfändung** der Unterhaltsforderung gegen die aufgerechnet werden soll, **zugelassen hat**. Ohne Titel (über die zur Aufrechnung gestellte Forderung) und Pfändungsantrag kann beim Vollstreckungsgericht die Feststellung der Pfändbarkeit nicht beantragt werden. Zugelassen werden kann die Pfändung gemäß § 850b II ZPO nur nach den für Arbeitseinkommen geltenden Vorschriften, somit gem § 850 I ZPO nur ua nach Maßgabe der §§ 850a bis 850i ZPO. Insbesondere müssen die Pfändungsgrenzen des § 850c ZPO beachtet werden.

12 Soweit der Berechtigte **Vorauszahlungen** auf den Unterhalt nicht entgegen zu nehmen braucht, kann gegen seine Unterhaltsansprüche auch nicht aufgerechnet werden (BGH FamRZ 1993, 1186, [1188]). Dies betrifft beim Kindesunterhalt entsprechend §§ 1614 II, 760 II den über 3 Monate hinausgehenden Zeitraum (vgl BGH FamRZ 1993, 1186 [1187]; s § 1614 Rz 7). §§ 394 BGB, 850b I Nr 2 ZPO gelten auch für Einmalzahlungen, insbesondere eine **Abfindung** (BGH FamRZ 2002, 1179 [1181]).

13 Dem Aufrechnungsverbot kann der **Einwand des Rechtsmißbrauchs** bzw der Arglist entgegen stehen. Dies kommt insbesondere in Betracht, wenn mit Schadensersatzansprüchen aus einer im Rahmen des Unterhaltsverhältnisses begangenen vorsätzlichen unerlaubten Handlung aufgerechnet werden soll (BGH FamRZ 1993, 1186; Wendl/Haußleiter § 6 Rz 307).

Jedenfalls ist dem Schuldner zum Schutz der öffentlichen Kassen das Existenzminimum zu belassen (BGH FamRZ 1993, 1186 [1188]; Schwab/Borth V Rz 15).

14 Nach vereinzelten Entscheidungen soll eine Aufrechnung gegenüber rückständigem Unterhalt mit Rückforderungsansprüchen wegen in der Vergangenheit zuviel gezahlten Unterhalts möglich sein (Hamm FamRZ 1999, 436; Naumburg FamRZ 1999, 437). Dies wird von der wohl überwiegenden Meinung zu Recht abgelehnt (Nürnberg FamRZ 2000, 880; Wendl/Haußleiter § 6 Rz 311; vgl auch BGH FamRZ 1997, 544).

15 **V.** Gem § 400 ist die **Abtretung** einer unpfändbaren Forderung ausgeschlossen, und der Unterhaltsanspruch ist eine bedingt pfändbare Forderung, die der unpfändbaren grundsätzlich gleich steht (s Rz 11). Ihrem Zweck nach ist die Vorschrift jedoch unanwendbar, wenn der Unterhaltsgläubiger für den abgetretenen Unterhaltsanspruch eine wirtschaftlich gleichwertige Gegenleistung erhalten hat, mit der der Unterhalsbedarf gedeckt worden ist (Köln FamRZ 1995, 308; Bremen FamRZ 2002, 1189; Staud/Engler Rz 89). – Bei einer elterlichen Bestimmung gem § 1612, den Unterhalt in natura zu leisten, ist eine Abtretung schon gem § 399 ausgeschlossen, da diese den Inhalt des Unterhaltsanspruchs verändern würde.

16 **VI.** Für die **Rückforderung von zuviel geleistetem Unterhalt** kommen mehrere Anspruchsgrundlagen in Betracht.

17 **1. Bereicherungsrecht. a)** Eine einstweilige Anordnung gemäß §§ 620 Nr 4 und 6, 644 ZPO trifft nur eine vorläufige Regelung. Sie verschafft dem Bedürftigen lediglich eine einstweilige Vollstreckungsmöglichkeit, ist rein prozessual und begründet keinen **Rechtsgrund** im Sinne von § 812 (BGH FamRZ 1984, 767 [768]; Wendl/Gerhardt § 6 Rz 204). Ein rechtskräftiger Titel muß dagegen beseitigt werden, bevor Bereicherungsansprüche geltend gemacht werden können. Dies gilt auch für einen Prozeßvergleich (BGH FamRZ 1991, 1175).

18 **b)** Häufig beruft sich der Empfänger auf **Entreicherung** gem § 818 III, meist mit Erfolg. Insbesondere bei unteren und mittleren Einkünften spricht eine **Vermutung** dafür, daß der Empfänger die Überzahlung für eine aufwendigere Lebenshaltung verbraucht hat und er somit entreichert ist (BGH FamRZ 1992, 1152; FamRZ 1998, 951). Sind mit den zuviel gezahlten Beträgen Schulden getilgt worden, ist Entreicherung nur eingetreten, wenn dies auch sonst unter Einschränkung des Lebensstandards geschehen wäre (BGH FamRZ 1992, 1152; Köln FamRZ 1998, 1166), ansonsten ist das Erlangte im Vermögen durch Verminderung von Schulden noch vorhanden.

19 Unter den Voraussetzungen (und zwar nur unter den Voraussetzungen) der §§ 818 IV (Rechtshängigkeit), 819 I (Kenntnis des fehlenden Rechtsgrundes), 820 I (ungewisser Erfolgseintritt) „haftet der Empfänger nach den allgemeinen Vorschriften" (§ 818 IV), dh insbesondere, daß er sich **nicht auf die Entreicherung berufen** kann (BGH 55, 128; Pal/Sprau § 818 Rz 53).

Rechtshängig sein muß die Leistungsklage auf Herausgabe des Erlangten bzw Wertersatz gemäß § 818 II (Pal/ Sprau § 818 Rz 51). Die bloße Feststellungsklage gegenüber einer einstweiligen Anordnung reicht ebensowenig aus (BGH FamRZ 1985, 368) wie die Abänderungsklage ohne Rückforderungsklage (BGH FamRZ 1998, 951). Dies gilt auch bei Prozeßvergleichen (BGH FamRZ 1991, 1175). 20

Kenntnis im Sinne von § 819 verlangt zunächst positive Kenntnis der Tatsachen, aus denen sich das Fehlen des Rechtsgrundes ergibt. Sie muß sich zudem auf die Rechtsfolgen erstrecken (BGH FamRZ 1998, 951 [952]). 21

§ 818 IV gilt auch, wenn mit der Leistung ein **Erfolg bezweckt** war, dessen **Eintritt** nach dem Inhalt des Rechtsgeschäfts als **ungewiß** angesehen wurde, § 820 I. Die Vorschrift ist bei Unterhaltszahlungen nicht schon deshalb anwendbar, weil generell ungewiß ist, ob die Bedürftigkeit in Zukunft weiter besteht. Ein möglicher Wegfall der Bedürftigkeit stellt idR nicht eine von den Parteien für die konkrete Unterhaltspflicht in Betracht gezogene Ungewißheit dar (BGH FamRZ 1998, 951[953]). 22

Eine **Leistung unter Vorbehalt** kann unterschiedliche Bedeutung haben. Entweder soll nur klargestellt werden, daß § 814 nicht gelten und also die Kenntnis vom fehlenden Rechtsgrund der Rückforderung nicht entgegenstehen soll, oder aber sie soll zur verschärften Haftung des Empfängers gemäß § 820 I S 2 und 1 iVm § 818 IV führen. Welcher Vorbehalt getroffen werden soll, ist eine Frage der Auslegung im konkreten Fall (BGH FamRZ 1984, 470 [471]; wohl nicht aufgegeben durch BGH FamRZ 1998, 951). 23

2. Eine Erstattung zuviel gezahlten Unterhalts kann als **Schadensersatzanspruch** aus §§ 823 II iVm 263 StGB, 826 in Betracht kommen. 24

3. Wird aus einem nur vorläufig vollstreckbaren Urteil vollstreckt, besteht ein Schadensersatzanspruch nach § 717 II ZPO. Der Schaden muß entweder durch die Vollstreckung oder durch eine zur Abwendung der drohenden Zwangsvollstreckung gemachte Leistung entstanden sein, was der Leistende konkret darlegen muß. Insofern empfiehlt sich bei Zahlungen ein entsprechender Hinweis. Der Schadensersatzanspruch aus § 717 II ZPO ist verschuldensunabhängig (Zöller/Herget § 717 ZPO Rz 3). 25

F. Verträge und Vereinbarungen. Nach allg M sind vertragliche Regelungen der Unterhaltspflicht unter Verwandten zulässig (Staud/Engler Rz 115). Zu unterscheiden sind **Unterhaltsvereinbarungen**, die eine bestehende gesetzliche Unterhaltspflicht regeln, von **Unterhaltsverträgen**, die eine Unterhaltsverpflichtung unabhängig davon begründen, ob eine gesetzliche Unterhaltspflicht besteht (Staud/Engler Rz 124). In aller Regel dienen die Verträge lediglich dazu, den gesetzlichen Unterhaltsanspruch nach Höhe, Art der Unterhaltsgewährung, Berechnungsmodalitäten ua auszugestalten, und der Anspruch behält seine Eigenschaft als gesetzlicher Anspruch (Göppinger Hoffmann Rz 1289ff; Pal/Diederichsen Rz 29). 26

Die Verträge brauchen keine bestimmte **Form** einzuhalten (Göppinger/Hoffmann Rz 1286; Staud/Engler Rz 117). Weder gilt die für Leibrentenversprechen grundsätzlich vorgeschriebene Schriftform des § 761 S 1, da die Parteien im Unterschied zu Leibrentenversprechen gem § 759 in aller Regel nicht vereinbaren wollen, daß die Rente bis zum Lebensende des Gläubigers in bestimmter Höhe entrichtet werden soll (Holzhauer in FS Lukes 673 [676f]; Göppinger/Hoffmann Rz 1286; Staud/Engler Rz 117), noch gelten §§ 780, 781, da die Unterhaltsschuld nicht als abstraktes Schuldversprechen oder Schuldanerkenntnis unabhängig von der gesetzlichen Unterhalsverpflichtung begründet werden soll (Holzhauer FS Lukes 673 [678ff]). 27

Die Vertragsfreiheit ist durch das Verbot eingeschränkt, auf künftigen Unterhalt zu verzichten (s Kommentierung zu § 1614), wobei auch in diesen Fällen grundsätzlich Freistellungsvereinbarungen möglich sind (s § 1606 Rz 32ff).

Die FamG sind gem §§ 23a Nr 2, 23b I Nr 5 GVG lediglich für alle Streitigkeiten **zuständig**, die eine durch Verwandtschaft begründete gesetzliche Unterhaltspflicht betreffen, rein vertragliche Unterhaltsverpflichtungen werden nicht erfaßt. 28

G. Nach dem **Unterhaltsvorschußgesetz** (UnterhVG) haben Kinder, die das 12. Lebensjahr noch nicht vollendet haben, die bei alleinstehenden Müttern oder Vätern leben und deren anderer Elternteil nicht oder nur unregelmäßig Unterhalt zahlt (§ 1 UnterhVG), einen öffentlich-rechtlichen Anspruch auf Zahlung des Regelbetrages (§ 2 UnterhVG) für die Dauer von längstens 72 Monaten (§ 3 UnterhVG). Der Unterhaltsanspruch geht auf das leistende Land über (§ 7 UnterhVG). 29

Gesetz zur Sicherung des Unterhalts von Kindern allein stehender Mütter und Väter durch Unterhaltsvorschüsse oder -ausfallleistungen (Unterhaltsvorschussgesetz) 30

in der Fassung der Bekanntmachung vom 2. 1. 2002 (BGBl I 2)

§ 1 Berechtigte

(1) Anspruch auf Unterhaltsvorschuss oder -ausfallleistung nach diesem Gesetz (Unterhaltsleistung) hat, wer
1. **das zwölfte Lebensjahr noch nicht vollendet hat,**
2. **im Geltungsbereich dieses Gesetzes bei einem seiner Elternteile lebt, der ledig, verwitwet oder geschieden ist oder von seinem Ehegatten dauernd getrennt lebt, und**
3. **nicht oder nicht regelmäßig**
   a) **Unterhalt von dem anderen Elternteil oder,**
   b) **wenn dieser oder ein Stiefelternteil gestorben ist, Waisenbezüge mindestens in der in § 2 Abs. 1 und 2 bezeichneten Höhe erhält.**

(2) Ein Elternteil, bei dem das Kind lebt, gilt als dauernd getrennt lebend im Sinne des Absatzes 1 Nr. 2, wenn im Verhältnis zum Ehegatten oder Lebenspartner ein Getrenntleben im Sinne des § 1567 des Bürgerlichen Gesetzbuchs vorliegt oder wenn sein Ehegatte oder Lebenspartner wegen Krankheit oder Behinderung oder auf Grund gerichtlicher Anordnung für voraussichtlich wenigstens sechs Monate in einer Anstalt untergebracht ist.

(2a)* Ein Ausländer hat einen Anspruch nach diesem Gesetz nur, wenn er oder der in Absatz 1 Nr. 2 bezeichnete Elternteil im Besitz einer Aufenthaltsberechtigung oder Aufenthaltserlaubnis ist. Der Anspruch auf Unterhaltsvorschussleistung beginnt mit dem Ausstellungsdatum der Aufenthaltsberechtigung oder der Aufenthaltserlaubnis. Abweichend von Satz 1 besteht der Anspruch für Angehörige eines Mitgliedstaates der Europäischen Union oder eines anderen Vertragsstaates des Abkommens über den Europäischen Wirtschaftsraum mit Beginn des Aufenthaltsrechts. Auch bei Besitz einer Aufenthaltserlaubnis hat ein Ausländer keinen Anspruch auf Unterhaltsleistung nach diesem Gesetz, wenn der in Absatz 1 Nr. 2 bezeichnete Elternteil als Arbeitnehmer von seinem im Ausland ansässigen Arbeitgeber zur vorübergehenden Dienstleistung in den Geltungsbereich des Gesetzes entsandt ist.

(3) Anspruch auf Unterhaltsleistung nach diesem Gesetz besteht nicht, wenn der in Absatz 1 Nr. 2 bezeichnete Elternteil mit dem anderen Elternteil zusammenlebt oder sich weigert, die Auskünfte, die zur Durchführung dieses Gesetzes erforderlich sind, zu erteilen oder bei der Feststellung der Vaterschaft oder des Aufenthalts des anderen Elternteils mitzuwirken.

(4) Anspruch auf Unterhaltsleistung nach diesem Gesetz besteht nicht für Monate, für die der andere Elternteil seine Unterhaltspflicht gegenüber dem Berechtigten durch Vorausleistung erfüllt hat.

§ 2 Umfang der Unterhaltsleistung

(1) Die Unterhaltsleistung wird vorbehaltlich der Absätze 2 und 3 monatlich in Höhe der für Kinder der ersten und zweiten Altersgruppe jeweils geltenden Regelbeträge (§ 1 oder § 2 der Regelbetrag-Verordnung) gezahlt. Liegen die Voraussetzungen des § 1 Abs. 1 Nr. 1 bis 3, Abs. 2 bis 4 nur für den Teil eines Monats vor, wird die Unterhaltsleistung anteilig gezahlt.

(2) Wenn der Elternteil, bei dem der Berechtigte lebt, für den Berechtigten Anspruch auf volles Kindergeld nach dem Einkommensteuergesetz oder nach dem Bundeskindergeldgesetz in der jeweils geltenden Fassung oder auf eine der in § 65 Abs. 1 des Einkommensteuergesetzes oder § 4 Abs. 1 des Bundeskindergeldgesetzes bezeichneten Leistungen hat, mindert sich die Unterhaltsleistung um die Hälfte des für ein erstes Kind zu zahlenden Kindergeldes nach § 66 des Einkommensteuergesetzes oder § 6 des Bundeskindergeldgesetzes. Dasselbe gilt, wenn ein Dritter mit Ausnahme des anderen Elternteils diesen Anspruch hat.

(3) Auf die sich nach den Absätzen 1 und 2 ergebende Unterhaltsleistung werden folgende in demselben Monat erzielte Einkünfte des Berechtigten angerechnet:

1. Unterhaltszahlungen des Elternteils, bei dem der Berechtigte nicht lebt,
2. Waisenbezüge einschließlich entsprechender Schadenersatzleistungen, die wegen des Todes des in Nummer 1 bezeichneten Elternteils oder eines Stiefelternteils gezahlt werden.

§ 3 Dauer der Unterhaltsleistung

Die Unterhaltsleistung wird längstens für insgesamt 72 Monate gezahlt.

§ 4 Beschränkte Rückwirkung

Die Unterhaltsleistung wird rückwirkend längstens für den letzten Monat vor dem Monat gezahlt, in dem der Antrag hierauf bei der zuständigen Stelle oder bei einer der in § 16 Abs. 2 Satz 1 des Ersten Buches Sozialgesetzbuch bezeichneten Stellen eingegangen ist; dies gilt nicht, soweit es an zumutbaren Bemühungen des Berechtigten gefehlt hat, den in § 1 Abs. 1 Nr. 3 bezeichneten Elternteil zu Unterhaltszahlungen zu veranlassen.

§ 5 Ersatz- und Rückzahlungspflicht

(1) Haben die Voraussetzungen für die Zahlung der Unterhaltsleistung in dem Kalendermonat, für den sie gezahlt worden ist, nicht oder nicht durchgehend vorgelegen, so hat der Elternteil, bei dem der Berechtigte lebt, oder der gesetzliche Vertreter des Berechtigten den geleisteten Betrag insoweit zu ersetzen, als er

1. die Zahlung der Unterhaltsleistung dadurch herbeigeführt hat, dass er vorsätzlich oder fahrlässig falsche oder unvollständige Angaben gemacht oder eine Anzeige nach § 6 unterlassen hat, oder
2. gewusst oder infolge Fahrlässigkeit nicht gewusst hat, dass die Voraussetzungen für die Zahlung der Unterhaltsleistung nicht erfüllt waren.

(2) Haben die Voraussetzungen für die Zahlung der Unterhaltsleistung in dem Kalendermonat, für den sie gezahlt worden ist, nicht vorgelegen, weil der Berechtigte nach Stellung des Antrages auf Unterhaltsleistungen Einkommen im Sinne des § 2 Abs. 3 erzielt hat, das bei der Bewilligung der Unterhaltsleistung nicht berücksichtigt worden ist, so hat der Berechtigte insoweit den geleisteten Betrag zurückzuzahlen.

§ 6 Auskunfts- und Anzeigepflicht

(1) Der Elternteil, bei dem der Berechtigte nicht lebt, ist verpflichtet, der zuständigen Stelle auf Verlangen die Auskünfte zu erteilen, die zur Durchführung dieses Gesetzes erforderlich sind.

(2) Der Arbeitgeber des in Absatz 1 bezeichneten Elternteils ist verpflichtet, der zuständigen Stelle auf Verlangen über die Art und Dauer der Beschäftigung, die Arbeitsstätte und den Arbeitsverdienst des in Absatz 1 bezeichneten Elternteils Auskunft zu geben, soweit die Durchführung dieses Gesetzes es erfordert. Versicherungsunternehmen sind

---

* Abs IIa wurde neugefaßt durch das Zuwanderungsgesetz vom 20. 6. 2002 (BGBl I 1946), das jedoch vom BVerfG für nichtig erklärt wurde (BVerfG NJW 2003, 339).

auf Verlangen der zuständigen Stellen zu Auskünften über den Wohnort und über die Höhe von Einkünften des in Absatz 1 bezeichneten Elternteils verpflichtet, soweit die Durchführung dieses Gesetzes es erfordert.

(3) Die nach den Absätzen 1 und 2 zur Erteilung einer Auskunft Verpflichteten können die Auskunft auf solche Fragen verweigern, deren Beantwortung sie selbst oder einen der in § 383 Abs. 1 Nr. 1 bis 3 der Zivilprozessordnung bezeichneten Angehörigen der Gefahr strafgerichtlicher Verfolgung oder eines Verfahrens nach dem Gesetz über Ordnungswidrigkeiten aussetzen würde.

(4) Der Elternteil, bei dem der Berechtigte lebt, und der gesetzliche Vertreter des Berechtigten sind verpflichtet, der zuständigen Stelle die Änderungen in den Verhältnissen, die für die Leistung erheblich sind oder über die im Zusammenhang mit der Leistung Erklärungen abgegeben worden sind, unverzüglich mitzuteilen.

(5) Die nach § 69 des Zehnten Buches Sozialgesetzbuch zur Auskunft befugten Sozialleistungsträger und anderen Stellen sind verpflichtet, der zuständigen Stelle auf Verlangen Auskünfte über den Wohnort und die Höhe der Einkünfte des in Absatz 1 bezeichneten Elternteils zu erteilen, soweit die Durchführung dieses Gesetzes es erfordert.

§ 7 Übergang von Ansprüchen des Berechtigten

(1) Hat der Berechtigte für die Zeit, für die ihm die Unterhaltsleistung nach diesem Gesetz zusammen mit dem unterhaltsrechtlichen Auskunftsanspruch gezahlt wird, einen Unterhaltsanspruch gegen den Elternteil, bei dem er nicht lebt, oder einen Anspruch auf eine sonstige Leistung, die bei rechtzeitiger Gewährung nach § 2 Abs. 3 als Einkommen anzurechnen wäre, so geht dieser Anspruch in Höhe der Unterhaltsleistung nach diesem Gesetz zusammen mit dem unterhaltsrechtlichen Auskunftsanspruch auf das Land über. Satz 1 gilt nicht, soweit ein Erstattungsanspruch nach den §§ 102 bis 105 des Zehnten Buches Sozialgesetzbuch besteht.

(2) Für die Vergangenheit kann der in Absatz 1 bezeichnete Elternteil nur von dem Zeitpunkt an in Anspruch genommen werden, in dem
1. die Voraussetzungen des § 1613 des Bürgerlichen Gesetzbuchs vorgelegen haben oder
2. der in Absatz 1 bezeichnete Elternteil von dem Antrag auf Unterhaltsleistung Kenntnis erhalten hat und er darüber belehrt worden ist, dass er für die geleistete Unterhalt nach diesem Gesetz in Anspruch genommen werden kann.

(3) Ansprüche nach Absatz 1 sind rechtzeitig und vollständig nach den Bestimmungen des Haushaltsrechts durchzusetzen. Der Übergang eines Unterhaltsanspruchs kann nicht zum Nachteil des Unterhaltsberechtigten geltend gemacht werden, soweit dieser für eine spätere Zeit, für die er keine Unterhaltsleistung nach diesem Gesetz erhalten hat oder erhält, Unterhalt von dem Unterhaltspflichtigen verlangt.

(4) Wenn die Unterhaltsleistung voraussichtlich auf längere Zeit gewährt werden muss, kann das Land bis zur Höhe der bisherigen monatlichen Aufwendungen auch auf künftige Leistungen klagen. Das Land kann den auf ihn übergegangenen Unterhaltsanspruch im Einvernehmen mit dem Unterhaltsleistungsempfänger auf diesen zur gerichtlichen Geltendmachung rückübertragen und sich den geltend gemachten Unterhaltsanspruch abtreten lassen. Kosten, mit denen der Unterhaltsleistungsempfänger dadurch selbst belastet wird, sind zu übernehmen.

§ 8 Aufbringung der Mittel

(1) Geldleistungen, die nach dem Gesetz zu zahlen sind, werden zu einem Drittel vom Bund, im Übrigen von den Ländern getragen. Eine angemessene Aufteilung der nicht vom Bund zu zahlenden Geldleistungen auf Länder und Gemeinden liegt in der Befugnis der Länder.

(2) Die nach § 7 eingezogenen Beträge führen die Länder zu einem Drittel an den Bund ab.

§ 9 Verfahren und Zahlungsweise

(1) Über die Zahlung der Unterhaltsleistung wird auf schriftlichen Antrag des Elternteils, bei dem der Berechtigte lebt, oder des gesetzlichen Vertreters des Berechtigten entschieden. Der Antrag soll an die durch Landesrecht bestimmte Stelle, in deren Bezirk der Berechtigte seinen Wohnsitz hat (zuständige Stelle), gerichtet werden.

(2) Die Entscheidung ist dem Antragsteller schriftlich mitzuteilen. In dem Bescheid sind die nach § 2 Abs. 2 und 3 angerechneten Beträge anzugeben.

(3) Die Unterhaltsleistung ist monatlich im Voraus zu zahlen. Auszuzahlende Beträge sind auf volle Euro aufzurunden. Beträge unter 5 Euro werden nicht geleistet.

§ 10 Bußgeldvorschriften

(1) Ordnungswidrig handelt, wer vorsätzlich oder fahrlässig
1. entgegen § 6 Abs. 1 oder 2 auf Verlangen eine Auskunft nicht, nicht richtig, nicht vollständig oder nicht innerhalb der von der zuständigen Stelle gesetzten Frist erteilt oder
2. entgegen § 6 Abs. 4 eine Änderung in den dort bezeichneten Verhältnissen nicht richtig, nicht vollständig oder nicht unverzüglich mitteilt.

(2) Die Ordnungswidrigkeit kann mit einer Geldbuße geahndet werden.

(3) Verwaltungsbehörde im Sinne des § 36 Abs. 1 Nr. 1 des Gesetzes über Ordnungswidrigkeiten ist die durch Landesrecht bestimmte Stelle.

§ 11 (Änderung des Sozialgesetzbuches)

§ 12 (weggefallen)

§ 12a (Gegenstandslose Übergangsvorschrift)

§ 13 (Inkrafttreten)

Untertitel 1

Allgemeine Vorschriften

1601 *Unterhaltsverpflichtete*
Verwandte in gerader Linie sind verpflichtet, einander Unterhalt zu gewähren.

1 **A. Allgemeines. I.** Unterhaltsansprüche gem §§ 1601ff beruhen auf der Verwandtschaft als **persönlicher Anspruchsvoraussetzung** (RGRK/Mutschler Rz 1; Staud/Engler Rz 1). § 1601 stellt allein noch keine **Anspruchsgrundlage** dar, sondern regelt lediglich, welche Verwandte einander unterhaltspflichtig sind. Damit ein Unterhaltsanspruch entsteht, müssen außerdem als sachliche Voraussetzungen in der Person des Berechtigten die Bedürftigkeit, § 1602, und in der Person des Verpflichteten die Leistungsfähigkeit, § 1603, gegeben sein (s vor § 1601 Rz 6).

2 **II.** Der Unterhaltsanspruch der Kinder aus §§ 1601ff gegen ihre Eltern besteht neben dem wechselseitigen Unterhaltsanspruch der Eltern untereinander auf Gewährung von Familienunterhalt. Ein einklagbarer Anspruch des Kindes ergibt sich nur aus § 1601ff, auch wenn die Verpflichtung zum Familienunterhalt den Bedarf der Kinder gem §§ 1360 S 1, 1360a I erfaßt (BGH FamRZ 1997, 281; Schwab/Borth V Rz 7).

3 **B. Unterhaltspflichtige Verwandte. I.** Nicht alle **Verwandte** sind gem § 1601 untereinander unterhaltspflichtig sondern nur Verwandte in **gerader Linie**, also gem § 1589 S 1 Personen, deren eine von der anderen abstammen. Nicht erfaßt sind somit neben Verschwägerten iSv § 1590 auch lediglich in der Seitenlinie iSv § 1589 S 2 verwandte Personen, also insbesondere Geschwister. Auf den Grad der Verwandtschaft kommt es dagegen nicht an, so daß nicht nur Eltern und Kinder einander unterhaltspflichtig sind, sondern auch Großeltern und Enkel sowie die weiteren Voreltern und Abkömmlinge.

4 **II. Kinder. 1.** Das KindRG und das KindUG haben die Unterschiede beim Unterhalt zwischen ehelichen und nichtehelichen Kindern beseitigt. § 1615a aF, nach dem für die nichtehelichen Kinder die allgemeinen Vorschriften nur gelten, wenn sich nicht aus den besonderen Vorschriften der §§ 1615b ff etwas anderes ergibt, geht insoweit ins Leere als §§ 1615b bis 1615e ersatzlos aufgehoben sind.

5 **2.** Der Unterhaltsanspruch des Kindes beruht immer auf §§ 1601ff, sowohl beim volljährigen wie auch beim minderjährigen Kind (Wendl/Scholz § 2 Rz 17). Minderjährigen- und Volljährigenunterhalt stellen daher prozessual nicht verschiedene Streitgegenstände dar, und es bedarf keiner neuen Titulierung des Unterhalts mit Eintritt der Volljährigkeit (Pal/Diederichsen Rz 4). Inhaltlich ist der Unterhaltsanspruch aber verschieden ausgestaltet: **a)** Insbesondere hat der Anspruch des minderjährigen Kindes – seit 1. 7. 1998 auch des sog privilegierten volljährigen Kindes (s § 1603 Rz 116ff) – den besseren Rang, §§ 1609, 1603 II S 2, **b)** das minderjährige Kind muß grundsätzlich nicht seine Vermögenssubstanz einsetzen, solange die Eltern nicht leistungsunfähig sind, § 1602 II (vgl aber auch § 1603 II S 3), **c)** grundsätzlich sind beide Eltern des volljährigen Kindes barunterhaltspflichtig, § 1606 III S 1, während beim minderjährigen Kind idR der betreuende Elterteil keinen Barunterhalt schuldet, § 1606 III S 2 (s § 1606 Rz 8ff u 18ff).

6 **3. Adoptierte Kinder** erlangen durch die Annahme die rechtliche Stellung eines gemeinschaftlichen Kindes der Ehegatten, §§ 1754 I, 1767 II S 1, und die Voraussetzungen des § 1601 für einen Unterhaltsanspruch liegen vor.

7 **a) Minderjährige Kinder.** Mit der Adoption entstehen die Unterhaltsansprüche gegenüber den neuen Eltern. Die Verwandtschaftsverhältnisse zu den bisherigen Verwandten erlöschen dagegen, § 1755 I S 1, und damit gehen auch die Unterhaltsansprüche unter. Unterhaltsansprüche, die in der Zeit bis zur Adoption entstanden sind, bleiben jedoch gem § 1755 I S 2 Hs 2 bestehen (BGH FamRZ 1981, 949). Zusätzlich sieht § 1751 IV S 1 vor, daß der Annehmende dem Kind vor dessen Verwandten zum Unterhalt verpflichtet ist, sobald die Eltern die erforderliche Einwilligung erteilt haben und das Kind in die Obhut des Annehmenden mit dem Ziel der Annahme aufgenommen ist.

8 **b)** Bei der Annahme **Volljähriger** kann auf Antrag bestimmt werden, daß sich die Wirkungen der Annahme nach den Vorschriften über die Annahme eines Minderjährigen richten, § 1772 I, wenn bestimmte Voraussetzungen vorliegen (s § 1772 Rz 3ff). Geschieht dies nicht, erstrecken sich die Wirkungen der Annahme nicht auf die Verwandten des Annehmenden, § 1770 I S 1, so daß zwischen den Eltern und Großeltern des Annehmenden und dem Angenommenen keine Unterhaltspflicht entsteht. Das Verwandtschaftsverhältnis und die Unterhaltspflicht zwischen dem Angenommenen und seinen leiblichen Verwandten bleibt gem § 1770 II bestehen, allerdings haftet der Annehmende für den Unterhalt vorrangig, § 1770 III.

9 **III.** §§ 1601ff begründen Unterhaltsansprüche nicht nur der Kinder gegen die Eltern sondern generell zwischen Verwandten gerader Linie. Dabei gelten insbesondere beim **Elternunterhalt** zT andere Maßstäbe als beim Kindesunterhalt, insbesondere bei der Leistungsfähigkeit (s § 1603 Rz 100ff u 112).

10 **C. Sonstige Personen** sind einander nicht aus §§ 1601ff unterhaltspflichtig. Gem § 1649 II dürfen Eltern zwar Teile der Einkünfte des Vermögens eines minderjährigen Kindes auch für den Unterhalt der minderjährigen unverheirateten **Geschwister** einsetzen, soweit dies der Billigkeit entspricht, ein Anspruch ergibt sich daraus allerdings nicht (§ 1649 Rz 11). Soweit Geschwistern, Verschwägerten oder Stiefkindern freiwillig Unterhalt geleistet wird, entspricht dies idR einer sittlichen Verpflichtung iSd § 814, so daß ein **Bereicherungsanspruch** insoweit ausscheidet (RGRK/Mutschler Rz 2; Pal/Diederichsen Rz 2).

§ 1602 Bedürftigkeit

(1) Unterhaltsberechtigt ist nur, wer außerstande ist, sich selbst zu unterhalten.
(2) Ein minderjähriges unverheiratetes Kind kann von seinen Eltern, auch wenn es Vermögen hat, die Gewährung des Unterhalts insoweit verlangen, als die Einkünfte seines Vermögens und der Ertrag seiner Arbeit zum Unterhalt nicht ausreichen.

Schrifttum: *Klinkhammer,* Die bedarfsorientierte Grundsicherung nach dem GSiG und ihre Auswirkungen auf den Unterhalt, FamRZ 2002, 997.

A. Allgemeines. I. Begriff. In anderen Vorschriften des Verwandtenunterhalts (zB § 1614 II) wird der Ausdruck **Bedürftigkeit** benutzt. § 1602 I verwendet ihn nicht, bestimmt ihn aber: bedürftig ist nur, wer außerstande ist, sich selbst zu unterhalten. 1

Die Bedürftigkeit hängt ab vom Maß des Bedarfs einerseits und der Höhe, in der dieser Bedarf schon anderweitig, insbesondere durch eigene Einkünfte, gedeckt ist andererseits. Die Bedürftigkeit entspricht dem **offenen Bedarf.** 2

II. Bedürftigkeit als Ausdruck der wirtschaftlichen Eigenverantwortung (BGH FamRZ 1985, 273 [274]; Göppinger/Strohal Rz 373) ist die **sachliche Voraussetzung** für das Entstehen eines Unterhaltsanspruchs in der Person des Berechtigten (s vor § 1601 Rz 6). 3

III. Ihr **entspricht** auf seiten des Pflichtigen die **Leistungsfähigkeit.** Sowohl die Bedürftigkeit des Berechtigten als auch die Leistungsfähigkeit des Verpflichteten sind abhängig von Einkünften und Vermögen. Zwar muß bei deren Ermittlung eine gewisse Symmetrie gewahrt werden, die Grundsätze und **Maßstäbe** der Bemessung und Anrechnung sind aber nicht durchgehend gleich, so daß grundsätzlich weder von Waffengleichheit (so BGH FamRZ 1983, 146, [149]) noch von einem Gleichbehandlungsgrundsatz (so Göppinger/Strohal Rz 369: idR) ausgegangen werden kann. Die Anforderungen an den Bedürftigen können strenger als an den Pflichtigen sein, insbesondere was die Erwerbsobliegenheit sowie die Verwertung des Vermögens betrifft. Auch sind sonstige Verpflichtungen beim Pflichtigen im Grundsatz gem § 1603 I berücksichtigungsfähig, beim Berechtigten dagegen nicht (vgl Staud/Engler Rz 4; MüKo/Luthin Rz 5). Bei gesteigerter Unterhaltspflicht gem § 1603 II S 1 und 2 können umgekehrt die Anforderungen an die Erwerbsobliegenheit beim Pflichtigen höher sein als beim Berechtigten. 4

IV. Zeitliche Kongruenz. Die Bedürftigkeit muß in dem Zeitraum vorliegen, für den Unterhalt verlangt wird (Göppinger/Strohal Rz 369). Eine **rückwirkend bewilligte Rente** beseitigt daher grundsätzlich erst ab dem Zeitpunkt ihrer Auszahlung die Bedürftigkeit (vgl BGH FamRZ 1985, 155). Besteht ein Anspruch auf **Altersrente,** ist der Berechtigte idR aber gehalten, gem § 42 I SBG I Vorschüsse zu beantragen, wobei Vorschüsse auf eine beantragte Rente wegen **Berufs- oder Erwerbsunfähigkeit** allerdings erst nach deren Feststellung gewährt werden können (Wannagat/Thieme SGB I § 42 Rz 4). Bis zur Bewilligung kann vom Pflichtigen bedarfsdeckend ausnahmsweise (s Rz 47) ein zins- und tilgungsfreies **Darlehen** angeboten werden (BGH FamRZ 1989, 718 [719]) und zwar gegen Abtretung des Anspruchs auf Rentennachzahlung (BGH FamRZ 1983, 574 [575]). Nach ähnlicher Auffassung ist der Unterhalt nur Zug um Zug gegen Abtretung der Rentenansprüche geschuldet (Düsseldorf FamRZ 1982, 821; Staud/Engler Rz 23). – Zum Problem Zeitidentität und Schulden s Rz 41. 5

B. Bedürftigkeit. I. Allgemeines. Die Bedürftigkeit fehlt, soweit der Bedarf durch eigene anrechenbare Einkünfte gedeckt ist oder soweit er durch den Einsatz eigenen Vermögens zu befriedigen ist. Der Grund für die Bedürftigkeit ist grundsätzlich unerheblich, da der Verwandtenunterhalt im Unterschied zum nachehelichen Unterhalt weder ein auf bestimmte Unterhaltstatbestände beschränktes Enumerationsprinzip noch Einsatzzeitpunkte kennt. 6

II. Einkünfte. Auch im Rahmen des § 1602 gilt ein **weiter Einkommensbegriff,** der grundsätzlich alle zufließenden, verfügbaren Mittel, gleich welcher Art sie sind und aus welchem Anlaß sie im einzelnen erzielt werden, erfaßt (BGH FamRZ 1994, 21; FamRZ 1980, 342 [343]; Johannsen/Henrich/Graba Rz 7, vgl § 1603 Rz 8), auch wenn Abs II lediglich die Einkünfte des Vermögens und den Ertrag der Arbeit ausdrücklich nennt. 7

1. Erwerbseinkünfte. a) Erwerbseinkünfte sind unter Berücksichtigung von Steuer- und Sozialversicherungslasten anzurechnen, berufsbedingte Aufwendungen (siehe § 1603 Rz 16ff) sind in Abzug zu bringen. Auf die Kommentierung zu § 1603 (s § 1603 Rz 20ff) kann grundsätzlich verwiesen werden. 8

b) Ausbildungsvergütung. aa) Die Ausbildungsvergütung ist als Erwerbseinkommen bedarfsmindernd anzurechnen (BGH FamRZ 1981, 541). Ausbildungsbedingte Aufwendungen, zB für Fahrten zur Ausbildungsstätte oder für Berufsschulbedarf, sind von der Vergütung abzuziehen. Der überwiegende Teil der Leitlinien der Oberlandesgerichte setzt für den Regelfall eine Pauschale an, meist in Höhe von 85 Euro (so Anm A.8. der Düsseldorfer Tabelle [§ 1610 Rz 67]). 9

bb) Bei **volljährigen** Kindern ist die Vergütung im übrigen in voller Höhe auf den Bedarf anzurechnen. Dies gilt auch für iSd § 1603 II S 2 privilegierte Volljährige. 10

cc) Bei **Minderjährigen** wird die Vergütung nach den meisten Leitlinien (Nr 12.2) und ganz hM dann, wenn der betreuende Elternteil auch barunterhaltspflichtig ist, nur zur Hälfte bzw anteilig auf den Barunterhalt angerechnet (BGH FamRZ 1988, 159, 162; Wendl/Scholz § 2 Rz 97; MüKo/Luthin Rz 17). Dies wird mit der Gleichwertigkeit von Betreuungs- und Barunterhalt gemäß § 1606 III S 2 begründet, die es gebiete, auch den Betreuenden zu entlasten (BGH FamRZ 1988, 159 [162]). Diese Ansicht führt dazu, daß der betreuende Elternteil als der für den Unterhalt des Kindes Empfangszuständige Beträge erhält, die zusammen mit der Ausbildungsvergütung höher sind ist als der Bedarf des Kindes. Diese 11

§ 1602 Familienrecht Verwandtschaft

hat er in Höhe des überschießenden Teils nach der Vorstellung dieser Auffassung nicht zugunsten des Kindes zu verwenden, da insofern ja er und nicht das Kind entlastet werden soll. Das bedeutet, daß in dieser Höhe eine Quasivergütung der Betreuungsleistungen erfolgt, die sich der betreuende Elternteil zudem wohl nicht als Einkommen anrechnen lassen soll (Bedenken daher bei Hampel FamRZ 1981, 1209 [1210]). Dies ist jedoch systemwidrig und im Ergebnis idR auch nicht gerechtfertigt (Stuttgart FamRZ 1981, 993 [995]; KG FamRZ 1985, 419; Bedenken auch bei RGRK/Mutschler Rz 31), da der Betreuungsaufwand mit Aufnahme der Berufsausbildung idR geringer geworden ist und auch der betreuende Elternteil somit schon entlastet ist. Eine zusätzliche materielle Entlastung des Elternteils, der für den Barunterhalt nicht aufzukommen hat, ist daher nicht geboten, und die Ausbildungsvergütung ist idR in voller Höhe anzurechnen.

12 **c) Erwerbseinkünfte aus überobligatorischer Tätigkeit.** Kinder und Jugendliche, die der Vollzeitschulpflicht unterliegen (§ 2 JArbSchG) dürfen nicht beschäftigt werden (§§ 5 I, 7 I JArbSchG). Einkünfte, die sie erzielen, weil das Verbot gem § 5 III JArbSchG ausnahmsweise nicht gilt, stammen aus unzumutbarer Tätigkeit und sind entsprechend der Regelung des § 1577 II nur nach **Billigkeit anzurechnen** (BGH FamRZ 1995, 475).

Dies gilt, abgesehen von der Ausbildungsvergütung, auch solange die Kinder noch in der Ausbildung, insbesondere **im Studium** sind (BGH FamRZ 1995, 475; Hamm FamRZ 1998, 767). Der Student soll sich auch im Interesse des Unterhaltspflichtigen ganz dem Studium widmen, und auch die Zeit der Semesterferien dient neben der notwendigen Erholung der Wiederholung und Vertiefung des Stoffes (BGH FamRZ 1995, 475).

Die Anrechnung von Einkünfte aus einer **Nebentätigkeit**, die mit dem Studium verwandt ist oder ihm sogar dient (zB Informatikstudent arbeitet bei einer Softwarefirma; Musikunterricht des Studenten der Musikpädagogik: Hamm FamRZ 1988, 425 [426]), entspricht eher der Billigkeit als die Berücksichtigung von Einkommen aus einer studiumsfremden Tätigkeit (wie Taxifahren, Kellnern).

13 **2. Fiktive Erwerbseinkünfte. a)** Die Verletzung der Erwerbsobliegenheit führt grundsätzlich zur Zurechnung von **fiktiven Einkünften**. Der Berechtigte ist zu behandeln wie der Verpflichtete im umgekehrten Fall (Kalthoener/Büttner/Niepmann Rz 572). Auf § 1603 Rz 62ff zu den Voraussetzungen der Zurechnung fiktiver Einkünfte in Rahmen der Leistungsfähigkeit wird insoweit verwiesen. Im Rahmen der Bedürftigkeit gelten allerdings einige Besonderheiten (Rz 14ff).

14 **b)** Voraussetzung für die Zurechnung fiktiver Erwerbseinkünfte ist zunächst das Bestehen einer **Erwerbsobliegenheit.**

15 **aa) Nach Beendigung der Ausbildung** muß sich der Berechtigte grundsätzlich durch eigene Erwerbstätigkeit unterhalten. Die strengen Maßstäbe an die Erwerbsobliegenheit entsprechen denen, die für die Elternbei gesteigerter Unterhaltspflicht gem § 1603 II gelten (BGH FamRZ 1985, 273 [274]; RGRK/Mutschler Rz 18; Staud/Engler Rz 105; Schwab/Borth V Rz 100).

16 Zu den Anforderungen an die **Bemühungen um einen Arbeitsplatz** s § 1603 Rz 63. Vom Unterhaltsgläubiger kann ein Wechsel des Wohnorts verlangt werden (Göppinger/Strohal Rz 373; Staud/Engler Rz 105; RGRK/Mutschler Rz 18). Er muß auch berufsfremde Tätigkeiten übernehmen, auch wenn diese nicht seiner bisherigen Lebensstellung entsprechen (BGH FamRZ 1985, 273 [274]; MüKo/Luthin Rz 12), zur Not einfachste Arbeiten eines Ungelernten (Frankfurt FamRZ 1987, 188; Staud/Engler Rz 105).

17 Ob nach Abschluß des Studiums neben der **Promotion** eine **Teilzeitbeschäftigung** ausgeübt werden muß, ist eine Frage des Einzelfalls (Schwab/Borth V Rz 77; MüKo/Born § 1610 Rz 243; anders Hamm FamRZ 1990, 904; Kalthoener/Büttner/Niepmann Rz 297: idR zumutbar; s auch § 1610 Rz 66).

18 **bb) Vor Beendigung der Ausbildung.** Aus § 1610 II ergibt sich das Recht des Kindes auf eine angemessene Berufsausbildung (s § 1610 Rz 53ff). Diesem Recht korrespondiert eine entsprechende **Obliegenheit** des Kindes, die **Ausbildung** zielstrebig aufzunehmen und durchzuführen. Volljährige Kinder, die diese Obliegenheit verletzen und sich nicht ausbilden lassen, sind zur Erwerbstätigkeit verpflichtet und müssen dabei jede Arbeitsmöglichkeit wahrnehmen (BGH FamRZ 1998, 671). Selbst wenn das Kind bisher noch keine Berufsausbildung erhalten hat, führt eine zu lange Verzögerung des Ausbildungsbeginns dazu, daß der Ausbildungsanspruch entfällt (BGH FamRZ 1988, 671 [672]).

19 Gleiches gilt für minderjährige Kinder, die nicht mehr der Schulpflicht unterliegen und sich nicht ausbilden lassen (Wendl/Scholz § 2 Rz 49; aA Staud/Engler Rz 107, 156; einschränkend MüKo/Luthin Rz 7). Ob ein Verstoß gegen die Erwerbsobliegenheit auch bei **minderjährigen Kindern** zur Zurechnung von **fiktiven Einkünften** führt, ist eine andere, streitige Frage. Die ablehnende Ansicht beruft sich zu Recht auf den Rechtsgedanken des § 1611 II. Wenn schwere Verfehlungen des minderjährigen Kindes gegen den Unterhaltspflichtigen sanktionslos bleiben, muß dies auch für als weniger schwerwiegend einzustufende Verstöße gegen die Erwerbsobliegenheit gelten (Schwab/Borth V Rz 99; MüKo/Luthin Rz 8; Staud/Engler Rz 156; Saarbrücken FamRZ 2000, 40; für Anrechnung fiktiver Einkünfte: Düsseldorf FamRZ 1990, 194 [195]; Göppinger/Strohal Rz 430; einschränkend Kalthoener/Büttner/Niepmann Rz 149: „allenfalls teilweise").

20 **cc)** Auch beim Verwandtenunterhalt kann die Bedürftigkeit auf **Krankheit** (Göppinger/Strohal Rz 445) beruhen. Den Unterhaltsberechtigten trifft die Obliegenheit, die Krankheit behandeln zu lassen, allerdings nur, soweit dies zumutbar ist (vgl RGRK/Mutschler Rz 16). Dies ist trotz der hier geltenden strengen Maßstäbe nur der Fall, wenn die Behandlung einerseits relativ gefahrlos und andererseits aussichtsreich erscheint.

21 **dd)** Ein fortgeschrittenes **Alter** kann einer Erwerbsobliegenheit entgegenstehen (RGRK/Mutschler Rz 15; Staud/Engler Rz 114). Von einer Möglichkeit, vorzeitig in den Ruhstand zu treten oder Altersteilzeit in Anspruch zu nehmen, darf grundsätzlich gegenüber den Verwandten kein Gebrauch gemacht werden (vgl RGRK/Mutschler

Rz 15). Auch nach Eintritt des Rentenalters ist im Einzelfall zu prüfen, ob nach den konkreten Umständen eine Tätigkeit zumindest im Geringverdienerbereich zumutbar ist.

ee) Kinderbetreuung. Auch die Betreuung von eigenen Kindern kann Unterhaltsansprüche gegenüber weiteren Verwandten, insbesondere den Eltern begründen. Dem steht nicht entgegen, daß nur der eigene Bedarf (s § 1610 Rz 14) und nicht der Bedarf Dritter geltend gemacht werden kann. Die Tochter ist zwar nur deswegen bedürftig, weil sie den Bedarf eines Dritten, nämlich den ihres Kindes an Betreuung, sicherstellt, bedürftig ist sie aber selber. Daher können grundsätzlich auch Verwandte unterhaltspflichtig sein, soweit vorrangig unterhaltspflichtige Personen, insbesondere ein Ehemann oder ein Vater des nichtehelichen Kindes, nicht vorhanden oder leistungsunfähig sind (BGH FamRZ 1985, 273 [274]; München FamRZ 1999, 1166; Staud/Engler Rz 15; Pal/Diederichsen Rz 15; abl Derleder JZ 1983, 437; Ditzen FamRZ 1989, 240). Allerdings steht es nicht im Belieben der Tochter, ihr Kind selbst zu betreuen, sondern sie muß **vorrangig** eine Möglichkeit einer **Fremdbetreuung** in Anspruch nehmen (BGH FamRZ 1985, 273; Staud/Engler Rz 16f), soweit dies für das Kind zumutbar ist. Bei dieser Zumutbarkeitsprüfung ist weniger auf die Maßstäbe der Regelung in § 1615 l abzustellen (so BGH FamRZ 1985, 273 zu § 1615 l aF) als auf die konkreten Betreuungsmöglichkeiten und -umstände, insbesondere darauf, ob die Betreuung des Kleinkindes in gewohnter Umgebung erfolgen kann (vgl Staud/Engler Rz 17).

3. Mietfreies Wohnen. Wohnt der Berechtigte mietfrei, kann sich dies auf den Unterhaltsanspruch auswirken (Düsseldorf FamRZ 1994, 1049 [1053]), da der Bedarf gem § 1610 II auch den Wohnbedarf erfaßt und insbesondere in den Tabellensätzen der Düsseldorfer Tabelle Wohnanteile enthalten sind (s § 1610 Rz 41 u 44). Es sind verschiedene Fallgestaltungen zu unterscheiden.

a) Wohnt der Berechtigte im **eigenen Heim**, ist ihm selbst ein Wohnvorteil zuzurechnen. Soweit der Eigentümer billiger als der Mieter lebt, ist ihm dies als Einkommen anzurechnen (BGH FamRZ 1998, 87 zum nachehelichen Unterhalt). Die Höhe der Anrechnung bemißt sich zunächst nach dem objektiven Wohnwert. Jedoch kann vom minderjährigen Kind gem Abs II grundsätzlich die Verwertung des Vermögens nicht verlangt werden, so daß lediglich der angemessene Wohnwert zuzurechnen ist, der dem Wohnanteil im Tabellenunterhalt (s § 1610 Rz 41 u 44) entspricht (Wendl/Gerhardt § 1 Rz 300; Pal/Diederichsen Rz 17).

b) Stellt der **Unterhaltspflichtige** dem Berechtigten eine **Wohnung mietfrei zur Verfügung**, erbringt er insoweit Naturalunterhalt. Wenn dieser gem § 1612 I S 2 und II geschuldet ist, geschieht dies mit Erfüllungswirkung und der Unterhaltsanspruch erlischt in Höhe des Wohnbedarfs gem § 362.

c) Nutzt das minderjährige Kind die **Wohnung des betreuenden Elternteils mit**, beseitigt dies nicht den (Wohn-)Bedarf sondern allenfalls die Bedürftigkeit, soweit zur Befriedigung des Wohnbedarfs keine Mittel aufzubringen sind.

Wird dem Betreuenden im Rahmen des Ehegattenunterhalts auch für den Teil der Wohnung, der auf das Kind entfällt, ein Wohnvorteil zugerechnet, kommt er für den Wohnungsbedarf des Kindes durch reduzierten Ehegattenunterhalt auf und setzt insofern den entsprechenden Anteil des Kindesunterhalts hierfür ein (vgl München FamRZ 1998, 824; Wendl/Gerhardt § 1 Rz 299; Schwab/Borth V Rz 39). Im Verhältnis des Kindes zum Barunterhaltspflichtigen wird die Bedürftigkeit daher nicht gemindert.

Wird dem betreuenden Elternteil kein Wohnvorteil für den vom Kind genutzten Teil zugerechnet (etwa, weil kein Ehegattenunterhaltsanspruch besteht), wird der Bedarf des Kindes durch eine Leistung des Betreuenden gedeckt. Schuldet dieser aufgrund seiner Einkommens- und Vermögensverhältnisse gem § 1606 III S 2 keinen Bar- sondern lediglich Betreuungsunterhalt, handelt es sich bei der *unentgeltlichen* Mitüberlassung um eine nicht geschuldete und somit freiwillige Leistung eines Dritten, die grundsätzlich nur anzurechnen ist, wenn dies dem Willen des Betreuenden entspricht (vgl Rz 29), was hier idR angenommen werden kann (Wendl/Gerhardt § 1 Rz 299). Schuldet der Betreuende im Rahmen des § 1606 III allerdings auch anteiligen Barunterhalt (hierzu § 1606 Rz 12ff), handelt es sich um die Leistung von Naturalunterhalt, der den Bedarf des Kindes insoweit deckt.

4. Vermögenserträge. Gem Abs II sind die Einkünfte aus dem Vermögen anzurechnen, und zwar auch dann, wenn der Vermögensstamm selbst nicht verwertet zu werden braucht. Dabei kommt es nicht auf die Herkunft des Vermögens an (Staud/Engler Rz 36) und auch die Erträge aus der Anlage von Schmerzensgeld mindern die Bedürftigkeit (BGH FamRZ 1988, 1031 [1034] zu § 1577 I; aA Düsseldorf FamRZ 1992, 1096; Kalthoener/Büttner/Niepmann Rz 499).

5. Unterhaltsleistungen Dritter, die gem §§ 1606, 1608 oder 1584 vorrangig unterhaltspflichtig sind, decken den Bedarf. Unterhaltsleistungen nachrangig Verpflichteter können dagegen nur zu einem Übergang des Unterhaltsanspruchs auf den Nachrangigen gem § 1607 II und III führen. Erfolgt die Unterhaltsleistung ohne Verpflichtung gem § 1607, handelt es sich um eine freiwillige Leistung, für deren Anrechenbarkeit auf den Bedarf des Berechtigten die nachfolgenden Grundsätze gelten (Rz 29).

6. Ob **freiwillige Leistungen Dritter** auf den Bedarf anzurechnen sind, hängt entsprechend § 267 von der Zweckbestimmung des Dritten ab (BGH FamRZ 1995, 537 [538f]; Göppinger/Strohal Rz 651ff). Sie wirken sich auf die Bedürftigkeit nur aus, wenn der Zuwendende den Pflichtigen entlasten will (BGH FamRZ 1995, 537 [538f]; Pal/Diederichsen Rz 18; aA Staud/Engler Rz 44; anders auch Gernhuber/Coester-Waltjen § 45 II 2: bedarfsdeckend, wenn sie nicht erkennbar für unterhaltsfremde Zwecke gewährt werden), wie dies bei einem Stipendium anzunehmen ist (Bamberg FamRZ 1986, 1028). Ausnahmen von diesem Grundsatz werden im Hinblick auf die Interessen der übrigen, im Verhältnis zum Unterhaltsgläubiger gleichrangigen, Berechtigten zu Recht für den Mangelfall erwogen (BGH FamRZ 1999, 843 [847]; dagegen noch Göppinger/Strohal 7. Aufl Rz 645). – Für die Zukunft kann keine Anrechnung freiwilliger Leistungen erfolgen, weil kein Anspruch auf sie besteht und sie daher jederzeit eingestellt werden können (Gernhuber/Coester-Waltjen § 45 II 2; Rauscher Rz 839).

30 7. Ob **öffentlich-rechtliche Leistungen** bedürftigkeitsmindernd sind, hängt nicht ohne weiteres von ihrer sozialrechtlichen Zweckbestimmung ab. Unterhaltsrechtlich ist zunächst davon auszugehen, daß es sich um Einkünfte handelt, die tatsächlich zur (teilweisen) Deckung des Lebensbedarfs zur Verfügung stehen und dafür eingesetzt werden könnten (Göppinger/Strohal Rz 590). Dies gilt insbesondere für Leistungen mit Lohn- und Unterhaltsersatzfunktion, allerdings nur, soweit sie nicht nur subsidiär an Stelle des vorrangig pflichtigen Unterhaltsschuldners gewährt werden (RGRK/Mutschler Rz 9).

31 a) Leistungen nach dem **BAföG** sind bedarfsdeckende Einkünfte soweit sie als endgültiger **Zuschuß** gewährt werden (Kalthoener/Büttner/Niepmann Rz 569). Wird die Leistung als **Darlehen** gewährt, gilt dies grundsätzlich auch, allerdings eingeschränkt durch die Zumutbarkeitsprüfung, bei der die beiderseitigen Interessen zu berücksichtigen sind, insbesondere die günstigen Darlehensbedingungen (BGH FamRZ 1985, 916 [917]). Die Regelleistungen werden grundsätzlich nur abhängig vom Einkommen und Vermögen der Eltern gewährt, § 11 II BAföG. Liegen die Voraussetzungen für die Bewilligung nicht vor und die Eltern erbringen dennoch keinen Unterhalt, erfolgen lediglich **Vorausleistungen**, die gem §§ 36, 37 BAföG grundsätzlich subsidiär sind: die Unterhaltsansprüche gehen gemäß § 37 I BAföG über und die Leistungen sind wegen des Nachrangs nicht bedürftigkeitsmindernd. Gegenüber anderen Verwandten ist die Ausbildungsförderung nicht nach- sondern vorrangig, da deren Einkommen bei der Berechnung des für die Bewilligung maßgeblichen Einkommens nach § 11 II BAföG nicht angerechnet wird (Staud/Engler Rz 88).

32 b) **Arbeitslosengeld** ist bedürftigkeitsmindernd anzurechnen (BGH FamRZ 1996, 1067 [1068] zum Ehegattenunterhalt; Kalthoener/Büttner/Niepmann Rz 470).

33 **Arbeitslosenhilfe** hat Lohnersatzfunktion und ist insofern Einkommen. Beim Berechtigten ist allerdings zu berücksichtigen, daß es sich um eine subsidiäre Leistung handelt, bei der die Unterhaltsansprüche grundsätzlich auf den Bund übergehen, § 203 I S 3 SGB III. Daher ist sie beim Berechtigten idR nicht als Einkommen anzurechnen. Es gibt jedoch Ausnahmen von dieser Regel: **aa)** wenn ein Übergang nicht erfolgt ist und dies auch nicht mehr möglich ist, weil das Arbeitsamt die Gewährung der Arbeitslosenhilfe dem Unterhaltspflichtigen nicht gemäß § 203 I S 2 SGB III unverzüglich angezeigt hat (BGH FamRZ 1996, 1067 [1070]; Kalthoener/Büttner/Niepmann Rz 472); **bb)** gegenüber Verwandten ab dem zweiten Grad, insbesondere also den Großeltern, besteht keine Subsidiarität, § 194 II Nr 11 SGB III, und die Arbeitslosenhilfe ist vorrangig (Staud/Engler Rz 82; Kalthoener/Büttner/Niepmann Rz 472). Besondere Probleme entstehen, wenn – wegen unterschiedlicher Anrechnungsmaßstäbe – der Anspruch auf Arbeitslosenhilfe höher ist als der Unterhaltsanspruch. In Höhe der Differenz besteht keine Subsidiarität und dieser Teil der Arbeitslosenhilfe ist daher grundsätzlich bedürftigkeitsmindernd anzurechnen, eine Angemessenheitskontrolle ist im Gesetz nicht vorgesehen (Staud/Engler Rz 81; aA Kalthoener/Büttner/Niepmann Rz 472). Dies führt in Form eines Rückkoppelungseffekts allerdings wiederum dazu, daß sich die Differenz zwischen Unterhaltsanspruch und Arbeitslosenhilfeanspruch erhöht. Dieser Umstand sollte bei der endgültigen Unterhaltsberechnung unberücksichtigt bleiben, da dies auf der „Großzügigkeit" der Regelungen der Arbeitslosenhilfe beruht und weder den Unterhaltsberechtigten noch den Verpflichteten benachteiligen sollte. Beispiel: Unterhaltsbedarf 300 Euro, Anspruch auf Arbeitslosenhilfe 400 Euro; offener Unterhaltsbedarf 200 Euro (300 – 100 Differenz), Bedürftigkeit bei Arbeitslosenhilfe 200 Euro (400 – 200 Unterhalt). Ein Weitertreiben der Spirale würde den Unterhaltsanspruch letztlich völlig entfallen lassen, was mit der grundsätzlichen Nachrangigkeit der Arbeitslosenhilfe nicht zu vereinbaren ist.

34 c) Wegen des grundsätzlichen Nachrangs der **Sozialhilfe** gem § 2 I BSHG mindern die Sozialhilfeleistungen nicht die Bedürftigkeit, § 2 II BSHG. Ist der Pflichtige mit dem Berechtigten allerdings nur im zweiten oder einem entfernteren Grad verwandt, ist der Übergang des Unterhaltsanspruchs auf den Sozialhilfeträger ausgeschlossen, § 91 I S 3 BSHG. Streitig ist, ob mit dieser Regelung die Sozialhilfe gegenüber dem Unterhaltsanspruch vorrangig wird und bedürftigkeitsmindernd wirkt (so RGRK/Mutschler Rz 11, Gernhuber/Coester-Waltjen § 45 I 2). Dagegen spricht, daß gem § 2 II S 1 BSHG Unterhaltsverpflichtungen durch die Sozialhilfe nicht berührt werden (abl daher Staud/Engler Rz 76; Giese FamRZ 1982, 11; vgl auch BGH FamRZ 1992, 41 [42f]). Grund für die Einschränkung des Übergangs gem § 91 I S 3 BSHG war die Annahme, daß Ältere vor der Inanspruchnahme von Sozialhilfe zurückschrecken, wenn sie den Rückgriff auf ihre Enkel befürchten (BT-Drucks 7/308, 19). Die Annahme, der Sozialhilfeträger könne die Leistung dennoch von vornherein mit der Begründung verweigern, der Antragsteller sei im Hinblick auf seinen privaten Unterhaltsanspruch nicht bedürftig (so LG Offenburg FamRZ 1984, 307), würde die Großeltern in eine Lage versetzen, die ihnen § 91 I S 3 BSHG ersparen will. Der Bedürftige hat in diesen Fällen die Möglichkeit, Sozialhilfe in Anspruch zu nehmen, was wegen des fehlenden Übergangs bedürftigkeitsmindernd wirkt, der Pflichtige kann ihn aber nicht hierauf verweisen, wenn er in Anspruch genommen wird (vgl Mergler/Zink, BSHG, 4. Aufl, § 91 Rz 54). Insofern hat der Bedürftige ein Wahlrecht (Ullenbruch FamRZ 1982, 644). – Besonderheiten können sich ergeben, soweit der Unterhaltsberechtigte Sozialhilfe bezieht und dem Unterhaltspflichtigen fiktive Einkünfte zuzurechnen sind (s hierzu § 1603 Rz 74).

35 d) Leistungen nach dem **UnterhVG**, die erbracht werden, weil der nichtbetreuende Elternteil keinen Unterhalt leistet, sind subsidiär und daher grundsätzlich anrechenbar, die Unterhaltsansprüche gehen auf das leistende Land über, § 7 I S 1 UnterhVG. Aus § 2 III Nr 1 UnterhVG ergibt sich allerdings, daß Ansprüche nach dem UnterhVG Unterhaltsansprüchen gegenüber anderen Verwandten als dem nichtbetreuenden Elternteil im Rang vorgehen (Staud/Engler Rz 99) und daher die Bedürftigkeit mindern.

36 e) Tatsächlich gezahlte **Grundsicherung** nach dem zum 1. 1. 2003 in Kraft getretenen GSiG ist im Rahmen des Verwandtenunterhalts anrechenbares Einkommen (Klinkhammer FamRZ 2002, 997 [1001]). Sie führt weder zu einem gesetzlichen Übergang des Unterhaltsanspruchs auf ihren Träger noch ist sie grundsätzlich nachrangig (Klinkhammer FamRZ 2002, 997 [1001]). Hat der Bedürftige Anspruch auf Grundsicherung, muß er sie vorrangig in Anspruch nehmen und kann andernfalls auf fiktive Einkünfte verwiesen werden (Klinkhammer, FamRZ 2002, 997 [1002]). Ob Anspruch auf Grundsicherung für Personen besteht, die gem § 1 GSiG das 65. Lebensjahr vollendet haben oder volljährig und auf Dauer voll erwerbsgemindert sein müssen, richtet sich nach den Einkommens- und Vermögensverhältnissen des Bedürftigen, § 2 I S 1 GSiG, und ua nach seinen Unterhaltsansprüchen. Dabei bleiben Ansprüche gegen Eltern und Kinder unberücksichtigt, wenn deren jährliches Gesamteinkommen 100 000 Euro unterschreitet, § 2 I S 3 GSiG. Dies muß erst recht für Ansprüche gegenüber sonstigen Verwandten wie zB Enkelkinder und Großeltern gelten, die aufgrund einer planwidrigen Gesetzeslücke in § 2 I S 2 GSiG nicht aufgeführt sind (Klinkhammer, FamRZ 2002, 997 [999]). Die Höhe des Anspruchs auf Grundsicherung und sein Leistungsumfang ergeben sich aus § 3 GSiG.

f) Pflegegeld wird aus verschiedenen Gründen nach unterschiedlichen Vorschriften gezahlt und ist nicht einheitlich zu behandeln. **a)** Soweit es als **Sozialhilfe** gem §§ 69a f BSHG gewährt wird, wirkt es sich auf die Bedürftigkeit gem § 2 II BSHG nicht aus (s Rz 34). **b)** Pflegegeld nach der **Pflegeversicherung** ist auf seiten des Pflegebedürftigen Einkommen und zunächst auf den behinderungsbedingten Mehrbedarf anzurechnen (Kalthoener/Büttner/Niepmann Rz 553; vgl BGH FamRZ 1993, 417), wobei gem § 1610a vermutet wird, daß die Kosten der Aufwendungen nicht geringer sind als die Leistungen (s § 1610a Rz 8). **c)** Pflegegeld nach §§ 39 SGB VIII (KJHG), das für außerhalb der eigenen Familie aufgenommene Kinder gezahlt wird, steht zwar an sich dem Kind zu, wird aber in der Höhe, in der es für eine angemessene Versorgung des Kindes nicht verbraucht sondern als Anerkennung für die Bemühungen des Pflegenden geleistet wird, als Einkommen der Pflegeperson behandelt (BGH FamRZ 1984, 769 [771]). Dieser Teil kann geschätzt werden (Schwab/Borth IV Rz 643), idR auf ⅓ des Pflegegeldes (Hamm FamRZ 1999, 852; Wendl/Haußleiter § 1 Rz 363; Büttner FamRZ 1995, 193 [198]). **d)** Das **weitergeleitete Pflegegeld** aus der gesetzlichen Pflegeversicherung ist bei der Pflegeperson nach § 13 VI SGB XI, in Kraft getreten zum 1. 8. 1999, nicht mehr als Einkommen anzurechnen. Ältere Rspr ist hierdurch insoweit überholt (Kalthoener/Büttner/Niepmann Rz 554). 37

g) Kindergeld gilt grundsätzlich weder als Einkommen der Eltern noch des – auch volljährigen – Kindes, auch wenn es an das Kind selbst ausgezahlt wird (Göppinger/Häußermann Rz 793 mwN; Luthin/Schumacher Rz 3237). Es wird nicht bedürftigkeitsmindernd angerechnet sondern gem § 1612b berücksichtigt (s Kommentierung § 1612b). 38

h) Gem § 9 S 1 BErzGG werden Unterhaltspflichten durch die Gewährung von **Erziehungsgeld** nicht berührt, es ist somit grundsätzlich nicht auf den Bedarf anzurechnen. Dies gilt gem § 9 S 2 BErzGG nicht im Fall des § 1611. – Zu Recht wird die Nichtanrechnung in Fällen für bedenklich gehalten, in denen eine Tochter Erziehungsgeld erhält und ihren Eltern gegenüber unterhaltsberechtigt ist (Oldenburg FamRZ 1991, 1090). Daß die Maßstäbe an die Erwerbsobliegenheit des erwachsenen Kindes nach und außerhalb der Ausbildung denen entsprechen, die für die Eltern bei gesteigerter Unterhaltspflicht gem § 1603 II gelten (Rz 15) und gem § 9 S 2 BErzGG dessen S 1 auch im Fall des § 1603 II nicht anwendbar ist, rechtfertigt eine weitere Ausnahme von § 9 S 1 BErzGG (vgl Oldenburg FamRZ 1991, 1090 [1091]; aA Staud/Engler Rz 66), so daß sich die Tochter ihr Erziehungsgeld gegenüber den Eltern als Einkommen anrechnen lassen muß. 39

i) Wohngeld ist zwar als Einkommen bedürftigkeitsmindernd zu berücksichtigen, jedoch nur soweit es nicht auf einen erhöhten Wohnkostenbedarf zu verrechnen ist (BGH FamRZ 1982, 587 [589]; Wendl/Haußleiter § 1 Rz 352ff; Kalthoener/Büttner/Niepmann Rz 562 u 846). 40

j) Wehrdienstleistende decken ihren Lebensbedarf grundsätzlich durch die staatlichen Zuwendungen und sind nicht bedürftig (BGH FamRZ 1990, 394). Dies gilt aber lediglich für den Elementarbedarf. Zusätzlicher Mehrbedarf, soweit er von § 1610 erfaßt ist, kann ungedeckt sein (vgl BGH FamRZ 1990, 394 [396]; Pal/Diederichsen Rz 18). In Betracht kommen zB Kosten für die Mitgliedschaft in einem Sportverein oder für Musikunterricht. Die gleichen Grundsätze gelten beim **Ersatzdienst** (BGH FamRZ 1994, 303 [304]) und der Ableistung eines **freiwilligen Sozialen Jahres** (München FamRZ 2002, 1425). Hier kann offener Bedarf zudem bestehen, wenn keine Unterkunft zur Verfügung gestellt wird und der Wohnbedarf nicht gedeckt ist (BGH FamRZ 1994, 303). 41

C. Bedürftigkeit aufgrund von Schulden. Schulden können auf seiten des Berechtigten nur angerechnet werden, soweit sie beim Bedarf zu berücksichtigen sind (s hierzu § 1610 Rz 15). Soweit dies nicht der Fall ist, wird der Berechtigte beim Verwandtenunterhalt nicht deshalb bedürftig, weil seine Einkommen aufgrund von Schulden nicht bedarfsdeckend zur Verfügung stehen (Staud/Engler Rz 136f). Die Regelung des § 1603, daß sonstige Verbindlichkeiten zu berücksichtigen sind, gilt nur für die Leistungsfähigkeit (Staud/Engler Rz 137), und eine Anrechnung verstößt gegen den Grundsatz der Zeitidentität, wenn der eigentliche Bedarf, zu dessen Befriedigung die Schulden eingegangen wurden, vor dem Zeitraum bestand, für den Unterhalt gezahlt werden soll (s § 1610 Rz 15). 42

D. Vermögen. I. Ein **minderjähriges** unverheiratetes **Kind** braucht nach Abs II seinen Unterhalt im Verhältnis zu den Eltern nicht aus dem Stamm des Vermögens zu bestreiten. Allerdings entfällt die gesteigerte Unterhaltspflicht der Eltern aus § 1603 II S 1 und S 2 gem § 1603 II S 3, wenn dies möglich ist. Ist der angemessene Selbstbehalt der Eltern nicht gewahrt, ist das Vermögen daher doch zu verwerten. Erfaßt sind nur minderjährige Kinder, nicht auch die sogenannten privilegierten Volljährigen iSv § 1603 II S 2, auf die Abs II auch nicht entsprechend anwendbar ist (Wendl/Scholz § 2 Rz 107, 453). – Im Verhältnis zu den übrigen Verwandten gelten die Grundsätze wie beim volljährigen Kind (hierzu Rz 44). 43

II. Beim **volljährigen Kind** ist der Vermögensstamm im Umkehrschluß aus § 1602 II grundsätzlich einzusetzen. § 1577 III, nach dem die Verwertung nicht verlangt werden kann, soweit dies unwirtschaftlich oder unter Berücksichtigung der beiderseitigen Vermögensverhältnisse **unbillig** wäre, gilt nicht entsprechend, da es im 44

§ 1602 Familienrecht Verwandtschaft

Bereich des Verwandtenunterhalts keine allgemeine Billigkeitsgrenze wie beim nachehelichen Unterhalt gibt (BGH FamRZ 1998, 367 [369]; Wendl/Scholz § 2 Rz 107; aA Düsseldorf FamRZ 1994, 767 [770]). Die Verwertungsobliegenheit findet allerdings ihre Grenze bei der Unzumutbarkeit (BGH FamRZ 1998, 367 [369]). Zu deren Feststellung muß grundsätzlich eine umfassende Interessenabwägung unter Berücksichtigung auch der Umstände auf seiten des Pflichtigen vorgenommen werden (BGH FamRZ 1998, 367 [369]; aA Staud/Engler Rz 120). Die strengen Anforderungen an die Unzumutbarkeit werden mit grober Unbilligkeit umschrieben (BGH FamRZ 1998, 367 [369]; Kalthoener/Büttner/Niepmann Rz 508). Eine Beschränkung auf Fälle wirtschaftlich nicht mehr vertretbarer Nachteile (so Staud/Engler Rz 120) ist zu eng. Zu berücksichtigen ist stets der Grundsatz der Eigenverantwortung, der es idR rechtfertigt, an die Verwertungsobliegenheit beim Berechtigten höhere Anforderung zu stellen als beim Pflichtigen im Rahmen des § 1603. – Zu den Vermögensgegenständen, deren Verwertung unzumutbar ist, können insbesondere eigengenutzte Immobilien und Gegenstände mit besonderem Erinnerungswert gehören.

45 Ein Grundsatz, daß die Vermögenssubstanz nicht zu verwerten ist, soweit aus ihr **Erträge** erzielt werden, die einen Unterhaltsanspruch mindern oder auch nur teilweise sichern (vgl München FamRZ 1994, 1459 zum Ehegattenunterhalt), kann in dieser allgemeinen Form nicht uneingeschränkt aufgestellt werden, da er die Interessen des Berechtigten bei niedrigen Erträgen nur unzureichend berücksichtigt.

46 Die Vorschriften über das **Schonvermögen** gem § 88 BSHG sind nicht entsprechend anzuwenden (Staud/Engler Rz 118), der Berechtigte ist grundsätzlich gehalten, sein Vermögen vollständig zu verbrauchen, bevor er den Pflichtigen in Anspruch nimmt (RGRK/Mutschler Rz 20). Dem Berechtigten ist lediglich ein sog Notgroschen zu belassen (BGH FamRZ 1998, 367 [369]; MüKo/Luthin Rz 45; Göppinger/Strohal Rz 626; aA Staud/Engler Rz 122), da die Gefahr besteht, daß der Pflichtige für plötzlich auftretenden Sonderbedarf nicht rechtzeitig aufkommt.

Anders als der Pflichtige, bei dem Vermögenswerte, die der notwendigen künftigen Sicherung der Altersversorgung dienen, nicht zu verwerten sind (§ 1603 Rz 80), hat der Berechtigte auch diesen Teil seines Vermögens anzugreifen, da er zunächst den laufenden Bedarf zu decken hat (RGRK/Mutschler Rz 20; Staud/Engler Rz 121).

47 Als verwertbare Vermögensgegenstände kommen neben Barvermögen und angelegtem Geld ua in Betracht:
– Forderungen, soweit sie nicht erkennbar auch im Wege der Zwangsvollstreckung nicht durchsetzbar sind. Hierzu gehören auch Pflichtteilsansprüche, auch wenn sie mit dem Verlust weitergehender Erbansprüche verbunden sind (Staud/Engler Rz 124; vgl RGRK/Mutschler Rz 20; BGH FamRZ 1993, 1065 zum Ehegattenunterhalt; anders beim Pflichtigen s § 1603 Rz 78);
– Ansprüche auf Herausgabe von Geschenken gem § 528 (Gernhuber/Coester-Waltjen § 45 II 2; Staud/Engler Rz 124;
– Ansprüche auf Schmerzensgeld (Staud/Engler Rz 124; Göppinger/Strohal Rz 641; aA Düsseldorf FamRZ 1992, 1097 [1098]; RGRK/Mutschler Rz 8; einschränkend Gernhuber/Coester-Waltjen § 45 II 2);

48 Zum Vermögen gehört auch die Kreditwürdigkeit (RGRK/Mutschler Rz 23) und somit die Fähigkeit, sich die für den Unterhalt erforderlichen Mittel mit Hilfe eines Darlehens zu verschaffen (BGH FamRZ 1985, 916 [917]). Diese setzt aber voraus, daß entweder als Sicherheit andere Vermögensgegenstände vorhanden sind, die dann im Wege der Beleihung zu verwerten sind. Oder es muß aufgrund besonderer Umstände die gesicherte Aussicht bestehen, daß in der Zukunft Mittel zur Rückzahlung vorhanden sein werden (Kalthoener/Büttner/Niepmann Rz 523; Staud/Engler Rz 128ff).

Der Pflichtige darf sich seiner Unterhaltspflicht grundsätzlich nicht dadurch entziehen, daß er dem Berechtigten den Unterhalt in Form von Darlehen gewährt (Graba FamRZ 1985, 118 [121]). Zur Ausnahme im Fall einer zu erwartenden rückwirkenden Rentenbewilligung s Rz 5.

1603 Leistungsfähigkeit

(1) Unterhaltspflichtig ist nicht, wer bei Berücksichtigung seiner sonstigen Verpflichtungen außerstande ist, ohne Gefährdung seines angemessenen Unterhalts den Unterhalt zu gewähren.
(2) Befinden sich Eltern in dieser Lage, so sind sie ihren minderjährigen unverheirateten Kindern gegenüber verpflichtet, alle verfügbaren Mittel zu ihrem und der Kinder Unterhalt gleichmäßig zu verwenden. Den minderjährigen unverheirateten Kindern stehen volljährige unverheiratete Kinder bis zur Vollendung des 21. Lebensjahrs gleich, solange sie im Haushalt der Eltern oder eines Elternteils leben und sich in der allgemeinen Schulausbildung befinden. Diese Verpflichtung tritt nicht ein, wenn ein anderer unterhaltspflichtiger Verwandter vorhanden ist; sie tritt auch nicht ein gegenüber einem Kind, dessen Unterhalt aus dem Stamme seines Vermögens bestritten werden kann.

Schrifttum: *Kemper,* Abnutzbare Wirtschaftsgüter des Anlagevermögens im Steuerrecht und im Unterhaltsrecht, FuR 2003, 113, 168; *Stein,* Entnahmen im Unterhaltsrecht, FamRZ 1989, 343.

1 **A. Inhalt und Begriff der Leistungsfähigkeit. I.** § 1603 drückt zunächst in Abs I den Grundsatz aus, daß die **Selbsterhaltung** der Unterhaltspflicht für Verwandte vorgeht (Mot IV 685; Gernhuber/Coester-Waltjen § 45 III). Diese Selbsterhaltung ist nur gewährleistet, soweit der Pflichtige über mehr Mittel verfügt, als er unter Berücksichtigung seiner sonstigen Verbindlichkeiten für den eigenen angemessenen Unterhalt benötigt.

2 **II.** Abs I bestimmt die Leistungsfähigkeit als **sachliche Voraussetzung** (vor § 1601 Rz 6), die in der Person **des Verpflichteten** zu dem Grundverhältnis des § 1601 (vor § 1601 Rz 6) hinzutreten muß, damit ein Unterhaltsanspruch entsteht. Ihr entspricht beim Berechtigten die Bedürftigkeit.

3 **III.** Die **Leistungsfähigkeit** hängt von drei Faktoren ab: der Pflichtige ist im Verhältnis zum Berechtigten leistungsfähig, soweit seine anrechenbaren **Einkünfte** und das einzusetzende **Vermögen** das übersteigen, was er

Unterhaltspflicht: Allgemeine Vorschriften **§ 1603**

unter Berücksichtigung seiner **sonstigen Verpflichtungen** für seinen eigenen Bedarf, genannt **Selbstbehalt** oder auch Eigenbedarf, benötigt.

IV. Abs II steigert die **Unterhaltspflicht** gegenüber minderjährigen unverheirateten Kindern, denen volljährige 4 Schüler, die das 21. Lebensjahr noch nicht vollendet haben und die im Haushalt zumindest eines Elternteils leben (Einzelheiten s Rz 116ff), gleich gestellt sind.

B. Anwendungsbereich. § 1603 gilt unmittelbar für den Verwandtenunterhalt und kraft Verweisung für den 5 Unterhaltsanspruch der Eltern eines nichtehelichen Kindes untereinander, § 1615 l III S 1 und IV S 2.

C. Maßgeblicher Zeitpunkt. Die Leistungsfähigkeit muß während der Zeit vorliegen, für die Unterhalt 6 erbracht werden soll (Schwab/Borth IV Rz 1063). Das gilt auch bei einer nachträglichen Geltendmachung von Sonderbedarf (Staud/Engler/Kaiser Rz 7; aA RGRK/Mutschler Rz 26). Eine rückwirkend bewilligte Rente begründet grundsätzlich erst ab dem Zeitpunkt ihrer Auszahlung die Leistungsfähigkeit (BGH FamRZ 1985, 155; zur Verpflichtung Vorschüsse geltend zu machen oder einen Kredit aufzunehmen: s Rz 82).

D. Einkünfte und Vermögen. Die Leistungsfähigkeit beruht zunächst auf dem **Einkommen** und dem **Vermögen** 7 des Verpflichteten.

I. Der Einkommensbegriff ist im BGB nicht definiert. **Einkommen** im Sinne des Unterhaltsrechts sind nach 8 der Rspr nicht nur die Einkünfte iSd § 2 I EStG sondern grundsätzlich alle zufließenden, verfügbaren Mittel, gleich welcher Art sie sind und aus welchem Anlaß sie im einzelnen erzielt werden (BGH FamRZ 1994, 21 [22]; FamRZ 1986, 780 [781]). Daß diese weite Definition den Regelungen des Unterhaltsrechts entspricht, zeigt § 1610a, der bewußt (BT-Drucks 11/6153, 6) selbst Sozialleistungen nicht von den Einkünften ausnimmt, sondern lediglich die Vermutung eines Mehrbedarfs aufstellt (§ 1610a Rz 1).

Das Einkommen ist dabei zu „**bereinigen**". Mit der Erzielung der Einkünfte sind zT notwendig Belastungen 9 durch Steuern (vgl Rz 56ff) und Sozialversicherungsabgaben (vgl Rz 12) sowie für berufsbedingte Aufwendungen (s Rz 20) verbunden. Diese Teile des Einkommens stehen dem Pflichtigen für Unterhaltszwecke nicht zur Verfügung und sind von den Einnahmen abzuziehen (BGH FamRZ 1985, 471 [472]; Staud/Engler/Kaiser Rz 11; Wendl/ Gerhardt § 1 Rz 486).

Einkünfte, die aus verbotener Tätigkeit wie zB **Schwarzarbeit** oder aus **Straftaten** resultieren, sind für die Ver- 10 gangenheit grundsätzlich zu berücksichtigen (Kalthoener/Büttner/Niepmann Rz 580, 684). Für die Zukunft dagegen kann nicht verlangt werden, daß die verbotene Tätigkeit fortgesetzt wird. Insoweit ist allerdings zu prüfen, ob der Betroffene nicht zu einer entsprechenden regulären Erwerbstätigkeit verpflichtet ist.

1. Häufigste Art der Einkünfte sind die **aus nichtselbständiger Tätigkeit**. Wegen ihrer ständigen Schwankun- 11 gen wird das Einkommen grundsätzlich als **Durchschnittseinkommen eines Jahres** errechnet. Da die meisten Gehaltsabrechnungen aufgelaufene Jahressummen ausweisen, empfiehlt es sich idR, auf das Kalenderjahr abzustellen (vgl Wendl/Haußleiter § 1 Rz 50ff).

a) Wichtigster Teil sind die **Barbezüge**. Anzurechnen sind die Bruttoeinkünfte abzüglich der abgeführten Steu- 12 ern und Sozialversicherungsabgaben, also Lohn- und Kirchensteuern und Solidaritätszuschlag sowie Renten-, Arbeitslosen-, Kranken- und Pflegeversicherungsbeiträge. Unerheblich ist, ob die Zahlungen regelmäßig oder, wie Sonderzuwendungen, unregelmäßig erfolgen und ob es sich um das Grundgehalt, Zulagen, Zuschüsse, Sachbezüge, Trinkgelder oder sonstiges handelt (Wendl/Haußleiter § 1 Rz 47 u 55; Göppinger/Strohal Rz 509).

Bei **Beamten**, Richtern und Soldaten zählen neben der Grundbesoldung auch der Familien-, Orts- und Aus- 13 landszuschlag (BGH FamRZ 1983, 49) zum Einkommen, ebenso wie Aufwandsentschädigungen (BGH FamRZ 1994, 21; FamRZ 1986, 780). Insbesondere kinderbezogene (und nicht kindergeldersetzende) Teile des Familienzuschlages bei Beamten und Kinderzulagen privater Arbeitgeber sind reguläres Einkommen und unterfallen nicht der Kindergeldverteilung (Wendl/Scholz § 2 Rz 496; s § 1612c Rz 4).

Die gem § 13 5. VermBG gewährte staatliche **Arbeitnehmer-Sparzulage** begründet kein unterhaltspflichtiges 14 Einkommen, und zwar zum Ausgleich dafür, daß die **vermögenswirksamen Leistungen** des Arbeitnehmers, die dieser anspart, anrechenbares Einkommen darstellen, obwohl sie ihm nicht zur Verfügung stehen (BGH FamRZ 1980, 984; FamRZ 1992, 797 [799]; Göppinger/Strohal Rz 603). Dies hat für vom Arbeitgeber aufgrund tarif- oder einzelvertraglicher Vereinbarung gezahlte Zuschüsse zu gelten (Kalthoener/Büttner/Niepmann Rz 1023). Aus dem Einkommen wird allerdings nur die sog Nettoquote des Zuschusses herausgerechnet (= Zuschuß × Nettoeinkommen ./. Bruttoeinkommen).

Teilweise gelten **Besonderheiten**: 15
Abfindungen und **andere einmalige Zuwendungen** sind je nach ihrer Höhe auf einen größeren Zeitraum zu verteilen (Wendl/Haußleiter § 1 Rz 71). Dessen Länge richtet sich nach der Höhe der Abfindung und sonstigen Umständen, insbesondere, ob und welche Aussichten auf eine neue Stelle bestehen. Mit der Abfindung sollen die wirtschaftlichen Verhältnisse der Betroffenen aufrechterhalten werden, so daß sie grundsätzlich so zu verteilen ist, daß der angemessene Bedarf des Berechtigten aber auch des Verpflichteten in bisheriger Höhe sicher gestellt ist (BGH FamRZ 1987, 359). Strengere Maßstäbe gelten bei beengten wirtschaftlichen Verhältnissen und bei gesteigerter Unterhaltspflicht (BGH FamRZ 1990, 269 [271]; FamRZ 1987, 930 [931]).

Tantiemen sind idR Gewinn- seltener Umsatzbeteiligungen und stellen Einkommen dar. Wegen ihrer Schwan- 16 kungen kann je nach Höhe und Einzelfall ein Mehrjahresdurchschnitt zu berücksichtigen sein.

Spesen und **Auslösungen** werden gezahlt für Aufwendungen, die bei Geschäfts- bzw Dienstreisen oder -fahrten 17 entstehen, zB für Fahrtkosten, Verpflegungsmehraufwand und Übernachtungskosten. Soweit sie durch die tatsächlichen Aufwendungen nicht voll aufgezehrt werden, sind sie als Einkommen des Empfängers anzusehen (BGH FamRZ 1990, 266 [267]). Die Kosten können entweder konkret nachgewiesen oder geschätzt werden. Die Praxis geht im Zweifel davon aus, daß eine Ersparnis eintritt, die mit einem Drittel bis zur Hälfte der Nettobeträge der Spesen angesetzt wird. Eine derartige Schätzung ist aber lediglich bei Abwesenheitsspesen angebracht (Wendl/Haußleiter § 1 Rz 59).

18 **b)** Zum Erwerbseinkommen zählen auch **Sachzuwendungen**. In Betracht kommen ua Sachdeputate (zB Kohle), freie Dienstwohnung oder die Überlassung von Aktien zu einem Vorzugskurs. Der Wert dieser Zuwendungen ist gemäß § 287 ZPO zu schätzen.

19 Steuerrechtlich wird dem Arbeitnehmer bei einem privat nutzbaren **Firmenfahrzeug** gem der Steuerrichtlinie zu § 8 EStG monatlich 1 % des Listenpreises des Fahrzeuges zugerechnet und zudem eine Kilometerpauschale von 0,03 % des Listenpreises für jeden Entfernungskilometer, wenn das Fahrzeug auch für die Fahrten von der Wohnung zum Arbeitsplatz genutzt werden kann. Dieser steuerrechtliche Ansatz kann im Unterhaltsrecht nicht ungeprüft gelten (Kalthoener/Büttner/Niepmann Rz 717). Vorgeschlagen werden statt dessen Beträge von 150 Euro bis 300 Euro (Gerhardt/von Heintschel-Heinegg/Klein/Gerhardt Hdb des Fachanwalts 6. Kap Rz 39) oder rund 300 DM bzw 150 Euro für einen Mittelklassewagen (München FamRZ 1999, 1350; Kalthoener/Büttner/Niepmann Rz 717 mwN in Fn 454), wobei die Steuermehrbelastung berücksichtigt ist. Diese Steuermehrbelastung resultiert daraus, daß der Nutzungsvorteil gemäß den oben genannten Ansätzen zu versteuern ist, während der Arbeitnehmer, der sein Fahrzeug selbst finanziert und unterhält, eine entsprechende Steuerlast nicht trägt. Maßgeblich sind bei der Schätzung die konkreten Umstände des Einzelfalls, die vom Arbeitnehmer, der das Fahrzuge nutzt, darzulegen sind. Erforderlich sind insbesondere Angaben zur Frage, ob er für die laufenden Kosten wie Steuern, Versicherung, Reparaturen, Wartung etc aufzukommen hat und ob er kostenlos Benzin erhält.

20 **c)** In Abzug zu bringen sind **berufsbedingte Aufwendungen**, im Steuerrecht Werbungskosten genannt (§ 9 EStG). Einige der Oberlandesgerichte akzeptieren in ihren Leitlinien Pauschalierungen von 5 % – was vom BGH hingenommen wird (FamRZ 2002, 536 [537] zum Bedarf) –, andere verlangen konkrete Darlegungen und ggf Nachweise (Übersicht bei Wendl/Haußleiter § 1 Rz 89).

21 **Kosten für die Fahrten zur Arbeit** sind anzurechnen, soweit sie notwendig sind (BGH FamRZ 1998, 1501 [1502]). Öffentliche Verkehrsmittel sind zu nutzen, soweit dies zumutbar ist. Die Leitlinien der Oberlandesgerichte erkennen bei der Nutzung eines eigenen Fahrzeuges kilometerabhängige Pauschalen an (Nr 10.2.2 der Leitlinien), die auch die Anschaffungskosten erfassen, so daß Kreditkosten grundsätzlich nicht zusätzlich geltend gemacht werden können (Wendl/Haußleiter § 1 Rz 99).

22 Beispiele weiterer berufsbedingter Aufwendungen sind Beiträge zu Berufsverbänden und Gewerkschaften sowie Arbeitsmittel und -kleidung.

23 **2. Einkünfte aus selbständiger Tätigkeit. a)** Das Einkommen aus Gewerbebetrieb und selbständiger Tätigkeit ist steuerlich der **Gewinn**, § 2 II Nr 1 EStG. Er wird steuerrechtlich entweder durch einen Betriebsvermögensvergleich gem §§ 4 I und 5 EStG ermittelt oder gem § 4 III EStG durch eine Einnahmen-Überschußrechnung. Beide Berechnungen müssen nicht das unterhaltsrechtlich maßgebliche Einkommen ergeben, ua da einzelne Berechnungspositionen von steuerlichen Pauschalbewertungen abhängen, die von allgemeinen Erfahrungssätzen ausgehen, die im konkreten Einzelfall nicht zutreffen müssen.

24 **b)** Freiberufler und Gewerbetreibende, die nicht buchführungspflichtig sind und auch keine Bücher führen, können gemäß § 4 III S 1 EStG ihren Gewinn durch eine **Einnahmen-Überschußrechnung** ermitteln. Es handelt sich um eine reine Geldrechnung bei der im Grundsatz das Zu- und Abflußprinzip gilt. Bei der Anschaffung oder Herstellung abnutzbarer Wirtschaftsgüter wird allerdings nur die Absetzung für Abnutzung (AfA) gewinnmindernd berücksichtigt (vgl Kirchhof/Crezelius EStG 3. Aufl § 4 Rz 108ff, 121). Bei dieser Form der Einkommensermittlung ergeben sich Feststellungsschwierigkeiten, weil nicht selten keine vollständigen Aufzeichnungen der Einnahmen vorliegen und auch ein hinzugezogener Sachverständiger insoweit meist überfordert ist. Es werden zudem nur die Geldpositionen erfaßt, die zu- bzw abgeflossen sind. Da es bei der Überschußrechnung somit nicht auf den Zeitpunkt der Entstehung einer Forderung bzw Verpflichtung ankommt, ergibt sich die Möglichkeit, Einnahmen und Ausgaben in andere Wirtschaftsjahre zu verschieben und das Einkommen zu manipulieren. Außerdem sind Privatanteile bei Mischausgaben schwer zu bewerten.

25 **c)** Die übrigen Selbständigen ermitteln den Gewinn durch einen **Betriebsvermögensvergleich**. Dieser erfolgt anhand der Jahresabschlüsse, die aus einer Bilanz und einer Gewinn- und Verlustrechnung bestehen; der Gewinn wird also aus einem Vermögensvergleich und einer Gegenüberstellung von Aufwand und Ertrag ermittelt. Grundlage der Abschlüsse ist die doppelte Buchführung, wobei doppelt zeitlich (= chronologisch) und sachlich (Verbuchung auf Sachkonten) bedeutet.

26 **d)** Der Erwerb von betrieblichen Vermögensgegenständen beeinflußt den Gewinn zunächst grundsätzlich nicht, da er insoweit neutral ist: dem gezahlten Kaufpreis steht der Wert des erworbenen Gegenstandes gegenüber. Das Betriebsvermögen ändert sich erst durch den im Laufe der Zeit eintretenden Wertverlust des erworbenen Gegenstandes, der – als **Abschreibung** bezeichnet – als Vermögensminderung in die Bilanz und als Aufwand in die Gewinn- und Verlustrechnung eingeht. Die Rspr verlangt zu Recht, daß lediglich tatsächliche Wertminderungen gewinn- und damit indirekt auch unterhaltsmindernd berücksichtigt werden (BGH FamRZ 1980, 770; FamRZ 1998, 357). Da es in der Praxis in aller Regel allerdings kaum, jedenfalls nicht mit vertretbarem Aufwand, möglich ist, den Wertverlust sämtlicher Gegenstände des Betriebsvermögens während der unterhaltsrechtlich erheblichen Zeit zu ermitteln (Köln FamRZ 2002, 819 [820]), bleiben als Ausgang der Beurteilung nur die die Abschreibungen ausweisenden Gewinnberechnungen, denen die vom Bundesministerium der Finanzen herausge-

gebenen **AfA-Tabellen** mit typisierten und pauschalierten Vorgaben für die betriebsgewöhnliche Nutzungsdauer von Wirtschaftsgütern zugrunde liegen.

Beim Anlage- und Umlaufvermögen treten tatsächliche Abnutzungen mit Wertverlusten ein, bei denen es nur 27 darum gehen kann, ihre Höhe möglichst zuverlässig zu schätzen. **Pauschale Abschläge**, etwa in Höhe von ⅓ (so aber Köln FamRZ 2002, 819 [820] mwN) oder 50 % (so aber Hamm FamRZ 2002, 885), können ohne konkrete Anhaltspunkte nicht vorgenommen werden. Inzwischen geht auch der BGH davon aus, daß bei einer linearen Abschreibung gem der neu erstellten AfA-Tabelle für allgemein verwendbare Anlagegüter vom 15. 12. 2000 eine Vermutung der Richtigkeit besteht (BGH FamRZ 2003, 741 [743]). Auch soweit die Anwendung der AfA-Tabelle zu einer niedrigen Bewertung eines Vermögensgegenstandes führt, ist zu berücksichtigen, daß bei Gegenständen, die schon „abgeschrieben" sind, ein weiterer Wertverlust stattfindet, der zwar nicht von der Gewinnberechnung erfaßt wird aber unterhaltsrechtlich ebenfalls beachtlich ist. Dem steht nicht entgegen, daß insofern in früheren Jahren mit gemessen am tatsächlichen Wertverlust überhöhten Verlustansätzen stille Rücklagen oder Reserven gebildet wurden. Denn diese werden zum einen aufgrund des weitergehenden Wertverlustes gemindert, und zum anderen führt auch eine Auflösung der stillen Reserven nicht dazu, daß der tatsächliche Gewinn der laufenden Rechnungsperiode ermittelt wird, sondern offengelegt wird insofern lediglich ein höheres Vermögen, das aber in der Vergangenheit erwirtschaftet worden ist (zumindest mißverständlich Fischer-Winkelmann FamRZ 1999, 1403 [1404]).

Die Höhe der tatsächlichen Wertverluste kann daher idR unter Berücksichtigung der ausgewiesenen Abschreibungen ermittelt werden, wenn nicht Anhaltspunkte dafür vorliegen, daß der Wertverlust der Gegenstände des Betriebsvermögens ihnen nicht entspricht. Dies kann insbesondere der Fall sein:
– bei einem neugegründeten Unternehmen, bei dem kein Betriebsvermögen existiert, das schon abgeschrieben ist aber noch Wertverluste erleidet,
– bei Gebäuden, da hier nicht ohne weiteres von Wertverlusten ausgegangen werden kann (Wendl/Haußleiter § 1 Rz 122: vgl BGH FamRZ 1997, 281 [283]),
– wenn geringwertige Wirtschaftsgüter, die gem § 6 II EStG im Anschaffungsjahr in voller Höhe abgeschrieben werden können, in erheblicher Höhe angeschafft wurden und abgesetzt werden (Hamm FamRZ 1991, 1310 [1311]),
– wenn der Abschreibungsgrund nicht auf Wertverluste hindeutet. Insbesondere Sonderabschreibungen, die ua aus konjunktur- und strukturpolitischen Gründen eingeräumt werden, brauchen mit Wertverlusten überhaupt nicht einzuhergehen (Dresden FamRZ 1999, 850; Hamm FamRZ 2002, 885). Sind Abschreibungen unterhaltsrechtlich hiernach zwar nicht in voller Höhe zu berücksichtigen, ist der abgeschriebene Gegenstand aber veräußert und der Erlös in die Gewinnermittlung eingeflossen, ist schon eine Korrektur unterhaltsrechtlich unzutreffender Bewertungen erfolgt (vgl Kemper FuR 2003, 113 [115f, 170]).

e) **Entnahmen** sind die dem Betrieb aus betriebsfremden, privaten Gründen entzogenen Mittel (Geld und 28 andere Wirtschaftsgüter). Bei konkreten Anhaltspunkten für **Manipulationen bei der Gewinnermittlung** kann in Betracht gezogen werden, das Einkommen unter Zugrundelegung der Entnahmen statt anhand des Gewinns zu bemessen (Wendl/Haußleiter § 1 Rz 182 mwN).

Darüber hinaus wird die Auffassung vertreten, für vergangene Unterhaltszeiten könne statt auf den Gewinn auf höhere Entnahmen abgestellt werden, da diese Mittel tatsächlich zur Verfügung gestanden hätten (Dresden FamRZ 1999, 850; Wendl/Haußleiter § 1 Rz 182; Schürmann FamRZ 2002, 1149 [1152]; dagegen Zweibrücken NJW 1992, 1902). Soweit die Entnahmen den Gewinn übersteigen, handelt es sich jedoch nicht um Einkünfte (= zufließende Mittel) sondern um eine **Vermögensumschichtung**. Bei einer anschließenden Verwertung für eigene Zwecke oder Unterhaltsleistungen liegt ein Verzehr von Vermögen vor (zutreffend Stein FamRZ 1989, 343 [345]). Insofern ist die Frage, ob Entnahmen zu berücksichtigen sind, danach zu beurteilen, inwieweit die Verwertung von Vermögen verlangt werden kann (Heiß/Born/Heiß 3.421; Staud/Engler/Kaiser Rz 44; s Rz 76). Dies ist im Rahmen des § 1603 grundsätzlich der Fall, soweit Einkünfte nicht ausreichend zur Verfügung stehen (BGH FamRZ 1986, 48 [50]). Bei der zu prüfenden Frage der Unwirtschaftlichkeit ist jedenfalls für die Zukunft zu beachten, daß mit einer Verwertung der Substanz des Unternehmens die Grundlage der zu erzielenden Einkünfte berührt wird. Außerdem muß zumindest entsprechendes Betriebsvermögen überhaupt vorhanden sein.

Die Feststellung der Höhe von Entnahmen gestaltet sich bei Einnahme-Überschußrechnungen schwierig, da sie in den Aufzeichnungen idR nicht erfaßt sind, weil es sich nicht um betriebliche Ausgaben handelt.

Zu beachten ist, daß die Entnahmen lediglich als Bruttoeinkommen behandelt werden können (Heiß/Born/Heiß 3.421).

f) **Zeitraum.** Zur Vermeidung von Schwankungen ist bei Selbständigen grundsätzlich ein Durchschnitt mehre- 29 rer Jahre zugrunde zu legen, im Regelfall drei Jahre (BGH FamRZ 1985, 471). Im Einzelfall können vom Tatrichter allerdings auch kürzere oder längere Zeiträume gewählt werden, wenn hierzu Anlaß besteht (BGH FamRZ 1985, 471; Kalthoener/Büttner/Niepmann Rz 587 mwN).

g) Auch bei Selbständigen sind **Vorsorgeaufwendungen** abzugsfähig, allerdings nur soweit sie tatsächlich 30 anfallen (BGH FamRZ 2003, 860 [863]) und angemessen sind. Bei der Altersvorsorge gelten in Anlehnung an die Beitragssätze zur gesetzlichen Rentenversicherung rund 20 % des Bruttoeinkommens als angemessen (Wendl/Haußleiter § 1 Rz 498).

3. Einkommen aus überobligationsmäßiger Tätigkeit. a) Der Pflichtige ist gehalten, alle **zumutbaren Ein-** 31 **künfte** zu erzielen. Der Maßstab dafür, was zumutbar ist, ist nicht durchgehend gleich (Einzelheiten bei Wendl/ Gerhardt § 1 Rz 454ff). Insbesondere hängt er davon ab, ob eine gesteigerte Erwerbsobliegenheit besteht oder nicht (s Rz 114ff, 125) und bestimmt sich im übrigen nach den Umständen des Einzelfalls.

Überstunden sind voll anzurechnen, wenn sie berufstypisch sind oder in geringem Umfang anfallen oder 32 zumindest das im Beruf des Betroffenen übliche Maß nicht übersteigen (BGH FamRZ 1980, 984). Zur Beurteilung einer Erwerbstätigkeit neben **Kinderbetreuung** kann, wenn keine gesteigerte Unterhaltspflicht besteht, idR auf die im Rahmen von § 1570 geltenden Grundsätze abgestellt werden. Zu den Fällen gesteigerter Unterhaltspflicht s Rz 125, 129ff.

33 Auch wenn die Erwerbstätigkeit, die die Ansprüche auf **Arbeitslosengeld** oder eine Abfindung begründet hat, überobligatorisch war, gilt dies nicht für das daraus herrührende Arbeitslosengeld (Hamburg FamRZ 1992, 1308; aA Köln FamRZ 2001, 625) und die Abfindung (Koblenz FamRZ 2002, 325).

34 b) **Berücksichtigung der Einkünfte aus überobligatorischer Tätigkeit.** Analog § 1577 II wird das aus überobligatorischer Tätigkeit erzielte Einkommen auch des Verpflichteten nur nach Treu und Glauben unter Berücksichtigung der Umstände des Einzelfalls angerechnet (BGH FamRZ 1991, 182 [183]; Wendl/Gerhardt § 1 Rz 457), in der Regel zu 1/2 oder 1/3 (Wendl/Gerhardt § 1 Rz 457; aA Göppinger/Strohal Rz 500: im allg voll). Eine volle Anrechnung würde leicht das Interesse des Erwerbstätigen an der Tätigkeit entfallen lassen, was auch dem Interesse des Berechtigten widerspricht.

35 4. **Sonstige Einkünfte. a) Erwerbsersatzeinkünfte.** Arbeitslosengeld und -hilfe (BGH FamRZ 1996, 1067 [1068]) sowie Krankengeld des Pflichtigen sind anrechenbares Einkommen.

36 b) **Renten** und Pensionen jeglicher Art sind einschließlich der Zuschläge und Zulagen Einkommen. Kinderzuschüsse zur gesetzlichen Rentenversicherung gem § 270 SGB VI werden allerdings wie Kindergeld behandelt, § 1612c (s § 1612c Rz 1).

37 c) **Sonstige sozialstaatliche Zuwendungen.** Werden öffentlich-rechtliche Leistungen bezogen, so ist deren sozialpolitische Zweckbestimmung für ihre unterhaltsrechtliche Bewertung als Einkommen nicht ohne weiteres maßgebend. Ausschlaggebend ist vielmehr, ob die Einkünfte tatsächlich zur Deckung des Lebensbedarfs zur Verfügung stehen und dafür eingesetzt werden können (Göppinger/Strohal Rz 590).

38 **Wohngeld** ist zwar als Einkommen zu berücksichtigen, jedoch nur soweit es nicht auf einen erhöhten Wohnkostenbedarf zu verrechnen ist (BGH FamRZ 1982, 587 [588ff]; Wendl/Haußleiter § 1 Rz 352ff; Kalthoener/Büttner/Niepmann Rz 846).

39 **Pflegegeld** ist, soweit es nicht als Sozialhilfe gemäß § 69a BSHG gewährt wird, auf seiten des Pflegebedürftigen Einkommen und zunächst auf den behinderungsbedingten Mehrbedarf anzurechnen (BGH FamRZ 1993, 417). Zur Frage ob die Vermutung des § 1610a gilt, daß die Kosten der Aufwendungen nicht geringer sind als die Leistungen s § 1610a Rz 8.

40 Gem § 9 S 1 BErzGG und § 13 VI SGB XI sind das **Erziehungsgeld** und das **weitergeleitete Pflegegeld** bei der Pflegeperson grundsätzlich kein Einkommen. Das gilt jedoch gemäß § 9 S 2 BErzGG und § 13 VI Nr 1 SGB XI auf seiten des Pflichtigen nicht in den Fällen der Verwirkung und bei gesteigerter Unterhaltspflicht (s Rz 126).

41 5. **Einkommen aus Vermögen.** Insbesondere handelt es sich um Zinseinkünfte, Einkünfte aus Kapitalbeteiligungen, Dividenden uä. Bei stärkeren Schwankungen – etwa bei Kapitalbeteiligungen oder Gewinnen aus Aktienbesitz – kann auf den Durchschnitt eines längeren Zeitraumes abzustellen sein (Wendl/Haußleiter § 1 Rz 307).

42 6. **Einkommen aus Vermietung und Verpachtung.** Mieteinnahmen führen zu anrechenbaren Einkünften.

43 Einkommensmindernd sind gegenüberstehende **Belastungen** zu berücksichtigen. Dies sind zunächst die **Nebenkosten**, soweit sie nicht auf den Mieter umgelegt werden.
Eine **Instandhaltungsrücklage** kann nur berücksichtigt werden, wenn sie notwendig und der Höhe nach angemessen ist (BGH FamRZ 1997, 281 [283]).

44 Soweit das vermietete Objekt fremdfinanziert wurde, ist bei **Kreditbelastungen** fraglich, ob neben den Zinsen auch Tilgungsanteile abziehbar sind, die dem Schuldner für den Unterhalt nicht zur Verfügung stehen. Dies wird überwiegend abgelehnt, da insoweit Vermögen gebildet wird (Wendl/Gerhardt § 1 Rz 201; einschränkend Heiß/Born/Heiß 3.691: in der Regel). Unproblematisch kann ergänzend der Grundsatz angewendet werden, daß der Unterhaltsschuldner nicht *zu Lasten* des Berechtigten Vermögen bilden soll. Den Tilgungsleistungen stehen aber Einkünfte in Form der Mieteinnahmen gegenüber, die ohne die Tilgungsanteile nicht fließen würden und an denen der Unterhaltsgläubiger dadurch teil hat, daß sie beim Schuldner einkommenserhöhend angerechnet werden. Auf Kosten des Berechtigten bildet der Pflichtige daher nur dann Vermögen, wenn er eine zumutbare Möglichkeit nicht wahrnimmt, in dem Objekt gebundenes Kapital anders und günstiger zu verwerten. Daher sind die Tilgungsleistungen grundsätzlich zu berücksichtigen und es können allenfalls im Einzelfall fiktive Einkünfte wegen unzureichender Verwertung des Vermögens zugerechnet werden (hierzu Rz 68).

45 Übersteigen die Lasten die Einkünfte, sind **Verluste** aus Vermietung und Verpachtung nicht anzuerkennen. Hiermit verbundene Steuervorteile verbleiben dem Betroffenen andererseits auch allein (Wendl/Gerhardt § 1 Rz 202).

46 7. **Wohnvorteil.** Einkommen sind auch die Nutzungen, die aus dem Vermögen in der Form gezogen werden, daß im eigenen Haus mietfrei gewohnt wird. Soweit der Eigentümer billiger als der Mieter lebt, ist ihm dies als Einkommen anzurechnen (vgl BGH FamRZ 1995, 869 [870]).

47 Zuzurechnen ist grundsätzlich der objektive Wohnvorteil. Bei einem aufgedrängten Wohnvorteil und totem Kapital, insbesondere während der Trennung der Eltern des Kindes, kann dagegen auch beim Verwandtenunterhalt grundsätzlich nur der eheangemessene Wohnvorteil berücksichtigt werden (Wendl/Gerhardt § 1 Rz 302; vgl BGH FamRZ 1998, 899 zum Trennungsunterhalt). Gleiches gilt gegenüber dem Unterhaltsanspruch der Eltern (BGH FamRZ 2003, 1179 [1181]).

Die mit dem Eigentum verbundenen **Kosten** sind zu berücksichtigen. Neben den wie bei Mieteinkünften zu 48 berücksichtigenden Kreditbelastungen (s Rz 44) sind nach weiterhin st Rspr des BGH (FamRZ 2000, 351 [354]) auch **verbrauchsunabhängige Nebenkosten**, insbesondere Grundsteuer und Gebäudeversicherung in Abzug zu bringen. Dies beruht allerdings auf der früher in Mietverträgen üblichen Regelung, daß diese Positionen vom Vermieter und nicht vom Mieter getragen wurden. Nachdem inzwischen die Vermieter ganz überwiegend von der Möglichkeit Gebrauch machen, die Aufwendungen gemäß der Anlage 3 zu § 27 I der II. BV (insbesondere Nr 1 Grundsteuer und Nr 13 Versicherung) umzulegen, ist diese Handhabung überholt (ablehnend daher Wendl/Gerhardt § 1 Rz 236a mwN; München FuR 2002, 329; siehe auch Quack FamRZ 2000, 665).

In Abzug gebracht werden können auch **Instandhaltungskosten** bzw eine entsprechende **Rücklage**, allerdings 49 nur, wenn es sich um konkrete Instandhaltungsmaßnahmen handelt, die erforderlich sind, um die ordnungsgemäße Bewohnbarkeit des Hauses zu erhalten (BGH FamRZ 2000, 351 [354]).

8. Während **freiwillige Leistungen Dritter** entsprechend § 267 grundsätzlich nur bei entsprechender Zweck- 50 bestimmung des Zuwendenden bedürftigkeitsmindernd sind (s § 1602 Rz 29), kann unter Billigkeitsgesichtspunkten bei der Leistungsfähigkeit im Mangelfall etwas anderes gelten (Wendl/Gutdeutsch § 5 Rz 101f; aA Göppinger/Strohal Rz 651).

9. Werden einem Lebenspartner **Versorgungsleistungen** erbracht, ist hierfür analog § 850h ZPO ein entspre- 51 chendes Einkommen anzurechnen, allerdings nur wenn der Partner leistungsfähig ist (vgl BGH FamRZ 1985, 273 zur Bedürftigkeit). Die Höhe hängt insbesondere von Umfang und Wert der erbrachten Leistungen ab. Derartige Leistungen sind eher mit anderen Tätigkeiten vereinbar als eine Erwerbstätigkeit und daher idR nicht überobligationsmäßig; zudem wäre eine Nichtberücksichtigung unbillig (BGH FamRZ 1995, 343f; 1987, 1012 [1013]).

10. **Unterhaltsleistungen Dritter.** Grundsätzlich gehören zum Einkommen auch Unterhaltsleistungen, die der 52 Pflichtige von einem Dritten erhält (Kalthoener/Büttner/Niepmann Rz 786; Hamm FamRZ 1992, 91 [92]; s aber auch BGH FamRZ 1985, 273). Dies führt im Rahmen der Leistungsfähigkeit nicht zu einer unzulässigen mittelbaren Unterhaltsleistung eines Dritten. Dies wäre nur der Fall, würde die Unterhaltsverpflichtung zu Unrecht gegenüber dem Dritten bedarfserhöhend berücksichtigt. Auch für Unterhaltszahlungen gilt, daß sich ihre Bewertung als Einkommen nicht nach ihrer Zweckbestimmung richtet sondern es darauf ankommt, ob Mittel tatsächlich zur Deckung des Lebensbedarfs zur Verfügung stehen und dafür eingesetzt werden könnten.

Nur scheinbare Ungereimtheiten ergeben sich insofern, als der Unterhalt beim Unterhaltsempfänger der Dek- 53 kung seines angemessenen Bedarfs dienen soll und dieser durch von ihm zu erbringende Unterhaltszahlungen berührt wird (vgl Schwab/Borth V Rz 124; Soergel/Häberle Rz 6). Dies betrifft aber die Wahrung des Eigenbedarfs und nicht die Frage, welche Mittel als Einkommen zur Verfügung stehen und auch beim Selbstbehalt besteht kein Anlaß, Unterhaltsleistungen anders zu behandeln als sonstige Einkünfte (s Rz 113).

Der Ehegattenunterhalt ist allerdings nicht für Unterhaltsleistungen der Kinder heranzuziehen, soweit bei seiner 54 Berechnung der Kindesunterhalt schon vom anrechenbaren Einkommen des anderen Ehegatten in Abzug gebracht worden ist, da anderenfalls der unterhaltsberechtigte Ehegatte doppelt für den – beim volljährigen, nicht privilegierten Kind zudem nachrangigen – Kindesunterhalt aufkäme (Hamm NJW-RR 1992, 708 [709]).

Zu beachten ist, daß Naturalunterhalt, der insbesondere als Familienunterhalt gem §§ 1360f bezogen wird, nicht 55 in eine Geldrente umgerechnet werden kann. Insofern kann hieraus kein Unterhalt erbracht werden, allerdings der Eigenbedarf gedeckt sein (Rz 109).

11. **Steuern.** a) Bei den **laufenden Einkünfte** ist grundsätzlich zunächst nach dem In-Prinzip auf die Steuern 56 abzustellen, die in dem Jahr, für das Unterhalt geltend gemacht wird, tatsächlich entrichtet worden sind (BGH FamRZ 1980, 984 [985]), da damit das Einkommen ermittelt wird, aus dem der Pflichtige seine Unterhaltslast bestreiten soll. Für die Prognose, in welcher Höhe in Zukunft Steuern anfallen werden, kann es aber insbesondere bei Selbständigen sachgerecht sein, nach dem Für-Prinzip die Steuerlast zu berücksichtigen, die bei dem Einkommen anfällt, das Grundlage der Einkommensberechnung ist.

Der Kindesunterhalt berechnet sich nach bisheriger Rspr nach dem Einkommen des Pflichtigen unter Berück- 57 sichtigung der tatsächlichen Steuerlast, und auch die Kinder aus früherer Ehe partizipieren am **Splittingvorteil** (BGH FamRZ 1986, 790). Bei der Bedarfsbemessung beim Ehegattenunterhalt hat das BVerfG (FamRZ 2003, 1821) entschieden, vom Gesetzgeber der jetzigen Ehe eingeräumte steuerliche Vorteile sollten entgegen der bisherigen Rspr (hierzu BGH FamRZ 1988, 486) grundsätzlich nicht dem geschiedenen Ehegatten zugute kommen. Dies wird zwar kaum für die Berechnung des Bedarfs der nicht aus der bestehenden Ehe stammenden Kinder gelten können (s § 1610 Rz 33), im Rahmen der Leistungsfähigkeit gem § 1603 aber wohl zu berücksichtigen sein. Wird der Pflichtige nach der ungünstigen **Lohnsteuerklasse 5** besteuert, kann entsprechend § 850h ZPO eine entsprechende Korrektur erfolgen (BGH FamRZ 1980, 984).

b) Das Einkommen erhöht bzw verringert sich um **Steuererstattungen** bzw -nachzahlungen. Ergehen mehrere 58 Steuerbescheide in einem Jahr, wird in aller Regel dieses Einkommen insoweit nicht als Grundlage einer Hochrechnung für Folgejahre dienen können.

Wird der Pflichtige mit einem nicht ebenfalls unterhaltspflichtigen Ehegatten **zusammenveranlagt**, ist dem 59 Pflichtigen nur sein Anteil an der festgesetzten Steuer zuzurechnen. Wegen der Vermögenstrennung bei den Güterständen der Zugewinngemeinschaft und der Gütertrennung wurde von der Rspr der Grundsatz entwickelt, daß jeder Ehegatte für die Steuern haftet, die auf sein Einkommen entfallen (BGH FamRZ 1979, 115 [117]).

Die Berechnung dieses Anteils wird nicht einheitlich vorgenommen (Einzelheiten Liebelt FamRZ 1993, 626; 60 Wever Vermögensauseinandersetzung der Ehegatten außerhalb des Güterrechts, 3. Aufl Rz 568ff; Haußleiter/Schulz Vermögensauseinandersetzung 3. Aufl Kap 6 Rz 280ff). Im wesentlichen werden 2 Methoden angewandt:

Die eine nimmt eine Aufteilung der festgesetzten Steuer im Verhältnis der Beträge einer fiktiven Einzelveranlagung vor (Hamm FamRZ 1998, 1166). Sie hat den Vorteil, daß die Steuerprogression Berücksichtigung findet.

Vielfach erfolgt zur Vereinfachung nach der anderen Methode die Aufteilung im Verhältnis der beiderseitigen steuerpflichtigen Einkünfte (Wendl/Haußleiter § 1 Rz 485f; Düsseldorf FamRZ 1988, 951; gegen den Lösungsweg Wever aaO Rz 569). Die Angemessenheit der Methode ist vom BGH offen gelassen worden (FamRZ 1979, 115 [117]) und als Faustformel einfacher zu handhaben.

Bei beiden Varianten wird zunächst der Anteil des Ehegatten an der festgesetzten Steuer ermittelt, von dem sodann die beim ihm einbehaltenen oder als Vorauszahlung erbrachten Steuern in Abzug gebracht werden; die Differenz ist das zu berücksichtigende Einkommen.

61 12. Das **Kindergeld** wird den unterhaltspflichtigen Eltern, zwischen denen es nach § 1612b verteilt wird, zur Erleichterung ihrer Unterhaltslast gewährt. Es gilt daher nicht als Einkommen der Eltern (Göppinger/Häußermann Rz 793 mwN; Luthin/Schumacher Rz 3237). Eine Ausnahme gilt auch nicht für den Zählkindvorteil (BGH FamRZ 2000, 1492 [1494]), es sei denn der Elternteil, der das Kindergeld bezieht, erbringt nur den bei ihm lebenden Kindern Unterhalt, nicht dagegen dem anderweitig betreuten sog Zählkind, da eine Unterhaltslast insofern nicht besteht und daher auch nicht zu erleichtern ist (BGH FamRZ 1997, 806 [810]; Wendl/Gutdeutsch § 5 Rz 91).

62 13. **Fiktive Einkünfte. a) Erwerbseinkünfte.** Die Leistungsfähigkeit des Unterhaltsschuldners bemißt sich nicht nur nach seinen tatsächlichen Einkünften sondern wird auch bestimmt durch seine **Arbeits- und Erwerbsfähigkeit**. Er ist verpflichtet, seine Arbeitskraft so gut wie möglich einzusetzen. Fiktives Einkommen ist dem Pflichtigen ohne Verstoß gegen Art 6 GG (BVerfG FamRZ 1985, 143) zuzurechnen, soweit er einer zumutbaren Erwerbstätigkeit nicht nachgeht, obwohl er es könnte (BGH FamRZ 1981, 341 [343]; FamRZ 1993, 1304 [1306]). Dabei ist für die Zurechnung kein leichtfertiges Verhalten erforderlich. Diese Voraussetzung für die Anrechenbarkeit fiktiver Einkünfte gilt nur dann, wenn der Pflichtige tatsächlich leistungsunfähig ist (Staud/Engler/Kaiser Rz 146; unklar BGH FamRZ 2003, 1471 [1473]).

63 Ein **Arbeitsloser** muß sich um Arbeit bemühen. Er vermag lediglich keine Erwerbstätigkeit zu finden, wenn hinreichende Bewerbungsbemühungen erfolglos sind oder wenn keine reale Beschäftigungschance besteht (BGH FamRZ 1987, 144). Die Meldung beim Arbeitsamt ist in der Regel erforderlich, reicht aber nicht aus, schon da nur ein Teil der offenen Stellen dem Arbeitsamt gemeldet ist (vgl BGH FamRZ 1986, 1085; Düsseldorf FamRZ 1998, 851 [852]). Bewerbungen ins Blaue hinein sind unzureichend. Der Inhalt der Bewerbungen muß ansprechend sein. Eigene Anzeigen können bei höherer Qualifikation erforderlich sein (die Kosten sind uU einkommensmindernd zu berücksichtigen). Der Umkreis der Arbeitssuche richtet sich nach anerkennenswerten Bindungen. Hinsichtlich der Intensität ist die Zeit als erforderlich anzusehen, die ein Erwerbstätiger für seinen Beruf aufwendet (Wendl/Haußleiter § 1 Rz 427). 20 Bewerbungen monatlich sind insoweit als ausreichend erachtet worden (Naumburg FamRZ 1997, 311). Eigene Zeitungsinserate sind im Prozeß ebenso vorzulegen wie bei schriftlichen Bewerbungen das Stellenangebot, das Bewerbungsschreiben sowie ein Antwortschreiben. Bei mündlichen – persönlichen oder telefonischen – Bewerbungen sind anzugeben ob bzw in welcher Form ein Stellenangebot bestand, Einzelheiten zur Art der angestrebten Stelle, das Datum der Bewerbung und die Person des Gesprächspartners.

64 Einkünfte können nicht fiktiv zugerechnet werden, wenn der Pflichtige keine reale Beschäftigungschance hat (BGH FamRZ 2003, 1471 [1473]).

65 Ist dem Verpflichteten gekündigt worden, obliegt es ihm, der **Kündigung** mit Rechtsmitteln entgegenzutreten soweit dies Aussicht auf Erfolg verspricht (Frankfurt FamRZ 1983, 392; Hamm FamRZ 2002, 1427). Die Zurechnung fiktiver Einkünfte erfordert nicht, daß der Verzicht auf eine Kündigungsschutzklage leichtfertig ist, es sei denn, der Pflichtige ist leistungsunfähig, weil er keine neue Arbeit finden kann (s Rz 62 und 70; zu undifferenziert Wendl/Haußleiter § 1 Rz 399 und Dresden FamRZ 1997, 836 [837]).

66 Der Verpflichtete nutzt auch dann seine Erwerbsfähigkeit nicht aus, wenn er zwar arbeitet, durch eine andere Tätigkeit aber **mehr verdienen könnte**. Unter Umständen muß er den Arbeitsplatz wechseln und sogar einen Ortswechsel vornehmen (KG FamRZ 1984, 592). Umgekehrt muß er den mit einer Aufgabe des Arbeitsplatzes verbundenen Wunsch, mit seiner an einem anderen Ort wohnenden Freundin leben zu können uU zurückstellen (vgl KG FamRZ 1997, 627 [628]). Die Unterhaltspflicht ist gegenüber seinem beruflichen und persönlichen Selbstbestimmungsrecht abzuwägen.

Ein Stellenwechsel oder auch die Aufgabe einer unselbständigen zugunsten einer selbständigen Tätigkeit ist nicht schon allein vorwerfbar, weil die Einkünfte zurückgehen (Hamm FamRZ 1997, 310). Insbesondere für den Fall des Berufswechsels zugunsten einer selbständigen Tätigkeit wird bei gesteigerter Unterhaltspflicht allerdings verlangt, daß der Verpflichtete den Plan erst dann verwirklicht, wenn er in geeigneter Weise sichergestellt hat, daß er seine Unterhaltspflicht auch bei vorerst geringeren Einkünften erfüllen kann (Hamm FamRZ 1996, 959 [960]; FamRZ 2003, 1213).

Der Pflichtige muß neben einer Vollzeitbeschäftigung allenfalls bei gem Abs II gesteigerter Unterhaltspflicht noch eine **Nebentätigkeit** ausüben (s weiter Rz 124).

67 Befindet sich der Unterhaltspflichtige in der **Erstausbildung**, braucht er diese grundsätzlich nicht abzubrechen. Der Abbruch läge auf Dauer auch nicht im Interesse des Unterhaltsberechtigten (vgl BGH FamRZ 1994, 372 [375]). Je nach den Umständen kommt jedoch eine Verpflichtung zur Nebentätigkeit in Betracht.

68 b) Sonstige Einkünfte. Nutzt der Pflichtige andere Möglichkeiten, Einkünfte zu erzielen nicht aus, gilt entsprechendes. So ist der Pflichtige insbesondere auch gehalten, sein **Vermögen** so ertragreich wie möglich zu nutzen (Staud/Engler/Kaiser Rz 177). Die Zurechnung fiktiver Einkünfte kann nur nach einer Zumutbarkeitsprüfung erfolgen, bei der die Belange des Berechtigten und des Verpflichteten gegeneinander abzuwägen sind (BGH FamRZ

1990, 269 [271] zur Bedürftigkeit). Dem Vermögensinhaber steht in angemessenem Rahmen eine Entscheidungsfreiheit zu, insbesondere soweit er Sicherheitsinteressen den Vorrang gegenüber Gewinnaussichten einräumt (Wendl/Haußleiter § 1 Rz 329). Kapital ist allerdings idR so anzulegen bzw umzuschichten, daß Einkünfte anfallen.

Besteht ein Anspruch auf eine beantragte **Altersrente**, ist der Pflichtige idR gehalten, gem § 42 I SBG I Vorschüsse geltend zu machen. Vorschüsse auf eine beantragte Rente wegen Berufs- oder Erwerbsunfähigkeit können allerdings erst nach deren Feststellung gewährt werden (Wannagat/Thieme SGB I § 42 Rz 4). S auch Rz 82. **69**

c) Leistungsunfähigkeit. Von der Konstellation, daß fiktives Einkommen zugerechnet wird, weil der Unterhaltspflichtige Einkünfte nicht erzielt obwohl er es könnte (Rz 62), sind die Fälle zu unterscheiden, in denen fiktive Einkünfte zugerechnet werden sollen, obwohl der Pflichtige sie nicht erzielen kann (Hoppenz NJW 1984, 2327; Staud/Engler/Kaiser Rz 146). Beispiele hierfür sind der Häftling und der Arbeitslose, der nach dem Verlust seines Arbeitsplatzes keine neue Stelle zu finden vermag. Im Unterschied zu den ersten erwähnten Fällen ist der Pflichtige hier leistungsunfähig. Nach einer grundlegenden Entscheidung des BGH ist die Leistungsunfähigkeit grundsätzlich zu beachten, auch wenn sie schuldhaft herbeigeführt worden ist (BGH FamRZ 1985, 158). Ausnahmsweise darf sich der Pflichtige allerdings gemäß § 242 nicht auf die Leistungsunfähigkeit berufen, wenn ihm ein verantwortungsloses, zumindest leichtfertiges Verhalten von erheblichem Gewicht vorgeworfen werden kann. Dabei bedeutet Leichtfertigkeit gewöhnlich bewußte Fahrlässigkeit und der Unterhaltsschuldner muß sich unter grober Mißachtung dessen, was jedem einleuchten muß oder in Verantwortungslosigkeit und Rücksichtslosigkeit gegen den Unterhaltsgläubiger über die erkannte Möglichkeit nachteiliger Folgen für seine Leistungsfähigkeit hinwegsetzen (BGH FamRZ 2000, 815). **70**

Nach der Rspr verstößt die **Berufung auf Leistungsunfähigkeit** nur dann gegen Treu und Glauben, wenn das für die Leistungsunfähigkeit ursächliche Verhalten eine Verletzung der Unterhaltspflicht dargestellt hat (BGH FamRZ 2002, 813; FamRZ 2000, 815). Dies ist zum einen bei einem objektiven Unterhaltsbezug der Fall, etwa bei Leistungsunfähigkeit wegen Strafhaft aufgrund einer Unterhaltsverletzung, und zum anderen, wenn sich die Vorstellungen und Antriebe für das Verhalten des Pflichtigen gerade auch auf die Minderung der Leistungsfähigkeit erstreckt haben (BGH FamRZ 2002, 813 [814]). **71**

d) Bei der **Höhe** der anzurechnenden fiktiven Einkünfte muß sorgfältig geprüft werden, welches Einkommen der Betroffene nach seinen persönlichen Fähigkeiten und Eigenschaften sowie seiner Berufsbiographie auf dem Arbeitsmarkt erzielen kann (BGH FamRZ 1996, 345 [346]; vgl Pal/Brudermüller § 1574 Rz 5). Anhaltspunkte können sich insbesondere aus einem früher erzielten Einkommen ergeben. **72**

Bei der Zurechnung von Einkünften als geringfügig Beschäftigter gem §§ 8 und 8a SGB IV und innerhalb der Gleitzone iSd § 20 II SGB IV ist zu beachten, daß Besonderheiten bei Steuern und Sozialabgaben gelten. Für den Arbeitnehmer fallen bei einer **geringfügigen Beschäftigung** keine Beiträge zur gesetzlichen Krankenversicherung, § 7 SGB V, Rentenversicherung, § 5 II S 1 SGB VI, und Arbeitslosenversicherung, § 27 II SGB III, an. Aus der Beitragsfreiheit in der gesetzlichen Krankenversicherung folgt die Beitragsfreiheit in der Pflegeversicherung, § 20 I S 1 SGB XI. Der Betroffene hat allerdings die Möglichkeit, auf die Versicherungsfreiheit in der Rentenversicherung zu verzichten, § 5 II 1 SGB VI, wobei für die Höhe der dann anfallenden Beiträge zum einen die Mindestbemessungsgrundlage nach § 163 VIII SGB VI zu beachten ist und zum anderen die Verteilung der Beitragslast, die der Arbeitgeber nach § 168 I Nr 1b bzw 1c SGB VI in Höhe von 12 % bzw 5 % trägt; der Rest, also die Differenz zum vollen Beitragssatz, ist vom Arbeitnehmer zu zahlen. Ob er von dieser Möglichkeit aus unterhaltsrechtlicher Sicht Gebrauch machen darf, ist eine Frage der Angemessenheit der Altersversorgung, die sich nach den Umständen des Einzelfalls richtet. Einkommens- und Zuschlagsteuern fallen für den Arbeitnehmer nur an, wenn der Arbeitgeber eine Pauschalbesteuerung gem § 40a II und IIa EStG wählt. **73**

Im Bereich der sog **Gleitzone** iSd § 20 II SGB IV, also bei Einkünften von monatlich über 400 Euro und bis 800 Euro, gelten abweichende Beitragssätze zur Kranken- und Rentenversicherung, §§ 226 IV SGB V, 163 X SGB VI.

e) Besonderheiten können sich ergeben, soweit der Unterhaltsberechtigte **Sozialhilfe** bezieht und dem Unterhaltspflichtigen **fiktive Einkünfte** zuzurechnen sind. Die Rspr des BGH zu § 91 II S 2 BSHG geht davon aus, daß bei Unterhaltsansprüchen, die auf fiktiven Einkünften auf seiten des Pflichtigen beruhen, kein Übergang des Anspruchs des Berechtigten auf den Sozialhilfeträger stattfindet, soweit die Unterhaltspflicht selbst sozialhilfebedürftig ist oder durch die Unterhaltszahlungen werden würde (BGH FamRZ 1999, 843). Insoweit verbleibt der Unterhaltsanspruch beim Unterhaltsberechtigten. Für die Zeit vor Klageerhebung – und nur hierfür – ist im Rahmen einer Billigkeitsabwägung zu prüfen, ob der Unterhaltspflichtige gegenüber dem Berechtigten gem § 242 eine Zahlung verweigern darf. Dies kann der Fall sein, wenn die Gefahr besteht, daß der Pflichtige mit derart hohen Forderungen aus der Vergangenheit belastet wird, daß er sie auf Dauer neben den laufenden Unterhaltszahlungen nicht wird tilgen können (BGH FamRZ 1999, 843 [847]). Dies kann insbesondere unter dem Gesichtspunkt gegen Treu und Glauben verstoßen, daß andernfalls der Unterhaltsberechtigte sowohl Sozialhilfe erhalten hat – ein Rückerstattungsanspruch besteht nicht (BGH FamRZ 1994, 829 [830]) – als auch Unterhalt bekommt. **74**

Erhält der Berechtigte Leistungen nach dem **UnterhVG**, entsteht dieses Problem nicht, da der Übergang des Anspruchs gemäß § 7 I S 1 UnterhVG nicht aufgrund einer § 91 II S 2 BSHG entsprechenden Regelung ausgeschlossen ist und eine entsprechende Anwendung dieser Vorschrift mangels ungewollter Gesetzeslücke nicht in Betracht kommt (BGH FuR 2001, 320 [321]; FamRZ 2001, 619 [621]). **75**

II. Vermögen. Wenn sonstige Mittel nicht zur Verfügung stehen, hat der Pflichtige grundsätzlich auch sein Vermögen einschließlich des **Vermögensstamms** einzusetzen (BGH FamRZ 1986, 48 [50]), wobei eine Verwertung durch Verbrauch, Veräußerung oder auch Belastung in Betracht kommt (Göppinger/Strohal Rz 623). Soweit Ver- **76**

mögen zur Verfügung steht, ist der eigene angemessene Unterhalt nicht gefährdet. Der Unterhaltsschuldner braucht das Vermögen jedoch nicht zu verwerten, soweit dies für ihn mit wirtschaftlich nicht mehr vertretbaren Nachteilen verbunden wäre (BGH FamRZ 1986, 48 [50]). Dies wird etwa bei der Veräußerung eines zu Wohnzwecken genutzten Hauses in Betracht kommen (BGH FamRZ 1982, 157 [159]) oder bei Entnahmen aus dem Betriebsvermögen eines Selbständigen, das zur weiteren Erzielung von Einkünften erforderlich ist (vgl Rz 28).

77 1. **Vermögensgegenstände.** a) Verwertbares Vermögen kann ua in Sparguthaben, Wertpapieren, Immobilien, Lebensversicherungen und Barvermögen bestehen.

78 b) **Forderungen** sind geltend zu machen, ggf auch Rückforderungsansprüche aus einer Schenkung (Pal/Diederichsen Rz 3). Das gilt auch für **Pflichtteilsansprüche**, soweit dies nicht unter wirtschaftlichen Gesichtspunkten unzumutbar ist, etwa weil damit der Verlust des Erbrechts auch gegenüber dem anderen Elternteil verbunden ist (vgl BGH FamRZ 1982, 996 zum Ehegattenunterhalt).

79 c) Soweit ein **Schmerzensgeld** dem Ausgleich materieller Interessen dient, stehen ihm entsprechende Schäden gegenüber, die vom Pflichtigen zunächst ausgeglichen werden dürfen. Soweit es dem Ausgleich immaterieller Schäden bestimmt ist, ist es Vermögen im Sinne des Unterhaltsrechts, da sein schadensersatzrechtlicher Ausgleichszweck für das Unterhaltsverhältnis nicht maßgebend ist. Allerdings widerspricht es idR Treu und Glauben, vom Pflichtigen angesichts seiner immateriellen Schäden die Verwertung für Dritte zu verlangen. Dies gilt allerdings nicht bei einer gesteigerten Unterhaltspflicht (vgl BGH FamRZ 1989, 170 [172]).

80 2. Der Verpflichtete braucht gem Abs I sein Vermögen nicht einzusetzen, soweit dadurch der **eigene Unterhalt** gefährdet wird. Das bedeutet, daß ein Selbständiger so viel von seinem Vermögen, insbesondere einer Lebensversicherung (vgl AG Höxter FamRZ 1996, 752), zurückhalten darf, wie er während seiner voraussichtlichen Lebenszeit für die Sicherung seines künftigen Unterhalts als Altersvorsorge benötigt (BGH FamRZ 1989, 170). Dadurch wird die Gleichbehandlung von selbständig Tätigen mit sozialversicherungspflichtigen Personen gewährleistet, deren Versorgungsanrechte dem Zugriff von Unterhaltsberechtigten von vornherein entzogen sind.
Diese Grundsätze gelten auch im Rahmen der gesteigerten Unterhaltspflicht (BGH FamRZ 1989, 170).

81 3. Ähnlich wie im Sozialhilferecht – § 88 BSHG – ist dem Pflichtigen eine **Vermögensreserve** zu belassen. Deren Höhe hängt vom Grad der Unterhaltsverpflichtung ab. Bei gesteigerter Unterhaltspflicht ist eine Ausrichtung am Schonvermögen der §§ 88 BSHG sachgerecht. Gegenüber den Eltern sind deutlich höhere Beträge vertretbar (Köln FamRZ 2003, 470 u 471).

82 4. **Kreditwürdigkeit.** Der Schuldner kann verpflichtet sein, ein Darlehen aufzunehmen, um seine Leistungsfähigkeit herzustellen oder zu erhalten (BGH FamRZ 1982, 679). So ist ihm ein Wechsel in die Selbständigkeit uU nur zuzubilligen, wenn er den Bedarf ua durch eine Kreditaufnahme sicher stellt (BGH FamRZ 1982, 365). Die Verpflichtung besteht nur in den Grenzen der **Zumutbarkeit**. Diese hängt insbesondere davon ab, inwieweit in der Zukunft voraussichtlich die laufenden Tilgungs- und Zinslasten getragen werden können.
Werden bei einer beantragten Rente wegen Berufs- oder Erwerbsunfähigkeit Zuschüsse vor deren Feststellung nicht gewährt, kann die Aufnahme eines Kredits zur Befriedigung von Unterhaltsansprüchen nicht zugemutet werden, solange die Rentenbewilligung noch unsicher ist (Staud/Engler/Kaiser Rz 8).

E. Sonstige Verpflichtungen

83 Gem Abs I sind **sonstige Verpflichtungen** zu berücksichtigen.

84 I. Bei einer **Unterhaltsverbindlichkeit** gegenüber einem Dritten kommt es auf den Rang an, den sie nach § 1609 im Verhältnis zum geltend gemachten Unterhalt hat. Die geschuldete Unterhaltsleistung an einen vorrangig Berechtigten steht dem Nachrangigen nicht zur Verfügung, ein nachrangiger Unterhaltskonkurrent bleibt bei der Unterhaltsberechnung des Vorrangigen außer Betracht. Grundsätzlich sind **nur Barunterhaltspflichten** beachtlich, da die zur Verfügung stehenden finanziellen Mittel durch die Betreuung als solche nicht geschmälert werden (vgl BGH FamRZ 1988, 1039; Hamm FamRZ 2003, 179). Gleichrangig Berechtigte sind verhältnismäßig zu berücksichtigen, wenn der Verpflichtete nicht in der Lage ist, alle zu befriedigen (s § 1609 Rz 16 zur Mangelverteilung).

85 Unterhaltspflichten mindern die Leistungsfähigkeit nicht, wenn sie weder tituliert sind noch Zahlungen erbracht werden, da dem Pflichtigen die Mittel dann zur Verfügung stehen (Hamm FamRZ 1995, 1488).

86 II. Abs I geht davon aus, daß Schulden die Leistungsfähigkeit mindern können und auf sie in angemessener Weise Bedacht zu nehmen ist. Ob **Kreditraten** zu berücksichtigen sind, ist unter umfassender Interessenabwägung der Belange der Parteien und anderer Beteiligter (Drittgläubiger) zu entscheiden (BGH FamRZ 1996, 160 [161f]; vgl auch schon Mot IV 686; Bedenken bei Staud/Engler/Kaiser Rz 107), wobei jedenfalls ein vernünftiger Tilgungsplan einzuhalten ist (BGH FamRZ 1982, 678 [679]). Diese Grundsätze gelten auch für Tilgungsleistungen und auch beim Kindesunterhalt (Kalthoener/Büttner/Niepmann Rz 781a zu Lasten beim Wohnvorteil).

87 Zu beachten ist der **Zweck der Schulden**. Gegen die Berücksichtigung von Tilgungsleistungen kann sprechen, daß grundsätzlich der Unterhaltsschuldner nicht zu Lasten des Unterhaltsgläubigers Vermögen bilden soll. Für ein Berücksichtigung spricht es, wenn die Schulden – auch – im Interesse des Berechtigten gemacht wurden.
Bedeutung hat der **Zeitpunkt**, zu dem der Berechtigte **Kenntnis** vom Eintritt der Bedürftigkeit erlangt. Vorher eingegangene Verbindlichkeiten haben idR Vorrang (Bamberg FamRZ 1988, 1087 [1088]; BGH FamRZ 2003, 1179 [1181] zum Elternunterhalt). Insbesondere ist von Belang, ob die Schulden noch zur Zeit des Zusammenlebens der Eltern entstanden sind und aus deren gemeinsamer Lebensführung herrühren (vgl BGH FamRZ 1996, 160). Eine Hausveräußerung zum Abbau der Schulden kann idR auch von den Kindern nicht verlangt werden, wenn ein gemeinsames Bewohnen der getrennt lebenden Eltern wieder in Betracht kommt.

Bei einem Kredit für **Konsumgüter** ist zu beachten, daß hier mittels der Kreditraten der eigene Unterhalt der Vergangenheit finanziert wird, so daß im Ergebnis der laufende Unterhalt des Bedürftigen reduziert werden soll, weil in der Vergangenheit vom Pflichtigen mehr konsumiert als verdient und also über die Verhältnisse gelebt wurde. Schulden für den **laufenden Lebensbedarf** sind zudem vom Selbstbehalt erfaßt und können nicht doppelt berücksichtigt werden (Staud/Engler/Kaiser Rz 109). 88

Verbindlichkeiten, die zum Bau oder Erwerb eines **Familienheims** eingegangen werden, haben Vorrang, wenn die Übernahme eine wirtschaftlich sinnvolle Alternative zum Mieten einer Wohnung ist (BGH FamRZ 1982, 157).

Schulden sind beim **Elternunterhalt** idR großzügiger zu berücksichtigen als beim Ehegatten- oder Kindesunterhalt (Kalthoener/Büttner/Niepmann Rz 48; Wendl/Pauling § 2 Rz 621). 89

Im Rahmen der Interessenabwägung ist auch zu prüfen, ob den Pflichtigen die Obliegenheit trifft, seine Leistungsfähigkeit durch einen **Antrag** auf Eröffnung des **Insolvenzverfahrens** zu erhöhen (Stuttgart FamRZ 2003, 1216; Weisbrodt FamRZ 2003, 1240 [1243f]; aA Naumburg FamRZ 2003, 1215 mit abl Anm Melchers FamRZ 2003, 1769). 90

III. Versicherungsbeiträge. Beiträge für eine freiwillige **Unfallversicherung** sind nur zu berücksichtigen, sofern ihre Notwendigkeit dargetan und sie wegen der Höhe der Prämien eine besondere Belastung darstellen (Kalthoener/Büttner/Niepmann Rz 981). Gleiches gilt für eine Berufsunfähigkeitsversicherung (großzügiger Hamm FamRZ 2001, 625). Die **Haftpflicht- und Hausratversicherung** ist zumindest bei geringfügigen Beträgen dem allgemeinen Lebensbedarf zuzurechnen und nicht anzurechnen (Kalthoener/Büttner/Niepmann Rz 976). Wenn eine Kündigungsmöglichkeit besteht, spricht dies gegen die Berücksichtigung der Versicherung. 91

IV. Kosten zur Wahrnehmung des **Umgangsrechts** hat der nichtbetreuende Elternteil grundsätzlich selbst zu tragen und sie sind nicht vom anrechenbaren Einkommen abzuziehen (BGH FamRZ 1995, 215). Anderes kommt gegenüber dem Unterhalt nach der untersten Einkommensgruppe nicht in Betracht und auch sonst nur in Ausnahmefällen (BGH FamRZ 1995, 215; Wendl/Scholz § 2 Rz 168f; weniger streng wohl Heiß/Born/Deisenhofer 12.57 nach der gesetzlichen Fixierung des Rechts des Kindes auf Umgang in § 1684). Ggf muß sich der andere Elternteil auch zur Verringerung der Kosten am Holen und Bringen der Kinder beteiligen (BVerfG FamRZ 2002, 809). 92

V. Prozeßkosten, die dem Pflichtigen in einem Rechtsstreit mit dem Unterhaltsberechtigten auferlegt wurden, können dem Berechtigten nicht entgegengehalten werden, da dieser ansonsten entgegen § 91 ZPO den eigenen gewonnenen Prozeß finanzieren müßte (Wendl/Gerhardt § 1 Rz 536b). Treffen den Unterhaltspflichtigen trotz Obsiegens deswegen die Kosten, weil sein Erstattungsanspruch nicht durchsetzbar ist, so mindert sich seine Leistungsfähigkeit entsprechend, ohne daß dem das Aufrechnungsverbot des § 394 entgegenstünde. Auch bei Prozessen mit Dritten ist grundsätzlich davon auszugehen, daß derjenige, der durch einen, auch teilweisen, Verlust des Rechtsstreits Kosten verursacht hat, diese selbst zu tragen hat (Wendl/Gerhardt § 1 Rz 536b). Notwendige Kosten, etwa für einen Scheidungsprozeß, können berücksichtigungsfähig sein (Kalthoener/Büttner/Niepmann Rz 1020). Nicht erforderlich sind Kosten, soweit die Möglichkeit besteht, Prozeßkostenhilfe in Anspruch zu nehmen (Kalthoener/Büttner/Niepmann Rz 1020). 93

Gegen die Berücksichtigung von **Prozeßkostenhilferaten** beim Kindesunterhalt spricht, daß deren Höhe vom Unterhalt der minderjährigen Kinder abhängt (Kalthoener/Büttner/Niepmann Rz 1021). Auch kann nicht generell ohne erneute Prüfung davon ausgegangen werden, daß die bei der Gewährung der Prozeßkostenhilfe vom Gericht bejahte Erfolgsaussicht den Vorwurf der Leichtfertigkeit ausschließt (aA Karlsruhe FamRZ 1988, 202 [203]). 94

F. Selbstbehalt

Die Unterhaltsverpflichtung besteht nicht, soweit der angemessene Unterhalt des Pflichtigen gefährdet wird, Abs I. Dem Verpflichteten muß daher ein Betrag verbleiben, den er benötigt, um seinen eigenen Bedarf zu decken. Dieser Betrag wird folgerichtig als Selbstbehalt oder Eigenbedarf bezeichnet. 95

Der eigene Bedarf entspricht in seiner Struktur dem Bedarf des Berechtigten und setzt sich somit ebenfalls zusammen aus regelmäßigem Bedarf sowie individuellem Mehrbedarf und Sonderbedarf. Der regelmäßige Bedarf wird in den Leitlinien der Oberlandesgerichte pauschaliert, Mehr- und Sonderbedarf können ihn erhöhen. 96

Die Höhe des Eigenbedarfs hängt ab vom Grad der Unterhaltsverpflichtung und wird in den Fällen der gesteigerten Unterhaltspflicht des Abs I S 1 und 2 in Form des lediglich **notwendigen Selbstbehalts** niedriger bemessen als in den übrigen Fällen, wo er sich nach der Lebensstellung des Pflichtigen richtet (BGH FamRZ 1992, 795 [797]) und als **angemessener Selbstbehalt** bezeichnet wird. 97

I. Auch wenn der **angemessene Selbstbehalt** des Pflichtigen sich stets nach den konkreten Umständen des Einzelfalls bemißt (BGH FamRZ 1992, 795 [797]), steht dies einer objektivierten (Rauscher Rz 842) und verhältnismäßig pauschalen Festlegung nicht entgegen (Göppinger/Strohal Rz 393; kritisch Schlüter/Kemer FuR 1993, 245 [252]). Der regelmäßige Eigenbedarf wird daher in der Praxis durch feste Sätze bestimmt, was vom BGH akzeptiert wird (FamRZ 1988, 705 [708]). 98

In den **alten Bundesländern** beträgt er nach den Leitlinien der Oberlandesgerichte ganz überwiegend 1000 Euro (Ausnahme Schleswig: 920 Euro). Dabei wird nicht danach unterschieden, ob der Pflichtige erwerbstätig ist (Ausnahmen: Süddeutsche Leitlinien und Kammergericht: Nichterwerbstätige 890 Euro). Die Sätze in den **neuen Bundesländern** liegen niedriger und unterscheiden zwischen Erwerbstätigen und Nichterwerbstätigen. In **Ost-West-Fällen** kommt es für die Leistungsfähigkeit und damit den Selbstbehalt darauf an, wo der Unterhaltspflichtige wohnt und arbeitet. Dies gilt auch dann, wenn der Pflichtige im Beitrittsgebiet wohnt und das Kind im Westen (BGH FamRZ 1994, 373 [375]; KG FamRZ 2002, 1428; Wendl/Scholz § 6 Rz 637). 99

100 Gegenüber sonstigen Verwandten, insbesondere den **Eltern**, ist der angemessene Selbstbehalt nach der Rspr maßvoll zu erhöhen (BGH FamRZ 1992, 795). Dies trägt der Lebenssituation des Kindes Rechnung, das idR nicht damit rechnen mußte, von den Eltern auf Unterhalt in Anspruch genommen zu werden und sich daher auf Dauer auf höhere Ausgaben einrichten durfte. Der BGH (FamRZ 1992, 795 [797]) weist unter Bezug auf Künkel FamRZ 1991, 14 (22ff) zudem darauf hin, es entspreche verbreiteter Anschauung, daß zur Sicherstellung des Ausbildungsunterhalts für das gerade volljährig gewordene Kind dem Unterhaltspflichtigen größere Opfer angesonnen werden könnten, als wenn es etwa um die Heimkosten der Eltern gehe. Soweit der BGH seine Ansicht darauf stützt, daß die Kinder aufgrund des sog Generationenvertrages mit Rentenversicherungsbeiträgen zugunsten der älteren Generationen belastet sind (BGH FamRZ 1992, 795 [797]), relativiert sich dies allerdings insofern, als auch die Kinder in der Zukunft von diesem Generationenvertrag profitieren sollen.

101 Angesetzt und empfohlen wird in den Leitlinien der Oberlandesgerichte (Nr 21.3.2 der Leitlinien) meist eine Erhöhung um 25 %. In der Düsseldorfer Tabelle (§ 1610 Rz 67) ist der Selbstbehalt entsprechend mit 1250 Euro angesetzt (Anm D.1.), in den neuen Bundesländern weist die Berliner Tabelle 1155 Euro aus (Anm V.). Weiterhin ist zu erwägen, dem Pflichtigen gegenüber den Eltern weitere 50 % des über dem Selbstbehalt liegenden Einkommens zu belassen (so Düsseldorfer Tabelle Anm D.1.; die meisten Leitlinien unter Nr 21.3.2; Hamm FamRZ 2002, 1212 [Ls] = OLGRp 2002, 69 [71]; zurückhaltend Wendl/Pauling § 2 Rz 620).

102 Generell ist beim Unterhalt für Eltern von einer Pauschalierung nur sehr zurückhaltend Gebrauch zu machen (vgl BGH FamRZ 2002, 1698 [1701]). Da die konkreten Umständen des Einzelfalls für die Höhe des Eigenbedarfs maßgeblich sind, sollte der Selbstbehalt häufiger aufgrund der **individuellen Verhältnisse bestimmt** werden (Rauscher Rz 842). Dabei ist darauf abzustellen, auf welche Ausgaben sich unterhaltspflichtige Kinder eingestellt haben und sich angesichts ihrer Einkünfte und ihres Vermögens objektiv einstellen durften und welche Einschnitte ihnen zumutbar sind (vgl BGH FamRZ 2002, 1698 [1701]).

103 II. Der **notwendige Selbstbehalt**, der bei verschärfter Unterhaltsverpflichtung gem Abs II gilt (s Rz 114ff), wird im **Westen** ganz überwiegend angesetzt mit 840 Euro für Erwerbstätige und 730 Euro für Nichterwerbstätige (s Düsseldorfer Tabelle [§ 1610 Rz 67] Anm B.VI.), in den **Beitrittsgebieten** sind es 750 Euro (Dresden, Jena, Naumburg) oder 775 Euro (Berliner Tabelle [§ 1610 Rz 68] Anm I.; Berlin, Brandenburg) bzw 650 Euro oder 675 Euro. Zu den Ost-West-Fällen s Rz 99.

104 Abgrenzungsschwierigkeiten kann die Unterscheidung zwischen Erwerbstätigen und Nichterwerbstätigen bereiten, insbesondere bei Umschülern. Zum Teil wird als nichterwerbstätig nur angesehen, wer nicht nur vorrübergehend sondern endgültig aus dem Erwerbsleben ausgeschieden ist (zB Rostocker Leitlinien Nr 21), was auf einen Umschüler nicht zutrifft. Folgerichtig wird dann der Selbstbehalt des Erwerbstätigen zugebilligt (Hamm FamRZ 1999, 1015 [1016]). Einem Umschüler ist aber auch nur der Selbstbehalt des Nichterwerbstätigen belassen worden (Dresden FamRZ 1999, 1015) oder es ist der Mittelwert angesetzt worden (Köln FamRZ 1998, 480). Wie beim Erwerbsbonus im Ehegattenunterhalt hat die Entscheidung davon abzuhängen, inwieweit nicht genauer meßbare Mehrkosten vorliegen und ob die Zuerkennung eines Bonus für einen Arbeitsanreiz gerechtfertigt ist (Kalthoener/Büttner/Niepmann Rz 53). Angesichts der Höhe der bei Umschulungsmaßnahmen bezogenen Leistungen besteht für die Anerkennung eines Arbeitsanreizes idR kein Anlaß.

105 Der notwendige Selbstbehalt gilt auch gegenüber **privilegierten Volljährigen**, da auch ihnen gegenüber die Unterhaltspflicht gem Abs II S 2 gesteigert ist.

106 III. Im Einzelfall kommt eine **Erhöhung oder Herabsetzung** des Selbstbehalts in Betracht.

107 1. Die meisten Leitlinien weisen (unter Nr 21) im Selbstbehalt einen **Wohnanteil** aus, unterschiedlich bei angemessenem und notwendigem Selbstbehalt, im Westen in Höhe von 440 Euro bzw 360 Euro. Hat der Pflichtige unvermeidbar höhere Mietkosten zu tragen, kann der Selbstbehalt entsprechend erhöht werden. Ist der Wohnanteil anderweitig gedeckt oder deutlich geringer, kann er entsprechend verringert werden (Heiß/Born/Heiß 3.527; Wendl/Scholz § 2 Rz 269f).

108 2. Eine Herabsetzung des Selbstbehalts kann auch in Betracht kommen, wenn der Pflichtige nicht alleine lebt und durch eine **gemeinsame Haushaltsführung** Ersparnisse eintreten (BGH FamRZ 1998, 286 [288]; FamRZ 2002, 742; FamRZ 2003, 860 [866] zum Elternunterhalt; Hamm (6. Senat) FamRZ 2002, 693; Wendl/Scholz § 2 Rz 270; dagegen Hamm (3. Senat) FamRZ 2002, 693).

109 3. Ist der angemessene Unterhalt des Pflichtigen **in einer neuen Ehe gesichert**, wird die Leistungsfähigkeit nach der zutreffenden Rspr des BGH nicht gefährdet. Der Selbstbehalt reduziert sich entsprechend, und eigenes Einkommen ist einzusetzen (BGH FamRZ 2002, 742). Dem Pflichtigen steht im Rahmen des Familienunterhalts gem § 1360 die Hälfte des bereinigten gemeinsamen Nettoeinkommens zu, wobei beim Familienunterhalt ein Erwerbstätigenbonus nicht in Betracht kommt.

110 Dies gilt auch bei Ansprüchen der **Eltern gegenüber verheirateten Kindern** (BGH Urt v 15. 10. 2003 – XII ZR 122/00). Auch wenn das Kind nur Anspruch auf Familienunterhalt hat, der grundsätzlich nicht auf die Zahlung einer Geldrente gerichtet ist und bei dem das Wirtschaftsgeld nur treuhänderisch für die Bedürfnisse der Familie überlassen wird, ist in diesen Fällen sein angemessener Unterhalt teilweise durch den Familienunterhalt in der Ehe gedeckt und eigene Einkünfte des Kindes können für Unterhaltszwecke verwandt werden. Dies führt nicht zu einer unzulässigen indirekten Unterhaltsverpflichtung des Schwiegerkindes, da dessen Einkünfte auch nicht mittelbar für den Unterhalt der Schwiegereltern verwandt sollen sondern nur eigenes Einkommen des Kindes einzusetzen ist (abl aber Frankfurt FamRZ 2000, 1391 und Hamm [3. Senat] FamRZ 2002, 693). Die Lösung entspricht der Überlegung, daß die Einkünfte des Pflichtigen für Unterhaltszwecke insoweit zur Verfügung stehen, als sie nicht für den Unterhalt der Familie benötigt werden (so Wendl/Pauling § 2 Rz 645; Staud/Engler/Kaiser Rz 127; ähnlich Hamm [8. Senat] OLGRp 2001, 348).

Allerdings kann bei der Berechnung nicht von einem festen **Selbstbehalt** des **Schwiegerkindes** ausgegangen werden, ua da dessen angemessener Bedarf grundsätzlich nicht wegen Unterhaltsansprüchen der Schwiegereltern beeinträchtigt werden darf (BGH FamRZ 2003, 860 [865]); aA ua Wendl/Pauling § 2 Rz 645). Dem Schwiegerkind steht grundsätzlich vielmehr die Hälfte des gemeinsamen Einkommens der Ehegatten zu (vgl Düsseldorfer Tabelle Anm D.1.). Mit dem übrigen Einkommen des Schwiegerkindes ist zugunsten des Kindes zum Familienunterhalt beizutragen, das Kind wird insoweit entlastet, und sein Selbstgehalt kann entsprechend reduziert werden.

Die ehelichen Lebensverhältnisse können dabei auch schon durch die Unterhaltspflicht gegenüber einem Elternteil geprägt sein (BGH FamRZ 2003, 860 [865]; aA Luthin/Seidel Rz 5081). Der BGH ist dabei der Auffassung, dies könne auch schon latent der Fall sein, wenn – entgegen dem Regelfall – schon längerfristig absehbar gewesen sei, daß die eigenen finanziellen Mittel des Elternteils nicht ausreichen würden, die durch Pflegebedürftigkeit und Heimunterbringung entstehenden Kosten aufzubringen (FamRZ 2003, 860 [865]).

Ein Mindestbedarf des Schwiegerkindes wird überwiegend mit 950 Euro angenommen (Düsseldorfer Tabelle Anm D 1.; Leitlinien Nr 22.3; BGH FamRZ 2003, 860 [865]).

Beispiel: Einkommen Kind 1200 Euro, Einkommen Schwiegerkind 2500 Euro. Auf das Kind entfallen ebenso wie auf das Schwiegerkind 1850 Euro Familienunterhalt (1200 + 2500 = 3700; ./. 2). Hiervon hat das Schwiegerkind 650 Euro (2500 – 1850 eigener Anteil Familienunterhalt) beizutragen, und der Eigenbedarf des Kindes ist insoweit gedeckt. Bei einem Selbstbehalt des Kindes gegenüber den Eltern von 1250 Euro benötigt es weitere 600 Euro aus eigenen Einkünften (1250 – 650), die restlichen 600 Euro können für Unterhaltszwecke eingesetzt werden.

4. Eine Erhöhung des Selbstbehalts kommt zudem bei anzuerkennendem **Mehrbedarf** in Betracht, etwa wegen Krankheit.

Der Selbstbehalt ist insbes gegenüber den **Eltern** bei substantiierter Darlegung von anzuerkennenden Belastungen zu erhöhen. Hierzu können auch **angemessene Sparleistungen** gehören (Oldenburg FamRZ 2000, 1174).

IV. Scheinbare Ungereimtheiten bestehen beim **Einkommen** auf seiten des Pflichtigen **aus Unterhaltsleistungen** (Rz 52f) insofern, als der Unterhalt beim Unterhaltsempfänger der Deckung seines angemessenen Bedarfs dient, der durch von ihm an Dritte zu erbringende Zahlungen tangiert wird (Schwab/Borth V Rz 124; Soergel/ Häberle Rz 6). Dieser angemessene eigene objektivierte (Rauscher Rz 842) Bedarf des selbst unterhaltspflichtigen Unterhaltsempfängers kann aber auch gegenüber Verwandten, denen er nicht gesteigert unterhaltspflichtig ist, geringer sein als der in einem anderen Unterhaltsverhältnis (insbesondere gem §§ 1361 und 1578) aufgrund anderer individueller Kriterien (den ehelichen Lebensverhältnissen) geltende. Dies hat seinen Grund darin, daß der Verwandtenunterhalt generell kaum erbracht werden kann, ohne die eigene Lebensführung und damit den eigenen Lebensstandard einzuschränken (vgl Rauscher Rz 842). Daher besteht kein Grund, Einkünfte aus Unterhaltsleistungen anders zu behandeln als sonstige Einkünfte. Im Beispielsfall einer pflegebedürftigen verwitweten Mutter von zwei Kindern, von den eines von 2000 Euro Erwerbseinkünften lebt während das andere aus geschiedener Ehe 2000 Euro Unterhalt bezieht, sind grundsätzlich beide Kinder in gleicher Weise leistungsfähig.

G. Gesteigerte Unterhaltspflicht (Abs II)

Auch wenn ihr eigener angemessener Unterhalt gefährdet wird, haben die Eltern gegenüber den minderjährigen unverheirateten Kindern alle verfügbaren Mittel zu ihrem und der Kinder Unterhalt gleichmäßig zu verteilen, Abs II S 1. Die Vorschrift begründet nach allg M eine gesteigerte Unterhaltspflicht, wobei ihre Formulierung von einem Leben in intakter Familie ausgeht (vgl Mot IV 686), während in der Praxis um Unterhaltsansprüche von Kindern gestritten wird, die mit dem Pflichtigen nicht in einem Haushalt leben.

I. Anwendungsbereich. 1. Die gesteigerte Unterhaltspflicht gilt nach **Abs II S 1** gegenüber den **minderjährigen**, unverheirateten Kindern.

2. Zum 1. 7. 1998 sind den minderjährigen durch das KindUG in **Abs II S 2** volljährige Kinder als sogenannte **privilegierte Volljährige** unter folgenden kumulativen Voraussetzungen gleichgestellt worden:

a) Sie dürfen das **21. Lebensjahr** noch nicht vollendet haben.

b) Das Kind muß **unverheiratet**, dh ledig sein. Mit der Heirat des Kindes durften sich die Eltern darauf einstellen, daß zumindest keine gesteigerte Unterhaltsverpflichtung mehr eintritt, und diese lebt daher auch bei einer Scheidung oder Verwitwung nicht wieder auf (Wendl/Scholz § 2 Rz 455; zweifelnd FamRefK/Häußermann Rz 4f).

c) Das Kind muß im **Haushalt der Eltern oder eines Elternteils** leben. Die Vorschrift ist zu Recht analog angewandt worden, wenn das Kind im Haushalt der Großeltern lebt (Dresden FamRZ 2002, 695).

d) Der Volljährige muß sich in der **allgemeinen Schulausbildung** befinden. Diese ist zum einen von der Berufsausbildung und zum anderen vom Studium abzugrenzen. Dies geschieht unter Heranziehung der zu § 2 I Nr 1 BAföG entwickelten Grundsätze in drei Richtungen: nach Ausbildungsziel, zeitlicher Beanspruchung und Organisationsstruktur der Schule (BGH FamRZ 2001, 1068f; FamRZ 2002, 815 [816]).

Ziel des Schulbesuchs muß der Erwerb eines **allgemeinen Schulabschlusses** als Zugangsvoraussetzung für die Aufnahme einer Berufsausbildung oder den Besuch einer Hochschule oder Fachhochschule sein (BGH FamRZ 2001, 1068 [1069f]). Nicht ausreichend ist die Vermittlung einer auf ein konkretes Berufsbild bezogenen Ausbildung (BGH FamRZ 2001, 1068 [1070]). Die Abgrenzung ist insbesondere bei Schulen schwierig, die einen allgemeinen Schulabschluß und gleichzeitig berufliche Bildung vermitteln. Einzelheiten können angesichts der durch das föderale System unübersichtlichen Schullandschaft hier nicht ausreichend dargestellt werden.

§ 1603

122 Der Schüler muß **zeitlich** durch die Schulausbildung voll oder zumindest überwiegend **in Anspruch genommen** werden und eine Erwerbstätigkeit darf daneben nicht möglich sein (BGH FamRZ 2001, 1068 [1070]). 20 Wochenstunden sind insoweit wegen der Vor- und Nachbereitung als ausreichend erachtet worden (BGH FamRZ 2001, 1068 [1070]).

123 Verlangt ist die Teilnahme an einem **kontrollierten Unterricht**, die nicht der Entscheidung des Schülers überlassen ist (BGH FamRZ 2001, 1068 [1070]).

124 e) Eine analoge Anwendung von Abs II S 2 auf **behinderte** volljährige Kinder kommt nicht in Betracht, da ein entsprechender Vorschlag des Bundesrates ausdrücklich abgelehnt wurde (BT-Drucks 13/7338, 21).

125 II. **Auswirkung.** 1. Die Steigerung der Unterhaltspflicht bedeutet insbesondere eine **Steigerung der Erwerbsobliegenheit**. Diese betrifft die Anstrengung bei der Arbeitssuche (Hamburg FamRZ 1984, 924; Köln FuR 1998, 224), das Ansinnen eines Ortswechsels (BGH FamRZ 1980, 1113; 1981, 539 [540]; Köln FamRZ 2002, 1426) und das Niveau der aufzunehmenden Arbeit im Verhältnis zur früheren oder zur erlernten Tätigkeit oder zur Ausbildung (Köln MDR 1997, 651). Überstunden, eine zusätzliche **Nebentätigkeit** oder eine Beschäftigung neben der Haushaltsführung oder während des Studiums, mit Ausnahme der Examensphase (Hamm FamRZ 1992, 469), können eher verlangt werden. Hierbei ist auf die konkreten Umstände abzustellen und insbesondere zu prüfen, ob die Arbeitszeiten eine Nebentätigkeit überhaupt zulassen (Schicht- oder Wochenendarbeit) und ob dem Pflichtigen ausreichend Zeit für seinen Haushalt und die Wahrnehmung des Umgangsrechts verbleibt (BVerfG FamRZ 2003, 661). **Einmalige Zuwendungen** wie Abfindungen können in einem kürzeren Zeitraum und mit daher höheren monatlichen Beträgen einzusetzen sein (BGH FamRZ 1987, 930 [931f]).

Aufgrund der gesteigerten Erwerbsobliegenheit ist das Recht der Eltern gegenüber den Kindern, sich **aus- oder weiterzubilden** eingeschränkt (BGH FamRZ 1980, 1113). Erforderlich ist ein Interessenabwägung. Eine Zweitausbildung kann idR nicht zu Lasten eines unterhaltsberechtigten Kindes beansprucht werden (BGH FamRZ 1980, 1113; Stuttgart FamRZ 1983, 1233 [1234]; Bremen FamRZ 1996, 957). Von Bedeutung ist, ob die Ausbildung eine nachhaltige Verbesserung der Erwerbsverhältnisse des Elternteils verspricht, die in der Zukunft auch dem Kinde zugute kommt (Düsseldorf FamRZ 1978, 256). Abzustellen ist ua auf die voraussichtliche Dauer der Ausbildung und damit der Minderung der Unterhaltsansprüche, den von ihr zu erwartenden finanziellen Nutzen auch für das Kind und die Wahrscheinlichkeit, mit der tatsächlich eine entsprechende Beschäftigung zu finden ist (weitere Einzelfälle s Kalthoener/Büttner/Niepmann Rz 653 Fn 320).

126 2. Der Pflichtige hat im Fall der gesteigerten Unterhaltspflicht **weitere Mittel** einzusetzen. Dazu gehören das Erziehungs- und auch das weitergeleitete Pflegegeld (s Rz 40), Schmerzensgeld (BGH FamRZ 1989, 170 [172]; s Rz 79). Auch das Kindergeld ist zwar kein Einkommen, erhöht aber die Leistungsfähigkeit, soweit es gem § 1612b V anzurechnen ist, da bei der Prüfung des Leistungsfähigkeit nicht der Zahlbetrag sondern der Tabellenbetrag abzuziehen ist (Schwab/Borth V Rz 124; vgl Stuttgart FamRZ 2003, 701 [702]). Nach der Änderung des § 1612b V auf 135 % wirkt sich dies allerdings idR allenfalls bei privilegierten Volljährigen aus, soweit § 1612b V auf sie nicht entsprechend angewandt wird (s § 1612b Rz 21). Zum Zählkindervorteil s Rz 61. – Die Anforderungen an eine Vermögensverwertung steigen, wobei allerdings auch hier das sozialhilferechtliche Schonvermögen dem Pflichtigen zu belassen ist (s auch Rz 81).

127 3. **Verbindlichkeiten.** Den Belangen des Kindes kommt im Rahmen der Interessenabwägung bei der Berücksichtigung von Schulden gesteigerte Bedeutung zu. Es ist zu beachten, daß Minderjährige idR nicht in der Lage sind, ihren Bedarf auch nur teilweise durch eigene Anstrengungen zu decken (BGH FamRZ 1984, 657 [659]).

128 4. Im Fall der gesteigerten Unterhaltspflicht kommt die sog **Hausmann-Rspr** zum Tragen. Nach ihr ist der Unterhaltspflichtige grundsätzlich auch nach Wiederverheiratung – oder Eingehung einer nichtehelichen Lebensgemeinschaft (BGH FamRZ 2001, 614; aA Pal/Diederichsen Rz 48) – gehalten, auf die frühere Familie Rücksicht zu nehmen. Zum einen braucht seine Wahl der Rolle als Hausmann- bzw -frau von den unterhaltsberechtigten Kindern, denen gegenüber eine gesteigerte Unterhaltspflicht besteht, nur hingenommen zu werden, wenn sich unter Abwägung der Interessen der Beteiligten der **Familienunterhalt** in der neuen Familie dadurch, daß der andere Ehegatte erwerbstätig ist, **wesentlich günstiger gestaltet** als bei umgekehrter Rollenverteilung (BGH FamRZ 1996, 796). Selbst wenn dies der Fall ist, kommt eine Verpflichtung zur **Nebenerwerbstätigkeit** in Betracht. Der haushaltsführende Ehegatte hat aus §§ 1360, 1360a zudem bei entsprechenden Einkommensverhältnissen des Ehegatten einen Anspruch gegenüber dem neuen Ehegatten auf **Taschengeld**. Dessen Höhe richtet sich nach den Einkommens- und Vermögensverhältnissen der Ehegatten und wird in der Regel mit 5 % bis 7 % des zur Verfügung stehenden Nettoeinkommens, angesetzt (Kalthoener/Büttner/Niepmann Rz 724), wobei bei der Berechnung zuvor berufsbedingte Aufwendungen, Kindesunterhalt und berücksichtigungswürdige Schulden abzuziehen sind (Wendl/Scholz § 3 Rz 60). Dieses Taschengeld ist für den Unterhalt der Kinder aus erster Ehe einzusetzen, wenn der angemessene eigene Unterhalt durch die Familienunterhaltsleistungen des neuen Ehegatten gedeckt ist (BGH FamRZ 1986, 668). Zu berücksichtigen ist allerdings, daß der Pflichtige durch die Rolle des Haushaltsführenden nicht schlechter stehen darf, als er bei eigener Erwerbstätigkeit stünde (BGH FamRZ 1996, 796). Daher ist im Rahmen einer **Kontrollberechnung** die Leistungsfähigkeit unter Berücksichtigung eines fiktiven Einkommens aus Erwerbstätigkeit sowie der anderen gleichrangigen Unterhaltspflichten zu prüfen (BGH FamRZ 1996, 796). Diese Grundsätze der Hausmann-Rspr gelten zwar auch gegenüber dem das minderjährige Kind betreuenden Elternteil (BGH FamRZ 1996, 796 [797]), nicht jedoch gegenüber dem nichtprivilegierten volljährigen Kind (BGH FamRZ 1987, 472 [473]).

129 5. Auch wenn der nichtbetreuende Elternteil nicht in einer neuen Beziehung lebt, ergeben sich in Fällen der **Geschwistertrennung** bei der Leistungsfähigkeit in den Fällen gesteigerter Unterhaltspflicht Probleme. Werden

minderjährige Geschwister nicht vom selben sondern von jeweils unterschiedlichen Elternteilen betreut, erfüllt jeder der Eltern seine Unterhaltsverpflichtungen nur gegenüber dem bei ihm lebenden Kind durch dessen Betreuung. Gegenüber dem anderen Kind (oder den anderen Kindern) bleibt es bei der Barunterhaltspflicht und es besteht daher grundsätzlich eine Erwerbsobliegenheit (Wendl/Scholz § 2 Rz 315).

Deren Maß bestimmt sich aufgrund einer **umfassenden Zumutbarkeitsprüfung** (BGH FamRZ 1984, 374 [377]; Hamm FamRZ 2003, 179). Es kann dabei nicht ohne weiteres auf die Kriterien und Erfahrungssätze abgestellt werden, die im Rahmen des Unterhaltsverhältnisses der Eltern untereinander gelten. Dies schon deswegen, weil gegenüber dem Kind immer der Maßstab des § 1603 maßgebend ist, während die Erwerbsobliegenheit der Eltern des Kindes gegenüber dem anderen Elternteil je nach dem zugrundelegenden Grundverhältnis unterschiedlich geregelt ist. Insbesondere sind die Grundsätze, die beim Ehegattenunterhalt im Rahmen von §§ 1570 und 1361 gelten, nicht ohne weiteres auf den Unterhaltsanspruch des minderjährigen Kindes zu übertragen. Zu beachten ist, daß die unterhaltspflichtigen Eltern gemäß § 1603 Abs II gegenüber dem Kind eine gesteigerte Unterhaltspflicht trifft, während beim Ehegattenunterhalt im Gegenteil gerade im Interesse der Kinder die Erwerbsobliegenheit des betreuenden Elternteils eingeschränkt ist. **130**

In die Zumutbarkeitsprüfung sind **auch die Interessen des Geschwisterkindes** einzustellen (BGH FamRZ 1984, 374 [377]), wobei zu berücksichtigen ist, daß zwischen den Geschwistern der gleiche Unterhaltsrang besteht. Zu Recht hat der BGH daher entschieden, die barunterhaltsberechtigten Kinder könnten nicht verlangen, daß der sie nichtbetreuende Elternteil in gleichem Umfang arbeitet, wie ein Elternteil, der keine Kinder betreut (FamRZ 1984, 374 [377]). Düsseldorf FamRZ 1993, 1117 (1118) hat es unter Berücksichtigung der Interessen eines 12jährigen Geschwisterkindes, das einen Anspruch auf persönliche Betreuung habe, nicht beanstandet, daß die Mutter lediglich eine ⅔-schichtige Tätigkeit ausübt.

Um eine Erwerbstätigkeit zu ermöglichen, ist der nichtbetreuende Elternteil grundsätzlichverpflichtet, dafür Sorge zu tragen, daß das bei ihm lebende Kind teilweise von Dritten betreut wird (Wendl/Scholz § 2 Rz 315), und er muß die Betreuung des Geschwisterkindes beschränken (Schwab/Borth V Rz 133; Pal/Diederichsen Rz 46; übertrieben wohl die Ansicht Gerhardt/von Heintschel-Heinegg/Klein/Gerhardt Hdb Fachanwalt 6. Kap Rz 180: Beschränkung auf das unbedingt notwendige Maß).

Das Maß der Erwerbsobliegenheit wirkt sich sowohl auf die Anrechnung tatsächlich erzielten Einkommens aus als auch auf die Frage, ob bzw in welchem Umfang fiktive Einkünfte zuzurechen sind. Bei tatsächlich erzieltem Einkommen spricht zumindest eine Vermutung dafür, daß die Tätigkeit gegenüber dem Kind nicht unzumutbar ist, so daß das Einkommen grundsätzlich voll anzurechen ist (Wendl/Scholz § 2 Rz 312). **131**

Bei der Höhe der anzurechnenden Einkünfte ist auch die Anrechnung eines Betreuungsbonus zu erwägen. Dieser erfaßt unproblematisch aber nur die Aufwendungen, die mit der Kinderbetreuung konkret verbunden sind (Kalthoener/Büttner/Niepmann Rz 918). Ohne Nachweis entstandener Kosten kann ein weiterer Bonus als Ausgleich für die erhebliche Belastung angesichts der gesteigerten Unterhaltspflicht idR nicht zugerechnet werden.

III. Die Steigerung **tritt** in den Fällen des **Abs II S 3 nicht** ein, also wenn ein anderer unterhaltspflichtiger Verwandter vorhanden ist oder der Unterhalt des Kindes – als Ausnahme von § 1602 II – aus seinem Vermögensstamm bestritten werden kann. **132**

Ein anderer unterhaltspflichtiger Verwandter ist jemand, dem auch bei Leistung des Unterhalts sein eigener angemessener Unterhalt verbleibt. In Betracht kommen zB Großeltern. Der andere Verwandte kann aber **auch der andere Elternteil** sein, sofern er bei Berücksichtigung seiner sonstigen Verpflichtungen in der Lage ist, den Barunterhalt des Kindes ohne Gefährdung seines eigenen angemessenen Unterhalts zu leisten (BGH FamRZ 1998, 286 [288]) oder sich hieran zu beteiligen. Soweit dies der Fall ist, braucht der nichtbetreuende Elternteil seinen angemessen Selbstbehalt nicht anzugreifen.

§ 1604 *Einfluss des Güterstands*

Besteht zwischen Ehegatten Gütergemeinschaft, so bestimmt sich die Unterhaltspflicht des Mannes oder der Frau Verwandten gegenüber so, wie wenn das Gesamtgut dem unterhaltspflichtigen Ehegatten gehörte. Sind bedürftige Verwandte beider Ehegatten vorhanden, so ist der Unterhalt aus dem Gesamtgut so zu gewähren, wie wenn die Bedürftigen zu beiden Ehegatten in dem Verwandtschaftsverhältnis ständen, auf dem die Unterhaltspflicht des verpflichteten Ehegatten beruht.

A. Voraussetzung eines Unterhaltsanspruchs ist die Leistungsfähigkeit des Inanspruchgenommenen. Lebt der Verpflichtete in Gütergemeinschaft, so wird seine Leistungsfähigkeit nicht nur nach seinem Vorbehalts- und Sondergut, sondern gem § 1604 auch nach dem Gesamtgut bemessen, obwohl dies gemeinschaftliches Vermögen auch des anderen Ehegatten ist, § 1416 I S 1, und ganz oder teilweise von diesem stammen kann. So haftet das Gesamtgut den vorehelichen Kindern des Ehegatten, auch wenn dieser früher kein Vermögen besaß. Haben beide Ehegatten unterhaltsberechtigte Verwandte, werden diese gem S 2 behandelt als wären sie mit beiden Ehegatten verwandt, wobei sich die Rangfolge nach § 1609 richtet (Pal/Diederichsen Rz 1). **1**

B. § 1604 hat zur Folge, daß ein Ehegatte im Ergebnis entgegen § 1601 Angehörige unterstützt, mit denen er nur verschwägert ist. Es ist zulässig, daß Ehegatten ihre Gütergemeinschaft aufheben, um dieser Folge des § 1604 zu entgehen (Hamburg OLG 30, 49; Gernhuber/Coester-Waltjen § 45 III 2); der vormals Unterhaltsberechtigte wird nicht etwa aus § 3 AnfG anfechtungsberechtigt. **2**

C. Die Unterhaltsverpflichtungen gehören zu den **Gesamtgutsverbindlichkeiten** nach §§ 1437 I, 1459 I; im Innenverhältnis sind §§ 1441 Nr 2 und 1463 Nr 2 anzuwenden. Der das Gesamtgut verwaltende Ehegatte haftet gem § 1437 II S 1 für die Unterhaltsverbindlichkeiten des anderen auch persönlich. Bei gemeinschaftlicher Verwaltung haften beide Ehegatten als Gesamtschuldner persönlich, § 1459 II S 1. **3**

§ 1604

4 **D. I.** Ist der in Gütergemeinschaft lebende Ehegatte einem **früheren Ehegatten** unterhaltspflichtig, so gilt § 1604 gem § 1583 entsprechend.

5 **II.** In der **fortgesetzten Gütergemeinschaft** sind Unterhaltspflichten des überlebenden Ehegatten Gesamtgutsverbindlichkeiten, nicht aber Unterhaltspflichten der Abkömmlinge (RGRK/Mutschler Rz 1).

1605 *Auskunftspflicht*

(1) Verwandte in gerader Linie sind einander verpflichtet, auf Verlangen über ihre Einkünfte und ihr Vermögen Auskunft zu erteilen, soweit dies zur Feststellung eines Unterhaltsanspruchs oder einer Unterhaltsverpflichtung erforderlich ist. Über die Höhe der Einkünfte sind auf Verlangen Belege, insbesondere Bescheinigungen des Arbeitgebers, vorzulegen. Die §§ 260, 261 sind entsprechend anzuwenden.

(2) Vor Ablauf von zwei Jahren kann Auskunft erneut nur verlangt werden, wenn glaubhaft gemacht wird, dass der zur Auskunft Verpflichtete später wesentlich höhere Einkünfte oder weiteres Vermögen erworben hat.

Schrifttum: *Hoppenz*, Die unterhaltsrechtliche Pflicht zu ungefragter Information, FamRZ 1989, 337. *Büttner*, Durchsetzung von Auskunfts- und Rechnungslegungstiteln, FamRZ 1992, 629.

1 **A. Allgemeines. I. Zweck und Bedeutung.** Gem der Amtl Begr sollen sich der Unterhaltsberechtigte und der -verpflichtete rechtzeitig Gewißheit über die gegenseitigen Einkommens- und Vermögensverhältnisse verschaffen können, damit sie in der Lage sind, einen Rechtsstreit zu vermeiden bzw in einem Prozeß Forderungen richtig zu bemessen sowie Einwendungen vorzubringen (BT-Drucks 7/650, 172). § 1605 und § 93d ZPO ergänzen sich im Bestreben, das **Kostenrisiko** eines Prozesses zu begrenzen. Die Gefahr, aufgrund einer unzutreffenden Beurteilung der Einkommens- und Vermögensverhältnisse des Gegners Prozeßkosten tragen zu müssen, ist durch § 93d ZPO erheblich gemindert, wobei die Kosten nach dieser Vorschrift allerdings nur der obsiegenden Partei auferlegt werden können, wobei die Gegenseite dadurch Anlaß zur Klage gegeben hat, daß sie der Verpflichtung zur Auskunftserteilung nicht oder nicht vollständig nachgekommen ist. Auch insofern besteht verstärkter Anlaß, vor einer Leistungsklage zur Auskunft aufzufordern.

Die Bedeutung des Auskunftsanspruches ist dadurch erhöht, daß ein Auskunftsverlangen Unterhaltsansprüche für die Zeit vor ihrer Geltendmachung, also die **Vergangenheit** iSd §§ 1613 I S 1, 323 III ZPO, sichern kann.

2 **II. Entsprechende Anwendung kraft Gesetzes.** § 1605 gilt entsprechend für getrenntlebende Ehegatten, § 1361 IV S 4, für geschiedene Ehegatten, § 1580 S 2, für den Unterhaltsanspruch nicht miteinander verheirateter Elternteile, § 1615 I III S 1 sowie für getrenntlebende Lebenspartner, § 12 II S 2 LPartG iVm § 1361 IV S 4 und den nachpartnerschaftlichen Unterhalt, § 16 II S 2 LPartG iVm § 1580 S 2.

3 **III. Persönlicher Geltungsbereich. 1.** Der Anspruch besteht unter **Verwandten gerader Linie** und ist somit auf die Verwandten beschränkt, die einander gem § 1601 unterhaltspflichtig sind.

4 Im Verhältnis **gleichrangig** haftender **Verwandter** desselben Bedürftigen, deren anteilige Haftung von ihren beiderseitigen Erwerbs- und Vermögensverhältnissen abhängt, besteht ein entsprechendes Auskunftsinteresse. Anteilig haftenden Eltern steht deswegen untereinander ein entsprechender Auskunftsanspruch zu, wobei seine Grundlage streitig ist. Eine Analogie zu § 1605 (so Braunschweig FamRZ 1981, 383; Staud/Engler Rz 6; Pal/Diederichsen Rz 8) lehnt die überwiegende Rspr zu Recht ab, da im Verhältnis der Eltern zueinander die Auskunft nicht wie bei § 1605 der Vorbereitung eines Unterhaltsanspruchs der einen gegen die andere Seite dient. Der Anspruch ist aus § 242 abzuleiten (BGH FamRZ 1988, 268 [269]; Hamm FamRZ 1987, 744; Köln FamRZ 1992, 469 [470]) und besteht nach allgemeinen Grundsätzen wegen der besonderen rechtlichen Beziehungen der Eltern untereinander. Er setzt voraus, daß der eine Elternteil entschuldbar über das Bestehen oder den Umfang eines Unterhaltsanspruchs im Unklaren ist und er deshalb auf die Auskunft des anderen angewiesen ist, während dieser die Auskunft unschwer erteilen kann und dadurch nicht unbillig belastet wird. Insbesondere kann dies gegeben sein, wenn ein Elternteil die Abänderung eines Titels eines volljährigen Kindes anstrebt und die Darlegungslast für die geänderten Umstände und somit das Einkommen auch des anderen Elternteils trägt. Die Voraussetzungen fehlen dagegen, wenn kein Titel des Kindes existiert, der andere Elternteil zur Auskunft an das Kind bereit ist und daher zugewartet werden kann, bis das Kind seinen Unterhaltsanspruch substantiiert darlegt (AG Bayreuth FamRZ 1992, 715).

Entsprechendes hat für die den Eltern anteilig haftenden **Kinder** untereinander zu gelten (München FamRZ 2002, 50; LG Braunschweig FamRZ 1999, 457; mit Einschränkungen Pal/Diederichsen Rz 8); auch zwischen ihnen bestehen aufgrund von § 1606 III S 1 die erforderlichen rechtlichen Beziehungen. Dabei hat sich die Auskunft auch auf das Einkommen des Ehegatten zu erstrecken, soweit dies für die Haftungsanteile von Bedeutung ist (BGH FamRZ 2003, 1836 [1838]); ein direkter Auskunftsanspruch gegen Schwager bzw Schwägerin besteht dagegen nicht (BGH FamRZ 2003, 1836 [1837f]).

5 **2. Übergang.** Geht der Unterhaltsanspruch gem § 91 I S 1 BSHG, § 7 I S 1 UnterhVG oder § 37 I S 1 BAföG über, geschieht dies nach den ausdrücklichen Regelungen dieser Vorschriften zusammen mit dem Auskunftsanspruch. Nach deren Wortlaut betrifft das nur den Auskunftsanspruch, nach Sinn und Zweck muß auch der **Beleganspruch** erfaßt sein.

Auch in übrigen Fällen kann der **Zessionar** auf eine Auskunft angewiesen sein. Erfolgt der Übergang des Unterhaltsanspruchs nach **öffentlichem Recht**, verweist die Rspr den Zessionar unter Hinweis auf die besondere familienrechtliche Verknüpfung der Leistung des Schuldners gerade mit der Person des bisherigen Gläubigers auf eigene Auskunftsansprüche (vgl BGH FamRZ 1986 568; FamRZ 1991, 1117; beide zu inzwischen geändertem Recht, zB aus §§ 97a SGB VIII, 315ff SGB III). Erfolgt der Übergang des Unterhaltsanspruches jedoch nach den **zivilrechtlichen Vorschriften** der §§ 1607 II S 2 und III, 1608 S 3, bestehen keine Bedenken gegen einen Übergang analog §§ 401, 412 (Staud/Engler Rz 4; Köln FamRZ 2002, 1214; Gernhuber/Coester-Waltjen § 45 IV 2: aus eigenem Recht). Denn der Auskunftsanspruch ist zwar kein Hilfsanspruch des Unterhaltsanspruchs (so aber RGRK/Mutschler Rz 2; AG Besigheim FamRZ 1984, 816), da er auch dem Unterhaltsschuldner zusteht und dem Unterhaltsgläubiger auch dann, wenn sich aufgrund der Auskunft herausstellt, daß kein Leistungsanspruch besteht. Es handelt sich aber um einen unterhaltsrechtlichen Nebenanspruch aus dem Unterhaltsverhältnis (vgl Staud/Engler Rz 4).

Soweit der Unterhaltsanspruch nur **teilweise** übergeht, erwirbt der Zessionar nur einen abgespaltenen Auskunftsanspruch. Dem Unterhaltsberechtigten verbleibt sein Auskunftsanspruch zur Überprüfung weitergehender Ansprüche und der Verpflichtete kann zwei Auskunftsansprüchen ausgesetzt sein (KG FamRZ 1997, 1405; München FamRZ 2002, 1213).

B. Auskunft. I. Der **Inhalt** der geschuldeten Auskunft hängt davon ab, wie sich die Verhältnisse des Auskunftsschuldners auf einen Zahlungsanspruch auswirken. Die Auskunftspflicht des Unterhaltsberechtigten bezieht sich auf die Umstände, die seinen Bedarf und seine Bedürftigkeit beeinflussen können. Die Pflicht des Unterhaltspflichtigen erstreckt sich dagegen auf die Angaben, die zur Überprüfung seiner Leistungsfähigkeit von Bedeutung sind. Nach dem Wortlaut der Vorschrift braucht die Auskunft grundsätzlich nur über die **eigenen** Verhältnisse erteilt zu werden, nicht dagegen über die von Ehegatten oder Verwandten (BGH FamRZ 1983, 680; Karlsruhe FamRZ 1993, 1481) oder auch eines Lebensgefährten, dem Versorgungsleistungen erbracht werden, und dies auch dann, wenn im Verhältnis zum Dritten keine eigenen Auskunftsansprüche des Berechtigten bestehen. Soweit die Einkommensverhältnisse des **Ehegatten** den Anteil des Unterhaltspflichtigen am Familienunterhalt beeinflussen, erstreckt sich im Verhältnis zwischen gleichrangig haftenden Eltern und Kindern die Auskunftsverpflichtung aus § 242 jedoch auch auf die Einkünfte des Ehegatten (vgl BGH FamRZ 2003, 1836 [1838]; s Rz 4). Dies muß auch im Rahmen von § 1605 gelten. 6

1. Da die Auskunft der Prüfung eines Unterhaltsanspruchs dienen soll, sind sämtliche **Einkünfte** nebst den entsprechenden Belastungen und sonstige Verbindlichkeiten erfaßt, die in die Unterhaltsbemessung einfließen können. Angesichts des weiten Einkommensbegriffs im Unterhaltsrecht sind somit alle zufließenden, verfügbaren Mittel, gleich welcher Art sie sind und aus welchem Anlaß sie im einzelnen erzielt werden (vgl § 1603 Rz 8) anzugeben. Wer im eigenen Heim wohnt, muß ggf Auskunft über Wohnfläche, Wohnwert und notwendige Aufwendungen machen. Unterhaltseinkünfte werden erfaßt, da auch sie Einfluß auf Bedürftigkeit und Leistungsfähigkeit haben können (s § 1603 Rz 52 u 112). Grundsätzlich müssen auch Einkünfte mitgeteilt werden, deren unterhaltsrechtliche Bedeutung zweifelhaft ist, so Einkünfte aus unzumutbarer Tätigkeit, das Erziehungsgeld und, unabhängig von § 1610a, ein Pflegegeld (Oldenburg FamRZ 1991, 827). Ob eine Anrechnung erfolgt, ist erst bei der Prüfung des Zahlungsanspruchs zu klären. Lediglich dann, wenn das Einkommen den Unterhaltsanspruch in keiner Weise beeinflussen kann (Rz 10), braucht es nicht angegeben zu werden. 7

2. Die Erträge aus dem Vermögen sind Einkünfte. Zum **Vermögen** selbst gehören alle Sachen und Rechte, die einen Wert verkörpern. Da Schulden das Vermögen mindern und die Höhe des Unterhaltsanspruchs beeinflussen können, sind auch sie mitzuteilen (RGRK/Mutschler Rz 8). Anzugeben sind nicht nur die Vermögenspositionen als solche sondern auch ihr Wert (Wendl/Haußleiter § 1 Rz 563; aA Staud/Engler Rz 35), soweit dieser nicht erst ermittelt werden muß. 8

3. **Persönliche Umstände** werden vom Wortlaut der Begriffe Einkünfte und Vermögen ebenso wenig erfaßt, wie **sonstige Umstände**, die auf die Unterhaltsbemessung Einfluß haben können. Auch auf deren Kenntnis ist die Unterhaltspartei angewiesen, und § 1605 ist auf sie entsprechend anzuwenden (Wendl/Haußleiter § 1 Rz 561a). Bei Einführung des § 1605 hat der Gesetzgeber die Auskunftspflicht zwar restriktiv auf Einkommen und Vermögen beschränkt, was gegen eine **analoge Anwendung** auf sonstige Umstände sprach (abl daher FamGb/Griesche Rz 10; MüKo/Luthin Rz 4). Nachdem der zum 1. 7. 1998 durch das KindUG eingefügte § 643 I ZPO im Unterhaltsprozeß aber zur Auskunft gegenüber dem Gericht ausdrücklich auch über die persönlichen Verhältnisse verpflichtet, kann nicht mehr davon ausgegangen werden, daß eine entsprechende Anwendung dem Willen des Gesetzgebers widerspricht. Da § 643 ZPO keine Amtsermittlung begründen will (Amtl Begr BT-Drucks 13/7338, 35) wird man diese prozessuale Auskunftspflicht als Reflex einer materiell-rechtlichen Auskunftspflicht ansehen müssen (Erman/Holzhauer 10. Aufl Rz 5). 9

Daher sind auf Verlangen Angaben auch zu machen ua über Scheidung, Wiederheirat oder die Geburt eines Kindes, Erwerbsbemühungen (aA Düsseldorf FamRZ 1997, 361 vor Einführung des § 643 ZPO), Krankheiten und Beschwerden, die einer Erwerbstätigkeit entgegenstehen, und das Ob und Ausmaß der Versorgung eines Lebenspartners. Besteht der Verdacht, daß mit Vermögen in einer Weise umgegangen wurde, die unter §§ 1611, 1579 Nr 3 fällt, erstreckt sich die Auskunft auf den Umgang mit dem Vermögen (Karlsruhe FamRZ 1990, 756).

II. Die Verpflichtung setzt voraus, daß die Auskunft für die Feststellung eines Unterhaltsanspruchs **erforderlich** ist. Dies betrifft sowohl das Ob als auch den Umfang. Der Anspruch entfällt allerdings lediglich dann, wenn die Auskunft den Unterhaltsanspruch in keiner Weise beeinflussen kann (BGH FamRZ 1985, 791 [792]). An der Erforderlichkeit fehlt es insbesondere, 1. wenn der Bedarf des Unterhaltsberechtigten unzweifelhaft so hoch ist, daß er vom Einkommen und Vermögen des Pflichtigen nicht mehr beeinflußt wird und auch dessen ausreichende Leistungsfähigkeit unstreitig ist (BGH FamRZ 1994, 1169); 2. ein vorrangig haftender Schuldner vorhanden ist (LG Osnabrück FamRZ 1984, 1032); 3. wenn ein Unterhaltsanspruch nicht gegeben sein kann (BGH FamRZ 1982, 996 [997]), etwa wegen eines wirksamen Verzichts; regelmäßig ist es jedoch nicht erforderlich, Einwendungen aus §§ 1611, 1579 vor der Verurteilung zur Auskunft zu prüfen (München FamRZ 1998, 741), da eine Entscheidung über das Ob und das Maß einer Unterhaltsversagung erst möglich ist, wenn die beiderseitigen Einkommens- und Vermögensverhältnisse bekannt sind (BGH FamRZ 1983, 996 [998]); 4. hinsichtlich des Umfangs der Auskunft bezüglich eines Ver- 10

§ 1605

mögensgegenstandes, der sich auf die Höhe der Unterhaltsverpflichtung nicht auswirken kann, zB ein Pflichtteilsanspruch, der wegen Unzumutbarkeit nicht geltend gemacht zu werden braucht (BGH FamRZ 1982, 996).

11 **III.** Damit der Auskunftstitel einen vollstreckungsfähigen Inhalt hat, muß in ihm der **Zeitraum** festgesetzt werden, für den über die Einkünfte und ein **Stichtag**, auf den bezogen über das Vermögen Auskunft erteilt werden soll. Beide sind abhängig vom Unterhaltsanspruch, dessen Berechnung die Auskunft dient. Daher entspricht der Zeitraum, über den hinsichtlich der Einkünfte Auskunft erteilt werden soll, nicht dem, für den Unterhalt geltend gemacht werden soll sondern dem, der für die Unterhaltsberechnung maßgeblich ist (Wendl/Haußleiter § 1 Rz 572). Bei Einkünften, die starken Schwankungen unterliegen, sind dies idR mehrere, meist 3, Jahre. Beim Vermögen kommt es auf die Zeit an, zu der es für Unterhaltszwecke eingesetzt werden soll. Der Stichtag ist daher möglichst nah der Zeit zu wählen, für die Unterhalt geleistet werden soll. Dabei bietet sich aus Praktikabilitätsgründen idR der 31. 12. des maßgeblichen Jahres an, auf den bezogen Belege von ua Banken und Lebensversicherungen erstellt werden.

12 **IV. Form. 1.** Die Auskunft ist gem Abs I S 3 iVm § 260 I durch Vorlage eines Verzeichnisses zu erteilen. Dies verlangt eine geordnete **systematische Aufstellung** aller erforderlichen Angaben (BGH FamRZ 1983, 996; KG FamRZ 1997, 360). Diese sind dabei so zu gliedern und aufzuschlüsseln, daß dem Auskunftsberechtigten die Berechnung des Unterhaltsanspruchs ohne übermäßigen Aufwand möglich ist (BGH FamRZ 1983, 996). Weil nicht alle steuerwirksamen Ausgaben auch die unterhaltsrechtlichen Einkünfte mindern, kann es erforderlich sein, einzelne Posten von Jahresabschlüssen, insbesondere Abschreibungen und Sonderausgaben, näher zu spezifizieren (BGH FamRZ 1980, 770). Das Vermögensverzeichnis muß die einzelnen Gegenstände so bezeichnen, daß ihre unterhaltsrechtliche Beurteilung möglich ist (Staud/Engler Rz 35).

13 **2.** Die Auskunft ist gem Abs I S 3 iVm § 260 I in **Schriftform** zu erteilen. Eine **Unterschrift** ist nicht erforderlich (Staud/Engler Rz 31; vgl zu § 1377 KG FamRZ 1997, 503; aA München FamRZ 1996, 738; Wendl/Haußleiter § 1 Rz 567). Diese verlangt das Gesetz in § 126 I nur für Willenserklärungen. Da die Auskunft weder eine Rechtsfolge herbeiführt noch dies tun soll, stellt sie weder eine Willenserklärung noch eine geschäftsähnliche Handlung dar (Staud/Engler Rz 30).

14 **V.** Ist die erteilte Auskunft **unvollständig**, weil ihr Umfang hinter dem geschuldeten zurückbleibt, ist der Auskunftsanspruch noch nicht voll erfüllt. Auch nach erteilter Auskunft kann in Ausnahmefällen ein Anspruch auf deren **Ergänzung** bestehen (BGH FamRZ 1984, 144 [145]; Göppinger/Strohal Rz 699), insbesondere zur Erläuterung einzelner Positionen von Jahresabschlüssen (Schwab/Borth IV Rz 710).

15 **VI. Fälligkeit.** Gem § 271 I, der auch auf familienrechtliche Ansprüche Anwendung findet, ist eine Leistung und somit auch der Auskunftsanspruch sofort fällig, soweit nicht den Umständen etwas anderes entnehmen ist. Die geschuldete Auskunft kann sich insbes bei Selbständigen auf umfangreiche Einzelheiten beziehen, die Gegenstand von Jahresabschlüssen oder Einnahme-Überschußrechnungen sind. Liegen diese Abschlüsse noch nicht vor, kann zwar ihre Erstellung nicht aus dem Belegansprüch hergeleitet werden (Rz 22). Die notwendigen Angaben hat der Auskunftspflichtige dann aber selbst zusammen zustellen (Schwab/Borth IV Rz 733). Die hierfür erforderliche Zeit bestimmt die Dauer der im Einzelfall angemessenen Frist, innerhalb derer dies zu geschehen hat.

16 **VII.** Eine **eidesstattliche Versicherung** kann nach Abs I S 3 iVm § 260 II verlangt werden, wenn Grund zu der Annahme besteht, daß die Auskunft nicht mit der erforderlichen Sorgfalt erstellt worden ist. Ist die Auskunft unvollständig oder fehlerhaft, begründet dies den Verdacht mangelnder Sorgfalt (anders BGH FamRZ 1984, 144 zu § 1379: nicht ohne weiteres). Dieser Verdacht kann zwar ausgeräumt werden, wenn die Umstände für unverschuldete Unkenntnis oder Irrtum sprechen (BGH FamRZ 1984, 144). Hiervon wird jedoch nur in Ausnahmefällen ausgegangen werden können (vgl Wendl/Haußleiter § 1 Rz 594), in denen dann zudem ein Anspruch auf ergänzende Auskunft in Betracht kommt (s Rz 14).

17 **VIII.** Gem Abs II kann vor Ablauf von 2 Jahren grundsätzlich keine **erneute Auskunft** verlangt werden. Der Beginn der Frist ist streitig. Der dem Wortlaut entsprechenden Auslegung, die auch auf den Zeitpunkt der letzten Auskunftserteilung an (Hamm FamRZ 1993, 595; Göppinger/Strohal Rz 679 als frühest möglicher Beginn), kann nicht gefolgt werden. Der Schuldner hätte es sonst in der Hand, durch verspätete Auskunftserteilung die Verpflichtung zur nächsten Auskunft hinauszuschieben und zu Lasten des Auskunftsberechtigten Informationsrückstände entstehen zu lassen.

Die Vorschrift beruht auf der Annahme, daß sich die der Unterhaltsberechnung zugrunde liegenden Verhältnisse idR nicht so schnell ändern, daß innerhalb von 2 Jahren die für eine Abänderungsklage erforderliche Wesentlichkeitsgrenze überschritten ist (BT-Drucks 7/650, 172). Dies spricht dafür, auf das Ende des Zeitraums abzustellen, für den die Auskunft erteilt worden ist, da ab diesem Zeitpunkt Änderungen eintreten konnten (Kleffmann FuR 1994, 159 [160]; Staud/Engler Rz 54; Pal/Diederichsen Rz 15). Abs II dient jedoch auch einer gewissen Beruhigung des Unterhaltsverhältnisses und soll eine unzumutbare Mehrbelastung des Auskunftspflichtigen ebenso verhindern wie ständig neue Prozesse. Daher ist nach hM es zu Recht in den Fällen, in denen ein Urteil ergangen oder ein Vergleich abgeschlossen worden ist, die letzte mündliche Verhandlung bzw der Tag des Vergleichsabschlusses maßgeblich (Hamburg FamRZ 1984, 1142; Karlsruhe FamRZ 1991, 1470; Wendl/Haußleiter § 1 Rz 574; anders Koblenz FamRZ 1979, 1021: Verkündung des Urteils). Dem Auskunftsgläubiger ist die hierdurch bewirkte Verschiebung zumutbar, da er die Möglichkeit hatte, den Antrag im laufenden Verfahren zu erweitern und zu aktualisieren (Schwab/Borth IV Rz 737).

18 Wird glaubhaft gemacht, daß der zur Auskunft Verpflichtete später wesentlich höhere Einkünfte oder weiteres Vermögen erworben hat, kann **vor Ablauf der Frist** erneut Auskunft verlangt werden. Dies gilt auch bei sonstigen atypische Einkommensentwicklungen wie dem Wegfall hoher Schuldverpflichtungen (Hamm FamRZ 1991, 594).

C. Belege. I. Zusätzlich zum Anspruch auf Auskunft besteht gem **Abs I S 2** ein Anspruch auf **Vorlage von** 19 **Belegen** über die Höhe der Einkünfte. Die Verpflichtung bezieht sich auf den von der Auskunftsverpflichtung erfaßten Zeitraum (Rz 11). Sie erfordert ein eigenes Verlangen, das jedoch mit dem Auskunftsbegehren verbunden werden kann. Über die Höhe des Vermögens brauchen nach dem eindeutigen Wortlaut des Abs I S 2 keine Belege vorgelegt zu werden, allerdings ist gem Abs I S 3 iVm § 260 I ein Vermögensverzeichnis zu erstellen.

II. Vorzulegende Belege. 1. Als vorzulegende Belege ausdrücklich genannt sind Bescheinigungen des Arbeit- 20 gebers. Aus der Bescheinigung muß der Name und die Anschrift des Arbeitgebers hervorgehen (Stuttgart FamRZ 1978, 717). Vorzulegen sind für die von der Auskunftsverpflichtung erfaßten Zeitraum Einzelverdienstbescheinigungen (Göppinger/Strohal Rz 689), ggf nebst Spesenabrechnungen und Bescheiden über Lohnersatzleistungen. Auch wenn eine Verdienstbescheinigung für einen einzelnen Monat die vollständigen Jahresbeträge der Einkünfte, Steuern und Sozialabgaben enthält, ist mit deren Vorlage dem Auskunftsinteresse des anderen nicht ausreichend gedient, da idR aus den Einzelbescheinigungen Informationen über die Anzahl von Überstunden, die Höhe von eingetragenen Steuerfreibeträgen, den Wechsel der Lohnsteuerklasse und den Zeitpunkt von Lohnerhöhungen zu gewinnen sind. Unter Umständen ist auch der Dienst- oder Arbeitsvertrag vorzulegen (BGH FamRZ 1994, 28), insbesondere wenn die Höhe der erzielten bzw zu erwartenden Einkünfte anhand der Verdienstbescheinigungen nicht ausreichend zu klären ist (Schwab/Borth IV Rz 712 u 713). Selbständige und auch Geschäftsführer, deren Einkommen vom Gewinn einer GmbH abhängt, haben die Jahresabschlüsse bzw Einnahmen-Überschußrechnungen vorzulegen (BGH FamRZ 1982, 680), Rentner und Pensionäre die Renten(anpassungs)bescheide. Weiter erfaßt sind der Einkommensteuerbescheid und eine Kopie der Einkommensteuererklärung (BGH FamRZ 1982, 680) sowie der Umsatzsteuerbescheid und eine Kopie der Umsatzsteuererklärung (Wendl/Haußleiter § 1 Rz 583).

Die Vorlagepflicht findet ihre **Grenze** in der **Zumutbarkeit** (Schleswig FamRZ 1981, 53 [54]). Daher brauchen nicht sämtliche Belege über Einzelpositionen und die nahezu gesamte Buchhaltung vorgelegt zu werden (Stuttgart FamRZ 1991, 84).

2. Grundsätzlich sind entsprechend dem Wortlaut die Belege selbst, also die **Originale**, vorzulegen, da bei 21 Kopien die erhöhte Gefahr von Manipulationen besteht (Pal/Diederichsen § 1605 Rz 16; aA Frankfurt FamRZ 1997, 1296). Da Vorlage lediglich die vorübergehende Überlassung ohne Besitzaufgabe bedeutet (Baumbach/Hartmann § 883 ZPO Rz 13; Wendl/Haußleiter § 1 Rz 591) halten sich die Risiken der Vorlage von Originalen in zumutbaren Grenzen. Der Gläubiger hat sodann das Recht, sich Kopien anzufertigen (Staud/Engler Rz 46). Lediglich eine Kopie braucht vorgelegt zu werden, wenn das Original beim Schuldner nicht mehr vorhanden und ihm seine Vorlage unmöglich ist, wie zB bei einer beim Finanzamt eingereichten Steuerklärung.

3. Es sind nur bereits **existierende Belege** vorzulegen, sowohl wenn diese von Dritten (zB Finanzamt bei Steu- 22 erbescheiden) als auch wenn sie vom Unterhaltspflichtigen selbst (zB Einnahme-Überschußrechnung) erstellt werden (Schwab/Borth IV Rz 715 und 733). Eine Verpflichtung zur Vorlage von noch von Dritten zu erstellenden Belegen wäre auf eine dem Schuldner nicht mögliche Leistung, § 275 I, gerichtet. Auch eine Verurteilung zur künftigen Vorlage ist nicht möglich, da die Dauer der Unmöglichkeit nicht feststeht. § 1605 begründet nach seinem Wortlaut auch für den Auskunftsschuldner keine unterhaltsrechtliche Pflicht, Belege, etwa Jahresabschlüsse, zu **erstellen** (Schwab/Borth IV Rz 733; aA Kleffmann FuR 1999, 403 [408]). Ob im Rahmen einer Auskunftsverpflichtung Angaben zusammengestellt werden müssen, ist eine andere Frage (hierzu Rz 15). Existieren die vorzulegenden Unterlagen und sind sie lediglich nicht im Besitz des Schuldners, hat er sie sich zu **verschaffen** (einschränkend Staud/Engler Rz 47).

D. Einschränkungen. I. Den Verpflichtungen zur Auskunft und zur Vorlage von Belegen können **Geheimhal-** 23 **tungsinteressen** des Schuldners selbst entgegenstehen. Hierauf kann er sich aber nur berufen, wenn Mißbrauch droht (BGH FamRZ 1982, 151 [152]; FamRZ 1982, 680; Schwab/Borth IV Rz 739). Auch Dritte können berührt sein, so der zusammen zur Einkommensteuer veranlagte, dem Berechtigten nicht unterhaltspflichtige Ehegatte oder ein Mitbeteiligter einer Gesellschaft. Auch sie müssen eine unvermeidliche Offenbarung grundsätzlich dulden. Ihren Interessen darf der Pflichtige dadurch Rechnung tragen, daß er die Daten, die allein sie betreffen, verschweigt bzw sie bei Belegen unkenntlich macht (BGH FamRZ 1983, 680 [682]; FamRZ 2003, 1836 [1838]). Bei Steuerbescheiden muß vom Ehegatten in Kauf genommen werden, daß auch seine Einkünfte dem Auskunftsgläubiger mittelbar bekannt werden (Düsseldorf FamRZ 1991, 1315 [1316]; Staud/Engler Rz 43).

Das „Steuergeheimnis" steht der Auskunftspflicht nicht entgegen, da es gem § 30 I AO nur Amtsträger bindet.

II. Nach ganz hM kann dem Auskunftsanspruch kein **Zurückbehaltungsrecht** entgegengehalten werden (Bam- 24 berg FamRZ 1985, 610; Staud/Engler Rz 13 mwN), wobei hierfür verschiedene Gründe genannt werden: wegen seiner Natur (Bamberg FamRZ 1985, 610), Hilfsnatur (Staud/Engler Rz 13), gesteigerter Pflichten (Göppinger/Strohal Rz 681) oder Sinn und Zweck (Schwab/Borth IV Rz 739). Es besteht für die Anerkennung eines Zurückbehaltungsrechts jedenfalls kein Bedürfnis. Möglichkeiten des Mißbrauchs eines Auskunftsanspruchs der Gegenseite werden schon durch die Erforderlichkeitsvoraussetzung eingeschränkt (Rz 10), und ihnen ist in sonstigen Fällen über die Grundsätze von Treu und Glauben zu begegnen.

E. Prozessuales. I. Auskunft und Vorlage von Belegen sind unterschiedliche Streitgegenstände, können jedoch 25 miteinander verbunden werden (München FamRZ 1996, 307). Die Klageanträge sowie das Urteil müssen insbesondere den Zeitraum bzw den Stichtag, für den und auf den bezogen Auskunft erteilt werden soll, **genau bezeichnen** (Karlsruhe FamRZ 1983, 631). Entsprechendes gilt für die Bezeichnung der verlangten Belege (BGH FamRZ 1983, 454).

II. Der Auskunftsanspruchs soll nach überwiegender Meinung nicht im Wege der **einstweiligen Anordnung** 26 geltend gemacht werden können (Stuttgart FamRZ 1980, 1138; Düsseldorf FamRZ 1983, 514; Pal/Diederichsen

§ 1605 Familienrecht Verwandtschaft

Rz 18). Wenn § 620 Nr 4 und Nr 6 ZPO sowie § 644 S 2 ZPO zugunsten des Unterhaltsgläubigers eine einstweilige Anordnung über den Unterhalt zulassen, sollte diese Möglichkeit aber bei titulierten Unterhaltsansprüchen für den Unterhaltsschuldner auf den Auskunftsanspruch erstreckt werden (vgl Zöller/Philippi § 620 ZPO Rz 60; van Els FamRZ 1995, 650; Staud/Engler Rz 68). Hiergegen mag zwar sprechen, daß trotz des summarischen Charakters des einstweiligen Rechtsschutzes die Verurteilung zur Auskunft auf eine endgültige Leistung gerichtet ist. Gewichtiger ist jedoch, daß der Schuldner zur Verhinderung unberechtigter Zahlungen auf die Auskunft angewiesen sein kann und nur sehr eingeschränkte Aussichten hat, erbrachte Beträge zurück zu erhalten.

27 **F. Schadensersatz wegen Verletzung der Auskunftspflicht. I.** Gibt der Auskunftspflichtige schuldhaft eine **falsche** oder **unvollständige Auskunft**, so haftet er dem Auskunftsberechtigten wegen Pflichtverletzung, § 280 I, bei Vorsatz auch wegen Betruges, § 823 II iVm § 263 StGB und aus § 826.

28 **II.** Kommt der Auskunftspflichtige einem berechtigten Auskunftsverlangen nicht oder **verspätet** nach, so kann dies zu Schäden führen: Auf seiten des Unterhaltsberechtigten, weil er Ansprüche nicht geltend macht, die er später als rückständigen Unterhalt nicht mehr durchsetzen kann; dies beschränkt sich allerdings auf den nachehelichen Unterhalt, bei dem das Auskunftsverlangen Verzug und Rechtshängigkeit nicht gleichsteht (§ 1585b II gegenüber § 1613 I). Auf seiten des Pflichtigen können Schäden entstehen, weil er ungerechtfertigte Zahlungen erbringt.

29 **1. Bei Schäden des Berechtigten** kommen Schadensersatzansprüchen wegen Pflichtverletzungen aus §§ 280, 286 in Betracht soweit der Auskunftspflichtige mit der Auskunft in Verzug geraten ist (BGH FamRZ 1985, 155 [157]; FamRZ 1984, 163 [164]; Pal/Diederichsen Rz 3; Staud/Engler Rz 57; aA Frankfurt 1985, 732; Gießen FamRZ 1984, 954). Dem stehen auch §§ 1613 I, 1585b II nicht entgegen. Diese betreffen neben dem Erfüllungsanspruch nur den Schadensersatzanspruch wegen Nichterfüllung des Unterhaltszahlungsanspruchs und sollen dem Schutz des Unterhaltspflichtigen dienen, der den Schutz nicht verdient, wenn er mit der Auskunftserteilung in Verzug ist (Göppinger/Strohal Rz 707; aA Bamberg FamRZ 1990, 1235 [1238]). Allerdings ist stets zu prüfen, ob den Berechtigten nicht ein Mitverschulden trifft, weil er nicht rechtzeitig Stufenklage erhoben hat. Dabei kann allerdings nicht allgemein davon ausgegangen werden, daß den Berechtigten stets ein so hohes Mitverschulden trifft, daß die Ansprüche gem § 254 I völlig entfallen (aA Hamm 1986, 1111; MüKo/Luthin Rz 44). Dies hängt vielmehr von den Umständen des Einzelfalls ab.

30 **2.** Entsprechenden **Schadensersatzansprüchen des Pflichtigen** aufgrund zu hoher Zahlungen muß die Rechtskraft eines Unterhaltsurteils nicht entgegen stehen. Der Empfänger kann sich nicht auf die Rechtskraft berufen, wenn das im Einzelfall gegen die guten Sitten verstößt (Staud/Engler Rz 59). Dies kommt insbesondere in Betracht, wenn er die Auskunft vorsätzlich verzögert hat, um den Leistenden von weiteren Maßnahmen abzuhalten. Ein Mitverschulden des Unterhaltsschuldners, der fahrlässig die Erhebung einer Abänderungsstufenklage unterläßt, hat demgegenüber idR nur geringeres Gewicht.

31 **G. Pflicht zu unaufgeforderter Information.** Neben der Verpflichtung, auf Verlangen Auskunft zu erteilen, besteht auch unter bestimmten Voraussetzungen eine Pflicht, die Gegenseite unaufgefordert über Änderungen zu informieren. Bedeutung erlangt sie durch die Folgen, die an ihre Verletzung geknüpft sein können. Dies sind zum einen Schadensersatzansprüche und zum anderen Verwirkungseinwendungen nach §§ 1579, 1611.

32 Der BGH nimmt Schadensersatzansprüche wegen einer Verletzung der Pflicht zur unaufgeforderten Information nur in Ausnahmefällen an, in denen das Schweigen evident unredlich erscheint (FamRZ 1986, 450; FamRZ 1986, 794; kritisch Göppinger/Strohal Rz 704; Staud/Engler Rz 9). Dies ist insbesondere der Fall, wenn aufgrund des vorangegangenen Verhaltens des Unterhaltsgläubigers sowie nach der Lebenserfahrung für den Schuldner keine Veranlassung bestand, sich des Fortbestands der anspruchsbegründenden Umstände zu vergewissern und der Unterhaltsgläubiger sodann trotz einer für den anderen erkennbaren Veränderung seiner wirtschaftlichen Verhältnisse Unterhaltszahlungen weiter entgegen nimmt und dadurch den Irrtum fördert, in seinen Verhältnissen habe sich nichts geändert (BGH FamRZ 1986, 450; FamRZ 1986, 794). Entsprechendes kann umgekehrt gelten, wenn wegen zunächst fehlender Leistungsfähigkeit kein Unterhalt gezahlt wurde und sich die Leistungsfähigkeit des Pflichtigen grundlegend verbessert (BGH FamRZ 1988, 270; aA Staud/Engler Rz 7).

33 Diese Grundsätze gelten, soweit Unterhaltsleistungen aufgrund eines Urteils oder freiwillig erfolgen und in denen sich die Pflicht zur unaufgeforderten Information lediglich aus den Grundsätzen von Treu und Glauben, § 242, ableitet. Liegt den Zahlungen jedoch eine **vertragliche Vereinbarung** zugrunde, ist die Informationspflicht eine Nebenpflicht der Unterhaltsvereinbarung und die Verpflichtung beider Parteien, auf die Belange des anderen Rücksicht zu nehmen, ist höher (BGH FamRZ 2000, 153 [154]; FamRZ 1997, 483; Hoppenz FamRZ 1989, 337, [339]). Bei Unterhaltsvereinbarungen, tituliert oder nicht, kann verlangt werden, daß die Gegenseite unaufgefordert über solche Veränderungen informiert wird, die von solchem Gewicht sind, daß sie ersichtlich die Verpflichtungen aus dem Vertrag berühren (BGH FamRZ 1997, 483). Dies ist der Fall, sobald die Änderungen ein Ausmaß erreichen, daß der Gegenseite ein Festhalten am unveränderten Vertrag erkennbar unzumutbar ist und sie Anpassung des Vertrages gem § 313 I verlangen kann.

Dies gilt für beide Seiten gleichermaßen (Hoppenz FamRZ 1989, 337 [340]; aA Staud/Engler Rz 9). Dem Unterhaltspflichtigen, der vom Berechtigten zu Recht erwartet, über entsprechende Änderungen informiert zu werden, ist es nicht unzumutbar, auch selbst auf für ihn ungünstige Umstände hinzuweisen (aA Schleswig MDR 2000, 399).

Der Schadensersatzanspruch ergibt sich bei einer Unterhaltsvereinbarung aus einer Pflichtverletzung iSd § 280 I.

§ 1606 Rangverhältnisse mehrerer Pflichtiger

(1) Die Abkömmlinge sind vor den Verwandten der aufsteigenden Linie unterhaltspflichtig.
(2) Unter den Abkömmlingen und unter den Verwandten der aufsteigenden Linie haften die näheren vor den entfernteren.
(3) Mehrere gleich nahe Verwandte haften anteilig nach ihren Erwerbs- und Vermögensverhältnissen. Der Elternteil, der ein minderjähriges unverheiratetes Kind betreut, erfüllt seine Verpflichtung, zum Unterhalt des Kindes beizutragen, in der Regel durch die Pflege und die Erziehung des Kindes.

A. Gegenstand. Eine Person kann mehreren Berechtigten unterhaltspflichtig sein, und umgekehrt können einem Berechtigten mehrere Pflichtige gegenüberstehen. § 1606 ist eine der Vorschriften, die das Verhältnis mehrerer Pflichtiger regeln und bestimmt in Abs I und II, in welcher Reihenfolge **mehrere Verwandte** einem Berechtigten **haften**. Ergänzt wird § 1606 durch Bestimmungen, die das Rangverhältnis der Verwandten zum Ehegatten und zum Lebenspartner (§§ 1608 und 1584, § 16 II S 2 LPartG), zum anderen Elternteil des nichtehelichen Kindes (§ 1615l III S 2, IV S 2) und zum Annehmenden bei einer Adoption Volljähriger (§ 1770 III) zum Inhalt haben. Bei **Gleichrang** der Verwandtschaft bestimmt Abs III eine anteilige Haftung. 1

B. Rangordnung. I. Mehrere leistungsfähige Angehörige haften gem Abs I und II in einer vom Gesetz festgelegten **Reihenfolge**. Kann ein vorrangiger, leistungsfähiger Verwandter in Anspruch genommen werden, entsteht keine Unterhaltspflicht des Nachrangigen. Insoweit ist das Nichtvorhandensein eines vorrangigen Unterhaltspflichtigen negative Tatbestandsvoraussetzung des Unterhaltsanspruchs (Staud/Engler Rz 5; s vor § 1601 Rz 6). Der nachrangige Angehörige haftet erst, wenn bzw soweit der vorrangige leistungsunfähig ist oder die Rechtsverfolgung gegen ihn im Inland ausgeschlossen oder erheblich erschwert ist, § 1607 I und II S 1. 2

II. Gem Abs I haften die Abkömmlinge vor den Verwandten der aufsteigenden Linie, also die Kinder vor den Eltern (zu rechtspolitische Bedenken: Staud/Engler Rz 4; Rauscher Rz 855). Bei Abkömmlingen wie bei Aszendenten bestimmt sich die weitere Haftungsrangordnung gem **Abs II** nach der Nähe der Verwandtschaft, die von der Zahl der die Verwandtschaft vermittelnden Geburten abhängt, § 1589 S 3. 3

III. In welcher **Form** der **Unterhalt** geschuldet wird, ist für die Rangordnung unerheblich (BGH FamRZ 1983, 689 zu Abs III). Ein Recht, gem § 1612 Natural- statt Barunterhalt zu leisten, führt ebensowenig zu einer Haftung nachrangiger Verwandter (RGRK/Mutschler Rz 5) wie allein eine bloße Unfähigkeit, das Kind zu betreuen (Pal/Diederichsen Rz 1). 4

IV. Eine **Beschränkung** des Anspruchs gegenüber dem vorrangigen Verwandten gem § 1611 I führt nicht zur einer Haftung nachrangiger Angehöriger, § 1611 III. 5

V. Zu Lasten eines nachrangigen Verwandten als Dritten kann eine **rechtsgeschäftliche Änderung** der Reihenfolge nur mit dessen Zustimmung erfolgen (RGRK/Mutschler Rz 5). Vertragliche Regelungen des Berechtigtem mit einem Dritten, die sich zugunsten des vorrangig Haftenden auswirken, können zwar die Bedürftigkeit des Berechtigten mindern, stellen aber grundsätzlich keine Änderung der Rangordnung dar. 6

C. Gleich nahe Verwandte, also insbesondere beide Eltern aber auch mehrere, Elternunterhalt schuldende Geschwister (BGH FamRZ 2003, 860 [866]), haften gem **Abs III** zwar kumulativ aber nur anteilig und zwar als Teilschuldner und nicht als Gesamtschuldner (BGH FamRZ 1986, 153; FamRZ 1980, 994). Die Haftungsanteile bestimmen sich nach den Erwerbs- und Vermögensverhältnissen, Abs III S 1, wobei bei minderjährigen unverheirateten Kindern Besonderheiten gelten, Abs III S 2 (Rz 8ff). 7

I. Gegenüber dem **minderjährigen unverheirateten Kind** erfüllt der Elternteil, des es betreut, seine Unterhaltsverpflichtung gemäß **Abs III S 2** in der Regel durch die Pflege und Erziehung. Er schuldet daher grundsätzlich nicht außerdem noch Barunterhalt. 8

1. Minderjährige Kinder werden nicht nur materiell versorgt sondern gepflegt und erzogen. Dies wird allgemein als **Betreuung** bezeichnet. Daß diese Betreuung – neben der materiellen zusätzlichen Versorgung – geschuldeter Unterhalt ist, ist vom BGH zwar (im Zusammenhang mit einem familienrechtlichen Ausgleichsanspruch) verneint worden (FamRZ 1994, 1102), ergibt sich aber aus Abs III S 2, auch wenn ein Anspruch auf Betreuung nicht einklagbar ist (Scholz FamRZ 1994, 1314 [1315] als Anm zu BGH FamRZ 1994, 1102). 9

Erfaßt werden von den Begriffen Pflege und Erziehung alle **Dienstleistungen**, die mit der persönlichen Betreuung verbunden sind, nicht dagegen Geldaufwendungen und die Wohnungsgewährung (Staud/Engler Rz 15). Der Betreuungsunterhalt ist insofern vom Naturalunterhalt iSd § 1612 zu unterscheiden. Während der Betreuungsunterhalt gem Abs III S 2 neben dem Barunterhalt iSv § 1612 I tritt, ersetzt der Naturalunterhalt iSd § 1612 den Unterhalt in Form der Geldrente (MüKo/Born § 1612 Rz 2). Wenn der Betreuungsunterhalt vom BGH häufiger als Naturalunterhalt bezeichnet wird (zB FamRZ 1980, 994 [995]; FamRZ 1985, 466 [467]) liegt dies daran, daß auch die Betreuung nicht in bar erfolgt. Es handelt sich jedoch um unterschiedliche Bedeutungen des Begriffs, deren Verwechslung zu Mißverständnissen führen kann. 10

2. Problematisch sind die Fälle, in denen das minderjährige Kind von beiden Eltern **gemeinsam betreut** wird, die aber nicht zusammen leben. Eine zeitweilige Betreuung während des Besuchsrechts reicht dabei für die Annahme einer gemeinsamen Betreuung nicht aus (Wendl/Scholz § 2 Rz 289). Die vollständige Befreiung von der Barunterhaltspflicht gem Abs III S 2 kommt grundsätzlich nur in Betracht, wenn das Kind allein von einem Elternteil betreut wird, da andernfalls überhaupt keine Barunterhaltsansprüche des Kindes bestünden. Daher bleibt es in Fällen gemeinsamer Betreuung bei der anteiligen Haftung gem Abs III S 1, und die Haftungsanteile richten sich nach den Einkommens- und Vermögensverhältnisse der Eltern (Düsseldorf NJW-RR 2000, 74). Die Haftungsanteile können aufgrund unterschiedlicher Betreuungsbeiträge zu modifizieren sein, da sich aus Abs III S 2 ergibt, daß die Betreuung für die geschuldeten Anteile mit maßgeblich ist (Wendl/Scholz § 2 Rz 290; aA Staud/Engler Rz 18). 11

§ 1606 Familienrecht Verwandtschaft

12 **3. Barunterhaltspflicht trotz alleiniger Betreuung des minderjährigen Kindes.** Gegenüber dem minderjährigen Kind erfüllt der Elternteil, der es betreut, seine Unterhaltspflicht gemäß § 1606 III S 2 nur *in der Regel* durch die Pflege und Erziehung. Schon an der Voraussetzung des Abs III S 2 fehlt es, wenn der Sorgerechtsinhaber die Betreuung zumindest nahezu völlig Dritten überläßt, also selbst keine nennenswerten Betreuungsleistungen erbringt, so zB bei einer Unterbringung in einem Heim (Pal/Diederichsen Rz 14), bei Verwandten (KG FamRZ 1989, 778; 1984, 1131; Hamm FamRZ 1991, 104) oder in einer Pflegefamilie (Staud/Engler Rz 21).

13 a) In besonderen Fällen kommt neben der Betreuung eine – zusätzliche – Barunterhaltspflicht in Betracht. Besteht beim Kind anzuerkennender erheblicher **Mehr-** oder **Sonderbedarf**, kann dies dazu führen, daß sich Betreuungs- und Barunterhalt nicht mehr die Waage halten (BGH FamRZ 1983, 689) und sich der betreuende Elternteil an diesem zusätzlichen Barunterhalt zu beteiligen hat, sofern er über Einkünfte verfügt (BGH FamRZ 1998, 286 [288]; Wendl/Scholz § 6 Rz 13; s auch § 1610 Rz 51).

14 b) Eine anteilige Barunterhaltspflicht kann zudem bestehen, wenn **die wirtschaftlichen Verhältnisse** des betreuenden Elternteils erheblich günstiger sind als die des nichtbetreuenden. Zwei Konstellationen kommen in Betracht:

15 aa) Der **angemessene Eigenbedarf** des nichtbetreuenden Elternteils wird **berührt** während der andere neben der Betreuung des Kindes auch den Barunterhalt leisten könnte, ohne daß dadurch sein eigener angemessener Unterhalt gefährdet würde (BGH FamRZ 1998, 286 [288]; Schwab/Borth V Rz 32). Gem § 1603 II S 3 gilt in diesem Fall nicht die gesteigerte Unterhaltspflicht des nichtbetreuenden Elternteils und somit nicht der notwenige sondern der angemessene Selbstbehalt (s § 1603 Rz 132) und der betreuende Elternteil hat für den ungedeckten restlichen Unterhalt aufzukommen.

16 bb) Die alleinige Barunterhaltspflicht würde zu einem **erheblichen finanziellen Ungleichgewicht** zwischen den Eltern führen (BGH FamRZ 1998, 286 [288]; FamRZ 1984, 39). Zur Annahme eines derartigen finanziellen Ungleichgewichts reicht es nicht aus, daß lediglich der angemessene Selbstbehalt des Betreuenden gewahrt ist, sondern die Einkommensunterschiede müssen erheblich sein (BGH FamRZ 1980, 994). Verlangt wird ein im Verhältnis zum nicht betreuenden Elternteil doppelt bis dreifach so hohes Einkommen des Betreuenden (MüKo/Luthin Rz 27). In welchem Umfang sich der betreuende Elternteil am Unterhalt des Kindes zu beteiligen hat, hängt von einer Bewertung der Umstände des Einzelfalls ab, die sogar zur vollen Barunterhaltspflicht des Betreuenden führen kann (BGH FamRZ 1998, 286 [288]).

17 c) Eine zusätzliche Barunterhaltspflicht kommt zudem in **sonstigen Fällen** in Betracht und zwar: **aa)** bei einer Aufteilung der Betreuung auf beide Eltern (Rz 11); **bb)** bei einem im Einverständnis mit dem Bestimmungsberechtigten gegründeten eigenen Haushalt des Kindes (soweit überhaupt noch Betreuungsleistungen erbracht werden); **cc)** wenn der andere Elternteil nicht mehr lebt; **dd)** bei fehlender Leistungsfähigkeit des anderen Elternteils (s § 1607 Rz 4).

18 **II. Volljährige Kinder. 1.** Grundsätzlich sind bei volljährigen Kindern **beide Eltern barunterhaltspflichtig**, da die Regel des Abs III S 2, daß ein Elternteil schon mit der Betreuung seine Verpflichtung zum Unterhalt nachkommt, nur für minderjährige Kinder gilt und mit Wegfall der Personensorge die Grundlage für die Gleichwertigkeit von Betreuungs- und Barunterhalt entfällt (BGH FamRZ 1994, 696 [698]; FamRZ 2002, 815 [816f]). Das gilt auch für die sog privilegierten Volljährigen iSd § 1603 II S 2 (Wendl/Scholz § 2 Rz 15 u 453; aA Johannsen/Henrich/Graba Rz 9), da durch das KindUG insoweit bewußt (BR-Drucks 959/96, 27) lediglich §§ 1603 II und 1609 geändert wurden, nicht dagegen § 1606 III.

19 Gehaftet wird für den – sich idR nach dem addierten Einkommen beider Eltern richtenden (§ 1610 Rz 19) – offenen Bedarf, also den gesamten Lebensbedarf abzüglich des anrechenbaren eigenen Einkommens des Kindes (BGH FamRZ 1988, 159 [161]).

20 **2.** Den **Haftungsmaßstab** bilden gem Abs III S 1 die Erwerbs- und Vermögensverhältnisse. Der Haftungsanteil wird im Regelfall errechnet, indem der offene Bedarf des Kindes multipliziert wird mit dem Anteil des zu berücksichtigenden Einkommens des Pflichtigen am entsprechenden addierten Einkommen beider Eltern (BGH FamRZ 1988, 1039ff; Wendl/Scholz § 2 Rz 448ff; vgl Rz 27).

21 a) **Bestimmung des in die Haftungsquotelung einzustellenden Einkommens.** Maßgeblich für die Haftungsquote ist die jeweilige **Leistungsfähigkeit** der Eltern. Daher richtet sich die Haftungsverteilung nach den für Unterhaltszwecke zur Verfügung stehenden Mitteln (BGH FamRZ 1988, 1039 [1041]).

22 b) Bei der Bestimmung des Anteils des einen Elternteils sollen nach verbreiteter Ansicht lediglich fiktive Einkünfte des anderen Elternteils unberücksichtigt bleiben (Wendl/Scholz § 2 Rz 440, 451; Frankfurt FamRZ 1993, 231; Koblenz FamRZ 1996, 756; Nürnberg FamRZ 2000, 687 [688]), insoweit trete eine **Ausfallhaftung** ein (Pal/Diederichsen Rz 19). Das Kind brauche sich auf die lediglich fiktive Einkünfte des anderen Elternteils nicht verweisen zu lassen, da ihm dessen Verletzung der Erwerbsobliegenheit nicht angelastet werden könne (Frankfurt FamRZ 1993, 231, [232]). Diese Ansicht ist im Rahmen des § 1606 abzulehnen, da sie die Grenzen zwischen der originären Haftung des § 1606 III und einer nur subsidiären Ersatzhaftung aus § 1607 II verwischt. Auch ihre Verfechter gehen von einer nur subsidiären Haftung aus, da insoweit Regreßmöglichkeiten bestehen sollen (Karlsruhe FamRZ 1991, 971 [973]; Frankfurt FamRZ 1993, 231 [232]). Eine solche subsidiäre Haftung stellt eine Ersatzhaftung dar, die in § 1607 II geregelt ist, der auf anteilig haftende Eltern entsprechende Anwendung findet (s § 1607 Rz 11). Seine Voraussetzungen liegen in aller Regel auch vor, da die Vollstreckungsmöglichkeit und damit die Rechtsverfolgung gegen den Elternteil, dessen Unterhaltspflicht auf der Zurechnung von lediglich fiktiven Einkünften beruht, erheblich erschwert ist (§ 1607 Rz 10). Damit haftet der Elternteil schon insoweit für den vollen Unterhalt, und eine Erhöhung seines aus § 1606 III originär und gegenüber dem anderen Elternteil ohne Rückgriff geschuldeten Anteils ist auch nicht im Interesse des Kindes erforderlich.

c) Für die Haftungsquote ist mit der ganz überwiegenden Rspr (BGH FamRZ 1988, 159; FamRZ 1988, 1039) **23** und Literatur (ua Wendl/Scholz § 2 Rz 298ff) vom Einkommen des Pflichtigen **abzuziehen**, was für den eigenen Unterhalt und zu berücksichtigende **andere Unterhaltspflichten** benötigt wird und somit **nicht** für den Unterhalt des Volljährigen **zur Verfügung** steht. Hiergegen wird vereinzelt eingewandt, nach der Einführung des § 1612b mit der strikt hälftigen Anrechnung des Kindergeldes sei für diese Berechnung die Grundlage entfallen und es sei auf die Einkommensverhältnisse ohne Vorwegabzug abzustellen (Weychardt FamRZ 1999, 828). Dem kann zur Vermeidung unbilliger Ergebnisse allenfalls bei sehr guten wirtschaftlichen Verhältnisse gefolgt werden (BGH FamRZ 1986, 151 [153]; Rauscher Rz 856).

d) Der eigene Unterhalt wird mit dem **Selbstbehalt** angerechnet (BGH FamRZ 2002, 815 [818]; FamRZ 1986, **24** 151 [153]). Dies ist gegenüber volljährigen Kindern der sog angemessene Selbstbehalt (s § 1603 Rz 97). Gegenüber privilegierten volljährigen Kindern wird, da sie hinsichtlich der gesteigerten Unterhaltsverpflichtung den minderjährigen Kindern gleichgestellt sind, überwiegend lediglich der notwendige Selbstbehalt angesetzt (so etwa Leitlinien Hamm Nr 13.3.2; Hamm FamRZ 1999, 1018). Trotz des Privilegierens kann aber dann der angemessene Selbstbehalt abzuziehen sein, wenn auch der andere Elternteil ohne Beeinträchtigung seines angemessenen Selbstbehalts für den Unterhalt aufkommen kann, so daß gem § 1603 II S 3 die gesteigerte Unterhaltspflicht entfällt (Wohlgemuth FamRZ 2001, 321 [322f] mN auch zur Gegenmeinung; so wohl auch BGH FamRZ 2002, 815 [818]).

e) Berücksichtigung anderer Unterhaltspflichten. Nicht berücksichtigt werden können nachrangige Unter- **25** haltspflichten, da ansonsten die Rangordnung des § 1609 mißachtet würde. Grundsätzlich sind zudem nur **Barunterhaltspflichten** beachtlich, da die zur Verfügung stehenden finanziellen Mittel durch die Betreuung als solche nicht geschmälert werden (BGH FamRZ 1988, 1039; Hamm FamRZ 2003, 179; Göppinger/Kodal Rz 1524). Angerechnet werden können allerdings im Einzelfall ein Betreuungsbonus (Schwab/Borth V Rz 156) und besondere Betreuungskosten, deren Aufwendung die Erwerbstätigkeit erst ermöglicht. Ansonsten ist das einzustellende Einkommen wegen der Betreuung eines minderjährigen Kindes grundsätzlich nicht zu reduzieren (BGH FamRZ 1988, 1039; Wendl/Scholz § 2 Rz 298; Schwab/Borth V Rz 156).

Abzuziehen sind die Unterhaltsverpflichtungen gegenüber den vorrangig berechtigten minderjährigen Kindern **26** (BGH FamRZ 1986, 153 [154]).

Soweit kein Mangelfall (hierzu s Rz 27) vorliegt, ist der Abzug des Unterhalts für Minderjährige auch bei der Berechnung der Haftungsanteile für einen – gleichrangigen – privilegierten Volljährigen angemessen, da auch diese Unterhaltslast die Leistungsfähigkeit des Elternteils gegenüber dem volljährigen Kind beeinträchtigt (Hamm [13. Senat] FamRZ 1999, 1018 [1019]; Luthin/Schumacher Rz 3209f: grundsätzlich; aA Hamm [11. Senat] FamRZ 2000, 1178; MüKo/Luthin Rz 15). Hiergegen sind vom BGH, insoweit zu Recht, lediglich für den Mangelfall Bedenken geäußert worden (BGH FamRZ 2002, 815 [818]).

Bei der Berechnung der Ansprüche nichtprivilegierter Volljähriger ist auch der Unterhalt für privilegierte und damit vorrangige Volljährige abzuziehen, da auch dieser Teil des Einkommens für den Unterhalt des Nichtprivilegierten nicht zur Verfügung steht (Wendl/Scholz § 2 Rz 446; aA Wohlgemuth FamRZ 2001, 321 [326]).

f) Besonderheiten ergeben sich im **Mangelfall** bei Gleichrang des privilegierten volljährigen Kindes mit weite- **27** ren Kindern und ggf einem Ehegatten. Der BGH (FamRZ 2002, 815 [818]) hat einem Vorschlag der Literatur folgend (FamRefK/Häußermann Rz 4; Schwab/Borth V Rz 168ff) eine Berechnungsweise befürwortet, bei der schon der Teil des Einkommens, der beim nur eingeschränkt leistungsfähigen Elternteil Grundlage der Bestimmung der Haftungsanteile ist, im Wege eine Art Mangelberechnung gewonnen wird (FamRZ 2002, 815 [818]; folgend Pal/Diederichsen Rz 15). Die Methode führt zu angemessenen Ergebnissen. Sie trägt dem Umstand Rechnung, daß das für den Unterhalt des Betroffenen zur Verfügung stehende Einkommen durch weitere Unterhaltslasten eines der Pflichtigen gemindert wird (s Rz 26) und berücksichtigen den gleichen Rang der Unterhaltsberechtigten. Sie ist durch die geänderte Mangelfallberechnung (s § 1609 Rz 14ff) allerdings zu modifizieren.

Dies sieht in einem (BGH FamRZ 2002, 815 vergleichbaren) Beispiel eines privilegierten volljährigen Kindes, bei dem der Vater zwei weiteren minderjährigen Kindern und der zweiten Ehefrau gegenüber unterhaltspflichtig ist, beim Ansatz des Existenzminimums als Mindesteinsatzbetrag bei der Mangelverteilung (s § 1609 Rz 19ff), nach Stand Düsseldorfer Tabelle 1. 7. 2003, unter Ansatz des notwendigen Selbstbehalts und ohne Anrechnung des Kindergeldes (s hierzu § 1612b Rz 21) wie folgt aus:

Einkommen Vater:	1600 Euro
Einkommen Mutter:	1500 Euro
Gesamteinkommen Eltern:	3100 Euro
Bedarf des volljährigen privilegierten Kindes (4. Altersstufe, 9. Einkommensgruppe):	524 Euro
Berechnung des einzustellenden Einkommens des Vaters:	
Einsatzbetrag des volljährigen privilegierten Kindes (4. Altersstufe, 9. Einkommensgruppe):	524 Euro
Einsatzbetrag eines weiteren 8 Jahre alten Kindes des Vaters (2. Altersstufe, Existenzminimum):	326 Euro
Einsatzbetrag eines weiteren 5 Jahre alten Kindes des Vaters (1. Altersstufe, Existenzminimum):	269 Euro
Einsatzbetrag zweite Ehefrau (Existenzminimum):	535 Euro
Summe der Einsatzbeträge der Unterhaltsgläubiger des Vaters: (524 + 326 + 269 + 535)	1654 Euro
Anteil des volljährigen Kindes (524 ./. 1654):	31,68 %
Verteilungsfähiges Einkommen des Vaters	
(1600 Einkommen – 840 notwendiger Selbstbehalt):	760 Euro
Anteil des volljährigen Kindes (31,68 % von 760 = 240,77 oder rund):	241 Euro

Dies ist der bei der Bestimmung der Haftungsanteile zu berücksichtigende Einkommensteil des Vaters.

§ 1606 Familienrecht Verwandtschaft

Beim Haftungsanteil zu berücksichtigendes Einkommen der Mutter
(1500 Einkommen − 840 notwendiger Selbstbehalt): 660 Euro
Zu berücksichtigendes Gesamteinkommen der Eltern (241 + 660): 901 Euro
Quote Mutter: (660 : 901): 73,25 %
Haftungsanteil Mutter (524 × 73,25 % = 383,84 oder rund): 384 Euro
Quote Vater: (241 : 901) 26,75 %
Haftungsanteil Vater (524 × 26,75 % = 140,16 oder rund): 140 Euro

28 g) Der Verteilungsschlüssel kann aufgrund besonderer Umstände und einer wertenden Betrachtung zu **ändern** sein, zB wenn ein Elternteil einem behinderten volljährigen Kind erhebliche Betreuungsleistungen erbringt (BGH FamRZ 1985, 917; KG FamRZ 2003, 1864). **Begrenzt** wird der geschuldete Unterhalt idR auf das, was der Pflichtige allein nach seinem Einkommen schuldet (Wendl/Scholz § 2 Rz 388; Kalthoener/Büttner/Niepmann Rz 122).

29 h) Die **Darlegungs- und Beweislast** für die Einkünfte sowohl des in Anspruch genommenen als auch des anderen Elternteils trägt grundsätzlich das Kind (Wendl/Scholz § 2 Rz 451; vgl Staud/Engler Rz 67), das den anderen Elternteil notfalls auf Auskunft verklagen muß (Wendl/Scholz § 2 Rz 451; dagegen MüKo/Luthin Rz 47 unter Bezugnahme auf BGH NJW 1988, 1906 [1907]).

30 III. Nach heute allg M gilt die anteilige Haftung auch für Unterhaltspflichten der **Kinder gegenüber den Eltern** (Staud/Engler Rz 12 mwN).

31 IV. Die Höhe des Barunterhalts wird durch die Anrechnung von **Kindergeld** und regelmäßig wiederkehrende kindbezogene Leistungen gem §§ 1612b und 1612c modifiziert (s die dortige Kommentierung).

32 D. Freistellungsvereinbarungen. I. Eltern können die gesetzliche Verteilung ihrer anteiligen Haftung gem Abs III am Kind gegenüber nicht ändern, da dies immer mit der Verringerung der Unterhaltspflicht der Eltern verbunden ist. Diese bedeutet einen teilweisen Verzicht, der gem § 1614 I unzulässig ist. Grundsätzlich **zulässig** sind dagegen Freistellungsvereinbarungen, die gegenüber dem Kind nicht von der Unterhaltspflicht befreien (BGH FamRZ 1987, 934; Wilhelm FuR 2000, 353; Göppinger/Miesen Vereinbarungen anläßlich der Ehescheidung 7. Aufl § 4 Rz 170) sondern lediglich eine Erfüllungsübernahme des anderen Elterteils darstellen (BGH FamRZ 1986, 444 [445]) und im übrigen nur zwischen den Eltern selbst wirken. Sinnvoll können sie insbesondere in Fällen der Geschwistertrennung sein, wenn beide Eltern ausreichende Einkünfte erzielen (Göppinger/Miesen aaO § 4 Rz 176).

33 II. Die bloße Verknüpfung einer Unterhaltsfreistellung mit dem Sorge- oder Umgangsrecht macht eine Freistellungsvereinbarung noch nicht **sittenwidrig** und gem § 138 unwirksam. Dies ist erst der Fall, wenn sich ein Elternteil dabei zur Erlangung wirtschaftlicher Vorteile über das Wohl des Kindes bewußt hinweggesetzt (BGH FamRZ 1984, 778 [779]; FamRZ 1986, 444 [445]; Göppinger/Miesen § 4 Rz 174). Sittenwidrig kann eine Freistellungsvereinbarung sein, wenn sich eine schwangere Frau zur Übernahme des Kindesunterhalts verpflichtet, um den Mann zur Eheschließung zu bewegen (BVerfG FamRZ 2001, 343 [347ff]) und die Vereinbarung dazu führt, daß im Fall der Trennung das Kind hierunter zu leiden hat, weil entweder seine persönliche Betreuung eingeschränkt wird oder es in schlechteren wirtschaftlichen Verhältnissen leben muß (Rauscher FuR 2001, 155).

34 E. Ausgleich zwischen den Eltern. I. Hat ein Elternteil dem Kind Unterhalt geleistet, obwohl er hierzu wegen Abs III S 2 nicht verpflichtet war oder hat er mehr gezahlt, als seinem Anteil gem Abs III S 1 entsprach, geht zum Ausgleich in den Fällen des § 1607 II und III der Unterhaltsanspruch des Kindes insoweit im Wege der **Legalzession** auf ihn über.

35 II. 1. Liegen die Voraussetzungen des § 1607 nicht vor, kommt ein **familienrechtlicher Ausgleichsanspruch** in Betracht. Dieser ist von der Rspr und der überwiegenden Literatur anerkannt für Fälle, in denen ein Elternteil allein für den Unterhalt eines gemeinsamen Kindes aufgekommen ist, obwohl auch der andere dem Kind unterhaltspflichtig war (BGH FamRZ 1994, 1102; Göppinger/van Els Rz 1699; ablehnend Holzhauer in FS Wolf, 223, 233ff; Roth FamRZ 1994, 794). Der Anspruch, der darauf beruht, daß beide Eltern dem Kind unterhaltspflichtig sind, ergibt sich aus der Notwendigkeit, die Unterhaltslast im Verhältnis zwischen ihnen entsprechend ihrem Leistungsvermögen gerecht zu verteilen (BGH FamRZ 1994, 1102 [1103]).

36 2. Voraussetzungen. a) Der Anspruch setzt das Bestehen einer **Barunterhaltspflicht** voraus. Der auf Ausgleich in Anspruch genommene muß barunterhaltspflichtig und insbesondere leistungsfähig (Wendl/Scholz § 2 Rz 535) gewesen sein. Die Barunterhaltspflicht gegenüber einem volljährigen Kind wird ebenfalls erfaßt (Heiß/Heiß Kap 3, 186).

37 b) Der Leistende muß den Unterhalt **in Erfüllung** der dem **anderen Elternteil obliegenden Unterhaltspflicht** erbracht haben (BGH FamRZ 1981, 761). Das Vorliegen dieser Voraussetzung hat der BGH für den Fall eines Betreuungswechsels verneint, bei dem der nach dem Wechsel betreuende Elternteil aufgrund eines Urteils zur Zahlung des Barunterhalts verpflichtet war. Er sei damit nur seiner eigenen rechtskräftig festgestellten Unterhaltspflicht nachgekommen (FamRZ 1994, 1102 [1103]).

38 c) Der Unterhalt muß in der **Absicht** erbracht worden sein, von anderen Elternteil **Ersatz zu verlangen** (BGH FamRZ 1989, 850 [852]; aA Gießler FamRZ 1994, 800 [805]). Dabei ist vom BGH offen gelassen worden, ob dies auch erforderlich ist, wenn die Eltern geschieden sind (FamRZ 1989, 850 [852]). Dies wird zu Recht ganz überwiegend verneint (Göppinger/van Els Rz 1702 mwN). Jedenfalls ist eine entsprechende Absicht nach dem Scheitern der Ehe zu vermuten. Ausreichend ist zudem, daß der Berechtigte vom anderen Elternteil den Kindesunterhalt verlangt hat (Koblenz FamRZ 1997, 368 [369]).

39 d) Da es sich wirtschaftlich um rückständigen Unterhalt handelt, gilt § 1613 (BGH FamRZ 1984, 775; Pal/Diederichsen § 1613 Rz 5) und auch die **Verjährungsfrist** des § 197 (BGH FamRZ 1996, 725 [726]).

3. Der Höhe nach richtet sich der Anspruch zunächst nach dem Barunterhalt, den der andere Elternteil schuldet **40**
(Wever Vermögensauseinandersetzung der Ehegatten außerhalb des Güterrechts, 2. Aufl Rz 696). Da es sich bei dem Ausgleichsanspruch seiner Natur nach nicht um einen Unterhalts- sondern um einen Erstattungsanspruch handelt (vgl BGH FamRZ 1984, 775 [777]), ist er auf Ersatz der entstandenen Kosten beschränkt (Wever aaO Rz 696). Eine Vermutung, daß Kosten in Höhe des Barunterhaltsanspruchs entstanden sind, kann lediglich in Höhe eines Unterhaltsanspruchs bemessen nach dem Einkommen des Ausgleichsberechtigten angenommen werden (Frankfurt FamRZ 1999, 1450; aA Koblenz FamRZ 1997, 368 [369]; FamRZ 1998, 173; Wever aaO Rz 696).

4. Verhältnis zum Anspruch des Kindes. a) Soweit die Voraussetzungen des Ausgleichsanspruchs vorliegen **41**
und der Betreuende Barunterhalt erbringt, ist im Ergebnis eindeutig und unstreitig, daß der Unterhaltspflichtige nicht doppelt in Anspruch genommen werden kann. Als Lösung werden zwei Wege vorgeschlagen: Nach einer Auffassung soll der für den Unterhalt aufkommende und gleichzeitig betreuende Elternteil dem Kind gegenüber mit Erfüllungswirkung leisten, so daß das Kind den Unterhalt nicht zusätzlich in Anspruch nehmen kann (Karlsruhe FamRZ 1990, 1190; Gießner FamRZ 1994, 800 [806]). Nach zutreffender Meinung liegt Gesamtgläubigerschaft vor (Wendl/Scholz § 2 Rz 538), und der andere Elternteil darf nach Belieben an einen der Gesamtgläubiger leisten. Ein nunmehr volljähriges Kind soll gem §§ 242, 1618a verpflichtet sein, den Unterhalt an den Elternteil weiterzuleiten, der es zuvor betreut hat (Wendl/Scholz § 2 Rz 538). Zu denken ist eher daran, daß Gesamtgläubigerschaft vorliegt und im Sinne von § 430 „etwas anderes bestimmt ist", nämlich daß der Anspruch im Innenverhältnis dem Elternteil und nicht dem Kind zusteht.

b) Das Benachteiligungsverbot des § 1607 IV (s § 1607 Rz 24ff) gilt auch im Rahmen des familienrechtlichen **42**
Ausgleichsanspruchs (Staud/Engler § 1607 Rz 49; RGRK/Mutschler Rz 28).

1607 *Ersatzhaftung und gesetzlicher Forderungsübergang*

(1) Soweit ein Verwandter auf Grund des § 1603 nicht unterhaltspflichtig ist, hat der nach ihm haftende Verwandte den Unterhalt zu gewähren.
(2) Das Gleiche gilt, wenn die Rechtsverfolgung gegen einen Verwandten im Inland ausgeschlossen oder erheblich erschwert ist. Der Anspruch gegen einen solchen Verwandten geht, soweit ein anderer nach Absatz 1 verpflichteter Verwandter den Unterhalt gewährt, auf diesen über.
(3) Der Unterhaltsanspruch eines Kindes gegen einen Elternteil geht, soweit unter den Voraussetzungen des Absatzes 2 Satz 1 anstelle des Elternteils ein anderer, nicht unterhaltspflichtiger Verwandter oder der Ehegatte des anderen Elternteils Unterhalt leistet, auf diesen über. Satz 1 gilt entsprechend, wenn dem Kind ein Dritter als Vater Unterhalt gewährt.
(4) Der Übergang des Unterhaltsanspruchs kann nicht zum Nachteil des Unterhaltsberechtigten geltend gemacht werden.

Schrifttum: *Holzhauer,* Der Unterhaltsregreß, FS Ernst Wolf, 1985, 223ff; *Kropholler,* Die Stellung des Unterhaltszweitschuldners, FamRZ 1965, 413; *Martiny,* Unterhaltsrang und Rückgriff, 2000; *Roth,* Der familienrechtliche Ausgleichsanspruch, FamRZ 1994, 794.

A. Gegenstand und Zweck. Die Vorschrift enthält in ihren 4 Absätzen ein auf den ersten Blick etwas unüber- **1**
sichtliches Konglomerat verschiedener Regelungen.
Zunächst gestaltet § 1607 in Abs I und Abs II S 1 in Ergänzung zu § 1606 das Verhältnis mehrerer unterhaltspflichtiger Verwandter zum Berechtigten aus. Diese Bestimmungen bezwecken, daß der Berechtigte auch dann Unterhalt erhält, wenn ein in der Rangordnung an vorderer Stelle stehender Verwandter als Schuldner ausfällt.
Sodann wird zugunsten desjenigen, der für den Unterhalt des Berechtigten aufkommt, obwohl primär ein anderen hierfür einzustehen hat, ein Ausgleich durch den Übergang des Unterhaltsanspruchs geschaffen und näher geregelt, Abs II S 2 und Abs III.
Zuletzt stellt Abs IV durch ein Benachteiligungsverbot sicher, daß der laufende Unterhalt des Berechtigten nicht durch den Übergang seiner älteren Unterhaltsansprüche auf Dritte beeinträchtigt wird.

B. Abs I. I. Ist ein gem § 1606 I und II **rangnäherer Verwandter leistungsunfähig**, hat gem Abs I der nach **2**
ihm haftende Verwandte für den Unterhalt aufzukommen. Abs I enthält bei vollständiger Leistungsunfähigkeit lediglich eine Klarstellung, da ein Leistungsunfähiger gem § 1603 keinen Unterhalt schuldet und somit nicht vorrangig unterhaltspflichtig ist (Staud/Engler Rz 3; Rauscher 864). Der in der Rangordnung nächst folgende Verwandte haftet ohne Ausgleich primär und nicht nur ersatzweise mit Rückgriffsmöglichkeit (Gernhuber/Coester-Waltjen § 45 V 4; MüKo/Luthin Rz 4). Die Bezeichnung als „Ersatzhaftung" ist an dieser Stelle zumindest mißverständlich (Holzhauer FS Wolf 223 [228]).

Soweit der vorrangig Unterhaltspflichtige **teilweise leistungsunfähig** ist, haftet der vorrangig Unterhaltspflich- **3**
tige in Höhe seiner Leistungsfähigkeit gem § 1603, und der Nachrangige hat nach § 1607 Abs I für den Restbetrag aufzukommen. Die Grenze der Leistungsfähigkeit des Vorrangigen bemißt sich dabei in den Fällen des Abs I nach dem angemessenen Selbstbehalt (s § 1603 Rz 97ff), da seine gesteigerte Unterhaltspflicht entfällt, weil ein leistungsfähiger nachrangiger Verwandter vorhanden ist, § 1603 II S 3.

II. Eine analoge Anwendung von Abs I auf **gleichrangig haftende Verwandte** (so Soergel/Häberle Rz 1; **4**
RGRK/Mutschler Rz 2), insbesondere auf die Eltern, ist außerhalb des Anwendungsbereichs des § 1606 III S 2 nicht erforderlich, da § 1606 III S 1 schon bestimmt, daß sich ihre Haftungsanteile nach den Erwerbs- und Vermögensverhältnisses bemessen, was bei Leistungsunfähigkeit des einen Elternteils zur vollen Unterhaltspflicht des anderen führt (Staud/Engler Rz 4). Hinsichtlich der minderjährigen unverheirateten Kinder, bei denen § 1606 III S 2 davon ausgeht, daß in der Regel der betreuende Elternteil keinen Barunterhalt schuldet, schafft Abs I aber eine Klarstellung.

§ 1607 Familienrecht Verwandtschaft

5 **III. Spätere Leistungsfähigkeit.** Wird der zunächst, auch nur teilweise, leistungsunfähige vorrangige Angehörige später leistungsfähig, so entfällt die Haftung des Nachrangigen ab diesem Zeitpunkt, und unterhaltspflichtig wird wieder der Vorrangige (RGRK/Mutschler Rz 2). Dieser schuldet den Unterhalt aber nur für die Zukunft, auch wenn er in der Lage wäre, zusätzlich Unterhalt für vergangene Zeiten nachzuzahlen (Pal/Diederichsen Rz 8).

6 **IV.** Die **Höhe** des Bedarfs des Berechtigten und somit das Maß des im Rahmen des Abs I vom Nachrangigen geschuldeten Unterhalts richtet sich zwar bei abgeleiteter Lebensstellung grundsätzlich nach der Lebensstellung der Eltern. Lebt das Kind aber auf Dauer bei den im Gegensatz zu den Eltern leistungsfähigen Großeltern, wird davon auszugehen sein, daß sich die Lebensstellung des Kindes von deren Einkommensverhältnissen ableitet (Pal/Diederichsen Rz 7; Staud/Engler Rz 8).

7 **C. Abs II S 1. I.** Im Unterschied zu Abs I steht die Haftung bei Abs II nicht statt der Haftung eines anderen sondern tritt ihr **kumulativ** als **Ersatzhaftung** hinzu. Der Berechtigte hat somit zunächst Ansprüche gegenüber zwei Schuldnern. Da die Ersatzhaftung nur subsidiär ist, entsteht keine Gesamtschuld iSv § 421 (Kropholler FamRZ 1965, 413 [419]; Staud/Engler Rz 9).

8 **II. Voraussetzungen.** Die Ersatzhaftung nach Abs II S 1 tritt ein, wenn die Rechtsverfolgung gegen einen unterhaltspflichtigen Verwandten im Inland ausgeschlossen oder erheblich erschwert ist.

9 **1.** Die **Rechtsverfolgung** ist im Inland gegen eine Person **ausgeschlossen**, die gem §§ 18 bis 20 GVG von der deutschen Gerichtsbarkeit befreit ist. Erfaßt ist wegen der Sperrwirkung der §§ 1594 I, 1600d IV der Fall des nichtehelichen Kindes vor gerichtlicher Feststellung oder Anerkenntnis der Vaterschaft (BGH FamRZ 1993, 696 zum früheren § 1600a; Wendl/Scholz § 2 Rz 546; Pal/Diederichsen Rz 11).

10 **2. Erheblich erschwert** ist die Rechtsverfolgung, wenn der Aufenthalt des Pflichtigen unbekannt ist (BGH FamRZ 1971, 571 [573]) oder ständig wechselt (RGRK/Mutschler Rz 5). Unter Rechtsverfolgung ist auch die **Vollstreckung** zu verstehen (Gernhuber/Coester-Waltjen § 45 V 4; RGRK/Mutschler Rz 5; Staud/Engler Rz 12). Daher liegen die Voraussetzungen des Abs II S 1 auch vor, wenn sich die Unterhaltsschuld auf lediglich **fiktive Einkünfte** gründet ohne daß pfändbares Einkommen oder Vermögen vorhanden ist (Karlsruhe FamRZ 1991, 971 [972]; Wendl/Scholz § 2 Rz 546) oder wenn eine Vollstreckung lediglich im Ausland in dortiges Vermögen Aussicht auf Erfolg hat (Staud/Engler Rz 17).

11 **III.** Sind von einem leistungsfähigen Elternteil Zahlungen nicht zu erlangen, findet Abs II S 1 auf **gleichrangig haftende Verwandte** entsprechende Anwendung (BGH FamRZ 1971, 571; RGRK/Mutschler Rz 4). Dies gilt aber nur soweit seine sonstigen Voraussetzungen auch vorliegen, beispielsweise der Aufenthalt des anderen unbekannt ist (BGH FamRZ 1989, 850 [851]; Pal/Diederichsen Rz 10). Erbringt der Elternteil die Leistungen jedoch freiwillig ohne daß die Rechtsverfolgung zumindest erheblich erschwert ist, kann Abs II S 2 keine analoge Anwendung finden, da andernfalls die Voraussetzungen des familienrechtlichen Ausgleichsanspruchs umgangen würden (BGH FamRZ 1989, 850 [851]).

12 Für die Annahme, in diesen Fällen bestehe eine **Ausfallhaftung** und ein Anspruch auf Begleichung der Schuld des unterhaltspflichtigen Elternteils aus dem Eltern-Kind-Verhältnis (so Johannsen/Henrich/Graba § 1606 Rz 11), fehlen gesetzliche Grundlagen. Unklar ist auch, welche Umstände gemeint sein sollen, unter denen vom barunterhaltspflichtigen Elternteil keine Zahlungen zu erlangen sind, ohne daß die Rechtsverfolgung erheblich erschwert ist, so daß auch für eine Ableitung einer Ausfallhaftung aus der Personensorge kein Raum ist (aA Staud/Engler § 1606 Rz 52).

13 **D. Abs II S 2. I.** Erbringt der nachrangige Verwandte den Unterhalt, geht der Unterhaltsanspruch des Berechtigten auf ihn gem Abs II S 2 über. Dieser **gesetzliche Übergang** erleichtert den Rückgriff des nur nachrangigen Verwandten.

14 **II. Voraussetzungen.** Im Unterschied zu Abs III erfaßt Abs II S 2 nur den Verwandten, der gem Abs I **unterhaltspflichtig** ist (Rauscher Rz 865). Abs II S 2 gilt entsprechend, soweit auch Abs II S 1 analoge Anwendung findet (BGH FamRZ 1971, 571), also bei gleichrangig haftenden Verwandten unter den übrigen Voraussetzungen des Abs II (Rz 11).

15 **III. Auswirkung des Übergangs.** Ob sich beim Übergang des Anspruch sein Charakter bei unberührter Identität ändert (so ua Gernhuber/Coester-Waltjen § 45 V 4) oder nicht, wie insbesondere der BGH meint (FamRZ 1981, 657; FamRZ 1982, 50; grundsätzlich ebenso Rauscher Rz 865), ist von geringer Bedeutung für die Frage, welche Vorschriften nach dem gesetzlichen Übergang gem § 412 auf ihn Anwendung finden (zutreffend Göppinger/van Els Rz 1694; Staud/Engler Rz 29).

16 In mancher Hinsicht bleibt der Anspruch unverändert:
– Die Verjährung ist die Einwendung iSd § 404, der gem § 412 Anwendung findet. Die kurze Verjährungsfrist des § 197 gilt somit weiter (RGRK/Mutschler Rz 6), was aus Schuldnerschutzgründen auch erforderlich ist.
– Gleiches gilt für § 1613 (inzwischen ganz hM: Staud/Engler Rz 32; Gernhuber/Coester-Waltjen § 45 V 4; Pal/Diederichsen § 1613 Rz 5; Nachweise zur früher ablehnenden hM bei Holzhauer, FS E. Wolf S 246 Fn 74 und Staud/Engler Rz 32f auch zu vermittelnden Ansichten). Zwar mag der ersatzweise Haftenden idR schutzwürdiger sein als der primär Unterhaltsberechtigte, wenn es darum geht, Unterhalt für die Vergangenheit geltend machen zu können. Der Zessionar kann aber weitgehend durch Mahnung, Klageerhebung oder Auskunftsverlangen verhindern, daß die für rückständigen Unterhalt geltenden Einschränkungen eintreten.
– Das Pfändungsvorrecht des § 850d I ZPO bleibt gem §§ 412, 401 II erhalten (Staud/Engler Rz 34ff mN zum Meinungsstand), allerdings rangmäßig hinter den Ansprüchen auf laufenden Unterhalt, die durch das Pfändungsvorrecht gem § 850d I S 2 ZPO in erster Linie gesichert (Staud/Engler Rz 36) und durch den Übergang nicht beeinträchtigt werden sollen, wie sich aus Abs IV ergibt.
– Der Auskunftsanspruch aus § 1605 geht mit dem Zahlungsanspruch über (s § 1605 Rz 5).

Andererseits benötigt der Zessionar die auf ihn übergegangene Forderung nicht für den laufenden Unterhalt und daher auch nicht den vollen Schutz des ursprünglichen Unterhaltsgläubigers. Der Anspruch wird daher pfändbar. Dies führt dazu, daß er entsprechend § 400 abgetreten werden kann (BGH FamRZ 1982, 50; Pal/Diederichsen Rz 13) und daß § 394 einer Aufrechnung nicht entgegensteht (Pal/Diederichsen Rz 13). 17

IV. Abs II verdrängt in seinem Anwendungsbereich, aber nicht darüber hinaus, die allgemeinen **Ersatzvorschriften** der Geschäftsführung ohne Auftrag und des Bereicherungsrechts (Gernhuber/Coester-Waltjen § 45 V 4; Staud/Engler Rz 39). Wegen der eigenen Verpflichtung des Zweitschuldners führt dieser kein fremdes Geschäft, und der Erstschuldner ist nicht bereichert, da seine Verpflichtung – nunmehr gegenüber dem Zessionar – bestehen bleibt. Mangels Gesamtschuldnerschaft (Rz 7) kommen auch keine Ausgleichsansprüche aus § 426 in Betracht. 18

E. Abs III S 1. I. Gem Abs III S 1 geht unter den Voraussetzungen des Abs II S 1 der Unterhaltsanspruch des Kindes gegen den Elternteil auch über, wenn ein **nicht unterhaltspflichtiger Verwandter** oder der **Stiefvater** bzw die **Stiefmutter** den Unterhalt leistet. Im Vergleich zu Abs II S 2 betrifft Abs III einerseits einschränkend nur den Kindesunterhalt, andererseits aber ausweitend auch Personen, die nicht unterhaltspflichtig sind. Mit der Regelung soll die Bereitschaft anderer Verwandter zu freiwilligen Unterstützungen gefördert werden (BT-Drucks 13/7338, 21). 19

II. Persönlicher Anwendungsbereich. Der Unterhaltsanspruch kann auch auf nicht unterhaltspflichtige Verwandte, insbesondere Geschwister, aber auch Onkel bzw Tante übergehen. Lediglich Verschwägerte, § 1590, sind nicht erfaßt. 20

III. Voraussetzungen. Die Leistung „anstelle des Elternteils" muß nicht mit Fremdgeschäftsführungswillen erfolgt sein. Es genügt vielmehr, daß das Kind vom Elternteil geschuldete Mittel von den Leistenden erhalten hat unabhängig davon, ob dieser sich für pflichtig hielt oder nicht (vgl Staud/Engler Rz 45). Erforderlich ist, daß auch die Voraussetzungen von Abs II S 1 vorliegen, also die Rechtsverfolgung im Inland ausgeschlossen oder erheblich erschwert ist (hierzu Rz 8ff). Es wird also auch im Rahmen des Abs III die freiwillige Unterstützung nicht durchgehend mit dem Übergang des Unterhaltsanspruchs belohnt. 21

F. Abs III S 1 gilt gem **Abs III S 2** auch, wenn dem Kind ein **Dritter als Vater** Unterhalt gewährt. Dies kann der Ehemann der Mutter sein, der gem § 1592 als Vater gilt, aber auch derjenige der, ohne daß die Voraussetzungen des § 1592 vorliegen, irrtümlich von seiner Vaterschaft ausgegangen ist (Pal/Diederichsen Rz 16; Staud/Engler Rz 45). Schuldet der tatsächliche Vater dem Kind gem § 1606 III S 1 nur **anteilig Barunterhalt**, geht auch nur dieser Anteil über und muß berechnet werden (München FamRZ 2001, 251). 22

Für die **Geltendmachung** des übergegangenen Anspruchs muß die Vaterschaft gem §§ 1594 I, 1600d IV anerkannt oder festgestellt sein (BGH NJW 1993, 1195).

Zwar gelten die Einschränkungen des **§ 1613 I** grundsätzlich auch für den übergegangenen Unterhaltsanspruch (s Rz 16), gem § 1613 II Nr 2 jedoch nicht, soweit der Berechtigte aus rechtlichen Gründen gehindert war, den Unterhaltsanspruch geltend zu machen, und somit nicht vor Anerkennung oder Feststellung der Vaterschaft gem §§ 1594 I, 1600d IV. 23

G. Abs IV. I. Abs IV bestimmt, daß der Übergang nicht zum Nachteil des Unterhaltsberechtigten geltend gemacht werden kann. Dies führt insbesondere dazu, daß eigene Ansprüche des Unterhaltsberechtigten gegenüber dem übergegangenen Anspruch vorrangig sind. Die Ansprüche des Berechtigten können aus anderen Zeiträumen herrühren als die des Zessionars oder auch Restansprüche nach teilweiser Erfüllung durch den Dritten sein. – Das Benachteiligungsverbot gilt nur für die aus dem Unterhalsverhältnis resultierenden Ansprüche, da mit ihm auf der Lebensbedarf des Berechtigten gesichert werden soll (Staud/Engler Rz 49). 24

II. Das Benachteiligungsverbot des Abs IV bewirkt, daß der übergegangene Anspruch nicht als sonstige Verpflichtung iSd § 1603 berücksichtigt werden darf (Gernhuber/Coester-Waltjen § 45 V 4). Im Vollsteckungsverfahren verhindert es, daß die übergeleiteten Ansprüche durchgesetzt werden, wenn es erkennbar möglich ist, daß dies zum Ausfall eines Anspruchs des Berechtigten führt (Staud/Engler Rz 51). Tritt diese Möglichkeit bereits im Erkenntnisverfahren deutlich zutage, ist Abs IV schon hier anzuwenden (KG FamRZ 2000, 441). 25

H. Neben § 1607 ist in der Rspr ein **familienrechtlicher Ausgleichsanspruch** anerkannt für Fälle, in denen ein Elternteil allein für den Unterhalt eines gemeinsamen Kindes aufgekommen ist, obwohl auch der andere dem Kind unterhaltspflichtig war. S hierzu die Kommentierung bei § 1606 Rz 35ff. 26

§ 1608 *Haftung des Ehegatten oder Lebenspartners*

Der Ehegatte des Bedürftigen haftet vor dessen Verwandten. Soweit jedoch der Ehegatte bei Berücksichtigung seiner sonstigen Verpflichtungen außerstande ist, ohne Gefährdung seines angemessenen Unterhalts den Unterhalt zu gewähren, haften die Verwandten vor dem Ehegatten. § 1607 Abs. 2 und 4 gilt entsprechend. Der Lebenspartner des Bedürftigen haftet in gleicher Weise wie ein Ehegatte.

A. Gegenstand. Die Vorschrift regelt die Reihenfolge, in der der Ehegatte und der Lebenspartner einerseits und die Verwandten andererseits dem Unterhaltsberechtigten als Pflichtige haften. 1

B. Anwendungsbereich. § 1608 setzt eine **bestehende Ehe** bzw Lebenspartnerschaft voraus. Nach Scheidung bzw Aufhebung der Ehe gelten § 1584 S 1 bzw bei Aufhebung § 1318 II für den Ehegatten und §§ 16 II S 2 LPartG iVm 1584 S 1 für den Lebenspartner. **Auf eine eheähnliche** Lebensgemeinschaft ist die Vorschrift nicht anzuwenden, da eine gesetzliche Unterhaltspflicht für sie nicht vorgesehen ist (Staud/Engler Rz 4; RGRK/Mutschler Rz 2). 2

§ 1608

3 **C. Rangordnung. I.** Der **Ehegatte** bzw Lebenspartner haftet vor den Verwandten, S 1 und S 4. Dies gilt sowohl für den Familienunterhalt gem §§ 1360, 1360a als auch für den Trennungsunterhalt gem § 1361.
Der Vorrang des Ehegatten betrifft den gesamten Bedarf, insbesondere auch die Kosten einer Ausbildung. Haben sich die Eheleute auf die Durchführung bzw Fortsetzung einer Ausbildung geeinigt, gehören die Kosten der Ausbildung als persönliche Bedürfnisse iSd § 1360a I zum Familienunterhalt, für den vorrangig der Ehegatte aufzukommen hat (BGH FamRZ 1985, 353; Staud/Engler Rz 9; Göppinger/Bäumel Rz 884; aA Rauscher Rz 862 bei Aufnahme der Ausbildung mit Einverständnis der Eltern). Erst dann, wenn der Ehegatte nicht leistungsfähig iSd § 1608 S 2 ist, haften die Verwandten. Dies kann der Fall sein, weil beide Eheleute sich in der Ausbildung befinden (Hamburg FamRZ 1989, 95).
Mit der Eheschließung des Kindes endet wegen des Vorrangs des Ehegatten grundsätzlich die Unterhaltspflicht der Eltern. Der Bedarf des Kindes richtet sich nunmehr nach den ehelichen Lebensverhältnissen (§ 1610 Rz 24), was dazu führen kann, daß er wegen beengter finanzieller Verhältnisse in der Ehe sinkt.

4 **II. S 2. 1.** Soweit der Ehegatte des Bedürftigen unter Berücksichtigung seiner sonstigen Verpflichtungen außerstande ist, ohne Gefährdung seines angemessenen Unterhalts zu gewähren, er also nicht hinreichend leistungsfähig ist, haften gem S 2 vor dem Ehegatten die **Verwandten**, idR die Eltern. Diese Regelung entspricht der Bestimmung des § 1603 II S 3 zur Unterhaltspflicht der Verwandten untereinander.

5 **2.** Beim Ehegattenunterhalt enthält das Gesetz weder zum Familien- noch zum Trennungsunterhalt eine ausdrückliche Regelung der Leistungsfähigkeit und eine Bestimmung des **angemessenen Unterhalts** des Pflichtigen. Lediglich beim nachehelichen Unterhalt ist in § 1581 eine Regelung vorhanden, die beim Trennungsunterhalt entsprechend anwendbar ist. Der angemessene Unterhalt iSd § 1581 entspricht dem eheangemessenen Unterhalt iSd § 1578 (BGH FamRZ 1990, 260; Wendl/Gutdeutsch § 4 Rz 568) und kann bei engen finanziellen Verhältnissen niedrig sein. § 1608 S 2 geht aber wie § 1603 II S 3 davon aus, daß dem Pflichtigen zumindest der sog große oder angemessene Selbstbehalt zu verbleiben hat, wenn weitere Unterhaltspflichtige vorhanden sind (Göppinger/Kodal Rz 1533; Staud/Engler Rz 12; Zweibrücken FamRZ 1987, 590).

6 **3.** Bei den **sonstigen Verpflichtungen**, die gem S 2 zu berücksichtigen sind, handelt es sich insbesondere um Unterhaltspflichten. Ob sie zu anzurechnen sind hängt zunächst von §§ 1609 II und 1582 ab. Soweit Kinder danach gegenüber dem Ehegatten nachrangig sind, also weder minderjährig noch unverheiratet und auch nicht privilegiert (hierzu § 1603 Rz 116ff), sind ihre Unterhaltsansprüche auch im Rahmen des § 1608 nicht zu beachten. Gleichrangige Unterhaltspflichten gegenüber den übrigen Kindern sind dagegen zu berücksichtigen, allerdings nur anteilig mit dem Betrag, der bei einer Mangelverteilung auf sie entfällt (RGRK/Mutschler Rz 5; Staud/Engler Rz 13; aA Soergel/Lange Rz 3; FamGb/Griesche Rz 3).

7 Ob **Kreditlasten** als sonstige Verpflichtungen zu berücksichtigen sind, hängt von einer umfassenden Interessenabwägung der Belange der Beteiligten ab (vgl § 1603 Rz 86).

8 **D.** Die Verwandten haften über S 3 auch in den Fällen des § 1607 II S 1, also wenn die Rechtsverfolgung gegen den Ehegatten im Inland ausgeschlossen oder erheblich erschwert ist. Der Unterhaltsanspruch geht dann auf sie über, § 1607 II S 2, was aber nicht zum Nachteil des Unterhaltsberechtigten geltend gemacht werden kann, § 1607 IV. Haften die Verwandten dagegen wegen Leistungsunfähigkeit des Ehegatten, können sie keinen Regreß nehmen. – Zu den Voraussetzungen und Auswirkungen von § 1607 II und IV wird auf die Kommentierung zu § 1607 verwiesen.

1609 *Rangverhältnisse mehrerer Bedürftiger*

(1) Sind mehrere Bedürftige vorhanden und ist der Unterhaltspflichtige außerstande, allen Unterhalt zu gewähren, so gehen die Kinder im Sinne des § 1603 Abs. 2 den anderen Kindern, die Kinder den übrigen Abkömmlingen, die Abkömmlinge den Verwandten der aufsteigenden Linie und unter den Verwandten der aufsteigenden Linie die näheren den entfernteren vor.

(2) Der Ehegatte steht den Kindern im Sinne des § 1603 Abs. 2 gleich; er geht anderen Kindern und den übrigen Verwandten vor. Ist die Ehe geschieden oder aufgehoben, so geht der unterhaltsberechtigte Ehegatte den anderen Kindern im Sinne des Satzes 1 sowie den übrigen Verwandten des Unterhaltspflichtigen vor.

1 **A. Allgemeines. I. Regelungsinhalt.** Die Vorschrift regelt die **Rangfolge mehrerer Bedürftiger** im Fall unzureichender Leistungsfähigkeit des Pflichtigen. Ihr entsprechen §§ 1606 bis 1608, die umgekehrt die Reihenfolge festlegen, in der mehrere potentiell Verpflichtete einem Berechtigten haften.

2 **Mangelnde Leistungsfähigkeit** liegt schon vor, wenn der Pflichtige nicht in der Lage ist, beim Ehegattenunterhalt unter Wahrung seines eigenen angemessenen Unterhalts den vollen Unterhalt des Ehegatten zu zahlen oder beim Kindesunterhalt Bedarfskontrollbeträge nicht gewahrt sind. Als absoluter (so BGH zB FamRZ 2003, 363), verschärfter oder echter **Mangelfall** wird die Konstellation bezeichnet, daß der Pflichtige nicht fähig ist, unter Wahrung seines Selbstbehalts den offenen, notwendigen Bedarf eines oder mehrerer Unterhaltsberechtigter zu erfüllen (Kalthoener/Büttner/Niepmann Rz 100).

3 Ob ein solcher Mangelfall vorliegt, ist auch nach der Entscheidung BGH FamRZ 2003, 363 unter Zugrundelegung von individuell ermittelten Bedarfsbeträgen zu prüfen, bei denen der BGH zutreffend davon ausgeht, daß es keine Mindestbedarfssätze gibt (BGH FamRZ 2003, 363 [366]; s auch § 1610 Rz 52).

4 Sind mehrere Bedürftige vorhanden, müssen die zur Verfügung stehenden Mittel auf sie verteilt werden. Dies geschieht nicht, indem alle Bedürftige gleichmäßig bedacht werden, sondern die Berechtigten werden der Reihe nach in einer **Rangordnung** berücksichtigt, die § 1609 aufstellt und zwar zusammen mit § 1582 (Zusammentreffen von Unterhaltsansprüchen eines jetzigen und eines geschiedenen Ehegatten), § 1615 I III (Anspruch der Mutter bzw des Vaters eines nichtehelichen Kindes gegenüber dem andern Elternteil) und § 16 III LPartG (Anspruch des jetzigen und früheren eingetragenen Lebenspartners).

II. Mehrere Bedürftige. 1. § 1609 findet nur Anwendung, wenn mehrere Bedürftige vorhanden sind. Als verhaltener Anspruch (s vor § 1601 Rz 6) ist ein Unterhaltsanspruch eines weiteren Bedürftigen solange nicht zu berücksichtigen, wie er weder **geltend gemacht** wird noch auf ihn freiwillige Zahlungen erbracht werden (Staud/Engler Rz 6; Pal/Diederichsen Rz 1). Für die Vergangenheit gilt dies, weil der Pflichtige insoweit wegen § 1613 nicht in Anspruch genommen werden kann und somit nicht die Gefahr droht, daß die zur Verfügung stehenden Mittel sich nachträglich mindern (Göppinger/Kodal Rz 1585). Auch für die Zukunft ist eine Berücksichtigung nicht angemessen, weil der Pflichtige grundsätzlich Abänderung eines Titels beantragen kann, sobald ein weiterer Berechtigter einen – zumindest gleichrangigen – Anspruch geltend gemacht hat.

2. Ob und inwieweit mehrere Bedürftige vorhanden sind, richtet sich im übrigen grundsätzlich nach **materiellem Recht** und nicht danach, ob und in welcher Höhe im Verhältnis des Pflichtigen zu einem Dritten Unterhaltstitel vorhanden sind (BGH FamRZ 1990, 1091 [1094]; FamRZ 1992, 797) oder freiwillige Zahlungen erbracht werden. Dabei sind die Ansprüche der weiteren Berechtigten ungeachtet eines höheren Titels nur so zu berücksichtigen, wie dies bei einer gleichzeitigen Entscheidung auch über sie zu geschehen hätte (BGH FamRZ 1992, 797 [798f]; Schwab/Borth IV Rz 1085). Es ist ggf Aufgabe des Pflichtigen, Abänderung eines **Titels** zu beantragen, wenn dieser der materiellen Rechtslage nicht entspricht und freiwillige Zahlungen einzustellen.

Zu beachten sind zu hohe Titel und Zahlungen jedoch, wenn der Unterhaltsverpflichtete gerade auf Verlangen des Unterhaltsberechtigten in der Vergangenheit für den Dritten (zB ein gemeinsames Kind) mehr gezahlt hat als geschuldet war.

III. Vereinbarungen. Die gesetzliche Rangordnung ist für das Gericht bindend (Pal/Diederichsen Rz 6; MüKo/Born Rz 17). Sie kann aber durch Vereinbarung der Beteiligten abgeändert werden, soweit nicht gegen das Verzichtsverbot des § 1614 I verstoßen wird oder dies zu Lasten Dritter, zB des Sozialhilfeträgers, geht (Staud/Engler Rz 12; Göppinger/Kodal Rz 1581).

B. Rangordnung. II. 1. Rang. Abs I regelt die Reihenfolge der Verwandten untereinander. An erster Stelle stehen die **Kinder** iSd § 1603 II. Das sind die minderjährigen unverheirateten Kinder, § 1603 II S 1, sowie die ihnen gleichgestellten volljährigen, noch nicht 21 Jahre alten unverheirateten Kinder, die sich noch in der allgemeinen Schulausbildung befinden, § 1603 II S 2. Zu den Voraussetzungen des § 1603 II S 2 im einzelnen s § 1603 Rz 116ff. Andere volljährige Kinder haben dagegen nicht den gleichen Rang wie die minderjährigen, auch nicht im Fall von Geschäftsunfähigkeit oder Behinderung (BGH FamRZ 1984, 683; FamRZ 1986, 46 [49]).

Den Kindern iSv § 1603 II steht gem **Abs II S 1** der **Ehegatte** gleich. Unter Ehegatte ist nicht nur der verheiratete sondern auch der geschiedene Ehegatte zu verstehen (BGH FamRZ 1983, 678 [680]; FamRZ 1987, 252 [254]). Zwar heißt es in Abs II S 2 zum geschiedenen Ehegatten lediglich, daß er anderen Kindern sowie den übrigen Verwandten vorgeht. Er ist gegenüber dem verheirateten Ehegatten vorrangig gem § 1582 in mehreren Fällen vorrangig und kann daher keinen schlechteren Rang haben als dieser (Kalthoener/Büttner/Niepmann Rz 96).

Widersprüchlich sind die gesetzlichen Bestimmungen in dem Fall, daß der Pflichtige einem neuen und einem geschiedenen Ehegatten nebst Kindern aus der geschiedenen Ehe unterhaltspflichtig ist (Dieckmann FamRZ 1977, 161 [163]). Nach dem Wortlaut des § 1582 ist der neue Ehegatte dem geschiedenen Ehegatten gegenüber nachrangig, beide sind aber gegenüber den Kindern nach dem Wortlaut des § 1609 gleichrangig. Dieser Widerspruch ist vom BGH im Wege der teleologischen Reduktion dahin aufgelöst worden, daß in diesem Fall der neue Ehegatte den Kindern gegenüber nachrangig ist (FamRZ 1988, 705 [707]; FamRZ 1992, 539). Dies gilt allerdings nur, wenn eine Unterhaltspflicht auch gegenüber dem geschiedenen Ehegatten besteht. Konkurrieren lediglich Ansprüche von Kindern mit denen eines Ehegatten, bleibt es beim Gleichrang gem § 1609 II S 1 (Hamm FamRZ 1993, 1237; München FamRZ 1999, 251; Staud/Engler Rz 30). Eine Ausnahme gilt, wenn der geschiedene Ehegatte lediglich wegen eines Verzichts gem § 1587c keinen Anspruch auf Unterhalt hat. Weder kann idR davon ausgegangen werden, daß mit dem Verzicht auch die Rangordnung zu Lasten der eigenen Kinder verändert werden soll noch wäre dies mit dem Verbot auf Verzicht künftigen Kindesunterhalts, § 1614 I, vereinbar.

2. Im **2. Rang** stehen Unterhaltsansprüche der nichtehelichen Mutter bzw des Vaters des nichtehelichen Kindes gegenüber dem anderen Elternteil. Sie gehen den Ansprüchen der Kinder iSd § 1603 II und der Ehefrau nach und den übrigen Verwandten des anderen Elternteils vor, § 1615 I III S 3 und IV S 2.

3. In die **3. Rangstufe** fallen die **übrigen Kinder**, also die volljährigen, nichtprivilegierten bzw verheirateten, § 1609 II S 2, die dem früheren Lebenspartner vorgehen, § 16 III LPartG. Dies gilt trotz der systematischen Stellung des § 16 III LPartG auch bei bestehender Partnerschaft (Pal/Brudermüller § 16 LPartG Rz 16).

4. Den **4. Rang** belegen **Lebenspartner** nach aufgehobener aber auch bei bestehender (vgl Rz 12) Partnerschaft. Sie gehen lediglich den übrigen Verwandten, nicht den nichtprivilegierten Kindern vor, § 16 III LPartG.

5. Im **5. Rang** stehen die **anderen Abkömmlinge**, also insbesondere Enkelkinder, Abs I.

6. Den letzten Rang haben **weitere Verwandte in der aufsteigenden Linie**, und zwar die näheren vor den entfernteren, also Eltern vor Großeltern, Abs I.

C. Mangelverteilung. I. Struktur. 1. Ob ein Mangelfall (Begriff s Rz 2) vorliegt, ist auch nach der Entscheidung BGH FamRZ 2003, 363 unter Zugrundelegung von individuell bestimmten Bedarfsbeträgen zu ermitteln (s Rz 3). Wird ein Mangelfall mit mehreren Bedürftigen festgestellt, erfolgt eine sog Mangelverteilung.

§ 1609

17 2. Die verteilbaren Mittel sind zunächst auf die Berechtigten verhältnismäßig zu verteilen, die den **besseren Rang** haben (BGH FamRZ 1985, 357 [360]; Wendl/Gutdeutsch § 5 Rz 54; Gernhuber/Coester-Waltjen § 45 V 3). Bevor ein nachrangig Berechtigter zum Zuge kommen kann, ist der Bedarf der Vorrangigen zunächst in voller Höhe zu befriedigen (BGH FamRZ 1988, 705). Wird die Verteilungsmasse hierbei nicht vollständig verbraucht, erfolgt anschließend eine Aufteilung des Restes auf die nächstrangigen Berechtigten (s Rz 27f).

18 3. Unter Berechtigten mit **gleichem Rang** erfolgt die Mangelverteilung in **mehreren Schritten**:
– Zunächst ist die **Summe** der einzelnen **Einsatzbeträge** (s Rz 19ff) zu ermitteln. Deren Bezeichnung als Gesamtbedarf ist überholt, da die Einsatzbeträge nicht mit dem Bedarf übereinstimmen müssen (vgl BGH FamRZ 2003, 363 [366]; s Rz 3).
– Sodann ist zu klären, welche Mittel auf seiten des Pflichtigen zur Verfügung stehen (Rz 22). Diese werden als **Verteilungsmasse** oder auch Deckungsmasse bezeichnet.
– Es wird eine **Mangelquote** gebildet, indem die Deckungsmasse durch die Summe der Einsatzbeträge dividiert wird.
– Den Berechtigten steht als Unterhalt zu das **Produkt** gebildet aus Mangelquote und jeweiligem Einsatzbetrag.
– Zuletzt hat eine **Angemessenheitskontrolle** zu erfolgen (Rz 30).

19 II. **Höhe der Einsatzbeträge. 1.** Ziel der Mangelfallberechnung muß es sein, die zur Verfügung stehenden Mittel **angemessen** zu verteilen. Entscheidend für ein angemessenes Ergebnis ist die Wahl der Einsatzbeträge. Ihr Ansatz hat wegen des gleichen Rangs der Berechtigten nach gleich strengen Maßstäben zu erfolgen. Handelt es sich bei den Berechtigten allein um mehrere Kinder, bestehen keine Probleme, da die Tabellensätze einer Einkommensgruppe bei allen Altersstufen demselben Prozentsatz des Regelbetrages entsprechen. Schwierigkeiten ergeben sich bei konkurrierenden gleichrangigen Unterhaltsansprüchen von Kindern und Ehegatten, insbesondere soweit der Ehegattenunterhalt vom Kindesunterhalt abhängt als bei seiner Berechnung Kindesunterhaltsbeträge vor der Quotenbildung grundsätzlich vom Einkommen vorweg in Abzug gebracht werden.

20 Der BGH hat seine frühere Rspr, daß bei allen Berechtigten auch im Mangelfall ein **individueller** dem Bedarf entsprechender **Einsatzbetrag** zu bestimmen sei und insbesondere beim Ehegatten kein fester Mindestbedarfssatz in Höhe des notwendigen Selbstbehalts verwandt werden dürfe (BGH FamRZ 1997, 806 [808]; FamRZ 1995, 346; FamRZ 1988, 705; ebenso Wendl/Gutdeutsch § 5 Rz 180; dagegen ua Kalthoener/Büttner/Niepmann Rz 101f; Hampel FamRZ 1989, 113 [120]) aufgegeben (BGH FamRZ 2003, 363). Er stellt nunmehr in die Mangelverteilung keine Bedarfssätze sondern das sog **Existenzminimum** ein, und zwar für Ehegatten wie Kinder gleichermaßen (BGH FamRZ 2003, 363 [365]).

21 2. Als Existenzminimum werden bei den **Kindern** 135 % des Regelbetrages eingesetzt (BGH FamRZ 2003, 363 [365f]; Luthin/Schumacher Rz 3322). Für **privilegierte Volljährige** iSd § 1603 II S 2 (s § 1603 Rz 116ff) erscheinen 135 % des Tabellenbetrages der 4. Altersstufe der Düsseldorfer Tabelle angemessen, sowohl in Relation zu den jüngeren Kindern als auch zum Ehegatten. Soweit einzelne Oberlandesgerichte in ihren Leitlinien die 4. Altersstufe nicht anerkennen (s § 1610 Rz 28), wird davon auszugehen sein, daß sie auf die 3. Altersstufe abstellen (so Leitlinie KG Nr 23.2.1; in den Leitlinien von Naumburg und Rostock fehlt eine Regelung).

22 3. Beim **Ehegatten** entspricht das Existenzminimum dem notwendigen Selbstbehalt, also beim Erwerbstätigen 840 Euro und beim Nichterwerbstätigen 730 Euro bzw in den Beitrittsgebieten 775/750 Euro bzw 675/650 Euro (s § 1603 Rz 103). Lebt der Ehegatte mit dem Pflichtigen im gemeinsamen Haushalt, reduziert sich der Selbstbehalt aufgrund häuslicher Ersparnisse auf 615 Euro (erwerbstätig) bzw 535 Euro (nichterwerbstätig) (s Düsseldorfer Tabelle [§ 1610 Rz 67] Anm B.VI.; vgl BGH FamRZ 2003, 363 [366]), bzw 565 Euro und 495 Euro in den Beitrittsgebieten (Leitlinien KG Nr 23.2.3).

23 4. Verfügt ein Berechtigter über **eigene Einkünfte**, die den Bedarf teilweise decken, sind diese vorab vom Einsatzbetrag abzuziehen und lediglich die Differenz – als offener Betrag – ist in die Verteilung einzustellen (vgl Wendl/Gutdeutsch § 5 Rz 225).

24 5. Das **Kindergeld** berührt den Einsatzbetrag nicht. Es wird erst nach der Mangelberechnung gem § 1612b angerechnet (BGH FamRZ 2003, 363 [367]; FamRZ 1997, 806; Kalthoener/Büttner/Niepmann Rz 109), wobei jedenfalls bei minderjährigen Kindern wegen der Einschränkung in § 1612b V eine Anrechnung im Mangelfall ohnehin unterbleibt (s § 1612b Rz 16ff).

25 6. Die Rspr des BGH wird die Praxis bestimmen und sie ist zu begrüßen. Der **Vorteil** ihrer Trennung von Bedarf und Einsatzbetrag ist ihr ausgewogenes Ergebnis. Beim Zusammentreffen von Ehegatten- und Kindesunterhalt führte die frühere Rspr zu erheblichen Schieflagen und diese wiederum zu zahlreichen Alternativvorschlägen. Schwierigkeiten ergaben sich bei der früheren Rspr, die allein den – offenen – Bedarf als Einsatzbetrag wählte, insbesondere insoweit, als bei der Berechnung des Ehegattenunterhalts der die ehelichen Lebensverhältnisse prägende Kindesunterhalt grundsätzlich vorweg abgezogen wird (BGH FamRZ 1997, 806 [810]; Staud/Engler Rz 25; vgl BGH FamRZ 2003, 363 [364f]). Dies konnte insbesondere wenn mehrere Kinder zu berücksichtigen sind dazu führen, daß für den Ehegatten lediglich noch Beträge verblieben, die in keinem ausgewogenen Verhältnis zu den Einsatzbeträgen der Kinder standen (Wendl/Gutdeutsch Nachtrag 5. Aufl, S 9 mit Übersicht). Es ging zu weit, bei der Bemessung des Bedarfs den Einsatz von einem Abzug des Kindesunterhalts völlig abzusehen (so aber Düsseldorf FamRZ 1998, 851 [854]; Frankfurt FamRZ 2001, 1477 [1479]), da die für den Ehegatten zur Verfügung stehenden Mittel in einer Ehe, die auch durch die Lasten des Kindesunterhalts geprägt ist, geringer sind als in kinderloser Ehe. In diesen Fällen mußte je nach den konkreten Umständen jedoch eine Korrektur erfolgen. Zumindest dann, wenn sich der Bedarf des Ehegatten nach Abzug des vollen Kindesunterhalts mit einem Betrag unterhalb des Regelbetrages der 3. Altersstufe errechnete, wurde vorgeschlagen, den Ehegattenunterhalt zweistufig zu berechnen. In der 1. Stufe sollte vorläufig eine Mangelquote den Kindesunterhalt bestimmen. Dabei erfolgte ein voller Vorwegabzug des Kindesunterhalts bei der Berechnung des Ehegattenunterhalts. In der 2. Stufe wurde sodann nur diese Kindesunterhaltsquote bei der Berechnung des Ehegattenunterhalts vorweg abgezogen, und der so errechnete Ehegattenunterhalt wurde als Einsatzbetrag für die endgültige Mangelverteilung genommen (Wendl/Gutdeutsch § 5 Rz 231d). Auch kann der individuelle Bedarf des Ehegatten kaum unter dem des Kindes liegen, so daß der Regelbetrag der 3. Altersstufe als Bedarf nicht unterschritten werden sollte (so Hoppenz FamRZ 1999, 1473 [1476]; Rauscher Rz 884).

Dieser Vorteil der geänderten Rspr des BGH überwiegt eindeutig den **Nachteil** der aufwendigen Mehrfachberechnung, die erforderlich ist, da zunächst mittels konkreter Bedarfssätze erst das Vorliegen des Mangelfalls festzustellen ist, die Mangelverteilung sodann mit vom Bedarf abweichenden Einsatzbeträgen erfolgt, und das Ergebnis sodann im Rahmen der Angemessenheitskontrolle insbesondere in Hinblick auf den individuellen Bedarf zu überprüfen ist. **26**

Dieser Aufwand ist auch nicht erforderlich, wenn **lediglich** Ansprüche auf **Kindesunterhalt** zu berücksichtigen sind (Rz 19). In diesen Fällen kann weiterhin der Bedarf der Kinder in Höhe des Tabellenunterhalts als Einsatzbetrag gewählt werden und der Tabellenunterhalt kann entweder der ersten Einkommensgruppe, entsprechend dem Regelbetrag, entnommen werden (Büttner/Niepmann NJW 2002, 2283 [2284]), da der Bedarfskontrollbetrag einer höheren Einkommensgruppe nicht gewahrt sein wird, oder der Einkommensgruppe, die dem Einkommen des Pflichtigen entspricht (so früher wohl generell BGH in FamRZ 1997, 806; Schwab/Borth IV Rz 1114).

Der **Gefahr**, daß durch die Wahl von Einsatzbeträgen, die oberhalb des individuellen Bedarfs liegen, im Einzelfall unangemessene Ergebnisse erzielt werden, ist durch eine Kontrollberechnung im Rahmen der Angemessenheitsprüfung zu begegnen (s Rz 18 u 30).

III. 1. Die **Verteilungsmasse** ist der Teil des Einkommens des Pflichtigen, der den Selbstbehalt überschreitet und der somit für Unterhaltszwecke zur Verfügung steht. Der Selbstbehalt braucht nicht gegenüber allen Berechtigten gleich hoch zu sein (Wendl/Gutdeutsch § 5 Rz 1). Die Rspr hat für die verschiedenen Unterhaltsverhältnisse unterschiedliche Selbstbehaltssätze entwickelt, die als notwendiger, angemessener und billiger Selbstbehalt bezeichnet werden (Einzelheiten s § 1603 Rz 96ff). **27**

Zwar ist die Bemessung des Selbstbehalts Aufgabe des Tatrichters. Dieser kann sich in aller Regel allerdings an diese Werte der Leitlinien halten, wenn nicht im Einzelfall besondere Umstände eine Abweichen erfordern (BGH FamRZ 1982, 365). Dies kommt insbesondere in Betracht, wenn die Wohnkosten vom im Selbstbehalt enthaltenen Wohnanteil abweichen, Ersparnisse aufgrund gemeinsamer Haushaltsführung eintreten, der eigene Unterhalt in einer neuen Ehe gesichert ist oder Mehrbedarf auf seiten des Pflichtigen besteht (s im einzelnen § 1603 Rz 106ff).

Der Selbstbehalt kann bei der Mangelverteilung nicht um den Bedarf eines im Haushalt des Verpflichteten lebenden Kindes mit der Begründung erhöht werden, der Pflichtige müßte andernfalls von seinem Selbstbehalt noch dem Kind etwas abgeben (so aber Schleswig FamRZ 1987, 95). Dies ist mit dem Gleichrang der Kinder nicht zu vereinbaren.

2. Bei **unterschiedlicher Verteilungsmasse** aufgrund unterschiedlicher Selbstbehaltssätze (Rz 27) erfolgt die Berechnung in mehreren Stufen. In der ersten Stufe wird als Verteilungsmasse die Differenz des anrechenbaren Einkommens zum höheren Selbstbehalt eingestellt. In der bzw den nächsten Stufen werden die in erster Stufe gekürzten Einsatzbeträge der Personen, denen gegenüber der niedrigere Selbstbehalt gilt, anteilig mit der weiteren Verteilungsmasse aufgefüllt (BGH FamRZ 1992, 539 [540]; Hamm FamRZ 1991, 78 [80]; Wendl/Gutdeutsch § 5 Rz 57; Staud/Engler Rz 25). **28**

Beispiel: M, 2 mal geschieden, aus der Zeit vor 1. Ehe ein Kind K 1, 15 Jahre, aus erster Ehe ein weiteres Kind K 2, 10 Jahre, die erste Ehefrau ist wieder verheiratet, die zweite Ehefrau F krankheitsbedingt erwerbsunfähig und ohne eigene Einkünfte (mit einem billigen Selbstbehalt des M gegenüber der geschiedenen 2. Ehefrau von 920 Euro [vgl Nr 21.4.1 Hammer Leitlinien] und einem notwendigen Selbstbehalt gegenüber den minderjährigen Kindern von 840 Euro). Einsatzbeträge der Kinder in Höhe von 135 % der Regelbeträge Stand 1. 7. 2003, der mit dem Pflichtigen zusammenlebenden 2. Ehefrau in Höhe von 730 Euro als Einsatzbetrag bei niedrigerem konkreten Bedarf unter Berücksichtigung des Kindesunterhalts ($1400 - 284 - 241 = 875$; $\times \, ^{3}/_{7} = 375$). **29**

Einkommen M:	1400 Euro
Einsatzbetrag K 1 (135 % Regelbetrag 3. Altersstufe)	384 Euro
Einsatzbetrag K 2 (135 % Regelbetrag 2. Altersstufe)	326 Euro
Einsatzbetrag der 2. Ehefrau F	730 Euro
Summe der Einsatzbeträge (384 + 326 + 730)	1440 Euro
Selbstbehalt 1. Stufe:	920 Euro
Verteilungsmasse 1. Stufe (1400 – 920):	480 Euro
Mangelquote 1. Stufe (480 : 1440):	33,33 %
Anspruch K 1 1. Stufe (384 × 33,33 %):	128 Euro
Anspruch K 2 1. Stufe (326 × 33,33 %):	108,67 Euro
Anspruch F 1. Stufe (730 × 33,33 %):	243,33 Euro
Selbstbehalt 2. Stufe:	840 Euro
Verteilungsmasse 2. Stufe (920 – 840):	80 Euro
offener Einsatzbetrag K 1 (384 – 128):	256 Euro
offener Einsatzbetrag K 2 (326 – 108,67):	217,33 Euro
Summe der Einsatzbeträge 2. Stufe (256 + 217,33):	473,33 Euro
Mangelquote 2. Stufe (80 : 473,33):	16,90 %
Anspruch K 1 2. Stufe (256 × 16,90 %):	43,26 Euro
Anspruch K 2 1. Stufe (217,33 × 16,90 %):	36,73 Euro

§ 1609

Unterhaltsansprüche:
K 1: (128 + 43,26 = 171,26) rund ... 171 Euro
K 2 (108,67 + 36,73 = 145,40) rund ... 145 Euro
F (243,33) rund ... 243 Euro

30 IV. Angemessenheitskontrolle. Wie stets ist das Ergebnis einer Unterhaltsberechnung auf seine Angemessenheit zu überprüfen. Erfolgt die Mangelfallberechnung mit Einsatzbeträgen, die oberhalb der Bedarfsbeträge liegen (Rz 19ff), darf die Mangelverteilung insbesondere nicht dazu führen, daß der dem einzelnen Berechtigten geschuldete Unterhalt oberhalb des individuellen Bedarfs liegt (vgl BGH FamRZ 2003, 363 [366]).

1610 *Maß des Unterhalts*

(1) **Das Maß des zu gewährenden Unterhalts bestimmt sich nach der Lebensstellung des Bedürftigen (angemessener Unterhalt).**

(2) **Der Unterhalt umfasst den gesamten Lebensbedarf einschließlich der Kosten einer angemessenen Vorbildung zu einem Beruf, bei einer der Erziehung bedürftigen Person auch die Kosten der Erziehung.**

1 A. Regelungsgegenstand. Bedarf ist das, was der Mensch zum Leben braucht. Er setzt sich zusammen aus verschiedenen einzelnen Bedürfnissen. Das Unterhaltsrecht bestimmt, und zwar für die verschiedenen Unterhaltsgrundverhältnisse nicht einheitlich, welche dieser Bedürfnisse der Berechtigte dem Grunde nach geltend machen kann und in welcher Höhe. Abs II beantwortet für den Verwandtenunterhalt die Frage, welche einzelnen materiellen **Bedarfsgegenstände** vom Unterhaltsanspruch erfaßt sind und Abs I bestimmt das **Niveau** (Rauscher Rz 831).

2 § 1610 befaßt sich nicht nur mit Ausmaß und Umfang des Bedarfs sondern regelt in Abs II auch, ob und welche **Berufsausbildung** unterhaltsrechtlich geschuldet wird. Dies entscheidet aber darüber, inwieweit der Berechtigte auf andere Erwerbseinkünfte verwiesen werden kann und somit auch über die Bedürftigkeit iSd § 1602.

3 B. Bedarfspositionen. Gem Abs II umfaßt der Unterhalt den **gesamten Lebensbedarf**. Das Beiwort „gesamten" deutet nicht nur auf eine weite Auslegung hin (so Staud/Engler/Kaiser Rz 46), sondern bedeutet nach seinem Wortsinn den vollständigen, ganzen Lebensbedarf. Lediglich aus besonderen Gründen kann der Berechtigte dem Pflichtigen gegenüber bestimmte Bedarfspositionen nicht geltend machen (s hierzu Rz 8, 11, 13ff). Es können einzelne Bedarfspositionen unterschieden werden:

4 I. Elementar- oder Grundbedarf. Der Berechtigte benötigt Nahrung, Kleidung, Unterkunft und Hausrat. Als weitere Grundbedürfnisse können Aufwendungen für Körperpflege, Freizeit, Sport und Kultur genannt werden. Ausdrücklich in Abs II erwähnt sind die Kosten für eine Berufsausbildung. Auch das Taschengeld für ältere Kinder und Erwachsene zählt zum Grundbedarf (Kalthoener/Büttner/Niepmann Rz 371; Pal/Diederichsen Rz 11), ebenso Aufwendungen zur Mobilität, zB für öffentliche Verkehrsmittel oder, soweit angemessen, ein Kfz.

5 Zur Bedarfsposition **Gesundheit** gehören nicht nur die auf die Zukunft gerichteten Vorsorgeaufwendungen für eine angemessene Krankenversicherung (s Rz 7). Der Pflichtige muß auch für den gegenwärtigen Bedarf aufkommen und daher insbesondere Krankenscheine zur Verfügung stellen, wenn ein Arztbesuch erforderlich ist (Schwab/Borth V Rz 38). Zudem können notwendige Kosten anfallen, die nicht oder nicht in vollem Umfang von einer Krankenversicherung oder der Beamtenbeihilfe getragen werden, etwa für Zahnersatz und kieferorthopädische Behandlung, Brillen und Kontaktlinsen.

6 II. Vorsorgebedarf. Laufende Kosten entstehen auch dadurch, daß für Krankheit und Pflegebedürftigkeit sowie Alter und Erwerbsunfähigkeit vorgesorgt wird, um den künftigen Unterhalt zu sichern.

7 1. Kranken- und Pflegevorsorgebedarf. Nach allg Ansicht gehören die Kosten für eine angemessene Kranken- und Pflegeversicherung zum Lebensbedarf (Göppinger/Strohal Rz 339ff). IdR fallen bei Kindern mit abgeleiteter Lebensstellung allerdings keine Beiträge auf seiten des Berechtigten an, weil er als Familienangehöriger gem §§ 10 SGB V und 25 SGB XI über einen der Eltern gesetzlich mitversichert ist. Diese Versicherungsleistungen sind vorrangig in Anspruch zu nehmen (Staud/Engler/Kaiser Rz 124). Insbesondere bei Kindern von Beamten und Selbständigen müssen jedoch Beiträge zu privaten Krankenversicherungen erbracht werden (s auch Rz 47).

8 2. Altersvorsorgebedarf. Nach ganz hM (Staud/Engler Rz 154 mwN) gehören die zur Altersvorsorge aufgewandten Kosten beim Verwandtenunterhalt nicht zum Lebensbedarf iSd Abs II. Daß eine den §§ 1578 III, 1361 I S 2 entsprechende Vorschrift fehlt, mag diesen Schluß noch nicht zulassen, da Abs II dem Berechtigten den gesamten Lebensbedarf zubilligt, und der Hinweis auf den Charakter des Kindesunterhalts als einer bloß vorübergehenden Unterstützung (Schwab/Borth V 38; MüKo/Born Rz 71 Fn 196) überzeugt nicht. Wenn jedoch § 1610 in Abs I das Maß des Unterhalts an die Lebensstellung des Berechtigten knüpft und den geschuldeten Unterhalt als den dieser Lebensstellung angemessenen bestimmt, kann auf den Begriff der Angemessenheit auch bei der Frage abgestellt werden, ob dem Grunde nach Altersvorsorgeunterhalt geschuldet wird. Solange ein Kind seine Ausbildung noch nicht beendet und keine eigene Lebensstellung erlangt hat, entspricht eine Vorsorge für das Alter etwa in Form von Aufwendungen zu Lebensversicherungen oder freiwilligen Beiträgen zur Rentenversicherung nicht dieser Lebensstellung und kann Unterhalt hierfür nicht als angemessen bewertet werden.

9 Wenn die Ausbildung abgeschlossen und eine eigene Lebensstellung mit der Möglichkeit einer Berufsausübung erreicht ist, ist es dieser Lebensstellung grundsätzlich angemessen, nunmehr für Alter und Erwerbsunfähigkeit vorzusorgen. Dennoch umfaßt auch dann, wenn das Kind nunmehr keine Arbeit findet oder sie wieder verliert, sein angemessener Bedarf keine Altersvorsorge. Denn die Lebensstellung wird in dieser Lage auch dadurch geprägt, daß es dem Berechtigten nicht gelungen ist, die eigene Lebensgrundlage selbst zu sichern (s Rz 17). Dieser konkreten Lebensstellung ist die Altersvorsorge nicht angemessen.

3. Vorsorge durch sonstige Versicherungsbeiträge. Versicherungen sollen künftige Risiken absichern, während der Unterhalt der Befriedigung des gegenwärtigen Bedarfs dient. Da die Beiträge in der Gegenwart zu zahlen sind, besteht der Bedarf aber auch zu diesem Zeitpunkt und können Versicherungsprämien nicht aus diesem Grunde aus dem Anwendungsbereich von § 1610 herausgenommen werden (aA Staud/Engler/Kaiser Rz 153, 155). Jedoch werden nur Beiträge für der Lebensstellung des Berechtigten angemessene Versicherungen erfaßt (vgl Rz 8), und beim Verwandtenunterhalt sind grundsätzlich allenfalls notwendige Berufs- und Privathaftpflichtversicherungen sowie die Haftpflichtversicherung für ein Kraftfahrzeug, soweit der Berechtigte auf ein solches angewiesen ist, als angemessen anzusehen.

III. Prozeßkostenvorschuß. Minderjährige Kinder haben nach ganz hM Anspruch auf Prozeßkostenvorschuß (Kalthoener/Büttner/Niepmann Rz 377 mwN; offen gelassen in BGH FamRZ 1984, 148 [149]), nach zutreffender Meinung in analoger Anwendung von § 1360a IV S 1 (Hamm FamRZ 2000, 255; Schwab/Borth IV Rz 65 mwN) nach anderer Auffassung über § 1610 II (Köln FamRZ 1986, 1031; Staud/Engler/Kaiser Rz 137). Der weite Wortlaut von Abs II spricht zwar für die Lösung über § 1610 jedoch hatten die Motive zum BGB (IV, 696f) eine unterhaltsrechtliche Prozeßkostenvorschußpflicht ausdrücklich abgelehnt, und erst das GleichBerG hat sie mit Einführung des § 1360a IV vorgesehen.

Entscheidungen, die einen Anspruch **volljähriger Kinder** auf Prozeßkostenvorschuß generell abgelehnt haben (KG FamRZ 1997, 694; Hamm FamRZ 1996, 1021) sind seit der Einführung von § 1603 II S 2 durch das KindUG überholt; privilegierte Volljährige stehen den minderjährigen Kindern auch insofern gleich (Göppinger/Vogel Rz 2589; Hamm NJW 1999, 798).

Nachdem das Kind eine selbständige Lebensstellung erreicht hat, besteht kein Anspruch auf Prozeßkostenvorschuß mehr (MüKo/Born Rz 166 mwN). Dies rechtfertigt sich daraus, daß die unterhaltsrechtliche Verbindung seit diesem Zeitpunkt an Intensität stark verloren hat. Bis dahin, also idR bis zum Abschluß der Ausbildung, gehört auch der Prozeßkostenvorschuß zum erfaßten Bedarf (MüKo/Born Rz 166).

Entsprechend § 1360a setzt ein Anspruch auf Prozeßkostenvorschuß auch beim Verwandtenunterhalt voraus, daß der Rechtsstreit eine **persönliche Angelegenheit** betrifft (hierzu Schwab/Borth IV Rz 70ff) und er der Billigkeit entspricht. Dies ist lediglich der Fall, wenn die Rechtsverfolgung bzw -verteidigung, einschließlich einer späteren Zwangsvollstreckung (Göppinger/Vogel Rz 2616 Fn 77), **Aussicht auf Erfolg** hat. Ob dies der Fall ist, beurteilt sich nach dem Maßstab des § 114 ZPO (BGH FamRZ 2001, 1363 [1364]).

IV. Begrenzung des Bedarfs iSd 1610. Der Unterhalt umfaßt gem Abs II den gesamten Lebensbedarf. Dennoch braucht der Pflichtige für einige Mittel, die der Berechtigte benötigt, aus besonderen Gründen nicht aufzukommen, und sie werden daher vom Bedarf iSd § 1610 nicht erfaßt.

1. Die Unterhaltsverpflichtung beschränkt sich auf den **eigenen Bedarf** des Berechtigten. Mittel, die der Berechtigte aufgrund einer **Unterhaltsverpflichtung** gegenüber einem Dritten benötigt, begründen keinen eigenen Bedarf iSd § 1610, sondern beruhen auf dem Bedarf des Dritten (RGRK/Mutschler Rz 25; MüKo/Born Rz 61). Eine Berücksichtigung von Unterhaltspflichten beim Bedarf ist zudem mit der Rangordnung, die für sie auf seiten der Pflichtigen gilt, nicht zu vereinbaren. Eine anderer Frage ist es, ob auf seiten des Pflichtigen empfangener Unterhalt für Unterhaltszwecke zu verwenden ist. Dies betrifft allein die Leistungsfähigkeit (hierzu § 1603 Rz 52).

2. Ob **Schulden** den Bedarf erhöhen, kann nicht einheitlich beurteilt werden (Kalthoener/Büttner/Niepmann Rz 382). Ein Grundsatz, daß Mittel, die zur Bedienung von Schuldlasten benötigt werden, generell nicht zum Bedarf gehören, kann in dieser allgemeinen Form nicht aufgestellt werden (Kalthoener/Büttner/Niepmann Rz 382; aA Staud/Engler/Kaiser Rz 149; vgl auch RGRK/Mutschler Rz 25). Sie erhöhen den Bedarf allerdings nicht, soweit die Schulden in der Vergangenheit zur Deckung eines damaligen Bedarf gemacht wurden, denn der Unterhalt dient lediglich der Befriedigung des gegenwärtigen Bedarfs. Ihre Anerkennung würde eine im Gesetz nicht vorgesehene Nachzahlungsverpflichtung bedeuten und das Erfordernis der Zeitidentität (vgl BGH FamRZ 1985, 155) mißachten.

Eine Ausnahme gilt insoweit auch nicht grundsätzlich für den Sonderbedarf (aA Göppinger/Strohal Rz 340). Hier begründen nicht die zur Deckung des Sonderbedarfs eingegangen Schulden den Bedarf, sondern der Sonderbedarf selbst, und für den braucht der Pflichtige nur aufzukommen, wenn die Voraussetzungen des § 1613 vorliegen (Kalthoener/Büttner/Niepmann Rz 382).

Soweit die erforderliche Aufnahme eines Darlehens der Anschaffung eines Gegenstandes gedient hat, der grundsätzlich eine anzuerkennende Bedarfsposition darstellt (beispielsweise ein Kochherd oder Kühlschrank) und der in der Gegenwart benötigt und genutzt wird, betreffen die Schuldlasten auch den laufenden Bedarf und können grundsätzlich berücksichtigt werden. Hier kann allenfalls im Einzelfall eingewandt werden, daß vom Berechtigten erwartet werden konnte, vor dem Erwerb des Gegenstandes Rücklagen zu bilden. Dann sind aber jedenfalls auch laufende Rücklagen für den Erwerb des Nachfolgegegenstandes zuzubilligen.

Gehören die Gegenstände zum sog Regelbedarf, führt die Anerkennung der Schuldlasten als Bedarf grundsätzlich nicht zu einer Erhöhung von pauschalisierten Tabellensätzen, denn die Aufwendungen für diese Gegenstände sind von den Tabellensätzen erfaßt. Lediglich bei einer konkreten Bedarfsberechnung, etwa Unterhalt für die Eltern, können sich Auswirkungen ergeben.

3. Schadensersatzpflichten gehören nicht zum Lebensbedarf iSd Abs II (Staud/Engler/Kaiser Rz 150; Göppinger/Strohal Rz 351), da andernfalls die gesetzlichen Haftungsregelungen mißachtet würden. Eltern haften für Schäden, die ihre Kinder verursachen, nur bei einer eigenen Verletzung ihrer Aufsichtspflicht, § 832 I. Dies würde unterlaufen, wenn eine Schadensersatzpflicht des Kindes gegenüber Dritten zu einem Bedarf des Kindes führte, für den der Unterhaltspflichtige aufzukommen hätte.

C. Höhe des Bedarfs

17 **I.** Gem Abs I richtet sich das Maß des zu gewährenden Unterhalts nach der **Lebensstellung des Berechtigten**. Der in Klammern gesetzte Zusatz „angemessener Unterhalt" steht statt des bis 1961 in § 1610 verwandten Begriffs des „standesmäßigen" Unterhalts, womit klargestellt ist, daß Herkunft und Geburt die Höhe des Unterhalts nicht bestimmen. Maßgeblich sind die Einkommens- und Vermögensverhältnisse, aber auch persönliche Umstände wie das Alter, der Gesundheitszustand (Göppinger/Strohal Rz 282) und die Rolle in der Gesellschaft, etwa als Schüler, Auszubildender, Student aber auch Rentner. Auch ein Verlust des Arbeitsplatzes mit anschließender nicht nur vorübergehender Arbeitslosigkeit bestimmt die Lebensstellung. Diese wird auch dadurch geprägt, daß es dem Berechtigten nicht gelungen ist, die eigene Lebensgrundlage selbst zu sichern (Rauscher Rz 831); die Lebensstellung eines Arbeitslosen ist eine andere als die eines Beschäftigten mit gesicherter Stelle.

18 **II. Abgeleitete Lebensstellung. 1.** Kinder ohne wesentliche eigene Einkünfte haben bis zum Abschluß der Ausbildung noch keine eigene Lebensstellung, was auch für Wehrpflichtige und Zivildienstleistende gilt (BGH FamRZ 1990, 394). Sie leiten ihre Lebensstellung im wesentlichen von der Lebensstellung der Eltern ab, die auch für das Kind maßgeblich ist (BGH FamRZ 1986, 151). Die Ableitung beschränkt sich allerdings auf die Einkommens- und Vermögensverhältnisse, hinsichtlich der übrigen Faktoren (Alter, Schüler usw) kommt es auf die persönlichen Umstände des Kindes an.

19 **2.** Bei der Unterhaltsbemessung sind für die Lebensverhältnisse der Eltern in erster Linie deren **Einkommensverhältnisse** von Bedeutung. Für den Barunterhalt ist dabei grundsätzlich die Lebensstellung des bzw der Barunterhaltspflichtigen entscheidend, und beim **minderjährigen** Kind kommt es grundsätzlich nur auf die Einkünfte des nichtbetreuenden Elternteils an, auch wenn der betreuende Elternteil hinzuverdient (BGH FamRZ 1989, 172 [173]; FamRZ 1996, 160 [161]; aA wohl Rauscher Rz 832). Dies erscheint aus Sicht des Kindes zunächst inkonsequent, da die Verhältnisse der Eltern bei einem Hinzuverdienst insgesamt günstiger sind, was für eine Erhöhung des Bedarfs spricht. Jedoch können Einkünfte des betreuenden Elternteils nicht die Barunterhaltspflicht des anderen Elternteils gegenüber dem Kind erhöhen, solange diese wegen § 1606 III S 2 nicht zu einer anteiligen Barunterhaltspflicht gegenüber dem Kind führen.

Besteht ausnahmsweise eine Barunterhaltspflicht auch des betreuenden Elternteils (hierzu § 1606 Rz 12ff), ist auch dessen Einkommen berücksichtigungsfähig. Der Bedarf ist dann nach den besonderen Umständen des Einzelfalls zu bestimmen (Wendl/Scholz § 2 Rz 121), wobei idR auf das addierte Einkommen der Eltern abgestellt werden kann (Wendl/Scholz § 2 Rz 292).

20 Beim **volljährigen** Kind gilt § 1606 III S 2 nicht, und grds sind beide Eltern barunterhaltspflichtig. Daher ist auch das **addierte Einkommen** beider Eltern maßgeblich (BGH FamRZ 2002, 815 [817]; Wendl/Scholz § 2 Rz 388).

21 Das Kind nimmt an der kontinuierlichen Entwicklung beim Pflichtigen teil, wobei dies auch für Verschlechterungen der wirtschaftlichen Verhältnisse durch anerkennenswerte Veränderungen (Umzug, Berufswechsel) gilt (Zweibrücken FamRZ 1994, 1488 [1489]). Eine Fixierung auf den Zeitpunkt, zu dem die Eltern geschieden wurden, erfolgt im Unterschied zum nachehelichen Unterhalt des Ehegatten nicht (MüKo/Born Rz 52 mN).

22 **III. Eigene Lebensstellung. 1.** Mit Abschluß der Ausbildung erlangt das Kind eine eigene Lebensstellung, die durch die eigenen Einkünfte geprägt wird. Hat das Kind nach seiner Ausbildung **noch kein eigenes Einkommen** erzielt, wird die Auffassung vertreten, es könne auf das angesichts der Ausbildung zu erwartende Einkommen abgestellt werden (Schwab/Borth V Rz 18; MüKo/Born § 1610 Rz 25). Solange das Kind noch keine eigenen Einkünfte erzielt hat, fehlt es für die eigene Lebensstellung jedoch an der erforderlichen wirtschaftlichen Selbständigkeit (BGH FamRZ 1986, 151). Eine abgeschlossene Ausbildung schafft lediglich die Voraussetzung für eine künftige eigene Lebensstellung auf höherem Niveau, begründet sie aber noch nicht (Göppinger/Strohal Rz 288). Daher leitet sich die Lebensstellung des Kindes bis zur Aufnahme einer Erwerbstätigkeit weiter von der Eltern ab, und der Bedarf ist idR pauschaliert nach Tabellensätzen zu bemessen.

23 **2.** Kinder, die eine eigene Lebensstellung erreicht haben, kehren beim – auch nur teilweisen – **Wegfall der Einkünfte** durch Arbeitslosigkeit oder Krankheit nicht zu einer von den Eltern abgeleiteten Lebensstellung zurück, und es kommt weiterhin auf die eigenen, insbesondere wirtschaftlichen, Verhältnisse des Bedürftigen an. Dabei wirken sich allerdings vorübergehende Änderungen, wie insbesondere kurzfristige Arbeitslosigkeit, nicht aus. Im übrigen ist allerdings streitig, ob bei der Bedarfsbemessung auf die Lebensstellung abzustellen ist, die das Kind hatte, bevor es bedürftig – also insbesondere arbeitslos oder krank – wurde (so Göppinger/Strohal Rz 303; RGRK/Mutschler Rz 32), oder ob die Situation im Zeitpunkt der Bedürftigkeit maßgebend ist (Staudinger/Engler/Kaiser Rz 38) mit der Konsequenz, daß das Kind, wenn es arbeitslos wird, auch die Lebensstellung eines Arbeitslosen hat (Bamberg FamRZ 1994, 255). Die Lebensstellung des Berechtigten wird in dieser Lage auch dadurch bestimmt, daß es ihm nicht gelungen ist, die eigene Lebensgrundlage selbst zu sichern (s Rz 17). Der Einkommensrückgang ist daher bei der Bedarfsbemessung zu beachten, und abzustellen ist nicht auf die früher erzielten Erwerbseinkünfte, sondern auf die aus der Arbeitslosenversicherung bezogenen Leistungen.

24 Eine eigene Lebensstellung erlangt das Kind auch durch die Heirat (Staud/Engler/Kaiser Rz 32; Rauscher Rz 862; einschränkend Göppinger/Strohal Rz 293), auch wenn diese Lebensstellung wirtschaftlich noch nicht gesichert ist. Maßgeblich für die Bedarfsbemessung auch gegenüber nachrangig, §§ 1608 und 1584, haftenden Verwandten, sind die ehelichen Verhältnisse.

25 **IV.** Die Lebensstellung des Kindes wird auch von seinem **Alter** bestimmt. Die Regelbetrag-Verordnung und die Düsseldorfer Tabelle unterscheiden daher verschiedene Altersstufen. Prägend für die Lebensstellung ist zudem der Umstand als solcher, daß der Berechtigte Kind ist bzw die Ausbildung noch nicht beendet hat. Dies führt dazu, daß kein Anspruch auf Teilhabe am Luxus besteht (BGH FamRZ 1987, 58 [60]; Rauscher Rz 832).

§ 1610 Unterhaltspflicht: Allgemeine Vorschriften

V. Der Elementarunterhalt erfaßt den Regelbedarf, regelmäßigen Mehrbedarf und Sonderbedarf. Während 26 Mehr- und Sonderbedarf **konkret berechnet** werden (Staud/Engler/Kaiser Rz 160), wird der Regelbedarf des Kindes im Unterschied zum Ehegattenunterhalt in der Praxis in fast allen Fällen **pauschaliert** mit Hilfe von Unterhaltstabellen bemessen. Die Tabellen dienen der Erleichterung der Berechnung und sollen eine Zersplitterung der Rspr verhindern (BGH FamRZ 1986, 151) sowie gerichtliche Entscheidungen vorhersehbar machen. Sie stellen kein Gewohnheitsrecht dar, sondern sind nur Orientierungslinie für die konkrete Ermittlung des angemessenen Unterhalts im Einzelfall. Ihre Ergebnisse sind auf ihre Angemessenheit im Einzelfall zu überprüfen (Wendl/Scholz § 2 Rdnr 208; BGH FamRZ 1986, 151 [152]). Insoweit wird ihre Anwendung als Ausübung tatrichterlichen Ermessens vom BGH gebilligt (BGH FamRZ 1986, 151).

1. Regelbedarf. a) Im Regelfall wird der Barbedarf anhand der **Düsseldorfer Tabelle** bestimmt (abgedruckt 27 Rz 67; frühere Tabellen: 1. 1. 2002: FamRZ 2001, 810; 1. 7. 2001: FamRZ 2001, 806; 1. 7. 1999: FamRZ 1999, 766; zu älteren Tabellen siehe Fundstellen bei Wendl/Scholz § 2 Rz 207 Fn 19), deren Zahlen auch in die süddeutschen Leitlinien eingearbeitet sind. Die Unterhaltsbeträge ihrer 1. Einkommensgruppe entsprechen den Sätzen der Regelbetrag-Verordnung (Anm A.2. der Düsseldorfer Tabelle; abgedruckt § 1612a Rz 12). Da diese seit dem 1. 7. 1999 alle zwei Jahre, und zwar jeweils zum 1. 7., geändert wird (§ 1612a IV S 1), erfolgt auch eine entsprechende Anpassung der Düsseldorfer Tabelle, die zuvor in unregelmäßigen Abständen geändert worden war.

Im Beitrittsteil des Landes Berlin wird zudem die **Berliner Tabelle** (abgedruckt § 1610 Rz 68) verwandt, die ab einem anrechenbaren Einkommen von 1300 Euro der Düsseldorfer Tabelle entspricht und zwei vorgeschaltete Einkommensgruppen hat. Diese vorgeschalteten Gruppen sind schon deswegen erforderlich, weil die Regelbetrag-Verordnung für die Beitrittsgebiete niedrigere Regelsätze vorsieht. Die Berliner Tabelle wird auch in den weiteren Beitrittsgebiete angewandt, jedenfalls der Tabellenteil (Vossenkämper FamRZ 2001, 816).

b) Die Tabellen stellen im wesentlichen auf das Alter des Kindes (**Altersstufen**) und auf die Einkommensver- 28 hältnisse des bzw der Baurunterhaltspflichtigen (**Einkommensgruppen**) ab.
Es gibt vier Altersstufen (0–5, 6–11, 12–17 und über 17), wobei die 4. Altersstufe vom KG, Naumburg und Rostock nicht angewandt und der Bedarf für die sog privilegierten Volljährigen der 3. Altersstufe entnommen wird (Leitlinien KG, Naumburg und Rostock jeweils 13.1.1) und für nichtprivilegierte mit festen Bedarfssätzen gearbeitet wird (Leitlinien KG, Naumburg und Rostock jeweils 13.1.2).
Die Anzahl der Einkommensgruppen ist von ursprünglich 9 auf inzwischen 13 angewachsen.

Ergänzt wird die Tabelle durch eine Spalte, in der der Tabellenbetrag als der **jeweilige Prozentsatz** des Regel- 29 betrags ausgedrückt ist (hierzu Scholz FamRZ 1998, 797 [798]), und zudem ist der Düsseldorfer Tabelle eine Tabelle zur **Kindergeldanrechnung** gemäß § 1612b V hinzugefügt.

Die Tabellenbeträge berücksichtigen nicht das Kindergeld und entsprechen daher nicht den geschuldeten **Zahl-** 30 **beträgen**, wenn Kindergeld auch nur teilweise gem § 1612b anzurechnen ist.

c) Einkommensorientierung. Bei der Unterhaltsbestimmung sind für die Lebensverhältnisse der Eltern deren 31 Einkommensverhältnisse maßgebend (s Rz 19).

aa) Dafür kommt es zunächst auf die **tatsächlichen Einkommensverhältnisse** an. Das Einkommen besteht aus 32 den gesamten Einkünften, also insbesondere Erwerbs-, Zins und Mieteinkünften, aber auch geldwerten Vorteilen wie beispielsweise einem Wohnvorteil. Bei deren Berechnung gelten im Prinzip die gleichen Grundsätze wie bei der Leistungsfähigkeit (§ 1603 Rz 8ff).
Bei Einkommen aus selbständiger Tätigkeit ist zu beachten, daß **Entnahmen**, die den Gewinn übersteigen, keine Einkünfte sondern Vermögensverwertung darstellen (s § 1603 Rz 28) und den Bedarf daher grundsätzlich nicht erhöhen (Kalthoener/Büttner/Niepmann Rz 697; vgl Schwab/Borth IV Rz 771; aA Schürmann FamRZ 2002, 1149 [1152]; zur Berücksichtigung bei der Leistungsfähigkeit s § 1603 Rz 28).

Das staatliche **Kindergeld** wird den unterhaltspflichtigen Eltern, zwischen denen es nach § 1612b verteilt wird, 33 zur Erleichterung ihrer Unterhaltslast gewährt und bezweckt nicht eine Erhöhung des Unterhaltsanspruch des Kindes (BGH FamRZ 1997, 806). Es gilt daher nicht als Einkommen der Eltern (Göppinger/Häußermann Rz 793 mwN; Luthin/Schumacher Rz 3237) und kann bei der Eingruppierung in der Düsseldorfer Tabelle nicht berücksichtigt werden (Wendl/Scholz § 2 Rz 223).
Der Kindesunterhalt berechnet sich nach bisheriger Rspr nach dem Einkommen unter Berücksichtigung der tatsächlichen Steuerlast und auch die Kinder aus früherer Ehe partizipieren am **Splittingvorteil** (BGH FamRZ 1986, 790), der schon bei der Bedarfsbemessung auch den Kindern, die nicht aus dieser Ehe stammen, zugute kommt (Schwab/Borth V Rz 35). Bei der Bedarfsbemessung beim Ehegattenunterhalt hat das BVerfG (FamRZ 2003, 1821) entschieden, vom Gesetzgeber der jetzigen Ehe eingeräumte steuerliche Vorteile dürften grundsätzlich nicht dem geschiedenen Ehegatten zugute kommen. Dies wird kaum für die Berechnung des Bedarfs der nicht aus der bestehenden Ehe stammenden Kinder gelten können (zur Leistungsfähigkeit s § 1603 Rz 57).

bb) Zu Recht berücksichtigt die Rspr „unterhaltsrechtlich relevante Verbindlichkeiten" des Pflichtigen, also 34 seine **Schulden**, auch bei der Berechnung seines im Rahmen der Bedarfsbemessung einzustellenden Einkommens (BGH FamRZ 2002, 815 [817]; FamRZ 1996, 160; Anm A.4. zur Düsseldorfer Tabelle) und nicht nur bei der Prüfung der Leistungsfähigkeit (so aber Wendl/Scholz § 2 Rz 158). Ob die Schulden anzuerkennen sind, ist aufgrund einer umfassenden Interessenabwägung zu beurteilen, in die ua Zweck, Zeitpunkt der Entstehung, Dringlichkeit der Bedürfnisse und die Kenntnis des Pflichtigen von der Unterhaltsschuld einfließen (BGH FamRZ 1996, 160).

cc) Ein Abzug für **trennungsbedingte Mehraufwendungen** der Eltern erfolgt grundsätzlich nicht (aA Schwab/ 35 Borth V Rz 54), da die Düsseldorfer Tabelle gem ihrer Anm A.1. von getrenntlebenden Eltern ausgeht.

§ 1610 Familienrecht Verwandtschaft

36 dd) Hat der Berechtigte Anspruch auf **Krankenvorsorgeunterhalt** (hierzu Rz 47), sind die vom Pflichtigen hierauf zu leistenden Zahlungen vom anrechenbaren Einkommen vor der Einstufung in die Einkommensgruppen abzuziehen (Wendl/Scholz § 2 Rz 215). Gleiches gilt für Mehrbedarf (s Rz 46ff), soweit der Pflichtige für ihn aufzukommen hat.

37 ee) Zu differenzieren ist bei der Frage, inwieweit auch **fiktive Einkünfte** des Pflichtigen bei der Bedarfsbemessung maßgeblich sind. Der BGH hat in einer Entscheidung (FamRZ 1993, 1304 [1306]) befunden, die Berücksichtigung fiktiver Einkünfte komme – im Unterschied zum Ehegattenunterhalt, bei dem fiktive Einkünfte grundsätzlich nicht die ehelichen Lebensverhältnisse prägen – schon bei der Bemessung des Bedarfs des Kindes in Betracht, weil sich der Bedarf beim Kind aus der Leistungsfähigkeit des Pflichtigen ableite und diese auch von fiktiven Einkünften bestimmt sei. Dem kann in dieser Allgemeinheit nicht gefolgt werden (so aber Wendl/Scholz § 2 Rz 114). Vielmehr kann der Bedarf auch beim Kindesunterhalt nicht aus fiktivem Einkommen hergeleitet werden, das dem Pflichtigen nie zur Verfügung gestanden hat und das die Lebensstellung des Pflichtigen sowie die der davon abgeleiteten des berechtigten Kindes nicht nachhaltig geprägt hat (BGH FamRZ 1997, 281 [283]). Zu berücksichtigen sind die auch nur fiktiven Einkünfte jedoch dann, wenn der Pflichtige entsprechendes Einkommen früher tatsächlich und die Lebensstellung prägend erzielt hat (BGH FamRZ 2000, 1358 [1359]).
Zu den Voraussetzungen, unter denen fiktive Einkünfte zugerechnet werden können, s § 1603 Rz 62ff.

38 d) Die mit Hilfe der Düsseldorfer Tabelle gefundenen Ergebnisse sind stets auf ihre **Angemessenheit** zu überprüfen (BGH FamRZ 1986, 151 [152]). Hierzu dienen insbesondere die der jeweiligen Einkommensgruppe zugeordneten Bedarfskontrollbeträge. Der **Bedarfskontrollbetrag** ist ab der 2. Einkommensgruppe höher als der notwendige Selbstbehalt und soll eine ausgewogene Verteilung zwischen dem Unterhaltpflichtigen, den Kindern und ggf dem anderen Elternteil sicher stellen (Anm A.6. zur Düsseldorfer Tabelle [Rz 67]). Bei der Berechnung zum Kontrollbetrag werden vom Einkommen des Unterhaltspflichtigen die Unterhaltsbeträge der Berechtigten abgezogen, der Kindesunterhalt dabei nicht mit der Zahl- sondern mit dem Tabellenbetrag, also ohne Abzug des Kindergeldanteils. Ist nach Abzug der Unterhaltsbeträge der dem Einkommen entsprechende Bedarfskontrollbetrag nicht gewahrt, ist der Unterhalt der niedrigeren Einkommensgruppe zu entnehmen, deren Kontrollbetrag nicht unterschritten ist (Anm A.6. der Düsseldorfer Tabelle).

39 Die Düsseldorfer Tabelle ist auf Fälle zugeschnitten, in denen einem Ehegatten und zwei Kindern Unterhalt geschuldet wird. Bei einer höheren Anzahl von Unterhaltsberechtigten kommen **Herabstufungen** und bei einer geringeren Anzahl von Unterhaltsberechtigten **Heraufstufungen** in Betracht (Anm A.1. zur Düsseldorfer Tabelle). Das Maß der Höhergruppierung ist Sache des Einzelfalls. Nachdem die Zahl der Einkommensgruppen zum 1. 7. 1998 von 9 auf 12 und zum 1. 7. 2001 auf 13 gestiegen ist und die Unterschiede der einzelnen Tabellensätze dagegen gesunken sind, kommt eine im Vergleich zu früher großzügigere Handhabung in Betracht (Scholz FamRZ 1998, 797).
Sind beide Eltern eines volljährigen Kindes barunterhaltspflichtig und bemißt sich der Kindesunterhalt nach dem **addierten Einkommen** der Eltern, findet idR **keine Höhergruppierung** statt, jedenfalls dann nicht, wenn die Eltern getrennte Haushalte mit der entsprechenden doppelten Belastung führen (BGH FamRZ 1986, 151 [152]; Wendl/Scholz § 2 Rz 387; Scholz FamRZ 1993, 125 [135]).

40 e) **Fortschreibung.** Bei Einkünften oberhalb der höchsten, derzeit 13., Einkommensgruppe, bestimmt sich der Bedarf gemäß der Düsseldorfer Tabelle „nach den Umständen des Falles". Die Kinder sollen auch am erhöhten Lebensbedarf der Eltern teilhaben, jedoch ist ein höherer Bedarf als der aus der obersten Einkommensgruppe konkret darzulegen (BGH FamRZ 2001, 1603 [1604]; FamRZ 2000, 358f; aA KG FamRZ 1998, 1387 [1388f]: maßvolle Erhöhung ohne konkrete Begründung).

41 f) In den Tabellenbeträgen sind **Anteile für den Wohnbedarf** enthalten. Die Höhe der Wohnkostenanteile ist in den Tabellensätzen nicht gesondert ausgewiesen. Im mittleren Einkommensbereich wird von 20 % ausgegangen (Wendl/Gerhardt § 1 Rz 297, 300 und Wendl/Scholz § 2 Rz 102, 214; MüKo/Born Rz 115), in der ersten Einkommensgruppe liegt der Anteil deutlich niedriger (Hamburg FamRZ 1991, 472: 11,5 %) und in den oberen Einkommensgruppen kann er bis zu einem Drittel betragen (Schwab/Borth V Rz 39). Zu Kindern mit eigenem Haushalt s Rz 44.
Soweit der Wohnbedarf anderweitig gedeckt ist, kann es an der Bedürftigkeit fehlen (s § 1602 Rz 23ff).

42 g) **Ost-West-Fälle.** Wohnen sowohl der Pflichtige als auch der Berechtigte im Beitrittsgebiet, gilt die Berliner Tabelle. Wohnt das Kind im Westen, gilt unabhängig vom Wohnort des Pflichtigen für den Bedarf nur die Düsseldorfer Tabelle (Anm zur Berliner Tabelle [Rz 68]; Wendl/Scholz § 6 Rz 637; MüKo/Born Rz 199). Auf den Wohnsitz des Kindes stellen dagegen die Anmerkungen zur Berliner Tabelle zu Recht im umgekehrten Fall ab, wenn das Kind im Osten lebt, der Barunterhaltspflichtige dagegen im Westen (Karlsruhe FamRZ 1994, 1410; aA Wendl/Scholz § 2 Rz 638; MüKo/Born Rz 199). Dies entspricht der Differenzierung in §§ 1 und 2 der Regelbetrag-Verordnung (s § 1612a Rz 7).

43 h) Lebt das Kind im **Ausland**, sind für die Höhe des Bedarfs die Beträge maßgebend, die es an seinem Aufenthaltsort aufwenden muß, um sich den ihm gebührenden Lebensstandard zu verschaffen (vgl BGH FamRZ 1987, 682). Um dies zu berücksichtigen, nimmt die Rspr entweder pauschale Abschläge von den Sätzen der Düsseldorfer Tabelle vor (zB München FamRZ 2002, 55; Koblenz FamRZ 2002, 56; Celle FamRZ 1993, 103) oder korrigiert die Sätze im Verhältnis zwischen der, vom Statistischen Bundesamt regelmäßig veröffentlichten, Verbrauchergeldparität und dem Devisenkurs (zB KG FamRZ 2002, 1057).

44 i) Für Kinder mit **eigenem Haushalt**, insbesondere auswärts lebende **Studenten**, sieht die Düsseldorfer Tabelle einen gesonderten Bedarfssatz von 600 Euro (Anm A 7 II) und die Berliner Tabelle einen Satz von 555 Euro

(Anm IV) vor. Der Betrag orientiert sich an den BAföG-Sätzen (Schwab/Borth V Rz 49) und entsprach bis zum 30. 6. 2001 dem Satz der höchsten Einkommensgruppe für Volljährige. Inzwischen liegt er jedoch darunter (600 Euro gegenüber 654 Euro). Enthalten ist der Wohnkostenanteil. Dieser wird nur in einigen Leitlinien ausgewiesen (Hamburg und Köln jeweils Nr 13.1.2: 250 Euro). Je nach Einzelfall kommen auch höhere oder niedrigere Beträge in Betracht, etwa bei nicht unerheblicher Versorgung zu Hause an den Wochenenden (Naumburg OLGRp 1997, 149) oder bei sehr günstigen Einkommensverhältnissen der Eltern. Aber auch bei günstigsten Verhältnissen der Eltern ist zu beachten, daß die Lebensstellung des Kindes auch durch das „Student sein" geprägt wird, mit der Folge, daß es keinen Anspruch auf Teilhabe am Luxus hat (BGH FamRZ 1987, 58, [60]; Rauscher Rz 832).

2. Der Unterhalt umfaßt gem Abs II den gesamten Lebensbedarf. Hierzu kann neben dem Regelbedarf **zusätz- 45 licher Bedarf** in Form von Mehrbedarf und Sonderbedarf gehören. Der Sonderbedarf ist nach der gesetzlichen Definition in § 1613 I unregelmäßiger Bedarf, unter Mehrbedarf wird dagegen ein zusätzlicher Bedarf verstanden, der laufend auftritt.

a) Mehrbedarf. Die Düsseldorfer Tabelle ist auf Durchschnittsfälle zugeschnitten und erfaßt nicht den Bedarf, 46 der 1. regelmäßig und über einen längeren Zeitraum anfällt und 2. das Übliche erheblich übersteigt (vgl Wendl/Scholz § 2 Rz 133ff). Dieser zusätzliche Bedarf ist anzuerkennen, wenn die Aufwendungen im Interesse des Kindes zu Lasten des Unterhaltspflichtigen berechtigt sind (Wendl/Scholz § 2 Rz 135; MüKo/Born Rz 75). Beider Interessen sind gegeneinander abzuwägen (BGH FamRZ 1983, 48). Zudem ist zu prüfen, ob der Verteilungsschlüssel des § 1606 III S 2 auch hier angemessen ist, sich also insbesondere Betreuungs- und Barunterhalt die Waage halten, oder ob sich nicht der betreuende und grundsätzlich nicht barunterhaltspflichtige Elternteil am Mehrbedarf zu beteiligen hat (hierzu § 1606 Rz 13).

aa) Zum Mehrbedarf gehören die Kosten für eine angemessene **Kranken- und Pflegeversicherung**, die von 47 den Tabellensätzen der Düsseldorfer Tabelle nicht erfaßt sind (Anm A.9. zur Düsseldorfer Tabelle; Hamm FamRZ 1995, 1219; Staud/Engler/Kaiser Rz 124f). Sie erhöhen den Bedarf, soweit keine Mitversicherung über die Eltern besteht. Diese ist grundsätzlich bei der gesetzlichen Krankenversicherung gem § 10 II SGB V vorgesehen. Insbesondere bei Selbständigen und Beamten besteht die Möglichkeit dagegen nicht. Bei der Pflegeversicherung ist das Kind von der Versicherung der Eltern gem §§ 25 I, 110 I Nr 2f SGB XI beitragsfrei erfaßt, auch wenn die Eltern privat versichert sind.

bb) Auch Kosten für den Besuch einer **Privatschule** oder eines Internats können als Teil der im Gesetz aus- 48 drücklich genannten Kosten der Erziehung anerkennenswerten Mehrbedarf darstellen. Der Sorgeberechtigte entscheidet gem § 1626 allein, welche Schule das Kind besuchen soll. Durch die Wahl einer privaten Schule entstehende zusätzliche Kosten können dem Barunterhaltspflichtigen gegenüber dennoch nicht geltend gemacht werden, soweit sie im Hinblick auf die Interessen des Unterhaltspflichtigen, auf die er gem § 1618a Rücksicht zu nehmen hat, unangemessen sind (BGH FamRZ 1983, 48; Wendl/Scholz § 2 Rz 320b). Abzuwägen sind die sachlichen Gründe des Sorgeberechtigten für die Entscheidung einerseits gegenüber der finanziellen Zumutbarkeit, die insbesondere von den Einkommensverhältnissen des Unterhaltspflichtigen abhängt, andererseits.

cc) Bei Kosten für den Besuch von **Kindergarten** oder Kinderhort ist zunächst der Bedarf des Kindes von dem 49 des betreuenden Elternteils abzugrenzen. Geht der betreuende Elternteil einer ansonsten nicht möglichen Erwerbstätigkeit nach, handelt es sich idR um berufsbedingte Aufwendungen des Elternteils (Wendl/Scholz § 2 Rz 275; vgl Kalthoener/Büttner/Niepmann Rz 302f). Geht der betreuende Elternteil keiner Berufstätigkeit nach, hat der nichtbetreuende Elternteil der Entscheidung des Sorgeberechtigten zum Kindergartenbesuch grundsätzlich hinzunehmen, und anfallende Beiträge sind als angemessene Kosten der Erziehung Mehrbedarf, der jedenfalls in den unteren Tabellenbeträgen nicht erfaßt ist (Kalthoener/Büttner NJW 1994, 1829 [1830]). Übt der betreuende Elternteil keine Erwerbstätigkeit aus, fallen bei getrennt lebenden Eltern idR allerdings auch keine derartigen Kosten an, da sich die Beiträge nach seinem Einkommen richten (zB § 17 I S 2, III S 1 GTK NW).

dd) Weitere Beispiele für Mehrbedarf sind hohe und regelmäßig Kosten, die aufgrund von Krankheit, für teu- 50 ren Musikunterricht oder Sport anfallen. Auch Kosten für Nachhilfeunterricht gehören hierzu (Zweibrücken FamRZ 1994, 770; Göppinger/Strohal Rz 323). Ob sie so hoch sind, daß sie vom Regelbedarf nicht mehr erfaßt werden, hängt auch von dessen Höhe ab: je niedriger die Einkommensgruppe, desto eher kommt die Annahme von zusätzlichem Bedarf in Betracht.

b) Der Begriff **Sonderbedarf** ist definiert in § 1613 II Nr 1 als unregelmäßiger außergewöhnlich hoher Bedarf 51 (s § 1613 Rz 24ff). Ob er zusätzlich zu zahlen ist, hängt insbesondere von einer Abwägung der Interessen des Kindes und des Unterhaltspflichtigen sowie von deren Einkommens- und Vermögensverhältnissen ab. Es kann auch in Betracht kommen, daß sich das Kind mit seinem laufenden Unterhalt oder Vermögen am Sonderbedarf zu beteiligen hat (Wendl/Scholz § 6 Rz 13; Kalthoener/Büttner/Niepmann Rz 285). Berücksichtigung kann auch finden, ob das Sozialamt Hilfe in besonderen Lebenslagen gewährt (§§ 27, 28 BSHG). Wie beim Mehrbedarf muß auch beim Sonderbedarf nicht der nichtbetreuende Elternteil den zusätzlichen Bedarf stets voll tragen, sondern es ist zu prüfen, ob der Verteilungsschlüssel des § 1606 III S 2 noch angemessen ist (Göppinger/Kodal Rz 1547; Wendl/Scholz § 6 Rz 7, 13; vgl zum Mehrbedarf Rz 46 und s auch § 1606 Rz 13).

VI. Bis zum 30. 6. 1998 bestimmte § 1610 III, daß als Bedarf des minderjährigen Kindes mindestens der Regel- 52 bedarf nach der für nichteheliche Kinder geltenden Regelunterhalts-Verordnung gilt. Nachdem § 1610 III und die Regelunterhalts-Verordnung durch das KindUG aufgehoben worden sind, ist die Frage eines Mindestbedarfs bzw seiner Höhe zweifelhaft und umstritten. Der BGH lehnt einen **Mindestbedarf** generell ab (FamRZ 2002, 536; FamRZ 2003, 363 [365]). Insbesondere stelle weder der Regelbetrag den Mindestbedarf für die Zeit bis zum 1. 1. 2001 dar (aA KG FamRZ 1999, 405 und Karlsruhe FamRZ 2000, 1432 [1433]), noch 135 % hiervon für die Zeit danach (aA München FamRZ 2002, 52 und Gerhardt FamRZ 2001, 73) oder die 150 % des Regelbetrages, die höchstens im Wege des vereinfachten Verfahrens geltend gemacht werden können (aA Johannsen/Henrich/Graba Rz 17), oder auch ein Existenzminimum (aA Hamburg FamRZ 2000, 1431; Luthin FamRZ 2001, 334 [335]). Dieser Auffassung des BGH kann gefolgt werden, wobei sie dadurch relativiert wird, daß die untersten Einkommensgruppen von Düsseldorfer und Berliner Tabelle nach unten offen sind, so daß der Bedarf, sofern er nach den Tabellen bemessen wird, mindestens dem Betrag der untersten Einkommensgruppe entspricht. Seitdem der BGH als Einsatzbetrag bei der Mangelverteilung das Existenzminimum einstellt (s § 1609 Rz 19ff), hat sich das Problem wesentlich entschärft.

D. Unterhalt wegen Berufsausbildung

53 I. Der Unterhalt umfaßt gem Abs II die Kosten einer angemessenen Vorbildung zu einem Beruf. Auch wenn sich nach dem Wortlaut generell Verwandte in gerader Linie Ausbildungsunterhalt schulden, kommt dieser vom Sinn und Zweck her nur **zugunsten des Kindes**, nicht aber der Eltern in Betracht (Pal/Diederichsen Rz 16).

54 II. Es muß sich um die Ausbildung zu einem **Beruf** handeln. Die Ableistung eines freiwilligen sozialen Jahres dient nicht der Vorbereitung des Berufs (Pal/Diederichsen Rz 19). Nach ganz hM soll nur ein **anerkannter Beruf** gemeint sein (Pal/Diederichsen Rz 19; MüKo/Born Rz 215). Da die Berufsbilder einem ständigen, immer schneller werdenden Wandel unterliegen und zudem mit derselben Ausbildung der Zugang zu verschiedenen Tätigkeitsbereichen möglich werden kann, sollte darauf abgestellt werden, ob die geplante Ausbildung anerkannt ist.

55 III. **Angemessen** ist eine Ausbildung, die 1. der Begabung, den Fähigkeiten, und dem Leistungswillen des Kindes entspricht und bei der 2. den Eltern die Finanzierung wirtschaftlich zumutbar ist (BGH FamRZ 1977, 629). Auch die Neigungen des Kindes sind zu berücksichtigen, soweit sie nicht nur vorübergehend sind oder mit seinen Fähigkeiten nicht übereinstimmen (MüKo/Born Rz 211). Anhaltspunkte für die Fähigkeiten und den Leistungswillen können sich aus Zeugnissen und bisherigem Lernverhalten ergeben, wobei auch die Möglichkeit in Betracht zu ziehen ist, daß das Kind während der Berufsausbildung höher motiviert ist als zur Zeit des Schulbesuchs.

56 III. **Berufswahl**. Bei Minderjährigen bestimmen die sorgeberechtigten Eltern die Ausbildung, „in gemeinsamer verantwortlicher Entscheidung mit dem Kind" (BGH FamRZ 2000, 420) und gem § 1631a S 1 unter Rücksichtnahme auf Eignung und Neigung des Kindes. Das volljährige Kind entscheidet selbst (BGH FamRZ 1996, 798 [799]), hat aber gem § 1618a auch auf die Belange der Eltern Rücksicht zu nehmen (Stuttgart FamRZ 1991, 1472 [1474]). Aktuelle ungünstige Berufsaussichten stehen der Wahl einer bestimmten Ausbildung grundsätzlich nicht entgegen, da zuverlässige Prognosen zum künftigen Arbeitsmarkt, insbesondere bei länger dauernden Ausbildungen, kaum möglich sind und zudem dann, wenn ein überdurchschnittlicher Berufsabschluß gelingt, auch bei allgemein schlechten Arbeitsmarktbedingungen nicht generell angenommen werden kann, daß kein adäquater Arbeitsplatz zu finden sein wird (Schwab/Borth V Rz 71).

Nur in Ausnahmefällen und bei **ernsthaften Zweifeln** an der Eignung brauchen die Eltern eine Erstausbildung nicht zu finanzieren (Wendl/Scholz § 2 Rz 61ff; MüKo/Born Rz 223).

57 IV. **Ausbildungs-/Studiendauer**. Die Ausbildung muß mit Fleiß und der gebotenen Zielstrebigkeit in angemessener und üblicher Zeit aufgenommen und beendet werden. Konkreter heißt dies insbesondere, daß der Studienplan grundsätzlich einzuhalten ist (BGH FamRZ 1987, 470 [471]). Unterhalt wird nur für die übliche Ausbildungsdauer geschuldet. Als Anhalt hierfür dient idR die Höchstförderungsdauer gemäß § 15a BAföG bzw die Regelstudienzeit nebst Examenssemestern (Hamm FamRZ 1994, 387 [388]; Wendl/Scholz § 2 Rz 68; Kalthoener/Büttner/Niepmann Rz 315f). Verlängerungen können aber in Betracht kommen, insbesondere bei Krankheit und leichterem und nur vorübergehendem Versagen des Kindes (BGH FamRZ 1987, 470 [471]; Wendl/Scholz § 2 Rz 68f mit Einzelheiten).

58 V. Mehrkosten durch ein **Auslandsstudium** oder -semester können zu finanzieren sein. Dem Kind steht ein gewisser **Spielraum bei der Auswahl** der Lehrveranstaltungen und dem Aufbau des Studiums zu (BGH FamRZ 1992, 1064; Wendl/Scholz § 2 Rz 66). Innerhalb dieses Spielraums kann es auch den Studienort wechseln, wenn dies der Ausbildung dient. Dies ist der Fall, wenn Kenntnisse erworben oder erweitert werden, die seine fachliche **Qualifikation** und seine **Berufsaussichten fördern** (BGH FamRZ 1992, 1064), was beim Erwerb von Fremdsprachenkenntnissen, insbesondere speziellen auf einem Fachgebiet, idR anzunehmen ist. Den hiermit verbundenen erhöhten Unterhaltsbedarf hat der Unterhaltsverpflichtete idR zu tragen, sofern sich die Finanzierung in den Grenzen seiner Leistungsfähigkeit hält und ihm nicht **wirtschaftlich unzumutbar** ist. Zudem darf der ordnungsgemäße **Abschluß** des Studiums innerhalb **angemessener Frist nicht gefährdet** werden (BGH FamRZ 1992, 1064).

59 VI. Ein **Studienfachwechsel** kann nach einer Orientierungszeit von ein bis zwei Semestern in Betracht kommen (Wendl/Scholz § 2 Rz 71; vgl BGH FamRZ 2001, 757 [759]; FamRZ 1987, 470).

60 VII. Ein sog **Parkstudium** braucht nicht finanziert zu werden, da es nicht berufszielbezogen der „Vorbildung zu einem Beruf" dient (Koblenz FamRZ 1991, 108; Frankfurt FamRZ 1990, 789). Haben die Eltern allerdings das Parkstudium hingenommen und finanziert, kann der Unterhalt für die sodann begonnene eigentliche Berufsausbildung nicht wegen der Zeit des Parkstudiums gekürzt werden (Wendl/Scholz § 2 Rz 70).

61 VIII. **Bewerbungs- und Wartezeiten** von bis zu drei Monaten fallen idR in die Unterhaltspflicht (vgl BGH FamRZ 1998, 671; Hamm FamRZ 1990, 904).

62 IX. **Zweitausbildung**. Grundsätzlich wird nur **eine Ausbildung** geschuldet (BGH FamRZ 1977, 629). Ausnahmen gelten nach der Rspr (BGH FamRZ 1977, 629): bei einer Begabungsfehleinschätzung durch den Sorgeberechtigten; wenn der erlernte Beruf keine Lebensgrundlage mehr bietet; bei einer gemeinsamen Fortsetzungsplanung; wenn das Kind in einen falschen Beruf gedrängt worden ist (BGH FamRZ 1995, 416 [417]).

X. Voraussetzung für die Annahme nur einer Ausbildung sind in den Fällen mehrstufiger Ausbildungen ein zeitlicher und sachlicher Zusammenhang (BGH FamRZ 1989, 853 [855]). Als einheitliche Ausbildung sind insbesondere die sog Abitur-Lehre-Studium-Fälle anerkannt (BGH FamRZ 1989, 853). Der Entschluß zum Studium braucht hier nicht von vornherein erfolgt zu sein, sondern kann auch noch nach Abschluß der Lehre gefaßt werden (BGH FamRZ 1989, 853 [855]; FamRZ 1992, 170 [171]). In Fällen, in denen sich einer Lehre der Erwerb der Fachhochschulreife und sodann ein Studium anschließen, soll dagegen der Entschluß zu den weiteren Ausbildungsschritten schon von vornherein getroffen sein müssen (BGH FamRZ 1995, 416 [417f]), da die Eltern bei dieser Konstellation nicht mit einer mehrstufigen Ausbildung zu rechnen brauchten. Diese Ansicht erscheint angesichts der geänderten Ausbildungsgewohnheiten und der im Beruf geforderten Flexibilität überholt (MüKo/Born § 1610 Rz 263). **63**

Außerdem muß den Eltern die **Finanzierung** des Studiums **zumutbar** sein, was aufgrund einer umfassenden Abwägung aller maßgeblichen Gründe, insbesondere der finanziellen Verhältnisse, zu prüfen ist (BGH FamRZ 1989, 853 [855]). **64**

XI. Weiterbildung ist im Gegensatz zur Ausbildung zu einem zweiten Beruf die Ausbildung zur einer höheren Qualifikation in derselben Berufssparte (Kalthoener/Büttner/Niepmann Rz 322), zB die Vorbereitung zur Meisterprüfung (Stuttgart FamRZ 1996, 1435). Ihre Finanzierung gehört nach erfolgtem Abschluß und damit erreichter eigener Lebensstellung nur in Ausnahmefällen noch zur angemessenen Ausbildung (Wendl/Scholz § 2 Rz 78). Diese kommen in Betracht, wenn während der ersten Ausbildung eine besondere, die Weiterbildung erfordernde Begabung deutlich wurde (BGH FamRZ 1995, 416 [417]) oder die bisherige Ausbildung ohne Weiterbildung keine ausreichende Lebensgrundlage bietet (BGH FamRZ 1977, 629). **65**

XII. Die Zeit der **Promotion** wird nur bei Vorliegen besonderer Umstände erfaßt, insbesondere wenn die Promotion auf dem Arbeitsmarkt Vorbedingung für die Berufsausübung ist (Hamm FamRZ 1990, 904; Kalthoener/Büttner/Niepmann Rz 297). Zur Frage, ob eine Obliegenheit zur Nebentätigkeit besteht s § 1602 Rz 17. **66**

E. Düsseldorfer Tabelle[1] – Stand: 1. 7. 2003. Quelle: FamRZ 2003, 903 **67**

A. Kindesunterhalt

Nettoeinkommen des Barunterhaltspflichtigen (Anm 3, 4)	Altersstufen in Jahren (§ 1612a III)				Vom-hundert-satz	Bedarfskon-trollbetrag (Anm 6)
	0–5	6–11	12–17	ab 18		
	Alle Beträge in Euro					
1. bis 1300	199	241	284	327	100	730/840
2. 1300–1500	213	258	304	350	107	900
3. 1500–1700	227	275	324	373	114	950
4. 1700–1900	241	292	344	396	121	1000
5. 1900–2100	255	309	364	419	128	1050
6. 2100–2300	269	326	384	442	135	1100
7. 2300–2500	283	343	404	465	142	1150
8. 2500–2800	299	362	426	491	150	1200
9. 2800–3200	319	386	455	524	160	1300
10. 3200–3600	339	410	483	556	170	1400
11. 3600–4000	359	434	512	589	180	1500
12. 4000–4400	379	458	540	622	190	1600
13. 4400–4800	398	482	568	654	200	1700
über 4800	nach den Umständen des Falles					

Anmerkungen:

1. Die Tabelle hat keine Gesetzeskraft, sondern stellt eine Richtlinie dar. Sie weist monatliche Unterhaltsrichtsätze aus, bezogen auf einen gegenüber einem Ehegatten und zwei Kindern Unterhaltspflichtigen.
Bei einer größeren/geringeren Anzahl Unterhaltsberechtigter sind **Ab- oder Zuschläge** durch Einstufung in niedrigere/höhere Gruppen angemessen. Anmerkung 6 ist zu beachten. Zur Deckung des notwendigen Mindestbedarfs aller Beteiligten – einschließlich des Ehegatten – ist gegebenenfalls eine Herabstufung bis in die unterste Tabellengruppe vorzunehmen. Reicht das verfügbare Einkommen auch dann nicht aus, erfolgt eine Mangelberechnung nach Abschnitt C.

---

1 Die neue Tabelle nebst Anmerkungen beruht auf Koordinierungsgesprächen, die zwischen Richtern der Familiensenate der Oberlandesgerichte Düsseldorf, Köln und Hamm sowie der Unterhaltskommission des Deutschen Familiengerichtstages eV unter Berücksichtigung des Ergebnisses einer Umfrage bei allen Oberlandesgerichten stattgefunden haben.

§ 1610　Familienrecht　Verwandtschaft

2. Die Richtsätze der 1. Einkommensgruppe entsprechen dem **Regelbetrag in Euro** nach der Regelbetrag-VO West in der ab 1. 7. 2003 geltenden Fassung[2]. Der Vomhundertsatz drückt die Steigerung des Richtsatzes der jeweiligen Einkommensgruppe gegenüber dem Regelbetrag (= 1. Einkommensgruppe) aus. Die durch Multiplikation des Regelbetrages mit dem Vomhundertsatz errechneten Richtsätze sind entsprechend § 1612a II aufgerundet.

3. **Berufsbedingte Aufwendungen**, die sich von den privaten Lebenshaltungskosten nach objektiven Merkmalen eindeutig abgrenzen lassen, sind vom Einkommen abzuziehen, wobei bei entsprechenden Anhaltspunkten eine Pauschale von 5 % des Nettoeinkommens – mindestens 50 Euro, bei geringfügiger Teilzeitarbeit auch weniger, und höchstens 150 Euro monatlich – geschätzt werden kann. Übersteigen die berufsbedingten Aufwendungen die Pauschale, sind sie insgesamt nachzuweisen.

4. Berücksichtigungsfähige **Schulden** sind in der Regel vom Einkommen abzuziehen.

5. Der **notwendige Eigenbedarf (Selbstbehalt)**

   – gegenüber minderjährigen unverheirateten Kindern,
   – gegenüber volljährigen unverheirateten Kindern bis zur Vollendung des 21. Lebensjahres, die im Haushalt der Eltern oder eines Elternteils leben und sich in der allgemeinen Schulausbildung befinden,

   beträgt beim nicht erwerbstätigen Unterhaltspflichtigen monatlich 730 Euro, beim erwerbstätigen Unterhaltspflichtigen monatlich 840 Euro. Hierin sind bis zu 360 Euro für Unterkunft einschließlich umlagefähiger Nebenkosten und Heizung (Warmmiete) enthalten. Der Selbstbehalt kann angemessen erhöht werden, wenn dieser Betrag im Einzelfall erheblich überschritten wird und dies nicht vermeidbar ist.

   Der **angemessene Eigenbedarf**, insbesondere gegenüber anderen volljährigen Kindern, beträgt in der Regel mindestens monatlich 1000 Euro. Darin ist eine Warmmiete bis 440 Euro enthalten.

6. Der **Bedarfskontrollbetrag** des Unterhaltspflichtigen ab Gruppe 2 ist nicht identisch mit dem Eigenbedarf. Er soll eine ausgewogene Verteilung des Einkommens zwischen dem Unterhaltspflichtigen und den unterhaltsberechtigten Kindern gewährleisten. Wird er unter Berücksichtigung auch des Ehegattenunterhalts (vgl auch B V und VI) unterschritten, ist der Tabellenbetrag der nächst niedrigeren Gruppe, deren Bedarfskontrollbetrag nicht unterschritten wird, anzusetzen.

7. Bei **volljährigen Kindern**, die noch im Haushalt der Eltern oder eines Elternteils wohnen, bemißt sich der Unterhalt nach der 4. Altersstufe der Tabelle.

   Der angemessene Gesamtunterhaltsbedarf eines **Studierenden**, der nicht bei seinen Eltern oder einem Elternteil wohnt, beträgt in der Regel monatlich 600 Euro. Dieser Bedarfssatz kann auch für ein Kind mit eigenem Haushalt angesetzt werden.

8. Die **Ausbildungsvergütung** eines in der Berufsausbildung stehenden Kindes, das im Haushalt der Eltern oder eines Elternteils wohnt, ist vor ihrer Anrechnung in der Regel um einen ausbildungsbedingten Mehrbedarf von monatlich 85 Euro zu kürzen.

9. In den Unterhaltsbeträgen (Anmerkungen 1 und 7) sind **Beiträge zur Kranken- und Pflegeversicherung** nicht enthalten.

10. Das auf das jeweilige Kind entfallende **Kindergeld** ist nach § 1612b I grundsätzlich zur Hälfte auf den Tabellenunterhalt anzurechnen. Die Anrechnung des Kindergeldes unterbleibt, soweit der Unterhaltspflichtige außerstande ist, Unterhalt in Höhe von 135 % des Regelbetrages (vgl Abschnitt A Anm. 2) zu leisten, soweit das Kind also nicht wenigstens den Richtsatz der 6. Einkommensgruppe abzüglich des hälftigen Kindergeldes erhält (§ 1612b V).

    Das bis zur Einkommensgruppe 6 anzurechnende Kindergeld kann nach folgender Formel berechnet werden: Anrechnungsbetrag = ½ des Kindergeldes + Richtsatz der jeweiligen Einkommensgruppe – Richtsatz der 6. Einkommensgruppe (135 % des Regelbetrages). Bei einem Negativsaldo entfällt die Anrechnung. Die Einzelheiten ergeben sich aus der Anlage zu dieser Tabelle.

B. Ehegattenunterhalt

I. **Monatliche Unterhaltsrichtsätze des berechtigten Ehegatten ohne unterhaltsberechtigte Kinder (§§ 1361, 1569, 1578, 1581):**

   1. gegen einen **erwerbstätigen Unterhaltspflichtigen:**

      a) wenn der Berechtigte kein Einkommen hat: ³/₇ des anrechenbaren Erwerbseinkommens zuzüglich ½ der anrechenbaren sonstigen Einkünfte des Pflichtigen, nach oben begrenzt durch den vollen Unterhalt, gemessen an den zu berücksichtigenden ehelichen Verhältnissen;

      b) wenn der Berechtigte ebenfalls Einkommen hat:
      Unterschiedsbetrag zwischen dem vollen ehelichen Bedarf und dem anrechenbaren Einkommen des Berechtigten, wobei Erwerbseinkommen um ¹/₇ zu kürzen ist; der Unterhaltsanspruch darf jedoch nicht höher sein als bei einer Berechnung nach aa); ³/₇ der Differenz zwischen den anrechenbaren Erwerbseinkommen der Ehegatten, insgesamt begrenzt durch den vollen ehelichen Bedarf; für sonstige anrechenbare Einkünfte gilt der Halbteilungsgrundsatz;

      c) wenn der Berechtigte erwerbstätig ist, obwohl ihn keine Erwerbsobliegenheit trifft: gemäß § 1577 II;

   2. gegen einen **nicht erwerbstätigen Unterhaltspflichtigen** (zB Rentner): wie zu 1a, b oder c, jedoch 50 %.

II. Fortgeltung früheren Rechts:

---
2 BGBl I 2003, 546; abgedruckt unter § 1612a Rz 12.

1. Monatliche Unterhaltsrichtsätze des nach dem Ehegesetz berechtigten Ehegatten **ohne unterhaltsberechtigte Kinder:**
   a) §§ 58, 59 EheG: in der Regel wie I,
   b) § 60 EheG: in der Regel ½ des Unterhalts zu I,
   c) § 61 EheG: nach Billigkeit bis zu den Sätzen I.
2. Bei Ehegatten, die vor dem 3. 10. 1990 in der früheren DDR geschieden worden sind, ist das DDR-FGB in Verbindung mit dem Einigungsvertrag zu berücksichtigen (Art 234 § 5 EGBGB).

III. Monatliche Unterhaltsrichtsätze des berechtigten Ehegatten, wenn die ehelichen Lebensverhältnisse durch Unterhaltspflichten gegenüber Kindern geprägt werden:
Wie zu I bzw II 1, jedoch wird grundsätzlich der Kindesunterhalt (Tabellenbetrag ohne Abzug von Kindergeld) vorab vom Nettoeinkommen abgezogen. Führt dies zu einem Mißverhältnis zwischen Kindes- und Ehegattenunterhalt, ist der Ehegattenunterhalt nach den Grundsätzen der Entscheidung des Bundesgerichtshofs vom 22. 1. 2003 (FamRZ 2003, 363ff) zu ermitteln.

IV. **Monatlicher notwendiger Eigenbedarf (Selbstbehalt) gegenüber dem getrennt lebenden und dem geschiedenen Berechtigten:**
  1. wenn der Unterhaltspflichtige erwerbstätig ist: 840 Euro
  2. wenn der Unterhaltspflichtige nicht erwerbstätig ist: 730 Euro
  Dem geschiedenen Unterhaltspflichtigen ist nach Maßgabe des § 1581 uU ein höherer Betrag zu belassen.

V. **Monatlicher notwendiger Eigenbedarf (Existenzminimum) des unterhaltsberechtigten Ehegatten einschließlich des trennungsbedingten Mehrbedarfs in der Regel:**
  1. falls erwerbstätig: 840 Euro
  2. falls nicht erwerbstätig: 730 Euro

VI. **Monatlicher notwendiger Eigenbedarf (Existenzminimum) des Ehegatten, der in einem gemeinsamen Haushalt mit dem Unterhaltspflichtigen lebt:**
  1. falls erwerbstätig: 615 Euro
  2. falls nicht erwerbstätig: 535 Euro

Anmerkung zu I–III:
Hinsichtlich **berufsbedingter Aufwendungen** und **berücksichtigungsfähiger Schulden** gelten Anmerkungen A. 3 und 4 – auch für den erwerbstätigen Unterhaltsberechtigten – entsprechend. Diejenigen berufsbedingten Aufwendungen, die sich nicht nach objektiven Merkmalen eindeutig von den privaten Lebenshaltungskosten abgrenzen lassen, sind pauschal im Erwerbstätigenbonus von $1/7$ enthalten.

C. Mangelfälle

Reicht das Einkommen zur Deckung des Bedarfs des Unterhaltspflichtigen und der gleichrangigen Unterhaltsberechtigten nicht aus (sog Mangelfälle), ist die nach Abzug des notwendigen Eigenbedarfs (Selbstbehalts) des Unterhaltspflichtigen verbleibende Verteilungsmasse auf die Unterhaltsberechtigten im Verhältnis ihrer jeweiligen Bedarfssätze gleichmäßig zu verteilen.

Der Einsatzbetrag für den **Kindesunterhalt** entspricht dem Existenzminimum. Dies ist zur Zeit der Tabellenbetrag der 6. Einkommensgruppe gemäß § 1612b Abs 5 BGB.

Der Einsatzbetrag für den **Ehegattenunterhalt** wird ebenfalls mit dem Existenzminimum angesetzt. Dies entspricht bei getrenntlebenden oder geschiedenen Ehegatten dem notwendigen Eigenbedarf gemäß B V der Düsseldorfer Tabelle und bei dem mit dem Unterhaltspflichtigen zusammenlebenden Ehegatten dem Selbstbehalt gemäß B VI der Düsseldorfer Tabelle.

Das im Rahmen der Mangelfallberechnung gefundene Ergebnis ist zu korrigieren, wenn die errechneten Beträge über den im Mangelfall ermittelten Beträge liegen (BGH Urteil vom 22. 1. 2003 FamRZ 2003, 363ff).

Beispiel:
Bereinigtes Nettoeinkommen des Unterhaltspflichtigen (M): 1300 Euro. Unterhalt für zwei unterhaltsberechtigte Kinder im Alter von 7 Jahren (K 1) und 5 Jahren (K 2), die bei der ebenfalls unterhaltsberechtigten geschiedenen nicht erwerbstätigen Ehefrau und Mutter (F) leben. F bezieht das Kindergeld.

Notwendiger Eigenbedarf des M: 840 Euro,
Verteilungsmasse: 1300 Euro – 840 Euro = 460 Euro,
Notwendiger Gesamtbedarf der Unterhaltsberechtigten:
326 Euro (K 1) + 269 Euro (K 2) + 730 Euro (F) = 1325 Euro.

Unterhalt:
K 1: 326 × 460 : 1325 = 113,18 Euro
K 2: 269 × 460 : 1325 = 93,39 Euro
F: 730 × 460 : 1325 = 253,43 Euro.
Eine Korrektur dieser Beträge ist nicht veranlaßt.
Kindergeld wird nicht angerechnet (§ 1612b V).

§ 1610 Familienrecht Verwandtschaft

D. Verwandtenunterhalt und Unterhalt nach § 1615 l

1. **Angemessener Selbstbehalt gegenüber den Eltern:** mindestens monatlich 1250 Euro (einschließlich 440 Euro Warmmiete) zuzüglich der Hälfte des darüber hinausgehenden Einkommens. Der angemessene Unterhalt des mit dem Unterhaltspflichtigen zusammenlebenden Ehegatten bemißt sich nach den ehelichen Lebensverhältnissen (Halbteilungsgrundsatz), beträgt mindestens 950 Euro (einschließlich 330 Euro Warmmiete).

2. **Bedarf der Mutter und des Vaters eines nichtehelichen Kindes** (§ 1615 l I, II, V): nach der Lebensstellung des betreuenden Elternteils, in der Regel mindestens 730 Euro, bei Erwerbstätigkeit 840 Euro.

Angemessener Selbstbehalt gegenüber der Mutter und dem Vater eines nichtehelichen Kindes (§§ 1615 l III S 1, 5, 1603 I): mindestens monatlich 1000 Euro.

68 F. Berliner Tabelle ab 1. 7. 2003 (Quelle: FamRZ 2003, 906) als Vortabelle zur Düsseldorfer Tabelle

Altersstufen in Jahren (Der Regelbetrag einer höheren Altersstufe ist ab dem Beginn des Monats maßgebend, in den der 6. bzw 12. Geburtstag fällt.)	0–5 (Geburt bis 6. Geburtstag)	6–11 (6. bis 12. Geburtstag)	12–17 [–20*] (12. bis 18. Geburtstag) *[18. bis 21. Geburtstag, wenn noch in der allg Schulausbildung und im Elternhaushalt lebend]	Vomhundertsatz Ost	Vomhundertsatz West
Nettoeinkommen des Barunterhaltspflichtigen	\multicolumn{3}{c}{Alle Beträge in Euro}		
Gruppe					
a) bis 1000	183	222	262	**100**	
b) 1000–1150	191	232	273		
ab 1150	\multicolumn{5}{l}{wie Düsseldorfer Tabelle (aber ohne 4. Altersstufe und ohne Bedarfskontrollbetrag)}
Gruppe					
1 bis 1300	199	241	284		**100**
2 1300–1500	213	258	304		107
3 1500–1700	227	275	324		114
4 1700–1900	241	292	344		121
5 1900–2100	255	309	364		128
6 2100–2300	269	326	384		**135**
7 2300–2500	283	343	404		142
8 2500–2800	299	362	426		**150**
9 2800–3200	319	386	455		160
10 3200–3600	339	410	483		170
11 3600–4000	359	434	512		180
12 4000–4400	379	458	540		190
13 4400–4800	398	482	568		200
über 4800	\multicolumn{5}{l}{nach den Umständen des Falles}

Anmerkungen zur Berliner Tabelle:

I. Der notwendige monatliche *Selbstbehalt* des Unterhaltspflichtigen beträgt gegenüber *minderjährigen Kindern und gleichgestellten volljährigen Schülern* (s oben*) (West)
   1. wenn der Unterhaltspflichtige erwerbstätig ist: 775 Euro (840 Euro)
   2. wenn der Unterhaltspflichtige nicht erwerbstätig ist: 675 Euro (730 Euro)

II. Der angemessene monatliche *Selbstbehalt* des Unterhaltspflichtigen beträgt gegenüber *volljährigen Kindern*
   1. wenn der Unterhaltspflichtige erwerbstätig ist: 925 Euro (1000 Euro)
   2. wenn der Unterhaltspflichtige nicht erwerbstätig ist: 825 Euro (890 Euro)

III. Der angemessene monatliche *Selbstbehalt* des Unterhaltspflichtigen beträgt gegenüber dem *getrenntlebenden* und dem *geschiedenen Ehegatten*
   1. wenn der Unterhaltspflichtige erwerbstätig ist: 880 Euro (950 Euro)
   2. wenn der Unterhaltspflichtige nicht erwerbstätig ist: 775 Euro (840 Euro)

IV. Der angemessene *Bedarf* (samt Wohnbedarfs und üblicher berufsbedingter Aufwendungen, aber ohne Beiträge zur Kranken- und Pflegeversicherung) eines *volljährigen Kindes*, welches nicht gemäß § 1603 II S 2 gleichgestellt ist, beträgt in der Regel monatlich: 555 Euro (600 Euro)

Unterhaltspflicht: Allgemeine Vorschriften   § 1610a

V. Der angemessene *Selbstbehalt* des Unterhaltspflichtigen gegenüber *seinen Eltern* beträgt mindestens monatlich:	1155 Euro	(1250 Euro)
VI. Der angemessene *Selbstbehalt* des Unterhaltspflichtigen gegenüber der *Mutter* oder dem *Vater* iSv § 1615l beträgt mindestens monatlich:	925 Euro	(1000 Euro)
Der Bedarf der Mutter bzw des Vaters eines nichtehelichen Kindes besteht in der Regel mindestens in Höhe der zu I. genannten Beträge		
VII. Der Einsatzbetrag im Mangelfall beträgt bei dem mit dem Unterhaltspflichtigen zusammenlebenden Ehegatten		
1. bei Erwerbstätigkeit des Ehegatten:	565 Euro	(615 Euro)
2. bei Nichterwerbstätigkeit des Ehegatten:	495 Euro	(535 Euro)

Die *Berliner Tabelle* ist anzuwenden, wenn sowohl der Unterhaltsgläubiger als auch der Unterhaltsschuldner im Beitrittsgebiet wohnen. Sie ist nur differenziert anzuwenden in den sog Ost-West-Fällen, in denen nicht alle Beteiligten im Beitrittsgebiet wohnen. In diesen Mischfällen ist wegen der Regelbeträge für die Kinder nach Gruppe a oder Gruppe 1 und wegen des Bedarfs laut Anmerkung IV auf den Kindeswohnsitz und wegen des Selbstbehalts des Unterhaltspflichtigen auf dessen Wohnsitz abzustellen.

Die grundsätzlich hälftige **Anrechnung von Kindergeld** auf den Tabellenunterhalt erfolgt nur noch insoweit, als das hälftige Kindergeld zusammen mit dem geschuldeten Tabellenbedarfsbetrag der Düsseldorfer Tabelle (DT) bzw der Berliner Tabelle (BT) den jeweils geltenden **135 %igen Regelbetrag** (das Barexistenzminimum des minderjährigen Kindes) übersteigt (§ 1612b I und V). Der Kindergeldabzug kann mit folgender **Formel** berechnet werden:
Hälftiges Kindergeld (dieses beträgt ab 1. 1. 2002 77 Euro für das 1. bis 3. Kind sowie 89,50 Euro für das 4. und jedes weitere Kind [BGBl I 2001, 2074, 2077f]) + **Unterhaltsbedarfsbetrag − 135 %iger Regelbetrag West bzw Ost** (nach dem Wohnsitz des Kindes und seiner Altersstufe) = **anzurechnendes Kindergeld** (bei einem Negativsaldo entfällt die Anrechnung).

1610a *Deckungsvermutung bei schadensbedingten Mehraufwendungen*

Werden für Aufwendungen infolge eines Körper- oder Gesundheitsschadens Sozialleistungen in Anspruch genommen, wird bei der Feststellung eines Unterhaltsanspruchs vermutet, dass die Kosten der Aufwendungen nicht geringer sind als die Höhe dieser Sozialleistungen.

Schrifttum: *Künkel*, Der neue § 1610a BGB, FamRZ 1991, 1131.

A. Grundgedanke. Im Unterhaltsrecht gilt ein weiter Einkommensbegriff, der alle zufließenden, verfügbaren 1 Mittel, gleich welcher Art sie sind und aus welchem Anlaß sie im einzelnen erzielt werden erfaßt (s § 1603 Rz 8), so daß grundsätzlich auch Sozialleistungen, die anläßlich eines Körper- bzw Gesundheitsschadens bezogen werden, als Einkommen angerechnet werden.
§ 1610a nimmt diese Sozialleistungen bewußt nicht, wie etwa § 9 S 1 BErzGG das Erziehungsgeld, von den anrechenbaren Einkünften aus (BT-Drucks 11/6153, 6), will ihren Empfänger aber durch eine **Änderung der Darlegungs- und Beweislast** davor bewahren, den Nachweis eines entsprechenden, die Leistungen kompensierenden, Mehrbedarfs führen zu müssen (BT-Drucks 11/6153, 5). Damit soll dem Umstand Rechnung getragen werden, daß ein entsprechender Beweis zT nur schwer oder kaum erbracht werden kann (kritisch Staud/Engler Rz 5ff).

B. Persönlicher Anwendungsbereich. I. Die Vorschrift findet sowohl auf den **Unterhaltsbedürftigen** als auch 2 den **Pflichtigen** Anwendung (Wendl/Haußleiter § 1 Rz 343), kann sich also den Unterhaltsanspruch erhöhend aber auch senkend auswirken (MüKo/Born Rz 6).

II. § 1610a gilt unmittelbar beim Verwandtenunterhalt. Die Vorschrift ist auch gegenüber Unterhaltsansprüchen 3 **minderjähriger unverheirateter Kinder** anzuwenden (Johannsen/Henrich/Graba Rz 4; aA Pal/Diederichsen Rz 3). Die Amtl Begr ist hiervon eindeutig ausgegangen (BT-Drucks 11/6153, 6). Für die Geltung auch hier spricht zudem, daß die Regelung gerade im Verwandtenunterhalt erfolgt, auf den die Regelungen übriger Unterhaltsverhältnisse lediglich verweisen (Rz 4), und der hauptsächliche Anwendungsbereich des Verwandtenunterhalts gerade die Ansprüche minderjähriger Kinder sind.

Die Vorschrift findet kraft **Verweisung** Anwendung bei der Bemessung des Unterhalts zwischen geschiedenen 4 und getrenntlebenden Ehegatten (§§ 1361 I S 1, 1578a), auf den Unterhaltsanspruch eines nichtverheirateten Elternteils gegen den anderen Elternteil (§ 1615l Abs III S 1 und IV), den Unterhalt getrenntlebender Lebenspartner (§ 12 II S 2 LPartG) sowie auf den nachpartnerschaftlichen Unterhalt (§§ 16 II S 2 LPartG, 1578a).
Die Vorschrift gilt dagegen nicht beim Familienunterhalt, da bei intakter Familie alle Einkünfte zum gemeinsamen Leben verwandt werden (Künkel FamRZ 1991, 1131).

C. Sozialleistungen infolge eines Körper- oder Gesundheitsschadens. I. Die Begriffe **Körper** und **Gesund-** 5 **heit** entsprechen denen des § 823 I (BT-Drucks 11/6153, 7).
Von § 1610a erfaßt sind nur solche Leistungen, die einen körper- bzw gesundheitsschadensbedingten **Mehraufwand ausgleichen**, nicht dagegen die Leistungen, die anstelle der aufgrund des Schadens **entgangenen Einkünfte** treten (BT-Drucks 11/6153, 7; Wendl/Haußleiter § 1 Rz 344; Schwab/Borth IV Rz 632).
Die Vermutung gilt auch soweit eine Sozialleistung nicht nur materielle sondern auch immaterielle Schäden ausgleichen sollen (BT-Drucks 11/6153, 6, 7; Künkel FamRZ 1991, 1131 [1133]). Daher werden die Grundrente nach § 31 I BVersG und die Schwerstbeschädigtenzulage nach § 31 V BVersG in voller Höhe erfaßt (Staud/Engler Rz 14).

II. Anwendungsfälle. In der Amtl Begr (BT-Drucks 11/6153, 7f) sind hierfür − nicht abschließend − aufgezählt 6 einzelne (aber nicht alle) Leistungen nach dem BVersG einschließlich der schadensbedingten Zulagen wie die

§ 1610a Familienrecht Verwandtschaft

Führbeihilfe für Blinde nach § 14 BVersG, der Pauschbetrag für Kleider- und Wäscheverschleiß nach § 15 BVersG (Hamm FamRZ 1991, 1999), Zuschüsse nach § 11 III BVersG iVm der OrthopädieVO, Erstattungen für Maßnahmen der Heil- und Krankenbehandlung oder eine Badekur nach § 18 BVersG, die Schwerstbeschädigtenzulagen nach § 31 V BVersG und die Pflegezulage nach § 35 BVersG.

7 Erfaßt sind zudem die entsprechenden Leistungen nach Gesetzen, in denen das BVersG für entsprechend anwendbar erklärt wird, ua: § 80 SoldVersG, §§ 47, 47a und 50 ZivildienstG, § 1 I S 1 OpferentschädigungsG.
Unter § 1610a fallen das nach Landesrecht gezahlte Blindengeld (AG Ludwigslust FamRZ 2002, 1588) sowie Conterganrenten (Pal/Diederichsen Rz 4).

8 Bei **Pflegegeld**, das ua nach §§ 33ff SGB XI, §§ 69, 69a BSHG, § 39 SGB VIII der **pflegebedürftigen Person zusteht**, geht die Vermutung des § 1610a dahin, daß der pflegebedürftigen Person entsprechende Aufwendungen entstehen (Kalthoener/Büttner/Niepmann Rz 553; Schwab/Borth IV Rz 643).
Soweit Pflegegeld dagegen der pflegenden Person als Entgelt für die Pflege gewährt wird, gilt dies nicht (Pal/Diederichsen Rz 5). Dies wirkt sich allerdings seit dem Inkrafttreten (zum 1. 8. 1999) von § 13 VI SGB XI nur noch in den Fällen der §§ 1361 III, 1579, 1603 II und 1611 I aus, da das **weitergeleitete Pflegegeld** bei der Pflegeperson im übrigen nach § 13 VI SGB XI überhaupt nicht als Einkommen anzurechnen ist (s § 1602 Rz 36).

9 **III. Keine Anwendungsfälle.** Einkommensersatzfunktion haben und deshalb nicht erfaßt (Rz 4) sind Arbeitslosengeld und Krankengeld (Wendl/Haußleiter § 1 Rz 344), aber auch das Versorgungskrankengeld nach §§ 16ff BVersG, der Berufsschadensausgleich nach § 30 BVersG und die Ausgleichsrente nach § 32 BVersG (BT-Drucks 11/6153, 7; Hamm FamRZ 1992, 186).

10 Auch die Verletztenrente aus der gesetzlichen Unfallversicherung gem §§ 45ff SGB VII (früher §§ 547, 580 RVO) hat Einkommensersatzfunktion (Staud/Engler Rz 15; MüKo/Born Rz 12; Hamm FamRZ 2001, 441; Schleswig FamRZ 1993, 712 (Ls) = SchlHA 1992, 216; aA Brudermüller/Klattenhoff FuR 1993, 333: nur soweit sie die vergleichbare Grundrente nicht übersteigt).
Zum Pflegegeld und weitergeleitetem Pflegegeld siehe Rz 8.
Auf private Unfallrenten soll § 1610a wegen seines Ausnahmecharakters weder unmittelbare noch analoge Anwendung finden (Staud/Engler Rz 12; Künkel FamRZ 1991, 1131 [1132]; aA Diederichsen FS Gernhuber 1993, 597 u Pal/Diederichsen Rz 4). Da zu deren Berechnung der Mehrbedarf ohnehin konkret ermittelt wird, kann jedoch unabhängig von § 1610a von einem entsprechenden Mehrbedarf ausgegangen werden (vgl Staud/Engler Rz 12).

11 **C. Vermutung und Widerlegung. I. Vermutung.** § 1610a schafft nicht nur eine Beweiserleichterung für den Leistungsempfänger sondern **kehrt die Darlegungs- und Beweislast um** (BT-Drucks 11/6153, 6), so daß der Prozeßgegner des Leistungsempfängers die volle Darlegungs- und Beweislast dafür trägt, daß Kosten der Aufwendungen nicht geringer sind als die Höhe der Sozialleistungen (Johannsen/Henrich/Graba Rz 5; MüKo/Born Rz 17; aA Kalthoener/Büttner/Niepmann Rz 801: überwiegende Wahrscheinlichkeit).
Wird die Leistung für einen **bestimmten Zweck** gewährt, erstreckt sich die Vermutung nur hierauf (Staud/Engler Rz 20). Sie ist beim Pflegegeld daher widerlegt, wenn feststeht, daß dieses nicht für eine Fremdbetreuung eingesetzt wird (Hamm FamRZ 2000, 114; aA Büttner FamRZ 2000, 596 [597]).
Vermutet wird nur, daß die Aufwendungen nicht geringer sind als die Leistungen. Einen die Sozialleistung **übersteigenden Mehrbedarf** muß der Geschädigte dagegen in vollem Umfang darlegen und beweisen (Staud/Engler Rz 19).

12 **II.** Die gesetzliche Vermutung kann gem § 292 ZPO **widerlegt** werden. Der Prozeßgegner des Geschädigten hat das Gegenteil substantiiert darzulegen. Hat er mit dem Geschädigten zu einer Zeit zusammengelebt, in der der Schaden schon bestand und die Leistungen schon bezogen wurden, wird er idR aus eigener Kenntnis entsprechende Tatsachen vortragen können, wobei sich die Verhältnisse allerdings dadurch geändert haben können, daß mit dem Ende des Zusammenlebens Betreuungsleistungen entfallen sein können und der Mehrbedarf angestiegen ist.

13 Fehlen dem Gegner Kenntnisse über die Verwendung der Leistungen, kommen ihm die Grundsätze über den **Negativbeweis** zugute (BT-Drucks 11/6153, 6). Diese setzten voraus, daß der Darlegungspflichtige keine nähere Kenntnis der maßgebenden Tatsachen besitzt, während der Prozeßgegner sie hat und ihm nähere Angaben zumutbar sind (BGH FamRZ 1987, 259 [260]). Auch dann darf sich der Gegner des Empfängers zwar nicht mit dem bloßen, auf einen Ausforschungsbeweis zielenden Vortrag begnügen, die schadensbedingten Aufwendungen seien geringer als die Höhe der Sozialleistungen. Er braucht jedoch lediglich, allerdings konkrete, Behauptungen zur zweckwidrigen Verwendung der Mittel aufzustellen, die der Geschädigte nicht einfach bestreiten darf, sondern denen er konkrete Angaben entgegen setzen muß (BGH FamRZ 1987, 259 [260]).

14 Auch im Rahmen des § 1610a kann das Gericht die Höhe der Aufwendungen gem **§ 287 ZPO** unter Würdigung aller Umstände nach freier Überzeugung **schätzen**, wodurch die Darlegungslast des Prozeßgegners des Empfängers erleichtert (vgl BGH NJW 1994, 663) und das Beweismaß reduziert wird (Zöller/Greger § 287 ZPO Rz 1). Dabei soll auch im Rahmen des § 287 ZPO ein ideeller Zweck der Sozialleistung berücksichtigt werden (BT-Drucks 11/6153, 6; vgl Rz 5). Generell ist bei der Anwendung des § 287 ZPO zu Lasten des Empfängers Zurückhaltung geboten, da § 1610a nach der Amtl Begr (BT-Drucks 11/6153, 5) bewirken soll, daß die Sozialleistungen regelmäßig nicht zum Unterhalt herangezogen werden.

1611 *Beschränkung oder Wegfall der Verpflichtung*
(1) **Ist der Unterhaltsberechtigte durch sein sittliches Verschulden bedürftig geworden, hat er seine eigene Unterhaltspflicht gegenüber dem Unterhaltspflichtigen gröblich vernachlässigt oder sich vor-**

sätzlich einer schweren Verfehlung gegen den Unterhaltspflichtigen oder einen nahen Angehörigen des Unterhaltspflichtigen schuldig gemacht, so braucht der Verpflichtete nur einen Beitrag zum Unterhalt in der Höhe zu leisten, die der Billigkeit entspricht. Die Verpflichtung fällt ganz weg, wenn die Inanspruchnahme des Verpflichteten grob unbillig wäre.

(2) Die Vorschriften des Absatzes 1 sind auf die Unterhaltspflicht von Eltern gegenüber ihren minderjährigen unverheirateten Kindern nicht anzuwenden.

(3) Der Bedürftige kann wegen einer nach diesen Vorschriften eintretenden Beschränkung seines Anspruchs nicht andere Unterhaltspflichtige in Anspruch nehmen.

Schrifttum: *Finger*, Beschränkung und Ausschluß der Unterhaltspflicht nach § 1611 I BGB, FamRZ 1995, 969; *Meder*, Die Verweigerung des Kontakts als schwere Verfehlung iSd § 1611 Abs I BGB, FuR 1995, 23.

A. **Allgemeines. I.** Während der Unterhalt ursprünglich nur aus den analog heranzuziehenden Pflichtteilsentziehungsgründen des Erbrechts auf das Maß des notdürftigen Unterhalts herabgesetzt werden konnte, erfolgte 1969 durch das NEhelG eine eigenständige Regelung der unterhaltsrechtlichen Sanktionen für ein schwerwiegendes Fehlverhalten des Berechtigten. 1

II. Geltungsbereich. § 1611 gilt unmittelbar für den Verwandtenunterhalt und kraft Verweisung beim Unterhaltsanspruch des Elternteils eines nichtehelichen Kindes gegenüber dem anderen Elternteil, § 1615 l III S 1 und IV S 2. Ihm entsprechen beim Ehegattenunterhalt mit weniger strengen Maßstäben §§ 1579, 1361 III und beim Unterhalt der Lebenspartner §§ 12 II S 1, 16 II S 2 LPartG. 2

III. Die Regelung ist **abschließend**, soweit es um die Minderung oder den Wegfall der Unterhaltspflicht wegen eines Fehlverhaltens des Bedürftigen geht (BGH FamRZ 1988, 159 [160]; 1985, 273 [275]). Eine **Verwirkung** gem § 242 kommt allerdings aus anderen, und zwar Vertrauensschutzgründen in Betracht, wenn der Unterhaltsberechtigte seine Ansprüche solange nicht geltend macht, daß der Verpflichtet darauf vertrauen darf, nicht mehr in Anspruch genommen zu werden (s vor § 1601 Rz 8). 3

B. **Herabsetzung und Wegfall.** Schwerwiegendes Fehlverhalten des Berechtigten kann gem **Abs I** zur Herabsetzung oder zum Wegfall des Unterhaltsanspruchs führen. Dabei enthält § 1611 keine Generalklausel sondern setzt voraus, daß einer von drei enumerativ aufgeführten Tatbeständen vorliegt. Die Vorschrift ist zweigliedrig aufgebaut und verlangt neben der Feststellung eines Herabsetzungsgrundes eine zusätzliche Billigkeitsprüfung (Schwab/Borth V Rz 225). 4

I. Tatbestandsvoraussetzungen. 1. Bedürftigkeit durch sittliches Verschulden. Die Bedürftigkeit muß selbst verschuldet sein, wobei aus dem Begriff des sittlichen Verschuldens zu schließen ist, daß den Berechtigten ein **Vorwurf von erheblichem Gewicht** treffen muß (BGH FamRZ 1985, 273 [275]). 5

Das vorwerfbare Verhalten muß für die Bedürftigkeit **ursächlich** sein, wobei Mitursächlichkeit ausreicht. Problematisch sind die Fälle, in denen die Bedürftigkeit zunächst durch sittliches Verschulden herbeigeführt worden ist und in denen dann ein weiterer, nicht vorwerfbarer Grund wie Alter oder Krankheit hinzutritt. Es handelt sich bei dem weiteren Umstand um eine sogenannte Reserveursache (Staud/Engler Rz 11), die nicht die Ursächlichkeit beseitigt (Staud/Schiemann § 249 Rz 93; MüKo/Oetker § 249 Rz 136f) sondern nur die Frage nach der Zurechnung aufwirft. Die Zurechnung der ersten Ursache ist weiterhin zu bejahen, wenn diese nicht von der weiteren Ursache nahezu vollständig verdrängt wird (MüKo/Oetker § 249 Rz 137). Dies kann bei der vorherigen Verwirkung idR nicht angenommen werden (vgl Staud/Engler Rz 11). 6

Ein gem § 1585c grundsätzlich möglicher Verzicht auf nachehelichen Unterhalt kann für die Bedürftigkeit ursächlich sein, soweit der Berechtigte ohne den Verzicht in der Lage gewesen wäre, sich mittels dieser Unterhaltsleistungen selbst zu unterhalten (Köln FamRZ 1983, 643; aA Staud/Engler Rz 12). Ob die Bedürftigkeit dabei durch sittliches Verschulden herbeigeführt wurde, hängt von den Umständen des Einzelfalls ab, insbesondere den Beweggründen für den Verzicht.

Als Einzelfälle kommen ua in Betracht: ein Verhalten, das den Verlust des Arbeitsplatzes zur Folge hat, je nach Grad des Verschuldens (MüKo/Born Rz 9); Verschwendung, abhängig von den Beweggründen (Staud/Engler Rz 16); die Weigerung sich einer ärztlichen Behandlung oder Therapie zu unterziehen, insbesondere bei einer Suchterkrankung, wobei hier die erforderliche Einsichts- und Steuerungsfähigkeit bestehen muß (Kalthoener/Büttner/Niepmann Rz 1053a); Infizierung mit Aids je nach den Umständen (vgl Tiedemann NJW 1988, 729 [736]); grundsätzlich nicht dagegen Schwangerschaft und Geburt eines nichtehelichen Kindes, wenn nicht gerade bezweckt wird, auf Kosten der Eltern zu leben (BGH FamRZ 1985, 273 [276]; MüKo/Born Rz 12; strenger Celle FamRZ 1984, 1254). 7

2. Eine **gröbliche Vernachlässigung der eigenen Unterhaltspflicht** gegenüber dem Verpflichteten kommt kaum beim Unterhaltsanspruch des – volljährigen – Kindes, sondern lediglich beim Elternunterhalt in Betracht. Vernachlässigung liegt schon vor, wenn der Unterhalt häufig oder über einen längeren Zeitraum (RGRK/Mutschler Rz 3) verspätet erbracht wurde oder zwangsweise eingetrieben werden mußte, auch wenn die Ansprüche letztlich voll erfüllt wurden (vgl Staud/Engler Rz 20). Wurde der Unterhalt nur teilweise geleistet, kommt es auf das Verhältnis von erbrachtem zu geschuldeten Unterhalt an. Aus der Formulierung „gröblich" ergibt sich, daß die Vernachlässigung von erheblichem Gewicht sein muß. 8

3. Eine **schwere Verfehlung** muß **vorsätzlich** erfolgt sein. Geschützte Personen sind – neben dem **Pflichtigen** selbst – **nahe Angehörige**, zu denen der Pflichtige in einem engen persönlichen Verhältnis steht. Dabei kommt es weniger auf die juristische Verbundenheit iSd § 11 I Nr 1 StGB an als auf das tatsächliche Verhältnis des Pflichtigen zu dieser Person (Finger FamRZ 1995, 969 [974]); MüKo/Born Rz 19), so daß nicht der geschiedene Ehegatte 9

§ 1611

wohl aber der Lebensgefährte erfaßt ist (Schwab/Borth V Rz 230 und IV Rz 436; Müko/Born Rz 19; Staud/Engler Rz 32).

10 Zum Begriff der **schweren Verfehlung** kann an die ähnlichen Tatbestände im Schenkungsrecht, § 530, und Pflichtteilsrecht, § 2333 und die dortige Rspr angeknüpft werden. In Betracht kommen Handlungen, die sich gegen Leben, Freiheit, Gesundheit, Ehre (wiederholte grobe Beleidigungen bzw Verleumdungen) und Vermögen (Verlust des Arbeitsplatzes nach Anschwärzung) richten, wobei sich die Schwere der Verfehlung auch aus den Tatfolgen ergeben kann.

11 Eine **Kontaktverweigerung** des Kindes allein stellt noch keine schwere Verfehlung dar (BGH FamRZ 1995, 475; Köln FamRZ 2000, 1043; Schwab/Borth V Rz 231). Es müssen weitere gravierende Besonderheiten hinzukommen, wobei die gesamten Umstände des Einzelfalls abzuwägen sind, und zwar insbesondere unter Berücksichtigung auch des Verhaltens des Pflichtigen gegenüber dem Kind und dem anderen Elternteil (BGH FamRZ 1995, 475; großzügig Bamberg FamRZ 1992, 717 [719]).

12 **II. Rechtsfolgen. 1. Herabsetzung.** Liegt einer der Fälle des Abs I S 1 vor, braucht der Schuldner nur noch Unterhalt in einer Höhe zu leisten, die der **Billigkeit** entspricht. Es ist eine umfassende Abwägung vorzunehmen, bei der sämtlich Umstände zu berücksichtigen sind, insbesondere die Schwere und der Zeitpunkt der Verfehlung aber auch das Verhalten des Pflichtigen, die wirtschaftlichen Verhältnisse und die Auswirkungen auf Pflichtigen und Berechtigten unter Berücksichtigung auch der voraussichtlichen Dauer der Unterhaltspflicht (Staud/Engler Rz 39ff).

13 **2. Wegfall.** Bei grober Unbilligkeit fällt die Verpflichtung ganz weg, **Abs I S 2**. Es sind strenge Anforderungen zu stellen, und jegliche Zahlung muß der Gerechtigkeit in unerträglicher Weise widersprechen (Staud/Engler Rz 43 mwN).

14 **3. Zeitliche Wirkung. a)** Die Herabsetzung bzw der Wegfall **beginnt** mit dem Zeitpunkt, zu dem die Voraussetzungen des Abs I vorliegen (vgl BGH FamRZ 1984, 34 zum Ehegattenunterhalt; Staud/Engler Rz 44). Eine **Rückwirkung** kommt nicht in Betracht (Schwab/Borth V Rz 232; offengelassen in BGH FamRZ 1984, 34; aA Staud/Engler Rz 44).

15 **b)** Da der Begriff der Verwirkung in § 1611 nicht gebraucht wird, mag ein **Wiederaufleben** des Unterhaltsanspruchs nicht ausgeschlossen sein (MüKo/Born Rz 38). Jedoch wird eine in der Vergangenheit begangene schwere Verfehlung nicht durch Zeitablauf geheilt (vgl Staud/Engler Rz 45), und der Wegfall der – selbst verschuldeten – Bedürftigkeit kann einen Unterhaltsanspruch nicht begründen. Eine Ausnahme kommt bei **Verzeihung** entsprechend §§ 532, 2337 in Betracht (Pal/Diederichsen Rz 10), die einer Berufung auf die Verwirkung entgegen steht (Schwab/Borth V Rz 232).

16 **4.** Die Verwirkung iSd § 1611 führt auch dazu, daß **Erziehungsgeld** und **weitergeleitetes Pflegegeld** auf seiten des Berechtigten als Einkommen zu berücksichtigen sind, §§ 9 S 2 BErzGG, 13 VI SGB XI.

17 **C. Minderjährige Kinder. I.** Gem Abs II gilt Abs I nicht bei einer Unterhaltspflicht der Eltern gegenüber minderjährigen unverheirateten Kindern. Eine entsprechende Anwendung kommt auf privilegierte Volljährige iSd § 1603 II S 2 ebenso wenig in Betracht (Wendl/Scholz § 2 Rz 471; MüKo/Born Rz 45), wie auf Unterhaltsansprüche von minderjährigen Kindern gegenüber Großeltern, auch wenn diese sie erzogen haben (MüKo/Born Rz 40; aA Schwab/Borth VI Rz 235). Zwar mögen die Großeltern für das Fehlverhalten des Kindes aufgrund von Erziehungsfehlern im Einzelfall mitverantwortlich sein. Für eine entsprechende generelle Vermutung dürften jedoch jegliche empirische Anhaltspunkte fehlen und der Umstand allein, daß nicht die Eltern sondern die Großeltern das Kind erzogen haben, wird schon auf Gründen beruhen, die negativen Einfluß auf die Entwicklung des Kindes genommen haben können. Zudem ist zu berücksichtigen, daß die Großeltern nicht gesteigert unterhaltspflichtig sind, die Erziehung gegenüber dem Kind freiwillig übernommen haben und ihre Interessen daher schutzwürdiger sind als die der Eltern.

18 **II.** Ob das Kind minderjährig iSd Abs II ist, ist nach dem **Zeitpunkt** der Handlung zu beurteilen, die die Tatbestandvoraussetzungen des Abs I S 1 erfüllt (BGH FamRZ 1995, 475; FamRZ 1988, 159 [163]), so daß Unterhaltsansprüche für die Zeit nach Eintritt der Volljährigkeit durch während der Minderjährigkeit des Kindes begangene Verfehlungen unberührt bleiben.

19 **D. Auswirkung auf Dritte.** Obwohl die Gründe der Verwirkung zum Teil nur das Verhältnis zu einer bestimmten Person betreffen, legt ihnen Abs III insofern absolute Wirkung bei, als die Minderung oder der Wegfall des Anspruchs auch im Verhältnis zu gleich- und nachrangig haftenden anderen Unterhaltspflichtigen eintritt. Dies gilt allerdings nicht, wenn ein Anspruch gegenüber dem an sich vorrangig Haftenden schon aus anderen Gründen, insbesondere wegen Leistungsunfähigkeit, gar nicht besteht und daher keine Beschränkung eintritt (RGRK/Mutschler Rz 10; Staud/Engler Rz 55). Dann ist allerdings zu prüfen, ob die Verwirkung nicht auch unmittelbar im Verhältnis zum nachrangig Pflichtigen eingetreten ist.

1612 *Art der Unterhaltsgewährung*

(1) Der Unterhalt ist durch Entrichtung einer Geldrente zu gewähren. Der Verpflichtete kann verlangen, dass ihm die Gewährung des Unterhalts in anderer Art gestattet wird, wenn besondere Gründe es rechtfertigen.

(2) Haben Eltern einem unverheirateten Kind Unterhalt zu gewähren, so können sie bestimmen, in welcher Art und für welche Zeit im Voraus der Unterhalt gewährt werden soll, wobei auf die Belange des Kindes die gebotene Rücksicht zu nehmen ist. Aus besonderen Gründen kann das Familiengericht auf Antrag

des Kindes die Bestimmung der Eltern ändern. Ist das Kind minderjährig, so kann ein Elternteil, dem die Sorge für die Person des Kindes nicht zusteht, eine Bestimmung nur für die Zeit treffen, in der das Kind in seinen Haushalt aufgenommen ist.
(3) Eine Geldrente ist monatlich im Voraus zu zahlen. Der Verpflichtete schuldet den vollen Monatsbetrag auch dann, wenn der Berechtigte im Laufe des Monats stirbt.

Schrifttum: *Buchholz*, Zum Unterhaltsbestimmungsrecht der Eltern gegenüber volljährigen Kindern nach § 1612 II, FamRZ 1995, 705; *Pachtenfels*, Die „besonderen Gründe" gegen das elterliche Bestimmungsrecht, MDR 1993, 1029.

A. Allgemeines. I. Regelungsinhalt. § 1612 regelt in Abs I und II die Art der Unterhaltsgewährung sowie das Bestimmungsrecht der Eltern und in Abs III die Zahlungsmodalitäten einer Geldrente. 1

II. Unterhaltsarten. Unterhalt kann auf verschiedene Art erbracht werden. § 1612 regelt den Unterhalt, der der **materiellen Versorgung** dient. Diese materielle Versorgung kann entweder in Form von **Naturalunterhalt** erfolgen, indem Unterkunft, Lebensmittel sowie Kleidung usw gestellt werden, oder in Form von **Barunterhalt**, indem der Pflichtige die Mittel zur Verfügung stellt, mit denen sich der Berechtigte selbst die Güter besorgt, die er benötigt. 2

Kinder werden zudem betreut, bzw wie es in § 1606 III S 2 heißt, gepflegt und erzogen. Daß diese **Betreuung** – neben der zusätzlichen materiellen Versorgung – geschuldeter Unterhalt ist, ist vom BGH zwar (im Zusammenhang mit einem familienrechtlichen Ausgleichsanspruch) verneint worden (FamRZ 1994, 1102 [1103]), ergibt sich aber aus § 1606 III S 2 (Staud/Engler Rz 5). Einklagbar ist ein Anspruch auf Betreuung allerdings nicht (Scholz FamRZ 1994, 1314 als Anm zu BGH FamRZ 1994, 1102). 3

Der Naturalunterhalt iSd § 1612 ist vom Betreuungsunterhalt iSd § 1606 III S 2 zu unterscheiden. Während der Betreuungsunterhalt gemäß § 1606 III S 2 neben den materiellen Unterhalt iSv § 1612 tritt, ersetzt der Naturalunterhalt iSv § 1612 als eine Art des materiellen Unterhalts die andere in Form der Geldrente (s § 1606 Rz 10). 4

B. Geldrente gem Abs I. I. Gem Abs I S 1 ist der Unterhalt gegenüber Verwandten **grundsätzlich** durch Entrichtung einer **Geldrente** zu gewähren. Nur wenn besondere Gründe dies rechtfertigen, kann der Verpflichtete verlangen, daß ihm die Gewährung des Unterhalts in anderer Art gestattet wird, **Abs I S 2.** Die Zahlung von Barunterhalt ist nach der gesetzlichen Bestimmung beim Verwandtenunterhalt somit die Regel. Diese wird jedoch im wichtigsten Anwendungsbereich des § 1612, dem Unterhalt für unverheiratete Kinder, durch die Sonderbestimmung des Abs II verdrängt, die den Eltern das Recht einräumt, die Art des Unterhalts zu bestimmen (s Rz 12ff). 5

Außerhalb des Anwendungsbereichs des Abs II entspricht die grundsätzliche Verpflichtung zur Zahlung einer Geldrente, mit der Bevormundung und sich daraus ergebende Streitigkeiten und Prozesse vermieden werden sollen (Mot IV 702), idR dem Interesse beider Beteiligter. Entsprechende Regelungen enthalten auch §§ 1361 IV S 1, 1585 I S 1, nicht dagegen die Vorschriften des Familienunterhalts gem § 1360a II. 6

II. 1. Geltungsbereich. Gem Abs I S 2 kann der Verpflichtete eine andere Art der Unterhaltsgewährung verlangen, wenn besondere Gründe es rechtfertigen. Da für unverheiratete Kinder schon die Regelung des Abs II gilt, findet Abs I S 2 nur auf die Unterhaltsansprüche der übrigen Verwandten Anwendung, also von Eltern gegenüber den Kindern, Groß- und Urgroßeltern im Verhältnis zu Enkeln und Urgroßenkeln sowie umgekehrt und auf Ansprüche von verheirateten Kindern gegenüber den Eltern, soweit nicht der Ehegatte vorrangig haftet (Staud/Engler Rz 11). 7

2. a) Die **Rechtsnatur** der Gestattung des Unterhalts in anderer Art ist streitig. Vertreten werden noch die Vertragstheorie, nach der die Gestattung durch einen Vertrag zustande kommt, auf dessen Abschluß der Verpflichtete einen Anspruch hat, soweit die Voraussetzungen des Abs I S 2 vorliegen (Gernhuber/Coester-Waltjen § 45 VIII 2), die Erklärungstheorie, nach der das Verlangen eine Willenserklärung darstellt, die nur der Zustimmung des Berechtigten bedarf (FamGb/Griesche Rz 2; MüKo/Born Rz 18) sowie eine Theorie der Ersetzungsbefugnis, nach der die Ausübung dieser Befugnis neben einer entsprechenden Willenserklärung des Pflichtigen der Erfüllung der Schuld oder des Annahmeverzugs des Gläubigers bedarf; erst mit dem Bewirken der Naturalleistung oder dem Annahmeverzug erlischt danach der Anspruch auf zunächst geschuldeten Barunterhalt (Staud/Engler Rz 15). 8

Der Wortlaut von Abs I S 2 spricht für die **Vertragstheorie**. Gegen sie kann auch nicht eingewandt werden, sie führe zu dem umständlichen Ergebnis, daß der auf Zahlung in Anspruch genommene Verpflichtete erst durch den Abschluß eines Änderungsvertrages herbeiführen muß, denn in der kann er einen Anspruch auf Änderung **einredeweise** entgegenhalten (Gernhuber/Coester-Waltjen § 45 VIII 2).

b) Das Änderungsverlangen **wirkt ab Zugang** seiner Geltendmachung. Es muß erkennen lassen, wie und in welchem Umfang der Unterhalt statt in bar auf andere Art konkret erbracht werden soll. Es ist zudem zu **begründen**, damit der Unterhaltsgläubiger die Berechtigung des Verlangens überprüfen kann (MüKo/Born Rz 18). 9

3. Besondere Gründe iSd Abs I S 2 können beim Pflichtigen vorliegen. So kann die Zahlung von Barunterhalt eine erhebliche Belastung für den Unterhaltsschuldner darstellen, während er ohne weiteres in der Lage ist, Unterhalt zumindest zum Teil in natur zu gewähren, etwa indem er eine Unterkunft in der eigenen Wohnung zur Verfügung stellt. Die Gründe können auch in der Person des Berechtigten liegen, etwa wenn dieser aufgrund einer Suchtkrankheit nicht in der Lage ist, mit Geld kontrolliert umzugehen. Die Gründe für das Verlangen müssen so gravierend sein, daß dem Berechtigten die andere Form des Unterhalts ausnahmsweise zugemutet werden kann (RGRK/Mutschler Rz 3; MüKo/Born Rz 15). Ob dies der Fall ist, kann nur aufgrund einer umfassenden Interessenabwägung festgestellt werden (Staud/Engler Rz 21). 10

II. Ein spiegelbildliches Recht des Berechtigten auf Unterhalt in natur sieht § 1612 nicht vor. Daher kann der Berechtigte weder verlangen, in den Haushalt des Pflichtigen aufgenommen zu werden noch hat er Anspruch auf 11

§ 1612

Sachleistungen, wenn der Pflichtige finanziell leistungsunfähig ist (Staud/Engler Rz 6; Rauscher Rz 872; BGH FamRZ 1992, 1102 [1103]; aA Gernhuber/Coester-Waltjen § 45 VIII 3).

12 **C. Abs II Bestimmungsrecht. I. Geltungsbereich.** Der Grundsatz des Abs I, daß Barunterhalt geschuldet wird, wird gegenüber unverheirateten Kindern durch die Sonderbestimmung des Abs II verdrängt. Gem Abs II S 1 können die unterhaltspflichtigen Eltern ihnen gegenüber bestimmen, in welcher Art der Unterhalt gewährt wird.

13 Bei **minderjährigen** Kindern, die **gemeinsam mit beiden Eltern leben**, erfolgt die Bestimmung konkludent dahin, daß der Unterhalt in natur erbracht wird, dh die Eltern kommen für Nahrung, Kleidung, Unterkunft und Schulbedarf usw auf.

14 Die Eltern haben nach dem klaren Wortlaut des Abs II ein Bestimmungsrecht auch gegenüber **volljährigen Kindern** (BGH FamRZ 1988, 831 [832]; Pal/Diederichsen Rz 10; Staud/Engler Rz 33). Deren Recht auf freie Entfaltung der Persönlichkeit aus Art 2 I GG wird hierdurch zwar berührt, ist aber noch gewahrt durch den letzten Halbsatz von Abs II S 1, wonach auf die Belange des Kindes die gebotene Rücksicht zu nehmen ist (Rauscher Rz 876).

15 Gegenüber **verheirateten** Kindern steht den Eltern kein Bestimmungsrecht zu. Dies gilt nicht, wenn das Kind **geschieden** ist, also nur verheiratet war, da nach der Scheidung mit dem Bestimmungsrecht der Eltern nicht in die Ehe des Kindes eingegriffen wird (Staud/Engler Rz 35; Rauscher Rz 875; aA Pal/Diederichsen § 1612 Rz 7; MüKo/Born § 1612 Rz 8; Köln FamRZ 1983, 643).

16 **II. Form und Inhalt. 1.** Die Bestimmung als empfangsbedürftige Willenserklärung bedarf keiner bestimmten **Form**, sie kann auch konkludent erfolgen (BGH FamRZ 1983, 369; FamRZ 1985, 584; Schwab/Borth V Rz 207).

17 **2.** Die Bestimmung kann insbesondere gegenüber volljährigen Kindern auch den **Inhalt** haben, daß der Unterhalt teilweise in natur, etwa Unterkunft und Beköstigung, und teilweise in bar erfolgt (Staud/Engler Rz 61), wobei der Auffassung des BGH (FamRZ 1983, 369; so auch Göppinger/Kodal Rz 161) nicht gefolgt werden kann, daß es sich bei derartigen in Geld gewährten Teilen des Unterhalts um Naturalunterhalt handele (Staud/Engler Rz 61).

18 **III. Inhaber des Bestimmungsrechts. 1.** Bei **minderjährigen** Kinder hat das Bestimmungsrecht der **Inhaber des Sorgerechts** gem §§ 1626ff, dessen Ausfluß das Bestimmungsrecht insoweit ist (Mot IV 703f; Wendl/Scholz § 2 Rz 27). § 1629 dagegen regelt weder das Bestimmungsrecht noch die Art des Unterhalts sondern lediglich die Voraussetzungen, unter denen ein Elternteil gegen den anderen Unterhaltsansprüche des Kindes geltend machen kann (BGH FamRZ 1992, 426).

19 **a)** Steht den Eltern das **Sorgerecht gemeinsam** zu, können sie das Bestimmungsrecht nur einheitlich ausüben, und sie müssen gem § 1627 S 2 bei Meinungsverschiedenheiten versuchen, sich zu einigen. Wenn dies mißlingt, kann das FamG auf Antrag die Entscheidung einem Elternteil übertragen und dies mit Beschränkungen und Auflagen versehen, § 1628 S 2 und S 3 (MüKo/Born Rz 26).

Trennen sich die Eltern und beanspruchen beide zumindest das Aufenthaltsbestimmungsrecht für sich, schuldet der Elternteil, der das Kind nicht betreut, gem Abs I S 1 Barunterhalt (Göppinger/Kodal Rz 143). Die während des Zusammenlebens konkludent erfolgte Bestimmung von Naturalunterhalt ist mit der Trennung der Parteien unwirksam geworden, da sie nicht mehr durchführbar ist, und es gilt bis zu einer neuen wirksamen Bestimmung wieder Abs I S 1 (vgl BGH FamRZ 1992, 426; andere Lösung bei Göppinger/Kodal Rz 143f; s auch Rz 22).

20 **b)** Ist nur ein Elternteil Inhaber des Sorgerechts, hat er auch das Bestimmungsrecht, außer für die Zeit, in der das Kind in den **Haushalt des anderen Elternteils aufgenommen** worden ist, **Abs II S 3**, beispielsweise bei längerer Erkrankung des Sorgeberechtigten (vgl BGH FamRZ 1994, 1102 [1103]). Ein Aufenthalt des Kindes auch für einige Wochen während der Ferien im Rahmen des Umgangsrechts reicht insofern nicht (BGH FamRZ 1984, 470 [472]).

21 **2.** Das Bestimmungsrecht gilt auch gegenüber **volljährigen Kindern** (s Rz 14). Leben die Eltern getrennt oder sind sie geschieden, hat jeder Elternteil unabhängig vom anderen ein eigenes Bestimmungsrecht und kann es alleine ausüben (BGH FamRZ 1988, 831 [832]; Staud/Engler Rz 43; aA Karlsruhe FamRZ 1982, 521 [523]; AK/Derleder Rz 2: nur gemeinsam und mit Zustimmung des Kindes).

22 **IV. Wirksamkeit der Bestimmung. 1.** Die Eltern habe bei der **Ausübung** ihres Bestimmungsrecht auf die Belange des Kindes die „gebotene Rücksicht" zu nehmen, Abs II S 1 letzter Hs. Jedoch ist auch eine Bestimmung, die dieses Gebot der Rücksichtnahme mißachtet, nur in schwerwiegenden Fällen **unwirksam**.

23 **2.** Unwirksam ist eine Bestimmung, die entweder rechtlich oder tatsächlich **undurchführbar** ist (BGH FamRZ 1981, 250; FamRZ 1992, 426), wie im Fall BGH FamRZ 1996, 798, wo das Kind einen Studienplatz im Saarland zugewiesen bekommt und die Eltern eine Wohnung in München anbieten. Gleiches muß auch für eine **mißbräuchliche** Bestimmung gelten (RGRK/Mutschler Rz 11; Wendl/Scholz § 2 Rz 37; offengelassen von BGH FamRZ 1981, 250 [252]). Auch ist jede Unterhaltsbestimmung unwirksam, die das **Recht** eines anderen verletzt, den **Aufenthalt** des Kindes zu **bestimmen** (BGH FamRZ 1985, 917 [918]: Pfleger bzw Betreuer).

24 **3.** Probleme ergeben sich, wenn die Bestimmungen der Eltern **unterschiedlich** sind. Dies kann insbesondere in der Fallgestaltung vorkommen, daß beide Eltern Unterhalt in Form von Naturalunterhalt leisten wollen. Zum einen wird die Auffassung vertreten, sich widersprechende Bestimmungen der Eltern seien generell beide unwirksam (Hamm FamRZ 1980, 192; MüKo/Köhler 3. Aufl Rz 22). Nach anderer Ansicht kommt es darauf an, welche Bestimmung zuerst zugeht (Hamburg FamRZ 1982, 1112; Soergel/Häberle Rz 6).

25 Nach der zutreffenden Auffassung des BGH hat ein Elternteil die Bestimmung des anderen Elternteils hinzunehmen, wenn schutzwürdige Belange von ihm nicht berührt sind (zB schuldet er dem Kind selbst mangels Leistungsfähigkeit keinen Unterhalt). Ist dies doch der Fall, hat eine Abwägung der Interessen der Eltern zu erfolgen. Dabei ist eine einseitige Bestimmung nur insoweit wirksam, als die Gründe für die Bestimmung so schwer wiegen, daß es dem anderen Elternteil unter Berücksichtigung seiner Interessen zugemutet werden kann, die Bestimmung hinzunehmen (BGH FamRZ 1988, 831).

Wenn die Eltern gegensätzliche Bestimmungen treffen und ihre zu berücksichtigenden Interessen gleichgewichtig sind, kann das volljährige Kind nach zutreffender Auffassung selbst entscheiden (Göppinger/Kodal Rz 151; Pal/Diederichsen Rz 12). Wenn keine der Bestimmung der Eltern dies vorsieht, besteht allerdings kein Anspruch auf insgesamt vollen, wenn auch nur jeweils gem § 1606 III anteilig geschuldeten Barunterhalt (aA Wendl/Scholz § 2 Rz 32; MüKo/Born Rz 54), sondern das Kind kann sich lediglich aussuchen, von welchem der Eltern es den Naturalunterhalt entgegennimmt und gegen wen es den anteiligen Barunterhalt geltend macht. **26**

4. Unwirksam soll auch eine Bestimmung sein, die nicht den **gesamten Lebensbedarf** des Kindes erfaßt, zB lediglich eine Bereiterklärung zu Pflege und Erziehung eines schwerbehinderten Kindes, während die Erfüllung des übrigen Unterhaltsanspruchs offen gelassen wird (BGH FamRZ 1993, 417 [420]; MüKo/Born Rz 37f u 68). Dies ist zutreffend, soweit mit der Bestimmungen nur **Teilleistungen** angeboten werden (Schwab/Borth V Rz 206). Soweit ein Elternteil beim volljährigen Kind allerdings nur anteilig für den Barunterhalt aufzukommen hat, braucht er auch nur die Bestimmung für den von ihm geschuldeten Teil zu treffen, da § 1612 keine Ausweitung des Unterhaltsanspruchs bezweckt, ein Elternteil nicht das Bestimmungsrecht für den allein vom anderen Elternteil geschuldeten Unterhalts haben kann und hierdurch die Interessen des Kindes auch nicht nachteilig berührt werden (vgl Staud/Engler Rz 60). **27**

5. Eine wirksame Bestimmung ist **bindend** (BGH FamRZ 1996, 798 [799]). Dies gilt auch in den Fällen, in denen das FamG „aus besonderen Gründen" gem § 1612 II S 2 die Bestimmung abändern kann (BGH FamRZ 1996, 798 [799]). **28**

6. Eine unwirksame Bestimmung führt dazu, daß es beim Grundsatz des Abs I S 1 bleibt, dh daß der Unterhalt in Form einer Geldrente zu erbringen ist (Soergel/Häberle Rz 12; Staud/Engler Rz 22). **29**

7. Die Bestimmung wird mit ihrem Zugang grundsätzlich ohne Übergangsfrist wirksam (BGH FamRZ 1985, 584; Staud/Engler Rz 69) und nicht erst in entsprechender Anwendung von Abs III S 2 mit Beginn des Ersten des Folgemonats (so aber Göppinger/Kodal Rz 164). **30**

8. Ob Restansprüche bei der Nichtbefolgung der wirksamen Bestimmung bestehen, ist umstritten. Der BGH hat dies in älteren Entscheidungen verneint (zB FamRZ 1981, 250 [252]). Die inzwischen überwiegende Meinung in der Literatur hält Restbarunterhaltsansprüche dagegen für gegeben (Kalthoener/Büttner/Niepmann Rz 213; Schwab/Borth V Rz 223; Staud/Engler Rz 72; MüKo/Born Rz 56). Jedenfalls ist dies der Fall, soweit die Bestimmung der Eltern vorsieht, daß teilweise Naturalunterhalt und teilweise Unterhalt in Form einer Geldrente geleistet wird (vgl Rz 17). **31**

V. Änderung der Bestimmung. Eine wirksam getroffene Bestimmung muß nicht endgültig und dauerhaft gelten. Zum einen kann eine zunächst wirksame Bestimmung unwirksam werden, etwa bedingt durch die Trennung der Eltern (s Rz 19). Es besteht zudem die Möglichkeit, daß die Bestimmung von den Eltern wirksam wieder geändert wird, und eine Änderung kann außerdem durch eine gerichtliche Entscheidung erfolgen. **32**

1. Eine wirksame Bestimmung kann vom Inhaber des Bestimmungsrechts jederzeit wieder geändert werden, soweit dies nicht rechtsmißbräuchlich ist oder sonst gegen Treu und Glauben verstößt (Zweibrücken FamRZ 1988, 204; Köln FamRZ 1985, 829; Staud/Engler Rz 68; Rauscher Rz 879). **33**

2. Haben die Eltern untereinander vereinbart, in welcher Art jeder von ihnen den Unterhalt gewährt, sind sie untereinander grundsätzlich daran gebunden (BGH FamRZ 1983, 892). **34**

3. a) Die wirksame Bestimmung kann vom **Gericht** aus besonderen Gründen **abgeändert** werden, **Abs II S 2**. Als **besondere Gründe** gelten nach verbreiteter Umschreibung Umstände, die im Einzelfall schwerer wiegen als die Gründe, um derentwillen der Gesetzgeber das elterliche Bestimmungsrecht eingeräumt hat (Düsseldorf FamRZ 1996, 235; Kalthoener/Büttner/Niepmann Rz 208). **35**

b) Gegenüber **minderjährigen** Kindern ist die Abänderung mit einem Eingriff in das Sorgerecht verbunden, dessen Ausfluß das Bestimmungsrecht ist (s Rz 18). Daher kann ein Änderung nur in Betracht kommen, wenn die Voraussetzungen des § 1666 vorliegen (Rauscher Rz 879). **36**

c) Bei Volljährigen hat eine **Gesamtwürdigung** (BayObLG FamRZ 2000, 976) und **Zumutbarkeitsprüfung** (Staud/Engler Rz 79) zu erfolgen. Häufig ist der Fall der Entfremdung zwischen Kind und Eltern (Celle FamRZ 1997, 966; BayObLG NJW-RR 1992, 1219), bei der es weniger auf die Frage eines Verschuldens ankommt als auf eine Zukunftsprognose (vgl Gernhuber/Coester-Waltjen § 46 III 4). Weitere Einzelfälle s Pachtenfels MDR 1993, 1029ff. **37**

d) Die Abänderung kann auch für die Zeit ab Zugang der Antragsschrift rückwirkend erfolgen (Hamm FamRZ 1986, 386; BayObLG FamRZ 1989, 1222; Düsseldorf FamRZ 1987, 194), wenn keine Vorhaltekosten der Eltern dagegen stehen, auch schon ab dem Zeitpunkt der Antragstellung (Düsseldorf FamRZ 1996, 235). **38**

e) **Antragsberechtigt** ist gem dem Wortlaut von Abs II S 2 allein das Kind und zwar entsprechend § 59 I FGG unabhängig von seiner Geschäftsfähigkeit (Staud/Engler Rz 85). **39**

f) Sachlich **zuständig** ist das FamG und funktionell grundsätzlich der Rechtspfleger, § 3 Nr 2 lit a RPflG. Ist bei demselben Gericht ein Unterhaltsprozeß anhängig, hat der Rechtspfleger die Sache dem Richter vorzulegen, § 5 I Nr 2 RPflG, und der Richter soll die Sache gem § 6 RPflG an sich ziehen. **40**

41 Es handelt sich um ein gesondertes Verfahren, und solange der Richter die Sache nicht an sich gezogen hat, ist eine direkte Klage auf Zahlung von Barunterhalt bei entgegenstehender wirksamer elterlicher Bestimmung unbegründet (Köln NJW-RR 2001, 1442; KG FamRZ 2000, 256; Pal/Diederichsen Rz 21). Die Möglichkeit, den Abänderungsantrag als Zwischenfeststellungsantrag im Unterhaltsprozeß zu stellen, ist zwar rechtspolitisch wünschenswert, mit der derzeitigen Rechtslage jedoch nicht zu vereinbaren, insbesondere nicht, soweit das für den Unterhaltsprozeß zuständige Gericht für den Abänderungsantrag örtlich unzuständig ist (aA Wendl/Scholz § 2 Rz 41; MüKo/Born Rz 91).

42 **D. Modalitäten der Geldzahlung. I.** Die Geldrente ist gem Abs III S 1 **monatlich im voraus** zu zahlen. Der Wortlaut von § 1612 III S 1 legt nur die Zahlungsperiode fest, nicht einen bestimmter Monatstag. Aus §§ 1613 I S 2, 1612a III S 2 ergibt sich jedoch, daß die Zahlung zum **Monatsersten** zu erfolgen hat (aA Kalthoener/Büttner/Niepmann Rz 191), sofern die Parteien nichts abweichendes vereinbart haben.

43 Die Zahlung per **Überweisung** ist üblich, führt aber nur dann zur Erfüllung, wenn der Berechtigte mit ihr einverstanden ist. Ohne Einverständnis liegt eine Leistung an Erfüllungs Statt vor (Hamm NJW 1988, 2115), die allerdings gem § 364 I ebenfalls zum Erlöschen des Anspruchs führt, wenn der Gläubiger sie annimmt.

44 Die Überweisung des Unterhalts erfolgt abweichend von den allgemeinen Regelungen nur **rechtzeitig**, wenn das Geld auf dem Konto des Empfängers gutgeschrieben ist und er damit seinen Bedarf befriedigen kann (Pal/Diederichsen Rz 4; Staud/Engler Rz 107; aA Kalthoener/Büttner/Niepmann Rz 192; Köln FamRZ 1990, 1243).

45 **II.** Auch wenn der Unterhaltsanspruch mit dem **Tod des Berechtigten** gem § 1615 I erlischt, schuldet der Pflichtige gem **Abs III S 2** den **vollen Monatsbetrag** auch dann, wenn der Berechtigte im Laufe des Monats stirbt. – S 2 ist nicht entsprechend anwendbar, wenn die Unterhaltspflicht aus anderen Gründen endet (BGH FamRZ 1988, 604 [605]; Staud/Engler Rz 111; aA Pal/Diederichsen Rz 5 für den Eintritt der Volljährigkeit).

1612a *Art der Unterhaltsgewährung bei minderjährigen Kindern*

(1) Ein minderjähriges Kind kann von einem Elternteil, mit dem es nicht in einem Haushalt lebt, den Unterhalt als Vomhundertsatz des jeweiligen Regelbetrags nach der Regelbetrag-Verordnung verlangen.

(2) Der Vomhundertsatz ist auf eine Dezimalstelle zu begrenzen; jede weitere sich ergebende Dezimalstelle wird nicht berücksichtigt. Der sich bei der Berechnung des Unterhalts ergebende Betrag ist auf volle Euro aufzurunden.

(3) Die Regelbeträge werden in der Regelbetrag-Verordnung nach dem Alter des Kindes für die Zeit bis zur Vollendung des sechsten Lebensjahrs (erste Altersstufe), die Zeit vom siebten bis zur Vollendung des zwölften Lebensjahrs (zweite Altersstufe) und für die Zeit vom 13. Lebensjahr an (dritte Altersstufe) festgesetzt. Der Regelbetrag einer höheren Altersstufe ist ab dem Beginn des Monats maßgebend, in dem das Kind das betreffende Lebensjahr vollendet.

(4) Die Regelbeträge ändern sich entsprechend der Entwicklung des durchschnittlich verfügbaren Arbeitsentgelts erstmals zum 1. Juli 1999 und danach zum 1. Juli jeden zweiten Jahres. Die neuen Regelbeträge ergeben sich, indem die zuletzt geltenden Regelbeträge mit den Faktoren aus den jeweils zwei der Veränderung vorausgegangenen Kalenderjahren für die Entwicklung
1. der Bruttolohn- und -gehaltssumme je durchschnittlich beschäftigten Arbeitnehmer und
2. der Belastung des Arbeitsentgelts
vervielfältigt werden; das Ergebnis ist auf volle Euro aufzurunden. Das Bundesministerium der Justiz hat die Regelbetrag-Verordnung durch Rechtsverordnung, die nicht der Zustimmung des Bundesrates bedarf, rechtzeitig anzupassen.

(5) Die Faktoren im Sinne von Absatz 4 Satz 2 werden ermittelt, indem jeweils der für das Kalenderjahr, für das die Entwicklung festzustellen ist, maßgebende Wert durch den entsprechenden Wert für das diesem vorausgegangene Kalenderjahr geteilt wird. Der Berechnung sind
1. für das der Veränderung vorausgegangene Kalenderjahr die dem Statistischen Bundesamt zu Beginn des folgenden Kalenderjahrs vorliegenden Daten der Volkswirtschaftlichen Gesamtrechnung,
2. für das Kalenderjahr, in dem die jeweils letzte Veränderung vorgenommen wurde, die vom Statistischen Bundesamt endgültig festgestellten Daten der Volkswirtschaftlichen Gesamtrechnung, sowie
3. im Übrigen die der Bestimmung der bisherigen Regelbeträge zugrunde gelegten Daten der Volkswirtschaftlichen Gesamtrechnung
zugrunde zu legen; sie ist auf zwei Dezimalstellen durchzuführen.

Schrifttum: *Schumacher/Grün*, Das neue Unterhaltsrecht minderjähriger Kinder, FamRZ 1998, 778; *Weber*, Das Gesetz zur Vereinheitlichung des Unterhaltsrechts minderjähriger Kinder, NJW 1998, 1992.

1 **A. Allgemeines.** Das frühere Regelunterhaltsrecht der §§ 1615f ff aF fand nur auf nichteheliche Kinder Anwendung. Das jetzige Regelbetragssystem des durch das KindUG geänderten § 1612a gilt dagegen für alle, also eheliche wie nichteheliche, Kinder, die nicht im Haushalt des barunterhaltspflichtigen Elternteils leben.

2 § 1612a bietet die Möglichkeit, einen **dynamischen Unterhalt** festsetzen zu lassen, der zudem mit Hilfe des vereinfachten Verfahrens nach §§ 645ff ZPO geltend gemacht werden kann. Die **Wahl** zwischen dynamischem oder statischem Unterhalt trifft der Berechtigte, nicht dagegen, und zwar auch nicht im Rahmen einer Abänderungsklage, der Pflichtige (MüKo/Born Rz 16). Das Wahlrecht kann auch bei der Abänderungsklage ausgeübt werden, wobei der Wunsch allein, den Unterhalt insoweit umzustellen, für die Abänderungsklage nicht ausreicht; erforderlich bleibt eine wesentliche Änderung der Verhältnisse im Sinne des § 323 I ZPO (Wendl/Scholz § 2 Rz 246a).

Der **Vorteil** des dynamisierten gegenüber einem statischen Unterhalt liegt in der automatischen Anpassung des 3
Titels, die eine Abänderungsklage überflüssig macht. Diese Vorteile wirken sich jedoch idR nur bei **überschaubaren Unterhaltsverhältnissen** ohne weitere Unterhaltsberechtigte aus (vgl Göppinger/Häußermann Rz 833).
Eine juristisch weder geschulte noch beratene Partei ist zudem im Zweifel sowohl mit der Berechnung des dynamisierten Unterhalts als auch mit dem prozessualen Verfahren **überfordert** (Göppinger/Häußermann Rz 835).

B. Persönlicher Anwendungsbereich. I. Alter. Dem Wortlaut der Vorschrift entsprechend gilt § 1612a lediglich für **minderjährige** Kinder. Eine entsprechende Anwendung auf **privilegierte Volljährige** iSv § 1603 II S 2 4
ist abzulehnen (Stuttgart FamRZ 2002, 1044; Johannsen/Henrich/Graba Rz 2; FamRefK/Häußermann Rz 3; aA
Pal/Diederichsen Rz 4; MüKo/Born Rz 12). Der Wechsel in eine höhere Altersstufe ist beim Volljährigen nicht
mehr möglich, so daß einer der Vorteile des § 1612a nicht zum Tragen kommen kann. Dagegen sind wesentliche
künftige Änderungen mit dem absehbaren Ende der Schulausbildung im Zweifel zu erwarten und passen nicht
zu der Vorstellung des § 1612a, die Verhältnisse blieben bis auf allgemeine Lohnentwicklungen im Grunde
unverändert. Zudem schuldet beim volljährigen Kind grundsätzlich auch der andere Elternteil gem § 1606 III
anteilig Barunterhalt, so daß die Berechnung des individuellen, vom Pflichtigen geschuldeten Unterhalts, an der
der dynamisierte Unterhalt anknüpft (s Rz 8), eine grundsätzlich andere ist als beim minderjährigen Kind. – Ein
dynamisierter Titel wird mit Eintritt der Volljährigkeit des Kindes unwirksam sondern gilt weiter, § 798a
ZPO.

II. Das Kind darf nicht mit dem Barunterhaltspflichtigen in einem **Haushalt** leben, wobei auch längere Aufenthalte beim Pflichtigen im Rahmen des Umgangsrechts unschädlich sind (Pal/Diederichsen Rz 5). 5

C. Dynamischer Unterhalt nach jeweiligem Regelbetrag. I. Struktur. Der dynamische Unterhalt wird geltend gemacht als **Prozentsatz** des jeweiligen **Regelbetrages**. 6

II. **Regelbeträge** werden in der Regelbetrag-Verordnung (abgedruckt Rz 12) festgesetzt, und zwar gestaffelt 7
nach drei Altersstufen (bis zur Vollendung des 6., bis zur Vollendung des 12. und ab 13. Lebensjahr), Abs III.
Sie sind unterschiedlich für alte und neue Bundesländer, §§ 1 und 2 Regelbetrag-VO. Maßgebend ist der Wohnort des Berechtigten, da die Differenzierung auf der Annahme unterschiedlich hoher Lebenshaltungskosten in
alten und neuen Bundesländern beruht (Schumacher/Grün FamRZ 1998, 778 [796]; Staud/Engler Rz 33; vgl aber
Luthin/Schumacher Rz 3170).
Die Beträge werden alle zwei Jahre zum 1. 7. angepaßt, Abs IV S 1. Da die Bedarfssätze der untersten Einkommensgruppe der Düsseldorfer und Berliner Tabelle den Regelbeträgen entsprechen (vgl BT-Drucks 13/7338, 23;
Scholz FamRZ 1998, 797 [798]), führt dies zu einer zeitgleichen Änderung dieser Tabellen.
Geltend gemacht wird gem Abs I der jeweilige Regelbetrag (sog Staffelunterhalt). Die ursprünglich vorgesehene
Möglichkeit, auch nur „einen", den aktuell erreichten, Regelbetrag (sog Stufenunterhalt) zu verlangen, ist durch
Art 27 Nr 1 des G zur Einführung des Euro vom 13. 12. 2001 (BGBl I 3574) als überflüssig (s BT-Drucks 14/
7349, 23) aufgehoben worden.

III. Zur Berechnung des **Prozentsatzes** ist zunächst der individuell geschuldete Unterhalt zu bestimmen, idR 8
nach der Düsseldorfer bzw Berliner Tabelle (Wendl/Scholz § 2 Rz 206b, 246d). Dieser Betrag ist sodann in den
Prozentsatz des Regelbetrages umzurechnen. Dabei wird der Prozentsatz auf eine Dezimalstelle hinter dem
Komma begrenzt, der Rest wird nicht berücksichtigt, Abs II S 1.
Der sich ergebende Zahlbetrag ist auf volle Euro aufzurunden, Abs II S 2 (vgl Beispiel Rz 10).
Einen Höchstbetrag gibt es nicht, so daß auch in den höheren Einkommensgruppen Prozentsätze von mehr als
150 % eingeklagt werden können. Das vereinfachte Verfahren nach §§ 645 ZPO ist allerdings nur bei einem Satz
von bis zu 150 % möglich, § 645 I ZPO, so daß der Unterhalt im Klagewege geltend gemacht werden muß, wenn
mehr als 150 % des Regelbetrages geltend gemacht werden sollen.

IV. Das **Kindergeld** bleibt bei der Berechnung des Prozentsatzes unberücksichtigt (vgl § 645 I ZPO). Es ist 9
allerdings sodann gemäß § 1612b anzurechnen.
Auch nach der Änderung des § 1612b V zum 1. 1. 2001 braucht der Abzug nicht nur in der aktuellen Höhe des
anrechenbaren Kindergeldes angegeben zu werden, sondern es sind auch Anträge und Tenorierungen statthaft, in
denen Bezug genommen wird auf die jeweilige gesetzliche Höhe des Kindergeldes und die Angabe, das wievielte
Kind es ist (Wendl/Thalmann Nachtrag 5. Aufl § 8 Rz 362; Pal/Diederichsen Rz 12; Stuttgart DAVorm 1999, 771;
abl München FamRZ 2001, 1077). Andernfalls würde § 1612a einen wesentlichen Teil seines Sinnes verlieren und
der Gesetzgeber hat die Zulässigkeit mit der zum 1. 1. 2002 in Kraft getretenen Änderung des § 647 I S 2 Nr 1 lit c
ZPO zum Ausdruck bringen wollen. Die Streichung der Worte „mit dem anzurechnenden Betrag" in dieser Vorschrift sollte eine dynamische Tenorierung ermöglichen (BT-Drucks 14/7349, 25; Düsseldorf MDR 2002, 701
[702]; Musielak/Borth ZPO § 647 Rz 2).
Vorgeschlagen werden für Antrag und Tenorierung ua (Gerhardt FamRZ 2001, 73f; weitere Vorschläge siehe
Wendl/Thalmann Nachtrag 5. Aufl zu § 8 Rz 362) einzelne nach Beginn einer neuen Altersstufe gestaffelte
Anträge mit bestimmtem Prozentsatz, „abzüglich anrechenbares Kindergeld für ein x. Kind, derzeit ... Euro,
damit derzeit ... Euro; nicht anrechenbar ist nach § 1612b V das anteilige Kindergeld in der Höhe, in der der
geschuldete Unterhalt 135 % des jeweiligen Regelbetrages unterschreitet."
Trotz Bedenken ist davon auszugehen, daß bei dieser oder ähnlicher Tenorierung der Bestimmtheitsgrundsatz
noch gewahrt ist (Düsseldorf MDR 2002, 701 [702]; Wendl/Thalmann Nachtrag 5. Aufl zu § 8 Rz 362; Kleffmann
FuR 2001, 111 [116, 117]; aA München FamRZ 2001, 1077; Düsseldorf FamRZ 2001, 1096 [1098]; s auch Soyka
FamRZ 2001, 740 [742]). S aber auch § 1612b Rz 17.

V. 1. Der Titel wird der jeweiligen Änderung der Regelbetrag-VO **automatisch angepaßt**. 10

§ 1612a Familienrecht Verwandtschaft

Beispiel:
Zum 1. 1. 2002 festgesetzter Unterhalt:
Errechneter Unterhalt für ein Kind 8 Jahre alt (2. Altersstufe) bei Einkommensgruppe 7: 324 Euro
Regelbetrag 2. Altersstufe (West): 228 Euro
Prozentsatz: 142,1052...%
Begrenzung der Dezimalstellen: 142,1 %

Zum 1. 7. 2003 trat durch die Erhöhung des Regelbetrages folgende Änderung ein:
142,1 % von nunmehr 241 Euro = 342,46 Euro
Aufrundung: 343 Euro

Wird das Kind volljährig, erhöht sich der Titel nicht automatisch, da es keine 4. Altersstufe in Abs III und der Regelbetrag-VO gibt.

11   2. Der **Dynamisierungsfaktor** und seine Berechnung werden in Abs IV und V vorgegeben. Zunächst hatte § 1612a in der durch das KindUG einführten Fassung auf die Rentenformel des § 68 SGB VI zurückgegriffen. Dies wurde geändert, nachdem die Rentenanpassungen in den Jahren 2000 und 2001 nicht mehr an die allgemeine Nettolohnentwicklung sondern lediglich noch an die Lebenshaltungskosten geknüpft war. Grundlage der Anpassung der Regelbeträge sind nunmehr die Daten der Volkswirtschaftlichen Gesamtrechnung und damit weiterhin die Nettoentgeltquoten (Luthin/Schumacher Rz 3165 mit Fn 374).

12   **D. Anhang: Regelbetrag-Verordnung** vom 6. 4. 1998 (BGBl I 1998, 666 [668]), geändert durch VO vom 28. 5. 1999 (BGBl I 1999, 1100), vom 8. 5. 2001 (BGBl 2001 I 842) und zuletzt vom 24. 4. 2003 (BGBl I 2003, 546).

§ 1 Festsetzung der Regelbeträge

Die Regelbeträge für den Unterhalt eines minderjährigen Kindes gegenüber dem Elternteil, mit dem es nicht in einem Haushalt lebt, betragen monatlich
1. in der ersten Altersstufe vom 1. Juli 2003 an 199 Euro,
2. in der zweiten Altersstufe vom 1. Juli 2003 an 241 Euro,
3. in der dritten Altersstufe vom 1. Juli 2003 an 284 Euro.

§ 2 Festsetzung der Regelbeträge für das in Artikel 3 des Einigungsvertrages genannte Gebiet

Die Regelbeträge für den Unterhalt eines minderjährigen Kindes gegenüber dem Elternteil, mit dem es nicht in einem Haushalt lebt, betragen in dem in Artikel 3 des Einigungsvertrages genannten Gebiet monatlich
1. in der ersten Altersstufe vom 1. Juli 2003 an 183 Euro,
2. in der zweiten Altersstufe vom 1. Juli 2003 an 222 Euro,
3. in der dritten Altersstufe vom 1. Juli 2003 an 262 Euro.

1612b *Anrechnung von Kindergeld*

(1) Das auf das Kind entfallende Kindergeld ist zur Hälfte anzurechnen, wenn an den barunterhaltspflichtigen Elternteil Kindergeld nicht ausgezahlt wird, weil ein anderer vorrangig berechtigt ist.
(2) Sind beide Elternteile zum Barunterhalt verpflichtet, so erhöht sich der Unterhaltsanspruch gegen den das Kindergeld beziehenden Elternteil um die Hälfte des auf das Kind entfallenden Kindergelds.
(3) Hat nur der barunterhaltspflichtige Elternteil Anspruch auf Kindergeld, wird es aber nicht an ihn ausgezahlt, ist es in voller Höhe anzurechnen.
(4) Ist das Kindergeld wegen Berücksichtigung eines nicht gemeinschaftlichen Kindes erhöht, ist es im Umfang der Erhöhung nicht anzurechnen.
(5) Eine Anrechnung des Kindergelds unterbleibt, soweit der Unterhaltspflichtige außerstande ist, Unterhalt in Höhe von 135 Prozent des Regelbetrags nach der Regelbetrag-Verordnung zu leisten.

1   **A. Grundsätze. I. Allgemeines. 1.** Die Ausgleichsbestimmungen des Unterhaltsrechts haben den **Zweck**, Kindergeld grundsätzlich auch dann beiden Eltern zugute kommen zu lassen, wenn sie getrennt leben. Der Ausgleich erfolgt über eine **Anrechnung beim Kindesunterhalt**.
Zu Recht rügt das BVerfG (FamRZ 2003, 1370 [1375]), daß die Regelungen des Familien-, Steuer- und Sozialrechts zum Kindergeld derzeit insgesamt äußerst unübersichtlich sind und die Bestimmungen in einer Weise miteinander verflochten sind, die unter dem Gebot der Normenklarheit bedenklich erscheint.

2   **2. Funktion des Kindergeldes.** Die unterhaltsrechtliche Anrechnung des Kindergeldes baut auf Vorschriften des Steuerrechts auf. Dies beruht darauf, daß das Kindergeld seit dem zum 1. 1. 1996 in Kraft getretenen Jahressteuergesetz 1996 im wesentlichen im EStG geregelt ist und zwar als **steuerlicher Familienleistungsausgleich** (so § 31 EStG) und als **soziale Fördermaßnahme**, wenn und soweit das Kindergeld den Steuerpflichtigen gegenüber der durch den Kinderfreibetrag erzielbaren steuerliche Entlastung besser stellt, § 31 S 2 EStG.
Kindergeld gilt dagegen grundsätzlich weder als **Einkommen** der Eltern noch des (volljährigen) Kindes (Göppinger/Häußermann Rz 793 mwN; Luthin/Schumacher Rz 3237).

3   **3. Anspruchsgrundlage für das Kindergeld.** Anspruch auf Kindergeld besteht in aller Regel nach dem EStG. Aus dem BKGG ergibt sich der Anspruch lediglich: für Personen, die mangels Wohnsitz oder gewöhnlichem Aufenthalt im Inland nicht unbeschränkt steuerpflichtig sind (§ 1 I BKGG), für Vollwaisen oder Kinder, die den Aufenthalt ihrer Eltern nicht kennen oder die nicht bei anderen Person als Kind zu berücksichtigen sind (§ 1 II BKGG), und für Ausländer mit Aufenthaltsberechtigung oder -erlaubnis (§ 1 III BKGG). Die Regelungen des BKGG stimmen inhaltlich hinsichtlich der Anspruchsberechtigung (§§ 1f BKGG) und Bezugsberechtigung (§ 3 BKGG) mit dem EStG überein.

Unterhaltspflicht: Allgemeine Vorschriften § 1612b

4. Höhe des Kindergeldes. Das Kindergeld beträgt seit dem 1. 1. 2002 gem § 66 I EStG für das erste bis dritte **4** Kind jeweils 154 Euro und für das 4. und jedes weitere Kind jeweils 179 Euro. Die Ordnungszahl der Kinder richtet sich nach deren Alter, das älteste Kind ist das erste. Mitgezählt werden auch als sog Zählkinder die Kinder, für die der Berechtigte nur deswegen kein Kindergeld erhält, weil dieses an einen anderen auszuzahlen ist oder weil ein Anspruch auf Kindergeld gem § 65 EStG entfällt, weil kindergeldersetzende Leistungen erbracht werden (EStR H 242 zu § 66 EStG).

II. Grundlage des Ausgleichs. Der Ausgleich des Kindergeldes hängt wesentlich von zwei Umständen ab: **5** zum einen davon, wer **kindergeldberechtigt** ist und zum anderen davon, wer das Kindergeld als Bezugsberechtigter **erhält**. Das EStG regelt, wer Anspruch auf Kindergeld hat. Dies sind grundsätzlich *beide* Eltern, wenn sie ihren Wohnsitz oder gewöhnlichen Aufenthalt im Inland haben, § 62 EStG. Gezahlt wird das Kindergeld jedoch nur an *einen* Berechtigten, § 64 I EStG. Wer das ist, regelt § 64 II, III EStG. In erster Linie gilt gem § 64 II EStG das **Obhutsprinzip**, dh der Elternteil, in dessen Haushalt das Kind aufgenommen ist, erhält das Kindergeld. Lebt das Kind in **keinem der Haushalte** der Kindergeldberechtigten, erhält das Kindergeld derjenige, der Unterhalt zahlt bzw der den höheren Unterhalt zahlt, § 64 III S 1 u 2 EStG. Wird von beiden Eltern gleich hoher Unterhalt gezahlt, bestimmen sie untereinander wer das Kindergeld erhalten soll, § 64 III S 3, wenn dies nicht gelingt, entscheidet das VormG auf Antrag, § 64 III S 4 iVm II S 3 EStG.

B. Anrechnung gem Abs I. I. Minderjährige Kinder. Der Ausgleich des Kindergeldes erfolgt nach der **6** Grundregel des Abs I in der Form, daß es zur Hälfte auf den Kindesunterhalt angerechnet wird, wenn der Barunterhaltspflichtige das Kindergeld nicht erhält, weil ein anderer vorrangig berechtigt ist. Dabei ist mit „**vorrangig berechtigt**" gemeint, daß das Kindergeld an einen anderen auszuzahlen ist. Grundsätzlich erhält der betreuende Elternteil das Kindergeld gemäß § 64 II 1 EStG und die Hälfte ist daher gemäß Abs I beim Barunterhalt des anderen Elternteils in **Abzug** zubringen. Entgegen der Praxis vor der zum 1. 7. 1998 in Kraft getretenen gesetzlichen Regelung kommt es bei der Anrechnung des Kindergeldes bei jedem Kind auf das Kindergeld an, das auf das jeweilige Kind entfällt.

Nach überwiegender Meinung setzt Abs I entsprechend seinem Wortlaut voraus, daß beide Eltern kindergeldberechtigt sind. Ist dies nicht der Fall, weil der barunterhaltspflichtige Elternteil im **Ausland** lebt und dort nicht steuerpflichtig ist, soll daher keine Kindergeldanrechnung erfolgen (Stuttgart FamRZ 2000, 907 [908]). Es kann jedoch nicht davon ausgegangen werden, daß Abs I im Ausland lebende und steuerpflichtige Barunterhaltspflichtige von der Entlastung ausnehmen und dem anderen Elternteil das gesamte Kindergeld zukommen lassen will (Köln FamRZ 2002, 845), so daß die Regelung in diesen Fällen zumindest entsprechend anzuwenden ist (ähnlich Pal/Diederichsen Rz 4: § 1612c).

C. Barunterhaltspflicht beider Eltern, Abs II. Sind beide Eltern barunterhaltspflichtig, insbesondere also im **8** Fall des volljährigen Kindes, bestimmt Abs II, daß sich der Unterhaltsanspruch gegen den Elternteil, der das Kindergeld bezieht, um die Hälfte erhöht.

I. Sind **beide Eltern** leistungsfähig und **barunterhaltspflichtig** und wohnt das Kind im **eigenen Haushalt**, **9** erhält das Kindergeld der Elternteil, der den höheren Unterhalt zahlt, § 64 III S 1 u 2 EStG. Bei ihm erhöht sich somit gem Abs II der Unterhalt um das halbe Kindergeld, bei dem anderen Elternteil ist die Hälfte gem Abs I, der neben dem Abs II gilt, abzuziehen.
Beispiel: Das auswärtig studierende Kind hat einen Bedarf in Höhe von 600 Euro. Der Vater trägt einen Haftungsanteil von 60 %, die Mutter von 40 %. Es schulden somit der Vater 60 % von 600 Euro = 360 Euro und die Mutter 40 % von 600 Euro = 240 Euro. Da der Vater den höheren Unterhalt zahlt, erhält er das Kindergeld von 154 Euro. Es erhöht bei ihm den Unterhalt von 360 Euro um 77 Euro auf 437 Euro, und bei der Mutter reduziert sich der Betrag von 240 Euro auf 163 Euro.

II. Sind **beide Eltern** leistungsfähig und **barunterhaltspflichtig** und wohnt das Kind im **Haushalt eines** **10** **Elternteils**, erhält dieser nach dem Obhutsprinzip gemäß § 64 II EStG das Kindergeld. Auch hier erhöht sich der Unterhalt um die Hälfte des Kindergeldes gegenüber dem Elternteil, der das Kindergeld erhält, Abs II und beim anderen ist es zur Hälfte in Abzug zu bringen, Abs I.

III. Ist **nur ein Elternteil** leistungsfähig und damit **barunterhaltspflichtig** und hat das Kind einen **eigenen** **11** **Haushalt**, erhält gem § 64 III S 1 EStG grundsätzlich der Barunterhaltspflichtige das Kindergeld. Eine Erhöhung beim Kindergeldbezieher gem Abs II findet gem dem Wortlaut von Abs II nicht statt, da der andere Elternteil nicht barunterhaltspflichtig ist. Das Kindergeld kommt somit in voller Höhe dem Unterhaltspflichtigen zugute, der auch allein den vollen Bedarf des Kindes zu decken hat.

D. Anrechnung in voller Höhe, Abs III. I. Hat nur der barunterhaltspflichtige Elternteil Anspruch auf Kinder- **12** geld und wird es aber nicht an ihn ausgezahlt, ist es in voller Höhe anzurechen, Abs III. Es können verschiedene Fallgestaltungen auseinander gehalten werden:

II. Erhält das auswärts untergebrachte **Kind das Kindergeld** selbst (zB gem §§ 48 I SGB I, 74 EStG nachdem **13** der Unterhaltspflichtige seiner gesetzlichen Unterhaltspflicht nicht nachgekommen ist), ist zunächst gem Abs I das halbe Kindergeld beim Barunterhaltspflichtigen abzuziehen. Abs III (volle Anrechnung) gilt seinem Wortlaut nach nicht, weil auch der andere Elternteil kindergeldberechtigt ist gem § 62 EStG, der auf die Leistungsfähigkeit nicht abstellt. Abs III ist in diesem Fall entsprechend anzuwenden (Brandenburg FamRZ 2003, 553; vgl Göppinger/Häußermann Rz 789, 802). Ein ausreichender Grund dafür, daß das Kind neben dem Unterhalt das halbe Kindergeld anrechnungsfrei erhält, ist nicht ersichtlich, insbesondere wo das Kindergeld dem Kind selbst grundsätzlich nicht zusteht sondern die Unterhaltslast der Eltern erleichtern soll (Schmidt/Weber-Grellet, EStG § 62 Rz 5).

14 **III. Ist nur ein Elternteil leistungsfähig** und damit barunterhaltspflichtig und **wohnt das Kind im Haushalt des anderen Elternteils**, erhält das Kindergeld nach dem Obhutsprinzip des § 64 II EStG der Elternteil, in dessen Haushalt das Kind wohnt.

Hat dieser keine ausreichenden Einkünfte und ist leistungsunfähig, trägt auch hier der andere Elternteil den Barunterhalt grundsätzlich allein. Gem Abs I ist die Hälfte des Kindergeldes anzurechnen. Abs III, volle Anrechnung, greift dem Wortlaut nach nicht ein, da auch der Elternteil, bei dem das Kind wohnt, Anspruch auf Kindergeld nach § 62 EStG hat.

Auch wenn hier der Elternteil, der das Kindergeld nicht bezieht, den Barunterhalt somit grundsätzlich allein trägt, ist die Konstellation mit dem Fall, in dem das Kind einen eigenen Haushalt hat und das Kindergeld selbst erhält (Rz 13) nicht ohne weiteres vergleichbar. Der Elternteil, in dessen Haushalt das Kind lebt, beteiligt sich idR auch an dessen materieller Versorgung, indem er zB die Unterkunft und Verköstigung zur Verfügung stellt. Auch kommt der Umstand, daß das Kind im Haushalt des Elterteils lebt, idR auch dem anderen Elternteil zugute, da der Tabellenunterhalt bis zur Einkommensgruppe 11 geringer ist als der Bedarf des auswärts untergebrachten Kindes, der (im Westen) idR 600 Euro beträgt. Auch insoweit ist der andere Elternteil entlastet. Dies spricht dafür, es beim Wortlaut der gesetzlichen Regelung (nur halbes Kindergeld anrechnen) zu belassen (Celle FamRZ 2001, 47 [48]; Wendl/Scholz § 2 Rz 515; Pal/Diederichsen Rz 6; vgl auch Hamburg FamRZ 2003, 180 [183f]) und keinen vollen Abzug entsprechend Abs III vorzunehmen (so aber Düsseldorf FamRZ 1999, 1452; Schleswig FamRZ 2000, 1245; Braunschweig FamRZ 2000, 1246; MüKo/Born Rz 53).

15 **E. Erhöhtes Kindergeld wegen nichtgemeinschaftlicher Kinder Abs IV.** Vorteile für nicht gemeinschaftliche Kinder, die das Kindergeld erhöhen, kommen allein dem Elternteil zugute, der die Unterhaltslast für das nichtgemeinschaftliche Kind trägt, Abs IV. Dieser Vorteil entsteht, wenn aus verschiedenen Beziehungen Kinder stammen, und ein Elternteil so viele Kinder hat, daß erhöhtes Kindergeld gezahlt wird während dies beim anderen Elternteil nicht der Fall ist.

Auf den Kindesunterhaltsanspruch ist lediglich das fiktive Kindergeld anzurechnen, das der Elterteil ohne die nicht gemeinsamen Kinder erhielte (Wendl/Scholz § 2 Rz 507). Betreut die Mutter beispielsweise 2 Kinder aus erster Ehe und zwei Kinder aus zweiter Ehe, erhält sie für das jüngste Kind höheres Kindergeld. Gem Abs I angerechnet wird jedoch bei diesem jüngsten Kind nur das Kindergeld, das für ein zweites Kind gezahlt würde.

Zur Anrechnung des Zählkindvorteils als Einkommen s § 1603 Rz 61.

16 **F. Mangelfall und Abs V. I. Regelung.** Abs V bestimmt, daß die Anrechnung des Kindergeldes unterbleibt, soweit der Unterhaltspflichtige außerstande ist, Unterhalt in Höhe von 135 % des Regelbetrages zu leisten. Für die Zeit bis zum 31. 12. 2000 galt und gilt, daß die Anrechnung unterbleibt, „soweit der Unterhaltspflichtige außerstande ist, Unterhalt in Höhe des Regelbetrages" zu leisten.

17 **II.** Die Vorschrift ist **nicht verfassungswidrig**, soweit der Barunterhaltspflichtige seinen Kindergeldanteil zur Deckung des Existenzminimums des Kindes einzusetzen hat (BVerfG FamRZ 2003, 1370; BGH FamRZ 2003, 445; aA AG Kamenz FamRZ 2001, 1090; zweifelnd Luthin/Schumacher Rz 3259). Auch nach der Entscheidung des BVerfG gebietet die horizontale Steuergerechtigkeit jedoch zumindest de lege ferenda eine steuerliche Entlastung des Barunterhaltspflichtigen auch dann, wenn er das Existenzminimum des Kindes nicht voll sondern nur teilweise befriedigt.

18 **III.** Zur Zahlung „**außerstande**" iSd Abs V ist der Pflichtige, wenn der nach der Düsseldorfer Tabelle geschuldete Unterhalt niedriger ist als 135 % des Regelbetrages. Hat beispielsweise der barunterhaltspflichtige Vater ein anrechenbares Einkommen von 1800 Euro und nach der Düsseldorfer Tabelle (Stand 1. 7. 2003) für sein Kind 292 Euro zu zahlen (4. Einkommensgruppe, 2. Altersstufe), ist er „außerstande" 34 Euro von 135 % des Regelbetrages von (135 % von 241 Euro [2. Altersstufe] =) 326 Euro zu zahlen (326 Euro – 292 Euro). Das halbe Kindergeld in Höhe von 77 Euro (154 Euro : 2) wird somit nur in Höhe von 77 Euro – 34 Euro = 43 Euro angerechnet, so daß der Unterhaltsanspruch 292 Euro – 43 Euro = 249 Euro beträgt.

19 **IV.** Eine **Rückwirkung** der zum 1. 1. 2001 in Kraft getretenen Neufassung (Änderung von 100 % auf 135 %) kommt nicht in Betracht (Hamm [8. Familiensenat] FamRZ 2001, 1727, [1730]; aA Hamm [2. Familiensenat] OLGRp 2001, 112). Ihr steht neben rechtsstaatlichen Bedenken entgegen, daß zum einen der Pflichtige auf die Höhe des in der Vergangenheit geschuldeten Unterhalts grundsätzlich vertrauen darf und zum anderen der Unterhalt grundsätzlich der Befriedigung des laufenden Bedarfs des Bedürftigen dient.

20 **V.** Im **Mangelfall** führt Abs V dazu, daß die Mangelverteilung zunächst ohne Anrechnung von Kindergeld vorzunehmen ist (BGH FamRZ 1997, 806; Kalthoener/Büttner/Niepmann Rz 109; Göppinger/Häußermann Rz 803; s § 1609 Rz 17).

21 **VI.** Da es für **volljährige Kinder** keinen Regelbetrag gibt, findet Abs V auf sie nach seinem Wortlaut keine Anwendung. Dies gilt auch für die privilegierten Volljährigen. Es wird jedoch eine entsprechende Anwendung befürwortet (Hamm FamRZ 2003, 1685) oder zumindest erwogen (Graba NJW 2001, 249 [254f mwN]; Pal/Diederichsen Rz 12; abl Nürnberg FamRZ 2003, 1685; Scholz FamRZ 2000, 1541, [1546]) insbesondere auf privilegierte Volljährige (Eschenbruch/Wohlgemuth Rz 3393), letzteres zum Teil nur dann, wenn lediglich ein Elternteil barunterhaltspflichtig ist (Hamm FamRZ 2001, 1727 [1729]). Schwierigkeiten ergeben sich schon daraus, daß es keine eigenen Regelbeträge für Volljährige gibt. Es wird vorgeschlagen, statt dessen auf den Tabellenbetrag der 6. Einkommensgruppe für Volljährige der Düsseldorfer Tabelle abzustellen (Graba NJW 2001, 249 [255]). Dies erscheint schon deswegen zweifelhaft, weil die Düsseldorfer Tabelle keine gesetzliche Verordnung ist und zudem die 4. Altersstufe der Düsseldorfer Tabelle nicht von allen Oberlandesgerichten angewandt wird (s § 1610 Rz 28). Zudem haften die Eltern volljähriger Kinder für den Barunterhalt nur noch anteilig. Rechnerisch ist die Anwendung von Abs V in diesen Fällen zwar lösbar (vgl Göppinger/Häußermann Rz 799). Aber ein Elternteil ist gegenüber dem Volljährigen im Unterschied zum Anspruch des minderjährigen Kindes grundsätzlich gar nicht verpflichtet, für den gesamten vollen Barunterhaltsbedarf aufzukommen und es erscheint unangemessen, ihn und seinen Kindergeldanteil für Unterhaltszwecke auch deswegen mit heranzuziehen, weil der andere Elternteil lediglich geringfügige Einkünfte hat.

1612c *Anrechnung anderer kindbezogener Leistungen*
§ 1612b gilt entsprechend für regelmäßig wiederkehrende kindbezogene Leistungen, soweit sie den Anspruch auf Kindergeld ausschließen.

A. Andere, regelmäßig wiederkehrende kindbezogene Leistungen sind nach § 1612c wie Kindergeld zu behandeln, wenn sie den Anspruch auf Kindergeld ausschließen. Es sind dies die in § 65 EStG und § 4 I BKGG abschließend aufgeführten sog **Kindergeldsurrogate**: 1. Kinderzulagen aus den gesetzlichen Unfallversicherung oder Kinderzuschüsse aus den gesetzlichen Rentenversicherungen, 2. Leistungen für Kinder, die im Ausland gewährt werden und dem Kindergeld oder einer der unter Nr 1 genannten Leistungen vergleichbar sind, 3. Leistungen für Kinder, die von einer zwischen- oder überstaatlichen Einrichtung gewährt werden und dem Kindergeld vergleichbar sind. 1

B. Kindergeld wird in diesen Fällen zur Vermeidung von Doppelleistungen nicht gezahlt (BT-Drucks 13/7338, 31). Es bedarf einer gegenüber § 1612b zusätzlichen Regelung, weil in den Fällen der Kindergeldsurrogate nur ein Elternteil Anspruch auf die Leistungen hat, während der Regelung des § 1612b zugrunde liegt, daß beide Eltern Anspruch auf Kindergeld haben (Schumacher/Grün FamRZ 1998, 778 [785]). 2

C. § 1612b gilt nur entsprechend, **soweit** die Leistungen den Anspruch auf Kindergeld ausschließen. Übersteigt ihr Betrag das – fiktive – Kindergeld, sind die Einkommen (BT-Drucks 13/7338, 31; Schwab/Borth V Rz 184). Ist die kindergeldsetzende Leistung um mindestens 5 Euro niedriger als das Kindergeld, wird gem § 65 II EStG Kindergeld in Höhe des Unterschiedsbetrages gezahlt, für das § 1612b direkt gilt. 3

D. Ausgeschlossen von dem Ausgleich durch Anrechnung gem §§ 1612b, 1612c sind alle **sonstigen kindbezogenen Leistungen**, selbst wenn für sie ebenfalls das Vorrangprinzip gilt, also beide Elternteile anspruchsberechtigt sind, aber nur einer bezugsberechtigt ist. Dabei handelt es sich um kindbezogene Bestandteile in der Beamtenbesoldung in Form des erhöhten Familienzuschlags gem § 40 BBesG nebst Steigerungsbetrag und entsprechende Zuschläge in arbeitsrechtlichen Vereinbarungen (Wendl/Scholz 2 Rz 496). Sie schließen den Bezug von Kindergeld nicht aus sondern das Kindergeld wird außerdem gezahlt. 4

Auch Leistungen, die dem Kind zustehen, vor allem eine Waisenrente, sind von der Anrechnung ausgenommen. Solche Leistungen sind Einkommen des Kindes und als solches bei der Berechnung des Anspruchs auf Kindesunterhalt bedürftigkeitsmindernd iSv § 1602 zu berücksichtigen.

1613 *Unterhalt für die Vergangenheit*
**(1) Für die Vergangenheit kann der Berechtigte Erfüllung oder Schadensersatz wegen Nichterfüllung nur von dem Zeitpunkt an fordern, zu welchem der Verpflichtete zum Zwecke der Geltendmachung des Unterhaltsanspruchs aufgefordert worden ist, über seine Einkünfte und sein Vermögen Auskunft zu erteilen, zu welchem der Verpflichtete in Verzug gekommen oder der Unterhaltsanspruch rechtshängig geworden ist. Der Unterhalt wird ab dem Ersten des Monats, in den die bezeichneten Ereignisse fallen, geschuldet, wenn der Unterhaltsanspruch dem Grunde nach zu diesem Zeitpunkt bestanden hat.
(2) Der Berechtigte kann für die Vergangenheit ohne die Einschränkung des Absatzes 1 Erfüllung verlangen
1. wegen eines unregelmäßigen außergewöhnlich hohen Bedarfs (Sonderbedarf); nach Ablauf eines Jahres seit seiner Entstehung kann dieser Anspruch nur geltend gemacht werden, wenn vorher der Verpflichtete in Verzug gekommen oder der Anspruch rechtshängig geworden ist;
2. für den Zeitraum, in dem er
   a) aus rechtlichen Gründen oder
   b) aus tatsächlichen Gründen, die in den Verantwortungsbereich des Unterhaltspflichtigen fallen,
   an der Geltendmachung des Unterhaltsanspruchs gehindert war.
(3) In den Fällen des Absatzes 2 Nr. 2 kann Erfüllung nicht, nur in Teilbeträgen oder erst zu einem späteren Zeitpunkt verlangt werden, soweit die volle oder die sofortige Erfüllung für den Verpflichteten eine unbillige Härte bedeuten würde. Dies gilt auch, soweit ein Dritter vom Verpflichteten Ersatz verlangt, weil er anstelle des Verpflichteten Unterhalt gewährt hat.**

A. Allgemeines. I. Grundgedanke. § 1613 schränkt die Möglichkeit ein, **Unterhalt für die Vergangenheit** geltend zu machen. 1

Vor Inkrafttreten des BGB stand mit Blick auf Natur zu erbringende Unterhaltsleistungen wie Wohnungsgewährung und Ernährung die Vorstellung im Vordergrund, Lebensbedürfnisse könnten nur gegenwärtig befriedigt werden, und wenn Unterhalt nicht erbracht werde, sei diese Befriedigung nicht nachholbar. Zum Ausdruck kam dies im gemeinrechtlichen Satz „in praeteritum non vivitur", in der Vergangenheit wird nicht gelebt (Staud/Engler vor § 1601 Rz 13).

Seit Inkrafttreten des BGB wird der Unterhalt jedoch grundsätzlich in Form einer Geldrente zur Finanzierung der Bedürfnisse geschuldet, und Geldleistungen können auch noch im Nachhinein erbracht werden. Als wesentlicher **Zweck** des § 1613 verbleibt der Schutz des Unterhaltspflichtigen vor unerwarteten Nachforderungen (Gernhuber/Coester-Waltjen § 45 X 1; Rauscher Rz 891; BGH FamRZ 1965, 200 [202]; FamRZ 1984, 775 [776]).

§ 1613 Familienrecht Verwandtschaft

2 II. Nach hM **erlischt** der rückständige Unterhaltsanspruch, wenn er nicht rechtzeitig geltend gemacht wird (BGH FamRZ 1965, 200 [202]; MüKo/Born Rz 2; Rauscher Rz 891). Die Gesetzesformulierung „kann nur fordern" spricht dagegen beim Barunterhalt für eine lediglich rechtshemmende **Einrede**, so daß der Unterhaltsanspruch weiter erfüllt werden kann.

3 III. Anwendungsbereich. 1. Unmittelbar gilt § 1613 für den Unterhaltsanspruch gegenüber **Verwandten**. Auf den Unterhaltsanspruch unter zusammen- oder getrenntlebenden **Ehegatten** und **Lebenspartnern** ist die Vorschrift gem §§ 1360a III, 1361 IV S 4 bzw §§ 5 S 2, 12 II S 2 LPartG iVm 1361 IV S 4, 1360a III ebenso entsprechend anzuwenden wie auf Ansprüche der **Eltern nichtehelicher Kinder** untereinander gem § 1615l III S 1, IV S 2. Daß § 1615l III S 4 den § 1613 II besonders erwähnt, steht der Anwendung der übrigen Absätze nicht entgegen (s § 1615l Rz 35f). Für den Unterhalt des geschiedenen Ehegatten enthält § 1585b eine etwas engere Regelung, die beim nachpartnerschaftlichen Unterhalt entsprechend gilt, § 16 II S 2 LPartG. Auch § 1585b I nimmt Bezug auf die Definition des Sonderbedarfs in § 1613 II.

4 2. Unmittelbar gilt § 1613 für Ansprüche auf **Erfüllung** und **Schadensersatz wegen Nichterfüllung**, letzteres wenn der Unterhalt in Natur geschuldet war. Nach hM findet § 1613 auf vertragliche Unterhaltsansprüche keine Anwendung, da der Schuldner hier seine Verpflichtung kenne und nicht schutzbedürftig sei (Staud/Engler Rz 19). Diese Einschränkung des Anwendungsbereichs ist jedoch zumindest inzwischen überflüssig, da bei vertraglichen Vereinbarungen Verzug gem § 286 II Nr 1 ohne Mahnung eintritt (Rz 14).

5 3. Auf den familienrechtlichen Ausgleichsanspruch (s § 1606 Rz 35, 39) sowie auf Ansprüche aus **Geschäftsführung ohne Auftrag** und **Bereicherungsrecht** gegen den Unterhaltspflichtigen ist § 1613 entsprechend anwendbar (BGH FamRZ 1984, 775; Pal/Diederichsen Rz 5). Zur Anwendung von § 1613 auf Regreßansprüche gem § 1607 s § 1607 Rz 16 u 23.

6 B. Grundsatz und Ausnahmen gem Abs I. Der Berechtigte kann für die Vergangenheit Unterhalt oder Schadensersatz wegen Nichterfüllung nur fordern, wenn eine der drei Voraussetzungen gem Abs I S 1 vorliegen: Verzug, Rechtshängigkeit oder Aufforderung zur Auskunft.

7 I. Verzug mit einer Unterhaltsleistung hat die allgemeinen Voraussetzungen des § 286 und bedarf grundsätzlich einer Mahnung, § 286 I S 1.

8 1. Mahnung ist die an den Schuldner gerichtete Aufforderung, die Leistung, hier also den Unterhalt, zu erbringen. a) Als **geschäftsähnliche Handlung** sind auf sie insbesondere die Bestimmungen über die Geschäftsfähigkeit, die Stellvertretung und den Zugang entsprechend anwendbar (BGH FamRZ 1987, 40 [41]). Bei **gemeinsamer elterlicher Sorge** kann gem § 1629 II S 2 der Elternteil mahnen, in dessen Obhut sich das Kind befindet (Wendl/Gerhardt § 6 Rz 121). Da der Berechtigte durch die Mahnung lediglich einen rechtlichen Vorteil erlangt, benötigt der **beschränkt geschäftsfähige Minderjährige** keine Einwilligung des gesetzlichen Vertreters, sondern kann selbst mahnen und den nicht sorgeberechtigten Elternteil entsprechend bevollmächtigen, §§ 106, 107 (Staud/Engler Rz 30; KG FamRZ 1989, 537). Ohne Vollmacht ist die Mahnung des nicht sorgeberechtigten Elternteils als einseitige Handlung entsprechend § 180 S 1 idR unwirksam, da die Voraussetzungen von § 180 S 2 und 3 idR nicht vorliegen (Bremen FamRZ 1995, 1515; Staud/Engler Rz 31; Wendl/Gerhardt § 6 Rz 121; aA Frankfurt FamRZ 1986, 592; Karlsruhe FamRZ 1990, 659).

9 b) Die Mahnung muß den Unterhaltsanspruch grundsätzlich beziffern (BGH FamRZ 1984, 163). Dies ist lediglich dann entbehrlich, wenn die geschuldete Höhe für den Pflichtigen nach den gesamten Umständen eindeutig ist (Kalthoener/Büttner/Niepmann Rz 219).

Der Antrag auf Bewilligung von **Prozeßkostenhilfe** steht einer Mahnung ebenso gleich (BGH FamRZ 1990, 283 [285]; Göppinger/Kodal Rz 222) wie der Antrag auf Erlaß einer **einstweiligen Anordnung** (BGH FamRZ 1995, 725).

Bei einer **Zuvielforderung** kommt der Schuldner in Höhe des geschuldeten Betrages in Verzug, soweit sie nach den Umständen als Aufforderung zur Erbringung der geschuldeten Leistung zu verstehen ist (BGH FamRZ 1990, 283 [285]; Pal/Heinrichs § 286 Rz 20; vgl Büttner FamRZ 2000, 921 [922]). Wird der laufende Unterhalt angemahnt, so gerät der Verpflichtete auch mit den **künftig fällig** werdenden Beträgen in Verzug, ohne daß die Mahnung laufend erneuert werden muß (BGH FamRZ 1988, 370; FamRZ 1983, 352 [354]). Eine Wiederholung ist aber erforderlich, wenn der Unterhaltsschuldner die Rückstände zunächst bezahlt hat, dann aber erneut säumig geworden ist (Staud/Engler Rz 44; aA Kalthoener/Büttner/Niepmann Rz 221) oder wenn sich die unterhaltserheblichen Verhältnisse wesentlich geändert haben, so daß der Pflichtige im Unklaren über die Höhe der nunmehr geschuldeten Beträge sein kann (Bamberg FamRZ 1990, 1235).

10 c) Da die Mahnung gem § 286 I S 1 **nach** Eintritt der **Fälligkeit** erfolgen muß, ist eine vor dem Entstehen des Anspruchs zugegangene Mahnung nach hM unwirksam (BGH FamRZ 1992, 920 [zu § 1585b]; aA Staud/Engler Rz 40: wirksam als aufschiebend befristete Mahnung).

11 d) Eine **Rücknahme** der Mahnung beseitigt die Verzugsfolgen nur für die Zukunft, bis dahin entstandene Unterhaltsansprüche bleiben davon unberührt, wenn nicht die Rücknahme der Mahnung auch als Unterhaltsverzicht für die Vergangenheit aufzufassen ist (BGH FamRZ 1987, 40; Staud/Engler Rz 46f; aA Köln FamRZ 1985, 931).

12 e) Der Verpflichtete kommt nicht in Verzug, wenn er **nicht zu vertreten** hat, daß er noch nicht leistet, § 286 IV. Dies kann der Fall sein, weil er die Bedürftigkeit des Berechtigten nicht erkennen kann (Hamburg FamRZ 1997, 621) oder weil er aus tatsächlichen Gründen über die Höhe der Schuld in verständlichem Zweifel ist. Ein unverschuldeter Rechtsirrtum kommt dagegen nur in Ausnahmefällen in Betracht. Der Pflichtige darf sich selbst auf

Gründe eines zwischen den Parteien ergangenen rechtskräftigen Urteils nicht verlassen, wenn mit einer abweichenden Beurteilung durch ein anderes Gericht gerechnet werden muß (BGH FamRZ 1983, 352 [355]).

f) Die zum 1. 5. 2000 in Kraft getretene mißglückte Fassung des § 284 III S 1, wonach Verzug bei Geldschulden **13** erst 30 Tage nach Zugang der Zahlungsaufforderung eintritt, wurde zum 1. 1. 2002 dahin modifiziert, daß der Schuldner spätestens 30 Tage nach Zahlungsaufstellung in Verzug kommt, § 286 III S 1, so daß die besonderen Probleme der zuvor geltenden Fassung (s Rz 19) für die Zeit ab dem 1. 1. 2002 beseitigt sind.

2. In mehreren Fällen bedarf es für den Eintritt des Verzuges gem § 286 II **keiner Mahnung: a)** Gem § 286 II **14** Nr 1 nicht, wenn für die Leistung eine Zeit nach dem Kalender bestimmt ist. Die Voraussetzung „bestimmt" liegt grundsätzlich nur vor, wenn auch die Höhe der Leistung feststeht, was erst durch eine **Vereinbarung** oder ein Urteil herbeigeführt wird (BGH FamRZ 1989, 150 [152]; Pal/Heinrichs § 286 Rz 22; Büttner FamRZ 2000, 921; Wohlgemuth FF 2000, 185).

b) Eine ernsthafte und endgültige Erfüllungsverweigerung macht die Mahnung gem § 286 II Nr 3 überflüssig. **15** Eine solche Verweigerung liegt nicht schon bei bloßer Nichtleistung vor, wird aber in der Einstellung bislang regelmäßig erbrachter Zahlungen gesehen (BGH FamRZ 1983, 352 [354]). Verzug tritt mit der Verweigerung ein, aber nicht rückwirkend (BGH FamRZ 1985, 155).

c) Gem § 286 II Nr 4 ist eine Mahnung entbehrlich, wenn aus besonderen Gründen unter Abwägung der bei- **16** derseitigen Interessen der sofortige Eintritt des Verzuges gerechtfertigt ist. Dies kann zwar bei besondere **Dringlichkeit** der Leistung der Fall sein (Pal/Heinrichs § 286 Rz 25), und der Unterhaltsberechtigte benötigt den Unterhalt idR dringend zur Deckung seines gegenwärtigen Bedarfs. Dennoch können Unterhaltsansprüche nicht generell erfaßt sein, da andernfalls der Grundsatz des § 1613 I völlig aufgehoben würde.

Zu § 286 II Nr 4 gehört der Fall der **Selbstmahnung** (Pal/Heinrichs § 286 Rz 25), also das Versprechen pünktli- **17** cher Leistung des Schuldners in bestimmter Höhe, wodurch der Gläubiger treuwidrig von der Inverzugsetzung abgehalten wird (Göppinger/Kodal Rz 226).

3. Die Verzugswirkung entfällt nicht dadurch, daß ein Antrag auf Erlaß einer einstweiligen Anordnung zurück- **18** gewiesen wird (BGH FamRZ 1995, 725).

4. Für die **bis zum 31. 12. 2001** entstandenen Ansprüche gilt nach Art 229 § 5 S 1 EGBGB weiterhin § 284 in **19** der bis zu diesem Tag geltenden Fassung und damit für die Zeit ab 1. 5. 2000 sein Abs III idF des G zur Beschleunigung fälliger Zahlungen, dessen Auslegung nach seinem **Wortlaut** bei Unterhaltsansprüchen zu völlig unbefriedigenden Ergebnissen führt:
Gem §§ 1361 IV S 1, 1585 I S 1, 1612 I S 1 sind Unterhaltsforderungen Geldforderungen (soweit nicht gem § 1612 Naturalunterhalt geschuldet wird). Nach dem Wortlaut des § 284 III aF galt somit, daß Verzug durch Zahlungsaufforderung und ohne Mahnung eintrat, dies aber auch erst 30 Tage nach dem Zugang der Aufforderung. Gem § 284 III S 2 aF bleibt § 284 II aF für wiederkehrende Leistungen unberührt, bei denen somit Verzug zwar schon vorher eintrat, wenn die Leistung kalendermäßig bestimmt war. Die Voraussetzung „bestimmt" liegt jedoch grundsätzlich nur vor, wenn auch die Höhe der Leistung bestimmt ist, was erst durch eine Vereinbarung oder ein Urteil herbeigeführt wird (vgl Rz 14). Dies würde bedeuten, daß beim Unterhalt nach § 284 aF nicht nur ein 30tägiger Zahlungsaufschub eintritt, sondern ein vom Gesetzgeber so nicht gewollter Verfall einer Teilforderung.
Nach zutreffender Ansicht findet § 284 III aF im Wege der **teleologischen Reduktion** keine Anwendung auf Unterhaltsleistungen, und die Mahnung führt auch für die in der Zeit zwischen dem 1. 5. 2000 und dem 31. 12. 2001 entstandenen Unterhaltsansprüche zum sofortigen Verzug (Pal/Diederichsen Rz 1; ähnlich Wohlgemuth FF 2000, 185 [186, 187]: „kalendermäßig bestimmte" gleich „kalendermäßig wiederkehrende"; aA wohl Kalthoener/Büttner/Niepmann Rz 218).

II. Eigenständige Bedeutung im Rahmen des § 1613 erlangt die **Rechtshängigkeit** zum einen, wenn der **20** Berechtigte dem Schuldner bei unbekanntem Aufenthalt keine Mahnung oder Auskunftsaufforderung zukommen lassen kann, aber eine öffentlichen Zustellung der Klage möglich ist, und zum anderen, wenn der Eintritt des Verzuges daran scheitert, daß der Schuldner das Unterbleiben der Leistung nicht zu vertreten hat, § 286 IV.
Rechtshängigkeit tritt mit Zustellung der Klage ein, §§ 261 I, 253 I ZPO, wobei bei der Stufenklage auch der Hauptanspruch rechtshängig wird, auch wenn der Zahlungsanspruch zunächst unbeziffert ist (BGH NJW-RR 1995, 513). Der Zugang des Prozeßkostenhilfegesuchs bewirkt keine Rechtshängigkeit; allerdings steht der Antrag einer Mahnung gleich (Rz 9). Eine entsprechende Anwendung von § 167 ZPO, der auf die Einreichung des Klageantrages abstellt wenn die Zustellung demnächst erfolgt, ist zum Schutz des berechtigten Vertrauens des Schuldners abzulehnen (Hamm FamRZ 1986, 386 [387]; Staud/Engler Rz 62; aA Göppinger/Kodal Rz. 222).
Wird die Klage zurückgenommen, ist der Rechtsstreit gem § 269 III S 1 ZPO als nicht anhängig geworden anzusehen. Die Verzugswirkungen entfallen nicht nur ex nunc, sondern sind als nie eingetreten zu behandeln (MüKo/Born Rz 54; anders bei Rücknahme der Mahnung, s Rz 11).

III. Der Vorteil des **Auskunftsverlangens** für den Gläubiger besteht im Rahmen des § 1613 darin, daß der **21** Unterhalt noch nicht beziffert zu werden braucht und auch keine Stufenmahnung erforderlich ist. Das Verlangen muß hinreichend bestimmt sein, insbesondere auf die **Geltendmachung** eines **bestimmten Unterhaltsanspruches** bezogen sein (BT-Drucks 13/7338, 56). Es bewirkt neben der Sicherung rückständiger Ansprüche auch die Verringerung des Prozeßkostenrisikos gem § 93d ZPO. Die Vorschriften zur Abänderungsklage sind in § 323 III ZPO an § 1613 I angepaßt.

IV. Gem Abs I S 2 wirken Verzug, Auskunftsverlangen und Rechtshängigkeit auf den Monatsersten zurück, **22** allerdings nur soweit zu diesem Zeitpunkt dem Grunde nach ein Unterhaltsanspruch bestanden hat.

23 **C. Sonderbedarf. I. Allgemeines.** Gem Abs II Nr 1 kann wegen Sonderbedarfs ohne die Einschränkungen von Abs I für die Vergangenheit Erfüllung verlangt werden. Ob ein **Anspruch** auf Sonderbedarf besteht, richtet sich nach den allgemeinen Vorschriften. Er muß insbesondere vom angemessenen Bedarf erfaßt sein (s § 1610 Rz 51), und die Voraussetzungen der Bedürftigkeit und Leistungsfähigkeit müssen zum Zeitpunkt des Entstehens bzw der Fälligkeit vorliegen (Karlsruhe NJW-RR 1998, 1226; MüKo/Born Rz 84; Kalthoener/Büttner/Niepmann Rz 286; aA für die Leistungsfähigkeit Schwab/Borth IV Rz 134: Zeitpunkt der Geltendmachung entscheidend). Den Sonderbedarf muß der grundsätzlich allein Barunterhaltspflichtige nicht stets voll tragen, sondern der Bedürftige (s § 1610 Rz 51) oder beim Kindesunterhalt der andere Elternteil (s § 1606 Rz 13) haben uU daran zu beteiligen. – Soweit dem Berechtigten dies möglich ist, trifft ihn die Obliegenheit, den Pflichtigen auf die Entstehung des Sonderbedarfs rechtzeitig hinzuweisen (Wendl/Scholz § 6 Rz 7; Kalthoener/ Büttner/Niepmann Rz 281).

24 **II. Begriff. 1.** Nach der **Legaldefinition** des Abs II Nr 1 ist Sonderbedarf unregelmäßiger, außergewöhnlich hoher Bedarf. Der Berechtigte hat ständig verschiedenste unregelmäßige Ausgaben. Sie sind bis zu einer gewissen Höhe vom Regelbedarf schon erfaßt. Zusätzlicher Bedarf besteht nur, soweit die Aufwendung so hoch ist, daß sie weder vom laufenden Regelbedarf finanziert werden kann noch die Möglichkeit besteht, im Hinblick auf vorhersehbare Kosten entsprechende Rücklagen aus dem Regelbedarf zu bilden. Insoweit hängt die Frage, ob Aufwendungen Sonderbedarf begründen oder nicht, auch von den übrigen Einkommensverhältnissen und der Höhe des Regelbedarfs ab. Sie kann daher auch für typisierte Fälle nicht durchgehend gleich beantwortet werden.

25 **2. a)** Gem der gesetzlichen Definition muß der Bedarf **unregelmäßig** sein, andernfalls liegt allenfalls ein Zusatzbedarf in Form von Mehrbedarf vor, der zu einer Erhöhung des laufenden Unterhalts führt. Nach hM liegt Unregelmäßigkeit vor, wenn der Bedarf nicht mit Wahrscheinlichkeit vorhersehbar war und daher bei der Bemessung der laufenden Geldrente nicht berücksichtigt werden konnte (BGH FamRZ 1982, 145 [146]; FamRZ 2001, 1603 [1605]; Kalthoener/Büttner/Niepmann Rz 280). Zu keinen wesentlich anderen Ergebnissen führt die Ansicht, die Abgrenzung habe danach zu erfolgen, ob der Bedarf vorübergehender oder dauerhafter Natur ist (Göppinger/Kodal Rz 245; Staud/Engler Rz 82). Auszugehen ist vom Wortlaut, und der bedeutet, daß die Bedarfsposition nicht in gleichen zeitlichen Abständen wiederholt auftreten darf.

26 Streitig ist, ob der Bedarf **überraschend** aufgetreten sein muß (BGH FamRZ 1984, 470 [472]; Wendl/Scholz § 2 Rz 138) oder nicht (Karlsruhe FamRZ 1997, 967). Entscheidend ist nicht ein Überraschungsmoment als solches, sondern es kommt darauf an, ob die Ausgaben so vorhersehbar waren, daß sie zuvor eingeplant und aus dem Kindesunterhalt entsprechende Rücklagen gebildet werden konnten (vgl BVerfG FamRZ 1999, 1342).

27 **b)** Der Bedarf muß **außergewöhnlich hoch** sein. Auch hier ist entscheidend, ob für die Ausgaben aus dem laufenden Kindesunterhalt entsprechende Rücklagen gebildet werden konnten. Die wirtschaftlichen Verhältnisse sind insofern zu berücksichtigen (vgl BVerfG FamRZ 1999, 1342; Karlsruhe FamRZ 2000, 1046; Kalthoener/Büttner/Niepmann Rz 284). Eine außergewöhnliche Höhe wird bei einem laufendem Bedarf, der nach den unteren Einkommensgruppen der Düsseldorfer Tabelle bemessen wurde, relativ schnell angenommen werden können; wird allerdings nur Unterhalt nach diesen Gruppen geschuldet, werden die finanziellen Verhältnisse des Pflichtigen beengt sein, so daß schon die Frage, ob der Sonderbedarf überhaupt als angemessener Unterhalt geschuldet wird, eher zu verneinen sein kann (vgl § 1610 Rz 51). Zudem wird in diesen Fällen häufig auch die Grenze der Leistungsfähigkeit erreicht sein (Kalthoener/Büttner/Niepmann Rz 284).

28 **c)** In der Rspr gibt es zahlreiche Entscheidungen zu **Einzelfällen**. Die meisten und am häufigsten vorkommenden Fälle sind umstritten (etwa Konfirmation/Kommunion und Schulfahrten; Zusammenstellung bei Kalthoener/Büttner/Niepmann Rz 287), lassen sich aber nicht unabhängig von den Einkommensverhältnissen und der konkreten Höhe der Aufwendungen einheitlich entscheiden (s Rz 27).

29 **III.** Auch Sonderbedarf kann gem Abs II Nr 1 nur innerhalb **eines Jahres** nach seiner Entstehung verlangt werden, wenn nicht der Verpflichtete vorher in Verzug gekommen oder der Anspruch rechtshängig geworden ist. Abs II Nr 1 ist bezüglich der Aufforderung zur Auskunft nicht an Abs I angepaßt worden, was hinzunehmen ist (Staud/Engler Rz 92). Die Frist berechnet sich gem § 188 II und beginnt in dem Zeitpunkt, in dem der Sonderbedarf beziffert und geltend gemacht werden kann (Schwab/Borth IV Rz 134; MüKo/Born Rz 83; idR spätestens dann, wenn dem Bedürftigen die Rechnung über die Aufwendungen erteilt wird (vgl Müko/Born Rz 83; Kalthoener/Büttner/Niepmann Rz 286).

30 **D. Hinderung an der Geltendmachung.** Ohne die Einschränkungen des Abs I kann der Berechtigte für die Vergangenheit auch Unterhalt verlangen, soweit er aus rechtlichen oder tatsächlichen, in den Verantwortungsbereich des Unterhaltspflichtigen fallenden Gründen an der Geltendmachung gehindert war, Abs II Nr 2.

31 **I. 1.** Ein **rechtliches Hindernis** iSd **Abs II Nr 2 lit a** stellen insbesondere §§ 1594 I, 1600d IV dar: solange beim nichtehelichen Kind die Vaterschaft nicht anerkannt oder gerichtlich festgestellt ist, können die Rechtswirkungen der Vaterschaft und damit Unterhaltsansprüche nicht geltend gemacht werden.

32 **2.** Die Möglichkeit, Unterhalt entweder im Fall des § 1600d II bei vermuteter Vaterschaft für die ersten drei Monate im Wege der **einstweiliger Verfügung** gem § 1615o I oder ab Anhängigkeit des Vaterschaftsfeststellungsverfahrens durch eine einstweilige Anordnung gem § 641d ZPO geltend zu machen, beseitigt das Hindernis nicht, da diese Verfahren die Unterhaltsansprüche lediglich sichern sollen.

33 **3.** Der Unterhaltsanspruch gegen den Vater wird häufig gem § 1607 Abs III auf einen Dritten übergegangen sein. Auch für den Dritten gilt nach dem **Forderungsübergang** Abs II Nr 2 (s § 1607 Rz 23; MüKo/Born Rz 98).

34 **4. Nachrangige oder ersatzweise Haftung väterlicher Verwandter.** Ist der Vater verstorben, nicht leistungsfähig oder ist die Rechtsverfolgung gegen ihn im Inland ausgeschlossen oder erheblich erschwert, so schulden gem § 1607 Abs I und II S 1 andere Verwandte des Kindes den Unterhalt. Auch ihnen gegenüber wirkt die Sperre der §§ 1594 I, 1600d IV. Während der frühere, dem Abs II Nr 2 entsprechende § 1615d aF auf den Fall beschränkt war, daß das Kind vom Vater Unterhalt verlangt, läßt der an die Stelle getretene § 1613 II Nr 2 lit a den Anspruchsgegner offen. Da eine Ausweitung der früheren Regelung vom Gesetzgeber nicht gewollt war und die nur nachrangig haftenden Verwandten schutzwürdiger sind als der Vater, findet ihnen gegenüber Abs II Nr 2 lit a keine Anwendung.

II. 1. Ein **tatsächliches Hindernis** aus dem Verantwortungsbereich des Unterhaltspflichtigen iSd Abs II Nr 2 lit b kann vorliegen, wenn der Pflichtige sich seiner Unterhaltspflicht entzieht, indem er zB den Aufenthalt wechselt, ohne daß dem Berechtigten seine neue Anschrift bekannt wird, oder er sich über längere Zeit im Ausland aufhält (vgl BT-Drucks 13/7338, 31). Der Begriff „Verantwortungsbereich" bedeutet dabei nicht, daß Verschulden oder gar Vorsatz erforderlich wäre (Pal/Diederichsen Rz 24; Staud/Engler Rz 99). 35

2. Soweit im Fall des Abs II Nr 2 lit b eine kumulative Ersatzhaftung des rangnächsten Verwandten eintritt (s § 1607 Rz 8ff), gilt § 1613 II Nr 2 lit b nur für die Haftung des primären Schuldners, in dessen Verantwortungsbereich die Hinderungsgrund fällt (vgl Rz 34). 36

E. **Härteregelung. I.** Abs III begrenzt die Möglichkeit, Unterhalt für die Vergangenheit ohne die Einschränkungen des Abs I fordern zu können wieder, allerdings nur für die Fälle des Abs II Nr 2, nicht für Sonderbedarf gem Abs II Nr 1. Soweit die volle oder sofortige Erfüllung für den Pflichtigen eine **unbillige Härte** bedeuten würde, kann in den Fällen des § 1613 II Nr. 2 Erfüllung nicht, nur in Teilbeträgen oder erst zu einem späteren Zeitpunkt verlangt werden, Abs III S 1. Als Hauptanwendungsbereich ist der Fall gedacht, daß die Vaterschaft erst später festgestellt wird (BT-Drucks 13/7338, 32). – Abs III S 1 gilt gem S 2 auch gegenüber einem Dritten, der an Stelle des Pflichtigen Unterhalt geleistet hat. 37

Bei der Billigkeitsprüfung sind sämtliche Umstände beider Beteiligter zu würdigen (Johannsen/Henrich/Graba Rz 13b). Hinsichtlich der wirtschaftlichen Lage des Pflichtigen ist erheblich, inwieweit der Unterhalt des Berechtigten aber auch Dritter durch die zusätzliche Belastung mit rückständigem Unterhalt gefährdet würde (Staud/Engler Rz 106). Zudem ist zu berücksichtigen, warum die Ansprüche in der Vergangenheit nicht erfüllt wurden und seit wann der Pflichtige von seiner Unterhaltsverpflichtung wußte und er damit rechnen mußte, in Anspruch genommen zu werden.

II. Ein völliger **Erlaß** kommt nur in seltenen Ausnahmefällen in Betracht (BT-Drucks 13/7338, 32; Staud/Engler Rz 106), etwa wenn sonst eine Überschuldung droht, die dem Verpflichteten jegliche Motivation zur Leistung von Unterhalt nimmt (AG Göttingen FamRZ 1985, 199). 38

III. Es handelt sich um eine **Einrede**, die geltend gemacht werden muß (BT-Drucks 13/7338, 32). 39

1614 *Verzicht auf den Unterhaltsanspruch; Vorausleistung*
(1) Für die Zukunft kann auf den Unterhalt nicht verzichtet werden.
(2) Durch eine Vorausleistung wird der Verpflichtete bei erneuter Bedürftigkeit des Berechtigten nur für den im § 760 Abs. 2 bestimmten Zeitabschnitt oder, wenn er selbst den Zeitabschnitt zu bestimmen hatte, für einen den Umständen nach angemessenen Zeitabschnitt befreit.

A. **Inhalt und Zweck.** § 1614 verbietet in Abs I den Verzicht auf künftigen Unterhalt und schränkt in Abs II den Zeitraum ein, für den Vorauszahlungen mit befreiender Wirkung geleistet werden können. 1
Geschützt werden sollen der Berechtigte selbst, die öffentlichen Kassen, die andernfalls für Sozialleistungen aufkommen müßten und auch nachrangig haftende Pflichtige (Gernhuber/Coester-Waltjen § 45 XI 4). Der Schutz der nachrangig Haftenden ist auch trotz § 1611 III erforderlich (aA Staud/Engler Rz 2), da § 1611 ihn vor einer Inanspruchnahme nur bewahrt, wenn der Verzicht auf sittlichem Verschulden beruht.
Die Vorschrift schränkt die Dispositionsbefugnis der Parteien ein und kann daher nicht selbst disponibel sein. Ein Verstoß gegen das Verzichtsverbot führt zwingend zur Unwirksamkeit der Vereinbarung gem § 134 (Gernhuber/Coester-Waltjen § 45 XI 4; RGRK/Mutschler Rz 2).

B. **Anwendungsbereich. I.** § 1614 gilt lediglich für **gesetzliche** und nicht für rein vertragliche Unterhaltsansprüche, die begründet werden sollen, ohne daß eine gesetzliche Unterhaltspflicht bestanden hat (Schwab/Borth IV Rz 1259; Müko/Born Rz 2). 2

II. § 1614 gilt unmittelbar für den **Verwandtenunterhalt** und findet Anwendung über §§ 1360a III, 1361 IV S 4 auf den Familien- und Trennungsunterhalt, über § 1615 III S 1 auf Unterhaltsansprüche nicht miteinander verheirateter Eltern eines gemeinsamen Kindes sowie über §§ 5 S 2, 12 II S 2 LPartG auf den Unterhalt zusammen- oder getrenntlebender Lebenspartner. Beim nachehelichen und nachpartnerschaftlichen Unterhalt besteht dagegen Vertragsfreiheit, § 1585c und § 16 II S 2 LPartG. 3
Zu **Freistellungsvereinbarungen** der Eltern untereinander, die nur diese binden, s § 1606 Rz 32.

III. Abs I verbietet lediglich den Verzicht auf **künftigen** Unterhalt. Auf Rückstände kann dagegen grundsätzlich verzichtet werden. 4

C. **Verzicht. I.** Unerheblich ist, ob der Verzicht in **Form** eines Erlaßvertrages gem § 397 oder eines Vergleichs vereinbart wird oder entgeltlich gegen ein Abfindung oder unentgeltlich erfolgt (Pal/Diederichsen Rz 1; RGRK/ Mutschler Rz 2). Auch ist es ohne Belang, ob ein **Verzichtswille** bestand oder nicht. Der von § 1614 auch bezweckte Schutz der öffentlichen Kassen und der nachrangig Pflichtigen erfordert es, allein darauf abzustellen, ob der dem Berechtigten gesetzlich zustehende Anspruch objektiv verringert wird (BGH FamRZ 1984, 997 [999]; Göppinger/ Hoffmann Rz 1369; aA Staud/Engler Rz 6). 5

§ 1614

6 II. Verzicht ist auch der **Teilverzicht** (Staud/Engler Rz 9). Die Parteien haben jedoch einen gewissen Spielraum, und als teilweiser Verzicht ist eine Unterhaltsvereinbarung nur zu verstehen, wenn sie einen Angemessenheitsrahmen überschreitet (BGH FamRZ 1984, 997 [999]; Staud/Engler Rz 10). Die Toleranzgrenze liegt zwischen 1/5 und 1/3 (Wendl/Scholz § 6 Rz 522; Köln FamRZ 1983, 750; Hamm FamRZ 2001, 1023 [1024]). Der BGH hat eine Vereinbarung auf 200 DM Kindesunterhalt bei geschuldeten 315 DM als eindeutig unwirksam angesehen (FamRZ 1984, 997 [999]). Je geringer der geschuldete Unterhalt ist, desto geringer muß auch die im Einzelfall zuzubilligende prozentual zulässige Abweichung sein. Bei nach der untersten Einkommensgruppe der Unterhaltstabellen geschuldetem Unterhalt ist jegliche Unterschreitung unwirksam (Göppinger/Hoffmann Rz 1370).

7 D. **Vorausleistung.** Nach Abs II zahlt der Pflichtige auf eigene Gefahr, wenn er Vorauszahlungen für einen Zeitabschnitt von mehr als 3 Monaten (§ 760 II) erbringt. Diese Regelung schränkt lediglich die Erfüllungswirkung der Leistung ein, begründet aber kein Vorauszahlungsverbot (Staud/Engler Rz 14). Soweit der Pflichtige selbst gem § 1612 II S 1 bestimmen darf, für welche Zeit im voraus der Unterhalt gewährt werden soll, sieht § 1614 Abs I die Möglichkeit einer Verlängerung dieser drei Monate auf einen angemessenen Zeitraum vor. Eine Verkürzung der Erfüllungswirkung auf einen Monat kommt auch bei minderjährigen Kindern nicht in Betracht (vgl Staud/Engler Rz 18; aA wohl MüKo/Born Rz 16), da auch § 1612 II lediglich die Verlängerung des Zeitraums ermöglichen will und zudem mit Abs II lediglich verhindert werden soll, daß die Erfüllungswirkung über das Bestimmungsrecht mißbräuchlich ausgedehnt wird (Mot IV 710). Welcher Zeitabschnitt angemessen ist, entscheidet das Prozeßgericht (RGRK/Mutschler Rz 6). Daß eine Vorauszahlung für mehr als drei Monate angemessen ist, kann auch in Ausnahmefällen (zB Auslandsstudium) nur aufgrund besonderer Umstände angenommen werden (MüKo/Born Rz 16).

Eine als Vorausleistung für künftigen Unterhalt hinterlegte Sicherheit befreit nur, soweit der Berechtigte den Betrag erhalten hat (Koblenz NJW-RR 1990, 264).

1615 *Erlöschen des Unterhaltsanspruchs*

(1) Der Unterhaltsanspruch erlischt mit dem Tode des Berechtigten oder des Verpflichteten, soweit er nicht auf Erfüllung oder Schadensersatz wegen Nichterfüllung für die Vergangenheit oder auf solche im Voraus zu bewirkende Leistungen gerichtet ist, die zur Zeit des Todes des Berechtigten oder des Verpflichteten fällig sind.

(2) Im Falle des Todes des Berechtigten hat der Verpflichtete die Kosten der Beerdigung zu tragen, soweit ihre Bezahlung nicht von dem Erben zu erlangen ist.

1 A. Abs I regelt die Folgen beim **Tod** des Berechtigten und auch des Verpflichteten, **Abs II** bestimmt, wer die Kosten der Beerdigung des Berechtigten zu tragen hat.

2 B. § 1615 gilt unmittelbar für den Verwandtenunterhalt und über §§ 1360a III, 1361 IV S 4 für den Familien- und Trennungsunterhalt, über § 1615 III S 1 bei Unterhaltsansprüchen nicht miteinander verheirateter Eltern eines gemeinsamen Kindes sowie über §§ 5 S 2, 12 II S 2 LPartG beim Unterhalt zusammen- oder getrenntlebender Lebenspartner. Beim nachehelichen und nachpartnerschaftlichen Unterhalt finden §§ 1586, 1586b und § 16 II S 2 LPartG Anwendung.

3 C. Daß der Unterhaltsanspruch mit dem **Tod des Berechtigten** erlischt, ist eine Selbstverständlichkeit. Es fehlt ab diesem Zeitpunkt schon die Voraussetzung eines Lebens(!)bedarfs des Verstorbenen.

Unberührt bleiben die zur Zeit des Todes schon fälligen Ansprüche, die gem § 1922 I auf die Erben übergehen. Dabei wird gem § 1612 III auch für den Monat, in dem der Tod eingetreten ist, der volle Betrag des Kalendermonats (s § 1612 Rz 45) geschuldet.

4 D. Daß die Ansprüche beim **Tod des Verpflichteten** erlöschen, ist nicht selbstverständlich: Beim nachehelichen Unterhalt und auch beim Unterhalt der Mutter des nichtehelichen Kindes bleibt die Verpflichtung bestehen und geht auf den Erben als Nachlaßverbindlichkeit über, §§ 1586b I S 1, 1615l III S 5. Verwandten schuldet der Erbe dagegen Unterhalt allenfalls in den ersten 30 Tagen nach Eintritt des Erbfalls gem § 1969 I, soweit es sich um Familienangehörige des Verstorbenen handelt, die mit diesem in einem Haushalt gelebt haben.

Beim Tod des unterhaltpflichtigen Verwandten treten nicht die Erben an die Stelle des Pflichtigen, sondern es können neue Unterhaltsansprüche gegen bisher nachrangige Verwandter entstehen, oder der Anteil eines gem § 1606 III haftenden Verwandten kann sich erhöhen.

5 E. Für die **Beerdigungskosten** haftet beim Tod des Berechtigten in erster Linie der Erbe nach § 1968 und nachrangig der Unterhaltspflichtige, **Abs II**. Die Angemessenheit der Kosten für Sarg, Zeremonie, Todesanzeigen, Grabstein ua richten sich entsprechend § 1610 nach der Lebensstellung des Verstorbenen, wobei es für diese auf den Zeitpunkt des Todes ankommt. Die Kosten der Grabpflege sind ebensowenig erfaßt (Johannsen/Henrich/Graba Rz 3) wie Kosten für Trauerkleidung und Anreise der Trauergäste (Staud/Engler Rz 19).

Untertitel 2

Besondere Vorschriften für das Kind und seine nicht miteinander verheirateten Eltern

1615a *Anwendbare Vorschriften*

Besteht für ein Kind keine Vaterschaft nach § 1592 Nr. 1, § 1593 und haben die Eltern das Kind auch nicht während ihrer Ehe gezeugt oder nach seiner Geburt die Ehe miteinander geschlossen, gelten die allgemeinen Vorschriften, soweit sich nichts anderes aus den folgenden Vorschriften ergibt.

A. Inhalt und Bedeutung. Die Vorschrift ist nur vor dem Hintergrund ihrer Geschichte verständlich. § 1615a 1
aF wurde durch das NEhelG von 1969 eingefügt und regelte, daß für die Unterhaltspflicht gegenüber nichtehelichen Kindern die allgemeinen Vorschriften gelten, „soweit sich nicht aus den folgenden Bestimmungen etwas anderes ergibt". Durch das am 1. 7. 1998 in Kraft getretene KindRG wurde § 1615a neu gefaßt, und gleichzeitig wurden durch das KindUG die für die Kinder geltenden „folgenden Bestimmungen" bis auf § 1615o aufgehoben.

Im wesentlichen enthält § 1615a nach den Änderungen zum 1. 7. 1998 noch die plakative Herausstellung, daß 2
auch die Unterhaltsansprüche von Kindern, deren Eltern nicht miteinander verheiratet sind oder waren, sich nach den allgemeinen Vorschriften, also §§ 1601ff richten und nicht nach besonderen Bestimmungen. Von indirekter Bedeutung ist § 1615a zudem für § 1615l, dessen Anwendungsbereich von § 1615a abhängt (s § 1615l Rz 3).

B. Anwendungsbereich. Während der Untertitel 2 noch die Formulierung „das Kind und seine nicht miteinan- 3
der verheirateten Eltern" enthält, versucht § 1615a den früheren Begriff des nichtehelichen Kindes zu „präzisieren" (BT-Drucks 13/4899, 89), was ihm jedenfalls in allgemein verständlicher Form kaum gelungen ist.

Die Vorschrift umschreibt den Anwendungsbereich der „folgenden Vorschriften" negativ durch den Ausschluß der Fälle, für die sie nicht gelten. Danach finden sie auf ein Kind nur dann **keine Anwendung**, wenn eine der folgenden Voraussetzungen vorliegt:
– der Vater war mit der Mutter im Zeitpunkt der Geburt verheiratet, § 1592 Nr 1,
– der Vater war mit der Mutter bis zu seinem Tod verheiratet und das Kind wurde innerhalb von 300 Tagen nach dem Tod des Vaters geboren, § 1593 S 1 (mit Ausnahmen in § 1593 S 2 bis 4),
– das Kind wurde nicht während der Ehe gezeugt,
– die Eltern haben nicht nach der Geburt geheiratet.

Generell abgeschafft ist der Begriff des nichtehelichen Kindes nicht. Insbesondere Art 6 V GG (iVm Art 9 § 2 4
des G zur Neuregelung der elterlichen Sorge) enthält ihn weiter, und einen diskriminierenden Charakter hat er jedenfalls heute nicht mehr.

C. Rechtsfolgen. Die Vorschrift verweist auf die „folgenden Vorschriften". Da die früher für nichteheliche Kin- 5
der geltenden besonderen Vorschriften der §§ 1615b – 1615k jedoch aufgehoben sind, bedeutet dies für das Kind lediglich die Anwendbarkeit von § 1615o, der zudem „nichts anderes", von den allgemeinen Vorschriften abweichendes, regelt, sondern lediglich zusätzlich eine einstweiligen Verfügung ermöglicht. Im übrigen gelten wie auch bei ehelichen Kindern die §§ 1601ff (s Rz 2).

1615b-1615k (weggefallen)

1615l *Unterhaltsanspruch von Mutter und Vater aus Anlass der Geburt*

(1) Der Vater hat der Mutter für die Dauer von sechs Wochen vor und acht Wochen nach der Geburt des Kindes Unterhalt zu gewähren. Dies gilt auch hinsichtlich der Kosten, die infolge der Schwangerschaft oder der Entbindung außerhalb dieses Zeitraums entstehen.
(2) Soweit die Mutter einer Erwerbstätigkeit nicht nachgeht, weil sie infolge der Schwangerschaft oder einer durch die Schwangerschaft oder die Entbindung verursachten Krankheit dazu außerstande ist, ist der Vater verpflichtet, ihr über die in Absatz 1 Satz 1 bezeichnete Zeit hinaus Unterhalt zu gewähren. Das Gleiche gilt, soweit von der Mutter wegen der Pflege oder Erziehung des Kindes eine Erwerbstätigkeit nicht erwartet werden kann. Die Unterhaltspflicht beginnt frühestens vier Monate vor der Geburt; sie endet drei Jahre nach der Geburt, sofern es nicht insbesondere unter Berücksichtigung der Belange des Kindes grob unbillig wäre, einen Unterhaltsanspruch nach Ablauf dieser Frist zu versagen.
(3) Die Vorschriften über die Unterhaltspflicht zwischen Verwandten sind entsprechend anzuwenden. Die Verpflichtung des Vaters geht der Verpflichtung der Verwandten der Mutter vor. Die Ehefrau und minderjährige unverheiratete Kinder des Vaters gehen bei Anwendung des § 1609 der Mutter vor; die Mutter geht den übrigen Verwandten des Vaters vor. § 1613 Abs. 2 gilt entsprechend. Der Anspruch erlischt nicht mit dem Tode des Vaters.
(4) Wenn der Vater das Kind betreut, steht ihm der Anspruch nach Absatz 2 Satz 2 gegen die Mutter zu. In diesem Falle gilt Absatz 3 entsprechend.

Schrifttum: *Büdenbender,* Der Unterhaltsanspruch des Vaters eines nichtehelichen Kindes gegen die Kindesmutter, FamRZ 1998, 129ff; *Puls,* Der Betreuungsunterhalt der Mutter eines nichtehelichen Kindes, FamRZ 1998, 865ff; *Büttner,* Unterhalt für die nichteheliche Mutter, FamRZ 2000, 791; *Wever/Schilling,* Streitfragen zum Unterhalt nicht miteinander verheirateter Eltern wegen Kindesbetreuung, FamRZ 2002, 581.

A. Allgemeines

I. Gegenstand. § 1615l regelt die Unterhaltsansprüche nicht miteinander verheirateter Eltern untereinander, 1
insbesondere die der Mutter des nichtehelichen Kindes gegen dessen Vater, aber gem § 1615l IV auch umgekehrt die des Vaters gegen die Mutter.

II. Geschichte. In der **ursprünglichen** Regelung des BGB war der Vater nach § 1715 aF verpflichtet, der Mut- 2
ter die durch Schwangerschaft oder Entbindung notwendig gewordenen Aufwendungen zu ersetzen sowie Unterhalt für die ersten 6 Wochen nach der Geburt zu leisten, und zwar unabhängig von der Bedürftigkeit der Mutter und der eigenen Leistungsfähigkeit. Das zum 1. 7. 1970 in Kraft getretene **NEhelG** regelte in § 1615k aF den Kosten- und Aufwendungsersatz. Der Unterhalt wurde in § 1615l aF zeitlich ausgedehnt auf generell 6 Wochen

§ 1615l Familienrecht Verwandtschaft

vor bis 8 Wochen nach der Entbindung und darüber hinaus auf bis zu einem Jahr nach der Geburt, wenn die Mutter durch die Schwangerschaft oder Entbindung krank geworden oder wenn sie nicht erwerbstätig war, weil das Kind andernfalls nicht hätte versorgt werden können. Zudem wurde der Unterhaltanspruch familienrechtlich ausgestaltet und insbesondere von Bedürftigkeit und Leistungsfähigkeit abhängig gemacht. Das am 1. 10. 1995 in Kraft getretene **Schwangeren- und FamilienhilfeänderungsG** glich den Wortlaut von Abs II S 2 dem für geschiedene Ehegatten geltenden Unterhaltstatbestand wegen Kindesbetreuung, § 1570, an und verlängerte den Unterhaltsanspruch auf 3 Jahre. Das **KindRG**, in Kraft getreten am 1. 7. 1998, beseitigte für Fälle grober Unbilligkeit die Befristung und führte den Anspruch auf Betreuungsunterhalt auch für den Vater ein. Das gleichzeitig in Kraft getreten KindUG überführte den Kosten- und Aufwendungsersatzanspruch in § 1615l und gestaltete ihn ebenfalls in einen von Bedürftigkeit und Leistungsfähigkeit abhängigen Unterhaltsanspruch um.

3 III. Anwendungsbereich. **1.** Wie sich aus der Überschrift vor § 1615a ergibt, setzt § 1615l voraus, daß die Eltern eines Kindes **nicht miteinander verheiratet** sind. § 1615l und nicht § 1570 oder § 1576 findet auch Anwendung, wenn Ehegatten nach der Scheidung ein gemeinsames Kind bekommen (BGH FamRZ 1998, 426; Pal/Diederichsen Rz 3; aA Göppinger/Bäumel Rz 951). Wird das Kind allerdings innerhalb von 300 Tagen nach der Scheidung geboren und ist daher gemäß § 1593 S 1 davon auszugehen, daß es während der Ehe gezeugt wurde, gilt § 1615l entsprechend § 1615a nicht. Die Bedürftigkeit ist als ehebedingt anzusehen, und der Unterhaltsanspruch richtet sich nach § 1570 (Rauscher Rz 905 u 563).

4 2. Aus dem eindeutigen Wortlaut der §§ 1594 I, 1600d IV folgt, daß die **Vaterschaft** des Kindes **anerkannt** oder **gerichtlich festgestellt** sein muß, damit Unterhaltsansprüche aus § 1615l eingeklagt werden können (Wendl/Pauling § 6 Rz 752; Staud/Engler Rz 16), es reicht nicht, daß die Vaterschaft nicht bestritten wird (aA Pal/Diederichsen Rz 3). Lediglich im Rahmen einer einstweiligen Verfügung gemäß § 1615o II braucht die Vaterschaft weder anerkannt noch gerichtlich festgestellt zu sein (s § 1615o Rz 4).

B. Unterhaltstatbestände

5 I. **1. Abs I S 1** gewährt der Mutter einen Unterhaltsanspruch für den Zeitraum 6 Wochen vor bis acht Wochen nach der Geburt des Kindes, also die Zeit, in der sie gemäß § 3 II, 6 I MuSchG einem Beschäftigungsverbot unterliegt. Der Anspruch ist unabhängig davon, ob die Bedürftigkeit durch Schwangerschaft und Entbindung bedingt ist, setzt also keine **Kausalität** voraussetzt (BGH FamRZ 1998, 541 [542]; Schwab/Borth IV Rz 1376). Auch die Kosten, die in diesem Zeitraum infolge der Schwangerschaft oder der Entbindung entstehen, werden von Abs I S 1 erfaßt (Wendl/Pauling § 6 Rz 758; MüKo/Born Rz 11).

6 2. **a)** Gem der Formulierung des **Abs I S 2** gilt Abs I S 1 auch hinsichtlich der Kosten, die infolge der Schwangerschaft oder der Entbindung außerhalb des Zeitraums von 6 Wochen vor bis acht Wochen nach der Geburt entstehen. Gemeint ist, daß ein Anspruch auf Erstattung aller durch Schwangerschaft oder Entbindung entstandenen Kosten besteht und es sich dabei um einen Unterhaltsanspruch handelt, der Bedürftigkeit und Leistungsfähigkeit voraussetzt (BT-Drucks 13/7338, 32; Staud/Engler Rz 32f).

7 **b)** Zu den Kosten der Schwangerschaft oder der Entbindung gehören ua die Rechnungen der Krankenhäuser, Ärzte und Hebammen, die Aufwendungen für Arzneimittel, Schwangerschaftsgymnastik (Pal/Diederichsen Rz 5) und eine erforderliche Haushaltshilfe (MüKo/Born Rz 13). Erstattungspflichtig sind nur notwendige (Staud/Engler Rz 35) und der Höhe nach angemessene Kosten, wobei die Angemessenheit der Aufwendungen, insbesondere bei der Krankenhausunterbringung, entsprechend Abs III S 1 iVm § 1610 nach der Lebensstellung der Mutter richten (FamRefK/Maurer Rz 5; Pal/Diederichsen Rz 5).

8 **c)** Erfaßt wird nur der Sonderbedarf der Mutter, nicht der hiervon abzugrenzende Bedarf des Kindes (Schwab/Borth IV Rz 1380). Keinen Bedarf der Mutter sondern des Kindes begründen Kosten für die Erstausstattung des Säuglings (Staud/Engler Rz 37) und für die Krankenhausunterbringung des Kindes (LG Aachen FamRZ 1986, 1040; Pal/Diederichsen Rz 6).

9 II. In Abs II werden über den Zeitraum des Abs I S 1 hinaus Unterhaltsansprüche wegen Krankheit und wegen Kinderbetreuung geregelt.

10 1. Gem **Abs II S 1** hat der Vater der Mutter auch Unterhalt zu gewähren, soweit die Mutter einer Erwerbstätigkeit nicht nachgeht, weil sie **infolge** der **Schwangerschaft** oder einer durch die Schwangerschaft oder Entbindung verursachten **Krankheit** dazu nicht in der Lage ist.
Erforderlich ist nach dem Wortlaut **Ursächlichkeit** von Schwangerschaft bzw Krankheit, wobei Mitursächlichkeit ausreicht (BGH FamRZ 1998, 541 [543]; Rauscher Rz 906). Ist die Mutter wegen der Betreuung weiterer Kinder ohnehin an einer Erwerbstätigkeit gehindert, fehlt es bei Abs II S 1 an der Kausalität (Wendl/Pauling § 6 Rz 762), in Betracht kommen allerdings weiter Ansprüche aus Abs II S 2 (s Rz 11).
War die Mutter zuvor erwerbstätig, ist zu vermuten, daß sie ohne die Schwangerschaft berufstätig geblieben wäre (MüKo/Born Rz 21).

11 2. Gem **Abs II S 2** hat der Vater der Mutter auch Unterhalt zu gewähren, soweit von ihr wegen der **Pflege oder Erziehung des Kindes** eine Erwerbstätigkeit nicht erwartet werden kann. Die Beurteilung ist von einem objektiven Standpunkt aus zu treffen (Staud/Engler Rz 47; MüKo/Born Rz 23). Die Bestimmung entspricht bei der Frage, inwieweit von der Mutter eine Erwerbstätigkeit erwartet werden kann, § 1570. Da es sich um kleine Kinder handelt, ist in aller Regel die Entscheidung der Mutter zugunsten der Kinderbetreuung nicht zu beanstanden (Bremen FamRZ 2000, 636; Pal/Diederichsen Rz 10; Wendl/Pauling § 6 Rz 763).
Der Anspruch ist insofern **kausalitätsunabhängig**, als er auch dann besteht, wenn die Mutter schon zuvor erwerbslos war oder ein anderes Kind betreute (BGH FamRZ 1998, 541 [543]; Wendl/Pauling § 6 Rz 763).

3. Dauer des Unterhalts. a) Der zeitlichen Bemessung des Anspruchs aus **Abs I S 1** ist der voraussichtliche 12
Geburtstermin zugrunde zulegen, so daß sich bei früherer oder späterer Geburt die Unterhaltsdauer entsprechend
verkürzt oder verlängert. Die anschließenden 8 Wochen berechnen sich nach §§ 187 I, 188 II.

b) Die Unterhaltspflicht aus **Abs II S 1** und **S 2** beginnt frühestens vier Monate vor und endet drei Jahre nach 13
der Geburt, sofern es nicht „insbesondere unter Berücksichtigung der Belange des Kindes grob unbillig wäre,
einen Unterhaltsanspruch nach Ablauf dieser Frist zu versagen", Abs II S 3.
Die Befristung gem Abs II S 3 hängt von einer Billigkeitsabwägung ab, bei der alle Umstände des Einzelfalls zu
berücksichtigen sind (Wendl/Pauling § 6 Rz 763a), wobei schon nach dem Gesetzeswortlaut den Belangen des Kindes besonderes Gewicht beizumessen ist (Heiß/Born/Heiß 14.53f; Staud/Engler Rz 50). Ob es sich bei Abs II S 3
um eine Ausnahmebestimmung handelt (so Wendl/Pauling § 6 Rz 763 a; Göppinger/Maurer Rz 1239; MüKo/Born
Rz 26) oder nicht (so Frankfurt FamRZ 2000, 1522), ist ohne wesentlichen Belang. Die Darlegungs- und Beweislast für das Vorliegen der Umstände trägt die Mutter (Nürnberg FamRZ 2003, 1320; Schwab/Borth IV Rz 1386).

Als Fälle, in denen ein Anspruch über drei Jahre nach der Geburt hinaus anerkannt werden soll, kommen in 14
Betracht (vgl Büttner FamRZ 2000, 781; Heiß/Born/Heiß 14, 52ff; Puls FamRZ 1998, 865; Wever/Schilling FamRZ
2002, 581 [582f]): Besonderer Betreuungsbedarf des Kindes (zB wegen Behinderung: Celle FamRZ 2002, 636; Düsseldorf FamRZ 2003, 184; BT-Drucks 13/4899, 89); fehlende anderweitige Betreuungsmöglichkeit (kein Kindergartenplatz); Betreuung mehrerer Kinder desselben Vaters; besonders günstige wirtschaftliche Verhältnisse des anderen Elternteils (Wendl/Pauling § 6 Rz 763a); Krankheit oder Behinderung der Mutter (MüKo/Born Rz 27); ursprünglich
gemeinsame Lebensplanung (Frankfurt FamRZ 2000, 1522; Puls FamRZ 1998, 865 [872]); sonstige besondere
Umstände (zB wenn das Kind aus einer Vergewaltigung hervorgegangen ist [Puls FamRZ 1998, 865 [872]).

Da der Unterhaltsanspruch keinen Einsatzzeitpunkt voraussetzt, kann er auch in Betracht kommen, wenn die
besonderen Umstände erst später als drei Jahre nach der Geburt des Kindes auftreten.

C. Abs III

Abs III verweist grundsätzlich auf die Vorschriften des Verwandtenunterhalts und regelt einige Abweichungen 15
und Besonderheiten.

I. Bedarf. Der Unterhalt der Mutter erfaßt den gesamten Lebensbedarf, Abs III S 1 iVm § 1610 II, und für das 16
Maß des Unterhalts ist allein ihre eigene Lebensstellung maßgebend, Abs II S 1 iVm § 1610 I. Es besteht kein
Anspruch auf Teilhabe an der Lebensstellung des anderen Elternteils (Koblenz FamRZ 2000, 637; Pal/Diederichsen Rz 15). Dies gilt auch, wenn die Eltern in einer eheähnlichen Lebensgemeinschaft und dabei von den Einkünften des Mannes gelebt haben, da diese Verhältnisse rechtlich nicht abgesichert waren und die Lebensstellung nicht
prägen konnten (Naumburg FamRZ 2001, 1321; MüKo/Born Rz 30; aA Zweibrücken FamRZ 2001, 444; Wever/
Schilling FamRZ 2002, 581 [584]).

1. Elementarunterhalt. Ist die Mutter **verheiratet**, sind die ehelichen Lebensverhältnisse auch für den Bedarf 17
bezüglich der Ansprüche aus § 1615l maßgebend, da diese ihre Lebensstellung bestimmen (BGH FamRZ 1998,
541; Pal/Diederichsen Rz 15; kritisch Schumann FamRZ 2000, 389 [396]). Dies gilt auch, wenn die Mutter ein
Kind oder auch mehrere Kinder aus einer **früheren Ehe** betreut (BGH FamRZ 1998, 541; Pal/Diederichsen
Rz 15).

Im übrigen kommt es auf ihre **vorherigen Einkommensverhältnisse** an (Bremen FamRZ 2000, 636; Büttner 18
FamRZ 2000, 781 [783]; Pal/Diederichsen Rz 15), wobei eine nachhaltige Erhöhung der Einkünfte nach der
Geburt aber vor Aufgabe der Tätigkeit zu berücksichtigen ist (Celle FamRZ 2002, 1220). Wenn vor der Geburt
keine Erwerbstätigkeit ausgeübt wurde, wird überwiegend die Meinung vertreten, der notwendigen Eigenbedarf
könne als **Mindestbedarf** herangezogen werden (Pal/Diederichsen Rz 15; Kalthoener/Büttner/Niepmann Rz 185;
Göppinger/Maurer Rz 1255). Dies ist ebenso wie beim Unterhalt des Kindes und des Ehegatten abzulehnen (Köln
FamRZ 2001, 1322). Entscheidend ist auch bei § 1615l die konkrete individuelle Lebensstellung. Die Mutter des
nichtehelichen Kindes kann nicht besser gestellt werden als die Ehefrau, bei der der BGH einen Mindestbedarf in
st Rspr zu Recht ablehnt. Wenn die Mutter zuvor von Sozialhilfe oder Unterhalt der Eltern gelebt hat, hat dies ihre
Lebensstellung geprägt und bestimmt ihren Bedarf.

Nicht der Bedarf der Mutter aber ihr Unterhaltsanspruch (zusammen mit eigenen anrechenbaren Einkünften) ist 19
idR auf die Hälfte bzw – soweit der Pflichtige Einkünfte aus Erwerbstätigkeit bezieht – $^{3}/_{7}$ des Einkommens des
Vaters zu **beschränken** (Schleswig OLGRp 1999, 279; Wever/Schilling FamRZ 2002, 581 [585]; aA Büttner
FamRZ 2000, 781 [784]). Die Orientierung an den Einkommensverhältnissen der Kindesmutter darf nicht dazu
führen, daß der unterhaltsverpflichtete Vater letztlich mehr Unterhalt zu zahlen hat, als ihm für seine eigene
Lebensführung verbleibt. Dies ergibt idR die Angemessenheitsüberprüfung, die für jeden Unterhaltsanspruch
erforderlich ist (insoweit BGH FamRZ 1998, 899 [901]). Der hiergegen vorgebrachte Einwand, dies laufe auf
eine Meistbegünstigung der Väter hinaus, da die Mütter an hohen Einkünften nur bei entsprechenden Einkommenseinbußen auf deren Seite teilzuhaben lassen brauchten, andererseits die Mütter nicht besser stehen sollten als
sie (Büttner FamRZ 2000, 781 [784]), beruht auf einer generalisierenden Betrachtungsweise, dem Einzelfall
nicht gerecht wird.

2. Vorsorgeunterhalt. a) Der Bedarf erfaßt gem Abs III 1 iVm § 1610 II auch die Kosten für die **Kranken-** 20
und Pflegeversicherung (Bremen FamRZ 2000, 636 [637]; MüKo/Born Rz 31).

b) Ein Anspruch auf **Altersvorsorgeunterhalt** besteht mangels einer §§ 1578 III, 1361 I S 2 entsprechenden 21
Vorschrift nach hM nicht (Wendl/Pauling § 6 Rz 764; MüKo/Born Rz 31). Dies ist allerdings mit dem Wortlaut
von § 1610 nicht zu vereinbaren, nach dem der gesamte Lebensbedarf erfaßt ist. Entsprach insbesondere bei einer

§ 1615l

Erwerbstätigkeit eine Altersvorsorge vor der Geburt des Kindes der Lebensstellung der Mutter, gehört diese auch zum Bedarf iSv § 1615l. Dieser ist allerdings gedeckt, soweit Entgeltpunkte für Kindererziehungszeiten erworben werden (Schwab/Borth IV Rz 1377).

22 3. Ein Anspruch auf **Prozeßkostenvorschuß** besteht nicht (Büttner FamRZ 2000, 781 [786]); aA München FamRZ 2002, 1219). Ein solcher Anspruch war vom Gesetzgeber für § 1610 ursprünglich bewußt nicht vorgesehen (Mot IV 696f). Er besteht daher auch im direkten Anwendungsbereich des § 1610 nur bei gesteigerter Unterhaltspflicht in entsprechender Anwendung von § 1360 IV S 1 (s § 1610 Rz 11).

23 II. **Bedürftigkeit.** Lohnfortzahlung und Mutterschaftsgeld mindern die Bedürftigkeit ebenso wie Einkommen, das für das Erbringen von Versorgungsleistungen für einen Lebenspartner gem § 850h ZPO (vgl § 1603 Rz 51) angerechnet wird (MüKo/Born Rz 32). Erziehungsgeld ist dagegen grundsätzlich wie bei der Mutter eines ehelichen Kindes gem § 9 S 1 BErzGG nicht anzurechnen (BVerfG FamRZ 2000, 1149; aA noch Wendl/Pauling § 6 Rz 759). Soweit eine Erwerbstätigkeit, die neben der Betreuung des Kindes ausgeübt wird, **überobligatorisch** ist, können die Einkünfte nur analog § 1577 II, der im gesamten Unterhalsrecht entsprechende Anwendung findet, nach Billigkeit berücksichtigt werden, also idR nur anteilig (Göppinger/Maurer Rz 1237; aA Schleswig OLGRp 2001, 201). Der **Vermögensstamm** ist grundsätzlich zu verwerten, allerdings nur im Rahmen der Wirtschaftlichkeit und Billigkeit (Göppinger/Maurer Rz 1258, 623ff; Kalthoener/Büttner/Niepmann Rz 185).

24 III. **Leistungsfähigkeit.** Da die Unterhaltspflicht des Vaters gegenüber der Mutter nicht gesteigert ist, steht ihm der angemessene oder große Selbstbehalt zu (Pal/Diederichsen Rz 14; Oldenburg FamRZ 2000, 1522). Zu einer Beschränkung des Anspruchs auf die Hälfte bzw 3/7 des Einkommens des Pflichtigen s Rz 19. Auch das Vermögen des Pflichtigen ist gem Abs III S 1 iVm § 1603 bei mangelnden sonstigen ausreichenden Einkünften grundsätzlich einzusetzen (Wendl/Pauling § 6 Rz 759; MüKo/Born Rz 34).

25 IV. Gem Abs III S1 iVm § 1605 haben die Eltern des Kindes gegenseitig Anspruch auf **Auskunft** und Vorlage von Belegen (Staud/Engler Rz 24).

26 V. **Rangfragen.** Die Verweisung des Abs III S 1 betrifft auch die Vorschriften über die Rangordnungen bei Berechtigtem und Verpflichteten und enthält ergänzende Regelungen. Abs III S 2 gehört mit der Einordnung des Elternteils in die Rangordnung der Verpflichteten systematisch zu § 1609, Abs III S 3 betrifft die Rangordnung der Berechtigten und gehört zu §§ 1606 bis 1608, 1584.

27 1. **Mehrere Berechtigte.** Gem Abs III S 3 und § 1609 sind die Unterhaltsansprüche der unverheirateten minderjährigen Kinder nebst den gleichgestellten privilegierten Volljährigen und die der Ehefrau gegenüber Ansprüche der Mutter des nichtehelichen Kindes vorrangig, und die Unterhaltsansprüche der übrigen Verwandten sind nachrangig.

28 2. **Mehrere Pflichtige.** a) Ausdrücklich geregelt ist das Verhältnis des Vaters des Kindes zu den Verwandten. Gem Abs III S 2 geht die Verpflichtung des Vaters des nichtehelichen Kindes der Verpflichtung der Verwandten der Mutter vor.

29 b) Nicht gesetzlich geregelt ist dagegen das Verhältnis zwischen Ansprüchen der Mutter des nichtehelichen Kindes gegen ihren (auch geschiedenen) Ehemann einerseits und ihren Ansprüchen gegen den Vater des nichtehelichen Kindes andererseits.

Der BGH hat den früheren Meinungsstreit (überwiegend wurde Vorrang des Vaters des nichtehelichen Kindes angenommen, teilweise Gleichrang, vereinzelt auch Vorrang des Ehemannes; Nachweise bei Wendl/Pauling § 6 Rz 769) dahin entschieden, daß eine anteilige Haftung entsprechend § 1606 III 1 stattfindet, wobei die Höhe der Haftungsanteile sich nach den Umständen des Einzelfalls bestimmt (FamRZ 1998, 541; zustimmend ua Wendl/Pauling § 6 Rz 769; MüKo/Born Rz 37; aA weiterhin Göppinger/Maurer Rz 1269f). Dabei kommt es zwar auf die Einkommens- und Vermögensverhältnisse an, aber auch auf Anzahl, Alter und Betreuungsbedürftigkeit der Kinder (BGH FamRZ 1998, 541 [544]). Eine eher schematische Berechnung wie bei den Haftungsanteilen der Eltern nach § 1606 III S 1 verbietet sich daher, und es ist bei der Bemessung der Haftungsanteile auch ohne Belang, daß dem Vater des nichtehelichen Kindes gegenüber der Mutter grundsätzlich ein höherer Selbstbehalt zusteht als dem (geschiedenen) Ehemann.

Diese Grundsätze gelten auch dann, wenn das Kind noch die ehelichen Lebensverhältnisse des anderen geprägt hat (KG FamRZ 2001, 29; Pal/Diederichsen Rz 22).

30 Hat die Mutter dagegen **nach der Geburt** des Kindes **einen Dritten** geheiratet, von dem sie ein weiteres Kind hat, haften die Väter nicht anteilig (aA Schleswig FamRZ 2000, 637; MüKo/Born Rz 37, Fn 112). Vielmehr erlischt ihr Unterhaltsanspruch entsprechend § 1586 mit der Heirat. Der Anspruch aus § 1615l kann insofern nicht stärker sein als der aus § 1570, der erst nach einer späteren Scheidung wieder aufleben kann, § 1586a. Die Auffassung, gem § 1586a würden nur die ehebedingten Unterhaltsansprüche erlöschen (Schleswig FamRZ 2000, 637), übersieht, daß die nachehelichen Unterhaltstatbestände im Gesetz generell Ehebedingtheit der Bedürftigkeit voraussetzen (BGH FamRZ 1983, 800; Wendl/Pauling 4 Rz 42).

31 c) Für die Haftungsanteile von **zwei aus § 1615l haftenden Vätern** gilt ebenfalls § 1606 mit den vom BGH zum Verhältnis von Ehemann zu nichtehelichem Vater entwickelten Grundsätzen entsprechend (vgl Rz 29).

32 d) Auch § 1607 gilt aufgrund der allgemeinen Verweisung des Abs III S 1 (Göppinger/Maurer Rz 1267).

33 VI. **§ 1611.** Die Regelungen des § 1611 zur Herabsetzung oder zum Wegfall der Unterhaltspflicht gelten über Abs III S 1. Auch wenn sich die Kindesmutter nicht ausreichend um **Krankenversicherungsschutz** gekümmert hat, wird nur in besonderen Fällen davon ausgegangen werden können, daß die hierdurch verursachte Bedürftigkeit auf sittlichem Verschulden beruht (Wendl/Pauling § 6 Rz 757). Die Mutter des nichtehelichen Kindes ist durch die

Verweisung auf § 1611 besser gestellt als die geschiedene Ehefrau, bei der als Voraussetzung der Verwirkung gem § 1579 Nr 3 kein sittliches Verschulden sondern lediglich Mutwilligkeit und dh Leichtfertigkeit erforderlich ist.

VII. Der Unterhalt ist gem § 1612 I S 1 in Form der **Geldrente** zu leisten, deren Modalitäten sich aus § 1612 III ergeben (s § 1612 Rz 42ff). 34

VIII. Rückstände. 1. Abs III S 4 verweist auf § 1612 Abs II. Danach kann für die Vergangenheit auch ohne die Einschränkungen des § 1613 Abs I Unterhalt geltend gemacht werden wegen Sonderbedarfs, § 1612 II Nr 1, und für den Zeitraum, in dem aus rechtlichen oder tatsächlichen, in den Verantwortungsbereich des Vaters fallenden Gründen, Unterhalt nicht geltend gemacht werden konnte. Letzteres ist wegen §§ 1594 I, 1600d IV insbesondere der Fall, solange die Vaterschaft weder anerkannt noch gerichtlich festgestellt ist. 35

2. Wenn Abs III S 4 lediglich § 1613 Abs II, nicht aber dessen Abs I erwähnt, handelt es sich um eine Redaktionsungenauigkeit, und **§ 1613 Abs I** gilt aufgrund der allgemeinen Verweisung des Abs III S 1 auf den Verwandtenunterhalt (Staud/Engler Rz 28). 36

3. Gleiches gilt für **§ 1613 III** (Wendl/Pauling § 6 Rz 772; Staud/Engler Rz 28). 37

IX. Verzicht. Auch im Rahmen des § 1615l gilt, daß auf künftigen Unterhalt nicht verzichtet werden kann, Abs III S 1 iVm § 1614. 38

X. Beim **Tod des Vaters** erlischt der Unterhaltsanspruch der Mutter abweichend von § 1615 gem Abs III S 5 nicht. 39

D. Anspruch des Vaters gegen die Mutter

I. Durch das KindUG wurde zur Gleichbehandlung der Eltern auch ein Unterhaltsanspruch des Vaters des nichtehelichen Kindes gegenüber der Mutter eingeführt. 40

II. Voraussetzung des Anspruchs ist, daß der Vater das Kind tatsächlich betreut, er braucht nicht Inhaber oder Mitinhaber des Sorgerechts zu sein (Büdenbender FamRZ 1998, 129 [134]; Pal/Diederichsen Rz 25). Ausgenommen sind lediglich Mißbrauchsfälle (MüKo/Born Rz 45). 41

III. Zeitraum. Abs IV S 1 verweist lediglich auf die Unterhaltsansprüche nach Abs II S 2, der den Betreuungsunterhalt erst für die Zeit ab 8 Wochen nach der Geburt erfaßt. Die ersten 8 Wochen werden bei der Mutter in Abs I S 1 geregelt. Daß Abs IV S 1 hierauf nicht verweist, bedeutet jedoch nicht, daß dem Vater der Anspruch aus § 1615l Abs IV in diesem Zeitraum versagt werden soll, sondern beruht lediglich darauf, daß der Gesetzgeber dem Vater den Unterhaltsanspruch nicht einräumen wollte, soweit nicht die sachlichen Voraussetzungen des Abs II vorliegen, also daß wegen der Betreuung des Kindes eine Erwerbstätigkeit nicht erwartet werden kann (Büdenbender FamRZ 1998, 129 [133]; Staud/Engler Rz 64f). Der Konstruktion eines familienrechtlichen Vertrages eigener Art, dessen konkludenter Abschluß vermutet werden soll, bedarf es nicht (aA Göppinger/Maurer Rz 1249ff). 42

Daß Abs IV S 1 nicht auf die Befristung des Unterhaltsanspruchs in Abs II S 3 verweist, kann wegen der offensichtlich gewollten parallelen Ausgestaltung des mütterlichen und des väterlichen Unterhaltsanspruchs nur auf einem Versehen des Gesetzgebers beruhen, das durch Auslegung zu korrigieren ist.

IV. S 2. 1. Gem Abs IV S 2 findet Abs III entsprechende Anwendung. Dies bedeutet insbesondere, daß es zur Höhe des Unterhalts auf die Lebensstellung des Vaters als Bedürftigen ankommt, Abs III S 1 iVm § 1610. 43

2. Auf **§ 1615o** verweist Abs IV S 2 dagegen nicht, und dieser ist auch nicht entsprechend anwendbar (Büdenbender ZZP 1997, 33 [57] und FamRZ 1998, 129 [138]; Staud/Engler Rz 67; aA Pal/Diederichsen Rz 25), so daß sich der einstweilige Rechtsschutz nach § 644 ZPO richtet. 44

§ 1615m

Beerdigungskosten für die Mutter

Stirbt die Mutter infolge der Schwangerschaft oder der Entbindung, so hat der Vater die Kosten der Beerdigung zu tragen, soweit ihre Bezahlung nicht von dem Erben der Mutter zu erlangen ist.

A. Die Beerdigungskosten trägt gem § 1968 der Erbe. § 1615m begründet eine **nachrangige Haftung** des Vaters des nichtehelichen Kindes. 1

B. Schwangerschaft oder Entbindung müssen für den Tod der Mutter des Kindes **ursächlich** sein, ein **Verschulden** des Vaters ist nicht erforderlich (Staud/Engler Rz 3). 2

Stirbt die Mutter aufgrund einer **Abtreibung**, ist die Schwangerschaft kausal für den Tod. Es fehlt jedoch am Zurechnungszusammenhang, wenn der Abbruch gegen den Willen des Vaters oder auch nur ohne sein Wissen und seine Zustimmung erfolgt ist. Ob der Abbruch gem § 218aff StGB straflos war oder nicht, ist dagegen für die Frage, ob das Geschehen dem Vater zugerechnet werden kann unerheblich (Staud/Engler Rz 5; anders Schwab/Borth IV Rz 1380). 3

Im Falle eines durch die Schwangerschaft oder die Entbindung ausgelösten **Suizids** liegt ein ausreichender Zurechnungszusammenhang nur vor, wenn sich die Mutter in einem die freie Willensbestimmung ausschließenden Zustand iSv § 827 befand. 4

C. Höhe des Anspruchs. Unter Kosten der Beerdigung sind die angemessenen Kosten zu verstehen, wobei sich die Angemessenheit nach der Lebensstellung der Muter richtet (Staud/Engler Rz 14). 5

D. Leistungsfähigkeit. § 1615m fehlt ein § 1615l III 1 entsprechender Verweis auf das Unterhaltsrecht. Es handelt sich daher um einen reinen Erstattungsanspruch, für den die Leistungsfähigkeit des Vaters nicht erforderlich ist (Staud/Engler Rz 3; Wendl/Pauling § 6 Rz 765). Philippi verweist zu Recht darauf, daß die Regelung in 6

§ 1615m	Familienrecht Verwandtschaft

§§ 643, 621 Abs I Nr 11 ZPO, nach der das Gericht in einem Verfahren über die Beerdigungskosten Auskünfte über die Einkünfte einholen kann, zwar dafür spricht, daß diese Einkünfte für den Anspruch auch von Belang sein sollen, daß nach § 643 ZPO aber auch der Gläubiger des Erstattungsanspruchs entsprechende Auskünfte zu erteilen hat, ohne daß eine Relevanz seiner Einkünfte ersichtlich ist. Insgesamt ist daher davon auszugehen ist, daß die prozessuale Regelung nicht ausreichend durchdacht ist und keinen Hinweis auf die materielle Rechtslage gibt (Zöller/Philippi § 643 ZPO Rz 3).

7   E. **Gläubiger** des Anspruchs ist, wer die Kosten tatsächlich getragen hat (Staud/Engler Rz 12). Für die Inanspruchnahme des Vaters genügt es, daß die Zwangsvollstreckung gegen die vorrangig haftenden Erben keinen Erfolg verspricht.

8   F. **Rangordnung.** Die Haftung des Vaters ist gegenüber der des Erben aus § 1968 nachrangig, jedoch gegenüber dem Ehemann der Mutter und deren Verwandten vorrangig (MüKo/Born Rz 5).

9   H. Wegen der nur subsidiären Verpflichtung hat der Vater gegen die Erben einen **Ersatzanspruch**, wenn er für die Kosten aufgekommen ist (Gernhuber/Coester-Waltjen § 59 III 7).

1615n *Kein Erlöschen bei Tod des Vaters oder Totgeburt*

Die Ansprüche nach den §§ 1615l, 1615m bestehen auch dann, wenn der Vater vor der Geburt des Kindes gestorben oder wenn das Kind tot geboren ist. Bei einer Fehlgeburt gelten die Vorschriften der §§ 1615l, 1615m sinngemäß.

1   A. **Gegenstand.** § 1615n läßt Unterhalts- und Erstattungsansprüche aus § 1615l und § 1615m beim Tod des Vaters sowie einer Tot- oder Fehlgeburt weiterbestehen.

2   B. **Tod des Vaters.** Schon gem § 1615l III S 5 erlöschen Ansprüche aus § 1615l I und II nicht mit dem Tod des Vaters. Nach S 1 gilt dies auch dann, wenn der Vater vor der Geburt des Kindes stirbt. Zudem haftet der Erbe des Vaters auch für die Beerdigungskosten, die dieser – nachrangig gegenüber den Erben der Mutter – bei deren Tod gem § 1615m schuldet.

3   C. **Tod des Kindes und Fehlgeburt.** Die Unterhaltsansprüche der Mutter bestehen auch bei einer Tot- oder Fehlgeburt, S 1 und 2. Betreuungsansprüche aus § 1615l II S 2 kommen selbstverständlich nicht in Betracht, jedoch kann ein Anspruch auf Unterhalt wegen durch die Tot- bzw Fehlgeburt verursachte Krankheit, § 1615l I S 1, gegeben sein.
Der Kostenerstattungsanspruch nach § 1615l I S 2 erfaßt auch die Kosten für die Bestattung des Kindes, soweit die Mutter dafür aufgekommen ist (Gernhuber/Coester-Waltjen § 59 III 5 Fn 21).
Ob die Kosten bei einer Tot- oder Fehlgeburt als Spätfolge einer versuchten Abtreibung zu erstatten sind, richtet sich nach den gleichen Grundsätzen wie bei § 1615m (s § 1615m Rz 3).
Die Kosten eines Schwangerschaftsabbruchs selbst sind nicht über eine entsprechende Anwendung von § 1615n zu ersetzen (Staud/Engler Rz 17; aA Pal/Diederichsen Rz 2), wobei gem § 24b SGB V in der gesetzlichen Krankenkasse Versicherte ohnehin bei einem nicht rechtswidrigen Abbruch durch einen Arzt Anspruch auf Versicherungsleistungen haben.

1615o *Einstweilige Verfügung*

(1) Auf Antrag des Kindes kann durch einstweilige Verfügung angeordnet werden, dass der Mann, der die Vaterschaft anerkannt hat oder der nach § 1600d Abs. 2 als Vater vermutet wird, den für die ersten drei Monate dem Kind zu gewährenden Unterhalt zu zahlen hat. Der Antrag kann bereits vor der Geburt des Kindes durch die Mutter oder einen für die Leibesfrucht bestellten Pfleger gestellt werden; in diesem Falle kann angeordnet werden, dass der erforderliche Betrag angemessene Zeit vor der Geburt zu hinterlegen ist.

(2) Auf Antrag der Mutter kann durch einstweilige Verfügung angeordnet werden, dass der Mann, der die Vaterschaft anerkannt hat oder nach § 1600d Abs. 2 als Vater vermutet wird, die nach den § 1615l Abs. 1 voraussichtlich zu leistenden Beträge an die Mutter zu zahlen hat; auch kann die Hinterlegung eines angemessenen Betrags angeordnet werden.

(3) Eine Gefährdung des Anspruchs braucht nicht glaubhaft gemacht zu werden.

Schrifttum: *Büdenbender*, Der vorläufige Rechtsschutz durch einstweilige Verfügung und einstweilige Anordnung im Nichtehelichenrecht, 1975; *ders*, Der vorläufige Rechtsschutz im Nichtehelichenrecht nach dem Entwurf eines Kindschaftsrechtsreformgesetzes, ZZP 110 (1997), 33.

1   A. **Allgemeines. I. Zweck.** Die Vorschrift bezweckt eine schnelle und formlose Sicherung der Ansprüche von Kind und Mutter für die Zeit kurz vor und nach der Geburt (BT-Drucks V/2370, 58). Der einstweilige Rechtsschutz in § 1615o ist gegenüber den allgemeinen vorläufigen Rechtsschutzvorschriften gestärkt, und zwar dadurch, daß die Ansprüche schon vor der Geburt des zu erwartenden Kindes geltend gemacht werden können und zudem eine Gefährdung der Ansprüche nicht glaubhaft gemacht zu werden braucht.

2   II. **Verhältnis zur einstweiligen Anordnung. 1.** Ab Anhängigkeit eines Vaterschaftsfeststellungsverfahrens oder auch eines Antrages auf Prozeßkostenhilfe für ein solches Verfahren besteht gem **§ 641d ZPO** die Möglichkeit, den Unterhalt für Kind und Mutter durch einstweilige Anordnung zu regeln. Diese Vorschrift ist lex specialis zu § 1615o, so daß ab Anhängigkeit des entsprechenden Verfahrens keine einstweilige Verfügung gem § 1615o erlassen werden kann (MüKo-ZPO/Coester-Waltjen § 641d Rz 6; Zöller/Philippi § 641d ZPO Rz 3; MüKo/Born Rz 6; aA Musielak/Borth § 641d ZPO Rz 3; Thomas/Putzo § 641d ZPO Rz 3: Wahlrecht).

2. Ab Anhängigkeit einer Unterhaltsklage oder eines Antrages auf Prozeßkostenhilfe kann der Unterhalt für das **3** Kind und auch die Mutter gem **§ 644 ZPO** durch einstweilige Anordnung geregelt werden. Wegen §§ 1594 I, 1600d IV muß hierzu aber die Vaterschaft anerkannt oder gerichtlich festgestellt sein. Bis zum Zeitpunkt 3 Monate nach der Geburt des Kindes ist eine gerichtliche Feststellung nicht möglich, so daß Überschneidungen der Anwendungsbereiche lediglich bei anerkannter Vaterschaft in Betracht kommen. Nur insoweit ist nach allgemeinen Grundsätzen die einstweilige Anordnung gegenüber der einstweiligen Verfügung vorrangig (vgl MüKo/Born Rz 2; Zöller/Philippi § 644 ZPO Rz 3).

B. Einstweilige Verfügung zugunsten des Kindes, Abs I. I. Voraussetzungen. 1. Die Vaterschaft muß entwe- **4** der anerkannt oder zu vermuten sein. Die **Anerkennung** ist auch schon vor der Geburt möglich, § 1594 IV. Als Vater **vermutet** wird gem § 1600d II S 1, wer der Mutter während der Empfängniszeit beigewohnt hat, wobei als Empfängniszeit gem § 1600d III die Zeit von dem 300. bis zum 180. Tag vor der Geburt gilt. Die Umstände, aus denen sich die Vermutung ergibt, müssen glaubhaft gemacht werden, §§ 920 II, 936 ZPO, die Erleichterung des Abs III gilt nur für die Gefährdung des Anspruchs. Die Vermutung gilt gem § 1600d II S 2 nicht, wenn schwerwiegende Zweifel an der Vaterschaft bestehen. Auch die die Zweifel begründenden Umstände brauchen lediglich glaubhaft gemacht zu werden (Pal/Diederichsen Rz 1).

2. Die Gefährdung des Anspruchs, also der **Verfügungsgrund**, braucht nicht glaubhaft gemacht zu werden, **5** Abs III.

II. Umfang. Geltend gemacht werden kann der Unterhalt für die ersten 3 Monate nach der Geburt. Aus der **6** Regelung des Abs II S 2 Hs 2 folgt, daß sofort der gesamte Dreimonatsbetrag und nicht nur einzelne künftige Monatsraten verlangt werden können (Staud/Engler Rz 9). Der **Höhe** nach richtet sich der Bedarf des Kindes nach allgemeinen Grundsätzen gem § 1610 II abgeleitet aus der Lebensstellung des Barunterhaltspflichtigen und somit nach dem Einkommen des Vaters (aA Staud/Engler Rz 10). Der Regelbedarf ist nicht auf den Regelbetrag beschränkt (aA wohl Pal/Diederichsen Rz 2). Wird aber ein höherer Bedarf als der nach der untersten Einkommensgruppe oder Zusatzbedarf geltend gemacht, muß dieser glaubhaft gemacht werden (Staud/Engler Rz 11).

III. Geltendmachung. Der Antrag kann schon **vor der Geburt** gestellt werden, und zwar durch einen hierfür **7** bestellten Pfleger, Abs I S 2. Der Betrag ist dann angemessene Zeit vor der Geburt zu hinterlegen, Abs I S 2 Hs 2. Da § 1615o lediglich für die ersten 3 Monate den Unterhalt des Kindes sichern will, kann der Antrag **nach Ablauf von 3 Monaten** nach der Geburt nicht mehr gestellt werden (Pal/Diederichsen Rz 1; AG Berlin-Charlottenburg FamRZ 1983, 305).

C. Einstweilige Verfügung zugunsten der Mutter, Abs II. I. Die Voraussetzungen entsprechen denen der Ver- **8** fügung zugunsten des Kindes (s Rz 4f).

II. Umfang. Die Mutter kann nur den Anspruch des § 1615l Abs I geltend machen, der zeitlich auf 6 Wochen **9** vor bis 8 Wochen nach der Geburt beschränkt ist (s § 1615l Rz 4). Erfaßt ist sowohl der Unterhaltsanspruch aus § 1615l I S 1 als auch der Kostenerstattungsanspruch aus § 1615l I S 2. Zu deren Höhe s § 1615l Rz 15ff u 6.

III. Geltendmachung. Aus der in Abs II S 2 Hs 2 geregelten Möglichkeit, die Hinterlegung anzuordnen, ergibt **10** sich, daß auch die Mutter den Antrag schon vor der Geburt des Kindes stellen kann, soweit sie seine Voraussetzungen glaubhaft macht (vgl Staud/Engler Rz 23).

Titel 4
Rechtsverhältnis zwischen den Eltern und dem Kind im Allgemeinen

Einleitung

1. Übersicht. Im Abschnitt „Verwandtschaft" (§§ 1589–1772) regelte früher der 4. Titel (§§ 1616–1698b) **1** unter der Bezeichnung „**Rechtliche Stellung der ehelichen Kinder**" die **Rechtsfolgen**, die sich an die „**eheliche Abstammung**" (2. Titel §§ 1591–1600) anschließen. Er war in zwei Untertitel aufgegliedert, nämlich I. Rechtsverhältnis zwischen den Eltern und dem Kinde im allgemeinen (§§ 1616–1625) und II. Elterliche Gewalt (§§ 1626–1698b).

Seit Inkrafttreten des **Gesetzes** über die **rechtliche Stellung** der **nichtehelichen Kinder** vom 19. 8. 1969 **2** (BGBl I 1243) befaßte sich der 4. Titel nur noch mit der **Abstammung**, den **ehelichen** und den **nichtehelichen** Kindern.

Die **elterliche Sorge**, vormals Untertitel II, wird zwar nach wie vor in den §§ 1626–1698b behandelt. Diese **3** bilden aber nunmehr den 5. Titel.

Das 1. EheRG vom 14. 6. 1976 (BGBl I 1421) – s dazu Einl § 1297 Rz 21ff – änderte die namensrechtlichen **3a** Vorschriften der §§ 1616–1618.

Eine einschneidende Änderung des bisherigen Rechts brachte das am 1. 1. 1980 in Kraft getretene Gesetz zur **3b** Neuregelung des Rechts der elterlichen Sorge v 18. 7. 1979 (BGBl I 1061), s dazu Einl § 1297 Rz 32. Dem 4. Titel fügte es lediglich den § 1618a ein. Dagegen gestaltete es den 5. Titel neuem Rechtsdenken folgend dahin um, daß es an die Stelle der „elterlichen Gewalt" die „elterliche Sorge" setzte.

3c Durch das am 1. 1. 1992 in Kraft getretene BetrG (Art 11) v 12. 9. 1990 (BGBl I 1990, 2002) wurden §§ 1617, 1618, 1625 und 1673 geändert sowie § 1631c neu eingefügt. Es handelte sich dabei in der Sache lediglich um Folgeänderungen, die aus dem Wegfall der Entmündigung, der Vormundschaft über Volljährige sowie der Gebrechlichkeitspflegschaft, die durch das Rechtsinstitut der Betreuung ersetzt wurden (§§ 1896–1908), resultierten. Dementsprechend ist § 1899 durch die Neufassung der §§ 1896ff aufgehoben worden. Eine dem § 1899 aF entsprechende Regelung, wonach die Eltern des Mündels automatisch zum Vormund berufen sind, sieht das BetrG nicht mehr vor. Allein nach § 1897 V können die Eltern noch zum Betreuer bestellt werden. Dies setzt allerdings voraus, daß der Volljährige, also der zu Betreuende, keine andere Person vorschlägt, die verwandtschaftlichen und persönlichen Bindungen dies rechtfertigen und die Gefahr von Interessenkonflikten der Bestellung nicht entgegensteht.

3d Grundlegend geändert wurde das Sorgerecht durch das Kindschaftsreformgesetz (KindRG) v 16. 12. 1997 (BGBl I 2942). Den Anforderungen des BVerfG (61, 358) Rechnung tragend (s dazu vor § 1616 Rz 5) und teils sogar darüber hinausgehend, wurde das gemeinsame Sorgerecht der Eltern in §§ 1626a, 1671 wesentlich erweitert. Daneben wurden zahlreiche Vorschriften eingefügt oder bestehende erheblich modifiziert (s dazu jeweils die Kommentierung der einzelnen §§). Die Unterschiede zwischen ehelichen und nichtehelichen Kindern wurden dabei eingeebnet. Diese Zielsetzung verfolgte das KindRG auch bei den §§ 1616–1618, die nach den – ebenfalls aufgrund der Rspr des BVerfG (NJW 1991, 1602) veranlaßten – Änderungen des Familiennamensgesetzes (FamNamRG) v 16. 12. 1993 (BGBl I 2054) erneut modifiziert werden mußten (s hierzu vor § 1616 Rz 1ff). Weitere Änderungen brachte zuletzt das KindRVerbG v 9. 4. 2002 (BGBl I 1239), durch das in § 1618 ein redaktioneller Fehler beseitigt und § 1666a an das GewSchG angepaßt worden ist.

4 Die wenigen allgemeinen Vorschriften des 4. Titels, die sich auf Kinder ohne Rücksicht auf ihr Alter, die Selbständigkeit, die elterliche Sorge oder Vormundschaft beziehen, behandeln das **Namensrecht** des Kindes (§§ 1617, 1618), die gegenseitige **Pflicht zu Beistand** und **Rücksichtnahme** (§ 1618a), die **Dienstpflicht** als Rechtsfolge der Zugehörigkeit des Kindes zum elterlichen Hausstand (§ 1619), die **Aufwendungen** der Kinder (§ 1620) und schließlich die **Ausstattung** (§§ 1624, 1625).

5 Der 4. wie der 5. Titel werden durch zahlreiche Vorschriften des privaten und öffentlichen Rechts ergänzt, die ihren Grund in dem Verwandtschaftsverhältnis zwischen Eltern und Kindern finden, zB hinsichtlich des Wohnsitzes (§ 11), der Verjährung (§ 207), des Unterhaltsanspruchs (§§ 1601ff), der Ehelichkeitsanfechtung (§§ 1599ff), der Einwilligung zur Annahme als Kind (§§ 1747ff), des Rechts, den Vormund zu benennen (§§ 1776ff), des Erb- und Pflichtteilsrechts (§§ 1924ff, 2303), des Zeugnisverweigerungsrechts (§ 383 I Nr 3 ZPO, § 52 I Nr 3 StPO), des Staatsangehörigkeitsrechts, der Strafbarkeit gewisser Delikte, vgl §§ 174 I Nr 3, 221 II Nr 1, 235, 247, 258 VI StGB.

6 **2. Grundzüge.** Im Rechtsverhältnis zwischen Eltern und Kindern bildet die im 5. Titel geregelte „**Elterliche Sorge**" (§§ 1626–1698b) nach ihrer natürlichen und gesetzgeberischen Bedeutung den Hauptbestandteil und Mittelpunkt. Ihre gesetzliche Ausgestaltung bestimmt und kennzeichnet das rechtliche Wesen des Eltern-Kind-Verhältnisses. Wegen seiner Grundzüge wird auf die Vorbemerkung zu § 1626 verwiesen.

7 **3. Grundbegriffe. a)** Unter **Familie** wird im Bereich des bürgerlichen Rechts üblicherweise die Gesamtheit der durch Ehe oder Verwandtschaft verbundenen Personen verstanden. Die nichteheliche Verwandtschaft äußert nunmehr dieselben Rechtsfolgen wie die eheliche (zum Familienbegriff auf Europarechtsebene s EuGHMR FamRZ 2002, 1017, 1018). Die Frage, wie weit dieser Kreis, namentlich hinsichtlich der Verschwägerten auszudehnen ist, tritt im Eltern-Kind-Recht nicht hervor und braucht daher nicht entschieden zu werden.

8 **b) Kinder** im Sinne des gesamten 4. Titels sind eheliche und nichteheliche sowie die als Kind angenommenen Kinder (§ 1754). Das schließt die nach altem Recht legitimierten (§ 1719 aF) und für ehelich erklärten (§§ 1723, 1740aF) Kinder mit ein.

9 **c)** Dem entspricht auch im Bereich des 4. Titels der Begriff **Eltern**. Er umfaßt auch den **Vater des nichtehelichen Kindes**. Zu ihnen gehören dagegen nicht: Stief-, Groß-, Schwieger-, Pflegeeltern, denen aber besondere Vorschriften (§§ 1630 II, 1632 IV, 1682, 1685, 1687) gewidmet sind.

10 **d)** Die **subjektiven Familienrechte** unterscheiden sich von den Vermögensrechten durch Wesen und Zweck. Sie ergeben sich aus den auf Abstammung und Sitte beruhenden menschlichen Lebensbeziehungen und sind gekennzeichnet durch eine Wechselwirkung zwischen den Belangen des einzelnen und der Gesamtheit; daher kommt das staatliche Interesse mannigfach zur Geltung. Sie können auch vermögensrechtliche Ansprüche und Pflichten auslösen. Im Gegensatz zu sonstigen Privatrechten sind sie in der Regel nicht abtretbar, nicht verzichtbar, nicht abdingbar.

11 **4. Übergangsvorschriften** machte das Inkrafttreten des GleichberG, des NEG und des Gesetzes zur Neuregelung des Rechts der elterlichen Sorge notwendig. Für vor dem Wirksamwerden des Beitritts am 3. 10. 1990 im Gebiet der ehemaligen DDR oder im Ostteil Berlins geborene Kinder bestimmt Art 234 § 10 EGBGB des Einigungsvertrages v 31. 8. 1990 (BGBl II 889), daß sich der Familienname in Ansehung der bis zu diesem Tage eingetretenen namensrechtlichen Folgen nach dem bisherigen Recht, also dem Familiengesetzbuch der DDR (§§ 64ff), richtet (s dazu MüKo/Hinz 3. Aufl, ErgBd, Einigungsvertrag Rz 549; Böhmer StAZ 1990, 357f; Bosch FamRZ 1991, 749, 757ff; Rauscher StAZ 1991, 1, 9f). Für danach eingetretene relevante Umstände gelten dagegen die für frühere Umstände von der Überleitungsnorm verdrängten §§ 1616–1618 nebst §§ 1757, 1765).

12 Das **Kinder- und Jugendhilfegesetz** (KJHG/SGB VIII) v 26. 6. 1990 (BGBl I 1163) idF v 15. 3. 1996 ist mit Wirkung zum 1. 1. 1991 in den alten Bundesländern in Kraft getreten, während es in den neuen Bundesländern bereits seit dem 3. 10. 1990 Gültigkeit besitzt (Art 24 KJHG). Es ist an die Stelle des Jugendwohlfahrtsgesetzes (JWG) getreten, das aufgehoben wurde (Art 24 KJHG). Das SGB VIII wurde durch das KindRG v 16. 12. 1997 (BGBl I 2942) und das BeistandsRG v 4. 12. 1997 (BGBl I 2846) in weiten Teilen geändert.

In der praktischen Arbeit der Jugendämter hat sich der Schwerpunkt von der Eingriffstätigkeit weg hin zu einer pädagogischen Beschäftigung verschoben, die nicht am Kind alleine ansetzt, sondern die Familie und deren Erziehungspotential in ihre Erwägungen einbezieht. Gedanklicher Ausgangspunkt ist das verfassungsrechtlich abgesicherte Elternrecht auf Erziehung, mit dem der Staat nicht in Konkurrenz treten will. Das SGB VIII beabsichtigt daher, sich nicht in familiäre Angelegenheiten einzumischen, sondern will lediglich über ein breitgefächertes Leistungsprogramm die der konkreten Situation angepaßte Förderung oder Entlastung bereitstellen und damit über die Familie den einzelnen gefährdeten oder Entwicklungsdefizite aufweisenden Jugendlichen reflexiv erfassen (BTDrucks aaO, S 42, 45). Das staatliche Wächteramt reduziert sich damit auf die Bereiche, die die Schwelle des § 1666 übersteigen; eigenständige Eingriffstatbestände sind dem SGB VIII mit Ausnahme der auf Eilfälle beschränkten §§ 42, 43 fremd SGB VIII (BTDrucks aaO, S 45f). Da damit staatlicher Einfluß nur mehr auf freiwilliger Basis in Betracht kommt, wird zugleich die Existenz der privaten Träger der Jugendhilfe gewährleistet (BTDrucks aaO, S 46).

Vorbemerkung § 1616

Nachdem das BVerfG § 1355 II S 2 aF wegen Verstoßes gegen Art 3 II GG für verfassungswidrig erklärt hat (NJW 1991, 1602), hat die Legislative den ihr damit erteilten Gesetzgebungsauftrag durch die Verabschiedung des Familiennamensrechtsgesetzes v 16. 12. 1993 (BGBl I 2054ff) erfüllt, das am 1. 4. 1994 in Kraft getreten ist (Art 8 II FamNamRG), und die durch die Aufhebung von § 1355 II S 2 aF entstandene Regelungslücke beseitigt. Im Zuge dieser Novellierung wurden vor allem §§ 1616–1618 neu gefaßt und § 1616a aF eingefügt. Die damit verbundenen Änderungen des Kindesnamensrechts lassen sich im Kern auf § 1355 nF zurückführen, der im Bemühen um eine verfassungskonforme Regelung – anders als § 1355 II S 2 aF – auf den Primat eines Ehepartners bei der Familiennamenswahl verzichten muß. Der vom Gesetzgeber beschrittene Lösungsweg besteht darin, daß Eheleute nun auch ihre zum Zeitpunkt der Eheschließung geführten Namen beibehalten können. Damit ist die ehemalige Pflicht zur Führung eines gemeinsamen Familiennamens in eine sanktionslose Sollvorschrift verwandelt worden (ebenso Wacke StAZ 1994, 209, 210; Coester FuR 1994, 1; kritisch dazu Hepting StAZ 1996, 1, 4), die in § 1355 I S 1 und 2 nur noch als Alternative neben dem Verzicht auf einen Ehenamen (§ 1355 I S 3) erscheint. Folglich mußte auch das Kindesnamensrecht an diese Neuregelung angepaßt und eine Kodifikation für die Fälle einer nachträglichen Ehenamensbestimmung geschaffen werden, da § 1355 III die Annahme eines gemeinsamen Familiennamens aus rechtspolitischen Gründen auch noch nach der Eheschließung gestattet. Das wurde mit § 1616 II–IV aF, jetzt § 1617 idF des KindRG und mit § 1616a aF, jetzt § 1617c nF, erreicht. 1

Die vom BVerfG aufgestellten und bis zur Neuregelung des Familiennamensrechts geltenden Übergangsvorschriften sind damit obsolet geworden. Konnten Ehepartner, die sich auf einen gemeinsamen Ehenamen nicht einigen konnten, danach ihre Namen beibehalten, während aus einer entsprechenden Verbindung stammende Kinder einen Doppelnamen erhielten, über dessen Reihenfolge das Los entscheiden sollte (dazu noch BJM NJW 1991, 1723f; Dethloff/Walter NJW 1991, 1575ff; Heldrich NJW 1992, 294ff; v Greiffen StAZ 1991, 305ff), so sind diese Übergangsregelungen nur noch insofern von Bedeutung, als unter deren Geltung erteilte Familien- bzw Kindesnamen weiterhin Gültigkeit besitzen. Maßgeblicher Stichtag ist der Tag der Geburt. Eine kurz davor gelegene Doppelnamenswahl der Eltern ist daher hinfällig, wenn das Kind erst nach dem Inkrafttreten des FamNamRG geboren wurde (Hamm FamRZ 1996, 427, 428). Zur Anwendbarkeit der Übergangsregel des BVerfG auf das nichtehelich geborene, dann aber legitimierte Kind, das damit ebenfalls einen Doppelnamen erhalten konnte, s BayObLG FamRZ 1996, 428f, 430; Celle NJW 1993, 2690; Düsseldorf FamRZ 1993, 1483f; Frankfurt StAZ 1993, 391f; AG Nürnberg StAZ 1994, 12f; AG Berlin-Schöneberg StAZ 1995, 144 und 265; aA LG München StAZ 1993, 319. 2

Die Übergangsregeln des Art 7 FamNamRG selbst haben lediglich in das Belieben der Parteien gestellten Änderungsmöglichkeiten offeriert, um eine fakultative Anpassung an die neue Rechtslage vorzunehmen. Die dafür vorgesehenen Fristen sind mittlerweile abgelaufen. 3

Grundsätze der Namensgebung. Bei der früher geltenden Regelung wurde in erster Linie nach ehelichen (§§ 1616, 1616a aF) und nichtehelichen Kindern (§§ 1617f aF) differenziert. Innerhalb dieser beiden Gruppen erfolgte auf einer zweiten Stufe eine Unterscheidung danach, ob die Eltern einen Ehenamen führen oder nicht. Dies galt sowohl für eheliche (§ 1616 I und §§ 1616 II–IV, 1616a aF) als auch für nichteheliche Kinder, die grundsätzlich den Familiennamen der Mutter führten (§ 1617 I aF), aber auch – durch Einbenennung nach § 1618 aF – den Ehenamen, soweit vorhanden, erhalten konnten. 4

Die Neufassung der §§ 1616–1618 dagegen gibt die Differenzierung nach ehelichen und nichtehelichen Kindern auch bei der Namensgebung auf. Wenn dies verfassungsrechtlich auch nicht zwingend geboten erscheint, so ist der Verzicht auf die bisherige erste Stufe bei der Namensgebung doch die konsequente Schlußfolgerung aus der in § 1626 nF, vorgesehenen gemeinsamen elterlichen Sorge für solche Kinder, deren Eltern bei der Geburt nicht miteinander verheiratet sind. Die bisherige zweite Stufe, nämlich der Ehename, muß damit zwangsläufig an die erste Stelle treten. Da jedoch bei gemeinsamer elterlicher Sorge kein Ehename geführt werden muß, bildet die Unterscheidung nach alleiniger und gemeinsamer elterlicher Sorge einen weiteren Maßstab bei der Namensgebung. 5

Mit der Neuregelung der Namensgebung werden damit allerdings die früheren Regelungen der §§ 1616, 1616a idF des FamNamRG zum Namensrecht des ehelichen Kindes nicht völlig verdrängt. Sie werden in gewisser Weise 6 modifiziert und ergänzt, so daß die gerade mit § 1617 I–III nF, früher § 1616 II–IV aF und § 1617c nF, früher § 1616a aF verbundenen Rechtsprobleme, die den Gegenstand der Kommentierung bilden, weiterhin Bestand haben werden.

1616 *Geburtsname bei Eltern mit Ehenamen*
Das Kind erhält den Ehenamen seiner Eltern als Geburtsnamen.

1 **1. Grundsatz.** Die Vorschrift des § 1616 wurde durch das FamNamRG umfassend geändert und knüpft seitdem an die in § 1355 nF enthaltenen Modifikationen im Bereich des Kindesnamens an. Die Detailregelungen des § 1616 II–IV aF wurden dann durch das KindRG der neue § 1617, während § 1616 jetzt nur noch den Grundsatz regelt, daß der Ehename der Geburtsname des Kindes ist. Weil das Namensrecht der §§ 1616ff nF nicht mehr nur für eheliche Kinder gilt (s dazu Einl § 1626 Rz 3f), ist die entsprechende Einschränkung nunmehr entfallen.

2 **2. Einzelnes zu § 1616.** **a)** § 1616 BGB knüpft an den Grundtatbestand des gemeinsamen Ehenamens nach § 1355 I an. Das Kind erwirbt den gemeinsamen Familiennamen der Eltern automatisch als **Geburtsnamen** (vgl auch BVerwG FamRZ 2002, 1104; Schlüter, FamR, Rz 325). Damit setzt § 1616 einen gemeinsamen Ehenamen voraus, was der bisherigen Regelung des § 1616 aF entspricht. Der Gesetzgeber sieht es also weiterhin als erstrebenswert und Normalfall an, daß die Einheit der Familie durch die Namensidentität ihren sinnfälligen Ausdruck findet (dazu BayObLG FamRZ 2002, 1729, 1730; Hepting StAZ 1996, 1, 4).
Die Erwähnung des Geburtsnamens bedeutet gegenüber der Fassung des § 1616 vor der Änderung durch das FamNamRG eine Ergänzung; sie hat aber lediglich klarstellende Funktion, da auch nach dem vor Inkrafttreten des FamNamRG geltenden Recht der dem Kind erteilte Familienname schon als Geburtsname des Kindes angesehen wurde (9. Aufl, § 1355 Rz 6). Zum Begriff des Geburtsnamens s jetzt § 1355 VI.

3 **b)** Läßt eine **erneute Eheschließung** den Kindesnamen nach § 1617c II Nr 2 unberührt, so ist damit auch klargestellt, daß ein Kind seinen Geburtsnamen auch dann beibehält, wenn seine **Eltern** nach zwischenzeitlicher Scheidung erneut heiraten und einen anderen oder keinen Ehenamen führen. Lebt ein Kind dagegen bei einem Elternteil, der eine neue Ehe eingehen will, läßt sich eine Namensgleichheit mit diesem oder dem Stiefvater nur durch eine öffentlich-rechtliche Namensänderung nach dem NÄG erzielen. Zur generellen Anwendbarkeit des NÄG neben dem zivilrechtlichen Namensrecht s BVerwG FamRZ 2002, 1104.

4 **c)** § 1616 gilt der Sache nach wie früher § 1616 I aF nur für **eheliche Kinder**, denn nur dann können Eltern bei der Geburt nach § 1355 einen Ehenamen führen. Dies gilt auch für Kinder aus nach geltendem Recht für nichtig erklärten Ehen, wie § 1593 II idF des KindRG bis zu seiner Aufhebung durch das EheSchlRG klarstellte. Durch dieses Gesetz (4. 5. 1998, BGBl I 833) wurde das Ehegesetz aufgehoben und das Rechtsinstitut der Ehenichtigkeit durch das der Eheaufhebung (§§ 1313ff) ersetzt. Die Aufhebung wirkt (§ 1313 S 2 nF) wie die Scheidung nur von der Rechtskraft des Urteils an und nicht ex tunc, so daß Schwierigkeiten mit der Bestimmung des Ehenamens nicht mehr auftreten können. Als Übergangsvorschrift hierzu beachte Art 226 EGBGB.
Für **nichteheliche Kinder** können daher nur die durch das KindRG neugefaßten §§ 1617–1618 gelten. Dies schließt aber nicht aus, daß § 1617, im wesentlichen § 1616 aF entspricht, auch für eheliche Kinder gilt, deren Eltern nach § 1355 I S 3 keinen Ehenamen führen.
Wegen des durch das KindRG beabsichtigten Wegfalls der Unterscheidung von ehelichen und nichtehelichen Kindern ist das Rechtsinstitut der Legitimation und damit der den Namen regelnde § 1720 weggefallen.

5 **d)** § 1616 gilt auch dann, wenn der Ehemann der Mutter die **Vaterschaft anerkennt** (§§ 1592 Nr 2, 1594ff nF), so daß eine frühere Namenserteilung durch die Mutter und deren Ehemann gegenstandslos wird (AG Duisburg StAZ 1990, 107f).

6 **e)** Bei **Annahme als Kind** gilt Ähnliches. Das Kind erhält den Familiennamen des Annehmenden als Geburtsnamen, wobei ein vom Annehmenden etwa vorangestellter Begleitname ebenfalls außer Betracht bleibt (§ 1757 I S 1, 2). Nimmt ein Ehepaar oder ein Ehegatte ein Kind an und führen die Eheleute keinen gemeinsamen Familiennamen, muß der Geburtsname des Kindes vor der Annahme durch Erklärung gegenüber dem VormG bestimmt werden (§ 1757 II S 1). Wählbar ist dann der Name der Ehefrau oder auch des Ehemannes (§§ 1757 II S 1, 1617 I). Hat das Kind das fünfte Lebensjahr vollendet, muß es sich der Bestimmung anschließen (§ 1757 II). Ist das Kind bereits 14 Jahre alt, kann es diese Erklärung nur selbst abgeben (§§ 1757 II S 2, 1617c I S 2). Sofern das anzunehmende Kind bereits verheiratet ist, muß sich vor der Annahme auch dessen Ehegatte der Namensänderung anschließen (§ 1757 III). Das VormG kann auf Antrag des Annehmenden mit Einwilligung des Kindes dessen neuem Familiennamen den bisherigen Familiennamen hinzufügen, wenn dies aus schwerwiegenden Gründen zum Wohle des Kindes erforderlich ist (§ 1757 IV). Wird die Annahme als Kind aufgehoben, so verliert das Kind grundsätzlich das Recht, den Familiennamen des Annehmenden zu führen (§ 1765 I S 1). Ausnahmen hiervon sehen § 1765 I S 2, 3 und II vor.

7 **f) Heiraten der Sohn oder die Tochter**, so schließt sich der Kreis. Sie können nach § 1355 I S 3 ihre zum Zeitpunkt der Eheschließung geführten Namen beibehalten oder sich nach § 1355 I S 1 für einen gemeinsamen Familiennamen (Ehenamen) entscheiden. Maßgeblich ist in diesem Fall der geänderte § 1355 II, so daß entweder der Geburtsname des Mannes oder der Frau zum Ehenamen bestimmt werden kann. Zum Voranstellen bzw Anfügen eines Begleitnamens, sofern dieser nicht aus mehreren Namen besteht, s § 1355 IV. Der verwitwete oder geschiedene Ehegatte behält den Ehenamen; er kann aber auch seinen früheren Namen oder Geburtsnamen wieder annehmen bzw seinen Geburtsnamen dem Ehenamen voranstellen oder anfügen (§ 1355 V).

8 **g) Ändern die Eltern ihren Namen** aufgrund des **NÄG** v 5. 1. 1938 (RGBl I 9) idF v 11. 9. 1990 (BGBl I 2002), nimmt das Kind daran nicht teil, sofern nicht etwas anderes bestimmt worden ist (§ 4 NÄG); vgl dazu auch die Allgemeinen Verwaltungsvorschriften „zum Gesetz über die Änderung von Familiennamen und Vornamen" v 11. 8. 1980 (Beilage Nr 26/80 zum BAnz Nr 153a v 20. 9. 1980).

Wird nach Scheidung der elterlichen Ehe auf Antrag der sorgeberechtigten Mutter der Name des Kindes durch Verwaltungsentscheidung gemäß NÄG in den Mädchennamen der Mutter geändert; zur Zulässigkeit vgl BVerwG FamRZ 2002, 1104, 1105f), so wird der Vater durch diese Entscheidung in seinen Rechten betroffen. Schutzwürdig ist dieses aber dann nicht, wenn es sich dieser mit einer Annahme als Kind einverstanden erklärt hat (BVerwG NJW 1996, 2247, 2251). Ein wichtiger Grund für die Namensänderung wurde bislang nur anerkannt, wenn das schutzwürdige Interesse an der Namensänderung so gewichtig war, daß demgegenüber schutzwürdige Belange der Allgemeinheit und der Betroffenen zurücktreten mußten (vgl VerwGH Baden-Württemberg FamRZ 1970, 403; s auch BVerwG StAZ 1979, 93; FamRZ 2002, 1104, 1106). Nach dem Beschluß des BVerfG zur Verfassungswidrigkeit des § 1355 II S 2 aF (vor § 1616 Rz 1) sowie der Verabschiedung des FamNamRG kommt es dagegen nicht mehr darauf an, ob die erstrebte Namensänderung für das Wohl des Kindes erforderlich ist; vielmehr reichte es aus, wenn sie dafür förderlich erscheint (OVG Schleswig NJW 1992, 331ff; ebenso schon vorher BVerwG FamRZ 1987, 807ff; Hess VGH FamRZ 1987, 627ff; dann auch BVerwG NJW 1994, 1425f unter ausdrücklicher Aufgabe seiner früheren Rspr sowie BVerwG NJW 1996, 2247f; OVG Lüneburg NJW 1992, 947f; aA OVG Münster NJW 1992, 2500ff; 1993, 345f; 1995, 1231ff); nun aber BVerwG FamRZ 2002, 1104, 1106: in Abweichung zur bisherigen Rspr und unter Verschärfung der Anforderungen soll nun unter Berücksichtigung der gesetzgeberischen Wertung des neuen § 1618 S 4 und unter Parallele zu den Maßstäben bei „Stiefkindern" ein wichtiger Grund nur dann anzunehmen sein, wenn die Namensänderung für das Kind erforderlich ist und andere berücksichtigende Interessen nicht überwiegen; die reine Förderlichkeit reicht nicht; zust Wittinger NJW 2002, 2371f; vgl auch Roth JZ 2002, 651, 654. Auch der VGH Mannheim (NJW 1991, 3297ff) kommt zu dem Ergebnis, daß das in dem Grundsatz der Namenseinheit zum Ausdruck kommende Ziel einer namensmäßigen Kennzeichnung der Abstammung nicht mehr so hoch zu bewerten sei (unentschieden dagegen für die Kennzeichnungsfunktion des Namens). Folglich kann das Fehlen einer engen Beziehung zum leiblichen Vater und das Bestehen einer engen Beziehung zur neuen Familie einschließlich des Stiefvaters eine Namensänderung rechtfertigen (BVerwG FamRZ 1993, 1429; NJW 1996, 2247, 2249; ebenso VGH Kassel NJW 1996, 1840f für ein minderjähriges Kind; anders dagegen für ein volljähriges Kind NJW 1996, 1841f; FamRZ 2002 1729, 1730), während allein der Umstand der Wiederverheiratung dafür nicht ausreicht (BVerwG NJW 1996, 2247, 2250). Ebensowenig sind nach BVerwG FamRZ 2002, 1104, 1108 befürchtete Unannehmlichkeiten für das Kind ausreichend, die durch die Namensdivergenz zum sorgeberechtigten Elternteil entstehen könnten; anders ist, wenn dies im Einzelfall zu einer außergewöhnlichen Belastung iSe schwerwiegenden Nachteils führt, bei der – bei verständiger Würdigung – die Aufrechterhaltung des Namensbundes nicht mehr zumutbar wäre. Kein wichtiger Grund liegt bei von Eheleuten einer deutsch-ausländischen Ehe geführten Doppelnamen vor, wenn eine Namensänderung nach dem Recht eines ausländischen Staates herbeigeführt worden ist (VGH Kassel NJW-RR 1991, 70, 71). Ablehnend auch OVG Münster FamRZ 1990, 879f bei ausländischen Familiennamen eines deutschen Staatsangehörigen, und zwar, was allerdings bedenklich ist, selbst dann, wenn im Freundeskreis Ausländerfeindlichkeit offen zutage tritt. Zur Namensänderung eines Volksdeutschen, der von einem Namensführungsverbot seines früheren Heimatstaates betroffen ist, s VGH Baden-Württemberg FamRZ 1993, 57ff und BVerwG FamRZ 1994, 36.

h) Eine **Namensänderung** ist im **Familienbuch** und im **Geburtenbuch** einzutragen (§§ 12, 14 I Nr 7, 15 II Nr 4, 21, 30 PStG). **9**

i) In Abgrenzung zu § 1617 kommt dem **Zeitpunkt der Geburt** des Kindes maßgebliche Bedeutung zu. Führen **10** die Eltern zu diesem Zeitpunkt noch keinen gemeinsamen Ehenamen, kann der Familienname des Kindes nur nach § 1617 I und gegebenenfalls nach dessen Abs II bestimmt werden. Wählen die Eltern nachträglich einen gemeinsamen Ehenamen, so erstreckt sich diese Namensänderung nur unter den Voraussetzungen des § 1617c auf das Kind. Setzt § 1617c eine Namensänderung und damit die Existenz eines Geburtsnamens des Kindes voraus, so ist § 1616 ausnahmsweise auch dann anwendbar, wenn sich die Eltern erst nach der Heirat und der Geburt des Kindes auf einen gemeinsamen Ehenamen verständigen. Eine entsprechende kurzfristige, namenlose Zeit ist allerdings nur insoweit vorstellbar, sofern das FamG noch keine Entscheidung nach § 1617 II getroffen hat oder vom FamG bestimmte Ehepartner das ihm übertragene Namensbestimmungsrecht innerhalb der gesetzten Frist noch nicht ausgeübt hat. § 1617c ist demgegenüber nicht anwendbar, wenn sich vor der Geburt der Name eines Elternteils und uU damit auch der Ehename ändert. Für das Kind ist dann allein der geänderte Name maßgeblich. § 1616 ist dabei zwingend, so daß das Kind nicht nur berechtigt, sondern auch verpflichtet ist, den Ehenamen der Eltern zu führen. Anders als § 1617 I gewährt § 1616 den Eltern aber kein Wahlrecht. Dies gilt selbst dann, wenn die Eltern darin übereinstimmen, daß das Kind einen anderen Familiennamen erhalten soll, als sie selbst führen.

Das Kind erhält dabei **nur einen Namen**. Keinen Familiennamen stellt bei Angehörigen der Religionsgemein- **11** schaft der Sikh der indische Namenszusatz „Singh" dar (Oldenburg Rpfleger 1991, 415; Jena StAZ 1996, 172ff). Ein möglicher Begleitname gemäß § 1355 IV erstreckt sich auch weiterhin nicht auf das Kind, da insoweit keine Änderung der Rechtslage stattgefunden hat (Wagenitz/Bornhofen, Komm z FamNamRG, S 69 Rz 96; zu § 1355 III aF siehe Hamburg OLGZ 87, 13; AG Duisburg StAZ 1989, 51; Gernhuber/Coester-Waltjen § 11 II 2). Dasselbe gilt für den nach früherem Recht (§ 1355, 2 idF des GleichberG) dem Ehenamen hinzugefügten Mädchennamen der Mutter (Hamburg OLGZ 83, 137, 139). Entgegen einer ursprünglich vorgesehenen Regelung (BT-Drucks 12/3163, 4, 12) ist auch ein aus dem Namen von Vater und Mutter zusammengesetzter Doppelname nicht möglich, da diese Variante im weiteren Gesetzgebungsverfahren wieder fallengelassen wurde (BT-Drucks 12/5982, 4, 17; kritisch dazu Sturm StAZ 1994, 370, 373). Ebenso wie bei § 1617 I ist ein Doppelname auch dann grundsätzlich nicht zulässig, wenn ältere Geschwister über einen Doppelnamen verfügen (Köln FamRZ 1998,

§ 1616 Familienrecht Verwandtschaft

1050), wie Art 224 § 3 II EGBGB bestätigt. Eine Ausnahme dazu regelt Art 224 § 3 III, IV EGBGB, um die Namensgleichheit von Geschwistern zu ermöglichen (nach Art 224 § 3 V EGBGB auch umgekehrt durch Streichung des zusammengesetzten Namens), wobei Art 224 § 3 VI EGBGB zu beachten ist, der dies bei bereits vorhandenen ungleichen Geburtsnamen von Geschwistern nicht zuläßt. Anderes gilt nur dann, wenn ein Elternteil bereits über einen Doppelnamen verfügt und dieser zum Ehenamen bestimmt wird (Diederichsen NJW 1994, 1089, 1090). Da durch das FamNamRG die Übergangsregeln des BVerfG hinfällig geworden sind, verliert dieses Problem aber zunehmend an Bedeutung und wird in Art 224 § 3 EGBGB behandelt.

12 Die **Adelsbezeichnung** ist Teil des Geburtsnamens, wenn sie Bestandteil des gemeinsamen Ehenamens der Eltern ist, die Kinder führen sie in einer ihrem Geschlecht entsprechenden Form (Düsseldorf FamRZ 1997, 1554); dazu ausführlich Staud/Coester Rz 14. Dies gilt nicht, wenn dem Vater nur der persönliche Adel verliehen ist (aA MüKo/Hinz Rz 10).

13 **Findelkinder** und sonstige Personen mit nicht feststellbarem Personenstand erhalten einen Familien- und Vornamen durch die Verwaltungsbehörde (§§ 25ff PStG).

14 **3. Vorname.** a) Den **Vornamen** des Kindes bestimmen beide Eltern gemeinsam auf Grund ihres Personensorgerechts (§§ 1626, 1627, 1631; BGH 29, 256; 30, 132, 134; auch im Fall des **Getrenntlebens**, sofern nicht eine Entscheidung des FamG dahin vorliegt, daß einem Elternteil die elterliche Sorge allein zusteht, §§ 1671f). Geht der Wille auch nur eines Elternteils dahin, daß das Kind mehrere Vornamen haben soll, so ist der von einem Elternteil unter Übergehung des anderen veranlaßte Geburtseintrag, wonach das Kind nur einen Vornamen führt, iS von § 47 I PStG unrichtig (Frankfurt StAZ 1990, 71f). Dies gilt auch dann, wenn der übergangene Elternteil nachträglich den eingetragenen Vornamen billigt, aber auf der Beilegung eines zweiten Vornamens besteht. Vgl LG Frankenthal FamRZ 1978, 940. Die beiden Eltern gemeinsam zustehende Befugnis, den Vornamen des Kindes zu erteilen, konnte nach Celle StAZ 1963, 276 nicht in dem vorläufigen Verfahren nach § 627 ZPO aF einem Elternteil übertragen werden. Für eine einstweilige Anordnung nach § 620 ZPO dürfte dies nicht ausgeschlossen sein, weil die Nr 1 Maßnahmen aller Art umfaßt, welche die Personensorge betreffen.

15 Die Beilegung des Vornamens geschieht formlos. Sie ist erfolgt, wenn sich die Eltern nach der Geburt des Kindes über dessen Vornamen einig geworden sind, und wird, ebenso wie die Geburt selbst, als eine in der Vergangenheit liegende Tatsache dem Standesbeamten angezeigt, der sie zu beurkunden hat. Zum Umfang des Prüfungsrechts des Standesbeamten s Knauber StAZ 1993, 69ff. Die nachfolgende Eintragung im Geburtenbuch hat nur deklaratorische Bedeutung; sie schließt aber den Akt der Namensgebung ab und macht die getroffene Wahl unabänderlich; so auch LG Frankenthal FamRZ 1978, 940. Eine Berichtigung des Vornamens (§§ 46ff PStG) ist zulässig, wenn der Standesbeamte einen anderen Vornamen als den erteilten eingetragen hat, sei es, daß er die richtige Namensanzeige unrichtig beurkundet, sei es, daß er die Namensanzeige zwar richtig beurkundet hat, diese aber dem wahren Willen des Namensgebers nicht entsprach, vgl BayObLG FamRZ 1962, 475. Den Antrag auf Berichtigung können neben der Aufsichtsbehörde alle Beteiligten stellen (§ 47 II PStG). Beteiligt sind stets die Eltern, die im Falle einer Eintragungsberichtigung auch beschwerdeberechtigt sind (LG Frankenthal StAZ 1990, 298f; Frankfurt StAZ 1990, 71f), und das Kind (KGJFrG 23, 243; BayObLG aaO). Können sie sich auf einen bestimmten Vornamen nicht einigen, so wird sich der Meinungsstreit vielleicht dadurch beheben lassen, daß jeder Elternteil dem Kind einen Vornamen erteilt, dieses also mehrere führt. Andernfalls wird sich die Anrufung des FamG nicht umgehen lassen, denn das Kind kann nicht ohne Vornamen bleiben; dazu siehe § 1627 Rz 10. Das FamG überträgt einem Elternteil die Entscheidung allein (§ 1628).

16 b) Bei der **Auswahl des Vornamens** sollen die Eltern die durch die gute Sitte, staatliche Ordnung und religiösen Gefühle gezogenen Grenzen beachten (BGH 29, 256, 259; 30, 132, 134; StAZ 1979, 238, 239; BayObLG StAZ 1981, 23, 24; Gernhuber StAZ 1983, 265ff; Staud/Coester Rz 113 mN; Lipek StAZ 1989, 357ff; Diederichsen StAZ 1989, 337ff). Zulässig sind auch **Kurzformen** (KG JFG 9, 68) und **ausländische Vornamen**, und zwar unabhängig davon, ob sie eine anerkannte deutsche Form haben (LG Münster NJW 1965, 1231; Staud/Coester Rz 146), sofern nur hierfür ein sachlicher Grund, wie eine enge Bindung der Familie zu dem Kulturkreis, vorliegt (KG StAZ 1991, 45f: „Manal"; AG München StAZ 1995, 300: „Cheyenne"; AG Köln StAZ 1995, 293 („Dior"); grundlegend zur Wahl ausländischer Vornamen Stenz StAZ 1980, 174f; zu in der Bundesrepublik noch unbekannten ausländischen Vornamen s BGH 73, 239, 242 („Aranya Marko I"); Celle FamRZ 1975, 634 („Malaika Vannina"); LG München I StAZ 1976, 370 („Ranjana"); AG Duisburg StAZ 1987, 104 („Keijo-Andrea"); AG Schwerin StAZ 1993, 321 („Rarzit"); Hamm NJW-RR 1995, 845 („Chelsea"); w Nachw bei Staud/Coester aaO). Für **ungewöhnliche Vornamen** müssen besondere persönliche Gründe angegeben werden. Unzulässig sind daher als Ausfluß mißbräuchlicher Namenswahl (§ 1666) **frei erfundene** (anders BayObLG StAZ 1981, 23 für „Momo"; NJW 1984, 1362 für „Samandu") und anstößige oder unanständige Vornamen. Das gilt auch für bestimmte Buchstabenbezeichnungen, wie zB „Alpha" (Drewello StAZ 1985, 43f; aM AG Duisburg StAZ 1984, 281). Zur Zulässigkeit des Namens „Pumuckl" s Zweibrücken NJW 1984, 1360; Soergel/Strätz Rz 13.

17 **Weitere Beispiele aus der jüngeren Rspr.** Zulässig sind: „Adermann" (BayObLG 1991, 245ff: kein typischer Familienname, Assoziation zu Herrmann); „Aiwaro" (AG Essen StAZ 1989, 381: in Rußland als Mädchenname verbreitet); „Dany" (LG Münster NJW-RR 1989, 8: trägt der natürlichen Ordnung der Geschlechter hinreichend Rechnung); „Decembers Noelle" (Hamm NJW-RR 1989, 1032f); „Luca" (AG Freiburg i Br StAZ 1995, 43); „Golaxina" und „Cosma" (AG/LG Duisburg StAZ 1994, 117); „Tanisha" (AG Marburg StAZ 1996, 47); „Wannek" (BayObLG StAZ 1992, 72); als zweiter (männlicher) Vorname „Cougar" (AG München StAZ 1992, 149); „Lafajette" (Celle StAZ 1992, 37f); als 2. (weiblicher) Vorname „Skrollan" (AG Duisburg StAZ 1990, 199f) und „Sunshine" (Düsseldorf StAZ 1989, 280f); „Sundance" für ein männliches Kind (LG Saarbrücken StAZ 2001, 177: nicht lächerlich); „Dottir" (AG München StAZ 1992, 313); „Lynik" (AG Duisburg StAZ 1992, 312); „Ogün" für einen Jungen (Hamm NJWE-FER 2001, 229: nur wenn ein zweiter – eindeutig männlicher – Vorname hinzugefügt); „Sonne" (BayObLG StAZ 1994, 315ff; aA AG Nürnberg StAZ 1994, 118); „Tjorven" (Hamm FamRZ 2001, 1480: als männlicher Vorname, wenn ein zweiter – eindeutig männlicher – Vorname hinzugefügt); „Gar" (Düsseldorf FamRZ 1996, 119); „Nikita" (AG Tübingen StAZ 1995, 29f); als dritter (weiblicher Vorname) „Pebbles" (AG Bayreuth StAZ 1994, 356f); **unzulässig** sind: „Beauregard" (AG/LG Bielefeld StAZ 1989, 379f: Vorname ist als solcher nicht erkennbar"; „Holgerson" (Frankfurt MDR 1991, 1065f: in Schweden als Familienname gebräuchlich); „Martin-Luther-King" (LG Oldenburg NJW-RR 1991, 391f); „Skompie" (AG Coburg StAZ 1990, 73f: Name macht das Kind lächerlich); „Tom-Tom" (AG Bremen StAZ 1991, 255: Wiederholung ist sinnlos und verletzt das Interesse des Kindes); „Verleihnix" (AG Krefeld StAZ 1990, 200: Verletzung des allg Persönlichkeitsrecht des Kindes); „Lord" (Zweibrücken FamRZ 1993, 1242f: Namensträger wird der Lächerlichkeit ausgesetzt); „Heydrich" (AG Traunstein StAZ 1994, 317: Familienname, historisch negativ belegt); „Navaja" (AG Tübingen StAZ 1995; 45: widerspricht Kindeswahl); „Jenevje" (AG Kleve StAZ 1994, 28f: lächerlich, da „Geneviève" gewaltsam eingedeutscht); als weiterer (männlicher) Vorname „Mareg" (AG Ellwangen StAZ 1995, 330); als dritter (weiblicher) Vorname „Rosenherz" (AG Nürnberg StAZ 1994, 118: lächerlich und geschlechtsneutral).

In derselben Generation darf **derselbe Vorname nur einmal** gewählt werden (LG Mannheim StAZ 1953, **18** 158; Drewello StAZ 1983, 73). Nach BayObLG FamRZ 1986, 92 können Kinder (weiblichen Geschlechts) denselben Vornamen (hier: Maria) allerdings dann erhalten, wenn daneben noch **zwei** andere verschiedene Vornamen erteilt werden. Nach AG Duisburg (StAZ 89, 11f) sind sogar **zwei identische Vornamen** zulässig, wenn sich die Geschwister in ihrem dritten Vornamen unterscheiden. Da derselbe Vorname innerhalb zweier Generationen erteilt werden kann, ist es auch zulässig, einem Kind den Geburtsnamen der Mutter, der ein gebräuchlicher Vorname ist (Philipp); sonst Widerspruch zur Ordnungsfunktion (Frankfurt NJW-RR 1990, 585f), selbst dann zu geben, wenn die Mutter noch von ihrem Recht aus § 1355 III Gebrauch machen sollte, weil der Familienname des Kindes (§ 1616) davon nicht berührt würde (LG Mainz StAZ 1987, 18). Zulässig ist auch die fortlaufende Numerierung gleichlautender Vornamen durch Zusatz steigender römischer Ordnungszahlen, wenn dies Ausdruck von Familientradition und alten Herkommens ist (LG Frankfurt NJW-RR 1990, 1094). Bei der **Anzahl** der erteilten Vornamen sind die Eltern grundsätzlich frei. Nach der Ansicht des AG Hamburg sollen mehr als vier schon regelmäßig eine durch die sich verflüchtigende Kennzeichnungsfunktion des Namens begründeten Rechtsmißbrauch darstellen (StAZ 1980, 198; Diederichsen NJW 1981, 705, 706; aM AG Schöneberg StAZ 1980, 198: Sieben Vornamen sind zulässig; zur „magischen Sieben" Doerner StAZ 1980, 170, 173). Anders in Fällen mit Auslandsberührung, wenn dort mehr Vornamen gebräuchlich sind (Staud/Coester Rz 167). Zu Bindestrich-Vornamen s Seibicke StAZ 1995, 322ff.

Der **Vorname** muß das **Geschlecht erkennbar machen** (aber nicht völlig zweifelsfrei, LG Mainz StAZ 1983, **19** 15, 16); daher müssen Knaben einen männlichen und Mädchen einen weiblichen Vornamen erhalten (BGH FamRZ 1979, 466). Das Geschlecht erkennen lassen Namen wie „Ineke" (AG Bremen StAZ 1991, 256), „Sascha" (LG Bremen StAZ 1993, 355f), „Wannek" (AG Coburg StAZ 1990, 73f; BayObLG StAZ 1992, 72; aA Sachse StAZ 1990, 198f) und „Zeta" (LG Aachen StAZ 1990, 197f), nicht dagegen „Jedidja" (AG Bielefeld StAZ 1989, 380f: anders bei „Jedida"); „Woodstock" (AG Ulm StAZ 1990, 74f); „La Toya" (AG Darmstadt StAZ 1994, 195, aM für „Latoya" AG Deggendorf StAZ 1993, 357), „November" (AG Tübingen StAZ 1995, 176f), „Micha" (Stuttgart StAZ 1993, 358), „Stone" (AG Ravensburg StAZ 1994, 195, „Budhi" (Hamm FamRZ 1996, 505). Zur Verfassungsmäßigkeit des Rechtsgebots der Geschlechtsoffenkundigkeit von Vornamen BVerfG StAZ 1983, 70. Als einzige Ausnahme kommt bei Knaben aus Gründen der religiösen Tradition Maria, jedoch nur neben (hinter) einem männlichen Vornamen in Betracht (BGH 30, 132; ebenso für die Schreibweise mit Bindestrich AG Traunstein StAZ 1992, 349: „Claus-Maria"). Ein Mädchen darf dagegen neben eindeutig weiblichen Vornamen keinen eindeutig männlichen Beivornamen führen (so LG Lübeck StAZ 1981, 147; LG Tübingen StAZ 1982, 248); ebenso bei einem Knaben vor den Vornamen „Christine" (LG Münster FamRZ 1993, 357).

Vornamen, die **für beide Geschlechter gebräuchlich** sind, wie zB Toni, können dem Kind nur gemeinsam mit **20** einem anderen, sein Geschlecht kenntlich machenden Vornamen beigelegt werden (vgl dazu BGH LM Nr 2 zu § 21 PStG m Anm Johannsen; FamRZ 1979, 466). Ebenso für den Vornamen „Heike" Stuttgart StAZ 1982, 177 und für „Eike" Karlsruhe NJW-RR 1989, 1030ff. Zu beachten ist, daß solche **geschlechtsneutralen Vornamen**, ungeachtet ihres Ursprungs und etwaigen Gebrauchs im Herkunftsland, sich mitunter in Deutschland zu Vornamen für ein bestimmtes Geschlecht gewandelt haben (gilt für „Domino Carina", AG Ravensburg StAZ 1991, 321 mit abl Anm Seibicke StAZ 1992, 43). Dem wird Rechnung zu tragen. So ist nach Düsseldorf FamRZ 1979, 949; LG München I StAZ 1962, 13 der Vorname „Kai", nach LG Mainz StAZ 1983, 15, 16 der Vorname „Nicola" (für „Nicola Andrea" Frankfurt NJW-RR 1995, 773f), nach LG Lübeck StAZ 1981, 147 der Vorname „Andy" und nach Köln StAZ 1989, 285f der Vorname „Arne" nur noch für Knaben zu verwenden, während nach LG Essen StAZ 1963, 15 und LG Köln ebenda der Vorname „Kirsten" auf Mädchen beschränkt ist. Daher können sie auch als einziger Vorname eines Kindes eingetragen werden. „Josephine" ist weiblich und „Josephin" ist männlich (Hamm FamRZ 1994, 396).

Nach BGH 29, 256 („ten Doornkaat") ist es gem einer in Ostfriesland geltenden Sitte auch zulässig, einem Kind **21** neben anderen, sein Geschlecht klarstellenden Vornamen den Familiennamen von Vorfahren als Vornamen zu geben. Dieser Vorname heißt dann **Zwischenname** (dazu auch Schleswig StAZ 1957, 321 – „Boysen"; Zweibrücken StAZ 1983, 31 – „Cajus Katte"). Ebenso für „Tiffany", der als ursprünglicher Familienname jetzt auch als Vorname verwendet wird, AG Bielefeld StAZ 1980, 334, 335, und für „Timpe", einen Nachnamen, der ebenfalls als Vorname möglich ist, weil eine Assoziation zu ähnlich klingenden Vornamen besteht, HansOLG StAZ 1980, 193, 194; dazu Doerner StAZ 1980, 170, 171.

§ 1616 Familienrecht Verwandtschaft

22 c) Der Begriff des **Rufnamens** ist dem Gesetz, insbesondere dem PStG unbekannt. Nur in der Dienstanweisung für die Standesbeamten und ihre Aufsichtsbehörden wird er gelegentlich erwähnt. Die Dienstanweisung ist jedoch kein allgemein verbindliches Recht, sondern nur innere Verwaltungsvorschrift (BGH 30, 132). Daher kann jeder seinen Rufnamen, gleichgültig, ob er im Geburtenbuch durch Unterstreichen kenntlich gemacht ist oder nicht, beliebig gegen einen anderen seiner Vornamen austauschen; vgl BGH aaO; KG FamRZ 1964, 516 hält das Unterstreichen eines Vornamens im Geburtenbuch, ohne daß ein Verwechseln der Kurzform eines Vornamens anstelle des vollen amtlichen Namens im Verwandten- und Bekanntenkreis (BVerwG FamRZ 1989, 616). Auch die spätere Erkenntnis, daß ein Vorname sich als unpassend erweist, bildet keinen wichtigen Grund (OVG Lüneburg FamRZ 1994, 1346f). Etwas anderes gilt beim Übertritt zum Islam; dem bisherigen Vornamen darf ein islamischer hinzugefügt werden (BayVGH NJW 1993, 346f). Die Möglichkeit zur Änderung des Vornamens sieht auch das Transsexuellengesetz v 10. 9. 1980 (BGBl I 1654) vor; hierzu BayObLG 1982, 293; Hamm FamRZ 1983, 491; Staud/Coester Rz 159 mN. Sie ist im Familienbuch und anderen Personenstandsbüchern einzutragen (§ 14 I Nr 7, 30 I 1 PStG). Eintragungsfähig ist auch der in Südafrika rechtmäßig erworbene und langjährig geführte Vorname „Frieden Mit Gott Allein durch Jesus Christus" (Bremen StAZ 1996, 86; aM die Vorinstanz LG Bremen StAZ 1996, 46).

23 d) Die **Änderung** oder **Umstellung von Vornamen** richtet sich nach § 11 NÄG v 5. 1. 1938 (RGBl I 9). Ein dafür erforderlicher wichtiger Grund (§ 3 I NÄG) liegt weder in der Häufigkeit eines Vornamens (BVerwG FamRZ 1989, 275: Georg) noch in der Verwechslung der Kurzform eines Vornamens anstelle des vollen amtlichen Namens im Verwandten- und Bekanntenkreis (BVerwG FamRZ 1989, 616). Auch die spätere Erkenntnis, daß ein Vorname sich als unpassend erweist, bildet keinen wichtigen Grund (OVG Lüneburg FamRZ 1994, 1346f). Etwas anderes gilt beim Übertritt zum Islam; dem bisherigen Vornamen darf ein islamischer hinzugefügt werden (BayVGH NJW 1993, 346f). Die Möglichkeit zur Änderung des Vornamens sieht auch das Transsexuellengesetz v 10. 9. 1980 (BGBl I 1654) vor; hierzu BayObLG 1982, 293; Hamm FamRZ 1983, 491; Staud/Coester Rz 159 mN. Sie ist im Familienbuch und anderen Personenstandsbüchern einzutragen (§ 14 I Nr 7, 30 I 1 PStG). Eintragungsfähig ist auch der in Südafrika rechtmäßig erworbene und langjährig geführte Vorname „Frieden Mit Gott Allein durch Jesus Christus" (Bremen StAZ 1996, 86; aM die Vorinstanz LG Bremen StAZ 1996, 46).

24 4. **Familienname.** Für den Familiennamen eines der Ehe eines **Ausländers** mit einer **Deutschen** entstammenden **Kindes**, das **deutscher Staatsangehöriger** ist und von Geburt an mit seinen Eltern den gewöhnlichen Aufenthalt in der Bundesrepublik Deutschland hat, ist jedenfalls dann das deutsche Recht maßgeblich, wenn die Eltern einen gemeinsamen Ehenamen nach deutschem Recht führen (BGH FamRZ 1979, 367; NJW 1991, 1417f; Hamburg OLGZ 87, 12, 14, mwN; ebenso bei für die elterliche Namensführung vereinbartem ausländischen Recht Frankfurt NJW-RR 1990, 772ff). Führen die Eltern keinen gemeinsamen Ehenamen, weil sich der für den ausländischen Ehepartner nicht dem deutschen Namensrecht unterstellt hat, ist **problematisch**, ob die Kinder weiterhin den **Familiennamen des Vaters** führen (zur bisherigen Rechtslage s Köln StAZ 1983, 202 m Anm Otto, S 279; für ein Wahlrecht dagegen RGRK Anm 35; unentschieden Stuttgart StAZ 1985, 72; für die Bildung eines Doppelnamens aus Vater- und Mutternamen LG Tübingen StAZ 1983, 206 m Anm Otto, S 279; LG Rottweil/Stuttgart StAZ 1995, 265; dazu ausführlich Staud/Coester Rz 82ff). Zur Begründung kann jedenfalls nicht mehr auf eine Analogie zu § 1355 V S 2 zurückgegriffen werden, seitdem das BVerfG (NJW 1991, 1602) diese Vorschrift für verfassungswidrig erklärt hat (BVerfG NJW 1991, 2822 in Anm Heldrich NJW 1992, 294). Aber auch (der inzwischen aufgehobene) Art 220 V 3 EGBGB kann nicht mehr herangezogen werden. Schon während dieser Übergangszeit schien es am sinnvollsten, dem Kind einen aus Vater- und Mutternamen gebildeten Doppelnamen zu geben, bei dem die Reihenfolge entsprechend den vom BVerfG in NJW 1991, 1602 aufgestellten Grundsätzen festgelegt wurde. Seit dem 1. 1. 1994 entspricht dies der geltenden Rechtslage (Köln FamRZ 1995, 687). Der Familienname eines spanischen Vaters geht aber nur hinsichtlich des auf die folgende Generation übertragbaren Teils des spanischen Doppelnamens („apellidas") auf das Kind über (BGH FamRZ 1990, 39ff; aM jetzt Düsseldorf FamRZ 1995, 687; vollständige Form). Zur Bestimmung eines Geburtsnamens eines Kindes von Eltern, die nach der für ihren Namenserwerb maßgebenden Rechtsordnung keinen Familiennamen führen, s Hamm FamRZ 1995, 1602ff.

25 5. **Übergangsvorschriften.** Das Inkrafttreten des FamNamRG zeigte keine Auswirkungen auf Ehe- bzw Kindesnamen, die vor dem 1. 4. 1994 angenommen wurden (BayObLG FamRZ 96, 428f; Hamm NJW-RR 95, 119f). Dabei ist es unerheblich, ob der Namensgebung die Übergangsregeln des BVerfG oder die §§ 1355, 1616 idF vor dem Inkrafttreten des FamNamRG. BGB zugrunde liegen. Die in Art 7 FamNamRG enthaltenen Übergangsregeln, die eine Anpassung früher erteilter Ehe- und Kindesnamen an die neue Rechtslage ermöglichten, waren fakultativ und sind durch Fristablauf mittlerweile gegenstandslos geworden.

Art 224 § 3 I EGBGB stellt klar, daß vor dem 1. 7. 1998 (dem Inkrafttreten des neuen Namensrechts nach dem KindRG) erteilte Geburtsnamen bestehen bleiben.

1617 *Geburtsname bei Eltern ohne Ehenamen und gemeinsamer Sorge*

(1) Führen die Eltern keinen Ehenamen und steht ihnen die Sorge gemeinsam zu, so bestimmen sie durch Erklärung gegenüber dem Standesbeamten den Namen, den der Vater oder die Mutter zur Zeit der Erklärung führt, zum Geburtsnamen des Kindes. Eine nach der Beurkundung der Geburt abgegebene Erklärung muss öffentlich beglaubigt werden. Die Bestimmung der Eltern gilt auch für ihre weiteren Kinder.

(2) Treffen die Eltern binnen eines Monats nach der Geburt ihres Kindes keine Bestimmung, überträgt das Familiengericht das Bestimmungsrecht einem Elternteil. Absatz 1 gilt entsprechend. Das Gericht kann dem Elternteil für die Ausübung des Bestimmungsrechts eine Frist setzen. Ist nach Ablauf der Frist das Bestimmungsrecht nicht ausgeübt worden, so erhält das Kind den Namen des Elternteils, dem das Bestimmungsrecht übertragen ist.

(3) Ist ein Kind nicht im Inland geboren, so überträgt das Gericht einem Elternteil das Bestimmungsrecht nach Absatz 2 nur dann, wenn ein Elternteil oder das Kind dies beantragt oder die Eintragung des Namens des Kindes in ein deutsches Personenstandsbuch oder in ein amtliches deutsches Identitätspapier erforderlich wird.

1. Mit der Gleichstellung von ehelichen und nichtehelichen Kindern im Namensrecht werden die §§ 1617, 1618 aF zwangsläufig überflüssig. Der neuen Regelung muß deshalb bei fehlendem Ehenamen der Eltern für eheliche und nichteheliche Kinder ein anderer Differenzierungsansatz zugrunde liegen. Diese Funktion soll die elterliche Sorge, deren neuer Bestandteil damit die Namensgebung wird, übernehmen. Folglich muß also in der neuen Regelung, wie es in den §§ 1617, 1617a nF auch geschehen ist, danach unterschieden werden, ob den keinen Ehenamen führenden Eltern die gemeinsame oder nur einem von ihnen die alleinige elterliche Sorge zusteht. **1**

§ 1617 nF knüpft an die gemeinsame elterliche Sorge an und ist im übrigen, abgesehen von der Zuständigkeitsänderung (FamG statt VormG) und natürlich der Geltung auch für nichteheliche Kinder, mit § 1616 II–IV aF identisch. Die bei nur einem Elternteil obliegender elterlicher Sorge bestehende Lücke wird durch § 1617a nF geschlossen, wonach das Kind dessen zum Zeitpunkt der Geburt geführten Namen erhält. Der für die Namensgebung gewählte Differenzierungsansatz macht es dann aber weiterhin erforderlich, den Fall zu regeln, daß eine gemeinsame elterliche Sorge erst nach der Namensgebung für das Kind begründet worden ist. Diese Besonderheit regelt § 1617b nF. **2**

2. § 1617c nF entspricht § 1616 aF, gilt allerdings, wie auch die anderen Vorschriften, gleichermaßen für eheliche und nichteheliche Kinder. Die sprachliche Abweichung führt nur zu einer redaktionell klareren Fassung, bedeutet jedoch keine inhaltliche Änderung. **3**

Die Regelung des § 1617 bildet das kindesnamensrechtliche Pendant zu § 1355 I S 3, der den Ehegatten nun trotz einer Eheschließung die Beibehaltung ihrer Namen ermöglicht. Danach kann das Kind jetzt entweder den Namen des Vaters oder der Mutter erhalten, den diese zum Zeitpunkt der Erklärung führen. Gleichwohl kann § 1617 auch bei nichtehelichen Kindern anzuwenden sein, wenn den Eltern nach § 1626b I die gemeinsame Sorge zusteht. **4**

3. Bei der **Bestimmung des zulässigen Namens** sind verschiedene Sachverhaltsgestaltungen zu unterscheiden: **5**

a) Unproblematisch ist dabei allein die Konstellation, daß **beide Elternteile noch ihre Geburtsnamen führen**, da das Kind dann nur einen dieser Namen erhalten kann. Auch im Rahmen des § 1617 I ist ein aus den Namen der Eltern zusammengesetzter Doppelname nicht möglich (BayObLG StAZ 1995, 368; Wagenitz/Bornhofen S 95 Rz 37; Schlüter FamR Rz 326). Dies gilt auch dann, wenn Geschwister vorhanden sind, denen aufgrund der Übergangsvorschriften des BVerfG (NJW 1991,1602; s dazu § 1616 Rz 25) ein Doppelname erteilt worden ist und diese ihn fortführen (BayObLG StAZ 1995, 368f; FamRZ 1996, 426f, Hamm NJW 1995, 1908; Oldenburg StAZ 1995, 13, 14; LG Göttingen StAZ 1995, 268; Stuttgart StAZ 1995, 328f; Schleswig StAZ 1995, 267f; Celle FamRZ 1996, 815; Zweibrücken FamRZ 1996, 815; Köln FamRZ 1996, 815; Frankfurt FamRZ 1996, 816f und 817f; LG Ulm StAZ 1995, 295; aA AG Bonn StAZ 1995, 76; AG Tübingen StAZ 1995, 76; AG Duisburg StAZ 1995, 143; Wagenitz/Bornhofen S 106 Rz 68f). Der darin liegende Verstoß gegen den Grundsatz der Namensgleichheit unter Geschwistern wiegt weniger schwer, da die weitreichenden Änderungsmöglichkeiten des § 1617 diesem Aspekt seine Bedeutung nehmen und Namensdivergenzen innerhalb der Familie eher Ausnahmen mehr darstellen (Hamm, Schleswig und Oldenburg aaO; siehe auch AG Berlin-Schöneberg StAZ 1995, 240). Darüber hinaus kann auch eine nur teilweise Namensübereinstimmung die Familienzusammengehörigkeit nach außen kenntlich machen kann. Auch im Rahmen des § 1617 I bleibt ein etwaiger Beiname nach § 1355 IV dem Kind vorenthalten (Pal/Diederichsen, § 1616 Rz 3; Diederichsen NJW 1994, 1089, 1092 Fn 64; Coester FuR 1994, 1, 5; Liermann FamRZ 1995, 199, 201; Schlüter FamR Rz 326; aA Wagenitz FamRZ 1994, 409, 413). **6**

b) Fraglich ist die Namenserteilung dagegen, wenn ein oder beide **Elternteile einen Ehenamen aus einer vorherigen Ehe** nach § 1355 V führen und damit den Geburtsnamen nicht wieder angenommen haben. Da § 1617 I nach dem Wortlaut nur auf den Namen des Vaters oder der Mutter abstellt, müßte jeder Nachname, den diese zum Zeitpunkt der Namensbestimmung führen, auch dem Kind möglich sein (so Liermann FamRZ 1995, 199, 201; Coester FuR 1994, 1, 5; Wagenitz FamRZ 1994, 409, 413; Pal/Diederichsen § 1616 Rz 3). Damit scheint auf den ersten Blick ein Wertungswiderspruch vorzuliegen, da nach § 1616 iVm § 1355 I S 1 und II nur ein Geburtsname der Eltern Kindesname werden kann. Folglich wäre es naheliegend, daß auch nach § 1617 I nur ein Geburtsname wählbar ist, da nicht ersichtlich ist, weshalb der den Grundfall des § 1616 nur ergänzende § 1617 I darüber hinausreichende Gestaltungsmöglichkeiten eröffnen sollte. Verantwortlich für diese Diskrepanz ist der Normzweck des § 1355 II, der verhindern soll, daß ein in einer Vorehe erheirateter Name wegen Mißbrauchsgefahr oder den Interessen des geschiedenen Ehepartners nicht in eine neue Verbindung eingehen soll und deshalb bewußt nur den insoweit neutralen Geburtsnamen in einer neuen Ehe als Ehenamen gestattet (BT-Drucks 12/5982, 18; ebenso Wagenitz FamRZ 1994, 409, 410; anders noch BT-Drucks 12/3163, 12). Da § 1617 I aber darauf beruht, daß kein Ehename bestimmt wird und folglich der aus einer Vorehe stammende Ehename nur von einem Ehepartner (weiter) geführt werden kann, schien eine entsprechende Beschränkung für die Fälle des § 1355 I 3 entbehrlich. Dabei wurde aber übersehen, daß über den Elternteil, der nach § 1355 V S 1 den aus einer Vorehe stammenden Ehenamen beibehalten hat oder nach § 1355 V S 2 Alt 2 gar den aus einer Vorvorehe stammenden Ehenamen wieder angenommen hat, dem aus einer Zweit- oder Drittehe stammenden Kind einen ihm fremden Ehenamen vermittelt, sofern nur der neue Ehepartner dieser Wahl zustimmt (so in der Tat Wagenitz/Bornhofen S 93 Rz 34). Dies kann die Interessen des ehemaligen Ehepartners aber nicht minder schwer verletzen, da ihm dann eine Elternschaft angedichtet wird (Wacke StAZ 1994/209, 212f; Sturm StAZ 1994, 370, 374). In diesem Sinne schließt auch § 1617c II Nr 2 eine Namensänderung des Kindes bei einer erneuten Eheschließung aus. Fügt ein Ehepartner gemäß § 1355 V S 2 Alt 3 dem aus einer Vor- oder Vorvorehe stammenden Ehenamen sogar noch seinen Geburtsnamen hinzu, so würde diese neben § 1355 IV weitere Form eines Begleitnamens zu einem originären Doppelnamen des Kindes erstarken (ebenso Wagenitz/Bornhofen S 95 Rz 38 und S 105 Rz 64). Abgesehen davon, daß nicht ersichtlich ist, weshalb dem Kind ein Begleitname nach § 1355 V nicht ebenso wie nach § 1355 IV verwehrt wer- **7**

§ 1617 Familienrecht Verwandtschaft

den sollte (siehe dazu oben), widerspricht diese Folge auch der Intention des Gesetzgebers, der im Rahmen des FamNamRG Doppelnamen mit Vorbehalten begegnet ist. Wenngleich § 1355 IV S 2 und 3 die Bildung unendlicher Namensketten in den Folgegenerationen verhindert, so besteht damit immer noch die Gefahr, daß sich durch Doppelnamen das Namensgefüge binnen weniger Generationen grundlegend ändert (BT-Drucks 12/5982, 18). Damit stimmt es überein, daß ein entsprechender, über § 1616 auch das eheliche Kind erfassender Entwurf des § 1355 II (dazu BT-Drucks 12/3163, 4, 12) vom Rechtsausschuß gestrichen wurde (BT-Drucks 12/5982, 4, 18), wenngleich das FamNamRG auch künftig Doppelnamen nicht uneingeschränkt verhindern kann (Wagenitz/Bornhofen S 93 Rz 34; Schleswig StAZ 1995, 267, 268). Dabei sieht § 1757 IV Nr 2 deren Errichtung, wenn auch nur unter engen Voraussetzungen, weiterhin vor; § 1355 IV S 2 und 3 gehen daher zwangsläufig von deren Existenz aus, zumal das FamNamRG auch die unter der Geltung der Übergangsregelungen des BVerfG beigelegten Kindesdoppelnamen nicht berührt. Im Rahmen der Übergangsvorschrift des Art 7 § 3 FamNamRG wurde nur eine fakultative und auf ein Jahr befristete Möglichkeit zur Beseitigung von Doppelnamen geschaffen, so daß diese beibehalten werden konnten (Diederichsen NJW 1994, 1089, 1096; Coester FuR 1994, 1, 8 Fn 82). Daraus läßt sich aber nicht der Schluß ziehen, daß das FamNamRG über den bisherigen Rechtszustand hinausgehen und weitere Gelegenheiten zur Bildung von Doppelnamen eröffnen wollte; vielmehr war insoweit ein Zurückdrängen beabsichtigt (BT-Drucks 12/5982, 17). Stützt sich die nicht Gesetz gewordene rechtspolitische Forderung nach einer weiteren Liberalisierung des Namensrechts dabei auf den Effekt der Familienzugehörigkeit des Kindes, die durch einen aus dem Namen des Vaters und der Mutter abgeleiteten Doppelnamen stärker betont wird (Pal/Diederichsen 55. Aufl § 1616 Rz 3), so würde der Anwendung des § 1355 V dieses Normzweck sogar zuwiderhandeln, da der Name von Nichteltern auf das Kind übergehen könnte. Auch der Normzweck des § 1355 I S 3, der gegenüber § 1355 II S 2 aF das verfassungsrechtliche Manko einer Ungleichbehandlung zu Lasten der Ehefrau verhindern soll, gebietet es nicht, daß eheliche Kinder zwangsläufig Doppelnamen erhalten.

Als sachgerechte Lösung könnte es sich damit anbieten, als Namen iSd § 1617 I nur den Geburtsnamen eines Elternteils anzusehen. Diese de lege lata weite Interpretation des Gesetzes begründet allerdings die Gefahr, daß das Kind weder mit dem Vater noch mit der Mutter namentlich verbunden ist (Wacke StAZ 1994, 209, 213). Jedoch ist diese Situation auch dann gegeben, wenn die Eltern nachträglich einen Ehenamen bestimmen (§ 1355 III S 2) bzw der namensgebende Elternteil seinen Namen ändert und sich diese Änderungen nach § 1617c nicht auf das Kind erstreckt. Gleiches gilt im Verhältnis zu Geschwistern, wobei dem Erfordernis der Namensidentität wegen § 1617c aber auch insoweit kein überragender Stellenwert mehr zukommt. Darüber hinaus ist es einem verwitweten oder geschiedenen Elternteil eröffnet, die namentliche Übereinstimmung mit dem Kind durch die Wiederannahme des Geburtsnamens nach § 1355 V S 2 Alt 1 herbeizuführen. Ein Doppelname kann ausnahmsweise als Geburtsname erscheinen, nämlich dann, wenn ihn ein Elternteil originär und damit als echten Doppelnamen erhalten hat (Diederichsen aaO; Wagenitz/Bornhofen S 93 Rz 34, S 95 Rz 38; Schleswig StAZ 1995, 267, 268). Eine entsprechende Gestaltung sieht nach heutiger Rechtslage aber nur mehr die Ausnahmevorschrift des § 1757 IV Nr 2 vor; darüber hinaus kommen noch die unter Geltung der Übergangsvorschriften des BVerfG gehandhabten Altfälle in Betracht.

8 **4. Abs I: gemeinsames Wahlrecht der Eltern.** Das durch § 1617 I geschaffene Wahlrecht der Ehegatten entspricht dem bei der Vornamensgebung (dazu Rz 19ff), so daß auch das Recht zur Geburtsnamengebung Ausfluß der Personensorge ist (BT-Drucks 12/3163, 13; Diederichsen NJW 1994, 1089, 1093; aA Coester FuR 1994, 1, 5). Steht diese den Eltern nach §§ 1626, 1627 nur gemeinsam zu, so sieht § 1617 I konsequenterweise eine Entscheidung beider Eltern vor. Da es insoweit nur darauf ankommt, ob ein Elternteil seinen Namen auf die folgende Generation tradieren kann, entscheidet ein Elternteil allein, wenn ihm die elterliche Sorge entweder übertragen wurde (§§ 1671, 1672), die elterliche Sorge des anderen Elternteils ruht (§ 1675) oder nicht mehr ausgeübt werden kann (§§ 1677f, 1681). Ist einem Elternteil das Namensbestimmungsrecht oder die elterliche Sorge nach § 1666 entzogen worden, entscheidet ebenfalls der andere Ehegatte (§ 1680 III iVm Abs I). Ist beiden Elternteilen das Namensbestimmungsrecht oder die elterliche Sorge entzogen worden, entscheidet ein Pfleger (§ 1909) oder Vormund (§ 1773). Umgekehrt ist eine gemeinsame Entscheidung der Eltern aber auch dann erforderlich, wenn sie zwar getrennt leben, aber eine Sorgerechtsentscheidung nach § 1672 noch nicht ergangen ist.

Das Erfordernis einer gemeinsamen Erklärung ist nur inhaltlich, aber nicht formal zu verstehen. Daher ist weder eine zeitlich noch äußerliche Übereinstimmung erforderlich (Wagenitz/Bornhofen S 102 Rz 51; Liermann FamRZ 1995, 199, 202). Dies bedeutet aber auch, daß beide Elternteile nicht gleichzeitig vor dem Standesbeamten erscheinen müssen, sofern sie dabei nur die Monatsfrist des § 1617 I wahren.

Erleichtert wurde die Erklärung des Geburtsnamens bei fehlendem Ehenamen in § 1617 I S 2 gegenüber § 1616 II 2 idF des FamNamRG. Eine **öffentliche Beglaubigung** ist nur noch dann erforderlich, wenn die Erklärung erst nach Beurkundung der Geburt abgegeben wird. Damit wird die Erklärung des Geburtsnamens der Regelung der Erklärung des Ehenamens angeglichen. Dort ist ebenfalls in § 1355 III S 2 nur die nachträgliche Erklärung beglaubigungspflichtig. Die Neuregelung dient sowohl der Verwaltungsvereinfachung als auch der Vermeidung von Kosten für die Eltern, da der Standesbeamte bei der Eintragung der Geburt nach §§ 21 Nr 4, 20 PStG ohnehin zur Nachprüfung verpflichtet ist.

9 Die öffentliche Beglaubigung (§ 129) kann nach § 31a I Nr 1 PStG auch der Standesbeamte vornehmen. Örtlich zuständig ist nach § 31a II S 1 der Standesbeamte, der schon die Geburt beurkundet hat und damit derjenige, in dessen Bezirk das Kind geboren wurde; § 16 PStG. Wie beim Vornamen kommt der Eintragung in das Geburtenbuch nur deklaratorischer Charakter zu. Der Nachname ist dem Kind bereits dann erteilt, wenn sich die Eltern geeinigt haben (Hamm NJW 1995, 1908, 1909). Ein einseitiger Widerruf dieser Einigung ist aber möglich, sofern durch die öffentliche Beglaubigung noch keine Bindungswirkung eingetreten ist (Wagenitz/Bornhofen S 103 Rz 56; Diederichsen NJW 1994, 1089, 1093; aA Hamm aaO: Bindung erst mit Eintragung). Wie sich aus § 31a II

PStG ergibt, kann bereits vor der Geburt eine entsprechende Erklärung nebst Beglaubigung erfolgen. In diesem Fall tritt die Bindungswirkung dann aber erst mit der Geburt ein (Wagenitz/Bornhofen S 103 Rz 55).

Die Entscheidung der Eltern ist **unbefristet**. Aus § 1617 II folgt lediglich, daß binnen eines Monats seit der Geburt eine Entscheidung getroffen werden muß, um ein Einschreiten des VormG von Amts wegen zu vermeiden. Die Entscheidungsbefugnis des einen Elternteils erlischt folglich dann, wenn das VormG dem anderen Elternteil das Namensbestimmungsrecht übertragen hat; dessen Namensbestimmungsrecht selbst erlischt mit Zeitablauf, sofern das VormG eine Frist für dessen Ausübung gesetzt hat. Folglich können sich die Eltern auch dann noch auf einen Kindesnamen einigen, wenn die Monatsfrist verstrichen und ein Verfahren vor dem VormG anhängig ist (Liermann FamRZ 1995, 199, 201). Wenngleich der Wortlaut des § 1617 I eine Verpflichtung statuiert, ist deren Mißachtung sanktionslos, es sei denn, die Eltern wollen die Unwägbarkeit einer im Ermessen des Gerichts stehenden Entscheidung vermeiden. 10

Um die Familienzusammengehörigkeit und -einheit in einer Generation zu veranschaulichen, gilt die getroffene Bestimmung nach § 1617 I S 4 auch für **alle weiteren**, dh nachgeborenen **Kinder**. Dies betrifft leibliche Kinder ebenso wie Adoptivgeschwister, setzt aber voraus, daß diese nach Inkrafttreten des FamNamRG geboren wurden. § 1617 I S 4 findet daher keine Anwendung, sofern Geschwister vor und nach Inkrafttreten des FamNamRG geboren wurden (BayObLG StAZ 1995, 368f; FamRZ 1996, 426f; Frankfurt FamRZ 1996, 816; Hamm NJW 1995, 1908f; Schleswig StAZ 1995, 267, 268; aA Wagenitz/Bornhofen, S 106 Rz 68). Sofern insoweit eine Namensgleichheit beabsichtigt wird, konnte diese auf der Grundlage der befristeten Änderungsvorschrift des Art 7 § 3 FamNamRG erfolgen oder heute auch noch durch eine entsprechende Anwendung des § 1617c herbeigeführt werden (siehe dazu unten). § 1617 II erstreckt diese Bindung auch auf die Bestimmung des Elternteils, der vom VormG dazu ermächtigt wurde oder dessen Name durch Fristablauf automatisch zum Kindesname wurde. Nach Sinn und Zweck dieser Bestimmung lebt das Wahlrecht aber wieder auf, wenn das vorher geborene Kind mittlerweile verstorben ist, da die Einheitlichkeit der Kindesnamen dann nicht in Frage gestellt wird (Gernhuber/Coester-Waltjen § 54 I 1; aA Wagenitz/Bornhofen S 109 Rz 75). 11

5. Abs II, III: Übertragung des Bestimmungsrechts. a) Entgegen dem ursprünglichen Gesetzentwurf des FamNamRG, der die Übergangsregelung des BVerfG adaptierte und im Streitfall einen Doppelnamen vorsah, dessen Reihenfolge durch das Los bestimmt werden sollte (BT-Drucks 12/3163, 4, 13), sieht die Gesetz gewordene Fassung vor, daß das FamG im Streitfall einem der Ehepartner das alleinige Namensbestimmungsrecht übertragen soll. Wenngleich das ungeliebte Losverfahren damit an sich aus der Welt zu sein scheint, ist an dessen Stelle eine Regelung getreten, die jeder materiellrechtlichen Vorgabe entbehrt und daher keine merklichen Vorteile besitzt. Eine beschränkte Hilfestellung vermag das Wohl des Kindes zu leisten (so auch Pal/Diederichsen 55. Aufl § 1616 Rz 10; Liermann FamRZ 1995, 199, 202), das im Eltern-Kind-Verhältnis ohnehin als generelle Leitlinie fungiert. Dafür spricht auch, daß § 50a FGG eine nicht nur zufällige Ähnlichkeit mit § 1628 aufweist (dazu Liermann aaO; Wagenitz FamRZ 1994, 409, 414), der allgemein bei Streitigkeiten und Uneinigkeiten im Bereich der elterlichen Sorge zur Anwendung gelangt und auch Divergenzen bei dem vergleichbaren Problem der Vornamensgebung beseitigen hilft. Folglich wird das FamG zu beachten haben, ob der Name eines Elternteils das Kind in seiner Ehre herabwürdigen kann, und dabei anzügliche oder irreführende Elternnamen vermeiden (Wagenitz/Bornhofen S 111 Rz 83). Berücksichtigt werden kann auch, ob ein berühmter Name vor dem Aussterben bewahrt werden soll oder zugunsten einer besseren Unterscheidbarkeit nicht ein Allerweltsname zurücktreten soll (Wacke StAZ 1994, 209, 213). Im übrigen wird man die Entscheidung dem pflichtgemäßen Ermessen des Familienrichters überantworten können, der sich dabei dann auch des Loses oder einer alphabetischen Ordnung zur Streitscheidung bedienen darf (Wagenitz/Bornhofen S 112 Rz 84; Wacke StAZ 1994, 209, 213). Ein Losverfahren zur Streitentscheidung widerspricht zwar dem Willen des Gesetzgebers (BT-Drucks 12/5982, 18f); jedoch lassen sich justitiable Kriterien schwerlich finden (BT-Drucks 12/3163, 13; Wagenitz FamRZ 1994, 409, 414; Coester FuR 1994, 1, 5), und ein Zurücktreten eines Elternteils ist unumgänglich. Selbst die Möglichkeit eines Doppelnamens, die sich de lege lata anbieten würde, muß eine Reihenfolge festlegen (dazu BVerfG NJW 1991, 1602f). Greift die Entscheidung des FamG auch in das Personensorgerecht des Elternteils ein, der mit seinem Namenswunsch zurückstehen muß, ist demgegenüber zu berücksichtigen, daß das Kindeswohl eine Namenserteilung erfordert und gegenüber dem Namensgebungsrecht eines Elternteils schwerer wiegt. 12

b) Verfahren. Für die Entscheidung über die Übertragung des Bestimmungsrechts ist das FamG zuständig. Nach § 14 I Nr 5 RpflG ist die Entscheidung dem Richter vorbehalten (Frankfurt FamRZ 1996, 819; LG Münster FamRZ 1995, 1516). Es wird entweder auf Antrag eines Elternteils oder von Amts wegen tätig. Das FamG kann nur dann tätig werden, wenn sich die Eltern nicht binnen eines Monats auf einen Kindernamen einigen können. Dem steht die fehlerhafte Bestimmung eines Namens, wie ein Doppelname, gleich (BayObLG StAZ 1995, 368, 370). Die notwendige Kenntnis erlangt es durch den Standesbeamten nach § 21a PStG. Nach § 46a S 1 FGG hat es beide Elternteile vor seiner Entscheidung zu hören und auf eine einvernehmliche Lösung hinzuwirken. Die Entscheidung bedarf nach § 46a S 2 FGG keiner Begründung und ist unanfechtbar, da Schwebezustände aufgrund nicht rechtskräftiger Ehe- und Familiennamensentscheidungen zu vermeiden sind (BT-Drucks 12/5982, 20). Die Entscheidung ist aber nach § 18 FGG abänderbar (Liermann FamRZ 1995, 199, 203). Setzt das Gericht eine Frist für die Ausübung des Namensbestimmungsrechts, so wird die Entscheidung mit Zustellung nach § 16 II bzw mit Bekanntmachung nach § 16 III FGG wirksam. 13

§ 1617 III sieht Einschränkungen bei **im Ausland geborenen Kindern** vor. Danach kann das FamG einem Elternteil nur dann zur alleinigen Namensbestimmung ermächtigen, wenn diese beantragt wird und die Eintragung des Kindesnamens in ein deutsches Personenstandsbuch oder ein amtliches deutsches Identitätspapier erforderlich wird. Diese Regelung entspricht der aufgehobenen Bestimmung des § 220 V EGBGB. 14

§ 1617

15 Folge der **Übertragung des Namensbestimmungsrechts** ist, daß nicht das FamG anstelle der Eltern entscheidet, sondern einem Ehegatten allein die Entscheidung über die Namensgebung gebührt. Wählbar ist in Übereinstimmung mit der Regelung des § 1617 I nur ein Geburtsname. Der mit der Bestimmung betraute Ehepartner ist dabei nicht auf seinen Geburtsnamen festgelegt, sondern kann auch den des anderen Elternteils wählen. Dies gilt auch dann, wenn der andere Ehepartner zwischenzeitlich verstorben ist (Wagenitz/Bornhofen S 97 Rz 40). Ausgeübt wird das Bestimmungsrecht nach § 1617 II S 2, III durch Erklärung gegenüber dem Standesbeamten, die der öffentlichen Beglaubigung bedarf. Da mit der Beglaubigung die Namensgebung unwiderruflich wird, erlischt dann auch das vom Gericht übertragene Bestimmungsrecht.

16 Probleme ergeben sich, wenn die Eltern nach der familiengerichtlichen Entscheidung weitere Einigungsversuche unternehmen. Das Tätigwerden des FamG kann dies nicht verbieten, zumal das Gericht nach § 46a S 1 FGG vor einer Entscheidung selbst auf eine einvernehmliche Lösung hinwirken soll. Unproblematisch ist der Fall, wenn die Eltern innerhalb der vom FamG gesetzten Frist kein Einvernehmen erzielen können oder die Erklärung vor dem Standesbeamten nicht fristgemäß abgegeben wird, da das Kind dann automatisch den Geburtsnamen des zur Namensbestimmung ermächtigten Elternteils erhält.

17 Fraglich ist allerdings das Verhältnis der familiengerichtlichen Entscheidung zu einer Einigung der Ehepartner innerhalb der gerichtlichen Bestimmungsfrist. Im Ergebnis kann dann zwar der von den Eltern gemeinsam festgelegte Name zum Geburtsnamen des Kindes werden, da in einer gemeinsamen Erklärung die Namensbestimmung des vom FamG ernannten Elternteils enthalten ist und diese alleine zur Namenserteilung ausreicht. Da letztlich nichts anderes gelten kann, als wenn das FamG nicht tätig geworden wäre, ist eine entsprechende Einigung auch erst bindend, wenn die Erklärung durch den Standesbeamten beglaubigt wird. Zweifelhaft ist dann allerdings, ob ein Sinneswandel des zur Namensbestimmung an sich allein berufenen Elternteils einen Widerruf erforderlich macht. Dies wird richtigerweise zu verneinen sein, da eine entsprechende Einigung der Eltern selbst dann ein rechtliches nullum und keine Bestimmung iSd § 1617 I darstellt, wenn sie gegenüber dem Standesbeamten erklärt wird. Erwächst das Recht zur Namensbestimmung nämlich aus der elterlichen Personensorge (siehe dazu Rz 2), korrespondiert mit der Entscheidung des FamG, die einen Elternteil allein zur Namensgebung ermächtigt, zwangsläufig eine teilweise Entziehung der Personensorge zu Lasten des anderen Elternteils. Ist diesem damit aber auch jede Gestaltungsbefugnis im Rahmen des § 1617 I genommen, kann auch keine einvernehmliche Bestimmung mehr getroffen werden.

18 Abweichend stellt sich dagegen die Sachverhaltsgestaltung dar, bei der sich die Ehegatten nicht auf die nachträgliche Bestimmung eines Kindesnamens beschränken, sondern einen gemeinsamen Ehenamen wählen. Da die Regelungen der §§ 1355 I, 1616 vorrangig sind, um die rechtspolitisch erwünschte Einheit der Familiennamen zu sichern und die Kindesnamensgebung sich automatisch und unabhängig vom Willen der Eltern nach § 1616 beurteilt, erlischt mit der Bestimmung eines gemeinsamen Ehenamens auch ein etwaiges Wahlrecht nach § 1617 I. Dies muß dann auch für die familiengerichtliche Übertragung des Namensbestimmungsrechts gelten, da die Gesetzeslage nicht zur Disposition des FamG steht, so daß dessen Entscheidungskompetenz mit der Annahme eines gemeinsamen Ehenamens endet. Damit wird zudem eine etwaige formalistisch anmutende Kindesnamensgebung nach § 1617 I bzw II vermieden, die letztlich nur eine Berichtigung nach § 1616c erforderlich macht.

1617a *Geburtsname bei Eltern ohne Ehenamen und Alleinsorge*

(1) Führen die Eltern keinen Ehenamen und steht die elterliche Sorge nur einem Elternteil zu, so erhält das Kind den Namen, den dieser Elternteil im Zeitpunkt der Geburt des Kindes führt.

(2) Der Elternteil, dem die elterliche Sorge für ein unverheiratetes Kind allein zusteht, kann dem Kind durch Erklärung gegenüber dem Standesbeamten den Namen des anderen Elternteils erteilen. Die Erteilung des Namens bedarf der Einwilligung des anderen Elternteils und, wenn das Kind das fünfte Lebensjahr vollendet hat, auch der Einwilligung des Kindes. Die Erklärungen müssen öffentlich beglaubigt werden. Für die Einwilligung des Kindes gilt § 1617c Abs. 1 entsprechend.

1 1. Bereits durch das FamNamRG wurden § 1617 I 2 und II aF neu gefaßt sowie Abs IV S 2 gestrichen. Abs II aF wurde inhaltlich geändert, um im Falle von Namensänderungen eine Gleichbehandlung mit § 1616a I aF herzustellen. Zur Anwendung der Übergangsregelungen des BVerfG, sofern das Kind vor dem Inkrafttreten des FamNamRG legitimiert wurde, s vor § 1616 Rz 1ff.

2 Durch das KindRG wurde § 1616a II–IV aF modifiziert und als § 1617 nF benannt (s dazu § 1617 Rz 2).

3 2. Die Anwendungsfälle des § 1617 aF regelt im wesentlichen nunmehr § 1617a. Auch wenn durch den Wegfall der Differenzierung zwischen ehelichen und nichtehelichen Kindern § 1617a nF an das alleinige Innehaben des Sorgerechts als Unterscheidungsmerkmal anknüpft (s dazu Rz 7), ist der Anwendungsbereich des § 1617a I nF doch wie auf vor dem KindRG § 1617 aF auf nichteheliche Kinder beschränkt.

4 Das Merkmal des fehlenden Ehenamens kann zwar auch bei verheirateten Eltern vorliegen (s dazu § 1616 Rz 2). Weil verheiratete Eltern aber originär nach §§ 1626 iVm 1626a gemeinsam das Sorgerecht ausüben und eine Übertragung des Sorgerechts auf einen Elternteil nach § 1671 I oder §§ 1666, 1680 III erst eine juristische Sekunde nach der Geburt erfolgen kann, kommt eine Anwendung auf eheliche Kinder nicht in Betracht. Ursprünglich war beabsichtigt, die Regelung des § 1617b I auch auf Fälle auszudehnen, in denen ein Elternteil die Alleinsorge erst erlangt, nachdem dem Kind bereits ein Name erteilt wurde. Dies sollte gerade die Fälle nachträglicher Alleinsorge bei Entzug des Sorgerechts oder Tod des anderen Ehegatten umfassen (BT-Drucks 13/4899, 91). Der Rechtsausschuß hat dies jedoch als nicht zu billigende Abweichung vom Prinzip der Namenskontinuität abgelehnt (BT-Drucks 13/8511, 73) und sich damit auch durchgesetzt. Zur Nichtanpassung des Namens des Kindes an den des ledigen Vaters nach dem Tode der Mutter s Celle OLGR Celle 2001, 175.

Umgekehrt ist aber § 1617a enger als § 1617 aF. Auch nichteheliche Kinder können nach § 1626a nF der **5** gemeinsamen Sorge beider Elternteile bereits bei der Geburt (§ 1626b II) unterliegen. Gerade hier zeigt sich die Reform des Sorgerechts deutlich in ihren Auswirkungen: Kinder, deren Eltern das gemeinsame Sorgerecht zusteht, werden auch namensrechtlich gleich behandelt, ob ehelich oder nicht, wie § 1617 nF bereits zeigt. Nicht alle nichtehelichen Kinder fallen also unter § 1617a.

Sinn und Ziel des § 1617a nF ist es ebenso wie bei § 1617 aF, bei der allein sorgeberechtigten Mutter und ihrem **6** heranwachsenden Kind möglichst eine Gleichheit des Familiennamens zu erreichen, denn grundsätzlich ist nach wie vor die Mutter nach § 1626a II nF (vgl § 1705 aF) für ihr nichteheliches Kind allein sorgeberechtigt.

Obwohl sich in der Sache hier damit nichts geändert hat, wollte der Gesetzgeber durch die sprachliche Neufas- **7** sung, in der nur noch der „Elternteil, dem die Sorge allein zusteht" anstelle der Mutter, um die es wegen § 1626a II nF allein geht, genannt ist, verdeutlichen, daß das Recht zur Namensgebung nicht aus der Elternschaft folgt (wie es § 1705 aF andeutete), sondern Bestandteil der elterlichen Sorge ist (BT-Drucks 13/4899, 91).

3. Ergänzt wird § 1617a I durch § 1617c II Nr 2, der die Regelung des § 1617 III aF beinhaltet, daß das nicht- **8** eheliche Kind den Namen, den die Mutter zZt der Geburt des Kindes führt, nicht nur erhält, sondern behält, dh an späteren Namensänderungen der Mutter durch Eheschließung nicht teilnimmt. Das gilt auch für das nichteheliche Kind, dessen Nichtehelichkeit erst nach dem Inkrafttreten des NEG (1. 7. 1970) festgestellt worden ist (BayObLG FamRZ 1989, 662f; Bremen NJW-RR 1990, 12). An sonstigen Änderungen nimmt das Kind ebenso wie nach § 1617 II aF auch nach § 1617c II Nr 2 iVm I durch Anschlußerklärungen teil. § 1617a gilt auch für das nichteheliche Kind eines Ausländers selbst im Falle eines Vaterschaftsanerkenntnisses (LG Berlin StAZ 1984, 159 zu § 1617 aF), sofern nur die Mutter Deutsche ist und deren uneheliches Kind damit nach § 4 I S 1 Hs 2 StAG ebenfalls die deutsche Staatsangehörigkeit erwirbt; denn das Namensrecht richtet sich nach dem Personalstatut (BGH 59, 261; jetzt auch ausdrücklich Art 10, 5 EGBGB).

4. § 1617 I aF war verfassungsgemäß (BayObLG FamRZ 1984, 1146). Der Name, den die Mutter zZt der **9** Geburt des nichtehelichen Kindes führt, kann ihr Geburtsname, ferner ein Name, den sie durch Legitimation, Annahme als Kind oder durch Heirat erworben, schließlich ein aufgrund eines Verwaltungsaktes gemäß dem Namensänderungsgesetz ihr zustehender, geänderter Name sein.

a) War die Mutter zZt der Geburt des Kindes ledig, so führt das Kind deren Namen oder deren durch Verwal- **10** tungsakt geänderten Namen (dazu OVG Münster NJW 1993, 480). Nicht eindeutig geregelt ist, ob Name iSd § 1617a I auch der dem Ehenamen vorangestellte Begleitname nach § 1355 IV nF ist und den die Mutter aus einer früheren Ehe noch trägt (§ 1355 V). In § 1617a I S 2 aF wurde das ausdrücklich abgelehnt. In § 1617a I nF wurde eine solche Einschränkung nicht aufgenommen. Für die Vorschrift des § 1616 II S 1 idF des FamNamRG war dies nicht unumstritten (für Verwendung des Begleitnamens Steding FamRZ 1995, 1047, dagegen Michalski FamRZ 1997, 979, Pal/Diederichsen 55. Aufl § 1616 Rz 3). Erklärtes Ziel des Gesetzgebers war es beim FamNamRG jedoch, Doppelnamen zu verhindern (BT-Drucks 12/5982), weil diese sowohl den Rechtsverkehr als auch das tägliche Leben erschweren. In der Begründung zum KindRG (BT-Drucks 13/4899, 91) wird demgegenüber § 1617 I S 2 aF als überholt bezeichnet, woraufhin sich der Bundesrat in seiner Stellungnahme (BT-Drucks 13/4899, 150) veranlaßt sah, in §§ 1617 I 1, 1617a nF wieder einen entsprechenden Zusatz vorzuschlagen, was aber nicht verwirklicht wurde. Der Gesetzgeber hat aber nicht ausdrücklich zu erkennen gegeben, daß er zusammengesetzte Namen, entgegen seiner früheren Absicht und gefestigter Rspr ermöglichen will. „Name" in § 1617a ist also weiterhin der Geburts- oder Ehename ohne Zusatz eines Begleitnamens.

b) War die Mutter des nicht von ihrem Ehemann empfangenen Kindes verheiratet und wurde das Kind während **11** der Ehe geboren, so erhält das Kind den Ehenamen. Wird die Vaterschaft angenommen, so ändert sich gleichwohl am Namen des Kindes nichts.

c) War die Mutter des nicht von ihrem Ehemann empfangenen Kindes verheiratet und wurde das Kind inner- **12** halb von 300 Tagen nach Nichtigerklärung oder Auflösung der Ehe geboren, so gilt Gleiches.

d) Eine davon abweichende Regelung greift erst Platz, wenn die Vaterschaft mit Erfolg angefochten und 1. die **13** Ehe der Mutter gemäß § 23 EheG für nichtig geklärt oder aufgelöst, dh gemäß § 29 EheG, jetzt § 1313, aufgehoben oder gemäß § 1564 geschieden wurde, sowie 2. die Mutter bei für nichtig erklärter Ehe wieder den Namen zu führen hat, den sie zZt der Eheschließung hatte, bei aufgehobener oder geschiedener Ehe gemäß § 1355, § 37 EheG diesen wieder annimmt. Die Ehenichtigkeit (s dazu § 1616 Rz 4) ist wegen der Aufhebung des EheG nur noch im Rahmen des Art 226 EGBGB relevant.

e) Führt dagegen die Mutter nach Aufhebung oder Scheidung der Ehe den Namen ihres früheren Ehemannes **14** als ehemaligen Ehenamen weiter (§ 1355 V), so erhält auch ihr nach Auflösung der Ehe geborenes Kind diesen Namen, solange sie allein sorgeberechtigt ist.

f) Ist die Mutter zZt der Geburt des nichtehelichen Kindes Witwe und führt sie den Namen ihres verstorbenen **15** Ehemannes weiter, so erhält das Kind dessen Namen. Abs II gibt der ledigen Mutter die Möglichkeit, auch bei alleinigem Sorgerecht dem Kind den Namen des Vaters zu geben. Der Gesetzgeber wollte damit in erster Linie den Fall der nichtehelichen Lebensgemeinschaft regeln, in keine Sorgeerklärung nach § 1626 I Nr 1 nF abgegeben wurden, den § 1617 nF also nicht erfaßt. Nach bisherigem Recht war dies auch möglich (§ 1618 I S 1 Alt 2 aF). Nunmehr ist allerdings mit nur geringer sachlicher Änderung – früher Bestimmung durch den Vater, Einwilligung durch die Mutter, jetzt umgekehrt – die Namenserteilung nicht mehr an die Elternschaft, sondern an das Sorgerecht geknüpft (vgl Rz 4).

§ 1617a   Familienrecht   Verwandtschaft

16   g) Zur Namensgebung nach dem Vater ist selbstverständlich dessen Einwilligung erforderlich (Abs II S 2 Alt 1) In Anlehnung an § 1617c I S 1 muß das Kind nur einwilligen, wenn es das fünfte Lebensjahr vollendet hat. Zur Beglaubigung s § 1617 Rz 9.

17   h) Zum Verweis auf § 1617c I S 2 in Abs II S 3 s § 1617c Rz 9ff.

18   5. Die **Erklärung** der Mutter kann bereits **vor der Geburt des Kindes abgegeben** werden (vgl Karlsruhe FamRZ 1974, 603, Pal/Diederichsen 55. Aufl § 1618 Rz 1 mwN jeweils zu § 1618 aF). Das muß auch – unabhängig von § 183 – für die Einwilligung des Vaters gelten.

19   6. Bei der **einseitigen Einbenennung** nach Abs II (zur Verfassungsmäßigkeit BayObLG FamRZ 2002, 1729, 1730) wird dem Kind der **Familienname** seines **Vaters** erteilt, selbst wenn dieser verheiratet ist und die Eheleute gemäß § 1355 IV den Geburtsnamen der Ehefrau zum Ehenamen bestimmt haben. Anders als in **§ 1618 I S 2 aF** ist nicht mehr ausdrücklich klargestellt, daß der gemäß § 1355 IV **vorangestellte Name (Begleitname)** nicht als Familienname gilt.

20   Dazu, daß dies aber auch nach dem neuen Recht so gewollt ist, vgl § 1616 Rz 11.

21   Gegenüber § 1618 aF wurde die einseitige Einbenennung insoweit modifiziert, daß nicht mehr der Vater die Erklärung abgibt und die Mutter einwilligt, sondern umgekehrt, der Vater in die Erklärung der Mutter einzuwilligen hat. Auch dies ist Ausdruck dessen, daß die Namensgebung Ausfluß des Sorgerechts ist. Konflikte zwischen ein- und beidseitiger Einbenennung können jetzt zudem nicht mehr entstehen (s dazu § 1618 Rz 2).

22   Die Einwilligung des Vaters kann nicht durch das VormG ersetzt werden (KG Rpfleger 1978, 215 zur früher notwendigen Einwilligung der Mutter). Ob dies auch dann gelten soll, wenn das Kind bereits volljährig ist, ist heute kaum noch streitig; dafür Celle, berichtet in StAZ 1982, 315; dagegen LG Hamburg StAZ 1972, 206; Beitzke StAZ 1969, 289; Staud/Coester Rz 53; Pal/Diederichsen Rz 9 jeweils zur alten Rechtslage. § 1768 II S 2 ist durch Art 1 Nr 26 BetrG aufgehoben worden, da ein Volljähriger aufgrund des Wegfalls der Entmündigung nicht mehr beschränkt geschäftsfähig sein kann. Damit kann ein Volljähriger sogar alleine über die viel einschneidendere Annahme als Kind entscheiden, soweit er nicht geschäftsunfähig ist. Durch den Wegfall des elterlichen Zustimmungserfordernisses wird die vertretene Meinung sogar noch weitergehend gestützt.

23   Das früher relevante Problem der Geschäftsunfähigkeit der Mutter ist nun ersetzt durch das der Geschäftsunfähigkeit des Vaters bei der Einwilligung. § 1618 II S 3 aF fand in § 1617a II keinen Eingang mehr und kann deshalb auch nicht mehr zur Klärung herangezogen werden. Ohnehin sprach vieles bereits gegen die analoge Anwendung des § 1618 II S 3 aF auf die Mutter. Der Gesetzgeber hatte die Problemlage offensichtlich nicht erkannt. Der Wortlaut des § 1618 II S 3 ergibt ebenfalls nichts her, da der Begriff des „Betreuten" im Gesetz immer geschlechtsneutral benutzt wird. Allein Sinn und Zweck der Regelung – nämlich die Achtung des höchstpersönlichen Charakters der Einwilligung, der gleichermaßen für das Kind wie die Mutter Geltung hat – hätten eine Anwendung des § 1618 II S 3 auch auf die Mutter rechtfertigen können. Dagegen sprach aber wiederum, daß es sich dann um einen Rückschritt gegenüber der früheren und gegenwärtigen Rechtslage handelt, die die Abhängigkeit von einer Einwilligung des Betreuers ebensowenig kennt wie die Einschaltung eines Vertreters.

24   Ist der Vater selbst noch minderjährig, so kann aufgrund des höchstpersönlichen Charakters dieser Handlung nur er einwilligen, ohne daß es einer Zustimmung seines gesetzlichen Vertreters bedarf (Staud/Coester Rz 50 zur alten Rechtslage). Konsequenterweise muß dann im Falle seiner Geschäftsunfähigkeit auf das Einwilligungserfordernis insgesamt verzichtet werden, weil neben dem Vater weder dessen Ehefrau (Soergel/Strätz Rz 10; Staud/ Coester Rz 55; aM Peters StAZ 1973, 202 zur alten Rechtslage) noch der Ehemann der Mutter des nichtehelichen Kindes zustimmungsberechtigt sind.

25   7. Die Erklärungen der Mutter, die Einwilligungen des Kindes und des Vaters, sowie die etwa erforderliche **Zustimmung** des gesetzlichen Vertreters müssen **öffentlich beglaubigt** sein, und zwar gemäß § 129, § 1 BeurkG von einem Notar, gemäß § 59 I Nr 5 SGB VIII auch von einem Beamten oder Angestellten eines Jugendamts, oder gemäß § 31a I Nr 2 und 3, II PStG von dem Standesbeamten, der die Geburt des Kindes beurkundet hat, hilfsweise von dem Standesbeamten des Standesamts Berlin.

26   8. Zur **Entgegennahme** der nach § 1617a II erforderlichen **Erklärungen** und **Einwilligungen** ist der **Standesbeamte** zuständig (BVerwG FamRZ 2002, 1104), der die **Geburt** des Kindes **beurkundet** hat. Gemäß § 130 I bleibt eine Erklärung wirksam, wenn der, welcher sie abgegeben hat, vor deren Zugang stirbt. Sind sie dem zuständigen Standesbeamten sämtlich zugegangen, so ist die Einbenennung wirksam und unwiderruflich. Wird nur ein Teil der erforderlichen Urkunden eingereicht, so ist die Einbenennung als unwirksam zurückzuweisen, es sei denn, der Einbenennende bringt zum Ausdruck, seine Erklärung solle erst mit Eingang der noch fehlenden Urkunden wirksam werden (BayObLG FamRZ 1964, 457). Der Standesbeamte trägt einen **Randvermerk** in das **Geburtenbuch** ein (§ 31a II S 1 PStG). Ist die Geburt des Kindes nicht im Geltungsbereich des PStG beurkundet, so ist der Standesbeamte des Standesamts 1 Berlin zuständig (§ 31a II S 2 PStG).

27   9. Eine Namenserteilung nach § 1617a II ist nicht deshalb ausgeschlossen, weil das nichteheliche Kind vor dem 1. 7. 1970 (Inkrafttreten des NEG) geboren ist.

28   10. **Internationales Privatrecht.** Hinsichtlich der Namenserteilung ist auf das Personalstatut des Kindes abzustellen. Auf die Staatsangehörigkeit der Eltern kommt es nicht an. Besitzt das Kind zZt der Einbenennung die deutsche Staatsangehörigkeit, so ist deutsches Recht anzuwenden (KG FamRZ 1979, 1069 unter Hinweis auf BGH FamRZ 1973, 185).

1617b *Name bei nachträglicher gemeinsamer Sorge oder Scheinvaterschaft*
(1) Wird eine gemeinsame Sorge der Eltern erst begründet, wenn das Kind bereits einen Namen führt, so kann der Name des Kindes binnen drei Monaten nach der Begründung der gemeinsamen Sorge neu bestimmt werden. Die Frist endet, wenn ein Elternteil bei Begründung der gemeinsamen Sorge seinen gewöhnlichen Aufenthalt nicht im Inland hat, nicht vor Ablauf eines Monats nach Rückkehr in das Inland. Hat das Kind das fünfte Lebensjahr vollendet, so ist die Bestimmung nur wirksam, wenn es sich der Bestimmung anschließt. § 1617 Abs. 1 und § 1617c Abs. 1 Satz 2 und 3 und Abs. 3 gelten entsprechend.
(2) Wird rechtskräftig festgestellt, dass ein Mann, dessen Familienname Geburtsname des Kindes geworden ist, nicht der Vater des Kindes ist, so erhält das Kind auf seinen Antrag oder, wenn das Kind das fünfte Lebensjahr noch nicht vollendet hat, auch auf Antrag des Mannes den Namen, den die Mutter im Zeitpunkt der Geburt des Kindes führt, als Geburtsnamen. Der Antrag erfolgt durch Erklärung gegenüber dem Standesbeamten, die öffentlich beglaubigt werden muss. Für den Antrag des Kindes gilt § 1617c Abs. 1 Satz 2 und 3 entsprechend.

Die Vorschrift wurde durch das KindRG neu eingefügt. Sie hat kein Vorbild im bisher geltenden Recht. Abs I 1 regelt den Fall, daß die unverheirateten Eltern des Kindes die gemeinsame Sorge – wie bisher, § 1626 I S 1 aF/nF – durch Eheschließung oder – neu, § 1626a – durch übereinstimmende Sorgeerklärung erst begründen, nachdem das Kind bereits einen Namen nach § 1617a führt.

Die Eltern können nach **Abs I** den Namen innerhalb der Dreimonatsfrist neu bestimmen. Die Wahlmöglichkeit 2 beschränkt sich allerdings nach dem systematischen Zusammenhang mit § 1617 I, der bei gemeinsamem Sorgerecht zur Zeit der Geburt einschlägig wäre, ebenso wie dort auf den Namen des Vaters oder der Mutter.

Zur Wirkung der Namensbestimmung für nichteheliches Kind auf nachgeborene Geschwister bei Übernahme 3 der gemeinsamen elterlichen Sorge für ein vor der Gesetzesneuregelung (1. 7. 1998) geborenes Kind ohne Namensneubestimmung vgl BayObLG FamRZ 2001, 856. Abzugrenzen ist § 1617b I von § 1617c I. Ersterer gilt – bei Begründung des gemeinsamen Sorgerechts durch Heirat – nur dann, wenn noch kein Ehename bestimmt ist; sobald die Ehegatten aber bei der Eheschließung einen Ehenamen bestimmen, gilt § 1617c I vorrangig. Bestimmen die Eltern den Ehenamen erst nach der Heirat, so gilt zunächst bis dahin das Neubestimmungsrecht des § 1617b I und erst bei Zustimmung des Ehenamens § 1617c I (BT-Drucks 13/4899, 92).

Der Ablauf der Dreimonatsfrist für die Neubestimmung des Namens wird durch den Auslandsaufenthalt eines 4 Ehegatten zur Zeit der Begründung der gemeinsamen Sorge soweit gehemmt, daß nach Rückkehr wenigstens noch ein Monat verbleibt. Wie bei der Namensänderung des Kindes muß es sich ab Vollendung des fünften Lebensjahres der Änderung anschließen. Zu Einzelheiten vgl § 1617c Rz 2ff auf dessen Abs I S 2, 3 und III die Vorschrift verweist.

Eine öffentliche Beglaubigung ist wegen der Verweisung auf § 1617 I erforderlich. Die Bestimmung des 5 Namens gilt nach §§ 1617b I S 4, 1617 I auch für alle weiteren Kinder.

Abs II berücksichtigt die Folgen des FamNamRG. Seit Ehegatten keinen Ehenamen mehr führen müssen, kön- 6 nen Kinder auch den Namen des Vaters als Geburtsnamen führen. Bei Anfechtung der Vaterschaft würde das Kind dann den Namen der Mutter erhalten (§ 1617a). Diese Konstellation kann gerade bei älteren Kindern eine Härte bedeuten, die nur im Wege einer öffentlich-rechtlichen Namensänderung berücksichtigt werden könnte. Dem tritt Abs II entgegen, indem er festsetzt, daß ohne Anträge des Kindes oder Scheinvaters der Name erhalten bleibt, den das Gesetz oder die Eltern ihm zugewiesen haben. (BT-Drucks 13/4899, 91).

Beim Ehenamen, der dem Namen des Scheinvaters entspricht, stellt sich dieses Problem nicht, denn nach einer 7 erfolgreichen Vaterschaftsanfechtung ist der dem Kind dann nach § 1617a zu erteilende Name der Mutter zZt der Geburt ebenfalls der Ehename.

Umgekehrt ist jedoch zu bedenken, daß das Kind nach Feststellung der Nichtvaterschaft jede abstammungsrecht- 8 liche Bindung zum Vater verliert. Sowohl der Vater als auch das Kind können also ein Interesse daran haben, sich auch namensrechtlich voneinander zu lösen.

Der Scheinvater hat das Recht, die Namensänderung zu beantragen, nur bis zum fünften Lebensjahr des Kindes, 9 weil bis dahin Namensänderungen sich auf die Persönlichkeit des Kindes (anders als in den unter Rz 4 aufgezeigten Härtefällen) nicht nachteilig auswirken.

Bei älteren Kindern haben nur diese selbst das Antragsrecht. 10

Zu den formellen Anforderungen der Erklärung wird auf die Kommentierung des § 1617c verwiesen. 11

1617c *Name bei Namensänderung der Eltern*
(1) Bestimmen die Eltern einen Ehenamen, nachdem das Kind das fünfte Lebensjahr vollendet hat, so erstreckt sich der Ehename auf den Geburtsnamen des Kindes nur dann, wenn es sich der Namensgebung anschließt. Ein in der Geschäftsfähigkeit beschränktes Kind, welches das 14. Lebensjahr vollendet hat, kann die Erklärung nur selbst abgeben; es bedarf hierzu der Zustimmung seines gesetzlichen Vertreters. Die Erklärung ist gegenüber dem Standesbeamten abzugeben; sie muss öffentlich beglaubigt werden.
(2) Absatz 1 gilt entsprechend,
1. wenn sich der Ehename, der Geburtsname eines Kindes geworden ist, ändert oder
2. wenn sich in den Fällen der §§ 1617, 1617a und 1617b der Familienname eines Elternteils, der Geburtsname eines Kindes geworden ist, auf andere Weise als durch Eheschließung oder Begründung einer Lebenspartnerschaft ändert.

§ 1617c Familienrecht Verwandtschaft

(3) Eine Änderung des Geburtsnamens erstreckt sich auf den Ehenamen oder den Lebenspartnerschaftsnamen des Kindes nur dann, wenn sich auch der Ehegatte oder der Lebenspartner der Namensänderung anschließt. Absatz 1 Satz 3 gilt entsprechend.

1 **1. Gesetzeszweck.** Zweck dieser Vorschrift ist es, die Auswirkungen von Namensänderungen der Eltern oder eines namensgebenden Elternteils auf den Kindesnamen zu reglementieren. Anlaß für eine entsprechende normative Aufarbeitung war dabei nicht nur die neu geschaffene Möglichkeit zur nachträglichen Ehenamensbestimmung nach § 1355 III, sondern auch das weitgehende Fehlen entsprechender Regeln vor dem Inkrafttreten des FamNamRG (dazu BT-Drucks 12/3163, 17). Geraten das Persönlichkeitsrecht des Kindes und das Prinzip der Namensgleichheit in der Familie bei Namensänderungen zwangsläufig in Konflikt, so sieht die insoweit grundlegende Normierung des § 1617c I eine differenzierte, am Alter des Kindes orientierte Beteiligung vor, um der wachsenden Selbstbestimmungsfähigkeit des Kindes Rechnung zu tragen (BT-Drucks 12/3163, 17, Sturm StAZ 1994, 370, 371f; Coester FuR 1994, 1, 3). Dem in § 1617c enthaltenen abwägenden Kompromiß zwischen dem Prinzip der namensrechtlichen Einheit einerseits und der wachsenden Eigenverantwortlichkeit des Kindes andererseits, kommt dabei Modellcharakter zu. § 1617c stellt lediglich eine Ergänzung zu § 1616 dar und ist nur auf eheliche Kinder anwendbar. Das FamNamRG hat dessen Regelungskern kraft Verweisung (§§ 1617c II Nr 2, 1757 II S 2 letzter Hs) oder sinngemäßer Wiedergabe (§ 1757 III) auch auf andere Eltern-Kind-Verhältnisse erstreckt und damit eine Gleichbehandlung ehelicher und nichtehelicher Kinder geschaffen, und zwar zT bereits vor der Reform des KindRG. Mit der Zulassung eingetragener homosexueller Lebenspartnerschaften durch das LPartG v 16. 2. 2001 (BGBl I 266) wurde eine Anpassung in § 1617c II Nr 2 (Gleichstellung von Eheschließung und Lebenspartnerschaft) und § 1617c III (Gleichstellung von Ehenamen und Lebenspartnerschaftsnamen) erforderlich.

2 Abzugrenzen ist § 1617c I zunächst von § 1617b. § 1617c betrifft den Fall, daß die Eltern bei der Geburt des Kindes verheiratet sind. Nicht umfaßt wird der Fall, daß die Eltern fünf Jahre nach der Geburt heiraten und nur deshalb erst so spät einen Ehenamen bestimmen (können). Das regelt § 1617b I.

3 **2.** § 1617c knüpft dabei an das Fehlen einer Ehenamensbestimmung anläßlich der Eheschließung an, die von den Eltern dann aber nachträglich iSd § 1355 III getroffen wird. In Abgrenzung zu § 1616 wird damit vorausgesetzt, daß der Ehename erst nach der Geburt des Kindes bestimmt wird (Schlüter FamR Rz 333: gilt auch für den Fall der Heirat nach der Geburt). Nach Sinn und Zweck des § 1617c ist aber auch dann kein Raum für eine Namensänderung, wenn die Eltern nachträglich einen Namen zum Ehenamen bestimmen, der dem Kind schon vorher nach § 1617 I oder II erteilt worden ist, da dann die für eine Anpassung notwendige Namensdivergenz fehlt (ebenso zu § 1616 aF; Coester FuR 1994, 1, 4). Wenngleich § 1616 nur auf das Erreichen des fünften bzw vierzehnten Lebensjahres des Kindes abstellt und dem Kindeswohl bzw -willen damit eine steigende Bedeutung beilegt, ist die Regelung nicht lückenhaft. Im Wege eines Umkehrschlusses ist vielmehr zu schlußfolgern, daß sich die Ehenamensbestimmung der Eltern automatisch und ohne weitere Kautelen auf das Kind erstreckt, sofern dieses noch keine fünf Jahre alt ist (BT-Drucks 12/3163, 17 zu § 1616a aF; Schlüter FamR Rz 333). Auch mit dem Erreichen des achtzehnten Lebensjahres ist ein Kind von einer Namensänderung jetzt nicht mehr ausgeschlossen, da § 1616a I S 3 aF, der eine Ausschlußerklärung nur bis zum Eintritt der Volljährigkeit erlaubte, in § 1617c I nicht übernommen wurde (BayObLG FamRZ 2002, 1729, 1730, den Ausnahmetatbestand betonend). Zu den Folgen einer behördlichen Namensänderung der Eltern für volljährige Kinder KG KGRp 2001, 296.

4 Vor der Neufassung des § 1355 III (Wegfall des S 2) durch das KindRG lief § 1616 aF, dem § 1617c I im wesentlichen entspricht, weitgehend leer. Das beruhte darauf, daß § 1355 III S 2 aF eine nachträgliche Erklärung des Ehenamens nur innerhalb von fünf Jahren zuließ, ein Kind also niemals das fünfte Lebensjahr vor der Erklärungsfrist vollenden konnte. Dieser Mangel ist durch den Wegfall der Erklärungsfrist nun behoben.

5 Der Frage, ob sich bei **mehreren Geschwistern** die Namensänderung nach § 1617c I nur auf das älteste Kind bezieht und die jüngeren Geschwister dann analog § 1617 I 4 an dieser Namensänderung teilnehmen, kommt nur geringe Bedeutung zu, da die erforderliche gestaffelte Geburtenfolge nicht vorstellbar ist. Nur soweit § 1617c aufgrund § 1617c II oder 1757 II S 2 anwendbar ist, kann sich eine entsprechende Konfliktsituation bilden. Richtigerweise wird sich eine Namensänderung des ältesten Kindes dann nicht automatisch auf die Geschwister erstrecken, da das Selbstbestimmungsrecht der Kinder zu beachten ist und die Einheitlichkeit des Familiennamens als das schwächere Prinzip dann zurücktreten muß.

6 Soweit § 1617c I zwischen **drei unterschiedlichen Altersstufen** unterscheidet, gelten folgende Bedingungen:

7 Das eheliche Kind, das das fünfte Lebensjahr noch nicht vollendet hat, erwirbt automatisch den Ehenamen der Eltern zum neuen Geburtsnamen (Frankfurt/M FamRZ 2003, 159: selbst bei Asylberechtigten ausländischer Staatsbürgerschaft, die den gemeinsamen Ehenamen im Rahmen international-privatrechtlicher Angleichung bestimmen; AG Lübeck FamRZ 2002, 1730: aber nicht bei bereits verstorbenem Kind). Bedarf es dazu keiner Erklärungen gegenüber dem Standesbeamten, so tritt der neue Name in dem Moment an die Stelle des bisher nach § 1617 I oder II geführten Geburtsnamens, in dem die Eltern sich auf einen gemeinsamen Ehenamen einigen. Im Geburtenbuch ist nach § 30 I S 2 PStG dann ein Randvermerk einzutragen, dem aber nur deklaratorische Wirkung zukommt.

8 Ist das Kind mehr als fünf Jahre alt, wird nach § 1617c I S 1 eine Anschlußerklärung erforderlich (Fachausschuß des Bundesverbandes der Dt Standesbeamtinnen und Standesbeamten StAZ 2002, 345 Nr 3633: selbst bei Namensidentität – Bezugspunkt und Ableitungsgrundlage haben sich geändert).

9 Behält § 1617c I S 2 dem 14jährigen Kind die Anschlußerklärung allein vor, folgt daraus, daß jüngere Kinder diese Erklärung nicht selbst abgeben können und von ihren Eltern als gesetzliche Vertreter nach § 1629 I vertreten werden müssen (AG Rottweil FamRZ 2002, 1734; Schlüter FamR Rz 328). Da zudem beschränkte Geschäftsfähig-

keit vorausgesetzt wird, kann ein nach § 104 Nr 2 geschäftsunfähiges Kind die Anschlußerklärung auch dann nicht selbst abgeben, wenn es bereits 14 Jahre alt ist.

Um zu vermeiden, daß ein Kind dann überhaupt keine Anschlußerklärung abgeben kann, was offenbar ein Redaktionsversehen (wie auch bereits bei § 1616a aF) darstellt, bietet sich eine analoge Anwendung der §§ 1596 I S 2 nF bzw 1746 I S 4 an (so auch zu § 1616a aF Engler FamRZ 1971, 76).

Ist das Kind dagegen schon 14 Jahre alt, aber noch nicht volljährig, kann es die Anschlußerklärung nach § 1617c I S 2 nur selbst erklären, bedarf aber der Zustimmung beider Elternteile als gesetzliche Vertreter (Schlüter FamR Rz 328). Die Zustimmung ist – anders als die Anschlußerklärung – nach § 182 II formfrei und kann zeitlich vor oder nach deren Zugang erteilt werden. Widerruflich ist nach § 183 S 1 aber allein die vorherige Zustimmung, so daß die Namensänderung mit der Beurkundung der bewilligten Anschlußerklärung vollzogen ist. Adressat der Zustimmung kann nach § 182 I sowohl der Minderjährige als auch der Standesbeamte sein. Entgegen § 1616a I S 4 aF bedarf diese Anschlußerklärung nicht mehr der vormundschaftsgerichtlichen Genehmigung.

Die Anschlußerklärung ist nach Abs I S 3 gegenüber dem Standesbeamten in **öffentlich beglaubigter Form** abzugeben; die Beglaubigung kann auch der Standesbeamte erteilen, § 31a I Nr 5 PStG. Zuständig ist nach § 31a II S 1 PStG der Standesbeamte, der bereits die Geburt beurkundet hat. Ist die Anschlußerklärung damit amtsempfangsbedürftig, so wird sie nach § 130 I, III erst wirksam, wenn sie dem zuständigen Standesbeamten zugeht (BayObLG FamRZ 1996, 431f). Die mit der Beglaubigung abgeschlossene Namensänderung wird mittels Randvermerk im Geburtenbuch dokumentiert; § 31a II S 2 PStG.

Sofern eine Namensänderung daran scheitert, daß ein **Elternteil sich weigert**, entweder das Kind vor dem Standesbeamten zu vertreten oder die Zustimmung zu erteilen, kann das FamG nach § 1628 entscheiden. Im Falle der Weigerung beider Elternteile kommt eine Ersetzung nur unter den Voraussetzungen des § 1666 in Betracht (siehe dazu Coester FuR 1994, 1, 4).

3. § 1617c II. Abs II erweitert den Anwendungsbereich des Abs I, soweit sich der Ehename der Eltern oder der Familienname eines Elternteils, der zum Geburtsnamen des Kindes geworden ist, ändert. Ausgenommen ist nach Abs II Nr 2 nur eine Namensänderung kraft Eheschließung und Begründung einer Lebenspartnerschaft, die sich dann aber ohnehin nur in einer neuen Familie mit nur einem natürlichen Elternteil vollziehen. Umgekehrt ist die Namensänderung eines Elternteils im Rahmen einer bestehenden Ehe problemlos zulässig, sofern sich der Geburtsname des Kindes aus dem Geburtsnamen des anderen Elternteils ableitet, da dann keine namensrechtlichen Auswirkungen für das Kind entstehen.

Eine Gleichbehandlung der in Abs II geregelten Fälle mit dem Änderungstatbestand des Abs I erscheint damit angezeigt und konsequent. Das systematische Verhältnis von Abs II Nr 1 und 2 wirft aber Abgrenzungsschwierigkeiten auf. Betrifft die Nr 1 eine Änderung des Ehenamens der Eltern, so handelt es sich in Abgrenzung zu Abs I um die Konstellation, in der sich die Ehegatten nach § 1355 I S 1 und II bereits vor der Geburt des Kindes auf einen gemeinsamen Ehenamen geeinigt haben. Da dem Gesetz eine gleichzeitige Namensänderung beider Elternteile fremd ist, kommt eine Änderung des Ehenamens nur in Betracht, sofern sich die Namensänderung eines Elternteils auch auf den anderen Elternteil erstreckt (Wagenitz/Bornhofen S 130 Rz 24). Damit wird aber zugleich der Anwendungsbereich des § 1617c II Nr 2 eröffnet, der an eine Namensgestaltung nach § 1355 I S 3 anknüpft. Sollen die beiden Alternativen unterscheidbar sein, kann dies nur anhand der zugrundeliegenden Namensgebung, nicht aber aufgrund des Namensänderung bewirkenden Tatbestandes geschehen.

Änderungsmöglichkeiten für den Familien- oder Geburtsnamen eröffnet genaugenommen nur eine Volljährigenadoption nach §§ 1757 I, 1767. Erforderlich wird nach § 1617c III dann aber zusätzlich die Zustimmung des Ehegatten. Nur theoretisch vorstellbar ist eine gestaffelte Anwendung des § 1617c über zwei Generationen hinweg, indem sich eine Namensänderung bei den Großeltern nach § 1617c II auf deren Kind und dann auch auf den Enkel auswirkt (dazu Wagenitz/Bornhofen S 131 Rz 29 zu § 1616a aF). Eine entsprechende Fernwirkung scheitert aber daran, daß Eltern vor dem 18. Lebensjahr nicht Großeltern werden können.

Sinngemäß gilt § 1617c II unbeschadet der Übergangsregelungen des Art 7 FamNamRG auch für Kinder mit Doppelnamen, die unter der Geltung der Übergangsregeln des BVerfG erworben wurden (Wagenitz/Bornhofen S 131 Rz 28 zu § 1616a aF). Keine Anwendung findet § 1617c II dagegen dann, wenn ein Ehepartner einen Begleitnamen nach § 1355 IV annimmt, da dann nicht nur ein gemeinsamer Ehename und allein § 1617c I vorliegt; im übrigen stellt ein Begleitname auch keinen Familiennamen dar. Darüber hinaus kann im Rahmen einer Änderungsvorschrift keine Namensgestaltung erlaubt sein, die als originärer Name nicht im Einklang mit § 1616 steht.

Auch die einseitige Namensänderung im Falle von Tod oder Scheidung gemäß § 1355 V S 2 fällt in den Regelungsbereich des § 1617c II Nr 1; aM BVerwG FamRZ 2002, 1104, 1105: weder § 1617c II Nr 1 noch Nr 2 greifen ein, noch § 1618 iVm § 1617c; eine Lösung bietet § 3 NÄG. AM auch Hamm FamRZ 2002, 1731, 1732f. Zwar besteht so die Gefahr, daß ein Kind den Namen aus einer Vorehe erwirbt und damit ein Verwandtschaftsverhältnis vorgetäuscht wird oder das allein sorgeberechtigte Elternteil einen Doppelnamen vermittelt.

Nur nach § 1617c II Nr 2 scheidet eine Wiederverheiratung als Grund für die Namensänderung aus, in Nr 1 fehlt dagegen jeder Hinweis darauf, daß nur Namensänderungen innerhalb bestehender Ehe sich auf den Kindesnamen auswirken. § 1617c II ist auch im Falle einer öffentlichrechtlichen Namensänderung nach dem NÄG nicht anwendbar, da das NÄG eine insoweit abschließende Sonderregelung darstellt (Wagenitz/Bornhofen S 130 Rz 24 zu § 1616a aF). Das Verfahren richtet sich nach den Maßgaben des Abs I (s oben).

4. § 1617c III. Diese Regelung entspricht dem früheren § 1616a III und schützt das Interesse des Ehe- bzw Lebenspartners eines verheirateten Kindes an der Beibehaltung des bisherigen Ehe- bzw Lebenspartnernamens.

§ 1617c

Das darin enthaltene Anschließungserfordernis stellt sich als Beschränkung gegenüber Ehenamensänderungen dar und ergänzt folglich § 1617c II. Eine Familiennamensänderung der Eltern kann auch das verheiratete Kind erfassen, sofern es sich der Namensänderung anschließt. Ist dessen früherer Geburtsname zum Ehenamen bestimmt worden, vollzieht dieser den Geburtsnamenwechsel nach, der mittelbar dann auch den Ehepartner betrifft. Das in der Anschlußerklärung steckende Zustimmungserfordernis verhindert, daß der Ehepartner gegen seinen Willen einen anderen Familiennamen erhält. Darin liegt zugleich eine Ergänzung gegenüber § 1355 II, da bei der früheren Ehenamenswahl eine mittelbare Namensänderung noch nicht berücksichtigt werden konnte. Da § 1617c III aber nur die Belange eines Ehepartners schützen soll, beschränkt sich dessen Anwendungsbereich folgerichtig auf gemeinsame Ehenamen, und zudem auch nur insoweit als dabei eine Geburtsname gewählt wurde, der nun eine Änderung erfährt.

21 Nicht erfaßt werden dagegen die Fälle des § 1355 I S 3 sowie die Änderung des Geburtsnamens eines Ehepartners, der nicht zum Ehenamen geworden ist, da sich eine Namensänderung dann nur bei einem Ehegatten auswirkt.

22 Die Anschlußerklärung ist gegenüber dem Standesbeamten abzugeben und bedarf der öffentlichen Beglaubigung (§ 1617c III S 2, I S 3); sie ist gemeinsam mit der Anschlußerklärung des anderen Ehepartners nach § 1617c II abzugeben. Die Beglaubigung kann auch der Standesbeamte erteilen (§ 15c I S 2 PStG); gemäß § 30 I S 2 PStG ist die Ehenamensänderung durch einen Randvermerk zu dokumentieren. Folge einer verweigerten Anschließung ist, daß allein der frühere Ehename erhalten bleibt. Der Geburtsname des einen Ehegatten ändert sich dagegen ohne Einflußmöglichkeit des anderen Ehepartners entsprechend der Maßgabe der Namensänderung bei den Eltern.

1618 *Einbenennung*

Der Elternteil, dem die elterliche Sorge für ein unverheiratetes Kind allein oder gemeinsam mit dem anderen Elternteil zusteht, und sein Ehegatte, der nicht Elternteil des Kindes ist, können dem Kind, das sie in ihren gemeinsamen Haushalt aufgenommen haben, durch Erklärung gegenüber dem Standesbeamten ihren Ehenamen erteilen. Sie können diesen Namen auch dem von dem Kind zurzeit der Erklärung geführten Namen voranstellen oder anfügen; ein bereits zuvor nach Halbsatz 1 vorangestellter oder angefügter Ehename entfällt. Die Erteilung, Voranstellung oder Anfügung des Namens bedarf der Einwilligung des anderen Elternteils, wenn ihm die elterliche Sorge gemeinsam mit dem den Namen erteilenden Elternteil zusteht oder das Kind seinen Namen führt, und, wenn das Kind das fünfte Lebensjahr vollendet hat, auch der Einwilligung des Kindes. Das Familiengericht kann die Einwilligung des anderen Elternteils ersetzen, wenn die Erteilung, Voranstellung oder Anfügung des Namens zum Wohl des Kindes erforderlich ist. **Die Erklärungen müssen öffentlich beglaubigt werden.** § 1617c gilt entsprechend.

1 1. § 1618 wurde durch das **FamNamRG** nur redaktionell geändert. Das **KindRG** hat die Vorschrift zugleich eingeschränkt und erweitert. Eingeschränkt wurde der Anwendungsbereich insofern, als § 1618 aF nur noch die Einbenennung in die Ehe behandelt; die Benennung des nichtehelichen Kindes allein nach dem Vater regelt jetzt § 1617a II. Erweitert wurde § 1618 hingegen um die Gestaltungsmöglichkeiten des § 1618 S 2, wonach der bisherige Kindesname vorangestellt oder angefügt werden kann; eine Angleichung an das Recht des Ehenamens. Ein weiterer Unterschied ergibt sich durch den Ersatz der Differenzierung nach der Ehelichkeit durch das Unterscheidungsmerkmal der alleinigen oder gemeinsamen Sorgerechts aufgrund des KindRG (s dazu § 1617a Rz 3, 7). Die Möglichkeit der Einbenennung gilt jetzt nicht mehr nur für nichteheliche Kinder, sondern auch für eheliche Kinder, deren Elternteil nach Auflösung der Ehe allein sorgeberechtigt ist, wieder heiratet. Zur Einbenennung eines Kindes durch einen leiblichen Elternteil und einen Stiefelternteil bei gemeinsamer Sorge der leiblichen Eltern vgl Karlsruhe StAZ 2001, 272 und BayObLG FGPrax 2001, 77 sowie Brandenburg Rpfleger 2002, 567 und EuGHMR FamRZ 2002, 1017, 1018f, der den Verstoß gegen Art 8 I EMRK in Betracht zieht, wenn durch Einbenennung das äußere des fortbestehenden Bandes entfällt oder die Beziehung zwischen leiblichem Vater und Kind geschwächt wird; vgl dazu auch Wittinger NJW 2002, 2371, 2372. Nach Frankfurt v 1. 10. 2001 – 20 W 293/01 ist die Einbenennung eines Kindes durch einen leiblichen Elternteil und einen Stiefelternteil im Wege der berichtigenden Auslegung des § 1618 auch bei gemeinsamer Sorge der leiblichen Eltern möglich; dazu auch Roth JZ 2002, 651, 652. Ein nichteheliches Kind kann nicht in eine Ehe einbenannt werden, wenn Vater und Mutter das gemeinsame Sorgerecht zusteht. Dieser Fall dürfte jedoch praktisch nicht vorkommen.

2 Durch das **KindRVerbG** v 9. 4. 2002 (BGBl I 1239) ist § 1618 erneut **geändert** worden. Das Einbenennungsrecht besteht für einen verheirateten Elternteil jetzt auch bei gemeinsamer elterlicher Sorge mit dem anderen Elternteil, während früher nur die alleinige elterliche Sorge eines Ehegatten das Recht begründete (Heistermann FamRZ 2003, 279f; Rixe FamRZ 2002, 1020; Roth JZ 2002, 651, 653; Schlüter FamR Rz 336). Einschränkende Voraussetzung ist jetzt allerdings, daß das **Kind in den gemeinsamen Haushalt** des einbenennungsberechtigten Ehepaares **aufgenommen** worden ist. Die Einwilligung des anderen Elternteils ist nach neuem Recht – wegen des jetzt auch bei gemeinsamer elterlicher Sorge bestehenden Einbenennungsrechts – auch bei gemeinsamer Sorge stets erforderlich und nicht mehr, wie bisher, nur dann, wenn das Kind den Namen des anderen Elternteils führt. Allerdings handelt es sich dabei lediglich um eine redaktionelle klarstellende Änderung, weil die Namensbestimmung eine Angelegenheit von erheblicher Bedeutung ist, für die bereits nach § 1687 I S 1 gegenseitiges Einvernehmen beider sorgeberechtigten Elternteile erforderlich ist; ähnlich auch Roth JZ 2002, 651, 653; aA Brandenburg FamRZ 2002, 1735, 1736: Entbehrlichkeit der Zustimmung bei Nichtbestehen des namensrechtlichen Bandes mit Verweis auf EuGHMR 2002, 1017ff.

3 2. Die Einbenennung bewirkt die Namensgleichheit des leiblichen Elternteils des Kindes, des Stiefelternteils und etwaiger Halbgeschwister. Sie läßt sich aber auch dadurch erreichen, daß bei der Eheschließung des leiblichen

Elternteils des Kindes die Eheleute dessen Geburtsnamen, den er mit dem Kinde teilt, als Ehenamen gemäß § 1355 II wählen. Die Einbenennung von Kindern aus einer früheren Ehe dient der Integration in die neue Familie.

Die **Einbenennung ist ein einseitiges Rechtsgeschäft**. Es bewirkt lediglich, daß das nichteheliche Kind anstelle des bisherigen Namens den der Einbenennenden erhält. Weitere Rechte und Pflichten entstehen nicht. **4**

3. a) Die **Einbenennung** durch die Mutter und deren Ehemann setzt voraus, daß das **Kind** den Namen der Mutter, dh deren Geburtsnamen führt. Welcher Art dieser Name sein kann, dazu s § 1617a Rz 8ff. Zu den Anforderungen an die Einbenennung eines Kindes nach der Neuregelung des Kindschaftsrechts Naumburg EzFamR aktuell 2001, 314. **5**

b) Die **Einbenennung entfällt**, wenn das Kind aus früherer, geschiedener Ehe ist (KG FamRZ 1971, 263), ein späteres Vaterschaftsanerkenntnis des Ehemannes erfolgt (AG Duisburg StAZ 1990, 107f) oder mangels Anfechtung als Kind der Ehegatten gilt (§§ 1591, 1592), insofern es den Namen des Ehemannes trägt; ferner wenn bereits ein früherer Ehemann das Kind nach § 1618 aF einbenannt hat (ebenso zu § 1618 aF KG FamRZ 1979, 1068; Köln StAZ 1975, 191; Stuttgart FamRZ 1982, 955; Odersky aaO I; ausführlich dazu Staud/Coester Rz 25ff; aA Pal/Diederichsen Rz 4; Simitis StAZ 1970, 259; Engler FamRZ 1971, 79) oder wenn es nach altem Recht legitimiert (§ 1719), für ehelich erklärt (§§ 1736, 1740f), schließlich wenn es von einem Dritten als Kind angenommen worden ist; denn auch dann trägt es nicht mehr den Namen der Mutter. Anders ist dies, wenn die Mutter vor ihrer Eheschließung das nichteheliche Kind als Kind angenommen hat. In diesem Fall führt das Kind den Namen seiner Mutter, die Namenserteilung ist daher zulässig. Hat die Mutter nach Nichtigkeitserklärung oder Auflösung der Ehe gemäß § 1355 IV wieder den Geburtsnamen oder den Namen angenommen, den sie zZt der Eheschließung geführt hat, so kommt es darauf an, ob er sich mit dem Namen des nichtehelichen Kindes deckt (vgl Odersky aaO V; aA für den Fall, daß die Ehe, welche die Einbenennung veranlaßte, nur kurze Zeit dauerte, Pal/Diederichsen Rz 4, Engler FamRZ 1971, 80). Eine **zweite Einbenennung** ist nicht möglich; dies gilt auch dann, wenn das Kind vor dem Inkrafttreten des NEG (1. 7. 1970) geboren ist und sich sein Name zunächst nicht nach § 1617 aF, sondern § 1709 aF gerichtet hatte (BayObLG FamRZ 1990, 93f zum alten Recht). **6**

Die Einbenennung kommt nur beim unverheirateten Kind in Betracht. Sie erfordert eine **Erklärung des Alleinsorgeberechtigten** (Mutter oder Vater, denen das Sorgerecht übertragen wurde oder nach Tod der Mutter) **und des Ehegatten** (AG Lübeck StAZ 2002, 309). Der andere (nicht sorgeberechtigte) Elternteil muß zustimmen, wenn das Kind seinen Namen führt oder Elternteile gemeinsam sorgeberechtigt sind (s Rz 2 und BVerwG FamRZ 2002, 1104; Brandenburg FamRZ 2002, 1059; 1735, 1736; Rpfleger 2002, 567). Zum entgegengesetzten Fall – Kind trägt bereits Name der Mutter – und der möglichen Notwendigkeit der Zustimmung des nicht sorgeberechtigten Vaters vgl EuGHMR FamRZ 2002, 1017, 1018f. Die Namenserteilung ist auch noch möglich, wenn der zuerst nicht sorgeberechtigte Elternteil zur Zustimmung nicht mehr in der Lage ist, etwa weil er verstorben ist (LG Frankenthal FamRZ 1999, 1371). Jedoch ist dann zur Wirksamkeit der Namensänderung gem § 1618 S 4 die Ersetzung der Einwilligung des Verstorbenen durch das FamG erforderlich (Zweibrücken FamRZ 1999, 1572; aM BayObLG FamRZ 2002 1734, 1735 mit Darstellung des Meinungsstreits; AG Blomberg FamRZ 2002, 1736, 1737: analog für den Fall des absolut unbekannten Aufenthalts). Die Voraussetzungen für die Ersetzung der Einwilligung liegen nur vor, wenn sie aus Gründen des Kindeswohls unabdingbar notwendig ist und ein milderer Eingriff nicht ausreicht (Celle FamRZ 1999, 1374; Naumburg FamRZ 2001, 1731; Saarbrücken OLGRp 2002, 367; Zweibrücken, Urt v 8. 3. 2002 – 6 UF 180/01; Roth JZ 2002, 651, 653; Köln OLGRp 2003, 10: längere Kontakteruhe alleine reicht nicht ohne weiteres; Brandenburg Rpfleger 2002, 311: Gefährdung des Kindeswohls; BVerwG FamRZ 2002, 1104; BGH FamRZ 2002, 1330 u 1332: Kindeswohlgefährdung – Einbenennung „unerläßlich" zur Schadensabwendung; Brandenburg FamRZ 2003, 631; AG Blomberg FamRZ 2002, 1736; anders Naumburg FamRZ 2002, 637: Ersetzung der Einwilligung nicht erst bei Kindeswohlgefährdung). Zur Frage des Ersetzungsverfahrens, der Rechtsgrundlage und weiteren Reformbedarfs vgl Heistermann FamRZ 2003, 279f. Eine Namensänderung ist nur erforderlich, wenn das mit dem Elterninteresse grundsätzlich gleichrangige Kindesinteresse jenes überwiegt (Stuttgart FamRZ 1999, 1375; BGH FamRZ 2002, 1331, 1332: umfassende Interessenabwägung; AG Blomberg FamRZ 2002, 1736, 1737; Köln FamRZ 2002, 637 zur Voraussetzung der väterlichen Einwilligung/Stellenwert des erklärten Kindeswillens; Heistermann FamRZ 2003, 279, 280). Dabei ist nach dem Grundsatz der Verhältnismäßigkeit auch zu erwägen, ob die mildere Möglichkeit einer „additiven" statt einer „substituierenden" Einbenennung ausreicht (Frankfurt/M FamRZ 1999, 376; Köln FamRZ 2003, 630f; BGH FamRZ 2002, 94; 1330, 1331: wegen des aliud-Charakters aber erst bei Vornahme durch die Ehepartner; Saarbrücken OLGRp 2002, 367; Zweibrücken, Urt v 8. 3. 2002 – 6 UF 180/02: aber aliud, Gericht kann dies von sich aus nicht anordnen). Nach Frankfurt StAZ 2001, 270 ist eine familiengerichtliche Zustimmungsersetzung in die Einbenennung eines Kindes nach dem Tode des leiblichen Vaters nicht mehr möglich. **7**

Jedenfalls in den Fällen, in denen der Bindung an den bisherigen Namen keine tatsächliche Beziehung zwischen Kind und Elternteil mehr zugrundeliegt, ist eine Einbenennung, soweit sie dem Kindeswohl dient, auch erforderlich (Dresden FamRZ 1999, 1378; aA [enger] Köln FamRZ 1999, 374: nicht nur Dienlichkeit, sondern Erforderlichkeit; BVerwG FamRZ 2002, 1104, 1108). Daher müssen triftige Gründe für die Zurückstellung des Interesses des nicht sorgeberechtigten Elternteils an der Erhaltung der Namenseinheit bestehen (EuGHMR FamRZ 2002, 1017, 1018f; BVerwG FamRZ 2002, 1104, 1107; Saarbrücken OLGRp 2002, 367). Die Erforderlichkeit der Einbenennung für das Kindeswohl ist positiv festzustellen (Hamm FamRZ 1999, 1386; AG Blomberg FamRZ 2002, 1736, 1737). Damit soll das Interesse an der namensrechtlichen Verbindung mit dem Kind berücksichtigt werden (EuGHMR FamRZ 2002, 1017, 1018f; dazu auch Wittinger NJW 2002, 2371, 2372; BVerwG FamRZ 2002, 1104, 1107; BGH FamRZ 2002, 1331, 1332: Namenskontinuität; Brandenburg Rpfleger 2002, 567). Erst recht gilt dies bei ehelichen Kindern: Ein Elternteil soll nach Scheidung das Kind nicht alleine namensrechtlich von anderen trennen können. Beim Kind, das älter als fünf Jahre ist, bedarf die Einbenennung auch seiner Zustimmung (AG

§ 1618 Familienrecht Verwandtschaft

Lübeck StAZ 2002, 309: zum Zustimmungserfordernis des Kindes, dessen Vertretung durch den sorgeberechtigten Elternteil und das Verhältnis zu § 1795 iVm § 181). Hierbei gilt § 1617c. Es genügt nicht, daß das Jugendamt das Einverständnis der Kinder mitteilt (Köln FamRZ 1999, 735). Auf die dortige Kommentierung (§ 1617c Rz 8) wird verwiesen.

Im Falle der Geschäftsunfähigkeit des Stiefvaters oder der Mutter ist ebenso wie bei der Einwilligung zur einseitigen Einbenennung (§ 1617a) wegen des höchstpersönlichen Charakters der Erklärung eine Vertretung nicht möglich (s § 1617a Rz 24). Daraus folgt, daß die an sich beiderseitige Einbenennung allein vom Stiefvater erklärt werden kann. Zur Einbenennung von Stiefkindern s Hamm FamRZ 1999, 736; EuGHMR FamRZ 2002, 1071ff; BVerwG FamRZ 2002, 1104ff; Heistermann FamRZ 2003, 279f; Schlüter FamR Rz 336.

8 Zu einem Konflikt mit einer einseitigen Einbenennung mit dem Namen des Vaters (§ 1617a) kann es nicht kommen, da der Vater nur noch der Erklärung der Mutter (die wegen § 1626 II die allein Sorgeberechtigte ist, s § 1617a Rz 6) zustimmen kann. Das allein genügt aber nicht, wenn eine Erklärung der geschäftsunfähigen Mutter, die nicht vertreten werden kann (§ 1617a Rz 23) überhaupt nicht vorliegt. Zum Konflikt zwischen Vater und Stiefvater kann es bei geschäftsunfähiger Mutter also nicht mehr kommen.

9 In der Namensgestaltung des Kindesnamens bei der Einbenennung sind die Ehegatten freier. Schon seit der Neuregelung dem KindRG kann der bisherige Kindesname als Begleitname vorangestellt oder angefügt werden. Falls der Begleitname vom anderen Elternteil herrührt, ist dessen Einwilligung erforderlich. Bei Geschäftsunfähigkeit (s dazu bereits § 1617a Rz 23f) und bei Verweigerung kann die Einwilligung, wenn sie für das Kindeswohl erforderlich ist, vom FamG ersetzt werden (Brandenburg FamRZ 2002, 1058f; 1059f); auch dies eine Neuerung gegenüber § 1618 aF.

10 4. Hat eine beiderseitige Einbenennung stattgefunden, so ist eine einseitige nicht mehr möglich; denn dann trägt das Kind nicht mehr den Namen des allein Sorgeberechtigten. Für den umgekehrten Fall gilt das gleiche. Keiner der Fälle hat den Vorrang.

11 5. Nimmt der **allein sorgeberechtigte Elternteil nach Aufhebung oder Scheidung der neuen Ehe seinen Geburtsnamen** oder den **Namen wieder an**, den er zZt der **Eheschließung** geführt hat, so fragt es sich, ob trotz der beiderseitigen Einbenennung § 1617c I, II Nr 2 entsprechend anzuwenden ist.

12 Zwar ist in § 1618 S 6 nF auf § 1617c, und zwar nicht wie etwa in §§ 1617a, b nur auf § 1617c I verwiesen; die Stellung dieses Satzes nach den Einwilligungserfordernissen liegt aber nahe, daß nur auf § 1617c I verwiesen ist (aA anscheinend Hamm FamRZ 2002, 1731, 1732f: geht inzident von Anwendbarkeit des § 1617c I und II aus). Dafür spricht auch, daß bei einem Verweis auch auf § 1617c II Nr 2 der § 1618 dort erwähnt worden wäre, neben §§ 1617–1617b fehlt er aber dort. Diese Frage war bereits nach altem Recht umstritten. Für eine erneute Änderung Engler FamRZ 1971, 76; BVerwG FamRZ 2002, 1104, 1105: angedeutet, aber offen gelassen. Erstreckt sich dann die Namensänderung der Mutter auf ihr nichteheliches Kind, so kann bei einem erneuten Eheschluß der Mutter nicht mehr das nichteheliche Kind den zum Ehenamen gewordenen Geburtsnamen des neuen Ehemannes der Mutter erhalten. Das ist nach § 1617c II Nr 2 ausgeschlossen. Wird nach einer Einbenennung des Kindes, das dadurch den Ehenamen seiner Mutter und ihres Ehemannes erhält, der Geburtsname der Mutter infolge einer Adoption geändert, so ändert sich dadurch nicht auch der Name des Kindes (AG München StAZ 1987, 19).

1618a *Pflicht zu Beistand und Rücksicht*
Eltern und Kinder sind einander Beistand und Rücksicht schuldig.

1 1. **Gesetzeszweck.** Die Vorschrift entspricht § 137 II österr ABGB und Art 272 schweizer ZGB. Sie will auf die Grundlage des Zusammenlebens in der Familie und auf die Verantwortung füreinander hinweisen. Sie gilt sowohl für das Verhalten der Eltern den Kindern gegenüber als auch für das Verhalten der Kinder den Eltern gegenüber. Sie soll verdeutlichen, daß Leistung und Anspruch zwischen den Generationen in der Familie je nach Fähigkeit und Bedürftigkeit auf Gegenseitigkeit beruhen, sowie, daß gegenseitiger Beistand und gegenseitige Rücksicht die partnerschaftliche Familie kennzeichnen, der einseitiges Anspruchs- oder Herrschaftsdenken fremd sein sollte (s dazu Diederichsen NJW 1980, 2; Fieseler ZfF 1979, 193; Coester, Das Kindeswohl als Rechtsbegriff, 1983, S 196ff). Die Vorschrift ist nicht mit einer eigenen Sanktion bewehrt und bewußt so gefaßt, daß sie nur Leitlinien aufzeigt, an einen **Verstoß** aber **keine unmittelbaren Rechtsfolgen** knüpft. Gleichwohl wird von der Vorschrift, die generalklauselartig den Grundgedanken einer Vielzahl von Vorschriften aus dem Unterhaltsrecht und dem Recht der elterlichen Sorge sowie den §§ 685 II, 1619f zusammenfaßt, eine ähnliche Bedeutung erwartet, wie sie die Verpflichtung zur ehelichen Lebensgemeinschaft (§ 1353) erlangt hat. Vgl Bericht des Rechtsausschusses (BT-Drucks 8/2788) S 43; MüKo/v Sachsen Gessaphe Rz 1f; Diederichsen NJW 1980, 2.

2 2. **Rechtscharakter.** Auch wenn der Gesetzgeber den § 1618a bewußt nicht mit einer Sanktion versehen hat, so ist er rechtlich nicht bedeutungslos. Zwischen Eltern und Kindern können sich in unterhaltsrechtlichen Fragen Obliegenheiten ergeben (Brüne FamRZ 1983, 658; Staud/Coester Rz 7). § 1618a gestaltet aber auch, ebenso wie § 1353, bloße sittliche Pflichten zu Rechtspflichten um. Dafür spricht auch die Wortwahl „sind ... schuldig" (hM, Belchaus Rz 3; Bosch FamRZ 1980, 741, 748; Diederichsen NJW 1980, 1f, MüKo/v Sachsen Gessaphe Rz 2, 13f; Staud/Coester Rz 7). Er kann für die Rspr auch als Richtlinie dienen, an welcher einschlägige Vorschriften auszulegen und etwaige Gesetzeslücken auszufüllen sind; vgl Belchaus Rz 3; Staud/Coester Rz 10f, streitig ist jedoch, ob § 1618a auch unmittelbare Rechtswirkung entfaltet. Klagbare Leistungsansprüche werden überwiegend abgelehnt (MüKo/v Sachsen Gessaphe Rz 13; Schuchter FamRZ 1979, 882 (Österreich); Schwab, FamR, Rz 193; aM Pal/Diederichsen Rz 2; Soergel/Strätz Rz 3; Diederichsen NJW 1980, 2; Zettel DRiZ 1981, 212). Coester (Rz 13) will sie dagegen zulassen, wenn ausnahmsweise nur noch ein bestimmtes Verhalten als normgemäß erscheint. S dazu

Karlsruhe FamRZ 1979, 170 zu einem Auskunftsanspruch über Einkommensverhältnisse an das Amt für Ausbildungsförderung, der dort noch aus § 242 hergeleitet wurde, sich jetzt aber aus § 1618a ergeben dürfte.

3. Anwendungsbereich. § 1618a gilt für das Verhältnis von Eltern und Kindern unabhängig von ihrer Minderjährigkeit, den Sorgerechtsverhältnissen (Soergel/Strätz Rz 2) und auch davon, ob das Kind schon verheiratet ist und noch dem elterlichen Hausstand angehört (Holzhauer FamRZ 1982, 111). Die Vorschrift erfaßt also den gesamten rechtlichen und zwischenmenschlichen Bereich von Eltern und Kindern (Hegnauer ZfJ 1980, 686f; van Els DAVorm 1991, 124ff; Staud/Coester Rz 6). Dabei sind jedenfalls mit dem KindRG, das Ehelichkeit als Differenzierungskriterium aufgegeben hat (dazu § 1618 Rz 2), den ehelichen die nichtehelichen Kinder sowie die Adoptiv- (Soergel/Strätz Rz 2) und Stiefkinder (Knöpfel FamRZ 1985, 554, 560; aM Staud/Coester Rz 22), nicht dagegen Schwiegerkinder gleichgestellt. Die Vorschrift gilt ferner auch zwischen Großeltern und Enkeln (Knöpfel aaO; Staud/Coester Rz 23), schafft jedoch keine Rechtsbeziehungen der Eltern untereinander (dort §§ 1353, 1360), aber auch nicht unter Geschwistern (ebenso Knöpfel aaO, S 559 mit dem zutreffenden Hinweis auf die Überschrift des 4. Titels: „Rechtsverhältnis zwischen den Eltern und dem Kinde"; aM Jayme FamRZ 1981, 225; Pal/Diederichsen Rz 2; Staud/Coester Rz 24).

4. Norminhalt. Allgemeines. Die wechselseitige Verpflichtung begründet kein Gegenseitigkeitsverhältnis iSd §§ 320ff. Sie besteht unabhängig voneinander und wird im Umfang wesentlich durch Art und Ausmaß des Eltern-Kind-Verhältnisses und die Ausgestaltung der persönlichen Beziehungen im Einzelfall bestimmt. Aber auch das Alter des Kindes spielt eine wichtige Rolle. So wächst das Kind selbst mit zunehmendem Alter immer mehr von der Rücksicht- in die Beistandspflicht hinein.

a) Beistand bedeutet Hilfeleistung oder Unterstützung durch **aktives Handeln**. § 1618a hat insoweit eine Auffangfunktion, weil es zahlreiche positivrechtliche Regelungen gibt, die vorrangig gelten (zB §§ 1605, 1619f, 1624, 1626 II, 1631a I). In Anlehnung an die Regelungen zur Unterhaltspflicht (§§ 1602 I, 1603 I) wird die Beistandspflicht durch den dem Berechtigten zumutbaren eigenen Handlungsbereich **(Erforderlichkeit)** und danach beschränkt, ob dem Verpflichteten ein Tätigwerden **zumutbar** ist.

Zu unterscheiden sind materielle und fürsorgerische Beistandsleistungen.

aa) Eine **materielle Beistandsleistung** ist als geldwerte (finanzielle oder sachliche) Unterstützung über die gesetzliche Unterhaltspflicht hinaus denkbar. Für einen erhöhten Unterhaltsbedarf müssen aber triftige Gründe im Rahmen des Unterhaltsschuldverhältnisses angegeben werden können (Köln FamRZ 1982, 834: Auszug einer 18jährigen aus der am Schulort befindlichen Wohnung der Mutter in eine außerhalb gelegene). Je nach dem Leistungsvermögen der Eltern können diese zu relativierenden triftigen Gründe (Frankfurt FamRZ 1983, 1156) auch schon in dem natürlichen Streben nach Selbständigkeit liegen (Staud/Coester Rz 48).

bb) Fürsorgerische Beistandsleistungen. Zu ihnen gehören insbes psychisch-beratende und unterstützende Tätigkeiten, wie zB Hilfeleistung bei Krankheit (zum Versicherungsschutz bei umfangreichen Pflegeleistungen s BSG NJW 1990, 1558ff), Not, Gefährdung einer Person (BGH 1938, 302: Sohn hilft angegriffenem Vater), Selbstmordgefahr, ungewollter Schwangerschaft, Alkohol- und Drogensucht, Entlassung aus Strafhaft, aber auch Anrufen von Arzt, Notdienst, Fahrer, Polizei und Feuerwehr. Ferner sind Hilfe im Rechts- und Behördenverkehr zu leisten (Ausfüllen von Formularen; Soergel/Strätz Rz 4) und auch Dritten gewisse Auskünfte bei Bewerbungen und Antragstellungen zu erteilen (s dazu Karlsruhe FamRZ 1979, 170; Rz 2).

Die Verpflichtung zur Betreuung von Enkelkindern (Knöpfel aaO, S 560) korrespondiert mit einem **Umgangsrecht**, das nicht aus § 1626 III nF besteht, bei unbegründeter Weigerung aber aus Gründen des Kindeswohls nach § 1666 festgelegt werden kann (zuletzt zu § 1634 aF BayObLG FamRZ 1980, 284; s auch Staud/Coester Rz 34 mN). Durch § 1618a wird die Argumentationsebene für ein Umgangsrecht wesentlich erweitert. Dazu ausführlich Staud/Coester Rz 34f.

Die Eltern, denen der Umgang mit den Enkelkindern zusteht, haben dadurch bedingt auch das Recht, sich in der Wohnung ihres Kindes aufzuhalten, soweit es die Ausübung des Umgangsrechts mit den Enkelkindern erforderlich macht. Eine darüber hinausgehende **Aufnahmepflicht** der **Kinder**, die analog § 888 II ZPO nicht vollstreckbar ist (Soergel/Strätz Rz 3), könnte sich gegenüber alt gewordenen, pflegebedürftigen und/oder alleinstehenden Eltern (teilen) ergeben. Sie setzt eine Abwägung der gegenseitigen Interessen unter Berücksichtigung der Erforderlichkeit und der Zumutbarkeit der Aufnahme in die Hausgemeinschaft voraus (Rz 5). Auf seiten des Aufzunehmenden ist insbesondere zu berücksichtigen, welche Alternative ihm über die Auswahl unter mehreren Kindern hinaus im Falle der Pflegebedürftigkeit – finanzielle Mittel für Heimunterbringung oder eigenes Pflegepersonal – oder als alleinstehende Person – sonstige gesellschaftliche Kontakte, Berufstätigkeit – bei eventueller Neigung zu Depressionen oder Selbstmordgefahr – zur Verfügung stehen. Die Zumutbarkeit wird beeinflußt durch den vorhandenen Wohnraum, die Eignung und fachliche Befähigung zur Pflege (allenfalls Verpflichtung zur vorübergehenden Pflege; Staud/Coester Rz 13), das Ausmaß der Anwesenheit in der Wohnung (Berufstätigkeit, häufiger Urlaub) und die Verträglichkeit der Charaktere. Dabei kommt es zunächst auf das Eltern-Kind-Verhältnis an. Hatten beide Parteien schon jahrelang keine Kontakte mehr, sind sie im Streit auseinandergegangen oder haben die Eltern ihr Kind gar (zB wegen der Geburt eines Kindes oder Straffälligkeit) aus dem Haus „geworfen", ist die Grenze zur Unzumutbarkeit eher bzw allein schon erheblich überschritten. Sie wird aber auch durch einzelne Fehlverhaltensweisen, wie patriarchalische Gesinnung, strafbare Handlungen gegenüber dem Kind (zB Vergewaltigung der Tochter durch den Vater), Kinderfeindlichkeit, (ständige) Einmischung in Erziehungsfragen etc beeinflußt. Hat das Kind eine eigene Familie, entstehen aber auch kollidierende Pflichtenkreise. Dabei genießen die Interessen des Ehepartners und der eigenen Kinder trotz der Betonung eines lebenslang unauflöslichen Eltern-Kind-Verhältnisses absoluten Vorrang. Der Schutz der Ehe, der durch eine Abwägung zwischen Schwiegerkind und Schwiegerelten-

L. Michalski

§ 1618a Familienrecht Verwandtschaft

(teil) gefährdet wäre, und die Verpflichtung zur Personensorge gegenüber den eigenen, mit den Großeltern nicht harmonierenden Kindern (§ 1626 I), verdrängen die Aufnahmepflicht des Kindes im Verhältnis zu den eigenen Eltern. Etwas anderes im Sinne einer Verschiebung der Zumutbarkeitsgrenze zugunsten der die Aufnahme anstrebenden Person ergibt sich dann, wenn diese zuvor schon ständige Hilfeleistungen im Haushalt ihres Kindes erbracht hat und während dieser Zeit von jeweils wenigen Tagen oder Wochen in regelmäßigen Abständen auch in die Hausgemeinschaft aufgenommen war, sofern nicht die für eine Unzumutbarkeit sprechenden Gründe nach der letzten Aufnahme oder erst während der Mitarbeit im Haushalt entstanden sind. Außerdem kann eine nur periodenweise erfolgte Aufnahme in die Hausgemeinschaft gerade deshalb geschehen sein, weil die Beziehung nach kurzer Zeit des Zusammenlebens stets zu unüberbrückbaren Spannungen führte.

11 Der Vorrang der Beziehungen zu dem Ehepartner und den eigenen Kindern gegenüber den Eltern führt in den Fällen zu einem **Rangverhältnis** von Großeltern und selbst volljährig gewordenen Enkeln, aus denen sich für beide ein Aufnahmerecht ergeben könnte, wie die Stellung als Flüchtling oder Strafentlassener (Pal/Diederichsen Rz 3). Andere typische Umstände sind dagegen faktisch (wohl) auf die eigenen nicht mehr minderjährigen Kinder des Aufnahmepflichtigen (sonst gelten §§ 1626, 1627, 1631) beschränkt. Zu erwähnen ist das durch Drogen- oder Sekteneinfluß desorientierte Kind (Staud/Coester Rz 28) oder die schwangere, unverheiratete oder auch die verheiratete, vom Ehemann verlassene Tochter. Eine Aufnahmepflicht trifft auch den nicht sorgeberechtigten Elternteil gegenüber seinem minderjährigen Kind, wenn es die Rückkehr zum sorgeberechtigten Elternteil verweigert *und* wenn er sich erfolglos darum bemüht hat, das Kind zur Rückkehr zum Sorgeberechtigten zu veranlassen (Staud/Coester aaO).

12 Eine **Mitarbeitspflicht** im Hausstand sowie im landwirtschaftlichen oder gewerblichen Betrieb der Kinder oder der Eltern (über § 1619 hinaus) aus § 1618a läßt sich nur im Einzelfall bei Vorliegen besonderer Umstände, wie beispielsweise einer Notlage begründen (BGH FamRZ 1985, 310: Nichtannahme der Revision von Bamberg FamRZ 1985, 308 m krit Anm Coester, S 956).

13 **b) Rücksicht** besteht nicht in einem passiven Verhalten, sondern in der am Grundsatz der **Verhältnismäßigkeit** ausgerichteten gegenseitigen Achtung der Person und der Belange der anderen Familienmitglieder (dazu BayObLG FamRZ 1993, 803, 804: Duldung baulicher Maßnahmen). Auch der durch das BetrG eingefügte § 1631c, der ein Verbot der Sterilisation des Kindes beinhaltet, dient der Achtung der Persönlichkeit des Kindes. Gerade bei diesen Merkmalen wird die Funktion des § 1618a als Grundsatznorm und damit auch als Auslegungsrichtlinie für andere speziellere Vorschriften deutlich. Das trifft insbes auf die der Achtung der Kindespersönlichkeit dienenden §§ 1626 II, III, 1631a I, 1631b, 1632 IV, 1666, 1671 II Nr 2 Hs 2, 1681 II zu. Ergänzende Funktion hat § 1618a gegenüber § 1626 III nF. Die Verpflichtung des Kindes zum Umgang mit dem nicht sorgeberechtigten Elternteil wird ergänzt durch die in dieser Vorschrift nicht geregelte Schuld zur Rücksichtnahme gegenüber dem Kind bei Ausübung dieser Maßnahme. Um die Ausfüllung einer Gesetzeslücke geht es auch bei der Verpflichtung volljähriger Kinder, für die § 1626 III nF nicht gilt, zur Vorlage von Schul- und Hochschulzeugnissen an den unterhaltsverpflichteten Elternteil. Zum Aufenthaltsrecht volljähriger Kinder in der elterlichen Wohnung s AG Gladbeck FamRZ 1991, 980. § 1618a beeinflußt das **Unterhaltsrecht** aber noch in anderer Weise. Einen Anspruch auf Beratung hat das volljährige Kind, das mit Zustimmung des Barunterhaltspflichtigen ein Studium begonnen hat und es nunmehr abbrechen oder unterbrechen möchte (Celle FamRZ 1980, 914; Frankfurt FamRZ 1984, 193). Ein Verstoß gegen § 1618a kann nach § 1611 I zur Unterhaltsminderung berechtigen (Bamberg FamRZ 1992, 717: Verweigerung jeglichen Kontakts). Zur Frage, ob dem Unterhaltspflichtigen der Wechsel auf einen geringer entlohnten Arbeitsplatz zu gestatten ist, Karlsruhe FamRZ 1993, 836. Zur Bedeutung des § 1618a bei der Auslegung des unbestimmten Rechtsbegriffs der „besonderen Gründe" in § 1612 II S 2 s Schleswig NJW-RR 1991, 710f. Die familienrechtliche Pflicht zur Rücknahme kann auch verletzt werden, daß Eltern ihre Kinder veranlassen, eine **Bürgschaft** zu leisten, die deren finanzielle Leistungsfähigkeit bei weitem übersteigt (BGH NJW 1994, 1298; 1341; 1997, 52ff).

14 **Besondere Rücksicht** ist auf die Bedürfnisse von Kranken, Schwangeren, Examenskandidaten und ähnlich belasteten Familienmitgliedern zu nehmen. Dasselbe gilt beim Tod eines Familienangehörigen als wechselbezügliche Verpflichtung. Die **familiäre Lebensgemeinschaft** wird darüber hinaus in vielfältiger Weise durch § 1618a geprägt, wie zB dem Zurückstecken eigener Wünsche bei Familienentscheidungen (Verzicht auf Urlaubsreise, damit Familie verreisen kann; MüKo/v Sachsen Gessaphe Rz 9), dem Verzicht auf die Anschaffung von Luxusgegenständen zugunsten der Ausbildung oder der Bekleidung der Kinder sowie der Achtung der Intimsphäre und der Persönlichkeit der anderen. Dazu gehört auch die Toleranz gegenüber religiösen, weltanschaulichen und politischen Meinungen (Belchaus Rz 7), umgekehrt aber auch Zurückhaltung bei der Äußerung solcher Ansichten. Für das **Außenverhältnis** folgt daraus die Pflicht zur Diskretion über interne Familienangelegenheiten und eine Zurückhaltung bei der Erstattung von Strafanzeigen (Staud/Coester Rz 45) sowie der Verfolgung von Rechtsangelegenheiten, auf die im Einzelfall sogar verzichtet werden muß (Beitzke § 25; Schwab Rz 391).

15 Nach der Ansicht des BVerfG hat das **nichteheliche Kind ein Recht auf Kenntnis des leiblichen Vaters** (FamRZ 1989, 147; dazu Koch FamRZ 1990, 569ff; ablehnend Zweibrücken NJW 1990, 719f; LG Landau DAVorm 1989, 634f; AG Schwetzingen DAVorm 1992, 88). Dem aufgrund von Art 6 V GG begründeten Informationsinteresse des Kindes wird gegenüber dem Geheimhaltungsinteresse der Mutter (Schutz der Intimsphäre, Art 2 I GG) aber nicht regelmäßig der Vorrang einzuräumen sein, vielmehr ist wegen der grundsätzlichen Gleichrangigkeit eine umfassende Interessenabwägung durchzuführen (BVerfG FamRZ 1997, 869, 871; LG Bremen FamRZ 1998, 1039, LG Münster FamRZ 1999, 1441: Auskunftsanspruch des nichtehelichen Kindes auf Mitteilung der Namen und Anschriften derjenigen Männer, die der Mutter in der gesetzlichen Empfängniszeit beigewohnt haben). Für eine Auskunftspflicht (jedoch vor der og BVerfG-Entscheidung) wenn sie dazu dient, Erbansprüche vorzubereiten, LG Saarbrücken NJW-RR 1991, 1479f (Ansprüche aber aus Art 6 V GG iVm §§ 1924 I,

1934aff) und AG Gmünden FamRZ 1990, 200f. Ausreichend dürfte aber bereits die Absicht sein, Vaterschaftsfeststellungsklage zu erheben (s dazu Düsseldorf DAVorm 1991, 944f). Ähnlich LG Münster FamRZ 1990, 1031ff, wo die Mutter sich nicht sicher war, wer der Vater ist, und dafür vier Personen in Betracht kamen. Denkbar sind immer Konfliktlagen, in denen die Gründe der Mutter für ihr Schweigen auch um den Preis rechtlicher und finanzieller Nachteile für ihr Kind und die Allgemeinheit zu respektieren sind (AG Schwetzingen DAVorm 1992, 88ff). Zur **Beweislast** Köln FamRZ 1994, 1197f.

1619 *Dienstleistungen in Haus und Geschäft*
Das Kind ist, solange es dem elterlichen Hausstand angehört und von den Eltern erzogen oder unterhalten wird, verpflichtet, in einer seinen Kräften und seiner Lebensstellung entsprechenden Weise den Eltern in ihrem Hauswesen und Geschäft Dienste zu leisten.

1. Grundsätzliches. Die Pflicht des hausangehörigen Kindes zu unentgeltlicher (Büttner FamRZ 2002, 1445, 1446: Mitarbeitsobliegenheit schließt ein Entgelt für Mitarbeit im Haus nicht aus) Arbeit ist eine Folge der Hausgemeinschaft und beruht auf dem familienrechtlichen Eltern-Kind-Verhältnis (BGH FamRZ 1960, 101), ohne Rücksicht auf Kindesalter (BGH FamRZ 1958, 173; 1965, 318, 430: Auch ein volljähriger Haussohn leistet Dienste in elterlichem Geschäft in der Regel auf familienrechtlicher Grundlage nach § 1619), Geschlecht, Familienstand (verheiratet, ledig, vgl BGH FamRZ 1958, 173; Schlüter FamR Rz 341) und elterliche Sorge. Die Vorschrift ist zwingendes Recht, schließt es aber nicht ausschließlich, daß im Einzelfall zwischen Eltern und Kind ein schuldrechtliches Arbeitsverhältnis oder ein Gesellschaftsverhältnis begründet wird, siehe Rz 16–25. Nur selten wird die Pflicht aus § 1619 mit einer solchen auf Unterhaltsleistung konkurrieren; dazu Rz 4, 23. Der familienrechtliche Anspruch auf Dienstleistung ist höchstpersönlich, er ist unübertragbar, unvererblich (BGH FamRZ 1961, 117) und verjährt nicht (§ 194 II). Diese familienrechtliche Grundlage für die Dienstpflicht des Kindes kann nicht durch einen Vertrag der Beteiligten ersetzt werden (Gernhuber FamRZ 1960, 120).

2. Voraussetzungen. a) Zugehörigkeit zum elterlichen Hausstand oder dem eines Elternteiles, wenn zB der andere verstorben oder geschieden ist. Der Stiefvater gehört anders als die Adoptiveltern und ebenso wie die Großeltern (MüKo/v Sachsen Gessaphe Rz 7; Soergel/Strätz Rz 2; aM Staud/Coester Rz 17) aber nicht zu den „Eltern". Lebt jedoch die Mutter des Kindes im Haushalt, so sind die Dienste des Kindes im Hauswesen der Mutter und damit im Sinne des § 1619 geleistet; vgl Nürnberg FamRZ 1960, 119 mit kritischer Anm Gernhuber. Hilft die nichteheliche Tochter ihrer Mutter, die Pflichten zu erfüllen, die dieser aus einer mit dem Ehemann eingegangenen Innengesellschaft oblagen, so erbringt sie eine Leistung nach § 1619 (BGH FamRZ 1967, 618). Im Verhältnis zum nichtehelichen Vater gilt der § 1619 nur, wenn er das Kind in seinen Hausstand aufgenommen hat. § 1619 entfällt auch für das Verhältnis zwischen Onkel und Neffen, selbst wenn seine Voraussetzungen im übrigen vorliegen (RAG JW 1937, 3188). Schließlich ist er auch auf das Verhältnis zwischen Vormund und Mündel nicht anwendbar (Staud/Coester Rz 19; aA in Verkennung der familienrechtlichen blutsmäßigen Grundlage der Dienstpflicht HansOLG HansGZ 1936 B 280).

b) Das Kind muß im elterlichen Hausstand den **Mittelpunkt** seiner Lebensbeziehungen haben, also sich dort regelmäßig aufhalten und beköstigt werden (RG 142, 181); bloßes Wohnen genügt nicht, ist andererseits auch nicht unbedingt erforderlich. Unerheblich ist die Lage der Wohnung auf dem elterlichen Hof dann, wenn das Kind mit seinem Ehepartner eine eigene Wohnung bewohnt, von dort aus zur Arbeit geht und die Wohnung komplett eingerichtet hat (Stuttgart VRS 79, 169).

c) Das **Kind muß** von den Eltern **erzogen** werden. Das trifft lediglich auf minderjährige Kinder zu, hinsichtlich derer den Eltern oder wenigstens einem Elternteil das Personensorgerecht zusteht (§§ 1631 I, 1626). Oder es muß von ihnen – ganz oder wenigstens teilweise – **unterhalten werden**, was auch bei einem Volljährigen der Fall sein kann, gleichviel ob dies kraft gesetzlicher Verpflichtung oder freiwillig geschieht. Daher ist nicht dienstpflichtig der anderweit untergebrachte Minderjährige, auch nicht der Volljährige, der sich bei den Eltern selbst verpflegt oder über ein nicht unbedeutendes eigenes Einkommen verfügt (Stuttgart VRS 79, 169ff; Büttner FamRZ 2002, 1445, 1446: bei anderweitiger Erwerbstätigkeit); wohl aber uU der während der Semesterferien im Hause weilende oder am elterlichen Wohnsitz studierende Student, dem dadurch Unterhalt gewährt wird (§ 1612 II 1); zum Konnex von Hausverbleib (mit Dienstpflicht) und Unterhaltsgewährung s Karlsruhe FamRZ 1976, 641, 642; Staud/Coester Rz 10; Büttner FamRZ 2002, 1445, 1446. Die die Dienstpflicht nicht begründende Fürsorgeerziehung ist durch das SGB VIII entfallen, da der Gesetzgeber einen eigenständigen Anwendungsbereich nicht mehr gesehen und auf Eingriffstatbestände bewußt verzichtet hat (BT-Drucks 11/5948, 66, 46). Ein vergleichbares Instrumentarium ist die Hilfe zur Erziehung in einer Einrichtung über Tag und Nacht (Heimerziehung) gemäß § 34 SGB VIII, die sich aber nicht mehr von der Fürsorgeerziehung unterscheidet, als ihr Profil nun eigens geregelt ist. In Betracht kommt sie nach § 27 II SGB VIII im Falle des Vorliegens der pädagogischen Voraussetzungen sowie nach Beratung der Eltern und Kinder gemäß § 36 SGB VIII. Da es sich insoweit um keine Erziehungshilfe unter „Verschluß des Kindes" handelt und die Eltern weiterhin an der Erziehung mitwirken sollen (§ 37 I S 1 SGB VIII), kann in einer Heimerziehung allenfalls ein Verzicht der Eltern auf die Dienste des Kindes/Jugendlichen gesehen werden. Die Dienstpflicht als solche dürfte dann aber noch bestehen.

d) Eltern können aus § 1619 **kein Recht** darauf herleiten, **daß das Kind**, das sich selbständig machen darf, insbesondere aber das volljährige, im **Elternhaus verbleibt**. Es kann den Hausstand der Eltern verlassen und ein eigenes gründen (BGH FamRZ 1958, 173; 1960, 101). Darin liegt auch der Grund dafür, warum der familienrechtliche Dienstanspruch beim volljährigen Kind „besonders schwach und unvollständig" ist (BGH 69, 380; FamRZ 1972, 87, 88: „unvollkommene Verpflichtung") und durch eine vertragliche Vereinbarung besonderer Art sogar ausgeschlossen werden kann (Oldenburg NdsRpfl 1983, 138, 140).

L. Michalski

§ 1619 Familienrecht Verwandtschaft

6 3. **Rechtsfolgen. a)** Solange die Voraussetzungen (Rz 2–5) zutreffen, ist das **Kind verpflichtet**, nach seinen körperlichen und geistigen Fähigkeiten **zumutbare, unentgeltliche Dienste im Haushalt, Betrieb** oder **Geschäft der Eltern** (des Elternteiles) **zu leisten**.

7 Beruht die Dienstleistungspflicht darauf, daß das minderjährige Kind **erzogen** wird, so sind im Regelfall beide Elternteile erziehungs- und damit anspruchsberechtigt (§ 1626). Steht dagegen die elterliche Sorge oder das Recht und die Pflicht, für die Person des Kindes zu sorgen, nur einem Elternteil zu, so kann nur dieser die Dienste gemäß § 1619 fordern.

8 Gründet sich die Dienstleistungspflicht darauf, daß das dem elterlichen Hausstand angehörige Kind – es kann minderjährig oder volljährig sein – von den Eltern oder einem Elternteil **unterhalten** wird, so gilt hinsichtlich der Anspruchsberechtigung Gleiches. Ist das Kind noch minderjährig, so kommt es aber nicht darauf an, ob den Eltern oder einem Elternteil auch die elterliche Sorge als Ganzes oder das Recht der Personensorge zusteht.

9 Unter **Diensten** ist die Entfaltung körperlicher oder geistiger Tätigkeit zu verstehen. Aus besonderem Anlaß, zB Krankheit, Unglücksfall, kommen auch außergewöhnliche und, zumeist bei Volljährigen, solche höherer Art in Betracht, wenn sie in den Rahmen fallen (RG 162, 119). Dem erwachsenen Kinde steht es ohnehin frei, jederzeit, wenngleich nicht zur Unzeit, den elterlichen Haushalt zu verlassen (s Rz 5), oder sich vertraglich eine Vergütung auszubedingen (BGH FamRZ 1960, 101), man denke zB an Arzt, Anwalt, Prokurist, Wirtschaftsprüfer. Die elterlichen Anordnungen sind einseitige, rechtsgestaltende Gebote, die das Kind auszuführen hat, es sei denn, sie stellen sich als Willkür oder Mißbrauch dar. Auf die Ausbildung des Kindes ist Bedacht zu nehmen. Daher darf zB ein Bäckermeister den studierenden Sohn nicht in die Backstube kommandieren. Hier greift auch § 1618a ein. Die Sorgfaltspflicht der Eltern bemißt sich nach § 1664, also Haftung wie in eigenen Angelegenheiten (§ 277). Entsprechendes wird analog §§ 1359, 1664 I für die Haftung des Kindes zu gelten haben, offengelassen in BGH NJW 1979, 1600, 1601. Jedenfalls dürfen die Eltern die Verantwortung nicht auf das Kind abwälzen. Es ist ihre Sache, Kinder zur erforderlichen Sorgfalt anzuhalten; vgl Beitzke/Lüderitz § 25 III 3.

10 **b)** Bei **Mißbrauch** trifft das FamG gemäß § 1666 Schutzmaßnahmen zugunsten des unter elterlicher Sorge Stehenden. Wer dieser entwachsen ist, kann sich nicht immer dadurch schützen, daß er dem elterlichen Hausstand den Rücken kehrt. Verweigert das Kind unberechtigt Dienste, so kann, wenn es minderjährig ist, der Erziehungsberechtigte (§ 1631 I) angemessene Zuchtmittel anwenden. Daß dies in § 1631 nicht mehr ausdrücklich steht, ändert hieran nichts. Nur gegen das volljährige Kind können Eltern auf Leistung klagen, wobei aber nur symbolische Bedeutung hat; denn das Urteil ist analog § 888 II ZPO nicht vollstreckbar. Das volljährige oder minderjährige Kind darf aber durch Kürzung des Unterhalts (zB des Taschengeldes) zur Dienstleistung angehalten werden (ebenso Doelle II § 90 III 3; Staud/Coester Rz 42; str). Ein völliger Entzug scheitert an der fehlenden Gegenseitigkeit von Unterhaltsgewährung und Dienstleistung (dazu Rz 11).

11 **c) Was** durch die Dienstleistung des minder- oder volljährigen Kindes **erworben wird**, fließt nicht diesem, sondern den **Eltern** oder dem erziehenden, unterhaltenden Elternteil **zu**, und zwar ohne Rücksicht auf den etwaigen hohen Wert der geleisteten Arbeit (BGH FamRZ 1960, 101). **Freiwillige Zuwendungen** der Eltern, insbesondere Taschengeld, sind keine Schenkung (Kolmar DJZ 1912, 760; Staud/Coester Rz 49; Gernhuber-Coester-Waltjen § 47 I 6; Dölle § 90 III 5; Kipp/Wolff § 76 III 4), aber auch kein Arbeitsentgelt, sondern Teil des Unterhalts (Büttner FamRZ 2002, 1445, 1446: für Überlassung einer den Eltern gehörenden Wohnung und für Aufsichts- und Betreuungsleistungen der Großeltern). Wird er gewährt, so ist er bei der im Familienrecht wurzelnden Dienstpflicht keineswegs die für die geleisteten Dienste geschuldete Vergütung (Büttner FamRZ 2002, 1445, 1446: Mitarbeitsobliegenheit schließt Entgelt nicht aus), ebensowenig wie diese Dienste die geschuldete Gegenleistung für den Unterhalt sind. Es fehlt an einem Verhältnis von Leistung und Gegenleistung im Sinne des §§ 320ff (BGH aaO; RG 99, 112; RAG JW 1934, 1062 Nr 2). Das Kind erwirbt also den Unterhalt nicht durch seine Arbeit, sondern ist dienstpflichtig, weil es unentgeltlich unterhalten wird (RG 67, 57); das wird von Wussow (DR 1939, 982) zu Unrecht bestritten.

12 **d) Arbeitet** das **erwachsene Kind** unter Verzicht auf bessere Erwerbsmöglichkeiten, vielleicht sogar **über seine Pflichten** nach § 1619 **hinaus**, aber in Erwartung späterer Geschäftsübertragung, Hofübernahme oder Erbschaft, so steht ihm, wenn seine Annahme fehlgeht, ein Anspruch auf **Vergütung** für die geleisteten Dienste nach den **Grundsätzen der ungerechtfertigten Bereicherung** zu (causa data, causa non secuta), vgl RG WarnRsp 1942, 228; BGH FamRZ 1960, 101; 1965, 319, 431; 1966, 26, 347; 1968, 194; 1972, 87; vgl auch Schlüter FamR Rz 342), wobei aber erst seit BGH FamRZ 1965, 217 zwischen familienrechtlicher Mitarbeit nach § 1619 und Dienstleistungen auf vertraglicher Grundlage unterschieden wird (dazu Rz 20). Bis dahin wurde ohne Unterscheidung ein Anspruch aus § 812 I S 2 Alt 2 gewährt. Zur Frage, warum eine Erbschaftserwartung fehlschlägt s LG Freiburg FamRZ 1984, 76 (rkr).

13 Die Bereicherung ist in Fällen, in denen die versprochene Erbeinsetzung oder Hofübergabe deshalb nicht gefordert werden konnte, weil die Einigung der Rechtsgültigkeit entbehrte (§§ 311b I, III, 2302, 2276), grundsätzlich in der Ersparnis wiederkehrender Lohnzahlungen an eine fremde Arbeitskraft zu erblicken. Dieser Anspruch unterliegt der kurzen Verjährung nach § 196 I Nr 8 (BGH FamRZ 1965, 319 unter Hinweis auf BAG NJW 1964, 2178).

14 Hat hingegen das Kind das Versprechen, es zur Gründung einer eigenen Existenz auszustatten, angenommen, so gilt die Formvorschrift des § 518 nicht, wenn sich die in Aussicht genommene Ausstattung im Rahmen des § 1624 hält. Aber auch soweit sie dieses Maß überschreitet, kann ein Schenkungsversprechen nur angenommen werden, wenn sich die Beteiligten über die Unentgeltlichkeit einig gewesen sind. Das entfällt jedoch dann, wenn die versprochene Ausstattung einen Ausgleich dafür darstellen sollte, daß das Kind jahrelang dem elterlichen Hof seine volle Arbeitskraft zur Verfügung stellte (BGH FamRZ 1965, 431). Die rechtsgeschäftliche Zusage des Vaters ist sonach rechtsgültig. Für sie müssen die Erben einstehen. Welcher Ausgleich in Geld als „Starthilfe" zu leisten ist, richtet sich nach §§ 157, 242.

In diesen Fällen wird die familienrechtliche Grundlage der Dienstleistungspflicht nicht in Frage gestellt (RG 74, 140; RAG JW 1932, 3483 Nr 17; BGH FamRZ 1965, 431; 1972, 87). **15**

4. a) Ein **schuldrechtliches Arbeitsverhältnis** zwischen Eltern und Kind ist nicht ausgeschlossen, es kann auch stillschweigend zustande kommen (BGH FamRZ 1958, 173; 1965, 319; RAG JW 1934, 1598; Schlüter FamR Rz 342). Dienstleistung und Unterhaltsgewährung können daher je nach den Umständen des Einzelfalles – im wesentlichen eine Frage tatrichterlicher Beurteilung (BGH aaO) – familienrechtlicher oder schuld- (arbeits)rechtlicher Art sein. Die **Vermutung** spricht selbst bei **landwirtschaftlichen Lebensverhältnissen** nicht mehr für das erstere, BGH FamRZ 1973, 298, 299; Zweibrücken VersR 1981, 542; Celle NJW-RR 1990, 1478ff (Sohn als Hoferbe vorgesehen); Staud/Coester Rz 63 mN; and noch BGH FamRZ 1958, 173; 1960, 101; 1965, 430). Sie wird nicht dadurch entkräftet, daß sich Leistungen und Verantwortung des Kindes erhöhen (RG 162, 120). Dafür, daß ein familienrechtliches Verhältnis in ein arbeitsrechtliches umgewandelt wurde, müssen besondere Anzeichen vorliegen (RAG JW 1934, 1062). Diese können jedenfalls bei landwirtschaftlichen Lebensverhältnissen nicht schon darin gesehen werden, daß erwachsener und verheirateter Sohn durch seine Dienste eine voll entlohnte Arbeitskraft ersetzt und praktisch zu einem wesentlichen Teil der Ernährer der Eltern ist (BGH FamRZ 1958, 173; 1960, 101; RAG JW 1933, 2081; 2408). Für sonstige Arten der Mitarbeit gilt das nicht mehr. Ein Dienstvertrag ist nicht nur beim Vorliegen besonderer Umstände anzunehmen (BGH FamRZ 1973, 298). Wenn demnach ein fast volljähriger Sohn sich nach Aufgabe eines bezahlten Arbeitsverhältnisses einer Tätigkeit im väterlichen Betrieb (Kraftfahrzeugwerkstatt) widmet, so kann ein familienrechtliches Verhältnis im Sinne des § 1619 nicht ohne weiteres angenommen werden (LG Konstanz VersR 1969, 1126). Für ein **Vertragsverhältnis** kann sprechen, daß Art und Ausmaß der Dienste und die Entlohnung im einzelnen festgelegt wurden (BFH AP Nr 1 zu § 611; BSG AP Nr 2 zu § 611), daß die Vergütung besonders hoch ist (BSG aaO; NJW 1962, 2077), daß die Bezüge des Kindes als Einkünfte aus nicht selbständiger Arbeit behandelt werden und für das Kind Beiträge zur Sozialversicherung entrichtet werden (BSG aaO; BFH aaO; nicht ausreichend sind dagegen Beitragszahlungen an die Berufsgenossenschaft in der Unfallversicherung, BGH FamRZ 1978, 22, 23), daß der Betrieb eine Vergütung zu tragen vermag. Ein **Vertragsverhältnis ist anzunehmen**, wenn das Kind, das bisher anderweit bezahlter Arbeit nachging, nunmehr im elterlichen Betrieb, der wegen seiner Größe auf bezahlte Kräfte angewiesen ist, eine solche ersetzt (RAG 34, 1935). Leistet das Kind zB in Geschäft oder Unternehmen der Eltern ständig verantwortungsvolle Dienste höherer Art, die eine Fachausbildung, etwa ein Studium, und besondere Kenntnisse erfordern, wie dies bei einem Ingenieur, Prokuristen der Fall ist, so wird regelmäßig ein entgeltliches Beschäftigungsverhältnis, und zwar ein Dienstvertrag zu bejahen sein; vgl Gernhuber/Coester-Waltjen § 47 I 6, die mit Recht darauf hinweist, daß es im Einzelfall schwierig ist, Kriterien zu finden, die das rein familienrechtliche Verhältnis von dem nicht ausdrücklich vereinbarten Arbeitsverhältnis abgrenzen, aber zu strenge Anforderungen an das Vorliegen eines Arbeitsverhältnisses stellt. Ganz allgemein läßt sich also sagen, daß angesichts des tiefgreifenden Wandels im soziologischen Gefüge **heutzutage** die **Mitarbeit** erwachsener Hauskinder auf rein **familienrechtlicher** Grundlage **selten** geworden ist; vgl BGH FamRZ 1972, 80; 1973, 298; and grundsätzlich KG Rpfleger 1992, 106 kein Arbeitsvertrag bei **geringfügiger Tätigkeit**: BFH NJW 1994, 3374f. Zur Möglichkeit des **Betriebsausgabenabzugs** in diesen Fällen BFH NJW 1989, 2152. **16**

Eine **Vergütung** für geleistete Dienste kann auch noch **nachträglich** vereinbart werden. Dann liegt darin keine belohnende Schenkung, sondern eine vertragsmäßige Entschädigung (RFH 8, 146). **17**

Angesichts des bereits eingetretenen und stetig fortschreitenden Wandels der wirtschaftlichen und gesellschaftlichen Verhältnisse und Anschauungen wird man, insbesondere bei der Mitarbeit in handwerklichen und kaufmännischen, zum Teil auch schon in landwirtschaftlichen Betrieben, nicht mehr in dem Ausmaß wie bisher, ein schuldrechtliches Arbeits- oder bei Diensten höherer Art ein Dienstverhältnis ablehnen können. Das ältere Schrifttum und die länger zurückliegende Rspr können daher, vornehmlich soweit sie die Abgrenzung zwischen einem rein familienrechtlichen Verhältnis gemäß § 1619 und einem echten Dienst- oder Arbeitsverhältnis vornehmen, kaum mehr als Richtschnur dienen; vgl Staud/Gotthardt Rz 68b. **18**

b) Soweit ein Arbeitsvertrag vorliegt, gilt der Tarif, vgl JW 1930, 418; 1932, 722. Der **vertragliche Erwerb** gehört dem **Kind**. Ist das Kind noch minderjährig, so unterliegt er der Vermögensverwaltung der Eltern (§§ 1626, 1638 I). Er ist in erster Linie für seinen Unterhalt zu verwenden (§§ 1602 II, 1649 I S 2). Bei Mitarbeit des Haussohnes im dörflichen Handwerksbetrieb soll nach MDR 1949, 469 im Zweifel ein **Gesellschaftsverhältnis** vorliegen; das kann man nur annehmen können, wenn beide gleichberechtigt sind; vgl BGH FamRZ 1966, 25; 1972, 558f. Jedenfalls bedarf die Annahme einer Innengesellschaft bei einem im Geschäft des Vaters tätigen Kind eindeutiger, hierauf hinweisender Umstände. Eine leitende Tätigkeit, Umfang der Vertretungsmacht und der Umstand, daß der Sohn voraussichtlich Erbe des Vaters wird, besagen für sich allein nichts (BGH RzW 68, 128). Bei vorliegendem Gesellschaftsvertrag ist jedenfalls die erbrachte Unterhaltsleistung auch gesellschaftsrechtlicher und nicht familienrechtlicher Natur (Stuttgart VRS 79, 169ff). **19**

Die Beteiligten (Kind und Eltern) können auch hier eine **spätere Vergütung**, insbesondere durch **Erbeinsetzung**, vorsehen. Wird das Kind in seiner begründeten Erwartung jedoch enttäuscht, so erwachsen ihm Ansprüche auf Schadloshaltung. Diese können jedoch nicht auf eine Zweckverfehlung der erbrachten Leistungen im Sinne des § 812 S 2, Hs 2 gestützt werden, weil dieser eine unentgeltliche Dienstleistung voraussetzt (BGH FamRZ 1965, 319; oben Rz 12). Vielmehr greift hier beim Fehlgehen der Abrede § 612 I ein, dh der Dienstverpflichtete hat nach Abs II der Vorschrift Anspruch auf die taxmäßige oder übliche Vergütung (BAG AP Nr 15 und 23 zu § 612, Nr 2 zu § 146 KO; BGH FamRZ 1965, 319; FamRZ 1969, 536 gegen RAG 22, 29; noch weitergehend BAG **20**

§ 1619 Familienrecht Verwandtschaft

AP Nr 13, 22, 24 zu § 612 BGB, das § 612 II auch bei Fehlen einer vertraglichen Vereinbarung anwenden will; krit dazu Staud/Coester Rz 54). Der Vergütungsanspruch, den § 612 II anstelle der fehlgeschlagenen Erbvereinbarung gewährt, ist als gestundet anzusehen, bis sich herausstellt, daß die versprochene Erbeinsetzung nicht erfolgt ist, in der Regel also bis zum Tod des Arbeitgebers oder bis zur Testamentseröffnung.

21 c) Eine angemessene Vergütung gilt zugunsten von Gläubigern des Kindes nach Maßgabe des **§ 850h II ZPO** als im Rahmen einer vertraglich begründeten Dienstleistung, aber auch im Fall des § 1619 (so BGH NJW 1979, 1600, 1602; BAG NJW 1978, 343; Staud/Coester Rz 60 mN) geschuldet, auch wenn kein oder ein unverhältnismäßig geringes Entgelt vereinbart ist (aM Grunsky, FS Baur, 1981, S 407ff: widerlegliche Vermutung). Diese Vorschrift soll zB dem nichtehelichen Kind im elterlichen Betrieb oder Geschäft tätigen Sohnes den Zugriff ermöglichen. Sie wird aber dann nicht in Frage kommen, wenn die Eltern sich nach ihren Einkommens- und Vermögensverhältnissen eine bezahlte Hilfskraft nicht leisten können; vgl LAG Baden SJZ 1950, 594. Ob § 850h II ZPO zum Ziel führt, entscheidet letztlich das Arbeitsgericht als Prozeßgericht, vor dem der Gläubiger die Eltern nach Pfändung und Überweisung des fingierten Lohnanspruchs verklagen muß, wenn sie nicht zahlen wollen.

22 Mitunter hilft auch § 826. Denn es bedeutet eine Verkürzung zum Nachteil des Gläubigers, wenn der Schuldner mit seinem Arbeitgeber unter Verstoß gegen diese Vorschrift dahin übereinkommt, daß eine Arbeitsvergütung nur in unpfändbarer Höhe gezahlt werden soll, obwohl eine darüber hinausgehende angemessen wäre. Vgl hierzu BGH VersR 1964, 642 zum Fall des seiner früheren Ehefrau gegenüber unterhaltspflichtigen, geschiedenen Ehemannes; LAG Frankfurt AP 51, Nr 99 hinsichtlich eines hausangehörigen Kindes; grundsätzlich ablehnend Fenn FamRZ 1973, 629.

23 d) Den Eltern stehen gemäß § 845 **Schadensersatzansprüche gegen einen Dritten** zu, der das nach § 1619 und nicht aufgrund eines schuldrechtlichen Vertrages (BGH FamRZ 1969, 598f; zur Abgrenzung s auch BGH NJW 1991, 1226ff und LG Kiel FamRZ 1989, 1172f) dienstverpflichtete Kind getötet oder verletzt hat (BGH FamRZ 1960, 101). Der Ausfall der vom Kind zu leistenden Dienste ist bis zu dem Zeitpunkt zu ersetzen, in welchem diese voraussichtlich geendet hätten (BGH FamRZ 1966, 347). Bei der Berechnung der Höhe des Schadensersatzes sind im Wege der Vorteilsausgleichung gewisse mit dem Tode des Kindes zusammenhängende Ersparnisse zu berücksichtigen. Zum Wert und der vermutlichen Dauer der Dienste einer auf dem elterlichen Anwesen arbeitenden Bauerstochter siehe Celle FamRZ 1969, 218. Die Dienstverpflichtung muß aber bereits im Zeitpunkt der Verletzung bestanden haben (München OLGZ 1965, 28; KG NJW 1967, 1090). Die Verpflichtung der Tochter zur Mitarbeit in der elterlichen Landwirtschaft gemäß § 1619 vermindert sich bei Wegfall des Vaters nicht dadurch, daß die Mutter hiernach mit ihren Kindern in fortgesetzter Gütergemeinschaft lebt und das landwirtschaftliche Anwesen zum Gesamtgut gehört. Für die ihr infolge Unfalls der Tochter insoweit entgehenden Dienste kann die Mutter somit vollen Ersatz verlangen. Fällt, was selten der Fall sein wird, die Mitarbeitspflicht mit einer Unterhaltspflicht des Kindes zusammen, so konkurriert im Fall der Tötung des Kindes der Anspruch aus § 845 mit einem aus § 844 II; vgl BGH FamRZ 1960, 101; dies verneint nunmehr aber BGH FamRZ 1969, 598. Wie hier Gernhuber/Coester-Waltjen § 47 I 8; Kropholler FamRZ 1969, 251. Der **Ersatzanspruch** der **Eltern** wegen entgangener Dienste eines bloß verletzten **Hauskindes** besteht jedoch nur **so lange** und **soweit dieses nicht** einen **eigenen Schadensersatzanspruch** erhebt. Denn es darf nicht dazu kommen, daß der Schädiger wegen des von ihm verschuldeten, wirtschaftlichen Ausfalls doppelt, nämlich mit einem Ersatzanspruch der Eltern als auch des Kindes, belastet wird. Der Anspruch der Eltern hat gegenüber dem des Kindes nur einen abhängigen und abgeleiteten Charakter. Dh: Wenn und soweit es dem Kind durch zumutbare Bemühungen gelingt, seine Arbeitskraft in zwar anderer, aber wirtschaftlich mindestens gleichwertiger Weise einzusetzen und damit den Ausfall ihres wirtschaftlichen Wertes wettzumachen, entfällt auch der Ersatzanspruch der Eltern. Vgl BGH FamRZ 1978, 22. Zum möglichen **Nebeneinander** von Ansprüchen der Eltern aus § 845 und des Kindes aus §§ 842, 843 s Saarbrücken FamRZ 1989, 180f.

24 Soweit das Kind auf Grund eines Arbeits- oder Gesellschaftsverhältnisses die Dienste leistet, können die Eltern im Falle seiner Tötung einen Anspruch aus § 845 nicht geltend machen (BGH FamRZ 1969, 598). Das gilt nicht, wenn das Kind unentgeltliche Dienste in Erwartung späterer Geschäftsübertragung, Hofübernahme oder Erbschaft geleistet hat (dazu Rz 12); vgl auch dazu Gernhuber/Coester-Waltjen und Kropholler aaO.

25 Wird der Vater, der unentgeltlich den Hof seiner Ehefrau bewirtschaftet, bei einem Verkehrsunfall getötet, so stehen den Kindern gegen den für den Unfall Verantwortlichen selbst dann Schadensersatzansprüche zu, wenn der Hof von der Mutter mit Hilfe der Mitarbeit des ältesten Sohnes im wesentlichen unverändert fortgeführt wird. Die Geschwister brauchen sich den von ihrem Bruder erarbeiteten Unterhalt nach § 843 IV nicht anrechnen zu lassen. Vgl BGH FamRZ 1961, 117f; 1963, 281; and BGH FamRZ 1973, 535, 536; vgl auch BGH FamRZ 1984, 462, 463; wie hier Staud/Coester Rz 58.

26 e) Zur Versicherungspflicht von Meistersöhnen s BSG FamRZ 1965, 457.

27 5. Auch volljährige Kinder wohnen im Elternhaus kraft Familienrechts nicht als Mieter. Zur Räumung ist aber, wie bei Fremden, ein besonderer Vollstreckungstitel gegen sie erforderlich (SchlHOLG Rpfleger 1950, 232; AG Gladbeck FamRZ 1991, 980).

1620 *Aufwendungen des Kindes für den elterlichen Haushalt*

Macht ein dem elterlichen Hausstand angehörendes volljähriges Kind zur Bestreitung der Kosten des Haushalts aus seinem Vermögen eine Aufwendung oder überlässt es den Eltern zu diesem Zwecke etwas aus seinem Vermögen, so ist im Zweifel anzunehmen, dass die Absicht fehlt, Ersatz zu verlangen.

1 1. Das volljährige „Kind" hat sein Vermögen für sich; es kann darüber frei verfügen; vgl § 1626.

2. § 1620 ist eine **Auslegungsregel** für freiwillige Beitragsleistungen: Er unterstellt das Fehlen einer Ersatzabsicht, sofern nicht aus anderen Gründen, wie dem Bestand entgeltlicher Verträge oder der irrtümlich erfolgten Zahlung nicht geschuldeter Unterhaltsleistungen auf eine nicht bestehende, bereicherungsrechtlich auszugleichende Freigiebigkeit des Kindes geschlossen werden kann oder die Eltern aufgrund besonderer Umstände schon nicht ersatzpflichtig sind (Leistung des geschuldeten Beistands, § 1618a).

3. Voraussetzungen. a) Volljährigkeit des Kindes. b) Zugehörigkeit zum elterlichen Hausstand. Im Verhältnis zum nichtehelichen Vater kommt § 1620 nur dann in Betracht, wenn dieser das nichteheliche Kind in seinen Hausstand aufgenommen hat. **c)** Aufwendung des Kindes zur Bestreitung der Haushaltskosten aus seinem Vermögen oder seinen Einkünften. Als was sich die Zuschüsse im übrigen rechtlich charakterisieren, ob als Schenkung, Zuschuß zum Unterhalt der Eltern, zum eigenen Unterhalt oder faktisch als Ausgleich, verschweigt § 1620. Er kommt aber für andere Leistungen, zB Dienste, Bezahlung von persönlichen, nicht haushaltsbezogenen Schulden der Eltern (RG 74, 139, 140), nicht in Betracht.

4. Rechtsfolgen. Das Gesetz geht davon aus, daß das Gewährte ein Beitrag zu Haushaltskosten sein soll, zu denen das Kind beisteuert, als Ausgleich für Vorteile, die es von der Teilnahme am elterlichen Hausstand hat. Wird der Zuschuß ohne besondere Vereinbarung geleistet, so entfällt ein Ersatzanspruch aus auftragsloser Geschäftsführung, vgl § 685. Bei vertragsgemäßen Beiträgen bietet § 1620 eine gesetzliche Auslegungsregel, keine gesetzliche Vermutung, wie zB § 891 (RG HRR 1933 Nr 1423). Für den Fall, daß ein Ehegatte zum Unterhalt der Familie einen höheren Beitrag leistet, als ihm obliegt, bestimmt § 1360b das gleiche. Ein Zuschuß zum eigenen Unterhalt oder, falls das Kind unterhaltspflichtig ist, zu dem der Eltern, in Höhe des gesetzlich geschuldeten Unterhalts (dazu Rz 2), gibt auf keinen Fall einen Ersatzanspruch (Beitzke/Lüderitz FamilienR § 26 V 2). Eine Beitragspflicht des Kindes wird man ohnehin bejahen können, wenn seine Eltern auf Zuschüsse angewiesen sind, und das Kind beitragsfähig ist. Dann handelt es sich um die Anwendbarkeit des § 1620 ausschließende Beistandsleistungen iS des durch das ungeschriebene Tatbestandsmerkmal der Bedürftigkeit modifizierten § 1618a. Jedoch kann sich aus Art und Weise der Leistung, zB Bezahlung einer Rechnung in Abwesenheit der Eltern oder aus ihrer unverhältnismäßigen Höhe ergeben, daß sie nur als Vorschuß gedacht oder eine Ersatzforderung vorbehalten sein sollte.

1621-1623 (weggefallen)

Aufgehoben durch Gleichberechtigungsgesetz vom 18. 6. 1957 Art 1 Nr 21. Das Rechtsverhältnis zwischen Eltern und volljährigen Kindern richtet sich hinsichtlich der Vermögensverwaltung nur noch nach den im Einzelfall getroffenen Vereinbarungen, zB Auftrag, Verwahrung, Darlehen, oder nach allgemeinen Vorschriften, etwa Geschäftsführung ohne Auftrag, ungerechtfertigte Bereicherung, Eigentümer-Besitzer-Verhältnis (§§ 677ff, 812ff, 987ff).

1624 *Ausstattung aus dem Elternvermögen*

(1) Was einem Kind mit Rücksicht auf seine Verheiratung oder auf die Erlangung einer selbständigen Lebensstellung zur Begründung oder zur Erhaltung der Wirtschaft oder der Lebensstellung von dem Vater oder der Mutter zugewendet wird (Ausstattung), gilt, auch wenn eine Verpflichtung nicht besteht, nur insoweit als Schenkung, als die Ausstattung das den Umständen, insbesondere den Vermögensverhältnissen des Vaters oder der Mutter, entsprechende Maß übersteigt.

(2) Die Verpflichtung des Ausstattenden zur Gewährleistung wegen eines Mangels im Recht oder wegen eines Fehlers der Sache bestimmt sich, auch soweit die Ausstattung nicht als Schenkung gilt, nach den für die Gewährleistungspflicht des Schenkers geltenden Vorschriften.

1. Begriffe. a) Ausstattung ist alles, was einem Kinde (Sohn oder Tochter, ehelich oder nichtehelich) von dem Vater oder der Mutter zwecks Heirat oder zur Erlangung einer selbständigen Lebensstellung, zum Zweck der Begründung oder zur Erhaltung der Wirtschaft oder der Lebensstellung zugewendet wird. Dabei ist es nicht entscheidend, ob die Zuwendung notwendig ist, um die Wirtschaft oder die selbständige Lebensstellung des Kindes zu begründen oder zu erhalten. Dieser Zweck kann mit den Leistungen auch dann verfolgt werden, wenn außerdem die Gleichstellung mit anderen Abkömmlingen beabsichtigt ist (BGH 44, 91). Eine gesetzliche Pflicht der Eltern zur Ausstattung besteht nicht; eine Rechtspflicht läßt sich aber durch Rechtsgeschäft oder letztwillige Verfügung (Vermächtnis: RG WarnRsp 1937, 125) wirksam begründen.

b) Die **Aussteuer** ist demgegenüber ein Unterfall der Ausstattung, dh derjenige Teil von ihr, den der Vater oder die Mutter der heiratenden Tochter zur Haushaltseinrichtung in natura oder in Geld gewährt. Auf sie, die im Gesetz nicht mehr erwähnt ist, besteht im Gegensatz zu früher auch kein Anspruch. Das ergibt sich schon aus der Entstehungsgeschichte des GleichberG, das die Aussteuervorschriften ersatzlos gestrichen hat; vgl Schwarzhaupt FamRZ 1957, 65. Heutzutage pflegen im übrigen Töchter eine Berufsausbildung zu erhalten, die mehr wert ist als eine Aussteuer. Fälle, die den Wegfall der Aussteuerpflicht unbillig erscheinen lassen, sollten sich über die „condictio causa data causa non secuta" (§§ 812 I S 2 Alt 2, 818 II) regeln lassen.

c) Mitgift ist ein Ausdruck, den das Leben, nicht das Gesetz verwendet. Es ist das Vermögen, das einer Frau zwecks Verheiratung von den Eltern oder Dritten zugewendet wird. Stammt sie von den Eltern, so stellt sie sich als Ausstattung dar; stammt sie von einem Dritten, so kann sie Schenkung sein. Die Mitgift reicht weiter als die Aussteuer, denn diese beschränkt sich auf Haushaltsgegenstände oder deren Wert.

§ 1624

4 2. **Ausstattung. a)** Sie kann vor oder nach Eheschluß versprochen oder gegeben werden. Ihr Gegenstand ist beliebig: Kapitalleistungen (Geld, Wertpapiere), auch Zahlung der Schulden des künftigen Ehepartners; bewegliche Sachen, zB Wohnungs-, Büro-, Praxiseinrichtung, Kraftwagen; unbewegliche Sachen, Überlassen von Wohn- oder anderen Räumen (RG WarnRsp 1920 Nr 98; LG Mannheim NJW 1970, 2111); Rechte, zB wiederkehrende Zuschüsse, die als Einkünfte verwendet werden sollen (RG 67, 207), Renten (RG 79, 267), Grundstücksnutzungsrechte (RG 121, 13; LG Mannheim NJW 1970, 2111f), Einräumen einer Mitbeteiligung oder Teilhaberschaft (RG 79, 267; JW 1938, 2971). Ausstattung in Rentenform ist regelmäßig keine Leibrente, weil es selten beabsichtigt ist, ein von den sonstigen Beziehungen und Verhältnissen der Beteiligten unabhängiges Stamm- oder Grundrecht zu schaffen. Daher gelten die §§ 759–761, 126 hier nicht (RG 111, 287); dagegen von Blume JW 1925, 2756.

5 **b) Empfänger** der Ausstattung ist grundsätzlich nur das **Kind** der Eltern, und zwar uneingeschränkt auch das nichteheliche Kind im Verhältnis zur Mutter und zum Vater, nicht der einheiratende Ehegatte (übersehen von LG Mannheim NJW 1970, 2111). Dieser ist zur Benutzung der dem Kind überlassenen Gegenstände, zB der Wohnung, nur aus abgeleitetem Recht auf Grund der ehelichen Lebensgemeinschaft berechtigt (LG Mannheim aaO). Dem Sohn wird die Ausstattung meist zum Studium, zur Geschäftsübernahme oder zum Eintritt in einen Betrieb gewährt. Töchtern wird sie, wie das Gesetz meint, regelmäßig mit der Verheiratung gegeben, oder vorher, um die Tochter auf eigene Füße zu stellen, insbesondere in steigendem Maße zum Zweck des Studiums oder sonstiger Berufsausbildung, oder auch nach der Heirat („zur Begründung und Erhaltung").

6 **c)** Werden die Mittel dem **Elternvermögen** entnommen, was heute die Regel ist, so besteht gemäß § 2050 I eine **Ausgleichspflicht**, bei der Pflichtteilsberechnung sind sie nach §§ 2315, 2316 zu berücksichtigen. Nach Hamburg MDR 1978, 670 stellt sich aber die Aufnahme eines Kindes als Gesellschafter in das väterliche Geschäft, s dazu Rz 4, nicht ohne weiteres als eine nach dem Tode des Vaters ausgleichspflichtige Ausstattung dar. Wird die Ausstattung bei bestehender Gütergemeinschaft von dem verwaltenden Ehegatten aus dem Gesamtgut versprochen oder gewährt, so kommen die §§ 1444, 1466, hinsichtlich der Auseinandersetzung die §§ 1477 II, 1502 II S 2 in Betracht. Werden die Mittel dem Kindervermögen entnommen, so kommt § 1625 zum Zuge.

7 **d)** Der **Beweggrund**, aus dem die Ausstattung versprochen oder gewährt wird, zB zwecks Steuerersparnis, ist gleichgültig (RG HRR 1929 Nr 608).

8 **e)** Die Gewährung der Ausstattung entspricht einer sittlichen Pflicht. Ein **klagbarer Anspruch** auf Ausstattung besteht aber nur, **wenn sie rechtswirksam versprochen** wurde.

9 Das **Ausstattungsversprechen** kann grundsätzlich formlos abgegeben und angenommen werden (BGH 44, 91). Nur wenn das Versprochene das den Umständen, insbesondere den Vermögensverhältnissen des Vaters oder der Mutter, entsprechende Maß übersteigt, kann es sich um ein Schenkungsversprechen handeln, das der Formvorschrift des § 518 unterliegt. Dazu s Rz 13. Das Ausstattungsversprechen kann jedoch aus anderem Grund formbedürftig sein, zB wenn die Übertragung eines Grundstücks (§ 311b I) oder ausnahmsweise eine echte Leibrente (§ 761) – dazu s Rz 4 – versprochen wird. Zu beachten ist, daß das Ausstattungsversprechen in starkem Maße den § 242 und dessen besonderen Ausgestaltungen: der clausula rebus sic stantibus, der **Geschäftsgrundlage**, unterworfen ist. So kann es unter dem stillschweigenden Vorbehalt gleichbleibender Verhältnisse (BGH 44, 91, 95) – Bedürftigkeit des Berechtigten, Leistungsfähigkeit des Verpflichteten – sowie unter der Voraussetzung, daß der mit ihm verfolgte **Zweck erreicht** werden kann, gegeben sein. Dann entfällt der Anspruch auf die Ausstattung, wenn die maßgeblichen Verhältnisse sich grundlegend geändert haben (BGH aaO; RG 141, 358; JW 1916, 388; 1933, 2330). Er entfällt ferner, wenn der mit ihm verfolgte Zweck nicht mehr erreicht werden kann (Staud/Coester Rz 19). Haben die Eltern ihrem Kind mit Rücksicht auf dessen bevorstehende Heirat eine Ausstattung versprochen und kommt es nicht zum Eheschluß, so können sie diese verweigern und das etwa schon Geleistete gemäß § 812 I S 2 Alt 2 zurückfordern (RG SeuffA 77 Nr 7; Staud/Coester Rz 24 mN; aM Larenz SchuldR II § 69 II; Söllner AcP 163 [1964], 33, die die Grundsätze des „Wegfalls der Geschäftsgrundlage" anwenden wollen). Gleiches gilt, wenn die Ehe des Kindes nach kurzer Dauer aus der Schuld beider Ehegatten aufgelöst wird. Denn mit der Scheidung der Ehe ist in der Regel die dem Ausstattungsversprechen zugrundeliegende Zweckbestimmung entfallen (KG FamRZ 1963, 449). Anders ist dagegen der Fall zu behandeln, daß das Kind nach dem Eheschluß verstirbt. Auch kann man einem Ausstattungsversprechen keineswegs ohne weiteres zugrunde legen, daß die Ehegatten dauernd in ehelicher Gemeinschaft leben müßten (RG WarnRsp 1920, Nr 98; Celle NdsRPfl 1959, 247). Das Kind kann die ihm während der ersten Ehe gezahlte Rente nicht ohne weiteres für die zweite Ehe verlangen (KG OLG 12, 322). Hat der versprechende Elternteil bis zu seinem Tod die Ausstattungsversprechen nicht erfüllt und wird er von dem begünstigten Kind mitbeerbt, so wird dessen Anspruch aus dem Ausstattungsversprechen nicht deshalb gegenstandslos, weil der eine mit ihm verfolgte Zweck, die Vorempfänge der anderen Kinder des Erblassers auszugleichen, nunmehr bei der Erbauseinandersetzung gemäß § 2050 zu erreichen ist. Ob das Ausstattungsversprechen nach dem erklärten oder mutmaßlichen Willen des Erblassers und des begünstigten miterbenden Kindes hinfällig werden sollte, falls es beim Tod des Versprechenden noch nicht erfüllt war und auf einen höheren Betrag lautete, als diesem Kinde bei der Auseinandersetzung zustand, läßt sich nur nach Maßgabe der Umstände des Einzelfalles entscheiden (BGH 44, 91). Demgegenüber wird ein Zuschußversprechen in der Regel so zu verstehen sein, daß es nicht mehr weiter entrichtet zu werden braucht, wenn das Kind in den Genuß seines Erbteils am Nachlaß des Versprechenden gelangt.

10 Zu beachten ist, daß nicht jede Zusage einer Ausstattung als ein verbindliches Ausstattungsversprechen anzusehen ist. Stellen Eltern ihrem Kind für den Fall der Heirat oder des Erlangens einer selbständigen Lebensstellung eine Ausstattung in Aussicht, so liegt ein verbindliches Ausstattungsversprechen erst vor, wenn die Heirat oder eine selbständige Lebensstellung in greifbare Nähe gerückt ist (KG FamRZ 1963, 449).

Der aus dem Ausstattungsversprechen erwachsende Anspruch ist regelmäßig **übertragbar und pfändbar** (RG Recht 1923 Nr 1020) sowie vererblich (BGH 44, 91). Denn die Ausstattung ist nicht so höchstpersönlich, wie es die Aussteuer ehedem war (RG JW 1916, 743). Wie bereits hervorgehoben, ist für die Frage der Rechtswirksamkeit des Ausstattungsversprechens die Unterscheidung zwischen einer angemessenen und einer unangemessenen Ausstattung bedeutsam. **11**

f) Entspricht die **Ausstattung** den **Umständen**, insbesondere den Vermögensverhältnissen des Vaters und der Mutter zur Zeit des Versprechens (RG 141, 359) oder der Gewährung, so liegt **keine Schenkung** vor. Daher gelten für sie, von Abs II abgesehen, die Schenkungsregeln nicht. Das gilt für die Einrede des Notbedarfs (§ 519), die Rückforderung wegen Verarmung (§ 528) und den Widerruf wegen groben Undanks (§ 530). Unanwendbar ist auch § 39 I Nr 4 InsO; vgl Andres in Nerlich/Römermann, InsO, 1999, § 39 Rz 9; Holzer in Kübler/Prütting, InsO, 1999, § 39 Rz 17; Kilger/Schmidt, Insolvenzgesetze, 17. Aufl, § 63 KO Anm 5. Dagegen kommen gemäß Abs II für die Gewährleistungsansprüche die §§ 523ff in Betracht. Bestritten ist, ob bei der Ausstattung trotz Bestehens einer sittlichen Pflicht Unentgeltlichkeit im Sinne des § 134 I InsO und § 4 I AnfG angenommen werden kann. Dies ist zu verneinen. Eine Anfechtung scheidet deshalb auch dann aus, wenn der Ausstattung ein gültiges Ausstattungsversprechen nicht vorangig (Jaeger/Lent Anm 13; Kuhn/Uhlenbruck, 10. Aufl 1986, § 32, 12 mN; Böhle/Stamschräder/Kilger, 15. Aufl, § 3 AnfG Anm III 10; aM Staud/Coester Rz 4 und Gernhuber/Coester-Waltjen § 48 I 6, die insoweit eine sittliche Pflicht der Eltern, eine Ausstattung zu gewähren, eher verneinen möchten. **12**

g) Nur **insoweit** die **Ausstattung** das entsprechende **Maß übersteigt**, gilt sie nach dem Gesetzeswortlaut als Schenkung. Das ist jedoch nur dann der Fall, wenn die Voraussetzungen des § 516 I: Einigung über die Unentgeltlichkeit gegeben sind (RG JW 1908, 71). Das trifft nicht zu, wenn ein Teil die Ausstattung als Gegenleistung für die aus der Eheschließung erwachsenden Lasten angesehen hat (RG 62, 273) oder wenn die versprochene Ausstattung einen Ausgleich dafür darstellt, daß das Kind auf dem elterlichen Hof jahrelang seine volle Arbeitskraft einsetzte (BGH FamRZ 1965, 431). Das auf eine übermäßige Ausstattung gerichtete Versprechen ist somit nur dann gemäß § 518 formbedürftig, wenn die Beteiligten sich über die Unentgeltlichkeit einig sind, und lediglich insoweit, als das Versprochene das Maß des Üblichen übersteigt (RG JW 1904, 405 und § 516 Rz 15, § 518 Rz 5). Ob alsdann die Nichtigkeit des überschießenden Teils die Nichtigkeit des ganzen Ausstattungsversprechens zur Folge hat, richtet sich nach § 139. Regelmäßig wird es als ein bis zur Grenze des Angemessenen gültiges aufrechtzuerhalten sein, denn der Zweck des § 1624 spricht gegen die Regel des § 139 (KG OLG 7, 115; FamRZ 1963, 449; Staud/Coester Rz 30). Wer sich darauf beruft, daß die Ausstattung das entsprechende Maß übersteigt, hat dies zu beweisen (RG Gruch B 56, 1003; RG 141, 278, 279; Staud/Coester Rz 31). **13**

3. a) Für die **Zuwendung eines Dritten** kommt § 1624 nicht in Betracht. Ob sie Schenkung ist, richtet sich nach § 516. Das ist nicht der Fall, wenn sie im Verhältnis von Leistung und Gegenleistung steht (RG SeuffA 62, 108). Der Eheschluß ist aber im Zweifel keine Gegenleistung (KG OLG 28, 174), sondern nur Motiv der Zuwendung (Haymann IherJb 56, 126). Kommt es nicht zu einem Verlöbnis oder einer wirksamer Ehe, so kann der Geber kondizieren, wenn die Auslegung ergibt, daß das Zustandekommen der Ehe für ihn der „bezweckte Erfolg" gewesen ist, § 812 I (RG Seuff A 77, 15). Die Zuwendung ist sittenwidrig, wenn sie bezweckt, den Verlobten zur Heirat einer vom Geber Geschwängerten zu bestimmen (RG 62, 275). **14**

b) Das dem **Schwiegersohn** gegebene Ausstattungsversprechen der Eltern der Braut untersteht nicht dem § 1624 (KG SeuffA 59, 139). Jedoch ist in jedem Fall zu prüfen, ob nicht der Schwiegersohn die Ausstattungszusage lediglich für seine Braut oder Frau entgegengenommen hat, und ob nicht der Versprechende die zugesagte Ausstattung in Wirklichkeit für das Kind bestimmt hat, was in der Regel anzunehmen sein wird (RG 67, 204; JW 1904, 405; 1908, 72; 1916, 590; KG FamRZ 1963, 449, 451; Kassel OLG 21, 249; Celle NdsRpfl 1959, 247; LG Mannheim NJW 1970, 2111; Staud/Coester Rz 8). Hieran ändert dann nichts, wenn der Ehemann, was selten der Fall sein wird, gemäß § 335 ein eigenes Recht auf Leistung an die Frau haben sollte. **15**

1625 *Ausstattung aus dem Kindesvermögen*

Gewährt der Vater einem Kind, dessen Vermögen kraft elterlicher Sorge, Vormundschaft oder Betreuung seiner Verwaltung unterliegt, eine Ausstattung, so ist im Zweifel anzunehmen, dass er sie aus diesem Vermögen gewährt. Diese Vorschrift findet auf die Mutter entsprechende Anwendung.

1. Heute nur noch eine **theoretische Auslegungsregel**. Sie setzt voraus, daß beide Elternteile, gegebenenfalls einer von ihnen als Sorgeberechtigter oder als Betreuer des volljährigen zu betreuenden Kindes oder als Pfleger das Vermögen des Kindes verwalten; vgl §§ 1626 II, 1638, 1793, 1896 II, 1915. Die Aufzählung der „Vormundschaft" in § 1625 S 1 ist dabei eine sprachliche Fehlleistung, denn es ist nicht vorstellbar, daß nach derzeitiger Rechtslage der Vater bzw die Mutter Vormund über ein minderjähriges Kind sein kann. Für eheliche Kinder folgt dies aus § 1773, wonach eine Bestellung eines Vormundes nur möglich ist, wenn das Kind nicht unter elterlicher Sorge steht. Für nichteheliche Kinder folgt auch nach veränderter Formulierung aus § 1791c, wonach regelmäßig das Jugendamt, aber nicht der Vater Vormund wird. Damit ist ein Verweis auf § 1793 entbehrlich; §§ 1897, 1899 wurden aufgehoben; an deren Stelle ist § 1896 II getreten, soweit der Betreuer für die Vermögenssorge eingesetzt wurde. § 1896 II paßt aber eigentlich nicht in die Paragraphenkette, da die Betreuung unabhängig von der Vormundschaft über Minderjährige bzw der Pflegschaft ausgestattet wurde. In § 1908 II wird gerade nicht auf § 1793 verwiesen. **1**

2. § 1625 kommt nicht in Betracht, wenn ein volljähriges Kind sein Vermögen den Eltern oder einem Elternteil freiwillig zur Verwaltung überläßt. Wenn die Eltern in diesem Fall die Ausstattung auf das Kindesvermögen anrechnen wollen, so müssen sie die Befugnis hierzu nach allgemeinen Rechtsgrundsätzen, zB aufgrund Vertrages oder Geschäftsführung ohne Auftrag, darlegen und dartun (Staud/Gotthardt, 12. Aufl, Rz 5). **2**

L. Michalski

Vor § 1626 Familienrecht Verwandtschaft

Titel 5
Elterliche Sorge

Vorbemerkung § 1626

1 **1. Historie. a)** Nach **römischem Recht** hatte der Vater im eigenen Interesse lebenslänglich die grundsätzlich unbeschränkte Gewalt (patria potestas = väterliche Gewalt) über das vermögensunfähige Hauskind, so wie auch die Mutter in der manus des Hausvaters (pater familiae) stand.

2 **b)** Im **deutschen Recht** währte die Munt (von manus = Schutz und Friede) über das Kind in der Regel nur solange, als es „im Brot des Vaters" stand, also bis zu seiner Selbständigkeit. Mancherorts galt die Regel: „Heirat macht mündig." Nach der Rezeption des römischen Rechts unterschied man stellenweise schärfer zwischen der Gewalt des Vaters und der „Versehung der Vormünder"; vgl Stobbe IV § 312. Für eine Gewalt der Mutter war im allgemeinen kein Raum; vgl Eck ArchBürgR 41, 16.

3 **c)** Das BGB hatte den buntscheckigen partikularen Rechtszustand vereinheitlicht. Es sprach nicht mehr von väterlicher, sondern von **elterlicher Gewalt** und verlieh auch der Mutter Rechte. Allerdings stand die elterliche Gewalt in erster Linie dem Vater, der Mutter nur eine Personennebensorge ohne Vertretungsmacht zu. Die elterliche Gewalt der Mutter konnte erst wirksam werden, wenn die des Vaters erlegen war; sie war überdies auch noch eingeschränkt. Immerhin war für eine Vormundschaft regelmäßig solange kein Raum, als ein Elternteil lebte. Die elterliche Gewalt bezeichnete man als „vormundschaftliche" (Mot IV, 724), dh als eine dem Interesse des Kindes dienende **Schutzeinrichtung**, in der aber die Eltern wegen ihrer natürlich-sittlichen Bindung an das Kind freier gestellt werden konnten als ein Vormund, vgl §§ 1643, 1664 einerseits, §§ 1821f, 1833 andererseits. Allerdings unterlief dem BGB insofern ein Rückschritt, als es die elterliche Gewalt nicht schon beim Selbständigwerden (Heirat) des Kindes, sondern stets erst bei Volljährigkeit endigen ließ.

4 Im einzelnen suchte das BGB einen Ausgleich zwischen einer **patriarchalischen** und **individualistischen** Form der Familie, wobei die **männliche** und **väterliche Autorität** stark betont war.

5 **d)** Einen ersten Einbruch in diese Gedankenwelt und Ordnung brachte das **Grundgesetz**, das durch die Art 3, 117 mit Wirkung v 1. 4. 1953 die **Gleichberechtigung der Eltern** zum unmittelbar geltenden Recht erhob. Die Gerichte haben sich bemüht, im Wege rechtsfindender Lückenausfüllung das Grundgesetz in der Rspr zu vollziehen. Weil jedoch vom Wesen der Gleichberechtigung recht unterschiedliche Auffassungen bestanden, gingen auch die zu vielen Einzelfragen erlassenen Entscheidungen in bedenklichem Maße auseinander.

6 **e)** Das **Gleichberechtigungsgesetz** v 18. 5. 1957 hat mit Wirkung v 1. 7. 1958 den unsicheren Rechtszustand beseitigt. Jedoch hat die Entscheidung des BVerfG v 29. 7. 1959 in diese Regelung dadurch eine Lücke geschlagen, daß es, was zu erwarten war, die §§ 1628, 1629 I für nichtig erklärt hat, weil sie dem Art 3 II GG widersprachen. Der Gesetzgeber hat diese Lücke erst durch das Gesetz zur Neuregelung des Rechts der elterlichen Sorge (SorgeRG) v 18. 7. 1979 (BGBl I 1061) geschlossen, s neugefaßten § 1628.

7 **2. a)** Im damaligen 2. Untertitel „Elterliche Gewalt" beseitigte das Gleichberechtigungsgesetz die überholte Aufteilung in die beiden Gruppen „Elterliche Gewalt des Vaters" und „Elterliche Gewalt der Mutter". Es leitete die neue gesetzliche Ordnung durch einige allgemeine Regeln ein, die vornehmlich die Person des **Gewaltunterworfenen**, die **Gewalthaber**, sowie den **Inhalt der elterlichen Gewalt** und deren Abgrenzung vom Wirkungskreis eines Pflegers bestimmen (§§ 1626–1630). Die elterliche Gewalt stand nunmehr grundsätzlich beiden Eltern zu (§ 1626 I), die elterliche Gewalt der Mutter war also nicht mehr subsidiär. Jeder Elternteil hatte nunmehr auf die Auffassung des anderen Rücksicht zu nehmen. Anschließend waren geregelt: die **Personensorge** in den §§ 1631–1634, die **Vermögenssorge** in den §§ 1638–1649 – die elterliche Nutzung am Kindesvermögen war entfallen –, die **Sorgepflichtverletzungen** in den §§ 1664–1669, das gänzliche oder teilweise **Erliegen** der elterlichen Gewalt (Ende, Ruhen, Verwirkung, Entziehung, tatsächliche Verhinderung) in den §§ 1670–1681, die **Inventarisierungspflicht** in den §§ 1682–1684, die **Beistandschaft** in den §§ 1685–1692, die allgemeinen **Kontrollpflichten** des FamG und des Jugendamts in den §§ 1693–1697 und schließlich **besondere Folgen** der Beendigung der elterlichen Gewalt (Herausgabe des Vermögens, Fortführung der Geschäfte) in den §§ 1698–1698b.

8 **b)** Das NEG hat aus systematischen Gründen den bisherigen 2. Untertitel des 4. Titels zum 5. Titel erhoben und ihm die Überschrift „Elterliche Gewalt über eheliche Kinder" gegeben. Seinen Inhalt hat es nur insoweit geändert, als § 1683 S 1 eine neue Fassung erhielt, die §§ 1687, 1688 gestrichen wurden und dem Abs II des § 1690 ein 2. Satz angefügt wurde. Im übrigen galten die Vorschriften des 5. Titels gemäß § 1705 S 2 im Verhältnis zwischen dem **nichtehelichen** Kind und seiner Mutter entsprechend, soweit sich nicht aus den Vorschriften des 6. Titels ein anderes ergibt.

8a **c)** Das **Erste Gesetz** zur **Reform** des Ehe- und **Familienrechts** v 14. 6. 1976 (EheRG) – s dazu Einl § 1297 Rz 21ff – brachte geringfügige Änderungen der §§ 1616–1618, 1629, 1632, 1671, 1695, 1696. Sie waren im wesentlichen dadurch veranlaßt, daß die Ehenamen neu geregelt, der Schuldspruch bei der Scheidung abgeschafft und die FamG eingerichtet wurden.

8b **d)** Eine **grundlegende Änderung** der die „elterliche Gewalt" regelnden Vorschriften brachte das unter Rz 5 aufgeführte, am 1. 1. 1980 in Kraft getretene **Sorgerechtsgesetz** (SorgRG). Dazu ausführlich Diederichsen NJW 1980, 1ff. Die **Schwerpunkte** der **Rechtsreform** lagen in folgendem: **aa)** Die Leitlinien für das Eltern-Kind-Verhältnis sind neu gezogen: Der Begriff „elterliche Gewalt" wurde durch den der **„elterlichen Sorge"** ersetzt

(§ 1626 I), es gilt das gegenseitige **Gebot zu Beistand** und Rücksichtnahme (§ 1618a), **entwürdigende Erziehungsmaßnahmen** wurden **geächtet** (§ 1631 II), das **Kind** ist in mit seiner Entwicklung steigendem Maße bei **Sorgerechtsentscheidungen** der Eltern zu beteiligen (§ 1626 II). **bb)** Der Fall, daß die **Eltern** sich **nicht einigen** können, wurde neu **geregelt** (§ 1628). **cc)** Das **staatliche Wächteramt** wurde näher **ausgestaltet**: Elterliche Fehlentscheidungen auf dem Gebiet der Ausbildungs- und Berufswahl können behoben werden (§ 1631a); freiheitentziehende Unterbringung des Kindes bedarf grundsätzlich der Genehmigung des FamG (§ 1631b); der durch Art 1 Nr 19 BetrG eingeführte § 1631c enthält ein Verbot der Sterilisation des Kindes; der Schutz des Kindesvermögens wurde verbessert (§§ 1640, 1643, 1667, 1668). **dd)** Gefährdete Kinder werden dadurch wirkungsvoller geschützt, daß das **FamG** auch bei **unverschuldetem Versagen** der Eltern **eingreifen** kann (§ 1666). Der Grundsatz der Verhältnismäßigkeit wurde hervorgehoben (§ 1666a). **ee) Pflegekinder** werden gegen ein Herausgabeverlangen der Eltern, das ihr Wohl gefährden würde, **geschützt**. **ff)** Das **Umgangsrecht** des nicht sorgeberechtigten Elternteils wurde mit dem Gebot des Wohlverhaltens und dem Recht auf Auskunft **ausgestaltet** (§ 1634 aF). **gg)** Bei den Entscheidungen nach §§ 1671, 1672 hat das FamG die **Bindungen** des **Kindes**, insbesondere an Eltern und Geschwister, und einen etwaigen Gegenvorschlag des mehr als 14 Jahre alten Kindes zu berücksichtigen.

e) Auch das **Verfahrensrecht** in Sorgeangelegenheiten wurde **verbessert**. So wurde der § 1695, der die **Anhörung** von **Eltern** und **Kind** regelte, durch die in erster Linie der nach § 12 FGG gebotenen Sachaufklärung dienenden §§ 50a und b FGG (Hamm FamRZ 1989, 203f) ersetzt und um die Anhörung einer etwaigen **Pflegeperson** des Kindes durch § 50c FGG erweitert. Danach gilt folgendes:

8c

aa) Gemäß § 50a FGG hört das Gericht in einem Verfahren, daß die Personen- oder Vermögenssorge für ein Kind betrifft, die **Eltern** an. In Angelegenheiten der Personensorge soll das Gericht die Eltern idR persönlich anhören. Dh: Es hat mit ihnen einen mündlichen Kontakt herzustellen, der ihm einen persönlichen Eindruck von dem Anzuhörenden verschafft. In den Fällen der §§ 1666 und 1666a sind die Eltern stets persönlich anzuhören, um mit ihnen zu klären, wie die Gefährdung des Kindeswohls abgewendet werden kann (AG Düsseldorf FamRZ 1995, 498). Einen Elternteil, der nicht sorgeberechtigt ist, hört das Gericht an, es sei denn, daß von der Anhörung eine Aufklärung nicht erwartet werden kann (BayObLG Rpfleger 1989, 368, 369). Das gilt entsprechend für die Eltern des Mündels. Das Gericht darf von der Anhörung nur aus schwerwiegenden Gründen absehen; unterbleibt die Anhörung allein wegen Gefahr im Verzuge, so ist sie unverzüglich nachzuholen. Ist eine bestimmte Form der Anhörung nicht vorgeschrieben, so kann das Gericht nach seinem pflichtgemäßen Ermessen sie auch schriftlich durchführen. Dann genügt es, wenn die Anzuhörenden Gelegenheit hatten, schriftlich genügend zu Wort zu kommen (Frankfurt FamRZ 1960, 72). Das gilt entsprechend für die Eltern des Mündels.

bb) Gemäß § 50b hört das Gericht in einem Verfahren, das die Personen- oder Vermögenssorge betrifft, das **Kind** persönlich an, wenn die Neigungen, Bindungen oder der Wille des Kindes für die Entscheidung von Bedeutung sind, oder wenn es zur Feststellung des Sachverhalts angezeigt erscheint, daß sich das Gericht von dem Kind einen unmittelbaren Eindruck verschafft.

cc) Hat das Kind das 14. Lebensjahr vollendet und ist es nicht geschäftsunfähig, so hört das Gericht in einem Verfahren, das die Personensorge betrifft, das Kind stets persönlich an.

dd) In vermögensrechtlichen Angelegenheiten soll das Kind persönlich angehört werden, wenn dies nach der Art der Angelegenheit angezeigt erscheint.

ee) Bei der Anhörung soll das Kind, soweit nicht Nachteile für seine Entwicklung und Erziehung zu befürchten sind, über den Gegenstand und möglichen Ausgang des Verfahrens in geeigneter Weise unterrichtet werden; ihm ist Gelegenheit zur Äußerung zu geben.

ff) In den Fällen bb) und cc) darf das Gericht von der Anhörung nur aus schwerwiegenden Gründen absehen. Unterbleibt die Anhörung allein wegen Gefahr im Verzuge, so ist sie unverzüglich nachzuholen. Das zu bb)–ee) Gesagte gilt entsprechend für Mündel.

gg) § 50c FGG bestimmt: Lebt das Kind seit längerer Zeit in Familienpflege, so hört das Gericht in allen, die Person des Kindes betreffenden Angelegenheiten auch die **Pflegeperson** an, es sei denn, daß davon eine Aufklärung nicht erwartet werden kann.

hh) Gemäß § 620a III ZPO sollen übrigens auch vor einer einstweiligen Anordnung nach § 620 S 1 Nr 1, 2 oder 3 ZPO das Kind und das Jugendamt angehört werden. Ist dies wegen der besonderen Eilbedürftigkeit nicht möglich, so soll die Anhörung unverzüglich nachgeholt werden.

ii) In welchen Fällen vor einer Entscheidung das Jugendamt zu hören ist, ergibt sich aus §§ 49, 49a FGG (früher § 48a JWG). Durch diese Neuregelung sollte in der Sache zum einen eine Ergänzung und Klarstellung, nicht aber eine Änderung gegenüber der bisherigen Rechtslage erfolgen (BT-Drucks 11/5948, 118). Da § 1696 nicht in den §§ 49, 49a FGG genannt ist, erscheint fraglich, ob eine Anhörung des Jugendamtes bei Änderungen von Entscheidungen durchzuführen ist. Der Bundesrat hat diese Unklarheit moniert, ohne daß im weiteren Gesetzgebungsverfahren eine Reaktion erfolgt wäre (BT-Drucks 11/5948, 148 und BT-Drucks 11/6002, 12). Da aber eine Änderung der Anhörungsvorschriften in der Sache selbst nicht beabsichtigt war, hat sich an der Rechtslage nichts geändert, so daß die bisherige Rspr, die unabhängig von § 48a JWG eine Anhörung des Jugendamtes im Abänderungsverfahren erlangt hatte (BayObLG 1951, 330; Hamm JMBL NRW 1963, 16; Düsseldorf FamRZ 1979, 859, weiterhin ihre Bedeutung behält. Ob damit dann nach einer Anhörung des Jugendamtes in einem Verfahren nach § 1696 das Gericht auch zu einer Bekanntgabe der Entscheidung verpflichtet ist, erscheint fraglich. § 49 III FGG hinsichtlich des VormG und §§ 49a II, 49 III FGG sind Neuregelungen, die im JWG kein entsprechendes Korrelat besaßen und die Anhörungspflicht nach §§ 49, 49a FGG anschließen. Demgegenüber müssen die Anhörungsvorschriften aber auch im Zusammenhang mit den Aufgaben des Jugendamtes im gerichtlichen Verfahren nach § 50 SGB VIII gesehen werden, die nur dann in sinnvoller Weise erfüllt werden können, wenn das Jugendamt über den Ausgang des Verfahrens unterrichtet wird, um sich bei geändertem Sachverhalt auf die neue Rechtslage einstellen zu können. Darüber hinaus ist eine Beratung zB über die Gewährung von Erziehungshilfen nur dann für das Jugendamt sinnvoll, wenn gewährleistet ist, daß der entsprechende Elternteil der richtige Ansprechpartner ist. Damit spricht viel für eine Analogie zu den genannten Vorschriften.

8d f) Durch das KindRG neu eingefügt wurden §§ 50, 52, 52a FGG (s dazu BT-Drucks 13/4899, 129ff). **aa)** § 50 ermöglicht die Bestellung eines Pflegers zur selbständigen Wahrnehmung seiner Interessen auch dann, wenn das Kind nicht förmlich beteiligt ist. Damit wird den Forderungen nach einer Art „**Anwalt des Kindes**" für schwerwiegende Interessenkonflikte Rechnung getragen. **bb)** § 52 statuiert eine grundsätzliche Pflicht des Richters, auf eine einvernehmliche Regelung durch die Eltern selbst hinzuwirken, und ermöglicht dazu auch die Aussetzung des Verfahrens sowie den Erlaß einstweiliger Anordnungen. Dies gilt nicht, soweit der Richter nach § 1666 von Amts wegen tätig wird. **cc)** Zu § 52a FGG nF, der ein spezielles vorprozessuales Einigungsverfahren im Umgangsrecht vorsieht, s § 1684 Rz 10ff. Eine Nichtbeachtung vorbehandelter Vorschriften stellt sich als ein Verfahrensverstoß dar, der zur Aufhebung der angefochtenen Entscheidung und Zurückverweisung führen kann; vgl Düsseldorf FamRZ 1979, 856; Saarbrücken FamRZ 1978, 832; Karlsruhe FamRZ 1978, 170; Köln FamRZ 1976, 32. Von der Anhörung ist der Verfassungsgrundsatz des rechtlichen Gehörs zu unterscheiden. Zu diesem s § 1696 Rz 10ff.

8e g) Soll ein **Kind** gemäß § 1631b **untergebracht** werden, so enthalten die §§ 70–70n FGG die hierfür maßgeblichen Verfahrensvorschriften.

8f h) Die **jüngste Reform des KindRG** brachte für das Recht der elterlichen Sorge erhebliche Veränderungen mit sich. Im wesentlichen bedeutet dies die Möglichkeit der gemeinsamen Sorge sowohl für unverheiratete als auch getrenntlebende Eltern und eine Neuregelung des Umgangsrechts. Statt der vorher zwischen VormG und FamG aufgeteilten Kompetenzen erfolgte jetzt die grundsätzliche, jeweils bei den betroffenen Vorschriften erwähnte Übertragung der Entscheidungsbefugnis auf das FamG (wovon lediglich vor dem 1. 7. 1998 laufende Verfahren nach Art 15 I KindRG ausgenommen bleiben). Im einzelnen stellt sich die Reform wie folgt dar:

aa) Schon die neugefaßte Titelüberschrift „Elterliche Sorge" deutet an, daß von nun an kaum noch nach Ehelichkeit des Kindes unterschieden wird. In § 1626 I nF wurde buchstäblich die Sorgepflicht vor das Sorgerecht gestellt. § 1626 III nF übernimmt den Umgang mit Eltern und anderen Personen aus dem nunmehr aufgehobenen § 1634 aF. § 1626a I nF ermöglicht auch unverheirateten Eltern die gemeinschaftliche Sorge, während § 1626a II den jetzt aufgehobenen § 1705 übernimmt, indem er als Auffangtatbestand die Alleinsorge der Mutter für ihr nichteheliches Kind beibehält. Die §§ 1626b–e nF regeln Wirksamkeits-, Form- und Verfahrensvoraussetzungen für Erklärungen zur gemeinschatlichen Sorge unverheirateter Eltern.

bb) In § 1628 I nF wurde das Erfordernis des Kindeswohls gestrichen, und Abs II wurde aufgehoben. Das zeigt, wie Entscheidungsmaßstäbe aus einzelnen Vorschriften zu allgemeinen, vor die Klammer gezogenen Verfahrensgrundsätzen werden. Die Orientierung am Kindeswohl regelt nunmehr § 1697a aF in genereller Weise, während die Verpflichtung des Gerichts, auf ein Einvernehmen hinzuwirken (§ 1628 II aF) jetzt in § 52 FGG verallgemeinert wurde, s Kommentierung zu § 1697a.

cc) Mit § 1629 I S 4 nF wurde ein Notvertretungsrecht eines Elternteils eingefügt. § 1629 II S 2 nF stellt klar, daß das obhutsgebundene Alleinvertretungsrecht in Unterhaltsprozessen in allen Fällen gemeinsamer Sorge gilt. § 1629 III nF wurde an die Möglichkeit der gemeinsamen Sorge getrenntlebender angeglichen.

dd) Wie in § 1626 I nF werden auch in § 1631 I nF die Pflichten der Eltern stärker betont als ihre Rechte. In Abs II nF werden für entwürdigende Erziehungsmaßnahmen „körperliche und seelische Mißhandlungen" als Beispiel genannt.

ee) §§ 1666, 1667 nF werden neu gestaltet. Sowohl für Maßnahmen der Personen- als auch Vermögenssorge bildet jetzt § 1666 I nF eine einheitliche Grundlage. Abs II der Vorschrift faßt die bisher in §§ 1666 III, 1667 I, V aF geregelten Eingriffsgrundlagen in die Vermögenssorge zusammen.

ff) § 1671 nF greift die bereits vor dem KindRG durch die Rspr des BVerfG erzwungene gemeinsame Sorge bei Getrenntleben und Scheidung auf und geht sogar darüber hinaus, indem er die gemeinsame Sorge als Grundsatz und nicht als zu beantragende Ausnahme statuiert. Die Scheidung spielt keine Rolle mehr als Zäsur im Getrenntleben.

gg) Die Übertragung der Alleinsorge von der Mutter (§ 1626a II nF) auf den Vater eines nichtehelichen Kindes ermöglicht § 1672 nF. § 1678 nF bezieht beide eben genannten Vorschriften mit ein.

hh) Die Regelungen zum Sorgewechsel bei Tod oder Sorgeentzug des Inhabers der Sorge, §§ 1680, 1681 nF, wurden modifiziert und an die neuen Gestaltungen der Sorge angepaßt.

ii) § 1682 nF wurde völlig neu geschaffen. Er bestimmt, daß nach Tod oder Sorgeentzug eines Elternteils das Kind nicht aus einer Stieffamilie vom nun sorgeberechtigten anderen Elternteil herausverlangt werden kann, wenn es dessen Wohl widerspricht.

jj) Die neugeschaffenen §§ 1684–1688 nF stellen das Umgangsrecht des Kindes auf eine neue Basis. Das bisher in § 1634 III geregelte Auskunftsrecht legt jetzt § 1686 nF fest. Die bisherigen §§ 1685, 1686, 1689–1692 aF, die die Beistandschaft regelten, sind durch das BeistandRG v 4. 12. 1997 (BGBl I 2846) aufgehoben worden; das Rechtsinstitut ist nunmehr in den neu eingefügten §§ 1712ff nF behandelt. § 1683 IV aF wurde aufgehoben.

kk) § 1696 I nF wurde von einer Ermessensvorschrift in eine Norm mit strengeren, aber gebundenen Eingriffsvoraussetzungen („das Kindeswohl nachhaltig berührend") geändert. Im Zuge der bereits oben Rz 8d erwähnten Aufgabenübertragung auf das FamG wurde diesem im neueingefügten § 1697 nF die Befugnis zu Anordnung und Auswahl ein).

8g i) Nach alledem ergibt sich unter Einbeziehung aller Gesetzesänderungen folgende geänderte **Übersicht**: **aa)** Die §§ 1626–1630 bringen die Vorschriften, welche den umfassenden Begriff der **elterlichen Sorge** betreffen. Diese gliedert sich in die **Personensorge** und in die **Vermögenssorge** (§ 1626 I). An Sorgerechtsentscheidungen ist das heranwachsende Kind in steigendem Maße zu beteiligen (§ 1626 II). §§ 1626a–e regeln die Sorge bei unverheirateten Eltern. § 1627 benennt Richtlinien, nach denen die elterliche Sorge auszuüben ist. § 1628 zeigt auf, wie **Meinungsverschiedenheiten** zwischen den **Eltern** beizulegen sind. § 1629 befaßt sich mit der **Vertretung** des Kindes, § 1630 mit der Beschränkung der elterlichen Sorge, wenn ein **Pfleger** bestellt ist. bb) Die §§ 1631–1633 regeln die Personensorge im besonderen, und zwar § 1631 deren Inhalt und Grenzen, § 1631a die Beilegung von **Meinungsverschiedenheiten** zwischen **Eltern** und **Kind** in Fragen der **Ausbildung** und des **Berufs**, § 1631b die mit **Freiheitsentziehung** verbundene **Unterbringung** des Kindes und § 1631c das Verbot der Sterilisation des Kindes, § 1632 die **Herausgabe** des **Kindes, und** § 1633 die Einschränkung der Personensorge durch **Heirat**. cc) Die §§ 1638–1646, 1648, 1649, 1667, 1668, 1683, 1698–1698b bestimmen sich mit der **Vermögenssorge** im einzelnen, sowie mit deren Beschränkungen. dd) §§ 1684–1688 befassen sich mit dem Umgang und diesbezüglichem Auskunftsrecht (§ 1686). ee) § 1697 regelt die Bestimmung und Auswahl von Pflegern und Vormündern, während § 1697a der allgemeinen Entscheidungsmaßstab des Kindeswohls statuiert. ff) Im übrigen regelt der fünfte Titel nach wie vor die **Sorgepflichtverletzungen** und deren Folgen (§§ 1666–1667), die **elterliche Sorge** bei Getrenntleben der Eltern (§§ 1671, 1672), das gänzliche oder teilweise **Erliegen** der **elterlichen Sorge** (Ende, Ruhen, Entziehung, tatsächliche Verhinderung) und deren Folgen (§§ 1673–1675, 1677, 1678, 1680, 1681, 1682, 1693, 1698–1698b) und die **Änderung** von **Anordnungen** des **VormG** und des **FamG** (§ 1696).

3. a) Das **Elternrecht** ist im Grundgesetz verankert. Nach Art 6 II GG sind die Pflege und Erziehung der Kinder das **natürliche Recht der Eltern** und die zuvörderst ihnen obliegende **Pflicht**. Über ihre Betätigung wacht die staatliche Gemeinschaft. Nach Art 6 III GG dürfen Kinder gegen den Willen des Erziehungsberechtigten nur auf Grund eines Gesetzes von der Familie getrennt werden, wenn die Erziehungsberechtigten versagen oder wenn die Kinder aus anderen Gründen zu verwahrlosen drohen. Ähnliche Bestimmungen finden sich auch in einzelnen Landesverfassungen, vgl Bayern Art 126, Hessen Art 55, Rheinland-Pfalz Art 25, 27, 29, Württemberg-Baden Art 17. Zur Aufnahme besonderer **Rechte der Kinder in die Verfassung** s Herdegen FamRZ 1993, 374ff; Seibert FamRZ 1995, 145ff. **9**

b) Das BVerfG hat das **Elternrecht** wiederholt (BVerfG 4, 52; 7, 320; 10, 59; BVerfG FamRZ 2002, 1021, 1022; 2003, 285, 287) als ein **Grundrecht** anerkannt, das den Eltern ein Abwehrrecht gegenüber solchen Eingriffen des Staates in ihr Erziehungsrecht gibt, die nicht, wie zB Maßnahmen nach §§ 1666, 1666a, durch Art 6 GG gedeckt sind. Der Gesetzgeber kann das natürliche Erziehungsrecht der Eltern nicht beliebig beschränken; in ihr erzieherisches Ermessen darf er nur eingreifen, soweit sein **Wächteramt** dies rechtfertigt (BVerfG FamRZ 1968, 578; 2002, 1021, 1022; Schlüter FamR Rz 361; Engler FamRZ 1969, 63). In seinem Gleichberechtigungsurteil (BVerfG 10, 59) bekennt sich das BVerfG zum **Subsidiaritätsgrundsatz** im Verhältnis Staat – Eltern auf dem Gebiet der Erziehung. **10**

Einen ähnlichen Standpunkt vertritt der Bayerische Verfassungsgerichtshof; vgl VerwRsp 6, 641; 8, 786; BayVBl 1959, 190, 412). Er sieht im Elternrecht ein elementares vorstaatliches Recht, das deshalb einer besonders herausgehobenen Gruppe der subjektiven verfassungsmäßigen Rechte zuzuordnen ist. Den Eltern kommt in der Gesamterziehung der Primat zu. Dem **Staat** obliegt lediglich eine **unterstützende Aufgabe**. **11**

c) Bei der Ausübung der elterlichen Sorge unterliegen Vater und Mutter nur in bestimmten, vom Gesetz festumrissenen Fällen einer **Aufsicht** durch das **FamG**. Insbesondere hat dieses alle Maßnahmen zu treffen, um ein Kind drohende Gefahren abzuwenden (zB §§ 1631a, 1640, 1666, 1666a, 1667, 1683, 1693), es hat das Sorgerecht bei Getrenntleben (§§ 1672, 1671) der Eltern, sowie im Streitfall den persönlichen Umgang des Elternteils, dem die Personensorge nicht zusteht, mit den Kindern (§§ 1674–1688) zu regeln. Es hat aber auch die Eltern bei der Erziehung der Kinder zu unterstützen (§ 1631), Streitigkeiten der Eltern zu entscheiden, die ihren Grund darin haben, daß die Eltern die Herausgabe des Kindes von einem Dritten verlangen oder den Umgang des Kindes auch mit Wirkung für und gegen Dritte bestimmen. Verlangt ein Elternteil die Herausgabe des Kindes von dem anderen Elternteil, so entscheidet hierüber allerdings das FamG (§ 1632), ebenso bei Herausnahme aus einer Stieffamilie (§ 1682). Bei Meinungsverschiedenheiten der Eltern in Angelegenheiten der elterlichen Sorge von erheblicher Bedeutung hat das FamG darauf hinzuwirken, daß die Eltern sich dem Wohl des Kindes entsprechend einigen (§ 52 FGG). Gelingt das nicht, so hat es die Entscheidung einem Elternteil zu übertragen, sofern dies dem Wohle des Kindes entspricht (§ 1628). Auch in anderen Angelegenheiten der elterlichen Sorge ist das FamG zuständig. Davon erfaßt sind die elterliche Sorge bei nicht vorübergehendem Getrenntleben (§§ 1671, 1672, 1678 IV), das Recht des geschiedenen oder nicht nur vorübergehend getrennt lebenden Elternteils zum persönlichen Umgang mit dem Kind (§ 1684 IV) und die Herausgabe des Kindes von einem an den anderen Elternteil (§ 1632 III). Streiten ein FamG und ein Gericht der allgemeinen freiwilligen Gerichtsbarkeit über die örtliche Zuständigkeit, ist das nach § 5 FGG berufene OLG zuständig (BGH aaO). **12**

Auf Grund seiner **Überwachungsaufgabe** hat der Staat auch das Recht und die Pflicht, den Eltern dazu zu helfen, einen von außen drohenden Erziehungsschaden abzuwenden; vgl Becker FamRZ 1961, 107. **13**

4. a) Richtiger Ansicht nach ist, worauf Beitzke FamRZ 1958, 9 hinweist, zwischen dem **Verlust der elterlichen Sorge der Substanz nach** und der **Ausübung nach** zu unterscheiden. Die elterliche Sorge endet selbstverständlich mit dem **Tod** eines Elternteils in dessen Person. § 1680 setzt dies voraus, indem er die Rechtsfolge regelt. Als weiterer Fall kam früher höchstens noch die **Verwirkung** der elterlichen Gewalt wegen eines an dem Kinde verübten Verbrechens oder Vergehens (§ 1676 aF) in Betracht. Hier ließ das „widernatürliche" Verhalten des Elternteils dessen natürliche Elternrechte entfallen. In allen übrigen Fällen tritt nur zeitweilige **Verlust der Ausübung** der elterlichen Sorge ein; vgl Beitzke aaO; noch weiter geht Göppinger FamRZ 1959, 402, der wegen Art 18 GG auch im Fall der Verwirkung nur einen Verlust der Ausübung der elterlichen Sorge in ihrer Gesamtheit anerkennen will. Art 18 behandelt jedoch nur den Mißbrauch von Freiheiten und Rechten zum Kampf gegen die freiheitliche demokratische Grundordnung. **14**

Vor § 1626 Familienrecht Verwandtschaft

15 b) Die „Entziehung" der Personen- oder Vermögenssorge kann im Grunde genommen nur als ein Verbot und damit als ein Hindernis aufgefaßt werden, diese Teile der elterlichen Sorge auszuüben. Das FamG kann sein Verbot jederzeit aufheben (§ 1696), was zur Folge hat, daß der betroffene Elternteil seine elterliche Sorge wieder ungestört ausüben kann. Wenn das FamG bei Getrenntleben der Ehegatten (§ 1672) oder nach Scheidung die elterliche Sorge regelt, so „überträgt" es diese nicht auf einen der Ehegatten, dem sie ohnehin zusteht, sondern bestimmt nur, welcher Ehegatte künftig die elterliche Sorge allein auszuüben berechtigt sein soll. Stirbt dieser Ehegatte, so tritt der andere Ehegatte nunmehr zwar nicht ohne weiteres an seine Stelle, vielmehr hat das FamG die elterliche Sorge dem Überlebenden zu „übertragen", es sei denn, daß dies dem Wohle des Kindes widerspricht (§ 1680 I), womit es ein Hindernis, die elterliche Sorge auszuüben, beseitigt. Schließlich „endet" die elterliche Sorge auch nicht mit der Todeserklärung oder Todeszeitfeststellung (§ 1681 I). Denn ist der betroffene Elternteil wirklich verstorben, so hat seine elterliche Sorge bereits mit dem Tod geendet. Ist er aber am Leben, so schafft die Todeserklärung oder Todeszeitfeststellung nur ein Hindernis, die elterliche Sorge auszuüben, das der Betroffene durch den dem FamG gegenüber abzugebenden Antrag, er wolle die elterliche Sorge wieder ausüben (so richtig im § 1681 II S 2), ohne weiteres beseitigen kann.

16 c) In allen voraufgeführten Fällen ist zu berücksichtigen, daß das **FamG das natürliche Elternrecht weder entziehen noch wieder verleihen kann**, vgl Beitzke aaO; Stuttgart FamRZ 1964, 51; Bosch FamRZ 1959, 379; Göppinger FamRZ 1959, 397, 402. Daß der Gesetzeswortlaut gelegentlich dem Grundgesetz nicht entspricht, soweit noch (in §§ 1626a II, 1671 I, 1678 II) von der „Übertragung" der elterlichen Sorge die Rede ist, macht die aufgeführten Vorschriften nicht unwirksam; diese sind entsprechend auszulegen (Beitzke aaO).

17 5. **Kommen** die **Eltern** ihren **Pflichten** zur Pflege und Erziehung der Kinder **nicht nach**, wird das staatliche Wächteramt nach dem Fortfall des JWG (Art 24 KJHG) mangels entsprechender Eingriffstatbestände in dem an dessen Stelle getretenen SGB VIII allein durch § 1666 wahrgenommen.

18 6. **Elterliche Sorge für in der ehemaligen DDR geborene eheliche Kinder.** Was im BGB als elterliche Sorge umschrieben wird, ist in § 42ff FGB als **Erziehungsrecht** bezeichnet worden, dessen Inhaberkreis jedoch weiter gezogen ist als der des Sorgeberechtigten nach dem BGB. Nach Art 234 § 11 I des Einigungsvertrages v 31. 8. 1990 (BGBl II 889) steht das Sorgerecht für ein eheliches Kind dem bisherigen Inhaber des Erziehungsrechts zu **(Kontinuitätsgrundsatz).** Abgestellt wird dabei auf den Tag vor dem Wirksamwerden des Beitritts (3. 10. 1990). Eine andere Person als die Mutter des Kindes, also auch der Vater des Kindes, erhält aber lediglich die Stellung eines **Vormunds**, was mit **Art 6 II GG unvereinbar erscheint** (s dazu MüKo/Hinz, 3. Aufl, EinigungsV Rz 554). Vor dem maßgeblichen Zeitpunkt in Angelegenheiten der elterlichen Sorge vom Gericht oder einer Verwaltungsbehörde getroffene Entscheidungen, Feststellungen oder Maßnahmen bleiben unberührt; für Änderungen gelten die **§§ 1674 II, 1696 entsprechend** (Art 234 § 11 II EGBGB). Für die **gerichtliche Zuständigkeit** und das **Verfahren** s MüKo/Hinz, 3. Aufl, EinigungsV Rz 565ff. In dem **Teil Berlins**, in dem das GG erst seit dem 3. 10. 1990 gilt, sind nunmehr das KG, das LG Berlin und die Amtsgerichte, für die dem FamG zugewiesenen Angelegenheiten allein das AG Charlottenburg (§ 23c iVm VO v 23. 11. 1976, GVBl 2609), zuständig.

1626 *Elterliche Sorge, Grundsätze*

(1) Die Eltern haben die Pflicht und das Recht, für das minderjährige Kind zu sorgen (elterliche Sorge). Die elterliche Sorge umfasst die Sorge für die Person des Kindes (Personensorge) und das Vermögen des Kindes (Vermögenssorge).

(2) Bei der Pflege und Erziehung berücksichtigen die Eltern die wachsende Fähigkeit und das wachsende Bedürfnis des Kindes zu selbständigem verantwortungsbewusstem Handeln. Sie besprechen mit dem Kind, soweit es nach dessen Entwicklungsstand angezeigt ist, Fragen der elterlichen Sorge und streben Einvernehmen an.

(3) Zum Wohl des Kindes gehört in der Regel der Umgang mit beiden Elternteilen. Gleiches gilt für den Umgang mit anderen Personen, zu denen das Kind Bindungen besitzt, wenn ihre Aufrechterhaltung für seine Entwicklung förderlich ist.

1 1. **Rechtsnatur der elterlichen Sorge: Familienrechtliches Schutzverhältnis.** § 1626 S 1 bestimmt von Gesetzes wegen den umfassenden **Begriff** der „elterlichen Sorge", S 2 die Begriffe „**Personensorge**" und „**Vermögenssorge**". Damit wurde ein soziologischer, tatsächlicher Begriff zum Ausgangspunkt für den nach wie vor rechtlichen Charakter der **Eltern-Kind-Beziehungen** gewählt. Das darf nicht darüber hinwegtäuschen, daß in dem hier zu behandelnden Bereich des Rechts auch weiterhin von Sorgerecht und Sorgepflicht gesprochen werden kann, und daß die hieran Beteiligten daher als Berechtigte und Verpflichtete zu bezeichnen sind; vgl Pal/Diederichsen Rz 11. Ihrer Rechtsnatur nach stellt sich die elterliche Sorge somit als ein Interesse des minderjährigen und daher hilfsbedürftigen Kindes dienendes **familienrechtliches Schutzverhältnis** dar (BGH FamRZ 2002, 1099, 1100: konkret für das Umgangsrecht), kraft dessen die Eltern ein **absolutes, subjektives höchstpersönliches Recht** und dem Kind gegenüber **Pflichten** haben (BGH 66, 334, 337; Schlüter FamR Rz 350, 352). Daß die elterlichen Pflichten die Rechte in der Wirklichkeit überwiegen, wurde durch das Voranstellen der Pflichten in Abs I S 1 durch das KindRG auch im Gesetzeswortlaut kenntlich gemacht.

2 a) Das Recht ist ein **sonstiges Recht** iSd § 823 I (RG 141, 320; BGH NJW 1990, 2060, 2061; LG Aachen FamRZ 1986, 713; Koblenz NJW-RR 1994, 835; Neustadt FamRZ 1961, 533 hinsichtlich des Personensorgerechts) und entsprechend § 1004 gegen Eingriffe Dritter geschützt (RG Warn 1928 Nr 139; Schlüter FamR Rz 352). Es entsteht kraft Gesetzes und kann weder durch letztwillige Verfügung oder sonstige Anordnung ausgeschlossen werden (Hamburg OLG 17, 281). Es ist als solches **weder abtretbar noch verzichtbar** (KG FamRZ 1955, 295; BayObLG FamRZ 1976, 232; Schlüter FamR Rz 369), **weder entziehbar** (dazu vor § 1626 Rz 16) **noch vererb-**

lich (München JFG 14, 38). Der Antrag eines Elternteils, einem **Beistand** die **Geltendmachung** von **Unterhaltsansprüchen** oder die **Vermögenssorge** zu übertragen (§ 1690), ist kein Verzicht auf die Elternsorge. Der Elternteil macht hier nur von einer ihm nach dem Gesetz zustehenden Befugnis Gebrauch, sich der Ausübung der elterlichen Sorge insoweit zu enthalten. Die Ausübung einzelner Befugnisse können die Eltern ohnehin auf einen Dritten, zB Erzieher, Internat, übertragen. Ungeachtet etwaiger vertraglicher Abreden können sie das Kind aber jederzeit wieder aus dem Internat herausholen. Ebenso kann einem Elternteil die Ausübung aller oder einzelner Bestandteile der elterlichen Gewalt durch gerichtliche Entscheidung entzogen werden; vgl §§ 1666 I, 1666a II, 1667, 1680 III. Die Wahrnehmung der Personensorge kann aber auch **unzumutbar** sein (Leistungsverweigerungsrecht; BAG FamRZ 1993, 319, 321).

b) Die elterliche Sorge steht den Eltern nicht um ihrer selbst willen zu, ihr wohnt die Verpflichtung inne, zum Wohl des Kindes zu handeln. Es ist demnach ein **pflichtgebundenes Recht**. Die Eltern sind **Sachwalter** des in Art 2 I GG gewährleisteten **Persönlichkeitsrechts** ihrer Kinder (OVG Hamburg NJW 1956, 1173; Becker FamRZ 1961, 105). Entsprechend den gewandelten Rechtsanschauungen wurde bereits vor dem Inkrafttreten des SorgeRG das Kind nicht als bloßes Objekt elterlicher Fremdbestimmung angesehen, sondern als Grundrechtsträger. Ihm wurde schon vor Erreichen der Volljährigkeit in mit dem Heranwachsen steigendem Maße für gewisse Teilbereiche auch ohne ausdrückliche gesetzliche Regelung eine selbständige Entscheidungsbefugnis oder wenigstens ein echtes Mitspracherecht zugesprochen. Dies setzte allerdings voraus, daß das Kind dank seiner individuellen Entwicklung und erlangten Reife auf diesem Gebiet vernünftige und sachdienliche Entscheidungen zu treffen vermochte (zur Pflicht eines 13jährigen Kindes, sich erziehen zu lassen, s Schütz FamRZ 1987, 438ff mwN). Vgl dazu BayObLG FamRZ 1974, 534; 77, 650; ferner BGH FamRZ 1974, 595 zur Frage, ob der Veröffentlichung einer Nacktaufnahme einer Sechzehnjährigen nicht nur der gesetzliche Vertreter, sondern auch diese zuzustimmen habe; weiter BGH FamRZ 1959, 200, wonach ein Minderjähriger in einen ärztlichen Eingriff auch ohne Zustimmung seines gesetzlichen Vertreters einwilligen kann. Ebenso für einen Schwangerschaftsabbruch wegen sozialer Indikation bei einer 16jährigen, wenn sie die Tragweite ihrer Entscheidung erfaßt LG München I FamRZ 1979, 850; AG Schlüchtern FamRZ 1998, 968. Hier zeigt sich der grundsätzliche Unterschied zwischen der patria potestas und der aus dem mundium erwachsenen elterlichen Sorge. Allerdings können sich die Eltern freier bewegen als ein Vormund. Auch werden sie nicht ständig überwacht, vielmehr schreitet das Gericht nur dann von Amts wegen ein, wenn ein Anlaß hierzu besteht.

2. Persönliche Reichweite. Die elterliche Sorge erstreckt sich auf die ehelichen und nichtehelichen Kinder und auf die aus nichtigen (§ 37 EheG aF), aufgehobenen und geschiedenen Ehen.

3. Zeitliche Reichweite. a) Die **elterliche Sorge beginnt** mit der Geburt des Kindes, sie wirkt aber nach § 1912 S 2 voraus.

b) Sie **endet** für beide Elternteile mit dem Tode, der Volljährigkeit und durch Adoption des Kindes (§ 1755 I S 1). Volljährig wird das Kind mit Vollendung des 18. Lebensjahres (§ 2), die Minderjährigkeit und die elterliche Sorge enden also am Vortag um 24 Uhr (§ 187 II). Wird die Adoption aufgehoben, so leben das Verwandtschaftsverhältnis des Kindes und seiner Abkömmlinge zu den Verwandten des Kindes und die sich daraus ergebenden Rechte und Pflichten, mit Ausnahme der elterlichen Sorge, wieder auf. Letztere hat das VormG den leiblichen Eltern zurückzuübertragen, wenn und soweit dies dem Wohle des Kindes nicht widerspricht; anderenfalls bestellt es einen Vormund oder Pfleger; vgl § 1764 III, IV. Heiratet das minderjährige Kind, so beschränkt sich die Personensorge auf die Vertretung; die Vermögenssorge verbleibt den Eltern (§ 1633). Sie endet für den betroffenen Elternteil mit dessen Tod, den die §§ 1677, 1681 I die Todeserklärung und Todeszeitfeststellung gleichsetzen, dazu s vor § 1626 Rz 14. Das Recht, die elterliche Sorge auszuüben, endet durch eine Regelung des FamG bei Getrenntleben gemäß §§ 1671, 1672.

c) Die **elterliche Sorge ruht**, wenn ein Elternteil geschäftsunfähig oder nur beschränkt geschäftsfähig ist (§ 1673; dazu Walter FamRZ 1991, 765ff), sowie wenn das FamG festgestellt hat, daß der Elternteil auf längere Zeit die elterliche Sorge tatsächlich nicht ausüben kann (§ 1674). Solange sie ruht, ist der Elternteil auch nicht berechtigt, sie auszuüben (§ 1675).

d) Dieses Recht verliert auch der Elternteil, dem das FamG die Ausübung sämtlicher oder einzelner Bestandteile der elterlichen Sorge nach Maßgabe der §§ 1666 I S 1, 1666a II entzogen oder beschränkt hat, je nach dem Umfang der getroffenen Maßnahme. Werden sämtliche Bestandteile entzogen, so kommt die elterliche Sorge faktisch zum Erliegen. Zur Beschwerdebefugnis nach Art 34 EMRK eines nicht sorgeberechtigten leiblichen Vaters in Vertretung für sein nichteheliches Kind s EuGHMR FamRZ 2002, 1017, 1018.

e) Dagegen wird die elterliche Sorge dadurch nicht berührt, daß ein Elternteil nach Auflösung der ersten Ehe eine zweite eingeht.

f) Rein **tatsächliche Einschränkungen** kann die elterliche Sorge durch staatliche Eingriffe oder als Folge eines Jugendgerichtsverfahrens, erleiden.

4. Ausgestaltung der elterlichen Sorge. a) Die elterliche Sorge mit allen ihren Bestandteilen (Rz 14) auszuüben, sind **beide Elternteile** in gleichem Maße berechtigt und verpflichtet. Sie haben dabei in **eigener Verantwortung** und in **gegenseitigem Einvernehmen** zum **Wohl** des **Kindes** zu handeln (§ 1627), § 1627 Rz 1ff. Kein Elternteil kann sich dieser Aufgabe durch Verzicht entziehen (RG JW 1925, 2115; KG FamRZ 1955, 295). Von dem Grundsatz, daß in einer intakten Ehe beide Partner an den Sorgerechten unterschiedslos teilhaben, bringt lediglich der § 1638 III eine Sondervorschrift: Ist durch letztwillige Verfügung oder bei der Zuwendung bestimmt, daß ein Elternteil das Vermögen nicht verwalten soll, so hat dies der andere zu tun. Zur Beteiligung an den Pflichten sagt lediglich der § 1664 II, daß Eltern als Gesamtschuldner haften, wenn sie für einen Schaden beide verant-

§ 1626
Familienrecht Verwandtschaft

wortlich sind. Man wird auch für die übrigen Pflichten auf die Grundsätze des **Gesamtschuldverhältnisses** zurückgreifen können, es ist also jeder Elternteil auf das Ganze verpflichtet. Soweit ein Elternteil die Sorgepflicht erfüllt, ist auch der andere dem Kinde gegenüber befreit (§ 422 I S 1). Entsprechendes gilt in der Regel auch, wenn die Eltern sich eines Dritten (Internat, Pflegeeltern, Lehrherr) bedienen, um ihren Pflichten nachzukommen. Denn es ist grundsätzlich zulässig, daß ein Elternteil dem anderen und einer oder beide einem Dritten die Ausübung der elterlichen Sorge in geringerem oder größerem Umfang praktisch überlassen. Liegt dem eine Vereinbarung zugrunde, so ist sie aber jederzeit widerruflich (München HRR 1936, 263) und nicht erzwingbar (RG JW 1935, 2896; KG FamRZ 1979, 1060).

12 b) Für die Erfüllung ihrer Pflichten **haften die Eltern** dem Kind gegenüber nur für Sorgfalt in eigenen Angelegenheiten (§§ 1664, 277). Für Schäden, die ein Kind einem Dritten zufügt, haften die Eltern nur nach § 832. Denn die Vorschriften, welche die Pflichten der Eltern festlegen, sind keine Gesetze zum Schutz Dritter iSd § 823 II (RG 53, 312; 57, 239 zu § 1627 aF).

13 c) **Hindernisse gemeinsamer Ausübung.** Nicht immer können die Eltern die elterliche Sorge gemeinsam ausüben. Ist ein Elternteil gestorben, für tot erklärt oder seine Todeszeit festgestellt, so übt der andere die elterliche Sorge allein aus (§ 1680 I). Gleiches gilt, wenn die elterliche Sorge eines Elternteils wegen eines rechtlichen (§ 1673) oder tatsächlichen Hindernisses (§ 1674) ruht, oder er tatsächlich verhindert ist, sie auszuüben (§ 1678 I). Wird die gesamte elterliche Sorge, die Personensorge oder die Vermögenssorge einem Elternteil entzogen (§§ 1666 I S 1, 1666a II), so wird hierdurch zunächst die elterliche Sorge des anderen Teils nicht betroffen: Er übt sie allein aus (§ 1680 I, III). Leben die Eltern nicht nur vorübergehend getrennt, so regelt das FamG grundsätzlich auf Antrag eines Elternteils, welcher Elternteil künftig die elterliche Sorge auszuüben hat (§§ 1672, 1671). Wird diesem die gesamte elterliche Sorge, die Personensorge oder die Vermögenssorge entzogen oder endet seine Vermögenssorge, so hat das FamG sie dem anderen Elternteil zu übertragen, es sei denn, daß dies dem Wohl des Kindes widerspricht (§ 1680 II, III). Andernfalls bestellt es einen Vormund (§ 1773) oder einen Pfleger (§ 1909). In gewissen Fällen sind die Eltern von der Vertretung des Kindes kraft Gesetzes ausgeschlossen (§ 1629 II S 1). Auch kann das FamG dem Vater und der Mutter nach Maßgabe des § 1796 die Ausübung der Vertretung entziehen (§ 1629 II S 2).

14 5. **Gliederung der elterlichen Sorge.** Die elterliche Sorge gliedert man in die **Sorge für die Person** (§§ 1631, 1633) und in die **Sorge für das Vermögen** – im § 1638 als **Vermögensverwaltung** bezeichnet – (§§ 1638–1646, 1648, 1649, 1667, 1668, 1683, 1698–1698b). Jedes dieser beiden Sondergebiete umfaßt tatsächliche Maßnahmen, auch **tatsächliche Sorge** genannt, und die **gesetzliche Vertretung** (§ 1629 I). Der Unterschied von tatsächlicher Personensorge und Vertretung ist in folgenden Fällen bedeutsam: §§ 1633, 1673 II S 2. Danach kann von vier Einzelbestandteilen der elterlichen Sorge gesprochen werden. Die Grenzen der einzelnen Gebiete sind mitunter unscharf und können sich überschneiden (Schlüter FamR Rz 362). So kann eine Maßnahme sowohl eine tatsächliche Sorgemaßnahme sein, als auch in das Gebiet der Vertretung fallen (Schulanmeldung), sie kann sowohl zur Personensorge als auch zur Vermögenssorge gehören (Berufswahl, die als solche in das Gebiet der Personensorge fällt, macht Aufwendungen aus dem Kindesvermögen erforderlich; vgl Staud/Peschel-Gutzeit Rz 67, s auch Rz 56, 60ff, 67ff). Nur in wenigen Fällen weist das Gesetz selbst eine Aufgabe einem bestimmten Gebiet ausdrücklich zu (§§ 1631, 1632; §§ 1, 3 RKEG). § 646 ZPO ist aufgrund des Wegfalls der Entmündigung entfallen; Art 4 Nr 7 BetrG. Das neue Betreuungsrecht regelt das Verfahren in Betreuungssachen in den §§ 65ff FGG. Eine dem § 646 ZPO vergleichbare Regelung, die die Antragsberechtigung an die Personensorge anknüpft, kennt das neue Recht nicht. Vielmehr handelt es sich um ein Amtsverfahren bzw kann einen Antrag auch ein Geschäftsunfähiger stellen (§ 1896 I bzw § 66 FGG, wonach der Betroffene jederzeit verfahrensfähig ist). Das FamG kann die einzelnen Bestandteile in der Person eines Ehegatten nach Maßgabe der §§ 1666–1667, 1671, 1672 trennen. Wenn dann die einzelnen Aufgabengebiete verschiedenen Elternteilen zugewiesen sind, kann die unsichere Abgrenzung zu praktischen Schwierigkeiten führen.

15 a) Die **tatsächliche Sorge für die Person** umfaßt insbesondere die **Pflicht** und das **Recht**, das **Kind** zu **pflegen**, zu **erziehen**, zu **beaufsichtigen** und seinen **Aufenthalt** (§ 1631 I) und **Umgang**, auch mit **Wirkung gegen Dritte**, zu **bestimmen** und die **Herausgabe des Kindes** von jedem zu **verlangen**, der es dem Sorgeberechtigten vorenthält (§ 1632). Hierunter fallen zB die Geburtsanzeige (§§ 16, 17 PStG), die Erteilung des Vornamens (§§ 21, 22 PStG), die Namensänderung (§ 1616 Rz 4), Bestimmung über die religiöse Erziehung (§§ 1, 3 RKEG), Sorge für ärztliche Betreuung (Karlsruhe FamRZ 2002, 1127, 1128: mit dem Hinweis, daß für eine Genehmigungspflicht hinsichtlich einer ärztlichen Behandlung die Rechtsgrundlage fehlt; dazu auch Karlsruhe OLGRep 2002, 269), Impfen, Schulbesuch, Unterbringung in einem Internat (Nürnberg FamRZ 1993, 837f), richtige Berufswahl, Freizeitgestaltung, Erholung, Beaufsichtigung, die Vater und Mutter in gleicher Weise obliegt (BGH FamRZ 1962, 116), Abwehr von außen drohender Erziehungsschäden (Becker FamRZ 1961, 107f), Zahlung eines Kostenvorschusses für lebenswichtige Prozesse, sowie der Umgang mit beiden Elternteilen und sonstigen Personen, zu denen das Kind Bindungen besitzt, was jetzt durch das KindRG ausdrücklich in Abs III geregelt worden ist (s dazu Rz 2).

16 b) **Vertretung in Personensorgesachen.** Das Kind bedarf der gesetzlichen Vertretung, denn es ist zur selbständigen Vornahme von Rechtshandlungen grundsätzlich nicht berufen (KG JFG 12, 108). Die Vertretungsgrundsätze gelten für Rechtsgeschäfte und Rechtshandlungen jeder Art, auch für die Zustimmung der Eltern zu Willenserklärungen des Kindes nach den §§ 106ff, für Prozesse, gleichgültig, ob im Bereich des privaten oder des öffentlichen Rechts, sofern sie Personensorgesachen betreffen, kurz gesagt, für alle Rechtsvorgänge, die eine Vertretung überhaupt zulassen. Hierunter fallen aber auch Erklärungen und Handlungen des gesetzlichen Vertreters, die keine Vertretung des Kindes iSd §§ 164ff darstellen, gleichwohl aber für und gegen das Kind in seinem persönlichen

§ 1626

Bereich Rechtswirkungen äußern. Beispiele: Abschluß eines Ausbildungs- oder Lehrvertrages, eines Arbeitsvertrages – eine Einschränkung gilt nach § 38 SGB VIII für die Erziehungshilfen nach §§ 33, 34 SGB VIII, wonach eine Vertretung des Personensorgeberechtigten in der Ausübung der elterlichen Sorge durch die Pflegeperson möglich ist. Einwilligung des Kindes und der Eltern zur Annahme als Kind (§§ 1746, 1747), Antrag auf deren Aufhebung (§ 1762), s ferner auch §§ 1757 II, 1760 V, 1762 I S 2, 1765 II S 2, 1768 II; Ermächtigung, in Dienst oder in Arbeit zu treten (§ 113) oder ein Erwerbsgeschäft selbständig zu betreiben (§ 112); Einbenennung (§§ 1617a, 1618), Mitwirkung bei der Änderung des Familiennamens der nichtehelichen Mutter (§ 1617c II Nr 2); Antrag auf Todeserklärung (§ 16 II VerschG); Strafantrag nach §§ 77ff StGB. Zur Zustimmung bei Anerkennung der Vaterschaft s § 1595. Zu den Rechtsstreitigkeiten, die die Personensorge betreffen, gehören richtiger Ansicht nach auch die Unterhaltsklagen (Karlsruhe DJ 1940, 507; BayObLG 1950/1951 Nr 85; BGH LM Nr 7 zu § 74; Bosch SJZ 1950, 630; Pal/Diederichsen Rz 15); aA RG DR 1945, 52; KG NJW 1951, 318). § 1631c steht einer Sterilisation entgegen, da insoweit weder Eltern, Kind noch Ergänzungspfleger einwilligen können. Strittig ist, welchen Grundsätzen die **Einwilligung** in eine **Operation** unterliegt. Richtiger Ansicht nach ist sie **kein Rechtsgeschäft und keine Willenserklärung** im technischen Sinn, sondern die **Erlaubnis** zur Vornahme von Handlungen, die in rechtlich geschützte Güter des Gestattenden eingreifen; vgl BGH FamRZ 1959, 200; MüKo/Huber Rz 39. Daher ist § 107 nicht unmittelbar anzuwenden. Der Gestattende muß soviel an **natürlicher Einsichtsfähigkeit und Urteilskraft**, an **verstandesmäßiger, geistiger** und **sittlicher Reife** aufweisen, daß er fähig ist, die Sachlage sowie die Art, das Wesen, die **Tragweite** des **Eingriffs** und seiner **Gestattung** zu **erkennen** und zu **ermessen** (BGH NJW 1964, 1177; LM Nr 3 zu § 107 BGB). Ist das der Fall, so kann er die Erlaubnis selbst wirksam erteilen. Auf ein bestimmtes Alter kommt es nicht an. Auch ist es unerheblich, ob der Betroffene unter elterlicher Sorge oder Pflegschaft steht, vgl Anm v Hauß LM Nr 3 zu § 107 BGB. Nach BGH 29, 33 stand das Personensorgerecht des gesetzlichen Vertreters, dessen Zustimmung überdies aus besonderen Gründen nicht zu erlangen war, der Einwilligung des vor der Volljährigkeitsgrenze stehenden Minderjährigen im gegebenen Fall nicht entgegen. Demgegenüber hat BGH NJW 1972, 335 bei einer einerseits nicht unwichtigen, andererseits nicht dringlichen Entscheidung über einen ärztlichen Eingriff die alleinige Einwilligung eines 16jährigen als idR nicht genügend erachtet. Zur Frage der alleinigen Entscheidung der Minderjährigen über einen Schwangerschaftsabbruch vgl Schwerdtner NJW 1999, 1526 – Besprechung von Hamm NJW 1998, 3424. Anders als die Einwilligung in den Eingriff bleibt die **Rechtswirksamkeit** des **ärztlichen Behandlungsvertrages** mit der daran geknüpften zivilrechtlichen Folgen der Einwilligung oder Genehmigung der Eltern nach §§ 107, 1626 **abhängig** (BGH FamRZ 1959, 200; Karlsruhe FamRZ 2002, 1127, 1128: mit Hinweis auf fehlende Rechtsgrundlage für gedachter Genehmigungspflicht seitens des VormG); dazu ausführlich Korn NJW 1994, 753ff). Hier ergibt sich die Frage, ob bei deren Verweigerung ein Sorgerechtsmißbrauch der Eltern iSd § 1666 vorliegt, der das FamG zum Einschreiten berechtigt. Vgl zum Fall des Abbruchs der Schwangerschaft bei einer minderjährigen Tochter LG München I FamRZ 1979, 850. S dazu Reiserer FamRZ 1991, 1136ff. **Keine** Ersetzungsbefugnis (so generell AG Celle FamRZ 1987, 738ff) bei nicht vorliegender Indikation (so LG Köln FamRZ 1987, 207) oder wenn die Eltern ihre Entscheidung unter Abwägung vernünftiger Argumente getroffen haben (so AG Helmstedt FamRZ 1987, 621).

c) Die **Vermögenssorge** umfaßt alle tatsächlichen und rechtlichen Maßnahmen einschließlich der Vertretung, **17** die darauf gerichtet sind, das Kindesvermögen zu erhalten, zu verwerten und zu vermehren (KJG 49, 39; Schlüter FamR Rz 370). Sie obliegt den Eltern bis zur Grenze des Zumutbaren (BGH 58, 19). Sie schließt nicht mehr die Befugnis ein, durch Täuschung oder Verschweigen wesentlicher Umstände eine rechtswidrige staatliche Leistung (Sozialhilfe) für das Kind zu erwirken (OVG Berlin NJW 1985, 822). Kraft ihres Verwaltungsrechts haben die Eltern die zum Kindesvermögen gehörenden Sachen in Besitz zu nehmen; das Gesetz erwähnt in § 1698 I nur das Gegenstück, nämlich die Herausgabe. Die elterliche Vermögenssorge ist ein Besitzmittlungsverhältnis, das für eine Übereignung nach § 930 ausreicht (BGH NJW 1989, 2542ff; so auch Schlüter FamR Rz 370). Rechte, die zum verwalteten Vermögen gehören, können sie im Namen des Kindes geltend machen. Sie können aber auch kraft ihres Verwaltungsrechts im eigenen Namen die Erfüllung zu der von ihnen verwalteten Masse verlangen. Im Rechtsstreit müssen sie als Vertreter des Kindes auftreten; jedoch können sie sich wechselseitig zur Prozeßführung ermächtigen. Sie können ferner über die Gegenstände des Kindesvermögens verfügen, und zwar im eigenen wie im Kindesnamen, und im eigenen wie im Kindesinteresse. Verwenden sie Kindesvermögen für eigene Zwecke, so sind sie ersatzpflichtig. Schließlich können sie das Kind auch mit der Folge verpflichten, daß es mit seinem Vermögen haftet. Allerdings bedürfen die Eltern für wichtige Verfügungs- und Verpflichtungsgeschäfte gemäß § 1643 der familiengerichtlichen Genehmigung. Gegenstände, die sie nur mit Genehmigung des FamG veräußern dürfen, können sie ohne diese Genehmigung dem Kinde nicht zur Erfüllung eines von diesem geschlossenen Vertrages oder zur freien Verfügung überlassen (§ 1644). Sie sollen auch nicht ohne Genehmigung des FamG ein neues Erwerbsgeschäft im Namen des Kindes beginnen (§ 1645). Ferner können sie auch in Vertretung des Kindes grundsätzlich keine Schenkungen machen (§ 1641). Bei einem Erwerb mit Mitteln des Kindes kommt eine dingliche Surrogation gemäß § 1646 nur bei beweglichen Sachen in Betracht.

Der Vermögensverwaltung unterliegen das **Kindesvermögen** als solches, **dessen Einkünfte** und grundsätzlich **18** auch der **Erwerb** des Kindes aus **Arbeit** oder **selbständigem Geschäftsbetrieb**. Dh, das Kind kann damit nicht etwa machen, was es will. Denn die Ermächtigung gemäß § 113 I umfaßt nicht die Erlaubnis zur freien Verfügung über den Arbeitsverdienst. Jedoch ist eine stillschweigende (General-)Einwilligung gemäß § 107 zulässig und auch vielfach üblich. Soweit die Eltern den Arbeitsverdienst eingezogen haben, unterliegt er jedenfalls ihrer Verwaltung. Bezüglich der Einnahmen aus einem selbständigen Erwerbsgeschäft im Sinne des § 112 ist zu unterscheiden: Soweit das Kind sie für den Betrieb verwendet, sind sie frei von elterlicher Verwaltung, weil das Kind insoweit unbeschränkt geschäftsfähig ist (KJG 37, 43). Das übrige verdiente und gemäß § 1642 anzulegende Geld unterliegt aber der elterlichen Verwaltung. Zur Verfügung des Minderjährigen über sein Lohnkonto s Capeller BB

1961, 453; BGH LM zu § 990 Nr 12: Die Eltern können dem Kind gestatten, es zu eröffnen und darüber zu verfügen. Wie diese Einkünfte und solche aus Kindesvermögen im übrigen zu verwenden sind, regelt § 1649. Hinsichtlich des Vermögens, das das Kind von Todes wegen oder unter Lebenden unentgeltlich erlangt, kann der Zuwendende die elterliche Vermögensverwaltung nach § 1638 ausschließen oder nach § 1639 beschränken.

19 6. **Zeugnis- und Eidesverweigerungsrecht des Kindes.** Die Frage, ob ein Kind das Recht hat, vor Gericht das **Zeugnis** oder die **Eidesleistung** (§§ 383ff ZPO; 52, 63 StPO) oder die körperliche Untersuchung (§ 372a ZPO; § 81c StPO) **eigenverantwortlich** zu **verweigern** (zu § 52 II StPO s AG Düsseldorf FamRZ 1995, 498, 499), hängt davon ab, ob das Kind im gegebenen Fall in seiner geistigen Entwicklung und Reife soweit fortgeschritten ist, daß es die Tragweite und Bedeutung des ihm zustehenden Zeugnisverweigerungsrechts und seines Entschlusses, aussagen zu wollen, zu erfassen und begreifen vermag; vgl BGH St 12, 235; 14, 21, 159; GA 1962, 147 für Strafsachen, Stuttgart FamRZ 1965, 515; NJW 1971, 2237. Die Ansicht von Bosch: Grundsatzfragen des Beweisrechts 1963, daß der Minderjährige allgemein mit Vollendung des 14. Lebensjahres insofern als prozeßfähig anzusehen sei, läßt sich de lege lata nicht vertreten. Staud/Peschel-Gutzeit Rz 107 will dem Kind mit vollendetem 16. Lebensjahr das Recht, die Aussage zu verweigern, geben, gegenüber seiner Aussagebereitschaft aber dem gesetzlichen Vertreter ein Vetorecht einräumen, was wiederum die freie Entscheidung des Kindes erheblich entwertet; zum Abstellen auf die geistige Entwicklung/Einsichtsfähigkeit auch Rz 59, 71, 83ff.

20 a) Weist das Kind noch **nicht** die erforderliche **Verstandesreife** auf, so entscheidet der gesetzliche Vertreter über das Weigerungsrecht. Ist der gesetzliche Vertreter mit einer Vernehmung einverstanden, weigert sich gleichwohl das Kind, auszusagen, so darf es nicht vernommen werden (so auch BayObLG FamRZ 1964, 644); es ist darüber zu belehren, daß es auch dann nicht auszusagen braucht, wenn der gesetzliche Vertreter mit der Aussage einverstanden ist (ihr zustimmt), vgl BGH FamRZ 1967, 668. Eine erzwungene Aussage ist auch in der Regel wertlos (Stuttgart aaO). Das Erfordernis des Einverständnisses gründet sich auf der elterlichen Sorge (so auch BayObLG aaO). Zur Frage, ob es sich hierbei um eine Vertretung im Bereich der Personen- oder Vermögenssorge handelt, vgl Staud/Peschel-Gutzeit Rz 71; MüKo/Huber Rz 51. Handelt es sich bei dem Rechtsstreit um ein Ehescheidungsverfahren der Eltern, so sind sie als gesetzliche Vertreter von der Entscheidung ausgeschlossen (Stuttgart aaO). Insoweit muß das FamG einen Pfleger bestellen (§§ 1629, 1693, 1909 II); gleicher Ansicht BayObLG FamRZ 1964, 644. Im Verfahren wegen **Straftaten** eines Elternteils **gegenüber** seinem **Kinde** ist es nach Stuttgart NJW 1971, 2237 grundsätzlich Sache des anderen, nicht belasteten Elternteils, über das Zeugnisverweigerungsrecht des selbst aussagebereiten Kindes zu bestimmen. Hamm OLG 72, 157 hält demgegenüber mit Recht wegen des Interessenkonflikts des anderen Elternteils die Anordnung einer Ergänzungspflegschaft für erforderlich. Demgegenüber ist LG Frankfurt FamRZ 1974, 378 der Ansicht, der einer Straftat an seinem Kind beschuldigte Elternteil sei nicht automatisch von der Vertretung ausgeschlossen; diese müsse vielmehr das FamG gemäß §§ 1629 II S 2, 1796 ausdrücklich entziehen. Für den nicht beschuldigten Elternteil gelte dies erst recht.

21 b) Ist dagegen die erforderliche **Verstandesreife** zu **bejahen**, so kann das Kind kraft des ihm zustehenden **Persönlichkeitsrechts** von sich aus allein und ohne jede elterliche Korrektur entscheiden, ob es aussagen will oder nicht (Stuttgart aaO; Gernhuber/Coester-Waltjen § 49 VI 4).

22 7. **Abs II: Berücksichtigung der wachsenden Einsichtsfähigkeit und Selbständigkeit des Kindes bei Pflege und Erziehung. a) Gesetzeszweck.** Mit dem neuen Abs II, der gemäß § 1793 S 2 entsprechend für den Vormund gilt, hat der Gesetzgeber eine jahrzehntelange, vom Schrifttum und der Rspr vorangetriebene Rechtsentwicklung abgeschlossen. Diese lief darauf hinaus, daß bei der Ausübung der elterlichen Sorge auf die **wachsende Einsichtsfähigkeit** und **Selbständigkeit des Kindes** und dessen **erstarkendes Persönlichkeitsrecht Rücksicht** zu **nehmen** sei, s vor § 1626 Rz 3, und daß deshalb das Ausmaß der elterlichen Sorge von der Geburt bis zur Volljährigkeit keineswegs unveränderlich sei, sondern sich nach Grad und Wirkungsbereich wandele und mitunter zurückzutreten habe. Der Rechtsausschuß hat sich laut seinem Bericht von folgenden Erwägungen leiten lassen: Wichtigstes Ziel jeder Erziehung sei die Entwicklung des Kindes zur selbstverantwortlichen Persönlichkeit. Darauf müsse das Kind bis zu seiner Volljährigkeit rechtzeitig vorbereitet werden. Eine Erziehung, die vorherrschend von Befehl und Gehorsam geprägt sei, könne diese Aufgabe kaum bewältigen. Vielmehr müsse das Kind mit zunehmendem Alter und entsprechend seiner wachsenden Einsicht an die altersgemäße Selbständigkeit herangeführt werden. Damit hätten die Eltern die wachsende Fähigkeit und das wachsende Bedürfnis des Kindes zu selbständigem, verantwortungsvollem Handeln bei seiner Pflege und Erziehung zu berücksichtigen. Die Eltern müßten versuchen, die Fragen der elterlichen Sorge mit dem Kind, entsprechend seinem Entwicklungsstand, zu erörtern. Auch wenn sie sich nach Abwägung aller Gesichtspunkte genötigt sähen, eine Entscheidung gegen den Willen des Kindes zu treffen, so solle dies im Gespräch geschehen, das gegenseitige Verständnis erleichtere und Spannungen im Eltern-Kind-Verhältnis vermeide oder wieder abbauen helfe. Von einem entsprechenden Entwicklungsstand des Kindes solle nicht mehr nur angeordnet und befohlen werden. Für die Reifung des jungen Menschen zu einer selbständigen, eigenverantwortlichen Persönlichkeit sei von großer Bedeutung, daß ihm verdeutlicht werde, warum die Eltern die beabsichtigte Entscheidung erstrebten.

23 b) **Praktikabilität.** Das bedeutet in der Praxis, daß Eltern in einem Zwiegespräch die triftigen Gründe für die zu treffende Entscheidung dem Kind begreiflich machen. Es bedeutet nicht, daß sie um des häuslichen Friedens willen dem noch unerfahrenen, uneinsichtigen Kind zu dessen Schaden nachgeben oder faule Kompromisse schließen. Einleitung und Entwicklung eines solchen Lernprozesses bei den Kindern setzt neben Geduld, Toleranz und Einfühlungsvermögen auch pädagogisch-psychologische Fähigkeiten der Eltern voraus. Eine Schwierigkeit mag für viele Eltern darin bestehen, ihre eigenen Fehler auf ihre Kinder zu übertragen, die gewissermaßen ein Spiegelbild von ihnen werden und Erziehungsprobleme deshalb kaum anders zu lösen sind, als sie an ihnen selbst durch ihre Eltern praktiziert worden sind. Fortschritte in der geistigen Entwicklung der Menschen sind aber gerade in den jüngeren Generationen zu verzeichnen. Kritikfähigkeit, Selbstbewußtsein und Selbständigkeit haben Unterordnung, Gehorsam und Abhängigkeit verdrängt. Soweit sie zum Zwecke der Entstehung einer partnerschaftlichen Beziehung untereinander eingesetzt werden, besteht die Hoffnung, daß immer mehr Eltern dem Programm des § 1626 II genügen werden.

c) Verfassungsmäßigkeit. Gelegentlich wird die **Behauptung** erhoben, § 1626 II sei **verfassungswidrig**, weil 24 der Staat zwar das „Ob" der elterlichen Erziehungsberechtigung regeln, nicht aber um der elterlichen Erziehungspriorität willen eine Erziehungsmethode vorschreiben dürfe (so Schmitt Glaeser, Das elterliche Erziehungsziel in staatlicher Reglementierung, 1980, S 12ff). Andere formulieren immerhin, § 1626 II sei „verfassungsrechtlich nicht ganz bedenkenfrei", Diederichsen NJW 1980, 1, 3; Soergel/Strätz Rz 38). Diese Kritik geht schon deshalb fehl, weil die normative Festlegung eines bestimmten Erziehungsstils nur das wiedergibt, was schon vorher höchstrichterlich als formales Erziehungsziel iS einer Anleitung des Kindes zu selbständigem verantwortungsbewußtem Handeln anerkannt war (BVerfG 24, 119, 144; BGH NJW 1974, 1947, 1949; Hamm FamRZ 1974, 136f; wN bei MüKo/Huber Rz 63 mit überzeugendem Plädoyer für die Verfassungsmäßigkeit des § 1626 II).

d) Rechtsfolgen. Wenn das Gesetz von „berücksichtigen" spricht, so besagt dies, daß die Eltern nicht immer 25 dem Willen des Kindes zu entsprechen haben, sondern daß sie nicht über den Kopf des Kindes hinweg entscheiden, vielmehr mit ihm das Für und Wider erörtern sollen, um Verständnis und Einsicht und nach Möglichkeit ein Einvernehmen zum bewußten und gewollten Mitwirken zu erzielen. Wo ihnen dies nicht gelingt, müssen sie letztlich aus ihrer Verantwortung allein entscheiden. Die Möglichkeit, das FamG anzurufen oder gegen die Eltern Zwangsmaßnahmen zu ergreifen, ist nicht vorgesehen. Im Einzelfall wird aber nach allgemeinen Vorschriften, zB aufgrund der §§ 1666, 1666a, ein Einschreiten des FamG angezeigt sein, wenn die Eltern beharrlich gegen die Pflichten aus Abs II verstoßen und hierdurch das Wohl des Kindes gefährden; vgl Belchaus Rz 10; Simon JuS 1979, 752f. An einen Verstoß aus § 1626 II werden aber auch insofern Rechtsfolgen geknüpft, als bei einer Entscheidung nach §§ 1671, 1672 derjenige Elternteil bessere Chancen auf den Erhalt des Sorgerechts haben wird, der sich bei der bisherigen Erziehung von § 1626 II hat leiten lassen. Entsprechendes gilt für das Besuchsrecht des nicht sorgeberechtigten Elternteils aus § 1684 I nF. Dessen Umfang wird wesentlich von den angewandten Erziehungsmethoden abhängen (Diederichsen NJW 1980, 1, 2).

8. Abs III. Der neugeschaffene Abs III stellt klar, daß der Umgang des Kindes mit Eltern und anderen Bezugs- 26 personen (zB Großeltern) bei der Ausübung der elterlichen Sorge zu berücksichtigen ist. Dabei wird der Kreis der Umgangsberechtigten nicht durch § 1626 III, sondern ausschließlich durch §§ 1684 und 1685 bestimmt. Der nichteheliche Lebensgefährte der Mutter der Kinder gehört nicht zu den umgangsberechtigten Personen (Bamberg FamRZ 1999, 810; offengelassen durch Karlsruhe FamRZ 2002, 1210, 1211). Abs III schafft zwar keine gerichtlich durchsetzbares Recht des Kindes, ergänzt aber die – ebenfalls neuen – §§ 1684–1688 und konkretisiert sie dahingehend, daß der Umgang dem Kindeswohl dient, wenn die Aufrechterhaltung der Bindung die Entwicklung des Kindes begünstigt. Zudem stellt Abs III klar, daß eine Vorenthaltung des Umgangs Anlaß für Maßnahmen nach § 1666 sein kann.

1626a *Elterliche Sorge nicht miteinander verheirateter Eltern; Sorgeerklärungen*

(1) Sind die Eltern bei der Geburt des Kindes nicht miteinander verheiratet, so steht ihnen die elterliche Sorge dann gemeinsam zu, wenn sie
1. **erklären, dass sie die Sorge gemeinsam übernehmen wollen (Sorgeerklärungen), oder**
2. **einander heiraten.**

(2) Im Übrigen hat die Mutter die elterliche Sorge.

1. Gesetzeszweck. Der durch das KindRG (v 16. 12. 1997, BGBl I 2942) mit Wirkung v 1. 7. 1998 eingefügte 1 § 1626a ergänzt § 1626 in drei Fällen: Auch unverheiratete Eltern können jetzt die gemeinsame Sorge erhalten, was nach altem Recht nicht möglich war (Abs I Nr 1); BVerfG FamRZ 2003, 291: verfassungsrechtlich unzureichend ist mangelnde Übergangsregelung, die insbesondere den Vätern die Möglichkeit gemeinsamer Sorge eröffnen soll, wenn sie mit ihrem nichtehelichen Kind zusammen gelegt, gemeinsam für das Kind gesorgt, sich aber noch vor Inkrafttreten des KindRG am 1. 7. 1998 wieder getrennt haben – Auftrag zur ergänzenden gesetzlichen Neuregelung bis zum 31. 12. 2003. S dazu auch Schlüter FamR Rz 344. Ebenso steht ihnen bei späterer Heirat die gemeinsame Sorge zu (Abs II Nr 2); das wurde vor dem Inkrafttreten des KindRG durch die Legitimation (§ 1719 aF) bestimmt. Die mütterliche Alleinsorge für das nichteheliche Kind als Auffangtatbestand beläßt Abs II (früher § 1705 aF).

2. Zu Abs I Nr 1. Die Vorschrift definiert den Inhalt, den eine Erklärung zur Erlangung der gemeinschaftlichen 2 Sorge haben muß (BVerfG FamRZ 2003, 290f und 358f: hält derzeit dem nach Art 6 II GG geschützten Elternrecht des nichtehelichen Vaters durch gemeinsame Sorgerechtserklärung für ausreichend Rechnung getragen – Gesetzgeber ist aber mit Blick auf Art 6 II GG zur Beobachtung und Korrektur verpflichtet, soweit die Inanspruchnahme der gemeinsamen Sorgerechtserklärung nicht der Regel entspricht; kritisch zur Notwendigkeit der Sorgerechtserklärung im Verhältnis zu Art 6 II GG Henrich FamRZ 2003, 359).

a) Der Wortlaut stellt zum einen klar, daß nur der Wille zur umfassenden gemeinsamen Sorge zum Ausdruck 3 kommen muß, Einzelheiten der Ausübung der Sorge hingegen nicht Gegenstand der Erklärung sein können (BT-Drucks 13/4899, 93).

b) Die Formulierung läßt zum anderen erkennen, daß die Sorgeerklärungen von den Eltern nicht gemeinsam 4 abgegeben werden müssen; es genügen getrennt abgegebene Erklärungen, die aber inhaltlich identisch, nämlich auf gemeinsame Sorgeausübung gerichtet sein müssen (BT-Drucks 13/4899, 93).

§ 1626a Familienrecht Verwandtschaft

5 **3. Zu Abs I Nr 2.** Die an die Stelle des § 1719 aF (Legitimation) getretene Vorschrift muß zahlreiche früher in §§ 1719–1722 aF geregelte Fragenkreise nicht mehr ansprechen, da sie gegenstandslos wurden.

6 **a)** Die Ehenichtigkeit (§ 1719 I S 1 Hs 2) spielt wegen ihrer Aufhebung durch das EheschlRG (v 4. 5. 1998, BGBl I 833) zum 1. 8. 1998 keine Rolle mehr.

7 **b)** Der Vorrang des Sorgerechts desjenigen, der ein Kind angenommen hat, früher § 1719 I S 2 aF, ergibt sich bereits aus § 1754 III nF.

8 **c)** Für die Namensgebung, die früher § 1720 regelte, gilt jetzt § 1617b nF.

9 **4. Zu Abs II.** Die Sorge für das nichteheliche Kind steht – wenn die Mutter nicht geheiratet hat oder gemeinsame Sorgeerklärungen abgegeben wurden – allein der Mutter zu. Dieser Grundsatz wird aber von weiteren Ausnahmen durchbrochen. Die Sorge der Mutter kann wegen ihrer Geschäftsunfähigkeit ruhen (§ 1673 I), die minderjährige Mutter kann neben dem gesetzlichen Vertreter nur die Personensorge innehaben (§ 1673 II) oder aber dem Vater ist die Sorge bei Getrenntleben übertragen worden (§ 1672 nF). Alle diese Regelungen bleiben, wie schon die Worte „im übrigen" andenken, unberührt (BT-Drucks 13/4899, 94). Die Verfassungsmäßigkeit vom Abs II anzweifelnd Doukkani-Bördner FamRZ 2002, 901; für Verfassungsmäßigkeit hingegen BVerfG FamRZ 2003, 285ff und 358: Zwangszuordnung zur Mutter trägt biologischer Verbundenheit Rechnung. Beachte aber zur Beschwerdebefugnis des leiblichen Vaters gem Art 34 EMRK in Vertretung für sein Kind EuGHMR FamRZ 2002, 1017, 1018.

10 **5. Übergangsregelung. a)** Das BVerfG hat dem Gesetzgeber durch Urt v 29. 1. 2003 aufgegeben, eine Übergangsregelung für Eltern zu schaffen, die mit ihrem nichtehelichen Kind zusammengelebt, sich aber vor dem Inkrafttreten des KindRG am 1. 7. 1998 getrennt haben. Dieser Verpflichtung ist der Gesetzgeber mit dem Gesetz v 13. 12. 2003 (BGBl I 2547) durch Schaffung der Abs III–V in Art 224 § 2 EGBGB nachgekommen. Nach Abs III wird die vom BVerfG aufgezeigte Lücke für die Fälle geschlossen, in denen bei einem Elternteil wegen der Trennungssituation keine Bereitschaft mehr für übereinstimmende Sorgerechtserklärungen (§ 1626a I Nr 1) besteht. Deshalb hat das FamG auf Antrag des nichtsorgeberechtigten Vaters (s § 1626 II) bzw der allein sorgeberechtigten Mutter die Sorgeerklärung des verweigernden Elternteils zu ersetzen, wenn dies dem Kindeswohl als dem Leitmotiv für die Ausübung elterlicher Sorge nach § 1627 S 1 entspricht (§ 1626a I S 1). Weitere Voraussetzung dafür ist, daß die Eltern längere Zeit in häuslicher Gemeinschaft gelebt und elterliche Verantwortung getragen haben. Die zeitliche Komponente ist nach Art 224 § 2 III S 2 EGBGB erfüllt, wenn die Eltern mit dem Kind ohne Unterbrechung 6 Monate zusammengelebt haben. Dieser auf die Perspektive des Vaters abstellende zeitliche Rahmen ist ausreichend, weil dann Aussagen darüber möglich sind, wie der Vater seine Beziehung zu dem Kind in der Vergangenheit ausgestaltet hat und in welchem Umfang Bindungen zum Kind entstanden sind. Die Prognose hinsichtlich seines zukünftigen Verhaltens tangiert dagegen die Kindeswohlprüfung.

11 **b)** Art 224 § 2 IV EGBGB regelt Verfahrensfragen. Danach ist der Antrag iSd Abs III S 1 erst nach Abgabe der Sorgeerklärung des Antragstellers zulässig. Eine den 1626d II ergänzende Mitteilungspflicht ist in Art 224 § 2 V EGBGB normiert. Das FamG ist verpflichtet, die rechtskräftige Ersetzung dem Jugendamt mitzuteilen, damit dieses seiner Auskunftspflicht auch insofern nach § 58a SGB VIII nachkommen kann. Die Mitteilung hat nicht, wie bisher, nur unter Angabe von Namen und Geburtsort des Kindes zu erfolgen, sondern erstreckt sich jetzt, wie auch in der Neufassung des § 1626d II, auf das Geburtsdatum, das eine eindeutige Identifizierung bei häufigen Namen und bei Namensänderungen ermöglicht.

1626b *Besondere Wirksamkeitsvoraussetzungen der Sorgeerklärung*

(1) Eine Sorgeerklärung unter einer Bedingung oder einer Zeitbestimmung ist unwirksam.
(2) Die Sorgeerklärung kann schon vor der Geburt des Kindes abgegeben werden.
(3) Eine Sorgeerklärung ist unwirksam, soweit eine gerichtliche Entscheidung über die elterliche Sorge nach den §§ 1671, 1672 getroffen oder eine solche Entscheidung nach § 1696 Abs. 1 geändert wurde.

1 **1. Zu Abs I.** Die Abgabe einer Sorgeerklärung unter einer Bedingung oder Befristung wäre mit den Kindesinteressen kaum vereinbar. Die Sorgeerklärung ist von ähnlich großer Bedeutung wie die Vaterschaftsanerkennung, die in § 1594 III einer parallelen Regelung unterworfen ist. Ein Elternteil, der Verantwortung für das Wohlergehen des Kindes übernehmen will, muß sich vergegenwärtigen, daß er nicht nur Verantwortung auf Zeit übernimmt oder sie gar von einem ungewissen Ereignis abhängig machen kann. Hat ein Elternteil noch Zweifel an seiner Fähigkeit oder an der anderen zur Ausübung der Sorge, so sollen die Sorgeerklärungen besser unterbleiben (BT-Drucks 13/4899, 94).

2 **2. Zu Abs II.** Hier soll es den Eltern ermöglicht werden, die gemeinsame Sorge bereits von der Geburt des Kindes an auszuüben. Die Regelung steht im Zusammenhang mit der Anerkennung der Vaterschaft, die gemäß § 1594 IV nF ebenfalls schon vorgeburtlich zulässig ist.

3 **3. Zu Abs III.** Die Vorschrift stellt klar, daß gerichtliche Sorgeentscheidungen grundsätzlich Vorrang vor Sorgeerklärungen haben und sie nicht durch bloße Erklärungen der Eltern wieder wirkungslos werden, was dem Kindeswohl – durch evtl ständigen Wechsel der Verantwortung – nicht dienen würde. Folgende Fallgestaltungen sind denkbar:

4 **a)** Durch gerichtliche Entscheidung nach § 1671 nF wurde nach bereits bestehender gemeinsamer Sorge aufgrund § 1626a I Nr 1 einem Elternteil jetzt die Alleinsorge zugesprochen. Ein Wiederaufleben der gemeinsamen Sorge kann – außer durch Heirat, denn die §§ 1626b bis e ergänzen nur § 1626 I Nr 1 nicht aber Nr 2 – nur nach einer gerichtlichen Änderung gemäß § 1696 nF erfolgen.

b) Die zunächst nach § 1626 II bestehende Alleinsorge der Mutter wurde wegen § 1672 I nF auf den Vater übertragen. Hier kann eine gemeinsame Sorge nur durch das FamG nach § 1672 II S 1 nF begründet werden.

c) § 1672 II S 2 regelt den ähnlichen Fall, daß die zunächst vorgenommene Sorgeübertragung auf den Vater nach § 1696 I aufgehoben wurde, womit die Mutter wieder Inhaberin der Alleinsorge ist. Jetzt bedarf es für die Herbeiführung der gemeinsamen Sorge auch einer gerichtlichen Entscheidung.

d) Abs III nennt nur §§ 1671, 1672 und 1696 I nF. Daraus folgt, daß nach Aufhebung eines Sorgerechtsentzuges (§ 1666 nF) gemäß § 1696 II nF eine gemeinsame Sorge durch Sorgeerklärungen begründet werden kann.

1626c *Persönliche Abgabe; beschränkt geschäftsfähiger Elternteil*
(1) Die Eltern können die Sorgeerklärungen nur selbst abgeben.
(2) Die Sorgeerklärung eines beschränkt geschäftsfähigen Elternteils bedarf der Zustimmung seines gesetzlichen Vertreters. Die Zustimmung kann nur von diesem selbst abgegeben werden; § 1626b Abs. 1 und 2 gilt entsprechend. Das FamG hat die Zustimmung auf Antrag des beschränkt geschäftsfähigen Elternteils zu ersetzen, wenn die Sorgeerklärung dem Wohl dieses Elternteils nicht widerspricht.

1. Abs I der Vorschrift bestimmt, daß Sorgeerklärungen aufgrund ihrer Bedeutung höchstpersönlicher Natur sind, was eine Stellvertretung verbietet.

2. Abs II gibt auch dem beschränkt geschäftsfähigen (vor allem dem minderjährigen) Elternteil, der zwar nach § 1673 nicht die Vertretungsberechtigung, wohl aber die tatsächliche Personensorge innehaben kann, die Möglichkeit, sich oder den anderen Elternteil an der Sorge zu beteiligen. Die dafür erforderliche Zustimmung des gesetzlichen Vertreters des Elterteils ist ebenso höchstpersönlich, bedingungsfeindlich und vor der Geburt möglich wie die des Elternteils. Die Zustimmung kann vom FamG ersetzt werden.

1626d *Form; Mitteilungspflicht*
(1) Sorgeerklärungen und Zustimmungen müssen öffentlich beurkundet werden.
(2) Die beurkundende Stelle teilt die Abgabe von Sorgeerklärungen und Zustimmungen unter Angabe des Geburtsdatums und des Geburtsorts des Kindes sowie des Namens, den das Kind zur Zeit der Beurkundung seiner Geburt geführt hat, dem nach § 87c Abs. 6 Satz 2 des Achten Buches Sozialgesetzbuch zuständigen Jugendamt zum Zwecke der Auskunftserteilung nach § 58a des Achten Buches Sozialgesetzbuch unverzüglich mit.

1. a) Abs I begründet eine **Beurkundungspflicht** für Sorgeerklärungen und für Zustimmungen nach § 1626c II. Die Beurkundungspflicht ist nicht nur wegen ihrer rechts- und beweissichernden Form, sondern auch wegen der zwingenden Belehrung für eine so wichtige Erklärung notwendig.

b) **Beurkundende Stellen** können ein Notar (§ 20 BNotO) oder auch ein Jugendamt (§ 59 I S 1 Nr 8 SGB VIII) sein. Eine Beurkundung durch den Standesbeamten hat – anders als bei der Vaterschaftsanerkennung – der Gesetzgeber bewußt nicht vorgesehen, mit der Begründung, daß dieser die Bedeutung der Sorgeerklärung anders als die der auch einem Laien geläufigen Vaterschaftsanerkennung nicht so gut vermitteln könne (so BT-Drucks 13/4899, 95). Zwingend erscheint diese Schlußfolgerung freilich nicht.

2. Die in **Abs II** statuierte **Mitteilungspflicht an das zuständige Jugendamt** dient dazu, eine Auskunft an die Mutter über die Nichtabgabe von Sorgeerklärungen nach § 58a SGB VIII erteilen zu können. Mit dieser schriftlichen Auskunft kann die Mutter eines nichtehelichen Kindes nachweisen, daß allein sie zur Sorgeausübung und Vertretung des Kindes berechtigt ist. Die Angabe insbes auch des Geburtsdatums erleichtert die Zuordnung von Sorgeerklärungen bei häufigen Namen und bei späterem Namenswechsel (s § 1626a Rz 11).

1626e *Unwirksamkeit*
Sorgeerklärungen und Zustimmungen sind nur unwirksam, wenn sie den Erfordernissen der vorstehenden Vorschriften nicht genügen.

1. Die Vorschrift soll die Rechtssicherheit bei der für das Kind wichtigen Sorgeerklärung sicherstellen. Eine Anfechtung wird ausgeschlossen. Prüfungsmaßstab für die Wirksamkeit der Sorgeerklärung ebenso wie der dazu erforderlichen Zustimmungen (§ 1626c II) sind allein die Vorschriften der §§ 1626a–e.

2. Das Problem der Abgabe der Sorgeerklärung durch einen Geschäftsunfähigen ist nicht ausdrücklich geregelt. Wird § 1626e wörtlich angewendet, berührt die Geschäftsunfähigkeit die Wirksamkeit der Sorgeerklärungen nicht. Dieses Ergebnis ist, wenn auch vielleicht vom Gesetzgeber nicht gewollt, hinzunehmen. Der Geschäftsunfähige kann sein Sorgerecht ohnehin nicht ausüben (§§ 1673 I S 1, 1675), so daß dem Kindeswohl keine Gefahr droht. Der Geschäftsunfähige ist dabei weniger eingeschränkt als der beschränkt Geschäftsfähige, der nach § 1626c der Zustimmung seines gesetzlichen Vertreters bedarf. Diesem steht aber nach § 1673 I S 2, 3 immerhin die Personensorge (ausgenommen die Vertretung) neben dem gesetzlichen Vertreter des Kindes zu. Bedeutung hat diese Konstellation vor allem dann, wenn eine nichteheliche Mutter geschäftsunfähig wird, denn ohne ihre Erklärung kann der Vater kein (gemeinsames) Sorgerecht erhalten. Zum Ganzen Dickerhof/Borello FuR 1998, 157.

1627 *Ausübung elterlicher Sorge*
Die Eltern haben die elterliche Sorge in eigener Verantwortung und in gegenseitigem Einvernehmen zum Wohl des Kindes auszuüben. Bei Meinungsverschiedenheiten müssen sie versuchen, sich zu einigen.

§ 1627 Familienrecht Verwandtschaft

1 **1. Ausübung der elterlichen Sorge. a)** Als Ausfluß des Grundsatzes der Gleichberechtigung steht den Eltern die elterliche Sorge **gemeinsam** zu, und zwar jedem Elternteil im **gleichen Ausmaß** und **gleichrangig**. § 1627, der die Ausübung der elterlichen Sorge behandelt, setzt dies voraus. Daraus, daß die elterliche Sorge den Eltern gemeinsam zugeordnet ist, folgt indes noch nicht zwingend, daß sie diese auch stets gemeinsam ausüben müßten; vgl Staud/Peschel-Gutzeit Rz 4, 7ff; Soergel/Strätz Rz 5. Dem Ausdruck „in gegenseitigem Einvernehmen" läßt sich jedenfalls entnehmen, daß ein Elternteil auch selbständig handeln kann. Er hat dabei aber auf den wirklichen oder mutmaßlichen Willen des anderen Rücksicht zu nehmen.

2 **b)** Es empfiehlt sich zunächst, die **elterliche Sorge** nach ihrer Wirkungsweise **aufzugliedern**. Sie vollzieht sich in verschiedenen Stufen und Richtungen (vgl dazu Siebert NJW 1955, 1), und zwar zunächst als **Willensbildung**, dh Beratung und Entscheidung (Rz 3f) und anschließend als **Willensausführung** (Rz 5), dh Verwirklichung des Entschlusses. Die Willensbildung und die Willensausführung können **tatsächliche Maßnahmen** und **Rechtsgeschäfte** mit Wirkung für und gegen das Kind betreffen. Soweit rechtsgeschäftliches Handeln in Frage steht, gehört zur Willensausführung auch die **Vertretung** des Kindes nach außen, Dritten gegenüber.

3 **c) Zulässige Aufgabenteilung bei der Willensbildung.** Daß die **Willensbildung gemeinschaftlich** vor sich zu gehen habe, kann nur als Regel oder Richtlinie aufgefaßt werden, von der abgewichen werden kann und von der auch unausgesetzt abgewichen werden muß. Sie kommt nur für **wichtige Angelegenheiten** in Frage, die sich für das weitere Leben und Schicksal des Kindes auswirken, zB für die Art der Erziehung (antiautoritäre, religiöse oder nicht), Wahl der Schule, des Ausbildungsganges, des Berufs, Unterbringung im Internat, in einer Anstalt. Das gilt auch für das Bestimmungsrecht über die Leiche des Kindes (Sektion), LG Saarbrücken MedR 1983, 154. Es erfaßt neben der Bestattungsart auch noch den Bestattungsort (LG Paderborn FamRZ 1981, 700). In der Praxis läßt es sich nicht umgehen, daß die Eltern entsprechend ihren Funktionen im Familienleben eine Aufgabenteilung (dazu LG Itzehoe FamRZ 1992, 1211, 1212) vornehmen. Sie enthebt die Eltern aber weder der Pflicht, sich wechselseitig zu überwachen, vgl Gernhuber FamRZ 1962, 95, noch der eigenen Verantwortung, s § 1664 Rz 1ff. Sie ist wegen des Pflichtcharakters der elterlichen Sorge aus begründetem Anlaß widerruflich; s Rz 6. Schwierigkeiten bereitet allerdings, wie die Aufgabenteilung dogmatisch zu rechtfertigen ist. Zwei Gesichtspunkte bieten sich an: der einer **Ermächtigung** und der einer **Bevollmächtigung**. Sie dürfen jedoch nicht einander gleichgesetzt werden. Denn bei der Ermächtigung erteilt der Ermächtigende dem Ermächtigten die Befugnis, durch Handeln **im eigenen Namen** im Rechtskreis des Ermächtigenden Rechtswirkungen zu erzielen; bei der Bevollmächtigung hingegen erteilt der Vollmachtgeber dem Bevollmächtigten die Befugnis, durch Handeln **im fremden Namen** im Rechtskreis des Vollmachtgebers Rechtswirkungen zu erzielen. Die Ermächtigung ist jedoch als allgemeine Rechtseinrichtung im Interesse der Rechtsklarheit nicht anzuerkennen. Durch das Gesetz (zB §§ 185, 783) und die Rspr (zB Einziehungs- und Prozeßführungsermächtigung) sind ihr enge Grenzen gesetzt. Auch der Gesichtspunkt einer **Zustimmung** iSd §§ 182ff dürfte im allgemeinen versagen, denn sie ist an sich nur für den bei der Vornahme eines Rechtsgeschäfts nicht mitwirkenden Dritten vorgesehen. Sie kann nur in Betracht kommen, wenn ein Elternteil allein, somit als Vertreter ohne Vertretungsmacht, mit einem Dritten einen Vertrag geschlossen hat (§§ 177, 184). Bleibt somit noch die Bevollmächtigung. Eine Stellvertretung ist jedoch, wie übrigens auch die Ermächtigung und Genehmigung, nur bei **rechtsgeschäftlichem Handeln** möglich. Die Ausübung der elterlichen Sorge erschöpft sich aber nicht in diesem, sondern besteht vornehmlich in **tatsächlichen Maßnahmen**. Um allenfalls zu einer „Vertretung" eines Ehegatten durch den anderen zu gelangen, müßte man von derlei Maßnahmen absehen und von der elterlichen Sorge als einer beiden Elternteilen dem Kind gegenüber obliegenden Rechtspflicht ausgehen. Nehmen die Eltern eine Aufgabenteilung vor, so geht der Wille eines jeden Elternteils dahin, daß durch das Handeln des anderen in dem diesem zustehenden Aufgabenkreis die Rechtspflicht beider Elternteile dem Kind gegenüber erfüllt wird. Insofern könnte von einer „Bevollmächtigung" gesprochen werden, zumal die Eltern ihrer Rechtspflicht sogar dadurch nachkommen können, daß sie die Ausübung der elterlichen Sorge in dieser oder jener Beziehung einem Dritten übertragen (s § 1626 Rz 2). Ein Unterschied besteht allerdings zwischen beiden Fällen insofern, als der Dritte dann Erfüllungsgehilfe der Eltern ist, während dies für die Elternteile untereinander nicht zutrifft; vgl dazu die Bemerkungen zu § 1664.

4 Man sollte jedoch nicht darauf abstellen, familienrechtliche Vorgänge in starre Formen von Rechtsbegriffen zu pressen, die für sie nicht vorgesehen sind. Das dürfte auch gar nicht nötig sein. § 1627, von dem ausgegangen werden kann, erfordert nur, daß die Eltern die elterliche Sorge „**in gegenseitigem Einvernehmen**" ausüben. Das ist selbstverständlich der Fall, wenn die Eltern sich beraten und den gefaßten Entschluß gemeinsam ausführen. In vielen Fällen werden sich die Eltern über die Grundsätze einig sein, wie sie die elterliche Sorge ausüben wollen, und es dem anderen überlassen, danach im Einzelfall zu verfahren. Es genügt indes, wenn ein Ehegatte dem anderen, sei es für den Einzelfall, sei es für eine Reihe von Einzelfällen oder schlechthin für einen Tätigkeitsbereich, gestattet, Maßnahmen der elterlichen Sorge zu beschließen und durchzuführen. Insbesondere ist dagegen nichts einzuwenden, daß die Eltern in Dingen der alltäglichen Fürsorge und Erziehung sich wechselseitig alleinige Entscheidungsbefugnis einräumen; so auch Lange NJW 1961, 1890, Fn 16. Trifft der andere solche Maßnahmen, so werden sie auch **von dem Willen des Gestattenden** getragen. Sein **Einverständnis** kann ein Ehegatte dem anderen ausdrücklich oder durch schlüssiges Verhalten, ja sogar dadurch erteilen, daß er die Maßnahmen des anderen duldet. Insofern besteht eine Parallele zur Vollmacht. Das Einverständnis kommt bereits für die **Willensbildung** in Frage.

5 **d) Zulässige Aufgabenteilung bei der Willensausführung.** Es wird jedoch häufiger für die Willensausführung praktisch werden. Denn selbst wenn die Ehegatten eine Angelegenheit gemeinsam beraten haben, so wird den Entschluß, zu dem sie gekommen sind, in der Regel ein Ehegatte allein ausführen. Bedarf es, um den gemeinsamen Willen der Eltern zu verwirklichen, einer rechtsgeschäftlichen Vertretung des Kindes nach außen, so kommen in der Tat die Grundsätze der Vertretung zum Zuge. Jedoch genügt es, wenn **ein Ehegatte** auftritt, sofern er den anderen vertritt; wechselseitige Bevollmächtigung ist bei Gesamtvertretung zulässig; vgl Lange NJW 1961, 1892; Beitzke JR 1959, 401, 404; BayObLG FamRZ 1961, 177, wo aber von Zustimmung des anderen Teils die Rede ist, was nur gerechtfertigt wäre, wenn ein Elternteil ohne Vollmacht des anderen einen Vertrag mit einem Dritten geschlossen hätte (§§ 177, 184); in der früheren Entscheidung FamRZ 1956, 89 wird neben der Zustimmung auch noch die „Ermächtigung" erwähnt.

e) Widerruf der Aufgabenteilung. Haben Vater und Mutter eine Aufgabenteilung vorgenommen, so bedeutet **6** das nicht, daß sie für den jeweils dem anderen Teil zustehenden Bereich jeder Verantwortung ledig würden. Sie bleiben verpflichtet, einander zu überwachen und zu prüfen, ob der andere die elterliche Sorge zum Wohl des Kindes ausübt; vgl RGRK Anm 3. Daher kann und muß ein Elternteil die Aufgabenteilung wieder **rückgängig machen,** wenn ein **begründeter Anlaß** hierzu besteht; gleicher Ansicht Pal/Diederichsen Rz 21; Paulick FamRZ 1958, 3; Gernhuber FamRZ 1962, 96 Nr 54. Das wird zB der Fall sein, wenn der andere Teil die Befugnis, allein zu handeln, mißbraucht; dazu s Rz 8. Zu weit geht Lange NJW 1961, 1890, wenn er meint, die Aufgabenteilung sei jederzeit widerruflich. Das hieße, der Laune und Willkür Tür und Tor öffnen. Lange sind im wesentlichen beigetreten: MüKo/Huber Rz 10, Soergel/Strätz Rz 5; sowie hier Staud/Peschel-Gutzeit Rz 17 (mit Gegenansichten in Rz 16). Ihre Einschränkung, der schikanöse Widerruf sei unbeachtlich, kann sich in der Praxis nicht auswirken, weil die Voraussetzungen des § 226 kaum nachweisbar sein werden.

2. Maßnahmen eines Elternteils inner- und außerhalb des Rahmens der Aufgabenverteilung. a) Haben die **7** Eltern ihre Tätigkeitsbereiche wirksam abgegrenzt, so muß jeder des anderen Maßnahmen, wenn sie sich **im Rahmen der Aufteilung** halten, gelten lassen. Jedoch muß jeder Alleinhandelnde auf den wirklichen oder mutmaßlichen Willen des anderen Rücksicht nehmen; er darf das ihm geschenkte Vertrauen nicht dazu mißbrauchen, um seine eigenen Ansichten, die, wie er weiß oder wie er annehmen muß oder kann, von denen des anderen Teils abweichen, eigenmächtig durchzusetzen. Kennt er den Standpunkt des anderen nicht, so muß er sich vergewissern, bevor er handelt. Die Eltern werden ohnehin gut tun, alle wichtigen, das künftige Leben des Kindes nachhaltig gestaltenden Maßnahmen, zB religiöse Erziehung, Schul- und Berufswahl, miteinander abzusprechen, ehe sie diese treffen.

b) Mißbraucht ein **Ehegatte** die ihm **eingeräumte Befugnis,** allein zu handeln, so begeht er eine Pflichtverletzung **8** gegenüber dem anderen Elternteil (Siebert NJW 1955, 2, 4). Dieser kann deshalb sein Einverständnis zur Aufteilung der Tätigkeitsbereiche widerrufen. Er kann von dem Ehegatten, der mißbräuchlich gehandelt hat, verlangen, daß er dazu mitwirkt, die Maßnahme, soweit dies möglich ist, rückgängig zu machen (Soergel/Strätz Rz 7). Denn diese ist, wenngleich mißbräuchlich, dennoch nicht ohne weiteres unwirksam, selbst wenn es sich um eine Vertretungsmaßnahme handelte (§ 1629 I). Anders dagegen in Fällen mißbräuchlicher Ausnutzung der (rechtsgeschäftlichen und damit auch der gesetzlichen) Vertretungsmacht. Bei vorsätzlichem Zusammenwirken des einen Elternteils mit dem Dritten (Kollusion) ist das Rechtsgeschäft sittenwidrig (§ 138 I). Wenn die Parteien nicht zusammenwirken, ein Dritter den Mißbrauch aber zumindest hätte erkennen können, steht dem vertretenen Kind entweder die Arglisteinrede (exceptio doli) zu oder die §§ 177ff sind entsprechend anwendbar (so die hM). Hat der Ehegatte dadurch, daß er mißbräuchlich handelte, gleichzeitig das Kindeswohl gefährdet, so kann dies auch noch familiengerichtliche Maßnahmen nach § 1666 zur Folge haben.

c) Handelt dagegen ein **Elternteil allein,** ohne daß der andere Teil ihm hierzu eine **Befugnis** eingeräumt hat, **9** oder handelt er **außerhalb** der erteilten **Befugnis, so fehlt** es an der erforderlichen **Willensübereinstimmung** beider Elternteile. Die getroffene Maßnahme entbehrt dann der Rechtsgrundlage, was sich im Rechtsverkehr Dritten gegenüber dahin auswirkt, daß sie, soweit nicht eine Duldungs- oder Anscheinsvollmacht in Betracht kommt, den Grundsätzen der Vertretung ohne Vertretungsmacht unterliegt. Dazu s § 1629 Rz 3f. Danach könnte lediglich ein Vertrag wirksam werden, wenn ihn der andere Teil genehmigt. Demgegenüber soll nach der Begründung zum Entwurf ein Elternteil auch dann rechtmäßig vorgehen, wenn er zwar nicht mit Einverständnis des anderen handelt, dessen Zustimmung aber wenigstens vermuten kann. Hier soll also der Grundgedanke der **Geschäftsführung ohne Auftrag** auch in dem Sinne anwendbar sein, daß das Handeln sowohl dem anderen Elternteil als auch dem Kind und Dritten gegenüber rechtmäßig und wirksam ist. Es fragt sich jedoch, ob es dessen bedarf. Denn im Regelfall wird ein Ehegatte den anderen noch zuziehen können, bevor ein Handeln erforderlich wird. Ist ihm dies nicht möglich, weil der andere Elternteil tatsächlich, etwa wegen einer Reise, verhindert ist, die elterliche Sorge auszuüben, so übt ohnehin die elterliche Sorge allein aus. In anderen Not- und Eilfällen, man denke an die plötzlich notwendig gewordene Operation des Kindes, gilt der neu eingefügte Notvertretung nach § 1629 III, s dort.

3. Meinungsverschiedenheiten der Eltern, deren Behebung. a) Innerhalb der Familie. Bestehen zwischen **10** den Eltern hinsichtlich einer Maßnahme Meinungsverschiedenheiten, so müssen die Eltern zunächst alles unternehmen, um sich zu einigen (zum Umfang der Einigungsbemühungen LG Berlin FamRZ 1982, 839). Jeder Elternteil muß sich bemühen, dem Standpunkt des anderen Verständnis entgegenzubringen, und versuchen, ihm vielleicht wenigstens zum Teil zu entsprechen. Bei dem Bestreben, eine Lösung zu finden, müssen sich die Eltern aber ausschließlich vom dem Wohl des Kindes leiten lassen. Dieses ist maßgeblich dafür, welcher der geäußerten, mitunter beiderseits wohlbegründeten Ansichten schließlich doch der Vorzug zu geben ist. Kein Elternteil darf seine Auffassung zu einem Prestigefall machen. Beide müssen alles daransetzen, um die Angelegenheit zum Besten des Kindes unter sich auszumachen. Denn wenn sie sich entschließen, den Familienrichter anzurufen, so offenbart dies, daß sie nicht mehr fähig sind, Unstimmigkeiten in der Familie aus eigener Kraft zu beheben, sondern ihre Zuflucht bei einem staatlichen Organ suchen müssen.

b) Mitunter wird es genügen, daß die Eltern sich an den **Familienrichter** mit dem Ersuchen wenden, zwischen **11** ihnen zu **vermitteln.** In einem Gespräch zu dritt wird sich dann in dem einen oder anderen Fall eine dem Wohl des Kindes entsprechende für beide Elternteile annehmbare Lösung finden lassen.

§ 1627 Familienrecht Verwandtschaft

12 **4. Läßt sich der Meinungsstreit zwischen den Eltern**, die beide Inhaber der vollen elterlichen Sorge sind, **auf keine Weise beheben**, so bestimmt nunmehr § 1628, wie zu verfahren ist. S daher Bemerkungen zu dieser Vorschrift. Das Kindeswohl kann es nur dann rechtfertigen, die elterliche Sorge einem Elternteil allein zu übertragen, wenn in Angelegenheiten des Kindes von erheblicher Bedeutung grundsätzlich nicht zu erwarten ist, daß einverständliche Entscheidungen möglich sein sollen (KG FamRZ 1999, 737).

1628 *Gerichtliche Entscheidung bei Meinungsverschiedenheiten der Eltern*

Können sich die Eltern in einer einzelnen Angelegenheit oder in einer bestimmten Art von Angelegenheiten der elterlichen Sorge, deren Regelung für das Kind von erheblicher Bedeutung ist, nicht einigen, so kann das Familiengericht auf Antrag eines Elternteils die Entscheidung einem Elternteil übertragen. Die Übertragung kann mit Beschränkungen oder mit Auflagen verbunden werden.

1 **1. Vorbemerkung.** § 1628 hatte durch das GleichberG v 18. 6. 1957 (BGBl I 609) folgende Fassung erhalten:

(1) Können sich die Eltern nicht einigen, so entscheidet der Vater; er hat auf die Auffassung der Mutter Rücksicht zu nehmen.

(2) Das FamG kann der Mutter auf Antrag die Entscheidung einer einzelnen Angelegenheit oder einer bestimmten Art von Angelegenheiten übertragen, wenn das Verhalten des Vaters in einer Angelegenheit von besonderer Bedeutung dem Wohle des Kindes widerspricht oder wenn eine ordnungsmäßige Verwaltung des Kindesvermögens nicht mehr gesichert wird oder eine solche erfordert.

(3) Verletzt der Vater beharrlich seine Verpflichtung, bei Meinungsverschiedenheiten den Versuch einer gütlichen Einigung zu machen und bei seinen Entscheidungen auf die Auffassung der Mutter Rücksicht zu nehmen, so kann das FamG der Mutter auf Antrag die Entscheidung in den persönlichen und vermögensrechtlichen Angelegenheiten des Kindes übertragen, wenn dies dem Wohle des Kindes entspricht.

2 Das BVerfG hat durch Urteil v 29. 7. 1959 (FamRZ 1959, 416) den ehemaligen § 1628 für mit Art 3 II GG unvereinbar und damit für nichtig erklärt. Rspr und Rechtslehre haben in der Folgezeit in dem Bestreben, den rechtsleeren Raum auszufüllen, folgende Rechtsgrundsätze erarbeitet:

3 Art 6 GG, als Freiheitsgarantie für Ehe und Familie, hat zum Inhalt, daß in erster Linie diese kleinere Gemeinschaft wirken soll und mit staatlichen Mitteln erst einzugreifen ist, wenn dies unausweichlich wird (**Grundsatz der Subsidiarität**). Danach müssen in erster Linie die Eltern selbst in gleicher Freiheit und Verantwortung das Schicksal der Familie, insbesondere die Erziehung der Kinder, gestalten. Nur wenn ihnen das in einer wichtigen Frage nicht gelingt und das Wohl des Kindes es erfordert, soll und kann der Familienrichter – nach erfolgloser Einschaltung des Jugendamtes (s Rz 11) – als entscheidende Instanz „letzter Linie" bereitstehen. Er nimmt dann das „Wächteramt" der staatlichen Gemeinschaft wahr, dessen verfassungsrechtlicher Sinn darin besteht, unabhängig von einem Verschulden der Eltern objektive Verletzungen des Kindeswohls zu verhüten. Schon daraus folgt:

4 a) Der **Familienrichter** wird nur auf **Antrag** eines Elternteils oder beider **tätig**. Er wird zunächst versuchen, die Eltern doch noch zu einigen; uU wird er mit einem eigenen Vorschlag Erfolg haben. Zu einem Einschreiten von Amts wegen ist er nur befugt, wenn die Voraussetzungen des § 1666 gegeben sind.

5 b) Seine Hilfe dürfen die Eltern nur in Anspruch nehmen, wenn sie sich **trotz eines ernsthaften Versuchs nicht** haben **einigen** können.

6 c) Es muß sich um eine für das Wohl des Kindes **wichtige Angelegenheit** handeln. Das beurteilt sich danach, wie sich die Uneinigkeit der Eltern auf das Kind auswirkt.

7 d) Das Eingreifen des Familienrichters muß erforderlich sein, um eine **objektive Verletzung** des **Kindeswohles** abzuwenden.

8 e) Der **Familienrichter darf nicht** in der Sache **selbst** die **eigentliche Entscheidung treffen**, er würde damit als Dritter unbefugt in die inneren Angelegenheiten einer Ehe hineinreden; er **muß** sich vielmehr darauf beschränken, der **Ansicht** eines **Elternteils beizutreten** – wenn diese dem Kindeswohl entspricht –, dem er es dann allerdings auch zu ermöglichen hat, diese Ansicht in der streitigen Angelegenheit, uU in einer Gruppe von streitigen Angelegenheiten durchzusetzen. Kann der Familienrichter aus Gründen des Kindeswohls weder der Meinung des einen noch des anderen Elternteils beitreten, so muß er versuchen, eine **Einigung der Eltern** auf einer anderen, dem Wohl des Kindes entsprechenden Basis zu erreichen. Gelingt ihm das nicht, weil sich die Eltern oder die eine oder der andere Elternteil uneinsichtig zeigen, so kann § 1666 in Betracht kommen.

9 **2.** Der durch Art 1 Nr 3 des SorgeRG **neugefaßte und durch das KindRG nochmals geänderte** § 1628 läßt diese **Grundsätze Gesetz** werden. Die in § 1628 II aF enthaltene Verpflichtung des Richters, vor der Entscheidung eine Einigung der Eltern zu veranlassen, findet in § 52 FGG nF als allgemeine Entscheidungsmaxime ihren Niederschlag. Der Richter kann das Verfahren ggf sogar aussetzen (§ 52 II FGG). Wie überall im Sorgerecht nach dem KindRG ist nunmehr der Familienrichter statt des Vormundschaftsrichters zuständig. Auch die Orientierung am Kindeswohl (§ 1628 I S 1 letzter HS aF) wurde vor die Klammer gezogen und in § 1697a verankert.

Da die elterliche Sorge erst mit der Geburt des Kindes beginnt (§ 1626 Rz 5), ist § 1628 unanwendbar zu Erzwingung der Unterlassung eines Schwangerschaftsabbruchs (Coester-Waltjen NJW 1985, 2175; Jagert FamRZ 1985, 1173; Pal/Diederichsen Rz 2; § 1626 Rz 14; aM AG Köln FamRZ 1985, 519; Bienwald FamRZ 1985, 1096; Roth/Stielow NJW 1985, 2746).

10 a) Wie bisher wird das Verfahren durch einen **Antrag** wenigstens eines Elternteils eingeleitet. Das Kind hat kein Antrags-, sondern lediglich ein Beschwerderecht (§ 59 FGG). Dazu Hinz, Kindesschutz als Rechtsschutz und elterliches Sorgerecht, 1961, S 46ff; MüKo/Huber Rz 5. Von Amts wegen einschreiten darf der Familienrichter erst, wenn die strengeren Voraussetzungen der §§ 1666, 1666a, 1667 gegeben sind.

Elterliche Sorge § 1628

b) Der **Versuch** der **Eltern**, sich zu **einigen**, zu dem sie nach § 1627 S 2 verpflichtet sind, **muß gescheitert** 11 sein. Jedenfalls sollte man es den Eltern nicht leichtmachen, sich einem gemeinsamen Bemühen um eine Einigung zu entziehen, zumal die Eltern durch den neu geschaffenen § 16 I SGB VIII die Möglichkeit haben, Leistungen zur Förderung der Erziehung in Anspruch zu nehmen, die unter anderem auch eine allgemeine Beratung in Erziehungsfragen beinhaltet, § 16 II Nr 2 SGB VIII. Die Eltern haben nach § 17 I SGB VIII einen Anspruch auf Beratung in partnerschaftlichen Fragen, wenn sie sich um ein Kind kümmern. Nach § 17 I S 2 Nr 2 SGB VIII ist darunter explizit eine Beratung bei Konflikten in der Familie zu verstehen. Dies trifft genau die Situation des § 1628, so daß neben dem Familienrichter auch dem Jugendamt eine Vermittlerrolle zwischen den Eltern zufallen kann. Dies entspricht auch dem legislatorischen Anliegen, Belastungen in der Familie präventiv entgegenzutreten. Für eine Einschaltung des Familienrichters dürfte deshalb das Rechtsschutzbedürfnis so lange fehlen, wie die Eltern sich noch nicht erfolglos an das Jugendamt gewandt haben. Denn dieses ist in weit höherem Maße als der Richter befähigt, Streitpotential abzubauen und den erzieherisch besten Weg vorzuschlagen. Weiterhin entfällt das psychologische Moment eines Unterliegens vor Gericht.

c) Es muß sich um eine **Angelegenheit** der elterlichen Sorge (Personen- oder Vermögenssorge) handeln, für die 12 keine besondere Entscheidungszuständigkeit gilt (zB Streit um die religiöse Erziehung des Kindes, § 2 RelKErzG; Umgangsrecht, § 1684; wN bei MüKo/Huber Rz 7) und die zu regeln für das Kind von **erheblicher Bedeutung** ist. Dazu gehören zB Wahl des Vornamens (Frankfurt FamRZ 1957, 55), Aufenthaltsbestimmung (BGH 20, 13; Frankfurt FamRZ 1961, 125; BayObLG FamRZ 1958, 144; LG Stuttgart NJW 1961, 273, BT-Drucks 13/4899, 95), Ausbildung, Berufswahl (Celle FamRZ 1955, 213; Hamm FamRZ 1966, 209) – bei Meinungsverschiedenheiten zwischen Eltern und Kind in diesen Fragen s § 1631a –, Bestimmung des Bekenntnisses, Zugehörigkeit zu einer Sekte, Unterbringung in einem Internat, einer Heilanstalt, Anlage und Verwendung des Kindesvermögens; Durchführung eines Schwangerschaftsabbruchs (Harrer ZfJ 1989, 238, 239f); medizinisch-psychologische Untersuchung (AG Düsseldorf FamRZ 1995, 498; AG Lübeck FamRZ 2003, 549: nicht hingegen ein Tauftermin; krit dazu Söpper FamRZ 2003, 1035f; Hamm FamRZ 2003, 172ff: für Ausschlagung einer Erbschaft). In weniger wichtigen oder gar belanglosen Dingen wird der Familienrichter seine Mitwirkung selbst auf die Gefahr hin ablehnen, daß der Meinungsstreit im Schoß der Familie unentschieden bleibt (Köln FamRZ 1967, 293; Pal/Diederichsen Rz 10).

d) Nach wie vor **genügt** eine **objektive Verletzung** des **Kindeswohls**. Auf ein Verschulden der Eltern kommt 13 es nicht an. Auch brauchen die Voraussetzungen der §§ 1666, 1666a nicht vorzuliegen.

e) Wenn das Gesetz sagt, daß „die Entscheidung einem Elternteil übertragen" werden solle, so bringt es damit 14 zum Ausdruck, daß das FamG **keine eigene**, von den Ansichten oder Vorschlägen der Eltern abweichende **Entscheidung** treffen darf (Gernhuber/Coester-Waltjen § 58 II 5; MüKo/Huber Rz 16). Bei reinen Summenentscheidungen sind allerdings Ausnahmen zulässig. Der vom BVerfG für nichtig erklärte § 1628 idF des GleichberG beruhte auf der an sich richtigen Erkenntnis, daß die sachliche Entscheidung in einer zwischen Eltern streitigen Angelegenheit nicht vom Gericht, sondern innerhalb der Familie von einem Elternteil getroffen werden muß, wenn die Eltern sich nicht einigen können. Verfassungswidrig war an dieser Vorschrift lediglich, daß dieser Stichentscheid von vornherein dem Ehemann zustand. Nunmehr bestimmt der Familienrichter, welchem Elternteil der Stichentscheid zukommt (so für § 1628 aF schon AG Hamburg FamRZ 1961, 124; Frankfurt FamRZ 1961, 125; Arnold FamRZ 1959, 429). Es ist dies der Elternteil, der die besseren Argumente aufweisen kann. Im Ausmaß der Übertragung hat der **Elternteil** dann auch das **Recht**, das **Kind allein zu vertreten** (§ 1629 I S 3).

Sind alle Vorschläge der Eltern unbrauchbar und gelingt es dem Familienrichter nicht, nach § 52 FGG die Eltern zu einer dem Wohl des Kindes entsprechenden Einigung zu bringen, so ist der Antrag abzulehnen. Mitunter wird sich der Familienrichter zu Maßnahmen gemäß § 1666f veranlaßt sehen. Weiter ging Beitzke JR 1959, 404: Er räumte dem Familienrichter eine eigene Entscheidungsbefugnis ein, wenn es sich um reine Rechtsfragen handelte oder wenn er unmittelbar Maßnahmen ergreifen durfte. Dölle FamR § 91 III 2d gab dem Familienrichter ausnahmsweise in Eilfällen eigene Entscheidungsmacht. Es fragt sich, ob hierfür ein Bedürfnis besteht, weil notfalls die §§ 1666f eingreifen. Wirksam wird eine Übertragung der alleinigen Entscheidungszuständigkeit nicht erst mit dem Eintritt der Rechtskraft entsprechend § 53 I FGG, sondern nach § 16 FGG (Hamm FamRZ 2003, 172, 173: Wirksamwerden mit Bekanntmachung an den nun alleinig Berechtigten ohne rückwirkende Beseitigbarkeit; kritisch, aber zust van Els FamRZ 2003, 174 wegen irreparabler Vorwegnahme der Hauptsache).

f) Dadurch, daß das Gesetz in Abs I nicht nur von „einer einzelnen Angelegenheit" sondern auch von „einer 15 bestimmten Art von Angelegenheiten" der elterlichen Sorge spricht, kann die Entscheidungsbefugnis auch jetzt für eine ganze **Gruppe** von sich ständig wiederholenden **Meinungsstreitigkeiten** übertragen werden (BVerfG 10, 59, 86; aM MüKo/Huber Rz 10), zB Fragen der ärztlichen Behandlungsart (Homöopathie oder Allopathie, Akupunktur, Blutübertragungen, Impfungen), Ausbildungsfragen (Waldorfschule, Internatsschule). And für alle mit einem umstrittenen Ausbildungsverhältnis zusammenhängenden Fragen auch MüKo/Huber Rz 10; ebenso Hamm FamRZ 1966, 209f. Allerdings ist hier die Grenze zu beachten, die der **Grundsatz** der **Verhältnismäßigkeit** setzt: In die Privatautonomie der Eltern darf nicht mehr eingegriffen werden, als dies unbedingt erforderlich ist.

g) Die **Beschränkungen** oder **Auflagen**, mit denen gemäß Abs I S 2 die Übertragung verbunden werden kann, 16 sollen nach dem Willen des Rechtsausschusses – vgl Bericht S 45, 46, Drucks 8/111 – (BT-Drucks 8/2788) – ein abhängiges Gestaltungsmittel bleiben, das seine Grundlage in dem Elternvorschlag findet und dessen Verwirklichung dient. Sie **dürfen** daher den **Elternvorschlag nicht** derart **abändern** oder gar **verfälschen**, daß an seine Stelle die Entscheidung des Familienrichters tritt.

3. Nach § 52 FGG soll das Gericht, bevor es entscheidet, darauf hinwirken, daß die Eltern sich auf eine dem 17 Wohl des Kindes entsprechende Regelung außergerichtlich einigen. Diese Vorschrift dient vor allem dem Fami-

§ 1628 Familienrecht Verwandtschaft

lienfrieden. Eine **vermittelnde Tätigkeit** eines unbeteiligten, sachkundigen Dritten, der die Interessen des Kindes unbefangener zu beurteilen vermag als die streitenden Eltern, erscheint sinnvoll und erfolgversprechend. Darüber hinaus wird es mitunter gelingen, daß die Eltern, deren Vorschläge dem Kindeswohl nicht oder nur teilweise entsprechen, sich auf eine bessere Lösung einigen.

18   4. **Verfahrensvorschriften.** Das zuständige FamG ergibt sich aus den § 64 FGG. Zuständig ist das Gericht, in dessen Bezirk das Kind seinen Wohnsitz hat. Grundsätzlich teilt es den Wohnsitz seiner Eltern. Es handelt sich um ein dem **Richter** vorbehaltenes **Geschäft** (§ 14 Nr 5 RPflG). **Antrag** wenigstens eines Elternteils ist erforderlich. Die **Anhörung** der **Eltern** richtet sich nach § 50a FGG, danach ist in Personensorgesachen sogar persönliche Anhörung vorgeschrieben. Die **Anhörung** des **Kindes** ist in § 50b FGG geregelt. Zu den Anhörungen s Bemerkung vor § 1626 Rz 8c. Gegen die Entscheidung des FamG ist die **sofortige Beschwerde** des beschwerten Elternteils nach §§ 60 I Nr 6, 53 FGG gegeben (Frankfurt aM FamRZ 1991, 1336f). So schon für die Zeit bis zum Inkrafttreten des SorgRG die hA (KG RJA 3, 221; BayObLG 1913, 474; Schleswig SchlHA 1957, 31; Schlegelberger § 53 Anm II 1h; aA KG RJA 10, 167; Jansen § 53 Anm 1d). Belchaus § 1628 Rz 9; MüKo/Huber Rz 26 und Pal/Diederichsen § 1628 Rz 12 geben dem beschwerten Elternteil die einfache Beschwerde nach §§ 19, 20 FGG (Hamm FamRZ 2003, 172, 173), im entsprechenden Fall des § 1630 dagegen nach § 60 I Nr 6, 53 FGG die sofortige Beschwerde; vgl Belchaus § 1630 Rz 10, Pal/Diederichsen § 1630 Rz 6. Die sofortige Wirksamkeit der Verfügung mit der Gefahr einer Abänderung auf ein Rechtsmittel hin wäre dem Kindeswohl abträglich. Bei Gefahr im Verzug kann ohnehin das Gericht gemäß § 53 II FGG die sofortige Wirksamkeit der Verfügung anordnen. Es kann auch eine **einstweilige Anordnung** treffen § 52 III FGG nF (für generelle Zulässigkeit einer einstweiligen Anordnung Hamm FamRZ 2003, 172, 173; ebenfalls für generelle Zulässigkeit einer einstweiligen Anordnung im Rahmen von § 1628 van Els FamRZ 2003, 174). UU können beide Elternteile beschwert sein, der eine durch die Übertragung des Entscheidungsrechts auf den anderen, und dieser durch Beschränkungen und Auflagen. Das **Beschwerderecht** des über 14 Jahre alten **Kindes** folgt aus § 59 FGG. Das FamG kann seine **Entscheidung** gemäß § 1696 **ändern**. Für die Kosten ist § 94 Nr I 5 KostO maßgeblich; zahlungspflichtig ist der vom FamG nach billigem Ermessen bestimmte Elternteil (§ 94 III S 2 KostO).

1629 *Vertretung des Kindes*

(1) **Die elterliche Sorge umfasst die Vertretung des Kindes. Die Eltern vertreten das Kind gemeinschaftlich; ist eine Willenserklärung gegenüber dem Kind abzugeben, so genügt die Abgabe gegenüber einem Elternteil. Ein Elternteil vertritt das Kind allein, soweit er die elterliche Sorge allein ausübt oder ihm die Entscheidung nach § 1628 übertragen ist. Bei Gefahr im Verzug ist jeder Elternteil dazu berechtigt, alle Rechtshandlungen vorzunehmen, die zum Wohl des Kindes notwendig sind; der andere Elternteil ist unverzüglich zu unterrichten.**

(2) **Der Vater und die Mutter können das Kind insoweit nicht vertreten, als nach § 1795 ein Vormund von der Vertretung des Kindes ausgeschlossen ist. Steht die elterliche Sorge für ein Kind den Eltern gemeinsam zu, so kann der Elternteil, in dessen Obhut sich das Kind befindet, Unterhaltsansprüche des Kindes gegen den anderen Elternteil geltend machen. Das Familiengericht kann dem Vater und der Mutter nach § 1796 die Vertretung entziehen; dies gilt nicht für die Feststellung der Vaterschaft.**

(3) **Sind die Eltern des Kindes miteinander verheiratet, so kann ein Elternteil, solange die Eltern getrennt leben oder eine Ehesache zwischen ihnen anhängig ist, Unterhaltsansprüche des Kindes gegen den anderen Elternteil nur im eigenen Namen geltend machen. Eine von einem Elternteil erwirkte gerichtliche Entscheidung und ein zwischen den Eltern geschlossener gerichtlicher Vergleich wirken auch für und gegen das Kind.**

1   1. Den ursprünglichen, durch Art 1 Nr 22 des Gleichberechtigungsgesetzes eingefügten Abs I hat das BVerfG durch Urteil v 29. 7. 1959 (NJW 1959, 1483 = FamRZ 1959, 416; vgl auch BGBl 1959 I 333) für mit Art 3 II GG unvereinbar und damit für nichtig erklärt. Rspr und Rechtslehre haben sich beim Schließen der Gesetzeslücke von folgenden Gedanken leiten lassen:

2   a) Die Vertretung des Kindes gehöre zur elterlichen Sorge und sei Bestandteil der Personensorge wie der Vermögenssorge. Weil Abs I nicht mehr gelte, kämen für die Vertretung nunmehr dieselben Grundsätze in Betracht, wie für die sonstige elterliche Sorge, dh die **Eltern haben das Kind zusammen** – im Sinne einer Gesamtvertretung – **zu vertreten**; vgl BGH FamRZ 1960, 197; 1965, 394; Hamm NJW 1959, 2215; BayObLG NJW 1961, 1033; Frankfurt NJW 1962, 52; Pal/Diederichsen Rz 2; Lange NJW 1961, 1892; Beitzke JR 1959, 404 und Beitzke/Lüderitz FamilienR § 26 I 3. Damit gilt wieder der Zustand, wie er zufolge Art 3 II, 117 GG am 1. 4. 1953 eingetreten war. Für die damalige Zeit s BGH 30, 309. Das entspricht weitgehend der jetzigen Fassung des Abs I, die auf Art 1 Nr 4 des PersSG und dem KindRG beruht. Die Abs II und III wurden durch Art 1 Nr 26 des 1. EheRG eingefügt und durch das KindRG modifiziert.

3   b) Auch für die Vertretung ergibt sich die Frage, inwieweit ein Ehegatte, sei es auf Grund einer natürlichen, sei es auf Grund einer vereinbarten **Aufgabenteilung**, für das Kind allein handeln kann. Dazu siehe § 1627 Rz 1ff, insbesondere Rz 5 und Rz 7–9. Danach sind sämtliche Formen der **Bevollmächtigung eines Elternteils durch den anderen** (ausdrückliche, stillschweigende) zulässig, sowie die Grundsätze der Duldungs- und Anscheinsvollmacht, (vgl LAG Düsseldorf FamRZ 1967, 47; BGH 105, 45, 48f m Anm v Pawlowski MDR 1989, 775ff) anwendbar; sei es für ein Geschäft, sei es für einzelne Geschäfte oder einen Kreis von Geschäften; vgl auch Lange NJW 1961, 1892; LG Deggendorf VersR 1973, 609. Handelt ein Elternteil allein, ohne von dem anderen bevollmächtigt zu sein, und kommt auch eine Duldungs- oder Anscheinsvollmacht nicht in Betracht, oder handelt er außerhalb der erteilten Vollmacht, so liegt ein Fall der **Vertretung ohne Vertretungsmacht** (§§ 177ff) vor; hier ist also eine

Genehmigung durch den anderen Elternteil möglich, die idR dem Elternteil gegenüber zu erfolgen hat, der das Rechtsgeschäft allein abgeschlossen hat; vgl RG 61, 223; 81, 325; 112, 216. Ist ein Elternteil **tatsächlich** verhindert, die elterliche Sorge auszuüben, zB weil er verreist ist, so übt der andere Teil die elterliche Sorge einschließlich der Vertretung allein aus (§ 1678). Dies ist für Fälle, die keinen Aufschub dulden, von praktischer Bedeutung.

c) Die **Gesamtvertretung entfällt**, wenn ein Elternteil allein sorgeberechtigt ist (§ 1681) oder, wie sich aus 4 § 1629 I 3 ergibt, wenn und soweit er die elterliche Sorge allein ausübt (§§ 1671, 1672, 1678, 1680), was auch zutrifft, wenn bei einem Meinungsstreit der Eltern der Familienrichter der Ansicht eines Elternteils beitritt und diesem für die streitige Angelegenheit die alleinige Entscheidung überträgt (§ 1628 Rz 9ff). Diese Regelung wird in S 3 um eine weitere Ausnahme ergänzt, die durch das KindRG geschaffen worden ist. Bei **Gefahr im Verzug** darf jeder Elternteil allein die zum Wohle des Kindes notwendigen Rechtshandlungen vornehmen. Es bedarf keiner Analogie zu §§ 744 II, 1454, 2038 I S 2 mehr. Keine Alleinvertretungsbefugnis haben nach München FamRZ 2003, 248 allerdings die Eltern, die ihr Kind nach dem sog **Wechselmodell** betreuen (einschränkend Vogel, FamRZ 2003, 1316).

d) **Umfang** der **Vertretungsmacht**. Die elterliche Vertretungsmacht ist grundsätzlich **unbeschränkt**. Die 5 Eltern können auch dann im Namen des Kindes handeln, wenn dieses – selbst handelnd – nach § 107 der Einwilligung des gesetzlichen Vertreters nicht bedarf. Jedoch ist bei gewissen **höchstpersönlichen** Geschäften des Kindes die elterliche Vertretungsmacht zugunsten einer eigenen Handlungsbefugnis des Kindes zurückgedrängt, vgl §§ 1411 I S 4, 1617c I S 2, 1626c II S 2, 1746 I, 1757 II, 2064, 2229, 2274f, 2282 I, 2284, 2290 II, 2296 I, 2347 II S 1, 2351. Auch bedürfen die Eltern mitunter der **vormundschaftsgerichtlichen** (§§ 112, 1484 II S 2, 1491 III S 1, 1492 III S 1, 1517 II, 2290 III, 2291 I S 2, 2347 I, II S 2) oder familiengerichtlichen Genehmigung, (§§ 1639 II, 1643–1645, 1667). Zur Haftungsbegrenzung des Minderjährigen bei durch die elterliche Vertretungsmacht zustandegekommenen Rechtsgeschäften s § 1629a.

2. a) Gesetzliche Vertreter des Kindes sind sonach die Eltern zusammen. Der Grundsatz der **Gesamtvertretung** 6 gilt – unbeschadet der Befugnis, sich wechselseitig zu bevollmächtigen (Beitzke JR 1959, 401, 404; Soergel/Strätz Rz 12) – für alle Rechtsgeschäfte, die sie im Namen des Kindes vornehmen, und alle Rechtsstreitigkeiten, die sie im Namen des Kindes führen. Er gilt ferner für sog amtsähnliche Rechtshandlungen der Eltern, wie zB für Zustimmungen nach §§ 107ff, zur Adoption eines minderjährigen Kindes (§§ 1746f); für die Adoption durch den Ehegatten des leiblichen Elternteils muß entgegen früherer Rechtslage (BGH NJW 1971, 841) kein Ergänzungspfleger mehr mitwirken (BGH FamRZ 1980, 675; BayObLG FamRZ 1981, 93; Soergel/Liermann § 1746 Rz 9; aM Stuttgart FamRZ 1977, 413 – § 1795 I Nr 1 analog) und für die Eheschließung (Widerspruch nach § 1303 III nF), sowie schließlich im Bereich des öffentlichen Rechts. So müssen auch den Strafantrag für ein beleidigtes oder körperverletztes Kind die Eltern gemeinsam stellen (BGH FamRZ 1960, 197), vorbehaltlich dessen, daß ein Elternteil den anderen bevollmächtigt, vgl Rz 6. Einer Gesamtvertretung bedarf es auch bei der Ausschlagung einer dem Kind angefallenen Erbschaft (Hamm NJW 1959, 2215; Frankfurt NJW 1962, 52). Für den Empfang von Willenserklärungen genügt die Abgabe gegenüber einem Elternteil (allg Rechtsprinzip, §§ 28 II BGB, 78 I S 2 AktG, 35 II S 3 GmbHG, 170 III ZPO). Auch reicht es aus, wenn ein Willensmangel, der ein Rechtsgeschäft anfechtbar oder nichtig macht, in der Person nur eines Elternteils gegeben ist.

b) Die Eltern müssen aber keineswegs stets im Namen des Kindes handeln. **Rechtsgeschäfte des täglichen** 7 **Lebens** werden von ihnen meist **im eigenen Namen** und deshalb unter eigener Berechtigung und Verpflichtung abgeschlossen. Dann unterliegen sie auch nicht dem Grundsatz der Gesamtvertretung. Vgl hierzu auch Lange NJW 1961, 1893. Das gilt insbesondere, wenn die Eltern für das erkrankte Kind einen Arzt zuziehen, unbeschadet dessen, ob ein Vertrag (mit Schutzwirkung) zugunsten des Kindes vorliegt (RG 152, 176). Im Prozeß müssen aber die Eltern im Namen des Kindes auftreten (RG 146, 232; Soergel/Strätz Rz 5; aM Beitzke/Lüderitz § 28 I 3). Zur Vertretung Minderjähriger im Verfassungsbeschwerdeverfahren, wenn die sorgeberechtigten Eltern an der Wahrnehmung der Interessen ihres Kindes verhindert sind BVerfG NJW 1986, 3129. Bei **elterlichen Vereinbarungen** zu Fragen des Kindesunterhalts handelt es sich um einen Vertrag zwischen den Eltern, der nur zwischen ihnen und nicht auch für und gegen das Kind Rechtswirkungen entfaltet (BGH FamRZ 1987, 934f).

c) Soweit und solange dem Kind auf Grund der §§ 112, 113 **erweiterte Geschäftsfähigkeit** zukommt, sind die 8 Eltern nicht vertretungsberechtigt. Zur Frage, ob das Kind über seinen Erwerb aus Arbeit oder selbständigem Geschäftsbetrieb verfügen kann, s § 1626 Rz 16.

d) Für das **Verschulden seiner Eltern** als gesetzlicher Vertreter haftet das Kind innerhalb bestehender Schuld- 9 verhältnisse gemäß § 278. Diese Vorschrift gilt aber nicht für unerlaubte Handlungen seiner Eltern (RG 121, 118; BGH 1, 248). Für diese haftet das Kind auch nicht gemäß § 831; denn es hat seine Eltern nicht zu einer Verrichtung bestellt, vgl RG 159, 283. Die Eltern haften dem Kind gemäß § 1664, s Bemerkung dazu, und einem Dritten gemäß § 832 wegen Verletzung ihrer Aufsichtspflicht, dazu s auch § 1631 Rz 11f.

3. Einem Elternteil oder beiden kann es aus verschiedenen Gründen im Einzelfall **an der Vertretungsmacht** 10 **fehlen**. Dies kann insbesondere aufgrund folgender Vorschriften der Fall sein: §§ 1628 (Übertragung der Entscheidung nach Meinungsstreit), 1629 II (Ausschluß oder Entziehung der Vertretungsmacht), 1630 (Bestellung eines Pflegers), 1638 (Ausschließung der Verwaltung), § 1641 (sittlich nicht begründete Schenkungen aus dem Kindesvermögen), 1666, 1666a, 1667 (Maßnahmen bei Gefährdung des Kindeswohls), 1671 und 1672 (familiengerichtliche Anordnungen nach nicht nur vorübergehender Trennung der Eheleute), 1673 bis 1675, 1678 (Ruhen der elterlichen Sorge, tatsächliche Verhinderung eines Elternteils), 1677, 1681 (Todeserklärung, Todeszeitfeststellung). Beachte aber zur Beschwerdebefugnis nach Art 34 EMRK eines nichtsorgeberechtigten leiblichen Vaters in Vertretung für sein nichteheliches Kind EuGHMR FamRZ 2002, 1017, 1018.

§ 1629 Familienrecht Verwandtschaft

11 4. Einen **besonderen Fall des Ausschlusses der Vertretungsmacht** behandelt Abs II S 1. Er knüpft an § **1795** an, der für gewisse Fälle den Vormund von der Vertretung des Mündels ausschließt. Hierzu siehe § 1795 nebst Bemerkungen. Im gleichen Umfang können auch Vater und Mutter das Kind nicht vertreten.

12 a) Danach unterliegt die Vertretungsmacht eines gesetzlichen Vertreters der **allgemeinen Schranke des § 181**, denn diese Vorschrift bleibt nach § 1795 II unberührt. Das heißt: Ein Elternteil darf mit dem Kind nur Erfüllungsgeschäfte schließen und im übrigen als Vertreter des Kindes mit sich selbst nur in den in § 181 vorgesehenen Ausnahmefällen ein zweiseitiges oder einseitiges Rechtsgeschäft oder eine Rechtshandlung vornehmen, mag er hierbei persönlich oder als Vertreter eines Dritten beteiligt sein. Das gilt auch, wenn die Erklärung einer Behörde, zB dem Nachlaßgericht (Anfechtungserklärung des § 2079) oder dem Grundbuchamt gegenüber abzugeben ist (RG 143, 352; KGJ 41, 168; RG 81, 372). Nach der ständigen Rspr des RG und des BGH kommt es für die Frage, ob der Tatbestand des § 181 vorliegt, **nicht auf den etwaigen Widerstreit der Interessen**, sondern allein **auf die Art der Vornahme des Rechtsgeschäfts an**; vgl zB RG 68, 175; 103, 418; 108, 405; 143, 350; 157, 31; BGH 21, 229 = BGH LM Nr 6 zu § 181 mit Anm von Hückinghaus; s auch BayObLG 1950/1951, 456. Dann gilt § 181 folgerichtig nicht für den Fall, daß der gesetzlicher Vertreter mit einem von ihm für sich selbst als Vertreter bestellten Dritten abschließt (RG 157, 32; auch Raape JW 1934, 1044), der § 181 also formal umgangen wird. Hiergegen KG JFG 12, 286; vgl auch Lehmann JW 1934, 683. Der Gesetzgeber hat nur zwei bestimmte Ausnahmen vom Verbot des Insichgeschäfts zugelassen: wenn es sich um die **Erfüllung einer Verbindlichkeit** handelt, ferner, wenn das **Selbstkontrahieren** gestattet ist. Sind Kinder Erben und ist den Eltern Nießbrauch vermacht, so können sie als gesetzliche Vertreter sich diesen nach § 181 bestellen (Erfüllung einer Verbindlichkeit). Auch können sie ein ihnen gehöriges Grundstück in der Zwangsversteigerung für die Kinder erstehen, dazu Waldmann DFG 1941, 45; sowie einer Kindeshypothek den Vorrang vor einer eigenen einräumen, ferner dem Kind eine Hypothek bestellen oder eine Hypothek an das Kind abtreten, vgl RG Recht 1915, 2524. Auch der **BGH** verneint nunmehr das **Vertretungsverbot** des § 181 dann, **wenn** nach der Natur des Rechtsgeschäfts die **Vermögensinteressen** des Vertretenen nicht nur im gegebenen Fall, sondern schlechthin **ungefährdet** sind (BGH 56, 97) oder das **Rechtsgeschäft** dem Vertretenen lediglich einen **rechtlichen Vorteil bringt** (BGH 59, 236; NJW 1985, 2407; BFH BB 1990, 1186f; Schlüter FamR Rz 378), vgl auch BGH LM Nr 4 zu § 1795. Ebenso bei einem Pflichtteilsanspruch gegen den Vater LG Bochum Rpfleger 1994, 418f und bei der Veräußerung eines Grundstücks aus dem Nachlaß an einen Dritten Thüringen NJW 1995, 3126f. Nach LG Mannheim MDR 1977, 579 verstößt die Ernennung des Vaters der zu Erben eingesetzten Kinder als Testamentsvollstrecker weder gegen § 181, noch rechtfertigt sie die Entziehung der Vertretungsmacht nach § 1629 II S 3 und jetzt Hamm FamRZ 1993, 1122ff, wonach sich aus der Doppelstellung als Testamentsvollstrecker und gesetzlicher Vertreter der Erben ein Interessenkonflikt ergibt; übersehen vom BayObLG FamRZ 1992, 604, 605 und in den Anm von Damrau FamRZ 1992, 606 und Streuer Rpfleger 1992, 350.

13 Bei **Schenkungen an das Kind** ermöglichen schon die §§ 104 Nr 1, 107 ein entsprechendes Ergebnis: Ein über sieben Jahre altes Kind bedarf zum Abschluß eines schuldrechtlichen Vertrages, durch den der Vater ihm ein Grundstück schenkt, nicht der Genehmigung seines gesetzlichen Vertreters, denn dieses Rechtsgeschäft bringt dem Kind lediglich einen rechtlichen Vorteil. Zur Ausführung der Schenkung durch Auflassung siehe BGH 15, 168; vgl ferner Stuttgart NJW 1955, 1721; Lange NJW 1955, 1339. Zur Schenkung eines **unbelasteten Grundstücks** s auch KG JFG 13, 300, noch zum Teil abweichend KGJ 45, 238 BGH LM Nr 4 zu § 1795; § 107 kommt aber richtiger Ansicht nach auch in Betracht, wenn das **Grundstück belastet** ist; aA München HRR 1942, 544. Die Eltern sind von der Vertretung ihrer minderjährigen Kinder nicht dadurch ausgeschlossen, daß bei der schenkweisen Übertragung eines Grundstücks auf die Kinder diese die Aufhebung der Grundstücksgemeinschaft für eine bestimmte Dauer ausschließen (LG Münster FamRZ 1999, 739). Wollen die Eltern das beschränkt geschäftsfähige Kind unter Auflage beschenken, so ist nach § 107 die Einwilligung des gesetzlichen Vertreters erforderlich. Weil die Eltern hierzu nach § 181 ausgeschlossen sind, ist ein Pfleger zu bestellen; hat dieser dem Verpflichtungsgeschäft zugestimmt, so können die Eltern selbst die Auflage und Schenkung nach § 181 Hs 2 erfüllen (München JFG 23, 234). Für die Schenkung **beweglicher**, mit Nießbrauch **belasteter Sachen** hat RG 148, 324 § 107 bejaht. Unter Hinweis auf BGH FamRZ 1975, 480 hält Hamm FamRZ 1978, 439 die schenkweise Einräumung der Rückzahlungsforderung eines nicht gegebenen Darlehens als für die beschenkte, minderjährigen Kinder lediglich rechtlich vorteilhaft. Für **Handschenkungen** an Kinder unter sieben Jahren kann das Verbot des Insichgeschäfts schon deshalb entfallen, weil sie in Erfüllung der Unterhalts- und Erziehungspflicht vorgenommen werden, was zB für Spielsachen zutrifft; vgl Henke JW 1934, 2179; v Tuhr II 2, 365; v Lübtow, Schenkungen an Kinder, 1949; Abraham AcP 151, 374; RG 148, 321; mitunter, zB für Geldgeschenke zum Geburtstag, Weihnachten, wird auch der Gesichtspunkt der auf Gewohnheitsrecht beruhender Gestattung in Betracht kommen. Legen Eltern für ihr Kind Sparkassenguthaben an, so ist es Auslegungssache, ob sie damit dem Kind ein unmittelbares Recht hierauf einräumen wollten, vgl OLG 22, 158; Zweibrücken NJW 1989, 2546; Predari Gruch 63, 683; im Zweifel ist dies nicht anzunehmen (Köln JMBl NRW 1947, 55), wie zB dann, wenn das Kind bis zum Tod des Sparbuch Anlegenden von der Kontoeröffnung nicht unterrichtet werden soll (Düsseldorf FamRZ 1992, 51).

14 **Verwenden die Eltern das Kindesgut**, zB ein dem Kind in der Tat zustehendes Spargutheben, **eigennützig**, etwa um ihre Schulden zu begleichen, so verstößt dies nicht gegen § 181 (ebenso nicht im Fall der Erteilung eines Überweisungsauftrags im Namen des Kindes zu Lasten des Kindergeldkontos und zugunsten des Elternkontos [maßgeblich ist das Deckungsverhältnis Kind–Bank, nicht das Valutaverhältnis Kind–Eltern], vgl Streißle EWiR 2002, 891, 892), löst aber eine **Ersatzpflicht** der Eltern, uU auch ein Eingreifen des FamG nach § 1666 aus (RG 75, 359). Einen **Rechtsstreit** können die Eltern nicht als Vertreter des Kindes gegen sich im eigenen Namen, auch nicht gegen einen Dritten, dessen Vertreter sie sind, führen. Hier bedarf es der Pflegerbestellung. Im Rechtsstreit eines Dritten gegen die Eltern und zugleich das Kind sind sie von der Vertretung des Kindes nur ausgeschlossen, wenn ihnen die Vertretung des Kindes nach §§ 1629 II S 3, 1796 entzogen ist; vgl KGJ 42, 21.

§ 1629

b) Die **Vertretungsmacht** der Eltern ist ferner ebenso **beschränkt** wie die des Vormunds, § 1795. Diese Vorschrift geht über § 181 hinaus und will unmittelbar die Vertretung bei Interessenwiderstreit ausschließen. Daher kann kein Elternteil als gesetzlicher Vertreter des Kindes für und gegen dieses ein Rechtsgeschäft mit seinem Ehegatten, seinen Verwandten in gerader Linie vornehmen, es sei denn, daß durch das Rechtsgeschäft ausschließlich eine Verbindlichkeit erfüllt wird (§ 1795 I Nr 1). 15

Daher lassen sich **Familiengesellschaften** mit Eltern und minderjährigen Kindern als Mitgliedern nur gründen, wenn jedes der Vertretung bedürftige Kind einen gesonderten Pfleger erhält; vgl Gernhuber/Coester-Waltjen § 61 III 8; BayObLG FamRZ 1959, 126 für die OHG und KG; BFH DB 1974, 365 für die stille Gesellschaft. Das BayObLG ist in seinem Vorlegungsbeschluß FamRZ 1974, 659, abweichend von BGH FamRZ 1962, 464 der Ansicht, die Eltern könnten das Kind bei einem Rechtsgeschäft mit einem Verwandten in gerader Linie dann rechtswirksam vertreten, wenn das Rechtsgeschäft dem Kind lediglich einen rechtlichen Vorteil bringt. Dem hat sich hierin der BGH in LM Nr 4 zu § 1795 angeschlossen. Danach gilt das Vertretungsverbot § 1795 Nr 1 nicht für Rechtsgeschäfte, die dem Mündel (Kind) lediglich einen rechtlichen Vorteil bringen. S auch Rz 12, 13, Hamm FamRZ 1978, 439 und Schlüter FamR Rz 378. Auch die Genehmigung des § 177 gehört zu den Rechtsgeschäften, die von § 1795 Nr 1 erfaßt werden können (BayObLG FamRZ 1960, 34). So kann zB der Vater nicht das Kind bei der Adoption durch die Stiefmutter vertreten, können die Eltern eine Erbschaft nicht namens des minderjährigen Kindes zugunsten volljähriger Kinder ausschlagen, können sie nicht selbst die Erbauseinandersetzung vornehmen, vgl KGJ 35, 13; ferner BGH 21, 229, LM Nr 6 zu § 181 mit Anm von Hückinghaus zur Frage, wann bei einer Erbauseinandersetzung von der ausschließlichen Erfüllung einer Verbindlichkeit gesprochen werden kann. Der Begriff der Verwandtschaft im Sinne dieser Ziffer bestimmt sich nach § 1589. Er umfaßt nicht die Schwägerschaft des § 1590. Daher kann die verwitwete Mutter als alleinige Inhaberin der elterlichen Gewalt ihre minderjährigen Kinder beim Abschluß eines Vertrages vertreten, den diese mit einem Kind des verstorbenen Vaters aus dessen früherer Ehe abschließen (Hamm FamRZ 1965, 86). § 1795 I Nr 2 betrifft insbesondere die Verfügung über Forderungen des Kindes gegen einen Elternteil oder beide, die durch Pfandrecht, Hypothek oder Bürgschaft gesichert sind. Steht zB dem Kind eine durch Hypothek gesicherte Forderung gegen die Eltern zu, so können diese weder die Hypothekenforderung kündigen, einziehen und eine löschungsfähige Quittung erteilen, noch bei einer Veräußerung des belasteten Grundstücks eine ihre persönliche Verpflichtung aufhebende Schuldübernahme genehmigen (RG 68, 37). § 1795 I Nr 3 betrifft Rechtsstreitigkeiten zwischen den in Nr 1 bezeichneten Personen oder über Angelegenheiten der in Nr 2 bezeichneten Art.

c) Nimmt ein Elternteil ein Rechtsgeschäft (eine Rechtshandlung) unter Verstoß gegen §§ 181, 1795 vor, so handelt er **ohne Vertretungsmacht** (KG JFG 12, 121). Das Rechtsgeschäft ist also nicht nichtig, sondern schwebend unwirksam (BFH BB 1990, 1186f; Streißle EWiR 2002, 891). Deshalb kann es durch einen zu bestellenden Pfleger oder durch das inzwischen volljährige Kind entsprechend § 177 genehmigt werden; vgl RG 119, 116. UU kann das minderjährige Kind selbst nach Maßgabe des § 107 genehmigen (München JFG 21, 186); dagegen ist eine Genehmigung durch das FamG nicht vorgesehen. Als Pfleger sollte keine Person bestellt werden, die gleichgerichtete Interessen verfolgt oder mit dem Verfahrensbevollmächtigten des ausgeschlossenen Vertreters beruflich verbunden ist (LG Frankfurt aM FamRZ 1991, 736). 16

5. Ist ein Elternteil gemäß §§ 1629 II S 1, 1795 I **verhindert, das Kind zu vertreten, so ist es auch der andere**, selbst wenn dieser zum Geschäfts-(Prozeß-)Gegner nicht in den nahen Beziehungen des § 1795 I steht (jetzt hM: BGH NJW 1972, 1708; FamRZ 1976, 168; Zweibrücken FamRZ 1980, 911). Dann sind die Eltern aber auch verhindert, die Genehmigung des zur schwebend unwirksamen Vertrag zu erteilen, gleichgültig, wem gegenüber diese zu erklären ist (BayObLG FamRZ 1960, 33). § 1678 kommt hier nicht in Betracht, weil er **nur die tatsächliche**, nicht aber die rechtliche **Verhinderung** regelt. Nimmt man den Wortlaut des § 1909 II ernst, müßten die Eltern dies unverzüglich dem VormG anzeigen, damit ein Pfleger gemäß § 1909 I S 1 bestellt werden kann. § 1909 II ist in diesem Fall aber so zu lesen, daß eine unverzügliche Anzeige auch an das FamG erfolgen kann. Daß dies durch das KindRG nicht entsprechend geändert wurde, beruht wohl nur auf einem Redaktionsversehen. 17

Diese Auslegung beruht darauf, daß in aller Regel nach § 1697 nF das FamG die Pflegschaft anordnet und Pfleger auswählt, sodaß es nicht sinnvoll wäre, sich statt dessen beim VormG zu melden, auch wenn dieses als letzten Schritt den Pfleger bestellt. § 1909 I S 1 regelt nur, daß ein Pfleger zu bestellen ist, nicht aber Anordnung, Auswahl und Bestellung. Früher war § 1693 aF maßgebend, der dem VormG auferlegt hat, Maßnahmen bei Verhinderung der Sorgeausübung zu treffen. Diese Verhinderung liegt im Fall des § 1629 II S 1 vor. Nach § 1693 nF obliegt das Ergreifen von Maßnahmen dem FamG. Die erforderliche Maßnahme ist hier die Pflegschaft. Dies wird gestützt durch § 1697 nF. Wenn das FamG nach Pflegschaft aufgrund seiner Maßnahme (Entzug der Vertretungsmacht nach §§ 1629 II S 3, 1796) die Pflegschaft anordnen und den Pfleger auswählen kann, muß das auch für die Situation gelten, in der kraft Gesetzes (§ 1795) die Eltern von der Vertretung ausgeschlossen sind.

Die Anzeige nach § 1909 II sollte an das Gericht gerichtet werden, das den ersten Akt der dreistufigen Pflegschaftsentscheidung (Anordnung, Auswahl, Bestellung) vornimmt, das FamG. Dies gilt auch nach rechtskräftiger Scheidung der Ehe. Arg: „der Vater und die Mutter" und nicht „die Eheleute", vgl BGH FamRZ 1972, 498.

6. Die in den vom 1. EheRG und KindRG geänderten Abs II und III enthaltene Regelung ermöglicht es einem Elternteil, Unterhaltsansprüche des Kindes gegen den anderen Elternteil zu verfolgen, wenn beide Elternteile sorgeberechtigt sind, gleichgültig, ob unverheiratet, verheiratet oder nach einer Scheidung (vgl auch LG München I FamRZ 1999, 875; Düsseldorf MDR 2001, 633). Die Bestimmung, daß der Unterhalt dem Kind als Naturalunterhalt gewährt werden soll, kann nur von dem Elternteil wirksam getroffen werden, in dessen Obhut sich das Kind befindet (Stuttgart FamRZ 1991, 595). **Abs III** regelt die Art und Weise, wie der Unterhaltsanspruch bei Getrenntleben oder anhängigem Scheidungsverfahren geltend zu machen ist. Das minderjährige **Kind** hat einen **Anspruch** auf **Titulierung** seiner **Unterhaltsforderung**, auch wenn der Unterhaltsschuldner seine Unter- 18

§ 1629

haltspflicht regelmäßig erfüllt (Karlsruhe FamRZ 1979, 630; Koblenz FamRZ 1978, 826; Stuttgart NJW 1978, 112; Oldenburg Rpfleger 1979, 72).

19 Abs III S 1 enthält einen Fall der **gesetzlichen Prozeßstandschaft** auf der **Aktivseite** für verheiratete Eltern, die getrennt leben oder zwischen denen eine Ehesache anhängig ist. In anderen Fällen gemeinsamer elterlicher Sorge kann der Unterhaltsanspruch dagegen nur im Namen des Kindes geltend gemacht werden, und zwar von demjenigen Elternteil, in dessen Obhut sich das Kind befindet. Jedenfalls in Eilverfahren gilt das auch für nicht gemeinsame minderjährige Kinder des anderen Teils, die der Ehegatte in gleicher Weise wie die gemeinsamen Kinder versorgt (AG Groß-Gerau FamRZ 1988, 1070). § 1629 II S 2, III S 1 erfassen aber auch die Vertretung des Kindes auf der **Passivseite**, etwa bei einem Herabsetzungsbegehren (zur Prozeßführungsbefugnis bei Abwehr der Unterhaltsreduzierung Naumburg EzFamR aktuell 2001, 344) oder einer negativen Feststellungsklage (Stuttgart DAVorm 1990, 900, 903f). Der Begriff der Obhut stellt auf die tatsächlichen Verhältnisse ab (KG FamRZ 2003, 53; München FamRZ 2003, 248; Roth JZ 2002, 651, 655; Schlüter FamR Rz 377). Ihn erfüllt auch die Unterbringung des Kindes auf Kosten des Elternteils an anderem Ort. Für die Bewilligung von **Prozeßkostenhilfe** ist allein auf die Hilfsbedürftigkeit des Kindes abzustellen (KG FamRZ 1989, 82; Bamberg FamRZ 1994, 635; Frankfurt/M FamRZ 1994, 1041f: Vorschußanspruch des Kindes ist jedoch zu berücksichtigen; aM Saarbrücken FamRZ 1991, 691).

20 a) Obhut nur eines Elternteils ist aber auch dann noch möglich, wenn die Eheleute bei beschränkten Wohnverhältnissen noch zusammenleben. Denn das Kind befindet sich in der Obhut dessen, der sich um das Wohl des Kindes bemüht, insbesondere für seinen Unterhalt sorgt und regelmäßigen Umgang mit ihm und etwaigen Betreuungspersonen hat (Bamberg FamRZ 1985, 632; Schlüter FamR Rz 377; s auch Düsseldorf FamRZ 1988, 1092; **anders** wenn sich beide Eltern um die Obhut für ihre Kinder bemühen: AG Groß-Gerau FamRZ 1991, 1466; München FamRZ 2003, 248), bei dem also der **Schwerpunkt der tatsächlichen Fürsorge** liegt (Frankfurt/M FamRZ 1992, 575; Stuttgart FamRZ 1995, 1168; KG FamRZ 2003, 53; Roth JZ 2002, 651, 655). Zu einem Fall mit Auslandsberührung BGH FamRZ 1986, 345.

20a b) Die Sorgerechtsentscheidung zugunsten eines Elternteils hat zur Folge, daß der Elternteil, in dessen Obhut sich das Kind befindet, nicht mehr berechtigt ist, dessen Unterhaltsansprüche gegen den anderen Elternteil geltend zu machen, wenn diesem die Sorge für die Person des Kindes übertragen wurde. Übt er gleichwohl die Obhut aus, so enthält er widerrechtlich das Kind dem sorgeberechtigten Elternteil vor. Vgl Begr des RegE, Broschüre des BMZ S 274.

20b c) Die gesetzliche Prozeßstandschaft wirkt auch in der Berufungsinstanz fort, wenn mit der Berufung lediglich die den Unterhalt des Kindes betreffende Folgesache, nicht dagegen der Scheidungsausspruch angegriffen wird; ebenso im Ergebnis Bamberg FamRZ 1979, 448. Zur Zulässigkeit der Anschlußberufung des als Prozeßstandschafter handelnden Elternteils s Schleswig EzFamR aktuell 2001, 328. Sie **erlischt insoweit**, wie das Land für das Kind Leistungen nach dem UnterhaltsvorschußG erbracht hat (Hamm NJW-RR 1991, 776). Sie **endet** mit dem Übergang des Obhutsverhältnisses auf den anderen Elternteil (Hamm FamRZ 1990, 890f; München FamRZ 2003, 248f) oder mit dem rechtskräftigen Abschluß der Folgesache Kindesunterhalt (Hamburg FamRZ 1984, 706), so daß Abänderungsklagen (§ 323 ZPO; Hamm FamRZ 1981, 589; 1200; 1990, 1375f; Karlsruhe FamRZ 1980, 1059; 1149; denn bei notarieller Scheidungsfolgenvereinbarung nach § 1585c BGB liegt kein gerichtlicher Vergleich iSd § 1629 III S 2 ist, Hamm, Beschl v 24. 2. 1981 – 1 UF 81/81, zit nach Bergerfurth FamRZ 1982, 563 Fn 6) und auch Ansprüche aus ungerechtfertigter Bereicherung wegen zuviel geleisteten Unterhalts des Unterhaltsverpflichteten nicht gegen den (nicht passiv legitimierten) anderen Elternteil, sondern gegen das Kind selbst zu richten sind (Karlsruhe FamRZ 1982, 111; Köln FamRZ 1995, 1503f). Die Prozeßstandschaft endet auch mit der Volljährigkeit des Kindes, vgl München FamRZ 1983, 925 (Volljährigkeit während des Ehescheidungsverbundverfahrens führt zum Prozeßurteil); Frankfurt FamRZ 1979, 175, selbst wenn das Kind bei diesem Elternteil wohnt (AG Altena FamRZ 1978, 56; s auch Frankfurt aM FamRZ 1991, 1210ff; Hamm FamRZ 1992, 843f; München FamRZ 1996, 422; Zweibrücken FamRZ 1989, 194f). Nach BGH NJW 1983, 2084; ebenso BGH FamRZ 1990, 283, 284; und Hamburg DAVorm 1989, 95, das auf § 265 II ZPO abstellt) umfaßt § 1629 III auch Unterhaltsansprüche des Kindes außerhalb des Scheidungsverbundverfahrens (vgl dagegen Bremen FamRZ 1984, 70, wonach Prozeßstandschaft nicht einmal für eine einstweilige Anordnung nach § 620 I Nr 4 ZPO bestehen soll; aM AG Maulbronn FamRZ 1991, 355, 356). Auch nach dem Erlöschen der Prozeßstandschaft ist dem Prozeßstandschafter die **Vollstreckungsklausel** zu erteilen (Frankfurt aM FamRZ 1994, 453) und kann die **Zwangsvollstreckung** vom Sorgeberechtigten im eigenen Namen betrieben werden (Nürnberg DAVorm 1987, 803ff; Schleswig FamRZ 1990, 189; aM LG Koblenz FamRZ 1995, 490: Umschreibung der Vollstreckungsklausel erforderlich; Oldenburg FamRZ 1992, 844f). Das Erlöschen der Prozeßstandschaft kann nur mit der **Vollstreckungsgegenklage** geltend gemacht werden (München FamRZ 1990, 653; Köln FamRZ 1995, 308). Gemäß Abs III S 2 des § 1629 **wirkt** das **Urteil für** und **gegen das Kind**, auch wenn in dessen Unterhalt geregelt wird. Dadurch, daß die Rechtskraft des Urteils sich auf das Kind erstreckt, wird unbeschadet des § 323 ZPO der Kindesunterhalt im Ehescheidungsverfahren sichergestellt. Gleiches gilt für einen **Prozeßvergleich**: Er **wirkt für** und **gegen das Kind**, ohne daß dieses wie bisher gezwungen wäre, ihm beizutreten, um aus ihm vollstrecken zu können. Eine vollstreckbare Ausfertigung des Vergleichs ist nur dem Kind und nicht dem sorgeberechtigten Elternteil zuzustellen (Hamburg FamRZ 1985, 624; AG Charlottenburg FamRZ 1984, 506; vgl auch Frankfurt FamRZ 1983, 1268; aM KG FamRZ 1984, 505; Hamburg FamRZ 1984, 927). § 1629 III S 2 gilt allerdings nur für Scheidungsverfahren nach neuen Rechts (Hamburg FamRZ 1982, 524). Schließen die Eltern über den Unterhalt des Kindes lediglich einen **außergerichtlichen Vergleich**, so ist dies nach den allgemeinen Grundsätzen, vornehmlich nach den Vorschriften des Vertrages zugunsten Dritter oder nach § 164 zu beurteilen (Schlüter FamR Rz 372: Gew Vorgehen nach § 164 I). Da dem Prozeßstandschafter die Parteistellung zukommt, kann der auf Unterhalt verklagte Elternteil **Widerklage** auf Ehegattentrennungsunterhalt erheben (Köln FamRZ 1995, 1497).

d) Gemäß § 620 Nr 4 ZPO kann übrigens das FamG auf Antrag eines Ehegatten auch die **Unterhaltspflicht** gegenüber einem Kinde im Verhältnis der Ehegatten zueinander regeln. Hiervon abgesehen handelt es sich bei der Regelung der gesetzlichen Unterhaltspflicht gegenüber einem ehelichen Kinde um eine **Folgesache**, über die gemäß §§ 623, 621 I Nr 4, 629 I ZPO **gleichzeitig** mit der **Scheidungssache** einheitlich durch **Urteil** zu entscheiden ist. Bei der **einverständlichen Scheidung** haben sich die Eheleute gemäß § 630 I Nr 3, III ZPO in **vollstreckbarer Form** über die **Regelung** der **Unterhaltspflicht** gegenüber einem Kinde zu **einigen**. Eine etwa vorher ergangene, anderslautende einstweilige Anordnung tritt beim Wirksamwerden einer anderweitigen Regelung außer Kraft. 20c

e) Leben die Ehegatten weder getrennt, noch ist die **Scheidung beantragt**, so gelten die **allgemeinen Vorschriften**. Es hat jeder Ehegatte nach § 1360 das Recht, den anderen auch zum Unterhaltsbeitrag für die gemeinschaftlichen Kinder anzuhalten. Die Kinder haben unabhängig davon gegen ihre Eltern einen Unterhaltsanspruch gemäß §§ 1601ff. 20d

7. Wird die **Ehe geschieden**, so sind je nach Sachlage die §§ 1671 BGB, 620 I Nr 4, 620f, 621 I Nr 4, 623, 629, 630 I Nr 3, III ZPO maßgeblich. Nach KG FamRZ 1980, 730 findet § 1629 II S 2 entsprechende Anwendung, wenn die Ehe ohne Sorgerechtsentscheidung geschieden worden ist (vgl auch FamRZ 1978, 941). Stuttgart FamRZ 1986, 595 bejaht die Zulässigkeit eines solchen Unterhaltsanspruchs sogar dann, wenn die elterliche Sorge beiden Elternteilen nach der Scheidung übertragen wurde und das Kind in den Haushalt eines Elternteils aufgenommen worden ist (ebenso jetzt AG Charlottenburg FamRZ 1994, 117f; Düsseldorf FamRZ 1994, 767; Frankfurt aM FamRZ 1995, 754; Stuttgart FamRZ 1995, 1168; aM AG Salzgitter MDR 1995, 1038f; Frankfurt aM FamRZ 1993, 228; Hamm FamRZ 1994, 1268, 1269). 21

8. Abs II S 3. a) Das **FamG** kann dem Vater und der Mutter nach § 1796 wegen der Gefahr eines erheblichen Interessenwiderstreits die **Ausübung der Vertretung entziehen**, sofern es sich nicht um die Vaterschaftsfeststellung handelt, denn dafür wurde die Beistandschaft (§§ 1712ff) geschaffen. Das setzt voraus, daß die Eltern (der Elternteil) wegen des Widerstreits der Interessen, objektiv betrachtet, gehindert sind (ist), eine auch den Belangen des Kindes gerechte Entscheidung zu treffen (München JFG 23, 222). Das ist insbesondere der Fall, wenn sich die Interessen des einen Teils nur auf Kosten des anderen Teils durchsetzen lassen (dazu Hamm NJW 1986, 389) oder ein erheblicher Interessengegensatz besteht (Stuttgart FamRZ 1983, 831; BayObLG Rpfleger 1989, 19; LG Oldenburg FamRZ 1989, 539f; BayObLG FamRZ 1994, 1196, 1197; Anfechtung der Ehelichkeit des Kindes; Nürnberg OLGRp 2001, 293: Doppelstellung als Testamentsvollstreckerin und als gesetzliche Vertreterin der Erbin; zu dieser Doppelstellung auch Schlüter FamR Rz 379). Der Gegensatz muß in dem Zeitpunkt vorhanden sein, in dem der gesetzliche Vertreter die Kindesangelegenheit besorgen wird oder zu besorgen hat. So ist es zumeist nicht vordringlich, daß der Pflichtteilsanspruch des Kindes nach der erstverstorbenen Mutter gegen den überlebenden Vater geltend gemacht wird, weil § 204 aF die Verjährung hemmt (KG JW 1936, 2749). Stirbt ein Ehegatte, so ist der als Alleinerbe eingesetzte andere Ehegatte rechtlich nicht gehindert, selbst zu entscheiden, ob die **Pflichtteilsansprüche** der Kinder geltend gemacht werden sollen. Ein Pfleger ist für die Kinder nur zu bestellen, wenn das Gericht dem überlebenden Ehegatten die Vermögenssorge insoweit entzogen hat. Auch wenn dieser die Pflichtteilsansprüche der Kinder weder erfüllt noch sicherstellt (BayObLG FamRZ 1989, 540f: Gefährdung des Pflichtteilsanspruchs), ist ihm der Vermögenssorge nicht ohne weiteres zu entziehen; es ist vielmehr geprüft werden, ob es im Interesse der Kinder liegt, daß sie Ansprüche gegen den überlebenden Elternteil erheben. Dabei ist zu beachten, daß der Wahrung des **Familienfriedens** erhebliche Bedeutung für das Wohl der Kinder zukommt (BayObLG FamRZ 1963, 578). In gleiche Richtung zielt Frankfurt FamRZ 1964, 164: Sind Mutter und Kind Vor- und Nacherbe, so ist ein Pfleger für das Kind zur Entscheidung darüber, ob die Nacherbschaft auszuschlagen ist, nur zu bestellen, wenn ein konkreter Interessenwiderstreit besteht. Überhaupt geht der **Familienfriede** materiellen Interessen vor (interessant der Fall Kwilecki, KGJ 42, 21). Das FamG, das gegenüber den Eltern (anders beim Pfleger und Vormund) kein Anweisungsrecht hat, kann mit Belehrungen auf sie einwirken und einen gütlichen Ausgleich versuchen. Sind sie uneinsichtig und unbelehrbar, so bleibt immer noch eine Entziehung als letzter Ausweg; vgl JFG 15, 305. 22

b) Trotz der Fassung des § 1629 II S 3 ist das FamG nicht genötigt, stets beiden Elternteilen die Ausübung der Vertretung zu entziehen. Die Entziehung – sie kann in der Bestellung eines Pflegers liegen – erfolgt für eine Einzelangelegenheit, eine Gruppe von Einzelangelegenheiten oder für einen bestimmten Wirkungskreis. Der betroffene Elternteil ist dann insoweit ohne Vertretungsmacht. Beläßt das FamG einem Elternteil die Vertretung, so ist dieser alsdann insoweit Alleinvertreter; gleicher Ansicht Gernhuber/Coester-Waltjen § 61 IV 5. Im ganzen kann die Vertretungsmacht nur gemäß §§ 1666ff entzogen werden (dazu Frankfurt FamRZ 1980, 927). 23

c) Das für die Maßnahme nach Abs II S 3 zuständige FamG ergibt sich aus § 64 FGG. Es handelt sich um kein dem Richter vorbehaltenes Geschäft (§ 14 RpflG). Die Übertragung dieser Funktion auf den Rechtspfleger gibt aber zu verfassungsrechtlichen Bedenken Anlaß; vgl Jansen FGG § 35 Rz 94. Zur Anhörung der Beteiligten s vor § 1626 Rz 8c–d. Wirksam wird die Maßnahme mit der Bekanntmachung an den betroffenen Elternteil (§ 15 FGG). Beschwerderecht des betroffenen Elternteils gemäß §§ 19ff FGG; des Kindes, wenn es sich um eine seine Person betreffende Angelegenheit handelt, nach Maßgabe des § 59 FGG; in diesem Fall ist gemäß § 57 I Nr 9 II FGG auch jeder beschwerdeberechtigt, der ein berechtigtes Interesse hat, die Angelegenheit wahrzunehmen. Gegen die Auswahl und gegen die Ablehnung des Antrags auf Entlassung des Pflegers steht dem betroffenen Elternteil das Recht der Beschwerde zu (Staud/Peschel-Gutzeit Rz 304f; Soergel/Strätz Rz 40, BayObLG 1925, 197; aA KG JFG 16, 314; 19, 94. Gegen KG JW 1936, 2935 Roquette ebenda). Im Falle der Aufhebung der Pflegschaft ist der ehemalige Pfleger nicht beschwerdeberechtigt (Zweibrücken FamRZ 1989, 772f). Die Bestellung des Pflegers verbleibt beim VormG (s § 1693 Rz 1). 24

§ 1629a Beschränkung der Minderjährigenhaftung

(1) Die Haftung für Verbindlichkeiten, die die Eltern im Rahmen ihrer gesetzlichen Vertretungsmacht oder sonstige vertretungsberechtigte Personen im Rahmen ihrer Vertretungsmacht durch Rechtsgeschäft oder eine sonstige Handlung mit Wirkung für das Kind begründet haben, oder die auf Grund eines während der Minderjährigkeit erfolgten Erwerbs von Todes wegen entstanden sind, beschränkt sich auf den Bestand des bei Eintritt der Volljährigkeit vorhandenen Vermögens des Kindes; dasselbe gilt für Verbindlichkeiten aus Rechtsgeschäften, die der Minderjährige gemäß den §§ 107, 108 oder § 111 mit Zustimmung seiner Eltern vorgenommen hat oder für Verbindlichkeiten aus Rechtsgeschäften, zu denen die Eltern die Genehmigung des Vormundschaftsgerichts erhalten haben. Beruft sich der volljährig Gewordene auf die Beschränkung der Haftung, so finden die für die Haftung des Erben geltenden Vorschriften der §§ 1990, 1991 entsprechende Anwendung.

(2) Absatz 1 gilt nicht für Verbindlichkeiten aus dem selbständigen Betrieb eines Erwerbsgeschäfts, soweit der Minderjährige hierzu nach § 112 ermächtigt war, und für Verbindlichkeiten aus Rechtsgeschäften, die allein der Befriedigung seiner persönlichen Bedürfnisse dienten.

(3) Die Rechte der Gläubiger gegen Mitschuldner und Mithaftende sowie deren Rechte aus einer für die Forderung bestellten Sicherheit oder aus einer deren Bestellung sichernden Vormerkung werden von Absatz 1 nicht berührt.

(4) Hat das volljährig gewordene Mitglied einer Erbengemeinschaft oder Gesellschaft nicht binnen drei Monaten nach Eintritt der Volljährigkeit die Auseinandersetzung des Nachlasses verlangt oder die Kündigung der Gesellschaft erklärt, ist im Zweifel anzunehmen, dass die aus einem solchen Verhältnis herrührende Verbindlichkeit nach dem Eintritt der Volljährigkeit entstanden ist; Entsprechendes gilt für den volljährig gewordenen Inhaber eines Handelsgeschäfts, der dieses nicht binnen drei Monaten nach Eintritt der Volljährigkeit einstellt. Unter den in Satz 1 bezeichneten Voraussetzungen wird ferner vermutet, dass das gegenwärtige Vermögen des volljährig Gewordenen bereits bei Eintritt der Volljährigkeit vorhanden war.

1 **1. Vorbemerkung. a)** § 1629a wurde durch das Minderjährigenhaftungsbeschränkungsgesetz (MHaBeG) vom 25. 8. 1998 (BGBl I 2487) ins BGB eingefügt. Mit diesem Gesetz soll dem Beschluß des BVerfG (72, 155) Rechnung getragen werden. Dem Beschluß lag zugrunde, daß eine Mutter als gesetzliche Vertreterin ihre Kinder, zwei Erben eines Handelsgeschäfts, in dessen Zusammenhang zur Eingehung von Verbindlichkeiten in Höhe von 851000 DM wirksam verpflichten konnte. §§ 1629 I, 1643 I wurden daraufhin insoweit für nichtig erklärt, als Eltern als gesetzliche Vertreter für ihre minderjährigen persönlich haftenden Kinder im Rahmen der Fortführung eines zum Nachlaß gehörenden Handelsgeschäfts ohne gerichtliche Genehmigung Verpflichtungen eingehen können, die über das mit der Erbschaft erworbene Vermögen hinausgehen. In §§ 1643 iVm 1822 Nr 3 ist zwar die vertragliche Begründung eines Erwerbsgeschäfts einer genehmigungspflicht unterworfen, nicht aber die Fortführung nach Erwerb von Todes wegen, ebensowenig wie die Annahme der Erbschaft selbst. Das BVerfG hat die Teilnichtigkeit mit dem Verstoß gegen das allgemeine Persönlichkeitsrecht aus Art 1 I, 2 I GG begründet, mit dem es unvereinbar sei, wenn Kinder „als Folge der Vertretungsmacht ihrer Eltern mit erheblichen Schulden in die Volljährigkeit ‚entlassen' werden" (BVerfG 72, 155, 173).

2 **b)** Das BVerfG hat die Abhilfemöglichkeiten selbst vorgeschlagen: eine Erweiterung des Kataloges der §§ 1643, 1822 oder die Festlegung einer Haftungsbeschränkung. Der Gesetzgeber hat sich für die Haftungsbeschränkung und gegen die Erweiterung des § 1822 entschieden. Er hielt es zum einen für unmöglich, alle Geschäfte einzubeziehen, die zu unzumutbar hohen Verbindlichkeiten führen können; zum anderen befürchtete er praktische Schwierigkeiten, weil die Beurteilung des Geschäfts eine Prognose voraussetze, die eine gewisse Zeit (zur Erstellung eines Gutachtens) in Anspruch nehme und diese Schwebezeit – anders als bei einem Neubeginn eines Geschäfts durch Vertrag- sowohl den Eltern als auch den Geschäftspartnern unzumutbar sei. Zudem könnten auch nach einer erfolgten Genehmigung riskante laufende Geschäfte nicht ständig überwacht werden (BT-Drucks 13/5624, 6).

3 **c)** Hauptinhalt des § 1629a ist eine Haftungsbeschränkung auf das bei Volljährigkeit vorhandene Vermögen. Das MHaBeG enthält ergänzend noch die entsprechende Möglichkeit des Vorbehalts der beschränkten Erbenhaftung nach §§ 780 I, 781 ZPO (§ 786 ZPO) und ein besonderes Kündigungsrecht mit Erreichen der Volljährigkeit (§ 723 I Nr 2).

4 **2. Die Vorschrift im einzelnen. a)** Abs I enthält in **Hs 1 Alt 1, 2** die Haftungsbeschränkung für **Geschäfte unter Lebenden**, die Eltern oder andere Personen abgeschlossen haben. Die Erstreckung neben den Eltern auch auf Dritte dient dazu, alle Gesellschafter zu erfassen. **aa)** Erfaßt werden davon sowohl Rechtsgeschäfte als auch sonstige Handlungen (Realakte). Bei letzteren wird es sich meistens um Schadenersatzverpflichtungen handeln, die dem Kind nach § 278 oder als Gesellschafter über die persönliche Haftung zugerechnet werden. **bb)** Nicht das Kind, sondern die Eltern oder andere Personen selbst müssen die Erklärungen abgeben oder den Realakt vornehmen. Handelt das Kind selbst, ist **Hs 2 Alt 1** maßgebend. Bei Rechtsgeschäften müssen sie sich innerhalb ihrer Vertretungsmacht bewegen. Dies ist ohnehin selbstverständlich, da sonst das Kind nicht verpflichtet wird und §§ 177, 179 maßgeblich sind. Mit anderen Personen gemeint sind vor allem Mitgesellschafter, Prokuristen oder Testamentsvollstrecker, aber auch andere, wenn ihnen mit Einwilligung der Eltern (§ 111) ein Kind Vollmacht erteilt.

5 **b)** Abs I Hs 1 Alt 3 beschränkt die Haftung auch bei unmittelbar durch **Erwerb von Todes wegen** nach § 1922 (also ohne die Handlung einer Person) begründeten Verbindlichkeiten. Nur selten wird die Annahme der Erbschaft durch die Eltern ausdrücklich oder konkludent erklärt (was nicht unter Abs I Hs 1 Alt 1 fiele, weil Nachlaßverbindlichkeiten nach §§ 1922, 1942 durch den Erbfall selbst, nicht durch die Annahme begründet werden, Pal/

Edenhofer § 1942 Rz 1); meist wird sie nach § 1943 (unterlassene Ausschlagung) fingiert. Schon bisher standen – neben der Ausschlagung – aber Möglichkeiten zur Beschränkung der Erbenhaftung zur Verfügung: Nachlaßverwaltung und Nachlaßinsolvenz (§ 1975). Nach dem Grundgedanken des Gesetzes, den Minderjährigen nicht aufgrund von Handlungen seiner Eltern verschuldet in die Volljährigkeit zu entlassen, ist die Einbeziehung auch der bloßen Nachlaßverbindlichkeiten folgerichtig. Die Haftung des Minderjährigen soll für die Unterlassung der Ausschlagung sowie der Anträge auf Nachlaßverwaltung und -insolvenz genauso beschränkt werden wie für Handlungen seiner Eltern. Nach Eintritt der Volljährigkeit erhält der Minderjährige eine „zweite Chance", auch den Nachlaßverbindlichkeiten zu entkommen; eine Chance deshalb, weil Abs I S 2 und § 786 ZPO die Haftungsbeschränkung als Einrede ausgestalten; der Minderjährige muß sich also im Prozeß darauf berufen.

c) aa) Der **Hs 2 Alt 1** umfaßt anders als in Hs 1 Rechtsgeschäfte, bei denen nicht die Eltern oder Dritte, sondern **6** das **Kind selbst die Erklärung abgibt**. Wird die nach §§ 107, 108, 111 erforderliche Genehmigung durch die Eltern erteilt, wird eine Umgehung der Haftungsbeschränkung durch Eigengeschäfte des Kindes verhindert, indem die Haftungsbeschränkung für entstandene Verbindlichkeiten ebenfalls eintritt.

bb) Hs 2 Alt 2 umfaßt Geschäfte, für die eine **Genehmigung des VormG** (hier liegt ein Redaktionsversehen **7** vor, da nach § 1643 nF das FamG zuständig ist) erteilt wurde. Zur Zeit der Genehmigung kann nämlich nicht übersehen werden, ob in der Zeitspanne bis zur Volljährigkeit noch gefährliche Geschäfte mit hohen Verbindlichkeiten für den Minderjährigen durchgeführt werden (BT-Drucks 13/5624, 13).

d) Abs I S 2 erklärt die für die beschränkte Erbenhaftung geltenden Vorschriften der **§§ 1990, 1991** für **8** **anwendbar. aa)** § 1990 gewährt die Erschöpfungseinrede. Hier kann der volljährig Gewordene im Prozeß einwenden, daß das bei Volljährigkeit vorhandene Vermögen für die Befriedigung der Gläubiger nicht ausreicht.

bb) Vor allem bewirkt die Verweisung auf § 1991, daß der Volljährige nach §§ 1991 I, 1978 I, 662ff wie ein Beauftragter für Verwaltung und Erhaltung des bei Volljährigkeit vorhandenen Vermögens verantwortlich, insbesondere nach § 666 rechenschaftspflichtig ist. Auf §§ 1993ff (Pflicht zur Inventarerrichtung) wollte der Gesetzgeber nicht verweisen, um die Inanspruchnahme der Gerichte für das Inventarverfahren zu vermeiden (BT-Drucks 13/5624, 9f). Bei Erwerb des Minderjährigen von Todes wegen müssen die Eltern aber ohnehin nach § 1640 ein Inventar erstellen und sind dem Kind nach § 1698 Rechenschaft schuldig.

e) Abs II nimmt **Geschäfte, die der Minderjährige** nach § 112 **vornehmen darf**, von der Haftungsbegren- **9** zung aus; er soll auch wie ein Volljähriger haften. Geschäfte über „persönliche Bedürfnisse" des Minderjährigen sind von der Haftungsbeschränkung ebenfalls nicht umfaßt. Dies betrifft neben Kleingeschäften, zB Schulbedarf, Geschäfte, die für die jeweilige Altersgruppe typisch sind, wie Computer- oder Fahrradkauf. Diese führen nämlich nicht zu unzumutbar hohen Verbindlichkeiten.

f) Abs III berücksichtigt, daß die einzige Möglichkeit der Gläubiger, der Haftungsbeschränkung zu entgehen, **10** im Verlangen von **Sicherheiten** besteht. Dementsprechend dürfen sich Sicherheitsleistende nicht auf die Haftungsbeschränkung berufen, denn sie soll nur den Minderjährigen schützen. Für akzessorische Sicherheiten wie die Bürgschaft stellt die Regelung eine Einschränkung der Akzessorietät dar, weil nach § 768 I dem Bürgen ansonsten Einreden des Schuldners zugute kommen. Für den Schuldbeitritt ist dies wegen § 425 I hingegen deklaratorisch.

g) Abs IV enthält **zwei widerlegliche Vermutungen zugunsten der Gläubiger. aa)** Verlangt der volljährig **11** Gewordene nicht die Auseinandersetzung der Erbengemeinschaft nach § 2042, kündigt er eine Gesellschaft nicht nach § 723 I Nr 2 oder stellt er ein Handelsgewerbe nicht innerhalb von drei Monaten nach Eintritt der Volljährigkeit ein, wird nicht nur vermutet, daß die Verbindlichkeiten nach Eintritt der Volljährigkeit entstanden ist (S 1), sondern auch, daß das gegenwärtige Vermögen bei Erreichen der Volljährigkeit vorhanden war (S 2).

bb) Die erste Vermutung bewirkt bereits den Verlust der Haftungsbeschränkung. Die zweite Vermutung greift **12** aber erst ein, wenn die erste widerlegt werden kann. Auch wenn die Verbindlichkeit nachweislich (etwa durch Vorlage einer Rechnung) schon vor Volljährigwerden entstanden ist, wird vermutet, daß das jetzt vorhandene Vermögen bereits vor Volljährigkeit erworben wurde. Dann bildet also das ganze Vermögen des Volljährigen die Haftungsmasse. Damit wird verhindert, daß der Volljährige sein (ohne die Vermutung allein haftendes) Altvermögen zu Lasten der Gläubiger verringert.

cc) Insbesondere der zweiten Vermutung kann der Volljährige nur durch Inventaraufstellung begegnen. Aller- **13** dings hat er, wenn er sich nach §§ 786, 767 ZPO gegen die Vollstreckung wehrt, ohnehin die Beweislast für das Bestehen der Haftungsbeschränkung, was die Vermutung entwertet.

dd) Der Minderjährige kann zwar nach § 2042 grundsätzlich jederzeit die Auseinandersetzung der Erbenge- **14** meinschaft verlangen. Der Erblasser kann aber nach § 2044 die Auseinandersetzung für 30 Jahre oder länger ausschließen. Nur bei Vorliegen eines wichtigen Grundes nach §§ 2044 I S 2, 749 II S 1 ist die Anordnung des Erblassers nicht mehr bindend. Analog § 723 I Nr 2 muß die Volljährigkeit auch hier einen wichtigen Grund darstellen (so auch BT-Drucks 13/5624, 10).

3. § 15 HGB. Neben den Vermutungen des Abs IV ist auch die des § 15 HGB von Bedeutung. **a)** § 15 I HGB **15** betrifft hier den Fall, daß bei der Eintragung eines Handelsgewerbes (§ 24 Nr 1 HRV) oder bei der Anmeldung eines OHG-Gesellschafters oder Komplementärs (§§ 106 II, 162 I HGB) das Geburtsdatum eines Minderjährigen nicht miteingetragen ist, obwohl es sich jeweils um eine eintragungspflichtige Tatsache handelt. In diesem Fall könnte der Volljährige, selbst wenn er die Vermutung in § 1629a IV entkräften kann, nicht auf die Haftungsbeschränkung berufen. Das hat der Gesetzgeber mit dem Argument hingenommen, daß ein solcher Fehler wegen der Prüfungspflicht des Registerrichters nicht geschehen könne (BT-Drucks 13/5624, 14). Fehler können aber immer geschehen. § 15 I HGB geht nach hM grundsätzlich auch zu Lasten Geschäftsunfähiger oder beschränkt Geschäftsfähiger (BGH 115, 78, 80 mwN).

§ 1629a Familienrecht Verwandtschaft

Durch §§ 24 Nr 1 HRV, 106 II, 162 I HGB wird die fehlende Geschäftsfähigkeit des Minderjährigen über sein Geburtsdatum zur einzutragenden Tatsache; dem Rechtsverkehr soll gezeigt werden, daß wegen des Minderjährigenschutzes eine Gläubigerbeeinträchtigung durch die Haftungsbeschränkung droht. Wenn dem Minderjährigen über § 15 I HGB die Haftungsbeschränkung genommen werden kann, richtet sich hier anders als in BGH 115, 78, wo § 15 I HGB zu Lasten der vertretenen GmbH gegangen wäre, die Eintragungsverpflichtung gegen ihn.

16 b) Bei § 15 II HGB ergeben sich keine Probleme für den Minderjährigen wegen des kaum zu führenden Gegenbeweises.

17 c) § 15 III HGB ist dann einschlägig, wenn ein Geburtsdatum unrichtig eingetragen oder bekanntgemacht wird. Bei § 15 III soll nach hM (Baumbach/Hopt § 15 HGB Rz 19 mwN) jedenfalls dann der Minderjährigenschutz Vorrang vor dem Verkehrsschutz haben, wenn die Eintragung dem Minderjährigen zugerechnet werden kann (etwa über die Eltern oder Gesellschafter).

18 d) Zwischen einer unrichtigen (§ 15 III HGB) und einer fehlenden Eintragung des Geburtsdatums (§ 15 I HGB) ist der Unterschied aber gering. In beiden Fällen muß der Minderjährigenschutz vor dem Verkehrsschutz Vorrang haben (MüKo-HGB/Lieb § 15 Rz 28). Die Anwendung des § 15 I auf §§ 24 Nr 1 HRV, 106 II, 162 I HGB muß daher unterbleiben.

19 e) Über die Haftungsbeschränkung hinaus darf eine falsche oder fehlende Eintragung des Geburtsdatums keinesfalls zu einem Gutglaubensschutz der unbeschränkten Geschäftsfähigkeit im allgemeinen führen, denn das sollte das MHaBeG nicht bewirken: den Minderjährigenschutz sollte es verbessern, nicht verschlechtern.

20 **4.** Beim **Mißbrauch** der elterlichen Vertretungsmacht gelten die allgemeinen Grundsätze (s dazu §§ 164, 179). Die Eltern haften Nur bei evidentem Mißbrauch nach § 179 wegen fehlender Vertretungsmacht. Im Fall des Mißbrauchs hat das Kind gegen die Eltern einen Ersatzanspruch nach § 1664 (dazu 1664 Rz 1), der nach Volljährigkeit pfändbar ist.

21 **5.** Bei **Titel**, der noch während der Minderjährigen erlangt wurde, bei dem also keine Haftungsbeschränkung vorbehalten werden konnte, ist der volljährig Gewordene gesichert. Wie ein Erbe bei einem gegen den Erblasser erwirkten Titel nach §§ 785, 767 gegen die Zwangsvollstreckung auch ohne Vorbehalt im Urteil vorgehen kann (Zöller/Stöber § 780 Rz 9) gilt dies für den jetzt Volljährigen entsprechend.

22 **6. Übergangsvorschriften.** § 1629a ist zum 1. 1. 1999 in Kraft getreten. Bis 1. 7. 1999 kann der Volljährige die Haftungsbeschränkung nach Art 3 MHaBeG auch ohne Vorbehalt im Urteil erheben; Ansprüche aus ungerechtfertigter Bereicherung wegen bis zum 31. 12. 1998 erfüllter Verbindlichkeiten sind ausgeschlossen.

1630 Elterliche Sorge bei Pflegerbestellung oder Familienpflege

(1) Die elterliche Sorge erstreckt sich nicht auf Angelegenheiten des Kindes, für die ein Pfleger bestellt ist.

(2) Steht die Personensorge oder die Vermögenssorge einem Pfleger zu, so entscheidet das FamG, falls sich die Eltern und der Pfleger in einer Angelegenheit nicht einigen können, die sowohl die Person als auch das Vermögen des Kindes betrifft.

(3) Geben die Eltern das Kind für längere Zeit in Familienpflege, so kann das FamG auf Antrag der Eltern oder der Pflegeperson Angelegenheiten der elterlichen Sorge auf die Pflegeperson übertragen. Für die Übertragung auf Antrag der Pflegeperson ist die Zustimmung der Eltern erforderlich. Im Umfang der Übertragung hat die Pflegeperson die Rechte und Pflichten eines Pflegers.

1 **1. Abs I. a)** Die **elterliche Sorge** ist im Rahmen ihrer Zwecke grundsätzlich unbeschränkt; ihre Ausübung ist jedoch in einzelnen, gesetzlich bestimmten Fällen **beschränkbar**. So bedarf es mitunter der **Bestellung** eines **Pflegers**. In Betracht kommen hierfür die §§ 1629 II, 1638, 1666–1667, uU 1673 II, 1678, 1680, 1693. Wird eine Pflegerbestellung erforderlich, so haben die Eltern dies dem FamG unverzüglich anzuzeigen (§ 1909 II); s bereits § 1629 Rz 17, auch zur Anordnung der Pflegschaft und Auswahl des Pflegers.

2 **b)** Zur Bestellung des Pflegers s § 1909. Soweit der Wirkungskreis des Pflegers reicht, sind die Eltern in der Ausübung der elterlichen Sorge beschränkt, und zwar sowohl hinsichtlich der tatsächlichen Sorge, als auch der Vertretung und des Beschwerderechts. Wird zB ein Pfleger im Hinblick auf § 181 bestellt, so werden die Eltern in der Vermögenssorge als solcher nicht betroffen (RG 144, 246). Auf den Pfleger sind die für den Vormund geltenden Vorschriften entsprechend anzuwenden, soweit nichts anderes bestimmt ist (§§ 1915, 1916). Daher richtet sich der Umfang der genehmigungspflichtigen Rechtsgeschäfte nach § 1821ff, nicht nach § 1643. Die Pflegschaft endigt kraft Gesetzes gem § 1918; sie ist aufzuheben, wenn der Grund für die Anordnung weggefallen ist (§ 1919) oder nicht vorgelegen hat (BayObLG 1921, 95), was die Eltern nach § 20 FGG ggf auch im Beschwerdeweg anstreben können (KG JFG 16, 315). Handeln die Eltern, obwohl ein Pfleger bestellt ist, so gelten die §§ 177ff; vgl RG 93, 337.

3 **2. Abs II. a) Voraussetzungen.** Die Sorge für die Person muß den Eltern (oder einem Elternteil), die Sorge für das Vermögen muß dem Pfleger zustehen oder umgekehrt. Es muß eine **Meinungsverschiedenheit** über eine Frage vorliegen, die beide Fürsorgebereiche berührt, zB Personenpfleger will Kind im Heim unterbringen, es besteht ein Streit über das Maß der zum Unterhalt zu verwendenden Mittel (KG OLG 14, 284) oder über das Heranziehen von Sparguthaben (BayObLG SeuffArch 1964, 384). Hierbei spielt es keine Rolle, ob dem Pfleger die gesamte Vermögensverwaltung zusteht, oder ob er gemäß § 1638 nur eine bestimmte Vermögensmasse verwaltet, sofern nur diese betroffen ist. § 1630 kommt auch für den Streit des nach § 1673 II sorgeberechtigten, in der Geschäftsfähigkeit beschränkten Elternteils mit dem das Vermögen verwaltenden Pfleger oder Vormund in Betracht. Dagegen

entfällt § 1630, wenn der Streit nur die Person, zB die Berufswahl des vermögenslosen Kindes (RG 129, 22) – anders, wenn die Berufsausbildung mit Kindesvermögen bestritten werden soll, das ein Pfleger verwaltet – oder, was selten der Fall ist, lediglich dessen Vermögen oder die gesetzliche Vertretung betrifft, wie dies zB bei der Zustimmung zur Operation der Fall ist (KG JFG 16, 206). Kommt es zwischen Eltern und Pfleger ständig zum Streit, so wird das FamG erwägen, ob es nicht zweckmäßig den Pfleger austauscht oder ihm den Sorgebereich der Eltern mit überträgt.

b) Weil die Eltern die elterliche Sorge, soweit der Wirkungskreis des Pflegers nicht reicht, gemeinsam ausüben, **4** ergeben sich folgende **Möglichkeiten** einer **Meinungsverschiedenheit:**

aa) Die Ansichten beider Elternteile stimmen miteinander überein, sie weichen aber von der Ansicht des Pfle- **5** gers ab. Dann gibt das FamG dem einen oder anderen Teil recht, womit die „Zustimmung" desjenigen ersetzt, dessen Ansicht es sich nicht angeschlossen hat. Innerhalb eines strittigen Rahmens kann es selbständig eingreifen, zB die Höhe des Unterhaltszuschusses festsetzen. Denn anderenfalls würde es mit einem non liquet nur Steine statt Brot geben; gleicher Ansicht Pal/Diederichsen Rz 3; so schon bei § 1628, wo das FamG grundsätzlich keine eigene Entscheidungsbefugnis hat (§ 1628 Rz 8).

bb) Die Eltern sind nicht nur mit dem Pfleger, sondern auch untereinander uneins, so daß sich drei Ansichten **6** gegenüberstehen. Dann wird das angerufene FamG zunächst die zwischen den drei Beteiligten bestehende Meinungsverschiedenheit auf gütliche Weise zu beheben suchen und deshalb die Eltern und den Pfleger vorladen. Gelingt dies nicht, hält es aber die Ansicht eines Elternteils für richtig und sind die in Rz 3 aufgeführten Voraussetzungen gegeben, so wird es zunächst die Meinungsverschiedenheit zwischen den Eltern nach Maßgabe des § 1628 „entscheiden" und anschließend die Uneinigkeit mit dem Pfleger gemäß § 1630 II behandeln, andernfalls wird es der Ansicht des Pflegers recht geben (s dazu MüKo/Huber Rz 12; Staud/Peschel-Gutzeit Rz 27).

cc) Nur die Ansicht eines Elternteils weicht von der des Pflegers ab, während die des anderen mit der des Pfle- **7** gers übereinstimmt. Auch hier ist zunächst die Meinungsverschiedenheit zwischen den Eltern gemäß dem zu Rz 6 Gesagten zu beseitigen. Ist das FamG der Ansicht des Pflegers, so wird es dem Elternteil recht geben, der sich dem Pfleger angeschlossen hat, womit sich dann eine Entscheidung nach § 1630 erübrigt. Andernfalls muß es anschließend nach § 1630 verfahren.

c) Das zuständige FamG bestimmt § 64 FGG. Es handelt sich um ein dem **Richter** vorbehaltenes Geschäft **8** (§ 14 Nr 5 RPflG). Zur Anhörung der Eltern s § 50a FGG, des Kindes § 50b FGG, vor § 1626 Rz 8d. Eine unterbliebene Anhörung macht die Bestellung nicht nichtig (BGH ZIP 1991, 1489, 1490). Dasselbe gilt bei Bestellung einer Person zum Ergänzungspfleger, die demjenigen nachsteht, demgegenüber sie die Interessen des Pfleglings wahrnehmen soll (BGH aaO). Eine Anhörung des Jugendamts ist nicht vorgeschrieben, aber zweckmäßig, vgl §§ 49, 49a FGG. **Ersetzt** der Familienrichter die „Zustimmung", so kommt **§ 53 FGG** in Betracht (KG RJA 3, 221; BayObLG 1913, 474, Schleswig-Holsteinisches OLG SchlHA 1957, 31; Schlegelberger § 53 FGG Anm II 1h; Keidel § 53 FGG Anm 2a, Pal/Diederichsen Rz 6; aA KG RJA 10, 167; Jansen § 53 FGG Anm 1d; Staud/Engler § 1797 Rz 4b). Gemäß § 60 I Nr 6 FGG ist dann die **sofortige Beschwerde** gegeben. Lehnt der Familienrichter die Entscheidung **ab**, so ist die **einfache Beschwerde** gegeben (§§ 19ff FGG). § 58 II FGG gibt den Eltern und dem Pfleger ein Beschwerderecht. Ein weiteres Beschwerderecht gewährt § 57 I Nr 9 jedem, der ein berechtigtes Interesse hat, die strittige Angelegenheit wahrzunehmen. Das Kind hat ein Beschwerderecht nach Maßgabe des § 59 FGG. Für die Kostenentscheidung sind die §§ 93, 94 I Nr 5, III 2 KostO maßgeblich. Die Zahlungspflicht trifft den vom Gericht nach billigem Ermessen bestimmten Elternteil.

3. Abs III. a) Er wurde durch Art 1 Nr 5c des SorgeRG eingefügt und durch das KindRG geändert. Er soll **9** sicherstellen, daß das Kind, das sich auf Wunsch seiner Eltern in **Familienpflege** befindet, von der **Pflegeperson** ordnungsgemäß betreut werden kann (dazu ausführlich Baer FamRZ 1982, 221, 228ff). Alsdann soll auf Antrag der Eltern und jetzt auch der Pflegeperson – mit Zustimmung der Eltern – das FamG Angelegenheiten der elterlichen Sorge auf die Pflegeperson übertragen können, wodurch diese insoweit die **Rechte** und **Pflichten** eines **Pflegers** erhalten soll (so auch OVG Thüringen FamRZ 2002, 1725, 1726). Dadurch wird die tägliche Betreuung des Kindes ermöglicht, so zB wenn kurzfristig darüber zu entscheiden ist, ob ein Arzt herangezogen werden soll (OVG Thüringen FamRZ 2002, 1725: nicht erfaßt ist Antrag auf Eingliederungshilfe nach §§ 39, 40 BSHG). Hinsichtlich des übertragenen Aufgabenbereichs hat die Pflegeperson nach §§ 1915 I, 1793 die Stellung eines gesetzlichen Vertreters. Die Entscheidung steht allerdings im Ermessen des Gerichts, kann also mit Hinweis auf das in § 1697a erwähnte Kindeswohl abgelehnt (Belchaus Rz 10; MüKo/Huber Rz 24) und deshalb auch mit einer Befristung versehen werden (MüKo/Huber Rz 27). Das bedeutet allerdings nicht zugleich, daß der Übertragungsantrag jederzeit widerrufen werden kann (so jedoch Belchaus Rz 10; Gernhuber/Coester-Waltjen § 62 II 2; Gleiß/Suttner FamRZ 1982, 122, 123; MüKo/Huber Rz 29; Soergel/ Strätz Rz 9; ebenso zu § 1690 LG Berlin FamRZ 1973, 603f; aM Staud/Engler Rz 26). Auch hierbei kommt es ganz wesentlich auf das Kindeswohl (§ 1697a) an.

b) Der Begriff „**Familienpflege**" war dem § 27 I JWG entlehnt. Nunmehr stellt die Familienpflege eine Variante **10** der in § 33 SGB VIII geregelten „Vollzeitpflege" dar. Sie grenzt die Unterbringung des Kindes außerhalb seines Elternhauses von anderen Formen ab, insbesondere von der in einem Heim, einer Anstalt, in einem Internat oder bei einem Lehrherrn oder Arbeitgeber. Er **erfordert**, daß zu der oder den Personen, die das Kind betreuen, **familienähnliche Verhältnisse** und **Beziehungen** entstehen, die es ermöglichen, auf das Kind erzieherisch einzuwirken. Eine rein äußerliche Versorgung des Kindes reicht nicht aus; vgl Belchaus Rz 6. Zur **öffentlich-rechtlichen Seite** des Pflegekindverhältnisses s §§ 44ff SGB VIII. Die Pflegeperson bedarf der vorherigen Erlaubnis des Jugendamts. Die Pflegekinder unterstehen der Aufsicht des Jugendamts, die sich auf ihr leibliches, geistiges und seelisches Wohl erstreckt. Ein rein privatrechtliches Verständnis der Familienpflege fordert Windel FamRZ 1996, 713.

§ 1630 Familienrecht Verwandtschaft

11 c) Ein Bedürfnis für Maßnahmen des FamG wird danach erst hervortreten, wenn das Kind für **längere Zeit** in Familienpflege gegeben wird.

12 d) Welche Angelegenheiten der elterlichen Sorge auf die Pflegeperson übertragen werden können, sagt das Gesetz nicht. Daraus folgt, daß **grundsätzlich alle Sorgerechtssachen** auf Antrag der Eltern bzw Pflegeperson mit Zustimmung der Eltern **übertragen** werden können. Allerdings wird das FamG den Anträgen nur insoweit entsprechen, als dies im Interesse des Kindeswohls erforderlich erscheint. Denn nach Art 6 II GG ist die Pflege und Erziehung der Kinder „die zuvörderst ihnen obliegende Pflicht" und aus dieser Verantwortung sollten die Eltern nicht ohne Notwendigkeit entlassen werden; vgl Belchaus Rz 8. Mit dem Hinweis, Pflegeverhältnisse seien auf Beendigung angelegt und eine „kleine Adoption" müsse verhindert werden, wird eine vollständige Sorgeübertragung für unzulässig gehalten (Windel FamRZ 1997, 713, 722 mwN). Eine Einschränkung folgt nunmehr aus § 38 I SGB VIII. Diese Vorschrift eröffnet die Möglichkeit, daß die Pflegeperson den Personensorgeberechtigten in Teilbereichen der Ausübung der elterlichen Sorge jedenfalls dann vertreten kann, wenn der Personensorgeberechtigte nicht etwas anderes erklärt oder ausnahmsweise eine entgegenstehende Willensäußerung unwirksam ist (OVG Thüringen FamRZ 2002, 1725, 1726). Dann aber dürfte das Rechtsschutzbedürfnis für eine gerichtliche Entscheidung hinsichtlich der Übertragung von Teilen der elterlichen Sorge insoweit fehlen, als die Angelegenheit in § 38 I SGB VIII genannt ist.

Die Sorgerechtsübertragung ist in gleicher Weise auf Antrag der Eltern rückgängig zu machen. Das gilt grundsätzlich auch für einen Antrag der Pflegeeltern. Dem Kind bringt das Festhalten an einer von den Pflegeeltern nicht gewollten Regelung mehr Schaden als Nutzen (MüKo/Huber Rz 29). Eine Aufhebung des Pflegeverhältnisses insgesamt (so Windel FamRZ 1997, 713, 722) kann im Einzelfall aber durchaus sachgerechter sein, insbesondere wenn das Kind bereits zu den Eltern zurückgeführt werden kann.

13 e) Die Übertragung von Angelegenheiten der elterlichen Sorge auf die Pflegeperson setzt einen **Antrag** der **Eltern** bzw Pflegeperson voraus. Das nach § 64 FGG zuständige FamG entscheidet durch den Richter (§ 14 I Nr 6a RPflG). Gemäß § 49 I Nr 3 ist nun auch die **Anhörung** des Jugendamtes vorgeschrieben. Gemäß § 49 III FGG ist dem Jugendamt die Entscheidung bekanntzugeben. Ergänzend ist auf §§ 36, 37 SGB VIII hinzuweisen, der ua eine Zusammenarbeit zwischen leiblichen Eltern und Pflegepersonen unter beratender und unterstützender Mitwirkung des Jugendamtes vorsieht und damit einer Beseitigung von Konfliktstoff dienen soll. Es erscheint damit fraglich, ob das VormG bereits dann schlichtend tätig werden sollte, wenn der „Verhandlungsweg" noch nicht erschöpft ist und eine Verhandlungsbereitschaft besteht. Die Kostenentscheidung richtet sich nach §§ 93, 94 I Nr 4, 131 III KostO. Zahlungspflichtig ist der nach billigem Ermessen bestimmte Elternteil (§ 94 III S 2 KostO). Etwaige **Meinungsverschiedenheiten** zwischen den **Eltern** und der **Pflegeperson** schlichtet gemäß Abs II der Richter. Denn die Pflegeperson hat die Rechte und Pflichten eines Pflegers.

§ 1631 Inhalt und Grenzen der Personensorge

(1) Die Personensorge umfasst insbesondere die Pflicht und das Recht, das Kind zu pflegen, zu erziehen, zu beaufsichtigen und seinen Aufenthalt zu bestimmen.
(2) Kinder haben ein Recht auf gewaltfreie Erziehung. Körperliche Bestrafungen, seelische Verletzungen und andere entwürdigende Maßnahmen sind unzulässig.
(3) Das Familiengericht hat die Eltern auf Antrag bei der Ausübung der Personensorge in geeigneten Fällen zu unterstützen.

1 1. Inhalt des Personensorgerechts. a) Allgemeines. Diese Vorschrift behandelt als einen Teil der Personensorge **die Pflicht und das Recht der Eltern, das Kind zu pflegen, zu erziehen** (Rz 2–10), **zu beaufsichtigen** (Rz 11–12) und seinen Aufenthalt zu bestimmen (Rz 13–14). Zur Einordnung dieser Pflichten und Rechte in das Gesamtgefüge der elterlichen Sorge und zum Inhalt der Personensorge s § 1626 Rz 16.
Ebenso wie in § 1626 I nF werden auch in § 1631 I durch das KindRG die Pflichten vor die Rechte gestellt. Zu beachten ist jedoch, daß die Sorge für die Person eines Minderjährigen (Sohn oder Tochter), der verheiratet ist oder war, sich auf die Vertretung in den persönlichen Angelegenheiten beschränkt, vgl § 1633.

2 b) Auch insoweit steht die elterliche Sorge den Eltern **gemeinsam** zu. Die **Aufgabenteilung** wird hier hinsichtlich der Pflege, Erziehung und Beaufsichtigung häufig vorkommen. Dazu s § 1627 Rz 4–7. Sie enthebt die Eltern aber nicht der Pflicht, sich wechselseitig zu überwachen, vgl Gernhuber FamRZ 1962, 95, noch der eigenen Verantwortung, s § 1664 Rz 1. Sie ist wegen des Pflichtcharakters der elterlichen Sorge aus begründetem Anlaß widerruflich. Steht einem Elternteil das Personensorgerecht allein zu, besteht Anspruch auf Unterstützung durch das Jugendamt nach § 18 I SGB VIII, der § 51 I JWG ersetzt und auf Unterhalts- und Unterhaltsersatzansprüche ausgedehnt wurde.

3 c) Die Ausübung des Erziehungs- und Aufsichtsrechts können die Eltern jederzeit widerruflich **auf Dritte**, zB auf Pflegestelle, Heim, Internat, **übertragen**; dazu s § 1626 Rz 11. Zur Haftung der Eltern für diese s § 1664.

4 2. a) Sein Verhältnis zur Staatsgewalt; Einschränkung durch die Schulpflicht. Art 6 II GG lautet: „Pflege und Erziehung sind das natürliche Recht der Eltern und die zuvörderst ihnen obliegende Pflicht." Dazu, insbesondere zum **Grundsatz der Subsidiarität**, s vor § 1626 Rz 10 und § 1626 Rz 1, 2. Art 6 II GG gibt den Eltern nicht nur ein **Abwehrrecht** gegen unzulässige Eingriffe des Staats, darüber hinaus ermöglicht er es ihnen, die **Lebensrichtung** ihrer Kinder zu bestimmen und sich hierbei dem **Staat** gegenüber zu **behaupten** (BVerwG NJW 1958, 232). Zusätzlich bestimmt **§ 1 I SGB III:** „Jeder junge Mensch hat ein Recht auf Förderung seiner Entwicklung und auf Erziehung zu einer eigenverantwortlichen und gemeinschaftsfähigen Persönlichkeit." Dieser Anspruch richtet sich in erster Linie gegen die Eltern; vgl § 1 II SGB VIII: „Pflege und Erziehung der Kinder sind das natürliche Recht der Eltern und die zuvörderst ihnen obliegende Pflicht. Über ihre Betätigung wacht die staatliche Gemeinschaft." Dabei kommt der Gesichtspunkt des staatlichen Wächteramtes im SGB VIII nicht mehr als Eingriffstatbestand, sondern nur mehr als präventiv über die Familie den Jugendlichen erreichende Hilfe auf freiwilliger Basis vor. Ansatzpunkt für Hilfen gegen den Willen der Eltern und eventuell des Betroffenen ist allein § 1666 BGB oder das JGG. Die Erziehungshilfe „Heimunterbringung" nach § 34 SGB VIII ist nicht mit einem hoheitlichen Eingriff verbunden (BT-Drucks 11/5948, 44, 66).

Eingeschränkt wird das elterliche Erziehungsrecht durch die allgemeine **Schulpflicht**. Doch gewährleistet 5 Art 7 IV 1 GG die Errichtung privater Schulen, unter bestimmten Voraussetzungen auch als Ersatz für öffentliche Schulen. Den Eltern ist nicht verwehrt, ihre Kinder nach ihrem Ermessen in eine staatlich genehmigte Privatschule zu schicken (BVerfG 4, 52; BGH NJW 1983, 392).

b) Das **Pflege-, Erziehungs- und Aufsichtsrecht** ist als Teil des Personensorgerechts ein **sonstiges Recht** im 6 Sinne des § 823 I und durch § 235 I StGB geschützt (Schutz der unter 16 Jahre alten Kinder bei Verletzung der Fürsorge- und Erziehungspflicht durch § 171 StGB).

c) Entsprechend Art 6 II GG führt nunmehr Abs I die Pflege als Bestandteil der Personensorge auf. In der 7 **Pflege** und **Erziehung** offenbart sich das Bemühen der Eltern um das geistige, seelische, sittliche und körperliche Wohl des Kindes mit dem Ziel, es zur Mündigkeit hinzuführen und auf die Zeit vorzubereiten, da es als Erwachsener sein Leben selbstverantwortlich zu gestalten und zu bewältigen und dabei seine Persönlichkeit zu entfalten und zu verwirklichen hat. Unter Pflege im besonderen ist die allgemeine Sorge für die Person des Kindes, für sein körperliches, geistiges und seelisches Wohlergehen, das Abschirmen gegenüber ungünstigen Einflüssen und Eindrücken zu verstehen (zur religiösen Erziehung s Rz 17ff). Erziehung ist ein bedeutender Teil des Sozialisierungsprozesses mit dem Ziel der Einbindung des Heranwachsenden in ein bestehendes Sozialgefüge. Dies wird sowohl durch die Weitergabe sozialer und ethischer Wertvorstellungen gewährleistet als auch durch Motivation aufgrund eigener Erfahrung und Einsicht des Kindes zur Selbstverwirklichung in der menschlichen Gemeinschaft. Unter die Erziehung fällt auch die Wahl der Schule und sonstigen Ausbildungsstätte, des Berufs und die Vorbereitung für diesen; vgl BayObLG NJW 1962, 2204; KG OLG 24, 23; Nürnberg FamRZ 1959, 71. Melden die Eltern das Kind ohne die dafür zu fordernde besonnene Abwägung entgegen dessen Wunsch von der höheren Schule ab, um es in das Berufsleben eintreten zu lassen, so üben sie ihr Sorgerecht mißbräuchlich iSd § 1666 aus (Karlsruhe FamRZ 1974, 661f; zust Münder JuS 1976, 74, 76; and noch Schleswig SchlHA 1957, 280f; das willkürliches, böswilliges oder doch zumindest unverständliches Handeln der Personensorgeberechtigten verlangte). Nunmehr enthält der durch das SorgeRG eingefügte § 1631a eine ins einzelne gehende, einschlägige Vorschrift. Auf die Bemerkungen hierzu wird verwiesen.

d) Abs II des § 1631 gestattete es früher dem Vater ausdrücklich, kraft des Erziehungsrechts angemessene 8 **Zuchtmittel** anzuwenden. Dieser Satz ist längst gestrichen, jedoch steht das Recht, Erziehungsmittel einzusetzen, nach wie vor jedem Elternteil und nicht nur beiden gemeinsam zu. Ohne sie ist die Erziehung des Kindes zu sozialem Verhalten nicht möglich. Als **Erziehungsmittel** kamen vor der durch das Gesetz zur Achtung der Gewalt in der Erziehung und zur Änderung des Kindesunterhaltsrechts v 2. 11. 2000 (BGBl I 1479) noch in Betracht: Ermahnungen, Verweise, Entzug von Vergünstigungen, Ausgehverbot, Taschengeldentzug. Die Anwendung unmittelbarer Gewalt, wie das Einschließen („Stubenarrest") und die körperliche Züchtigung (dazu Kunz ZfJ 1990, 52ff) stellten dagegen grundsätzlich per se schon entwürdigende Erziehungsmaßnahmen dar, soweit es nicht nur um den Klaps auf die Hand ging. Als entwürdigende Erziehungsmaßnahmen nach § 1631 II aF insbesondere körperliche und seelische Mißhandlungen angesehen, während Kinder nach § 1631 II S 1 nF ein **Recht auf gewaltfreie Erziehung** haben (Löhnig/Sachs, Zivilrechtlicher Gewaltschutz, 2002, Rz 6f, 11). Nach dessen diesen Grundsatz konkretisierenden S 2 sind körperliche Bestrafungen, seelische Verletzungen und andere entwürdigende Maßnahmen unzulässig. Diese sich an der aF orientierende Regelung führt auf gradueller Ebene zu einigen Änderungen. Während bislang nämlich nur **Mißhandlungen** verboten waren, genügen jetzt bereits körperliche Bestrafungen und seelische Verletzungen für die Annahme einer verbotenen Demütigung des Kindes, so daß nunmehr endgültig feststeht, daß den Eltern und damit erst Recht Dritten **kein Recht zur körperlichen Züchtigung** eines Kindes zusteht (Löhnig/Sachs aaO Rz 8). Das Recht auf gewaltfreie Erziehung ist allerdings **kein einklagbares Recht**, sondern bezweckt, wie § 1631 II aF, eine Einwirkung auf die Bewußtseinsbildung der Eltern und führt deshalb im Falle einer Verletzung auch zu keinen geänderten Sanktionen (ausführlich dazu MüKo/Huber Rz 30ff; Löhnig/Sachs aaO Rz 12: mit Darstellung der Gegenauffassung).

e) Bei allen Erziehungsmaßnahmen müssen die **Eltern** bedenken, daß sie **Sachwalter des Persönlichkeits-** 9 **rechts** ihres **Kindes** sind (s § 1626 Rz 3; ähnlich auch Löhnig/Sachs aaO Rz 11) und der sich steigernden Reife ihres heranwachsenden Kindes Rechnung tragen müssen. Während der Gesetzgeber mit § 1631 II aF noch nicht den Versuch unternommen hatte, jegliche **körperliche Züchtigung** des Kindes durch die Eltern zu verbieten oder als Körperverletzung zu bezeichnen, ist es nach der Neufassung des Abs II fraglich, ob nunmehr nicht auch leichtere Formen der körperlichen Einwirkung, wie etwa der Klaps auf das Gesäß oder das feste Zugreifen am Oberarm, verbotene körperliche Einwirkungen sind (s dazu MüKo/Huber Rz 23f; dafür Löhnig/Sachs aaO Rz 8). Dies kann jedoch nicht per se bejaht bzw verneint werden, da eine körperliche Einwirkung nur dann verboten ist, wenn sie eine körperliche Bestrafung darstellt und damit als Sanktion für ein Fehlverhalten des Kindes vorgenommen wird. Eine körperliche Einwirkung ist damit zulässig, wenn sie als Mittel der Abwendung einer Gefahr vom Kind eingesetzt wird. Da dieser Aspekt der Zweckrichtung auf seelische Verletzungen nicht übertragbar ist, sind diese stets verboten (s dazu MüKo/Huber Rz 25; Huber/Scherer FamRZ 2001, 797, 799). Wenn der mögliche Verletzungserfolg durch eine solche Maßnahme, wie das Bloßstellen vor Freunden oder eine extrem abweisende Haltung (Löhnig/Sachs aaO Rz 9), deshalb nicht eintritt, weil das Kind von der elterlichen Maßnahme nichts erfahren hat

§ 1631 Familienrecht Verwandtschaft

oder es sich insoweit als unsensibel erweist, ist zwar der Tatbestand der seelischen Verletzung mangels eines eingetretenen Verletzungserfolges nicht erfüllt, es handelt sich dann aber grundsätzlich um eine „andere entwürdigende Maßnahme" iSd § 1631 II.

10 f) Die Eltern können ihre Anordnungen und Maßnahmen nicht im Weg einer Klage gegen das Kind durchsetzen, sie können den geleisteten Widerstand nur mit Gewalt, uU durch Einsetzen **staatlicher Machtmittel**, wie Jugendamt, Polizei, FamG brechen. Beispiel: Rückholung des entlaufenen Kindes.

11 3. Die **Beaufsichtigung** soll das **Kind vor Gefährdung und Schäden bewahren.** Die Eltern haften dem Kind gegenüber auf Erfüllung und wegen Verletzung dieser Pflicht gemäß § 1664 auf **Schadensersatz**, siehe Bemerkung zu § 1664. Die Pflichtwidrigkeit kann zB darin bestehen, daß sie dem Kind ein gefährliches Spielzeug schenken oder damit umgehen lassen (RG JW 1917, 850; BGH FamRZ 1958, 274 – Gummischleuder; 1966, 228 – Wurfpfeil), es mit gefährlicher Maschine umgehen lassen, Waffen, Sprengstoff, Zündhölzer (BayObLG NJW 1975, 2020), Medikamente, Gift und dergleichen nicht sicher verwahren, ein kleines Kind unbeaufsichtigt auf die Straße lassen (Düsseldorf ZFE 2002, 385: für den Fall einer Fahrradtour auf „Wirtschaftswegen", bei der das Kind außer Sicht gerät) oder nicht über Art und Umstände einer Aids-Infizierung aufklären (Tiedemann NJW 1988, 729, 734). Die Pflichtwidrigkeit kann jedoch gleichzeitig auch den Tatbestand einer **unerlaubten Handlung** erfüllen. Aus dem **Aufsichtsrecht** folgt an sich auch die Befugnis der Eltern, den **Umgang des Kindes** mit anderen zu **überwachen** und einen **schädlichen** Umgang ggf durch eine deliktsrechtliche Unterlassungsklage (§§ 823 I, 1004) zu **unterbinden** (BayObLG NJW 1962, 2204; Hamm FamRZ 1974, 136; Schlüter FamR Rz 352). Das galt auch schon bisher ohne ausdrückliche Vorschrift. Das PersSG hat dies nunmehr in Abs II des § 1632 gesetzlich geregelt. S dazu § 1632 Rz 19ff.

12 Die **Beaufsichtigung** soll aber auch **verhüten, daß das Kind Dritte schädigt.** Insoweit ist die **Haftung der Eltern** aus § 832 die notwendige Folge. Vater und Mutter sind in gleicher Weise zur Beaufsichtigung ihres minderjährigen Kindes verpflichtet (BGH FamRZ 1962, 116). Insbesondere müssen sich die Eltern weitgehend darum kümmern, wie das Kind seine Freizeit gestaltet (BGH FamRZ 1958, 274). Das **Maß** der **Aufsicht** richtet sich danach, was nach Alter, Eigenart, Geisteszustand und Charakter des Minderjährigen sowie den von ihm ausgehenden Gefahren zum Schutz Dritter gegen eine Schädigung erforderlich ist und den Aufsichtspflichtigen nach ihren Verhältnissen zugemutet werden kann (BGH FamRZ 1965, 75; 1964, 84). Ein Kind, das besonders bösartig ist, zu üblen Streichen neigt (BGH VersR 1960, 355) und erhebliche charakterliche Mängel aufweist oder geistesgestört ist, muß beim Spiel außerhalb der Wohnung so beaufsichtigt werden, daß jederzeitiges Eingreifen möglich ist (Köln JMBl NRW 1962, 58). An den Entlastungsbeweis sind strenge Anforderungen zu stellen. Von den Eltern eines sieben Jahre alten Kindes kann jedoch nicht verlangt werden, das Verbot des psychischen Beistandsleistens beim gefährlichen Spiel anderer (Feuer) zu vermitteln (BGH FamRZ 1990, 1214f). Bei älteren Kindern hängt der Umfang der Aufsichtspflicht von dem Ausmaß der bisherigen Erziehungsbemühungen ab (Celle NJW 1966, 302). Bei **straffällig** gewordenen Jugendlichen erstreckt sich die Aufsicht insbesondere auf die Freizeitgestaltung und darauf, mit wem und wo er verkehrt (BGH NJW 1980, 1044). Einem fast 18jährigen kann aber nicht generell verboten werden, in seiner Freizeit Gaststätten oder Partys zu besuchen (Karlsruhe VersR 1975, 430), selbst wenn er wiederholt andere Gäste niedergeschlagen hat (BGH aaO). Vgl auch BGH VersR 1961, 599 (Schadensersatzpflicht des Vaters für einen Unfall, den sein 13jähriger Sohn durch Fußballspiel auf der Straße verursacht hat); BGH FamRZ 1962, 116 (Schadensersatzpflicht der Eltern für Körperverletzung, die der fast 21jährige Sohn durch Gewehrschuß zugefügt hat); zur Aufsichtspflicht der Eltern bei Schußwaffenbesitz des Kindes s auch Nürnberg FamRZ 1963, 367; BGH FamRZ 1965, 75 (Schadensersatzpflicht der Mutter für Augenverletzung, die sechs Jahre alter Sohn durch Werfen von Kalk einem anderen Kind zufügte); überlassen Eltern ihrem minderjährigen Sohn ein Kleinkraftrad, so müssen sie seine Fahrweise von Zeit zu Zeit unbemerkt überwachen oder überwachen lassen (BGH LM Nr 2 zu § 832); s ferner OHG MDR 1950, 24. Düsseldorf FamRZ 1980, 181 (Haftung für ein zweijähriges Kind bejaht, das auf dem Fußboden eines Verkaufsraumes unter Aufsicht des Elternteils spielt, der die darüber stolpernde Verkäuferin nicht gewarnt hat). Düsseldorf ZFE 2002, 385 (Haftung aus § 832 für 5-jähriges, bei Fahrradtour auf Wirtschaftswegen vorausfahrendes Kind, das außer Sicht gerät und mit anderem Fahrradfahrer kollidiert).

13 4. a) Das **Recht** und die **Pflicht**, den **Aufenthalt des Kindes zu bestimmen**, stehen grundsätzlich beiden Elternteilen zu. Obliegt die elterliche Sorge nur einem Elternteil, dazu s § 1626 Rz 7, 8, so übt nur dieser sie aus. Eine Abspaltung zugunsten des nicht sorgeberechtigten Teils ist unzulässig (Zweibrücken FamRZ 1983, 1055). Hierunter fällt zB die Auswahl der Wohnung, des Wohnorts, des Internats (zum Fortbestand des bisherigen **Wohnsitzes** Oldenburg FamRZ 1996, 235) des Krankenhauses. Für den Wohnsitz des Kindes ist § 11 maßgeblich. Danach teilt das Kind den Wohnsitz der Eltern (zur Begründung eines Wohnsitzes bei Pflegeeltern s BayObLG FamRZ 1994, 1130); haben die Eltern, ohne getrennt zu sein, nicht denselben Wohnsitz, so teilt das Kind den Wohnsitz eines jeden Elternteils, hat also zwei Wohnsitze. Dadurch, daß das FamG einem Elternteil gemäß §§ 1672, 1671 die alleinige Ausübung der elterlichen Sorge zuspricht, wird dessen Wohnsitz auch der **alleinige Wohnsitz** des Kindes (§ 11 Rz 3; BayObLG FamRZ 1961, 381; Soergel/Fahse § 11 Rz 7; auch BGH NJW-RR 1992, 1154 im Falle der Übertragung des Selbstbestimmungsrechts durch einstweilige Anordnung). Haben die Eltern nicht denselben Wohnsitz, weil sie sich getrennt haben, und hat das FamG eine Entscheidung nach §§ 1672, 1671 noch nicht getroffen, so werden verschiedene Ansichten vertreten.

14 b) Der BGH (BGH 48, 228 = FamRZ 1967, 606) hat auf Vorlagebeschluß des OLG Düsseldorf FamRZ 1967, 492 dahin entschieden: Ein **Kind**, dessen **gemeinsam sorgeberechtigte Eltern** unabhängig voneinander den bisherigen gemeinschaftlichen Wohnsitz aufgeben und **getrennte** Wohnungen begründen, hat einen von beiden Eltern abgeleiteten **Doppelwohnsitz**. So für das eheliche Kind nach Scheidung, aber ohne Sorgeübertragung (nach alter

Rechtslage) auch BayObLG 1969, 299; FamRZ 1971, 192; Hamm FamRZ 1969, 105; Karlsruhe FamRZ 1969, 161; BGH NJW-RR 1990, 1282, 1992, 258; 578, 579; FamRZ 1993, 48f. Zur Wohnsitzbegründung beim Aufenthalt in einem **Frauenhaus** s BGH NJW-RR 1992, 4, NJW 1995, 1224f; Karlsruhe FamRZ 1995, 1210; Nürnberg FamRZ 1994, 1104f. In seiner kritischen Anm zum BGH-Beschluß (BGH 48, 228) vertritt Beitzke FamRZ 1969, 609 zutreffend die Ansicht, daß nach dem sachlichen Gehalt der Entscheidung bei gesamtvertretungsberechtigten Elternteilen der Doppelwohnsitz des Kindes auch noch für folgende Fälle in Betracht kommt: a) wenn nur **ein** Ehegatte den **gemeinschaftlichen** Wohnsitz **aufgibt** und einen **neuen** begründet, so auch Karlsruhe FamRZ 1968, 94; BGH NJW-RR 1992, 258; 579; b) wenn die Eheleute **nie** einen **gemeinsamen** ehelichen Wohnsitz hatten; für den Fall, daß die Eltern bereits bei der Geburt des Kindes keinen gemeinschaftlichen Wohnsitz mehr hatten, gleicher Ansicht Johannsen in seiner Anm zum BGH-Beschluß LM Nr 3 zu § 11 BGB, ferner schon früher Nürnberg FamRZ 1961, 450; KG NJW 1964, 1578; aA KG NJW 1967, 1088: Kind hat keinen abgeleiteten Wohnsitz. Zum Ableitungsgrundsatz siehe Johannsen aaO; c) wenn die Eheleute **getrennt** leben, ohne geschieden zu sein.

c) Das **natürliche**, durch die **Verfassung** (Art 6 II S 1 GG) **garantierte Recht** der **Eltern**, den **Aufenthalt** des **15** minderjährigen Kindes **zu bestimmen**, darf durch die staatliche Gewalt erst beschränkt werden, wenn die Eltern dieses Recht nicht zum Wohl des Kindes, sondern **mißbräuchlich** iS des § 1666 ausüben (Neustadt FamRZ 1964, 575; Pal/Diederichsen Rz 8). Dies zu entscheiden, ist Sache des FamG. Daß dann das FamG eine nach § 1631 III erbetene, auf **Rückführung** des Kindes in das Elternhaus gerichtete Unterstützung versagen muß, liegt auf der Hand. Fraglich ist jedoch, ob das FamG ein Hilfeersuchen nur in diesem Fall ablehnen darf, so Neustadt aaO; KGJ 47, 35. Bei der Prüfung, ob den Eltern Hilfe zu gewähren ist, hat sich aber das FamG ausschließlich davon leiten zu lassen, ob die von den Eltern beabsichtigte und mittels der FamG durchzuführende Maßnahme dem **Wohl des Kindes** dient (BayObLG 1928, 87; KG JFG 19, 50; KG FamRZ 1965, 390; Staud/Peschel-Gutzeit Rz 95; Soergel/Strätz Rz 26). Hiernach genügt, um staatliche Hilfe in Anspruch zu nehmen, nicht, daß den Eltern das Erziehungsrecht zusteht und daß die von ihnen beabsichtigte Maßnahme sich nicht als Mißbrauch des Sorgerechts iS des § 1666 darstellt. Vielmehr muß sich das FamG, ehe es den Eltern den staatlichen Arm leiht, davon überzeugen, daß die von ihm zu unterstützende Maßnahme dem Wohl des Kindes entspricht. Ist das nicht der Fall, und lehnt es deshalb seine Mitwirkung ab, so liegt darin noch keine unzulässige Beschränkung des Elternrechts. Ist aber dem elterlichen Verlangen stattzugeben, so steht die zwangsweise Rückführung des Kindes, ohne Rücksicht auf dessen Alter, nicht im Widerspruch zur Freiheitsgarantie des Art 104 II GG; vgl auch LG Bad Kreuznach Rpfleger 1965, 57.

5. Unterstützende Maßnahmen des VormG. a) Nach Abs III hat das FamG die Eltern (nicht Stiefeltern, **16** Hamm JMBl NW 1961, 111) auf ihren Antrag oder auf den eines Elternteils nicht nur wie bisher bei der Erziehung, sondern schlechthin bei der Ausübung der elterlichen Sorge zu unterstützen, und zwar nicht wie früher durch „geeignete Maßregeln", sondern „in geeigneten Fällen". Das FamG muß jedoch, bevor es Hilfe leistet, prüfen, ob die von den Eltern beabsichtigte Erziehungsmaßnahme dem **Kindeswohl** dienlich ist (KG FamRZ 1965, 390; ist das nicht der Fall, so hat es seine Unterstützung zu versagen und nicht erst, wenn ein Mißbrauch iS des § 1666 vorliegt, wie Neustadt FamRZ 1964, 575 meint. Das FamG darf nicht über den Antrag, der jederzeit zurückgenommen werden kann, hinausgehen (Schnitzerling FamRZ 1957, 291; Soergel/Strätz Rz 26). In Betracht kommen: Vorladungen, Ermahnungen, Überwachung; Rückführung des Kindes in das Elternhaus oder Verbleib bei einer Pflegemutter, der das Jugendamt keine Pflegeerlaubnis erteilt hat (LG Berlin FamRZ 1985, 1075), nicht dagegen die Einsperrung (BayObLG MDR 1952, 240). Derlei Maßnahmen sind von der gemäß §§ 1666, 1666a zulässigen Unterbringung in einem Erziehungsheim, dazu s § 1666 Rz 20 zu unterscheiden. Unterstützende Maßnahmen des FamG kommen auch Ausländern zugute, die sich im Inland aufhalten, wenn deren Heimatrecht dies erlaubt (KG JFG 19, 50). Das FamG kann das Jugendamt anders als noch nach § 48c JWG nicht mehr mit der Ausführung der Anordnungen nach § 1631 III betrauen; vgl dazu Karlsruhe FamRZ 1991, 969f und BT-Drucks 11/5948, 86. Der bewußte Verzicht resultiert daraus, daß das Jugendamt andernfalls als Gehilfe des Gerichts und nicht als unbefangene Behörde erschiene. § 1631b macht die Unterbringung in einer geschlossenen Anstalt von einer Genehmigung abhängig. S dazu § 1631b nebst Bemerkungen.

b) Verfahren. Die örtliche Zuständigkeit des FamG richtet sich nach § 64 FGG; es entscheidet der Rechtspfle- **16a** ger (§ 3 Nr 2 lit a RpflG). Die Eltern sind nach § 50a FGG, das Kind nach § 50b FGG anzuhören. Ebenfalls zwingend ist nunmehr das Jugendamt anzuhören (§ 49 I Nr 4 FGG). Die Entscheidung ist ihm nach § 49 III FGG bekanntzugeben. Gegen die Entscheidung steht den Eltern gemäß §§ 19, 20 FGG die einfache Beschwerde zu. Die Beschwerdeberechtigung des über 14 Jahre alten Kindes folgt aus § 59 FGG. Die Kostenentscheidung richtet sich nach den §§ 95 I Nr 2, I S 2, 92 I S 1 KostO. Kostenschuldner ist nicht das Kind, sondern der Antragsteller (LG Lübeck JR 1974, 330).

6. Religiöse Erziehung des Kindes. a) Zum Personensorgerecht gehört auch die religiöse Erziehung des Kin- **17** des. Sie ist durch das **Gesetz über die religiöse Kindererziehung** v 15. 7. 1921 (RGBl 939, 1263, Textabdruck Rz 25) geregelt, das als Bundesrecht weitergilt; Bedenken hiergegen äußert zu Unrecht BVerwG NJW 1963, 1171. Sie **beginnt** bei christlichen Bekenntnissen mit der Taufe und endet mit der Volljährigkeit, ferner mit der Heirat, vgl §§ 2, 3 RKEG; § 1633 BGB; KG JFG 7, 90.

b) Das Gesetz, das als Bundesrecht weitergilt (offen gelassen BVerwG NJW 1963, 1117), gewährt dem Kind **18** ein gewisses **stufenweises Selbstbestimmungsrecht** (Religionsmündigkeit): Vom zehnten Lebensjahr an ist es zu hören (§§ 2 III S 5, 3 II S 5); vom 12. Lebensjahr an darf es gegen seinen Willen nicht in einem anderen Bekenntnis als bisher erzogen werden (§ 5 S 2); ist es 14 Jahre alt, so kann es sein Bekenntnis frei bestimmen (§ 5 S 1). Dann kann es auch über seine Teilnahme am Religionsunterricht frei befinden (s dazu Fuchs ZfJ 1989, 224ff). Art 7 II GG steht dem nicht entgegen. Soweit Landesrecht diese Frage anders regelt, zB Art 137 I BayVerf, ist dies

§ 1631 Familienrecht Verwandtschaft

mit der im RKEG festgelegten, durch Art 4 GG garantierten Bekenntnisfreiheit des Kindes nicht vereinbar. Vgl Gernhuber/Coester-Waltjen § 62 II 1; BGH 21, 340; Henrich § 18 V 2; aA Doelle § 93 VIII 4: Eltern bestimmen bis zur Volljährigkeit, soweit nicht das Landesrecht ein anderes bestimmt, Hofmann FamRZ 1965, 65, der sogar entgegenstehendes Landesrecht wegen Art 7 II GG für verfassungswidrig hält.

19 c) Im übrigen entscheidet die **freie Einigung der Eltern**, wenn und solange sie sorgeberechtigt sind (§ 1 RKEG). Die §§ 1, 4 RKEG hält Heussner FamRZ 1960, 9, 201 für verfassungswidrig. Hinsichtlich des § 4 gleicher Ansicht Hofmann FamRZ 1965, 64. Gegen beide mit Recht Gernhuber/Coester-Waltjen § 62 II 2 Fn 9. Die Einigung ist ein **Rechtsgeschäft**, das den allgemeinen Vorschriften über Willensmängel unterliegt. Daher ist sie ausgeschlossen, wenn ein Elternteil geschäftsunfähig ist, seine elterliche Sorge gem § 1674 ruht oder sie ihm gem § 1666 entzogen worden ist. Dagegen ist eine Einigung mit einem Ehegatten möglich, auf den § 1673 II zutrifft, weil diesem insoweit das Personensorgerecht erhalten bleibt. Sie ist – mit der Einschränkung des § 2 II RKEG – frei widerruflich (§ 1 RKEG) und erzeugt nur eine unvollkommene familienrechtliche Verbindlichkeit (§ 4 RKEG), was aber nicht ausschließt, daß der Bruch einer Vereinbarung im Einzelfall Anlaß für ein Scheidungs- oder Eheaufhebungsverfahren geben kann. Die Eltern können sich vor der Heirat, vor der Geburt des Kindes oder nachher einigen. Hierbei genügt, wenn ein Ehegatte der ihm bekannten Maßnahmen der anderen duldet.

20 d) Wird die **Ehe** durch den Tod eines Ehegatten **aufgelöst**, so kann der Überlebende das Bekenntnis des Kindes mit den aus Rz 17ff ersichtlichen Einschränkungen frei bestimmen. Wird die Ehe durch Urteil aufgelöst, so erhält der nach familiengerichtlicher Bestimmung gemäß § 1671 allein Sorgeberechtigte im Rahmen des oben Gesagten freie Hand; § 2 II RKEG entfällt dann, weil die Ehe nicht mehr besteht. Das FamG kann lediglich gemäß § 1666 eingreifen. Das Grundrecht des das Sorgerecht allein ausübenden Elternteils auf religiöse Erziehung des Kindes (Art 6 GG, § 2 I RKEG) darf der andere Elternteil bei der Ausübung seiner Befugnis, mit dem Kind persönlich zu verkehren (§ 1684 jedenfalls bevor das Kind 14 Jahre alt ist – durch eine abweichende religiöse Beeinflussung des Kindes nicht antasten; auf Art 4 GG kann er sich nicht berufen (BayObLG FamRZ 1961, 381).

21 e) Besteht eine Einigung **nicht oder nicht mehr** und hatten die Eltern beim Eheschluß **kein gemeinsames Bekenntnis**, so müssen nunmehr die Eltern eine Einigung gemäß § 1627 versuchen. Gelingt ihnen das nicht, so überträgt das FamG auf Antrag eines Elternteils die Entscheidung einem Elternteil (§ 1628 I 1). Es gilt das in § 1628 Rz 17ff Gesagte Staud/Salgo, § 2 RKEG Rz 2, 7f, 10, 16; vgl auch BVerfG 10, 85. Demgegenüber hält LG Mannheim FamRZ 1966, 517 eine Entscheidung des FamG nur unter dem Gesichtspunkt für zulässig, ob das Verhalten eines Ehegatten objektiv mißbräuchlich ist oder eine objektive Verletzung des Kindeswohls darstellt; aA Bosch FamRZ 1959, 411 und Heußner FamRZ 1960, 10, die diesen Fall für „injustitiabel" ansehen möchten; dann müßte das Kind religionslos oder nicht zulassen will, daß der rigorosere Ehegatte seinen Willen gegen den des anderen durchsetzt. Bedarf es einer Entscheidung des FamG, so ist diese möglichst bald, bei christlichen Bekenntnissen also bereits aus Anlaß der Taufe, herbeizuführen und nicht erst, wie Glässing FamRZ 1962, 350 meint, bis zur Entscheidung über die Teilnahme am Religionsunterricht hinauszuschieben (Hofmann FamRZ 1965, 63 hält ein Eingreifen hier wegen Art 4 I, II GG sogar für verfassungswidrig). Es ist aber davon auszugehen, daß Abs I des § 2 RKEG auch hier zutrifft. Erzieht ein Elternteil das Kind ohne Wissen und gegen den Willen des anderen in einem nicht vorgesehenen Bekenntnis, so kann der Hintergangene die grundsätzlich rückgängig machen; andernfalls könnte der rechtswidrig Handelnde stets seinen Willen durchsetzen (KG OLG 43, 369; Hamm MDR 1950, 351; Pal/Diederichsen § 2 Rz 1; Kipp, Festgabe für Kahl 1923, 14; aA Freiburg JR 1950, 370; München JFG 8, 83; Stuttgart FamRZ 1955, 143; Soergel/Strätz Rz 7; Staud/Salgo § 2 RKEG Rz 5: aber nur, soweit Rückführung das Kindeswohl nicht gefährdet). Etwas anderes kann nur gelten, wenn das Kind in dem widerrechtlich bestimmten Bekenntnis längere Zeit und nachhaltig erzogen worden ist (Pal/Diederichsen aaO; Holthöfer MDR 1950, 352); dann ist das FamG anzurufen. Vgl hierzu auch Stuttgart FamRZ 1955, 143.

22 f) Nach § 2 II RKEG bedarf während bestehender Ehe ein Ehegatte der **Zustimmung des anderen**, wenn er das Kind in einem anderen als dem zZt der Eheschließung gemeinsamen Bekenntnis erzieht, wenn er einen Bekenntniswechsel des Kindes durchführen oder das Kind vom Religionsunterricht abmelden will. Stimmt der andere Ehegatte nicht zu, so entscheidet auf Antrag schließlich das VormG (§ 2 III RKEG). Die Zuständigkeit des VormG stellt kein Redaktionsversehen dar, sondern einen vom Gesetzgeber in Kauf genommenen Anachronismus zur ansonsten jetzt im Sorgerecht allumfassenden Zuständigkeit des FamG, der auch nicht durch die Feststellung gerechtfertigt wird, § 2 III RKEG sei sehr oft bei Vormundschaften anzuwenden (so Greßmann, Neues Kindschaftsrecht, Rz 422). Bei der Entscheidung ist maßgeblich das **Wohl des Kindes** zu berücksichtigen, das nicht in Gewissensnot und seelische Erschütterung gebracht werden darf (München JFG 14, 50). Nach Möglichkeit sollte es bei der bisherigen Erziehungsform verbleiben (KG ZBl JR XXVIII 194). Doch können auch objektive Gesichtspunkte zum Tragen kommen, wie zB Familientradition, Herkommen der Familien, das in der Gegend vorherrschende Bekenntnis, Erziehung der Geschwister im gleichen Bekenntnis (Pal/Diederichsen § 2 RKEG Rz 6; LG Traunstein FamRZ 1960, 379; aA Heußner FamRZ 1960, 201). § 2 II RKEG wird von Staud/Salgo § 2 RKEG Rz 3 mit Recht auf den Fall angewendet, daß bei bestehender Ehe nur ein Elternteil personensorgeberechtigt ist (BayObLG FamRZ 1966, 252; aA Gernhuber/Coester-Waltjen § 62 II 4).

23 g) Steht dem Vater oder der Mutter das Personensorgerecht **neben** einem dem Kind bestellten **Vormund** oder **Pfleger** zu (§§ 1673 II, 1693), so geht bei einer **Meinungsverschiedenheit** die Ansicht des Elternteils vor, es sei denn, daß diesem das Recht der religiösen Erziehung aufgrund des § 1666 entzogen ist (§ 3 I RKEG). Steht die Personensorge **allein** dem **Vormund** oder Pfleger zu, zB wegen Todes beider Ehegatten, wegen Entziehung, Ruhens, (§§ 1666, 1672, 1678, 1680), und darf der andere Elternteil das Sorgerecht nicht einmal in dem beschränkten Umfang des § 1673 II ausüben, so bestimmt mit Genehmigung des FamG der Vormund oder der Pfleger allein über die religiöse Erziehung des Kindes. Jedoch ist eine früher bereits getroffene Bestimmung unabänderlich (§ 3 II RKEG), es sei denn, die Bestimmung war mißbräuchlich oder gesetzwidrig (Pal/Diederichsen § 2 RKEG Rz 2; aM Staud/Salgo § 3 RKEG Rz 7 iVm § 2 RKEG Rz 5: Rückführung einer gesetzeswidrigen Bestimmung nur bei Nichtgefährdung des Kindeswohls). Bestimmung ist jeder ernstliche Entschluß der Eltern, zB Taufe (BayObLG JFG 12, 149; bedenklich daher Stuttgart FamRZ 1960, 406), Beschneidung (BayObLG 1961, 238). Nicht erforderlich ist, daß die Eltern noch in der Lage waren, ihren Entschluß in die Tat umzusetzen. Daher ist auch eine Bestimmung auf dem Totenbett oder in einer letztwilligen Verfügung verbindlich (Gernhuber/Coester-Waltjen § 62 II 2; Staud/Peschel-Gutzeit 3 RKEG Rz 7 [letztlich aber offen gelassen]; BGH 5, 27; aA BayObLG JFG 6, 66).

h) Auf die Erziehung der Kinder in einer **nicht bekenntnismäßigen Weltanschauung** sind die Vorschriften des RKEG entsprechend anzuwenden (§ 6 RKEG). Weil der Staat wertneutral ist, gebührt einer freireligiösen Weltanschauung eines Ehegatten gegenüber allen Religionen hinsichtlich der Erziehung des Kindes kein geringerer Wert als einem kirchlichen Bekenntnis des anderen Ehegatten (LG Mannheim FamRZ 1966, 517).

i) Das für die Entscheidung von Streitigkeiten **zuständige FamG** ergibt sich aus §§ 64 FGG, 621 ZPO. Es handelt sich um ein dem Richter vorbehaltenes Geschäft (§ 14 Nr 19 RPflG). Es wird nur auf Antrag tätig, es sei denn, daß die Voraussetzungen des § 1666 gegeben sind (§ 7). Gegen die Entscheidung des FamG ist den Eltern die einfache Beschwerde der §§ 19f FGG gegeben, § 57 Nr 9 gibt auch den Pfarr- und Jugendämtern ein **Beschwerderecht** (KGJ 20, 139; München JFG 12, 151).

j) Gesetz über religiöse Kindererziehung (RKEG) vom 15. Juli 1921 (RGBl 939, 1263)

§ 1

Über die religiöse Erziehung eines Kindes bestimmt die freie Einigung der Eltern, soweit ihnen das Recht und die Pflicht zusteht, für die Person des Kindes zu sorgen. Die Einigung ist jederzeit widerruflich und wird durch den Tod eines Ehegatten gelöst.

§ 2

(1) Besteht eine solche Einigung nicht oder nicht mehr, so gelten auch für die religiöse Erziehung die Vorschriften des Bürgerlichen Gesetzbuches über das Recht und die Pflicht, für die Person des Kindes zu sorgen.

(2) Es kann jedoch während bestehender Ehe von keinem Elternteil ohne Zustimmung des anderen bestimmt werden, daß das Kind in einem anderen als dem zur Zeit der Eheschließung gemeinsamen Bekenntnis oder in einem anderen Bekenntnis als bisher erzogen, oder daß ein Kind vom Religionsunterricht abgemeldet werden soll.

(3) Wird die Zustimmung nicht erteilt, so kann die Vermittlung oder Entscheidung des VormG beantragt werden. Für die Entscheidung sind, auch soweit ein Mißbrauch im Sinne des § 1666 des Bürgerlichen Gesetzbuchs nicht vorliegt, die Zwecke der Erziehung maßgebend. Vor der Entscheidung sind die Ehegatten sowie erforderlichenfalls Verwandte, Verschwägerte und die Lehrer des Kindes zu hören, wenn es ohne erhebliche Verzögerung oder unverhältnismäßige Kosten geschehen kann. Der § 1779 Abs. 3 Satz 2 des Bürgerlichen Gesetzbuches findet entsprechende Anwendung. Das Kind ist zu hören, wenn es das zehnte Jahr vollendet hat.

§ 3

(1) Steht dem Vater oder der Mutter das Recht und die Pflicht, für die Person des Kindes zu sorgen, neben einem dem Kinde bestellten Vormund oder Pfleger zu, so geht bei einer Meinungsverschiedenheit über die Bestimmung des religiösen Bekenntnisses, in dem das Kind erzogen werden soll, die Meinung des Vaters oder der Mutter vor, es sei denn, daß dem Vater oder der Mutter das Recht der religiösen Erziehung auf Grund des § 1666 des Bürgerlichen Gesetzbuches entzogen ist.

(2) Steht die Sorge für die Person eines Kindes einem Vormund oder Pfleger allein zu, so hat dieser auch über die religiöse Erziehung des Kindes zu bestimmen. Es bedarf dazu der Genehmigung des VormG. Vor der Genehmigung sind die Eltern sowie erforderlichenfalls Verwandte, Verschwägerte und die Lehrer des Kindes zu hören, wenn es ohne erhebliche Verzögerung oder unverhältnismäßige Kosten geschehen kann. Der § 1779 Abs. 3 des Bürgerlichen Gesetzbuchs findet entsprechende Anwendung. Auch ist das Kind zu hören, wenn es das zehnte Lebensjahr vollendet hat. Weder der Vormund noch der Pfleger können eine schon erfolgte Bestimmung über die religiöse Erziehung ändern.

§ 4

Verträge über die religiöse Erziehung eines Kindes sind ohne bürgerliche Wirkung.

§ 5

Nach der Vollendung des vierzehnten Lebensjahres steht dem Kinde die Entscheidung darüber zu, zu welchem religiösen Bekenntnis es sich halten will. Hat das Kind das zwölfte Lebensjahr vollendet, so kann es nicht gegen seinen Willen in einem anderen Bekenntnis als bisher erzogen werden.

§ 6

Die vorstehenden Bestimmungen finden auf die Erziehung der Kinder in einer nicht bekenntnismäßigen Weltanschauung entsprechende Anwendung.

§ 7

Für Streitigkeiten aus diesem Gesetz ist das VormG zuständig. Ein Einschreiten von Amts wegen findet dabei nicht statt, es sei denn, daß die Voraussetzungen des § 1666 des Bürgerlichen Gesetzbuchs vorliegen.

§ 8

Alle diesem Gesetz entgegenstehenden Bestimmungen der Landesgesetze sowie Art. 134 des Einführungsgesetzes zum Bürgerlichen Gesetzbuch werden aufgehoben.

§ 1631a

Familienrecht Verwandtschaft

§§ 9, 10

(gegenstandslos)

§ 11

(Inkrafttreten)

1631a *Ausbildung und Beruf*
In Angelegenheiten der Ausbildung und des Berufs nehmen die Eltern insbesondere auf Eignung und Neigung des Kindes Rücksicht. Bestehen Zweifel, so soll der Rat eines Lehrers oder einer anderen geeigneten Person eingeholt werden.

1 1. Diese Vorschrift ist eingefügt durch Art 1 Nr 7 des PersSG. Hierzu hat der Rechtsausschuß in seinem Bericht (BT-Drucks 8/2788, 37) folgendes bemerkt: Zwar nähmen die meisten Eltern bei den für das ganze Leben des Kindes so wichtigen Entscheidungen in Fragen der Ausbildung und des Berufs auf die Eignung und Neigung des Kindes selbstverständlich Rücksicht. Trotzdem komme es leider immer wieder vor, daß Eltern in Einzelfällen diesen Grundsatz nicht beachteten und, sei es aus einem falschen Prestigedenken, sei es als Ersatz für eigene unerfüllte Berufswünsche, sei es aus sonstigen Gründen, das Kind in eine Ausbildung oder in einen Beruf zwängen, in dem es schließlich scheitern müsse. Mitunter seien die Eltern überfordert, wenn sie für ihr Kind und im Einklang mit diesem einen Ausbildungsweg und ein Berufsziel wählen sollten, für die das Kind geeignet sei und die erforderliche Neigung aufweise. Dann sollten sie den Rat eines Lehrers oder einer anderen geeigneten Person einholen. Dies hat der Rechtsausschuß an anderer Stelle (S 49) dahin ergänzt: Die geltenden Vorschriften über die elterliche Sorge enthielten keine ausdrücklichen Regeln für diesen Bereich. Die Rspr habe sich zwar im Rahmen des § 1666 auch mit der Ausbildungs- und Berufswahl befaßt, jedoch festgestellt, daß sie, wie jede Erziehungsmaßnahme, weitgehend im Ermessen der Erziehungsberechtigten liege, der das Interesse des Kindes, aber auch alle anderen Gesichtspunkte in Betracht zu ziehen habe. Nur wenn eine Entscheidung willkürlich, böswillig oder doch so unverständig sei, daß sie sich in keiner Weise rechtfertigen lasse, könne sie als mißbräuchlich angesehen werden (SchlHOLG SchlHA 1957, 280) und ein Einschreiten des FamG rechtfertigen.

1a Gelegentlich ist die **praktische Relevanz** dieser Vorschrift angezweifelt worden. Anders als der Rechtsausschuß meint Lüderitz (AcP 178, 263, 285f mN), daß es zwischen Eltern und Kindern, abgesehen vom Fortwirken der Familientradition in Handwerksbetrieben und bei Ärzten, Apothekern sowie bei Lehrern, keine Meinungsverschiedenheiten über die Wahl der Ausbildung und des Berufes gebe. Diese schon nicht geringen Ausnahmebereiche sind noch um klein- und mittelständische Unternehmen, insbes **Familiengesellschaften**, zu ergänzen. Schon die Funktion als Familienunternehmen bringt es mit sich, daß ausgeschiedene Gesellschafter regelmäßig nur durch Mitglieder der eigenen Unternehmerfamilie ersetzt werden. Nicht zu unterschätzen ist schließlich auch die Einflußnahme der Eltern auf die Wahl der Schulart, wenn auch zuzugeben ist, daß das finanzielle Argument dabei immer mehr in den Hintergrund gedrängt wird. Die Schulbildung der Eltern dürfte aber auch heute noch in nicht wenigen Familien die Auswahl zulasten der eigenen Kinder beschränken. Auftretende Lernschwierigkeiten, die auch durch elterliches Fehlverhalten bedingt sein können, bilden zudem den Anlaß für einen Schulwechsel (zB vom Gymnasium zur Real- oder Hauptschule); Karlsruhe FamRZ 1974, 661f hatte, eine Schulabmeldung im Einzelfall für erzieherisch verfehlt und damit rechtsmißbräuchlich iSd § 1666 I S 1 aF angesehen. Fehlende Meinungsverschiedenheiten bei der Besprechung (§ 1626 II S 2) und Durchführung solcher Maßnahmen zwischen Eltern und Kind sprechen nicht gegen den Nutzen des § 1631a. Sie können ebenso Ausdruck einer erziehungsbedingten unkritischen Haltung oder von totaler Unterordnung selbst im Falle abweichender Einstellung sein (skeptisch auch Schwab AcP 172, 266, 284).

2 2. § 1631a verwirklicht die in § 1626 II allgemein ausgesprochene **Pflicht** der **Eltern**, auf die wachsende **Fähigkeit** und das **Bedürfnis** des **Kindes** zu **selbständigem, verantwortungsbewußtem Handeln Rücksicht zu nehmen**, für einen wichtigen Teilbereich der Sorgemaßnahmen, nämlich solche der **Ausbildung** und des **Berufes** des Kindes, wozu nicht nur die erstmalige Berufswahl, sondern auch ein Berufswechsei bzw ein Wechsel der Arbeitsstelle gehören kann. Für ein Dienst- oder Arbeitsverhältnis iSd § 113 steht dies im Einklang mit dessen Abs II, wonach die Ermächtigung von dem Vertreter zurückgenommen oder eingeschränkt werden kann. Anders ist die Rechtslage dagegen, wenn der gesetzliche Vertreter den Minderjährigen mit Genehmigung des FamG zum selbständigen Betrieb eines Erwerbsgeschäftes ermächtigt hat. Von diesem Zeitpunkt ruht die gesetzliche Vertretungsmacht (vgl § 112 II), so daß auch § 1631a darauf nicht mehr anwendbar sein kann. Der Begriff der Ausbildung soll insofern weiter sein, als er sich erst später als berufsspezifisch herausstellen kann (EDV-Kurse, Führerschein, Maschinenschreiben) oder sich auf Fähigkeiten außerhalb der eigentlichen Berufsausbildung bezieht (Sprachkenntnisse, Segelflugschein und andere Sportarten). Dazu Pal/Diederichsen Rz 3. Diese Interpretation des für § 1631a I maßgeblichen Ausbildungsbegriffs ist zu weit. Die Vorschrift ist nur anwendbar, wenn ein Zusammenhang zwischen den Ausbildungsinteressen des Kindes und seinen Berufsvorstellungen besteht bzw nach der Vorstellung der Eltern bestehen soll (aM MüKo/Huber Rz 4). Danach müssen sie zunächst dem Kind Gelegenheit geben, sich zu äußern und seine eigenen Vorstellungen und Wünsche darzulegen, sie dürfen es nicht in eine nur von ihnen ausgesuchte Schule schicken und in einem allein von ihnen ausgewählten Beruf ausbilden lassen. Wesentlicher Gesichtspunkt für ihre Entscheidung über Ausbildung und Beruf des Kindes müssen dessen Eignung und Neigung sein. Ihre eigenen Vorstellungen und Wünsche müssen dabei zurücktreten.

3 **a)** Ob ein Kind für eine Ausbildung und einen Beruf nach seiner Wahl die notwendige Eignung aufweist, läßt sich bei bestimmten, vornehmlich künstlerischen Berufen ohne weiteres feststellen, weil sie eine entsprechende Begabung und Anlage oder einschlägige Fertigkeiten voraussetzen. Im übrigen können die Schulzeugnisse, Äuße-

rungen der Lehrer oder Ausbilder, Gutachten und Tests weiterhelfen. Grundlage für die Vorausschau können gewiß nur die bisher erbrachten Leistungen und zutage getretenen Fähigkeiten sein. Sie müssen aber den Schluß rechtfertigen, daß das erstrebte Ausbildungs- und Berufsziel schließlich auch erreicht wird. Dabei spielt eine nicht unerhebliche Rolle, ob das Kind auch die Kraft haben wird, um die erforderliche Ausbildung bis zum Ende durchzustehen. Auf dem Wege bis dahin gibt es in jeder Berufssparte gewisse Durststrecken, die durchschritten werden müssen.

b) Von den **Neigungen** des Kindes sind, worauf der angeführte Bericht des Rechtsausschusses auf S 49 hinweist, nur solche verständiger und schutzwürdiger Art zu beachten, die mit der Eignung nicht im Widerspruch stehen dürfen (BayObLG FamRZ 1982, 634). Das gilt vor allem für Berufe mit künstlerischem Einschlag oder solche, die handwerkliche Fähigkeiten voraussetzen. Die Neigung ist nicht immer den geäußerten Wünschen oder vorübergehenden Launen gleichzusetzen, sondern muß mitunter erst ergründet werden. **4**

Zu Rz 3, 4: Wenn auch in erster Linie auf **Eignung** und **Neigung** des Kindes Bedacht zu nehmen ist (arg „insbesondere"), so sind gleichwohl **andere Gesichtspunkte** im Einzelfall zu berücksichtigen, so zB die Aussicht, gerade in dem erstrebten Beruf bei der gegebenen Lage am Arbeitsmarkt eine freie Stelle zu finden (Strätz FamRZ 1975, 541, 549), der Gesundheitszustand des Kindes, die zeitliche Belastung, die Entfernung zur Ausbildungsstätte sowie die mit Beruf oder Ausbildung verbundenen Unfallgefahren (Pal/Diederichsen Rz 5), ferner die Einkommens- und Vermögensverhältnisse der unterhaltspflichtigen Eltern des Kindes; vgl Belchaus Rz 5. **5**

c) **S 1** will dem Kind nicht nur zu einer Ausbildung und einem Beruf verhelfen, der seiner Eignung und Neigung entspricht, er kann darüber hinaus das Kind auch davor schützen, daß es durch seine Eltern überfordert wird. Er kann verhindern, daß ehrgeizige Eltern ihrem Kind einen Ausbildungsgang oder einen Beruf aufzwingen, für den es ungeeignet ist, weil seine Kräfte und Fähigkeiten ihm nicht gewachsen sind; vgl Belchaus Rz 8. **6**

d) Ergeben sich Zweifel, so soll nach **S 2** der **Rat** eines **Lehrers** oder einer anderen geeigneten Person eingeholt werden, die das Kind mit seinen Anlagen, Fähigkeiten und Neigungen entweder kennt oder fachkundig zu beurteilen vermag. Danach brauchen Meinungsverschiedenheiten noch gar nicht aufgetreten zu sein, wohl aber lassen sich solche verhindern, wenn die Eltern, wie im Gesetz **empfohlen**, vorgehen. Als weitere geeignete Personen iS dieser Vorschrift kommen in Frage: Verwandte, die aufgrund längerer Beobachtung das Kind beurteilen können, **Berufsberater** iSd §§ 4, 25 BAföG, wenn die körperliche, geistig-seelische, künstlerische Eignung wesentlich ist, das Gutachten eines Arztes, zB eines **Psychiaters**, eines **Psychologen** oder sonstigen Sachverständigen. **7**

Der als Sollvorschrift ausgestaltete § 1631a S 2 schafft nur eine Empfehlung (BT-Drucks 8/2788, 37). Ihr sollte auch nur dann gefolgt werden, wenn die Eltern unsicher, also subjektiv im Zweifel sind. Bedenklich ist, ob diese Konzeption der gesetzlichen Vorschrift ausreicht, um im Einzelfall eine zum Schutze des Minderjährigen (vielleicht) notwendige Entscheidung des FamG herbeizuführen. Zwar wird das Gericht nach § 1666 I S 1 von Amts wegen tätig. Doch die Herausnahme von Angelegenheiten der Ausbildung und des Berufs aus dieser Vorschrift (aF) hätte überhaupt nur dann einen Zweck, wenn § 1631a eine geringere Eingriffsschwelle aufweisen würde. Diese Voraussetzung ist dann erfüllt, wenn für § 1666 eine gegenwärtige, zumindest nahe bevorstehende Gefahr für die Kindesentwicklung erforderlich ist, wie sie zum Zeitpunkt der Entscheidung über die Wahl des Ausbildungsganges oder des Berufs noch nicht bestehen muß. Zu überlegen wäre allerdings, ob § 1631a S 2 nicht zumindest bei einem Wechsel des Ausbildungsstätte, des Ausbildungsganges oder der Arbeitsstelle anders interpretiert werden muß. Nach herkömmlichem Verständnis handelt es sich um eine Sollvorschrift und kommt es auf die subjektiven Zweifel der Personensorgeberechtigten an (MüKo/Huber Rz 13), die diesen nicht einmal nach der Erfüllung der Verpflichtung aus § 1626 II S 2 kommen müssen. Bedenkt man, daß eine falsche Berufsentscheidung das ganz spätere Leben des Minderjährigen nachteilig beeinflussen kann und die Lehrer, Ausbilder oder der Dienstherr regelmäßig eine bessere Einsicht in die Eignung und Neigung des Kindes für den gewählten Ausbildungsgang bzw den angestrebten oder bereits aufgenommenen Beruf haben, erscheint es gerechtfertigt, nach § 1631a S 2 insoweit auf die Zweifel dieses Personenkreises abzustellen, wenn solche bei den Eltern nicht vorliegen. Da die Eltern wiederum von diesen Zweifeln der Ausbilder, Lehrer etc mit letzter Sicherheit nur dann Kenntnis erlangen können, wenn eine Pflicht zur Rateinholung besteht, muß § 1631a I S 2 in diesen Fällen zwangsläufig den Charakter einer Mußvorschrift haben. Der erst durch das SorgeRG neu eingeführte Abs II, der die Möglichkeit einer Entscheidung des VormG in den Fällen vorsah, in Eltern offensichtlich gegen das Rücksichtnahmeverbot verstoßen haben, wurde durch das KindRG wieder aufgehoben. Grundlage für Eingriffe in die elterliche Sorge ist § 1666; dieser umfaßt auch Maßnahmen hinsichtlich Beruf und Ausbildung des Kindes, wie sie früher § 1631a II vorsah. **7a**

§ 1631b *Mit Freiheitsentziehung verbundene Unterbringung*

Eine Unterbringung des Kindes, die mit Freiheitsentziehung verbunden ist, ist nur mit Genehmigung des FamG zulässig. Ohne die Genehmigung ist die Unterbringung nur zulässig, wenn mit dem Aufschub Gefahr verbunden ist; die Genehmigung ist unverzüglich nachzuholen. Das Gericht hat die Genehmigung zurückzunehmen, wenn das Wohl des Kindes die Unterbringung nicht mehr erfordert.

1. Die Vorschrift stellt jede Unterbringung eines Kindes, die mit einer Freiheitsentziehung verbunden ist, unter den Vorbehalt der familiengerichtlichen Genehmigung (Trauernicht ZfJ 1991, 520ff). Die Vorschrift gilt auch für Ausländer (AG Glückstadt FamRZ 1980, 824). **1**

2. **Vor Inkrafttreten der Vorschrift bedurften Eltern nicht** der **gerichtlichen Genehmigung**, wenn sie ihr **Kind** in einer **geschlossenen Anstalt unterbringen** wollten. Das wurde damals folgendermaßen begründet: Das Kind sei gegen den Mißbrauch der elterlichen Gewalt, den Aufenthalt des Kindes zu bestimmen, durch die Kon- **2**

§ 1631b Familienrecht Verwandtschaft

trollbefugnis des FamG nach § 1666 geschützt. Vgl LG Augsburg FamRZ 1961, 323; LG Stuttgart FamRZ 1961, 325; BayObLG FamRZ 1963, 577.

3 3. Durch das SorgeRG wurde aber das Erfordernis vormundschaftlicher Genehmigung aufgestellt. Nach dem KindRG ist jetzt das FamG zur Entscheidung berufen. Der Rechtsausschuß hat in seinem Bericht (BT-Drucks 8/2788, 38, 51) dazu folgendes bemerkt: Es solle vermieden werden, daß Eltern ein Kind in eine geschlossene Einrichtung verbrächten, auch wenn bei sinnvoller Wahrnehmung des Erziehungsrechts eine Lösung des Problems auf weniger schwerwiegende Weise erreicht werden könnte. Die wörtliche Übernahme des § 1800 II habe den Vorteil, daß die Rspr zu dieser Vorschrift, insbesondere die Auslegung des Begriffs „Freiheitsentziehung", fortgeführt werden könne. Danach liege Freiheitsentziehung vor, wenn Heiminsassen auf einen bestimmten, beschränkten Raum festgehalten, ihr Aufenthalt ständig überwacht und die Aufnahme eines Kontaktes mit Personen außerhalb des Raumes durch Sicherheitsmaßnahmen verhindert würden. Dies sei idR nur bei einer Unterbringung in einem geschlossenen Heim oder in einer geschlossenen Anstalt oder in einer geschlossenen Abteilung eines Heims oder einer Anstalt der Fall. Mit einer Einweisung zu einer stationären Kur oder zu längerer Beobachtung in einer Trinkerheilanstalt, Anstalt für Drogensüchtige oder Heil- und Pflegeanstalt sei regelmäßig eine Freiheitsentziehung verbunden. Diese sei dagegen zu verneinen, wenn die Unterbringung nur zu Freiheitsbeschränkungen führe, die bei dem Alter des Kindes üblich seien, so zB begrenzte Ausgangszeiten, Hausarbeitsstunden, Stubenarrest. Daher werde gewöhnlich das Verbringen des Kindes in ein Erziehungsinternat von § 1631b nicht erfaßt.

4 4. Nach der Rspr, an die nach dem Bericht des Rechtsausschusses angeknüpft werden kann, ist erstes Erfordernis der **Freiheitsentziehung**, daß sie **gegen** oder wenigstens **ohne** den **Willen** des **Untergebrachten** geschieht. Dabei kommt es auf den natürlichen, tatsächlichen, nicht den rechtsgeschäftlichen Willen an (BVerfG 10, 302; BayObLG FamRZ 1962, 39; 1963, 577; 1992, 105). Bei einer Zustimmung des Unterzubringenden erübrigt sich die familiengerichtliche Genehmigung jedoch nur, wenn seine Einsichtsfähigkeit ausreicht, um die bevorstehende Maßnahme einigermaßen zu begreifen (BayObLG 1954, 302). Wegen der bei der Ermittlung der Einsichtsfähigkeit auftretenden Schwierigkeiten wäre eine Unterwerfung jeder geschlossenen Unterbringung unter die gerichtliche Genehmigung sinnvoll, wie es Gollwitzer/Rüth FamRZ 1996, 1388 vorschlagen. De lege lata läßt sich dies mit dem überlieferten Begriff der Freiheitsentziehung nicht vereinbaren. Des weiteren muß das Kind (oder der Mündel) in einer Anstalt untergebracht werden, die infolge entsprechender Einrichtungen und Vorkehrungen die **Bewegungsfreiheit** der Insassen völlig **ausschließt** oder doch wenigstens so behindert, daß sie als eine geschlossene bezeichnet werden kann (BayObLG NJW 1963, 2372; Düsseldorf NJW 1963, 397; Hamm FamRZ 1962, 398; AG Hamburg NJW 1961, 2160). Dazu zählt auch die regelmäßige Fixierung eines Patienten am Stuhl tagsüber und die Eingitterung seines Bettes in einer offenen Einrichtung der Geriatrie (LG Berlin FamRZ 1991, 365ff; und bei regelmäßiger nächtlicher Fixierung LG Essen FamRZ 1993, 1347, 1348). Zu einem Fall „halboffener Unterbringung" AG Kamen FamRZ 1983, 299 (krit dazu Damrau FamRZ 1983, 1060). Eine nicht genehmigungspflichtige Freiheitsbeschränkung liegt dagegen vor, wenn die Bewegungsfreiheit des Untergebrachten durch ein Verbot in bestimmter Richtung eingeengt wird, vgl dazu Hamm JMBl NRW 1962, 48. So den Verbot einer Reise oder des Besuchs bestimmter Gasthäuser oder überhaupt bei Ausgehverbot oder Hausarrest (AG Wennigsen FamRZ 1962, 40); bei Verbringen in offene Anstalt (LG Mannheim Justiz 1974, 381). Der Begriff der **Unterbringung** setzt eine länger andauernde, von vornhinein nicht sicher begrenzbare Einschränkung der persönlichen Freiheit voraus (Hamm FamRZ 1962, 397; AG Wennigsen FamRZ 1962, 42). Das trifft auf die Unterbringung in einer der vom Rechtsausschuß beispielhaft geführten Anstalten zu. Die **Heimerziehung** gemäß § 34 SGB VIII, die an die Stelle der Fürsorgeerziehung getreten ist, umfaßt nicht die Befugnis zu freiheitsentziehenden Maßnahmen. Dafür bedarf es vielmehr einer richterlichen Genehmigung nach § 1631b; vgl BT-Drucks 11/5948, 66f und 77. Auch dem an die Stelle der freiwilligen Erziehungshilfe getretenen System an ausdifferenzierten weiteren einzelnen Hilfen zur Erziehung gemäß §§ 27ff SGB VIII ist eine Befugnis zur Freiheitsentziehung mit Ausnahme des § 42 III SGB VIII fremd. Die Inobhutnahme rechtfertigt freiheitsentziehende Maßnahmen jedoch nur insoweit, als sie erforderlich sind, um eine Gefahr für Leib und Leben des Jugendlichen oder Dritter abzuwenden. Darüber hinaus darf die Maßnahme in zeitlicher Hinsicht nicht über den Ablauf des nächsten Tages andauern, sofern keine richterliche Entscheidung dies gestattet; vgl § 42 III S 2 SGB VIII und BT-Drucks 11/5948, 67.

5 5. Ob eine sich aus erzieherischen Gründen als notwendig erweisende, mit Freiheitsentzug verbundene Unterbringung in einem Heim oder Internat nach wie vor schlechthin genehmigungsfrei ist, kann nun nicht mehr mit Sicherheit bejaht werden. Der Rechtsausschuß hält sie nur idR für nicht genehmigungsbedürftig, also soll es auch bei ihnen entscheidend darauf ankommen, ob die Bewegungsfreiheit in ihnen völlig ausgeschlossen ist, was allerdings selten der Fall sein wird.

6 6. a) Das FamG wird eine Unterbringung des Kindes natürlich nur dann **genehmigen**, wenn dies im **wohlverstandenen Interesse** des **Kindes** liegt (Düsseldorf NJW 1963, 397f; BayObLG FamRZ 1992, 105). Auf die möglicherweise eigensüchtigen Interessen der Eltern kommt es nicht an. Dabei wird das FamG auch prüfen, ob nicht mindere Maßnahmen, zB Unterbringen des Kindes in einer offenen Anstalt, ausreichen, um den bezweckten Erfolg zu verwirklichen (Düsseldorf aaO; BayObLG FamRZ 1963, 661f; LG Berlin FamRZ 1991, 365ff). Zu den Grundsätzen für die Erteilung einer Unterbringungsgenehmigung s allgemein BayObLG NJW 1988, 2384.

7 b) Satz 2. Ohne die erforderliche Genehmigung des FamG dürfen die Eltern das Kind in einer geschlossenen Anstalt nur unterbringen, wenn mit dem Aufschub Gefahr verbunden ist. Das ist beispielsweise der Fall, wenn bei dem psychisch labilen oder drogensüchtigen Kind Selbstmordgefahr oder die Gefahr eines schizophrenen Schubes bzw von suchtmotivierten Delikten besteht. Dann ist aber die Genehmigung unverzüglich nachzuholen.

8 7. Das **Verfahren in Unterbringungssachen**, zu denen auch ein Antrag gemäß § 1631b gehört, ist im FGG durch §§ 70–70n FGG geregelt.

a) Die örtliche **Zuständigkeit des FamG** richtet sich nach § 70 II FGG (aA Brandenburg FamRZ 2003, 175: 9 örtliche Zuständigkeit nach §§ 43 I, 36 I S 1 FGG – Wohnsitz des Kindes; sehr kritisch dazu Neumann FamRZ 2003, 175, der die Geltung des § 70 II FGG hervorhebt). Danach ist für eine Unterbringung nach § 1631b (§ 70 I S 2 Nr 1 FGG) das Gericht zuständig, bei dem bereits eine Pflegschaft (bei Minderjährigen kommt nur diese in Betracht) anhängig ist, deren Aufgabenbereich die Unterbringung umfaßt. Ist eine solche nicht anhängig, so ist nach § 70 II S 2 iVm § 65 I FGG regelmäßig das FamG des Bezirks zuständig, in dem der Minderjährige seinen gewöhnlichen Aufenthalt hat. Besteht kein gewöhnlicher Aufenthalt oder ist er nicht feststellbar, so ist das Gericht zuständig, in dessen Bezirk das Bedürfnis der Fürsorge hervortritt; § 65 II FGG. Letztlich besteht eine Auffangzuständigkeit des AG Schöneberg (§ 65 III FGG iVm § 70 S 2 FGG).

b) Die **Abgabe** des Verfahrens beurteilt sich danach, ob bereits bei einem FamG ein Pflegschaftsverfahren 10 anhängig ist, dessen Aufgabenbereich eine Unterbringung umfaßt. Ist ein solches Verfahren anhängig, so beurteilt sich die Abgabe des Verfahrens nach § 70 III FGG. Fehlt es dagegen an einem solchen Verfahren – wie wohl regelmäßig – so verweist § 70 II S 2 auf § 65a I S 1 und II S 2 FGG, der wiederum auf die §§ 46 I S 1, II, 36 II S 2 FGG verweist. Neu ist dabei, daß dem Betroffenen vor der Abgabe Gelegenheit zur Äußerung zu geben ist (§ 65a I S 1 FGG). Das Erfordernis der Zustimmung des gesetzlichen Vertreters ist in § 70 III S 1 FGG gesetzlich verankert.

c) Zur **Entscheidung** ist der **Richter** allein berufen. Dies folgt zwar nicht aus § 14 Nr 10 RPflG, da diese Vor- 11 schrift durch Art 3 Nr 2 lit c BetrG aufgehoben wurde. Durch die in § 3 Nr 2 lit a RPflG (Art 3 Nr 1 BetrG) enthaltene Überschrift ist aber klargestellt, daß dem Rechtspfleger die Entscheidungen in Unterbringungssachen mangels Erwähnung nicht übertragen sind, so daß es eines Vorbehalts nicht bedarf (gleicher Ansicht Zimmermann FamRZ 1990, 1309).

d) Soweit der Minderjährige das vierzehnte Lebensjahr vollendet hat, ist er unabhängig von seiner Geschäftsfä- 12 higkeit voll **verfahrensfähig**; vgl § 70a FGG.

e) Soweit dies zur Wahrnehmung seiner Interessen erforderlich ist, ist ihm ein **Verfahrenspfleger** zu bestellen; 13 § 70b I S 1 FGG. Dies ist insbesondere dann der Fall, wenn er zur Verständigung unfähig ist oder die Anhörung für ihn mit einer Gesundheitsgefährdung verbunden ist; dies wird durch die Verweisung in § 70b I S 2 FGG auf §§ 67 I S 2 Nr 1 und 67 II FGG klargestellt. Eines Verfahrenspflegers bedarf es jedoch dann nicht, wenn der Minderjährige durch einen Rechtsanwalt oder einen anderen geeigneten Verfahrensbevollmächtigten vertreten wird; § 70b I S 2 iVm § 67 I S 3 FGG.

f) Gemäß § 70c S 1 FGG hat das Gericht den Betroffenen anzuhören und sich einen unmittelbaren Eindruck 14 von ihm zu verschaffen. Die **Anhörung** kann unterbleiben, wenn nach ärztlichen Gutachten erhebliche gesundheitliche Nachteile zu besorgen sind oder der Minderjährige offensichtlich nicht in der Lage ist, seinen Willen kundzutun; § 70c S 5 iVm § 68 II FGG. Zwecks Durchsetzung der Anhörung kann das Gericht den Minderjährigen vorführen lassen (§ 70c S 5 iVm § 68 III FGG) sowie sich eines Sachverständigen bedienen (§ 68 IV FGG). Gemäß §§ 68 V, 70c S 5 FGG ist das Ergebnis der Anhörung sowie ein etwaiges Sachverständigengutachten mit dem Minderjährigen zu erörtern, soweit dies zur Gewährung des rechtlichen Gehörs und zur Sachaufklärung erforderlich ist.

g) § 70d I und II FGG regeln, wem das Gericht **Gelegenheit zur Äußerung** zu geben hat. Für Verfahren nach 15 § 1631b ist dabei besonders relevant die Regelung des § 70d II FGG. Hier liegt ein Fehler im Gesetzgebungsverfahren vor, da das BetrG nicht mit den Vorschriften des früher verabschiedeten SGB VIII synchronisiert worden ist. Dies führt dazu, daß die Anhörung der Jugendämter in § 49 I Nr 5 FGG idF des SGB VIII in einem Teil des FGG verankert ist, der sich nicht auf Unterbringungssachen bezieht. Demgegenüber ist die Regelung in § 70d I Nr 6 FGG, die Gewährung der Gelegenheit zur Äußerung der „zuständigen Behörde" erfaßt, durch die Aufhebung der §§ 4, 48a JWG durch das SGB VIII ohne Bezugspunkt, sofern man die zuständige Behörde nicht aus §§ 2 III, 50 FGG ableitet. Der Fehler liegt darin, daß in der Begründung zum Regierungsentwurf noch von §§ 4, 48a JWG ausgegangen wird und deren spätere Aufhebung nicht berücksichtigt oder erkannt wurde. Einer Anwendung des § 49 I Nr 5 FGG steht wohl die systematische Stellung der Vorschrift entgegen.

h) Nach § 70e I S 1 FGG ist das Gericht verpflichtet, ein **Sachverständigengutachten** einzuholen. Der Sach- 16 verständige hat den Minderjährigen persönlich zu untersuchen oder zu befragen und soll Arzt für Psychiatrie sein. Die Untersuchung kann nach § 68b III und IV FGG durch Vorführung und Unterbringung erzwungen werden.

i) Wird die **Unterbringung genehmigt**, so sind in der Entscheidung Art, Dauer, das Ende der Unterbringungs- 17 zeit und die Bezeichnung des Betroffenen anzugeben; vgl § 70f I FGG. Über die Auswahl eines bestimmten Krankenhauses oder einer bestimmten Anstalt befindet aber allein der Vormund (BayObLG FamRZ 1992, 105, 106). In der Entscheidung ist auch zu begründen, weshalb kein Verfahrenspfleger bestellt worden ist, § 70b II FGG. Die Dauer der Unterbringung darf regelmäßig ein Jahr nicht übersteigen, soweit nicht eine offensichtlich länger andauernde Unterbringungsbedürftigkeit vorliegt; dann beträgt die Höchstdauer zwei Jahre, § 70f I Nr 3 FGG. Die Entscheidung muß auch eine Rechtsmittelbelehrung enthalten, § 70f I Nr 4 FGG.

j) Für die **Verlängerung** einer einmal angeordneten Unterbringung gelten vorgenannte Vorschriften entspre- 18 chend, § 70i II S 1 FGG.

k) Die Entscheidung wird mit Rechtskraft wirksam, § 70g II S 1 FGG. Das Gericht kann jedoch die sofortige 19 Wirksamkeit anordnen. In diesem Fall wird die Entscheidung erst wirksam, wenn sie und die Anordnung der sofortigen Wirksamkeit der Geschäftsstelle des Gerichts zur Bekanntmachung übergeben wird, § 70g III S 2 und 3 FGG.

§ 1631b Familienrecht Verwandtschaft

20 l) **Bekanntzumachen** ist die Entscheidung neben dem Betroffenen gemäß § 70g I FGG auch den in § 70d FGG genannten Personen und Stellen (vgl § 70g II FGG).

21 m) Auch eine **einstweilige Anordnung** ist möglich, § 70h I S 1 FGG. Sie darf grundsätzlich die Dauer von sechs Wochen nicht übersteigen, kann aber maximal auf drei Monate verlängert werden (§ 70h II S 1 und 2 FGG). Ob das Kind anzuhören ist, erscheint fraglich, da § 70c FGG nicht erwähnt ist und der Verweisung auf § 69f I FGG nichts zu entnehmen ist, denn diese Vorschrift betrifft nur Volljährige (vgl BT-Drucks 11/6528, 185f). Vor dem Erlaß einer einstweiligen Anordnung anzuhören ist aber jedenfalls ein für den Unterzubringenden gemäß § 70b FGG bestellter Pfleger (LG Frankfurt MDR 1992, 291, 292).

22 n) **Rechtsmittel.** Die sofortige Beschwerde findet sowohl gegen die Entscheidung statt, die eine endgültige Unterbringungsmaßnahme zum Gegenstand hat (§§ 70m I, 70g III S 1 FGG), als auch gegen einstweilige Anordnungen (§§ 70h I 2, 70g III 1, 70m I FGG). Das gilt auch dann, wenn die sofortige Wirksamkeit angeordnet worden ist (BGH 42, 225; BayObLG FamRZ 1989, 319f). Die Beschwerdeberechtigung folgt aus § 20 I, II FGG sowie §§ 70m II, 70d FGG. § 59 FGG ist nicht mehr anzuwenden, da diese Vorschrift im II. Teil des Zweiten Abschnitts steht und damit nur für Vormundschafts- und Familiensachen, nicht aber Unterbringungssachen gilt. In § 57 I Nr 8 wurde § 1631b ausdrücklich und damit systemkonform entfernt (vgl Art 5 Nr 14d BetrG).

23 o) **Kosten.** Das Verfahren ist kostenfrei, § 128b KostO.

24 **8. Satz 3.** Danach hat das Gericht die Genehmigung zurückzunehmen, wenn das Kindeswohl die Unterbringung nicht mehr erfordert. Daher hat das FamG von Zeit zu Zeit zu prüfen, ob die weitere Unterbringung noch gerechtfertigt ist. Für eine routinemäßig erforderliche Überprüfung der Unterbringung auch Pal/Diederichsen Rz 6; MüKo/Huber Rz 18; aM Soergel/Strätz Rz 12; die eine entsprechende Verpflichtung nur bei gegebenem Anlaß bejaht. Wird sie aufgehoben, so ist hiergegen die einfache Beschwerde nach den §§ 19, 20 FGG gegeben.

1631c *Verbot der Sterilisation*

Die Eltern können nicht in eine Sterilisation des Kindes einwilligen. Auch das Kind selbst kann nicht in die Sterilisation einwilligen. § 1909 findet keine Anwendung.

1 Im Regierungsentwurf (BT-Drucks 11/4528), der unverändert Gesetz geworden ist, ist dazu auf S 76f u 107 ausgeführt, daß durch diese Regelung Sterilisationen an Kindern insgesamt nicht mehr durchgeführt werden können. Zur Begründung wird angeführt, daß sich die dauerhafte Einwilligungsunfähigkeit besonders bei jungen Betroffenen nicht schwer feststellen läßt, wie auch die Erforderlichkeit und die Auswirkungen einer Sterilisation eines Jugendlichen schwer abzuschätzen sind. Auch besteht dann die Gefahr, daß behinderte Kinder „vorsorglich" schon vor Erreichen der Volljährigkeit sterilisiert werden, um den engen Voraussetzungen, unter denen das Rechtsinstitut der Betreuung eine Sterilisation zuläßt, zu entgehen (vgl § 1905).

1632 *Herausgabe des Kindes; Bestimmung des Umgangs; Verbleibensanordnung bei Familienpflege*

(1) Die Personensorge umfasst das Recht, die Herausgabe des Kindes von jedem zu verlangen, der es den Eltern oder einem Elternteil widerrechtlich vorenthält.
(2) Die Personensorge umfasst ferner das Recht, den Umgang des Kindes auch mit Wirkung für und gegen Dritte zu bestimmen.
(3) Über Streitigkeiten, die eine Angelegenheit nach Absatz 1 oder 2 betreffen, entscheidet das FamG auf Antrag eines Elternteils.
(4) Lebt das Kind seit längerer Zeit in Familienpflege und wollen die Eltern das Kind von der Pflegeperson wegnehmen, so kann das Familiengericht von Amts wegen oder auf Antrag der Pflegeperson anordnen, dass das Kind bei der Pflegeperson verbleibt, wenn und solange das Kindeswohl durch die Wegnahme gefährdet würde.

1. Vorbemerkung

Art 1 Nr 22 des GleichberG hatte § 1632 dem Gleichberechtigungsgrundsatz angepaßt und für den Herausgabestreit der Eltern untereinander die Zuständigkeit des VormG begründet. Art 1 Nr 27 des 1. EheRG hat in Abs III aF an die Stelle des VormG teilweise das FamG gesetzt. Nach Art 1 Nr 15 KindRG ist dafür jetzt einheitlich das FamG zuständig. Art 1 Nr 8 des PersSG hat in Abs II das Recht der Eltern, den Umgang des Kindes mit Wirkung für und gegen Dritte zu bestimmen, und in Abs IV den Schutz des Pflegekindes gegen ein mißbräuchliches Herausgabeverlangen der Eltern geregelt. Ein eigenständiges Rechtsinstitut der Pflegekindschaft ist dagegen bislang nicht geschaffen worden (s dazu auch Lakies ZfJ 1989, 521ff).

2. Herausgabeanspruch (Abs I, II)

1 a) **Rechtsnatur.** Gemäß § 1631 umfaßt das Personensorgerecht das Recht und die Pflicht der Eltern, den Aufenthalt des Kindes zu bestimmen. Das Entlaufen des Kindes können sie schon kraft ihres Erziehungsrechts, notfalls mit Gewalt, verhindern. Ist das Kind gegen den Willen der Eltern fort, zB entlaufen, mit seinem Willen entführt oder verschleppt, so gibt das Gesetz diesen folgerichtig das **Recht**, die **Herausgabe des Kindes** von jedem zu **verlangen**, der es ihnen widerrechtlich vorenthält. § 1632 ist entsprechend auf die Herausgabe der Leiche anzuwenden (LG Paderborn FamRZ 1981, 700). Das Gesetz hatte diesen Anspruch ursprünglich wie die dingliche Herausgabeklage des § 985 ausgestaltet: vindicatio filii vel filiae. Ein Besitz am Kinde oder ein Recht auf seinen Besitz widersprach neuzeitlichen Ansichten und wurde daher abgelehnt. Das Kind ist kein Gegenstand, obgleich die Praxis es als solchen behandelte, wenn sie den auf Klage zugesprochenen Herausgabeanspruch gemäß § 883 ZPO vollstrecken ließ. Der Anspruch ist **familienrechtlicher** Art. Daher auch kein **Zurückbehaltungsrecht** wegen etwaiger Aufwendungen oder rückständigen Unterhalts nach § 273 (hM Stuttgart FamRZ 1972, 264, 266; Gernhuber/Coester-Waltjen § 57 V 2). Denn anzuknüpfen ist an die Munt (siehe vor § 1626 Rz 2, 3). Deren Bruch wird nach § 235 StGB bestraft (Karlsruhe ZFE 2002, 351: eine nach Urlaub um 4 Tage verspätete Rückkehr des Kindes durch einen sorgeberechtigten Elternteil erfüllt den Tatbestand aber noch nicht). Er verpflichtet daher gemäß § 823 II zum Schadensersatz. Aber auch Abs I des § 823 kommt in Betracht; vgl RG 141, 320; KG JW 1925, 377; das Personensorgerecht ist nämlich ein „sonstiges Recht" im Sinne dieser Vorschrift (BGH NJW 1990, 2060, 2061; Neustadt FamRZ 1961, 532; LG Bremen DAVorm 1961, 241). Der Herausgabeanspruch erlischt mit der Heirat des minderjährigen Kindes (§ 1633). Dies gilt auch, wenn die entführte Tochter den Entführer ohne Einwilligung des gesetzlichen Vertreters heiratet, solange diese Ehe nicht aufgehoben ist (§§ 1303, 1313, 1314 I). Der Herausgabeanspruch verjährt nicht (§ 194 II). Dem familienrechtlichen Charakter des Herausgabeverlangens trägt das Gesetz nunmehr insofern Rechnung, als es das Verfahren, auch wenn es sich gegen einen vorenthaltenden Dritten richtet, einheitlich dem FGG unterstellt.

b) Das **natürliche**, durch die **Verfassung** (Art 6 II S 1 GG) **garantierte Recht der Eltern**, den **Aufenthalt** des **2** minderjährigen Kindes **zu bestimmen** und demgemäß seine **Herausgabe** zu verlangen, darf durch die staatliche Sorge erst beschränkt werden, wenn die Eltern dieses Recht nicht zum Wohl des Kindes, sondern **mißbräuchlich** iS der §§ 1666f ausüben (Neustadt FamRZ 1964, 575; s dazu auch Bamberg FamRZ 1980, 620; Düsseldorf FamRZ 1981, 601). Solange das nicht der Fall ist, verletzt deren Herausgabeverlangen auch nicht die Grundrechte des Kindes aus den Art 2, 4, 5, 6 und 12 GG. Diese Grundrechte gelten für minderjährige, unter elterlicher Sorge stehende Kinder nur im Rahmen der allgemeinen Vorschriften des BGB, insbesondere des § 1626ff. Das natürliche Elternrecht schließt die Anwendung anderer, diesem Grundrecht entgegenstehender Grundrechte aus (KG FamRZ 1965, 448).

3. Herausgabeberechtigter und -verpflichteter

a) **Herausgabeberechtigt** ist der Personensorgeberechtigte, dem nur das damit verbundene Aufenthaltsbestim- **3** mungsrecht (BayObLG FamRZ 1990, 1379), nicht aber auch die Vertretungsbefugnis zustehen muß (von Bedeutung bei der Mutter eines Kindes, wenn sie nur das tatsächliche Sorgerecht innehat: BGH LM Nr 1 zu § 1632). In der Regel sind dies beide Elternteile gemeinsam. Das Recht kann allerdings von einem mit Zustimmung des anderen ausgeübt werden (Celle FamRZ 1970, 201). Der Widerspruch eines Elternteils steht dem Herausgabeverlangen dann nicht entgegen, wenn er rechtsmißbräuchlich ist. Das ist entgegen BayObLG FamRZ 1984, 1144 dann gegeben, wenn dieser Elternteil sich bisher nie um das Kind gekümmert noch Unterhalt geleistet, sofern nicht in der Person des anderen Elternteils (ebenfalls) die §§ 1666f ausfüllende Gründe erfüllt sind. Ein Elternteil, dem die Ausübung des Personensorgerechts, sei es auch nur hinsichtlich des Rechts, den Aufenthalt des Kindes zu bestimmen (§ 1631 I), nicht zusteht (§§ 1666, 1671, 1672, 1673, 1674, 1675), scheidet aus. Im Fall des § 1673 II ist zu beachten, daß dem betroffenen Elternteil die Sorge für die Person des Kindes neben dem gesetzlichen Vertreter zusteht, wenngleich er nicht berechtigt ist, das Kind zu vertreten. Steht die Personensorge einem Pfleger (§ 1909), einem Betreuer (§ 1896) oder einem Vormund (§ 1773) zu, so sind diese herausgabeberechtigt (§§ 1915, 1800); gleicher Ansicht KG FamRZ 1978, 351; 1970, 488; Hamm FamRZ 1974, 210; Celle FamRZ 1964, 270.

b) **Herausgabepflichtig** ist jeder, der das Kind dem Herausgabeberechtigten widerrechtlich vorenthält, dh eine **4** Lage schafft, die dem Herausgabeberechtigten das Durchsetzen des Anspruchs wesentlich erschwert (RG JW 1916, 910). Dabei macht es keinen Unterschied, ob er das Kind in seiner unmittelbaren oder mittelbaren Gewalt hat, dh an einem gewöhnlich verheimlichten anderen Ort vorenthält. Bedient er sich solcher dritten Personen, zB Verwandter, eines Internats, so ist der Anspruch gegen ihn und die Mittelsperson gegeben (RG JW 1924, 539 mit Anm Blume). Jedoch ist das bloße Gewähren von Unterkunft und Verpflegung noch kein Vorenthalten. Ein rein passives Verhalten genügt nicht (vgl LG Köln FamRZ 1972, 376), jedoch kann es ausreichen, wenn die Rückkehr des Kindes durch so nachhaltige Beeinflussung derart unterbunden wird, daß für die Rückkehr ein aktives Tun erforderlich ist (Zweibrücken FamRZ 1983, 297). An der Widerrechtlichkeit fehlt es, wenn das Kind aufgrund öffentlichen Rechts, zB aufgrund von Strafhaft, Schulpflicht oder einer einstweiligen Anordnung (Verfügung RG WarnRsp 1916 Nr 53), vorenthalten wird (anders für die Heimerziehung nach § 34 SGB VIII, die, auf freiwilliger Basis erfolgend, jederzeit beendet werden kann). Dagegen wird ein Fortbleiben des Kindes, mit dem die Eltern zunächst einverstanden waren, von dem Zeitpunkt an rechtswidrig, da sie ihre Willensänderung dem anderen gegenüber klar zum Ausdruck bringen. Folgerichtig kann sich der Dritte auch nicht auf einen Dienst-, Arbeits- oder Lehrlingsvertrag berufen (MüKo/Huber Rz 11; aA Soergel/Strätz Rz 7). Das absolute Elternrecht geht vertraglichen Abreden vor; jedoch kann eine Vertragsverletzung zum Schadensersatz verpflichten.

Im übrigen ist zu unterscheiden, ob Herausgabepflichtiger ein **Dritter** (Rz 6ff) oder der **andere Elternteil 5** (Rz 9f) ist.

4. Herausgabeanspruch gegen Dritten und gegen den anderen Ehegatten

a) Der Personensorgeberechtigte muß den Herausgabeanspruch gegen den **Dritten** mittels eines an das FamG **6** gerichteten Antrags, also im Verfahren der freiwilligen Gerichtsbarkeit, geltend machen. Sind beide Elternteile personensorgeberechtigt, so werden das grundsätzlich beide den Antrag stellen und Herausgabe an beide verlangen. Jedoch genügt es, daß einer das Herausgabeverfahren betreibt, wenn der andere zustimmt (Celle FamRZ 1970, 201) oder es duldet. Gleiches muß gelten, wenn der andere sich gleichgültig verhält. Verlangt ein Elternteil die Herausgabe, während der andere das Kind dem Dritten belassen will, und können sich die Eltern nicht einigen, so müssen sie notfalls gemäß § 1628 das FamG anrufen, s Bemerkungen dazu und Rz 3. Das läßt sich auch dann nicht umgehen, wenn getrenntlebende Ehegatten, ohne daß eine Regelung nach § 1672 erfolgt wäre, auf Herausgabe des Kindes klagen und sich nicht einigen können, zu welchem von beiden das Kind kommen soll.

§ 1632 Familienrecht Verwandtschaft

7   b) Über den Herausgabeanspruch entscheidet das FamG und dieses hat von Amts wegen zu prüfen, ob die Eltern ihr Herausgaberecht mißbräuchlich iSd § 1666 geltend machen. Das Herausgabeverlangen darf jedoch nicht abgelehnt werden, ohne gleichzeitig zu prüfen, unter welchen Umständen die Auswirkung dieser Entscheidung durch eine von Amts wegen zu treffende Umgangsregelung gemildert werden kann (Hamburg FamRZ 1989, 420f).

8   c) Der **Antrag** geht, wenn das Kind mit seinem Willen entführt oder verschleppt wurde, auf **Rückführung** (KG JW 1925, 377; so generell Gernhuber/Coester-Waltjen § 57 V 2; MüKo/Huber Rz 16). Sonst ist er auf **Duldung der Abholung** zu richten, sowie, falls der Beklagte den Aufenthaltsort des Kindes verheimlicht, auf dessen Angabe. In der Praxis wird der Antrag in diesem Fall gewöhnlich auf **Herausgabe** des Kindes gerichtet.

9   d) Verlangt **ein Elternteil von dem anderen** die **Herausgabe** des Kindes, so war dafür auch schon vor dem Inkrafttreten des KindRG das FamG zuständig. Es kommt darauf an, ob dem Antragsteller das **Recht, den Aufenthalt des Kindes zu bestimmen**, zusteht. Ist das aufgrund der §§ 1666, 1671, 1672, 1673ff, 1680 nicht der Fall, so ist sein Begehren (nur) prima facie unberechtigt, andernfalls berechtigt. Dh: Das FamG muß nicht ohne weiteres die Herausgabe des Kindes an denjenigen Elternteil anordnen, dem nach der gegenwärtigen Rechtslage das Personensorge- oder Aufenthaltsbestimmungsrecht zusteht. Wendet dieser sich an das FamG, so ist damit noch nicht gesagt, daß er in jedem Fall mit seinem Antrag Erfolg hat, nicht einmal dann, wenn der andere Elternteil ihm das Kind eigenmächtig weggenommen hat. Es besteht nämlich keineswegs der Grundsatz, daß ein Kind stets und ohne Rücksicht darauf, ob dies seinem Wohle dient, zunächst dem Elternteil zurückgebracht werden muß, dem es der andere vorenthält (KG FamRZ 1970, 39). Denn bei der **Anordnung** der **Herausgabe** handelt es sich **keineswegs um eine reine Vollstreckungsmaßnahme** (BayObLG FamRZ 1977, 137, 139). Daher muß das FamG stets prüfen, ob seine Maßnahmen, was alleiniger Prüfungsmaßstab ist, dem Kindeswohl dienlich sind (Hamburg FamRZ 1994, 1128; dazu allg Frankfurt/M FamRZ 2002, 1727). Wurde bereits im Sorgerechtsverfahren alles für die Herausgabe Maßgebliche erörtert, so wird sich allerdings seine Prüfung darauf beschränken, ob der Zeitpunkt richtig gewählt oder ob das Herausgabeverlangen rechtsmißbräuchlich ist (Hamm FamRZ 1991, 102 bei kurz zuvor übertragener elterlicher Sorge, ebenso bei im Inland anzuerkennender Entscheidung eines ausländischen Gerichts zum Sorgerecht Koblenz NJW 1989, 2201ff). Zur Frage, ob und inwieweit vor Erlaß einer Herausgabeanordnung bereits im Verfahren nach § 1671 erörterte Gesichtspunkte nochmals zu prüfen sind, vgl Hamm FamRZ 1967, 296. Sind mittlerweile neue zutage getreten, so ist auf diese besonders einzugehen. Jedenfalls wird das angerufene FamG den Streit der Elternteile zum Anlaß nehmen, gewissenhaft zu prüfen, ob eine früher getroffene Regelung aufrecht erhalten bleiben kann oder im Interesse des Kindes gemäß § 1696 geändert werden muß (BGH LM Nr 3 zu § 1632; BayObLG FamRZ 1963, 582; KG FamRZ 1971, 585; 1970, 202; Düsseldorf FamRZ 1981, 601). Nimmt während eines Ehescheidungsverfahrens ein Ehegatte dem anderen das Kind eigenmächtig fort, so erscheint es angebracht, die einstweilige Anordnung über die Herausgabe des Kindes (§ 620 I Nr 3 ZPO) von Amts wegen mit der einstweiligen Anordnung betreffend die elterliche Sorge (§ 620 I Nr 1 ZPO) zu verbinden. Das ist aber nur möglich, wenn neben dem Sorgeverfahren auch ein Herausgabeverfahren anhängig ist; die einstweilige Herausgabeanordnung kann nicht im isolierten Sorgeverfahren ergehen (Zweibrücken FamRZ 1996, 234; 1997, 693). Leben die Eheleute nicht nur vorübergehend getrennt, so wird sich empfehlen, auch eine Entscheidung nach § 1672 herbeizuführen.

5. Entsprechende Anwendung

10   Die **Abs I und III gelten entsprechend**, wenn der vom VormG bestellte Vormund (KG FamRZ 1970, 210) oder Pfleger (Celle FamRZ 1964, 270; KG OLG 71, 71) das Kind von einem Elternteil herausverlangt.

6. Abs III. Verfahrensvorschriften

11   a) Das auf Herausgabe des Kindes gerichtete Verfahren setzt einen entsprechenden **Antrag** der Eltern oder eines Elternteils voraus, gleichgültig ob der Antragsgegner ein Dritter oder der andere Elternteil ist. Es unterliegt dem FGG (dazu Köln FamRZ 1982, 508).

12   b) **Sachlich zuständig** ist das FamG. Es entscheidet auch über die Feststellung, daß das Verbringen des Kindes widerrechtlich ist und nicht nur über das Rückführungsverlangen (BayObLG FamRZ 1995, 629f). Zur sachlichen Zuständigkeit in den Fällen entsprechender Anwendung s Rz 10. **Örtlich zuständig** ist das FamG des Wohnsitzes oder Aufenthalts (§§ 64 FGG, 621 II S 2 ZPO). Ist oder wird eine Ehesache anhängig, so ist oder wird das gemäß § 606 ZPO mit ihr befaßte Gericht ausschließlich zuständig (§ 621 I S 1 Nr 3 ZPO). Dabei ist ein bereits eingeleitetes Verfahren auf Herausgabe des Kindes gemäß § 621 III ZPO an dieses abzugeben. Während eines Scheidungsverfahrens ist die Entscheidung nach §§ 623 II S 1, 621 II Nr 3 ZPO grundsätzlich im Verbund zu treffen, kann aber auf Antrag (§ 623 II S 2 ZPO) abgetrennt werden. Auch dann sind die Vorschriften des FGG maßgeblich. Das **Rechtsschutzbedürfnis** entfällt nicht schon dann, wenn mit der Anerkennung der Entscheidung des deutschen Gerichts am Aufenthaltsort des Kindes im Ausland nur unter bestimmten Voraussetzungen gerechnet werden kann (KG IPrax 1991, 60 m Anm Wengler, S 42f).

13   c) Als erster Schritt im Verfahren muß der Richter nach § 52 I FGG unter Hinweis auf Beratungsmöglichkeiten auf eine außergerichtliche Einigung der Ehegatten hinwirken. Zur Erleichterung der vorgerichtlichen Einigung kann das Verfahren nach § 52 II FGG ausgesetzt werden und einstweilige Anordnungen für die Zeit der Streitbeilegung können erlassen werden (§ 52 III FGG). **Anzuhören** sind: Das Jugendamt nach § 49 I Nr 6 FGG (örtliche Zuständigkeit, § 86 III SGB VIII), die Eltern nach § 50a FGG, das Kind nach § 50b FGG, Pflegepersonen nach § 50c FGG. IdR ist ein Verfahrenspfleger (§ 50 FGG nF) zu bestellen. Regelmäßig ist es geboten, das Jugendamt am Wohnsitz des sorgeberechtigten Elternteils bei dem sich das Kind nicht aufhält, nach § 12 FGG anzuhören. Dasselbe gilt im Falle der Wiederheirat und der Absicht des Sorgeberechtigten, das Kind in die neue Familie aufzunehmen (BayObLG FamRZ 1987, 619ff).

d) Rechtsmittel im Fall einer Entscheidung gegen einen Dritten ist die einfache Beschwerde des § 19 FGG. **14** Hat das FamG entschieden, so ist zu unterscheiden: **aa)** Erging die Entscheidung im Verbund, so ist die Berufung und Revision, bei isolierter Anfechtung nur der Herausgabeanordnung die Beschwerde nach Maßgabe der §§ 629, 629a, 621e ZPO gegeben. **bb)** Wurde der Herausgabestreit als selbständige Familiensache durchgeführt, so findet gemäß § 621e ZPO die Beschwerde statt. Wurde das Kind auf Grund der gerichtlichen Anordnung herausgegeben, so ist die Beschwerde zulässig (Düsseldorf FamRZ 1980, 728; 1981, 85; KG FamRZ 1970, 202, 203, 488, 489; Oldenburg NdsRPfl 1960, 250; aM Oldenburg FamRZ 1978, 437 m krit Anm Bosch). Die weitere Beschwerde richtet sich nach § 27 FGG, wenn das FamG entschieden hat, nach § 621e II ZPO.

e) Einstweilige Anordnungen auf Herausgabe eines Kindes sind zulässig. Zu den Voraussetzungen einer vom **15** Betreuer beantragten einstweiligen Anordnung auf Herausgabe des Betreuten s Frankfurt FamRZ 2003, 964 m Anm van Els FamRZ 2003, 965. Handelt es sich um einen Streit zwischen Eltern vor dem FamG, so folgt dies bei Anhängigkeit einer Ehesache aus den §§ 620 Nr 3, 620a, 606 I ZPO; bei isolierter Familiensache ist eine einstweilige Anordnung gemäß dem FGG zulässig. Ist dagegen bereits eine Endentscheidung ergangen, die mit ihrer Zustellung nach § 16 FGG wirksam wird, ist eine gleichzeitig erlassene einstweilige Anordnung hinfällig und unanfechtbar (Brandenburg FamRZ 1996, 365f). Ist Anspruchsgegner ein Dritter, so kommt gleichfalls eine vorläufige Anordnung nach dem FGG in Betracht. Sie setzt voraus, daß die Regelung des streitigen Rechtsverhältnisses nicht ohne Gefährdung des Kindeswohls bis zur endgültigen Entscheidung hinausgeschoben werden kann (Schleswig SchlHA 1979, 48; Düsseldorf FamRZ 1994, 1541f). Handelt es sich um eine selbständige (isolierte) Familiensache, so kann eine einstweilige Anordnung nur dann ergehen, wenn dem Antragsteller zumindest das Aufenthaltsbestimmungsrecht hinsichtlich des herausverlangten Kindes zusteht (Bamberg FamRZ 1979, 853; BayObLG FamRZ 1990, 1379; Hamm FamRZ 1992, 337ff). Gegen die gemäß §§ 620, 620a ZPO ergangene, einstweilige Anordnung des FamG ist die sofortige Beschwerde nach § 620c ZPO gegeben. Eine weitere Beschwerde ist nicht vorgesehen. In den anderen Fällen ist gegen die einstweilige Anordnung oder deren Ablehnung die unbeschränkte einfache Beschwerde des § 19 FGG zulässig; vgl dazu vor § 1564 Rz 21h. Was die erweiterte Beschwerdeberechtigung des § 57 I Nr 9 FGG anlangt, die für die sofortige Beschwerde laut § 57 II FGG entfällt, so bestimmt § 64 III S 3 FGG, daß § 57 II FGG entsprechend für die Beschwerde nach den §§ 621e, 629a II ZPO gilt. Die Beschwerdeberechtigung des Jugendamts wird dadurch nicht beeinträchtigt (§ 64 III S 3 FGG). Die Beschwerde ist **unzulässig**, wenn sie nach Vollzug der vorläufigen Anordnung auf Herausgabe des Kindes und hierfür gestattete Gewaltanwendung eingelegt worden ist (BayObLG FamRZ 1990, 1379).

f) Ursprünglich war beabsichtigt, in den § 1632 einen Satz aufzunehmen, daß mit der Herausgabe des Kindes **16** auch die **Herausgabe** der für den **persönlichen** Gebrauch des Kindes notwendigen **Sachen**, wie Kleidung, Wäsche, Gebrauchsgegenstände, Spielzeug, Urkunden, Haustiere, verlangt werden könne. Das ist jedoch nicht geschehen. Statt dessen wurde in das FGG mit § 50d eine entsprechende Vorschrift eingefügt, über die gem § 14 Nr 7 RPflG ebenfalls der Rechtspfleger entscheidet. Sie dient der vorläufigen Sicherung des Kindesbedarfs, behält die endgültige Klärung der Eigentumsverhältnisse aber dem ordentlichen Prozeß vor (BT-Drucks 7/2060, 52; 8/2788, 74) und lautet: „Ordnet das Gericht die Herausgabe eines Kindes an, so kann es die Herausgabe der zum persönlichen Gebrauch des Kindes bestimmten Sachen durch einstweilige Anordnung regeln." Als Verfahrensvorschrift enthält sie jedoch ebenso wie der für das Ehescheidungsverfahren geltende, denselben Anspruch betreffende § 620 Nr 8 ZPO (grundsätzlich) nicht den materiellen Anspruch (so allgemein Stuttgart FamRZ 1972, 373; Düsseldorf FamRZ 1978, 908; München FamRZ 1980, 448; wN bei Peschel–Gutzeit MDR 1984, 890, 891 Fn 5). Aber auch diese Annahme hilft nichts, wenn die Ehegatten von einem Dritten bzw ein Ehegatte von dem Partner, von dem er nicht dauernd getrennt lebt oder schon rechtskräftig geschieden ist, für das bei ihnen bzw ihm befindliche Kind die für dessen persönlichen Gebrauch notwendigen Sachen herausverlangt (ausführlich dazu Peschel–Gutzeit aaO S 892ff). Dann bestehen noch zwei Lösungswege. Eine darauf bezogene extensive Auslegung des § 1632 I läßt sich damit rechtfertigen, daß andernfalls zumindest bis zur zeitaufwendigen und vielleicht nicht einmal finanzierbaren Wiederbeschaffung solcher Sachen die am Kindeswohl orientierte Personensorge nur unvollständig wahrgenommen werden kann. Unabhängig davon könnte, allerdings beschränkt auf das Verhältnis der Ehegatten untereinander, § 1361a I analog angewendet werden.

g) Die **Zwangsvollstreckung** der Entscheidungen auf Herausgabe des Kindes richtet sich, gleichviel ob gegen **17** Dritte oder den anderen Elternteil, stets nach § 33 FGG (dazu Dickmeis NJW 1992, 537, 538). Bestritten ist jedoch, ob das dann gilt, wenn es sich um die Vollstreckung einer auf Herausgabe des Kindes nach § 620 Nr 3 ZPO ergangenen einstweiligen Anordnung, vgl Rz 15, handelt. Für dieses Verfahren hat der Gesetzgeber es versäumt, eine dem § 621a S 1 ZPO entsprechende Vorschrift zu erlassen. Hieraus folgert man, daß die auf Herausgabe eines Kindes gerichtete Zwangsvollstreckung im Verfahren nach § 620 Nr 3 ZPO gemäß den Vorschriften der ZPO, also entsprechend § 883 ZPO, im isolierten (selbständigen) Verfahren und hinsichtlich der Endentscheidung dagegen nach den Vorschriften des FGG (§ 33) durchzuführen ist; so Hamm FamRZ 1979, 988; München FamRZ 1979, 317; Oldenburg FamRZ 1978, 911; Hamburg FamRZ 1979, 1046 (hinsichtlich der Herausgabe von Hausrat); für die Vollstreckung einstweiliger Anordnungen nach der ZPO ferner Zweibrücken FamRZ 1979, 842; 1980, 1838; Koblenz FamRZ 1978, 605. AA, dh stets Vollstreckung nach § 33 FGG: Köln FamRZ 1982, 508; München FamRZ 1979, 1047; Stuttgart FamRZ 1979, 342; AG Bonn FamRZ 1979, 844; LG Ravensburg FamRZ 1978, 910; Pal/Diederichsen § 1634 Rz 38; MüKo/Huber Rz 20f. Als Vollstreckungsmittel kommen demnach entweder Zwangsgeld oder Zwangshaft (§ 33 I FGG) oder unmittelbarer Zwang, dh Gewalt (§ 33 II FGG) in Betracht. Die Festsetzung von Zwangsgeld setzt voraus, daß der Pflichtige von der vorangegangenen Androhung Kenntnis erlangt hat (Karlsruhe FamRZ 1994, 1129). Mangels einer Rechtsgrundlage kann einem Elternteil dann kein Zwangsgeld angedroht werden, wenn er dem gerichtlichen Sachverständigen den Kontakt mit dem Kind zur Erarbeitung eines familienpsychologischen Gutachtens nicht ermöglicht (Karlsruhe FamRZ 1993, 1479f). Die Anord-

§ 1632 Familienrecht Verwandtschaft

nung der Zwangshaft ist eine weitere, unabhängig von der Festsetzung eines Zwangsgeldes vorgesehene Beugemaßnahme, die erst durch Art 2 Nr 2 SorgeRÜbkAG v 5. 4. 1990 (BGBl I 701) neu geschaffen worden ist. Sie kommt gegen einen – ausländischen – Vater in Betracht, der das Kind in sein Heimatland verbracht hat (Hamm FamRZ 1993, 1479). Für unmittelbaren Zwang bedarf es einer besonderen, hierauf gerichteten Verfügung des Gerichts. Die gewaltsame Wegnahme kommt nach dem **Grundsatz des Übermaßverbotes** nur als äußerstes Mittel in Betracht (Hamburg FamRZ 1994, 1128; Düsseldorf FamRZ 1994, 1541, 1543). Eine Ordnungsstrafe kann das Gericht gegen den Antragsgegner nur bei dessen Verschulden verhängen. Gemäß § 14 Nr 7 RPflG ist der Richter zuständig.

18 **h) Leistet** das **Kind** gegen die Herausgabe **Widerstand**, so kann dieser nicht mittels einer Zwangsvollstreckung gemäß den §§ 883, 888 ZPO gebrochen werden (BGH FamRZ 1975, 276). Es muß den Eltern überlassen bleiben, sich dem Kind gegenüber durchzusetzen. Diese können gemäß § 1631 III das zuständige FamG, vgl auch KG FamRZ 1966, 153, oder den Gerichtsvollzieher beiziehen (Hamm DAVorm 1975, 168, der zur Gewaltanwendung ermächtigt werden kann (Celle FamRZ 1994, 1129), allerdings nach § 33 II S 5 FGG, der durch das KindRG neu in die Vorschrift aufgenommen worden ist, nicht (mehr) gegenüber dem Kind. Der unmittelbare Zwang oder die Gewalt wurde schon vorher insbesondere gegenüber einem älteren Kind zum Teil wegen Art 2 I GG für bedenklich erklärt, vgl BGH FamRZ 1975, 276; BayObLG NJW 1974, 2183; ebenso bei 15jähriger, in Deutschland bei Pflegeltern aufgewachsener Türkin (BayObLG FamRZ 1985, 737; dazu Lempp FamRZ 1986, 1061; Schütz FamRZ 1986, 528; Wieser FamRZ 1990, 693; Diercks FamRZ 1994, 1226ff).

7. Umgang des Kindes mit anderen; Bestimmung auch mit Wirkung gegen Dritte (Abs II)

19 **a)** Das **Recht** und die **Pflicht** der Eltern, den **Umgang** des **Kindes** mit anderen Menschen zu **überwachen** und einen dem Kind schädlichen Umgang zu unterbinden, wurden schon früh zu Recht anerkannt und aus dem Aufsichtsrecht gefolgert; vgl BayObLG NJW 1962, 2204. Das PersSG hat diese Obliegenheiten im § 1632 **ausdrücklich geregelt**. Der Rechtsausschuß hat hierzu in seinem Bericht BT-Drucks 8/2788, 51 folgendes ausgeführt: Die Vorschrift erwähnt das Recht der Eltern, den Umgang des Kindes mit Wirkung für und gegen Dritte im Rahmen der Personensorge zu bestimmen. Danach habe der Sorgeberechtigte schädliche Einflüsse Dritter nach Möglichkeit zu verhindern und das Kind vor Belästigungen zu schützen. Zu diesem Zwecke könne er auch mit Weisungen und Verboten gegen das Kind oder auch gegen Dritte vorgehen.

20 **b)** Das **Recht**, den Umgang des Kindes zu bestimmen, ist **absoluter Natur**; es genießt den Schutz der §§ 823 I, 1004 (Schleswig FamRZ 1965, 224; Köln FamRZ 1963, 447; Neustadt FamRZ 1961, 532). Die Eltern verwirklichen es durch einschlägige Anordnungen. Zu mißbilligenden Umgang können sie durch **Umgangsverbote** unterbinden. Das elterliche Einschreiten findet seine **Schranke** in der mittlerweile vorhandenen Fähigkeit des Heranwachsenden, eine eigene sachgemäße Entscheidung zu treffen. Das Recht der Eltern zur Bestimmung des Umgangs ihrer Kinder ist auf den Fall beschränkt, daß dieser dem Sittengesetz widerspricht oder das Kind ernstlich zu schädigen droht (tendenziell Koblenz FamRZ 1958, 137; LG Koblenz FamRZ 1958, 141; LG Wiesbaden FamRZ 1974, 663). Umgangsverbote bedürfen dem Dritten gegenüber grundsätzlich keiner Rechtfertigung durch das Vorliegen „triftiger Gründe" (Frankfurt/M NJW 1979, 2052; anders BayObLG FamRZ 2002, 907ff: ein vom Betreuer verhängtes Umgangsverbot). In diesem Zusammenhang ist vor allem auf § 1626 II hinzuweisen. Dh: In den letzten Jahren vor der Volljährigkeit verflüchtigt sich im gleichen Maße, wie das Persönlichkeitsrecht des Kindes erstarkt, die **elterliche Sorge** zu einer bloßen **Elternwacht**. Dh: Das **Eingriffsrecht** nimmt mit der **wachsenden Reife** des Kindes an Stärke **ab**, so auch Hamm FamRZ 1974, 136. Es beschränkt sich dann auf die Befugnis, **Fehlentwicklungen** zu **steuern** und einzugreifen, wenn nicht mit Sicherheit angenommen werden kann, daß die entsprechenden Umgangsregeln gewahrt werden (Gernhuber/Coester-Waltjen § 57 VII 7; Gernhuber FamRZ 1962, 95). Zu bedenken ist aber noch, worauf Hamm FamRZ 1974, 136 mit Recht hinweist, daß das Erziehungsrecht ein stärkeres Gewicht behält, wenn besondere Lebensumstände den Eltern größere Pflichten und besondere Lasten auferlegen.

21 **c) Bisherige Rspr** zum **Umgangsverbot. aa)** Es ist begründet: bei Umgang der 16jährigen Tochter mit 37jährigem verheirateten Vater zweier Kinder (Frankfurt NJW 1979, 2052; Nürnberg FamRZ 1959, 71); bei Umgang der Tochter mit wegen Raubüberfalls Bestraftem (KG MDR 1960, 497); bei Versuch, die Tochter den Eltern zu entfremden (Hannover NJW 1949, 625), bei Nichtrespektierung des elterlichen Erziehungsvorrangs durch Großeltern (BayObLG FamRZ 1995, 497f); bei Rauschgiftgefahr (Hamm FamRZ 1974, 136); bei Gefahr gleichgeschlechtlicher Betätigung (LG Berlin FamRZ 1985, 519). **bb)** Einschränkend: LG Saarbrücken FamRZ 1970, 319: Eltern können nicht den Umgang rechtswirksam Verlobter, untersagen; LG Koblenz FamRZ 1957, 325: kein Einschreiten, wenn Umgang nicht gegen das Sittengesetz verstößt; Koblenz FamRZ 1958, 137: nur triftige Gründe vermögen das Umgangsverbot zu rechtfertigen, mit Kritik von Bosch. S auch LG Wiesbaden FamRZ 1974, 663 zum Recht der Eltern, einen Umgang ihrer 17jährigen Tochter mit einem jungen Mann zu untersagen; aM Pal/Diederichsen Rz 32), und zur Aufgabe der Eltern, dem Kind sozialen Kontakt auch mit Personen des anderen Geschlechts zu ermöglichen. Nach AG Bad Säckingen FamRZ 2002, 689 ist bei der Anordnung eines Umgangsverbots wegen der politischen Einstellung eines anderen (hier: angebliche Zugehörigkeit zur rechten Szene) Zurückhaltung geboten. **cc)** Von der Vorstellung eines grundsätzlich schrankenlosen Elternrechts ausgehend, gewährte demgegenüber vor allem die ältere Rspr den Eltern die Befugnis, einen unerwünschten Verkehr des Kindes schlechthin zu unterbinden. Dieser Standpunkt berücksichtigt allerdings nicht das erstarkende Persönlichkeitsrecht, wie es seinen Niederschlag im § 1626 II gefunden hat. **dd)** Nicht zulässig ist dagegen die Anordnung, der Dritte habe sich einer psychologischen Untersuchung und einem damit verbundenen Testverfahren zu unterziehen (Hamm FamRZ 1981, 706). Zu dem von einem Betreuer verlangten Umgangsverbot gegenüber Verwandten s BayObLG 2002, 907ff.

d) Weil jeder Elternteil dem Kind als selbständige Erzieherpersönlichkeit gegenübertritt, ist ein **Umgangsver-** 22
bot dem **Kind gegenüber** auch dann **wirksam**, wenn nur **ein Elternteil** es erläßt (Gernhuber FamRZ 1965, 227).
Um das Kind nicht in Gewissensnöte zu versetzen, sollten sich die Eltern einigen, und wenn das nicht gelingt, das
FamG gemäß § 1628 anrufen. **Dritten gegenüber** ist das Umgangsverbot dagegen nur **verbindlich**, wenn es von
dem Willen **beider Elternteile** getragen wird; denn der Dritte verhält sich nicht rechtswidrig, wenn er mit Willen
eines Elternteils handelt (Gernhuber FamRZ 1965, 227; Schleswig FamRZ 1965, 224).

e) Dem **Kind gegenüber** können die Eltern ihr **Umgangsverbot** unmittelbar durch **erzieherische Maßnahmen** 23
durchsetzen. Eine Grenze finden diese in §§ 1631 II, 1666. Sie können ihre Maßnahmen dadurch absichern, daß
sie das FamG um Unterstützung bitten. **Dritten gegenüber** konnten die Eltern früher ihr Umgangsverbot nur mittels einer einstweiligen Verfügung oder einer Unterlassungsklage verwirklichen. Nunmehr **entscheidet** bei **Streitigkeiten** über die Berechtigung eines Umgangsverbots das **FamG**. Der Antrag ist auf Duldung des Abholens
oder, was die Praxis auch zuläßt, auf Herausgabe gerichtet. Dagegen entscheiden die ordentlichen Zivilgerichte
nach wie vor über eine Schadensersatzklage, die auf Verletzung des absoluten, elterlichen Sorgerechts (§ 823 I)
gestützt ist. Das FamG wird nur auf Antrag der Eltern oder, wenn sich beide einig sind, auch eines Elternteils tätig.
Seine örtliche Zuständigkeit richtet sich nach den § 621 II S 2 ZPO. Es handelt sich um ein dem Richter vorbehaltenes Geschäft (§ 14 Nr 16 RPflG). Die für oder gegen einen Dritten wirkende Entscheidung wird gemäß § 33
FGG vollstreckt. Die gegen ein Umgangsverbot gerichtete (weitere) **Beschwerde** wird mit dem Eintritt der Volljährigkeit des Kindes unzulässig (Zweibrücken FamRZ 1989, 419f).

8. Schutz des Kindes bei seiner Wegnahme von der Pflegeperson (Abs IV)

a) Kindeswohl und Elternrecht. Den auf Herausgabe des Kindes gerichteten Anspruch büßen die leiblichen 24
Eltern keineswegs dadurch ein, daß sie das Kind Pflegeeltern überlassen, die es bestens versorgen. Denn das
Elternrecht ist verfassungsrechtlich gewährleistet. Ein Pflegeverhältnis soll daher generell nicht so verfestigt werden, daß die leiblichen Eltern nahezu in jedem Fall den dauernden Verbleib ihres Kindes in der Pflegefamilie
befürchten müssen (Hamm FamRZ 1995, 1567f). Ihr Verlangen, das Kind in eigene Obhut zu nehmen, kann aber
im Einzelfall zu einer schweren Schädigung des Kindes führen. In solchen Fällen hat schon früher die Rspr dem
Herausgabeverlangen der Eltern nicht entsprochen. Zur Begründung wurde angeführt: Das Recht auf Herausgabe
des Kindes dürften die Eltern nur zum Wohle des Kindes geltend machen. Denn es handele sich dabei um ein den
Eltern zwar verfassungsrechtlich garantiertes, gleichwohl aber pflichtgebundenes Schutzrecht, das ausschließlich
den Interessen des Kindes zu dienen habe (BGH FamRZ 1976, 446; 1974, 595; BVerfG FamRZ 1968, 578). Verlangten daher die Eltern die Herausgabe des Kindes gegen dessen Interessen, so mißbrauchten sie ihr Recht der
Sorge für die Person des Kindes (BayObLG FamRZ 1978, 135; 1974, 137; 1964, 638; KG FamRZ 1963, 308).
Dazu ist ferner Frankfurt FamRZ 1979, 448; Köln FamRZ 1971, 182. Diesem Gedanken entspricht Abs IV (dazu
ausführlich Baer FamRZ 1982, 221, 223ff; Siedhoff NJW 1994, 616ff; Schlüter FamR Rz 367; zum Verhältnis zu
§ 1666 I S 1 s Siedhoff FamRZ 1995, 1254ff), der durch das KindRG nur einen veränderten Wortlaut erhalten hat.
Während früher auf § 1666 I S 1 verwiesen wurde, wird jetzt an die Gefährdung des Kindeswohls angeknüpft.

Der Rechtsausschuß hat in seinem Bericht BT-Drucks 8/2788, 40 folgendes ausgeführt: Das Wohl eines Kindes, 25
das sich in einer Dauerpflegestelle befinde (zu den Anforderungen und fachlichen Perspektiven einer „Vollzeitpflege" als Erziehungshilfe s Jordan ZfJ 1992, 18ff), könne dadurch gefährdet sein, daß seine leiblichen Eltern es
zur Unzeit aus dieser Stelle herausnähmen. Auch aus anderen Gründen könne die Rücknahme das Wohl des Kindes gefährden. Daher müsse für solche Fälle eine besondere Schutznorm geschaffen werden. Das Personensorgerecht der Eltern müsse insbesondere dann zurücktreten, wenn das Kind seinen leiblichen Eltern entfremdet sei, in
der Pflegestelle seine Bezugswelt gefunden habe und durch die Herausnahme sein persönliches, vornehmlich sein
seelisches Wohl gefährdet würde. Aber auch andere Umstände könnten zum Schutz des Pflegeverhältnisses Anlaß
geben. Deshalb solle das *VormG* (jetzt FamG) den Verbleib des Kindes in der Pflegefamilie anordnen können,
wenn und solange die Voraussetzungen des § 1666, insbesondere in Hinblick auf Anlaß und Dauer der Familienpflege, zu bejahen seien; zum Grundsatz der Zuständigkeit des FamG s OVG Thüringen FamRZ 2002, 1725, 1726.
Dabei habe es auch das frühere Verhalten der Eltern, das zur Unterbringung in der Pflegefamilie oder zur Entfremdung zwischen Eltern und Kind geführt habe, zu berücksichtigen.

b) Voraussetzungen für ein **Eingreifen** des **FamG** (dazu Ell ZfJ 1990, 647ff). **aa)** Das Kind muß sich in **Fami-** 26
lienpflege befinden. Der Begriff der Familienpflege erscheint als Variante der in § 33 SGB VIII geregelten Vollzeitpflege; sie soll besonders entwicklungsbeeinträchtigten Kindern und Jugendlichen vorbehalten sein; vgl § 33
S 2 SGB VIII und BT-Drucks 11/5948, 71. Der Gesetzgeber wollte an dieser klassischen Hilfsform der Pflegefamilie festhalten, da sie auch in Zukunft ihren Stellenwert behalten soll. Zielgruppe sind Jugendliche bzw Kinder, die
über die Familie pädagogisch nicht mehr erreichbar sind. Die Erlaubnispflicht für die Pflege ist jetzt in § 44
SGB VIII geregelt. Für eine Hilfe zur Erziehung nach § 33 SGB VIII entfällt die Erlaubnispflicht aber wohl regelmäßig nach § 44 I S 2 Nr 1 SGB VIII; vgl BT-Drucks 11/5948, 82. Die Unterbringung in einem **Kinderheim** ist
dagegen selbst dann kein Fall von Familienpflege, wenn der Heimleiter um die Schaffung ähnlicher Verhältnisse
bemüht ist (LG Frankfurt FamRZ 1984, 729). Es erfordert, daß familienähnliche Verhältnisse entstehen. Darüber
hinaus wird man den Schutz dem Kind auch dann angedeihen lassen, wenn es sich bei Verwandten (AG Fulda
FamRZ 2002, 900f: im Fall des nichtehelichen Vaters und dessen Erben), Stiefeltern oder in Adoptionspflege
des § 1744 befindet (Pal/Diederichsen Rz 21).

bb) Die Familienpflege muß **längere Zeit** dauern. Was darunter zu verstehen ist, sagt das Gesetz nicht. Es
kommt darauf an, ob das Kind sich bei den Pflegeeltern so eingelebt hat, daß es bei ihnen seine Bezugswelt gefunden hat und sich wie bei leiblichen Eltern zu Hause fühlt, so daß ein vor allem unvermutetes Herausreißen aus der
gewohnten Umgebung es nur schädigen könnte (für ein zehn Jahre altes Kind, das seit acht Jahren bei den Pflege-

eltern ist, BayObLG FamRZ 1995, 626ff). Das kann bei einem jüngeren Kind eher der Fall sein als bei einem älteren. Auch bei einer 16jährigen kann ein Jahr in der Pflegefamilie genügen (BayObLG FamRZ 1998, 1040). And für einen fünf Monate alten Säugling, der kurz nach der Geburt zu den Pflegeeltern gegeben worden ist (BayObLG FamRZ 1985, 1175). Dabei kann auch die Umwelt, wie zB das Vorhandensein von Pflegegeschwistern, Spiel- und Schulkameraden, die Wohnverhältnisse ebenso eine Rolle spielen wie ein von den Pflegeeltern gestellter **Adoptionsantrag** (BayObLG NJW 1994, 668f).

cc) Geschützt wird das Kind nach dem Gesetzeswortlaut vor dem **Herausgabeverlangen** der **leiblichen Eltern** (auch bei nur beabsichtigtem Wechsel der Pflegeeltern BVerfG FamRZ 1987, 786) denen das Personensorgerecht (noch) zustehen muß (inzident OVG Thüringen FamRZ 2002, 1725, 1726). Gleiches muß aber gelten, wenn der **Vormund** (Hamm NJW 1985, 3029 – oder ein sonstiger gesetzlicher Vertreter; AG Fulda FamRZ 2002, 900f) oder ein zur Ausübung des Aufenthaltsbestimmungsrechts bestellter Pfleger (BayObLG FamRZ 1985, 1175) das Kind wegnehmen will.

dd) Das FamG kann das **Verbleiben des Kindes bei der Pflegeperson** anordnen – eine **Verbleibensanordnung** kann nur im Falle eines (beabsichtigten) Herausgabeverlangens ergehen (BayObLG FamRZ 1990, 1379; OVG Thüringen FamRZ 2002, 1725, 1726: Verbleibensanordnung führt nicht zugleich zur Übertragung einzelner Angelegenheiten elterlicher Sorge nach § 1630 III) –, wenn dessen **Wegnahme** sich als **Mißbrauch** des **Personensorgerechts** (bei Fehlen eines triftigen Grundes für das Herausgabeverlangen, AG Frankfurt FamRZ 1982, 1120) darstellt und hierdurch das **Wohl des Kindes gefährdet** wird. Das ist dann zu **bejahen**, wenn ein Aufenthaltswechsel dem Kind im gegebenen Fall voraussichtlich schwere und womöglich bleibende körperliche, geistige oder seelische Schäden zufügen würde (BayObLG FamRZ 1985, 1175; Bremen FamRZ 2003, 54; Frankfurt FamRZ 1980, 826; Hamm FamRZ 2003, 54; Oldenburg FamRZ 1981, 811; s dazu auch Hamburg NJW-RR 1990, 1289, 1290 – Beachtung des Verhältnismäßigkeitsgrundsatzes – Schlüter, FamR Rz 367 und Lüderitz AcP 178, 263, 292f; bei einem Wechsel der Pflegefamilie ebenso BVerfG NJW 1988, 125: bei einer Familienzusammenführung ist die Risikogrenze enger zu ziehen). Das Herausgabeverlangen ist dagegen berechtigt, auch wenn eine psychische Beeinträchtigung des Kindes als Folge der Trennung nicht schlechthin ausgeschlossen werden kann, sofern die (Adoptiv-)Eltern in einem solchen Fall in der Lage sind, das Kind ohne dauerhafte Schäden in die Familie zu integrieren (BVerfG FamRZ 1989, 31). Allgemein zu den **psychologischen Kriterien** Ell DAVorm 1990, 1124ff. Voraussetzungen können auch mit Hilfe eines psychologischen Gutachtens geprüft werden (Frankfurt FamRZ 1983, 647 m zust Anm Kemper). Zur **Verfassungsmäßigkeit** dieser auf der Basis der Dauer des Pflegeverhältnisses vorgenommenen Abwägung BVerfG NJW 1985, 423; dazu Salgo NJW 1985, 413. Bei seiner Entscheidung hat das FamG auch, aber eben nicht allein (Frankfurt FamRZ 1983, 1163), zu berücksichtigen, aus welchem **Anlaß** seinerzeit die Eltern das Kind in Familienpflege gegeben haben, ob aus einem verständlichen oder zu mißbilligenden. So wird die Entscheidung anders ausfallen, wenn die Eltern das Kind infolge einer unverschuldeten Notlage weggeben mußten, zB wegen langdauernder Krankheit (AG Fulda FamRZ 2002, 900f: wegen psychischer Erkrankung der Mutter), wegen des beide Elternteile treffenden Zwanges, berufstätig zu sein, wegen beengter Wohnverhältnisse, wegen eines langwährenden, mit dem Beruf zusammenhängenden Auslandsaufenthalts, oder wenn sie sich des Kindes entledigt haben, weil es ihnen lästig oder gleichgültig geworden ist oder sonstwie im Wege stand. Vgl Belchaus Rz 19. Auch auf die **Dauer der Familienpflege**, die als kindlicher Zeitbegriff und nicht absolut zu messen ist (Celle FamRZ 1990, 191f), kann es entscheidend ankommen. Hat sich im Laufe der Jahre zu der Pflegeperson ein wahres Eltern-Kind-Verhältnis entwickelt, so wird nur ausnahmsweise ein Herauslösen des Kindes aus der Pflegefamilie verantwortet werden können (Karlsruhe NJW 1979, 930; BayObLG FamRZ 1991, 1080ff; zum Schaffen vollendeter Tatsachen wegen langer – sei es auch rechtswidriger – Pflegedauer in bezug auf Art 8 EMRK auch Fahrenhorst FamRZ 1996, 454).

ee) Wenn es im Gesetzeswortlaut heißt, der Verbleib des Kindes sei anzuordnen, „wenn und solange" die Voraussetzungen hierfür gegeben seien, so soll damit ein gleitender Übergang des Kindes von den Pflegeeltern ermöglicht werden; vgl BayObLG FamRZ 1978, 135; NJW 1988, 2381. Dann wird es sich uU empfehlen, den leiblichen **Eltern** vorübergehend das **Erziehungs- und Aufenthaltsbestimmungsrecht** zu **entziehen** (BayObLG aaO; nach AG Frankfurt FamRZ 1982, 1120 ist eine solche Entscheidung erforderlich, weil die Personen, bei denen sich das Kind tatsächlich aufhält, auch zu dessen Erziehung berechtigt sein müssen).

27 **c) Die unter Rz 26 entwickelten Grundsätze gelten** auch **für** die nach **§ 1680 II** zu treffende Entscheidung des FamG, ob die elterliche Sorge dem überlebenden Elternteil zu übertragen ist. Hat das Kind den neuen Ehegatten des Elternteils, dem das FamG die elterliche Sorge übertragen hat, zu seiner Bezugsperson erwählt und besteht die Gefahr, daß das beim Stiefelternteil aufgewachsene, von dort betreute Kind bei einer unvermuteten Wegnahme seelisch entwurzelt wird, so wird man es weiter beim Stiefelternteil belassen (Karlsruhe Justiz 1975, 29).

28 **d) Verfahren; einstweilige Anordnung.** Das FamG wird entweder von Amts wegen oder auf Antrag der Pflegeperson tätig. Zum Antragsrecht der Pflegeeltern (Verbleibensanordnung) s Hamm FamRZ 1994, 391f. Diese ist gemäß § 50c FGG zu hören (dazu Frankfurt FamRZ 1981, 813). Die Anhörung der Eltern richtet sich nach § 50a (dazu Oldenburg FamRZ 1981, 811), die des Kindes nach § 50b FGG (dazu Frankfurt aaO; zur Bedeutung der Anhörung eines 8jährigen bei Beeinflussung durch die Pflegefamilie BayObLG FamRZ 1998, 450; zur Anhörung eines Vierjährigen BayObLG FamRZ 1997, 223); die des Jugendamts nach § 49 I Nr 6 FGG (Bekanntmachung an das Jugendamt nach § 49 III FGG). Das Verfahren über den Erlaß einer Verbleibensanordnung erledigt sich nicht durch den dauernden Aufenthalt des Kindes bei den Eltern ohne Absprache mit Jugendamt und Pflegeeltern, sondern in diesem Verfahren können die Eltern die Rückführung bestreben (BayObLG FamRZ 1997, 223). Zur Pflegerbestellung während des Verfahrens für ein minderjähriges Kind s den durch das KindRG neu geschaffene § 50 FGG; zu weiteren Verfahrensfragen s die ebenfalls neuen §§ 52, 52a FGG.

Wird die Anordnung erlassen, so lautet sie dahin, daß das Kind bei der Pflegeperson verbleibt. Dabei muß sich das FamG darüber schlüssig werden, ob dies nur für eine gewisse Übergangszeit oder auf Dauer zu geschehen hat.

Letzteres wird nur in seltenen Ausnahmefällen in Betracht kommen, zB wenn den leiblichen Eltern die Fähigkeit, das Kind zu erziehen, abgeht oder wenn ihnen schwere Charakterfehler anhaften. Für gewöhnlich wird es genügen, wenn das Kind noch so lange bei der Pflegeperson verbleibt, bis es sich mit dem Gedanken vertraut gemacht hat, daß es zu seinen Eltern gehört und in die Ursprungsfamilie eingegliedert werden soll. Auch muß, zB durch eine Besuchsregelung (BayObLG NJW 1984, 2168) oder eine Einschaltung des Jugendamtes als Pfleger (BayObLG FamRZ 1978, 135, 136f; dazu Kemper FamRZ 1978, 261), Gelegenheit geboten werden, daß Kind und leibliche Eltern sich näherkommen und allmählich zueinanderfinden. Vgl Belchaus Rz 20. Die Entscheidung obliegt dem Richter (§ 14 Nr 7 RPflG). Gegen eine Entscheidung zugunsten der Pflegeeltern nach § 1632 IV haben diese kein Beschwerderecht (Frankfurt FamRZ 1983, 1164). Die Kostenentscheidung beruht auf § 94 I Nr 3 KostO. Zahlungspflichtig ist der nach billigem Ermessen bestimmte Elternteil.

9. Vollzug ausländischer Entscheidungen

Geht eine ausländische gerichtliche Entscheidung auf Rückführung minderjähriger ausländischer Kinder zu ihrem im Ausland lebenden Vater, so hat das deutsche FamG, bevor es sie vollzieht, zu prüfen, ob einer Vollstreckung mittels unmittelbarer Gewalt gegen Mutter und Kinder hinsichtlich letzterer nicht die Art 1 und 2 GG entgegenstehen. Denn jedenfalls müssen sich Zwangsmaßnahmen, die ausländische Entscheidungen durchsetzen sollen, immer in den Grenzen halten, die das entsprechende deutsche Recht für derlei Anordnungen vorsieht, wie § 33 II S 2 FGG. Vgl dazu BayObLG FamRZ 1974, 534. Nach Art 14 I der **EG-VO Nr 1347/2000 (Brüssel II-VO)** sind Entscheidungen aus einem Mitgliedstaat der VO über die elterliche Verantwortung für die gemeinsamen Kinder von Ehegatten anzuerkennen, soweit sie im Zusammenhang mit einer Ehesache (vgl Art 3 I) ergangen ist (vgl dazu Wagner IPRax 2001, 73, 76). Ansonsten gilt Art 7 des **Europäischen Übereinkommens v 20. 5. 1980**, der bestimmt, daß Sorgerechtsentscheidungen, die in einem Vertragsstaat ergangen sind, in jedem anderen Vertragsstaat anzuerkennen und zu vollstrecken sind. Geplant ist zudem eine EG-VO über die Zuständigkeit sowie Anerkennung und Vollstreckung von Sorgerechtsentscheidungen; s Vorschlag für eine Verordnung des Rates über die Zuständigkeit und die Anerkennung und Vollstreckung von Entscheidungen über die elterliche Sorge v 6. 9. 2001 (ABl EG Nr C 332 E/269).

§ 1633 *Personensorge für verheirateten Minderjährigen*
Die Personensorge für einen Minderjährigen, der verheiratet ist oder war, beschränkt sich auf die Vertretung in den persönlichen Angelegenheiten.

1. a) Nach § 1303 I soll eine Ehe nicht vor Eintritt der Volljährigkeit eingegangen werden. Nach § 1303 II kann das FamG auf Antrag von dieser Vorschrift befreien, wenn der Antragsteller das 16. Lebensjahr vollendet hat und sein künftiger Ehegatte volljährig ist. Danach kann nunmehr **auch ein minderjähriger Sohn** heiraten, so daß § 1633 entsprechend geändert werden müßte. Aber **Heirat macht nicht mündig**. Es verbleibt bei der elterlichen Sorge für ein verheiratetes Kind bis zu dessen Volljährigkeit mit der einzigen Einschränkung des § 1633. Dazu, daß eine minderjährige Tochter, die einen Ausländer heiratet, nach dem Heimatrecht ihres Mannes mündig werden kann, vgl RG 91, 407; Soergel/Strätz Rz 3.

b) Heiratet ein minderjähriges Kind (Sohn, Tochter), so **beschränkt sich die Personensorge auf die Vertretung** in diesem Bereich. Dh, daß die tatsächliche Sorge für die Person mit Rücksicht auf den Eheschluß erlischt. Im Einverständnis mit dem Eheschluß kann allerdings auch ein solches zu weiteren Rechtsgeschäften liegen, wie zB den Abschluß eines Mietvertrages (Weimar ZMR 1967, 353; einschränkend Hummel ZMR 1968, 257). Zur Aufgliederung der elterlichen Sorge s § 1626 Rz 14ff. Insbesondere entfallen das Recht und die Pflicht, das Kind zu erziehen, zu beaufsichtigen, seinen Aufenthalt zu bestimmen und es herauszuverlangen. Diese Rechte und Pflichten gehen aber auch nicht auf den anderen – volljährigen – Ehegatten über. Für das Verhältnis der Eheleute zueinander sind vielmehr die §§ 1353ff maßgeblich. Das bedeutet, daß der minderjährige Ehegatte, was die tatsächliche Personensorge angeht, einem volljährigen gleichsteht. Die Eltern verlieren zwar das Recht auf den persönlichen Umgang mit dem Kind, dessen Ehegatte kann aber den Verkehr mit den Eltern nicht untersagen; wie hier Pal/Diederichsen Rz 3; Eltern behalten eine Art Umgangsrecht. § 1633 beeinflußt dagegen nicht die elterliche Gewalt über die aus der Ehe hervorgegangenen Kinder (s dazu §§ 1673 II, 1678 I). Nach Staud/Peschel-Gutzeit Rz 10 hat ein verheiratetes Kind keine Umgangspflicht mehr gegenüber seinen Eltern, aber das Recht auf Umsicht, § 1684 I.

c) An der Vermögenssorge – der tatsächlichen und der Vertretung – (§ 1638) **ändert sich durch die Heirat nichts**. Diese behalten also grundsätzlich die Eltern. Eine **Ausnahme** gilt für den Fall, daß auf Grund eines Ehevertrages, den ein minderjähriges Kind aber nur mit Zustimmung des gesetzlichen Vertreters schließen kann (§ 1411), der andere Ehegatte das Gesamtgut verwaltet (§ 1421). Der Überschuß der Einkünfte aus dem Kindesvermögen steht dem Kind zur Verfügung (§ 1649 II S 2). Benötigt der volljährige Ehegatte zu Rechtsgeschäften die Zustimmung des minderjährigen, so muß er sich an dessen gesetzlichen Vertreter, also grundsätzlich die Eltern wenden. Wird der minderjährige Ehegatte volljährig, so hat der gesetzliche Vertreter diesem das Vermögen herauszugeben und auf Verlangen über die Verwaltung Rechenschaft abzulegen (§ 1698).

2. Wird die **Ehe** des Kindes aufgelöst (geschieden oder aufgehoben), so verbleibt es bei dem durch die Heirat eingetretenen Rechtszustand; so MüKo/Huber Rz 1; Soergel/Strätz Rz 3; Staud/Peschel-Gutzeit Rz 6.

§§ 1634–1637 (weggefallen)

§ 1638 Beschränkung der Vermögenssorge

1638 (1) Die Vermögenssorge erstreckt sich nicht auf das Vermögen, welches das Kind von Todes wegen erwirbt oder welches ihm unter Lebenden unentgeltlich zugewendet wird, wenn der Erblasser durch letztwillige Verfügung, der Zuwendende bei der Zuwendung bestimmt hat, dass die Eltern das Vermögen nicht verwalten sollen.
(2) Was das Kind auf Grund eines zu einem solchen Vermögen gehörenden Rechts oder als Ersatz für die Zerstörung, Beschädigung oder Entziehung eines zu dem Vermögen gehörenden Gegenstands oder durch ein Rechtsgeschäft erwirbt, das sich auf das Vermögen bezieht, können die Eltern gleichfalls nicht verwalten.
(3) Ist durch letztwillige Verfügung oder bei der Zuwendung bestimmt, dass ein Elternteil das Vermögen nicht verwalten soll, so verwaltet es der andere Elternteil. Insoweit vertritt dieser das Kind.

1 1. **Zur Vermögenssorge** siehe zunächst § 1626 Rz 17.

2 a) **Wesen der Vermögenssorge.** Sie ist **Bestandteil** der **elterlichen Sorge** und eine **Schutzeinrichtung** im Kindesinteresse. Sie obliegt grundsätzlich **beiden Elternteilen gemeinsam**. Weil sie sich nicht nur als Recht, sondern auch als **Pflicht** darstellt, ist sie **unverzichtbar** und als solche **unübertragbar**, siehe § 1626 Rz 1–3. Eltern können aber dem Kind einen Bevollmächtigten bestellen oder die Verwaltung vertraglich auf Geschäftsbesorger übertragen, für die sie dann nach § 278 haften. Dies gilt nicht für Handlungen, welche die Eltern mangels Fachkunde nur zu veranlassen, nicht aber selbst zu bewirken haben, zB Instandsetzung eines Gebäudes durch Handwerker, Prozeßführung durch Rechtsanwalt, Behandlung des Viehbestandes durch Tierarzt; dann haften sie nur für culpa in eligendo; s § 1664 Rz 1ff.

3 b) **Gegenstand der Vermögenssorge. aa)** Ihr unterliegt grundsätzlich das gesamte **Kindesvermögen**. Dazu gehören auch **dessen Einkünfte** sowie – grundsätzlich – die Einkünfte, die das Kind durch seine **Arbeit** oder durch den ihm nach § 112 gestatteten **selbständigen Betrieb eines Erwerbsgeschäfts** hat; vgl § 1649 I und § 1626 Rz 18. Soweit die Eltern ausdrücklich oder stillschweigend damit einverstanden sind, daß das Kind über seine Arbeitseinkünfte frei verfügt, verzichten sie nicht auf die Vermögensverwaltung, was unzulässig wäre, sondern machen von einer gesetzlich ihnen eingeräumten Befugnis (§ 107) Gebrauch, die sich allerdings auf den Umfang ihrer Vermögensverwaltung auswirkt.

4 bb) Ihr unterliegt nicht das **verwaltungsfreie Vermögen** (Rz 8), das ein Dritter dem Kind mit der Bestimmung zugewendet hat, daß die Eltern es nicht verwalten sollen (Abs I).

5 cc) **Eingeschränkt** ist die elterliche Verwaltung soweit, als das Verwaltungsrecht anderer Personen reicht, zB des Pflegers (§ 1630), des Testamentsvollstreckers (§ 2205). Gegen letzteren die Erbenrechte des Kindes zB aus den §§ 2215, 2217 zu verfolgen, sind aber die Eltern nicht gehindert; vgl LG Dortmund NJW 1959, 2264.

6 c) **Inhalt der Vermögensverwaltung.** Sie umfaßt alle **tatsächlichen** und, soweit die Eltern nicht von der Vertretung des Kindes ausgeschlossen sind (RG 144, 251), auch alle **rechtlichen Fürsorgemaßnahmen**, die darauf gerichtet sind, das Kindesvermögen zu erhalten, zu verwerten und zu vermehren (KGJ 49, 39). Dazu siehe § 1626 Rz 18. Insbesondere sind die Eltern befugt, das Kindesvermögen in Besitz zu nehmen – sie sind dann des Kindes Besitzmittler –, das Kind zu vertreten, es zu verpflichten, über das Kindesvermögen zu verfügen – für gewisse Verpflichtungs- und Verfügungsgeschäfte bedürfen sie allerdings gemäß § 1643 der familiengerichtlichen Genehmigung –, Prozesse zu führen.

7 d) **Ende der Vermögensverwaltung.** Sie endigt mit der elterlichen Sorge oder der Befugnis, sie auszuüben. Es kommen insbesondere in Betracht: Tod, Volljährigkeit, Adoption des Kindes; bei einem Elternteil: Tod, Todeserklärung, Todeszeitfeststellung (§ 1677), Ruhen (§§ 1673–1675), Entziehung (§ 1666); Regelung nach §§ 1671, 1672. Dazu s vor § 1626 Rz 15. Die Ausübung der Vermögenssorge für sich kann das FamG gemäß §§ 1666 I entziehen und gemäß § 1667 beschränken.

8 2. Die **Verwaltung** der **Eltern** oder eines **bestimmten Elternteils** kann hinsichtlich einer Zuwendung ganz oder teilweise **ausgeschlossen** werden, seitens des Erblassers in einer letztwilligen Verfügung, seitens eines anderen Zuwendenden formlos bei der Zuwendung. Zu dem „Vermögen, welches das Kind von Todes wegen erwirbt", gehört auch der **Pflichtteilsanspruch** und das zur Erfüllung dieses Anspruchs Geleistete (Hamm FamRZ 1969, 662). Der Zuwendende kann die Anordnung willkürlich treffen (BayObLG FamRZ 1964, 522), die Eltern können sie nicht anfechten. Doch kann das Gericht die Gültigkeit der Anordnung prüfen (KGJ 22 A 26). Eine bestimmte Ausdrucksform ist für die Anordnung nicht vorgeschrieben (BayObLG 1917, 1; FamRZ 1964, 522; KG FamRZ 1962, 432). Bei Anordnung durch letztwillige Verfügung genügt es, wenn der Wille des Erblassers, die Eltern von der Verwaltung auszuschließen, in dieser auch unvollkommenen Ausdruck gefunden hat. Zur Ermittlung des Ausschlusses von der Vermögenssorge durch Auslegung einer letztwilligen Verfügung s BayObLG Rpfleger 1989, 411f. Der Ausschluß kann darin liegen, daß der Zuwendende um die Bestellung eines **Pflegers** ersucht. Der Ausschluß der „Nutznießung" des allein sorgeberechtigten Elternteils stellt dagegen lediglich eine Verwaltungsbeschränkung iSd § 1639 dar (BayObLG 1976, 67, 70; Rpfleger 1982, 180; krit MüKo/Huber Rz 8). Wird in einer letztwilligen Verfügung von Todes wegen einem **Testamentsvollstrecker** die Verwaltung des Nachlasses übertragen, so ist es Auslegungssache, ob damit die Eltern von der Verwaltung ausgeschlossen werden sollten; vgl KG JFG 11, 48; LG Dortmund NJW 1959, 2264 einerseits, BayObLG 1931, 228; Rpfleger 1989, 411f andererseits. Sie kann auf eine bestimmte Zeit oder unter einer Bedingung, bei Zuwendung an die künftige Nachkommenschaft auch schon vor der Geburt des Kindes getroffen werden. Die Enterbung eines Kindes kann je nach Sachlage auch dahin aufgefaßt werden, daß der Ausgeschlossene das hiernach seinen Abkömmlingen im Erbgang zufallende Vermögen nicht verwalten soll; das gilt auch dann, wenn der Abkömmling (Enkel) nur als gesetzlicher Erbe eintritt

(BayObLG FamRZ 1964, 522). Der Verwaltungsausschluß ist, weil Verwaltung kein Sachenrecht, im Grundbuch nicht eintragbar (KGJ 49, 207). Ein Elternteil kann bei der Zuwendung eigenen Vermögens an das Kind auf das Verwaltungsrecht nicht verzichten (KG RJA 14, 2), er kann aber den anderen von der Verwaltung ausschließen.

Von der Vertretung des Kindes bei der **Annahme** oder **Ausschlagung der Zuwendung** kann der Zuwendende **9** die Eltern nicht ausschließen, weil es sich hierbei nicht um Akte der Verwaltung des Zugewendeten handelt (KG OLG 32, 15; Karlsruhe FamRZ 1965, 574; Gernhuber/Coester-Waltjen § 61 I 3; Dölle FamR § 94 II 5a). Für die **Ausschlagung** einer **Erbschaft** oder eines **Vermächtnisses** sowie für den **Verzicht** auf einen **Pflichtteil** siehe Sondervorschrift in **§ 1643 II**. Zur unentgeltlichen Verfügung über einen bereits angefallenen Erbteil (§§ 1643 I, 1822 Nr 1, 1641) vgl KG JFG 13, 187. Zum Begriff der **unentgeltlichen Zuwendung** vgl München JFG 21, 187. Sie liegt vor, wenn das Kind kein Entgelt zu leisten und keinen Rechtsanspruch auf die Leistung hatte.

3. **Rechtsfolge.** a) Hat der Zuwendende beide Eltern oder den überlebenden Elternteil (BayObLG Rpfleger **10** 1989, 411f) ausgeschlossen, so ist ein Pfleger (§ 1909) zu bestellen, gegen den die von der Vermögensverwaltung ausgeschlossenen Eltern **keinen Auskunftsanspruch** haben (LG Bonn FamRZ 1995, 1433f). Diesen kann der Zuwendende bestimmen (§ 1917), vgl München JFG 21, 181; die Eltern haben dieses Recht nicht. Gegen die Auswahl des Pflegers kann der Ausgeschlossene nicht aus eigenem Recht, sondern nur namens des von ihm gesetzlich vertretenen Kindes die unbefristete Beschwerde einlegen (BayObLG Rpfleger 1977, 253; MüKo/Huber Rz 16). Ein eigenes rechtliches Interesse an der Anordnung einer Ergänzungspflegschaft kann auch für den Schuldner einer Nachlaßforderung in Frage kommen, die dem Betroffenen als Erben zusteht (BayObLG Rpfleger 1990, 296f).

b) Ist nur ein Elternteil ausgeschlossen, so verwaltet und vertritt der andere allein (Abs III). **11**

c) Zu Rz 10, 11. Verfügungen der ausgeschlossenen Eltern oder des ausgeschlossenen Elternteils sind schwe- **12** bend unwirksam; sie können aber vom zur Verwaltung Berechtigten (Pfleger oder anderen Elternteil) genehmigt werden (§§ 177ff; BGH NJW 1989, 984, 985; ebenso Schlüter FamR Rz 371). Der Ausschluß der Verwaltung erstreckt sich auch auf den Antrag auf Entlassung des für das zugewendete Vermögen eingesetzten Testamentsvollstreckers (BGH NJW 1989, 984f) und auf die Einkünfte des Zugewendeten. Das Verwendungsrecht des § 1649 II entfällt daher. Wohl haftet aber das Kind auch mit seinem verwaltungsfreien Vermögen aus Rechtsgeschäften, welche die Eltern als seine gesetzlichen Vertreter ordnungsgemäß für das Kind abgeschlossen haben.

4. **Dingliche Surrogation** tritt bei folgenden drei Erwerbsarten ein: **13**

a) auf Grund eines zum verwaltungsfreien Vermögen gehörenden Rechts, gleichgültig, ob Erwerb kraft Gesetz- **14** zes geschieht, wie bei Früchten und Nutzungen, oder vermittels eines Rechtsgeschäfts, wie bei Vermietung eines Grundstücks oder Darlehenshingabe;

b) durch Ersatzleistung für Zerstörung, Beschädigung oder Entziehung eines zum verwaltungsfreien Vermögen **15** gehörenden Gegenstandes, zB Ansprüche gegen Dritte aus unerlaubter Handlung oder ungerechtfertigter Bereicherung, Ansprüche aus Enteignung, Versicherungsbeträge;

c) durch Rechtsgeschäft, das sich auf das verwaltungsfreie Vermögen bezieht, dh das zu diesem in wirtschaft- **16** lichem Zusammenhang steht; das ist der Fall, wenn das Rechtsgeschäft sich objektiv auf das verwaltungsfreie Vermögen bezieht und subjektiv für dieses abgeschlossen wird. Daß die aufgewendeten Mittel aus dem verwaltungsfreien Vermögen stammen, ist nicht erforderlich.

d) Zu a)–c) (Rz 14–16). Entsprechende Vorschrift für das Vorbehaltsgut in § 1418. S daher Bemerkungen dazu. **17**

5. **Übergangsvorschrift** für eine vor dem 1. 7. 1958 getroffene Bestimmung in Art 8 I Nr 9 des GleichberG. **18** Danach bleibt auch die Mutter von der Verwaltung ausgeschlossen, wenn bestimmt war, daß der Vater das dem Kinde zugewendete Vermögen nicht verwalten solle, es sei denn, daß nach dem ausdrücklichen oder mutmaßlichen Willen des Zuwendenden etwas anderes anzunehmen ist.

1639 *Anordnungen des Erblassers oder Zuwendenden*
(1) Was das Kind von Todes wegen erwirbt oder was ihm unter Lebenden unentgeltlich zugewendet wird, haben die Eltern nach den Anordnungen zu verwalten, die durch letztwillige Verfügung oder bei der Zuwendung getroffen worden sind.
(2) Die Eltern dürfen von den Anordnungen insoweit abweichen, als es nach § 1803 Abs. 2, 3 einem Vormund gestattet ist.

1. Diese den § 1638 ergänzende Vorschrift schränkt weder die Vertretungsbefugnis noch die Vertretungsmacht **1** der Eltern ein, sondern legt diesen hinsichtlich der Verwaltung nur **Pflichten** auf. Auch nach der Aufhebung von Abs I S 2 und dem damit verbundenen Wegfall der vormundschaftlichen Eingriffsbefugnis durch das KindRG können diese mittels familiengerichtlicher Maßnahmen nach § 1666 I, II durchgesetzt werden und im Falle der Zuwiderhandlung nach § 1664 zum Schadensersatz verpflichten. Die Pflichten erfassen im Zweifel auch die Surrogate im Sinne des § 1638 II. Welche Maßnahmen zu treffen sind, entscheidet das FamG nach freiem Ermessen unter Beachtung des Grundsatzes der Verhältnismäßigkeit. Es kommen insbesondere in Betracht: Anweisungen, Verpflichtung zur Rechnungslegung, zur Sicherheitsleistung, Androhung und Verhängung von Ordnungsstrafen. Die Bestellung eines Pflegers entfällt, weil kein Ausschluß der elterlichen Verwaltung vorliegt. Sie käme allenfalls als familiengerichtliche Maßnahme in Betracht, wenn das FamG den Eltern die Verwaltung entzogen hat, was nicht voraussetzt, daß der Tatbestand des § 1667 vorlag, vgl Staud/Engler Rz 10; Soergel/Strätz Rz 3; vgl Nußbaum AcP 128, 51.

§ 1639 Familienrecht Verwandtschaft

2 2. Das **zuständige FamG** ergibt sich aus § 64 FGG. Es wird der **Rechtspfleger** tätig (§ 3 Nr 2 lit a RPflG). Die Kostenentscheidung richtet sich bei einer Entscheidung gemäß Abs I S 2 nach § 94 I Nr 3 KostO, zahlungspflichtig ist gemäß § 94 III KostO der nach billigem Ermessen bestimmte Elternteil. Bei einer Entscheidung gemäß Abs II, IV mit § 1803 II oder III bestimmt sie sich nach § 95 I Nr 3 KostO; zahlungspflichtig ist das Kind.

1640 *Vermögensverzeichnis*

(1) Die Eltern haben das ihrer Verwaltung unterliegende Vermögen, welches das Kind von Todes wegen erwirbt, zu verzeichnen, das Verzeichnis mit der Versicherung der Richtigkeit und Vollständigkeit zu versehen und dem Familiengericht einzureichen. Gleiches gilt für Vermögen, welches das Kind sonst anlässlich eines Sterbefalles erwirbt, sowie für Abfindungen, die anstelle von Unterhalt gewährt werden, und unentgeltliche Zuwendungen. Bei Haushaltsgegenständen genügt die Angabe des Gesamtwertes.

(2) Absatz 1 gilt nicht,
1. wenn der Wert eines Vermögenserwerbs 15 000 Euro nicht übersteigt oder
2. soweit der Erblasser durch letztwillige Verfügung oder der Zuwendende bei der Zuwendung eine abweichende Anordnung getroffen hat.

(3) Reichen die Eltern entgegen Absatz 1, 2 ein Verzeichnis nicht ein oder ist das eingereichte Verzeichnis ungenügend, so kann das Familiengericht anordnen, dass das Verzeichnis durch eine zuständige Behörde oder einen zuständigen Beamten oder Notar aufgenommen wird.

1 1. **Vorbemerkung.** Diese Vorschrift ist durch Art 1 Nr 12 des SorgeRG eingefügt und durch das KindRG geändert worden. Durch das KindRG wurde das FamG statt des VormG als Empfänger des Verzeichnisses bestimmt, die Geringfügigkeitsgrenze von 10 000 auf 30 000 DM = 15 000 Euro erhöht und Abs IV aufgehoben. Pflichten, Vermögensverzeichnisse zu erstellen, ordnen ferner die §§ 1667 und 1683 I an.

2 2. **Zweck der Vorschrift.** Sie will den Eltern ermöglichen, sich darüber ein Bild zu machen, was zu ihrem Vermögen und was zu dem von Kindern gehört, das ihrer Verwaltung unterliegt und aus vom Gesetz benannten Erwerbsquellen stammt. Sie will ferner zugunsten der Kinder ein wertvolles, wenn auch widerlegbares Beweismittel dafür schaffen, was ihnen zukommt (KG JFG 11, 52; RG 80, 65).

3 3. **Voraussetzungen. a)** Beiden Elternteilen oder wenigstens einem muß die Vermögenssorge zustehen. Daran fehlt es, wenn ihre elterliche Sorge ruht (§§ 1673–1675), wenn die elterliche Sorge schlechthin oder die Vermögenssorge entzogen worden ist (§§ 1666, 1666a II, 1671, 1672). Dann ist das Kindesvermögen ohnehin an den neuen Sorgeberechtigten, gegebenenfalls an einen Vormund (§ 1773) oder Pfleger (§ 1909) herauszugeben (§ 1698). Die Verzeichnispflicht trifft dann diese (§§ 1802, 1915). Den überlebenden Elternteil trifft keine **Verzeichnispflicht**, wenn das Kindesvermögen von einem Testamentsvollstrecker verwaltet wird (KG RJA 17, 35); anders ist dies, wenn der Überlebende selbst Testamentsvollstrecker ist (KG JFG 11, 52).

b) Das Kind muß Vermögen erworben haben: **aa)** von Todes wegen, mithin als Erbteil, Vermächtnis oder Pflichtteil, vgl §§ 1922, 1924ff, 1937, 1939, 2274ff, 2303ff, **bb)** anläßlich eines Sterbefalles, zB auf Grund einer einem Dritten auferlegten, von diesem erfüllten Auflage (§ 1940), Renten- und Schadensersatzansprüche (§§ 844 II, 10 II StVG), Leistungen aus einer Lebensversicherung, **cc)** als an Stelle von Unterhalt gewährte Abfindungen, etwa nach § 1615e, **dd)** als unentgeltliche Zuwendungen (Schenkungen, Ausstattungen nach § 1624).

c) Sind die Voraussetzungen a) und b) gegeben, so entsteht die Verzeichnispflicht auf Grund des Vermögensanfalls. Erwirbt das Kind später nochmals verzeichnispflichtiges Vermögen, so ist ein neues Verzeichnis anzufertigen oder das bisherige zu ergänzen.

4 4. **Gegenstand.** Für das Verzeichnis ist eine Form nicht vorgeschrieben. Zu verzeichnen ist das Aktiv- und Passivvermögen (ebenso RGRK/Adelmann Rz 7; and RG 149, 172: nur Passiva und zwar möglichst gesondert nach Grundstücken, beweglicher Habe, Forderungen und Wertpapieren). Bei Haushaltsgegenständen genügt die Angabe des Gesamtwertes. Bei Forderungen müssen der Schuldner, die Höhe der Forderung und der Schuldgrund ersichtlich sein (RG 80, 65). Sind der überlebende Elternteil und die Kinder Miterben, so ist der ganze Nachlaß, ist der überlebende Elternteil Vorerbe und sind die Kinder Nacherben, so sind alle zum Nachlaß des Erstverstorbenen gehörenden Gegenstände und der Wert des Pflichtteils anzugeben (KGJ 43, 38; Hamm FamRZ 1969, 660). Ist der überlebende Elternteil Alleinerbe und sind die Kinder erst dessen Erben, so sind die Pflichtteilsansprüche zu verzeichnen (RG 80, 65). Einzelheiten s Engelhardt DFG 1939, 73. Ist der Nachlaß überschuldet, so genügt eine Anzeige hiervon. Bei einer fortgesetzten Gütergemeinschaft brauchen die einzelnen Gesamtgutsgegenstände nicht aufgeführt zu werden; es genügt die Anzeige der Fortsetzung (BayObLG JFG 1, 57). Die Inventarpflicht erstreckt sich auch auf Vermögen, an dem das Kind als Miteigentümer oder Gesellschafter beteiligt ist, selbst wenn es auf Grund Vertrags oder infolge Anordnung des Erblassers für Rechnung der Gemeinschaft von einem Dritten verwaltet wird (KG HRR 1934, 1358). Das Vermögensverzeichnis ist mit der Versicherung der Richtigkeit und Vollständigkeit zu versehen und dem FamG einzureichen. Im Falle der **Vermengung** von Kindes- und Elternvermögen kann das FamG ein Verzeichnis ein Vermögenserwerbs und Rechnungslegung über die Vermögensverwaltung fordern sowie eine eidesstattliche Versicherung verlangen (BayObLG FamRZ 1994, 1191ff).

5 5. Die **Verzeichnispflicht entfällt** nach Abs II, **a)** wenn der Wert eines Vermögenserwerbes 15 000 Euro nicht übersteigt, dh also auch dann, wenn das Kind bereits Vermögen besitzt und der Erwerb nach Abs I mit diesem zu einem Vermögen von mehr als 15 000 Euro führt, oder wenn mehrmals ein Erwerb nach Abs I eintritt, der jedoch jeweils die 15 000-Euro-Grenze nicht übersteigt; **b)** soweit der Erblasser durch letztwillige Verfügung oder der Zuwendende bei der Zuwendung eine abweichende Anordnung getroffen hat.

6 6. **a)** Daß die Eltern das zwingend vorgeschriebene, von ihnen aber als höchst lästig empfundene Vermögensverzeichnis von selbst einreichen, kommt kaum vor. Es wird in aller Regel durch das FamG angefordert. Dieses

4424 *L. Michalski*

erlangt Kenntnis vom Erwerb von Todes wegen durch eine Mitteilung des Nachlaßgerichts (§ 74a FGG) und vom Tod eines Elternteils durch Mitteilung des Standesamts (§ 48 FGG). Ob das FamG im übrigen vom Vermögenserwerb des Kindes iSd Abs I erfährt, bleibt dem Zufall überlassen. Das FamG wird zweckmäßigerweise ein Formular für das Vermögensverzeichnis übersenden.

b) Ist das vorgelegte **Verzeichnis ungenügend**, was der Fall ist, wenn gegen seine Richtigkeit ernstliche Bedenken bestehen, oder wird es überhaupt nicht eingereicht, **so** kann das FamG nach Abs III anordnen, daß das **Verzeichnis** durch eine **zuständige Behörde** oder einen zuständigen **Beamten** oder **Notar** aufgenommen wird. Auf ein Verschulden der Eltern kommt es nicht an. Notare sind hierzu nach § 20 I BNotO zuständig. Gemäß § 200 I FGG kann das Landesrecht zuständige Behörden bestimmen. Als weitere Maßnahmen kommen noch in Betracht: Ordnungsstrafen nach Art 33 FGG, bei Gefährdung des Kindesvermögens ein Einschreiten nach § 1667, wie das Bestellen eines Pflegers (§ 1909). 7

c) Verspricht eine Anordnung nach Abs III keinen Erfolg, so kann das FamG nach § 1666 I, der jetzt auch die Vermögenssorge betrifft und insoweit § 1640 IV aF ersetzt, die Vermögenssorge entziehen. Das hat die Pflicht zu Rechenschaftsablegung und Herausgabe des Vermögens nach § 1698 zur Folge. 8

7. Die örtliche Zuständigkeit des FamG für Anordnungen nach Abs III ergibt sich nach § 621 II S 2 ZPO. Weil es sich um kein dem Richter vorbehaltenes Geschäft handelt, entscheidet der Rechtspfleger (§§ 14, 3 Nr 2 lit a RPflG). Die persönliche Anhörung der Eltern richtet sich nach § 50a FGG, die des Kindes nach § 50b FGG. Die Kosten hat gemäß § 94 I Nr 3 III KostO der Elternteil zu tragen, den das Gericht nach billigem Ermessen bestimmt. Im Gegensatz zu §§ 1667 und 1683 I bestimmt § 1640 nicht, wen die Kosten der Errichtung des Vermögensverzeichnisses treffen. Belchaus Anm 7 folgert hieraus, daß sie dem Kind zur Last fallen. 9

1641 *Schenkungsverbot*
Die Eltern können nicht in Vertretung des Kindes Schenkungen machen. Ausgenommen sind Schenkungen, durch die einer sittlichen Pflicht oder einer auf den Anstand zu nehmenden Rücksicht entsprochen wird.

1. a) Die Vorschrift **beschränkt** die **Vertretungsmacht** der Eltern für **Schenkungen aus** dem **Kindesvermögen** schlechthin. Zum Begriff der Schenkung siehe Bemerkung zu § 516. Auch der Erlaß einer Forderung fällt hierunter (Stuttgart FamRZ 1969, 39), ferner in der Regel die unentgeltliche Aufgabe eines Pfandrechts (KG HRR 1937 Nr 1500), eine nicht beschränkt persönliche Dienstbarkeit (Köln OLGZ 1969, 263). Ob ein Rangrücktritt hierunter fällt, ist Tatfrage, vgl Celle OLG 8, 75; KG OLG 46, 177. Keine Schenkung, wenn Eltern zum Vorteil eines anderen einen Vermögenserwerb des Kindes unterlassen oder auf ein dem Kind angefallenes, noch nicht endgültig erworbenes Recht verzichten (§ 517). Für die **Ausschlagung** einer **Erbschaft** oder eines **Vermächtnisses**, sowie für den **Verzicht** auf den **Pflichtteil**, s Sondervorschrift in **§ 1643 II**. Eine verbotswidrige Schenkung ist nach dem Sinn und Zweck der Vorschrift nichtig (§ 134). Eine Genehmigung des FamG kommt nicht in Betracht. Weil § 177 entfällt, kann das volljährig gewordene Kind die verbotswidrige Schenkung nicht genehmigen, sondern nur neu vornehmen. Soweit den Eltern eine Schenkung verboten ist, können sie auch nicht einer vom Kind selbst vollzogenen Schenkung wirksam zustimmen, Stuttgart FamRZ 1969, 39. 1

b) Rechtsfolge bei Verstoß gegen Schenkungsverbot: Das Geschenkte kann nach §§ 985, 812 rückgefordert werden. Der Beschenkte kann sich auf § 932 nicht berufen, weil durch seinen guten Glauben nur der Mangel des Eigentums, nicht aber der Mangel der Vertretungsmacht geheilt wird. 2

2. § 1641 gilt nicht, wenn Eltern mit Mitteln des Kindes, aber in eigenem Namen, eine Schenkung machen. Dann kann Beschenkter gemäß § 932 Eigentum erlangt haben, unterliegt aber der Herausgabepflicht des § 816 I 2. Die Eltern haften dem Kind nach § 1664, möglicherweise auch aus unerlaubter Handlung, dem Beschenkten nach § 523. Für Schenkungen an das Kind siehe § 1626 II, uU auch §§ 1638f. 3

3. Ausnahme gilt für Schenkungen, durch die einer **sittlichen Pflicht** oder einer auf den **Anstand zu nehmenden Rücksicht** entsprochen wird (S 2). 4

a) Sittliche Pflicht setzt eine besondere, aus den konkreten Verhältnissen des Einzelfalles erwachsende Verpflichtung voraus; daß den Geboten der allgemeinen Nächstenliebe entsprochen wird, reicht nicht aus (KG JFG 13, 185). Beispiel: Geschenke an bedürftige Geschwister. 5

b) Anstandspflicht ist zu bejahen, wenn das Unterbleiben der Schenkung gegen die Empfindungen der sozial Gleichgestellten verstoßen würde, so daß der sich so Verhaltende in seinen Kreisen eine Einbuße in der Achtung und Anerkennung erführe (KG JFG 13, 185). Hierunter fallen zB Geburtstags-, Verlobungs-, Hochzeits-, Neujahrs- und Weihnachtsgeschenke, uU auch Trinkgelder. 6

c) Zu a) und b) (Rz 5, 6): Es kommt auf die Vermögensverhältnisse des Kindes an. Derlei Geschenke werden in aller Regel nur den laufenden Einnahmen, nicht der Substanz des Kindesvermögens entnommen werden dürfen. Nach § 1641 S 2 erlaubte Schenkungen müssen uU gemäß § 1643 gerichtlich genehmigt werden (KG JFG 13, 185). 7

1642 *Anlegung von Geld*
Die Eltern haben das ihrer Verwaltung unterliegende Geld des Kindes nach den Grundsätzen einer wirtschaftlichen Vermögensverwaltung anzulegen, soweit es nicht zur Bestreitung von Ausgaben bereitzuhalten ist.

§ 1642

Familienrecht Verwandtschaft

1 1. Nach der durch Art 1 Nr 13 SorgeRG neugefaßten Vorschrift haben die Eltern das ihrer Verwaltung unterliegende Geld des Kindes, soweit es nicht zur Bestreitung von Ausgaben bereitzuhalten ist, nur noch „**nach den Grundsätzen einer wirtschaftlichen Vermögensverwaltung**" anzulegen. Was hierunter zu verstehen ist, darüber gibt das Gesetz keine Auskunft. Das ist dann zu bejahen, wenn es so angelegt wird, daß es bei größtmöglicher Sicherheit vor Verlust den bestmöglichen Ertrag erbringt (Belchaus Rz 3). Eltern genügen idR ihrer Pflicht aus § 1642, wenn sie eine Form der Vermögensverwaltung wählen, die auch ein wirtschaftlich denkender Privatmann als günstige und sichere Anlage ansieht, wobei neben Rentabilität und Sicherheit als weiteres Anlageziel die Liquidität zu beachten ist (LG Kassel FamRZ 2003, 626f). Bei dem schleichenden Währungsverfall ist es schwierig, eine Geldanlage zu finden, die sicher genug ist und gleichwohl einen Gewinn verspricht, der den Schwund der Kaufkraft wettmacht. Weil es nach wie vor Aufgabe der Eltern gehört, dem Kind sein Vermögen zu erhalten, wird im Zweifelsfalle die **Sicherheit** der Anlage auch gegenüber der höheren Gewinnaussicht den **Vorrang** haben; vgl Belchaus Rz 3; BayObLG FamRZ 1983, 528: Geld ist sicher und grundsätzlich gewinnbringend anzulegen. Die Anforderungen, die in dieser Hinsicht an die Eltern zu stellen sind, darf man nicht überspannen; sie dürfen sich jedoch nicht mit der Mindestrendite von Sparguthaben mit gesetzlicher Kündigungsfrist begnügen (LG Kassel FamRZ 2003, 626, 627). Nach § 1664 haften sie nur für die Sorgfalt, die sie in eigenen Angelegenheiten anzuwenden pflegen. Dagegen, daß sie das Bargeld, das sie wie vor dem SorgeRG vorgeschrieben war, nach § 1807 anlegen, wird nichts einzuwenden sein. Pal/Diederichsen Rz 2 hält eine Erlaubniserteilung durch das *VormG* (jetzt wohl FamG) auch heute noch außerhalb von § 1643 I für zulässig und bei riskanten Geschäften zur Vermeidung der Haftung auch für empfehlenswert. Zu entscheiden hätte gemäß §§ 14 IV mit 3 Nr 2 lit a RPflG der Rechtspfleger. Für die Kosten käme § 94 I Nr 3 III KostO in Betracht. Hier fragt es sich aber, ob das FamG auf derlei überhaupt einzugehen braucht.

2 2. **Ausgenommen von** der **Anlagepflicht** ist das für die laufenden und für die außergewöhnlichen Ausgaben, wie zB Ausbildungskosten, Heilbehandlung bereitzuhaltende Geld. Zu berücksichtigen ist, daß § 1649 hinsichtlich der Verwendung von Einkünften des Kindes aus seinem Vermögen, seiner Arbeit oder dem ihm nach § 112 gestatteten selbständigen Betrieb eines Erwerbsgeschäftes besondere Regeln aufstellt. Nach Maßgabe dieser Vorschrift müssen sie für den Unterhalt des Kindes und dürfen sie für den Unterhalt minderjähriger, unverheirateter Geschwister verwendet werden.

3 3. Verstoßen die Eltern gegen die ihnen nach § 1642 obliegende Pflicht, so haften sie für den sich hieraus etwa ergebenden Schaden gemäß § 1664; der Anspruch unterliegt nicht der dreijährigen Verjährungsfrist des § 852 (Düsseldorf FamRZ 1992, 1097f). Auch geben sie dem FamG Anlaß, nach § 1667 einzuschreiten.

1643 *Genehmigungspflichtige Rechtsgeschäfte*

(1) Zu Rechtsgeschäften für das Kind bedürfen die Eltern der Genehmigung des Familiengerichts in den Fällen, in denen nach § 1821 und nach § 1822 Nr. 1, 3, 5, 8 bis 11 ein Vormund der Genehmigung bedarf.

(2) Das Gleiche gilt für die Ausschlagung einer Erbschaft oder eines Vermächtnisses sowie für den Verzicht auf einen Pflichtteil. Tritt der Anfall an das Kind erst infolge der Ausschlagung eines Elternteils ein, der das Kind allein oder gemeinsam mit dem anderen Elternteil vertritt, so ist die Genehmigung nur erforderlich, wenn dieser neben dem Kind berufen war.

(3) Die Vorschriften der §§ 1825, 1828 bis 1831 sind entsprechend anzuwenden.

1 1. **Allgemeines. a) Zwecke.** Die Vorschrift dient dem **Schutz des Kindes** gegen unwirtschaftliche, sein Vermögen beeinträchtigende oder gefährdende Geschäfte. Sie **beschränkt** die **Eltern in** ihrer **Vermögensverwaltung** dadurch, daß sie die Wirksamkeit gewisser außergewöhnlicher Geschäfte von einer **familiengerichtlichen Genehmigung** abhängig macht. Dabei macht es keinen Unterschied, ob die Eltern namens des Kindes handeln, oder ob das Kind selbst mit Zustimmung der Eltern das Rechtsgeschäft vornimmt. Soweit das minderjährige Kind gemäß §§ 112 I S 1 und 113 I S 1 unbeschränkt geschäftsfähig ist, sind die Rechtsgeschäfte ausgenommen, zu deren Vornahme die Eltern nach § 1643 der Genehmigung des FamG bedürfen (§§ 112 I S 2, 113 I S 2). § 1643 ist **zwingendes Recht**; eine Erweiterung durch Analogie ist ausgeschlossen (BGH FamRZ 1983, 371; 1985, 173). Anordnungen Dritter oder des anderen Ehegatten vermögen hieran nichts zu ändern (Darmstadt Recht 1904 Nr 190; Hamburg OLG 16, 247; RG 121, 30; HRR 1929 Nr 1649; Staud/Engler Rz 3).

2 b) Sie stellt die **Eltern** wegen ihrer natürlichen Verbundenheit mit dem Kind **freier als** den **Vormund.** So **kommen nicht in** Betracht: von den in § 1822 aufgeführten Fällen die Nr 2, an deren Stelle aber der Abs II des § 1643 tritt, die Nr 4 (**Pachtverträge** über ein **Landgut** oder einen **gewerblichen Betrieb**), die Nr 6 (über ein Jahr dauernde **Lehrverträge**), die Nr 7 (über ein Jahr dauernde **Dienst-** und **Arbeitsverträge**), die Nr 12 (**Vergleiche** und **Schiedsverträge**, deren Gegenstandswert 3000 Euro übersteigt), die Nr 13 (**Rechtsgeschäfte**, durch die eine **Sicherheit aufgehoben** oder **gemindert** wird oder aufgehoben oder gemindert werden soll). Weil auch § 1812 entfällt, können die Eltern über **Forderungen** des Kindes verfügen, sie insbesondere einziehen; jedoch haben sie das erlangte Bargeld nach § 1642 anzulegen.

3 c) Für einen verwaltenden **Pfleger**, vgl zB §§ 1630, 1638, 1640, 1667, 1683, 1909 kommen die für den Vormund geltenden Vorschriften in Betracht (§ 1915).

4 2. **Einzelheiten; Kreis der genehmigungsfähigen Rechtsgeschäfte nach Abs I** (Überblicke bei Bengsohn/Ostheimer Rpfleger 1990, 189ff; Brüggemann FamRZ 1990, 5ff, 124ff): a) **Verfügungen iS des § 1821 und Verpflichtungen zu derlei Verfügungen: aa) § 1821 Nr 1 und 2. Verfügung** über ein **Grundstück**, über ein **Recht** an einer **Grundschuld** (§ 1821 Nr 1) und über eine **Forderung**, die auf **Übertragung** des **Eigentums** an einem

L. Michalski

Elterliche Sorge **§ 1643**

Grundstück oder auf **Begründung** oder **Übertragung** eines **Rechts** an einem **Grundstück** oder auf **Befreiung** eines **Grundstücks** von einem solchen **Recht** gerichtet ist (§ 1821 Nr 2). Unter **Verfügung** ist ein Rechtsgeschäft zu verstehen, durch das auf ein subjektives Recht unmittelbar eingewirkt wird, sei es, daß das subjektive Recht auf einen Dritten übertragen, aufgehoben, mit einem Recht belastet oder in seinem Inhalt verändert wird (RG 90, 395; BGH 1, 294).

Gegenstand der Verfügung kann das Eigentum oder ein sonstiges Recht am Grundstück sein. Verfügen die 5 Eltern namens ihres minderjährigen Kindes über ein diesem gehörendes Grundstück, so kann das FamG die Genehmigung dieses Vertrages nur dann mit der Auflage verbinden, daß der Kaufpreis auf ein Sperrkonto einzuzahlen ist, wenn die Voraussetzungen des § 1667 gegeben sind. Dann darf das FamG die Zustimmung zur Entnahme des auf Sperrkonto angelegten Geldes nur im Interesse des Kindeswohls erteilen (Frankfurt FamRZ 1963, 453). Unter Grundstücken sind auch nach Bundes- oder Landesrecht ihnen gleichgestellte Rechte, wie zB Erbbaurecht (§ 11 ErbbauVO), Bergwerkseigentum und dergleichen (vgl Art 67, 68, 74 EGBGB) zu verstehen. Nach Abs II des § 1821 sind **Hypotheken, Grund- und Rentenschulden** nicht als **Grundstücksrechte** anzusehen, weil sie im Verkehr mehr den freiverfügbaren Forderungen gleichgestellt werden. Diese Bestimmung findet jedoch in § 1822 Nr 10, der anzuwenden ist, ihre selbstverständliche Beschränkung. Danach ist die Abtretung oder Verpfändung einer Kindeshypothek genehmigungspflichtig, wenn sie zwecks Übernahme einer für das Kind fremden Verbindlichkeit erfolgt (RG 76, 93). Zu den vom Gesetz erfaßten **Grundstücksrechten** gehören aber **Grunddienstbarkeiten, Nießbrauch, beschränkte persönliche Dienstbarkeiten, Reallasten, dingliche Vorkaufsrechte.**

Verfügungen sind insbesondere die **Veräußerung (Auflassung)** und die **Belastung**, nach hA auch die Bewilli- 6 gung einer **Vormerkung**, vgl Staud/Engler §§ 1821, 1822 Rz 22. Zur bewilligten Löschung einer Auflassungsvormerkung s LG Mainz Rpfleger 1993, 149. Einer familiengerichtlichen Genehmigung bedarf auch die **Auflassung** eines Grundstücks des Kindes, wenn sie auf Grund des Rücktritts vom Überlassungsvertrag und einer für den Fall des Rücktritts erteilten vormundschaftsgerichtlich genehmigten, unwiderruflichen Auflassungsvollmacht geschieht (BayObLG FamRZ 1979, 141). Auch die **Bestellung einer Hypothek, Grund- oder Rentenschuld** ist eine Verfügung über das Grundstück (RG 154, 46; Schleswig SchlHA 1959, 176). Gleiches gilt für die Bestellung einer **Eigentümergrundschuld** gemäß § 1196 (KG JW 1932, 1388), weil die Grundschuld später ohne Genehmigung abgetreten werden könnte, sowie die Umgehung des § 1821 I Nr 1 ermöglichte, sowie die Übernahme einer Baulast (OVG Münster NJW 1996, 275f). Keiner Genehmigung bedarf dagegen die Bestellung einer **Hypothek oder Grundschuld** für den **Kauf- oder Restkaufpreis** (RG 108, 362; 110, 173; 133, 7; DR 1941, 643; BGH 24, 372 = LM Nr 3 zu § 1643 mit Anm Johannsen; BayObLG 1960, 137; Rpfleger 1992, 62), die Übernahme einer **Hypothek** in **Anrechnung** auf den **Kaufpreis** (RG 110, 173), die Bestellung einer Hypothek für Kosten der Straßenanlage und -unterhaltung zugunsten der veräußernden Stadtgemeinde (KG HRR 1932, 1305), die Einräumung eines Nießbrauchs (BGH NJW 1957, 1187; KG JW 1933, 55), eines Wohnungsrechts und anderer Gegenleistungen bei Erwerb eines Grundstücks; denn es war gleichgültig, ob der Kaufpreis beglichen wurde. Diese Rspr hat nunmehr dadurch ihre Bedeutung verloren, daß jetzt auch die Nr 5 des § 1821 anzuwenden ist und somit die Eltern einen Grundstückskaufvertrag nicht mehr schuldrechtlich frei ausgestalten können, sondern zu voraufgeführten Abreden der Genehmigung bedürfen. Genehmigungsbedürftig ist bei § 1821 Nr 5 nur der schuldrechtliche Erwerbsvertrag und nicht auch die dingliche Einigung (BayObLG Rpfleger 1992, 62). Stimmen die Eltern als gesetzliche Vertreter ihres im Grundbuch als Eigentümer eingetragenen minderjährigen Kindes der **Löschung** einer **Hypothek** zu, so bedürfen sie der familiengerichtlichen Genehmigung, selbst wenn nachrangige Rechte Dritter vorrücken (Schleswig SchlHA 1963, 273).

Die **Rangänderung** ist keine Verfügung über das Grundstück, sondern über ein Grundstücksrecht, daher ist 7 § 1821 II zu beachten, vgl KG RJA 2, 99. Gleiches gilt für die Kündigung einer Hypothek (BGH 1, 294). Auch die **Unterwerfung unter die sofortige Zwangsvollstreckung** ist keine genehmigungspflichtige Verfügung über das Grundstück (KG RJA 6, 226; BayObLG MDR 1953, 651); der Gesetzgeber hat es unterlassen, die Prozeßführung hinsichtlich des Kindesvermögens oder doch wenigstens die Zwangsvollstreckung in Grundstücke des Kindes von einer Genehmigung abhängig zu machen (BayObLG MDR 1953, 561). Der Genehmigung bedarf ein gerichtlicher oder außergerichtlicher **Vergleich**, wenn sein Gegenstand, zB die Aufgabe eines vermeintlichen Eigentumsrechts des Kindes, genehmigungspflichtig ist (RG 133, 259). Gleiches gilt für die Zusicherung einer Eigenschaft des verkauften Grundstücks (RG 132, 78). Bestritten ist, ob eine etwa erforderliche familiengerichtliche Genehmigung durch ein **gerichtliches Urteil**, zB auf Auflassung eines dem Kind gehörenden Grundstücks, ersetzt werden kann. Dies ist zu bejahen (KGJ 31, 294; 45, 264; BayObLG MDR 1953, 561, sogar für das Versäumnisurteil; s dazu auch Brüggemann FamRZ 1989, 1137ff und Müller FamRZ 1956, 44). Schließlich bedürfen die Eltern zu einem **Erbteilungsvertrag** des Kindes, der ein Nachlaßgrundstück betrifft, gemäß § 1821 Nr 1 der Genehmigung (KGJ 20 A 237).

Unter die **Nr 2** fällt zB der aus einem Kaufvertrag, aus einem Wiederkaufsrecht (§ 497) oder einem übertragba- 8 ren schuldrechtlichen Vorkaufsrecht erwachsene **Anspruch auf Auflassung**. Daher unterliegt der Verzicht auf den Anspruch auf Auflassung familiengerichtlicher Genehmigung (RG WarnRsp 1926, 70). Die Entgegennahme der Auflassung bedarf dagegen nicht der Genehmigung (KGJ 51, 174), obwohl sie sich als Verfügung über den Eigentumsverschaffungsanspruch darstellt, denn hierdurch wird das Vermögen des Kindes nicht vermindert, sondern verstärkt (RG 108, 356; KG aaO wirft demgegenüber die Frage auf, ob der Anspruch auf Eigentumsübertragung mangels Genehmigung untergeht).

bb) § 1821 Nr 3. Verfügung über ein **eingetragenes Schiff** oder **Schiffsbauwerk** oder über eine **Forderung**, 9 die auf **Übertragung** des **Eigentums** an einem **eingetragenen Schiff** oder **Schiffsbauwerk** gerichtet ist. In Betracht kommt zB die Veräußerung eines Schiffs (§§ 2, 3 SchiffsG) oder Schiffsbauwerks (§§ 929ff, § 3 SchiffsG) und Verfügung über den Anspruch aus dem Kauf eines Schiffes oder Schiffsbauwerks.

L. Michalski

§ 1643 Familienrecht Verwandtschaft

10 cc) **§ 1821 Nr 4. Eingehung** einer **Verpflichtung** zu einer der in Nr 1–3 bezeichneten Verfügungen. Damit wird eine Umgehung der voraufgeführten Schutzvorschriften verhindert und das Kind vor etwaigen Schadensersatzansprüchen bewahrt. Wird beim Verkauf eines Grundstücks namens des Kindes zB die Schwammfreiheit oder die Ertragshöhe zugesichert, so ist hierfür die Genehmigung des FamG erforderlich (Weimar MDR 1961, 381; vgl auch RG 132, 78: Die Genehmigung eines schriftlichen Vertrages erfaßt keineswegs nur mündlich getroffene Nebenabreden).

10a dd) **§ 1821 Nr 5.** Der **Genehmigung** bedarf es **bei jedem entgeltlichen Erwerb**, also auch beim Tausch oder wenn Kaufgeld durch Bestellung von Hypotheken gedeckt wird (BayObLG JFG 5, 305); nicht dagegen bei einer Schenkung, auch wenn eingetragene, dingliche Lasten übernommen oder neue, zB ein Nießbrauch, bestellt werden, sofern sich der Vertrag dadurch nicht als ein entgeltlicher darstellt (RG 148, 321). Wird ein Grundstück in der **Zwangsversteigerung** erworben, so muß das für das Kind abgegebene Gebot vom FamG genehmigt werden; andernfalls ist es zurückzuweisen (§ 71 II ZVG). Gehört ein Grundstück zum Nachlaß, so ist auch die Ausübung des Vorkaufsrechts des Erben genehmigungspflichtig (SchlHOLG SchlHA 1956, 262). Der entgeltliche Erwerb von Hypotheken, Grund- und Rentenschulden ist auch hier wegen des Abs II genehmigungsfrei.

11 b) **Rechtsgeschäfte des § 1822. aa) § 1822 Nr 1. Rechtsgeschäft**, durch welches das **Kind** zu einer **Verfügung** über sein **Vermögen** im ganzen oder über eine ihm angefallene **Erbschaft** oder über seinen **künftigen** gesetzlichen **Erbteil** oder seinen **künftigen Pflichtteil** verpflichtet wird, sowie zu einer **Verfügung** über seinen **Anteil** an einer **Erbschaft** (§ 1822 Nr 1). Vgl §§ 310, 311, 312, 2371ff, 1089.

12 bb) **§ 1822 Nr 3.** Vertrag, der auf den entgeltlichen **Erwerb** oder die **Veräußerung** eines **Erwerbsgeschäfts** gerichtet ist, sowie **Gesellschaftsvertrag**, der zum **Betrieb** eines **Erwerbsgeschäftes** eingegangen wird. **Erwerbsgeschäft** setzt eine berufsmäßig ausgeübte, auf selbständigen Erwerb gerichtete Tätigkeit voraus. Es kann dies eine kaufmännische, gewerbliche, handwerkliche, aber auch landwirtschaftliche, freiberufliche, künstlerische, wissenschaftliche sein. Die Praxis eines Arztes ist zwar ein Erwerbsgeschäft, wird sie aber nach dem Tode des Arztes veräußert, so bedarf es einer Genehmigung nicht mehr (RG VZS 144, 1); Grundstück kein Erwerbsgeschäft, RG 133, 11 läßt es unentschieden. Vgl auch § 112 (Ermächtigung des Kindes zum selbständigen Betrieb eines Erwerbsgeschäfts), § 1645 (Beginn eines neuen Erwerbsgeschäfts). Genehmigungspflichtig ist die Gründung einer GmbH (Stuttgart Justiz 1979, 19; LG Menningen Rpfleger 1993, 337f), auch Erwerb oder Veräußerung von GmbH-Anteilen in einem Umfang, der wirtschaftlich einem Erwerb oder einer Veräußerung des Geschäfts gleichkommt (KG JW 1926, 600; JW 1927, 2578), nicht dagegen die schenkungsweise Übertragung eines GmbH-Anteils (BGH 107, 23, 28; dazu Gerken Rpfleger 1989, 270ff); ferner die Gründung einer OHG, Fortsetzung der durch den Tod aufgelösten; Gründung und Eintritt in eine Kommanditgesellschaft (BGH FamRZ 1955, 209); Ausscheiden aus einer OHG (BGH LM Nr 8 zu § 138 HGB); Übertragung von Anteilen an einer BGB-Gesellschaft (BayObLG Rpfleger 1989, 455f m Anm Grube Rpfleger 1990, 67ff); Koblenz FamRZ 2003, 249f: Urteil betont die Notwendigkeit einer Genehmigung nach § 1821 Nr 1 bei einer nicht erwerbswirtschaftlichen GbR – Genehmigung nach § 1822 Nr 3 reicht nicht; im Gegensatz dazu reicht bei einer erwerbswirtschaftlichen GbR (mit eigener Rechtsfähigkeit – gleich wie bei OHG/KG) die Genehmigung nach § 1822 Nr 3 – die Genehmigung nach § 1821 Nr 1 ist insoweit nicht mehr nötig; LG Stuttgart BWNotZ 2001, 91: zur familiengerichtlichen Genehmigung der Erhöhung der Kommanditeinlage eines Minderjährigen; BayObLG FamRZ 1996, 119ff: zum Begriff des Betriebs eines Erwerbsgeschäftes: LG Aachen Rpfleger 1994, 104ff: Ergänzungspfleger erforderlich, wenn gesetzlicher Vertreter selbst Gesellschafter der BGB-Gesellschaft ist); Eintritt als stiller Gesellschafter, nicht jedoch bei einmaliger Kapitaleinlage ohne Beteiligung am Risiko oder Verlust des Betriebes (BGH FamRZ 1957, 121); nicht das Zeichnen einzelner Aktien; nicht der Austritt oder gar die Kündigung eines Mitgesellschafters (BGH LM Nr 8 zu § 138 HGB); auch jede Änderung des Gesellschaftsvertrages, zB die Aufnahme eines weiteren Gesellschafters in die OHG (BGH 38, 26; aA Beitzke JR 1963, 182); auch nicht die Fortführung eines Handelsgeschäftes in ungeteilter Erbengemeinschaft, der neben dem minderjährigen Miterben die gesetzlichen Vertreter angehören (BGH NJW 1985, 136; Schlüter FamRz Rz 382: mit Verweis auch die andere Ansicht des BVerfG und des durch das MHabeG v 25. 8. 1998 eingeführten § 1629a; s Näheres § 1629a Rz 1; s dazu auch § 1629 Rz 5 und § 1629a Rz 1). Im einzelnen sehr strittig, vgl Gernhuber/Coester-Waltjen § 60 VI mN.

13 cc) **§ 1822 Nr 5. Miet- oder Pachtvertrag**, oder anderer **Vertrag**, durch den das Kind zu **wiederkehrenden Leistungen** verpflichtet wird, wenn das Vertragsverhältnis länger als ein Jahr nach dem Eintritt der Volljährigkeit des Kindes fortdauern soll. Es ist gleichgültig, ob das Kind Mieter, Pächter, Vermieter oder Verpächter ist, ferner, ob es sich um bewegliche oder unbewegliche Sachen handelt. Hierunter fallen auch Pachtverträge über ein Landgut oder einen gewerblichen Betrieb (RG 114, 35; KG OLG 43, 380). Als wiederkehrende Leistungen im Sinne dieser Vorschrift kommen in Betracht: Altenteils-, Versicherungs-, Abzahlungsverträge, Rentenversprechen, Ruhegehaltszusagen auf Lebenszeit (RAG 11, 335); Vertrag, der den nichtehelichen Vater zur Zahlung von Unterhaltsrenten gemäß § 1708 aF verpflichtet (BayObLG 1906, 732; KGJ 46 A 51; Hamm FamRZ 1961, 128); Lebensversicherungsvertrag (BGH 28, 78; Hamm VersR 1992, 1502f; AG Hamburg NJW-RR 1994, 721f; ausführlich Bayer VersR 1991, 129ff); ratenweise Tilgung einer Einlageverpflichtung als stille Gesellschafterin (Stuttgart NJW-RR 1996, 1288f). **Nicht** dagegen die **einseitige deklaratorische Anerkenntnis** des nichtehelichen Erzeugers. Vgl dazu LG Berlin FamRZ 1970, 144, das in der von einem minderjährigen Vater zugunsten eines von ihm anerkannten nichtehelichen Kindes in einer vollstreckbaren Urkunde abgegebenen Verpflichtung, den Richtsatzunterhalt zu zahlen, nur eine einseitige Erklärung sieht, die keiner familiengerichtlichen Genehmigung bedarf. Dazu siehe aber auch Wiegel FamRZ 1971, 17ff; KG FamRZ 1971, 41; Odersky FamRZ 1971, 137. Gleichfalls nicht Dienst- und Arbeitsverträge (RAG JW 1929, 1263); – sie fallen lediglich unter die in § 1643 nicht aufgeführte Nr 7 des § 1822 – und die Eröffnung eines Girokontos (Spanl Rpfleger 1989, 392ff).

Elterliche Sorge §1643

dd) § 1822 Nr 8. Aufnahme von Geld auf den Kredit des Kindes, insbesondere Darlehen, Kontokorrent; entscheidend ist der wirtschaftliche Zweck (RG JW 1912, 590). Keiner Genehmigung bedarf es für das Versprechen eines Maklerlohnes oder Aufwandsersatzes, wenn dies mit der Kreditaufnahme lediglich wirtschaftlich zusammenhängt (BGH FamRZ 1957, 120). Nimmt man an, daß es sich beim verbundenen Geschäft nach § 358 um zwei rechtlich selbständige Verträge, nämlich um einen Kauf- und um einen Darlehensvertrag handelt, so bedarf es der Genehmigung auch unter dem Gesichtspunkt der Kreditgewährung. 14

ee) § 1822 Nr 9. Ausstellung einer Schuldverschreibung auf den Inhaber oder Eingehung einer Verbindlichkeit aus einem **Wechsel** oder einem anderen Papier, das durch **Indossament** übertragen werden kann. Vgl §§ 793ff zur Inhaberschuldverschreibung, § 363 HGB zu den indossablen Papieren, Art 11 WG und Art 14 ScheckG. Beim Wechsel ist eine familiengerichtliche Genehmigung nicht zur Ausstellung, sondern erst zur Begebung erforderlich (RG JW 1927, 1354). Aufnahme der Genehmigung in den Wechsel ist nicht erforderlich, aber für den Fall des Wechselprozesses zweckmäßig. 15

ff) § 1822 Nr 10. Übernahme einer fremden Verbindlichkeit, insbesondere Eingehung einer **Bürgschaft**; ferner Schuldübernahme, Verpfändung oder Sicherungsübereignung für fremde Schuld. Wesentlich ist, daß das Kind die Verbindlichkeit eines Dritten als wirtschaftlich fremde Schuld mit der Rechtsfolge übernimmt, daß es, wenn es in Anspruch genommen wird, von dem Dritten Ersatz verlangen kann. Daher entfällt eine Genehmigung, wenn das Kind die Leistung als eigene bewirken soll (RG 158, 216; 133, 7), ferner, wenn die Eltern zur Begleichung einer eigener Schuld Vermögensstücke des Kindes mit Ersatzpflicht hingeben (RG 75, 357; vgl auch RG HRR 1936, 336). § 1822 Nr 10 trifft auch den Fall, daß das Eintreten für eine fremde Schuld ohne ausdrückliche Schuldübernahme die gesetzliche Folge eines Rechtsgeschäfts ist; dies gilt für die Beteiligung an der GmbH wegen §§ 16 III, 24, 31 III GmbHG (KG KGJ 44, 142; JW 1926, 600; 1927, 2578; Staud/Engler §§ 1821, 1822 Rz 124; aA Gernhuber/Coester-Waltjen § 60 VI 6 und 10 mN), nicht jedoch stets für die Übertragung eines GmbH-Anteils (BGH 107, 23, 26: nur bei der Übernahme einer fremden Verbindlichkeit, die im Verhältnis zum bisherigen Schuldner allein dieser zu tilgen hat); § 1822 Nr 10 gilt dagegen nicht für den Beitritt zu einer eingetragenen Genossenschaft (LG Frankfurt NJW 1963, 50; Oldenburg NJW 1963, 1551; Hamm FamRZ 1966, 456; BGH 41, 71; Gernhuber/Coester-Waltjen § 60 VI 10; aA Braunschweig FamRZ 1963, 657; Paulick FamRZ 1964, 205; 1966, 526; Rehbinder NJW 1964, 1132, die aber die Änderung des GenG nicht gebührend berücksichtigen. 16

gg) § 1822 Nr 11. Erteilung einer Prokura (§ 1822 Nr 11). Vgl §§ 48ff HGB; nicht dagegen Erteilung von Handlungsvollmacht (§ 54 HGB). 17

hh) Zu vorstehenden Rz 4–17: Weitere Einzelheiten siehe bei §§ 1821 und 1822. 18

3. Genehmigungspflichtige Rechtsgeschäfte nach Abs II. a) Nach Abs II S 1 bedarf auch die **Ausschlagung einer Erbschaft** oder **eines Vermächtnisses** sowie der **Verzicht auf einen Pflichtteil** der familiengerichtlichen Genehmigung. Zum Erbanfall und der Ausschlagung der Erbschaft siehe §§ 1942ff, 1953, 1957, 2176, zum Anfall und zur Ausschlagung eines Vermächtnisses siehe §§ 2176, 2180, zum Pflichtteil und zum Verzicht auf ihn s §§ 2303ff, 2346ff, ferner zur Ausschlagung einer Erbschaft oder eines Vermächtnisses siehe § 517, zur Ausschlagung der Erbschaft durch überlebenden Ehegatten s § 1371 III. 19

b) Abs II S 2 macht von der Genehmigungspflicht für den Fall eine **Ausnahme**, daß der Anfall an das Kind erst infolge der Ausschlagung eines Elternteils eintritt, der das Kind allein oder gemeinsam mit dem anderen Elternteil vertritt. Er knüpft an den § 1629 I, den **Gesamtvertretungsgrundsatz**, an. Dann ist die Ausschlagung, die dieser namens des Kindes erklärt, grundsätzlich genehmigungsfrei. Weil die Vertretung des Kindes beiden Eltern gemeinsam zusteht, müssen beide Elternteile als gesetzliche Vertreter des Kindes ausschlagen. Mit dieser Maßgabe ist § 1643 II S 2 anzuwenden. 20

c) Folgende Fälle sind denkbar: Zunächst sind beide vertretungsberechtigten Elternteile als Erben berufen gewesen. Sie haben die Erbschaft für ihre Person ausgeschlagen. Ist diese erst infolgedessen dem Kind zugefallen, so bedarf es keiner Genehmigung, wenn die Eltern als gesetzliche Vertreter der Erbschaft für das Kind ausschlagen, vgl Hamm NJW 1959, 2216. Denn es ist anzunehmen, daß die vorher als Erben berufenen Eltern in eigenem Interesse das Für und Wider der Annahme und Ausschlagung genügend geprüft haben. Aber auch dann, wenn der Anfall an das Kind infolge der Ausschlagung nur eines Elternteils eintritt, sind beide vertretungsberechtigten Elternteile von der Genehmigungspflicht befreit; vgl LG Bückeburg NJW 1955, 223; LG Wuppertal MDR 1955, 37; ferner Hamm NJW 1959, 2215; Frankfurt Rpfleger 1962, 18; Staud/Engler Rz 37; zum damaligen Rechtszustand. 21

Die **Genehmigungspflicht lebt jedoch wieder auf**, wenn die vertretungsberechtigten Eltern oder ein vertretungsberechtigter Elternteil neben dem Kind berufen war, vgl Hamm NJW 1959, 2215; Staud/Engler Rz 38. Will der als Testamentserbe eingesetzte Elternteil die testamentarische Erbschaft für sich und sein als Ersatzerbe eingesetztes minderjähriges Kind ausschlagen, um die Erbschaft als gesetzlicher Erbe anzunehmen, so ist die familiengerichtliche Genehmigung erforderlich (Frankfurt NJW 1955, 466; FamRZ 1969, 658; Staud/Engler Rz 39; so jetzt auch Gernhuber/Coester-Waltjen § 60 VI 3). Gleiches muß gelten, wenn der Inhaber der elterlichen Sorge die infolge seiner eigenen Ausschlagung mehreren Kindern angefallene Erbschaft für einzelne Kinder gleichfalls ausschlägt, für ein Kind dagegen annimmt (Engler FamRZ 1972, 7). Diese Grundsätze sind auf Nacherbfälle entsprechend anwendbar (KGJ 53, 36). 22

Einstweilen frei. 23

4. Genehmigung des FamG (§§ 1825, 1828 bis 1831). a) Wesen. Sie ist ein **hoheitlicher** (obrigkeitlicher) **Verwaltungsakt**, der privatrechtliche Wirkungen äußert, vgl RG 121, 36; Lehmann FamilienR 184, 256; Nipperdey 24

§ 1643

FS Raape, S 308; Breit ZBlFG 1904, 569. Als privatrechtsgestaltender Staatsakt ist sie einer Anfechtung nach §§ 119, 123 entzogen. Anfechtbar ist nur die Willenserklärung des Vormundes beim Vertragsschluß oder bei der Mitteilung nach § 1829 I S 2 (Jansen § 55 FGG Anm 4a; Karlsruhe JFG 2, 121; Keidel JZ 1958, 17; Habscheid FamRZ 1957, 112; aA RG 137, 345; Darmstadt OLG 22, 130; Stuttgart BWNotZ 1956, 196; Pal/Diederichsen Rz 2).

25 b) Sie **ergänzt** die **beschränkte Vertretungsmacht** der Eltern und kann nur diesen gegenüber erklärt werden (§ 1828) und zwar selbst dann, wenn das beschränkt geschäftsfähige Kind den Vertrag selbst abschließt und der gesetzliche Vertreter dem zustimmt. Sie heißt, auch wenn sie im vorhinein erteilt wird, abweichend von § 183, „Genehmigung" und nicht Einwilligung.

26 aa) Bei **einseitigen Rechtsgeschäften**, zB der Ausschlagung eines Vermächtnisses oder einer Erbschaft (§ 1643 II) oder der Erteilung einer Prokura (§§ 1643 I, 1822 Nr 11), muß die Genehmigung bereits bei Vornahme des Rechtsgeschäfts vorliegen, sonst ist das Rechtsgeschäft unwirksam (§ 1831); vgl RG 127, 158. Vornahme ist nicht gleichbedeutend mit schriftlicher Abfassung oder Beurkundung, es kommt auf den Zeitpunkt des Wirksamwerdens an. Eine nachträgliche Genehmigung vermag das Rechtsgeschäft nicht zu heilen; dieses muß nach vorher erteilter Genehmigung wiederholt werden. Nehmen die Eltern ein derartiges Geschäft einem anderen gegenüber mit erteilter Genehmigung vor, so ist es gleichwohl unwirksam, wenn die Eltern die Genehmigung nicht in schriftlicher Form vorlegen und der Gegner das Geschäft aus diesem Grund unverzüglich zurückweist (§ 1831 S 2).

27 bb) Bei **Verträgen** ist eine nachträgliche Genehmigung möglich. Liegt die Genehmigung bei Vornahme des Vertrages bereits vor **(Vorgenehmigung)**, so wird der Vertrag mit dem Abschluß wirksam, ohne daß es einer Mitteilung der Genehmigung an den Vertragsgegner bedarf (KGJ 23, 173), vorausgesetzt, daß Genehmigung und Vertragsinhalt sich decken. Wird die Genehmigung für den Vertrag nachträglich erteilt **(Nachgenehmigung)**, so wird sie dem anderen Teil gegenüber erst wirksam, wenn sie ihm durch die (den) gesetzlichen Vertreter **mitgeteilt** worden ist (§ 1829 I S 2). Bis dahin bleibt der Vertrag schwebend unwirksam. Dem gesetzlichen Vertreter steht frei, ob er die Genehmigung mitteilt und dadurch die Wirksamkeit des Vertrags herbeiführt. Er wird sich hierbei von den Interessen des Kindes leiten lassen.

28 Die **Mitteilung** ist eine **rechtsgeschäftliche Erklärung**, die den allgemeinen Grundsätzen unterliegt, infolgedessen auch anfechtbar ist (RJA 17, 5; Zunft NJW 1959, 518; BayObLG 1960, 2188). Die Mitteilung ist nach der Rspr unabdingbar, München DR 1943, 491; krit Henschel JW 1930, 3040. Teilt das FamG die Genehmigung dem Vertragsgegner nachrichtlich mit, so wird der Vertrag nur dann wirksam, wenn der gesetzliche Vertreter weiß, daß sie dem Vertragsgegner bekannt ist, und er dem Vertragsgegner zu erkennen gibt, daß er den genehmigten Vertrag billigt (BGH 15, 97). Stehen beide Vertragsteile unter elterlicher Sorge, Vormundschaft oder Pflegschaft, so wird der Vertrag erst durch gegenseitige Mitteilung der familiengerichtlichen Genehmigungen wirksam. Um den Rechtsverkehr zu erleichtern, erteilen die Vertragsteile häufig der Urkundsperson – dem Notar – eine **Doppelvollmacht**, nämlich einerseits zum Empfang und zur Mitteilung der familiengerichtlichen Genehmigung, andererseits zur Entgegennahme der Mitteilung; § 181 steht dem nicht entgegen. Der Notar muß dann irgendwie, zB durch einen Vermerk auf der Urkunde oder durch Einreichen der Urkunde beim Grundbuchamt, **nach außen erkennbar machen**, daß er von der Doppelvollmacht Gebrauch gemacht hat; vgl LG Frankenthal FamRZ 1979, 176.

29 Der **Vertragsgegner** kann den **Schwebezustand** dadurch **abkürzen**, daß er den gesetzlichen Vertreter auffordert, ihm mitzuteilen, ob die familiengerichtliche Genehmigung erteilt sei. Dann muß der gesetzliche Vertreter binnen einer Frist von zwei Wochen dem Vertragsgegner die Genehmigung mitteilen, widrigenfalls sie als verweigert gilt (§ 1829 II). Ein **Widerrufsrecht** steht dem anderen Teil gemäß § 1830 nur dann zu, wenn der gesetzliche Vertreter bei Abschluß des Vertrages wahrheitswidrig behauptet hat, die familiengerichtliche Genehmigung liege bereits vor, und wenn dem anderen Teil deren Fehlen nicht bekannt war.

30 c) **Gesichtspunkte für die Entscheidung des FamG.** Das FamG entscheidet nach seinem **pflichtgemäßen Ermessen**, ob es die Genehmigung erteilt oder verweigert (zum Anspruch auf familiengerichtliche Genehmigung von Rechtsgeschäften Mayer FamRZ 1994, 1007ff). Es wird sich hierbei lediglich nach **dem Wohl und Interesse des Kindes** richten (BayObLG 1980, 294, 296; Rpfleger 1989, 455f; Frankfurt FamRZ 1969, 658), das negativ betroffen ist, wenn das Geschäft das damit üblicherweise verbundene Risiko erheblich übersteigt (BayObLG Rpfleger 1989, 455, 456; LG Meiningen Rpfleger 1993, 337f: Abschluß eines GmbH-Gründungsvertrages). Die Gründe sind aber nicht immer nur im finanziellen Interesse zu suchen. Die Stellung des Kindes, seine Beziehungen zum Vertragsgegner, dessen Vermögensverhältnisse, der Gegenstand und der Zweck des Vertrags und die Berücksichtigung der Anschauungen über Sitte und Anstand können im Einzelfall den Gesichtspunkt des geldlichen Vorteils zurücktreten lassen; vgl KG JFG 13, 187; JW 1938, 2353; DJ 1938, 427. Die erforderlichen Ermittlungen hat das FamG von Amts wegen vorzunehmen (§ 12 FGG). Die Anhörung des Kindes richtet sich nach § 50b FGG, die Eltern nach § 50a FGG, die Anhörung Verwandter und der Beteiligten ist möglich und mitunter unumgänglich.

31 Die **Genehmigung** ist zu **versagen**, wenn das **Rechtsgeschäft verboten** (§ 134), **sittenwidrig** (§ 138) oder **offenbar ungültig** ist. Nicht dagegen, wenn die Rechtswirksamkeit nur zweifelhaft ist (KG JFG 12, 121; 14, 249; 15, 183; KG EJF AIK Nr 1); die Gefahr unsicherer Prozesse sollte aber vermieden werden. Eine Genehmigung unter aufschiebender Bedingung ist zulässig, jedoch nicht unter auflösender Bedingung oder gar widersprüchlich (KG JFG 15, 128). Genehmigt das FamG den Vertrag unter bestimmten Bedingungen, so verweigert es damit die Nachgenehmigung des bereits geschlossenen Vertrages und erteilt die Vorgenehmigung für den bedingungsgemäß vorzunehmenden Vertrag (KG JFG 15, 128; München JFG 23, 278). Die Genehmigung darf nicht mit einer Auflage verknüpft werden, die die Eltern mit einer vom Gesetz nicht gewollten Kontrolle ihrer Vermögensverwaltung unterwirft (Frankfurt NJW 1953, 64). In der Genehmigung des schuldrechtlichen Rechtsgeschäfts liegt im Zweifel auch die Genehmigung des dinglichen Erfüllungsgeschäfts (RG 130, 148, 150f; BayObLG 1985, 43, 46). Umgekehrt enthält die Genehmigung einer Verfügung über das Grundstück im Regelfall die Genehmigung des Grundgeschäfts (RG 130, 148).

d) Wirksamwerden der Genehmigung. Dem **gesetzlichen Vertreter** gegenüber wird die Genehmigung mit der Bekanntmachung wirksam (§ 16 FGG). Die Bekanntmachung braucht nicht unmittelbar durch das FamG zu geschehen (BayObLG 1960, 276). Solange die nachträglich erteilte Genehmigung dem Dritten gegenüber gemäß § 1829 I S 2 noch nicht wirksam geworden ist, kann das FamG sie **abändern und** auch **zurücknehmen** (§§ 18 I, 55 I FGG, KGJ 52, 45; LG Frankenthal FamRZ 1979, 176). Ist sie aber dem Dritten gegenüber wirksam geworden, so kann sie nicht mehr, auch nicht im Beschwerdeweg, abgeändert oder zurückgenommen werden (§§ 55 I, 62 FGG). Sind an einem der familiengerichtlichen Genehmigung unterliegenden Vertrag **mehrere** minderjährige **Kinder beteiligt**, so liegen ebenso viele rechtlich selbständige Verfügungen vor, auch wenn das FamG die Genehmigung uno actu in einem Beschluß erteilt. Daraus folgt: Die für eines der Kinder erteilte Genehmigung kann, wenn sie den anderen Beteiligten gegenüber noch nicht wirksam geworden ist, auch dann noch zurückgenommen werden, wenn die für die anderen Kinder erteilten Genehmigungen bereits wirksam geworden sind. Dagegen kann eine für ein Kind erteilte, wirksam gewordene Genehmigung auch dann nicht mehr zurückgenommen werden, wenn die für die anderen Kinder ausgesprochenen Genehmigungen noch nicht wirksam geworden sind. Vgl BayObLG 1960, 276. Die im voraus erteilte Genehmigung ist bereits mit Vornahme des einseitigen Rechtsgeschäfts (§ 1831) und mit Abschluß des Vertrages (KG RJA 15, 264), auf die sie sich bezieht, wirksam. 32

e) In den Fällen des § 1822 Nr 8–10, s oben Rz 14–16, kann das FamG die **Genehmigung allgemein erteilen**. Es soll dies nur tun, wenn es zum Zweck der Vermögensverwaltung, insbesondere zum Betrieb eines Erwerbsgeschäfts erforderlich ist (§ 1825). Die allgemeine Ermächtigung wirkt wie eine Befreiung. 33

f) Das **zuständige FamG** ergibt sich aus § 64 FGG. Die Zuständigkeit wird nur für die jeweiligen Einzelverrichtungen und nicht auch für weitere Verrichtungen begründet (Frankfurt FamRZ 1995, 1434f).Es entscheidet der Rechtspfleger (§ 3 Nr 2 lit a RPflG). Die Gebühren richten sich nach § 95 I S 2 KostO (zum Geschäftswert der Genehmigung bei fehlender Alleinberechtigung des Minderjährigen s Stuttgart Rpfleger 1990, 295f). Kostenschuldner ist grundsätzlich das Kind. 34

g) Verfahrensvorschriften. Ein förmlicher **Antrag** auf familiengerichtliche Genehmigung ist **nicht erforderlich**. Jedoch wird das FamG in der Praxis nur tätig werden, wenn die Eltern namens des Kindes um die Genehmigung nachsuchen. Verkauft ein gesetzlicher Vertreter ein Grundstück, das zum Teil ihm und zum Teil seinem Mündel gehört, so ist er in der Regel nicht gehindert, dem Gericht Umstände mitzuteilen, die zur Versagung der gerichtlichen Genehmigung führen können (BGH FamRZ 1970, 401). Gegen des gesetzlichen Vertreters Willen darf das FamG die Genehmigung nicht erteilen; vgl BayObLG FamRZ 1977, 141. Zum Umfang der Sachaufklärung und zur Anhörung der Eltern s BayObLG FamRZ 1996, 119ff. Der an der Genehmigung interessierte Geschäfts-Vertragspartner ist nicht antragsberechtigt (BayObLG FamRZ 1992, 104, 105). Verweigert das FamG die Genehmigung, so sind die **Eltern** namens des Kindes **beschwerdeberechtigt**, nicht aber der Geschäfts-Vertragspartner (RG 56, 124; Rostock OLG 40, 16; KGJ 52, 46); letzterem ist ausnahmsweise ein Beschwerderecht dann zuzubilligen, wenn die durch Mitteilung an ihn schon wirksam gewordene Genehmigung zurückgenommen wird (KG JFG 13, 23; 23, 119); ferner wenn er vorbringt, das Rechtsgeschäft habe keiner familiengerichtlichen Genehmigung bedurft und seine Rechtslage sei durch den die Genehmigung versagenden Beschluß beeinträchtigt worden (BayObLG FamRZ 1977, 141). Gegen die Erteilung der Genehmigung wird den Eltern nur selten die Beschwerde namens des Kindes zustehen, zB wenn die Genehmigung gegen ihren Willen erteilt wurde. Die weitere Beschwerde kann darauf gestützt werden, daß das FamG von seinem Ermessen fehlerhaften Gebrauch gemacht habe. Karlsruhe FamRZ 1973, 378 ist der Ansicht, daß das Interesse des Kindes, an dem sich die Entscheidung des FamG auszurichten habe, ein unbestimmter Rechtsbegriff sei, dessen unrichtige Anwendung auf den festgestellten Sachverhalt als Gesetzesverletzung der Nachprüfung durch das Rechtsbeschwerdegericht schlechthin unterliege. 35

5. a) Wird die **Genehmigung nicht erteilt**, gilt sie als verweigert (§ 1829 II), oder **macht der gesetzliche Vertreter** von der erteilten Genehmigung **keinen Gebrauch**, indem er sie dem Vertragsgegner nicht mitteilt (§ 1829 II), so ist und bleibt das **Rechtsgeschäft unwirksam** (KGJ 25, 17). Das Kind haftet dann für das etwa Erlangte nach Bereicherungsgrundsätzen. Beispiel Fall RG 81, 264: Ein vermögensloser Vater veräußert notariell ein Grundstück des Kindes unter dem Vorbehalt der familiengerichtlichen Genehmigung; er erhält die Anzahlung und verbraucht sie. Die Genehmigung wird versagt. Der Käufer nimmt das Kind auf Rückzahlung in Anspruch (§§ 819 I, 166). 36

b) Wird das **Kind volljährig**, so ersetzt seine Genehmigung die des FamG (§ 1829 III). Zur konkludenten Genehmigung durch fortlaufende Prämienzahlungen sowie den Verzicht auf Widerspruch gegen Prämienanpassungen s Hamm VersR 1992, 1502f; AG Hamburg NJW-RR 1994, 721f. 37

6. Wegen **weiterer Einzelheiten** s bei §§ 1825, 1828 bis 1831. 38

§ 1644 *Überlassung von Vermögensgegenständen an das Kind*
Die Eltern können Gegenstände, die sie nur mit Genehmigung des Familiengericht veräußern dürfen, dem Kind nicht ohne diese Genehmigung zur Erfüllung eines von dem Kind geschlossenen Vertrags oder zu freier Verfügung überlassen.

Die Vorschrift will verhindern, daß § 1643 mit Hilfe des § 110 umgangen wird. Ein **Verstoß** macht die Überlassung unwirksam, so daß die Wirkung des § 110 nicht eintritt. 1

§ 1645 Neues Erwerbsgeschäft

Die Eltern sollen nicht ohne Genehmigung des Familiengerichts ein neues Erwerbsgeschäft im Namen des Kindes beginnen.

1. Die Vorschrift beruht auf der Erwägung, daß die **Neugründung eines Erwerbsgeschäfts** außerhalb der gewöhnlichen Vermögensverwaltung liegt und in der Regel für das Kind gefährlich ist. Oft wird das Kind vom Elternteil, der wirtschaftlich zusammengebrochen und insolvent geworden ist, nur vorgeschoben. Eine Genehmigung ist nur zu erteilen, wenn sie dem Kindesinteresse entspricht, was ein Ausnahmefall ist (KG OLG 21, 264). Es handelt sich nur um eine **Ordnungs-(Soll-)Vorschrift**. Daher wird das Kind auch ohne Genehmigung Kaufmann. Jedoch kann der Registerrichter angesichts der erweiterten heute allgemeinen Prüfungspflicht den Nachweis der Genehmigung verlangen (Pal/Diederichsen Rz 1; Soergel/Strätz Rz 3; die ältere Rspr Karlsruhe OLG 1, 214; KG OLG 1, 288); er kann ferner prüfen, wer der Inhaber ist (KG RJA 13, 231). Das FamG kann bei einem Verstoß gegen die Eltern gemäß § 1667 vorgehen. Von dem Mangel der Genehmigung werden weder die bei der Gründung noch die im Betrieb des Unternehmens vorgenommenen Rechtsgeschäfte beeinträchtigt. Ausführlich dazu Thiele, Diss Köln 1992. Zur Ermächtigung des Kindes zum selbständigen Betrieb eines Erwerbsgeschäfts s § 112.

2. Der Begriff „**Erwerbsgeschäft**" setzt eine auf selbständigen Erwerb gerichtete Tätigkeit voraus (RG 133, 7). Es muß sich um eine Neugründung handeln. Einer **Genehmigung bedarf** es **nicht** zur **Fortführung** (OLG 26, 270), **Erweiterung, Änderung** und **Auflösung** – anders § 1823 – des Erwerbsgeschäfts. Die Genehmigung nach § 1645 ersetzt nicht die auf Grund anderer Vorschriften erforderliche Genehmigung. In der familiengerichtlichen Genehmigung eines Gesellschaftsvertrages nach §§ 1643 I, 1822 Nr 3 liegt allerdings zugleich eine Genehmigung der darin liegenden Neugründung eines Erwerbsgeschäftes nach § 1645 (BGH 17, 160; 38, 26; JZ 1957, 382). Zur analogen Anwendung bei Fortführung des von einem Minderjährigen ererbten Handelsgeschäftes durch die Eltern s K. Schmidt NJW 1985, 139; aM Damrau NJW 1985, 2236.

3. Das **zuständige FamG** ergibt sich aus § 64 FGG. Die Zuständigkeit wird nur für die jeweilige Einzelverrichtung und nicht für weitere Verrichtungen begründet (Frankfurt aM FamRZ 1995, 1434f). Es entscheidet der **Rechtspfleger** (§ 3 Nr 2 lit a RPflG). Für die Gebühren ist § 95 I S 2 KostO maßgeblich.

§ 1646 Erwerb mit Mitteln des Kindes

(1) Erwerben die Eltern mit Mitteln des Kindes bewegliche Sachen, so geht mit dem Erwerb das Eigentum auf das Kind über, es sei denn, dass die Eltern nicht für Rechnung des Kindes erwerben wollen. Dies gilt insbesondere auch von Inhaberpapieren und von Orderpapieren, die mit Blankoindossament versehen sind.

(2) Die Vorschriften des Absatzes 1 sind entsprechend anzuwenden, wenn die Eltern mit Mitteln des Kindes ein Recht an Sachen der bezeichneten Art oder ein anderes Recht erwerben, zu dessen Übertragung der Abtretungsvertrag genügt.

1. Die Vorschrift dient dem **Schutz des Kindes**. a) Handeln die Eltern, was selten vorkommt, im Namen des Kindes, so greift § 164 zu dessen Gunsten ein.

b) Gewöhnlich werden die Eltern aber ihr und des Kindes Vermögen als **eine** Masse behandeln und nach außen nicht zu erkennen geben, daß sie für das Kind tätig werden. Dann würde das Kind nur auf Übertragungsansprüche angewiesen sein. Hier greift Abs I ein, der für **bewegliche Sachen**, zu denen er auch die Inhaberpapiere und mit einem Blankoindossament versehene Orderpapiere zählt, eine – allerdings vom Willen der Eltern abhängige – Surrogation anordnet. Er setzt voraus, daß die Eltern **im eigenen Namen**, aber mit Mitteln und für **Rechnung des Kindes** erwerben. Dann kommt § 164 II nicht in Betracht. Der von den Eltern erworbene Gegenstand gelangt unmittelbar kraft Gesetzes – ohne Zwischenerwerb der Eltern – in das Vermögen des Kindes (Durchgangserwerb verneinend auch Schlüter FamR Rz 374). Die Auslegungsregel spricht dafür, daß die Eltern für Rechnung des Kindes erwerben wollten (BGH 6, 1; 152, 349 jeweils zu § 1381 aF). Den Gegenbeweis hat derjenige zu führen, der sich auf den Nichterwerb des Kindes beruft. Dies erfordert nicht, daß beide Elternteile gemeinsam handeln, vgl § 1627 Rz 1–6. Wer die Auslegungsregel nicht gegen sich gelten lassen will, hat den Gegenbeweis zu erbringen (KG OLG 22, 158). Er setzt voraus, daß die Eltern, dh *beide* Elternteile, nicht für Rechnung des Kindes erwerben wollten; vgl Staud/Engler Rz 11. Er ist gelungen, wenn feststeht, daß die Eltern die Sache für sich behalten wollten. Dann kann das Kind gegen seine Eltern lediglich einen Anspruch auf Ersatz der verbrauchten Mittel oder auf Übertragung der erworbenen Sache geltend machen. Der Unterschied wirkt sich in einer etwaigen Insolvenz der Eltern aus: Hat das Kind unmittelbar Eigentum erworben, so kann es aussondern (§ 47 InsO). Stammen die Mittel teils aus dem Kindesvermögen, teils aus anderen Quellen, so tritt Miteigentum nach Bruchteilen ein, vgl RG 152, 355 zu dem rechtsähnlichen § 1381 aF.

c) Handeln die Eltern **im eigenen Namen** und **für eigene** oder **eines Dritten Rechnung**, so gilt nichts Besonderes; sie werden selbst berechtigt und verpflichtet.

d) Zu den in Abs I S 2 erwähnten Inhaber- und Orderpapieren, die mit Blankoindossament versehen werden können, gehören Wechsel (Art 11, 13 WG), Schecks (Art 14, 16 ScheckG), Namensaktien (§ 68 I AktG) und kaufmännische Orderpapiere (§§ 363ff HGB).

2. Abs II läßt Gleiches gelten für den Erwerb von **Rechten** an **beweglichen Sachen**, wie Pfandrecht und Nießbrauch, und von Rechten, zu deren Übertragung der Abtretungsvertrag genügt (§§ 398, 413; dann gelten auch die §§ 406 bis 408 entsprechend).

3. Bei **Grundstücksrechten** ergibt schon die Eintragung, auf wessen Namen der Erwerb erfolgt. Hier sind die Eltern zur Übertragung auf das Kind verpflichtet (RG 126, 117).

1647 (weggefallen)

1648 *Ersatz von Aufwendungen*
Machen die Eltern bei der Ausübung der Personensorge oder der Vermögenssorge Aufwendungen, die sie den Umständen nach für erforderlich halten dürfen, so können sie von dem Kind Ersatz verlangen, sofern nicht die Aufwendungen ihnen selbst zur Last fallen.

1. Jeder Elternteil hat einen Anspruch auf **Ersatz von Aufwendungen**, die ihm aus Anlaß einer Verwaltungshandlung erwachsen sind, sofern er sie den Umständen nach für erforderlich halten durfte, was nach § 1664 zu beurteilen ist. Für diesen Grundsatz bleibt wenig Raum. Denn **auszuscheiden** sind **Aufwendungen**, die ihnen **selbst zur Last fallen**. Das sind insbesondere:

a) **Auslagen**, für welche die Eltern **kraft ihrer Unterhaltspflicht** aufzukommen haben (§§ 1601ff), was gewöhnlich zutreffen wird.

b) **Leistungen**, die von vornherein **ohne eine Ersatzabsicht** erbracht wurden (BayObLG Recht 1916, 58), was häufig der Fall sein wird. Das läßt sich allerdings nicht aus § 685 herleiten, denn die Eltern handeln nicht ohne Auftrag, sondern kraft ihres Sorgerechts. Die Grundsätze der Geschäftsführung ohne Auftrag kommen nur in Betracht, wenn ein Elternteil handelt, dem das FamG das Sorgerecht entzogen hat. Danach bleiben nur wenige Aufwendungen übrig, zB für die Verwaltung des Kindesvermögens, die an sich aus dessen Einkünften zu bestreiten sind (§ 1649 I 1).

Solange den Eltern die Sorge zusteht, können sie sich aus dem Kindesvermögen selbst befriedigen, weil es sich um ein Erfüllungsgeschäft handelt (§§ 1629 II S 1, 181); im übrigen müssen sie ihre Ansprüche gegen das Kind richten. Dem minderjährigen Kind ist ein Pfleger zu bestellen.

2. Dagegen steht den Eltern oder einem Elternteil gegen das Kind **kein Anspruch** auf **Vergütung** der geleisteten **berufs-** oder **gewerbemäßigen Dienste**, zB als Arzt, Rechtsanwalt, Lehrer, Handwerker oder auf Ersatz des Zeitaufwandes zu. Hier wird zudem auch die Ersatzabsicht fehlen. Für den Vormund gilt anderes (§ 1835).

3. § 1648 kommt auch in Betracht, wenn einem Elternteil nicht die volle elterliche Sorge, sondern lediglich die Sorge für die Person oder für das Vermögen des Kindes oder nur die tatsächliche Sorge für die Person oder das Vermögen des Kindes, nicht jedoch die gesetzliche Vertretung des Kindes zusteht, sofern nur die Aufwendungen in dem Bereich der elterlichen Sorge erwachsen sind, der dem Elternteil verblieben ist; vgl Staud/Engler Rz 16. Steht dem Elternteil nicht einmal die tatsächliche Sorge für die Person oder das Vermögen des Kindes zu, so kann er Aufwendungsersatz nur nach den neben § 1648 sonst nicht anwendbaren allgemeinen Vorschriften (§§ 677ff, 812ff) verlangen; vgl Staud/Engler Rz 16.

1649 *Verwendung der Einkünfte des Kindesvermögens*
(1) Die Einkünfte des Kindesvermögens, die zur ordnungsmäßigen Verwaltung des Vermögens nicht benötigt werden, sind für den Unterhalt des Kindes zu verwenden. Soweit die Vermögenseinkünfte nicht ausreichen, können die Einkünfte verwendet werden, die das Kind durch seine Arbeit oder durch den ihm nach § 112 gestatteten selbständigen Betrieb eines Erwerbsgeschäfts erwirbt.
(2) Die Eltern können die Einkünfte des Vermögens, die zur ordnungsmäßigen Verwaltung des Vermögens und für den Unterhalt des Kindes nicht benötigt werden, für ihren eigenen Unterhalt und für den Unterhalt der minderjährigen unverheirateten Geschwister des Kindes verwenden, soweit dies unter Berücksichtigung der Vermögens- und Erwerbsverhältnisse der Beteiligten der Billigkeit entspricht. Diese Befugnis erlischt mit der Eheschließung des Kindes.

1. **Allgemeines. a)** Der elterlichen Verwaltung unterliegen das **Vermögen** als solches, die **Einkünfte aus diesem** und – grundsätzlich – die Einkünfte des Kindes aus **Arbeit** oder aus einem ihm nach § 112 gestatteten **selbständigen Betrieb eines Erwerbsgeschäfts**; dazu s § 1626 Rz 18. Dazu gehört auch § 1602 II, nach dem sowohl die Einkünfte des Kindesvermögens als auch die Arbeitserträge zunächst für den Unterhalt des Kindes zu verwenden sind, aber die Substanz des Vermögens nicht anzugreifen ist. Hinzu tritt § 1642, nach dem **Geld** zur Bestreitung von Ausgaben, an dem es keinen besonderen Bedarf zu halten gibt, **verzinslich** und **mündelsicher anzulegen** ist. Diese Grundsätze ergänzt § 1649 hinsichtlich der **Verwendung der „Einkünfte"**, nicht der Vermögenssubstanz. Er bringt einerseits die **Ertragsquellen** (Vermögen, Arbeit, Erwerbsgeschäft) und andererseits die **Verwendungszwecke** (ordnungsmäßige Verwaltung, Unterhalt des Kindes, der Eltern und etwaiger Geschwister) miteinander in eine bestimmte Ordnung. Weil den Eltern die Nutznießung nicht zusteht, können sie über die Einkünfte auch nicht frei verfügen.

b) § 1649 **setzt** aber **voraus**, daß mindestens **einem Elternteil** die **Vermögensverwaltung** zusteht. Von ihr wird aber das Vermögen nicht erfaßt, das dem Kind von Todes wegen oder unter Lebenden mit der Maßgabe zugewendet worden ist, daß die Eltern es nicht verwalten sollen (§ 1638). Gleiches ist für den Fall anzunehmen, daß der Zuwendende die Verwendungsbefugnis der Eltern ausgeschlossen hat (Zöllner FamRZ 1959, 395).

c) § 1649 behandelt die Einkünfte aus Kindesvermögen in Abs I S 1 und Abs II (Rz 4–7) und die Einkünfte aus Arbeit und einem selbständig betriebenen Erwerbsgeschäft in Abs I S 2 (Rz 8–10). Abs II erstreckt sich nur auf die Einkünfte des Kindesvermögens, also nicht auf das Vermögen selbst oder den Arbeitsverdienst des Kindes. Eine dem Kind aus persönlichen Gründen zustehende **Geldrente** (Impfschadenrente) können daher die Eltern nicht nach dem Abs II für den Unterhalt der Familie verwenden (Hamm FamRZ 1974, 31). Der für den Unterhalt

§ 1649

dieses Kindes nicht verbrauchte Teil der Geldrente ist daher verzinslich und mündelsicher anzulegen; vgl § 1642 Rz 1.

4 2. Für die **Einkünfte aus Kindesvermögen** sind folgende Verwendungszwecke vorgesehen:

5 a) **An erster Stelle** steht die **ordnungsmäßige Verwaltung des Vermögens**. Danach haben die Eltern gemäß ihrer allgemeinen Sorgfaltspflicht aus den Roheinkünften des Kindesvermögens (§ 1664) zunächst alle Aufwendungen zu bestreiten, die einer gewissenhaften Wirtschaftsführung entsprechen. Hierunter fallen Kosten für notwendige Ausbesserungen, für die Erträge steigernde Maßnahmen, Versicherungen, Abgaben und Steuern, die mit dem Kindesvermögen und seinen Einkünften zusammenhängen, auch die Vermögens- und Einkommensteuer (Zöllner FamRZ 1959, 395, 396). Gehört zum Kindesvermögen ein Erwerbsgeschäft oder die Beteiligung an einem solchen, so sind, falls Verluste eingetreten sind, die erzielten Überschüsse zunächst dazu zu verwenden, um jene wettzumachen (Maßfeller DNotZ 1957, 367; Pal/Diederichsen Rz 2; aA Zöllner FamRZ 1959, 395, 396). Hier kann zu einer ordnungsmäßigen Verwaltung auch gehören, daß stille oder offene Rücklagen gebildet werden (Staud/Engler Rz 17).

6 b) **An zweiter Stelle** steht der **Unterhalt des Kindes**. Auf ihn ist ein nach Abzug der Verwaltungskosten verbleibender Überschuß zu verwenden, und zwar für den Barunterhalt (Düsseldorf FamRZ 1985, 1165; Stuttgart FamRZ 1981, 993, 995). Der Unterhalt des Kindes stellt sich als ein Teil des Familienunterhalts der §§ 1360f dar. Nach dessen Zuschnitt soll sich daher auch das Ausmaß der Geldmittel richten, die den Einkünften des Kindesvermögens entnommen und für das Kind besonders verwendet werden. Es würde dem aus Abs II erkennbaren Grundgedanken des Gesetzes, zu starke Unterschiede in der Lebensführung der Familieneinheit zu verhindern, widersprechen, wenn das Kind auf seine Vermögenseinkünfte pochen und für sich einen aus dem Rahmen der Familie fallenden Lebensstandard fordern dürfte. Gleichwohl wird man das, was für den Unterhalt dieses Kindes zu verwenden ist, nicht mit dem gleichsetzen dürfen, was das Kind von den Eltern verlangen könnte, wenn es keine eigenen Einkünfte hätte. In der Praxis wird der Lebenszuschnitt der Familie, auch wenn Abs II nicht zum Zuge kommt, bereits dadurch angehoben, daß den übrigen Familienmitgliedern zugute kommt, was für das begüterte Kind nicht verwendet zu werden braucht. Soweit Überschüsse für den Unterhalt des Kindes verwendet werden können, entfällt übrigens schon nach § 1602 ein Unterhaltsanspruch des Kindes (Düsseldorf aaO; Stuttgart aaO, S 994).

7 c) **An dritter Stelle** steht der **Unterhalt der Eltern** und **minderjähriger, unverheirateter Geschwister**. Für ihn nicht müssen die Eltern Vermögenseinkünfte verwenden, wenn und soweit sie für die ordnungsmäßige Vermögensverwaltung und den Unterhalt des Kindes nicht benötigt werden und wenn dies der **Billigkeit** entspricht. Damit will das Gesetz in den seltenen Ausnahmefällen, in denen sich ein Kind, meist zufolge eines Glücksfalles, in erheblich besseren wirtschaftlichen Verhältnissen befindet als die übrigen Familienmitglieder, verhüten, daß diese beeinträchtigt werden. Zum Unterhalt des Kindes wird man aber auch die Kosten seiner **Ausbildung**, insbesondere auf einer Hochschule rechnen müssen. Von dem Kind wird man schwerlich verlangen können, daß es auf das Studium verzichtet, damit der allgemeine Lebensstandard der übrigen Familienmitglieder weiter aufgebessert werde (Staud/Engler Rz 20). Weil die Familieneinheit geschützt werden soll, endet die Befugnis der Eltern mit dem Eheschluß des Kindes. Andererseits hat trotz des gekennzeichneten Zwecks der Gesetzgeber die Verwendungsbefugnis nicht davon abhängig gemacht, daß die Eltern und Geschwister mit dem begüterten Kind tatsächlich in einer Familiengemeinschaft zusammenleben. Ob die Verwendung der Einkünfte aus Vermögen der **Billigkeit** entspricht, ist nach den Vermögens- und Einkommensverhältnissen aller Beteiligten zu beurteilen. Besitzen die Eltern selbst ein großes Vermögen und verfügen sie über hohe Einkünfte, so werden sie die Vermögenseinkünfte des Kindes keinesfalls für den Familienaufwand verwenden dürfen. Dann ist es vielmehr recht und billig, wenn die Eltern die Überschüsse ansammeln und gemäß § 1642 für das Kind anlegen. Die Entscheidung kann anders ausfallen, wenn die Eltern trotz großen Vermögens nur geringe Einkünfte aufweisen, das Kind hingegen ein zwar kleineres, aber sehr rentabel angelegtes Vermögen geerbt hat (Zöllner aaO, 396). Bedürftig iSd § 1602 brauchen die Eltern nicht zu sein (Zöllner FamRZ 1959, 395, 397; Pal/Diederichsen Rz 6). Denn dann wäre das Kind ohnehin unterhaltspflichtig und müßte sogar sein Vermögen angreifen, wie übersieht Paulick FamRZ 1958, 6. Die Verwendungsbefugnis hat überdies ein anderes Ziel, sie will die Lebensverhältnisse der Eltern und Geschwister aufbessern, vgl Donau MDR 1957, 711. Die Geschwister können von den Eltern nicht verlangen, daß sie von der Verwendungsbefugnis Gebrauch machen. Für andere Zwecke als den eigenen Unterhalt und den minderjähriger unverheirateter voll- oder halbbürtiger Geschwister – auch Adoptivgeschwister wegen §§ 1754, 1745 (MüKo/Huber Rz 23; Belchaus Rz 5), nicht Stiefgeschwister – dürfen die Eltern aber den Überschuß nicht verwenden.

8 3. **Einkünfte** des Kindes **aus eigener Arbeit** und **aus** einem ihm nach § 112 gestatteten **Erwerbsgeschäft** dürfen nur für die ordnungsmäßige Verwaltung des Vermögens und für den Unterhalt des Kindes, nicht dagegen für den Unterhalt der Eltern und Geschwister oder andere Zwecke in Anspruch genommen werden, und das lediglich dann, wenn Vermögenseinkünfte überhaupt nicht oder nicht in ausreichendem Maße vorhanden sind. Daraus folgt:

9 a) Im Gegensatz zu Abs I S 1 sind die **Eltern zur Verwendung nicht verpflichtet**, sondern nur befugt. Deshalb können sie auch darüber befinden, für welchen Zweck sie diese Einkünfte verwenden wollen. Halten sie es für angebracht, mit den Arbeits- und Geschäftserträgen die Kosten der Vermögensverwaltung zu decken, so müssen sie für den Unterhalt des Kindes aufkommen; ziehen sie es vor, die Arbeits- und Geschäftserträge für den Unterhalt des Kindes einzusetzen, so müssen sie die Mittel für die Verwaltung der Substanz des Kindesvermögens entnehmen.

10 b) Keineswegs dürfen aber die Eltern die Arbeits- und Geschäftserträge für den Unterhalt des Kindes, die Einkünfte aus dem Kindesvermögen für ihren eigenen und der übrigen Kinder Unterhalt verwenden: Denn die

Arbeits- und Geschäftserträge sollen nur dem Kind, keineswegs aber den Eltern und Geschwistern – nicht einmal mittelbar – zugute kommen.

4. a) Ob die Eltern von der Befugnis des Abs I S 2 oder Abs II Gebrauch machen, steht **in ihrem Ermessen**. 11
Die Geschwister des begüterten oder verdienenden Kindes haben **keinen Anspruch** darauf, daß die Eltern sich hierzu entscheiden (Pal/Diederichsen Rz 7). Solange die Eltern die Einkünfte nicht verwenden, gehören sie zum Kindesvermögen und sind daher dem Zugriff von Gläubigern der Eltern entzogen.

b) Machen die Eltern von der Befugnis ordnungsgemäß Gebrauch, so kann das Kind die verwendeten Beträge 12
später weder von den Eltern noch von den Geschwistern zurückfordern. Die von den Eltern vorgenommene Vermögensverschiebung findet die sie rechtfertigende causa in § 1649 II selbst (Zöllner FamRZ 1959, 395, 397). Die gegenteilige Ansicht würde nur Unfrieden in der Familie stiften und die Geschwister uU nicht unerheblich für die spätere Zeit vorbelasten. Dieses Ergebnis steht auch mit dem § 1698 II in Einklang. Nach dieser Vorschrift brauchen die Eltern nur insoweit Rechenschaft abzulegen, als Grund zur Annahme besteht, daß sie die Nutzungen gesetzwidrig verwendet haben.

c) Haben die Eltern aber die ihnen durch § 1649 gezogenen **Grenzen überschritten**, so besteht auch ein 13
Bereicherungsanspruch (Zöllner FamRZ 1959, 395; Pal/Diederichsen Rz 8). Er scheitert keineswegs an § 814, wie Paulick FamRZ 1958, 6 meint, weil es insoweit an einer sittlichen Pflicht mangelt. Eltern, die wissentlich dem § 1649 zuwidergehandelt haben, haften nach § 819 strenger. Überdies wird gegen sie auch noch ein Schadensersatzanspruch nach § 1664 gegeben sein. Ein Bereicherungsanspruch gegen die Geschwister verspricht allerdings wegen des § 818 III wenig Erfolg, es sei denn, daß die Geschwister Ausgabe erspart haben, die sie sonst aus ihrem Vermögen hätten bestreiten müssen. Wie hier Staud/Engler Rz 43; MüKo/Huber Rz 33.

5. Die **Verwendungsbefugnis** der Eltern **endet** damit, daß das Kind volljährig wird oder heiratet. Sie lebt nicht 14
wieder auf, wenn die Ehe des minderjährigen Kindes aufgelöst wird (Staud/Engler Rz 36). Zur Rechenschaftspflicht s § 1698 II und oben Rz 12.

1650-1663 (weggefallen)

1664 *Beschränkte Haftung der Eltern*
(1) Die Eltern haben bei der Ausübung der elterlichen Sorge dem Kind gegenüber nur für die Sorgfalt einzustehen, die sie in eigenen Angelegenheiten anzuwenden pflegen.
(2) Sind für einen Schaden beide Eltern verantwortlich, so haften sie als Gesamtschuldner.

1. Allgemeines. Die Vorschrift behandelt die **Haftung der Eltern** und ist auf andere Personen **nicht** analog 1
anwendbar (BGH NJW 1996, 53f). Sie gibt dem Kind eine **Anspruchsgrundlage** und legt den Grund des Verschuldens fest, für den die Eltern einzustehen haben. So auch Soergel/Strätz Rz 2; Dölle § 95 I 5 (Schlüter FamR Rz 366); aA Gernhuber/Coester-Waltjen § 57 VI 6 (s auch Staud/Engler Rz 5), der in § 1664 keine Haftungsgrundlage sieht; Löhnig/Sachs, Zivilrechtlicher Gewaltschutz, 2002, Rz 66. Sie gilt für das gesamte Gebiet der elterlichen Sorge (Personen- und Vermögenssorge einschließlich Vertretung). Die Haftung ist unabdingbar. Insbesondere können die Eltern nicht miteinander wirksam vereinbaren, daß für einzelne Maßnahmen oder für ein ganzes Gebiet nur ein Elternteil allein haften solle, etwa soweit er auf Grund natürlicher oder vereinbarter Aufgabenteilung auch wirklich nur allein tätig wird. Jeder Elternteil bleibt für sein Verhalten verantwortlich; der Nichthandelnde uU deshalb, weil er der Sorgpflicht hätte selbst nachkommen oder ihre Erfüllung durch den anderen Elternteil hätte beaufsichtigen sollen.

2. Haftungsvoraussetzungen. a) Pflichtverletzung in Ausübung der elterlichen Sorge. Sie kann durch tatsäch- 2
liche Handlungen, zB mangelnde Beaufsichtigung, oder durch Rechtshandlungen im weiteren Sinne, zB bei der gesetzlichen Vertretung, geschehen sein. Zur unterlassenen Genehmigung einer an den Minderjährigen gerichteten Unterlassungserklärung s LG Bochum NJW-RR 1994, 1375. Eine solche Pflichtverletzung liegt im Rahmen der Vermögenssorge vor, wenn das Vermögen des Kindes von den Eltern zu Aufwendungen herangezogen wird, für die das Kind gegenüber den Eltern keinen Ersatzanspruch hatten. Dazu zählt wegen § 1610 auch die Schaffung von Wohnraum für das Kind (AG Bad Schwartau FamRZ 1999, 315).

b) Verschulden. Das Gesetz läßt Sorgfalt in eigenen Angelegenheiten entscheiden, dh Eltern haften für Vorsatz 3
und grobe Fahrlässigkeit stets (§ 277); für leichte dann nicht, wenn sie beweisen, daß sie auch in eigener Sache nicht sorgfältiger zu sein pflegen.

c) Schließt ein Elternteil mit dem Kind einen Vertrag der üblichen Art ab, zB er mietet Räume in einem ererb- 4
ten Grundstück, so gelten die einschlägigen Rechtsvorschriften, insbesondere wird der Haftungsmaßstab nicht auf den des § 1664 herabgemindert (MüKo/Huber Rz 14; Soergel/Strätz Rz 4; Staud/Engler Rz 38).

3. Jeder Elternteil hat nur **für sein Verschulden**, nicht das des anderen einzustehen. § 278 gilt insoweit nicht. 5
Sind für einen Schaden beide „verantwortlich", so haften sie als Gesamtschuldner. Das setzt voraus, daß bei beiden Eltern sämtliche Voraussetzungen für einen Schadensersatzanspruch, einschließlich der subjektiven des Abs I, gegeben sind. Trifft das für einen Elternteil nicht zu, so tritt kein Gesamtschuldverhältnis ein; haften aber beide, so vollzieht sich der Ausgleich nach § 426. Dasselbe gilt, wenn für den Schaden neben einem Elternteil oder beiden Eltern ein Dritter verantwortlich ist (BGH 73, 190; aM RG Gruch 65, 477). Der in Anspruch genommene Dritte kann dem Kind ein Mitverschulden seiner(s) gesetzlichen Vertreter(s) aus §§ 278 S 1, 254 I, II S 2 nur dann entgegenhalten, wenn zwischen Kind und Drittem eine vertragliche Beziehung oder eine sonstige rechtliche Son-

§ 1664

derverbindung etwa iS eines Vertrages mit Schutzwirkung für das Kind besteht (§ 254 II S 2 ist **Rechtsgrundverweisung**: BGH NJW 1988, 2667; Hager NJW 1989, 1640, mwN; s auch Düsseldorf NJW 1978, 891). Krit Sundermann JZ 1989, 927, 928f, der § 278 schon deshalb nicht anwenden will, weil die Aufsichtspflicht nicht Gegenstand gesetzlicher Vertretung ist. Zur Rechtslage beim Haftungsprivileg aus §§ 1664, 277 s Hamm NJW 1993, 542f und die Erl zu § 426 und Soergel/Strätz Rz 7; MüKo/Huber Rz 16.

6   4. Mit dem Anspruch des Kindes aus § 1664 können solche aus **unerlaubter Handlung** konkurrieren, wenn die Pflichtwidrigkeit zugleich deren Tatbestand, zB fahrlässige Körperverletzung (RG 75, 252; Löhnig/Sachs, Zivilrechtlicher Gewaltschutz, Rz 69) oder Untreue, erfüllt. § 1664, für den § 852 nicht gilt (Düsseldorf FamRZ 1992, 1097f), schließt die uU weitergehende Delikthaftung nicht aus (BGH 73, 190, 194ff; Karlsruhe Justiz 1979, 59, 60). Jedoch kommt als Haftungsmaßstab auch bei ihr der des § 277 in Betracht. Gleicher Ansicht LG Freiburg VersR 1966, 476, dem aber insofern ein Fehler unterläuft, als es die Eltern generell von der Haftung für leichte Fahrlässigkeit entbindet; Gernhuber/Coester-Waltjen § 57 IV 6; Beitzke/Lüderitz § 26 II 4; gegen LG Freiburg Böhmer MDR 1966, 648. Eine Haftung für jedes Verschulden kommt nur dann in Betracht, wenn die unerlaubte Handlung in keinem Zusammenhang mit der Ausübung elterlicher Sorge steht; vgl Soergel/Strätz Rz 4; Staud/Engler Rz 32; Dölle § 92 I 5; RG 75, 251. Zum Haftungsmaßstab bei Kraftfahrzeugunfällen s Hamm NJW 1993, 542, 543; MüKo/Huber Rz 10 mwN, wo zu Recht auf den mit § 1664 vergleichbaren § 1359 verwiesen wird. Für dessen Bereich hat sich der BGH (Z 35, 317; 61, 101; für § 708: Z 46, 313) gegen die Haftungsmilderung ausgesprochen, wenn Verstöße gegen die StVO zu Gesundheits- oder Eigentumsschäden führen.

7   5. Soweit Eltern die Ausübung der elterlichen Sorge erlaubtermaßen einem **Dritten** überlassen, zB einem Vermögensverwalter oder einem Internat, haften sie **gemäß § 278** auch ohne eigenes Verschulden für dessen Verschulden (kurze Darstellung bei Löhnig/Sachs aaO Rz 67). Dies gilt nicht für Handlungen, welche die Eltern mangels Fachkunde nur zu veranlassen, nicht aber in eigener Person zu bewirken haben, zB solche eines Arztes, Rechtsanwalts oder Handwerkers. Dann haften sie nur für etwaiges Verschulden bei der Auswahl.

8   6. Der **Ersatzanspruch** kann gegen die Eltern oder den Elternteil schon während des Bestehens der elterlichen Sorge mittels eines Pflegers geltend gemacht werden. Doch kann das FamG die nachgesuchte Bestellung eines Pflegers im Hinblick auf die Verjährungshemmung des § 204 im Einzelfall als untunlich ablehnen. Ein Ersatzanspruch schließt ein Einschreiten des FamG nach §§ 1666ff nicht aus, vielmehr wird § 1664 durch diese Vorschriften ergänzt (RG St 74, 353).

1665 (weggefallen)

1666 *Gerichtliche Maßnahmen bei Gefährdung des Kindeswohls*

(1) Wird das körperliche, geistige oder seelische Wohl des Kindes oder sein Vermögen durch missbräuchliche Ausübung der elterlichen Sorge, durch Vernachlässigung des Kindes, durch unverschuldetes Versagen der Eltern oder durch das Verhalten eines Dritten gefährdet, so hat das Familiengericht, wenn die Eltern nicht gewillt oder nicht in der Lage sind, die Gefahr abzuwenden, die zur Abwendung der Gefahr erforderlichen Maßnahmen zu treffen.

(2) In der Regel ist anzunehmen, dass das Vermögen des Kindes gefährdet ist, wenn der Inhaber der Vermögenssorge seine Unterhaltspflicht gegenüber dem Kind oder seine mit der Vermögenssorge verbundenen Pflichten verletzt oder Anordnungen des Gerichts, die sich auf die Vermögenssorge beziehen, nicht befolgt.

(3) Das Gericht kann Erklärungen des Inhabers der elterlichen Sorge ersetzen.

(4) In Angelegenheiten der Personensorge kann das Gericht auch Maßnahmen mit Wirkung gegen einen Dritten treffen.

1. Allgemeines

1   a) § 1666 behandelt die **subjektive Ungeeignetheit** eines Elternteils, Sorge für das körperlich, geistig oder seelisch gefährdete Kind auszuüben. Die Fälle objektiver Verhinderung behandeln die §§ 1673ff, 1678, 1693. § 1666 dient allein dem Schutz des Kindes, nicht der Bestrafung oder Besserung der Eltern (KG JFG 12, 87). Das Elternrecht hat aber hinter dem Wohl der Kinder zurückzustehen (Schleswig NJW-RR 1988, 1225; dazu Jopt ZfJ 1991, 93ff).

2   b) Er ist anzuwenden bei intakter Ehe, aber auch nach Wiederherstellung der ehelichen Lebensgemeinschaft (KG FamRZ 1994, 119ff) bzw wenn die Ehegatten getrennt leben oder ihre Ehe aufgelöst ist. Allerdings tritt er gegenüber den **Sondervorschriften der §§ 1672, 1671** zurück (Frankfurt/M FamRZ 1994, 177; offen gelassen Karlsruhe FamRZ 2002, 1272, 1273), die allerdings dann nicht anwendbar sind, wenn die Eltern während des anhängigen (Sorgerechts- bzw Umgangsrechts)Verfahrens erneut heiraten; bezüglich des Sorgerechts gilt dies selbst für eine Abänderungsentscheidung für die bis zur Wiederverheiratung das FamG nach § 1671 zuständig war (Hamm FamRZ 1995, 1073). Ist die Ehe aufgelöst, so bleibt eine vorher gemäß § 1666 getroffene Maßregel zunächst noch verbindlich (KG JFG 5, 59), bis das FamG eine Anordnung nach § 1671 erläßt. Auch dann kann eine Einzelmaßnahme, zB Ermahnungen, Verwarnungen, Gebote und Verbote, gemäß § 1666 noch gerechtfertigt sein, wenn eine grundsätzliche Änderung der Sorgerechtszuteilung gemäß § 1696 noch nicht veranlaßt ist (KG JFG 22, 219; FamRZ 1959, 256; vgl ferner BayObLG 1961, 264; 1962, 409, 411; 1964, 122, 125; Rpfleger 1979, 300; Oldenburg FamRZ 1979, 851; Celle FamRZ 1961, 34; Frankfurt FamRZ 1956, 325; Soergel/Strätz Rz 8). Danach kann das FamG (vorher VormG) die elterliche Sorge, auch wenn diese gemäß § 1671 geregelt wurde, in Teilbereichen gemäß § 1666 einschränken. Im allgemeinen wird aber dem § 1671 der Vorzug zu geben sein; s

Elterliche Sorge § 1666

§ 1671 Rz 8. Ist in einem Verfahren nach § 1671 die elterliche Sorge übertragen worden und ist im Interesse des Kindes eine Änderung dieser Maßnahme geboten, so kommt nicht eine Maßnahme des FamG nach § 1666, sondern ein Änderungsverfahren gemäß § 1696 in Betracht (s dazu LG Berlin FamRZ 1985, 965). Stirbt ein Elternteil nach Auflösung der Ehe, so sind Maßnahmen nicht mehr nach § 1671, sondern nur noch nach § 1666 zulässig; BayObLG FamRZ 1986, 479; s auch § 1671 Rz 5, 6. Zum Verhältnis von § 1666 und § 1674 s Hamm NJW-RR 1996, 964f.

Liegen die Voraussetzungen des § 1666 vor, so schreitet das FamG **von Amts wegen** ein (Roth JZ 2002, 651, 3 654). Schon dadurch unterscheidet sich § 1666 von dem Fall, daß das FamG tätig wird, weil die Eltern sich bei einer Meinungsverschiedenheit nicht zu einigen vermochten; hier bedarf es eines Antrags. Erst wenn das Nichtbeheben der Meinungsverschiedenheit zu einem Zustand führt, der den Tatbestand des § 1666 verwirklicht, kann das FamG von sich aus eingreifen.

2. Voraussetzungen des Abs I

Er führt **vier Tatbestände** auf, denen gemeinsam ist, daß sie das **Kindeswohl oder sein Vermögen gefährden** 4 und daß die **Eltern nicht gewillt** oder **nicht** in **der Lage** sind, die **Gefahr abzuwenden**. Das Kindeswohl kann gefährdet werden durch ein **pflichtwidriges Verhalten** der **Eltern (Sorgerechtsmißbrauch, Vernachlässigung des Kindes, unverschuldetes Versagen)** oder durch das Verhalten eines Dritten. Mit dem Kindeswohl befassen sich außer § 1666 noch die §§ 1626 II, 1631, 1631a, b, 1632 II, IV. Was hierunter zu verstehen ist, sagt das Gesetz weder hier noch an anderer Stelle. Insoweit kann aber auf die hierzu jeweils vorliegende Rspr zurückgegriffen werden.

a) Neben den **leiblichen Eltern** kommen auch die **Adoptiveltern** (München JFG 15, 177) sowie die nichteheliche Mutter, nicht dagegen Stief- und Pflegeeltern in Betracht. Maßnahmen sind auch gegen **Ausländer** zulässig, 5 wenn sich das Kind im Bundesgebiet befindet, vgl Art 19 EGBGB; KGJ 45, 18; KG JW 1933, 2065; BayObLG JW 1933, 700; JR 1954, 145; FamRZ 1982, 1118; KG NJW 1985, 68; Zweibrücken FamRZ 1984, 931; LG Berlin FamRZ 1983, 943 m krit Anm v John. Schützt das anzuwendende ausländische Recht das Kind in wesentlich geringerem Umfang, als dies nach § 1666 der Fall ist, so kommt Art 6 EGBGB in Betracht (RG 119, 259; BayObLG JW 1934, 699). Art 24 EGBGB steht dem nicht entgegen, denn er regelt nur die Vormundschaft im eigentlichen Sinn, nicht aber die Tätigkeit des FamG.

b) **Gefährdung des Vermögens und des körperlichen, geistigen oder seelischen Wohls** des Kindes. Zu letz- 6 terem gehört auch das **sittliche Wohl**. Auch ein geistesschwaches Kind (KGJ 26 A 188) und ein erst drei Jahre altes (BayObLG ZBlJR 1954, 28) können sittlich gefährdet werden. Ist das Kind dagegen so klein, daß es die Umstände in ihrer Tragweite noch nicht erkennt, wie das Zusammenleben seiner Mutter mit einem Dritten, ist dies zu verneinen. Die Gefährdung muß gegenwärtig, dh der Eintritt eines erheblichen Schadens muß bei Fortsetzung der bisherigen Lebensweise zu besorgen oder bei der weiteren Entwicklung der Dinge mit ziemlicher Sicherheit vorauszusehen sein (BGH LM Nr 4 zu § 1666; BayObLG FamRZ 1978, 135, 136; 1985, 522, 523; Naumburg FamRZ 2002, 1274, 1275; Löhnig/Sachs, Zivilrechtlicher Gewaltschutz, Rz 15, 30: Andeutung einer Verschiebung des Eingriffsmaßstabs zugunsten völliger Gewaltfreiheit mit Blick auf die Neufassung des § 1631 II); ein bloßer **Verdacht** genügt nicht (LG Köln FamRZ 1992, 712f; idS auch Saarbrücken OLGRp 2002, 341: kein Verdacht einer Entführungsgefahr). Der Grad der Wahrscheinlichkeit wird um so geringer sein dürfen, je größer der drohende Schaden ist. Die Gefährdung kann sich auch aus einem früheren Verhalten des Elternteils ergeben, wenn eine Wiederholung zu befürchten ist (KG NJW 1985, 2201; Naumburg FamRZ 2002, 1274, 1275: Ausnahme von der Regel – hier versuchte Kindestötung nach Geburt). Ist der Schaden bereits eingetreten, so ist das Kind so lange noch „gefährdet", als er vergrößert werden kann (Stuttgart FamRZ 2002, 1279, 1280: psychosozialer Minderwuchs), nicht dagegen, wenn die Eltern sich hiern haben zur Lehre nehmen lassen und anzunehmen ist, daß der abgeschlossene Vorgang sich nicht mehr wiederholen wird. Zur Wiederholungsgefahr s Frankfurt NJW 1981, 2524. Die Gefährdung muß auf einer Pflichtverletzung beruhen (aA Löhnig/Sachs, Zivilrechtlicher Gewaltschutz Rz 19). Ist das Kindeswohl **nicht gefährdet**, kann die elterliche Sorge selbst dann nicht entzogen werden, wenn das Kind bei den Großeltern besser betreut werden kann (BayObLG DAVorm 1990, 627); ebenso bei Pflegeeltern, die einem geistig behinderten Kind bessere Entwicklungsmöglichkeiten bieten (LG Berlin NJW-RR 1988, 1419). Auch die **sozialen Verhältnisse der Eltern**, in die das Kind hineingeboren wird, müssen als schicksalhaft hingenommen werden, so daß § 1666 keine Maßnahmen rechtfertigt, die ermöglichen sollen, das Kind in einer besseren sozialen Umgebung aufwachsen zu lassen (BayObLG FamRZ 1990, 304).

c) § 1666 nennt vier Tatbestände im Bereich der Personen- und Vermögensfürsorge, die einen Eingriff des 7 FamG rechtfertigen.

aa) **Mißbrauch der Personen-/Vermögenssorge.** Der Begriff des Mißbrauchs als unbestimmter Rechtsbegriff 8 (dazu BayObLG FamRZ 1981, 999) deckt sich insoweit, als es um die Trennung des Kindes von einem Elternteil geht, mit dem des Versagens iSd Art 6 III GG (Köln FamRZ 1971, 182). Ob ein Mißbrauch vorliegt, ist im wesentlichen Tatfrage und hängt auch davon ab, ob die Mutter das Kind nicht erziehen kann (BayObLG FamRZ 1990, 304). Gewöhnlich äußert er sich in einem positiven Handeln. **Beispiele:** Selbstmordversuch mit dem Versuch, das Kind auch zu töten (BayObLG FamRZ 1999, 318; Naumburg FamRZ 2002, 1274, 1275: für Tötungsversuch gegenüber Kind nach der Geburt); Verurteilung zu lebenslanger Freiheitsstrafe wegen Mordes an Kindern (KG FamRZ 1981, 590 m krit Anm Luthin); auch bei noch nicht rechtskräftig abgeschlossenen Strafverfahren, wenn zumindest feststeht, daß der Vater den Tod der Mutter verursacht hat (Hamm NJW-RR 1996, 964f: gegen die Familie vorgetäuschter Raubüberfall, der zum Tod der Mutter geführt hat); ansonsten ist die **Unterbringung in einer Vollzugsanstalt** nur dann beachtlich, wenn darin liegende

§ 1666 Familienrecht Verwandtschaft

Gründe auch das Kindeswohl gefährden (LG Freiburg FamRZ 1985, 95). Übermäßige Züchtigung (BayObLG FamRZ 1984, 928; Frankfurt FamRZ 1980, 284; BayObLG Rpfleger 1993, 229ff; BVerfG FamRZ 2002, 1021, 1023; Celle FamRZ 2003, 549, 550: zum Problem der Beweisbarkeit; Löhnig/Sachs, Zivilrechtlicher Gewaltschutz Rz 20; Schlüter FamR Rz 402); seelische Grausamkeit; Löhnig/Sachs aaO Rz 20; auch deren Dulden durch den anderen Elternteil oder Dritten; Mißbrauch durch überfürsorgliche und erstickende Erziehungshaltung der allein erziehenden Mutter (AG Moers FamRZ 1986, 715); entwürdigende und übermäßige Erziehungsmaßnahmen durch den Stiefvater (BayObLG FamRZ 1994, 1413); Mißbrauch der Arbeitskraft (Schlüter FamR Rz 402); Abhalten vom Schulbesuch (BayObLG NJW 1984, 928); Abmeldung von der Schule (Karlsruhe FamRZ 1974, 661); bei ungünstiger Arbeitslage die Weigerung, einem dem Sohn vom Arbeitsamt vermittelten Lehrvertrag zuzustimmen (Rpfleger 1977, 361); Anhalten zum Betteln, zu sonstigen strafbaren Handlungen (Schlüte FamR Rz 402), zur Unsittlichkeit; Unterstützung eines rechtswidrigen Schwangerschaftsabbruchs (AG Celle DAVorm 1987, 825; and AG Helmstedt FamRZ 1987, 621 bei durch vernünftige Gründe motivierter Weigerung der Eltern, in einen Schwangerschaftsabbruch einzuwilligen); Verweigerung der Aufnahme im eigenen Hausstand oder Herausnahme aus dem Elternhaus nach erfolgter Kindesmißhandlung (Düsseldorf NJW 1985, 1291); unnötige Entfernung des Kindes aus einer ihm liebgewordenen, einwandfreien Unterkunft bei nächsten Verwandten (KG JW 1934, 2562; Naumburg FamRZ 2002, 1274, 1275: Entfernung aus Pflegefamilie – Verbleibensanordnung nach § 1632 IV; AG Fulda FamRZ 2002, 900f); Trennung von Mutter (KG JFG 21, 12 hinsichtlich einer Tochter; BayObLG Rpfleger 1992, 346f); mißbräuchliches Herausverlangen von dieser (Oldenburg NdsRPfl 1952, 31; KG OLG 70, 297), mißbräuchliches Umgangsverbot (eine Umgangsvereitelung mit dem Vater des nichtehelichen Kindes soll nach BayObLG FamRZ 1998, 1044 nicht genügen; anders aber die Rspr zu §§ 1671, 1696, s dazu § 1671 Rz 19ff; zur Sorgerechtsentziehung der Mutter und Übertragung auf den Vater bei dauernder Umgangsvereitelung AG Besigheim JAmt 2002, 137; Frankfurt/M FamRZ 2002, 1585, 1587f; vgl auch Brandenburg FamRZ 2002, 1273, 1274: auch erhebliche Streitigkeiten über das Umgangsrecht rechtfertigen keinen Entzug des Aufenthaltsbestimmungsrechts; Dresden FamRZ 2002, 1588); mißbräuchlicher Antrag der Mutter auf Änderung des Familiennamens des gemeinsamen Kindes (Frankfurt FamRZ 1956, 325; Celle FamRZ 1961, 33); Weigerung der Mutter zur zum Wohle des Kindes gebotener Anfechtung des Vaterschaftsanerkenntnisses (Karlsruhe FamRZ 1991, 1337f; Verweigerung des Verkehrs mit nächsten Verwandten ohne verständigen Grund und in unpassender Weise (RG 153, 238 für Mutter), zB mit Geschwistern, Großeltern (BayObLG FamRZ 1965, 443; 1974, 139; 1980, 284; 1984, 614); Verhinderung des Briefwechsels aus eigensüchtigen, kleinlichen Motiven (KG JFG 12, 93); unzweckmäßige Unterbringung, zB bei ungeeignetem Dritten; Änderung des Lebens- und Kulturkreises, zB Überführung in eine nicht deutsche Schule mit folgender Trübung des Verhältnisses zum anderen Elternteil (BVerfG NJW 1954, 1751). Verweigerung oder Verhinderung notwendiger gesundheitlicher Fürsorge, zB des Stillens, der Impfung, der Blutübertragung (Celle NJW 1995, 792ff; Schlüter FamR Rz 402); vgl auch BayObLG FamRZ 1976, 43; fachärztlicher Behandlung, psychiatrischer Untersuchung (KG FamRZ 1972, 646), einer Operation (KG JFG 13, 35). Zur Zulässigkeit der Ausübung des Sorgerechts in Gegenwart von **Haustieren** s KG FamRZ 2003, 112 m Anm van Els FamRZ 2003, 946.

Zur Frage, wann das Verlangen eines Elternteils auf Rückkehr des Kindes aus einer **Pflegestelle** in den mütterlichen/väterlichen Haushalt mißbräuchlich ist, s Köln FamRZ 1971, 182, Frankfurt NJW 1981, 2524; Düsseldorf FamRZ 1994, 1541ff; Naumburg FamRZ 2002, 1274, 1275; AG Fulda FamRZ 2002, 900f; BayObLG FamRZ 1981, 999; 84, 932 (Pflegeverhältnis bei den Großeltern); 1993, 846ff; 1994, 1544, 1545 und RPfleger 1985, 112, wo eine nachhaltige Gefährdung des Kindeswohls bei der Herausnahme aus einer Pflegefamilie trotz bestehender Adoptionsaussicht deshalb verneint wurde, weil der Vater (Mutter ist wegen Alkohol- und Tablettensucht in stationärer psychiatrischer Behandlung) das Kind bei seinen Eltern, bei denen bereits ein älteres Kind lebt, unterbringen will; dazu s jetzt vor allem § 1632 IV (iRd Verhältnismäßigkeit genügt eine **Verbleibensanordnung**, Hamm DAVorm 1991, 1079; Frankfurt/M FamRZ 2002, 1277, 1278; Naumburg FamRZ 2002, 1274, 1275f: dazu teils kritisch Hoffmann FamRZ 2002, 1276, 1277; AG Fulda FamRZ 2002, 900f m Anm Doukkani-Bördner FamRZ 2002, 901: Verbleibensanordnung ist nur eine Notlösung); allein die Entwicklung innerer Bindungen zur Pflegefamilie rechtfertigt keinen Sorgeentzug, umgekehrt kann bei Beziehungslosigkeit zwischen Eltern und Kind die Weggabe in eine Pflegefamilie gerade die richtige Sorgemaßnahme sein (Hamm FamRZ 1997, 1550; Hoffmann FamRZ 2002, 1276, 1277: grundsätzlich aber zumindest Übertragung der Angelegenheiten elterlicher Sorge nach § 1630 III; ggf sind Besuchsregelungen zu treffen, Hamm FamRZ 1998, 447). Hat sich im Laufe der Jahre zu der Pflegeperson ein wahres Eltern-Kind-Verhältnis entwickelt, so wird nur ausnahmsweise ein Herauslösen des Kindes aus der Pflegefamilie verantwortet werden können (Celle FamRZ 2003, 549, 551: für schrittweise Lösung von der Pflegefamilie; Frankfurt/M 2002, 1277, 1278: herzliche Beziehung zur Pflegefamilie – Verbleibensanordnung nicht immer milderes Mittel; zust Doukkani-Bördner FamRZ 2002, 1278; Karlsruhe NJW 1979, 930; BayObLG FamRZ 1991, 1080ff; zum Schaffen vollendeter Tatsachen wegen langer – sei es auch rechtswidriger – Pflegedauer in bezug auf Art 8 EMRK auch Fahrenhorst FamRZ 1996, 454).

Problematisch sind Angelegenheiten der Weltanschauung, der Politik, zB staatsfeindliche Beeinflussung, und der Religion, vgl BayObLG 1905, 53. Eine Pflichtverletzung wird zu bejahen sein bei unnötigem Wechsel der religiösen Erziehung, der das Kind in Gewissensnot und seelische Erschütterung bringt, vgl München JFG 14, 49; BayObLG NJW 1963, 590; bei Bruch einer zwischen den Eltern über die religiöse Erziehung getroffenen Vereinbarung (Saarbrücken DRZ 1950, 518); nicht dagegen zB, wenn die Eltern aus echter religiöser, weltanschaulicher, politischer Überzeugung, aus wirklicher Sorge um das Wohl und Seelenheil des Kindes gehandelt haben. Wenn die Eltern meinen, der Nachteil, den ein Wechsel des Glaubens, der Weltanschauung oder dergl für das Kind bringe, sei durch die Vorteile, die die Umerziehung biete, mehr als ausgeglichen, so darf der Richter seine eigene, abweichende Ansicht nicht dadurch verwirklichen, daß er das Verhalten der Eltern als Mißbrauch erklärt; vgl Hamm MDR 1950, 351; Stuttgart FamRZ 1955, 143; München JFG 14, 49; dies wäre auch ein unzulässiger Eingriff in die durch das Grundgesetz (Art 2, 3, 4, 6 GG) geschützte Erziehungsfreiheit der Eltern; vgl auch MüKo/ Olzen Rz 97.

Zu berücksichtigen ist, daß die Eltern die Sachwalter des in Art 2 I GG gewährleisteten **Persönlichkeitsrechts** 9 ihrer Kinder sind (OVG Hamburg NJW 1956, 1173; Becker FamRZ 1961, 105). Gegen dieses verstoßen sie, wenn sie einem Kind einen ungeeigneten Beruf aufdrängen und die vorhandenen Mittel für die Vorbereitung auf den selbstgewählten Beruf verweigern, in dem das Kind seine Persönlichkeit entfalten könnte, dazu s § 1631a, vgl LG Kassel FamRZ 1970, 597, oder wenn sie ein Kind zu einer unglücklichen Ehe nötigen, vgl KG StAZ 1942, 12, oder dem Kind die Einwilligung zum Eheschluß mit einem selbstgewählten Partner grundlos verweigern. Jedoch ist nicht jede Härte, Zweckwidrigkeit oder Absonderlichkeit eines Elternteils ein Mißbrauch, vgl Köln FamRZ 1968, 89. Nach Köln FamRZ 1973, 265 handeln die Eltern nicht rechtsmißbräuchlich, wenn sie ihrem Sohn das Studium bestimmter Fächer, zB der Soziologie, verbieten, weil sie befürchten, seine extremistische Einstellung könne sich noch weiter verfestigen und vertiefen. Ein Rechtsmißbrauch liegt jedenfalls dann nicht vor, wenn die Eltern sich weigern, eine spezielle Ausbildung zu finanzieren, die erwartungsgemäß keine Früchte bringen kann, zB wegen mangelnder Begabung des Kindes oder fehlender Berufsaussichten. Wenn die nichteheliche Mutter sich weigert, ihr Kind den Pflegeeltern fortzunehmen, denen die Pflegeerlaubnis versagt worden ist, so braucht darin noch kein Sorgerechtsmißbrauch liegen (BGH LM Nr 4 zu § 1666).

bb) Vernachlässigung des Kindes. Sie kann sich mit dem Mißbrauch überschneiden, wird aber gewöhnlich im 10 Gegensatz zu diesem in einem passiven Verhalten bestehen, nämlich, wenn die Eltern Handlungen unterlassen, deren Vornahme für das geistige, sittliche oder körperliche Wohl des Kindes erforderlich ist, zB Unterlassung der Aufsicht und Betreuung, insbesondere hinsichtlich der Ernährung (Unterernährung infolge alkoholbedingten Versagens der Eltern; BayObLG FamRZ 1988, 748; Schlüter FamR Rz 402), Bekleidung (Düsseldorf FamRZ 1964, 456: Vater sorgt aus eigensüchtigen Beweggründen nicht oder nur in einem so unzureichenden Maße für den Unterhalt seiner Kinder, daß sie der Fürsorge von Verwandten oder der Öffentlichkeit anheimfallen), Unterbringung (Köln NJW 1948, 342: Vater verweist minderjährigen Sohn, der für die Mutter Partei ergreift, aus dem Haus und überläßt ihn seinem Schicksal; KG OLG 67, 219); Vater droht 16jähriger schwangerer Tochter an, er werde sie aus dem Hause werfen (AG Dorsten DAVorm 1978, 131); mangelnde Pflege, ärztliche Behandlung (BayObLG FamRZ 1995, 1437; Hamm FamRZ 2002, 691: Läusebefall kein Grund für Teilentzug der elterlichen Sorge; Celle FamRZ 2003, 549, 550: für den Fall, daß eine Mißhandlung nicht nachgewiesen werden kann, so kann darin doch noch eine Vernachlässigung – Versagen der Eltern – liegen; Schlüter FamR Rz 402), Erziehung, Unterweisung, Vorenthaltung der zum Studium erforderlichen, vorhandenen Mittel, wenn das begabte Kind dadurch gehindert wird, seine Persönlichkeit entsprechend zu entfalten, vgl LG Kassel FamRZ 1970, 597; s auch Rz 9; Duldung schädlichen Umgangs, unzureichende Abwehr ungünstiger Einflüsse seitens des anderen Elternteils, des Stiefvaters (BayObLG FamRZ 1994, 1413); der Stiefmutter oder seitens Dritter, mangelnde Absonderung des Kindes von dem an offener Tuberkulose leidenden Elternteil (BGH 8, 134). Die Freigabe des Kindes zur Adoption stellt für sich noch keine Vernachlässigung des Kindes dar (BayObLG FamRZ 1978, 135, 260; 1990, 903). Ebenso für den Fall der heterologen Insemination mit dem Ziel der Adoption grundsätzlich KG NJW 1985, 2201 m Anm Giesen JZ 1985, 1053, 1055 und BayObLG FamRZ 1990, 304 bei Aufgabe des Entschlusses, das Kind einem ungeeigneten Adoptionsbewerber zu übergeben (kein Fall eines unverschuldeten Versagens, Rz 13). Die Gefahr einer Vernachlässigung besteht ebenfalls nicht schon deshalb, weil Mutter in nichtehelicher Lebensgemeinschaft wohnt oder das Kind während der Arbeitszeit von einer anderen Frau versorgen läßt (BayObLG aaO).

cc) Zu aa) und bb) (Rz 8–10): Weil nach dem GleichberG beide Ehegatten die elterliche Sorge gemeinsam und 11 gleichrangig auszuüben berechtigt und verpflichtet sind, kann eine Pflichtverletzung eines Elternteils darin liegen, daß er durch ungerechtfertigten Widerspruch, durch Mangel an Anpassungsfähigkeit oder an Einsicht, durch Teilnahmslosigkeit und dergleichen das erforderliche Einverständnis verhindert und seine notwendige Mitwirkung grundlos verweigert.

dd) Tatbestand des **unverschuldeten Versagens** der Eltern. Der ist offenbar dem Art 6 III GG entlehnt und 12 setzt voraus, daß die Eltern ihre Pflichten zur Pflege und Erziehung des Kindes gröblich vernachlässigen. Wie auch andere Eingriffe in das Elternrecht, ist solche auf Grund der §§ 1667, 1671, 1672, ist er unabhängig von einem Verschulden der Eltern. Das BVerfG hält dies offenbar nicht für verfassungswidrig. Denn es hat in seiner Entscheidung FamRZ 1959, 421 im Hinblick auf Art 6 III ausgeführt: „Das FamG nimmt das Wächteramt der staatlichen Gemeinschaft wahr, dessen verfassungsrechtlicher Sinn es ist, **objektive Verletzungen** des **Wohls** des **Kindes zu verhüten, unabhängig von** einem **Verschulden der Eltern.**" Im gleichen Sinn auch KG NJW 1978, 1680, wonach das Versagen eine mindestens objektive Gefährdung des Kindeswohls durch eine schwere Verletzung der Pflicht zur Erziehung darstellt. Danach ist „Versagen" dahin auszulegen, daß es als Oberbegriff die beiden Tatbestände der mißbräuchlichen Ausübung der elterlichen Sorge und der Vernachlässigung des Kindes mitumfaßt (Belchaus Rz 7). Durch diese zusätzliche Eingriffsmöglichkeit wird dem Umstand Rechnung getragen, daß es auch Fälle gibt, in denen die Kindesgefährdung nicht auf einem Verschulden der Eltern beruht, weil diese an einem körperlichen oder geistigen Gebrechen leiden, vgl BayObLG FamRZ 1978, 135; idS auch Schlüter FamR Rz 402, zB psychisch krank (BayObLG FamRZ 1997, 956; AG Fulda FamRZ 2002, 900f: aber bzgl Verbleibensanordnung) oder drogenabhängig (Frankfurt FamRZ 1983, 530; 2002, 1277, 1278; **Aidsinfizierung** allein reicht nicht aus: Tiedemann NJW 1988, 729, 735; s auch § 1671 Rz 23) sind (BayObLG FamRZ 1993, 843ff; 1995, 302f: psychisch gestörte Mutter und inhaftierter Vater) oder wegen einer anlagebedingten Seelen- oder Charakterschwäche sich dem älteren Kind gegenüber nicht durchzusetzen vermögen oder einer Glaubensrichtung oder Sekte angehören, die unerläßliche Eingriffe, wie etwa eine Blutübertragung (s Rz 17, 27) verbieten. S ferner zum Eingriff in das Sorgerecht wegen mangelnden emotionalen Zugangs der Mutter zu den Kindern und Mißachtung der Bedürfnislage AG München FamRZ 2002, 690 und zur völligen Entziehung des Sorgerechts bei Bindungsun-

§ 1666

fähigkeit eines Elternteils Hamm FamRZ 2002, 692. § 1666 gibt dagegen keine Handhabung, den Eltern das **Rauchen** zu verbieten, sofern keine über das Passivrauchen hinausgehende Gefahr für das Kind besteht (BayObLG FamRZ 1993, 1350ff). Ob in den beiden erstgenannten Fällen elterlicher Pflichtverletzung (Rz 8, 9 und 10, 11) weiterhin zusätzlich ein Verschulden festgestellt werden muß, ist nach wie vor vom Gesetz nicht eindeutig ausgesprochen. Belchaus Rz 8 neigt zu der Annahme, daß das Verschuldenserfordernis letztlich nicht grundsätzlich beseitigt werden sollte (aA Löhnig/Sachs, Zivilrechtlicher Gewaltschutz Rz 21). Dies kann indes dahingestellt bleiben. Denn einmal hatte die Rspr das Erfordernis des Verschuldens derart verwässert, daß es fast als erlassen anzusehen war. Schon die mangelnde Einsicht und Anpassungsfähigkeit genügten als Schuldvorwurf (Stuttgart JFG 3, 47; BGH LM Nr 4 zu § 1666). Ein Sorgeberechtigter, der auf seinem Verhalten beharrte, obwohl er die Möglichkeit erkannte, handelte schuldhaft (BayObLG FamRZ 1965, 280). Dies galt auch für Eltern, die sich einer familiengerichtlichen Belehrung unzugänglich erwiesen. Auch ein Elternteil, der für eine vom anderen Teil vorgeschlagene, sachdienliche Maßnahme kein Verständnis zeigte, ihr grundlos widersprach und sich weigerte, soweit erforderlich mitzuwirken, handelte schuldhaft. Gleiches galt für einen Elternteil, der nicht die Umsicht und Kraft aufbrachte, das Kind vor nachteiligen Einflüssen zu schützen, mochten sie vom anderen Elternteil oder anderen Personen ausgehen. Daher konnte man im allgemeinen sagen: Liegt eine Pflichtwidrigkeit eines Elternteils vor, die Anlaß zu familiengerichtlichem Einschreiten geben könnte, so ist regelmäßig auch ein Verschulden gegeben. So gesehen bringt die Gesetzesänderung im Ergebnis wenig Neues. Der neue Tatbestand greift aber dann ein, wenn sich im Einzelfall ein Verschulden im dargelegten Sinn ausnahmsweise nicht nachweisen läßt, wie zB im Fall des aus subjektiven Gründen erfolgten Freispruchs vom Vorwurf der Kindesmißhandlung (Frankfurt NJW 1981, 2524).

13 ee) Als Tatbestand, der bislang in Abs I S 2 geregelt war und jetzt in Abs IV geregelt ist, weil er nicht für die in Abs I mit aufgenommene Vermögenssorge gilt (früher Abs III), kommt noch hinzu die **Gefährdung** des **Kindeswohls durch** das Verhalten eines **Dritten**. Der Rechtsausschuß führt als Beispiele an: Kontakte eines Zuhälters zu einer Minderjährigen, Beziehungen zu einem Nachbarn, der auf das Kind einen schlechten Einfluß ausübt, es etwa mit Drogen oder Alkohol gefährdet. Zu denken ist ferner an Fälle einer Gefährdung durch eine ansteckende Krankheit, durch ungeeignete Pflegeeltern, die auszutauschen die Eltern sich weigern, durch Beziehungen zu Asozialen, Terroristen, durch Einflußnahme der älteren Schwester, der der sorgeberechtigte Elternteil nicht entgegenwirken kann (BayObLG FamRZ 1995, 348ff). Zur Entziehung des Aufenthaltsbestimmungsrechts und der Befugnis zur Regelung der schulischen Angelegenheiten, wenn die zur Wahrnehmung der Personensorge als Pfleger bestellten Großeltern keine Einsicht in die erforderliche Unterbringung des Kindes in einer heilpädagogischen Einrichtung zeigen, BayObLG FamRZ 1999, 1154. Um solchen Gefahren zu begegnen, ist es jetzt nicht mehr erforderlich, daß das FamG die Eltern, falls sie untätig bleiben, verpflichtet, **gegen den Dritten** eine zivilrechtliche Unterlassungsklage zu erheben und das Urteil vollstrecken zu lassen. Das FamG kann nunmehr unmittelbar gegen den Dritten vorgehen und den Vollzug seiner Entscheidung dem Dritten gegenüber bewirken; Zweibrücken NJW 1994, 1741ff: in unmittelbarer Nachbarschaft wohnender Sexualstraftäter.

14 d) Bei allen vier Eingriffstatbeständen muß als **weitere Voraussetzung** hinzukommen, daß die **Eltern nicht gewillt** oder **in der Lage** sind, die **Gefahr abzuwenden**. Damit werden auch die Fälle erfaßt, daß die Eltern zwar in der Lage wären, die Gefährdung des Kindeswohls abzuwenden, dazu aber nicht gewillt sind, oder aber, daß sie zwar gewillt, aber nicht in der Lage sind, das zu tun (Löhnig/Sachs, Zivilrechtlicher Gewaltschutz Rz 27). Bei einer Gefährdung des Kindeswohls durch das Verhalten eines Dritten kommen Eingriffe nach § 1666 gegen die Eltern aber nur unter der weiteren Voraussetzung in Betracht, daß sich **Maßnahmen gegen den Dritten** als unzureichend erweisen (Düsseldorf NJW 1995, 1970f; ähnlich auch Schlüter FamR Rz 402).

3. Rechtsfolgen

15 a) **Maßnahmen des FamG.** Das FamG hat Maßregeln zu ergreifen, in deren Auswahl es grundsätzlich nicht beschränkt ist (KG JFG 14, 425; Köln NJW 1947/1948, 342; Hamburg FamRZ 1957, 426; Löhnig/Sachs aaO Rz 22), so daß auch Jugendhilfemaßnahmen mit Bindungswirkung für das Jugendamt angeordnet werden können (Frankfurt aM DAVorm 1993, 944f; offengelassen AG Kamen FamRZ 1995, 980ff). Zu beachten ist, daß es weder die elterliche Sorge als solche, noch die Personensorge oder die Vermögenssorge als solche, das heißt der Substanz nach, sondern als äußerste Maßnahme lediglich **deren Ausübung** entziehen kann, dazu vgl vor § 1626 Rz 15; vgl auch Stuttgart FamRZ 1964, 51. Wird die Ausübung aller vier Bestandteile der elterlichen Sorge (vgl § 1626 Rz 8) entzogen, so kommt allerdings die elterliche Sorge praktisch zum Erliegen. Hat das FamG dem überlebenden Ehegatten das Recht, für die Person des minderjährigen Kindes zu sorgen, ohne Einschränkung entzogen, so ist der Widerspruch des überlebenden Elternteils zur Eheschließung des Kindes unbeachtlich (noch zur Einwilligung nach dem aufgehobenen EheG: BayObLG 1965, 279).

16 b) **Verbleib der Sorge beim anderen Elternteil.** Entzieht das FamG einem Elternteil die Ausübung der Sorge für die Person oder das Vermögen des Kindes, oder beides, so hat sich die Rechtslage durch das KindRG erheblich geändert. § 1680 III, I nF legen nunmehr den Grundsatz fest, daß bei zunächst bestehender gemeinsamer Sorge und anschließendem Entzug der Sorge eines Elternteils (dazu gehört erst recht der Entzug von Teilbefugnissen) der andere die Sorge in entsprechendem Umfang allein ausübt. Diese Folge tritt jetzt kraft Gesetzes ein. Beachte aber zur Beschwerdebefugnis nach Art 34 EMRK nicht sorgeberechtigten leiblichen Vaters in Vertretung für sein nichteheliches Kind EuGHMR FamRZ 2002, 1017, 1018.

Auch nach Änderung des § 1680 ist aber eine am Kindeswohl orientierte Entscheidung, die Sorge nicht den anderen Elternteil ausüben zu lassen, möglich. Das betrifft insbesondere Fälle, in denen abzusehen ist, daß sich der nunmehr allein sorgeberechtigte Elternteil nicht gegen den anderen durchsetzen kann. Hierfür bietet § 1666 nF eine Möglichkeit und zugleich den Maßstab (vgl BT-Drucks 13/4899, 103). Gegebenenfalls ist die Bestellung

Elterliche Sorge **§ 1666**

eines Vormundes (bei vollständigem Entzug der Personen- und Vermögenssorge) oder Pflegers (bei Entzug nur der Personen- oder Vermögenssorge oder Teilbefugnissen davon) nach § 1697 nF anzuordnen. Leben die Eltern getrennt und ist eine Entscheidung nach §§ 1671, 1672 ergangen, so bedarf es nicht mehr der Regelung des § 1680 II aF. Alleinige Grundlage für Änderungen dieser Entscheidungen ist jetzt § 1696 nF (vgl BT-Drucks aaO). Nur bei Entzug der Sorge einer allein sorgeberechtigten Mutter eines nichtehelichen Kindes bedarf es für die Übertragung auf den Vater nach § 1680 III, III S 2 nF einer richterlichen Entscheidung. Wegen der Einzelheiten siehe die Bemerkungen zu § 1680.

c) Verhältnismäßigkeit. Die Eingriffe müssen **geeignet** sein, einer Gefährdung des Kindeswohls entgegenzuwirken (BayObLG FamRZ 1995, 348f) und dürfen nur **soweit** gehen, **als** dies im Kindesinteresse **erforderlich** ist (BVerfG FamRZ 2002, 1021, 1022f; KG FamRz 2003, 112; Bremen FamRZ 2003, 54, 55; Naumburg FamRZ 2002, 1274, 1276; Stuttgart FamRZ 2002, 1279, 1280. Wenn es zB genügt, daß dem Elternteil die Ausübung des Personensorgerecht nur in einzelnen Beziehungen entzogen wird, zB hinsichtlich der Aufenthaltsbestimmung, vgl München FamRZ 1979, 1037; BayObLG FamRZ 1984, 932; 1995, 1437: Aufenthaltsbestimmungsrechte und Zuführung zur ärztlichen Behandlung; LG Darmstadt FamRZ 1995, 1435ff: Übertragung des Aufenthaltsbestimmungsrechts auf das Jugendamt als Pfleger; s auch Düsseldorf FamRZ 1981, 479, Verkehrsregelung, vgl Oldenburg FamRZ 1979, 1038; Hamburg FamRZ 1978, 793; Frankfurt FamRZ 1979, 1061, Berufswahl, Anmeldung zur Schule, Abmeldung von der Schule, Abschluß eines Lehr- oder Arbeitsvertrages, Verbleibensanordnung gemäß § 1632 IV (BVerfG FamRZ 1989, 145; Hamm DAVorm 1991, 1079; Bremen FamRZ 2003, 54, 55; Naumburg FamRZ 2002, 1274, 1275; übersehen von Bamberg DAVorm 1987, 664), so darf nicht die Ausübung der Personensorge schlechthin einschließlich der Vertretung entzogen werden. Das FamG muß daher stets prüfen, ob diese Maßnahmen ausreichen, die milder sind, insbesondere weniger in die Sorgerechte der Eltern eingreifen (BVerfG 60, 79; FamRZ 2002, 1021, 1022f; BGH 3, 220; KG JFG 20, 247; BayObLG FamRZ 1965, 280; 1978, 135; 1984, 929; 1990, 1132; Rpfleger 1977, 100; Köln FamRZ 1968, 89; Düsseldorf FamRZ 1968, 260; Hamburg NJW-RR 1990, 1289; LG Bochum ZfJ 1993, 212f: Anordnung familienpädagogischer Maßnahmen statt Trennung; vgl auch BGH LM Nr 2 zu § 1666; Celle FamRZ 2003, 549, 550): Grundsatz der Verhältnismäßigkeit, dem jetzt **§ 1666a** Rechnung trägt und der auch für die als mildere Mittel anzusehenden Leistungen nach dem SGB VIII gilt (so Coester FamRZ 1991, 259; BayObLG FamRZ 1991, 1219f; 1992, 90, 91; in diese Richtung auch Brandenburg FamRZ 2002, 1273, 1274; Celle FamRZ 2003, 549, 550). Mit der Schaffung des ausdifferenzierten Hilfesystems im SGB VIII hat der Gesetzgeber dem Richter die Möglichkeit gegeben, sich dieses im Verfahren nach § 1666 zunutze zu machen und als Pendant zum elterlichen Erziehungsrecht Hilfen zur Erziehung anzuordnen. Entgegen dem sonstigen Konzept der Novelle kann damit eine Verpflichtung zur Inanspruchnahme von Hilfen zur Erziehung ausgesprochen werden, während das Jugendamt nur im Einvernehmen mit den Beteiligten und nicht entgegen dem Willen der Eltern tätig werden kann. Richtigerweise wird man damit den Familienrichter für befugt halten dürfen, eine Leistungsanordnung zu treffen, die die Inanspruchnahme von öffentlich-rechtlicher Hilfe beinhaltet (so auch Coester FamRZ 1991, 260). Es erscheint nicht praktikabel, zuerst den Eltern im Falle erheblicher Kindesgefährdung die Ausübung der elterlichen Sorge zu entziehen und dann einen Vormund zu bestellen, der seinerseits erst den Kontakt mit dem Jugendamt herstellt, worauf dann die erforderliche Maßnahme ergriffen wird. Durch die familiengerichtliche Verfügung kann allerdings nur ein entgegenstehender Elternwille übergangen werden; eine mangelnde Bereitschaft seitens des Kindes oder das Fehlen einer pädagogischen Perspektive seitens des Jugendamtes kann damit nicht beseitigt werden (vgl §§ 26, 37 SGB VIII). Der Gesetzgeber hat diese Möglichkeit explizit jedoch nur dem Strafrichter nach den neu gefaßten Vorschriften des JGG (§§ 9 Nr 2 und 12 JGG) eingeräumt, so daß auf einen entgegenstehenden legislatorischen Willen geschlossen werden muß (s § 1666 Rz 36). In den Motiven selbst wird diese Option nicht angesprochen. Die Entziehung der gesamten Personensorge (mit dem Ziel der Adoption) ist erst zulässig, wenn nicht mehr zu erwarten ist, daß das Kind ohne nachhaltige Gefährdung seines Wohls in die elterliche Familie zurückkehren kann (KG FamRZ 1985, 526), wie zB bei fehlender innerer und äußerlicher Bindung zwischen Eltern und 17jähriger Tochter aufgrund längerer Trennung (Karlsruhe NJW 1989, 2398f: ein Jahr bei Großmutter). Die nach § 1666 getroffene Maßnahme darf das FamG nur so lange aufrechterhalten, als die Gefährdung des geistigen oder leiblichen Wohls des Kindes andauert. Ist das nicht mehr der Fall, so ist die Maßnahme rückgängig zu machen; vgl AG Berlin-Schöneberg FamRZ 1966, 452; Brandenburg FamRZ 2002, 1273, 1274; Naumburg FamRZ 2002, 1274, 1275. Dagegen kann das FamG seine Maßnahme **keineswegs im vorhinein zeitlich befristen**; vgl Stuttgart FamRZ 1974, 538. Zur **Zulässigkeit der befristeten Sorgerechtsentziehung** zwecks Durchführung einer klinischen Begutachtung des Kindes als **Beweisanordnung** BayObLG FamRZ 1995, 501f.

d) Die Rspr hat es in folgenden Fällen für nicht erforderlich erachtet, einem Elternteil die Ausübung der Personensorge schlechthin zu entziehen, sondern hat **mildere Maßnahmen** für ausreichend erachtet: Mißbräuchlicher Antrag der geschiedenen, allein sorgeberechtigten Mutter auf Änderung des Familiennamens des Kindes: Entziehung des Antragsrechts (Frankfurt FamRZ 1956, 325) oder Entziehung der Rechte im Namensänderungsverfahren und Bestellung eines Pflegers zwecks Rücknahme des Antrags auf Änderung des Familiennamens (Celle FamRZ 1961, 34); Weigerung der unehelichen Mutter, ihr Kind den Pflegeeltern, denen die Pflegeerlaubnis versagt ist, wegzunehmen: **Entziehung des Rechts zur Aufenthaltsbestimmung** (BGH LM Nr 4 zu § 1666; BayObLG FamRZ 1995, 1437; Nürnberg EZFamR aktuell 2002, 210f; zur vom Kind selbst vorgebrachten Anregung, dem Vater das Aufenthaltsbestimmungsrecht zu entziehen BayObLG FamRZ 1997, 954); Forderung nach einer Trennung der Kinder von den Pflegeeltern und Rückkehr zu den sorgeberechtigten Eltern: Verbleibensanordnung gemäß § 1632 IV (s Rz 8); Verweigerung der Mittel zur Berufsausbildung: Entziehung des Rechts der Berufswahl und Bestellung eines Pflegers (KG OLG 1, 450; DJZ 1930, 674); Gefährdung der Tochter, an welcher der Vater Sittlichkeitsverbrechen begangen hatte, durch Rückkehr des aus der Strafhaft entlassenen Vaters zur Familie: Es

17

18

reicht Entziehung des Rechts der Mutter auf Aufenthaltsbestimmung aus (BayObLG 1958, 99). Mutter verlangt die Rückkehr des Sohnes in ihr Haus, mit dem sie sich nicht verträgt, so daß weitere Zusammenstöße mit der Gefahr tätlicher Auseinandersetzungen zu befürchten sind: Das Recht zur Bestimmung des Aufenthalts des Kindes darf nicht schlechthin entzogen, es darf nur beschränkt werden (BayObLG FamRZ 1965, 280). Bei zwei Kleinkindern sind in kurzen Abständen schwerwiegende Verletzungen festgestellt worden: Entziehung des Rechts der Aufenthaltsbestimmung durch vorläufige Anordnung (BayObLG FamRZ 1999, 178; Celle FamRZ 2003, 549, 551: Aufhebung des völligen Entzuges der elterlichen Sorge wegen damaliger mutmaßlicher – nicht nachgewiesener – Mißhandlung des Kindes, aber Beschränkung auf Überwachungsmaßnahmen bzgl Betreuungs- und Versorgungsleistungen im Rahmen einer Pflegschaft). Ist das Kind in einer Hilfsschule unterzubringen, so genügt es, wenn die Zustimmung der Eltern hierzu ersetzt wird (BayObLG FamRZ 1961, 538); letzteres reicht auch aus, wenn das Kind operiert werden muß. Daß das FamG Erklärungen der Eltern oder eines Elternteils ersetzen kann, stellt nunmehr Abs II ausdrücklich klar. Dazu s Rz 23.

19   e) Das FamG ist aber keineswegs darauf angewiesen, die Elternrechte ganz oder teilweise einzuschränken. Als **weitere mildere Maßnahmen** gemäß § 1666 kommen in Betracht: **Vorladungen, Ermahnungen, Verwarnungen, Gebote, Verbote, Zwangsmittelandrohung** (§ 33 FGG); vgl Hamburg FamRZ 1957, 426. So kann dem Vater verboten werden, seine Geliebte in der gemeinsamen Wohnung der getrenntlebenden Elternteile übernachten zu lassen, um eine Gefährdung des geistigen oder sittlichen Wohls der 17 Jahre alten Tochter abzuwehren (Hamm JMinBl NRW 1962, 243; Roth JZ 2002, 651, 654: allg zum befristeten Verbot, sich der Wohnung zu nähern, wobei die innegehaltene Rechtsposition – Eigentum, Erbbaurecht, Nießbrauch – zu berücksichtigen ist), bzw kann es ihm auch selbst verboten werden, sich der gemeinsamen Wohnung zu nähern (Roth aaO). Jedoch kann dem Vater keineswegs geboten werden, eine besser bezahlte Stellung anzunehmen oder dadurch zu einer Verbesserung der Lebensverhältnisse des Kindes beizutragen, daß er die häusliche Gemeinschaft mit seiner Familie wieder aufnimmt. Denn dies würde gegen Art 2, 11, 12 GG verstoßen (Hamburg aaO). Derlei Maßnahmen kann das FamG nunmehr gemäß Abs IV auch mit Wirkung gegen Dritte treffen, dazu s Rz 14; vgl auch Roth aaO: zB Partner der Mutter und Nachbar.

20   f) **Einweisung in ein Heim.** Abs I S 2 aF gestattete es dem VormG ausdrücklich, anzuordnen, daß das Kind zum Zweck der Erziehung in einer geeigneten Familie oder in einer Erziehungsanstalt unterzubringen sei, vgl BGH FamRZ 1979, 225. Auch wenn dieser Satz 2 in § 1666 nicht mehr vorhanden ist, so ändert dies nichts an der Zulässigkeit einer solchen Maßnahme; nur muß sie sich iRd § 1666a halten. Das Familiengericht muß aber die Stelle bestimmt bezeichnen (KG JFG 12, 94). Meist wird eine Unterbringung bei Verwandten oder in einer Pflegestelle in Frage kommen. Sie ist auch zulässig, wenn öffentliche Mittel in Anspruch genommen werden müssen (BGH LM Nr 2 zu § 1666; KG DFG 1944, 32; München JFG 16, 62; BayObLG 1960, 393; Potrykus NJW 1953, 1292). Soll ein Kind in einem Heimhilfsschule untergebracht werden, verweigern die Eltern aber hierzu ihre Mitwirkung, so wird ein Eingreifen des FamG nicht dadurch entbehrlich, daß die Schulaufsichtsbehörde auf Grund eines Schulpflichtgesetzes das Kind in eine Hilfsschule und in ein geeignetes Heim einweisen darf (BayObLG 1960, 393). **Andere Maßnahmen** als nach § 1666 sieht das Gesetz **nicht mehr** vor. Das SGB VIII enthält keine Eingriffstatbestände mehr, da der Gesetzgeber nicht mit dem verfassungsrechtlich garantierten Primat des elterlichen Erziehungsauftrages in Konflikt geraten wollte (s Einf § 1616 Rz 1ff und BT-Drucks 11/5948, 45f). Eingriffe in das elterliche Erziehungsrecht sind nur mehr durch Richter aufgrund des § 1666 möglich sowie im Jugendstrafverfahren nach den Vorschriften des JGG. Die einzige Ausnahme stellen die §§ 42 II, III, 43 SGB VIII dar, die aber insofern § 1666 angenähert sind, als eine Gefährdung für das Wohl des Jugendlichen bzw Kindes erforderlich ist oder, wie in § 43 I SGB VIII, direkt an die Voraussetzungen des § 1666 angeknüpft wird. Der Gesetzgeber hat damit nur eine Auffangzuständigkeit für die Fälle geschaffen, in denen zwar an sich ein Richter tätig werden müßte, aber nicht erreichbar ist und ein Aufschub nicht geduldet werden kann; vgl BT-Drucks 11/5948, 80f. Weitergehende Eingriffsbefugnisse, als sie § 1666 schon beinhaltet, sind damit in der Sache nicht geschaffen worden.

21   Lassen sich im Einzelfall nicht alle Voraussetzungen des § 1666 feststellen, so kann das FamG zwar nicht „Maßregeln" treffen, es kann aber mitunter im Rahmen der Ermittlungen (§ 12 FGG) durch gütliches Zureden die Interessen des Kindes fördern.

4. Abs III; Ersetzen von Erklärungen

22   Er stellt klar, daß das FamG erforderliche Erklärungen der Eltern oder eines Elternteils ersetzen kann, wenn diese sie nicht abgeben können, zB wegen einer längeren Auslandsreise, oder nicht wollen. Als Beispiel führt der Rechtsausschuß den Fall an, daß die Eltern die Einwilligung zu einer Operation ablehnen (Karlsruhe FamRZ 2002, 1210, 1211: bzgl der Einholung eines psychologischen Gutachtens zur Feststellung der Kindeswohlgefährdung; Löhnig/Sachs, Zivilrechtlicher Gewaltschutz, Rz 37: für den Fall einer Untersuchung).

5. Maßnahmen der Vermögenssorge in Abs I, II

23   a) **Voraussetzungen.** Was zuvor in Abs III geregelt worden ist, steht nunmehr mit anderem Wortlaut in dem Abs I und II (mit Regelbeispielen). Die bisherigen Ausführungen zur Vermögenssorge sind daher weiterhin einschlägig. Elternteil verletzt schuldhaft das **Recht des Kindes auf Unterhalt** (§§ 1601ff, 1610), auch für die **Zukunft** ist eine **erhebliche Gefährdung** des Unterhalts zu **befürchten**. Wenn und solange das Kind den Unterhalt vom leichtsinnig wirtschaftenden Elternteil oder von anderen Personen erhält, entfällt ein Einschreiten nach Abs I; vgl KGJ 37, 45; Soergel/Strätz Rz 47; Kipp/Wolff FamR, § 83 III 2. Dasselbe gilt, wenn der Unterhalt des Kindes tatsächlich durch öffentliche Mittel oder Unterbringung bei Pflegeeltern gesichert ist (Frankfurt FamRZ 1983, 530). Abs I des § 1666 kommt aber wieder zum Zug, wenn die Person, die bisher tatsächlich Unterhalt gewährte, zB die Mutter, erklärt, daß der gleichrangig unterhaltspflichtige Vater keinen Vorteil daraus ziehen solle, daß sie

den Unterhalt gewährt, und deshalb statt seiner für den Unterhalt nicht mehr aufkommen will (BayObLG FamRZ 1964, 638). Daß das Kind zZt Vermögen besitzt, ist nicht erforderlich (KG JFG 6, 72; BayObLG JW 1934, 912). Auch nicht, daß das Vermögen des Kindes gefährdet wird, was § 1667 demgegenüber voraussetzt. Daher kommt Abs I, II auch in Betracht, wenn ein Elternteil, der zum Unterhalt nicht verpflichtet ist, weil das Kind selbst genügend verdient, dem Kind aus dessen Arbeitslohn nicht die zum standesgemäßen Unterhalt erforderlichen Beträge zur Verfügung stellt (KG JFG 14, 427, insoweit abweichend von KGJ 37, 44; OLG 9, 442). Abs I, II dient somit auch dazu, die dem § 1649 **entsprechende Verwendung des Kindesvermögens sicherzustellen.**

b) **Rechtsfolge.** Wird die Ausübung der Vermögensverwaltung einem Elternteil entzogen, so muß das FamG bei intakter Ehe prüfen, ob die alleinige Vermögensverwaltung dem anderen Elternteil belassen bleiben kann. Das kommt nur in Betracht, wenn die Gewähr dafür besteht, daß der andere Elternteil sich ausreichend durchsetzt. Andernfalls muß das FamG einen Pfleger (§ 1909) bestellen, wobei nach § 1697 nF das FamG die Bestellung anordnen und den Pfleger auswählen kann. Dabei kommt es nicht darauf an, daß dem anderen Teil, wenn er sich nicht durchsetzte, dies als ein Verhalten im Sinne des § 1666 anzulasten wäre (KG FamRZ 1965, 158). Dazu s im einzelnen § 1680 Rz 5. Hat der betroffene Elternteil die elterliche Sorge auf Grund einer Anordnung des FamG nach §§ 1671, 1672 allein ausgeübt, so geht keineswegs die Vermögenssorge kraft Gesetzes auf den anderen Elternteil über. Vielmehr hat das FamG diese auf den anderen Elternteil zu übertragen, es sei denn, daß dies dem Wohle des Kindes widerspricht. Ist das zu befürchten, so ordnet es die Bestellung eines Vormunds oder Pflegers an. Dazu s § 1680 Rz 6. 24

6. Verfahrensvorschriften

a) Das FamG ist auf einen Antrag nicht angewiesen, sondern schreitet **von Amts wegen** ein (Brandenburg FamRZ 2002, 1273, 1274; Celle FamRZ 2003, 549, 550; Zweibrücken FamRZ 2003, 241, 242; Löhnig/Sachs, Zivilrechtlicher Gewaltschutz, Rz 15, 30). Meist wird es vom Jugendamt (§ 50 III SGB VIII; s dazu § 1631a Rz 11), Trägern der freien Jugendhilfe oder Dritten auf Mißstände hingewiesen und zum Eingreifen veranlaßt. 25

b) Als erster Schritt im Verfahren muß der Richter nach § 52 I FGG unter Hinweis auf Beratungsmöglichkeiten auf eine außergerichtliche Einigung der Ehegatten hinwirken. Zur Erleichterung der **vorgerichtlichen Einigung** kann das Verfahren nach § 52 II FGG ausgesetzt werden und einstweilige Anordnungen für die Zeit der Streitbeilegung können erlassen werden (§ 52 III FGG). **Anzuhören** sind die **Eltern** (§ 50a FGG), sofern nicht eine ausreichende Beurteilung schon nach der Aktenlage möglich ist (Düsseldorf NJW 1995, 1970f), das **Kind** (§ 50b FGG; s dazu Frankfurt FamRZ 2003, 1314f), sofern es nach seinem Entwicklungsstand zu einer vernünftigen Eigenbeurteilung fähig ist (BayObLG FamRZ 1981, 814; Karlsruhe FamRZ 1989, 915f: Beobachtung des Kindes durch eine Einwegscheibe ist keine persönliche Anhörung; Hamm FamRZ 1996, 421f: ein sechsjähriges Kind hat der Richter grundsätzlich persönlich anzuhören (zu psychologischen Testverfahren im Familienrecht Mayer/Baumgärtel FPR 1996, 176, Doukkani-Bördner FamRZ 2002, 1278, Löhnig/Sachs, Zivilrechtlicher Gewaltschutz Rz 38, 41ff, zum Absehen von einer Anhörung s BayObLG FamRZ 1994, 913, 915; Löhnig/Sachs aaO Rz 44), etwaige **Pflegepersonen** (§ 50c FGG) und das zuständige **Jugendamt** (§ 49 I Nr 8 FGG). S dazu BayObLG FamRZ 1984, 196; Löhnig/Sachs aaO Rz 45ff. 26

c) Nach § 50 FGG ist dem Kind bei Maßnahmen nach § 1666 in der Regel ein **Verfahrenspfleger** zu bestellen, der seine Rechte wahrnimmt. Soll sich die Maßnahme nach § 1666 IV gegen einen **Dritten** richten, so ist dieser als Beteiligter zu hören. Unterbleibt dies, so leidet das Verfahren an einem wesentlichen Mangel, der, falls er im zweiten Rechtszug nicht behoben wird, auf Rechtsbeschwerde hin zur Aufhebung und Zurückverweisung zwingt (Celle FamRZ 1961, 33; BayObLG 1928, 577; Hamm FamRZ 1974, 29). Das Ergebnis einer notwendigen Anhörung ist in einem Protokoll, Aktenvermerk oder den Entscheidungsgründen so festzuhalten, daß dem Beschwerdegericht der Verlauf und das Ergebnis der Anhörung in groben Zügen erkennbar sind (BayObLG NJW-RR 1994, 1225ff). 27

d) Die **Ermittlungen** hat das FamG gemäß § 12 FGG **von Amts wegen** vorzunehmen (Löhnig/Sachs aaO Rz 35), es darf sie nicht ausschließlich dem Jugendamt überlassen, das bei allen Maßnahmen, welche die Sorge für die Person Minderjähriger betreffen, das FamG zu unterstützen hat (§ 50 I S 1 SGB VIII). Die Berichte des Jugendamts entheben das FamG nicht der Pflicht, eigene Ermittlungen durchzuführen. Das FamG entscheidet nach seinem pflichtgemäßen Ermessen darüber, ob es sich mit formlosen Ermittlungen begnügen oder ob es in der in § 15 FGG vorgeschriebenen Form Beweis erheben will (Braunschweig NdsRPfl 1955, 154; KG NJW 1961, 2066; Frankfurt FamRZ 1962, 173; BayObLG FamRZ 1962, 538; Düsseldorf FamRZ 1968, 260). Es ist nicht erforderlich, daß ein Elternteil während der Beweisaufnahme anwesend ist. Doch müssen die Eltern nach dem Grundsatz des rechtlichen Gehörs (vgl § 1696 Rz 10ff) von deren Ergebnis unterrichtet werden. Zum **Zeugnisverweigerungsrecht** von Sozialpädagogen und Sozialarbeitern s Hamm DAVorm 1991, 1079). Zum Einsatz eines Lügendetektors bei Mißbrauchsverdacht gegen den Kindesvater s Bremen Streit 2001, 122. 28

e) Auch **einstweilige Anordnungen**, die ebenfalls dem Gebot der Verhältnismäßigkeit unterliegen (Düsseldorf NJW 1995, 1970; BVerfG FamRZ 2002, 1021, 1022f), sind zulässig (KGJ 45, 29; JFG 20, 247; München JFG 14, 231; Karlsruhe FamRZ 1974, 661; Jansen Anh § 19 FGG Anm 1; Löhnig/Sachs aaO Rz 56). Sie setzen voraus, daß ein dringendes Bedürfnis für ein sofortiges Einschreiten besteht, das ein Zuwarten bis zur endgültigen Entscheidung nicht gestattet, weil diese zu spät kommen und die Interessen des Kindes nicht mehr genügend wahren würde (BayObLG 1961, 264 zu §§ 1696, 1671; BayObLG FamRZ 1988, 748; 1991, 1219; Rpfleger 1992, 346f; FamRZ 1994, 975ff; NJW 1992, 1971f; Hamm FamRZ 1995, 1205; zu § 1666; Rpfleger 1977, 100 zu § 1666; Karlsruhe FamRZ 1974, 661 zu § 1666; Celle NJW 1995, 792ff (Bluttransfusion) zu § 1666; Löhnig/Sachs aaO Rz 56f), und daß der Erlaß einer endgültigen Anordnung sich als wahrscheinlich erweist. Es kann sogar die 29

§ 1666

gesamte Personensorge entzogen werden (BayObLG FamRZ 1989, 421f; s aber § 1666a II). Die ein Eingreifen nach § 1666 rechtfertigenden Tatsachen braucht das FamG nicht durch eigene Ermittlungen zusammenzutragen, es kann sich nach seinem pflichtgemäßen Ermessen mit Unterlagen begnügen, die ihm von anderer Seite zB seitens des Jugendamts zugegangen sind. Es ist nicht gehalten, den Sachverhalt erschöpfend aufzuklären (BVerfG FamRZ 2002, 1021, 1023: für Ausschöpfung aller im Eilverfahren zur Verfügung stehenden Aufklärungs- und Prüfungsmöglichkeiten mit Blick auf den Verhältnismäßigkeitsgrundsatz). Auch bedürfen die entscheidungserheblichen, insbesondere die für die Dringlichkeit sprechenden Tatsachen nicht des vollen Beweises; es genügt vielmehr die **Glaubhaftmachung** (BayObLG 1961, 264; FamRZ 1991, 1219; Löhnig/Sachs aaO Rz 57). Auch vor dem Erlaß einstweiliger Anordnungen sind grundsätzlich die Eltern zu hören (Hamburg NJW 1956, 1156; Löhnig/Sachs aaO Rz 57). Die Anhörung sämtlicher Verfahrensbeteiligter und eine weitestgehende Sachverhaltsaufklärung sind jedoch dann erforderlich, wenn durch die vorläufige Übertragung des Sorgerechts Tatsachen geschaffen werden, die geeignet sind, die Chancen auf eine Wiedererlangung des Sorgerechts zu verschlechtern bzw dazu führen können, daß dem Kind mit der endgültigen Entscheidung ein erneuter Wechsel der Sorgeberechtigten zugemutet wird (BVerfG NJW 1994, 1208ff; in diese Richtung auch BVerfG FamRZ 2002, 1021, 1023). Bei **Gefahr im Verzuge** kann das FamG die einstweilige Anordnung treffen, ohne vorher das Jugendamt zu hören (§ 49 IV FGG); es muß dies aber nach der Neufassung der Vorschrift unverzüglich nachholen (Hamburg NJW 1966, 1156; Löhnig/Sachs aaO Rz 57). Bei der Auswahl der Maßnahmen ist es im Rahmen seines pflichtgemäßen Ermessens frei. Deshalb darf es, wenn das Interesse des Kindes dies erfordert, auch Anordnungen treffen, die vorübergehend dieselbe Wirkung äußern, wie die endgültige Maßnahme (BayObLG aaO).

30 Die Frage, wie lange **einstweilige Anordnungen**, die ihrer Natur nach auf eine begrenzte **Übergangszeit** beschränkt sind (Bremen NJW 1953, 306), wirksam bleiben können, ohne daß eine endgültige Entscheidung ergeht, ist gesetzlich nur selten geregelt. Für einstweilige Anordnungen im Rahmen des § 1666 fehlt es an einer einschlägigen Vorschrift. Generell läßt sich die aufgeworfene Frage nicht beantworten. Ohne Zweifel ist aber eine einstweilige Anordnung dann aufzuheben, wenn der Erlaß einer endgültigen Anordnung kaum noch wahrscheinlich erscheint. Vgl Braunschweig FamRZ 1965, 617 zum Fall, daß den Eltern das Recht, den Aufenthalt ihres Kindes zu bestimmen, vorläufig entzogen wurde.

31 f) Das **zuständige FamG** ergibt sich aus §§ 64 FGG, 621 I Nr 1, II S 2 ZPO. Danach teilt ein minderjähriges Kind den **Wohnsitz** seiner personensorgeberechtigten Eltern, bis es ihn rechtsgültig aufhebt. Lassen die Eltern bei ihrer Wohnsitzverlagerung das Kind bei den Großeltern, so begründet es keinen neuen, von den Eltern abweichenden Wohnsitz, die Eltern machen vielmehr nur von ihrem Aufenthaltsbestimmungsrecht Gebrauch. Leben die Eltern getrennt, so hat das Kind einen doppelten Wohnsitz (s dazu § 1671 Rz 38). Die Mutter begründet mit dem Kind einen Wohnsitz im Frauenhaus, wenn sie mit ihm – jedenfalls bei behördlicher Ab- und Anmeldung – dorthin geht (Karlsruhe FamRZ 1995, 1210; aA noch Köln FamRZ 1992, 976). Stirbt ein Elternteil, so behält das Kind den Wohnsitz des Verstorbenen, bis es ihn aufhebt (BayObLG FamRZ 1974, 137) oder einen neuen rechtswirksam begründet (Hamm FamRZ 1971, 181). Zum Wohnsitz des Kindes s auch § 1631 Rz 13, 14. Es handelt sich um ein dem **Richter** vorbehaltenes Geschäft (§ 14 Nr 8 RPflG).

32 g) Beschwerde ist auch gegen einstweilige Anordnung zulässig. Zur Zulässigkeit der **weiteren Beschwerde** s Hamm FamRZ 1995, 1205, 1206. **Beschwerdeberechtigt** sind: Der betroffene Elternteil gegen die Maßnahme des § 1666 gemäß § 20 FGG; gegen eine die Sorge für die Person betreffende Entscheidung jeder, der ein berechtigtes Interesse hat, gemäß § 57 I Nr 9 FGG, zB das Jugendamt (BayObLG FamRZ 1989, 652, 653; Löhnig/Sachs, Zivilrechtlicher Gewaltschutz, Rz 53), ein eV (LG Berlin FamRZ 1988, 1082), Pflegeeltern (BayObLG FamRZ 1977, 473; Hamm FamRZ 1994, 391f), gegen eine Verfügung, durch welche die Anordnung einer Maßregel des § 1666 abgelehnt oder eine solche Maßregel aufgehoben wird, die Verwandten und Verschwägerten des Kindes gemäß § 57 I Nr 8 FGG; das Kind selbst in allen seine Person betreffenden Angelegenheiten nach Maßgabe des § 59 FGG; vgl Löhnig/Sachs aaO und Hamm FamRZ 1974, 29 im Anschluß an RG 60, 134 und entgegen Stuttgart Justiz 1962, 293, das aber in FamRZ 1974, 538 seine abweichende Ansicht aufgegeben hat. Eltern, denen gemäß § 1666 das Sorgerecht für ihr Kind entzogen ist, steht in den die Sorge für die Person des Kindes betreffenden Angelegenheiten, zumindest, wenn es sich nicht um solche von besonderer Tragweite handelt, ein Beschwerderecht nach § 57 Abs I Nr 9 FGG nicht zu (BGH LM Nr 5 zu § 1666; KG FamRZ 1986, 1245; BayObLG 1990, 1132: vormundschaftsgerichtliche Genehmigung des Antrags der Vormundes auf Änderung des Familiennamens eines Minderjährigen); vgl dazu auch KGJ 47, 30; Braunschweig JFG 4, 39; BayObLG 1915, 725; Hamm MDR 1950, 54; FamRZ 73, 318: Unterbringung des Kindes in einer geschlossenen Anstalt; Stuttgart ZBlJR 54, 271; aA Köln FamRZ 1972, 218 jedenfalls dann, wenn der Entzug des Personensorgerechts formell noch nicht rechtskräftig oder nur im Weg der vorläufigen Anordnung getroffen ist. Eine Beschwerdeentscheidung kann idR nicht mehr zur Hauptsache ergehen, wenn das Kind während des Beschwerdeverfahrens volljährig wird. Dann kann auch nicht mehr die Rechtswidrigkeit des familiengerichtlichen Beschlusses festgestellt werden (Köln FamRZ 1971, 190 zum VormG). Denn zur Klärung rein theoretischer Rechtsfragen sind die Gerichte weder berechtigt noch verpflichtet. Unzulässig ist eine Beschwerde auch nach Vollzug einer vorläufigen Anordnung (auf Herausgabe des Kindes und die hierfür gestattete Gewaltanwendung, BayObLG FamRZ 1990, 1379). Die **Pflicht zur persönlichen Anhörung** der Eltern und des Kindes besteht grundsätzlich auch im Beschwerdeverfahren (BayObLG FamRZ 1984, 933; 1993, 843ff; 1995, 500, 501 (auch im vorläufigen Verfahren); 1996, 421 (bei Veränderung des Verfahrensgegenstandes und wesentlichen neuen Erkenntnissen); Zweibrücken FamRZ 1986, 1037; Stuttgart FamRZ 1989, 1110f; Löhnig/Sachs aaO Rz 42f); zur **Entbehrlichkeit** einer erneuten Anhörung s BayObLG 879, 652, 653; NJW-RR 1991, 777, 778; zur erstmaligen Anhörung im Beschwerdeverfahren Düsseldorf FamRZ 1994, 1541f. Zur erneuten Einholung eines **Sachverständigengutachtens** s BayObLG DAVorm 1990, 627ff. Zu den Anforderungen an die **Begründung** einer Beschwerdeentscheidung s BayObLG NJW-RR 1994, 1225, 1227.

h) Die **Kosten** richten sich nach § 94 I Nr 3 KostO, s ferner § 131 III KostO zu den Kosten der Beschwerde (s 33
auch Löhnig/Sachs aaO Rz 55). Die weitere Beschwerde gemäß § 27 FGG ist zulässig. Zur Frage, wann mit der
weiteren Beschwerde ausnahmsweise neue Tatsachen geltend gemacht werden können, s Karlsruhe FamRZ 1977,
148.

i) Die Entscheidungen des FamG erwachsen nicht in Rechtskraft. Es kann seine **Anordnung** jederzeit **ändern**, 34
wenn es dies im **Interesse des Kindes** für angezeigt hält (§ 1696). Dazu siehe Bemerkung zu § 1696.

7. Maßnahmen nach dem Jugendgerichtsgesetz

Das Jugendgericht kann in einem Strafverfahren neben **Zuchtmitteln (Verwarnung, Auferlegung besonderer** 35
Pflichten, Jugendarrest) auch **Erziehungsmaßregeln** anordnen. Dazu gehören die Erteilung von Weisungen und
die Verpflichtung zur Inanspruchnahme von **Erziehungshilfen**, § 9 Nr 2 JGG. Gemäß § 12 Nr 1, 2 JGG handelt es
sich dabei um die **Erziehungsbeistandschaft** nach § 30 SGB VIII oder die **Heimerziehung** nach § 34 SGB VIII.
Erforderlich für die Anordnung ist ein Einvernehmen mit dem Jugendamt; Jugendarrest darf neben einer Heimerziehung nicht angeordnet werden, § 8 II 1 JGG.

1666a *Grundsatz der Verhältnismäßigkeit; Vorrang öffentlicher Hilfen*

(1) Maßnahmen, mit denen eine Trennung des Kindes von der elterlichen Familie verbunden ist, sind nur zulässig, wenn der Gefahr nicht auf andere Weise, auch nicht durch öffentliche Hilfen, begegnet werden kann. Dies gilt auch, wenn einem Elternteil vorübergehend oder auf unbestimmte Zeit die Nutzung der Familienwohnung untersagt werden soll. Wird einem Elternteil oder einem Dritten die Nutzung der vom Kind mitbewohnten oder einer anderen Wohnung untersagt, ist bei der Bemessung der Dauer der Maßnahme auch zu berücksichtigen, ob diesem das Eigentum, das Erbbaurecht oder der Nießbrauch an dem Grundstück zusteht, auf dem sich die Wohnung befindet; Entsprechendes gilt für das Wohnungseigentum, das Dauerwohnrecht, das dingliche Wohnrecht oder wenn der Elternteil oder Dritte Mieter der Wohnung ist.
(2) Die gesamte Personensorge darf nur entzogen werden, wenn andere Maßnahmen erfolglos geblieben sind oder wenn anzunehmen ist, dass sie zur Abwendung der Gefahr nicht ausreichen.

1. Die vorrangig an das Kindeswohl (BayObLG FamRZ 1988, 748) anknüpfende Vorschrift will den ohnehin 1
geltenden Grundsatz der Verhältnismäßigkeit, vgl § 1666 Rz 17, für zwei Fälle besonders herausstellen, nämlich
für die Trennung des Kindes von der elterlichen Familie (Abs I), die bereits durch die Entziehung des Aufenthaltsbestimmungsrechts erfolgen kann, und für die Entziehung der gesamten Personensorge (Abs II). Die Vorschrift ist
verfassungsmäßig (BVerfG 60, 79). In Abs I sind durch das KindRVerSG v 9. 4. 2002 die S 2 und 3 eingefügt worden.

2. **Abs I.** Der Rechtsausschuß hat zum Gesetzeszweck ausgeführt: Abs I stelle klar, daß die Trennung des Kin- 2
des von der elterlichen Familie, weil besonders einschneidend, nur dann zulässig sei, wenn mildere Mittel
nicht ausreichten, um die Gefahr für das Kind abzuwenden. Hier kämen die Grundsätze der Verhältnismäßigkeit,
der Geeignetheit und der Wahl des geringsten Mittels, die im Verwaltungsrecht entwickelt worden seien, zur Geltung. Was das gebotene Mittel sei, könne nicht vom Aufwand, sondern nur vom Kindeswohl und vom Elternrecht
her bestimmt werden. Vgl Bericht BT-Drucks 8/2788, 59; Roth JZ 2002, 651, 654. Eine Öffentliche Hilfe iS dieser
Vorschrift sind die Hilfsmaßnahmen nach dem SGB VIII (BayObLG FamRZ 1991, 1219f; Coester FamRZ 1991,
259; allg dazu Kiehl ZRP 1990, 94ff; Rüfner NJW 1991, 1ff). Sie bieten sich dabei an: Beratung nach § 16 II Nr 2;
Beratung und Unterstützung bei Alleinerziehenden nach §§ 18, 19; Beratung und Versorgung in Notfällen gemäß
§ 20 (dazu und zur Abgrenzung von § 38 SGB V s Stein ZfJ 1991, 579ff); Beratung und Unterstützung bei häufigem Ortswechsel der Eltern nach § 21; Vermittlung von Tagespflegepersonal nach § 23; Erziehungsberatung,
§ 28; soziale Gruppenarbeit, § 29; Erziehungsbeistandschaft, § 30; sozialpädagogische Familienhilfe, § 31; Aufnahme in eine Tagesgruppe § 32; Vollzeitpflege § 33; Heimerziehung, § 34. Kinderreichen Familien wird der Staat
mit Haushaltshilfen unter die Arme greifen müssen, um zu verhindern, daß es später zu einer Heimerziehung
kommt. Zu familienunterstützenden Maßnahmen, die das Verhältnis der Eltern zu ihrem Kind positiv beeinflussen
sollen, Baer FamRZ 1982, 221, 230; Kemper FamRZ 1983, 647. Scheitern öffentliche Hilfen am entgegenstehenden Willen der Mutter, ist § 1666a gewahrt (BayObLG FamRZ 1994, 975ff).
Die neuen S 2 und 3 schließen eine durch das GewSchG v 11. 12. 2001 (BGBl I 3513) gelassene Lücke (s dazu
Grziwotz NJW 2002, 872; Roth JZ 2002, 651, 654). Nach § 2 GewSchG hat das Opfer häuslicher Gewalt gegenüber gewalttätigen Personen, mit denen es in häuslicher Gemeinschaft lebt, einen Anspruch auf – befristete –
Überlassung der gemeinsam genutzten Wohnung zur alleinigen Benutzung (Go-order-Regelung). Der Überlassungsanspruch gilt nach § 3 GewSchG allerdings nicht bei gegenüber dem Kind begangenen Gewaltakten der
Eltern, eines Elternteils oder einer sonst sorgeberechtigten Person, wenn/weil es deshalb an einer eigenen Verletzung eines Elternteils fehlt (Roth JZ 2002, 651, 654). § 3 GewSchG gilt dagegen nicht für Gewaltakte Dritter,
insbesondere eines Stiefelternteils, gegenüber dem Kind, doch dürfte der diesem nach § 2 GewSchG gewährte
Schutz deshalb oft versagen, weil es an dem dafür erforderlichen Merkmal einer dauerhafter Haushaltsgemeinschaft fehlen wird. Statt einer Änderung des § 3 GewSchG wählte der Gesetzgeber den Weg einer Wohnungsuntersagung gegenüber Eltern und Dritten und konkretisierte damit den gerichtlichen Handlungsrahmen des
§ 1666 (Roth JZ 2002, 651, 654).

3. **Abs II** soll verdeutlichen, daß der Entzug des gesamten Personensorgerechts nur dann in Frage komme, 3
wenn mildere Mittel nicht ausreichen (KG FamRZ 1985, 526; in diese Richtung auch BVerfG FamRZ 2002,
1021, 1023). Es muß eine erhebliche gegenwärtige oder nahe bevorstehende Gefahr für die Entwicklung des Kin-

§ 1666a   Familienrecht Verwandtschaft

des bestehen, die so schwerwiegend ist, daß der Eintritt einer körperlichen, seelischen oder geistigen Schädigung mit ziemlicher Sicherheit zu erwarten ist (BayObLG FamRZ 1996, 1031, 1032). Zur Sorgerechtsentziehung und vollständigen Trennung eines Kindes von seiner Familie bei massiven psychosozialen Wachstums- und Entwicklungsstörungen Stuttgart Kind-Prax 2002, 97. Das Gericht hat zwar ein Auswahlermessen hinsichtlich der anzuwendenden Mittel, es muß aber nach den oben genannten Grundsätzen zunächst versuchen, etwa durch Ermahnungen, Verwarnungen, Gebote oder – unter den besonderen Voraussetzungen des Abs I – durch anderweitige Unterbringung, die Gefahr abzuwehren. Zu diesen Mitteln kann auch eine zunächst zeitlich beschränkte Trennung gehören (Köln FamRZ 1997, 1027, für neun Monate). Nur wenn anzunehmen ist, daß diese Mittel nicht ausreichen, kann das schärfste Mittel des Entzugs der Personensorge angewendet werden. Vgl Bericht S 60. Dazu s auch § 1666 Rz 20. Sowohl der Entzug der Personen- als auch der Vermögenssorge ist jeweils gesondert zu begründen (BayObLG FamRZ 1996, 1352; s auch BayObLG 1999, 316). Zum Verfahren s § 1666 Rz 25ff, insbesondere ist § 50 FGG zu beachten.

4 4. Das FamG ist verpflichtet, die getroffenen Maßnahmen von Zeit zu Zeit dahin zu überprüfen, ob sie in der Art noch gerechtfertigt sind oder ob sie nicht durch mildere ersetzt werden können; vgl § 1696. Dazu s § 1696 Rz 30.

1667 *Gerichtliche Maßnahmen bei Gefährdung des Kindesvermögens*

(1) **Das Familiengericht kann anordnen, dass die Eltern ein Verzeichnis des Vermögens des Kindes einreichen und über die Verwaltung Rechnung legen. Die Eltern haben das Verzeichnis mit der Versicherung der Richtigkeit und Vollständigkeit zu versehen. Ist das eingereichte Verzeichnis ungenügend, so kann das Familiengericht anordnen, dass das Verzeichnis durch eine zuständige Behörde oder durch einen zuständigen Beamten oder Notar aufgenommen wird.**

(2) **Das Familiengericht kann anordnen, dass das Geld des Kindes in bestimmter Weise anzulegen und dass zur Abhebung seine Genehmigung erforderlich ist. Gehören Wertpapiere, Kostbarkeiten oder Buchforderungen gegen den Bund oder ein Land zum Vermögen des Kindes, so kann das Familiengericht dem Elternteil, der das Kind vertritt, die gleichen Verpflichtungen auferlegen, die nach §§ 1814 bis 1816, 1818 einem Vormund obliegen; die §§ 1819, 1820 sind entsprechend anzuwenden.**

(3) **Das Familiengericht kann dem Elternteil, der das Vermögen des Kindes gefährdet, Sicherheitsleistung für das seiner Verwaltung unterliegende Vermögen auferlegen. Die Art und den Umfang der Sicherheitsleistung bestimmt das Familiengericht nach seinem Ermessen. Bei der Bestellung und Aufhebung der Sicherheit wird die Mitwirkung des Kindes durch die Anordnung des Familiengericht ersetzt. Die Sicherheitsleistung darf nur dadurch erzwungen werden, dass die Vermögenssorge gemäß § 1666 Abs. 1 ganz oder teilweise entzogen wird.**

(4) **Die Kosten der angeordneten Maßnahmen trägt der Elternteil, der sie veranlasst hat.**

1 1. Die Vorschrift wurde durch das KindRG der Neufassung des § 1666 I angepaßt. Weil § 1666 I nF anders als in der alten Fassung durch Maßnahmen im Bereich der Vermögenssorge gestattet, konnte § 1667 I ebenso wie Abs V aufgehoben werden. S jetzt § 1666 Rz 23. Die besonderen Maßnahmen der Sicherheitsleistung und der Hinterlegung, Umschreibung und Umwandlung von Inhaberpapieren bestehen nach wie vor (jetzt Abs II und III). Unverändert blieb auch die Kostentragungsregel des Abs VI aF, jetzt Abs IV nF. Statt des VormG ist nunmehr das FamG zuständig.

2 2. Sofern die vollständige Entziehung der Vermögenssorge nicht erforderlich ist, gibt § 1667 I, II nF Beispiele für weniger einschneidende Maßnahmen. Diese stehen selbständig nebeneinander, jedoch ist das FamG an den Grundsatz der Verhältnismäßigkeit gebunden.

3 a) **Abs I. aa) Vermögensverzeichnis.** Hierzu s § 1640 Rz 4ff. Die zur Aufnahme des amtlichen Verzeichnisses zuständigen Behörden bestimmt das Landesrecht; vgl § 200 I FGG.

4 bb) **Rechnungslegung.** Hierunter ist eine geordnete, übersichtliche, in sich verständliche Zusammenstellung der Einnahmen und Ausgaben zu verstehen; etwaige Belege sind beizufügen. Diese Maßnahmen können gegen beide Eltern getroffen werden, auch wenn nur ein Elternteil zum familiengerichtlichen Einschreiten Anlaß gegeben hat.

5 b) **Abs II. aa)** Das FamG kann anordnen, daß das Geld des Kindes in bestimmter Weise anzulegen und zur Abhebung die Genehmigung des FamG erforderlich ist. Legt der Vater aus eigenen Mitteln für das Kind ein Konto an, so folgt daraus noch nicht weiteres, daß das Konto zum Kindesvermögen gehört (Köln JMBl NRW 1947, 55).

6 bb) Gehören zum Vermögen des Kindes **Wertpapiere, Kostbarkeiten** oder **Buchforderungen** gegen den Bund oder ein Land, so kann das FamG dem Elternteil, der das Kind vertritt, die gleichen Verpflichtungen auferlegen, die nach den §§ 1814–1816, 1818 einem Vormund obliegen. Das bedeutet: Inhaberpapiere sind zu hinterlegen oder auf den Namen des Kindes mit der Bestimmung umzuschreiben, daß über sie nur mit Genehmigung des FamG verfügt werden darf; bei Buchforderungen ist ein Sperrvermerk in das Schuldbuch einzutragen; Wertpapiere und Kostbarkeiten sind zu hinterlegen. Im Fall der Hinterlegung, Umschreibung und Umwandlung bedürfen die Eltern gemäß §§ 1819, 1820 der Genehmigung des FamG, wenn sie über die bezeichneten Gegenstände oder Forderungen verfügen wollen.

7 c) **Abs III. aa)** Das FamG kann eine Sicherheitsleistung anordnen, auch ohne daß vorher andere Maßnahmen vergeblich versucht worden wären. Damit wird dem betroffenen Elternteil die Möglichkeit eingeräumt, das äußerste Mittel, nämlich den Entzug der Vermögenssorge, abzuwenden (KG JFG 15, 19). Die Art der Sicherheitsleistung richtet sich nicht nach den §§ 232ff, wiewohl diese einen gewissen Anhaltspunkt geben, sondern nach dem Kindesinteresse (§ 1697a nF) und dem Elternvermögen (KG JW 1937, 368). Es kann dem gefährdenden Elternteil auch aufgegeben werden, auf seinem Grundbesitz für das Kind eine **Hypothek** zu bestellen.

bb) Die Sicherheitsleistung darf das FamG nur mittelbar nach Abs III S 4 (früher Abs V), also durch Androhung des gänzlichen oder teilweisen Entzugs der Vermögenssorge erzwingen. Hat ein Elternteil eine Hypothek zu bestellen, so läßt sich dies dadurch erzielen, daß der dem Kinde bestellte Pfleger gegen den Elternteil gemäß § 894 ZPO ein Urteil erwirkt, durch das die Eintragungsbewilligung ersetzt wird. Ob eine Hypothek als Sicherheit ausreicht, ist Tatfrage (KG JFG 19, 21). Daneben ist noch eine Sicherung durch dinglichen Arrest möglich (RG JW 1907, 203). **8**

cc) Für die Vertretung des Kindes bei der Sicherheitsleistung müßte an sich gemäß §§ 1629 II, 1909 ein Pfleger für das Kind bestellt werden. Wegen der Eilbedürftigkeit ersetzt diesen das FamG. Das gilt auch für die Änderung der Sicherheit. Hat der gefährdende Elternteil für die ihm auferlegte Hypothek die Bewilligung erteilt oder ist diese durch ein Urteil ersetzt, so stellt das FamG beim Grundbuchamt den Eintragungsantrag. Das gilt nicht, wenn die Sicherheit nicht auf Anordnung des FamG, sondern freiwillig oder auf vertraglicher Grundlage geleistet wird. **9**

3. Zum Verfahren s § 1666 Rz 25ff. **10**

4. Die Kosten der angeordneten Maßnahmen trägt der Elternteil, der sie veranlaßt. **11**

1668-1670 (weggefallen)

Vorbemerkung §§ 1671–1683

Das Erliegen der elterlichen Sorge im ganzen oder in einzelnen Funktionen

Übersicht: Die Vorschriftengruppe behandelt das gänzliche oder teilweise Erliegen der elterlichen Sorge oder einzelner Funktionen, und zwar zunächst seine verschiedenen **Arten** in ihren **Voraussetzungen** und **Rechtsfolgen nach außen:** Regelung („**Übertragung**") der elterlichen Sorge durch vormundschaftsgerichtliche Entscheidung bei dauerndem Getrenntleben (§§ 1671–1672); **Ruhen** der elterlichen Sorge bei Geschäftsunfähigkeit, -beschränktheit oder Pflegerbestellung (§ 1673) sowie bei festgestellter tatsächlicher Verhinderung (§ 1674) mit seinen allgemeinen Rechtsfolgen (§ 1675); **Ende** bei Todeserklärung (§ 1677). Anschließend werden die Rechtsfolgen geregelt, die im **Verhältnis der beiden Eltern zueinander** eintreten, soweit sie sich bereits aus den vorhergehenden Vorschriften (§§ 1671, 1672) ergeben; hier werden behandelt die **tatsächliche Verhinderung** und das **Ruhen** (§ 1678), die „**Entziehung**" der Tod und die **Todeserklärung** (§§ 1680–1681). § 1682 wurde durch das KindRG neu eingefügt und betrifft das Verbleiben beim Stiefelternteil; § 1683 regelt das Vermögensverzeichnis bei Wiederheirat. Die § 1671, 1672, 1680, 1681 wurden durch das KindRG erheblich umgestaltet. Diese Neuregelungen wurden vor allem durch den Wegfall der Anknüpfung des Sorgerechts an die Ehe der Eltern (§ 1626a) erforderlich. Dementsprechend nehmen die Vorschriften keinen Bezug auf die Ehescheidung mehr. Im Zuge der Kindschaftsrechtsreform wurden die §§ 1680, 1681 vereinfacht und in § 1680 II S 2 nF die bisher nicht mögliche Sorgerechtsübertragung auf den Vater des nichtehelichen Kindes nach dem Tod der Mutter geregelt.

1671 *Getrenntleben bei gemeinsamer elterlicher Sorge*

(1) Leben Eltern, denen die elterliche Sorge gemeinsam zusteht, nicht nur vorübergehend getrennt, so kann jeder Elternteil beantragen, dass ihm das Familiengericht die elterliche Sorge oder einen Teil der elterlichen Sorge allein überträgt.

(2) Dem Antrag ist stattzugeben, soweit
1. der andere Elternteil zustimmt, es sei denn, dass das Kind das vierzehnte Lebensjahr vollendet hat und der Übertragung widerspricht, oder
2. zu erwarten ist, dass die Aufhebung der gemeinsamen Sorge und die Übertragung auf den Antragsteller dem Wohl des Kindes am besten entspricht.

(3) Dem Antrag ist nicht stattzugeben, soweit die elterliche Sorge aufgrund anderer Vorschriften abweichend geregelt werden muss.

1. Werdegang des § 1671 1	b) Kindeswohl 20
2. Grundzüge der Neuregelung 3	aa) Förderungsgrundsatz 21
3. Geltungsbereich	bb) Erziehungskontinuität 22
a) In gegenständlicher Hinsicht 10	cc) Einzelne Umstände 23
b) In persönlicher Hinsicht 11	dd) Wiederverheiratung 24
c) In verfahrensrechtlicher Hinsicht ... 12	ee) Religiöses Bekenntnis 25
4. Getrenntleben 15	ff) Geschwisterbindung 26
5. Umstände, die die Übertragung hindern .. 16	gg) Zeitliche Begrenzung 27
a) Ruhen oder Verhinderung der Sorge .. 17	7. Antrag und Zustimmung
b) Sorgeentzug 18	a) Antrag 28
6. Übertragungsvoraussetzungen	b) Zustimmung 29
a) Übereinstimmung der Eltern 19	8. Entscheidung 30

§ 1671 Familienrecht Verwandtschaft

9. Widerspruch des Kindes 31	d) Vorgerichtliche Einigung/Anhörung 43
10. Bestandskraft; § 1696 33	e) Mehrere Kinder 44
a) Wiederherstellung der Lebensgemeinschaft ... 34	f) Urteil/Beschluß 45
b) Bezug zur Scheidung 35	g) Begründung/Wirksamkeit 46
c) Wiederheirat 36	h) Einstweilige Anordnungen 47
11. Verfahrensgrundsätze 37	i) Beschwerde 49
a) Zuständigkeit 38	j) Vollstreckung 50
b) Verfahrenspfleger ua 41	k) Kosten 51
c) Amtsermittlungsgrundsatz 42	

1. Werdegang des § 1671

1 Die letzte der zahlreichen Änderungen der Vorschrift hatte folgenden Hintergrund. § 1671 IV aF, der zwingend anordnete, daß nach der Scheidung der Eltern nur ein Elternteil die Sorge ausüben kann, war mit Art 6 II S 1 GG unvereinbar und daher nichtig (BVerfG 81, 358). Dieses Urteil war der Anlaß für den Gesetzgeber, das Sorgerecht umfassend neu zu gestalten und dabei nicht nur den verfassungsrechtlichen Anforderungen Rechnung zu tragen, sondern sogar darüber hinauszugehen (s § 1626 Rz 8f).

2 Nach der Neuregelung des § 1671 durch das KindRG soll es zu einem Verfahren über die elterliche Sorge grundsätzlich nur noch dann kommen, wenn ein Elternteil bei nicht nur vorübergehendem Getrenntleben einen Antrag auf Zuweisung der alleinigen Sorge stellt. Andernfalls soll es, was bislang schon für getrennt lebende, noch nicht geschiedene Ehegatten gilt, bei der gemeinsamen elterlichen Sorge bleiben, sofern nicht nach einer anderen Regelung entschieden wurde (s § 1671 III). Die Neuregelung, die nicht mehr an die Ehescheidung, sondern nur noch an das nicht nur vorübergehende Getrenntleben anknüpft, gilt damit unabhängig davon, ob die gemeinsame elterliche Sorge auf §§ 1626, 1626a I Nr 2 oder auf § 1626a I Nr 1 beruht. Zur Regelung des Sorgerechts in den **EU-Staaten** Riedl StAZ 1995, 358ff.

2. Grundzüge der Neuregelung

3 **a)** Abs I nF legt fest, daß das FamG nur auf Antrag eine Sorgeregelung bei Getrenntleben trifft. Diese kann die ganze Sorge oder auch nur einen Teil der Sorge umfassen. Dadurch konnte Abs IV S 2 aF entfallen.

4 **b)** Abs II nF liefert, wie bisher Abs II und III aF den Prüfungsmaßstab für die Übertragung der Sorge.

5 **aa)** Abs II Nr 1 nF (Abs III aF) legt fest, daß primär der übereinstimmende Wille von Eltern und (vierzehnjährigem) Kind maßgebend ist, aber bei Widerspruch des Kindes oder Uneinigkeit der Eltern auch das Kindeswohl in Abs II Nr 2 nF (Abs II Hs 1 aF) zu beachten ist.

6 **bb)** Die Abweichung vom übereinstimmenden Eltern- (und ggf Kindesvorschlag aus Gründen des Kindeswohls ist nicht mehr, wie noch in Abs II Hs 1 aF ausdrücklich in Abs II nF geregelt. Dafür soll jetzt § 1666 nF die Rechtsgrundlage darstellen (BT-Drucks 13/4899, 99).

7 **cc)** Die Bindung der Eltern und Geschwister, die, anders als in Abs II Hs 2 aF nun nicht mehr ausdrücklich erwähnt ist, soll weiterhin berücksichtigt werden im Rahmen des Kindeswohls. Der Wegfall im Wortlaut soll verdeutlichen, daß dies nur ein Kriterium unter vielen für die Sorgeentscheidung ist (BT-Drucks aaO).

8 **c)** In Abs III nF wird klargestellt, daß der Antrag der Eltern nachrangig gegenüber anderen Vorschriften des Sorgerechts ist. Darunter fallen insbesondere die jetzt von § 1666 nF (auch iVm Verfahren nach §§ 1671, 1672) umfaßten Fälle der Abweichung vom übereinstimmenden Eltern- (und Kindes-)Vorschlag (Abs II Hs 1 aF) sowie die Vormund- oder Pflegerbestimmung (Abs V S 1 aF), letzteres iVm § 1697 nF.

9 **d)** Abs VI aF wurde wegen des Wegfalls der Ehenichtigkeit durch das EheSchlRG ersatzlos gestrichen.

3. Geltungsbereich des § 1671

10 **a)** **In gegenständlicher Hinsicht.** Er regelt die ganze elterliche Sorge, dh die Personen- und Vermögenssorge, nicht nur die Personensorge, nebst Vertretung.

11 **b)** **In persönlicher Hinsicht.** Er bezieht sich auf gemeinschaftliche minderjährige Kinder, nach der Kindschaftsrechtsreform auch auf nichteheliche Kinder, wenn nach § 1626a I eine gemeinsame Sorge bestand. Er umfaßt auch angenommene Kinder (§ 1754 I, III nF).

12 **c)** **In verfahrensrechtlicher Hinsicht.** Er setzt nicht mehr voraus, daß die Ehe geschieden oder rechtskräftig aufgehoben ist, sondern nur das Stellen eines Antrags, das dauernde Getrenntleben und daß die Eltern zur Zeit der Entscheidung noch leben.

13 **aa)** Anders als § 1671 aF setzt die Neufassung nicht mehr den Zwangsverbund von Ehescheidung und Sorgeentscheidung voraus. Der Fortbestand der gemeinsamen Sorge bleibt grundsätzlich von der Trennung der Eltern unberührt (kritisch zum Fortbestand der gemeinsamen Sorge ohne ausdrückliche Erklärung der Eltern Salgo FamRZ 1996, 449). Wird ein Antrag nach § 1671 I bis zum Schluß der mündlichen Verhandlung erster Instanz in einer Scheidungssache anhängig gemacht, oder eingeleitet, wird er nach §§ 623 IV, II Nr 1, I S 1, 621 II Nr 11 Nr 1 ZPO nF gemeinsam verhandelt und entschieden. Die Zuständigkeit des FamG bemißt sich nach § 621 I Nr 1 ZPO nF, nicht aber nach § 621 II S 1 Nr 1 nF ZPO, weil dort nur die Übertragung wegen Kindeswohlgefährdung (§§ 1671 III, 1666 nF), nicht aber § 1671 I erwähnt ist. Es bleibt jedoch auch nach § 630 I Nr 2 nF ZPO Voraussetzung für eine einverständliche Scheidung, daß die Eltern sich zur Sorge erklären. Dies schließt nicht aus, daß während eines Eheverfahrens das FamG die elterliche Sorge über ein eheliches Kind gemäß § 620 S 1 Nr 1

ZPO durch einstweilige Anordnung regelt. Diese tritt bei Wirksamwerden einer anderweitigen Regelung außer Kraft (§ 620f ZPO). Ist im Zeitpunkt der Entscheidung ein Elternteil bereits gestorben, so kommt lediglich § 1680 in Betracht. Dh: Stirbt ein Elternteil, bevor das FamG eine Entscheidung gemäß § 1671 getroffen hat, so steht die elterliche Sorge kraft Gesetzes (§ 1680 I nF) nunmehr dem anderen Teil allein zu. War der verstorbene Elternteil dagegen auf Grund einer Entscheidung nach den §§ 1671, 1672 sorgeberechtigt, so hat das FamG die elterliche Sorge dem überlebenden Elternteil zu übertragen, es sei denn, daß dies dem Wohle des Kindes widerspricht (§ 1680 nF). Eine Vormundschaft oder eine Pflegschaft bleibt bestehen, bis sie vom Gericht aufgehoben wird. Das gleiche gilt, wenn die elterliche Sorge eines Elternteils endet, weil dieser für tot erklärt oder seine Todeszeit nach den Vorschriften des Verschollenheitsgesetzes festgestellt worden ist (§ 1681 nF).

bb) Etwas anderes kann iVm Abs III nur dann gelten, wenn und soweit dem Überlebenden die Ausübung der **14** elterlichen Sorge schon vorher gemäß §§ 1666ff ganz oder teilweise entzogen worden ist, wenn seine elterliche Sorge ruht (§§ 1673–1675), schließlich, wenn er tatsächlich verhindert ist, die elterliche Sorge auszuüben (§ 1678). Denn der Übergang oder die Übertragung der elterlichen Sorge setzen selbstverständlich voraus, daß der andere Elternteil sie ausüben kann und darf. Ist das nicht der Fall, so muß das FamG, gegebenenfalls auf Hinweis des Jugendamts (§ 50 III SGB VIII; s dazu § 1631a Rz 7a), gemäß § 1693 die erforderlichen Maßnahmen ergreifen und einen Vormund (§ 1773) oder einen Pfleger (§ 1909) bestellen.

4. Voraussetzung des Getrenntlebens

Die Eltern müssen nicht nur vorübergehend getrennt leben. Zum Begriff des **Getrenntlebens** s § 1567 I, zur **15** Bedeutung einer **Trennungsvereinbarung** Hamm FamRZ 1980, 488. Danach leben Ehegatten getrennt, wenn zwischen ihnen keine häusliche Gemeinschaft besteht und ein Ehegatte sie erkennbar nicht herstellen will, weil er die eheliche Gemeinschaft ablehnt. Für eine Sorgerechtsregelung besteht dann grundsätzlich ein **Rechtsschutzbedürfnis** (Saarbrücken FamRZ 1989, 530f; Nürnberg FamRZ 1995, 371f; Thüringen FamRZ 1997, 573; aM AG Kerpen FamRZ 1995, 953ff). Es fehlt hingegen, wenn alle Sorgeangelegenheiten von den Eltern einvernehmlich vorgenommen werden und nicht zu erkennen ist, das sich dies ändern wird (Bamberg FamRZ 1997, 104).

Die häusliche Gemeinschaft besteht auch dann nicht mehr, wenn die Ehegatten innerhalb der ehelichen Wohnung getrennt leben (s dazu Köln FamRZ 1986, 388: Getrenntleben bei nur noch gemeinsamem sonntäglichen Mittagstisch, wenn dies ausschließlich im Interesse der Kinder geschieht, um sie schonend auf den evtl Auszug eines Elternteils vorzubereiten).

5. Umstände, die die Übertragung hindern

Das FamG kann die Sorge nur einem Elternteil zusprechen, in dessen Person keine Hindernisse bestehen, daher **16** kommt ein Elternteil nicht in Betracht,

a) dessen **elterliche Sorge ruht** oder der sie **auszuüben tatsächlich verhindert** ist (§ 1673–1675, 1678), so **17** auch LG Osnabrück FamRZ 1963, 144; Bamberger/Roth/Veit Rz 26, aA München FamRZ 1967, 681. Nach BayObLG FamRZ 1968, 95 kann die elterliche Sorge dem Grundsatz nach auch auf einen minderjährigen Elternteil übertragen werden; jedoch ist dann auf Grund des § 1773 I ein Vormund für das Kind zu bestellen. Ebenso LG Stuttgart FamRZ 1965, 335 mit Anm Schwoerer. Im gleichen Sinn wie die erstgenannten auch KG FamRZ 1968, 262: Die elterliche Sorge kann auf einen Elternteil übertragen werden, der sie aus tatsächlichen Gründen nicht auszuüben vermag; ebenso Gernhuber/Coester-Waltjen § 65 II 2, sofern Aussicht besteht, daß die Verhinderungen wegfallen. Dem muß widersprochen werden. Die „Übertragung" der elterlichen Sorge bedeutet in Wahrheit lediglich, daß der vom FamG bestimmte Elternteil künftig die elterliche Sorge allein ausüben solle. Gerade hieran ist dieser aber gemäß § 1675 rechtlich gehindert. Dagegen auch Schwoerer FamRZ 1965, 337 Fn 3. Stuttgart aaO hätte sich darauf beschränken können, neben der Bestellung eines Vormunds zu bestimmen, daß der Mutter bis zu ihrer Volljährigkeit die tatsächliche Personensorge neben dem Vormund gemäß § 1673 II S 2 zustehe. Das FamG hat allemal die Regelung zu treffen, „**die dem Wohl des Kindes am besten**" entspricht (Dresden FamRZ 2002, 973, 974). Dies kann dazu führen, daß in solchen Fällen die alleinige Ausübung der elterlichen Sorge dem anderen Elternteil zuzusprechen ist: Nach Abs V hat das FamG die Personensorge und (oder) die Vermögenssorge erst dann auf einen Vormund oder Pfleger zu übertragen, wenn dies erforderlich ist, um eine Gefahr für das Wohl des Kindes abzuwenden. Ruht dagegen die elterliche Sorge eines Elternteils, dem sie bereits nach §§ 1671, 1672 übertragen war, und besteht keine Aussicht, daß der Grund des Ruhens wegfallen werde, so hat an sich nach § 1678 II das FamG die elterliche Sorge dem anderen Elternteil zu übertragen, es sei denn, daß dies dem Wohl des Kindes widerspricht.

b) dem die **Ausübung** der **elterlichen Sorge vollends entzogen** worden ist (§ 1666). Hier fällt die alleinige **18** Ausübung der Sorge kraft Gesetzes (§ 1680 I I, III nF) dem anderen Elternteil zu. Nur wenn dies dem Kindeswohl widerspricht, hat das FamG nach § 1666 eine abweichende Entscheidung (zB Vormund-/Pflegerbestellung nach § 1697 nF) zu treffen. Wird die Sorge oder ein Teil davon dem Elternteil entzogen, dem sie nach §§ 1671, 1672 I nF übertragen war, ist diese Entscheidung nach § 1696 zu ändern. Einer Regelung wie § 1680 II aF bedarf es nicht mehr (s dazu auch § 1680 Rz 1, 7).

6. Abs II: Übertragungsvoraussetzungen

a) Der entscheidende Gesichtspunkt bei der Sorgeregelung nach § 1671 ist der aus Antrag und Zustimmungser- **19** klärung bestehende **übereinstimmende Vorschlag der Eltern** (Abs II Nr 1). Wenn das (mindestens 14jährige Kind) widerspricht, kann es auf diesem Wege eine Überprüfung am Maßstab des Kindeswohls erreichen (Abs II Nr 2). Es hat aber kein Vetorecht, insofern hat sich gegenüber der alten Rechtslage nichts geändert. Wenn trotz übereinstimmendem Elternvorschlags das Kindeswohl entgegensteht, ist nach § 1666 zu entscheiden (s dazu

§ 1671 Familienrecht Verwandtschaft

Rz 20ff). Aufgrund der Neufassung von § 1671 II ist auch eine Sorgerechtsregelung zugunsten eines Elternteils gegen dessen entgegenstehenden Willen möglich (Karlsruhe FamRZ 1999, 801).

20 **b) Kindeswohl.** Da es dem Kind nach einer Trennung der Eltern meistens verwehrt ist, in einer intakten Familie mit Vater und Mutter als Bezugspersonen aufzuwachsen, es also einen Elternteil verliert, muß im Wege des Kompromisses die unter den gegebenen Verhältnissen günstigste, das Kind am wenigsten belastende Lösung gefunden werden; vgl Knieper JZ 1976, 158; Belchaus Rz 8.

21 **aa)** Nach Düsseldorf FamRZ 1979, 631 sind für die **Zuteilung der elterlichen Sorge** an einen Elternteil folgende **Gesichtspunkte** maßgeblich: 1) dessen Eignung zur Übernahme der für das Kindeswohl zentralen Erziehungs- und Betreuungsaufgaben (Förderungsgrundsatz), 2) Stetigkeit der Entwicklung und Erziehung des Kindes, 3) Berücksichtigung des Kindeswillens, 4) kein Auseinanderreißen der Geschwister. Mit allgemeinen Gesichtspunkten läßt sich in der Tat wenig anfangen (Stuttgart FamRZ 1957, 27); es kommt vielmehr auf die **konkreten Verhältnisse des Kindes** an, zB Alter (Köln FamRZ 1972, 648; Frankfurt FamRZ 1982, 531), Anlagen, Gesundheitszustand, Bindungen, insbesondere an Eltern und Geschwister (Dresden FamRZ 2003, 397f: bei Parental Alienation Syndrom), und der Eltern, zB deren Wirtschaftsverhältnisse, Wohnverhältnisse, Möglichkeit, das Kind unterzubringen, Zeit, die der einzelne Ehegatte aufzubringen vermag, das Kind zu betreuen, der Lebenszuschnitt, die erzieherischen Fähigkeiten, der Grad der inneren Bereitschaft, das Kind zu übernehmen, es zu versorgen, zu beaufsichtigen und zu erziehen und die Verantwortung nach § 1631 zu übernehmen; vgl BayObLG FamRZ 1977, 650; Frankfurt aM FamRZ 1994, 920: stabile und verläßliche Bezugsperson. Auf Grund all dieser Umstände ist zu prüfen, bei welchem Elternteil das Kind in geistiger, seelischer, körperlicher und wirtschaftlicher Hinsicht besser gedeihen wird **(Förderungsgrundsatz)** (Dresden FamRZ 2002, 973, 974); dazu ausführlich aus psychologischer Sicht Salzgeber ua FamRZ 1995, 1311ff. Besitzt das Kind größeres Vermögen, so wird ein gewisses Verständnis des auszuwählenden Elternteils in Wirtschaftsfragen vonnöten sein. Allerdings läßt sich der Mangel hieran beheben, wenn der Elternteil sich einen geeigneten Pfleger bestellen läßt. Eine Trennung von der Hauptbezugsperson während des Tages ist für die Entwicklung des Kindes nach Düsseldorf FamRZ 1995, 1511 eher ungünstig; das sollte aber nicht für Familien gelten, in denen das Kind bereits an die Erwerbstätigkeit der Hauptbezugsperson gewöhnt ist. Fällt die Prüfung eindeutig zugunsten eines Elternteils aus, so ist diesem der Vorzug zu geben, insbesondere wenn nur ein Elternteil die persönliche Betreuung sicherstellen kann (Hamburg FamRZ 1996, 684). Bei der wegen der mangelnden Fähigkeit und Bereitschaft der Parteien zur Zusammenarbeit in erzieherischen Belangen ihrer Kinder gebotenen Abwägung zwischen den nur durch die Mutter zu erfüllenden emotionalen Bedürfnissen der Kinder einerseits und der in größerem Umfang vom Vater zu erwartenden schulischen und beruflichen Förderung andererseits ist dem eindeutig zur Mutter tendierenden Wunsch der Kinder der Vorzug zu geben (Bamberg FamRZ 1998, 1462).

22 **bb)** Würde das Kind es bei jedem Elternteil gleich gut treffen, so wird für den Verbleib des Kindes bei dem Elternteil, der es bisher betreute, der Gesichtspunkt sprechen, daß ein unnötiger Wechsel des Erziehungsberechtigten zu vermeiden ist (Frankfurt FamRZ 1978, 261; Düsseldorf FamRZ 1977, 56; Köln FamRZ 1976, 32; 1982, 1232; BayObLG NJW 1953, 626; Hamm FamRZ 1980, 487; 1986, 715; Dresden FamRZ 2003, 397, 398; Nürnberg FamRZ 2003, 163, 165; Schlüter FamR Rz 357): sog **Grundsatz der Erziehungskontinuität.** Dies gilt insbesondere, wenn das Kind sich diesem Elternteil stark verbunden fühlt (KG FamRZ 1983, 1159; Stuttgart NJW 1980, 1129 Frankfurt aM FamRZ 1994, 920; Hamm FamRZ 1996, 918, 919; Nürnberg FamRZ 1996, 563f; Bamberg FamRZ 1997, 102 für ein fünfjähriges Kind, das die letzten drei Jahre bei der Mutter gelebt hat; s dazu auch Lempp FamRZ 1984, 741 m Erwiderung Fthenakis FamRZ 1985, 662 und Koechel FamRZ 1986, 637). Zum alleinigen Aufenthaltsbestimmungsrecht eines Elternteils trotz gleicher Erziehungseignung s Brandenburg FamRZ 2001, 1021. Die Bedeutung der Kontinuität der persönlichen Betreuung verdrängt bei kleinen Kindern die Bedeutung der Ortskontinuität (Köln FamRZ 1999, 181). Bei gleichstarker Bindung des Kindes an beide Elternteile ist die Personensorge demjenigen zu übertragen, der am ehesten dafür Sorge tragen kann, daß der ständige Loyalitätskonflikt verschwindet (KG NJW-RR 1992, 138ff). Auf zum Kind bestehende Bindungen kommt es dagegen nicht an, wenn sich ein Elternteil als zur Erziehung schlechthin ungeeignet erweist (KG FamRZ 1983, 1159) oder wenn die Entfremdung darauf zurückzuführen ist, daß der nicht sorgeberechtigte Elternteil das gemeinsame Kind aus den Einflußbereich des allein sorgeberechtigten Elternteils entfernt hat (Bamberg FamRZ 1987, 185). Bei sonst gleicher Erziehungseignung darf die Sorge nicht dem Elternteil übertragen werden, dessen Eltern für eine Entfremdung des Kindes vom anderen Elternteil sorgen Hamm FamRZ 1996, 1096). Jedenfalls nicht ohne weiteres vorrangig ist der Kontinuitätsgrundsatz dann, wenn durch die Mutter über längere Zeit jeglicher Kontakt mit dem Vater unterbunden worden ist (München FamRZ 1991, 1343). Sind beide Elternteile gut geeignet und sind ihre Lebensverhältnisse annähernd gleich zu erachten, so ist ohnehin dem **Willen des Kindes**, zumal mit dessen zunehmendem Alter in steigendem Maße, Rechnung zu tragen, so auch BayObLG FamRZ 1977, 650; Hamm DRspr 167, 237b; Köln FamRZ 1976, 32; KG FamRZ 1990, 1383f; Celle FamRZ 1992, 465f; Dresden FamRZ 2002, 973, 974; Hamm FamRZ 2002, 1208: Kindeswille hat Indizfunktion – bestehendes Konfliktpotential ist negativ für Kindeswohl; einschränkend dagegen noch KG FamRZ 1979, 829: Kindeswille nur beachtlich, wenn er sich in ausgeprägter, entschiedener Abneigung gegen einen Elternteil äußert. Bei einem erst fünfjährigen Kind scheide der Kindeswille schon angesichts des Alters als Entscheidungselement aus. Allerdings muß das FamG beim Erforschen des Kindeswillens sehr sorgfältig vorgehen. Denn es besteht stets die Gefahr, daß es manipuliert worden ist (Dresden FamRZ 2003, 397) oder auch nur von der unrealistischen Vorstellung getragen wird, der gewünschte Elternteil werde die im Rahmen des Umgangsrechts gegebenen „**Sonntagsbedingungen**" auf den Alltag übertragen (Bamberg FamRZ 1988, 750). Vorsicht ist auch gegenüber vorgelegten kinderpsychologischen Gutachten geboten (s dazu BayObLG FamRZ 1980, 482; Stuttgart NJW 1980, 1129). Sie lauten häufig gegensätzlich. Die Berücksichtigung des Kindeswillens trägt im übrigen dem erstarkenden **Persönlichkeitsrecht** des Heranwachsenden Rechnung; dazu s § 1626 Rz 3 und Lempp/Fehmel FamRZ 1986, 530. Kommen beide Elternteile eines Kleinkindes als Personensorgeberechtigte in Betracht, so hat idR die Mutter schon auf Grund gefühlsmäßiger Bindungen des Kindes einen Vorsprung vor dem Vater (KG FamRZ 1978, 826; aM Celle FamRZ 1984, 1035: Es gibt keinen allgemeinen Grundsatz, daß ein drei Jahre altes Kind eher zur Mutter gehört), es sei denn, das Kind, das weiß, worum es geht, erklärt eindeutig, lieber beim Vater wohnen und die Mutter besuchen zu wollen (KG FamRZ 1990, 1383, 1384). Gleichwohl ist auch im Verfahren nach § 620 S 1 Nr 1 ZPO stets zu prüfen, von welchem Elternteil das Kind unter Berücksichtigung der **gegenwärtigen Verhältnisse** und der **zukünftigen Entwicklung** für den **Aufbau seiner Persönlichkeit** die meiste Unterstützung erwarten kann (KG aaO; NJW 1995, 138ff; BayObLG FamRZ 1980, 482). So kann die elterliche Sorge auch dem Elternteil übertragen werden, zu dem das Kind die weniger stark gefühlsmäßige Beziehung hat (zu einem solchen Fall s Hamm FamRZ 1980, 485), wenn dieser über bessere Betreuungs- und Förderungsmöglichkeiten verfügt oder andere Gesichtspunkte, wie etwa die Aufrechterhaltung einer Geschwisterbeziehung, dies zum Wohl des Kindes gebieten (Dresden FamRZ 2003, 397f). Dabei ist nicht bloß auf den gegenwärtigen Zustand abzustellen, sondern eine Prognose für die Zukunft zu treffen (Hamm FamRZ 1979, 853; BayObLG FamRZ 1980, 482). Für die Frage, ob ein Elternteil zur Erziehung des Kindes geeignet ist, kommt es also auf die innere Bereitschaft an, das Kind zu sich zu nehmen und die Verantwortung für die Erziehung und Versorgung zu tragen. Dabei spielen auch **Vor-** und **Ausbildung** eine wichtige Rolle (einschränkend Hamm FamRZ 1980, 484), insbes aber der Aspekt, ob der Elternteil das Kind **zu sich nimmt oder** es ganz oder teilweise **Pflegepersonen überläßt** (Frankfurt FamRZ 1982, 531), selbst wenn es sich dabei um die Großmutter handelt (Düsseldorf FamRZ 1983, 293; Hamm FamRZ 1980, 484). Bei einem von der allein erziehenden Mutter in eine **alternative Wohngemeinschaft** aufgenommenen Kind sind die Betreuung des Kindes durch mehrere Mitglieder der Wohngemeinschaft und das dort unter Personen verschiedenen Geschlechts praktizierte **Gruppenziel einer „befreiten Sexualität"** Umstände, die für eine Herausnahme des Kindes aus der Gemeinschaft sprechen könnten. Entscheidend ist nach der Ansicht des OLG Stuttgart (FamRZ 1985, 1284 mit zu Recht äußerst krit Anm von Bosch und Wegener JZ 1985, 850 sowie von Schütz FamRZ 1986, 947), ob dadurch die seit der Geburt bestehende Mutter-Kind-Beziehung in Frage gestellt wird und in welchem Ausmaß das Kind Anteil an den der Verwirklichung des Gruppenziele dienenden Vorgängen hat und wie die Mutter ihr eigenes für das Kind wahrnehmbares Leben gestaltet. Zur Übertragung des Sorgerechts auf eine **lesbische Mutter**, die mit ihrer Lebensgefährtin zusammenlebt, AG Mettmann FamRZ 1985, 529.

cc) Einzelumstände, die gewöhnlich **gegen** einen **Ehegatten sprechen** werden: Er ist nach Charakter, Anlagen, innerer Einstellung zur Erziehung ungeeignet. Dabei müssen schwerwiegende Mängel eines nicht betreuenden Elternteils in seiner Erziehungseignung vorliegen; nicht ausreichend ist, wenn der betreuende Elternteil die Kooperation in Fragen der Kinderbetreuung und elterlichen Sorge mit dem anderen Elternteil verweigert (Karlsruhe FamRZ 2002, 1209). In diesen Fällen ist die Alleinübertragung der elterlichen Sorge regelmäßig weder aus rechtlichen noch aus tatsächlichen Gründen geboten und dient jedenfalls dem Kindeswohl nicht am besten iSv § 1671 II Nr 2 (AG Chemnitz FamRZ 1999, 321; aA dagegen Dresden FamRZ 1999, 324: Für die Beurteilung der Frage, ob die Aufhebung der gemeinsamen Sorge dem Kindeswohl am besten entspricht, kommt es nach wie vor [auch] auf die subjektive **Kooperationsbereitschaft** der Eltern an; Karlsruhe FamRZ 2002, 1209: besteht auf Kooperationsfähigkeit und -bereitschaft). An dieser im Rahmen des § 1671 II nF für die Beibehaltung der gemeinsamen elterlichen Sorge erforderlichen Kooperationsbereitschaft und -fähigkeit der Eltern fehlt es jedenfalls so lange nicht, wie zwischen ihnen in Angelegenheiten von erheblicher Bedeutung (§ 1628) im wesentlichen keine Uneinigkeit besteht (Oldenburg FamRZ 1998, 1464). Für ein gemeinsames Sorgerecht ist dann kein Raum, wenn die Eltern nicht mehr die Fähigkeit und Bereitschaft aufbringen können, in den Angelegenheiten der Kinder zu deren Wohl zu kooperieren (Dresden FamRZ 2002, 973, 974; Hamm FamRZ 2002, 1208; Nürnberg FamRZ 2003, 163, 164; Schlüter FamR Rz 357), insbesondere wenn die Eltern in grundsätzlichen Erziehungsfragen unterschiedlicher Meinung sind (Nürnberg NJW-RR 2001, 1519: Übertragung wegen zu befürchtender Streitigkeiten über Mitentscheidungsbefugnisse) oder ihnen aufgrund eines tiefgreifenden Zerwürfnisses die Fähigkeit abhanden gekommen ist, auf die Belange der Kinder in angemessener Weise Rücksicht zu nehmen. Jedoch reichen Meinungsverschiedenheiten in einer einzelnen Angelegenheit nicht ohne weiteres aus, um das gemeinsame Sorgerecht aufzuheben (Düsseldorf FamRZ 1999, 1157; Dresden FamRZ 2002, 973, 974). Beiderseits mangelnde Kooperationsbereitschaft der Eltern führt zur Aufhebung der gemeinsamen elterlichen Sorge (Düsseldorf aaO; Dresden FamRZ 2002, 973, 974). Die Aufhebung der gemeinsamen Sorge entspricht trotz fehlender Kooperationsbereitschaft eines Elternteils und bestehender Konflikte zwischen den Eltern nicht dem Wohl des Kindes am besten, wenn die Parteien in der Vergangenheit eine Anzahl von tragfähigen Einigungen erzielt haben und Fragen von grundsätzlicher Bedeutung gem § 1687 nach dem gewöhnlichen Verlauf der Dinge erst in einigen Jahren zur Entscheidung anstehen, so daß zu erwarten ist, daß die bis dahin verstrichene Zeit zu einer weiteren Versachlichung der Beziehung der Eltern zueinander führen wird und sie in der Lage sein werden, Entscheidungen von grundsätzlicher Bedeutung einvernehmlich zu treffen (Hamm FamRZ 1999, 1159). Kommt es zwischen Eltern, die noch in Grundfragen der Erziehung einig sind, lediglich in Nebenfragen zu Streitigkeiten, die durch Einschaltung eines Vermittlers lösbar sind, besteht kein Anlaß, von der gemeinsamen elterlichen Sorge abzugehen (Bamberg FamRZ 1999, 803). S zur gemeinsamen Sorge trotz unterschiedlicher Einstellungen AG Burgwedel FamRZ 2002, 631 sowie zur Aufhebung des gemeinsamen Sorgerechts bei Desinteresse Dresden OLGRp 2002, 203. Er ist – zB wegen Krankheit, Raumnot, aus Berufsgründen – nicht nur vorübergehend (BGH NJW 1952, 1254; nicht bei glaubhaftem Versprechen, die tägliche Arbeitszeit zu reduzieren, Frankfurt/M FamRZ 1990, 550, oder bei Einverständnis mit dem Verbleiben des Kindes in einer Pflegestelle, Frankfurt/M FamRZ 1989, 1323) außerstande oder – zB wegen einer Abneigung – nicht willens, das Kind bei sich aufzunehmen oder selbst zu erziehen; er würde es fremden Leuten überlassen. Zur elterlichen Sorge, wenn ein Elternteil Defizite aufweist (hier: gelegentlicher Haschischkonsum, Motorrad fahren trotz schweren Unfalls, schlechte berufliche Situation), Nürnberg v 23. 2.

§ 1671 Familienrecht Verwandtschaft

1999 – 11 O 4062/98. Er hat sich um das Kind bisher nicht gekümmert und zu ihm keinerlei vertraute Beziehungen hergestellt, während der andere das Kind jahrelang einwandfrei aufgezogen hat (s dazu Hamm FamRZ 1994, 918, 919). Zur Erziehung ungeeignet ist regelmäßig auch ein wiederholt **vorbestrafter** und noch unter Bewährungsfrist stehender Elternteil (Bamberg FamRZ 1991, 1341; anders Karlsruhe FamRZ 2002, 1209, 1210: ein einmaliger gewaltsamer „Aussetzer" gegenüber dem anderen Elternteil begründet noch keine Erziehungsungeeignetheit). Gegen einen Wechsel des Betreuers wird auch sprechen, wenn das besonders empfindlich veranlagte Kind aus der gewohnten und ihm vertrauten Umgebung herausgerissen werden müßte, was zu einer sein Wohl gefährdenden, seelischen Belastung führen würde. (Zur **Bindungstoleranz** Celle FamRZ 1994, 925): Danach sollte das Kind nicht unnütz den Kindergarten oder die Schule wechseln müssen und weiterhin nach Möglichkeit den gewohnten Umgang mit ihm vertrauten Freunden und Spielkameraden behalten; vgl Belchaus Rz 15. Insbesondere ist aber daran zu denken, daß enge menschliche **Bande zu Verwandten**, zB zu Großeltern, die sich des Kindes bei Abwesenheit der Eltern besonders angenommen haben, oder zu Bekannten, mit denen sich das Kind gut versteht, nicht zerrissen werden; vgl Lüderitz FamRZ 1975, 605. Eine die Norm erwartungsgemäß nicht übersteigende seelische Erschütterung aus Anlaß der Trennung wird dagegen nicht ins Gewicht fallen, wenn ein Wechsel aus anderen Gründen dem Wohl des Kindes mehr entspricht. Einem Elternteil, der in einem eheähnlichen und **ehebrecherischen Verhältnis** mit einer anderen Person zusammenlebt, wird die elterliche Sorge bei krassem ehelichen Fehlverhalten in aller Regel nicht übertragen werden können (Bamberg FamRZ 1985, 528). Einschränkend BayObLG FamRZ 1977, 650: Ein nach der Scheidung begründetes Liebes- oder ehebrecherisches Verhältnis schließt nicht unbedingt die Eignung eines Elternteils aus; anders, wenn es das Kind in seelische Bedrängnis bringt oder sich sonstwie nachteilig auf das Kind auswirkt. Teilweises Erziehungsversagen, wie die Weitergabe der haßerfüllten Haltung gegenüber dem geschiedenen Ehepartner an die Kinder, soll nicht notwendig zum Entzug des Sorgerechts führen (BGH NJW 1985, 1702). Die Erziehungseignung begegnet auch nicht schon deshalb Bedenken, daß der Großvater das Kind früher mißbraucht hat, wenn die Mutter bei Besuchen sicherstellt, daß das Kind mit ihm nicht alleine zusammen ist (Hamm FamRZ 1996, 562f; Bremen FamRZ 2003, 54: andeutend auch für Pflegevater). Die **abstrakte** Gefahr eines Wechsels des betreuenden Elternteils mit Kind ins Ausland rechtfertigt noch keinen Entzug bzw Eingriff in das Sorgerecht (Frankfurt/M FamRZ 1999, 1004; Saarbrücken OLGRp 2002, 341). Eine **angebliche** Gefahr der Entführung des Kindes durch einen Elternteil kann über die Übertragung des Aufenthaltsbestimmungsrechts auf den anderen Elternteil hinaus eine Alleinsorge nicht rechtfertigen. Entscheidend gegen eine Aufrechterhaltung der gemeinsamen Sorge spricht, daß die Mutter, die das Kind betreut und bei der es lebt, sich entschieden gegen die Beibehaltung der gemeinsamen elterlichen Sorge wendet (KG FamRZ 1999, 808; Dresden FamRZ 2003, 397: gleiches bei festgestelltem Parental Alienation Syndrom eines Elternteils).

24 dd) Die **Wiederverheiratung eines Elternteils** wird idR nur dann entgegenstehen, wenn dessen zweiter Ehegatte das Kind schlecht behandeln oder ungünstig beeinflussen würde; s auch Stuttgart FamRZ 1976, 282. Dagegen führt die **Aidsinfizierung** der Mutter zu keiner Versagung des Sorgerechts, weil von einer im Verhältnis zu den sonstigen, stets gegebenen Lebensrisiken ins Gewicht fallenden Wahrscheinlichkeit der Ansteckung nicht ausgegangen werden kann (Stuttgart NJW 1988, 2620; ebenso Tiedemann NJW 1988, 729, 736). Mangelnde Deutschkenntnisse führen nicht zur Versagung (AG Leverkusen FamRZ 2002, 1728).

25 ee) Das **religiöse Bekenntnis** der Eltern wird insoweit bedeutsam sein, als das Kind bei Zuweisung an den Elternteil anderen Bekenntnisses Gefahr liefe, sein Bekenntnis wechseln zu müssen, wodurch es seelischen Erschütterungen und Gewissensnöten ausgesetzt würde. Andererseits widerspricht es dem **Grundsatz der Glaubens- und Bekenntnisfreiheit**, einem Elternteil allein wegen seiner Glaubensüberzeugung (Zugehörigkeit zu den „Zeugen Jehovas" oder „Scientology") die Eignung zur Ausübung der elterlichen Sorge abzusprechen (BayObLG FamRZ 1976, 43; Düsseldorf FamRZ 1995, 1511, 1512f; Stuttgart FamRZ 1995, 1280f; Hamburg FamRZ 1996, 684f; Saarbrücken FamRZ 1996, 561f; Frankfurt/M FamRZ 1997, 573; Karlsruhe FamRZ 2002, 1728; AG Göttingen FamRZ 2003, 112f; and Frankfurt/M FamRZ 1994, 920, 921 für den Fall, daß die Kinder dadurch in eine Außenseiterrolle gedrängt werden), auch nicht nur teilweise („medizinisches Sorgerecht", dazu AG Meschede FamRZ 1997, 958). Anders ist die Situation bei Zugehörigkeit eines Elternteils zu einer Sekte, wie der Bhagwan-Bewegung, wenn deren Vorstellungen kinderpsychologisch verfehlt sind und der Elternteil sich dazu keine kritische Distanz bewahrt hat (Hamburg FamRZ 1985, 1284). Zur Kindeswohlprüfung in Ansehung unterbleibender religiöser Erziehung des Kindes eines islamischen Vaters durch die Kindesmutter vgl Nürnberg EzFamR aktuell 2001, 284. Vgl dazu als Pendant § 1684 Rz 29 zur Aidsinfizierung.

26 ff) Sind **mehrere Kinder** vorhanden, so muß sich die Entscheidung auf sämtliche erstrecken. Das bedeutet aber nicht, daß sie sachlich einheitlich ausfallen müßte (BayObLG 1960, 133, 414). Vielmehr ist zu prüfen, ob die Kinder gemeinsam bei einem Elternteil erzogen oder auf beide Elternteile verteilt werden sollen. IdR wird es sich aber empfehlen, **Geschwister zusammen aufzuziehen** (Stuttgart FamRZ 1976, 282; Köln FamRZ 1976, 32; Dresden FamRZ 2003, 397f; Spangenberg/Spangenberg FamRZ 2002, 1007; idS auch Schlüter FamR Rz 357). In diesem Zusammenhang kommt der Gesichtspunkt der **„Bindungen an Geschwister"** zur Geltung, insbesondere wenn die Kinder durch die elterlichen Auseinandersetzungen sich in schweren Loyalitätskonflikten befinden und die Kinder den Wunsch äußern, unbedingt zusammenbleiben zu wollen (Hamm Fam RZ 1997, 957; Bamberg FamRZ 1998, 498; Spangenberg/Spangenberg FamRZ 2002, 1007). Bei enger Geschwisterbindung und durch die Trennung der Eltern entstandener psychischer Belastung ist eine Trennung der Kinder auch dann mit dem Kindeswohl unvereinbar, wenn ein Kind enge Bindungen an den Elternteil hat, der das Sorgerecht nicht bekommt (Hamm FamRZ 1999, 320; Dresden FamRZ 2003, 397; Spangenberg/Spangenberg FamRZ 2002, 1007ff). Gleichwohl kann jedoch den Interessen der Kinder im Einzelfall besser gedient sein, wenn sie getrennt aufwachsen, vgl Köln FamRZ 1976, 34; zu den Kriterien der Prüfung vgl Spangenberg/Spangenberg FamRZ 2002, 1007, 1008f; womit gleichzeitig den Interessen und Wünschen der Eltern entsprochen werden kann. So zB wenn der Vater seinen

Sohn, der das Geschäft übernehmen soll, hierauf vorbereiten will; oder wenn die Ausbildungsverhältnisse am Wohnort eines Elternteils für eines der Kinder besonders günstig sind, nicht aber für das andere, oder wenn die Kinder sich nicht vertragen. Im Ergebnis ebenso Karlsruhe FamRZ 1986, 726, welches jedem Elternteil die elterliche Sorge über eines von zwei Kindern dann „übertragen" möchte, wenn es unter dem Gesichtspunkt des Kindeswohls mehrere nahezu gleich günstige Lösungen gibt. Dann verdiene diejenige den Vorzug, bei der die Belastungen beider Elternteile durch den Eingriff in die Elternverantwortung (Art 6 II GG) möglichst ausgewogen sind. Eine Trennung von Geschwistern kommt auch dann in Betracht, wenn sich unter ihnen erziehungsbedingte starke Aggressionen aufgebaut haben (Frankfurt/M FamRZ 1994, 920, 921: repressive Erziehung aufgrund fundamentalistischer Religionsauffassung; kritisch Spangenberg/Spangenberg FamRZ 2002, 1007, 1008: Grundlegend besteht eine positive Bezogenheit zum Geschwisterteil; Geschwisterliebe und Rivalität wandeln sich im Leben; Liebe, Rivalität, Neid, Haß gehören zur Selbstwerdung). Die Geschwisterbindung ist auch bei Halbgeschwistern zu berücksichtigen (Hamm FamRZ 1996, 563).

gg) Vereinzelt wird die Auffassung vertreten, zB von Schwoerer FamRZ 1957, 57; 1958, 435, das Gericht **27** könne die Regelung auf gewisse Zeit begrenzen, etwa bis zum Schulbeginn, und von da an etwas anderes gelten lassen. Dagegen mit Recht BGH NJW 1952, 1254; KG FamRZ 1957, 176; BayObLG FamRZ 1962, 165; Frankfurt FamRZ 1962, 171. Schon im Interesse einer steten und ausgeglichenen Erziehung sollte ein **Wechsel des Erziehungsberechtigten vermieden werden**. Auch wenn es sich nicht umgehen läßt, das Kind zeitweise dem anderen Teil, anzuvertrauen, ist es zweckmäßiger, die elterliche Sorge dem zuzusprechen, dem sie zukommt, und das Kind dem anderen für die fragliche Zeit nur tatsächlich zu überlassen.

7. Antrag und Zustimmung

a) Abs II setzt voraus, daß ein **Antrag** gestellt wird. Dieser ist grundsätzlich unabhängig von einer Scheidung. **28** Erstreben Ehegatten aber eine einverständliche Scheidung nach § 1565, so muß gemäß § 630 I Nr 2 ZPO die Antragsschrift eines Ehegatten auch nach dem KindRG einen Vorschlag zur Sorge enthalten. Der Unterschied zum früheren Recht besteht aber darin, daß dieser auch in den Erklärungen, das Sorgerecht wie bisher belassen zu wollen, liegen kann. Nur wenn der andere zustimmt, einem Elterteil die Sorge zu übertragen, ist nach §§ 623 II Nr 1, I ZPO, 1671 zu entscheiden. Fehlt eine Äußerung zur Sorge, kann nicht einverständlich entschieden werden.

b) Richtschnur ist nach Abs II Nr 1 die **Zustimmung** des anderen Ehegatten. Bei der Zustimmung des anderen **29** Ehegatten ist davon auszugehen, daß der Antrag zur Sorgerechtsübertragung dem Wohle des Kindes in der Regel entspricht. Die Eltern kennen ihr Kind und seine Bindungen sowie seine Entwicklungsmöglichkeiten am besten und sind meistens bestrebt, seelische Schäden des Kindes aufgrund der Trennung der Eltern zu vermeiden oder zu minimieren. Auch Art 6 II GG, nach dem Eingriffe in die elterliche Sorge grundsätzlich zu vermeiden sind, solange die Eltern sich einigen, unterstützt den Vorrang der elterlichen Übereinstimmung. Nur dann, wenn das (wenigstens 14 Jahre alte) Kind widerspricht oder bereits die Zustimmung fehlt, soll nach Nr 2 aus Kindeswohlerwägungen entschieden werden. Das gilt auch, wenn der die Alleinsorge beantragende Elterteil zur Übernahme ungeeignet ist, jedoch ist dann § 1666 Entscheidungsgrundlage (s Rz 16ff).
Der Antrag an das FamG stellt eine Prozeßhandlung dar. Er ist, anders als der Antrag in § 1672 S 2 aF (Pal/Edenhofer § 1672 Rz 9) echter Sachantrag, nicht bloße Verfahrensvoraussetzung. Er ist als prozessuale Erklärung weder widerruflich noch anfechtbar, sondern kann allenfalls zurückgenommen werden (analog § 269 ZPO, Düsseldorf NJW 1980, 349). Zugleich liegt diesem Antrag freilich die materiellrechtliche Erklärung zugrunde, für das Kind die Alleinsorge übernehmen zu wollen (ähnlich der Sorgeerklärung nach § 1626a I Nr 1).
Für die Zustimmung nach Abs II Nr 1 (die bei der einverständlichen Scheidung nach § 630 I Nr 2 ZPO nF in der Antragsschrift enthalten sein muß, nicht nicht die Eltern die gemeinsame Sorge behalten wollen) gilt das gleiche. Anders als die übereinstimmenden Erklärungen in § 1671 aF, die – wenn auch unterschiedlich als Willenserklärung (Stuttgart FamRZ 1981, 704; Düsseldorf FamRZ 1983, 293; Soergel/Strätz Rz 17) oder als rechtsgeschäftsähnliche Handlung (MüKo/Hinz, 3. Aufl, Rz 53; Gernhuber/Coester-Waltjen S 1045) – nur als materiell-rechtliche Erklärungen angesehen wurden, hat auch die Zustimmung des anderen Elternteils nach Abs II Nr 1 zugleich prozessuale Wirkung, vergleichbar der Zustimmung zur Scheidung (zur Qualifikation dieser Erklärung als Prozeßhandlung Zöller/Philippi § 630 ZPO Rz 8). Antrag und Zustimmung zur Sorgerechtsübertragung stehen in § 630 I Nr 2 ZPO nF gleichstufig nebeneinander: Sachantrag und Zustimmung sind einzureichen; es besteht keine Trennung zwischen materiell-rechtlicher Einigung (wie früher in § 1671 aF) und Antrag als Verfahrensvoraussetzung (§ 1672 aF). Dies wird nochmals in § 1672 I nF deutlich, in dem die Zustimmung bereits zum Antrag gehört und eine Verfahrensvoraussetzung darstellt (vgl BT-Drucks 13/4899, 100; aA Familienrechtsreformkommentar/Rogner § 1671 Rz 11, 27, der auch nach der Neufassung an der zu § 1671 aF vertretenen Auffassung festhält).
Nach der alten Rechtslage war umstritten, ob der „übereinstimmende Vorschlag" widerrufen werden oder angefochten werden konnte (dazu 9. Aufl Rz 30). Wenn nunmehr die Zustimmung als Prozeßhandlung zu qualifizieren ist, ist der Widerruf allenfalls nach § 630 II ZPO analog der Widerrufszustimmung zur Scheidung möglich, denn grundsätzlich sind Prozeßhandlungen nicht anfechtbar. So wie bei der Scheidung der Widerruf der Zustimmung ausnahmsweise gestattet ist, um die Erhaltung der Ehe jederzeit zu ermöglichen, ist der Widerruf der Zustimmung zur Sorgeübertragung bis zur letzten mündlichen Verhandlung zulässig, um die Beibehaltung der gemeinsamen Sorge zu ermöglichen.
Eine Anfechtung der Zustimmung ist damit zwar nicht möglich, aber auch nicht notwendig. Bis zur gerichtlichen Entscheidung bleibt die gemeinsame Sorge ohnehin bestehen. Sollte ein Elternteil vom anderen durch Drohung oder Täuschung zur Zustimmung gezwungen worden sein und dies gelangt zur Kenntnis des Gerichts, so wird es auch ohne Widerruf nach §§ 1671 III, 1666 I nF vom übereinstimmenden Vorschlag abweichen müssen.
Die Eltern können eine zeitliche Aufteilung des Elternrechts vereinbaren. Ebenso Hamm FamRZ 1964, 577; Frankfurt FamRZ 1962, 171; BayObLG FamRZ 1962, 167; 1964, 523; 1966, 247; 1976, 38 und 534; Karlsruhe

FamRZ 1977, 479. AA KG FamRZ 1967, 294. Unwirksam ist auch ein gemeinsamer Vorschlag der Eltern, daß die elterliche Sorge bis zu einem bestimmten Zeitpunkt einem Elternteil zustehen und dann, wenn eine neue Vereinbarung nicht zustande kommt, das Gericht entscheiden solle (BayObLG FamRZ 1965, 51; 1976, 38). Unzulässig ist ferner eine Vereinbarung, wonach ein Elternteil die elterliche Sorge zwar zugeteilt erhalten solle, der andere sie aber jederzeit für sich in Anspruch nehmen dürfe, wenn er es wolle (Stuttgart Justiz 1974, 128). Unzulässig ist desweiteren ein Vorschlag, daß im Falle der Wiederverheiratung ein Wechsel in der Zuteilung der elterlichen Sorge stattfinden solle (BayObLG FamRZ 1976, 38). In solchen Fällen ist der Vorschlag nicht zu beachten, vielmehr die Regelung nach Abs II Nr 2 (im Falle des Widerspruchs des Kindes) oder (ansonsten) § 1666 zu treffen. Zulässig ist dagegen eine Abrede, daß das Kind vorerst bei dem Elternteil verbleiben soll, dem die elterliche Sorge nicht zustehen soll; vgl auch Rz 26. Schließlich ist es den Eltern nicht verwehrt, sich über die Berufsausbildung des Kindes und über das Umgangsrecht zu einigen. In der Person des für die Ausübung der elterlichen Sorge Vorgesehenen darf kein Hindernis bestehen (s Rz 16f).

8. Entscheidung bei Einigung der Eltern

30 Abs III iVm § 1666 (dazu oben Rz 19) stellt klar, daß das FamG bei Zustimmung des anderen Elternteils nur abweichen soll, wenn dies zum Wohle des Kindes erforderlich ist (betonend wegen eines Eingriffs in das Elternrecht Frankfurt/M FamRZ 2002, 1727). Das ist erst dann der Fall, wenn ernste und schwerwiegende Bedenken gegen die Durchführung des Vorschlags oder, anders ausgedrückt, wenn **triftige, das Wohl des Kindes nachhaltig berührende Gründe** für ein Abweichen vom gemeinsamen Vorschlag sprechen. Somit rechtfertigt die Zustimmung des einen zum anderen Antrag des anderen Ehegatten im allgemeinen die **widerlegliche** Vermutung, daß er auf verantwortungsbewußter Überlegung der Eltern beruht und deshalb mit den wahren Interessen des Kindes im Einklang steht. Er entbindet allerdings das FamG nicht davon, bei Vorliegen von tatsächlichen Anhaltspunkten für eine Kindeswohlgefährdung, nach §§ 1671 III, 1666 I nF evtl notwendige Maßnahmen (Übertragung auf Vormund/Pfleger) zu prüfen. Unterhalb der Eingriffsschwelle des § 1666 I nF hat das Gericht aber den Antrag bei Zustimmung des anderen Elternteils (anders als nach Abs III 1 aF!) stets zu entsprechen, soweit nicht das Kind (das wenigstens 14 Jahre alt ist) widerspricht und nach Nr 2 eine positive Kindeswohlprüfung vorzunehmen ist. Der Antrag des Elternteils kann in den letzteren Fällen nur abgelehnt werden (anders früher, als er nur das Verfahren einleitete); Maßnahmen nach § 1666 ergehen außerhalb des § 1671-Verfahrens (aA Familienrechtsreformkommentar/Rogner § 1671 Rz 27, der auch nach der Neufassung an der zu § 1671 aF vertretenen Auffassung festhält).

Beabsichtigt das **Gericht**, vom Antrag des einen Ehegatten dem der andere zustimmt **abzuweichen, sei es wegen § 1671 II Nr 2 oder wegen § 1666**, weil dies zum Wohl des Kindes erforderlich ist **so** ist, wenn die Regelung im Rahmen eines Scheidungsverfahrens erstrebt wird, nach § 627 I ZPO die **Entscheidung** über die Regelung der elterlichen Sorge nicht im Verbund, sondern **vorweg** zu treffen. Hierdurch soll es den Ehegatten ermöglicht werden, sich darauf einzustellen, daß hinsichtlich des wichtigen Punktes der Regelung der elterlichen Sorge ihren Wünschen nicht entsprochen werden kann. Die Entscheidung ergeht durch Beschluß. Hiergegen ist, wenn das FamG entschieden hat, die Beschwerde und ggf die weitere Beschwerde vorgesehen (§ 621e ZPO). Erläßt den Beschluß erstmals das OLG, so ist hiergegen kein Rechtsmittel gegeben (§ 133 GVG). **Wirksam wird** der **Beschluß** jedoch erst **mit der Rechtskraft** des **Scheidungsspruchs** (§ 629 ZPO). Das gilt auch für andere Folgesachen und die Scheidungssache wird erst nach Rechtskraft des Beschlusses entschieden (§ 627 II ZPO). Im Falle der Aufhebung einer Einschränkung des Aufenthaltsbestimmungsrechts muß das Gericht das Elternrecht des nicht aufenthaltsbestimmungsberechtigten Elternteils berücksichtigen (BVerfG FamRZ 2003, 1731).

9. Widerspruch des Kindes

31 a) Der **Einspruch** eines **Kindes**, welches das **vierzehnte Lebensjahr** vollendet hat, bringt den Elternvorschlag zu Fall und erzwingt eine ausschließlich am Kindeswohl auszurichtende Regelung gemäß Abs II Nr 2. Der Rechtsausschuß hat in seinem Bericht zu Abs III S 2 aF (BT-Drucks 8/2788, 62f) folgendes bemerkt: Nach S 2 sollen die Vorstellungen des Kindes, welches das vierzehnte Lebensjahr vollendet hat, insofern maßgebend sein, als dann, wenn sie von dem übereinstimmenden Vorschlag abwichen, das Gericht an diesen Vorschlag nicht gebunden sei, sondern unabhängig davon – die Regelung treffe, die dem Kindeswohl am besten entspreche. Mit dieser Regelung sei einerseits die Gefahr der einseitigen Beeinflussung des Kindes ausgeschaltet, andererseits könne das Abweichen des Kindesvorschlags vom übereinstimmenden Vorschlag der Eltern ein Anzeichen dafür sein, daß diese sich nicht am Wohle des Kindes orientierten.

32 b) Wenn das Kind dem Vorschlag seiner Eltern widerspricht, so kann dies auch darauf hindeuten, daß die Eltern diese für die Zukunft des Kindes so wichtige Angelegenheit mit ihm nicht, wie dies in § 1626 II vorgesehen ist, vorher besprochen haben, um ein Einvernehmen zu erzielen. Der **Gegenvorschlag des Kindes** äußert im Ergebnis die **Wirkung**, daß das Gericht die **Prüfung** des elterlichen Vorschlags besonders **gewissenhaft** vorzunehmen hat. Keineswegs ist es gehindert, seine Entscheidung im Sinne des übereinstimmenden Vorschlags zu treffen, wenn dies dem Wohl des Kindes am besten entspricht.

10. Bestandskraft; § 1696

33 § 1671 nF gilt nur für Fälle, in denen eine gemeinsame Sorge beendet und die ganze Sorge oder ein Teilbereich dem anderen Elternteil zugesprochen werden soll (Abs I). Falls einmal eine Entscheidung nach § 1671 getroffen wurde, ist Grundlage für eine nachfolgende Änderung allein § 1696 iVm 1666 nF. Eine nach § 1671 nF getroffene Sorgerechtsentscheidung bleibt bestehen, bis sie nach § 1696 nF aufgehoben oder geändert werden.

34 a) Ebenso wie bereits bei Entscheidungen nach § 1672 aF (Getrenntleben innerhalb der Ehe) gilt auch für § 1671 nF, daß das **erneute Zusammenleben der Eltern** (bzw bei Ehegatten die Wiederherstellung der ehelichen

Lebensgemeinschaft) die Wirksamkeit der Entscheidung nicht berührt. Ihre Wirkung kann auch nicht auf die Dauer des Getrenntlebens beschränkt werden. Es empfiehlt sich daher, daß beide Eheleute eine Wiederaufnahme der Ehe dem FamG mitteilen, damit dieses seine Entscheidung aufhebt, und zwar nur im Verfahren nach § 1696 und nicht durch einstweilige Anordnung nach § 620 S 1 Nr 1 ZPO. Vgl (zu § 1672 aF) BayObLG FamRZ 1971, 192; KG FamRZ 1985, 722; 1994, 119. Ist die elterliche Sorge gem § 1672 aF einvernehmlich geregelt und ist das Einverständnis des nicht sorgeberechtigten Elternteils ausdrücklich auf die Zeit des Getrenntlebens begrenzt, so ist für eine Neuregelung im Rahmen des Scheidungsverfahrens § 1671 und nicht § 1896 maßgebend (AG Groß–Gerau FamRZ 1999, 1465).

b) Anders als § 1671 aF nimmt § 1671 nF **nicht mehr auf die Scheidung Bezug**. Die Scheidung hat daher auf 35 eine bereits früher erfolgte Regelung nach § 1671 grundsätzlich keinen Einfluß, da das Sorgerecht nicht mehr am Zwangsverbund teilnimmt (§ 623 I ZPO nF). Eine Regelung kann aber aus Anlaß der Scheidung erfolgen, wenn ein Ehegatte dies wünscht (§ 623 II Nr 1 ZPO nF; Brandenburg FamRZ 2003, 387, 388). Eine aus Anlaß der Trennung von Ehegatten getroffene Regelung nach § 1671 kann also in einem späteren Scheidungsverfahren nicht nach § 1671 geändert werden, sondern allenfalls nach § 1696 iVm § 1666 (Pfleger- oder Vormundsbestellung), wie der Vergleich von § 623 II Nr 1 und § 623 III ZPO nF zeigt.

c) Eine **Wiederheirat** der Eltern nach (aus Anlaß der Scheidung oder bereits vorher) erfolgter Sorgeregelung 36 gemäß § 1671 läßt deren Bestand gleichfalls unberührt. Anders als § 1671 aF knüpft § 1671 nF nur noch an das Getrenntleben der Eltern an. Ebensowenig wie die Scheidung kann die Heirat die getroffene Entscheidung in ihrer Wirksamkeit beeinflussen. Auch § 1626 II Nr 2 kann hier keine gemeinsame Sorge begründen. Die Vorschrift gilt nur für bei der Geburt des Kindes unverheiratete Eltern; sie wollte nicht die Rechtsstellung von Eltern, die bei der Geburt verheiratet waren, verbessern und ist deshalb nicht analogiefähig.

11. Verfahrensgrundsätze

Darüber zu entscheiden, welchem Elternteil die elterliche Sorge über ein gemeinschaftliches Kind zustehen soll, 37 ist das **FamG** ausschließlich sachlich zuständig (§ 1671 BGB; § 23b I Nr 2 GVG; § 621 I Nr 1 ZPO). Das Verfahren ist jedoch verschieden ausgestaltet, je nachdem, ob es sich dabei um eine Folgesache handelt, wie dies bei der auch nach neuer Rechtslage möglichen Entscheidung aus Anlaß der Scheidung (s Rz 35) der Fall sein kann, vgl §§ 621 I Nr 1, 623 I, III, 629, 630 I Nr 2 ZPO, oder nicht (Brandenburg FamRZ 2003, 387, 388). Zur zweiten Gruppe gehören Entscheidungen bei Getrenntleben völlig unabhängig vom Bestehen einer Ehe oder nach § 628 Nr 3 ZPO nF.

a) Stets handelt es sich um ein **Verfahren** nach dem **FGG**, selbst wenn es sich als Scheidungsfolgesache dar- 38 stellt; vgl § 621a I ZPO, § 64 III FGG. Ein inzwischen **international** zuständiges deutsches Gericht kann über das Sorgerecht im Hauptsacheverfahren entscheiden, wenn ein ausländisches Gericht eine vorläufige Anordnung zum Sorgerecht getroffen hat (Koblenz NJW 1989, 2201). Ist nach § 623 II Nr 1 ZPO nF die Entscheidung nicht im Verbund zu treffen (dann gilt wie bisher § 621 III S 1 ZPO), so richtet sich die **örtliche Zuständigkeit** nach den allgemeinen Vorschriften. Dann ist das FamG des Wohnsitzes oder des Aufenthalts des Kindes zuständig (§ 621 II S 2 ZPO; § 64 III FGG). Trotz Anhängigkeit eines Trennungsverfahrens der Eltern im Ausland ist für das Kind der gewöhnliche Aufenthalt – hier Deutschland – maßgebend; bestimmend ist der tatsächliche Zustand und nicht der Wille der Eltern (Nürnberg FamRZ 2003, 163f). Sobald eine Ehesache rechtshängig wird, gibt das bislang mit dem Antrag nach § 1671 befaßte FamG nach dem neuen § 64 II FGG die Sache an das Gericht der Ehesache ab. Den Wohnsitz des Kindes regelt § 11. Danach teilt das Kind den Wohnsitz der Eltern. Befindet sich das eine Kind beim Vater und das andere bei der Mutter, ist für die Sorgerechtsregelung beider Geschwister das FamG örtlich zuständig, in dessen Bezirk das jüngere Kind seinen Wohnsitz hat (BGH NJW-RR 1994, 322). Sind Eltern mangels einer Entscheidung nach § 1671 nicht gesamtvertretungsberechtigt und haben sie unabhängig voneinander den bisherigen gemeinschaftlichen Wohnsitz aufgegeben und getrennte Wohnsitze begründet, so hat das Kind entsprechend BGH 48, 234; NJW 1995, 1224 mwN einen von beiden Elternteilen abgeleiteten **Doppelwohnsitz** (Schlüter FamR Rz 338). Beitzke vertritt in FamRZ 1969, 609 zutreffend die Ansicht, daß nach dem sachlichen Gehalt der Entscheidung bei gesamtvertretungsberechtigten Elternteilen der Doppelwohnsitz auch noch für folgende Fälle unabhängig vom Bestehen einer Ehe der Eltern in Betracht kommt:

aa) Wenn nur ein Elternteil den gemeinschaftlichen Wohnsitz aufgibt und einen neuen begründet, so auch Karls- 39 ruhe FamRZ 1968, 94; Köln FamRZ 1971, 443; dann muß Gleiches gelten, wenn ein Elternteil nach der Trennung den bisherigen gemeinschaftlichen Wohnsitz behält und einen weiteren begründet (Karlsruhe FamRZ 1969, 191).

bb) Wenn die Eltern nie einen gemeinsamen Wohnsitz hatten. Für den Fall, daß die Eltern bereits bei 40 Geburt des Kindes keinen gemeinsamen Wohnsitz mehr hatten, gleicher Ansicht Johannsen in seiner Anmerkung zum BGH-Beschluß LM Nr 3 zu § 11 BGB; ferner schon früher Nürnberg FamRZ 1961, 450; KG NJW 1964, 1578; aA KG NJW 1967, 1088: Kind hat keinen abgeleiteten Wohnsitz. Zum Ableitungsgrundsatz s Johannsen aaO. Hat ein Kind einen von beiden Elternteilen abgeleiteten Doppelwohnsitz, so sind **zwei FamG zuständig**. Die Eltern haben die Wahl, an welches sie sich wenden wollen. Für eine Entscheidung nach § 5 FGG ist erst Raum, wenn die Eltern sich über die Zuständigkeit eines der beiden Gerichte nicht einigen können (Hamm FamRZ 1969, 105; München Rpfleger 1968, 227). Zuständig dafür ist, wie auch zur Entscheidung eines Abgabestreits nach § 46 FGG, in Bayern das BayObLG (BayObLG FamRZ 1989, 1108). Das zuerst mit der Sache befaßte Gericht hat den Vorrang (BGH NJW-RR 1990, 1282; 1992, 258; Karlsruhe FamRZ 1969, 657). Fehlt es an einem die Zuständigkeit begründenden Wohnsitz, so kommt schließlich der Aufenthaltsort des Kindes in Betracht. Die Mutter begründet mit dem Kind einen Wohnsitz im Frauenhaus, wenn sie mit ihm – jedenfalls bei behördlicher Ab- und Anmeldung – dorthin geht (Karlsruhe FamRZ 1995, 1210; aA noch Köln FamRZ 1992, 976).

§ 1671 Familienrecht Verwandtschaft

41 b) Das Verfahren ist nach § 14 Nr 15 RPflG dem Richter vorbehalten. Ein Verfahrenspfleger für das Kind kann nach § 50 FGG bestellt werden, bei erheblichem Interessengegensatz muß er bestellt werden. Im Sorgerechtsverfahren ist eine anderweitige **ausländische Rechtshängigkeit** zu beachten, soweit die ausländische Entscheidung im Inland anzuerkennen ist (München FamRZ 1993, 349f; Nürnberg FamRZ 2003, 163f). Das FamG kann über die elterliche Sorge dem Grundsatz nach nur einheitlich entscheiden. Jedenfalls ist eine Teilentscheidung, in der lediglich die Nichtzuteilung der elterlichen Sorge an einen Elternteil ausgesprochen wird, unzulässig (BayObLG FamRZ 1968, 267). Die Hauptsache erledigt sich teilweise, wenn ein minderjähriges Kind heiratet und dadurch nach § 1633 die tatsächliche Sorge für die Person aus dem Bereich der elterlichen Sorge ausscheidet (Hamm FamRZ 1973, 148).

42 c) Das FamG hat die erforderlichen **Ermittlungen von Amts wegen** durchzuführen (§ 12 FGG; Zweibrücken FamRZ 2003, 241, 242; Schlüter FamR Rz 357), es darf sie nicht ausschließlich dem Jugendamt überlassen (Hamm MDR 1949, 621), und eine Entscheidung deshalb auch nicht allein aufgrund der Ansicht des Jugendamtes treffen (Oldenburg FamRZ 1992, 192, 193), sondern sich dessen Hilfe nur ausnahmsweise bedienen (Frankfurt aM ZfJ 1991, 1075). Deshalb sind auch solche Maßnahmen nicht gerechtfertigt, bei denen sich das anordnende FamG der Hilfe des Jugendamtes zur Erfüllung eigener Aufgaben bedient (Frankfurt aM FamRZ 1992, 206ff). Im übrigen muß das Jugendamt aktiv bei der Vorbereitung einer Sorgerechtsregelung mitwirken; es bleibt aber ihm überlassen, wie es diese Aufgabe erfüllt (Frankfurt aM aaO). Der Grundsatz der **Parteiöffentlichkeit** gilt für förmliche Beweisaufnahmen im Verfahren der freiwilligen Gerichtsbarkeit auch, insoweit es sich nicht um echte Streitverfahren handelt (Köln OLGZ 1965, 134; BayObLG 1967, 137; KG FamRZ 1965, 159; 1968, 605; Jansen FGG § 15 Anm 3a; Habscheid FrGerbk § 19 IV 2).

43 d) Als erster Verfahrensschritt muß der Richter nach § 52 I FGG nF unter Hinweis auf Beratungsmöglichkeiten auf eine **außergerichtliche Einigung der Ehegatten hinwirken**. Zur Erleichterung der vorgerichtlichen Einigung kann das Verfahren nach § 52 II FGG nF ausgesetzt werden und einstweilige Anordnungen für die Zeit der Streitbeilegung können erlassen werden (§ 52 III FGG nF).

Die **Eltern** sind nach § 50a FGG, das **Kind** ist nach § 50b FGG zu hören (s dazu Hamburg FamRZ 1983, 527: Anhörung eines fünf Jahre alten Kindes ist zwingend vorgeschrieben (für ein sechsjähriges Kind Karlsruhe FamRZ 1994, 393; Hamm FamRZ 2002, 1208: stützt die Anhörung auf § 50a FGG); zu den Gründen gegen eine Anhörung des Kindes: KG FamRZ 1981, 204; zur Verfassungsmäßigkeit dieser Regelung BVerfG NJW 1981, 217 m Anm Coester NJW 1981, 961; zu den **Mitteln der Anhörung** Karlsruhe FamRZ 1995, 1001) und etwaige **Pflegepersonen** sind nach § 50c FGG. Hierzu s vor § 1626 Rz 8c und § 1696 Rz 6aff. Die persönliche Anhörung des Kindes ist besonders wichtig, wenn es darum geht, die Neigungen, die Bindungen und den Willen des Kindes zu ermitteln. Es empfiehlt sich, sie nicht im Beisein der Eltern und etwaiger Prozeßbevollmächtigter vorzunehmen, die aber im Hinblick auf den Verfassungsgrundsatz des rechtlichen Gehörs über das Ergebnis der Anhörung zu unterrichten sind, dazu § 1696 Rz 6b, 10. Der Familienrichter wird die Anhörung möglichst in eigener Person durchführen (so grundsätzlich für ein sechsjähriges Kind Hamm FamRZ 1996, 421f); er kann sich aber auch eines **ersuchten Richters** (BGH NJW 1953, 1547) und der Familiensenat folgerichtig eines **beauftragten Richters** (BayObLG 1956, 300) oder des **Berichterstatters** (LG Hamburg NJW 1953, 1554) bedienen. Nach BGH NJW 1953, 1547 durfte gegen BayObLG NJW 1951, 889 auch ein **Referendar** eingesetzt werden, wenn er nach landesrechtlichen Bestimmungen mit der Wahrnehmung dieses richterlichen Geschäfts betraut werden konnte. Dagegen genügt nicht die Anhörung durch Fürsorgerin oder andere Dienststelle (Stuttgart RPfleger 1950, 566) bzw Rechtspfleger oder Geschäftsstelle (Hamm Rpfleger 1950, 423). Das **Anhörungsergebnis** ist im Sitzungsprotokoll oder in einem ergänzenden Aktenvermerk niederzulegen (Karlsruhe NJW-RR 1996, 771). Auch das **Jugendamt muß** vor der Entscheidung nach den §§ 49a I Nr 9 FGG, 85, 86 III SGB VIII **gehört werden**. Zur Mitwirkungs- und Unterstützungspflicht des Jugendamtes s § 50 I SGB VIII und Frankfurt aM ZfJ 1990, 1075; Schleswig FamRZ 1994, 1129, 1130. Nach § 17 II SGB VIII soll das Jugendamt die Eltern bei der Erstellung eines Konzepts hinsichtlich der elterlichen Sorge beraten. Wohnen die Eltern an verschiedenen Orten, so kommen beide Jugendämter in Betracht. Hat der Minderjährige den Wohn- oder Aufenthaltsort gewechselt, so sind alle zuständig gewesenen Jugendämter zu hören (BayObLG 1950/1951, 330; Hamm FamRZ 1966, 453). Das Gericht kann darüber hinaus wegen § 12 FGG auch noch ein unzuständiges Jugendamt in seine Ermittlungen einschalten (Köln FamRZ 1986, 707). Unterbleibt eine vorgeschriebene Anhörung zu Unrecht, so führt dies grundsätzlich zur Aufhebung der Entscheidung (Celle DAVorm 1978, 596; Rpfleger 1960, 424; Hamburg FamRZ 1983, 527; Köln NJW-RR 1995, 1410f). Ein der Prüfung der Erziehungsfähigkeit eines Elternteils dienendes **Sachverständigengutachten** ist nur bei konkreten an tatsächlichen Vorgängen festzumachenden Bedenken veranlaßt (Nürnberg FamRZ 1996, 563f).

44 e) Sind aus einer aufgelösten Ehe **mehrere Kinder** hervorgegangen, so muß die Regelung alle erfassen. Verfahrensmäßig stellt sie hinsichtlich eines jeden Kindes einen selbständigen Verfahrensgegenstand dar, so daß getrennte Entscheidungen ergehen können (BayObLG 1960, 414; Hamm JMBl NRW 1962, 190; BGH FamRZ 1967, 606).

45 f) Die **Entscheidung** kann dem Antrag entsprechen, ihn ablehnen und nach §§ 1671 III, 1666 I die elterliche Sorge anders auf beide oder einen Elternteil verteilen (was die Beibehaltung einer gemeinsamen Teil-Sorge unter Übertragung der Allein-Teil-Sorge und Zurückweisung des Antrags im übrigen bedeuten kann. Sie kann sie auf einen Vormund oder Teile der elterlichen Sorge auf einen Pfleger „übertragen". Auch kann schließlich die Personensorge einem Elternteil und die Vermögenssorge ganz oder zum Teil dem anderen Elternteil auferlegt werden, dazu s 1666 Rz 15ff. Dagegen darf sie nicht auf Unterbringung des Kindes bei einer dritten Person lauten. Während eines Scheidungsverfahrens ist die Entscheidung nach §§ 623 II S 1, 621 II Nr 3 ZPO nF grundsätzlich im Verbund zu treffen, kann aber auf Antrag (§ 623 II S 2 ZPO nF) abgetrennt werden. Sie ergeht im Rahmen eines **Urteils**, wenn sie sich als Folgesache eines Scheidungsverfahrens darstellt (§ 623 I, III, § 629 ZPO), obwohl es sich um eine Angelegenheit der freiwilligen Gerichtsbarkeit handelt, im übrigen, dh im isolierten Verfahren, durch **Beschluß**.

g) Die Entscheidung ist zu **begründen**, wenn sie in die Rechte eines Betroffenen eingreift (Frankfurt/M FamRZ 2002, 1727) und dieser durch das Fehlen der Begründung in seiner sachgemäßen Verteidigung beschränkt oder seine Rechtsstellung rechtsstaatswidrig verkürzt wird; vgl BVerfG NJW 1957, 298; BayObLG FamRZ 1968, 618; Köln FamRZ 1972, 377; Nürnberg FamRZ 1986, 1247: Eine Begründung ist stets dann erforderlich, wenn sie nicht auf einem übereinstimmenden Vorschlag der Beteiligten beruht. Ein Verstoß hiergegen führt zur Aufhebung und Zurückverweisung (Düsseldorf FamRZ 1978, 56). **Wirksam** wird die Entscheidung **mit der Bekanntmachung** vgl § 16 I FGG, der durch § 621a I S 2 ZPO nicht berührt wird. Bekanntzumachen ist die Entscheidung auch dem **Jugendamt** (§§ 49a II, 49 III FGG). An Stelle der Abs II und III des § 16 FGG treten die §§ 310ff, 618 ZPO für Urteile und die §§ 621c, 329 für Beschlüsse. In beiden Fällen ist die **Entscheidung** auch **von Amts wegen zuzustellen**, weil sie einem befristeten Rechtsmittel unterliegt. Dazu s Rz 49. Wird sie versehentlich einem Elternteil weder zugestellt noch sonstwie formell bekanntgemacht, so verbleibt es bei der Gesamtvertretung der Elternteile (Hamm FamRZ 1969, 548), falls nicht eine einstweilige Anordnung nach § 620 S 1 Nr 1 ZPO vorliegt. 46

h) aa) Kommt es zu einer **Ehesache** so sind auf Antrag oder von Amts wegen gemäß § 620 S 1 Nr 1 ZPO **einstweilige Anordnungen** zulässig. Sie können sogar die Bestellung eines Vormunds oder Pflegers zum Gegenstand haben (Schleswig SchlHA 1978, 212; BezG Erfurt FamRZ 1994, 921, 922), den allerdings das VormG auszuwählen hat (KG NJW 1978, 648; aA KG DAVorm 1979, 165; s dazu Rz 49). Sie treten gemäß § 620f ZPO beim Wirksamwerden einer anderweitigen Regelung sowie dann außer Kraft, wenn der Scheidungsantrag oder die Klage zurückgenommen oder rechtskräftig abgewiesen ist oder wenn das Eheverfahren nach § 619 ZPO in der Hauptsache als erledigt anzusehen ist. 47

bb) Handelt es sich um kein laufendes Eheverfahren, sondern um eine **isolierte Regelung der elterlichen Sorge**, so ist nach allgemeinen Grundsätzen eine **vorläufige Anordnung** zulässig (KG DR 1939, 179; Bremen NJW 1953, 306; Hamm FamRZ 1956, 86), die strengeren Anforderungen als das Verfahren nach § 620 I Nr 1 ZPO unterliegt (Karlsruhe NJW-RR 1990, 840). Sie setzt ein **dringendes Bedürfnis** für alsbaldiges Einschreiten voraus und darf nicht weiter gehen, als dies unumgänglich ist (KG aaO; BayObLG 1961, 264; FamRZ 1968, 267; Stuttgart FamRZ 1969, 159; Karlsruhe FamRZ 1990, 304f; NJW-RR 1990, 840f: ernsthafte Befürchtung einer nachhaltigen Beeinträchtigung des Kindeswohls). Dabei ist auf die Aussichten des Regelungsverfahrens Bedacht zu nehmen. Den Verfahrensstoff, der zum Erlaß der einstweiligen Anordnung führt, braucht das Gericht nicht durch eigene Ermittlungen zusammenzutragen. Es kann sich mit von anderer Seite beigebrachten Unterlagen begnügen. Es ist auch nicht gehalten, den Sachverhalt erschöpfend aufzuklären. Die entscheidungserheblichen, insbesondere die für die Dringlichkeit sprechenden Tatsachen bedürfen nicht des vollen Beweises, es genügt, wenn sie **glaubhaft gemacht** werden (BayObLG aaO). Auch hier ist grundsätzlich eine **Anhörung** erforderlich (dazu Karlsruhe FamRZ 1993, 90). Zur Zulässigkeit einer vorläufigen Anordnung bei gleichzeitiger Anhängigkeit eines Scheidungsverfahrens (in der BRD und in Jugoslawien) s Hamm FamRZ 1988, 864). Mit der endgültigen Entscheidung wird eine vorläufige Anordnung ohne weiteres wirkungslos (Jansen § 19 FGG Rz 30; Hamm FamRZ 1980, 1155), nicht dagegen mit der Einleitung des Ehescheidungsverfahrens, obwohl es eine einstweilige Anordnung nach § 620 ZPO ermöglicht (Karlsruhe FamRZ 1980, 1154), oder mit Rechtskraft des Scheidungsurteils, wenn in ihm noch keine endgültige Sorgerechtsregelung getroffen wird (Hamm FamRZ 1986, 715). Zur Zulässigkeit einer **einstweiligen Umgangsregelung** im isolierten Sorgerechtsverfahren s Frankfurt aM FamRZ 1992, 579f. 48

i) Die **Entscheidung** nach § 1671 unterliegt der **einfachen, befristeten Beschwerde**, wenn sie in einer isolierten Familiensache als Beschluß ergangen ist (§ 621e ZPO). Für vorläufige Anordnungen gilt § 620b II ZPO entsprechend (Bamberg FamRZ 1990, 645f). Ist sie als Folgesache in das Scheidungsurteil einbezogen worden, so ist hiergegen nach allgemeinen Grundsätzen die Berufung und anschließend die Revision gegeben (§ 511ff, 545ff ZPO). Soll dagegen das Urteil nur insoweit angefochten werden, als darin über die elterliche Sorge entschieden worden ist, so kommt als Rechtsmittel gegen das Urteil nur die einfache, befristete Beschwerde in Betracht (§§ 629a II, 621e ZPO, §§ 57 Nr 9, 64 III, 20 FGG). Nicht anfechtbar ist dagegen ein ablehnender Beschluß des FamG, das Sorgerechtsregelungsverfahren an ein anderes Gericht zu verweisen (Hamburg FamRZ 1994, 50). Für eine **weitere Beschwerde** fehlt das Rechtsschutzbedürfnis, wenn die nachzuprüfende Entscheidung verfahrensmäßig überholt ist oder aus anderen Gründen kein Bedürfnis für eine Aufhebung besteht (BayObLG FamRZ 1990, 551). Ist die **Entscheidung** als **einstweilige Anordnung** gemäß § 620 S 1 Nr 1 ZPO ergangen, so unterliegt sie nach § 620c ZPO der **sofortigen Beschwerde** (KG NJW-RR 1996, 445; zur Unzulässigkeit, wenn Entscheidungsgrundlage ein erst nach der mündlichen Verhandlung eingegangenes Sachverständigengutachten war, Karlsruhe FamRZ 1994, 1186f; zur Unzulässigkeit, wenn Änderung einer einstweiligen Anordnung abgelehnt wird, Hamburg FamRZ 1993, 1337f). Zum Begriff der „mündlichen Verhandlung" bei nach mehreren Monaten eingetretenen neuen Umständen s Karlsruhe FamRZ 1989, 521f. Handelt es sich um eine **vorläufige Maßnahme** (einstweilige Anordnung) in einem **isolierten Verfahren**, so ist die **einfache Beschwerde** des § 19 FGG gegeben; vgl BGH FamRZ 1978, 886; Bremen FamRZ 1979, 856; Hamm FamRZ 1979, 177; 1978, 361; 1977, 744; Köln FamRZ 1978, 533; KG FamRZ 1978, 269; Düsseldorf FamRZ 1978, 141. **Unanfechtbar** ist dagegen eine Zwischenentscheidung, die eine Sachentscheidung bis zum Eingang eines kinderpsychologischen Gutachtens ablehnt (Frankfurt aM FamRZ 1989, 765f). Eine **weitere Beschwerde** ist **bei einstweiligen Anordnungen nicht vorgesehen**; vgl BGH FamRZ 1989, 1066f. **Beschwerdeberechtigt** sind beide Eltern, auch die minderjährige Mutter, wenn das FamG die alleinige Ausübung der elterlichen Sorge dem Vater überträgt (BayObLG MDR 1969, 396), das Jugendamt (§§ 57 I Nr 9, 64 FGG; Köln FamRZ 1982, 955; KG FamRZ 1986, 707: Kein Beschwerderecht gegen eine Beweisanordnung des AG auf „Berichterstattung" durch das Jugendamt hat evtl ein eV; s auch LG Berlin FamRZ 1988, 1082) und im Rahmen des § 59 FGG auch das Kind. Eine Beschränkung der Beschwerdeberechtigung bringt § 64 III S 3 FGG. Nach Köln 49

§ 1671 Familienrecht Verwandtschaft

FamRZ 1964, 524 steht einem Großelternteil, der ein Enkelkind während eines längeren Zeitraumes betreut hat, in dessen persönlichen Angelegenheiten ein Beschwerderecht zu. Für die im isolierten Verfahren eingelegte Beschwerde besteht kein Anwaltszwang. Im Beschwerdeverfahren steht die erneute Anhörung im pflichtgemäßen Ermessen des Gerichts (BGH LM Nr 9 zu § 74 EheG). Hat das FamG in einem Beschluß die elterliche Sorge hinsichtlich mehrerer Kinder geregelt, so kann die Beschwerde auf eines oder einen Teil der Kinder beschränkt werden (BayObLG 1960, 414 unter Aufgabe der in 1960, 133 vertretenen gegenteiligen Ansicht). Eine **weitere befristete Rechtsbeschwerde** gegen Endentscheidungen ist **nur zulässig**, wenn das OLG sie in dem erlassenen Beschluß zugelassen oder die Beschwerde als unzulässig verworfen hat (§§ 629a II, 621e II, III ZPO; § 27 FGG). Das Recht auf Beschwerde oder weiterer Beschwerde kann **verwirkt** sein (Düsseldorf NJW 1949, 823; Hamm MDR 1952, 172; Frankfurt FamRZ 1968, 100). Angesichts der Befristung von Beschwerde und weiterer Beschwerde wird allerdings der Ablauf längerer Zeit keine Rolle mehr spielen können (BayObLG FamRZ 1989, 216ff).

50 j) **Erzwungen** werden die Entscheidungen des FamG **nach § 33 FGG** durch **Zwangsgeld, Zwangshaft** (eingeführt durch Art 2 Nr 2 des SorgerechtsübereinkommensausführungsG, BGBl I 1990, 703) oder mit **Gewalt**. Wird das Kind nicht mehr sorgeberechtigten Elternteil nicht freiwillig herausgegeben, so ist ein Beschluß des **FamG** erforderlich. Unter den Voraussetzungen des § 33 II FGG kann unmittelbarer Zwang auch gegen einen bereits 15jährigen Jugendlichen, der mit seinem ausdrücklichen Willen im ständigen Einflußbereich des nicht sorgeberechtigten Elternteils verbleibt, angewendet werden (Bamberg FamRZ 1991, 1341, 1342). Befindet sich das Kind bei einem Dritten, so entscheidet das **FamG**. Vgl § 1632. Ordnet das Gericht die Herausgabe eines Kindes an, so kann es auch die Herausgabe der zum persönlichen Gebrauch des Kindes bestimmten Sachen durch einstweilige Anordnung regeln. Vgl zu Vorstehendem § 1632 Rz 6ff.

51 k) Was die **Kosten** des Verfahrens anlangt, so ist zu unterscheiden: Handelt es sich um eine **Scheidungsfolgesache**, so kommen die §§ 19a, 12 II S 3 GKG in Betracht. Die Kosten werden in der Regel gemäß § 93a ZPO gegeneinander aufgehoben. Wird die Sorgerechtssache im **isolierten Verfahren** durchgeführt, so sind §§ 94, 30 KostO maßgeblich. Der Geschäftswert (§ 30 I, II KostO) ist mangels konkret erschwerender Umstände auch dann mit dem Regelwert von 3000 Euro auszusetzen, wenn die Entscheidung mehrere Kinder betrifft (Frankfurt/M FamRZ 1993, 375, 376; Hamm FamRZ 1995, 103; aM Köln FamRZ 1995, 103). Zahlungspflichtig ist der nach billigem Ermessen bestimmte Elternteil. S auch § 1684 Rz 37.

1672 *Getrenntleben bei elterlicher Sorge der Mutter*

(1) Leben die Eltern nicht nur vorübergehend getrennt und steht die elterliche Sorge nach § 1626a Abs. 2 der Mutter zu, so kann der Vater mit Zustimmung der Mutter beantragen, dass ihm das Familiengericht die elterliche Sorge oder einen Teil der elterlichen Sorge allein überträgt. Dem Antrag ist stattzugeben, wenn die Übertragung dem Wohl des Kindes dient.

(2) Soweit eine Übertragung nach Absatz 1 stattgefunden hat, kann das Familiengericht auf Antrag eines Elternteils mit Zustimmung des anderen Elternteils entscheiden, dass die elterliche Sorge den Eltern gemeinsam zusteht, wenn dies dem Wohl des Kindes nicht widerspricht. Das gilt auch, soweit die Übertragung nach Absatz 1 wieder aufgehoben wurde.

1 1. a) Der Anwendungsbereich des § 1672 aF wird vollständig von § 1671 nF umfaßt. Demgegenüber wurde § 1672 völlig neu gefaßt.

2 b) Nach altem Recht konnte der Vater eines nichtehelichen Kindes die Sorge – außer durch Heirat – nur durch Ehelicherklärung und Adoption erhalten. Ist dies durch Ehelichkeitserklärung auf Antrag des Vaters geschehen, bleibt die väterliche Alleinsorge wegen Art 224 § 2 S 1 EGBGB auch nach dem Inkrafttreten des KindRG erhalten (dazu Greßmann, Neues Kindschaftsrecht Rz 569). Nach § 1626a II nF ist die Mutter grundsätzlich allein sorgeberechtigt, sofern sie mit dem Vater des Kindes bei der Geburt nicht verheiratet ist. Eine gemeinsame elterliche Sorge kommt nach § 1626a nur dann in Betracht, wenn die Eltern erklären, die Sorge gemeinsam übernehmen zu wollen oder die Ehe einzugehen. Daran knüpft § 1672 nF an.

3 c) Nach Abs I kann der Vater die Alleinsorge für das Kind mit Zustimmung der Mutter bei Getrenntleben auf Antrag erlangen.

4 d) Abs II ermöglicht es, die gemeinsame Sorge der Eltern herzustellen, wenn vorher bereits einmal eine Entscheidung nach Abs I getroffen wurde und deshalb eine Begründung durch Sorgeerklärungen wegen § 1626b III nicht mehr möglich ist.

5 2. Zu Abs I. Die Übertragung der Alleinsorge auf den Vater setzt das Getrenntleben der Eltern, seinen Antrag, die Zustimmung der Mutter und ein positives Ergebnis der Kindeswohlprüfung voraus.

6 a) Zum Begriff des Getrenntlebens s § 1671 Rz 15. Leben die Eltern zusammen, kann der Vater bereits durch Sorgeerklärungen nach § 1626a I Nr 1 an der Sorge beteiligt werden.

7 b) Zur Antragstellung und zum Verfahren vgl die Ausführungen in § 1671 (§ 1671 Rz 28 bzw 37ff).

8 c) Die Zustimmung der Mutter ist Prozeßhandlung und Sachentscheidungsvoraussetzung, vgl dazu § 1671 Rz 29. Bei fehlender Zustimmung ist der Antrag als unzulässig abzuweisen. Grund für die Einordnung der Zustimmung als Verfahrensverhandlung ist, daß der Vater nicht erst den Antrag stellen soll und dann erst während des Verfahrens die Mutter zur Zustimmung drängt, was bei einer nur materiell-rechtlichen Erklärung der Fall wäre (so BT-Drucks 13/4899, 100). Zur Bindung der Mutter an ihre Zustimmung s § 1671 Rz 29.

9 d) Im Gegensatz zu § 1671 I Nr 1 nF genügt hier nicht die Zustimmung allein als Kindeswohlvermutung, sondern das Kindeswohl ist zusätzlich durch das Gericht positiv zu prüfen. Der unterschiedliche Maßstab des § 1672

kann jedoch dadurch umgangen werden, daß die Eltern zunächst Sorgeerklärungen abgeben und anschließend eine Entscheidung nach § 1671 (II Nr 1) beantragt wird. Die positive Kindeswohlprüfung bedingt (anders als in Abs II), daß in Zweifelsfällen die Alleinsorge der Mutter erhalten bleibt. Ansonsten gelten die gleichen Kriterien wie bei § 1671 II Nr 2 (Bindungen, Kontinuität etc, s dazu § 1671 Rz 20ff), wobei die durch die Zustimmung der Mutter ausgedrückte Bereitschaft, die Sorge nicht mehr auszuüben, ein Indiz zugunsten der Übertragung ist.

3. **Zu Abs II.** Nach einer Übertragung aufgrund Abs I kann wegen § 1626b III eine gemeinsame Sorge nicht mehr durch Sorgeerkärungen begründet werden. Auch durch Aufhebung nach § 1696 (das bedeutete Rückübertragung) oder nach § 1672 I kann keine gemeinsame Sorge begründet werden. Abs II ermöglicht dies auf gerichtlichem Wege. Im Gegensatz zu Abs I ist hier nur – negativ – eine Beeinträchtigung des Kindeswohls zu prüfen. Dies deshalb, weil das Kind hier keinen Sorgeinhaber verliert, sondern einen zusätzlichen gewinnt (BT-Drucks 13/4899, 100). Zu Antrag und Zustimmung gilt das zu Abs I Gesagte. 10

1673 *Ruhen der elterlichen Sorge bei rechtlichem Hindernis*
(1) Die elterliche Sorge eines Elternteils ruht, wenn er geschäftsunfähig ist.
(2) Das Gleiche gilt, wenn er in der Geschäftsfähigkeit beschränkt ist. Die Personensorge für das Kind steht ihm neben dem gesetzlichen Vertreter des Kindes zu; zur Vertretung des Kindes ist er nicht berechtigt. Bei einer Meinungsverschiedenheit geht die Meinung des minderjährigen Elternteils vor, wenn der gesetzliche Vertreter des Kindes ein Vormund oder Pfleger ist; andernfalls gelten § 1627 Satz 2 und § 1628.

1. Das **Ruhen** ist ein besonderer, der elterlichen Sorge eigentümlicher Rechtszustand, bei dem das Rechtsverhältnis mit dem ihm innewohnenden subjektiven Recht zwar bestehen bleibt, die einzelnen, aus ihm fließenden Befugnisse vom Rechtsträger aber nicht ausgeübt werden dürfen (§ 1675). Deshalb kann die ruhende elterliche Sorge auch nicht im Sinn des § 1666 mißbraucht werden. Ihre Bestandteile können deshalb auch nicht entzogen werden (Pal/Diederichsen Rz 1; KG JFG 13, 265). Die elterliche Sorge ruht infolge eines a) **rechtlichen Hindernisses** (§ 1673), s Rz 2–5, b) **tatsächlichen Hindernisses** (§ 1674); ausführlich dazu Kirsch Rpfleger 1988, 234ff. 1

2. Das Gesetz unterscheidet zwei Fälle des Ruhens aus Rechtsgründen: a) wegen **Geschäftsunfähigkeit** (s Rz 3), b) wegen **beschränkter Geschäftsfähigkeit**. In beiden Fällen tritt das Ruhen mit Vorliegen der Voraussetzung ein und endet mit deren Fortfall kraft Gesetzes. 2

3. Zur **Geschäftsunfähigkeit** vgl § 104 Nr 2. **Rechtsfolge:** Bei intakter Ehe übt dann der andere Elternteil die elterliche Sorge allein aus (§ 1678 I). Die Herausgabe des Kindesvermögens nach § 1698 erübrigt sich deshalb. Dies gilt nicht, wenn auch in der Person des anderen Ehegatten ein Hindernis besteht, dh auch seine elterliche Sorge ruht (§§ 1673, 1674) oder ihm die Ausübung der elterlichen Sorge vollends entzogen worden ist (§ 1666). Hier muß das FamG nach § 1693 eingreifen und einen Vormund nach § 1789 vom VormG bestellen lassen. Die Anordnung der Vormundschaft und die Auswahl des Vormunds kann nach § 1693 nF auch das FamG treffen. Ist dem anderen Teil nur die Personen- oder Vermögenssorge entzogen, so ist ein Pfleger (§ 1909) zu bestellen. 3

Handelt es sich um eine nur **vorübergehende Störung** der Geistestätigkeit (§ 105), so kann dies bedeuten, daß dieser Elternteil im Sinne des § 1678 I tatsächlich verhindert ist, die elterliche Sorge auszuüben. Die Rechtsfolge ist dann für den anderen Elternteil dieselbe. 4

4. Zur **beschränkten Geschäftsfähigkeit** vgl § 106. In diesem Fall sind die **Rechtsfolgen** des Ruhens eingeschränkt: Dem betroffenen Elternteil steht wenigstens die tatsächliche Personensorge für das Kind – nicht die Vertretung – neben dessen gesetzlichem Vertreter zu (Fachausschuß des Bundesverbandes der Dt Standesbeamtinnen und Standesbeamten StAZ 2002, 246 Nr 3629); das ist nach dem zu Rz 3, 4 Gesagten regelmäßig der andere Ehegatte, sonst ein Vormund oder Pfleger. Nach Abs II S 3 gilt folgendes: Können sich beide Elternteile nicht einigen, so gelten die §§ 1627 S 2, 1628. Die Meinung des minderjährigen Elternteils geht der eines Vormunds oder Pflegers als gesetzlicher Vertreter vor. 5

5. a) **Ruht die elterliche Sorge** des Elternteils, dem sie nach §§ 1671, 1672 übertragen war, ist (anders als in § 1678 II aF) die Entscheidung nach § 1696 zu ändern. (Vgl BT-Drucks 13/4899, 102.) Ob dann der andere Elternteil oder wenn er ungeeignet ist oder in seiner Person ein Hindernis besteht, ein Vormund die Sorge ausübt, ist nach dem Wohl des Kindes zu entscheiden (§ 1697a). 6

b) Hatte die Mutter eines nichtehelichen Kindes nach § 1626a die Alleinsorge, so wird sie bei deren Ruhen auf den Vater nach § 1678 II nF übertragen, wenn es dem Kindeswohl dient. 7

6. Ist die Ehe durch den **Tod eines Elternteils** aufgelöst oder ist ein Elternteil für tot erklärt, so steht die elterliche Sorge dem anderen Teil allein zu (§§ 1680 I, 1681 I). Treffen die Voraussetzungen des § 1673 auf diesen zu, so ist ein Vormund zu bestellen (§ 1773). 8

7. Ein **geschäftsunfähiger Elternteil** kann gegen eine Entscheidung, in der wegen Geisteskrankheit das Ruhen der elterlichen Sorge angenommen und deshalb ein Vormund bestellt worden ist, selbst ein **Rechtsmittel** einlegen (Düsseldorf FamRZ 1969, 663 Hamm OLG 71, 76). 9

1674 *Ruhen der elterlichen Sorge bei tatsächlichem Hindernis*
(1) Die elterliche Sorge eines Elternteils ruht, wenn das Familiengericht feststellt, dass er auf längere Zeit die elterliche Sorge tatsächlich nicht ausüben kann.
(2) Die elterliche Sorge lebt wieder auf, wenn das Familiengericht feststellt, dass der Grund des Ruhens nicht mehr besteht.

§ 1674 Familienrecht Verwandtschaft

1 1. Das **Ruhen** tritt hier weder automatisch ein, noch endet es bei Wegfall des Hindernisses automatisch. Der Eintritt und das Ende des Ruhens setzen vielmehr eine **familiengerichtliche Verfügung** voraus, die eine **Schutzmaßnahme** darstellt und nur ergehen darf, wenn bestimmte Tatsachen gegeben sind. Die Anordnung hat rechtsgestaltungsähnliche Wirkung und kann auch durch das Rechtsmittelgericht nicht rückwirkend aufgehoben werden (BayObLG FamRZ 1988, 867).

2 2. **Voraussetzungen. a)** Ein Elternteil muß auf **längere** Zeit **tatsächlich** verhindert sein, die elterliche Sorge auszuüben. Es darf aber die Möglichkeit, die elterliche Sorge wieder ausüben zu können, nicht von vornherein ausgeschlossen sein. Gleicher Ansicht Frankfurt FamRZ 1966, 109; MüKo/Huber Rz 4. Liegt ein angeborenes unheilbares Leiden vor, zB Taubstummheit, so kommt § 1674 I nicht in Betracht, es ist vielmehr an Maßnahmen gemäß § 1666 zu denken (Frankfurt FamRZ 1966, 109). Beispiele: lange Strafhaft (BayObLG FamRZ 1965, 283), Untersuchungshaft nur ausnahmsweise (Köln OLGZ 1977, 420), Auswanderung, Kriegsgefangenschaft, Vermißtsein ohne Todeserklärung, körperliche oder geistige Erkrankung, letztere insbesondere, wenn sie noch nicht den Grad erreicht, daß sie nach § 1673 berücksichtigt werden könnte oder wenn ungeklärt ist, ob sie Geschäftsunfähigkeit zur Folge hat (BayObLG MDR 1967, 1011); ebenso bei intellektuell minderbegabtem Elternteil, der von dem geistesgestörten Partner, dessen elterliche Sorge ruht, derart abhängig und ihm hörig ist, daß er die elterliche Sorge nicht mehr eigenverantwortlich ausüben kann, BayObLG FamRZ 1981, 595. Dafür, daß allein die räumliche Trennung nicht ausreicht, um das Ruhen der elterlichen Sorge festzustellen, auch LG Berlin FamRZ 1968, 474; s auch BayObLG FamRZ 1976, 232: Kind befindet sich bei den vorgesehenen Adoptionseltern, die leiblichen Eltern sind aber mit der Adoption nicht mehr einverstanden (ebenso BayObLG FamRZ 1988, 867). Aufenthalt im Ausland reicht nach Frankfurt aM FamRZ 1954, 21 dann nicht aus, wenn der Elternteil in der Lage geblieben ist, schriftliche Anweisungen zu erteilen (bedenklich; aM für postalische Kontaktmöglichkeiten ie Recht Köln FamRZ 1992, 1033f und LG Frankenthal DAVorm 1993, 1237) oder notfalls auf dem Flugweg binnen kurzer Zeit zurückzukehren und sein Recht auszuüben; vgl auch BayObLG 1961, 248; and wenn Eltern auf absehbare Zeit nicht ausreisen können, LG Frankenthal DAVorm 1993, 1237. Auch eine telefonische Kontaktaufnahmemöglichkeit genügt für die Sorgeausübung (OLG Hamburg DAVorm 1991, 876f). Nicht erfüllt sind diese Voraussetzungen bei einem türkischen Kind, dessen gesetzlicher Vertreter sich in einem Dorf in der Osttürkei ohne Telefonverbindung aufhalten, und zwar selbst dann, wenn sich das Kind in der Obhut eines älteren aber nicht zur gesetzlichen Vertretung befugten Bruders befindet (Köln DAVorm 1991, 506ff; ebenso zur nicht ausreichenden Obhut eines älteren Bruders Köln FamRZ 1992, 1033f). Nicht relevant für die Ausübung der elterlichen Sorge ist der Status der deutschen Staatsangehörigkeit (VG Gießen, Urt v 5. 3. 2003 – 10 E 4120/02).

3 b) Eine dies (Rz 2) feststellende Verfügung des FamG. Sie kann nicht im Wege einer vorläufigen Anordnung ergehen (LG Berlin Rpfleger 1975, 359). Gleichwohl darf das FamG, bevor es das Ruhen der elterlichen Sorge feststellt, soweit erforderlich, vorläufige Anordnungen treffen (KG FamRZ 1962, 200). Die zu Unrecht getroffene Feststellung bleibt redlichen Dritten gegenüber solange wirksam, bis das FamG sie zurücknimmt. Die von dem anderen Ehegatten oder einem Vormund bis zu diesem Zeitpunkt allein vorgenommenen Rechtshandlungen sind gültig; § 32 FGG. Die Zuständigkeit ergibt sich aus § 64 FGG iVm § 621 ZPO. Weil es sich um kein gemäß § 14 RPflG dem Richter vorbehaltenes Geschäft handelt, entscheidet der Rechtspfleger (§ 3 Nr 2 lit a RPflG). Er hat von Amts wegen die erforderlichen Ermittlungen vorzunehmen (§ 12 FGG). Nach Stuttgart FamRZ 1975, 167 ist er nicht befugt, den Elternteil zu einer psychiatrischen Untersuchung anzuhalten.

4 3. **Rechtsfolge.** Sie ist die gleiche wie bei dem Ruhen der elterlichen Sorge infolge rechtlichen Hindernisses. Entweder übt sie der andere Elternteil allein aus oder es ist ein Vormund oder Pfleger zu bestellen. S daher § 1673 Rz 3, 4. Dem trägt § 51 FGG Rechnung, der ausspricht, daß die Verfügung des FamG entweder mit der Bekanntmachung an den anderen Elternteil oder der Bestellung des Vormunds wirksam wird. Gleiches gilt, wenn die elterliche Sorge der nichtehelichen Mutter ruht und das Jugendamt kraft Gesetzes Vormund wird (KG FamRZ 1972, 44). Für die Kosten sind die §§ 95 I 2, 92 I S 1 KostO maßgeblich. Zahlungspflichtig ist grundsätzlich das Kind.

5 Liegt die tatsächliche Verhinderung eines Elternteils in dessen längerer Abwesenheit, so kommt die Bestellung eines Abwesenheitspflegers im Interesse des Kindes nicht in Betracht, weil dieser an Stelle des Verhinderten die elterliche Sorge ohnehin nicht ausüben könnte (KG JFG 17, 61).

6 4. Die **elterliche Sorge lebt erst wieder auf**, wenn das FamG feststellt, daß der Grund des Ruhens nicht mehr besteht. Diese Verfügung wird nach § 51 FGG mit Bekanntmachung an den Betroffenen wirksam, ist aber auch dem anderen Elternteil und dem Vormund oder Pfleger bekanntzumachen. Bis dahin kommt § 1698a in Betracht.

7 5. Ruht die elterliche Sorge des Elternteils, dem sie nach §§ 1671, 1672 übertragen war, und besteht keine Aussicht, daß der Grund des Ruhens wegfallen werde, so übt nunmehr keineswegs der andere Teil die elterliche Sorge ohne weiteres aus; vielmehr hat das FamG die elterliche Sorge dem anderen Teil zu übertragen, wenn das dem Wohle des Kindes dient (§ 1678 II). Das entfällt, wenn der andere Teil ungeeignet ist oder in seiner Person ein Hindernis besteht. Dazu vgl § 1671 Rz 16f und § 1678 Rz 1ff.

8 6. Ist ein Elternteil tot oder für tot erklärt, so steht die elterliche Sorge dem anderen Teil gemäß §§ 1680, 1681 allein zu. Ruht bei diesem gemäß § 1674 die elterliche Sorge, so ist ein Vormund (§ 1773) zu bestellen.

9 7. **Kürzere tatsächliche Verhinderungen**, die elterliche Sorge auszuüben, äußern im Verhältnis zum anderen Elternteil die gleiche Wirkung: dieser übt die elterliche Sorge allein aus (§ 1678 I). Eine Feststellung des FamG ist hier weder erforderlich noch zulässig; deshalb entfällt aber auch die Rechtsfolge des § 1675. Bei kürzerer tatsächlicher Verhinderung des überlebenden Elternteils muß das FamG gemäß § 1693 die erforderlichen Maßregeln treffen. Zum Fall, daß eine vorübergehende tatsächliche Verhinderung beim Elternteil eintritt, dem das FamG gemäß §§ 1671, 1672 die alleinige Ausübung der elterlichen Sorge zugesprochen hat, siehe § 1671 Rz 56 und § 1678 Rz 10.

1675 Wirkung des Ruhens
Solange die elterliche Sorge ruht, ist ein Elternteil nicht berechtigt, sie auszuüben.

1. Betrifft **beide Fälle des Ruhens** der elterlichen Sorge (§§ 1673, 1674). Der betroffene Elternteil bleibt zwar dem Recht nach Inhaber der elterlichen Sorge, er ist aber weder verpflichtet noch berechtigt, sie auszuüben. Er hat auch kein Beschwerderecht, außer, wenn ihm nach § 1773 II die Sorge für die Person des Kindes mit zusteht; BayObLG FamRZ 1965, 283 sieht den Elternteil, dessen elterliche Sorge wegen tatsächlicher Verhinderung ruht, in einem Verfahren, das die Auswahl oder Entlassung des Vormunds für das Kind zum Gegenstand hat, als sachlich beteiligt an; ob ihm ein Beschwerderecht zusteht, läßt es unentschieden. Das Umgangsrecht des betroffenen Elternteils wird nicht beeinträchtigt, nur wird es sich praktisch selten durchführen lassen.

2. **Rechtsfolgen.** Der andere Elternteil übt nunmehr die elterliche Sorge allein aus (§ 1678 I). Stirbt ein Elternteil, so übt der Überlebende die elterliche Sorge allein aus (§ 1680). Endet sie durch den Tod des überlebenen Elternteils, so ist ein Vormund (§ 1773) zu bestellen; siehe § 1673 Rz 6. Ruht die elterliche Sorge bei dem Elternteil, dem sie gemäß **§§ 1671, 1672** zugesprochen ist, so kommt § 1696 in Betracht; bei Alleinsorge der Mutter nach § 1626a II gilt § 1678 II (Übertragung).

3. Ruht die elterliche Sorge eines Elternteils, so hat er nach § 1698 das dem Kind gehörende Vermögen herauszugeben und auf Verlangen Rechenschaft abzulegen. Nimmt ein Elternteil, dessen elterliche Sorge ruht, Rechtsgeschäfte für ein Kind vor, so kommt § 1698a in Betracht; dh: solange er das Ruhen nicht kennt oder nicht kennen muß, sind die Rechtsgeschäfte gültig, es sei denn, der Geschäftsgegner kennt das Ruhen oder muß es kennen.

1676 (weggefallen)

§ 1676 wurde aufgehoben durch Art 1 Nr 23 des SorgeRG. Er betraf im Verein mit § 1679 die Verwirkung der elterlichen Gewalt. Eine Übergangsregelung fehlt, was Anlaß zu Streitfragen gab. Vgl zum Folgenden Bienwald FamRZ 1979, 989. So ist nicht gesagt, was in den Fällen zu gelten hat, in denen vor dem 1. 1. 1980 eine Verwirkung bereits eingetreten ist, es aber zu einer Anordnung des Gerichts nicht mehr gekommen ist. Hier werden häufig Maßnahmen nach §§ 1666ff angezeigt sein. Nicht ausgesprochen ist, ob mit der Aufhebung der §§ 1676, 1679 die auf diesen beruhenden Anordnungen von selbst entfallen oder im Rahmen des § 1696 vom Gericht aufzuheben sind. Stets wäre zu prüfen, ob im gegebenen Fall Maßnahmen nach den §§ 1666ff erforderlich sind. Nimmt man an, die Verwirkung habe zu einem Substanzverlust geführt, so kann dieser allerdings nicht mehr rückgängig gemacht werden.

1677 Beendigung der Sorge durch Todeserklärung
Die elterliche Sorge eines Elternteils endet, wenn er für tot erklärt oder seine Todeszeit nach den Vorschriften des Verschollenheitsgesetzes festgestellt wird, mit dem Zeitpunkt, der als Zeitpunkt des Todes gilt.

1. Die **elterliche Sorge** eines Elternteiles **endet** als solche naturgemäß **mit seinem Tode**. Diesen Fall führt das Gesetz als selbstverständlich nicht auf, es regelt in § 1680 nF lediglich die Rechtsfolge, die der Tod dem anderen Elternteil gegenüber äußert.

2. Dagegen behandelt § 1677 ausdrücklich den Fall, daß ein Elternteil **für tot erklärt** oder seine **Todeszeit** nach den Vorschriften des Verschollenheitsgesetzes **festgestellt** wird; vgl §§ 1ff, 23, 39, 44 VerschG. Beschlüsse des Amtsgerichts, durch welche die Todeserklärung ausgesprochen oder die Todeszeit festgestellt wird, müssen **Rechtskraft wirksam** (§§ 29, 40 VerschG). Dann „endigt" mit dem Zeitpunkt, der als Zeitpunkt des Todes gilt, die elterliche Sorge. Damit stellt das Gesetz die Todeserklärung und die Feststellung der Todeszeit dem Tode gleich, gemäß § 1681 übrigens auch in ihrer Wirkung gegenüber dem anderen Elternteil. Doch besteht zwischen beiden Fällen ein Unterschied: Während der Tod der elterlichen Sorge wirklich ein Ende setzt, vermögen die Todeserklärung und die Feststellung der Todeszeit die elterliche Sorge nicht in ihrer Substanz zum Erlöschen zu bringen. Das zeigt sich, wenn der für tot Erklärte in Wahrheit lebt. Hier läßt § 1681 II seinen Antrag gegenüber dem FamG genügen, um sich von diesem die Ausübung der elterlichen Sorge wieder gestatten zu lassen. Darauf, ob die Todeserklärung oder Todeszeitfeststellung inzwischen aufgehoben worden ist, kommt es nicht an.

3. **Rechtsfolge.** Lebt der andere Elternteil, so steht ihm kraft Gesetzes vom Todeszeitpunkt an die elterliche Sorge allein zu. Ruht sie bei ihm (§§ 1673, 1674) oder ist ihm die Ausübung sämtlicher Bestandteile entzogen (§ 1666), so muß ein Vormund (§ 1773), ist ihm die Ausübung nur einzelner Bestandteile entzogen (§ 1666), so muß ein Pfleger (§ 1909) bestellt werden.

Vorbemerkung §§ 1678–1681

In dieser Vorschriftengruppe behandelt das Gesetz die Rechtsfolgen, die das Erliegen der elterlichen Sorge eines Elternteiles auf die des anderen äußert. Weil gemäß § 1626 Vater und Mutter die elterliche Sorge ausüben, liegt die Regelung nahe, daß beim Wegfall eines Elternteils der andere die elterliche Sorge allein ausübt. Dem trägt das Gesetz auch in der Tat Rechnung, jedoch sind zwei Systemgruppen zu unterscheiden:
– Zum Teil **übt** der **andere Elternteil** die **elterliche Sorge kraft Gesetzes** allein aus (§§ 1678 I Hs 1, 1680 I S 1).
– Zum Teil bedarf es erst einer entsprechenden **Anordnung des FamG** (§§ 1678, Hs 2, II, 1680 I, 1681 II S 1).

§ 1678 *Folgen der tatsächlichen Verhinderung oder des Ruhens für den anderen Elternteil*

(1) Ist ein Elternteil tatsächlich verhindert, die elterliche Sorge auszuüben, oder ruht seine elterliche Sorge, so übt der andere Teil die elterliche Sorge allein aus; dies gilt nicht, wenn die elterliche Sorge dem Elternteil nach den § 1626a Abs. 2, § 1671 oder § 1672 Abs. 1 allein zustand.

(2) Ruht die elterliche Sorge des Elternteils, dem sie nach § 1626a Abs. 2 allein zustand, und besteht keine Aussicht, dass der Grund des Ruhens wegfallen werde, so hat das Familiengericht die elterliche Sorge dem anderen Elternteil zu übertragen, wenn dies dem Wohl des Kindes dient.

1 1. Abs I regelt den Fall
- des **Ruhens** der elterlichen Sorge, und zwar gleichgültig, ob ein rechtliches (§ 1673) oder ein tatsächliches Hindernis (§ 1674) vorliegt; hier kann der betroffene Elternteil gemäß § 1675 die elterliche Sorge auch rechtlich nicht mehr ausüben;
- der **tatsächlichen Verhinderung**, die nicht zur Feststellung des VormG nach § 1674 geführt hat, was insbesondere bei kürzeren tatsächlichen Verhinderungen der Fall sein wird. § 1675 entfällt dann aber.

2 Die Rechtsfolgen sind gleich: Der andere Elternteil übt die elterliche Sorge **kraft Gesetzes** allein aus, vorausgesetzt, daß er dies kann und darf. Das FamG braucht nicht zu entscheiden. Etwas anderes gilt allerdings dann, wenn der andere Elternteil das Sorgerecht deshalb nicht hatte, weil dem „verhinderten Elternteil" nach § 1626 II, § 1671 oder § 1672 I allein zustand. Gegenüber der bis zum KindRG geltenden Rechtslage sind lediglich die Fälle des § 1626 II und des § 1672 I (§ 1672 aF ist Bestandteil von § 1671 nF geworden) als Ausnahmen von Abs I hinzugekommen. Dies gilt auch für den Fall, daß diesem Ehegatten das FamG im Verfahren der einstweiligen Anordnung nach § 620 Nr 1 ZPO die elterliche Sorge entzogen hat; vgl KG FamRZ 1973, 152 zum § 1627 ZPO aF. Hier muß das FamG einschreiten (§ 1693); es wird die Bestellung eines Vormundes anordnen (§ 1773). Ist dem Elternteil die Ausübung der elterlichen Sorge nur zum Teil nach § 1666 entzogen, so ist insoweit ein Pfleger (§ 1909) zu bestellen. § 1678 I entfällt, wenn es sich um Fälle rechtlicher Verhinderung handelt, die nicht den Tatbestand des § 1673 erfüllen. Sie werden jeweils nach ihrer Art vom Gesetz besonders geregelt; vgl zB § 1629 II: Zur Übertragung des Aufenthaltsbestimmungsrechts auf einen Elternteil für die Zeit der Heilbehandlung des anderen Elternteils AG Holzminden FamRZ 2002, 560.

3 2. Abs II behandelt jetzt nur noch den Sonderfall, daß die elterliche Sorge des Elternteils ruht, dem sie nach § 1626a II allein zustand, also der Mutter des nichtehelichen Kindes. Wegen eines tatsächlichen Hindernisses ruht die elterliche Sorge aber nur, wenn das FamG festgestellt hat, daß dieser Elternteil die elterliche Sorge auf längere Zeit tatsächlich nicht ausüben kann (§ 1674 I).

4 a) Das FamG wird von Amts wegen tätig.

5 aa) Besteht keine Aussicht, daß der Grund des Ruhens wegfallen wird, zB weil eine unheilbare geistige Erkrankung vorliegt oder weil ein Elternteil unter Zurücklassung des Kindes in ein fernes Land ausgewandert ist, so hat das FamG die elterliche Sorge dem anderen Elternteil, also dem Vater, zu übertragen, wenn dies dem Kindeswohl dient. Der Maßstab (positive Kindeswohlfeststellung) ist recht streng, weil anders als in Abs I keine gemeinsame Sorge bestand, so daß ungewiß ist, ob das Kind etwa überhaupt Kontakt zum Vater hat. Deshalb soll feststehen, daß die Übertragung dem Kindeswohl dient (BT-Drucks 13/4899, 102). Das kommt aber dann nicht in Betracht, wenn auch beim Vater der Tatbestand des Ruhens bejaht werden muß oder wenn ihm die Ausübung der elterlichen Sorge entzogen worden ist oder alsbald entzogen werden müßte (BayObLG 1961, 247; Maßfeller DNotZ 1957, 342, 371; Pal/Diederichsen Rz 4). Dann muß ein Vormund bestellt werden.

6 Nach § 51 I FGG wird die vom FamG gemäß § 1674 I zu treffende Feststellung erst mit der Übertragung der Ausübung der elterlichen Sorge auf den anderen Elternteil oder mit der Bestellung des Vormundes wirksam.

7 bb) Besteht Aussicht, daß der Grund des Ruhens wegfallen wird, so scheidet § 1678 II aus. Dem Kind kann nach §§ 1693, 1909 ein Pfleger bestellt werden (BayObLG 1961, 247; Pal/Diederichsen Rz 4; Maßfeller DNotZ 1957, 342, 371).

8 b) Daß es möglich ist, das Sorgerecht von Amts wegen zu übertragen, dient dem Zweck, alle Möglichkeiten im Interesse des Kindes auszuschöpfen.

9 c) Ist ein Elternteil zwar an der Ausübung der elterlichen Sorge **tatsächlich verhindert**, kann aber ihr **Ruhen** im Sinne des § 1674 **nicht festgestellt** werden, so kommt § 1678 II ebenfalls nicht zum Zuge. Dieser Fall wird lediglich in Abs 1 berücksichtigt. Es ergeben sich dann folgende Möglichkeiten: aa) Es ist mit einer nur **vorübergehenden** tatsächlichen Verhinderung zu rechnen. Dann kommt eine Ergänzungspflegschaft nach §§ 1693, 1909 in Betracht (BayObLG 1961, 247). bb) Läßt sich zwar eine dauerhafte Verhinderung, nicht aber das Ruhen feststellen und erweist sich die Anordnung einer Ergänzungspflegschaft nicht als ausreichende Maßnahme zum Schutz des Kindesinteresses, so wird das FamG zu erwägen haben, ob nicht insbesondere auf Grund des § 1666 eine anderweitige Regelung zu treffen ist (BayObLG aaO).

10 3. Der bisher in Abs II geregelte Fall des Ruhens bei einem Elternteil, dem die Sorge nach §§ 1671, 1672 aF (= § 1671 nF) übertragen wurde, ist in § 1678 nF weggefallen. Dies konnte wegen § 1696 nF geschehen, der nun für alle Sorgerechtsänderungsentscheidungen maßgebend ist.

11 4. Die **Zuständigkeit** des FamG richtet sich nach den §§ 64 FGG, 621 I Nr 1, II S 2 ZPO, 43, 36 FGG. Es entscheidet der Richter (§ 14 Nr 15 RPflG). Für die Gebühren ist § 94 I Nr 4, III KostO maßgeblich. Das Jugendamt ist nach § 49a I Nr 11 FGG grundsätzlich vor der Entscheidung zu hören (§§ 49a II, 49 IV FGG).

1679 (weggefallen)

1680 Tod eines Elternteils oder Entziehung des Sorgerechts

(1) Stand die elterliche Sorge den Eltern gemeinsam zu und ist ein Elternteil gestorben, so steht die elterliche Sorge dem überlebenden Elternteil zu.

(2) Ist ein Elternteil, dem die elterliche Sorge gemäß § 1671 oder § 1672 Abs. 1 allein zustand, gestorben, so hat das Familiengericht die elterliche Sorge dem überlebenden Elternteil zu übertragen, wenn dies dem Wohl des Kindes nicht widerspricht. Stand die elterliche Sorge der Mutter gemäß § 1626a Abs. 2 allein zu, so hat das Familiengericht die elterliche Sorge dem Vater zu übertragen, wenn dies dem Wohl des Kindes dient.

(3) Absatz 1 und Absatz 2 Satz 2 gelten entsprechend, soweit einem Elterteil, dem die elterliche Sorge gemeinsam mit dem anderen Elternteil oder gemäß § 1626a Abs. 2 allein zustand, die elterliche Sorge entzogen wird.

1. **Vorbemerkung.** Durch das KindRG wurden die §§ 1680, 1681 in übersichtlicher Form neu gefaßt und auch ergänzt. Im einzelnen gilt Folgendes: § 1680 aF, der sich mit dem Entzug der Sorge befaßt hat, ist nunmehr reduziert auf § 1680 III nF, der eine bloße Verweisung auf die Regelungen beim Tod eines Elternteils in § 1680 I, II nF darstellt. Die jetzigen Abs I und II des § 1680 entsprechen in ihren Grundzügen § 1681 I aF. § 1681 nF regelt nur noch die Todeserklärung; der bisherige § 1681 II aF wurde (S 1 bzw S 2) in Abs I bzw II nF aufgeteilt. Durch die Entkoppelung der Sorgeübertragung von der Scheidung und die Schaffung der §§ 1666–1667 iVm 1693, 1697a als allgemeiner Grundlage für die Anordnung von Vormund- und Pflegschaften unabhängig davon, welcher Teilbereich der Sorge betroffen ist, konnten die Vorschriften der §§ 1680 I S 3, 4, II S 2, 1681 I S 3, II S 3 ersatzlos entfallen. 1

2. **Stirbt** ein **Elternteil**, so endet naturgemäß seine elterliche Sorge. Das ist, weil selbstverständlich, vom Gesetz nicht besonders ausgesprochen. Die **Rechtsfolge**, die der Tod des einen Elternteils für die elterliche Sorge des anderen äußert, behandelt § 1680 I nF. Die **elterliche Sorge** übt **kraft Gesetzes** der **andere Elternteil** allein **aus**. 1a

3. Etwas anderes muß gelten, wenn in der Person des Überlebenden ein **Hindernis** besteht, nämlich seine elterliche Sorge ruht (§§ 1673–1675) oder ihm deren Ausübung vollends oder zT nach § 1666 entzogen worden ist. Dem Kind ist dann ein Vormund (§ 1773), im zweiten ein Pfleger (§ 1909) zu bestellen. Hierbei ist § 1693 nF zu beachten. 2

4. **War** der verstorbene **Elternteil nach** den **§§ 1671, 1672 I sorgeberechtigt**, so **geht** die **elterliche Sorge keineswegs kraft Gesetzes** auf den anderen Elternteil **über**. Vielmehr hat das FamG die elterliche Sorge grundsätzlich dem überlebenden Elternteil zu **übertragen**, wenn dies dem Wohl des Kindes widerspricht. Für spätere Abänderungen gilt, wie aus § 1680 II S 1 folgt, nicht § 1696, sondern allein § 1666 (Oldenburg FamRZ 1996, 235 zum gleichlautenden § 1681 I S 2 aF). Zur **verfassungsrechtlichen Zulässigkeit**, die Regelung der elterlichen Sorgerechts nach den Grundsätzen des § 1671 zu beurteilenden Kindeswohl (Schleswig FamRZ 1993, 832, 834) zu orientieren, BayObLG FamRZ 1988, 973. Ein notwendig werdender Umgebungswechsel rechtfertigt allein noch keine Ausnahmeentscheidung (Frankfurt FamRZ 1981, 1105). Hier ist eher an sog Stiefkinderfälle zu denken, die sich dann ergeben, wenn der verstorbene sorgeberechtigte Elternteil wieder geheiratet hat und es nunmehr darum geht, ob das Kind in der Obhut des Stiefelternteils verbleiben oder zum leiblichen Elternteil kommen soll. Hier wird es darauf ankommen, in welchem Grad sich das Kind mit dem Stiefelternteil und dessen Angehörigen verbunden fühlt und ob es auch bereit ist, in eine neue Umgebung überzuwechseln. Zur Bestellung des Stiefvaters als Vormund bei noch lebendem leiblichen Vater Schleswig FamRZ 1993, 832f. Nach § 50b FGG hat das Gericht das Kind persönlich anzuhören. Zu diesem Fragekreis s LG Ravensburg DAVorm 1975, 57; Karlsruhe Justiz 1975, 29. Kommt eine Übertragung der elterlichen Sorge schlechthin nicht in Betracht, so ist ein Vormund (§ 1773), ist lediglich von der ganzen oder teilweisen Übertragung der Personen- oder der Vermögenssorge abzusehen, so ist ein Pfleger (§ 1909) zu bestellen. 3

5. Ein anderer Maßstab gilt nach Abs II S 2 beim Tod der nach § 1626a II sorgeberechtigten Mutter eines nichtehelichen Kindes. Dieser Fall ist erst durch das KindRG aufgenommen worden. Ebenso wie in § 1678 II ist hier die Feststellung erforderlich, daß die Sorge durch den Vater dem Kindeswohl entspricht, weil im Falle des § 1626a II möglicherweise der Vater als Bezugsperson des Kindes völlig fehlt. 4

6. Wird einem gemeinsam sorgeberechtigten Elternteil oder der nach § 1626a II allein sorgeberechtigten Mutter die gesamte elterliche Sorge, die Personen- oder die Vermögenssorge entzogen, so hat das FamG nach Abs III im Regelfall die Sorgeberechtigung auf diesen zu übertragen, es sei denn, daß dies dem Wohle des Kindes widerspricht (Abs III, I) bzw wenn es ihm dient (Abs III, II S 2). Ansonsten ordnet das FamG die Bestellung eines Vormunds oder Pflegers an. § 1680 III ist entsprechend anzuwenden, wenn das FamG einem Elternteil lediglich das Recht entzogen hat, den Aufenthalt des Kindes zu bestimmen (Hamm NJW 1960, 2239). 5

7. Besteht die **gemeinsame Sorge** noch **rechtlich** und **tatsächlich**, so gilt nunmehr folgendes: Ein **Elternteil** übt die **Sorge** insoweit **allein aus**, als der andere sie verloren hat. Diese **Folge** tritt **kraft Gesetzes** ein. Von diesem Grundsatz gibt es eine **Ausnahme:** Steht zu **befürchten,** daß der **betroffene Elternteil** bei Fortdauer der gemeinsamen Sorge bezüglich des nicht entzogenen Teils auf das Wohl des Kindes **schädlich einwirkt**, besteht insbesondere nicht die Gewähr dafür, daß der andere Elternteil sich gegen ihn durchsetzt, vgl KG FamRZ 1965, 158, so kann das FamG eine abweichende Entscheidung treffen, weil dies dem Kindeswohl widerspricht. Es kann dann 6

§ 1680 Familienrecht Verwandtschaft

auch den anderen Elternteil von der elterlichen Sorge ganz oder teilweise ausschließen und gemäß § 1773 die Bestellung eines **Vormunds** oder gemäß § 1909 eines **Pflegers** für das Kind anordnen (§ 1697), gleichgültig, ob in der Person des anderen Ehegatten die Voraussetzungen des § 1666 gegeben sind. Diese Regelung widerspricht nicht dem Grundgesetz (KG aaO; Frankfurt FamRZ 1969, 429). Ist ein Vormund bestellt, so endet die Vormundschaft gemäß § 1882, wenn dem betroffenen Ehegatten gemäß § 1696 die elterliche Sorge wieder übertragen wird. Für die Pflegschaft gilt entsprechendes (§ 1919).

7   8. Im Gegensatz zur Rechtslage vor dem KindRG enthält § 1680 III nF keine Regelung für den Fall, daß einem Elternteil, dem die Sorge nach §§ 1671, 1672 I (das umfaßt §§ 1671, 1672 aF) übertragen wurde, diese wieder entzogen wird. Dieser Fall wird nunmehr Gegenstand einer Änderungsentscheidung nach § 1696. §§ 1671, 1672, 1696 gelten seit dem KindRG auch für beliebige Teilbereiche der Sorge, so daß eine flexible Handhabung möglich ist (vgl BT-Drucks 13/4899, 103f).

8   9. Die örtliche Zuständigkeit des FamG richtet sich nach §§ 64 FGG, 621 II S 2 ZPO. Es entscheidet der Richter (§ 14 Nr 15 RPflG). Das Jugendamt ist nach § 49a I Nr 11 FGG zu hören; die Entscheidung ist ihm bekanntzumachen (§§ 49a II, 49 III FGG).

1681 *Todeserklärung eines Elternteils*
(1) § 1680 Abs. 1 und 2 gilt entsprechend, wenn die elterliche Sorge eines Elternteils endet, weil er für tot erklärt oder seine Todeszeit nach den Vorschriften des Verschollenheitsgesetzes festgestellt worden ist.
(2) Lebt dieser Elternteil noch, so hat ihm das Familiengericht auf Antrag die elterliche Sorge in dem Umfang zu übertragen, in dem sie ihm vor dem nach § 1677 maßgebenden Zeitpunkt zustand, wenn dies dem Wohl des Kindes nicht widerspricht.

1   1. Zur Neufassung der §§ 1680, 1681 durch das KindRG vgl § 1680 Rz 1.

2   2. Wie der Tod werden die **Todeserklärung** und die **Todeszeitfeststellung** in § 1681 I behandelt. In beiden Fällen endet die elterliche Sorge mit dem Zeitpunkt, der als Zeitpunkt des Todes gilt (§ 1677).

3   3. Abs II enthält gegenüber § 1681 II S 2 aF eine Neuregelung. Nach altem Recht genügte bei irrtümlicher Todeserklärung die bloße Erklärung des Elternteils zur Wiederausübung der Sorge. Nach Abs II nF ist nunmehr ein Antrag an das FamG erforderlich, dem allerdings nur bei Widerspruch zum Kindeswohl nicht entsprochen werden soll. Die Möglichkeit der Entfremdung oder des völligen Verlustes einer Bezugsperson soll so Berücksichtigung finden (vgl BT-Drucks 13/4899, 104). Darauf, ob der Beschluß über die Todeserklärung oder die Todeszeitfeststellung aufgehoben ist, kommt es nicht an. Aus Gründen der Rechtssicherheit tritt keine Rückwirkung ein. Für in der Zwischenzeit abgeschlossenes Geschäft gilt § 1698a entsprechend.

4   4. Eine Regelung wie in § 1681 II S 3 aF zur Wiederverheiratung des anderen Elternteils konnte entfallen, weil § 1671 nF nur noch an die Trennung nicht mehr an die Scheidung geknüpft ist. Der wiederverheiratete Elternteil kann (da er ja vom anderen getrennt lebt) ohne weiteres einen Antrag auf Alleinsorge nach § 1671 nF stellen (BT-Drucks aaO).

5   5. Das Verfahren entspricht dem nach § 1680. S § 1680 Rz 3. Zur Anordnung der Vormundschaft nach deutschem Recht, wenn das Kind nach seinem Heimatrecht unter dem gesetzlichen Gewaltverhältnis des (noch lebenden) Vaters steht, BayObLG FamRZ 1993, 463ff.

1682 *Verbleibensanordnung zugunsten von Bezugspersonen*
Hat das Kind seit längerer Zeit in einem Haushalt mit einem Elternteil und dessen Ehegatten gelebt und will der andere Elternteil, der nach den §§ 1678, 1680, 1681 den Aufenthalt des Kinds nunmehr allein bestimmen kann, das Kind von dem Ehegatten wegnehmen, so kann das Familiengericht von Amts wegen oder auf Antrag des Ehegatten anordnen, dass das Kind bei dem Ehegatten verbleibt, wenn und solange das Kindeswohl durch die Wegnahme gefährdet würde. Satz 1 gilt entsprechend, wenn das Kind seit längerer Zeit in einem Haushalt mit einem Elternteil und dessen Lebenspartner oder einer nach § 1685 Abs. 1 umgangsberechtigten volljährigen Person gelebt hat.

1   Die ohne ein bisheriges Vorbild durch das KindRG geschaffene Neuregelung berücksichtigt, daß ein Kind auch in einem Elternteil und dessen (neuem) Ehegatten (Stiefelternsituation) bzw Großeltern und Geschwistern (§ 1685 I) Bezugspersonen finden kann, deren Erhalt für das Kind wichtiger sein kann, als der Aufenthalt beim anderen Elternteil. Dem Stiefelternteil gleichgestellt worden ist durch das LPartG der Lebenspartner des Elternteils. Eine ähnliche Situation regelt § 1632 IV nF.

2   § 1682 betrifft lediglich das **Aufenthaltsbestimmungs-**, nicht das Sorgerecht. Dieses Aufenthaltsbestimmungsrecht muß auf den anderen Elternteil, der das Kind jetzt herausverlangt, wegen Ruhens, Tod oder Todeserklärung übergegangen sein. Der Herausgabeanspruch des § 1632 I wird insoweit eingeschränkt.

3   Das FamG kann sowohl auf Antrag des Stiefelternteils bzw (S 2, § 1685 I) der (volljährigen) Geschwister, Großeltern und jetzt auch des Lebenspartners entscheiden als auch von Amts wegen. Dabei hat es eine **am Kindeswohl orientierte Entscheidung** zu treffen, wobei insbesondere der Grad der Entfremdung des nun die Herausgabe verlangenden Elternteils und die Gefährdung der seelischen Entwicklung bei Verlust einer wichtigen Bezugsperson.

§ 1683 Vermögensverzeichnis bei Wiederheirat

(1) Sind die Eltern des Kindes nicht oder nicht mehr miteinander verheiratet und will der Elternteil, dem die Vermögenssorge zusteht, die Ehe mit einem Dritten schließen, so hat er dies dem Familiengericht anzuzeigen, auf seine Kosten ein Verzeichnis des Kindesvermögens einzureichen und, soweit eine Vermögensgemeinschaft zwischen ihm und dem Kinde besteht, die Auseinandersetzung herbeizuführen.

(2) Das Familiengericht kann gestatten, dass die Auseinandersetzung erst nach der Eheschließung vorgenommen wird.

(3) Das Familiengericht kann ferner gestatten, dass die Auseinandersetzung ganz oder teilweise unterbleibt, wenn dies den Vermögensinteressen des Kindes nicht widerspricht.

1. Durch das KindRG wurde die Zuständigkeit auf das FamG übertragen.

2. **Zweck.** Die Verzeichnis- und **Auseinandersetzungspflicht** soll verhindern, daß die Vermögensverhältnisse der Kinder aus früherer Ehe verdunkelt werden (KGJ 53, 20). Sie gilt für jede weitere Ehe eines Elternteils, weil dem Kind nach früherer Inventarisierung oder Auseinandersetzung neues Vermögen zugefallen sein kann (KG StAZ 1925, 207). Die Vorschrift erfaßt den unverheirateten, geschiedenen und den verwitweten Elternteil sowie den Adoptivelternteil, der die Absicht hat, die neue Ehe mit einem Dritten zu schließen.

3. **Gegenstand** des Verzeichnisses ist nur das der Verwaltung unterliegende Vermögen. Ist solches nicht oder überhaupt kein Kindesvermögen vorhanden, so genügt eine Fehlanzeige. Diese kann aber das FamG auf die Richtigkeit nachprüfen (§ 12 FGG). Für eine Ermittlungspflegschaft ist jedoch kein Raum (KG RJA 7, 8). Der Elternteil kann auf ein früheres Vermögensverzeichnis (§ 1640) Bezug nehmen und muß dies uU ergänzen. Das FamG hat die Richtigkeit des Vermögensverzeichnisses zu prüfen und notwendige Ermittlungen vorzunehmen (§ 12 FGG). Eine öffentliche Aufnahme ist nicht vorgesehen.

4. a) Eine **Auseinandersetzung** kommt nur bei einer **Vermögensgemeinschaft** in Betracht. An dieser fehlt es, wenn der Elternteil Vorerbe bis zur Wiederverheiratung und das Kind für diesen Fall Nacherbe (KGJ 43, 38) oder wenn der Elternteil Alleinerbe ist (KGJ 44, 32); ferner wenn lediglich ein Pflichtteilsanspruch besteht oder wenn dem Kind kraft Testaments ein aufschiebend bedingtes Vermächtnis für den Fall der Wiederverheiratung des überlebenden Elternteils zusteht (BayObLG FamRZ 1965, 564, das auch die zu den voraufgeführten Fällen geäußerte Rechtsansicht billigt); schließlich, wenn das Kind Kommanditist, der Elternteil Komplementär einer Kommanditgesellschaft ist, hinsichtlich des Geschäftsanteils des Kindes (LG Nürnberg-Fürth FamRZ 1961, 376). Dölle FamR II § 94 VI 2c Fn 98; Gernhuber/Coester-Waltjen § 10 VII 3 Fn 3 halten die Begründung des Beschlusses für verfehlt.

Die Ansichten, wann eine **Vermögensgemeinschaft** im Sinn dieser Vorschrift vorliegt, gehen auseinander. Nach der Ansicht des KG (KGJ 44, 32 und StAZ 1925, 207 – Gutachten –) fallen hierunter außer der **Erbengemeinschaft** noch die **Gesellschaft**, die **Gemeinschaft**, das **Miteigentum** und die **fortgesetzte Gütergemeinschaft**. Demgegenüber will Pal/Diederichsen Rz 2 **Miteigentum** nach Bruchteilen an einem **einzelnen Vermögensstück**, zB an einem Haus, von der Pflicht, sich auseinanderzusetzen, ausnehmen. Dem ist mit dem BayObLG FamRZ 1965, 563; 1974, 34 beizutreten: Bei Bruchteilseigentum sind die Rechte und Pflichten der Beteiligten klar voneinander abgehoben, hier besteht nicht die Gefahr, daß die Vermögensverhältnisse der Kinder aus früherer Ehe verdunkelt werden.

b) Liegt eine **Vermögensgemeinschaft** vor, so ist, wenn nicht ihr Fortbestand gemäß Abs II, dazu s Rz 7, gestattet wird, eine Auseinandersetzung trotz der diese ausschließenden Anordnungen oder Vereinbarungen (§§ 749, 2044, 2042 II) durchzuführen. Dies gilt vornehmlich für die **Erbengemeinschaft**. Denn § 1683 I, soweit nicht sein Abs III eingreift, enthält zwingendes Recht und geht einer Anordnung, welche die Auseinandersetzung des Nachlasses ausschließt, vor (BayObLG MDR 1967, 843; Pal/Edenhofer § 2044 Rz 5; mindestens stellt § 1683 einen wichtigen Grund dar (Bamberger/Roth/Veit Rz 5). Die Pflicht hierzu ergibt sich aber unmittelbar aus § 1683 I. Für die Auseinandersetzung ist nach §§ 1629 II, 1795, 1909 ein Pfleger zu bestellen. Der betroffene Elternteil kann hiergegen gemäß § 20 FGG Beschwerde einlegen (BayObLG 1967, 230). Gleiches gilt, wenn das VormG den mit falschen Maßnahmen des Pflegers begründeten Antrag auf dessen Entlassung abgelehnt hat; aA KG JW 1936, 2935. Die Auseinandersetzung ist nach Maßgabe der §§ 1643, 1821, 1822 genehmigungspflichtig. Wird die Genehmigung versagt oder nur unter einer aufschiebender Bedingung erteilt, so ist nur der Pfleger, nicht der Elternteil beschwerdeberechtigt (KG JFG 13, 24; BayObLG FamRZ 1974, 34). Die Pflegschaft endet mit Durchführung der Auseinandersetzung (§ 1918 III). Eines Aufhebungsbeschlusses bedarf es nicht.

c) Gemäß **Abs II** kann das VormG gestatten, daß die Auseinandersetzung erst **nach der Eheschließung** vorgenommen wird. Noch weiter geht **Abs III**. Danach kann das FamG sogar gestatten, daß die **Auseinandersetzung ganz** oder **teilweise unterbleibt**, wenn dies den Vermögensinteressen des Kindes nicht widerspricht. Zu einem dementsprechenden Ergebnis war die Rspr ohnehin schon gelangt, vgl BayObLG FamRZ 1965, 563; 1974, 34. Die Ausnahme wird insbesondere dann in Betracht kommen, wenn eine Vermögensauseinandersetzung hinsichtlich von **Grundstücken** und der **Teilhaberschaft** an **Gesellschaften** stattfinden müßte. Hier muß das FamG also prüfen, ob die an sich vorzunehmende Auseinandersetzung dem Kind nicht eher **Nachteile** als Vorteile einbringt. Auch ist zu bedenken, daß die Auseinandersetzung selbst bei nur geringem Vermögen erhebliche Schwierigkeiten bereitet und unverhältnismäßige Kosten verursacht, sowie darüber hinaus die neue Ehe belastet, ohne das Kindesvermögen wirklich zu sichern (Bericht des Rechtsausschusses BT-Drucks 8/2788, 66, 67). Das für die Befreiung zuständige FamG ergibt sich aus §§ 64 FGG, 621 II ZPO. Weil es sich um kein dem Richter vorbehaltenes Geschäft handelt, wird der Rechtspfleger tätig (§ 3 Nr 2 lit a RPflG). Die Gebühren richten sich nach § 94 I Nr 2 KostO. Für etwaige Auseinandersetzungspflegschaft Gebühr nach § 93 KostO.

§ 1683 Familienrecht Verwandtschaft

8 5. **Erfüllt der Elternteil** die ihm obliegenden **Pflichten nicht**, so kann das FamG Ordnungsstrafen verhängen (§ 33 FGG) oder die Vermögensverwaltung entziehen s Rz 9.

9 6. Die **Entziehung** der **Vermögensverwaltung nach § 1666 I nF (früher in Abs IV geregelt)** kommt als schärfste und äußerste Maßregel nur in Betracht, wenn die sonstigen, der Einhaltung des § 1683 dienenden Zwangsmittel erfolglos geblieben sind. Objektive Pflichtwidrigkeit genügt an sich, jedoch wird das FamG bei geringer Pflichtverletzung in der Regel die Entziehung erst androhen, ehe es sie ausspricht. Es handelt sich somit um eine Kann-Vorschrift nach pflichtgemäß Ermessen des Gerichts (KG HRR 1935 Nr 17). Bei Gefahr im Verzug kann die Vermögensverwaltung durch eine **vorläufige Anordnung** für die Dauer des Verfahrens entzogen werden (KG JW 1937, 1073).

Vorbemerkung §§ 1684–1688

1 Aufgehoben wurden § 1684 durch das SorgeRG, §§ 1685, 1686 durch das BeistandschaftsG sowie §§ 1687, 1688 durch das NEG. Die Beistandschaft ist jetzt in §§ 1712ff geregelt. Neu eingefügt durch das KindRG wurden die §§ 1684–1688. Sie regeln das Umgangsrecht (§§ 1684, 1685), das daran anknüpfende Auskunftsrecht (§ 1686) und das Entscheidungsrecht bei Kindern, die sich nicht beim sorgeberechtigten Elternteil aufhalten (§§ 1687–1688). Den Umgang von Eltern und Kindern regelt § 1684, der im wesentlichen § 1634 aF entspricht und der in § 1685 durch ein Umgangsrecht auch anderer Bezugspersonen (Großeltern, Geschwister, Stiefeltern) ergänzt wird. § 1687 regelt die Entscheidungsbefugnis bei gemeinsam, § 1687a bei allein sorgeberechtigten Eltern, die jeweils getrennt leben. § 1688 gibt der Pflegeperson in bestimmten Situationen eigene Entscheidungsbefugnisse.

1684 *Umgang des Kindes mit den Eltern*

(1) Das Kind hat das Recht auf Umgang mit jedem Elternteil; jeder Elternteil ist zum Umgang mit dem Kind verpflichtet und berechtigt.

(2) Die Eltern haben alles zu unterlassen, was das Verhältnis des Kindes zum jeweils anderen Elternteil beeinträchtigt oder die Erziehung erschwert. Entsprechendes gilt, wenn sich das Kind in der Obhut einer anderen Person befindet.

(3) Das Familiengericht kann über den Umfang des Umgangsrechts entscheiden und seine Ausübung, auch gegenüber Dritten, näher regeln. Es kann die Beteiligten durch Anordnungen zur Erfüllung der in Absatz 2 geregelten Pflicht anhalten.

(4) Das Familiengericht kann das Umgangsrecht oder den Vollzug früherer Entscheidungen über das Umgangsrecht einschränken oder ausschließen, soweit dies zum Wohl des Kindes erforderlich ist. Eine Entscheidung, die das Umgangsrecht oder seinen Vollzug für längere Zeit oder auf Dauer einschränkt oder ausschließt, kann nur ergehen, wenn andernfalls das Wohl des Kindes gefährdet wäre. Das Familiengericht kann insbesondere anordnen, dass der Umgang nur stattfinden darf, wenn ein mitwirkungsbereiter Dritter anwesend ist. Dritter kann auch ein Träger der Jugendhilfe oder ein Verein sein; dieser bestimmt dann jeweils, welche Einzelperson die Aufgabe wahrnimmt.

1. Vorbemerkung	b) Kindeswille 22
a) Gegenüberstellung mit § 1634 aF 1	c) Art der Zusammenkünfte; Anwesenheit Dritter . . 24
b) Verfassungsmäßigkeit 2	d) Ort der Zusammenkünfte 26
c) Korrespondierende Rechte und Pflichten 3	e) Zeit und Dauer 27
2. Umgangsrecht	**5. Umgangsausschluß**
a) Wesen 4	a) Verhältnismäßigkeit 28
b) Unverzichtbarkeit 5	b) Einzelheiten 29
c) Umfang und Zweck 6	**6. Umgangskosten** 30
d) Vormünder, Pfleger 7	**7. Verfahrensgrundsätze**
e) Inhalt des Umgangsrechts im einzelnen 8	a) Zuständigkeit 31
3. Umgangsregelung 9	b) Anhörung 32
a) Durch Vereinbarung 10	c) Vergleich 33
b) Aus Anlaß der Scheidung 14	d) Einstweilige Anordnung 34
c) Durch das FamG 15	e) Entscheidung 35
d) Gegenüber Dritten 19	f) Vollstreckung 36
4. Entscheidung des Gerichts 20	g) Beschwerde 37
a) Konkretheit 21	**8. Internationales Privatrecht** 38

1. Vorbemerkung

1 **a)** § 1684 wurde durch das KindRG neu eingefügt und entspricht im wesentlichen **§ 1634 aF**. § 1684 I nF, der den Grundgedanken des Umgangs regelt, ist gegenüber § 1634 I aF wesentlich erweitert (s dazu Rz 3ff). § 1684 II S 1 übernimmt den Wortlaut des § 1634 I S 2 aF, während § 1684 II S 2 ohne bisheriges Vorbild ist. § 1684 III S 1 gleicht § 1634 II S 1 Hs 1 aF, während § 1684 III S 2 eine Neuschöpfung darstellt. § 1684 IV S 1 folgt dem Wortlaut des § 1634 II S 2 aF, während § 1684 IV S 2 eine Neuregelung ist.

Umgekehrt wurde § 1634 III aF leicht modifiziert zu § 1686, so daß letzlich nur § 1634 II S 1 Hs 2 aF (jetzt ähnlich § 1687a) und § 1634 IV aF (der jetzt von § 1684 I miterfaßt wird); weggefallen sind.

2 **b)** Die **Verfassungsmäßigkeit** des § 1634 aF hat BayObLG FamRZ 1974, 37; 1969, 551 bejaht. Nach BVerfG 31, 194 verstößt das *VormG* (jetzt das FamG) nicht gegen Art 6 GG, wenn es bei einer Regelung des Umgangs-

Elterliche Sorge **§ 1684**

rechts zugleich Anordnungen zu dessen Durchsetzung trifft, namentlich den sorgeberechtigten Elternteil verpflichtet, das Kind dem anderen Elternteil zu überlassen. Angesichts dessen, daß der neue § 1684 und der alte § 1634 insoweit übereinstimmen, sind gegen die Regelung Bedenken nicht zu erheben. § 1684 ist insoweit mit Art 6 I GG unvereinbar, wie der leibliche Vater (aber nicht der rechtliche) nicht ausdrücklich in den Kreis der Umgangsberechtigten einbezogen ist, selbst wenn eine familiär soziale Beziehung zu diesem besteht; wegen des klaren Wortlauts ist auch eine verfassungskonforme Auslegung nicht möglich – gesetzgeberischer Auftrag zur Korrektur bis 30. 4. 2004 (BVerfG, Urt v 9. 4. 2003 – 1 BvR 1493/96).

c) Korrespondierende Rechte und Pflichten. Anders als § 1634 I aF, der nur von der Umgangsbefugnis des 3 nicht sorgeberechtigten Elternteils sprach, bringt § 1684 I nF die Bedürfnisse des Kindes besser zum Ausdruck: Das Kind hat primär das Recht auf Umgang mit den Eltern, seiner Entwicklung dient es (BVerfG, Urt v 9. 4. 2003 – 1 BvR 1493/96; Brandenburg FamRZ 2003, 111). Dem korrespondiert zunächst die Pflicht der Eltern, mit ihrem Kind umzugehen (Brandenburg FamRZ 2002, 974, 975; Frankfurt/M FamRZ 2002, 1585, 1587; Düsseldorf FamRZ 2002, 1582; Hamm FamRZ 2002, 1583; Köln FamRZ 2002, 979). Erst an dritter Stelle steht das Umgangsrecht der Eltern gegenüber dem Kind und ggf gegenüber dem anderen Elternteil (Schwab FamRZ 2002, 1297ff).

2. Umgangsrecht

a) Wesen. Es ist herzuleiten aus dem in Art 6 des GG als Grundrecht anerkannten natürlichen Elternrecht (vgl 4 vor § 1626 Rz 9–17). Das Personensorgerecht und das Umgangsrecht stehen sich beide als selbständige, auf dem natürlichen Elternrecht beruhende Rechte gegenüber. Hierbei kann das Umgangsrecht des einen Elternteils eines alleinsorgeberechtigten das Personensorgerecht des anderen einschränken; so insbesondere BGH 42, 364; FamRZ 1969, 148; BayObLG FamRZ 1965, 442; Soergel/Strätz Rz 6; Pal/Diederichsen Rz 4; Dölle § 48 I 1; ebenso jetzt Gernhuber/Coester-Waltjen § 66 I.

Im Gegensatz zu § 1634 I aF normiert § 1684 I nF ausdrücklich, daß jeder Elterteil umgangsverpflichtet und -berechtigt ist. Dabei ist gleichgültig, ob die Eltern verheiratet, ledig, geschieden oder ihre Ehe nach §§ 1313ff nF aufgehoben ist. Beachte aber BVerfG, Urt v 9. 4. 2003 – 1 BvR 1493/96 bzgl der Verfassungswidrigkeit des Nichteinbezugs des leiblichen (nicht rechtlichen) Vaters. Ebenfalls kommt es nicht darauf an, wer die Sorge innehat oder ob sie ruht. Es gilt für eheliche wie für nichteheliche Kinder (der frühere § 1711 ist aufgehoben). § 1684 I nF umfaßt mehr als nur den „persönlichen" (§ 1634 I aF) Umgang, auch Briefe und Telefonate fallen unter den Umgangsbegriff des § 1684 I nF (vgl BT-Drucks 1348, 104f).

Das Umgangsrecht steht grundsätzlich auch dem Vater des durch **Fremdbefruchtung** (heterologe Insemination in utero) gezeugten Kindes zu (so im Falle späterer Ehescheidung Frankfurt aM FamRZ 1988, 754). Im Umgangsrechtsverfahren kann diesem Vater nach rechtskräftig abgewiesener Ehelichkeitsanfechtungsklage des alten Rechts nicht entgegengehalten werden, daß er nicht der Erzeuger des Kindes sei (Frankfurt aM NJW-RR 1988, 772).

Der biologische Vater hat neben dem Scheinvater kein Umgangsrecht, wenn die Mutter mit dem Scheinvater zusammenlebt und das Kind ungestört vom biologischen Vater aufwachsen lassen will (LG Köln FamRZ 1996, 433; Köln FamRZ-RR 1997, 324; idS auch Saarbrücken OLGRp 2002, 448; anders BVerfG, Urt v 9. 4. 2003 – 1 BvR 1493/96).

Den **leiblichen** Eltern eines **adoptierten Kindes** wird nach § 1751 ein Umgangsrecht versagt. Diese Regelung ist nicht unbedenklich, vgl dazu Engler FamRZ 1966, 556; Göppinger FamRZ 1966, 423; Lange JZ 1966, 733. Es ist insbesondere nicht einzusehen, warum jegliche Beziehung zwischen den leiblichen Eltern und ihrem Kind unterbunden werden soll, wenn dieses weiß, von wem es abstammt (auch in Weiterentwicklung der verfassungsrechtlichen Bedenken des BVerfG, Urt v 9. 4. 2003 – 1 BvR 1493/96; so aber anscheinend Saarbrücken OLGRp 2002, 448). Zur Problematik bei der Inkognito-Adoption s BVerfG FamRZ 1958, 578. Kein Umgangsrecht steht dagegen demjenigen zu, der zwar als Vater eines Kindes gilt, es nach Lage der Dinge aber nicht sein kann und dies selbst auch nicht behauptet (Frankfurt aM FamRZ 1990, 665). Umgangspflicht und -recht bestehen für Eltern auch dann, wenn ein **Vormund oder Pfleger** die Sorge ausübt. Umgangsrecht und -pflicht besteht uneingeschränkt auch im Verhältnis zu einem **Kleinkind** (Stuttgart NJW 1981, 404); es ist jedenfalls nicht schon deshalb auszuschließen, weil dieses möglicherweise „fremdelt" (Bamberg FamRZ 1984, 507). Zur Regelung des Umgangs mit einem **Säugling** s Zweibrücken FamRZ 1986, 714.

Umgangsrecht und -pflicht finden praktisch dort eine Grenze, wo es nicht ausgeübt werden kann (nicht schon beim Umzug von Bayern nach Italien, was nur zu einer Behinderung des Umgangs führt: BGH NJW-RR 1990, 258, 259). Das gilt insbesondere für den Fall, daß der die elterliche Sorge allein Ausübende in ein fernes Land auswandert (RG 141, 320) oder daß der Umgangsberechtigte eine lange Freiheitsstrafe zu verbüßen hat. Ist der Umgangsberechtigte nicht damit einverstanden, daß der auswandernde andere Elternteil das Kind mitnimmt und dadurch sein Umgangsrecht und -pflicht erschwert oder praktisch zunichte macht, so muß auf seinen Widerspruch das FamG entscheiden, vgl BayObLG 1956, 333; Schnitzerling FamRZ 1958, 446; sinngemäß auch Karlsruhe FamRZ 2002, 1272, 1273. Jedenfalls kann der Umgangsberechtigte die Übertragung der elterlichen Sorge grundsätzlich nicht schon deshalb auf sich verlangen, weil er andernfalls an der Ausübung des Umgangsrechts und -pflicht tatsächlich gehindert wäre (Düsseldorf FamRZ 1979, 965; Karlsruhe FamRZ 1978, 201; Köln FamRZ 1972, 572; Neustadt FamRZ 1963, 300; VG Gießen, Urt v 5. 3. 2003 – 10 E 4120/02: nicht relevant für die Ausübung der elterlichen Sorge ist allerdings der Status der deutschen Staatsangehörigkeit). Die Entscheidung, ob im Falle der **Auswanderung** dem umfassenden Sorgerecht vor dem inhaltlich beschränkten Umgangsrecht der Vorzug zu geben ist, treffen BGH (NJW 1987, 893; NJW-RR 1990, 258, 259) und BayObLG aaO ausschließlich nach dem Kindeswohl. Gleicher Ansicht Düsseldorf FamRZ 1979, 965; Karlsruhe FamRZ 1978, 201: Macht die sorgeberechtigte Mutter, indem sie zusammen mit dem Kind heimlich auswandert, dem Vater die Ausübung des Umgangsrechts und -pflicht unmöglich, so kann die elterliche Sorge über das Kind nicht allein aus diesem Grunde dem Vater übertragen werden, sondern nur dann, wenn die Abänderung der früheren Sorgerechtsentscheidung unter

§ 1684 Familienrecht Verwandtschaft

Berücksichtigung aller Umstände dem **Wohl des Kindes** am besten entspricht (idS auch Karlsruhe FamRZ 2002, 1272, 1273). S ferner Oldenburg FamRZ 1980, 78. Es stellt zunächst darauf ab, ob das Kindeswohl die Auswanderung fordert. Ist das nicht der Fall, dh ist das Kindeswohl hier wie dort gewährleistet, und würde außerdem der sorgeberechtigte Elternteil bei einem Verbot, das Kind mitzunehmen, auch nicht etwa ohne das Kind auswandern, sondern mit ihm hierbleiben, so kommt es allein darauf an, ob er triftige Gründe für die Auswanderung hat. Liegen keine vor, so ist dem sorgeberechtigten Elternteil zur Wahrung des Umgangsrechts des anderen Teils das Mitnehmen des Kindes zu verbieten (Karlsruhe FamRZ 2002, 1272, 1273). Ähnlich Köln FamRZ 1972, 572: Bei einem **Interessenwiderstreit** zwischen dem sorgeberechtigten und dem anderen Elternteil ist dem umfassenderen Sorgerecht der Vorzug vor dem Umgangsrecht zu geben, wenn das Kindeswohl gewahrt ist, und der Sorgeberechtigte den Wohnsitz nicht lediglich in der Absicht verlegt, um das Umgangsrecht des anderen Elternteils zu vereiteln; vgl auch BVerfG NJW 1971, 1447. AA Schwoerer FamRZ 1963, 301. Er stellt zunächst darauf ab, ob triftige Gründe für die Auswanderung des Sorgeberechtigten vorliegen. Fehle es hieran oder bezwecke der Sorgeberechtigte mit der Auswanderung gar, das Umgangsrecht zu unterbinden, so soll das FamG schon deshalb seine Zustimmung zur Auswanderung versagen. Dann gilt aber nicht mehr der Grundsatz, daß das Wohl des Kindes suprema lex sei. S zur neueren Rspr § 1696 Rz 4 aE. Das Umgangsrecht kann auch aufenthaltsbeendenden Maßnahmen, wie der Versagung der Aufenthaltserlaubnis, entgegenstehen oder ist zumindest bei der Entscheidung über deren sofortige Vollziehung im Verfahren nach § 80 V VwGO zu berücksichtigen (OVG Münster FamRZ 1986, 391).

5 **b) Rechtsnatur; Unverzichtbarkeit.** Das **Umgangsrecht** ist **höchstpersönlich** und unverzichtbar. Früher war umstritten, ob ein Verzicht auf die Ausübung des Umgangs rechtlich unbedenklich ist, wenn er mit einer den Kindesunterhalt betreffenden Freistellungsvereinbarung gekoppelt ist *und* die Nichtausübung des Umgangsrechts auch dem Kindeswohl dienen kann (so Frankfurt FamRZ 1986, 596; einschränkend BGH NJW 1984, 1951: Eine Koppelung des Umgangsrechts mit der Freistellung von der Unterhaltspflicht ist regelmäßig sittenwidrig, § 138 I; and BGH NJW 1986, 1167 bei Übertragung der elterlichen Gewalt auf den Freistellenden, weil der Vorschlag nicht zur Erzielung ungerechtfertigter Vermögensvorteile gemacht wurde). Nach § 1684 I nF, der eine ausdrückliche Verpflichtung zum Umgang enthält, ist ein Verzicht nunmehr ausgeschlossen. Es ist **unübertragbar**, seine Ausübung kann niemandem, nicht einmal Verwandten übertragen werden. Es ist ein **absolutes Recht** im Sinne des § 823 I (Henrich JZ 2002, 49; Löhnig JA 2003, 102, 104; Rixe FamRZ 2002, 1020). Seine fortgesetzte **schuldhafte Verletzung** kann zu einer Herabsetzung des Unterhaltsanspruchs nach § 1579 Nr 6 führen (Celle FamRZ 1989, 1194ff; Nürnberg NJW 1994, 2964f; BGH FamRZ 2002, 1099, 1100: keine Festlegung, ob Umgangsrecht ein absolutes Recht iSd § 823 ist – vielmehr Ersatz der unnützen Umgangskosten unter Heranziehung der Grundsätze der pVV (jetzt: § 280 I); dazu – teils – kritisch Henrich JZ 2003, 49f; Schwab FamRZ 2002, 1297ff; Schlüter FamR Rz 412; Weychardt FamRz 2003, 927; kurze Streitdarstellung bei Löhnig/Sachs, Zivilrechtlicher Gewaltschutz Rz 66; zu den konkreten Voraussetzungen des § 280 I s Löhnig JA 2003, 102, 103 und Schwab FamRZ 2002, 1297, 1300ff; s auch Schleswig-Holstein KindPrax 2003, 28), seine jahrelange Nichtausübung die Anwendung des § 1748 begründen (BayObLG FamRZ 1994, 1348ff), nicht aber zum vollständigen Ausschluß führen (Hamm FamRZ 1996, 424). Zum zeitweiligen Ausschluß des Umgangsrechts s Rz 28f. Es ist gemäß § 235 StGB geschützt (RG Str 66, 254; BGH NJW 1957, 1642 = LM Nr 3 zu § 235 StGB mit Anm Martin: Die vorläufig *allein* personensorgeberechtigte Mutter hatte das dem *nicht* personensorgeberechtigten Vater durch Anordnung des VormG nur für wenige Stunden überlassene Kind vorenthalten).

6 **c) Umfang und Zweck.** § 1684 I regelt im Gegensatz zu § 1634 I aF nicht nur den Umgang des nicht sorgeberechtigten Elternteils. Auch bei gemeinsamer Sorge getrennt lebender Eltern muß dem Elternteil, in dessen Obhut sich das Kind nicht befindet, mit dem Kind umgehen können. Erst recht muß einem alleinsorgeberechtigten Elternteil ein Umgangsrecht zustehen, wenn sich das Kind mit seiner Zustimmung bei dem nicht sorgeberechtigten aufhält (vgl BT-Drucks 13/4899, 105 und BGH FamRZ 2002, 1099f). Umgangsrecht und -pflicht dienen dazu, sich von der Entwicklung und dem Befinden des Kindes laufend durch persönliche Zusammenkünfte zu überzeugen und so die durch die Blutsbande begründeten Beziehungen zu pflegen und aufrechtzuerhalten, einer Entfremdung vorzubeugen, aber auch dem gegenseitigen Liebesbedürfnis Rechnung zu tragen (BVerfG FamRZ 1971, 421; BGH 42, 364; BayObLG FamRZ 1965, 155; 1964, 217, 443; Brandenburg FamRZ 2002, 974, 975). Es gehört zur richtigen Erziehung eines Kindes, das Kind zu Besuchen bei dem Elternteil anzuhalten, dem es nicht ständig anvertraut ist (Köln FamRZ 1963, 653; Düsseldorf FamRZ 2002, 1582; Karlsruhe FamRZ 2002, 1125, 1126). Insofern bedeutet das Umgangsrecht eine Beschränkung der Befugnisse des anderen Elternteils. Sie darf nicht weitergehen, als unbedingt erforderlich (KG DR 1940, 2006; Düsseldorf aaO; Brandenburg FamRZ 2003, 111). Es darf nicht dazu führen, daß ein Elternteil das Kind gegen den anderen Ausübenden beeinflußt, diesen überwacht (Brandenburg FamRZ 2002, 974, 975) und sich die tatsächliche Personensorge anmaßt, sofern er sie nicht besitzt. Denn die Erziehung des Kindes obliegt allein dem sorgeberechtigten Elternteil (Brandenburg FamRZ 2002, 974, 975). Umgekehrt darf aber auch der das Sorgerecht allein Ausübende nicht das Kind gegen den Umgangsberechtigten einnehmen. Dies hat in der Wohlverhaltensklausel des Abs II Niederschlag gefunden. Sie legt beiden Elternteilen die Pflicht auf, alles zu unterlassen, was das Verhältnis des Kindes zum anderen beeinträchtigt oder die Erziehung erschwert (so auch Brandenburg FamRZ 2003, 111; Frankfurt/M 2002, 978, 979; 1585, 1587; Hamm FamRZ 2002, 1583, 1584: auch nicht durch non-verbales Verhalten; Schwab FamRZ 2002, 1297, 1303). Die erste Alternative ist insbes dann erfüllt, wenn beide Elternteile nicht aktiv an der Verwirklichung einer Umgangsregelung mitwirken (Saarbrücken FamRZ 1983, 1054 gegen Zweibrücken FamRZ 1982, 531). Nach einer Trennung besteht ohnehin die Gefahr, daß die Streitigkeiten mittels und auf Kosten der gemeinsamen Kinder fortgesetzt werden. Insbesondere dürfen die Ursachen, die zur Trennung der Ehe geführt haben, nicht dazu herhalten, um das Kind gegen den Elternteil einzunehmen, der sie gesetzt hat. Beiden Elternteilen soll vor Augen geführt werden, was zum Wohle des Kindes billigerweise erwartet werden kann. Ein **Verstoß** gegen diese Verhaltensvorschrift zum

Schaden des Kindes muß nicht mehr wie nach früherem Recht die Schwelle des § 1666 überschritten haben. Vielmehr können nach § 1684 III S 2 Anordnungen gegen einen Elternteil von seiten des FamG getroffen werden, um die Ausübung des Umgangs sicherzustellen. Sollten Beeinträchtigungen allerdings ein **erhebliches Maß** erreicht haben, wenn etwa der allein Personensorgeberechtigte das Umgangsrecht des anderen Elternteils ständig mißachtet und gegen das Wohl des Kindes verstößt, so wird das FamG prüfen, ob es nicht eine nach §§ 1671, 1672 getroffene Entscheidung gemäß § 1696 dahin abändern, daß es das **Sorgerecht** auf den **anderen Elternteil** überträgt. Von der Wohlverhaltensregel des § 1684 II nicht erfaßt ist hingegen die Anordnung einer pädagogisch-psychologischen Hilfsmaßnahme in Form der Mediation für den Sorgeberechtigten; vgl Brandenburg FamRz 2002, 975, 977f.

d) Entsprechendes gilt nach Abs II S 2 im Verhältnis zu **Vormündern, Pflegern oder Pflegeeltern**. Einerseits 7
haben die Eltern ihr Umgangsrecht so auszuüben, daß die Beziehung zu diesen Obhutspersonen nicht beeinträchtigt wird; andererseits darf die Obhutsperson das Kind nicht gegen die umgangsberechtigten Eltern aufbringen. Auch hier gilt Abs III S 2. Ist der Personensorgeberechtigte ein **Vormund** oder **Pfleger**, so gilt ergänzend § 1837. Danach sieht Abs I vor, daß das VormG die Vormünder in seine Aufgabe einzuführen hat (S 2) und sie berät (S 1). Die Möglichkeit des VormG gegen Pflichtwidrigkeiten einzuschreiten sowie die Verpflichtung zur Aufsichtsführung folgt aus § 1837 II S 1. Die Möglichkeit einer Entlassung ergibt sich aus §§ 1886ff. Verstößt hingegen ein **nicht personensorgeberechtigter Elternteil** ständig gegen die Wohlverhaltensklausel, so wird das FamG erwägen, ob es den Umgang nach Abs III, IV nicht anderweitig regelt oder gänzlich unterbindet, wenn dies zum Wohl des Kindes erforderlich ist. Zum entsprechend zu behandelnden Fall, daß der Elternteil, dem die Ausübung des Sorgerechts zusteht, von dem anderen Teil, in dessen Obhut sich das Kind zeitweilig befindet, am persönlichen Verkehr mit dem Kind gehindert wird, vgl BayObLG 1956, 191: Gericht hat die erforderlichen Anordnungen (jetzt Abs III, IV) zu treffen und gemäß § 33 FGG mit Zwang gegen den Elternteil zu bewehren. Das Umgangsrecht eines Elternteils entfällt, wenn infolge einer geistigen Erkrankung ein echter menschlicher Kontakt zum Kind nicht mehr möglich ist (AG Peine FamRZ 1965, 85).

e) Inhalt des Umgangsrechts im einzelnen. Das Umgangsrecht gibt in erster Linie die Befugnis, das Kind in 8
regelmäßigen Zeitabschnitten zu **sehen** und zu **sprechen** (Brandenburg FamRz 2002, 974, 975). Läßt sich dies nicht oder nicht ausreichend durchführen, zB der Umgangsberechtigte ist ausgewandert oder verbüßt längere Freiheitsstrafe, so darf er statt dessen mit dem Kind **schriftlich** verkehren (KG JFG 23, 82; DFG 1943, 141; KG FamRZ 1968, 262) und Lichtbilder austauschen. Der die Sorgerecht Ausübende darf den Briefverkehr überwachen. Seiner Ansicht nach bedenkliche Briefe muß er dem FamG zur Entscheidung über die Weitergabe vorlegen (KG DFG 1943, 141). Das Überwachungsrecht kann ihm gemäß § 1684 III entzogen und einer neutralen Stelle, zB dem Jugendamt, übertragen werden, wenn er es schikanös handhabt (KG JW 1935, 1879). Der Umgang kann auch Telefonate oder Briefe umfassen (vgl BT-Drucks 13/4899, 104f). Ebenso kann nach Abs IV S 3, 4 das FamG den Umgang nur im Beisein eines Dritten erlauben (dazu s Rz 24f).

3. Umgangsregelung (Abs III, IV)

Grundsätzlich entscheidet der das Personensorgerecht Ausübende bzw beide Sorgeberechtigte gemeinsam von 9
Fall zu Fall über **Ausmaß, Art** und **Weise** des Umgangs. Dies kann auch ein Pfleger oder Vormund sein. Der Umgangsberechtigte kann sich mit diesem tatsächlichen Zustand zufrieden geben. Möglich ist aber auch eine rechtsverbindliche, **Dauer berechnete Regelung** des persönlichen Umgangs.

a) Die Eltern können untereinander den Umgang durch eine **Vereinbarung** regeln. 10

aa) Sie können dies ohne Mitwirkung des Gerichts tun. Solange sie sich daran halten, bedarf es keiner Regelung durch das FamG (Zweibrücken FamRZ 1993, 728, 729; Frankfurt aM 1995, 143f). Dies ergab sich allerdings 11
entgegen der Ansicht der vorgenannten Gerichte nicht aus § 1634 II aF, sondern die Notwendigkeit einer gerichtlichen Entscheidung gehört zum **Rechtsschutzbedürfnis**. Das „kann" in § 1684 III bezieht sich daher nur auf das „Wie" und nicht auch „Ob" einer Entscheidung (ebenso für § 1634 II aF BGH NJW 1994, 312, 313; aM Düsseldorf FamRZ 1994, 1277f). Einseitig können sich die Eltern von der Vereinbarung nur aus Gründen des Kindeswohls lossagen (Köln FamRZ 1982, 1237; aM Karlsruhe FamRZ 1959, 70; zur Bindungswirkung eines **Vergleichs** bei zeitlich erstreckter Umgangsbefugnis bezüglich der Verpflichtung, das Kind zum anderen Elternteil zu bringen s Frankfurt aM FamRZ 1988, 866). Zur Erzwingung eines außergerichtlich vereinbarten Umgangsrechts Köln NJW-RR 2002, 941.

bb) Einigen sich die Eltern nicht aus freien Stücken oder haben sie dies nicht einmal versucht, so soll das 12
Gericht schon vor Erlaß einer Umgangsregelung nach § 52 I FGG auf eine solche außergerichtliche Einigung hinwirken und Hilfseinrichtungen zur Beratung nennen. Es kann das Verfahren aussetzen (§ 52 II FGG) und einstweilige Anordnungen treffen (§ 52 III FGG).

cc) Ist bereits einmal eine gerichtliche Verfügung über das Umgangsrecht getroffen worden, und bei der tatsächlichen Durchführung des Umgangsrechts treten Schwierigkeiten auf, schreibt § 52a FGG ein detailliertes 13
gerichtliches Einigungsverfahren vor. Im Überblick stellt sich dieses wie folgt dar (s auch BT-Drucks 13/4899, 133f): Ausgangspunkt ist der Antrag eins Elternteils auf Vermittlung an das Gericht (§ 52 I FGG), dem ein Erörterungstermin folgt (§ 52 II FGG), in dem die Eltern nicht nur auf beratende und helfende Institutionen, sondern wie bereits in der Ladung auch auf mögliche Konsequenzen (Zwangsmittel nach § 33 FGG, Sorgerechtszug nach §§ 1666, 1671, 1696) hingewiesen werden sollen. Kommt nach diesem „sanften Druck" eine Einigung zustande, ist sie (nach Kindeswohlprüfung!) als Vergleich zu protokollieren und ersetzt die frühere Verfügung (§ 52 IV FGG). Wird dieses Ziel nicht erreicht, ist dies durch Beschluß festzustellen und gerichtliche Maßnahmen sind zu prüfen (§ 52 V FGG). Die Eltern dürfen hier nicht auf die vorherige Inanspruchnahme einer außergerichtlichen Beratung nach § 18 SGB VIII verwiesen werden, da das gerichtliche Verfahren nach § 52a FGG vorrangig ist

(Hamm FamRZ 1998, 1303). Die Beiordnung eines Rechtsanwalts ist grundsätzlich nicht erforderlich (Hamm aaO).

14 b) Bei **einverständlicher Scheidung** muß die Antragsschrift eines Ehegatten auch den übereinstimmenden Vorschlag der Ehegatten über die Regelung des persönlichen Verkehrs des nicht sorgeberechtigten Elternteils mit dem Kind enthalten (§ 630 I Nr 2 ZPO).

15 c) Zur Befugnis des FamG, während eines anhängigen Eheverfahrens durch eine **einstweilige Anordnung** auch das Umgangsrecht zu regeln s BGH NJW-RR 1994, 646 sowie §§ 620 Nr 2 ZPO, 52a FGG und unten Rz 34.

16 Das **FamG** hat ferner das **Umgangsrecht zu regeln. aa)** Wenn die Eltern sich nicht einigen können (Brandenburg FamRZ 2002, 974, 975);

17 **bb)** wenn die von den Eltern getroffene und von ihnen auch eingehaltene Vereinbarung nicht dem Wohl des Kindes entspricht;

18 **cc)** wenn der das Sorgerecht Ausübende sein Bestimmungsrecht mißbraucht. Das FamG hat hierbei nicht nur auf Antrag, sondern auch von Amts wegen einzugreifen, wenn das Wohl des Kindes dies erfordert (Köln FamRZ 2002, 979). Es kann dagegen sogar von einer Umgangsregelung absehen, wenn dies im Interesse des Kindes liegt und der umgangsberechtigte Elternteil keine Anstalten macht, das Umgangsrecht zwangsweise durchzusetzen (Karlsruhe FamRZ 1990, 655f). Die einmal getroffene Entscheidung kann das FamG wegen veränderter Sachlage jederzeit wieder ändern (§§ 1684 IV, 1696; BGH FamRZ 2002, 1099, 1100). An die Änderung der Umgangsregelung sind nicht so strenge Anforderungen zu stellen wie bei der Sorgerechtsregelung der §§ 1671, 1672. Auch sie muß sich aber nach dem Kindeswohl ausrichten, dem allerdings nicht zu widersprechen braucht, wenn die berechtigten Interessen beider Elternteile berücksichtigt werden (BayObLG FamRZ 1965, 618; Hamm FamRZ 1966, 254). Bei der vom FamG zu treffenden Entscheidung kommt es nicht darauf an, ob der Umgangsberechtigte seiner Unterhaltspflicht dem Kinde gegenüber nachkommt. Zum Problem, ob ein Umgangsregelungsverfahren auch ohne **Sachentscheidung** enden kann, s BGH FamRZ 1994, 158; Thüringen FamRZ 1996, 359).

19 d) Nach Abs III S 1 kann das FamG auch **gegenüber** einem **Dritten** über den Umfang der Befugnis zum persönlichen Umgang entscheiden und ihre Ausübung näher regeln.

4. Entscheidung des Gerichts

20 Das FamG soll, wenn es tätig wird, den Umgang möglichst **erschöpfend** in allen Einzelheiten – **Art, Ort, Zeit, Dauer, Anwesenheit Dritter, Abholen, Zurückbringen** des Kindes bzw Zahl der Briefe, Zeitpunkt und -dauer von Telefonaten **regeln** (KG DFG 1937, 66; BayObLG MDR 1953, 44; falsch daher AG Groß-Gerau FamRZ 1995, 313). Brandenburg (FamRZ 2003, 111) ist für eine restriktive und flexible Regelung mit einem hohen Grad an Verantwortungsfreiraum für die Eltern; s auch Löhnig JA 2003, 102, 103; Löhnig/Sachs, Zivilrechtlicher Gewaltschutz, Rz 28.

21 a) Erforderlich ist eine **konkrete** Anordnung (BGH NJW 1994, 312ff; Brandenburg FamRZ 2002, 974, 975; Löhnig JA 2003, 102, 103), so daß eine Einengung des Umgangsrechts auch nicht allein mit einer ständigen Spruchpraxis oder mit Erfahrungen in vergleichbaren Fällen begründet werden kann (BVerfG NJW 1993, 2671f). Unzulässig ist eine Teilentscheidung, die nur einen Zeitraum des Umgangs regelt, aber eine Detailregelung dem weiteren Verfahren überläßt (Karlsruhe FamRZ 1996, 1092). Bedenklich daher auch Frankfurt aM FamRZ 1995, 1431f, wonach eine bloße Zurückweisung bei besonderen Umständen gerechtfertigt ist, weil dies die für den Kontakt suchenden Elternteil schonendste Entscheidung sei. Diese Entscheidung schafft für den Antragsteller eine unerträgliche Schwebesituation, die ihm der Willkür des allein Personensorgeberechtigten aussetzt (BGH NJW 1994, 312f; Düsseldorf FamRZ 1994, 1277f). Auch wird übersehen, daß § 1634 Ausfluß des Art 6 II GG ist. Zu den rechtlichen Grenzen der Entscheidung des *VormG* (jetzt FamG) Schrade, Diss Münster 1992. Eine vollstreckungsfähige Umgangsregelung liegt aber auch schon dann vor, wenn das Gericht einen Elternvorschlag billigt (Koblenz FamRZ 1996, 360f); einschränkend Brandenburg FamRZ 1995, 484 bei fehlender Bestimmung des Ortes und der Zeit des Umgangs. Grundlage für eine Zwangsfestsetzung kann nur eine alle – auch selbstverständliche – Einzelheiten regelnde Entscheidung oder Vereinbarung sein (Zweibrücken FamRZ 1996, 877; inzident Brandenburg FamRZ 2002, 974, 975; für die Androhung aA Frankfurt/M FamRZ 1996, 876). Eine vollzugsfähige Regelung fehlt auch bei nicht auferlegten Verpflichtungen des sorgeberechtigten Elternteils (Bamberg FamRZ 1995, 428). Je vollständiger die Anordnung, desto weniger Streitpunkte bietet sie und desto leichter läßt sie sich zwangsweise durchführen. Es sind dabei folgende Grundsätze zu beachten: **Maßgebend** ist das **Wohl des Kindes** (BVerfG FamRZ 1971, 421; 1981, 429; dazu Knöpfel FamRZ 1989, 1017, 1020ff; Dickmeis ZfJ 1991, 164, 166ff; zum **Begriff** s auch Koechel–Heider ZfJ 1989, 76ff; zur Beurteilung aus psychologischer Sicht Salzgeber, FamRZ 1995, 1311ff). Zum Verhältnis von Sorge- und Umgangsrecht s Jopt ZfJ 1990, 285ff. Es ist daher Vorsorge zu treffen, daß das Kind keinen seelischen (Elternteil befindet sich in Heil- und Pflegeanstalt), körperlichen (Elternteil leidet an ansteckender Krankheit) oder sittlichen Schaden erleidet. Bei ernsthafter Gefährdung der Gesundheit des Kindes muß der Besuch untersagt werden (LG Mannheim NJW 1972, 950; Düsseldorf FamRZ 2002, 1582: zur Gesundheitsgefährdung durch Unterbreiten wahllos in der Natur gepflückter Pflanzen zum Verzehr oder Sammeln bei Fachkenntnis des Umgangsberechtigten). Dazu vgl Nowka FamRZ 1960, 218. Im Gegensatz dazu steht eine Erkrankung des Kindes selbst dem Besuch eines Elternteils nicht entgegen (Brandenburg FamRz 2003, 111). Insofern gehen die Belange und Wünsche der Eltern, insbesondere des Umgangsberechtigten, nach; vgl BVerfG NJW 1971, 1447; BGH 51, 219. Die Rechtsstellung des die Personensorge allein Ausübenden darf nicht ungebührlich beeinträchtigt werden (BayObLG HRR 1929, 110; KG HRR 1935, 351). Das geschieht noch nicht dadurch,

daß der sorgeberechtigte Elternteil bei dem im Zusammenhang mit der Ausübung des Umgangsrechts erforderlichen Zusammentreffen mit dem anderen Elternteil nervöse Beschwerden erleidet (Bamberg FamRZ 1984, 507).

b) Der **Wille des Kindes** ist für die Regelung des FamG **nicht allein maßgebend**, aber doch schon selbst bei einem zehnjährigen Kind ein **wesentliches Faktum** (KG FamRZ 1986, 503; Hamburg FamRZ 1991, 471f; Düsseldorf FamRZ 1994, 1277, 1278 für elf und 14 Jahre alte Kinder; Brandenburg FamRZ 2002, 975, 976f; Düsseldorf FamRZ 2002, 1582; Hamm FamRZ 2002, 1583, 1584; München FamRZ 2002, 979, 980: zum 6½jährigen Kind, das mit seinem Vater nicht spanisch sprechen will; vgl dazu auch Anm Luthin FamRZ 2002, 980; s auch Hamm NJW-RR 1993, 1095f; FamRZ 1996, 361f; enger noch FamRZ 1978, 829; zum 7½jährigen Kind s AG Alfeld FamRZ 1987, 622, zum 14jährigen, bei dem sich Besuche auf das Sozialverhalten und die schulischen Leistungen negativ auswirken, (BayObLG DAVorm 1991, 943ff; aM Frankfurt aM FamRZ 1993, 729, 730 bei einem sechs- und zehnjährigen Kind), auch wenn das Kind häufig noch nicht in der Lage ist, zu beurteilen, ob triftige Gründe in der Person des nicht sorgeberechtigten Elternteils dafür vorliegen, die Pflege der Familienbande zu vernachlässigen (BayObLG 1965, 155). Anerzogene Angst, grundlose Furcht und Abneigung sind in der Regel kein Grund, das Umgangsrecht einzuschränken (sinngemäß auch Dresden FamRZ 2002, 1588). Wird das Kind von einem Elternteil dahingehend beeinflußt, daß der Umgang mit dem anderen zu einer nicht zu bewältigenden Konfliktsituation führt, und muß deswegen die Umgangsbefugnis ausgeschlossen werden, sollte die befristet geschehen, um dem beeinflussenden die Einsicht zu ermöglichen, daß die vollständige Verdrängung des anderen Elternteils nicht sinnvoll ist (Hamm FamRZ 1996, 361). Die Pflege verwandtschaftlicher Bande liegt im wohlverstandenen Interesse des Kindes, es muß beide Elternteile kennen und wissen, wo es im Notfall Schutz und Rückhalt findet (KG DFG 1943, 141), auch wenn der nicht sorgeberechtigte Elternteil sich jahrelang nicht um das Kind gekümmert (Düsseldorf FamRZ 1969, 664; vgl dazu auch Rz 27) oder nie Unterhalt gezahlt hat (KG ZfJ 1978, 372). Anders, wenn das Kind seine Vernachlässigung durch den umgangsberechtigten Elternteil mit Recht als Lieblosigkeit empfinden kann (KG ZfJ 1978, 372f; AG Bremen Streit 2002, 83ff). Deshalb ist auch der das Sorgerecht Ausübende verpflichtet, das Kind entsprechend anzuhalten und den Widerstand des Kindes durch geeignete Erziehungsmaßnahmen zu brechen (Düsseldorf FamRZ 1969, 664; Hamm FamRZ 1996, 363; Brandenburg FamRZ 1996, 1092). Unterläßt er dies, so verletzt er seine Erziehungspflicht. Nur dann wird er hiervon absehen, wenn das herangewachsene Kind den Verkehr aus gutem Grund verweigert (KG JW 1938, 1334). Denn es darf nicht außer acht gelassen werden, daß auch insoweit auf das **Persönlichkeitsrecht des Kindes** Rücksicht zu nehmen ist (BGH FamRZ 1980, 131; Brandenburg FamRZ 2002, 975, 977; Hamm FamRZ 2002, 1583, 1584). Daher sind Wünsche fast **erwachsener Kinder**, wie ihre Besuche beim wiederverheirateten Vater ausgestaltet werden sollen – sie wollen mit dessen zweiter Ehefrau nicht zusammentreffen – grundsätzlich zu beachten (Hamm FamRZ 1965, 83). Weigert sich ein Kind, das seiner Persönlichkeit nach reif genug ist, die Bedeutung des Zusammenseins mit dem anderen Elternteil zu erfassen, die Dinge richtig zu beurteilen und sich unabhängig von Umwelteinflüssen eigenverantwortlich vernünftig zu entscheiden, aus beachtlichen Gründen mit dem Nichtsorgeberechtigten persönlichen Umgang zu pflegen, so erübrigt sich eine Umgangsregelung jedenfalls dann, wenn sie ohnehin nicht durchsetzbar wäre (Frankfurt FamRZ 1968, 661; Hamm FamRZ 1968, 663; KG FamRZ 1970, 93; LG München I FamRZ 1971, 311 KG FamRZ 1979, 448; Düsseldorf FamRZ 1979, 857), desgleichen, wenn es nicht sinnvoll erscheint, den Umgang gewaltsam durchzusetzen (LG Dortmund FamRZ 1967, 50; LG Ravensburg DAVorm 1975, 243; KG ZfJ 1978, 372; Düsseldorf FamRZ 1979, 857; Frankfurt FamRZ 1983, 217; Brandenburg FamRZ 2002, 975, 977). Weder der auf den völligen Abbruch der Beziehung zu einem Elternteil gerichteter Kindeswille (Bamberg ZfJ 1996, 196) noch der erzwungene Umgang ohne Rücksicht auf die Abneigung des Kindes (Thüringen FamRZ 1996, 359; Hamm FamRZ 1997, 307) ist mit dem Kindeswohl vereinbar. Hier sollte ein Umgang in Gegenwart eines Pflegers (§ 1684 IV S 3) in Erwägung gezogen werden (zu § 1634 aF Hamburg FamRZ 1996, 423; Hamm FamRZ 2002, 1583, 1584; Frankfurt/M FamRZ 2002, 1585, 1587). Ob das Kind sich aus triftigen Gründen weigert, mit dem Umgangsberechtigten zusammen zu kommen, läßt sich jetzt leichter feststellen, weil § 50b FGG die Anhörung des Kindes vorschreibt.

Mißbraucht der die Personensorge Ausübende seine Stellung dazu, das Kind gegen den anderen Teil voreingenommen zu machen oder gar aufzuhetzen, so hat das FamG zunächst nach Abs III S 2, IV S 1, aber, falls erforderlich, auch gemäß §§ 1666, 1666a oder 1671, 1696 einzuschreiten.

c) Art der Zusammenkünfte; Anwesenheit Dritter. aa) Grundsätzlich werden sie nicht in Gegenwart des die Personensorge Ausübenden oder Dritten stattzufinden haben. Denn der Umgangsberechtigte soll dem Kind natürlich und unbefangen entgegentreten können. Auch soll er insbesondere bei stark verfeindeten Eltern bestehende Gefahr vor das Kind belastenden Auseinandersetzungen vermieden werden (BayObLG 1950/1951, 357). Für Kinder im Säuglingsalter ist eine Ausnahme anzuerkennen. Hier wird es sich empfehlen, eine Pflegerin abzuordnen (Zweibrücken DAVorm 1986, 356; BayObLG JFG 5, 74). Zur Frage, ob der umgangsberechtigte Vater – spanischer Herkunft – auch in seiner Muttersprache mit seinem 6½jährigen Kind sprechen darf – auch um dessen Spanischkenntnisse zu fördern – vgl München FamRZ 2002, 979, 980; vgl dazu auch Anm Luthin FamRZ 2002, 980: nicht gegen den Willen des Kindes.

bb) Für Fälle, in denen es nicht ratsam ist, den Umgangsberechtigten mit dem Kind alleinzulassen, etwa bei Verdacht des sexuellen Mißbrauchs oder der Gefahr einer Kindesentziehung, wurde in § 1684 IV S 2, n F der „betreute Umgang" normiert. Damit wird – ebenso wie schon durch Abs IV S 1 (dazu Rz 28) – sichergestellt, daß ein Anschluß des Umgangsrechts nur im Extremfall angeordnet werden muß. Der Betreuer kann nach Abs IV S 3, § 18 III S 3 SGB VIII auch das Jugendamt oder ein Verein sein, zu Teilnahmegebühren s § 90 I S 1 Nr 4 SGB VIII. Wie zu verfahren ist, wenn der Umgangsberechtigte gegen den Willen des Sorgeberechtigten bei der Ausübung des Umgangsrechts einen Dritten, zB seine jetzige Lebenspartner oder Ehefrau, zugegen sein läßt, war vor Inkrafttreten des SorgeRG streitig. In seiner Entscheidung hat der BGH (51, 224) wie folgt geurteilt: Das Gericht sei bei

§ 1684 Familienrecht Verwandtschaft

seiner Entscheidung, wie der persönliche Umgang mit dem Kinde zu regeln sei, **nicht an** die **Bestimmung** des allein **Personensorgeberechtigten gebunden.** Vielmehr habe das Gericht immer dann, wenn sich die Eltern über die Art und Weise des Umgangs nicht einigen, nach pflichtgemäßem Ermessen eine Regelung zu treffen, die sich nach dem Sinn und Zweck des Umgangs ausrichte. Dazu gehöre auch, ob der neue Ehegatte bei den Besuchen des Kindes anwesend sein dürfe. **Leitender Gesichtspunkt** sei das **Kindeswohl.** Den Wünschen beider Elternteile sei, soweit das Kindeswohl nicht entgegenstehe, gebührend Rechnung zu tragen.

Die durch das SorgeRG eingefügte Regelung des § 1634 II S 1 Hs 2 aF, nach der unter Bezugnahme auf § 1632 II der das Umgangsrecht Ausübende auch den Umgang des Kindes mit Dritten bestimmen konnte, ist dann aber in § 1684 nF nicht übernommen worden. Die tatsächlichen und rechtlichen Befugnisse eines das Umgangsrecht ausübenden Elternteils normieren jetzt §§ 1687, 1687a nF. Auch dort fehlt eine ausdrückliche Bestimmung. Nach § 1687 I S 4 nF hat der Elternteil „die Befugnis zur alleinigen Entscheidung in Angelegenheiten der tatsächlichen Betreuung", was nach § 1687a nF auch für den nicht sorgeberechtigten Elternteil gilt. Auch wenn nach der Gesetzesbegründung hier zB an die Art der Nahrung oder den Zeitpunkt des Zubettgehens (BR-Drucks 13/4899, 108) gedacht ist, muß auch die Umgangsbestimmung darunterfallen. Schon § 1634 II S 1 Hs 2 aF lag der Gedanke zugrunde, daß der Umgangs-Elternteil am besten überblicken kann, ob das Beisein eines Dritten beim Umgang das Kindeswohl beeinträchtigt, weil er selbst und idR nicht der andere Elternteil gegenwärtig ist; anders aber bei Haustieren, eine Analogie verbietet sich (KG FamRZ 2002, 112). Auch das in § 1684 nF deutlich zum Ausdruck kommende Bedürfnis nach Entscheidungssicherheit spricht dafür (so Rauscher, FamRZ 1998, 329, 334): Wenn sogar ein Notvertretungsrecht gilt (§§ 1687 I S 5, 1687a nF und alle Betreuungsangelegenheiten an der Wohlverhaltensklausel (§§ 1687 I S 5, 1687a iVm § 1684 II S 1 nF) eine Begrenzung finden, muß auch das Umgangsbestimmungsrecht umfaßt sein. Sollte insbesondere beim Umgang mit dem neuen (Ehe-)Partner des Umgangs-Elternteils das Kind einer psychischen Belastung ausgesetzt sein, so kann das FamG nach §§ 1687 II bzw 1687a die tatsächliche Betreuung dahingehend einschränken, daß bestimmte Dritte nicht zugegen sein dürfen. Zum befristeten Umgangsausschluß wegen Urlaubs des neuen Partners des noch verheirateten Umgangsberechtigten Nürnberg FamRZ 1998, 976.

26 **d) Ort der Zusammenkünfte.** In der Regel kommt die Wohnung des Umgangsberechtigten (BGH FamRZ 1969, 148), wenn dies aber untunlich ist, ein dritter Ort in Betracht. Zu Übernachtungen eines 2 bis 4jährigen Kindes in der Wohnung des nichtsorgeberechtigten Elternteils bei ansonsten in zeitlich angemessenem Umfang bestehenden Besuchskontakten s Hamm FamRZ 1990, 654f; Frankfurt/M FamRZ 2002, 978. Daß der geschiedene Elternteil seinen Ehebruchspartner heiratet, schließt den Besuch der Kinder in seiner Wohnung nicht unbedingt aus, es müssen vielmehr schwerwiegende Gründe gegen den neuen Ehepartner vorliegen (Stuttgart FamRZ 1959, 296; BGH aaO). Dagegen scheidet die Wohnung des das Sorgerecht allein Ausübenden grundsätzlich aus, weil dies leicht zu Auseinandersetzungen zwischen den Elternteilen Anlaß geben könnte (BayObLG 1950/1951, 357). Bei drohender Kindesentführung kann ein betreuter Umgang (§ 1684 IV S 3, 4) angeordnet werden. Eine Verpflichtung des allein sorgeberechtigten Elternteils zum Bringen und Abholen eines Kindes zum/vom anderen Elternteil zwecks Ausübung seines Umgangsrechts besteht im Rahmen des § 1684 jedenfalls dann nicht, wenn der mit dem Abholen und Zurückbringen verbundene Aufwand für den umgangsberechtigten Elternteil noch zumutbar ist und das Unterbleiben einer Mitwirkung des sorgeberechtigten Elternteils beim Transport des Kindes nicht zu einer faktischen Vereitelung des Rechts des Kindes auf Umgang aus § 1684 I führt (Nürnberg FamRZ 1999, 1008). Zur Regelung des „Holens und Bringens" bei einer Umgangsregelung mit neuem Recht, wenn eine – hier notariell beurkundete – Elternvereinbarung vorliegt, Zweibrücken FamRZ 1998, 1465.

27 **e) Zeit und Dauer der Zusammenkünfte** richten sich nach den Umständen des Einzelfalles, wobei vor allem das Alter (AG Kerpen FamRZ 1994, 1486ff) und (damit) **Wohl** des **Kindes** maßgeblich sind (BayObLG FamRZ 1965, 155, 618; BVerfG FamRZ 1971, 421, 425; Brandenburg FamRZ 2003, 111: für flexible Gestaltung mit weitgehendem Freiraum für Elternverantwortlichkeit; FamRZ 2002, 974, 975; Frankfurt/M FamRZ 2002, 978). Die Rspr hat als **Regel** ein **periodisches Zusammentreffen von kurzer Dauer** aufgestellt (BayObLG 1950/1951, 530; 1957, 134), etwa einmal oder zweimal im Monat einige Stunden (KG DR 1940, 2006; FamRZ 1979, 965; BayObLG FamRZ 1965, 618; Frankfurt/M FamRZ 1996, 362f Celle FamRZ 1989, 892: zwei Stunden im Monat; Brandenburg FamRZ 2002, 974, 975: alle 2 Wochen am Wochenende). Auch bei einer Regelung von regelmäßigen Umgang wird diese durch das Recht des Sorgeberechtigten auf mehrwöchigen Urlaub mit dem Kind überlagert (Frankfurt FamRZ 1996, 362). Wohnen die Eltern voneinander weit entfernt, so wird dies häufig an Zeit- und Geldmangel scheitern und zu einer Änderung der Zahl der Besuche und der Länge der Besuchszeit führen müssen (OVG Münster NJW 1991, 190). Als Ausgleich kommt hier dann auf das Jahr ein mehrtägiger uU mehrwöchiger Aufenthalt in Frage (KG OLG 3, 104; BayObLG 1950/1951, 530; FamRZ 1965, 618; Karlsruhe FamRZ 1967, 632). Ob bei der Regelung des Umgangs der periodische durch eine **Ferienregelung** zu ergänzen ist, hängt vorwiegend davon ab, inwieweit durch allzu häufige Kontakte zu einem Elternteil, bei dem das Kind nicht ständig lebt, eine Beeinträchtigung des Erziehungsrechts des anderen und damit des Kindeswohls zu befürchten ist (KG FamRZ 1978, 728; s auch AG Friedberg FamRZ 1992, 1333 zu einer Verzögerung bei der Entscheidung über eine Ferienregelung wegen der nicht erschöpfend geregelten Kindeswohlfrage). Jedenfalls ist ein zusätzlicher, längerer, persönlicher Umgang, etwa in der Ferienaufenthalt oder Urlaubsreise, des nichtsorgeberechtigten Elternteils mit seinem Kinde neben regelmäßigen, in kurzen Zeitabständen wiederkehrenden Kurzbesuchen idR abzulehnen, vornehmlich, wenn das Kind dem Grundschulalter noch nicht entwachsen ist (KG FamRZ 1979, 70; anders Brandenburg FamRZ 2002, 974, 975; aM München FamRZ 2002, 979, 980: befürwortet 2wöchigen Aufenthalt). Häufigeren und dafür kürzeren Besuchen ist somit der Vorzug zu geben, weil sie die Ruhe und Ordnung des Kindes sowie die Stetigkeit und Einheitlichkeit seiner Erziehung weniger beeinträchtigen (KG OLG 33, 335; BayObLG 1950/ 1951, 530; LG Berlin FamRZ 1973, 99). An hohen **Festtagen** (Weihnachten, Ostern) hat – ebenso wie zu geplan-

ten Zeiten des Familienurlaubs (Frankfurt aM FamRZ 1996, 362f) – der das Personensorgerecht allein Ausübende den Vorzug (München JW 1939, 290), der Umgangsberechtigte kann aber verlangen, daß das Kind ihm wenigstens an einem der Festtage vorübergehend überlassen wird (zur angemessenen Berücksichtigung der Festtage Bamberg FamRZ 1990, 193; Brandenburg FamRZ 2002, 974, 975). Leben die Ehegatten nur getrennt, so sind dem Umgangsberechtigten größere Rechte einzuräumen (KG DFG 1943, 50). Besondere Vorsicht ist am Platze, wenn **Kinder** aus **gemischt-nationalen Ehen** längere, unkontrollierte Ferien mit ihrem nichtsorgeberechtigten Elternteil, womöglich noch in dessen Heimatland verbringen sollen (Karlsruhe FamRZ 2002, 1272, 1273). Wie die Erfahrung lehrt, besteht hier die Gefahr, daß das Kind von der Reise nicht mehr zurückkehrt. Sofern internationale Abkommen über die Anerkennung und Vollstreckung von Sorgerechtsentscheidungen fehlen, ist es regelmäßig sehr schwierig, ins Ausland entführte und dort zurückgehaltene Kinder zu dem im Inland lebenden Sorgeberechtigten zurückzuführen; vgl Belchaus Rz 21; Siehr FamRZ 1976, 255; DAVorm 1977, 219. Dieser Mangel dürfte wenigstens teilweise durch das Haager Übereinkommen v 25. 10. 1980 über die zivilrechtlichen Aspekte internationaler Kindesentführung (ratifiziert durch G v 11. 12. 1990, BGBl 1991 II 329) sowie das Europäische Übereinkommen v 20. 5. 1980 über die Anerkennung und Vollstreckung von Entscheidungen über das Sorgerecht für Kinder und die Wiederherstellung des Sorgerechtsverhältnisses (ratifiziert durch G v 19. 12. 1990, BGBl 1991 II 392) iVm dem Sorgerechtsübereinkommens-Ausführungsgesetz (SorgeRÜbkAG) v 5. 4. 1990 (BGBl I 701) idF v 19. 2. 2001 (BGBl I 288) beseitigt worden sein. S dazu Anh Art 24 EGBGB Rz 48f. Keine Bedeutung erlangt insofern dagegen die VO (EG) Nr 1347/2000, ABl EG 2000 Nr 2 160, S 19; gem Art 37 läßt sie das Haager Übereinkommen unberührt.

Setzt das FamG bestimmte Besuchszeiten an bestimmten Orten fest, so ist es dem Umgangsberechtigten verwehrt, mit dem Kind an anderen Orten und zu anderen Zeiten zusammenzukommen; vgl Hamm FamRZ 1966, 254. Hält sich der Umgangsberechtigte nicht hieran, so kann gegen ihn ein Zwangsgeld nur verhängt werden, wenn ihm vorher eindeutig verboten worden ist, mit dem Kind an anderen Orten und zu anderen Zeiten zusammenzukommen; vgl Hamm aaO; Stuttgart FamRZ 1966, 256; KG FamRZ 1966, 317.

Erkrankt das Kind unversehens während des Beisammenseins mit dem Umgangsberechtigten oder erleidet es zu dieser Zeit einen Unfall, so darf der Umgangsberechtigte, je nach Sachlage im Einvernehmen mit dem Sorgeberechtigten, die hiernach erforderlichen Maßnahmen treffen; vgl §§ 1687 I S 4, 5, 1687a letzter Hs.

5. Ausschluß des persönlichen Umgangs (Abs IV S 1)

a) Zum Schutz des Kindes kann das FamG das Umgangsrecht – allerdings nicht allein wegen des Alters des **28** Kindes (Celle NJW-RR 1990, 1290, 1291; bei fehlender oder nicht wahrgenommener Beziehung zwischen neun- bzw zwölfjährigen Kind und dem nichtsorgeberechtigten Vater s Bamberg FamRZ 1989, 890ff; s auch Düsseldorf FamRZ 1994, 1276, 1277; Hamm FamRZ 1996, 424; Karlsruhe FamRZ 1999, 184 und Rz 16 aA), einer Verfeindung der Eltern (Hamm FamRZ 1994, 58f), einer Aidsinfizierung des nichtsorgeberechtigten Elternteils (Hamm NJW 1989, 2336; Frankfurt aM NJW 1991, 1554) im sich anbahnenden Vater-Kind-Verhältnis zum neuen Lebensgefährten der Mutter (Karlsruhe FamRZ 1999, 184) für eine bestimmte Zeit oder für dauernd ausschließen. Weil es sich bei dem Umgangsrecht um einen elementaren Ausfluß des Elternrechts handelt, den ein Elternteil noch ausüben darf, wird für die zu treffende Maßnahme der **Grundsatz der Verhältnismäßigkeit** besonders streng einzuhalten sein (so eingehend BVerfG FamRZ 2002, 1021, 1023). Der Umgang ist nur dann einzuschränken, wenn andere Mittel, das Kind vor der ihm seitens des Umgangsberechtigten drohenden Gefahren wirksam zu schützen (Befürchtung zukünftiger Gefahren reicht nicht aus, Karlsruhe FamRZ 1990, 901, 902f; nach KG FamRZ 1989, 656f sollen dagegen schon triftige, das Kindeswohl nachhaltig berührende Umstände ausreichen), nicht vorhanden sind (Stuttgart NJW 1978, 1593; 1977, 380; München JW 1939, 289; Frankfurt/M FamRZ 2002, 978; BVerfG FamRZ 2002, 1021, 1023). Zunächst muß versucht werden, die dem Kind durch den Verkehr drohenden Gefahren durch sachgemäße Anordnungen über Ort (Karlsruhe NJW 1996, 1616), Zeit und Art des Umgangs, zB Zuziehen einer Aufsichtsperson nach Abs IV S 2, zu bannen; vgl Celle FamRZ 1996, 364f, Hamm FamRZ 2002, 1583, 1584: iS angstnehmender begleitender Kontakte, Frankfurt/M FamRZ 2002, 1585, 1587, München FamRZ 2003, 551: auch der begleitende Umgang ist auf schwerwiegende Fälle zu beschränken (zust Kuchenreuther FamRZ 2003, 552), Nürnberg, Urt v 25. 1. 2002 – 10 WF 79/02, Rz 14b und Staud/Peschel–Gutzeit Rz 272. Heftige Auseinandersetzungen aus Anlaß zufälliger Treffen bei völlig zerrütteten Eheleuten, die nicht untypisch sind, rechtfertigen nicht den völligen Ausschluß des Umgangsrechts des nichtsorgeberechtigten Elternteils. Das Umgangsrecht darf nur dann für längere Zeit eingeschränkt oder ausgeschlossen werden, wenn andernfalls das Wohl des Kindes gefährdet wäre (Hamm FamRZ 1999, 326; Brandenburg FamRZ 2002, 975, 976; Hamm FamRZ 2002, 1585; in diese Richtung wohl auch AG Bremen, Urt v 25. 2. 2002 – 61 F 2032/01).

Bevor das Umgangsrecht eingeschränkt oder gänzlich entzogen werden kann, muß immer geprüft werden, ob es ausreicht, die Vollstreckung des Umgangsrechts zeitweise einzuschränken oder auszuschließen, wie es Abs IV S 1, 2 ermöglicht. Die an sich zu § 33 FGG gehörende Regelung wurde insbesondere für die Fälle geschaffen, in denen es am Verhalten des Sorgeberechtigten liegt, daß der Umgang mit dem anderen Elternteil zur Kindeswohl beeinträchtigenden Belastung wird, etwa dadurch, daß das Kind gegen den Umgangsberechtigten aufgehetzt wird. Auch wenn ein Sorgerechtsentzug nicht in Betracht kommt, soll das Verhalten des Sorgeberechtigten nicht damit „belohnt" werden, daß das Umgangsrecht des Anderen wegfällt. Der bloße Wegfall der Vollstreckung soll den Umgangsberechtigten insofern beschwichtigen, als sein Recht erhalten bleibt, und den Sorgeberechtigten nicht als Sieger darstellen. Ob dieser Unterschied allerdings juristischen Laien etwas bedeutet, vor allem, da die tatsächliche Folge (kein Umgang) gleichbleibt, ist zweifelhaft. Jedenfalls kommt eine völlige und dauernde Unterbindung des Umgangs nur als **letzter Ausweg** in ganz seltenen Fällen in Betracht (Freiburg Rpfleger 1950, 425; BVerfG FamRZ 2002, 1021, 1023). Wie hier Hamm FamRZ 1966, 317; Karlsruhe FamRZ 1967, 633; KG FamRZ 1968, 260; BayObLG FamRZ 1968, 269; Stuttgart NJW 1977, 380; 1978, 1593; Brandenburg FamRZ 2002, 975, 976.

§ 1684 Familienrecht Verwandtschaft

Die Ausschließung der Umgangsbefugnis enthält noch nicht das Verbot, Kontakte zu den Kindern zu suchen, noch das an das Kind gerichtete Verbot, von sich aus Kontakt aufzunehmen (Schleswig SchlHA 1984, 173). Reagiert das Kind auf Besuche jedoch mit psychischen Belastungen, die sich auf das Sozialverhalten und die Schulleistungen negativ auswirken, kommt eine Gewährung des Umgangsrechts im Wege des Abänderungsverfahrens nicht in Betracht (BayObLG FamRZ 1992, 97f).

29 b) **Einzelheiten.** Der Umgang wird zB zu beschränken oder gänzlich auszuschließen sein, wenn der **Umgangsberechtigte die Zusammenkünfte dazu mißbraucht**, um das Kind gegen einen anderen Teil aufzuhetzen (§ 1684 II; zur **Wohlverhaltensklausel** s KG FamRZ 1989, 656f) oder sich an ihm zu vergreifen (zur Beweisproblematik s Bamberg NJW 1995, 1684f); selbst wenn das Ermittlungsverfahren wegen des Verdachts sexuellen Mißbrauchs zu Lasten der betroffenen Kinder nach § 170 II StPO eingestellt worden ist, die dadurch geschaffene Konfliktlage aber nicht bewältigt worden ist (Düsseldorf DAVorm 1991, 954ff; Bamberg NJW 1994, 1163; FamRZ 1995, 181f; Frankfurt FamRZ 1995, 1432f; NJW-RR 1996, 649; Hamm FamRZ 1993, 1233ff; Stuttgart FamRZ 1994, 718f); wenn er an einer ansteckenden Krankheit leidet (zur Aidsinfizierung s § 1671 Rz 24, § 1684 Rz 28); wenn er erziehungsunfähig ist (BayObLG FamRZ 1995, 1437ff; AG Göttingen FamRZ 2003, 112f – religiöses Bekenntnis führt im Grundsatz nicht dazu) oder infolge seines Lebenswandels (Dirne, Trinker) das Wohl des Kindes gefährdet (BayObLG FamRZ 1995, 1438f; AG Bremen, Urt v 25. 2. 2002 – 61 F 2032/02) – ein Schaden braucht noch nicht eingetreten zu sein – und wenn Sicherungsmaßnahmen nicht durchführbar sind oder wenn keinen Erfolg versprechen; schließlich, wenn er die Anordnungen des Gerichts nicht beachtet (KG DR 1941, 181), das Umgangsrecht dazu mißbraucht, das Sorgerecht mit dem Ziel aushöhlt, es übertragen zu bekommen (KG FamRZ 1980, 399), oder wenn aufgrund einer objektiv-normativen Beurteilung (Zukunftsperspektive, Frankfurt FamRZ 1984, 614) schwere Entwicklungsstörungen zu erwarten sind (Karlsruhe ZfJ 1980, 292; Hamm FamRZ 1995, 314). Ausreichend ist dagegen noch nicht eine durch jahrelange Nichtausübung des persönlichen Verkehrs entstandene Entfremdung (KG FamRZ 1980, 399; ebenso FamRZ 1985, 639: lange zeitliche Unterbrechung begründet keine Verwirkung). Selbst eine Entführung der Mutter durch den Vater, um den Umgang zu erzwingen, führt nicht zum Ausschluß des Umgangsrechts (Hamm FamRZ 1997, 1095), ebensowenig die Kindesentführung (Hamm FamRZ 1997, 3078; Saarbrücken OLGRp 2002, 341; anders Hamm FamRZ 2002, 1585: konkrete Entführungsgefahr ist genügend, jedoch nur bei stichhaltigen Anhaltspunkten – nicht stichhaltig ist eine wegen finanzieller Schwierigkeiten in Deutschland indizierte Reise ins Heimatland, wenn mit der Rückkehr dennoch zu rechnen ist). Bei einer längeren Freiheitsstrafe des nicht sorgeberechtigten Elternteils kommt es auf die Umstände des Einzelfalles an (Hamm FamRZ 1980, 481). Soll die Ausschlußanordnung aufgehoben werden, so muß die Gewähr dafür bestehen, daß künftig eine Gefährdung mit Sicherheit entfällt. Zur **Ablehnung des Kontakts** durch das Kind s Bamberg FamRZ 1994, 1276; Hamm FamRZ 1994, 57f; 1996, 361f; Thüringen FamRZ 1996, 359ff; s auch Thüringen FamRZ 1998, 1458; Hamm FamRZ 2002, 1583, 1584. Der vom Umgang Ausgeschlossene kann einen (halb-)jährlichen Entwicklungsbericht mit Fotos verlangen (BayObLG FamRZ 1996, 813).

6. Umgangskosten

30 Die Ausübung des Umgangsrechts ist mit Unkosten, zB Reise- und Verpflegungskosten, verbunden. Wer sie zu tragen hat, ist strittig. Nach LG Berlin FamRZ 1972, 217; Hamburg OLG 11, 296, Hamm FamRZ 1995, 1932 (bei gemeinsamem Sorgerecht), BGH FamRZ 2002, 1099, 1100 treffen sie den Umgangsberechtigten, nach BayObLG JFG 5, 74 sind die in den Umgangskosten enthaltenen Verpflegungskosten vom Unterhaltspflichtigen zu tragen. Diese Differenzierung ist abzulehnen. Der Umgangsberechtigte ist selbst hinsichtlich der durch einen Ferienaufenthalt von einigen Wochen entstandenen Unkosten nicht zur Kürzung des Barunterhalts berechtigt (BGH NJW 1984, 2826/7; Pal/Diederichsen Rz 42; aM KG FamRZ 1979, 327; LG Berlin aaO; AG Brühl FamRZ 1995, 936f; Soergel/Strätz Rz 30). Das gilt grundsätzlich auch für durch die Ausübung des Umgangsrechts entstandene Fahrtkosten (BGH NJW 1995, 717f). Entscheidend dafür ist der pauschalierte Charakter der vereinbarten oder gerichtlich festgelegten Unterhaltsbeiträge. Geringfügige Bedarfsminderungen (ebenso wie entsprechende Erhöhungen) bleiben dabei außer Betracht (BGH NJW 1984, 2828). Etwas anderes gilt allerdings für einen längeren Ferienaufenthalt des Kindes außerhalb des Umgangsrechts (Hamburg DAVorm 1983, 666; Pal/Diederichsen aaO). Fahrtkosten für Besuche des Kindes können allerdings **sozialhilferechtlicher** Bedarf sein (OVG Münster NJW 1991, 190f; BVerwG FamRZ 1996, 105ff; BVerfG NJW 1995, 1342ff). Sie sind keine außergewöhnlichen Belastungen nach § 33 EStG (BFH FamRZ 1998, 21). **Über** die **Umgangskosten entscheidet** wegen des Sachzusammenhanges das FamG. Zum Ersatz der Umgangskosten bei Vereitelung des Umgangsrechts s BGH FamRZ 2002, 1099, 1100; dazu auch Schwab FamRz 2002, 1297ff.

7. Verfahrensgrundsätze

31 a) Für die Regelung des Umgangs einschließlich einer etwa notwendig werdenden Vollstreckung ist **sachlich** ausschließlich das **FamG zuständig** (§ 621 I Nr 2 ZPO, § 1684; auch bei bestehender Aufenthaltsbestimmungspflegschaft durch das Jugendamt: Düsseldorf FamRZ 1996, 45; LG Duisburg FamRZ 1995, 947. Örtlich zuständig ist, wenn das Verfahren als Folgesache eines Scheidungsverfahrens betrieben wird, das nach § 606 ZPO vorgesehene FamG. Im übrigen ist gemäß §§ 621 I Nr 2, 621a ZPO, 64 FGG (nicht § 5 FGG: BGH Rpfleger 1992, 23) das FamG **örtlich zuständig** (zur Aufklärung der für die örtliche Zuständigkeit maßgebenden tatsächlichen Verhältnisse von Amts wegen s BGH NJW-RR 1991, 1346), in dessen Bezirk das Kind seinen **Wohnsitz** oder **Aufenthalt** hat (BGH FamRZ 1994, 299). Bei gemeinsamer Sorge hat das Kind uU zwei Wohnsitze, s § 1631 Rz 13f, die zu einer doppelten Zuständigkeit führen können. Zum Wohnsitz des Kindes s auch § 11 und § 1671 Rz 38. **Nicht zulässig** in dem Umgangsrechtsverfahren sind eine gerichtliche Therapieanordnung und die Anordnung einer Aufenthaltsbestimmungspflegschaft (BezG Erfurt FamRZ 1992, 1333f). Die Entscheidungen, die den Umgang regeln, einschränken oder ausschließen, trifft gemäß § 14 Nr 16 RPflG der Richter. Um ein Verfahren nach § 1634 einzuleiten, bedarf es keines Antrags. Es ist nach § 623 II Nr 3 ZPO Teil des Scheidungsverbandes, kann aber nach § 623 II S 2 ZPO auf Antrag abgetrennt werden, sofern es sich nicht um eine isolierte Familiensache handelt.

b) Gericht wird **von Amts wegen** tätig (Zweibrücken FamRZ 1986, 714; Hamm FamRZ 1982, 94; Düsseldorf **32** FamRZ 2002, 1582; Köln FamRz 2002, 979; zur Aufklärung der für die örtliche Zuständigkeit maßgeblichen Umstände BGH Rpfleger 1992, 23). Verfahrensrechtlich bedeutsam ist neben § 52 FGG (s Rz 34), daß die **Beteiligten zu hören** sind, und zwar die Eltern nach § 50a FGG (Bamberg FamRZ 1979, 858; KG FamRZ 1980, 1156; München FamRZ 1980, 1065), das Kind nach § 50b FGG, etwaige Pflegeeltern nach § 50c FGG, Dritte, die von der Regelung des Gerichts erfaßt werden, als **Betroffene** schon aufgrund des Art 103 I GG. Handelt es sich um die Umgangsbefugnis, so ist besonderes Gewicht auf ein Gespräch mit dem Kind zu legen, vor allem wenn es sich gegen den Umgang sträubt (KG FamRZ 1970, 93; Düsseldorf FamRZ 1969, 664). Das **Jugendamt** ist als Verfahrensbeteiligter (Beteiligter ist nicht der einzelne Mitarbeiter, gegen den wegen Nichterscheinens im Termin deshalb kein Zwangsmittel verlangt werden kann: Oldenburg NJW-RR 1996, 680) nach § 49a I Nr 7 FGG zu **hören**, und zwar auch das für den Wohnsitz des umgangsberechtigten Elternteils zuständige (Hamm FamRZ 1965, 83; Naumburg FamRZ 2003, 468: auch zur Übertragung der Aufgaben des Jugendamtes auf Dritte). Gemäß § 50 I SGB VIII hat es das VormG und das FamG bei seinen Maßnahmen zu unterstützen. Etwaige **Berichte** des Jugendamts müssen den **Eltern** zur **Kenntnis** gebracht werden; anderenfalls ist der Grundsatz des rechtlichen Gehörs (Art 103 I GG) verletzt. Ein Verstoß gegen die vorgeschriebene Anhörung und gegen den Grundsatz des rechtlichen Gehörs stellt einen die Aufhebung der Entscheidung und Zurückverweisung rechtfertigenden Verfahrensmangel dar; vgl Düsseldorf FamRZ 1979, 859; KG FamRZ 1979, 69; Schleswig SchlHA 1977, 191.

c) Schließen die Eltern vor dem FamG einen **Vergleich** über die Regelung des Umgangsrechts, so kann dieser **33** Inhalt einer familiengerichtlichen Verfügung werden, wenn der Familienrichter unmißverständlich deutlich macht, daß er die Einigung der Eltern zum Inhalt der eigenen Entscheidung macht; dann ist er auch vollstreckbar. Dazu s oben Rz 10ff.

d) Einstweilige Anordnungen sind vorgesehen. Nach §§ 620 S 1 Nr 2, 620a ZPO ist ein Antrag zulässig, **34** sobald eine Ehesache anhängig oder ein Gesuch um Bewilligung von Prozeßkostenhilfe eingereicht ist. Vor der Anordnung sollen das Kind und das Jugendamt angehört werden. Aber auch in einer selbständigen (isolierten) Familiensache nach § 621 I Nr 2 ZPO ist sie gemäß § 52 III FGG zulässig. Zur Ausnahme vom Erfordernis eines Hauptverfahrens mit gleichartigem Verfahrensgegenstand s Bamberg FamRZ 1995, 181f. Zur jederzeitigen Möglichkeit einer einstweiligen Anordnung zur Modifikation einer bestehenden gerichtlichen Umgangsregelung durch das Beschwerdegericht bzw zur Neubeantragung einer einstweiligen Anordnung beim Ursprungsgericht vgl BGH FamRZ 2002, 1099, 1100; kritisch dazu Schwab FamRZ 2002, 1297, 1302; vgl aber auch Löhnig JA 2003, 102, 104. Einstweilige Anordnungen setzen im übrigen voraus, daß ein dringendes Bedürfnis für ein sofortiges Einschreiten besteht, das an Zuwarten bis zur endgültigen Entscheidung nicht gestattet, weil diese zu spät kommen und die Interessen des Kindes nicht mehr genügend wahren würde (sog dienende Maßnahme; dazu Zweibrücken FamRZ 1989, 1108; 1996, 234f; Hamm FamRZ 2002, 1585). Zum vorläufigen Umgangsrecht bei drohender Entfremdung durch zu lange Trennung von einem Elternteil vgl KG Berlin JAmt 2001, 204. Eine einstweilige Anordnung kommt daher nicht mehr in Betracht, wenn das Umgangsregelungsverfahren (alsbald) zur Entscheidung reif ist (Hamburg FamRZ 1989, 1210f; Hamm FamRZ 1990, 893). Das Beschwerdegericht hat dafür auf den Zeitpunkt seiner Entscheidung abzustellen (Hamm aaO). Auch nach § 52 III FGG können einstweilige Anordnungen erlassen werden. Auch im Eilverfahren sind aber alle Aufklärungs- und Prüfungsmöglichkeiten mit Blick auf den Eingriff in Art 6 II, III GG auszuschöpfen (BVerfG FamRZ 2001, 1021, 1023).

e) Die ergehende **Entscheidung** des **Gerichts wird** gemäß **§ 16 I FGG** mit der **Bekanntmachung** an denjeni- **35** gen, für den sie ihrem Inhalt nach bestimmt ist, **wirksam.** Solange der Anordnungsbeschluß besteht, kann seine Durchsetzung nicht aus Gründen in Zweifel gezogen werden, die gegen seinen Bestand sprechen könnten (Frankfurt FamRZ 1979, 75). Eine Beschwerde steht der Festsetzung des Zwangsgeldes nicht entgegen, solange nicht die Umgangsregelung ausgesetzt ist (Schleswig SchlHA 1979, 55). Zwar handelt es sich bei dem Verfahren nach § 621 I Nr 2 ZPO um eine Angelegenheit der freiwilligen Gerichtsbarkeit; aus § 621a I ZPO ergibt sich aber, daß alle Fragen, welche die Form der Zustellung eines gerichtlichen Beschlusses betreffen, nach der ZPO zu beurteilen sind. Deshalb ist bei der Zustellung auch § 176 ZPO zu beachten (KG FamRZ 1978, 728).

f) Vollstreckung. Erzwungen werden die Anordnungen des Gerichts gemäß § 33 FGG, der allerdings dann **36** nicht anwendbar ist, wenn der Sorgerechtsinhaber mit erzieherischen Mitteln vergeblich auf das Kind eingewirkt hat, damit dieses den Umgang mit dem anderen Elternteil ausübt (AG Charlottenburg FamRZ 1989, 1217; and bei fehlender Einwirkung auf das Kind BezG Frankfurt/Oder FamRZ 1994, 58; Karlsruhe FamRZ 2002, 1125; 1126). Zur Durchsetzbarkeit des Umgangsrechts gegenüber einem gleichgültigen Elternteil vgl Köln FamRZ 2001, 223; 2002, 979: gerichtliche Entscheidung über das Umgangsrecht – inhaltsgleich mit bereits bestehender elterlicher Einigung – bei einem gleichgültigen Elternteil. Gegen den Fortbestand des Umgangsrechts bestehende Gründe sind im Vollstreckungsverfahren nach § 33 FGG grundsätzlich unbeachtlich (Karlsruhe FamRZ 1981, 203). Bestritten ist jedoch, ob § 33 FGG auch dann gilt, wenn es sich um die Vollstreckung einer nach § 620 Nr 2 ZPO ergangenen einstweiligen Anordnung handelt (dazu s Rz 33). Für dieses Verfahren hat der Gesetzgeber es versäumt, eine dem § 621a S 1 ZPO entsprechende Vorschrift zu erlassen. Hieraus folgert man, daß die Zwangsvollstreckung einstweiliger Anordnungen, die an sich dem Bereich des FGG angehören, gemäß den Vorschriften der ZPO vorzunehmen ist. So insbesondere Hamburg FamRZ 1979, 1046; Zweibrücken FamRZ 1979, 842; München FamRZ 1979, 317; Hamm FamRZ 1979 316; 1980, 707; Oldenburg FamRZ 1978, 911; Koblenz FamRZ 1978, 605. AA, dh stets Vollstreckung nach § 33 FGG: München FamRZ 1979, 1047 (für Besuchsregelungen); Stuttgart FamRZ 1979, 342; LG Bonn FamRZ 1979, 844; LG Ravensburg FamRZ 1978, 910; Pal/Diederichsen Rz 38. Zu

§ 1684 Familienrecht Verwandtschaft

beachten ist, daß nunmehr gemäß § 1684 III Anordnungen auch gegenüber Dritten ergehen und vollstreckt werden dürfen.

Auch die (nachträgliche) **Androhung** eines **Zwangsgeldes**, welches die gerichtliche Regelung des Umgangs des nicht sorgeberechtigten Elternteils mit dem Kind sichern soll, **ist** eine **Familiensache** iSd § 23b I Nr 3 GVG, § 621 I Nr 2 ZPO; vgl BayObLG FamRZ 1977, 736; Koblenz FamRZ 1977, 736; KG FamRZ 1978, 440; aA Bamberg FamRZ 1979, 859. Sie **setzt voraus**, daß eine **vollziehbare Verfügung** vorliegt, die insbesondere genau und erschöpfend Zeit, Ort und Art des Umgangs bestimmt (KG FamRZ 1966, 317; BayObLG FamRZ 1965, 82; Hamm FamRZ 1966, 254; Braunschweig FamRZ 1973, 268; Brandenburg FamRZ 1995, 484). Nicht vollzugsfähig ist eine Übergangsregelung, die dem einen Elternteil lediglich Befugnisse, dem anderen aber keine konkreten Verpflichtungen auferlegt (Bamberg FamRZ 1995, 428; zu einer fehlenden Regelung über das Abholen und das Zurückbringen des Kindes s Koblenz FamRZ 1996, 360f). Richtiger Ansicht nach setzt die Androhung nicht voraus, daß eine Zuwiderhandlung gegen das gerichtliche Gebot oder Verbot bereits stattgefunden habe oder auf Grund gewisser Anzeichen zu erwarten sei (so aber anscheinend Dresden FamRZ 2002, 1588; Karlsruhe FamRZ 2002, 1125, 1126). Das folgt schon daraus, daß die Zwangsgeldandrohung bereits in die familiengerichtliche Anordnung selbst aufgenommen werden kann. So insbesondere KG FamRZ 1966, 317; BayObLG FamRZ 1965, 83; 1961, 381; Hamm FamRZ 1966, 253 Köln FamRZ 1977, 735; Düsseldorf FamRZ 1979, 966, Jansen § 33 FGG Anm 18; aA Stuttgart FamRZ 1966, 256; unentschieden Karlsruhe FamRZ 1967, 258. Daher ist auch nicht zu prüfen, ob die Ausübung der Umgangsregelung gegen den Willen des Kindes gegen das Kindeswohl verstößt (Hamm FamRZ 1996, 363; allgemein zu Gründen gegen die getroffene Umgangsregelung Düsseldorf NJW-RR 1994, 710). **Festsetzen** darf das FamG ein Zwangsgeld nur, wenn es sie vorher in umrissener Höhe für die Zuwiderhandlung gegen ein genau bestimmtes Verbot oder Gebot angedroht hat (§ 33 III FGG). Dh: Eine mit Strafandrohung bewehrte **Verpflichtung** muß im **Beschlußsatz (Tenor)** der gerichtlichen Verfügung ausdrücklich ausgesprochen sein (Frankfurt FamRZ 1980, 933; Hamm FamRZ 1966, 254, Braunschweig FamRZ 1973, 268; Zweibrücken FamRZ 1984, 508; LG Berlin FamRZ 1976, 285). KG FamRZ 1977, 405 hält aber ein ausdrückliches Gebot an den anderen Teil, das Kind zur Abholung durch den Umgangsberechtigten bereit zu halten oder herauszugeben, nicht für erforderlich; s auch BayObLG FamRZ 1975, 279. Sie darf sich nicht erst aus den Beschlußgründen ergeben (BayObLG FamRZ 1971, 184). Zu weit geht allerdings Stuttgart FamRZ 1972, 470, wenn er der Ansicht ist, daß das Zwangsgeld in bestimmter Höhe angedroht werden müßte. Es genügt, daß der **Rahmen** bekanntgegeben wird, zB Zwangsgeld bis zu 1000 Euro. Dann ist dieser Betrag die obere Grenze, die nicht überschritten, wohl aber unterschritten werden darf. Die wirkliche Höhe kann immer erst bestimmt werden, wenn ein Zwangsgeld verhängt wird. Sie richtet sich nach den Umständen des Einzelfalls, die sich vollends erst nach der Zuwiderhandlung beurteilen lassen. So auch BGH FamRZ 1973, 622 auf Vorlegungsbeschluß des BayObLG. Die mehrmalige Festlegung eines Zwangsgeldes wegen der gleichen Verpflichtung bedarf jeweils einer besonderen Androhung (Frankfurt FamRZ 1980, 933; Düsseldorf NJW-RR 1994, 710, 711). Ob das Verhängen eines Zwangsmittels nach § 33 FGG ein Verschulden voraussetzt, richtet sich danach, was es erstrebt. Will es ein in der Zukunft liegendes, nachholbares Handeln erzwingen, so handelt es sich um ein reines Beugemittel, bei der es auf Verschulden möglicherweise nicht ankommt. Will es dagegen eine vorangegangene, abgeschlossene Zuwiderhandlung ahnden, so muß Vorsatz oder Fahrlässigkeit gegeben sein; vgl Braunschweig FamRZ 1972, 576; Düsseldorf FamRZ 1978, 619: Die **Festsetzung** des **Zwangsgeldes**, das nicht in Haft umgewandelt werden kann (BayObLG FamRZ 1993, 823ff), **erfordert** die **schuldhafte Nichterfüllung** der Verpflichtung, zu deren Erzwingung es angedroht war, so daß eine vorbeugende Anordnung unzulässig ist (Hamm FamRZ 1995, 427, 428). Die bloße fernmündliche Ankündigung, die Ausübung des Umgangsrechts werde verweigert, reicht nicht aus. Die Festsetzung des Zwangsgeldes ist ungerechtfertigt, wenn der sorgeberechtigte Elternteil frühzeitig eine Ausschluß des persönlichen Umgangs beantragt hat (Düsseldorf NJW-RR 1994, 710, 711). In einem Beschluß können wegen mehrerer Verstöße mehrere Zwangsgelder festgesetzt werden (BayObLG FamRZ 1993, 823f). Leistet das Kind bei der Durchführung des Umgangs Widerstand, so ist der Einsatz von Zwang und Gewalt gegen das Kind wegen des neuen § 33 II S 2 FGG niemals möglich.

37 **g) Beschwerde.** Die **Entscheidung** des **FamG** zum Umfang und zur näheren Regelung der Umgangsbefugnis **unterliegt** gemäß § 621e I, 629a II ZPO der **einfachen, befristeten Beschwerde**. Die **Durchsetzung** der Umgangsregelung (Androhung und Festsetzung des Zwangsgeldes) unterliegt nach BGH FamRZ 1979, 224 und 696; Bamberg FamRZ 1992, 538f; FamRZ 1979, 859; KG FamRZ 1979, 76; München FamRZ 1977, 824, der einfachen Beschwerde des § 19f FGG. **Beschwerdeberechtigt** sind nach § 20 FGG der **Personensorgeberechtigte**, der **Umgangsbefugte**, der gemäß Abs III S 1 betroffene **Dritte**, nach § 57 I Nr 9 das **Jugendamt** und **sonstige Personen**, die ein berechtigtes Interesse daran haben, diese Angelegenheit wahrzunehmen, schließlich im Rahmen des § 59 FGG das **Kind**. Im Fall der §§ 621e, 629a II ZPO wird allerdings die Beschwerdeberechtigung des § 57 I Nr 9 FGG durch § 64 III S 3 FGG unbeschadet der des Jugendamtes ausgeschlossen. Zufolge § 59 FGG muß die Entscheidung auch dem beschwerdeberechtigten Kind zugestellt werden. Bei einer isolierten Familiensache wie der des § 621 I Nr 2 ZPO, hat das Beschwerdegericht es über ein zulässiges Rechtsmittel eines Beteiligten befindet, sachlich erst dann zu entscheiden, wenn entweder auch die anderen Beteiligten ein Rechtsmittel erhoben haben oder für sie die Rechtsmittelfrist abgelaufen ist (München FamRZ 1978, 614). Hat die personensorgeberechtigte Mutter bereits Beschwerde eingelegt, so hat der Stiefvater kein berechtigtes Interesse mehr daran, die Regelung des Umgangs des Stiefkindes mit dessen Vater gleichfalls mit der Beschwerde anzufechten. Im übrigen werden der Stiefvater und die Stiefgeschwister durch eine solche Umgangsregelung nicht in ihren Rechten beeinträchtigt. Vgl KG FamRZ 1968, 666. Das Verbot der **Schlechterstellung** gilt nicht im Beschwerdeverfahren (BayObLG FamRZ 1966, 453; KG FamRZ 1968, 664). Zum Umfang/Inhalt einer ordnungsgemäßen Beschwerdebegründung s BGH FamRZ 1992, 538. Gegen die Entscheidung des Beschwerdegerichts ist in Sachen der Umgangsregelung einschließlich ihrer Erzwingung nach Maßgabe des § 621e II ZPO die weitere Beschwerde zulässig. Ist gemäß § 620

S 1 Nr 2 ZPO eine einschlägige **einstweilige Anordnung** ergangen, dazu s Rz 33, so kann das Gericht gemäß § 620b ZPO den Beschluß auf Antrag, wenn das Jugendamt nicht gehört wurde, auch von Amts wegen aufheben oder ändern. Hat das Gericht ohne mündliche Verhandlung entschieden, so ist nach Antrag auf Grund mündlicher Verhandlung erneut zu beschließen. Eine **Beschwerde** ist aber **unzulässig**. Nach Stuttgart FamRZ 1977, 826 soll eine einstweilige Anordnung auch dann, wenn sie im Rahmen einer isolierten Familiensache eine positive Regelung gemäß § 621 I Nr 2 trifft, unanfechtbar sein. Die **Kosten** werden idR gemäß § 93a ZPO gegeneinander aufgehoben, wenn der Umgang als Scheidungsfolgesache geregelt wird. Ist die Umgangsregelung als isolierte Familiensache (§ 621 I Nr 2 ZPO) anhängig, so richtet sich die Kostenentscheidung nach § 94 I Nr 4 III KostO; zahlungspflichtig ist der nach billigem Ermessen bestimmte Elternteil (Nürnberg NJW-RR 1994, 703; aM für die gerichtlichen Auslagen München Rpfleger 1992, 297; Frankfurt aM FamRZ 1994, 250f; Koblenz FamRZ 1995, 1367; Celle Rpfleger 1996, 344f: § 2 Nr 2 KostO). Der Geschäftswert ist dabei nicht generell niedriger anzusetzen als der des Sorgerechtsverfahrens; § 30 I, II KostO (Nürnberg FamRZ 1990, 1130f). Er kann jedoch unterschritten werden, wenn einem oder beiden Elternteilen Prozeßkostenhilfe bewilligt worden ist (München Rpfleger 1990, 419f).

8. Internationales Privatrecht. Die Regelung des Umgangsrechts fällt unter Art 19 EGBGB. S Bemerkungen **38** dazu. Für die Entscheidung über das Umgangsrecht für deutsche Kinder, die bei ihrer niederländischen Mutter in den Niederlanden leben, ist nach dem Haager Minderjährigenschutzabkommen das niederländische Gericht örtlich zuständig. Daran ändert nichts, daß vorher ein deutsches Gericht über die elterliche Sorge entschieden hat. Bei einem in der Türkei anhängigen Scheidungsverfahren kann auch ein deutsches Gericht eine vorläufige Umgangsregelung treffen (Karlsruhe FamRZ 1991, 362f). Die Frage der internationalen Zuständigkeit ist in jeder Lage des Verfahrens zu prüfen, auch wenn dies zu einer Schlechterstellung des das Rechtsmittel Einlegenden führt (Düsseldorf FamRZ 1979, 75). Zur Regelung des Umgangsrechts in den **EU-Staaten** Riedl StAZ 1995, 358ff.

1685 *Umgang des Kindes mit anderen Bezugspersonen*

(1) Großeltern und Geschwister haben ein Recht auf Umgang mit dem Kind, wenn dieser dem Wohl des Kindes dient.
(2) Gleiches gilt für den Ehegatten oder früheren Ehegatten sowie den Lebenspartner oder früheren Lebenspartner eines Elternteils, der mit dem Kind längere Zeit in häuslicher Gemeinschaft gelebt hat, und für Personen, bei denen das Kind längere Zeit in Familienpflege war.
(3) § 1684 Abs. 2 bis 4 gilt entsprechend.

1. Das KindRG hat nicht nur die Rechte des nichtehelichen Vaters, sondern auch die anderer wichtiger Bezugs- **1** personen gestärkt. Unter das Umgangsrecht des neuen § 1685 fallen nicht nur Großeltern (Frankfurt/M 2003, 250f) und Geschwister (Abs I; zum Verhältnis mehrerer Umgangsberechtigter – hier Geschwister und Betreuer des Umgangsberechtigten – und eines etwaigen Vorrangs vgl BayObLG FamRZ 2002, 907, 908), sondern auch (früher) Ehegatten und Pflegepersonen, wenn mit diesen eine längerdauernde häusliche Gemeinschaft bestand (Abs II; Karlsruhe FamRZ 2002, 1210, 1211: für den Lebenspartner der Mutter). Damit trägt die Vorschrift nicht nur den Wünschen der Bezugspersonen, sondern auch den Interessen des Kindes Rechnung. Dabei sind die Personen, denen ein eigenes Umgangsrecht mit einem minderjährigen Kind eingeräumt ist, im § 1685 abschließend aufgezählt (BVerfG, Urt v 9. 4. 2003 – 1 BvR 1493/96: unvereinbar mit Art 6 I GG – § 1685 berücksichtigt nur den rechtlichen, nicht aber den leiblichen Vater, selbst wenn mit diesem eine sozial familiäre Beziehung besteht bzw bestanden hat; einer verfassungskonformen Auslegung steht der klare Wortlaut entgegen [gesetzgeberischer Auftrag zur Korrektur bis 30. 4. 2004]). Für Tanten und Onkel des Kindes besteht demnach kein eigenes Umgangsrecht (Zweibrücken FamRZ 1999, 1161). Alle Möglichkeiten, die § 1684 II–IV nF gegenüber den Eltern bieten, bestehen nach Abs III auch im Rahmen von § 1685 nF. Zur Beschwerdeberechtigung von Pflegeeltern im Falle der Anfechtung einer Entscheidung zum beantragten Umgangsrecht gemäß § 1685 II s BGH FamRZ 2001, 1449. Zur vertraglichen Regelung des Umgangsrechts des nichtsorgeberechtigten Partners nach Trennung gem § 1685 II in Partnerschaftsverträgen nach dem LPartG vgl Müller DNotZ 2001, 581.

2. Über ein Umgangsrecht der in § 1685 nF genannten Personen entscheidet das Gericht im FGG-Verfahren, dh **2** eine Anregung eines Beteiligten genügt. Der Prüfungsmaßstab ist das Kindeswohl, wobei § 1626 III S 2 nF einen wichtigen Anhaltspunkt, die Bindungen des Kindes, gibt. Ein weitergehendes Umgangsrecht der Großeltern unabhängig von einer Kindeswohlprüfung besteht auch nicht nach Art 8 EMRK Frankfurt/M NJW-RR 1998, 937).

1686 *Auskunft über die persönlichen Verhältnisse des Kindes*

Jeder Elternteil kann vom anderen Elternteil bei berechtigtem Interesse Auskunft über die persönlichen Verhältnisse des Kindes verlangen, soweit dies dem Wohl des Kindes nicht widerspricht. Über Streitigkeiten entscheidet das Familiengericht.

Anders als § 1634 III aF, dem die durch das KindRG eingefügte Vorschrift nachgebildet ist, soll § 1686 nF nicht **1** mehr dem Ausgleich dafür dienen, daß der persönliche Umgang des nicht personensorgeberechtigten Elternteils aus Gründen des Kindeswohls eingeschränkt oder ausgeschlossen werden muß.

Auch bei gemeinsamer Sorge getrennt lebender Eltern kann ein Elternteil daran interessiert sein, vom anderen, **2** in dessen Obhut sich das Kind befindet, Informationen neu zu erhalten über dessen Entwicklung (Koblenz FamRZ 2002, 980). Ein Elternteil kann dementsprechend bei Vorliegen eines berechtigten Interesses vom anderen Elternteil **Auskunft über die persönlichen Verhältnisse des Kindes** verlangen können, über die er im Falle des Umgangs vor allem durch das Kind selbst Informationen erhalten hätte (AG Hamburg FamRZ 1990, 1382f), wie zB den Gesundheitszustand eines Kleinkindes (Frankfurt/M FamRZ 2002, 1585, 1587f; Zweibrücken FamRZ 1990, 779: grundsätzlich keine Pflicht zur Überlassung von Belegen (so auch Koblenz FamRZ 2002, 980); Hamm FamRZ 1995, 1288ff: verneint bei einer vier Jahre zurückliegenden psychiatrischen Behandlung eines jetzt 16 Jahre alten Kindes; Koblenz FamRZ 2002, 980: verneint den Anspruch auf Führung eines laufenden Tagebuchs – Anspruch ist nur auf das „Wichtigste" im Begründen gerichtet, nicht auf Einzelheiten des täglichen Lebens). Das Auskunftsrecht beinhaltet nicht die Pflicht des anderen Elternteils, behandelnde Ärzte von der Schweigepflicht zu entbinden (Hamm FamRZ 1995, 1288). Ein berechtigtes Interesse dürfte zB in folgenden Fällen zu bejahen sein: a) Wenn dem Elternteil ein Recht zum persönlichen Umgang nicht zusteht (BayObLG FamRZ 1983, 1169), b) wenn ihm dieses Recht zwar zusteht, aber das Kind sowohl einen persönlichen, wie einen brieflichen Kontakt mit ihm ablehnt oder er sich wegen des jugendlichen Alters des Kindes und zu großer räumlicher Entfernung weder persönlich noch durch einen Schriftverkehr mit dem Kind von dessen Wohlergehen und Entwicklung überzeugen kann (BayObLG aaO). Auskünfte sind jedoch untersagt, soweit dies dem Wohl des Kindes widerspricht (Frankfurt/M FamRZ 2002, 1585, 1588). Das ist zB der Fall, wenn er sie verlangt, um zu erfahren, wo das Kind sich aufhält, welche Schule es besucht oder in welcher Lehrstelle es sich befindet, um auf diesem Wege einen dem Kinde abträglichen persönlichen Kontakt herzustellen. Kommt es zwischen den Eltern zu einem Streit darüber, ob und in welchem Umfang Auskünfte über die persönlichen Verhältnisse des Kindes zu erteilen sind, so entscheidet hierüber jetzt das FamG. Zur Auskunft in diesem Sinn gehört auch die Bekanntgabe von Schulzeugnissen (BayObLG aaO; Frankfurt/M FamRZ 2002, 1585, 1588), ärztlichen und sonstigen Gutachten über das Kind und die Zusendung eines Lichtbildes (LG Karlsruhe FamRZ 1983, 1169; Frankfurt/M FamRZ 2002, 1585, 1588). Das Auskunftsrecht endet, wie auch die elterliche Personensorge, mit der **Volljährigkeit** des Kindes. Über ein fast volljähriges Kind ist gegen dessen Willen keine Auskunft über höchstpersönliche Verhältnisse, wie Arztbesuche, gesellschaftliches und politisches Engagement, freundschaftliche und verwandtschaftliche Kontakte, zu erteilen (AG Hamburg FamRZ 1990, 1382f).

1687 *Ausübung der gemeinsamen Sorge bei Getrenntleben*

(1) Leben Eltern, denen die elterliche Sorge gemeinsam zusteht, nicht nur vorübergehend getrennt, so ist bei Entscheidungen in Angelegenheiten, deren Regelung für das Kind von erheblicher Bedeutung ist, ihr gegenseitiges Einvernehmen erforderlich. Der Elternteil, bei dem sich das Kind mit Einwilligung des anderen Elternteils oder aufgrund einer gerichtlichen Entscheidung gewöhnlich aufhält, hat die Befugnis zur alleinigen Entscheidung in Angelegenheiten des täglichen Lebens. Entscheidungen in Angelegenheiten des täglichen Lebens sind in der Regel solche, die häufig vorkommen und die keine schwer abzuändernden Auswirkungen auf die Entwicklung des Kindes haben. Solange sich das Kind mit Einwilligung dieses Elternteils oder auf Grund einer gerichtlichen Entscheidung bei dem anderen Elternteil aufhält, hat dieser die Befugnis zur alleinigen Entscheidung in Angelegenheiten der tatsächlichen Betreuung. § 1629 Abs. 1 Satz 4 und § 1684 Abs. 2 Satz 1 gelten entsprechend.

(2) Das Familiengericht kann die Befugnisse nach Absatz 1 Satz 2 und 4 einschränken oder ausschließen, wenn dies zum Wohl des Kindes erforderlich ist.

1 **1.** Die durch das KindRG eingefügte Vorschrift erleichtert den Umgang erheblich und beugt Streitigkeiten vor. Sie gilt für gemeinsam sorgeberechtigte Eltern, die dauernd getrennt leben, gleichgültig, ob sie die gemeinsame Sorge durch Heirat oder Sorgeerklärungen erworben haben (§ 1626a I). Zum Begriff des Getrenntlebens s § 1567. Die Norm betrifft rechtliche und tatsächliche Angelegenheiten des Kindes. Maßgebendes Unterscheidungskriterium ist der Grad der Bedeutung für das Kind.

2 **2.** Abs I S 1 wiederholt § 1627: Bei erheblicher Bedeutung müssen sich beide Elternteile einigen, können sie dies nicht, gilt § 1628. Dazu zählen zB Aufenthaltsbestimmung (Karlsruhe FamRZ 2002, 1272, 1273: für Verbringung auf Dauer ins Ausland), Namensbestimmung (s jetzt § 1618 S 3), schulische und religiöse Erziehung, Berufsausbildung, chirurgische Eingriffe (außer in Notfällen). Die Abgrenzung ist so vorzunehmen, daß zuerst nach Abs I S 3 untersucht wird, ob die Angelegenheit in ihren Auswirkungen auf das tägliche Leben beschränkt bleibt. Falls nicht, ist Abs I S 1 einschlägig. Die Entscheidung über einen Schulwechsel des Kindes gehört nicht zu den sog Alltagsfragen (München FamRZ 1999, 101). Ebenso betrifft die Entscheidung, daß ein dreijähriges Kind mit einem Elternteil einen zweiwöchigen Ferienurlaub in einem afrikanischen Land verbringen soll, keine Angelegenheit des täglichen Lebens (Karlsruhe FamRZ 2002, 1272, 1273: betont die vorliegende besondere Sachgestaltung, hält aber grundsätzlich einen Urlaub im Ausland für eine Entscheidung in Angelegenheiten des täglichen Lebens). Dies ergibt sich aus den Gesundheitsgefahren, die typischerweise für ein kleines Kind bei einer solchen Reise bestehen (Köln FamRZ 1999, 249).

Entscheidungen ohne erhebliche Bedeutung sind daher die in Abs I S 2 genannten und in Abs I S 3 definierten Entscheidungen in Angelegenheiten des täglichen Lebens, sowohl rechtlicher als auch tatsächlicher Natur.

3 **3.** Diese darf der Elternteil allein treffen, bei dem sich das Kind gewöhnlich, also überwiegend und nicht nur während kurzen Umgangs mit dem anderen Elternteil, legal aufhält. Dies bezweckt, daß gemeinsam sorgeberechtigte Eltern nicht bei jeder relativ unwichtigen Angelegenheit den jeweils anderen Elternteil um Zustimmung ersuchen müssen, was Streit vermeidet. Damit beläßt es gleichzeitig Verantwortung, die ein wichtiger Bestandteil der Sorge ist. Dies muß auch im Einzelfall in Abweichung von § 1629 I S 1 die Alleinvertretungsmacht für Angelegenheiten des täglichen Lebens umfassen, da ansonsten der Zweck, dem Elternteil, bei dem sich das Kind gewöhnlich aufhält, Eigenverantwortung zu belassen und Konflikte zu vermeiden, kaum erreicht werden könnte. Als Beispiel mag das Anlegen von geschenkten 50 Euro auf ein Sparbuch dienen. Dies ist sicher eine Angelegenheit ohne gravierende Auswirkung für das Kind, beinhaltet aber eine Vertretung des Kindes. Davon geht auch der Gesetzgeber aus (BT-Drucks 13/4899, 107: „Nicht ausreichend wäre ... Alleinvertretungsrecht ...", S 108).

4. Der Elternteil, bei dem sich das Kind nur vorübergehend aufhält, soll, da auch er noch sorgeberechtigt ist, ebenfalls nicht immer zur Absprache gezwungen werden. Er darf, abgestuft zum anderen Elternteil aber nur in Fragen der tatsächlichen Betreuung, nicht also bei Rechtshandlungen, entscheiden. Dies wird vom Gesetzgeber sehr eng gesehen (Essens- und Schlafensregelung) als Beispiele, BT-Drucks 13/4899, 108), aber das Umgangsbestimmungsrecht fällt noch darunter (s § 1687 Rz 2).

5. Abs I S 5 nimmt (deklaratorisch) Notvertretungsrecht und Wohlverhaltensklausel in Bezug.

6. Abs II gibt dem FamG die Möglichkeit, aus Kindeswohlerwägungen einzuschreiten.

1687a *Entscheidungsbefugnisse des nicht sorgeberechtigten Elternteils*

Für jeden Elternteil, der nicht Inhaber der elterlichen Sorge ist und bei dem sich das Kind mit Einwilligung des anderen Elternteils oder eines sonstigen Inhabers der Sorge oder auf Grund einer gerichtlichen Entscheidung aufhält, gilt § 1687 Abs. 1 Satz 4 und 5 und Abs. 2 entsprechend.

Die Vorschrift gibt auch dem umgangsberechtigten Elternteil, der nicht Inhaber der Sorge ist, die Möglichkeit, Angelegenheiten der tatsächlichen Betreuung (s § 1687 Rz 3) selbst zu entscheiden. Auch für ihn gelten Notvertretungsrecht und Wohlverhaltensklausel sowie die gerichtliche Beschränkbarkeit seiner Befugnis. Zu den Einzelheiten s § 1687 Rz 2f.

1687b *Sorgerechtliche Befugnisse des Ehegatten*

(1) Der Ehegatte eines allein sorgeberechtigten Elternteils, der nicht Elternteil des Kindes ist, hat im Einvernehmen mit dem sorgeberechtigten Elternteil die Befugnis zur Mitentscheidung in Angelegenheiten des täglichen Lebens des Kindes. § 1629 Abs. 2 Satz 1 gilt entsprechend.
(2) Bei Gefahr im Verzug ist der Ehegatte dazu berechtigt, alle Rechtshandlungen vorzunehmen, die zum Wohl des Kindes notwendig sind; der sorgeberechtigte Elternteil ist unverzüglich zu unterrichten.
(3) Das Familiengericht kann die Befugnisse nach Absatz 1 einschränken oder ausschließen, wenn dies zum Wohl des Kindes erforderlich ist.
(4) Die Befugnisse nach Absatz 1 bestehen nicht, wenn die Ehegatten nicht nur vorübergehend getrennt leben.

Da dem Lebenspartner eines allein sorgeberechtigten Elternteils nach § 9 LPartG beschränkte Sorgebefugnisse (**kleines Sorgerecht**) in bezug auf leibliche Kinder des anderen zustehen, kann für Stiefeltern, wie es der neugeschaffene § 1687b vorsieht, nichts anderes gelten.

Diese Befugnisse sind nach § 1687b I S 1 aber auf ein **Mitentscheidungsrecht** in Angelegenheiten des täglichen Lebens beschränkt und erfordern weiterhin ein jederzeit auch durch konkludentes Verhalten widerrufbares **Einvernehmen** mit dem sorgeberechtigten Elternteil. Dabei umfaßt die elterliche Sorge auch die **Vertretung** des Kindes (§ 1629 I S 1), allerdings beschränkt durch den über § 1687b I S 2 entsprechend anwendbaren § 1629 II S 1. Bei **Gefahr im Verzuge** ist der Stiefelternteil allein vertretungsberechtigt und kann sämtliche zum Wohle des Kindes notwendigen Rechtshandlungen, insbesondere bei Verletzungen, Unfällen und Krankheiten des Kindes, vornehmen, ohne dabei den Beschränkungen des § 1687b I zu unterliegen (§ 1687b II S 1 Hs 1). Der sorgeberechtigte Elternteil ist darüber allerdings **unverzüglich zu unterrichten** (§ 1687b II S 1 Hs 2).

Durch eine Entscheidung des FamG kann das kleine Sorgerecht des Stiefelternteils, wenn dies zum Wohl des Kindes erforderlich ist, eingeschränkt oder ausgeschlossen werden (**Abs III**). Dabei ist der Grundsatz der **Verhältnismäßigkeit** zu beachten und dabei zu berücksichtigen, daß das Stiefelternrecht anders als das Elternrecht nach Art 6 I GG verfassungsrechtlich abgesichert ist, so daß für eine Sorgerechtsentscheidung zu Lasten des Stiefelternteils bereits ständige, das Kind belastende und damit seine Entwicklung gefährdende Streitigkeiten zwischen dem Elternteil und dem Ehegatten ausreichen.

Nach Abs IV enden die stiefelterlichen Sorgebefugnisse bereits bei nicht nur vorübergehendem Getrenntleben der Ehegatten.

1688 *Entscheidungsbefugnisse der Pflegeperson*

(1) Lebt ein Kind für längere Zeit in Familienpflege, so ist die Pflegeperson berechtigt, in Angelegenheiten des täglichen Lebens zu entscheiden sowie den Inhaber der elterlichen Sorge in solchen Angelegenheiten zu vertreten. Sie ist befugt, den Arbeitsverdienst des Kindes zu verwalten sowie Unterhalts-, Versicherungs-, Versorgungs- und sonstige Sozialleistungen für das Kind geltend zu machen und zu verwalten. § 1629 Abs. 1 Satz 4 gilt entsprechend.
(2) Der Pflegeperson steht eine Person gleich, die im Rahmen der Hilfe nach den §§ 34, 35 und 35a Abs. 1 Satz 2 Nr. 3 und 4 des Achten Buches Sozialgesetzbuch die Erziehung und Betreuung eines Kindes übernommen hat.
(3) Die Absätze 1 und 2 gelten nicht, wenn der Inhaber der elterlichen Sorge etwas anderes erklärt. Das Familiengericht kann die Befugnisse nach den Absätzen 1 und 2 einschränken oder ausschließen, wenn dies zum Wohl des Kindes erforderlich ist.
(4) Für eine Person, bei der sich das Kind auf Grund einer gerichtlichen Entscheidung nach § 1632 Abs. 4 oder § 1682 aufhält, gelten die Absätze 1 und 3 mit der Maßgabe, dass die genannten Befugnisse nur das Familiengericht einschränken oder ausschließen kann.

§ 1688

1. Die durch das KindRG eingefügte Vorschrift regelt die Befugnisse der Pflegepersonen und übernimmt den wesentlichen Inhalt des **§ 38 SGB VIII aF** ins BGB. Die Aufnahme ins BGB erfolgte nach dem Vorbild des Art 300 schw ZGB, weil sie wie die im Sachzusammenhang stehenden Vorschriften der §§ 1630 III nF, 1632 IV nF, die auch Pflegepersonen betreffen, Teile der elterlichen Sorge regelt.

2. Die Befugnisse des Abs I sind subsidiär. Maßgebend und daher vorrangig zu untersuchen ist immer, ob eine teilweise Sorgeübertragung nach § 1630 III nF Vorrang genießt, das FamG eine Einschränkung vorgenommen hat, oder, wenn nicht die Voraussetzungen des Abs IV vorliegen, sich der Inhaber der Sorge bereits geäußert hat (Abs III). Dies entspricht § 38 I Hs 1 SGB VIII aF.

3. Die Befugnisse umfassen **Entscheidung und Vertretung** (des Sorgeinhabers, nicht des Kindes unmittelbar, denn die Sorge und damit die Vertretungsmacht wird nicht entzogen) **in Angelegenheiten des täglichen Lebens.** Insofern entspricht Abs I S 1 sowohl § 1687 I S 2 als auch § 38 I Nr 1 SGB VIII aF. Zur Abgrenzung der Bedeutung von Angelegenheiten ist § 1687 I S 3 entsprechend heranzuziehen (OVG Thüringen FamRZ 2002, 1725, 1726: den Eingriff ins Elternrecht besonders hervorhebend). Hinzu treten die Befugnisse zur Verwaltung des Arbeitsverdienstes (§ 38 I Nr 2 SGB VIII aF) und zur Geltendmachung von (Sozial-)Leistungen (§ 38 I Nr 3 SGB VIII aF), aber nicht jede Art von Sozialleistungen (OVG Thüringen FamRZ 2002, 1725, 1726: für den Fall der Eingliederungshilfe nach § 39, 40 BSHG), sowie das Notvertretungsrecht (Abs I S 3 iVm § 1629 I S 4, § 38 I Nr 5 SGB VIII aF). Nicht übernommen wurde § 38 III SGB VIII aF, da Angelegenheiten des täglichen Lebens bei einem Vormund niemals eine Zustimmung des Gerichts erfordern, sowie § 38 I Nr 4 SGB VIII aF, da dort die Abgrenzung zu grundlegenden Entscheidungen bereits vorweggenommen war.

Die Vermittlung des Jugendamtes bei Meinungsverschiedenheiten verblieb im SGB VIII (§ 38 II aF = § 38 nF).

4. Der Familienpflegeperson gleichgestellt sind **Heimerzieher und entsprechende Hilfspersonen** bei seelisch behinderten Kindern (Abs II iVm §§ 34, 35, 35a I S 2 Nr 3, 4 SGB VIII). Das Privileg, elternunabhängig entscheiden zu dürfen (Abs IV) genießen Stiefeltern und Familienpflegepersonen, wenn das FamG einen Verbleib des Kindes (§§ 1682 bzw 1632 IV nF) bei ihnen angeordnet hat.

1689-1692 (weggefallen)

1693
Gerichtliche Maßnahmen bei Verhinderung der Eltern

Sind die Eltern verhindert, die elterliche Sorge auszuüben, so hat das Familiengericht die im Interesse des Kindes erforderlichen Maßregeln zu treffen.

1. Das KindRG hat die Vorschrift dahingehend abgeändert, daß sie sich nunmehr an das FamG und nicht mehr an das VormG wendet. Die frühere komplizierte Kompetenzverteilung zwischen beiden Gerichten im Sorgerecht wurde zugunsten einer umfassenden Zuständigkeit des FamG reformiert. Dem VormG verbleibt die alleinige Kompetenz der Bestellung und Überwachung eines Vormundes/Pflegers (zur Anordnung und Auswahl s § 1697) sowie die Zuständigkeit nach § 2 III RKEG (s dazu vor § 1631a).

2. a) Die Vorschrift setzt voraus, daß beide Elternteile verhindert sind, die elterliche Sorge auszuüben. Liegt ein Hindernis (Ruhen, Entziehung der elterlichen Gewalt, Tod, Todeserklärung, Todeszeitfeststellung) nur in der Person eines Elternteiles vor, so kommen die §§ 1678, 1680, 1681 zum Zuge.

b) Es macht keinen Unterschied, welche Art Verhinderung vorliegt, ob eine tatsächliche, zB Krankheit, Abwesenheit, Gefangenschaft, oder rechtliche, zB § 1629 II, von welcher Dauer die Verhinderung ist, ob eine nur vorübergehende oder ständige, und wie weit sie reicht, ob sie alle oder nur einzelne Angelegenheiten betrifft (KG JFG 12, 96; DFG 1943, 39).

3. Das FamG muß die Verhinderung feststellen, bevor es einschreitet (§ 1674). Es sind nur Maßregeln beschränkter Art zulässig, die der Abhilfe eines bestimmten vorübergehenden Bedürfnisses dienen (KG OLG 12, 329). In Frage kommen zB Bestellung eines Pflegers, eines Prozeßvertreters, vorläufige Unterbringung des Kindes. Das FamG kann auch selbst für das Kind tätig werden, zB Wertpapiere in Verwahrung nehmen, bis ein Pfleger bestellt ist, ein Rechtsmittel einlegen.

4. § 44 FGG schafft eine außerordentliche Zuständigkeit des Gerichts, in dessen Bezirk das Bedürfnis der Fürsorge hervortritt, für vorläufige Maßnahmen, falls das nach § 64 allgemein zuständige Gericht ohne Nachteil nicht mehr angerufen werden kann. Diese Zuständigkeit endet, sobald sich dieses Gericht der Sache zugunsten des endgültig zuständigen Gerichts entäußert (KG JFG 20, 118) oder dieses sich der Sache annimmt (Jansen § 44 FGG Anm 4). Es handelt sich je nach Art des vorzunehmenden Geschäfts um eine dem Richter vorbehaltene oder dem Rechtspfleger übertragene Maßnahme; vgl §§ 3 Nr 2 lit a, 14 RPflG. Die Anhörung des Jugendamtes ist zweckmäßig. Wird eine Maßregel nach § 1693 abgelehnt oder aufgehoben, so steht, unbeschadet des § 20 FGG, die Beschwerde auch den Verwandten und Verschwägerten des Kindes zu (§ 57 I Nr 8 FGG). Für die Gebühren ist § 95 I S 2 KostO maßgeblich.

1694, 1695 (weggefallen)

§ 1696 Abänderung und Überprüfung gerichtlicher Anordnungen

(1) Das Vormundschaftsgericht und das Familiengericht haben ihre Anordnungen zu ändern, wenn dies aus triftigen, das Wohl des Kindes nachhaltig berührenden Gründen angezeigt ist.

(2) Maßnahmen nach den §§ 1666 bis 1667 sind aufzuheben, wenn eine Gefahr für das Wohl des Kindes nicht mehr besteht.

(3) Länger dauernde Maßnahmen nach den §§ 1666 bis 1667 hat das Gericht in angemessenen Zeitabständen zu überprüfen.

1. Vorbemerkung. Die Vorschrift ist durch das KindRG neu gefaßt worden. Vgl dazu auch Ewers FamRZ 1999, 477. Sachlich geändert wurde nur Abs I. Maßstab für eine Änderung ist nicht mehr das Kindesinteresse, sondern vielmehr triftige, das Kindeswohl nachhaltig berührende Gründe. Damit wurde verdeutlicht, daß Änderungen wegen des Sicherstellens der Erziehungskontinuität nicht sehr leicht und häufig vorgenommen werden können. Klargestellt wurde ebenfalls, daß das Gericht zur Änderung verpflichtet ist („haben ... zu ändern" statt „können ändern" in § 1696 aF).

2. a) Für eine **materielle Rechtskraft** im Sinne einer Bindung an das Ergebnis einer formell rechtskräftigen gerichtlichen Entscheidung ist im Bereich der freiwilligen Gerichtsbarkeit im allgemeinen **kein Raum** (RG 124, 322; KG JFG 14, 286). Zum Teil liegt dies schon daran, daß es an einem rechtskraftfähigen Gegenstand des Verfahrens, nämlich an einem **Anspruch** eines Beteiligten gegen den andern, **fehlt**. Soweit das Gericht, sei es auf Antrag oder von Amts wegen, eine rechtsfürsorgerische Tätigkeit ausübt, sind die Verfügungen des Gerichts ohnehin regelmäßig **rechtsgestaltender Art** und verändern deshalb mit Eintritt ihrer Wirksamkeit unmittelbar die materielle Rechtslage nicht nur für die Beteiligten, sondern für jedermann; sie sind daher weder der materiellen Rechtskraft fähig noch bedürftig; vgl Bötticher JZ 1956, 582; Habscheid Freiw Gerbk § 28; Jansen § 31 FGG Anm 9.

b) In gewissem Umfang gewährt § 18 I FGG ein **Abänderungsrecht**. Frankfurt FamRZ 1968, 98 hält diese Vorschrift aber mit Recht jedenfalls dann nicht für anwendbar, wenn seit Erlaß der Verfügung längere Zeit verflossen oder das Beschwerderecht verwirkt ist. Zur Verwirkung s § 1671 Rz 49. Darüber hinaus verpflichtet § 1696 das VormG und das FamG seine **Anordnungen zu ändern**, wenn es aus triftigen Gründen, das Kindeswohl nachhaltig berührenden Gründen, angezeigt ist, ohne Rücksicht darauf, ob eine formell rechtskräftige Entscheidung, selbst höherer Instanz, vorliegt. Das Gericht ist auch nicht an in einem Abänderungsverfahren gestellte Anträge gebunden (Hamm NJW 1992, 636). Hierin zeigt sich die Eigenart des beweglichen, an die jeweilige Lage anpassungsfähigen Verfahrens der freiwilligen Gerichtsbarkeit. Zu möglichen Gefahren der Änderungsbefugnis nach Abs III für ein Dauerpflegekind s Baer FamRZ 1982, 221, 231.

c) Als Hauptanwendungsfälle des § 1696 kommen in Betracht Entscheidungen anläßlich der Beilegung von Meinungsverschiedenheiten zwischen Eltern und Kind, in Fragen der Ausbildung und des Berufs (§ 1631a), über die Umgangsbefugnis (§ 1684) und gemäß §§ 1666, 1666a, 1667, 1671, 1672. Die mit der Freiheitsentziehung verbundene Unterbringung des Kindes nach § 1631b ist aufgrund des § 70i I S 1 FGG, der die Aufhebung der Unterbringungsmaßnahme bei Wegfall der Voraussetzungen zwingend vorschreibt, kein Anwendungsfall des § 1696 I mehr. § 1696 ist wegen § 1680 II S 1 nicht mehr anwendbar, wenn nach dem Tode eines Elternteils in die dem anderen Elternteil nach § 1671 übertragene elterliche Sorge eingegriffen werden soll; vielmehr ist dann allein § 1666 anwendbar (s § 1671 Rz 19ff und Oldenburg FamRZ 1996, 235).

3. Voraussetzungen einer Abänderung. a) Nach Erlaß der Verfügung haben sich entweder die Verhältnisse tatsächlich geändert oder es sind Umstände zutage getreten, die zu einer anderen Beurteilung des damals zugrunde gelegten Sachverhalts nötigen (BayObLG 1950/1951, 330, 500, 640; FamRZ 1962, 34; 1964, 640; KG FamRZ 1967, 411; Karlsruhe FamRZ 1959, 258; Hamburg FamRZ 1960, 123; BGH FamRZ 2002, 1099, 1100; Karlsruhe Kind-Prax 2002, 134ff: zur Abänderung der Rückführungsanordnung bei internationaler Kindesentführung). Hierunter fallen auch solche Umstände, die zur Zeit der früheren Anordnung zwar gegeben, dem Gerichte aber nicht bekannt waren (BayObLG FamRZ 1964, 640; Bamberg FamRZ 1990, 1135). Dagegen genügt nicht eine abweichende, rechtliche Beurteilung, aA Bremen MDR 1954, 179; denn das würde darauf hinauslaufen, daß der abgeschlossene Fall wieder aufgerollt würde. Sind die Eltern dagegen nicht mehr gewillt, die **elterliche Sorge gemeinsam** auszuüben, so ist diese nach § 1696 aufzuheben und einem Elternteil allein zu übertragen (Karlsruhe FamRZ 1995, 562, 564).

b) Für die Änderung müssen triftige, das Kindeswohl nachhaltig berührende Gründe vorliegen. Daher ist der Ausschluß des Umgangsrechts nicht aufzuheben, wenn das Kind auf Kontakte mit seelischen Belastungen reagiert (BayObLG FamRZ 1992, 97f) bzw die durch den Verdacht eines sexuellen Mißbrauchs geschaffene Konfliktlage nicht verschwunden ist (Düsseldorf FamRZ 1992, 205, 206 trotz Einstellung des Ermittlungsverfahrens nach § 170 II StPO). Soll eine Anordnung aufgehoben werden, so wird in der Regel genügen, daß die sie rechtfertigenden Voraussetzungen später weggefallen sind. Im Fall der §§ 1666ff muß aber die Gewähr dafür bestehen, daß bei Vater oder Mutter kein Rückfall mehr eintritt; vgl auch LG Mannheim FamRZ 1964, 92 und zur Zulässigkeit der Aufhebung einer Vormundschaft bei längerem Aufenthalt in einer Pflegefamilie BVerfG FamRZ 1993, 782, 784. Das wird in Abs II ausdrücklich gesagt. Zur Änderung einer nach § 1671 getroffenen Regelung, an die strengere Anforderungen zu stellen sind, s § 1671 Rz 33. Ist über einen Antrag auf Änderung der bestehenden Ausübung der elterlichen Sorge nach Scheidung der Ehe zu befinden, so kann diese weder mit den Interessen eines Elternteils noch allein mit einem entsprechenden Wunsch des Kindes begründet werden (Hamm NJW 1992, 636). Sie setzt voraus, daß **triftige** und das **Wohl des Kindes nachhaltig berührende Gründe** vorliegen, welche die mit ihr **verbundenen Nachteile deutlich überwiegen**, vgl Stuttgart FamRZ 1978, 827; idS auch Karlsruhe Kind-Prax 2002, 134ff. Auch § 1696 dient dem Wohl des Kindes und nicht den Wünschen der Eltern. Dabei kann

§ 1696

der **Wille des Kindes** jedoch beachtlich sein (Düsseldorf FamRZ 1989, 204: fehlende Bereitschaft zur Rückkehr; s auch § 1634 Rz 27 aE); so selbst im Falle einer **Geschlechtsumwandlung** des Vaters Schleswig FamRZ 1990, 433ff. **Ausreichend** kann jedoch eine uneinsichtige Haltung des sorgeberechtigten Elternteils zur Ernährung eines noch nicht schulpflichtigen Kindes oder zur Befolgung von ärztlich angeordneten medikamentösen Behandlungen sein (KG NJW-RR 1990, 716). Dem Grundsatz der **Erziehungsstetigkeit** fällt großes Gewicht zu, vgl BayObLG FamRZ 1976, 38. Eine Änderung der gemäß § 1671 ergangenen Entscheidung steht auch dann in Frage, wenn die Mutter, auf welche die elterliche Sorge übertragen worden ist, später das Kind von den **Pflegeeltern** (Großeltern), denen sie es anvertraut hat, herausverlangt, und diese solches mit dem Hinweis auf das Kindeswohl verweigern. Darüber hat das FamG zu entscheiden. Hat der Sorgeberechtigte sein Kind anderen zur Pflege anvertraut, so kann sich das **Pflegeverhältnis**, wenn es jahrelang besteht, zu einer Beziehung ausbauen, die einem Eltern-Kind-Verhältnis entspricht. Hier greift der § 1632 IV ein. Bei einem von **Eltern unterschiedlicher Nationalität** abstammenden Kleinkind kann es dem Kindeswohl entsprechen, einem Elternteil aus einem fremden Kulturkreis (Iran) zu folgen, selbst wenn dadurch der Umgang mit dem nicht sorgeberechtigten Teil erheblich erschwert wird (Düsseldorf FamRZ 1986, 296); s auch Karlsruhe FamRZ 1984, 91 für den Fall der **Auswanderung** des sorgeberechtigten Elternteils mit den Kindern, und München FamRZ 1981, 389 bei Aufenthaltswechsel nach Italien samt dortiger Einschulung. Umwandlung alleiniger elterlicher Sorge alten Rechts in eine gemeinsame Sorge neuen Rechts ist als Änderungsgrund ausreichend (Brandenburg FamRZ 2002, 1210).

5 **4. a)** Das **Abänderungsverfahren** ist ein selbständiges Verfahren und nicht die Fortsetzung des früheren (BGH 21, 306; FamRZ 1992, 170; NJW-RR 1992, 1154; FamRZ 1990, 1101, 1104); BayObLG 1974, 137; 1976, 38, 41). Selbst wenn die abzuändernde Entscheidung auf Antrag erging, bedarf es dessen nicht; vgl auch § 1696 III. Das Gericht darf die erforderlichen Ermittlungen und die Entscheidung, ob eine Änderung angezeigt ist, nicht einem Sachverständigen überlassen (Stuttgart FamRZ 1978, 827). Zu den Zeitabständen, in denen der Entziehung der gesamten elterlichen Sorge überprüft werden muß, s BayObLG FamRZ 1990, 1132. Zur Bindung an übereinstimmenden Elternvorschlag im Abänderungsverfahren Dresden FamRZ 2002, 632.

6 **b)** Daher richtet sich auch die **Zuständigkeit** nach der Sachlage, die zu der Zeit besteht, da das Gericht mit der Abänderung befaßt wird (BGH aaO). Zur **örtlichen Zuständigkeit** s §§ 36, 64 FGG. Im Änderungsverfahren braucht deshalb auch keineswegs das frühere Verfahren wiederaufgerollt zu werden. Die Prüfung muß sich aber darauf erstrecken, ob die begehrte Änderung unter Berücksichtigung aller Umstände dem Wohl des Kindes besser entspricht als das Aufrechterhalten der bisherigen Regelung (Celle FamRZ 1969, 666 = NdsRPfl 1969, 227). Gleichwohl ist über die **ganze elterliche Sorge** zu entscheiden, selbst wenn nur die Änderung hinsichtlich der Personensorge beantragt ist (BayObLG FamRZ 1964, 640). Ob eine völlige oder teilweise Neuregelung in Betracht kommt, hängt von den Umständen des Einzelfalles ab. Zur Zulässigkeit eines **erneuten Abänderungsbegehrens** s Hamm FamRZ 1981, 600.

6a **c)** Gemäß § 50 FGG (dazu § 1666 Rz 27) ist die Bestellung eines Verfahrenspflegers zu prüfen. Nach **§ 50a FGG** hört das **Gericht** in einem Verfahren, das die **Personen-** oder die **Vermögenssorge** für ein Kind betrifft, die **Eltern an**. In Angelegenheiten der Personensorge soll das Gericht die Eltern in der Regel **persönlich** anhören. Dh: Es hat mit ihnen einen mündlichen Kontakt herzustellen, der ihm einen persönlichen Eindruck von dem Anzuhörenden verschafft. In den Fällen der §§ 1666 und 1666a sind die Eltern stets persönlich anzuhören und zu klären, wie die Gefährdung des Kindeswohls abgewendet werden kann. Einen Elternteil, der nicht sorgeberechtigt ist, hört das Gericht an, es sei denn, daß von der Anhörung eine Aufklärung nicht erwartet werden kann (§ 50a II FGG nF). Das Gericht darf von der Anhörung nur aus schwerwiegenden Gründen absehen (§ 50a III S 1 FGG). Unterbleibt die Anhörung allein wegen Gefahr im Verzuge, so ist sie unverzüglich nachzuholen (§ 50a III S 2 FGG). Ist eine bestimmte Form der Anhörung nicht vorgeschrieben, so kann das Gericht nach seinem pflichtgemäßen Ermessen auch schriftlich durchführen. Dann genügt es, wenn die Anzuhörenden Gelegenheit hatten, schriftlich genügend zu Wort zu kommen (Frankfurt FamRZ 1960, 72).

aa) Gemäß **§ 50b FGG hört** das **Gericht** in einem Verfahren, das die **Personen-** oder **Vermögenssorge** betrifft, das **Kind persönlich an**, wenn die **Neigungen, Bindungen** oder der **Wille** des Kindes für die Entscheidung von Bedeutung sind oder wenn es zur Feststellung des Sachverhalts angezeigt erscheint, daß sich Gericht von dem Kind einen **unmittelbaren Eindruck** verschafft (München FamRZ 2002, 1210: Anhörung entbehrlich, wenn keine weitergehenden Erkenntnisse zu erwarten sind).

bb) Hat das Kind das **14. Lebensjahr vollendet** und ist es nicht geschäftsunfähig, **hört** das **Gericht** in einem Verfahren, das die **Personensorge** betrifft, das **Kind** stets **persönlich an**.

cc) In **vermögensrechtlichen** Angelegenheiten soll das **Kind persönlich angehört** werden, wenn dies nach der Art der Angelegenheit **angezeigt** erscheint.

dd) Bei der Anhörung soll das Kind, soweit nicht Nachteile für seine Entwicklung und Erziehung zu befürchten sind, über den Gegenstand und möglichen Ausgang des Verfahrens in geeigneter Weise unterrichtet werden; ihm ist Gelegenheit zur Äußerung zu geben.

ee) In den Fällen aa) und bb) darf das Gericht von der Anhörung nur aus schwerwiegenden Gründen absehen. Unterbleibt die Anhörung allein wegen Gefahr im Verzuge, so ist sie unverzüglich nachzuholen.

Das zu aa)–dd) Gesagte gilt entsprechend für Mündel. **§ 50c FGG** bestimmt: Lebt das Kind seit längerer Zeit in **Familienpflege**, so **hört** das **Gericht** in allen den **Person des Kindes** betreffenden Angelegenheiten auch die **Pflegeperson oder den nach § 1682 Umgangsberechtigten an**, es sei denn, daß davon eine Aufklärung nicht erwartet werden kann. Gemäß **§ 620a III ZPO** sollen auch vor einer einstweiligen Anordnung nach § 620 S 1 Nr 1, 2 oder 3 ZPO das Kind und das Jugendamt angehört werden. Ist dies wegen der besonderen Eilbedürftigkeit nicht möglich, so soll die Anhörung unverzüglich nachgeholt werden. Zur Problematik der Anhörung des Jugendamtes im Abänderungsverfahren s ausführlich vor § 1626 Rz 8c. Das Verfahren ist in den neuen §§ 49, 49a FGG nicht erwähnt, eine Anhörungspflicht aber gleichwohl zu bejahen, da der Gesetzgeber nur Ordnungsgesichtspunkte im Visier hatte. Fraglich ist, ob die Entscheidung dem Jugendamt dann auch bekanntzumachen ist (Analogie zu §§ 49 III, 49a II FGG). Darüber hinaus ist das Jugendamt ohnehin zu hören, wenn eine Entscheidung geändert werden soll, vgl BayObLG 1951, 330; Hamm JMBl NRW 1963, 16. Eine **Nichtbeachtung** der vorbehandelten Vorschriften, die nicht nur der Sicherstellung des rechtlichen Gehörs der Eltern und Kinder, sondern in erster Linie der nach § 12 FGG gebotenen Sachaufklärung dienen (Hamm FamRZ 1989, 203f), stellt sich als ein **Verfahrensverstoß** dar, der zur **Aufhebung** der angefochtenen **Entscheidung** und **Zurückverweisung** führen kann; vgl Düsseldorf FamRZ 1979, 856; Saarbrücken FamRZ 1978, 832; Karlsruhe FamRZ 1968, 170; Köln FamRZ 1976, 32.

d) Vom Begriff des Anhörens ist der weiterreichende **Verfassungsgrundsatz** des **rechtlichen Gehörs** zu unterscheiden. Dazu s Rz 10ff. **6b**

e) Auch im Änderungsverfahren nach § 1696 ist eine **einstweilige Anordnung** zulässig (Bremen NJW 1953, **7** 306; BayObLG 1961, 264; 1962, 34; Köln FamRZ 1971, 188; Karlsruhe FamRZ 1992, 978f; BGH FamRZ 2002, 1099, 1100). Für eine **Änderung des Umgangsrechts** gilt dies jedoch nicht im Rahmen eines Sorgerechtsänderungsverfahrens ohne gleichzeitige Anhängigkeit eines selbständigen Umgangsrechtsverfahrens (Zweibrücken FamRZ 1989, 1108 m Anm Maurer FamRZ 1990, 193f). Sie setzt voraus, daß ein **dringendes Bedürfnis** für ein **sofortiges Einschreiten** besteht, das ein Abwarten bis zur endgültigen Entscheidung nicht gestattet, weil die endgültige Maßnahme zu spät kommen könnte und die Interessen des Kindes nicht mehr genügend wahren würde (KG JFG 20, 247; Bremen aaO; BayObLG aaO). Sie kommt nicht in Betracht, wenn für eine endgültige Änderungsentscheidung keine genügenden Grundlagen ersichtlich sind. Die den Erlaß der einstweiligen Anordnung rechtfertigenden Tatsachen braucht das VormG nicht durch eigene Ermittlungen zusammenzutragen, es kann sich nach seinem pflichtgemäßen Ermessen mit Unterlagen begnügen, die ihm von anderer Seite, zB dem Jugendamt, zugegangen sind. Es ist nicht gehalten, den Sachverhalt erschöpfend aufzuklären. Auch bedürfen die entscheidungserheblichen, insbesondere die für die Dringlichkeit sprechenden Tatsachen nicht des vollen Beweises, es genügt vielmehr die **Glaubhaftmachung**; an diese sind keine zu hohen Anforderungen zu stellen. Vgl BayObLG aaO; Köln FamRZ 1971, 188.

f) Wirksam wird die ändernde Entscheidung des FamG gemäß § 16 I FGG iV mit § 621a I ZPO mit ihrer **8** Bekanntgabe (Bremen NJW 1979, 1021). Zur Beschwerde und weiteren Beschwerde gegen eine Entscheidung des FamG s § 621e ZPO. Das Recht zur Beschwerde ist unbeschadet des § 20 FGG in § 57 I Nr 8 FGG noch zugunsten der Verwandten und Verschwägerten des Kindes erweitert. Das Kind hat ein eigenes Beschwerderecht nach Maßgabe des § 59 FGG. Eingeschränkt wird die Beschwerdeberechtigung aus § 57 I Nr 9 FGG durch §§ 57 II, 64 III FGG. Die Kosten richten sich nach der Art der geänderten Entscheidung (BayObLG 1961, 173).

g) Um zu gewährleisten, daß länger dauernde Maßnahmen nach den §§ 1666–1667 – rechtzeitig aufgehoben **8a** werden, bestimmt Abs III, daß das Gericht in angemessenen Zeitabständen prüft, ob sie noch gerechtfertigt sind.

5. Bei den nach § 1696 zu treffenden Anordnungen handelt es sich je nach der Art des Geschäfts um dem Rich- **9** ter vorbehaltene oder dem Rechtspfleger übertragene Maßnahmen; vgl §§ 3 Nr 2 lit a, 14 RPflG.

6. a) Der **Verfassungsgrundsatz** des **rechtlichen Gehörs** reicht weiter. Er besagt: Die Beteiligten müssen **10** Gelegenheit haben, ihre Belange vor Gericht zu wahren, indem sie zu dem **Gegenstand** des Verfahrens und dem **Sachverhalt** Stellung nehmen und die ihnen erforderlich erscheinenden Anträge stellen können. Der Entscheidung dürfen nur solche einem Beteiligten **nachteilige Tatsachen** und **Beweisergebnisse** zugrunde gelegt werden, zu denen er sich hinreichend äußern konnte. Vgl BVerfG 6, 12; 7, 278; grundlegend 9, 94ff; BayVerfGH FamRZ 1991, 1212; BayObLG NJW 1957, 304; FamRZ 1989, 415f; Oldenburg, FamRZ 1958, 343; Frankfurt FamRZ 1960, 73. Ebenso für eine in der mündlichen Verhandlung geäußerte Rechtsansicht, von der das Gericht im Urteil abgewichen ist (Brandenburg NJW-RR 1995, 978f). Auch **offenkundige**, insbesondere gerichtskundige **Tatsachen** fallen hierunter (BVerfG 10, 183). Weiterhin ist das Gericht verpflichtet, das Vorbringen eines Beteiligten zur Kenntnis zu nehmen (BVerfG FamRZ 1995, 85f: Gericht hat rechtzeitig eingegangene Begründung der weiteren Beschwerde nicht zur Kenntnis genommen und bei der Entscheidung in Erwägung zu ziehen, nicht aber alle Ausführungen in den Gründen der Entscheidung ausdrücklich zu erörtern (BayVerfGH FamRZ 1989, 192, 193f). Das gilt für **alle** gerichtlichen **Verfahren**, auch für **solche** mit **Untersuchungsgrundsatz** (BVerfG 7, 53, NJW 1958, 665). Wie die Eltern mit den die Entscheidung tragenden Tatsachen und Beweisergebnissen bekannt zu machen sind, liegt weitgehend im Ermessen des Gerichts; es kommen zB in Betracht: Zuziehung zur Beweisaufnahme, Mitteilung der Ermittlungen, Erteilung von Protokollabschriften, Offenlegung beigezogener Akten, Hinweis auf offenkundige, insbesondere gerichtskundige Tatsachen. Jedenfalls darf eine Tatsache oder ein Beweisergebnis in der Entscheidung nur dann **zuungunsten** eines Elternteils verwertet werden, wenn das Gericht diesem vorher genügend Gelegenheit gegeben hatte, sich zu äußern und seine Rechte wahrzunehmen. Daß hierdurch gewöhnlich der Abschluß des Verfahrens verzögert wird, ist in Kauf zu nehmen. Für förmliche Beweisaufnahmen gilt der Grundsatz der Parteiöffentlichkeit im Verfahren der Freiwilligen Gerichtsbarkeit auch insoweit, als es sich nicht um echte Streitverfahren handelt (Köln OLGZ 1965, 134; BayObLG 1967, 137; KG FamRZ 1965, 159; 1968, 605; Jansen § 15 FGG Anm 3a; Habscheid Freiw Gerbk § 19 IV 2).

b) Bei **vorläufigen Anordnungen** und **einstweiligen Maßnahmen** kann je nach den Umständen des Falles die **11** Eilbedürftigkeit oder die naheliegende Gefahr einer Vereitelung ausnahmsweise gestatten, vorerst den Grundsatz des rechtlichen Gehörs unberücksichtigt zu lassen; vgl BGH LM Nr 1 zu § 67 JWG; Köln NJW 1956, 1925. Jedoch ist Vorsicht am Platze. Eingriffe ohne vorgängiges Gehör sind an tunlichst enge Voraussetzungen zu binden und nur zulässig, wenn dies unabweisbar ist, um den Zweck der Maßnahme nicht zu gefährden (BVerfG 9, 98; 7, 95).

§ 1696 Familienrecht Verwandtschaft

12   c) Auch im **Beschwerdeverfahren** ist der Grundsatz des rechtlichen Gehörs zu wahren. Eine angekündigte Beschwerdebegründung, die in der Rechtsbeschwerdeinstanz nicht auf neues Tatsachenvorbringen gestützt werden kann (BayObLG NJW 1990, 775f), ist bei nicht fristgebundenen Beschwerden abzuwarten oder es ist für ihre Einreichung eine angemessene Frist zu setzen (BVerfG 7, 95). Wird ein materiell Beteiligter überhaupt nicht zum Beschwerdeverfahren herangezogen, gilt § 547 Nr 5 ZPO entsprechend (BayObLG FamRZ 1989, 201f). Der Beschwerdegegner ist auch bei unveränderter Sachlage zu hören, bevor zu seinem Nachteil entschieden werden kann (BVerfG 7, 95; 8, 89). Dies gilt grundsätzlich auch dann, wenn die Beschwerde sich gegen die Ablehnung oder Anordnung einer vorläufigen Maßnahme richtet; vgl Köln NJW 1956, 1925; Neustadt EJF E I Nr 14. Das Beschwerdegericht braucht den Beschwerdegegner dann nicht zu hören, wenn es der Beschwerde nicht stattgibt, zB weil sie verspätet ist.

13   d) Schwierigkeiten bereitet die Behandlung **vertraulicher Auskünfte**, Mitteilungen und Berichte. Sie können nur verwertet werden, wenn dem Elternteil der diesem nachteilige Inhalt insoweit zugänglich gemacht worden ist, daß der Elternteil ausreichend Gelegenheit hatte, auf ihn einzugehen und die erforderlichen Beweisanträge zu seiner Entkräftung zu stellen (Oldenburg DRiZ 1958, B S 40 Nr 520; Frankfurt FamRZ 1960, 74). Das kann dazu führen, daß die Gewährsleute der vertraulichen Information bekannt gegeben werden müssen, insbesondere wenn ein Beteiligter ihre Glaubwürdigkeit in Zweifel zieht und dies auch dartun will; zu eng Frankfurt aaO. Es liegt überdies im Interesse der Ermittlung des wirklichen Sachverhalts, wenn jeder, der zu vertraulichen Mitteilungen beiträgt, letztlich damit rechnen muß, daß er dafür auch gerade zu stehen hat. Es ist eine betrübliche Erfahrungstatsache, daß sogenannte Vertrauenspersonen es häufig mit der Wahrheit zu leicht nehmen, wenn sie sich dessen sicher sind, daß man sie nicht zur Verantwortung ziehen kann.

14   Zur Verwertung beigezogener **vertraulicher Akten** s Rz 16.

15   e) Ein **Verstoß** gegen den Grundsatz des rechtlichen Gehörs stellt sich als eine **Gesetzesverletzung** dar, die Anlaß zur Beschwerde und auch weiterer Beschwerde, letztlich sogar zur Verfassungsbeschwerde gibt. Gewährt das Beschwerdegericht das rechtliche Gehör, so wird damit der Mangel des ersten Rechtszugs geheilt (BVerfG 5, 9, 22). Andernfalls ist die Entscheidung von dem Gericht der weiteren Beschwerde aufzuheben, wenn sie auf diesem Gesetzesverstoß beruht oder jedenfalls beruhen kann (BVerfG 7, 99; Saarbrücken FamRZ 1978, 832). Der Verfahrensmangel ist dagegen nicht ursächlich, wenn ein bei Gericht eingereichter Schriftsatz mit tatsächlichem Vorbringen für die Entscheidung nicht erheblich ist (BayObLG FamRZ 1990, 803). Die Rüge der Verletzung rechtlichen Gehörs eröffnet auch dann **keinen neuen Instanzenzug**, wenn ein Rechtsmittel mangels Zulassung (zB §§ 62, 63 FGG) nicht statthaft ist (BayObLG FamRZ 1989, 528, 529).

16   7. Die **Einsicht in die Gerichtsakten** regelt § 34 FGG: Danach ist sie jedem insoweit zu gestatten, als er ein berechtigtes Interesse glaubhaft macht. Auch hier greift der **Grundsatz des rechtlichen Gehörs** ergänzend ein. Das Gericht darf den Akten und auch beigezogenen Akten für seine Entscheidung nichts einem Beteiligten Nachteiliges entnehmen, ohne diesem im gleichen Umfang die Akteneinsicht zu gewähren. Über einen Vorbehalt der übersendenden Behörde, die Akten den Beteiligten nicht zugänglich zu machen, darf sich das Gericht nicht hinwegsetzen (BGH NJW 1952, 305). Dann darf es aber den geheimzuhaltenden oder vertraulichen Inhalt auch nicht zum Nachteil eines Beteiligten verwenden (BayObLG 1956, 116). Im Einzelfall wird es sich ermöglichen lassen, daß der heikle Stoff durch eine Zeugenvernehmung zum Gegenstand der gerichtlichen Ermittlungen gemacht und mit den Beteiligten erörtert wird.

1697 *Anordnung von Vormundschaft oder Pflegschaft durch das Familiengericht*
Ist auf Grund einer Maßnahme des Familiengerichts eine Vormundschaft oder Pflegschaft anzuordnen, so kann das Familiengericht auch diese Anordnung treffen und den Vormund oder Pfleger auswählen.

1   1. Die durch das KindRG neu eingefügte Vorschrift erweitert die Zuständigkeit des FamG. Nach der früheren Rechtslage oblagen alle die Vormundschaft und Pflegschaft betreffenden Maßnahmen dem VormG allein. Vormundschaft und Pflegschaft stellen aber häufig Folgemaßnahmen zu Sorgerechtsentscheidungen, etwa § 1666, dar. Sachgerecht ist es, dann auch dem FamG nicht nur die Anordnung, sondern auch die Auswahl des Vormunds/Pflegers zu ermöglichen, weil sich oft schon im Verfahren herausstellt, daß ein naher Angehöriger in Betracht kommt. Macht das FamG von den Möglichkeiten des § 1697 nF keinen Gebrauch, so kann das VormG nach § 1774 Vormundschaft anordnen und ihn nach § 1779 auswählen; entsprechend nach § 1915 bei der Pflegschaft. Zur Zuständigkeitsverteilung zwischen Familiengericht und Vormundschaftsgericht bei der Ergänzungspflegschaft vgl Bestelmeyer FamRZ 2001, 718.

Aus dem erklärten Willen des Gesetzgebers (BT-Drucks 13/4899, 110) geht hervor, daß die Bestellung des Vormunds/Pflegers (§§ 1915 I, 1789) immer beim VormG verbleiben soll. Demgemäß fallen unter § 1693 nur Anordnung und Auswahl nicht aber Bestellung. Sinnvoll ist das nicht, denn praxisgerechter wäre es, auch den letzten Schritt dem mit der Sache befaßten FamG zu überlassen. Ob der Handschlag mit dem Vormundschaftsrichter wirklich unersetzlich ist, um den Kontakt zwischen Vormund/Pfleger und seiner Aufsicht herzustellen (so die Gesetzesbegründung, BT-Drucks 13/4899, 110), ist zu bezweifeln.

2   2. Wenn es sich beim Sorgeverfahren um eine isolierte Familiensache handelt, können Anordnung und Auswahl des Vormunds/Pflegers einheitlich mit dem Entzug des Sorgerechts (bzw eines Teils) entschieden werden. Ein gesondertes Verfahren ist für die Auswahl jedoch im Verbund nötig, da § 623 III ZPO nur die Anordnung (Übertragung an sich) einbezieht. Damit soll ein Hineinziehen des Auszuwählenden in den Verbund vermieden werden (BT-Drucks 13/4899, 110).

§ 1697a *Kindeswohlprinzip*

Soweit nichts anderes bestimmt ist, trifft das Gericht in Verfahren über die in diesem Titel geregelten Angelegenheiten diejenige Entscheidung, die unter Berücksichtigung der tatsächlichen Gegebenheiten und Möglichkeiten sowie der berechtigten Interessen der Beteiligten dem Wohl des Kindes am besten entspricht.

Die Norm wurde neu eingefügt durch das KindRG. Sie statuiert einen allgemein geltenden Maßstab des Kindeswohls, der zwar dem gesamten Sorgerecht innewohnt, aber nicht in jeder einzelnen Vorschrift ausdrücklich erwähnt ist (etwa § 1643). **1**

Tatsächliche Gegebenheiten sind von den Beteiligten nicht beeinflußbare Tatsachen oder Rechtsinstitute (etwa die Arbeitszeit eines Elternteils oder die Schulpflicht des Kindes). Möglichkeiten können demgegenüber von den Beteiligten selbst beeinflußt oder gestaltet werden, wie zB Nutzung gleitender Arbeitszeit oder Kindergartenaufenthalt). **2**

Neben dem Kindeswohl sind auch die **berechtigten Interessen der Beteiligten** (meistens der Eltern, aber insbesondere bei §§ 1632, 1682, 1685 auch anderer Personen) zu berücksichtigen (Hamm FamRZ 2002, 1583, 1584). **3**

§ 1698 *Herausgabe des Kindesvermögens; Rechnungslegung*

(1) Endet oder ruht die elterliche Sorge der Eltern oder hört aus einem anderen Grunde ihre Vermögenssorge auf, so haben sie dem Kind das Vermögen herauszugeben und auf Verlangen über die Verwaltung Rechenschaft abzulegen.

(2) Über die Nutzungen des Kindesvermögens brauchen die Eltern nur insoweit Rechenschaft abzulegen, als Grund zu der Annahme besteht, dass sie die Nutzungen entgegen der Vorschrift des § 1649 verwendet haben.

1. Diese Vorschrift behandelt **zwei besondere Pflichten**, die den Eltern beim Ende oder Ruhen der elterlichen Sorge oder beim Aufhören der Vermögenssorge obliegen, nämlich die **Herausgabe** des Vermögens (Rz 2–6) und die **Rechenschaftslegung** (Rz 7). **1**

2. Die **elterliche Sorge endet** für beide Elternteile mit der Volljährigkeit des Kindes. Sie haben dann dem Kind das Vermögen herauszugeben und Rechenschaft zu legen. Entsprechendes gilt für den Elternteil, der die elterliche Sorge allein ausübt. **2**

Die elterliche Sorge „endet" ferner im Sinne des § 1698 in der Person des betroffenen Elternteils durch: Tod, Todeserklärung, Todeszeitfeststellung (§ 1677), Entziehung aller ihrer Bestandteile (§ 1666), sie ruht nach Maßgabe der §§ 1673–1675, die Vermögenssorge hört bei ihrer Entziehung (§ 1666) auf. **3**

a) Hatten bisher beide Elternteile die elterliche Sorge ausgeübt, so ist – von § 1677 abgesehen – das Vermögen an den Vormund oder Pfleger herauszugeben, wenn dieser als neuer Sorgeberechtigter in Betracht kommt; wenn hingegen der andere Elternteil die elterliche Sorge nunmehr allein ausübt (§§ 1678, 1680), so wird sich eine „Herausgabe" an diesen Elternteil erübrigen, weil er die Vermögensbestandteile ohnehin besitzt und kennt. **4**

b) Hatte nur ein Elternteil die elterliche Sorge oder Vermögenssorge ausgeübt, zB weil der andere gestorben ist oder eine Entscheidung gemäß § 1671 ergangen ist, so ist – von § 1677 abgesehen – das Vermögen an den neuen Sorgeberechtigten (Vormund oder Pfleger, uU nicht betroffenen Elternteil) herauszugeben. **5**

Aus § 260 folgt die weitere Pflicht, ein **Bestandsverzeichnis** vorzulegen. **6**

3. Auf Verlangen haben die Eltern oder hat der Elternteil **über die Verwaltung Rechenschaft abzulegen**. Behauptet ein Elternteil, er habe nur einen Teil des Kindesvermögens verwaltet, so befreit ihn dies nicht von seiner Pflicht, über das gesamte Kindesvermögen Rechenschaft abzulegen (Oldenburg NdsRpfl 1962, 135). Zu deren Inhalt und Folgen s § 259. **7**

4. Kommen die Eltern oder kommt der Elternteil den Pflichten nicht nach, so muß ein Kind oder dessen neuer Sorgeberechtigter den Prozeßweg beschreiten. Das VormG übt die Aufsicht mit der Befugnis, gegen Pflichtwidrigkeiten einzuschreiten, nur gegenüber dem Vormund (§ 1837 II) oder Pfleger (§ 1915) aus. **8**

5. Abs II behandelt die **Nutzungen** des Kindesvermögens (§ 100). Die Eltern dürfen über die Nutzungen nach Maßgabe des § 1649 verfügen, danach uU sogar für ihren eigenen Unterhalt verwenden. Die Nutzungen werden von der Rechenschaftspflicht des Abs I grundsätzlich ausgenommen. Um unnötige und störende Streitigkeiten zwischen den Eltern und den Kindern nach Beendigung der elterlichen Sorge möglichst zu verhüten, wird die Rechenschaftspflicht auf die Fälle beschränkt, in denen der Verdacht einer pflichtwidrigen Verwendung der Nutzungen besteht. Ein Grund für diese Annahme besteht bereits dann, wenn die nach § 1649 zu beachtende Reihenfolge der Verwendung nicht beachtet wurde oder wenn die erzielten Überschüsse nicht angesammelt, sondern in unbilliger Weise zum Unterhalt der Eltern oder vorhandener Geschwister verwendet wurden. **9**

Die Fassung des § 1698 II darf nicht zu der Annahme verführen, daß das Kind erst nach Beendigung der Vermögenssorge einen Anspruch auf Rechnungslegung über die Nutzungen habe. Besteht hinreichender Verdacht, daß die Nutzungen gesetzwidrig verwendet werden, so ist ein Rechenschaftsanspruch bereits vorher gegeben; vgl RGRK Anm 8. **10**

§ 1698a *Fortführung der Geschäfte in Unkenntnis der Beendigung der elterlichen Sorge*

(1) Die Eltern dürfen die mit der Personensorge und mit der Vermögenssorge für das Kind verbundenenen Geschäfte fortführen, bis sie von der Beendigung der elterlichen Sorge Kenntnis erlan-

§ 1698a Familienrecht Verwandtschaft

gen oder sie kennen müssen. Ein Dritter kann sich auf diese Befugnis nicht berufen, wenn er bei der Vornahme eines Rechtsgeschäfts die Beendigung kennt oder kennen muß.
(2) Diese Vorschriften sind entsprechend anzuwenden, wenn die elterliche Sorge ruht.

1 Es handelt sich um ein **Recht**, nicht um eine Pflicht **der Eltern**, die Geschäfte fortzuführen. Die **Pflicht** zur Fortführung bei Kindestod regelt § 1698b. Die Vorschrift dient dem Schutz der Eltern und über §§ 1893 I, 1915 des sonstigen gesetzlichen Vertreters. Zum Kennenmüssen s § 122 II. § 1664 kommt nicht in Betracht, weil es sich um keine Verpflichtung im Sinne dieser Vorschrift handelt. Bei Kenntnis oder fahrlässiger Unkenntnis des gesetzlichen Vertreters nützt dem Dritten sein schuldloses Nichtwissen nichts (RG 74, 266). Im Verhältnis zum Kind wird beim gutgläubigen gesetzlichen Vertreter das Fortbestehen der Geschäftsführungsbefugnis fingiert. Nimmt ein gesetzlicher Vertreter ein Geschäft in Kenntnis der Beendigung vor, so kommen im Außenverhältnis §§ 177ff, im Innenverhältnis §§ 677ff in Betracht.

1698b
Fortführung dringender Geschäfte nach Tod des Kindes

Endet die elterliche Sorge durch den Tod des Kindes, so haben die Eltern die Geschäfte, die nicht ohne Gefahr aufgeschoben werden können, zu besorgen, bis der Erbe anderweit Fürsorge treffen kann.

1 **1. Eltern** und über §§ 1893 I, 1815 **sonstige gesetzliche Vertreter** sind verpflichtet, unaufschiebbare Geschäfte einstweilen zu besorgen. Haftung nach §§ 1664, 1833, 1915. Ersatz der Aufwendungen gemäß §§ 1648, 1835, 1915. Die Fortführungspflicht gilt entsprechend bei Todeserklärung des Kindes. Sie setzt voraus, daß die Eltern vom Tod des Kindes Kenntnis erlangen. Eine Haftung der Eltern ist unabhängig von der Kenntnis für den Fall zu bejahen, daß sie dem Kind gegenüber, wenn es noch lebte, zur Vornahme des unaufschiebbaren Geschäfts verpflichtet gewesen wären, das sie unterlassen haben (RGRK Anm 3). In diesem letzteren Fall haften sie für diligentia quam in suis, ansonsten für jede Fahrlässigkeit (aM jetzt RGRK Anm 4).

2 **2.** Ein etwaiges Verwaltungsrecht der Eltern oder eines Elternteils als Erbe des Kindes bleibt unberührt.

1699-1711 (weggefallen)

Titel 6
Beistandschaft

Zum Beistandschaftsgesetz: *Beinkinstadt, Joachim*, Die Kindschaftsrechtsreform und öffentliche Leistungen – das Ende des Amtspflegers?, DAVorm 1996, 441; *Brötel*, Die gesetzliche Amtspflegschaft für nichteheliche Kinder im Kontext einer gesamteuropäischen Grundrechtsentwicklung, FamRZ 1991, 775ff; *Dickmeis*, Stellungnahme zum Referentenentwurf eines Gesetzes zur Abschaffung der gesetzlichen Amtspflegschaft und Neuordnung des Rechts der Beistandschaft, DAVorm 1993, 751; *Diederichsen*, Die Reform des Kindschafts- und Beistandschaftsgesetzes, NJW 1998, 1977 (1987); *Gawlitta*, Die neue Beistandschaft als Mogelpackung?, ZfJ 1998, 156; *Greßmann/Beinkinstadt*, Das Recht der Beistandschaft, 1998; *Kaufmann/Seelbach*, Die neue Beistandschaft – trotz gemeinsamer elterlicher Sorge, Kind-Prax 1998, 178; *Lipp*, Die elterliche Sorgerecht für das nichteheliche Kind nach dem Kindschaftsrechtsreformgesetz, FamRZ 1998, 66 (75); *Oberloskamp* (Hrsg), Vormundschaft, Pflegschaft und Beistandschaft für Minderjährige, 2. Aufl 1998; *Richter*, Soll die gesetzliche Amtspflegschaft abgeschafft werden?, FamRZ 1994, 5; *Roth*, Die rechtliche Ausgestaltung der Beistandschaft, Kind-Prax 1998, 12; *ders*, Das Jugendamt als Beistand – Vertreter des Kindes oder Beauftragter der Mutter?, Kind-Prax 1998, 148; *Schwenzer*, Empfiehlt es sich, das Kindschaftsrecht neu zu regeln?, Gutachten A zum 59. Deutschen Juristentag Hannover 1992; Stellungnahme des Deutschen Instituts für Vormundschaftswesen eV zu dem (Referenten-)Entwurf eines Gesetzes zur Abschaffung der gesetzlichen Amtspflegschaft und Neuordnung des Rechts der Beistandschaft (Beistandschaftsgesetz), DAVorm 1993, 1009; *Will*, Die Abschaffung der Amtspflegschaft – Emanzipation der nichtehelichen Mutter?, ZfJ 1998, 401; *Wolf*, Beistandschaft statt Amtspflegschaft, Kind-Prax 1998, 40; *Zarbrock*, Entwurf eines Gesetzes zur Abschaffung der gesetzlichen Amtspflegschaft und Neuordnung des Rechts der Beistandschaft, DAVorm 1995, 657.

Vorbemerkung

1 **1.** In der **ursprünglichen Fassung des BGB** war die Mutter eines damals noch unehelich genannten Kindes nicht vertretungsberechtigt; das Kind erhielt einen Vormund, der nach den allgemeinen Regeln für die Bestellung eines Vormunds ausgewählt wurde. Dieses zeitraubende Bestellungsverfahren wurde durch das am 1. 1. 1924 in Kraft getretene **Reichsjugendwohlfahrtsgesetz** beseitigt, nach dem das Jugendamt automatisch die Vormundschaft mit der Geburt eines unehelichen Kindes erlangte. Erst das **FamRÄndG** vom 11. 8. 1961 (BGBl I 1221) schuf die Möglichkeit, der Mutter die elterliche Sorge insgesamt oder wenigstens teilweise zu übertragen. Das sog **Nichtehelichengesetz vom 19. 8. 1969** (BGBl I 1243) führte dann in §§ 1706ff für bestimmte Angelegenheiten (Abstammung, Unterhalt, Erbrecht) die gesetzliche Amtspflegschaft ein, die durch das Jugendamt geführt wurde und die elterliche Gewalt der Mutter einschränkte. Diese Regelung wurde in den alten Bundesländern durch die 1998 neu geschaffene Beistandschaft ersetzt.

2. In der ehemaligen **DDR** standen nach dem Mutter- und Kinderschutzgesetz vom 27. 9. 1950 der Mutter eines nichtehelichen Kindes die vollen elterlichen Rechte zu. Eine Einschränkung durch die Einsetzung eines Vormunds war nicht zulässig, die unteren Verwaltungsbehörden sollten lediglich als Beistand der Mutter fungieren. Das Familiengesetzbuch vom 20. 12. 1965 änderte hieran nichts. Die im BGB bestehende gesetzliche Amtspflegschaft ist auch nach der Wiedervereinigung für die neuen Bundesländer nicht in Kraft getreten (Art 230 I Einigungsvertrag), so daß zuletzt (bis zum 31. 7. 1998) in der Bundesrepublik zwei unterschiedliche Regelungen galten. Die Reform des Jahres 1998 beseitigt diese Rechtsungleichheit.

3. Durch das Beistandschaftsgesetz wurde die **gesetzliche Amtspflegschaft** (§§ 1706–1710 aF) sowie die bisherige **freiwillige Beistandschaft** (§§ 1685, 1686, 1689–1692 aF) **abgeschafft**. Im Gegensatz zur gesetzlichen Amtspflegschaft tritt die freiwillige Beistandschaft nur auf Antrag ein, im Gegensatz zur freiwilligen Beistandschaft nach BGB (aF) und nach dem ehemaligen Recht der DDR hat der Beistand eine eigene Vertretungsmacht. Überdies unterscheidet das neue Institut nicht zwischen ehelicher und nichtehelicher Geburt.

4. Obwohl sich nach allgemeiner Ansicht die gesetzliche Amtspflegschaft des Jugendamtes in der Praxis bewährt hatte, was vor allen Dingen durch die hohe Quote der Vaterschaftsfeststellungen nachgewiesen wird (so Begründung RegE, BT-Drucks 13/892, 23), wurde in der Vergangenheit immer wieder die **Forderung nach** einer Reform oder gar nach einer gänzlichen **Abschaffung** dieses Instituts erhoben, vor allen Dingen mit dem Argument, daß es zu einem unnötigen Eingriff in das Elternrecht der Mutter (Art 6 II GG) führe. Insbesondere wurde die diskriminierende Wirkung der mit ihr verbundenen gesetzlichen Vertretungsbeschränkung gerügt, die unter den veränderten sozialen Gegebenheiten insbesondere der weitgehenden Selbständigkeit heutiger unverheirateter Mütter nicht mehr zeitgemäß sei. Mitunter wurde sogar das bis 1998 geltende Recht als verfassungswidrig wegen Verstoßes gegen Art 3 II GG angesehen (Zenz/Salgo, Zur Diskriminierung der Frau im Recht der Eltern-Kind-Beziehung, 1983, S 51; Schulz DAVorm 1993, 1030). Verwiesen wird auch auf die veränderte Einstellung der nicht verheirateten Väter, die heute entweder mit der Mutter in einer intakten nichtehelichen Gemeinschaft leben oder jedenfalls immer häufiger dazu bereit sind, ihre Vaterschaft anzuerkennen und ihren gesetzlichen Unterhaltspflichten nachzukommen. **Anlaß für die Reform**, die in der Koalitionsvereinbarung für die 12. Legislaturperiode bereits ins Auge gefaßt worden war, gab nicht nur der unterschiedliche Rechtszustand in den neuen und den alten Bundesländern, sondern auch einige Entscheidungen des BVerfG sowie schließlich die UN-Kinderkonvention (vgl BT-Drucks 13/892, 25).

Der Gesetzentwurf der Bundesregierung vom 24. 3. 1995 (BT-Drucks 13/892) konnte auf eine Reihe von konkreten Forderungen zurückgreifen: So hatte der 59. DJT 1992 (FamRZ 1992, 1276) mit großer Mehrheit gefordert, auf den automatischen Eintritt der Amtspflegschaft zu verzichten. Auch die Konferenz der Jugendminister und -senatoren der Länder sprach sich am 12. 6. 1992 für die Abschaffung des Instituts und die Einführung einer Pflegschaft oder Beistandschaft aus.

Das Beistandschaftsgesetz ist **Teil einer Gesamtreform** des Kindschaftsrechts, zu dem eine Neuregelung des Abstammungsrechts, des Sorge- und Umgangsrechts (Kindschaftsrechtsreformgesetz), des Unterhaltsrechts (Kinderunterhaltsgesetz) sowie des Erbrechts (Erbrechtsgleichstellungsgesetz) gehören.

Während der Entwurf eines Beistandschaftsgesetzes im Grundsatz auf fast ungeteilte Zustimmung in der Literatur und bei den Verbänden gestoßen ist, gab es in Detailfragen jedoch auch **kritische Bemerkungen**. Insbes von seiten der Praktiker aus den Jugendämtern wurde bemängelt, daß die gesetzliche Amtspflegschaft ausnahmslos abgeschafft wurde, obwohl sich die Tätigkeit der Jugendämter als Amtspfleger in der Vergangenheit als sehr effektiv erwiesen habe (zB Richter FamRZ 1994, 9; Knoll ZfJ 1993, 529; Kern ZfJ 1993, 463; DIV DAVorm 1993, 1010; Kemper DAVorm 1989, 170). An Stelle des vom Gesetzgeber gewählten reinen Antragsverfahrens wurde beispielsweise ein Zeitschrankenmodell befürwortet, wonach die gesetzliche Amtspflegschaft eintritt, wenn die Vaterschaft innerhalb einer bestimmten Zeit (etwa 1 Jahr) nach der Geburt noch nicht festgestellt ist (Ständiger Ausschuß des DIV DAVorm 1995, 404; Richter FamRZ 1994, 9; Oberloskamp ZfJ 1991, 592: schon nach 2 Monaten).

Insbesondere eine **Kombination von Antragsmodell und Zeitschrankenmodell** fand viele Befürworter: So sollte das Jugendamt verpflichtet werden, ein Jahr nach der Geburt nachzuforschen, warum die Vaterschaft noch nicht festgestellt ist; das VormG hätte dann zu entscheiden, ob die Feststellung durch die Bestellung eines Pflegers im Interesse des Kindes notwendig ist. Dieses Modell (sog „Zweite Welle" – siehe BT-Drucks 13/892, 30; Mutschler FamRZ 1996, 1384) wurde trotz seiner auch vom Gesetzgeber angeführten Vorzüge nicht gewählt, vor allem um die Akzeptanz der freiwilligen Beistandschaft nicht zu beeinträchtigen, ein Aspekt, der allerdings kaum eine Zurückstellung von Kindesinteressen rechtfertigen dürfte. Des weiteren kritisierte man, daß der Aufgabenkreis des Beistandes zu eng begrenzt sei und schlug dementsprechend vor, zumindest auch die Anfechtung der Vaterschaftsanerkennung sowie die Anfechtung der Ehelichkeit des Kindes als Aufgaben mit aufzunehmen, da auch in diesen Fällen die Statusfrage des Kindes auf dem Spiel stehe (zB Beinkinstadt ZfJ 1993, 481; DIV DAVorm 1993, 1019f). Schließlich wurde moniert, daß die Möglichkeit einer Entziehung der Vertretungsmacht der Mutter wegen erheblichen Interessengegensatzes beseitigt worden sei (§ 1629 II S 3, kritisch: Mutschler FamRZ 1996, 1384; Gaul FamRZ 1997, 1452; DIV DAVorm 1993, 1019). Weigert sich die Mutter, die Vaterschaftsfeststellung zu betreiben, bleibt nunmehr allein der Eingriff über § 1666 übrig, was rechtspolitisch zu bedauern, aber auch verfassungsrechtlich bedenklich ist (siehe § 1712 Rz 3). Insgesamt hat das Gesetz einseitig die Interessen des allein sorgeberechtigten Elternteils gegenüber denen des Kindes bevorzugt.

5. Daß die Reform für eine Vielzahl von Personen Bedeutung hat, macht die **Statistik** deutlich: Unter bestellter Beistandschaft standen im Jahre 1999 in ganz Deutschland 673 000 Kinder. Auch wenn die Beistandschaft im Gegensatz zur früheren Amtspflegschaft als Hilfe nicht allein für Mütter in Betracht kommt, die zum Zeitpunkt der Geburt des Kindes unverheiratet sind, wird sie doch nach wie vor in der Praxis meist von diesen in Anspruch genommen. Dies ergibt sich schon aus der Aufgabe der Vaterschaftsfeststellung, die bei Verheirateten nicht zu erfolgen hat. Die **Zahl der Vaterschaftsfeststellungen** stieg im letzten Jahrzehnt an; so lag der Anteil der Neugeborenen von nicht verheirateten Eltern Anfang der 1990er Jahre bei gut 15 % und vergrößerte sich bis zum Jahre 2000 auf über 23 % (in absoluten Zahlen: 179 000). Erfreulicherweise angestiegen ist die Quote der freiwilligen Anerkennungen, die 1997 bei knapp 90 % lag, während die Zahl der nicht feststellbaren Vaterschaften auf insgesamt 5 % zurückging (in den neuen Bundesländern auf 2 %, in den alten auf 7 %). Aufgrund der im Rahmen der Kindschaftsrechtsreform geschaffenen Möglichkeit der Anerkennung vor dem Notar wurden die Jugendämter in dieser Hinsicht wesentlich entlastet (ein Rückgang seit 1997 um knapp 30 %). Nur in 59 % der Verfahren wurde die Vaterschaft durch das Jugendamt festgestellt.

10 6. Die Beistandschaft ist als **eigenständiger sechster Titel** in den 2. Abschnitt des 4. Buches des BGB eingefügt worden; eine Zuordnung zum Recht des ehelichen oder des nichtehelichen Kindes (bisheriger fünfter und sechster Titel) wurde bewußt vermieden, da der Gesetzgeber die Unterschiede so weit wie möglich einebnen wollte. Der Vorschlag, die Materie als Teil des KJHG zu regeln und in das 8. Buch des Sozialgesetzbuches einzubinden (so der Vorschlag der Obersten Landesjugendbehörden und der Arbeitsgemeinschaft für Jugendhilfe, DAVorm 1993, 1160), wäre sinnvoll gewesen, wenn lediglich Aufgaben und Leistungen der Jugendhilfe geregelt worden wären. Da der Beistand jedoch eine eigene Vertretungsmacht für das Kind erhält, ist der systematische Standort richtigerweise das BGB.

11 7. Zusätzlich enthält das Beistandschaftsgesetz allerdings auch einige Änderungen des **SGB VIII**, insbesondere wird dort folgender neuer § 52a eingefügt:

§ 52a
Beratung und Unterstützung bei Vaterschaftsfeststellung und Geltendmachung von Unterhaltsansprüchen

(1) Das Jugendamt hat unverzüglich nach der Geburt eines Kindes, dessen Eltern nicht miteinander verheiratet sind, der Mutter Beratung und Unterstützung insbesondere bei der Vaterschaftsfeststellung und der Geltendmachung von Unterhaltsansprüchen des Kindes anzubieten. Hierbei hat es hinzuweisen auf

1. die Bedeutung der Vaterschaftsfeststellung,
2. die Möglichkeiten, wie die Vaterschaft festgestellt werden kann, insbesondere bei welchen Stellen die Vaterschaft anerkannt werden kann,
3. die Möglichkeit, die Verpflichtung zur Erfüllung von Unterhaltsansprüchen oder zur Leistung einer an Stelle des Unterhalts zu gewährenden Abfindung nach § 59 Abs. 1 Satz 1 Nr. 3 beurkunden zu lassen,
4. die Möglichkeit, eine Beistandschaft zu beantragen, sowie auf die Rechtsfolgen einer solchen Beistandschaft,
5. die Möglichkeit der gemeinsamen elterlichen Sorge.

Das Jugendamt hat der Mutter ein persönliches Gespräch anzubieten. Das Gespräch soll in der Regel in der persönlichen Umgebung der Mutter stattfinden, wenn diese es wünscht.

(2) Das Angebot nach Absatz 1 kann vor der Geburt des Kindes erfolgen, wenn anzunehmen ist, daß seine Eltern bei der Geburt nicht miteinander verheiratet sein werden.

(3) Wurde eine nach § 1592 Nr. 1 oder 2 des Bürgerlichen Gesetzbuchs bestehende Vaterschaft zu einem Kind oder Jugendlichen durch eine gerichtliche Entscheidung beseitigt, so hat das Gericht dem Jugendamt Mitteilung zu machen. Absatz 1 gilt entsprechend.

12 Diese **Mitteilungs- und Beratungspflichten des Jugendamtes** gegenüber der nicht mit dem Kindesvater verheirateten Mutter sollen eine Beistandschaft vorbereiten. Wegen des reinen Antragsmodells wird der Erfolg des Gesetzes in der Praxis viel davon abhängen, inwieweit die Jugendämter die betroffenen Personen erreichen, was sowohl vom jeweiligen Engagement als auch von den durch die Kommunen bereitgestellten Personalmitteln abhängt. Letztere sind sicher auch ausschlaggebend für die praktische Umsetzung des Grundsatzes, die Mutter solle in ihrem Lebensbereich aufgesucht werden. Wegen der damit verbundenen Kosten hatten bereits die kommunalen Spitzenverbände Vorbehalte angemeldet.

Daneben besteht – wie schon bisher – gemäß § 18 SGB VIII ein Anspruch Alleinerziehender auf Beratung und Unterstützung bei der Ausübung der Personensorge und der Geltendmachung von Unterhaltsansprüchen. Diese Beratungshilfen stehen für Alleinsorgeberechtigte neben der Beistandschaft, können aber auch bei gemeinsamer Sorge in Anspruch genommen werden. Die Aufgaben der Beratung und Unterstützung können gemäß § 76 SGB VIII auch auf freie Träger übertragen werden. Möglicherweise kann eine intensive Beratung auch eine Beistandschaft überflüssig werden lassen (s Reichel/Trittel Kind-Prax 1998, 113f).

13 8. **Übergangsrecht (siehe Art 223 EGBGB).** Die bestehenden gesetzlichen Amtspflegschaften nach §§ 1706ff aF wurden am 1. 7. 1998 zu Beistandschaften neuen Rechts. Der bisherige Amtspfleger wurde Beistand. Für ein halbes Jahr hatte dieser Beistand allerdings noch dieselben Aufgaben wie zuvor der Amtspfleger, während ab dem 1. 1. 1999 andere Aufgaben als die im neuen § 1712 genannten wegfallen; bereits laufende erbrechtliche Verfahren (§ 1706 Nr 3 aF) können von dem Beistand über den 31. 12. 1998 hinaus abgewickelt werden. Diese auf Vorschlag des Bundesrates aufgenommene Ausnahme ist aus Gründen des Kindeswohls geboten, da derartige Verfahren häufig langwierig sind und die Übergangsfrist von einem halben Jahr insoweit zu kurz bemessen ist; nicht sinnvoll erscheint es, den sorgeberechtigten Elternteil mit einem laufenden Verfahren zu konfrontieren, in das er bisher möglicherweise überhaupt nicht involviert war.

14 Die Beistandschaften alten Rechts endeten am 1. 7. 1998. Eine Ausnahme gilt, soweit einem solchen Beistand vom VormG die Geltendmachung von Unterhaltsansprüchen oder die Vermögenssorge übertragen wurde: In diesen

Fällen wurden diese Beistandschaften ab dem 1. 7. 1998 zu Beistandschaften neuen Rechts; laufende Erbrechtsverfahren können zu Ende geführt werden. Die geschilderte Regelung gilt auch, wenn Beistand nicht das Jugendamt war. Umstritten ist, ob der ehemalige Amtspfleger eines nichtehelichen Kindes mit der Beendigung des Amtes zum 1. 7. 1998 zur Erstattung einer Schlußrechnung verpflichtet ist (befürwortend LG Essen BTPrax 1999, 57; ablehnend LG Gießen BTPrax 1999, 57; LG Osnabrück DAVorm 1998, 987). Da das Jugendamt seine Aufgaben nach dem 30. 6. 1998 zunächst weiterführt, ist eine Beendigung im materiellen Sinne nicht gegeben, so daß eine Rechnungslegungspflicht unpraktikabel wäre (Haufe/Roth KindPrax 1999, 53f; wie hier auch Hamm FamRZ 1999, 1456).

§ 1712 *Beistandschaft des Jugendamts; Aufgaben*

(1) Auf schriftlichen Antrag eines Elternteils wird das Jugendamt Beistand des Kindes für folgende Aufgaben:
1. **die Feststellung der Vaterschaft,**
2. **die Geltendmachung von Unterhaltsansprüchen einschließlich der Ansprüche auf eine anstelle des Unterhalts zu gewährende Abfindung sowie die Verfügung über diese Ansprüche; ist das Kind bei einem Dritten entgeltlich in Pflege, so ist der Beistand berechtigt, aus dem vom Unterhaltspflichtigen Geleisteten den Dritten zu befriedigen.**

(2) Der Antrag kann auf einzelne der in Absatz 1 bezeichneten Aufgaben beschränkt werden.

1. Die Vorschrift regelt das Antragsmodell und die Aufgaben eines Beistands. Die Fassung entspricht der des Entwurfs der Bundesregierung. 1

2. Der Gesetzgeber hat sich trotz einer Reihe von kritischen Stellungnahmen für ein reines **Antragsmodell** entschieden (kritisch: Kemper DAVorm 1989, 171; Beinkinstadt ZfJ 1993, 481; Binschius DAVorm 1989, 181; Mutschler FamRZ 1996, 1385; auf erhöhte finanzielle Belastungen für den Staat weisen hin: Donatin DAVorm 1994, 9; Kern ZfJ 1993, 463; Kemper DAVorm 1989, 172). Ausschlaggebend waren für ihn die guten Erfahrungen mit einer entsprechenden Regelung in Österreich. 2

Problematisch ist diese Entscheidung in Hinblick auf das **Recht des Kindes auf Kenntnis seiner Abstammung** als Teil des Persönlichkeitsrechts, aber auch hinsichtlich Unterhaltsansprüchen und des Erbrechts. Die erhofften positiven Zahlen vermögen diese Bedenken nicht zu zerstreuen, da es um konkrete Rechte von Individuen geht, die nicht mit einem Hinweis auf andere – positive – Fälle geopfert werden dürfen. Zu befürchten ist einerseits, daß die Vaterschaftsfeststellung unterbleibt, weil die Mutter an ihr kein Interesse hat oder vom Erzeuger unter Druck gesetzt wird oder beiden Elternteilen finanzielle Vorteile winken, andererseits aber auch, daß es mitunter zu falschen Anerkennungen kommt. Selbst wenn dies Ausnahmeerscheinungen bleiben, darf sich der Staat nicht seiner Verantwortung für die einzelnen betroffenen Kinder entziehen. Verfassungsrechtlich ist die fehlende staatliche Verantwortlichkeit nicht nur vor dem Hintergrund des Rechts des Kindes auf Kenntnis seiner Abstammung problematisch, sondern auch im Hinblick auf Art 6 V GG: Denn diese Vorschrift verlangt vom Gesetzgeber nicht eine schematische rechtliche Gleichstellung, sondern die Schaffung gleicher Bedingungen, so daß zumindest subsidiär eine rechtliche Regelung notwendig ist, damit auch das Kind einer nicht verheirateten Mutter „seinen Vater bekommt". Die Möglichkeit, der Mutter gem § 1666 das Sorgerecht in dieser Frage zu entziehen, kommt nach der bisherigen Auslegung der Norm wohl nur selten in Betracht. Verfassungskonform wird man § 1666 jedoch dahingehend auslegen müssen, daß nach Abwägung der jeweiligen Interessen im Einzelfall angesichts der vom BVerfG herausgestellten Bedeutung der Kenntnis der eigenen Abstammung für die Persönlichkeitsentwicklung eine Kindeswohlgefährdung in der fehlenden Vaterschaftsfeststellung gesehen werden kann und in der fehlenden Mitwirkung der Mutter uU eine mißbräuchliche Ausübung des Sorgerechts (wie hier Schlüter FamilienR Rz 387; FamRefK/Sonnenfeld vor § 1712 Rz 5; vgl Staud/Rauscher Rz 16f). Nur so kann dem verfassungsrechtlichen Schutzauftrag des Staates Rechnung getragen werden, auch wenn eine zwangsweise Durchsetzung des Kindesrechts auf praktische Schwierigkeiten stoßen mag (diese betont MüKo/v Sachsen Gessaphe vor § 1712 Rz 8). 3

Gemäß Abs I ist für die Beistandschaft des Jugendamtes ein **Antrag eines Elternteils** erforderlich. Aus Gründen der Rechtssicherheit hat der Gesetzgeber für den Antrag, der beim Jugendamt einzureichen ist, die Schriftform vorgesehen. Eine Protokollierung durch das Jugendamt genügen zu lassen, sah der Gesetzgeber nicht als notwendig an, da die Unterschrift ja auch unmittelbar beim Jugendamt geleistet werden kann. Der Begriff Antrag wird untechnisch gebraucht, es handelt sich um eine neuartige Gestaltungserklärung (Diederichsen NJW 1998, 1988, Fn 145); das Wort soll im Gegensatz zur „Einwilligung" verdeutlichen, daß die Initiative allein beim Elternteil liegt. Ein Antragsrecht des Vormunds des Kindes besteht nur im Fall des § 1776 (kritisch Wesche Rpfleger 1995, 240, 242). 4

3. Beistand ist immer das **Jugendamt**. Gemäß dem auf Betreiben einiger Bundesländer (Bayern, Berlin) eingefügten Art 144 EGBGB kann der Landesgesetzgeber allerdings bestimmen, daß das Jugendamt die Beistandschaft auf einen rechtsfähigen Verein übertragen kann, soweit diesem eine Erlaubnis vom Landesjugendamt erteilt worden ist (§ 54 SGB VIII). Die Übertragung der Beistandschaft setzt die Zustimmung des antragstellenden Elternteils voraus. Die Ausübung der Beistandschaft Einzelpersonen zu überlassen, wurde verworfen, weil die dann notwendige Auswahl durch das Gericht das Verfahren verzögert und belastet hätte. Abs I sagt deutlich, daß es sich wie bei der Amtspflegschaft um einen Beistand des Kindes, nicht des Elternteils handelt. 5

4. Abs I regelt schließlich die **Aufgaben** des Beistands. Diese umfassen lediglich die Kernbereiche der früheren Amtspflegschaft, nämlich die Vaterschaftsfeststellung und die Unterhaltssicherung. 6

a) **Vaterschaftsfeststellung (Nr 1).** Diese liegt in erster Linie im Interesse des Kindes: Zum einen besteht dieses Interesse an der Kenntnis der genetischen Abstammung aus gesundheitlichen Gründen (Erbkrankheiten), ferner 7

§ 1712 Familienrecht Verwandtschaft

ist es psycho-sozialer Natur: So hat das BVerfG (FamRZ 1989, 255) dem Kind das Recht auf Kenntnis seiner Abstammung vor allem aufgrund der Art 1 I, 2 I GG zugesprochen, weil das Wissen um die eigene Herkunft „eine Schlüsselstellung für Individualitätsfindung und Selbstverständnis" sei. Schließlich bestehen auch ökonomische Gründe: Denn das Kind kann keine Rechte (Unterhalt, Erbrecht) gegen den nicht mit der Mutter verheirateten Vater geltend machen, wenn nicht dessen Vaterschaft festgestellt ist. Darüber hinaus besteht aber auch ein öffentliches Interesse an der Feststellung, weil sie die Kenntnis der tatsächlichen Voraussetzungen für das Eheverbot der Verwandtschaft (§ 1307) und den Straftatbestand des Blutschande (§ 173 StGB) sichert. Des weiteren müßte der Staat bei Verzicht auf die Vaterschaftsfeststellung gegebenenfalls Sozialhilfeleistungen erbringen.

8 Diese Aufgabe der Vaterschaftsfeststellung umfaßt die **außergerichtliche Ermittlung** des Vaters, die **gerichtliche Entscheidung auf Feststellung** sowie die **Anerkennung** durch den Vater. Letzteres war früher häufig eine Sache des Amtspflegers (§§ 1600c, 1600d II aF), der die grundsätzlich erforderliche Zustimmung des Kindes als dessen gesetzlicher Vertreter erteilen konnte. Nunmehr ist eine Zustimmung des Kindes entbehrlich, wenn ein Dritter mit Zustimmung der Mutter und des Ehemannes bis zum Ablauf eines Jahres nach Rechtskraft des Scheidungsantrages die Vaterschaft anerkennt und das Kind nach Anhängigkeit des Scheidungsurteils geboren wurde (§ 1599 II). Aber auch im übrigen ist in erster Linie die Mutter zustimmungsberechtigt, und die Anerkennung bedarf nur noch dann, wenn ihr insoweit die elterliche Sorge nicht zusteht, der Zustimmung des Kindes (§ 1595 II); somit wird die Zustimmung kaum für den Beistand in Betracht kommen: Denn für die Beantragung einer Beistandschaft ist die elterliche Sorge (der Mutter) Voraussetzung, die aber eine Zustimmung des Kindes zur Anerkennung gerade ausschließt. Es bleiben daher lediglich die Fälle des § 1713 II (siehe § 1713 Rz 5). Der rechtspolitisch wie verfassungsrechtlich bedenkliche Verzicht auf die Zustimmung des Kindes wird dazu führen, daß die Zustimmung zur Anerkennung für einen künftigen Beistand keine Relevanz besitzt. Allenfalls hat er tatsächliche Ermittlungen anzustellen, um die Identität des Vaters herauszufinden.

9 Der Begriff „Feststellung der Vaterschaft", der auch in § 1706 Nr 1 aF enthalten war, wurde damals überwiegend weit verstanden. So sollte auch die gesetzliche Vertretung des Kindes in Verfahren betreffend die **Anfechtung einer Anerkennung** (Erman/Holzhauer 9. Aufl § 1706 Rz 5) oder die **Unwirksamkeit einer Anerkennung** von der Vorschrift erfaßt sein (Staud/Göppinger[12] § 1706 Rz 34; MüKo/Hinz[3] § 1706 Rz 5). Der Gesetzgeber des Beistandschaftsgesetzes hat nunmehr in seiner Begründung deutlich zum Ausdruck gebracht, daß er diese Aufgaben nicht unter § 1712 Nr 1 fassen will (BT-Drucks 13/892, 37), und die Forderung, auch für andere Statusfragen die Möglichkeit einer Beistandschaft vorzusehen (Anfechtung der Vaterschaftsanerkennung, Anfechtung der Vaterschaft), bewußt abgelehnt; er sieht die Interessen des Kindes in diesen Fällen durch den Untersuchungsgrundsatz hinreichend geschützt (kritisch ua DIV DAVorm 1993, 1019). Auch wenn er nicht auf die geschilderte Literaturmeinung eingeht und der Wortlaut insoweit unverändert ist, wird man wohl aufgrund der eindeutigen historischen Auslegung nunmehr dem engen Begriffsinhalt den Vorzug geben müssen (wie hier Staud/Rauscher Rz 18).

10 Grundsätzlich gehört auch der Anspruch des Kindes auf Auskunft gemäß § 1618a gegen die den Vater verheimlichende Mutter zur Aufgabe der Vaterschaftsfeststellung; da aber in diesem Fall die Beistandschaft nur auf einen Antrag der Mutter hin in Frage kommt, hat die früher sehr umstrittene Frage, ob der Pfleger (nunmehr Beistand) **gegenüber der Mutter Druck ausüben** darf, um den Namen des Kindesvaters zu erfahren (Nachw bei Erman/Holzhauer 9. Aufl, § 1706 Rz 5), kaum mehr Bedeutung. Relevant wird dieses Problem allerdings noch bei einer geschäftsunfähigen Schwangeren, für die der gesetzliche Vertreter den Antrag stellen kann (§ 1713 II S 3), so daß theoretisch der frühere Konflikt Amtspfleger/Mutter sich fortsetzen könnte. Da aber der Gesetzgeber durch die Freiwilligkeit der Beistandschaft und die grundsätzliche Höchstpersönlichkeit der Antragstellung deutlich zu erkennen gegeben hat, daß er ein Handeln des Beistands gegen den Willen der Mutter nicht wünscht, wird man den Beistand letztlich nicht für befugt halten können, auf die Mutter Druck auszuüben (vgl auch die Neufassung des § 1629 II S 3). Vielmehr ist der Wille hinsichtlich der Identifizierung des Vaters zu respektieren, selbst wenn sie nicht geschäftsfähig ist. Anders kann die Abwägung uU bei der Auslegung des § 1666 ausfallen hinsichtlich der Frage, ob der Mutter das Sorgerecht entzogen werden kann, wenn sie bei der Ermittlung des Vaters nicht mitwirkt (s Rz 3).

11 b) **Unterhaltssicherung. Nr 2** entspricht wörtlich dem früheren § 1706 Nr 2. Die Regelung beschränkt sich auf den Kindesunterhalt; den Anspruch der Mutter aus § 1615l kann der Beistand nicht geltend machen. Für den Kindesunterhalt gelten dieselben Vorschriften, egal ob die Mutter verheiratet ist oder nicht, da die §§ 1615b–1615k entfallen sind. In erster Linie werden Unterhaltsansprüche des Kindes gegen den Vater (§§ 1615a, 1600cff) in Betracht kommen, so deren außergerichtliche Verfolgung im Verhandlungswege (inklusive Vereinbarung gemäß § 794 I Nr 5 ZPO), aber auch die gerichtliche Durchsetzung einschließlich Zwangsvollstreckung. Ferner kann der Beistand über die Ansprüche des Kindes verfügen. So hat er den geleisteten Unterhalt an den Elternteil abzuführen, dem die Verwendung der Beträge aufgrund des Sorgerechts obliegt. Die Gegenleistung für eine Pflege des Kindes durch einen Dritten kann der Beistand unmittelbar an diesen erbringen (BayObLG FamRZ 1980, 828). Ferner kann er stunden, Rückstände erlassen und entscheiden, ob der Unterhalt als statischer oder dynamisiert geltend gemacht wird. Erlaß- oder Verzichtserklärungen sind nur in engen Grenzen zulässig; ein leichtfertig erklärter Erlaß von Unterhaltsschulden könnte einen Pflichtverstoß darstellen, der einen Schadensersatzanspruch auslöst (Hamm NJW-FER 2001, 14). Die Zuständigkeit des Beistands erstreckt sich nicht nur auf die Unterhaltsansprüche gegen den Vater, so daß auch solche gegen Verwandte, insbesondere die Eltern des Vaters (§§ 1601, 1606) und auch gegen die Mutter von der Vorschrift erfaßt sind (MüKo/v Sachsen Gessaphe Rz 12). Insbesondere dann, wenn das Kind beim Vater lebt oder bei Dritten in Pflege ist, somit auch die Mutter Barunterhalt zu leisten hat, kommt diese Aufgabe ihr gegenüber in Betracht.

12 Ansprüche auf eine an Stelle des Unterhalts zu gewährende Abfindung werden nach der Streichung des § 1615e (so das am 1. 7. 1998 in Kraft getretene Kindesunterhaltsgesetz – BGBl I 666) nicht mehr relevant werden.

5. Abs II entspricht dem Charakter der neuen Beistandschaft als freiwilliges Hilfsangebot; daher tritt sie nur in dem Umfang ein, in dem der Antragsteller dies wünscht. Sowohl die Beschränkung auf die Vaterschaftsfeststellung ist möglich als auch auf die Geltendmachung von Unterhaltsansprüchen, wenn die Vaterschaft feststeht.

1713 *Antragsberechtigte*

(1) Den Antrag kann ein Elternteil stellen, dem für den Aufgabenkreis der beantragten Beistandschaft die alleinige elterliche Sorge zusteht oder zustünde, wenn das Kind bereits geboren wäre. Steht die elterliche Sorge für das Kind den Eltern gemeinsam zu, kann der Antrag von dem Elternteil gestellt werden, in dessen Obhut sich das Kind befindet. Der Antrag kann auch von einem nach § 1776 berufenen Vormund gestellt werden. Er kann nicht durch einen Vertreter gestellt werden.

(2) Vor der Geburt des Kindes kann die werdende Mutter den Antrag auch dann stellen, wenn das Kind, sofern es bereits geboren wäre, unter Vormundschaft stünde. Ist die werdende Mutter in der Geschäftsfähigkeit beschränkt, so kann sie den Antrag nur selbst stellen; sie bedarf hierzu nicht der Zustimmung ihres gesetzlichen Vertreters. Für eine geschäftsunfähige werdende Mutter kann nur ihr gesetzlicher Vertreter den Antrag stellen.

1. Abs 1 S 2 wurde durch das KindRVerbG vom 9. 4. 2002 eingefügt.

Antragsberechtigt war nach dem Beistandschaftsgesetz von 1998 nur ein Elternteil, dem die **alleinige elterliche Sorge** zusteht oder, wenn der Beistand schon vor der Geburt bestellt werden sollte, hypothetisch zustehen würde. Das Gesetz ging davon aus, daß Kinder, für die nur ein Elternteil sorgeberechtigt ist, eines besonderen Schutzes bedürfen; für Kinder, die unter gemeinsamer elterlicher Sorge stehen, war daher eine Beistandschaft nicht möglich. Allerdings zeigte sich schon bald in Unterhaltssachen ein Bedürfnis für eine Beistandschaft auch bei (getrennt lebenden) Eltern, denen die **gemeinsame Sorge** zusteht. Dem die Beistandschaft begehrenden Elternteil blieb nur der Umweg über einen Antrag auf Übertragung der Alleinsorge. Um dieses unerwünschte Ergebnis zu vermeiden, leiteten einige Autoren aus der Befugnis, gem § 1629 II S 2 Unterhaltsansprüche des Kindes gegen den anderen Elternteil geltend machen zu können, ein Alleinsorgerecht für diese Aufgabe ab und begründeten damit die Zulässigkeit einer Beistandschaft (Kaufmann/Seelbach Kind-Prax 1998, 178; Erman/Roth 10. Aufl Rz 2; Oberloskamp/Kunkel § 19 Rz 20; aA MüKo/v Sachsen Gessaphe Rz 5). Durch das KindRVerbG vom 9. 4. 2002 wurde § 1713 I dahingehend ergänzt, daß eine Beistandschaft auch bei gemeinsamer Sorge eintreten kann.

Antragsberechtigt ist nunmehr sowohl der Elternteil, dem die Alleinsorge für das Kind zusteht, als auch – bei gemeinsamer Sorge – der Elternteil, in dessen Obhut sich das Kind befindet. In der Praxis wurde die Beistandschaft meist durch die nicht verheiratete Mutter in Anspruch genommen, der häufig das alleinige Sorgerecht zusteht (§ 1626a II). Bei gemeinsamer Sorge wird – entsprechend dem Wortlaut des § 1629 II – auf die Obhut und damit auf die tatsächlichen Betreuungsverhältnisse abgestellt; daher kann auch an die Auslegung zu dieser Vorschrift angeknüpft werden (BT-Drucks 14/8131, 10). Vorausgesetzt ist die gemeinsame Sorge trotz Getrenntlebens oder Scheidung der Eltern (MüKo/Huber § 1629 Rz 85). Befugt zur Antragstellung ist der Elternteil, bei dem das Kind lebt. Wenn die Eltern das Eingliederungsmodell vereinbart haben oder das Kind bei Dritten untergebracht ist, befindet sich in der Obhut des Elternteils, der sich das Kind überwiegend aufhält oder der sich überwiegend um es kümmert (vgl auch MüKo/Huber § 1629 Rz 87f). Grundsätzlich kann das Kind auch in der Obhut eines Elternteils sein, wenn es mit beiden in einer Wohnung lebt, da auch in einem solchen Fall ein Getrenntleben möglich ist. Da bei gemeinsamer Sorge die Vaterschaft feststeht, kommt in dieser Situation nur die Verfolgung von Unterhaltsansprüchen in Betracht.

Da das Gesetz nicht zwischen ehelichen und nichtehelichen Kindern differenziert, kann **auch für ein eheliches Kind** eine Beistandschaft in Betracht kommen, insbesondere wenn die Eltern getrennt leben oder geschieden sind. Soweit in diesen Fällen auch der **Vater** sorgeberechtigt ist, ist auch er **antragsberechtigt** iSd § 1712. Die Aufgabe der Vaterschaftsfeststellung kommt bei ehelichen Kindern regelmäßig nicht in Betracht; eine Ausnahme macht der Fall, daß ein nichteheliches Kind adoptiert wurde, ohne daß vorher die Vaterschaft festgestellt wurde. Denn nach ganz hM soll trotz des adoptionsbedingten Erlöschens aller Rechtsverhältnisse zur Herkunftsfamilie eine Feststellung der Vaterschaft möglich sein, zum einen wegen des Rechts des Kindes auf Kenntnis der eigenen Abstammung, zum anderen, um die Rückgliederung des Kindes in das alte Verwandtensystem bei Aufhebung des Annahmeverhältnisses zu ermöglichen (BT-Drucks 7/5087, 16; Erman/Saar § 1755 Rz 7). Die Gründe sind zwar einleuchtend, angesichts der Tatsache, daß sie gegenüber einem (schein-)ehelichen Kind unberücksichtigt bleiben, weil der Gesetzgeber ein Eindringen in die Familie verhindern möchte, ist die Ungleichbehandlung der Adoptivfamilie wohl kaum zu rechtfertigen. Immerhin ist eine Adoption auch nicht wesentlich leichter aufzulösen als eine Ehe.

Fraglich ist, inwieweit der **Vater, der nicht mit der Kindesmutter verheiratet ist**, auch als Antragsteller in Betracht kommt. Für die Zulässigkeit seines Antrags muß seine Vaterschaft bereits feststehen (Antrag eines Elternteils), so daß die Aufgabe nach § 1712 I Nr 1 ausgeschlossen ist. Er könnte allenfalls ein Interesse an der Unterhaltssicherung verfolgen lassen. Antragsberechtigt ist er aber nur, wenn ihm das Sorgerecht zusteht; dies ist gegeben bei gemeinsamer elterlicher Sorge, wenn sich das Kind in seiner Obhut befindet oder das Sorgerecht der Mutter entfällt, so bei Tod, Entzug oder Ruhen (§§ 1678 I S 1, 1680 I, III S 1). Ferner kann dem Vater das Sorgerecht, das vorher der Mutter allein zustand, übertragen werden, was bei Getrenntleben gemäß § 1672 I oder Ruhen der elterlichen Sorge der Mutter gemäß § 1678 II denkbar ist sowie in dem Fall, daß der Mutter die elterliche Sorge entzogen wird (§ 1680 III S 2). In diesen Fällen ist somit die Beantragung einer Beistandschaft durch den Vater (zum Zwecke der Unterhaltssicherung) denkbar.

2. Da das Gesetz die Vaterschaftsfeststellung und Unterhaltssicherung vor der Geburt erleichtern möchte, ist die Zulässigkeit einer Beistandschaft bereits zu diesem Zeitpunkt sinnvoll. Die Möglichkeit einer **vorgeburtlich**

§ 1713 Familienrecht Verwandtschaft

eintretenden Beistandschaft gemäß Abs II betrifft die Situation der werdenden unverheirateten Mutter, die nach der Geburt nicht allein sorgeberechtigt wäre, etwa weil sie minderjährig oder geschäftsunfähig ist oder tatsächlich die elterliche Sorge nicht ausüben kann (§ 1674). Auch in diesem Fall kann das Jugendamt bereits vor der Geburt gesetzlicher Vertreter des Kindes werden, also insbesondere einer Vaterschaftsanerkennung zustimmen (§§ 1595 II und III, 1594 IV, 1596 II). Wäre die Mutter nach der Geburt allein sorgeberechtigt, so muß nur sie selbst der vorgeburtlichen Vaterschaftsanerkennung zustimmen (§ 1595 I), eine Zustimmung des Kindes sieht das Kindschaftsrechtsreformgesetz in diesem Fall entgegen dem bisherigen Recht (§ 1600c I aF) nicht mehr vor. Ist die Mutter aber nicht voll geschäftsfähig, kommt es auf die Zustimmung des Kindes an. Um auch in dieser Situation bereits vorgeburtlich die Anerkennung zu erleichtern, ist die Regelung des Abs II sinnvoll. Darüber hinaus ist die Vorschrift anwendbar bei einem Ehepaar, etwa wenn auch dem Mann nach der Geburt des Kindes die elterliche Sorge nicht zustünde, weil er minderjährig oder geschäftsunfähig ist. Nicht nur die Mutter, sondern auch der Vater kann antragsberechtigt sein, was insbesondere wegen der Erweiterung des Abs I S 2 auf die Fälle gemeinsamer Sorge praktisch werden kann. Ob Abs II analog anzuwenden ist auch den vorgeburtlichen Antrag des minderjährigen Vaters (vgl Staud/Rauscher Rz 30), ist fraglich, da die für diesen Fall bestehende Regelungslücke möglicherweise vom Gesetzgeber hingenommen wurde, weil vorgeburtlich in der Praxis fast nur die Mutter als Antragstellerin auftritt (so MüKo/v Sachsen Gessaphe Rz 13). Das Recht der nicht voll geschäftsfähigen Mutter, vorgeburtlich einen Beistand zu beantragen, bedeutet keine Kompetenzerweiterung ihres Sorgerechts (so offensichtlich Will ZfJ 1998, 404f); vielmehr ruht ihr Recht zur elterlichen Sorge gemäß § 1673, das Kind steht unter der Vormundschaft des Jugendamtes (§ 1791c).

6 3. Das Antragsrecht ist **höchstpersönlich**, es kann also nicht durch einen Vertreter ausgeübt werden. Die Höchstpersönlichkeit der Antragstellung soll der Rechtssicherheit dienen und insbesondere einem Streit darüber vorbeugen, ob eine Vollmacht erteilt und gegebenenfalls wirksam ist (BT-Drucks 13/892, 38). Diederichsen verweist zu Recht darauf, daß die überzeugendere Begründung darin liegt, den Einfluß Dritter auf den Willen eines Elternteils möglichst zurückzudrängen (NJW 1998, 1988, Fn 137). Letzteres gilt insbesondere für die beschränkt geschäftsfähige (minderjährige) Mutter, die den Antrag ebenfalls nur selbst stellen kann. Eine Ausnahme macht Abs II S 3, wonach für eine geschäftsunfähige Schwangere deren gesetzlicher Vertreter den Antrag stellen kann. Diese Durchbrechung ist durch das Schutzbedürfnis der Leibesfrucht begründet. Die Bezugnahme auf die Geschäftsunfähigkeit ist kritisiert worden, weil das 1992 in Kraft getretene Betreuungsgesetz dieses Kriterium gerade aufgegeben hat (Bienwald FamRZ 1994, 10): Zweifelhaft ist, ob der Betreuer einer volljährigen werdenden Mutter den Antrag gemäß § 1713 II S 3 stellen kann. Letztlich wird in einem solchen Fall als Vorfrage geklärt werden müssen, ob die Betreute geschäftsunfähig ist (vgl Staud/Rauscher Rz 27). Das Jugendamt wird in einem solchen Fall auf ein Gutachten angewiesen sein.

7 4. Der Vorschlag des Bundesrates (BT-Drucks 13/892, 49), auch einem **nach § 1776 berufenen Vormund** das Antragsrecht zuzubilligen, beruhte auf der Überlegung, daß anderenfalls einer von den Eltern des Mündels benannten Person die Vormundschaft nicht übertragen würde, soweit sie das Kind in Vaterschaftsfeststellungsklagen nicht selbst vertreten kann. Um dem in § 1776 genannten Personenkreis die Übernahme der Vormundschaft auf jeden Fall zu ermöglichen, ist dieser auch hinsichtlich einer Beistandschaft antragsberechtigt. Diese Ausnahmeregelung ist auf andere Fälle der Vormundschaft nicht zu übertragen (MüKo/v Sachsen Gessaphe Rz 9).

1714 *Eintritt der Beistandschaft*
Die Beistandschaft tritt ein, sobald der Antrag dem Jugendamt zugeht. Dies gilt auch, wenn der Antrag vor der Geburt des Kindes gestellt wird.

1 Die Vorschrift regelt den **Eintritt der Beistandschaft** und ordnet an, daß diese als unbedingtes Hilfsangebot lediglich vom Antrag des allein sorgeberechtigten Elternteils abhängig ist. Der Zugang des Antrags beim Jugendamt läßt die Beistandschaft entstehen, eine Prüfung des Fürsorgebedürfnisses ist nicht zulässig.

2 Satz 2 stellt klar, daß dies auch für einen vor der Geburt des Kindes gestellten Antrag gilt. Damit soll die **vorgeburtliche Vaterschaftsklärung** erleichtert werden, insbesondere wenn der Vater die Vaterschaft bereits anerkennen möchte. Denn nach früherem Recht war dies nur durch einen vom Gericht im Einzelfall zu bestellenden Pfleger (§ 1912) möglich gewesen. Die automatisch auf Antrag der Mutter eintretende Beistandschaft bedeutet demgegenüber eine wesentliche Erleichterung, die allerdings vor allem für die Fälle von Bedeutung ist, in denen der Mutter nicht die elterliche Sorge zusteht (vgl § 1715 Rz 5), weil nur dann die Anerkennung der Zustimmung des Kindes und damit des Beistands bedarf (§ 1595 II).

3 Zuständig ist das Jugendamt, in dessen Bezirk der Antragsteller seinen gewöhnlichen Aufenthalt hat (SGB VIII § 87c V iVm I). Hält sich der sorgeberechtigte Elternteil im Ausland auf und stellt er den Antrag für ein in Deutschland lebendes Kind (vgl § 1717 Rz 2), so ist in Anlehnung an die Rechtsgedanken des § 86d SGB VIII auf den gewöhnlichen Aufenthalt des Kindes abzustellen (Baer DAVorm 1998, 493). Aus dem gesetzlichen Eintritt der Beistandschaft folgt, daß dagegen eine Beschwerde nicht zulässig ist.

1715 *Beendigung der Beistandschaft*
(1) Die Beistandschaft endet, wenn der Antragsteller dies schriftlich verlangt. § 1712 Abs. 2 und § 1714 gelten entsprechend.
(2) Die Beistandschaft endet auch, sobald der Antragsteller keine der in § 1713 genannten Voraussetzungen mehr erfüllt.

1. Die Fassung beruht auf dem Entwurf der Bundesregierung. **Abs I** zieht die Konsequenz aus dem Antragsprinzip für die **Beendigung der Beistandschaft**. Ein **schriftliches Verlangen des Antragstellers** auf Beendigung führt mit seinem Zugang beim Jugendamt (§ 1714) ohne eine weitere Entscheidung automatisch zur Beendigung. Der Gesetzgeber sah selbst die Gefahr, daß der Antragsteller die **Beendigung zur Unzeit** herbeiführen kann, etwa wenn ein gerichtliches Vaterschaftsfeststellungsverfahren kurz vor dem Abschluß steht, aber der Erzeuger des Kindes durch Beeinflussung der Mutter seine Feststellung verhindern will (RegE BT-Drucks 13/892, 39). Gleichwohl glaubte man, diesen Fall vernachlässigen zu können, weil er selten vorkomme. Wenn im Einzelfall das Kindeswohl gefährdet werde, sei die Möglichkeit eines Sorgerechtsentzugs (§ 1666) ausreichend. Das Jugendamt hätte dann das FamG zu benachrichtigen (§ 50 III SGB VII).

Antragsberechtigt ist allein der Elternteil, der den Eintritt beantragt hat, im Regelfall also der allein sorgeberechtigte Elternteil, aber auch im Falle des § 1713 II die beschränkt geschäftsfähige Mutter oder der gesetzliche Vertreter für die geschäftsunfähige werdende Mutter. Der weiteren Anregung, daß auch das Jugendamt beim VormG das Ende der Beistandschaft beantragen kann (Beinkinstadt ZfJ 1993, 481), wurde ebenfalls nicht entsprochen; für Fälle, in denen eine dauernde Leistungsunfähigkeit des nichtsorgeberechtigten Elternteils besteht und somit der Gesichtspunkt der Unterhaltssicherung wegfällt, oder wenn die Vaterschaft auf Dauer nicht feststellbar ist sowie wenn die Mutter beispielsweise aufgrund Wegzugs dauernd nicht erreichbar ist, hätte sich eine solche Regelung angeboten. – Der Antragsteller kann, wie bei der Einleitung der Beistandschaft, so auch bei ihrer **Beendigung** diese **auf einzelne Aufgaben beschränken**. Allerdings endet die Beistandschaft, die nur für eine einzelne Angelegenheit erfolgt ist, sobald diese ausgeführt worden ist (§ 1716 S 2 iVm § 1918 III).

2. Gemäß **Abs II** endet die Beistandschaft ebenfalls, wenn dem Antragsteller das alleinige Sorgerecht nicht mehr zusteht. Das ist dann der Fall, wenn ihm das Sorgerecht entzogen wird, beim Tod von Antragsteller oder Kind, beim Eintritt der Volljährigkeit des Kindes, bei Adoption des Kindes durch einen Dritten und bei Geschäftsunfähigkeit des Antragstellers. Auch wenn sich das Kind bei gemeinsamer Sorge nicht mehr in der Obhut des Antragstellers befindet, endet die Beistandschaft.

Vor der Geburt des Kindes endet eine Beistandschaft darüber hinaus, wenn die Schwangerschaft auf andere Art als durch Geburt des Kindes beendet wird. Laut Gesetzgeber endet die Beistandschaft nicht – wie eine Pflegschaft für die Leibesfrucht gemäß § 1918 II – mit der Geburt des Kindes, weil die Beistandschaft nicht einen Zwischenzustand überbrücken, sondern ihre Wirkung gerade auch nach der Geburt entfalten soll (Begründung RegE BT-Drucks 13/892, 41). Man wird wohl differenzieren müssen: Ist die Mutter geschäftsfähig, besteht die Beistandschaft fort. Hat dagegen eine minderjährige Mutter den Antrag gestellt (oder der gesetzliche Vertreter für die geschäftsunfähige Mutter), und hat sich an diesem Zustand nichts geändert, so endet die Beistandschaft mit der Geburt des Kindes, weil ihre Voraussetzungen nicht mehr bestehen. An die Stelle der Beistandschaft tritt unter den Voraussetzungen des § 1791c II die Vormundschaft des Jugendamtes. Letzteres ist nicht der Fall, wenn die beschränkt geschäftsfähige Mutter (mit Zustimmung des gesetzlichen Vertreters – § 1626c II) und der – voll geschäftsfähige – Vater eine Sorgerechtserklärung gemäß § 1626a I Nr 1 abgeben.

Der Vorschlag des Bundesrates, die Beistandschaft auch dann endigen zu lassen, wenn die mit ihr verbundenen Aufgaben erfüllt sind, wurde von der Bundesregierung nicht aufgegriffen. Begründet wurde dies mit einer gegebenenfalls notwendigen Unterhaltsanpassung, für die den meisten Sorgeberechtigten die notwendige Sachkenntnis fehle und für die daher häufig ein neuer Antrag vergessen werde (BT-Drucks 13/892, 49, 54).

1716 *Wirkungen der Beistandschaft*

Durch die Beistandschaft wird die elterliche Sorge nicht eingeschränkt. Im Übrigen gelten die Vorschriften über die Pflegschaft mit Ausnahme derjenigen über die Aufsicht des Vormundschaftsgerichts und die Rechnungslegung sinngemäß; die §§ 1791, 1791c Abs. 3 sind nicht anzuwenden.

1. Die Fassung beruht auf dem Vorschlag des Rechtsausschusses. Ein Vorschlag des Bundesrates hatte als nicht anwendbare Vorschrift des Pflegschaftsrechts auch § 1915 genannt und damit Anlaß gegeben für das Mißverständnis, daß die für die Vormundschaft geltenden Vorschriften auf die Beistandschaft nicht anzuwenden gewesen wären (Mutschler DAVorm 1995, 691ff). Daraus hätte sich die – nicht gewünschte – Konsequenz ergeben, daß der Beistand nicht mehr gesetzlicher Vertreter des Kindes gewesen wäre. Die jetzige Fassung hat dieses Mißverständnis beseitigt. Gemäß §§ 1915 I, 1793 ist der **Beistand gesetzlicher Vertreter**.

S 1 stellt klar, daß der Beistand neben den sorgeberechtigten Elternteil tritt, **also keine Einschränkung der elterlichen Sorge** besteht. Elternteil und Beistand stehen nebeneinander, jeweils mit Vertretungsmacht für das Kind ausgestattet. Selbstverständlich kann der Beistand dem Elternteil keine Weisungen erteilen, fraglich ist jedoch, ob dies umgekehrt möglich ist. So wird die Auffassung vertreten, daß der Beistand den Anträgen des Elternteils folgen und dessen Willen als „Auftraggeberin" in Details abstimmen muß (Gawlitta ZfJ 1998, 157). Eine so weitgehende Abhängigkeit widerspricht jedoch dem Sinn dieser gesetzlichen Vertretungsmacht: Der Beistand ist nicht Beauftragter des Elternteils, sondern Beistand des Kindes. Er hat seine Aufgabe objektiv am Kindeswohl auszurichten (wie hier Pal/Diederichsen § 1712 Rz 10; MüKo/v Sachsen Gessaphe Rz 9; unklar Lipp FamRZ 1998, 76: „... lediglich eine Unterstützungsfunktion"). Insbesondere darf er sich nicht Weisungen der Mutter unterordnen, wenn sie auf eine rechtswidrige Maßnahme gerichtet sind oder das Kindeswohl gefährden (Roth Kind-Prax 1998, 148; Wolf Kind-Prax 1998, 42). Allerdings ist eine erfolgreiche Beistandschaft ohne eine Kooperation von Mutter und Beistand kaum vorstellbar.

Wird das Kind in einem Rechtsstreit durch den Beistand vertreten, so ist die Vertretung durch den sorgeberechtigten Elternteil ausgeschlossen (so § 53a ZPO nF). Dies gilt sowohl für eine Klage des Jugendamtes als auch für die Beklagtenrolle. Damit sollen sich widersprechende Erklärungen im Prozeß vermieden werden.

§ 1716

Familienrecht Verwandtschaft

Der Beistand hat die Stellung eines mit der Ausübung des Amtes „Beauftragten" (§ 55 SGB VIII), das Jugendamt überträgt die Ausübung dieses Amtes einzelnen seiner Beamten oder Angestellten.

Da die Vertretungsmacht des Beistands **keine Beschränkung des elterlichen Vertretungsrechts** bedeutet, können im Hinblick auf die vom Beistand wahrzunehmenden Aufgaben beide handeln. Es stellt sich die Frage, wie bei kollidierenden Rechtsgeschäften des Beistands und des vertretungsberechtigten Elternteils zu entscheiden ist. Nach den allgemeinen Regeln des Vertretungsrechts gibt es keinen Vorrang des einen vor dem anderen. Es hängt also vom Einzelfall ab: Bei einer Verfügung (über Unterhaltsbeiträge etwa) gilt das Prioritätsprinzip. Gleiches gilt für eine Stundung und spätere Mahnung, denn die Stundung läßt das Merkmal der Fälligkeit entfallen. Eine zeitlich nach einer Mahnung erfolgte Stundung durch den anderen gesetzlichen Vertreter ist dagegen wirksam (vgl MüKo/v Sachsen Gessaphe Rz 6). Um solche Konfliktsituationen zu vermeiden, sollten Beistand und Mutter sich möglichst weitgehend absprechen (Wolf Kind-Prax 1998, 40, 42).

3   **2.** S 2 verweist auf das Pflegschaftsrecht und mittelbar aufgrund von § 1915 I auch auf das Vormundschaftsrecht. Aus dieser Verweisung ergibt sich die gesetzliche Vertretung des Jugendamtes für das Kind (§§ 1915 I, 1793 I), bestimmt sich die **Haftung gemäß § 1833**, was eine Besserstellung des Kindes gegenüber den allgemeinen Vorschriften bedeutet, und auch das **Fehlen einer Vergütung** (§ 1836 IV) **oder** einer **Aufwandsentschädigung** (§ 1835a V) für das Jugendamt wird dadurch klargestellt.

4   **Ausgenommen** von der Verweisung sind die **Vorschriften über die Rechnungslegung** und – auf einen Vorschlag des Bundesrates hin – auch die über die **Aufsicht des VormG**. Nachdem nach einhelliger Meinung das Jugendamt nicht mehr zur Rechnungslegung verpflichtet sein soll, hätte sich die Aufsicht des VormG ohnehin darauf beschränkt, Beschwerden über Jugendamtsmitarbeiter nachzugehen. Es schien dem Gesetzgeber sinnvoller, daß solche Aufgaben der allgemeinen behördlichen Aufsicht durch die Fachaufsicht der Gebietskörperschaften wahrgenommen werden, um die VormG nicht unnötig zu belasten. Die Kritik Mutschlers (DAVorm 1995, 691) an dem Wegfall der vormundschaftsgerichtlichen Aufsicht wird mit dem Schutzbedürfnis der Familien und der Kinder begründet, jedoch dürfte der Schutz gegenüber Pflichtwidrigkeiten nach geltendem Recht ausreichend sein.

5   **3.** Schließlich wurde auch davon Abstand genommen, daß das VormG dem Jugendamt den Eintritt der Beistandschaft oder der Beendigung bescheinigt. Da die Beistandschaft auf Antrag eines Elternteils automatisch eintritt, genügt es in der Tat, daß das Jugendamt selbst eine Bestätigung über den gestellten Antrag und die damit verbundenen Rechtsfolgen ausstellt. Ebensowenig ist eine Mitteilung über die Beendigung der Beistandschaft nach dem Wegfall der vormundschaftsgerichtlichen Genehmigung erforderlich.

1717 *Erfordernis des gewöhnlichen Aufenthalts im Inland*

Die Beistandschaft tritt nur ein, wenn das Kind seinen gewöhnlichen Aufenthalt im Inland hat; sie endet, wenn das Kind seinen gewöhnlichen Aufenthalt im Ausland begründet. Dies gilt für die Beistandschaft vor der Geburt des Kindes entsprechend.

1   Die Fassung beruht auf dem Beschluß des Rechtsausschusses, nachdem der Bundesrat eine entsprechende Regelung in § 1715 II angeregt hatte. Die Vorschrift regelt als **Sondervorschrift zu Art 24 EGBGB** die Voraussetzungen für die Anwendung des deutschen Sachrechts (MüKo/v Sachsen Gessaphe Rz 2), wobei sie keine Schutzmaßnahme nach Art 1 des Haager Minderjährigenschutzabkommens (BGBl II 1971, 217, 1150) darstellt (Begründung RegE); denn eine staatliche Entscheidung über den Eintritt der Beistandschaft wird nicht gefällt, diese tritt vielmehr kraft Gesetzes ein. Insoweit ist Art 24 EGBGB einschlägig und die Vorschrift des § 1717 notwendig.

2   Die Beistandschaft soll nur dann eintreten, wenn das Kind seinen gewöhnlichen Aufenthalt in Deutschland hat, entsprechend endet sie, wenn das Kind diesen im Ausland begründet. **Anknüpfungspunkt** ist allein der **Aufenthalt**, nicht die Staatsangehörigkeit des Kindes; ebensowenig spielt eine Rolle, ob für das Kind im Ausland bereits eine Beistandschaft besteht. Maßgeblicher Zeitpunkt ist die Antragstellung. Ob sich der Antragsteller (meist Mutter) im Ausland aufhält, ist dagegen unerheblich, solange das Kind seinen gewöhnlichen Aufenthalt in Deutschland hat. Etwas anderes gilt bei einem Antrag vor der Geburt des Kindes; dann ist auf den gewöhnlichen Aufenthalt der Mutter abzustellen.

1718-1740 (weggefallen)

Titel 7
Annahme als Kind

Vorbemerkung

1. Geschichte 1
2.–3. AdoptG (1976) 2
4. AdAnpG (1985) 10
5. AdoptRÄndG (1992) 11
6. KindRG (1997) 12
7. G zur Beendigung der Diskriminierung gleichgeschlechtlicher Gemeinschaften – Lebenspartnerschaften (2001) 13
8. G zur Regelung von Rechtsfragen auf dem Gebiet der internationalen Adoption und zur Weiterentwicklung des Adoptionsvermittlungsrechts (2001) . 14
9. Adoptionsvermittlung
   a) AdVermiG (1976) 15
   b) G zur Änderung des AdVermiG (1989) 16
   c) KindRG (1997) 17
d) 6. StrRG (1998) 18
e) G zur Regelung von Rechtsfragen auf dem Gebiet der internationalen Adoption und zur Weiterentwicklung des Adoptionsvermittlungsrechts 19
f) AdVermiG idF von 2001 20
10. Internationales Privatrecht 21
11. Über- und Internationale Regelungen 22
12. AdWirkG (2001) 23
13. Übergangsrecht für nach dem Recht der früheren DDR begründete Adoptionsverhältnisse 24
14. Recht des angenommenen Kindes auf Kenntnis seiner Abstammung 26
15. Anonyme Geburt und Abgabe 27
16. Rechtstatsächliches 28

Schrifttum: *Baer*, Adoptierte suchen ihre Ursprungsfamilie, NDV 1988, 148; *Beitzke*, Vormundschaftsgerichtliche Genehmigung zur Kindeszustimmung bei Auslandsadoption, StAZ 1990, 68; *Böhmer*, Das Ehe- und Familienrecht im Einigungsvertrag mit IPR und Übergangsvorschriften, StAZ 1990, 357; *Bosch*, Zur Rechtsstellung der mit beiden Eltern zusammenlebenden nichtehelichen Kinder, FamRZ 1991, 1124; *Bosch*, Entwicklungen und Probleme des Adoptionsrechts in der Bundesrepublik Deutschland, FamRZ 1984, 829; *Brüggemann*, Zweifelsfragen des neuen Adoptionsverfahrensrechts aus der Sicht des Jugendamts, ZblJugR 1977, 199; *Coester*, Die Bedeutung des Kinder- und Jugendhilfegesetzes (KJHG) für das Familienrecht, FamRZ 1991, 253; *Dieckmann*, Randfragen des Adoptionsrechts, ZblJugR 1980, 567; *Dittmann*, Adoption und Erbrecht, Rpfleger 1978, 277; *Ebertz*, Adoption als Identitätsproblem, 1987; *Engler*, Auf dem Weg zu einem neuen Adoptionsrecht, 1972; *Finger*, Belehrung und Beratung durch das Jugendamt nach §§ 1748 II BGB, 51a JWG, DAVorm 1990, 393; *Frank*, Die Neuregelung des Adoptionsrechts, FamRZ 1998, 393; *Frank*, Grenzen der Adoption, 1978; *Gawlitta*, Verspätete Beratung durch das Jugendamt im Ersetzungsverfahren zur Adoption, ZfJ 1988, 110; *Goldstein/Freud/Solnit*, Jenseits des Kindeswohls, 1974; *Grziwotz*, Schützenswerte Interessen der Abkömmlinge des Annehmenden bei der Volljährigenadoption, FamRZ 1991, 1399; *Helms*, Das Einwilligungsrecht des Vaterschaftsprätendenten bei der Adoption eines nichtehelichen Kindes, DAVorm 2001, 57; *Hohnerlein*, Internationale Adoption und Kindeswohl, 1991; *Holzhauer*, Aktuelles Familienrecht vor rechtsgeschichtlichem Hintergrund, JZ 2000, 1076; *Klingenstein*, Kulturelle Identität und Kindeswohl im deutschen IPR, 1999; *König*, Die Annahme eines Kindes im Ausland – Zur Anerkennung und Wirkung ausländischer Adoptionsentscheidungen in der Bundesrepublik Deutschland, 1979; *Krause*, Die Volljährigenadoption, Diss Freiburg 1971; *Laßleben*, Die Zweckprüfung bei der Ehe und der Erwachsenenadoption, 2000; *Liotis* (Hrsg), New Developments in foster care and adoption, London 1989; *Longino*, Die Pflegekinderadoption, Diss Frankfurt/O 1997; *Lüderitz*, Adoption, 1972; *Napp-Peters*, Adoption – Das alleinstehende Kind und seine Familien, 1978; *Paulitz* (Hrsg), Adoption. Positionen, Impulse, Perspektiven, 2000; *Roth-Stielow*, Adoptionsgesetz – Adoptionsvermittlungsgesetz 1976; *Scharp*, Die Auswirkungen internationaler Adoptionsvorgänge auf das deutsche Adoptionsrecht, Diss Münster 2000; *Schmalohr*, Frühe Mutterbehrung bei Mensch und Tier, 2. Aufl 1975; *Schotten*, Die Stiefkindadoption, Diss Freiburg/Br 1998; *Siehr*, Das Kindschaftsrecht im Einigungsvertrag, IPRax 1992, 20; *Stöcker*, Bemerkungen zu drei Streitpunkten der Reform des Adoptionsrechts, FamRZ 1974, 568; *Textor*, Offene Adoption älterer Kinder, Jugendwohl 1989, 10; *Zierl*, Pränatale Adoption, DRiZ 1984, 108.

1. Geschichte. Nach dem **BGB des Jahres 1900** (zur Vorgeschichte vgl Erman[10] Rz 1) wurde das Annahmeverhältnis durch Vertrag zwischen dem Annehmenden und dem Kind begründet und aufgehoben. Die Bestätigung des Annahmevertrages durch das VormG diente nur der Kontrolle äußerlicher Erfordernisse: Der Annehmende mußte kinderlos und mindestens 50 Jahre alt sein, der Altersabstand zum Kind mindestens 18 Jahre betragen; erforderlich war die Einwilligung der Eltern des Kindes und der Ehegatten, wenn ein Beteiligter verheiratet war. Die Wirkungen der Adoption waren schwach: Die leiblichen Eltern verloren nur die elterliche Gewalt, nicht die Verwandtschaft mit dem Kind. Die Adoption äußerte keine Wirkungen auf die Ehegatten der Beteiligten und die Verwandten des Annehmenden; auf vorhandene Abkömmlinge des Kindes wirkte die Adoption nur, wenn dies im Annahmevertrag bestimmt war. Der Annehmende war nicht gesetzlicher Erbe des Kindes. Die **Entwicklung seit 1900** ist durch das immer stärkere **Hervortreten des Fürsorgezwecks** gekennzeichnet. Elternlose oder vernachlässigte Kinder erhalten eine Ersatzfamilie. Damit trat an die Stelle der Adoption Heranwachsender oder Erwachsener zunehmend die Adoption besonders von Kleinkindern. Reformbestrebungen zielten darauf, die Ausgestaltung der Adoption diesem gewandelten Zweck anzupassen. Sie führten von 1933 bis 1976 zu zwölf in den Normenbestand der §§ 1741–1772 eingreifenden Gesetzen (vgl Erman[10] Rz 3; zur Entwicklung in der ehemaligen DDR unten Rz 24f). 1

2. Nachdem das **AdoptRÄndG** vom 24. 8. 1973 (BGBl I 1013) als Vorabnovelle das Mindestalter des Annehmenden auf 25 Jahre herabgesetzt und die Möglichkeit der Ersetzung der elterlichen Einwilligung erweitert hatte, brachte das **AdoptG** vom 2. 7. 1976 (BGBl I 1749) eine Gesamtreform. Schwerpunkte waren der Übergang vom Vertrags- zum **Dekretsystem** (§ 1752 Rz 2) und die Einführung der **„Volladoption"** für den in §§ 1741–1766 vor- 2 angestellten Typ der Minderjährigenadoption, während es für die Volljährigenadoption (§§ 1767ff) im Regelfall bei den schwachen Wirkungen blieb, sofern die Beteiligten nichts anderes beantragen (§ 1772).

3 AdoptG vom 2. 7. 1976 (BGBl I 1749)

Art 12. Übergangs- und Schlußvorschriften

§ 1

(1) Ist der nach den bisher geltenden Vorschriften an Kindes Statt Angenommene im Zeitpunkt des Inkrafttretens dieses Gesetzes volljährig, so werden auf das Annahmeverhältnis die Vorschriften dieses Gesetzes über die Annahme Volljähriger angewandt, soweit sich nicht aus den Absätzen 2 bis 6 ein anderes ergibt.

(2) Auf einen Abkömmling des Kindes, auf den sich die Wirkungen der Annahme an Kindes Statt nicht erstreckt haben, werden die Wirkungen der Annahme nicht ausgedehnt.

(3) Hat das von einer Frau angenommene Kind den Namen erhalten, den die Frau vor der Verheiratung geführt hat, so führt es diesen Namen weiter.

(4) Für die erbrechtlichen Verhältnisse bleiben, wenn der Erblasser vor dem Inkrafttreten dieses Gesetzes gestorben ist, die bisher geltenden Vorschriften maßgebend.

(5) Ist in dem Annahmevertrag das Erbrecht des Kindes dem Annehmenden gegenüber ausgeschlossen worden, so bleibt dieser Ausschluß unberührt; in diesem Fall hat auch der Annehmende kein Erbrecht.

(6) § 1761 Abs. 1 des Bürgerlichen Gesetzbuchs in der Fassung dieses Gesetzes ist entsprechend anzuwenden. Die in § 1762 Abs. 2 des Bürgerlichen Gesetzbuchs in der Fassung dieses Gesetzes bezeichneten Fristen beginnen frühestens mit dem Inkrafttreten dieses Gesetzes.

§ 2

(1) Ist der nach den bisher geltenden Vorschriften an Kindes Statt Angenommene im Zeitpunkt des Inkrafttretens dieses Gesetzes minderjährig, so werden auf das Annahmeverhältnis bis zum 31. Dezember 1977 die bisher geltenden Vorschriften über die Annahme an Kindes Statt angewandt.

(2) Nach Ablauf der in Absatz 1 bestimmten Frist werden auf das Annahmeverhältnis die Vorschriften dieses Gesetzes über die Annahme Minderjähriger angewandt; § 1 Abs. 2 bis 4 gilt entsprechend; die in § 1762 Abs. 2 des Bürgerlichen Gesetzbuchs in der Fassung dieses Gesetzes bezeichneten Fristen beginnen frühestens mit dem Tag, an dem auf das Annahmeverhältnis die Vorschriften dieses Gesetzes anzuwenden sind. Das gilt nicht, wenn ein Annehmender, das Kind, ein leiblicher Elternteil eines ehelichen Kindes oder die Mutter eines nichtehelichen Kindes erklärt, daß die Vorschriften dieses Gesetzes über die Annahme Minderjähriger nicht angewandt werden sollen. Wurde die Einwilligung eines Elternteils zur Annahme an Kindes Statt durch das Vormundschaftsgericht ersetzt, so ist dieser Elternteil nicht berechtigt, die Erklärung abzugeben.

(3) Die Erklärung nach Absatz 2 Satz 2 kann nur bis zum Ablauf der in Absatz 1 bestimmten Frist gegenüber dem Amtsgericht Schöneberg in Berlin-Schöneberg abgegeben werden. Die Erklärung bedarf der notariellen Beurkundung; sie wird in dem Zeitpunkt wirksam, in dem sie dem Amtsgericht Schöneberg in Berlin-Schöneberg zugeht; sie kann bis zum Ablauf der in Absatz 1 bestimmten Frist schriftlich gegenüber dem Amtsgericht Schöneberg in Berlin-Schöneberg widerrufen werden. Der Widerruf muß öffentlich beglaubigt werden. § 1762 Abs. 1 Satz 2 bis 4 des Bürgerlichen Gesetzbuchs ist anzuwenden.

(4) Eine Erklärung nach Absatz 2 Satz 2 ist den Personen bekanntzugeben, die zur Abgabe einer solchen Erklärung ebenfalls berechtigt sind. Ist der Angenommene minderjährig, so ist diese Erklärung nicht ihm, sondern dem zuständigen Jugendamt bekanntzugeben. Eine solche Mitteilung soll unterbleiben, wenn zu besorgen ist, daß durch sie ein nicht offenkundiges Annahmeverhältnis aufgedeckt wird.

§ 3

(1) Wird eine Erklärung nach § 2 Abs. 2 Satz 2 abgegeben, so werden auf das Annahmeverhältnis nach Ablauf der in § 2 Abs. 1 bestimmten Frist die Vorschriften dieses Gesetzes über die Annahme Volljähriger angewandt.

(2) Die Vorschriften des § 1 Abs. 2 bis 5 und des § 2 Abs. 2 Satz 1 Halbsatz 3 werden entsprechend angewandt. § 1761 des Bürgerlichen Gesetzbuchs ist anzuwenden. Solange der an Kindes Statt Angenommene minderjährig ist, kann das Annahmeverhältnis auch nach § 1763 Abs. 1, 2 des Bürgerlichen Gesetzbuchs in der Fassung dieses Gesetzes aufgehoben werden.

§ 4

(1) Das vor dem Inkrafttretens dieses Gesetzes von einem Deutschen nach den deutschen Gesetzen wirksam angenommene und im Zeitpunkt des Inkrafttretens dieses Gesetzes noch minderjährige Kind erwirbt durch die schriftliche Erklärung, deutscher Staatsangehöriger werden zu wollen, die Staatsangehörigkeit, wenn auf das Annahmeverhältnis gemäß § 2 Abs. 2 Satz 1 die Vorschriften dieses Gesetzes über die Annahme Minderjähriger Anwendung finden. Der Erwerb der Staatsangehörigkeit erstreckt sich auf diejenigen Abkömmlinge des Kindes, auf die sich auch die Wirkungen der Annahme an Kindes Statt erstreckt haben.

(2) Das Erklärungsrecht besteht nicht, wenn das Kind nach der Annahme an Kindes Statt die deutsche Staatsangehörigkeit besessen oder ausgeschlagen hat.

(3) Das Erklärungsrecht kann nur bis zum 31. Dezember 1979 ausgeübt werden. Der Erwerb der Staatsangehörigkeit wird wirksam, wenn die Erklärung

1. vor dem 1. Januar 1978 abgegeben wird, am 1. Januar 1978;
2. ab 1. Januar 1978 abgegeben wird, mit der Entgegennahme der Erklärung durch die Einbürgerungsbehörde.

(4) Artikel 3 Abs. 3 Satz 2 und 3, Abs. 4, 5 Satz 1 und 4 und Abs. 7 bis 9 des Gesetzes zur Änderung des Reichs- und Staatsangehörigkeitsgesetzes vom 20. Dezember 1974 (Bundesgesetzbl. I S. 3714) gelten entsprechend.

(5) Die Staatsangehörigkeit erwirbt nach den Absätzen 1 bis 4 auch das Kind, wenn ein Annehmender im Zeitpunkt der Annahme an Kindes Statt Deutscher ohne deutsche Staatsangehörigkeit im Sinne des Artikels 116 Abs. 1 des Grundgesetzes war.

§ 5

Hat im Zeitpunkt des Inkrafttretens dieses Gesetzes der Annehmende oder das Kind den Antrag auf Bestätigung eines Vertrages über die Annahme oder auf Bestätigung eines Vertrages über die Aufhebung der Annahme an Kindes Statt bei dem zuständigen Gericht eingereicht oder bei oder nach der notariellen Beurkundung des Vertrages den Notar mit der Einreichung betraut, so kann die Bestätigung nach den bisher geltenden Vorschriften erfolgen. § 15 Abs. 1 Satz 3 des Personenstandsgesetzes ist in diesem Fall in der bisher geltenden Fassung anzuwenden.

§ 6

(1) Hat vor Inkrafttreten dieses Gesetzes ein Elternteil die Einwilligung zur Annahme eines Kindes an Kindes Statt erteilt, so behält diese Einwilligung ihre Wirksamkeit zu einer Annahme als Kind nach den Vorschriften dieses Gesetzes. Dies gilt entsprechend, wenn das Vormundschaftsgericht die Einwilligung eines Elternteils zur Annahme des Kindes an Kindes Statt ersetzt hat.

(2) Hat der Elternteil bei der Einwilligung nicht ausdrücklich zugestimmt, daß die Annahme nach den Vorschriften dieses Gesetzes mit den sich daraus ergebenden Wirkungen erfolgen kann, so kann er bis zum 31. Dezember 1977 erklären, daß die Vorschriften dieses Gesetzes über die Annahme Minderjähriger nicht angewandt werden sollen. § 2 Abs. 3 gilt für die Erklärung entsprechend. Auf das Annahmeverhältnis werden bis zum Ablauf der in Satz 1 bestimmten Frist, im Fall einer Erklärung nach Satz 1 auch nach Ablauf dieser Frist, die Vorschriften dieses Gesetzes über die Annahme Volljähriger mit der Maßgabe angewandt, daß auf die Aufhebung des Annahmeverhältnisses die Vorschriften der §§ 1760 bis 1763 des Bürgerlichen Gesetzbuchs in der Fassung dieses Gesetzes entsprechend anzuwenden sind. Wird keine Erklärung nach Satz 1 abgegeben, so werden nach Ablauf der in Satz 2 bestimmten Frist auf das Annahmeverhältnis die Vorschriften dieses Gesetzes über die Annahme Minderjähriger angewandt.

§ 7

(1) Die Annahme als Kind nach den Vorschriften dieses Gesetzes über die Annahme Minderjähriger ist auch dann zulässig, wenn der Annehmende und der Anzunehmende bereits durch Annahme an Kindes Statt nach den bisher geltenden Vorschriften verbunden sind. Besteht das Annahmeverhältnis zu einem Ehepaar, so ist die Annahme als Kind nur durch beide Ehegatten zulässig.

(2) Ist der Angenommene im Zeitpunkt des Inkrafttretens dieses Gesetzes volljährig, so wird § 1772 des Bürgerlichen Gesetzbuchs angewandt.

§ 8

Wo auf Vorschriften verwiesen wird, die durch dieses Gesetz aufgehoben oder geändert werden, erhält die Verweisung ihren Inhalt aus den entsprechenden neuen Vorschriften. Einer Verweisung steht es gleich, wenn die Anwendbarkeit der in Satz 1 bezeichneten Vorschriften stillschweigend vorausgesetzt wird.

§§ 9, 10 (nicht abgedruckt)

3. Erläuterungen zu den Übergangsvorschriften des AdoptG. **a)** Nach Art 12 sind alle **am 1. 1. 1977 bestehenden Annahmeverhältnisse** (zT nach einjähriger Frist) in den neuen Rechtszustand übergeleitet. Da jedoch in Einzelheiten die frühere Rechtslage aufrechterhalten bleibt, hat die Möglichkeit Bedeutung, gemäß § 7 die Adoption nach den neuen Vorschriften zu wiederholen (RGRK/Dickescheid Rz 33).

aa) Ist ein nach altem Recht **Angenommener am 1. 1. 1977 volljährig** gewesen, so unterstellt § 1 I das Annahmeverhältnis dem Recht der Volljährigenadoption nach §§ 1767 Abs II, 1770, 1771. Hinsichtlich der Möglichkeiten, das Annahmeverhältnis aufzuheben, gilt § 1772 auch dann, wenn das Annahmeverhältnis vor dem 1. 1. 1977 zu einem Minderjährigen begründet worden war. Gründe für eine Aufhebung gemäß § 1771 S 2 beurteilen sich nach § 1760, wobei eine Vertragserklärung wie ein Antrag oder eine Einwilligungserklärung zu behandeln ist. Bei der in § 1 VI angeordneten entsprechenden Anwendung von § 1761 I tritt an die Stelle des Ausspruchs der Annahme die Bestätigung des Annahmevertrags. Die schwachen Wirkungen der Volljährigenadoption nach neuem Recht entsprechen im wesentlichen den Adoptionswirkungen des früheren Rechts. Soweit Abweichungen bestehen, bleiben diese nach Maßgabe von **§ 1 II–V** bestehen:

Abs II – Nach § 1762 aF erstreckten sich die Wirkungen der Adoption nicht auf einen zur Zeit des Vertragsschlusses schon vorhandenen Abkömmling des Kindes, sofern der Vertrag nicht auch mit ihm abgeschlossen wurde. Dabei bleibt es.

Abs III – Nach § 1758 II idF des GlBerG konnte im Annahmevertrag vereinbart werden, daß das von einer Frau angenommene Kind den Namen führt, den die Frau vor ihrer Verheiratung geführt hat. Einen danach vereinbarten früheren Namen der Frau führt das Kind nach dem 1. 1. 1977 weiter. § 1758 II aF war bereits durch das 1. EheRG, insoweit in Kraft seit 1. 7. 1976 (Art 12 Nr 13b), durch die jetzige, zunächst auf Art 1 Nr 39 des 1. EheRG, seit

1. 7. 1977 auf Art 1 Nr 1 AdoptG beruhende Regelung des § 1757 I S 1 und 2 ersetzt worden, wonach das Kind stets den Geburtsnamen der Mutter erhält.

Abs IV – Für Erbfälle vor dem 1. 1. 1977 bleibt das frühere Recht maßgebend.

Abs V – Eine gemäß § 1767 I aF im Annahmevertrag getroffene Vereinbarung, wonach das Erbrecht des Kindes gegenüber dem Annehmenden ausgeschlossen sein soll, bleibt nach dem 1. 1. 1977 wirksam; in diesem Fall erhält auch der Annehmende kein Erbrecht gegenüber dem Kind. Entsprechendes gilt, wenn nur das Pflichtteilsrecht des Kindes ausgeschlossen war, und zwar auch entsprechend für den Annehmenden (Kemp DNotZ 1976, 648f).

6 bb) War ein **Angenommener am 1. 7. 1977 minderjährig**, so blieb das Annahmeverhältnis bis 31. 12. 1977 dem früheren Recht unterstellt. Nur die Möglichkeit, das Annahmeverhältnis gemäß § 1768 aF vertraglich aufzuheben, mußte als eingeschränkt angesehen werden (Behn ZfJ 1977, 480ff). Seit dem 1. 1. 1978 steht ein solches Annahmeverhältnis unter dem neuen Recht der Volljährigenadoption (§ 3 I), wenn das Kind oder ein leiblicher Elternteil, auf dessen Einwilligung die Adoption beruht, bis zum 31. 12. 1977 gegenüber dem AG Berlin-Schöneberg erklärt hat, daß die Vorschriften des AdoptG über die Annahme Minderjähriger nicht angewendet werden sollen (§ 2 II S 2). Die schwachen Wirkungen der Volljährigenadoption des neuen Rechts entsprechen im wesentlichen denen des früheren Rechts. Bestehen Abweichungen, bleibt gemäß der Verweisung des § 3 II S 1 auf § 1 II–IV der auf dem früheren Recht beruhende Rechtszustand in demselben Umfang aufrechterhalten wie bei Anwendung des neuen Rechts der Volljährigenadoption auf einen am 1. 1. 1977 volljährigen Angenommenen. Aufgehoben werden kann ein solches Annahmeverhältnis somit gemäß § 1771 S 1 auf Antrag des Kindes und des Annehmenden aus wichtigem Grund, nach § 1771 S 2 iVm dem entsprechend anzuwendenden § 1760 bei Fehlen oder Unwirksamkeit einer erforderlichen Erklärung. Dabei beginnen die Fristen des § 1762 II gemäß § 3 II S 1, § 2 II S 1 Hs 3 erst mit dem 1. 1. 1978 und greifen gem § 3 II S 2 die Ausschlußgründe des § 1761 ein, auch wenn ihr Tatbestand schon vorher verwirklicht wurde. Bis zur Volljährigkeit des Kindes eröffnet § 3 II S 3 zusätzlich die Möglichkeit, das Annahmeverhältnis gem § 1763 von Amts wegen aufzuheben, wenn dies aus schwerwiegenden Gründen zum Wohl des Kindes erforderlich ist; dabei wird der frühere, auf § 1770a aF beruhende Rechtszustand insoweit aufrechterhalten, als die Einschränkung des § 1763 III nicht gilt. In allen anderen Fällen steht das Annahmeverhältnis seit dem 1. 1. 1978 unter dem neuen Recht der Minderjährigenadoption. Mit diesem Zeitpunkt sind die Wirkungen der Volladoption eingetreten und ist das Verwandtschaftsverhältnis des Kindes zu seinen leiblichen Verwandten erloschen, soweit nicht die Ausnahmetatbestände der §§ 1755 II, 1756 vorliegen. In jedem Fall sind Kind und Annehmender gegenseitig erbberechtigt geworden. Nur in den Punkten des § 1 II–IV bleibt der frühere Rechtszustand aufrechterhalten: Bei Abschluß des Annahmevertrags vorhandene, nicht einbezogene Abkömmlinge des Kindes bleiben außerhalb der Adoptionswirkungen; war in dem Annahmevertrag vereinbart, daß das von einer Frau allein adoptierte Kind den Namen erhält, den die Frau vor ihrer Verheiratung geführt hatte, so führt es diesen Namen weiter; für vor dem 1. 1. 1978 eingetretene Erbfälle bleibt das frühere Recht maßgebend.

7 cc) Ist das angenommene Kind am 1. 1. 1977 noch minderjährig gewesen, aber **im Laufe des Jahres 1977 volljährig geworden**, so stand es von Erlangung der Volljährigkeit an unter dem früheren Recht für volljährige Angenommene. Daß es am 1. 1. 1978 gemäß § 2 II S 1 dem neuen Recht der Minderjährigenadoption unterstehen würde, ist abzulehnen. Die Regelungslücke ist durch Analogie zu § 1 I zu schließen (Behn ZfJ 1977, 483).

8 b) Nach § 6 StAG ist die Adoption durch einen Deutschen für das minderjährige Kind Erwerbsgrund der deutschen **Staatsangehörigkeit**. Altadoptierten war durch § 4 eine bis 31. 12. 1979 dauernde Option eingeräumt.

9 c) Art 12 **§§ 5 und 6** behandeln **schwebende Verfahren**. War am 1. 1. 1977 Antrag auf Bestätigung eines Annahme- oder Aufhebungsvertrags gestellt, so war nach früherem Recht zu entscheiden. Die Wirkungen eines Aufhebungsvertrags traten nach bisherigem Recht ein, die Wirkungen eines Vertrags unter Minderjährigen richteten sich, wenn eine Erklärung nach § 2 II S 2 abgegeben wurde, gemäß § 3 I, II S 1 und 2 nach dem neuen Recht der Volljährigenadoption. In den übrigen Fällen behielten eine vor dem 1. 1. 1977 von einem Elternteil erklärte Einwilligung oder der sie ersetzende Beschluß des VormG ihre Wirksamkeit. Auf das Annahmeverfahren waren die Vorschriften über die Volljährigenadoption anzuwenden, wenn der Elternteil nicht die Zustimmung nach § 6 II S 1 erteilt und eine Erklärung nach § 2 II S 2 abgegeben hatte, mochte der Annahmebeschluß auch erst nach dem 31. 12. 1977 ergangen sein (RGRK/Dickescheid Rz 31f).

10 4. Nachdem das AdoptG vom 2. 7. 1976 bei der Neuregelung des Adoptionsrechts eine Reihe bestehender Vorschriften dem neuen Recht angeglichen hatte, erfolgte eine umfassende Anpassung durch das **AdAnpG** vom 24. 5. 1985, in Kraft getreten am 27. 6. 1985 (BGBl I 1144). Das AdAnpG diente der Erfüllung des vom Bundestag mit der Verabschiedung des AdoptG verbundenen Auftrags, darauf hinzuwirken, daß die Unterscheidung zwischen ehelichen und adoptierten Kindern sowie zwischen leiblichen und Adoptiveltern in allen Rechts- und Verwaltungsvorschriften und darauf beruhenden Formularen beseitigt wird, soweit für die Unterscheidung kein zwingendes sachliches Bedürfnis besteht, und zu prüfen, ob nach der Neufassung des § 1751 im Interesse des Krankenversicherungsschutzes der Adoptivkinder Änderungen im Recht der gesetzlichen Krankenversicherung erforderlich sind. Über diesen Auftrag hinaus hat das AdAnpG sozialrechtliche Vorschriften geändert, die bei der Aufzählung zu berücksichtigender Personen ohne Differenzierung der Rechtsfolge zwischen ehelichen, nichtehelichen und für ehelich erklärten Kindern unterschieden haben.

11 5. Das **AdoptRÄndG** vom 4. 12. 1992 (BGBl I 1974, Amtl Begr BT-Drucks 12/2506) hat **a)** die in § 1757 II eröffnete Möglichkeit der künftigen Adoptiveltern, den Vornamen des von ihnen anzunehmenden Kindes zu ändern, dahin erweitert, daß eine Vornamensänderung bereits dann zulässig ist, wenn sie dem Wohl des Kindes entspricht, **b)** das in § 1742 vorgesehene Verbot der Mehrfachadoption durch Aufnahme dieser Vorschrift in die die Generalverweisung des § 1767 II einschränkende Vorschrift des § 1768 I S 2 auf die Annahme Minderjähriger beschränkt, **c)** eine unter den Voraussetzungen des § 1772 I zulässige Volladoption eines Volljährigen verboten, wenn ihr überwiegende Interessen der Eltern des Anzunehmenden entgegenstehen.

6. Das **G zur Reform des Kindschaftsrechts** (KindRG) vom 16. 12. 1997 (BGBl I 2942) hat **a)** in § 1741 II die bisher in § 1741 II und III getroffene Regelung darüber, wer ein Kind annehmen kann, zusammengefaßt und die bisher bestehende Möglichkeit, das eigene nichteheliche Kind „als Kind anzunehmen", aufgehoben, **b)** in § 1741 I S 2 eine Regelung zur Vermeidung gesetzes- und sittenwidriger Kindesvermittlungen eingefügt, **c)** in § 1746 I S 4 neu geregelt, daß die Einwilligung des Kindes bei unterschiedlicher Staatsangehörigkeit des Kindes und des Annehmenden der Genehmigung des VormG bedarf, wenn die Annahme nicht deutschem Recht unterliegt, **d)** die Adoption des nichtehelichen Kindes auch an die Einwilligung des Vaters gebunden (§ 1747 I), dabei aber, sofern die Eltern keine Sorgeerklärung abgegeben haben, in § 1747 III bestimmt, **aa)** daß die Einwilligung des Vaters (anders als die Einwilligung der Mutter, die allein Inhaberin der elterlichen Sorge ist) bereits vor der Geburt erteilt werden kann, **bb)** daß, sofern der Vater nach § 1672 I die Übertragung der Sorge auf sich beantragt hat, eine Annahme erst ausgesprochen werden darf, nachdem über seinen Antrag entschieden worden ist, **cc)** daß der Vater darauf verzichten kann, die Übertragung der Sorge nach § 1672 I zu beantragen, **e)** in § 1746 III Hs 2 klargestellt, daß es einer Einwilligungserklärung der Eltern als gesetzliche Vertreter des Kindes nicht bedarf, wenn sie in die Adoption unwiderruflich eingewilligt haben oder ihre Einwilligung ersetzt worden ist, **f)** die Ersetzung der Einwilligung des Vaters erleichtert, wenn ihm in den Fällen des § 1626a II die Sorge nicht zusteht, **g)** während der Zeit der Adoptionspflege § 1688 I und III für entsprechend anwendbar erklärt (§ 1751 I S 5), **h)** den Antrag des Vaters nach § 1672 I nicht von der Zustimmung der Mutter unabhängig gemacht, wenn diese in die Annahme eingewilligt hat, **i)** es in § 1772 I lit d ermöglicht, daß das VormG auf Antrag des Annehmenden und des Anzunehmenden die Wirkungen der Adoption eines Volljährigen auch dann nach den Wirkungen der Annahme eines Minderjährigen bestimmt, wenn der Anzunehmende im Zeitpunkt des Adoptionsantrags noch minderjährig war.

j) § 1743 wurde durch das KindRG redaktionell neu gefaßt; Folgeänderungen aus der Aufgabe der Unterscheidung zwischen ehelichen und nichtehelichen Kindern ergaben sich in §§ 1747 II, 1754, 1755 II, § 1757 II und IV S 2, § 1760 II lit e und III, § 1762 II lit d sowie § 1772 I lit c.

7. Das **G zur Beendigung der Diskriminierung gleichgeschlechtlicher Gemeinschaften: Lebenspartnerschaften** vom 16. 2. 2001 (BGBl I 266, in Kraft getreten zum 1. 8. 2001) hat in Art 2 Nr 14–16 Konsequenzen aus der Einführung eingetragener Lebenspartnerschaften nach dem **LPartG** gezogen und die §§ 1757 I S 2, 1765 I S 3 und III sowie § 1767 angepaßt.

8. Das **G zur Regelung von Rechtsfragen auf dem Gebiet der internationalen Adoption und zur Weiterentwicklung des Adoptionsvermittlungsrechts** vom 5. 11. 2001 (BGBl I 2950, Amtl Begr BT-Drucks 14/6011) zur Umsetzung des Haager Übereinkommens über den Schutz von Kindern und die Zusammenarbeit auf dem Gebiet der internationalen Adoption vom 29. 5. 1993 – **AdÜbk** (BT-Drucks 17/01, 8ff) – enthält in Art 1 ein G zur Ausführung des Haager Übereinkommens (**AdÜbAG**), in Art 2 ein G über Wirkungen der Annahme als Kind nach ausländischem Recht (**AdWirkG**, dazu unten Rz 23 sowie Art 22 Rz 3, 30 EGBGB); Art 3 enthält Änderungen des AdVermiG (dazu Rz 19).

9. Adoptionsvermittlung

Schrifttum: Bach, Neue Regelungen gegen Kinderhandel und Ersatzmuttervermittlung, FamRZ 1990, 574; *Bienentreu/Busch*, Stiefkind- und Verwandtenadoption im Recht der internationalen Adoptionsvermittlung, JAmt 2003, 273; *Busch*, Hinweise und Erfahrungen aus der Praxis der internationalen Adoptionsvermittlung, DAVorm 1997, 315; *Liermann*, Ersatzmutterschaft und das Verbot ihrer Vermittlung, MDR 1990, 837; *Lüderitz*, Verbot von Kinderhandel und Ersatzmuttervermittlung, NJW 1990, 1633; *Marx*, Das Haager Übereinkommen über internationale Adoptionen, StAZ 1995, 315; *Pintens*, Die Neuregelung der Adoptionsvermittlung in Flandern, FamRZ 1990, 246; *Steiger*, Im alten Fahrwasser zu neuen Ufern: Neuregelungen im Recht der internationalen Adoption mit Erläuterungen für die notarielle Praxis, DNotZ 2002, 184.

a) Allgemeines. Für die Minderjährigenadoption ist die systematische Suche, sei es annahmewilliger Eltern, sei es eines anzunehmenden Kindes, charakteristisch. Nach dem zusammen mit dem AdoptG in Kraft getretenen **AdVermiG** vom 2. 7. 1976 (BGBl I 1762, Begründung des RegE BT-Drucks 7/3421, Bericht und Antrag des Ausschusses für Jugend, Familie und Gesundheit BT-Drucks 7/5089) ist die Vermittlung Minderjähriger **Adoptionsvermittlungsstellen** vorbehalten, die im Bereich der Jugendämter und, in diesem Fall nur mit staatlicher Anerkennung, im Bereich freier Wohlfahrtsverbände gebildet werden können. Das G verbietet die Adoptionsvermittlung durch Nichtfachkräfte. Den bei den Landesjugendämtern gebildeten zentralen Adoptionsvermittlungsstellen (Nachweise bei Paulitz S 303) soll ein interdisziplinär besetztes Team zur Verfügung stehen. Sie übernehmen die Vermittlung in Problemfällen und in Fällen mit Auslandsberührung und sorgen besonders für die Vermittlung von Heimkindern. Annehmende haben Anspruch auf vor- und nachgehende Beratung und Unterstützung.

b) Die Novellierung des AdVermiG durch das **G zur Änderung des AdVermiG** vom 27. 11. 1989 (BGBl I 2014; Begründung des RegE BT-Drucks 11/4154) hat in dem neuen zweiten Abschnitt (§§ 13a ff) die **Ersatzmutterschaft** geregelt. Der Zusammenhang mit der Adoption besteht darin, daß die Zuordnung des Kindes der Ersatzmutter an die Bestellmutter nur mittels Adoption erfolgen kann (§ 1591 Rz 2, 3). Definiert werden die Begriffe Ersatzmutter und Ersatzmuttervermittlung; diese wird verboten und mit Strafe bedroht, abgestuft nach Gewohnheitsmäßigkeit, Entgeltlichkeit bis hin zur Gewerbs- und Geschäftsmäßigkeit. Auch das öffentliche Anbieten oder Suchen von Ersatzmüttern oder Bestelleltern ist verboten und als Ordnungswidrigkeit mit Geldstrafe bedroht. Eingeführt wurde ferner § 5 IV AdVermiG, der eine Lücke schließen sollte für die Fälle, in denen Männer sich eine Schwangere vermitteln ließen und deren Kind nach der Geburt anerkannten, um dann dessen Ehelicherklärung zu betreiben.

Vor § 1741   Familienrecht   Verwandtschaft

17   c) Nachdem das **KindRG** vom 16. 12. 1997 das Institut der Ehelicherklärung gestrichen hat, hat dessen Art 14 § 15 den Wortlaut von § 5 IV auf den Fall beschränkt, daß sich ein Mann Pflegeeltern oder Mütter mit Kindern vermitteln läßt, um das Kind wahrheitswidrig als seines anzuerkennen.

18   d) Durch das **6. StrRG** vom 26. 1. 1998 (BGBl I 164) wurde § 14a aF AdVermiG aufgehoben; sein Regelungsinhalt ist von § 236 StGB (Kinderhandel) erfaßt.

19   e) Das G vom 5. 11. 2001 (oben Rz 14) hat in seinem Art 3 **Änderungen des AdVermiG** (BGBl I 2950) herbeigeführt, die neben Adoptionen im Anwendungsbereich des Haager AdÜbk weitere Auslandsadoptionen sowie Inlandsadoptionen betreffen. Die Neuregelungen (Amtl Begr BT-Drucks 14/6011, 49ff) betreffen die **Begutachtung** von Adoptionsbewerbern im Vorfeld von Auslandsadoptionen, die Erstattung von **Entwicklungsberichten** nach Übersiedlung des Kindes ins Inland im Zuge internationaler Adoptionen, die **Zusammenarbeit von Adoptionsvermittlungsstellen** mit der zentralen Bundesbehörde bei grenzüberschreitender Adoption, die Aufbewahrung von und den **Zugang zu Vermittlungsakten** (unten Rz 26), die **Anerkennung und Beaufsichtigung von Adoptionsvermittlungsstellen** in freier Trägerschaft.

20   f) Adoptionsvermittlungsgesetz

Gesetz über die Vermittlung der Annahme als Kind und über das Verbot der Vermittlung von Ersatzmüttern (Adoptionsvermittlungsgesetz – AdVermiG) in der ab 1. 1. 2002 geltenden Fassung (BGBl I 2001, 2950)

Erster Abschnitt. Adoptionsvermittlung

§ 1 Adoptionsvermittlung

Adoptionsvermittlung ist das Zusammenführen von Kindern unter 18 Jahren und Personen, die ein Kind annehmen wollen (Adoptionsbewerber), mit dem Ziel der Annahme als Kind. Adoptionsvermittlung ist auch der Nachweis der Gelegenheit, ein Kind anzunehmen oder annehmen zu lassen, und zwar auch dann, wenn das Kind noch nicht geboren oder noch nicht gezeugt ist. Die Ersatzmuttervermittlung gilt nicht als Adoptionsvermittlung.

§ 2 Adoptionsvermittlungsstellen

(1) Die Adoptionsvermittlung ist Aufgabe des Jugendamtes und des Landesjugendamtes. Das Jugendamt darf die Adoptionsvermittlung nur durchführen, wenn es eine Adoptionsvermittlungsstelle eingerichtet hat; das Landesjugendamt hat eine zentrale Adoptionsstelle einzurichten. Jugendämter benachbarter Gemeinden oder Kreise können mit Zustimmung der zentralen Adoptionsstelle des Landesjugendamtes eine gemeinsame Adoptionsvermittlungsstelle errichten. Landesjugendämter können eine gemeinsame zentrale Adoptionsstelle bilden. In den Ländern Berlin, Hamburg und Saarland können dem Landesjugendamt die Aufgaben der Adoptionsvermittlungsstelle des Jugendamtes übertragen werden.

(2) Zur Adoptionsvermittlung sind auch die örtlichen und zentralen Stellen des Diakonischen Werks, des Deutschen Caritasverbandes, der Arbeiterwohlfahrt und der diesen Verbänden angeschlossenen Fachverbände sowie sonstiger Organisationen mit Sitz im Inland berechtigt, wenn die Stellen von der zentralen Adoptionsstelle des Landesjugendamtes als Adoptionsvermittlungsstellen anerkannt worden sind.

(3) Die Adoptionsvermittlungsstellen der Jugendämter und die zentralen Adoptionsstellen der Landesjugendämter arbeiten mit den in Absatz 2 genannten Adoptionsvermittlungsstellen partnerschaftlich zusammen.

§ 2a Internationale Adoptionsvermittlung

(1) Die Vorschriften dieses Gesetzes über internationale Adoptionsvermittlung sind in allen Fällen anzuwenden, in denen das Kind oder die Adoptionsbewerber ihren gewöhnlichen Aufenthalt im Ausland haben oder in denen das Kind innerhalb von zwei Jahren vor Beginn der Vermittlung in das Inland gebracht worden ist.

(2) Im Anwendungsbereich des Haager Übereinkommens vom 29. Mai 1993 über den Schutz von Kindern und die Zusammenarbeit auf dem Gebiet der internationalen Adoption (BGBl 2001 II S. 1034) (Adoptionsübereinkommen) gelten ergänzend die Bestimmungen des Adoptionsübereinkommens-Ausführungsgesetzes vom 5. November 2001 (BGBl I S. 2950).

(3) Zur internationalen Adoptionsvermittlung sind befugt:
1. die zentrale Adoptionsstelle des Landesjugendamtes;
2. die Adoptionsvermittlungsstelle des Jugendamtes, soweit die zentrale Adoptionsstelle des Landesjugendamtes ihr diese Tätigkeit im Verhältnis zu einem oder mehreren bestimmten Staaten allgemein oder im Einzelfall gestattet hat;
3. eine anerkannte Auslandsvermittlungsstelle (§ 4 Abs. 2) im Rahmen der ihr erteilten Zulassung;
4. eine ausländische zugelassene Organisation im Sinne des Adoptionsübereinkommens, soweit die Bundeszentralstelle (Absatz 4 Satz 1) ihr diese Tätigkeit im Einzelfall gestattet hat.

(4) Zur Koordination der internationalen Adoptionsvermittlung arbeiten die in Absatz 3 und in § 15 Abs. 2 genannten Stellen mit dem Generalbundesanwalt beim Bundesgerichtshof als Bundeszentralstelle für Auslandsadoption (Bundeszentralstelle) zusammen. Das Bundesministerium für Familie, Senioren, Frauen und Jugend kann im Einvernehmen mit dem Bundesministerium der Justiz durch Rechtsverordnung mit Zustimmung des Bundesrates bestimmen, dass die Bundeszentralstelle im Verhältnis zu einzelnen Staaten, die dem Adoptionsübereinkommen nicht angehören, ganz oder zum Teil entsprechende Aufgaben wie gegenüber Vertragsstaaten wahrnimmt; dabei können diese Aufgaben im Einzelnen geregelt werden.

(5) Die in Absatz 3 und in § 15 Abs. 2 genannten Stellen haben der Bundeszentralstelle
1. zu jedem Vermittlungsfall im Sinne des Absatzes 1 von der ersten Beteiligung einer ausländischen Stelle an die jeweils verfügbaren Angaben zur Person (Name, Geschlecht, Geburtsdatum, Geburtsort, Staatsangehörigkeit, Familienstand

und Wohnsitz oder gewöhnlicher Aufenthalt) des Kindes, seiner Eltern und der Adoptionsbewerber sowie zum Stand des Vermittlungsverfahrens zu melden,
2. jährlich zusammenfassend über Umfang, Verlauf und Ergebnisse ihrer Arbeit auf dem Gebiet der internationalen Adoptionsvermittlung zu berichten und
3. auf deren Ersuchen über einzelne Vermittlungsfälle im Sinne des Absatzes 1 Auskunft zu geben, soweit dies zur Erfüllung der Aufgaben nach Absatz 4 und nach § 2 Abs. 2 Satz 1 des Adoptionsübereinkommens-Ausführungsgesetzes vom 5. November 2001 (BGBl I S. 2950) erforderlich ist.
Die Meldepflicht nach Satz 1 Nr. 1 beschränkt sich auf eine Meldung über den Abschluss des Vermittlungsverfahrens, sofern dieses weder das Verhältnis zu anderen Vertragsstaaten des Adoptionsübereinkommens noch zu solchen Staaten betrifft, die durch Rechtsverordnung nach Absatz 4 Satz 2 bestimmt worden sind.

(6) Die Bundeszentralstelle speichert die nach Absatz 5 Satz 1 Nr. 1 übermittelten Angaben in einer zentralen Datei. Die Übermittlung der Daten ist zu protokollieren. Die Daten zu einem einzelnen Vermittlungsfall sind 30 Jahre nach Eingang der letzten Meldung zu dem betreffenden Vermittlungsfall zu löschen.

§ 3 Persönliche und fachliche Eignung der Mitarbeiter

(1) Mit der Adoptionsvermittlung dürfen nur Fachkräfte betraut werden, die dazu auf Grund ihrer Persönlichkeit, ihrer Ausbildung und ihrer beruflichen Erfahrung geeignet sind. Die gleichen Anforderungen gelten für Personen, die den mit der Adoptionsvermittlung betrauten Beschäftigten fachliche Weisungen erteilen können. Beschäftigte, die nicht unmittelbar mit Vermittlungsaufgaben betraut sind, müssen die Anforderungen erfüllen, die der ihnen übertragenen Verantwortung entsprechen.

(2) Die Adoptionsvermittlungsstellen (§ 2 Abs. 1 und 2) sind mit mindestens zwei Vollzeitfachkräften oder einer entsprechenden Zahl von Teilzeitfachkräften zu besetzen; diese Fachkräfte dürfen nicht überwiegend mit vermittlungsfremden Aufgaben befasst sein. Die zentrale Adoptionsstelle des Landesjugendamtes kann Ausnahmen zulassen.

§ 4 Anerkennung als Adoptionsvermittlungsstelle

(1) Die Anerkennung als Adoptionsvermittlungsstelle im Sinne des § 2 Abs. 2 kann erteilt werden, wenn der Nachweis erbracht wird, dass die Stelle
1. die Voraussetzungen des § 3 erfüllt,
2. insbesondere nach ihrer Arbeitsweise und der Finanzlage ihres Rechtsträgers die ordnungsgemäße Erfüllung ihrer Aufgaben erwarten lässt und
3. von einer juristischen Person oder Personenvereinigung unterhalten wird, die steuerbegünstigte Zwecke im Sinne der §§ 51 bis 68 der Abgabenordnung verfolgt.
Die Adoptionsvermittlung darf nicht Gegenstand eines steuerpflichtigen wirtschaftlichen Geschäftsbetriebs sein.

(2) Zur Ausübung internationaler Adoptionsvermittlung durch eine Adoptionsvermittlungsstelle im Sinne des § 2 Abs. 2 bedarf es der besonderen Zulassung, die für die Vermittlung von Kindern aus einem oder mehreren bestimmten Staaten (Heimatstaaten) erteilt wird. Die Zulassung berechtigt dazu, die Bezeichnung „anerkannte Auslandsvermittlungsstelle" zu führen; ohne die Zulassung darf diese Bezeichnung nicht geführt werden. Die Zulassung kann erteilt werden, wenn der Nachweis erbracht wird, dass die Stelle die Anerkennungsvoraussetzungen nach Absatz 1 in dem für die Arbeit auf dem Gebiet der internationalen Adoption erforderlichen besonderen Maße erfüllt; sie ist zu versagen, wenn ihr überwiegende Belange der Zusammenarbeit mit dem betreffenden Heimatstaat entgegenstehen. Die zentrale Adoptionsstelle des Landesjugendamtes und die Bundeszentralstelle unterrichten einander über Erkenntnisse, die die in Absatz 1 genannten Verhältnisse der anerkannten Auslandsvermittlungsstelle betreffen.

(3) Die Anerkennung nach Absatz 1 oder die Zulassung nach Absatz 2 sind zurückzunehmen, wenn die Voraussetzungen für ihre Erteilung nicht vorgelegen haben. Sie sind zu widerrufen, wenn die Voraussetzungen nachträglich weggefallen sind. Nebenbestimmungen zu einer Anerkennung oder Zulassung sowie die Folgen des Verstoßes gegen eine Auflage unterliegen den allgemeinen Vorschriften.

(4) Zur Prüfung, ob die Voraussetzungen nach Absatz 1 oder Absatz 2 Satz 3 weiterhin vorliegen, ist die zentrale Adoptionsstelle des Landesjugendamtes berechtigt, sich über die Arbeit der Adoptionsvermittlungsstelle im Allgemeinen und im Einzelfall, über die persönliche und fachliche Eignung ihrer Leiter und Mitarbeiter sowie über die rechtlichen und organisatorischen Verhältnisse und die Finanzlage ihres Rechtsträgers zu unterrichten. Soweit es zu diesem Zweck erforderlich ist,
1. kann die zentrale Adoptionsstelle Auskünfte, Einsicht in Unterlagen sowie die Vorlage von Nachweisen verlangen;
2. dürfen die mit der Prüfung beauftragten Bediensteten Grundstücke und Geschäftsräume innerhalb der üblichen Geschäftszeiten betreten; das Grundrecht der Unverletzlichkeit der Wohnung (Artikel 13 des Grundgesetzes) wird insoweit eingeschränkt.

(5) Widerspruch und Anfechtungsklage gegen Verfügungen der zentralen Adoptionsstelle haben keine aufschiebende Wirkung.

§ 5 Vermittlungsverbote

(1) Die Adoptionsvermittlung ist nur den nach § 2 Abs. 1 befugten Jugendämtern und Landesjugendämtern und den nach § 2 Abs. 2 berechtigten Stellen gestattet; anderen ist die Adoptionsvermittlung untersagt.

(2) Das Vermittlungsverbot gilt nicht
1. für Personen, die mit dem Adoptionsbewerber oder dem Kind bis zum dritten Grad verwandt oder verschwägert sind;
2. für andere Personen, die in einem Einzelfall und unentgeltlich die Gelegenheit nachweisen, ein Kind anzunehmen oder annehmen zu lassen, sofern sie eine Adoptionsvermittlungsstelle oder ein Jugendamt hiervon unverzüglich benachrichtigen.

(3) Es ist untersagt, Schwangere, die ihren Wohnsitz oder gewöhnlichen Aufenthalt im Geltungsbereich dieses Gesetzes haben, gewerbs- oder geschäftsmäßig durch Gewähren oder Verschaffen von Gelegenheit zur Entbindung außerhalb des Geltungsbereichs dieses Gesetzes
1. zu bestimmen, dort ihr Kind zur Annahme als Kind wegzugeben,
2. ihnen zu einer solchen Weggabe Hilfe zu leisten.

(4) Es ist untersagt, Vermittlungstätigkeiten auszuüben, die zum Ziel haben, dass ein Dritter ein Kind auf Dauer bei sich aufnimmt, insbesondere dadurch, dass ein Mann die Vaterschaft für ein Kind, das er nicht gezeugt hat, anerkennt. Vermittlungsbefugnisse, die sich aus anderen Rechtsvorschriften ergeben, bleiben unberührt.

§ 6 Adoptionsanzeigen

(1) Es ist untersagt, Kinder zur Annahme als Kind oder Adoptionsbewerber durch öffentliche Erklärungen, insbesondere durch Zeitungsanzeigen oder Zeitungsberichte, zu suchen oder anzubieten. Dies gilt nicht, wenn
1. die Erklärung den Hinweis enthält, dass Angebote oder Anfragen an eine durch Angabe der Anschrift bezeichnete Adoptionsvermittlungsstelle oder zentrale Adoptionsstelle (§ 2 Abs. 1 und 2) zu richten sind und
2. in der Erklärung eine Privatanschrift nicht angegeben wird.
§ 5 bleibt unberührt.

(2) Die Veröffentlichung der in Absatz 1 bezeichneten Erklärung unter Angabe eines Kennzeichens ist untersagt.

(3) Absatz 1 Satz 1 gilt entsprechend für öffentliche Erklärungen, die sich auf Vermittlungstätigkeiten nach § 5 Abs. 4 Satz 1 beziehen.

(4) Die Absätze 1 bis 3 gelten auch, wenn das Kind noch nicht geboren oder noch nicht gezeugt ist, es sei denn, dass sich die Erklärung auf eine Ersatzmutterschaft bezieht.

§ 7 Vorbereitung der Vermittlung

(1) Wird der Adoptionsvermittlungsstelle bekannt, dass für ein Kind die Adoptionsvermittlung in Betracht kommt, so führt sie zur Vorbereitung der Vermittlung unverzüglich die sachdienlichen Ermittlungen bei den Adoptionsbewerbern, bei dem Kind und seiner Familie durch. Dabei ist insbesondere zu prüfen, ob die Adoptionsbewerber unter Berücksichtigung der Persönlichkeit des Kindes und seiner besonderen Bedürfnisse für die Annahme des Kindes geeignet sind. Mit den Ermittlungen bei den Adoptionsbewerbern soll schon vor der Geburt des Kindes begonnen werden, wenn zu erwarten ist, dass die Einwilligung zur Annahme als Kind erteilt wird. Das Ergebnis der Ermittlungen bei den Adoptionsbewerbern und bei der Familie des Kindes ist den jeweils Betroffenen mitzuteilen.

(2) Die örtliche Adoptionsvermittlungsstelle (§ 9a), in deren Bereich sich die Adoptionsbewerber gewöhnlich aufhalten, übernimmt auf Ersuchen einer anderen Adoptionsvermittlungsstelle (§ 2 Abs. 1 und 2) die sachdienlichen Ermittlungen bei den Adoptionsbewerbern.

(3) Auf Antrag prüft die örtliche Adoptionsvermittlungsstelle die allgemeine Eignung der Adoptionsbewerber mit gewöhnlichem Aufenthalt in ihrem Bereich zur Annahme eines Kindes mit gewöhnlichem Aufenthalt im Ausland. Hält die Adoptionsvermittlungsstelle die allgemeine Eignung der Adoptionsbewerber für gegeben, so verfasst sie über das Ergebnis ihrer Prüfung einen Bericht, in dem sie sich über die rechtliche Befähigung und die Eignung der Adoptionsbewerber zur Übernahme der mit einer internationalen Adoption verbundenen Verantwortung sowie über die Eigenschaften der Kinder äußert, für die zu sorgen diese geeignet wären. Der Bericht enthält die zu der Beurteilung nach Satz 2 erforderlichen Angaben über die Person der Adoptionsbewerber, ihre persönlichen und familiären Umstände, ihren Gesundheitsstatus, ihr soziales Umfeld und ihre Beweggründe für die Adoption. Den Adoptionsbewerbern obliegt es, die für die Prüfung und den Bericht benötigten Angaben zu machen und geeignete Nachweise zu erbringen. Absatz 1 Satz 4 gilt entsprechend. Der Bericht wird einer von den Adoptionsbewerbern benannten Empfangsstelle zugeleitet; Empfangsstelle kann nur sein:
1. eine der in § 2a Abs. 3 und § 15 Abs. 2 genannten Stellen oder
2. eine zuständige Stelle mit Sitz im Heimatstaat.

(4) Auf Antrag bescheinigt die Bundeszentralstelle deutschen Adoptionsbewerbern mit gewöhnlichem Aufenthalt im Ausland, ob diese nach den deutschen Sachvorschriften die rechtliche Befähigung zur Annahme eines Kindes besitzen. Die Bescheinigung erstreckt sich weder auf die Gesundheit der Adoptionsbewerber noch auf deren sonstige Eignung zur Annahme eines Kindes; hierauf ist im Wortlaut der Bescheinigung hinzuweisen. Verweisen die Bestimmungen des Internationalen Privatrechts auf ausländische Sachvorschriften, so ist auch die maßgebende ausländische Rechtsordnung zu bezeichnen.

§ 8 Beginn der Adoptionspflege

Das Kind darf erst dann zur Eingewöhnung bei den Adoptionsbewerbern in Pflege gegeben werden (Adoptionspflege), wenn feststeht, dass die Adoptionsbewerber für die Annahme des Kindes geeignet sind.

§ 9 Adoptionsbegleitung

(1) Im Zusammenhang mit der Vermittlung und der Annahme hat die Adoptionsvermittlungsstelle jeweils mit Einverständnis die Annehmenden, das Kind und seine Eltern eingehend zu beraten und zu unterstützen, insbesondere bevor das Kind in Pflege genommen wird und während der Eingewöhnungszeit.

(2) Soweit es zur Erfüllung der von einem ausländischen Staat aufgestellten Annahmevoraussetzungen erforderlich ist, können Adoptionsbewerber und Adoptionsvermittlungsstelle schriftlich vereinbaren, dass diese während eines in der Vereinbarung festzulegenden Zeitraums nach der Annahme die Entwicklung des Kindes beobachtet und der zuständigen Stelle in dem betreffenden Staat hierüber berichtet. Mit Zustimmung einer anderen Adoptionsvermittlungsstelle kann vereinbart werden, dass diese Stelle Ermittlungen nach Satz 1 durchführt und die Ergebnisse an die Adoptionsvermittlungsstelle im Sinne des Satzes 1 weiterleitet.

§ 9a Örtliche Adoptionsvermittlungsstelle

Die Jugendämter haben die Wahrnehmung der Aufgaben nach den §§ 7 und 9 für ihren jeweiligen Bereich sicherzustellen.

§ 9b Vermittlungsakten

(1) Aufzeichnungen und Unterlagen über jeden einzelnen Vermittlungsfall (Vermittlungsakten) sind, gerechnet vom Geburtsdatum des Kindes an, 60 Jahre lang aufzubewahren. Wird die Adoptionsvermittlungsstelle aufgelöst, so sind die Vermittlungsakten der Stelle, die nach § 2 Abs. 1 Satz 3 oder Satz 4 ihre Aufgaben übernimmt, oder der zentralen Adoptionsstelle des Landesjugendamtes, in dessen Bereich die Adoptionsvermittlungsstelle ihren Sitz hatte, zur Aufbewahrung zu übergeben. Nach Ablauf des in Satz 1 genannten Zeitraums sind die Vermittlungsakten zu vernichten.

(2) Soweit die Vermittlungsakten die Herkunft und die Lebensgeschichte des Kindes betreffen oder ein sonstiges berechtigtes Interesse besteht, ist dem gesetzlichen Vertreter des Kindes und, wenn das Kind das 16. Lebensjahr vollendet hat, auch diesem selbst auf Antrag unter Anleitung durch eine Fachkraft Einsicht zu gewähren. Die Einsichtnahme ist zu versagen, soweit überwiegende Belange eines Betroffenen entgegenstehen.

§ 9c Durchführungsbestimmungen

(1) Das Bundesministerium für Familie, Senioren, Frauen und Jugend wird ermächtigt, im Einvernehmen mit dem Bundesministerium der Justiz durch Rechtsverordnung mit Zustimmung des Bundesrates das Nähere über die Anerkennung und Beaufsichtigung von Adoptionsvermittlungsstellen nach § 2 Abs. 2 und den §§ 3 und 4, die Zusammenarbeit auf dem Gebiet der internationalen Adoptionsvermittlung nach § 2a Abs. 4 und 5, die sachdienlichen Ermittlungen nach § 7 Abs. 1, die Eignungsprüfung nach § 7 Abs. 3, die Bescheinigung nach § 7 Abs. 4, die Adoptionsbegleitung nach § 9 und die Gewährung von Akteneinsicht nach § 9b sowie über die von den Adoptionsvermittlungsstellen dabei zu beachtenden Grundsätze zu regeln. Durch Rechtsverordnung nach Satz 1 können insbesondere geregelt werden:
1. Zeitpunkt, Gliederung und Form der Meldungen nach § 2a Abs. 5 Satz 1 Nr. 1 und 2 sowie Satz 2;
2. Anforderungen an die persönliche und fachliche Eignung des Personals einer Adoptionsvermittlungsstelle (§§ 3, 4 Abs. 1 Satz 1 Nr. 1);
3. Anforderungen an die Arbeitsweise und die Finanzlage des Rechtsträgers einer Adoptionsvermittlungsstelle (§ 4 Abs. 1 Satz 1 Nr. 2);
4. besondere Anforderungen für die Zulassung zur internationalen Adoptionsvermittlung (§ 4 Abs. 2);
5. Antragstellung und vorzulegende Nachweise im Verfahren nach § 7 Abs. 4;
6. Zeitpunkt und Form der Unterrichtung der Annehmenden über das Leistungsangebot der Adoptionsbegleitung nach § 9 Abs. 1.

(2) Durch Rechtsverordnung nach Absatz 1 Satz 1 kann ferner vorgesehen werden, dass die Träger der staatlichen Adoptionsvermittlungsstellen von den Adoptionsbewerbern für eine Eignungsprüfung nach § 7 Abs. 3 oder für eine internationale Adoptionsvermittlung Gebühren sowie Auslagen für die Beschaffung von Urkunden, für Übersetzungen und für die Vergütung von Sachverständigen erheben. Die Gebührentatbestände und die Gebührenhöhe sind dabei zu bestimmen; für den einzelnen Vermittlungsfall darf die Gebührensumme 2000 Euro nicht überschreiten. Solange das Bundesministerium für Familie, Senioren, Frauen und Jugend von der Ermächtigung nach Absatz 1 Satz 1 in Verbindung mit Satz 1 keinen Gebrauch gemacht hat, kann diese durch die Landesregierungen ausgeübt werden; die Landesregierungen können diese Ermächtigung durch Rechtsverordnung auf oberste Landesbehörden übertragen.

§ 9d Datenschutz

(1) Für die Erhebung, Verarbeitung und Nutzung personenbezogener Daten gilt das Zweite Kapitel des Zehnten Buches Sozialgesetzbuch mit der Maßgabe, dass Daten, die für Zwecke dieses Gesetzes erhoben worden sind, nur für Zwecke der Adoptionsvermittlung oder Adoptionsbegleitung, der Anerkennung, Zulassung oder Beaufsichtigung von Adoptionsvermittlungsstellen, der Überwachung von Vermittlungsverboten, der Verfolgung von Verbrechen oder anderen Straftaten von erheblicher Bedeutung oder der internationalen Zusammenarbeit auf diesen Gebieten verarbeitet oder genutzt werden dürfen. Die Vorschriften über die internationale Rechtshilfe bleiben unberührt.

(2) Die Bundeszentralstelle übermittelt den zuständigen Stellen auf deren Ersuchen die zu den in Absatz 1 genannten Zwecken erforderlichen personenbezogenen Daten. In dem Ersuchen ist anzugeben, zu welchem Zweck die Daten benötigt werden.

(3) Die ersuchende Stelle trägt die Verantwortung für die Zulässigkeit der Übermittlung. Die Bundeszentralstelle prüft nur, ob das Übermittlungsersuchen im Rahmen der Aufgaben der ersuchenden Stelle liegt, es sei denn, dass ein besonderer Anlass zur Prüfung der Zulässigkeit der Übermittlung besteht.

(4) Bei der Übermittlung an eine ausländische Stelle oder an eine inländische nicht öffentliche Stelle weist die Bundeszentralstelle darauf hin, dass die Daten nur für den Zweck verarbeitet und genutzt werden dürfen, zu dem sie übermittelt werden.

(5) Fügt eine verantwortliche Stelle dem Betroffenen durch eine nach diesem Gesetz oder nach anderen Vorschriften über den Datenschutz unzulässige oder unrichtige Erhebung, Verarbeitung oder Nutzung seiner personenbezogenen Daten einen Schaden zu, so finden die §§ 7 und 8 des Bundesdatenschutzgesetzes Anwendung.

§ 10 Unterrichtung der zentralen Adoptionsstelle des Landesjugendamtes

(1) Die Adoptionsvermittlungsstelle hat die zentrale Adoptionsstelle des Landesjugendamtes zu unterrichten, wenn ein Kind nicht innerhalb von drei Monaten nach Abschluss der bei ihm durchgeführten Ermittlungen Adoptionsbewerbern mit dem Ziel der Annahme als Kind in Pflege gegeben werden kann. Die Unterrichtung ist nicht erforderlich, wenn bei Fristablauf sichergestellt ist, dass das Kind in Adoptionspflege gegeben wird.

(2) Absatz 1 gilt entsprechend, wenn Adoptionsbewerber, bei denen Ermittlungen durchgeführt wurden, bereit und geeignet sind, ein schwer vermittelbares Kind aufzunehmen, sofern die Adoptionsbewerber der Unterrichtung der zentralen Adoptionsstelle zustimmen.

(3) In den Fällen des Absatzes 1 Satz 1 sucht die Adoptionsvermittlungsstelle und die zentrale Adoptionsstelle nach geeigneten Adoptionsbewerbern. Sie unterrichten sich gegenseitig vom jeweiligen Stand ihrer Bemühungen. Im Einzelfall kann die zentrale Adoptionsstelle die Vermittlung eines Kindes selbst übernehmen.

§ 11 Aufgaben der zentralen Adoptionsstelle des Landesjugendamtes

(1) Die zentrale Adoptionsstelle des Landesjugendamtes unterstützt die Adoptionsvermittlungsstelle bei ihrer Arbeit, insbesondere durch fachliche Beratung,
1. wenn ein Kind schwer zu vermitteln ist,
2. wenn ein Adoptionsbewerber oder das Kind eine ausländische Staatsangehörigkeit besitzt oder staatenlos ist,
3. wenn ein Adoptionsbewerber oder das Kind seinen Wohnsitz oder gewöhnlichen Aufenthalt außerhalb des Geltungsbereichs dieses Gesetzes hat,
4. in sonstigen schwierigen Einzelfällen.

(2) In den Fällen des Absatzes 1 Nr. 2 und 3 ist die zentrale Adoptionsstelle des Landesjugendamtes vom Beginn der Ermittlungen (§ 7 Abs. 1) an durch die Adoptionsvermittlungsstellen ihres Bereiches zu beteiligen. Unterlagen der in Artikel 16 des Adoptionsübereinkommens genannten Art sind der zentralen Adoptionsstelle zur Prüfung vorzulegen.

§ 12 Ermittlungen bei Kindern in Heimen

Unbeschadet der Verantwortlichkeit des Jugendamtes prüft die zentrale Adoptionsstelle des Landesjugendamtes in Zusammenarbeit mit der für die Heimaufsicht zuständigen Stelle, für welche Kinder in den Heimen ihres Bereiches die Annahme als Kind in Betracht kommt. Zu diesem Zweck kann sie die sachdienlichen Ermittlungen und Untersuchungen bei den Heimkindern veranlassen oder durchführen. Das Grundrecht der Unverletzlichkeit der Wohnung (Artikel 13 Abs. 1 des Grundgesetzes) wird insoweit eingeschränkt. Bei Kindern aus dem Bereich der zentralen Adoptionsstelle eines anderen Landesjugendamtes ist diese zu unterrichten. § 46 Abs. 1 Satz 2 des Achten Buches Sozialgesetzbuch gilt entsprechend.

§ 13 Ausstattung der zentralen Adoptionsstelle des Landesjugendamtes

Zur Erfüllung ihrer Aufgaben sollen der zentralen Adoptionsstelle mindestens ein Kinderarzt oder Kinderpsychiater, ein Psychologe mit Erfahrungen auf dem Gebiet der Kinderpsychologie und ein Jurist sowie Sozialpädagogen oder Sozialarbeiter mit mehrjähriger Berufserfahrung zur Verfügung stehen.

Zweiter Abschnitt.   Ersatzmutterschaft

§ 13a Ersatzmutter

Ersatzmutter ist eine Frau, die auf Grund einer Vereinbarung bereit ist,
1. sich einer künstlichen oder natürlichen Befruchtung zu unterziehen oder
2. einen nicht von ihr stammenden Embryo auf sich übertragen zu lassen oder sonst auszutragen

und das Kind nach der Geburt Dritten zur Annahme als Kind oder zur sonstigen Aufnahme auf Dauer zu überlassen.

§ 13b Ersatzmuttervermittlung

Ersatzmuttervermittlung ist das Zusammenführen von Personen, die das aus einer Ersatzmutterschaft entstandene Kind annehmen oder in sonstiger Weise auf Dauer bei sich aufnehmen wollen (Bestelleltern), mit einer Frau, die zur Übernahme einer Ersatzmutterschaft bereit ist. Ersatzmuttervermittlung ist auch der Nachweis der Gelegenheit zu einer in § 13a bezeichneten Vereinbarung.

§ 13c Verbot der Ersatzmuttervermittlung

Die Ersatzmuttervermittlung ist untersagt.

§ 13d Anzeigenverbot

Es ist untersagt, Ersatzmütter oder Bestelleltern durch öffentliche Erklärungen, insbesondere durch Zeitungsanzeigen oder Zeitungsberichte, zu suchen oder anzubieten.

Dritter Abschnitt.   Straf- und Bußgeldvorschriften

§ 14 Bußgeldvorschriften (nicht abgedruckt)

§ 14a (weggefallen)

§ 14b Strafvorschriften gegen Ersatzmuttervermittlung (nicht abgedruckt)

Vierter Abschnitt.   Übergangsvorschriften

§ 15 Weitergeltung der Berechtigung zur Adoptionsvermittlung

(1) Eine vor dem 1. Januar 2002 erteilte Anerkennung als Adoptionsvermittlungsstelle gilt vorläufig fort. Sie erlischt, wenn nicht bis zum 31. Dezember 2002 erneut die Anerkennung beantragt wird oder, im Falle rechtzeitiger Antragstellung, mit Eintritt der Unanfechtbarkeit der Entscheidung über den Antrag.

(2) Hat eine vor dem 1. Januar 2002 anerkannte Adoptionsvermittlungsstelle internationale Adoptionsvermittlung im Verhältnis zu einem bestimmten Staat ausgeübt und hat sie ihre Absicht, diese Vermittlungstätigkeit fortzusetzen, der zentralen Adoptionsstelle des Landesjugendamtes angezeigt, so gelten Absatz 1 sowie § 4 Abs. 2 Satz 4 entsprechend. § 4 Abs. 2 Satz 2 dieses Gesetzes sowie § 1 Abs. 3 des Adoptionsübereinkommens-Ausführungsgesetzes bleiben unberührt.

(3) Die staatlichen Adoptionsvermittlungsstellen (§ 2 Abs. 1) haben sicherzustellen, dass die Anforderungen des § 3 vom 1. Januar 2003 an erfüllt werden.

§ 16 Anzuwendendes Recht

Vom Zeitpunkt des Inkrafttretens einer Änderung dieses Gesetzes an richtet sich die weitere Durchführung einer vor dem Inkrafttreten der Änderung begonnenen Vermittlung, soweit nicht anders bestimmt, nach den geänderten Vorschriften.

§§ 17 bis 22 (weggefallen)

10. Zum **Internationalen Privatrecht** vgl die Erl zu Art 22, 23 EGBGB. 21

11. **Über- und internationale Regelungen.** Das **Europäische Übereinkommen über die Adoption von Kindern** vom 24. 4. 1967 ist vom AdoptG berücksichtigt. Der BT hat dem Übereinkommen mit G vom 25. 8. 1980 (BGBl II 193) zugestimmt, es ist am 11. 2. 1981 für die Bundesrepublik in Kraft getreten (Bekanntmachung BGBl II 72). Das **UN-Übereinkommen über die Rechte des Kindes** vom 20. 9. 1989 (ZustimmungsG vom 17. 2. 1992, BGBl II 121) enthält in Art 21 Grundsätze für Adoptionen, denen das deutsche Recht angepaßt ist (Baer FuR 1990, 192). Das Haager **AdÜbk** vom 29. 5. 1993, das die Bundesrepublik unter dem 7. 12. 1997 gezeichnet hat, ist zum 1. 3. 2002 in Kraft getreten (BGBl 2001 II 1034). 22

12. Das **G über Wirkungen der Annahme als Kind nach ausländischem Recht (AdWirkG)** idF der Bekanntmachung vom 5. 11. 2001 (BGBl I 2950, Amtl Begr BT-Drucks 14/6011 24ff, 46ff) eröffnet im Anschluß an eine seit langem erhobene Forderung (Hohnerlein S 158ff., zuletzt Marx, ZfJ 1998, 147, ferner MüKo/Maurer Rz 68) in Art 2 ein vormundschaftsgerichtliches Verfahren zur **Anerkennung oder Bestimmung des Wirkungsumfangs** einer ausländischen Minderjährigenadoption; darüber hinaus ermöglicht § 3 die gerichtliche **Umwandlung** von ausländischen Adoptionen mit schwacher Wirkung in eine deutsche Volladoption (Bornhofen StAZ 2002, 5; Busch IPRax 2003, 15; Ludwig RNotZ 2002, 366; Steiger DNotZ 2002, 195, zu Wiederholungsadoptionen § 1742 Rz 7). 23

AdWirkG idF der Bekanntmachung vom 5. 11. 2001 (BGBl I 2950)

§ 1 Anwendungsbereich

Die Vorschriften dieses Gesetzes gelten für eine Annahme als Kind, die auf einer ausländischen Entscheidung oder auf ausländischen Sachvorschriften beruht. Sie gelten nicht, wenn der Angenommene zur Zeit der Annahme das 18. Lebensjahr vollendet hatte.

§ 2 Anerkennungs- und Wirkungsfeststellung

(1) Auf Antrag stellt das Vormundschaftsgericht fest, ob eine Annahme als Kind im Sinne des § 1 anzuerkennen oder wirksam und ob das Eltern-Kind-Verhältnis des Kindes zu seinen bisherigen Eltern durch die Annahme erloschen ist.

(2) Im Falle einer anzuerkennenden oder wirksamen Annahme ist zusätzlich festzustellen,
1. wenn das in Absatz 1 genannte Eltern-Kind-Verhältnis erloschen ist, dass das Annahmeverhältnis einem nach den deutschen Sachvorschriften begründeten Annahmeverhältnis gleichsteht,
2. andernfalls, dass das Annahmeverhältnis in Ansehung der elterlichen Sorge und der Unterhaltspflicht des Annehmenden einem nach den deutschen Sachvorschriften begründeten Annahmeverhältnis gleichsteht.

Von der Feststellung nach Satz 1 kann abgesehen werden, wenn gleichzeitig ein Umwandlungsausspruch nach § 3 ergeht.

(3) Spricht ein deutsches Vormundschaftsgericht auf der Grundlage ausländischer Sachvorschriften die Annahme aus, so hat es die in den Absätzen 1 und 2 vorgesehenen Feststellungen von Amts wegen zu treffen. Eine Feststellung über Anerkennung oder Wirksamkeit der Annahme ergeht nicht.

§ 3 Umwandlungsausspruch

(1) In den Fällen des § 2 Abs. 2 Satz 1 Nr. 2 kann das Vormundschaftsgericht auf Antrag aussprechen, dass das Kind die Rechtsstellung eines nach den deutschen Sachvorschriften angenommenen Kindes erhält, wenn
1. dies dem Wohl des Kindes dient,
2. die erforderlichen Zustimmungen zu einer Annahme mit einer das Eltern-Kind-Verhältnis beendenden Wirkung erteilt sind und
3. überwiegende Interessen des Ehegatten oder der Kinder des Annehmenden oder des Angenommenen nicht entgegenstehen.

Auf die Erforderlichkeit und die Erteilung der in Satz 1 Nr. 2 genannten Zustimmungen finden die für die Zustimmungen zu der Annahme maßgebenden Vorschriften sowie Artikel 6 des Einführungsgesetzes zum Bürgerlichen Gesetzbuche entsprechende Anwendung. Auf die Zustimmung des Kindes ist zusätzlich § 1746 Abs. 1 Satz 1 bis 3, Abs. 2 und 3 des Bürgerlichen Gesetzbuchs anzuwenden. Hat der Angenommene zur Zeit des Beschlusses nach Satz 1 das 18. Lebensjahr vollendet, so entfällt die Voraussetzung nach Satz 1 Nr. 1.

Vor § 1741 Familienrecht Verwandtschaft

(2) Absatz 1 gilt in den Fällen des § 2 Abs. 2 Satz 1 Nr. 1 entsprechend, wenn die Wirkungen der Annahme von den nach den deutschen Sachvorschriften vorgesehenen Wirkungen abweichen.

§ 4 Antragstellung; Reichweite der Entscheidungswirkungen

(1) Antragsbefugt sind
1. für eine Feststellung nach § 2 Abs. 1
   a) der Annehmende, im Fall der Annahme durch Ehegatten jeder von ihnen,
   b) das Kind,
   c) ein bisheriger Elternteil,
   d) der Standesbeamte, dem nach § 15 Abs. 1 Satz 1 Nr. 2 oder 3 des Personenstandsgesetzes die Eintragung des Kindes in das Familienbuch oder nach § 30 Abs. 1 Satz 1 des Personenstandsgesetzes die Eintragung eines Randvermerks zum Geburtseintrag des Kindes obliegt, oder
   e) die Verwaltungsbehörde, die nach § 41 Abs. 2 des Personenstandsgesetzes über die Beurkundung der Geburt des Kindes zu entscheiden hat;
2. für einen Ausspruch nach § 3 Abs. 1 oder Abs. 2 der Annehmende, annehmende Ehegatten nur gemeinschaftlich.

Von der Antragsbefugnis nach Satz 1 Nr. 1 Buchstabe d und e ist nur in Zweifelsfällen Gebrauch zu machen. Für den Antrag nach Satz 1 Nr. 2 gelten § 1752 Abs. 2 und § 1753 des Bürgerlichen Gesetzbuchs.

(2) Eine Feststellung nach § 2 sowie ein Ausspruch nach § 3 wirken für und gegen alle. Die Feststellung nach § 2 wirkt jedoch nicht gegenüber den bisherigen Eltern. In dem Beschluss nach § 2 ist dessen Wirkung auch gegenüber einem bisherigen Elternteil auszusprechen, sofern dieser das Verfahren eingeleitet hat oder auf Antrag eines nach Absatz 1 Satz 1 Nr. 1 Buchstabe a bis c Antragsbefugten beteiligt wurde. Die Beteiligung eines bisherigen Elternteils und der erweiterte Wirkungsausspruch nach Satz 3 können in einem gesonderten Verfahren beantragt werden.

§ 5 Zuständigkeit und Verfahren

(1) Über Anträge nach den §§ 2 und 3 entscheidet das Vormundschaftsgericht, in dessen Bezirk ein Oberlandesgericht seinen Sitz hat, für den Bezirk dieses Oberlandesgerichts; für den Bezirk des Kammergerichts entscheidet das Amtsgericht Schöneberg. Für die internationale und die örtliche Zuständigkeit gilt § 43b des Gesetzes über die Angelegenheiten der freiwilligen Gerichtsbarkeit entsprechend.

(2) Die Landesregierungen werden ermächtigt, die Zuständigkeit nach Absatz 1 Satz 1 durch Rechtsverordnung einem anderen Vormundschaftsgericht des Oberlandesgerichtsbezirks oder, wenn in einem Land mehrere Oberlandesgerichte errichtet sind, einem Vormundschaftsgericht für die Bezirke aller oder mehrerer Oberlandesgerichte zuzuweisen. Sie können die Ermächtigung auf die Landesjustizverwaltungen übertragen.

(3) Das Vormundschaftsgericht entscheidet im Verfahren der freiwilligen Gerichtsbarkeit. § 50a Abs. 1 Satz 1, Abs. 2 und 3 sowie § 50b des Gesetzes über die Angelegenheiten der freiwilligen Gerichtsbarkeit finden entsprechende Anwendung. Im Verfahren nach § 2 wird ein bisheriger Elternteil nur nach Maßgabe des § 4 Abs. 2 Satz 3 und 4 angehört. Im Verfahren nach § 2 ist der Generalbundesanwalt beim Bundesgerichtshof als Bundeszentralstelle für Auslandsadoption, im Verfahren nach § 3 sind das Jugendamt und die zentrale Adoptionsstelle des Landesjugendamtes zu beteiligen.

(4) Auf die Feststellung der Anerkennung oder Wirksamkeit einer Annahme als Kind oder des durch diese bewirkten Erlöschens des Eltern-Kind-Verhältnisses des Kindes zu seinen bisherigen Eltern, auf eine Feststellung nach § 2 Abs. 2 Satz 1 sowie auf einen Ausspruch nach § 3 Abs. 1 oder 2 oder nach § 4 Abs. 2 Satz 3 findet § 56e Satz 2 und 3 des Gesetzes über die Angelegenheiten der freiwilligen Gerichtsbarkeit entsprechende Anwendung. Im Übrigen unterliegen Beschlüsse nach diesem Gesetz der sofortigen Beschwerde; sie werden mit ihrer Rechtskraft wirksam. § 4 Abs. 2 Satz 2 bleibt unberührt.

24 **13. Übergangsrecht für nach dem Recht der früheren DDR begründete Annahmeverhältnisse.** a) In der DDR erging eine einheitliche Regelung des Adoptionsrechts mit der VO vom 29. 11. 1956 (GBl I 1326), die zur Grundlage des Adoptionsrechts nach dem FamGB vom 20. 12. 1965 (GBl I 1) wurde. b) Das Schicksal von Adoptionen in der früheren DDR, die vor dem 3. 10. 1990 wirksam geworden waren, ist von zwei Grundsätzen bestimmt: Nach Art 18 I Kap V EinigungsV bleiben vor dem Wirksamwerden des Beitritts ergangene Entscheidungen von Gerichten der DDR wirksam, und nach Art 8 Kap III EinigungsV tritt mit dem Wirksamwerden des Beitritts im Beitrittsgebiet Bundesrecht in Kraft. c) Auf dieser Grundlage regelt Art 234 § 13 I EGBGB, daß einzelne Vorschriften der §§ 1741 ff für Annahmeverhältnisse, die vor dem Wirksamwerden des Beitritts im Beitrittsgebiet begründet worden sind, nicht gelten. Es sind dies: **aa)** §§ 1755 I S 2, 1756: Beide Vorschriften enthalten Ausnahmen vom Prinzip der Volladoption, das im FamGB ausnahmslos durchgeführt war. Es soll vermieden werden, daß infolge des Beitritts in bestehenden Annahmeverhältnissen eine Rechtsänderung eintritt (Soergel/Liermann § 1755 Rz 1, § 1756 Rz 1). **bb)** § 1760 II lit e: Die Nichtgeltung der Bestimmung schützt Adoptionen, zu denen die Eltern ihre Einwilligung gegeben hatten, bevor das Kind acht Wochen alt war. Das FamGB hatte ein dem § 1747 III S 1 entsprechendes Verbot nicht gekannt (Soergel/Liermann § 1760 Rz 3). **cc)** § 1766, sofern die Ehe vor dem Stichtag geschlossen worden ist (Soergel/Liermann § 1766 Rz 5). **dd)** Von der Geltung ausgeschlossen werden ferner die §§ 1767–1772. Da es unter dem FamGB Adoptionen Volljähriger nicht gab, hat § 13 I insoweit Bedeutung für Adoptionen, die im Beitrittsgebiet vor Inkrafttreten des FamGB am 1. 1. 1966 erfolgt waren. Deren Wirkungen hatte sich nach den Bestimmungen des FamGB gerichtet; dabei ist es nach dem Beitritt geblieben.

25 d) Art 234 § 13 III–VI EGBGB befassen sich mit Adoptionen, die ohne Einwilligung des Kindes oder eines Elternteils begründet worden sind. Abs III enthält den Grundsatz, daß ein solches Annahmeverhältnis nur aufgehoben werden kann, wenn die fehlende Einwilligung nach dem FamGB erforderlich war. Insoweit wird das Recht der früheren DDR bestätigt. Ausnahmen bringen die Abs IV und V: Abs IV zielt auf den Tatbestand des § 70 II FamGB, nach dem einem Adoptionsantrag auch ohne Einwilligung eines Elternteils entsprochen werden konnte,

wenn dieser Elternteil zur Abgabe einer Erklärung für eine nicht absehbare Zeit außerstande war, ihm das Erziehungsrecht entzogen war oder sein Aufenthalt nicht ermittelt werden konnte. Solche Adoptionen können auf Antrag desjenigen Elternteils, dessen Einwilligung gefehlt hat, aufgehoben werden. Hierbei hat der in § 13 IV für entsprechend anwendbar erklärte § 1761 die Funktion, bei der Entscheidung über den Aufhebungsantrag das Kindeswohl zu schützen. Nach § 70 I FamGB hatte eine von einem Elternteil verweigerte Einwilligung aus dem Grund der Gleichgültigkeit ersetzt werden können. In solchem Fall kann dieser Elternteil die Aufhebung nach § 13 beantragen. Nach § 13 VI konnten Aufhebungsanträge nur binnen drei Jahren, also bis zum 2. 1. 1993 gestellt werden. Schließlich betrifft Abs VII am 3. 10. 1990 schwebende Verfahren, die durch einen Aufhebungsantrag eines Elternteils nach § 74 FamGB anhängig geworden waren. Dazu und zu den Rechtsbehelfmöglichkeiten gegen die Aufhebung einer Adoption in der DDR vor dem Beitritt: KG Berlin FamRZ 1993, 1359. Zu **Zwangsadoptionen** in der ehemaligen DDR Wolf FamRZ 1992, 12; Paulitz/Kannenberg ZfJ 2000, 105ff.

14. Das Recht auf **Kenntnis der eigenen Abstammung** (Art 1 und 2 GG, BVerfG 90, 263, 270f, vgl § 1589 Rz 6ff) hat für das angenommene Kind besondere Bedeutung (LG Bremen FamRZ 1998, 1039; Pal/Diederichsen § 1758 Rz 1 und Einf § 1591 Rz 2f mN; MüKo/Maurer § 1758 Rz 9; Soergel/Liermann vor § 1741 Rz 35; Gernhuber/Coester-Waltjen § 68 IX; Kleineke, Das Recht auf Kenntnis der eigenen Abstammung, 1976; Muscheler/Bloch FPR 2002, 344f). Steht das Kind unter elterlicher Sorge des oder der Annehmenden, liegen **Zeitpunkt und Art und Weise der Aufklärung** in deren erzieherischem Ermessen, §§ 1626 II, 1627 (Staud/Frank § 1758 Rz 23; Paulitz S 270ff); bei differierenden Auffassungen kann die Entscheidung einem Adoptiv-Elternteil übertragen werden, § 1629. Nach § 1666 kann die Aufklärung bewirkt werden, sofern die elterliche Sorge einem Annehmenden allein zusteht (Soergel/Liermann, § 1758 Rz 8). Mit dem Recht auf Kenntnis der eigenen Abstammung korrespondiert **§ 9b II AVermiG**: Vermittlungsakten, welche Herkunft und Lebensgeschichte des Kindes betreffen, sind dem gesetzlichen Vertreter und dem 16 Jahre alten Kind unter fachlicher Aufsicht offenzulegen, sofern nicht überwiegende Belange eines Betroffenen entgegenstehen (BT-Drucks 14/6011, 55f). Ist das Kind nicht über seine Abstammung aufgeklärt worden, so ist die eigene Heirat der Moment, in dem das Kind unvermeidlich auf seine Herkunft aufmerksam wird, denn nach § 5 I, 61 Nr 3a, 62 PStG muß es dem Standesbeamten eine Abstammungsurkunde (§ 62 PStG) vorlegen. Ist vor diesem Zeitpunkt eine Geburtsurkunde ausgestellt worden, so sind darin als Eltern nur die Annehmenden (§ 62 II PStG) angegeben. Schöpft das Kind aus einer Heirat Verdacht, und geht es so seiner Herkunft nach, so erhält es ab dem 16. Lebensjahr Einsicht in das Geburtenbuch (§ 61 II S 1 PStG); die Einsicht erstreckt sich gem § 34 FGG auf die Vormundschaftsgerichtsakten über die Adoption.

15. Anonyme Geburt und Abgabe. In jüngerer Zeit haben Kindestötungen und lebensgefährdende Kindesaussetzungen dazu geführt, daß Müttern in (subjektiv) ausweisloser Lage die Möglichkeit gegeben wird, ihr Neugeborenes mittels einer sog **Babyklappe** anonym abzugeben oder das Kind anonym zur Welt zu bringen (Frank/Helms FamRZ 2001, 1340). Das in diesen Fällen übliche Versprechen, die Anonymität der Mutter zu wahren, ist mit dem geltenden Recht unvereinbar. Eine legalisierende Regelung, die dem Kind die Kenntnis seiner Abstammung (Rz 26) auf Dauer verstellt, wäre mit dem Hinweis auf eine generelle Lebensgefährdung nicht zu rechtfertigen (Art 6 EMRK, Art 7, 8 KRK; BAG Adoption und Inpflege, DAVorm 2001, 223; ferner JAGJ JAmt 2003, 288; zu Versuchen einer Legalisierung durch den Gesetzgeber Anke/Rass ZRP 2002, 451; Wolf FPR 2003, 112; Schwarz StAZ 2003, 33). Anonyme Abgabe und Geburt schließen **Nachforschungen** durch einen für das Kind bestellten Vormund (§ 1773 II, 1793 I S 1) nicht aus (Wolf FPR 2001, 351, ferner Mittenzwei Zeitschrift für Lebensrecht 2000, 38; Heyers JR 2003, 50). Wird das Kind bei einem anerkannten Träger der Jugendhilfe abgegeben, so kann dieser sich in die **Adoptionspflege** (§ 1744) bemühen; die **Einwilligung** der Mutter in eine Adoption ist entbehrlich in den Grenzen des § 1747 IV (§ 1747 Rz 16). Zu älteren Vorschlägen, eine Adoption bereits in der pränatalen Phase zu ermöglichen, um Schwangerschaftsabbrüche abzuwenden vgl Erman[10] Rz 16.

16. Rechtstatsächliches. Die Zahl der Kindesannahmen sinkt seit 1993 ab: Im Jahr 2000 wurden 6363 **Kinder und Jugendliche** unter 18 Jahren angenommen (1999: 6399). Gut ein Drittel der Angenommenen war zwischen 6 und 12 Jahre alt; in 23 % aller Fälle wurden Kleinkinder im Alter bis zu 3 Jahren vermittelt. Knapp $2/3$ aller Angenommenen wurden von einem Stiefelternteil oder Verwandten adoptiert (1999: 50 %). Rund 70 % der Angenommenen waren deutsche Staatsangehörige, von den 1891 angenommenen ausländischen Minderjährigen stammte nahezu jeder Dritte aus Asien; ein Viertel der ausländischen Minderjährigen aus dem europäischen Raum stammte aus der Russischen Förderation. Ende 2000 waren 942 (1999: 1077) Kinder und Jugendliche zur Adoption vorgemerkt; die **Zahl der Adoptionsbewerbungen** belief sich auf 13 138 (1999: 14 524) – Pressemitteilungen des Statistischen Bundesamtes vom 5. 12. 2000 und 24. 10. 2001, StAZ 2002, 248; zur quantitativen Entwicklung Fendrich/Schilling FRP 2001, 305ff. **Volljährigenadoptionen** werden statistisch nicht erfaßt; 1971 lag ihr Anteil bei geschätzten 20 % (Krause S 46ff).

Untertitel 1

Annahme Minderjähriger

1741 *Zulässigkeit der Annahme*
(1) Die Annahme als Kind ist zulässig, wenn sie dem Wohl des Kindes dient und zu erwarten ist, dass zwischen dem Annehmenden und dem Kind ein Eltern-Kind-Verhältnis entsteht. Wer an einer gesetzes- oder sittenwidrigen Vermittlung oder Verbringung eines Kindes zum Zwecke der Annahme mitgewirkt oder einen Dritten hiermit beauftragt oder hierfür belohnt hat, soll ein Kind nur dann annehmen, wenn dies zum Wohl des Kindes erforderlich ist.

§ 1741 Familienrecht Verwandtschaft

(2) Wer nicht verheiratet ist, kann ein Kind nur allein annehmen. Ein Ehepaar kann ein Kind nur gemeinschaftlich annehmen. Ein Ehegatte kann ein Kind seines Ehegatten allein annehmen. Er kann ein Kind auch dann allein annehmen, wenn der andere Ehegatte das Kind nicht annehmen kann, weil er geschäftsunfähig ist oder das 21. Lebensjahr noch nicht vollendet hat.

1. Textgeschichte. § 1741 neugefaßt durch AdoptG Art 1 Nr 1, Amtl Begr BT-Drucks 7/3061, 28ff sowie BT-Drucks 7/5087, 9. Durch KindRG Art 1 Nr 27, Amtl Begr BT-Drucks 13/4899, 12, wurden die bisher in II und III aF getroffenen Regelungen für die gemeinschaftliche und die Einzeladoption in Abs II zusammengefaßt und auf Vorschlag des Rechtsausschusses (BT-Drucks 13/8511, 75) Abs I S 2 angefügt.

2. Abs I S 1 nennt die materiellen **Grundvoraussetzungen** für die Adoption eines **Minderjährigen**, die für die Annahme Volljährige in § 1767 abgewandelt sind, § 1767 Rz 3ff). Für die **Abgrenzung** ist die Vollendung des 18. Lebensjahres maßgeblich, abzustellen ist auf den Erlaß des Adoptionsbeschlusses (BayObLG 1996, 1093; MüKo/Maurer Rz 5); ist das Kind im Verlauf des Verfahrens volljährig geworden, hat das VormG die Beteiligten zu einer sachgemäßen Änderung ihres Antrags anzuregen (Liermann FamRZ 1997, 112f, vgl ferner § 1772 Rz 6 aE). Die Grundvoraussetzungen nach I S 1 haben in gleicher Weise nach früherem Recht für die Bestätigung des Annahmevertrags durch das VormG (§ 1751 aF) gegolten; die nunmehr positive Fassung zeigt keine Verstärkung des Erfordernisses an, sondern hat sich aus dem Übergang vom Vertrags- zum Dekretsystem (vor § 1741 Rz 2) ergeben. Fehlt es an den Grundvoraussetzungen nach I S 1, so ist der Antrag des Annehmenden unbegründet und zurückzuweisen (RGRK/Dickescheid Rz 1; MüKo/Maurer Rz 6).

a) Die Adoption muß dem **Wohl des Kindes** förderlich sein. Dieses Ziel ist ua maßgebend für die Ausübung des Rechts der elterlichen Sorge (§ 1666 I), für alle gerichtlichen Regelungen der elterlichen Sorge (zB § 1671 II) sowie kraft § 1741 für die Begründung des Elternrechts. Kritik an der Verwendung dieses Begriffes für Fälle der Kindesunterbringung (Goldstein/Freud/Solnit, besonders S 49ff) gilt nicht dem intendierten Ziel. Der Begriff des Kindeswohls ist ein Steigerungsbegriff. Als solcher hat er für die Adoptionsvermittlung Bedeutung, die aus mehreren Kindern und mehreren Adoptionsbewerbern die für einander am besten geeigneten auszuwählen hat (MüKo/Maurer Rz 14f). Für die „Zulässigkeit" der Adoption kommt es darauf an, ob die Adoption durch den oder die bestimmten Annehmenden dem Wohl des Kindes dient. Dieses Mindesterfordernis ist erfüllt, wenn die Bedingungen für eine günstige psychische, intellektuelle, moralische und emotional Entwicklung des Kindes durch die Adoption deutlich verbessert werden (sog **Förderungsprinzip**, BayObLG FamRZ 1997, 839). Das Gesamturteil erfordert allerdings nicht, daß hinsichtlich einer jeden unterscheidbaren Einzelbedingung die Verhältnisse der Adoptivfamilie denen der Ursprungsfamilie überlegen sind (Soergel/Liermann, Rz 8). Eine **Verbesserung der materiellen Situation** des Kindes geht in die Beurteilung nach Abs I S 1 ein, ist für sich genommen aber nicht geeignet, eine Adoption zu rechtfertigen (RGRK/Dickescheid Rz 4).

aa) Je jünger das Kind ist, desto nachteiliger kann ein Unterbringungswechsel sich auf seine Entwicklung auswirken. Würde erst die Adoption zur Unterbringung des Kindes in der Adoptivfamilie führen, wäre sie mit dem unvermeidlichen Nachteil verbunden, die gewohnten Lebensverhältnisse zu unterbrechen, mag deren Verbesserung den Nachteil der Diskontinuität auch aufwiegen. Da jedoch der Adoption gemäß § 1744 in der Regel ein Pflegeverhältnis vorgeschaltet ist, wird dieses Argument geradezu umgekehrt, weil nun eine Zurückweisung des Adoptionsantrags das Kind einem erneuten Unterbringungswechsel aussetzen würde. Als Auswirkung von § 1744 verlagert sich die verantwortliche Prüfung der Adoptionsvoraussetzungen wesentlich auf die Adoptionsvermittlungsstellen (§ 1744 Rz 2).

bb) Je älter das Kind im Zeitpunkt der Adoption ist, desto wichtiger wird das Erfordernis der Kontinuität in geistiger, religiöser, weltanschaulicher uä Hinsicht (MüKo/Maurer Rz 10). Außerhalb des Kontinuitätserfordernisses gibt es jedoch keinen „Bestandsschutz" für religiöse oder weltanschauliche Gruppen, in die das Kind hineingeboren wurde. Wünsche der Eltern in dieser Hinsicht sind für die Adoptionsvermittlung beachtlich und können in den Grenzen von § 1747 geltend gemacht werden.

cc) Dem Wohl des Kindes kann die Adoption nur dienen, wenn der **Annehmende** als **geeignet zur Erziehung** des Kindes erscheint. Das setzt nicht nur voraus, daß der Annehmende **wirtschaftlich** in der Lage ist, den angemessenen Lebensbedarf des Kindes (Wohnung, Unterhalt) sicherzustellen; vorausgesetzt ist auch die **Gesundheit** des Annehmenden. Gibt das VormG dem Antragsteller auf, sich auf HTLV–III-Antikörper untersuchen zu lassen, so ist die Verfügung regelmäßig unanfechtbar; kommt der Antragsteller ihr nach, so kann daraus der nicht schematisch geschlossen werden, die Adoption diene nicht dem Kindeswohl (KG FamRZ 1991, 1101). **Charakterliche Schwächen** von einigem Gewicht (zB Suchtneigung, kriminelles Verhalten) lassen den Bewerber als ungeeignet erscheinen, ebenso eine sexuelle Ausrichtung auf das Kind (Frankfurt FamRZ 1955, 55; Pal/Diederichsen Rz 7, zur sexuellen Orientierung ferner Rz 29). Konfessionelle, weltanschauliche, politische Überzeugungen sind ohne Belang, es sei denn, daß das Kind droht unter dem Einfluß des Annehmenden in Isolation (MüKo/Maurer Rz 10). Die **Altersgrenze** des § 1743 schließt die Prüfung nicht aus, ob zB eine 21jährige Mutter angesichts ihrer Reife zur Pflege und Erziehung des Kindes in der Lage ist. Dieser Gesichtspunkt kann auch bei fortgeschrittenem Alter eines Annehmenden gegen die Adoption sprechen. Die Annahme eines schon älteren Kindes durch ältere Annehmende ist nicht mit dem Fall zu vergleichen, daß diese in entsprechend jüngerem Alter das Kind bekommen hätten und mit ihm älter geworden wären (Roth-Stielow § 1743 Rz 7). Die Eignung muß nicht nur für die Pflege des Kleinkindes, sondern auch für die Erziehung des älteren Kindes und des Heranwachsenden über die Volljährigkeit hinaus bestehen. Ein Stiefvater erweist sich in der Regel als charakterlich ungeeignet, wenn er mit die mit dem Vater nicht verheiratete Mutter des Kindes sich weigern, den Vater zu benennen, um dessen nach § 1747 I erforderliche Einwilligung zu umgehen (LG Berlin FamRZ 1978, 148; Pal/Diederichsen Rz 7). Erfährt das VormG, daß es weitere, besser geeignete Adoptionsbewerber gibt, so hat es zu ermitteln, ob diese Bewerber zeitnah

dd) Weil die Feststellung der Vaterschaft im Interesse des Kindes liegt, kann es gegen eine Adoption im gegebenen Zeitpunkt sprechen, wenn der **Vater** des Kindes **noch nicht feststeht**. Die Gefahr, daß das Kind im Fall einer Aufhebung des Annahmeverhältnisses den Vater nicht mehr feststellen lassen und dadurch (oder infolge zu später Feststellung) keine Ansprüche mehr realisieren kann, ist im allgemeinen zu entfernt, um einen Aufschub der Adoption begründen zu können (BT-Drucks 7/5087, 15). Im übrigen sind weder das Kind noch sein Erzeuger durch die Adoption gehindert, die Vaterschaft gerichtlich feststellen zu lassen (§ 1755 Rz 7). 7

ee) Das Kind sollte durch die Adoption möglichst nicht in gegenüber seiner Herkunftsfamilie **wirtschaftlich** schwächere Hände gelangen. Dabei spielt es besonders bei behinderten Kindern eine Rolle, daß sich eine Beihilfeberechtigung des Annehmenden auf das adoptierte Kind erstreckt und dieses bei Adoption durch einen Krankenversicherungspflichtigen unter den Schutz der Familienversicherung fällt. 8

ff) Dem Wohl des Kindes dient es, wenn über die Erwartung eines Eltern-Kind-Verhältnisses hinaus auch ein **Verhältnis zu Geschwistern** entstehen kann, das Kind also nicht als Einzelkind aufwachsen wird. Es ist daher günstig, wenn in der Adoptivfamilie bereits Kinder vorhanden sind oder mindestens die Adoptiveltern den Willen haben, noch ein weiteres Kind zu adoptieren. Daß in besonderen Fällen schon vorhandene Kinder auch gegen die Adoption sprechen können, berücksichtigt § 1745 (BT-Drucks 7/3061, 29). Das Versagen der Eltern gegenüber bereits vorhandenen Kindern (§ 1666) streitet gegen die Annahme eines weiteren Kindes (Pal/Diederichsen Rz 9). 9

gg) Bei einer **Verwandtenadoption** kann die Verwerfung der natürlichen Verwandtschaftsverhältnisse (Frank S 131f) in ihrer Auswirkung auf das Kind abhängig von dessen Reife als Nachteil erscheinen, so namentlich bei einer Durchbrechung der Generationen infolge einer Annahme von Enkeln durch Großeltern (BayObLG FamRZ 1997, 839; Oldenburg FamRZ 1996, 895). Eine Großelternadoption ist ebenso zulässig wie die Annahme unter Geschwistern (§ 1756 I), steht aber unter der Bedingung, daß zwischen dem Annehmenden und dem Kind ein Eltern-Kind-Verhältnis entsteht. Insofern sind strenge Anforderungen zu stellen (MüKo/Maurer Rz 17): regelmäßig ist ein den natürlichen Verhältnissen entsprechender Altersabstand vorauszusetzen (dazu Art 8 III EuAdÜb-Eink). 10

b) Die Adoption kann nur dem **Wohl des Kindes** dienen, wenn zwischen dem oder den Annehmenden und dem Kind ein **Eltern-Kind-Verhältnis** besteht oder objektiv zu erwarten ist, daß eine „soziale Elternschaft" entstehen wird, welche die durchschnittlichen Beziehung zwischen leiblichen Eltern und Kindern abbildet. Die beiden Grundvoraussetzungen der Adoption nach I S 1 sind im Regelfall harmonisch verbunden, indem die zweite Voraussetzung ein Element der ersten ist (ähnlich Pal/Diederichsen Rz 3, über Ausnahmen unten Rz 17). 11

aa) Qualität von Herkunfts- und Adoptionsfamilie im Verhältnis. Die Erwartung, daß ein Eltern-Kind-Verhältnis entsteht, erweist die Adoption in dem Maß als dem Kindeswohl förderlich, wie das Kind bisher ein erfülltes, Dauer versprechendes Eltern-Kind-Verhältnis entbehren mußte. Das trifft besonders für **Heimkinder** zu, je jünger das Kind ist, desto mehr (Pechstein S 448ff; Metzger ZfJ 1972, S 37ff), während jenseits der Pubertät ein Kind im Heim eine Heimat gefunden haben kann, die ihm zu nehmen kaum förderlich wäre; dasselbe kann für schwer erziehbare oder verhaltensgestörte Kinder gelten (RGRK/Dickescheid Rz 5). Dem Kindeswohl dient es, wenn das Kind durch die Adoption ein Elternpaar erhält, während es bisher nur einen Elternteil gehabt hat. Umgekehrt ist eine Adoption unzulässig, die das Kind aus seiner intakten Familie lösen würde (so im Fall Bremen DAVorm 1974, 472), ebenso eine Adoption, die nur das rechtliche Band zu einem Elternteil lösen würde, mit dem das Kind weiter zusammenleben soll (so bei Adoption durch den mit der Mutter eheähnlich zusammenlebenden Mann). 12

bb) Abzielen auf Nebenfolgen der Adoption. Die Erwartung, daß ein Eltern-Kind-Verhältnis entsteht, ist nur begründet, wenn der Wille aller Beteiligten darauf gerichtet ist, das Kind in die Stellung einer ehelichen Tochter oder eines ehelichen Sohnes einrücken zu lassen. Es ist typischerweise eine Erscheinung der Volljährigenadoption, daß mit dem Adoptionsantrag die **Fortführung des Familiennamens, steuer- oder ausländerrechtliche Vorteile** bezweckt werden (dazu § 1767 Rz 12); wird mit dem Antrag die **Absicherung** des Annehmenden **für das Alter** beweckt, so kann dennoch von Fall zu Fall ein Eltern-Kind-Verhältnis gewollt sein (RGRK/Dickescheid Rz 15). 13

cc) Stabilität der Adoptionsfamilie. Außer dem Willen müssen auch die Umstände es objektiv wahrscheinlich machen, daß ein Eltern-Kind-Verhältnis entstehen wird. Das setzt Stabilität der Ehe der Annehmenden voraus (BT-Drucks 7/3061, 28; Pal/Diederichsen Rz 7). Leben Ehegatten getrennt, so ist eine Annahme durch einen Ehegatten allein wegen Abs II S 2 nicht möglich und steht einer gemeinschaftlichen Annahme idR entgegen, daß die in Abs II S 1 geforderte Erwartung nicht begründet ist -zu unsicher wäre die Hoffnung, die gefährdete Ehe durch das Adoptivkind zu stabilisieren. Auch bei kurzer Dauer der Ehe kann, zumal bei jugendlichem Alter der Gatten, der Erwartung die nötige Sicherheit fehlen. Berufstätigen fehlt die Erziehungsfähigkeit, wenn sie nicht bereit sind, ihre Tätigkeit auf das gebotene Maß zu beschränken und statt dessen die Pflege des Kindes Dritten überlassen (BAGLJÄ-Empfehlungen Nr 3334). Neben dem Annehmenden sollten weitere mit dem Annehmenden zusammenlebenden Personen positiv zur Annahme stehen; eine Gefährdung der Interessen des Anzunehmenden durch bereits vorhandene Kinder des Annehmenden (§ 1745 I S 1) steht der Adoption nach Abs I S 1 entgegen. 14

dd) Die Erwartung, daß ein Eltern-Kind-Verhältnis entsteht, ist in dem Maß begründet, wie ein faktisches **Eltern-Kind-Verhältnis bereits besteht**, so wenn sich Pflegeeltern um die Adoption bewerben oder der Adoption das spezifische Pflegeverhältnis nach § 1744 vorausgegangen ist (MüKo/Maurer Rz 16). 15

c) Die Grundvoraussetzungen nach Abs I S 1 sind um so eher zu bejahen, wenn die **Adoption pränatal abgesprochen** war. Das hat auch für die Fälle Bedeutung, in denen das Kind in dem Sinn ein Wunschkind ist, daß die 16

§ 1741 Familienrecht Verwandtschaft

Annehmenden auf seine Zeugung in der Absicht hingewirkt haben, das Kind nach der Geburt zu adoptieren. Der Bejahung der Grundvoraussetzungen der Adoption steht es auch nicht entgegen, wenn die Zeugung des Kindes auf einem **Ersatz- oder Tragemuttervertrag** der Beteiligten beruht. Die genetische Herkunft des Kindes von den Annehmenden kann die Erwartung, daß ein Eltern-Kind-Verhältnis entstehen wird, nur verstärken. Die rechtliche Verurteilung des Ersatz- oder Tragemuttervertrages schlägt nicht auf die Beurteilung der Grundvoraussetzungen der Adoption durch, die allein am Kindesinteresse ausgerichtet sind (AG Gütersloh FamRZ 1986, 718; Staud/Frank Rz 17).

17 d) Ausnahmsweise können die beiden in Abs I S 1 genannten **Grundvoraussetzungen konfligieren:** Obwohl das Kind ein echtes Eltern-Kind-Verhältnis zu seinen leiblichen Eltern entbehrt und die Entstehung eines solchen Verhältnisses zum Annehmenden erwartet werden kann, können Gründe des Kindeswohls gegen die Adoption sprechen. Dies ist bei einem kranken oder behinderten Kind denkbar, das wegen schlechter wirtschaftlicher Verhältnisse der leiblichen Eltern, ggf unter der Vormundschaft des JAs, als Pflegekind aus öffentlichen Mitteln eine Unterstützung erhält, deren Aufbringung aus eigenen Mitteln von den Adoptionsbewerbern nicht erwartet werden kann. Die Entscheidung kann nur durch Abwägung im Einzelfall gefunden werden.

18 e) Die durch Bezugnahme auf das Kindeswohl ausgedrückte Voraussetzung der Adoption ist nach **Abs I S 2** verschärft, wenn der Annehmende an einer **gesetzes- oder sittenwidrigen Vermittlung oder Verbringung** des Kindes zum Zwecke der Annahme mitgewirkt oder einen Dritten damit beauftragt hat oder dafür belohnt hat. Unter solchen Umständen genügt es nicht, daß die Annahme dem Kindeswohl dient; vielmehr muß die Annahme zum Wohl des Kindes **erforderlich** sein: Die Annahme durch den am Kinderhandel beteiligten Annahmewilligen muß der Rückführung oder Pflege des Kindes in einer anderen Familie vorzuziehen sein (MüKo/Maurer Rz 20 aE). Hierher gehört der Fall, daß zwischen dem Kind und dem Bewerber eine regelwidrig angebahnte, dennoch persönliche Verbundenheit entstanden ist (BT-Drucks 13/8511, 75; Pal/Diederichsen Rz 6). Die Regelung des Abs I S 2, die dem Kinderhandel und vergleichbaren Praktiken entgegenwirken soll, ist sprachlich mißglückt: Der Normbefehl („soll ... nur ... annehmen") kann sich nicht an den Annehmenden richten, sondern nur an den Richter, der seinerseits nicht „annimmt"; zudem kommt nicht zum Ausdruck, daß der Annahmewillige an der Vermittlung oder Verbringung desjenigen Kindes beteiligt gewesen sein muß, dessen Annahme er erstrebt (BT-Drucks 13/8511, 75; MüKo/Maurer Rz 1).

19 **Verbringung zum Zweck der Annahme** ist jede der Annahme dienende Verlagerung des Aufenthaltsortes von Kindern ins Inland; weil Kinderhandel sich auch auf solche Kinder beziehen kann, die sich bereits im Inland befinden, umfaßt Abs I S 2 die Herstellung eines Kontaktes des Annehmenden mit dem Kind oder seinem gesetzlichen Vertreter zum Zweck der Annahme (**Vermittlung**). Diese Variante hat Bedeutung, wenn die Verbringung des Kindes nicht auf die Person des Annehmenden gezielt hatte (MüKo/Maurer Rz 21).

20 Die **Gesetzeswidrigkeit der Vermittlung** kann sich auch aus Gesetzen eines anderen Staates ergeben (aA Pal/Diederichsen Rz 6); Abs I S 2 hat neben seiner materiellrechtlichen die kollisionsrechtliche Funktion, bei Auslandsberührung die ausländische Sachnormen anwendbar zu machen (MüKo/Maurer Rz 23). Die verletzte Norm des in- oder ausländischen Rechts kann, wie § 2 des deutschen AdVermiG, speziell der Adoptionsvermittlung gelten, aber auch eine sonstige, besonders eine strafrechtliche Norm sein, wenn diese die Entschließungs- oder Handlungsfreiheit des Kindes oder seines gesetzlichen Vertreters schützen soll. Kennt die ausländische Rechtsordnung ein im gegebenen Fall verletztes Verbot der Sittenwidrigkeit, so liegt Gesetzeswidrigkeit vor (MüKo/Maurer Rz 23). Eine eigenständige Bedeutung des Merkmals der **Sittenwidrigkeit** kann darin liegen, daß eine Handlung nicht nach dem ausländischen, wohl aber nach inländischem Maßstab (§ 138) als sittenwidrig gewertet wird, sodann in Fällen, in denen die Handlungsweise nur in den Anwendungsbereich des § 138 fällt und nicht gesetzeswidrig ist. Verstöße gegen Abs I S 2 stellen die Wirksamkeit der Adoption nicht in Frage und berechtigen nicht zur Aufhebung (MüKo/Maurer Rz 20 aE).

21 3. **Annahme durch Verheiratete (Abs II S 2–4). a)** Ein fremdes Kind kann ein Verheirateter mit der gleichen Rechtsfolge annehmen wie ein Unverheirateter, wenn der andere Ehegatte ein Kind nicht annehmen kann, weil er geschäftsunfähig ist oder das 21. Lebensjahr noch nicht vollendet hat (§ 1743 Rz 2). Diese Ausnahmen sind um den Fall zu erweitern, daß eine Rückadoption ausnahmsweise zulässig ist (Rz 32), die rückadoptierende Elternteil sich aber inzwischen erneut verheiratet hat (AG Starnberg FamRZ 1995, 827 mit Anm Liermann S 1229). Das Kind wird in diesen Fällen **Kind allein des annehmenden Ehegatten** nach § 1754 II. Mit Recht hat KG Rpfleger 1980, 281 eine ausdehnende Anwendung dieser Vorschrift auf den Fall, daß der ausländische Gatte auf Grund der für ihn maßgebenden Rechtsordnung das Kind nicht annehmen kann, abgelehnt (ebenso LG Hamburg FamRZ 1999, 254); der Gesetzgeber des AdoptG hatte diesen Fall gesehen und dem deutschen IPR überlassen (BT-Drucks 7/3061, 30).

22 b) In allen anderen Fällen kann ein Verheirateter ein fremdes Kind oder ein Kind des anderen Ehegatten, nur mit der Wirkung annehmen, daß es das **gemeinschaftliche Kind beider Ehegatten** wird (§ 1754 I); diese Wirkung für die Eheleute ist nicht disponibel (Hamm FamRZ 2000, 254 für den Fall langjährigen Getrenntlebens FamRZ 2003, 1039 für den Fall einer Volljährigenadoption). Bezüglich des Adoptionsaktes entspricht ihr die Vorschrift des Abs II S 2, wonach ein Verheirateter ein Kind grundsätzlich nur gemeinschaftlich mit seinem Ehegatten annehmen kann. Eine Einzelannahme mit der Wirkung, daß das Kind gleichwohl gemeinschaftliches Kind beider Ehegatten wird, ist nur möglich, wenn ein Ehegatte ein Kind des anderen Ehegatten annimmt, § 1754 I Alt 2 – **Stiefkindadoption**. Ist das Stiefkind eheliches Kind des anderen Ehegatten, so kommt nur die Einzelannahme durch den Stiefelternteil in Betracht. Geburtsurkunde und Abstammungsurkunde geben in diesen Fällen das gleiche Bild, auch bei der Einzelannahme des Kindes des Ehegatten werden im Hinblick auf § 1754 I Alt 2 beide Ehegatten als Eltern in der Geburtsurkunde eingetragen (DA § 91 II 2 zu § 62 II PStG; Staud/Frank § 1741 Rz 42).

c) Wenn im Jahr 2000 zwei Drittel aller Kinder und Jugendlichen von einem Stiefelternteil oder einem Verwandten adoptiert wurden (vor § 1741 Rz 28), so dürfte es sich in den meisten dieser Fälle um Stiefkindadoptionen gehandelt haben (MüKo/Maurer Rz 32, ferner Schotten S 35). Die Stiefkindadoption kompensiert die rudimentäre privatrechtliche Ausgestaltung des Stiefkindverhältnisses, während im öffentlichen Recht das Stiefkind dem ehelichen Kind weitgehend gleichgestellt ist (eingehend Frank S 21–110). Die **Problematik der Stiefkindadoption** ist darin begründet, daß sie Verwandtschaftsverhältnisse des Kindes zum leiblichen, mit dem Annehmenden nicht verheirateten Elternteil und zu dessen Verwandten erlöschen läßt (§ 1755 I S 1) und der für die Entwicklung des Kindes wichtige Kontakt zum leiblichen Elternteil unterbunden wird; insoweit kann die Stiefkindadoption dem Kindeswohl jedoch dienlich sein, wenn ein leiblicher Elternteil sein Kind zurückweist (MüKo/Maurer Rz 32). Zudem geschehen Stiefkindadoptionen häufig mehr dem Ehegatten als dem Kind zuliebe aus Anlaß einer Verheiratung. Wird die Ehe aufgelöst, so bleibt die Adoption bestehen (Gernhuber/Coester-Waltjen § 68 III 5; Holzhauer JZ 2000, 1082); nicht selten wurde von überlebenden oder geschiedenen Stiefelternteilen die Aufhebung beantragt (BGH FamRZ 1971, 89; BayObLG FamRZ 1980, 498). Zu fordern ist daher eine hinreichend stabile Ehe (zum Erfordernis fünfjähriger Ehezeit nach schweizerischem ZGB Art 264a Heussler StAZ 2000, 11). Der die Adoption beantragende Stiefelternteil ist über den Fortbestand der Adoption nach Ehebeendigung zu belehren (MüKo/Maurer Rz 33) und auf Möglichkeiten hinzuweisen, das Kind mit schwächerer rechtlicher Wirkung an die Familie heranzuführen:

aa) Dem womöglich im Vordergrund stehenden Bedürfnis, dem Kind den neuen **Ehenamen** zu geben, entspricht die Einbenennung des § 1618, deren Anwendungsbereich durch das KindRG dahin erweitert worden ist, daß nun auch eheliche Kinder erfaßt werden.

bb) In Verbindung mit der Einbenennung oder auch unabhängig davon kann der Stiefelternteil einen **Unterhaltsanspruch** und ein **Erbrecht** des Stiefkindes durch Vertrag oder Verfügung von Todes wegen begründen (vgl Erman[10] vor § 1601 Rz 11), beides auch unter der auflösenden Bedingung, daß seine Ehe aufgelöst wird. Eine Absicherung des Unterhaltsanspruches für den Fall, daß der Stiefelternteil ersatzpflichtig getötet wird, ist jedoch anders als durch Adoption des Stiefkindes nicht erreichbar, weil § 844 II und die entsprechenden Vorschriften der Gefährdungshaftung den Verlust eines gesetzlichen Unterhaltsanspruchs voraussetzen.

cc) Entgegen der Begründung zum RegE des NEhelG (BT-Drucks 5/2370, 26) kann dem mit der Mutter verheirateten Stiefvater eines vaterlosen Kindes nicht geraten werden, ein unrichtiges **Vaterschaftsanerkenntnis** abzugeben. Zwar stehen die zivilrechtliche Gültigkeit und die Straflosigkeit (Schönke/Schröder/Lenckner § 169 StGB Rz 7) außer Zweifel; aber im Fall einer Auflösung der Ehe könnte der Vater idR wegen der Ausschlußfrist des § 1600b die Anerkennung nicht anfechten. Das bedeutet, daß mit der Adoption vergleichbare Wirkung der unrichtigen Anerkennung der gleiche Nachteil für den Stiefvater verbunden ist, nämlich die Unauflöslichkeit des Kindschaftsverhältnisses im Fall einer Scheidung von der Mutter.

d) In allen Fällen zulässiger **Einzelannahme** durch einen Ehegatten ist das Interesse des anderen durch das Erfordernis seiner Einwilligung (§ 1749 I S 1) gewahrt. Ist der Ehegatte jedoch dauernd geschäftsunfähig, so ist seine Einwilligung gemäß § 1749 III entbehrlich; ein in der Geschäftsfähigkeit beschränkter Ehegatte entscheidet über seine Einwilligung selbständig (§ 1750 III S 2). Auch wenn der Aufenthalt des anderen Ehegatten dauernd unbekannt ist, entfällt das Erfordernis seiner Einwilligung in die Einzeladoption durch den anderen (§ 1749 III). In jedem Fall kann die erforderliche Einwilligung des Ehegatten vom VormG ersetzt werden, das dabei das Interesse des Ehegatten wie das der Familie zu beachten hat (§ 1749 I S 1, 2 und 3; zur Problematik der Einzelannahme durch den Ehegatten eines noch nicht Einundzwanzigjährigen § 1743 Rz 2).

4. Die **Annahme durch einen Unverheirateten** verschafft dem Kind die Stellung eines Kindes des Annehmenden. Ausgeschlossen ist eine **gemeinschaftliche Adoption** durch nicht miteinander verheiratete Personen, mögen sie auch in nichtehelicher Gemeinschaft (BT-Drucks13/4899, 111, ferner LG Bad Kreuznach StAZ 1985, 167) oder als eingetragene Lebenspartner (dazu Rz 29) zusammenleben. Das Ziel gemeinschaftlicher Adoption kann wegen § 1742 auch nicht durch eine sukzessive weitere Annahme erreicht werden. Von dem mit der Mutter zusammenlebenden Mann könnte das Kind nur um den Preis seiner Verwandtschaft mit der Mutter adoptiert werden (§ 1755 I); die dadurch eintretende Entfernung der rechtlichen von der tatsächlichen Lage widerspräche der Grundvoraussetzung der Adoption im Hinblick auf das Kindeswohl und der Erwartung eines Eltern-Kind-Verhältnisses (Gernhuber/Coester-Waltjen § 68 VIII Fn 6 mN). Als Folge der Grundvoraussetzungen des Abs I S 1 ist die Annahme durch einen Unverheirateten nur ausnahmsweise zulässig (BT-Drucks 7/3061, 30); im allgemeinen dient es nicht dem Wohl des Kindes, in einer unvollständigen Familie aufzuwachsen. Auch der Erwerb nur einer gegen den Verlust zweier Verwandtschaftslinien ist im allgemeinen nachteilig. Anderes kann gelten, wenn das Kind auch bisher nur einen Elternteil hatte – so im Fall des LG Köln FamRZ 1985, 108 mangels Feststellung des nichtehelichen Vaters – oder wenn das Kind ein Adoptivelternpaar nicht findet. Trotz der die Zahl anzunehmender Kinder deutlich übersteigenden Zahl adoptionswilliger Eltern (vor § 1741 Rz 28) kann das zB bei besonderer Pflege- oder Erziehungsbedürftigkeit oder einer Behinderung des Kindes der Fall sein. Auch der Kontinuitätsgesichtspunkt (Rz 4f) kann für die Annahme durch einen Unverheirateten sprechen, wenn das Kind in die Pflege einer unverheirateten Einzelperson gekommen war (LG Köln FamRZ 1985, 108) oder die Ehe von Pflegeeltern durch Scheidung oder Tod eines Gatten aufgelöst worden ist. Auch die Einzeladoption durch einen Angehörigen kann dem Wohl des Kindes dienen, weil dieses dadurch in seinem Verwandtschaftszusammenhang bleibt (Pal/Diederichsen Rz 11).

In der Bundesrepublik (rechtsvergleichende Hinweise bei Bogdan IPRax 2002, 534; Pintens FamRZ 2003, 335) ist die **gemeinschaftliche Adoption durch eingetragene Lebenspartner** de lege lata mangels Erstreckung von § 1741 II S 2 auf Lebenspartnerschaften **ausgeschlossen** (Pal/Diederichsen Rz 12; MüKo/Maurer vor § 1741

§ 1741

Rz 51, § 1741 Rz 25, dort auch zu verfassungsrechtlichen Einwänden; Dethloff NJW 2001, 2602). Eine gemeinschaftliche Annahme wäre aus materiellen Gründen ebenso unwirksam wie eine Stiefkindadoption durch den Lebenspartner des leiblichen Elternteils (Rz 1 zu § 9 LPartG; zur nichtigen Annahme § 1759 Rz 4). **Einzeladoptionen** durch einen Lebenspartner sind hingegen im Hinblick auf § 1757 I S 2 (§ 1757 Rz 11) möglich (Muscheler, Das Recht der Eingetragenen Lebenspartnerschaft, 2001, Rz 161). Sie unterliegen den allgemeinen Grundvoraussetzungen nach § 1741 I S 1. Obwohl Homosexuelle nicht per se als erziehungsunfähig gelten können (BT-Drucks 11/5412, 2), bleiben ihre Vermittlungschancen hinter denen annahmewilliger Eheleute zurück (Muscheler Rz 179). Eine allein auf die homosexuelle Orientierung des Annahmewilligen gestützte Zurückweisung des Antrags wäre Ungleichbehandlung iSv Art 14 EMRK (EuGHMl FamRZ 2003, 149 – Fretté ./. Frankreich). Bedenken gegen die Einbeziehung von Kindern in bestehende Partnerschaften durch Einzeladoption und gegen die Erziehungsfähigkeit Homosexueller sind zu einem guten Teil empirisch ungesichert (Muscheler Rz 168ff). Das gilt für die Befürchtung, daß Kinder, die in gleichgeschlechtlichen Partnerschaften aufwachsen, ihrerseits homosexuell werden, mangels Ausbildung einer Geschlechtsidentität Verhaltens- und Entwicklungsstörungen erleiden oder in besonderem Maße sexuellen Übergriffen ausgesetzt sind (Rauscher Rz 1150). Ernst zu nehmen ist hingegen die Gefahr, daß das Kind unter sozialer Diskriminierung leidet und angesichts der im Vergleich zur Ehe wohl geringeren Stabilität homosexueller Verbindungen daran gehindert sein kann, ein stabiles Partnerverhalten auszubilden (Holzhauer JZ 2000, 1076, 1083 m Nachw). Derartige Bedenken können nicht als Heuchelei oder Zynismus oder mit der Bemerkung abgetan werden, ein Kind habe besser zwei gleichgeschlechtliche „Eltern" als gar keine Eltern (so Kemper FPR 2003, 5); sie gehen in die Prüfung der Grundvoraussetzungen der Annahme ein und verbieten im übrigen gesetzgeberischen Aktionismus. Ob der Gesetzgeber der Forderung folgen wird, Lebenspartnern die gemeinschaftliche Fremdadoption zu eröffnen (Muscheler Rz 180, vgl ferner Nuytinck StAZ 2000, 72), bleibt abzuwarten.

30 5. Nachdem mit Streichung von § 1741 III S 2 aF die Möglichkeit, ein eigenes nichteheliches Kind zu adoptieren, entfallen ist (BT-Drucks 13/4899, 70f, MüKo/Maurer Rz 3f), kommt in dieser Richtung lediglich in Betracht, daß der **nicht iSd § 1592 als Vater feststehende Erzeuger des Kindes** oder die **genetische Mutter**, die das Kind nicht geboren hat und daher nicht Mutter iSd § 1591 ist, das Kind adoptiert.

31 6. **Einzeladoption des gemeinschaftlichen Kindes nach Scheidung.** Daß das eigene, während einer Ehe geborene Kind nicht adoptiert werden kann, ist im Gesetzestext als selbstverständlich nicht hervorgehoben (BT-Drucks 7/3061, 29). Einen solchen Wunsch nach der Scheidung ein Elternteil haben, der den anderen von dem Kinde ausschließen möchte (Düsseldorf JMBl 1958, 58), oder können beide haben, wenn sie nach Scheidung auch noch die Gemeinsamkeit ihrer Elternstellung beseitigen wollen. Die Adoption des Kindes scheitert am Gegenschluß aus Abs II S 1 („nur") und S 3, weil der Beraubung des Kindes um eine elterliche Linie kein Vorteil gegenübersteht (allg Ansicht, vgl Hamm FamRZ 1978, 735 mN).

32 7. Ausgeschlossen ist daher auch die **Rückadoption** des Kindes durch einen leiblichen Elternteil nach Aufhebung des Annahmeverhältnisses, weil dadurch das Verwandtschaftsverhältnis des Kindes zu den leiblichen Eltern wieder aufgelebt ist (§ 1764 III). Ist die Zweitadoption jedoch durch den Tod des ersten Annehmenden möglich geworden, so ist eine Rückadoption möglich (Roth-Stielow Rz 20; Gernhuber/Coester-Waltjen § 68 V Fn 3), weil in diesem Fall das Verwandtschaftsverhältnis zu den leiblichen Eltern erloschen bleibt (vgl § 1742 Rz 4).

33 8. **Jedes Kind ist annahmefähig.** § 1747 II S 1 hat nicht zur Folge, daß ein noch nicht acht Wochen altes Kind nicht adoptiert werden könnte. Bei Entbehrlichkeit der elterlichen Einwilligung (§ 1747 IV) kann die Adoption ebenso ungeachtet der Frist erfolgen, wie die Einwilligung schon zuvor gem § 1748 ersetzt werden kann.

1742
Annahme nur als gemeinschaftliches Kind

Ein angenommenes Kind kann, solange das Annahmeverhältnis besteht, bei Lebzeiten eines Annehmenden nur von dessen Ehegatten angenommen werden.

1 1. **Textgeschichte.** § 1742 neugefaßt durch AdoptG Art 1 Nr 1, Amtl Begr BT-Drucks 7/3061, 30f sowie BT-Drucks 7/5087, 32.

2 2. Unter dem Prinzip der Volladoption kann der grundsätzliche **Ausschluß einer Mehrfachadoption** nicht als „nachgeformtes (vorrechtliches) Prinzip" verstanden werden, wonach die Bindung des Kindes stets auf zwei Menschen als seine Eltern beschränkt ist (so Roth-Stielow Rz 2). § 1742 steht gerade im Gegensatz dazu, daß leibliche Eltern durch Einwilligung in die Adoption ihres Kindes über ihre Elternstellung verfügen können. Indem § 1742 verhindert, daß ein Kind in einer Kette von Adoptionen „weitergereicht" wird (BT-Drucks 7/3061, 30), kommt jedoch zum Ausdruck, daß jede Fluktuation im Eltern-Kind-Verhältnis grundsätzlich mißbilligt wird. § 1742 ist auf Abkömmlinge des Angenommenen nicht anzuwenden (Schleswig NJW 1961, 2163; Pal/Diederichsen Rz 1) und steht nach Volljährigkeit des Kindes einer Rück- oder Weiteradoption des Angenommenen nicht im Weg (§ 1768 Rz 5).

3 3. Eine mehrfache Adoption ist **ausnahmsweise zulässig, a)** wenn das frühere Annahmeverhältnis gem §§ 1759–1765 **aufgehoben** wurde (MüKo/Maurer Rz 4). Ist das Annahmeverhältnis nur zu einem Adoptivelternteil aufgehoben, so kann dieser durch einen neuen Ehegatten des verbliebenen Elternteils adoptiert werden (vgl Rz 5). **Unzulässig** ist eine **Rückadoption** durch die früheren (leiblichen) Eltern oder einen früheren Elternteil – mit Aufhebung des Annahmeverhältnisses ist auch die negative Wirkung des § 1755 I entfallen und das Kind mit seinen früheren Eltern wieder verwandt. Zur Wiedererlangung elterlicher Sorge wäre eine Rückadoption nicht erforderlich wegen § 1764 IV (§ 1764 Rz 7).

4 **b)** wenn der **Annehmende gestorben** ist. Durch den Tod des Annehmenden endet das durch die Adoption begründete Eltern-Kind-Verhältnis ebenso wie bei einer Aufhebung. Doch bleibt der Status, den beide Beteiligte durch die Adoption erlangt haben, mit den negativen und den positiven Wirkungen der Adoption erhalten, auch soweit sie das Verhältnis des Angenommenen und seiner Abkömmlinge zur Herkunftsfamilie sowie zu den Verwandten und dem Ehegatten des Annehmenden betreffen. Eine **Rückadoption** durch die früheren Eltern ist hier (anders als nach Aufhebung des Annahmeverhältnisses, vgl Rz 3) möglich, weil das frühere Eltern-Kind-Verhältnis, das gem § 1755 I erloschen ist, durch den Tod des Annehmenden nicht wieder auflebt (Soergel/Liermann Rz 3).

c) wenn ein Annehmender mit dem Angenommenen oder einem seiner Abkömmlinge den eherechtlichen Vorschriften (§ 1308) zuwider die Ehe geschlossen hat (§ 1766). 5

d) als ergänzende **Zweitadoption** (Gernhuber/Coester-Waltjen § 68 III 3) durch den Ehegatten eines Adoptivelternteils. Der zuerst Annehmende kann als Unverheirateter adoptiert haben (§ 1741 III) oder als Verheirateter eine Einzeladoption mit der Wirkung vorgenommen haben, daß das Kind allein sein Kind geworden ist (§ 1741 II S 3 und 4). Das Gesetz schließt eine Zweitadoption jedoch auch dann nicht aus, wenn das Kind durch die erste Adoption gemeinschaftliches Kind geworden war, die Ehe zu einem Adoptivelternteil aber nicht mehr besteht; wurde das Annahmeverhältnis nicht durch den Tod des Adoptivelternteils aufgelöst, sondern durch Gerichtsbeschluß aufgehoben, so muß die vorherige oder spätere Auflösung der Ehe hinzukommen, weil die Zweitadoption voraussetzt, daß der verbliebene Elternteil sich wiederverheiratet hat. War die Ehe durch Tod eines sorgeberechtigten Elternteils aufgelöst worden, so verliert das Kind bei seiner Zweitadoption nicht sein Verwandtschaftsverhältnis zu den Verwandten des verstorbenen früheren Adoptivelternteils (§ 1756 II). 6

e) § 1742 steht einer befestigenden **Wiederholungsadoption** durch den (die) selben Annehmenden nicht im Wege, wenn Zweifel an der Wirksamkeit einer Auslandsadoption (LG Köln NJW 1983, 1982) oder einer DDR-Adoption beseitigt werden sollen (MüKo/Maurer Rz 1). Ein selbständiges vormundschaftsgerichtliches Verfahren zur Anerkennung einer auf ausländischem Recht beruhenden Annahme eines Minderjährigen sehen §§ 1, 2 I **AdWirkG** vor (vor 1741 Rz 23); es handelt sich um ein nach § 4 AdWirkG antragsgebundenes fakultatives Verfahren, das den Grundsatz inzidenter Anerkennung ausländischer Entscheidungen nach § 16a FGG (Bassenge/Herbst, FGG/RpflG, § 16a Rz 2) unberührt läßt (BT-Drucks 14/6011, 32, 46f); Wiederholungsadoptionen im Inland können auch künftig betrieben werden (MüKo/Maurer vor § 1741 Rz 68; zurückhaltend Art 22 Rz 30 EGBGB; Pal/Heldrich Art 22 Rz 15 EGBGB). § 3 AdWirkG eröffnet die antragsgebundene Umwandlung schwacher ausländischer Adoptionen. Eine verstärkende Wiederholungsadoption war bisher zulässig, wenn die mit schwächeren Wirkungen versehene ausländische Adoption die starke Wirkung der deutschen Adoption haben sollte (Frankfurt/M FamRZ 1992, 985). 7

4. Ist das Annahmeverhältnis zu dem einzigen oder zu beiden Annehmenden aufgehoben und dadurch gem § 1764 III das Verwandtschaftsverhältnis zu den leiblichen Eltern wieder aufgelebt, so ist zu einer erneuten Adoption wiederum gem § 1747 deren Einwilligung erforderlich (MüKo/Maurer Rz 4, aA AG Arnsberg FamRZ 1987, 1194). In den anderen Fällen der Mehrfachadoption bleibt das Verwandtschaftsverhältnis zu leiblichen Eltern kraft Erstadoption erloschen, so daß kein Einwilligungsrecht der leiblichen Eltern besteht, obwohl ihre Einwilligung zur ersten Adoption weder auf das Faktum der Zweitadoption noch auf die Person des Zweitannehmenden bezogen war (§ 1747 Rz 2). 8

1743 *Mindestalter*
Der Annehmende muss das 25., in den Fällen des § 1741 Abs. 2 Satz 3 das 21. Lebensjahr vollendet haben. In den Fällen des § 1741 Abs. 2 Satz 2 muss ein Ehegatte das 25. Lebensjahr, der andere Ehegatte das 21. Lebensjahr vollendet haben.

1. **Textgeschichte.** § 1743 neugefaßt durch AdoptG Art 1 Nr 1, Amtl Begr BT-Drucks 7/3061, 31f sowie BT-Drucks 7/5087, 9f; durch KindRG Art 1 Nr 28, Amtl Begr BT-Drucks 13/4899, 112, wurde die Vorschrift redaktionell neugefaßt. Der bislang in § 1743 II aF aufgeführte Grundsatz, daß der Annehmende das 25. Lebensjahr vollendet haben muß, und dessen Einschränkung durch § 1743 III aF wurde in § 1743 S 1 aufgenommen. § 1743 S 2 entspricht inhaltlich § 1743 I aF. 1

2. Das in § 1743 normierte **Mindestalter** soll gewährleisten, daß nur solche Menschen ein Kind annehmen, die über die erforderliche Reife verfügen. Grundsätzlich muß der Annehmende wenigstens 25 Jahre alt sein, es sei denn, er will ein Kind seines Ehegatten annehmen; dann genügt es, daß der Annehmende 21 Jahre alt ist. Bei gemeinschaftlicher Annahme durch ein Ehepaar muß mindestens ein Teil 25, der andere mindestens 21 Jahre alt sein. **Maßgeblicher Zeitpunkt** ist die Entscheidung des VormG (§ 1752, RGRK/Dickescheid Rz 3). 2

3. Die **Jugendlichkeit eines Ehegatten** bedeutet, daß die von beiden Gatten gewollte Annahme das Kind nur zum Kind des über 25jährigen Teils macht. Das löst rechtspolitische Zweifel aus (Frank FamRZ 1998, 393/397; Staud/Frank § 1741 Rz 38f). Die bis zum KindRG geltende Fassung (§ 1741 I S 3 Alt 2 aF) ermöglichte die Einzelannahme, wenn der andere Ehegatte in der Geschäftsfähigkeit beschränkt war. Dieser Fall konnte bis zum Inkrafttreten des BtG auch Volljährige betreffen und danach bis zum Inkrafttreten des KindRG nur noch 16- bis 18jährige, so daß beim Alter des Ehegatten zwischen 18 und 21 Jahren wegen § 1743 eine Adoption überhaupt ausgeschlossen war. Daß das KindRG die Einzeladoption durch den über 25jährigen bei jeder Altersstufe seines Gatten unter 21 Jahren ermöglicht, ist mit Rücksicht auf Fälle eines dringlichen Adoptionsbedürfnisses richtig und bei der Stiefkindadoption unbedenklich. In anderen Fällen das Mindestalter des anderen Ehegatten in § 1743 I abzusenken, hätte die Förderung von Frühadoptionen bedeutet. Wenn das Gericht die Grundvoraussetzung für eine Einzeladoption durch den über 25jährigen bejaht, bleibt dann, wenn der andere Ehegatte das 25. Lebensjahr vollendet hat, eine ergänzende Einzelannahme gem § 1741 II S 2 möglich – auch dadurch wird das Kind gemeinschaftliches Kind beider Ehegatten. 3

§ 1743

4 4. Der Fall, daß der volljährige Annehmende iSv § 104 Nr 2 **geschäftsunfähig** ist, wird (anders als nach § 1743 IV aF) nicht mehr angesprochen. Regelmäßig wird das Manko der Geschäftsunfähigkeit durch einen Betreuer kompensiert. Das ist beim Annahmeantrag der Annehmenden ausgeschlossen, weil das Vertretungsverbot des § 1752 eine gesetzliche Vertretung umfaßt. In diesem Sinn wurde der Annahmeantrag bisher verstanden, was allerdings vor dem KindRG mit dem weggefallenen § 1743 IV begründet wurde. Weil das KindRG daran nichts ändern sollte, bleibt es bei der weiteren Auslegung des Vertretungsverbotes (MüKo/Maurer Rz 4). Der Annahmeantrag kann nicht Aufgabe eines Betreuers sein (zur Frage eines Einwilligungsvorbehalts vgl § 1752 Rz 3 und § 1903 Rz 31). Verliert der Antragsteller nach der Antragstellung die Geschäftsfähigkeit, so darf die Adoption nicht verfügt werden (RGRK/Dickescheid Rz 5); geschieht dies gleichwohl, so ist das Annahmeverhältnis gem § 1760 II lit a aufhebbar.

5 5. Wird das Kind eines geschäftsunfähigen Ehegatten vom anderen Ehegatten adoptiert (§ 1741 II S 3), braucht der Geschäftsunfähige dazu weder als Elternteil (§ 1747 IV) noch als Ehegatte (§ 1749 III) einzuwilligen. Bei beschränkter Geschäftsfähigkeit eines von beiden annehmenden Ehegatten ist dessen Einwilligung nach §§ 1747, 1749 I, 1749 II S 2 sowohl als Elternteil als auch als Ehegatte des Annehmenden erforderlich, ebenso wie bei einem Alter zwischen 18 und 21 Jahren.

1744 *Probezeit*
Die Annahme soll in der Regel erst ausgesprochen werden, wenn der Annehmende das Kind eine angemessene Zeit in Pflege gehabt hat.

1 1. **Textgeschichte.** Neugefaßt durch AdoptG Art 1 Nr 1, Amtl Begr BT-Drucks 7/3061, 32, 73 sowie BT-Drucks 7/5087, 10.

2 2. Der RegE ist Art 17 des EuAdÜbEink gefolgt, wonach die Adoption nur ausgesprochen werden darf, wenn das Kind der Pflege des Annehmenden für einen Zeitraum anvertraut war, der ausreicht, damit die zuständige Behörde die Beziehungen zwischen dem Kind und dem Annehmenden im Fall einer Annahme richtig einzuschätzen vermag. Mit Goldstein/Freud/Solnit S 36, 43; W. Spiel, Child Psychiatry and Prevention, Bonn 1964 S 194f; ist ein der Adoption regelmäßig vorzuschaltendes Pflegeverhältnis **rechtspolitisch bedenklich**: a) Unter dem Gesichtspunkt des **Kindeswohls** ist ein Abbruch der Adoptionspflege mit allen Mitteln zu vermeiden, weil er das Kind einem erneuten Unterbringungswechsel aussetzen würde. Daher muß schon vor Begründung des Adoptionspflegeverhältnisses mit gleicher Strenge wie bei einer Adoption geprüft werden, ob deren Voraussetzungen vorliegen. § 8 AdVermiG ordnet daher an, daß das Kind erst dann zur Eingewöhnung bei den Adoptionsbewerbern in Pflege gegeben werden darf, wenn feststeht, daß diese für die Annahme geeignet sind (vor § 1741 Rz 20). Die Vorläufigkeit des Pflegeverhältnisses erschwert aber gerade die psychologische „Annahme als Kind": Einerseits werden die Annehmenden bangen, ob sie das Kind behalten dürfen; andererseits fehlt ihrer Entscheidung für das Kind der Ernst der Endgültigkeit, wenn sie das Pflegeverhältnis jederzeit abbrechen und sogar einen schon gestellten Adoptionsantrag bis zur Verfügung der Adoption zurücknehmen können.

3 b) Die These, daß abgebrochene Pflege besser sei als gescheiterte Adoption (MüKo/Maurer Rz 2) und vollendete Tatsachen durch die Adoption geschaffen werden (Engler S 82), muß relativiert werden: Unter dem Gesichtspunkt des Kindeswohls ist bereits die Unterbringung bei den Adoptionsbewerbern in dem Maß, wie sich das Kind eingewöhnt, die entscheidende Tatsache, hinter der ein erneuter Wechsel durch Beendigung des Pflege- oder Aufhebung eines Annahmeverhältnisses zurücktreten muß. Aus dem Gesichtspunkt des Kindeswohls dürfte ein Adoptionspflegeverhältnis nicht unter leichteren Voraussetzungen abgebrochen werden als denen, die gemäß § 1763 I für die Aufhebung des Annahmeverhältnisses gelten. Auch die materielle Wirkung des Abbruchs eines Adoptionspflegeverhältnisses unterscheidet sich nicht wesentlich von der einer Aufhebung des Annahmeverhältnisses – im einen Fall sind die Adoptionswirkungen nie eingetreten, im anderen entfallen sie gemäß § 1763 III. Daß das Verfahren der Aufhebung der Adoption umständlicher ist als der Abbruch eines Adoptionspflegeverhältnisses, ist kein entscheidender Gesichtspunkt. Darüber hinaus hat die Vorschaltung des Pflegeverhältnisses den Nachteil, daß sich die Prüfung der Grundvoraussetzung der Adoption auf die Adoptionsvermittlungsstelle und das JA verschiebt und die Kontrolle des VormG ausgehöhlt wird: In dem Maße, wie das Kind in die Familie der Adoptionsbewerber eingewöhnt ist, würde gerade eine Zurückweisung des Adoptionsantrags gegen das Kindeswohl verstoßen.

4 3. **Probecharakter** hat die Adoptionspflege nur für die annehmende, nicht für die abgebende Seite. Haben die Eltern, deren Einwilligung einem bestimmten Annehmenden (Ehepaar) gelten muß (§ 1747 Rz 5), auf Grund der Adoptionspflege den Eindruck fehlender Eignung des Annehmenden, können sie gleichwohl ihre Einwilligung nicht widerrufen (§ 1750 II). Nur das über 14 Jahre alte Kind kann nach § 1746 II seine Einwilligung bis zum Wirksamwerden des Ausspruchs der Annahme widerrufen und damit auf Erfahrungen in der Adoptionspflege reagieren.

5 4. **Sinnvoll ist eine Adoptionspflege**, wenn andere als in der Person der Adoptionsbewerber liegende Voraussetzungen der Adoption fehlen, ihr Eintreten, zB die nach § 1747 erforderliche Einwilligung der leiblichen Eltern oder deren Ersetzung, aber sicher ist. Der Begründung des RegE zu § 8 AdVermiG (BT-Drucks 7/4321, 21) kann nicht gefolgt werden, wenn darin gefordert wird, daß vor Begründung der Adoptionspflege die zur Adoption erforderlichen Einwilligungen vorliegen müssen (ebenso RGRK/Dickescheid Rz 5). Ist bereits früher eine Entscheidung über die Unterbringung des Kindes zu treffen, so soll das Kind bereits dem Adoptionsbewerber in Pflege gegeben werden, dem es, wenn die übrigen Voraussetzungen bereits vorlägen, zur Adoption gegeben werden könnte. Sinnvoll ist eine Adoptionspflege ferner bei **Problemkindern**, besonders in fortgeschrittenem Alter, bei

denen weder ihre Reaktion auf die neue Familie noch deren Belastbarkeit bei ungünstiger Reaktion des Kindes hinreichend vorausgesehen werden können.

5. Ermessen. a) Die an § 1744 geübte Kritik (Rz 2f) beseitigt nicht das Erfordernis, **„in der Regel"** der Adoption ein Pflegeverhältnis vorzuschalten. Diese Kritik begünstigt aber die Anerkennung von Ausnahmen. Daß sich gerade aus dem Gesichtspunkt des Kindeswohls das Ermessen bei der Beurteilung der Frage, ob überhaupt eine Pflegezeit eingehalten werden muß, auf ein Minimum reduziere (MüKo/Maurer Rz 12; Soergel/Liermann Rz 13), kann nicht zugegeben werden. Bereits der Rechtsausschuß des Bundestags hat vor einer zu weiten Auslegung des Merkmals „in der Regel" gewarnt. In dem Maß, wie der Adoptionsbewerber bereits länger oder intensiver Kontakt mit dem Kind gehabt hat, ist eine Adoptionspflege nicht erforderlich; sie entfällt ganz bei der Adoption durch einen bisherigen Inhaber der elterlichen Sorge, zB einen Vormund, oder durch den Stiefelternteil, in deren Haushalt das Kind lebt (RGRK/Dickescheid Rz 2). Der Rechtsausschuß hat das Beispiel von Adoptionsvermittlungen der Organisation „Terre des Hommes" genannt, die durch Vorschaltung einer Adoptionspflege nicht behindert oder unmöglich gemacht werden sollten. Mit derartigen Auslandsadoptionen wäre ein Reuerecht des Adoptionsbewerbers unvereinbar. Werden aber bereits Inkognitoadoptionen außerhalb der Regel gestellt (so Pal/Diederichsen Rz 1), liefe § 1744 weitgehend leer. Da die Adoptionspflege nicht vom Kind her begründbar ist, sondern dem Annehmenden ein Reuerecht gibt, kann auch der Fall, daß der Annehmende die sofortige Adoption wünscht, das Abgehen von der Regel begründen; freilich muß einem solchen Wunsch zB dann nicht gefolgt werden, wenn die Gefahr besteht, daß der Annehmende sich übernimmt.

b) Die Kritik an § 1744 beeinflußt auch die Beurteilung, welche **Dauer der Pflege** angemessen ist (ähnlich Pal/Diederichsen Rz 1). Je später die Pflege abgebrochen wird, desto schlimmer für das Kind. Je älter das Kind, desto eher kann es einen neuen Wechsel bewältigen, desto schwerer fällt aber auch die Prognose, ob ein Eltern-Kind-Verhältnis entstehen wird. Bei über sieben Jahre alten Kindern sollte die in Punkt 2.51 (2) der von der Arbeitsgemeinschaft der Landesjugendämter herausgegebenen Richtlinien für die Adoptionsvermittlung (idF vom 28.11.88 S 3ff, 7; in der 3. Aufl 1994 unter Punkt 4.4 nicht mehr angesprochen) vorgesehene Frist von einem Jahr zur Regel genommen werden, bei jüngeren Kindern entsprechend weniger, bei Kleinkindern nicht mehr als ein Monat. Hält der Adoptionsbewerber die von der Adoptionsvermittlungsstelle und dem JA vorgesehene Adoptionspflege nicht für erforderlich oder ihre Dauer für unangemessen lang, so kann er den Adoptionsantrag bei dem zuständigen VormG stellen, das dann zu prüfen hat, ob die Voraussetzungen der Adoption bereits vorliegen (BT-Drucks 7/5087, 10).

6. Eine Pflegeerlaubnis des JAes ist seit dem ÄnderungsG v 16. 2. 1993 nicht mehr erforderlich, § 44 I S 3 Nr 1 SGB VIII – es genügt, daß die Adoptionsvermittlungsstelle nach § 8 AdVermiG feststellt, daß die **Adoptionsbewerber** für die Annahme des Kindes **geeignet** sind (Soergel/Liermann Rz 2; kritisch MüKo/Maurer Rz 4). Mit der Rechtsänderung ist die **Überwachung der Adoptionspflege** durch das JA (§ 44 III S 2 SGB VIII) entfallen, was sich auf gem § 49 SGB VIII erlassene Regelungen des Landesrechts auswirkt. Damit ist die für das JA aus § 44 III S 2 SGB VIII abgeleitete Überwachung der Adoptionspflege auf die Adoptionsvermittlungsstelle übergegangen, die bei negativem Verlauf die Adoptionspflege jedoch nicht von sich aus beenden kann, sondern sich demgegenüber an die Personensorgeberechtigten (idR das JA als Amtsvormund) wenden muß.

7. Liegt die nach § 1747 erforderliche Einwilligung der leiblichen Eltern des Kindes in die Adoption vor, so ist gem § 1751 I S 2 das JA Vormund. Es schließt den wegen § 1751 IV S 1 unentgeltlichen **Pflegevertrag** mit dem (den) Annehmenden (RGRK/Dickescheid Rz 6). Das Pflegekindverhältnis nach § 1744 ist als „familienrechtliches Rechtsverhältnis im Vorfeld der Annahme" (Brandenburg DAVorm 2000, 171; Roth-Stielow Rz 16) in § 1751 I und IV hinsichtlich Umgangsrecht, elterlicher Sorge und Unterhalt besonders geregelt. Ist die elterliche Einwilligung weder erteilt noch gem § 1748 ersetzt, so werden die Eltern auch nicht in eine Adoptionspflege einwilligen. Dann muß den Eltern, wenn es noch nicht geschehen ist, unter den Voraussetzungen des § 1666 das Sorgerecht entzogen und ein Vormund oder Pfleger bestellt werden, der als gesetzlicher Vertreter des Kindes den Pflegevertrag mit den Adoptionsbewerbern schließt. Gleiches gilt, wenn Eltern zur Abgabe der Einwilligung in die Adoption dauernd außerstande sind oder ihr Aufenthalt dauernd unbekannt ist (§ 1747 IV); auch dann kann die Adoptionspflege nicht, etwa analog der Entbehrlichkeit der elterlichen Einwilligung in die Adoption, von Amts wegen angeordnet werden.

8. Auch ohne vorausgegangenes Pflegeverhältnis ist die Annahme wirksam; die Verletzung von § 1744 führt nicht zur Aufhebung nach § 1762 (Pal/Diederichsen Rz 1).

1745 *Verbot der Annahme*

Die Annahme darf nicht ausgesprochen werden, wenn ihr überwiegende Interessen der Kinder des Annehmenden oder des Anzunehmenden entgegenstehen oder wenn zu befürchten ist, dass Interessen des Anzunehmenden durch Kinder des Annehmenden gefährdet werden. Vermögensrechtliche Interessen sollen nicht ausschlaggebend sein.

1. Textgeschichte. Neugefaßt durch AdoptG Art 1 Nr 1, Amtl Begr BT-Drucks 7/3061, 33f sowie BT-Drucks 7/5087, 10.

2. Das Gesetz vom 8. 8. 1950 (BGBl I 356) ermöglichte in § 1745a aF die Befreiung von dem ursprünglichen Erfordernis der Kinderlosigkeit, wenn keine überwiegenden Interessen von Kindern des Annehmenden entgegenstehen. § 1745 bewahrt diesen Rechtszustand (BT-Drucks 7/3061, 33), hält das VormG aber auch dazu an, die Gegeninteressen von Kindern des Anzunehmenden zu würdigen. Der dritte geregelte Fall, daß Interessen des Anzunehmenden durch Kinder des Annehmenden gefährdet werden, wäre besser nicht in den jetzigen § 1745

§ 1745

übernommen worden. Es handelt sich um einen Aspekt des Kindeswohls, dem die Adoption nach § 1741 ohnehin dienen muß (Engler FamRZ 1976, 586; Soergel/Liermann Rz 14). Kindern des Annehmenden oder Anzunehmenden ist, obwohl die Adoption ihr Verwandtschaftsverhältnis ändert, kein Einwilligungsrecht zugestanden. Nach § 1745 ist ihr Interesse jedoch objektiv zu berücksichtigen. Sind überwiegende entgegenstehende Interessen nicht feststellbar, ist die Annahme auszusprechen.

3 3. Kinder iSv § 1745 sind alle **Abkömmlinge**, so daß auch Enkel erfaßt werden (MüKo/Maurer Rz 3; Soergel/Liermann Rz 5). Die Gegeninteressen vorhandener Kinder werden auch dann geschützt, wenn sie selbst Adoptivkinder sind. Im allgemeinen ist es für ein Einzelkind vorteilhaft, mit Geschwistern groß zu werden. **Personale Gegeninteressen** vorhandener Kinder des Annehmenden stehen entgegen, wenn dessen Erziehungsfähigkeit durch das anzunehmende Kind übermäßig in Anspruch genommen würde. Bei einem Kind des Anzunehmenden ist es denkbar, daß dessen Wechsel in die Adoptivfamilie, besonders bei problematischer Alterskonstellation, sein Wohl gefährdet. **Materielle Gegeninteressen** vorhandener Kinder sollen nach **S 2** nicht den Ausschlag geben; sie können aber unterstützend in die Abwägung einbezogen werden (AG Darmstadt StAZ 1979, 324; RGRK/Dickesscheid Rz 6; Pal/Diederichsen Rz 6). Vorhandene Kinder des Annehmenden müssen die Konkurrenz des Adoptivkindes als Unterhalts- und Erbberechtigter grundsätzlich hinnehmen (BGH FamRZ 1984, 378). Anderes kann gelten, wenn mit einer Stiefkindadoption der Zweck verfolgt wird, Unterhaltsansprüche vorhandener Kindern zu verkürzen (so im Fall LG Lüneburg STREIT 2000, 87) oder wenn eine Erbaussicht auch einen personalen Aspekt hat, wenn zB das vorhandene Kind eine Ausbildung begonnen hat, die es mangels weiterer Finanzierung durch die Eltern nicht fortsetzen könnte, oder wenn die Erbaussicht, etwa als Nachfolger im elterlichen Betrieb, den bisherigen Ausbildungs- und Lebensweg bestimmt hat (Soergel/Liermann Rz 11). Bei der erforderlichen **Abwägung** dürfte vorhandenen Kindern ein grundsätzlicher Vorrang einzuräumen sein, weil ihre moralische und materielle Verbindung zu den Eltern länger besteht, während die Verbindung zum Adoptivkind erst geknüpft werden soll. Dieser Aspekt tritt zurück bei der Adoption eines nichtehelichen Kindes, eines Stief- oder Pflegekindes, das mit vorhandenen Kindern bereits zusammenlebt (RGRK/Dickesscheid Rz 5).

4 Leben die Kinder nicht mit dem Annehmenden zusammen, sondern beim sorgeberechtigten geschiedenen Ehegatten, so droht ihnen durch die Adoption eine Vertiefung der in der Zerrüttung der Ehe angelegten Entfremdung. Das Interesse solcher Kinder muß aber grundsätzlich zurücktreten, wenn der Elternteil ein Stiefkind adoptieren will, das in seinem Haushalt lebt (MüKo/Maurer Rz 6; RGRK/Dickesscheid Rz 5), und wohl auch dann, wenn durch die Adoption die neu begründete Familie des Elternteils vervollständigt wird.

5 4. Der Grundsatz der **Amtsermittlung** (§ 12 FGG) gebietet, daß das Gericht diejenigen hört, deren Interessen es bei der Entscheidung zu würdigen hat. Darüber hinaus sind, sofern vorhanden, Kinder des Anzunehmenden, deren verwandtschaftlicher Status verändert wird, zu hören; dasselbe gilt für **Kinder des Annehmenden** als materiell Beteiligten entsprechend § 50b II FGG, obwohl sich für diese Kinder die Verwandtschaft infolge der Adoption lediglich vermehrt wird und Bestandsschutz insoweit fehlt (RGRK/Dickesscheid Rz 8). Nach § 50b FGG richtet es sich auch, ab welchem Alter und Reifezustand ein Kind überhaupt sowie persönlich zu hören ist (MüKo/Maurer Rz 14).

1746 *Einwilligung des Kindes*

(1) Zur Annahme ist die Einwilligung des Kindes erforderlich. Für ein Kind, das geschäftsunfähig oder noch nicht 14 Jahre alt ist, kann nur sein gesetzlicher Vertreter die Einwilligung erteilen. Im Übrigen kann das Kind die Einwilligung nur selbst erteilen; es bedarf hierzu der Zustimmung seines gesetzlichen Vertreters. Die Einwilligung bedarf bei unterschiedlicher Staatsangehörigkeit des Annehmenden und des Kindes der Genehmigung des Vormundschaftsgerichts; dies gilt nicht, wenn die Annahme deutschem Recht unterliegt.

(2) Hat das Kind das 14. Lebensjahr vollendet und ist es nicht geschäftsunfähig, so kann es die Einwilligung bis zum Wirksamwerden des Ausspruchs der Annahme gegenüber dem Vormundschaftsgericht widerrufen. Der Widerruf bedarf der öffentlichen Beurkundung. Eine Zustimmung des gesetzlichen Vertreters ist nicht erforderlich.

(3) Verweigert der Vormund oder Pfleger die Einwilligung oder Zustimmung ohne triftigen Grund, so kann das Vormundschaftsgericht sie ersetzen; einer Erklärung nach Absatz 1 durch die Eltern bedarf es nicht, soweit diese nach den §§ 1747, 1750 unwiderruflich in die Annahme eingewilligt haben oder ihre Einwilligung nach § 1748 durch das Vormundschaftsgericht ersetzt worden ist.

1 1. **Textgeschichte.** Neugefaßt durch AdoptG Art 1 Nr 1, Amtl Begr BT-Drucks 7/3061, 34ff sowie BT-Drucks 7/5087, 10. Abs I S 4 angefügt durch das G zur Neuregelung des Internationalen Privatrechts vom 25. 7. 1986. Abs I S 4 letzter Hs und Abs III letzter Hs angefügt durch KindRG Art 1 Nr 29, Amtl Begr BT-Drucks 13/4899, 112.

2 2. Das **Einwilligungsrecht des Anzunehmenden** wurzelt in seiner Autonomie und seinem Grundrecht auf Selbstbestimmung. Doch kann das nur für einen solchen Anzunehmenden gelten, der nach Entwicklungs- und Geisteszustand für die rechtsgeschäftliche Wahrnehmung seines Einwilligungsrechts zuständig ist. Fehlt es daran, so bedeutet die Zuständigkeit gesetzlicher Vertreter, daß das „Kindeswohl" insoweit in deren Gutdünken gestellt ist. Während ausländischen Rechtsordnungen vom Erfordernis der Einwilligung des Kindes, wenn diese nicht von ihm selbst erteilt werden kann (MüKo/Maurer Rz 2 Fn 3), kann der Sinn der Mitwirkung eines Vormunds oder Pflegers angesichts der Ersetzbarkeit ihrer Entscheidung nach Abs III wesentlich darin gesehen werden, zusätzliche Gesichtspunkte der Beurteilung zu gewinnen. Sind gesetzliche Vertreter des Kindes die Eltern, so vermeidet Abs III Hs 2 eine Verdoppelung ihrer Mitwirkung, wenn sie aus eigenem Recht gem § 1747 in die Adoption einwilligen (MüKo/Maurer Rz 9, aA RGRK/Dickescheid Rz 4f; Soergel/Liermann, Rz 7). Gleiches gilt, wenn die Einwilligung von sorgeberechtigten Eltern gem § 1748 vom VormG ersetzt wird.

3. § 1746 unterscheidet zwei **Stufen nicht voller Geschäftsfähigkeit**. Wie bei anderen statusbestimmenden Rechtsakten (vgl § 1596 II) liegt die Grenze bei Vollendung des 14. Lebensjahres: Für ein noch nicht 14 Jahre altes oder geschäftsunfähiges Kind ist sein gesetzlicher Vertreter (Rz 6) zuständig. Ein zwischen 14 und 18 Jahre altes Kind kann die Einwilligung nur selbst erteilen, eine Ersetzung ist ausgeschlossen (BayObLG StAZ 1997, 35; RGRK/Dickescheid Rz 9). Das Kind bedarf aber der Zustimmung seines gesetzlichen Vertreters. Hat das über 14 Jahre alte Kind bei seiner Anhörung vor dem ersuchten Richter ausdrücklich seine Einwilligung in die Annahme verweigert, so bedarf es keiner persönlichen Anhörung des Kindes und des Antragstellers durch das entscheidende Gericht (BayObLG FuR 1997, 29). Wird das über 14 Jahre alte Kind nach Abgabe seiner Einwilligungserklärung, sei es auch vor deren Wirksamwerden (§ 1750 I S 3), geschäftsunfähig, so ist das gem § 130 II, III unschädlich. Dem entsprechend ist auch ein Wechsel des gesetzlichen Vertreters bereits nach Abgabe, nicht erst nach Wirksamwerden der Einwilligungserklärung unerheblich.

4. Bei einer **Inkognito-Adoption** hat mit Ausnahme der Eltern jeder andere gesetzliche Vertreter, der für das Kind einzuwilligen oder der Einwilligung des Kindes zuzustimmen hat, das Recht, die Person und die Verhältnisse des (der) Annehmenden zu erfahren, denn diese Kenntnis erhöht den Wert seiner Beurteilung. Das Inkognito des Annehmenden gegenüber leiblichen Eltern und Kind wird durch das Offenbarungsverbot geschützt, dem der gesetzliche Vertreter nach 1758 unterliegt. Die von dem oder für das Kind zu erklärende Einwilligung oder Zustimmung kann sich (wie die Einwilligung der Eltern, § 1747 Rz 5), auf mehrere Annehmende in subsidiärer Reihung beziehen.

5. Die von einem Vormund oder Pfleger zu erteilende **Einwilligung oder Zustimmung ist nach Abs III ersetzbar**; das kann auf Anregung, Antrag oder von Amts wegen geschehen (Hamm FamRZ 1991, 1230, 1231). Triftig ist nur ein überzeugender, schwerwiegender, nicht widerlegbarer Grund. Die Kontrolle des VormG geht weit, wobei das Gericht nach den Kriterien entscheidet, die es der Prüfung des Adoptionsantrags zugrunde legt (BayObLG FamRZ 1997, 839; Pal/Diederichsen Rz 8). Anders als im sonst vergleichbaren Fall des § 1303 III nimmt der gesetzliche Vertreter hier kein eigenes Recht wahr, sondern vertretungsweise das Recht des Kindes. Keinen triftigen Grund stellt es dar, daß der Erzeuger des Kindes noch nicht ermittelt ist, wenn die Mutter ihn zu nennen nicht bereit ist (LG Ellwangen DAVorm 1988, 309). Ist die **Verweigerung** durch Vormund oder Pfleger zugleich **pflichtwidrig**, so kann das VormG ihn auch nach §§ 1886, 1915 entlassen und eine andere Person bestellen (BT-Drucks 7/3061, 36; aA Pal/Diederichsen Rz 5). Für ein Gebot des VormG an den Vormund oder Pfleger gem § 1837 läßt die einfachere Möglichkeit der Ersetzung jedoch keinen Raum.

6. **Gesetzliche Vertreter** des ehelichen Kindes sind **beide Eltern** (§§ 1626, 1626a I) oder, wenn die Mutter im Zeitpunkt der Geburt nicht verheiratet war und der Vater nicht gem § 1592 feststeht oder keine mit der Mutter gemeinsame Sorgeerklärung abgegeben hat, **die Mutter** (§ 1626a II). Das FamG kann das Sorgerecht einem von beiden Elternteilen allein übertragen haben, bei miteinander verheirateten Eltern jedoch nur nach Trennung oder Scheidung (§ 1671). Liegt bei beiden oder einem danach sorgeberechtigten Elternteil(en) eine Störung der Ausübung der Sorge vor – nämlich Ruhen der elterlichen Sorge wegen fehlender Geschäftsfähigkeit (§ 1673), tatsächlicher Verhinderung (§ 1674) oder Entziehung durch das FamG (§ 1666a) – so übt der andere Elternteil das Sorgerecht allein aus (§ 1678 I) oder ist ein Vormund (§§ 1773ff) oder Pfleger (§ 1909) bestellt bzw zu bestellen.

7. Die **Einwilligung** des Anzunehmenden oder seines gesetzlichen Vertreters ist **dem VormG gegenüber** zu erklären (§ 1750 I S 1). Sie duldet keine Bedingung oder Befristung (§ 1750 II S 2), keine Stellvertretung (§ 1750 III S 1) und bedarf notarieller Beurkundung (§ 1750 I S 2). Was von diesen Erfordernissen auch für die **Zustimmung des gesetzlichen Vertreters** zur Einwilligung des Anzunehmenden zu gelten hat, ist nicht geregelt: Bedingungs- und Befristungsfeindlichkeit sowie Ausschluß der Stellvertretung sind anzunehmen (Soergel/Liermann Rz 16). Für die Entbehrlichkeit notarieller Beurkundung spricht § 182 II. Auch kann die Zustimmung sowohl dem Annehmenden wie dem VormG gegenüber erklärt werden. Fordert das VormG den Nachweis der Zustimmung, so liegt darin keine Zurückweisung nach §§ 182 III, 111 S 2: Die Einwilligung bleibt wirksam und ist nachholbar bis zur Entscheidung des VormG (MüKo/Maurer Rz 12). Das Fehlen der Zustimmung bildet keinen Aufhebungsgrund (§ 1760 Rz 2 aE; Soergel/Liermann Rz 16).

8. So wie der Antrag des Annehmenden bis zum Wirksamwerden der Annahme zurückgenommen werden kann (§ 1752 Rz 4), kann der Anzunehmende selbst – im Unterschied zum für ihn zuständigen gesetzlichen Vertreter und anderen Einwilligungsberechtigten, deren Einwilligung gem § 1750 II S 2 unwiderruflich ist – die von ihm oder vor seinem 14. Lebensjahr von seinem gesetzlichen Vertreter erklärte **Einwilligung widerrufen**, wenn er 14 Jahre alt und nicht geschäftsunfähig ist. Der Widerruf bedarf nicht der Zustimmung des gesetzlichen Vertreters (RGRK/Dickescheid Rz 11; MüKo/Maurer Rz 13); er unterliegt der öffentlichen (nicht notwendig notariellen) **Beurkundung**; für die Beurkundung ist gem § 59 I Nr 6 SGB VIII auch das Jugendamt zuständig. Das abweichend vom RegE durch den Rechtsausschuß des BT eingeführte Formerfordernis soll dem Kind die vorherige Beratung, und zwar speziell durch das JA, sichern (kritisch Gernhuber/Coester-Waltjen § 68 V 8).

Für die **Ersetzung der Einwilligung oder Zustimmung** eines Vormunds oder Pflegers nach Abs III ist ein Antrag nicht erforderlich (Hamm FamRZ 1991, 1231; MüKo/Maurer Rz 8); es entscheidet der Richter (§ 14 Nr 3 lit f RPflG). Daß es an einem triftigen Grund (Rz 5) fehlt, ist im ersetzenden Beschluß zu begründen (RGRK/Dickescheid Rz 17). Der Beschluß wird gem § 53 I 2 FGG erst mit Rechtskraft wirksam und unterliegt daher der sofortigen Beschwerde (§ 60 I Nr 6 FGG, Stuttgart OLGZ 80, 110). Wegen der Rechtsbehelfe gegen eine **Negativentscheidung** ist zu differenzieren: Hatte das VormG außerhalb des Adoptionsverfahrens die Voraussetzungen für

§ 1746

eine Ersetzung geprüft, diese aber abgelehnt, so liegt eine Verfügung vor, gegen die gem § 19 I FGG jedem, der dadurch beeinträchtigt ist (§ 20 I FGG), die Beschwerde offensteht. Hat das Gericht der Anregung eines Beteiligten, die Ersetzung zu prüfen, keine Folge gegeben, so fehlt es an einer Verfügung, gegen die Beschwerde statthaft wäre. Dann bleibt die Dienstaufsichtsbeschwerde oder der Weg, den Adoptionsantrag zu stellen und dessen Zurückweisung anzugreifen (§ 1752 Rz 18). Erfolgte dagegen die Prüfung einer Ersetzung im Rahmen des Adoptionsverfahrens, so entfallen besondere Rechtsbehelfe gegen eine Negativentscheidung. Beschwerdebefugt ist jeweils auch das über 14 Jahre alte Kind (§ 59 FGG).

10 9. Ungeachtet der erforderlichen Einwilligung hat das VormG gem §§ 55c, 50b FGG das **Kind persönlich anzuhören**, wenn nicht schwerwiegende Gründe dagegen sprechen (RGRK/Dickescheid Rz 17; vgl ferner § 1752 Rz 9).

11 10. Abs I S 4 soll eine Kindeswohlprüfung auch in Fällen **gemischt-nationaler Adoption** ermöglichen, in denen die vom deutschen VormG anzuwendende ausländische Sachnorm eine derartige Prüfung nicht vorsieht. Die vom KindRG beigefügte Einschränkung entspricht dem Gesetzeszweck. Es gibt kaum mehr eine Rechtsordnung, die bei der Adoption keine Kindeswohlprüfung vorsähe (Frank FamRZ 1998, 397); zudem würde eine mit dem Kindeswohl nicht verträgliche Adoption gegen den deutschen ordre public verstoßen. In Fällen des S 4 wird das VormG über die Einwilligung des gesetzlichen Vertreters ebenso entscheiden wie über die Adoption als ganzes, also nicht etwa die Einwilligung genehmigen, den Adoptionsantrag aber als dem Kindeswohl nicht dienlich zurückweisen.

1747 *Einwilligung der Eltern des Kindes*

(1) Zur Annahme eines Kindes ist die Einwilligung der Eltern erforderlich. Sofern kein anderer Mann nach § 1592 als Vater anzusehen ist, gilt im Sinne des Satzes 1 und des § 1748 Abs. 4 als Vater, wer die Voraussetzung des § 1600d Abs. 2 Satz 1 glaubhaft macht.

(2) Die Einwilligung kann erst erteilt werden, wenn das Kind acht Wochen alt ist. Sie ist auch dann wirksam, wenn der Einwilligende die schon feststehenden Annehmenden nicht kennt.

(3) Sind die Eltern nicht miteinander verheiratet und haben sie keine Sorgeerklärungen abgegeben,
1. kann die Einwilligung des Vaters bereits vor der Geburt erteilt werden;
2. darf, wenn der Vater die Übertragung der Sorge nach § 1672 Abs. 1 beantragt hat, eine Annahme erst ausgesprochen werden, nachdem über den Antrag des Vaters entschieden worden ist;
3. kann der Vater darauf verzichten, die Übertragung der Sorge nach § 1672 Abs. 1 zu beantragen. Die Verzichtserklärung muss öffentlich beurkundet werden. § 1750 gilt sinngemäß mit Ausnahme von Absatz 4 Satz 1.

(4) Die Einwilligung eines Elternteils ist nicht erforderlich, wenn er zur Abgabe einer Erklärung dauernd außerstande oder sein Aufenthalt dauernd unbekannt ist.

1 1. **Textgeschichte.** Neugefaßt durch AdoptG Art 1 Nr 1, Amtl Begr BT-Drucks 7/3061, 20f, S 36f sowie BT-Drucks 7/5087, 10. Durch KindRG Art 1 Nr 30, Amtl Begr BT-Drucks 13/4899, 112f, wurden § 1747 I und II neu gefaßt. Die Neuregelung war ua erforderlich, weil das BVerfG durch Beschluß vom 7. 3. 1995 (FamRZ 1995, 789) § 1747 II S 1 und 2 aF mit Art 6 II S 1 GG für unvereinbar erklärt hat. Insoweit als Abs I S 2 auch den nur vermuteten Vater in die Zustimmungsberechtigung einbezieht, ist der Gesetzgeber über die verfassungsgerichtlichen Vorgaben hinausgegangen. § 1747 I S 1 entspricht ohne die Einschränkung auf eheliche Kinder § 1747 I aF. § 1747 I S 2 ist neu angefügt. § 1747 II entspricht § 1747 III aF. § 1747 III betrifft die in § 1747 II aF geregelte Annahme eines Kindes nicht miteinander verheirateter Eltern.

2 2. **Einwilligungsberechtigung** der Eltern. a) **Feststehende Eltern.** Als Eltern einwilligungsberechtigt sind der Mann und die Frau, die iSv §§ 1591, 1592, 1593 S 1 als Mutter oder Vater feststehen, unabhängig von der Innehabung des Sorgerechts (MüKo/Maurer Rz 2f): Das Einwilligungsrecht fließt aus der verfassungsrechtlichen Elternstellung (BayObLG FamRZ 2002, 1143; Pal/Diederichsen Rz 1), ist ein eigenes Recht der Eltern, seine Ausübung kein Akt elterlicher Sorge. Einwilligungsberechtigt ist auch ein bislang sog nichtehelicher Vater, der weder im Zeitpunkt der Geburt mit der Mutter verheiratet war noch sie später geheiratet hat. Nicht einwilligungsberechtigt sind Adoptiveltern, weil eine Zweitadoption während der Minderjährigkeit des Kindes durch § 1742 ausgeschlossen ist und § 1747 nach Volljährigkeit infolge § 1768 I S 2 nicht anzuwenden ist. Sind die Eltern oder ist die Mutter des vaterlosen Kindes verstorben, so entfällt das Einwilligungserfordernis (Soergel/Liermann Rz 4); die Einwilligungsberechtigung geht nicht etwa auf Großeltern über. Auch ein wegen Minderjährigkeit in der Geschäftsfähigkeit beschränkter Elternteil hat die Einwilligungsberechtigung, ohne der Zustimmung seines gesetzlichen Vertreters zu bedürfen (§ 1750 III S 2). Bei Geschäftsunfähigkeit eines Elternteils entfällt das Einwilligungserfordernis (Abs IV Alt 1). Soll das Kind nach Aufhebung eines Annahmeverhältnisses erneut adoptiert werden, so ist gem § 1764 III das Verwandtschaftsverhältnis zu den leiblichen Eltern wiederaufgelebt und damit auch deren Einwilligungsrecht. Mangels Zulässigkeit einer Blanko-Einwilligung (Rz 5) kann die einmal erteilte Einwilligung nicht auf die Zweitadoption erstreckt werden. Nur nach dem Tod der (des) Annehmenden ist eine Zweitadoption ohne Einwilligung leiblicher Eltern möglich, ebenso ist eine ergänzende Zweitadoption jederzeit möglich (§ 1742 Rz 7).

3 b) **Vermuteter Vater. Abs I S 2** erweitert die Einwilligungsberechtigung auf einen Mann, dessen Vaterschaft nicht statusmäßig feststeht, der aber nach § 1600d II als Vater vermutet wird. Der Gesetzgeber wollte den Erzeuger, der seine Vaterschaft ohne Zustimmung der Mutter nicht wirksam anerkennen kann, davor schützen, daß die Mutter durch ihre Einwilligung in eine Adoption vollendete Tatsachen schafft, die einer Klage des Mannes auf Feststellung seiner Vaterschaft zwar nicht entgegenstehen (§ 1755 Rz 7), eine festgestellte Vaterschaft aber aushöhlen würden. Das Gesetz erwartet von dem nichtehelichen Vater, daß er tätig wird, um seine Rechte zu wahren;

die Einwilligungsberechtigung des nur vermuteten Vaters setzt aber nicht voraus, daß er bereits Klage erhoben hat oder demnächst erhebt. Da der Mann im Vorfeld einer möglichen Vaterschaftsfeststellung geschützt wird, genügt es, daß er die Voraussetzungen darlegt und **glaubhaft macht**, unter denen seine Vaterschaft nach § 1600d II vermutet wird; vor allem muß er glaubhaft machen, der Mutter während der Empfängniszeit beigewohnt zu haben. Dazu kann er sich gem § 15 I FGG aller zulässigen Beweismittel bedienen; die Beschränkung auf präsente Beweismittel (§ 294 II ZPO) gilt nicht. Versichert der Mann die Richtigkeit seiner Angaben an Eides Statt, so kann das VormG im Rahmen der Amtsermittlung (§ 12 FGG) gleichwohl weitere Beweise erheben. Die Anforderungen an schwerwiegende Zweifel, die nach § 1600d II die Vaterschaftsvermutung widerlegen, sind nicht etwa im Hinblick darauf, daß auf der Gegenseite die Beweisanforderungen vermindert sind, ebenfalls geringer. Von den Bedenken des Bundesrates gegen die Gesetz gewordene Regelung (BT-Drucks 13/4899, 156) ist das „Was ist, wenn mehrere Männer in Betracht kommen?" unbegründet: Mehrverkehr ist der klassische Fall für schwerwiegende Zweifel, in dem die Vermutung nicht gilt (§ 1600d Rz 25, zustimmend MüKo/Maurer Rz 4 Fn 17). Das Gericht darf nicht im Rahmen des Adoptionsverfahrens die Vaterschaftsfeststellung vorwegnehmen, indem es zur Klärung von Zweifeln eine Abstammungsbegutachtung herbeiführt (Pal/Diederichsen Rz 5; Helms JAmt 2001, 61). Daß die erweiterte Einwilligungsberechtigung nur besteht, „sofern kein anderer Mann nach § 1592 als Vater anzusehen ist" (hinzuzunehmen ist § 1593 S 1), ist eine Folge der Sperrwirkung, die von jeder statusmäßigen Feststellung als Vater ausgeht (§ 1592 Rz 6ff). Auch wenn der Mann die Stellung als Vater gehabt und durch Anfechtung wieder verloren hat oder wenn sein Feststellungsantrag rechtskräftig abgewiesen wurde, schließt die Rechtskraft des Urteils aus, daß er im Adoptionsverfahren seine Vaterschaft glaubhaft macht; er ist nicht einwilligungsberechtigt (MüKo/Maurer Rz 4). Die Begrenzung der Einwilligungsberechtigung auf Eltern ist verfassungsrechtlich unbedenklich; Interessen der Verwandten und anderer Pflegepersonen sind durch die Berücksichtigung des Kindeswohls hinreichend gewahrt. Das Erfordernis der väterlichen Einwilligung kann ggf entfallen, wenn die Mutter keine oder keine hinreichenden Angaben zur Identität des nichtehelichen leiblichen Vaters macht. Dann sind die Anforderungen an die Aufklärung (§ 12 FGG) herabgesetzt: Es genügt, nächste Bezugspersonen der Mutter darauf zu befragen, ob sie den Vater kennen (MüKo/Maurer Rz 3; zu Fällen anonymer Abgabe oder Geburt in diesem Zusammenhang LG Freiburg JAmt 2002, 472; Wolf FPR 2003, 113).

3. Achtwochenfrist. Abs II S 1 enthält eine durch ein Mindestalter des Kindes definierte **Überlegungsfrist** 4 besonders für die (nichteheliche) Mutter. Gegen eine längere Frist sprach, daß im Interesse des Kindes der Wechsel der Bezugsperson möglichst früh eintreten soll (MüKo/Maurer Rz 10). Die Achtwochenfrist verhindert, daß die Einwilligung in der durch die Geburt hervorgerufenen Ausnahmesituation erteilt wird. Eine frühere, auch vor der Geburt erklärte Einwilligung ist wirkungslos. Das JA oder die Adoptionsvermittlungsstelle können sie aber bereits entgegennehmen und das Adoptionsverfahren vorbereiten. Auch kann das Kind gleich nach der Geburt in Adoptionspflege nach § 1744 gegeben werden (Pal/Diederichsen Rz 7). Doch muß eine frühere Einwilligung nach Ablauf der Achtwochenfrist wiederholt werden. War die Frist nicht eingehalten, so ist die Adoption aufhebbar (§ 1760 IIe). Der Vater, der mit der Mutter nicht verheiratet ist oder war und auch keine gemeinsame Sorgeerklärung abgegeben hat, kann nach Abs III Nr 1 bereits vor der Geburt einwilligen; erforderlich ist Glaubhaftmachung nach Abs I S 2 (MüKo/Maurer Rz 13).

4. Verbot der „Blanko-Adoption". Nach **Abs II S 2** müssen bei Erteilung der Einwilligung „die Annehmen- 5 den" feststehen. Ausgeschlossen ist eine Blanko-Einwilligung, wie sie als Hilfe für Mütter, die ihr erwartetes Kind keinesfalls behalten wollen, gefordert worden ist (vgl Frankfurt FamRZ 1973, 481 mN). Eine Blanko-Einwilligung wäre wenigstens der Versuch einer „Dereliktion" des Kindes (RGRK/Dickescheid Rz 9). Obwohl ausländische Rechte die Blanko-Einwilligung kennen, hat der Gesetzgeber des AdoptG sie verworfen (BT-Drucks 7/3061, 21; 7/5087, 12). Auf der Grundlage geltenden Rechts kann dem Anliegen der Befürworter derart entsprochen werden, daß die künftige Mutter schon vor der Geburt der Adoptionsvermittlungsstelle ihre uneingeschränkte Bereitschaft zur Adoptionseinwilligung erklärt. Gem § 7 III AdVermiG kann vor der Geburt mit der Suche nach Adoptionsbewerbern begonnen werden. Sobald bestimmte Bewerber gefunden sind, kann die Mutter ihre Einwilligung erklären, die wegen § 1747 II S 1 allerdings nach Ablauf von acht Wochen seit der Geburt der Wiederholung bedarf. Vor der Gefahr, daß die Adoption von der annehmenden Seite her nicht zustande kommt, kann die abgebende Seite nicht geschützt werden. Im Hinblick auf die zugunsten einer Blanko-Einwilligung ins Feld geführte Gefahr, daß der in der Einwilligung genannte Adoptionsbewerber fortfällt und die Mutter sich weigert, eine erneute Einwilligungserklärung abzugeben, hat der Rechtsausschuß des Bundestages den im RegE vorgesehenen Singular durch den Plural „die Annehmenden" ersetzt und damit „die Verbindung einer Einwilligungserklärung mit hilfsweisen Einwilligungserklärungen" zulassen wollen (BT-Drucks 7/5087, 13). Gegen die **subsidiäre Staffelung mehrerer Adoptionsbewerber** bestehen keine Bedenken als § 1750 II S 1. Denn die darin liegende Bedingtheit kann sich weder auf den Adoptionsbeschluß auswirken, noch belastet sie das weitere Verfahren, vielmehr erleichtert sie es. Dagegen kommt die Ansicht, die wegen des Verbots bedingter Einwilligung nur eine alternative Stellung zuläßt (Hamm FamRZ 1991, 1231) in größere Nähe zur verbotenen Blanko-Einwilligung.

5. Inkognito-Adoption. a) Der Einwilligungsberechtigte braucht die Person des schon feststehenden Anneh- 6 menden nicht zu kennen. Damit hat der Gesetzgeber die Inkognito-Adoption anerkannt (BT-Drucks 7/3061, 38, Soergel/Liermann Rz 20). Diese hat sich aus praktischen Bedürfnissen bei Jugendämtern und Adoptionsvermittlungsstellen gebildet, ist in der Rspr anerkannt (BGH 2, 290f; BVerfG 24, 119) und hatte bereits im AdoptG in § 1751a II idF des FamRÄndG vom Jahre 1961 sowie in § 61 II PStG idF des NEhelG vom Jahre 1969 mittelbare Anerkennung gefunden. Nach EuAdÜbEink Art 20 muß eine Adoption in der Weise möglich sein, daß der leiblichen Familie des Kindes die Annehmenden verborgen bleiben. Dem Einwilligungsberechtigten muß aber bewußt sein, daß sich seine Erklärung auf **feststehende Annehmende** bezieht. Dieser Bezug kann in jeder tauglichen Form hergestellt werden und sich auch aus den Umständen ergeben (BGH 2, 293). Es ist üblich, in der Ein-

§ 1747 Familienrecht Verwandtschaft

willigungserklärung Bezug zu nehmen auf die Nummer, unter der die Annehmenden in der von der Adoptionsvermittlungsstelle geführten Bewerberliste geführt werden. Die Inkognito-Adoption hat sich unter dem Dekretsystem vereinfacht, weil der Adoptionsbeschluß ohne mündliche Verhandlung ergeht und die Erklärungen der anderen Beteiligten nur dem Gericht, nicht aber den leiblichen Eltern gegenüber abzugeben sind.

7 b) Das Inkognito der Annehmenden auch nach Abschluß des Adoptionsverfahrens zu wahren, ist einer der Zwecke des **Offenbarungs- und Ausforschungsverbots** des § 1758; durch § 34 II FGG wird den leiblichen Eltern das Recht der Einsicht in und der Erteilung von Abschriften aus den Adoptionsakten in der Reichweite des § 1758 versagt. Nach § 61 II PStG ist das Recht auf Einsicht in das Geburtenbuch eines angenommenen Kindes und in das Familienbuch des Annehmenden sowie das Recht auf Erteilung einer Geburtsurkunde auf Behörden, die Annehmenden und deren Eltern, den gesetzlichen Vertreter des Kindes und das über 16 Jahre alte Kind selbst beschränkt. Auch ein Prozeß des Kindes gegen leibliche Verwandte zwingt nicht zur Aufdeckung des Inkognito, da das Geheimhaltungsinteresse der Annehmenden als Verhinderungsgrund iSd § 1909 anzuerkennen ist (LG Mannheim NJW 1966, 357), so daß das Kind, zu dessen Bezeichnung als Partei die Bezugnahme auf das Geburtsregister genügt (Karlsruhe FamRZ 1975, 507), von einem Prozeßpfleger vertreten wird (Roth-Stielow § 1759 Rz 13).

8 c) Der Einwilligende kann die anonym Annehmenden nicht durch Eigenschaften wie Nationalität, Konfession, Beruf eingrenzen (MüKo/Maurer Rz 18). Wäre der Annehmende ausschließlich auf diese Weise bezeichnet, so läge keine Inkognito-Einwilligung vor, sondern eine nach § 1750 II S 1 unzulässige Bedingung. Zwar wird entgegengehalten, daß eine solche Qualifikation ein gegenwärtiger, kein künftiger Umstand sei (in diesem Sinn Pal/Diederichsen Rz 8; Listl FamRZ 1974, 76); aber mit gutem Grund wird die für ein Rechtsgeschäft vorgesehene Bedingungsfeindlichkeit auf unechte Bedingungen bezogen (Flume § 38, 1b): Nur so wird der Bestand der Adoption nicht mit hier möglichen Fehlerquellen belastet. Wünsche der leiblichen Eltern bezüglich bestimmter Eigenschaften oder Lebensumstände des Annehmenden sind beachtlich für die Adoptionsvermittlungsstelle, die dem Einwilligenden ohne Verletzung des Inkognito Auskunft über die Adoptionsbewerber zu geben hat.

9 6. In der Praxis wird zunehmend **alternativen Formen der Adoptionsvermittlung** der Vorzug gegeben, bei denen nicht jeglicher Kontakt zwischen den leiblichen Eltern und den Annehmenden verhindert wird (Textor ZfJ 1990, 11; von Schlieffen, Offene Adoptionen, Diss Berlin 1996, weitere Nw: MüKo/Maurer vor § 1741 Rz 36ff). Damit ist die Erwartung verbunden, Identitätskonflikten bei Adoptivkindern vorzubeugen und ihrem Recht auf Kenntnis der eigenen Abstammung nachzukommen sowie den leiblichen Eltern die Verarbeitung der Freigabeentscheidung zu erleichtern. Bei einer **halboffenen** (geöffneten) **Adoption** tauschen am Beginn der Adoptionsvermittlung die leiblichen Eltern und die künftigen Adoptiveltern über die Vermittlungsstelle Briefe (und Bilder) aus, ohne daß dadurch die Identität der Adoptiveltern aufgedeckt wird. Bei beiderseitigem Einverständnis kommt die Möglichkeit hinzu, daß sich die Abgebenden und die Annehmenden unter Wahrung des Inkognitos vor der Abgabe der Einwilligungserklärungen an neutralem Ort kennenlernen, was bedeuten kann, daß beide Seiten sich ein- oder gegenseitig ablehnen, so daß die Adoption mit diesen Annehmenden nicht zustande kommt. Nach dem persönlichen Kontakt und der Vermittlung des Kindes wird die Verbindung zu den leiblichen Elternteilen jedoch endgültig abgebrochen. Die **offene Adoption** bedeutet die totale Aufhebung der Anonymität: Wie bei halboffenen Adoptionen kommt es vor der eigentlichen Annahme zu Begegnungen zwischen den leiblichen Eltern und den Adoptiveltern, wobei jedoch Name, Adresse und Telefonnummer ausgetauscht werden. Nach der Adoption bleibt der Kontakt bestehen und kann der (den) Abgebenden ein Besuchsrecht eingeräumt werden.

10 7. Die in die Adoption durch ein Ehepaar gegebene **Einwilligung** bezieht sich nicht auch auf die Adoption durch einen der Ehegatten allein. Einzelannahme und gemeinschaftliche Annahme sind qualitativ verschieden (Brandenburg DAVorm 2002, 174).

11 8. Abs III. Die Bestimmungen des Abs III für den **Vater**, der **mit der Mutter nicht verheiratet** ist oder war und auch **keine gemeinsame Sorgeerklärung** abgegeben hat, setzt die bis zum KindRG in § 1747 II aF bestehende Sonderregelung für den damals nicht einwilligungsberechtigten nichtehelichen Vater teilweise fort. Die Sonderregelung gilt nicht für einen Vater, der keine gemeinsame Sorgeerklärung abgegeben hat, sondern dadurch sorgeberechtigt geworden war, daß er und die Mutter geheiratet haben, wenn er nach Scheidung durch gerichtliche Entscheidung das Sorgerecht wieder verloren hat. Hinsichtlich seiner Rechte nach Abs III Nr 1–3 ist der Vater vom JA zu beraten (Soergel/Liermann Rz 30).

12 **Abs III Nr 1** zielt auf einen Vater, der kein näheres Verhältnis zu dem Kind begründen, sondern es zur Adoption freigegeben sehen möchte. Ein solcher Mann kann die **Einwilligung** in die Adoption **schon pränatal** erklären. Das hat nicht nur Bedeutung, wenn der Mann auch die Vaterschaft pränatal anerkennt, § 1594 IV. Denn auch ohne feststehende Vaterschaft ist der Mann, der der Mutter während der Empfängniszeit beigewohnt hat, regelmäßig nach § 1747 I S 2 einwilligungsberechtigt. Abweichend vom unter Rz 5 dargelegten Grundsatz wird jedenfalls beim nach Abs I S 2 nur vermuteten Vater zuzulassen sein, daß die Einwilligung blanko erklärt wird, ohne daß der oder die Annehmenden bereits feststehen. Regelmäßig wird ein solcher Mann an dem Kind nicht interessiert sein und das Einwilligungsrecht nicht beanspruchen. Besonders wenn er zur pränatalen Einwilligung bereit ist, dürfte das Verfahren der Adoptionsvermittlung häufig noch nicht so weit gediehen sein, daß Annehmende feststehen. Dem Mann steht es frei, seine Einwilligung bis zum Feststehen von Annehmenden zurückzuhalten.

13 **Abs III Nr 2.** Das Einwilligungsrecht beider Eltern bedeutet grundsätzlich, daß kein Teil allein die Wegadoption des Kindes erreichen kann. Das ist nicht nur dann sachgemäß, wenn Eltern gemeinsam sorgeberechtigt sind, sondern auch dann, wenn inzwischen ein Elternteil allein sorgeberechtigt ist, weil die Ehe, das Zusammenleben oder jedenfalls die gemeinsame Sorge gescheitert ist. Sind die Eltern aber nie miteinander verheiratet gewesen und

haben sie auch keine gemeinsame Sorgeerklärung abgegeben, so erleichtert § 1748 IV der Mutter die Wegadoption gegen den Willen des Vaters (§ 1748 Rz 27). Ist in einem solchen Fall der Vater bereit, die alleinige Sorge für das Kind zu übernehmen, dann erhält er **den Vorzug vor der adoptionswilligen Mutter** (MüKo/Maurer Rz 25): Sein Antrag, nach § 1672 I ihm die alleinige Sorge zu übertragen, bedarf nach § 1751 I S 6 nicht ihrer Zustimmung. Diese Regelung entspricht dem bisherigen § 1747 II S 2 aF: an die Stelle der bisherigen Adoption des eigenen Kindes durch den nichtehelichen Vater ist die Übertragung der alleinigen elterlichen Sorge auf ihn nach § 1672 I getreten. § 1747 III Nr 2 verhindert, daß die Mutter mit ihrem Wunsch, das Kind wegzuadoptieren, dem Vater, der das Kind in seine alleinige Sorge nehmen möchte, zuvorkommt. Bis zum Erlaß des Adoptionsdekretes kann der Vater den Antrag nach § 1672 I stellen und damit bewirken, daß über seinen Antrag vorrangig zu entscheiden ist. Wird dem Antrag entsprochen, ist der Adoptionsantrag mangels der erforderlichen Einwilligung des Vaters zurückzuweisen. Diesen Antrag kann der Vater nur dann nicht stellen, wenn er bereits in die Wegadoption des Kindes eingewilligt hat; in seinem Antrag nach § 1672 I läge der Widerruf der früheren Einwilligung, der nach § 1750 II S 2 ausgeschlossen ist.

Abs III Nr 3. Der Vater kann darauf verzichten, die Übertragung der Sorge nach § 1672 I auf ihn zu beantragen. Anders als bei der Einwilligung nach Abs III Nr 1 ist bei diesem Verzicht nicht vorgesehen, daß der Vater die Erklärung schon vor der Geburt des Kindes abgeben kann. Andererseits ist es nicht zwingend, auch den Verzicht des Vaters vor der neunten Woche des Kindes auszuschließen; der Vater kann zu jedem Zeitpunkt nach der Geburt verzichten (MüKo/Maurer Rz 26). **14**

9. Die **Modalitäten der elterlichen Einwilligung** sind in § 1750 in gleicher Weise wie für die Einwilligungserklärung des Kindes und eines Ehegatten des Annehmenden oder Anzunehmenden geregelt. Ein nur beschränkt Geschäftsfähiger kann die Einwilligung allein erklären, ohne daß der gesetzliche Vertreter zustimmen müßte; bei Geschäftsunfähigkeit ist die Einwilligung gem Abs IV (Rz 16) nicht erforderlich. Die Unwiderruflichkeit der Einwilligung bedeutet auch, daß der Elternteil oder die Mutter keinen eigenen Adoptionsantrag stellen kann. Die Einwilligung muß dem VormG gegenüber erklärt werden, bedarf der notariellen Beurkundung und wird in dem Zeitpunkt wirksam, in dem sie dem VormG zugeht. Für die örtliche Zuständigkeit, die sich gem § 43b FGG nach dem Wohnsitz oder Aufenthalt in erster Linie des (der) Annehmenden, hilfsweise des Kindes richtet, ist bei einer Einwilligung, die sich auf mehrere Annehmende in Eventualstellung bezieht (Rz 5), der primäre Annehmende maßgebend. Die Einwilligung kann nicht unter eine Bedingung oder Zeitbestimmung gestellt werden. Ihre grundsätzliche Unwiderruflichkeit (§ 1750 II S 2) hindert den Einwilligungsberechtigten, der gleichzeitig mehrere subsidiäre Einwilligungserklärungen abgeben kann, nach Wirksamwerden seiner Erklärung durch Zugang bei Gericht in die Adoption des Kindes durch einen anderen Annehmenden einzuwilligen (Hamm FamRZ 1991, 1230). Diese Sperre wird erst gelöst, wenn der Antrag des Dritten zurückgenommen oder die Adoption versagt wird, ferner dann, wenn nach Ablauf von drei Jahren die Adoption noch nicht ausgesprochen ist (§ 1750 IV). **15**

10. Die **Entbehrlichkeit der elterlichen Einwilligung nach Abs IV** ist eine Folgerung aus dem höchstpersönlichen Charakter der Einwilligung. Dieser kommt bereits darin zum Ausdruck, daß nach § 1750 III der in der Geschäftsfähigkeit Beschränkte zur Einwilligung nicht der Zustimmung seines gesetzlichen Vertreters bedarf. Darum wird bei einem Elternteil, der als **Geschäftsunfähiger** dauernd nicht selbst einwilligen kann, vom Einwilligungserfordernis abgesehen. Daß der **Aufenthalt des Elternteils dauernd unbekannt** ist, kann auf individuellen Umständen beruhen – so beim Findelkind – oder wenn die Mutter nach der Geburt „untergetaucht" ist, oder auf Naturkatastrophen oder Krieg. Abs IV setzt voraus, daß die Identität der Mutter bekannt und lediglich ihr Aufenthalt unbekannt ist (Hepting FamRZ 2001, 1574); eine analoge Anwendung auf Fälle, in denen Kinder anonym abgegeben oder geboren werden, ist zu erwägen (Heyers JR 2003, 50). Der Ermittlung dienen Rückfragen bei Angehörigen und Bekannten sowie Einwohnermeldeämtern. Die Voraussetzungen, unter denen die Einwilligung entbehrlich ist, haben die gleiche Bedeutung wie die Ersetzungsgründe des § 1748. Die in der Verfassung begründete Anforderung an die Ersetzung, nämlich der Grundsatz der Verhältnismäßigkeit (§ 1748 Rz 21), ist daher auch zu beachten, wenn die elterliche Einwilligung als entbehrlich angesehen werden soll. Bedeutung hat dies für die Frist, nach deren Verstreichen vom Zeitpunkt der ersten Ausschreibung an bei einem namentlich bekannten Elternteil angenommen werden kann, daß sein Aufenthalt dauernd unbekannt ist (Köln DAVorm 1998, 936: sechs Monate; RGRK/Dickescheid Rz 16). Für den Fall der Geschäftsunfähigkeit genügt es für die Dauerhaftigkeit, daß eine Änderung des Zustands nicht abzusehen ist (BayObLG DAVorm 1999, 774f). **16**

11. Im **Beschluß über die Annahme** als Kind hat das VormG gem § 56e S 1 Hs 2 FGG anzugeben, daß es die Einwilligung des Elternteils gem Abs IV nicht für erforderlich erachtet hat. Ist dies zu Unrecht geschehen, so kann der Elternteil nach § 1760 V die Aufhebung der Adoption beantragen (vgl § 1748 Rz 25). **17**

1748 *Ersetzung der Einwilligung eines Elternteils*
(1) **Das Vormundschaftsgericht hat auf Antrag des Kindes die Einwilligung eines Elternteils zu ersetzen, wenn dieser seine Pflichten gegenüber dem Kind anhaltend gröblich verletzt hat oder durch sein Verhalten gezeigt hat, dass ihm das Kind gleichgültig ist, und wenn das Unterbleiben der Annahme dem Kind zu unverhältnismäßigem Nachteil gereichen würde. Die Einwilligung kann auch ersetzt werden, wenn die Pflichtverletzung zwar nicht anhaltend, aber besonders schwer ist und das Kind voraussichtlich dauernd nicht mehr der Obhut des Elternteils anvertraut werden kann.
(2) Wegen Gleichgültigkeit, die nicht zugleich eine anhaltende gröbliche Pflichtverletzung ist, darf die Einwilligung nicht ersetzt werden, bevor der Elternteil vom Jugendamt über die Möglichkeit ihrer Ersetzung belehrt und nach Maßgabe des § 51 Abs. 2 des Achten Buches Sozialgesetzbuch beraten worden ist und seit der Belehrung wenigstens drei Monate verstrichen sind; in der Belehrung ist auf die Frist hinzu-**

§ 1748 Familienrecht Verwandtschaft

weisen. Der Belehrung bedarf es nicht, wenn der Elternteil seinen Aufenthaltsort ohne Hinterlassung seiner neuen Anschrift gewechselt hat und der Aufenthaltsort vom Jugendamt während eines Zeitraums von drei Monaten trotz angemessener Nachforschungen nicht ermittelt werden konnte; in diesem Falle beginnt die Frist mit der ersten auf die Belehrung und Beratung oder auf die Ermittlung des Aufenthaltsorts gerichteten Handlung des Jugendamts. Die Fristen laufen frühestens fünf Monate nach der Geburt des Kindes ab.

(3) Die Einwilligung eines Elternteils kann ferner ersetzt werden, wenn er wegen einer besonders schweren psychischen Krankheit oder einer besonders schweren geistigen oder seelischen Behinderung zur Pflege und Erziehung des Kindes dauernd unfähig ist und wenn das Kind bei Unterbleiben der Annahme nicht in einer Familie aufwachsen könnte und dadurch in seiner Entwicklung schwer gefährdet wäre.

(4) In den Fällen des § 1626a Abs. 2 hat das Vormundschaftsgericht die Einwilligung des Vaters zu ersetzen, wenn das Unterbleiben der Annahme dem Kind zu unverhältnismäßigem Nachteil gereichen würde.

1 1. **Textgeschichte.** § 1748 beruht auf AdoptG Art 1 Nr 1, Amtl Begr BT-Drucks 7/3061, 38; 7/5087 S 13. In Abs III wurde mit Wirkung ab 1. 1. 1992 die medizinische Voraussetzung der Unfähigkeit der durch BtG gegenüber § 1910 II aF veränderten Terminologie des § 1896 I angepaßt. Durch das KindRG Art 1 Nr 31, Amtl Begr BT-Drucks 13/4899, 114, wurde § 1748 IV angefügt. Zu den Vorgängervorschriften des § 1747a des AdoptRÄndG vom 14. 8. 1973 BT-Drucks 7/421, 5ff; zu § 1747 III idF des FamRÄndG vom 11. 8. 1961 BT-Drucks 3/530, 13.

2 2. **Gesetzgebungsgeschichte.** Die Ersetzung einer verweigerten elterlichen Einwilligung war im BGB ursprünglich nicht vorgesehen. Gegen verfassungsrechtliche Bedenken (Bosch, FamRZ 1959, 379) wurde durch das FamRÄndG 1961 (BGBl I 356) § 1747 III aF eingefügt, der eine Ersetzung der Einwilligung zuließ, wenn ein Elternteil seine Pflichten gegenüber dem Kind dauernd gröblich verletzt oder die elterliche Gewalt verwirkt hatte und die Einwilligung böswillig verweigerte und ein Unterbleiben der Adoption dem Kind zu unverhältnismäßigem Nachteil gereichen würde. Das BVerfG (24, 119) bestätigte die Verfassungsmäßigkeit der Bestimmung: Eltern, die sich ihrer Verantwortung als Träger der Erziehung nach Art 6 II GG entziehen, können sich gegenüber staatlichen Eingriffen, die zum Schutz der Persönlichkeit des Kindes erfolgen, nicht auf ihr Elternrecht berufen (kritisch Miehe FS Peters 1974 S 563ff). In der Folge erwies sich § 1747 III aF als zu eng gefaßt, weil er weder Fälle der Gleichgültigkeit von Eltern gegenüber dem Kind und seiner Entwicklung erfaßte, noch Fälle, in denen den Eltern Pflege und Erziehung des Kindes wegen eigener schwerer geistiger und/oder körperlicher Gebrechen ohne Pflichtverletzung unmöglich sind; ferner neigten die Gerichte dazu, § 1747 III aF einengend auszulegen (Oberloskamp FamRZ 1973, 288f). Das AdoptRÄndG ersetzte deshalb § 1747 III aF durch § 1747a. Diese Vorschrift hat das AdoptG mit redaktioneller Änderung (BT-Drucks 7/5087, 13) als § 1748 übernommen. Ziel war vor allem der Schutz Heimkindern vor schweren, meist nicht gutzumachenden Entwicklungsschäden (BT-Drucks 7/421, 5). Da die Gefahr des Hospitalismus nicht nur dann besteht, wenn Eltern ihren Pflichten gegenüber dem Kind zurechenbar nicht nachkommen (§ 1748 I und II nF), kann seitdem die Einwilligung gem Abs III auch ersetzt werden bei dauernder Erziehungsunfähigkeit infolge besonders schwerer geistiger Gebrechen. Um möglichst vielen Kindern die Chance zu geben, in geordneten Verhältnissen aufzuwachsen, wird in allen Fällen darauf verzichtet, die Ersetzung der Einwilligung davon abhängig zu machen, daß die Eltern diese böswillig verweigert haben (so § 1747 III aF).

3 3. Die **Verfassungsmäßigkeit** der durch das AdoptRÄndG geschaffenen Bestimmung des heutigen § 1748 III ist wegen der gegenüber § 1747 III aF erweiterten Ersetzungsmöglichkeit Zweifeln ausgesetzt (Engler FamRZ 1975, 131). Das BVerfG (24, 119) hatte § 1747 III aF als Ausprägung des allgemeinen Rechtsgedankens, daß mißbräuchliche Rechtsausübung nicht geschützt wird, gesehen und dabei auch auf das Merkmal der „Böswilligkeit" desjenigen Elternteils abgestellt, der die Einwilligung verweigert. Nach Fortfall dieses Merkmals, besonders aber, nachdem die Einwilligung auch bei schicksalsbedingter Erziehungsunfähigkeit ersetzt werden kann (Abs III), ist es nicht mehr möglich, die Ersetzungsregelung als Mißbrauchsverwirkung zu begründen. Jedoch erscheint ein Pflichtrecht, dessen Träger die dem Recht korrelative Pflicht nicht erfüllen kann, in vergleichbarer Weise geschwächt. Im **Spannungsverhältnis** zwischen dem Kind als Grundrechtsträger mit eigener Menschenwürde und eigenem Recht auf Entfaltung seiner Persönlichkeit iSd Art 1 I und Art 2 I GG (BVerfG 24, 119, 144) auf der einen Seite und dem Elternrecht aus Art 6 GG auf der anderen Seite zieht § 1748 in seiner neuen Fassung die aus dem staatlichen Wächteramt gebotene Grenze (BVerfG FamRZ 2002, 535): Dem Recht des Kindes auf Entfaltung seiner Persönlichkeit, ch seinem Recht auf Pflege und Erziehung, würde eine nur handlungswertbezogene Mißbrauchsaufsicht nicht gerecht. Es ist auch nie umstritten gewesen, daß von seiten eines geschäftsunfähigen Elternteils eine Einwilligung in die Adoption gem § 1747 IV nicht erforderlich ist. Allerdings hatte das BVerfG nach damaligem Recht nicht die rechtliche Zugehörigkeit des Kindes zu einer bestimmten Familie als durch die Adoption berührt gesehen, sondern vornehmlich die Eltern-Kind-Beziehung; daher hatte es die Ersetzungsmöglichkeit an Art 6 II GG gemessen. Diese Sicht ist nach dem Übergang zur Volladoption nicht mehr möglich. Heute bedeutet die Adoption den Verlust nicht nur des spezifischen Elternrechts, sondern der verwandtschaftlich-familialen Zuordnung überhaupt (§ 1755). Die Adoption nach geltendem Recht ist daher auch an Art 6 I GG zu messen (Staud/Frank Rz 7f). Weil das BVerfG in seine Billigung die Ersetzung der Einwilligung in eine Inkognito-Adoption einbezogen hat, bei der die Eltern ihre nach § 1747 III aF rechtlich fortbestehende verwandtschaftliche Beziehung zum Kind praktisch nicht mehr aufrechterhalten konnten, hält insgesamt die erweiterte Möglichkeit der Ersetzung der elterlichen Einwilligung in eine Adoption auch in ihrer neuen Gestalt den Maßstäben des BVerfG stand (ebenso Hamm ZfJ 1978, 370f; OVG und VG Saarlouis DAVorm 1991, 684; 686, für Verfassungsmäßigkeit § 1748 I–III Pal/Diederichsen Rz 1; Staud/Frank Rz 7, 8; MüKo/Maurer vor § 1741 Rz 24ff; Soergel/Liermann Rz 2; Gernhuber/Coester-Waltjen § 68 VI 7, zu Bedenken gegen Abs IV vgl Rz 27).

4 Geblieben ist der Zweifel, ob § 1748 sein Ziel erreicht. Gefordert wird, daß spätestens am Ende des ersten Lebensjahres die endgültige Unterbringung des Kindes gesichert ist (Arndt/Schweitzer ZfJ 1974, 210 Fn 50). Gefährdet ist dieses Ziel durch das Verfahrensrecht, das jedem Beteiligten den Instanzenweg eröffnet: durch eine

lange Verfahrensdauer wird das Wohl der Kinder nicht selten verletzt (Staud/Frank Rz 47ff; MüKo/Maurer Rz 15). Zu weit geht es jedoch, wenn § 1748 in Widerspruch zu § 1634 IV gesehen und die Ersetzungsmöglichkeit an den Voraussetzungen orientiert wird, unter denen das Kind den adoptionswilligen Pflegeeltern nicht mehr entzogen werden kann (so Gawlitta FamRZ 1988, 807; vgl auch Rz 8 aE, 10f, 20 aE, 22 aE).

4. Ersetzt werden kann die Einwilligung eines **Elternteils**, dh des einzigen, eines von beiden oder auch beider **5** Elternteile (MüKo/Maurer Rz 2). Es sind dies Mutter und Vater im selben Sinn wie bei § 1747, also auch eines bisher nichtehelichen, mit der Mutter nicht verheiratet gewesenen und nicht verheirateten einschließlich eines nur vermuteten Vaters (§ 1747 Rz 3). Bei der Stiefkindadoption ist eine Anwendung von § 1748 kaum vorstellbar; die Voraussetzungen des § 1748, unter denen dem Elternteil das Sorgerecht gewöhnlich bereits entzogen oder umgehend zu entziehen ist, dürften es immer ausschließen, daß die Adoption durch den anderen Ehegatten dem Wohl des Kindes dient.

5. Die Ersetzung der Einwilligung in die Adoption bedeutet den Entzug des Elternrechts. Die Voraussetzungen **6** der Entziehung können daher nicht neben jenen liegen, die § 1666 für schwächere Eingriffe vorsieht, sondern müssen auf diesen aufbauen (zur Anpassung der Eingriffsschwellen in §§ 1748, 1666 de lege lata Coester FamRZ 1991, 259f, ferner Röchling ZfJ 2000, 214). Umgekehrt erscheint die Ersetzung der Einwilligung als eine Maßnahme, die ein VormG gem § 1666 zur Abwendung der darin beschriebenen Gefahr ergreifen kann, sofern auch die Voraussetzungen des § 1748 gegeben sind (ebenso der BMJ in BVerfG 24, 132). Dabei steht **§ 1748 zu § 1666 im Verhältnis der Spezialität** (MüKo/Maurer Rz 4), so daß der Ersetzung der Einwilligung nicht bereits aus § 1666 II zulässig ist. Für das Verhältnis zu § 1666a gilt, daß die Adoption immer eine Trennung des Kindes von der elterlichen Familie und den Entzug der gesamten Personensorge bedeutet. Doch ist der für Eingriffe dieser Schwere nach § 1666a zu beachtende Grundsatz der Verhältnismäßigkeit für die Ersetzung der Einwilligung in die Adoption in § 1748 unmittelbar normiert (Rz 19ff)

6. Abs I S 1 Alt 1. a) Auf seiten der Eltern muß in objektiver Hinsicht in der ersten Alternative des Abs I S 1 **7** eine **anhaltend gröbliche Pflichtverletzung** vorliegen (zur subjektiven Seite Rz 17). Diese kann mehr in einer Nichterfüllung elterlicher Pflichten liegen – das entspricht der Vernachlässigung iSd § 1666 I – oder sie liegt mehr in einer Schlechterfüllung, wie dem Mißbrauch des elterlichen Sorgerechts iSd § 1666 I entspricht. Mit „anhaltend gröblich" werden Anforderungen an die Intensität der Pflichtverletzung gestellt, deren Maß Abs I S 2 im Zusammenhang mit dem dazu in Alternative gestellten Erfordernis besonderer Schwere dahin bestimmt, daß das Kind voraussichtlich dauernd nicht mehr der Obhut des Elternteils anvertraut werden kann.

b) Mit der Ersetzung von „dauernd" der früheren Fassung durch „anhaltend" und des Präsens durch das Per- **8** fekt hat der Gesetzgeber des AdoptRÄndG klargestellt, daß weitere grobe Pflichtverletzungen nicht zu erwarten sein müssen (Köln FamRZ 1999, 889; LG Münster FamRZ 1999, 890). Eine Störung der Eltern-Kind-Beziehung wird durch ein Abstellen der Störung nicht ungeschehen gemacht. Gehört jedoch eine Periode gröblicher Pflichtverletzung offensichtlich der Vergangenheit an, so kann sie die Ersetzung der Einwilligung kaum begründen (Liermann FamRZ 1999, 1686). Anders, wenn sie von einer noch andauernden Periode der Gleichgültigkeit (Abs I S 1 Alt 2) abgelöst wurde, wie häufig, wenn das Kind in Reaktion auf eine gröbliche Pflichtverletzung andernorts untergebracht worden ist (zB LG Kiel DAVorm 1978, 384): Kommt eine Rückführung des Kindes zu dem Elternteil nicht mehr in Betracht, so kann dessen Einwilligung ohne den Weg über Abs II ersetzt werden.

c) Eine anhaltend „gröbliche" Pflichtverletzung kann darin liegen, daß Eltern sich außerstande setzen, ihre **9** Pflichten gegenüber dem Kind zu erfüllen, etwa durch **Alkohol- oder Drogenkonsum** (AG Bad Iburg DAVorm 1983, 62) oder durch eine **Straftat** mit der Folge von Freiheitsentzug (LG München DAVorm 1980, 119, 124). Haben Pflichtverletzungen der Eltern dahin geführt, daß das Kind in einer **Pflegefamilie** untergebracht werden mußte, dann sind diese gröblich, wenn sie zur Folge haben, daß das Kind infolge seiner Einwurzelung in der Pflegefamilie an die Eltern nicht mehr zurückgegeben werden kann. Anders, wenn die Fremdplazierung auf psychischer Krankheit oder Behinderung beruht; dann begründen Versuche des Elternteils, mit dem Kind wieder in Kontakt zu kommen, sowie die Verweigerung der Einwilligung in die Adoption nicht grundsätzlich den Vorwurf der Rücksichtslosigkeit (Köln FamRZ 1990, 1152).

d) Eltern schulden dem Kind Pflege und Erziehung nicht in dem Sinn höchstpersönlich, daß die **Überlassung** **10** **der Betreuung an Dritte** an sich eine Pflichtverletzung wäre, die ggf als anhaltend gröbliche Pflichtverletzung oder als Gleichgültigkeit die Ersetzung der Einwilligung begründen könnte. Das gilt vor allem dann, wenn Eltern, Kind und Dritter in einem gemeinsamen Haushalt leben, aber auch dann, wenn das Kind an den Dritten „weggegeben" worden ist, sei es, daß dieser die Betreuung als Leistung an die Eltern, sei es, daß er sie im Rahmen öffentlicher Jugendhilfe erbringt. Jedoch kann in der Weggabe des Kindes Gleichgültigkeit liegen (Rz 14; ebenso MüKo/Maurer Rz 5). Wurzelt dann das weggegebene Kind bei den annahmewilligen Pflegeeltern ein, so kann deren faktische Elternschaft die juristische Elternschaft der leiblichen Eltern mit der Folge aufwiegen, daß deren Einwilligung in eine Adoption durch die Pflegeeltern zu ersetzen ist.

e) Beruht die Unterbringung des Kindes bei Dritten darauf, daß dem Elternteil das **Sorgerecht** gem § 1666 **ent-** **11** **zogen** ist, so kann zunächst das Verhalten, das zur Sorgerechtsentziehung geführt hat, als anhaltend gröbliche Pflichtverletzung oder Gleichgültigkeit die Ersetzung der Einwilligung in die Adoption begründen. Da die Schwelle des § 1666 aber niedriger ist als die des § 1748, begründet eine Sorgerechtsentziehung nicht ohne weiteres auch den Entzug der Elternstellung: Es gibt eine Zone, in der das Kind zwar voraussichtlich nicht mehr auf Dauer der Obhut des Elternteils anvertraut, aber gleichwohl gegen dessen Willen nicht Dritten, selbst nicht seinen Pflegeeltern, zur Adoption gegeben werden kann (Beispielfall Köln FamRZ 1982, 1132). Nur wenn das Kind bei annahmewilligen Pflegeeltern eingewurzelt ist, kann die faktische Elternschaft die nur juristische Elternschaft der

§ 1748 Familienrecht Verwandtschaft

leiblichen Eltern aufwiegen. Nicht selten wird das Verhalten des Elternteils nach Sorgerechtsentziehung den Vorwurf der Pflichtverletzung oder Gleichgültigkeit vertiefen und in Verbindung mit dem Verhalten, das zur Sorgerechtsentziehung geführt hat, die Ersetzung der Einwilligung begründen. Freilich können nur die von der Sorgerechtsentziehung unberührt gebliebenen Pflichten verletzt werden, nämlich die mit dem Umgangsrecht verbundenen Pflichten und besonders die Unterhaltspflicht (LG Frankfurt/M FamRZ 1990, 663).

12   f) Die Frage, wann die **Nichtzahlung von Barunterhalt** den Vorwurf anhaltend gröblicher Pflichtverletzung begründet, stellt sich nicht nur im Anschluß an eine Sorgerechtsentziehung. Sie stellt sich auch für einen Elternteil, der nach Scheidung oder Trennung gem §§ 1671, 1672 die elterliche Sorge verloren hat oder allgemein für einen Elternteil (meistens den Vater), wenn der andere Teil (meistens die Mutter) entsprechend § 1606 III S 2 seine Unterhaltspflicht durch tatsächliche Betreuung des Kindes erfüllt und besonders für Väter, die mit der Mutter nicht verheiratet sind und mit ihr und dem Kind nicht zusammenleben. Unterhaltspflicht setzt Leistungsfähigkeit voraus, die freilich auch bei Arbeitsscheu gegeben ist (§ 1603 Rz 62f). Die Ausgrenzung von Fällen der Leistungsunfähigkeit ändert nichts daran, daß die Erfüllung der Unterhaltspflicht je nach Einkommens- und Vermögensverhältnissen schwerer oder leichter fällt. Die Unsicherheit der Rspr in der Behandlung von Unterhaltspflichtverletzungen im Rahmen von § 1748 mag durch den Wunsch mitverursacht sein, „Klassenjustiz" zu vermeiden. Das Erfordernis anhaltender Pflichtverletzung schließt es aus, Einzelfälle von Nichtleistung entscheidend heranzuziehen – das Erfordernis gröblicher Pflichtverletzung bedeutet, daß die Nichtleistung **von erschwerenden Umständen begleitet** sein muß. Ein solcher Umstand liegt immer darin, daß das Kind infolge der Nichtleistung Not leidet (BayObLG FamRZ 2002, 1144). Abzulehnen ist die umgekehrte These, daß eine gröbliche Pflichtverletzung immer ausscheidet, wenn das Kind anderweitig versorgt wird (BayObLG ZfJ 1985, 38; Frankfurt/M FamRZ 1985, 831; Hamm FamRZ 1991, 1104, offen gelassen in BayObLG FamRZ 1994, 1349). Der für das Verständnis von § 1748 zentrale Begriff der Elternverantwortung kann nicht in einen relevanten emotionalen und einen irrelevanten materiellen Teil aufgespalten werden (im Ergebnis ebenso MüKo/Maurer Rz 5); zu fordern ist jedoch, daß ein das Kind unterhaltender Dritter vom Elternteil den Unterhalt verlangt haben muß (KG FamRZ 1966, 267) – dann kann die beharrliche Nichtleistung eine gröbliche Pflichtverletzung begründen.

13   7. Der Untertatbestand des **Abs I S 2** stellt der anhaltend gröblichen die zwar nicht anhaltende, aber **besonders schwere Pflichtverletzung** gleich. Mit dieser Formulierung wurde durch die in BVerfG 24, 119, 151 als „schematisch" kritisierte Bezugnahme von § 1747 aF auf die Verwirkung der elterlichen Gewalt ersetzt, die nach § 1674 aF bei einem am Kind verübten Verbrechen oder vorsätzlichen Vergehen eintrat, besonders also bei Sittlichkeitsdelikten und schweren Körperverletzungen. Hierher gehören einmalige schwere **Mißhandlungen**, bei Kleinkindern auch kurzzeitiger Nahrungsentzug (MüKo/Maurer Rz 19), ferner Mißhandlungen, die wegen ihrer Ungewöhnlichkeit oder Unverhältnismäßigkeit die Eltern-Kind-Beziehung auch dann zerstören können, wenn sie als Bestrafung gedacht sind. Eine lang andauernde Kindesentziehung kann Abs I S 2 ebenso erfüllen (BayObLG FamRZ 1989, 431) wie die Tötung des anderen Elternteils (BayObLG FamRZ 1984, 939; Zweibrücken FGPrax 2001, 114).

14   8. Abs I S 1 Alt 2. a) Auch **gleichgültiges Verhalten** gegenüber dem Kind bedeutet vielfach eine anhaltend gröbliche oder besonders schwere Pflichtverletzung. Pflichtverletzungen durch Unterlassung haben kein geringeres Gewicht als Pflichtverletzungen durch positives Tun. Während ein Unterlassen der körperlichen Pflege des Kindes – hungern, frieren, verkommen lassen – zur gröblichen Pflichtverletzung gehört (Abs I S 1 Alt 1), sind solche Eltern gleichgültig, die es gegenüber dem Kind gänzlich an dem Interesse fehlen lassen, das sich in der Teilnahme an seiner Entwicklung und persönlicher Zuwendung manifestiert (BayObLG FamRZ 2002, 1144; MüKo/Maurer Rz 8). Gleichgültigkeit liegt auch dann vor, wenn das Kind zu wirtschaftlichen Zwecken oder aus Bequemlichkeit ohne Rücksicht darauf weggegeben wird, daß ihm durch den Wechsel Schaden droht (Karlsruhe FamRZ 1999, 1687). Bei einem nicht sorgeberechtigten Elternteil ist Gleichgültigkeit in Fällen denkbar, in denen er dann, wenn der andere Elternteil ausfällt, nicht die Voraussetzungen schafft, unter denen ihm das Sorgerecht gem §§ 1678, 1680 II, 3 übertragen werden kann. Dagegen begründet die Nichtleistung geschuldeten Barunterhalts, nach dem in Rz 12 Gesagten keine anhaltende gröbliche Pflichtverletzung darstellt, auch nicht den Vorwurf der Gleichgültigkeit; aus der vorgeschriebenen Belehrung und Beratung mit der anschließenden Dreimonatsfrist (Abs II S 1) ist zu folgern, daß die Gleichgültigkeit der Betreuung des Kindes gelten muß. Insoweit kann ein Verhalten nicht als Gleichgültigkeit gewertet werden, als dem Elternteil das Sorgerecht und das Umgangsrecht entzogen sind; doch kann das dem Entzug zugrundeliegende Verhalten eine grobe Pflichtverletzung sein.

15   b) **Abs II**. Weil bei Gleichgültigkeit das Eltern-Kind-Verhältnis vielfach nicht zerstört, sondern nicht aufgebaut ist oder nicht aufrechterhalten wird, ist eine (Neu-)Begründung denkbar. Gem **Abs II S 1** ist der Ersetzung ein **Verfahren der Belehrung und Beratung** vorgeschaltet und kann die Einwilligung erst nach Ablauf von wenigstens drei Monaten seit der Belehrung ersetzt werden (unten Rz 16). Zu belehren ist der Elternteil durch das JA über die rechtlichen Folgen seiner Gleichgültigkeit. Die Belehrung ist nicht schon dann entbehrlich, wenn eine Verhaltensänderung nicht zu erwarten ist (BayObLG ZfJ 1983, 232; Köln FamRZ 1987, 203; Staud/Frank Rz 32; aA MüKo/Maurer Rz 9); fehlt aber jede Kooperationsbereitschaft, so ist eine schriftliche Belehrung ausreichend (BayObLG FamRZ 1997, 516; Finger FuR 1990, 189). Unterbleiben kann die Belehrung, wenn Gleichgültigkeit sich zugleich als gröbliche Pflichtverletzung darstellt (Abs I S 1 Alt 1, BayObLG FamRZ 1997, 516) oder bei **Unauffindbarkeit des Elternteils**, sofern das JA während dreier Monate angemessene Nachforschungen (dazu Zweibrücken FamRZ 1976, 470) zur Ermittlung des Aufenthalts angestellt hat (**Abs II S 2 Hs 1**). Wird der Aufenthalt nach Ablauf dieser Frist bekannt, so rechtfertigt das Ziel der Verfahrensbeschleunigung es nicht, die jetzt mögliche Belehrung und Beratung zu unterlassen; das gilt auch dann, wenn ein Adoptionsbeschluß bereits ergangen ist, den der Elternteil mit Rechtsmitteln angreift (Köln FamRZ 1987, 203, Staud/Frank Rz 32). Auf Behebung der Gleichgültigkeit und Erhaltung des natürlichen Eltern-Kind-Verhältnisses zielt die in § 51 II SGB VIII vorgesehene Beratung. Die

Bestimmung ist als Sollvorschrift gefaßt, die Beratung daher kein zwingendes Erfordernis der Ersetzung der Einwilligung (BayObLG 1997, 514; Staud/Frank Rz 30, 34; aA MüKo/Maurer Rz 9).

c) Suspensiveffekt. Um dem Elternteil die Chance zu geben, positiv zu reagieren, kann gem Abs II S 1 die Einwilligung wegen Gleichgültigkeit nicht vor Ablauf von drei Monaten nach Belehrung (und Beratung) ersetzt werden. Auf diese **Frist** ist in der Belehrung hinzuweisen. Nach OLG Hamm ist es unschädlich, wenn die Belehrung unterblieben, die Frist aber eingehalten ist (FamRZ 1991, 1105; ebenso BayObLG FamRZ 1997, 514); auch können Belehrung und Beratung während des Ersetzungsverfahrens nachgeholt werden (BayObLG FamRZ 1998, 56). Die Frist von drei Monaten ist gem Abs II S 2 Hs 2 auch dann einzuhalten, wenn die Belehrung und Beratung nicht zustande kommt, weil die Eltern sich ihr entziehen oder unerreichbar sind. **Frühester Termin für die Ersetzung** der Einwilligung wegen Gleichgültigkeit ist nach Ablauf des fünften Monats seit der Geburt des Kindes. Die Frist setzt sich aus den acht Wochen des § 1747 II und den drei Monaten des § 1748 III S 1 zusammen. Das bedeutet nicht, daß das Verhalten des Elternteils in den ersten acht Wochen noch nicht unter dem Gesichtspunkt der Gleichgültigkeit gewertet werden dürfe (mißverständlich BT-Drucks 7/421, 10); vor allem kann dieses Verhalten dem JA Anlaß geben, den Weg des Abs II zu beschreiten. Nach Ablauf der Frist hat das VormG zu entscheiden, ob die Belehrung (und Beratung) gefruchtet hat. Dabei kann ein Grundsatz Bedeutung gewinnen, den das BayObLG schon vor Schaffung des Abs II aufgestellt und seitdem wiederholt hat: Gleichgültigkeit ist auch dann zu bejahen, wenn der Besitzanspruch des Elternteils auf das Kind keiner echten gefühlsmäßigen Bindung entspricht, sondern anders motiviert ist, zB durch Neid, Rachsucht, Böswilligkeit, schlechtes Gewissen oder bloße Besorgnis um das eigene Wohl (FamRZ 1984, 417; DAVorm 1981, 138 und öfter).

9. In **subjektiver Hinsicht** kommt es nicht darauf an, ob das Fehlverhalten des Elternteils das unsichere Kriterium eines als Vorwerfbarkeit verstandenen individuellen Verschuldens erfüllt (BayObLG FamRZ 1999, 1960). Die ältere, durch den bis zum AdoptRÄndG geltenden Wortlaut („Böswilligkeit" in § 1747 III aF) und die Parallele zur herrschenden Auslegung von § 1666 bestimmte Rspr kann spätestens seit Neufassung des § 1666, die nunmehr auch unverschuldetes Versagen aufführt, nicht mehr aufrechterhalten werden (aA noch Soergel/Liermann Rz 2, 20). Dafür ist besonders darauf zu achten, daß das **objektive Unwerturteil** über das Fehlverhalten des Elternteils dessen konkrete Lage (nicht: Einsichtsfähigkeit, so aber BayObLG FamRZ 1999, 1690; Köln, FamRZ 1999, 890; MüKo/Maurer Rz 6; Staud/Frank Rz 25) berücksichtigt. Nur so kann dem in der Begründung des RegE zum AdoptRÄndG (BT-Drucks 7/421, 7) gegen die Maßgeblichkeit eines nur objektiven Maßstabs angeführten Bedenken begegnet werden, daß es unerträglich wäre, wenn Eltern in ungünstigen Wohnverhältnissen und Mütter, die aus wirtschaftlichen Gründen berufstätig sein müssen, Gefahr laufen würden, ihre Kinder zu verlieren. Solange leibliche Eltern nach Kräften für ihr Kind sorgen, ermöglicht die Adoption nicht die Korrektur eines wirtschaftlich oder bildungsmäßig verstandenen „Geburtsfehlers" (Staud/Frank Rz 39). Im übrigen kann der Umstand, daß Eltern der Kontakt zu ihrem Kind schuldlos verloren haben, in Fällen des § 1761 II Bedeutung gewinnen (1761 Rz 4 aE).

10. Soweit für die Ersetzung der elterlichen Einwilligung in die Adoption eine **Kindeswohlgefährdung** vorausgesetzt wird (Frankfurt/M FamRZ 1985, 831 mN), ist im Grundsatz zu widersprechen. Während dieses Erfordernis in Abs III (schwere geistige Gebrechen) ausdrücklich aufgenommen ist, wird es in Abs I (anhaltend gröbliche oder besonders schwere Pflichtverletzung oder Gleichgültigkeit) wohl daraus erschlossen, daß ein Unterbleiben der Annahme dem Kind zu unverhältnismäßigem Nachteil gereichen muß. Indessen ist dieser Nachteil nicht als Folge des Fehlverhaltens gefordert, sondern als Folge des Unterbleibens der Annahme (unten Rz 19). Schon die Unklarheit des Gefährdungsbegriffes (abstrakt oder konkret?) trägt eine verengende Unschärfe in die Tatbestände des § 1748 I und 2 hinein. Ein ungeschriebenes, verselbständigtes Merkmal der Kindeswohlgefährdung ist **abzulehnen,** wenn es über diejenige Beeinträchtigung des Kindeswohls hinausführen soll, die in jedem gröblichen oder besonders schweren pflichtwidrigen oder gleichgültigen Elternverhalten oder darin liegt, daß ein Unterbleiben der Adoption dem Kind zu unverhältnismäßigem Nachteil gereichen muß. Abgelehnt wird damit vor allem die Ansicht, daß eine anhaltende **Nichtleistung geschuldeten Unterhalts** für § 1748 nicht in Betracht komme, wenn sie infolge des Einspringens Dritter oder der öffentlichen Jugendhilfe ohne nachteilige Auswirkung auf das Kind geblieben ist (vgl oben Rz 12; Staud/Frank Rz 19; MüKo/Maurer Rz 5; Finger, FuR 1990, 186).

11. Der **unverhältnismäßige Nachteil** für das Kind (**Abs I S 1 Hs 2**) wird bei anhaltend gröblicher oder besonders schwerer Pflichtverletzung oder Gleichgültigkeit des Elternteils nicht als Folge dieses Verhaltens, sondern als Folge der ohne Ersetzung der Einwilligung unterbleibenden Adoption gefordert (MüKo/Maurer Rz 12). Am Begriff der Unverhältnismäßigkeit hat der Gesetzgeber des AdoptRÄndG entgegen Anregungen aus der Praxis, die einen lediglich „erheblichen" Nachteil genügen lassen wollten, festgehalten (BT-Drucks 7/421, 9).

a) Daß ein Unterbleiben der Adoption dem Kind zum **Nachteil** gereichen würde, ist zunächst die Kehrseite der Grundvoraussetzung, daß die Adoption dem Wohl des Kindes dienen muß (§ 1741 Rz 3ff). Während aber unter dem Gesichtspunkt des **Kindeswohls** die Folgen der Adoption mehr mit den bisherigen Lebensumständen des Kindes verglichen werden, werden sie unter dem Gesichtspunkt des Nachteils mehr mit den Alternativen für die Zukunft verglichen. Ein Nachteil droht dem Kind, wenn die einzige Alternative zur Adoption ein länger dauernder Heimaufenthalt wäre (BT-Drucks 7/421, 9; LG München II DAVorm 1980, 126). Das gleiche gilt, wenn dem Kind ein Unterbringungswechsel droht, sei es von einem Heim in ein anderes, sei es von einer Familienpflege in eine andere oder sogar zu dem die Einwilligung verweigernden Elternteil, wenn dieser dem Kind fremd geworden ist (Hamm FamRZ 1977, 420; Karlsruhe, FamRZ 1995, 1012ff). Aber selbst wenn das Kind in einer guten Pflegestelle lebt und voraussichtlich in ihr bleiben kann (nämlich bei den Adoptionsbewerbern) stellt die Dauerpflege gegenüber der Adoption einen Nachteil dar (Karlsruhe DAVorm 1999, 780f und FamRZ 1990, 94; BayObLG FamRZ 1994, 1350; Braunschweig FamRZ 1997, 513f; Liermann FamRZ 1999, 1686, näher unten Rz 23).

§ 1748

21 b) Der Nachteil für das Kind muß **unverhältnismäßig** sein. Damit zieht das einfache Gesetz der Möglichkeit, leiblichen Elternteil das Elternrecht zu entziehen, die von der Verfassung gebotene Grenze. Diese verläuft zwischen den Eltern und dem Staat, der im Konflikt zwischen Elternrecht und Kindeswohl dieses kraft seines Wächteramtes zu seiner Sache macht. An dieser Grenze schlägt das Abwehrrecht der Eltern aus Art 6 II GG deshalb erst bei einer unverhältnismäßigen Benachteiligung des Kindes in das staatliche Eingriffsrecht aus § 1748 um, weil dem Staat bei leichteren Beeinträchtigungen des Kindeswohls mildere Mittel zur Verfügung stehen. Unter dem Gesichtspunkt der (Un-)Verhältnismäßigkeit sind daher nicht alle von diesem Begriff umfaßten Elemente zu prüfen; die Eignung der (der) Annehmenden für die Förderung des Kindeswohls ist bereits durch § 1741 abgedeckt. Zu prüfen ist nur, ob die Ersetzung der Einwilligung in die Adoption im gegebenen Fall verhältnismäßig ist; die negative Fassung bringt zum Ausdruck, daß die Feststellungslast beim Antragsteller liegt. Dabei hat das Gericht hinsichtlich des unbestimmten Rechtsbegriffs „unverhältnismäßiger Nachteil" nachzuprüfen, ob die festgestellten tatsächlichen Umstände richtig bewertet worden sind, wozu eine **umfassende Abwägung der Eltern- und Kindesinteressen** erforderlich ist (BVerfG FamRZ 2002, 536; Karlsruhe FamRZ 1999, 1687; Staud/Frank Rz 38). Ob als gegenüber der Adoption milderes Mittel **Maßnahmen nach § 1666** in Betracht kommen, richtet sich nach deren Eignung, der Gefährdung des Kindeswohls zu begegnen:

22 aa) Weniger einschneidend als eine Adoption sind Maßnahmen des VormG nach § 1666, die **nicht mit einer Trennung des Kindes von der elterlichen Familie verbunden** sind; über sie hat das JA gleichgültige Eltern nach § 51 II S 1 SGB VIII zu beraten.

23 bb) Eine **Unterbringung** in einem **Heim oder einer Pflegestelle** geht der Adoption vor, wenn das Kind voraussichtlich wieder bei seinen Eltern untergebracht werden kann, bevor es diesen völlig entfremdet ist. Der maßgebende Zeitraum richtet sich nach dem Alter des Kindes und nach den voraussichtlichen, mit dem Kindeswohl verträglichen Bemühungen der Eltern, einer Entfremdung entgegenzuwirken. Die Alternative Adoption oder Pflegekindschaft in ihrem Verhältnis zum Elternrecht spitzt sich zu, wenn es die **Pflegeeltern** sind, die das **Kind adoptieren wollen** (hierzu Roth ZfJ 1987, 64). Sind Pflegeeltern nicht bereit, bei Ablehnung ihres Adoptionsantrags das Kind weiter in Pflege zu behalten, so ist der dem Kind bei Unterbleiben der Annahme drohende Nachteil um so größer, je mehr es in der Pflegefamilie eingewurzelt war und je günstiger die Verhältnisse der Pflegefamilie für seine Entwicklung sind (Düsseldorf DAVorm 1977, 751). Umstritten war die Behandlung des Falles, daß die Pflegeeltern das Kind auch bei Zurückweisung ihres Adoptionsantrages in Pflege behalten wollen. Die Rspr war ursprünglich dahin gegangen, daß sich beim Unterbleiben der Annahme faktisch nichts ändere, dem Kind also kein Nachteil entstehe (Stuttgart FamRZ 1973, 160; LG Duisburg DAVorm 1975, 431). Diese Linie wurde unterstrichen durch die Begründung zum RegE des AdoptRÄndG mit der Überlegung, daß es unerwünscht wäre, wenn Adoptionsbewerber dazu übergingen, ein Kind in Pflege zu nehmen mit der unausgesprochenen Absicht, es nicht mehr zurückzugeben und so eine spätere Adoption zu erzwingen (BT-Drucks 7/421, 6). Der Fall Düsseldorf DAVorm 1977, 751 enthüllte die Paradoxie der früheren Rspr, die adoptionswillige Pflegeeltern veranlassen mußte, im Adoptionsverfahren selbst gegen ihre Überzeugung anzugeben, daß sie das Pflegekind bei Zurückweisung ihres Antrages nicht behalten würden, dies mit der weiteren Folge, daß sie um so weniger zu glauben war, je grausamer eine Weggabe für das Kind gewesen wäre. Im Zeitraum des Düsseldorfer Verfahrens wandte sich die Rspr von dieser Linie ab (LG Ellwangen DAVorm 1976, 160). Seitdem hat es sich durchgesetzt, daß auch das Fortbestehen eines Pflegeverhältnisses gegenüber der Adoption durch Pflegeeltern ein unverhältnismäßiger Nachteil für das Kind sein kann (Karlsruhe FamRZ 1999, 1688; BayObLG FamRZ 1994, 1350; AG Kamen FamRZ 1995, 1013; teilweise aA Schleswig FamRZ 1994, 1351; BayObLG DAVorm 1999, 776f und BGH FamRZ 1997, 85 gegen Karlsruhe FamRZ 1990, 94). Die hL stellt darauf ab, daß ein Pflegeverhältnis nicht die gleiche Gewähr für die Dauer bietet und damit der Anspruch des Kindes auf rechtliche Sicherheit nicht gerecht wird (Staud/Frank Rz 42; MüKo/Maurer Rz 13; RGRK/Dickescheid Rz 10; Pal/Diederichsen Rz 9). Die Adoption kommt dem leiblichen Eltern-Kind-Verhältnis am nächsten und schafft die Möglichkeit einer Integrierung des Kindes in die neue Familie.

24 12. Nach **Abs III** rechtfertigt dauernde Unfähigkeit zur Pflege und Erziehung des Kindes infolge **besonders schwerer psychischer Krankheit oder besonders schwerer geistiger oder seelischer Behinderung** die Ersetzung der elterlichen Einwilligung. a) Auf eine genaue Einordnung des Leidens kommt es nicht an (MüKo/Maurer Rz 21), die erforderliche Schwere ist **funktional** von der Rechtsfolge her zu bestimmen: Der Elternteil muß auf Dauer unfähig sein, das Kind, wenn auch mit Hilfe Dritter, zu betreuen (BayObLG FamRZ 1999, 1688; Staud/Frank Rz 56). Zu Unrecht wird diese Definition als zirkulär kritisiert (AG Melsungen FamRZ 1996, 52); richtig ist allein das Ziel, an die Ersetzung der Einwilligung nach Abs III **besonders strenge Anforderungen** zu stellen. Das Wohl des Kindes tritt entsprechend zurück. Anders als nach Abs I genügt es nicht, daß ein Unterbleiben der Adoption dem Kind zu einem gegenüber dem Eingriff in das Elternrecht unverhältnismäßigen Nachteil gereichen würde. Daher stehen eine Unterbringung des Kindes bei Angehörigen oder Pflegeeltern oder andere Hilfen, die als Maßnahme nach § 1666 getroffen werden können, nicht schon hinter der Adoption zurück, wenn das Kind voraussichtlich dauernd nicht mehr der Obhut des Elternteils anvertraut werden kann, sondern nur dann, wenn dem Elternteil auch auf solche Weise nicht die Möglichkeit erhalten werden kann, auf die Erziehung des Kindes einzuwirken. Und selbst wenn das Wohl des Kindes einer Einwirkung des Elternteils auf die Erziehung entgegensteht, muß nach Abs III jedweder dauernden Unterbringung des Kindes in einer Familie der Vorzug vor einer Adoption gegeben werden (Frankfurt FGPrax 1996, 109). Werden adoptionswillige Pflegeeltern das Kind auch bei Ablehnung des Adoptionsantrags behalten, so rechtfertigt bei Abs I ausschlaggebende Vorzug eines Annahmeverhältnisses vor der Familienpflege (oben Rz 24 aE) hier die Ersetzung der Einwilligung nicht (Staud/Frank Rz 57). Kann ein Elternteil wegen besonders schwerer psychischer Krankheit oder besonders schwerer geistiger oder seelischer Behinderung sein Kind dauerhaft nicht erziehen, so haben Pflegeeltern eine geringere Chance, das Kind zu adoptieren, als Pflegeeltern eines Kindes, dessen Eltern gleichgültig sind oder pflichtwidrig handeln. Erst

wenn der **Elternteil geschäftsunfähig** ist, so daß sein Einwilligungsrecht gem § 1747 IV entfällt, richtet sich die Adoptionsmöglichkeit allein nach dem Kindeswohl.

b) Der Antrag auf Ersetzung nach Abs III darf nicht zurückgewiesen werden, weil der Elternteil infolge Krankheit oder Behinderung zugleich im Sinne des § 1747 IV wegen **Geschäftsunfähigkeit** zur Abgabe einer Erklärung außerstande und seine Einwilligung in die Adoption daher nicht erforderlich sei (BayObLG DAVorm 1999, 775); dies aus dem Grund, daß die unberechtigte Annahme der Voraussetzungen des § 1747 IV nach § 1760 I und IV einen Aufhebungsgrund bildet, während die Ersetzung der Einwilligung nach § 1748 III auch in solchem Fall in Rechtskraft erwächst.

c) Beruht die Unfähigkeit des Elternteils zur Pflege und Erziehung des Kindes auf einer **leichteren geistigen oder seelischen Störung** oder auf einer **körperlichen Krankheit oder körperlichen Gebrechen,** so kann sich eine Gefährdung des Kindes ergeben, wenn sich der Elternteil längere Zeit oder wiederholt in Behandlung befindet und währenddessen das Kind getrennt von ihm betreut werden muß. Hier muß das VormG ggf mit Maßnahmen nach § 1666 eingreifen. Ist das Kind von dem Elternteil freiwillig oder als Maßnahme des VormG bei einer Pflegeperson untergebracht worden und dort eingewurzelt, so daß sein Wohl durch ein Rückgabeverlangen des Elternteils gefährdet wird, so kann das VormG dem mit § 1632 IV begegnen; eine Ersetzung der Einwilligung in die Adoption ist in einem solchen Fall nicht möglich.

13. Ersetzung der Einwilligung nichtsorgeberechtigter Väter, Abs IV. Übt die Mutter das alleinige Sorgerecht aus, weil die Eltern bei der Geburt nicht verheiratet waren und keine Erklärung nach § 1626a I Nr 1 abgegeben haben, so kann die Einwilligung des nichtehelichen Vaters unter den erleichterten Voraussetzungen von Abs IV schon dann ersetzt werden, wenn das Unterbleiben der Annahme dem Kind zu **unverhältnismäßigem Nachteil** gereichen würde; Versagen oder unverschuldeter Eignungsmangel sind (anders als in Abs I–III nicht vorausgesetzt. Die Bestimmung gilt auch für **präsumtive Väter** mit Einwilligungsrecht nach § 1747 I S 2 (BT-Drucks 13/4899, 113, kritisch Soergel/Liermann Rz 44); sie gilt hingegen nicht für Väter, denen das Sorgerecht einmal zugestanden hat (MüKo/Maurer Rz 25). Abs IV soll verhindern, daß Väter, die niemals die elterliche Sorge und damit Verantwortung für ihr Kind getragen haben, eine Adoption allein durch Verweigerung der Einwilligung verhindern können (BT-Drucks 13/4899, 114). Die Bestimmung ist in der Sache verfehlt und im Hinblick auf das Elternrecht aus Art 6 II S 1 und im Hinblick auf Art 3 GG **verfassungsrechtlichen Bedenken** ausgesetzt (MüKo/Maurer Rz 24; Staud/Frank Rz 59; Helms JAmt 2001, 57): Nicht einsichtig ist eine Ersetzung unter erleichterten Voraussetzungen, wenn der nichteheliche Vater Verantwortung für sein Kind übernommen hat, obwohl ihm das Sorgerecht fehlt; die Einwilligung eines Vaters, der an seinem Kind keinerlei Interesse zeigt, wäre ohne Abs IV nach Abs I S 1 Alt 2 wegen Gleichgültigkeit ersetzbar. Zudem ist von Abs IV niemals die Mutter betroffen, deren Einwilligung auch dann nur nach Abs I–III ersetzt werden kann, wenn ihr die Sorge nach § 1666 entzogen wurde – eine solche Mutter steht dem Kind weniger nah als der nicht sorgeberechtigter Vater, der sich um sein Kind gekümmert hat (Soergel/Liermann Rz 42). Die Rspr ist um eine **verfassungskonforme Anwendung** bemüht, indem sie einen unverhältnismäßigen Nachteil iSv Abs IV annimmt, wenn das Unterbleiben der Adoption für das Kind nachteilig ist und die Abwägung der Interessen des Kindes mit den Interessen des Vaters zum Ergebnis führt, daß das Interesse des Kindes an der Adoption überwiegt (Karlsruhe FamRZ 2001, 573), nuanciert anders BayObLG FamRZ 2002, 487: Rückgriff auf die Abwägungsgrundsätze zu Abs I).

14. Wie bei der Erteilung der elterlichen Einwilligung in die Adoption müssen bei deren Ersetzung **die Annehmenden feststehen.** Das Erfordernis leitet sich aus dem Ausschluß einer Blankoeinwilligung ab (§ 1747 Rz 5f). So wie sich Eltern von ihrem Kind nur in Verbindung mit seiner Aufnahme in eine bestimmte Adoptivfamilie lösen können, gibt es auch eine Wegnahme des Kindes nur im Zusammenhang mit einer bestimmten Adoption.

15. Verfahren. a) Antragsberechtigt ist das Kind (Abs I S 1, BayObLG FamRZ 2002, 1238). Die Ersatzzuständigkeit bei fehlender voller Geschäftsfähigkeit ist ungeregelt, die Lücke durch Analogie zu den Vorschriften über die Einwilligung des Kindes (§ 1746 I S 2, 3) zu schließen: Für das geschäftsunfähige oder noch nicht 14 Jahre alte Kind handelt sein gesetzlicher Vertreter. Unter den materiellen Voraussetzungen des § 1748 wird dies idR ein aufgrund § 1666 bestellter **Vormund oder Pfleger** sein. Den Antrag, die Einwilligung eines Elternteils zu ersetzen, kann der Vormund auch im Namen des Kindes wirksam stellen, wenn er selbst als Annehmender in Erscheidung tritt und den Antrag nach § 1752 I bereits gestellt hat (Zweibrücken FGPrax 2001, 113). Ist ausnahmsweise ein **leiblicher Elternteil** gesetzlicher Vertreter, so besteht ein Interessenkonflikt, ohne daß jedoch der Tatbestand der §§ 1629 II S 3, 1795 I oder II iVm § 181 vorläge. Vielmehr hat das VormG gem §§ 1629 II S 3, 1796 von Amts wegen dem Elternteil die Vertretung in der Adoptionsangelegenheit zu entziehen und gem § 1909 I S 1 Ergänzungspflegschaft anzuordnen (Karlsruhe DAVorm 1999, 779; Nürnberg FamRZ 2001, 573; RGRK/Dickescheid Rz 22). Das nicht geschäftsunfähige, über 14 Jahre alte Kind bedarf zu seinem Antrag der Zustimmung des gesetzlichen Vertreters (RGRK/Dickescheid Rz 23; Pal/Diederichsen Rz 15; Gernhuber/Coester-Waltjen § 68 VI Fn 27; aM MüKo/Maurer Rz 29 mN in Fn 146; Soergel/Liermann Rz 46); diese Analogie zu § 1746 I S 3 Hs 2 wird, obwohl der Antrag Verfahrenshandlung ist, nicht durch eine Analogie zu § 59 FGG verdrängt, weil der materielle Charakter des Antrages überwiegt (aA Staud/Frank Rz 64). Unannehmbar ist die aus der Gegenansicht gezogene Folgerung, auch der gesetzliche Vertreter sei allein antragsberechtigt (LG Ravensburg DAVorm 1975, 56, zustimmend für den Fall, daß das Kind einwilligungsfähig ist, MüKo/Maurer Rz 29): Die Einwilligung in die Adoption bezieht sich nicht notwendig auf die Adoption gegen den Willen der Eltern. Der Antrag setzt nicht voraus, daß auch die Adoption bereits beantragt ist (§ 1752 Rz 11). Wird mit dem Antrag, wie gewöhnlich, eine Inkognito-Adoption angestrebt, so sollte eine Anordnung gem § 1758 II S 2 über die vorgezogene Geheimhaltung der Adoptionsumstände angeregt werden. Die entsprechende Anordnung des Gerichts wirkt intern und reduziert das Akteneinsichtsrecht gem § 34 II FGG auf das Maß des § 1758 (s § 1758 Rz 3).

§ 1748

30 b) Als „**Zwischenverfahren**" (BT-Drucks 7/3061, 38) kann das Ersetzungsverfahren insofern bezeichnet werden, als über einen Ersetzungsantrag entschieden sein muß, bevor über den Annahmeantrag entschieden wird; ein Ersetzungsbeschluß muß darüber hinaus rechtskräftig geworden sein (Celle ZfJ 1998, 262). Dagegen kann der Ersetzungsantrag vor dem Annahmeantrag gestellt werden. Zuständig ist das VormG am Wohnort des Annehmenden (§ 43b FGG), es entscheidet der Richter (§ 14 Nr 3 lit f RPflG).

31 c) Das Kind ist nach §§ 55c, 50b FGG **persönlich zu hören** (BVerfG FamRZ 2002, 229), sofern nicht im Einzelfall schwerwiegende Gründe nach § 50b III S 1 FGG entgegenstehen (BayObLG FamRZ 2002, 1144). Die Eltern, deren Personensorge mitbetroffen ist, sind nach § 50a FGG als materiell Beteiligte idR persönlich zu hören (MüKo/Maurer Rz 32). Ein nicht sorgeberechtigter Teil braucht nicht angehört zu werden, wenn Aufklärung nicht zu erwarten ist. Aus schwerwiegenden Gründen kann von jeder Anhörung der Eltern abgesehen werden. Erscheint ein geladener Elternteil nicht, so kann sich aus § 12 FGG die Verpflichtung des Gerichts ergeben, das persönliche Erscheinen mit den in § 33 FGG vorgesehenen Mitteln durchzusetzen (BayObLG FamRZ 1984, 201; zur Beschwerdebefugnis und den gerichtlichen Anhörungspflichten Düsseldorf FamRZ 1995, 1294ff). Zwingend anzuhören ist das Jugendamt (49 I S 2 FGG).

32 d) Im **Ersetzungsbeschluß** ist der Annehmende im Fall einer Inkognitoadoption entsprechend dem Antrag durch Bezugnahme auf die Bewerberliste der Adoptionsvermittlungsstelle zu bezeichnen. Der Beschluß ist zu begründen (LG Hamburg DAVorm 1978, 49). Gem § 53 FGG wird der Beschluß erst mit Rechtskraft wirksam; gem § 60 Nr 6 FGG unterliegt er daher der sofortigen Beschwerde, die dann entgegen § 24 FGG gem § 26 FGG aufschiebende Wirkung hat. Damit die Beschwerdefrist zu laufen beginnt, muß der Beschluß gem § 16 II S 1 FGG dem Elternteil förmlich zugestellt werden. Weil nur das Kind den Ersetzungsantrag stellen kann (Rz 29), ist gegen eine **Zurückweisung** gem § 20 II FGG auch nur das Kind beschwerdebefugt (BayObLG FamRZ 2002, 1282); diese Beschwerde ist unbefristet. Das Kind wird dabei gesetzlich vertreten, gem § 59 I 3 FGG kann das über 14 Jahre alte Kind sein Beschwerderecht neben dem Vormund selbst ausüben. Daher ist gem § 59 II S 1 FGG die Zurückweisung dem selbständig beschwerdeberechtigten Kind neben dem gesetzlichen Vertreter bekanntzumachen. Von einer erneuten Anhörung von Eltern und Kind im Beschwerdeverfahren kann ausnahmsweise abgesehen werden, wenn weder neue Tatsachen vorgetragen wurden, noch eine Änderung rechtlicher Gesichtspunkte eingetreten ist, noch soviel Zeit verstrichen ist, daß erhebliche Umstände sich verändert haben könnten (Zweibrücken DAVorm 2001, 433). Eine den Ersetzungsbeschluß bestätigende Beschwerdeentscheidung ist dem Elternteil, eine aufhebende Beschwerdeentscheidung dem gesetzlichen Vertreter des Kindes förmlich zuzustellen (§ 29 II FGG).

1749 *Einwilligung des Ehegatten*

(1) Zur Annahme eines Kindes durch einen Ehegatten allein ist die Einwilligung des anderen Ehegatten erforderlich. Das Vormundschaftsgericht kann auf Antrag des Annehmenden die Einwilligung ersetzen. Die Einwilligung darf nicht ersetzt werden, wenn berechtigte Interessen des anderen Ehegatten und der Familie der Annahme entgegenstehen.
(2) Zur Annahme eines Verheirateten ist die Einwilligung seines Ehegatten erforderlich.
(3) Die Einwilligung des Ehegatten ist nicht erforderlich, wenn er zur Abgabe der Erklärung dauernd außerstande oder sein Aufenthalt dauernd unbekannt ist.

1 1. **Textgeschichte.** Neugefaßt durch AdoptG Art 1 Nr 1, Amtl Begr BT-Drucks 7/3061, 38f; 7/5087, 13f.

2 2. Durch Adoption begründete Verwandtschaft führt zu Rechten und Pflichten, die es für den Fall, daß der Annehmende verheiratet ist, ausschließen, die Annahme im Verhältnis zum Ehegatten als persönliche Angelegenheit anzusehen. Umgekehrt ist die von seiten des Ehegatten erforderliche Einwilligung dessen persönliche Angelegenheit. Der Gatte entscheidet ohne Bindung aus § 1353 (Gernhuber/Coester-Waltjen § 68 VII 1). Das Fehlen oder Mängel einer erteilten Einwilligung sind keine Aufhebungsgründe, § 1760 (Soergel/Liermann Rz 7).

3 3. **Abs I S 1** setzt voraus, daß ein Ehegatte ein Kind mit der Wirkung annimmt, daß es allein sein Kind wird. Weil das selten möglich ist, ist der Anwendungsbereich der Vorschrift begrenzt (Hamm ZfJ 1999, 312): Nimmt ein Gatte das **Kind seines Ehegatten** an (§ 1741 I S 3), so erlangt das Kind nach § 1754 I die Stellung eines gemeinschaftlichen Kindes, und ist in der nach § 1747 I S 1 erforderlichen Einwilligung der leiblichen Elternteils die Einwilligung nach § 1749 und eine ggf nach § 1746 erforderliche Einwilligung enthalten (Pal/Diederichsen Rz 1). Eigenständige Bedeutung hat § 1749, wenn ein Ehegatte ein **fremdes Kind** annimmt und der andere Ehegatte das 21. Lebensjahr noch nicht vollendet hat (§ 1741 II S 4 Alt 2). Weil dieser Ehegatte außerstande ist, ein Kind anzunehmen, kann der andere Gatte allein annehmen. Zur Erteilung einer nach Abs I erforderlichen Einwilligung ist auch der noch nicht 18 Jahre alte, daher beschränkt Geschäftsfähige in der Lage. Er benötigt nicht die Zustimmung seines gesetzlichen Vertreters (§ 1750 III S 2).

4 Das **Einwilligungsbedürfnis entfällt** nach Abs III, wenn der Gatte zur Abgabe der Erklärung dauernd außerstande oder sein Aufenthalt dauernd unbekannt ist. Wichtigster Fall dauernder Verhinderung ist die Geschäftsunfähigkeit.

5 4. Daß das KindRG die Einzeladoption durch den über 25jährigen bei jeder Altersstufe des Gatten unter 21 Jahren ermöglicht hat, ist angesichts eines womöglich dringenden Adoptionsbedürfnisses richtig (vgl § 1743 Rz 3). Im Hinblick auf § 1741 I muß allerdings geprüft werden, ob die einseitige Zuordnung des Kindes an nur einen Ehegatten dem **Kindeswohl** dienlich ist (MüKo/Maurer Rz 2); bei einem noch nicht 21jährigen, vielleicht erst 16jährigen Ehegatten ist zu prüfen, ob ein Zusammenleben des Kindes mit dem jugendlichen Stiefelternteil mit dem Kindeswohl verträglich ist. Das ist kaum denkbar, wenn der minderjährige Gatte die Einwilligung versagt, weshalb die **Ersetzbarkeit** der Einwilligung nach **Abs I S 2, 3** ohne praktischen Anwendungsfall ist (Staud/Frank Rz 6);

die hM hält eine Ersetzung grundsätzlich nur dann für möglich, wenn die Ehegatten dauerhaft getrennt leben (MüKo/Maurer Rz 5; Soergel/Liermann Rz 3; Pal/Diederichsen Rz 2).

5. **Abs II, III.** Die **Einwilligung des Ehegatten des Anzunehmenden** (Abs II) ist entbehrlich unter den Voraussetzungen von Abs III (Staud/ Frank Rz 9). Die Einwilligung kann nicht ersetzt werden (BT-Drucks 7/5087, 19). In einem Alter, in dem bereits eine eigene Ehe besteht, muß diese den Vorrang vor dem Interesse an einem neuen Kindschaftsverhältnis haben. Ist der bisherige Geburtsname des Kindes Ehename, so hängt dessen Änderung davon ab, daß der Ehegatte auch ihr zustimmt (§ 1757 III).

§ 1750 *Einwilligungserklärung*

(1) Die **Einwilligung nach §§ 1746, 1747 und 1749** ist dem Vormundschaftsgericht gegenüber zu erklären. Die Erklärung bedarf der notariellen Beurkundung. Die Einwilligung wird in dem Zeitpunkt wirksam, in dem sie dem Vormundschaftsgericht zugeht.
(2) Die Einwilligung kann nicht unter einer Bedingung oder einer Zeitbestimmung erteilt werden. Sie ist unwiderruflich; die Vorschrift des § 1746 Abs. 2 bleibt unberührt.
(3) Die Einwilligung kann nicht durch einen Vertreter erteilt werden. Ist der Einwilligende in der Geschäftsfähigkeit beschränkt, so bedarf seine Einwilligung nicht der Zustimmung seines gesetzlichen Vertreters. Die Vorschrift des § 1746 Abs. 1 Satz 2, 3 bleibt unberührt.
(4) Die Einwilligung verliert ihre Kraft, wenn der Antrag zurückgenommen oder die Annahme versagt wird. Die Einwilligung eines Elternteils verliert ferner ihre Kraft, wenn das Kind nicht innerhalb von drei Jahren seit dem Wirksamwerden der Einwilligung angenommen wird.

1. **Textgeschichte.** Neugefaßt durch AdoptG Art 1 Nr 1, Amtl Begr BT-Drucks 7/3061, 39f; 7/5087, 14.

2. Die Vorschrift regelt gemeinsame Modalitäten der nach §§ 1746, 1747, 1749 erforderlichen **Einwilligungen.** Unter dem Dekretsystem sind diese Erklärungen auf die vom VormG auszusprechende Adoption bezogen und insofern **Verfahrenshandlungen** (Soergel/Liermann Rz 2). Diese Rechtsnatur war maßgebend für die Regelung der Empfangszuständigkeit in Abs I S 1, während die Form, der Zeitpunkt des Wirksamwerdens, die Bedingungs- und Befristungsfeindlichkeit und die Unwiderruflichkeit der Einwilligung nach Abs I S 2, 3 und Abs II auch zu einer privaten Willenserklärung passen. Beruht die Einwilligungsberechtigung auf dem privatrechtlichen Statusverhältnis zum Kind oder zum Annehmenden und zielt die Einwilligung auf eine (mittelbare) Änderung des privatrechtlichen Status, so hat die Erklärung materiellrechtlichen Gehalt. Soweit nichts anderes angeordnet ist oder die Rechtsnatur der Erklärung nicht entgegensteht, sind die Bestimmungen über Willenserklärungen entsprechend anwendbar (Rz 4).

3. **Adressat** der Einwilligung (**Abs I S 1**) ist das nach § 43b FGG örtlich zuständige **VormG**; eine nach Einreichung eintretende Veränderung von Wohnsitz oder Aufenthalt läßt die Zuständigkeit unberührt (Staud/Frank Rz 4, ferner Rz 4). Daß ein Adoptionsantrag bereits gestellt ist, wird nicht gefordert: Einwilligungen sollen vor Beginn einer Adoptionspflege vorliegen, während der Adoptionsantrag erst zu stellen ist, wenn als die Regelvoraussetzung vorheriger Pflege von angemessener Dauer (§ 1744) erfüllt ist. Adoptionsbewerber sind „Annehmende" iSv § 43b FGG. Bei Inkognito-Adoptionen ist die Bezeichnung der Annehmenden mit der Listennmmer der Adoptionsvermittlungsstelle hinreichend. Die Weiterleitung der Einwilligung an das zuständige Gericht durch Vermittlungsstellen ist üblich und zulässig. Sie hat unverzüglich zu geschehen (Empfehlungen der BAG der Landesjugendämter zur Adoptionsvermittlung, 3. Aufl. 1994 Ziff 8.311 Abs 5, ferner Staud/Frank Rz 5). Für sämtliche Einwilligungen genügt es, daß sie sich auf die iSv § 1747 II S 2 „feststehenden" Annehmenden beziehen; eine Blanko-Einwilligung wäre unzulässig (BT-Drucks 7/3061, 40).

4. **Wirksamwerden, Abs I S 3.** Die Einwilligung wird wirksam mit **Zugang beim VormG.** Lehnt ein **örtlich unzuständiges Gericht** die Entgegennahme der Einwilligung ab oder gibt es sie sogleich zurück, so ist die Einwilligung unwirksam; als wirksam muß die Einwilligung gelten, wenn die Unzuständigkeit vom Gericht nicht erkannt wird oder das Gericht trotz Kenntnis der Unzuständigkeit untätig bleibt (Keidel/Kunze/Winkler § 7 FGG Rz 4, 5, 7). Gibt das Gericht die Einwilligung an das zuständige Gericht weiter, so wird die Erklärung wirksam mit Zugang beim zuständigen Gericht (Soergel/Liermann Rz 10a). Zugehen muß das Original oder eine Ausfertigung der notariellen Urkunde (§ 47 BeurkG), die Einreichung einer beglaubigten Abschrift reicht nicht aus (Hamm NJW 1982, 1002, RGRK/Dickescheid Rz 4). Vor ihrem Wirksamwerden kann die abgegebene Erklärung gem § 130 I S 2 ohne Einhaltung der Form nach Abs I S 2 widerrufen werden (Hamm RPfleger 1987, 65; MüKo/Maurer Rz 9); anwendbar ist ferner § 130 II.

5. **Form, I S 2.** Zur Vermeidung unüberlegter Erklärungen bedarf die Einwilligung grundsätzlich der **notariellen Beurkundung** (BT-Drucks 7/3061 40; 13/4899, 170), ausgenommen ist die Zustimmung des gesetzlichen Vertreters zur Einwilligung des Kindes (§ 1746 I S 3 Hs 2, § 1746 Rz 3). Eine vom JA beurkundete Einwilligung wäre nach § 125 formnichtig; bloße Formfehler haben jedoch keine Auswirkung auf eine gleichwohl ausgesprochene Annahme (§ 1760 Rz 4).

6. **Bedingung oder Befristung** machen die Einwilligung nach **Abs II S 1** (nicht nach §§ 134, 139) nichtig. Wird die Adoption ungeachtet einer Bedingung oder Befristung der Einwilligung ausgesprochen, so ist der Annahmebeschluß unanfechtbar und kann vom VormG nicht abgeändert werden (§ 56e S 3 FGG); der Beschluß ist aber aufhebbar (§ 1760 Rz 3, MüKo/Maurer Rz 7). Kein Fall des Abs II S 1 liegt vor, wenn bei einer Inkognito-Adoption der Einwilligende die unbedingte Erteilung der Einwilligung von bestimmten Eigenschaften oder Lebensumständen des Annehmenden abhängig macht, über welche die Adoptionsvermittlungsstelle aufzuklären hat (§ 1747 Rz 8; RGRK/Dickescheid Rz 7; Staud/Frank Rz 11).

§ 1750 Familienrecht Verwandtschaft

7 7. **Unwiderruflichkeit.** Die wirksam gewordene (Rz 4) Einwilligung ist unwiderruflich nach **Abs II S 2 Hs 1**, denn häufig befindet sich das Kind in Adoptionspflege, die durch Rücknahme der Einwilligungen nicht gestört werden soll. Der Ausschluß des Widerrufs bedeutet nicht, daß der Einwilligende gehindert wäre, einer erklärten Einwilligung eine weitere, subsidiäre (§ 1747 Rz 5) nachzuschieben. Das nicht geschäftsfähige, mindestens 14 Jahre alte Kind kann die von ihm oder die vom gesetzlichen Vertreter erklärte Einwilligung gem § 1746 II nach Abs II S 2 Hs 2 ebenso widerrufen (§ 1746 Rz 8), wie der Antragsteller seinen Antrag zurücknehmen kann (Abs IV S 1 Alt 1).

8 8. Der Einwilligung anhaftende **Willensmängel** sind in § 1760 als Aufhebungsgrund für das zustande gekommene Annahmeverhältnis geregelt. Macht ein nach § 1762 Antragsberechtigter schon **vor Erlaß des Adoptionsbeschlusses** einen Willensmangel geltend, so wäre es unökonomisch und wegen der Folgen für die Zuordnung des Kindes sachwidrig, ihn auf das Aufhebungsverfahren zu verweisen. In diesen Fällen kann der Erklärende den Willensmangel durch Anfechtung gegenüber dem VormG geltend machen (Staud/Frank Rz 13; Soergel/Liermann Rz 14; Gernhuber/Coester-Waltjen § 68 IV 4, aM Heilmann DAVorm 1997, 585ff; MüKo/Maurer Rz 13). Auf die Anfechtung hat das Gericht über die Wirksamkeit der Einwilligung einen feststellenden Beschluß zu fassen (Schultz DAVorm 1980, 230), der analog § 56f III FGG mit Rechtskraft wirksam wird und daher gem § 60 I Nr 6 FGG der sofortigen Beschwerde unterliegt. Die Notwendigkeit dafür besteht besonders bei der elterlichen Einwilligung wegen der statusrechtlichen Wirkung des § 1751, die keine länger andauernde Ungewißheit verträgt.

9 9. Die Einwilligung der Eltern und Ehegatten ist **höchstpersönlich, Abs III S 1**. Sie kann weder durch einen gewillkürten noch durch einen gesetzlichen Vertreter erklärt werden (MüKo/Maurer Rz 11); Botenschaft ist jedoch möglich (Hamm FamRZ 1987, 612). **Abs III S 2**, wonach die erforderliche **Einwilligung eines beschränkt Geschäftsfähigen** nicht der Zustimmung des gesetzlichen Vertreters bedarf, findet Anwendung auf minderjährige Eltern des Kindes und auf minderjährige Ehegatten des Annehmenden (Anzunehmenden), deren Einwilligung unter den Voraussetzungen von §§ 1747 IV, 1749 III entbehrlich ist. Für **geschäftsunfähige oder unter 14 Jahre alte Kinder** erteilt der gesetzliche Vertreter die Einwilligung, Abs III S 3, § 1746 I S 2; in allen anderen Fällen willigt das Kind mit Zustimmung des gesetzlichen Vertreters selbst ein, Abs III S 3, § 1746 I S 3.

10 10. **Erlöschen.** Daß die Einwilligungen bei **Rücknahme** des Antrags oder endgültiger **Versagung der Annahme** ihre Kraft verlieren (**Abs IV S 1**), mußte mit Rücksicht darauf angeordnet werden, daß ein zurückgenommener oder abgelehnter Antrag erneut gestellt werden kann, in welchem Fall eine einmal wirksam erklärte Einwilligung wegen ihrer Unwiderruflichkeit nach Abs II S 2 Hs 1 Bestand hätte. Die Einwilligenden sollen aber bei unerwarteten Widerständen, wie es Zurücknahme oder Ablehnung des Antrags sind, gegenüber einem erneuten Antrag freie Hand haben. Bezogen sich die Einwilligungen jedoch auf mehrere Annahmen in subsidiärer Reihung (vgl § 1747 Rz 6, § 1746 Rz 4), so werden sie erst bei Rücknahme oder Ablehnung des Antrags der letztplazierten Annehmenden kraftlos. Wegen des Zeitpunkts, in dem der Adoptionsantrag im Hinblick auf die unbefristete Anfechtbarkeit des ablehnenden Beschlusses als endgültig zu gelten hat, vgl § 1752 Rz 18. Als unerwarteter Widerstand erscheint auch der **Ablauf von drei Jahren**, während derer die Adoption nicht zustande gekommen ist. Solcher Zeitablauf macht die elterliche Einwilligung unwirksam nach **Abs IV S 2**. Die Einwilligungen verlieren ferner ihre Kraft, wenn Adoptionsbewerber eindeutig und endgültig zum Ausdruck bringen, daß sie von der ursprünglich beabsichtigten Adoption Abstand nehmen (BayObLG FamRZ 1983, 762; Pal/Diederichsen Rz 6) oder der Annehmende vor Erlaß des Adoptionsbeschlusses stirbt (§ 1753 Rz 5).

1751 *Wirkung der elterlichen Einwilligung, Verpflichtung zum Unterhalt*
(1) Mit der Einwilligung eines Elternteils in die Annahme ruht die elterliche Sorge dieses Elternteils; die Befugnis zum persönlichen Umgang mit dem Kind darf nicht ausgeübt werden. Das Jugendamt wird Vormund; dies gilt nicht, wenn der andere Elternteil die elterliche Sorge allein ausübt oder wenn bereits ein Vormund bestellt ist. Eine bestehende Pflegschaft bleibt unberührt. Das Vormundschaftsgericht hat dem Jugendamt unverzüglich eine Bescheinigung über den Eintritt der Vormundschaft zu erteilen; § 1791 ist nicht anzuwenden. Für den Annehmenden gilt während der Zeit der Adoptionspflege § 1688 Abs. 1 und 3 entsprechend. Hat die Mutter in die Annahme eingewilligt, so bedarf ein Antrag des Vaters nach § 1672 Abs. 1 nicht ihrer Zustimmung.
(2) Absatz 1 ist nicht anzuwenden auf einen Ehegatten, dessen Kind vom anderen Ehegatten angenommen wird.
(3) Hat die Einwilligung eines Elternteils ihre Kraft verloren, so hat das Vormundschaftsgericht die elterliche Sorge dem Elternteil zu übertragen, wenn und soweit dies dem Wohl des Kindes nicht widerspricht.
(4) Der Annehmende ist dem Kind vor den Verwandten des Kindes zur Gewährung des Unterhalts verpflichtet, sobald die Eltern des Kindes die erforderliche Einwilligung erteilt haben und das Kind in die Obhut des Annehmenden mit dem Ziel der Annahme aufgenommen ist. Will ein Ehegatte ein Kind seines Ehegatten annehmen, so sind die Ehegatten dem Kind vor den anderen Verwandten des Kindes zur Gewährung des Unterhalts verpflichtet, sobald die erforderliche Einwilligung der Eltern des Kindes erteilt und das Kind in die Obhut der Ehegatten aufgenommen ist.

1 1. **Textgeschichte.** Neugefaßt durch AdoptG Art 1 Nr 1, Amtl Begr BT-Drucks 7/3061, 40f; 7/5087, 14f. Durch Art 1 Nr 44 des Gesetzes zur Neuregelung des Rechts der elterlichen Sorge vom 18. 7. 1979 wurden Abs I S 2 und 3 sprachlich modifiziert. Auf Stellungnahme des Bundesrates unter Nr 32, BT-Drucks 13/4899, 158, wurde durch KindRG Art 1 Nr 32, Gegenäußerung der Bundesregierung BT-Drucks 13/4899, 170f, sowie Beschluß und Bericht des Rechtsausschusses BT-Drucks 13/8511, 76, Abs I S 5 angefügt, um demjenigen, der ein Kind in Adoptionspflege hat, die in § 1688 I umrissenen sorgerechtlichen Befugnisse zu geben. Die im Entwurf zum KindRG Art 1

Nr 27, Amtl Begr BT-Drucks 13/4899, 112f, als § 1747 I S 3 vorgesehene Regelung, die die Fiktion einer Zustimmung der Mutter zum Antrag des Vaters auf Übertragung der Sorge entbehrlich macht, wurde durch KindRG Art 1 Nr 32 (Beschluß und Bericht des Rechtsausschusses BT-Drucks 13/8511, 76) ohne sachliche Änderung in § 1751 als Abs I S 6 angefügt.

2. Amtsvormundschaft des Jugendamts. Der Weg des Kindes von der leiblichen Familie in die Adoptivfamilie führt durch ein Zwischenstadium, an dessen gewöhnlichem Anfang mit der elterlichen Einwilligung (oder deren Ersetzung, wegen der Gleichstellung BT-Drucks 7/5087, 14) die Lösung von der leiblichen Familie bereits manifest ist, die Aufnahme in die Adoptivfamilie aber noch aussteht. Vor dem Wirksamwerden des Adoptionsbeschlusses liegt nicht nur das Adoptionsverfahren, sondern idR auch eine Adoptionspflege von angemessener Dauer (§ 1744). Über dieses Zwischenstadium ist die **Kontinuität der elterlichen Sorge** zu sichern. Den leiblichen Eltern mit ihrer Einwilligung in die Adoption oder deren Ersetzung nach Abs I S 1 das Sorgerecht zu nehmen und auch kein Umgangsrecht zu gewähren, war sachgerecht. Andererseits das Sorgerecht schon dem Annehmenden zuzusprechen, hätte dem Probecharakter der Adoptionspflege nicht entsprochen und zu Schwierigkeiten geführt, wenn die Einwilligung mehrere Annahmewillige in subsidiärer Reihung betrifft (§ 1747 Rz 5). Daher bot sich eine **übergangsweise Vormundschaft des JA** nach dem Vorbild des § 1791c I an, zumal das JA vielfach durch seine Vermittlungsstelle Adoptionen vermittelt und die Adoptionspflege überwacht (§ 1744 Rz 8). Die Doppelrolle des JA kann problematisch sein, weil es als Adoptionsvermittlungsstelle (§ 2 I AdVermiG) gegenüber allen Beteiligten – zB schon vorhandenen Kindern des (der) Annehmenden und trotzdem Bedenken gegen eine Stiefkindadoption (§ 1741 Rz 22), auch gegenüber dem adoptionswilligen Stiefvater – zur Neutralität verpflichtet ist, während es als Vormund nur das Wohl des anzunehmenden Kindes zu verfolgen hat (Soergel/Liermann Rz 4). In problematischen Fällen sollte das JA beide Funktionen auf verschiedene Mitarbeiter verteilen und etwaige Gegensätze offenlegen, um das VormG auf die Notwendigkeit ihrer Abwägung aufmerksam zu machen.

3. Voraussetzung wirksamer Einwilligung. Die Einwilligung setzt voraus, daß die Annehmenden feststehen (vgl § 1747 II S 2); darüber hinaus kann nur eine solche Einwilligung wirksam sein, **die geeignet ist, zur Adoption zu führen**. Daran fehlt es bei der Einwilligung eines von beiden Elternteilen, wenn der andere nicht adoptionswillig ist und eine Ersetzung seiner Einwilligung nicht in Betracht kommt (MüKo/Maurer Rz 3, aA AG Kamen FamRZ 1994, 1490). Sofern nicht Pflegeeltern das Kind adoptieren wollen, wird bei einseitigen Adoptionsvoraussetzungen eines gemeinschaftlichen Kindes allerdings die Adoptionsvermittlung nicht eingreifen, so daß wegen deren Monopol der allein adoptionswillige Elternteil nicht in die Lage kommt, seine Einwilligung auf einen feststehenden Annehmenden (§ 1747 II S 2) zu beziehen. Schon aus diesem Grunde kommt eine genügende Einwilligung nicht zustande.

4. Ausnahmen von der Amtsvormundschaft. Die Vormundschaft des JA tritt nicht ein, **a)** nach **Abs II** bei der **Stiefkindadoption**, weil hier das Kind sein Verhältnis zum einwilligenden Elternteil nicht verlieren, sondern den Annehmenden als Elternteil hinzugewinnen soll. Stammt das Kind aus einer früheren, geschiedenen Ehe des jetzt mit dem Annehmenden verheirateten Elternteils, so treten im Verhältnis zum anderen Elternteil die Wirkungen des § 1751 mit dessen Einwilligung oder ihrer Ersetzung ein. § 1751 läuft leer, wenn eine Halbwaise vom Stiefelternteil oder ein vaterloses Kind vom Ehemann der Mutter adoptiert wird.

b) Die Amtsvormundschaft des JA tritt nach **Abs I S 2 Hs 2 Alt 1** nicht ein, wenn der andere Elternteil die elterliche Sorge alleine ausübt. Das setzt voraus, daß der andere Elternteil nicht ebenfalls in die Adoption eingewilligt hat oder seine Einwilligung ersetzt ist. Die Verwirklichung einer der beiden Möglichkeiten muß konkret bevorstehen, weil sonst die Einwilligung des einen Elternteils allein nicht geeignet ist, zur Adoption zu führen (vgl Rz 3). Willigt ein nicht sorgeberechtigter Elternteil in die Adoption ein oder wird seine Einwilligung ersetzt, so kann die Folge des Abs I S 1 nicht mehr eintreten (MüKo/Maurer Rz 8; Staud/Frank Rz 8). Daher muß in dem in Abs I S 2 Hs 2 angesprochenen Fall die alleinige Ausübung der elterlichen Sorge die Folge des durch die Einwilligung oder ihre Ersetzung eintretenden Ruhens der elterlichen Sorge sein. Bei zuvor gemeinsam sorgeberechtigten Elternteilen tritt diese Folge gem § 1678 I automatisch ein. In anderen Fällen, in denen der Elternteil, in die Adoption einwilligt oder dessen Einwilligung ersetzt wird, nach §§ 1626a II, 1671 oder 1672 I allein sorgeberechtigt war, bedarf es einer gerichtlichen Entscheidung, damit der andere Elternteil allein sorgeberechtigt wird. Im Fall des § 1626a II läßt § 1678 II die Übertragung zu, in den Fällen der §§ 1671, 1672 kann nur § 1696 I die Grundlage einer Übertragung auf den anderen Elternteil sein. Die Voraussetzungen, unter denen das FamG die elterliche Sorge danach auf den anderen Elternteil überträgt, dürften selten gegeben sein, weil dessen Einwilligung in die Adoption oder deren Ersetzung konkret bevorstehen muß. Sowohl seine Bereitschaft zur Einwilligung und die Gründe ihrer bevorstehenden Ersetzung sowie die kurze verbleibende Zeit seiner Sorgeberechtigung stehen entgegen, die Übertragung als dem Wohl des Kindes dienend (§ 1678 II) oder aus triftigen Gründen das Wohl des Kindes nachhaltig berührend anzusehen (§ 1696 I).

c) Die Adoptionsvormundschaft des Jugendamtes tritt auch dann nicht ein, wenn das Kind bereits einen Vormund hat. **Abs I S 2 Hs 2 Alt 2** ist nicht dahin zu verstehen, als solle das nur bei bestellter Vormundschaft, nicht bei der gesetzlichen Amtsvormundschaft des § 1791c gelten (hM: Köln FamRZ 1992, 352; MüKo/Maurer Rz 7; Brüggemann ZBlJugR 1977, 203, DIV-Gutachten DAVorm 1991, 934, aA RGRK/Dickescheid Rz 6). Die Konkurrenz zweier Amtsvormundschaften wäre ebenso sinnlos wie die Ablösung der ursprünglichen durch eine neue Amtsvormundschaft nach Abs I S 2. Außerdem wäre ungeklärt, wer bei Kompetenzstreitigkeiten oder Meinungsverschiedenheiten zwischen den gesetzlichen Vormündern zu entscheiden hätte (DIV-Gutachten DAVorm 1991, 934, 935). Eine Differenzierung zwischen bestellter und gesetzlicher Vormundschaft folgt weder aus den Materialien (Staud/Frank Rz 14), noch besteht die Gefahr, daß eine fortbestehende gesetzliche Amtsvormundschaft anders als eine bestellte Vormundschaft vor Ausspruch der Adoption enden könnte. Eine schon bestehende **Pflegschaft**

§ 1751 Familienrecht Verwandtschaft

bleibt nach Abs I S 3 bestehen und begrenzt die Kompetenz des Jugendamtes als Adoptionsvormund (§ 1794). Das hat seinen guten Sinn im Fall von §§ 1638 I, 1909 I S 2 (Brüggemann ZfJ 1977, 220; MüKo/Maurer Rz 5).

7 **5. Zuständiges Jugendamt.** Für die Vormundschaft des Abs I S 2 ist analog § 87c III SGB VIII das JA am gewöhnlichen Aufenthaltsort des Kindes zuständig (LG Kassel DAVorm 1993, 349). Meist ist dies das JA im Bezirk des Annehmenden, weil das Kind bereits bei ihm in Pflege ist. Aber auch in anderen Fällen sollte das JA am Wohnsitz des Annehmenden Vormund werden, weil für die vormundschaftsgerichtlichen Aufgaben gem § 43b FGG das Amtsgericht am Wohnsitz des Annehmenden zuständig ist (§ 1747 Rz 15). Jedenfalls sollte die Vormundschaft, wenn das Kind später zum Annehmenden wechselt, gem § 87c II SGB VIII an das JA des neuen Aufenthaltes abgegeben werden (zur Frage, ob bei einem ausländischen Kind dafür das Adoptionsstatut oder das Sorgerechtsstatut maßgebend ist, LG Kassel FamRZ 1993, 234 mit Anm Henrich). Das Jugendamt als Amtsvormund erhält keine Bestallungsurkunde, sondern eine Bescheinigung über den Eintritt der Adoptionsvormundschaft, die ihm das VormG unverzüglich zu erteilen hat. Infolge der einheitlichen Zuständigkeitsregelung für alle Angelegenheiten, die die Annahme eines bestimmten Kindes betreffen, ist dafür nach § 43b FGG dasjenige VormG örtlich zuständig, dem gegenüber bereits die elterliche Einwilligung erklärt werden mußte (§ 1747 Rz 15).

8 **6. „Kleine" Sorgeberechtigung** des Annehmenden, **Abs I S 5.** Das VormG soll die elterliche Sorge vor allem für den Fall haben, daß die Adoptionspflege (§ 1744) scheitert. Dem Probezweck der Adoptionspflege würde es jedoch widersprechen, dürfte der Annehmende auch in **alltäglichen Angelegenheiten** nicht für das Kind entscheiden. Daher muß das VormG die Ausübung der elterlichen Sorge dem Annehmenden nicht besonders überlassen. **Abs I S 5** gibt dem Annehmenden durch Verweisung auf § 1688 I insoweit das Entscheidungs- und Vertretungsrecht im selben Umfang wie bei einer Familienpflege. Ausdrücklich eingeschlossen sind die Verwaltung von Arbeitsverdienst des Kindes und die Geltendmachung und Verwaltung von Unterhalts-, Versorgungs-, Versicherungs- und Sozialleistungen. Wenn die Weiterverweisung des § 1688 I S 3 auf § 1629 I S 4 klarstellt, daß von zwei gemeinschaftlich Annehmenden jeder bei Dringlichkeit selbständig handeln kann und den anderen nur unverzüglich unterrichten muß, so gilt entsprechendes für das Verhältnis des oder der Annehmenden gegenüber dem VormG bei Angelegenheiten, die nicht solche des täglichen Lebens sind, ausnahmsweise aber einmal dringlich sein können. Die Verweisung auf § 1688 III stellt klar, daß das VormG den Umfang dieser Sorgeberechtigung des Annehmenden einschränken kann. Das VormG kann den Umfang der den Annehmenden zur Wahrnehmung für das Kind überlassenen Angelegenheiten auch über den Umfang des § 1688 II hinaus erweitern.

9 **7.** Das **Umgangsrecht**, das nicht mehr sorgeberechtigten Eltern gem § 1684 bliebe, wird **ausgeschlossen** durch Abs I S 1 Hs 2, weil mit der Einwilligung die endgültige Lösung des Eltern-Kind-Verhältnisses angebahnt und weitere Kontakte dem Kindeswohl abträglich sein können. Bei offener Adoption (§ 1747 Rz 9) können **andere Lösungen** verabredet werden. Gegenstandslos ist der Ausschluß des Umgangsrechts, wenn das Kind ausnahmsweise noch eine Weile im elterlichen Haushalt bleibt (BT-Drucks 7/5087, 14). Großeltern und Geschwister sind von Abs I S 2 Hs 2 nicht betroffen (Staud/Frank (Rz 10).

10 **8. Vorrangige Unterhaltspflicht des Annehmenden. a)** Kommt zur elterlichen Einwilligung (bei zwei Elternteilen: der letzten) die Aufnahme des Kindes in die Obhut des Annehmenden hinzu, so bedeutet dieser Beginn der Adoptionspflege die entscheidende Zäsur in der Zuordnung des Kindes. Da der Adoptionspflege nur selten ein entgeltlicher Pflegevertrag zugrunde liegt, das Kind aber tatsächlich vom Annehmenden unterhalten wird, wäre die Unterhaltspflicht seiner Verwandten auf eine Regreßhaftung gegenüber dem Annehmenden beschränkt. Weil es zur Adoptionspflege gehört, den Annehmenden auch die wirtschaftliche Belastung spüren zu lassen, ist der Annehmende nach **Abs IV S 1** vor leiblichen Verwandten zum Unterhalt verpflichtet.

11 **b)** Ist eine elterliche Einwilligung nicht erforderlich (so bei Waisen oder in Fällen des § 1747 IV), so ist für den Beginn der Unterhaltspflicht allein die **Aufnahme in die Obhut** maßgebend. Obhut bedeutet nicht, daß das Kind in den Haushalt des Annehmenden aufgenommen sein muß; es genügt, daß der Annehmende im Einvernehmen mit dem Vormund im Bereich der tatsächlichen Personensorge für das Kind Verantwortung übernimmt.

12 **c)** Die Aufnahme in die Obhut muß **mit dem Ziel der Annahme** erfolgt sein. Das ist in Fällen der Adoptionspflege unproblematisch, kann aber auch dann bejaht werden, wenn der Adoptionswunsch während des Pflegeverhältnisses entsteht. Dieser Wunsch braucht noch nicht zum formellen Adoptionsantrag (§ 1752) geführt zu haben (hM, Soergel/Liermann Rz 17), muß aber nach außen bekundet sein. So kann es noch nicht reichen, wenn ein Adoptionsantrag gestellt wird, ist die vorrangige Unterhaltsverpflichtung begründet, um den Pflegeeltern die auf sie zukommenden finanziellen Lasten vor Augen zu führen (DIV-Gutachten DAVorm 1991, 846f). Ausreichend ist, daß sich die Pflegeperson gegenüber dem JA oder einer Adoptionsvermittlungsstelle um die Adoption bewirbt; das gilt auch, wenn der Adoptionswunsch während eines Pflegeverhältnisses entsteht (RGRK/Dickescheid Rz 19).

13 **d)** Die **Adoption eines Stiefkindes** läßt dessen Verwandtschaftsverhältnis zum leiblichen Elternteil nicht erlöschen (§ 1755 Rz 4). **Abs IV S 2** läßt daher dessen primäre Unterhaltspflicht gegenüber dem Kind bestehen, diejenige des Annehmenden tritt hinzu. Verwandte, die über den anderen Elternteil mit dem Kind verwandt sind, treten zurück. Das Verwandtschaftsverhältnis zu ihnen erlischt mit der Adoption (§ 1755 II) oder bleibt sogar bestehen. Mit der Adoption ist die Subsidiarität der Unterhaltspflicht dieser Verwandten ebenso wie diejenige der Verwandten des Ehegatten des Annehmenden und von dessen Verwandten in § 1606 II begründet.

14 **e)** Gibt der Adoptionsbewerber die Obhut mit der Folge auf, daß das Kind in die **Obhut eines nachfolgenden Adoptionsbewerbers** gelangt (§ 1747 Rz 6), so wird dieser anstelle von jenem aus Abs IV unterhaltspflichtig. Keine Vorwirkung trifft das Kind als Unterhaltspflichtigen (Gernhuber/Coester-Waltjen § 68 VI Fn 50, § 62 IV Fn 26); bis zum Wirksamwerden der Adoption ist das Kind potentieller Unterhaltsschuldner seiner leiblichen Aszendenten, erst danach kann es Unterhaltsschuldner von Adoptivverwandten werden. Zerbricht die Ehe der

Annehmenden, zieht der Ehemann aus und bleibt das anzunehmende Kind bei der Ehefrau, so endet auch die Unterhaltspflicht der Mutter, weil die erteilte Einwilligung der leiblichen Eltern nicht automatisch auch auf eine Einzelannahme zielt (§ 1747 Rz 10).

f) Gegenüber unterhaltspflichtigen Eltern hat ein Adoptionsbewerber einen **Regreßanspruch** aus §§ 683, 812, wenn trotz fehlender Einwilligung oder Wegfalls der Pflicht aus Abs IV Unterhalt geleistet wird. Soweit die Verpflichtung nach Abs IV besteht, kann geleisteter Unterhalt auch dann nicht nach bereicherungsrechtlichen Regeln zurückgefordert werden, wenn die Adoption gegen den Willen des Bewerbers gescheitert ist (Frankfurt FamRZ 1984, 313; RGRK/Dickescheid Rz 25; aA Roth-Stielow Rz 9). 15

g) Zu Ansprüchen auf **öffentliche Fürsorge** vgl Erman[10] Rz 15; Soergel/Liermann Rz 19; MüKo/Maurer Rz 20. 16

9. Die in § 1751 geregelten **Vorwirkungen** gehen mit der Adoption in deren Vollwirkungen über. Die Adoption kann aber auch nicht zustande kommen: **a)** Die Adoption durch den konkreten Annehmenden, dem das Kind in Pflege gegeben war, scheitert, wenn dieser seinen Adoptionsantrag zurücknimmt (§ 1750 IV S 1). Gibt der Annehmende schon vorher die Obhut auf, so endet vorerst nur seine Berechtigung, Angelegenheiten der elterlichen Sorge für das Kind wahrzunehmen; seine Unterhaltspflicht endet nicht (MüKo/Maurer Rz 16). **b)** Von der abgebenden Seite her kann das Adoptionsvorhaben scheitern, wenn das über 14 Jahre alte Kind gem § 1746 II seine Einwilligung in die Annahme widerruft. Die Entscheidung zum Widerruf kann das Ergebnis der erfahrenen Adoptionspflege sein. Die leiblichen Eltern können ihre Einwilligung gem § 1750 II S 2 nicht widerrufen. **c)** Der Vormund (in der Regel das JA als Amtsvormund nach Abs I S 2) kann bei ungünstigem Verlauf die Adoptionspflege beenden. Dagegen kann die Adoptionsvermittlungsstelle wegen der mit einem Abbruch der Adoptionspflege verbundenen Aufenthaltsänderung nur in Verbindung mit dem Vormund handeln. **d)** Die Adoption kann schließlich daran scheitern, daß das VormG den Adoptionsantrag zurückweist oder das Kind binnen der drei Jahre des § 1750 IV S 2 nicht angenommen wird. 17

10. Die **Einwilligung eines Elternteils verliert ihre Kraft** über die Fälle des § 1750 IV hinaus, wenn der betreffende Annehmende, der den Adoptionsantrag noch nicht gestellt hat, das Adoptionsvorhaben bezüglich des bestimmten Kindes aufgibt. Die Rücknahme des Antrags löst die **Folgen von Abs III** nur aus, wenn sich die elterliche Einwilligung nicht subsidiär auf einen weiteren Annehmenden bezieht. Da die Entfernung der leiblichen Eltern vom Kind, die sich in seiner Einwilligung in seine Adoption oder ihrer Ersetzung manifestiert hatte, während der Adoptionspflege nur zugenommen haben kann, läßt Abs III die als Vorwirkungen der Adoption eingetretenen Änderungen der elterlichen Sorge nicht automatisch entfallen (MüKo/Maurer Rz 13). Die Amtsvormundschaft des JA und ebenso eine bereits im Zeitpunkt der Einwilligung bestehende Einzelvormundschaft oder Pflegschaft bleiben zunächst bestehen. Daß gem Abs III die Sorge auf den (leiblichen) Elternteil zurückzuübertragen ist, entspricht Art 6 II GG und § 1626. Die negative Fassung der in Abs III enthaltenen Einschränkung besagt, daß die Rückübertragung nicht die Regel sein muß. Während für die Entziehung der Sorge gem § 1666 außer der Kindeswohlgefährdung Voraussetzungen im elterlichen Verhalten gegeben sein müssen, entfallen solche naturgemäß bei einer Rückübertragung nicht anders als bei § 1696 II. Widerspräche eine Rückübertragung dem Kindeswohl, so hat das VormG dem Kind einen Vormund oder (wenn die Rückübertragung nur nicht die ganze elterliche Sorge umfassen kann) für den nicht zurückzuübertragenden Teil einen Pfleger zu bestellen. Mangels eines geeigneten Einzelvormundes kann das VormG die elterliche Sorge auf der Grundlage des § 1791b dem JA überlassen. Das erfordert einen feststellenden Beschluß. Meistens wird der Elternteil eine erneute Einwilligung erklären oder seine Einwilligung zu ersetzen sein, so daß die Voraussetzungen des Ruhens der elterlichen Sorge und damit der Adoptionsvormundschaft des JA wieder eintreten. Ist ein solcher Verlauf absehbar, so kann die bestehende Adoptionspflegschaft für eine absehbare kürzere Zeit aufrechterhalten werden. Da auch die Ersetzung der elterlichen Einwilligung die Adoption durch einen feststehenden Annehmenden betreffen muß (§ 1747 Rz 5), wird der Ersetzungsbeschluß aus denselben Gründen wie eine Einwilligungserklärung kraftlos; auch hier kommt in erster Linie ein weiterer Ersetzungsbeschluß in Betracht. Abs III gilt entsprechend. 18

§ 1752 *Beschluss des Vormundschaftsgerichts, Antrag*

(1) Die Annahme als Kind wird auf Antrag des Annehmenden vom Vormundschaftsgericht ausgesprochen.
(2) Der Antrag kann nicht unter einer Bedingung oder einer Zeitbestimmung oder durch einen Vertreter gestellt werden. Er bedarf der notariellen Beurkundung.

1. Textgeschichte. Neugefaßt durch AdoptG Art 1 Nr 1, Amtl Begr BT-Drucks 7/3061, 41f. 1

2. Der die Adoption bewirkende Rechtsakt ist nach Abs I der **Adoptionsbeschluß** des VormG. Alle anderen für eine Adoption erforderlichen Rechtshandlungen von Beteiligten gehören unter dem Dekretsystem (vor § 1741 Rz 5) zu den Voraussetzungen des Beschlusses. **a)** Unter diesen Voraussetzungen ist die Einwilligung des Annehmenden dadurch herausgehoben, daß sie als **Adoptionsantrag** das Verfahren einleitet. Die in Abs II bestimmten Modalitäten decken sich mit denen, die § 1750 I S 2, II S 1, III S 1 für die Einwilligung nach §§ 1746, 1747, 1749 anordnet: notarielle Beurkundung, Bedingungs- und Befristungsfeindlichkeit, Höchstpersönlichkeit. Das Fehlen einer Parallelbestimmung zu § 1750 I S 1 erklärt sich aus der Doppelnatur des Antrags als einer **Verfahrenshandlung**, welche die materiellrechtliche Einwilligung zur Begründung des neuen Eltern-Kind-Verhältnisses in sich trägt (BT-Drucks 7/3061, 41f, Staud/Frank Rz 4). **Wirksam** wird der Antrag mit Einreichung beim VormG (BVerwG StAZ 1999, 176). 2

b) Wegen **Abs II** kann der Wunsch des Annehmenden, den leiblichen Eltern unbekannt zu bleiben, nicht in eine dem Antrag beigefügte **Bedingung** gekleidet werden. Ausschluß der **Vertretung** bedeutet, daß der Antrag 3

§ 1752 Familienrecht Verwandtschaft

persönlich zur Niederschrift des Notars erklärt werden muß, doch kann der Notar mit der Einreichung des Antrags betraut werden (vgl § 1753 II). Eine gesetzliche Vertretung entfällt, weil der Annehmende geschäftsfähig sein muß (§ 1743 Rz 3f); fehlende Geschäftsfähigkeit begründet für den Annehmenden nach § 1760 IIa das Recht, die Aufhebung des Annahmeverhältnisses zu beantragen. Für den Adoptionsantrag kann ein Betreuer nicht bestellt, der geschäftsfähige Annehmende auch nicht auf Grund eines Einwilligungsvorbehalts an der Stellung eines Adoptionsantrags gehindert werden (§ 1903 Rz 31).

4 c) So wie die Einwilligung vom Kind persönlich widerrufen werden kann (§ 1746 II S 1), kann der **Adoptionsantrag** bis zum Wirksamwerden der Annahme (§ 56e S 2 FGG) **zurückgenommen** werden (§ 1750 IV). Der Unterschied zu den Einwilligungen von Eltern und Ehegatten (vgl § 1750 II) erklärt sich aus der Bedeutung der Einwilligung derjenigen Personen, die unter dem Vertragssystem die Vertragserklärung abzugeben hätten und ohne deren Willen die Grundvoraussetzung des § 1741 I fehlen würde. Wirksam wird die Rücknahme wird mit **Zugang** beim VormG (Soergel/Liermann Rz 3); sie bedarf öffentlicher Beurkundung (§ 1746 II S 2 analog, RGRK/Dickescheid Rz 4, aA Staud/Frank Rz 8). Aber auch eine nicht formgerechte Rücknahme gibt Anlaß zur Prüfung, ob die Grundvoraussetzung einer Adoption (§ 1741 I) noch bejaht werden kann. Das Recht zur Rücknahme ist höchstpersönlich und unvererblich. Stirbt der Annehmende vor Wirksamwerden der Annahme, so kann sein Erbe dem Antrag die nach mögliche postmortale Wirkung (§ 1753 II) nicht durch Rücknahme nehmen (BayObLG FamRZ 1995, 1604).

5 **3. Verfahren. a)** In Adoptionsangelegenheiten gibt es außer dem eigentlichen Adoptionsverfahren das durch das Kind zu beantragende Verfahren der Ersetzung der elterlichen Einwilligung in die Adoption (§ 1748), das durch den Annehmenden oder das Kind zu beantragende Verfahren der Ersetzung der Einwilligung des Ehegatten des Annehmenden (§ 1749 I S 2, 3) und das von Amts wegen aufzunehmende Verfahren der Ersetzung der für das Kind vom Vormund oder Pfleger zu erteilenden Einwilligung (§ 1746 III); dagegen wird ein Antrag auf Namensregelung gem § 1757 im Rahmen des Adoptionsverfahrens beschieden (§ 1757 Rz 18f).

6 **b) Zuständigkeit.** Sachlich zuständig für die Aufgaben des VormG sind die Amtsgerichte (§ 35 FGG). Die deutschen Gerichte sind nach § 43b I **international** zuständig, wenn der oder ein Annehmender oder das Kind Deutscher ist oder seinen gewöhnlichen Aufenthalt im Inland hat. **Örtlich** zuständig ist gem § 43b II S 1 FGG das Gericht des Wohnsitzes des Annehmenden, mangels Wohnsitzes das Gericht seines Aufenthaltsortes. Bei einem Wechsel von Wohnsitz oder Aufenthaltsort kommt es auf den frühsten Zeitpunkt des Eingangs des Adoptionsantrages, einer Einwilligung oder des Antrags auf ihre Ersetzung oder, im Falle des § 1753 II, der Betrauung des Notars an. Ein danach eintretender Wechsel der Verhältnisse berührt die Zuständigkeit nicht (**perpetuatio fori**). Bei wichtigen Gründen (Ortswechsel des Annehmenden, nicht des Kindes) wird jedoch eine **Abgabe an ein anderes VormG** gem § 46 FGG befürwortet (BayObLG FamRZ 1984, 203). Für Fälle, in denen ausländisches Adoptionsrecht anzuwenden ist, begründet § 43b II S 2 FGG eine **Zuständigkeitskonzentration** nach Maßgabe von § 5 I S 1, II AdWirkG (vgl vor § 1741 Rz 23): Für das gesamte Verfahren ist das VormG, in dessen Bezirk ein Bewerber seinen Sitz hat, oder das durch Rechtsverordnung bestimmte VormG zuständig (BT-Drucks 14/6011, 57). Bezieht sich die elterliche Einwilligung auf **mehrere Adoptionsbewerber** in subsidiärer Reihung (§ 1747 Rz 5), so endet mit dem Ausscheiden des (der) primären Annehmenden die eine Adoptionsangelegenheit und bestimmt sich die weitere örtliche Zuständigkeit nach den Verhältnissen des (der) sekundären Annehmenden. Für einen deutschen Annehmenden ohne inländischen Wohnsitz oder Aufenthaltsort ist das **AG Schöneberg in Berlin** zuständig (§ 43b III S 1 FGG, Staud/Frank Rz 12). Hat der Annehmende keinen inländischen Wohnsitz oder Aufenthalt, ist aber das Kind Deutscher, so ist das Amtsgericht am inländischen Wohnsitz des Kindes, mangels inländischen Wohnsitzes das Amtsgericht am inländischen Aufenthaltsort, mangels beider wiederum das AG Schöneberg zuständig. Bei deutschem Annehmenden ohne und deutschem Kind mit inländischem Wohnsitz oder Aufenthaltsort konkurrieren die Zuständigkeit des AG Schöneberg und des Amtsgerichts des Wohnsitzes oder Aufenthaltsortes des Kindes, § 43b IV S 1 iVm III FGG (MüKo/Maurer Rz 6; Staud/Frank Rz 13; aA RGRK/Dikkescheid Rz 8); das AG Schöneberg kann die Sache aus wichtigem Grund mit bindender Wirkung an ein anderes Gericht abgeben (§ 43b III S 2 FGG).

7 c) Nach § 3 Nr 2 lit a RPflG sind Vormundschaftssachen grundsätzlich dem Rechtspfleger übertragen. Das hat angesichts des weitgehenden **Richtervorbehalts** in Adoptionssachen (§ 14 Nr 3 lit f RPflG) Bedeutung nur für Verrichtungen nach §§ 1751 I S 4, 1758 II S 2, 1765 III BGB, 30 II PStG, 34 FGG. Nach § 6 RPflG soll der Richter Adoptionssachen einheitlich bearbeiten. Aus §§ 7, 8 RPflG folgt jedoch, daß der Richter die ihm vorbehaltenen Entscheidungen zur Vorbereitung dem **Rechtspfleger** übertragen kann. Wendet sich dieser mit Anforderungen und Auflagen an die Beteiligten, so ist eine solche Zwischenverfügung nicht erinnerungsfähig (KG DAVorm 1978, 257).

8 **d)** Ist die Adoption eines Minderjährigen beantragt, hat das VormG gem § 56d S 1 FGG die **gutachtliche Äußerung** der Adoptionsvermittlungsstelle, die das Kind vermittelt hat, darüber einzuholen, ob das Kind und die Familie des Annehmenden füreinander geeignet sind (vgl § 1741 I); war keine Adoptionsvermittlungsstelle beteiligt, so ist das Gutachten einer beliebigen Adoptionsvermittlungsstelle oder des JA einzuholen (§ 56d S 2 FGG). Im Gutachten ist auf das Ergebnis einer Adoptionspflege (§ 1744) einzugehen. Eine Äußerung iSv § 56d S 2 liegt allerdings schon dann vor, wenn auf Anfrage des VormG das JA mitteilt, sich nicht gutachtlich äußern zu können; in solchem Fall ist der Adoptionsantrag mithin nicht zurückzuweisen (BayObLG FamRZ 2001, 647).

9 **e) Zu hören sind aa)** das **JA**, sofern es nicht ein Eignungsgutachen nach § 56d FGG erstattet hat (§ 49 I Nr 1 FGG); **bb)** wenn der Annehmende oder das Kind nicht die deutsche Staatsangehörigkeit oder seinen Wohnsitz oder gewöhnlichen Aufenthalt nicht in der Bundesrepublik hat, die **zentrale Adoptionsstelle**, die gem § 11 II AdVermiG beteiligt war, sonst das **Landesjugendamt**, in dessen Bereich das nach § 56d FGG oder § 49 I Nr 1

FGG eingeschaltete JA liegt (§ 49 II FGG); **cc)** das **Kind** gem § 55c iVm § 50b I, II S 1, III FGG. Davon kann nach § 50b III abgesehen werden bei Gesundheitsgefährdung oder wenn die Anhörung das seelische Gleichgewicht des Kindes beeinträchtigen würde (BayObLG FamRZ 1988, 873); hat das Kind bei einer Anhörung durch den ersuchten Richter seine Einwilligung versagt, so kann die persönliche Anhörung unterbleiben (BayObLG FamRZ 1997, 577). **Kinder unter 14 Jahren** sind zu hören, sofern ihre Neigungen, Bindungen oder ihr Wille für die Entscheidung bedeutsam sind oder es zur Sachverhaltsfeststellung angezeigt ist, daß sich das Gericht einen unmittelbaren Eindruck verschafft (BayObLG FamRZ 2001, 648); das ist spätestens mit Einschulung der Fall (BayObLG FamRZ 1993, 1498); **dd) Kinder des Anzunehmenden**, deren verwandtschaftlicher Status verändert wird, und **Kinder des Annehmenden** entsprechend § 50b II FGG (§ 1745 Rz 5, ferner § 1769 Rz 4f); **ee) Pflegepersonen**, bei denen das Kind seit längerer Zeit in Familienpflege lebt, es sei denn, Aufklärung ist nicht zu erwarten, § 50c S 1 FGG (Staud/Frank Rz 18).

f) Hat ein formell Beteiligter seine erforderliche Einwilligung oder Zustimmung erteilt oder verweigert, so ist seinem Grundrecht auf **rechtliches Gehör** Genüge getan (MüKo/Maurer Rz 12). Die Pflicht des Gerichts zur Amtsermittlung (§ 12 FGG) kann jedoch ergeben, daß Angehörige des Annehmenden, mit denen das Kind in häuslicher Gemeinschaft lebt, zu hören sind, wenn deren Kenntnisse zur Beurteilung des Kindeswohls beitragen (Staud/Frank Rz 20). Für Ermittlungen über Kinder oder Adoptionsbewerber im Ausland bietet sich die Anhörung der deutschen Zweigstelle des Internationalen Sozialdienstes (Am Stockborn 1–3, 60439 Frankfurt/M, Tel: 069/95807–02, www.issger.de) an. Die Anordnung von Ermittlungen und Beweiserhebungen unterliegt nicht der Beschwerde (LG Hannover DAVorm 1977, 759). **10**

g) Vorausgesetzt für den Ausspruch der Adoption sind die folgenden Rechtsakte: **aa) Antrag** des (der) Annehmenden (bei Adoption eines Volljährigen auch dessen eigener Antrag); **bb)** erforderliche **Einwilligung des Kindes** (§ 1746) oder rechtskräftige Ersetzung der von einem Vormund oder Pfleger zu erteilenden Einwilligung; **cc) elterliche Einwilligung**, die nicht vor Ablauf von acht Wochen nach der Geburt des Kindes erklärt sein darf, oder deren rechtskräftige Ersetzung; das Zeiterfordernis gilt nicht für die Einwilligung des mit der Mutter nicht verheirateten Vaters, der keine Sorgeerklärung abgegeben hat (§ 1747 III Nr 1); **dd) Einwilligung eines Ehegatten** des Annehmenden oder deren rechtskräftige Ersetzung sowie die Einwilligung eines Ehegatten des Kindes. **ee)** Der Antrag darf nicht zurückgenommen (vgl Rz 4), die Einwilligung des Kindes nicht widerrufen sein. Im Fall des Todes eines von zwei annehmenden Ehegatten bzw des Ehegatten des Annehmenden hat das Gericht nachzufragen, ob der Antrag des überlebenden Annehmenden oder die Einwilligungen aufrechterhalten werden (§ 1753 Rz 6f). In welcher Reihenfolge die Voraussetzungen des Adoptionsbeschlusses zu schaffen sind, ist gesetzlich nicht festgelegt (Celle DAVorm 1978, 383). **11**

h) Auf der Grundlage dieser Voraussetzungen erstreckt sich die **Prüfung des VormG aa)** auf die Grundvoraussetzungen des § 1741 I; **bb)** auf die Voraussetzungen des § 1741 II für die beantragte Einzel- oder gemeinschaftliche Annahme; **cc)** auf die Alterserfordernisse des § 1743; **dd)** darauf, ob Interessen vorhandener Kinder des Annehmenden oder des Anzunehmenden der Adoption entgegenstehen (§ 1745); **ee)** darauf, ob der Anzunehmende im Zeitpunkt des Ausspruchs nicht gestorben ist (§ 1753 I, vgl ferner Bischof Jur Büro 1976, 1598f). **12**

4. Adoptionsbeschluß. a) Gem § 56e S 1 FGG ist im Adoptionsbeschluß anzugeben, **aa)** auf welche **Gesetzesvorschriften** sich die Annahme gründet. Das ist wegen der unterschiedlichen Wirkungen der Adoption angeordnet (BT-Drucks 7/3061, 58, Staud/Frank Rz 26). Zu den erforderlichen Angaben gehören der **Typ der Adoption** gem § 1741 II sowie die Wirkungen; da die negativen Statuswirkungen variieren, so daß entweder § 1755 oder § 1756 (bei § 1755 ggf beide, bei § 1756 der erste oder beide Absätze) anzugeben ist, sollte zur besseren Verständlichkeit auch die ausnahmslos eintretende positive Wirkung des § 1754 angegeben werden. Bei Adoption eines Volljährigen ist § 1772 mit dem jeweiligen Buchstaben anzugeben, wenn die starken Wirkungen eintreten sollen; **bb)** wenn die **Einwilligung** eines Elternteils nach § 1747 IV nicht für erforderlich erachtet wurde, § 56e S 1 Hs 2 FGG. **cc)** Eine beantragte **Namensregelung** nach § 1757 IV ist zu bescheiden; der vom Kind auf Grund der Adoption zu führende geänderte Name ist anzugeben (Gernhuber/Coester-Waltjen § 68 IX 4). Einer Ablehnung der gewünschten Namensregelung bedarf es nur, wenn Antrag und Einwilligung vorliegen, das Gericht aber die schwerwiegenden Gründe verneint. Die Ablehnung bedarf der Begründung und sollte im Hinblick auf die Anfechtbarkeit in einem getrennten Beschluß erfolgen (Brüggemann ZfJ 1988, 101, 106). **13**

b) Wirksam wird der schriftlich abgefaßte Adoptionsbeschluß mit **Zustellung** an den (die) Annehmenden, nach dessen Tod (§ 1753 II, III) mit Zustellung an das Kind, § 56e S 2 FGG; die Bekanntmachung gegenüber anderen Beteiligten ist für die Wirksamkeit bedeutungslos. **Bekanntzumachen** ist der Beschluß nach § 49 III dem (Landes-)JA, sowie nach § 16 II S 2, III FGG den **unmittelbar Beteiligten**, denen ein Einwilligungs- oder Zustimmungsrecht nach §§ 1746, 1747 oder 1749 zusteht (Staud/Frank Rz 30f). Um bei Bekanntgabe des Beschlusses an leibliche Eltern und gesetzliche Vertreter das **Inkognito** des Annehmenden zu wahren, sind Tenor und Gründe derart abzufassen, daß Name und Anschrift des Annehmenden unkenntlich bleiben; der Beschluß über eine Namensänderung (vgl Rz 13 aE) ist nicht bekanntzugeben (MüKo/Maurer Rz 13, 15). **14**

5. Der Adoptionsbeschluß ist nach § 56e S 3 FGG **mit seinem Erlaß** (BayObLG FamRZ 1999, 166) **unanfechtbar** und für das Gericht **unabänderbar**. Verletzt der Beschluß die Rechte bestimmter Beteiligter, so sind diese darauf verwiesen, gem §§ 1760, 1763, 1771, 1772 S 2 die Aufhebung des Annahmeverhältnisses zu beantragen: Das durch die Annahme begründete Verhältnis und die davon abhängigen Veränderungen bei anderen Verwandtschaftsverhältnissen werden für die Vergangenheit gesichert, höchstens ihr Fortbestand wird in Frage gestellt. Die auf Aufhebung gerichteten Antragsberechtigungen sind abschließend in § 1762 I S 1 („nur", vgl BayObLG FamRZ 1986, 720) geregelt; das Fehlen einer erforderlichen Einwilligung des Ehegatten (§ 1749) berechtigt ebensowenig zur Aufhebung des Beschlusses wie das Fehlen einer erforderlichen Zustimmung des **15**

§ 1752
Familienrecht Verwandtschaft

gesetzlichen Vertreters (§ 1746 I S 2). Im übrigen reicht der Kreis der Anhörungsberechtigten über die in § 1762 genannten Antragsberechtigten hinaus. Wurde der Anspruch eines materiell Beteiligten auf **rechtliches Gehör** (Art 103 I GG) verletzt, so hindert § 53b S 3 FGG den Adoptionsrichter daran, auf eine Gegenvorstellung nachträglich rechtliches Gehör zu gewähren und den Adoptionsbeschluß ggf abzuändern (Soergel/Liermann Rz 17; aA LG Koblenz FamRZ 2000, 1095 und Erman[10] im Anschluß an Schumann NJW 1985, 1139; Bosch FamRZ 1986, 723). Im Verfahren der **Verfassungsbeschwerde** (BVerfG FamRZ 1988, 1247 m Anm Frank/Wassermann; FamRZ 1994, 493; FamRZ 1994, 687; für Unzulässigkeit der Verfassungsbeschwerde RGRK/Dickescheid Rz 25) sind die Interessen des Angenommenen und des in seinem Recht aus Art 103 I GG Verletzten abzuwägen (MüKo/Maurer Rz 22; Soergel/Liermann Rz 17): Bei der Volljährigenadoption wird die Verletzung rechtlichen Gehörs von einer besonderen Schutzwürdigkeit des Angenommenen idR nicht aufgewogen: Das Fachgericht kann zur rückwirkenden Aufhebung des Annahmebeschlusses gelangen (BVerfG FamRZ 1994, 496). Eine Erstreckung dieser Grundsätze auf die **Minderjährigenadoption** (BVerfG FamRZ 1995, 795) ist bedenklich, weil hier das Bestandsinteresse des Angenommenen derart überwiegt, daß eine Aufhebung des fehlerhaft begründeten, dennoch von Art 6 I GG geschützten Annahmeverhältnisses selbst mit Wirkung für die Zukunft idR auszuscheiden hat (Staud/Frank § 1759 Rz 12f).

16 6. **Änderungen von Personenstand und Namen** des Kindes sind gem § 30 I S 1 PStG iVm §§ 300 bis 302 der Dienstanweisung für Standesbeamte durch einen Randvermerk im Geburtenbuch zu verlautbaren. Eine beglaubigte Abschrift des Adoptionsbeschlusses übersendet das VormG dem Standesbeamten, der die Geburt des Kindes beurkundet hat (§ 30 II PStG); zweifelt der Standesbeamte an der Wirksamkeit des Dekrets, so hat er gem § 45 II S 1 PStG die Entscheidung des Amtsgerichts herbeizuführen (BayObLG FamRZ 1985, 201 mN, ferner Liermann FamRZ 2000, 722). Bei annehmenden Ehegatten ist gem § 15 I Nr 2, 3 PStG das gemeinschaftlich angenommene Kind sowie das von einem Ehegatten angenommene Kind des anderen Gatten im Familienbuch einzutragen. Die Adoption ist auch im Familienbuch der bisherigen Eltern einzutragen (§ 15 II Nr 3 und IV S 2 PStG) und im Familienbuch des Kindes, wenn es zur Zeit der Annahme verheiratet ist oder war (§ 14 I Nr 6 PStG).

17 7. Wegen ausnahmsweiser **Unwirksamkeit** des Adoptionsbeschlusses vgl § 1759 Rz 4.

18 8. Der den **Adoptionsantrag zurückweisende Beschluß** wird gem § 16 I FGG wirksam mit Bekanntmachung gegenüber dem Antragsteller, der den Beschluß mit der **einfachen Beschwerde** nach § 19 FGG anfechten kann. Beschwerdeberechtigt ist nach § 20 II FGG nur der Antragsteller, mithin der oder die Annehmenden (§ 1752 I) oder der Annehmende und der Anzunehmende (§ 1768 I); das Kind hat kein Beschwerderecht (BT-Drucks 7/3061, 59). Wie die Annahme nicht ausgesprochen werden darf, bevor ein Ersetzungsbeschluß nach § 1748 rechtskräftig geworden ist (§ 1748 Rz 30), kann umgekehrt der Adoptionsantrag nicht mit der Begründung zurückgewiesen werden, daß die Ersetzung abgelehnt worden sei, solange der Ablehnungsbeschluß nicht rechtskräftig geworden ist (Hamm FamRZ 1991, 1232). Ein Fall, für den § 60 FGG sofortige Beschwerde anordnet, liegt nicht vor; dennoch ergibt sich eine gewisse Befristung daraus, daß die erforderlichen Einwilligungen gem § 1750 IV S 1 ihre Kraft verlieren, wenn die Annahme versagt wird. Diese Versagung kann nicht schon in der erstinstanzlichen Zurückweisung des Adoptionsantrags gesehen werden. Andererseits kann die Versagung nicht unbegrenzt offenbleiben; eine zeitliche Begrenzung für die Beschwerde ergäbe sich sonst nur daraus, daß die erforderliche Einwilligung eines Elternteils gem § 1750 IV S 2 drei Jahre nach ihrem Wirksamwerden kraftlos wird (so LG Berlin ZfJ 1984, 373). Ein derart langes Wirksambleiben der unwiderruflichen Einwilligungen ist abzulehnen (§ 1750 Rz 10). Obwohl der Gesetzgeber sich für die unbefristete Beschwerde entschieden hat (BT-Drucks 7/3061, 59, kritisch Staud/Frank Rz 38), wird man annehmen müssen, daß die Einwilligungen ihre Kraft verlieren, wenn die Beschwerde nicht binnen der Frist nach § 22 I FGG eingelegt wird (wie hier LG Köln FamRZ 1985, 108, anders die hM: MüKo/ Maurer Rz 17; Staud/Frank Rz 38; Soergel/Liermann Rz 12; RGRK/Dickescheid Rz 23); eine danach eingelegte Beschwerde wäre mangels erneuerter Einwilligungen unbegründet.

1753 *Annahme nach dem Tode*
(1) Der Ausspruch der Annahme kann nicht nach dem Tode des Kindes erfolgen.
(2) Nach dem Tode des Annehmenden ist der Ausspruch nur zulässig, wenn der Annehmende den Antrag beim Vormundschaftsgericht eingereicht oder bei oder nach der notariellen Beurkundung des Antrags den Notar damit betraut hat, den Antrag einzureichen.
(3) Wird die Annahme nach dem Tode des Annehmenden ausgesprochen, so hat sie die gleiche Wirkung, wie wenn sie vor dem Tode erfolgt wäre.

1 1. **Textgeschichte.** Neugefaßt durch AdoptG Art 1 Nr 1, Amtl Begr BT-Drucks 7/3061, 42; 7/5087, 15.

2 2. In § 1753 hat das AdoptG die frühere Regelung übernommen, wobei an die Stelle der Bestätigung des Annahmevertrages der Adoptionsbeschluß getreten ist. Daß der Tod des Kindes (Abs I) und der Tod des Annehmenden (Abs II) unterschiedlich behandelt werden, ist unabhängig von dogmatischen Erwägungen (BT-Drucks 7/ 3061, 42) plausibel angesichts der Grundvoraussetzung einer Adoption nach § 1741 I und der Analogie zur leiblichen Kindschaft – ohne lebendes Kind gibt es keine Geburt im familienrechtlichen Sinne, während ein Elternteil vorverstorben sein kann, der die Geburt nicht erlebt oder nicht überlebt.

3 3. Der **Tod des Kindes** vor Wirksamwerden des Adoptionsbeschlusses (§ 1752 Rz 14) läßt den Beschluß wirkungslos sein (§ 1759 Rz 3). Einer klarstellenden Verfügung des VormG steht die Unabänderlichkeit des Adoptionsbeschlusses (§ 56e S 3 FGG) nicht entgegen (MüKo/Maurer Rz 2).

4 4. Der **Tod des (der) Annehmenden** hindert die Adoption nicht, sofern er zu Lebzeiten das seinerseits Erforderliche getan hat. **a)** Nach **Abs II** ist das der Fall, wenn der Annehmende den beurkundeten Antrag beim VormG

eingereicht oder den beurkundenden Notar mit der Einreichung beauftragt hat (§ 1752 Rz 3). Es ist unschädlich, wenn der Antrag beim örtlich unzuständigen Gericht eingeht; dieses ist zur Weiterleitung an das zuständige Gericht verpflichtet und kann daher einem mit der Einreichung betrauten Notar gleichgestellt werden (Soergel/Liermann Rz 4). Als Konsequenz aus Abs II wird eine vom Annehmenden gegen die Ablehnung seines Antrags eingelegte Beschwerde mit seinem Tod nicht gegenstandslos (Braunschweig DAVorm 1978, 784). Von den Erben kann das Beschwerderecht nicht ausgeübt werden.

b) Entgegen der hM (MüKo/Maurer Rz 3; Staud/Frank Rz 8; Soergel/Liermann Rz 6; RGRK/Dickescheid Rz 7) verändert der Tod des Annehmenden die Folgen der Adoption derart, daß eine **Einwilligung** in die Adoption (zum Antrag unten Rz 7) durch den lebenden Annehmenden auch dann nicht auf die postmortale Adoption bezogen werden kann, wenn der Tod unvorhergesehen eingetreten ist. Zwar wird der Adoptionsbeschluß, mag der Annehmende auch schon vorher gestorben sein, mit Zustellung an das Kind wirksam (§ 56e S 2 Alt 2 FGG). Der Beschluß unterliegt aber auf Antrag jedes nach § 1762 I dazu Berechtigten der Aufhebung mangels nach § 1760 I erforderlicher Einwilligung. Erlangt das Gericht vor Erlaß des Adoptionsbeschlusses Kenntnis vom Tod des Annehmenden, so darf es die ohne diese Kenntnis erteilten Einwilligungen nicht zur Grundlage der Adoption machen.

c) Werden die erforderlichen Einwilligungen in Kenntnis der veränderten Umstände erneuert (oder wenigstens aufrechterhalten), so erstreckt sich die Prüfung der **Grundvoraussetzungen** der Adoption (§ 1741 I) darauf, ob die Adoption, auch ohne daß ein Eltern-Kind-Verhältnis entstehen kann, dem Wohl des Kindes dient (MüKo/Maurer Rz 4; Staud/Frank Rz 7ff). War der Adoptionsbeschluß in Unkenntnis des Todes des Annehmenden erlassen worden oder der Tod erst danach eingetreten, so hat das VormG die entsprechende Überlegung unter dem Gesichtspunkt des § 1763 anzustellen: Zu prüfen ist, ob die durch den Tod des Annehmenden veränderten Umstände so schwer wiegen, daß zum Wohl des Kindes die Aufhebung des Annahmeverhältnisses erforderlich ist – eine Prüfung, die im Fall des Todes des Annehmenden nach Wirksamwerden des Adoptionsbeschlusses in gleicher Weise erfolgen muß. Für eine **Adoption trotz Tod des Annehmenden** kann sprechen, daß das Kind bereits im Haushalt des Annehmenden innerhalb einer größeren Gruppe gelebt hat, deren andere Mitglieder (Ehegatte des Annehmenden, Verwandte, besonders Adoptivgeschwister) erhalten bleiben. Im Fall einer **Stiefkindadoption** ist dieses Erfordernis auch ohne Adoption erfüllt und ist nur der Verlust der bisherigen Verwandtschaft gegen den Vorteil der neuen Verwandtschaft abzuwägen. Dabei können **Vermögensvorteile** des Kindes als Erbe des Annehmenden (Abs III), als waisengeldberechtigter Hinterbliebener oder als Unterhaltsschadensberechtigter (§ 844 II) erheblich sein. Auch dann, wenn die Adoption dem Kind keine Kontinuität seiner Lebensverhältnisse sichert, die Rückkehr in die leibliche Familie aber nicht vorteilhaft oder (in Fällen des § 1748) sogar nachteilig wäre, kann die „Mitnahme" von Vermögensvorteilen entscheidend sein; § 1742 stellt sich einer auf die postmortale Adoption folgenden weiteren Adoption nicht in den Weg (§ 1742 Rz 4), bei der dem Kind bestimmte finanzielle Vorteile der postmortalen Adoption gemäß § 1755 I S 2 erhalten bleiben.

5. Die **gemeinschaftliche Annahme** durch ein Ehepaar bleibt möglich, wenn ein Gatte stirbt. Die Wirksamkeit des vom Verstorbenen gestellten Adoptionsantrages (Abs II) bedeutet aber nicht, daß auch der **Antrag** des Überlebenden wirksam bleibt (aA RGRK/Dickescheid Rz 7; Staud/Frank Rz 7) – wie die Einwilligung des Überlebenden (oben Rz 5), so wird, weil ungeachtet der in Abs III angeordneten Rückwirkung faktisch eine Einzeladoption vorliegt, auch der Antrag des Überlebenden wirkungslos und kann der Überlebende gem § 1760 die Aufhebung eines gleichwohl wirksam gewordenen Adoptionsbeschlusses beantragen. Erfährt das VormG vor Erlaß des Adoptionsbeschlusses vom Tod eines Annehmenden, so hat es zu erfragen, ob die Adoption unter den veränderten Umständen vom Überlebenden noch gewollt ist (allg M MüKo/Maurer Rz 4). Ist das nicht der Fall, ist es von nachgeordneter Bedeutung, ob ein neuer Adoptionsantrag fehlt, oder ob statt dessen von der Rücknahme des Antrags durch den Überlebenden auszugehen ist (so Staud/Frank Rz 7; Soergel/Liermann Rz 5): Ist der Adoptionswunsch des Überlebenden entfallen, so scheidet eine vom Verstorbenen zu Lebzeiten nach § 1741 II S 2 erstellte Einzeladoption auch nach seinem Tod aus, weil sein Adoptionsantrag auf eine gemeinschaftliche Adoption gerichtet war (Soergel/Liermann Rz 5; Staud/Frank Rz Rz 7, aA Pal/Diederichsen Rz 2). Im übrigen steht es einem verwitweten Gatten frei, die Einzelannahme zu beantragen.

1754 *Wirkung der Annahme*
(1) Nimmt ein Ehepaar ein Kind an oder nimmt ein Ehegatte ein Kind des anderen Ehegatten an, so erlangt das Kind die rechtliche Stellung eines gemeinschaftlichen Kindes der Ehegatten.
(2) In den anderen Fällen erlangt das Kind die rechtliche Stellung eines Kindes des Annehmenden.
(3) Die elterliche Sorge steht in den Fällen des Absatzes 1 den Ehegatten gemeinsam, in den Fällen des Absatzes 2 dem Annehmenden zu.

1. Textgeschichte. Neugefaßt durch AdoptG Art 1 Nr 1, Amtl Begr BT-Drucks 7/3061, 42f; 7/5087, 15f Abs I und 2 geändert sowie Abs III angefügt durch KindRG Art 1 Nr 33, Amtl Begr BT-Drucks 13/4899, 114. Die Kennzeichnung des neuen Kindschaftsverhältnisses als eheliches wurde entfernt und in Abs III die bisher stillschweigend angenommene Folge für das Sorgerecht ausdrücklich angeordnet.

2. § 1754 normiert in Abs I und 2 die **positive Statuswirkung der Adoption.** Diese besteht darin, daß das Kind zum Kind der (des) Annehmenden wird. Es wird gemeinschaftliches Kind, wenn es von einem Ehepaar angenommen wird oder wenn ein Ehegatte das Kind des anderen annimmt. Eine gemeinschaftliche Adoption durch den leiblichen und den Stiefelternteil wäre mit Rücksicht auf den leiblichen Elternteil nichtig, gem § 139 mit Rücksicht auf den Stiefelternteil hingegen wirksam (Staud/Frank Rz 5).

§ 1754 Familienrecht Verwandtschaft

3 3. Die Wirkung, daß das vom Stiefelternteil angenommene Kind nach **Abs I Alt 2 gemeinschaftliches Kind** beider Ehegatten wird, setzt (abgesehen vom Sonderfall des § 1753 II) nach hL (RGRK/Dickescheid Rz 2; Soergel/Liermann Rz 2; Staud/Frank Rz 6; aA Hellermann in FamRZ 1983, 659) voraus, daß der Ehegatte des annehmenden Stiefelternteils zur Zeit der Annahme noch am Leben ist. Vor dem AdoptG wurde diese Lehre unter namensrechtlichem Blickwinkel diskutiert (vgl KG NJW 1968, 1361 mN; Hamm FamRZ 1964, 100). Die Erledigung dieses Aspekts (dazu Erman[10] Rz 3) bedeutet nicht, daß die Auslegungsfrage insgesamt erledigt wäre. Daß die Begründung eines gemeinschaftlichen Kindesverhältnisses mit einem Toten „sinnlos" sei (so MüKo/Maurer §§ 1754, 1766 Rz 4), trifft nicht zu. Bestimmt sich die Wirkung der Stiefkindadoption nach dem Tod des leiblichen Elternteils nach Abs II, so erlischt gem § 1755 I S 1 das Verhältnis des Kindes zu allen seinen leiblichen Verwandten, weil nach hL dann auch nicht der Fall des § 1755 II vorliegt. Nur wenn der andere, mit dem Annehmenden nicht verheiratet gewesene Elternteil noch lebt, so daß er in die Stiefkindadoption einwilligen muß, ist diese Folge hinsichtlich der Verwandten dieses Elternteils unvermeidlich. Hatte aber die Ehe der leiblichen Eltern durch Tod geendet, so würde die Stiefkindadoption gem § 1756 II das Verhältnis des Kindes zu den Verwandten des verstorbenen leiblichen Elternteils schonen. Die Anwendbarkeit von § 1756 II hängt aber davon ab, daß das adoptierte Stiefkind auch dann nach § 1754 I Fall 2 gemeinschaftliches Kind wird, wenn der Ehegatte des Annehmenden bereits verstorben ist. Die Frage aufwerfen, heißt sie bejahen. Es gibt keinen Grund, dem Stiefkind die Adoption nur um den Preis des Verlustes aller leiblichen Verwandten zu ermöglichen bzw den Eltern des Verstorbenen das Enkelkind zu nehmen. Die hL versucht mit einer Analogie zu § 1756 II zu helfen (LG Koblenz Rpfleger 2001, 34; RGRK/Dickescheid § 1756 Rz 15; Staud/Frank § 1756 Rz 30); dem gegenüber ist § 1754 I Alt 2 und folgerichtig auch § 1756 II anzuwenden, wenn der Ehegatte des adoptierenden Stiefelternteils verstorben ist (daß philologisch-historische Gründe dieser Auslegung nicht entgegenstehen, hat Celle NJW 1971, 708 gezeigt). Dagegen kann eine geschiedene Ehe nicht Grundlage dafür sein, daß das vom neuen Ehegatten eines Elternteils adoptierte Kind des leiblichen Elternteils gemeinschaftliches Kind wird (Soergel/Liermann Rz 2).

4 4. Die durch Adoption gem § 1754 erworbene **Stellung eines Kindes erstreckt sich** einerseits auf Abkömmlinge des Kindes und vermittelt andererseits die Verwandtschaft mit den Verwandten des Annehmenden sowie im selben Umfang die Schwägerschaft. Anders als bei der negativen Statuswirkung in § 1755 I ist bei der positiven in § 1754 die Erstreckung auf die Abkömmlinge nicht ausdrücklich genannt.

5 5. **Rechtsfolgen.** a) Es treten sämtliche an den Status des Kindes oder seiner Abkömmlinge anknüpfenden Rechtsverhältnisse (elterliche Sorge, vgl Abs III; Erbrecht; Gestaltungsrechte (Gläubiger-, Insolvenzanfechtung) sowie ein- und zweiseitige subjektive Rechte und Pflichten (auf Unterhalt, häusliche Dienste, bezüglich einer gewährten Ausstattung) ein, darüber hinaus die Weigerungs- und Ablehnungsrechte nach den Verfahrensgesetzen. Außerdem begründet die Annahme das Eheverbot des § 1307 S 2; ein Verstoß hat die automatische Aufhebung des Annahmeverhältnisses zur Folge (§ 1766). Bei Annahme durch einen deutschen Staatsbürger erwirbt das angenommene Kind die deutsche Staatsangehörigkeit, sofern es zur Zeit des Annahmeantrags das 18. Lebensjahr noch nicht vollendet hat, § 6 StAG.

6 b) Seit Inkrafttreten des AdoptG sind Gesetze, in denen Adoptivkinder neben leiblichen Kindern besonders aufgeführt waren, derart geändert worden, daß nur noch einheitlich von „Kindern" gesprochen wird. Dagegen bleibt es sachlich begründet, daß in bestimmten Fällen die **Adoption der Geburt nicht gleichgestellt** ist, so in Fällen einer „Nachadoption" nach Eintritt des Leistungsfalles: § 20 BeamtVG (BVerwG FamRZ 1988, 717), §§ 23 II, 29 II BeamtVG, § 32 I SchornsteinfegerG, § 8 BVFG, § 49 II BVG.

7 c) Im Rahmen der gesetzlichen **Erbfolge** wird der Angenommene zum Abkömmling des Annehmenden und eröffnet einen Stamm nach diesem. Dagegen ist bei den Auslegungsregeln der §§ 2066–2070 eine andere Auslegung des Willens des Erblassers möglich Vor allem kann die Adoption durch den für den Fall fehlender eigener Abkömmlinge zum Vorerben eingesetzten Annehmenden eine Stellung vermitteln, die der eines Vollerben aufwerten. Gänzlich offen ist die Auslegung von Verfügungen von Todes wegen außerhalb dieser Regelungen. Im Fall Stuttgart FamRZ 1981, 818 hatte der Erblasser seinen Sohn und Erben für den Fall, daß dieser ohne Abkömmlinge stürbe, mit einem Vermächtnis beschwert. Das OLG hat den als Volljährigen Angenommenen nicht unter die Abkömmlinge subsumiert und außerdem über § 2179 die Vorschrift des § 162 herangezogen. Der Tenor zu diesem Urteil läßt sich aber nicht zu einem Grundsatz ausbauen; außer auf die Identität von Erblasser und Annehmenden und dem Zeitpunkt der Adoption im Verhältnis zum Zeitpunkt der Errichtung der Verfügung dürfte es erheblich auf das Alter des Kindes zur Zeit seiner Adoption ankommen.

1755 *Erlöschen von Verwandtschaftsverhältnissen*

(1) Mit der Annahme erlöschen das Verwandtschaftsverhältnis des Kindes und seiner Abkömmlinge zu den bisherigen Verwandten und die sich aus ihm ergebenden Rechte und Pflichten. Ansprüche des Kindes, die bis zur Annahme entstanden sind, insbesondere auf Renten, Waisengeld und andere entsprechende wiederkehrende Leistungen, werden durch die Annahme nicht berührt; dies gilt nicht für Unterhaltsansprüche.

(2) Nimmt ein Ehegatte das Kind seines Ehegatten an, so tritt das Erlöschen nur im Verhältnis zu dem anderen Elternteil und dessen Verwandten ein.

1 1. **Textgeschichte.** Neugefaßt durch AdoptG Art 1 Nr 1, Amtl Begr BT-Drucks 7/3061, 43, 74f; 7/5087, 16f. Durch das KindRG Art 1 Nr 34, Amtl Begr BT-Drucks 13/4899, wurde in Abs II das Merkmal „nichtehelich" gestrichen.

2 2. **Abs I.** Die in Abs I S 1 normierte **negative Statuswirkung** besteht darin, daß das Kind im **Grundsatz** mit Wirksamkeit der Adoption **ex nunc** aus seiner bisherigen Familie ausscheidet; in dieser Änderung gegenüber

§ 1764 idF vor dem AdoptG liegt der Übergang zur **Volladoption**. Wirtschaftlich kann das Adoptivkind damit schlechter stehen als vor der Reform, als das Kind in zwei Familien gesetzlich erb- und unterhaltsberechtigt war, allerdings auch in zwei Familien beerbt wurde und unterhaltspflichtig werden konnte. Der Vorteil doppelter Erb- und Unterhaltsberechtigung war nicht gerechtfertigt, sein Verlust wird durch die eindeutige personale Zuordnung des Kindes aufgewogen (BT-Drucks 7/3061, 43). Die Herauslösung aus der bisherigen Familie dient grundsätzlich dem Kindeswohl; sie entspricht auch dem Willen der Beteiligten, von denen besonders die Annehmenden den Abbruch auch der faktischen Beziehungen der bisherigen Eltern zum Kind durch ihr Inkognito häufig zur Voraussetzung der Adoptionsvermittlung machen.

3. Die „**bisherigen Verwandten**" sind idR die leiblichen Verwandten des angenommenen Kindes; in Fällen einer **Zweitadoption** (§ 1742 Rz 4), nämlich nach dem Tod des (der) Annehmenden oder bei einer Stiefkindadoption eines Adoptivkindes kann es auch das Verhältnis zu Adoptivverwandten sein, das nach Abs I S 1 erlischt (Soergel/Liermann Rz 2; RGRK/Dickescheid Rz 2). Die Ausdehnung der negativen Statuswirkung auf **Abkömmlinge** des angenommenen Kindes erfaßt die Verwandtschaft zwischen dem Abkömmling und leiblichen Verwandten des angenommenen Kindes; die übrigen verwandtschaftlichen Beziehungen des Abkömmlings (zB zum leiblichen Vater) bleiben unberührt (Staud/Frank Rz 3).

Vor dem Grundsatz, daß das Verwandtschaftsverhältnis zu den bisherigen Verwandten erlischt (Abs I S 1), gibt es **Ausnahmen**:

4. Weil das Erlöschen nicht zurückwirkt, ist das **erloschene Verwandtschaftsverhältnis nicht** völlig **bedeutungslos: a)** Das Kind behält alle Rechte aufgrund eines vor der Adoption eingetretenen **Erbfalls**. Es bleibt als gesetzlicher Erbe Mitglied der Erbengemeinschaft nach dem Tod eines seiner bisherigen Elternteile (RGRK/Dickescheid Rz 3). Sein Erbteil wird von einer An- oder Abwachsung betroffen, mag der – stets auf den Erbfall zurückwirkende – Grund auch zeitlich nach der Adoption liegen. Erbrechtliche **Zuwendungen** eines Verwandten werden vom Erlöschen des Verwandtschaftsverhältnisses nach Eintritt des Erbfalls nur berührt, wenn die Zuwendung unter einer entsprechenden Bedingung steht. Bei einer Adoption vor Eintritt des Erbfalls kommt es für die Auslegung darauf an, ob der Erblasser mehr die Person oder mehr den Verwandten bedenken wollte; in den Fällen der §§ 2067–2069 spricht die Verwendung des verwandtschaftlichen Sammelbegriffs für das letztere, so daß die Auslegungsregel zur Nichtberücksichtigung des Wegadoptierten führt. Die Frage, ob eine Adoption durch Dritte auf einen vorzeitigen Erbausgleich nach § 1934 aF einwirkt (Staud/Frank Rz 9; RGRK/Dickescheid Rz 5; Erman[10] Rz 5), stellt sich infolge des ErbGleichG in vergleichbarer Weise ein, wenn der Adoption eine **Erbauseinandersetzung** iSv § 311b V (§ 312 II aF) vorausgegangen ist (BGH NJW 1995, 448): Ansprüche aus einer derartigen Abrede entfallen mit der Adoption; Leistungen, die vor der Adoption erbracht worden sind, können herausgefordert werden, weil mit dem Ausscheiden des Kindes aus dem Kreis der gesetzlichen Erben der Rechtsgrund entfallen ist (§ 812 I S 1 Alt 1, Soergel/Liermann Rz 7 mwN). Vor der Adoption an das Kind oder vom Kind aufgrund des später erloschenen Verwandtschaftsverhältnisses **erbrachte Leistungen** behalten ihren Rechtsgrund (BGH NJW 1981, 2298; RGRK/Dickescheid Rz 3), so gem § 1619 erbrachte Dienste, eine gem § 1624 empfangene Ausstattung oder geleisteter oder empfangener Unterhalt.

b) Ungeachtet grundsätzlichen Erlöschens nach Abs I S 1 wird das frühere Verwandtschaftsverhältnis in Sonderbereichen einem gegenwärtigen gleichgestellt: Im **Strafrecht** behält die leibliche Verwandtschaft ihre Bedeutung nach §§ 11 I Nr 1 lit a, 173 I, 174 I Nr 3 StGB; in **Verfahrensgesetzen** ist dort, wo Organe der Rechtspflege oder Amtsverwalter wegen Verwandtschaft oder Schwägerschaft von Amtshandlungen ausgeschlossen sind (vgl zB § 41 Nr 3 ZPO, § 22 Nr 3 StPO, §§ 16 I BNotO, 3 I S 1 Nr 3, 26 I Nr 4 BeurkG), die frühere der gegenwärtigen Verwandtschaft oder Schwägerschaft gleichgestellt; dasselbe gilt von Aussageverweigerungsrechten (§§ 383 I Nr 3 ZPO, 52 I Nr 3 StPO, 98 VwGO). Zum **Eheverbot** des § 1307 S 2 vgl § 1754 Rz 5.

c) Wegen der bestehenbleibenden Wirkungen (Rz 5f), ferner im Hinblick darauf, daß bei Aufhebung des Annahmeverhältnisses das Verwandtschaftsverhältnis zu leiblichen Verwandten wieder auflebt (§ 1764 III), schließlich aber auch zur Befriedigung des Rechts auf Kenntnis der eigenen Herkunft (vor § 1741 Rz 26) kann der Angenommene seine Abstammung von den leiblichen Eltern im Statusprozeß feststellen lassen (Staud/Frank Rz 15ff). Die Adoption steht auch der nachträglichen gerichtlichen **Feststellung oder Anerkennung der Vaterschaft** nicht entgegen (BT-Drucks 7/5087, 15f; Celle DAVorm 1980, 940/942; MüKo/Maurer Rz 17; Soergel/Liermann Rz 9). Auch eine **Vaterschaftsanfechtung** ist zulässig, was besonders für den Ehemann der Mutter wegen seines Interesses an einem Unterhaltsregreß gilt (MüKo/Maurer Rz 17). Wird das Kind inkognito adoptiert (§ 1747 Rz 6f), so ist in einem solchen Verfahren das **Inkognito** zu wahren (BT-Drucks 7/5087, 16; Karlsruhe FamRZ 1975, 507, 508; RGRK/Dickescheid Rz 11).

5. Abs I S 2 Hs 1 erhält auf dem erlöschenden Status beruhende Ansprüche des Kindes aufrecht, deren Gemeinsamkeit in ihrer **Unterhaltsersatzfunktion** liegt (zu nach dem Recht der ehemaligen DDR begründeten Annahmeverhältnissen vor § 1741 Rz 24). **a)** Beispiel für einen nach Abs I S 2 Hs 1 bestehenbleibenden Anspruch ist der Anspruch auf Waisenrente, der gem § 48 VI SGB VI nicht dadurch endet, daß die Waise als Kind angenommen wird. Bestehenbleiben können nur solche Ansprüche, für das nach S 1 erloschene Verwandtschaftsverhältnis Bedeutung hat. S 2 ändert nichts daran, daß nach der Adoption keine Ansprüche mehr entstehen können, die das erloschene Verwandtschaftsverhältnis mit den leiblichen Eltern zur Voraussetzung haben. Ebenso naheliegend ist, daß vorher entstandene Ansprüche auf einmalige Leistung grundsätzlich bestehenbleiben, so ein Pflichtteilsanspruch. Die Frage, ob Ansprüche auf wiederkehrende Leistungen auch insoweit bestehenbleiben, als sie sich auf die Zeit nach der Adoption beziehen, ist in S 2 geregelt. Soweit sie bejaht wird, soll damit vermieden werden, daß der drohende Anspruchsverlust eine Adoption erschwert. „Insbesondere" soll dies für die genannten sozialrechtlichen Ansprüche gelten, die sämtlich Unterhaltsersatzcharakter haben. Seit Inkrafttreten des AdoptG haben im

§ 1755

Familienrecht Verwandtschaft

Bereich der gesetzlichen Rentenversicherungen die Vorschriften über die Waisenrente entsprechende Klarstellungen erfahren, jetzt § 48 III Nr 1 SGB VI.

9 b) Die Herausnahme der **Unterhaltsansprüche** aus dem Kreis der erlöschenden Rechte und Pflichten durch Abs I S 2 Hs 2 ist stets dahin verstanden worden, daß diese für die Zeit nach der Adoption nicht mehr entstehen; dagegen wurden **Unterhaltsrückstände** aus der Zeit vor der Adoption uneinheitlich behandelt. Seit BGH FamRZ 1981, 949 ist anerkannt, daß Ansprüche auf rückständigen Unterhalt von der Adoption nicht berührt werden (Celle FamRZ 1981, 604; RGRK/Dickescheid Rz 3). § 1755 ändert nichts daran, daß das Kind mit der Adoption seinen Unterhaltsanspruch sowie seine Erberwartung verliert. Es bestehen keine Bedenken dagegen, daß ein Vater die Adoption des Kindes erleichtert, indem er dem Kind eine dem Wert des entgehenden Unterhalts und der Erbaussicht angemessene **Abfindung** mitgibt (DIV-Gutachten DAVorm 1990, 37, 39f).

10 c) Die in BGH 54, 269 bejahte aber umstritten gebliebene (Rother JZ 1971, 659) Frage, ob der Anspruch eines Kindes auf eine **Unterhaltsschadensersatzrente** nach §§ 844 II BGB, 10 II StVG die Adoption überdauert, ist zu bejahen. Entgegen dem RegE (BT-Drucks 7/3061, 34) kann dieses Ergebnis nicht mehr fraglich sein, nachdem der Bundesrat mit seiner Anregung, die zur Aufnahme von Abs I S 2 durch den Rechtsausschuß des Bundestages geführt hat, gerade auch dies klarstellen wollte (BR-Drucks 691/74, 13, vgl ferner RGRK/Dickescheid Rz 7; Soergel/Liermann Rz 10).

11 6. Abs II. Adoptiert der **Stiefelternteil** das Kind des anderen, so erlangt das Kind gem § 1754 I Alt 2 die Stellung eines gemeinschaftlichen Kindes. In Übereinstimmung damit beschränkt § 1755 II das Erlöschen des Verwandtschaftsverhältnisses auf das Verhältnis des Kindes zum anderen bisherigen Elternteil; der Bestimmung hätte es nicht bedurft, weil der Ehegatte des Annehmenden sein Kind nicht wegadoptieren kann (Dieckmann ZfJ 1980, 573 Fn 24).

1756 Bestehenbleiben von Verwandtschaftsverhältnissen

(1) Sind die Annehmenden mit dem Kind im zweiten oder dritten Grad verwandt oder verschwägert, so erlöschen nur das Verwandtschaftsverhältnis des Kindes und seiner Abkömmlinge zu den Eltern des Kindes und die sich aus ihm ergebenden Rechte und Pflichten.

(2) Nimmt ein Ehegatte das Kind seines Ehegatten an, so erlischt das Verwandtschaftsverhältnis nicht im Verhältnis zu den Verwandten des anderen Elternteils, wenn dieser die elterliche Sorge hatte und verstorben ist.

1 1. **Textgeschichte.** Neugefaßt durch AdoptG Art 1 Nr 1, Amtl Begr BT-Drucks 7/3061, 44f, 75f, 85; 7/5087, 17f, 30f. Durch das KindRG Art 1 Nr 35, Amtl Begr BT-Drucks 13/4899, 115 wurde in Abs II die Anknüpfung an die Ehelichkeit des Kindes aufgegeben und statt dessen darauf abgestellt, ob der verstorbene Elternteil (Mit-)Inhaber der elterlichen Sorge war. Zu nach dem Recht der ehemaligen DDR begründeten Annahmeverhältnissen vor § 1741 Rz 24.

2 2. Im Anschluß an § 1755 II bringt § 1756 **weitere Ausnahmen zu § 1755 I**. § 1756 I regelt eine Adoption durch nahe Angehörige. In solchen Fällen bleibt das Kind im Kreis seiner Familie, weshalb der RegE (BT-Drucks 7/3061, 44) keinen Grund sah, bestehende Verwandtschaftsverhältnisse erlöschen zu lassen; aber das Prinzip, daß ein Kind nicht mehr als zwei Elternteile hat, sollte aufrechterhalten bleiben. § 1756 II steht insofern neben Abs I, als in Fällen des Abs II der Annehmende mit dem Kind im ersten Grad verschwägert ist. Bei einer Stiefkindadoption läßt zunächst § 1755 II in Ausnahme von § 1755 I das Verwandtschaftsverhältnis des Kindes zu dem Elternteil bestehen, der mit dem Annehmenden verheiratet ist. Darüber hinaus läßt § 1756 II auch das Verwandtschaftsverhältnis zu den Verwandten des anderen Elternteils bestehen, dies aber nur, wenn dieser verstorben ist: Großeltern, die ihr Kind verloren haben, sollen nicht auch noch das Enkelkind verlieren (BT-Drucks 7/5087, 17). Das gilt zwar unabhängig davon, ob die leiblichen Eltern verheiratet waren, aber nur, wenn der verstorbene Elternteil allein oder gemeinschaftlich sorgeberechtigt war. Andernfalls kann angenommen werden, daß das Kind in der Familie dieses Elternteils nicht hinreichend sozial integriert war.

3 3. Indem Abs I von den Annehmenden im Plural spricht, zielt die Bestimmung auf den Regelfall einer Verwandtenadoption durch ein Ehepaar, von dem der eine Teil mit dem Kind im 2. oder 3. Grad verwandt und der andere mit dem Kind im selben Grad verschwägert ist. Es gibt aber keinen Hinweis darauf, daß die Regelung nur für eine gemeinschaftliche Adoption gelten sollte; bei der Adoption durch Verwandte dürfte die **Einzeladoption** sogar häufig sein. Auch auf die Einzeladoption durch einen Verschwägerten ist Abs I anzuwenden, wenn zB die Witwe des Bruders der leiblichen Mutter das Kind adoptiert, aber auch dann, wenn ihre Ehe des Annehmenden durch Scheidung geendet hat (vgl § 1590 II): Auch in einem solchen Fall dürfte die Adoption auf dem früheren, engeren Familienzusammenhang beruhen, so daß die Aufrechterhaltung des Bandes zur Herkunftsfamilie berechtigt ist (Dieckmann ZfJ 1980, 574, aA Staud/Frank Rz 11). Es muß auch genügen, wenn einer der Ehegatten mit dem Kind verschwägert, ohne daß der andere mit dem Kind verwandt ist, so wenn die Witwe des Bruders der Mutter das Kind zusammen mit ihrem neuen Ehemann annimmt.

4 4. **Abs I** schränkt den Grundsatz des § 1755 I insoweit ein, als er das Verwandtschaftsverhältnis des Kindes und seiner Abkömmlinge zur bisherigen Verwandtschaft außer den Eltern aufrechterhält. Das **Kind bleibt** daher in gerader Linie **mit seinen Großeltern und** in der Seitenlinie **mit allen Abkömmlingen der Großeltern verwandt.** Die hL (zB Dieckmann ZfJ 1980, 572) meint, das Kind auch mit seinen Geschwistern nur noch über die Großeltern verwandt sei, so daß die Geschwister in ihrem Verhältnis zueinander Vettern und Basen geworden sein. Die Frage wird meist unter erbrechtlichem Blickwinkel gesehen. So meint Schmitt-Kammler (FamRZ 1978, 571), die weggefallenen leiblichen Eltern seien nicht mehr in der Lage, „die ihnen in ihrer Elterneigenschaft primär zustehende Erbberechtigung gleichsam weiterzureichen". Diese Vorstellung kollidiert damit, daß die Eltern unbestritten nach wie vor in gerader Linie die Verwandtschaft des Kindes mit den Großeltern vermitteln. Die durch Abs I bewirkte Herauslösung der Eltern aus dem Verwandtschaftszusammenhang ist eine seinswidrige Fiktion (insoweit zustimmend Staud/Frank Rz 21), welche Folgerungen, die über ihren begrifflichen Rand hinausreichen, nicht erzwingt. In diesem Sinn hatte der Bundesrat die von ihm vorgeschlagene Vorschrift des § 1925 IV, nach der leibliche Geschwister im Verhältnis zueinander nicht Erben 2. Ordnung sind, als konstitutiv verstanden (in diesem Sinne auch Staud/Frank Rz 21; RGRK/Dickescheid Rz 11; Gernhuber/Coester-Waltjen § 68 X 2), während der Rechtsausschuß des Bundestags ihr zu Unrecht nur klarstellende Bedeutung beigelegt, damit aber Gefolgschaft gefunden hat (Pal/Edenhofer § 1925 Rz 8; Kraiss BWNotZ 1977, 5; Schmitt-Kammler FamRZ 1978, 570).

5. Über die Großeltern **bleibt das Kind auch mit seinen Eltern verwandt**, nämlich in der Seitenlinie 3. Grades: die Eltern werden zu Onkel und Tante: Es sollte nur verhindert werden, daß das Kind mehr als zwei Elternteile erhält, die Zahl der Onkel und Tanten war gleichgültig (ablehnend Dieckmann FamRZ 1979, 66; ZfJ 1980, 572; Staud/Frank Rz 24; RGRK/Dickescheid Rz 5; MüKo/Maurer Rz 8). **Erbrechtlich** bedeutet das: **a)** Weil der leibliche Elternteil das Kind in der 2. Ordnung nicht beerben kann, ist er iSd § 1930 nicht „vorhanden". Da Geschwister gemäß § 1925 IV ebenfalls nicht Erben 2. Ordnung sind, hat das zur Folge, daß dann, wenn beim Tode des Kindes auch keine Adoptivverwandten der 2. Ordnung vorhanden sind, Verwandte der 3. Ordnung berufen sind. **b)** In allen mittelbaren Verwandtschaftsverhältnissen schließt ein lebender leiblicher Elternteil das Kind von der Erbfolge nach einem entfernteren Verwandten aus, repräsentiert also seinen Stamm. Das gilt in der 1. Ordnung beim Tod eines Großelternteils; das Erlöschen des Verwandtschaftsverhältnisses zwischen Kind und leiblichen Eltern bedeutet nicht etwa, daß diese iSv § 1924 III als nicht mehr lebend anzusehen wären. Das Kind beerbt Großeltern also nur bei Vorversterben des leiblichen Elternteils (Roth, Erbrechtliche Probleme bei der Adoption, Freiburger Diss 1979, S 189). Das gilt auch in der 3. Ordnung, wo beim Tod des Kindes der lebende leibliche Elternteil leibliche Geschwister ausschließt, so daß das Kind zu Lebzeiten des leiblichen Elternteils nicht Erbe seiner Vettern und Basen werden kann, wohl aber nach Vorversterben seines Elternteils.

6. Soweit Abs I das Verhältnis des Kindes zu den bisherigen Verwandten aufrechterhält, ändert dies nichts daran, daß das Kind gem § 1754 neue Verwandte hinzugewinnt. Bei der Adoption durch einen Verwandten treffen beide Wirkungen zusammen, da über den Annehmenden die bisherigen Verwandten nun auch zu Adoptivverwandten des Kindes werden. Der mit dem Kind verwandte Annehmende selbst wird Adoptivelternteil, ohne seine durch § 1756 I aufrechterhaltene bisherige Verwandtschaft mit dem Kind zu verlieren.

7. Erbrechtlich scheint die zusätzliche Verwandtschaft zu einem mehrfachen Erbteil des Kindes und seiner Abkömmlinge führen zu können (so Roth S 193): Das von seiner Tante adoptierte Kind würde bei Vorversterben sowohl der leiblichen wie der Adoptivmutter den Großvater in zwei Stämmen beerben. Zur Vermeidung dieses Ergebnisses läßt sich vertreten, daß mit dem Erlöschen des Verwandtschaftsverhältnisses das Kind nicht mehr iSd § 1924 III für die vorverstorbene Mutter eintritt. Wenn Dieckmann (ZfJ 1980, 573) dasselbe Ergebnis damit begründet, daß die Verwandtschaft gleichbleibe, so versagt dieser Gesichtspunkt in dem Fall, daß der Großvater den Enkel adoptiert und von diesem sowohl als Adoptivkind als auch als Enkel beerbt würde.

8. Die Konstellation des Falles des Abs II (**Stiefkindadoption**) unterscheidet sich von der des Abs I allein dadurch, daß in **Abs II** der Annehmende mit dem Kind im **ersten** Grad verschwägert ist, nicht aber dadurch, daß in Abs II allein der Stiefelternteil annimmt: dieser ist nämlich mit dem Kind verschwägert, und Abs I erfaßt auch die Einzeladoption durch einen Verschwägerten (Rz 3). Die für den Tatbestand des Abs II angeordnete Rechtsfolge bringt keinen Unterschied gegenüber der Rechtsfolge des Abs I: die positive Anordnung, daß das Erlöschen im Verhältnis zu den Verwandten eines verstorbenen Elternteils, der die elterliche Sorge innehatte, nicht eintritt, deckt sich mit der Regelung in Abs I. Der Gegenschluß, daß das Verwandtschaftsverhältnis zu dem Elternteil selbst erlischt, ist angesichts von dessen Vorversterben von geringer Bedeutung. Mögliche Schlüsse für die Seite des anderen, mit dem annehmenden Stiefelternteil verheirateten Elternteils sind bedeutungslos, weil für diesen und für seine Verwandten trotz der Alleinadoption durch den Stiefelternteil die positive Adoptionswirkung des § 1754 I Alt 2 eintritt; das bedeutet im Ergebnis die Aufrechterhaltung aller Verwandtschaftsverhältnisse. Der Sinn von Abs II liegt daher wesentlich in dem Gegenschluß auf den Tatbestand, daß die frühere Ehe anders als durch Tod geendet hat. In diesen Fällen, besonders nach Scheidung, erlischt durch die Adoption das Verwandtschaftsverhältnis zu den Verwandten des anderen Elternteils. Das bedeutet nichts anderes als die Bestätigung der allgemeinen negativen Adoptionswirkung des § 1755 I. Das Erlöschen tritt auch im Verhältnis zu dem Elternteil selbst ein und wird nur im Verhältnis zu dem mit dem annehmenden Stiefelternteil verheirateten Elternteil durch die positive Adoptionswirkung des § 1754 I S 1 überlagert; zu dem Fall, daß der Ehegatte des adoptierenden Stiefelternteils bereits verstorben ist vgl § 1754 Rz 3.

9. Besondere Probleme wirft eine **Stiefkindzweitadoption** auf, wenn das Kind weder aus einer durch Tod (§ 1756 II) noch durch Scheidung (Gegenschluß aus § 1756 II) aufgelösten Ehe stammt, sondern von dem mit ihm im 2. oder 3. Grad verwandten Elternteil **adoptiert worden war** und nunmehr von seinem Stiefelternteil adoptiert werden soll. Gem § 1742 ist eine Stiefkindadoption auch als Zweitadoption möglich. Bei der Erstadoption war gem § 1756 I das Verhältnis des Kindes zu seinen Verwandten außer den Eltern selbst erhalten geblieben. Da die Zweitadoption keine Verwandten-, sondern eine nicht unter § 1756 II fallende Stiefkindadoption ist, scheint es, als erlösche gem § 1755 I das Verhältnis des Kindes zu den ursprünglichen Verwandten. Dieses Ergebnis befremdet im Vergleich zu dem Fall, daß das Kind nicht zunächst von einem Verwandten und nach dessen Heirat auch von dem Stiefelternteil, sondern sogleich von den verwandten bzw verschwägerten Ehegatten gemeinsam adoptiert worden wäre – in diesem Fall wären gem § 1756 I alle bisherigen Verhältnisse zu den elterlichen Verwandten bestehen geblieben. Zur Lösung hat Dieckmann (ZfJ 1980, 577) darauf hingewiesen, daß die zweite Adoption

§ 1756

nicht nur eine Stiefkind-, sondern zugleich eine dem § 1756 I unterfallende Verschwägerten-Adoption ist, weil der Ehegatte des Stiefelternteils nicht nur kraft der Erstadoption Verwandter ersten Grades des Kindes, sondern kraft bestehen gebliebener Verwandtschaft mit dem Kind auch im 2. oder 3. Grad verwandt, der Stiefelternteil daher im entsprechenden Grade verschwägert ist. Dieser Ausweg versagt aber, wenn es sich bei der Erstadoption um eine „Verschwägerten"-Adoption handelte; das kann hingenommen werden, weil die Adoptiveltern der Herkunftsfamilie dann noch ferner stehen.

10 10. Die **Ausnahmetatbestände,** in denen die negative Adoptionswirkung des § 1755 I nicht eintritt, können sich **überschneiden: a)** Ist der adoptierende Stiefvater zugleich im 1. oder 2. Grad mit dem Kind verwandt (das Kind der Ehefrau, das der Ehemann annimmt, stammt von dessen Bruder), so bedeutet das oben unter Rz 8 angesprochene Verhältnis der beiden Absätze des § 1756, daß lediglich dieselbe Wirkung doppelt begründet sein kann.

b) Ist in solchen Fällen die frühere Ehe des Elternteils, der das Kind in die neue Ehe einbringt, nicht durch Tod, sondern zB durch Scheidung aufgelöst, so greift Abs II nicht ein. Es fragt es sich, ob das Verhältnis des Kindes zu den Verwandten des anderen Elternteils gem Gegenschluß aus § 1756 II nach § 1755 erlischt oder gem § 1756 I aufrechterhalten bleibt. Da der die Aufrechterhaltung rechtfertigende Familienzusammenhang durch die Scheidung nicht unterbrochen ist, greift § 1756 I auch in diesem Fall als lex specialis gegenüber § 1755 I durch (Dieckmann ZfJ 1980, 575).

1757 *Name des Kindes*

(1) Das Kind erhält als Geburtsnamen den Familiennamen des Annehmenden. Als Familienname gilt nicht der dem Ehenamen oder dem Lebenspartnerschaftsnamen hinzugefügte Name (§ 1355 Abs. 4; § 3 Abs. 2 des Lebenspartnerschaftsgesetzes).

(2) Nimmt ein Ehepaar ein Kind an oder nimmt ein Ehegatte ein Kind des anderen Ehegatten an und führen die Ehegatten keinen Ehenamen, so bestimmen sie den Geburtsnamen des Kindes vor dem Ausspruch der Annahme durch Erklärung gegenüber dem Vormundschaftsgericht; § 1617 Abs. 1 gilt entsprechend. Hat das Kind das fünfte Lebensjahr vollendet, so ist die Bestimmung nur wirksam, wenn es sich der Bestimmung vor dem Ausspruch der Annahme durch Erklärung gegenüber dem Vormundschaftsgericht anschließt; § 1617c Abs. 1 Satz 2 gilt entsprechend.

(3) Die Änderung des Geburtsnamens erstreckt sich auf den Ehenamen des Kindes nur dann, wenn sich auch der Ehegatte der Namensänderung vor dem Ausspruch der Annahme durch Erklärung gegenüber dem Vormundschaftsgericht anschließt; die Erklärung muss öffentlich beglaubigt werden.

(4) Das Vormundschaftsgericht kann auf Antrag des Annehmenden mit Einwilligung des Kindes mit dem Ausspruch der Annahme

1. **Vornamen des Kindes ändern oder ihm einen oder mehrere neue Vornamen beigeben, wenn dies dem Wohl des Kindes entspricht;**
2. **dem neuen Familiennamen des Kindes den bisherigen Familiennamen voranstellen oder anfügen, wenn dies aus schwerwiegenden Gründen zum Wohl des Kindes erforderlich ist.**

§ 1746 Abs. 1 Satz 2, 3, Abs. 3 erster Halbsatz ist entsprechend anzuwenden.

1 1. **Textgeschichte.** Seit dem GlBerG folgen die Änderungen der Vorschrift den Änderungen des Familiennamensrechtes, so zuerst die Fassung von Art 1 Nr 39 des 1. EheRG, dann des AdoptG (BT-Drucks 7/3067, 44–46 und 7/5087, 63), geändert durch AdoptRÄndG Art 1 Nr 1 (BT-Drucks 12/2506, 8f), wieder geändert durch das FamNamRG v 16. 12. 1993 Art 1 Nr 9 (BT-Drucks 12/5982, 19), geändert durch das KindRG Art 1 Nr 36 (BT-Drucks 13/4899); § 1757 I S 2 neu gefaßt durch Art 2 Nr 14 G zur Beendigung der Diskriminierung gleichgeschlechtlicher Gemeinschaften: Lebenspartnerschaften v 16. 2. 2001.

2 2. Nach **Abs I S1** (die Vorschrift ist nicht verfassungswidrig, Karlsruhe FamRZ 2000, 115; BayObLG DNotZ 2003, 291f) tritt bei dem Kind als positive Statuswirkung eine **Änderung des Geburtsnamens** (§ 1355 VI) ein.

a) Das bedeutet, daß sich regelmäßig der **Familienname** ändert. **aa)** Eine Änderung tritt ein, wenn das Kind nicht verheiratet ist oder war. Bei der **Einzelannahme** durch einen unverheirateten Annehmenden erwirbt das Kind als Geburtsnamen den Familiennamen des Annehmenden. Das gilt auch, wenn der Annehmende verheiratet ist, das Kind aber gem § 1741 II S 3 und 4 ausnahmsweise allein annehmen kann (Staud/Frank Rz 6). Führt der verheiratete Annehmende als Ehenamen den Namen seines Ehegatten, so ist dann, wenn der Ehegatte unter 21 Jahren alt ist, dessen namensrechtliche Einwilligung in der nach § 1749 I S 1 erforderlichen Einwilligung in die Adoption enthalten. Wird die Einwilligung des Ehegatten gem § 1749 I S 2 ersetzt, hat dabei das VormG das Namensinteresse des Gatten des Annehmenden zu berücksichtigen. Nur wenn gem § 1749 III die Einwilligung des Ehegatten nicht erforderlich ist, tritt das Namensinteresse des Ehegatten des Annehmenden hinter dem Interesse an der Annahme zurück (MüKo/Maurer Rz 3 aE; Staud/Frank Rz 6).

3 **bb)** Für die **gemeinschaftliche Annahme** durch ein Ehepaar (Regelfall) ist zu unterscheiden:

4 **(1)** Führen die Annehmenden einen Ehenamen, so folgt bereits aus § 1754 I, daß dieser Name zum Geburtsnamen des Kindes wird (MüKo/Maurer Rz 3); daß der Anzunehmende seinen bisherigen Geburtsnamen anstelle des Familiennamens des Annehmenden weiterführt, ist im Gesetz nicht vorgesehen. Ein entsprechender Antrag ist zurückzuweisen (BayObLG DNotZ 2003, 291; FamRZ 2003, 1869). Führen die Annehmenden **keinen Ehenamen**, so ist die Regelung des **Abs II S 1** parallel derjenigen bei Geburt: Die Annehmenden müssen einen **Geburtsnamen bestimmen**. Aus der Verweisung auf § 1617 I S 1 folgt, daß der zur Zeit der Annahme geführte Familienname eines jeden Gatten zur Wahl steht; weil § 1617 I S 3 gilt, ist das Bestimmungsrecht mit seiner ersten Ausübung verbraucht und trägt ein später adoptiertes (Stief-) Kind denselben Geburtsnamen wie ein zuvor geborenes (oder adoptiertes) gemeinsames Kind (Hamm FamRZ 2001, 860). Die Namensbestimmung ist **Annahmevoraus-**

setzung. Sie hat vor dem Ausspruch der Adoption durch Erklärung gegenüber dem zuständigen VormG (§§ 1752 BGB, 43b, 56e FGG) zu geschehen und ist bis zum Ausspruch widerruflich (MüKo/Maurer Rz 3, 11); hinsichtlich der Form gilt § 1617 I (Soergel/Liermann Rz 7). Bleibt auch nur eine Erklärung aus oder stimmen die Erklärungen nicht überein, so scheitert die Adoption; eine Entscheidung entsprechend § 1617 II S 1 ist aus gutem Grund nicht vorgesehen (Staud/Frank Rz 13) – der Unwille oder die fehlende Konsensfähigkeit der Ehegatten ist ein Indiz dafür, daß die Grundvoraussetzung nach § 1741 I fehlt (Liermann FamRZ 1995, 200).

(2) Das **über fünf Jahre alte Kind** hat das **Mitbestimmungsrecht** aus **Abs II S 2**. Führen die Annehmenden 5 einen Ehenamen, so kann das Kind die Namensänderung nicht abwenden; in seiner erforderlichen Einwilligung in die Adoption ist die Zustimmung zur Namensänderung auch dann enthalten, wenn das Kind gesetzlich vertreten wird. Führen die Annehmenden keinen Ehenamen, scheitert die Adoption nicht, wenn das Kind sich der Namensbestimmung der Annehmenden nicht anschließt oder die Namensänderung ablehnt. In diesen Fällen tritt das Prinzip des Abs I S 1 zurück und liegt das Kind auf der Linie der Adoptiveltern, wenn es seinen Namen beibehält. Das über 14 Jahre alte Kind entscheidet selbst, braucht zur Anschlußerklärung aber die Zustimmung seines gesetzlichen Vertreters, Abs I S 2 iVm § 1617c I S 2. Die Anschlußerklärung muß vor dem Ausspruch der Annahme gegenüber dem VormG erfolgen (MüKo/Maurer Rz 3); ungeachtet fehlender Verweisung auf § 1617c I S 3 bedarf die Erklärung der öffentlichen Beglaubigung (Staud/Frank Rz 18; Soergel/Liermann Rz 11; Pal/Diederichsen Rz 5).

b) Ist oder war das **Kind verheiratet** und haben die Ehegatten einen Ehenamen bestimmt, so tritt häufig keine, 6 jedenfalls keine sofortige Änderung des Familiennamens ein:

aa) Ist das Kind verheiratet und führt es **als Ehenamen den Familiennamen des Ehegatten,** so bleibt die Änderung des Geburtsnamens latent. Führt das Kind gem § 1355 IV seinen zuvor geführten Namen als **Begleitnamen** und war dies der Geburtsname, so tritt der Adoptionsname an die Stelle (KG FamRZ 1988, 1053; RGRK/Dickescheid Rz 5; aA LG Hanau StAZ 2002, 171 mit Anm Liermann: der Geburtsname scheidet als Begleitname aus). Führt das Kind jedoch einen Ehenamen als Begleitnamen, so bleibt dieser unverändert. Endet später die Ehe, so kann das Kind den Ehenamen weiterführen. Legt es ihn irgendwann gem § 1355 V S 2 ab, so kann es seinen früheren Geburtsnamen auch nicht als „den zur Zeit der Erklärung über die Bestimmung des Ehenamens geführten Namen" (§ 1355 II S 2 Alt 2) wieder annehmen, denn diese Alternative bezieht sich nur auf einen früheren Ehenamen. Einen solchen wieder anzunehmen oder auch den Ehenamen beizubehalten, ist der Angenommene durch die Änderung seines Geburtsnamens nicht gehindert (MüKo/Maurer Rz 6).

bb) Führen der Angenommene und sein Gatte den **Geburtsnamen des Angenommenen als Ehenamen,** so 7 erstreckt sich nach **Abs III** die Änderung des Geburtsnamens nur dann auf den Ehenamen, wenn der Gatte mit der Namensänderung einverstanden ist; die entsprechende Anschlußerklärung muß vor dem Ausspruch der Adoption öffentlich beglaubigt gegenüber dem VormG abgegeben sein (Soergel/Liermann Rz 19; MüKo/Maurer Rz 4, 11). Eine nicht rechtzeitige Anschlußerklärung ist wirkungslos (BayObLG FamRZ 1985, 1183f), doch kann die Erklärung in der nach § 1749 II erforderlichen Einwilligung enthalten sein (AG Hamburg StAZ 1990, 21). Bleibt der Ehename mangels (rechtzeitiger) Anschließungserklärung unverändert, so kann der Angenommene seinen neuen Geburtsnamen als Begleitnamen führen § 1355 I S 1 (LG Gießen StAZ 1984, 100; Staud/Frank Rz 34). § 1757 gilt unmittelbar nur für Ehen, nicht für **Lebenspartnerschaften**; eine Erstreckung konnte unterbleiben, weil Partnerschaften nach § 1 II LPartG nur zwischen Volljährigen begründbar sind (Muscheler, Das Recht der Eingetragenen Lebenspartnerschaft 2001, Rz 162). Entsprechend gilt § 1757 III, wenn der angenommene Volljährige eine Lebenspartnerschaft begründet hat und sein Geburtsname Partnerschaftsname (§ 3 LPartG) geworden ist, § 1767 II S 2 (vgl § 1767 Rz 15).

cc) Endet die Ehe, so kommt kein Ausschluß zustande; so fragt es sich, ob die Namensänderung in dem Zeit- 8 punkt eintritt, in dem die Ehe endet. Das ist zu bejahen, weil der ehenamengebende Teil seinen inhaltlich unveränderten Namen nur solange, wie die Ehe besteht, als Ehenamen führt, danach wieder als Geburtsnamen, bei erwirkter Adoption während der Ehe mit deren Ende, bei späterer Adoption mit deren Wirksamwerden den Adoptivnamen als Geburtsnamen.

dd) War das Kind im Zeitpunkt der Adoption verheiratet gewesen und führt es nach Beendigung der Ehe seinen 9 zum Ehenamen bestimmt gewesenen Geburtsnamen weiter, so hat dieser nach dem Ende der Ehe nicht mehr die Qualität des Ehenamens. Im Unterschied zum Fall, daß die Adoption in die Ehezeit gefallen war, kommt in dem automatischen Namenswechsel nicht die Scheidung, sondern die Adoption zum Ausdruck.

3. **Erwerb des Familiennamens.** Der Familienname, den das Kind erwirbt, ist immer der Name, der im Zeit- 10 punkt der Annahme von dem (den) Annehmenden geführt wird. Ist dies bei einem allein Annehmenden ein Eheoder Partnerschaftsname (zur Einzeladoption durch Lebenspartner § 1741 Rz 29) und hat der Annehmende diesem Namen seinen zuvor geführten Namen vorangestellt oder angefügt, so unterscheiden §§ 1355 IV BGB und 3 II LPartG einen solchen Begleitnamen vom Ehen- oder Lebenspartnerschaftsnamen. § 1757 I S 2 stellt klar, daß ein Begleitname nicht vom Kind erworben wird (Soergel/Liermann Rz 13a; MüKo/Maurer Rz 3).

4. **Abkömmlinge des Angenommenen.** Hat das angenommene Kind seinerseits Abkömmlinge, so können 11 diese von einer Änderung des Geburtsnamens ihres Elternteils mitbetroffen sein. Das ist der Fall, wenn der Abkömmling als Geburtsnamen den Geburtsnamen des später angenommenen erhalten hatte. Dies war der Fall, wenn der Elternteil bei der Geburt des Abkömmlings allein sorgeberechtigt war, wenn miteinander verheiratete Eltern den Namen des später als Kind angenommenen Teils zum Ehenamen oder als nicht miteinander Verheiratete, aber gemeinsam Sorgeberechtigte diesen Namen zum Namen des Kindes bestimmt haben. Der Namenswechsel beim Abkömmling setzt nicht voraus, daß die Adoption auch beim Angenommenen zu einer sofortigen

§ 1757 Familienrecht Verwandtschaft

Namensänderung geführt hat (Rz 7ff). Nach § 1617c II bedarf der mittelbare Namenswechsel bei einem über fünf Jahre alten Abkömmling dessen Zustimmung, die bis zu seinem 14. Lebensjahr vom gesetzlichen Vertreter erteilt wird, danach vom Abkömmling selbst mit Zustimmung des gesetzlichen Vertreters. Ist der Abkömmling bereits verheiratet, so bedarf seine Anschlußerklärung gem § 1617c III der Zustimmung seines Ehegatten.

12 5. **Abs IV S 1** ermöglicht **Regelungen** hinsichtlich des **Vornamens** (Nr 1) und/oder des **Familiennamens** (Nr 2). Eine Namensregelung ist im objektiven Interesse des Kindes möglich; daß gleichwohl der Antrag vom Annehmenden auszugehen und das Kind lediglich einzuwilligen hat, entspricht der Verfahrensstruktur der Adoption (§§ 1752 I, 1746).

13 a) Eine **Änderung des Vornamens** nach Abs IV S 1 **Nr 1** ist durch Streichung eines von mehreren Namen, Hinzufügung oder Ersetzung möglich (MüKo/Maurer Rz 10) sowie durch Abänderung der Schreibweise (Liermann FamRZ 1993, 1264). Gegenüber § 1757 II S 1 aF (dazu RGRK/Dickescheid Rz 14) ist die Vornamensänderung erleichtert (Staud/Frank Rz 48, Erman[10] Rz 14), indem sie dem **Wohl des Kindes** entsprechen muß. Die Annehmenden in der Frage des Vornamens auch gegen ihre Wünsche auf die Erfordernisse des Kindeswohls einzustimmen, ist die Aufgabe der Adoptionsbegleitung (§ 9 AdVermiG, vor § 1741 Rz 15). Es ist verständlich und für das Kind nicht belastend, wenn die Annehmenden dem Kind, bevor es auf einen Namen hört, einen Namen nach ihrem Wunsch geben wollen. Hört das Kind bereits auf seinen Namen, so bedeutet die Gewöhnung an einen neuen Namen eine Belastung. Eine Vornamensänderung scheidet grundsätzlich aus, sobald sich das Kind mit seinem angestammten Vornamen identifiziert hat (Soergel/Liermann Rz 27; Gernhuber/Coester-Waltjen § 68 IX 5). Andere Gründe sind innerhalb des mehrdimensionalen Begriffs des Kindeswohls gegen die entwicklungspsychologische Bedeutung eines konstanten Vornamens abzuwägen: Bedeutung haben hier Fälle, in denen die Beibehaltung eines in neuer Umgebung fremdartig wirkenden Vornamens die Adoption erkennen ließe (AG Aurich DAVorm 1978, 119; LG Berlin DAVorm 1978, 118) oder derselbe Vorname bereits von Adoptivgeschwistern geführt wird (Düsseldorf DAVorm 1983, 87; MüKo/Maurer Rz 10). Hat das Kind eine ihm verhaßte Vergangenheit (Gernhuber/Coester-Waltjen § 68 IX 5) oder wurde ein Verbrechen an ihm begangen (Diederichsen NJW 1981, 712), liegt die Namensdiskontinuität in seinem Interesse. In Zweifelsfällen sollte ein Gutachten darüber eingeholt werden, ob die Entwicklung des Kindes bereits so weit gediehen ist, „daß es sich in der Es-Phase über seinen Vornamen erfährt und dieser damit das wesentliche Identifikationsmittel für es ist" (BT-Drucks 7/5007, 18).

14 b) Die automatische Namensänderung (Abs I S 1) dient der Einheitlichkeit des **Familiennamens**; ein Wahlrecht des Kindes wie nach § 1758 IV idF vor dem AdoptG hat der Gesetzgeber verworfen und bei Zulassung einer abweichenden Regelung im Einzelfall der Annahme eines verwandten Kindes gedacht, das den Namen seiner leiblichen Eltern weiter tragen soll (BT-Drucks 7/3061, 45). Nach **Abs IV S 1 Nr 2** ist das Voranstellen oder Anfügen des bisherigen Familiennamens möglich (BT-Drucks 12/2506, 9). Der hinzugefügte Name ist nicht Begleitname iSv § 1355 III, sondern Bestandteil des neuen, zweigliedrigen Familiennamens (MüKo/Maurer Rz 9; Staud/Frank Rz 25). Die Regelung muß **aus schwerwiegenden Gründen zum Wohl des Kindes** erforderlich sein, mit der geänderten Namensführung muß dem Angenommenen erheblich besser gedient sein (LG Köln FamRZ 1998, 506; MüKo/Maurer Rz 8). Das ist hauptsächlich bei älteren Kindern und bei volljährigen Adoptierten der Fall, die unter ihrem bisherigen Familiennamen bekannt geworden sind (Celle FamRZ 1997, 116; MüKo/Maurer Rz 8; Staud/Frank Rz 21).

15 c) Eine Form für den **Antrag** des Annehmenden auf eine Namensregelung nach Abs IV und die dazu erforderliche **Einwilligung** des Kindes ist nicht vorgeschrieben; vor allem ist nicht auf §§ 1752 II S 2, 1750 I S 2 verwiesen, die den Antrag auf Adoption und die erforderlichen Einwilligungen notarieller Form unterwerfen. Während der Antrag auf eine Namensregelung gewöhnlich gleichzeitig mit dem Adoptionsantrag gestellt wird, ist es bei der Einwilligung in eine Namensregelung denkbar, daß sie der Einwilligung in die Adoption nachfolgt. Indem Abs IV S 1 eine Namensregelung nur mit dem Ausspruch der Annahme zuläßt, behandelt er die Namensregelung so sehr als Teil des Adoptionsbeschlusses, daß auch der Antrag auf und die Einwilligung in eine Namensregelung wie der Adoptionsantrag und die zur Adoption erforderlichen Einwilligungen der notariellen Form unterliegen müssen (BayObLG StAZ 1980, 65; Staud/Frank Rz 22, Brüggemann ZfJ 1988, 102f, aA RGRK/Dickescheid Rz 12).

16 d) Aus dem entsprechenden Grund, aus dem der Adoptionsantrag bis zum Ausspruch der Annahme widerruflich ist (§ 1752 Rz 4), muß der Antrag auf Namensregelung **widerruflich** sein (Brüggemann ZfJ 1988, 103): keine Namensregelung, die beim Ausspruch der Annahme von der Seite des Kindes nicht mehr gewollt wäre. Dagegen gilt der Grund, aus dem § 1750 II S 2 die Einwilligung in die Adoption unwiderruflich sein läßt, hier nicht, weil die Adoption auch ohne die Namensregelung zustande kommen kann. Für den Widerruf besteht kein Formerfordernis. Daraus, daß Abs III S 2 nicht auch auf § 1746 II S 2 verweist, kann weder eine Analogie noch ein Gegenschluß gezogen werden. Im Interesse der Rechtssicherheit ist für die Rücknahme des Antrags auf Namensregelung ebenso wie beim Adoptionsantrag (§ 1752 Rz 4) und der Einwilligung des Anzunehmenden in die Adoption gem § 1746 II S 2 öffentliche Beurkundung zu fordern (aA Brüggemann ZfJ 1988, 103). Erkennt das Gericht, daß die Seite des Kindes von der Einwilligung abrücken möchte, wird es auf formgemäßen Widerruf hinwirken oder den schwerwiegenden Grund verneinen.

17 e) Die Verweisung des **Abs IV S 2** auf § 1746 I S 2, 3 und III regelt für die Einwilligung des Kindes die **Geschäftsfähigkeit** und die Ersatzzuständigkeit des gesetzlichen Vertreters sowie die Ersatzbarkeit seiner Entscheidung in gleicher Weise wie für die Einwilligung in die Adoption. Verweigert der gesetzliche Vertreter die Einwilligung in die Namensregelung ohne triftigen Grund, so kann das VormG die Einwilligung gem Abs IV S 2 iVm § 1746 III ersetzen (Staud/Frank Rz 23).

18 f) **Verfahren.** Die Namensregelung erfolgt mit dem Ausspruch der Annahme, also mindestens gleichzeitig mit ihr im Adoptionsdekret. Dem Gesetzgeber kam es darauf an, eine dauernde Disponibilität des Namens des Angenommenen auszuschließen. Der Gesetzeswortlaut schließt eine vorhergehende Namensregelung aus, die bei Ausbleiben der Adoption ins Leere ginge. Dagegen ist eine den Antrag auf Namensregelung **ablehnende Vorabentscheidung** möglich (Brüggemann ZfJ 1988, 106; LG Berlin DAVorm 1977, 669, aufgehoben von KG FamRZ 1978, 208, dem die hL folgt: MüKo/Maurer Rz 11; Staud/Frank Rz 31, 56). Das KG meint, daß die Zulässigkeit einer negativen Vorabentscheidung mit § 1752 II S 1 nicht vereinbar wäre. Die Bedingungsfeindlichkeit von Verfahrenshandlungen soll verhindern, daß ein laufendes Verfahren seine Grundlage verliert. Bei Zulassung der negativen Vorabentscheidung wird die Adoption aber nur selten unterbleiben; die mögliche Verzögerung eines noch nicht gestellten Adoptionsantrags fällt kaum ins Gewicht. Nehmen Adoptionsbewerber von ihrem Vorhaben Abstand, weil sie eine gewünschte Namensregelung nicht erreichen, so ist die Begründung eines Eltern-Kind-Verhältnisses von ihnen nicht zu erwarten (§ 1741 I). Das Gesetz ist weit davon entfernt, dem Annehmenden zuzumuten, ein Kind auch dann zu adoptieren, wenn die von ihm gewünschte Namensregelung nicht zustande kommt.

g) Wirksamwerden und Rechtsmittel. Der Adoptionsbeschluß wird auch insoweit, als er eine beantragte 19 Namensregelung trifft, mit der Zustellung an den Annehmenden wirksam, bindend und **unanfechtbar**, 56e S 3 FGG (BayObLG 1979, 346; RGRK/Dickescheid Rz 15; Pal/Diederichsen Rz 18; aA Köln StAZ 1982, 278; Hamm FamRZ 2000, 114; Soergel/Liermann Rz 33). Nichtig und daher unbeachtlich ist dagegen eine dem Gesetz fremde Namensregelung (Karlsruhe StAZ 1999, 372 und FamRZ 2000, 115; zur Problematik auch Liermann FamRZ 2000, 722). Hat das VormG den rechtzeitigen Antrag fehlerhaft nicht beschieden, so kann der Adoptionsbeschluß analog § 321 ZPO ergänzt werden (Düsseldorf DAVorm 1983, 87). Der Antrag kann nicht nachgeholt werden (BayObLG FamRZ 2003, 1773). Entgegen BayObLG StAZ 1980, 65 m Anm v Bar ist jedoch ein Ergänzungsbeschluß, der erst nach Wirksamwerden des Adoptionsbeschlusses beantragt werde, nicht nichtig (Hamm Rpfleger 1983, 353; Staud/Frank Rz 29). Die **Ablehnung** einer beantragten Namensregelung ist nach § 19 FGG anfechtbar (LG Braunschweig StAZ 1999, 336; Zweibrücken FGPrax 2001, 75; MüKo/Maurer Rz 11). Beschwerdebefugt ist gem § 20 II FGG nur der Annehmende, nicht das Kind. Entsprechend der Anfechtbarkeit ist auch die Gebundenheit des Gerichts zu lockern; dem Erfordernis des § 18 I Hs 2 FGG entspricht der ursprüngliche Antrag auch, wenn zB nur durch einfache Gegenvorstellungen gesichert ist, daß der Annehmende an ihm festhält (Brüggemann ZfJ 1988, 108).

1758 *Offenbarungs- und Ausforschungsverbot*

(1) Tatsachen, die geeignet sind, die Annahme und ihre Umstände aufzudecken, dürfen ohne Zustimmung des Annehmenden und des Kindes nicht offenbart oder ausgeforscht werden, es sei denn, dass besondere Gründe des öffentlichen Interesses dies erfordern.

(2) Absatz 1 gilt sinngemäß, wenn die nach § 1747 erforderliche Einwilligung erteilt ist. Das Vormundschaftsgericht kann anordnen, dass die Wirkungen des Absatzes 1 eintreten, wenn ein Antrag auf Ersetzung der Einwilligung eines Elternteils gestellt worden ist.

1. Textgeschichte. Neugefaßt durch AdoptG Art 1 Nr 1, Amtl Begr BT-Drucks 7/3061, 46; 7/5087, 18f. 1

2. Zweck. Die Bestimmung schützt das Interesse des Annehmenden daran, daß die leiblichen Eltern des Kindes 2 dessen Aufenthalt nicht erfahren und das Kind nicht von dritter Seite über seine Herkunft informiert wird. Darüber hinaus schützt § 1758 das Interesse des Annehmenden und des Kindes daran, daß die Tatsache der Adoption und die Herkunft des Kindes geheim bleiben. In der ersten Hinsicht dient § 1758 der Aufrechterhaltung des **Inkognito des Annehmenden** gegenüber den leiblichen Eltern des Kindes. Die Vorschrift gilt auch bei (halb-) offenen Adoptionen (Soergel/Liermann Rz 1, ferner § 1747 Rz 6ff). Selbst wenn der Annehmende das Kind über seine Herkunft aufgeklärt hat, besteht der Schutz des Inkognito fort, weil das Kind ohne die Zustimmung des Annehmenden zur Offenbarung nicht befugt ist. In der zweiten Hinsicht soll § 1758 nicht verhindern, daß das Kind seine Herkunft erfährt, denn das Kindeswohl erfordert geradezu die rechtzeitige Aufklärung. Die Aufklärung soll jedoch nicht durch Dritte, sondern allein durch den personensorgeberechtigten Annehmenden geschehen (vor § 1741 Rz 26). Schließlich anerkennt § 1758 die Berechtigung des **Geheimhaltungsinteresses**, dessen Grundlage darin liegt, daß Kind und Annehmender es als nachteilig ansehen können, wenn Dritten die „Anomalie" ihrer Verwandtschaftsbeziehung bekannt wird.

3. Die Adoption ist in den **Personenstandsbüchern** einzutragen, nämlich gem § 30 I S 1 PStG im Geburten- 3 buch des Kindes und gem § 15 I PStG im Familienbuch der Ehegatten, die ein Kind gemeinschaftlich annehmen oder von denen einer ein Kind des anderen annimmt (§ 1752 Rz 16). Diese Vorschriften dienen dem öffentlichen Interesse (Mascheler/Bloch FRP 2002, 344f; ferner Giesen JZ 1989, 368). Das Geheimhaltungsinteresse wahrt § 61 II PStG, indem das Recht auf Einsicht, Durchsicht und Erteilung von Personenstandsurkunden auf Behörden, die Annehmenden, deren Eltern, den gesetzlichen Vertreter des Kindes und das über 16 Jahre alte Kind selbst beschränkt ist. Die Einsicht in die vormundschaftsgerichtlichen Akten und die Erteilung von Abschriften unterliegt der gleichen Beschränkung gem § 34 II FGG. Nach § 62 II PStG werden in der Geburtsurkunde nur die Annehmenden als Eltern angegeben. Darin unterscheidet sich die Geburts- von der durch das AdoptG eingeführten Abstammungsurkunde, die gem § 5 I PStG dem Standesbeamten (wegen des Eheverbots des § 1307 S 2) bei der Anmeldung der Eheschließung vorzulegen ist; aus ihr sind auch die leiblichen Eltern ersichtlich.

4. § 1758 begründet ein Offenbarungs- und ein Ausforschungsverbot: **a)** Das **Offenbarungsverbot** richtet sich 4 an die Beteiligten (Kind, Annehmender, Einwilligungs- und Zustimmungsberechtigte), an die amtlich am dem Adoptions- und Adoptionsvermittlungsverfahren beteiligten Behörden und Personen sowie an die privat an der Adoptionsvermittlung beteiligten Personen (§ 5 II AdVermiG). Es richtet sich ferner an jeden, der zufällige Kenntnis von der Adoption erlangt hat. Für Amtsträger und Personen, die für den öffentlichen Dienst besonders verpflichtet sind (Rechtsanwälte, Notare, Ehe-, Erziehungs- und Jugendberater, staatlich anerkannte Sozialarbeiter

§ 1758

und Sozialpädagogen) sind die Adoption und die auf sie hinweisenden Umstände idR fremdes Privatgeheimnis, für dessen unbefugte Offenbarung sie nach § 203 StGB strafbar sind. Die leiblichen Eltern haben im Rahmen der Adoptionsbegleitung (§ 9 AdVermiG) keinen Anspruch auf Offenbarung gegenüber der Adoptionsvermittlungsstelle oder dem JA (OVG Münster FamRZ 1985, 704). Das Offenbarungsverbot besteht auch gegenüber einem die Aufhebung des Annahmeverhältnisses gem § 1760 I betreibenden übergangenen Elternteil (Karlsruhe FGPrax 1996, 106). **b)** Das **Ausforschungsverbot** richtet sich an jedermann, Behörden wie Private. Die früher übliche Frage auf Formularen, ob ein Kind ehelich oder angenommen ist, ist idR unzulässig (BT-Drucks 7/3061, 46) und darf wahrheitswidrig beantwortet werden (MüKo/Maurer Rz 7; Staud/Frank Rz 9).

5 5. Offenbarung oder Ausforschung sind nicht rechtswidrig, wenn das **Kind und** der (die) **Annehmende(n) zugestimmt** haben (BayObLG FamRZ 1996, 1436, Soergel/Liermann Rz 6a) oder wenn **besondere Gründe des öffentlichen Interesses** sie erfordern; über den Gesetzeswortlaut hinaus ist ein überwiegendes Interesse an der Abstammung des Kindes im Hinblick auf § 1308 BGB und § 173 StGB auch bei Privaten denkbar. Wer zulässigerweise die Kenntnis von der Adoption erlangt hat, ist jenseits etwa berechtigten Interesses zu weiterer Geheimhaltung verpflichtet. **a)** Für die **Zustimmung des Kindes** ist bis zu dessen 16. Lebensjahr der gesetzliche Vertreter zuständig (aM Soergel/Liermann Rz 6a; Staud/Frank Rz 11: 14. Lebensjahr analog § 1746 I; wegen der Abhängigkeit vom Annehmenden ist die Analogie zu der 16-Jahre-Grenze des § 61 II PStG vorzuziehen, RGRK/Dickescheid Rz 9). **b)** Fälle **besonderen öffentlichen Interesses:** Außer den Eintragungen in Personenstandsurkunden (Rz 3), die Ausschließungs- und Weigerungsrechte in den Verfahrensgesetzen und bei der Beurkundung (§ 1755 Rz 6) sowie strafrechtliche Ermittlungen (zB §§ 173, 174 I Nr 3 StGB).

6 6. Der **Schutz beginnt** mit Erteilung oder Ersetzung der elterlichen Einwilligung und gem **Abs II S 2** bei besonderer Anordnung des VormG bereits dann, wenn der Antrag auf Ersetzung der elterlichen Einwilligung gem § 1748 gestellt ist. Eine solche Anordnung sollte in Analogie auch dann zugelassen werden, wenn eine elterliche Einwilligung gem § 1746 III erforderlich ist, sobald eine Adoptionsvermittlung angelaufen ist. Ist den Eltern das Sorgerecht entzogen und das Kind bei ernsthaft an einer Adoption interessierten Pflegeeltern untergebracht, so kann das VormG den durch § 1758 gewährten Schutz gegen Aufdeckung des Adoptionsgeheimnisses durch Anwendung des § 1684 IV S 1 schon wirksam werden lassen, bevor ein Antrag auf Ersetzung der Einwilligung gestellt ist (AG Birkenfeld DAVorm 1989, 939, aA Staud/Frank Rz 18).

7 7. § 1758 verbietet Offenbarung oder Ausforschung, ohne selbst **Sanktionen** vorzusehen. Die Vorschrift ist Schutzgesetz iS von § 823 II, so daß der schuldhafte Verstoß Ersatzansprüche auslösen kann, der schuldlose Verstoß bei fortwirkender Beeinträchtigung einen Beseitigungs- und bei Wiederholungsgefahr einen Unterlassungsanspruch. Unterlassung kann bereits gegenüber einem erstmals drohenden Verstoß begehrt werden; klagebefugt sind das Kind und der Annehmende. Darüber hinaus bedeutet der Verstoß gegen § 1758 eine Verletzung des allgemeinen Persönlichkeitsrechtes des Kindes und/oder des Annehmenden, die einen Anspruch auf Ersatz immateriellen Schadens auslöst (RGRK/Dickescheid Rz 8; Gernhuber/Coester-Waltjen § 68 IX 7); Ersatzansprüche aus Art 34 GG iVm § 839 können entstehen, wenn Amtsträger gegen § 1758 verstoßen (Staud/Frank Rz 22).

8 8. Verlangen leibliche Eltern nach einer Inkognito-Adoption von der Adoptionsvermittlungsstelle Auskünfte, die ihnen ermöglichen sollen, gegen die Adoption vorzugehen, so handelt es sich um eine öffentlich-rechtliche Streitigkeit, für die § 43b FGG keine abdrängende Sonderzuweisung iSd § 40 VwGO darstellt. Der **Verwaltungsrechtsweg** ist gegeben. § 9 AdVermiG begründet jedoch keinen Auskunftsanspruch, sondern lediglich eine Bescheidungspflicht (OVG Lüneburg NJW 1994, 2634 mN). Gleiches gilt von § 15 SGB I, weil die Auskunft familienrechtlichen und nicht sozialrechtlichen Inhalts ist (OVG Lüneburg aaO).

1759 *Aufhebung des Annahmeverhältnisses*
Das Annahmeverhältnis kann nur in den Fällen der §§ 1760, 1763 aufgehoben werden.

1 1. **Textgeschichte.** Neugefaßt durch AdoptG Art 1 Nr 1, Amtl Begr BT-Drucks 7/3061, 46; 7/5087, 19.

2 2. Der für das Gericht nicht abänderbare und für die Beteiligten unanfechtbare (§ 1752 Rz 15) Adoptionsbeschluß ist hinreichende Voraussetzung für Entstehen und Bestand des Annahmeverhältnisses. **a)** Das Annahmeverhältnis endet kraft Gesetzes nur im Fall der Eheschließung des Annehmenden mit dem Angenommenen oder einem seiner Abkömmlinge (§ 1766). Dagegen bedeutet der Tod des Kindes oder des Annehmenden nicht die Aufhebung (§ 1742 Rz 4); wenn nach dem Tod des Annehmenden durch anschließende Zweitadoption des Kindes das Verwandtschaftsverhältnis des Kindes und seiner Abkömmlinge zu bisherigen Adoptivverwandten erlischt, beruht das auf §§ 1755, 1756; gleiches gilt, wenn das Kind nach seiner Volljährigkeit gem § 1772 mit starken Wirkungen weiteradoptiert wird (§ 1768 Rz 5).

3 b) Von diesen Fällen abgesehen, endet das Annahmeverhältnis durch Aufhebungsbeschluß aus den Gründen der §§ 1760, 1763 (statistische Angaben bei MüKo/Maurer Rz 2). Fehlt es an den für den Adoptionsbeschluß erforderlichen Erklärungen (Antrag, Einwilligungen, Zustimmungen) oder leiden diese an Mängeln, die die Willenserklärung nach den Vorschriften des Allg Teils unwirksam oder anfechtbar machen, oder hat das VormG andere rechtliche oder tatsächliche Voraussetzungen der Adoption verkannt, so hat dies (abgesehen davon, daß ein Aufhebungsgrund nach § 1760 vorliegen kann) grds nicht zur Folge, daß der Adoptionsbeschluß hinfällig würde.

4 3. Von dem nach Maßgabe der §§ 1760 bis 1763 aufhebbaren Annahmeverhältnis ist die **nichtige Annahme** zu unterscheiden; auf eine Sonderregelung wurde verzichtet (BT-Drucks 7/3061, 46, MüKo/Maurer Rz 13). Im Streitfall ist die Feststellungsklage gegeben, § 640 II Nr 1 ZPO (Düsseldorf FamRZ 1997, 117; Soergel/Liermann Rz 2). **a) Im einzelnen** liegt eine nichtige, nämlich wirkungslose Adoption vor, wenn eine statusmäßige Adoptionsvoraussetzung fehlt, so, wenn jemand sein eigenes Kind annimmt (RGRK/Dickescheid Rz 3), wenn das Kind bei

Wirksamwerden der Annahme tot ist (§ 1753 I, Staud/Frank Rz 6), ein Kind gemeinschaftlich von Personen angenommen wird, die nicht miteinander verheiratet sind (RGRK/Dickescheid Rz 3; Soergel/Liermann Rz 3; Staud/Frank Rz 6; aA MüKo/Maurer Rz 16: insgesamt oder zu einem Teil nach § 1763 aufhebbar; zur Annahme durch gleichgeschlechtliche Lebenspartner § 1741 Rz 29), oder bei unzulässiger Zweitadoption (Beitzke StAZ 1983, 1, 6; RGRK/Dickescheid Rz 3; aA Staud/Frank Rz 6; BayObLG FamRZ 1985, 201; LG Braunschweig FamRZ 1988, 106). Eine nichtige, nämlich nur scheinbare Adoption liegt vor, wenn das Verfahren an fundamentalen Mängeln leidet: fehlende sachliche Zuständigkeit der aussprechenden Behörde (RGRK/Dickescheid Rz 4; Soergel/Liermann Rz 4).

b) Wirksam ist die Adoption eines Volljährigen nach der Regelung für die Annahme eines Minderjährigen (BayObLG FamRZ 1996, 1035 mit Anm Liermann FamRZ 1997, 112) ebenso wie die Adoption eines Minderjährigen nach der Regelung für die Annahme eines Volljährigen (BayObLG RPfleger 1987, 108; Staud/Frank Rz 6). Es treten jeweils die angeordneten Wirkungen ein. Rechte Beteiligter richten sich jedoch nach der wirklichen Rechtslage, so daß zB im zweiten Fall in ihrem Recht aus § 1747 übergangene Eltern die Aufhebung beantragen können. Auch Elemente des Adoptionsdekrets können wirkungslos sein, wenn nämlich die Rechtsordnung die entsprechende Rechtsfolge nicht kennt, zB in dem Adoptionsbeschluß entgegen § 1757 I die Bestimmung aufgenommen ist, daß der Angenommene seinen bisherigen Namen weiterführt (Karlsruhe DAVorm 1999, 248, 250).

4. Solange das **Kind minderjährig** ist, ist das Annahmeverhältnis auf Antrag, der binnen der Fristen des § 1762 II gestellt sein muß, und von Amts wegen aus den Gründen des § 1763 jederzeit aufhebbar.

5. Die Beschränkung der Aufhebbarkeit auf die Fälle der §§ 1760, 1763 bedeutet angesichts dessen, daß § 1763 die Aufhebung nur während der Minderjährigkeit des Angenommenen zuläßt, daß das zu einem Minderjährigen begründete Annahmeverhältnis **nach Volljährigkeit des Angenommenen** allenfalls noch bis zum Ablauf der für den Antrag in § 1760 II bestimmten Dreijahresfrist aufhebbar ist. Im Anschluß daran (im Regelfall also mit Volljährigkeit des Angenommenen) ist das Annahmeverhältnis unaufhebbar (Stuttgart FamRZ 1988, 1096). Diese Regelung war im Gesetzgebungsverfahren umstritten. Sie ist keine zwingende Folge des Dekretsystems (in diesem Sinne aber BT-Drucks 7/3061, 25) entspricht jedoch dem Willen des Gesetzgebers (Hamm FamRZ 1981, 498; BayObLG FamRZ 1991, 228). Rechtspolitisch liegt der Gedanke zugrunde, das zu einem Minderjährigen begründete Annahmeverhältnis dem natürlichen Eltern-Kind-Verhältnis gleichzustellen. Diese als „Volladoptions-Mystik" (Stöcker FamRZ 1974, 569) kritisierte Vorstellung ist umso weniger realistisch, je älter das Kind bei der Adoption ist. Eine nur theoretische Abschwächung der ursprünglichen Regelung des AdoptG brachte das AdoptRÄndG (vor § 1741 Rz 11) durch die Zulassung von Mehrfachadoptionen nach Volljährigkeit des Kindes (§ 1768 Rz 5). Zwar kann eine Zweitadoption gem § 1755 das Verwandtschaftsverhältnis zu den bisherigen Verwandten, also auch dem (den) ersten Annehmenden, erlöschen lassen, dies aber nur, wenn die Voraussetzungen in § 1772 vorliegen und das VormG die starken Wirkungen anordnet. Die Voraussetzungen dafür, die in einem Minderjährigenbezug bestehen, dürfte eine Zweitadoption jedoch nie aufweisen.

Der Verneinung der Aufhebbarkeit des zu einem Minderjährigen begründeten Annahmeverhältnisses nach dessen Volljährigkeit durch den Gesetzgeber folgen die Rspr (BayObLG FamRZ 1990, 204; Zweibrücken FamRZ 1986, 1194; 1997, 577; Karlsruhe FamRZ 1996, 434; Hamm FamRZ 1981, 498) und die hL (Staud/Frank Rz 15ff; MüKo/Maurer Rz 4; Soergel/Liermann Rz 6; RGRK/Dickescheid Rz 6; Pal/Diederichsen § 1771 Rz 1). Sie ist rechtspolitisch bedenklich (in diesem Sinne auch MüKo/Maurer Rz 4 mwN) und im Einzelfall geeignet, Betroffene unerträglich zu belasten. Die Festschreibung eines auf privatautonomer Grundlage beruhenden, durch Rechtsakt geschaffenen höchstpersönlichen Rechtsverhältnisses bedeutet eine Fesselung der Persönlichkeit, die Art 2 GG verletzt, wenn sie nicht durch verfassungskonforme Auslegung ausgeräumt wird. Die Korrektur kann nur darin bestehen, das zum Minderjährigen begründete Annahmeverhältnis nach seiner Volljährigkeit den Vorschriften zu unterstellen, welche die Aufhebung des unter Volljährigen begründeten Annahmeverhältnisses regeln (Bosch FamRZ 1978, 656). Auf diesem Weg ergibt sich jedoch die weitere Schwierigkeit, daß der Gesetzgeber auch diese Aufhebungsmöglichkeit unerträglich eingeschränkt hat. Da das zum Minderjährigen begründete Annahmeverhältnis die starke Wirkung des § 1755 hat, ist es jenem Typ der Volljährigenadoption zuzuordnen, der wegen seiner Minderjährigkeitsbezüge ebenfalls die starke Wirkung hat. Für diesen Typ der Volljährigenadoption schließt § 1772 II jede Aufhebung aus Gründen aus, die keine Begründungsmängel sind. Diese Restriktion der Aufhebbarkeit ist ebensowenig hinzunehmen wie die des § 1763 (§ 1772 Rz 7). Im Ergebnis unterliegt das zwischen Volljährigen bestehende Annahmeverhältnis der Aufhebung nach § 1771, einer Bestimmung, die ihrerseits bei korrigierender erweiternder Auslegung sinnvoll ist (§ 1771 Rz 5).

6. Die **Zuständigkeit für das Aufhebungsverfahren** richtet sich nach denselben Kriterien wie die Zuständigkeit für das Adoptionsverfahren (§ 1752 Rz 6; BayObLG FamRZ 1978, 944; RGRK/Dickescheid Rz 7; Soergel/Liermann, Rz 7a). Das Verfahren wird entweder durch den Antrag des Berechtigten (§ 1762) oder von Amts wegen (§ 1763) eingeleitet. Es entscheidet der Richter (§ 14 Nr 3 lit f RPflG). Dem minderjährigen oder geschäftsunfähigen Kind, dessen gesetzlicher Vertreter der Annehmende ist, ist von dem das Aufhebungsverfahren führenden VormG ein Pfleger zu bestellen (§ 56f IVm § 50 III bis 5 FGG, RGRK/Dickescheid Rz 7). Das Gericht soll einen Erörterungstermin ansetzen und den Antragsteller, den Angenommenen, das Kind und, falls dieses minderjährig ist, auch das JA laden (§ 56f FGG) und in jedem Falle das JA hören (§ 49 I Nr 3 FGG); ggf ist gegenüber einem am Verfahren beteiligten leiblichen Elternteil das Inkognito des Annehmenden zu wahren (§ 1747 Rz 6).

7. Der **Aufhebungsbeschluß** wird erst mit Rechtskraft wirksam (§ 56f III FGG); er unterliegt der sofortigen Beschwerde (§ 60 I Nr 6 FGG). **Beschwerdeberechtigt** ist nach § 20 I FGG jeder, dessen Recht durch den Beschluß beeinträchtigt wird. Das sind alle Personen, die durch ein Antrags-, Einwilligungs- oder Zustimmungs-

§ 1759

recht an der Adoption beteiligt oder auf Grund einer Anschlußerklärung von ihren Wirkungen betroffen sind, also Annehmender und Angenommener, deren Ehegatten, die leiblichen Eltern des Angenommenen und ggf seine Abkömmlinge und deren Ehegatten. Weitere Verwandte sind grundsätzlich nur mittelbar betroffen und daher nur ausnahmsweise dann beteiligt, wenn die Aufhebung ihre Rechte beeinträchtigen würde, sie als Großeltern zB dem Kind unterhaltspflichtig würden, weil die Eltern vorverstorben sind (RGRK/Dickescheid Rz 9 aE). Der Beschluß ist den Beschwerdeberechtigten zuzustellen (§ 16 II S 1 FGG).

11 8. Der den Aufhebungsantrag **zurückweisende Beschluß** unterliegt einfacher Beschwerde; beschwerdeberechtigt ist nur der Antragsteller (§ 20 II FGG). Im Verfahren nach § 1763 kann der eine Anregung ablehnende Beschluß wie der Aufhebungsbeschluß von allen Beteiligten iSd § 20 I FGG angefochten werden. Der Beschluß ist allen Beschwerdeberechtigten bekanntzumachen (§ 16 I FGG).

1760 *Aufhebung wegen fehlender Erklärungen*

(1) **Das Annahmeverhältnis kann auf Antrag vom Vormundschaftsgericht aufgehoben werden, wenn es ohne Antrag des Annehmenden, ohne die Einwilligung des Kindes oder ohne die erforderliche Einwilligung eines Elternteils begründet worden ist.**

(2) **Der Antrag oder eine Einwilligung ist nur dann unwirksam, wenn der Erklärende**
a) zur Zeit der Erklärung sich im Zustand der Bewusstlosigkeit oder vorübergehenden Störung der Geistestätigkeit befand, wenn der Antragsteller geschäftsunfähig war oder das geschäftsunfähige oder noch nicht 14 Jahre alte Kind die Einwilligung selbst erteilt hat,
b) nicht gewusst hat, dass es sich um eine Annahme als Kind handelt, oder wenn er dies zwar gewusst hat, aber einen Annahmeantrag nicht hat stellen oder eine Einwilligung zur Annahme nicht hat abgeben wollen oder wenn sich der Annehmende in der Person des anzunehmenden Kindes oder wenn sich das anzunehmende Kind in der Person des Annehmenden geirrt hat,
c) durch arglistige Täuschung über wesentliche Umstände zur Erklärung bestimmt worden ist,
d) widerrechtlich durch Drohung zur Erklärung bestimmt worden ist,
e) die Einwilligung vor Ablauf der in § 1747 Abs. 2 Satz 1 bestimmten Frist erteilt hat.

(3) **Die Aufhebung ist ausgeschlossen, wenn der Erklärende nach Wegfall der Geschäftsunfähigkeit, der Bewusstlosigkeit, der Störung der Geistestätigkeit, der durch die Drohung bestimmten Zwangslage, nach der Entdeckung des Irrtums oder nach Ablauf der in § 1747 Abs. 2 Satz 1 bestimmten Frist den Antrag oder die Einwilligung nachgeholt oder sonst zu erkennen gegeben hat, dass das Annahmeverhältnis aufrechterhalten werden soll. Die Vorschriften des § 1746 Abs. 1 Satz 2, 3 und des § 1750 Abs. 3 Satz 1, 2 sind entsprechend anzuwenden.**

(4) **Die Aufhebung wegen arglistiger Täuschung über wesentliche Umstände ist ferner ausgeschlossen, wenn über Vermögensverhältnisse des Annehmenden oder des Kindes getäuscht worden ist oder wenn die Täuschung ohne Wissen eines Antrags- oder Einwilligungsberechtigten von jemand verübt worden ist, der weder antrags- noch einwilligungsberechtigt noch zur Vermittlung der Annahme befugt war.**

(5) **Ist beim Ausspruch der Annahme zu Unrecht angenommen worden, dass ein Elternteil zur Abgabe der Erklärung dauernd außerstande oder sein Aufenthalt dauernd unbekannt sei, so ist die Aufhebung ausgeschlossen, wenn der Elternteil die Einwilligung nachgeholt oder sonst zu erkennen gegeben hat, dass das Annahmeverhältnis aufrechterhalten werden soll. Die Vorschrift des § 1750 Abs. 3 Satz 1, 2 ist entsprechend anzuwenden.**

1 1. **Textgeschichte.** Neugefaßt durch AdoptG Art 1 Nr 1, Amtl Begr BT-Drucks 7/3061, 25ff; 7/5087, 7f, 19f; Verweis auf § 1747 nF angepaßt durch KindRG Art 1 Nr 37, Amtl Begr BT-Drucks 13/4899, 115.

2 2. Das Fehlen oder die Fehlerhaftigkeit rechtsgeschäftlicher Voraussetzungen der Adoption wirkt sich unter dem **Dekretsystem** nicht ohne weiteres auf das durch Adoptionsbeschluß des VormG begründete Annahmeverhältnis aus. Auch eine Anfechtung des Beschlusses mit Rechtsbehelfen ist durch § 56e S 3 FGG ausgeschlossen (§ 1752 Rz 15). § 1760 gewährt jedoch dem Antragsteller, dem Kind und den Eltern des Kindes, deren erforderliche Erklärung fehlt oder an bestimmten Mängeln leidet, die eine Willenserklärung nach § 105 nichtig oder nach §§ 119ff anfechtbar machen würden, das Recht, einen **Gestaltungsantrag auf Aufhebung** des Annahmeverhältnisses zu stellen (zum Verfahren § 1759 Rz 9ff). Nicht durch § 1760 geschützt ist der einwilligungsberechtigte Ehegatte des Annehmenden oder des Kindes (§ 1749) sowie der zustimmungsberechtigte gesetzliche Vertreter des über 14 Jahre alten, nicht geschäftsunfähigen Kindes; das Erfordernis ihrer Beteiligung ist sanktionslos.

3 3. **Abs I.** Das **Fehlen der** elterlichen **Einwilligung** ist namentlich im von Abs V besonders angesprochenen Fall denkbar, daß beim Ausspruch der Annahme zu Unrecht angenommen worden ist, daß ein Elternteil zur Abgabe der Erklärung dauernd außerstande oder sein Aufenthalt dauernd unbekannt sei; die Aufhebungsmöglichkeit soll eine Umgehung des Einwilligungserfordernisses verhindern (BT-Drucks 7/5087, 19). Daß der Antrag (§ 1752), die Einwilligung des Kindes (§ 1746) oder die erforderliche Einwilligung eines Elternteils (§ 1747; hierher gehört auch der Fall des nichtehelichen Vaters und des Vaterschaftsprädendenten, der seine Vaterschaft glaubhaft gemacht hat, dazu § 1747 Rz 3, Staud/Frank Rz 6 mwN) fehlen, ist ferner in der Weise denkbar, daß die gegenüber dem VormG abgegebene Erklärung nicht den Erfordernissen der §§ 1750 I S 2, 1752 II S 2 (notarielle Beurkundung), § 1750 II S 1, 1752 II S 1 (keine Bedingung oder Zeitbestimmung) oder der §§ 1750 III S 1, 1752 II S 1 aE (Verbot gewillkürter Stellvertretung) entspricht. Liermann läßt das nur für die Einwilligung gelten – weil § 1750 I S 3 eine Einwilligung mit Zugang beim Gericht wirksam sein läßt, liege beim Fehlen einer materiellen Voraussetzung keine wirksame Einwilligung vor (Soergel/Liermann Rz 6). Indessen ist § 1750 I S 3 im Zusammenhang mit § 130 III zu sehen, und kann es eine entsprechende Vorschrift beim Adoptionsantrag nicht

geben. Doch ist der Adoptionsantrag als Verfahrenshandlung doppelfunktional in dem Sinn, daß er auch materiellen Charakter hat (§ 1752 Rz 2), so daß seine Wirksamkeit auch von den materiellen Voraussetzungen abhängt. Eine unterschiedliche Behandlung von Einwilligungen und Antrag bei Fehlen einer materiellen Voraussetzung ist daher nicht begründet (Staud/Frank Rz 8). War die Erklärung jedoch im Auftrag des Vertretenen vom Vertreter korrekt übermittelt worden, so hat der Vertretene unabhängig vom Verstoß gegen §§ 1750 III S 1, 1752 II S 1 eine Erklärung in Richtung auf das VormG abgegeben, die inhaltlich mit der dem VormG zugegangenen Erklärung des Vertreters übereinstimmt; vom „Fehlen" des Antrags oder der Einwilligung braucht in einem solchen Fall nicht gesprochen zu werden (im Erg ebenso MüKo/Maurer Rz 12; aA RGRK/Dickescheid Rz 2; Staud/Frank Rz 10). Gleiches gilt, wenn lediglich die notarielle Form gefehlt hat (vgl Rz 4). Weil die Einwilligung grundsätzlich nur auf die Adoption durch einen lebenden Annehmenden bezogen ist (§ 1753 Rz 5, 7), gehört hierher auch der Fall des Todes eines Annehmenden vor Wirksamwerden des Adoptionsbeschlusses: Werden die Einwilligungen oder der Antrag der anderen Annehmenden nicht in Kenntnis des Todes erneuert, so fehlt es an ihnen. Fehlt lediglich die nach § 1746 I S 3 Hs 2 erforderliche **Zustimmung** des gesetzlichen Vertreters, so ist aus seiner Nichtnennung als Antragsberechtigter in § 1762 I zu schließen, daß in solchem Fall auch das Kind keinen Antragsgrund hat.

Ergibt das Fehlen des Antrags oder einer erforderlichen Einwilligung sich erst aus dem Eingreifen einer Rechtsnorm, welche die Erklärung für unwirksam erklärt (§§ 125, 134, 138), so gehört ein solcher Fall nicht zu Abs I (Soergel/Liermann Rz 1; Staud/Frank Rz 12); vielmehr beurteilt sich die Bedeutung des **allgemeinen Unwirksamkeitsgrundes** für die Adoption nach Abs II (s Rz 6ff). In dieser Bestimmung nicht aufgeführt und daher unerheblich ist danach das Fehlen der in § 1752 II S 2 für den Antrag und in § 1750 I S 2 für die Einwilligung vorgeschriebenen Form der notariellen Beurkundung (MüKo/Maurer Rz 4; aA RGRK/Dickescheid Rz 3; Staud/Frank Rz 8). Fehlt dem Annehmenden und dem Angenommenen überhaupt die Absicht, ein dem Eltern-Kind-Verhältnis entsprechendes Familienband herzustellen, so macht dies weder den Antrag oder die Einwilligung noch das Annahmeverhältnis nach § 138 nichtig (so aber Köln NJW 1980, 63 mit Anm Lüderitz NJW 1980, 1087). 4

Das Gesetz erachtet es nicht als einen Fall fehlender Einwilligung, wenn das noch nicht 14 Jahre alte oder 5 geschäftsunfähige Kind die Einwilligung selbst erteilt hat, sondern erfaßt diesen Fall unter Abs II lit a. Wohl aber fehlt die Einwilligung, wenn sie nicht von dem richtigen gesetzlichen Vertreter des Kindes erklärt worden ist (Soergel/Liermann Rz 5). Der Fall, daß der gesetzliche Vertreter des Kindes oder Elternteils bei Abgabe der Erklärung mangels Urteilsfähigkeit (§ 105 II) nicht geschäftsfähig war, ist unter Abs II lit a zu subsumieren (dazu Rz 7).

4. Abs II lit a–d behandeln **Willensmängel**, mit denen der Antrag oder eine Einwilligung behaftet sein können. 6 In persönlicher Hinsicht geht der Schutzbereich des Abs II nicht über den des Abs I hinaus, so daß Willensfehler eines Ehegatten des Annehmenden (MüKo/Maurer Rz 6) oder des Kindes oder des zustimmenden gesetzlichen Vertreters eines über 14 Jahre alten, nicht geschäftsunfähigen Kindes unerheblich sind. In den Fällen des Abs II ist die Einwilligung unwirksam und wird von § 1762 I wie eine fehlende Einwilligung behandelt.

a) Lit a behandelt in **Hs 1 fehlende Urteilsfähigkeit** (entsprechend § 105 II) und in **Hs 2 fehlende Geschäfts-** 7 **fähigkeit** (entsprechend § 105 I); gleichgestellt ist der Fall, daß das noch nicht 14 Jahre alte oder geschäftsunfähige Kind die Einwilligung selbst erteilt hat. Die Geschäftsunfähigkeit eines einwilligenden Elternteils ist jedoch wegen § 1747 IV, eine Beschränkung der Geschäftsfähigkeit wegen § 1750 II S 2 unerheblich. Abzulehnen ist die Ansicht, daß Geschäftsunfähigkeit beim die Einwilligung erklärenden gesetzlichen Vertreter des Kindes unerheblich sei (Pal/Diederichsen Rz 4; Soergel/Liermann Rz 8 im Anschluß an BT-Drucks 7/3061, 47, wie hier Staud/Frank Rz 15; MüKo/Maurer Rz 7): Der hierfür gegebene Hinweis auf § 165 trifft nur den Fall beschränkter Geschäftsfähigkeit; der andere Hinweis darauf, daß „das VormG unabhängig von der Erklärung des gesetzlichen Vertreters festgestellt hat, daß die Annahme dem Wohl des Kindes entspricht", würde dem Einwilligungsrecht des Vormunds oder Pflegers überhaupt den Boden entziehen; bloß eingeschränkte Geschäftsfähigkeit des gesetzlichen Vertreters ist jedoch analog § 165 folgenlos.

b) Lit b–d behandeln Willensmängel, die nach dem Allg Teil die Anfechtung begründen würden: 8
aa) Lit b schützt den Annehmenden, das Kind und seine Eltern vor **Irrtümern**, die dem § 119 I zuzuordnen sind. Der dritte Unterfall berücksichtigt den error in persona des Annehmenden oder des Kindes (ggf des gesetzlichen Vertreters; unerheblich ein Irrtum des gesetzlichen Vertreters des in der Geschäftsfähigkeit beschränkten Kindes) bezüglich des jeweils anderen. Ein Irrtum des einwilligenden Elternteils über die Person des Annehmenden, ferner jeder Irrtum über Eigenschaften des Kindes oder des Annehmenden, sind nicht erfaßt und bleiben folgenlos, sofern sie nicht durch arglistige Täuschung hervorgerufen sind.

bb) Lit c iVm Abs IV schützt den Annehmenden, das Kind und dessen Eltern vor **arglistiger Täuschung** über 9 wesentliche Umstände. Die Täuschung muß von jemandem verübt sein, der antrags- oder einwilligungsberechtigt oder zur Vermittlung der Annahme befugt war; einbezogen sind also der Ehegatte des Annehmenden oder des Kindes, weil diese nach § 1749 einwilligungsberechtigt sind (Soergel/Liermann Rz 13), obwohl sie nicht zu dem durch § 1760 geschützten Personenkreis gehören (Staud/Frank Rz 21). Nicht einbezogen ist der gesetzliche Vertreter eines über 14 Jahre alten Kindes, der nur zustimmungsberechtigt ist. Wer zur Adoptionsvermittlung befugt ist, ergibt sich aus dem AdVermiG; außer Angehörigen der Adoptionsvermittlungsstellen (§§ 2, 3 AdVermiG) sind das die in § 5 II AdVermiG vom Vermittlungsverbot ausgenommenen Personen. Wurde die arglistige Täuschung von jemand anderem verübt, so ist erforderlich, daß die Täuschung einem Antrags- oder Einwilligungsberechtigten bekannt war; in extensiver Auslegung muß es genügen, wenn die von einem Dritten verübte Täuschung einer zur Vermittlung der Annahme befugten Person bekannt war (ebenso Staud/Frank Rz 22; RGRK/Dickescheid Rz 8).

Was für die Adoption **wesentliche Umstände** sind, wird in Abs IV dahin definiert, daß die Vermögensverhält- 10 nisse des Annehmenden oder des Kindes nicht dazugehören. Dieser Idealismus entspricht § 1314 II Nr 3 Hs 2,

§ 1760

steht aber im Gegensatz dazu, daß das Wohl des Kindes die Berücksichtigung der Vermögensverhältnisse erlaubt (§ 1741 Rz 6, 8); aus dem Gesichtspunkt des Kindeswohls kann eine Täuschung über Vermögensverhältnisse Bedeutung gewinnen. Für den Annehmenden wesentlich sind Umstände, die den Gesundheitszustand oder den geistigen Entwicklungsstand des Kindes betreffen (Staud/Frank Rz 20), ferner schwere Erlebnisse, die das Kind geprägt haben können. Die Abstammung kann erheblich sein, wenn eine erbliche Belastung in Betracht kommt. Für das Kind und seine Eltern sind solche den Annehmenden betreffende Umstände wesentlich, die sie (etwa gegenüber der Adoptionsvermittlungsstelle) als für sie bedeutsam gekennzeichnet haben.

11 cc) **Lit d.** Ist der Antragsteller oder Einwilligungsberechtigte **widerrechtlich durch Drohung** zu seiner Erklärung bestimmt worden, so ist unerheblich, von wem die Drohung ausgegangen ist. Eine Drohung mit dem Entzug von Vorteilen (dazu BGH 2, 287 sowie Staud/Frank Rz 23) ist widerrechtlich, wenn auf die Vorteile ein Rechtsanspruch besteht.

12 c) **Lit e** sanktioniert die Vorschrift des § 1747 II, wonach die elterliche Einwilligung erst erteilt werden kann, wenn das Kind acht Wochen alt ist. Eine vorher erteilte Einwilligung ist unwirksam; antragsberechtigt ist jeder Elternteil des Kindes, nicht jedoch der mit der Mutter nicht verheiratete, nicht sorgeberechtigte Vater (vgl § 1747 III Nr 1); für **Annahmeverhältnisse**, die vor dem Beitritt **in der früheren DDR** begründet wurden, gilt lit c nicht (vgl vor § 1741 Rz 24).

13 5. a) Abs III und 5 enthalten Ausschlußgründe für die Aufhebbarkeit der Adoption, die in der **Nachholung** der fehlenden oder unwirksamen Erklärung oder der **Bestätigung** des notleidenden Annahmeverhältnisses bestehen. Die fehlende oder unwirksame Erklärung des Antragstellers oder Einwilligungsberechtigten kann nachgeholt werden, was im Fall unwirksamer Erklärung jedoch nur nach Wegfall des Unwirksamkeitsgrundes geschehen kann. Darauf, ob die Nachholung formgerecht (so Roth-Stielow Rz 19) gegenüber dem VormG geschehen muß oder auch durch schlüssiges Verhalten geschehen kann (MüKo/Maurer Rz 12), kommt es nicht an, weil es nach Abs III S 1 aE der Nachholung gleichsteht, wenn der Antrags- oder Einwilligungsberechtigte sonst zu erkennen gegeben hat, daß das Annahmeverhältnis aufrechterhalten werden soll (Soergel/Liermann Rz 17; Staud/Frank Rz 27). Für die Bestätigung genügt jedes schlüssige Verhalten, auch wenn es nicht dem VormG gegenüber an den Tag gelegt wurde. Bei fehlerhaftem Antrag reicht tatsächliche Fortsetzung der Betreuung durch den Annehmenden aber nicht aus, weil der Annehmende nach 1751 bis zur Aufhebung des Annahmeverhältnisses durch das VormG zur Betreuung verpflichtet ist (RGRK/Dickescheid Rz 12, aA MüKo/Maurer Rz 12: die Verpflichtung aus § 1751 beseitige nicht den Indizwert). Allein daraus, daß der Berechtigte nach Wegfall des Unwirksamkeitsgrundes keinen Aufhebungsantrag stellt, kann ein Fortsetzungswille nicht erschlossen werden, weil der Gesichtspunkt des Zeitablaufs nach § 1762 II einen eigenen Ausschlußgrund darstellt (RGRK/Dickescheid Rz 12; Staud/Frank Rz 28).

14 Infolge der **Verweisung** des Abs III S 2 **auf § 1746 I S 2** kommt es sowohl für die ausdrückliche Nachholung als auch das bestätigende Verhalten bei einem unter 14 Jahre alten oder geschäftsunfähigen Kind auf den gesetzlichen Vertreter an. Durch die Verweisung auf § 1746 I S 3 kommt der zustimmungsberechtigte gesetzliche Vertreter des minderjährigen, in der Geschäftsfähigkeit beschränkten Kindes, obwohl seine Zustimmungsberechtigung sanktionslos ist und § 1762 I S 4 ihn von der Mitwirkung bei einem Aufhebungsantrag des Kindes ausschließt, bei der ausdrücklichen oder konkludenten Bestätigung des aufhebbaren Annahmeverhältnisses ins Spiel. Das bedeutet, daß er durch Verweigerung seiner Zustimmung nur mit Wahrscheinlichkeit das Zustandekommen, mit Sicherheit aber die Heilung eines ohne wirksame Erklärung des Kindes zustandegekommenen Annahmeverhältnisses hindern kann, niemals aber dessen Aufhebung wegen eines in der Erklärung des Kindes liegenden Mangels. Dagegen hat der gesetzliche Vertreter eines in der Geschäftsfähigkeit beschränkten Elternteils infolge der Verweisung auf § 1750 III S 1, 2 bei der Heilung einer fehlenden oder unwirksamen Einwilligung ebensowenig eine Funktion wie bei deren Erteilung.

15 b) Fehlen Antrag oder erforderliche Einwilligung überhaupt (Abs I), so gilt Abs III analog (RGRK/Dickescheid Rz 14; Soergel/Liermann Rz 18; Staud/Frank Rz 31). Gesetzestechnisch kann sich Abs III auf beide vorherigen Absätze beziehen. Wenn in Abs III der Wegfall der Unwirksamkeitsgründe als Voraussetzung der Nachholung aufgeführt wird, so muß das nicht dahin verstanden zu werden, daß es bei gänzlichem Fehlen von Antrag oder Einwilligung keine Nachholung gäbe. Daß in Abs V für die unberechtigte Annahme der Entbehrlichkeit der elterlichen Einwilligung die Aufhebbarkeit bei Nachholung oder konkludenter Bestätigung der Einwilligung ausdrücklich verneint wird, erklärt sich aus der Redaktionsgeschichte. Es war dem Rechtsausschuß, der Abs V eingeführt hat, darauf angekommen, entgegen dem RegE die Aufhebbarkeit für diesen Fall zuzulassen, jedoch „auch" mit der Einschränkung bei Nachholung oder konkludenter Bestätigung. Die Erwähnung dieser Einschränkung steht daher in keinem Gegensatz zu Abs I.

16 6. Der Möglichkeit der Aufhebung nach § 1760 setzt allein die Befristung des erforderlichen Antrags ein zeitliches Ende, mag das Kind auch nach Stellung des Antrags volljährig geworden sein.

1761 *Aufhebungshindernisse*

(1) Das Annahmeverhältnis kann nicht aufgehoben werden, weil eine erforderliche Einwilligung nicht eingeholt worden oder nach § 1760 Abs. 2 unwirksam ist, wenn die Voraussetzungen für die Ersetzung der Einwilligung beim Ausspruch der Annahme vorgelegen haben oder wenn sie zum Zeitpunkt der Entscheidung über den Aufhebungsantrag vorliegen; dabei ist es unschädlich, wenn eine Belehrung oder Beratung nach § 1748 Abs. 2 nicht erfolgt ist.

(2) Das Annahmeverhältnis darf nicht aufgehoben werden, wenn dadurch das Wohl des Kindes erheblich gefährdet würde, es sei denn, dass überwiegende Interessen des Annehmenden die Aufhebung erfordern.

Annahme als Kind § 1762

1. **Textgeschichte.** Neugefaßt durch AdoptG Art 1 Nr 1, Amtl Begr BT-Drucks 7/3061, 48; 7/5087 S 20. 1

2. Die Vorschrift beschränkt die Aufhebung des Annahmeverhältnisses aus Gründen des § 1760. **Abs I hat für** 2 solche Aufhebungsgründe Bedeutung, bei denen die fehlende oder unwirksame Erklärung der Beteiligten **vom Gericht ersetzt werden kann;** das sind die elterliche Einwilligung (§ 1748) und die Einwilligung, die für ein noch nicht 14 Jahre altes oder geschäftsunfähiges Kind von dem Vormund oder Pfleger zu erteilen ist (§ 1746 III). Liegt das gesetzliche Vertretungsrecht für ein solches Kind bei den Eltern, so bedarf es im Fall, daß ihre aus eigenem Recht erforderliche Einwilligung gem § 1748 ersetzt wird, gem § 1746 III aE keiner Einwilligung des Kindes. Daß Abs I unanwendbar sein soll, wenn die Einwilligung versagt oder die Ersetzung seinerzeit gescheitert war (so Pal/Diederichsen Rz 3; Soergel/Liermann Rz 5), ist dem Gesetz nicht zu entnehmen (MüKo/Maurer Rz 2). Eine zuvor abgelehnte Ersetzung kann jedoch im Rahmen von § 1761 nur auf Grund nachträglicher Umstände bejaht werden (wie hier RGRK/Dickescheid Rz 8).

3. § 1761 läßt die anfänglichen oder nachträglichen Voraussetzungen, unter denen eine Einwilligung ersetzt 3 werden kann, als **Reservebegründung** an die Stelle der fehlenden oder unwirksamen Einwilligung treten. Die Vorschrift hat hauptsächlich für solche Fälle Bedeutung, in denen die elterliche Einwilligung der Adoption zugrunde gelegt oder gem § 1747 IV als entbehrlich behandelt worden war; stellt sich später heraus, daß die Einwilligung unwirksam oder nicht entbehrlich war, so kann das Annahmeverhältnis auf der Grundlage der schon damals vorhandenen oder später eingetretenen Voraussetzungen des § 1748 aufrechterhalten werden. War irrig angenommen worden, daß der Aufenthalt des Elternteils dauernd unbekannt sei (§ 1747 IV), so wird häufig der Ersetzungsgrund der Gleichgültigkeit (§ 1748 I S 1 Alt 2) vorliegen, wobei § 1761 I Hs 2 vom Erfordernis entbindet, den Elternteil vorher zu belehren und zu beraten (§ 1748 II S 1). Dagegen werden nachgeborene Ersetzungsgründe selten sein, weil die leiblichen Eltern nach Begründung des Annahmeverhältnisses gegenüber dem Kind keine Handlungs- oder Leistungspflichten mehr haben, die sie verletzen oder vernachlässigen könnten, sondern nur noch allgemeine Unterlassungspflichten sowie die spezielle Pflicht, das Annahmeverhältnis nicht zu stören. Daß die persönlichen oder wirtschaftlichen Verhältnisse dem leiblichen Elternteil nicht erlauben würden, dem Kind bei Aufhebung des Annahmeverhältnisses die erforderliche Pflege und Erziehung angedeihen zu lassen, vermag im Rahmen von Abs I so wenig wie nach § 1748 die Ersetzung der Einwilligung zu begründen (so aber RGRK/Dickescheid Rz 5), sondern kann nur im Rahmen von Abs II gegen die Aufhebung des Annahmeverhältnisses sprechen.

4. **Abs II.** Die Aufhebungsgründe des § 1760 haben keinen Bezug auf das **Kindeswohl.** Diesen Bezug stellt 4 erst § 1761 II für alle Fälle des § 1760 her, nicht nur für diejenigen, die zuvor in Abs I eine spezielle Regelung gefunden haben (MüKo/Maurer Rz 6). Jeder Aufhebungsantrag (auch ein solcher des Kindes) scheitert danach grundsätzlich an erheblichen Gegeninteressen des Kindes; eine Aufhebung unter Fortführung der Familienpflege scheidet aus (Karlsruhe DAVorm 1996, 392f; Staud/Frank Rz 11). Mit der Aufhebung des Annahmeverhältnisses zwangsläufig verbundene Nachteile können nicht grundsätzlich aus der Beurteilung des Kindeswohls herausgenommen werden (idS aber Soergel/Liermann Rz 10 aE; Pal/Diederichsen Rz 6), so daß zB auch der mit einem Unterbringungswechsel verbundene Trennungsschmerz berücksichtigt werden muß. Die Beeinträchtigung ist gutachtlich festzustellen. Es besteht aber keine Bindung an die Antragsfrist des § 1762 II, so daß eine trennungsbedingte seelische Beeinträchtigung schon bei einer Aufenthaltsdauer von mehr als einem Jahr vermutet werden kann (MüKo/Maurer Rz 5). Die für die Ersetzung nach § 1748 konstitutive Abwägung zwischen dem Kindeswohl und den Interessen des Einwilligenden ist Abs II grundsätzlich fremd, doch greift der Verhältnismäßigkeitsgrundsatz ein, wenn die Versagung der Aufhebung Elternrechte aus Art 6 I, 2 GG berührt – die Interessen des Kindes und die Elterninteressen stehen auf einer Stufe, wenn ein Elternteil den Kontakt zum Kind verloren hat, ohne dadurch einen Schuldvorwurf auf sich zu ziehen und zur Adoption nicht gehört wurde (RGRK/Dickescheid Rz 12; MüKo/Maurer Rz 6; Staud/Frank Rz 12).

5. Daß dem die Aufrechterhaltung des Annahmeverhältnisses fordernden Kindeswohl **überwiegende Interes-** 5 **sen des Annehmenden** entgegenstehen, ist vor allem denkbar, wenn ein Adoptionsantrag gefehlt hat oder unwirksam war, § 1760 I 2 (BT-Drucks 7/3061, 48; Soergel/Liermann Rz 11; RGRK/Dickescheid Rz 13). In Fällen, in denen Annehmende die Aufhebung betreiben, kann eine persönliche Betreuung und Erziehung nicht erwartet werden (Staud/Frank Rz 13), und gefährdet eine Aufhebung das Kindeswohl bestenfalls aus wirtschaftlichen Gründen (MüKo/Maurer Rz 7).

1762 *Antragsberechtigung; Antragsfrist, Form*
(1) **Antragsberechtigt ist nur derjenige, ohne dessen Antrag oder Einwilligung das Kind angenommen worden ist. Für ein Kind, das geschäftsunfähig oder noch nicht 14 Jahre alt ist, und für den Annehmenden, der geschäftsunfähig ist, können die gesetzlichen Vertreter den Antrag stellen. Im Übrigen kann der Antrag nicht durch einen Vertreter gestellt werden. Ist der Antragsberechtigte in der Geschäftsfähigkeit beschränkt, so ist die Zustimmung des gesetzlichen Vertreters nicht erforderlich.**
(2) **Der Antrag kann nur innerhalb eines Jahres gestellt werden, wenn seit der Annahme noch keine drei Jahre verstrichen sind. Die Frist beginnt**
a) **in den Fällen des § 1760 Abs. 2 Buchstabe a mit dem Zeitpunkt, in dem der Erklärende zumindest die beschränkte Geschäftsfähigkeit erlangt hat oder in dem dem gesetzlichen Vertreter des geschäftsunfähigen Annehmenden oder des noch nicht 14 Jahre alten oder geschäftsunfähigen Kindes die Erklärung bekannt wird;**
b) **in den Fällen des § 1760 Abs. 2 Buchstabe b, c mit dem Zeitpunkt, in dem der Erklärende den Irrtum oder die Täuschung entdeckt;**
c) **in dem Falle des § 1760 Abs. 2 Buchstabe d mit dem Zeitpunkt, in dem die Zwangslage aufhört;**

§ 1762 Familienrecht Verwandtschaft

d) in dem Falle des § 1760 Abs. 2 Buchstabe e nach Ablauf der in § 1747 Abs. 2 Satz 1 bestimmten Frist;
e) in den Fällen des § 1760 Abs. 5 mit dem Zeitpunkt, in dem dem Elternteil bekannt wird, dass die Annahme ohne seine Einwilligung erfolgt ist.
Die für die Verjährung geltenden Vorschriften der §§ 206, 210 sind entsprechend anzuwenden.
(3) Der Antrag bedarf der notariellen Beurkundung.

1 1. **Textgeschichte.** AdoptG Art 1 Nr 1 Amtl Begr BT-Drucks 7/3061, 47ff; 7/5087, 20. In Abs II S 2 lit d wurde der Verweis auf § 1747 nF angepaßt durch KindRG Art 1 Nr 38 Amtl Begr BT-Drucks 13/4899, 115; § 1762 II S 3 wurde geändert durch Art 1 SchuldModG vom 26. 11. 2001 (BGBl I 3138).

2 2. **Antragsberechtigt** ist nicht jeder, dessen erforderliche Erklärung gefehlt hat oder unwirksam war, sondern nur ein solcher, bei dem das Fehlen oder die Fehlerhaftigkeit seiner erforderlichen Erklärung nach § 1760 den Adoptionsbeschluß aufhebbar macht: Das Kind oder sein gesetzlicher Vertreter, die leiblichen Eltern, nicht jedoch ein Ehegatte oder ein Kind des Annehmenden (BayObLG FamRZ 1986, 720; MüKo/Maurer Rz 2; Staud/Frank Rz 2; anders zT Pal/Diederichsen Rz 1: auch der Gatte des Anzunehmenden).

3 3. **Adressat** des Antrages ist das zuständige (§ 1759 Rz 9) VormG; die Funktion der Antragsübermittlung übernimmt das JA, wenn dem Antragsteller bei einer Inkognitoadoption das zuständige Gericht unbekannt ist (MüKo/Maurer Rz 6). Bezüglich **Form und gewillkürter Stellvertretung** wurde für den Aufhebungsantrag die gleiche Regelung getroffen wie für den Adoptionsantrag (§ 1752 II) und für die Einwilligungen (§ 1750 I S 2, III): Erforderlich ist notarielle Beurkundung; gewillkürte Stellvertretung ist ausgeschlossen. Bei Geschäftsunfähigkeit und für das noch nicht 14 Jahre alte Kind handelt für das Kind wie für den Annehmenden, der anders als beim Adoptionsantrag vom Aufhebungsantrag nicht ausgeschlossen ist, der gesetzliche Vertreter. Ein Elternteil, der nach Erlaß des Adoptionsbeschlusses geschäftsunfähig geworden ist, kann keinen Aufhebungsantrag stellen; das folgt aus Abs I S 3. Wer in der Geschäftsfähigkeit beschränkt ist, kann den Aufhebungsantrag selbständig stellen. Das Antragsrecht ist höchstpersönlich, daher **nicht vererblich** (BT-Drucks 7/3061, 47; BayObLG FamRZ 1986, 720; Staud/Frank Rz 6). Stirbt der Antragsberechtigte vor Wirksamwerden des Aufhebungsbeschlusses, so wird der Antrag grundsätzlich gegenstandslos; anderes gilt wegen § 1764 I S 2, wenn der Annehmende das Kind nach Stellung des Aufhebungsantrags stirbt, dann wirkt die Aufhebung auf den Zeitpunkt des Todes zurück (Soergel/Liermann Rz 6).

4 4. Das Antragsrecht ist **doppelt befristet. a)** Nach Ablauf von drei Jahren seit Wirksamwerden des Adoptionsbeschlusses (§ 56e S 2 FGG) kann ein Aufhebungsantrag überhaupt nicht mehr gestellt werden, **Abs II S 1** (Ausschlußfrist, BT-Drucks 7/5087, 20); für die Fristberechnung gelten §§ 187ff. **b)** Der Antrag muß binnen eines Jahres von dem Zeitpunkt an gestellt werden, zu dem dies nach der Eigenart des jeweiligen Aufhebungsgrundes möglich ist, **Abs II S 2 lit a–d:**

5 c) Die **Jahresfrist beginnt aa)** bei unwirksamer Erklärung in dem Zeitpunkt, in dem der Erklärende bei Geschäftsunfähigkeit mindestens die Geschäftsfähigkeit erlangt oder der gesetzliche Vertreter des Geschäftsunfähigen oder des noch nicht 14 Jahre alten Kindes von der Erklärung Kenntnis erlangt hat, **bb)** bei fehlender Urteilsfähigkeit (§ 1760 II lit a Alt 2) mangels besonderer Bestimmung analog Abs II S 2 lit a seine Urteilsfähigkeit wiedererlangt hat, **cc)** bei irrtümlich abgegebener Erklärung seinen Irrtum, **dd)** bei einer auf Grund einer Täuschung abgegebenen Erklärung die Täuschung entdeckt hat oder **ee)** bei abgenötigter Erklärung (§ 1760 II lit d) sich nicht mehr in der Zwangslage befindet; **ff)** bei vorzeitiger elterlicher Einwilligung (§ 1747 II) mit Ablauf der Achtwochenfrist; **gg)** bei fehlender Erklärung in dem Unterfall, daß das Gericht bei Ausspruch der Annahme zu Unrecht die Voraussetzungen des § 1747 IV angenommen hatte, unter denen die elterliche Einwilligung entbehrlich ist, in dem Zeitpunkt, in welchem dem Elternteil bekannt wird, daß die Annahme ohne seine Einwilligung erfolgt ist (§ 1762 II S 2 lit e). Auf andere Fälle fehlender Einwilligung (§ 1760 Rz 3) ist die Vorschrift analog anzuwenden (RGRK/Dickescheid Rz 8 aE).

6 d) Nach **Abs II S 3** gelten §§ 206 (Höhere Gewalt = § 203 aF) und 210 (Fehlen eines gesetzlichen Vertreters = § 206 aF) entsprechend für alle Fristen nach Abs II S 2, nicht jedoch für die Frist nach Abs II S 1 (Staud/Frank Rz 20).

1763 *Aufhebung von Amts wegen*
(1) Während der Minderjährigkeit des Kindes kann das Vormundschaftsgericht das Annahmeverhältnis von Amts wegen aufheben, wenn dies aus schwerwiegenden Gründen zum Wohl des Kindes erforderlich ist.
(2) Ist das Kind von einem Ehepaar angenommen, so kann auch das zwischen dem Kind und einem Ehegatten bestehende Annahmeverhältnis aufgehoben werden.
(3) Das Annahmeverhältnis darf nur aufgehoben werden,
a) wenn in dem Falle des Absatzes 2 der andere Ehegatte oder wenn ein leiblicher Elternteil bereit ist, die Pflege und Erziehung des Kindes zu übernehmen, und wenn die Ausübung der elterlichen Sorge durch ihn dem Wohl des Kindes nicht widersprechen würde oder
b) wenn die Aufhebung eine erneute Annahme des Kindes ermöglichen soll.

1 1. **Textgeschichte.** Neugefaßt durch AdoptG Art 1 Nr 1, Amtl Begr BT-Drucks 7/3061, 49; 7/5087, 20. Abs IIIa geändert durch Gesetz zur Neuregelung des Rechts der elterlichen Sorge v 18. 7. 1979 Art 9 § 2 (BGBl I 1061); Abs I und II entsprechen dem vorangegangenen, durch das FamRÄndG 1961 eingeführten § 1770a (Amtl Begr BT-Drucks 3/350, 23; Stellungnahme des Gesetzgebers des AdoptG BT-Drucks 7/3061, 49f).

2 2. Die Vorschrift ermöglicht die **Aufhebung** des Annahmeverhältnisses **von Amts wegen** nur bis zur Volljährigkeit des Kindes. Dabei kommt es für das Alter auf den Zeitpunkt der letzten Tatsacheninstanz an (Zweibrücken

FamRZ 1997, 578). Danach soll das Annahmeverhältnis aus nachträglich eingetretenen Gründen nicht mehr aufhebbar sein. Die Möglichkeit, daß das Annahmeverhältnis nach Volljährigkeit des Kindes durch eine Zweitadoption beendet wird, ist ohne praktische Bedeutung (§ 1759 Rz 7). Da diese Regelung nicht hinnehmbar ist (§ 1759 Rz 8), ist § 1763 berichtigend auszulegen. Wie das zu einem Volljährigen begründete Annahmeverhältnis kann das zu einem Minderjährigen begründete nach dessen Volljährigkeit zwar nicht aus schwerwiegenden Gründen zum Wohl des Kindes, aber nach dem Muster des ebenfalls berichtigend ausgelegten § 1771 (§ 1771 Rz 4ff) auf Antrag eines Beteiligten aus wichtigem Grund aufgehoben werden.

3. § 1763 erlaubt die Aufhebung des Annahmeverhältnisses aus **schwerwiegenden Gründen** zum **Wohl des** 3 **Kindes**. Ein Interesse des Annehmenden an der Aufhebung ist als solches unerheblich. Daß der Annehmende das Interesse am Kind verloren hat, wie es zB vorkommt, wenn Kinderlosigkeit das Adoptionsmotiv war und sich später leibliche Kinder einstellen, oder wenn das Kind sich anders als gewünscht entwickelt, Erziehungsschwierigkeiten oder Krankheiten auftreten, rechtfertigt die Lossagung ebensowenig wie wirtschaftliche Gründe (Staud/Frank Rz 9). Auch das Scheitern der Ehe der Eltern nach einer Stiefkindadoption reicht nicht aus (Düsseldorf FamRZ 1998, 1196), ebenso wenig eine Trennung der Eltern (MüKo/Maurer Rz 2). Damit ist die rechtliche Bindung an das minderjährige Kind für Adoptiveltern stärker als für leibliche Eltern, welche unter den Voraussetzungen des § 1741 I die Adoption durch bloße Einwilligung erreichen können. Diese Regelung muß nicht in der Annahme begründet sein, daß die künstliche Elternschaft zu ihrer Beständigkeit stärkeren Zwanges bedürfe; sie erklärt sich aus dem Ziel, Adoptionsketten zu vermeiden (vgl § 1742 Rz 2, Staud/Frank Rz 1); freilich kann die Abwendung der Adoptiveltern vom Kind zu einer solchen Gefährdung des Kindeswohls führen, daß die Aufhebung der Annahme im Interesse des Kindes erforderlich wird (so im Fall AG Arnsberg FamRZ 1987, 1194, Staud/Frank Rz 7).

Ein **Verschulden** des Annehmenden ist für die Aufhebung nach § 1763 nicht vorgesetzt (RGRK/Dickescheid 4 Rz 5, zu § 1748 vgl § 1748 Rz 17); bei verschuldeter Aufhebung können jedoch in der Person des Angenommenen mit Rücksicht auf den Verlust von Unterhaltsansprüchen und des gesetzlichen Erbrechts deliktsrechtliche **Ersatzansprüche** gegen den Annehmenden entstehen (Abramenko, Die vom Annehmenden verschuldete Aufhebung einer Adoption [§ 1763] als vermögensrechtliches Problem, 2000 S 51ff).

4. Als **vormundschaftsgerichtliche Schutzmaßnahme** steht § 1763 neben § 1666: Bei jeder Gefährdung des 5 Kindeswohls, die einen Eingriff in das Sorgerecht erforderlich macht, ist bei Adoptiveltern auch die Aufhebung der Annahme in Betracht zu ziehen (BT-Drucks 7/3061, 49). Nachdem die Aufhebung nur zulässig ist, wenn eine Surrogatbeziehung vorhanden ist (Abs III, vgl Rz 7), kommt die Aufhebung nicht nur als ultima ratio (so BayObLG FamRZ 2000, 770; Soergel/Liermann Rz 6) in Betracht. Das Kind vielmehr voraussichtlich dauernd von der Adoptivfamilie getrennt werden, kann die Aussicht, daß ein neues Eltern-Kind-Verhältnis entsteht, jeder anderen Maßnahme vorzuziehen sein (RGRK/Dickescheid Rz 7). Gegen den Willen des Annehmenden kann ein die Aufhebung rechtfertigender schwerwiegender Grund jedoch nur unter den Voraussetzungen angenommen werden, unter denen die Einwilligung leiblicher Eltern in die Adoption nach § 1748 ersetzt werden kann (ähnlich Staud/Frank Rz 3); das hat jedenfalls dann zu gelten, wenn das Kind in der Adoptivfamilie verwurzelt ist.

5. Abs II stellt klar, daß die Aufhebung die Gestalt einer **Beschränkung des Annahmeverhältnisses auf einen** 6 **Adoptivelternteil** annehmen kann. Die Bestimmung knüpft an § 1741 II S 2 an. Die Beschränkung der Aufhebung auf einen Adoptivelternteil setzt voraus, daß der andere die Pflege und Erziehung (nicht notwendig persönlich) allein übernehmen kann. Im Fall von § 1741 II S 3, in dem das Kind durch die Adoption gemeinschaftliches Kind seines leiblichen und eines bisherigen Stiefelternteils geworden ist, kann nur das Verhältnis zu dem früheren Stiefelternteil aufgehoben werden; dem anderen gegenüber ist der Weg des § 1748 zu beschreiten.

6. Abs III. Während nach früherem Recht die Aufhebung des Annahmeverhältnisses das Kind einem ungewis- 7 sen Schicksal überließ, ist die Aufhebung von Amts wegen nach Abs III nur noch zulässig, wenn das Kind im Fall der Aufhebung des Annahmeverhältnisses nur zu einem Adoptivelternteil bei dem anderen bleiben oder wieder in seine leibliche Familie oder in eine neue Adoptivfamilie aufgenommen werden kann (sog Surrogatbeziehung). Zwischen den letztgenannten Möglichkeiten entscheidet allein das Kindeswohl ohne Vorrang der leiblichen Eltern vor neuen Adoptivbewerbern, weil deren Elternrecht mit der Erstadoption erloschen ist. Die Aufhebung des bestehenden Annahmeverhältnisses ist nicht durch die Begründung eines neuen bedingt. Anderseits genügt es nicht, daß eine erneute Adoption rechtlich zulässig ist: Es muß die begründete Aussicht auf Vermittlung in eine geeignete Familie bestehen (wie hier BayObLG FamRZ 2000, 770; MüKo/Maurer Rz 5; Staud/Frank Rz 21; weitergehend RGRK/Dickescheid Rz 12). Ungeachtet dessen, daß die leiblichen Verwandtschaftsverhältnisse mit Aufhebung der Annahme aufleben (§ 1764 III), wird eine Rückkehr in die leibliche Familie nur selten in Betracht kommen. Sie setzt voraus, daß die Zurückübertragung der elterlichen Sorge an die leiblichen Eltern oder wenigstens einen Elternteil nach § 1764 IV dem Kindeswohl nicht widerstreitet. Für die neue Adoption bedarf es aus § 1747 der (notfalls nach § 1748 ersetzbaren) Einwilligung der leiblichen Eltern.

1764 *Wirkung der Aufhebung*
(1) Die Aufhebung wirkt nur für die Zukunft. Hebt das Vormundschaftsgericht das Annahmeverhältnis nach dem Tode des Annehmenden auf dessen Antrag oder nach dem Tode des Kindes auf dessen Antrag auf, so hat dies die gleiche Wirkung, wie wenn das Annahmeverhältnis vor dem Tode aufgehoben worden wäre.
(2) Mit der Aufhebung der Annahme als Kind erlöschen das durch die Annahme begründete Verwandtschaftsverhältnis des Kindes und seiner Abkömmlinge zu den bisherigen Verwandten und die sich aus ihm ergebenden Rechte und Pflichten.

§ 1764 Familienrecht Verwandtschaft

(3) Gleichzeitig leben das Verwandtschaftsverhältnis des Kindes und seiner Abkömmlinge zu den leiblichen Verwandten des Kindes und die sich aus ihm ergebenden Rechte und Pflichten, mit Ausnahme der elterlichen Sorge, wieder auf.

(4) Das Vormundschaftsgericht hat den leiblichen Eltern die elterliche Sorge zurückzuübertragen, wenn und soweit dies dem Wohl des Kindes nicht widerspricht; andernfalls bestellt es einen Vormund oder Pfleger.

(5) Besteht das Annahmeverhältnis zu einem Ehepaar und erfolgt die Aufhebung nur im Verhältnis zu einem Ehegatten, so treten die Wirkungen des Absatzes 2 nur zwischen dem Kind und seinen Abkömmlingen und diesem Ehegatten und dessen Verwandten ein; die Wirkungen des Absatzes 3 treten nicht ein.

1 1. **Textgeschichte.** Neugefaßt durch AdoptG Art 1 Nr 1, Amtl Begr BT-Drucks 7/3061, 50f; 7/5087, 20f. Abs III und 4 geändert durch Gesetz zur Neuregelung des Rechts der elterlichen Sorge v 18. 7. 1979 Art 9 § 2 (BGBl I 1061).

2 2. Nach Abs I S 1 wirkt die **Aufhebung** der Annahme mit Rechtskraft des Aufhebungsbeschlusses (§ 56f III, zum Verfahren vgl § 1759 Rz 9ff) *ex nunc*, mag sie auf einem anfänglichen Mangel (§ 1760) beruhen oder auf nachträglichem Scheitern (§ 1763). In personenrechtlicher Hinsicht entspricht das dem Prinzip, Statusverhältnisse nicht rückwirkend zu annullieren, in vermögensrechtlicher Hinsicht entspricht Abs I S 1 dem Ziel, die Rückabwicklung von Dauerverhältnissen zu vermeiden (Soergel/Liermann Rz 2).

3 3. Abs I S 2. a) Die auf den Zeitpunkt des Todes des antragstellenden Annehmenden oder des Kindes beschränkte **Rückwirkung** bedeutet eine geringfügige Einschränkung, die auf demselben Gedanken beruht wie zB § 1933 (BT-Drucks 7/3061, 50; Soergel/Frank Rz 5). Den Aufhebungsantrag muß der Annehmende oder das Kind beim VormG eingereicht haben oder der Annehmende muß analog § 1753 II den beurkundenden Notar (§ 1762 III) mit der Einreichung betraut haben (RGRK/Dickescheid Rz 9).

4 b) Aus dem Prinzip, daß die Aufhebung ex nunc wirkt (Abs I S 1), folgt nur, daß im Zeitpunkt der Antragstellung noch ein aufhebbares Annahmeverhältnis bestehen muß. Nach dem Tode des Annehmenden oder des Kindes ist das im eigentlichen Sinn nicht mehr der Fall. Wenn in bestimmtem Umfang eine postmortale Aufhebung befürwortet wird (Staud/Frank Rz 6; MüKo/Maurer § 1760 Rz 16 im Anschluß an BT-Drucks 7/3061, 50), so ist Gegenstand der Aufhebung nicht das Annahmeverhältnis, sondern mit ihm eingetretene, aber nicht untergegangene Wirkungen. Anzuerkennen ist das Interesse des Annehmenden, seine Beerbung nach dem Tod des Kindes durch dessen Abkömmlinge zu verhindern. Dagegen steht für ein Interesse des Kindes, nach dem Tod des Annehmenden in die leibliche Familie zurückzukehren, die Möglichkeit der Rückadoption zur Verfügung. Grundsätzlich abgelehnt wird jede postmortale Aufhebung von RGRK/Dickescheid Rz 9. Dem ist mit der einzigen oben genannten Ausnahme zu folgen, so daß jeder Aufhebungsantrag, sei es des Annehmenden, des Kindes oder eines leiblichen Elternteils, gegenstandslos wird, wenn ein anderer (sei es der Annehmende oder das Kind) stirbt und jedes Aufhebungsantragsrecht mit dem Tod des Annehmenden oder des Kindes untergeht.

5 4. Die Aufhebung bewirkt eine Umkehrung der positiven und der negativen Wirkung der Adoption: **a) Abs II.** Es **erlöschen** die gem § 1754 begründeten **Verwandtschaftsverhältnisse** des Kindes und seiner Abkömmlinge zu dem (den) Annehmenden und dessen (deren) Verwandten. Gewährte Leistungen (Unterhalt, Dienste) behalten ihren Rechtsgrund (Staud/Frank Rz 7), eine kraft Gesetzes angefallene Erbschaft (zB auch nach einem vorverstorbenen Adoptivelternteil) bleibt erhalten. Die Frage, ob das Kind Ansprüche auf wiederkehrende Leistungen iSd § 1755 I S 2 behält, stellt sich nicht, wenn das Kind von einem allein angenommen worden war und Leistungen wie Waisengeld, Hinterbliebenenrente oder eine Unterhaltsschadensersatzrente nach § 844 II den Tod des Adoptivelternteils voraussetzen; nach dem Tod des Annehmenden kann die Aufhebung nur im Fall des Abs I S 2 mit Rückwirkung vor den Zeitpunkt des Todes erfolgen, so daß das Kind keine derartigen Ansprüche erwirbt. Hat das Kind derartige Ansprüche durch den Tod eines von zwei gemeinschaftlich Annehmenden erworben, so verliert es mit der Aufhebung nicht den Status als Hinterbliebener des vorverstorbenen Adoptivelternteils. Mit Aufhebung der Annahme endet das (aufschiebende) Eheverbot (§ 1308 I S 2).

6 b) **Abs III.** Die gem § 1755 I durch die Adoption erloschenen **Verwandtschaftsverhältnisse** des Kindes und seiner Abkömmlinge **zu leiblichen Verwandten leben wieder auf.** Die Beschränkung auf die leiblichen Verwandten erklärt sich daraus, daß frühere Adoptiveltern gestorben sein müssen oder das Verhältnis zu ihnen aufgehoben sein muß, damit die nunmehr aufgehobene Zweitadoption stattfinden kann; das Verhältnis zu den Verwandten eines verstorbenen, früheren Adoptivelternteils lebt nicht wieder auf (Soergel/Liermann Rz 9). Abs III verhindert, daß das Kind rechtlich zum „Niemandskind" wird; daß es dieses Schicksal auch faktisch nicht erleidet, verhindert idR bei der Aufhebung von Amts wegen § 1763 III – die Aufhebung ist nur zulässig, wenn eine Surrogatbeziehung besteht (§ 1763 Rz 5, 7). Aufgrund des zwischenzeitlich eingetretenen Todesfalles eines leiblichen Verwandten erwirbt das Kind Rechte weder als Erbe noch als Unterhaltsberechtigter (§ 844 II).

7 c) **Abs IV.** Von jedem Wiederaufleben ausgenommen ist die elterliche Sorge. Oft wird sie den leiblichen Eltern vor der Einwilligung in die Adoption (oder deren Ersetzung) gem § 1666 entzogen gewesen sein. Was eine **Übertragung der elterlichen Sorge** durch das VormG angeht, so drückt die negative Fassung den Vorrang der leiblichen Eltern vor Vormundschaft und Pflegschaft aus (Soergel/Liermann Rz 11). Die Entscheidung ist im Fall des § 1763 II wegen dessen Abs III lit a notwendig, aber auch in allen anderen Fällen möglichst zusammen mit dem Aufhebungsbeschluß zu treffen; jedenfalls muß sie im Zeitpunkt des Wirksamwerdens mit Rechtskraft getroffen und gegebenenfalls ein Vormund oder Pfleger bestellt sein. Es entscheidet der Richter (§ 14 Nr 3 lit f RPflG). Nach § 50b FGG ist das Kind, regelmäßig persönlich, zu hören, nach § 49 I Nr 4 FGG auch das JA. „Einstweilig" (RGRK/Dickescheid Rz 8) ist die Regelung nur insofern, als sie der Abänderung nach § 1696 unterliegt, die einem Eingriff nach § 1666 vorgeht (Pal/Diederichsen § 1696 Rz 11).

d) Abs V. Besonders geregelt ist in Abs V der Fall, daß das **Annahmeverhältnis** eines gemeinschaftlichen **8** Adoptivkindes **nur im Verhältnis zu einem Annehmenden aufgehoben** wird. Dann ist die negative Wirkung der Aufhebung entsprechend eingeschränkt, ohne daß aber die positive Wirkung einträte. Das Kind steht, wie wenn es vom verbliebenen Adoptivelternteil allein adoptiert worden wäre. Unanwendbar ist Abs V in Fällen der **Stiefkindadoption**: Wird das Annahmeverhältnis aufgehoben, so lebt das Verwandtschaftsverhältnis zum leiblichen Elternteil nach Abs III wieder auf (Celle FamRZ 1982 197; Soergel/Liermann Rz 13; RGRK/Dickescheid Rz 7).

5. Mit der Aufhebung endet das gesetzliche **Erbrecht** zwischen den Adoptivverwandten. Besteht eine Verfügung von Todes wegen, in der zB Adoptiveltern das Adoptivkind bedacht haben, so fehlt es für den Fall der Aufhebung des Annahmeverhältnisses an einer mit § 2077 vergleichbaren Vorschrift. Nach dieser Vorschrift wird die Bedenkung des Ehegatten unwirksam, wenn die Ehe unter Lebenden endet. Ausweislich der Materialien hat der Gesetzgeber das Problem übersehen oder stillschweigend übergangen. Nichts steht entgegen, die Lücke durch Analogie zu § 2077 (vgl dessen Abs III!) zu schließen (aA Flik BWNotZ 1980, 132; Soergel/Liermann Rz 2; Staud/Frank Rz 8). **9**

6. Die Aufhebung führt beim **Personenstand** und Namen des Kindes zu den entgegengesetzten Änderungen, **10** die durch die Begründung des Annahmeverhältnisses eingetreten waren; diese Wirkung ist im Geburtenbuch des Kindes und den betreffenden Familienbüchern (vgl § 1752 Rz 16) beizuschreiben.

1765 *Name des Kindes nach der Aufhebung*

(1) Mit der Aufhebung der Annahme als Kind verliert das Kind das Recht, den Familiennamen des Annehmenden als Geburtsnamen zu führen. Satz 1 ist in den Fällen des § 1754 Abs. 1 nicht anzuwenden, wenn das Kind einen Geburtsnamen nach § 1757 Abs. 1 führt und das Annahmeverhältnis zu einem Ehegatten allein aufgehoben wird. Ist der Geburtsname zum Ehenamen oder Lebenspartnerschaftsnamen des Kindes geworden, so bleibt dieser unberührt.
(2) Auf Antrag des Kindes kann das Vormundschaftsgericht mit der Aufhebung anordnen, dass das Kind den Familiennamen behält, den es durch die Annahme erworben hat, wenn das Kind ein berechtigtes Interesse an der Führung dieses Namens hat. § 1746 Abs. 1 Satz 2, 3 ist entsprechend anzuwenden.
(3) Ist der durch die Annahme erworbene Name zum Ehenamen oder Lebenspartnerschaftsnamen geworden, so hat das Vormundschaftsgericht auf gemeinsamen Antrag der Ehegatten oder Lebenspartner mit der Aufhebung anzuordnen, dass die Ehegatten oder Lebenspartner als Ehenamen oder Lebenspartnerschaftsnamen den Geburtsnamen führen, den das Kind vor der Annahme geführt hat.

1. **Textgeschichte.** Neugefaßt durch AdoptG Art 1 Nr 1, Amtl Begr BT-Drucks 7/3061, 51; 7/5087, 21. Abs I **1** S 2 und Abs III S 2 aufgehoben sowie neuer Abs I S 2 (früherer S 3) geändert durch FamNamRG vom 15. 12. 1993 Art 1 Nr 10. Abs I S 3 und Abs III neugefaßt durch Art 2 Nr 15 G vom 16. 2. 2001 (BGBl I 266).

2. **Grundsatz.** § 1765 regelt in Ergänzung zu § 1764 die Auswirkung der Aufhebung der Adoption auf den **2** Namen, den das Kind (gegebenenfalls auch sein Ehegatte sowie seine Abkömmlinge) infolge der Adoption erworben hat. **Abs I S 1** statuiert die § 1757 I S 1 entsprechende umgekehrte, **negative Wirkung**: Das Kind verliert den zu seinem Geburtsnamen gewordenen Familiennamen des Annehmenden. Nicht ausgedrückt ist die **positive Wirkung**, daß das Kind seinen früheren Geburtsnamen wiedererwirbt. Es muß dies nicht der vor der Adoption zuletzt geführte Familienname (so MüKo/Maurer Rz 3) sein: Führte das Kind bei der Adoption den Namen seines Ehegatten als **Ehenamen** und wird die Adoption nach Auflösung der Ehe aufgehoben, so erwirbt das Kind, wenn es nach Aufhebung der Adoption den Ehenamen gem § 1355 V S 2 ablegt, seinen Geburtsnamen, den er vor der Adoption nicht geführt hatte (Soergel/Liermann Rz 7). Auf den ggf nach § 1757 IV S 1 Nr 1 geänderten **Vornamen** wirkt die Aufhebung nicht ein (BT-Drucks 7/5087, 21, Pal/Diederichsen Rz 1); unberührt bleiben §§ 3, 11 NamÄndG.

3. **Ausnahmen.** Das Kind behält den Adoptivnamen, **a)** wenn es gemeinschaftliches Kind eines Ehepaares **3** geworden war und das **Annahmeverhältnis nur zu einem Ehegatten aufgehoben** wird (Abs I S 2);

b) wenn es nach der Adoption geheiratet hat und der **Adoptivname zum Ehenamen geworden** ist (Abs I S 3). **4** Dabei bleibt es, wenn die Ehe später aufgelöst wird (Staud/Frank Rz 14 aE). Dann ist das Prinzip der Perpetuierung des Ehenamens (§ 1355 V S 1) stärker als § 1765 I S 1. Das Kind kann den Adoptivnamen als Ehenamen weiterführen, bis es ihn gem § 1355 V S 2 ablegt; erst dann führt es wieder seinen früheren Geburtsnamen. War bei der Eheschließung der **Name des anderen Ehegatten zum Ehenamen geworden**, den es nach Aufhebung der Adoption gem § 1355 V S 2 ablegt, so kann es nach Aufhebung der Adoption nicht den Adoptivnamen wieder annehmen, obwohl es ihn zur Zeit der Eheschließung geführt hat; § 1765 I S 1 verdrängt insoweit § 1355 V S 2 Alt 2 – das Kind kann nur seinen früheren Geburtsnamen wieder annehmen. Führt das verheiratete Kind den Namen seines Ehegatten als Ehenamen, tritt die Rechtsfolge des Abs I S 1 zwar ein, bleibt aber latent, bis das Kind im Fall einer Auflösung der Ehe den Ehenamen gem § 1355 V S 2 ablegt. Abs I S 3 ist auf den durch Adoption erworbenen, zum **Lebenspartnerschaftsnamen** (§§ 1 I S 1, 3 LPartG) gewordenen Namen erstreckt (MüKo/Maurer Rz 4).

c) Die den Adoptivnamen als Ehe- oder Partnerschaftsnamen führenden Ehegatten oder Lebenspartner sind **5** nicht gezwungen, den Adoptivnamen weiterzuführen. Auf gemeinsamen Antrag ordnet das VormG nach **Abs III** an, daß die Gatten als Ehe- oder Partnerschaftsnamen den Geburtsnamen führen, den das Kind vor der Annahme geführt hat; den Geburtsnamen des anderen Ehegatten oder Lebenspartners können sie nun nicht mehr zum Ehe- oder Partnerschaftsnamen bestimmen (Pal/Diederichsen Rz 4). Das Antragsrecht endet mit Auflösung der Ehe oder Aufhebung der Partnerschaft.

§ 1765   Familienrecht Verwandtschaft

6   d) Abs II. Das VormG kann auf Antrag des Kindes die **Beibehaltung des Adoptivnamens** anordnen. Geschäftsfähigkeit für die Antragstellung und Ersatzzuständigkeit eines gesetzlichen Vertreters sind durch Verweisung auf die für Einwilligung des Kindes geltenden Vorschriften des § 1746 I S 2, 3 ebenso geregelt wie für den Aufhebungsantrag in § 1762 I S 2 bis 4. Das **berechtigte Interesse** muß bei entgegenstehendem Interesse des Annehmenden zugleich ein dessen Berechtigung überwiegendes Interesse sein (RGRK/Dickescheid Rz 9; Soergel/Liermann Rz 9); für die Berechtigung der Interessen kann der Aufhebungsgrund bedeutsam sein (MüKo/Maurer Rz 3). Ein berechtigtes Interesse des Kindes an der Fortführung des Adoptivnamens kann bejaht werden, wenn das Kind unter dem Adoptivnamen bekannt geworden ist, es sich mit diesem Namen identifiziert hat (Pal/Diederichsen Rz 3) oder eine Zweitadoption bevorsteht (Staud/Frank Rz 11); andernfalls stünde alsbald ein erneuter Namenswechsel bevor, der dem Kind erspart werden soll (BT-Drucks 7/3061, 51).

7   4. Führt das Kind zu dem Ehenamen den durch die Adoption erworbenen Namen als **Begleitnamen**, so tritt bei Aufhebung der Adoption der frühere Geburtsname an die Stelle, wenn die Adoption nach der Eheschließung stattgefunden hat. Im umgekehrten Fall könnte daran gedacht werden, daß das Kind den Adoptivnamen als „den zur Zeit der Erklärung über die Bestimmung des Ehenamens geführten Namen" (§ 1355 IV S 1) hinzugefügt hat. Ein darin anerkanntes Interesse an Namenskontinuität ist aber nicht ehenamensrechtlicher Natur, sondern gilt dem Adoptivnamen; zu seiner Befriedigung kann das Kind den Antrag nach Abs II stellen (RGRK/Dickescheid Rz 6; MüKo/Maurer Rz 4).

8   5. **Abkömmlinge.** Jede durch Aufhebung der Adoption eintretende Namensänderung wirkt sich nach Maßgabe des § 1617c II auf Abkömmlinge des Kindes aus (Staud/Frank Rz 19).

9   6. **Anträge** nach Abs II S 1 u Abs III können bis zur Rechtskraft des Aufgebungsbeschlusses (§ 56f III FGG) gestellt werden (MüKo/Maurer Rz 9).

1766 *Ehe zwischen Annehmendem und Kind*
Schließt ein Annehmender mit dem Angenommenen oder einem seiner Abkömmlinge den eherechtlichen Vorschriften zuwider die Ehe, so wird mit der Eheschließung das durch die Annahme zwischen ihnen begründete Rechtsverhältnis aufgehoben. §§ 1764, 1765 sind nicht anzuwenden.

1   1. **Textgeschichte.** Neugefaßt durch AdoptG Art 1 Nr 1, Amtl Begr BT-Drucks 7/3061, 51f; 7/5087, 21; bisheriger S 2 aufgehoben durch EheschlRG Art 1 Nr 12 (BGBl I 1998, 833).

2   2. § 1308 dehnt das für in gerader Linie Verwandte und voll- und halbbürtige Geschwister bestehende Eheverbot des § 1307 auf Personen aus, deren Verwandtschaft durch Adoption begründet ist. Im Gegensatz zu § 1308 begründet § 1307 kein trennendes Ehehindernis (§ 1314 I). Ehe und Eltern-Kind-Verhältnis schließen sich aber aus. Den Konflikt hat der Gesetzgeber zugunsten der „zukunftsbezogenen" Ehe gelöst (BT-Drucks 7/3061, 52; Staud/Frank Rz 1): Das **Annahmeverhältnis endet kraft Gesetzes** mit der Eheschließung. § 1766 ist jedoch enger gefaßt als § 1308. Die Aufhebung der Ehe tritt nur, aber nicht einmal in allen Fällen ein, in denen das übertretene Eheverbot nach dem Umkehrschluß aus § 1308 II dispensabel war. Vom Verbot einer Ehe zwischen dem Adoptivgroßvater und dem Kind kann Befreiung nicht erteilt werden, dennoch tritt keine Aufhebung des Annahmeverhältnisses nach § 1766 ein (MüKo/Maurer Rz 2). Immerhin ist die Aufhebung nicht auf eine Ehe zwischen Annehmenden und Angenommenen beschränkt, sondern trifft auch die Ehe zwischen jenem und einem Abkömmling des Angenommenen.

3   3. Anders als die Aufhebung der Annahme auf Grund der §§ 1759–1765 ist die **Wirkung** des § 1766 auf das Verhältnis der zu Ehegatten gewordenen Adoptivverwandten **beschränkt**. Weder die sonstigen negativen (§§ 1764 II, 1765) noch die positiven Wirkungen der Aufhebung treten ein, die Eheschließung mit dem Annehmenden macht das Kind also elternlos. Bei Eheschließung eines Abkömmlings des Kindes mit dem Annehmenden bleibt sowohl das Verwandtschaftsverhältnis des Abkömmlings zu den Verwandten des Annehmenden als auch das Annahmeverhältnis des Kindes zu dem Annehmenden und sein Verhältnis zu dessen Verwandten bestehen. Bei einer Eheschließung des Kindes mit dem Annehmenden bleibt das Verhältnis sowohl des Kindes wie seiner Abkömmlinge zu den Verwandten des Annehmenden wie auch das seines Abkömmlings zu Annehmenden bestehen. Ein Namenswechsel tritt nicht ein. § 1766 ist nicht anzuwenden auf Eheschließungen vor dem 3. 10. 1990 im Gebiet der ehemaligen DDR (vgl vor § 1741 Rz 24).

Untertitel 2

Annahme Volljähriger

1767 *Zulässigkeit der Annahme, anzuwendende Vorschriften*
(1) Ein Volljähriger kann als Kind angenommen werden, wenn die Annahme sittlich gerechtfertigt ist; dies ist insbesondere anzunehmen, wenn zwischen dem Annehmenden und dem Anzunehmenden ein Eltern-Kind-Verhältnis bereits entstanden ist.
(2) Für die Annahme Volljähriger gelten die Vorschriften über die Annahme Minderjähriger sinngemäß, soweit sich aus den folgenden Vorschriften nichts anderes ergibt. § 1757 Abs. 3 ist entsprechend anzuwenden, wenn der Angenommene eine Lebenspartnerschaft begründet hat und sein Geburtsname zum Lebenspartnerschaftsnamen bestimmt worden ist.

Schrifttum: *Bickler*, Untersuchungen zur Erwachsenenadoption, Diss Gießen 1971; *Bosch*, Zur Volljährigen-Adoption, FamRZ 1964, 402; *Grziwotz*, Schützenswerte Interessen der Abkömmlinge des Annehmenden bei der Volljährigenadoption, FamRZ 1991, 1399; *Krause*, Die Volljährigenadoption, Diss Freiburg 1971; *Laßleben*, die Zweckprüfung bei der Ehe und der Erwachsenenadoption, 2000; *Lüderitz*, Das Ärgernis Erwachsenenadoption, FS Gernhuber, 1993, 713; *Renner*, Zur aufenthaltsrechtlichen Stellung des von einem deutschen Staatsangehörigen adoptierten erwachsenen Ausländers, ZAR 1981, 128; *Sturm*, Zur Scheinadoption volljähriger Ausländer in der Bundesrepublik Deutschland und in der Schweizerischen Eidgenossenschaft, FS Firsching, 1985, S 309.

1. Textgeschichte. Neugefaßt durch AdoptG Art 1 Nr 1, Amtl Begr BT-Drucks 7/3061, 22f, 52f; 7/5087, 21, Abs II S 2 eingefügt durch Art 2 Nr 15 G vom 16. 2. 2001 (BGBl I 266). 1

2. Funktion der Annahme Volljähriger. Ursprünglich die Regel, ist die Volljährigenadoption heute die Ausnahme (zur Verbreitung vgl vor § 1741 Rz 28 aE). In einer Zeit, in der die Entwicklung zur Kleinfamilie und der Funktionsverlust der über sie hinausreichenden Familienbeziehungen die Bindung zwischen Eltern und ihren erwachsenen Kindern gelockert haben, liegt der Sinn, ein Elternverhältnis zu einem Volljährigen zu begründen, im wesentlichen darin, eine Minderjährigenadoption nachzuholen (Rz 7; zur Abgrenzung § 1741 Rz 2) oder darin, daß zwischen Personen mit dem Altersabstand einer Generation (Rz 8) ausnahmsweise Funktionen übernommen werden, wie sie für das Verhältnis zwischen Eltern und volljährigem Kind noch immer typisch sind. Jenseits dieser Konstellationen kann die Volljährigenadoption als unseriöse Laune oder als Mißbrauch erscheinen. 2

3. Die Grundvoraussetzungen der Annahme (§ 1741 I S 1) sind durch das Erfordernis sittlicher Rechtfertigung (vgl Rz 10ff) nicht verdrängt (BT-Drucks 7/3061, 52; Pal/Diederichsen Rz 1). 3

a) Kindeswohl. Die sinngemäße Anwendung des vom Gesetz nur bei der Minderjährigenadoption verwendeten Begriffs des Kindeswohls auf die Volljährigenadoption (Abs II S 1 iVm § 1741 I S 1) stößt auf die Grenze, daß der Begriff von der Pflege- und Erziehungsbedürftigkeit des Anzunehmenden nicht gelöst werden kann. Seinen spezifischen Sinn verlöre der Begriff des Kindeswohls, wenn er auf das objektive Interesse des Anzunehmenden im allgemeinen oder sogar vorrangig auf vermögensrechtliche Interessen bezogen würde. Praktisch ist das „Wohl" des Anzunehmenden als Voraussetzung einer Volljährigenadoption ohnehin aufgegeben: Mit seinem Antrag (§ 1768 S 1) **entscheidet der Anzunehmende** selbst (BT-Drucks 7/3061, 53; LG Landshut MittBayNot 1999, 484; BayObLG FGPrax 2002, 224; Staud/Frank Rz 13; MüKo/Maurer Rz 5). Lediglich bei **betreuungsbedürftigen Anzunehmenden** soll die Voraussetzung, daß die Adoption seinem Wohl dient, besonders zu prüfen sein (MüKo/Maurer Rz 5); das ist aber in derartigen Fällen in erster Linie Aufgabe des Betreuers. 4

b) Eltern-Kind-Verhältnis. Ein Volljähriger kann angenommen werden, wenn zu erwarten ist, daß zwischen ihm und dem Annehmenden ein Eltern-Kind-Verhältnis entsteht (§ 1741 I S 1 iVm §1767 II S 1). In § 1747 I S 1 ist das Eltern-Kind-Verhältnis Gegenstand einer Erwartung. Das entspricht bei der Minderjährigenadoption der biologischen Entelechie, die zwischen Volljährigen auch dann nicht in vergleichbarer Weise besteht, wenn ein generationsmäßiger Altersabstand (Rz 8) gegeben ist. Das bedeutet nicht, daß die Volljährigenadoption ein bestehendes Eltern-Kind-Verhältnis voraussetzt (in diesem Sinn Erman[10] Rz 5); besteht ein solches Verhältnis, so ist allerdings das Erfordernis sittlicher Rechtfertigung als erfüllt anzusehen (Abs I Hs 2) und die Annahme auszusprechen (Rz 10). Das Eltern-Kind-Verhältnis (oder die Umstände, die sein Entstehen erwarten lassen) müssen zur Überzeugung des Gerichts feststehen. Begründete Zweifel gehen zu Lasten des Antragstellers (Köln FamRZ 2003, 1870; Soergel/Liermann Rz 7 aE, zum Prüfungsumfang ferner BayObLG FamRZ 1997, 638; Frankfurt/M FamRZ 1997, 638; Hamm FamRZ 2003, 1867 m Anm Henrich). 5

aa) Angebahntes Eltern-Kind-Verhältnis. Daß zwischen Eltern und ihren im Haus erzogenen Kindern nach deren Verselbständigung idR nur noch eine „Begegnungsgemeinschaft" besteht (treffend BVerfG FamRZ 1989, 716ff), bedeutet nicht, daß es für eine Volljährigenadoption genügt, wenn die Beteiligten von vornherein nur eine derart lockere Gemeinschaft unterhalten (wollen). Denn die Zuwendung unter nicht verwandten und nicht verheirateten Erwachsenen findet ihren normalen Ausdruck in Freundschaft, nicht in künstlicher Verwandtschaft. Entscheidend ist daher die durch vergangene und gegenwärtige Umstände untermauerte **objektive Erwartung**, daß ein Eltern-Kind-Verhältnis entstehen wird (BayObLG NJWE-FER 1998, 78; Köln FamRZ 2003, 1870; Soergel/Liermann Rz 7). Freundschaftliche Beziehungen, die bisher vor allem in Unterstützung während eines Scheidungsverfahrens Ausdruck fanden, rechtfertigt eine Adoption nicht (BayObLG FamRZ 1998, 504), ebenso wenig das Bestehen häuslicher Gemeinschaft (Celle v 6. 10. 1994 – 18 W 22/94). Je mehr die Beziehung zwischen Annehmendem und Anzunehmendem emotionaler Natur ist („geistig-seelische Dauerverbundenheit": Köln FamRZ 1982, 643; LG Bonn FamRZ 2001, 120), desto mehr muß sie gegenwärtig sein und genügt die Erwartung künftigen Entstehens nicht (aA BayObLG FamRZ 1998, 505). Der bloße Wunsch, vom Familienband herzustellen, reicht nicht aus (BayObLG FamRZ 1980, 1159). Objektive Funktionen wie Pflegeleistungen dürfen nicht nur für die Zukunft geplant sein und auch nicht im Vordergrund stehen, weil es dann an der Höchstpersönlichkeit einer familialen Beziehung fehlte (vgl Frankfurt FamRZ 1997, 638). Nur dann, wenn ein emotionales Näheverhältnis bereits besteht, können objektive Funktionen, wie sie in der Übernahme der Betreuung oder besonders in der Fortsetzung des Lebenswerkes des Annehmenden liegen (Rz 12) erst für die Zukunft geplant sein. 6

bb) Bestehendes Eltern-Kind-Verhältnis. Ob ein über eine Begegnungsgemeinschaft (Rz 6) hinausreichendes Eltern-Kind-Verhältnis bereits besteht, muß anhand des äußeren Erscheinungsbildes der konkreten Beziehung beurteilt werden. Ideal erfüllt ist das Erfordernis, wenn zwischen dem Annehmenden und dem Anzunehmenden schon während dessen Kindheit ein faktisches Eltern-Kind-Verhältnis bestanden hat (Staud/Frank Rz 16), so besonders in dem Fall, daß ein **Dauerpflegeverhältnis** nach dem Tod der leiblichen Eltern in ein Eltern-Kind-Verhältnis übergeführt werden soll; ähnlich kann es bei der Adoption des erwachsenen **Stiefkindes** liegen (AG Solingen DAVorm 1993, 327). Wurde der Anzunehmende als Minderjähriger in die Familie des Annehmenden aufge- 7

§ 1767 Familienrecht Verwandtschaft

nommen, so berechtigt § 1772 I S 1 lit b sogar zu dem Antrag, die Volljährigenadoption mit den stärkeren Wirkungen der Minderjährigenadoption zu versehen; auch in den anderen Varianten des § 1772 I S 1 steht die Adoption des Volljährigen in Beziehung zu einem Kindschaftsverhältnis (§ 1772 Rz 2ff). Gegen ein bestehendes Eltern-Kind-Verhältnis streitet der Umstand, daß der Angenommene in intakten familiären Verhältnissen lebt (BayObLG FamRZ 1981, 646).

8   **cc)** Ein Eltern-Kind-Verhältnis setzt idR einen **Altersabstand** voraus, der eine natürliche Generationenfolge nicht ausschließen würde (BayObLG FamRZ 1998, 505; MüKo/Maurer Rz 7; Soergel/Liermann Rz 7: 15–20 Jahre Pal/Diederichsen Rz 7; anders LG Frankenthal FamRZ 1998, 505f; FG Düsseldorf UVR 2000, 395: Annahme eines 5 Jahre älteren Kindes). Die Adoption eines 44jährigen durch eine elf Jahre jüngere Frau (AG Bielefeld FamRZ 1982, 961) war ein Fehlgriff, obwohl der geistig behinderte Angenommene den Entwicklungsstand eines Zehn- bis Zwölfjährigen hatte.

9   **dd)** Eltern-Kind-Verhältnis und **geschlechtliche Beziehungen** sind unvereinbar (AG Bensheim ZfJ 1995, 81f; MüKo/Maurer Rz 6 aE), zur Legalisierung gleichgeschlechtlicher Beziehungen ist die Adoption ungeeignet. Schon ein Verdacht in dieser Hinsicht steht der Annahme entgegen. Eine Annahme, durch welche Ehegatten (AG Backnang FamRZ 2000, 770) oder Kinder und Eltern (Frankfurt/M FamRZ 1982, 848) zu Adoptivgeschwistern werden, ist nicht ausgeschlossen.

10 **5.** Unabhängig von der Adoptionsform – Adoption mit schwacher Wirkung (§ 1770) oder Volladoption (§ 1772) – bedarf die Annahme der **sittlichen Rechtfertigung**. Das Kriterium – es handelt sich um **unbestimmten Rechtsbegriff** (BayObLG FGPrax 2002, 223; Hamm FamRZ 2003, 1867) – zielt auf die Verhinderung von Mißbräuchen, nicht darauf, die Volljährigenadoptionen übermäßig zu erschweren (BT-Drucks 2/1586, 18; 3/530, 20; MüKo/Maurer Rz 10). **a) Besteht ein Eltern-Kind-Verhältnis** (Rz 7), so ist nach Abs I Hs 2 die Annahme stets sittlich gerechtfertigt und unabhängig von den mit ihr verfolgten Zielen auszusprechen (Staud/Frank Rz 14, ähnlich Soergel/Liermann Rz 9; MüKo/Maurer Rz 11).

11 **b)** Bei **angebahntem Eltern-Kind-Verhältnisses** (Abs II S 1 iVm § 1741 I S 1) tritt das Erfordernis sittlicher Rechtfertigung nach Abs I Hs 1 als eigenständige Adoptionsvoraussetzung neben die Erwartung, daß ein Eltern-Kind-Verhältnis entstehen wird (Staud/Frank Rz 21; BayObLG FGPrax 2002, 224; aA Celle FamRZ 1993, 236; Düsseldorf FamRZ 1985, 832; Soergel/Liermann Rz 9). Zu prüfen ist, ob **sittliche Gründe positiv für die Annahme** sprechen. Die Umstände, welche die Adoption zu rechtfertigen vermögen, müssen zur Überzeugung des Gerichts feststehen, Zweifel gehen auch hier zu Lasten des Antragstellers (Soergel/Liermann Rz 12).

12 **aa)** Das Merkmal „sittlich" ist in einem auf die Familienordnung zugespitzten Sinn zu verstehen. Daher muß die Adoption durch einen **deutlich überwiegenden familienbezogenen Zweck** veranlaßt sein (BGH FamRZ 1957, 126; Hamm FamRZ 2003, 1868; BayObLG FamRZ 2001, 119; Frankfurt OLGRp 1999, 279; MüKo/Maurer Rz 12). Eine die Annahme rechtfertigende Motivationslage besteht, wenn der **Annehmende** die Fortführung seines Lebenswerks (Betrieb, Praxis, Hof) durch den Anzunehmenden erstrebt oder wenn der Annehmende pflegebedürftig ist oder es werden kann (BayObLG FGPrax 2002, 224; Zweibrücken FamRZ 1983, 535; KG FamRZ 1982, 641; Düsseldorf FamRZ 1981, 94; MüKo/Maurer Rz 12; Soergel/Liermann Rz 11). Nicht ausreichend ist hingegen die Verfolgung vornehmlich wirtschaftlicher Interessen (BayObLG StAZ 1985, 203; FG Düsseldorf UVR 2000, 395). Ist der **Anzunehmende betreuungs- oder pflegebedürftig**, so kann seine Annahme sittlich gerechtfertigt sein (BT-Drucks 7/3061, 53). Die Bereitschaft sich unbedingt und dauerhaft beizustehen (BayObLG StAZ 1985, 203; Düsseldorf FamRZ 1985, 832; Soergel/Liermann Rz 10; kritisch Staud/Frank Rz 21) ist unspezifisch und dem Erfordernis des Eltern-Kind-Verhältnisses zugeordnet. **Nebenzwecke einer Annahme**, die an ein zu erwartendes Eltern-Kind-Verhältnis anknüpfen (zB Steuervorteile oder Fortführung des Familiennamens), dürfen den familienbezogenen (Haupt-) Zweck nicht überwiegen (BayObLG FamRZ 2001, 119; Köln FamRZ 2003, 1870; MüKo/Maurer Rz 12; Soergel/Liermann Rz 12; RGRK/Dickescheid Rz 10; kritisch zur Unterscheidung von Haupt- und Nebenzwecken Staud/Frank Rz 22). Die ausschließlich auf Namensführung zielende Annahme ist unzulässig, ein auf Vermittlung einer Namensadoption gerichteter Vertrag sittenwidrig (BGH FamRZ 1996, 1533 m Anm Einsele JuS 1998, 401).

13 **bb)** Im Zusammenhang mit **Asylbewerbungen** sind Adoptionsanträge aktuell, die dem Anzunehmenden die deutsche Staatsangehörigkeit oder eine Aufenthaltserlaubnis verschaffen oder seine Abschiebung abwenden sollen. Nach Art 22 S 1 EGBGB unterliegt die Annahme als Kind dem Recht des Staates, dem der Annehmende angehört. Zwar führt die Adoption nach § 3 Nr 3 iVm § 6 StAG nur beim minderjährigen Kind zum Erwerb der deutschen Staatsangehörigkeit und verschafft die Erwachsenenadoption grundsätzlich **kein Aufenthaltsgrundrecht** (BVerfG FamRZ 1990, 363; Staud/Frank Rz 27; Soergel/Liermann Rz 13; Hailbronner/Rübsaamen JZ 1986, 1046f), weil das sich idR in einer Begegnungsgemeinschaft erschöpfende Verhältnis zwischen Eltern und erwachsenem Kind auch über Landesgrenzen hinweg aufrechterhalten werden kann, zB durch Besuche, Brief- und Telefonkontakte. Das bedeutet nicht, daß eine Adoption im Hinblick auf das Einwanderungsziel eines ausländischen Anzunehmenden unerheblich wäre, es daher objektiv keine einwanderungspolitischen Gründe für die Adoption geben könne. Die Adoption entfaltet auf Grund von Art 6 I GG eine aufenthaltsrechtliche Schutzwirkung, sobald das Verhältnis des Angenommenen zu dem Annehmenden über eine Begegnungsgemeinschaft hinausgeht (VGH Mannheim VBlBW 2002, 495). Besteht eine Beistandsgemeinschaft, so ist dazu keine Hausgemeinschaft erforderlich. Davon, daß Beistandsleistungen an dem Anzunehmenden objektiv erforderlich sind, scheint das BVerfG aaO absehen zu wollen. Vor allem Entscheidungen des BVerfG zu den aufenthaltsrechtlichen Folgen einer Adoption verweisen auf die Verantwortung des VormG bei Prüfung der Grundvoraussetzungen der Adoption. In zahlreichen ablehnend entschiedenen Fällen erweckten bereits der geringe **Altersabstand** (Karlsruhe FamRZ 1991, 226; Pal/Diederichsen Rz 8), die **soziokulturelle Verschiedenheit** (BayObLG BayVBl 1987, 604) oder

mangelnde deutsche Sprachkenntnisse (Karlsruhe FamRZ 1991, 226; MüKo/Maurer Rz 13) Zweifel am familienbezogenen Zweck der Annahme. Auch ohne solche Umstände fehlt dem Motiv, einem erfolglosen Asylbewerber das Bleiberecht zu verschaffen oder seine Abschiebung abzuwenden, der Familienbezug (BayObLG NJWE-FER 2001, 12; Zweibrücken FamRZ 1999, 1690; Karlsruhe FamRZ 1991, 226, BayObLG FamRZ 1982, 645; Renner 128; Sturm FS Firsching S 309).

cc) Weil es bei der Volljährigenadoption keinen Primat für das objektive Interesse des Anzunehmenden gibt (Rz 4), kommen unter dem Gesichtspunkt sittlicher Rechtfertigung **Interessen leiblicher Eltern** ins Spiel. Daß in deren Rechtsposition nicht eingegriffen werde (so RGRK/Dickescheid Rz 14; MüKo/Maurer Rz 14), trifft für den Regelfall einer Volljährigenadoption mit schwachen Wirkungen (§ 1770) zu. Aber es kann anders sein, wenn nämlich die konkrete Möglichkeit besteht, daß leibliche Eltern als Unterhalts- und Erbberechtigte mit dem (den) Annehmenden teilen müssen. Es wäre auch sittlich nicht zu rechtfertigen, wenn der Anzunehmende einen „Geburtsfehler" korrigieren wollte, indem er sich andere Eltern sucht, wenn die leiblichen Eltern dazu keinen hinreichenden Anlaß gegeben haben (zu § 1772 I S 2 vgl § 1772 Rz 7). 14

6. Sinngemäß anzuwendende Vorschriften. Die Vorschriften über die Annahme Minderjähriger sind nach Abs II S 1 sinngemäß anzuwenden, sofern sich nicht aus §§ 1767ff ein anderes ergibt. **a)** Es gelten **aa)** §§ 1741, 1743, 1749, 1750, 1752 II, 1753 sowie **bb)** die §§ 1754 bis 1756, 1757 bei einer Annahme mit der Wirkung einer Minderjährigenadoption gem § 1772; **cc)** §§ 1764 bis 1766 sind maßgeblich für die Wirkungen einer Aufhebung des Annahmeverhältnisses nach § 1771. **dd)** § 1757 III ist nach Abs II S 2 entsprechend anzuwenden, wenn der Angenommene eine Lebenspartnerschaft begründet hat und sein Geburtsname Partnerschaftsname worden ist (vgl § 1757 Rz 7). 15

b) Ausgenommen von der Anwendung auf die Volljährigenadoption sind gem § 1768 I S 2 die §§ 1742 (Verbot der Mehrfachadoption, vgl § 1768 Rz 5), 1744 (Probezeit), 1745 (Verbot der Annahme, es gilt § 1769), 1746 I und II, 1747 (Einwilligung des Kindes). Unanwendbar ist § 1748, weil die Einwilligung der Eltern des Anzunehmenden nicht erforderlich ist. § 1751 (Wirkung der elterlichen Einwilligung) will zur Volljährigenadoption ebenso wenig passen wie das Offenbarungs- und Ausforschungsverbot des § 1758 (Staud/Frank Rz 31). 16

7. Für Annahmeverhältnisse, die vor dem 3. 10. 1999 im Gebiet der ehemaligen DDR begründet worden sind, gelten §§ 1767–1772 nicht (vor § 1741 Rz 24). 18

1768 Antrag

(1) Die Annahme eines Volljährigen wird auf Antrag des Annehmenden und des Anzunehmenden vom Vormundschaftsgericht ausgesprochen. §§ 1742, 1744, 1745, 1746 Abs. 1, 2, § 1747 sind nicht anzuwenden.
(2) Für einen Anzunehmenden, der geschäftsunfähig ist, kann der Antrag nur von seinem gesetzlichen Vertreter gestellt werden.

1. Textgeschichte. Neugefaßt durch AdoptG Art 1 Nr 1, Amtl Begr BT-Drucks 7/3061, 53; 7/5087, 21. Das AdoptRÄndG hat in Abs I S 2 die Nennung von § 1742 eingefügt. 1

2. Während das minderjährige Kind in den vom Annehmenden zu stellenden Adoptionsantrag nur einzuwilligen braucht (§ 1746), ist von seiten eines volljährigen Anzunehmenden ein Antrag wie vom Annehmenden erforderlich. Damit ist das Dekretsystem gewahrt und zugleich die **Vertragsstruktur** erhalten (Gernhuber/Coester-Waltjen § 69 II 3). 2

3. Die Anträge sind Verfahrenshandlungen (BayObLG 1982, 321), hinsichtlich der **Antragsmodalitäten** gelten wegen § 1767 II die Vorschriften des § 1752: Die Anträge bedürfen notarieller Beurkundung und sind bedingungs- und befristungsfeindlich (BayObLG FamRZ 2001, 122; MüKo/Maurer Rz 2, zur Rücknahme vgl § 1752 Rz 4; RGRK/Dickescheid Rz 5). Während der Annehmende unbeschränkt geschäftsfähig sein muß (Soergel/Liermann Rz 4), schließt Geschäftsunfähigkeit eines Volljährigen die Adoption nicht aus – der Antrag ist dann vom gesetzlichen Vertreter, dem Betreuer, zu stellen (**Abs II**). Hat ein nicht geschäftsunfähiger Anzunehmender einen Betreuer, so kann der Betreute den Antrag gleichwohl selbständig und alleine stellen (§ 1903 Rz 34); Aufgabe des Betreuers kann die Antragstellung nicht sein (§ 1902 Rz 5). Der Antrag, den der gesetzliche Vertreter des geschäftsunfähigen Anzunehmenden ohne triftigen Grund verweigert, kann vom VormG ersetzt werden (Pal/Diederichsen Rz 1); das ergibt die sinngemäße Anwendung von § 1746 III, der in Abs I S 2 von der Einschränkung der Generalverweisung des § 1767 II S 1 ausgenommen ist. In anderem Zusammenhang ist in § 1772 II S 2 der Antrag des Anzunehmenden ausdrücklich der Einwilligung des Kindes gleichgestellt. 3

4. Abs I S 2. Von der generellen Verweisung des § 1767 II auf das Recht der Minderjährigenadoption (vgl § 1767 Rz 15) nimmt Abs I S 2 Bestimmungen aus, die entweder ersatzlos entfallen (§§ 1742, 1744, 1747) oder deren Materie für die Volljährigenadoption anders geregelt ist: So tritt § 1769 an die Stelle von § 1745 und § 1768 I S 1 an die Stelle von § 1746 I, 2. Nicht genannt ist § 1755 I betreffend die negative Wirkung der Adoption, der (vorbehaltlich des § 1772) durch § 1770 II ersetzt wird (RGRK/Dickescheid Rz 6). Die Anhörung des JA ist nur für die Minderjährigenadoption vorgeschrieben (§ 49 I Nr 1 FGG). Die Aufnahme von § 1742 in die Reihe der nach Abs I S 2 nicht anzuwendenden Vorschriften durch das AdoptRÄndG (vor § 1741 Rz 11) war durch Fälle ausgelöst, in denen eine **Rückadoption** an früher uneingeschränkten Verbot einer Zweitadoption gescheitert war (Hamm NJW 1981, 2762; Stuttgart FamRZ 1988, 1096). Entwickelt sich das Annahmeverhältnis schlecht, so kann es während der Minderjährigkeit des Kindes nach § 1763 aufgehoben werden, womit das Verwandtschaftsverhältnis zur leiblichen Familie wieder auflebt. Mit Volljährigkeit des Kindes entfällt nach hL diese Möglichkeit; der Wegfall des Verbotes einer Zweitadoption ermöglicht jedoch eine Rück- oder Weiteradoption. Daß dies auch bei 4 einem während seiner Minderjährigkeit adoptierten Kind gilt, entspricht der Absicht des Gesetzgebers (BT-Drucks 12/2506, 9), ohne aus dem Wortlaut oder dem systematischen Verhältnis des § 1742 zu § 1768 I S 2 hervorzugehen. Ebenso kann das zu einem Volljährigen begründete Annahmeverhältnis durch Weiteradoption beendet werden, und zwar infolge der Unanwendbarkeit von § 1747 ohne die Mitwirkung des (der) früheren Annehmenden. Auswüchsen von Undankbarkeit oder Unverantwortlichkeit – gegenüber dem Annehmenden oder gegenüber der Rechtsordnung – hat das VormG im Rahmen der Überprüfung der sittlichen Rechtfertigung nach § 1767 I zu steuern. Werden bei der Zweitadoption Wirkungen wie bei Adoption eines Minderjährigen angeordnet (§ 1772), so bleibt es dennoch gem § 1768 I S 2 beim Ausschluß von § 1742 – die Anwendung dieser Vorschrift auf die Volljährigenadoption wäre nicht damit vereinbar, daß sogar das zur Zeit seiner Minderjährigkeit angenommene Kind nach seiner Volljährigkeit mehrfach weiteradoptiert werden kann.

§ 1769 Verbot der Annahme
Die Annahme eines Volljährigen darf nicht ausgesprochen werden, wenn ihr überwiegende Interessen der Kinder des Annehmenden oder des Anzunehmenden entgegenstehen.

1 1. **Textgeschichte.** Neugefaßt durch AdoptG Art 1, Amtl Begr BT-Drucks 7/3061, 53f; 7/5087, 21.

2 2. Die Vorschrift verdrängt § 1745 (§ 1767 Rz 16). Die dritte Variante von dessen S 1, die eine Gefährdung der Interessen des Anzunehmenden durch Kinder des Annehmenden berücksichtigt, entfällt: Der volljährige Anzunehmende entscheidet selbst, ob er die Gefährdung in Kauf oder von der Adoption Abstand nimmt (vgl § 1767 Rz 4; RGRK/Dickescheid Rz 1). Auch § 1745 S 2 entfällt mit der Folge, daß bei den beiderseitigen Kindern vermögensrechtliche Gegeninteressen berücksichtigungsfähig sind.

3 3. **Gegeninteressen.** a) Auf der Seite der **Kinder des Annehmenden** sind ideelle Interessen durch die sittlich gerechtfertigte Annahme (§ 1767 I) gewöhnlich nicht berührt; vermögensrechtliche Gegeninteressen liegen dagegen auf der Hand, weil den Kindern des Annehmenden in der Person des Anzunehmenden ein gesetzlicher Miterbe und entsprechend Pflichtteilsberechtigter erwächst. Obwohl sie nicht einwilligungsberechtigt sind (BayObLG FamRZ 1999, 1669), ihre Gegeninteressen vielmehr **objektiv gewürdigt** werden müssen, ist es nicht bedeutungslos, wie die Kinder des Annehmenden subjektiv zur Adoption stehen. Stimmen sie zu, so dürfte nur unter außergewöhnlichen Umständen Anlaß bestehen, gleichwohl vorhandene objektive Gegeninteressen zu berücksichtigen (RGRK/Dickescheid Rz 7). Stellen Kinder des Annehmenden sich gegen die Adoption, so kommt es auf das Gewicht ihrer Gegengründe und deren Abwägung mit dem Interesse von Annehmendem und Anzunehmendem an. Die Annahme eines Erwachsenen soll nur ausnahmsweise zulässig sein, wenn eigene Abkömmlinge des Anzunehmenden vorhanden sind (BayObLG FamRZ 1984, 420; RGRK/Dickescheid Rz 3, 7; MüKo/Maurer Rz 2 aE). Indessen kann ein solches Ergebnis nur aus der **Abwägung im Einzelfall** folgen (Soergel/Liermann Rz 4). Ob das Gegeninteresse der Kinder überwiegt, richtet sich nach dem Maß, in dem die Adoption sittlich gerechtfertigt ist (AG Deggendorf FamRZ 1984, 1267; AG Backnang FamRZ 2000, 771). Die Gegeninteressen der Kinder des Annehmenden müssen um so eher zurücktreten, als mit einer Adoption die Folgerung aus einem schon entstandenen Eltern-Kind-Verhältnis gezogen wird (BayObLG FamRZ 1999, 279; MüKo/Maurer Rz 2; Pal/Diederichsen Rz 1) oder ein Stiefkind adoptiert werden soll. Dagegen überwiegt das Gegeninteresse von Kindern um so eher, je stärker Annehmender und Anzunehmender auf ein Eltern-Kind-Verhältnis abzielen. Reicht das faktische Eltern-Kind-Verhältnis bis in die Minderjährigkeit des Anzunehmenden zurück, so spricht der Gesichtspunkt des (formell nicht anwendbaren) § 1745 S 2 gegen die Beachtlichkeit vermögensrechtlicher Gegeninteressen (AG Deggendorf FamRZ 1984, 1266). Auch die Qualität der (des) leiblichen Eltern-Kind-Verhältnisse(s) ist/sind zu berücksichtigen, gegebenenfalls auch die Gründe eines schlechten Verhältnisses des Annehmenden zu dem (den) leiblichen Kind(ern). Soll das einzige leibliche Kind das Unternehmen der Eltern fortführen und würde ein Adoptivkind seinen Erb- oder Pflichtteil voraussichtlich herausverlangen und dadurch das Unternehmen in Gefahr bringen, so ist die Adoption abzulehnen (BayObLG FamRZ 1984, 421; Staud/Frank Rz 8); anders bei einer das leibliche Kind sichernden Erbregelung mit Pflichtteilsverzicht des Anzunehmenden. Sind umgekehrt leibliche Kinder ihren Ausbildungs- und Berufsweg gegen den Willen der Eltern oder auch ohne elterlichen Widerstand in eine Richtung gegangen, die sie von den Eltern weit weggeführt hat (Grziwotz FamRZ 1991, 1399, 1401), so müssen sie es hinnehmen, wenn diese sich einen Nachfolger adoptieren.

4 b) Auf der Seite der **Kinder des Anzunehmenden** sind Pflege und Erziehung durch die Adoption eines Elternteils idR nicht gefährdet; der Schutz des über fünf Jahre alten Kindes vor ungewolltem Namenswechsel ist durch §§ 1757 II S 2, 1617c II gewährleistet (vgl § 1757 Rz 5; Soergel/Liermann Rz 5; RGRK/Dickescheid Rz 5). Eine mögliche Belastung von Kindern des Anzunehmenden mit Unterhaltsansprüchen von Adoptivgroßeltern geht in die Abwägung nach § 1769 ein, wenn die Entstehung derartiger Ansprüche wenigstens wahrscheinlich ist (RGRK/Dickescheid Rz 6).

5 4. Der Grundsatz der Amtsermittlung (§ 12 FGG) gebietet, daß das VormG diejenigen hört, deren Interesse es bei der Entscheidung zu berücksichtigen hat. Den Kindern des Annehmenden steht darüber hinaus analog §§ 55c, 50b FGG ein **Recht auf Anhörung** zu (BayObLG FamRZ 2001, 122; Koblenz FamRZ 2000, 1095; RGRK/Dickescheid Rz 7). Als materiell Beteiligte sind sie, wenn ihre Anhörung unterbleibt, im Grundrecht aus Art 103 I GG verletzt und können den Adoptionsbeschluß mit der Verfassungsbeschwerde angreifen (§ 1752 Rz 15). Dazu, die Aufhebung des Adoptionsbeschlusses zu beantragen, sind Kinder des Annehmenden nicht berechtigt (BayObLG FamRZ 1986, 720; MüKo/Maurer Rz 5).

1770 *Wirkung der Annahme*
(1) Die Wirkungen der Annahme eines Volljährigen erstrecken sich nicht auf die Verwandten des Annehmenden. Der Ehegatte des Annehmenden wird nicht mit dem Angenommenen, dessen Ehegatte wird nicht mit dem Annehmenden verschwägert.
(2) Die Rechte und Pflichten aus dem Verwandtschaftsverhältnis des Angenommenen und seiner Abkömmlinge zu ihren Verwandten werden durch die Annahme nicht berührt, soweit das Gesetz nichts anderes vorschreibt.
(3) Der Annehmende ist dem Angenommenen und dessen Abkömmlingen vor den leiblichen Verwandten des Angenommenen zur Gewährung des Unterhalts verpflichtet.

1. Neugefaßt durch AdoptG Art 1 Nr 1, Amtl Begr BT-Drucks 7/3061, 54f; 7/5087, 21. Abs I entspricht dem früheren § 1763, II dem früheren § 1764, III dem früheren § 1766.

2. Die Adoption eines Volljährigen ist idR keine Volladoption, nur in den Fällen des § 1772 kann das VormG auf Antrag beider Beteiligten die Wirkungen wie bei der Adoption eines Minderjährigen anordnen.

3. Die Schwäche der Volljährigenadoption betrifft zunächst die **Einbindung in die Adoptivfamilie**. Der Angenommene wird gemäß §§ 1754 I, 1767 II ggf gemeinschaftliches Kind (BT-Drucks 7/3061, 54). Diese Wirkung erstreckt sich auf Abkömmlinge des Angenommenen, die Adoptivenkel des Annehmenden werden (BT-Drucks 7/3061, 54; kritisch Engler FamRZ 1975, 136, ferner § 1769 Rz 4). Sie erstreckt sich aber nach **Abs I S 2** nicht auf Ehegatten, weder dem Annehmenden noch dem Angenommenen mit dem Ehegatten des anderen verschwägert wird (MüKo/Maurer Rz 3). Die Wirkung der Annahme erstreckt sich auch nicht auf Verwandte des Annehmenden (**Abs I S 1**), so daß der Angenommene mit anderen Kindern des Annehmenden nicht verschwistert wird. Im Verhältnis des Angenommenen und seiner Abkömmlinge zum Annehmenden treten die Wirkungen der Verwandtschaft jedoch vollständig ein. Anders als im früheren Recht ist auch der Annehmende gegenüber dem Angenommenen und seinen Abkömmlingen erbberechtigt, es wird nicht zwischen vorhandenen und nachgeborenen Abkömmlingen unterschieden (Staud/Frank Rz 4).

4. Die Schwäche der Volljährigenadoption betrifft vor allem das **Verhältnis des Angenommenen zur Herkunftsfamilie**, in der ein Volljähriger zumeist tiefer verwurzelt ist als ein Minderjähriger. Der Angenommene scheidet nicht aus ihr aus (**Abs II**). Herkunftsfamilie ist idR die leibliche Familie, kann aber auch eine Adoptivfamilie sein: Ist ein früherer Annehmender gestorben, so würde das Verhältnis zu den Verwandten dieses Adoptivelternteils bei einer zweiten Minderjährigenadoption erst nach § 1755 I erlöschen, einer Vorschrift, die bei der Volljährigenadoption durch § 1770 II ausgeschlossen ist.

5. **Erbrechtliche Folgen der Annahme. a) Verstirbt der Annehmende**, so wird er vom Angenommenen beerbt (§ 1924 I). Die Konsequenz, daß das ererbte Vermögen an leibliche Verwandten des Angenommenen fällt, wenn dieser kinderlos stirbt, wird häufig nicht dem Willen des Annehmenden entsprechen – der Notar hat nach § 17 BeurkG bei der Beurkundung des Annahmeantrages (§ 1768 Rz 3) über diese Konsequenz aufzuklären (BGH 58, 343; MüKo/Maurer Rz 7). Der Annehmende ist daran gehindert, das Erbrecht des Angenommenen auszuschließen (Staud/Frank Rz 17); der Gefahr, daß das Vermögen des Annehmenden in die Familie des Angenommenen gelangt, kann jedoch durch erbrechtliche Vertragsgestaltung begegnet werden (Soergel/Liermann Rz 9 aE).
b) Verstirbt der Angenommene ohne Abkömmlinge zu hinterlassen, so soll sich aus § 1925 II ergeben, daß überlebende Elternteile zu je ⅓ erben, wenn ein Adoptivelternteil oder ein leiblicher Elternteil vorverstorben ist; dasselbe soll gelten, wenn ein Adoptivelternteil nicht vorhanden ist, weil der Erblasser von einer Einzelperson angenommen wurde (MüKo/Maurer Rz 6; Staud/Werner § 1925 Rz 9; Pal/Diederichsen Rz 2). Auf die Konkurrenz von leiblichen und Adoptiveltern ist § 1925 nicht zugeschnitten, weshalb die angemessene Lösung sich aus § 1926 ergibt: Jedes Elternpaar bildet einen je zur Hälfte erbberechtigten Stamm, so daß der allein Annehmende oder der von beiden Annehmenden überlebende neben leiblichen Eltern nicht ⅓, sondern die Hälfte erbt (Zweibrücken Rpfleger 1997, 24; RGRK/Dickescheid Rz 6; Staud/Frank Rz 13f; MüKo/Leipold § 1925 Rz 8; Lange/Kuchinke § 14 IV 4; Dittmann Rpfleger 1978, 282). Während an die Stelle vorverstorbener leiblicher Eltern nach § 1926 III S 1 deren Abkömmlinge treten, scheidet eine solche Ersetzung auf der Seite vorverstorbener Adoptiveltern wegen § 1770 I S 1 aus – deren Abkömmlinge sind mit dem Erblasser nicht verwandt. Ist kein Adoptivelternteil mehr am Leben, so erben die leiblichen Eltern oder es erben deren Abkömmlinge. Im umgekehrten Fall – die leiblichen Elternteile sind tot, ein Adoptivelternteil ist am Leben – ist § 1930 unanwendbar, weil die Vorschrift Ordnungen untereinander Verwandter zur Voraussetzung hat. Weil es daran fehlt, werden die vorverstorbenen leiblichen Eltern durch ihre Abkömmlinge ersetzt (RGRK/Dickescheid Rz 6).

6. Als **Unterhaltspflichtiger** geht der Annehmende nach Abs III leiblichen Eltern des Angenommenen, mit denen er nach § 1606 ranggleich wäre, vor. Dieser Vorrang gilt jedoch nicht für das Verhältnis zu unterhaltsberechtigten Abkömmlingen des Angenommenen, denen nach § 1606 Verwandte der aufsteigenden Linie unterhaltspflichtig sind (Soergel/Liermann, Rz 7; RGRK/Dickescheid Rz 4; Staud/Frank Rz 11).

1771 *Aufhebung des Annahmeverhältnisses*
Das Vormundschaftsgericht kann das Annahmeverhältnis, das zu einem Volljährigen begründet worden ist, auf Antrag des Annehmenden und des Angenommenen aufheben, wenn ein wichtiger Grund vorliegt. Im Übrigen kann das Annahmeverhältnis nur in sinngemäßer Anwendung der Vorschrift des § 1760 Abs. 1 bis 5 aufgehoben werden. An die Stelle der Einwilligung des Kindes tritt der Antrag des Anzunehmenden.

1. Neugefaßt durch AdoptG Art 1 Nr 1, Amtl Begr BT-Drucks 7/3061, 55; 7/5087, 21.

§ 1771

2 2. Auch das durch Adoption eines Volljährigen begründete Annahmeverhältnis kann (abgesehen von den Fällen des § 1766, der gem § 1767 II auch für die Volljährigenadoption gilt) nur **durch gerichtlichen Akt aufgehoben** werden. Wie bei der Minderjährigenadoption gibt es hierfür **zwei Wege**:

3 **a) Aufhebung wegen Erklärungsmangels, S 2, 3.** Die Aufhebung ist auf Antrag des Annehmenden oder des Angenommenen möglich, wenn der **Adoptionsantrag** des jeweiligen Aufhebungsantragstellers **gefehlt** hatte oder gem § 1760 **unwirksam** ist. Die Beschränkung des Antragsrechts auf die unmittelbar Beteiligten folgt daraus, daß die Eltern als Einwilligungsberechtigte wegfallen (BayObLG FamRZ 2001, 122); auch das Fehlen oder der Mangel einer Einwilligung der Ehegatten (§§ 1749 II, iVm § 1767 II) führt nicht zur Aufhebung. Die „sinngemäße Anwendung" von § 1760 ergibt ferner, daß dessen Abs II lit e und Abs V unanwendbar sind. Während § 1760 III uneingeschränkt gilt, ist der Ausschlußtatbestand des Abs IV nur in der 2. Alt (Täuschung durch Dritte) anzuwenden. Im übrigen ist das Annahmeverhältnis aufhebbar, wenn (namentlich bei beabsichtigter Fortführung von Betrieb, Praxis, Hof, vgl § 1767 Rz 12), arglistig über die zugrundegelegten Vermögensverhältnisse getäuscht wurde (Frankfurt/M FamRZ 1982, 1241f; Staud/Frank Rz 18; RGRK/Dickescheid Rz 11). Das Aufhebungshindernis der Kindeswohlgefährdung (§ 1761 II) ist in § 1771 S 2 nicht in Bezug genommen und auch nicht über § 1767 II S 1 anwendbar (Soergel/Liermann Rz 13).

4 **b) Aufhebung aus wichtigem Grund, S 1.** An die Stelle der Aufhebung von Amts wegen (§ 1763) setzt S 1 die Aufhebung des Annahmeverhältnisses auf Antrag des Annehmenden und des Angenommenen aus wichtigem Grund. Auch nach früherem Recht (§ 1768 aF) hatten beide Beteiligte durch ihre auf die Aufhebung gerichteten Vertragserklärungen mitzuwirken. Von diesem Rechtszustand, wonach die Beteiligten ihr Annahmeverhältnis nach Belieben beenden konnten, wollte der Gesetzgeber abgehen (BT-Drucks 7/3061, 55). Zu diesem Zweck führte er das Erfordernis des wichtigen Grundes ein, hielt aber im übrigen an der **beiderseitigen Mitwirkung** fest, wobei der Gesetzgeber im Übergang zum Dekretsystem die vertragliche Einigung durch das **Erfordernis beiderseitiger Anträge** ersetzte. Eine dieser Vorstellung entsprechende Rechtslage wäre unbefriedigend.

5 **aa)** In dogmatischer Hinsicht paßt die im Erfordernis beiderseitiger Anträge aufrechterhaltene Vertragsstruktur nicht zum Erfordernis eines wichtigen Grundes, den in aller Regel der eine Beteiligte gegen den anderen hat. Der Rechtsausschuß hat darauf abgestellt, daß in der Praxis Aufhebungen überwiegend auf gemeinsamen Antrag erfolgen (BT-Drucks 7/5087, 21). Dabei wurde übersehen, daß damals jedem Vertragschließenden daneben immer die Berufung auf allgemeine Unwirksamkeitgründe offenstand (§§ 117 und 138, BGH FamRZ 1961, 306; § 119, BayObLG FamRZ 1965, 625; § 123, RG 114, 341). Einen Beteiligten auch bei äußerster Enttäuschung durch den anderen Teil am einmal eingegangenen Annahmeverhältnis festzuhalten wäre unerträglich. Sämtliche Reformvorschläge der Literatur hatten bei wichtigem Grund die Möglichkeit einseitiger Aufhebung vorgesehen (Heinisch, Beendigung und Nichtigkeit der Adoption, 1960, 33f; Engler S 113; Bosch FamRZ 1978, 661f). Daß dem Gesetzgeber die damalige Rechtslage mit der Möglichkeit sittenwidriger Annahmeverträge, die Haltung des Reformschrifttums und die Sachproblematik entgangen ist, dürfte dem Ziel zuzuschreiben sein, das Annahmeverhältnis dem natürlichen Kindschaftsverhältnis gleichzustellen. In Verfolgung dieser Vorstellung hat der Gesetzgeber die Aufhebung des zu einem Kind begründeten Annahmeverhältnisses nach dessen Volljährigkeit verworfen (§ 1759 Rz 7) – eine Entscheidung, die durch das AdoptRÄndG 1992 nur geringfügig abgeschwächt wurde (§ 1768 Rz 5). Wenn dem Gesetzgeber schon darin nicht gefolgt werden kann, so noch weniger bei dem zu einem Volljährigen begründeten Annahmeverhältnis, zumal die extensive Auslegung des § 1771 Voraussetzung dafür ist, in der anderen Frage sinnvoll zu entscheiden (§ 1759 Rz 8). Das zu einem Volljährigen begründete Annahmeverhältnis kann dem natürlichen Eltern-Kind-Verhältnis noch weniger gleichgestellt werden. Mag in der Adoption eines minderjährigen Kindes eine weitreichende Risikoübernahme durch den Annehmenden gesehen werden, so ist dem für eine Volljährigenadoption erforderlichen Generationsabstand (§ 1767 Rz 8) eine gleiche Bedeutung nicht beizumessen. Daß die Nichterfüllung von Abreden, auf denen die Volljährigenadoption legitimerweise zB dann beruhen kann, wenn der Anzunehmende das Lebenswerk des Annehmenden fortführen soll (§ 1767 Rz 12), keinen Beteiligten zur einseitigen Aufhebung der Annahme berechtigen soll, ist mindestens für den Annehmenden unzumutbar, der nicht selten Vorleistungen erbracht und im Angenommenen einen pflichtteilsberechtigten Erbanwärter hat. Die Möglichkeit, Unterhaltsansprüchen gem § 1611 entgegenzutreten, Schenkungen zu widerrufen oder den Pflichtteil zu entziehen (§ 2333), reicht nicht aus, um das berechtigte Interesse eines schwer enttäuschten Annehmenden zu schützen (aA Staud/Frank Rz 14).

6 Die Bedenken gegen die vom Gesetzgeber gewollte Regelung werden überwiegend geteilt. Dennoch fühlt die Rspr sich an das Erfordernis einer Antragskumulation gebunden (BGH FamRZ 1988, 390; Hamm FamRZ 1981, 498; Zweibrücken FamRZ 1986, 1149; BayObLG FamRZ 1990, 205; Karlsruhe FamRZ 1988, 979, FamRZ 1996, 434; LG Düsseldorf FamRZ 2001, 649). Gleiches gilt von der hL (Staud/Frank Rz 5, 11; MüKo/Maurer Rz 2; Soergel/Liermann 7; RGRK/Dickescheid Rz 2). In extremen Fällen, in denen derjenige Teil, der die Aufhebung begehrt, das Adoptionsverhältnis nicht leichtfertig eingegangen war, sondern Opfer einer gezielten Täuschung geworden ist, muß jedoch der **einseitige Antrag** genügen (ebenso AG Leutkirch FamRZ 1989, 538; Pal/Diederichsen Rz 1; Bosch FamRZ 1978, 665). Diesen elementaren Gerechtigkeitszusammenhang hat der Gesetzgeber hinter einer blassen rechtspolitischen Idee (Annähmeverhältnis = natürliches Kindschaftsverhältnis) zurückgesetzt. Sein Anspruch auf Gehorsam (Art 20 III GG) wird durch die Bindung an das Recht ersetzt, die hier durch verfassungskonforme Auslegung erreicht werden kann: Art 2 GG verbietet es, eine Person, die autonom eine personale Bindung eingegangen ist, unter allen Umständen an dieser Bindung festzuhalten. Dieser dem Scheidungsrecht zugrunde liegende Grundsatz kann dem Annahmeverhältnis nicht vorenthalten werden (aA Soergel/Liermann Rz 8). Das aber geschieht, wenn das Gesetz eine einseitige Aufhebung nur für eine befristete Zeit und nur wegen anfänglicher Mängel ermöglicht. Sprachlich ist die korrigierende Auslegung möglich, indem die Kopula „und" statt auf die Anträge auf die Antragsberechtigung bezogen wird. Weil das Erfordernis des wichtigen Grundes geeignet ist, alle sachgemäßen Umstände aufzunehmen, ist dieser Weg anderen, in die gleiche Richtung zielenden Lösungswegen vorzuziehen: Soergel/Liermann Rz 8 möchte den Antrag nur des einen Teils genügen lassen, wenn der andere den wichtigen Aufhebungsgrund verschuldet hat und seine Mitwirkung schikanös verweigert (§ 226, ablehnend KG FamRZ 1987, 636; MüKo/Maurer Rz 2 aE; Staud/Frank Rz 15); Köln NJW 1980, 63 möchte den Grundsatz des früheren Rechts, wonach der Annahmevertrag sittenwidrig war, wenn mit der Adoption ein von der Rechts- und Sittenordnung mißbilligter Zweck verfolgt wurde, unter dem Dekretsystem beibehalten (ablehnend BGH FamRZ 1988, 390; Lüderitz NJW 1980, 1087f); ähnlich befürwortet RGRK/Dickescheid Rz 9 eine außerordentliche Aufhebung von Amts wegen, wenn die sittliche Rechtfertigung der Adoption entfallen ist (ablehnend Soergel/Liermann Rz 8).

bb) Ein **wichtiger Grund** liegt vor, wenn es dem Annehmenden oder Angenommenen nicht zugemutet werden 7 kann, an dem Annahmeverhältnis festzuhalten. Schuldhaftes Fehlverhalten ist nicht vorausgesetzt (RGRK/Dickescheid Rz 3), bloße Schwierigkeiten bei der Begründung des Eltern-Kind-Verhältnisses reichen nicht aus (Soergel/Liermann Rz 9; Pal/Diederichsen Rz 2). Ob ein wichtiger Grund vorliegt, ist durch das VormG zu prüfen (§ 12 FGG), ein beiderseitiger Antrag wirkt nicht indiziell (BayObLG FamRZ 1978, 736; Staud/Frank Rz 10; RGRK/Dickescheid Rz 5; aA MüKo/Maurer Rz 6; Erman[10] Rz 7). Das VormG muß das Annahmeverhältnis im Verfahren nach § 56f FGG aufheben, wenn ein wichtiger Grund vorliegt (Soergel/Liermann Rz 10); wie im Zusammenhang mit der sittlichen Rechtfertigung nach § 1767 I (§ 1767 Rz 14) können jedoch **Interessen Dritter** ausschlaggebend sein: Leiblichen Eltern kann die Unterhaltslast für den Angenommenen nicht ohne weiteres überbürdet werden (Staud/Frank Rz 9).

3. Altfälle. Abgesehen von der grundsätzlichen Anwendbarkeit von § 1771 auch auf das zu einem Minderjähri- 8 gen begründete Annahmeverhältnis (vgl § 1759 Rz 7) ist § 1771 auf das zu einem Minderjährigen begründete Annahmeverhältnis anzuwenden, wenn der annehmende(r) , angenommene Kind, einer seiner Elternteile oder seine nichteheliche Mutter gem Art 12 § 2 AdoptG **vor dem 1. 1. 1978** gegenüber dem AG Berlin-Schöneberg erklärt hat, daß die durch AdoptG eingeführten neuen Vorschriften über die Annahme Minderjährigen nicht angewendet werden sollen (BayObLG FamRZ 1990, 204; Soergel/Liermann Rz 6).

4. Frist. Für den Antrag auf Aufhebung des Annahmeverhältnisses aus wichtigem Grund gilt die dreijährige 9 Ausschlußfrist des § 1762 II nicht (Schleswig FamRZ 1995, 1016; Soergel/Liermann Rz 14; Staud/Frank Rz 11). Diese Fristvorschrift gilt im Recht der Minderjährigenadoption nur für die Anfechtung wegen schweren Einwilligungsmangels in dem Fall des § 1760 und insofern gem §§ 1771 II, 1767 II auch für das zu einem Volljährigen begründete Annahmeverhältnis. Überdies gilt § 1762 I auch im Recht der Minderjährigenadoption nicht für die Aufhebung aus schwerwiegendem Grund wie § 1771 entspricht.

5. Die **Wirkung** der Aufhebung bestimmt sich gem § 1767 II sinngemäß nach §§ 1766, 1765 (§ 1767 Rz 15). 10 War der Angenommene durch die Adoption gemeinschaftliches Kind eines Ehepaars geworden, so erfordert die Aufhebung des Annahmeverhältnisses zu beiden, daß der Aufhebungsantrag von beiden gestellt wird.

§ 1772 *Annahme mit den Wirkungen der Minderjährigenannahme*

(1) Das Vormundschaftsgericht kann beim Ausspruch der Annahme eines Volljährigen auf Antrag des Annehmenden und des Anzunehmenden bestimmen, dass sich die Wirkungen der Annahme nach den Vorschriften über die Annahme eines Minderjährigen oder eines verwandten Minderjährigen richten (§§ 1754 bis 1756), wenn
a) ein minderjähriger Bruder oder eine minderjährige Schwester des Anzunehmenden von dem Annehmenden als Kind angenommen worden ist oder gleichzeitig angenommen wird oder
b) der Anzunehmende bereits als Minderjähriger in die Familie des Annehmenden aufgenommen worden ist oder
c) der Annehmende das Kind seines Ehegatten annimmt oder
d) der Anzunehmende in dem Zeitpunkt, in dem der Antrag auf Annahme bei dem Vormundschaftsgericht eingereicht wird, noch nicht volljährig ist.
Eine solche Bestimmung darf nicht getroffen werden, wenn ihr überwiegende Interessen der Eltern des Anzunehmenden entgegenstehen.
(2) Das Annahmeverhältnis kann in den Fällen des Absatzes 1 nur in sinngemäßer Anwendung der Vorschrift des § 1760 Abs. 1 bis 5 aufgehoben werden. An die Stelle der Einwilligung des Kindes tritt der Antrag des Anzunehmenden.

1. Textgeschichte. Neugefaßt durch AdoptG Art 1 Nr 1, Amtl Begr BT-Drucks 7/3061, 55f; 7/5087, 21f I S 2 1 eingefügt durch AdoptRÄndG von 1992 Art 1 Nr 3, Amtl Begr BT-Drucks 12/2506, 7, 9. Abs I lit c geändert und Abs I lit d eingefügt durch KindRG Art 1 Nr 39 und 40, Amtl Begr BT-Drucks 13/8511, 76.

2. Die im Regelfall eintretende schwache Wirkung einer Volladoption (§ 1770 Rz 3f) wird in **Abs I S 1** 2 **lit a–d** abschließend bezeichneten Fällen nicht gerecht. Gemeinsames Kennzeichen dieser Fälle ist ihre **Nähe zur Minderjährigenadoption:**

Im Fall von Abs I S 1 **lit a** soll der **verwandtschaftliche Gleichklang unter (Halb-)Geschwistern** erhalten 3 bleiben. Folgt die Adoption eines minderjährigen Geschwisterteils der Adoption des volljährigen nach, so ist lit a nicht erfüllt (Soergel/Liermann Rz 3), ebenso, wenn bei ebenfalls adoptierten Geschwistern die starken Wirkungen nach Abs I lit b bis d bestimmt worden waren.

Abs I S 1 **lit b** ermöglicht es, eine während der Minderjährigkeit des Anzunehmenden unterbliebene **Adoption** 4 **nachzuholen.** Entgegen dem insofern mißverständlichen Wortlaut muß über eine bloß räumliche Aufnahme hin-

§ 1772 Familienrecht Verwandtschaft

aus während der Minderjährigkeit ein faktisches Eltern-Kind-Verhältnis bestanden haben, (KG FamRZ 1996, 241). Eine Bestimmung nach Abs I lit b scheidet aus, wenn das Eltern-Kind-Verhältnis abgebrochen wurde (Staud/Frank Rz 3); an einem solchen Verhältnis ist zu zweifeln, wenn der Anzunehmende mit Unterbrechungen in der Familie des Annehmenden lebte (Soergel/Liermann Rz 4).

5   Nach Abs I S 1 **lit c** kann ein Ehegatte das volljährige Kind des anderen Gatten **(Stiefkind)** mit starker Wirkung annehmen, wobei (im Gegensatz zu den Fällen nach lit b) die Ehe zur Zeit der Minderjährigkeit des Anzunehmenden noch nicht bestanden haben muß (Soergel/Liermann Rz 5). Die Bestimmung ist entsprechend anwendbar, wenn ein Volljähriger zeitgleich durch beide Eheleute angenommen wird, die Voraussetzungen von Abs I S 1 lit b aber nur in der Person eines Gatten verwirklicht sind (KG FamRZ 1996, 240; Staud/Frank Rz 4).

6   Abs I S 1 **lit d** entspricht dem Prinzip, daß ein Beteiligter durch die Dauer eines behördlichen Verfahrens möglichst nicht benachteiligt werden soll und **mildert das Stichtagsprinzip**: Das VormG kann auf Antrag den Eintritt der starken Wirkungen bestimmen, wenn der Anzunehmende zwar im maßgebenden Zeitpunkt des Erlasses des Adoptionsbeschlusses (§ 1741 Rz 2; § 1752 Rz 15) volljährig war, aber noch nicht im Zeitpunkt der Einreichung des Adoptionsantrags des Annehmenden: Verfahrensdauer und die Ursachen der Verzögerung können berücksichtigt werden (Soergel/Liermann Rz 6). Abs I S 1 lit d setzt Anträge des Annehmenden und des Anzunehmenden voraus; ein Antrag nur des Annehmenden nach § 1752 I ist nicht hinreichend. Den Beteiligten ist im (Rechts-)Beschwerdeverfahren Gelegenheit zu einem Antrag auf Volljährigenadoption zu geben, wenn der Anzunehmende im Verlauf des Verfahrens volljährig wird (Hamm FamRZ 2001, 859; Karlsruhe FamRZ 2000, 768; Staud/Frank Rz 5).

7   **3. Gegeninteressen von Eltern des Anzunehmenden.** Der Einwilligung durch Eltern des Anzunehmenden bedarf die Volljährigenadoption nicht, doch dürfen nach **Abs I S 2** die starken Wirkungen nach §§ 1754–1756 nicht angeordnet werden, wenn überwiegende Interessen der Eltern entgegenstehen. Weil jede Volljährigenadoption **sittlich gerechtfertigt** sein muß und in die Beurteilung dieses Erfordernisses die Folgen der Annahme für die Eltern eingehen (§ 1767 Rz 14), dient die Vorschrift der Verdeutlichung (BT-Drucks 12/2506, 8; Staud/Frank Rz 6; RGRK/Dickescheid Rz 6; MüKo/Maurer Rz 8; anders Gernhuber/Coester-Waltjen § 69 III Fn 1: die Tatbestände des § 1772 seien bereits unter dem Gesichtspunkt sittlicher Rechtfertigung gefiltert). Eltern sind die leiblichen Eltern, in Fällen der Zweitadoption auch die Adoptiveltern (Soergel/Liermann Rz 10). Deren Gegeninteressen können immaterieller (dazu AG Kamen ZfJ 1996, 536) oder materieller Natur sein: Seiner Verantwortung in der Herkunftsfamilie, etwa als Unterhaltspflichtiger, darf sich der Annehmende nicht durch Wegadoption entziehen, wenn er während seiner Bedürftigkeit von leiblichen Eltern versorgt worden ist (LG Heidelberg FamRZ 2001, 121; MüKo/Maurer Rz 8).

8   **3. Aufhebung des Annahmeverhältnisses.** Nach **Abs II S 1** soll das durch Volladoption eines Volljährigen begründete Annahmeverhältnis nur wegen fehlenden oder unwirksamen Antrags in sinngemäßer Anwendung von § 1760 (und das heißt: bis längstens drei Jahre nach der Adoption), nicht aber wegen nachträglichen Scheiterns aufhebbar sein. Wie bei dem als Minderjähriger Angenommenen nach Eintritt der Volljährigkeit, sollte das Annahmeverhältnis dem natürlichen Eltern-Kind-Verhältnis gleichgestellt werden (BT-Drucks 7/5087, 22, vgl ferner § 1759 Rz 6, § 1771 Rz 5). Die Gleichstellung mit dem natürlichen Eltern-Kind-Verhältnis steht hier auf noch schwächeren Füßen, weil der Bezug, den die Fälle des Abs I S 1 lit a–d zur Minderjährigenadoption haben, nur zusammen mit den Anträgen der Beteiligten und der Entscheidung des VormG in der Lage ist, die starke Adoptionswirkung hervorzubringen. Rechtsgeschäftlicher Wille begründet aber grundsätzlich nicht die Unauflöslichkeit eines Rechtsverhältnisses. Daher ist ungeachtet des § 1772 II die Aufhebbarkeit des durch Volladoption zu einem Volljährigen begründeten Annahmeverhältnisses auch nach § 1771 S 1 zu beurteilen (Bosch FamRZ 1978, 663, anders BayObLG FamRZ 1986, 720; Hamm FamRZ 1981, 2763; Staud/Frank Rz 8; Pal/Diederichsen Rz 7; im Grundsatz ebenso, jedoch für Anwendbarkeit von § 1771 S 1 in Fällen nach Abs I S 1 lit a, wenn das Annahmeverhältnis zum minderjährigen Geschwisterteil nach § 1763 I aufgehoben wird, Soergel/Liermann Rz 12; RGRK/Dickescheid Rz 6; MüKo/Maurer Rz 10 aE).

9   **4. Verfahren. a)** (Adoptiv-)Eltern des Anzunehmenden sind materiell betroffen. Dem ist durch Abs I S 2 Rechnung getragen, aber nicht durch formelle Anordnung ihrer Beteiligung (BayObLG FamRZ 2001, 122). Das Erfordernis, die Eltern des Anzunehmenden zu hören, ergibt sich jedoch aus Art 103 GG (Soergel/Liermann Rz 13; Staud/Frank Rz 6, 11 aE).

10   **b)** Der gemeinsame Antrag nach Abs I S 1 sollte mit dem Antrag nach § 1768 verbunden werden; er kann nachgeholt werden, muß aber spätestens bis zum Wirksamwerden des Adoptionsbeschlusses (§ 56e S 2 FGG) gestellt sein (RGRK/Dickescheid Rz 8). In den Adoptionsbeschluß hat das VormG aufzunehmen, daß sich die Wirkungen der Annahme nach den Vorschriften über die Annahme eines Minderjährigen richten, und gem § 56e FGG außer den jeweils einschlägigen Buchstaben des § 1772 I S 1 auch die je nach dem Sachverhalt eintretenden Wirkungen mittels Angabe der §§ 1754–1756 zu bezeichnen (Staud/Frank Rz 11).

11   **c)** Sind die Anträge auf Volladoption gerichtet, so darf das VormG nicht eine Adoption mit schwächerer Wirkung aussprechen und die Anträge im übrigen ablehnen – es sei denn, diese sind hilfsweise auf eine Adoption mit schwächerer Wirkung gerichtet (KG FamRZ 1996, 241; Soergel/Liermann Rz 13). In diesem Fall können Annehmender und Anzunehmender ihre weitergehenden Anträge mit der sofortigen Beschwerde weiterverfolgen (aA RGRK/Dickescheid Rz 8: einfache Beschwerde).

Abschnitt 3
Vormundschaft, Rechtliche Betreuung, Pflegschaft

Vorbemerkung

Schrifttum: *Bienwald, Werner,* Vormundschafts- und Pflegschaftsrecht in der sozialen Arbeit; 3. Aufl 1992; *Oberloskamp, Helga* (Hrsg), Vormundschaft, Pflegschaft und Beistandschaft für Minderjährige, 2. Aufl 1998; *Ramm, Thilo,* Jugendrecht, 1990.

1. Der Abschnitt behandelt das materielle Recht der Vormundschaft über Minderjährige, der Betreuung geistig oder psychisch kranker oder behinderter Volljähriger sowie der Pflegschaft, während das Verfahren – mit wenigen Ausnahmen wie zB § 1826 – im FGG geregelt ist. **Vormundschaft** ist die gesetzlich geregelte und unter staatlicher Aufsicht (Obervormundschaft) ausgeübte umfassende Fürsorge für Minderjährige, die nicht unter elterlicher Sorge stehen. Die Eigenart des deutschen Vormundschaftswesens besteht darin, daß der Staat in Ausübung öffentlicher Fürsorge zur Wahrnehmung der Angelegenheiten des Mündels den Vormund zu seinem privatrechtlichen Amt bestellt; die gleiche Struktur haben Betreuung und Pflegschaft.

Einen Vormund erhalten **Minderjährige**, die nicht unter elterlicher Sorge stehen, deren Eltern nicht zu ihrer Vertretung berechtigt sind oder deren Familienstand nicht zu ermitteln ist, insbesondere Findelkinder (§ 1773). Bis zum Betreuungsgesetz vom 12. 9. 1990 regelte das BGB im 2. Titel des 3. Abschnitts (§§ 1896–1908) im Anschluß an die Vormundschaft über Minderjährige die Vormundschaft über Volljährige. Diese setzte die in § 6 aF geregelte Entmündigung voraus und ist mit dieser seit dem 1. 1. 1992 durch das neue Institut der **Betreuung** Volljähriger ersetzt (Näheres vor § 1896).

Demgegenüber deckt die **Pflegschaft** spezielle oder vorübergehende Fürsorgebedürfnisse von Personen oder ausnahmsweise sogar von Gegenständen (Realpflegschaft) ab. Die Vorschriften über die Vormundschaft gelten für die Pflegschaft entsprechend (§ 1915).

Das BGB bezeichnet den unter Vormundschaft Stehenden als Mündel, den unter Pflegschaft Stehenden als Pflegling (§ 1917 II), § 57 I Nr 3 FGG auch als Pflegebefohlenen.

Die **Beistandschaft** des JA (§§ 1712–1717) erhält auf seinen Antrag ein allein sorgeberechtigter Elternteil, von den gemeinsam Sorgeberechtigten derjenige, in dessen Obhut sich das Kind befindet, oder auch ein von verstorbenen Eltern berufener und daraufhin bestellter Vormund für die Angelegenheiten der Feststellung der Vaterschaft und/oder der Geltendmachung von Unterhaltsansprüchen. Die freiwillige Beistandschaft ist eine Hilfe für einen allein oder in erster Linie Sorgeberechtigten, sei dies ein Elternteil oder ein Vormund. Es handelt sich um eine Förderung für unvollständige oder nicht intakte Familien. Auf die Beistandschaft finden nach § 1716 S 2 grundsätzlich die Vorschriften über die Pflegschaft, dh infolge § 1915 mittelbar die der Vormundschaft, Anwendung.

2. Organ der Obervormundschaft ist das Amtsgericht als VormG (§ 35 FGG). Nach Art 147 EGBGB haben jedoch landesgesetzliche Vorschriften, nach welchen für die dem VormG obliegenden Verrichtungen andere als gerichtliche Behörden zuständig sind, Bestand. Eine VO vom 10. 6. 1936 (RGBl I 488) hatte zwar vorgesehen, daß solche Zuständigkeiten zu einem noch zu bestimmenden Zeitpunkt auf die Amtsgerichte übergehen sollten, aber diese Bestimmung wurde nie getroffen und die VO mit Wirkung vom 1. 1. 1962 durch das FamRÄndG aufgehoben. Bedeutung hat Art 147 EGBGB in Vormundschaftssachen für die Zuständigkeit der Bezirksnotariate in den früher württembergischen und hohenzollerischen Gebieten von Baden-Württemberg (§§ 1, 36, 37, 50 I Ba-Wü LFGG).

3. Ob der Vormund eines Minderjährigen die gleiche **verfassungsrechtliche Stellung** hat, die Art 6 II GG Eltern zuspricht, ist im verfassungsrechtlichen Schrifttum nicht geklärt. Die Stellungnahmen reichen von der Gleichstellung des Vormunds mit Eltern (so die Kommentare zum GG: Leibholz/Rinck 6. Aufl 1979, Art 6 Anm 6; v Mangoldt/Klein 2. Aufl 1966 Art 6 Anm IV 2b; Hamann/Lenz 3. Aufl 1970 Art 6 Anm 4) bis zum uneingeschränkten Ausschluß des Vormunds vom Schutz des Art 6 (v Münch/E v Münch 3. Aufl 1985 Art 6 Rz 21). Es ist zu differenzieren: ein verfassungsmäßiges Recht auf die Vormundschaft haben Angehörige, die gem §§ 1779 II S 2 ein Vorzugsrecht auf ihre Auswahl als Vormund haben. Was den bestellten Vormund angeht, so wäre es nicht ausreichend, ihn nur die Grundrechte des Mündels vertretungsweise ausüben zu lassen. Ein erzieherisches Ermessen muß ihm in gleichem Umfang zustehen wie Eltern, staatliche Eingriffe in das von ihm privativ ausgeübte Erziehungsrecht muß er ebenso wie Eltern abwehren können (BVerfG 34, 200; Schüler-Springorum FamRZ 1961, 298; Lindacher FamRZ 1964, 116, 118; Hahnzog FamRZ 1971, 334, 339; Rauschert ZfJ 1962, 152, 159). Zu diesem Zweck genügt es nicht, den Vormund nur als Erziehungsberechtigten iSd Art 6 III GG einzuordnen (so aber Hansmann FamRZ 1962, 452; in der Sache auch Rüfner FamRZ 1963, 153, 154; Peters bei Nipperdey/Scheuner, Die Grundrechte, Bd IV, 1 S 375ff; Hampel FamRZ 1963, 537, 540). Dagegen ist dem Vormund sein Amt nicht in einer dem Elternrecht vergleichbaren Weise zugeordnet und unterliegt einer stärkeren Kontrolle vor allem im Bereich der Vermögenssorge (dazu Schrade, Die rechtlichen Grenzen der Entscheidung des VormG im Rahmen des § 1643 BGB, Diss Münster 1992).

4. Jugendämter werden nach Landesrecht für jede kreisfreie Stadt und jeden Landkreis errichtet (§ 69 I S 2 und III SGB VIII). Sache der Länder ist es, zu bestimmen, ob die Jugendhilfe als Selbstverwaltungs- oder als Auftragsangelegenheit durchgeführt wird (BVerfG 22, 210). In den meisten Ländern handelt es sich um eine Selbstverwaltungsangelegenheit (anders § 12 AG JWG für Nordrhein-Westfalen, § 10 AG JWG Baden-Württemberg).

Vor § 1773 Familienrecht Vormundschaft

Das JA hat das VormG bei allen Maßnahmen zu unterstützen, welche die Sorge für die Person Minderjähriger betreffen (§ 50 I S 1 SGB VIII), geeignete Personen und Vereine als Vormund oder Pfleger vorzuschlagen (§ 53 I SGB VIII), Vormünder und Pfleger zu beraten und zu unterstützen (§ 50 II SGB VIII) und in Unterstützung des VormG die Vormünder und Pfleger in der Personensorge zu überwachen (§ 53 III SGB VIII). Schließlich wird das JA kraft Gesetzes Vormund (§ 1791c) von Kindern, deren Eltern nicht miteinander verheiratet sind und von denen kein Teil sorgeberechtigt ist und kann allgemein zum Vormund oder Pfleger bestellt werden, wenn keine geeignete Einzelperson und kein Verein für das Amt gefunden werden kann (§ 1791b, vgl § 1791b Rz 2). Das JA ist alleiniger Träger der neuen Beistandschaft.

9 **5. Entwicklung seit 1900.** Das BGB kannte ursprünglich nur den Einzelvormund. Doch hatte Art 136 EGBGB landesgesetzliche Vorschriften aufrechterhalten, nach denen Vorstände staatlicher oder staatlich beaufsichtigter Anstalten oder Beamte kraft Gesetzes oder durch Bestallung zu Vormündern über diejenigen Minderjährigen bestellt werden konnten, die in ihrer Anstalt oder unter ihrer Aufsicht in einer von ihnen ausgewählten Familie oder Anstalt erzogen wurden. Die zahlreichen derartigen Landesgesetze über „Anstalts-, Berufs-, Gemeinde- oder Generalvormünder" – so die damaligen Bezeichnungen – (Nachweise bei Staud/Kuhlenbeck 7./8. Aufl 1914 Art 136 EGBGB Anm 5) zeigen, daß die Einzelvormundschaft schon vor 1900 nicht ausgereicht hatte, den sozialen Anforderungen zu entsprechen. Das 1924 in Kraft getretene JWG hob durch seinen § 48 zwar den Art 136 EGBGB auf, aber nur zu dem Zweck, die Materie der früheren landesgesetzlichen Bestimmungen in das Reichsrecht zu übernehmen und einheitlich zu regeln. Das JWG schuf also nicht nur die gesetzliche und die bestellte Amtsvormundschaft des JA neu, sondern behielt daneben in § 47 als Anstaltsvormundschaft die Möglichkeit bei, Vorstände von Anstalten, die unter der Verwaltung des Staates oder einer öffentlichen Körperschaft standen, auf ihren Antrag zu Vormündern, Pflegern oder Beiständen zu bestellen. Davon unterschied sich in § 49 der Vereinsvormund in der Form, daß Vorstände privater Anstalten oder Vereine, die vom Landesjugendamt für geeignet erklärt waren, auf ihren Antrag zu Vormündern, Pflegern und Beiständen bestellt werden konnten. Bereits seit der Jahrhundertwende hatten sich in Ergänzung sowohl zur Einzelvormundschaft des BGB als auch zu den von Art 136 EGBGB aufrechterhaltenen staatlichen oder halbstaatlichen Arten von Vormündern aus gesellschaftlicher Initiative private Vereinigungen gebildet, deren Vorstände satzungsgemäß mehrere Vormundschaften führten, wobei nicht der Verein, sondern sein Vorstand zum Vormund bestellt wurde und die Vereinsmitglieder ihn unterstützten, und zwar nicht nur durch finanzielle Beiträge, sondern auch bei der vormundschaftlichen Betreuung der Mündel; daran anknüpfend schuf das JWG den Vereinsvormund, bei dem nun aber der Verein als solcher zum Vormund bestellt wurde. Das RJWÄndG v 11. 8. 1961 (BGBl I 1193) schaffte den Anstaltsvormund sowie den Beamtenvormund ab. Die verbliebenen Vormundschaftstypen des JWG – die gesetzliche und bestellte Amtsvormundschaft des JA sowie die Vereinsvormundschaft – übernahm das NEhelG vom Jahre 1969 (§§ 1791a–c) ins BGB. An die Stelle des JWG ist seit dem 1. 1. 1991 das KJHG vom 26. 6. 1990 getreten, das seit dem 1. 7. 1998 als SGB VIII gilt. Nach dessen „Begriffsbestimmungen" in § 7 ist ein Minderjähriger bis zur Vollendung des 14. Lebensjahres „Kind" und danach bis zur Vollendung des 18. Lebensjahres „Jugendlicher". Im 4. Abschnitt des 3. Kapitels, den §§ 52a–58, regelt das SGB VIII „Beistandschaft, Pflegschaft und Vormundschaft für Kinder und Jugendliche", davor im 3. Abschnitt in § 50 die Mitwirkung des JA im Verfahren vor dem VormG und FamG.

10 **6.** Im Beitrittsgebiet gelten für die bestehenden und vorläufigen Vormundschaften die Regelungen des BGB ab dem Wirksamwerden des Beitritts (Art 235 § 14 Anl I Kap III des Einigungsvertrages).

11 **7.** Wegen der Grundsätze des zwischenstaatlichen Vormundschaftsrechts vgl die Erl zu Art 24 EGBGB.

Titel 1

Vormundschaft

Untertitel 1

Begründung der Vormundschaft

1773 *Voraussetzungen*
(1) **Ein Minderjähriger erhält einen Vormund, wenn er nicht unter elterlicher Sorge steht oder wenn die Eltern weder in den die Person noch in den das Vermögen betreffenden Angelegenheiten zur Vertretung des Minderjährigen berechtigt sind.**
(2) **Ein Minderjähriger erhält einen Vormund auch dann, wenn sein Familienstand nicht zu ermitteln ist.**

1 1. Kinder von Eltern, die miteinander verheiratet sind oder eine gemeinsame Sorgeerklärung abgegeben haben, stehen bis zur Volljährigkeit, auch nach Scheidung oder Aufhebung der Elternehe, grundsätzlich unter **elterlicher Sorge** (§§ 1626, 1626a I), ohne eine dieser Voraussetzungen grundsätzlich unter der elterlichen Sorge ihrer Mutter (§ 1626a II); ein adoptiertes Kind steht unter der elterlichen Sorge des (der) Annehmenden.

2 2. Einen **Vormund** erhält ein Minderjähriger,
   a) wenn kein Elternteil am Leben ist;
   b) wenn die elterliche Sorge beider Elternteile infolge Todeserklärung oder Feststellung der Todeszeit nach den Vorschriften des VerschollenheitsG geendet hat (§ 1677);

c) wenn kein Elternteil sorgeberechtigt ist, weil beiden
- die elterliche Sorge gem § 1666 entzogen ist oder
- die elterliche Sorge beider Elternteile ruht, weil
  - keiner voll geschäftsfähig ist (§ 1673),
  - das VormG festgestellt hat, daß sie auf längere Zeit die elterliche Sorge tatsächlich nicht ausüben können (§ 1674),
  - beide tatsächlich verhindert sind, die elterliche Sorge auszuüben (§ 1678 I);
d) wenn ein Elternteil tot oder aus einem der unter c) genannten Gründen nicht sorgeberechtigt ist und
- der andere Elternteil nicht vorhanden oder
- zwar vorhanden ist, aber die alleinige Sorge mangels der Voraussetzung gemeinsamer Sorgeberechtigung in den Fällen der §§ 1678 I, 1680 I, III nicht erworben hat oder sie ihm in den Fällen der §§ 1678 II, 1680 II, III vom FamG nicht übertragen worden ist;
e) wenn er adoptiert worden war, das Annahmeverhältnis aber wieder aufgehoben wurde, ohne daß die elterliche Sorge leiblichen Eltern gem § 1764 IV zurückübertragen wurde.

3. Diese Übersicht zeigt, daß es in aller Regel nicht zur Bestellung eines Vormunds oder Pflegers kommt, wenn einer der unter Rz 2 genannten Tatbestände nur bei einem Elternteil vorliegt:

a) Treten die Voraussetzungen des Todes, der Todeserklärung, der Feststellung der Todeszeit, des Entzuges, des Ruhens oder eine tatsächliche Verhinderung an der Ausübung der elterlichen Sorge bei einem von beiden **gemeinsam sorgeberechtigten** Elternteilen ein, so wird der andere **allein sorgeberechtigt** (§§ 1680 I, 1681 I, 1678 I).

b) Sind Eltern nach ihrer Trennung **nicht mehr gemeinsam sorgeberechtigt** und verliert der allein sorgeberechtigte Elternteil die Sorge aus einem dieser unter Rz 2 aufgeführten Gründen, so hat das VormG die elterliche Sorge dem anderen Elternteil zu übertragen, wenn dies dem Wohle des Kindes nicht widerspricht (§§ 1680 II S 1 und 3, 1681 I iVm § 1680 II S 1). Andernfalls ist ein Vormund bzw Pfleger zu bestellen. War dem einen Ehegatten das Sorgerecht entzogen, so prüft das VormG dann, wenn der andere aus einem der genannten Gründe seine alleinige Sorgeberechtigung verliert, ob die jenem gegenüber getroffene Entscheidung gem § 1696 geändert werden kann.

c) Waren die Eltern nie verheiratet und hatten auch keine Sorgeerklärungen abgegeben, so daß sie **nie gemeinsam sorgeberechtigt** waren, und endet das alleinige Sorgerecht der Mutter (§ 1626a II) aus einem der genannten Gründe, so überträgt das FamG die elterliche Sorge dem Vater, wenn dies dem Wohl des Kindes dient (§ 1680 II S 2 und 3).

d) Wird die elterliche Sorge **teilweise entzogen**, so kommt die Bestellung eines Vormunds nur in Betracht, wenn den Eltern nur die tatsächliche Sorge überlassen bleibt, etwa der Mutter eines Kleinkindes die tatsächliche Personensorge. Verlieren die Eltern mindestens das Vertretungsrecht in beiden Komplexen, der Personen- und der Vermögenssorge, so kann die Frage gestellt werden, ob die von den Eltern verlorenen Teile vollständig dem Vormund zukommen müssen. Das ist mit dem Hinweis zu bejahen, daß Mitvormünder (§ 1775) nach § 1797 II mit besonderen Wirkungskreisen bestellt werden können. Ausgeschlossen ist eine **Kombination von Vormund und Pfleger** in der Weise, daß der Pfleger nach § 1909 das den Eltern verbliebene Sorgerecht „ergänzt"; möglich ist lediglich, dem Vormund von Anfang an einen Ergänzungspfleger an die Seite zu stellen, etwa wegen vorhersehbaren Interessenkonflikten (§ 1790), wenn zB der Onkel als Vormund derselben Familiengesellschaft angehört wie das Mündel.

4. Der Bedarf nach einem Vormund ergibt sich bei einem Minderjährigen allein aus seiner statusrechtlichen Lage, daß er keine sorgeberechtigten Eltern hat. Darauf, daß Entscheidungen der elterlichen Sorge anstehen, kommt es nicht an. Das ist naturgemäß anders bei der die gesetzliche Vertretung einer natürlichen Person ergänzenden Pflegschaft, aber auch bei der Betreuung. Wenn ein geistig-seelisch Kranker oder Behinderter geschäftsunfähig ist, erhält er nur dann einen Betreuer als gesetzlichen Vertreter, wenn und soweit ein Bedürfnis besteht, die Bestellung eines Betreuers daher erforderlich ist.

5. a) Der Minderjährige erhält den Vormund grundsätzlich durch **Anordnung** des **VormG**. Das VormG kann schon vor der Geburt eines Kindes einen Vormund bestellen, wenn anzunehmen ist, daß das Kind mit seiner Geburt eines Vormunds bedarf (§ 1774). Der Anordnung der Vormundschaft steht nicht entgegen, daß der Minderjährige verheiratet ist (vgl §§ 1800, 1633).

b) Dagegen tritt die Amtsvormundschaft des JA für ein Kind, das eines Vormunds bedarf, gem § 1791c **automatisch** ein, wenn aa) das Kind bei seiner Geburt nicht unter elterliche Sorge tritt, sofern das VormG nicht pränatal einen Einzelvormund bestellt hat (§ 1791c I S 1); bb) die Vaterschaft des bis dahin allein sorgeberechtigten Mannes nach § 1592 Nr 1 oder 2 durch Anfechtung beseitigt wird (§ 1791c I S 2); cc) die Pflegschaft des JA für ein Kind, dessen Eltern nicht miteinander verheiratet sind, kraft Gesetzes endet und das Kind eines Vormunds bedarf (§ 1791c II), zB beim Tod der Mutter.

6. Fehlt Eltern die Berechtigung zur Vertretung des Kindes nur für die persönlichen oder nur für Vermögensangelegenheiten, so ist keine Vormundschaft einzuleiten, sondern nach § 1909 für den vertretungslosen Bereich ein **Pfleger** zu bestellen.

7. Nach Abs II ist eine Vormundschaft auch einzuleiten, wenn nicht festgestellt werden kann, unter wessen elterlicher Sorge ein Minderjähriger steht, oder ob überhaupt noch Eltern vorhanden sind, zB bei einem Findelkind. Das VormG hat darüber nach Anstellen der erforderlichen Ermittlungen (§ 12 FGG) zu entscheiden. Daß der Familienstand eines Minderjährigen bestritten wird, rechtfertigt die Einleitung einer Vormundschaft nicht; allenfalls kann nach § 1913 ein Pfleger bestellt werden.

8. Zur Beendigung der Vormundschaft vgl Erläuterungen zu §§ 1882ff.

§ 1774 Anordnung von Amts wegen

Das Vormundschaftsgericht hat die Vormundschaft von Amts wegen anzuordnen. Ist anzunehmen, dass ein Kind mit seiner Geburt eines Vormunds bedarf, so kann schon vor der Geburt des Kindes ein Vormund bestellt werden; die Bestellung wird mit der Geburt des Kindes wirksam.

1. Die Vormundschaft tritt auf Anordnung des VormG ein: **Bestellungsgrundsatz (S 1)**. Dieser Grundsatz wird durch § 1791c durchbrochen, wonach dann, wenn ein Kind im Zeitpunkt seiner Geburt oder später wegen rückwirkenden Wegfalls eines Scheinvaters eines Vormunds bedarf, das JA kraft Gesetzes Amtsvormund wird (§ 1773 Rz 9); auch wenn ein allein sorgeberechtigter Elternteil in die Adoption des Kindes einwilligt, wird kraft § 1751 das JA Vormund.

2. Die **Anordnung** der Vormundschaft ist zunächst nur die Entschließung des Gerichts, die der Auswahl und Bestellung des Vormunds notwendig vorangeht. Sie muß deutlich erkennbar hervortreten, bedarf aber keines förmlichen Beschlusses (Staud/Engler Rz 17). Insofern sie nach allgemeinem Verständnis zur Anhängigkeit der Vormundschaft iSd §§ 36 I S 2, 43 II, 47 II S 1 FGG führt (Keidel/Engelhardt § 36 Rz 2; Staud/Engler Rz 17), bleibt sie ein interner Akt. Nach MüKo/Wagenitz Rz 3 wird die bisher hM rechtsstaatlichen Erfordernissen nicht gerecht (so jetzt auch Gernhuber/Coester-Waltjen § 70 III S 2, ähnlich schon Drews Rpfleger 1981, 13). Es genügt jedoch, in bestimmten Konstellationen die Anordnung der Vormundschaft förmlich zu verfügen:

3. – Treten Anordnung der Vormundschaft einerseits und Auswahl und Bestellung des Vormunds andererseits deswegen auseinander, weil dazwischen ein **Zuständigkeitswechsel** liegt (Rz 7) so bedarf die Anordnung eines förmlichen Beschlusses.
– Kann dem Bedürfnis nach einem Vormund noch nicht sogleich durch Bestellung entsprochen werden, so kann nach § 1846 bereits die Anordnung der Vormundschaft Grundlage für **einstweilige Maßregeln** sein; als solche kommt vor allem die Bestellung eines „Ersatzpflegers" nach § 1909 III in Betracht.

4. Dagegen kann die Vorschrift des § 1802, wonach der Vormund das bei Anordnung der Vormundschaft vorhandene Vermögen zu verzeichnen hat, das Erfordernis eines förmlichen Beschlusses nicht begründen, weil der Vormund spätestens mit der Bekanntmachung seiner Auswahl von der damit wirksam werdenden Anordnung erfährt und er erst nach seiner Bestellung das Verzeichnis aufnehmen kann. Außerdem ist eine Rückdatierung des Stichtages nicht sachgemäß, weil Ansprüche wegen davor liegender Vermögensabflüsse, wo sie bekannt werden, ohnedies aufzunehmen sind (Spanl Rpfleger 1990, 278, 280 gegen Drews).

5. Mag die Anordnung formlos erfolgt oder als Beschluß erlassen sein, wirksam wird sie gem § 16 FGG mit der **Bekanntmachung**. Notwendiger Adressat ist der ausgewählte Vormund, der Mündel kann weiterer Adressat sein (Spanl Rpfleger 1990, 278, 280). Die Anordnung der Vormundschaft wird somit immer zusammen mit der **Auswahl** des Vormunds bekanntgemacht. Diese hat den Zweck, die Stellungnahme des Ausgewählten herbeizuführen und kann mit der Ladung zur Bestellung verbunden werden.

6. 3. Die Anordnung der Vormundschaft erfolgt **von Amts wegen**, ohne daß es eines Antrags bedarf, kann aber von jedermann **angeregt** werden. Bestimmte Behörden und Personen sind im Rahmen ihrer Tätigkeit zur **Anzeige** an das VormG verpflichtet, um diesem Tatsachen zur Kenntnis zu bringen, die ein Einschreiten, besonders die Anordnung einer Vormundschaft erfordern können. Es sind dies der Standesbeamte (§ 48 FGG), das JA (§ 50 III SGB VIII) und die Gerichte (§ 35a FGG). Der Tod des Vormunds ist von Mitvormund, Gegenvormund und Erben des Vormunds anzuzeigen (§ 1894), der Tod des Gegenvormunds von Vormund und Erben des Gegenvormunds (§ 1895). Wird einem Standesbeamten der Tod einer Person, die ein minderjähriges Kind hinterlassen hat, oder die Geburt eines Kindes nach dem Tod des Vaters oder die Auffindung eines Minderjährigen, dessen Familienstand nicht zu ermitteln ist, angezeigt, so hat nach § 48 FGG der Standesbeamte dem VormG hiervon Anzeige zu machen.

7. 4. Sachlich und funktional **zuständig** ist das Amtsgericht, intern das VormG, und unter den Voraussetzungen der §§ 1693, 1697 für Anordnung und Auswahl daneben vorrangig das FamG. Beim VormG sind Anordnung, Auswahl und Bestellung gem § 3 Nr 2 lit a RpflG Sache des Rechtspflegers; nur bei ausländischem Mündel sowie für die Anordnung einer Pflegschaft aufgrund dienstrechtlicher Vorschriften besteht Richtervorbehalt (§ 14 Nr 4 RpflG). Örtlich zuständig ist nach § 36 FGG das Gericht des Wohnsitzes oder bei Fehlen eines inländischen Wohnsitzes der gewöhnliche Aufenthalt des Mündels. Für einen deutschen Mündel ohne Wohnsitz oder Aufenthalt im Inland ist das AG Schöneberg zuständig. Für Anordnung und Bestellung vor der Geburt des Kindes kommt es nach § 36a FGG auf Wohnsitz oder Aufenthalt der Mutter an. Ist mit der Geburt eines Kindes gem § 1791c, § 55 I SGB VIII die Amtsvormundschaft desjenigen JA eingetreten, in dessen Bezirk die Mutter ihren gewöhnlichen Aufenthalt hat (§ 87c I SGB VIII), so ist bis zum Eingreifen des nach §§ 36, 36a FGG zuständigen VormG gem § 36b FGG auch das Gericht, in dessen Bezirk das Kind geboren ist, für die erforderlichen Maßregeln zuständig; es soll hiervon dem nach § 36 FGG zuständigen VormG Mitteilung machen.

8. Einstweilen frei.

9. 5. Die von einem **örtlich unzuständigen** VormG eingeleitete Vormundschaft ist **wirksam** (§ 7 FGG). Gleiches gilt bei einer Verletzung der funktionalen (Beschwerdegericht statt Amtsgericht) oder gerichtsinternen Zuständigkeit (FamG statt VormG) sowie nach § 8 RpflG, wenn der Richter anstelle des Rechtspflegers gehandelt hat oder umgekehrt, es sei denn, das Geschäft sei dem Rechtspfleger unter keinen Umständen übertragen oder übertragbar. Grundsätzlich ist die Maßnahme eines unzuständigen Richters aber mit der Beschwerde **anfechtbar**. Auf der Grenze von formellen zu materiellen Mängeln liegt es, wenn das Verfahren keinen Betroffenen hat, weil der Mündel bei der Anordnung bereits verstorben ist (BayObLG 1919, 126). Auch in solchen Fällen ist die Anordnung als unwirksam anzusehen. Hat das VormG jedoch materielle Voraussetzungen verkannt, so ist dies entgegen Hab-

scheid NJW 1966, 1793f nicht dem Wegfall von Voraussetzungen gleichzusetzen, mit dem die Vormundschaft gem § 1882 automatisch endet. Anders als im Fall des § 1882 besteht dann, wenn das VormG die Voraussetzungen der Vormundschaft zu Unrecht angenommen hat, zwischen den Tatsachen und der gerichtlichen Feststellung ein Widerspruch, der im Interesse der Rechtssicherheit solange im Sinne der gerichtlichen Feststellung gelöst werden muß, bis diese durch einen folgenden gerichtlichen Akt ersetzt ist. Über die Wirksamkeit der Anordnung ist somit lediglich im Verfahren der freiwilligen Gerichtsbarkeit zu entscheiden (BGH 5, 240, 242; 41, 303, 309; RG 84, 95, sämtlich Pflegschaften betreffend). Bezweifelt ein Prozeßgericht die Richtigkeit der Anordnung, so kann es beim VormG die Aufhebung gem § 18 FGG anregen und sein Verfahren bis zur Entscheidung aussetzen (BGH 41, 303, 309). Diese Grundsätze gelten auch, wenn bei ausländischer Staatsangehörigkeit des Mündels Verletzung des Art 24 EGBGB gerügt wird (RGSt 45, 309 zu Art 23 EGBGB aF) oder in der irrtümlichen Annahme, daß der Mündel unbevormundet sei, ein zweiter Vormund bestellt worden ist (RG HRR 1933 Nr 1588; Soergel/Zimmermann Rz 8; Gernhuber/Coester-Waltjen § 70 III S 3; anders MüKo/Wagenitz Rz 8: Unwirksamkeit der zweiten Bestellung). In diesem Falle ist Mitvormundschaft anzunehmen (§ 1797). Auch wenn die Aufhebung im Verfahren der Freiwilligen Gerichtsbarkeit erfolgt, hat sie nach § 32 FGG keinen Einfluß auf die Wirksamkeit der von und gegenüber dem Vormund vorgenommenen Rechtsgeschäfte und der darauf beruhenden Ansprüche (BayObLG 1923, 61), auch nicht auf etwaige Schadensersatzansprüche gegen den Richter aus der bisherigen vormundschaftsgerichtlichen Verwaltung (RG 84, 97) und die Festsetzung der Vergütung des Vormunds (KGJ 53, 77). Andererseits wird die Geschäfts- und Prozeßfähigkeit des Bevormundeten durch eine – zB bei irrtümlicher Annahme seiner Minderjährigkeit – zu Unrecht eingeleitete Vormundschaft nicht berührt.

6. Beschwerdebefugt gegenüber der **Anordnung** der Vormundschaft ist der Mündel aus § 20 I FGG, weil ihm ein Anordnungs- und Vertretungsberechtigter vorgeordnet wird. Dem Minderjährigen fehlt jedoch grundsätzlich analog §§ 104ff (BGH 35, 1, 4) die Verfahrensfähigkeit zur selbständigen Wahrnehmung des Beschwerderechtes. Da sich aber eine Vormundschaft notwendig auf die Vertretung in den die Person betreffenden Angelegenheiten erstreckt (§ 1773), folgt die Beschwerdebefugnis des Mündels aus § 59 FGG; nach dessen Abs I S 1 ist der Mündel selbständig, also ohne Mitwirkung seines gesetzlichen Vertreters, beschwerdeberechtigt, wenn er das 14. Lebensjahr vollendet hat und nicht geschäftsunfähig ist. 10

In allen Fällen kann das Beschwerderecht des Mündels durch den Vormund als gesetzlicher Vertreter ausgeübt werden, in Fällen, in denen der Mündel selbständig beschwerdeberechtigt ist, jedoch nicht gegen dessen Willen. Die Beschwerdebefugnis hat auch der Vormund gem § 57 I Nr 9 FGG wie andere Dritte, die ein berechtigtes Interesse an der Wahrnehmung des Mündelinteresses haben. Soweit Eltern das Sorgerecht entzogen wurde, fehlt ihnen grundsätzlich die Beschwerdebefugnis aus § 57 I Nr 9 FGG (BGH NJW 1956, 1755). 11

Gegen die **Ablehnung der** Anordnung der Vormundschaft steht gem § 57 I Nr 1 FGG jedem die Beschwerde zu, der ein rechtliches Interesse an der Änderung hat, ferner stets dem Ehegatten, den Verwandten und den Verschwägerten des Mündels. 12

1775 *Mehrere Vormünder*
Das Vormundschaftsgericht kann ein Ehepaar gemeinschaftlich zu Vormündern bestellen. Im Übrigen soll das Vormundschaftsgericht, sofern nicht besondere Gründe für die Bestellung mehrerer Vormünder vorliegen, für den Mündel und, wenn Geschwister zu bevormunden sind, für alle Mündel nur einen Vormund bestellen.

1. Textgeschichte und Grundgedanke der Neuregelung. Geändert durch Art 1 Nr 3 BtÄndG, Amtl Begr BT-Drucks 13/7158 S 21. Vor der Änderung hatte die Vorschrift den Grundsatz der Alleinvormundschaft und eines gemeinsamen Vormunds für mehrere Geschwister ausgedrückt, der aber Ausnahmen nicht ausschloß. Bei dem Grundsatz ist es mit der Abschwächung geblieben, daß nunmehr S 1 die gemeinschaftliche Ehegattenvormundschaft als Vormundschaftstyp instituiert. Eine gemeinsame Vormundschaft von Ehegatten sei in besonderem Maß geeignet, den personalen Charakter der Vormundschaft zu verdeutlichen und sie damit dem Eltern-Kind-Verhältnis anzunähern (Amtl Begr aaO). 1

2. Ein Mündel kann einen Alleinvormund haben oder mehrere Mitvormünder. Geschwister können einen **gemeinsamen Vormund** haben, mehrere Mitvormünder oder Alleinvormünder. Mitvormünder können die Vormundschaft gemeinsam führen oder nach Geschäftskreisen aufgeteilt, jedoch nicht nach Personen, weil dann mehrere Alleinvormünder vorliegen. Aus § 1775 kann nicht gefolgert werden, daß nicht miteinander verheiratete Personen, die ehrenamtlich oder beruflich Vormundschaften führen, nicht zu Mitvormündern desselben Mündels bestellt werden könnten oder daß mehrere Mündel nur als Geschwister dieselben Personen zu Mitvormündern haben können. Vielmehr stellt § 1775 nur die Regel der gemeinsamen Vormundschaft für Geschwister auf und nimmt davon Ehegatten als Mitvormünder aus. 2

3. Obwohl die Ehegattenvormundschaft als eigener Typ vorangestellt wird, ist kein Regel-Ausnahme-Verhältnis begründet. Wo aber ein Kind bei miteinander verheirateten Pflegeeltern aufwächst, ist es sach- und zweckgemäß, beide Pflegeeltern zu Mitvormündern zu bestellen. Dagegen würde es sprechen, wenn die Ehe krisenhaft wäre und instabil erschiene. Eine Diskriminierung nicht miteinander verheirateter Pflegeeltern liegt nicht vor, weil diese unter besonderen Umständen als Ausnahme vom Grundsatz der Alleinvormundschaft zu Mitvormündern bestellt werden können. Die in § 1798 begründete Kompetenz des VormG zur Entscheidung einer **Meinungsverschiedenheit** zwischen verschiedenen Vormündern entspricht in etwa der für Eltern in § 1628 vorgesehenen Regelung, wobei die unmittelbare Entscheidungskompetenz des Gerichts der geringeren Autonomie der Vormundschaft gegenüber der durch Art 6 II GG besonders geschützten Elternschaft entspricht, vgl vor § 1773 Rz 7. S 1 bedeutet 3

§ 1775   Familienrecht Vormundschaft

nicht, daß die von § 1797 II eröffnete Möglichkeit, daß das VormG die Führung der Vormundschaft unter mehreren Vormündern nach bestimmten Wirkungskreisen verteilt, für Ehegatten ausgeschlossen wäre.

4 4. Der **Grundsatz der Alleinvormundschaft** gilt auch für die Gegenvormundschaft (§ 1792 IV) und entsprechend für die Pflegschaft (§ 1915 I). a) Immer können aus besonderen Gründen einem Mündel mehrere Vormünder bestellt werden. Solche Gründe sind Umfang und/oder Schwierigkeit der Vermögensverwaltung (LG Berlin JW 1934, 1295, 1296) oder Vermögen an einem vom Aufenthaltsort des Mündels entfernten Ort oder an verschiedenen Orten, besonders im Ausland. Mehrere Vormünder sind grundsätzlich Mitvormünder, doch kann das VormG nach § 1797 II die Führung der Vormundschaft nach bestimmten Wirkungskreisen verteilen.

5 b) Der Grundsatz der gemeinsamen Vormundschaft gilt auch bei halbbürtigen Geschwistern (KGJ 47, 10). Besondere Gründe für ein Abweichen sind dieselben, die bei einem einzigen Mündel für mehr als einen Vormund sprechen (Rz 3). Hinzu kommt die Möglichkeit eines Interessengegensatzes zwischen den Geschwistern, der bei einem Alleinvormund häufiger die Bestellung eines Ergänzungspflegers erforderlich machen würde. Diese Gründe sind abzuwägen gegen den personalen Zusammenhalt der Geschwister, dem die Alleinvormundschaft am besten dient und der bei mehreren Mitvormündern durch Vereinbarung einer gegenseitigen Besuchsregelung gefördert werden kann (Hasel BWNotZ 1986, 82). Erhalten nicht alle Geschwister einen einzigen Vormund, so sind die einzelnen Vormünder nicht Mit-, sondern Alleinvormünder, so daß die Voraussetzung für § 1797 nicht gegeben ist (Gernhuber/Coester-Waltjen § 70 IV S 8).

6 5. Eltern können im Rahmen ihres Bestimmungsrechts (§ 1776) weder den Grundsatz der Alleinvormundschaft noch das Abgehen von ihm ausschließen. Sie können lediglich für den Fall, daß mehrere Vormünder bestellt werden, mehrere Personen als Vormünder benennen.

7 6. Die Bestellung eines Ehepaars zu gemeinschaftlichen Vormündern steht im Ermessen des Gerichts (Amtl Begr). Die „besonderen Gründe" für die Abweichung vom Grundsatz der Alleinvormundschaft für einen oder mehrere Mündel sind **unbestimmter Rechtsbegriff** (für Ermessen: die hL im Anschluß an BayObLG 1905, 118).

8 7. Jeder, der zum Mitvormund bestellt werden soll, hat nach § 1786 I Nr 7 ein Ablehnungsrecht. Das gilt im Fall von S 1 auch für jeden Ehegatten. Wer als Alleinvormund berufen ist, muß zustimmen, wenn neben ihm ein Mitvormund bestellt werden soll (§ 1778 IV).

9 8. Ein Zusammentreffen zweier Alleinvormünder für einen Mündel kann es nur aufgrund von § 47 FGG bei einem deutschen Mündel im Ausland geben, der zusätzlich zu der ausländischen Vormundschaft in seinem Interesse auch einen inländischen Vormund erhält (vgl dazu Keidel/Engelhardt, FGG, § 47 Rz 5).

1776 *Benennungsrecht der Eltern*
(1) Als Vormund ist berufen, wer von den Eltern des Mündels als Vormund benannt ist.
(2) Haben der Vater und die Mutter verschiedene Personen benannt, so gilt die Benennung durch den zuletzt verstorbenen Elternteil.

1 1. Die Benennung eines Vormunds durch dazu berechtigte Eltern des Mündels hat zur Folge, daß dann, wenn deren Tod die Vormundschaft erforderlich macht, der Benannte als Vormund berufen und demgemäß vom VormG zu bestellen ist, wenn er nicht nach § 1778 übergangen werden darf oder gem §§ 1780, 1781, 1784 ein Hinderungsgrund besteht. Der Berufene kann seine Bestellung aus den Gründen des § 1786 ablehnen.

2 Die Vorschriften über die Berufung (§§ 1776–1778) gelten auch für den Gegenvormund (§ 1792 I), dagegen nicht für den Pfleger in den Fällen der §§ 1909 I S 1 und 3, 1912 (§ 1912 Rz 8), 1913 und 1914 (vgl §§ 1907, 1916). Ebenso entfällt ihre Anwendung bei der gesetzlichen Amtsvormundschaft (§ 1791c, § 55 I SGB VIII) und -pflegschaft (§ 1709, § 55 I SGB VIII).

3 Das **Benennungsrecht** fließt aus der elterlichen Sorge und steht jedem gemeinschaftlich oder dem allein sorgeberechtigten Elternteil zu (§ 1777 I); die Benennung erfolgt durch letztwillige Verfügung (§ 1777 III). Eine gemeinsame Berufung ist nicht bindend oder wechselbezüglich und kann jederzeit geändert werden. **Benannt werden kann** auch ein rechtsfähiger Verein (§ 1791a I), nicht dagegen das JA (§ 1791b I S 2).

4 **Widersprüchliche** Benennung: haben die Eltern verschiedene Personen benannt, so ist die Benennung durch den Letztverstorbenen maßgebend (Abs II). Denn der überlebende Ehegatte konnte die Weiterentwicklung der Verhältnisse nach dem Tod des anderen verfolgen und die Zweckmäßigkeit der früheren Benennung unter den veränderten Verhältnissen beurteilen. Abs II gilt auch, wenn die Benennung durch den letztverstorbenen vor der abweichenden Benennung durch den erstverstorbenen Elternteil erfolgt war (so auch Soergel/Zimmermann Rz 5; Gernhuber/Coester-Waltjen § 70 IV S 6); denn auch das bloße Bestehenlassen einer eigenen Benennung nach dem Tod des anderen Elternteils kann auf jüngerer Beurteilung beruhen. Zu widersprechenden Benennungen wird es vor allem dann kommen, wenn beide Elternteile nicht gemeinschaftlich und gleichzeitig sorgeberechtigt waren, sondern zunächst der eine und nach dessen Tod der andere sorgeberechtigt war; auch dann gilt der Vorrang für den Letztverstorbenen. Hatte aber ein Elternteil zu seinen Lebzeiten die Sorgeberechtigung verloren und auch nicht wiedererlangt, besteht kein Widerspruch, weil die Benennung dieses Elternteils infolge § 1777 I wirkungslos ist. Bei **gleichzeitigem Versterben** beider Eltern muß das VormG zwischen widersprüchlichen Erklärungen wählen (MüKo/Wagenitz Rz 7); so bleibt das Elternrecht am weitestgehenden gewahrt. Aus diesem Grund ist die Benennung des Letztverstorbenen auch wirksam, wenn der andere Elternteil keine Benennung vorgenommen hatte und ebenso die einseitige Benennung des Vorverstorbenen, die der andere Teil nicht durch eine widersprechende Benennung entkräftet hat.

2. Großeltern des Mündels sind bei der Berufung als Vormund nicht kraft Gesetzes bevorzugt (anders § 1776 **5** Nr 3 und 4 bis zu seiner Änderung durch das GleichberG). Sie können lediglich von den Eltern gem Abs I benannt werden und genießen bei der Auswahl den Vorrang des § 1779 II S 3.

3. Der berufene Vormund, gegen dessen Bestellung kein Hinderungsgrund der §§ 1780, 1781, 1784 spricht, hat **6** einen Anspruch auf Bestellung und darf ohne seine Zustimmung nur aus einem der in § 1778 aufgeführten Gründe übergangen werden. Bei Übergehung steht ihm sofortige Beschwerde zu (§ 60 I Nr 1, II FGG).

1777 *Voraussetzungen des Benennungsrechts*

(1) Die Eltern können einen Vormund nur benennen, wenn ihnen zur Zeit ihres Todes die Sorge für die Person und das Vermögen des Kindes zusteht.
(2) Der Vater kann für ein Kind, das erst nach seinem Tode geboren wird, einen Vormund benennen, wenn er dazu berechtigt sein würde, falls das Kind vor seinem Tode geboren wäre.
(3) Der Vormund wird durch letztwillige Verfügung benannt.

1. Weil das **Benennungsrecht** in der elterlichen Sorge wurzelt, setzt es bei dem einzelnen Elternteil voraus, **1** daß es grundsätzlich das Sorgerecht, wenn auch gemeinsam mit dem anderen, unbeschränkt innehat, und zwar im Zeitpunkt des Todes, nicht dem der Benennung. Im Fall des § 1633 läßt das Fehlen der tatsächlichen Sorge das Benennungsrecht jedoch bestehen, wie aus § 1778 III folgt und darin begründet ist, daß der Grund des Fehlens nicht auf mangelnde Erziehungseignung hindeutet. Das Benennungsrecht entfällt daher bei demjenigen, dem die elterliche Sorge ganz oder teilweise fehlt. Das Benennungsrecht entfällt für beide Elternteile, wenn die elterliche Sorge zwischen ihnen nach Trennung gem § 1671 aufgeteilt wurde, es sei denn, sie benennen dieselbe Person. Erhält nach dem Tod des einen Teils der andere das alleinige Sorgerecht, so ist er benennungsberechtigt.

2. Ob den Eltern oder einem Elternteil das Benennungsrecht zusteht, ist nach den Verhältnissen **zur Zeit des** **2** **Todes**, nicht zur Zeit der Anordnung, zu beurteilen. Eine Benennung wird daher wirkungslos, wenn der Benennende später das Sorgerecht verliert und auch nicht wiedererlangt. Daher ist eine Benennung auch für künftig zu erwartende Kinder zulässig. Der Vater kann nach **Abs II** einen Vormund sogar für ein Kind benennen, das erst nach seinem Tode geboren wird, wenn ihm das Benennungsrecht bei Geburt des Kindes zugestanden hätte, falls er diese erlebt hätte.

Nach erfolgreicher Anfechtung der Vaterschaft (§§ 1599ff) ist die Benennung eines Vormundes durch den frühe- **3** ren Scheinvater unwirksam.

3. Die Benennung kann (aufschiebend oder auflösend) bedingt oder durch Anfangs- oder Endtermin befristet **4** werden (BayObLG 1928, 270). Eine solche Anordnung kann nur so verstanden werden, daß sie die entsprechende Ausschließung (§ 1782) des eingeschränkt Benannten zur Kehrseite hat. Dann ist der Benannte vor Eintritt der aufschiebenden Bedingung oder dem Anfangstermin als vorübergehend verhindert iSv § 1778 II nicht, sondern zunächst unter Vorbehalt ein anderer als Vormund zu bestellen (§ 1790), der nach Eintritt der Bedingung oder des Termins ohne weiteres zu entlassen ist; an seiner Stelle ist der Benannte zu bestellen (vgl § 1790 Rz 1, § 1886 Rz 6).

4. Besondere **Bestimmungen über die Befugnisse** des benannten Vormunds können von dem benennenden **5** Elternteil nur getroffen werden, soweit das Gesetz dies ausdrücklich zuläßt (vgl §§ 1797 III, 1803 I, 1852–1857). Auch die Benennung als Ersatzvormund ist zulässig.

1778 *Übergehen des benannten Vormunds*

(1) Wer nach § 1776 als Vormund berufen ist, darf ohne seine Zustimmung nur übergangen werden,
1. wenn er nach den §§ 1780 bis 1784 nicht zum Vormund bestellt werden kann oder soll,
2. wenn er an der Übernahme der Vormundschaft verhindert ist,
3. wenn er die Übernahme verzögert,
4. wenn seine Bestellung das Wohl des Mündels gefährden würde,
5. wenn der Mündel, der das 14. Lebensjahr vollendet hat, der Bestellung widerspricht, es sei denn, der Mündel ist geschäftsunfähig.
(2) Ist der Berufene nur vorübergehend verhindert, so hat ihn das Vormundschaftsgericht nach dem Wegfall des Hindernisses auf seinen Antrag anstelle des bisherigen Vormundes zum Vormund zu bestellen.
(3) Für einen minderjährigen Ehegatten darf der andere Ehegatte vor den nach § 1776 Berufenen zum Vormund bestellt werden.
(4) Neben dem Berufenen darf nur mit dessen Zustimmung ein Mitvormund bestellt werden.

1. Textgeschichte. Abs I neugefaßt durch Art 1 Nr 45 SorgeRG vom 18. 7. 1979 (BGBl I S 1061); Abs III neu- **1** gefaßt durch Art 1 Nr 30 GleichberG vom 18. 6. 1957 und erneut geändert durch Art 1 Nr 2 AdG vom 2. 7. 1976.

2. Die Berufung kraft § 1776 begründet das Recht, als Vormund bestellt zu werden; der Berufene darf ohne **2** seine Zustimmung nur aus den Gründen des § 1778 übergangen werden. Der Sache nach sind diese Gründe solche mangelnder Eignung, gleichwohl schließen sie nur die der **Nr 1** (Unfähigkeit oder Untauglichkeit) es rechtslogisch aus, die Person als Vormund auszuwählen. Wird in den anderen Fällen die Person ausgewählt, so besteht eine Pflicht zur Übernahme der Vormundschaft, wenn nicht ein Ablehnungsrecht nach § 1785 besteht. Praktisch wird es indessen nicht vorkommen, daß jemand, der nach § 1778 übergangen werden darf, gleichwohl als geeignet ausgewählt wird.

§ 1778 Familienrecht Vormundschaft

3   3. Die **Zustimmung zu seiner Übergehung** kann der Berufene auch dem JA gegenüber erklären. Ist ein als Vormund Berufener mit seiner Zustimmung, aber ohne einen Grund der Nr 1–5 übergangen worden, so ist seine Berufung zu beachten, wenn später ein neuer Vormund zu bestellen ist. Gleiches gilt, wenn ein Grund der Nr 1–5 gegeben war, in dem späteren Zeitpunkt aber, zu dem ein neuer Vormund zu bestellen ist, weggefallen ist.

4   Zu **Nr 2**: Verhinderung zB durch Abwesenheit oder Krankheit. Bei nur vorübergehender Verhinderung s Abs II.

5   Zu **Nr 4**: Die Gefährdung des Wohls des Mündels ist ein unbestimmter Rechtsbegriff, dessen Anwendung vom Rechtsbeschwerdegericht voll nachgeprüft werden kann; ein Ermessensspielraum ist nicht gegeben (Gernhuber/Coester-Waltjen § 70 IV S 7 Fn 16; MüKo/Wagenitz Rz 13; Soergel/Zimmermann Rz 4; Göppinger FamRZ 1960, 258, Fn 73; Jansen § 27 FGG Rz 25; Keidel/Kahl § 27 FGG Rz 31a; RGRK/Dickescheid Rz 5; aA BayObLG 1957, 315; KG OLG 18, 289; Pal/Diederichsen Rz 2; AK/Huhn Rz 3). Auf ein Verschulden des Berufenen kommt es nicht an. Es genügt die Möglichkeit einer Beeinträchtigung des Wohls des Mündels (BayObLG 1919, 166, 169), so eine tiefgehende Entfremdung zwischen dem Berufenen und dem Mündel (KG OLG 42, 111), zu hohes Alter und Gebrechlichkeit des Berufenen, wobei jedoch nicht von allgemeinen Erfahrungssätzen auszugehen, sondern die besondere Lage des Einzelfalles zu berücksichtigen ist (BayObLG 1924, 109, 110). Religionsverschiedenheit rechtfertigt an sich die Übergehung nicht (BayObLG OLG Rspr 43, 377), ebensowenig ein Interessengegensatz wie im Fall, daß der als Vormund Berufene den Minderjährigen adoptieren möchte (BayObLG FamRZ 1992, 1346, 1348). Wenn es das Wohl des Mündels erfordert, kann das VormG die Sorge für die religiöse Erziehung gem § 1801 dem Einzelvormund entziehen und einem Pfleger übertragen oder einen Mitvormund mit gem § 1797 II bestimmtem Wirkungskreis bestellen; § 1801 gilt nicht für den Amts- und Vereinsvormund. Das JA oder ein Verein haben bei der Unterbringung des Mündels auf das religiöse Bekenntnis oder die Weltanschauung des Mündels und seiner Familie Rücksicht zu nehmen (§ 1801 II).

6   Zu **Nr 5**: Dieser durch das SorgeRG angefügte Übergehungsgrund ergab sich aus dem Reformziel, der zunehmenden Selbstverantwortlichkeit der Heranwachsenden Rechnung zu tragen (BT-Drucks 8/2788 S 69).

7   4. Nach dem zuletzt durch das AdG neugefaßten **Abs III** darf für einen minderjährigen Ehegatten vor dem durch seine Eltern Benannten der andere **Ehegatte** zum Vormund bestellt werden. Obwohl ein Ehegatte als Vormund des anderen wenig der modernen Vorstellung ehelicher Partnerschaft entspricht, ist andererseits auch das Hineinregieren eines anderen Dritten als den Eltern eines Gatten der Ehe nicht gemäß. Einen Anspruch auf Bestellung hat der Ehegatte nicht. Zur güterrechtlichen Stellung eines Ehegatten als Vormund des anderen s 8. Aufl Rz 3.

8   5. Gegen seine Übergehung steht dem Berufenen die **sofortige Beschwerde** zu (§ 60 I Nr 1 FGG). Die Beschwerdefrist beginnt mit dem Zeitpunkt, in dem er Kenntnis von seiner Übergehung erhält (§ 60 II FGG; vgl dazu KG RJA 12, 177; JW 1937, 963). Die Übergehung kann außer in der Bestellung eines anderen Vormunds (KGJ 39, 5, 7) auch in der Ablehnung eines Antrags des Berufenen liegen, ihn zum Vormund zu bestellen (KG RJA 6, 130). Versäumt er es, gegen die Ablehnung rechtzeitig sofortige Beschwerde einzulegen, so steht ihm diese gegen die später erfolgende Bestellung des Vormunds nicht mehr zu (KG OLG 10, 322, 323). Auch das VormG kann seine Verfügung nicht abändern (§ 18 II FGG). Der Übergangene hat neben der sofortigen Beschwerde nicht das Recht, die Entlassung des Vormunds zu beantragen (BayObLG 1906, 84, 88). Hat die Beschwerde jedoch Erfolg, so ist der Berufene zum Vormund zu bestellen und ein bereits bestellter anderer Vormund zu entlassen, auch wenn dies nicht bei der Bestellung vorbehalten war (§ 1886 Rz 7).

9   6. Nach **Abs IV** kann die gem § 1775 aus besonderen Gründen zulässige **Bestellung eines Mitvormunds** nur mit Zustimmung dessen erfolgen, der als Vormund berufen ist; das gilt auch für denjenigen, der als Vormund für Geschwister berufen ist. Wer bestellt ist und der Mitvormundschaft zugestimmt hat, hat keinen Einfluß auf die Auswahl des Mitvormunds. Wenn die Verweigerung der Zustimmung die Interessen des Mündels gefährdet, kann der Berufene nach Abs I übergangen oder nach § 1886 entlassen werden (BayObLG JFG 1, 74). Sind für den Fall der Einrichtung einer Mitvormundschaft mehrere Vormünder benannt, so ist gegenseitige Zustimmung nicht erforderlich. Auf den Gegenvormund (§ 1792) ist Abs IV nicht anwendbar (BayObLG 1918, 53, 54).

1779 *Auswahl durch das Vormundschaftsgericht*

(1) Ist die Vormundschaft nicht einem nach § 1776 Berufenen zu übertragen, so hat das Vormundschaftsgericht nach Anhörung des Jugendamts den Vormund auszuwählen.

(2) Das Vormundschaftsgericht soll eine Person auswählen, die nach ihren persönlichen Verhältnissen und ihrer Vermögenslage sowie nach den sonstigen Umständen zur Führung der Vormundschaft geeignet ist. Bei der Auswahl unter mehreren geeigneten Personen sind der mutmaßliche Wille der Eltern, die persönlichen Bindungen des Mündels, die Verwandtschaft oder Schwägerschaft mit dem Mündel sowie das religiöse Bekenntnis des Mündels zu berücksichtigen.

(3) Das Vormundschaftsgericht soll bei der Auswahl des Vormunds Verwandte oder Verschwägerte des Mündels hören, wenn dies ohne erhebliche Verzögerung und ohne unverhältnismäßige Kosten geschehen kann. Die Verwandten und Verschwägerten können von dem Mündel Ersatz ihrer Auslagen verlangen; der Betrag der Auslagen wird von dem Vormundschaftsgericht festgesetzt.

1   1. **Textgeschichte.** Abs I geändert sowie Abs II S 3 letzter Hs und Abs III angefügt durch Art 1 Nr 52 NEhelG vom 19. 8. 1969; Abs II S 2 geändert und S 3 gestrichen durch Art 1 Nr 41 KindRG; Abs III S 3 aufgehoben durch Art 1 Nr 46 SorgeRG vom 18. 7. 1979.

2   2. Wenn kein Vormund nach § 1776 benannt oder der kraft Benennung Berufene nach § 1778 übergangen wird, hat das VormG einen geeigneten Vormund auszuwählen. § 1779 gibt Kriterien und Richtlinien für die Auswahl und das Auswahlverfahren. Die „Eignung" als unbestimmter Rechtsbegriff (BayObLG 1964, 277, 281; MüKo/ Wagenitz Rz 4; Soergel/Zimmermann Rz 5; Keidel/Kahl § 27 FGG Rz 26b, 31a) ist auf weitere Beschwerde voll nachprüfbar; die Auswahl zwischen mehreren gleichrangig geeigneten Personen trifft das VormG nach seinem Ermessen (Soergel/Damrau Rz 6). Im Unterschied zu einem nach § 1776 als Vormund Berufenen hat der „Auszuwählende" jedoch kein Recht auf Bestellung, was sich auf die Rechtsbehelfe auswirkt (Rz 14).

3. Oberstes Auswahlkriterium ist die **Eignung** (Abs II S 1), dem wohlverstandenen Interesse des Mündels zu dienen, in dem Sinne, daß kein ungeeigneter Vormund ausgewählt werden darf. Unter dieser Voraussetzung gibt Abs II S 2 eine Reihe von Kriterien, nämlich des mutmaßlichen Elternwillens, der persönlichen Bindungen des Mündels, der Angehörigkeit und des religiösen Bekenntnisses, deren gesetzliche Reihenfolge zugleich ihre Gewichtung zum Ausdruck bringen soll (Amtl Begr BT-Drucks 13/7158 S 21). Diese Gewichtung ist grundrechtlich verankert, wenn ein mutmaßlicher Elternteil gem Art 6 II GG an erster Stelle steht, gefolgt von den Bindungen des Mündels (Art 2 II GG) und der weiteren Familie (Art 6 I GG).

a) In Abs II S 2 hat das KindRG die Hinweise im früheren Wortlaut auf eine Rangfolge der genannten Kriterien beseitigt. Die Kriterien sind nach wie vor bindend, aber bei der Auswahl des Vormunds berücksichtigt das VormG das eine oder das andere nach seinem Ermessen (BR-Drucks 886/96 Anlage S 20). Das Kriterium des **mutmaßlichen Elternwillens** ergänzt das elterliche Benennungsrecht aus § 1776 und das elterliche Bestimmungsrecht aus § 1797 III, die jedoch beide nur postmortal wirken. Sind die Eltern verstorben, so ergänzt § 1779 II S 1 das Benennungsrecht von der informellen Seite, indem der Wille nicht in der Form des § 1777 III gegossen sein muß; wegen der fehlenden Formalisierung wird dieser Wille, wenig treffend, als mutmaßlich angesprochen. Für das Gewicht solchen mutmaßlichen Willens der verstorbenen Eltern kommt es in Anlehnung an § 1777 I darauf an, ob die Eltern bei ihrem Tod sorgeberechtigt waren. Divergierende Richtungen im mutmaßlichen Willen beider sorgeberechtigten Elternteile können das Gewicht erheblich schwächen. Sind die Eltern am Leben, aber nicht sorgeberechtigt, so ist je nach Umfang der fehlenden Sorgeberechtigung ein Vormund oder ein Pfleger zu bestellen. In solchen Fällen wird, nicht zuletzt infolge ihrer regelmäßigen Anhörung (§ 50a FGG), ein wirklicher Elternwille vorliegen. Sein Gewicht wird erheblich dadurch abgeschwächt, daß der Grund einer Sorgerechtsentziehung auch das Gewicht des elterlichen Vorschlags mindern kann.

b) Bindungen des Mündels bestehen nicht einseitig vom Mündel zu einer anderen Person, sondern müssen zweiseitig sein. Je älter der Mündel und je mehr die Bindung von ihm aus gesehen wird, desto weiter kann sich dieses Kriterium von dem der Eignung der anderen Person entfernen, weil die vom Vormund geschuldete Erziehung auch Widerstand erfordert, der bei dem Kind kaum eine abfragbare Neigung hervorrufen wird. Das Gewicht der Bindungen des Kindes im Verhältnis zu einem mutmaßlichen Elternwillen kann sich dadurch erhöhen, daß die Bindungen des Kindes die andere, mutmaßlichen oder wirklichen Elternwillen entsprechende Person leicht als ungeeignet erscheinen lassen wird. Die Bindungen des Mündels können das Kriterium der Verwandtschaft und Schwägerschaft überwiegen, wenn etwa Großeltern sich gegen Pflegeeltern stellen (vgl Hamm FamRZ 1999, 678). Spannungen im Verhältnis zu den umgangsberechtigten Eltern können jedoch gegen die Eignung (Rz 8) von Pflegeeltern sprechen und trotz deren Nachrangigkeit für eine Vereins- oder Amtsvormundschaft sprechen, deren Mitarbeiter mit Umgangsbefohlenen fachlich umzugehen verstehen.

c) Den Verwandten und Verschwägerten ist der **Ehegatte** nicht nur gleichgestellt, sondern vorgeordnet (vgl § 1778 III; MüKo/Wagenitz Rz 12). Der Vorzug für **Verwandte und andere Angehörige** bedeutet, daß das VormG diese zunächst zu ermitteln hat (LG Mannheim MDR 1963, 596). In bestimmten Fällen kann ein Angehörigenverhältnis wegen entgegengesetzten Interesses aber auch gegen die Eignung sprechen (vgl § 1897 V aE!), so zB im Bereich der Vermögenssorge bei Vermögensgemeinschaft (zB Pflegling und Mutter des Pflegers Miteigentümer eines Hauses oder Pflegling und Verwandte Miterben; beides Entscheidungen des BayObLG bei Goerke, Rpfleger 1981, 280, 281). Unter mehreren Angehörigen der Vorzugsgruppe bildet die Gradnähe ein spezielles Vorzugskriterium (aA BayObLG Rpfleger 1987, 149).

d) Unter mehreren geeigneten Personen kann die stärkere Eignung nicht dazu führen, daß von der Rangfolge abgewichen wird, etwa entgegen einen gewichtigen, mutmaßlichen Elternwillen ein Angehöriger ausgewählt wird. Noch viel weniger darf ein Dritter als besser geeignet jemandem vorgezogen werden, der Vorrang genießt.

Unter den Umständen, die bei Prüfung der **Eignung** zu berücksichtigen sind, hebt Abs II S 2 die **persönlichen Verhältnisse** und die Vermögenslage hervor. So spricht starke berufliche oder familiäre Belastung, zB durch mehrere eigene Kinder, gegen die Eignung. Die Nennung der **Vermögenslage** soll keine plutokratische Barriere für das Amt des Vormunds aufrichten, sondern dem Umstand Rechnung tragen, daß die Vormundschaft grundsätzlich ein unentgeltliches Ehrenamt ist (§ 1836 Rz 2). Die Mittellosigkeit eines Vormunds würde die Besorgnis begründen, daß er im Interesse des Mündels erforderliche, mit Aufwendungen verbundene Maßnahmen unterläßt. Darüber hinaus hat die Vermögenslage des Vormunds Bedeutung für die Vermögenssorge. So wäre ein finanziell angespannter Selbständiger ungeeignet als Vormund eines vermögenden Mündels. Bei seinem Ermessen ist das VormG an den Gleichheitssatz des Art 3 I GG gebunden und hat in diesem Zusammenhang auch Belange des Auszuwählenden zu berücksichtigen, die jenseits des Eignungskriteriums liegen, unter mehreren gleich geeigneten Personen zB denjenigen zu wählen, der bisher weniger als ein anderer mit Vormundschaften oder Pflegschaften belastet war (dazu LG Würzburg FamRZ 1973, 391), Gesichtspunkte, die freilich oft erst auf eine Weigerung des Ausgewählten hin im Erinnerungsverfahren aufkommen (dazu Rz 15). Wer als Erzieher eigener Kinder versagt hat, ist als Vormund ungeeignet (BayObLG 1920, 358, 360: Bestrafung wegen Kindesmißhandlung). Im Rahmen der Eignung hat das VormG auch Wünsche des sich der Volljährigkeit nähernden Mündels oder Pfleglings zu berücksichtigen (BayObLG Rpfleger 1987, 149).

§ 1779 Familienrecht Vormundschaft

9 Ein **sonstiger Umstand**, der gegen die Auswahl einer Person spricht, ist ein Interessengegensatz (vgl § 1897 V aE). Daher sollte ein Adoptionsbewerber – wie im Fall BayObLG Rpfleger 1993, 17 geschehen – nicht zum Vormund bestellt werden. Wenn nach § 1791a III ein zum Vormund bestellter Verein sich bei der Führung der Vormundschaft keines Mitglieds oder Mitarbeiters bedienen darf, der den Mündel in einem Heim des Vereins als Erzieher betreut, so ist eine solche Person erst recht als Einzelvormund ungeeignet, wie das für den Betreuer in 1897 II ausdrücklich normiert ist.

10 e) Der Vormund soll grundsätzlich dasselbe **Bekenntnis** haben wie der Mündel. Dieser Begriff ist verfassungskonform in dem weiten Sinn des Art 4 GG als „religiöses oder weltanschauliches Bekenntnis" zu verstehen (MüKo/Wagenitz Rz 13). Durch diese Sollvorschrift wird die Auswahl eines bekenntnisfremden Vormunds nicht ausgeschlossen. Dies Kriterium kann leicht von anderen des S 2 divergieren. Haben Eltern eine bekenntnisfremde Person benannt, so kann das VormG den so Berufenen (§ 1776) nur übergehen, wenn seine Bestellung das Wohl des Kindes gefährden würde (§ 1778 I Nr 4). Angehörige sind mit Vorrang auszuwählen, auch wenn sie ein anderes Bekenntnis haben; nur unter mehreren Angehörigen verschiedenen Bekenntnisses bildet das gleiche Bekenntnis wieder ein Vorzugskriterium. Schließlich kann die Eignung in übriger Hinsicht zur Auswahl eines bekenntnisfremden Vormunds führen. Das VormG kann bei Bestellung eines bekenntnisfremden Vormunds die Sorge für die religiöse Erziehung des Mündels von dem Wirkungskreis des Vormunds ausnehmen, diese ist dann gem § 1909 I S 1 einem Pfleger zu übertragen; diese Möglichkeit wird durch eine extensive Auslegung des § 1801 eröffnet (s § 1801 Rz 1). Das VormG kann auch die bekenntnisfremde Person zusammen mit einem Mitvormund bestellen und diesem gem § 1797 II die Sorge für die religiöse Erziehung des Mündels als besonderen Wirkungskreis übertragen; dieser Weg setzt wegen § 1786 I Nr 7 das Einverständnis beider Vormünder voraus. Das VormG kann jedoch die Sorge für die religiöse Erziehung des Mündels auch dem bekenntnisfremden Vormund belassen; das ergibt sich aus der Bestimmung des § 1801, die nicht vorsieht, daß die Sorge für die religiöse Erziehung des Mündels dem bekenntnisfremden Vormund entzogen werden muß.

11 4. Sofern kein geeigneter Einzelvormund vorhanden ist, kann mit seinem Einverständnis (§ 1791a) auch ein rechtsfähiger **Verein** oder, im Rang hinter einem Verein (§ 1791b Rz 2), das **JA** (§ 1791b) zum Vormund bestellt werden. Auf den Vereinsvormund ist von den Kriterien des Abs II S 2 dasjenige des religiösen Bekenntnisses nicht unanwendbar, aber gegenüber einem bekenntnisgebundenen Vereinsvormund würde ein geeigneter bekenntnisfremder Einzelvormund nach § 1791a den Vorrang haben (Pal/Diederichsen Rz 10; Riedel JWG, 4. Aufl 1965, Bem zu § 1776 BGB). Unanwendbar ist Abs II S 2 auf das JA, da es als Behörde bekenntnislos ist (BayObLG MDR 1966, 415, 416). Ergeben sich aus dem Bekenntnis des Mündels bei einem Vereins- oder Amtsvormund Unzuträglichkeiten, so kann anstelle des nur bei einem Einzelvormund anwendbaren § 1801 die religiöse Erziehung gem § 1797 II einem Sondervormund übertragen werden.

12 5. **Verfahren**. Das VormG erlangt Kenntnis von der Notwendigkeit einer Vormundschaft in der Regel durch Anregung oder Anzeige (§ 1774 Rz 6). Das JA hat dem VormG immer Personen vorzuschlagen, die sich zum Vormund oder Pfleger eignen (§ 53 I SGB VIII). Folgt das VormG dem **Vorschlag des JA** nicht, so wird dessen Anhörungsrecht des Abs I bedeutsam. Unterbleibt die Anhörung des JA wegen Eilbedürftigkeit, so empfiehlt sich eine Bestellung gem § 1790 unter dem Vorbehalt, daß die nachzuholende Anhörung des JA keinen Entlassungsgrund ergibt. Zu hören sind in erster Linie der Mündel gem § 50b FGG (dazu BayObLG Rpfleger 1985, 361), sodann seine Eltern gem § 50a FGG, auch wenn sie nur tatsächlich personensorgeberechtigt sind, andernfalls dann nicht, wenn von ihnen ein sachdienlicher Beitrag nicht zu erwarten ist. Von der Anhörung der Eltern darf nur aus schwerwiegenden Gründen abgesehen werden. Unterbleibt die Anhörung der Eltern allein wegen Gefahr im Verzug, so ist sie unverzüglich nachzuholen; auch in solchem Falle empfiehlt es sich, den Vormund gem § 1790 zunächst nur unter Vorbehalt zu bestellen.

13 Die **Anhörung von Verwandten und Verschwägerten** nach Abs III steht im Ermessen des Gerichts (vgl § 1847 Rz 4). Sie können vom Mündel ihrer Auslagen – zB Reisekosten, Verpflegungsmehraufwand, Kosten für einen Vertreter – verlangen, nicht aber Entschädigung für Zeitversäumnis. Die Festsetzung erfolgt nach §§ 3 Nr 2 lit a, 14 RPflG durch den Rechtspfleger, der zugleich über die Notwendigkeit der Auslagen entscheidet. Nach Bundesrecht ist der Festsetzungsbeschluß kein Vollstreckungstitel, wohl aber kraft des Vorbehalts des § 801 ZPO in den meisten Ländern, außer in Berlin, Schleswig-Holstein, Nordrhein-Westfalen, dem ehemals preußischen Teil des Saarlandes, den vormals hessischen Teilen von Rheinland-Pfalz sowie, seit dem AGBGB von 1982, auch in Bayern (Soergel/Damrau Rz 12 mN): ohne entsprechende landesrechtliche Bestimmung setzt die Vollstreckung eine Klage voraus.

14 6. Das Recht der **sofortigen Beschwerde** hat gem § 60 I Nr 1 FGG der kraft § 1776 als Vormund **Berufene**, wenn er übergangen ist, und zwar gegen die Zurückweisung seines Verlangens; wenn er kein Verlangen geäußert hat, nicht schon gegen die Bekanntmachung an den Ausgewählten, sondern erst gegen dessen Bestellung. Der **Mündel** selbst kann sich gem §§ 20 I, 59 FGG mit der **einfachen Beschwerde** gegen die Anordnung der Vormundschaft (§ 1774 Rz 10) oder auch nur gegen die Person des bestellten Vormunds wenden (KG DFG 1938, 86). Kein eigenes Beschwerderecht haben **Verwandte und Verschwägerte**, wenn sie entgegen Abs II S 2 nicht berücksichtigt wurden; da ihr Vorzug nur als Aspekt der Eignung zu verstehen ist, besteht kein Grund, ihnen mehr als ein berechtigtes Interesse gem § 57 I Nr 9 FGG zuzuerkennen, die Angelegenheit des Mündels wahrzunehmen; auch damit erreichen sie, daß das Beschwerdegericht sein eigenes Ermessen betätigt und das Gericht der weiteren Beschwerde die Beschwerdeentscheidung auf Ermessensfehler überprüft (hL; für Beschwerdebefugnis aus eigenem Recht iSd § 20 I FGG Gernhuber/Coester-Waltjen § 70 IV S 8 mN; im Fall Karlsruhe FamRZ 1968, 387 war der Sohn als Generalbevollmächtigter durch die Bestellung eines anderen Vormunds in eigenem Recht beeinträchtigt). Nach § 57 I Nr 9 FGG zu einfacher Beschwerde befugt sind auch Pflegeeltern (Karlsruhe DAVorm 1998,

325, 326). Ein berechtigtes Interesse für die Beschwerde nach § 57 I Nr 9 FGG ist wegen § 1779 II S 2 auch der Religionsgesellschaft zuzuerkennen, welcher der Mündel, nicht aber der Vormund angehört (KGJ 29, 12, 14), ferner dem JA, wenn es nicht gehört oder sein Vorschlag nicht berücksichtigt worden ist.

Weigert sich der Ausgewählte, die Vormundschaft zu übernehmen, so ist die seine Weigerung zurückweisende Verfügung zu begründen (LG Würzburg FamRZ 1972, 391, 393). Dagegen hat der Ausgewählte gem §§ 60 I Nr 2 FGG, 11 II S 2 RpflG die sofortige Erinnerung. Die Beschwerdebefugnis ergibt sich gem § 20 FGG daraus, daß der Ausgewählte durch die einem Vormund obliegenden Aufgaben in seinem Recht aus Art 2 Abs 1 GG betroffen ist. Der Beschwerdeführer kann zwar nicht seine Eignung bestreiten (KG MDR 1967, 592, 593), aber Ermessensfehlgebrauch oder eine Verletzung des Gleichheitssatzes rügen (dazu Rz 8). 15

1780 *Unfähigkeit zur Vormundschaft*
Zum Vormund kann nicht bestellt werden, wer geschäftsunfähig ist.

1. Bei Personen, die nicht zum Vormund bestellt werden können (§ 1780), spricht man von **Unfähigkeit**, bei solchen, die nicht bestellt werden sollen (§§ 1781 bis 1784), von **Untauglichkeit** (Staud/Engler Rz 1). Die Bestellung eines Unfähigen zum Vormund ist nichtig (RGSt 45, 309, 311). Unfähige wie Untaugliche können, wenn zur Vormundschaft berufen (§ 1776 I), ohne ihre Zustimmung übergangen werden (§ 1778 I Nr 1) und sind, wenn sie gleichwohl vom VormG ausgewählt werden, zur Übernahme der Vormundschaft nicht verpflichtet (§ 1785). Auf die Vereins- und die Amtsvormundschaft ist § 1780 nicht anwendbar. 1

2. Geschäftsunfähigkeit begründet die Unfähigkeit zur Vormundschaft, nicht jedoch Minderjährigkeit (vgl § 1781 Nr 1). Nach Abschaffung der Entmündigung verbleibt für § 1780 somit nur die natürliche Geschäftsunfähigkeit nach § 104 Nr 2, die in problematischen Fällen strittig sein kann, so daß die Nichtigkeitsfolge rechtspolitisch nicht mehr adäquat erscheint. Bei Bestellung eines Unfähigen sind die §§ 177ff, 32 FGG nicht anwendbar, da die Bestellung nichtig ist (Pal/Diederichsen Rz 1) und der nichtig Bestellte weder die Fähigkeit hat noch erlangt, Rechtsgeschäfte namens des Mündels vorzunehmen oder Willenserklärungen für ihn entgegenzunehmen. Handelt er für den Mündel, so haftet er diesem nach §§ 677ff, 682. 2

3. Zum **nachträglichen Eintritt** der Geschäftsunfähigkeit des Vormundes vgl § 1886 Rz 5. 3

1781 *Untauglichkeit zur Vormundschaft*
Zum Vormund soll nicht bestellt werden:
1. **wer minderjährig ist,**
2. **derjenige, für den ein Betreuer bestellt ist.**

1. **Textgeschichte.** Nr 4 aufgehoben durch Art 49 Nr 2 1. StRG vom 25. 6. 1969 (BGBl I S 645); Nr 1 geändert und Nr 2 neugefaßt durch Art 1 Nr 28 BtG; Nr 3 aufgehoben durch Art 33 EGInsO vom 5. 10. 1994 (BGBl I S 2911). 1

2. Ein nach §§ 1781–1784 **Untauglicher** darf ausnahmslos nicht zum Vormund bestellt werden; das Gericht hat also kein Ermessen. Wird ein Untauglicher gleichwohl bestellt, so hat er zwar die Rechte und Pflichten eines Vormunds (BayObLG NJW 1961, 1865), ist aber nach § 1886 ohne weiteres zu entlassen. Bis dahin ist er gesetzlicher Vertreter des Mündels; im Fall der Nr 1 steht gem § 165 seine beschränkte Geschäftsfähigkeit seinem Vertreterhandeln nicht entgegen; er bedarf zur Vornahme von Rechtshandlungen für den Mündel nicht der Genehmigung seines eigenen gesetzlichen Vertreters. Seine Haftung aus § 1833 ist in diesen Fällen gem §§ 827, 828 gemildert. Für Schäden aufgrund der Bestellung eines Untauglichen haftet der Vormundschaftsrichter dem Mündel, nicht aber Dritten, da § 1781 nicht die Wahrnehmung ihrer Interessen bezweckt (RGRK/Dickescheid Rz 2). 2

3. Untauglich ist, wer **minderjährig** ist (bei Geschäftsunfähigkeit tritt die Unfähigkeit nach § 1780 hinzu). Untauglich ist auch, wer einen **Betreuer hat.** Der Vormund eines Minderjährigen ist zuständig für die gesamte Sorge in persönlichen wie in Vermögensangelegenheiten. Dieser umfassenden Aufgabe würde es widersprechen, wenn der Vormund auch nur bezüglich einer einzelnen Angelegenheit unfähig ist, für sich selbst zu handeln. Andererseits kann der Aufgabenkreis des Betreuers den konkreten Aufgaben der Vormundschaft so fern liegen, daß eine flexiblere Regelung, wie sie der RegE des BtG (BT-Drucks 11/4528 S 13) vorgesehen hatte, denkbar gewesen wäre. Die getroffene Regelung kann den Vorzug von Angehörigen spürbar beeinträchtigen (vgl aber Staud/Engler Rz 4). 3

1782 *Ausschluss durch die Eltern*
(1) Zum Vormund soll nicht bestellt werden, wer durch Anordnung der Eltern des Mündels von der Vormundschaft ausgeschlossen ist. Haben die Eltern einander widersprechende Anordnungen getroffen, so gilt die Anordnung des zuletzt verstorbenen Elternteils.
(2) Auf die Ausschließung ist die Vorschrift des § 1777 anzuwenden.

1. Das Recht von Eltern, eine oder mehrere Personen von der Vormundschaft **auszuschließen**, entspricht umgekehrt ihrem Benennungsrecht aus §§ 1776f. Wegen Einzelheiten der Ausschließungsberechtigung und der Form der Ausschließungserklärung verweist Abs II daher auf § 1777. 1

2. Keine Beachtung, weil dem persönlichen Verhältnis zwischen Vormund und Mündel nicht adäquat, verdient die Ausschließung einer gesamten **Personenklasse** (zB von Frauen oder Männern, Verwandten, Rechtsanwälten), anders bei einem überschaubaren Personenkreis wie den Verwandten einer Linie (Soergel/Zimmermann Rz 2; aA 2

§ 1782

MüKo/Wagenitz Rz 3). Aus Abs I S 2 folgt, daß Personen, die nur der erstversterbende Elternteil ausschließen wollte, nicht ausgeschlossen sind. Das JA kann nach § 1791b I S 2 so wenig ausgeschlossen wie benannt werden, wohl aber ein Verein.

3 3. Während Gernhuber/Coester-Waltjen § 70 IV S 4; Staud/Engler Rz 16 und MüKo/Wagenitz Rz 8 jede **Kontrolle des Elternwillens** ablehnen, hält die hergekommene Ansicht die elterliche Ausschließung nicht unbedingt für beachtlich (Dölle § 119 III S 7; RGRK/Dickescheid Rz 4): weil die Ausschließung dem elterlichen Benennungsrecht umgekehrt entspricht, ist § 1778 I Nr 4 und 5 entsprechend anzuwenden (mit Einschränkungen nun auch Gernhuber/Coester-Waltjen § 70 IV Fn 8). Danach ist die Ausschließung unbeachtlich, wenn das Wohl des Mündels die Bestellung des Ausgeschlossenen erfordert (BayObLG NJW 1961, 1865, 1866); er kann bestellt werden, wenn der über 14 Jahre alte, nicht geschäftsunfähige Mündel es fordert.

4 4. Ein Grund der Ausschließung braucht nicht angegeben zu werden. Trifft ein gleichwohl angegebener Grund irrigerweise nicht zu, so kann die Erklärung im Auslegungsweg korrigiert werden (MüKo/Wagenitz Rz 3; RGRK/Dickescheid Rz 4 gegen Soergel/Zimmermann Rz 2; einschränkend Staud/Engler Rz 11).

5 5. Wird eine ausgeschlossene Person gleichwohl zum Vormund bestellt, so ist die Bestellung – anders als beim Unfähigkeitsgrund des § 1780 – nicht unwirksam und der Vormund – anders als beim Untauglichkeitsgrund des § 1781 – nicht gem § 1886 oder § 18 FGG von Amts wegen zu entlassen (dafür jedoch Staud/Engler Rz 18). Eine zulässige Beschwerde (dazu § 1779 Rz 9) ist jedoch begründet, ohne daß etwa gem § 1781 eine Gefährdung des Mündelinteresses vorzuliegen braucht (BayObLG NJW 1961, 1863).

1783 (weggefallen)

1784 Beamter oder Religionsdiener als Vormund

(1) Ein Beamter oder Religionsdiener, der nach den Landesgesetzen einer besonderen Erlaubnis zur Übernahme einer Vormundschaft bedarf, soll nicht ohne die vorgeschriebene Erlaubnis zum Vormund bestellt werden.

(2) Diese Erlaubnis darf nur versagt werden, wenn ein wichtiger dienstlicher Grund vorliegt.

1 1. Textgeschichte. Abs II angefügt durch § 48 I S 2 Reichsgesetz für Jugendwohlfahrt vom 9. 7. 1922 (RGBl I S 633).

2 2. Die Vorschrift privilegiert nicht etwa den öffentlichen Dienst gegenüber den übrigen Bürgern, die ihre Bestellung zum Vormund oder Pfleger grundsätzlich nicht ablehnen dürfen, sondern soll verhindern, daß diese allgemeine Pflicht, deren Erfüllung im öffentlichen Interesse liegt, mit den speziellen öffentlichen, nämlich dienstlichen Pflichten von Beamten und Religionsdienern kollidiert. Dem öffentlichen Interesse an der Arbeitskraft dieser Bediensteten hätte es nicht genügt, nur ein Ablehnungsrecht iSv § 1786 vorzusehen. § 1784 ist mit Blankett für die Landesgesetzgeber, das für den Bundesgesetzgeber nicht erforderlich ist, weil dieser durch Bundesgesetz die allgemeine Pflicht des § 1786 zur Übernahme von Vormundschaften durch Bundesgesetz einschränken kann (vgl Mot IV, 1073 zu § 1642 des I. Entwurfs aE). Das ist geschehen durch das in § 42 I S 1 und 2 und S 3 Nr 1 lit a BRRG, §§ 65 I S 1 und 2, 66 I Nr 1 lit a BBG, § 46 DRiG vorgesehene Genehmigungserfordernis. Das BRRG und das BBG knüpfen das Genehmigungserfordernis an den Begriff der Nebentätigkeit, verneinen diesen bei einer unentgeltlichen Vormundschaft, Betreuung oder Pflegschaft und beschränken sich in diesen Fällen auf eine Anzeigepflicht. Andere Vormundschaften, Betreuungen und Pflegschaften sind genehmigungspflichtige Nebentätigkeiten. Sie sind nämlich auch für den Fall der Unentgeltlichkeit von der generellen Freistellung für unentgeltliche Nebentätigkeiten ausgenommen. § 21 SoldatenG enthält zusätzlich zu dem Verbot mit Erlaubnisvorbehalt, an das sich der Hinderungsgrund des § 1784 anschließt, in Satz 3 nach dem Vorbild von § 29 I des WehrG vom 21. 5. 1935 ein Ablehnungsrecht iSv § 1786.

3 § 1784 wird ausgefüllt durch folgende **landesrechtliche Vorschriften**: Bad-Württ §§ 83 I S 1, 83 I S 2, 84 I Nr 1a LBG; Bay Art 73 II, 74 I Nr 2a BayBG; Berl §§ 29 I S 1, 29 I S 2, 30 I Nr 1a LBG; Brbg §§ 31 I S 1, 31 I S 2, 32 I Nr 1a LBG; Hambg §§ 69 I S 1, 69 I S 2, 70 I Nr 1a HmBG; Hessen §§ 79 I S 1, 79 I S 2, 79 I Nr 1 HessBG; MV §§ 68 I S 1, 68 I S 2, 69 II Nr 2 LBG; Nieders §§ 73 I, 71a II, 74 I Nr 1 NBG; NW §§ 68 I Nr 1 LBG; Rh-Pf §§ 72 II, 73 I, 74 I Nr 1a LBG; Saarl §§ 79 I S 1, 79 I S 2, 80 I Nr 1a SBG; Sachs §§ 82 I S 1, 82 I S 2, 83 I Nr 1a SächsBG; Sachs-Anh §§ 65 I, 66 I Nr 3a BGLSA; Schl-Holst § 81 LBG; Thüringen §§ 67 I S 1, 67 I S 2, 68 I Nr 1a ThürBG.

4 3. Personaler Geltungsbereich. Für den Bund gelten – nach dem zu Rz 1 Gesagten – ohne weiteres die §§ 65, 66 I Nr 1 lit a BBG, § 46 DRiG, § 21 S 1 und 2 SoldatenG. Richter im Landesdienst werden bei historischer Interpretation von § 1784 erfaßt, weil sie bei Schaffung der Vorschrift und bis 1945 als Beamte galten. Für Kommunal- und Körperschaftsbeamte ist jeweils das Landesbeamtenrecht für anwendbar erklärt.

5 Die Beschränkung von § 1784 auf Beamte ist mit der Ausweitung des öffentlichen Dienstes, zu dem auch Angestellte und Arbeiter gehören, fragwürdig geworden. MüKo/Wagenitz Rz 4, Soergel/Zimmermann Rz 2 möchten daher den Begriff des Beamten in § 1784 selbständig interpretieren, so daß für alle Arten öffentlicher Dienstverhältnisse die Pflicht zur Übernahme von Vormundschaften von der Erlaubnis des Dienstherrn bzw Arbeitgebers abhängig gemacht werden könnte. Dagegen halten RGRK/Dickescheid Rz 2 und Staud/Engler Rz 3 (ebenso Kröger, SchlHA 1992, 85, 86) für § 1784 an dem engen, staatsrechtlichen Beamtenbegriff fest. Selbst bei selbständiger Interpretation des § 1784 dürfte § 11 BAT, der die sinngemäße Anwendung der beamtenrechtlichen Nebentätigkeitsregelung vorsieht, nicht geeignet sein, das Blankett des § 1784 auszufüllen, dies abgesehen von den Bedenken, die überhaupt gegen die Zulässigkeit tarifvertraglicher Nebentätigkeitsverbote bestehen (Wiedemann, TVG, 6. Aufl 1999, Einl Rz 335). Noch dürfte die Umschreibung der Beamtenschaft und die Besonderheit des Beamtenrechtes hinreichend an funktionalen Gesichtspunkten ausgerichtet sein, um § 1784 vor Art 3 GG bestehen zu lassen. Andernfalls droht § 1784 als Privileg verstanden zu werden, das den Segnungen des öffentlichen Dienstes eine weitere hinzufügt. Das wäre mit dem Gleichheitsgebot nicht mehr vereinbar. Auch bei engem Verständnis von § 1784 ist die Gleichbehandlung der Beamten im staatsrechtlichen Sinn und der „Religionsdiener" mit anderen Teilen der arbeitenden Bevölkerung durch eine weite Erlaubnispraxis sicherzustellen.

2. Was die **Religionsdiener** angeht, so ist die Voraussetzung, daß Landesgesetze deren Rechtsverhältnisse bestimmen, für die **Protestanten** mit dem landesherrlichen Summepiskopat 1918 entfallen. Die Kirchen haben aber auf Grund Art 140 GG, 137 III WRV eine Autonomie, so daß ihre Gesetze, mit denen die evangelischen Kirchen die Dienstverhältnisse ihrer Pfarrer und Beamten regelt, im Hinblick auf den historisch interpretierten § 1784 staatlichen Gesetzen gleichzustellen sind. Die Pfarrer- und Kirchenbeamtengesetze der evangelischen Kirchen enthalten entsprechende Bestimmungen wie die zitierten Landesgesetze (zB Evangelische Kirche der Union: § 56 II PfarrerG; § 48 II S 1 KirchenbeamtenG; Bayern: § 56 II PfarrerG und § 48 II S 1 KirchenbeamtenG). Für die **katholische** Kirche sind nach Art 6 des Reichskonkordats vom 12. 9. 1933 Kleriker und Ordensleute frei von der Verpflichtung zur Übernahme solcher Obliegenheiten, die nach den Vorschriften des kanonischen Rechts mit dem geistlichen Stand bzw dem Ordensstand nicht vereinbar sind. Der codex iuris canonici verbietet in can 285 § 4 Klerikern ohne Erlaubnis ihres Ordinarius die Verwaltung von Vermögen, das Laien gehört, oder die Übernahme weltlicher Ämter, mit denen eine Pflicht zur Rechenschaftslegung verbunden ist. 6

3. Ohne die erforderliche Erlaubnis ist der Beamte oder Religionsdiener **untauglich**, zum Vormund bestellt zu werden. Das ist schon vor der Entscheidung des Dienstherrn über die Erlaubnis anzunehmen. Daher kann nach § 1785 die Übernahme bis zur Erteilung ebenso wie nach Versagung der Erlaubnis **abgelehnt werden** (Gernhuber/ Coester-Waltjen § 70 IV Fn 39; RGRK/Dickescheid Rz 1. Anders MüKo/Wagenitz Rz 8, Staud/Engler Rz 9, Pal/ Diederichsen § 1784 Rz 1, welche die Übernahmepflicht bis zur Versagung der Erlaubnis bestehen lassen). In dem Schwebestadium resultiert aus der allgemeinen Übernahmepflicht jedoch die Pflicht, sich unverzüglich um die Erlaubnis zu bemühen. Wird diese Pflicht verletzt, so kann analog § 1787 eine Schadensersatzpflicht entstehen. Bei Plog/Wiedow/Beck/Lemhofer, BBG, Lieferung Nr 215 (1999) § 66 Rz 9 wird dagegen die Ansicht vertreten, der Beamte brauche die Genehmigung, wenn er nicht will, nicht zu beantragen, doch könne diese im öffentlichen Interesse auch von Amts wegen erteilt werden. Erfolgt eine Bestellung ohne oder gegen die erforderliche Erlaubnis, so ist sie gleichwohl wirksam. In allen Fällen, in denen die erforderliche Erlaubnis fehlt, ist der Vormund gem § 1888 von Amts wegen zu entlassen. 7

4. Abs II definiert den Versagungsgrund enger als § 42 II S 1 BRRG und dem folgend die Beamtengesetze, die sämtlich eine Beeinträchtigung dienstlicher Interessen genügen lassen (zB § 65 II S 1 BBG). Da diese Bestimmungen jedoch für Nebentätigkeiten jeder Art gelten, ist der Widerspruch systematisch und in den Landesgesetzen auch verfassungskonform (Art 31 GG) so zu lösen, daß für eine Vormundschaft, Betreuung oder Pflegschaft die Erlaubnis nur aus wichtigem Grund versagt werden darf. Dagegen möchte die BVerwG den wichtigen dienstlichen Grund des Abs II im Sinne des beamtenrechtlichen Nebentätigkeitsrechtes verstehen (NJW 1996, 139, 140). 8

Abs II wird durch die spezielle Bestimmung des § 6 des Reichskonkordates verdrängt; nach can 285 § 4 entscheidet der Ordinarius über die Erlaubnis nach seinem Ermessen. Für „Religionsdiener" anderer Kirchen ist eine entsprechende Verdrängung des Abs II durch Art 140 GG, Art 136 I, 137 III 1 WRV jedoch ausgeschlossen (anders MüKo/Wagenitz Rz 6). 9

5. § 1784 gilt gem § 1908i I S 1 sinngemäß auch im Betreuungsrecht (näher dazu § 1908i Rz 7). 10

1785 *Übernahmepflicht*
Jeder Deutsche hat die Vormundschaft, für die er von dem Vormundschaftsgericht ausgewählt wird, zu übernehmen, sofern nicht seiner Bestellung zum Vormund einer der in den §§ 1780 bis 1784 bestimmten Gründe entgegensteht.

1. Die Bestellung zum Vormund ist ein mitwirkungsbedürftiger Justizhoheitsakt; die Mitwirkung (Übernahme) besteht in der Zustimmung. Zur Übernahme verpflichtet ist jeder deutsche Staatsangehörige, soweit er nicht nach §§ 1780–1784 unfähig oder untauglich nach § 1786 ablehnungsberechtigt ist. Ausgelöst wird die Pflicht zur Übernahme durch die Auswahl des Vormunds, die eine dem Ausgewählten gem § 16 FGG bekanntzumachende Verfügung darstellt. Ein Verstoß des VormG gegen die Auswahlkriterien des § 1779 II berechtigt nicht zur Ablehnung. § 1785 erfaßt nicht das JA, dessen Bestellung nach § 1791b nicht mitwirkungsbedürftig ist, auch nicht den Vereinsvormund, dessen nach § 1791a I S 2 Hs 2 erforderliche Einwilligung in seinem Belieben steht. 1

2. Die **Beschwerdebefugnis** des Ausgewählten beruht auf § 20 I FGG, da er durch die Pflichten als Vormund in seiner Handlungsfreiheit beschränkt wird. Seine Ablehnung der Übernahme hat der Ausgewählte dem VormG zu erklären; erst gegen deren Zurückweisung ist gem § 60 I Nr 2 FGG die **sofortige** Beschwerde gegeben. Die Beschwerde ist begründet, wenn der Ausgewählte aus einem der Gründe der §§ 1780 bis 1784 oder wegen eines Ablehnungsgrundes des § 1786 zur Übernahme nicht verpflichtet ist (ebenso Gernhuber/Coester-Waltjen § 70 IV S 9; Soergel/Zimmermann 1785 Rz 1; anders für § 1784 trotz des eindeutigen Wortlauts von 1785, Pal/Diederichsen § 1784 Rz 1). Die sofortige Beschwerde hat keinen Suspensiveffekt, wenn das VormG gem § 1787 II fordert, daß der Ablehnende die Vormundschaft vorläufig übernimmt. Kommt der Ablehnende dem Erfordern nicht nach, so kann er dem Mündel ebenso schadensersatzpflichtig werden wie gem § 1787 I dann, wenn er die Über- 2 nahme schuldhaft ohne Grund ablehnt; das gilt selbst dann, wenn die Beschwerde dann Erfolg hat! Wer sich überhaupt weigert, die Vormundschaft zu übernehmen, im Fall des § 1787 II auch nur die vorläufige Übernahme, kann gem § 1788 vom VormG durch Zwangsgeld dazu angehalten werden.

3 3. Ein **Ausländer** ist zur Übernahme der Vormundschaft nicht verpflichtet. Ist er jedoch bestellt, so kann er weder mit Rücksicht auf seine Ausländereigenschaft seine Entlassung verlangen noch deshalb von Amts wegen entlassen werden (allg Ansicht unter Berufung auf KG RJA 10, 99). Das gleiche gilt bei Verlust der deutschen Staatsangehörigkeit. Wenn Staud/Engler Rz 5 dagegen nunmehr einwendet, daß sie die Verwurzelung der Vormundschaftspflicht in der allg. Staatsbürgerpflicht nicht genügend berücksichtige, so herrscht heute kein Grund, die Bedeutung der Staatsangehörigkeit gegenüber dem Anfang des Jahrhunderts zu steigern.

1786 *Ablehnungsrecht*

(1) **Die Übernahme der Vormundschaft kann ablehnen:**
1. ein Elternteil, welcher zwei und mehr noch nicht schulpflichtige Kinder überwiegend betreut oder glaubhaft macht, dass die ihm obliegende Fürsorge für die Familie die Ausübung des Amts dauernd besonders erschwert,
2. wer das 60. Lebensjahr vollendet hat,
3. wem die Sorge für die Person oder das Vermögen von mehr als drei minderjährigen Kindern zusteht,
4. wer durch **Krankheit** oder durch **Gebrechen** verhindert ist, die Vormundschaft ordnungsmäßig zu führen,
5. wer wegen **Entfernung** seines Wohnsitzes von dem Sitz des Vormundschaftsgerichts die Vormundschaft nicht ohne besondere Belästigung führen kann,
6. (weggefallen)
7. wer mit einem anderen zur gemeinschaftlichen Führung der Vormundschaft bestellt werden soll,
8. wer mehr als eine Vormundschaft, Betreuung oder Pflegschaft führt; die Vormundschaft oder Pflegschaft über mehrere Geschwister gilt nur als eine; die Führung von zwei Gegenvormundschaften steht der Führung einer Vormundschaft gleich.

(2) Das Ablehnungsrecht erlischt, wenn es nicht vor der Bestellung bei dem Vormundschaftsgericht geltend gemacht wird.

1 **1. Textgeschichte.** Nr 1 geändert durch § 48 II Reichsgesetz für Jugendwohlfahrt vom 9. 7. 1922 (RGBl I S 633) und neugefaßt durch Art 1 Nr 1 BtG vom 12. 2. 1990; Nr 3 neugefaßt durch Art 1 Nr 53 NEhelG vom 19. 8. 1969; Nr 6 aufgehoben und Nr 8 geändert durch Art 1 Nr 29 BtG.

2 **2.** Die Vorschrift schränkt die in § 1785 statuierte Pflicht zur Übernahme der Vormundschaft ein durch das **Recht** des Verpflichteten, aus den in Abs I Nr 1–8 bezeichneten Gründen die Übernahme **abzulehnen**. Obwohl ein Teil der Ablehnungsgründe (1, 3–5) bereits die Eignung der Ausgewählten in Frage zu stellen geeignet und daher schon bei der Auswahl zu bedenken sind, verhindert erst ihre Geltendmachung die Bestellung zum Vormund, so daß sie einen einredehaften Charakter haben (dagegen Gernhuber/Coester-Waltjen § 70 IV S 9). Soweit in den Nr 1–8 unbestimmte Begriffe vorkommen, begründen diese kein Ermessen, sondern sind unbestimmter Rechtsbegriff (ebenso MüKo/Wagenitz Rz 5, 8, 9; anders die hL, vgl Staud/Engler Rz 31 mN). Das Ablehnungsrecht muß nach Abs I vor der Bestellung zum Vormund (§ 1789) beim VormG geltend gemacht werden, sonst erlischt es, auch wenn es dem Berechtigten nicht bekannt war. Eine Anfechtung der Übernahme wegen Irrtums – zB über den Umfang der vormundschaftlichen Geschäfte – ist ausgeschlossen (KG RJA 14, 8). Auf Verletzung des § 1779 II kann eine Ablehnung nicht gestützt werden (KG RJA 13, 188). Das VormG kann jedoch aus einer ungerechtfertigten Ablehnung entnehmen, daß der Ausgewählte nicht geeignet ist und von seiner Bestellung absehen. Treten Ablehnungsgründe nach Nr 1–7 erst nach der Bestellung des Vormundes ein, so muß er auf seinen Antrag entlassen werden (§ 1889).

3 **3.** Gegen Zurückweisung der Ablehnung durch das VormG steht dem Ablehnenden die sofortige **Beschwerde** zu (§ 60 I Nr 2 FGG). Er ist jedoch unbeschadet des Beschwerderechts verpflichtet, die Vormundschaft vorläufig weiterzuführen, wenn das VormG es verlangt (§ 1787 II). Auf das JA als gesetzlichen (vgl KGJ 35, 19, 20) oder bestellten Amtsvormund sowie den Vereinsvormund ist § 1786 nicht anwendbar (§ 1785 Rz 1).

4 **4.** Das Ablehnungsrecht nach **Nr 1** hatte in der ursprünglichen Fassung jeder Frau zugestanden, war durch § 48 II JWG idF v 9. 7. 1922 auf eine Frau, die in der wie heute bezeichneten Weise familiär belastet ist, eingeschränkt worden und hat durch BtG Art 1 Nr 29 die jetzige Fassung erhalten. Zu den Kindern im Sinn der 1. Alt sind auch Pflegekinder zu rechnen (ebenso MüKo/Wagenitz Rz 3; Staud/Engler Rz 11). Daneben gilt Nr 3: ab vier minderjährigen Kindern bedarf es daher keiner Glaubhaftmachung. Die Ablehnung gem **Nr 2** setzt die Vollendung des sechzigsten Lebensjahres voraus; es genügt nicht, daß der Ausgewählte dieses Alter demnächst erreichen wird. Bei **Nr 3** kommt es jetzt allein darauf an, ob dem Ausgewählten die Sorge für die Person oder das Vermögen von mindestens vier minderjährigen Kindern zusteht, gleichviel, ob allein oder gemeinsam mit dem anderen Elternteil und gleichviel, ob diese Kinder eigene oder fremde sind. **Nr 5** kann auch zutreffen, wenn der Wohnsitz im Bezirk des VormG liegt; aber bei weiterer Entfernung dann nicht, wenn jährlich nur wenige Gänge zum Gericht zu machen sind (BayObLG 1906, 168, 169) oder zB ein Anwalt im wesentlichen schriftlich berichten kann (KG Recht 1916 Nr 1153). Die Aufhebung von **Nr 6** war eine Folge der Aufhebung des § 1844, der vorgesehen hatte, daß dem Vormund Sicherheitsleistung aufgegeben werden konnte. **Nr 7** ist nicht gegeben, wenn die Mitvormünder gem § 1797 II besondere Wirkungskreise haben (RGRK/Dickescheid Rz 14 mN). Denn das Ablehnungsrecht trägt der Erschwerung Rechnung, die bei gemeinsamer Führung der Vormundschaft in der Lästigkeit des notwendigen Zusammenwirkens sowie der Gefahr der Mithaftung (§ 1833) besteht. **Nr 8** setzt voraus, daß mehr als eine Vor-

mundschaft, Betreuung oder Pflegschaft geführt wird, wobei zwei Gegenvormundschaften oder zwei Gegenbetreuungen (§ 1908i Rz 11) einer Vormundschaft etc gleichgestellt sind. Eine Vormundschaft oder Pflegschaft über mehrere voll- oder halbbürtige Geschwister (KGJ 47,11) gilt nur als eine, selbst wenn die Kinder von verschiedenen Vätern stammen (BayObLG 1903,1021) und die Vormundschaft bei verschiedenen Gerichten geführt wird. Nachdem es eine Gebrechlichkeitspflegschaft nicht mehr gibt, können die anderen Arten von Pflegschaften, besonders die Ergänzungspflegschaft nach § 1909, nicht das gleiche Ablehnungsgewicht wie Vormundschaft oder Betreuung haben.

1787 *Folgen der unbegründeten Ablehnung*
(1) Wer die Übernahme der Vormundschaft ohne Grund ablehnt, ist, wenn ihm ein Verschulden zur Last fällt, für den Schaden verantwortlich, der dem Mündel dadurch entsteht, dass sich die Bestellung des Vormunds verzögert.
(2) Erklärt das Vormundschaftsgericht die Ablehnung für unbegründet, so hat der Ablehnende, unbeschadet der ihm zustehenden Rechtsmittel, die Vormundschaft auf Erfordern des Vormundschaftsgerichts vorläufig zu übernehmen.

1. § 1787 spricht zwar von der Ablehnung der Übernahme der Vormundschaft und knüpft damit an § 1786 an, ist aber sachlich auf alle Weigerungsgründe zu beziehen, auch die der §§ 1780–1784. Jede in der Sache nicht begründete Ablehnung der Vormundschaft läßt die Pflicht zur Übernahme aus § 1785 unberührt. Legt der Ausgewählte gegen die Zurückweisung seiner Ablehnung Beschwerde ein, so hat auch diese gem § 24 FGG keine aufschiebende Wirkung. Selbst wenn sich die Weigerung als begründet erweist, konnte das VormG, das die Weigerung für unbegründet erklärt hatte, die vorläufige Übernahme der Vormundschaft fordern und ist die Pflicht des Ausgewählten, dem nachzukommen, durch die Schadensersatzpflicht bewehrt. **1**

2. Wer pflichtwidrig und schuldhaft die Vormundschaft nicht übernimmt, haftet dem Mündel für den Schaden, der diesem durch die Verzögerung der Bestellung eines Vormundes entsteht, einschließlich der durch die Weigerung entstehenden Kosten. Er haftet dagegen nicht zB für einen Schaden infolge Bestellung eines ungeeigneten Vormundes an seiner Stelle. Über die Schadensersatzpflicht entscheidet das Prozeßgericht ohne Bindung an die Entscheidung des Vormundschafts- oder Beschwerdegerichts über die Verpflichtung zur Übernahme der Vormundschaft (Soergel/Zimmermann Rz 5; RGRK/Dickescheid Rz 3). Daß das VormG nach § 1846 oder § 1909 III hätte vorgehen können, schließt die Schadensersatzpflicht nicht aus. Der Anspruch verjährt gem § 197 I Nr 2 in 30 Jahren, da es sich um einen Anspruch mit familienrechtlicher Grundlage handelt. Dies gilt nicht für betreuungsrechtliche Ansprüche (Pal/Heinrichs § 197 Rz 4), die der regelmäßigen Verjährungsfrist von drei Jahren gem § 195 unterliegen. **2**

3. Auf das JA als Amtsvormund und einen Vereinsvormund ist § 1785 nicht anwendbar (vgl § 1785 Rz 1 aE). **3**

4. § 1787 I gilt gem § 1908i I S 1 sinngemäß auch im Betreuungsrecht (näher dazu § 1908i Rz 8). **4**

1788 *Zwangsgeld*
(1) Das Vormundschaftsgericht kann den zum Vormund Ausgewählten durch Festsetzung von Zwangsgeld zur Übernahme der Vormundschaft anhalten.
(2) Die Zwangsgelder dürfen nur in Zwischenräumen von mindestens einer Woche festgesetzt werden. Mehr als drei Zwangsgelder dürfen nicht festgesetzt werden.

1. Verzögert der Ausgewählte die Übernahme der Vormundschaft oder verweigert er im Fall des § 1787 II die vorläufige Übernahme, so steht es im **Ermessen** des VormG, ihn durch Festsetzung von Zwangsgeld zur Übernahme der Vormundschaft anzuhalten. Das VormG kann, weil ein gezwungener Vormund kaum ein guter Vormund sein wird, auch von der Erzwingung absehen. Eine Umwandlung verwirkten Zwangsgelds in Haft oder die zwangsweise Vorführung des Vormunds findet nicht statt. **1**

2. Zuständig für die Festsetzung von Zwangsgeld ist der Rechtspfleger (§ 3 Nr 2 lit a, Gegenschluß aus § 4 II Nr 2 RpflG). Gem § 33 III FGG muß zuvor das Zwangsgeld (dazu auch § 1837 Rz 16) angedroht werden; hierbei genügt die Androhung der in Aussicht genommenen Höchstsumme (BGH NJW 1973, 2288, 2289). Nach Art 6 I S 1 EGStGB und § 33 III S 2 FGG kann das Zwangsgeld zwischen fünf und 25 000 Euro betragen. Die Androhung muß eine Frist für die Übernahme enthalten; dies gilt nur dann nicht, wenn der Ausgewählte sich von vornherein definitiv weigert (Keidel/Zimmermann § 33 Rz 22c). Die Festsetzung setzt voraus, daß die Vormundschaft in der bestimmten Frist schuldhaft nicht übernommen wurde. Auch hinsichtlich der Höhe des Zwangsgeldes besteht ein Ermessen. Eine wiederholte Festsetzung setzt voraus, daß die Androhung wiederholt und die Vormundschaft wiederum schuldhaft nicht übernommen wurde. Nach zwei Wiederholungen ist das Zwangsverfahren erschöpft. Bei Festsetzung des Zwangsgeldes sind den Beteiligten zugleich die Kosten des Verfahrens aufzuerlegen (§ 33 I S 3 FGG); diese errechnen sich nach § 119 V S 2 KostO). Gegen Androhung und Festsetzung findet die Beschwerde mit aufschiebender Wirkung statt (§ 24 I FGG) (aA aber Staud/Engler Rz 6). Zwangsgeld und Verfahrenskosten werden nach JBeitrO (§ 1 I Nr 3) beigetrieben. **2**

3. Auf das JA als gesetzlichen und bestellten Amtsvormund sowie den Vereinsvormund findet § 1788 keine Anwendung (§ 1837 III S 2). **3**

1789 *Bestellung durch das Vormundschaftsgericht*
Der Vormund wird von dem Vormundschaftsgericht durch Verpflichtung zu treuer und gewissenhafter Führung der Vormundschaft bestellt. Die Verpflichtung soll mittels Handschlags an Eides statt erfolgen.

§ 1789 Familienrecht Vormundschaft

1 **1.** § 1789 regelt die von seiten des Staates als Bestellung, von seiten des Vormunds als Übernahme bezeichnete Begründung des Amtes des Vormunds. Sie ist ein der Mitwirkung in Form der Zustimmung bedürftiger Verwaltungsakt (Justizhoheitsakt). Für den parallelen Fall der Bestellung eines Betreuers spricht § 1898 II von der Bereiterklärung des Betreuers zur Übernahme der Betreuung. Grundsätzlich ist die persönliche Anwesenheit des Vormunds vor dem nach § 3 Nr 2 lit a RpflG zuständigen Rechtspfleger erforderlich. Die Übernahme soll in der von S 2 vorgesehenen feierlichen Form der Verpflichtung durch Handschlag an Eides Statt erfolgen. Die Bestellung ist ein Rechtsakt, der jedoch weder die Worte des S 2 haben noch ausdrücklich ein Erhalten muß (BayObLG FamRZ 1958, 385). Der Rechtsakt kann nicht dadurch ersetzt werden, daß das VormG eine Betätigung als Vormund duldet (BGH NJW 1974, 1374; OGH NJW 1949, 64). Anders als die Auswahl kann die Bestellung des Vormunds im Weg der Rechtshilfe durch ein ersuchtes Gericht erfolgen (Celle OLG 12, 164).

2 **2.** Während die hL diese Gestaltung der Bestellung bei jeder einzelnen Vormundschaft für erforderlich hält und eine **generelle Verpflichtung** desselben Vormunds zur Führung auch künftiger Vormundschaften und Pflegschaften ablehnt (Gernhuber/Coester-Waltjen § 70 V S 2; MüKo/Wagenitz Rz 11 und besonders Goerke, Rpfleger 1982, 169 mwN in Fn 1), hat Damrau auf die Entscheidung des RG vom 7. 3. 1933 (HRR 1933 Nr 1588 = Gruchot 73 [1933] 70) aufmerksam gemacht, in der das geschilderte Verständnis des § 1789 auf den Regelfall beschränkt wird, in dem eine Person nur eine einzige Vormundschaft übernimmt (Rpfleger 1984, 48, ebenso schon BayObLG JFG 3, 67). Bei Berufsvormündern (zu diesem Begriff § 1836 Rz 3f) bedeutet ein Haften am Gesetzeswortlaut einen überflüssigen Aufwand an Zeit und Mühe. Persönliche Anwesenheit des Vormunds ist vom Wortlaut des S 1 nicht gefordert. Die Sollvorschrift des S 2 bedeutet zunächst, daß ein Verstoß die Bestellung zum Vormund nicht nichtig macht; sie kann darüber hinaus so verstanden werden, daß ihre Beobachtung aus besonderen Gründen zurückgestellt werden kann. Da die Vorschrift eine Solennität regelt, liegt dieses Verständnis sehr nahe. Im Betreuungsrecht ist der Bestellungsakt in § 69b FGG ebenfalls flexibel geregelt, so daß ein Berufsbetreuer fernmündlich bestellt werden kann (§ 1896 Rz 89). Der Berufsvormund ist idR als Rechtsanwalt Organ der Rechtspflege, das die Pflichten des vormundschaftlichen Amtes kennt, so daß die feierliche Form bei routinemäßiger Verwendung geradezu ihren Sinn verlöre.

3 **3.** Der Vormund kann sich bei der Bestellung nicht vertreten lassen. Diese kann unter **Vorbehalt der Entlassung** erfolgen (§ 1790), besonders im Fall des § 1778 II, aus Gründen der Rechtssicherheit jedoch **nicht unter einer Bedingung oder Zeitbestimmung** in dem Sinne, daß die Vormundschaft automatisch beendet würde (BayObLG BayZ 1928, 270; Soergel/Zimmermann Rz 5; Gernhuber/Coester-Waltjen § 70 V S 2; Lehmann FamR § 39 V S 1; für Befristung jedoch Beitzke/Lüderitz, 26. Aufl 1992, § 36 I S 3h (nicht mehr in der Neuauflage Rz 1088). Eine Aufhebung ist nur durch Entlassung nach §§ 1886ff mit Wirkung für die Zukunft möglich (vgl auch § 32 FGG). Bei der Bestellung können spezielle Bestimmungen über die Erledigung von Meinungsverschiedenheiten zwischen mehreren Vormündern getroffen werden (§ 1797 I S 2).

4 **4.** Die **gesetzliche Amtsvormundschaft** des JA tritt ohne Bestellung durch das VormG mit der Geburt des Kindes ein, wenn dieses eines Vormunds bedarf (§ 1791c; § 55 I SGB VIII). Die **Bestellung des JA** erfolgt ebenso wie die des **Vereins** durch schriftliche Verfügung des VormG (§§ 1791a II, 1791b II; diese kann nach BayObLG FamRZ 1962, 205 mündlich bekannt gemacht werden).

5 **5.** Mit der Bestellung (nicht erst mit Erhalt der Bestellungsurkunde) **beginnt das Amt** des Vormunds. Soweit schriftliche Bestellung zulässig ist (Rz 2), tritt die Wirkung mit dem Zugang der Verfügung ein.

6 **6.** In einem Fall hat die Bestellung des Vormunds zusätzliche Wirkungen: Ein Beschluß des VormG, der gem § 1674 I feststellt, daß ein Elternteil auf längere Zeit die elterliche Sorge tatsächlich nicht ausüben kann, und der das Ruhen der elterlichen Sorge zur Folge hat, wird gem § 51 I FGG mit der Bestellung des Vormunds wirksam.

1790 *Bestellung unter Vorbehalt*
Bei der Bestellung des Vormunds kann die Entlassung für den Fall vorbehalten werden, dass ein bestimmtes Ereignis eintritt oder nicht eintritt.

1 Während die Eltern einen Vormund (§ 1776) unter Beifügung einer **Bedingung oder Zeitbestimmung**, insbesondere auch einer auflösenden Bedingung oder eines Endtermins benennen können (§ 1777 Rz 4), ist eine Bestellung des Vormunds unter einer Bedingung oder Zeitbestimmung nicht möglich (§ 1789 Rz 3). Es kann jedoch bei der Bestellung die Entlassung des Vormunds für den Fall des Eintritts oder Nichteintritts eines bestimmten Ereignisses – dagegen nicht unabhängig davon für einen bestimmten Endtermin (Staud/Engler Rz 1) – vorbehalten werden. Das Amt des Vormunds **endigt** nicht ohne weiteres bei Eintritt oder Nichteintritt dieses Ereignisses, sondern **erst mit seiner Entlassung** durch das VormG (§ 1886 Rz 1). Auch bei Bestellung des JA zum Amtsvormund oder eines Vereinsvormunds (§§ 1791a, 1791b) kann ein Vorbehalt im Sinne des § 1790 gemacht werden. Zusammenstellung weiterer Entlassungsgründe unter § 1886 Rz 2ff.

1791 *Bestellungsurkunde*
(1) Der Vormund erhält eine Bestellung.
(2) Die Bestellung soll enthalten den Namen und die Zeit der Geburt des Mündels, die Namen des Vormunds, des Gegenvormunds und der Mitvormünder sowie im Falle der Teilung der Vormundschaft die Art der Teilung.

1 **1.** Die Bestellung ist ein **Zeugnis über die Bestellung** zum Vormund. Sie hat die in Abs II bezeichneten Angaben zu enthalten. Zulässig und zweckmäßig sind weitere Angaben zB über Befreiung des Vormunds und gegebe-

nenfalls deren Außerkraftsetzung (§§ 1852ff, 1857, 1903, 1904) sowie von Anordnungen nach §§ 1796, 1803, 1817, 1825. Bei unvollständiger Angabe von Befreiungen hat der Vormund ein Beschwerderecht (KGJ 45, 66, 67). Bei späterer Änderung ist die Bestallung zu berichtigen. Nach Beendigung des Amtes ist sie zurückzugeben (§ 1893 II).

2. In der Bestallung bezeugt der Rechtspfleger, daß er die genannte Person zum Vormund bestellt hat, gegebenenfalls unter den und den Besonderheiten, einen Pfleger mit dem und dem Wirkungskreis. Die Bestallung ist für die Bestellung nicht konstitutiv, so daß Ausstellung und Besitz der Bestallungsurkunde für die Rechte und Pflichten des Vormunds keine Bedeutung haben. Maßgebend für den Beginn des vormundschaftlichen Amtes und den Wirkungskreis ist allein die Verpflichtungshandlung (KGJ 41, 38). Mit Hilfe der Bestallung kann der Vormund jedoch seine Berechtigung beweisen. Die Bestallungsurkunde verkörpert zwar nicht die Bestellung, bezeugt aber die eigene Anordnung der ausstellenden Behörde und ist daher öffentliche Dispositivurkunde iS von § 417 ZPO (Wieczorek § 417 Bem A Abs 2). Die Bestallung ist auch keine Vollmachtsurkunde, so daß Dritte nicht nach § 172 geschützt sind; auch § 174 (RG 74, 263, 265) und § 176 sind nicht anwendbar. Erst recht genießt die Bestallung keinen öffentlichen Glauben im materiellrechtlichen Sinn wie etwa der Erbschein nach § 2366. Dritten wird also das Risiko der Richtigkeit der Angaben in der Bestallungsurkunde nicht abgenommen. Bei berechtigtem Interesse haben sie nach § 34 FGG das Recht auf Einsicht in die Vormundschaftsakten und Abschriften daraus. Werden sie durch eine fehlerhaft ausgestellte Bestallungsurkunde getäuscht und geschädigt, so kann über die Verantwortlichkeit des Beamten nach § 839 die Staatshaftung nach Art 34 GG ausgelöst werden.

3. **Vereins-** und **Amtsvormund** erhalten **keine Bestallung** (§§ 1791a II, 1791b II, 1791c III). Ihre Bestellung erfolgt durch schriftliche Verfügung, welche die Bestallung ersetzt und bei Beendigung des Amtes zurückzugeben ist (§§ 1791a II, 1791b II). Als gesetzlicher Amtsvormund erhält das JA eine Bescheinigung über den Eintritt der Vormundschaft, die bei ihrer Beendigung ebenfalls zurückzugeben ist (§ 1791c III; § 1893 II S 2).

1791a *Vereinsvormundschaft*

(1) Ein rechtsfähiger Verein kann zum Vormund bestellt werden, wenn er vom Landesjugendamt hierzu für geeignet erklärt worden ist. Der Verein darf nur zum Vormund bestellt werden, wenn eine als Einzelvormund geeignete Person nicht vorhanden ist oder wenn er nach § 1776 als Vormund berufen ist; die Bestellung bedarf der Einwilligung des Vereins.
(2) Die Bestellung erfolgt durch schriftliche Verfügung des Vormundschaftsgerichts; die §§ 1789, 1791 sind nicht anzuwenden.
(3) Der Verein bedient sich bei der Führung der Vormundschaft einzelner seiner Mitglieder oder Mitarbeiter; eine Person, die den Mündel in einem Heim des Vereins als Erzieher betreut, darf die Aufgaben des Vormunds nicht ausüben. Für ein Verschulden des Mitglieds oder des Mitarbeiters ist der Verein dem Mündel in gleicher Weise verantwortlich wie für ein Verschulden eines verfassungsmäßig berufenen Vertreters.
(4) Will das Vormundschaftsgericht neben dem Verein einen Mitvormund oder will es einen Gegenvormund bestellen, so soll es vor der Entscheidung den Verein hören.

1. Der durch das NEhelG eingefügte, durch das KJHG Art 5 geänderte § 1791a enthält die materielle Rechtsgrundlage für die **Vereinsvormundschaft**, die zuvor ausschließlich in § 53 JWG geregelt war. § 54 SGB VIII macht die **Fähigkeit** eines Vereins, Vormundschaften und Pflegschaften zu übernehmen, von einer **Erlaubnis des Landesjugendamtes** abhängig, begründet unter bestimmten Mindestanforderungen einen Anspruch des Vereins auf die Erlaubnis, regelt den Wirkungsraum der Erlaubnis und ermächtigt den Landesgesetzgeber zu näheren Regelungen.

2. Bei der **Auswahl** steht gem Abs I S 2 ein Verein grundsätzlich subsidiär hinter jedem Einzelvormund. Der **Vorrang der Einzelvormundschaft** ist nur durchbrochen, wenn die Eltern des Mündels gem § 1776 einen Verein als Vormund benannt haben; dann ist der Verein berufen und darf nur aus den Gründen des § 1778 übergangen werden. In gleicher Weise subsidiär hinter einem Einzelvormund ist gem § 1791b das JA; ein Verein hat Vorrang vor dem JA (§ 1791b Rz 2; dort auch zur Aktualisierung der Subsidiarität). Daß kein bekenntnisgleicher Einzelvormund (§ 1779 II S 2) vorhanden ist, aktualisiert die Subsidiarität noch nicht, auch ein bekenntnisfremder Einzelvormund geht im allgemeinen einem Verein vor. Findet sich später ein geeigneter Einzelvormund, so hat das VormG den Verein nach § 1889 II auf seinen Antrag, sofern dem das Wohl des Kindes nicht entgegensteht, andernfalls nach § 1887 I, wenn dies dem Wohl des Kindes dient, von Amts wegen wieder zu entlassen und den Einzelvormund zu bestellen.

3. Für die **Bestellung** des Vereins gilt nicht § 1789, sondern der Verein wird gem Abs II durch schriftliche Verfügung des VormG bestellt. Anders als beim JA als bestelltem Amtsvormund bedarf die Bestellung des Vereins jedoch gem Abs II S 2 Hs 2 seiner Einwilligung; diese kann der Verein ohne Angabe von Gründen verweigern. Der Verein erhält keine Bestallung gem § 1791; sondern weist die Berechtigung durch die schriftliche Bestellungsverfügung nach.

4. Ein Verein kann auch zum Mitvormund (§ 1775), Gegenvormund (§ 1792 I S 2) oder Pfleger (§ 1915) bestellt werden. Soll umgekehrt neben dem Verein ein Mit- oder Gegenvormund bestellt werden, so soll das VormG gem Abs IV den Verein vorher hören. Dem Vereinsvormund stehen gem § 1857a die nach §§ 1852 II bis 1854 zulässigen Befreiungen automatisch zu; gem § 1851a untersteht er nicht der Überwachung durch das JA.

5. Bei Ausübung seiner vormundschaftlichen Aufgaben bedient sich der Verein einzelner seiner Mitglieder oder Mitarbeiter (**Abs III**). Aus Gründen in der Person des Mündels kann sich der Verein mehrerer Personen bedienen. Vgl im übrigen die entsprechende Einrichtung der Vereinsbetreuung, Kommentierung zu § 1900. Ausge-

§ 1791a — Familienrecht Vormundschaft

schlossen davon ist ein Mitglied, das den Mündel in einem Heim des Vereins als Erzieher betreut. Der Verein **haftet** dem Mündel nach Abs III S 1 für ein Verschulden des Mitglieds oder Mitarbeiters in gleicher Weise wie für das Verschulden eines verfassungsmäßig berufenen Vertreters, also gem § 31; Haftungsgrundlage ist § 1833.

6 6. Der Vereinsvormund ist vom VormG (Rechtspfleger, § 3 Nr 2 lit a RpflG) zu **entlassen**, wenn dies dem Wohl des Mündels entspricht und eine andere als Vormund geeignete Person vorhanden ist (§ 1887). Ein Vereinsvormund ist auf seinen Antrag hin stets zu entlassen, wenn ein wichtiger Grund vorliegt (§ 1889 II S 2). Nach Beendigung seines Amtes hat der Vereinsvormund die schriftliche Verfügung des VormG zurückzugeben (§ 1893 II).

7 7. Wegen seiner **Aufwendungen** erhält der Verein weder Vorschuß noch Ersatz aus der Staatskasse, sondern nur aus dem Mündelvermögen, soweit dieses ausreicht; allgemeine Verwaltungskosten werden ihm nicht ersetzt (§ 1835 V). Eine pauschale Aufwandsentschädigung ist ebenso wie eine **Vergütung** ausgeschlossen (§§ 1835a V, 1836 V).

8 8. § 1791a III S 1 Hs 2 und S 2 gelten gem § 1908i I S 1 sinngemäß auch im Betreuungsrecht (näher dazu § 1908i Rz 9f).

1791b *Bestellte Amtsvormundschaft des Jugendamts*

(1) Ist eine als Einzelvormund geeignete Person nicht vorhanden, so kann auch das Jugendamt zum Vormund bestellt werden. Das Jugendamt kann von den Eltern des Mündels weder benannt noch ausgeschlossen werden.

(2) Die Bestellung erfolgt durch schriftliche Verfügung des Vormundschaftsgerichts; die §§ 1789, 1791 sind nicht anzuwenden.

1 1. Der durch das NEhelG eingefügte § 1791b enthält die materielle Rechtsgrundlage für die **bestellte Amtsvormundschaft** des JA, die zuvor ausschließlich in dem in das SGB VIII nicht übernommenen § 45 JWG enthalten war.

2 2. Bei der **Auswahl** steht gem Abs I das JA als Amtsvormund ebenso wie nach § 1791a I S 2 ein Verein subsidiär hinter einem Einzelvormund (Vorrang der Einzelvormundschaft). Im Verhältnis von Verein und JA geht der Verein dem JA vor (MüKo/Wagenitz Rz 3; Damrau/Zimmermann Rz 3; anders jetzt Pal/Diederichsen Rz 1), weil deren Verhältnis nicht anders zu sehen ist als das in § 1900 IV geregelte von Verein und Betreuungsbehörde, wonach die staatliche Einrichtung nur subsidiär hinter gesellschaftlicher Aktivität eintritt. Anders als ein Verein kann das JA nicht von Eltern des Mündels benannt werden (Abs I S 2); darin, daß es von ihnen auch nicht ausgeschlossen werden kann, zeigt sich über die Subsidiarität hinaus die Auffangfunktion der Amtsvormundschaft. Der Subsidiaritätsgrundsatz gebietet, daß sich das VormG um einen Einzelvormund bemüht und einen geeigneten Verein anschreibt, bevor es das JA bestellt (Zweibrücken Rpfleger 1987, 160). Dabei richtet es sich nach der Dringlichkeit der auf den Vormund wartenden Aufgaben, ob das Ergebnis weiterer Suche abzuwarten oder das JA zu bestellen ist; findet sich später ein geeigneter Einzelvormund, hat das VormG das JA nach § 1889 II auf seinen Antrag, sofern dem das Wohl des Kindes nicht entgegensteht oder nach § 1887 I, wenn dies dem Wohl des Kindes dient, von Amts wegen wieder zu entlassen und den Einzelvormund zu bestellen. Für die bestellte Amtspflegschaft und Amtsvormundschaft ist nach § 87c III SGB VIII örtlich dasjenige JA zuständig, in dessen Bereich das Kind oder der Jugendliche seinen gewöhnlichen Aufenthalt hat. Bei Bestellung des JA kann das VormG auch ein anderes als das nach § 87c III SGB VIII örtlich zuständige bestellen (BayObLG FamRZ 1997, 897).

3 3. Für die **Bestellung** des JA gilt nicht § 1789, vielmehr wird das JA gem Abs II durch schriftliche Verfügung bestellt. Die Bestellung ist wirksam, wenn sie zu den Akten verfügt und dem JA, auch nur mündlich, gem § 16 FGG bekanntgemacht ist; die Ordnung erfordert jedoch, wie § 1893 II S 2 zu entnehmen ist, daß dem JA die schriftliche Bestellung zugeht. Das JA kann besonders die Beachtung seiner Subsidiarität im **Beschwerdeweg** (§ 1779 Rz 14) kontrollieren lassen.

4 4. Gem §§ 55, 58 SGB VIII kann das JA auch zum Gegenvormund (§ 1792 I S 2) oder Pfleger (§ 1915) bestellt werden; die Beistandschaft nach § 1712 tritt gem § 1714 mit Zugang des Antrags des Elternteils beim JA automatisch ein. Schon das NEhelG hatte den früheren § 52 JWG aufgehoben, wonach dem JA einzelne Rechte und Pflichten eines Vormunds übertragen werden durften. Ein gleiches Ergebnis kann aber dadurch erreicht werden, daß das JA zum Mitvormund mit einem gem § 1797 II beschränkten Wirkungskreis bestellt wird.

5 5. Für die Amtsvormundschaft des JA bestehen folgende Besonderheiten: neben dem JA kann kein Gegenvormund bestellt werden (§ 1792 I S 2). Dem JA stehen die nach §§ 1852 II, 1853, 1854 zulässigen Befreiungen automatisch zu (§ 1857a). Darüber hinaus werden nach § 56 II SGB VIII gegenüber dem JA als Amtsvormund oder Amtspfleger (Gegenvormund) die Vorschriften des § 1802 III und der §§ 1811 und 1818 nicht angewandt. In den Fällen des § 1803 II und § 1822 Nr 6 und 7 ist eine Genehmigung des VormG nicht erforderlich. Schließlich bestehen gem § 56 II S 3 SGB VIII Erleichterungen für die Anlegung von Mündelgeld. Nach § 39 JWG hatte die Landesgesetzgebung bestimmen können, daß weitere, die Aufsicht des VormG in vermögensrechtlicher Hinsicht sowie den Abschluß von Lehr- und Arbeitsverträgen betreffende Bestimmungen gegenüber dem JA als Vormund oder Pfleger außer Anwendung bleiben; § 56 II S 3 SGB VIII erhält diese Ermächtigung aufrecht. Ausführungsgesetze, die von der Ermächtigung Gebrauch machen, bestehen in allen Ländern außer in Berlin, Hamburg, Mecklenburg-Vorpommern, Niedersachsen, Rheinland-Pfalz und Thüringen (Zusammenstellung mit Fundstellen bei Staud/Engler Rz 11). Teilweise gilt für die Freistellung von der Aufsicht jedoch ein bestimmter Vermögenswert. Wie ein Vereinsvormund erhält das JA als Vormund oder Gegenvormund für **Aufwendungen** weder Vorschuß noch Ersatz aus der Staatskasse, sondern nur aus dem Mündelvermögen, soweit dieses ausreicht; allgemeine Verwaltungskosten werden ihm nicht ersetzt (§ 1835 V). Eine pauschale Aufwandsentschädigung ist ebenso wie eine **Vergütung**

Begründung der Vormundschaft § 1791c

ausgeschlossen (§§ 1835a V, 1836 IV). Gegen das JA kann kein Zwangsgeld festgesetzt werden (§ 1837 III S 2). Schließlich gelten Besonderheiten für seine Entlassung (§§ 1887, 1889).

6. Die Ausübung seiner Aufgaben überträgt das JA einzelnen seiner Beamten oder Angestellten (§ 55 II SGB VIII). Diese sind im Umfang der Übertragung zur gesetzlichen Vertretung des Minderjährigen befugt.

7. Wendet sich das JA gegen seine Bestellung zum Vormund, so erhebt es die einfache Beschwerde mit dem Antrag gem § 1889 II, es zu entlassen. Dagegen hat das JA nicht auch das Recht zur sofortigen Beschwerde nach § 60 I Nr 2 FGG; von einer Weigerung, eine Vormundschaft zu übernehmen, kann bei dem JA nicht gesprochen werden, da ihm die Vormundschaft ohne seine Mitwirkung übertragen wird (ebenso Soergel/Zimmermann Rz 9 für den Fall des Fehlens einer vorherigen Weigerung; anders BayObLG FamRZ 1989, 1340, 1341 mN).

1791c *Gesetzliche Amtsvormundschaft des Jugendamts*
(1) Mit der Geburt eines Kindes, dessen Eltern nicht miteinander verheiratet sind und das eines Vormunds bedarf, wird das Jugendamt Vormund, wenn das Kind seinen gewöhnlichen Aufenthalt im Geltungsbereich dieses Gesetzes hat; dies gilt nicht, wenn bereits vor der Geburt des Kindes ein Vormund bestellt ist. Wurde die Vaterschaft nach § 1592 Nr. 1 oder 2 durch Anfechtung beseitigt und bedarf das Kind eines Vormunds, so wird das Jugendamt in dem Zeitpunkt Vormund, in dem die Entscheidung rechtskräftig wird.
(2) War das Jugendamt Pfleger eines Kindes, dessen Eltern nicht miteinander verheiratet sind, endet die Pflegschaft kraft Gesetzes und bedarf das Kind eines Vormunds, so wird das Jugendamt Vormund, das bisher Pfleger war.
(3) Das Vormundschaftsgericht hat dem Jugendamt unverzüglich eine Bescheinigung über den Eintritt der Vormundschaft zu erteilen; § 1791 ist nicht anzuwenden.

1. Das Institut der **gesetzlichen Amtsvormundschaft** und Amtspflegschaft war durch §§ 40, 41 JWG vom 9. 7. 1922 begründet und durch das NEhelG vom Jahre 1969 in das BGB übernommen worden. Die zunächst auf das „nichteheliche Kind" gemünzte Vorschrift wurde vom KindRG (Amtl Begr BT-Drucks 13/8511 S 77) auf das Kind nicht miteinander verheirateter Eltern umgeprägt.

2. Ein Kind bedarf bei seiner Geburt eines Vormunds, wenn es nicht unter elterlicher Sorge steht oder die Eltern weder in der ihre Person noch in das Vermögen betreffenden Angelegenheiten zur Vertretung des Kindes berechtigt sind oder der Familienstand des Kindes nicht zu ermitteln ist (§ 1773). Grundsätzlich hat das neugeborene Kind mindestens seine Mutter zum sorgeberechtigten Elternteil (§ 1626a II). Davon sind nur dann, wenn deren elterliche Sorge ruht (§§ 1673, 1674) oder sie in der Geburt verstorben ist, Ausnahmen denkbar. Unter der Voraussetzung des Abs I S 1, daß die Eltern nicht miteinander verheiratet sind, wird beim Ausfall der Mutter der Vater nur dann automatisch alleine sorgeberechtigt, wenn pränatal durch Anerkennung der Vaterschaft und gemeinsame Sorgeerklärung die Voraussetzungen gemeinsamer Sorge geschaffen waren. Nicht miteinander verheiratete aber zusammenlebende Eltern werden in der Regel diese Voraussetzung der gemeinsamen elterlichen Sorge erfüllen. Liegen bei der Mutter allerdings Voraussetzungen vor, unter denen sie nicht sorgeberechtigt wird, werden oft auch die Voraussetzungen für eine anfängliche Sorgeberechtigung des Vaters nicht hergestellt worden sein können. So kann eine geschäftsunfähige Mutter nicht an der gemeinsamen Sorgeerklärung mitwirken. Ist sie beschränkt geschäftsfähig, so braucht sie dazu die Zustimmung ihres gesetzlichen Vertreters (§ 1596 I S 4). Vor allem aber sind es die Fälle, in denen das Kind vaterlos geboren wird, in denen dann, wenn bei der Mutter die obigen Voraussetzungen vorliegen, das Bedürfnis nach einem Vormund besteht.

3. Die Amtsvormundschaft des JA tritt nicht ein, wenn dem Kind bereits vor der Geburt ein Vormund bestellt wurde. Diese Möglichkeit eröffnet § 1774 S 2.

4. In den Fällen des **Abs I S 2**, in denen das Kind durch Anfechtung seinen Vater verliert, kommt zu den Voraussetzungen, unter denen die Mutter nicht sorgeberechtigt ist, der Fall hinzu, daß ihr das Sorgerecht oder auch nur das Vertretungsrecht gem § 1666 entzogen wurde.

5. Abs II regelt den Fall, daß das Kind nicht bei seiner Geburt, auch nicht beim späteren Verlust des allein sorgeberechtigten Vaters, sondern bei **Beendigung einer vom JA geführten Pflegschaft** eines Vormunds bedarf. Hat ein Kind einen Pfleger, so wird es regelmäßig nur einen Elternteil haben, jedenfalls nur einen sorgeberechtigten Elternteil, dem aber mindestens ein Teil seines Sorgerechts entzogen sein muß. Hierher gehörende Fälle sind seltener geworden, so hat das Vormundschaftsgericht mit dem Status der Nichtehelichkeit auch die regelmäßige Pflegschaft für das nichteheliche Kind entfallen ist. Eine Pflegschaft endet nach § 1918 mit der Beendigung der elterlichen Sorge, also wenn der Elternteil stirbt, für tot erklärt (§ 1677) oder ihm die elterliche Sorge entzogen wird (§§ 1666, 1680 III). Der Beendigung steht das Ruhen der elterlichen Sorge gleich (§ 1918 Rz 3); das JA wird daher auch dann Vormund, wenn die elterliche Sorge aus rechtlichen oder tatsächlichen Gründen von der Mutter nicht ausgeübt werden kann (§ 1674 I: KG FamRZ 1972, 44).

6. Örtlich zuständig ist das JA, in dessen Bezirk die Mutter im Zeitpunkt der Geburt oder der Rechtskraft der gerichtlichen Entscheidung ihren gewöhnlichen Aufenthalt hat (§ 87c I SGB VIII). Wird das JA Amtsvormund des Kindes, so hat das VormG dem JA unverzüglich eine Bescheinigung über den Eintritt der Vormundschaft zu erteilen (§ 1791c III). § 1791 ist nicht anwendbar.

7. Für die Führung der gesetzlichen Amtsvormundschaft oder Amtspflegschaft gelten die in § 1791b Rz 5 aufgeführten Besonderheiten. Zur Entlassung des JA siehe § 1887.

§ 1792 Gegenvormund

1792 (1) Neben dem Vormund kann ein Gegenvormund bestellt werden. Ist das Jugendamt Vormund, so kann kein Gegenvormund bestellt werden; das Jugendamt kann Gegenvormund sein.

(2) Ein Gegenvormund soll bestellt werden, wenn mit der Vormundschaft eine Vermögensverwaltung verbunden ist, es sei denn, dass die Verwaltung nicht erheblich oder dass die Vormundschaft von mehreren Vormündern gemeinschaftlich zu führen ist.

(3) Ist die Vormundschaft von mehreren Vormündern nicht gemeinschaftlich zu führen, so kann der eine Vormund zum Gegenvormund des anderen bestellt werden.

(4) Auf die Berufung und Bestellung des Gegenvormunds sind die für die Begründung der Vormundschaft geltenden Vorschriften anzuwenden.

1 1. Das Gesetz unterscheidet Mit- und **Gegenvormundschaft**. Während bei jener mehrere Vormünder die Geschäfte gemeinschaftlich oder mit aufgeteilten Wirkungskreisen führen (§§ 1775, 1797), hat der Gegenvormund keine selbständige Verwaltungstätigkeit wie ein Vormund, sondern im wesentlichen nur die Aufgabe, den Vormund zu beaufsichtigen und an gewissen Geschäften und Verwaltungshandlungen des Vormunds, insbesondere durch Erteilung seiner Genehmigung, unterstützend oder kontrollierend mitzuwirken (siehe zB §§ 1799, 1809, 1812, 1813, 1826, 1842, 1891).

2 Die Bestellung eines Gegenvormunds neben dem Vormund ist außer in den unter Rz 2 bezeichneten Fällen stets zulässig (Abs I). Sie ist nach Abs II erforderlich, wenn mit der Vormundschaft eine nicht unerhebliche **Vermögensverwaltung** verbunden ist, es sei denn, die Vormundschaft würde von mehreren Vormündern gemeinschaftlich geführt (§ 1797 II). Eine Vermögensverwaltung liegt regelmäßig vor, wenn fortlaufend eine Verrechnung von Einnahmen und Ausgaben für den Mündel stattzufinden hat, dagegen nicht, wenn das Vermögen zB nur aus Mobiliar oder einer Spareinlage besteht, vgl Staud/Engler Rz 5. Für die Erheblichkeit der Verwaltung kommt es weniger auf die Größe des Vermögens (BayObLG FamRZ 1994, 325) als auf seine Zusammensetzung an; ob es etwa in einem Mietshaus oder einem Unternehmen besteht oder in institutionell verwalteten Wertpapieren (BayObLG 1914, 210, 212). Bei **gemeinschaftlicher Verwaltung** mehrerer **Mitvormünder** kann von Bestellung eines Gegenvormunds abgesehen werden, da sie nur zusammen handeln können und sich so gegenseitig überwachen. Wegen einer Verletzung dieser Aufsichtspflicht kann der Mitvormund dem Mündel haftbar werden, im Innenverhältnis zum zu beaufsichtigenden Mitvormund jedoch hinter diesem (§ 1833 II S 2). Bei getrennten Wirkungskreis der Mitvormünder (§ 1797 II) kann der eine zum Gegenvormund des anderen bestellt werden (Abs III). Unterläßt der Rechtspfleger die nach Abs II erforderliche Bestellung eines Gegenvormunds, so kann er nach § 839 für einen dem Mündel erwachsenden Schaden haftbar sein.

3 2. Ein Gegenvormund ist **nicht zu bestellen** a) neben dem JA als gesetzlichem oder bestelltem Amtsvormund (Abs I S 2), b) wenn Eltern die Bestellung unter den Voraussetzungen und in der Form des § 1777 bei Benennung des Vormunds ausgeschlossen haben (§§ 1852 I, 1855), es sei denn, ihre Anordnungen wären von dem VormG wegen Gefährdung der Interessen des Mündels außer Kraft gesetzt worden (§ 1857).

4 3. Über die Bestellung eines Gegenvormunds nach Abs I entscheidet das VormG nach seinem **Ermessen**. Dagegen ist die Voraussetzung der nicht unerheblichen Vermögensverwaltung, bei der nach Abs II ein Gegenvormund bestellt werden soll, unbestimmter Rechtsbegriff (allgemein wird die Zweckmäßigkeit einer Gegenvormundschaft insgesamt als Ermessensangelegenheit angesehen: Keidel/Kahl § 27 FGG Rz 26b; MüKo/Wagenitz Rz 6; RGRK/ Dickescheid Rz 4).

5 4. **Neben dem Vereinsvormund** kann ein Gegenvormund bestellt werden, und zwar auch das JA (Abs I S 2), jedoch soll das VormG den Verein vorher hören (§ 1791a IV). Das JA kann zum Gegenvormund nur bestellt werden, wenn eine als Einzelgegenvormund geeignete Person oder ein Verein nicht vorhanden ist (§§ 1792 IV, 1791b I und § 1791b Rz 2). Ein Verein kann nur mit seinem Einverständnis zum Gegenvormund bestellt werden. Die Bestellung mehrerer Gegenvormünder ist entsprechend § 1775 zulässig (MüKo/Wagenitz Rz 2).

6 5. Für die **Berufung und Bestellung** des Gegenvormunds gelten nach Abs IV die §§ 1776–1791, insbesondere also auch § 1782, der Ausschließung bestimmter Personen durch die Eltern zuläßt. Verwandtschaft, Schwägerschaft und Ehe mit dem Vormund oder sonstige nähere Beziehungen zu diesem (Freundschaft) stehen der Bestellung zum Gegenvormund nicht förmlich entgegen, lassen die Person aber als ungeeignet erscheinen. – Für die Bestellung des JA zum Gegenvormund gelten §§ 58, 55, 56 SGB VIII. Die Aufgaben des Gegenvormunds, seine Rechte und Pflichten, regelt § 1799.

7 6. Gegen Übergehung des als Gegenvormund Berufenen steht diesem ebenso die sofortige Beschwerde zu (§ 60 I Nr 1 FGG) wie demjenigen, dessen Weigerung, eine Gegenvormundschaft zu übernehmen, zurückgewiesen wurde (§ 60 I Nr 2 FGG). Im übrigen besteht gegen die Anordnung und die Ablehnung ein Beschwerderecht nur bei berechtigtem Interesse, für den Mündel zu handeln (§ 57 I Nr 9 FGG); das gilt auch für den Vormund (aA Soergel/Zimmermann Rz 10).

8 7. § 1792 gilt gem § 1908i I S 1 sinngemäß auch im Betreuungsrecht (näher dazu § 1908i Rz 11ff).

Untertitel 2
Führung der Vormundschaft

1793 *Aufgaben des Vormunds, Haftung des Mündels*
(1) Der Vormund hat das Recht und die Pflicht, für die Person und das Vermögen des Mündels zu sorgen, insbesondere den Mündel zu vertreten. § 1626 Abs. 2 gilt entsprechend. Ist der Mündel auf längere Dauer in den Haushalt des Vormunds aufgenommen, so gelten auch die §§ 1618a, 1619, 1664 entsprechend.
(2) Für Verbindlichkeiten, die im Rahmen der Vertretungsmacht nach Absatz 1 gegenüber dem Mündel begründet werden, haftet der Mündel entsprechend § 1629a.

1. Die Vormundschaft über Minderjährige ersetzt fehlende elterliche Sorge; daraus erklärt sich ihre gleichartige Struktur. Aufgabe des Vormunds ist die Sorge für die Person und das Vermögen des Kindes einschließlich seiner Vertretung. Auch ohne daß auf § 1627 verwiesen wäre, hat der Vormund sein Wirken auf das „Mündelwohl" auszurichten (MüKo/Wagenitz Rz 2).

2. Der Vormund hat **insoweit kein Sorgerecht**, als dies Eltern zusteht. Weil Vormundschaft gem § 1773 voraussetzt, daß die Eltern weder in persönlichen noch in Vermögensangelegenheiten vertretungsberechtigt sind, kann neben einer Vormundschaft ein Elternteil höchstens tatsächlich sorgeberechtigt sein. Zu solcher Aufspaltung kommt es, wenn das tatsächliche Sorgerecht von einer Entziehung gem §§ 1666 ausgenommen wurde oder die elterliche Sorge ruht, weil ein Elternteil in der Geschäftsfähigkeit beschränkt ist; dann behält er nach § 1673 II S 2 die tatsächliche Personensorge. Bei einer Meinungsverschiedenheit in einer Frage, bei der sich die Zuständigkeiten von Vormund und minderjährigem Elternteil überschneiden, geht nach § 1673 II S 3 die Meinung des Elternteils vor.

Nach § 1800 iVm § 1633 beschränkt sich die Personensorge des Vormunds für einen minderjährigen, verheirateten oder verheiratet gewesenen Mündel auf die Vertretung, so daß Angelegenheiten der tatsächlichen **Personensorge** Sache des Mündels selbst sind.

3. a) Über den Inhalt der **Personensorge** vgl § 1800 mit Erläuterungen.

b) Die **Sorge für das Vermögen** des Mündels regeln die §§ 1802–1832. Der Vormund ist auf Grund seines Sorgerechts insbesondere berechtigt, das Vermögen des Mündels in Besitz zu nehmen, er wird dadurch regelmäßig unmittelbarer, der Mündel mittelbarer Besitzer. Dritte muß der Vormund auf Herausgabe des Vermögens verklagen. **Verweigert der Mündel die Herausgabe**, so kann der Vormund bei VormG beantragen, einen Gerichtsvollzieher mit der Wegnahme zu beauftragen (BGH 12, 380, 389; Dresden SeuffA 67 Nr 136). Der Gegenmeinung des KG NJW 1958, 2071 (allerdings zur Nachlaßverwaltung) und von Soergel/Zimmermann Rz 5, Baur FGG § 26 A III 1a ist entgegenzuhalten, daß in dem familienrechtlichen Innenverhältnis zwischen Vormund und Mündel, aber auch zwischen Betreuer und Betreuten der Vormund eine possessorische Kompetenz hat, die ihm zwar keine Eigenmacht erlaubt, ihn aber andererseits nicht zwingt, in einem zivilprozessualen Erkenntnisverfahren einen materiellen Titel zu erstreiten. Der Vormund kann seinen Herausgabeanspruch vielmehr durchsetzen, indem er beim VormG eine entsprechende Verfügung erwirkt, zu deren Befolgung der Mündel auch mit den Mitteln des § 33 FGG (Zwangsgeld, unmittelbarer Zwang) angehalten werden kann.

Der Vormund hat die Pflicht, **Geld** nach Maßgabe der §§ 1806ff **anzulegen**, auch eine bei seinem Amtsantritt vorgefundene, nicht ordnungsgemäße Anlegung entsprechend umzuwandeln (RG 137, 320, 323). Er hat das Vermögen nach Möglichkeit zu erhalten, darf aber unter Beachtung der § 1812ff das Stammvermögen angreifen und verbrauchen, wenn das Interesse des Mündels es erfordert, insbesondere zur Bestreitung der Kosten des Unterhalts und der Erziehung (BGH MDR 1967, 473 für den Vermögenspfleger; BayObLG JW 1923, 517). Dabei steht bei einem Minderjährigen die Erhaltung und Vermehrung des Vermögens mehr im Vordergrund als bei der Vermögenssorge eines Betreuers für einen volljährigen, oft älteren Menschen. Das entspricht sowohl pädagogischen Grundsätzen als auch dem Ziel, daß dem Mündel später die Mittel zur selbständigen Lebensgestaltung zur Verfügung stehen sollen (BayObLG FamRZ 1991, 481, 482). Der Vormund hat, soweit es die Verwaltung erfordert, auch für ordnungsgemäße Buchführung zu sorgen und erforderliche Steuererklärungen abzugeben. Soweit ein zum Mündelvermögen gehöriger Nachlaß der Verwaltung eines **Testamentsvollstreckers** unterliegt, kann der Vormund nur die Rechte ausüben, die dem Erben gegenüber dem Testamentsvollstrecker zustehen, zB nach §§ 2215, 2217, 2218 usw (RG 91, 69). Gehört zum Mündelvermögen eine **Gesellschaftsbeteiligung**, so ist der Vormund grundsätzlich nicht verpflichtet, Geschäftsführung und Vertretung zu übernehmen; eine Vollzeitbelastung würde den Rahmen des üblicherweise vom Vormund zu erwartenden Einsatzes sprengen.

Grundsätzlich ist der Vormund nicht verpflichtet, für den Mündel eine **Haftpflichtversicherung** abzuschließen. Auch unter besonderen Umständen setzt eine solche Pflicht voraus, daß die Versicherung wirtschaftlich vertretbar ist und im Mündelvermögen Mittel zur Bezahlung der Prämien vorhanden sind (BGH NJW 1980, 2249, 2250). Eine dem § 1646 entsprechende **Surrogationsvorschrift** fehlt im Vormundschaftsrecht. Ist der Mündel verheiratet und besteht **Gütergemeinschaft** mit gemeinschaftlicher Verwaltung des Gesamtgutes, so verwaltet gem § 1458 der andere Ehegatte allein; dagegen hat der Vormund des allein verwaltenden Gatten für diesen das Gesamtgut zu verwalten.

c) Als **gesetzlicher Vertreter** hat der Vormund in persönlichen wie vermögensrechtlichen Angelegenheiten des Mündels das Recht, in dessen Namen Rechtsgeschäfte abzuschließen sowie Rechtsstreitigkeiten zu führen und, soweit die Einwilligung oder Genehmigung des gesetzlichen Vertreters zur Wirksamkeit eines Rechtsgeschäfts erforderlich ist, diese zu erteilen oder zu versagen. Soweit dadurch Mündelinteressen nicht gefährdet werden, kann

§ 1793 Familienrecht Vormundschaft

der Vormund den Mündel betreffende Rechtsgeschäfte aber auch im eigenen Namen abschließen (Mot IV, 1087; RG 146, 231, 233). Ebenso müssen in passiver Hinsicht Willenserklärungen dem gesetzlichen Vertreter gegenüber abgegeben werden; enthält eine dem Mündel zugestellte Postsendung eine Willenserklärung, so geht diese dem Vormund grundsätzlich nur zu, wenn sie zu seiner Kenntnis gelangt (§ 131); der Mündel ist nicht etwa ohne weiteres Empfangsbote. Zustellungen erfolgen nach § 171 I ZPO an den Vormund oder im Rahmen seines Wirkungskreises an den Pfleger. Der Vormund kann den Mündel auch bei solchen Rechtsgeschäften vertreten, die dieser nach § 107 selbst vornehmen könnte. Mißbraucht der Vormund seine Vertretungsmacht, so kann sich ein Dritter, der dies erkannt hat oder erkennen muß, nicht auf sie berufen (RG 75, 299, 301).

8   4. Der **Mündel haftet Dritten** für schädigendes Verhalten des Vormunds im Rahmen eines bestehenden Schuldverhältnisses nach § 278 wie für eigenes Verschulden; dabei bestimmt sich die verletzte Pflicht aus dem zwischen Mündel und Drittem bestehenden Schuldverhältnis, das Verschulden dagegen nach der Person und dem Verhalten des Vormunds.

a) Dagegen will Ballerstedt (AcP 151, 525) dort, wo der Haftpflichttatbestand an ein Vertrauen anknüpft, das der Dritte in den Abschlußpartner gesetzt hat, bei gesetzlicher Vertretung nicht den Vertreter haften lassen, was heute als Sachwalterhaftung bezeichnet wird und in § 311 III S 2 geregelt ist. Von diesem Ansatz aus wird der Anwendungsbereich von § 278 und damit die Haftung des Mündels eingeschränkt, und zwar zu Lasten des Vormunds, der im selben Umfang seinerseits dem Dritten haftbar wird (vgl § 1833 Rz 16). Die Voraussetzung, daß der Dritte dem Vertreter vertraut, sieht Staud/Schilken (vor § 164 Rz 23) bei der Verletzung von vorvertraglichen Schutzpflichten gegeben, RGRK/Steffen (§ 177 Rz 17) bei jeglichem Vorspiegeln und falschem Verschweigen, ohne dabei cic und positive Forderungsverletzung (§§ 311 II, 241 II) zu unterscheiden. Aber das Vertrauen in den Vormund ändert nichts daran, daß die Pflichten dem Vertretenen zugeordnet sind; dessen Vermögensverhältnisse können für den Dritten erheblicher sein als die Person des Vormunds (so auch Flume AT Bd II § 46.6 aE; jetzt auch Larenz, SchuldR I, 13. Aufl, § 20 VII; MüKo/Schramm § 177 Rz 43; Frotz, Verkehrsschutz etc S 99, 613). Daran, daß der geschädigte Dritte dem Vormund Vertrauen gewährt hat, fehlt es zB dann, wenn dieser mißbräuchlich aus einem zugunsten des Mündels ergangenen Urteil vorgeht (Düsseldorf JW 1939, 417). Eine eindeutige Grenze der Haftung des Mündels liegt dort, wo der Vormund außerhalb seines Wirkungskreises handelt (MüKo/Schramm § 177 Rz 44; Soergel/Leptien § 177 Rz 34). Der Mündel haftet auch nicht für unerlaubte Handlungen des Vormunds, § 831 ist nicht anwendbar (RG 121, 18; Flume AT Bd II § 46.6 Fn 8).

9   b) Damit im Zusammenhang steht die Frage, inwieweit dem Mündel nun nicht als Ersatzpflichtigem, sondern als Ersatzberechtigtem das Verhalten seines Vormunds aus dem Gesichtspunkt mitwirkenden Verschuldens nachteilig anzurechnen ist. Infolge der Verweisung des **§ 254 II S 2 auf § 278** muß sich der Mündel ein Verhalten des Vormunds, das die Unterlassung einer Schadensminderung bedeutet, wie eigenes Verhalten anrechnen lassen; das Erfordernis des § 278, daß beide Parteien – Mündel und Ersatzpflichtiger – in einer Sonderverbindung stehen, ist für die Schadensminderung unproblematisch, weil schon die Verletzung der Rechtsgüter des Geschädigten eine Sonderverbindung begründet hat.

10   c) Umstritten ist, inwieweit die Mitverantwortlichkeit eines Ersatzberechtigten für auf seiner Seite stehende Dritte über § 254 II S 2 hinaus auf deren Mitwirkung bei der Schadensentstehung außerhalb eines bereits bestehenden Schuldverhältnisses auszudehnen ist. Soweit die Verkürzung des Ersatzanspruches bei sog **Bewahrungsgehilfen** vertreten wird, werden gesetzliche Vertreter ausdrücklich ausgenommen (Larenz SchuldR I § 31 Id; Esser/Schmidt 8. Aufl 2000 § 27 II S 1b, c und 2). Wenn die Rspr im Bereich deliktischer Schadensentstehung im Rahmen des § 254 anstelle von § 278 den § 831 entsprechend heranzieht (RG 142, 356, 361; 164, 207), so ist diese Vorschrift nach dem oben Gesagten auf den Vormund überhaupt unanwendbar (zum Ganzen Hermann Lange, Schadensersatz, 2. Aufl 1990, § 10 XI S 6b). – Über die Haftung des Vormunds gegenüber dem Mündel vgl § 1833 mit Erläuterungen.

11   5. Die Vertretungsmacht des Vormunds ist in mehrfacher Hinsicht beschränkt:

a) Sie bezieht sich begrifflich nicht auf Realakte. Besonderes gilt für persönlichkeitsrechtsbezogene Gestattungen wie vor allem die **Einwilligung in eine Heilbehandlung**, aber auch in eine Freiheitsbeeinträchtigung sowie für die Entbindung des Arztes von der Schweigepflicht. Die ältere Lehre nahm hier rechtsgeschäftliche Willenserklärungen an (Mot II S 730 zu § 706 des E I; Enn/Nipperdey, 1960, S 1315; so noch E. Wolf, SchuldR BT 1978, S 538ff). Wegen des höchstpersönlichen Gehalts dieser Entscheidungen sind Lehre und Rspr heute unterschiedlich weit von der Ausgangsposition abgerückt. Die Selbstbestimmung des Betroffenen in diesen Fällen setzt seine Einwilligungsfähigkeit voraus (BGH 29, 33, 36 = FamRZ 1959, 200, 201: Heilbehandlung; BGH NJW 1964, 1177, 1178: Unterbringung in einer geschlossenen Anstalt; zum Ganzen Kohte AcP 185 [1985] S 105; Belling, Die Entscheidungskompetenz für ärztliche Eingriffe bei Minderjährigen, FuR 1990, 68). Verbreitet wird das Erfordernis der Einwilligungsfähigkeit als analoge Anwendung der §§ 104ff angesehen, auch soweit den Altersgrenzen der Geschäftsfähigkeit für die Einsichtsfähigkeit keine Bedeutung zugemessen, sondern stets eine konkrete Feststellung gefordert wird (MüKo/Gitter vor § 104 Rz 86f; Pal/Heinrichs vor § 104 Rz 8). Für das 18. Lebensjahr als regelmäßige Grenze der „Sozialreife" Gernhuber/Coester-Waltjen § 57 VII S 4; diese Sicht schwächt die starren Altersgrenzen der Geschäftsfähigkeit bei analoger Anwendung auf die Einsichtsfähigkeit zu gesetzlichen Vermutungen ab. Im Hinblick auf die analoge Anwendung der §§ 104ff wird die Einwilligung teilweise als geschäftsähnliche Handlung qualifiziert (BGH 29, 33; Soergel/Hefermehl vor § 104 Rz 20; Pal/Heinrichs vor § 104 Rz 8). Eine andere Ansicht fordert zusätzlich zur Einwilligung durch den einsichtsfähigen Betroffenen eine gleichzeitige Erklärung des gesetzlichen Vertreters oder Personensorgeberechtigten (MüKo/Gitter § 104 Rz 89; BayObLG FamRZ 1987, 87, 89; BGH NJW 1972, 335, 337 außer in Eilfällen; Zenz StAZ 1973, 257, 259 außer in „typischen Sonderfällen" wie zB dem Schwangerschaftsabbruch). Für den danach nicht einsichtsfähigen Betroffenen handelt der Personensorgeberechtigte. Umstritten ist die Frage, ob die Einwilligung nach § 4 BDSG im Interesse eines effektiven Datenschutzes als Rechtsgeschäft oder als Realakt zu qualifizieren (Simitis in Simitis/Dammann/Geiger/Mallmann/Walz, BDSG, 4. Aufl, § 4 Rz 28) oder grundsätzlich nicht anders als die Einwilligung in einen ärztlichen Heileingriff zu behandeln ist. In jedem Fall soll es nicht auf die Geschäftsfähigkeit, sondern auf die Einsichtsfähigkeit ankommen (Simitis aaO).

b) Die Vertretungsmacht des Vormunds **entfällt**,

aa) soweit vormundschaftliche Geschäfte einem Mitvormund mit besonderem Wirkungskreis (§ 1797 II) übertragen sind;
bb) soweit die Vertretungsmacht nach § 1795 wegen Interessenkollision ausgeschlossen ist. Sofern nicht ein gemeinschaftlich verwaltender Mitvormund (§ 1797 I) vorhanden ist, ist gem § 1909 I S 1 anstelle des Vormunds ein Ergänzungspfleger zu bestellen;
cc) soweit das VormG dem Vormund gem § 1796 die Vertretung wegen Interessenkollision oder gem § 1837 IV iVm §§ 1666 III im Aufsichtsweg das Sorgerecht entzogen hat;
dd) soweit Minderjährige von der Rechtswirkung oder Vertreter wegen der Höchstpersönlichkeit des Rechtsgeschäfts ausgeschlossen sind:

(1) In einigen Fällen ist der Ausschluß des Minderjährigen weniger Folge der Höchstpersönlichkeit als Aspekt mangelnder Altersreife, so bei der Eheschließung bis zur Vollendung des 16. Lebensjahres (§ 1303). Hierher gehört auch die Unfähigkeit zu adoptieren, die nach § 1743 bis zum Alter von 25 bzw 21 Jahren besteht.

(2) Auch ist in den zuletzt genannten und einigen anderen Fällen jeder Geschäftsunfähige von dem Rechtsgeschäft ausgeschlossen: § 1304, § 1752 II S 1 aE, § 2229 IV, §§ 2274, sei es ausdrücklich, sei es durch den Ausschluß jeder Stellvertretung. Hierher gehört auch, daß in eine Organentnahme vom lebenden Spender nach § 8 I S 1 Nr 1 lit a und b TPG nur der Organspender selbst einwilligen kann.

(3) Wieder andere Rechtsgeschäfte kann der beschränkt geschäftsfähige Mündel allein vornehmen, so daß sein gesetzlicher Vertreter insoweit keine Kompetenz hat: § 1297, § 1316 II S 2, § 1596 I S 1, § 1600a II S 2, § 1762 I S 3, § 2229 I: Errichtung eines Testaments nach Vollendung des 16. Lebensjahres, § 2347 II S 1, § 607 I ZPO.
(4) In anderen Fällen ist die Kompetenz des Vormunds insoweit beschränkt, daß das von dem beschränkt geschäftsfähigen Mündel selbst vorzunehmende Geschäft seiner Genehmigung bedarf (§§ 1315 I S 3, 1596 I S 2 und 3, 1746 I S 3, 1768 I S 2, 2275 II S 2; §§ 52 II, 81c III StPO teilweise mit zusätzlicher Genehmigung des VormG (§ 2275 II S 2 Hs 2, § 2347 I).

ee) Die Vertretungsmacht des Vormunds entfällt auch dort, wo ihm bestimmte einzelne Rechtsgeschäfte verboten sind, wie zB Schenkungen gem § 1804 oder die Vereinbarung einer Wettbewerbsklausel (§§ 74a II S 2, 75d HGB).

c) In bestimmten Hinsichten ist **der nicht voll Geschäftsfähige rechtlich handlungsfähig**, ohne die Kompetenz des gesetzlichen Vertreters zu verdrängen; in diesen Fällen ist der Vormund zwar nicht in seiner Vertretungsmacht beschränkt, wohl aber in seinem Sorgerecht, da er den vom Mündel oder Kind im Außenverhältnis gesetzten Rechtsakt hinzunehmen hat:

aa) Diese Konstellation besteht in den klassischen Fällen der §§ 107, 112, 113. Nach der Lehre vom **sozialtypischen Verhalten** sollten Leistungsbeziehungen des Massenverkehrs statt durch Vertragsschluß durch die faktische Inanspruchnahme der Leistung zustande kommen. Subjektive Voraussetzung wäre danach nicht Geschäftsfähigkeit, sondern die natürliche Einsichts- und Handlungsfähigkeit im Massenverkehr. Auf der Grundlage dieser Lehre verurteilte das LG Bremen NJW 1966, 2360 einen Achtjährigen, der zu einem Vergnügen schwarzgefahren war, zur Leistung des Fahrpreises und einer in den Beförderungsbedingungen bestimmten Buße an das Straßenbahnunternehmen. Diese Lehre wird heute allgemein abgelehnt (vgl zu § 104 Rz 10).

bb) Im öffentlichen Recht der **Anstaltsnutzung** (dazu Jauernig NJW 1972, 1) sind die Benutzungsverhältnisse gewöhnlich ohne die dem bürgerlichen Recht eigentümliche Rücksicht auf nicht voll Geschäftsfähige geregelt. Mangels besonderer Regelung wird jeder zugelassen, der die zur Benutzung erforderliche natürliche Einsichts- und Handlungsfähigkeit hat. Für die Beziehungen des Kunden zu den Unternehmen der früheren Deutschen Bundespost ist der die Erfordernisse der Rechts- und Geschäftsfähigkeit beiseite schiebende frühere § 8 PostG mit dem Ablauf der Übergangsfrist des § 65 I, III PostVerfG jedoch außer Kraft getreten.

cc) Ein nicht voll Geschäftsfähiger ist in bestimmten Hinsichten verfahrensfähig. Nach § 1612 II S 2 kann das unverheiratete Kind beim VormG beantragen, die Bestimmung der Eltern über die Art ihrer Unterhaltsgewährung zu ändern. Haben die Eltern das Sorgerecht inne, so bedarf das Kind für den Antrag keines Pflegers; hat das Kind einen Vormund oder Unterhaltspfleger, so kann auch er den Antrag stellen. In anderen Fällen dient die ausnahmsweise Verfahrensfähigkeit dem Rechtsschutz gegen Eingriffe in die persönliche Entfaltung oder Freiheit des nicht voll Geschäftsfähigen, so § 59 FGG, § 19 V WPflG. Nach § 36 SGB I kann, wer das 15. Lebensjahr vollendet hat, Anträge auf Sozialleistungen stellen und verfolgen sowie Sozialleistungen entgegennehmen. Diese Sozialrechtsmündigkeit hat auch Bedeutung für das als SGB VIII eingeordnete KJHG (darüber und über die schwache Bedeutung der Anregungs- und Beratungsmündigkeit des § 8 II, III SGB VIII: Coester FamRZ 1991, 253, 256f).

d) In anderen Fällen ist die Vertretungsmacht des Vormunds in unterschiedlicher Weise **beschränkt**:
aa) Nach § 1812 bedarf der Vormund der Genehmigung eines Gegenvormunds oder des VormG, in folgenden Fällen der Genehmigung ausschließlich des VormG: §§ 112; 1411 I S 3 und II S 2; 1484 II S 2; 1491 III; 1492 III; 1596 I S 3; 1812 III; 1814–1822; 1824; 1904–1906; 2275 II S 2; 2282 II; 2290 III S 1; 2291 I S 2; 2292; 2347; 2351; 2352 S 3 BGB; §§ 607 II S 2 ZPO; § 16 III VerschG; § 3 II S 2 RelKEG; § 181 II S 2 ZVG; § 19 I StAG; § 2 NamÄndG.

§ 1793   Familienrecht   Vormundschaft

25   **bb)** Im Fall des § 1800 iVm § 1631b ist die Genehmigung des FamG erforderlich.

26   **cc)** In folgenden Fällen kann das VormG eine vom Vormund verweigerte Ermächtigung, Einwilligung oder Genehmigung **ersetzen**: §§ 113 III; 1315 I S 3; 1746 III; 1837 IV iVm § 1666 III.

27   **dd)** Entgegen dem Anschein des § 1794 bewirkt die Bestellung eines Pflegers bis auf den Fall des § 1909 I S 2 nicht die Beschränkung der Vertretungsmacht des Vormunds, sondern hat diese zur Voraussetzung (§ 1794 Rz 1).

28   **6.** In der Ausübung seines Amtes handelt der Vormund grundsätzlich **selbständig**. Beratung und Unterstützung erfährt er gem § 53 SGB VIII durch das JA. Das VormG kann den Vormund wohl auf die Unzweckmäßigkeit von ihm beabsichtigter Maßnahmen aufmerksam machen, ist jedoch nicht befugt, ihm in Zweckmäßigkeitsfragen bindende Weisungen zu erteilen (BGH 17, 108, 116; BayObLG JW 1927, 1217). Nur bei Verhinderung des Vormunds kann es ausnahmsweise selbst im Interesse des Mündels erforderliche Maßnahmen treffen (§ 1846). Im übrigen ist es grundsätzlich Aufsichtsorgan und kann nur bei Pflichtwidrigkeiten des Vormunds nach § 1837 durch geeignete Gebote oder Verbote einschreiten oder unter den Voraussetzungen des § 1886, insbesondere bei Gefährdung des Mündels, den Vormund entlassen. Nach § 1818 kann das VormG über § 1814 hinaus dem Vormund die Hinterlegung von Wertpapieren und sogar von Kostbarkeiten des Mündels aufgeben. Bei der Verwaltung einer Erbschaft oder Schenkung hat der Vormund die Anordnungen des Erblassers oder Schenkers zu befolgen (§ 1803).

29   **7.** In ihrem Kern sind die vormundschaftlichen Geschäfte **höchstpersönlich**, der Vormund darf sie nicht beliebig delegieren (Staud/Engler Rz 43 mN; Wagenitz/Engers FamRZ 1998, 1273, 1274). Dazu gehören alle rechtlichen Entscheidungen der Personensorge, nicht im selben Maße auch der Vermögenssorge. Alle Verrichtungen, zu denen der Vormund nicht befähigt ist, vor allem professionelle Tätigkeiten, die nicht gerade zu seinem Beruf gehören, darf und muß er delegieren. Im übrigen kann als Kriterium gelten: was ein volljähriger und gesunder Vermögensträger selbst zu erledigen pflegt, muß auch vom Vormund oder Betreuer persönlich erledigt werden. Was dagegen nicht selten in fremde Hände gegeben wird, damit darf auch ein Vormund oder Betreuer einen Dritten betrauen. Eine Grenze für die vom Vormund persönlich wahrzunehmenden Angelegenheiten ergibt sich bei zeitintensiven und stark in das Alltagsleben eingreifenden Angelegenheiten auch aus der Zumutbarkeit für den Vormund. So kann ein Vormund den erziehungsbedürftigen Mündel auch unter Verhältnissen fremd unterbringen, unter denen das für Eltern unüblich ist. Vor allem kann der Vormund einen Rechtsanwalt zuziehen (BayObLG 1918, 12 und 53) und einen anderen mit der Abwicklung eines Nachlasses (BayObLG 1914, 210, 213) oder der Verwaltung eines Landgutes (RG 76, 185) betrauen. Die **Vollmacht** dazu bedarf abgesehen von der Prokura (§ 1822 Nr 11) vormundschaftsgerichtlicher Genehmigung auch dann nicht, wenn sie zu einem genehmigungsbedürftigen Rechtsgeschäft erteilt wird; doch bedarf der Bevollmächtigte der Genehmigung des VormG oder eines Gegenvormunds im gleichen Umfang wie der Vormund (vor § 1821 Rz 2). Dresden (SeuffA 66, 306) hat eine Generalvollmacht des Vormunds zugelassen; nach RG 41, 263, 265 jedoch kann sie nicht für eine zeitlich unbeschränkte, über die Volljährigkeit hinausreichende Generalvollmacht gelten. Die Vollmacht erlischt im Zweifel nicht mit der Vertretungsmacht des Vormunds (KG JFG 1, 313, 316); sie kann auch über die Volljährigkeit des Mündels hinaus wirksam bleiben (RG 41, 263). Weil der Bevollmächtigte des Vormunds nicht mehr Rechtsmacht haben kann als dieser, gilt auch die Beschränkung des § 1795; diese kann auch nicht dadurch überwunden werden, daß zur Erteilung der Vollmacht ein Pfleger bestellt wird; das gilt nicht nur für eine Bevollmächtigung des Vormunds selbst (wie in Hamm DB 1972, 915).

30   Der Grundsatz persönlicher Wahrnehmung kann beim JA als bestelltem oder gesetzlichem Amtsvormund oder bei einem zum Vormund bestellten Verein naturgemäß nicht für den Innenbereich der Behörde (vgl § 1791b Rz 5) oder des Vereins (vgl § 1791a III) gelten.

31   Infolge von **Abs II** erstreckt sich der in § 1629a geregelte Überschuldungsschutz des Minderjährigen auch auf solche Minderjährige, die unter Vormundschaft stehen oder zwar unter elterlicher Sorge, aber durch Handlungen eines Pflegers verpflichtet werden. Steht der Minderjährige nach dem Tod von Eltern unter Vormundschaft, so kann besonders diejenige Variante des § 1629a I S 1 Bedeutung haben, die auch vor Verbindlichkeiten schützt, die auf Grund eines Erwerbs von Todes wegen entstanden sind.

32   Wegen der Haftung des Vormunds gegenüber dem Mündel für von ihm beigezogene Dritte s § 1833 Rz 7.

1794   *Beschränkung durch Pflegschaft*
Das Recht und die Pflicht des Vormunds, für die Person und das Vermögen des Mündels zu sorgen, erstreckt sich nicht auf Angelegenheiten des Mündels, für die ein Pfleger bestellt ist.

1   **1.** Die Vorschrift entspricht dem § 1630 I bei der elterlichen Sorge und betrifft das Verhältnis des Vormunds zu einem Ergänzungspfleger. Im Verhältnis zu einem Ergänzungspfleger nach § 1909 I S 1 ist sie allerdings überflüssig, weil das ausnahmsweise Fehlen (§ 1795) oder die Entziehung (§ 1796) der Vertretung die Voraussetzung dafür ist, daß die Bestellung des Pflegers erforderlich ist. Aus diesem Grund war in Mot IV, S 1087 die dem § 1794 entsprechende Vorschrift des § 1650 I E als selbstverständlich bezeichnet und ist ihre Aufnahme nach dem Vorbild der preußischen Vormundschaftsordnung nur mit dem Interesse an Durchsichtigkeit des Gesetzes begründet worden. Konstitutive Bedeutung hat § 1794 nur im Fall der **Verwaltungspflegschaft** des § 1909 I S 2: Hat ein Erblasser oder der Zuwendende bestimmt, daß der Vormund das zugewendete Vermögen nicht verwalten soll, so fehlt bei der Vormundschaft eine § 1638 I entsprechende Vorschrift, welche die Vermögenssorge von vornherein entsprechend beschränkt, so daß diese Beschränkung beim Vormund erst gem § 1794 als Folge der Bestellung des Pflegers eintritt.

Die Wirkung des § 1794 tritt auch ein, wenn dem Mündel nach § 50 FGG ein **Verfahrenspfleger** bestellt worden ist. Die Amtl Begr zu § 50 FGG geht davon aus, daß der Verfahrenspfleger im Rahmen des anhängigen Verfahrens den gesetzlichen Vertreter verdrängt (BT-Drucks 13/4899 S 130 rSp; ebenso Greßmann, Neues Kindschaftsrecht, Rz 549; ebenso Keidel/Engelhardt § 50 FGG Rz 22). Angesichts der lückenhaften Regelung im FGG kann für die verdrängende Wirkung an eine Heranziehung von §§ 53, 53a ZPO gedacht werden (zur Zulässigkeit dieser Analogie Keidel/Kahl vor §§ 8–18 FGG Rz 3), denen jedenfalls der Grundsatz entnommen werden kann, daß eine Doppelkompetenz, sei es mit der Partei, sei es zwischen Vertretern, vermieden werden soll. Ungeachtet dessen, daß es nach Hartmann (bei Baumbach/Hartmann, 61. Aufl, Einl Rz 52) „meist unstatthaft" sein soll, bürgerlich-rechtliche Vorschriften auf den Prozeßweg zu übertragen, dürfte § 1794 jedoch die stärkste Grundlage für die verdrängende Wirkung auch der Verfahrenspflegschaft sein.

2. Seltener als bei Eltern kommt es neben einer Vormundschaft zur Bestellung eines Pflegers. Zwar ist es seit Einführung der Verweisung des § 1837 IV auf § 1666 möglich, auch einem Vormund zum Schutz des Mündels das Sorgerecht teilweise zu entziehen und insoweit einen Pfleger zu bestellen. Aber in der Regel wird in solchen Fällen der Vormund, oft gem § 1886 einvernehmlich, ausgetauscht. Auch die Bestellung eines Mitvormunds mit nach § 1797 II bestimmtem Wirkungskreis kommt in Betracht. § 1801 regelt den Sonderfall, daß dem Vormund die Sorge für die religiöse Erziehung mit der Folge entzogen wird, daß diese einem Pfleger zu übertragen ist. In der Regel trifft die Vormundschaft daher nur infolge der §§ 181, 1795, 1796 mit einer Pflegerbestellung zusammen. Tritt ein Bedürfnis danach ein, so haben der Vormund (§ 1909 II), das JA (§ 50 III SGB VIII) und ein Gericht (§ 50 FGG) dies dem VormG anzuzeigen.

3. Bei **Meinungsverschiedenheiten** des Vormunds und des Pflegers in Angelegenheiten, die in beider Wirkungskreis fallen, entscheidet analog § 1798 iVm § 1915 I das VormG (Pal/Diederichsen Rz 1, Soergel/Zimmermann Rz 1, MüKo/Schwab Rz 5), und zwar der Richter (§ 14 Nr 5 RpflG).

4. a) In der Frage, ob der Vormund gegenüber der Bestellung eines ihn beschränkenden Pflegers aus eigenem Recht **beschwerdebefugt** ist, kann die bejahende Ansicht jetzt als herrschend bezeichnet werden, so RGRK/Dikkescheid Rz 5, Staud/Engler Rz 10; Soergel/Zimmermann Rz 2, KG OLG 65, 237; differenzierend MüKo/Wagenitz Rz 8: kein Beschwerderecht in Vermögensangelegenheiten gegen die Person des Pflegers. Die Kompetenz als Vormund ist als eigenes Recht des Inhabers des vormundschaftlichen Amtes iS von § 20 I FGG anzusehen (ebenso KG RJA 12, 173; KG OLGZ 65, 237). Da die Bestellung des Pflegers nicht die Voraussetzung, sondern die Folge einer gesetzlichen oder vormundschaftsgerichtlichen Beschränkung der Rechtsmacht des Vormunds ist (Rz 1), unterliegt der Beschwerde die Annahme des beschränkenden Tatbestandes oder die beschränkende Entscheidung (zB nach § 1796), die beide notwendig bzw regelmäßig mit der Pflegerbestellung verbunden sind; dagegen kann sich der Vormund nicht kraft eigenen Rechts gegen die Auswahl der Person des Pflegers wenden. Diese Wertung liegt parallel dazu, daß zu § 1786 I Nr 7 ein Ablehnungsrecht verneint wird, wenn der Mitvormund einen besonderen Wirkungskreis hat (§ 1786 Rz 4).

b) Betrifft der Wirkungskreis des Pflegers die Personensorge, so hat der Vormund auch iS von § 57 I Nr 9 FGG ein berechtigtes Interesse, die Sache des Mündels wahrzunehmen und sowohl gegen die Anordnung der Pflegschaft wie gegen die Person des Pflegers Beschwerde einzulegen. Schließlich ist der Vormund als Vertreter des Mündels berechtigt, in dessen Namen und aus dessen Recht gegen die Bestellung des Pflegers auch insoweit Beschwerde einzulegen, als er sich gegen die Auswahl der Person wendet. Ebenfalls aus allen drei Gesichtspunkten ist der Vormund beschwerdebefugt gegenüber der vormundschaftsgerichtlichen Genehmigung eines Geschäftes des Pflegers, mit dem dieser seinen Wirkungskreis überschreitet (KG JW 1938, 2141). Das Beschwerderecht steht jedoch allein dem Pfleger zu, wenn Verfügungen des VormG in seinen Geschäftskreis fallen (BayObLG 1913, 563), zB eine vom Ergänzungspfleger beantragte Genehmigung versagt wird (BayObLG FamRZ 1992, 104).

c) Zur Beschwerde des Mündels gegen die Bestellung des Ergänzungspflegers § 1909 Rz 18.

1795 *Ausschluss der Vertretungsmacht*
(1) Der Vormund kann den Mündel nicht vertreten:
1. **bei einem Rechtsgeschäft zwischen seinem Ehegatten oder einem seiner Verwandten in gerader Linie einerseits und dem Mündel andererseits, es sei denn, dass das Rechtsgeschäft ausschließlich in der Erfüllung einer Verbindlichkeit besteht,**
2. **bei einem Rechtsgeschäft, das die Übertragung oder Belastung einer durch Pfandrecht, Hypothek, Schiffshypothek oder Bürgschaft gesicherten Forderung des Mündels gegen den Vormund oder die Aufhebung oder Minderung dieser Sicherheit zum Gegenstand hat oder die Verpflichtung des Mündels zu einer solchen Übertragung, Belastung, Aufhebung oder Minderung begründet,**
3. **bei einem Rechtsstreit zwischen den in Nummer 1 bezeichneten Personen sowie bei einem Rechtsstreit über eine Angelegenheit der in Nummer 2 bezeichneten Art.**
(2) Die Vorschrift des § 181 bleibt unberührt.

1. § 1795 nimmt gewisse Rechtsgeschäfte und im selben Umfang Rechtsstreitigkeiten von der Vertretungsmacht des Vormunds aus, um in diesen Fällen die Gefährdung von Mündelinteressen auszuschließen. Große Bedeutung hat § 1795 dadurch, daß § 1629 II S 1 auch für den Umfang des elterlichen Vertretungsrechts auf ihn verweist. Zur Definition der erfaßten Rechtsgeschäfte knüpfen § 1795 I Nr 1 und der durch Abs II klarstellend in Bezug genommene § 181 an beteiligte Personen, § 1795 I Nr 2 an den Geschäftsgegenstand an. § 1795 I Nr 1 und § 181 unterscheiden sich insofern, als § 181 an das Auftreten derselben Person auf mehr als einer Seite anknüpft – was voraussetzt, daß diese Person mindestens auf einer Seite als Vertreter handelt –, während § 1795 I Nr 1 auf das Angehörigenverhältnis des einen an dem Rechtsgeschäft materiell Beteiligten zu dem für den Mündel als anderen Beteiligten auftretenden Vormund abstellt. So wie § 181 auf die Vertretung in Rechtsstreitigkeiten ange-

H. Holzhauer

wendet wird (§ 181 Rz 4; Staud/Schilken § 181 Rz 27), dehnt § 1795 I Nr 3 den in Nr 1 und 2 für Rechtsgeschäfte angeordneten Ausschluß ausdrücklich auf Rechtsstreitigkeiten aus.

2 2. Soweit es für § 181 wie für § 1795 I Nr 1 auf die Stellung der Person innerhalb des Rechtsgeschäfts ankommt, bieten beide Bestimmungen gleiche Auslegungsprobleme; § 1795 bezieht in Abs II § 181 ein, erweitert in Abs I Nr 1 das Verbot jedoch auf Rechtsgeschäfte, die der Vertreter namens des Vertretenen mit einem seiner Angehörigen schließt. Eine Auslegungstendenz, die in dem von Gustav Böhmer (Grundlagen II 12) aufgewiesenen Gegensatz § 181 als „formale Ordnungsvorschrift", § 1795 dagegen als „materielle Schutzvorschrift" verstünde, wäre willkürlich.

3 a) Das Verbot umfaßt **einseitige Rechtsgeschäfte** wie Anfechtung, Kündigung und Zustimmung, wenn der Vertreter mit dem Rechtsgeschäft eine zwischen dem Vertretenen auf der einen und ihm selbst, einem anderen von ihm Vertretenen oder einem seiner Angehörigen auf der anderen Seite bestehende Rechtsbeziehung gestaltet. Ein „Rechtsgeschäft zwischen" (§ 1795 I Nr 1) bzw die „Vornahme eines Rechtsgeschäfts" (§ 181) liegt jedoch nicht vor, wenn der Vertreter nur passiv durch Entgegennahme der Erklärung des Angehörigen beteiligt ist (BayObLG FamRZ 1977, 141, 143: Großeltern können den Eltern den Rücktritt von einem mit dem Enkel geschlossenen Erbvertrag erklären).

4 b) Auszudehnen ist das Vertretungsverbot auf Fälle, in denen das einseitige Rechtsgeschäft nicht durch Insichgeschäft oder zwischen dem Vertreter und einem Angehörigen, sondern gegenüber einem Dritten vorgenommen wird, wenn dies die Alternative zur Vornahme gegenüber den Angehörigen oder durch Insichgeschäft darstellt, wie dies in § 182 I für die Zustimmung vorgesehen ist. Hat zB der Vertreter oder sein Angehöriger im eigenen oder in fremdem Namen eine dem Vertretenen gehörende Sache veräußert, so kann der Vertreter nicht namens des Vertretenen die nach § 185 I erforderliche Zustimmung erteilen.

Der früher herrschenden Lehre, die in diesen Fällen nur die Abgabe der Erklärung gegenüber dem Vertretenen oder dem Angehörigen des Vertreters verbietet (Pal/Heinrichs § 181 Rz 8, BGH 94, 137), ist nicht zu folgen (Staud/Schilken § 181 Rz 41, Erman/Palm § 181 Rz 17, MüKo/Schramm § 181 Rz 24). Das gilt auch bei der Zustimmung, die der Vorerbe als gesetzlicher Vertreter des Nacherben zu seinem Rechtsgeschäft mit einem Dritten erteilt. Ebensowenig kann der gesetzliche Vertreter, der an der Vornahme des Rechtsgeschäfts für den Vertretenen gehindert ist, dem vom Vertretenen selbst vorgenommenen Geschäft zustimmen (Gernhuber/Coester-Waltjen § 61 III S 3: „Die Grenzen der elterlichen Vertretungsmacht sind gleichzeitig Grenzen der elterlichen Macht, Handlungen des Kindes zuzustimmen."): die Zustimmung kann auch nicht dem Geschäftspartner gegenüber erklärt werden.

5 c) Das Verbot greift auch ein, wenn die Erklärung ausschließlich einer Behörde gegenüber abzugeben ist, wie die Anfechtung einer Verfügung von Todes wegen, die gem § 2081 I gegenüber dem Nachlaßgericht zu erfolgen hat (RG 143, 350, 354). Denn hierbei ist das Nachlaßgericht nur aus rechtstechnischen Gründen an die Stelle desjenigen eingeschaltet, dem die angefochtene Verfügung zustatten kommt. Anderes gilt für die Ausschlagung, die auch der Sache nach nicht an den Nächstberufenen gerichtet ist (Coing NJW 1985, 6; Soergel/Leptien § 181 Rz 29; Frankfurt FamRZ 1964, 154); zu ihr bedarf der Vormund gem § 1822 Nr 2 und bedürfen Eltern gem § 1643 II in der Regel jedoch der Genehmigung des VormG. Das Verbot greift schließlich folgerichtig auch ein, wenn die Alternative zur Erklärung an den Vertretenen gegenüber einem Dritten oder wahlweise an eine Behörde besteht, so bei der zum Rangrücktritt eines Grundpfandgläubigers erforderlichen Zustimmung des Eigentümers gem § 880 II S 2, die dieser dem Grundbuchamt oder einem der Beteiligten gegenüber erklären kann (anders RG 157, 24, 32). Die grundbuchrechtliche Bewilligung fällt immer unter das Verbot, wenn die ihr entsprechende materiellrechtliche Erklärung von ihm erfaßt wird (BGH 77, 7, 10; KG JW 1935, 1440; anders noch Hamm NJW 1965, 1489; BayObLG 1951, 456).

6 d) Die in § 1795 I Nr 1 genannten Angehörigen können somit einseitige Rechtsgeschäfte gegenüber dem gesetzlichen Vertreter vornehmen (Rz 3). Eine ältere Ansicht hatte zu § 181 den gleichen Standpunkt vertreten, weil der Wortlaut dieser Bestimmung den Fall nicht erfasse, daß der Vertreter im eigenen Namen mit sich als Vertreter ein Rechtsgeschäft vornimmt (zB Oertmann, Allg Teil 3. Aufl 1927 S 661; noch zweifelnd Lehmann/Hübner 15. Aufl 1966, § 36 IV S 4c S 314). Die heute hL geht in diesem Punkt jedoch über den zu eng geratenen Wortlaut hinaus und wendet § 181 auf einseitige Rechtsgeschäfte unabhängig davon an, in welcher Richtung sie vorgenommen werden (Hübner AT 2. Aufl 1996, Rz 1330; MüKo/Schramm § 181 Rz 13); das gilt auch für die Anwendung des § 181 im Rahmen von § 1795. Das von § 1795 I Nr 1 abweichende Ergebnis ist darin begründet, daß bei § 1795 I Nr 1 kein Insichgeschäft vorliegt, dessen Unterbindung das Ziel von § 181 ist.

7 e) Unter den Verträgen werden nicht nur gegenseitige Verträge erfaßt, sondern auch **Gesellschaftsverträge** und der Willensbildung in Personenzusammenschlüssen dienende **Beschlüsse**. Daher kann der gesetzliche Vertreter, wenn er (Rostock JFG 2, 133) oder einer in § 1795 I Nr 1 genannten Angehörigen einer Erbengemeinschaft angehört, bei der Auseinandersetzung den minderjährigen Miterben nicht vertreten; ebensowenig kann hierbei der Vormund – ohne selbst Miterbe zu sein – mehrere Mündel oder ein Elternteil mehrere Kinder als Miterben vertreten. Bei der Erbauseinandersetzung scheidet ein Verstoß gegen § 181 jedoch aus, wenn diese ganz nach den gesetzlichen Vorschriften (§§ 1042ff, 752ff) vonstatten geht, weil alle dazu erforderlichen Rechtshandlungen der Ausnahme des Erfüllungsgeschäftes unterfallen (BGH 21, 229, 232). Bei den **Handelsgesellschaften** (Personen- und Kapitalgesellschaften) ist zwischen Grundlagenbeschlüssen (Gesellschaftsvertrags- oder Satzungsänderungen, BGH 112, 339: Bestellung des Vertreters zum Geschäftsführer) und Maßnahmen der Geschäftsführung zu unterscheiden; nur bei den ersteren stehen die Gesellschafter in dem für die Parteien eines gegenseitigen Vertrags typischen Interessengegensatz, den § 181 nach seiner ratio voraussetzt; bei Geschäftsführungsmaßnahmen steht dagegen die Verfolgung des gemeinschaftlichen Gesellschaftszwecks im Vordergrund, so daß § 181 (ebenso wie

§ 1795 I S 1) nicht eingreift (BGH NJW 1976, 49). Daher kann bei einer BGB-Gesellschaft, OHG und KG ein Gesellschafter als Vater sein minderjähriges Kind weder zwecks Aufnahme in die Gesellschaft noch bei Änderungen des Gesellschaftsvertrages (BGH NJW 1961, 724) oder dessen Aufhebung vertreten. Auch bei der GmbH und AG kann es nicht darauf ankommen, ob die Stimmabgabe empfangsbedürftige Willenserklärung und daher ein mit einem anderen vorzunehmendes Rechtsgeschäft ist, sondern allein darauf, ob ein Grundlagengeschäft vorliegt. Daher ist auf die Stimmabgabe beim Beschluß über Auflösung der Gesellschaft § 181 anwendbar (aM BGH 52, 316; BayObLG Rpfleger 1978, 20; Röll NJW 1979, 627, 629 mit der Begründung, daß der Auflösungsbeschluß gem § 60 I Nr 2 GmbHG keine Satzungsänderung bedeute); entscheidend muß sein, daß die Auflösung die Grundlage der Gesellschaft betrifft (wie hier MüKo/Schramm § 181 Rz 17; Staud/Schilken § 181 Rz 25).

f) Nicht erfaßt werden „**parallele**" **Willenserklärungen** in Fällen, in denen der gesetzliche Vertreter oder ein **8** in § 1795 I Nr 1 genannter Angehöriger zusammen mit dem Kind oder Mündel oder mehrere Vertretene, Kinder oder Mündel, auf derselben Seite eines ein- oder mehrseitigen Rechtsgeschäfts beteiligt sind, so wenn Geschwister ihre Erbteile auf einen Dritten übertragen (KGJ 40, 1). Besteht die Erbengemeinschaft aus einem Elternteil und mehreren minderjährigen Kindern, so genügt aus demselben Grund die Bestellung eines einzigen Pflegers für alle Kinder, wenn der gesamte Nachlaß gegen Zahlung von Abfindungen auf den Elternteil übertragen wird (RG 93, 334, 335): alle Kinder stehen auf derselben Seite des Rechtsgeschäftes. Häufig ist diese Konstellation bei statusändernden Rechtsgeschäften, bei denen der das Kind vertretende Elternteil aus eigenem Recht eine gleichgerichtete Erklärung abzugeben hat, so der Elternteil bei der Einbenennung seines einseitigen Kindes gem § 1618 (BayObLG FamRZ 1977, 409).

Nicht anwendbar ist § 1795 I Nr 1 und Abs II iVm § 181 auf Verfahrenshandlungen und verfahrensrechtliche Erklärungen wie zB der Anmeldung zum Handelsregister, die keine rechtsgeschäftliche Willenserklärung sind (BayObLG DNotZ 1971, 107), aber auch nicht zu einem Rechtsstreit gehören.

g) Die §§ 1795, 181 sind durch eine Untervollmacht nicht zu überwinden, weil der Vormund nicht mehr Rechte **9** übertragen kann, als er selbst hat (vgl § 181 Rz 15).

h) Ist in typischen Fällen ein **Interessengegensatz** abstrakt-generell **ausgeschlossen**, so sind diese nach dem **10** Grundgedanken der §§ 181, 1795 I Nr 1 von dem Vertretungsverbot auszunehmen. Darauf beruht die in beiden Bestimmungen vorgesehene Ausnahme für **Erfüllungsgeschäfte**. Sie gilt jedoch nicht für Erfüllungssurrogate, wohl aber für die Aufrechnung als eine Erfüllungsmodalität (§ 181 Rz 27).

aa) In § 181 steht das Vertretungsverbot unter dem Vorbehalt, daß dem Vertreter nichts anderes gestattet ist. Bei der Vorschrift des § 1795 kann von einer Gestattung durch den Mündel nicht gesprochen werden. **Gestattung** des Insichgeschäfts kann im Rahmen des § 1795 auch nicht von den Eltern bei Benennung des Vormunds (§ 1776) erteilt werden, auch nicht nach §§ 1852, 1855 befreiter Vormundschaft. Sowohl für den in § 1795 II in Bezug genommene § 181 wie für § 1795 I fragt es sich jedoch, ob das VormG eine Gestattung erteilen kann. Die hL lehnt das ab (RG VS 71, 162, 164f; BGH 21, 229, 234; Hamm FamRZ 1975, 510). Die besseren Gründe sprechen jedoch für die von Nipperdey (FS Raape, 1948, S 305), Coing (Staud/Coing[11] § 181 Rz 19n) und Larenz/Wolf (Allg Teil, 8. Aufl. 1997, § 46 Rz 132) vertretene Gegenansicht, deren Argumente U. Hübner (Interessenkonflikt und Vertretungsmacht, 1977, S 125ff) bestätigt hat, unter berechtigter Aufgabe der Beschränkung auf Fälle der Doppelvertretung. Es überzeugt nicht, daß dem VormG bei § 1795 versagt sein soll, was von ihm zu § 1796 (s § 1796 Rz 1) gefordert wird: ein geplantes konkretes Rechtsgeschäft auf seine Vereinbarkeit mit dem Mündelinteresse zu überprüfen. Die Gestattung ist privatrechtsgestaltender Justizakt. Eine Beschränkung der Gestattungsbefugnis auf den Vertretenen ist dem Gesetz nicht zu entnehmen: die Ausdehnung der Gestattungsbefugnis auf das VormG ermöglicht diesem, seiner Fürsorgepflicht für den Mündel oder das Kind nachzukommen. Daß der Wortlaut des § 1795 I Nr 1 im Unterschied zu dem des § 181 die Gestattung nicht ausdrücklich vorsieht, fällt angesichts dessen, daß der Gesetzgeber beide Bestimmungen in völliger Parallele gesehen hat (vgl RG 71, 169), nicht ins Gewicht.

bb) Aus den Rechtsgedanken des § 107 ergibt sich die Herausnahme **lediglich vorteilhafter Rechtsgeschäfte** **11** auch aus den Vertretungsverboten der §§ 181, 1795. Bei Minderjährigen, der das 7. Lebensjahr vollendet hat, nimmt § 107 jeglichen in fehlender voller Geschäftsführung begründeten Schutz zurück, wenn das Rechtsgeschäft dem Minderjährigen lediglich einen rechtlichen Vorteil bringt. Aus dem Grundgedanken dieser Regelung leiten sich zwei Weiterungen ab:

– Kann der Minderjährige selbst als Beschenkter den Vertrag schließen, so muß auch sein **gesetzlicher Vertreter** als Schenker den Vertrag durch Insichgeschäft schließen können. So jedenfalls, wenn § 181 nicht als formale Ordnungsvorschrift, sondern als materielle Schutzvorschrift verstanden wird, die die Interessen des Vertretenen vor einer Verletzung durch den Vertreter schützen soll. Ein lediglich vorteilhaftes Geschenk kann keine Interessen des Geschenkten verletzen.

– Die Beschränkung des § 107 auf Minderjährige, die das 7. Lebensjahr vollendet haben, ist darin begründet, daß **12** von einem Kind unter 7 Jahren auch zum eigenen Vorteil noch kein sinnvolles rechtsgeschäftliches Handeln erwartet werden kann. Die Beschränkung kann keine Bedeutung haben, wenn der Grundgedanke des § 107 auf Vertretungsverbote angewendet wird. Das führt auf den Grundsatz, daß §§ 181, 1795 keine Anwendung finden, wo das Rechtsgeschäft dem Vertretenen oder dem Mündel, mag dieser auch **geschäftsunfähig** sein, nur einen rechtlichen Vorteil bringt.

– Auch wenn § 181 nicht als formale Ordnungsvorschrift verstanden wird, so muß ein ausnahmsweise zulässiges **13** Insichgeschäft doch nach außen erkennbar hervortreten. Dieses Erfordernis ist erfüllt, wenn das Rechtsgeschäft in einer erforderlichen Form abgeschlossen wird, vor allem wenn bei Grundstücksgeschäften die Rechtsänderung im Grundbuch gewahrt ist (Erman/Palm § 181 Rz 29; MüKo/Schramm § 181 Rz 52).

§ 1795 Familienrecht Vormundschaft

14 Zunächst hatte BGH 15, 168 die **Vorteilhaftigkeit** jedes Schenkungsvertrags schon damit bejaht, daß dieser dem Kind lediglich den rechtlichen Vorteil des Anspruchs verschafft. Würde das dingliche Rechtsgeschäft dann vom Vater durch nach außen erkennbares (Rz 13) Insichgeschäft vollzogen, so würde die in § 181 enthaltene Ausnahme des Erfüllungsgeschäftes eingreifen, so daß der Minderjährigenschutz ausgehebelt wäre. Die gleiche Wirkung träte ein, wenn der gesetzliche Vertreter kraft der in § 181 hineingelesenen Ausnahme der reinen Vorteilhaftigkeit beide Rechtsgeschäfte, den Schenkungsvertrag und das Erfüllungsgeschäft, durch Insichgeschäft vollzöge. An dieser, sich aus der Kombination des Grundgedankens von § 107 mit § 181 Hs 2 ergebenden Auffassung wurde dann aber kritisiert, „daß dem beschränkt Geschäftsfähigen niemand zur Seite steht, der ihn von der Annahme einer Schenkung abhalten kann, die mit aller juristischen Kunst als rechtlich vorteilhaft erscheint, in Wirklichkeit aber wirtschaftlich nachteilig ist" (Lange NJW 1955, 1343; kritisch auch Westermann JZ 1955, 244; Schubert WM 1978, 290, 294). Von dieser Sicht ist BGH 78, 28 zugunsten einer „**Gesamtbetrachtung des schuldrechtlichen und des dinglichen Vertrags**" abgerückt. Ort dieser Gesamtbetrachtung kann angesichts der für das Erfüllungsgeschäft in § 181 letzter Hs nur der Schenkungsvertrag sein. Dagegen möchte Jauernig, 10. Aufl 2003, § 107 Rz 2 und § 181 Rz 10 dieses Ziel durch eine restriktive Auslegung der in § 181 gemachten Ausnahme erreichen. Zur Auslegung des Begriffs der Vorteilhaftigkeit Erman/Palm § 107 Rz 3.

15 Einstweilen frei.

16 3. **Abs I Nr 1.** Die Vorschrift bezieht sich nicht auf einen früheren Ehegatten (BGH LM Nr 18 zu § 640 ZPO, Düsseldorf NJW 1965, 400). Ist jedoch ein Elternteil aus einem anderen Grund gem §§ 1795, 181 ausgeschlossen, so überdauert der auf § 1629 II S 1 beruhende reflexartige Ausschluß auch des anderen Elternteils die Beendigung der Ehe (§ 1629 Rz 17; BGH LM Nr 18 zu § 640 ZPO ist insoweit überholt, vgl BGH FamRZ 1972, 498f); das hat Bedeutung für über das Eheende hinaus gemeinsam sorgeberechtigte Eltern. Auf Verschwägerte ist die Vorschrift nicht auszudehnen (Hamm FamRZ 1965, 86).

17 4. **Abs I Nr 2** betrifft insbesondere den Fall der Verfügung über eine durch Hypothek gesicherte Forderung des Mündels gegen den Vormund. Der Vormund kann weder bei Veräußerung des belasteten Grundstücks eine seine persönliche Verpflichtung aufhebende Schuldübernahme genehmigen (RG 68, 37, 39) noch dieses Ergebnis über die in § 416 I S 1 vorgesehene Mitteilung der Schuldübernahme iVm der in § 416 I S 2 an das Schweigen auf diese Mitteilung geknüpfte Fiktion der Genehmigung erreichen: selbst wenn der Mitteilung, auf die als geschäftsähnliche Handlung § 181 entsprechend anzuwenden ist, als einseitige Erklärung des Vertreters im eigenen Namen an sich selbst als Vertreter des Mündels zuzulassen wäre (dazu Rz 3), ist § 1795 I Nr 2 so zu verstehen, daß nicht nur die Vertretungsmacht bei der Genehmigung, sondern auch die Maßgeblichkeit eines Schweigens des Vertreters auf die Mitteilung ausgeschlossen ist. Das gleiche Ergebnis folgt aus § 1795 II iVm § 181, weil auf das normierte Schweigen die Vorschriften über Willenserklärungen entsprechend anzuwenden sind (Medicus AT 8. Aufl 2002, Rz 352). Der Vormund kann auch nicht die Hypothekenforderung kündigen oder einziehen und löschungsfähige Quittung erteilen oder sie durch Zahlung an sich als Vertreter des Mündels tilgen, da hierdurch ebenfalls die Sicherung aufgehoben wird. Dies gilt auch, wenn der Vormund nicht mehr Eigentümer des belasteten Grundstücks ist, seine persönliche Haftung aber fortbesteht (KG RJA 3, 50, 56; KGJ 23, 245, 247; 24, 17, 19). Nr 2 ist auf eine für den Mündel am Grundstück des Vormunds bestehende **Grundschuld** entsprechend anwendbar, wenn sie der Sicherung einer persönlichen Forderung des Mündels gegen den Vormund dient (Braunschweig JW 1936, 2937; MüKo/Wagenitz Rz 32; Soergel/Zimmermann Rz 36; Damrau/Zimmermann Rz 36; RGRK/Dickescheid Rz 15; zu weitgehend, nämlich auch für isolierte Grundschuld, KG HRR 1933 Nr 1589; Pal/Diederichsen Rz 14; Achilles/Greiff/Beitzke Bem 8; Dölle FamR II S 706; gegen jede Anwendung von Nr 2 auf Grundschulden Staud/Engler Rz 27; Gernhuber/Coester-Waltjen § 61 IV S 3). Der Vormund ist jedoch nicht gehindert, dem Mündel ein Grundpfandrecht an seinem, dem Vormund gehörenden Grundstück zu bestellen oder ein auf seinem Grundstück ruhendes Grundpfandrecht für den Mündel zu erwerben. In allen diesen Fällen kann jedoch die Entziehung der Vertretung nach § 1796 angezeigt sein. Im Gegensatz zu Nr 1 läßt die Vorschrift bei den hier bezeichneten Rechtsgeschäften keine Ausnahme für Erfüllungsgeschäfte zu (KG OLG 5, 362, 364). Zu Recht tritt Damrau/Zimmermann Rz 36 für die analoge Anwendung der Vorschrift auf Sicherungseigentum ein.

18 5. a) **Abs I Nr 3.** Der Ausschluß von der Vertretung in **Rechtsstreitigkeiten** gilt sinngemäß auch für Abs II, zumal sich der Anwendungsbereich von § 181 auch auf Prozeßhandlungen erstreckt (§ 181 Rz 4). Rechtsstreit in diesem Sinne sind vor allem Prozeßverfahren der ZPO. Bei **Anfechtung der Vaterschaft** ist zu unterscheiden: ficht der **Mann** an, so ist er infolge § 1795 II iVm § 181 von der Vertretung des Kindes im Anfechtungsverfahren ausgeschlossen, und allein damit auch die gesamtvertretungsberechtigte **Mutter** (§ 1629 Rz 17). Ist die Mutter allein sorgeberechtigt, so folgt, solange die Ehe besteht, ihr Ausschluß von der Vertretung des Kindes aus § 1795 I Nr 1 und 3. Ficht das **Kind** an und besteht die Ehe der Mutter mit dem Mann noch, so sind aus den gleichen Gründen beide Elternteile, mögen sie gesamtvertretungsberechtigt sein oder nicht, von der Vertretung ausgeschlossen. Nach Scheidung der Ehe ist die allein sorgeberechtigte Mutter von der Vertretung des Kindes bei dessen Ehelichkeitsanfechtungsklage gegen ihren früheren Ehemann nicht ausgeschlossen (vgl Rz 11, aber auch § 1796 Rz 4). Ein Ausschluß betrifft jedoch die vorgelagerte Frage, ob Anfechtungsklage zu erheben ist (vgl Rz 15). Erhält das VormG von einem auf Erhebung der Anfechtungsklage gerichteten Bestreben des Kindes Kenntnis, so hat es daher nur zu prüfen, ob dem vertretungsberechtigten Elternteil bereits zur Prüfung der Frage, ob Anfechtungsklage erhoben werden soll, gem § 1796 die Vertretung zu entziehen ist (BGH NJW 1975, 345, 347).

19 b) Rechtsstreit iSd § 1795 I Nr 3 sind aus der **freiwilligen Gerichtsbarkeit** nur die echten Streitverfahren (hierzu Habscheid, Freiwillige Gerichtsbarkeit, 7. Aufl 1983, §§ 7, 8; Keidel/Kayser § 12 FGG Rz 196ff). Unzulässig ist auch die an den Pfleger bewirkte Zustellung eines Schuldtitels des Pflegers gegen den Pflegling (KG Rpfleger 1978, 105). Dagegen stehen in den Antragsverfahren der freiwilligen Gerichtsbarkeit mehrere Beteiligte nicht in dem für die Parteien einer Rechtsstreitigkeit charakteristischen Interessengegensatz. Kein Vertretungsausschluß daher im Erbschein-Verfahren (BayObLG FamRZ 1962, 36; Staud/Engler Rz 31; Soergel/Zimmermann Rz 43); ebenso kein Ausschluß des JA in dem Verfahren der Anordnung von Hilfsmaßnahmen, wenn das JA zugleich Amtsvormund ist; Jans/Happe JWG § 65 Anm 7B).

c) **Rechtsstreit** iSd § 1795 I Nr 3 ist die gerichtliche Auseinandersetzung, dagegen weder die außergerichtliche 20 Geltendmachung eines Anspruchs (BayObLG FamRZ 1962, 36, 37; KG OLG 14, 273, 274) noch die einer Klage vorgelagerte Entscheidung, sie zu erheben. Daher sind Vormund oder Eltern nicht an der Entscheidung gehindert, die Führung eines Aktivprozesses zu unterlassen. Das ist entschieden für Unterhaltsansprüche und Ersatzansprüche des Kindes gegen seine Eltern (Hamm Rpfleger 1973, 395, 396), den Pflichtteilsanspruch des Kindes gegen den überlebenden Elternteil (BayObLG FamRZ 1963, 578; 1962, 36, 37). Der Interessengegensatz, der in diesen Fällen besteht, kann das VormG jedoch veranlassen, dem Vormund oder Elternteil gem § 1796 (§ 1796 Rz 4) die Vertretung für diese Angelegenheit zu entziehen und einen Pfleger zu bestellen mit dem Wirkungskreis, zu prüfen, ob Klage erhoben werden soll (Gernhuber/Coester-Waltjen § 61 IV S 5: „**Überlegungspfleger**") und diese gegebenenfalls durchzuführen (s auch Rz 16 aE).

6. Die Verweisung des **Abs II** auf § 181 hat für gemeinsam vertretungsberechtigte Eltern, für die § 1795 kraft 21 der Verweisung des § 1629 II gilt, zur Folge, daß beide Elternteile von der Vertretung ausgeschlossen sind. Jedoch können die Eltern einen Berufsausbildungsvertrag mit ihrem Kind schließen, weil § 3 III BerufsbildungsG hierfür eine Ausnahme von § 181 macht, die a maiore ad minus auch auf den Vormund und auf den Tatbestand des § 1795 I Nr 1 zu erweitern sein dürfte, was nur nicht für den Rechtsstreit (Abs I Nr 3) gelten kann.

7. Anstelle des ausgeschlossenen Vormunds ist gem § 1909 ein **Ergänzungspfleger** zu bestellen. Das hat von 22 Amts wegen zu geschehen. Will der Vormund ein Rechtsgeschäft vornehmen oder gerichtlich vorgehen, so wird er die Anregung geben. Will ein Dritter aktiv werden, wird die Anregung von ihm ausgehen. Geht es darum, daß der Mündel einen Anspruch gegen den Vormund oder einen Verwandten verfolgt, ist der Ergänzungspfleger bereits für die Prüfung, ob der Anspruch erhoben werden soll, zu bestellen.

8. Hat der gesetzliche Vertreter ein nach § 1795 verbotenes Rechtsgeschäft vorgenommen, ist dieses nicht in 23 jedem Fall nichtig, sondern meistens nur **schwebend unwirksam** und kann nach §§ 179, 180 genehmigt werden. Genehmigen kann der nach § 1909 bestellte Ergänzungspfleger oder der mit Erreichen des erforderlichen Alters geschäftsfähig gewordene Mündel.

9. § 1795 gilt gem § 1629 II S 1 auch für den Vater und die Mutter (zuständig seit 1. 7. 1998 kraft § 1693: das 24 FamG) und gem § 1908i I S 1 sinngemäß auch im Betreuungsrecht (näher dazu § 1908i Rz 14).

§ 1796 *Entziehung der Vertretungsmacht*

(1) Das Vormundschaftsgericht kann dem Vormund die Vertretung für einzelne Angelegenheiten oder für einen bestimmten Kreis von Angelegenheiten entziehen.

(2) Die Entziehung soll nur erfolgen, wenn das Interesse des Mündels zu dem Interesse des Vormunds oder eines von diesem vertretenen Dritten oder einer der in § 1795 Nr. 1 bezeichneten Personen in erheblichem Gegensatz steht.

1. Wie § 1795 bezweckt § 1796 den Schutz des Mündels vor Gefahren aus einem Interessenkonflikt des Vor- 1 munds. Während aber § 1795 bei bestimmten Merkmalen des rechtsgeschäftlichen Tatbestandes diese Gefahr abstrakt als gegeben ansieht, ist § 1796 **materielle Schutzvorschrift**. Der gleiche gesetzgeberische Grund beider Vorschriften tritt dann hervor, wenn an dem Rechtsgeschäft, das dem Vormund durch Abs I Nr 1 verboten ist, auf der anderen Seite außer dem Verwandten dessen Ehegatte beteiligt ist. Im Verhältnis des Vormunds zu seinem Schwager kann der gleiche Interessengegensatz bestehen wie zu den Verwandten, so daß beide Vorschriften nebeneinander anzuwenden sind. Diese Öffnung zum Einzelfall bei § 1796 ist durch die Einschaltung des VormG ermöglicht, dem hierbei die hL wenn von einem Gericht der weiteren Beschwerde nicht nachprüfbares Ermessen zuerkennt (BGH NJW 1975, 345, 347; Hamm FamRZ 1963, 580; Dölle FamR II § 124 II S 9; Staud/Engler Rz 9; Keidel/Kahl § 27 FGG Rz 26b). Indessen hat das „kann" in Abs I zuständigkeitszuweisenden, das „soll" in Abs II richtlinienartigen Sinn – sowenig das erste auf ein Handlungsermessen deutet, sowenig das zweite auf nicht zwingenden Charakter: bei erheblichem Interessengegensatz muß das VormG die Vertretung entziehen. Der für die Entziehung maßgebende Begriff des „erheblichen Gegensatzes" ist daher unbestimmter Rechtsbegriff (Soergel/Zimmermann Rz 3; Göppinger, Juristen Jahrbuch 1968/69, 101), seine Definition prüft das Gericht der weiteren Beschwerde nach, nicht jedoch das von den Tatsacheninstanzen zugrundegelegte Tatsachenmaterial (vgl §§ 27 FGG, 559 ZPO).

2. Sowohl die Entziehung der Vertretung als auch die Bestellung des Ergänzungspflegers ist Sache des VormG. 2 Ergeben sich einem Prozeßgericht Anhaltspunkte für einen Interessengegensatz eines Vormunds, so hat es grundsätzlich nach § 35a FGG dem VormG davon Mitteilung zu machen (Celle FamRZ 1976, 97). Voraussetzungen für eine Unterbrechung des Verfahrens bis zur rechtskräftigen Entscheidung des VormG sind nicht gegeben. Indessen haben die Gerichte in erweitertem Umfang die Möglichkeit, einem minderjährigen Verfahrensbeteiligten einen Ergänzungspfleger zu bestellen. Das gilt in Verfassungsbeschwerdeverfahren (BVerfG 72, 22, 33ff; 75, 201, 215ff), in Verfahren der Aufhebung der Adoption nach § 56f FGG und neuerdings aufgrund der Schaffung des neuen § 50 FGG durch das KindRG generell in Vormundschafts- und Familiensachen. Nach § 50 II Nr 1 FGG ist die Bestellung in der Regel erforderlich, wenn das Interesse des Kindes zu dem seiner gesetzlichen Vertreter in erheblichem Gegensatz steht. Insofern das Kind für die Anwendung von § 50 FGG nicht formell Verfahrensbeteiligter sein muß, geht die Vorschrift über den Anwendungsbereich von § 1796 hinaus; soweit sich beide Anwendungsbereiche decken, hat die Bestellung

§ 1796 Familienrecht Vormundschaft

eines Verfahrenspflegers den prozeßökonomischen Vorzug, daß es keiner Entziehung der Vertretung mit anschließender Pflegerbestellung bedarf, die beide selbständig mit Rechtsmitteln angreifbar sind, sondern daß im anhängigen Verfahren unmittelbar und ohne besonderen Bestellungsakt (Greßmann, Neues Kindschaftsrecht, Rz 542) der Pfleger bestellt wird, der dann das Kind im Verfahren vertritt und den Vormund oder die Eltern im selben Umfang aus der Vertretung des Kindes verdrängt (§ 1794 Rz 1).

3 3. Soweit das VormG die Vertretung entzieht, ist der Vormund oder sind die Eltern gem § 1794 bzw § 1630 I auch von der tatsächlichen Sorge ausgeschlossen (Prot IV, 557).

4 4. Ein **Interessengegensatz** besteht, wenn die Förderung des einen Interesses nur auf Kosten des anderen möglich ist (KGJ 29 A 24, 25). Bei einer einzelnen Angelegenheit hat das VormG zunächst zu prüfen, ob die vom Vormund geplante Maßnahme das Interesse des Mündels verletzt (BayObLG Rpfleger 1981, 302 mwN). In diesem Fall genügt es, daß die drohende Interessenverletzung auf einem Interessenkonflikt beruhen kann (zB Ankauf eines einem Grundstück des Vormunds benachbarten Grundstücks durch den Mündel). Der Interessenkonflikt ist jedoch unerheblich, wenn der Gesamtzusammenhang der vom Vertreter geplanten Maßnahme einen Nachteil für den Vertretenen ausschließt (BayObLG Rpfleger 1981, 302 mwN). Bei einem Kreis von Angelegenheiten, deren Wahrnehmung laufende Rechtsgeschäfte mit sich bringt (zB Verwaltung des neben dem Grundstück des Vormunds gelegenen Grundstücks des Mündels), entfällt die Prüfung einer konkreten Maßnahme; vielmehr kommt es darauf an, ob sich der Vormund in einem erheblichen Interessengegensatz befindet.

5 5. Ein Interessengegensatz kann bestehen:
a) zwischen dem **Amt** des Vormunds des die Vaterschaftsfeststellung betreibenden Mündels und der gleichzeitigen Vormundschaft oder Betreuung der Mutter des Mündels (LG Berlin DAVorm 1972, 446); zwischen dem Amt des Vormunds und dem des Testamentvollstreckers, wenn der Mündel Erbe ist (BayObLG Rpfleger 1977, 440);

6 **b)** in **Statusprozessen** für die Entscheidung des vertretungsberechtigten Elternteils über die Einwilligung des Kindes in die Adoption, vgl § 1746 Rz 6. Ficht der Vater seine Vaterschaft bezüglich eines Kindes an, dessen Mutter nach der Scheidung alleine sorgeberechtigt ist, so ist die Mutter nicht durch § 1795 (§ 1795 Rz 11) von der Vertretung ausgeschlossen, weil dessen Abs I Nr 1 das Bestehen der Elternehe voraussetzt. Lebt die Mutter aber mit dem mutmaßlichen Erzeuger zusammen oder hat sie ihn sogar geheiratet, so kann sie am Erfolg der Anfechtungsklage interessiert sein, während das Kind in der Regel an der Klärung seiner Abstammung, ausnahmsweise auch an der Aufrechterhaltung seines Kindschaftsverhältnisses zum Kläger interessiert ist. Die darin gelegene Möglichkeit eines Interessengegensatzes reicht für die Entziehung nicht aus, solange nicht konkret erkennbar ist, daß die Mutter das Interesse des Kindes hinter ihrem eigenen zurücksetzt (Stuttgart FamRZ 1983, 831);

7 **c)** in **erbrechtlichen** Konstellationen: beim Pflichtteilsanspruch des Kindes gegen den überlebenden, allein erbenden Elternteil (KG OLG 1914, 273; 1934, 262; JW 1936, 2748; BayObLG FamRZ 1963, 578; Hamm FamRZ 1969, 660) ist das Interesse des Kindes nicht rein finanziell zu sehen, sondern auch der Familienfriede zu berücksichtigen (KG JW 1936, 2748). An der Ausschlagung einer dem Kind oder Mündel angefallenen Erbschaft ist der gesetzliche Vertreter, der infolge der Ausschlagung als nächster Erbe berufen ist, nicht durch § 1795 (§ 1795 Rz 3) gehindert, der Interessengegensatz aber nach Maßgabe des Nachlaßwertes manifest. Da der Entzug der Vertretung leicht zu spät kommt, hat das VormG in jedem Fall bei der nach §§ 1822 Nr 3, 1643 II erforderlichen Genehmigung der Ausschlagung den Vertretenen vor Schaden zu bewahren;

8 **d)** bei der Geltendmachung oder Sicherung sonstiger Ansprüche des Mündels gegen den Vormund.

9 **e)** Bei der Entscheidung darüber, ob das Kind oder der Mündel von einem Aussageverweigerungsrecht Gebrauch machen soll, ist dem gesetzlichen Vertreter die Vertretung idR zu entziehen, wenn er von dem Verfahren betroffen ist (Hamm 1972, 157).

10 6. § 1796 gilt gem § 1629 II S 3 Hs 1 auch für den Vater und die Mutter (zuständig seit 1. 7. 1998 kraft § 1693: das FamG) und gem § 1908i I S 1 sinngemäß auch im Betreuungsrecht (näher dazu § 1908i Rz 15).

1797 *Mehrere Vormünder*

(1) **Mehrere Vormünder führen die Vormundschaft gemeinschaftlich. Bei einer Meinungsverschiedenheit entscheidet das Vormundschaftsgericht, sofern nicht bei der Bestellung ein anderes bestimmt wird.**
(2) **Das Vormundschaftsgericht kann die Führung der Vormundschaft unter mehrere Vormünder nach bestimmten Wirkungskreisen verteilen. Innerhalb des ihm überwiesenen Wirkungskreises führt jeder Vormund die Vormundschaft selbständig.**
(3) **Bestimmungen, die der Vater oder die Mutter für die Entscheidung von Meinungsverschiedenheiten zwischen den von ihnen benannten Vormündern und für die Verteilung der Geschäfte unter diese nach Maßgabe des § 1777 getroffen hat, sind von dem Vormundschaftsgericht zu befolgen, sofern nicht ihre Befolgung das Interesse des Mündels gefährden würde.**

1 1. Über die Fälle, in denen **mehrere Vormünder** zu bestellen sind, s § 1775 Rz 2. Diese haben die Vormundschaft **gemeinschaftlich zu führen**, sofern nicht das VormG bei der Bestellung die Führung der vormundschaftlichen Geschäfte unter sie **nach bestimmten Wirkungskreisen verteilt** (Abs I S 1; Abs II S 1). Es bedarf hierzu einer **ausdrücklichen Anordnung**, die auch mündlich erteilt werden kann, zweckmäßigerweise aber aktenkundig zu machen ist. Das VormG muß die gemeinschaftliche Führung als Regel, die Aufteilung nach Wirkungskreisen als Ausnahme behandeln; in diesem Rahmen entscheidet es nach seinem Ermessen über das Vorliegen von die Ausnahme begründenden Umständen und die Art der Aufteilung (Soergel/Zimmermann Rz 4 und 5).

Gem **Abs III** können der Vater oder die Mutter des Mündels unter den Voraussetzungen des § 1777 (vgl § 1777 Rz 1) durch letztwillige Verfügung Bestimmungen über die Verteilung der Geschäfte unter die von ihnen benannten Vormünder treffen. Eine solche Anordnung ist zwar nicht von selbst wirksam, das VormG hat sie aber zu befolgen und die Vormünder zu geteilter Verwaltung zu bestellen. Es ist nur dann nicht gebunden, wenn die Befolgung das Interesse des Mündels gefährden würde (unbestimmter Rechtsbegriff). Danach kann zB dem einen Vormund die Sorge für die Person, dem anderen die Sorge für das Vermögen des Mündels übertragen werden, oder dem einen die Sorge für die Person, während es im übrigen bei der gemeinschaftlichen Führung der Geschäfte verbleibt (BayObLG 1905, 118, 121). Es können auch von mehreren Vormündern einzelne auf einen bestimmten Wirkungskreis beschränkt werden, so daß sie die Vormundschaft innerhalb dieses Wirkungskreises gemeinschaftlich führen. Es kann aber nicht einem Mitvormund als Hauptvormund die Oberleitung in der Weise übertragen werden, daß die anderen die Geschäfte in ihrem Wirkungskreise unter seiner Leitung zu führen hätten, da dies mit der selbständigen Stellung eines Vormunds nicht vereinbar wäre (RGRK/Dickescheid Rz 13; Soergel/Zimmermann Rz 5; Staud/ Engler Rz 24; aA Dölle FamR II § 124 III S 3). Die Abgrenzung von Wirkungskreisen ist Ermessenssache (Mot IV 1094).

Soweit einem Vormund ein bestimmter Wirkungskreis allein zugewiesen ist, führt er darin die Vormundschaft **2** selbständig unter eigener Verantwortung. Die Mitvormünder sind ihm gegenüber zur Aufsicht weder verpflichtet noch berechtigt, sie haben in seinem Wirkungskreis kein Beschwerderecht, auch trifft sie keine Mithaftung für einen entstandenen Schaden (Dresden OLG 36, 212). Ein Mitvormund kann ihm aber als Gegenvormund bestellt werden (§ 1792 III). Auch dem JA kann als Mitvormund ein bestimmter Wirkungskreis zugeteilt werden, vgl § 1791b Rz 4.

2. Führen mehrere Vormünder mangels einer Verteilungsanordnung des VormG die **Verwaltung gemeinschaft-** **3** **lich**, dann kann jeder nur mit Zustimmung der übrigen für den Mündel handeln: **Gesamtvertretung**. Zur Entgegennahme von Willenserklärungen Dritter (**Passivvertretung**) ist, nach dem für alle Kollektivvertretungen anerkannten Prinzip, jeder einzelne Vormund legitimiert (vgl § 1629 I S 2 Hs 2 und § 167 Rz 37). Zustellungen erfolgen nach § 170 III ZPO an einen der Mitvormünder. Alle Vormünder sind für die Verwaltung verantwortlich, daher verpflichtet, sich gegenseitig zu überwachen und haften bei schuldhafter Vernachlässigung dieser Pflicht für einen Schaden des Mündels als Gesamtschuldner (§ 1833 II S 1). Im Hinblick darauf bedarf es auch bei erheblicher Verwaltung nicht der Bestellung eines Gegenvormunds (§ 1792 II), ebenso entfällt als Ersatz für die Genehmigung eines Gegenvormunds bestehende Notwendigkeit der Genehmigung des VormG bei der Anlegung von Geld und der Verfügung über Forderungen und ähnliche Rechte sowie über Wertpapiere (§§ 1810 S 2, 1812 III).

Ausnahmen vom Grundsatz der Gesamtvertretung bestehen entsprechend der Lage bei der Passivvertretung **4** (Rz 3) darin, daß die gerichtliche Zustellung an einen der Mitvormünder genügt (§ 170 III ZPO). Ferner kann jeder von ihnen das Beschwerderecht für den Mündel selbständig ausüben (§ 58 FGG). Bei Widerspruch nur eines von ihnen gegen die Abgabe der Vormundschaft an ein anderes VormG oder an einen ausländischen Staat ist obergerichtliche Entscheidung erforderlich (§§ 46 II, 47 II FGG).

Fällt von mehr als zwei Mitvormündern, denen keine bestimmte Wirkungskreise zugeteilt waren, einer weg, **5** führen die übriggebliebenen Vormünder die Vormundschaft bis zur Bestellung eines neuen Vormunds allein weiter (Soergel/Zimmermann Rz 2; Staud/Engler Rz 13; Pal/Diederichsen Rz 1; RGRK/Dickescheid Rz 6, 7). Verbleibt nach dem Wegfall nur ein Mitvormund, besonders im Fall, daß von zwei Mitvormündern einer wegfällt, so ist er zur alleinigen Weiterführung der Geschäfte nicht mehr berechtigt, sondern hat nach § 1894 II dem VormG Anzeige zu machen, das dann erforderliche Maßnahmen trifft, besonders einen neuen Mitvormund bestellt. Beim Wegfall eines Mitvormundes mit bestimmtem Wirkungskreis ist der Mündel insoweit ohne gesetzlichen Vertreter; das VormG hat Abhilfe zu schaffen. Eltern können für diese Fälle nichts anderes vorsehen.

3. **Meinungsverschiedenheiten** zwischen Mitvormündern bedeuten die Gefahr, daß eine im Mündelinteresse **6** erwünschte Maßnahme unterbleibt. Daher treffen Abs I S 2 und Abs III für gemeinschaftlich verwaltende und § 1798 für Sondervormünder eine Ausgleichsregelung. Nach Abs I entscheidet das VormG, sofern nicht Eltern bei der Benennung der Vormünder gem § 1777 oder mangels einer elterlichen Bestimmung das VormG bei der Bestellung etwas anderes bestimmt haben (Abs I, III). Eine derartige Bestimmung kann nicht den Stichentscheid eines Mitvormunds vorsehen, weil das der Selbständigkeit und Unabhängigkeit des vormundschaftlichen Amtes widerspräche (aA MüKo/Wagenitz Rz 7), aber auch nicht den Stichentscheid eines Außenstehenden, weil das die Verantwortlichkeit verunklaren würde. Vorgesehen werden kann das Mehrheitsprinzip bei mehr als zwei Mitvormündern. Das VormG kann, soweit es nicht in der Lage ist, den Widerspruch durch Eingreifen nach § 1837 zu beseitigen, nicht einem einer der von den übrigen Vormündern vertretenen Meinungen beitreten oder sie verwerfen, nicht aber selbständig eine abweichende Anordnung treffen (Dresden OLG 40, 95; vgl jedoch auch KGJ 33, 9, 12 bei Meinungsverschiedenheiten über die Höhe notwendiger Aufwendungen). Soweit es einer Meinung beitritt, wird die Zustimmung der eine andere Ansicht vertretenen Vormünder ersetzt (KGJ 26, 18, 19 = OLG 7, 208).

Die dem Richter vorbehaltene Entscheidung (§ 14 I Nr 5 RPflG) kann von dem oder den Mitvormündern, gegen **7** deren Meinung sie ausgefallen ist, für den Mündel mit einfacher, nicht sofortiger **Beschwerde** angefochten werden (KGJ 38, 44 unter Aufgabe des in KGJ 26, 18 vertretenen gegenteiligen Standpunktes. §§ 53 I S 1, 60 I Nr 6 FGG sind hier nicht anwendbar, da die Entscheidung nicht erst mit Rechtskraft wirksam wird; ebenso Staud/Engler Rz 37; aA RGRK/Dickescheid Rz 11; Soergel/Zimmermann Rz 3; Pal/Diederichsen Rz 6).

4. In den Bestallungen sind die Namen der Mitvormünder sowie bei Teilung des Wirkungskreises die Art der **8** Teilung anzugeben (§ 1791 II).

5. § 1797 I S 2 gilt gem § 1908i I S 1 sinngemäß auch im Betreuungsrecht (näher dazu § 1908i Rz 16). **9**

§ 1798 *Meinungsverschiedenheiten*

Steht die Sorge für die Person und die Sorge für das Vermögen des Mündels verschiedenen Vormündern zu, so entscheidet bei einer Meinungsverschiedenheit über die Vornahme einer sowohl die Person als das Vermögen des Mündels betreffenden Handlung das Vormundschaftsgericht.

1. Auch wenn die Wirkungskreise mehrerer Mitvormünder gem § 1797 II verteilt sind, können Meinungsverschiedenheiten entstehen, wenn eine Angelegenheit in mehrere Wirkungskreise fällt. Eine solche Überschneidung ist besonders dann denkbar, wenn die Wirkungskreise nach Personen- und Vermögenssorge verteilt sind; so fallen zB Ausbildungsaufwendungen in beide Wirkungskreise. § 1798 ist auf Meinungsverschiedenheiten bei andersartiger Verteilung der Wirkungskreise entsprechend anzuwenden (MüKo/Wagenitz Rz 3; Staud/Engler Rz 1). Da § 1798 nicht als Spezialvorschrift gegenüber § 1797 aufzufassen ist, sondern die Regelung von § 1797 I S 2 ausdehnt, gilt auch hier der Vorrang einer anderweitigen Bestimmung durch Eltern oder durch das VormG bei der Bestellung der Vormünder.

2. Die Vorschrift gilt auch bei entsprechender Teilung des Wirkungskreises mehrerer **Mitpfleger** oder des Vormunds und eines neben ihm bestellten Pflegers (§ 1915 I). Für das Verhältnis von Eltern zu einem Pfleger enthält § 1630 II die entsprechende Regelung.

3. § 1798 gilt gem § 1908i I S 1 sinngemäß auch im Betreuungsrecht.

§ 1799 *Pflichten und Rechte des Gegenvormunds*

(1) Der Gegenvormund hat darauf zu achten, dass der Vormund die Vormundschaft pflichtmäßig führt. Er hat dem Vormundschaftsgericht Pflichtwidrigkeiten des Vormundes sowie jeden Fall unverzüglich anzuzeigen, in welchem das Vormundschaftsgericht zum Einschreiten berufen ist, insbesondere den Tod des Vormunds oder den Eintritt eines anderen Umstands, infolgedessen das Amt des Vormunds endigt oder die Entlassung des Vormunds erforderlich wird.

(2) Der Vormund hat dem Gegenvormund auf Verlangen über die Führung der Vormundschaft Auskunft zu erteilen und die Einsicht der sich auf die Vormundschaft beziehenden Papiere zu gestatten.

1. Der **Gegenvormund** (§ 1792) ist **Aufsichtsorgan** dem Vormund gegenüber. Er muß sich bei Antritt seines Amtes Kenntnis von dem Mündelvermögen und dessen ordnungsgemäßer Anlegung verschaffen (RG 79, 9, 11) und hat in jeder Hinsicht, auch bezüglich der Personensorge, darauf zu achten, daß der Vormund die Vormundschaft pflichtmäßig führt. Er kann weder den Mündel vertreten – auch nicht bei Verhinderung des Vormunds (KG RJA 4, 74) – noch selbst in die Verwaltung des Vormunds eingreifen (BGH NJW 1956, 789), ist jedoch verpflichtet, dem VormG unverzüglich (§ 121) Pflichtverletzungen des Vormunds sowie jeden Fall anzuzeigen, in dem es zum Einschreiten berufen ist (Abs I S 2) oder in dem Umstände, welche die Bestellung eines anderen Vormundes oder eines Pflegers erforderlich machen (§§ 1837, 1886ff, 1795, 1796, 1894 II, 1909 II, 1895). Er hat deshalb das Recht, von dem Vormund Auskunft über die Führung der Vormundschaft und Einsicht in die darauf bezüglichen Unterlagen zu verlangen (Abs II). Bei Weigerung des Vormunds kann dieser von dem VormG dazu angehalten, notfalls entlassen werden (§§ 1837, 1886). Weil diese Pflichten des Vormunds öffentlich-rechtlicher Natur sind (anders Gernhuber/Coester-Waltjen § 70 VII S 4 Fn 3), kann der Gegenvormund nicht gegen den Vormund klagen.

2. Auch der Gegenvormund untersteht der Aufsicht des VormG gem § 1837 und ist diesem zur Auskunft verpflichtet (§§ 1839, 1891 II). Über die Beteiligung des Gegenvormunds bei der Vermögensverwaltung, insbesondere bei Aufnahme des vom Vormund einzureichenden Vermögensverzeichnisses, bei Prüfung der laufenden Jahresrechnung (§ 1840) sowie der Schlußrechnung und deren Abnahme vgl §§ 1802 I S 2, 1842, 1854 III, 1891 I, 1892 II S 1, über seine Mitwirkung bei der Genehmigung gewisser Rechtsgeschäfte vgl §§ 1809, 1810, 1824, 1825, 1832. Nach § 1826 hat das VormG den Gegenvormund zu hören, bevor es über die zu einer Handlung des Vormunds erforderliche Genehmigung entscheidet. Über die Anhörung des Gegenvormunds bei Festsetzung von Aufwendungserstattung und Vergütung s vor § 1835 Rz 17.

3. Die Aufsichtspflicht des Gegenvormunds erstreckt sich grds nicht auf einen Ergänzungspfleger gem § 1909. Doch ist § 1915 II zu entnehmen, daß auch einem Pfleger ein Gegenvormund (nicht: Gegenpfleger) bestellt werden kann. Indessen ist § 1915 II auch zu entnehmen, daß hierbei § 1792 nicht gelten kann, so daß auch bei erheblicher dem Pfleger obliegender Vermögensverwaltung nur aus besonderen Gründen ein Gegenvormund zu bestellen bzw der Geschäftskreis eines vorhandenen Gegenvormunds auf die Pflegschaft zu erstrecken ist.

4. Für einen durch Vernachlässigung seiner Aufsichts- und Anzeigepflicht entstehenden Schaden **haftet** der Gegenvormund dem Mündel wie der Vormund (§ 1833 I, Breslau SeuffA 63, 283); im Innenverhältnis haftet jedoch der Vormund allein (§ 1833 II S 2).

5. Dem Gegenvormund steht ein eigenes **Beschwerderecht** zu, wenn ein von ihm gestellter Antrag, gegen den Vormund oder Pfleger wegen pflichtwidrigen Verhaltens einzuschreiten oder ihn zu entlassen, abgelehnt wird; ferner gegen eine Verfügung des VormG, durch die dem Vormund oder dem Pfleger eine Vergütung bewilligt wird (§ 57 I Nr 6, 7 FGG), dagegen nicht allgemein gegen die Erteilung und Versagung einer vormundschaftsgerichtlichen Genehmigung (§ 1828 Rz 17) oder sonst wegen Nichtberücksichtigung von ihm bei Ausübung seines Aufsichtsrechts oder bei seiner Anhörung (§ 1826) geltend gemachter Bedenken, da hierdurch kein ihm zustehendes eigenes Recht im Sinne des § 20 I FGG beeinträchtigt wird (vgl BGH NJW 1956, 789); wohl aber, wenn seine Anhörung zu Unrecht unterblieben ist, solange nicht die Erteilung oder Verweigerung der Genehmigung einem Dritten gegenüber wirksam geworden ist (§ 55 I FGG). Im übrigen kann er im Interesse des Mündels Beschwerde erheben, wenn die Voraussetzungen des § 57 I Nr 9 FGG gegeben sind (KGJ 38, 44, 45).

6. § 1799 gilt gem § 1908i I S 1 sinngemäß auch im Betreuungsrecht (näher dazu § 1908i Rz 17).

§ 1800 Umfang der Personensorge

Das Recht und die Pflicht des Vormunds, für die Person des Mündels zu sorgen, bestimmen sich nach §§ 1631 bis 1633.

1. Außer in den in § 1793 Rz 11–27 bezeichneten Fällen, in denen einem Vormund das Sorgerecht nicht oder nur eingeschränkt zusteht, hat der Vormund das Recht und die Pflicht, für die Person des Mündels zu sorgen und ihn zu vertreten, in gleichem Umfang wie Eltern. Der Vormund handelt selbständig, gegebenenfalls unter der Aufsicht eines Gegenvormunds (§ 1799) oder Mitvormunds (§ 1792 Rz 2 aE) und stets unter der Aufsicht des VormG (§§ 1837ff) und der Überwachung des JA (§ 53 III SGB VIII). Zur Personensorge gehören auch persönlichkeitsrechtsbezogene Gestattungen, die nicht Willenserklärungen, sondern Realakte sind, wie besonders die Einwilligung in eine Heilbehandlung (§ 1793 Rz 11). Der Persönlichkeitsrechtsbezug entzieht diese Angelegenheit der Zuständigkeit des Vormunds, wenn der Mündel die natürliche Fähigkeit zur Einsicht in die Tragweite hat (BayObLG Rpfleger 1985, 192 mwN). Für einen Schwangerschaftsabbruch dürfte die Einwilligung der einsichtsfähigen Minderjährigen erforderlich und genügend sein.

2. Während ein Gegenvormund im Bereich der Personensorge außer einer allgemeinen Aufsicht keine speziellen Kompetenzen hat, betreffen zahlreiche Fälle, in denen der Vormund der Genehmigung des VormG bedarf (§ 1793 Rz 24), die Personensorge. Ausschließlich die Personensorge betreffen die Fälle, in denen das VormG eine vom Vormund verweigerte Ermächtigung, Einwilligung oder Genehmigung ersetzen kann (§ 1793 Rz 26).

3. Im einzelnen besagt die Verweisung des § 1800: **a) Auf § 1631 I.** Der Vormund hat das Recht, den Mündel bei sich unterzubringen und **Pflege und Erziehung** selbst, besonders innerhalb seiner Familie, zu leisten. Für Aufwendungen zur Ernährung und Kleidung des Mündels erhält der Vormund Vorschuß und Ersatz gem § 1835 vom Mündel, bei dessen Mittellosigkeit gem § 1835 IV aus der Staatskasse. Eine Vergütung kann nach § 1836 bewilligt werden, einem nicht berufsmäßigen Vormund aber nur bei vermögendem Mündel (§ 1836 III letzter Hs). Der Abschluß eines Pflegevertrags ist rechtlich nicht erforderlich, der daran beteiligte Mündel bedarf wegen §§ 1795 II, 181 eines Ergänzungspflegers. Eine Dienstpflicht, wie sie § 1619 dem Kind gegenüber Eltern auferlegt, trifft den Mündel gegenüber dem Vormund nicht (aA Hamburg HansGZ 1936, B 280, 283); aus dem Erziehungszweck kann aber folgen, daß der Vormund den in seiner Familie lebenden Mündel auch in dieser Hinsicht wie ein eigenes Kind behandeln darf (Soergel/Zimmermann Rz 3; Dölle FamR II S 749).

Das **Aufenthaltsbestimmungsrecht** umfaßt das Recht, im Interesse des Mündels dessen Aufenthalt vor Verwandten geheimzuhalten (KG OLG 40, 100). Zu zwangsweiser Rückführung des Mündels kann sich der Vormund polizeilicher Hilfe bedienen (Kiel OLG 21, 292). Aus seinem Aufenthaltsbestimmungsrecht folgt das Recht des Vormunds, gem §§ 1800, 1632 I den Mündel von Dritten herauszuverlangen. Eingeschränkt wird das Aufenthaltsbestimmungsrecht durch das Erfordernis vormundschaftsgerichtlicher Genehmigung einer mit Freiheitsentziehung verbundenen Unterbringung (§ 1631b mit Erläuterungen).

Vor allem das Aufenthaltsbestimmungsrecht wirft die Frage nach den **Zwangsbefugnissen des Vormunds** auf. Der Vormund ist in gleichem Umfang wie Eltern in der Lage, seine Anordnungen gegen den Mündel selbst durchzusetzen (vgl § 1631 Rz 10). Nach §§ 1800, 1631 III, hat das FamG den Vormund auf Antrag bei der Ausübung der Personensorge in geeigneten Fällen zu unterstützen. Nach § 48c des früheren JWG konnte das VormG in diesen wie in anderen Fällen das JA mit der Ausführung seiner Anordnungen beauftragen. Nachdem diese Vorschrift vom KJHG nicht übernommen wurde, bleiben dem Vormund folgende Wege: er kann einmal sich an die Polizei wenden und deren Eingreifen anregen. Diese hat dann zu prüfen, ob sie in eigener Zuständigkeit zur Gefahrenabwehr tätig wird. Der Vormund kann sich aber auch gem §§ 1800, 1631 III an das FamG um Unterstützung wenden. Nach Helle FamRZ 1984, 639, 641f hat das Gericht eigene Zwangsbefugnis gegenüber dem Mündel, zu deren Ausübung es die Amtshilfe der Polizei in Anspruch nehmen kann. Für das frühere Preußen hat das KG (OLG 1, 366, 368) angenommen, daß die Polizei einem Ersuchen des Vormund ohne Rücksicht auf spezifische polizeirechtliche Tatbestände zu entsprechen hat; dem hat sich später Düsseldorf NJW 1968, 454 angeschlossen. Andere (Gernhuber/Coester-Waltjen § 57 VII S 7; MüKo/Huber § 1631 Rz 44) gehen den Weg über § 33 II FGG. Danach kann das FamG dann, wenn eine Anordnung ohne Gewalt nicht durchzuführen ist, besonders verfügen, daß Gewalt gebraucht werden kann. Vollstreckungsorgan des FamG ist hierbei nach § 231 I der Geschäftsanweisung (GVGA) der Gerichtsvollzieher, der um Unterstützung der polizeilichen Vollzugsorgane nachsuchen kann; hierbei handelt es sich um eine Amtshilfe, in deren Rahmen die Polizei die Voraussetzungen der Gewaltanwendung nicht selbständig zu prüfen braucht. Nach Helle FamRZ 1984, 642 im Anschluß an Nußbaum ZZP 29, 440, 502 hat das Gericht dabei die Wahl, den Gerichtsvollzieher unmittelbar zu beauftragen oder seine Verfügung an den Vormund zu richten und es diesem zu überlassen, den Gerichtsvollzieher zu beauftragen.

b) Die Regelungen der §§ 1631 II, III, 1631a gelten kraft der Verweisung des § 1800 für den Vormund wie für Eltern, ohne daß für jenen Besonderheiten bestehen. Das gilt nicht nur hinsichtlich des in § 1793 I S 2 durch Verweisung auf § 1626 II vorgeschriebenen partnerschaftlichen Erziehungsstils, sondern auch für die durch § 1631 II verbotenen Erziehungsmaßnahmen. Wenn der Vormund auch die tatsächliche Sorge ausübt und das Kind täglich erzieht, dann besteht kein Grund, ihm Erziehungsmaßnahmen grundsätzlich zu versagen, die Eltern zu Gebote stehen; das gilt auch für das von § 1631 II in engen Grenzen noch zugelassene Züchtigungsrecht.

c) § 1631b, Unterbringung des Mündels

Schrifttum: *Helle,* Freiheitsentziehung und Freiheitsbeschränkung bei der bürgerlich-rechtlichen Unterbringung Minderjähriger, ZfJ 1986, 40; Empfehlungen der Arbeitsgemeinschaft für Erziehungshilfe – AFET zum Verfahren bei Unterbringungen, die mit Freiheitsentziehung verbunden sind, Jugendwohl 1980, 232.

§ 1800

7 Durch Beschluß vom 10. 2. 1960 (BVerfG 10, 302) erklärte das BVerfG entgegen der bis dahin hL die durch Art 104 Abs 2 GG vorgeschriebene richterliche Entscheidung auch dann für erforderlich, „wenn der Vormund in Ausübung seines Aufenthaltsbestimmungsrechtes den volljährigen Entmündigten in einer geschlossenen Anstalt unterbringt". Daraufhin begründete das FamRÄndG von 1961 mit § 1800 II aF das Genehmigungserfordernis für jeden Vormund, also auch den eines Minderjährigen. Das SorgeRG von 1980 dehnte mit § 1631b, auf den § 1800 seitdem verweist, das Genehmigungserfordernis weiter auch auf Eltern aus.

8 Wenn § 1906 IV das Genehmigungserfordernis weiter auf sog unterbringungsähnliche Maßnahmen ausgedehnt hat, so hat diese Vorschrift des Betreuungsrechts für § 1631b keine Geltung: „Die Mutter kann somit ihren Säugling ohne Genehmigung des Gerichts ins Gitterbett legen" (Damrau/Zimmermann § 1800 Rz 9).

9 Das **Verfahren** der Unterbringung eines Kindes durch den Vormund – wie durch Eltern – hat durch das BtG eine Neuregelung erfahren. Die §§ 70–70n FGG gelten für alle Unterbringungssachen: die privatrechtliche Unterbringung sowohl von Kindern wie von Volljährigen wie die öffentlich-rechtliche Unterbringung nach einem landesrechtlichen Unterbringungsgesetz. Zu den Grundzügen des Verfahrens siehe § 1906 Rz 64. Hervorzuheben ist die Verfahrensfähigkeit des über 14 Jahre alten Kindes ungeachtet seiner nur beschränkten Geschäftsfähigkeit (§ 70a FGG). Bei der Regelung der Beteiligung ist der Vormund nicht genannt; da er im Unterbringungsverfahren dieselbe Funktion hat wie der Betreuer eines Volljährigen, sind die entsprechenden Vorschriften sinngemäß auf den Vormund anzuwenden. Nach § 70g V FGG hat die zuständige Behörde den Vormund auf seinen Wunsch bei der Zuführung zur Unterbringung zu unterstützen. Die Anwendung von Gewalt setzt dabei eine besondere gerichtliche Entscheidung voraus. Die Betreuungsbehörde kann ihrerseits um polizeiliche Unterstützung nachsuchen.

10 d) Verweisung auf § 1632 I und III. Über das **Herausgabeverlangen** des Vormunds entscheidet niemals das Prozeßgericht, sondern gem § 1632 III das FamG.

11 e) Verweisung auf § 1632 II und III. Eine Streitigkeit um den **Umgang** des Mündels mit Dritten ist nur ein Streit zwischen Vormund und Dritten. Nur sie, nicht der Mündel, können die Entscheidung des FamG beantragen. Der Mündel, dessen Grundrechte durch den Vormund verletzt sein können, kann sich gleichwohl anregend an das JA (§ 8 II SGB VIII) oder das VormG (§ 1837) wenden. Der Vormund muß das Recht der nicht sorgeberechtigten Eltern auf persönlichen Umgang mit dem Kind aus § 1684 respektieren; bei Meinungsverschiedenheiten zwischen den Eltern und dem Vormund entscheidet gem § 1632 III das FamG.

12 § 1632 IV hat für den Vormund geringe Bedeutung, weil er kaum in die Lage kommt, wie Eltern das Kind zu sich nehmen zu wollen.

13 4. Gegen Entscheidungen des FamG über eine die Sorge für die Person des Mündels betreffende Angelegenheit steht – abgesehen von den Fällen der sofortigen Beschwerde – jedem die **Beschwerde** zu, der ein berechtigtes Interesse hat, die Angelegenheit wahrzunehmen, sofern er damit das Interesse des Mündels geltend macht (§ 57 I Nr 9, II FGG), dem Mündel selbst nach § 59 I und II FGG.

1801 *Religiöse Erziehung*

(1) Die Sorge für die religiöse Erziehung des Mündels kann dem Einzelvormund von dem Vormundschaftsgericht entzogen werden, wenn der Vormund nicht dem Bekenntnis angehört, in dem der Mündel zu erziehen ist.

(2) Hat das Jugendamt oder ein Verein als Vormund über die Unterbringung des Mündels zu entscheiden, so ist hierbei auf das religiöse Bekenntnis oder die Weltanschauung des Mündels und seiner Familie Rücksicht zu nehmen.

1 1. Bei der Auswahl des **Einzelvormunds** hat das VormG gem § 1779 II S 2 auf das religiöse Bekenntnis des Mündels Rücksicht zu nehmen; diese Bestimmung schließt aber, wie gerade § 1801 zeigt, Bestellung eines bekenntnisfremden Einzelvormunds nicht aus (§ 1779 Rz 10). Denkbar ist aber auch, daß Mündel oder Vormund nach Beginn der Vormundschaft das Bekenntnis wechseln. In KGJ 46, 79 ist aus §§ 1779 II S 2 iVm § 1801 die Möglichkeit abgeleitet, auch von Anfang an die religiöse Erziehung von dem Wirkungskreis des Vormunds auszunehmen und einem Pfleger zu übertragen (dazu § 1779 Rz 10).

2 2. Soll dem Vormund nachträglich die Sorge für die religiöse Erziehung des Mündels entzogen werden, so entspricht es der Selbständigkeit des vormundschaftlichen Amtes, daß dafür ein wichtiger Grund vorliegen muß (so schon KGJ 46, 79; der wichtige Grund ist unbestimmter Rechtsbegriff, RGRK/Dickescheid Rz 5). Der Grund braucht jedoch nicht schuldhaft zu sein, sondern kann zB in einem Bekenntniswechsel des Mündels liegen. Bekenntniswechsel oder Kirchenaustritt des Einzelvormunds allein reicht noch nicht aus (BayObLG OLG 30, 148).

3 3. Gleichzeitig mit der Entziehung ist gem § 1909 I S 1 ein Pfleger oder gem §§ 1775, 1797 II ein Mit- oder Sondervormund (Pal/Diederichsen Rz 1) zu bestellen.

4 4. Dem Einzelvormund steht gegen die Entziehung, wenn sie nach seiner Bestellung erfolgt, die einfache Beschwerde zu (§ 20 I FGG; KGJ 37, 84, 86); dagegen nur die Beschwerde aus § 57 I Nr 9 FGG im Interesse des Mündels, wenn die Entziehung bereits bei seiner Bestellung angeordnet und ihm daher die Personensorge nur im übrigen übertragen worden ist (KG RJA 12, 173).

5 5. Jede speziell die Sorge für die religiöse Erziehung betreffende Maßnahme ist gem § 14 Nr 19 RPflG dem Richter vorbehalten.

6. Abs I gilt nur für den Einzelvormund. Für den Amts- oder Vereinsvormund verfolgt Abs II ein paralleles Ziel.

7. Die religiöse Erziehung regelt das **RelKEG** v 15. 7. 1921 (abgedruckt bei § 1631 Rz 25). Nach § 3 II dieses Gesetzes kann der Vormund das Bekenntnis des noch nicht 14 Jahre alten Mündels mit Genehmigung des VormG bestimmen, wenn ihm die Sorge für die Person allein zusteht; bei einem über 12 Jahre alten Kind jedoch nicht gegen dessen Willen (§ 5 RelKEG). Eine schon erfolgte Bestimmung über die religiöse Erziehung können Vormund oder Pfleger nicht ändern (§ 3 II S 6 RelKEG).

1802 *Vermögensverzeichnis*

(1) Der Vormund hat das Vermögen, das bei der Anordnung der Vormundschaft vorhanden ist oder später dem Mündel zufällt, zu verzeichnen und das Verzeichnis, nachdem er es mit der Versicherung der Richtigkeit und Vollständigkeit versehen hat, dem Vormundschaftsgericht einzureichen. Ist ein Gegenvormund vorhanden, so hat ihn der Vormund bei der Aufnahme des Verzeichnisses zuzuziehen; das Verzeichnis ist auch von dem Gegenvormund mit der Versicherung der Richtigkeit und Vollständigkeit zu versehen.

(2) Der Vormund kann sich bei der Aufnahme des Verzeichnisses der Hilfe eines Beamten, eines Notars oder eines anderen Sachverständigen bedienen.

(3) Ist das eingereichte Verzeichnis ungenügend, so kann das Vormundschaftsgericht anordnen, dass das Verzeichnis durch eine zuständige Behörde oder durch einen zuständigen Beamten oder Notar aufgenommen wird.

Schrifttum: *Birkenfeld*, Rechnungslegung und Rechnungsprüfung in Vormundschafts- und Nachlaßsachen, FamRZ 1976, 197; *Herdemerten*, Die Rechnungslegungspflicht des als Pfleger bestellten Ehegatten, FamRZ 1966, 16; *Spanl*, Der umstrittene Stichtag, Rpfleger 1990, 278.

1. Die Pflicht, ein **Vermögensverzeichnis** aufzustellen und dem VormG einzureichen, besteht dem VormG gegenüber, ist also öffentlich-rechtlicher Natur. Das Vermögensverzeichnis dient als Grundlage für die gesamte Vermögensverwaltung des Vormunds, insbesondere für die ihm obliegende laufende und abschließende Rechnungslegung sowie für die Aufsicht des VormG. Es bildet zugleich ein Beweismittel dafür, welche Gegenstände zum Vermögen des Mündels gehören. Der Vormund, auch der Amts- oder Vereinsvormund, kann daher von dieser Pflicht weder durch das VormG noch durch Anordnung der Eltern gem §§ 1852ff oder eines Dritten bei Zuwendungen nach § 1803 befreit werden. Auch eine Einschränkung der Vorschrift – zB durch Verbot einer Offenlegung des Verzeichnisses – ist nicht möglich. Auch die dem VormG nach Abs III zustehende Befugnis kann nicht ausgeschlossen werden. Ist kein Vermögen vorhanden, so genügt eine entsprechende Versicherung. Während regelmäßige Zu- oder Abgänge des Vermögens in die Jahresrechnung (§§ 1840ff) gehören, ist über **später anfallendes Vermögen** ein weiteres Vermögensverzeichnis einzureichen. Bei Wechsel des Vormunds hat der neue Vormund ein Vermögensverzeichnis nur einzureichen, wenn ein solches noch nicht vorliegt oder weiteres Vermögen anfällt; er hat jedoch das alte zu überprüfen. Das Gericht prüft das Verzeichnis nur formell, materiell nur bei Bedenken (LG Berlin JR 1955, 261). Stichtag der Vermögensverzeichnung ist die Anordnung der Vormundschaft, dh der Zeitpunkt ihrer Wirksamkeit (§ 1774 Rz 5). Hat der Mündel keinerlei Vermögen oder Einkünfte, hat der Vormund ebendies zu erklären.

Das VormG hat den Vormund im Aufsichtswege (§ 1837 II S 1), erforderlichenfalls – jedoch nicht den Amts- oder Vereinsvormund (§ 1837 III S 2) – durch Festsetzung von Zwangsgeld, zur Einreichung des Verzeichnisses anzuhalten (§ 1837 III S 1). Es kann, falls das Verzeichnis bei Prüfung als ungeeignet erweist – was dem gleichzustellen ist – trotz Aufforderung nicht eingereicht wird, die Aufnahme des Verzeichnisses durch eine Behörde, einen Beamten oder Notar veranlassen (Abs III). Diese Möglichkeit besteht jedoch nicht gegenüber dem Amtsvormund oder -pfleger (§ 56 II S 1 SGB VIII). Es kann auch den Vormund entlassen (§ 1886; wegen des Amts- und Vereinsvormunds siehe § 1887). Bei Säumigkeit des VormG ist Staatshaftung möglich (RG Gruchot 60, 1015, 1018).

a) Abs II bedeutet, daß die Aufstellung des Vermögensverzeichnisses insoweit keine höchstpersönliche Verpflichtung des Vormunds ist, als dieser sich der **Hilfe der genannten Personen** – zu denen ich besonders an einen technischen oder landwirtschaftlichen Sachverständigen – bedienen kann. Dagegen kann das VormG nach Abs III nur die Aufnahme eines öffentlichen Verzeichnisses anordnen. Die Bestimmung der Zuständigkeit für die Aufnahme des Verzeichnisses war früher durch Art 141 EGBGB geregelt und ist heute durch § 61 I Nr 2 BeurkG dem Landesrecht vorbehalten (Zusammenstellung landesrechtlicher Vorschriften bei Huhn/Schuchmann, BeurkG zu § 61).

b) Was die **Kosten eines Vermögensverzeichnisses** angeht, so kommt es im Außenverhältnis darauf an, ob der Vormund den Auftrag dazu im eigenen Namen oder in Vertretung für den Mündel erteilt hat. Eine Überwälzung der Kosten im Innenverhältnis richtet sich im ersten Fall nach § 1835, im zweiten Fall dann, wenn die Aufstellung nicht ungeeignet (Abs III!) veranlaßt war, nach § 1833.

2. Das Vermögensverzeichnis (Muster bei Bienwald, Vormundschafts- und Pflegschaftsrecht, unter 2.4.4) hat als lückenlose Bestandsaufnahme des Vermögens ein Inventar und eine Aufstellung der Einkommensquellen zu enthalten (Beispiele bei Birkenfeld FamRZ 1976, 198). Im Inventar sind die einzelnen Vermögensgegenstände zu bezeichnen, Forderungen unter Angabe von Schuldner oder Gläubiger und Betrag (KGJ 36, 38, 40), Wertpapiere mit der Nummer (KG OLG 24, 45). Bei Haushaltsgegenständen genügt die Angabe des Gesamtwertes (aA Staud/Engler Rz 14; MüKo/Wagenitz Rz 3; Soergel/Zimmermann Rz 2). Im Inventar ist auch das Vermögen zu verzeich-

§ 1802

nen, das von einem Testamentsvollstrecker verwaltet wird (KG RJA 17, 34). Außer der mengenmäßigen Erfassung muß das Vermögen auch bewertet werden, damit das Gericht ersehen kann, welche Werte dem Verwalter anvertraut sind. Hierbei sind Marktwerte anzusetzen, bei Grundstücken sowohl der Verkehrswert (so jetzt auch Firsching/Rühl Hdb der Rechtspraxis V b Rz 357) als auch der Einheitswert.

6 Mitvormünder mit getrenntem Wirkungskreis haben nur das in ihren Bereich fallende Vermögen zu verzeichnen (str, wie hier Soergel/Zimmermann Rz 3, RGRK/Dickescheid Rz 5; Dölle, FamR II § 126 II S 1; MüKo/Wagenitz Rz 8; aA Staud/Engler Rz 10). Soweit ein Gegenvormund vorhanden ist, hat ihn der Vormund bei Aufnahme des Verzeichnisses zuzuziehen (Abs I S 2). Beide haben das Verzeichnis mit der Versicherung der Richtigkeit und Vollständigkeit zu versehen. Etwaige Vorbehalte, die der Gegenvormund dabei macht, sind vom VormG aufzuklären. Soweit auf ein anderes Verzeichnis – zB nach §§ 1640, 1993, 2215 – verwiesen wird, ist auch dessen Richtigkeit und Vollständigkeit zu versichern.

7 3. § 1802 I S 1, II und III gelten gem § 1908i I S 1 sinngemäß auch im Betreuungsrecht. Wegen der Herausnahme von Abs I S 2 aus der Verweisung siehe § 1908i Rz 18.

1803 Vermögensverwaltung bei Erbschaft oder Schenkung

(1) Was der Mündel von Todes wegen erwirbt oder was ihm unter Lebenden von einem Dritten unentgeltlich zugewendet wird, hat der Vormund nach den Anordnungen des Erblassers oder des Dritten zu verwalten, wenn die Anordnungen von dem Erblasser durch letztwillige Verfügung, von dem Dritten bei der Zuwendung getroffen worden sind.

(2) Der Vormund darf mit Genehmigung des Vormundschaftsgerichts von den Anordnungen abweichen, wenn ihre Befolgung das Interesse des Mündels gefährden würde.

(3) Zu einer Abweichung von den Anordnungen, die ein Dritter bei einer Zuwendung unter Lebenden getroffen hat, ist, solange er lebt, seine Zustimmung erforderlich und genügend. Die Zustimmung des Dritten kann durch das Vormundschaftsgericht ersetzt werden, wenn der Dritte zur Abgabe einer Erklärung dauernd außerstande oder sein Aufenthalt dauernd unbekannt ist.

1 1. Wer von Todes wegen oder unentgeltlich unter Lebenden etwas jemandem zuwendet, dem die rechtliche Fähigkeit zur Verwaltung seines Vermögens fehlt, der kann anordnen, daß die Zuwendung nicht unter die allgemeine Vermögensverwaltung der Eltern (§§ 1638, 1909) oder eines Vormunds (§ 1909 I S 2) fällt. Das hat zur Folge, daß für die Verwaltung der Zuwendung ein Pfleger zu bestellen ist (§§ 1909 I S 2, 1917). Der Zuwendende kann sich auch damit begnügen, den Eltern (§ 1639) oder dem Vormund (§ 1803) Anordnungen für die Verwaltung zu erteilen. Die Anordnungen können vom Erblasser nur durch Testament oder einseitige Verfügung in einem Erbvertrag (§§ 1937, 2299), durch den lebenden Dritten nur bei der Zuwendung, auch stillschweigend (BayObLG FamRZ 1965, 522), aber nicht später erfolgen (Abs I). Eine **freiere Stellung** des Vormunds kann sich aus einer Anordnung der den Vormund benennenden Eltern (§§ 1852 bis 1854, 1855) oder aus der Anordnung des zuwendenden Dritten (§ 1917 II) ergeben. Diese möglichen Befreiungen betreffen die Vorschriften der §§ 1809, 1810, 1812, 1814 bis 1820, nicht aber die im öffentlichen Interesse zum Schutz des Mündels bestehenden Beschränkungen in der Vertretungsmacht nach §§ 1821ff (Hamburg OLG 16, 247). Anordnungen des Erblassers oder Zuwendenden können den Vormund aber auch **beschränken**, zB zu Hinterlegung, Umschreibung oder Umwandlung in weiterem Umfang verpflichten oder sonstige Richtlinien setzen. Beschränkende Anordnungen eines Erblassers haben vormundschaftsrechtlichen, nicht erbrechtlichen Charakter, sie binden den Vormund, nicht den Erben, beschränken daher auch nicht den Pflichtteil iSv 2306 (KGJ 35, 26). Aus demselben Grund stellen beschränkende Anordnungen eines Schenkers keine Auflage dar.

2 2. Nach **Abs II darf der Vormund** bei letztwilligen wie bei unentgeltlichen Zuwendungen Dritter unter Lebenden, sofern der Dritte verstorben ist, von den Anordnungen mit Genehmigung des VormG **abweichen**, wenn ihre Befolgung das Interesse des Mündels gefährden würde. Die bloße Zweckmäßigkeit eine Abweichung nicht rechtfertige so im Anschluß an RG SeuffA 60 Nr 194: Staud/Engler Rz 14; MüKo/Wagenitz Rz 10), ist undifferenziert: war die Anordnung nur wirtschaftlich motiviert, so kann von ihr abgewichen werden, wenn sie sich als unzweckmäßig herausstellt. Vor Entscheidung über die Genehmigung soll ein vorhandener Gegenvormund tunlichst gehört werden (§ 1826). Das JA als Amtsvormund oder Amtspfleger bedarf zu dem Abweichen von der Anordnung der Genehmigung des VormG nicht (§ 56 II S 2 SGB VIII).

Lebt dagegen der Dritte, so ist seine Zustimmung grundsätzlich notwendig und genügend, doch ersetzt die Zustimmung nicht eine zu dem Geschäft erforderliche vormundschaftsgerichtliche Genehmigung. Die Zustimmung des Dritten kann von dem VormG nur ersetzt werden, wenn er zur Abgabe einer Erklärung dauernd außerstande, zB geschäftsunfähig, oder sein Aufenthalt dauernd unbekannt ist **(Abs III S 2)**. Ebensowenig wie die Zustimmung des Dritten setzt ihre Ersetzung durch das VormG eine Gefährdung des Mündelinteresses voraus. Verweigert jedoch der Dritte die Zustimmung, so ist deren Ersetzung durch das VormG selbst bei Gefährdung des Mündelinteresses nicht möglich. Die Genehmigung oder Zustimmung ist kein Wirksamkeitserfordernis für das abweichende Rechtsgeschäft. Die Ersetzung wird mit der Bekanntmachung an den Vormund wirksam (§ 16 I FGG), da §§ 53, 60 I Nr 6 FGG nicht anwendbar sind (vgl § 1797 Rz 7).

3 3. Das VormG hat im Rahmen seiner Aufsichtspflicht für die Befolgung der Anordnungen Sorge zu tragen (§ 1837 II S 1). Der Zuwendende hat ein Beschwerderecht, wenn das VormG ein Einschreiten ablehnt (Soergel/Zimmermann Rz 4). Weicht der Vormund unberechtigt von der Anordnung ab, so ist er dem Mündel für einen dadurch entstehenden Schaden verantwortlich (§ 1833). Seine Verfügung ist jedoch wirksam. Genehmigung des VormG befreit ihn regelmäßig von der Haftung (RG SeuffA 60, Nr 194).

4 4. § 1803 gilt gem § 1908i I S 1 sinngemäß auch im Betreuungsrecht (näher dazu § 1908i Rz 19).

§ 1804 Schenkungen des Vormunds

Der Vormund kann nicht in Vertretung des Mündels Schenkungen machen. Ausgenommen sind Schenkungen, durch die einer sittlichen Pflicht oder einer auf den Anstand zu nehmenden Rücksicht entsprochen wird.

1. Ein grundsätzliches Schenkungsverbot entspricht einem Prinzip bei der Verwaltung fremden (§§ 1641, 1425, 2205 S 3, 2207 S 2) oder einer anderen Person verfangenen (§§ 2113 II, 2136) Vermögens. Der Vormund kann auch nicht einer Schenkung durch den Mündel zustimmen (Gernhuber/Coester-Waltjen § 61 II S 2 mN). Die verbotene Schenkung ist nach Sinn und Zweck der Vorschrift einschließlich des Erfüllungsgeschäftes nichtig; auch eine Genehmigung des volljährig gewordenen Mündels oder des VormG kann sie nicht wirksam machen (BayObLG Rpfleger 1988, 22). Das Schenkungsverbot kann auch nicht durch Bestellung eines Pflegers umgangen werden, denn für diesen gilt das Verbot des § 1804 gem § 1915 in gleicher Weise. Das Geschenkte kann nach § 985 zurückverlangt werden, der Beschenkte kann sich nicht auf § 932 berufen, weil der gute Glaube an den Umfang der Vertretungsmacht nicht geschützt wird. Der Erfüllung eines rechtsgültigen Schenkungsversprechens des Erblassers steht § 1804 nicht entgegen. Die Gründe, aus denen Canaris JZ 1987, 993, 998 § 1804 für verfassungswidrig und nichtig hält, können im Vormundschaftsrecht nicht überzeugen, haben aber für die Auslegung des kraft § 1908i I S 1 im Betreuungsrecht sinngemäß anzuwendenden § 1804 Gewicht (dazu § 1908i Rz 38).

2. Schenkung liegt grundsätzlich auch vor, wenn sie einer vorweggenommenen Erbfolge dient (aber § 1908i Rz 38). Keine Schenkung soll nach § 517 der Verzicht auf ein „angefallenes, noch nicht endgültig erworbenes Recht" sein. Diese Bestimmung ist rechtspolitisch umstritten (vgl § 517 Rz 1) und im Rahmen des § 1804 etwa auf den Verzicht auf ein Anwartschaftsrecht oder auf die Grundstücksübertragung nach Auflassung keinesfalls anzuwenden. Dabei, daß Ausschlagung einer Erbschaft oder eines Vermächtnisses nach § 517 ebenfalls nicht Schenkung sein sollen, kann es auch im Rahmen von § 1804 bleiben, weil der Mündel durch das Erfordernis der vormundschaftsgerichtlichen Genehmigung (§ 1822 Nr 2) hinreichend geschützt ist. Die Aufhebung oder Minderung einer für eine Forderung des Mündels bestehenden Sicherung kann Schenkung sein (KG JW 1937, 2597), ebenso die Einräumung einer Sicherheit oder eines Vorrangs. Der Vormund darf sie dann nur vornehmen, wenn die Ausnahme des S 2 vorliegt, bedarf aber zusätzlich der Genehmigung des VormG (§ 1822 Nr 13).

Die Ausnahme für Anstandsschenkungen und Schenkungen gemäß sittlicher Pflicht kehrt bei allen schenkungsbeschränkenden Regelungen wieder. Dabei wird das Vorliegen einer sittlichen Pflicht allgemein und auch zu § 1804 zurückhaltend beurteilt (MüKo/Wagenitz Rz 13; Damrau/Zimmermann Rz 10) und nur angenommen, wenn das Unterlassen der Schenkung als Verletzung einer sittlichen Pflicht bedeuten würde (BGH FamRZ 1984, 580; BayObLG FamRZ 1999, 47f). Karitative Schenkungen werden nicht unter die Ausnahme gefaßt. Das ist bei Schenkungen aus dem Vermögen eines Minderjährigen sachgemäß, aber nicht ohne weiteres (so aber BayObLG FamRZ 1996, 1359) auf das Betreuungsrecht zu übertragen (dazu § 1903 Rz 9 und § 1908i Rz 38).

3. Ist Gegenstand der Schenkung ein Grundstück, so bedarf sie nach § 1821 I Nr 1 der Genehmigung des VormG; in diesem Fall bezieht das VormG die Frage, ob die Schenkung nach § 1804 zulässig ist, in seine Prüfung ein (BayObLG FamRZ 1996, 1359, 1360).

4. Die vertretungsberechtigten Gesellschafter einer OHG können **Schenkungen aus dem Gesellschaftsvermögen** machen, auch wenn ein Mündel an der Gesellschaft beteiligt ist, ebenso wie sie Geschäfte selbst abschließen können, zu denen der Vormund der Genehmigung des VormG bedarf (RG 125, 380, 384).

5. § 1804 verbietet auch Schenkungen, die der Vormund als Vertreter des Mündels aus dessen Vermögen sich selbst macht, die allerdings bereits durch §§ 1795 II, 181 ausgeschlossen sind. Dieser Ausschluß muß auch für von § 1804 S 2 zugelassene Pflicht- und Anstandsschenkungen gelten; auch solche kann sich der Vormund nicht selbst aus dem Vermögen des Mündels machen. Über § 1915 gilt § 1804 auch für Pfleger. Ihm kann jedoch ein Vormund eine Pflicht- und Anstandsschenkung machen.

6. § 1804 gilt gem § 1908i II S 1 im Betreuungsrecht sinngemäß, jedoch mit einer bedeutenden Lockerung, die den Willensvorrang des Betreuten verwirklicht (§ 1908i Rz 38).

§ 1805 Verwendung für den Vormund

Der Vormund darf Vermögen des Mündels weder für sich noch für den Gegenvormund verwenden. Ist das Jugendamt Vormund oder Gegenvormund, so ist die Anlegung von Mündelgeld gemäß § 1807 auch bei der Körperschaft zulässig, bei der das Jugendamt errichtet ist.

Schrifttum zur Vermögensverwaltung durch den Vormund: *Thümmel*, Die Vorschriften zur Anlegung von Mündelgeld, 1983; *Sichtermann*, Das Recht der Mündelsicherheit 3. Aufl, Stuttgart 1980; *Schwark*, Einlagesicherung bei Banken NJW 1974, 1849; *ders*, Anlegerschutz und Wirtschaftsrecht, München 1979; *Berger*, Die Vorschriften über die Verwaltung von Mündelvermögen, Bochumer Diss 1975; *Behnke*, Die Eignung der Kreditinstitute zur Verwaltung von barem Mündelgeld, Berliner Diss 1969; *Lindacher*, Mündelgeldanlage bei Nichtsparkassen BB 1963, 1242; *Klotz*, Die rechtsstaatliche und rechtspolitische Bedeutung der Vorschriften über die Anlage von Mündelgeld, Berlin Diss 1966; *Derlien*, Die Vorschriften über die mündelsichere Anlegung von Vermögen, Hamburger Diss 1963; *Jünger*, Geldanlage für Mündel und Betreute, FamRZ 1993, 147.

1. Die Vorschrift enthält zunächst das **Trennungsprinzip: a)** Soweit **Mündelgeld** gem §§ 1806ff anzulegen ist, ist die Trennung von den Eigenmitteln des Vormunds dadurch zu verwirklichen, daß Rektapapiere auf den Namen des Mündels ausgestellt werden und ein Depot-, Spar- oder Girokonto in der Person des Mündels begründet wird.

b) Problematisch ist die Trennung des Verfügungs- oder **Ausgabengeldes** (zum Begriff § 1806 Rz 2) von den Eigenmitteln des Vormunds. Auch Ausgabengeld, das der Vormund nicht bar zu Hause hält, sollte grundsätzlich

§ 1805　　　Familienrecht　Vormundschaft

auf einem Konto des Mündels liegen. Ist der Vormund jedoch nach den AGB der Banken oder Sparkassen anderkontenführungsberechtigt, so kann er Ausgabengeld auch auf ein **Anderkonto** legen (Staud/Engler Rz 8; Beitzke ZfJ 1967, 237; Schütz NJW 1967, 1509; ablehnend Köln OLGRp 1997, 51; KG NJW 1967, 883; MüKo/Wagenitz Rz 3; Soergel/Zimmermann § 1806 Rz 4; Firsching/Ruhl Hdb der Rechtspraxis V b Rz 336). Sinnvoll ist es, die Ausgabengelder mehrerer Mündel auf einem Konto zusammenzufassen, um Kosten zu sparen und eine (höhere) Verzinsung zu erzielen. Selbstverständlich muß das Guthaben den einzelnen Mündeln genau zuzuordnen sein. Die AGB für Anderkonten bestimmen durchweg, daß das Kreditinstitut Anderguthaben nicht wegen Verbindlichkeiten des Kontoinhabers in Anspruch nimmt, bei einer Beendigung der Anderkontenführungsberechtigung oder beim Tod des Berechtigten das Andergeld nicht den Eigenmitteln zuschlägt und auch bei Vollstreckungsmaßnahmen Dritter nicht als Eigenmittel des Kontoinhabers behandelt. Wird gleichwohl in das Anderkonto vollstreckt, so hat der Mündel die Drittwiderspruchsklage aus § 771 ZPO bzw das Aussonderungsrecht aus § 47 InsO.

3　Satz 2 gestattet dem **Amtsvormund** – insoweit übereinstimmend mit § 56 III S 2 SGB VIII – und wenn das JA Gegenvormund ist, auch dem Einzel- oder Vereinsvormund, in Abweichung sowohl von dem Trennungsprinzip des § 1805 S 1 als auch dem insoweit extensiv auszulegenden § 181 (§ 181 Rz 2), Mündelgeld bei derjenigen Körperschaft anzulegen, bei der das JA errichtet ist, zB einer kommunalen Sparkasse. S 2 entspricht inhaltlich § 56 III S 2 SGB VIII.

4　2. Die strikte Trennung von Mündelvermögen und Eigenvermögen des Vormunds dient der funktionalen Trennung, die dem Vormund verbietet, Mündelgeld für eigene oder für Zwecke des Gegenvormunds zu verwenden. Darüber hinaus („Vermögen") darf der Vormund Sachen des Mündels nicht unentgeltlich für sich gebrauchen. Der Vormund darf auch nicht Mündelgeld in einer OHG anlegen, deren Gesellschafter er ist (Soergel/Zimmermann Rz 2; RG JW 1917, 288, 289). Hat der das Mündelvermögen verwaltende Vormund einen Anspruch gegen den Mündel, zB auf Aufwendungsersatz, so steht seinem Entnahmerecht § 1805 nicht entgegen (§ 1835 Rz 12).

5　3. Ein Rechtsgeschäft, das eine verbotene Verwendung bedeutet, ist nicht unwirksam (RG JW 1917, 288). Der Vormund handelt jedoch pflichtwidrig und ist dem Mündel schadensersatzpflichtig (§ 1833); verwendetes Geld hat er mindestens nach § 1834 zu verzinsen. Strafrechtlich ist der Vormund nach §§ 246, 266 StGB verantwortlich.

6　4. Analog § 1805 darf der Vormund wegen Fehlens einer § 1619 entsprechenden Vorschrift den Mündel nicht unentgeltlich für sich **arbeiten lassen**, außer in einem vom Erziehungszweck gezogenen Rahmen (§ 1800 Rz 3). Einer entgeltlichen Beschäftigung, besonders auch zu Ausbildungszwecken, steht § 1805 nicht entgegen (Soergel/Zimmermann Rz 2); zum Vertragsschluß bedarf der Mündel an Stelle des durch §§ 1795 II, 181 ausgeschlossenen Vormunds ihres Ergänzungspflegers nach § 1909.

7　5. § 1805 gilt gem § 1908i I S 1 sinngemäß auch im Betreuungsrecht (näher dazu § 1908i Rz 22).

1806 *Anlegung von Mündelgeld*
Der Vormund hat das zum Vermögen des Mündels gehörende Geld verzinslich anzulegen, soweit es nicht zur Bestreitung von Ausgaben bereitzuhalten ist.

1　1. § 1806 Hs 1 schreibt vor, daß **Geld des Mündels** verzinslich anzulegen ist. Dies bedeutet nicht den Obersatz für jeglichen Umgang mit Anlagegeld, so daß eine andere rentierliche, wenngleich nicht festverzinsliche Anlage, besonders in Aktien, von der andersartige Anlegung betreffenden § 1811 erfaßt wird. Nach § 1807 soll die Anlage in den darin vorgesehenen Formen erfolgen, so daß auch eine darin nicht erfaßte festverzinsliche Anlegung, besonders in Industrieobligationen, unter § 1811 zu subsumieren ist. Eine andere Anlegung von Mündelgeld als in Wertpapieren, nämlich in Sachgütern von Anlagewert, zB Goldbarren, Kostbarkeiten, Kunstwerken, in einer Beteiligung an einer GmbH, einer Personenhandelsgesellschaft oder dem Unternehmen eines Einzelkaufmanns oder in einem Hausbau wird jedoch nicht mehr dem § 1811 unterstellt. Vielmehr wird entsprechendes Geld als Geld angesehen, das zur Bestreitung von Ausgaben bereitzuhalten ist, dies mit der Folge, daß die Anlegung genehmigungsfrei ist (so Soergel/Zimmermann Rz 3; KG RJA 13, 73; KG JFG 14, 501). Hierbei wird jedoch der § 1806 zu entnehmende Begriff des Ausgabengeldes im Hinblick auf den Zweck des § 1811 verkannt (MüKo/Wagenitz Rz 14; und nun auch Staud/Engler Rz 13; Dölle Bd II § 126 II S 3a; Celle MDR 1959, 212).

2　Als **Ausgabengeld** (oder Verfügungsgeld) sollte nur solches Geld angesehen werden, das für absehbare Ausgaben für den Unterhalt des Mündels, für Kosten der Vermögensverwaltung sowie für Notfälle bereitzuhalten ist. Ausgabengeld ist von der Pflicht zur verzinslichen Anlegung ausgenommen, der Vormund kann es bar zu Hause halten oder anders als verzinslich anlegen. Dafür kommt ein Kreditinstitut nach § 1807 Nr 5 in Betracht. Bei der Einzahlung von Ausgabengeld muß der Vormund nicht die Sperrbestimmung nach § 1809 treffen, so daß er solches Geld nach § 1813 I Nr 3 iVm Gegenschluß aus Abs II S 1 genehmigungsfrei abheben kann.

3　2. Angesichts dieser Möglichkeit geht die Notwendigkeit einer genauen Abgrenzung von Ausgabengeld und **Anlagegeld** weitgehend in dem allgemeinen Grundsatz wirtschaftlicher Vermögensverwaltung auf. Dieser Grundsatz entscheidet darüber, welcher Teil des Mündelgeldes bar oder auf Girokonto bereitzuhalten, welcher kurz-, mittel- und welcher Teil langfristig anzulegen ist. Dabei ist der Begriff der verzinslichen Anlage ein Steigerungsbegriff, so daß der Vormund auch durch eine verzinsliche Anlage seine Pflicht verletzen kann, wenn sich eine „verzinslichere" anbot, sei dies unter den Anlagearten des § 1807 oder nach Einholung einer Gestattung gem § 1811. Eine Pflicht des Vormunds, aus dem Einkommen des Mündels Ersparnisse zu bilden, kann aus § 1806 nicht abgeleitet werden (Düsseldorf Rpfleger 1980, 471).

4　3. Mit dieser Maßgabe anzulegen ist nicht nur Geld, das am Anfang der Vormundschaft vorhanden ist, sondern auch solches, das später hinzukommt.

4. Findet der Vormund bei Beginn der Vormundschaft oder dem späteren Anfall von Vermögen den §§ 1807, 1811 nicht entsprechende Anlagen vor, so ist er weder unbedingt zur Umwandlung in danach zulässige Anlagen verpflichtet, was mit erheblichen Verlusten verbunden sein könnte, noch zur Herbeiführung einer Genehmigung der bestehenden Anlage nach § 1811. Er hat jedoch pflichtgemäß zu prüfen, ob eine Umwandlung – insbesondere wegen Gefährdung der Mündelinteressen durch die bestehende Anlegung – geboten ist; er ist dem Mündel nach § 1833 I verantwortlich, wenn er diese Prüfung versäumt, unsorgfältig prüft oder nicht alsbald entsprechend handelt (RG 137, 320; KG RJA 4, 4). Nicht um die Beibehaltung der bisherigen Anlage handelt es sich aber, wenn der Vormund ein Girokonto bei einer Privatbank in ein Sparkonto bei derselben Bank umwandelt; hierzu bedarf er der Erlaubnis durch das VormG nach § 1811 (KG FamRZ 1970, 40). Dagegen ist die Übertragung auf ein Sparkonto einer inländischen öffentlichen Sparkasse nach § 1807 I Nr 5 ohne weiteres möglich.

5. Die §§ 1806–1807 und 1811 gelten auch für den **Vereinsvormund** und den **Amtsvormund**, für diesen jedoch mit der Erleichterung aus § 1805 S 2 (s § 1805 Rz 3). Nach § 56 III S 1 SGB VIII kann das JA mit Genehmigung des VormG Mündelgeld auf Sammelkonten des JA bereithalten und anlegen, wenn es dem Interesse des Mündels dient und sofern die sichere Verwaltung, Trennung und Rechnungslegung des Geldes einschließlich der Zinsen jederzeit gewährleistet ist. Vereinsvormund und Amtsvormund sind von den Beschränkungen der §§ 1809, 1810 befreit (§§ 1857a, 1852 II). Ein zuwendender Dritter kann sich bei seinen nach § 1803 I zulässigen Verwaltungsanordnungen über die §§ 1806–1812 hinwegsetzen.

6. § 1806 gilt gem § 1908i I S 1 sinngemäß auch im Betreuungsrecht (näher dazu § 1908i Rz 23).

1807 *Art der Anlegung*
(1) Die im § 1806 vorgeschriebene Anlegung von Mündelgeld soll nur erfolgen:
1. in Forderungen, für die eine sichere Hypothek an einem inländischen Grundstück besteht, oder in sicheren Grundschulden oder Rentenschulden an inländischen Grundstücken;
2. in verbrieften Forderungen gegen den Bund oder ein Land sowie in Forderungen, die in das Bundesschuldbuch oder in das Landesschuldbuch eines Landes eingetragen sind;
3. in verbrieften Forderungen, deren Verzinsung vom Bund oder einem Land gewährleistet ist;
4. in Wertpapieren, insbesondere Pfandbriefen, sowie in verbrieften Forderungen jeder Art gegen eine inländische kommunale Körperschaft oder die Kreditanstalt einer solchen Körperschaft, sofern die Wertpapiere oder die Forderungen von der Bundesregierung mit Zustimmung des Bundesrats zur Anlegung von Mündelgeld für geeignet erklärt sind;
5. bei einer inländischen öffentlichen Sparkasse, wenn sie von der zuständigen Behörde des *Bundesstaats*, in welchem sie ihren Sitz hat, zur Anlegung von Mündelgeld für geeignet erklärt ist, oder bei einem anderen Kreditinstitut, das einer für die Anlage ausreichenden Sicherungseinrichtung angehört.

(2) Die Landesgesetze können für die innerhalb ihres Geltungsbereichs belegenen Grundstücke die Grundsätze bestimmen, nach denen die Sicherheit einer Hypothek, einer Grundschuld oder einer Rentenschuld festzustellen ist.

Schrifttum: *Sichtermann*, Das Recht der Mündelsicherheit, Dt Sparkassenverlag 3. Aufl, Stuttgart 1980; *Klotz*, Die rechtstatsächliche und rechtspolitische Bedeutung der Vorschriften über die Anlage von Mündelgeld, 1966; *Spanl*, Girokonto in der Vormundschaft, Rpfleger 1989, 392; *Jünger*, Geldanlage für Mündel und Betreute, FamRZ 1993, 147.

Die Aufnahme von Krediten durch den Bund ist nunmehr im BundeswertpapierverwaltungsG v 11. 12. 2001 (BGBl I 3519) geregelt, die Formen der Kreditaufnahme des Bundes in § 6. Für die Anlegung von Mündelgeld in Betracht kommen vor allem Schuldverschreibungen einschließlich Schuldbuchforderungen, die als Sammel- oder Einzelschuldbuchforderung begeben werden; bei ihnen ersetzt gem § 17 I S 5 BWpVerwG die Eintragung ins Bundesschuldbuch die Beurkundung. Gleiches gilt für die Sondervermögen des Bundes, zu denen Bahn und Post nicht mehr gehören. Deren Altschulden fallen unter § 1807 I Nr 3. Die in Abs I Nr 4 genannte Kompetenz der Regierung mit Zustimmung des Bundesrates beruht auf der Entscheidung der BReg vom 21. 6. 1950 (BGBl S 262; vgl Art 129 I GG). Die Vorschriften des § 1807 sind auch außerhalb des Vormundschaftsrechts von Bedeutung, vgl §§ 234 I S 1, 238 I, 1079 S 1, 1083 II S 1, 1288 I 1, 2119 BGB, 108 ZPO. Ihre Vereinbarkeit mit dem EG-Recht erscheint zweifelhaft. Verletzt sein könnten die Art 14 und 56 EGV; s dazu § 1811 Rz 8.

2. § 1807 bestimmt, in welcher Weise die in § 1806 vorgeschriebene verzinsliche Anlage von Mündelgeld erfolgen kann. In § 1807 Nr 1–4 folgt die **Mündelsicherheit** objektiv aus Merkmalen der die Anlage ausmachenden Forderung einschließlich des Schuldners, besonders aus ihrer Sicherung, in Nr 5 subjektiv allein aus der Person des Schuldners. Die Anlegung nach § 1807 bedarf zusätzlich der durch die Sollvorschrift des § 1810 vorgeschriebenen Genehmigung eines Gegenvormunds oder des VormG (außer bei befreiter Vormundschaft).

3. Die objektive Mündelsicherheit der Anlage bedeutet, daß der Vormund idR im Hinblick auf die Sicherheit, noch nicht aber im Hinblick auf die Wirtschaftlichkeit seine Pflicht aus §§ 1793, 1807 zu interessengemäßer Vermögenssorge erfüllt hat. Vielmehr hat er unter den Anlagemöglichkeiten des § 1807 die günstigste zu wählen. So kann die Anlage einer größeren Summe für längere Zeit auf einem Sparbuch mit gesetzlicher Kündigungsfrist pflichtwidrig sein (LG Bremen Rpfleger 1993, 339 wie zuvor schon AG Bremen NJW 1993, 206). Wegen der Folgen einer Pflichtwidrigkeit: §§ 1833, 1837, 1886.

II. Hinsichtlich der unter Nr 1 bis 4 bezeichneten Anlegungsarten bestanden Zweifel, ob die Höhe der geschuldeten Leistung auf einen festen Geldbetrag gestellt sein muß (KG DJZ 1926, 953) oder statt dessen bzw daneben eine Feingoldklausel oder eine ähnliche **den Gläubiger sichernde Klausel** im Sinne der Gesetze vom 23. 6. 1923

§ 1807　　　　　　Familienrecht Vormundschaft

(RGBl I 407) über die Ausgabe wertbeständiger Schuldverschreibungen auf den Inhaber und über wertbeständige Hypotheken zulässig ist. Durch Reichsgesetz vom 29. 10. 1927 (RGBl I 325) über die Mündelsicherheit von Wertpapieren und Forderungen und Bekanntmachung vom 18. 6. 1928 (RGBl I 191) iVm der Bekanntmachung vom 7. 7. 1901 (RGBl 263) ist dies im letzteren Sinne klargestellt worden (vgl auch die VO über wertbeständige Rechte vom 16. 11. 1940 (RGBl I 1521).

5　**1. Zu Nr 1. a)** Zur mündelsicheren Anlage sind **sichere Hypotheken, Grund- oder Rentenschulden** nur auf inländischen Grundstücken geeignet. Anlegung in ausländischen Grundpfandrechten kann jedoch nach § 1811 gestattet werden. Die Hypothek muß unmittelbar das angelegte Geld des Mündels sichern; es genügt nicht, daß der Mündel von dem Schuldner des angelegten Geldes fiduziarisch eine durch Hypothek gesicherte Forderung erhält (RG JW 1938, 3167). Nach **Abs II** haben die einzelnen Länder im Unterschied zu bloßer Landesmündelsicherheit nach Art 121 EGBGB – Rz 28 – mit bindender Wirkung Grundsätze über die Feststellung der Sicherheit von Grundpfandrechten für die in ihrem Geltungsbereich belegenen Grundstücke aufgestellt, die regelmäßig eine Belastung bis zur ersten Hälfte des Verkehrswertes zulassen (vgl Zusammenstellung bei Soergel/Zimmermann Rz 19; Abdruck sämtlicher Bestimmungen bei Sichtermann S 17ff). Bei Beurteilung des Grundstückswertes darf sich der Vormund auch auf eine amtliche Grundstückstaxe nicht verlassen, wenn er erkennt oder bei gehöriger Prüfung erkennen müßte, daß die Schätzung übertrieben ist. Er haftet andernfalls für einen daraus entstehenden Schaden (RG JW 1910, 708; 14, 931; siehe jedoch für den Fall unrichtiger Belehrung seitens des Richters RG JW 1911, 984). Bei einer Rentenschuld ist deren Ablösungssumme, § 1199 II, für die Beleihungsgrenze heranzuziehen.

6　**b)** Pfandrechte an grundstücksgleichen Rechten stehen den Grundpfandrechten gleich. Bundesgesetzliche **grundstücksgleiche Rechte** sind
　　aa) das Erbbaurecht; die Mündelsicherheit der Erbbaurechtshypothek ist in §§ 18–20 ErbbauVO geregelt. Von der in § 22 ErbbauVO vorgesehenen Ermächtigung zu abweichenden Regelungen haben die Landesgesetzgeber kaum Gebrauch gemacht (Sichtermann S 62).
　　bb) Auch das Wohnungseigentum und Teileigentum nach WEG sind mit Grundpfandrechten belastbar. Die früher allgemeine Ansicht, daß die Belastung von Wohnungs- oder Teileigentum den Erfordernissen der Mündelsicherheit nicht genüge, wird heute nicht mehr vertreten.
　　Geringe Bedeutung für die Anlage von Mündelgeld haben landesgesetzliche grundstücksgleiche Rechte, nämlich Bergrechte und sonstige Abbaurechte gem Art 67, 68 EGBGB. Das Schiffspfandrecht ist der Hypothek nicht gleichgestellt.

7　**c)** Die Vorschrift der Nr 1 gilt nur für die verzinsliche Anlegung von Mündelgeld, nicht aber, wenn für eine bestehende Forderung des Mündels eine Hypothek bestellt werden soll (Soergel/Zimmermann Rz 6; Staud/Engler Rz 26; RGRK/Dickescheid Rz 8; vgl auch KG JFG 8, 53).

8　**2. Zu Nr 2. a)** Der Gesetzgeber ist davon ausgegangen, daß Forderungen gegen einen inländischen Staat sicher sind, was sich jedoch weder in der Inflation nach dem Ersten noch in der Währungsreform nach dem Zweiten Weltkrieg bestätigt hat (darüber Klotz aaO S 44ff).

9　**b)** Die Forderung ist in allen Fällen der Anlegung nach dem BWpG „verbrieft", weil dazu keine wertpapiermäßige Verkörperung verlangt wird, sondern jede Beurkundung genügt (allg Ansicht aufgrund Prot IV, 764). Sparguthaben wegen § 1809 aus § 1807 I Nr 2 auszuscheiden, besteht kein Anlaß (§ 1809 Rz 1; so jetzt auch Gernhuber/Coester-Waltjen § 72 III S 2 Fn 6). Da aber für Verbindlichkeiten der Kreditinstitute – einschließlich der Landesbanken und der privatisierten Postbank – weder der Bund noch ein Land haftet, sind Sparbücher in keinem Fall mehr nach Nr 2 mündelsicher. Nach § 2 IV S 2. Hs PostumwandlungsG stehen Schuldurkunden der früheren Deutschen Bundespost den Schuldurkunden des Bundes gleich.

10　**c)** Alt-Schuldurkunden der **Deutschen Bundesbahn** stehen gem § 17 IV S 1 BundeseisenbahnneuregelungsG denen des Bundes gleich.

11　**d)** Schuldbuchforderungen gegen den Bund beruhen auf dem AnleiheG vom 29. 3. 1951 (BGBl I 218); sie sind beurkundet, aber nicht verbrieft (vgl § 232 Rz 2 und Art 97 EGBGB).

12　**3. Zu Nr 3.** Die Forderung muß verbrieft sein (dazu Rz 9 unter b); für die Zinsen, nicht auch für das zurückzuzahlende Kapital, muß eine Haftung des Staates begründet sein, sei es durch Schuldmitübernahme, (Ausfall-)Bürgschaft oder Gewährübernahme auch allgemeiner Art, wie sie im Rahmen der Wirtschaftsförderung auch gegenüber Privatunternehmen vorkommt (reichhaltige Zusammenstellung von Beispielen neuester Zeit bei Sichtermann S 24). Das Gesetz wertet die staatliche Gewährleistung der Zinsen als Kriterium der Sicherheit, was den Vormund nicht von der Prüfung im Einzelfall entbindet.

13　**4. Zu Nr 4. a)** Gem Entscheidung der BReg vom 21. 6. 1950 (BGBl I 262) erklärt diese mit Zustimmung des Bundesrats, welche Wertpapiere oder Forderungen mündelsicher sind.
　　b) Wertpapiere schlechthin können für mündelsicher erklärt werden, also auch Aktien und Investmentanteile, also Wertpapiere, die anders als alle anderen in § 1807 genannten Anlageformen nicht festverzinslich sind. Solche Erklärungen sind aber seit 1945 – soweit ersichtlich – nicht erfolgt.

14　**c)** VO über die Mündelsicherheit der **Pfandbriefe** und verwandte Schuldverschreibungen vom 7. 5. 1940 (RGBl I 756 = BGBl III 404–12):
　　Auf Grund des § 1807 Abs. 1 Nr. 4 des Bürgerlichen Gesetzbuchs wird verordnet:

Führung der Vormundschaft § 1807

§ 1
(1) Zur Anlegung von Mündelgeld sind geeignet:
1. Schuldverschreibungen, welche von einer Hypothekenbank auf Grund des Hypothekenbankgesetzes vom 13. Juli 1899 (Reichsgesetzbl. I S. 375) in seiner jeweils geltenden Fassung ausgegeben sind;
2. Schuldverschreibungen, welche auf Grund des Gesetzes über die Pfandbriefe und verwandten Schuldverschreibungen öffentlich-rechtlicher Kreditanstalten vom 21. Dezember 1927 (Reichsgesetzbl. I S. 492) in seiner jeweils geltenden Fassung ausgegeben sind oder auf welche dieses Gesetz Anwendung findet;
3. Schuldverschreibungen, welche von den im § 45 Abs. 2 des Hypothekenbankgesetzes bezeichneten Genossenschaften ausgegeben sind, sofern den Inhabern der Schuldverschreibungen ein Vorrecht nach § 17 des Einführungsgesetzes zur Konkursordnung in der Fassung des Gesetzes vom 14. Juli 1923 (Reichsgesetzbl. I S. 635) auf Grund landesgesetzlicher Vorschriften zusteht;
4. Schuldverschreibungen, welche von der Deutschen Rentenbank-Kreditanstalt (Landwirtschaftliche Zentralbank) auf Grund des Gesetzes über die Errichtung der Deutschen Rentenbank-Kreditanstalt vom 18. Juli 1925 (Reichsgesetzbl. I S. 145, 156) in seiner jeweils geltenden Fassung ausgegeben sind.

(2) Absatz 1 gilt nicht für Schuldverschreibungen, die auf ausländische Zahlungsmittel lauten.

§ 2
Der Reichsminister der Justiz kann im Einvernehmen mit den beteiligten Reichsministern Ausnahmen bestimmen. Die Bestimmung ist im Bundesgesetzblatt bekanntzumachen. Sie wird mit der Bekanntmachung wirksam.

Zu § 1 (1) **Nr 1 der VO:** Das HypothekenbankG gilt jetzt idF vom 9. 9. 1998 (BGBl I 2674), zuletzt geändert durch Art 3 des G vom 22. 8. 2002 (BGBl I 3387). Verzeichnis der derzeit bestehenden Hypothekenbanken bei Sichtermann S 29. Trotz des eindeutigen Wortlauts ist es zweifelhaft, ob auch ungedeckte Schuldverschreibungen aufgrund § 5 I Nr 4c HypothekenbankG mündelsicher sind (Näheres bei Sichtermann S 28).

Zu § 1 (1) **Nr 2 der VO:** Das PfandbriefG gilt jetzt idF vom 8. 5. 1963 (BGBl I 313), zuletzt geändert durch G vom 22. 5. 1980 (BGBl I 584). Die öffentlich-rechtlichen Kreditanstalten geben Pfandbriefe und Kommunalobligationen aus.

d) Durch die VO über die Mündelsicherheit der **Schiffspfandbriefe** vom 18. 3. 1941 (RGBl I 156 = BGBl III 404–13) sind Schuldverschreibungen der Schiffspfandbriefbanken generell für mündelsicher erklärt. Eine Zusammenstellung der Schiffspfandbriefbanken bei Sichtermann S 31.

e) Unter **kommunalen Körperschaften** hat der Gesetzgeber alle „Körperschaften des öffentlichen Gemeinwesens" verstanden (Prot IV 776). Daher werden sämtliche unterstaatlichen Gebietskörperschaften sowie deren Zusammenschlüsse, mittelbare Gebietskörperschaften wie Zweckverbände, ferner Zusammenschlüsse der Kreditanstalten von Gebietskörperschaften wie die Sparkassen- und Giroverbände und Girozentralen erfaßt.

f) Ein Verzeichnis der auf Grund des § 1807 I Nr 4 zwischen 1900 und 1937 in 132 Einzelfällen für mündelsicher erklärten Papiere gibt Sichtermann S 69ff. Auf Grund der Bekanntmachung v 7. 7. 1901 (RGBl 263 = BGBl III 404–10) sind verbriefte Forderungen gegen eine inländische kommunale Körperschaft oder die Kreditanstalt einer solchen Körperschaft immer dann mündelsicher, wenn die Forderungen von seiten des Gläubigers kündbar sind oder einer regelmäßigen Tilgung unterliegen.

g) Art 212 EGBGB hat die am 1. 1. 1900 geltenden Vorschriften insoweit aufrechterhalten, als nach ihnen gewisse Wertpapiere für mündelsicher erklärt waren. Soweit solche landesrechtlichen Bestimmungen nicht bestimmte Wertpapiere, sondern Arten von Wertpapieren betrafen, konnten sie auch nach 1900 ausgegeben werden. Solche **Landesmündelsicherheit** beschränkt sich jedoch auf das Gebiet des Landes, wobei der Ort maßgebend ist, an dem die Vormundschaft geführt wird. Eine Zusammenstellung solcher landesrechtlichen Vorschriften bei Sichtermann S 36ff. In der Sache ist die landesrechtliche Mündelsicherheit durch die Bekanntmachung v 7. 7. 1901 und die VO v 7. 5. 1940 (vgl Rz 14) weitgehend konsumiert worden.

h) Nach der VO über die **Sammelverwahrung** von Mündelwertpapieren v 29. 9. 1939 (RGBl I 1985 = BGBl III 4130–2) bedarf ein Vormund oder Pfleger nicht der Genehmigung des VormG, wenn er die Stelle, bei der die nach § 5 DepotG zur Sammelverwahrung zugelassenen Wertpapiere des Mündels hinterlegt, ermächtigt, die Wertpapiere einer Wertpapiersammelbank zur Sammelverwahrung zu übergeben.

5. Zu Nr 5. § 1807 I Nr 5 aF war dem Bedenken ausgesetzt, daß die Beschränkung auf öffentliche Sparkassen die Wettbewerbsgleichheit verletzt (Dietrich ZKredW 1966, 858 und Lindacher BB 1963, 1243). Diesem Bedenken hat BtG Art 1 Nr 30 durch die Ausweitung auf andere Kreditinstitute Rechnung getragen (Amtl Begr BT-Drucks 11/6949 S 69). Die Zugehörigkeit zu einer Anlegerischeinrichtung muß im Hinblick auf die Höhe der Anlegung ausreichend sein. Nach § 2 des Gesetzes zur Umsetzung der EG-**Einlagensicherungs**richtlinie und der EG-Anlegerentschädigungsrichtlinie vom 16. 7. 1998 (BGBl I 1842) sind alle nach dem KWG zugelassenen Kreditinstitute zur Sicherung ihrer Einlagen durch Zugehörigkeit zu einer Entschädigungseinrichtung iSv § 6 verpflichtet, die als nicht teilrechtsfähiges Sondervermögen des Bundes gehalten werden. Der Entschädigungsanspruch ist auf 90 % bis zum Gesamtwert von 20 000 Ecu beschränkt. Diese öffentliche Anlagensicherung wird in Deutschland ergänzt durch vier Sicherungseinrichtungen für Kreditinstitute der Sparkassenorganisation, der Volks- und Raiffeisenbanken, der privaten Banken und eine weitere Sicherungseinrichtung für Kreditinstitute, die zu keinem der traditionellen deutschen Sicherungssysteme gehören. Diese insgesamt vier Einrichtungen gewähren nach wie vor praktisch eine volle Deckung, wie dies seit 1968 in Deutschland üblich geworden war. Es wird jedoch bestritten, daß diese gesteigerte deutsche Einlagensicherung mit der europäischen Wettbewerbsgleichheit vereinbar ist. (Näher Clausen, Bank- und Börsenrecht, 3. Aufl 2002, S 145, 149.)

H. Holzhauer

§ 1807 Familienrecht Vormundschaft

21   Daß bei den **öffentlichen Sparkassen** keine Einlagensicherungseinrichtung gefordert wird, hat historische Gründe. Bis zum BtG waren in § 1807 I Nr 5 nur öffentliche Sparkassen genannt. Die Schaffung des Privilegs beruhte seinerzeit darauf, daß die Sparkassen errichtenden Kommunen für deren Verbindlichkeiten einzustehen hatten. Seit die öffentlichen Sparkassen eigene Rechtspersönlichkeit haben, gilt dasselbe infolge des in den Sparkassengesetzen der Länder verankerten Instituts der **Gewährträgerschaft** (zB § 6 S 1 SparkG NRW). Es besteht ein Sicherungssystem der Sparkassenorganisation aus den Sparkassenstützungsfonds der regionalen Sparkassenverbände, einem überregionalen Ausgleich dieser Sparkassenstützungsfonds, der Sicherungsreserve der Landesbanken/Girozentralen und dem Haftungsverbund zwischen den Sparkassenstützungsfonds und der Sicherungsreserve (Jünger S 147). Allerdings waren die Sparkassenstützungsfonds nicht zur Einlagensicherung, sondern zu dem Zweck begründet wurden, um zB der in der Wirtschaftsenquete erhobenen wettbewerbsrechtlichen Forderung nach gleich hoher Kostenbelastung konkurrierender Kreditinstitute zu entsprechen (BT-Drucks V/3500, 142 und Schwark, Anlegerschutz und Wirtschaftsrecht, 1979, S 225).

22   Welche Sparkassen **öffentliche** sind und welche Behörden ihre Mündelsicherheit erklären können, bestimmt sich nach Landesrecht (Art 99 EGBGB und dazu RG 117, 257, 261). Alle Länder haben von den ihren Sparkassengesetzen unterfallenden Kreditinstituten diejenigen, die die Bezeichnung „Sparkasse" führen, auch dann, wenn es sich um solche des Privatrechts handelt, für mündelsicher erklärt (Sichtermann S 42ff mit Zusammenstellung der länderrechtlichen Vorschriften; Zusammenstellungen auch bei MüKo³ Rz 13 und RGRK Rz 20).

23   Die Anlage kann auf einem Sparkonto erfolgen, auch als Termineinlage oder mittels Sparkassenbrief oder -obligationen. Zur Art der Anlegung bei der Sparkasse vgl § 1809. Nunmehr kann gem § 56 III SGB VIII Mündelgeld mit Genehmigung des VormG auf Sammelkonten des JA bereitgehalten und angelegt werden, wenn es den Interessen des Mündels dient und sofern die sichere Verwaltung, Trennbarkeit und Rechnungslegung des Geldes einschließlich der Zinsen jederzeit gewährleistet ist. Private wie auch selbständige öffentlich-rechtliche **Bausparkassen** fallen nicht unter Nr 5 (Sichtermann S 48), doch kann ein Bausparvertrag auf dem Weg des § 1811 auch mit Mündelgeld abgeschlossen werden.

24   **III.** In Sondergesetzen sind außerdem Schuldverschreibungen der Kreditanstalt für Wiederaufbau, der Deutschen Genossenschaftsbank, der Landwirtschaftlichen Rentenbank sowie der Lastenausgleichsbank für mündelsicher erklärt; eine Zusammenstellung der gesetzlichen Grundlagen bei Sichtermann S 63; Soergel Rz 18; Palandt Rz 7.

25   **IV.** § 1807 (Abs I Nr 4) hat im Rahmen von § 234 Bedeutung für die Sicherheitsleistung, die mittels Wertpapieren erfolgen soll. § 1807 gilt gem § 1915 auch für den Pfleger und gem § 1908i I S 1 sinngemäß auch im Betreuungsrecht.

1808 (weggefallen)

1809 *Anlegung mit Sperrvermerk*
Der Vormund soll Mündelgeld nach § 1807 Abs. 1 Nr. 5 nur mit der Bestimmung anlegen, dass zur Erhebung des Geldes die Genehmigung des Gegenvormunds oder des Vormundschaftsgerichts erforderlich ist.

1   **1.** Nach § 1810 soll der Vormund die durch §§ 1806, 1807 vorgeschriebene verzinsliche Anlegung von Mündelgeld grundsätzlich nur mit **Genehmigung** eines vorhandenen **Gegenvormunds** oder des **VormG** bewirken. Sofern die Anlegung bei einer Sparkasse oder einem anderen Kreditinstitut erfolgt (§ 1807 I Nr 5), soll dies außerdem zur Sicherung des Mündels nur mit der in § 1809 vorgeschriebenen Bestimmung geschehen. Andernfalls würde der Vormund das angelegte Geld gem § 1813 I Nr 3 ohne weiteres abheben können, so daß § 1809 im Zusammenwirken mit § 1813 II S 1 der Wiederherstellung des Verbots des § 1812 auf eine für den Schalterverkehr praktikable Weise dient. Erst infolge der durch § 1809 vom Vormund geforderten Bestimmung stehen Spareinlagen den übrigen Anlageformen des § 1807 in der Wirkung gleich, daß der Vormund zur Rücknahme des Geldes der Genehmigung des Gegenvormunds oder des VormG bedarf, vgl § 1813 II S 2. Weigert sich die Anlegestelle, auf die Bestimmung einzugehen, so ist die Anlegung bei ihr nicht zulässig. Der **Sperrvermerk** beweist die getroffene Bestimmung und ändert die dem Sparbuch von AGBen beigelegte „Bestimmung", welche in § 808 näher geregelte qualifizierte Legitimationswirkung ausmacht: diese wird durch den Sperrvermerk außer kraft gesetzt. Zudem führt der Sperrvermerk zu einer Beschränkung der Empfangszuständigkeit des Vormunds für die Rücknahme des angelegten Geldes: der Schuldner wird nur befreit, wenn der Gegenvormund oder das VormG genehmigt (Beispiel: LG Berlin Rpfleger 1988, 186). Die §§ 1828–1831 sind auf die Genehmigung des Gegenvormunds entsprechend anzuwenden (§ 1832). Eine Wiederaufhebung der Bestimmung bedarf, gem § 1812 gleichfalls der Genehmigung. Ein Grund für eine solche „Entsperrung" ist aber kaum vorstellbar (Staud/Engler Rz 26). Versäumt der Vormund, die Bestimmung zu vereinbaren, kann er dem Mündel schadensersatzpflichtig werden (§ 1833).

2   Die Bestimmung bezieht sich nicht auf die Zinsen des Kapitals, sofern sie nicht zum Kapital geschlagen sind (§ 1813 I Nr 4; KG DJ 1938, 1428). § 1809 hindert den Vormund nicht daran, Ausgabengeld bei einem Kreditinstitut nach § 1807 Nr 5 einzulegen. Die genehmigungsfreie Abhebung ermöglicht § 1813 I Nr 3 iVm Gegenschluß aus Abs II S 1 (vgl § 1806 Rz 2; § 1813 Rz 4).

3   **2.** Es ist üblich, im Sparbuch einen sog Sperrvermerk (meist einfach „Mündelgeld") einzutragen. Die Sperrbestimmung hat auch ohne entsprechenden Vermerk zur Folge, daß die Bank, der es an der erforderlichen Genehmi-

gung fehlt, nicht mit befreiender Wirkung leistet (RG 85, 416, 422; KGJ 43, 58). Weil die Prüfung, ob eine Genehmigung vorliegt, die Feststellung des Berechtigten impliziert, wird dadurch auch die Gefahr gebannt, daß ein nichtberechtigter Dritter, der in den Besitz des Sparbuches gekommen ist, Auszahlungen erlangt. Weil beides Gefahren für die Bank, nicht für den Mündel sind, überzeugt es nicht, daß die Rspr wiederholt den Vormund als verpflichtet behandelt hat, den Sperrvermerk eintragen zu lassen. Da die Banken heute die Verfügungsbeschränkung in das Konten-EDV-System eingeben und somit elektronisch erfassen, ist der Sperrvermerk weiter entwertet und hat nur noch die Funktion, den Vormund und den Mündel an die Sperrbestimmung zu erinnern.

Der Bestimmung bedarf es nicht, wenn die Anlegestelle schon satzungsgemäß von einem Vormund angelegtes Geld nur unter den Voraussetzungen des § 1809 zurückzahlen darf – so die meisten Sparkassen kraft RechtsVO oder ihrer Satzung. Damit die gesetzliche oder satzungsmäßige Sperre funktioniert, muß jedoch aus dem Sparbuch ersichtlich sein, daß es sich um Mündelgeld handelt. Zu diesem Zweck sehen die Landesgesetze, Satzungen oder Rechtsverordnungen häufig die Eintragung eines Sperrvermerks vor. Solche Vorschriften haben jedoch nicht die Bedeutung, daß die Verpflichtung der Bank zur Beachtung davon abhängig gemacht werden soll (RG JW 1912, 352, 353). Der Sperrvermerk wird in diesen Fällen häufig vom VormG angebracht. Nach Beendigung der Vormundschaft bedarf der voll geschäftsfähige frühere Mündel zur Erhebung des Geldes keiner Genehmigung mehr (Soergel/Zimmermann Rz 9), es genügt der Nachweis der Beendigung, die das VormG erforderlichenfalls zu bescheinigen hat.

3. Bei Geld, das schon **vor Beginn der Vormundschaft** angelegt war, erfordert es der Zweck des § 1809, daß 4 der Vormund den Sperrvermerk nachträglich eintragen läßt (Soergel/Zimmermann Rz 8 mN).

4. Zur **Zwangsvollstreckung** in ein Sparguthaben des Mündels bedarf der Gläubiger keiner Genehmigung, da 5 sich der Sperrvermerk nach § 1809 nur auf rechtsgeschäftliche Verfügungen des Vormunds bezieht (KGJ 43, 58).

5. Das Genehmigungserfordernis soll den Mündel vor Schaden bewahren, ohne den Vormund in seiner pflicht- 6 gemäßen Disposition zu behindern. Daher hat der Gegenvormund oder das VormG die Genehmigung nur bei einer deutlichen Gefährdung des Mündelinteresses zu versagen.

6. **Eltern** können gem §§ 1852 II S 1, 1855 den von ihnen benannten Vormund von der Pflicht des § 1809 7 **befreien**. Diese Befreiung ist anzunehmen, wenn sie Bestellung eines Gegenvormunds ausgeschlossen haben (§ 1852 II S 2). Das JA und ein **Verein** als Vormund sind von den §§ 1809ff befreit (§ 1857a, § 1852 II). Das gilt auch, wenn nach § 1792 neben dem Vereinsvormund ein Gegenvormund bestellt ist. Wohl aber ist § 1809 anwendbar, wenn neben einem Einzelvormund das JA oder ein Verein als Gegenvormund bestellt ist; ebenso dann, wenn die Vormundschaft von einem Einzelvormund und einem Vereinsvormund gemeinschaftlich geführt wird.

7. Gem § 1908i I S 1 gilt § 1809 im Betreuungsrecht sinngemäß (näher dazu § 1908i Rz 24). Bei Damrau/Zim- 8 mermann § 1908i Rz 5 wird die Frage aufgeworfen, ob der Betreuer eines geschäftsfähigen Betreuten eine Sperrung vereinbaren und so den Betreuten ohne seine Zustimmung von der Verfügung über sein Geld ausschließen kann. Damrau verneint die Frage: der Betreuer handele in solchem Fall rechtswidrig und könne dem Betreuten schadensersatzpflichtig werden. Dem kann nicht gefolgt werden. Einmal hat der Betreuer als gesetzlicher Vertreter die Rechtsmacht, den Betreuten zu binden. Zum anderen dienen die §§ 1809, 1812, 1813 dem Schutz des Mündels bzw Betreuten vor Veruntreuung durch den Vormund bzw Betreuer, ein Schutz, der nicht in die Disposition des Betreuten gestellt werden kann. Auf seiner Grundlage müßte Damrau folgerichtig den Gegenbetreuer bzw das VormG für verpflichtet halten, dem geschäftsfähigen Betreuten die Genehmigung zur Erhebung des Geldes zu erteilen. Indessen kann für die Entscheidung auch in diesem Fall nichts anderes gelten als das oben unter Rz 6 Gesagte.

1810 *Mitwirkung von Gegenvormund oder Vormundschaftsgericht*

Der Vormund soll die in den §§ 1806, 1807 vorgeschriebene Anlegung nur mit Genehmigung des Gegenvormunds bewirken; die Genehmigung des Gegenvormunds wird durch die Genehmigung des Vormundschaftsgerichts ersetzt. Ist ein Gegenvormund nicht vorhanden, so soll die Anlegung nur mit Genehmigung des Vormundschaftsgerichts erfolgen, sofern nicht die Vormundschaft von mehreren Vormündern gemeinschaftlich geführt wird.

1. Zur weiteren Erhöhung der Sicherheit für den Mündel, aber auch zur Entlastung des Vormunds ist die Geneh- 1 migung der konkreten Anlage ein weiteres Soll-Erfordernis. Die Anlegung ist daher auch ohne Genehmigung wirksam. Die Stellung des VormG zum Gegenvormund als Genehmigungsinstanz ist, anders als nach § 1809 bei der Erhebung angelegten Geldes, nicht subsidiär (Soergel/Zimmermann Rz 3). Daher kann sich der Vormund von vornherein, zB bei Verhinderung des Gegenvormunds, statt an diesen an das VormG wenden und kann das VormG eine vom Gegenvormund verweigerte Genehmigung ersetzen. Der Gegenvormund hat in solchem Fall nur dann ein Beschwerderecht, wenn seine Anhörung entgegen § 1826 unterblieben ist (KG RJA 4, 75).

2. Fehlt die Genehmigung eines Gegenvormunds, so besonders wenn kein Gegenvormund bestellt ist, so ist 2 grundsätzlich die Genehmigung des VormG erforderlich. Anderes gilt, wenn die Vormundschaft von mehreren gemeinschaftlich geführt wird (§ 1797 I): dann kommt es wegen § 1792 II kaum zur Bestellung eines Gegenvormunds und entfällt auch das Soll-Erfordernis der Genehmigung durch das VormG. Wie von der Pflicht des § 1809 (§ 1809 Rz 7) können Eltern den von ihnen benannten Vormund auch von der Pflicht des § 1810 befreien (§§ 1852 II, 1855); diese Befreiung ist anzunehmen, wenn die Bestellung eines Gegenvormunds ausgeschlossen worden ist (§ 1852 II S 2). Das JA als Amts- und ein Vereinsvormund sind stets von der Pflicht des § 1810 befreit (§§ 1857a, 1852 II). Weil die Genehmigung nur ein Soll-Erfordernis erfüllt, kann sie sowohl von dem Gegenvormund als auch von dem VormG formlos dem Vormund oder der Anlegestelle gegenüber erklärt werden.

§ 1810 Familienrecht Vormundschaft

3 3. Die Genehmigung des VormG wird **mit der Bekanntmachung wirksam** (§ 16 I FGG). Die §§ 53, 60 Nr 6 FGG finden auf sie keine Anwendung (KG RJA 10, 167, 170).

4 4. § 1810 gilt gem § 1908i I S 1 sinngemäß auch im Betreuungsrecht.

1811 *Andere Anlegung*
Das Vormundschaftsgericht kann dem Vormund eine andere Anlegung als die in § 1807 vorgeschriebene gestatten. Die Erlaubnis soll nur verweigert werden, wenn die beabsichtigte Art der Anlegung nach Lage des Falles den Grundsätzen einer wirtschaftlichen Vermögensverwaltung zuwiderlaufen würde.

1 1. Nach der ursprünglichen Fassung des S 1 konnte dem Vormund nur aus besonderen Gründen eine andere Anlegung gestattet werden. Die Erfahrung der Geldentwertung nach dem Ersten Weltkrieg erwies diese Beschränkung als zu eng. Daher wurden durch Art 1 des G über die Anlegung von Mündelgeld vom 23. 6. 1923 (RGBl I 411) die Worte „aus besonderen Gründen" gestrichen und S 2 angefügt.

2 2. Mündelgeld, das nicht für absehbare Ausgaben bereit zu halten ist, ist anzulegen (Anlagegeld, § 1806 Rz 1). Die Anlegung hat mündelsicher gem § 1807 zu erfolgen; nach § 1811 kann das VormG jedoch dem Vormund eine andere Art der Anlegung gestatten. Die Unterschiede beider Anlagewege bestehen im wesentlichen in folgendem:

3 a) Alle Anlagen nach § 1807 sind festverzinslich. Zwar nennt § 1807 I Nr 4 Wertpapiere schlechthin, also auch mitgliedschaftsrechtliche Papiere, deren Wert und Rendite markt- und gewinnabhängig sind. Aber mündelsicher sind sie nur bei einer entsprechenden Erklärung durch die BReg; solche Erklärungen sind bisher nicht erfolgt (vgl § 1807 Rz 13). Damit eröffnet erst § 1811 den Weg zur Anlage in in- und ausländischen **Aktien** sowie **Investmentpapieren**.

4 b) Nach § 1811 kann das VormG auch genehmigen, Mündelgeld in sonstigen **Beteiligungen** an wirtschaftlichen Unternehmungen wie einer GmbH, einer Personenhandelsgesellschaft oder dem Unternehmen eines Einzelkaufmanns oder in **Sachwerten** (Gold, Kostbarkeiten, Kunst, Teppiche, Möbel) anzulegen. Zur herrschenden Ansicht, wonach solche Anlageformen überhaupt genehmigungsfrei seien, § 1806 Rz 1 (wie hier jetzt auch Staud/Engler Rz 9). Auch eine Vergabe von Mündelgeld als **Darlehen** gehört unter § 1811.

5 3. § 1811 S 2 läßt die Gestattung einer Anlegung, für die sich der Vormund entschieden hat, als die **Regel**, ihre Versagung als **Ausnahme** erscheinen. Daraus kann nicht geschlossen werden, daß einer anderen als nach § 1807 mündelsicheren Anlage grundsätzlich Vorrang zukäme. Denn § 1811 trägt insoweit der prinzipiellen Selbständigkeit des Vormunds Rechnung (§ 1793 Rz 28), die das VormG auch bei dessen Entscheidung über die Anlegung von Mündelgeld zu respektieren hat. Zunächst entscheidet der Vormund in eigener Verantwortung und unter der Haftung des § 1833 über die Anlegung nach Lage des Falles und den Grundsätzen einer wirtschaftlichen Vermögensverwaltung.

6 a) An **Grundsätzen wirtschaftlicher Vermögensverwaltung** lassen sich heranziehen: Ein sinnvolles Verhältnis zwischen Sicherheit und Rentabilität sowie eine gewisse Risikostreuung. Dabei richtet es sich nach dem Verhältnis der Höhe der laufenden Ausgaben zum Umfang des Mündelvermögens, inwieweit Geld kurz-, mittel- oder langfristig anzulegen ist.

7 b) Je größer die Wahrscheinlichkeit ist, daß der Mündel eher früher als später zur Bestreitung von anderen als investiven Ausgaben auf das Geld zurückgreifen muß, desto größere Bedeutung kommt der Sicherheit vor der Rentabilität der Anlage zu. Die **Lage des Falles** kann es begründen, wirtschaftliche Grundsätze in den Hintergrund treten zu lassen und Geld zB auch dann in einem Familienunternehmen zu investieren, wenn dies aus Anlagegesichtspunkten nicht attraktiv wäre, oder einem Angehörigen ein Darlehen zu gewähren, dessen Sicherheit und Rendite mit anderen Anlagemöglichkeiten nicht vergleichbar sind (zu eng jedoch Dölle FamR II § 126 II mit dem Beispiel eines Darlehens an einen sonst ruinierten Elternteil). Es kann genügen, daß die Eltern ein von dem Kind gewährtes Darlehen für Bau oder Erwerb eines Familienheims verwenden wollen.

8 aa) Früher galt eine andere als eine nach § 1807 mündelsichere Anlegung nur dann als gestattungsfähig, wenn sie eindeutige Vorteile gegenüber der Anlage nach § 1807, 1808 erkennen läßt: so Frankfurt Rpfleger 1984, 147. Diese Ansicht ist heute nicht mehr sachgemäß. Allerdings darf das Erfordernis des § 1807 I Nr 5 nicht über § 1811 umgangen werden. Wegen der fraglichen Vereinbarkeit der §§ 1807, 1811 und 1814 mit Art 14, 56 bzw 49 EGV ist sogar an eine grundsätzliche Gleichstellung gleichwertiger Banken im Raum der Europäischen Gemeinschaft zu denken (vgl § 1807 Rz 20). Fraglich ist dabei, ob es wegen Art 56 EGV bei dem Genehmigungserfordernis bleiben kann, das als Hindernis für die Anlage von Mündelgeld in anderen Staaten der Europäischen Gemeinschaft angesehen werden kann.

9 bb) An festverzinslichen Anlagen kommen unter dem Gesichtspunkt des § 1811 zu den nach § 1807 mündelsicheren Anlagen und zu den Anlagen bei Großbanken **Industrieobligationen** sowie ausländische und internationale **Staatsanleihen** und **Kommunalobligationen** hinzu. Handelt es sich um börsengängige Papiere, so bieten diese gegenüber kündigungsbedürftigen Einlagen bei Kreditinstituten den Vorzug, daß sie bei unvorhergesehenem Bedarf jederzeit veräußert werden können. Börsengängige Papiere haben die zusätzliche Chance und das Risiko der Kursentwicklung. Bei ausländischen Papieren kommen politische Risiken hinzu, die der inländischen Währung keineswegs grundsätzlich fremd sind, ferner das Währungsrisiko, das aber auch Chancen enthält.

10 cc) Die wirtschaftlichen und politischen Krisen nach dem Ersten und Zweiten Weltkrieg haben **Aktien** durchschnittlich besser überstanden als festverzinsliche Einlagen bei Kreditinstituten. Diese Erfahrung kann jedoch kein Argument sein, Mündelgelder grundsätzlich in mitgliedschaftsrechtlichen Papieren anzulegen.

Bei Investmentanteilsscheinen kann Mündelsicherheit iSv § 1807 bestehen, wenn der Fonds den Erwerb nur von **10a** solchen Wertpapieren zuläßt, die unter § 1807 fallen, was bei Rentenfonds möglich ist.

Für die Genehmigungsfähigkeit nach § 1811 hat Bedeutung, daß die verschiedenen Arten von Investmentfonds in der zurückliegenden Zeit langfristig eine höhere Rendite erbracht haben als Staatsanleihen (Vogt Rpfleger 1996, 389, 390) und Vorschriften des KAGG Sicherheitsstandards vorschreiben. Erscheinen dadurch Vorgänge wie der Zusammenbruch der IOS-Investmentwerte in den sechziger Jahren ausgeschlossen, so bleibt doch die Börsenkursabhängigkeit ein Charakteristikum der Aktienfonds und nicht der Immobilien- bzw Geldmarktfonds.

4. a) Läuft die beabsichtigte Anlegung den Grundsätzen einer wirtschaftlichen Vermögensverwaltung, die **11** jedoch gem Rz 7 durch die Lage des Falles relativiert sein können, zuwider, so hat das VormG **die Erlaubnis zu versagen**. Kriterium ist die Gefährlichkeit für das Mündelvermögen. Dies ist ein unbestimmter Rechtsbegriff. Die Fassung als Soll-Erfordernis deutet hier so wenig wie anderorts zwingend auf ein Ermessen des Gerichts, sondern bedeutet, daß eine ohne erforderliche Gestattung getätigte Anlage gleichwohl wirksam ist.

b) Daß das VormG nur eine gefährliche Anlegung nicht gestatten darf, bedeutet nicht, daß es jede nicht **12** geradezu gefährliche Anlegung gestatten müßte (MüKo/Wagenitz Rz 7). Bietet die vom Vormund geplante Anlegung keine signifikanten Vor- oder Nachteile gegenüber einer nach § 1807 mündelsicheren Anlage, so hat das VormG ein **Ermessen**, bei dessen Betätigung besonders die Person des Vormunds eine Rolle spielt. Die Anlegung in einzelnen Aktien oder in ausländischen Titeln oder in bestimmten Sachwerten oder in unternehmerischen Beteiligungen kann eine dauernde Überwachung erfordern, die von einem wirtschaftlich erfahrenen Vormund erwartet werden kann, aber nicht von einem Vormund, der mehr im Hinblick auf die persönliche Betreuung oder als Angehöriger ausgesucht wurde. Bei individuellen Anlagen, zB in einem Familienunternehmen, können auch Eigeninteressen des häufig zu den Angehörigen des Mündels zählenden Vormunds zu berücksichtigen sein.

c) Schließlich kann die vom Vormund geplante Anlage deutliche Vorteile gegenüber einer Anlage nach § 1807 **13** bieten oder unter dem Gesichtspunkt der Diversifikation so sinnvoll erscheinen, daß das VormG sie **erlauben muß**.

5. Die Gestattung des VormG ist eine einfache Erlaubnis; die §§ 1828 ff finden auf sie keine Anwendung. **14**

6. Eine ohne erforderliche Gestattung oder sogar entgegen deren Versagung getätigte Anlage ist gleichwohl **15** wirksam (RG JW 1917, 288, 290).

7. Wegen der Befreiungsmöglichkeit: § 1806 Rz 5. **16**

8. § 1811 gilt gem § 1908i I S 1 sinngemäß auch im Betreuungsrecht. **17**

1812 *Verfügungen über Forderungen und Wertpapiere*

(1) Der Vormund kann über eine Forderung oder über ein anderes Recht, kraft dessen der Mündel eine Leistung verlangen kann, sowie über ein Wertpapier des Mündels nur mit Genehmigung des Gegenvormunds verfügen, sofern nicht nach den §§ 1819 bis 1822 die Genehmigung des Vormundschaftsgerichts erforderlich ist. Das Gleiche gilt von der Eingehung der Verpflichtung zu einer solchen Verfügung.

(2) Die Genehmigung des Gegenvormunds wird durch die Genehmigung des Vormundschaftsgerichts ersetzt.

(3) Ist ein Gegenvormund nicht vorhanden, so tritt an die Stelle der Genehmigung des Gegenvormunds die Genehmigung des Vormundschaftsgerichts, sofern nicht die Vormundschaft von mehreren Vormündern gemeinschaftlich geführt wird.

Schrifttum: *Damrau,* Das Ärgernis um §§ 1812, 1813, FamRZ 1984, 842; *Dressing,* Karl-Georg, Die Verfügungsbeschränkungen der §§ 1812, 1813 I Nr 2 BGB bei Veräußerung girosammelverwahrter Investmentfondsanteile durch den Betreuer, Trierer Diss 1998.

1. Die wirtschaftlich wichtigsten Rechtsgeschäfte sind schon durch §§ 1821, 1822 von der Genehmigung des **1** VormG abhängig. Andere Rechtsgeschäfte können nach §§ 1812, 1813 der Genehmigung des Gegenvormunds oder des VormG unterliegen. Während die §§ 1821, 1822 bestimmte Rechtsgeschäfte nach ihrem Inhalt erfassen, verwendet § 1812 in seinem Kern die dogmatischen Begriffe des Rechts auf eine Leistung und der „Verfügung" darüber. Der Gesetzgeber hatte dabei zunächst lediglich an die Veräußerung, Belastung, Einziehung und Kündigung von „Kapitalien" gedacht, diesen Begriff dann aber wegen seiner Unbestimmtheit vermieden (Mot IV, 1121). Die Gefahr, vor der § 1812 schützen soll, ist anders als bei § 1822 nicht die der Unwirtschaftlichkeit, sondern die der Veruntreuung (Mot IV, 1127). Daher kommt besonders beim häufigsten Anwendungsfall der Bestimmung, der Annahme einer geschuldeten Leistung, kaum die Versagung der Genehmigung in Betracht, sondern die Überwachung der Verwendung der eingehenden Leistung bzw der Gegenleistung, wenn das Recht auf eine Leistung veräußert oder belastet wurde. Hätte gegenüber einem ungetreuen Vormund eine bloße Anzeigepflicht kaum genügt, so hat das Genehmigungserfordernis den Nachteil, die „Unkosten" der Kontrolle voll dem Rechtsgeschäftspartner aufzubürden, der zB durch Leistung an den Vormund ohne Genehmigung nicht von seiner Verbindlichkeit befreit wird. Daß der über den Gesetzeszweck hinausgehende Wortlaut (das „verfügen" sollte gegenüber dem „veräußern oder belasten" des I. Entwurfs zusätzlich die Kündigung erfassen und im übrigen nur eine redaktionelle Änderung sein: Prot IV, 782) sowie der zugrunde liegende Schutzgedanke haben in der Rspr zu einer breiten Auslegung von § 1812 geführt. Nach der Konzeption des Gesetzgebers hätte gleichwohl keine erhebliche Erschwerung der Führung von Vormundschaften für die VormGe eintreten sollen, weil in erster Linie die Genehmigung des Gegenvormunds gefordert wird, der nach § 1792 II bei jeder Vormundschaft bestellt werden soll, mit der eine nicht unerhebliche Vermögensverwaltung verbunden ist. Im Jahre 1900 war diese Voraussetzung immer erfüllt, ein Gegenvor-

§ 1812

mund daher vorhanden, wenn der Mündel Forderungen oberhalb der Wertgrenze des § 1813 I Nr 2 hatte, unterhalb derer der Hauptanwendungsfall von § 1812, die Annahme einer geschuldeten Leistung, genehmigungsfrei ist. Im Laufe der Zeit war aber der Wert von 300 Mark = Reichsmark = Deutsche Mark auf etwa den hundertsten Teil gesunken, so daß auch die Anhebung auf 3000 Euro gem § 1813 I Nr 2 nicht zu der alten Wertgrenze zurückführt. Auch wird mangels dazu bereiter Personen selten ein Gegenvormund bestellt. Die VormGe werden nur deshalb nicht mit einer Fülle von Genehmigungsanträgen überschwemmt, weil der Rechtsverkehr dann, wenn nicht das Grundbuchamt beteiligt ist oder Kreditinstitute auf der Genehmigung bestehen, § 1812 häufig unbeachtet läßt. Im Interesse des Rechtsverkehrs und zur Entlastung der VormGe, die im Rahmen der vom Vormund alljährlich zu legenden Rechnung gem § 1843 ohnehin eine Kontrolle ausüben, ist § 1812 daher eher restriktiv auszulegen. Auch MüKo/Schwab Rz 14 tritt für eine restriktive Auslegung ein, die er mit Sinn und systematischer Stellung des § 1812 begründet, der danach solche Rechtsgeschäfte nicht umfassen soll, die sich nicht als Akte der Vermögensverwaltung, sondern als Verwirklichung der Personensorge darstellen: die Annahme von Unterhaltsleistungen, Austritt aus einem Sport- oder Freizeitverein, Rücktritt oder Kündigung von Unterrichts- oder Reiseverträgen, Wandelung und Minderung von auf Unterhaltsbedürfnisse bezogenen Kauf- und Werkverträgen; dazuzurechnen ist auch die Kündigung eines Dienstvertrages und eines Mietvertrages, an dem der Mündel als Mieter beteiligt ist (wegen Kündigung der vom Betreuten gewährten Wohnung s § 1897).

2 2. Erfaßt werden Verfügungen – sowie die Eingehung der Verpflichtung dazu – über Forderungen und Wertpapiere. **a)** Mit der sich aus Rz 1 ergebenden gegenständlichen Einschränkung ist der dogmatisch weite und nicht randscharfe Begriff der Verfügung (§ 104 Rz 12) in § 1812 auf solche Rechtsgeschäfte zu beschränken, die eine Verwertung des Anspruchs bedeuten können oder seine Einziehung fördern, einschließlich der Annahme der geschuldeten Leistung selbst. **Erfaßt werden** somit **Abtretung** (auch die Abtretungsanzeige nach § 409, Colmar ZBlFG 1917, 36), Erlaß, Verzicht sowie Freistellung von etwaigen Regreßansprüchen (BGH 44, 325), ferner die Kündigung und, wie sich aus § 1813 ergibt, der Empfang der geschuldeten Leistung ungeachtet ihrer in der Lehre umstrittenen Rechtsnatur. Zu Recht hat das BayObLG (FamRZ 1974, 320) jedoch die Genehmigungspflicht bei einer Abtretung verneint, die dem Mündel vom Schenker der abgetretenen Forderung auferlegt war. Denn für eine solche geschuldete Abtretung kann der Vormund keine Gegenleistung erhalten, an der eine Veruntreuung möglich wäre (anders FamRZ 1984, 848). **Nicht genehmigungspflichtig** sind: **Prozeßverträge**, wenn sie kein materielles Rechtsgeschäft über einen Geldanspruch enthalten (gegen Posen OLG 15, 148, 149), die Erschwerung der Kündigung einer Darlehensforderung des Mündels (gegen KG OLG 14, 262; MüKo/Wagenitz Rz 23), die Zustimmung des Mündels als Nacherbe zu einer Verfügung des Vorerben (gegen RG LZ 1928, 893, 894; Dresden ZBlFG 1907, 205 und KG ZBlFG 1911, 478), die Genehmigung der Schuldübernahme durch einen Dritten gem § 415 (gegen RG Soergels Rspr 109, 440; MüKo/Wagenitz Rz 25) oder gar das Schweigen auf die Mitteilung gem § 416 (gegen Bamberg LZ 1916, 1503); richtet sich die Genehmigung der gesicherte Forderung allerdings gegen den Vormund oder gegen Eltern, so fehlt diesen gem § 1795 I Nr 2, vgl § 1795 Rz 16, die Vertretungsmacht. Nicht genehmigungspflichtig ist schließlich die **Aufrechnung** (aA Darmstadt ZBlFG 1913, 593; MüKo/Wagenitz Rz 29), außer gegen den Bereicherungsanspruch des durch Leistung an den Vormund mangels Genehmigung nicht befreiten Schuldners mit der fortbestehenden Forderung, weil sonst das Genehmigungserfordernis umgangen würde; dessen Zweck ist nicht schon erreicht, wenn die Leistung in das Mündelvermögen gelangt ist (ebenso Stuttgart MDR 1954, 229). Nicht erfaßt werden Verfügungen, die im Wege der Zwangsvollstreckung gegen den Mündel ergehen, weil keine Verfügung des Vormundes vorliegt.

3 **b)** Als Gegenstand der Verfügung nennt Abs I S 1 **Forderungen** oder **andere Rechte**, kraft deren der Mündel eine Leistung verlangen kann. Dazu gehören Hypotheken, Grund- und Rentenschulden, die von § 1821 I Nr 1 durch dessen Abs II ausgenommen sind. Ob § 1812 auch auf eine **Eigentümergrundschuld** anzuwenden ist, ist strittig (**nein** KG JW 1936, 2745, 2746; Meikel/Imhof/Riedel Grundbuchrecht Anl zu § 18 GBO Rz 122; Güthe/Triebel GBO Bd II 6. Aufl S 2066f; **ja**: Hamm OLG 1977, 47 und Staud/Engler Rz 59). Es ist zu differenzieren: Die Übertragung der Eigentümergrundschuld kann eine entgeltliche Veräußerung sein und ist daher zu genehmigen. Dagegen erhält der Eigentümer für die Löschung einer Eigentümergrundschuld regelmäßig keine Gegenleistung, auch nicht von einem aufrückenden Gläubiger, da nachrückende Berechtigte gewöhnlich einen sogar vorgemerkten Anspruch oder den in § 1179a zugewiesenen Anspruch auf Löschung haben (für Genehmigungserfordernis in diesem Fall: LG Würzburg Mitt BayNot 1972, 239). Daher ist die nach § 27 GBO erforderliche **Zustimmung zur Löschung einer** auf einem Grundstück des Mündels eingetragenen **Hypothek** genehmigungsfrei (ebenso Damrau FamRZ 1984, 849; aA MüKo/Wagenitz Rz 32). Denn das Zustimmungserfordernis besteht, sofern es materielle Bedeutung hat und dann mit dem Bewilligungserfordernis aus § 19 GBO zusammenfällt, um der verdeckten Eigentümergrundschuld willen. Ist für den Mündel eine Hypothek eingetragen, so liegt einer löschungsfähigen Quittung, die der Vormund erteilt, der seinerseits genehmigungsbedürftige Empfang der geschuldeten Leistung, aber keine Verfügung über die Hypothek zugrunde. Da die Hypothek jedoch nicht erloschen ist, wenn der Empfang der Zahlung genehmigt wird, muß dem Grundbuchamt diese Genehmigung nachgewiesen werden. Einer Löschungsbewilligung des Vormunds kann eine Verfügung über die Hypothek zugrunde liegen, nämlich die Aufhebung nach § 875, oder die Befriedigung wegen der persönlichen Forderung oder die Löschung kann der Berichtigung dienen. Im ersten Fall ist die Genehmigung zur Aufhebung, im zweiten Fall zur Annahme der geschuldeten Leistung erforderlich. Ist die Löschungsbewilligung abstrakt formuliert, so bedeutet schon die Möglichkeit, daß eine Genehmigung erforderlich ist, ein Eintragungshindernis iSd § 18 GBO (ebenso Damrau FamRZ 1984, 849f). Damraus Vorschlag (FamRZ 1984, 845), § 1812 auf Verfügungen über solche Ansprüche zu beschränken, die auf **Geldleistungen** gerichtet sind, führt nicht nur zu weit vom Gesetzeswortlaut ab, sondern auch zu einer von MüKo/Wagenitz Rz 12 aufgezeigten Willkürlichkeit der Ergebnisse; die Ausgrenzung personenbezogener Rechtsgeschäfte (Rz 1 aE) sowie der Rz 2 aA geforderte Verwertungsbezug dürften dem berechtigten

Ziel restriktiver Auslegung ausreichend entsprechen. Dem Genehmigungserfordernis unterliegt daher auch die Kündigung eines vom Mündel als Vermieter geschlossenen Mietvertrags (Hamm Rpfleger 1991, 56).

c) Bewilligt der Vormund die Berichtigung des Grundbuchs, so liegt in der Aufgabe der Buchposition keine genehmigungsbedürftige Verfügung (KG OLG 26, 171 zur Löschungsbewilligung; anders KG OLG 25, 390 zur Bewilligung der Umschreibung auf einen anderen Gläubiger). Die bloße Möglichkeit, daß sich hinter einer Berichtigungsbewilligung eine materielle Rechtsänderung verbirgt, kann noch kein Mißtrauen begründen (Damrau FamRZ 1984, 850). **4**

d) Ob auch Ansprüche auf **bewegliche Sachen** erfaßt werden, ist strittig (**nein**: Prot IV, 782, vgl Damrau FamRZ 1984, 844; Gernhuber/Coester-Waltjen § 72 III S 11 Fn 35; Dölle II S 754; **ja**: Enneccerus/Wolf FamR 7. Aufl 1931, 115 I 1; RGRK/Dickescheid Rz 3; Staud/Engler Rz 24). MüKo/Wagenitz Rz 17 nimmt bei Ansprüchen auf bewegliche Sachen mit der Abtretung im Rahmen des § 931 aus, weil auch die Übereignung nach § 929 genehmigungsfrei ist. Indessen ist bei Mobilien mit Anlagewert, selbstverständlich bei Wertpapieren, aber auch bei Kostbarkeiten (entgegen Mot IV, 1129) oder zB Goldbarren, also Dingen, die häufig fremdverwahrt werden, das Genehmigungserfordernis sinnvoll. Dagegen sind Gebrauchs- oder Einrichtungsgegenstände aus dem Rz 1 aE angegebenen Gesichtspunkt auszuschließen. **5**

e) Nicht erfaßt werden Forderungen auf Tun oder Unterlassen, zB auf Rechnungslegung. **6**

f) Wird an Erfüllungs Statt oder erfüllungshalber anstelle des geschuldeten Gegenstandes ein anderer geleistet, so kommt es für die Genehmigungsbedürftigkeit auf den geleisteten Gegenstand an; die Genehmigungspflicht ergibt sich in derartigen Fällen aus § 1813 I Nr 1. **7**

g) Die für die Genehmigung des VormG geltenden §§ 1828 bis 1831 sind gem § 1832 auch auf die Genehmigung des Gegenvormunds anzuwenden. Der Empfang der geschuldeten Leistung ist hierbei kein einseitiges Rechtsgeschäft iSd § 1831, weil der Schuldner dadurch, daß der Gläubiger seine Leistung annimmt, nicht gegen seinen Willen einer Ungewißheit ausgesetzt wird (KG HRR 1931 Nr 512 gegen LZ 1928, 893, 894). In der Herbeiführung der Genehmigung durch den Vormund liegt eine zur Erfüllung erforderliche Mitwirkung des Gläubigers, deren Ausbleiben den Verzug des Schuldners ausschließt und den Annahmeverzug begründen kann. **8**

3. Für die Genehmigung ist sowohl ein Gegenvormund als auch das VormG **zuständig**; das Verhältnis beider ist das gleiche wie bei § 1810 (§ 1810 Rz 1). Nur insofern ein vorhandener Gegenvormund das VormG entlastet, kann dieses als subsidiär bezeichnet werden; ist ein Gegenvormund vorhanden, stehen beide in Alternative zueinander (In § 517 des Planckschen Vorentwurfs war die Genehmigung „des Gegenvormunds oder des VormG" erfordert; die veränderte Fassung schon des § 1669 E II weist nicht etwa, wie am Verhältnis von Gegenvormund und VormG nichts ändern, wie die schon veränderte Redaktionsvorlage von Pape zeigt. Zu allen: Jakobs/Schubert, Die Beratungen des BGB, §§ 1773ff S 920, 1022, 1085). Gleichwohl kommt dem VormG ein Vorrang zu: Verweigert der Gegenvormund die Genehmigung, so kann das VormG sie dennoch erteilen, nicht aber umgekehrt der Gegenvormund eine vom VormG verweigerte Genehmigung. Der Vormund erhöht daher die Chance der Genehmigung, wenn er sich zunächst an den Gegenvormund wendet. **9**

Obwohl bei Verweigerung der Genehmigung durch den Gegenvormund eine Meinungsverschiedenheit mit dem Vormund vorliegt, entscheidet das VormG nicht zwischen beiden, sondern nimmt seine im Verhältnis zum Gegenvormund alternative Kompetenz wahr. Daher entscheidet nicht gem § 14 Nr 5 RPflG der Richter (so aber RGRK/Dickescheid Rz 23), sondern gem § 3 Nr 2 lit a RPflG der Rechtspfleger (jetzt hM). **10**

Gegen die Verweigerung der Genehmigung durch das VormG hat der Vormund das Recht der Beschwerde im Namen des Mündels und aus eigenem Recht (§ 20 I FGG). Erteilt das VormG die zuvor vom Gegenvormund verweigerte Genehmigung, so liegt wegen der alternativen Zuständigkeit keine ersetzende Verfügung im Sinne des § 53 FGG vor, die erst mit Rechtskraft wirksam würde (Joseph Recht 1908, 849); die Genehmigung wird vielmehr gem § 16 I FGG mit der Bekanntmachung an den Vormund wirksam. Daher ist gegen die Erteilung in keinem Fall gem § 60 I Nr 6 die sofortige Beschwerde gegeben. Wegen der alternativen Zuständigkeit des VormG hat der Vormund kein Beschwerderecht gegen die Verweigerung der Genehmigung durch den Gegenvormund und dieser nicht gegen die Erteilung der Genehmigung durch das VormG, es sei denn, dieses habe seine Verweigerung ersetzt, ohne ihn gem § 1826 zu hören (Hamm NJW 1966, 1126, 1127 mN). **11**

4. § 1812 findet **keine Anwendung** auf Rechtsgeschäfte, die der Vormund als Testamentsvollstrecker oder als Vertreter des Mündels auf Grund einer vom Erblasser über den Tod hinaus erteilten Vollmacht vornimmt, auch wenn die Vollmacht dem Mündel gegenüber erloschen und nur nach §§ 172, 173 dem beteiligten Dritten gegenüber wirksam ist (RG 88, 345; 106, 185). Gleiches gilt, wenn der Vormund über Mündelvermögen, das der Verwaltung eines Testamentsvollstreckers unterliegt, mit dessen Zustimmung verfügt (Celle 67, 483, 484). Einer Genehmigung bedarf es – abgesehen von den Fällen, in denen die Genehmigung des VormG nach §§ 1819 bis 1822 erforderlich ist (Abs I S 1), nicht in den Ausnahmefällen des § 1813 – ferner nicht in den Fällen der befreiten Vormundschaft (§§ 1852 II, 1855, 1903 I S 2, 1904 S 1; vgl auch § 1917 II), bei der Amts- und Vereinsvormundschaft (§ 1857a) und wenn dem Vormund nach § 1825 vom VormG eine allgemeine Ermächtigung zu Rechtsgeschäften erteilt wurde, zu denen nach § 1812 die Genehmigung des Gegenvormunds erforderlich ist. **12**

5. § 1812 gilt gem § 1908i I S 1 sinngemäß auch im Betreuungsrecht. **13**

1813 *Genehmigungsfreie Geschäfte*
(1) Der Vormund bedarf nicht der Genehmigung des Gegenvormunds zur Annahme einer geschuldeten Leistung:
1. wenn der Gegenstand der Leistung nicht in Geld oder Wertpapieren besteht,

§ 1813

2. **wenn der Anspruch nicht mehr als 3000 Euro beträgt,**
3. **wenn Geld zurückgezahlt wird, das der Vormund angelegt hat,**
4. **wenn der Anspruch zu den Nutzungen des Mündelvermögens gehört,**
5. **wenn der Anspruch auf Erstattung von Kosten der Kündigung oder der Rechtsverfolgung oder auf sonstige Nebenleistungen gerichtet ist.**

(2) Die Befreiung nach Absatz 1 Nr. 2, 3 erstreckt sich nicht auf die Erhebung von Geld, bei dessen Anlegung ein anderes bestimmt worden ist. Die Befreiung nach Absatz 1 Nr. 3 gilt auch nicht für die Erhebung von Geld, das nach § 1807 Abs. 1 Nr. 1 bis 4 angelegt ist.

1   Daß die Annahme einer geschuldeten Leistung Verfügung iSd § 1812 ist (§ 1812 Rz 2), geht gerade aus § 1813 hervor. Von dem Erfordernis der Genehmigung durch den Gegenvormund oder das VormG macht § 1813 eine **Ausnahme** in fünf Fällen, in denen der Vormund selbständig verfügen kann. Dies gilt jedoch nicht auch für Erfüllungssurrogate an Stelle der Leistung. Soweit § 1813 die Führung der Vormundschaft oder Betreuung zu sehr erschwert, zB bei dem Unterhalt des Mündels dienenden Mieteinnahmen, bietet kaum § 1817 (§ 1817 Rz 4), sondern § 1825 (§ 1825 Rz 1) einen Lösungsweg.

2   Unter **Nr 1** fallen insbesondere Sachleistungen, nicht auch der geschuldete Schadensersatz wegen Nichterfüllung, da es nach dem Zweck des Genehmigungserfordernisses (§ 812 Rz 1) nur darauf ankommt, was zur Zeit der Leistung Gegenstand ist (Pal/Diederichsen Rz 2; Soergel/Zimmermann Rz 3; MüKo/Wagenitz Rz 5; jetzt auch Staud/Engler Rz 6).

3   In **Nr 2** wurde der frühere Betrag von 5000 DM bereits mit Wirkung vom 30. 6. 2000 durch das FernabsatzG vom 27. 6. 2000 (BGBl I 897) auf 3000 Euro erhöht. Maßgebend ist die Höhe des ganzen Anspruchs zur Zeit der Annahme der Leistung, nicht etwa die Höhe einer beanspruchten Teilzahlung. Bei Abhebung vom Konto des Mündels kommt es also auf die Höhe des Guthabens, nicht der Abhebung an (so aber LG Saarbrücken FamRZ 1992, 1348 = Rpfleger 1993, 109 mit Anm Wesche; AG Emden FamRZ 1995, 1081; differenzierend MüKo/Wagenitz Rz 9). Das war der dezidierte Wille des Gesetzgebers, der auch heute noch überzeugt, weil sonst durch häufige Abhebungen von entsprechenden Teilbeträgen jedes Verbot unterlaufen werden könnte (Holzhauer WuB IV A § 1813 BGB 1. 94 und BTPrax 1994, 42; wie hier Pal/Diederichsen Rz 15, Damrau/Zimmermann Rz 15; LG Göttingen NdsRpfl 1995, 210 und Rundschreiben Nr 22/1995 des Bundesverbandes der Deutschen Volksbanken und Raiffeisenbanken an die Mitgliedsbanken). Andere wollen die Abhebung jedes Betrages von einem Girokonto genehmigungsfrei zulassen (Staud/Engler Rz 11; Wagner–Münch in Anm zu LG Saarbrücken BtE 1992/1993 S 24f; Köln FamRZ 1995, 187). Dafür, Abhebungen von einem **Girokonto** von der Vorschrift auszunehmen bzw dabei auf die Höhe der Abhebung abzustellen (so Staud/Engler Rz 11; MüKo/Wagenitz Rz 9) enthält das Gesetz keinen Anhalt; vor allem bezieht sich Nr 2 nicht nur auf „angelegtes" Geld. Die Genehmigungsfreiheit nach Nr 2 ist gem **Abs II S 1** eingeschränkt, wenn bei der Anlegung – insbesondere bei der Bestimmung, die nach § 1809 getroffen werden muß – etwas anderes bestimmt worden ist.

Bei Annahme der Zahlung für mehrere Mündel dürfen die einzelnen Ansprüche (KG Recht 1913 Nr 1309) bei Berechtigung zur gesamten Hand der Wert der einzelnen Anteile 3000 Euro nicht übersteigen (KG JFG 6, 267). Zinsen und Kosten werden dabei nicht berücksichtigt. Die Ausnahme gilt nach Abs II.

4   Die Freistellung der **Nr 3** gilt nicht für die Rückzahlung von Geld, das eine andere Person als der Vormund angelegt hat; insoweit ist nur Nr 2 anwendbar. Legt der Vormund Geld bei einer öffentlichen Sparkasse oder einem anderen Kreditinstitut gem § 1807 I Nr 5 an, so hat dies gem § 1809 mit der Bestimmung zu erfolgen, daß zur Erhebung des Geldes die Genehmigung des Gegenvormunds oder des VormG erforderlich ist. Im Fall dieser Bestimmung versagt **Abs II S 1** folgerichtig die Befreiung durch Abs I Nr 3. Hat der Vormund das Geld nach § 1807 I Nr 1–4 angelegt, so versagt § 1813 **II S 2** unmittelbar die Befreiung. Nr 3 ist aber im wesentlichen auf Geld anwendbar, das der Vormund entweder gem § 1811 ohne Sperrvermerk (RG Warn Rsp 1939 Nr 84 S 205) oder ohne Verpflichtung dazu nach § 1806 vorübergehend angelegt hat (§ 1806 Rz 1). Die Freistellung gilt auch für Geld, das ein früherer Vormund angelegt hatte.

5   Die Ausnahme der **Nr 4** entspricht dem regelmäßigen Zweck der Nutzungen, zur Bestreitung von laufenden Ausgaben zu dienen, ist aber der Höhe nach nicht beschränkt. Zum Begriff der Nutzung siehe § 100. Es fallen darunter insbesondere Ansprüche auf Hypothekenzinsen, solange sie nicht zum Kapital geschlagen sind (KG DJ 1938, 1428, 1429), auf die ihnen nach § 1107 gleichgestellten einzelnen Realleistungen (KG OLG 14, 262), auch auf Erntevorräte als Früchte, nicht jedoch auf den Erlös ihrer Veräußerung, sofern er sich nicht selbst als Nutzung des Mündelvermögens darstellt (MüKo/Wagenitz Rz 13, enger jetzt Staud/Engler Rz 21). Nachdem für den laufenden Unterhalt bestimmte Bezüge nicht mehr in erster Linie aus Kapitalien fließen, sondern aus Versorgungsansprüchen, erlaubt es der Zweck der Vorschrift, heute auch **Rentenbezüge** darunter zu fassen. Auch bei ihnen fließen die laufenden Zahlungen aus einem bestehenden Stammrecht (BSG MDR 1982, 698). Auch der Zustand, daß laufende Zahlungen nicht mehr vom Schuldner erhoben werden, sondern bei einem Kreditinstitut, an das dieser überwiesen hat, ist durch die teleologische Interpretation überwindbar. Genehmigungsfrei sind somit Abhebungen bis zur Höhe des im gegebenen Monat zufließenden Betrags ohne Rücksicht auf die Höhe des darüber hinausgehenden Kontostandes (ebenso Staud/Engler Rz 20; Soergel/Zimmermann Rz 6; offen gelassen von Karlsruhe FamRZ 2001, 786, 787; zur Begründung desselben Ergebnisses aus Nr 2 vgl Rz 3).

6   Zu **Nr 5**: Zu den Nebenleistungen (dazu § 217 Rz 1) gehören außer vertraglichen und gesetzlichen Zinsen, die auch schon unter Nr 4 fallen, ohne Rücksicht auf ihre Höhe insbes auch sonstige Kosten, Provisionen, Vertragsstrafen und Schadensersatz, der neben der Kapitalschuld zu leisten ist. Die Kündigung selbst bedarf der Genehmigung nach § 1812, sofern sie sich nicht auf Leistungen bezieht, deren Annahme nach Nr 1–4 genehmigungsfrei ist.

7   § 1813 gilt gem § 1908i I S 1 sinngemäß auch im Betreuungsrecht.

§ 1814 Hinterlegung von Inhaberpapieren

Der Vormund hat die zu dem Vermögen des Mündels gehörenden Inhaberpapiere nebst den Erneuerungsscheinen bei einer Hinterlegungsstelle oder bei einem der in § 1807 Abs. 1 Nr. 5 genannten Kreditinstitute mit der Bestimmung zu hinterlegen, dass die Herausgabe der Papiere nur mit Genehmigung des Vormundschaftsgericht verlangt werden kann. Die Hinterlegung von Inhaberpapieren, die nach § 92 zu den verbrauchbaren Sachen gehören, sowie von Zins-, Renten- oder Gewinnanteilscheinen ist nicht erforderlich. Den Inhaberpapieren stehen Orderpapiere gleich, die mit Blankoindossament versehen sind.

1. Textgeschichte. S 1 geändert durch Kapital XI Art 1 VO des Reichspräsidenten über Maßnahmen auf dem Gebiete der Finanzen, der Wirtschaft und der Rechtspflege vom 18. 3. 1933 (RGBl I S 109) sowie durch Art 1 Nr 36 BtG vom 12. 9. 1990. 1

2. Die §§ 1814, 1818, 1819 regeln die Pflicht des Vormunds zur Hinterlegung der zum Vermögen des Mündels 2 gehörenden **Inhaberpapiere** nebst den Erneuerungsscheinen. Der Mündel soll dadurch gegen die mit dem Verlust von Inhaberpapieren nach §§ 932, 935 II verbundenen besonderen Gefahren gesichert werden. Nach § 1818 kann das VormG die Pflicht auf weitere hinterlegungsfähige Sachen von Anlagewert ausdehnen. Hinterlegungsstelle für eine Hinterlegung nach §§ 1814, 1818 sind neben den Amtsgerichten auch die Staatsbanken (§§ 1 II, 27 HinterlO). Der Begriff **Staatsbank** kann weit ausgelegt werden. Hierunter fallen nicht nur die als solche ausdrücklich bezeichneten Banken, etwa die Bayerische Staatsbank in München und die Braunschweigische Staatsbank in Braunschweig, sondern auch die mit Aufgaben einer Staatsbank betrauten Landesbanken, die oft in ihren Satzungen die Staatsbankeigenschaft ausdrücklich hervorheben, so: Bremen, Hamburg, Düsseldorf, München; ebenso die staatliche Kreditanstalt Oldenburg-Bremen. Wegen der im § 1807 I Nr 5 genannten Kreditinstitute s § 1807 Rz 22. Auf die Hinterlegung bei einer Staatsbank oder einem anderen Kreditinstitut sind nach § 27 II HinterlO deren Bestimmungen nicht anzuwenden.

3. Zu hinterlegen sind: a) sämtliche **Inhaberpapiere** (§§ 793ff, 1195, 1199; §§ 10, 278 III AktG, § 18 I S 2 3 KAGG), **Inhaberinvestmentanteilscheine** und deren Erneuerungsscheine (Talons), nicht jedoch Investmentfondsanteile in Girosammelverwahrung (Dressing [§ 1812 vor Rz 1] S 50). Ausgenommen sind jedoch nach S 2, sofern nicht das VormG gem § 1818 eine abweichende Anordnung trifft, Inhaberpapiere, deren bestimmungsgemäßer Gebrauch in dem Verbrauch oder in der Veräußerung besteht (§ 92), sowie Zinsscheine (Kupons) von Schuldverschreibungen, Rentenscheine, die Ansprüche auf wiederkehrende Leistungen verbriefen, sowie Gewinnanteilscheine (Dividendenscheine). Die Ausnahme ist auszudehnen auf zum Bestand eines Erwerbs-, insbesondere Bankgeschäfts gehörige Inhaberpapiere, zum Umsatz bestimmte Wechsel mit Blankogiro, in der Regel auch auf Inhaberzeichen (§ 807), und zwar wegen der Kurzfristigkeit des verkörperten Rechtsverhältnisses. Keine Inhaberpapiere sind dagegen die qualifizierten Legitimationspapiere (sog hinkende Inhaberpapiere, § 808), bei denen der Inhaber kein Recht auf die Leistung hat, wie meist Sparbücher, Pfand-, Depot- und Versicherungsscheine. Sie sind daher nicht hinterlegungspflichtig, sofern nicht das VormG gem § 1818 eine abweichende Anordnung trifft. b) Mit **Blankoindossament** versehene **Orderpapiere** (§§ 363, 364 HGB; Art 13, 14, 16, 77 WG; Art 15, 16, 17, 19 ScheckG) sind durch S 3 den Inhaberpapieren gleichgestellt, weil sie wie Inhaberpapiere umlaufen können.

Die Hinterlegung hat **mit der Bestimmung** zu erfolgen, daß die **Herausgabe** vom Vormund **nur mit Genehmi-** 4 **gung** des VormG verlangt werden kann. Sie hat dann gem § 1819 zugleich die weitere Rechtswirkung, daß der Vormund, solange die Papiere nicht zurückgenommen sind, der Genehmigung des VormG auch zu jeder Verfügung über sie und zur Eingehung der schuldrechtlichen Verpflichtung zu einer solchen Verfügung bedarf. Die Eintragung eines Sperrvermerks auf dem Papier ist – anders als bei § 1809, s § 1809 Rz 3 – weder üblich noch erforderlich, auch eine Eintragung auf dem Hinterlegungsschein ist in der Regel ohne wesentliche Bedeutung. Die Hinterlegungsstelle haftet für den entstehenden Schaden, wenn sie die Papiere entgegen den Bestimmungen oder ihren satzungsmäßigen Verpflichtung ohne Genehmigung des VormG herausgibt (RG 79, 9, 16); in dieser Hinsicht gilt das gleiche wie bei der Anlegung von Mündelgeld nach § 1809 (s § 1809 Rz 3). Daneben kann sich aus §§ 1812, 1813 das Erfordernis der Genehmigung des Gegenvormunds oder VormG ergeben; dabei ersetzt die Genehmigung des Gegenvormunds nicht eine infolge der nach § 1814 getroffenen Bestimmung erforderliche Genehmigung des VormG. Nach der VO vom 29. 9. 1939 (RGBl I 1985) kann der Vormund ohne Genehmigung des VormG die Hinterlegungsstelle ermächtigen, Wertpapiere in **Sammelverwahrung** zu geben.

4. Stehen hinterlegungspflichtige Papiere im **Miteigentum** des Mündels und eines Dritten, so ist § 1814 nur 5 mit dessen Einverständnis anwendbar. Steht dem Mündel oder einem Dritten der **Nießbrauch** an den Papieren zu, so geht die Hinterlegungspflicht nach §§ 1082 vor. Ist der Mündel Vorerbe, so kann auch der Nacherbe gem § 2116 die Hinterlegung verlangen; in diesem Fall hat der Vormund die Bestimmung von Anfang an oder nachträglich dahin zu erweitern, daß zur Herausgabe auch die Zustimmung des Nacherben erforderlich ist (Staud/Engler Rz 11 mN). Der Vormund hat, wenn ein Dritter Nießbraucher oder der Mündel Nacherbe ist, auf Hinterlegung nach diesen Vorschriften hinzuwirken.

5. Ausnahmen von der Hinterlegungspflicht nach § 1814 bestehen bei befreiter Vormundschaft, dh a) wenn 6 Vater oder Mutter den von ihnen benannten Vormund oder Pfleger davon befreien (§§ 1853, 1855, 1917 II); b) für den Amts- und Vereinsvormund (§§ 1857a, 1853); c) ferner kann das VormG nach § 1817 oder der zuwendende Dritte nach § 1803 (s § 1803 Rz 2), 1917 II den Vormund von der Hinterlegungspflicht befreien.

Das VormG kann andererseits die Hinterlegungspflicht aus besonderen Gründen erweitern (§ 1818).

6. Hinterlegt der Vormund Wertpapiere, Kostbarkeiten oder andere Sachen des Anlagevermögens des Mündels 7 von sich aus oder auf gem § 1803 mögliche Anordnung des Erblassers oder des zuwendenden Dritten (§ 1803 Rz 1), ohne dazu nach §§ 1814, 1818 verpflichtet zu sein, so sind nur die §§ 1812, 1813, nicht auch § 1819

§ 1814 Familienrecht Vormundschaft

anwendbar. Der Vormund bedarf daher zur Verfügung der Genehmigung des Gegenvormunds oder des VormG. Nach Beendigung der Vormundschaft kann der unbeschränkt geschäftsfähige frühere Mündel die hinterlegten Gegenstände ohne Genehmigung erheben; über den Nachweis der Beendigung siehe § 1809 Rz 3.

8 7. Findet der Vormund bei Amtsantritt oder bei späterem Vermögenserwerb des Mündels Inhaberpapiere vor, die nicht entsprechend §§ 1814ff hinterlegt, sondern zB bei einem nicht als Hinterlegungsstelle zugelassenen Kreditinstitut auf Stückekonto gutgeschrieben sind, so ist er **nicht** unbedingt **verpflichtet, die Anlage umzuwandeln.** Die §§ 1814, 1815 finden insoweit keine Anwendung (RG 137, 320, 322; MüKo/Wagenitz Rz 6; Pal/Diederichsen Rz 3; aA Soergel/Zimmermann Rz 3 aE; RGRK/Dickescheid Rz 5 in Fällen, in denen der Mündel Alleineigentümer der Papiere sei, um Untreuehandlungen vorzubeugen; Staud/Engler Rz 13 jedoch auch bei Papieren auf Stückkonto). Der Vormund kann daher uU Wertpapiere bei einer zuverlässigen Bank auf Stückekonto stehen lassen. Er hat jedoch zu prüfen, ob die Umwandlung im Interesse des Mündels geboten ist sowie ggf die Herausgabe der Papiere zu veranlassen und diese dann gem §§ 1814ff zu hinterlegen. Liegen die Papiere in solchem Fall bei einem als Hinterlegungsstelle zulässigen Kreditinstitut, so kann der Vormund die Bestimmung gem § 1814 nachträglich treffen.

9 8. Soweit der Vormund zur Hinterlegung verpflichtet ist, hat das **VormG** ihn hierzu, erforderlichenfalls durch Festsetzung von Zwangsgeld (§ 1837 II), anzuhalten (RG 80, 252, 256); uU auch zur Nachholung der Bestimmung gem § 1814 (Kiel OLG 36, 218, 219f). Die Kosten der Hinterlegung fallen dem Mündel zur Last (Pal/Diederichsen Rz 1). In den Fällen der Rz 6 kann der Vormund nach § 1835 von dem Mündel Ersatz beanspruchen. Für die Entscheidung des VormG über die Genehmigung zur Herausgabe der Papiere gilt § 1809 Rz 6 entsprechend. Im übrigen gelten für die Genehmigung die §§ 1828ff.

10 9. § 1814 gilt gem § 1908i I S 1 sinngemäß auch im Betreuungsrecht.

1815 Umschreibung und Umwandlung von Inhaberpapieren

(1) Der Vormund kann die Inhaberpapiere, statt sie nach § 1814 zu hinterlegen, auf den Namen des Mündels mit der Bestimmung umschreiben lassen, dass er über sie nur mit Genehmigung des Vormundschaftsgerichts verfügen kann. Sind die Papiere vom Bund oder einem Land ausgestellt, so kann er sie mit der gleichen Bestimmung in Schuldbuchforderungen gegen den Bund oder das Land umwandeln lassen.

(2) Sind Inhaberpapiere zu hinterlegen, die in Schuldbuchforderungen gegen den Bund oder ein Land umgewandelt werden können, so kann das Vormundschaftsgericht anordnen, dass sie nach Absatz 1 in Schuldbuchforderungen umgewandelt werden.

1 1. § 1815 eröffnet eine Alternative zu der durch § 1814 dem Vormund vorgeschriebene Hinterlegung von **Inhaberpapieren.** a) Inhaberpapiere des Bundes oder eines Landes können in Buchforderungen **umgewandelt** werden. Diese Möglichkeit besteht für Inhaberpapiere des Bundes aufgrund § 9 II Nr 2 BundeswertpapierverwaltungsG, s § 1807 Rz 1 und der entsprechenden Bestimmungen der Schuldbuchgesetze der Länder, zB NW G v. 5. 11. 1948 (GVBl S 301). Zusammenstellung bei Staud/Engler Rz 6.

2 b) Sonstige Inhaberpapiere können in Rektapapiere **umgeschrieben** werden. Die Umschreibung ist in § 806 geregelt, sie kann danach nur durch den Aussteller erfolgen, der dazu nicht verpflichtet ist. Art 101 EGBGB hat jedoch landesgesetzliche Bestimmungen unberührt gelassen, die das Land oder diesem angehörende Körperschaften, Stiftungen und Anstalten des öffentlichen Rechts verpflichten, die von ihnen ausgestellten, auf den Inhaber lautenden Schuldverschreibungen auf den Namen eines bestimmten Berechtigten umzuschreiben. Eine solche Verpflichtung war in Art 18 des PrAGBGB v 20. 9. 1899 begründet. Von den ehemaligen preußischen Gebieten gilt diese Bestimmung noch in Berlin (AGBGB v 30. 10. 1984, GVBl 1541) und NRW (AGBGB idF v 18. 12. 1984, GV NW S 806) weiter, während sie in Niedersachsen durch § 29 Nr 8 AGBGB v 4. 3. 1971 (GVBl S 73) und in Schleswig-Holstein durch § 25 I Nr 6 AGBGB v 27. 9. 1974 (GVOBl S 357) aufgehoben wurde. Auch in folgenden Ländern sind andere, die Verpflichtung vorsehende Vorschriften aufgehoben worden: Bad-Württemberg § 51 I AGBGB v 26. 11. 1974 idF v 25. 11. 1985 (GBl S 385); Rhld-Pfalz § 27 I AGBGB v 18. 11. 1976 (GVBl 259).

3 2. Der **Vormund** kann anstelle der Hinterlegung die Umwandlung in Buchforderungen oder Umschreibung in Rektapapiere wählen. Die Umwandlung kann auch das VormG nach seinem Ermessen anordnen und seine Anordnung gegenüber dem Vormund gem § 1837 durchsetzen. Umwandlung oder Umschreibung empfehlen sich bei voraussichtlich länger dauernder Vormundschaftsverwaltung. Während eine Umschreibung die Gefahr aus einem Verlust der Papiere mindert, schließt eine Umwandlung diese Gefahr völlig aus. Der Vormund muß die (geringen) laufenden Kosten der Hinterlegung gegen die einmaligen Kosten der Umschreibung oder Umwandlung abwägen.

4 3. § 1815 gilt gem § 1908i I S 1 sinngemäß auch im Betreuungsrecht.

1816 Sperrung von Buchforderungen

Gehören Schuldbuchforderungen gegen den Bund oder gegen ein Land bei der Anordnung der Vormundschaft zu dem Vermögen des Mündels oder erwirbt der Mündel später solche Forderungen, so hat der Vormund in das Schuldbuch den Vermerk eintragen zu lassen, dass er über die Forderungen nur mit Genehmigung des Vormundschaftsgerichts verfügen kann.

1 1. Der Vormund hat die **Eintragung des Vermerks** im Schuldbuch auch ohne Anordnung des VormG unverzüglich zu veranlassen. Er ist hierzu auch verpflichtet, wenn Buchforderungen bereits bei Übernahme der Vormundschaft zu dem Vermögen des Mündels gehören oder später von dem Mündel erworben werden. Genehmigungspflichtige Verfügung sind insbesondere auch die Beseitigung des Vermerks und die Erhebung der Buchforderungen. Die Wirkung des Vermerks erstreckt sich nach § 1820 II auch auf Eingehung einer entsprechenden Verpflichtung. Zu den Ausnahmen von der Vorschrift vgl § 1814 Rz 6. Die Ansicht von Dölle FamR II § 126 II S 4b), das VormG könne von Amts wegen die Sperrung herbeiführen, hat im Gesetz keine Grundlage (ebenso Soergel/Zimmermann Rz 5; MüKo/Wagenitz Rz 3).

2. Obwohl Stiftungen einer der Obervormundschaft vergleichbaren, landesrechtlichen Aufsicht unterliegen, ist § 1816 auf **Stiftungsvermögen** nicht anzuwenden. Nach Rostock OLG 26, 115, 116 gilt dies auch dann, wenn die Stiftungssatzung mündelsichere Anlage vorschreibt.

3. § 1816 gilt gem § 1908i I S 1 sinngemäß auch im Betreuungsrecht.

1817 *Befreiung*
(1) **Das Vormundschaftsgericht kann den Vormund auf dessen Antrag von den ihm nach den §§ 1806 bis 1816 obliegenden Verpflichtungen entbinden, soweit**
1. **der Umfang der Vermögensverwaltung dies rechtfertigt und**
2. **eine Gefährdung des Vermögens nicht zu besorgen ist.**

Die Voraussetzungen der Nummer 1 liegen im Regelfall vor, wenn der Wert des Vermögens ohne Berücksichtigung von Grundbesitz 6000 Euro nicht übersteigt.

(2) **Das Vormundschaftsgericht kann aus besonderen Gründen den Vormund von den ihm nach den §§ 1814, 1816 obliegenden Verpflichtungen auch dann entbinden, wenn die Voraussetzungen des Absatzes 1 Nr. 1 nicht vorliegen.**

1. Mit dem durch BtÄndG Art 1 Nr 6 (Amtl Begr BT-Drucks 13/7158, 21) eingefügten Abs I soll dem Vormund die Führung der Vormundschaft weiter erleichtert werden. Die Befreiung setzt einen Antrag des Vormunds voraus, weil die Anlagevorschriften der §§ 1806ff nicht nur den Mündel vor Schäden bewahren sollen, sondern auch für den Vormund eine verläßliche Handlungsanweisung bedeuten.

2. Die §§ 1806–1816 regeln das „Wo und Wie" von vorzunehmenden, teilweise auch von im Vermögen des Mündels vorgefundenen Geldanlagen. **a)** Die §§ 1806, 1807 schreiben die festverzinsliche Anlage vor und regeln das „bei wem bzw worin" der Anlegung. **b)** Die §§ 1809, 1810, 1812 und 1813 binden den Vormund bei bestimmten Rechtsgeschäften mit Gegenvormunds oder des VormG, und zwar **aa)** § 1810 bei jeder festverzinslichen Anlegung; **bb)** § 1809 bei der Abhebung von bei einer Sparkasse angelegten Geld, und zwar auf Grund eines vom Vormund bei der Anlegung zu vereinbarenden Sperrvermerks; **c)** die §§ 1812 und 1813 bei bestimmten Verfügungen über das aus der Anlegung resultierende Recht; **d)** § 1811 bei jeder anderen als festverzinslichen Anlegung. **e)** Die §§ 1814–1816 betreffen schließlich im Mündelvermögen vorgefundene oder vom Vormund zu begründende Anlagen in Inhaberpapieren und Schuldbuchforderungen. Inhaberpapiere soll der Vormund nach § 1814 unter Vereinbarung eines Sperrvermerks zugunsten des VormG hinterlegen oder nach § 1815 mit der gleichen Bestimmung in Rektapapiere umschreiben lassen. Nach § 1816 soll der Vormund bei jeder vorgefundenen oder begründeten Schuldbuchforderung einen Sperrvermerk eintragen lassen.

3. Das VormG kann von allen, von einigen oder auch von einer einzelnen der genannten Vorschriften befreien. Eine Entbindung von den §§ 1814–1816 kommt nur in Betracht, wenn sich solche Anlageformen im Mündelvermögen vorfinden, ein Sperrvermerk bei Schuldbuchforderungen nach § 1816 jedoch auch in dem Fall des nach § 1807 Nr 3 vorgesehenen und nach § 1810 genehmigungspflichtigen Erwerbs solcher Forderungen. Am meisten erscheint die in § 1810 vorgesehene Genehmigung entbehrlich, den größten Schutzeffekt dürfte die in § 1809, 1814, 1816 vorgesehene Vereinbarung von Sperrvermerken bei Abhebung, Rückforderung oder Verfügung haben. Kaum in Betracht kommt eine Entbindung von § 1811, weil dadurch der Vormund freie Hand bekäme; allenfalls kann die Entbindung eingeschränkt werden auf bestimmte Anlageformen, etwa in Fondsanteilen.

4. Rechtspolitisch gewagt und in Einzelheiten nicht überzeugend ist **Abs I S 2 mit dem Regelbeispiel**, in dessen Fall einem Antrag des Vormunds auf Entbindung offensichtlich von allen genannten Vorschriften stattgegeben werden soll. Das Regelbeispiel beruht auf der Annahme, daß kleinere Vermögen weniger gefährdet seien. Bei Bemessung der Wertgrenze von 6000 Euro bleibt Grundbesitz, das sind Grundstücke und grundstücksgleiche Rechte, außer Ansatz; sie unterstehen nämlich nicht dem für Geldvermögen geschaffenen Schutz der §§ 1806–1816, sondern dem des § 1821. Nicht verständlich ist dagegen, daß Mobilien – Wohnungseinrichtungen, Auto, Kostbarkeiten und Kunstgegenstände – die sinnvoll nur auf Geldvermögen zu beziehende Wertgrenze nicht hinausschieben.

5. Das VormG kann den Vormund nur bezüglich des ganzen Mündelvermögens befreien, nicht bis zu einer bestimmten Wertgrenze, etwa der von 6000 Euro. Obwohl das „soweit" für eine Teilbefreiung sprechen könnte, wäre eine solche Grenze infolge laufender Wertungsänderungen der Anlagen kaum genau einzuhalten. Auch würde § 1817 dadurch zu einem Mittel werden, die sich aus § 1806 ergebende Grenze zugunsten des Ausgabengeldes und zu Lasten des Mündelgeldes zu verschieben. Für eine betragsmäßig begrenzte Erleichterung ist eine allgemeine Ermächtigung nach § 1825 das sachgemäße Mittel.

6. Die durch Abs II erleichterte Möglichkeit der **Entbindung** von der Pflicht, Inhaberpapiere und die ihnen gleichgestellten Papiere zu hinterlegen (§ 1814) und der Pflicht, bei Schuldbuchforderungen einen Sperrvermerk eintragen zu lassen (§ 1816), umfaßt auch die Befreiung von der durch § 1815 eröffneten alternativen Pflicht, Inhaberpapiere umschreiben oder die verbrieften Rechte umwandeln zu lassen. Die Befreiung hat zur Voraussetzung, daß das Interesse des Mündels nicht gefährdet ist. Diese Voraussetzung der besonderen Gründe ist unbestimmter

Rechtsbegriff (anders RGRK/Scheffler, 11. Aufl, Anm 2). Allein die Vertrauenswürdigkeit des Vormunds reicht dazu nicht aus (so aber Prot IV, 786f; KGJ 20, 225; Staud/Engler Rz 19; RGRK/Dickescheid Rz 2; wie hier RG 80, 257, KG FamRZ 1970, 104; Gernhuber/Coester-Waltjen § 72 III S 9; MüKo/Wagenitz Rz 7), wohl aber in Verbindung mit weiteren Umständen wie Umständlichkeit und Kosten der Hinterlegung, Interessengemeinschaft zwischen Vormund und Mündel. Die Entbindung berührt nicht das Erfordernis der Genehmigung zu Verfügungen nach §§ 1812, 1813.

7 7. § 1817 gilt gem § 1909i I S 1 sinngemäß auch im Betreuungsrecht.

1818 *Anordnung der Hinterlegung*

Das Vormundschaftsgericht kann aus besonderen Gründen anordnen, dass der Vormund auch solche zu dem Vermögen des Mündels gehörende Wertpapiere, zu deren Hinterlegung er nach § 1814 nicht verpflichtet ist, sowie Kostbarkeiten des Mündels in der in § 1814 bezeichneten Weise zu hinterlegen hat; auf Antrag des Vormunds kann die Hinterlegung von Zins-, Renten- und Gewinnanteilscheinen angeordnet werden, auch wenn ein besonderer Grund nicht vorliegt.

1 1. § 1814 begründet die Hinterlegungspflicht nur für Inhaberpapiere, technische Orderpapiere und Erneuerungsscheine. Kraft § 1818 kann die Hinterlegung auch von Hypotheken-, Grundschuld- und Rentenschuldbriefen sowie von Sparbüchern angeordnet werden, dagegen nicht die Hinterlegung anderer als in § 1818 bezeichneter Gegenstände (zB von Schuldurkunden, da sie auch im weiteren Sinn keine Wertpapiere sind). Was **Kostbarkeiten** sind, richtet sich nach der Verkehrsanschauung (RG 105, 202, 204), zB Schmuck, Kunstwerke, seltene Bücher, auch Filme von besonderem Wert (RG 94, 119, 121). Eine **Ausdehnung der Hinterlegungspflicht** durch das VormG nach § 1818 setzt voraus, daß besondere Gründe im Interesse des Mündels dies gebieten. Denkbar ist ein Mangel an geeigneter Aufbewahrungsmöglichkeit oder fehlender Anhalt für die Beurteilung der Zuverlässigkeit des Vormunds, während begründete Zweifel seiner Ernennung entgegenstehen oder seine Entlassung nach § 1886 begründen. Das VormG ist bei Vorliegen besonderer Gründe verpflichtet, die Anordnung zu treffen; dabei handelt es sich um einen unbestimmten Rechtsbegriff (Soergel/Zimmermann Rz 5; für Ermessen MüKo/Wagenitz Rz 5). Im Falle des Hs 2 kann die Anordnung auf Antrag des Vormunds auch ohne Vorliegen besonderer Gründe erfolgen; angezeigt ist das, wenn der Auszahlungsbetrag deutlich über der Höhe von Ausgabengeld liegt. Die Hinterlegung erfolgt nach Maßgabe des § 1814, dh mit der Bestimmung, daß die Herausgabe der Papiere nur mit Genehmigung des VormG verlangt werden kann.

2 2. Eine Anordnung nach S 1 erschwert die Führung der Vormundschaft, so daß der Vormund gegen sie im eigenen Namen **Beschwerde** einlegen kann (§ 20 FGG). Gleiches gilt, wenn der Antrag des Vormunds nach S 2 zurückgewiesen wurde.

3 3. Gegenüber dem JA als **Amtsvormund** oder Amtspfleger wird § 1818 gem § 56 II S 1 SGB VIII nicht angewandt. In § 1852 II ist § 1818 nicht unter die Vorschriften aufgenommen, von denen Eltern befreien können und von denen ein Verein gem § 1857a automatisch befreit ist. § 1818 ist daher auch bei befreiter Vormundschaft und Vereinsvormundschaft anwendbar (so Staud/Engler Rz 15; RGRK/Dickescheid Rz 2; MüKo/Wagenitz Rz 8; Dölle II S 747). Dagegen wollen Soergel/Damrau (Rz 2), Pal/Diederichsen (§ 1853 Rz 1) und RGRK/Scheffler, 11. Aufl (§ 1853 Rz 1) § 1818 bei befreiter Vormundschaft nur anwenden, wenn das VormG gem § 1857 die elterliche Befreiung insoweit außer Kraft setzt, so daß eine Anwendung von § 1818 auf den Vereinsvormund stets entfiele (anders Pal/Diederichsen § 1853 Rz 1 aE).

4 4. § 1818 gilt gem § 1908i I S 1 sinngemäß auch im Betreuungsrecht.

1819 *Genehmigung bei Hinterlegung*

Solange die nach § 1814 oder nach § 1818 hinterlegten Wertpapiere oder Kostbarkeiten nicht zurückgenommen sind, bedarf der Vormund zu einer Verfügung über sie und, wenn Hypotheken-, Grundschuld- oder Rentenschuldbriefe hinterlegt sind, zu einer Verfügung über die Hypothekenforderung, die Grundschuld oder die Rentenschuld der Genehmigung des Vormundschaftsgerichts. Das Gleiche gilt von der Eingehung der Verpflichtung zu einer solchen Verfügung.

1 1. Daß der Vormund zur **Zurücknahme** von Wertpapieren oder Kostbarkeiten, die auf Grund gesetzlicher Vorschrift (§ 1814) oder auf Anordnung des VormG (§ 1818) hinterlegt sind, der **Genehmigung des VormG** bedarf, ergibt sich aus der nach diesen Vorschriften bei der Hinterlegung zu treffenden Bestimmung. Die Genehmigung ist nach § 1819, solange die Zurücknahme nicht erfolgt ist, aber auch zu jeder **Verfügung** über die hinterlegten Gegenstände erforderlich und, wenn Hypotheken-, Grundschuld- oder Rentenschuldbriefe (§§ 1116, 1192, 1195, 1199) hinterlegt sind, auch zur Verfügung über die in ihnen verbrieften Kapitalforderung, nicht jedoch über die Hypotheken- und Grundschuldzinsen oder die einzelnen Leistungen bei der Rentenschuld. Dafür entfällt gem § 1812 I S 1 aE ein in §§ 1812, 1813 begründetes Erfordernis der Genehmigung durch den Gegenvormund. Wie nach § 1812 I S 2 gilt das Genehmigungserfordernis gem S 2 auch für die Eingehung einer schuldrechtlichen Verpflichtung zu einer solchen Verfügung. Es handelt sich um eine **Beschränkung der Vertretungsmacht** des Vormunds, der demgemäß ohne Genehmigung des VormG nicht wirksam verfügen oder eine Verpflichtung dazu eingehen kann. Die Verfügungsbeschränkungen nach § 1819 fallen jedoch weg, wenn die hinterlegten Gegenstände zurückgenommen sind, auch wenn dies ohne die erforderliche Genehmigung erfolgt ist, und der Dritte, dem gegenüber der Vormund verfügt, dies weiß (Soergel/Zimmermann Rz 3; Pal/Diederichsen Rz 1). Erforderlich bleibt dann aber die Genehmigung des Gegenvormunds bzw des VormG gem §§ 1812, 1813. Hinterlegt der Vormund, ohne nach §§ 1814, 1818 dazu verpflichtet zu sein (vgl § 1814 Rz 6), so gelten gleichfalls statt § 1819 die

Führung der Vormundschaft **Vor §§ 1821, 1822**

Vorschriften der §§ 1812, 1813. Hat ein Dritter, der dem Mündel unter Lebenden oder von Todes wegen etwas zugewendet hat, im Rahmen der ihm nach § 1803 I möglichen Anordnungen für die Vermögensverwaltung dem Vormund die Hinterlegung auferlegt, so wird eine Einbeziehung dieser Fälle in die Geltung von § 1819 allgemein abgelehnt (Staud/Engler Rz 9 mN). Der Vormund ist dem Mündel nach § 1833 für einen Schaden verantwortlich, der infolge unbefugter Erhebung der hinterlegten Gegenstände oder Unterlassung der gebotenen Hinterlegung entsteht.

2. Für die **Entscheidung des VormG** über die Genehmigung gelten die §§ 1828ff (vgl auch § 1826 und § 1809 Rz 6). 2

3. Da Eltern den Vormund von der Pflicht des § 1814, Inhaber- und Orderpapiere bei der Hinterlegung zu sperren, gem § 1853 **befreien** können (§ 1814 Rz 6), ist die an § 1814 anknüpfende, weitergehende Beschränkung des § 1819 in die Befreiungsmöglichkeit einzubeziehen. Das gilt jedoch nicht für § 1818 unterfallende, andere Wertpapiere sowie Kostbarkeiten (§ 1818 Rz 1); hat das VormG angeordnet, daß der Vormund sie gesperrt zu hinterlegen hat, so greift auch bei befreiter Vormundschaft § 1819 ebenfalls ein und unterwirft jede Verfügung über die hinterlegten Gegenstände dem Erfordernis der Genehmigung des VormG (Staud/Engler Rz 9 mN). 3

Im selben Umfang wie ein von den Eltern befreiter Vormund ist gem § 1857a der **Vereinsvormund** befreit, also nicht von der möglichen Beschränkung aus §§ 1818, 1819 (ebenso Staud/Engler Rz 15). 4

Weiter geht die Befreiung des JA als **Amtsvormund** auf Grund § 56 II S 1 SGB VIII, worin auch § 1818 als nicht anzuwenden aufgeführt ist. Damit ist der Amtsvormund auch von § 1818 befreit. 5

4. § 1819 gilt gem § 1908i I S 1 sinngemäß auch im Betreuungsrecht. 6

1820 *Genehmigung nach Umschreibung und Umwandlung*
(1) Sind Inhaberpapiere nach § 1815 auf den Namen des Mündels umgeschrieben oder in Schuldbuchforderungen umgewandelt, so bedarf der Vormund auch zur Eingehung der Verpflichtung zu einer Verfügung über die sich aus der Umschreibung oder der Umwandlung ergebenden Stammforderungen der Genehmigung des Vormundschaftsgerichts.
(2) Das Gleiche gilt, wenn bei einer Schuldbuchforderung des Mündels der im § 1816 bezeichnete Vermerk eingetragen ist.

Die Vorschrift ergänzt die §§ 1815, 1816 und entspricht §§ 1812 I S 2 und 1819 S 2. Die Beschränkung der Vertretungsmacht des Vormunds durch das Erfordernis der Genehmigung des VormG (§ 1819 Rz 1) gilt jedoch auch hier nur, solange die Papiere umgeschrieben sind oder bei Schuldbuchforderungen der Vermerk im Schuldbuch eingetragen ist. Ist die Umschreibung oder der Vermerk im Schuldbuch gelöscht oder die Wiederverwandlung der Schuldbuchforderungen in Inhaberpapiere mit oder ohne Genehmigung des VormG erfolgt, so gelten nur §§ 1812, 1813. Bei freiwilliger oder durch Anordnung nach § 1803 oder durch den Amts- oder Vereinsvormund veranlaßter Umschreibung oder Umwandlung ohne Hinterlegungspflicht nach §§ 1814, 1818 tritt die Beschränkung des § 1820 nicht ein. § 1820 gilt nur für das Stammrecht, nicht für Nebenleistungen und Zinsen. 1

§ 1820 gilt gem § 1908i I S 1 sinngemäß auch im Betreuungsrecht. 2

Vorbemerkung §§ 1821, 1822

Schrifttum: *Brüggemann*, Der sperrige Katalog, FamRZ 1990, 5 und 124; *Eickmann*, Vormundschaftsgerichtliche Genehmigungen im Zwangsversteigerungsverfahren, Rpfleger 1983, 199; *Klüsener*, Vormundschaftsgerichtliche Genehmigungen im Liegenschaftsrecht, Rpfleger 1981, 461; *ders*, Der Minderjährige im Unternehmensrecht, Rpfleger 1990, 321.

1. In den §§ 1821, 1822 sind Fälle von weittragender Bedeutung zusammengefaßt, in denen der Vormund bei Vornahme von Rechtsgeschäften an die Genehmigung des VormG gebunden ist, damit das Mündelinteresse nach Möglichkeit gewahrt ist. Ungeachtet des materiellen Schutzzwecks ist der Kreis der genehmigungsbedürftigen Rechtsgeschäfte im Interesse der Rechtssicherheit rein formal zu bestimmen (BGH 17, 160, 163; KG FamRZ 1993, 733, 734). Für die Auswahl der Fälle war entweder die Wichtigkeit des Vermögensgegenstandes oder die gefährliche oder bedenkliche Natur des Rechtsgeschäfts maßgebend (BGH 17, 163). Während § 1821 Geschäfte über Grundstücke und grundstücksgleiche Rechte zusammenfaßt, versammelt § 1822 heterogene Fälle. Rspr (zuletzt BGH NJW 1983, 1780, 1781) und Literatur (Brüggemann FamRZ 1990, 5) betonen, daß die einzelnen Vorschriften eng auszulegen und Zwischenräume nicht durch Analogie zu schließen seien und wenden sich dagegen, auf der jeweiligen Grundsätze abzustellen. Indessen weicht die Rspr bei der Handhabung einzelner Vorschriften von aufgestellten Grundsätzen ab. Bei den teilweise abstrakten dogmatischen Begriffen, mit denen einzelne Vorschriften arbeiten, ist eine nach typischen Sachverhaltsmerkmalen konkretisierende Auslegung unvermeidlich. Es handelt sich bei §§ 1821, 1822, anders als bei §§ 1803 II, 1807, 1810, 1811, 1823, nicht um bloße Ordnungsvorschriften, sondern um Dritten gegenüber wirksame **Beschränkungen der Vertretungsmacht des Vormunds** (RG 71, 162, 170). In diesen Fällen ist der Grundsatz der Selbständigkeit des Vormunds (§ 1793 Rz 28) entsprechend eingeschränkt. Das ihm vorgelegte Rechtsgeschäft hat das VormG uneingeschränkt darauf zu überprüfen, ob es dem Wohl und dem Interesse des Mündels entspricht; das VormG übt hierbei nicht nur eine Art Aufsicht über den Vormund aus, ist nicht darauf beschränkt, die beantragte Genehmigung bei „Ermessensfehlern" des Vormunds zu versagen (ganz anders Rauschert ZfJ 1962, 152, 153). Die Vereinbarkeit des Rechtsgeschäfts mit dem Mündelinteresse ist **unbestimmter Rechtsbegriff** (Karlsruhe FamRZ 1973, 378, 379; Gernhuber/Coester-Waltjen 1

§ 60 IV S 8; Staud/Engler § 1828 Rz 15; RGRK/Dickesscheid vor §§ 1821, 1822 Rz 5; Göppinger, Juristen-Jahrbuch 1968/69, 102; Soergel/Zimmermann § 1828 Rz 8; **anders**, nämlich Ermessen: BGH FamRZ 1986, 970; BayObLG FamRZ 1997, 842, 844; Keidel/Kahl § 27 FGG Rz 26b; Jansen § 27 FGG Rz 23, 27; Pal/Diederichsen § 1828 Rz 7).

2   Die **Genehmigung ist erforderlich**, einerlei ob der Vormund, ein von ihm bevollmächtigter Vertreter oder der Mündel selbst mit der Zustimmung des Vormunds das Rechtsgeschäft vornimmt. Der Vormund kann sich dem Erfordernis der Genehmigung durch das VormG auch nicht dadurch entziehen, daß er Gegenstände, deren Veräußerung der Genehmigung bedarf, dem Mündel nach § 110 zur Vertragserfüllung oder freien Verfügung überläßt (§ 1824). Auch sonst überspielt § 110 nicht das Erfordernis vormundschaftsgerichtlicher Genehmigung, weil dieses nicht dem Handeln des Vormunds, sondern das für den Mündel wirksamen Rechtsgeschäft gilt. Verwendet der Mündel daher ihm vom Vormund überlassene Gegenstände, deren Veräußerung der Genehmigung nicht bedarf (zB Geld), zur Erfüllung eines zB nach § 1822 Nr 4 oder 5 von ihm selbst ohne Zustimmung des Vormunds abgeschlossenen genehmigungsbedürftigen Vertrages, so ist dafür die vormundschaftsgerichtliche Genehmigung erforderlich (ebenso Adam ZfV 1964, 625; grundsätzlich verneinend Schmidt VersR 1966, 313 mN). Die Genehmigung ist grundsätzlich auch für solche von §§ 1821, 1822 erfaßten Rechtsgeschäfte erforderlich, zu deren Vornahme eine **Verpflichtung des Mündels besteht** (KG OLG 33, 363; KGJ 38 A 219, A 223). Dieser Grundsatz gilt jedoch uneingeschränkt nur bei Grundstücksgeschäften (dazu KGJ 38 A 219) und gesetzlichen Verpflichtungen; im übrigen können vertraglich genau festgelegte Pflichten genehmigungsfrei erfüllt werden (ebenso Knopp BB 1962, 943). Das VormG darf die Genehmigung nicht mit der Begründung versagen, daß eine Verpflichtung nicht bestehe, kann die Genehmigung aber auf den Fall rechtskräftiger Verurteilung des Mündels beschränken. Versagt werden kann die Genehmigung zB dann, wenn zwar Leistungspflicht besteht, die Erbringung einer Gegenleistung aber nicht gesichert erscheint (vgl Müller FamRZ 1956, 45). Die Genehmigungsbedürftigkeit entfällt weiter nicht schon deshalb, weil der Mündel mit anderen Beteiligten nur mitberechtigt ist, zB bei einer Erbengemeinschaft oder sonstigen Gemeinschaft zur gesamten Hand (KGJ 38, 219, 220f; BayObLG JW 1921, 581 mit Anm Endemann).

Häufig ergibt sich die Genehmigungsbedürftigkeit eines Vertrages aus mehreren seiner Bestimmungen, so zB wenn Eltern und Kind einen Gesellschaftsvertrag schließen (§ 1822 Nr 3), nach dem das Kind gesamtschuldnerisch für Gesellschaftsverbindlichkeiten haftet (§ 1822 Nr 10) und die Eltern Grundstücke einbringen (§ 1821 I Nr 5). Sind mehrere oder eine einzige wesentliche Bestimmung genehmigungsbedürftig, ist es der Vertrag als Ganzes (BayObLGZ 1977, 121, 126).

3   Dagegen ist die Genehmigung **nicht erforderlich** a) bei Verfügungen der vertretungsberechtigten Gesellschafter einer OHG, an welcher der Mündel beteiligt ist (RG 54, 278, 281; 137, 344; JW 1907, 303; KG DR 1942, 267), auch nicht zur Veräußerung der Geschäftsanteile des Mündels an einer GmbH, deren Vermögen aus einem Grundstück besteht (RG 133, 7), oder bei Beteiligung des Mündels an einer sonstigen juristischen Person. Der Genehmigung bedürfen dagegen Grundstücksgeschäfte einer Verwaltungsgesellschaft bürgerlichen Rechts, an der ein Minderjähriger beteiligt ist, denn hier fehlt der Schutz des § 1822 Nr 3 (Hamburg FamRZ 1958, 333); b) soweit das Vermögen der Verwaltung eines **Testamentsvollstreckers** unterliegt (RG 91, 69, 71), auch wenn dieser den Vormund bevollmächtigt hat, das Rechtsgeschäft für den Nachlaß vorzunehmen; c) wenn die Verfügung auf Grund einer **Vollmacht** des Erblassers erfolgt (RG 88, 345, 350; 106, 184, 186; vgl § 1812 Rz 12); d) gem § 54 ZPO zur **Prozeßführung** einschließlich der Zwangsvollstreckung. Auch Prozeßhandlungen, die sich wie Verfügungen auswirken: zB Klageverzicht, Anerkenntnis: BGH LM § 306 Nr 1 ZPO), sind daher ohne Genehmigung wirksam (BGH JZ 1956, 62; Pohle JZ 1956, 53/54); anders beim Prozeßvergleich, infolge von § 1822 Nr 12, wie überhaupt bei allen materiell-rechtsgeschäftlichen Handlungen im Rahmen eines Prozesses (vgl auch § 1812 Rz 2). Die **Zwangsvollstreckung** gegen den Mündel bedarf auch dann nicht der vormundschaftsgerichtlichen Genehmigung, wenn sie aus einem Versäumnisurteil erfolgt. Bei rechtskräftiger Verurteilung zur Abgabe einer Willenserklärung – zB zur Auflassung oder zur Bewilligung einer Hypothekenlöschung – gilt die Erklärung nach § 894 ZPO mit der Rechtskraft als abgegeben, auch wenn eine nach §§ 1821, 1822 erforderliche Genehmigung nicht vorlag und das Urteil zu Unrecht ergangen war (BayObLG 1904, 725, 729; MDR 1953, 561, 562; vgl KGJ 31, 294; 45, 264, 265ff; aA Stein/Jonas/Münzberg ZPO § 894 Rz 24).

4   Das VormG kann dem Vormund zur Vornahme der in § 1822 Nr 8–10 bezeichneten Rechtsgeschäfte eine **allgemeine Ermächtigung** erteilen (§ 1825); im übrigen kann der Vormund von der Verpflichtung, die Genehmigung des VormG in den gesetzlich bezeichneten Fällen einzuholen, nicht befreit werden, auch nicht durch die Eltern des Mündels (vgl die Zusammenstellung §§ 1852–1854 Rz 5). Der Genehmigung bedarf das Rechtsgeschäft des Vormunds auch dann, wenn es im Rahmen eines Erwerbsgeschäftes oder eines Dienst- oder Arbeitsverhältnisses vorgenommen wird, für das der Minderjährige nach §§ 112, 113 unbeschränkt geschäftsfähig ist.

5   Die Vorschriften gelten auch für den Vereinsvormund; für das JA als Amtsvormund oder -pfleger ist nach § 56 II S 2 SGB VIII in den Fällen des § 1822 Nr 6 und 7 die Genehmigung nicht erforderlich. Über die Erteilung der Genehmigung und ihre rechtliche Bedeutung vgl § 1828 Rz 1; über die Rechtsfolgen eines Fehlens der Genehmigung §§ 1829–1831. Die Genehmigung erteilt der Rechtspfleger (§ 3 Nr 2 lit a RPflG) außer in den Fällen des § 1822 Nr 1–3 und 12, in denen der Richter entscheidet (§ 14 Nr 9 RPflG).

6   **2. Weitere Fälle**, in denen der Vormund an die Genehmigung des VormG gebunden ist, sind in § 1793 Rz 24 zusammengestellt. In § 1793 Rz 26 auch die Fälle, in denen das VormG eine vom Vormund verweigerte Ermächtigung, Einwilligung oder Genehmigung ersetzen kann; §§ 1829 bis 1831 finden auf diese Fälle ebensowenig Anwendung wie auf Fälle, in denen die Genehmigung des VormG nur eingeholt werden soll, ohne daß die Vertretungsmacht des Vormunds beschränkt wäre: §§ 1803 II, 1810, 1811, 1823.

3. Soweit ein Rechtsgeschäft gesetzlich keiner Genehmigung des VormG bedarf, kann seine Wirksamkeit auch vertraglich nicht von einer solchen abhängig gemacht werden. Auch die Eltern oder im Falle des § 1803 der Erblasser oder zuwendende Dritte können den Kreis der genehmigungspflichtigen Geschäfte nicht erweitern (KGJ 40, 227, 230). Der Vormund muß daher vermeiden, eine derartige Vereinbarung zu treffen. Bei der Anlegung von Mündelgeld oder einer Hinterlegung kann der Vormund die Rücknahme nicht von der Genehmigung abhängig machen, wenn sie gesetzlich nicht gefordert ist.

4. Anzuhören hat das VormG den Mündel grundsätzlich vor jeder Entscheidung über eine Genehmigung (§ 50b FGG), wenn dies nach Art der Angelegenheit angezeigt erscheint.

§ 1821 Genehmigung für Geschäfte über Grundstücke, Schiffe oder Schiffsbauwerke

(1) Der Vormund bedarf der Genehmigung des Vormundschaftsgerichts:
1. zur Verfügung über ein Grundstück oder über ein Recht an einem Grundstück;
2. zur Verfügung über eine Forderung, die auf Übertragung des Eigentums an einem Grundstück oder auf Begründung oder Übertragung eines Rechts an einem Grundstück oder auf Befreiung eines Grundstücks von einem solchen Recht gerichtet ist;
3. zur Verfügung über ein eingetragenes Schiff oder Schiffsbauwerk oder über eine Forderung, die auf Übertragung des Eigentums an einem eingetragenen Schiff oder Schiffsbauwerk gerichtet ist;
4. zur Eingehung einer Verpflichtung zu einer der in den Nummern 1 bis 3 bezeichneten Verfügungen;
5. zu einem Vertrag, der auf den entgeltlichen Erwerb eines Grundstücks, eines eingetragenen Schiffes oder Schiffsbauwerks oder eines Rechts an einem Grundstück gerichtet ist.

(2) Zu den Rechten an einem Grundstück im Sinne dieser Vorschriften gehören nicht Hypotheken, Grundschulden und Rentenschulden.

1. **Textgeschichte.** Durch Abschnitt 1 der DVO zum SchiffsG vom 21. 12. 1940 (RGBl I 1609) sind Nr 3 eingefügt, Nr 4 und 5 (früher 3 und 4) entsprechend umnummeriert und erweitert worden.

2. Die **Genehmigung** des VormG ist **erforderlich:** a) nach Nr 1 und 3 zur Verfügung über Grundstücke, eingetragene Schiffe oder Schiffsbauwerke und über Rechte an Grundstücken,

b) nach Nr 2 und 3 zur Verfügung über Forderungen auf Übertragung des Eigentums an Grundstücken, eingetragenen Schiffen und Schiffsbauwerken sowie auf Begründung oder Übertragung eines Rechts an einem Grundstück oder auf Befreiung eines Grundstücks von einem solchen Recht, da diese Forderungen den zu a) bezeichneten Gegenständen wirtschaftlich gleichstehen,

c) nach Nr 4 auch zur Eingehung einer schuldrechtlichen Verpflichtung zu einer der bisher genannten Verfügungen, da sonst deren Vornahme erzwungen werden könnte (entsprechend §§ 1812 I S 2, 1819 S 2),

d) nach Nr 5 zu einem Vertrag, der auf den entgeltlichen Erwerb der zu a) bezeichneten Gegenstände gerichtet ist.

Von den Rechten an einem Grundstück nimmt Abs II Hypotheken, Grund- und Rentenschulden aus, weil sie im Verkehr eher als Mobiliarrechte behandelt werden. Zu beachten ist aber, daß der Vormund zur Verfügung über sie nach § 1812 der Genehmigung des Gegenvormunds oder des VormG, sowie nach § 1819 stets des letzteren bedarf, wenn die Hypotheken-, Grundschuld- und Rentenbriefe nach §§ 1814 oder 1818 hinterlegt sind oder ein unter § 1822 Nr 10, 12 oder 13 fallendes Rechtsgeschäft in Frage steht. Von § 1821 erfaßte Rechte an Grundstücken sind daher nur die Grunddienstbarkeit (§ 1018), Nießbrauch (§ 1030), Reallast (§ 1105) und Vorkaufsrecht (§ 1094). Die Möglichkeit einer Verfügung über diese Rechte ist jedoch insofern beschränkt, als die Grunddienstbarkeit mit dem herrschenden Grundstück untrennbar verknüpft und die übrigen mit Ausnahme der Reallasten und derjenigen Vorkaufsrechte, deren Übertragbarkeit besonders vereinbart wurde, nicht übertragbar sind (§§ 1059, 1092, 1098 I S 1, 514 S 1). Die einzelnen Realleistungen fallen infolge § 1107 nicht unter § 1821.

Wenn bei einer Transaktion mehrere Akte den Tatbestand mehrerer Genehmigungserfordernisses erfüllen, ist die Genehmigung nicht mehrfach zu erteilen. So deckt die nach Abs I Nr 4 erforderliche Genehmigung des Kaufvertrags regelmäßig auch die nach Abs I Nr 1 erforderliche Auflassung (BayObLG Rpfleger 1985, 235; KG FamRZ 1993, 733, 734) und umgekehrt (RG 130, 148, 151; Pal/Diederichsen Rz 10).

Der **Verfügungsbegriff** in Abs I Nr 1–4 ist nicht der besondere des § 1812, sondern der allgemeine jeder rechtsgeschäftlichen Änderung eines bestehenden Rechts; dessen Ausübung oder die Annahme der geschuldeten Leistung fällt nicht darunter. Dabei ist nur der bisherige Inhaber des betroffenen Rechtes Verfügender, nicht auch der Erwerber, was RGRK/Scheffler, 11. Aufl, Anm 5 bei Anführung von RG 108, 356 verkennt, wo nämlich die Entgegennahme der Auflassung durch den Vater nur wegen der gleichzeitigen Bewilligung einer Restkaufgeldhypothek als Verfügung angesehen wurde. Beruht der Anspruch auf den Erwerb auf einem Kausalgeschäft des Mündels, so ist dieses nach Nr 5 genehmigungsbedürftig. Andernfalls, etwa bei erbrechtlichem Erwerb des Auflassungsanspruchs, entfällt der Zweck des Genehmigungserfordernisses, weil das Mündelvermögen vermehrt wird (Brüggemann FamRZ 1990, 124, 128). Die Frage, ob dogmatisch selbständige Verfügungen aus dem Gesichtspunkt, lediglich Erwerbsmodalität zu sein, genehmigungsfrei sind, hat für die Restkaufgeldhypothek keine Bedeutung: Ist der Mündel Partner des Kaufvertragsschlusses, so wird zu dem Kaufvertrag die Genehmigung auch für die mit dem Mündel den Kaufanspruch geerbt, so ist die Genehmigung für die Bewilligung der Hypothek erforderlich, aber regelmäßig zu erteilen. Erwirbt der Mündel jedoch schenkweise reservatu usufructu, so ist die Bestellung des Nießbrauchs genehmigungsfrei (BGH 24, 372, 377). Hat der Mündel in der Zwangsversteigerung den Zuschlag erhalten, so war sein Gebot genehmigungsbedürftig; vereinbart der Mündel jetzt mit dem Berechtigten das Bestehenbleiben eines Rechtes, das nach den Versteigerungsbedingungen erlöschen würde, so ist dazu keine Genehmigung erforderlich.

§ 1821 Familienrecht Vormundschaft

Grundstücken stehen die grundstücksgleichen Rechte gleich: das Erbbaurecht (§ 11 ErbbauVO), Wohnungs- und Teileigentum nach dem WEG (§ 1), Bergwerkseigentum (Art 67 EGBGB), Abbaurechte (Art 68 EGBGB) sowie Nutzungsrechte nach Art 196 EGBGB.

8 3. Unter **Nr 1** fallen insbesondere die Veräußerung (Auflassung) und die Belastung eines Grundstücks mit dinglichen Rechten. Die Erteilung einer unwiderruflichen Vollmacht zur Auflassung steht der Verfügung gleich (RG 90, 395, 400), auch die Bewilligung einer Auflassungs- oder Löschungsvormerkung (MüKo/Wagenitz Rz 25 mN; wie hier Frankfurt/M MDR 1997, 367). Die Abtretung von Geschäftsanteilen einer GmbH, deren Vermögen aus Grundstücken besteht, fällt jedoch nicht unter Nr 1: RG 133, 7 (vor § 1821 Rz 3). Die Genehmigung ist nicht etwa entbehrlich, wenn eine rechtlich erzwingbare Verpflichtung zu der Verfügung besteht (BayObLG FamRZ 1977, 141, 143, vor § 1821 Rz 2). In der Genehmigung des die Verpflichtung begründenden Vertrages liegt jedoch regelmäßig auch die der Auflassung (KGJ 28, 6, 7; KG RJA 3, 59; JW 1937, 42; BayObLG DNotZ 1983, 369; anders im Fall nur bedingter Vertragspflicht, hier muß das VormG prüfen können, ob die Bedingung eingetreten ist: BayObLG FamRZ 1977, 141, 143). Die Genehmigung zu einem Kaufvertrag mit Belastungsvollmacht genügt nicht zur Eintragung der auf Grund der Vollmacht bestellten Grundpfandrechte; hierzu bedarf es einer besonderen Genehmigung (LG Saarbrücken Rpfleger 1982, 25 mit iE zustimmender Anm Maurer). Der Mangel der Genehmigung wird durch Auflassung und Eintragung nicht geheilt (BayObLG 1927, 208, 209). Erwirbt ein minderjähriger Miterbe unentgeltlich ein Nachlaßgrundstück zu Alleineigentum, so bedarf es weder einer Einwilligung des gesetzlichen Vertreters noch einer Genehmigung des VormG (BayObLG FamRZ 1968, 206, 207).

9 Auch die **Bestellung einer Hypothek**, Grund- oder Rentenschuld ist eine Verfügung über das Grundstück (RG 154, 46). Die Vorschriften der Nr 1–4 gelten jedoch nur für Verfügungen, durch die das bereits vorhandene Vermögen des Mündels vermindert oder seine bisherige Belastung erweitert wird. Trifft dies nicht zu, zB bei Erwerb eines Grundstücks unter gleichzeitiger Belastung mit einer Hypothek für den Restkaufpreis (BGH 24, 372, 375; FamRZ 1969, 209, 210; RG 110, 173, 175; 108, 356, 364), für Renovierungsarbeiten an dem Grundstück (BGH NJW 1998, 453) oder für Kosten der Straßenanlage und -unterhaltung zugunsten der veräußernden Stadtgemeinde (KG HRR 1932, 1305), so bedarf es keiner Genehmigung nach Nr 1, jedenfalls solange die Belastung den Erwerbspreis nicht übersteigt (BGH NJW 1998, 453). Ebensowenig bei Grundstückserwerb unter Übernahme von Hypotheken in Anrechnung auf den Kaufpreis (RG 110, 173) oder unter Bestellung von Nießbrauchs- und anderen Rechten für den Veräußerer oder Dritte (BGH 24, 372, 374). Bei **entgeltlichem** Erwerb ist jedoch zum Kaufvertrag die Genehmigung nach Nr 5 erforderlich. Die Entgegennahme der Auflassung bedarf nicht der Genehmigung, obwohl sie nach Nr 2 in Verbindung mit dem die Annahme einer geschuldeten Leistung umfassenden Verfügungsbegriff (§ 1812 Rz 2) eine Verfügung über den Anspruch auf Eigentumsübertragung ist; doch handelt es sich auch hier nicht um eine Verminderung, sondern um eine Vermehrung des vorhandenen Vermögens (RG 108, 356, 363ff).

10 Genehmigungsbedürftig nach Nr 1 ist auch die Bestellung einer Eigentümergrundschuld (KG JW 1932, 1388), die Zustimmung zur Verfügung eines Nichtberechtigten (BayObLG 1913, 287), die Zustimmung des Mündels als Nacherbe zur Veräußerung eines Nachlaßgrundstücks seitens des Vorerben und zur Löschung des Nacherbenvermerks (Karlsruhe RJA 17, 22; Hamm NJW 1965, 1489), die Bewilligung einer Grundbuchberichtigung (KG OLG 25, 390 gegen KG OLG 26, 171) oder einer Vormerkung (Frankfurt/M NJW-RR 1997, 719; Celle Rpfleger 1980, 187; Mohr Rpfleger 1981, 175; aA Plumbohn Rpfleger 1980, 343); ferner die Erhöhung der Verzinsung einer Hypothek (KGJ 29, 20), die Ausschließung oder Beschränkung des Kündigungsrechts des Eigentümers (BGH 1, 306; KG RJA 5, 197; OLG 15, 262), sowie auch seine Zustimmung zur Umwandlung einer Sicherungs- in eine Verkehrshypothek oder einer Verkehrshypothek in eine Grundschuld, da auch hierdurch die mit der Belastung verbundene Beschwerung des Eigentümers erweitert wird (BayObLG 1902, 799; RGRK/Dickescheid Rz 4; Pal/Diederichsen Rz 15; Dölle FamR II § 128 II S 2b); Staud/Engler Rz 50; teilweise aM Gernhuber/Coester-Waltjen § 60 V S 4).

11 Der Antrag auf Teilungsversteigerung eines im Miteigentum stehenden Grundstücks ist keine Verfügung über dieses (RG 136, 353, 358), ein Vormund bedarf dazu aber der Genehmigung des VormG nach § 181 II S 2 ZVG. Hängt die Fälligkeit einer Hypothek oder Grundschuld von der Kündigung durch den Eigentümer ab, so ist die Kündigung ebenfalls keine Verfügung über das Grundstück (BGH 1, 294, 306). Keiner Genehmigung bedarf die Zustimmung des Mündels als Eigentümer zum Rangrücktritt einer Hypothek (KG RJA 2, 99, 100) oder zur Hypothekenlöschung (KGJ 22, 146 und hM; aA Lehmann/Henrich FamR § 37 IV S 2b), die Unterwerfung unter die sofortige Zwangsvollstreckung wegen der Hypothek, da darin keine Verfügung über das Grundstück enthalten ist (KG RJA 7, 224, 225 und hM, vgl RGRK/Dickescheid Rz 6), die Verfügung über den Besitz eines Grundstücks (RG 109, 106, 112), die Überlassung der Ausübung des Nießbrauchs oder einer beschränkten persönlichen Dienstbarkeit, die ebenfalls keine Verfügung über das Grundstücksrecht ist, die Verfügung über ein Recht des Mündels, das an einem Recht an einem Grundstück besteht, zB ein Pfandrecht an einem Nießbrauch oder ein Nießbrauch an einer Hypothek (KGJ 40, 163).

12 Gehören dem Minderjährigen mehrere Grundstücke, die er zu einem Grundstück vereinigt (§ 890 I), so ist das zwar eine sachenrechtliche Verfügung, die sich aber auf die vermögensrechtliche Lage des Eigentümers nicht auswirkt, und zwar selbst dann nicht, wenn Belastungen bestehen. Daher ist eine teleologische Reduktion von § 1821 Nr 1 angezeigt (Brüggemann FamRZ 1990, 124, 128 im Anschluß an Klüsener Rpfleger 1981, 461, 464). Gleiches gilt, wenn ein Grundstück gem § 890 II dem anderen als Bestandteil zugeschrieben wird, sofern sich nicht gem § 1131 die Belastungsverhältnisse an dem zugeschriebenen Grundstück ändern.

13 4. Unter **Nr 2** fällt zB der Anspruch auf Auflassung aus einem Grundstückskaufvertrag, aus einem übertragbaren schuldrechtlichen Vorkaufsrecht (§ 473) oder einem Wiederkaufsrecht (§ 456), aus dem Meistgebot in der

Zwangsversteigerung (vgl § 81 ZVG), aus einer für den Mündel eingetragenen Vormerkung zur Sicherung des Anspruchs auf Eigentumsübertragung (RG Recht 1929, 2371). Auch die Wiederaufhebung eines Grundstückskaufvertrages bedarf der Genehmigung (RG Warn Rsp 1926 Nr 70). Eine Verfügung über eine Forderung auf Befreiung eines Grundstücks von einem Recht am Grundstück ist zB der Verzicht auf einen solchen Anspruch.

5. Eine Forderung im Sinne der Nr 3 ist zB der Anspruch aus dem Kauf eines Schiffes oder Schiffsbauwerks. 14

6. Durch Nr 4 soll eine Umgehung der Vorschriften unter Nr 1–3 verhütet und zugleich der Mündel vor Ansprüchen auf Schadensersatz wegen Nichterfüllung geschützt werden. Köln FamRZ 1995, 1232 hat auch eine vorvertragliche Verpflichtung über ein künftig zu Mündelvermögen gehörendes Grundstück unter Nr 4 gefaßt. Wird dem Mündel ein Grundstück geschenkt, so begründet die Pflicht aus §§ 528, 530, das Geschenkte gegebenenfalls zurückzugeben, nicht die Anwendung von § 1827 I Nr 4, weil die Rückgabepflicht gem § 531 II auf den erhaltenen Vermögensvorteil beschränkt ist; das gilt auch, wenn der Schenkungsvertrag den Rückforderungsanspruch einem Dritten einräumt (Köln Rpfleger 1998, 159). Nichts anderes gilt, wenn ein zusätzlicher vertraglicher Rücktrittsgrund vereinbart wird. Daß der Minderjährige persönlich an der Rückübertragung mitzuwirken hat, kann zu keinem anderen Ergebnis führen (anders Klüsener Rpfleger 1981, 461, 467; LG Bonn MittRhNotK 1974, 244, 245). 15

7. Unter Nr 5 fällt außer dem Kauf auch der Grundstückstausch (§ 480). Keiner Genehmigung bedarf der Vertrag, durch den sich der Minderjährige ein Grundstück schenken läßt (vgl Rz 15), auch wenn die Schenkung unter Übernahme eingetragener oder Bestellung neuer dinglicher Lasten, zB eines Nießbrauchs, oder unter einer Auflage erfolgt, sofern sich der Vertrag dadurch nicht als ein entgeltlicher darstellt (RG 148, 321, 323f) oder wenn ein Miteigentumsanteil geschenkt wird und die Aufhebung des Gemeinschaft gem § 749 II auf eine bestimmte Zeit ausgeschlossen ist (LG München FamRZ 1999, 739). Bei Erwerb eines Grundstücks in der Zwangsversteigerung bedarf das Gebot des Mündels abzugebende Gebot der Genehmigung des VormG; ohne diese ist es zurückzuweisen (§ 71 II ZVG); zur Vereinbarung gem § 91 II ZVG über das Bestehenbleiben eines Rechts am Grundstück bedarf der Vormund nach § 1821 Nr 1 der Genehmigung. Gehört ein Grundstück zu einem Nachlaß, so ist Gegenstand eines Erbschaftskaufs, aber auch der Ausübung des Vorkaufsrechts (trotz der Einseitigkeit des Rechtsgeschäfts: Schleswig SchlHA 1956, 262) ein Inbegriff oder sogar ein Gesamthandsanteil an dem Inbegriff, so daß eine dogmatische Auslegung ein Genehmigungserfordernis verneinen wird. So für den Fall, daß der minderjährige Miterbe sein Vorkaufsrecht § 2034 ausübt: Soergel/Zimmermann Rz 16; Gernhuber/Coester-Waltjen § 60 VI S 10; Staud/Engler Rz 85. Der Schutzzweck der Vorschrift kann jedoch eine weite Auslegung nahelegen (Schleswig SchlHA 1956, 262). Als auf den Erwerb des Grundstücks gerichtet läßt sich der Vertrag dann ansprechen, wenn das Grundstück einen wirtschaftlich wesentlichen Teil des Nachlasses darstellt (Brüggemann FamRZ 1990, 5, 6: wenn der Nachlaß überhaupt nur aus einem Grundstück besteht). Die Problematik ist die gleiche, wenn der minderjährige Miterbe gegen Abfindung den Erbteil eines anderen Miterben gem § 2033 I erwirbt sowie bei jedem Erbschaftskauf, auch von einem Alleinerben. 16

8. § 1821 gilt gem § 1643 auch für den Vater und die Mutter und gem § 1908i I S 1 sinngemäß auch im Betreuungsrecht. 17

1822 *Genehmigung für sonstige Geschäfte*
Der Vormund bedarf der Genehmigung des Vormundschaftsgerichts:
1. zu einem Rechtsgeschäft, durch das der Mündel zu einer Verfügung über sein Vermögen im Ganzen oder über eine ihm angefallene Erbschaft oder über seinen künftigen gesetzlichen Erbteil oder seinen künftigen Pflichtteil verpflichtet wird, sowie zu einer Verfügung über den Anteil des Mündels an einer Erbschaft,
2. zur Ausschlagung einer Erbschaft oder eines Vermächtnisses, zum Verzicht auf einen Pflichtteil sowie zu einem Erbteilungsvertrag,
3. zu einem Vertrag, der auf den entgeltlichen Erwerb oder die Veräußerung eines Erwerbsgeschäfts gerichtet ist, sowie zu einem Gesellschaftsvertrag, der zum Betrieb eines Erwerbsgeschäfts eingegangen wird,
4. zu einem Pachtvertrag über ein Landgut oder einen gewerblichen Betrieb,
5. zu einem Miet- oder Pachtvertrag oder einem anderen Vertrag, durch den der Mündel zu wiederkehrenden Leistungen verpflichtet wird, wenn das Vertragsverhältnis länger als ein Jahr nach dem Eintritt der Volljährigkeit des Mündels fortdauern soll,
6. zu einem Lehrvertrag, der für längere Zeit als ein Jahr geschlossen wird,
7. zu einem auf die Eingehung eines Dienst- oder Arbeitsverhältnisses gerichteten Vertrag, wenn der Mündel zu persönlichen Leistungen für längere Zeit als ein Jahr verpflichtet werden soll,
8. zur Aufnahme von Geld auf den Kredit des Mündels,
9. zur Ausstellung einer Schuldverschreibung auf den Inhaber oder zur Eingehung einer Verbindlichkeit aus einem Wechsel oder einem anderen Papiere, das durch Indossament übertragen werden kann,
10. zur Übernahme einer fremden Verbindlichkeit, insbesondere zur Eingehung einer Bürgschaft,
11. zur Erteilung einer Prokura,
12. zu einem Vergleich oder einem Schiedsvertrag, es sei denn, dass der Gegenstand des Streites oder der Ungewissheit in Geld schätzbar ist und den Wert von 3000 Euro nicht übersteigt oder der Vergleich einem schriftlichen oder protokollierten gerichtlichen Vergleichsvorschlag entspricht,
13. zu einem Rechtsgeschäft, durch das die für eine Forderung des Mündels bestehende Sicherheit aufgehoben oder gemindert oder die Verpflichtung dazu begründet wird.

§ 1822

1 **1.** In Nr 12 wurde der frühere Betrag von 5000 DM bereits mit Wirkung ab 30. 6. 2000 durch das FernabsatzG vom 27. 6. auf 3000 Euro erhöht. § 1822 Nr 1, 3, 5, 8 bis 11 gelten gem § 1643 I auch für Eltern, über § 1915 auch für einen an deren Stelle bestellten Ergänzungspfleger.

2 **2. Zu Nr 1. a)** Der Wortlaut des Gesetzes ist insofern mißglückt, als niemand „eine **Verfügung über** sein **Vermögen im ganzen**" treffen kann. Nur die Verpflichtung kann das Vermögen im ganzen betreffen; die Erfüllung muß durch Verfügung über jeden einzelnen Gegenstand erfolgen. Nur in gewissem Sinne stellt die Begründung der ehelichen Gütergemeinschaft eine Ausnahme dar, die den Übergang von grundsätzlich dem ganzen Vermögen beider Gatten durch Universalsukzession auf die Gemeinschaft zur gesetzlichen Folge des familienvermögensrechtlichen Statusvertrages hat (§ 1416); er bedarf der Genehmigung des VormG nach § 1411. Ein Rechtsgeschäft, durch das der Mündel zu einer Verfügung über sein ganzes Vermögen verpflichtet wird, ist nach § 311b II, III nur hinsichtlich des gegenwärtigen Vermögens möglich. Auf eine Verpflichtung zur Verfügung über einen Bruchteil des Vermögens ist § 1822 Nr 1 entsprechend anzuwenden; wenig folgerichtig im Vergleich mit § 311b II, III hat die 2. Kommission die Erwähnung des Vermögensbruchteils in § 1822 Nr 1 als selbstverständlich gestrichen (Prot IV, 791). Die Parallelität zu § 311b II, III ergibt sich aus dem gleichen Zweck, vor der Gefahr zu schützen, daß infolge der Bezeichnung des Geschäftsgegenstandes mit Hilfe des Kollektivbegriffs „Vermögen" die Tragweite des Geschäfts verkannt wird. Daher gilt zu § 1822 Nr 1 wie zu § 311b II, III die **Gesamttheorie** (BGH FamRZ 1957, 121; Staud/Engler Rz 2; Soergel/Zimmermann Rz 2; MüKo/Wagenitz Rz 3; Pal/Diederichsen Rz 2). Wird jedoch dem § 1822 Nr 1 auch der Zweck zugeschrieben, die Kontrolle des VormG allgemein bei Rechtsgeschäften erheblicher Tragweite einzuschalten, so kann dies zur **Einzeltheorie** führen, die wie bei §§ 1365, 1423 die Genehmigung schon dann fordert, wenn ein Geschäft über einen oder mehrere Einzelgegenstände wirtschaftlich das ganze Vermögen betrifft (so Gernhuber/Coester-Waltjen § 60 VI S 5; Dölle FamR II § 128 II S 2). Angesichts des Netzes von Genehmigungserfordernissen (vor allem § 1821 Nr 1: Grundstücke) ist es kaum denkbar, daß ein wirtschaftlich erheblicher Gegenstand nicht schon erfaßt wäre. Die im Sinn der Einzeltheorie weit ausgelegte Nr 1 würde daher nur noch Geschäfte über wenig wertvolle Gegenstände betreffen, wenn der Mündel außer ihnen nichts Wertvolles hat. Der Effekt ist aber den mit der Einzeltheorie verbundenen Preis der Rechtsunsicherheit nicht wert.

3 **b)** Die Verpflichtung zur Verfügung über eine **angefallene Erbschaft** umfaßt den Erbschaftskauf (§§ 2371ff) und die Verpflichtung zur Bestellung eines Nießbrauchs an der Erbschaft (§ 1089). Ob auch die entsprechenden Erfüllungsgeschäfte genehmigungsbedürftig sind, richtet sich nach ihrem Gegenstand; im allgemeinen bezieht sich die zum Kausalgeschäft erteilte Genehmigung bereits auch auf die Erfüllungsgeschäfte (vgl § 1821 Rz 7). Den Geschäften über eine Erbschaft stehen gem § 1922 II Geschäfte über einen Erbteil gleich; hier unterliegt auch die nach § 2033 mögliche Gesamtverfügung dem Genehmigungserfordernis (Nr 1 aE).

c) Eine Verpflichtung zur Verfügung über einen **künftigen gesetzlichen Erb- oder Pflichtteil** kann nach § 311b IV, V nur durch Vertrag unter künftigen gesetzlichen Erben begründet werden und bedarf der Genehmigung, wenn es sich um den Erb- oder Pflichtteil eines Mündels oder eines Kindes handelt.

d) Ein **Erbverzichtsvertrag** des Mündels, regelmäßig auch des Kindes unter elterlicher Sorge, mit dem Erblasser bedarf nach § 2347 der Genehmigung des VormG.

4 **3. Zu Nr 2.** Der **Ausschlagung** einer Erbschaft (§§ 1942ff) oder eines Vermächtnisses (§ 2180) gleichzustellen ist die Anfechtung der Erbschaftsannahme wegen der in § 1957 angeordneten Ausschlagungswirkung, nicht dagegen die Anfechtung der Annahme eines Vermächtnisses, die mangels einer § 1957 entsprechenden Vorschrift der Ausschlagung nicht gleichsteht (vgl Pal/Edenhofer § 2180 Rz 5).

5 Bei **Verzicht auf einen Pflichtteil** handelt es sich um den Erlaß (§ 397) eines entstandenen Pflichtteilsanspruchs, während der dem künftigen Pflichtteil geltende Pflichtteilsverzicht iSd § 2346 II nach § 2347 genehmigungsbedürftig ist. Kein Schutz besteht dagegen, daß der Vormund einen Pflichtteilsanspruch nicht geltend macht und verjähren (§ 2332) läßt. Diese Konstellation ist typisch bei dem allein sorgeberechtigten Elternteil als Alleinerben des vorverstorbenen Elternteils. Im Fall seiner Wiederheirat droht den Kindern erster Ehe ein Nachteil infolge des verstärkten Ehegattenerbrechts. Gegebenenfalls hat das Nachlaßgericht gem § 35 S 2 FGG dem VormG Mitteilung zu machen, das dann nach § 1796 (§ 1796 Rz 7) eingreifen kann.

6 Ein **Erbteilungsvertrag** ist jeder Vertrag, durch den sich Miterben gerichtlich (§§ 86ff FGG: genehmigungsbedürftig ist hierbei die Zustimmung zum Auseinandersetzungsplan) oder außergerichtlich über den Nachlaß auseinandersetzen, aber nur, wenn sie dabei von dem gesetzlichen Modell der Teilung (§ 2042 II) abweichen (BayObLG 1901, 419, 422). Denn die dem Anspruch jedes Miterben entsprechende, sich nach den Regeln des Gesetzes vollziehende Auseinandersetzung enthält kein materielles vertragliches Element. Mit Soergel/Zimmermann Rz 9 ist aber schon der vertragliche Aufschub der Auseinandersetzung genehmigungspflichtig. Erfaßt werden auch Verträge über Teile des Nachlasses, dh über die Zuteilung eines oder einzelner Nachlaßgegenstände an einen Miterben, nicht jedoch die Veräußerung durch sämtliche Erben an einen Dritten. Auch ein Vertrag über die Tragung einer Nachlaßverbindlichkeit wird erfaßt. Auf eine Kostenklausel des Auseinandersetzungsvertrags erstreckt sich das Genehmigungserfordernis nicht (LG Berlin Rpfleger 1981, 63). Zu beurteilen ist stets der Auseinandersetzungsvertrag im ganzen. **Keiner** Genehmigung bedarf es zur Auseinandersetzung durch einen Testamentsvollstrecker (§ 2204), zur Erhebung einer Teilungsklage (§ 2042) oder zu einem Antrag auf Aufhebung der Gemeinschaft durch Verkauf eines gemeinschaftlichen Gegenstandes (§§ 2042, 753); zum Antrag auf Teilungsversteigerung eines Grundstücks vgl § 1821 Rz 11.

7 **4. Zu Nr 3.** Im Mittelpunkt beider Untertatbestände der Nr 3 steht der Begriff des **Erwerbsgeschäftes**. Dieser kommt außer in § 1822 in § 112, vielfach im Recht der Gütergemeinschaft (§§ 1431, 1440 usw), in §§ 1645 und 1823 vor und umfaßt jede auf selbständigen Erwerb gerichtete Tätigkeit. Anders als im Handelsrecht sind vom bürgerlich-rechtlichen Begriff des Gewerbes weder wissenschaftliche und künstlerische noch landwirtschaftliche

Tätigkeiten ausgeschlossen (Mot I, 142). Jedoch hat RG VZS 144, 1 eine ärztliche oder zahnärztliche Praxis deswegen von Nr 3 ausgenommen, weil hier die Organisation aus sachlichen und persönlichen Mitteln wegen des besonderen Vertrauensverhältnisses des Arztes zu seinen Patienten hinter der Tätigkeit des Praxisinhabers zurücktrete und diesen daher nicht überdauere. Inzwischen hat die Einrichtung einer modernen Fach- oder Zahnarztpraxis jedoch einen solchen Wert, daß sie in Verbindung mit dem Patientenstamm wohl als Erwerbsgeschäft anzusprechen ist, das auch durch einen Inhaberwechsel seine Identität nicht verliert (BGH 16, 71, 74). Weil Nr 3 das Erwerbsgeschäft mehr als Existenzgrundlage des Mündels denn als Vermögenswert schütze, faßt Staud/Engler Rz 36 eine Arztpraxis nur dann unter Nr 3, wenn der Mündel das Erwerbsgeschäft selbst, auch durch einen Vertreter, betrieben hat, und jetzt aufgeben will. Zu weit geht Soergel/Zimmermann Rz 12, der wegen der „verstärkten Kommerzialisierung" die vom RG gesehene Ausnahme ganz aufgeben möchte. Auf andere freie Berufe wie besonders Psychologen und Rechtsanwälte, Steuerberater, aber auch Wirtschaftsprüfer (anders KG NJW 1976, 1946) treffen die Gründe des RG nach wie vor zu; ihre Praxis stellt kein Erwerbsgeschäft im Sinne der Nr 3 dar.

Näher zu bestimmen ist der Begriff des Erwerbsgeschäfts bei der Begründung einer **Familienimmobilienverwaltungsgesellschaft**. Daß bisher private Familienvermögensverwaltung in gesellschaftsrechtliche Form gebracht wird, kann nicht allein schon das Genehmigungserfordernis begründen. Dazu genügt auch nicht, daß jede Vermögensverwaltung nutzbringend erfolgt und insofern auf „Erwerb" zielt, solange nicht das Element des „Erwerbsgeschäfts" dadurch hinzukommt, daß a) der Umfang des Vermögens eine geschäftsmäßige, gleichsam berufliche Tätigkeit erfordert, b) die Gesellschafter ein unternehmerisches Risiko übernehmen; das ist nicht der Fall bei einer GbR mbH (LG Münster FamRZ 1997, 842) oder c) die Dauer der Bindung sich deutlich das Gesellschaftsvermögen von dem Typ des Privatvermögens entfernt, das grundsätzlich jederzeit disponibel ist. 7a

Verneint wurde die Genehmigungserfordernis bei Gründung einer Gesellschaft zur Verwaltung eines Ruinengrundstücks (Hamburg FamRZ 1958, 333, 334), aber auch eines Mietshauses mit 16 Wohnungen (LG Münster FamRZ 1997, 842), bejaht dagegen bei Gründung einer Gesellschaft, unkündbar auf 20 Jahre, mit einem Vermögen von über 8 Millionen und gesamtschuldnerischer Haftung auch des minderjährigen Gesellschafters (BayObLG FamRZ 1996, 119, 121).

a) Genehmigungsbedürftig ist im ersten Untertatbestand der entgeltliche Erwerb oder die Veräußerung eines Erwerbsgeschäftes. 8

aa) Ein Erwerbsgeschäft ist auch vorhanden, wenn der Inhaber gestorben oder einberufen ist und der Betrieb daher **ruht** (BGH 7, 208, 213). 9

bb) Genehmigungsbedürftig ist auch der Erwerb oder die Veräußerung eines **Teils** eines Erwerbsgeschäfts zur selbständigen Weiterführung. Nicht genehmigungsbedürftig ist die Übertragung von Inventar (BGH LM Nr 2 zu § 1822 Nr 3). 10

cc) Genehmigungsbedürftig ist schon der auf Erwerb oder Veräußerung gerichtete Vertrag, also der **Kausalvertrag**. Unerheblich ist, ob auch die Firma und die Passiva übergehen (RG Warn Rsp 1908, Nr 70; Kassel OLG 10, 12). 11

dd) Ob nur der völlige Übergang der Genehmigung bedarf oder auch die Begründung oder Aufgabe einer **dinglichen Berechtigung**, ist umstritten und differenzierend zu beantworten: für das Pfandrecht an dem Vermögen ist die Frage mit MüKo/Wagenitz Rz 18 zu verneinen, für den Nießbrauch mit Soergel/Zimmermann Rz 19 und Brüggemann FamRZ 1990, 124, 126 zu bejahen. 12

ee) Nach dem Gesetzeswortlaut und der bisher hL muß der **Erwerb entgeltlich** sein. Bei erbrechtlichem Erwerb vermißte die Rspr bereits ein Rechtsgeschäft, an das ein Genehmigungserfordernis anknüpfen könnte (KG HRR 1933, 815; BGH NJW 1971, 1268). Nach dem Grundgedanken des – zur Fortführung eines ererbten Handelsgeschäfts durch den überlebenden Elternteil und die minderjährigen Kinder ergangenen – Beschlusses des **BVerfG** vom 13. 5. 1986 – im entschiedenen Fall hatte der Minderjährige einen Anteil an einer OHG geerbt – ist es mit dem allgemeinen Persönlichkeitsrecht des Minderjährigen nicht vereinbar, daß ihn ein gesetzlicher Vertreter bei Fortführung des Handelsgeschäfts finanziell unbegrenzt verpflichten kann; der Verstoß gegen Art 2 I iVm Art 1 I GG aber vermieden, wenn die Fortführung vormundschaftsgerichtlich genehmigt wird (BVerfG 1 BvR 1542/84 NJW 1986, 1859; vorangegangen war BGH NJW 1985, 136 mit Anm K. Schmidt; zu dem Fall ferner Damrau NJW 1985, 2236 und John JZ 1985, 246). Nachdem der Gesetzgeber mit dem durch das MinderjährigenhaftungsbeschränkungsG vom 25. 8. 1998 eingeführten § 1629a diesen Weg dem einer Fortschreibung des Katalogs der Genehmigungserfordernisse vorgezogen hat (Amtl Begr BT-Drucks 13/5624, 6), ist die Notwendigkeit entfallen, in verfassungskonformer Auslegung durch Verzicht auf das Merkmal der Entgeltlichkeit (9. Aufl Rz 13) die Fälle schenkweisen oder erbrechtlichen Erwerbs der Nr 3 zu unterwerfen. 13

ff) Bei der **Veräußerung** ist es unerheblich, ob sie entgeltlich erfolgt; keine Veräußerung ist jedoch die Liquidierung des Unternehmens. 14

gg) Führt der Mündel das **zu erwerbende** Erwerbsgeschäft als **Einzelkaufmann**, so ist es unerheblich, ob er es von einer Personen- oder Kapitalgesellschaft erwirbt. Führt der Mündel das **zu veräußernde** Erwerbsgeschäft als Einzelkaufmann, so ist es unerheblich, ob er es an eine Gesellschaft veräußert. Dem Erwerb oder der Veräußerung des Erwerbsgeschäftes durch den Mündel steht der Erwerb oder die Veräußerung durch eine Gesamthand gleich, an welcher der Mündel beteiligt ist (RG 122, 370, 372; Hamm FamRZ 1984, 1037, 1038; Brüggemann FamRZ 1990, 124, 126). 15

hh) Erwirbt oder veräußert der Mündel **Aktien** einer AG oder **Geschäftsanteile** einer GmbH, so wurde früher die Genehmigungsbedürftigkeit bereits damit verneint, daß nicht der Mündel, sondern die juristische Person das 16

§ 1822 Familienrecht Vormundschaft

Erwerbsgeschäft betreibt (KGJ 34, A 89, 92 mN). Heute ist dagegen unbestritten, daß der Erwerb aller Anteile eines Unternehmens genehmigungspflichtig ist. Diesem Fall den des Zuerwerbs der letzten Anteile, die sich noch in dritter Hand befunden haben, gleichzustellen (Brüggemann FamRZ 1990, 124, 126) überzeugt für den Fall nicht, daß dieser Resterwerb wirtschaftlich und unternehmenspolitisch unbedeutend ist.

Als das KG in JW 1926, 600 im Anschluß an Brodmann gegenüber der älteren Auffassung den gedanklichen Durchgriff vollzog, hat es sogleich in wirtschaftlicher Betrachtung auf das Ausmaß der Kapitalbeteiligung und das persönliche Verhältnis des Mündels zum Geschäftsbetrieb abgestellt. Bei Erwerb oder Veräußerung eines **Teils** ist die Genehmigungsbedürftigkeit zu verneinen, wenn nur eine Kapitalanlageentscheidung getroffen wird, dagegen zu bejahen, wenn der Mündel die Stellung eines Mitunternehmers erwirbt oder aufgibt (KG NJW 1976, 1946; Aufgabe: Hamm FamRZ 1984, 1036, 1037f). Dazu ist nicht erforderlich, daß der Mündel als Alleinunternehmer erscheint, sondern ausreichend, daß der Mündel eine Sperrminorität erwirbt oder aufgibt (aA MüKo/Wagenitz Rz 17). Wiederum gilt gleiches beim Erwerb oder Veräußerung durch eine Gesamthand, an welcher der Mündel beteiligt ist (Hamm FamRZ 1984, 1036, 1037f). Der Erwerb von Geschäftsanteilen an einer eingetragenen Genossenschaft fällt nie unter Nr 3, weil auch die mögliche Kumulierung von Anteilen nicht zu mehr als einer Stimme führt (Lang/Weidmüller GenG, 33. Aufl 1997, § 7a Rz 8).

17 b) aa) Wird das Erwerbsgeschäft von einer Personengesellschaft erworben, an welcher der Mündel beteiligt ist, so ergibt sich die Genehmigungsbedürftigkeit sowohl daraus, daß ein Erwerbsgeschäft erworben wird (Rz 10 aE) als auch daraus, daß hierzu ein auf den Betrieb eines Erwerbsgeschäfts gerichteter **Gesellschaftsvertrag** geschlossen oder geändert werden muß.

bb) Unter diesen Gesichtspunkt gehört vor allem der **Gründungsvertrag einer Personenhandelsgesellschaft**. Ist der Minderjährige Miterbe eines einzelkaufmännischen Unternehmens, so bedeutet die Fortführung durch die Erbengemeinschaft nicht die Eingehung einer OHG (BGH NJW 1985, 136, 137). Da die Gegenansicht (besonders von Fischer, ZHR 144 [1980], 12) in erster Linie auf den Schutz Minderjähriger abzielte, wird ihr nunmehr durch § 1629a entsprochen (Rz 13).

18 cc) Der gesellschaftsvertragliche Erwerb oder die Veräußerung eines **Kommanditanteils** unterliegt dem Genehmigungserfordernis (Bremen NJW-RR 1999, 876) ebenso wie eine Beteiligung als persönlich haftender Gesellschafter (BGH 17, 160, 164; Veräußerung: Karlsruhe NJW 1973, 1977).

19 dd) Auch der **Gründungsvertrag** einer **Kapitalgesellschaft**, die ein Erwerbsgeschäft betreibt, ist genehmigungsbedürftig (LG Memmingen Rpfleger 1993, 337; Soergel/Zimmermann Rz 24; Brüggemann FamRZ 1990, 124, 127; Lüderitz Rz 1105). Die frühere entgegengesetzte Ansicht schränkt den Minderjährigenschutz in einer vom Wortlaut der Nr 3 nicht gedeckten Weise ein und würdigt nicht angemessen die Gründungshaftung des Gründungsmitgliedes von Kapitalgesellschaften (hierzu eingehend Scholz/Emmerich GmbHG § 2 Rz 43). Darum ist hierbei das Genehmigungserfordernis auch aus Nr 10 begründet; nur danach genehmigungsbedürftig ist die Teilnahme an der Gründung oder der Beitritt zu einer Genossenschaft, wenn diese kein Erwerbsgeschäft betreibt. Der Beitritt des Mündels zu einer Personengesellschaft ist genehmigungsbedürftig unabhängig davon, ob ihm ein Gesellschafterbeschluß zugrunde liegt oder die Mitgliedschaft übertragbar gestaltet ist (Westermann, Hdb der Personengesellschaften, Loseblatt, Teil 1 Rz 1017 gegen BGH 38, 27; Hamm DB 1989, 169; Gernhuber/Coester-Waltjen § 60 VI 6). Nicht unter § 1822 Nr 3 fällt hingegen der Erwerb oder die Veräußerung von Aktien in einem Umfang, bei dem nicht gemäß dem oben unter Rz 15 Gesagten Erwerb oder Veräußerung des von der Gesellschaft betriebenen Erwerbsgeschäfts anzunehmen ist.

20 ee) Der Genehmigung bedarf ferner die **Änderung des Gesellschaftsvertrages**, weil hierin für den Mündel die gleichen Gefahren wie in seiner Begründung liegen (so auch Soergel/Zimmermann Rz 26; aA BGH 38, 26, 32). Auch das einverständliche Ausscheiden eines Mitgesellschafters ist genehmigungsbedürftig, weil sich dadurch die Verantwortlichkeit des Mündels erhöht (anders BGH 38, 26, 32). Nicht unter Nr 3 fällt grundsätzlich der auf Verminderung des Geschäftsbetriebes gerichtete Vertrag. Auch jede Beendigung der gewerblichen Betätigung, die nicht Veräußerung, sondern Liquidation bedeutet, also der Auflösungsvertrag sowie eine Kündigung des Mündels unterfallen nicht Nr 3, sondern § 1823.

21 ff) Sehr umstritten ist, ob eine **Stille Beteiligung** des Minderjährigen der Nr 3 unterfällt (ausführliche Nachweise bei Gernhuber/Coester-Waltjen § 60 VI S 6). Gernhuber verneint das für die typische wie für die atypische Stille Gesellschaft, weil zwar ein Gesellschaftsvertrag vorliege, der Stille aber nicht Inhaber eines Erwerbsgeschäfts werde. Indessen läßt sich der vorliegende Gesellschaftszweck nur dahin fassen, daß der Erfolg des Erwerbsgeschäfts von dem Inhaber durch Betreiben und von dem Stillen mit seiner Einlage gefördert wird. Daß der Stille nicht zu Dritten in Rechtsbeziehungen tritt, ist für den Schutzzweck des Gesetzes unerheblich. Das Genehmigungserfordernis entfällt allerdings, wenn die Berechtigung dem Kind geschenkt würde (Gernhuber aaO unter Hinweis auf Klamroth BB 1975, 528). Bei einer atypischen Stillen Gesellschaft, bei welcher der Stille über § 337 II HGB hinaus am Verlust beteiligt ist, besteht zusätzlich das Genehmigungserfordernis aus § 1822 Nr 10. Fehlt es an jeglicher Verlustbeteiligung und liegt ein partiarisches Darlehen vor, so ergibt sich das Genehmigungserfordernis aus § 1811. Für Genehmigungsbedürftigkeit bei Verlustbeteiligung oder Geschäftsführungserfordernissen des Kindes BGH FamRZ 1957, 121, 124; Staud/Engler §§ 1821, 1822 Rz 79. Für ausnahmslose Genehmigungsbedürftigkeit MüKo/Wagenitz Rz 26; Soergel/Zimmermann Rz 25; LG München NJW-RR 1999, 1018.

Dieselben Kriterien wie bei der Stillen Gesellschaft sind auf eine **Unterbeteiligung** des Mündels an einer OHG oder KG anzuwenden.

22 5. Zu Nr 4. Die Genehmigung ist zur **Verpachtung** wie zur **Pachtung** nötig. Unerheblich ist, ob ein Landgut (vgl § 98 Rz 4) im ganzen oder in einzelnen Parzellen verpachtet wird, und ob einzelne Äcker oder Wohn- und Wirtschaftsgebäude nicht mitverpachtet werden (KG JFG 13, 317). Die Verpachtung von Grundstücken (KG JFG

1, 83, 87f) fällt sowohl unter Nr 4 wie unter Nr 5 (RG 114, 35, 37, 38). Gewerblicher Betrieb kann zB auch eine Brennerei oder Ziegelei sein, die Nebenbetrieb eines Landgutes ist.

6. Zu Nr 5. Unerheblich ist, ob der Minderjährige als **Vermieter (Verpächter)** oder **Mieter (Pächter)** beteiligt ist und ob es sich um bewegliche oder unbewegliche Sachen handelt (KG JFG 1, 83, 87f zur Verpachtung eines Landgutes). Die sich durch Erwerb eines Grundstücks ergebende gesetzliche Folge des Eintritts in einen bestehenden Mietvertrag (§ 566 I) löst das Genehmigungserfordernis nicht aus (BGH FamRZ 1983, 371, 372). Verpflichtungen zu wiederkehrenden Leistungen im Sinne der Nr 5 enthalten **Lebensversicherungsverträge** (BGH 28, 78, 80). Wenn Winter (ZfV 1977, 145, 152) die Möglichkeit des Versicherungsnehmers, gem § 165 VVG den Vertrag jederzeit zu kündigen, der Beendigung binnen eines Jahres nach Eintritt der Volljährigkeit gleichsetzt, so kann dem nicht gefolgt werden, weil der dem Kündigenden nach § 176 VVG zustehende Rückkaufswert vor allem am Anfang der Laufzeit des Vertrags deutlich hinter der Summe der aufgewendeten Prämien zurückbleibt (Hamm NJW-RR 1992, 1186). Erfaßt werden ferner Altenteilsverträge, Ruhegehaltszusagen auf Lebenszeit (RAG 11, 331, 335), Geldrentenversprechen (BGH FamRZ 1969, 209; vgl auch Köln MDR 1965, 296), **Abzahlungsverträge** (LG Berlin NJW 1963, 110, 111; RGRK/Dickescheid Rz 34; Pal/Diederichsen Rz 14; aA Kümpel NJW 1966, 2092, 2096), auch über ein Grundstück (LG Dortmund MDR 1954, 546), auch **Bausparverträge** im Hinblick auf die Darlehensphase, **nicht** jedoch **Dienstverträge**. Ihre Einordnung nur unter Nr 7 hat zur Folge, daß Eltern zum Abschluß eines Dienst- oder Arbeitsvertrages keiner Genehmigung des VormG bedürfen, weil sich § 1643 I zwar auf § 1822 Nr 5, nicht aber auf Nr 7 bezieht (ebenso RAG JW 1929, 1263 mit Anm Kasel; LG Essen NJW 1965, 2302f; RGRK/Dickescheid Rz 38; Pal/Diederichsen Rz 14; aM Hueck/Nipperdey ArbR I § 30 Fn 17; Soergel/Zimmermann Rz 31). Unter Nr 5 fallen weiter nicht **Kaufverträge über Eigentumswohnungen** (die Zahlungspflicht aus § 16 II WEG beruht nicht auf dem Kaufvertrag, sondern auf dem Wohnungseigentum als solchem) und auch nicht die Verpflichtung zur **Bestellung eines Nießbrauchs** (BGH 24, 377), die aber unter § 1821 Nr 4 fallen kann. Da das Gesetz den Mietvertrag mit Verträgen, die den Mündel zu wiederkehrenden Leistungen verpflichten, zusammenstellt, kann auch eine Pflicht wie die, auf dem Grundstück des Mündels einem Nachbarn Pkw-Abstellplätze zu überlassen, nur mit Genehmigung des VormG begründet werden (Gernhuber/Coester-Waltjen § 60 VI S 7 Fn 42; MüKo/Wagenitz Rz 36 Fn 105). Im übrigen ist Voraussetzung der Genehmigungspflicht, daß das Vertragsverhältnis **länger als bis ein Jahr nach Vollendung des 18. Lebensjahres** des Mündels, bei Beteiligung mehrerer des ältesten Mündels (RG JW 1913, 687, 688), dauern soll. Bei einem Vertragsschluß auf unbestimmte Dauer, besonders auf Lebenszeit eines Beteiligten, ist diese Voraussetzung anzunehmen, ohne daß es auf die konkrete Lebenserwartung ankäme; ist jedoch nach den Altersverhältnissen der Beteiligten die frühere Beendigung des Vertragsverhältnisses wahrscheinlich, so entfällt das Genehmigungserfordernis, wenn die Beteiligten mit früherer Beendigung rechnen (BGH FamRZ 1969, 209: Vertrag zwischen im Monat altem Mündel und 73jährigem). Bei Fehlen der erforderlichen Genehmigung beurteilt es sich nach § 139, ob der Vertrag mit der genehmigungsfreien Dauer aufrechtzuerhalten ist (BGH FamRZ 1962, 154, 155; RG 82, 124, 125; 114, 35, 39). Der dafür erforderliche hypothetische Parteiwille wird bei einem Lebensversicherungsvertrag grundsätzlich fehlen (BGH 28, 78, 83).

7. Zu Nr 6 und 7. Lehr- (neuerdings: „**Berufsausbildungs-**"), **Dienst- und Arbeitsverträge** bedürfen der Genehmigung des VormG, wenn sie von dem zu Diensten verpflichteten Mündel – nicht auch dem von Eltern vertretenen Kind – länger als ein Jahr nicht durch Kündigung aufgehoben werden können. Keiner Genehmigung bedarf der Beitritt des Mündels zu einer Gewerkschaft; das beruht nicht auf § 113, weil die Ermächtigung nach § 113 I S 2 eine vormundschaftsgerichtliche Genehmigungsbedürftigkeit unberührt läßt, sondern darauf, daß der Beitritt nicht zu persönlichen Leistungen verpflichtet (anders LG Essen NJW 1965, 2302). Keiner Genehmigung bedürfen die Aufhebung der Verträge und der Abschluß von Dienst- und Lehrverträgen durch das JA als Amtsvormund oder Amtspfleger nach § 56 II S 2 SGB VIII. Nicht unter Nr 7 fallen Verträge, durch die der Mündel Dienstberechtigter wird (ggf aber Nr 5), und Gesellschaftsverträge (ggf aber Nr 3). Bei der Entscheidung ist § 1631a, ggf über § 1800, zu beachten und ist gem § 50b FGG das Kind, weil die Personensorge berührt ist, stets persönlich zu hören.

8. Zu Nr 8. Der Genehmigung bedarf die **Aufnahme von Geld auf Kredit des Mündels oder Kindes**, also jede Darlehensaufnahme, auch im Kontokorrentverkehr (näher Brüggemann FamRZ 1990, 124, 126 Fn 86), auch Schuldversprechen oder -anerkenntnis (§§ 780f) bezüglich der Rückzahlung (KG OLG 21, 289), auch Teilzahlungskredite und jede Form des finanzierten Abzahlungskaufes (hL, Nachweise bei Soergel/Zimmermann Rz 36; aA LG Berlin NJW 1963, 110, 111). **Nicht** unter Nr 8 fällt jedoch der Ratenzahlungskauf oder die Stundung des Kaufpreises durch den Verkäufer (BGH WM 1972, 698) wie jeder sonstige Kauf auf Borg, auch nicht die Umwandlung einer anderweitigen Schuld in eine Darlehensschuld (anders MüKo/Wagenitz Rz 52) oder die Aufnahme von Geld auf den Kredit einer Gesellschaft, an der der Mündel oder ein Kind beteiligt ist (BayObLG 1902, 847, 851).

9. Zu Nr 9. Danach ist die Eingehung jeder Verbindlichkeit genehmigungsbedürftig, die in einem **Wertpapier** öffentlichen Glaubens verbrieft ist (Inhaberschuldverschreibungen nach §§ 793ff, durch Indossament übertragbare Papiere nach § 363 HGB, Art 11 WG). Die nach § 795 erforderliche staatliche Genehmigung für die Ausgabe inländischer Schuldverschreibungen kann die vormundschaftsgerichtliche Genehmigung nicht ersetzen. Beim **Wechsel** ist die Genehmigung nicht zur Ausstellung, sondern zur Begebung sei es als Aussteller, Akzeptant oder Indossant erforderlich; beim rücklaufenden Wechsel ist das Fehlen der Genehmigung jedoch bedeutungslos für die Verpflichtung des Akzeptanten gegen den Aussteller (RG JW 1927, 1354). Daß das zur Erfüllung einer Verbindlichkeit gegebene Akzept genehmigungsfrei wäre (KG OLG 30, 150 Fn 1; Staud/Engler Rz 122), ist abzulehnen. Die Aufnahme der Genehmigung in den Wechsel ist empfehlenswert, aber nicht notwendig. Der **Orderscheck** (Art 14 I ScheckG) unterfällt dem Wortlaut der Nr 9, da die Ausstellerhaftung des Art 12 ScheckG der „Eingehung

§ 1822

einer Verbindlichkeit" gleichsteht. Weil für die Aufnahme der indossablen Papiere der Einwendungsausschluß der maßgebende Gesichtspunkt war und dieser auf den **Inhaber-** (Überbringer-)**Scheck** wegen dessen gesteigerter Umlauffähigkeit sogar vermehrt zutrifft, unterliegt auch er dem Genehmigungserfordernis, nicht jedoch ein Rektascheck, auch nicht für den zur Barabhebung benutzten Quittungsscheck (Art 15 V ScheckG; vgl Sennekampf NJW 1971, 1785; Baumbach/Hefermehl, WechselG und ScheckG, Einl SchG Rz 12).

27 10. **Zu Nr 10.** Diesen Untertatbestand hat der Gesetzgeber nach dem gemeinrechtlichen Begriff der Interzession gebildet. Diese birgt die Gefahr, daß die Verpflichtung in der oft trügerischen Annahme übernommen wird, nicht leisten zu müssen oder Regreß nehmen zu können. Konstitutiv sind daher die beiden Elemente Verpflichtung und Subsidiarität. Neben der besonders genannten **Bürgschaft** steht daher

28 a) jede Verpfändung für fremde Schuld (Hypothek: RG 63, 76, 77), die Sicherungsübereignung und -abtretung wegen fremder Schuld (RG 76, 89, 93; HRR 1936 Nr 336), die Übernahme gesamtschuldnerischer Haftung (RG 133, 7, 13; BGH 60, 385, 389), und in extensiver Interpretation auch die Erfüllungsübernahme (Soergel/Zimmermann Rz 41; aA Staud/Engler Rz 129), es sei denn, der Regreß gegen den Schuldner sei ausgeschlossen (RG 158, 210, 216; Staud/Engler Rz 129).

29 b) Genehmigungsbedürftig ist auch die Eingehung einer Gesamtverbindlichkeit, auch durch Schuldbeitritt, wegen der Verbindung von Gesamtschuld nach außen mit Ausgleichsanspruch gem § 426 nach innen, so bei gesamtschuldnerischer Kaufpreisverpflichtung (BGH NJW 1973, 1276, 1277), Umwandlung einer Kommanditeinlage in die eines Komplementärs (Gernhuber/Coester-Waltjen § 60 VI S 6).

30 c) Nicht unter Nr 10 fällt mangels Ersatzanspruchs gegen den Dritten: die Übernahme einer fremden Schuld als eigene (BayObLG FamRZ 1964, 526, 528); die regreßlose Erfüllungsübernahme (RG 158, 216). Keine Übernahme einer fremden Verbindlichkeit ist die Tilgung einer fremden Schuld (RG 75, 357, 360).

31 d) Strittig ist die Anwendung von Nr 10 auf Fälle, in denen das Mitglied einer juristischen Person dieser kraft Gesetzes einstehen muß, wenn eine von anderen Mitgliedern geschuldete Leistung ausbleibt, so gem §§ 24, 31 III und IV GmbHG, oder auf Fälle einer Nachschußpflicht (§§ 6, 22a, 115 GenG). Die Frage ist praktisch bedeutsam, weil das Genehmigungserfordernis der Nr 3 nicht oder nicht immer besteht: Eine Genossenschaft betreibt grundsätzlich kein Erwerbsgeschäft, und bei der GmbH ist das Tatfrage. Darauf abzustellen, daß diese Haftungsfälle nicht rechtsgeschäftlich, sondern gesetzlich begründet sind, scheint zwar formalistisch, enthüllt aber doch den Unterschied, daß der mögliche Schaden nicht darin besteht, einen Regreßanspruch nicht realisieren zu können, sondern darin, bei fehlender Leistungsfähigkeit von Mitgesellschaftern oder der Genossenschaft selbst regreßlos einstehen zu müssen. Es wird daher keine fremde Schuld übernommen, sondern das im Vordergrund stehende andersartige Rechtsgeschäft des Beitritts zur GmbH oder Genossenschaft kann ausnahmsweise zu Leistungen verpflichten, die über die mit dem Eintritt in die Genossenschaft verbundene Einlage oder den Preis für den Geschäftsanteil hinausgehen. Bisher hat das KG im GmbH-Bereich die Genehmigung gefordert für den Fall einer noch ausstehenden Einzahlung auf die Stammeinlage des Mitgesellschafters (NJW 1962, 54, 55), nicht ohne diese Einschränkung im Hinblick auf eine spätere mögliche Deckungspflicht gem § 31 III GmbHG (KGJ 44 A 142, 144). BGH FamRZ 1989, 605, 606 hat ein Genehmigungserfordernis verneint, weil die Inanspruchnahme aus §§ 24, 31 III GmbHG nur eine entfernte Möglichkeit ist (gegen Genehmigungsbedürftigkeit des Beitritts zur Genossenschaft BGH 41, 71, 76; Gernhuber/Coester-Waltjen § 60 VI S 10; Lüderitz Rz 1107; Beuthien/Lenz 13. Aufl 2000, § 15 Rz 3; Klaus Müller, GenG, 2. Aufl 1991, § 15 Rz 4. Anders Paulick FamRZ 1964, 205, 207; Rehbinder NJW 1964, 1132). Differenzierend Brüggemann FamRZ 1990, 125: Uneingeschränkte Genehmigungsbedürftigkeit für den GmbH-Bereich, bei der Genossenschaft dagegen nur im Fall von Deckungspflicht, weil diese, anders als die Nachschußpflicht, mit einem Rückgriff gegen den säumigen Genossen oder den Empfänger einer unrechtmäßigen Rückzahlung verbunden sei.

32 11. **Zu Nr 11.** Nur zur Erteilung, nicht zum Widerruf einer **Prokura** (§§ 48ff HGB), nicht zu einer sonstigen Bevollmächtigung (Hamm FamRZ 1972, 270, 272) wie einer Handlungsvollmacht (§ 54 HGB) bedürfen Vormund und Eltern der Genehmigung des VormG. Das Erfordernis gilt nur, wenn der Minderjährige Vollmachtgeber ist, also ein einzelkaufmännisches Unternehmen betreibt, *nicht* bei Erteilung der Prokura für eine OHG, eine KG (Soergel/Zimmermann Rz 45) oder GmbH (KG RJA 12, 237, 238). Ist die Erteilung der Prokura genehmigt, so bedeutet ihr gesetzlich umschriebener Umfang, daß der Prokurist bei ihrer Betätigung keiner weiteren Genehmigung des Gegenvormunds oder des VormG bedarf, auch wenn diese für das einzelne Geschäft vorgeschrieben ist (RG 106, 185, 186), dies im Unterschied zu sonstigen Bevollmächtigten (vgl § 1793 Rz 29). Sich selbst kann der Vormund nicht Prokura erteilen (§§ 1795 II, 181); dies kann nur ein zu diesem Zweck bestellter Pfleger mit Genehmigung des VormG.

33 12. Nach **Nr 12** braucht der Vormund (nicht auch Eltern) die Genehmigung des VormG zu einem Vergleich (§ 779), auch Prozeßvergleich (RG 133, 259; BayObLG FamRZ 1955, 266) sowie zu einem **Schiedsvertrag** (§ 1029 ZPO: Schiedsvereinbarung): Die Genehmigung ist für Vergleich oder Schiedsvertrag stets erforderlich, wenn der Gegenstand des Streits oder der Ungewißheit nicht in Geld schätzbar ist, es sich insbesondere um keinen vermögensrechtlichen Anspruch handelt. Andernfalls ist die Genehmigung erforderlich, wenn der Wert des Streits oder der Ungewißheit – nicht des ganzen Anspruchs – 3000 Euro übersteigt. Für die Berechnung sind die §§ 3 bis 9 ZPO entsprechend anwendbar. Auch bei einem Wert des Streits oder der Ungewißheit von weniger als 3000 Euro ist eine Genehmigung des VormG erforderlich, wenn das Rechtsgeschäft aufgrund anderweitiger Vorschriften ohne Wertgrenze der Genehmigung bedarf, zB der Vergleich über ein Grundstück nach § 1821 Nr 1 (Colmar OLG 6, 66).

34 13. **Zu Nr 13.** Die Vorschrift erfaßt zunächst die ganze oder teilweise Freigabe einer nach §§ 232 BGB, 108, 110 ZPO geleisteten Sicherheit, solche Sicherheiten aber auch unabhängig von der materiellen oder prozessualen

Verpflichtung zur Sicherheitsleistung. Darüber hinaus erfaßt die Vorschrift die Freigabe jedes Rechtes, das die Durchsetzbarkeit einer Forderung verstärkt, sofern die Forderung selbst bestehen bleibt, nämlich die Freigabe gepfändeter Sachen, die Umwandlung einer Verkehrshypothek des Mündels in eine Sicherungshypothek wegen der damit verbundenen Erschwerung der Rechtsverfolgung, die Einräumung eines Vorrangs nach § 880 (BayObLG 1917, A 172, 173), die Verteilung einer Gesamthypothek auf die einzelnen Grundstücke (§ 1132 II), die Zustimmung des Mündels als Nacherbe zur Verfügung des Vorerben über eine Nachlaßhypothek (KGJ 33, A 43, 46), und schließlich die Rücknahme des Versteigerungsantrags oder des Beitritts zum Verfahren der Zwangsvollstreckung oder Zwangsverwaltung seitens eines Gläubigers, der nur eine persönliche Forderung verfolgt. Er verliert dadurch nämlich das relative Veräußerungsverbot nach § 23 II ZVG und das Recht der Befriedigung aus dem Grundstück (Brüggemann, FamRZ 1990, 124, 126). Der Genehmigung bedarf es auch, wenn der Mündel an der Forderung nur mitberechtigt ist (KG RJA 4, 181, 182), **nicht dagegen**, wenn ihm nur ein Nießbrauch an der Hypothekenforderung zusteht (KGJ 40, 163); auch nicht bei Wegfall der Sicherheit wegen Erfüllung der Forderung, zB bei Erteilung einer löschungsfähigen Quittung, die aber unter § 1812 fällt (siehe § 1812 Rz 3), im Gegensatz zur bloßen Löschungsbewilligung bei Fortbestand der Forderung (KGJ 27, A 169, 171; 40, A 163, 166; KG OLG 8, 359, 360; 10, 10). Auch die Vereinbarung einer kürzeren als der gesetzlichen Verjährungsfrist (§ 225) fällt nicht unter das Genehmigungserfordernis. Das VormG kann selbstverständlich die Genehmigung zu Rechtsgeschäften, die unter Nr 13 fallen, regelmäßig nur erteilen, wenn die Grundsätze über die Mündelsicherheit (§§ 1807ff) nicht verletzt werden.

14. § 1821 Nr 1, 3, 5, 8 bis 11 gelten gem § 1643 auch für die Eltern, Nr 1 bis 4, 6 bis 13 gem § 1908i I S 1 sinngemäß auch im Betreuungsrecht. 35

1823 *Genehmigung bei einem Erwerbsgeschäft des Mündels*
Der Vormund soll nicht ohne Genehmigung des Vormundschaftsgerichts ein neues Erwerbsgeschäft im Namen des Mündels beginnen oder ein bestehendes Erwerbsgeschäft des Mündels auflösen.

Beginn oder Auflösung eines Erwerbsgeschäfts sind zwar vergleichbar bedeutsame Vorfälle wie die von 1 §§ 1821, 1822 erfaßten, aber sie stellen beim Einzelkaufmann kein Rechtsgeschäft dar, dessen Wirksamkeit nach der Konzeption des BGB vom Vorliegen einer Genehmigung hätte abhängig gemacht werden können. Daher gilt § 1823 nur als **Ordnungsvorschrift**. Das Fehlen der vormundschaftsgerichtlichen Genehmigung darf daher nicht Anlaß sein, die Eintragung im Handelsregister abzulehnen (KGJ 20, 160).

Der das Erwerbsgeschäft einer Kapitalgesellschaft einschränkende oder diese auflösende Gesellschaftsvertrag fällt nicht unter § 1822 Nr 3 (§ 1822 Rz 20), wohl aber unter § 1823, wenn die Stimmabgabe für den Mündel dafür kausal ist. Gleiches gilt für die Kündigung einer Personengesellschaft durch den Vormund (GroßKomm-HGB/Ulmer, 3. Aufl, § 132 Rz 6). Zuständig ist der Richter (§ 14 I Nr 9 RPflG), zu hören ist ein Gegenvormund gem § 1826 und der Mündel gem § 50b FGG.

§ 1823 hat im Recht der elterlichen Sorge eine Parallele in § 1645, die jedoch nicht auch die Auflösung eines 2 bestehenden Erwerbsgeschäftes umfaßt.

§ 1823 gilt gem § 1908i I S 1 sinngemäß auch im Betreuungsrecht. 3

1824 *Genehmigung für die Überlassung von Gegenständen an den Mündel*
Der Vormund kann Gegenstände, zu deren Veräußerung die Genehmigung des Gegenvormunds oder des Vormundschaftsgerichts erforderlich ist, dem Mündel nicht ohne diese Genehmigung zur Erfüllung eines von diesem geschlossenen Vertrags oder zu freier Verfügung überlassen.

Aus den §§ 1812, 1819 bis 1822 ergibt sich, daß der Vormund zur Veräußerung bestimmter Gegenstände der 1 Genehmigung des Gegenvormunds oder des VormG bedarf. Diese Erfordernisse kontrollieren zwar das Verhalten des Vormunds, aber nicht seiner Person willen, sondern wegen der Wirkung in der Vermögenssphäre des Mündels. Daher bestehen die Erfordernisse auch, wenn im Vordergrund der Mündel selbst handelt. Nach § 110 ist ein dem Minderjährigen ohne Zustimmung des gesetzlichen Vertreters geschlossener Vertrag gültig, wenn der Minderjährige die vertragsmäßige Leistung mit Mitteln bewirkt, die ihm zu diesem Zweck oder zur freien Verfügung von dem Vertreter oder mit dessen Zustimmung von einem Dritten überlassen worden sind. § 110 dispensiert nicht eigentlich vom Erfordernis der Zustimmung des gesetzlichen Vertreters, sondern regelt Einwilligungen, die in Form der Zwecksetzung bei der Überlassung von Geld erteilt werden. § 1824 stellt klar, daß auf diesem Weg das Erfordernis der Genehmigung des VormG nicht entfällt. Vgl vor § 1821 Rz 1.

§ 1824 gilt gem § 1908i I S 1 sinngemäß auch im Betreuungsrecht. 2

1825 *Allgemeine Ermächtigung*
(1) Das Vormundschaftsgericht kann dem Vormund zu Rechtsgeschäften, zu denen nach § 1812 die Genehmigung des Gegenvormunds erforderlich ist, sowie zu den im § 1822 Nr. 8 bis 10 bezeichneten Rechtsgeschäften eine allgemeine Ermächtigung erteilen.
(2) Die Ermächtigung soll nur erteilt werden, wenn sie zum Zwecke der Vermögensverwaltung, insbesondere zum Betrieb eines Erwerbsgeschäfts, erforderlich ist.

Grundsätzlich kann die zu einem Rechtsgeschäft erforderliche Genehmigung des Gegenvormunds oder des 1 VormG nur für das einzelne Geschäft erteilt werden. § 1825 gibt jedoch dem VormG die Möglichkeit, dem Vormund zu den in Abs I bezeichneten Rechtsgeschäften eine **allgemeine Ermächtigung** zu erteilen. Eine solche all-

§ 1825

gemeine Ermächtigung ist wirksam, auch wenn sie nur in Fällen von Erforderlichkeit erteilt werden soll. Führt der Mündel ein Erwerbsgeschäft, so ist diese Erforderlichkeit gegeben. In Ausnützung des durch Statuierung einer bloßen Sollvorschrift eröffneten Spielraums kann die Ermächtigung auch in Fällen erteilt werden, in dem sie die Vermögensverwaltung deutlich erleichtert. Das ist immer dann der Fall, wenn mit der Vormundschaft eine nicht unerhebliche Vermögensverwaltung verbunden ist (Damrau FamRZ 1984, 842, 843). Aber auch der Fall gehört hierher, in dem von einem über der Grenze des § 1813 I Nr 2 liegenden Guthaben regelmäßig für den Unterhalt des Mündels bestimmte Beträge abzuheben sind. Weil Abs II nur eine Ordnungsvorschrift ist, ist die Ermächtigung auch wirksam, wenn ihre Voraussetzung nicht vorgelegen hat. Die Ermächtigung ist dann aber zurückzunehmen, ebenso, wenn sie zum Zwecke der Vermögensverwaltung nicht mehr erforderlich ist. Die Rücknahme ist nach § 18 I FGG jederzeit zulässig. Die Aufnahme der Ermächtigung in die Bestallung ist nicht vorgeschrieben, kann aber zweckmäßig sein. Eine Ermächtigung im Sinne des § 1825 kann jedoch auch dann nicht als stillschweigend erteilt vorausgesetzt werden, wenn zB ein Pfleger (vgl § 1915 I) mit einer umfangreichen Vermögensverwaltung betraut wird, die solche Rechtsgeschäfte notwendig macht (RG HRR 1930 Nr 791; aA Frankfurt JW 1931, 1380). Ihre Erteilung zu anderen als in Abs I bezeichneten Rechtsgeschäften ist nicht zulässig. Es entscheidet der Rechtspfleger (§ 3 Nr 2 lit a RPflG).

2   Da die Ermächtigung eine generelle vorherige Genehmigung ist, kann das VormG sie nur auf Antrag erteilen. Das Vorliegen eines Erwerbsgeschäfts ist unbestimmter Rechtsbegriff; im übrigen steht die Ermächtigung im Ermessen des VormG.

3   § 1825 gilt gem § 1908i I S 1 sinngemäß auch im Betreuungsrecht. Dort soll nach § 69d I S 1 FGG das Gericht den Betroffenen vor einer Entscheidung nach § 1824 persönlich anhören.

1826 *Anhörung des Gegenvormunds vor Erteilung der Genehmigung*
Das Vormundschaftsgericht soll vor der Entscheidung über die zu einer Handlung des Vormunds erforderliche Genehmigung den Gegenvormund hören, sofern ein solcher vorhanden und die Anhörung tunlich ist.

1   **1.** Das VormG soll, wenn ein Gegenvormund bestellt ist, diesen vor der Entscheidung hören, dh ihm Gelegenheit zu mündlicher oder schriftlicher Äußerung geben. Das gilt, wenn der Vormund die Genehmigung statt vom Gegenvormund vom VormG einholt, und hat insbesondere Bedeutung, wenn das VormG die vom Gegenvormund verweigerte Genehmigung gem § 1810 S 1 Hs 2, § 1812 II ersetzt. Von der Anhörung kann das VormG nur absehen, wenn es – zB bei Abwesenheit des Gegenvormunds oder bei Dringlichkeit der Sache – untunlich ist. Bestellung oder Neubestellung eines Gegenvormunds ist zu diesem Zweck nicht erforderlich.

2   **2.** Daß das VormG der Stellungnahme des Gegenvormunds nicht folgt, begründet für diesen keine **Beschwerdebefugnis** aus eigenem Recht gem § 20 I FGG (KGJ 27, 11). Die Fälle des § 1822 Nr 6 und 7 betreffen auch die Personensorge, so daß § 57 I Nr 9 FGG dem Gegenvormund ein Beschwerderecht im Interesse des Mündels gibt, auch wenn seine Aufgabe in erster Linie die Vermögenssorge ist. § 1826 ist bloße Ordnungsvorschrift, die Entscheidung des VormG daher auch wirksam, wenn die Anhörung unterblieben ist. Dann ist der Gegenvormund jedoch aus § 20 I FGG beschwerdebefugt (Hamm NJW 1966, 1126). Ist das genehmigte Rechtsgeschäft jedoch vollzogen, so stehen §§ 62, 55 FGG jeder Änderung der Entscheidung, auch im Beschwerdeweg, entgegen; jedoch kann dem Mündel ein Schadensersatzanspruch aus § 839 iVm Art 34 GG zustehen, wenn ihm aus der Nichtanhörung ein Schaden entsteht.

3   **3.** § 1908i I S 1 verweist für das Betreuungsrecht nicht auf § 1826. Darin dürfte, wie in ähnlichen Fällen, ein Redaktionsversehen liegen (§ 1908i Rz 12), so daß § 1826 auf den Gegenbetreuer sinngemäß anzuwenden ist (ebenso MüKo/Wagenitz Rz 7).

1827 (weggefallen)

1828 *Erklärung der Genehmigung*
Das Vormundschaftsgericht kann die Genehmigung zu einem Rechtsgeschäft nur dem Vormund gegenüber erklären.

1   **1.** Die §§ 1828–1831 enthalten **allgemeine Vorschriften** für die Genehmigung des VormG. Geregelt werden die Empfangszuständigkeit für die vormundschaftsgerichtliche Genehmigung, ihre zeitlichen Erfordernisse im Verhältnis zu dem genehmigungsbedürftigen Rechtsgeschäft und in diesem Zusammenhang der Schutz des Rechtsgeschäftspartners und die Folgen fehlender Genehmigung.

2   Abweichend von dem **Sprachgebrauch** der für die privatrechtlichen Willenserklärungen geltenden §§ 183, 184 I, die nur die nachträgliche Zustimmung als Genehmigung bezeichnen, kann das VormG seine „Genehmigung" zu einem Vertrag vor oder nach dessen Abschluß erteilen, nur bei einem einseitigen Rechtsgeschäft muß die Genehmigung vorher vorliegen (§ 1831).

3   **2.** Das Gesetz läßt nicht erkennen, ob die Genehmigung des VormG einen Antrag des Vormunds voraussetzt. Die Ansicht, daß das VormG hier – ungeachtet dessen, daß die Anregung gewöhnlich vom Vormund kommt – von Amts wegen tätig werde (BayObLG 1981, 44, 47) ist nicht sachgemäß, weil keinesfalls ein Dritter, etwa der Geschäftsgegner, eigenmächtig die Genehmigung des VormG herbeiführen darf (BayObLG FamRZ 1977, 141, 143; MüKo/Wagenitz Rz 31). Das wiederum folgt daraus, daß der Vormund nicht einmal von der erteilten Geneh-

migung Gebrauch machen muß (Rz 14). Wenn der BGH (DNotZ 1967, 320) dem Antrag des Vormunds das Ersuchen gleichstellt, bedeutet das nur, daß der Antrag nicht formalisiert ist.

Die dem Vormund gegenüber wirksam gewordene Genehmigung oder ihre Verweigerung kann das VormG **4** grundsätzlich noch gem § 18 FGG **ändern oder zurücknehmen**. § 55 I FGG beendet diese Möglichkeit erst, wenn die Verfügung einem Dritten gegenüber wirksam geworden ist. Bei nachträglicher Genehmigung oder Verweigerung tritt dieses Wirksamwerden ein, wenn der Vormund den Inhalt der Verfügung dem anderen Teil mitgeteilt hat, bei vorheriger Genehmigung mit der Vornahme des Rechtsgeschäfts, ohne daß dem anderen Teil die Genehmigung mitgeteilt werden müßte. Die Genehmigung des Antrags auf Teilungsversteigerung eines im Miteigentum stehenden Grundstücks (§ 181 II S 2 ZVG) kann bis zur Erteilung des Zuschlags zurückgenommen werden, da die Beteiligten und der Ersteher erst damit Rechte erlangen, die ihnen nicht mehr entzogen werden können, die Genehmigung somit erst mit dem Zuschlag wirksam wird. Bei Genehmigungen, die für mehrere an einem Rechtsgeschäft beteiligte Mündel erteilt wurden, ist das Wirksamwerden für jede gesondert zu prüfen. Zurücknahme einer Genehmigung ist hier daher auch dann möglich, wenn andere bereits wirksam geworden sind (BayObLG 1960, 276, 277).

3. § 184 ist auf die (nachträgliche) vormundschaftsgerichtliche Genehmigung entsprechend anwendbar. Die **5** **nachträglich erteilte Genehmigung wirkt** daher, sofern nicht etwas anderes bestimmt ist, vorbehaltlich des § 184 II auf den Zeitpunkt der Vornahme des Rechtsgeschäfts **zurück** (RG 142, 59, 62). Dagegen ist § 182 durch die abweichende Regelung in § 1828 ersetzt.

4. Nach der früher in der Rspr (RG 50, 281, 284; 71, 162, 170; 137, 324, 345; Stuttgart BWNotZ 1956, 198) **6** und im Schrifttum herrschenden Auffassung sollte die vormundschaftsgerichtliche Genehmigung eine Doppelnatur haben. Sie sei nicht nur ein Akt der freiwilligen Gerichtsbarkeit, sondern habe, soweit sie zum Zustandekommen eines Rechtsgeschäfts notwendig ist, zugleich die Eigenschaften eines Rechtsgeschäfts. Daraus wurde gefolgert, daß der Vormund oder ein an seiner Stelle bestellter Pfleger die Genehmigung und damit das von ihr abhängige Rechtsgeschäft wegen Irrtums, Täuschung oder Bedrohung des Genehmigungsrichters **nach §§ 119, 123 anfechten** könne (Stuttgart aaO; Darmstadt OLG 22, 129).

5. Indessen ist die Genehmigung **ausschließlich** ein – privatrechtsgestaltender – **Akt der freiwilligen** **7** **Gerichtsbarkeit**, nicht zugleich Rechtsgeschäft (Soergel/Zimmermann Rz 6; Staud/Engler Rz 9; MüKo/Wagenitz Rz 5; Keidel/Kuntze/Winkler § 55 Rz 5; Dölle FamR II § 128 VI S 1; Gernhuber/Coester-Waltjen § 60 IV S 1; Müller JR 1962, 326, 328). Daher können zwar gewisse allgemeine Grundsätze des Rechts der Willenserklärung Anwendung finden, nicht aber die Anfechtungsvorschriften, die auf die Hoheitsakte nicht passen (so Gernhuber/Coester-Waltjen aaO; dagegen für analoge Anwendung Müller-Freienfels, Die Vertretung beim Rechtsgeschäft, S 386 und RGRK/Scheffler, 11. Aufl, Anm 1). Bei Irrtum des Genehmigungsrichters kann die Verfügung bis zu ihrem Wirksamwerden gegenüber Dritten (§ 55 FGG) gem § 18 FGG zurückgenommen werden, danach kann sie nicht mehr beseitigt werden (anders Staud/Engler Rz 42 für Fälle gewichtiger Rechtsfehler und die Verletzung rechtlichen Gehörs; Müller JR 1962, 326, 328, die den Widerruf einer erschlichenen Genehmigung auch nach Wirksamwerden zulassen; für Wiederaufnahme analog § 580 ZPO: Habscheid FamRZ 1957, 109, 113; zu Rücknahme, Widerruf und Wiederaufnahme bei Verwaltungsakten vgl §§ 48ff VwVfG; speziell zu privatrechtsgestaltenden Verwaltungsakten, bei denen die Wirkung auf das privatrechtliche Rechtsgeschäft schon eingetreten ist: Frotscher DVBl 76, 281, 286). Lag auf seiten des **Vormunds** bei Abschluß des Rechtsgeschäfts oder bei Mitteilung der Genehmigung an den Gegner der gleiche Willensmangel vor wie bei dem Richter, so kann der Vormund Rechtsgeschäft oder Mitteilung nach §§ 119, 123 anfechten (Staud/Engler Rz 11; Kipp FamR § 115 VIII; Lehmann-Henrich, 4. Aufl 1967, § 37 IV S 6).

6. Das VormG prüft die Vereinbarkeit des beantragten Rechtsgeschäfts mit dem Mündelinteresse; dies ist **unbe- 8 stimmter Rechtsbegriff**, vgl vor § 1821 Rz 1. Rechtsfehlerhaft unter dem Gesichtspunkt des Wohls des Mündels ist es zB, jedes Geschäftsrisiko von diesem fernzuhalten (BayObLG Rpfleger 1979, 455, 457 gegen Köln OLGZ 1966, 806). Spezielle öffentliche Interessen, zB des Umweltschutzes, sind außerhalb der privaten auferlegten Pflichten für die Entscheidung unmaßgeblich (Soergel/Zimmermann Rz 9 mwN). Auch bei vermögensrechtlichen Rechtsgeschäften darf nicht ausschließlich der Gesichtspunkt des Geldes ausschlaggebend sein. Neben sonstigen Erwägungen ideeller Art kann auch die Erhaltung des Familienfriedens von Bedeutung sein, sogar die Aufgabe von Vermögensrechten rechtfertigen (vgl KG JW 1938, 1168; Hamm FamRZ 1987, 751). Die Genehmigung ist zu versagen, wenn das Rechtsgeschäft unerlaubt, insbesondere sittenwidrig (§§ 134, 138) oder offenbar ungültig ist, so zB wenn der Vormund gesetzlich von der Vertretung ausgeschlossen ist (KG JW 1935, 1437, 1439). Wegen bloßer Zweifel an der Rechtswirksamkeit ist die an sich gerechtfertigte Genehmigung grundsätzlich nicht zu versagen, die Entscheidung vielmehr dem Prozeßgericht zu überlassen (BayObLG 1963, 1, 14; KG FamRZ 1963, 467, 469); anders jedoch – entgegen KG OLG 12, 347 –, wenn bei erheblichen Zweifeln die Vermeidung eines unsicheren Prozesses im Interesse des Mündels liegt (BayObLG FamRZ 1957, 266, 268).

Im Anschluß an BayObLG 1922, 325, 331 wurde früher allgemein eine **Genehmigung unter Auflage** zugelas- **9** sen (so noch Beitzke/Lüderitz § 36 II S 6c; Dölle II S 789). Aber aus der Genehmigungsbedürftigkeit eines Rechtsgeschäfts kann nicht die Kompetenz des VormG zur Auflage gefolgert werden, weil so gegen die Selbständigkeit des vormundschaftlichen Amtes (§ 1793 Rz 28) verstoßen würde. Ist die Auflage jedoch vor allem aus § 1837 begründet, so kann sie auch mit einer Genehmigung verbunden werden, zumal deren Wirksamkeit dann nicht von der Erfüllung der Auflage abhängt (ebenso Gernhuber/Coester-Waltjen § 60 IV S 9).

Das VormG kann die Genehmigung unter einer **aufschiebenden Bedingung** erteilen; das bedeutet die Verwei- **10** gerung der Genehmigung in Verbindung mit der vorherigen Genehmigung für den Fall des Eintritts der Bedingung, die idR in einer inhaltlichen Änderung des Rechtsgeschäfts besteht. Mit der Rechtssicherheit unvereinbar wäre dagegen eine Genehmigung unter auflösender Bedingung.

11 Die Genehmigung bezieht sich nur auf den Inhalt des Vertrags, wie er dem VormG vorgelegen hat, nicht auf Abreden, die ihm unbekannt geblieben sind (RG 99, 72, 75; 132, 76, 78). Wird sie vor Abschluß des Vertrags erteilt, so muß dessen **wesentlicher Inhalt** feststehen; die Regelung von Einzelheiten kann jedoch der Vereinbarung der Beteiligten überlassen bleiben (RG Warn Rsp 1919 Nr 59).

12 7. Ein sog **Negativattest**, in dem das VormG eine beantragte Genehmigung deswegen nicht erteilt, weil sie nicht erforderlich sei, steht der Genehmigung nicht gleich (BayObLG 1964, 240, 250; RGRK/Dickescheid Rz 16; Pal/Diederichsen Rz 13; Gernhuber/Coester-Waltjen § 60 IV S 10; Soergel/Zimmermann Rz 18; MüKo/Wagenitz Rz 23; Lüderitz Rz 1113). Die Gegenansicht (Bergerfurth NJW 1956, 289; Müller JR 1962, 441; Schantz JW 1936, 628) möchte dem Schutzbedürfnis des anderen Teils Rechnung tragen. Es widerspricht aber dem Zweck des Instituts, dieses Schutzbedürfnis dem Interesse des Mündels vorzuordnen. Insofern ist die Lage nicht vergleichbar mit den zahlreichen öffentlich-rechtlichen Genehmigungserfordernissen; hier entspricht es der Einheit der öffentlichen Verwaltung, daß die Behörde an ihre den Bürger von einer Einschränkung freistellenden Erklärung festgehalten wird. Das VormG darf auch nicht den Ausweg einer ausdrücklichen, vorsorglichen Genehmigung wählen, sondern muß die Frage der Genehmigungsbedürftigkeit selbst entscheiden (aA Staud/Engler Rz 47 und Soergel/Zimmermann Rz 18 mN – aber eine Genehmigung unter der ausdrücklichen Rechtsbedingung ihrer Erforderlichkeit wäre mit ihrem Charakter als Hoheitsakt nicht vereinbar). Ein Negativattest hat keine bindende Wirkung für das Grundbuchamt (Zweibrücken NJW-RR 1999, 1174).

13 8. Die Erklärung der **Genehmigung bedarf keiner Form**, sie wird nach § 16 FGG bekanntgemacht und kann mündlich, schriftlich oder auch stillschweigend durch schlüssige Handlungen erfolgen (RG 59, 277, 278; 130, 148, 150). Dagegen genügt es nicht, wenn das VormG nur die Vornahme eines Rechtsgeschäfts empfiehlt oder seine Genehmigung nur in Aussicht stellt (BayObLG 1905, 450, 453). Für den Grundbuchverkehr ist nach § 29 GBO urkundlicher Nachweis der Genehmigung erforderlich.

14 Die Erklärung kann anders als nach § 182 **nur gegenüber dem Vormund** oder einem von ihm zur Entgegennahme Bevollmächtigten erfolgen (§ 1828, § 13 FGG; KG JFG 1, 351; KGJ 24, 216; BayObLG DNotZ 1964, 32), bei Amtsmundschaft gem § 55 II S 3 SGB VIII auch gegenüber dem beauftragten Bediensteten des JA. Damit soll der Vormund auch nach Erteilung der Genehmigung die Möglichkeit haben, von dem Rechtsgeschäft Abstand zu nehmen, sowie die Verweigerung der Genehmigung (nicht auch deren Erteilung, wie in RG 130, 148, 151 unter ungenauer Verwertung früherer Entscheidungen ausgeführt) als dem Interesse des Mündels widerstreitend im Beschwerdeweg anfechten zu können. Auch die Genehmigung eines von dem beschränkt geschäftsfähigen Mündel selbst vorgenommenen Geschäfts ist dem Vormund zu erklären. Bis der Vormund seine Zustimmung erteilt, ist ein **Vertragspartner** des Mündels gem § 109 I **zum Widerruf berechtigt**. Hat der Vormund seine Zustimmung erteilt, steht jedoch die Genehmigung des VormG noch aus, ist der Partner gemäß Gegenschluß aus § 1830 nicht mehr zum Widerruf berechtigt; die Genehmigung des VormG ist nicht etwa zu der Zustimmung des Vormunds erforderlich, so daß diese vor der Genehmigung des VormG gem § 1831 unwirksam wäre, sondern zu dem Vertrag mit dem Dritten. Die Erklärung gegenüber einem Dritten, auch dem beurkundenden Notar, ist wirkungslos, sofern dieser nicht zur Entgegennahme bevollmächtigt ist; die Bevollmächtigung des Notars ist nicht zu vermuten (MüKo/Wagenitz Rz 27). Der Vormund kann daher nicht auf die Erklärung der Genehmigung ihm oder einem Bevollmächtigten gegenüber verzichten (BayObLG OLG 4, 110, 111). Die Bevollmächtigung kann sich aber auch aus den Umständen ergeben (Soergel/Zimmermann Rz 16). Das VormG kann dem Vormund die Genehmigung durch einen Dritten, auch einen Boten (BayObLG LZ 1918, 56, 58), oder im Wege der Rechtshilfe durch ein ersuchtes Gericht bekanntmachen. Ein bloßer Aktenvermerk der Genehmigung genügt dagegen nicht; auch kann das VormG nicht lediglich das Grundbuchamt unter Mitteilung der Genehmigung um Eintragung des genehmigten Rechtsgeschäfts ersuchen (RG 59, 277, 279).

15 9. Während das Genehmigungserfordernis für einzelne dogmatisch definierte Rechtsgeschäfte besteht, kann sich eine Unklarheit über den **Umfang einer Genehmigung** daraus ergeben, daß mehrere Rechtsgeschäfte in einem wirtschaftlichen Zusammenhang stehen oder die Genehmigung ihren Gegenstand mehr wirtschaftlich als rechtlich bezeichnet. IdR enthält die Genehmigung des dinglichen Geschäftes auch die des obligatorischen und umgekehrt. Dagegen umfaßt die Genehmigung einer dinglichen Sicherheit nicht ohne weiteres die des zu sichernden Kredits (Celle NJW 1954, 1720). Die Genehmigung zum Eintritt in eine Personengesellschaft enthält nicht zugleich die nach § 112 erforderliche Genehmigung zum selbständigen Betrieb eines Erwerbsgeschäfts (BFH NJW 1958, 1015). Die Frage nach dem Umfang einer Genehmigung wird häufig unter dem Gesichtspunkt stillschweigender Erteilung erörtert (RG 130, 148, 150; 137, 324, 345; 114, 35, 38; 59, 277, 278).

16 Dem **Vormund** steht gegen die **Verweigerung** der Genehmigung oder gegen eine mit ihr verbundene Auflage (dazu KG FamRZ 1963, 467) sowie gegen ein Negativattest (BayObLG 64, 244) die **Beschwerde** nur namens des Mündels zu (§ 20 FGG); nicht jedoch im Geschäftskreis eines Ergänzungspflegers, § 1794 Rz 5 aE. In allen seine Person betreffenden Angelegenheiten ist der nicht geschäftsunfähige, über 14 Jahre alte Mündel nach Maßgabe des § 59 FGG für die Beschwerde auch selbständig verfahrensfähig. Ein **Dritter** ist nur in Angelegenheiten der Personensorge bei berechtigtem Interesse an der Wahrnehmung des Mündelinteresses nach § 57 I Nr 9 beschwerdebefugt. Anderen Dritten, insbesondere dem Vertragsgegner, steht grundsätzlich kein Beschwerderecht zu (Frankfurt Rpfleger 1979, 423). Ausnahmen werden anerkannt, wenn der Dritte gegenüber einer Rücknahme der Genehmigung geltend macht, daß die Genehmigung und damit das Rechtsgeschäft ihm gegenüber bereits wirksam geworden sei (KG DJ 1935, 1528); oder gegenüber der Verweigerung, daß das Geschäft nicht genehmigungsbedürftig sei (BayObLG FamRZ 1977, 141, 142; 64, 525; Hamm FamRZ 1984, 1036). Im übrigen steht ihm,

auch wenn er einen Rechtsanspruch auf Vornahme des Rechtsgeschäfts geltend macht, nur der Klageweg offen (RG 56, 124; KGJ 38, 56); ebenso bei einem Streit über die Rechtswirksamkeit einer erteilten Genehmigung (KGJ 53, 41).

Gegen die **Erteilung** der Genehmigung haben Mündel und Vormund grundsätzlich kein Beschwerderecht **17** (BayObLG 1963, 1); dieser Grundsatz ist jedoch von zahlreichen Ausnahmen durchbrochen, so zB für den Fall, daß die Genehmigung gegen den Willen des Vormunds erfolgt ist (BayObLG aaO; KG OLG 41, 12; vgl auch KGJ 34, 49; 52, 43; KG JW 1938, 2141) oder wenn geltend gemacht wird, das Geschäft bedürfe keiner Genehmigung (KG MDR 1976, 755). Den Erben des Mündels (Pfleglings) steht ein Beschwerderecht zu, wenn die Genehmigung erst nach dessen Tod erfolgt ist (BayObLG 1964, 350). Der Gegenvormund hat ein Beschwerderecht nur, wenn seine Anhörung zu Unrecht unterblieben ist (§ 1826 Rz 2). Die Staatsanwaltschaft ist beschwerdeberechtigt gegenüber der Entscheidung über einen Antrag auf Genehmigung der Entlassung des Mündels aus dem Staatsverband (§ 19 I S 2 StAG). Jede Beschwerde ist unzulässig, wenn die angegriffene Verfügung gem §§ 55, 62 FGG von dem Gericht oder dem Beschwerdegericht nicht mehr geändert werden kann, weil sie einem Dritten gegenüber wirksam geworden ist. Eine Ausnahme von diesem Grundsatz wird nur dann gemacht, wenn ein Beteiligter, um dem Mündel das selbständige Beschwerderecht abzuschneiden, die Wirksamwerden der vormundschaftsgerichtlichen Genehmigung mißbräuchlich herbeigeführt hat (BayObLG FamRZ 1991, 1076 mwN).

10. § 1828 findet **nur Anwendung** auf Fälle, in denen die Genehmigung des VormG zum Zustandekommen **18** des Geschäfts nowendig ist, nicht, wenn sie nur durch Ordnungsvorschriften vorgeschrieben ist (§§ 1803 II, 1807, 1810, 1823), auch nicht auf eine Gestattung nach § 1811 (RG JW 1938, 3167) sowie auf die zu § 1793 Rz 26 zusammengestellten Fälle, in denen die Zustimmung des Vormunds durch das VormG ersetzt wird. Die Vorschrift findet dagegen Anwendung, wenn die Genehmigung des Gegenvormunds in Fällen, in denen sie zum Zustandekommen des Rechtsgeschäfts notwendig ist (§§ 1809, 1812, 1813 II), durch das VormG ersetzt wird (vgl § 1832).

11. §§ 1828 bis 1831 gelten gem § 1643 III entsprechend bei genehmigungsbedürftigen Rechtsgeschäften des **19** Vaters und der Mutter und gem § 1908i I S 1 sinngemäß auch im Betreuungsrecht.

1829 *Nachträgliche Genehmigung*

(1) Schließt der Vormund einen Vertrag ohne die erforderliche Genehmigung des Vormundschaftsgerichts, so hängt die Wirksamkeit des Vertrags von der nachträglichen Genehmigung des Vormundschaftsgerichts ab. Die Genehmigung sowie deren Verweigerung wird dem anderen Teil gegenüber erst wirksam, wenn sie ihm durch den Vormund mitgeteilt wird.

(2) Fordert der andere Teil den Vormund zur Mitteilung darüber auf, ob die Genehmigung erteilt sei, so kann die Mitteilung der Genehmigung nur bis zum Ablauf von zwei Wochen nach dem Empfang der Aufforderung erfolgen; erfolgt sie nicht, so gilt die Genehmigung als verweigert.

(3) Ist der Mündel volljährig geworden, so tritt seine Genehmigung an die Stelle der Genehmigung des Vormundschaftsgerichts.

1. Die §§ 1829–1831 regeln den Fall, daß die Genehmigung bei Vornahme des Rechtsgeschäfts noch nicht vor- **1** liegt. Die §§ 1829 und 1830 handeln von Verträgen, § 1831 von einseitigen Rechtsgeschäften. Die Vorschriften finden nur Anwendung auf Fälle, in denen die vormundschaftsgerichtliche Genehmigung zum Zustandekommen des Rechtsgeschäfts notwendig ist, nicht auf Rechtsgeschäfte, die auch bei Fehlen der Genehmigung wirksam sind (vgl § 1828 Rz 18).

Die Sonderregelung der Folgen des Fehlens der vormundschaftsgerichtlichen Genehmigung in §§ 1829–1831 **2** schließt eine Anfechtung der genehmigungsbedürftigen Rechtsgeschäfte wegen Irrtums oder arglistiger Täuschung über das Fehlen der Genehmigung aus (§ 1828 Rz 6). Auch eine Haftung des Vormunds aus § 179 wegen mangelnder Vertretungsmacht kommt daneben nicht in Frage. Nur deliktische Schadensersatzansprüche gegen den Vormund sind möglich, für den anderen Teil aus §§ 823, 826, für den Mündel aus § 1833 (vgl RGRK/Dickescheid § 1830 Rz 7; Pal/Diederichsen § 1829 Rz 4 und § 1830 Rz 2; Staud/Engler § 1830 Rz 16).

2. Schließt der Vormund einen **Vertrag ohne** die erforderliche **Genehmigung** des VormG, so ist dieser **schwe- 3 bend unwirksam** (BGH 15, 99; RG 133, 7, 14). Er kann – und zwar mit Rückwirkung auf den Zeitpunkt des Abschlusses (§ 1828 Rz 5) – nur wirksam werden, wenn das VormG die Genehmigung nachträglich erteilt und der Vormund diese dem Vertragsgegner mitteilt (§ 1829). Während des Schwebezustandes bleibt der andere Teil – anders als nach § 109 – an den Vertrag gebunden (§ 1828 Rz 14), es sei denn, der Vormund hätte bei Abschluß des Vertrages wahrheitswidrig behauptet, die Genehmigung sei bereits vorher erteilt worden, und der andere Teil hätte ihr Fehlen nicht gekannt (§ 1830). Nach Abs II kann der andere Teil den Schwebezustand jedoch dadurch beenden, daß er den Vormund zur Mitteilung darüber auffordert, ob die Genehmigung erteilt ist. Dies hat die Wirkung, daß die Genehmigung als verweigert gilt und die Bindung des anderen Teils endet, wenn ihm der Vormund nicht innerhalb von zwei Wochen nach Empfang der Aufforderung an die Mitteilung der erteilten Genehmigung zugehen läßt. Der Schwebezustand und die Bindung des anderen Teils fallen natürlich auch weg, wenn der Vormund ohne vorangegangene Aufforderung nach Abs II dem Vertragsgegner erklärt, daß er die vormundschaftsgerichtliche Genehmigung nicht einholen wolle, oder erklärt, daß das VormG die Genehmigung des Vertrags verweigert habe, auch wenn dies nicht zutrifft (Soergel/Zimmermann Rz 12).

Der Mündel ist während des Schwebezustandes an den Vertrag **nicht gebunden.** Es liegt im pflichtmäßigen **4** Ermessen des Vormunds, ob er die Genehmigung einholen und die ihm nach § 1828 wirksam erteilte Genehmigung dem Vertragsgegner mitteilt. Er ist dazu auch nach Erteilung der Genehmigung nicht verpflichtet, wenn er bei erneuter Prüfung den Vertrag für den Mündel nicht als günstig ansieht (BayObLG FamRZ 1964, 526; MDR

§ 1829 Familienrecht Vormundschaft

1964, 596; Hamm DNotZ 1957, 439). Der **Vertragsgegner** hat **kein Recht auf Einholung der Genehmigung** und deren Mitteilung, kann sich insbesondere auch nicht auf § 162 I berufen, wenn der Vormund sie unterläßt oder die Erteilung der Genehmigung verhindert (RG JW 1921, 1237). Auch wenn der gesetzliche Vertreter ein Grundstück verkauft, das zum Teil ihm und zum Teil dem Mündel gehört, ist er in der Regel nicht gehindert, dem VormG Umstände mitzuteilen, die zur Versagung der Genehmigung führen können (BGH NJW 1970, 1414). Anders kann es jedoch liegen, wenn der gesetzliche Vertreter von vornherein beabsichtigt, die Genehmigung zu verhindern, insbesondere wenn ihm bereits Wertpapiersicherheit geleistet worden war, die er zum Abschluß eines anderweitigen Vertrages benutzen konnte (BGH aaO).

5 3. Die Formulierung des Gesetzes ist in Abs II auf den Regelfall ausgerichtet, daß der Vormund die Entscheidung des VormG wahrheitsgemäß an den Dritten weitergibt (mitteilt); es handelt sich dann um eine **Tatsachenanzeige** mit rechtsgeschäftsähnlicher Wirkung (Gernhuber/Coester-Waltjen § 60 IV S 5). Der rechtsgeschäftliche Charakter der Erklärung wird dann maßgebend, wenn der Vormund wahrheitswidrig sagt, die Genehmigung sei verweigert worden, oder wenn er sagt, daß er trotz Erteilung der Genehmigung von dem Geschäft Abstand nehme. In diesen Fällen liegt eine verdeckte oder offene Willenserklärung vor. Auf sämtliche Modalitäten sind die §§ 116ff entsprechend oder unmittelbar anwendbar. Teilt der Vormund die Genehmigung des Gerichts dem anderen Teil mit, weil er sich dazu verpflichtet hält, obwohl er an dem Rechtsgeschäft nicht festhalten möchte, so ist dieser Irrtum unerheblich. Nach der Mitteilung der Genehmigung kann der Vormund nicht mehr geltend machen, diese sei ihm nicht zugegangen (Selbstwiderspruch, BayObLG 1963, 1, 4). Einer „Annahme" der Genehmigung durch den Erklärungsgegner bedarf es nicht; als empfangsbedürftige Willenserklärung wird die Mitteilung durch bloßen Zugang wirksam (Zunft NJW 1959, 516, 517; aA Wangemann NJW 1955, 531). Läßt der Vormund bei Mitteilung der Entscheidung erkennen, daß er sie nicht als endgültig ansieht, sondern Rechtsmittel dagegen einlegen will, so bleibt der Schwebezustand bestehen, weil sonst jedes Rechtsmittel gem §§ 62, 55 I FGG unzulässig wäre.

6 4. Die Entgegennahme der Erklärung des VormG durch den Vormund, ihre Mitteilung an den anderen Teil und die Entgegennahme durch diesen kann auf beiden Seiten durch **Bevollmächtigte** geschehen. Beide Seiten können auch denselben Dritten, zB den beurkundenden Notar, bevollmächtigen; § 181 steht nicht entgegen (BGH 15, 97; RG 121, 30, 33; BayObLG DNotZ 1983, 369; Düsseldorf NJW 1959, 391). Doch muß bei solcher Doppelvollmacht der Vormund die Möglichkeit behalten, von der Genehmigung keinen Gebrauch zu machen (OGHZ 1, 198). Darum darf die Klausel nicht das Wirksamwerden mit Zugang bei dem doppelt Bevollmächtigten vorsehen, sondern dieser muß nach Zugang bekunden, daß er von der Möglichkeit, den Vertrag zustande kommen zu lassen, bewußt keinen Gebrauch gemacht hat; dem genügt eine Aktennotiz (Bsp: BayObLG FamRZ 1998, 1325, 1326) oder die Einreichung beim Grundbuchamt (RG 121, 30). Der Notar kann eine Doppelvollmacht für sich selbst beurkunden, da es sich nicht um eine Verfügung zu seinen Gunsten iS von § 7 Nr 1 BeurkG handelt (vgl RG 121, 30, 34 entgegen KGJ 38, 190; BayObLG LZ 1918, 58). In solchem Fall bedarf es dem Grundbuchamt gegenüber keines Nachweises der Mitteilung in der grundbuchmäßigen Form des § 29 GBO (BayObLG 22, 156; Hamm Rpfleger 1964, 313; LG Wiesbaden zitiert bei Haegele Rpfleger 1966, 267; anders Schäfer BadWürttNotZ 1965, 201). Ob eine Doppelvollmacht gewollt ist, ist durch Auslegung der Vertragsurkunde zu ermitteln (RG 121, 30, 33; LG Wiesbaden aaO). Die in notariellen Grundstückskaufverträgen übliche Vollmachtsklausel, wonach der Notar oder ein Kanzleibediensteter die mit der Durchführung des Kaufvertrages zusammenhängenden Erklärungen abgeben und entgegennehmen kann, ist wegen des Zwecks des § 1829 II nicht stillschweigend darauf zu erstrecken, so daß die zur Wirksamkeit des Kaufvertrages erforderliche Mitteilung und Entgegennahme der vormundschaftsgerichtlichen Genehmigung nicht darunter fällt (LG Oldenburg Rpfleger 1984, 414). Schließen zwei Mündel einen genehmigungsbedürftigen Vertrag miteinander, so wird er erst wirksam, wenn jeder Vormund dem anderen die Genehmigung mitgeteilt hat (KG OLG 3, 300). Bloße Anwesenheit des Vertragsgegners bei Erteilung der Genehmigung an den Vormund kann die Mitteilung nicht ersetzen (KG OLG 42, 114). Durch einen Geschäftsführer ohne Auftrag kann die Mitteilung nicht wirksam erfolgen (RG HRR 1929, 1649). Die Doppelvollmacht darf nicht dazu mißbraucht werden, dem Mündel die Möglichkeit der Beschwerde (§ 59 FGG) zu entziehen (BayObLG JFG 6, 101). Wenn Vormund und anderer Teil arglistig dazu zusammenwirken, bleibt dem Mündel trotz § 55 I FGG das Mittel der Beschwerde erhalten (BayObLG 1928, 514, 516). Abs I S 2 ist zwingend (RG 121, 30, 32); die Parteien können daher nicht vereinbaren, daß die Genehmigung auf andere Art wirksam werden soll, zB mit Zugang der Entscheidung an den Notar (München DR 1943, 491; OGHZ 1, 198) oder an das Prozeßgericht, vor dem der genehmigungsbedürftige Vergleich geschlossen wurde (Düsseldorf NJW 1959, 391) oder wenn der Vertragsgegner binnen bestimmter Frist keine gegenteilige Nachricht erhält (KG ZBlFG 1904, 269). Auch der Vertragsgegner kann nicht in entsprechender Anwendung des § 151 auf die Mitteilung oder deren Zugang verzichten (OGHZ 1, 198; Staud/Engler Rz 29 mit dem Hinweis, daß durch eine privatrechtliche Vereinbarung nicht bestimmt werden könne, wie ein gerichtlicher Akt in Kraft gesetzt werde). Hat der Antragende bei einem Vertragsangebot eine **Frist für die Annahme** gesetzt (§ 148), so muß die erforderliche Genehmigung innerhalb dieser Frist erwirkt und mitgeteilt werden. Das Fehlen der Mitteilung ist von Amts wegen zu berücksichtigen. Vor Bestätigung eines gerichtlich beurkundeten Erbteilungsvertrags (§ 93 FGG), an dem das Mündel beteiligt ist, hat daher der Nachlaßrichter zu prüfen, ob die vormundschaftsgerichtliche Genehmigung den Miterben mitgeteilt ist (Colmar RJA 12, 27).

7 5. Bei der **Aufforderung des anderen Teils** an den Vormund **(Abs II)** durch die der Schwebezustand beendet wird, handelt es sich wie bei der Mitteilung nach Abs I S 2 um eine rechtsgeschäftsähnliche Handlung (RGRK/Dickescheid Rz 16; Pal/Heinrichs § 108 Rz 5). Dagegen nehmen Staud/Engler Rz 32; Soergel/Zimmermann Rz 14; Pal/Diederichsen Rz 5; MüKo/Wagenitz Rz 28; RGRK/Scheffler, 11. Aufl, Anm 14 eine Willenserklärung an. Die zweiwöchige Frist läuft, auch wenn die vormundschaftsgerichtliche Genehmigung noch nicht erteilt ist

(RG 130, 148). Ebenso ist es ohne Einfluß auf die Frist, ob der Vormund die Genehmigung nachsucht oder nicht. Sie kann durch Vereinbarung verkürzt oder verlängert werden (Soergel/Zimmermann Rz 15). Wird die Genehmigung bis zum Ablauf der Frist nicht eingeholt und mitgeteilt, so gilt sie als verweigert. Spätere Mitteilung der Genehmigung ist wirkungslos. Der Vertragsgegner kann dies, anders als in dem § 1828 Rz 16 angeführten Ausnahmefall, nur im Prozeßwege, nicht durch Beschwerde geltend machen (KGJ 53, 39, 41). Sind als Vertragsgegner mehrere Personen beteiligt, so fragt es sich, ob eine wirksame Aufforderung die Mitwirkung aller immer schon dann erfordert, wenn sich aus dem zwischen ihnen bestehenden Rechtsverhältnis nichts anderes ergibt (so die hM; KGJ 36, 160, 161; RGRK/Dickescheid Rz 18; Soergel/Zimmermann Rz 14; Dölle FamR II § 128 VI S 6c), oder nur dann, wenn dies aus den zwischen ihnen bestehenden Rechtsbeziehungen positiv hervorgeht (so Huken DNotZ 1966, 388; Staud/Engler Rz 35). Im Grundsatz ist der hL beizutreten: die §§ 421ff sind nicht anwendbar, weil es erst um die Begründung des Rechtsverhältnisses geht. In aller Regel beurteilt sich das Verhältnis zwischen mehreren Personen, die gemeinsam mit einem Außenstehenden einen zweiseitigen Vertrag schließen, nach §§ 705ff. Danach bedarf die Aufforderung gem §§ 714, 709 der Mitwirkung aller. Sind mehrere Personen dagegen Partner eines mehrseitigen Vertrags, zB bei einer Erbauseinandersetzung, so besteht zwischen ihnen keine zusätzliche Verbindung; jeder kann die Aufforderung mit auf sich beschränkter Wirkung ergehen lassen.

6. Ist der **Mündel** während der Schwebelage **volljährig geworden**, so tritt seine Genehmigung an die Stelle der **8** Genehmigung des VormG (Abs III); diese kann dann nicht mehr wirksam werden. Auch eine Nachprüfung ihrer Berechtigung im Beschwerdewege ist nicht möglich, da die Vormundschaft beendet ist (KG JW 1938, 2142). Ist die Aufforderung nach Abs II bereits ergangen, so muß der Volljährige die Genehmigung dem Vertragsgegner vor Ablauf der Frist erklären, da sie sonst als verweigert gilt. Andernfalls kann die Aufforderung nur an ihn, nicht an den bisherigen Vormund gerichtet werden. Eine schlüssige Genehmigung kann nur angenommen werden, wenn der Mündel die schwebende Unwirksamkeit kennt und heilen will (RG 95, 70, 71; LG Bremen FamRZ 1963, 658). Eine Verpflichtung, den Vertrag zu genehmigen, kann für den Mündel aus § 242 auch dann nicht hergeleitet werden, zB wenn er kurz vor der Volljährigkeit selbst am Vertragsschluß mitgewirkt hatte (BGH WM 1963, 811). Doch kann es eine unzulässige Rechtsausübung sein, wenn sich seit vielen Jahren volljährige Miterben auf das Fehlen der zu einer Erbauseinandersetzung nötig gewesenen Genehmigung berufen, die sie mangels Kenntnis der Genehmigungsbedürftigkeit auch nicht nachgeholt haben (BGH FamRZ 1961, 216). Nach 14 Jahren Volljährigkeit kann sich der Versicherte nicht mehr darauf berufen, daß seine Eltern den Lebensversicherungsvertrag für ihn ohne Genehmigung des VormG geschlossen haben (LG Verden VersR 1998, 42 ähnlich LG Freiburg VersR 1998, 41: schon nach zehn Jahren unter Zahlung der Prämien; ähnlich LG Frankfurt/M Recht und Schaden 1998, 270; anders aber nach erst sechs Jahren, trotz laufender Prämienzahlungen: LG Frankfurt/M NJW 1999, 3566). Nach dem Tod des Mündels (BayObLG NJW 1965, 397) oder nach Beendigung von Vormundschaft oder Pflegschaft (Frankfurt OLGZ 1978, 63) kann das VormG die Genehmigung nicht mehr erteilen. Stirbt der Mündel, ehe die Genehmigung oder Verweigerung wirksam geworden ist, so geht das Genehmigungsrecht auf seine Erben über (BayObLG 1964, 350, 351; KG OLG 4, 416). Ist die vormundschaftliche Genehmigung nach einem ausländischen Recht zu erteilen, so begründet eine Aufforderung dann keinen Fristlauf mit der in Abs II vorgesehenen Rechtsfolge, wenn das fremde Recht keine Frist kennt. Das für die Führung der Vormundschaft anwendbare Recht ergibt sich aus Art 24 I, III EGBGB. Zur Genehmigung durch den geschäftsfähigen Betreuten s § 1908i Rz 24.

7. Ist die **nachträgliche Genehmigung** wirksam erteilt und dem Vertragsgegner rechtzeitig mitgeteilt, so ist **9** der Vertrag formell voll wirksam, wenn er auch aus materiellen Gründen – zB wegen Verstoßes gegen § 138 – nichtig sein kann (KG JW 1937, 2597); eine Aufhebung der Genehmigung wäre nach §§ 55, 62 FGG nicht mehr zulässig und wäre nichtig (BayObLG 1963, 1). Der Vertrag wird dagegen endgültig unwirksam, wenn der Vormund dem Vertragsgegner die Verweigerung der Genehmigung mitteilt oder eine gleichzustellende Erklärung abgibt (Rz 5) oder die Genehmigung nach Abs II als verweigert gilt (KGJ 25, 17). Unwirksamkeit des Vertrages tritt auch bei teilweiser Versagung der Genehmigung und deren Mitteilung an den Vertragsgegner ein (Soergel/Zimmermann Rz 12); es sei denn, daß dieser durch die Beschränkung der Genehmigung in keiner Weise beschwert wird. Hat der Vertragsgegner vorgeleistet, so regelt sich die Verpflichtung des Mündels zur Rückgabe des Empfangenen nach §§ 812ff (RG 81, 261). Die Beteiligten können durch Vereinbarung den Schwebezustand nicht wiederherstellen, um eine sonst nach §§ 55, 62, 63 FGG unzulässige Abänderung der Verweigerung der Genehmigung im Beschwerdeweg zu ermöglichen. Sie können nur den Vertragsschluß wiederholen und erneut um die Genehmigung nachsuchen (Colmar 18, 292).

8. Hat der Vormund die vormundschaftsgerichtliche **Genehmigung vor Vertragsschluß** erwirkt, so ist der **10** demgemäß abgeschlossene Vertrag mit dem Abschluß wirksam, ohne daß es einer Mitteilung der Genehmigung an den Vertragsgegner bedarf (KGJ 23, 173, 175; KG MDR 1966, 238). Dieser hat in diesem Falle auch keine Befugnis, den Vormund entsprechend Abs II zur Mitteilung aufzufordern, ob die Genehmigung erteilt sei. Es bleibt ihm überlassen, sich durch Einholung einer Auskunft des VormG Klarheit zu verschaffen. Dagegen findet § 1829 Anwendung, wenn der Vertrag von dem Inhalt der Genehmigung abweicht.

9. Wegen der Beschwerdemöglichkeiten s § 1828 Rz 16, 17. **11**

§ 1830 *Widerrufsrecht des Geschäftspartners*
Hat der Vormund dem anderen Teil gegenüber der Wahrheit zuwider die Genehmigung des Vormundschaftsgerichts behauptet, so ist der andere Teil bis zur Mitteilung der nachträglichen Genehmigung des Vormundschaftsgerichts zum Widerruf berechtigt, es sei denn, dass ihm das Fehlen der Genehmigung bei dem Abschluss des Vertrags bekannt war.

§ 1830

1. 1. Da ein „Widerruf" die in § 1829 geregelte Schwebelage voraussetzt, bezieht sich § 1830 nur auf Verträge, so daß sein Anwendungsgebiet dasselbe ist wie das der ähnlichen Vorschrift des § 109. Nach § 109 kann der Kontrahent eines beschränkt Geschäftsfähigen bis zur Genehmigung durch den gesetzlichen Vertreter seine Vertragserklärung widerrufen. War ihm jedoch die fehlende Geschäftsfähigkeit seines Kontrahenten bekannt, so hat er das Widerrufsrecht nur unter der weiteren Voraussetzung, daß der nicht voll Geschäftsfähige die Einwilligung seines gesetzlichen Vertreters der Wahrheit zuwider behauptet hatte und ihm deren Fehlen auch nicht anderweitig bekannt war.

Sind die Voraussetzungen des Widerrufsrechtes aus § 109 nicht gegeben, so begründet das Fehlen der vormundschaftsgerichtlichen Genehmigung grundsätzlich kein Widerrufsrecht. Nur wenn der gesetzliche Vertreter – gleichgültig, ob er oder der nicht voll Geschäftsfähige selbst kontrahiert hatte – der Wahrheit zuwider die Genehmigung des VormG behauptet hat und deren Fehlen dem Kontrahenten auch nicht anderweitig bekannt war, ist der andere Teil zum Widerruf nach § 1830 berechtigt. Hat der Kontrahent mit dem nicht voll Geschäftsfähigen kontrahiert und hat dieser das Vorliegen der Genehmigung des VormG zu Unrecht behauptet, so hat der Kontrahent ein Widerrufsrecht analog § 1830 (Soergel/Zimmermann Rz 3).

2. 2. Der Widerruf kann auch dann, wenn mit dem Mündel kontrahiert wurde, nur dem gesetzlichen Vertreter gegenüber erklärt werden. Das Widerrufsrecht entfällt nicht schon mit der Genehmigung durch das VormG, sondern erst, wenn der Vormund diese gem § 1829 dem Kontrahenten mitgeteilt hat. Im übrigen ist das Widerrufsrecht nicht an eine Frist gebunden, Verzicht ist zulässig. Die Wirksamkeit des Vertrages hängt dann alleine gem § 1829 von der nachträglichen Genehmigung des VormG und deren Mitteilung ab. Neben dem Widerrufsrecht ist für Anfechtung kein Raum (Soergel/Zimmermann Rz 3; MüKo/Wagenitz Rz 9); auch § 179 ist nicht anwendbar.

3. 3. Wie sich aus der Fassung der Vorschrift ergibt, hat im Streitfall der Vertragsgegner zu beweisen, daß der Vormund bzw der Mündel beim Abschluß des Vertrages die vorherige Genehmigung behauptet hat, während dem Vormund der Gegenbeweis obliegt, daß dem Vertragsgegner das Fehlen der Genehmigung bekannt gewesen sei.

4 § 1830 gilt gem § 1908i I S 1 sinngemäß auch im Betreuungsrecht.

1831 *Einseitiges Rechtsgeschäft ohne Genehmigung*

Ein einseitiges Rechtsgeschäft, das der Vormund ohne die erforderliche Genehmigung des Vormundschaftsgerichts vornimmt, ist unwirksam. Nimmt der Vormund mit dieser Genehmigung ein solches Rechtsgeschäft einem anderen gegenüber vor, so ist das Rechtsgeschäft unwirksam, wenn der Vormund die Genehmigung nicht in schriftlicher Form vorlegt und der andere das Rechtsgeschäft aus diesem Grunde unverzüglich zurückweist.

1. 1. Während bei einem Vertrag die erforderliche vormundschaftsgerichtliche Genehmigung vor wie nach dem Abschluß erteilt werden kann (vgl § 1829 Rz 3), bedarf ein **einseitiges Rechtsgeschäft** der **vorherigen Genehmigung**. Wird es **ohne Genehmigung** vorgenommen, so ist es unheilbar **unwirksam**. In einem solchen Falle ist daher nur eine Wiederholung des Rechtsgeschäfts möglich (RG LZ 1930, 1390). Der Dritte, dessen Rechtsverhältnisse durch das einseitige Rechtsgeschäft berührt werden und der sich der Vornahme desselben nicht entziehen kann, soll nicht für unbestimmte Zeitdauer über die Wirksamkeit des Geschäfts im Unklaren bleiben. Die Vorschrift gilt auch, wenn das Rechtsgeschäft von dem Mündel selbst mit vorheriger Einwilligung des Vormunds (§ 111 S 1) vorgenommen wird.

2. 2. Nach hL gilt § 1831 grundsätzlich auch für **amtsempfangsbedürftige** (§ 130 III) **Erklärungen**, Anträge an Behörden oder Klagen, wenn sie genehmigungsbedürftig sind. Dagegen sieht Soergel/Zimmermann Rz 5 das Interesse der Behörde an Rechtsklarheit bei einer § 1830 ähnlichen Lösung hinreichend gewahrt: Die Behörde habe dem Gesuchsteller eine Frist zur Nachbringung der Genehmigung zu stellen. Es trifft indessen nicht zu, daß die Anwendung von § 1831 auf amtsempfangsbedürftige Erklärungen den verfassungsrechtlichen Grundsatz der Verhältnismäßigkeit verletze, weil nach der Eigenart der Rechtsgeschäfte, zu denen diese Erklärungen gehören, keine Härte eintritt:

3 a) Für die Wirksamkeit der amtsempfangsbedürftigen Erklärung kommt es auf die Vollendung des Rechtsgeschäftes an, zu dem sie gehört; erst in diesem Zeitpunkt muß die „vorherige" Genehmigung vorliegen, um eine Unwirksamkeit nach § 1831 zu verhindern. Das ist bei der grundbuchrechtlichen Bewilligung erst die Eintragung. Es ist daher ausreichend, wenn dem Grundbuchamt abzugebende Erklärung zunächst beurkundet und nach Erwirken der vormundschaftsgerichtlichen Genehmigung gleichzeitig mit dieser unter Nachweis der Bekanntgabe an den Vormund (§ 1828) eingereicht wird (KGJ 24, 216; KG RJA 12, 105). Selbst bei der dem anderen Teil abzugebenden materiell-rechtlichen Einwilligung nach § 875 hilft die Vorstellung, daß diese sich erst mit der Eintragung auswirkt (Celle Rpfleger 1980, 187).

4 b) Darüber hinaus wird das Grundbuchamt einem Antragsteller im Weg der Zwischenverfügung nach § 18 GBO aufgeben, die ausstehende Genehmigung und den Nachweis ihrer Mitteilung nachzubringen (KG JFG 13, 393; JW 1928, 1405; RGRK/Dickescheid Rz 8; MüKo/Wacke § 876 Rz 8, § 875 Rz 9 mN; Gernhuber/Coester-Waltjen § 60 IV S 4; anders nur Mann BWNotZ 1964, 123).

5 c) Von der Unwirksamkeit nach § 1831 kann dann abgesehen werden, wenn das Gesetz auf andere Weise dafür gesorgt hat, daß ein Zustand der Ungewißheit innerhalb bestimmter Frist sein Ende findet. Bei einseitigen Rechtsgeschäften, die innerhalb einer gesetzlichen Frist vorzunehmen sind, zB der Erbschaftsausschlagung (§§ 1944 I, 1945 I), kann der Nachweis der vormundschaftsgerichtlichen Genehmigung und ihrer Erklärung an den Vormund (§ 1828) bis zum Ablauf der Ausschlagungsfrist nachgebracht werden (RG Gruch 60, 188; Warn Rspr 1915, Nr 120; KGJ 50, 73; Frankfurt DNotZ 1966, 613; Müller JR 1962, 326; vgl auch § 1945 III S 2). Zum Nachweis kann es im Einzelfall genügen, wenn dem Nachlaßgericht bei Angabe des genehmigenden Amtsgerichts Datum und Aktenzeichen des Genehmigungsbeschlusses und der Tag seiner Zustellung angezeigt werden (RG 118, 145, 149).

d) Bei genehmigungsbedürftigen Klagen (§§ 607 II S 2 ZPO) kann die Genehmigung bis zum Schluß der letzten mündlichen Verhandlung auch noch in der Revisionsinstanz nachgebracht werden (RG 86, 16; Baumbach-Lauterbach, ZPO, § 607 Rz 5). 6

3. **Genehmigungsbedürftige einseitige Rechtsgeschäfte** sind: Erteilung der Prokura (§ 1822 Nr 11); Ermächtigung nach §§ 112f; ausnahmsweise eine Aufrechnung (§ 1812 Rz 2); Zustimmung zur Verfügung eines Nichtberechtigten, jedoch nicht die Zustimmung zu einem genehmigungsbedürftigen Rechtsgeschäft des Mündels, weil die vormundschaftsgerichtliche Genehmigung diesem Rechtsgeschäft und nicht der Zustimmung des gesetzlichen Vertreters gilt (Pal/Diederichsen Rz 2); der Rücktritt von einem Vertrag, wenn er einen zB nach § 1822 Nr 3 genehmigungsbedürftigen Erwerb oder Veräußerung bedeutet; Zustimmung zur Aufhebung eines Erbvertrags (§§ 2291, 2290 III). 7

Daß §§ 1812, 1813 die **Annahme der geschuldeten Leistung** genehmigungsbedürftig sein lassen, zwingt nicht dazu, in der Annahme ein einseitiges Rechtsgeschäft des Mündels zu sehen und darauf § 1831 anzuwenden (so aber RG LZ 1930, 1390). Allerdings kann auch nicht die vielfach zur Leistung gehörende Einigung dem § 1829 unterworfen werden (so 7. Aufl Rz 4 im Anschluß an KG HRR 1931, 512), da die Folge, daß der Mündel mangels Genehmigung nicht einmal Eigentum erwürbe, diesen unnötig benachteiligt. Vielmehr ist die Genehmigung des VormG erforderlich, um die Empfangszuständigkeit des Vormunds zu begründen (vgl allg M MüKo/Wenzel § 362 Rz 15); diese wird aber auch durch nachträgliche Genehmigung begründet. 8

4. Bei einseitigen Rechtsgeschäften, die einem anderen gegenüber vorgenommen werden, bestimmt S 2 zu dessen Schutz, daß das Rechtsgeschäft auch bei Vorliegen der erforderlichen vormundschaftsgerichtlichen Genehmigung unwirksam ist, wenn der Vormund die Genehmigung **nicht in schriftlicher Form** vorlegt und der andere das Rechtsgeschäft aus diesem Grunde **unverzüglich** (§ 121 I S 1) **zurückweist**. „Anderer" in diesem Sinne ist auch eine Behörde (vgl § 130 III), zB das Nachlaßgericht hinsichtlich einer Ausschlagungserklärung (anders MüKo/Wagenitz Rz 11). 9

Da die Genehmigung als Akt der freiwilligen Gerichtsbarkeit kein Rechtsgeschäft ist, sind auf die vorgeschriebene Vorlage in schriftlicher Form die §§ 125, 126 nicht anwendbar. Vielmehr hat der Vormund die Genehmigung in Urschrift, Ausfertigung oder beglaubigter Abschrift vorzulegen (Soergel/Zimmermann Rz 10; Pal/Diederichsen Rz 5). Die Zurückweisung kann nicht widerrufen werden. Ist sie erfolgt, so ist das Rechtsgeschäft endgültig unwirksam; es ist und bleibt dagegen wirksam, wenn es nicht aus diesem Grunde unverzüglich zurückgewiesen wird. Die Vorschrift hat Parallelen in §§ 111 S 2, 174, 182 III. Eine dem § 111 S 3 entsprechende Bestimmung fehlt, da das Gesetz davon ausgeht, daß das VormG nur zu dem Vormund, nicht zu einem Dritten in Beziehung tritt. 10

§ 1832 *Genehmigung des Gegenvormunds*

Soweit der Vormund zu einem Rechtsgeschäft der Genehmigung des Gegenvormunds bedarf, finden die Vorschriften der §§ 1828 bis 1831 entsprechende Anwendung.

1. § 1832 findet nur Anwendung, wenn die **Genehmigung des Gegenvormunds** für die Wirksamkeit des Rechtsgeschäfts erforderlich, also die Vertretungsmacht des Vormunds entsprechend beschränkt ist wie nach § 1812, nicht dagegen, wenn die Mitwirkung des Gegenvormunds nur auf einer Ordnungsvorschrift beruht, wie bei § 1810. Die Genehmigung des Gegenvormunds ist ein privatrechtliches Rechtsgeschäft, auf das die allgemeinen Vorschriften über Rechtsgeschäfte, insbesondere auch hinsichtlich der Anfechtung wegen eines Willensmangels, anwendbar sind (Soergel/Zimmermann Rz 1; Pal/Diederichsen Rz 1; Staud/Engler Rz 8). 1

2. Aus der entsprechenden Anwendbarkeit der §§ 1828–1831 ergibt sich, daß auch der Gegenvormund seine Genehmigung **nur dem Vormund gegenüber** wirksam erklären kann (§ 1828) und die Folgen des Mangels derselben nach § 1829, 1831 zu beurteilen sind. Die nachträgliche Genehmigung wie deren Verweigerung wird daher bei Verträgen dem anderen Teile gegenüber erst wirksam, wenn sie ihm von dem Vormund mitgeteilt wird. Der Vertragsgegner kann die Beendigung des zunächst eintretenden Schwebezustandes durch eine Aufforderung an den Vormund nach § 1829 II herbeiführen. Er hat, wenn dieser bei Abschluß des Vertrages wahrheitswidrig die Genehmigung des Gegenvormunds behauptet hat, ein Widerrufsrecht nach § 1830 und kann ein einseitiges Rechtsgeschäft, das der Vormund ihm gegenüber vornimmt, durch unverzügliche Zurückweisung unwirksam machen, wenn die erforderliche Genehmigung des Gegenvormunds nicht in schriftlicher Form vorgelegt wird (§ 1831 S 2). 2

§ 1833 *Haftung des Vormunds*

(1) Der Vormund ist dem Mündel für den aus einer Pflichtverletzung entstehenden Schaden verantwortlich, wenn ihm ein Verschulden zur Last fällt. Das Gleiche gilt von dem Gegenvormund.

(2) Sind für den Schaden mehrere nebeneinander verantwortlich, so haften sie als Gesamtschuldner. Ist neben dem Vormund für den von diesem verursachten Schaden der Gegenvormund oder ein Mitvormund nur wegen Verletzung seiner Aufsichtspflicht verantwortlich, so ist in ihrem Verhältnis zueinander der Vormund allein verpflichtet.

Schrifttum: *Dieter Wolf*, Die Haftung des Einzelvormunds mit Berücksichtigung der Pfleger- und Betreuerhaftung, Bonner Diss 1997.

§ 1833

1. 1. Der **Vormund** steht, auch wenn das Gesetz seine Stellung wiederholt als Amt bezeichnet (§§ 1786 I Nr 1, 1799 I S 2, 1854 I, 1886, 1890 S 1, 1893) und er dieses Amt durch Verwaltungsakt erlangt (§ 1789 Rz 1), zum Mündel zwar in einem Verhältnis der Überordnung, das aber ebenso wie das entsprechende Eltern-Kind-Verhältnis dem bürgerlichen Recht angehört. Das gilt für den **Einzel- und den Vereinsvormund**; zum Amtsvormund Rz 13f. Daher übt der Vormund kein öffentliches Amt iS von Art 34 GG mit der Folge der Staatshaftung aus (Staud/Engler Rz 6; Pal/Diederichsen Rz 1; anders nur Pardey FamRZ 1989, 1030). Die dem Vormund gegenüber dem Mündel obliegenden Pflichten sind keine Amtspflichten mit der Bedeutung, daß der Vormund Beamter im haftungsrechtlichen Sinn des § 839 wäre. Auch als Grundlage einer persönlichen Haftung scheidet § 839 aus, weil der Vormund auch nicht Beamter im staatsrechtlichen Sinne ist. Die Pflichten des Vormunds gegenüber dem Mündel sind daher auch keine fiskalischen Amtspflichten. Auch im strafrechtlichen Sinn des § 11 I Nr 2 StGB ist der Vormund nicht Amtsträger, so daß er nicht wegen Verletzung eines Dienstgeheimnisses aus § 353b StGB bestraft werden kann (RGSt 39, 204).

2. Ausgeschlossen ist es auch, den Vormund als Erfüllungsgehilfen des Staates bei dessen sozialstaatlicher Aufgabe der Fürsorge für Mündel anzusehen und analog § 278 zu einer Staatshaftung für Schädigungen durch den Vormund zu gelangen. Zwar ist der öffentliche Charakter der staatlichen Fürsorge für Mündel vom BVerfG wiederholt betont worden (BVerfG 10, 302, 324, 326, 327; 54, 251). Entscheidend ist auch nicht der allgemeine Charakter dieser Aufgabe, denn dadurch kommt der Staat nicht in eine Sonderbeziehung zu dem einzelnen Mündel (so aber Klaus Schreiber AcP 178 [1978] S 533, 534f), sondern dies, daß der Staat mit der Bestellung eines Einzelvormunds seine Aufgabe erfüllt hat und sich auf die obervormundschaftliche Aufsicht beschränkt, bei der freilich die allgemeine Staatshaftung (früher nach § 1848, jetzt nach § 839 iVm Art 34 GG, vgl § 839 Rz 125 und § 1837 Rz 18) besteht.

3. § 1833 ist daher keine andere Anspruchsgrundlagen nur verdrängende oder ihnen vorgehende, sondern eine **eigenständige Haftungsnorm**.

4. 2. Die **Pflichten des Vormunds**, Mitvormunds und Gegenvormunds ergeben sich aus dem Gesetz (siehe § 1837 Rz 6), beim Mitvormund gem § 1797 II iVm der Zuweisung des besonderen Wirkungskreises, aus Anordnungen des VormG (§ 1837 II) oder eines zuwendenden Dritten (§ 1803). Diese Pflichten haben der Vormund, Mitvormund oder Gegenvormund (§ 1792 IV) „treu und gewissenhaft" (§ 1789) und grundsätzlich höchstpersönlich zu erfüllen. Anders als Eltern gem § 1664 I, haftet der Vormund nach § 276 für Vorsatz und jede Fahrlässigkeit. Beim echten Einzelvormund im Unterschied zum Berufsvormund gibt es keine berufsspezifischen Sorgfaltspflichten, sondern ist auf Gepflogenheiten des Lebenskreises abzustellen, dem der Vormund angehört (RG JW 1911, 1016; BGH FamRZ 1964, 199, 200). Ist jemand entgegen § 1781 trotz Untauglichkeit zum Vormund bestellt worden, so schließt das seine Haftung nicht aus; die Untauglichkeit begründet keine Entschuldigung. Ein Rechtsanwalt, der verkennt, daß ihn die Aufgabenkreise „Gesundheit" und „Wohnungsangelegenheiten" nicht berechtigen, den Betreuten geschlossen unterzubringen, haftet diesem wegen der rechtswidrigen Freiheitsverletzung auf Schmerzensgeld, ungeachtet dessen, daß er die nach § 1906 erforderliche richterliche Genehmigung erhalten hatte (Hamm FamRZ 2001, 861).

5. Die Haftung des Vormunds wird nicht dadurch ausgeschlossen, daß das den Schaden hervorrufende Rechtsgeschäft **vom VormG genehmigt** war (Mugdan IV, 624; BGH JZ 1964, 324). Das Fehlverhalten des Vormunds kann nämlich darin liegen, daß er die dem VormG unterbreiteten Tatsachen nicht sorgfältig ermittelt oder dieses verkürzt informiert hat oder von der Genehmigung trotz nachträglich veränderter Tatsachen Gebrauch gemacht hat. Nur bezüglich solcher Voraussetzungen seines Verhaltens, die vom VormG bei seiner Entscheidung berücksichtigt wurden, ist der Vormund entlastet, besonders bei der Beurteilung von Rechtsfragen (RG JW 1911, 984 Nr 20). Auf eine Rechtsauskunft des VormG darf sich der Vormund regelmäßig verlassen.

6. Ein **Verschulden** kann darin liegen, daß der Vormund es unterläßt, sich durch das VormG oder durch einen Anwalt rechtlich beraten zu lassen (RG JW 1938, 3116), besonders bei der Frage, ob ein Rechtsmittel einzulegen ist (RG JW 1922, 1006). Ein zum Vormund bestellter Anwalt muß die Erfolgsaussicht einer Klage gewissenhaft prüfen (Hamburg NJW 1960, 1207) und haftet für die Kosten einer haltlosen Klage (Warn Rsp 1932, 76).

7. 3. **Zieht der Vormund einen Dritten bei**, der dem Mündel einen Schaden verursacht, so bedeutet der privatrechtliche Charakter des Verhältnisses des Vormunds zum Mündel die grundsätzliche Anwendbarkeit von **§ 278**, wonach der Vormund für ein Verschulden des Dritten wie für eigenes haftet.

a) Das kann nach einhelliger Meinung jedoch dann nicht gelten, wenn der Vormund den Dritten beiziehen muß, weil ihm die Fähigkeit zur Erledigung der fraglichen Angelegenheit fehlt, wie bei allen erforderlichen berufsspezifischen Handlungen, die nicht zufällig (§ 1835 III!) zu dem Beruf des Vormunds gehören, zB regelmäßig eine erforderliche ärztliche Behandlung. Dann haftet der Vormund für eigenes Verschulden bei der Auswahl, gegebenenfalls auch bei Information und Überwachung, unmittelbar aus § 1833.

8. b) § 278 soll auch dann nicht anzuwenden sein, wenn der Vormund den Dritten nicht beiziehen durfte, sondern die Angelegenheit selbst hätte erledigen müssen. Richtig ist, daß der Vormund dann bereits für sein Fehlverhalten nach allgemeinen Grundsätzen haftet. An dieser Stelle wird vielfach der Eindruck erweckt, als bedeute dies eine Haftung in weiterem Umfange als bei zulässiger Beiziehung eines Dritten („Haftung für jeden Schaden": Staud/ Engler Rz 40; Haftung „vollen Umfangs": Lüderitz Rz 1124). Dabei wird übersehen, daß die Beiziehung des Dritten adäquat-kausal auf die Beiziehung des Dritten zurückgehen muß, woran es bereits fehlt, wenn der Schaden auch bei persönlicher Wahrnehmung durch den Vormund eingetreten wäre (MüKo/Grundmann § 278 Rz 27 mit Fn 96). Hinzukommen muß die adäquate Kausalität, die darauf hinausläuft, daß die Beiziehung des Dritten die Wahrscheinlichkeit eines Schadenseintrittes erhöht haben muß. Daran fehlt es in allen Fällen, in denen der Vormund, wenn auch unzulässigerweise, einen geeigneten Dritten hinzugezogen hat, was ein Fehlverhalten des Dritten im gegebenen Fall nicht ausschließt. § 278 in solchem Fall nicht anzuwenden, wäre eine unhaltbare Begünstigung des den Dritten unzulässigerweise beizuziehenden Vormunds.

c) Zwischen der unerläßlichen und der unzulässigen Übertragung liegen die Regelfälle, in denen der Vormund 9 eine Angelegenheit persönlich erledigen, aber ebensogut einen Dritten damit beauftragen kann. Früher scheint die überwiegende Meinung dahin gegangen zu sein, daß der Vormund in diesem Bereich nur für culpa in eligendo haftet (vgl die Angaben bei Dölle FamR II § 124 I Fn 8 und heute so noch Pal/Diederichsen Rz 5 und Soergel/Zimmermann Rz 5), während MüKo/Wagenitz Rz 9 und die dort genannten für § 278 eintreten. Wenn Damrau seine Ansicht damit begründet, daß der Vormund im allgemeinen nicht persönlich zu handeln brauche und wenn RG 76, 185, 186 von den eigentlichen vormundschaftlichen Geschäften, bei denen § 278 anzuwenden sei, diejenigen unterscheidet, bei denen eine soweit gehende Haftung eine „in die Augen springende Unbilligkeit" sei, so zeigt dies, daß es in erster Linie darum geht, welche Angelegenheiten der Vormund persönlich erledigen muß und welche er delegieren darf (dazu § 1793 Rz 29). Eigentliche vormundschaftlichen Geschäfte sind die Personensorge und die Vermögenssorge dort, wo ein gesunder Volljähriger seine Vermögensangelegenheiten selbst erledigt, so daß auch von einem Vormund oder Betreuer persönliche Wahrnehmung erwartet werden kann, weil er im Hinblick darauf ausgesucht worden ist. Wo aber der Vermögensträger selbst eine Sache häufig in fremde Hände legen wird, da kann auch vom Vormund oder Betreuer nichts anderes erwartet werden; zieht er einen sorgfältig ausgewählten Dritten bei, wie im Fall RG 76, 185 zur Verwaltung eines Landguts, da besteht kein Anlaß, zur stets gegebenen Haftung des Dritten eine von eigenem Verschulden unabhängige Haftung des Vormunds hinzuzufügen.

Hat der auf vertraglicher Grundlage beigezogene Dritte seine Vertragspflicht verletzt, so macht es einen Unter- 10 schied, ob der Vormund diesen Vertrag im eigenen Namen oder im Namen des Mündels geschlossen hat; im ersten Fall liquidiert der Vormund den Drittschaden des Mündels (vgl Larenz SchuldR I § 27 IV S 3).

4. Der Vormund haftet für jeden Vermögensschaden des Mündels, zB das Ausbleiben von Rentenzahlungen, 11 wenn er es unterlassen hat, einen begründeten Antrag auf Erwerbsunfähigkeitsrente zu stellen (LG Berlin FamRZ 2002, 345). Dieser kann auch darin bestehen, daß der Mündel einem Dritten gem § 278 (vgl § 1793 Rz 8) für ein Verschulden des Vormunds einstehen muß, das in der Regel auch eine Pflichtverletzung gegenüber dem Mündel darstellen wird. Wegen Nichtvermögensschadens kann gem § 253 I Geldentschädigung nicht verlangt werden, es sei denn, daß der Vormund zugleich eines der in § 253 II genannten absolut geschützten Rechte verletzt hat. Der Anspruch **verjährt** gem § 197 I Nr 2 in 30 Jahren. Während der Dauer der Vormundschaft ist die Verjährung gem § 207 I S 2 Nr 3 gehemmt. Gem § 1843 II kann der Anspruch des Mündels bereits vor Beendigung der Vormundschaft geltend gemacht werden; zur Vertretung des Mündels ist dann ein Pfleger zu bestellen (§§ 1795 II, 181, 1909 I S 1). Ein besonderer, wahlweiser Gerichtsstand ergibt sich aus § 31, nicht aus § 32 ZPO. Bei rechtswidriger geschlossener Unterbringung kann der Betreuer auf **Schmerzensgeld** haftbar werden (Rz 4).

5. a) Beim **Vereinsvormund** besteht dieselbe Haftungsgrundlage wie beim Einzelvormund. Für einen verfas- 12 sungsmäßig berufenen Vertreter haftet der Verein gem § 31, für andere Mitglieder gem § 1791a III S 2 in gleicher Weise. Im Betreuungsrecht entspricht dem Vereinsvormund die **Vereinsbetreuung** (§ 1900 I), während der Verein für einen Vereinsbetreuer iSv § 1897 II nicht haftet (Amtl Begr BT-Drucks 11/4528, 158), ebensowenig wie für einen zum Vormund oder Pfleger bestellten Mitarbeiter.

b) Auch bei der **Amtsvormundschaft** ist gem § 56 I SGB VIII die Vorschrift des § 1833 Grundlage für eine 13 Schadensersatzverpflichtung gegenüber dem Mündel. Was die Passivlegitimation für diesen Anspruch angeht, so würde § 1833 auf diejenige Gebietskörperschaft führen, bei der das JA gem § 69 SGB VIII errichtet ist (BGH 9, 255; 22, 72, 73). Nur in seltenen Fällen wird dies nicht diejenige Körperschaft sein, die den Bediensteten angestellt hat. Daher hat es geringe praktische Bedeutung, daß die vormundschaftlichen Pflichten in dem Umfang, in dem § 1833 an ihre Verletzung anknüpft, für den Amtsvormund Amtspflichten iS von § 839 sind, woran die **Staatshaftung nach Art 34 GG** zu Lasten der Anstellungskörperschaft anschließt. Denn anders als bei der Einzelvormundschaft beschränkt sich der Staat bei der Amtsvormundschaft nicht auf die obervormundschaftliche Aufsicht, sondern übernimmt die Vormundschaft als eigene Aufgabe, zu deren Erfüllung er sich des JA als speziellen Organs bedient. Gleiches gilt für die **Behördenbetreuung** des § 1900 IV.

Dies kann nicht mit der für die Abgrenzung des öffentlichen vom privaten Recht früher vertretenen Subjektions- 14 theorie begründet werden, weil die Unterordnung des Mündels unter den Vormund entsprechend derjenigen des Kindes unter die Eltern privatrechtlicher Natur ist (Rz 1). Auch die heute herrschende Subjekttheorie spricht insofern, als sie auf die Zugehörigkeit der das Verhältnis regelnden Normen abstellt, eher für die privatrechtliche Natur der Amtsvormundschaft, weil gem § 56 I SGB VIII auf die Amtsvormundschaft grundsätzlich die Bestimmungen des BGB anzuwenden sind. Indessen ist die vormundschaftsgerichtliche Aufsicht über den Amtsvormund deutlich zurückgenommen. Wenn dem Amtsvormund gem § 1857a stets die nach §§ 1852 II bis 1854 zulässigen Befreiungen zustehen, so trägt dies ebenso wie beim Vereinsvormund zunächst nur der stärkeren Professionalisierung der Behördenbediensteten Rechnung. Aber § 56 II SGB VIII nimmt gegenüber dem Amtsvormund und -pfleger die Kontrolle noch weiter zurück und ermächtigt den Landesgesetzgeber, diese Aufsicht in vermögensrechtlicher Hinsicht völlig aufzugeben. Damit ist die Grenze zwischen der privatrechtlichen Vormundschaft und der zu ihr hinzutretenden Obervormundschaft prinzipiell aufgehoben, kann nur zu Gunsten eines **einheitlich hoheitlichen Charakters der Amtsvormundschaft** verstanden werden. Entscheidend spricht schließlich für den hoheitlichen Charakter der Amtsvormundschaft, daß der Staat hierbei nicht wählt, ob er die Fürsorge für Mündel in der Form des privaten oder des öffentlichen Rechts leistet, sondern daß ihm unter den Voraussetzungen der gesetzlichen Amtsvormundschaft das überwiegende öffentliche Interesse und bei der bestellten Amtsvormundschaft das Subsidiaritätsprinzip diese Aufgabe zuweist.

15 c) Werden Mitarbeiter des JA zum Vormund oder Pfleger bestellt oder Mitarbeiter der Betreuungsbehörde zu Betreuern (**„Behördenbetreuer"** – § 1897 II S 2), so stellt die Übernahme des Amtes zwar eine Dienstaufgabe dar. Mit der Begründung, die Betreuungsbehörde würde durch dienstliche Ordnungen und Weisungen auf die Tätigkeit des Behördenbetreuers Einfluß nehmen, nimmt MüKo/Wagenitz Rz 2 eine Haftung der Behörde wie bei Behördenbetreuung, Amtsvormundschaft oder Amtspflegschaft an. Indessen unterstehen diese Behördenmitarbeiter bei Wahrnehmung des ihnen übertragenen Amtes zwar den allgemeinen dienstrechtlichen Regelungen, aber gerade keiner Weisung bezüglich der Wahrnehmung des Amtes des Vormunds, Pflegers oder Betreuers. Dieser Umstand muß entscheidend sein, eine Amtshaftung abzulehnen (ebenso Damrau/Zimmermann § 1897 Rz 20; Knittel § 1897 Rz 14).

16 6. Die Anspruchsnorm des § 1833 hat keine drittschützende Wirkung (Düsseldorf FamRZ 1999, 1166, 1167). Nur auf anderen Anspruchsgrundlagen kann der Vormund **Dritten haftbar** werden.

17 a) Die Amtspflichten des Amtsvormunds aus **§ 839** gehen insoweit über die nach § 1833 hinaus, als sie auch gegenüber Dritten bestehen können (BGH 100, 313, 317, Frankfurt FamRZ 1987, 519, 520).

b) Verletzt der Vormund in einem Schuldverhältnis, das den Mündel mit einem Dritten verbindet, eine Pflicht des Mündels, so hat dieser dem Dritten für das Verschulden des Vormunds als seinen gesetzlichen Vertreter einzustehen. Einen Schaden daraus kann der Mündel über § 1833 auf den Vormund abwälzen (Rz 11). Erlangt der Dritte auf diesem Weg keine Befriedigung von dem Mündel, weil dieser nicht leistungsfähig ist, entsteht mangels Schadens kein Anspruch des Mündels gegen den Vormund, auf den der Dritte im Vollstreckungsweg zugreifen könnte.

18 c) Eine rechtsgeschäftliche Haftung kann sich aus dem Gesichtspunkt sog **Sachwalterhaftung** ergeben (§ 1793 Rz 8). Tritt ein Vertreter dem Abschlußpartner in einer Weise gegenüber, durch die er in besonderem Maß persönliches Vertrauen in Anspruch nimmt, oder verfolgt er eigene wirtschaftliche Interessen und kommt der Partner zu Schaden, so haftet der Vertreter selbst für die Folgen einer culpa in contrahendo jetzt § 311 III S 2. Diese Haftung kann grundsätzlich auch einen Vormund, Pfleger oder Betreuer treffen (BGH FamRZ 1987, 904; 1995, 282). Dem BGH zufolge sind die hoheitliche Bestellung oder – im Fall BGH FamRZ 1995, 282 – die Stellung eines Anwaltsbetreuers als Organ der Rechtspflege jedoch keine Elemente, welche die Anknüpfung dieser Haftung verstärken.

19 d) Eine Haftung des Vormunds gegenüber Dritten kann sich auch aus § 832 ergeben: Verhindert der Vormund nicht, daß sich der geisteskranke Mündel gegenüber Nachbarn in einer Weise verhält, die den objektiven Tatbestand von Strafgesetzen verletzt, so ist er selbst als Störer anzusehen.

20 7. § 1833 gilt gem § 1908i I S 1 sinngemäß auch im Betreuungsrecht (näher dazu § 1908i Rz 24).

1834 *Verzinsungspflicht*
Verwendet der Vormund Geld des Mündels für sich, so hat er es von der Zeit der Verwendung an zu verzinsen.

1 1. Nach § 1805 darf der Vormund Vermögen des Mündels nicht für sich verwenden. Für den Fall, daß er dagegen verstößt, ordnet § 1834 die gesetzliche Verzinsungspflicht an. Sie beginnt mit der verbotenen Ansichnahme des Geldes. Nach § 246 beträgt der gesetzliche Zinssatz 4 %. Unerheblich ist, ob den Vormund ein Verschulden trifft und dem Mündel ein Schaden entstanden ist. Für einen entstandenen höheren Schaden kann der Vormund nach § 1833 oder § 823 II iVm §§ 246, 266 StGB ersatzpflichtig sein. Vermischung von Mündelgeld mit eigenem Geld ist unzulässig (§ 1805 Rz 1), aber noch keine Verwendung, anders Einzahlung auf eigenes Konto (Soergel/ Zimmermann Rz 1). Bei Verbrauch des vermischten Geldes ist der Anteil des Mündels zu verzinsen. Der Anspruch verjährt gem § 197 I Nr 2 in 30 Jahren, beginnend mit dem Ende des Amtes (§ 207 I S 2 Nr 3).

2 2. Die Vorschrift gilt auch für den Amts- und Vereinsvormund. Die Anlegung bei der Körperschaft, bei der das JA errichtet ist, bedeutet wegen § 1805 S 2 jedoch keinesfalls eine Ansichnahme des Geldes.

3 3. § 1834 gilt gem § 1908i I S 1 sinngemäß auch im Betreuungsrecht.

Vorbemerkung §§ 1835–1836e

1. Anwendungsgebiet 1	4. BtG 4
2. Ursprüngliche Konzeption des BGB 2	5. BtÄndG 5
3. Die Entscheidung des BVerfG v 1. 7. 1980 3	6. Gerichtliche Geltendmachung (§ 56g FGG) 13

1 1. Diese acht Vorschriften regeln die **Entschädigung und Vergütung** des Vormunds (Mitvormunds, Gegenvormunds). Sie gelten entsprechend für den **Betreuer** (§ 1908i I; insoweit sind hinzuzunehmen die §§ 1908e und h), für den **Pfleger** (§ 1915, eingeschlossen das JA als Beistand (§ 1716) mit den ausdrücklichen Einschränkungen der §§ 1835 V, 1835a V, 1836 IV) und nach § 67 III FGG mit den dort geregelten Modifikationen auch für den Verfahrenspfleger in Betreuungssachen, über § 70b I S 3 FGG auch in Unterbringungssachen und über § 50 V FGG auch für den Verfahrenspfleger des Kindes in Vormundschafts- und Familiensachen. Im folgenden ist regelmäßig vom Vormund die Rede, ungeachtet dessen, daß Betreuungen häufiger sind.

2. Nach der **ursprünglichen Konzeption des BGB** erhielt der Vormund für Aufwendungen Ersatz aus dem Vermögen des Mündels, führte darüber hinaus die Vormundschaft aber grundsätzlich unentgeltlich; nur bei einem vermögenden Mündel konnte ihm eine Vergütung bewilligt werden. Demgemäß hatte ursprünglich der Vormund die Kosten der Vormundschaft für einen vermögenslosen Mündel aus seinem Vermögen aufzubringen. Seitdem hatten soziale Wandlungen einerseits zu einer Vermehrung wenn nicht der Vormundschaften, so doch der Pflegschaften für Volljährige geführt, andererseits dazu, daß dieses Amt weniger als früher von Angehörigen übernommen wurde, die dabei auch Verluste in Kauf nehmen. Um dem Mangel an Vormündern abzuhelfen, übernahm das NEhelG des Jahres 1969 die zuvor im damaligen JWG für Minderjährige vorgesehene Institution der Vereins- und der bestellten Amtsvormundschaft als §§ 1791a und b in das BGB. Die Amtsvormundschaft bedeutete bei mittellosen Mündeln und Pfleglingen die Übernahme der Kosten durch die Staatskasse. Gleichzeitig wurden den §§ 1835 und 1836 Regelungen angefügt, die dem Einzelvormund eines mittellosen Mündels für seine Aufwendungen Ersatz aus der Staatskasse zusprachen.

3. Da §§ 1791a und b zugleich den Vorrang der Einzel- vor der Vereins- und der bestellten Amtsvormundschaft begründeten, fanden sich seit 1970 zunehmend Rechtsanwälte bereit, mehrere und sogar eine Vielzahl von Vormundschaften und Pflegschaften aus wirtschaftlichem Interesse zu übernehmen. Sie mögen dabei vielfach in einer Art Mischkalkulation aufgrund der von besser gestellten Mündeln eingenommenen Vergütung die weniger oder nicht einträglichen Fälle mitübernommen haben. Als im Jahre 1979 ein Rechtsanwalt, der zusammen mit einem Sozius und einer Soziologin 250 Mündel und Pfleglinge betreute, wegen des Umfangs seiner Entschädigung das **BVerfG** anrief, rückte dieses durch Urteil **vom 1. 7. 1980** (BVerfG 54, 251) zwar nicht vom Prinzip der Vormundschaft als staatsbürgerliches Ehrenamt ab, korrigierte aber die herrschende Auslegung von § 1835 bezüglich sog „Berufsvormünder" verfassungskonform. Bevor ein „Berufsbild" des Vormunds anzunehmen, demgegenüber den §§ 1835, 1836 berufsregelnde Funktion zukäme, hat das BVerfG die Tatsache gewürdigt, daß die Errichtung und Verwaltung der Vormundschaften zu den obersten Aufgaben der staatlichen Wohlfahrtspflege gehört und daß der Staat durch das VormG den Beschwerdeführer nicht zuletzt im Hinblick auf seine besondere berufliche Qualifikation mit einer Vielzahl von Vormundschaften und Pflegschaften betraut hat, so daß seine Berufsausübung durch deren Wahrnehmung geprägt wird. Einem solchen Bürger gegenüber stelle es einen Eingriff in seine freie Berufsausübung dar, wenn ihm eine angemessene Entschädigung vorenthalten werde. Den Gleichheitsverstoß sah das BVerfG in der herrschenden Auslegung von § 1835 II, jetzt Abs III, die zum Beruf eines Anwaltsvormunds nur spezifische Verrichtungen der Prozeßführung rechnete. In verfassungskonformer Auslegung waren dem BVerfG zufolge einem Berufsvormund neben den Barauslagen auch andere Vermögenswerte zu ersetzen, die er in Gestalt seines Zeitaufwandes und anteiliger Bürokosten zugunsten des Mündels oder Pfleglings einsetzt. Für die Bemessung dieser Kosten gab das BVerfG den Hinweis auf das Gesetz über die Entschädigung von Zeugen und Sachverständigen (ZSEG). Indem das BVerfG dieser Auslegung dem damaligen § 1835 II angedeihen ließ, bewirkte dessen damaliger Abs III, jetzt Abs IV, daß sich der Ersatzanspruch des Berufsvormunds bei Mittellosigkeit des Mündels gegen die Staatskasse richtete.

4. Das im Jahr 1992 in Kraft getretene **BtG** hat die Entscheidung des BVerfG vom 1. 7. 1980 umgesetzt, und zwar durch Einfügung von Abs II in § 1836 aF. Der Gesetzgeber hat die Entschädigung für Berufsvormünder also nicht als Aufwendungsersatz, sondern als Vergütung qualifiziert. So wie das Anwendungsgebiet von §§ 1835, 1836 bis dahin ganz überwiegend bei der Vormundschaft über Volljährige und der Gebrechlichkeitspflegschaft gelegen hatte, liegt es seit dem BtG bei der Betreuung, für welche die §§ 1835–1836e kraft § 1908i I sinngemäß gelten. Die ersten Jahre des Betreuungswesens waren ua gekennzeichnet von einer uneinheitlichen Vergütungspraxis und einer Explosion der Betreuungskosten (Statistik bei HK-BUR § 1836a Rz 36).

5. Beiden Mißständen abzuhelfen, ist ein Zweck des am 1. 1. 1999 in Kraft getretenen Betreuungsrechtsänderungsgesetzes **(BtÄndG)**. Eine Reihe weiterer, naheliegender Einzelregelungen hätte, wenn von Anfang an vorgesehen, erhebliche Rechtsunsicherheit vermieden und die zweckentsprechende Akzeptanz des neuen Rechtsinstituts erleichtert.

a) In § 1835 ist die bisher in Abs IV enthaltene, daher nur für den gegen die Staatskasse gerichteten Anspruch geltende Verweisung auf die Vorschriften über das Verfahren bei der Entschädigung von Zeugen hinsichtlich ihrer baren Auslagen entfallen. Im wesentlichen ist das Festsetzungsverfahren nun in dem neuen § 56g FGG geregelt; ihm unterliegen Aufwendungsersatz (§ 1835), pauschale Aufwandsentschädigung (§ 1935a) und Vergütung (§§ 1836, 1836a). Einer Erlöschensregelung, die bis dahin unklar war (9. Aufl § 1835 Rz 17), sind nun sämtliche Ansprüche unterworfen (§§ 1835 I S 3; 1835a IV; 1836 II S 4).

b) Die auf § 1835 folgenden beiden Paragraphen haben ihre Reihenfolge getauscht. Regelte der früher folgende § 1836 die Vergütung und der darauf folgende § 1836a die zur Abgeltung geringfügiger Aufwendungen bestimmte Aufwandsentschädigung, so wird diese nunmehr als neuer § 1835a sachgemäß im Anschluß an den Aufwendungsersatz geregelt.

Nach dem gegenüber dem früheren § 1836a geänderten Wortlaut des neuen **§ 1835a** I S 1 erhält der Vormund die Entschädigung nicht zur „Abgeltung geringfügiger Aufwendungen", sondern „zur Abgeltung seines Anspruchs auf Aufwendungsersatz"; damit wird die Kumulation beider Ansprüche verhindert und die Schwierigkeit einer Definition „geringfügiger" Aufwendungen vermieden. Die Pauschalierung besteht nach wie vor in der Bezugnahme auf den Höchstbetrag der Verdienstausfallentschädigung für Zeugen, doch ist der Vervielfältigungsfaktor von 15 auf 24 heraufgesetzt worden.

Der neue § 1835a III S 1 löst die bisherige Verweisung des § 1836a aF auf § 1835 IV auf und bejaht die bisher umstrittene Frage, ob auch der dem mittellosen Mündel unterhaltspflichtige Vormund Aufwandsentschädigung aus der Staatskasse verlangen kann.

In dem neuen § 1835a V ist die Verweisung des früheren § 1836a S 4 auf § 1836 IV aufgelöst und sind das JA sowie ein Verein nunmehr ausdrücklich von jeglicher Aufwandsentschädigung ausgeschlossen.

8 c) **§ 1836** regelt wie bisher die Vergütung. Auf der unveränderten Grundlage, daß die Vormundschaft grundsätzlich unentgeltlich zu führen ist, sind die Ausnahmen systematisch umgestellt worden. In Übereinstimmung mit der statistischen Wirklichkeit wird zunächst die Vergütung des Berufsvormundes geregelt und zwar mit der formellen Neuerung, daß das Gericht bei der Bestellung des Vormunds feststellt, wenn er die Vormundschaft berufsmäßig führt. Bei den materiellen Voraussetzungen der Berufsvormundschaft wurden mit quantitativen Merkmalen zwei Regelbeispiele gebildet sowie eine Öffnungsklausel für Berufsanfänger vorgesehen.
§ 1836 II S 1 gibt dem als Berufsvormund bestellten Vormund nunmehr einen Anspruch auf Vergütung. § 1836 II S 2 folgt für die Vergütung des Berufsvormunds dem Stundensatzsystem nunmehr auch bei dem gegen den Mündel gerichteten Anspruch. In § 1836 II S 3 ist in Erweiterung der bisherigen Vorschußpflicht dem Vormund ein Recht auf Abschlagzahlungen gegeben, und zwar nicht nur gegenüber der Staatskasse, sondern auch gegenüber dem Mündel. Die Verweisung des bisherigen § 1836 II S 4 auf § 1835 IV ist entfallen, weil die bei Mittellosigkeit des Mündels eintretende Haftung der Staatskasse nunmehr als § 1836a besonders geregelt ist. Die Vergütung des nicht berufsmäßigen Betreuers ist nunmehr in § 1836 III geregelt, unter Annäherung an die Regelung für Berufsvormünder in Abs II S 2.

9 d) An der durch Schaffung des **§ 1835a** freigewordenen Stelle ersetzt der neue § 1836a den früheren § 1836 II S 4 durch eine tiefgreifende Neuregelung. Der staatsgerichtete Anspruch baut auf § 1836 I und II auf, und zwar auch hinsichtlich der Kriterien für die Höhe der Vergütung, die nunmehr in § 1 des in Bezug genommenen neuen Berufsvormundsvergütungsgesetzes (**BVormVG**) in pauschale Stundensätze von 18, 23 und 31 Euro umgesetzt sind. § 1 I S 3 dieses Gesetzes beseitigt den Streit um die Behandlung der auf die Vergütung entfallenden Umsatzsteuer zugunsten der Berufsvormünder.

10 e) Der neue **§ 1836b** soll durch Pauschalierung in geeigneten Fällen die Abrechnung erleichtern und die Abrechnungsehrlichkeit fördern. Danach kann das VormG dem Vormund im voraus einen festen Geldbetrag bestimmen, der eine nachträgliche Abrechnung erübrigt und weitergehende Vergütungsansprüche ausschließt. Auch kann das VormG die zur Führung der Vormundschaft erforderliche Zeit nach oben begrenzen.

11 f) Der neue **§ 1836c** regelt das vom Mündel einzusetzende Einkommen und Vermögen und bestimmt damit den Begriff der Mittellosigkeit. Die Verweisung auf die Vorschriften für die Hilfe in besonderen Lebenslagen läßt die Hilfe zu den Vormundschaftskosten endgültig als besondere Sozialleistung erscheinen. Einzelne Abweichungen von der Gesamtregelung des BSHG stellen den Mündel günstiger als einen Sozialhilfeempfänger.

12 g) Der neue **§ 1836d** läßt die Staatshaftung bereits dann eintreten, wenn der Mündel auch nur teilweise mittellos ist, sowie insoweit, als er zwar einen Unterhaltsanspruch hat, den er aber gerichtlich durchsetzen müßte. Diese niedrige Schwelle für die Inanspruchnahme des Staates findet ihren Ausgleich in **§ 1836e**, der diese Erweiterung der Mittellosigkeit nicht gelten läßt für den neu geschaffenen **Regreßanspruch** der Staatskasse gegen den Mündel oder seinen Erben.

13 6. Die bisher in der Verweisung auf das ZSEG bestehende Sonderregelung für die **gerichtliche Geltendmachung** haben nun eine umfassende Regelung in § 56g FGG erfahren: a) Der **gegen die Staatskasse** gerichtete Anspruch des Vormunds auf Vorschuß oder **Ersatz von Aufwendungen** (§ 1835 IV) und auf **Aufwandsentschädigung** (§ 1835a III) wird durch Antrag an das VormG (Entscheidung durch den Rechtspfleger gem §§ 3 Nr 2 lit a, 14 RPflG), der den Erfordernissen des § 56 II entsprechen muß, auf gerichtliche Festsetzung geltend gemacht (§ 56g I S 1 Nr 1 FGG). Für den **gegen den Mündel** gerichteten Anspruch gilt das nur, wenn dem Vormund nicht die Vermögenssorge zusteht, weil er sich dann durch Entnahme befriedigen kann (§ 1835 Rz 12).

14 b) Eine gleiche Antragsberechtigung besteht nach § 56g I S 1 Nr 2 FGG für den Anspruch auf **Vergütung** oder eine Abschlagszahlung (§ 1836 II S 3), mag sich dieser gegen die Staatskasse oder den bemittelten Mündel richten. Das gilt auch für den vermögenssorgeberechtigten Vormund, der sich seine Vergütung nicht selbst zuerkennen darf.

15 c) Nach § 56g I S 1 FGG kann das Gericht **von Amts wegen** in gleicher Weise wie auf Antrag über die genannten Ansprüche entscheiden, wenn es dies für angemessen hält. Diese erst durch den Vermittlungsausschuß eröffnete Möglichkeit ist unklar. Abzulehnen ist eine Interpretation, die auch Ansprüche gegen den Mündel in diese Möglichkeit einbezieht (so aber wohl Karmasin FamRZ 1999, 348, 349). Die Bestimmung muß in Zusammenhang damit gesehen werden, daß durch den Vermittlungsausschuß auch § 56g I S 4 FGG geschaffen wurde. Durch diese Bestimmung sollte die Möglichkeit erhalten bleiben, daß wie nach dem ZSEG die von der Staatskasse zu leistende Zahlung im Verwaltungsweg durch den Urkundsbeamten der Geschäftsstelle berechnet und zur Auszahlung angewiesen werden. Auf diesem Weg kann sowohl der Urkundsbeamte als auch der mit dessen Entscheidung nicht zufriedene Vormund die amtswegige Festsetzung durch das Gericht anregen. Dagegen entnimmt Zimmermann FamRZ 1999, 636 wohl der Einleitung von § 56g I S 4 einen Vorrang der amtswegigen Festsetzung in dem Sinn, daß der Kostenbeamte eine im Verwaltungsweg erbetene Abrechnung zunächst dem Rechtspfleger vorzulegen habe. So würde indessen die gewollte Verfahrensvereinfachung verfehlt.

16 d) Mit der von der Staatskasse an den Vormund zu erbringenden Leistung soll nach § 56g II FGG das Gericht auch Höhe und Zeitpunkt des vom Mündel nach § 1836e zu leistenden Regresses festsetzen.

17 e) Vor Festsetzung einer von ihm zu leistenden Zahlung ist der Mündel **zu hören**. Bei Zahlung aus der Staatskasse gilt das somit erst, wenn gem § 56g I S 2 FGG das Gericht über die Regreßzahlung des Mündels an die Staatskasse entscheidet. Im RegE war, entsprechend dem weggefallenen § 1836 II aF, die Anhörung auch eines

Gegenvormunds vorgesehen, was im weiteren Gesetzgebungsverfahren (BT-Drucks 13/7158, 7, 51, 57) ohne Begründung entfallen ist. Eine Anhörung der Staatskasse ist nicht vorgesehen. Der gegen den Mündel ergangene Festsetzungsbeschluß ist nach § 56g VI FGG **Vollstreckungstitel**. Als **Rechtsmittel** ist gegen gerichtliche Entscheidungen nach Abs I S 1 bis 3 die sofortige Beschwerde gegeben, sofern der Wert des Beschwerdegegenstands 150 Euro übersteigt oder das Gericht sie wegen der grundsätzlichen Bedeutung der Rechtssache zugelassen hat (§ 56g V S 1 FGG), sonst die befristete Erinnerung gem § 11 II RPflG. Nach § 56 V S 2 FGG ist die weitere Beschwerde als sofortige Beschwerde (§§ 27, 29 I FGG) nur statthaft, wenn das Bewerdegericht sie wegen der grundsätzlichen Bedeutung der zur Entscheidung stehenden Frage zugelassen hat. Gegen die Festsetzung im Verwaltungsweg nach Abs I S 4 ist bei einem Beschwerdegegenstand von über 50 Euro gem § 16 II ZSEG die (unbefristete) Beschwerde zulässig.

1835 *Aufwendungsersatz*

(1) **Macht der Vormund zum Zwecke der Führung der Vormundschaft Aufwendungen, so kann er nach den für den Auftrag geltenden Vorschriften der §§ 669, 670 von dem Mündel Vorschuss oder Ersatz verlangen; für den Ersatz von Fahrtkosten gilt die in § 9 des Gesetzes über die Entschädigung von Zeugen und Sachverständigen für Sachverständige getroffene Regelung entsprechend. Das gleiche Recht steht dem Gegenvormund zu. Ersatzansprüche erlöschen, wenn sie nicht binnen 15 Monaten nach ihrer Entstehung gerichtlich geltend gemacht werden; die Geltendmachung des Anspruchs beim Vormundschaftsgericht gilt dabei auch als Geltendmachung gegenüber dem Mündel. Das Vormundschaftsgericht kann in sinngemäßer Anwendung von § 15 Abs. 3 Satz 1 bis 5 des Gesetzes über die Entschädigung von Zeugen und Sachverständigen eine abweichende Frist bestimmen.**
(2) **Aufwendungen sind auch die Kosten einer angemessenen Versicherung gegen Schäden, die dem Mündel durch den Vormund oder Gegenvormund zugefügt werden können oder die dem Vormund oder Gegenvormund dadurch entstehen können, dass er einem Dritten zum Ersatz eines durch die Führung der Vormundschaft verursachten Schadens verpflichtet ist; dies gilt nicht für die Kosten der Haftpflichtversicherung des Halters eines Kraftfahrzeugs. Satz 1 ist nicht anzuwenden, wenn der Vormund oder Gegenvormund eine Vergütung nach § 1836 Abs. 2 erhält.**
(3) **Als Aufwendungen gelten auch solche Dienste des Vormunds oder des Gegenvormunds, die zu seinem Gewerbe oder seinem Beruf gehören.**
(4) **Ist der Mündel mittellos, so kann der Vormund Vorschuss und Ersatz aus der Staatskasse verlangen. Absatz 1 Satz 3 und 4 gilt entsprechend.**
(5) **Das Jugendamt oder ein Verein kann als Vormund oder Gegenvormund für Aufwendungen keinen Vorschuss und Ersatz nur insoweit verlangen, als das einzusetzende Einkommen und Vermögen des Mündels ausreicht. Allgemeine Verwaltungskosten einschließlich der Kosten nach Absatz 2 werden nicht ersetzt.**

1. **Textgeschichte.** Ursprünglich umfaßte die Vorschrift im wesentlichen nur Abs I S 1 und den jetzigen Abs III. 1
Das NEhelG Art 1 Nr 58 fügte die jetzigen Abs IV und V hinzu. Abs II beruht auf Art 1 Nr 38 BtG, der auch den jetzigen Abs IV anpaßte. Art 1 Nr 7 des BtÄndG hat in Abs I S 1 den Hs 2 sowie S 3 und 4 angefügt. In Abs IV wurde die bisherige Verweisung auf die Vorschriften über das Verfahren der Entschädigung von Zeugen hinsichtlich ihrer baren Auslagen durch die Verweisung nach oben ersetzt (Amtl Begr BT-Drucks 13/7158, 22).

2. In einem engen Sinn dienen nur solche **Aufwendungen** der Führung der Vormundschaft, die einen beim Vor- 2
mund entstehenden Bedarf decken, der nicht unmittelbar ein Bedarf des Mündels (vor allem: für dessen Unterhalt) ist (so jedenfalls für die Betreuung: MüKo/Wagenitz Rz 10f; Karmesin BtPrax 1998, 133). Daß dieser enge Begriff § 1835 nie zugrundegelegen hat, zeigt Abs III, dessen Zweck nicht die Ausweitung des Bedarfsziels ist, sondern darin liegt, ausnahmsweise eine Dienstleistung des Vormunds erstattungsfähig sein zu lassen. Seit das BtÄndG der Vergütung jedenfalls des Berufsvormunds den Zeitaufwand zugrundelegt, hat § 1835 III freilich insoweit seine Funktion geändert und stellt eine in den Zusammenhang des § 1836 gehörende Sonderregelung der Vergütungshöhe dar. Obwohl das BtÄndG den Betreuer ausdrücklich auf die Rechtsfürsorge beschränkt hat (§ 1896 Rz 19), ist der Verweisung des § 1908i S 1 auf § 1835 die Geltung des weiten Aufwendungsbegriffs auch im Betreuungsrecht zu entnehmen. Sonst würde ein Betreuer auch in dringenden Fällen von tatsächlichen Verrichtungen zugunsten des Betreuten, zB einer Besorgung, einer hauswirtschaftlichen Verrichtung oder einer körperlichen Pflege, abgehalten, auch ausnahmsweise die Organisation einer Drittleistung aufwendiger und teurer wäre. Zwar verweisen Wagenitz und Karmesin aaO für solche Fälle auf einen Anspruch aus § 665 und auf andere Kostenträger, aber diese Anspruchsgrundlage versagt bei Mittellosigkeit des Betreuten, und andere Kostenträger sind keinesfalls immer vorhanden, abgesehen davon, daß ihre Heranziehung dem Betreuer oft einen unverhältnismäßigen Aufwand abverlangen würde. Demgegenüber sind Erforderlichkeit und der Subsidiarität die Kriterien, mit denen auf der Grundlage des weiten Aufwendungsbegriffs die gebotene Zurückhaltung des Betreuers bei nur faktischen Verrichtungen, aber seine subsidiäre Berechtigung und Verpflichtung zu einem Eingreifen in dringenden Fällen sichergestellt werden können.

Der **Begriff der Erforderlichkeit** aus § 670 nimmt im Rahmen von § 1835 dieselbe Bedeutung an, die er all- 2a
gemein im Betreuungsrecht hat. Kosten, die der Betreuer zB für eine Fahrt zum Betreuten aufwendet, müssen im gleichen Sinn erforderlich sein wie der Zeitaufwand für den Besuch. Bei der Beurteilung der Erforderlichkeit hat der Vormund ein gewisses Ermessen. Dabei kommt es auf seine Sicht ex ante an, mag sich die Sache hinterher auch anders darstellen. Verbindlichkeiten, die der Vormund zur Führung der Vormundschaft eingeht, begründen keine Aufwendungen des Vormunds, wenn er, wie vorgesehen (§ 1902) als Vertreter des Mündels handelt. Die

§ 1835

Kontrolle, der seine Verwaltung des Mündelvermögens nach § 1837 unterliegt, kann der Vormund nicht dadurch umgehen, daß er im eigenen Namen handelt und seine Aufwendungen über § 1835 geltend macht (vgl Rz 12); diese Kontrolle findet dann im Zusammenhang des § 1835 statt. Geht der Betreuer eines bemittelten Betreuten ohne Dringlichkeit über die Grenze der Rechtsfürsorge hinaus, so macht er mangels Vertretungsmacht eigene Aufwendungen, deren Erstattungsfähigkeit sich nach §§ 669, 670 unmittelbar richtet (Karmasin BtPrax 1998, 133).

3 Ausdrücklich geregelt ist in Abs I S 1 Hs 2 der Ersatz von Fahrtkosten und in Abs II von Kosten einer Haftpflichtversicherung.

a) Für **erforderliche Fahrten** erhält der Vormund gem § 9 ZSEG entweder Ersatz bis zur Höhe der Kosten der Benutzung des preisgünstigsten öffentlichen Beförderungsmittels oder bei einer Gesamtstrecke bis zu 200 km (hin und zurück) für die Benutzung eines eigenen oder unentgeltlich von einem Dritten zur Verfügung gestellten Kfz 0,27 Euro/km. Bei einer Gesamtstrecke von mehr als 200 km werden Kfz-Kosten nur bis zur Höhe der Kosten für das preisgünstigste öffentliche Verkehrsmittel ersetzt; höheren Ersatz gibt es nur bei besonderen Umständen, die in ungewöhnlich schlechten Verkehrsverhältnissen oder besonderer Dringlichkeit der Reise liegen können. Zusätzlich werden ersetzt typische bei der Reise anfallende bare Auslagen wie für Park- und Straßenbenutzungsgebühren.

4 b) Die Vorschrift des **Abs II** soll dadurch, daß bestimmte **Versicherungskosten** ausdrücklich als ersatzfähig erklärt sind, den Abschluß von Versicherungsverträgen fördern, die den Vormund vor dem Risiko, anderen ersatzpflichtig zu werden, schützen. Der Vormund kann dem Mündel, aber auch Dritten ersatzpflichtig werden für Schäden, die er bei Führung der Vormundschaft verursacht. Die Haftung gegenüber dem Mündel beruht auf § 1833, der über § 1908i I auch für die Betreuung gilt. Eine Ersatzpflicht gegenüber Dritten beruht auf allgemeinen Vorschriften (dazu § 1833 Rz 16, 17), wenn nicht durch die Einstandspflicht des Mündels für das Verschulden des Vormunds (§ 278) ein Schaden des Mündels vorliegt, für den der Vormund wiederum nach § 1833 (§ 1833 Rz 11) regreßpflichtig ist. Eine Versicherung gegen Schäden einzugehen, die Vormund und Gegenvormund dem Mündel zufügen können, kann ihnen vom VormG sogar aufgegeben werden (§ 1837 II S 2). Ausgenommen sind jedoch die Kosten einer Kfz-Haftpflichtversicherung, die der Vormund als Halter eines Kfz eingegangen ist; diese sind in der Fahrtkostenerstattung inbegriffen. Die Kosten einer Kaskoversicherung sind von Abs II nicht erfaßt und nicht ersatzfähig (aA Seitz BtPrax 1992, 83).

5 Nicht von Abs II erfaßt wird eine Versicherung des Vormunds gegen Schäden, die der Mündel ihm zufügt (zB verursacht der beim Vormund lebende Mündel einen Brand); gegen Personenschäden ist der Vormund jedoch gem § 2 I Nr 10 SGB VII in der gesetzlichen Unfallversicherung versichert. Versichert der Vormund den Mündel gegen das Risiko einer solchen Haftpflicht, so sind die Kosten grundsätzlich Aufwendung gem Abs I.

Die Versicherungskosten müssen **angemessen** sein. Daran fehlt es, soweit der ehrenamtliche Vormund bereits nach § 2 I Nr 10 SGB VII oder der Behördenbetreuer als öffentlicher Bediensteter geschützt ist. Wenn Betreuungsvereine aufgrund ihrer Verpflichtung aus § 1908f I Nr 1 ihre Mitarbeiter angemessen versichert haben oder den von ihnen organisierten ehrenamtlichen Betreuer die Möglichkeit bieten, einer Sammelversicherung beizutreten, sind die höheren Kosten einer Einzelversicherung nicht angemessen.

6 Entgegen dem Grundsatz, wonach Aufwendungsersatz und Vergütung nebeneinander verlangt werden können, versagt **Abs II S 2** einem Berufsvormund, der Stundenvergütung erhält, den Ersatz seiner Versicherungskosten. Abs II S 2 ist unverändert geblieben, doch bezog sich der in Bezug genommene § 1836 II früher auf den Berufsvormund unabhängig davon, ob er Vergütung aus dem Vermögen des Mündels oder aus der Staatskasse erhielt. Seit dem BtÄndG regelt § 1836 II nur noch die Vergütung des Berufsvormunds aus dem Vermögen des Mündels, während die Vergütung aus der Staatskasse jetzt in § 1836a geregelt ist. Dessen ausdrücklicher Anschluß an § 1836 II erlaubt es jedoch, ihn auch in die Bezugnahme des § 1835 II S 2 einzubeziehen, was allein dem Grundgedanken dieser Vorschrift entspricht: weil der Berufsvormund seine berufliche Haftpflicht gewöhnlich in weiterem Rahmen abgesichert hat, soll er die Kosten nicht bei den einzelnen Mündeln liquidieren können, auch nicht anteilig.

7 c) Als ersatzfähig anerkannt sind bestimmte Bürokosten für Telekommunikation (Telefon, Fax, Porto) und Fotokopien (dazu BayObLG 2002, 495).

8 d) Andere Kosten sind schwer einer einzelnen Vormundschaft zuzuordnen und/oder geringfügig und schwer kontrollierbar und daher von einer Erstattung auszunehmen. Es sind dies die allgemeinen Geschäftskosten für Räume, **Vorhaltekosten** für Büromaschinen und das **Büromaterial** (vgl Schleswig BtPrax 2002, 221; abzulehnen insoweit HK-BUR Rz 33 mit Anführung älterer Rspr). Beim Berufsvormund sind sie in die Vergütung, beim ehrenamtlichen Vormund als in die Pauschale des § 1835a eingeschlossen anzusehen. Ähnliches gilt für **Verpflegungsmehraufwendungen**. Das Essen außer Haus ist heutzutage so üblich, daß dadurch auf einer Reise kein Mehraufwand entstehen muß. Keinesfalls gerechtfertigt sind die Sätze des BRKG (so aber HK-BUR Rz 31), allenfalls der von § 10 ZSEG. Auch eine Erstattung des **Verdienstausfalls** eines ehrenamtlichen Betreuers scheidet aus (aA HK-BUR Rz 35; Soergel/Zimmermann Rz 8; Staud/Engler Rz 7), weil das sowohl dem familienrechtlichen Charakter des Amtes als auch dem Sinn der Ehrenamtlichkeit widerspräche.

9 e) Problematisch ist die Berücksichtigung der Kosten von **Hilfskräften**. Allgemeine, gewöhnliche Tätigkeiten der Büroorganisation gehören zu den Gemeinkosten. Etwas anderes ist es, wenn der Vormund eine Hilfskraft für eine Tätigkeit einsetzt, die er zwar nicht persönlich verrichten muß, die er aber doch aus seinem Amt verantwortet, wie das Ordnen von Belegen des Mündels, Buchhaltungstätigkeiten zur Vorbereitung der Steuererklärung oder besonders Aufgaben im Rahmen einer Hausverwaltung. In solchen Fällen hatte BayObLG FamRZ 1992, 854, 855 eine gesonderte Vergütung der Angestelltenstunden zugelassen, was unter der durch das BtÄndG geänderten Ver-

gütungsregelung für Berufsvormünder mit den jedenfalls bei Vergütung aus der Staatskasse festen Stundensätzen nicht mehr möglich ist. Aber auch beim Vormund eines bemittelten Mündels ist es transparenter, solche Dienste Dritter als Aufwendung abzurechnen. Das muß nun aber auch für andere fallbezogene Tätigkeiten von Bürokräften gelten, die bisher als in den Stundensatz des Vormunds eingeschlossen gegolten haben (anders noch 10. Aufl Rz 19 und BayObLG FamRZ 2001, 653, wie hier Bremen FamRZ 2000, 555; HK-BUR/Bauer/Deinert Rz 38a).

f) Nicht ersatzfähig sind schließlich **Querschnittsaufwendungen**, die nicht nur einer einzigen Vormundschaft **10** zugute kommen wie Ankauf von Fachbüchern, PC-Programmen etc und die Teilnahme an Fortbildungsveranstaltungen.

g) Wegen **Kosten der Lebensführung** des Mündels oder Betreuten s Rz 2, 2a. **11**

h) Soweit es erforderlich war, daß der Vormund oder Betreuer Aufwendungen für den Lebensbedarf des Mün- **12** dels oder Betreuten gemacht hat (Rz 2), ist es wegen der tatsächlichen Nähe von Vertretungshandeln und Handeln im eigenen Namen (§ 164 II) unschädlich, wenn der Vormund Verbindlichkeiten, die er für den Mündel hätte begründen dürfen, im eigenen Namen begründet hat. Für seine Aufwendung kann er den Ersatz bzw Freistellung gem § 257 verlangen.

i) Zu den Aufwendungen werden mit RGRK/Dickescheid Rz 4 auch **Sach-, Körper- und Gesundheitsschäden** **13** nach den von der Rspr entwickelten Grundsätzen (vgl § 670 Rz 12ff) zu rechnen sein; dazu gehören nicht Schäden bei der Teilnahme am Straßenverkehr (§ 670 Rz 16).

3. Abs III führt ausnahmsweise im Rahmen des Aufwendungsersatzes zu einer Vergütung, nämlich für **14** **gewerbe-** oder **berufsspezifische Dienste** des Vormunds, die zu veranlassen dem Vormund zwar obliegt, ohne daß ihre persönliche Übernahme zu seinem Aufgabenkreis gehört, so daß ein anderer Vormund sie an Dritte ausgeben und das Entgelt als Aufwendung geltend machen würde. Diese **Aufwendungsvergütung** (vgl Rz 2) tritt beim ehrenamtlichen Vormund neben die eventuelle Vergütung aus § 1836 III und beim berufsmäßigen Vormund insoweit an die Stelle der Stundensatzvergütung nach § 1836 II (kein Wahlrecht: Zimmermann FamRZ 2002, 1373, 1374; anders BayObLG FamRZ 2002, 573, 574 mN). Abs III stammt wörtlich noch vom Jahr 1900 (damals Abs II), als es noch keine im Hinblick auf ihre berufliche Qualifikation bestellten und nach Zeitaufwand vergüteten Berufsvormünder gab. Deren Vergütung nach § 1836 I S 2 verdrängt insoweit die grundsätzliche Regelung des § 1835 III, der gleichwohl auch für Berufsbetreuer Bedeutung hat, wenn sie für den Betreuten eine nicht zu den Aufgaben ihres Betreueramtes gehörende, aber in ihren Beruf oder in ihr Gewerbe einschlagende Tätigkeit entfalten (vgl besonders MüKo/Wagenitz Rz 23ff). Als Aufwendung muß diese Tätigkeit erforderlich sein (Rz 2); ihr zu entgeltender Wert ist das übliche gesetz-, tax- oder marktmäßige Entgelt, das jeder Dritte zu verlangen hätte, wenn der Vormund ihn herangezogen hätte.

Für den Anwaltsbetreuer eröffnet § 1 II S 2 BRAGO die Abrechnung nach deren Bestimmungen, indem **15** § 1835 III von dem Ausschluß der BRAGO ausdrücklich ausgenommen wird. Dafür kommen **anwaltsspezifische** Dienste in Betracht, die nicht in den Aufgabenkreis des bereits seines Anwaltsberufs wegen bestellten Betreuers fallen. Anwaltsspezifisch in diesem Sinne sind Aufgaben, die so bedeutend oder schwierig sind, daß notwendiger- oder üblicherweise auch ein Betreuer der höchsten Vergütungsstufe, der nicht Anwalt ist, professioneller Rechtsrat einholen würde. Dazu gehören Aufgaben des anwaltlichen Kernbereichs, nämlich gerichtliche Durchsetzung oder Abwehr von Rechtsansprüchen, auch wenn kein Anwaltszwang besteht (vgl BayObLG FamRZ 2002, 573). Bei einem Anwalt als Verfahrenspfleger sind solche Aufgaben kaum vorstellbar. Für die im Einzelfall schwierige Zuordnung hält es das BVerfG (FamRZ 2000, 1280 zum Rechtsanwalt als Verfahrenspfleger!) für geboten, bereits bei der Bestellung des Vormunds (Betreuers, Verfahrenspflegers) einen Hinweis darauf zu geben, ob davon auszugehen ist, daß rechtsanwaltsspezifische Tätigkeiten anfallen werden, um eine vorherige Verständigung über die Vergütung herbeizuführen, die freilich bei einer anderen als der vorausgesehenen Entwicklung nicht bindend ist. Einen Vertrauensschutz für den Rechtsanwalt im Fall, daß sich in dem Verfahren dann doch keine hinreichenden Schwierigkeiten ergeben, begründet ein solcher Hinweis nur, wenn das Gericht ihm hinreichend konkrete Tatsachen mitgeteilt hatte, die den Schluß auf die Erforderlichkeit anwaltsspezifischer Dienste rechtfertigen (BayObLG FamRZ 2002, 1201). Die Bestellung mittels Formblatts und dem Eintrag „rechtliche Kenntnisse eines Rechtsanwalts nötig" genügt dazu nicht, weil das nur die Bestellung eines Anwaltsvormunds begründet, aber noch keine „berufsspezifischen" Dienste (vgl LG München I FamRZ 2001, 1397).

Will der Anwaltsvormund einen **Prozeß führen**, so hat er für den **mittellosen** Mündel zunächst nach § 114 **16** ZPO **Prozeßkostenhilfe** zu beantragen; bei deren Bewilligung wird er nach Maßgabe von § 121 ZPO dem Mündel als Rechtsanwalt beigeordnet. Das gilt jedoch nicht, wenn dem Mündel in dem Prozeß, wie zB nach § 188 VwGO, keine Gerichtskosten entstehen (OVG Bremen AnwBl 1985, 541). Denn seine eigenen Gebühren kann der beigeordnete Anwaltsvormund nach § 1835 III, IV erhalten. Daher braucht er bei anderen Verrichtungen als Prozeßführung auch nicht Antrag auf **Beratungshilfe** zu stellen. Allein der Zweck, die Prüfung der Erfolgsaussicht vorzuschalten, rechtfertigt angesichts der Pflichtbindung des Anwaltsvormunds und der Kontrolle, der er gegebenenfalls durch einen Gegenvormund und immer durch das VormG unterliegt, kein Prozeßkostenhilfeverfahren und keinesfalls das Beratungshilfeverfahren. Der Beratungshilfe ist nur der Filter der Mutwilligkeit vorgeschaltet (§ 1 Nr 3 BerHG); es kann angenommen werden, daß ein Anwaltsvormund nicht mutwillig vorgeht (OVG Bremen Rpfleger 1986, 12f mit Anm Damrau). Entgegenzutreten ist der zwar verbreiteten Ansicht, daß der Anwaltsvormund aus der Staatskasse stets Gebühren nach den vollen Sätzen der BRAGO erhalten könne. Nach §§ 123 und 131ff BRAGO gelten für den beigeordneten Rechtsanwalt und im Beratungshilfeverfahren reduzierte Sätze. In Konsequenz der abgelehnten Ansicht soll nach Riedel/Sußbauer/Chemnitz, BRAGO, 7. Aufl 1995, vor §§ 121ff Rz 46 der beigeordnete Anwaltsvormund die Differenz der ihm als Prozeßkostenhilfe zufließenden

§ 1835

Gebühr zur vollen Gebühr nach § 1835 III, IV gegenüber der Staatskasse geltend machen können. Das Vormundschaftsverhältnis rechtfertigt es jedoch nicht, dem Rechtsanwalt in Sachen seines mittellosen Mündels höhere Entschädigung aus der Staatskasse zu zahlen als gegenüber jedem anderen mittellosen Mandanten (so auch Damrau aaO). Unter besonderen Voraussetzungen kann der Vormund auch bei Versagung von Prozeßkostenhilfe klagen (Frankfurt/M FamRZ 2002, 59: Asylklage des Amtspflegers eines Minderjährigen).

17   4. Der Anspruch auf Aufwendungsersatz umfaßt selbstverständlich die in einem verauslagten Entgelt enthaltene **Mehrwertsteuer**, darüber hinaus aber auch diejenige Mehrwertsteuer, die ein berufsmäßiger Betreuer auf die verauslagten Beträge zu entrichten hat (jetzt allg M, vgl bes Hamm FamRZ 2000, 549, 550). Für in den Auslagen enthaltene Mehrwertsteuer kann er jedoch keinen Ersatz verlangen, wenn er vorsteuerabzugsberechtigt ist, weil er dann diese Beträge von seiner eigenen Steuerschuld absetzen kann (vgl LG Lüneburg FamRZ 2001, 1025).

18   5. Nach Abs S 1 hat der Vormund wie ein Beauftragter Anspruch auf **Ersatz** und auf **Vorschuß**. Ist der Vormund in einer Angelegenheit des Mündels eine Verbindlichkeit in eigenem Namen eingegangen (Rz 12), so hat er gem § 257 Anspruch auf **Befreiung**. Die Aufwendung ist gem § 256 von Anfang an mit 4 % (§ 246) **zu verzinsen** (BayObLG BtPrax 2001, 39).

19   6. Der Vormund kann Ersatz und Vorschuß selbst **dem Mündelvermögen entnehmen**, weil es sich um die Erfüllung einer Verbindlichkeit handelt (§§ 1795 II, 181; BayObLG BtPrax 1995, 227; aus diesem Grund steht auch § 1805 nicht entgegen (§ 1805 Rz 4). Eine Festsetzung nach § 56g I FGG ist nach dessen Nr 1 weder erforderlich noch möglich. Das Entnahmerecht setzt für einen Betreuer voraus, daß sein Aufgabenkreis die Vermögenssorge umfaßt. Soweit Ausgabengeld (§ 1805 Rz 2) nicht bereitgehalten ist, braucht der Vormund zur Abhebung des Geldes gegebenenfalls die Genehmigung des Gegenvormunds oder gem § 1812 II des VormG (vgl BayObLG aaO); auch wenn der Gegenvormund die Genehmigung verweigert, kann sich der Vormund an das VormG wenden. Verweigert das VormG die Genehmigung, so ist seine Entscheidung nicht bindend, auch nicht, wenn sie bei der Rechnungsprüfung nach § 1843 erfolgt (KGJ 27, 179; JFG 15, 34). Vielmehr kann der Vormund den Mündel vor dem **Prozeßgericht** auf Ersatz verklagen (KG OLG 8, 361); zu diesem Zweck ist dem Mündel wegen §§ 1795 II, 181 ein Pfleger zu bestellen (§ 1795 Rz 17). Bei fehlender Vermögenssorge hat ein Vormund sich an den dafür bestellten Pfleger, ein Betreuer an den Betreuten oder den dafür bestellten Mitbetreuer zu wenden, nur im Streitfall gem § 56g I, Nr 1 aE FGG an das VormG, dessen Beschluß gem § 56g VI FGG Vollstreckungstitel ist (nicht anders, entgegen MüKo/Wagenitz Rz 49 Fn 37, Knittel Anm 13). Entnimmt der Vormund den Ersatz für seine Aufwendungen dem Ausgabengeld, so besteht die Kontrolle darin, daß er die Ausgabe bei Rechnungslegung anzugeben hat, die das VormG im Rahmen seiner allgemeinen Aufsicht prüft. Wenn es feststellt, daß der Vormund entweder überflüssige Aufwendungen gemacht oder zu hohe Ersatzleistungen oder zu hohe Vorschüsse in Anspruch genommen hat, muß es nach § 1837 einschreiten. Hält das VormG einen Anspruch des Mündels auf Rückzahlung für gegeben, hat es für die Erhebung der Klage und Durchführung des Prozesses dem Mündel einen Pfleger zu bestellen oder dies nach Entlassung des Vormunds dem neuen Vormund zu überlassen. Ohne konstitutive Wirkung ist es auch, wenn das VormG die Höhe des Aufwendungsersatzes festgesetzt oder umgekehrt den vom Vormund entnommenen Aufwendungsersatz bei Prüfung der Rechnung unbeanstandet gelassen hat.

20   Hat das Amt des Vormunds geendet, so tritt an die Stelle des Entnahmerechts ein **Zurückbehaltungsrecht** des Vormunds bzw seines Rechtsnachfolgers gegen den Mündel bzw dessen Rechtsnachfolger. Der zurückbehaltene Teil des Mündelvermögens darf jedoch nicht außer Verhältnis zur Höhe der Forderung des Vormunds stehen (RG 61, 128).

21   7. Der Anspruch auf Aufwendungsersatz muß binnen 15 Monaten nach seiner Entstehung geltend gemacht werden (Abs I S 3). Diese **Ausschlußfrist** wirkt infolge der Verweisung des Abs IV S 2 auch zugunsten der Staatskasse, aber zunächst zugunsten des Mündels, hat für ihn aber wegen des Entnahmerechts des Vormunds (Rz 19) geringe Bedeutung. Gemäß der Verweisung auf § 15 III S 1 bis 5 ZSEG kann das Gericht die Frist modifizieren; das gilt auch für den gegen den Mündel gerichteten Anspruch. Zum Begriff der Entnahme s § 1836 Rz 30. Der keiner Festsetzung nach § 56g FGG bedürftige Ersatzanspruch gegen den Mündel wird durch Entnahme geltend gemacht. Fordert das Gericht den Vormund auf, seinen Anspruch innerhalb einer bestimmten Frist zu beziffern, so ergibt sich aus § 15 III S 1 und 5 ZSEG, daß der Anspruch bei Versäumung dieser Frist erlischt. Der Vormund beziffert seinen Anspruch, indem er ihn gegenüber dem Urkundsbeamten oder gegenüber dem Gericht geltend macht. Eine verkürzte Frist muß das Gericht so bemessen, daß dem Vormund mindestens 2 Monate verbleiben. Mit jeder verkürzenden Fristbestimmung muß der Vormund über die gesetzliche Folge der Versäumung belehrt werden. Eine Verlängerung der Frist ist nur auf Antrag möglich; das Gericht entscheidet nach seinem Ermessen.

22   a) Die 15-Monate-**Frist beginnt** mit der Entstehung des Anspruchs, also der zu ersetzenden Aufwendung. Besteht diese in einer Zahlung, so ist deren Zeitpunkt maßgebend, nicht der Zeitpunkt der Entstehung der Zahlungspflicht und des Freistellungsanspruchs. Besteht die Aufwendung in einer länger dauernden Tätigkeit, etwa einer Dienstleistung im Sinne von Abs III, so ist der Zeitpunkt der Vollendung maßgebend. Die Frist von 15 Monaten **endet** gem § 188 II mit dem Ablauf desjenigen Tages des 15. folgenden Monats, der durch seine Zahl dem Tag entspricht, der für die Aufwendung maßgebend ist. Nach Zimmermann (FamRZ 2002, 1374 und schon 1999, 630) kann die 15-Monatsfrist nicht für nach Abs III zu vergütende berufsspezifische Dienste eines Anwaltsbetreuers gelten, weil der Mündel keinen Vorteil davon haben soll, daß er für eine erforderliche Tätigkeitsbereich zufällig einen beruflich kompetenten Betreuer hat (im Anschluß an Schleswig FamRZ 2001, 1642); hier gilt nur die jeweilige Verjährungsfrist, nunmehr die allgemeine dreijährige des § 195. Das muß für alle berufsspezifischen Dienste gelten, nicht nur für die des Anwaltsbetreuers, gelten. Bei Fristversäumung keine Wiedereinsetzung, weil die Verweisung des Abs I S 4 auf § 15 III ZSEG dessen S 6 nicht umfaßt.

b) Die gerichtliche Geltendmachung geschieht durch Antrag nach § 56g FGG, auch im Verwaltungsweg nach dessen Abs IV. Bei dem gegen den bemittelten Mündel gerichteten Anspruch muß die Entnahme binnen der Ausschlußfrist erfolgen; ein Antrag auf Genehmigung gem § 1812 II (oben Rz 19) bedeutet noch keine Geltendmachung. Ein nicht vermögenssorgeberechtigter Betreuer muß sich so rechtzeitig an den Berechtigten wenden, daß er, wenn keine freiwillige Leistung erfolgt, den Antrag nach § 56g I S 1 Nr 1 FGG noch binnen der Ausschlußfrist stellen kann.

c) Neben der Ausschlußregelung kann die Verjährung nur für einen gerichtlich geltend gemachten, aber nicht festgesetzten, jedenfalls nicht erfüllten Anspruch Bedeutung haben. Familienrechtliche Ansprüche verjähren nach § 197 I Nr 2 in 30 Jahren. Der Aufwendungsersatzanspruch ist aber nicht familienrechtlich überlagert (vgl Büttner FamRZ 2001, 361), so daß die allgemeine dreijährige Verjährungsfrist gilt. Weil aber der gegen den Mündel gerichtete Festsetzungsbeschluß gem § 56g VI FGG Vollstreckungstitel ist, beträgt die Verjährung gem § 197 I Nr 3 doch 30 Jahre. Solange das Vormundschaftsverhältnis (nicht: die Vormundschaft), das Betreuungs- oder Pflegschaftsverhältnis dauert, ist die Verjährung des gegen den Mündel gerichteten Anspruchs gem § 207 I Nr 3 bis 5 überdies gehemmt, so daß die dreißigjährige Frist erst mit dem Ende des Verhältnisses zu laufen beginnt.

Der Anspruch richtet sich primär gegen den Mündel, nur bei dessen **Mittellosigkeit** gem Abs IV S 1 **gegen die Staatskasse**. Hat der Vormund oder Betreuer erstattungsfähige Aufwendungen für den Lebensbedarf des Mündels oder Betreuten gemacht (Rz 2), so hat er die Kosten dafür zuvörderst den Mitteln des Betreuten zu entnehmen bzw gegenüber dem Vermögenssorgeberechtigten geltend zu machen. Er darf sie nicht unter Schonung auch beschränkter Mittel des Mündels oder Betreuten auf die Staatskasse verlagern. Der Anspruch eines **Verfahrenspflegers** richtet sich gem § 67 III FGG immer gegen die Staatskasse, auch in Unterbringungssachen (§ 70 I S 3 FGG).

8. Das Verhältnis eines Anspruchs des Vormunds auf Aufwendungsersatz zu einer Unterhaltspflicht des Vormunds gegenüber dem Mündel, des Betreuers gegenüber dem Betreuten, wird im allgemeinen nur bei einem unbemittelten Mündel oder Betreuten fraglich, weil anderenfalls kein Unterhaltsanspruch besteht. Aufwendungen, mit denen der Vormund seine Unterhaltspflicht erfüllt, sog **Unterhaltsaufwendungen**, begründen folgerichtig keinen Ersatzanspruch. Wird der Unterhalt vom Vormund nicht geleistet, so tritt die zur Entlastung des Vormunds bestimmte fiktive Mittellosigkeit nach § 1836d Nr 2 nicht ein, weil andernfalls der unterhaltspflichtige Vormund für seine Nichterfüllung belohnt würde. Ungeachtet seiner Unterhaltspflicht erhält der Vormund jedoch die pauschale Aufwendungsentschädigung nach § 1835a (§ 1835a Rz 2) aus der Staatskasse, aber nicht neben Aufwendungsersatz.

Daß nach **Abs 1 S 2 Hs 2** die Geltendmachung beim VormG auch gegenüber dem Mündel wirkt, erleichtert den Regreß der Staatskasse beim Mündel. Aber die Umkehrung gilt nicht: die Geltendmachung gegenüber dem Vermögenssorgeberechtigten verhindert, wenn sich der Mündel als mittellos herausstellt, nicht, daß der Anspruch gegen die Staatskasse gegebenenfalls erlischt.

9. Die Verpflichtung aus § 1835 geht auf den Erben des Mündels über (dazu § 1836 Rz 39).

10. Nach **Abs V** stehen dem **Vereins- und dem Amtsvormund** Rechte aus § 1835 nur eingeschränkt zu. Gleiches gilt über § 1915 für den Verein und das Jugendamt als Pfleger und gem § 1908i I entsprechend für die **Vereins- und Behördenbetreuung**: a) Verein und Behörde erhalten keinen Vorschuß, sondern nur Ersatz; b) sie erhalten Ersatz nur vom Mündelvermögen, nicht aus der Staatskasse; c) vom Ersatz ausgeschlossen sind die allgemeinen Verwaltungskosten einschließlich der Versicherungskosten nach Abs II.

Auch gegenüber einem **Vereins- oder Behördenbetreuer** ist der Aufwendungsersatz modifiziert: a) Nach § 1908e erhält der **Vereinsbetreuer** überhaupt keine Entschädigung und an seiner Stelle der Verein nur Entschädigung nach § 1835 I und IV, dh es werden nur die Barauslagen vom Betreuten oder aus der Staatskasse ersetzt und bevorschußt; b) nach § 1908i erhält der **Behördenbetreuer** überhaupt keine Entschädigung und an seiner Stelle die Behörde Entschädigung nur gem § 1835 I, dh Ersatz ihrer Barauslagen vom bemittelten Mündel.

11. § 1835 gilt gem Abs I S 2 auch für den Gegenvormund, gem § 1908i I auch für den Betreuer (Mitbetreuer), gem § 1915 I auch für den Pfleger und gem §§ 1716 S II, 1915 I auch für das JA als Beistand. Für den **Verfahrenspfleger** nimmt § 67 III S 2 FGG die Abs III und IV des § 1835 jedoch von der entsprechenden Anwendung aus. Dem scheint zu widersprechen, daß die BRAGO in § 1 II S 1 von ihrer Geltung zwar Rechtsanwälte „als Vormund, Betreuer, Pfleger, Verfahrenspfleger etc" ebenfalls ausnimmt, in § 2 aber hinzufügt, daß § 1835 III davon unberührt bleibt. Aber der Schein der Widersprüchlichkeit trügt (so MüKo/Wagenitz Rz 38). Beide Vorschriften beruhen insoweit auf dem BtÄndG. In der Amtl Begr zu § 67 III FGG (BT-Drucks 13/7158, 37) ist die angeordnete Nichtanwendbarkeit § 1835 III vor dem Hintergrund gestellt, daß die Rspr es bis dahin den Anwaltsverfahrenspfleger regelmäßig nach BRAGO entschädigt hat; diese Praxis sollte beendet werden. Bei § 1 II BRAGO geht es dagegen darum, daß dem gem S 1 regelmäßig nicht nach BRAGO entschädigten RA als Vormund, aber auch als Verfahrenspfleger im Fall einer in engerem Sinne berufsspezifischen Tätigkeit eine Entschädigung nach BRAGO eröffnet bleiben soll. Allerdings sind solche Fälle beim Verfahrenspfleger kaum vorstellbar (§ 1835 Rz 13), ungeachtet dessen, daß ein Kammerbeschluß des BVerfG (FamRZ 2000, 1280) gerade diese Möglichkeit als konstitutiv für die verfassungsrechtliche Zulässigkeit von § 67 III FGG angesehen hat.

In der Verweisung des § 67 III S 2 FGG auf § 1908e und h kommt die Anerkennung eines „**Vereinsverfahrenspflegers**" und eines „Behördenverfahrenspflegers" zum Ausdruck, so daß Ansprüche auf Aufwendungsersatz und Vergütung nach deren Maßgabe dieser Vorschriften dem Verein oder der Behörde zustehen. Wird der Mitarbeiter eines Vereins oder einer Behörde, der von diesen mit Tätigkeiten als Betreuer, Vormund oder Pfleger beschäftigt wird, persönlich zum **Vormund oder Pfleger** bestellt, so ist die Entschädigung strittig. Fest steht mit BVerfG FamRZ 2000, 414, daß der Verein oder der Mitarbeiter persönlich Ansprüche erwerben muß. Während Köln

§ 1835a Familienrecht Vormundschaft

FamRZ 2001, 100 den Verein als berechtigt behandelt, tritt Zimmermann in der Anm dazu aaO für die Berechtigung des Mitarbeiters ein, der, was er erhält, nach Maßgabe seines Dienstverhältnisses abführen muß. Da es keinen sachlichen Grund gibt, die zur Förderung der persönlichen Wahrnehmung bestimmte Figur des Vereins- bzw Behördenbetreuers in das Vormundschafts- und Pflegschaftsrecht zu übernehmen, tritt das positivistische Argument fehlender Verweisung zurück. Beim Behördenbediensteten verhindert nur diese Lösung, daß die in § 1908h II angeordnete Beschränkung der Vergütung umgangen wird, weil andernfalls die Beschränkung der Vergütung durch § 1908h umgangen würde.

1835a *Aufwandsentschädigung*

(1) Zur Abgeltung seines Anspruchs auf Aufwendungsersatz kann der Vormund als Aufwandsentschädigung für jede Vormundschaft, für die ihm keine Vergütung zusteht, einen Geldbetrag verlangen, der für ein Jahr dem Vierundzwanzigfachen dessen entspricht, was einem Zeugen als Höchstbetrag der Entschädigung für eine Stunde versäumter Arbeitszeit gewährt werden kann (Aufwandsentschädigung). Hat der Vormund für solche Aufwendungen bereits Vorschuss oder Ersatz erhalten, so verringert sich die Aufwandsentschädigung entsprechend.
(2) Die Aufwandsentschädigung ist jährlich zu zahlen, erstmals ein Jahr nach Bestellung des Vormunds.
(3) Ist der Mündel mittellos, so kann der Vormund die Aufwandsentschädigung aus der Staatskasse verlangen; Unterhaltsansprüche des Mündels gegen den Vormund sind insoweit bei der Bestimmung des Einkommens nach § 1836c Nr. 1 nicht zu berücksichtigen.
(4) Der Anspruch auf Aufwandsentschädigung erlischt, wenn er nicht binnen drei Monaten nach Ablauf des Jahres, in dem der Anspruch entsteht, geltend gemacht wird; die Geltendmachung des Anspruchs beim Vormundschaftsgericht gilt auch als Geltendmachung gegenüber dem Mündel.
(5) Dem Jugendamt oder einem Verein kann keine Aufwandsentschädigung gewährt werden.

1 **1. Textgeschichte.** Die Materie war zunächst in § 1836a geregelt und beruhte auf Art I Nr 40 BtG (Amtl Begr BT-Drucks 11/4528, 112), wurde dann aber durch das BtÄndG mit inhaltlichen Änderungen als neuer § 1835a eingeordnet (Amtl Begr BT-Drucks 13/7158, 23; Stellungnahme des BR BT-Drucks 13/7158, 44; Beschlußempfehlung und Bericht des Rechtsausschusses BT-Drucks 13/10331, 27).

2 **2.** Die meisten Vormünder (Betreuer, Pfleger) erhalten mangels Berufsmäßigkeit oder ausreichendem Mündelvermögen keine Vergütung nach § 1836, sondern haben nur aus § 1835 Anspruch auf Aufwendungsersatz. Da die VormGe Ersatz oft nur gegen Einzelnachweis gewährten, hatten viele Vormünder keine Anträge auf Ersatz gestellt. Damit sie infolgedessen nicht finanziell belastet wären und die Attraktivität des Amtes erhöht würde, führte das BtG eine **pauschale Mindestaufwandsentschädigung** ein. Deren Höhe ist an den Höchstbetrag der Stundenentschädigung eines Zeugen gekoppelt. Diese beträgt nach § 2 II ZSEG z Zt 13 Euro, die Mindestaufwandsentschädigung eines Vormunds daher das 24fache, also 312 Euro. Diesen Betrag kann der Vormund ohne Rücksicht auf Umfang und Schwierigkeit der besorgten Angelegenheiten erheben.

3 **3.** Als Alternative zum Anspruch auf Aufwendungsersatz richtet sich auch der Anspruch auf Aufwandsentschädigung entsprechend § 1835 I S 1 primär gegen den Mündel und nur bei dessen Mittellosigkeit gem § 1835a III gegen die Staatskasse.

4 **4.** Der Vormund oder Betreuer kann dem Mündel oder Betreuten **unterhaltspflichtig** sein (Großeltern als Vormund des Enkels, Eltern als Betreuer des Kindes und umgekehrt sowie ein Ehegatte als Betreuer des anderen). Dann stellen sich die meisten Betreuungsaufwendungen zugleich als Unterhaltsleistungen dar. Ist der Mündel oder Betreute bemittelt, wird meist kein Unterhaltsanspruch bestehen. Besteht ein Unterhaltsanspruch, so ist dieser nach **Abs III Hs 2** bei der Bestimmung des Einkommens ausschließlich Einkommens nicht zu berücksichtigen. Das ist eine Ausnahme von § 1836c Nr 1 S 2, wonach Unterhaltsansprüche als Einkommen gelten und geht über die Ausnahme des § 1836d Nr 2 hinaus, die nur Fälle erfaßt, in denen der Unterhaltsanspruch gerichtlich geltend gemacht werden müßte. Daß der Unterhaltsanspruch bei Bestimmung der Mittellosigkeit nicht zu berücksichtigen sein soll, muß auch von der den Unterhaltsanspruch erfüllenden Betreuungsleistung gelten. Die Regelung ist zwar systemwidrig (MüKo/Wagenitz Rz 16), soll aber den verständlichen Eindruck bei betreuenden Angehörigen vermeiden, daß sie schlechter gestellt wären als fremde Betreuer, die pauschale Aufwandsentschädigung erhalten. Außerdem erspart die Regelung die Ermittlung der konkreten Unterhaltshöhe und erleichtert damit den gerichtlichen Verfahrensablauf (Amtl Begr S 24). Die Vergünstigung kommt dem Vormund oder Betreuer auch bei der Festsetzung des Regreßanspruches aus § 1836e zugute. Das Privileg ist auszudehnen auf den Unterhaltsanspruch des Mündels gegen einen Dritten, der mit dem Vormund in Hausgemeinschaft lebt, typischerweise den anderen Elternteil, wenn dieser nicht Mitbetreuer des gemeinsamen Kindes ist. Denn andernfalls würde der Zweck, Eltern zur Übernahme der Betreuung ihres volljährigen Kindes zu veranlassen, nicht erreicht (Düsseldorf FamRZ 2002, 1590).

5 **5.** Der Vormund hat die **Wahl** zwischen dem Ersatz seiner konkret zu belegenden Aufwendungen nach § 1835 oder der pauschalen Aufwandsentschädigung; die Möglichkeit, beides zu kumulieren, hat das BtÄndG durch die geänderte Formulierung des Abs I S 1 beseitigt. Hat sich der Vormund in einem Jahr schon nach § 1835 I Vorschuß oder Ersatz geben lassen, so hat er damit noch nicht die Möglichkeit verloren, für dasselbe Jahr statt des Aufwendungsersatzes die pauschale Aufwandsentschädigung – unter Anrechnung des bereits erhaltenen Betrages – zu verlangen (Abs I S 2).

6 **6.** Was das **Verhältnis zur Vergütung** angeht, so steht Vergütung einem berufsmäßigen Vormund stets zu (§ 1836 I, II); daneben kann er Ersatz seiner Aufwendungen nach § 1835 verlangen. Bei einem Nichtberufsvor-

mund kommt es darauf an, ob er im gegebenen Fall Vergütung erhält. Wird ihm solche in einer unter der Pauschale liegenden Höhe bewilligt, so darf ihm daraus kein Nachteil entstehen; sein Anspruch auf die Differenz läßt sich als Teil der Pauschale (so MüKo/Wagenitz Rz 2) oder als volle Pauschale anstelle der nicht in Anspruch genommenen Vergütung (so Knittel Rz 1) verstehen. Stets kann der Vormund neben der Vergütung Ersatz seiner konkreten Aufwendungen nach § 1835 verlangen (so auch im Fall einer die Pauschale unterschreitenden Vergütung (Staud/Engler Rz 6).

7. Darin, daß der Vormund die Pauschale „für jede Vormundschaft" beanspruchen kann, wird verbreitet ein Argument gesehen, sie jedem von mehreren **Mitvormündern** (BayObLG FamRZ 2003, 479; BtPrax 2002, 36; Frankfurt FG Prax 2002, 115; Zweibrücken FamRZ 2002, 1061 und die Lit mit Ausnahme von MüKo/Wagenitz Rz 4; RGRK/Dickescheid Rz 2 noch zu § 1835a), einem **Gegenvormund** (Allg Ansicht, so auch MüKo/Wagenitz Rz 4, obwohl § 1835, anders als §§ 1835, 1836, ihn nicht dem Vormund gleichstellt) und auch dem **Kontrollbetreuer** (allg Ansicht) voll zuzusprechen. Indessen hat der Gesetzgeber die Erscheinung der Häufung der Pauschale nur im Hinblick auf mehrere Mündel desselben Vormunds, nicht auch im Hinblick auf mehrere Vormünder desselben Mündels gesehen. Allerdings hat er ausdrücklich nach „Umfang und Schwierigkeit des Einzelfalls" unterscheiden wollen (BT-Drucks 11/4528, 112). Aber eine Verminderung des Umfangs als Folge davon, daß der Mündel noch andere Vormünder hat, ist weniger ein Einzelfall als ein typisch anderer Fall. Es kann daher angenommen werden, daß dem Gesetz die Vorstellung zugrunde liegt, daß die Pauschale für jede Vormundschaft nur einmal gewährt wird (so MüKo/Wagenitz Rz 24). Die für den einzelnen Vormund oder Betreuer großzügige Handhabung von § 1835a wird auch damit begründet, daß nur so die bezweckte Entbürokratisierung erreicht werde. Dieses Ziel hat der Gesetzgeber mit § 1836a nur für die Seite der Vormünder verfolgt, denen finanzielle Nachteile erspart werden sollen, die sie früher gehabt hätten, wenn sie wegen des Verwaltungsaufwandes auf eine Einzelaufstellung ihrer Ausgaben verzichtet hätten. Dieses Ziel ist nicht gefährdet, wenn Mitvormündern lediglich angesonnen wird, sich auf das Verhältnis zu verständigen, in dem die einheitliche Pauschale aufgeteilt werden soll und dies bei Geltendmachung ihres Anspruchs gegen die Staatskasse anzugeben. Sie sind dann nur bei Nichtzustandekommen der Verständigung in der Lage, eine Einzelabrechnung erstellen zu müssen. Nur für den Gegenvormund und den Kontrollbetreuer ist die Einzelabrechnung der einzige Weg der Entschädigung. Das aber ist nicht unsachgemäß, weil ihre Aufgabe nicht wie die eines einzigen Vormunds zahlreiche einzelne Aufgaben erfordern kann, zu deren Ausgleich die Pauschalierung (vgl den früheren § 1836a S 1) allein geschaffen wurde. Die enge Auslegung ist geboten, weil es einerseits nicht gerechtfertigt ist, das finanzielle Interesse eines bemittelten Mündels hinter denen des Vormunds so weit zurückzusetzen und andererseits der sparsame Umgang mit öffentlichen Mitteln ein Gebot ist, das der Gesetzgeber nicht besonders zum Ausdruck bringen muß (wie hier für Mitvormünder außer Wagenitz und Dickescheid: LG Frankenthal BtPrax 2001, 88; LG Münster MDR 1996, 1262). Erst recht kann § 1835a auf einen **Pfleger** nicht entsprechend angewendet werden (so aber MüKo/Wagenitz Rz 19; zurückhaltend Soergel/Zimmermann Rz 18: „nicht sinnvoll". **Verfahrenspfleger** sind in § 67 III FGG von der Geltung des § 1835a ausdrücklich ausgenommen. Weder ein **Verein** noch die Behörde als Betreuer haben Anspruch auf Aufwandsentschädigung (§ 1835a V: dem Jugendamt entspricht [§ 1908i] die Betreuungsbehörde). Vereins- und Behördenbetreuer haben diesen Anspruch ebenfalls nicht (§§ 1908e II, 1908b III), aber für den Vereinsbetreuer kann der Verein pauschale Aufwandsentschädigung beanspruchen (§ 1908e I S 2).

8. Nach **Abs II entsteht** der Anspruch erstmals ein Jahr nach Bestellung des Vormunds und von da an in Jahresabständen. Endet das Betreueramt vor Ablauf eines Jahres, so entsteht mit Beendigung des Amtes Anspruch auf die entsprechend gekürzte Pauschale. Die Geltendmachung unterliegt der **Ausschlußfrist** von drei Monaten nach Ablauf des Kalenderjahres, in dem der Anspruch entstanden ist (vgl Celle FamRZ 2002, 1591 mit Ablehnung der Ansicht, welche die drei Monate an den Ablauf der auf die Entstehung des Anspruchs folgenden 12 Monate anhängt, was eine einheitliche Ausschlußfrist von 15 Monaten bedeuten würde). Gegen Versäumung der Ausschlußfrist gibt es sowenig wie bei dem Anspruch auf Aufwendungsersatz (§ 1835 Rz 13) eine Wiedereinsetzung. Die **Geltendmachung** geschieht durch Erklärung gegenüber dem bemittelten Vormund, bei unbemittelten Vormund durch Antrag beim VormG – es entscheidet der Rechtspfleger – oder aufgrund §56g I S 5 FGG beim Urkundsbeamten der Geschäftsstelle. Bei Zweifeln über die Vermögenslage des Mündels und infolge davon des Leistungsverpflichteten hat **Abs IV Hs 2** Bedeutung: für die Ausschlußfrist wirkt die Geltendmachung beim VormG auch gegenüber dem Mündel (nicht auch umgekehrt!). Im übrigen erscheint die Frist von nur 3 Monaten zu kurz: Frankfurt/M (FGPrax 2001, 204) hat eine kurzfristige Versäumung aus besonderem Grund als unschädlich behandelt. Wegen der **Verjährung** s § 1835 Rz 22.

1836 *Vergütung des Vormunds*

(1) Die Vormundschaft wird unentgeltlich geführt. Sie wird ausnahmsweise entgeltlich geführt, wenn das Gericht bei der Bestellung des Vormunds feststellt, dass der Vormund die Vormundschaft berufsmäßig führt. Das Gericht hat diese Feststellung zu treffen, wenn dem Vormund in einem solchen Umfang Vormundschaften übertragen sind, dass er sie nur im Rahmen seiner Berufsausübung führen kann, oder wenn zu erwarten ist, dass dem Vormund in absehbarer Zeit Vormundschaften in diesem Umfang übertragen sein werden. Die Voraussetzungen des Satzes 3 erste Alternative liegen im Regelfall vor, wenn der Vormund
a) mehr als zehn Vormundschaften führt oder
b) die für die Führung der Vormundschaften erforderliche Zeit voraussichtlich 20 Wochenstunden nicht unterschreitet.

(2) Liegen die Voraussetzungen des Absatzes 1 Satz 2 vor, so hat das Vormundschaftsgericht dem Vormund oder Gegenvormund eine Vergütung zu bewilligen. Die Höhe der Vergütung bestimmt sich nach den

§ 1836

für die Führung der Vormundschaft nutzbaren Fachkenntnissen des Vormunds sowie nach dem Umfang und der Schwierigkeit der vormundschaftlichen Geschäfte. Der Vormund kann Abschlagszahlungen verlangen. Der Vergütungsanspruch erlischt, wenn er nicht binnen 15 Monaten nach seiner Entstehung beim Vormundschaftsgericht geltend gemacht wird; das Vormundschaftsgericht kann in sinngemäßer Anwendung von § 15 Abs. 3 Satz 1 bis 5 des Gesetzes über die Entschädigung von Zeugen und Sachverständigen eine abweichende Frist bestimmen.

(3) Trifft das Gericht keine Feststellung nach Absatz 1 Satz 2, so kann es dem Vormund und aus besonderen Gründen auch dem Gegenvormund gleichwohl eine angemessene Vergütung bewilligen, soweit der Umfang oder die Schwierigkeit der vormundschaftlichen Geschäfte dies rechtfertigen; dies gilt nicht, wenn der Mündel mittellos ist.

(4) Dem Jugendamt oder einem Verein kann keine Vergütung bewilligt werden.

A. Textgeschichte 1	a) Verwaltungsarbeiten 22
B. Grundsatz der Unentgeltlichkeit 2	b) Zeitliche Zäsuren
C. Berufsmäßige Betreuung	aa) Anfang des Betreuungsverfahrens 23
I. Feststellung der Berufsmäßigkeit 3	bb) Ende des Betreuungsverfahrens 24
II. Bewilligung der Vergütung und Bemessungs-	10. Prüfung der Abrechnung 25
maßstab 8	D. Nichtberufsmäßige Vormundschaft (Abs III) .. 26
1. Aus der Staatskasse 9	E. Vergütungsanspruch
2. Bei bemitteltem Mündel 10	I. Des Berufsvormunds 30
III. Vergütungsfähiger Zeitaufwand	II. Des Nichtberufsvormunds 31
1. Grundsätzliches 14	III. Verzinsung 32
2. Problematik der persönlichen Betreuung 15	IV. Verjährung 33
3. Vertrauensbildende Maßnahmen 16	F. Verfahren der Bewilligung
4. Gesundheitssorge und Unterbringung 17	I. Antragsrecht und Bewilligung 34
5. Subsidiarität bei sozialen Hilfen 18	II. Rechtsmittel 37
6. Bedeutung des Aufgabenkreises 19	III. Tod des Mündels 39
7. Grenzen der Vergütungsfähigkeit und Grenze der	G. Anwendungsbereich von § 1836 40
Betreuung 20	
8. Hilfstätigkeiten 21	
9. Zeitaufwand und Betreuungsverfahren	

1 **A. Textgeschichte.** Art 1 Nr 39 BtG; neugefaßt durch Art 1 Nr 9 BtÄndG (Amtl Begr BT-Drucks 13/7158, 25f; Stellungnahme des BR BT-Drucks 13/7158, 44f; Beschlußempfehlung und Bericht des Rechtsausschusses BT-Drucks 13/10331, 27).

2 **B.** Dem **Grundsatz** des Abs I S 1, wonach die Vormundschaft **unentgeltlich** geführt wird, entspricht, daß in erster Linie dem Mündel nahestehende und ehrenamtlich tätige Personen bestellt werden sollen (§ 1897 VI S 1). Die insofern ausnahmsweise Entgeltlichkeit entspricht der daneben mächtig aufgekommenen Erscheinung der Berufsbetreuung. Daß auch einem ehrenamtlichen Vormund eine Vergütung bewilligt werden kann, ist kein Widerspruch dazu, weil die angemessene Vergütung nach Abs III kein Äquivalent für die Betreuungsleistung darstellt.

3 **C. Berufsmäßige Betreuung. I.** Die **Feststellung der Berufsmäßigkeit** hat bei der Bestellung des Vormunds zu erfolgen. Der geeignete Berufsvormund wird mit der Folge ausgewählt, daß ihm später nach § 1 II BVormG eine Überqualifikation nicht entgegengehalten werden kann, was unmittelbar für den Vormund eines mittellosen Mündels angeordnet ist, aber auf den Vormund eines nicht mittellosen Mündels ausstrahlt (Rz 11). Weil die Höhe des Entgelts für den Berufsvormund ebenso erheblich ist wie die Entgeltlichkeit, ist das Erfordernis der Feststellung bei der Bestellung auf die Bestimmung des **Stundensatzes** zu erstrecken und zwar auch, wenn der Vormund eines nicht mittellosen Mündels einen über den Sätzen des § 1 BVormVG liegenden Stundensatz erhält (vgl Rz 11). Die Voraussetzung der Qualifikation des Ausgewählten liegt in diesem Zeitpunkt vor; auch ihre Nutzbarkeit für die zu führende Vormundschaft kann ex ante beurteilt werden. Die Feststellung der Berufsmäßigkeit ist konstitutiv, sie kann rückwirkend weder aufgehoben noch nachgeholt werden. Änderungen sind gem § 18 FGG mit Wirkung für die Zukunft möglich. Auch eine Festsetzung des Stundensatzes ist für die spätere Bewilligung bindend (BayObLG FamRZ 1996, 250). Die Feststellung erfolgt gem § 6 RPflG wegen des Sachzusammenhangs mit der nach § 14 I Nr 4 RpflG dem Richter vorbehaltenen Bestellung des Betreuers durch den Richter; der Zusammenhang besteht auch, wenn die Feststellung später zu treffen ist (für diesen Fall anders Zimmermann FamRZ 2002, 1375; wie hier BayObLG FamRZ 2001, 1484).

4 Daß die Berufsmäßigkeit nur „ausnahmsweise" festzustellen sein soll, folgt aus der grundsätzlichen Unentgeltlichkeit der Vormundschaft nach Abs I S 1. Berufsmäßigkeit wird daher nicht vermutet, sondern bedarf der Begründung. Abs I S 3 enthält eine Definition der Berufsmäßigkeit, und S 4 gibt dafür **Regelfälle**, die alternativ zwei quantifizierende Kriterien verwenden: wenn bei dem Vormund die Fallzahl von 10 oder der wöchentliche Zeitaufwand von 20 Stunden überschritten ist, liegt Berufsmäßigkeit vor. Doch die Regelfälle dulden jedoch Ausnahmen. So kann es an dem sinngemäß zu ergänzenden Merkmal fehlen, daß die Vormundschaft dem Vormund im Hinblick auf seine Berufsausübung übertragen und von ihm in diesem Rahmen übernommen wurde (vgl MüKo/Wagenitz Rz 13). Daran fehlt es, wenn der Grund für die Auswahl in einer persönlichen Bindung, besonders in verwandtschaftlicher Nähe liegt (§§ 1779 II S 2, 1897 V).

Unterhalb der Quantitäten der Regelfälle ist die Annahme der Berufsmäßigkeit nicht etwa entsprechend der 5
Annäherung erleichtert, sondern die Vermutung übergangslos umzukehren (MüKo/Wagenitz Rz 15). Mit der quantifizierenden Regel wollte der Gesetzgeber eine schleichende Aushöhlung des Grundsatzes der Ehrenamtlichkeit verhindern (vgl Knittel Anm 5). Daher ist die früher gesetzeskonforme „Gesamtbetrachtung", die schon bei 2 Vormundschaften die Berufsmäßigkeit ergeben konnte (vgl 8. Aufl Rz 16) nicht mit Zweibrücken FamRZ 2000, 556 für das veränderte neue Recht zu übernehmen. Einzige Ausnahme davon, daß trotz niedrigerer Fall- oder Wochenstundenzahl gleichwohl nach quantitativen Merkmalen Berufsvormundschaft angenommen werden kann, enthält Abs I S 3 Alt 2, die es erlaubt, aussichtsreichen **Berufsanfängern** entgegenzukommen.

Auch die **Definition der Berufsmäßigkeit** in Abs I S 3 Alt 1 scheint mit dem Kriterium des Umfangs (sei es 6
der Übertragung von Vormundschaften, sei es der übertragenen Vormundschaften) auf ein quantitatives Merkmal abzustellen. Das ist gesetzestechnisch wenig gelungen, weil den quantifizierenden Regelfällen ein qualitatives Merkmal an der Seite zu stehen hätte. Im Bericht des Rechtsausschusses heißt es, daß Berufsmäßigkeit immer dann vorliege, wenn der dem Betreuer übertragene Aufgabenkreis ohnehin zu seiner – auch andere Geschäfte als Betreuungen umfassende – Berufstätigkeit gehört und die Betreuung einem Rechtsanwalt oder Steuerberater in dieser Eigenschaft übertragen wird (BT Drucks 13/10331, 27; zB BayObLG NJW-FER 1999, 462). Solche Personen sind „**geborene Berufsvormünder**" (MüKo/Wagenitz Rz 11). Wichtigstes Beispiel ist der Rechtsanwalt, der aber nicht auf Betreuungen spezialisiert ist. Personen mit dem Beruf des Betreuers sind von dieser Art der Berufsmäßigkeit ausgeschlossen (MüKo/Wagenitz Rz 12). Wie in den Regelfällen (Rz 4) steht der Berufsmäßigkeit entgegen, wenn die Auswahl – auch – auf persönlicher Nähe beruht.

Mit dieser Auslegung des quantitativen und des qualitativen Merkmals der Berufsmäßigkeit ist der **nebenberufliche Betreuer**, der sich vor dem BtÄndG zu etablieren begonnen hatte, und der weder die Fall- oder Wochen- 7
stundenzahl der Regelfälle aufweist noch wegen seiner speziellen, nicht gerade vormundschaftsberuflichen Qualifikation ausgewählt worden ist, nicht mehr vereinbar (zB BayObLG FamRZ 1997 1305: Dipl-Sozialpädagoge im Vollzeitdienst eines staatlichen Gesundheitsamtes; LG Göttingen Rpfleger 1997, 308: Grundschullehrer).

II. Bewilligung der Vergütung und Bemessungsmaßstab. Nach der notwendig zeitlich vorangehenden Fest- 8
stellung der Berufsmäßigkeit bedarf die in Abs II S 1 angesprochene Bewilligung der Vergütung zunächst des **Maßstabs**. Hierfür gibt Abs II S 2 die Kriterien der für die Führung der Vormundschaft nutzbaren Fachkenntnisse und des Umfangs und der Schwierigkeit der vormundschaftlichen Geschäfte. Wie auch immer beide Kriterien zu verstehen sein mögen, trennen sich hier systematisch die Wege des auf Vergütung aus der Staatskasse und des gegen den bemittelten Mündel gerichteten Anspruchs.

1. Für den Anspruch, der sich wegen Mittellosigkeit des Mündels auf **Vergütung aus der Staatskasse** richtet, 9
verweist § 1836a auf das als Teil des BtÄndG in Kraft getretene BVormVG, dessen § 1 einen Basisstundensatz vorsieht, der sich bei im wesentlichen durch Ausbildung zu erwerbender Qualifikation in 2 Stufen erhöht. Dieses System der Stundensätze und ihre 3fache Staffelung ist vom Gesetzgeber aus den Kriterien des § 1836 II S 2 entwickelt worden. Der „Umfang der vormundschaftlichen Geschäfte" wurde dabei nicht qualitativ, sondern rein zeitlich auf die Dauer der für Betreuungsarbeit aufgewendeten und erforderlichen Zeit bezogen. Die Staffelung der Stundensätze ergab sich aus den Kriterien der für die Führung der Vormundschaft „nutzbaren Fachkenntnisse" und der „Schwierigkeit der vormundschaftlichen Geschäfte", die beide, das eine vom Gegenstand, das andere von der Person des Vormunds her, auf die zur Führung der jeweiligen Vormundschaft erforderliche Fähigkeit zielen.

2. Bei Vorbereitung des BtÄndG hatte der BR vorgeschlagen, die Stundensätze des späteren § 1 BVormVG 10
„auf alle Vormundschaften, die nur im Rahmen der Berufsausübung geführt werden können, zu erstrecken" (BT-Drucks 13/7158, 46). Die BReg hat dem in ihrer Gegenäußerung nicht zugestimmt, weil gegenüber dem **bemittelten Mündel** ein Interesse der öffentlichen Hand an finanzierbaren Vergütungssätzen nicht bestehe und angezeigt sein könne, die wirtschaftlichen Verhältnisse des Mündels, soweit sie sich in der Schwierigkeit der vormundschaftlichen Geschäfte niederschlagen, bei der Bemessung der Vergütung zu berücksichtigen. Die Vergütungssätze des § 1 BVormVG sollen aber eine „**Orientierungshilfe**" auch für den gegen den Mündel gerichteten Anspruch bilden, von dem nur in Ausnahmefällen abgewichen werden soll (BT-Drucks 13/7158, 56).

Diese **Ausstrahlung des BVormVG** betrifft zunächst die Struktur der Vergütung nach Stundensatz und aufgewen- 11
deter Zeit. Ausgeschlossen ist damit dasjenige Kriterium, das vor dem BtG die Vergütung eines Vormunds oder Gebrechlichkeitspflegers beherrscht hatte (Erman/Holzhauer 8. Aufl Rz 4, 5) und auch vor dem BtÄndG teilweise noch herangezogen wurde (Düsseldorf BtPrax 1997, 240): die Größe des verwalteten Vermögens und Höhe des Einkommens. Obwohl das Merkmal des „Umfangs der vormundschaftlichen Geschäfte" die Berücksichtigung dieses Kriteriums noch zuließe, widerspräche das dem Willen des Gesetzgebers des BtÄndG (BT-Drucks 13/7158, 26). Die Kosten einer vergleichbaren kommerziellen Vermögensverwaltung können daher keinen Anhalt bieten (BayObLG OLGRp 2002, 398). Die Ausstrahlung betrifft schließlich die in § 1 II BVormG begründete Vermutung der konkreten Nutzbarkeit der für die Bemessung des Stundensatzes berücksichtigten Qualifikation des Vormunds (Rz 2).

Nicht ausgeschlossen ist indessen, die Größe des verwalteten Vermögens bei Bestimmung des **Stundensatzes** 12
zu berücksichtigen. Mit kaum noch stichhaltiger Begründung hatte Zweibrücken (FamRZ 1999, 1229) § 1 BVormVG auch für den gegen den bemittelten Mündel gerichteten Anspruch für verbindlich angesehen. Das hat der BGH (FamRZ 2000, 1569 mit kritischer Anm Glade FamRZ 2001, 479) auf Vorlage des BayObLG korrigiert. Danach haben die Grundsätze des § 1 BVormVG für den Anspruch gegen den bemittelten Mündel die Funktion von Mindestsätzen, die dem Regelfall angemessen sind, aber überschritten werden dürfen, wenn die Schwierigkeit der Betreuung das ausnahmsweise gebietet. Dem folgen die meisten Gerichte (BayObLG FamRZ 2002, 1146). Daß die Stundensätze des § 1 BVormVG im Regelfall auch gegenüber bemittelten Mündeln angemessen seien, hat

der BGH mit Hinweis auf das BVerfG belegt, das keine Anhaltspunkte dafür gesehen hat, daß die wirtschaftliche Existenz von Berufsbetreuern mit diesen Vergütungssätzen nicht gewährleistet sei (FamRZ 2000, 345). Der Gesichtspunkt der Existenzsicherung entspringt aber spezifisch dem Spannungsverhältnis zum „Interesse der öffentlichen Hand an finanzierbaren Vergütungssätzen" (Rz 10). Auch bestehen Zweifel, ob mittellose und bemittelte Mündel ohne weiteres zu einem einheitlichen „Regelfall" zusammengeschlossen werden können. Während es nämlich bei mittellosen Mündeln gewöhnlich keine oder jedenfalls keine schwierige Vermögensverwaltung gibt, tritt diese bei bemittelten oder gar vermögenden Mündeln zu der fast immer gegebenen Personensorge hinzu (in diesem Sinne schon BVerfG NJW 1980, 2179, 2178 und seitdem öfter, zuletzt FamRZ 2000, 345, 349 und 729, 731). Daher rechtfertigt sich schon im Regelfall bei bemittelten Mündeln eine Anhebung des Stundensatzes. Für andere Berufsgruppen als Rechtsanwälte hat das BVerfG (FamRZ 2000, 345, 347) wegen der Höhe auf Gebührenordnungen freier Berufe verwiesen. Diese sehen Stundensätze für Architekten zwischen 75 und 160 DM (§ 6 HOAI v 1991) und für Steuerberater zwischen 75 und 180 DM (StBerGVO v 1981) vor. In diesen Sätzen sind die Kosten für Hilfskräfte nicht eingerechnet, die dort nach deren Zeitaufwand zusätzlich abgerechnet werden können. Vor dem BtÄndG hatte sich die Ansicht herausgebildet, daß mit den Stundensätzen eines Berufsvormunds die anteiligen Bürokosten abgegolten sind, was teilweise zu Stundensätzen von 300 DM geführt hatte (so Schleswig FamRZ 1995, 46; vgl auch KG FamRZ 1996, 1362 und BR-Drucks 960/96). Einem Rechtsanwalt mit seiner vergleichsweise längeren Ausbildung dürfte danach ein Stundensatz von durchschnittlich 60 Euro angemessen sein. Während die Amtl Begr noch davon ausgeht, daß bei Bestimmung des Stundensatzes der Belastung mit Umsatzsteuer Rechnung zu tragen sei (S 28), wird deren Ersatz jetzt meistens über § 1835 gewährt (§ 1835 Rz 17).

13 Obwohl grundsätzlich die Größe des Reinvermögens kein selbständiges Kriterium der Vergütungshöhe mehr ist, muß sich bei **geringem Vermögen** der Stundensatz dem des § 1 BVormVG nähern. Denn die Vergütung darf nicht so hoch sein, daß das Mündelvermögens alsbald aufgezehrt würde (BVerfG FamRZ 2000, 345, 346). Liegt das Vermögen nur geringfügig über der nach § 1836c für die Mittellosigkeit geltenden Schongrenze, so kann nur ein geringer Zuschlag zu den Stundensätzen des § 1 BVormVG angemessen sein (Zimmermann BtPrax 2000, 47, 50; HK-BUR/Bauer/Deinert Rz 78d).

14 **III. Vergütungsfähiger Zeitaufwand. 1. Grundsätzliches.** Nachdem mit der Berufsmäßigkeit die Vergütungspflichtigkeit der Tätigkeit des Vormunds feststeht und mit dem Stundensatz des bestellten Vormunds seinen „nutzbaren Fähigkeiten" entsprochen ist, bleibt übrig, seinen **vergütungsfähigen Zeitaufwand** zu ermitteln. Die Abrechnung des Vormunds und ihre Prüfung durch das Gericht sind von sensibler Problematik. Denn im Zentrum des Betreuungsrechts steht das rechtlicher Kontrolle schwer zu unterwerfende Vertrauen, um das sich der Betreuer beim Betreuten bemühen soll und das der Staat dem Betreuer entgegenbringt, indem er ihm für vor allem in zeitlicher Hinsicht nicht scharf definierbare Leistungen Entgelt zusagt, für dessen Höhe es weitgehend auf die Angaben des Betreuers ankommt. Der „Umfang der vormundschaftlichen Geschäfte" hat zwei materiellrechtliche Aspekte: Welche Geschäfte sind vergütungsfähig? Und: durfte der Vormund für das Geschäft die von ihm abgerechnete Zeit verwenden? Die zweite Frage wird bisweilen noch mit einer prozeduralen Frage vermengt: Was darf und kann das Gericht kontrollieren?

15 **2. Persönliche Betreuung.** Indessen lassen sich vormundschaftliches Geschäft und darauf zu verwendende Zeit nicht klar trennen. Ansatz dieser Trennung ist die Unterscheidung eines Gegenstandes von der Art und Weise seiner Erledigung. Diese Unterscheidung steht in dem **Spannungsverhältnis zwischen rechtlicher Betreuung und persönlicher Betreuung**. Unter dem ersten Gesichtspunkt muß das Handeln des Betreuers mindestens mittelbar auf Rechtshandlungen gerichtet sein. Aber das nach außen gerichtete Rechtshandeln hat die innere Seite der Willensbildung. An ihr hat der handelnde Betreuer gem § 1901 III den Betreuten soweit wie möglich zu beteiligen. Auf Handlungen, die dem Willen des Betreuten nicht entsprechen, hat der Betreuer ihn vorzubereiten mit dem Ziel, sein Verständnis zu erreichen. Beidem dient die Gesprächspflicht des § 1901 III S 3. Grundlage der zu erstrebenden Kommunikation ist das Vertrauen des Betreuten, um das sich der Betreuer bemühen muß. Die nötige Vertrauensbildung läßt sich aber nicht immer einem einzelnen vormundschaftlichen Geschäft zuordnen, sondern kann geradezu als selbständiges Geschäft erscheinen.

16 **3.** Am Anfang eines Betreuungsverhältnisses haben rein **vertrauensbildende Maßnahmen** – Besuche, Gesprächskontakte – größeres Gewicht (Zweibrücken OLG-Rsp 2000, 14) als nach Festigung des Verhältnisses, wenn die Art und Weise der Wahrnehmung der unmittelbaren Betreuungsaufgaben auch die Bildung und Erhaltung des Vertrauens tragen muß. Nur in diesem Sinn kann es eine von Fall und Stadium des Betreuungsverhältnisses gelöste schematische Empfehlung einer Besuchsfrequenz geben, im allgemeinen nicht für Routinebesuche (LG Leipzig FamRZ 2000, 1047: 1–2 mal monatlich), es sei denn, dafür bestehe besonderer Anlaß, etwa zur Kontrolle der Behandlung eines Untergebrachten (Knittel Anm 27). Nur ausnahmsweise können äußere Lebensumstände des Betreuten Anlaß geben, daß der Betreuer das Gespräch in eine Gaststätte verlegt, während seine Teilnahme an Familienfeiern oder gar der gemeinsame Besuch von Veranstaltungen eher mißbräuchlich erscheint (aA Koblenz FamRZ 1999, 732: Weihnachtsfeier des Heimes). Betreuung soll sich abheben von gesellschaftlichen Kontakten und gemeinsamer Freizeitgestaltung.

17 **4. Gesundheitssorge und Unterbringung.** Ein Betreuer mit dem Aufgabenkreis der Gesundheitssorge kann den Betreuten zu einem wichtigen Arztgespräch begleiten, auch wenn an dessen Einwilligungsfähigkeit kein Zweifel besteht. Ebenso ist die Anwesenheit des Betreuers bei einer Untersuchung der Pflegebedürftigkeit zu bejahen (Jürgens BtPrax 1998, 212). Beides ergibt sich auch aus der Grundpflicht jedes Betreuers aus § 1901 IV. Dafür, ob die Besichtigung eines Heimes zusammen mit dem Betreuten vergütungsfähig ist (nein: LG Potsdam BtPrax 1998, 242; ja: Jürgens aaO), kommt es darauf an, ob der Betreuer das Heim kennt und ob der Betreute sich selbständig ein Bild machen kann.

5. Schwierigkeiten, rechtliche Betreuung von **sozialen** (versorgenden, pflegerischen, caritativen) **Hilfen** abzugrenzen, sind darin programmiert, daß der Ausdruck Betreuung im allgemeinen Gebrauch gerade das meint. Sache des Betreuers ist es aber nur, solche Hilfe zu organisieren (Zweibrücken FamRZ 2001, 447), was Rechtshandlungen erfordert. Im allgemeinen wird ein „Berufsbetreuer" auch keinen anderen Beruf oder Gewerbe im Sinne von § 1835 III haben, die es ihm erlaubten, zB die körperliche Pflege des Betreuten selbst zu übernehmen und dafür das übliche Entgelt als Aufwendungsersatz geltend zu machen. Ist er etwa als Altenpfleger ausgebildet, so scheitert solcher „Selbsteintritt" nicht daran, daß er diesen Beruf nicht aktuell ausübt. Im übrigen hat der Betreuer bei Dringlichkeit auch Hilfe zu leisten, die an sich nicht zur rechtlichen Betreuung gehört, besonders etwa Erste Hilfe, auch Verrichtungen der körperlichen Pflege und im Haushalt bis hin zum Einkaufen, dies nicht zuletzt aus Kostengründen solange, bis kostengünstigere Hilfe Dritter organisiert werden kann (vgl § 1835 Rz 2). Die Teilnahme an einer Hauptverhandlung gegen den Betreuten ist vergütungsfähig, wenn der Betreuer in dieser Eigenschaft geladen wurde (BayObLG BtPrax 2002, 73) oder wenn dem Betreuten im Fall einer Verurteilung Ersatzpflichten drohen, um deren Abwendung sich der in Vermögensangelegenheiten zuständige Betreuer bemüht (LG Koblenz BtPrax 1999, 38). Von solchen Fällen abgesehen liegt die Wahrnehmung von Interessen des Betreuten in einem Strafverfahren grundsätzlich in der Hand eines bestellten Verteidigers (BGH FamRZ 1997, 175).

6. Jede vergütungsfähige Tätigkeit muß zunächst **in den Aufgabenkreis des Betreuers** fallen. Eine Unklarheit in der Definition der Aufgabe kann aber nicht auf seine Kosten gehen (Zimmermann FamRZ 1998, 521, 523).

7. Grenzen der Vergütungsfähigkeit und Grenze der Betreuung. Die Frage nach der Vergütungsfähigkeit ist nicht identisch mit der Frage, **was ein Betreuer überhaupt tun darf**. Denn das kann bei unterschiedlichen Typen von Betreuern verschieden sein. Das Spannungsverhältnis zwischen dem Ideal „persönlicher Betreuung" und der rechtlichen Betreuung charakterisiert in voller Schärfe nur die Betreuung des Mittellosen durch einen Berufsbetreuer. Weil diese Kosten aus der Staatskasse gezahlt werden, spricht das fiskalische Interesse für eine restriktive Interpretation. Zwar reicht auch der eines bemittelten Mündels seine Abrechnung dem VormG zur Bewilligung ein und prüft das Gericht sie anhand identischer Maßstäbe. Aber hier hat der Betreuer jedenfalls die Möglichkeit, sich vom geschäftsfähigen Betreuten privat mit der Besorgung dieses oder jenes Geschäfts, das nicht mehr zur rechtlichen Betreuung gehört, beauftragen zu lassen (vgl Zimmermann FamRZ 1998, 521, 522), wobei es Sache des Betreuers ist, die Entgeltlichkeit nachweisbar zu vereinbaren. Ohne weiteres kann der ehrenamtliche Betreuer mit der persönlichen Betreuung über die Grenze rechtlicher Betreuung hinausgehen, weil das keine Vergütungsfolge auslöst. Hier wird eine äußerste Grenze erst sichtbar, wo überhaupt keine Betreuung mehr vorliegt, so daß ein gem § 1835 II begründeter Versicherungsschutz nicht mehr gegeben wäre.

8. Hilfstätigkeiten. Der allgemeine sächliche und personale Büroaufwand ist mit den Stundensätzen abgegolten. Seinen eigenen Zeitaufwand für mit der Führung der Betreuung verbundene **Schreib- und Büroarbeit** rechnet der Betreuer zu seinem Stundensatz ab; dazu gehört die Korrespondenz mit dem Betreuten, dem Gericht, der Betreuungsbehörde und mit Dritten, etwa einem Gläubiger oder Schuldner des Betreuten oder seinem Arzt, ferner die Führung der Betreuungsakte (Brandenburg FamRZ 2002, 626 mN).
Das soll auch gelten, wenn solche Arbeiten von einer **Hilfskraft** verrichtet werden (Brandenburg, wie zuvor; BT-Drucks 11/4528 S. 112). Darin liegt eine Verwerfung gegenüber der Behandlung des alleine arbeitenden Berufsbetreuers, die zwar bei einem bemittelten Betreuten durch die dort mögliche Anhebung des Stundensatzes (oben Rz 9) beseitigt werden kann, nicht aber bei dem Berufsbetreuer eines mittellosen Mündels, seit das BtÄndG die Stundensätze des § 1 BVormVG starr gestaltet hat. Mit dem OLG Bremen (FamRZ 2002, 555) muß der Betreuer den fallbezogenen Zeitaufwand einer Bürokraft nach Maßgabe von deren Lohnkosten geltend machen können, ohne daß zwischen unselbständiger (Tippen diktierten Textes) und selbständiger Büroarbeit (zB Ordnen von Belegen für die Steuererklärung des Betreuten) zu unterscheiden wäre (so aber Knittel Rz 37, 38). Die konstatierte Verwerfung wird noch dadurch verschärft, daß der Betreuer, wenn er Hilfsarbeiten wie andere delegierbare Aufgaben durch Dritte ausführen läßt, die Kosten als Aufwendungsersatz geltend machen kann (BayObLG Rpfleger 1998, 513). Was der Betreuer an einen Dritten gezahlt hat, auf den er Aufgaben der Betreuung, sei es auch während urlaubsbedingter Abwesenheit, übertragen hat, ist schon deswegen nicht ersatzfähig, weil solche Übertragung unzulässig ist (Frankfurt/M BtPrax 2002, 170). Wegen Vergütung für einen Ersatzbetreuer § 1899 Rz 8.

9. Zeitaufwand und Betreuungsverfahren. a) Verwaltungsarbeiten. Vergütungsfähig ist nicht nur die Zeit, die der Betreuer in Angelegenheiten des Betreuten aufgewendet hat, sondern auch sein Zeitaufwand für das Betreuungsverfahren, außer der schon genannten Korrespondenz die Wahrnehmung von Terminen bei Gericht oder Behörde und für die regelmäßige Rechnungslegung. Nicht vergütungsfähig, weil auch nicht mittelbar der Betreuung sondern dem Eigeninteresse des Betreuers dienend, ist die Geltendmachung und Durchsetzung des Vergütungsanspruchs einschließlich der Dokumentation der Tätigkeiten (BayObLG FamRZ 1999, 1606, 1233 und 2001, 76; anders Knittel Anm 34, Soergel/Zimmermann § 1836a Rz 22). Daß „nur" die Staatskasse betroffen wäre, kann kein Grund sein, einen bei allen zeitabhängigen Entgelten bestehenden Grundsatz außer Kraft zu setzen. Das gilt auch für den Aufwand für ein erfolgreiches Rechtsmittel in Vergütungssachen, aber nicht für die Darstellung nach § 56g II S 1 FGG (LG Leipzig FamRZ 2001, 305) und nicht für Aufwendungsersatz nach § 1835 mit Ausnahme von dessen Abs III.

b) Für das vergütungsfähige Handeln eines Vormunds oder Betreuers gibt es **zeitliche Zäsuren. aa)** Das **Betreuungsverhältnis beginnt** mit der Zustellung des Bestellungsbeschlusses an den Betreuer (§ 69a III S 1 FGG). Vergütungsfähig ist daher der Termin für mündliche Verpflichtung des Betreuers nach § 69b I FGG und ein Einführungsgespräch (§ 69b III FGG) sowie die Abholung der Bestallungsurkunde (§ 69b II FGG). Entgegen der allgemeinen Ansicht (Schleswig FamRZ 1998, 1536) sollte jedoch die Teilnahme an einem Termin, zu der das VormG den späteren Betreuer aufgefordert hat, als vergütungsfähig anerkannt werden (so LG Hamburg BtPrax

§ 1836 Familienrecht Vormundschaft

1996, 76). In solchem Fall ist die Vergütungs- und Aufwendungsersatzfähigkeit eine Vorwirkung der Bestellung: der Beigezogene trägt jedoch die Gefahr, daß es nicht dazu kommt.

24 bb) Das **Amt des Betreuers endet** mit seiner Entlassung oder dem Ende des Betreuungsverhältnisses durch Aufhebung oder Tod des Betreuten. Das Ende des Amts löst spezifische Betreuerpflichten aus, die noch vergütungsfähig sind: vor allem die (auch öffentlich-rechtliche) Pflicht zur Legung der Schlußrechnung (§§ 1908i I S 1, 1890, vgl § 1890 Rz 3) und zur Rückgabe der Bestallungsurkunde. Auch Tätigkeiten, die dem Betreuer in Angelegenheit des verstorbenen Betreuten noch obliegen, gehören hierher, besonders soweit sie im Rahmen seiner gem §§ 1908i I S 1, 1893 I, 1698b den Tod überdauernden Vertretungsmacht liegen, ferner die Zeit für die Herausgabe des Nachlasses an die Erben (§§ 1908i I S 1, 1890). Mit Recht werden auch erforderliche oder sachgemäße Benachrichtigungen, besonders der Angehörigen, dazu gerechnet (Soergel/Zimmermann § 1836a Rz 31, Knittel Anm 40).

25 10. Indem das VormG die Vergütung zu bewilligen hat, ist es berechtigt und verpflichtet, **die Abrechnung des Vormunds zu prüfen**. Dazu muß diese hinreichend detailliert sein; die Zeit ist ohne Aufrundung nach Stunden und Minuten anzugeben Bei der Korrespondenz müssen Empfänger bzw Absender, bei Telefongesprächen der Partner angegeben sein (LG Traunstein BtPrax 1998, 193). Die tatsächlichen Grundlagen der Abrechnung sind uneingeschränkt überprüfbar. Daß das Gericht nicht mit grundsätzlichem Mißtrauen an die Abrechnung herangehen, sondern sie nur einer „Plausibilitätskontrolle" unterwerfen soll (Schleswig FamRZ 1998, 582; BayObLG 1999, 1591, 1592), entspricht sowohl gutem Verwaltungsstil als auch der begrenzten Verwaltungskraft. Verdachtsgründen nachzugehen, gibt es jedoch kein rechtliches Hindernis. Vom Vormund kann verlangt werden, daß er seine Angaben nach Möglichkeit belegt; das Gericht kann bei Dritten, mit Zurückhaltung auch beim Betreuten, Erkundigungen einholen. Hinsichtlich der Erforderlichkeit von Verrichtungen des Vormunds oder der auf sie verwendeten Zeit ist, nicht anders als bei der gerichtlichen Aufsicht über den Vormund nach § 1837, dessen Selbständigkeit zu beachten, die ihm einen Spielraum der Beurteilung verschafft (BayObLG BtPrax 1996, IV). In diesem Spielraum läßt sich die Erforderlichkeit nicht objektiv und exakt feststellen (LG Oldenburg FamRZ 1996, 231). Hinzu kommt, daß die Erforderlichkeit vom Standpunkt des sich zum Handeln entschließenden Vormunds, also ex ante zu beurteilen ist, nicht vom Standpunkt ex post, den erst das nachträglich urteilende Gericht einnehmen kann (BayObLG aaO). Hat der Betreuer in seinem Antrag den Zeitaufwand für einzelne Geschäfte zusammengestellt, so kann das Gericht bei dem Eindruck einer generellen Überhöhung nicht pauschal kürzen, sondern muß in seinem Beschluß genauer darlegen, welche Zeiten nicht als vergütungsfähig anerkannt werden; es gibt keine „nachträgliche Pauschalierung" (LG Berlin FamRZ 2001, 787, 788).

26 D. **Nichtberufsmäßige Vormundschaft (Abs III).** Nach der Vergütung des Berufsvormunds (eines mittellosen Mündels: § 1836a) und eines bemittelten Mündels (§ 1836 II S 2) enthält Abs III eine dritte Vergütungsregelung, und zwar für den nicht berufsmäßig tätigen Vormund eines bemittelten Mündels. Da das VormG nach § 1 S 1 die Berufsmäßigkeit festzustellen hat, wenn deren Voraussetzung gegeben sind, hat keine Seite ein Wahlrecht zwischen der zweiten und der dritten Vergütungsregelung. Die Regelung des Abs III gilt unverändert seit 1900, als sich noch die gesamte Vergütungsregelung in ihr erschöpfte. Später kam die Berufsvormundschaft dazu und in Verbindung damit das Eintreten des Staates für die Vergütung von Berufsvormündern mittelloser Mündel. Der Eindruck, daß die heute den Abs III bildende Regelung in den Hintergrund gedrängt sei (MüKo/Wagenitz Rz 62) kann nur darin begründet sein, daß anders als 1900 bemittelte Mündel heute auch von Berufsvormündern betreut werden, für welche die Vergütungsregelung des Abs II S 2 gilt. Eine Gegensteuerung gegen solche Zurückdrängung liegt aber darin, daß jede Berufsbetreuung nach § 1897 VI S 1 hinter jeder nicht berufsmäßigen nachrangig ist. Daher ist Abs III im System der Betreuungsvergütung kein Fremdkörper (so aber MüKo/Wagenitz Rz 62), sondern stützt geradezu den in § 1897 VI S 1 begründeten Vorrang einer ehrenamtlichen vor jeder Berufsbetreuung in Fällen, in denen für einen ehrenamtlichen Betreuer die unvergütete Wahrnehmung wegen des Umfangs und der Schwierigkeit der Betreuung unzumutbar wäre. Beide Kriterien sind nach Abs II S 2 zwar auch für die Vergütung des Berufsvormunds maßgebend, begründen dort aber die Berufsmäßigkeit nicht allein und beseitigen vor allen Dingen nicht ihren Nachrang hinter der Ehrenamtlichkeit. Die Nachrangigkeit ist nicht auf mittellose Mündel beschränkt und dient daher nicht nur dem Interesse an Einsparung öffentlicher Mittel, sondern sie beruht auch darauf, daß der ehrenamtliche Betreuer dem Ziel der persönlichen Betreuung näher kommt als ein berufsmäßiger (vgl Rz 20 und § 1897 Rz 9).

27 Der Grundsatz der Unentgeltlichkeit wirkt nicht in Abs III hinein. Selbst schon durch das Institut der Berufsvormundschaft geschwächt, beherrscht der Grundsatz ausnahmslos den Bereich der ehrenamtlichen Vormundschaft über Mittellose. Bei bemittelten Mündeln dagegen entscheidet das Gericht pflichtgemäß über eine Vergütung und hat deren Bewilligung ebenso zu begründen wie die Versagung einer beantragten Vergütung. Angesichts der unscharfen Kriterien hat das Gericht einen Beurteilungsspielraum, aber kein Ermessen in dem Sinn, daß mehrere Ergebnisse richtig wären, vor allem nicht in dem Sinn, daß das Gericht bei gegebenen Voraussetzungen eine Vergütung ablehnen könnte (so aber Soergel/Zimmermann Rz 35).

28 Umfang und Schwierigkeit der vormundschaftlichen Geschäfte sind hier nicht anders zu verstehen als in Abs II S 2. Damit ist der Zeitaufwand das wichtigste Bemessungskriterium, ohne daß dieser aber genau abgerechnet werden müßte. Das Kriterium der Schwierigkeit ist auch auf die Personensorge zu beziehen; bei reiner Vermögensverwaltung bemißt sie sich nach Art und Vielfalt der erledigten Geschäfte, wobei ein Schuldenmanagement schwieriger sein kann als die Verwaltung von Aktiva. Mit der Angemessenheit kommen weitere Kriterien ins Spiel, besonders die Größe des Reinvermögens, die Lebenssituation des Mündels aber auch des Vormunds, ob dieser selbst vermögend und philantropisch motiviert oder eher – besonders ein nahestehender Betreuer – auf einen Nebenverdienst angewiesen ist, dies vor allem im Verhältnis zum Vermögen des Mündels. Bedeutung hat auch der gezeigte

Einsatz des Vormunds, ob und wieweit er über das Maß rechtlicher Betreuung hinausgegangen ist (vgl Rz 20). Negativ fallen Nachlässigkeit oder gar Versagen ins Gewicht. Anders als bei einem Berufsvormund, spielt bei dem ehrenamtlichen Vormund die Qualifikation bei der Bestellung keine unmittelbare Rolle; unterschiedlicher Qualität der geleisteten Arbeit kann aber ex post bei der Bewilligung der Vergütung Rechnung getragen werden.

Eine über den Sätzen des § 1 BVormG liegende Vergütung des Betreuers eines nicht mittellosen Betreuten kann **29** auch in dem Willen des Betreuten eine Grundlage haben. Eine **Vereinbarung**, die zwischen dem bestellten Betreuer und dem Betreuten zustande kommt, ist jedoch nicht tragfähig (anders HUK-BUR/Bauer/Deinert § 1836 Rz 36; eher wie hier LG Hannover FamRZ 2002, 1063). Auf die Geschäftsfähigkeit des Betreuten kann sich jedenfalls ein Betreuer, zu dessen Aufgabenkreis die Vermögenssorge gehört nicht berufen, weil gerade seine Stellung zur Voraussetzung hat, daß der Betreute außerstande ist, in Vermögensdingen für sich selbst zu sorgen. Aber der Betreute kann früher, in einer Betreuungsverfügung, einem künftigen Betreuer eine Vergütungszusage gemacht haben oder auch als Betreuter Wünsche bezüglich der Vergütung äußern, die das Gericht darauf prüfen muß, ob sie im Betreuten ihre unabhängige Ursache haben.

Gemäß **Abs IV** kann dem JA oder einem Verein keine Vergütung bewilligt werden; das gilt entsprechend für die **29a** **Betreuungsbehörde** und einen **Betreuungsverein**. Sind diese aber nicht selbst zum Betreuer bestellt, sondern gem § 1897 II ein Mitarbeiter des Vereins oder der Behörde, so kann dieser **Vereins- oder Behördenbetreuer** zwar nach §§ 1908e II, 1908h III ebenfalls keine Vergütung beanspruchen, wohl aber der Verein gem § 1908e I Vergütung nach § 1836 Abs II, §§ 1836a und b, die Behörde gem § 1908h II nach § 1836 III.

Neben einer bewilligten Vergütung kann der Betreuer Ersatz seiner konkreten Aufwendungen nach § 1835 ver- **29b** langen, die Pauschale des § 1835a jedoch nur ein Nichtberufsvormund anstelle einer deren Höhe nicht erreichenden Vergütung (§ 1835a Rz 6).

E. Vergütungsanspruch. I. Des Berufsvormunds. Der **Anspruch** eines berufsmäßigen – nicht auch eines **30** ehrenamtlichen – Vormunds **entsteht**, mag er sich gegen den Mündel oder die Staatskasse richten, mit Erbringung der vergütungspflichtigen Leistung. Nur unter dieser Voraussetzung kann die 15-monatige **Ausschlußfrist** des Abs II S 4 greifen, durch die der Vormund zu einer zügigen Geltendmachung seiner Ansprüche angehalten werden soll (BT-Drucks 13/7158, 27). Erfüllbar und fällig wird der Anspruch aber erst mit seiner betragsmäßigen Bestimmung, die entweder durch Bewilligung erfolgt, nämlich die gerichtliche Festsetzung nach § 56g I Nr 1 FGG, oder gemäß der Verweisung nach S 4 dieser Bestimmung auf das ZSEG schlicht dadurch, daß der Urkundsbeamte den Betrag zur Zahlung anweist. Die **Geltendmachung** des Vergütungsanspruchs liegt in dem Antrag an das Gericht. Dem OLG Frankfurt/M FamRZ 2002, 193 ist gegen Zimmermann FamRZ 2002, 1378 darin zuzustimmen, daß ein fristwahrendes Geltendmachen nur vorliegt, wenn mit dem Antrag nachvollziehbare Angaben über den Zeitaufwand sowie Art und Umfang der Aufwendungen gemacht werden. Wenn verhindert werden soll, daß Forderungen gegen den Mündel in einer Höhe auflaufen, die seine Leistungsfähigkeit überfordert (BT-Drucks 13/7158), dann muß die Geltendmachung die alsbaldige Festsetzung ermöglichen. In dem Antrag auf Abschlagszahlungen für noch zu erbringende Leistung liegt entgegen BayObLG FamRZ 2003, 1221 keine Geltendmachung. Der Ausschlußfrist ist neben dem in der Amtl Begr angegebenen Grund der Zweck immanent, daß eine zeitnahe Abrechnung einer Überprüfung erleichtert. Die an den vorweggenommenen Antrag auf Abschlagszahlungen zu stellenden Anforderungen können denen eines Festsetzungsantrags aber nicht gleichkommen. Andernfalls wäre ein vorweggenommener Antrag auf Ratenzahlungen ein Weg, die Ausschlußregelung zu umgehen. Die Ausschlußregelung bedeutet, daß der Vormund den Vergütungsanspruch bei länger dauernder Vormundschaft mindestens alle 15 Monate geltend machen muß. Dieser Regelung läßt sich nicht mit Staud/Engler Rz 69 im Weg der Lückenschließung ein Jahresrhythmus einschreiben.

Nachdem das BtG in § 1836 II S 4 aF durch Verweisung auf § 1835 IV S 1 dem Vormund gegen die Staatskasse **30a** auch einen Anspruch auf Vorschuß gegeben hatte, gibt das BtÄndG mit § 1836 II S 3 nunmehr jedem Berufsvormund, auch gegen den Mündel, einen Anspruch auf **Abschlagszahlungen**. Die Amtl Begr hat darin eine „Erweiterung" gesehen, aber eine Abschlagszahlung ändert nichts an der grundsätzlichen Vorleistungspflicht des Vormunds (MüKo/Wagenitz Rz 56), dies ungeachtet dessen, daß der Gesetzgeber dem Vormund keine „Vorfinanzierung" zumuten wollte (BT-Drucks 13/7158, 26). In dieser Form ist diese Vorschrift eine wenig praktische Überperfektionierung des Vergütungssystems, denn der Vormund kann den Zeitraum, für den er abrechnet, bestimmen und sein Rechtsschutzinteresse für eine kurze Periode prüft das Gericht nicht anders als das für einen Antrag auf Abschlagszahlung. Entsprechend hat das Gericht bei pauschaler Vergütung nach § 1836b Nr 1 bei der Bestimmung der Zeitspanne das gleiche Ermessen wie bei der Bewilligung von Abschlagszahlungen (vgl MüKo/Wagenitz § 1836b Rz 10). Immerhin vermag der Anspruch auf Abschlagszahlung den Vormund vor übermäßiger Dauer des Prüfungsverfahrens zu schützen. Abschlagszahlungen können für erst später zu erbringende Leistungen bewilligt werden, doch hat dies keine Auswirkung auf die Anschlußfrist (Rz 30).

II. Da die **Vergütung des nichtberufsmäßigen Vormunds** nicht der Ausschlußregelung des Abs II S 4 unter- **31** liegt, gibt es hier keinen Grund, den Anspruch vor der Bewilligung entstehen zu lassen. Diese erfolgt von Amts wegen, aber kaum ohne Antrag des Vormunds. Der Annahme eines Rechtsanspruchs des Vormunds auf Vergütung (so MüKo/Wagenitz Rz 70 und oben Rz 27) steht nicht entgegen, daß die materiellen Voraussetzungen dem Gericht einen weiten Beurteilungsspielraum einräumen. Verbreitet wird dem Vormund nach Abs III allerdings nur ein Anspruch auf pflichtgemäße Ausübung des Ermessens gegeben (HK-BUR/Bauer/Deinert Rz 42) und ihm bzgl. der Ermessensentscheidung ein Antragsrecht abgesprochen (Knittel Anm 51).

III. Eine **Verzinsung** der Betreuervergütung ist nicht vorgesehen, so daß § 264 nicht anwendbar ist. Um sie zu **32** erreichen, kann der Vormund, sobald die Vergütung bewilligt ist, die Staatskasse in Verzug setzen. Spätestens

§ 1836

kommt nach § 286 III S 1 der Schuldner einer Entgeltforderung 30 Tage nach Fälligkeit und Zugang der Rechnung oder gleichnamigen Zahlungsaufforderung, hier der Zustellung des Festsetzungsbeschlusses an die Staatskasse, in Verzug. Darüber hinaus ermöglicht § 291, die Verzinsungspflicht schon mit der Rechtskraft des Festsetzungsbeschlusses eintreten zu lassen (BayObLG FamRZ 2002, 766).

33 IV. Der Vergütungsanspruch unterliegt der **Verjährung**. Deren Frist beträgt für familienrechtliche Ansprüche nach § 197 Nr 2 30 Jahre; die Ausnahme für wiederkehrende Leistungen (Abs II) trifft auf diesen Anspruch nicht zu, weil die Vergütung nach Höhe und Fälligkeit wechseln kann. Der Anspruch eines Berufsvormunds ist aber nur „familienrechtlich überlagert" (vgl Büttner FamRZ 2002, 361); dem kommt nahe, daß der Anspruch nach früherem Recht überwiegend unter die zweijährige Verjährungsfrist des § 196 Nr 7 aF subsumiert wurde (BayObLG 2000, 223: MüKo/Wagenitz Rz 61; Knittel Anm 43). Der Anspruch des Berufsbetreuers verjährt daher gem § 194 II in 3 Jahren. Richtet er sich jedoch gegen den Mündel, so ist der Festsetzungsbeschluß des Gerichts gem § 56g VI FGG Vollstreckungstitel, so daß die Verjährungsfrist gem § 197 I Nr 3 30 Jahre beträgt. Solange das Vormundschaftsverhältnis (nicht: die Vormundschaft), das Betreuungs- oder Pflegschaftsverhältnis dauert, ist die Verjährung des gegen den Mündel gerichteten Anspruchs gem § 207 I Nr 3–5 überdies gehemmt; sie beginnt erst mit dem Ende des Verhältnisses zu laufen.

34 F. Verfahren der Bewilligung. I. Das Verfahren der **Bewilligung** ist in § 56g FGG geregelt; es gilt auch für Pfleger (§ 56g VII, auch für den Verfahrenspfleger § 67 III S 3 FGG). In dem Antrag sollen nach § 56g II die persönlichen und wirtschaftlichen Verhältnisse des Mündels dargestellt werden. Diese sind Grundlage für die vom Gericht nach der Vermögenslage des Mündels zu treffende Entscheidung über die Richtung des Anspruchs gegen den Mündel oder gegen die Staatskasse und im zweiten Fall über Zeitpunkt und Höhe von Regreßzahlungen, worüber gem § 56g I S 2 FGG regelmäßig gleichzeitig mit der Bewilligung zu entscheiden ist. Anders als ein Erstantrag kann sich ein Folgeantrag auf die Darstellung zwischenzeitlicher Veränderungen in der Vermögenslage des Betreuten beschränken. Steht der Aufwand zur Ermittlung der persönlichen und wirtschaftlichen Verhältnisse des Mündels außer Verhältnis zur Höhe der voraussichtlich vom Mündel an den Vormund oder an die Staatskasse zu leistenden Zahlungen, kann das Gericht ohne weiteres den Anspruch gegen die Staatskasse festsetzen oder von einer Festsetzung der vom Mündel an die Staatskasse zu leistenden Regreßzahlung absehen. Eine spätere gesonderte Festsetzung der Regreßzahlung gem § 56g I S 3 FGG bleibt möglich. – Das Antragsrecht auch des Mündels dient seinem Interesse, möglichst frühzeitig die ihn primär oder im Regreßweg treffenden Betreuungskosten zu kennen.

35 Richtet sich der Vergütungsanspruch gegen die Staatskasse, so erklärt § 56g I S 4 FGG die Vorschriften des ZSEG für anwendbar, die ein Verlangen des Berechtigten voraussetzen (§ 15 I ZSEG). Dieser Weg ist für einfache Fälle vorgesehen, in denen die Höhe außer Streit ist und ein Regreß voraussichtlich ausscheidet (HK-BUR/Bauer/Deinert Rz 28). Die Voraussetzung, daß keine Festsetzung erfolgt, liegt vor, wenn weder der Vormund noch der Mündel sie beantragen und das Gericht sie auch nicht für angemessen hält. Dann setzt der Urkundsbeamte der Geschäftsstelle die Vergütung im Verwaltungswege fest und weist den Betrag zur Auszahlung an. Die Möglichkeit, gerichtliche Festsetzung zu beantragen, besteht auch noch nachträglich a) für den Vormund, wenn der Rechtspfleger Abstriche an seiner Abrechnung gemacht hat, b) für den Vertreter der Staatskasse, gem dem sinngemäß anzuwendenden § 16 I S 1 ZSEG aber nur, wenn seine Beschwer 50 Euro übersteigt, c) für den Betreuten im Hinblick auf die in diesen Fällen jedoch geringe Gefahr, daß später gem § 56g I S 3 FGG selbständig eine Regreßforderung gegen ihn festgesetzt wird.

36 In dem Bewilligungsverfahren ist nach § 56g IV der **Mündel zu hören**, bevor eine vom ihm zu leistende Zahlung, sei es auch die Regresszahlung, festgesetzt wird.

37 II. Gegen die vom Rechtspfleger zu erlassende Entscheidung über die Entschädigung des Vormunds ist die sofortige **Beschwerde** gegeben, wenn der Wert des Beschwerdegegenstandes über 150 Euro liegt oder das Gericht – der Rechtspfleger oder auf Erinnerung der Richter (BayObLG BtPrax 2001, 75) – sie zugelassen hat. Hilft der Rechtspfleger nicht ab (MüKo/Wagenitz Rz 83; Knittel § 56g FGG Rz 12; LG München I FamRZ 1999, 1593), entscheidet das LG. Die weitere Beschwerde bedarf der Zulassung durch das Gericht. Gegen eine nicht der sofortigen Beschwerde unterliegende Entscheidung des Rechtspflegers ist gem § 11 RpflG innerhalb der Zweiwochenfrist des § 22 FGG die Erinnerung gegeben; hilft der Rechtspfleger nicht ab, entscheidet der Richter.

38 Gegenüber der Feststellung der Berufsmäßigkeit soll die Staatskasse nicht beschwerdebefugt sein (BayObLG FamRZ 2001, 1484 mN). Das soll sich schon daraus ergeben, daß diese Feststellung Teil der Betreuerbestellung ist, die nach § 69g FGG einer Beschwerde der Staatskasse nicht unterliege. Indessen gehört die Feststellung der Berufsmäßigkeit in den Sachzusammenhang der Bewilligung der Vergütung, die nach § 56g II FGG der Beschwerde unterliegt, und zwar auch der des Vertreters der Staatskasse als Antragsgegner. Auch ist die Beschwerde gegen die Bestellung des Betreuers in § 69g FGG „unbeschadet des § 20 FGG" geregelt. Für eine Beschwerdebefugnis der Staatskasse nach § 20 FGG sei jedoch an einer möglichen Beeinträchtigung der Staatskasse nach § 20 FGG sei jedoch an einer möglichen Beeinträchtigung fehlen: denn bei einer Haftung nach § 1836a handele es sich um eine „allgemeine Aufgabenerfüllung des Staates, die sich als Folge der gerichtlichen Betreuerbestellung aus der gesetzlichen Vorschrift ergibt" (so BayObLG aaO im Anschluß an Hamm FamRz 2001, 1482). Dieses Prinzip beherrscht zwar im allgemeinen die staatliche Tätigkeit, gilt aber gerade nicht im Justizgebührenrecht. Hier ist es eine rechtspolitische Auslegungsfrage, ob im Rahmen von § 20 FGG dem Gebot sparsamen Umgangs mit öffentlichen Mitteln dadurch Geltung verschafft wird, daß die Staatskasse bei Feststellung der Berufsmäßigkeit als beschwerdebefugt anerkannt werden. Nichts steht im Wege, die Vorschrift des § 69g I S 2 FGG, die allgemein als Ausnahme verstanden wird, vor dem Hintergrund von § 20 FGG als erweiterungsfähig zu behandeln, unter Beachtung allerdings der darin enthaltenen Einschränkung. Eine Beeinträchtigung der Staatskasse kann nämlich nur vorliegen, wenn der Betroffene statt von der in ihrer Berufsmäßigkeit umstrittenen Person ehrenamtlich betreut werden kann. Daher muß der Vertreter der Staatskasse bei seinem Angriff auf die Berufsmäßigkeit

des bestellten Betreuers geltend machen, daß die Betreuung von einer oder mehreren anderen geeigneten Personen außerhalb der Berufsmäßigkeit geleistet werden kann.

III. Mit dem **Tod des Mündels** geht die Verpflichtung des Mündels gegenüber dem Vormund oder gegenüber der Staatskasse auf den Erben über. War der Anspruch des Vormunds gegen den Mündel noch zu dessen Lebzeiten festgesetzt, so kann der Vormund den Titel (§ 56g VI FGG) gem § 727 ZPO auf den Erben umschreiben lassen. Liegt ausnahmsweise die Haftungsgrenze des Erben über der für die Bemitteltheit des Mündels angenommenen – möglich im Fall von § 92c III Nr 2 BSHG – so kann der Erbe dies über § 767 ZPO geltend machen. Will die Staatskasse sich an den Erben halten, bedarf es stets der Festsetzung gegen diesen, auch wenn die Staatskasse erst nach dem Tod des Mündels an den Vormund geleistet hat, so daß die Regreßforderung bereits gegen den Erben entstanden ist und auch dann, wenn der Regreßanspruch bereits gegen den Mündel festgesetzt war. In der Person des Erben kann der Fall der Mittellosigkeit eintreten, wenn sich Nachlaßgegenstände iS von § 1836d Rz 4 als unverwertbar erweisen und der Erbe die Schuld nicht aus Eigenmitteln begleichen kann, denn seine Haftung ist nur rechnerisch, nicht gegenständlich auf den Nachlaß beschränkt. Dagegen kann sich der Fall der Mittellosigkeit nicht aus Gründen aus der Sphäre des Erben ergeben (offengelassen von BayObLG FamRZ 2003, 1129).

G. § 1836 gilt gem § 1915 für den **Pfleger** entsprechend. Dem nicht berufsmäßigen Pfleger eines bemittelten Pfleglings kann eine Vergütung nach Abs III bewilligt werden. Jeder Pfleger eines mittellosen Pfleglings erhält Aufwendungsersatz nach § 1935, aber keine pauschale Aufwandsentschädigung nach § 1835a aus der Staatskasse (§ 1835a Rz 7). Vergütung aus der Staatskasse erhält nach § 1836 nur ein berufsmäßiger Pfleger. Anders als nach § 1897 bei der Betreuung, besteht kein Vorrang der Ehrenamtlichkeit. Was den Begriff der Berufsmäßigkeit angeht, so stellen sich die quantitativen Merkmale der Regelfälle des Abs I S 4 hier einer nebenberuflichen Übernahme nicht entgegen (vgl Rz 7), weil kein Vorrang der ehrenamtlichen Wahrnehmung zu wahren ist. Der Begriff der Berufsmäßigkeit ist daher so zu handhaben wie vor Einführung der Regelfälle durch das BtÄndG, wo bereits 2 Vormundschaften bzw Pflegschaften ausreichen konnten, Berufsmäßigkeit zu begründen (Rz 5 und 7). Gem § 1908i S 1 gilt § 1836 sinngemäß auch für den **Betreuer**, jedoch mit den Besonderheiten aus § 1908e für den Vereinsbetreuer und aus § 1908h für den Behördenbetreuer.

§ 1836a *Vergütung aus der Staatskasse*

Ist der Mündel mittellos, so kann der Vormund die nach § 1836 Abs. 1 Satz 2, Abs. 2 zu bewilligende Vergütung nach Maßgabe des § 1 des Gesetzes über die Vergütung von Berufsvormündern aus der Staatskasse verlangen.

1. § 1836a beruht auf BtÄndG Art 1 Nr 10 von 1998 (Amtl Begr BT-Drucks 13/7158, 27).

2. Die Materie war bisher in § 1836 II aF durch Bezugnahme auf die Verdienstausfallsentschädigung eines Zeugen nach dem ZSEG geregelt. Nachdem die Stundenvergütungssätze für aus der Staatskasse zu vergütende Berufsvormünder unabhängig geregelt werden sollte, wurde diese voraussichtlich häufiger anpassungsbedürftige Regelung aus gesetzgebungstechnischen Gründen in einem besonderen Gesetz untergebracht.

3. Der Begriff der in § 1836d und c näher geregelten Mittellosigkeit ist nicht vollstreckungsrechtlicher, sondern materiellrechtlicher Natur. Er bezeichnet das Moment, in dem die Passivlegitimation der Staatskasse eintritt, ohne daß die des Mündels beendet würde. Der gegen den Mündel gerichtete Anspruch bleibt vielmehr dem Grunde nach bis zur Obergrenze bestehen und erstarkt, soweit der Mündel zu Mitteln kommt. In diesem Zustand geht der Anspruch, soweit die Staatskasse an den Vormund leistet, nach § 1836c auf sie über.

4. Unmittelbar gelten § 1836a und § 1 BVormVG nur für den Vormund, der wegen Mittellosigkeit des Mündels Vergütung aus der Staatskasse begehrt. Wegen der Bedeutung dieser Regelung auch für die vom bemittelten Mündel zu beanspruchende Vergütung vgl § 1836 Rz 10f.

5. Berufsvormündervergütungsgesetz

Gesetz über die Vergütung von Berufsvormündern (BVormVG) v 25. 6. 1998 (BGBl I S 1580):

§ 1
Vergütung des Berufsvormunds

(1) Die nach § 1836a aus der Staatskasse zu gewährende Vergütung beträgt für jede Stunde der für die Führung der Vormundschaft aufgewandten und erforderlichen Zeit 18 Euro. Verfügt der Vormund über besondere Kenntnisse, die für die Führung der Vormundschaft nutzbar sind, so erhöht sich diese Vergütung
1. auf 23 Euro, wenn diese Kenntnisse durch eine abgeschlossene Lehre oder eine vergleichbare abgeschlossene Ausbildung erworben sind;
2. auf 31 Euro, wenn diese Kenntnisse durch eine abgeschlossene Ausbildung an einer Hochschule oder durch eine vergleichbare abgeschlossene Ausbildung erworben sind.

Eine auf die Vergütung entfallende Umsatzsteuer wird, soweit sie nicht nach § 19 Abs. 1 des Umsatzsteuergesetzes unerhoben bleibt, zusätzlich ersetzt.

(2) Bestellt das Gericht einen Vormund, der über besondere Kenntnisse verfügt, die für die Führung der Vormundschaften allgemein nutzbar sind und durch eine Ausbildung im Sinne des Absatzes 1 Satz 2 erworben sind, so wird vermutet, daß diese Kenntnisse auch für die Führung der dem Vormund übertragenen Vormundschaft nutzbar sind. Dies gilt nicht, wenn das Vormundschaftsgericht aus besonderen Gründen bei der Bestellung des Vormundes etwas anderes bestimmt.

(3) Das Gericht kann für den Zeitraum bis zum 30. Juni 2001 bei der Festsetzung der Vergütung für einen Vormund, der bereits vor dem Inkrafttreten dieses Gesetzes über einen Zeitraum von mindestens zwei Jahren Vormundschaften

§ 1836a   Familienrecht Vormundschaft

berufsmäßig geführt hat, abweichend von Absatz 1 einen höheren, 60 DM jedoch nicht übersteigenden Stundensatz zugrundelegen. Die sich aus der Abweichung ergebende Vergütung soll sich an der bisherigen Vergütung des Vormunds orientieren. Die Landesregierungen werden ermächtigt, die in Satz 1 bestimmte Frist durch Rechtsverordnung bis zum Ablauf des 31. Dezember 2002 zu verlängern. Sie können diese Ermächtigung auf die Landesjustizverwaltungen übertragen.

§ 2
Umschulung und Fortbildung von Berufsvormündern

(1) Durch Landesrecht kann bestimmt werden, daß es einer abgeschlossenen Lehre im Sinne des § 1 Satz 2 Nr. 1 gleichsteht, wenn der Vormund besondere Kenntnisse im Sinne dieser Vorschrift durch eine dem Abschluß einer Lehre vergleichbare Prüfung vor einer staatlich anerkannten Stelle nachgewiesen hat. Zu einer solchen Prüfung darf nur zugelassen werden, wer
1. mindestens drei Jahre lang Vormundschaften oder Betreuungen berufsmäßig geführt und
2. an einer Umschulung oder Fortbildung teilgenommen hat, die besondere Kenntnisse im Sinne von § 1 Absatz 1 Satz 2 vermittelt, welche nach Art und Umfang den durch eine abgeschlossene Lehre vermittelten vergleichbar sind.

(2) Durch Landesrecht kann bestimmt werden, daß es einer abgeschlossenen Ausbildung an einer Hochschule im Sinne des § 1 Satz 2 Nr. 2 gleichsteht, wenn der Vormund Kenntnisse im Sinne dieser Vorschrift durch eine Prüfung vor einer staatlichen oder staatlich anerkannten Stelle nachgewiesen hat. Zu einer solchen Prüfung darf nur zugelassen werden, wer
1. mindestens fünf Jahre lang Vormundschaften oder Betreuungen berufsmäßig geführt und
2. an einer Umschulung oder Fortbildung teilgenommen hat, die besondere Kenntnisse im Sinne von § 1 Absatz 1 Satz 2 vermittelt, welche nach Art und Umfang den durch eine abgeschlossene Ausbildung an einer Hochschule vermittelten vergleichbar sind.

(3) Das Landesrecht kann weitergehende Zulassungsvoraussetzungen aufstellen. Es regelt das Nähere über die an eine Umschulung oder Fortbildung im Sinne von Absatz 1 Satz 2 Nr. 2, Absatz 2 Satz 2 Nr. 2 zu stellenden Anforderungen, über Art und Umfang der zu erbringenden Prüfungsleistungen, über das Prüfungsverfahren und über die Zuständigkeiten. Das Landesrecht kann auch bestimmen, daß eine in einem anderen Land abgelegte Prüfung im Sinne dieser Vorschrift anerkannt wird.

6   a) Zu § 1. Die Neuregelung reagiert auf die Uneinheitlichkeit der Vergütungspraxis, die sich auf der Grundlage von § 1836 II S 2 u 3 aF dadurch ergeben hatte, daß der geringste Satz von zuletzt 20 DM bei Erforderlichkeit besonderer Fachkenntnisse oder besonderer Schwierigkeit der Vormundschaft bis zum Dreifachen und bei außergewöhnlicher Schwierigkeit in Einzelfällen bis zum Fünffachen, das waren 100 DM, angehoben werden konnte.

7   Die **drei Stufen** für den Stundensatz der Berufsvormundsvergütung hat der Gesetzgeber als Konkretisierung der Bemessungskriterien des § 1836 II verstanden. Den drei Stufen des Stundensatzes entsprechen **drei Typen von Berufsvormündern**, die sich durch ihre durch Ausbildung, ausnahmsweise durch „Nachqualifizierung" erworbene Qualifikation unterscheiden, nämlich in Personen a) mit allgemeinen, für die Führung der Vormundschaft nutzbaren Kenntnissen, b) mit besonderen für die Führung der Vormundschaft nutzbaren Kenntnissen, die erworben sind aa) durch eine abgeschlossene Lehre oder eine vergleichbare abgeschlossene Ausbildung oder bb) durch eine abgeschlossene Ausbildung an einer Hochschule oder durch eine vergleichbare abgeschlossene Ausbildung.

8   Die Merkmale des untersten Typs, der seine allgemeinen, für die Führung der Vormundschaft nutzbaren Kenntnisse ohne Ausbildung erworben hat, entsprechen dem durchschnittlichen ehrenamtlichen Betreuer, für den das BVormVG jedoch nicht gilt. Wer ohne entsprechende Ausbildung berufsmäßig betreut, wird früher oder später den Weg der Nachqualifizierung gem § 2 BVormVG gehen und dadurch eine höhere Stufe erreichen. Heute werden Anfänger ohne Ausbildung schwerlich die Zugangsvoraussetzung des § 1836 I S 3 Alt 2 erfüllen, so daß der unterste Typ von Berufsbetreuern in erster Linie von „Altfällen" repräsentiert wird. Auch der zweite Typ, der seine besonderen Kenntnisse durch eine abgeschlossene Lehre erworben hat, entspricht kaum einem Berufsbild von Vormund oder Betreuer. Denn seit Jahren ist der Besuch einer Fachhochschule üblich bis obligatorisch für Personen, die eine soziale Tätigkeit bei einer Behörde oder in einem Verein oder als selbständiger Betreuer anstreben, so daß die meisten beruflich als Vormund oder Betreuer arbeitenden Personen dem obersten Typ entsprechen.

9   Vor diesem Hintergrund stellt sich das für Berufsvormundschaften zur Verfügung stehende Personal als **überqualifiziert** dar. Das auf unterschiedliche Schwierigkeitsgrade in den vormundschaftlichen Aufgaben abgestellte Raster ließe sich daher nur dann einhalten, wenn die Gerichte von der in Abs II S 2 eröffneten Möglichkeit Gebrauch machen, bei der Bestellung des Vormunds zu bestimmen, daß der Ausgewählte ungeachtet seiner Qualifikation wegen der geringeren Schwierigkeit der anstehenden vormundschaftlichen Geschäfte nur einen niedrigeren Stundensatz erhält.

10   b) Zu § 2. Die Neuregelung der Berufsvormündervergütung mit ihrer Stufung der Stundensätze nach formalen Abschlüssen benachteiligt Personen, die unter dem früheren Recht Vormundschaften geführt hatten, welche Fachkenntnisse erforderten oder mit Schwierigkeiten verbunden waren und die daher gem der früheren Regelung zu einem gehobenen Stundensatz vergütet worden waren, wenn sie keinen Abschluß nach § 1 I BVormVG aufweisen. Für eine Übergangszeit bis 30. 6. 2001 genießen solche Personen einen gewissen Bestandsschutz nach § 1 III BVormVG. Nicht zuletzt für diese Alt-Berufsvormünder hat die in § 2 BVormVG geschaffene Möglichkeit Bedeutung, sich nachzuqualifizieren. Die Notwendigkeit, sich einer Prüfung zu unterziehen, um das frühere Vergütungsniveau halten zu können, verletzt nach BVerfG BtPrax 2000, 120 keine Grundrechte. Doch muß ein Land, das von einer Regelung im Sinne des § 2 BVormVG absieht, ein in einem anderen Bundesland erworbenes Zeugnis über eine Nachqualifikation anerkennen.

c) Beitrittgebiet. Nach Art 4 BtÄndG iVm Kap III Sachgebiet A Abschnitt III Nr 25a, Anlage I zum Einigungsvertrag und § 2 II ZSEG ermäßigen sich die in § 1 I BVormVG genannten Beträge für einen Vormund, Betreuer oder Pfleger, der seinen Wohnsitz oder Sitz im Beitrittsgebiet hat, um – nunmehr – 10 % und betragen 16,20, 20,70 bzw 27,90 Euro. Für das ehemalige Ostberlin ist diese Reduktion aufgrund G vom 22. 2. 2002 (BGBl 2002 I 981) ab dem 1. 3. 2002 entfallen.

§ 1836b *Vergütung des Berufsvormunds, Zeitbegrenzung*

In den Fällen des § 1836 Abs. 1 Satz 2 kann das Vormundschaftsgericht
1. dem Vormund einen festen Geldbetrag als Vergütung zubilligen, wenn die für die Führung der vormundschaftlichen Geschäfte erforderliche Zeit vorhersehbar und ihre Ausschöpfung durch den Vormund gewährleistet ist. Bei der Bemessung des Geldbetrags ist die voraussichtlich erforderliche Zeit mit den in § 1 Abs. 1 des Gesetzes über die Vergütung von Berufsvormündern bestimmten Beträgen zu vergüten. Einer Nachweisung der vom Vormund aufgewandten Zeit bedarf es in diesem Falle nicht; weitergehende Vergütungsansprüche des Vormundes sind ausgeschlossen;
2. die für die Führung der vormundschaftlichen Geschäfte erforderliche Zeit begrenzen. Eine Überschreitung der Begrenzung bedarf der Genehmigung des Vormundschaftsgerichts.

Eine Entscheidung nach Satz 1 kann zugleich mit der Bestellung des Vormunds getroffen werden.

1. Eingeführt durch Art 1 Nr 9 BtÄndG (Amtl Begr BT-Drucks 13/7158, 28f).

2. Die Vorschrift ermöglicht, die Vergütung von vornherein festzulegen (Nr 1) oder ihr eine Obergrenze zu setzen (Nr 2). Amtlich begründet ist sie in erster Linie als Abrechnungserleichterung, Nr 2 auch als Mittel, im gegebenen Fall gegenüber einem Betreuer die Begrenzung auf rechtliche Betreuung durchzusetzen (BT-Drucks 13/7158, 29). Als Folge wird der langsamer arbeitende Betreuer nicht mehr vor dem schneller arbeitenden begünstigt, um den Preis allerdings, daß der Anreiz zu schnellerem Arbeiten auf Kosten der Qualität gegen kann und besonders das Ziel der „persönlichen Betreuung" gefährdet ist. Die Amtl Begr spricht von „individuellen Pauschalierungen" (aaO S 16); diese bestehen im Kern in der Prognostizierung des konkret erforderlichen Zeitaufwandes, während sich der Aspekt des Pauschalen nur nachträglich dadurch ergibt, daß die getroffene Festlegung von keiner Seite wegen einer Über- oder Unterdeckung in Frage gestellt werden kann. Für die Zukunft dagegen kann der Beschluß bei veränderter Erforderlichkeit jeder Zeit abgeändert werden. Da faktisch der Anstoß dazu nur der Betreuer geben kann, urteilt Zimmermann (FamRZ 2002, 1379), daß nur steigender, nicht aber sinkender Betreuungsbedarf zu Abänderungen führe, eine Vermutung, die geeignet wäre, die Annahme der Amtl Begr, daß sich beides ausgleichen würde, zu erschüttern.

3. Das Einverständnis des Vormunds mit einer Entscheidung nach Nr 1 oder Nr 2 ist nicht erforderlich (aA Bienwald BetrR, Vorbem vor §§ 65ff FGG Rz 193). Problematisch kann es sein, wenn die Entscheidung eine laufende Betreuung betrifft. Der Betreuer ist dann vorher zu hören (LG Schwerin BtPrax 1999, 245); dann kann das Gericht von seiner Reaktion auf die Entscheidung nicht überrascht werden.

4. § 1836b ist für alle zeitbezogen vergüteten Berufsvormünder gedacht (Amtl Begr S 28, 30), nicht nur bei ihrer Vergütung aus der Staatskasse. Die Bezugnahme von Abs I S 2 auf § 1 Abs I BVormVG schließt daher die Anwendung auf Berufsvormünder bemittelter Mündel mit einem erhöhten Stundensatz nicht aus (aA Bestelmeyer FamRZ 1999, 1633, 1639; Zimmermann FamRZ 1999, 632). Der Zweck der Abrechnungserleichterung gilt für alle Vormundschaften, und die Verfolgung des Spezials obliegt dem Staat auch gegenüber bemittelten Mündeln, deren Obervormund er ist. Die Gegenansicht verfehlt nicht nur den Gesetzeszweck sondern ist auch unpraktikabel, weil der Zeitpunkt, zu dem die Entscheidung nach § 1836b zu treffen ist, nicht derjenige ist, für den es auf die Mittellosigkeit ankommt. Der pauschalierte bzw limitierte Stundensatz kann auch ein nach § 1 II S 2 BVormVG ermäßigter sein, weil diese Möglichkeit sich auf die „Fälle des § 1836 I S 2" bezieht und daher keinen von § 1836 I S 1 nicht in Bezug genommenen weiteren Fall darstellt (so aber Zimmermann aaO S 633).

5. Eine Entscheidung nach § 1836b ist geeignet, das Verhältnis des Gerichts zum Vormund zu entlasten, weil nachträglicher Streit um den Vergütungsumfang vermieden wird. Am Anfang einer Betreuung wird allerdings die für Nr 1 erforderliche Prognose des Zeitbedarfs oft nicht möglich sein, während Nr 2 gerade am Anfang einer Betreuung sinnvoll sein kann.

6. Nach Zimmermann (FamRZ 2002, 1379) macht die Praxis von der Pauschalierungsmöglichkeit nur gelegentlich von der Zeitbegrenzung fast nirgends Gebrauch, vgl auch Rechtsatsachen etc (s Schrifttumsangaben vor § 1896, S 146).

7. Nach **Nr 1** kann das VormG dem Berufsvormund einen festen Geldbetrag zubilligen, bezogen auf einen kalendermäßig bestimmten Zeitraum. Die Grundlage der zeitbezogenen Vergütung wird nicht verlassen (Amtl Begr S 28), wie daraus hervorgeht, daß die für die Führung der Vormundschaft erforderliche Zeit abgeschätzt werden soll. Der Zeitraum, auf den der Festbetrag bezogen wird, kann bei zeitintensiver Betreuung kürzer, bei weniger intensiver Betreuung länger, einen Monat oder auch ein Jahr betragen. Zu dem Vergütungsbetrag kommt die Umsatzsteuer hinzu; § 1 I S 2 gilt auch hier.

8. Die Voraussetzung, daß die Ausschöpfung der bestimmten Zeit gewährleistet ist, erfordert, daß der Betreuer dem VormG als zuverlässig bekannt ist; daran kann es vor allem bei einem Berufsanfänger (vgl § 1836 Rz 3) fehlen. Die Gewährleistung ist darauf zu erstrecken, daß der Betreuer bei abnehmendem Betreuungsbedarf für die Zukunft eine Herabsetzung der Pauschalierung anregen werde.

H. Holzhauer

§ 1836b

9 9. Bei **Nr 2** ist die Pauschalierung abgeschwächt; sie betrifft nur noch eine Obergrenze des voraussichtlichen Zeitbedarfs, deren Überschreitung genehmigungsfähig ist. Eine Beschränkung der Voraussehbarkeit auf eine Obergrenze kann sinnvoll sein, wenn mit einem Rückgang des Bedarfs in der vorauszusehenden Periode gerechnet wird, dessen Schnelligkeit und Umfang nicht voraussehbar sind. Dieses Muster paßt auf neu zu begründende Vormundschaften, bei denen am Anfang die Lebensverhältnisse des Mündels neu zu ordnen sind, wonach der Betreuungsbedarf zurückgeht und sich auf niedrigerem Zeitniveau stabilisiert. Die vorherige Genehmigung einer Überschreitung des Zeitlimits für die Zukunft bedeutet eine Änderung des ursprünglichen Beschlusses, wie sie auch bei Nr 1 möglich ist (Rz 2). Das Besondere bei Nr 2 kann daher nur die nachträgliche Genehmigungsfähigkeit einer Überschreitung sein. Auch das paßt zu neuen Vormundschaftsverhältnissen, bei denen ein unvorhergesehener Betreuungsmehrbedarf auch am Anfang nicht ausgeschlossen werden kann. Die Arbeitsbelastung mit der Abrechnung einer Mehrvergütung fällt wenig ins Gewicht, weil der Vormund, anders als bei Nr 1 wegen der fehlenden Untergrenze unvermeidlich konkret abrechnen muß.

10 10. Beschlüsse nach Nr 1 und 2 sind gem dem Grundsatz des § 18 I FGG – wegen ihres Dauercharakters trotz dessen Abs II – für die Zukunft abänderbar (Thüringen FamRZ 2001, 1243).

11 11. Der Vormund kann jederzeit die **Erhöhung** von Pauschale oder Zeitlimit für die Zukunft beantragen. Für die Vergangenheit kann bei Nr 1 kein Mehraufwand geltend gemacht werden (Amtl Begr S 29), anders bei Nr 2. Die unterschiedliche Behandlung beider Fälle kann damit erklärt werden, daß im Fall von Nr 2 der Vormund anders als im Fall von Nr 1 nicht vom Nachweis seines Zeitaufwands befreit ist; in diesem Rahmen sind an dem Nachweis eines Mehraufwandes jedoch gesteigerte Anforderungen zu stellen. Der abrechnungserleichternde Effekt einer Zeitlimitierung nach Nr 2 bleibt hinter dem einer Anordnung nach Nr 1 zurück, weil das Gericht zwar mit Vergütungsanträgen verschont wird, die oberhalb des Limits wegen ihres Umfanges besonders problematisch sind, der Betreuer aber immer noch nachweisen muß, daß die Ausschöpfung des Limits erforderlich war; dafür soll eine „vorsichtige Vermutung" sprechen (Wagenitz/Engers FamRZ 1998, 1273, 1276).

12 12. Der Anspruch auf den festen Geldbetrag entsteht erst mit dem Ablauf des Zeitraums, für den er bestimmt wurde; zuvor kann der Vormund gem § 1836 Abs II S 3 Abschlagszahlungen verlangen. Für Beantragung und Bewilligung der Vergütung gilt § 56g FGG. Endet das Amt des Vormunds vorzeitig, ist die Pauschale anteilig zu kürzen (Zimmermann FamRZ 1999, 630, 633). Wird der Pauschalierungsbeschluß bei Bestellung des Vormunds gefaßt, ist auch dafür wegen des Sachzusammenhangs gem §§ 14 I Nr 4, 5, I Nr 2 RpflG der Richter zuständig; bei nachträglicher Beschlußfassung mangels Richtervorbehalts der Rechtspfleger.

1836c *Einzusetzende Mittel des Mündels*
Der Mündel hat einzusetzen

1. nach Maßgabe des § 84 des Bundessozialhilfegesetzes sein Einkommen, soweit es zusammen mit dem Einkommen seines nicht getrennt lebenden Ehegatten oder Lebenspartners die nach den §§ 76, 79 Abs. 1, 3, § 81 Abs. 1 und § 82 des Bundessozialhilfegesetzes maßgebende Einkommensgrenze für Hilfe in besonderen Lebenslagen übersteigt; wird im Einzelfall der Einsatz eines Teils des Einkommens zur Deckung eines bestimmten Bedarfs im Rahmen der Hilfe in besonderen Lebenslagen nach dem Bundessozialhilfegesetz zugemutet oder verlangt, darf dieser Teil des Einkommens bei der Prüfung, inwieweit der Einsatz des Einkommens zur Deckung der Kosten der Vormundschaft einzusetzen ist, nicht mehr berücksichtigt werden. Als Einkommen gelten auch Unterhaltsansprüche sowie die wegen Entziehung einer solchen Forderung zu entrichtenden Renten;
2. sein Vermögen nach Maßgabe des § 88 des Bundessozialhilfegesetzes.

§ 1836c lautet ab dem 1. 1. 2005:
Der Mündel hat einzusetzen:
1. nach Maßgabe des § 87 des Zwölften Buches Sozialgesetzbuch sein Einkommen, soweit es zusammen mit dem Einkommen seines nicht getrennt lebenden Ehegatten oder Lebenspartners die nach den §§ 82, 85 Abs. 1 und § 86 des Zwölften Buches Sozialgesetzbuch maßgebende Einkommensgrenze für die Hilfe nach dem Fünften bis Neunten Kapitel des Zwölften Buches Sozialgesetzbuch übersteigt. Wird im Einzelfall der Einsatz eines Teils des Einkommens zur Deckung eines bestimmten Bedarfs im Rahmen der Hilfe nach dem Fünften bis Neunten Kapitel des Zwölften Buches Sozialgesetzbuch zugemutet oder verlangt, darf dieser Teil des Einkommens bei der Prüfung, inwieweit der Einsatz des Einkommens zur Deckung der Kosten der Vormundschaft einzusetzen ist, nicht mehr berücksichtigt werden. Als Einkommen gelten auch Unterhaltsansprüche sowie wegen Entziehung einer solchen Forderung zu entrichtende Renten;
2. sein Vermögen nach Maßgabe des § 90 des Zwölften Buches Sozialgesetzbuch.

1 1. Eingeführt durch Art 1 Nr 10 BtÄndG (Amtl Begr BT-Drucks 13/7158, 29f; Stellungnahme BR S 47; Beschlußempfehlung und Bericht Rechtsausschuß BT-Drucks 13/10331, 27). Nr 1 S 1 und Nr 2 m Wirkung ab 2005 geändert durch G zur Einordnung des Sozialhilferechts in das SGB vom 27. 12. 2003. Die Vorschrift erscheint wie eine Hilfsnorm zur Ausfüllung des in § 1836d definierten Begriffs der Mittellosigkeit, der nach §§ 1835 IV S 1, 1835a III und 1836a für die Richtung des Entschädigungsanspruchs gegen den Mündel oder die Staatskasse maßgebend ist. Jedoch besteht dessen Regelungsgehalt nur in 2 fiktiven Erweiterungen dessen, was allein in § 1836c geregelt ist, nämlich bis zu welchen Grenzen der Mündel sein Einkommen und Vermögen einzusetzen hat.

2 2. Die sich aus § 1836c ergebende Mittellosigkeit entlastet den Mündel nicht unbedingt von der Schuld, sondern verschafft ihm nur eine **dilatorische Einwendung**, die wieder entfällt, wenn er später zu Geld kommt. Soweit der Mündel mittellos ist, darf der Vormund die Entschädigung auch nicht dem Mündelvermögen entnehmen.

3. Bei den vom Mündel zur Erfüllung des Anspruchs des Vormunds einzusetzenden Mitteln handelt es sich um Einkommen und Vermögen. § 1836c regelt den Einsatz der eigenen Mittel in Anlehnung an das BSHG durch Verweisung auf bestimmte Vorschriften dieses Gesetzes. Wenn früher teilweise die Regelungen über die Prozeßkostenhilfe (§ 114ff ZPO) herangezogen wurden (9. Aufl § 1835 Rz 14), so war damit der Charakter der Betreuung als Hilfe in rechtlichen Angelegenheiten zum Ausdruck gebracht. Weil aber die Regelungen der PKH ihrerseits Regelungen des BSHG wiederholen oder in Bezug nehmen (vgl Amtl Begr S 30), ist die unmittelbare Bezugnahme auf das BSHG die rechtsklarere Lösung. Damit erscheint die Hilfe zu den Kosten einer Vormundschaft oder Betreuung als **besondere Form der Sozialhilfe**.

4. Der in Bezug genommene § 76 BSHG (ab 1. 1. 2005: § 82 SGB XII) regelt, was begrifflich zum einzusetzenden **Einkommen** gehört, nämlich a) grundsätzlich alle Einkünfte in Geld oder Geldeswert, auch Sozialeinkünfte mit Ausnahme der Leistungen nach dem BSHG, einer Grundrente nach dem BVG und Renten und Beihilfen, die nach dem BEG für Schäden am Leben sowie an Körper oder Gesundheit gewährt werden, letztere aber nur bis zur Höhe der vergleichbaren Grundrente nach dem BVG. Eine Nichtberücksichtigung entspricht dem Charakter oder dem Zweck dieser Leistungen: die Sozialhilfe setzt ihrerseits Bedürftigkeit voraus und deckt die allgemeinen oder auch besondere Bedürfnisse ausschließlich der Kosten einer Vormundschaft oder Betreuung ab. Die Unantastbarkeit von Versorgungs- und Entschädigungsrenten ist dagegen ein schon im Sozialhilferecht zweifelhaftes Gruppenprivileg (Schellhorn BSHG § 76 Rz 20). Ferner erlaubt § 76 II BSHG den Abzug von Steuern, Sozialabgaben und bestimmter Werbungskosten vom einzusetzenden Einkommen.

b) Nach **Nr 1 S 2** gelten auch **Unterhaltsansprüche** sowie die – auf § 844 II und den gleichartigen Bestimmungen der Gefährdungshaftungsgesetze – beruhenden Ansprüche wegen Entziehung eines Unterhaltsanspruchs als Einkommen. Wenn solche Ansprüche jedoch nicht laufend erfüllt werden, sondern gerichtlich geltend gemacht werden müssen, stehen sie gem Nr 2 der Mittellosigkeit des Mündels nicht entgegen, so daß die Staatskasse eintritt. Verfolgt diese aber im Regreßweg den nach § 1836e auf sie übergegangenen Anspruch gegen den Mündel, so kann sie auf dessen Unterhaltsanspruch zugreifen, wobei § 1836e II die Pfändungsschutzbestimmung des § 850 I Nr 2 ZPO außer Kraft setzt.

c) Berücksichtigt wird das Einkommen des Mündels zusammen mit dem Einkommen seines nicht getrenntlebenden **Ehegatten** oder eingetragenen **Lebenspartners**. Zusammenlebende Ehegatten oder Lebenspartner werden als Bedarfsgemeinschaft behandelt. Im Hinblick auf die Unterhaltspflicht gegenüber dem anderen erhöht § 79 I Nr 3 BSHG (ab 1. 1. 2005: § 85 I S 3 SGB XII) die Grenze, ab welcher der Mündel sein Einkommen einzusetzen hat, dafür wird Einkommen des Ehegatten nach § 1836c Nr 1 dem des Mündels hinzugerechnet.

d) Da Sozialhilfe, auch die in besonderer Lebenslage erhöhte, gem § 76 BSHG (ab 1. 1. 2005: § 82 I SGB XII) kein anrechenbares Einkommen begründet, darf anderes Einkommen, das auf eine in besonderer Lebenslage gewährte Sozialhilfe angerechnet wurde und die gewährte Leistung daher gemindert hat, gem Nr 1 S 1 Hs 2 bei Bestimmung der Mittellosigkeit nach § 1836c nicht als Einkommen berücksichtigt werden.

5. Das so bereinigte Einkommen wird mit der aus §§ 79 I und II, 81 I und 82 BSHG (ab 1. 1. 2005: § 82 I SGB XII) zu bestimmenden Einkommensgrenzen verglichen. a) **Bis 31. 12. 2004:** Auszugehen ist dabei nicht von dem allgemeinen Grundbetrag des § 79 I Nr 1 BSHG, sondern von dem des § 81 I BSHG, der für die Hilfe in den dort definierten besonderen Lebenslagen gilt, ohne daß es aber darauf ankäme, daß der Betreute eines von diesen Merkmalen erfüllt (BT-Drucks 13/7158, 47 und MüKo/Wagenitz Rz 7). Seit 1. 1. 2002 sind dies 826 Euro; hinzu kommen gem § 79 I Nr 2 und 3 Unterbringungskosten und ein Familienzuschlag. Nach § 82 BSHG ist der Grundbetrag dynamisiert und wird jeweils dem Rentenwert in der gesetzlichen Rentenversicherung angeglichen. b) **Ab 1. 1. 2005:** Dabei bestimmt § 85 SGB XII die Einkommensgrenze für „Leistungen nach dem 5. bis 9. Kapitel", die den früheren Leistungen in besonderen Lebenslagen entsprechen, bei denen die Grenze im Hinblick auf Krankheit, Behinderung, Pflegebedürftigkeit, besondere soziale Schwierigkeiten oder Alter angehoben ist.

6. **§ 1836c Nr 2** verweist wegen des Einsatzes von **Vermögen** auf § 88 BSHG (ab 1. 1. 2005: § 90 SGB XII) mit dessen Verschonungstatbeständen in Abs II: zu deren Begriff der „kleineren Barbeträge oder sonstigen Geldwerte" (Nr 8) (ab 1. 1. 2005: Nr 9) bringt eine DVO, zuletzt geändert am 23. 7. 1996 (BGBl I 1088) gestaffelte Beträge. Wenn § 1836c Nr 1 für das einzusetzende Einkommen auf die Beträge verweist, die für Hilfe in besonderen Lebenslagen gelten, kann für das einzusetzende Vermögen nach § 1836c Nr 2 nichts anderes gelten (BGH FamRZ 2002, 157). Nach § 1 I lit b der VO beträgt das Schonvermögen bei der Hilfe in besonderen Lebenslagen 2301 Euro, im Fall des § 67 BSHG (Blindheit) und § 69a III BSHG (Schwerstpflegebedürftigkeit) 4091 Euro. Für jede Person, die vom Mündel überwiegend unterhalten wird, erhöhen sich die genannten Beträge um 256 Euro. Alle genannten Beträge sind nach § 2 I der VO angemessen zu erhöhen, wenn eine besondere Notlage besteht oder bei schuldhaftem Verhalten (§ 92a BSHG) angemessen herabzusetzen. Zusätzlich enthält § 88 III BSHG eine einfache **Härteklausel**. Nach deren S 2 liegt eine Härte bei den Hilfen in besonderen Lebenslagen vor allem dann vor, „soweit eine angemessene Lebensführung oder die Aufrechterhaltung einer angemessenen Alterssicherung wesentlich erschwert würde". Erhält der Mündel oder Betreute Eingliederungshilfe zur Beschäftigung in einer Werkstatt für Behinderte, so ist eine Härte regelmäßig anzunehmen, wenn das Vermögen das Zehnfache des ggf noch um 256 Euro erhöhten Betrags von 2301 Euro nicht übersteigt (gleichwohl eine Härte verneinend LG Osnabrück FamRZ 2002, 702).

7. Ausnahmsweise muß der Mündel weitere Mittel für die Vormundschaftskosten einsetzen, nämlich dann, wenn er seine Mittellosigkeit **mutwillig herbeigeführt** hat. Nach § 92 BSHG sind die Kosten der Sozialhilfe zu ersetzen, wenn die Voraussetzungen zu deren Gewährung an sich oder an einen unterhaltsberechtigten Angehörigen durch vorsätzliches oder grob fahrlässiges Verhalten herbeigeführt wurden. Diese Grundsätze sind auch bei Bestimmung der Mittellosigkeit nach § 1836d anzuwenden (Frankfurt/M FamRZ 2001, 868).

§ 1836c

11   8. Das einzusetzende Vermögen muß auch verwertbar sein. Daran kann es aus rechtlichen oder tatsächlichen Gründen fehlen; zu diesen gehören auch zeitliche Hindernisse. Die Verwertung muß in angemessener Zeit möglich sein. das LG Schweinfurt hat dem Betreuer ein Zuwarten von einem halben Jahr zugemutet (FamRZ 2002, 1446), das LG Koblenz (BtPrax 2002, 222) von einem Jahr. Die Lösung des § 89 BSHG, der in solchen Fällen die darlehensweise Gewährung der Sozialhilfe vorsieht, ist nicht entsprechend anwendbar (LG Koblenz aaO). Ist in der maßgeblichen Zeit nur eine Verwertung möglich, die unwirtschaftlich wäre, so kann eine Härte iS von § 88 III BSHG (Rz 9) vorliegen.

1836d *Mittellosigkeit des Mündels*

Der Mündel gilt als mittellos, wenn er den Aufwendungsersatz oder die Vergütung aus seinem einzusetzenden Einkommen oder Vermögen
1. nicht oder nur zum Teil oder nur in Raten oder
2. nur im Wege gerichtlicher Geltendmachung von Unterhaltsansprüchen
aufbringen kann.

1   1. Die Vorschrift beruht auf Art 1 Nr 10 BtÄndG (Amtl Begr BT-Drucks 13/7158, 31, 48).

2   2. Den Begriff der Mittellosigkeit bestimmen die §§ 1836c und d speziell für die Kosten der Vormundschaft. Die materielle Bestimmung trifft § 1836c: Wer danach keine für die Vormundschaftskosten einzusetzende Mittel hat, ist mittellos. Dem gegenüber ist die in § 1836d enthaltene Definition formal und überdies sprachlich verfehlt. Berechtigt ist die Fassung nur bezüglich der beiden Fälle, für welche § 1836d die in § 1836c getroffene Regelung erweitert: die teilweise Mittellosigkeit und das Beiseitelassen nur gerichtlich durchzusetzender Unterhaltsansprüche. Weil § 1836d keine normative Definition darstellt, wirkt seine Fiktion nicht auf § 1836c zurück: der Vormund kann seine Forderung gegen den Mündel geltend machen, soweit dessen Mittel über der von § 1836c gezogenen Grenze liegen; aber er kann statt dessen die Staatskasse in Anspruch nehmen, weil § 1836d auf die §§ 1835 IV, 1836 III, 1836a wirkt und die Haftung der Staatskasse vorverlegt.

3   3. Bei **teilweiser Mittellosigkeit** des Mündels erleichtert § 1836d Nr 1 dem Vormund die Durchsetzung seines Vergütungsanspruchs, indem dieser davor bewahrt wird, seine Forderung gegen den Mündel in Raten oder zusätzlich für den nicht gedeckten Rest gegen die Staatskasse geltend machen zu müssen. Allerdings vergütet die Staatskasse nur die Sätze des § 1 BVormVG, auch wenn dem Vormund bei seiner Bestellung im Hinblick auf inzwischen nicht mehr vorhandene Mittel oder einen hohen Unterhaltsanspruch ein darüber liegender Stundensatz bewilligt worden war. Hat der Vormund eine Abschlagzahlung zu einem über § 1 BVormVG liegenden Stundensatz durch Entnahme realisieren können, ist der Mündel zu einem späteren Abrechnungszeitpunkt aber mittellos, so sind in der Endabrechnung auch die vor der Abschlagzahlung liegenden Zeiten nur nach § 1 BVormVG zu vergüten (Frankfurt/M FamRZ 2001, 1098).

4   Die Fälle der Nr 1 und 2 sind nicht in dem Sinn zu erweitern, daß auch **Schwierigkeiten in der Verwertung** vorhandenen Mündelvermögens die fiktive Mittellosigkeit auslösen und die Schwierigkeiten dadurch auf die Regreß suchende Staatskasse verlagert werden (LG Koblenz FamRZ 2000, 981: noch nicht auseinandergesetzte Miterbenbeteiligung an Grundstücken und FamRZ 2001, 1645: langwierige Verwertung eines Grundstücks). Insoweit gilt nur das Erfordernis der Verwertbarkeit und der Härtegrund des § 88 III BSHG (vgl § 1836c Rz 11).

5   4. Einen **Unterhaltsanspruch** des Mündels geltend machen zu müssen, wollte der Gesetzgeber dem Vormund nicht zumuten. Dazu wäre der Vormund überhaupt nur berechtigt, wenn ebendies zu seinem Aufgabenkreis gehört oder dieser sich auf Personen- und Vermögenssorge erstreckt (§ 1896 Rz 56). Hinzu kommt die Unsicherheit, im Hinblick besonders auf die Leistungsfähigkeit des Verpflichteten, die Voraussetzungen für die Höhe des Anspruchs zu beurteilen. Daher gilt § 1836d Nr 2 nicht für die Durchsetzung eines bereits titulierten Unterhaltsanspruchs. Anders als § 1836c Nr 1 S 2 setzt § 1836d Nr 2 Ansprüche wegen Entziehung eines Unterhaltsanspruchs nicht gleich. Solche sind in ihrer Höhe leichter als Unterhaltsansprüche zu beurteilen. Im Festsetzungsverfahren nach § 56g FGG kann das Gericht von der insoweit den § 1836d flankierenden verfahrensrechtlichen Bestimmung des § 56g II S 3 FGG Gebrauch machen und von einer Festsetzung eines Regresses absehen, weil der Aufwand der Ermittlung der wirtschaftlichen Verhältnisse des Mündels, zu denen im weiteren Sinn auch die eines potentiell Unterhaltspflichtigen gehören, außer Verhältnis steht zur Höhe der voraussichtlich von ihm an den Vormund zu leistenden Zahlungen.

6   5. Kann der Vormund sowohl Aufwendungsersatz als auch Vergütung beanspruchen, so wird dem „oder" in S 1 entnommen, daß beide Ansprüche getrennt zu prüfen sind (Bienwald vor §§ 65ff FGG Rz 210; Staud/Engler Rz 5). Die philologische Interpretation allein trägt das Ergebnis nicht, weil die Kopula hier keine exklusive Alternative bezeichnet. Aber teleologisch würde die Linie der subsidiären Staatshaftung über die Nr 1 und 2 noch weiter vorgeschoben, wenn bereits jede Teildeckung der Gesamtkosten gem Nr 1 die Staatshaftung auslöste. Wenn der geringere oder auch der höhere der beiden Ansprüche von den einzusetzenden Mitteln des Mündels noch gedeckt ist, kann nur der nicht mehr voll gedeckte Betrag gem Nr 1 gegenüber der Staatskasse geltend gemacht werden.

7   6. In den Fällen der Nr 1 und 2 ist die Leistung der Staatskasse insofern vorläufig, als diese bei Geltendmachung des zum Regreßzweck von § 1836c auf sie übergeleiteten Anspruchs des Vormunds zwar grundsätzlich auch auf die Grenze der Mittellosigkeit des Mündels stößt, aber gerade § 1836d sinngemäß im Regreßverhältnis keine Anwendung findet. Für den Regreß ergibt sich die Grenze der Mittellosigkeit allein aus § 1836c. In der Amtl Begr zu § 1836d ist darauf aufmerksam gemacht, daß sich darüber hinaus eine Begrenzung der Heranziehung des Mündels daraus ergeben kann, daß dieser sich bei Anwendung der §§ 850 bis 850i ZPO auf Unpfändbarkeit berufen kann.

1836e *Gesetzlicher Forderungsübergang*
(1) Soweit die Staatskasse den Vormund oder Gegenvormund befriedigt, gehen Ansprüche des Vormundes oder Gegenvormunds gegen den Mündel auf die Staatskasse über. Der übergegangene Anspruch erlischt in zehn Jahren vom Ablauf des Jahres an, in dem die Staatskasse die Aufwendungen oder die Vergütung bezahlt hat. Nach dem Tode des Mündels haftet sein Erbe nur mit dem Wert des im Zeitpunkt des Erbfalls vorhandenen Nachlasses; § 92c Abs. 3 und 4 des Bundessozialhilfegesetzes *(ab 1. 1. 2005: § 102 Abs. 3 und 4 des Zwölften Buches Sozialgesetzbuch)* gilt entsprechend, § 1836c findet auf den Erben keine Anwendung.
(2) Soweit Ansprüche gemäß § 1836c Nr. 1 Satz 2 einzusetzen sind, findet zugunsten der Staatskasse § 850b der Zivilprozessordnung keine Anwendung.

1. § 1836e beruht auf Art 1 Nr 9 BtÄndG, Amtl Begr BT-Drucks 13/7158, 32. Abs I S 3 mit Wirkung ab 2005 geändert durch G v 27. 12. 2003 (BGBl I 3022).

2. Obwohl die Hilfe zu Vormundschaftskosten in ihren Voraussetzungen als eine Art Sozialhilfe ausgestaltet ist (§ 1836c Rz 3), sind die Konsequenzen im Verhältnis zu dem Mündel andere. Sozialhilfe wird für den Fall, daß der Empfänger später zu Geld kommt, grundsätzlich als verlorener Zuschuß gewährt und vom Hilfeempfänger nicht zurückgefordert (Eidenhofer, Sozialrecht, 2. Aufl 1997, Rz 559). Der nach § 92c BSHG gegen den Erben des Hilfeempfängers gerichtete Kostenersatzanspruch setzt keinen gegen den Hilfeempfänger gerichteten Ersatzanspruch fort, sondern entsteht eigenständig in der Person des Erben als Schuldner und zielt auf das ererbte Schonvermögen.

3. Im Gegensatz dazu ist die von der Staatskasse geleistete Hilfe zu Vormundschaftskosten rückforderbar. Weil diese Hilfe als Einstehen für die primär vom Mündel geschuldeten Kosten gestaltet ist, konnte die Rückforderung durch einen **gesetzlichen Übergang des Anspruchs** des Vormunds auf die Staatskasse gestaltet werden. Indem der auf die Staatskasse übergeleitete Anspruch des Vormunds gegen den Mündel nur besteht, wenn dieser nicht mittellos ist, setzt auch der Regreß der Staatskasse voraus, daß das berücksichtigungsfähige Einkommen und Vermögen des Mündels in den 10 Jahren, während derer der Anspruch besteht, die von 1836c gezogene Grenze überschreitet. Ihre Befriedigung im Regreßweg kann die Staatskasse auch dann betreiben, wenn die Mittellosigkeit des Mündels auf § 1836d beruhte. Denn schon aus der Gesetzessystematik ergibt sich, daß diese nur fiktive Mittellosigkeit vom Mündel so wenig dem Vormund (§ 1836d Rz 1) wie der Regreß suchenden Staatskasse entgegengehalten werden kann.

4. Der Mündel hat gegen seine Inanspruchnahme im Regreßweg alle materiellen Verteidigungsmöglichkeiten. Auch wenn die ersatzfähigen Aufwendungen oder die Vergütung gem § 56g I FGG gerichtlich festgesetzt wurden, ist der Mündel dadurch nicht präjudiziert.

5. Der Forderungsübergang setzt die Befriedigung des Vormunds aus der Staatskasse voraus. Daß deren subsidiäre Haftung begründet war, ist regelmäßige tatsächliche, aber nicht rechtsnotwendige Voraussetzung des Regresses, so daß sich der Mündel nicht verteidigen kann, er sei nicht wirklich mittellos gewesen.

6. Die **Ausschlußfrist** des Abs I S 2 ist mit 10 Jahren erheblich länger als die der §§ 1835 I S 3 und 1836 II S 4 für den Vormund. Das entspricht dem Rückforderungszweck dieses Regresses, der nicht bei einem Dritten stattfindet, sondern die Staatskasse berechtigt, der den Regreßschuldner in einer vielleicht vorübergehenden wirtschaftlichen Enge entlastet hat. Die Zehnjahresfrist erlaubt es der Staatskasse, für den Regreß während eines längeren Zeitraums erbrachte Leistungen zusammenzufassen.

7. Nach § 56g I S 2 FGG bestimmt das Gericht mit Festsetzung der von der Staatskasse zu leistenden Zahlung an Aufwendungsersatz, Aufwandsentschädigung oder Vergütung Höhe und Zeitpunkt der im Regreßwege vom Mündel an die Staatskasse zu leistenden Zahlung. Bei Zweckmäßigkeit kann das Gericht Regreßzahlungen aber auch gesondert festsetzen (§ 56g I S 3). Der Festsetzungsbeschluß ist nach § 1 Nr 4b JBeitrO Grundlage der Beitreibung, für welche die Gerichtskasse Vollstreckungsbehörde ist. Ist Ziel der Beitreibung vom Mündel geschuldeter Unterhalt, so erläßt nach § 6 II JBeitrO die Gerichtskasse als Vollstreckungsbehörde den Pfändungs- und Überweisungsbeschluß in sinngemäßer Anwendung der §§ 829, 835 ZPO. Dies bedeutet, daß die Gerichtskasse unmittelbar gegen den Unterhaltspflichtigen vorgehen, dh gegen ihn klagen kann (ebenso Knittel Anm 16).

8. a) Die Verpflichtung geht auf den **Erben** über. Auch wenn der Regreßanspruch bereits gegen den Mündel festgesetzt war, bedarf es gem § 56g III S 1 FGG, wegen der besonderen Haftungsverhältnisse eines Nachlasses, der erneuten Festsetzung gegenüber dem Erben. In der Hand des Erben genießt das Vermögen des Mündels nicht mehr die frühere Schonung. Durch die in Bezug genommenen Vorschriften des § 92c III u IV BSHG genießt der Erbe jedoch eine eigenständige Schonung: danach ist der übergegangene Anspruch nicht geltend zu machen, soweit der Wert des Nachlasses unter dem Zweifachen des Grundbetrages aus § 81 I BSHG liegt; ab 1. 7. 2002 sind das 1688 Euro. Ist der Erbe der Ehegatte des Mündels oder ein bis zu dessen Tod mit ihm in häuslicher Gemeinschaft lebender, ihn pflegender Verwandter, dann sind dem Erben 15 340 Euro zu belassen; der Anspruch ist auch insoweit nicht geltend zu machen, als die Inanspruchnahme des Erbe nach der Besonderheit des Einzelfalles eine besondere Härte bedeuten würde.

b) Der Erbe haftet „nur mit dem Wert des im Zeitpunkt des Erbfalles vorhandenen Nachlasses" (Abs I S 3). In dem an dieser Formulierung anschließend in Bezug genommenen § 92c BSHG steht, vor den in Bezug genommenen Abs III und IV, dieselbe Formulierung, die unübersehbar auf § 2311 verweist, der den für die Pflichtteilsberechnung maßgebenden Nachlaßwert regelt. § 1836c I S 3 meint damit eindeutig den Nettowert des Nachlasses, so daß alle Erblasserschulden den Vormundschaftskosten vorgehen (allg Ansicht, HK-BUR/Winhold-Schött Rz 20; Soergel/Zimmermann Rz 16; aA nur Bienwald FamRZ 2002, 699). Die Regelung korrespondiert damit, daß die

§ 1836e Familienrecht Vormundschaft

Staatskasse, indem sie für den mittellosen Mündel eintritt, dessen sämtliche früher begründeten Verbindlichkeiten, die seine Mittel erschöpft haben, vorgehen läßt. Amtlich begründet ist die Regelung damit, daß dem Erben die sonst durchzuführenden Verfahren nach §§ 1975ff erspart werden sollen (S 33). Diese Begründung paßt nur auf den seltenen Fall, daß erst das Hinzutreten des Vergütungsanspruchs die Überschuldung auslöst. Auch berücksichtigt diese Begründung nicht, daß in der Praxis von den §§ 1975ff kein Gebrauch gemacht, sondern ein überschuldeter Nachlaß regelmäßig ausgeschlagen wird. Der dann letztendlich eintretende Fiskus haftet ohne weiteres nur mit dem Nachlaß (§ 780 II ZPO, Pal/Edenhofer 2011 Rz 1). Diese Wirkung wird vorweggenommen, wenn bereits der Erbe nach Abs I S 2 nur mit dem Nachlaß haftet. Dem klaren Wortlaut des Gesetzes steht es nicht entgegen, wenn die Begründung dafür, die Staatskasse hinter allen anderen Erblasserschulden zurücktreten zu lassen, nicht befriedigt.

10   c) Zu den Nachlaßverbindlichkeiten, die den Vormundschaftskosten vorgehen, sollen nach dem BayObLG auch die **Beerdigungskosten** gehören, jedenfalls soweit sie angemessen sind (FamRZ 2002, 699). Die gegenteilige Lösung geht davon aus, daß Beerdigungskosten in Höhe des Freibetrags nach § 92c III BSHG zuzüglich dem gesetzlichen Sterbegeld dem Nachlaß zu entnehmen und, soweit sie darüber hinausgehen, nicht mehr angemessen sind (LG Trier BtPrax 2000, 132; Knittel Anm 10), was zusammen bedeutet, sie bei Ermittlung des Nachlaßwertes nicht in Abzug zu bringen. Daß Beerdigungskosten bei Berechnung des Pflichtteils den Nachlaßwert mindern, folgt zwingend daraus, Pflichtteilsberechtigte nicht auf Kosten des Erben von der anteiligen Mittragung freizustellen. Die gleiche Behandlung im Rahmen von § 1836e ginge zu Lasten der Staatskasse, obwohl das BSHG (§ 15) die Übernahme von Bestattungskosten eigenständig regelt. Mögen Verwaltungsgerichte für den Regreß wegen dem Erblasser geleisteter Sozialhilfe auch anders entscheiden (Nw bei BayObLG aaO), erscheint bei den Vormundschaftskosten die andere Lösung sachgemäß. Denn anders als bei der Sozialhilfe schuldete bereits der Erblasser den Regreß. Auch wäre die Entlastung des Erben von den Beerdigungskosten unsachgemäß im Vergleich mit solchen Erben, welche die Betreuung selbst geleistet haben.

11   d) § 56g III FGG gibt für das gegen den Erben gerichtete Festsetzungsverfahren der Staatskasse klarstellend spezielle flankierende Ansprüche auf Auskunft, Verzeichnis des Nachlasses und Versicherung der Richtigkeit an Eides Statt, die einem Nachlaßgläubiger nach allgemeinem Erbrecht zustehen. Infolge der Verweisung des § 1836 I Hs 2 auf § 92c BSHG erlischt der gegen den Erben gerichtete Anspruch 3 Jahre nach dem Tod des Mündels. Voraussetzung ist, daß in diesem Zeitpunkt der Übergang auf die Staatskasse nicht schon länger als 10 Jahre zurückliegt. Dabei wird die 3-Jahresfrist so verstanden, daß sie lediglich geeignet ist, die 10-Jahresfrist abzukürzen (MüKo/Wagenitz Rz 20). Wenn aber der Sinn des Regresses gegen den Erben auch darin gesehen wird, auf das Schonvermögen des Mündels zuzugreifen, dann liegt es nahe, die 3-Jahresfrist sich dann, wenn die 10 Jahre vorher enden, verlängernd auswirken zu lassen, aber nicht über den Zeitraum von 3 Jahren nach dem Erbfall hinaus. Das ist schließlich auch die Funktion der 3-Jahresfrist im Sozialhilferecht, wo der Ersatzanspruch des § 92c BSHG erst mit dem Erbfall entsteht.

12   Wenn sich nach der Rechtskraft des die Regreßleistung festsetzenden Beschlusses die wirtschaftlichen Verhältnisse des Mündels wesentlich ändern, kann das Gericht kraft der Verweisung des § 56g II S 2 FGG auf § 120 IV S 1 ZPO die Festsetzung ändern.

Untertitel 3

Fürsorge und Aufsicht des Vormundschaftsgerichts

1837 *Beratung und Aufsicht*
(1) **Das Vormundschaftsgericht berät die Vormünder. Es wirkt dabei mit, sie in ihre Aufgaben einzuführen.**
(2) **Das Vormundschaftsgericht hat über die gesamte Tätigkeit des Vormunds und des Gegenvormunds die Aufsicht zu führen und gegen Pflichtwidrigkeiten durch geeignete Gebote und Verbote einzuschreiten. Es kann dem Vormund und dem Gegenvormund aufgeben, eine Versicherung gegen Schäden, die sie dem Mündel zufügen können, einzugehen.**
(3) **Das Vormundschaftsgericht kann den Vormund und den Gegenvormund zur Befolgung seiner Anordnungen durch Festsetzung von Zwangsgeld anhalten. Gegen das Jugendamt oder einen Verein wird kein Zwangsgeld festgesetzt.**
(4) **§§ 1666, 1666a und § 1696 gelten entsprechend.**

1   1. **Textgeschichte.** Abs I und Abs II S 2 beruhen auf dem BtG (Art 1 Nr 41; Amtl Begr BT-Drucks 11/4528 S 113f). Abs IV geändert durch Abs I Nr 43 KindRG (Streichung der Verweisung auf die gleichzeitig weggefallenen Bestimmungen des § 1667).
2. **Der Vormund handelt** in einem in erster Linie vom Gesetz (Rz 6), eventuell auch von Dritten (§ 1803), gesteckten Rahmen **selbständig** (§ 1793 Rz 28). Der Vormund handelt zum Wohl des Mündels nach seinem Ermessen. Zu dem Ermessensbereich gehören vor allem Pflege und Erziehung des Mündels, Berufsausbildung (Celle DAVorm 1954/55, 115), Aufenthaltsbestimmung, ferner die Mitwirkung bei statusbestimmenden Akten wie Adoption (Hamm ZBlJR 1954, 144). Zu bindenden Weisungen ist das VormG in diesem Bereich nicht einmal dann berechtigt, wenn der Vormund darum ersucht (BayObLG JFG 8, 91, 98).

2   3. Die **Obervormundschaft** des Staates für die Mündel äußert sich in der aus der Fürsorge des VormG für den Mündel entspringenden **Aufsicht** über den einzelnen Vormund.

a) Einführende Beratung des Vormunds. Schon vor dem BtG ist aus der Aufsicht des VormG eine Pflicht zur **3** Beratung des Vormunds gefolgert worden (8. Aufl Rz 1). Obwohl die jetzt in Abs I S 2 normierte Mitwirkung des VormG bei der Einführung der Vormünder in ihre Aufgaben eine institutionelle Aktivität bedeutet (dazu Rz 20), hat auch eine anfängliche Beratung des einzelnen Vormundes als Einführung in das Amt große Bedeutung. Der Rechtspfleger sollte den Vormund spätestens bei der Bestellung (§ 1789) mit den Akten und den Verhältnissen des Mündels sowie Besonderheiten der Aufgabe vertraut machen. Im Betreuungsrecht sieht § 69b III FGG in geeigneten Fällen ein Einführungsgespräch mit dem Betreuer und dem Betroffenen vor.

b) Laufende Beratung des Vormunds. Während anhängiger Vormundschaft, Pflegschaft oder Betreuung ist **4** eine Bitte um Beratung auf seiten eines Vereins- oder Amtsvormunds, des zum Betreuer bestellten Vereins oder der Behörde bzw eines Vereins- oder Behördenbetreuers denkbar, obwohl besonders private Einzelbetreuer ein Beratungsbedürfnis haben werden, vor allem wenn sie als Angehörige oder Vertrauensperson ausgewählt wurden. Auch gegenüber dem JA haben Vormünder und Pfleger nach § 53 II SGB VIII „Anspruch auf regelmäßige und dem jeweiligen erzieherischen Bedarf des Mündels entsprechende Beratung und Unterstützung". Ein Betreuer kann sich auch an die Betreuungsbehörde wenden, die ihn nach § 4 BtBG zu beraten und zu unterstützen hat. Die anerkannten Betreuungsvereine sind nach §§ 1908f zur Beratung durch sie gewonnener Betreuer verpflichtet.

c) Die Pflicht zur Beratung geht in eine Pflicht zur **Unterstützung des Vormunds** über, zB bei der Feststellung **5** des Aufenthalts des Mündels, auch im Wege der Rechtshilfe (RG 75, 230, 234). Das VormG kann den nichtehelichen Erzeuger wegen Anerkennung der Vaterschaft und Unterhaltsleistung vernehmen, jedoch nicht in förmlicher Beweisaufnahme unter Zeugniszwang (RG JW 1911, 781; RG LZ 1917, 333). Das VormG überschreitet seine Befugnisse, wenn es selbst die Zahlung von dem Mündel zustehendem Geld auf ein Sparkonto veranlaßt (Soergel/ Zimmermann Rz 3 gegen KG ZBlJR 1953, 125) oder die Sparkasse zur Zahlung aus einem Guthaben des Mündels an einen Gläubiger anweist (RG 85, 416, 419, 423).

d) Im engeren Sinne gilt die Aufsicht über den Vormund der Erfüllung seiner Pflichten und der Beachtung der **6** ihm gezogenen Grenzen. Die Pflichten ergeben sich weitgehend aus der Aufgabe, für den Mündel zu sorgen. Obwohl die vormundschaftliche Sorge die gleiche dogmatische Struktur hat wie die elterliche Sorge (Gernhuber/ Coester-Waltjen § 71 II S 2 S 1172), fehlt ihr verfassungsrechtlich die überpositive Grundlage des natürlichen Elternrechts. Mangels des besonders von Lüderitz (AcP 178 [1978], 263) betonten eigennützigen Charakters des Elternrechts überwiegt an dem Pflichtrecht des Vormunds die Seite der Pflicht und hat der Grundsatz seiner Selbständigkeit nicht die Bedeutung wie die in § 1627 ausgedrückte Eigenverantwortlichkeit von Eltern (vgl Erman/ Michalski § 1626 Rz 3). Daher bedeutet die Aufsicht, welcher der Vormund nach § 1837 unterliegt, eine stärkere Kontrolle als die nach § 1666, der Vormund und Eltern unterliegen. Dieser Unterschied kann sich besonders auswirken, wo die §§ 1626 II, 1631 II den partnerschaftlichen Erziehungsstil vorschreiben und Erziehungsmaßnahmen bewerten. Ein Vormund, der in seinem Erziehungsstil der Reife des Mündels nicht Rechnung trägt und ihm unpädagogisch autoritär gegenübertritt oder zweifelhafte Erziehungsmaßnahmen ergreift oder bedenkliche Maßnahmen allzu häufig, kann deutlich vor der Schwelle des § 1666 vom VormG auf diese Zweifel und Bedenken hingewiesen und in seinem Erziehungsstil kritisiert und „abgemahnt" werden. Soweit jedoch § 1631 in engen Grenzen Eltern ein Züchtigungsrecht beläßt, kann dies auch einem Vormund, der das Kind alltäglich erzieht, nicht abgesprochen werden.

Bei der Vermögensverwaltung sind dem Vormund detaillierte Pflichten auferlegt: durch §§ 1806ff bei der Geldanlage, durch §§ 1814ff bei der Verwaltung von Geldanlagen und Wertpapieren und durch § 1823 bei Begründung und Beendigung eines Erwerbsgeschäftes.

Bei der Vertretung des Mündels sind dem Vormund die in § 1793 Rz 12–19 genannten Grenzen gezogen. Daß seine Rechtshandlungen bei Überschreitung dieser Grenzen wirkungslos sind, schließt nicht aus, daß das VormG auf ein Überschreiten, das faktische Folgen haben kann, mit Aufsichtsmitteln reagiert.

Diesen Rahmen können die Eltern des Mündels für einen von ihnen benannten Vormund gem §§ 1852, 1855 erweitern, sofern das VormG die Anordnung nicht außer Kraft setzt (§ 1857). Dem Vater, der Mutter, dem Ehegatten oder einem Abkömmling als Betreuer stehen diese Befreiungen nach §§ 1857a, 1908i II S 2 ohne weiteres zu, soweit das VormG nichts anderes anordnet. Gleiches gilt für einen Vereins- und Behördenbetreuer (§ 1908 II S 2) und schließlich für einen Verein als Vormund, Pfleger oder Betreuer sowie das JA als Vormund oder Pfleger und die Betreuungsbehörde als Betreuer, ohne daß das VormG gegenüber einem Verein, dem JA oder der Betreuungsbehörde die Befreiung außer Kraft setzen könnte (§§ 1857a, teils iVm § 1908i I). Der Rahmen kann gegenüber jeder Art von Vormund oder Betreuer durch das VormG auf die in §§ 1817, 1825 genannten Geschäfte erweitert werden oder um die in § 1818 genannten Geschäfte verengt werden.

e) Die **Aufsicht** des VormG soll sicherstellen, daß der Vormund die ihm durch Gesetz oder von Dritten aufer- **7** legten Pflichten erfüllt und verhindern, daß das Wohl des Mündels gefährdet oder verletzt wird. Der Erfüllung dieser Aufgabe dienen: a) Genehmigungserfordernisse,
– die bei den in § 1793 Rz 24–27 genannten Rechtsgeschäften zwingend und in den Fällen der §§ 1810, 1823 durch Sollvorschrift angeordnet sind.
– Bei bestimmten Rechtsgeschäften der Vermögensverwaltung muß der Vormund mit dem Geschäftspartner eine Bestimmung treffen, welche die Mitwirkung des Gegenvormunds oder des VormG bei jedem auf die erfolgte Anlage bezüglichen Rechtsgeschäft sichert: §§ 1809, 1814, 1815, 1816.

Wo die Genehmigung des Gegenvormunds erforderlich ist, tritt das VormG kontrollierend oder ersetzend an seine Stelle. b) die Pflicht des Vormunds zu grundsätzlich jährlichen Berichten über die persönlichen Verhältnisse des Mündels und zu grundsätzlich ebenfalls jährlicher Rechnungslegung (§ 1840), c) die Auskunftspflicht des Vormunds gegenüber dem VormG (§ 1839).

§ 1837 Familienrecht Vormundschaft

Bei der Überwachung wird das VormG durch einen vorhandenen Gegenvormund bis zu einem gewissen Grad entlastet (§§ 1799, 1842) sowie vom JA (§ 53 III SGB VIII) unterstützt.

8 Die Aufsicht erstreckt sich auf das Verhältnis des Vormunds zum Mündel, ausschließlich der Erzwingung von Ersatz- oder Erstattungsansprüchen (§ 1843 II; BayObLG 1903, 797, 801). Bei **Beziehungen des Mündels zu Dritten** hat das VormG nur das Interesse des Mündels zu verfolgen (BayObLG 1923, 224, 226). Es kann den Vormund zwar beratend zur Anerkennung oder Erfüllung einer gegen den Mündel gerichteten Forderung eines Dritten anhalten, jedoch nicht durch Festsetzung von Zwangsgeld; die zwangsweise Durchsetzung eines gegen den Mündel gerichteten Anspruchs ist Sache des Dritten. Bei **Meinungsverschiedenheiten** zwischen Vormund und VormG in diesem Bereich trifft den Vormund lediglich eine Pflicht zu ernstlichem Benehmen, jedoch nicht zum Einvernehmen mit dem VormG.

9 In Fällen besonders umfangreicher oder unübersichtlicher Vermögensverwaltung kann das VormG fachkundige Hilfspersonen beiziehen, jedoch die Aufsicht nicht gänzlich oder ständig aus der Hand geben. Das VormG kann auch ein anderes Gericht gem § 2 FGG um Rechtshilfe ersuchen.

10 f) Wird dem VormG eine **Pflichtwidrigkeit des Vormunds** bekannt, hat es dagegen einzuschreiten. Eine Pflichtwidrigkeit kann außer in der Verletzung einer speziellen Pflicht darin liegen, daß der Vormund sein Ermessen überschreitet oder fehlgebraucht, indem er den Rahmen dessen, was ein vernünftiger Mensch für zweckmäßig und vertretbar hält, verletzt (BayObLG FamRZ 1992, 108, 109), zB den Mündel vom Umgang mit den Eltern (RG 153, 238, 244) oder Großeltern (BayObLG FamRZ 1964, 155, 157) ausschließt oder bei der Aufenthaltsbestimmung aus Rechthaberei oder Verärgerung handelt (KG RJA 5, 219). Betreuer und Pfleger handeln auch pflichtwidrig, wenn sie ihren Aufgabenkreis überschreiten, der Betreuer auch dann, wenn er die Besprechungspflicht aus § 1901 III S 3 verletzt.

11 g) **Maßregeln des VormG.** Stellt das VormG eine Pflichtwidrigkeit des Vormunds fest oder sieht es das Wohl des Mündels gefährdet, so hat es dagegen **einzuschreiten** mittels aa) Geboten und Verboten an den Vormund (Abs II, Abs IV iVm § 1666 I), ggf auch mit der bb) Erzwingung seiner Anordnungen durch Festsetzung von Zwangsgeld (Abs III). Gem Abs III S 2 wird gegen das JA und gegen Vereine kein Zwangsgeld festgesetzt. Das gilt kraft der Verweisung des § 1908i I auch für einen anerkannten Betreuungsverein und die Betreuungsbehörde, gem § 1908g I auch für den Behördenbetreuer (nicht jedoch für den Vereinsbetreuer). Gegenüber Behördenbetreuer, JA und Betreuungsbehörde ist in derartigen Fällen die Dienstaufsicht einzuschalten. Das VormG kann cc) in Angelegenheiten der Personensorge Maßnahmen gegenüber Dritten treffen (Abs IV iVm § 1666 I S 4), auch diese ggf verbunden mit der Festsetzung von Zwangsgeld oder dd) Erklärungen des Vormunds ersetzen (Abs IV iVm § 1666 III); zur Ersetzung der vom Pfleger verweigerten Zustimmung zum Abbruch der Schwangerschaft: LG Köln FamRZ 1987, 207, 208; AG Neuenkirchen FamRZ 1988, 876, 877; ee) dem Vormund einen Teilbereich des Sorgerechts entziehen (Abs IV iVm §§ 1666 I) und hat, wenn ff) das pflichtverletzende und kindeswohlgefährdende Verhalten das eines Mitglieds oder Mitarbeiters des zum Vormund bestellten Vereins oder JA ist, alle Anordnungen an den Verein oder das JA zu richten mit dem Ziel, das Mitglied oder den Mitarbeiter zu einer Verhaltensänderung zu bewegen, oder durch jemanden anderen zu ersetzen (BayObLG FamRZ 1994, 991, 992) und kann gg) den Vormund oder Pfleger nach § 1886, den Betreuer nach § 1908b entlassen.

12 h) Gegen **Pflichtwidrigkeiten** des Vormunds oder Betreuers hat das VormG einzuschreiten, ohne daß es nach Abs II auf den Eintritt eines Schadens oder eine konkrete **Gefährdung** ankäme, die über die in jeder Pflichtverletzung liegende abstrakte Gefährdung hinausginge. Daran hat sich auch infolge der Verweisung des Abs IV nichts dadurch geändert, daß § 1666 I eine Gefährdung des körperlichen, geistigen oder seelischen Wohls des Kindes bzw seines Vermögens erfordert. Die obervormundschaftliche Kontrolle des Staates ist intensiver als das Wächteramt gem Art 6 II GG über Eltern. Das Grundrecht des Art 6 GG kann für den Vormund nicht in gleicher Weise wie für Eltern gelten (MüKo/Wagenitz Rz 3; zum Ganzen Schrade, Die rechtlichen Grenzen der Entscheidung des VormG im Rahmen des § 1643, 1992). Den im Vergleich mit dem Ermessensspielraum von Eltern geringeren Umfang seiner Selbständigkeit muß der Vormund aber ebenso wie Eltern ggf mit einer Verfassungsbeschwerde verteidigen können; das ist der berechtigte Kern der von v Mangoldt-Klein, GG, 2. Aufl 1966, S 272 vertretenen verfassungsrechtlichen Gleichstellung von Vormund und Eltern. Ein Verschulden der Pflichtwidrigkeit ist so wenig wie bei § 1666 erforderlich (MüKo/Wagenitz Rz 21). Abzulehnen ist die Ansicht, das VormG entscheide nach pflichtgemäßem Ermessen, ob eine Pflichtwidrigkeit vorliegt (Staud/Engler Rz 25). Es handelt sich um einen **unbestimmten Rechtsbegriff** (ebenso MüKo/Wagenitz Rz 22; Keidel/Kahl § 27 Rz 31a). Ob das VormG einschreitet und mit welcher Maßregel ist jedoch Sache richterlichen Ermessens (vgl BayObLG FamRZ 1991, 1480, 1481 LS).

13 i) **Gefährdung ohne Pflichtwidrigkeit.** Anordnungen an den Vormund setzen nicht immer voraus, daß der Vormund pflichtwidrig gehandelt hat. Erlangt das VormG – zB aus Anlaß der Genehmigung eines Grundstückskaufvertrags – Kenntnis davon, daß Mündelgelder eingehen, so hat es sich alsbald bei dem Vormund nach deren Verwendung zu erkundigen (Düsseldorf JMBl NW 1994, 20, 22 im Anschluß an RG 88, 264, 267). Erkennt das VormG, daß dem Mündel Gefahr von dritter Seite droht, hat es den Vormund darauf aufmerksam zu machen, ihn gegebenenfalls zu geeigneten Vorkehrungen zu veranlassen.

14 j) Bevor das VormG in einer Angelegenheit der Personensorge wegen Gefährdung des Wohls des Mündels – nicht bei Pflichtverletzungen – eine nach **§ 1666 I** erforderliche Maßnahme trifft, hat es gem § 49a I Nr 8 FGG das **JA zu hören**.

15 k) Einen totalen **Entzug des Sorgerechts** kann es gegenüber dem Vormund nicht geben, weil damit sein Amt ausgehöhlt würde. Für den teilweisen Entzug gibt es zwar keine absolute Grenze, aber er wird, je weiter er reicht,

Fürsorge/Aufsicht des Vormundschaftsgerichts § 1837

immer problematischer, und immer gebieterischer stellt sich die Alternative der Bestellung eines Mitvormunds mit besonderem Wirkungskreis (§ 1797 II) oder der **Entlassung des Vormunds** nach § 1886. Die Entlassung ist unter geringeren Voraussetzungen möglich als etwa die Aberkennung des Elternrechts nach § 1748, weil der Vormund nicht wie Eltern aus Art 6 ein eigenes Recht auf die Rechtsstellung hat, sondern höchstens die Vorzugsposition aus § 1779 II.

l) Das VormG kann den Vormund nach vorheriger Androhung (§ 33 III S 1 FGG) durch Festsetzung von **16 Zwangsgeld** (§ 1788 Rz 2) zur Befolgung seiner Anordnungen anhalten, wenn er diesen schuldhaft nicht nachkommt (KGJ 51, 49). Im Rahmen der ihm übertragenen Geschäfte ist zur Androhung und Festsetzung von Zwangsgeld auch der Rechtspfleger befugt (arg § 4 II Nr 2 RPflG). Es handelt sich bei dem Zwangsgeld um ein Beugemittel, nicht um eine Strafe im eigentlichen Sinn; eine Umwandlung in Freiheitsstrafe nach § 43 StGB ist daher nicht möglich. Wird das Zwangsgeld für den Fall angedroht, daß der Vormund eine bestimmte Handlung innerhalb einer festgesetzten Frist nicht vornimmt, so ist die Verfügung gem § 16 II S 1 FGG förmlich zuzustellen. Die Festsetzung muß aufgehoben werden (§ 18 FGG), wenn die Anordnung des VormG vor der Beitreibung befolgt wird (KGJ 41, 34; KG OLG 38, 260, 261) oder ihr Zweck, zB weil der Vormund inzwischen entlassen wurde, nicht mehr erreicht werden kann (KG RJA 16, 18; Kolmar OLG 21, 291; Hamm JMBl NRW 1967, 10, 12). Androhung oder Festsetzung des Zwangsgeldes können daher auch nicht mit Entlassung des Vormunds verbunden werden (KG RJA 16, 18). Die Festsetzung von Zwangsgeld darf weiter nicht dazu benutzt werden, eine Pflichtverletzung oder Ungebühr des Vormunds zu bestrafen. Die Festsetzung von Zwangsgeld kann anders als nach § 1788 II S 2 ohne Begrenzung wiederholt werden, jedoch nur nach jeweils erneuter Androhung (BayObLG 1902, 800, 803; MüKo/Wagenitz Rz 33; Pal/Diederichsen Rz 20). Bei Festsetzung des Zwangsgeldes sind dem Vormund zugleich die Kosten des Verfahrens aufzuerlegen (§ 33 I S 2 FGG). Gegen Androhung wie Festsetzung findet Beschwerde mit aufschiebender Wirkung statt (§ 24 I FGG). Die Beitreibung einschließlich der Verfahrenskosten (§ 119 V KostO) erfolgt nach der JBeitrbO vom 11. 3. 1937 (RGBl I 298). Nach erfolgter Beitreibung ist Beschwerde nicht mehr zulässig (Hamm JMBl NRW 1967, 10, 12).

m) Durchsetzung nachwirkender Pflichten. Die **Aufsicht** des VormG über den Vormund endet grundsätzlich **17** mit dem Amt des Vormunds. Danach beschränkt sich die Pflicht des Vormunds a) auf die Schlußrechnung (§ 1892 Rz 1) b) die Rückgabe der Bestallungsurkunde oder der ihr gleichgestellten Bescheinigung (§ 1893 II S 1). Auskunft kann das VormG nicht mehr verlangen (BayObLG FamRZ 1996, 511).

Die Erfüllung dieser Pflichten kann das VormG auch noch erzwingen (anders nur Dölle FamR II § 137 I S 2b).

n) Amtshaftung gegenüber dem Mündel. Für Schäden, die dem Mündel infolge Verletzung der Aufsichts- **18** pflicht, nämlich Genehmigung eines Abfindungsvertrages zur Unzeit (RG JW 1923, 828, 830 und 1930, 990, 991), Überbürdung eines 71jährigen mit Vormundschaften und Pflegschaften mit der Folge mangelhafter Amtsführung (BGH VersR 1962, 740), ungenügender Sachaufklärung vor Genehmigung einer Grundstücksbelastung (BGH NJW 1986, 2829), falscher Beratung (RG 84, 92, 96), ungerechtfertigter Unterbringung in geschlossener Einrichtung (KG BtE 2, 1994/95, S 38), Nichteinschreiten oder unzulässigem, unsachgemäßem Einschreiten erwachsen, **haftet der Staat** nach § 839, Art 34 GG. Der auf die Haftung des Vormundschaftsrichters gem § 839 verweisende frühere § 1848 ist durch Art 1 Nr 42 1. EheRG aufgehoben worden. Besteht die mangelnde Aufsicht darin, daß die zum Ersatz verpflichtende Schädigung durch einen anderen nicht verhindert wurde, ist die Staatshaftung nach § 839 I S 2 meistens subsidiär.

4. Nach **Abs II S 2** kann das VormG dem Vormund und dem Gegenvormund die Eingehung einer **Haftpflicht- 19 versicherung** aufgeben. Nach § 1835 II gehören bestimmte Versicherungskosten nunmehr zu den Aufwendungen, für die der private Einzelvormund Ersatz vom Mündel bzw aus der Staatskasse verlangen kann. Während aber § 1835 II eine Versicherung auch gegen Schäden umfaßt, die dem Vormund dadurch entstehen, daß er einem Dritten zum Ersatz verpflichtet wird, beschränkt § 1837 II S 2 die Möglichkeit, dem Vormund den Abschluß einer Versicherung aufzuerlegen, auf eine Versicherung wegen Schädigung des Mündels. Das entspricht der Beschränkung der vormundschaftsgerichtlichen Aufsicht auf die Sicherung des Wohls des Mündels (Rz 7). Das kann angezigt sein, wenn dem Mündel, Pflegling oder Betreuten dadurch Schaden droht, daß das Haftungsrisiko bei dem Vormund, Pfleger oder Betreuer nicht gedeckt erscheint. Damit **betrifft die Vorschrift** a) den Einzelvormund und Einzelpfleger sowie den privaten Einzelbetreuer, der auf Vorschlag des Betreuten (§ 1897 IV) oder wegen seiner Bindungen an den Betreuten (§ 1897 V) ausgewählt wurde, ferner den ehrenamtlichen Betreuer, der im Rahmen der organisierten Einzelbetreuung mit einem Verein oder der Betreuungsbehörde zusammenarbeitet; b) den zum Vormund oder Pfleger bestellten Mitarbeiter eines Vereins oder des JA; c) jedoch kann den Vereins- oder Behördenbetreuer (§ 1897 II), weil der Verein seine Mitarbeiter schon nach § 1908f I Nr 1 angemessen zu versichern hat und die Mitarbeiter der Behörde in der Regel kommunal versichert sind.

Die Vorschrift **betrifft nicht** die **Vereinsvormundschaft**, Vereinspflegschaft und Vereinsbetreuung. Zwar haftet der Verein für Handlungen seiner Mitarbeiter nach § 1791a III S 2 oder § 31. Dem Verein gegenüber kommt neben § 1908f I Nr 1 die Auferlegung einer Versicherung für seine Eigenhaftung nicht in Betracht. Die Fähigkeit des Vereins, diese Haftung zu tragen, gehört zu den Kriterien seiner Anerkennung bzw deren Widerrufs, deren Einhaltung von Landesbehörden überwacht wird. Die Vorschrift betrifft ebensowenig **die Betreuungsbehörde**, die gem Art 34 GG von der Amtshaftung ihrer Anstellungskörperschaft gedeckt ist.

5. Nach **Abs I S 2** wirkt das VormG dabei mit, Vormünder in ihre **Aufgaben einzuführen**. Das bedeutet nicht, **20** daß das VormG als Träger solcher Veranstaltungen auftritt (Amtl Begr BT-Drucks 11/4528, 226). Das ist vielmehr Sache der anerkannten Betreuungsvereine (§ 1908f I Nr 1: Weiterbildung) und der Betreuungsbehörde (§ 5 BtG: Einführung der Betreuer in ihre Aufgaben und Fortbildung). Im RegE war die Mitwirkung des VormG noch auf die Fortbildung erstreckt. Der Kritik des Bundesrats, daß dadurch die Gerichte zusätzlich belastet würden, schloß

§ 1837　　　　　　Familienrecht　Vormundschaft

sich die BReg bereits in ihrer Gegenäußerung an (BT-Drucks 11/4528, 226). Die Beschränkung der Mitwirkung auf einführende Veranstaltungen ist auch deshalb sinnvoll, weil es gut ist, wenn die Vormünder die für sie maßgebenden Justizbediensteten kennenlernen, während es mit der Selbständigkeit des Vormunds und den Kontrollbefugnissen des Gerichts weniger vereinbar wäre, wenn dieses mitten in der vormundschaftlichen Arbeit stehende Vormünder schulen sollte (vgl Bienwald Rz 9).

21　6. **Anwendungsgebiet.** § 1837 findet nach seinem Wortlaut auch auf den Gegenvormund Anwendung, nach § 1915 auch auf den Pfleger und kraft der Verweisung des § 1908i I auch im Betreuungsrecht auf Betreuer und Gegenbetreuer (näher dazu § 1908i Rz 30ff), gem § 56 I SGB VIII auch auf das JA als Amtspfleger und Amtsvormund. Das JA unterliegt bei seiner Tätigkeit als Vormund oder Pfleger nicht der Rechtskontrolle durch Verwaltungsgerichte (OVG Bremen DAVorm 1965, 116); gleiches gilt für die Betreuungsbehörde.

1838 (weggefallen)

1839 *Auskunftspflicht des Vormunds*
Der Vormund sowie der Gegenvormund hat dem Vormundschaftsgericht auf Verlangen jederzeit über die Führung der Vormundschaft und über die persönlichen Verhältnisse des Mündels Auskunft zu erteilen.

1　1. Die Vorschrift soll dem VormG die Aufsicht (§ 1837) erleichtern. Sie bezieht sich auf die gesamten vormundschaftlichen Geschäfte. In Abgrenzung von der jährlichen Berichtspflicht des § 1840 setzt das Auskunftsverlangen nach § 1839 einen konkreten Anlaß voraus (vgl LG Saarbrücken DAVorm 1994, 645), kann aber auch umfassend sein. Das VormG kann die **Vorlegung von Belegen**, auch deren Beschaffung, verlangen, soweit der Vormund einen Anspruch darauf hat (KGJ 36, 38; 38, 261; KG RJA 15, 269); ebenso die Vorzeigung des Sparbuchs (KG RJA 16, 20). Der Vormund kann die Auskunft durch einen Bevollmächtigten erteilen, ist jedoch auf Verlangen des VormG verpflichtet, persönlich zu berichten und zu diesem Zwecke vor Gericht zu erscheinen (KG RJA 13, 70). Das VormG kann ihn durch Festsetzung von Zwangsgeld zur Berichterstattung anhalten (§ 1837 III), jedoch grundsätzlich nicht mehr nach Beendigung der Vormundschaft (BayObLG Rpfleger 1996, 246, 247).

2　2. Auskunft obliegt auch dem Amts- und Vereinsvormund, dem Pfleger (§ 1915) und gem § 1908i I S 1 dem Betreuer und Gegenbetreuer, auch einem Verein oder der Betreuungsbehörde des Betreuers (näher dazu § 1908i Rz 33).

1840 *Bericht und Rechnungslegung*
(1) Der Vormund hat über die persönlichen Verhältnisse des Mündels dem Vormundschaftsgericht mindestens einmal jährlich zu berichten
(2) Der Vormund hat über seine Vermögensverwaltung dem Vormundschaftsgericht Rechnung zu legen.
(3) Die Rechnung ist jährlich zu legen. Das Rechnungsjahr wird von dem Vormundschaftsgericht bestimmt.
(4) Ist die Verwaltung von geringem Umfang, so kann das Vormundschaftsgericht, nachdem die Rechnung für das erste Jahr gelegt worden ist, anordnen, dass die Rechnung für längere, höchstens dreijährige Zeitabschnitte zu legen ist.

1　1. **Textgeschichte.** Art 1 Nr 42 BtG hat der seit 1900 unveränderten Vorschrift den jetzigen Abs I vorangestellt (Amtl Begr BT-Drucks 11/4528 S 114).

2　2. Die Personensorge hervorzuheben, war eines der Ziele des BtG, das in gleichem Maß für das Recht der Vormundschaft über Minderjährige gilt. Diesem Ziel dient die Ausweitung der für Angelegenheiten der Vermögenssorge in § 1840 schon immer vorgeschriebenen Berichtspflicht auf die „persönlichen Verhältnisse" durch den neuen Abs I. Dieser Begriff zielt auf die Personensorge, wobei Angelegenheiten der Personensorge mit Vermögensfolgen verknüpft oder von Fragen der Vermögenssorge abhängig sein können.

3　Die Berichtspflicht über die **persönlichen Verhältnisse** bleibt teilweise hinter der in Abs II–IV geregelten Pflicht zur Rechnungslegung zurück. Der Pflicht des Vormunds, am Anfang seines Amtes ein Vermögensverzeichnis zu erstellen (§ 1802), hätte ein Anfangsbericht über die persönlichen Verhältnisse entsprochen. Das wurde jedoch nicht für nötig erachtet, weil in Betreuungssachen das Gericht auf der Grundlage des vorangegangenen Bestellungsverfahrens ausreichende Kenntnis über den Stand der persönlichen Verhältnisse habe (BT-Drucks 11/4528, 114). Aber bei Minderjährigen verhält es sich anders (Bienwald Rz 15, 16). Auch in Betreuungssachen wäre ein Anfangsbericht sinnvoll, in dem der Betreuer nicht über die persönlichen Verhältnisse des Mündels berichtet, sondern auf Grundlage seiner Kenntnis die Betreuung plant (dazu Holzhauer, Gutachten B 114). Einen Abschlußbericht analog zu der laut § 1890 vom Vormund bei Beendigung seines Amtes zu legenden Schlußrechnung hat das BtG aus ähnlichen Gründen nicht für erforderlich erachtet, was für Minderjährige ebenfalls kritisiert wird (Bienwald Rz 17).

4　In anderer Hinsicht ist die Berichtspflicht über die persönlichen Verhältnisse des Mündels stärker als die entsprechende Pflicht in Angelegenheiten der Vermögenssorge. Der Berichtszeitraum kann nicht wie nach Abs IV die Rechnungslegung vom VormG bis auf drei Jahre gestreckt werden.

5　In Betreuungssachen scheint die Berichtspflicht keine Rücksicht darauf zu nehmen, daß der Aufgabenkreis des Betreuers auf Angelegenheiten der Vermögenssorge oder nur auf Teile der Personensorge beschränkt sein kann.

Indessen gilt das Ziel persönlicher Betreuung auch für die Vermögenssorge, was einen Bezug auf die persönlichen Verhältnisse bedeutet. Auch dürfen die Grundsätze der Erforderlichkeit und Verhältnismäßigkeit, die für eine Beschränkung des Aufgabenkreises sprechen, nicht darüber hinwegtäuschen, daß die Krankheit oder Behinderung die gesamten persönlichen Verhältnisse beeinflußt. Der Erstreckung der Berichtspflicht auf die gesamten persönlichen Verhältnisse kommt daher eine Vigilanzfunktion zu. Gleichwohl kann die sinngemäße Anwendung von § 1840 im Betreuungsrecht bedeuten, daß der Betreuer über Lebensbereiche außerhalb seines Aufgabenkreises weniger eingehend berichtet.

Der jährliche Bericht ist Mindestpflicht; das VormG kann den Vormund vor Ablauf eines Jahres seit Bestellung **6** oder letztem Bericht auffordern, zu berichten. Auch kann es gem § 1839 zusätzliche Auskünfte verlangen.

3. Bei Beginn der Vormundschaft hat der Vormund nach § 1802 ein **Vermögensverzeichnis** auf den Zeitpunkt **7** der Anordnung der Vormundschaft zu erstellen. Ein Jahr nach Anordnung der Vormundschaft endet die erste Periode, für die der Vormund laufend **Rechnung zu legen hat**. Erst danach kann das VormG dann, wenn die Verwaltung von geringem Umfang ist, nach seinem Ermessen (Baur, Freiwillige Gerichtsbarkeit, 1955, § 31c II S 2b cc, S 379, 380) die Rechnungsperiode bis auf drei Jahre verlängern und das Rechnungsjahr abweichend von den durch die Anordnung der Vormundschaft vorgegebenen Daten bestimmen. Eine kürzere Periode als 1 Jahr kann das Gericht nicht anordnen (LG Frankfurt Rpfleger 1993, 336). Von der Bestimmung der Rechnungsperiode zu unterscheiden ist ein Auskunftsverlangen des Gerichts gem § 1839, das aus jedem gegebenen Anlaß gestellt werden kann, aber nicht auf eine allgemeine Rechnungslegung iSv § 1841 gerichtet sein darf. Eine Anordnung nach Abs IV wirkt ad personam des jeweiligen Vormunds oder Betreuers, nicht auch auf einen Nachfolger (Damrau/Zimmermann Rz 5).

4. Der Zeitraum von einem Jahr für die Rechnungslegung kann nicht verkürzt werden (LG Frankfurt Rpfleger **8** 1993, 336), dies in Abgrenzung von einem Auskunftsverlangen nach § 1839 und im Unterschied zur Berichtspflicht bezüglich der persönlichen Verhältnisse (Rz 6).

5. Bei **befreiter Vormundschaft**, dh für den von Eltern benannten und befreiten Vormund (§§ 1852, 1855), für **9** einen Verein und das JA als Vormund oder Pfleger (§§ 1857a, 1915) und entsprechend für befreite Betreuung (§§ 1908i I iVm §§ 1857a, 1908i II aE) sowie für den vom zuwendenden Dritten befreiten Verwaltungspfleger (§§ 1909 I S 2, 1917 II S 1) beschränkt sich die Rechnungslegung gem § 1854 auf ein Vermögensverzeichnis und beträgt die Rechnungsperiode zwei Jahre und kann vom VormG bis zu fünf Jahren verlängert werden. Im Interesse des Mündels bzw Betreuten kann das VormG diese Befreiung außer Kraft setzen (§§ 1857a, 1908i I iVm § 1857a, 1908i II aE, 1917 II S 2), das heißt immer bei Gefährdung oder bei erheblicher, umfangreicher Vermögensverwaltung, jedoch nicht gegenüber einem Verein, dem JA oder der Betreuungsbehörde.

6. Das VormG kann die öffentlich-rechtliche Pflicht des Vormunds zur Rechnungslegung durch **Zwangsgeld** **10** (§ 1837 II) erzwingen. Daneben ist dem treuhänderisch-privatrechtlichen Charakter des Vormundschaftsverhältnisses eine Rechenschaftspflicht des Vormunds auch gegenüber dem Mündel zu entnehmen (Motive IV, 1157ff; Gernhuber/Coester-Waltjen § 72 I 7; Soergel/Zimmermann Rz 6; aA Staud/Engler Rz 25ff; MüKo/Wagenitz Rz 9. Vermittelnd Pal/Diederichsen Rz 5: nur Schadensersatz). Ihre nähere Ausgestaltung ist allerdings in Parallele zur öffentlich-rechtlichen Aufsicht zu bestimmen, so daß eine Pflichtenüberlagerung vorliegt (Gernhuber/Coester-Waltjen aaO). Der Mündel kann daher Auskunft und Rechenschaft nur an das VormG verlangen. Der nach allg Ansicht privatrechtliche Charakter der Pflicht des Vormunds zur Schlußrechnung (§ 1890 Rz 3) bedingt geradezu, daß der Vormund auch die periodische Rechnungslegung auch dem Mündel schuldet. Für einen Schadensersatzanspruch des Mündels aus § 1833 kann es Bedeutung haben, diesen nicht nur auf pflichtwidriges Verhalten der Vermögensverwaltung, sondern auch auf Verstöße gegen die Pflicht zur Rechnungslegung stützen zu können. Die inhaltliche Übereinstimmung des privatrechtlichen und des öffentlich-rechtlichen Anspruchs erlaubt es, den Gesichtspunkt der Prozeßökonomie konkret bei Zulässigkeit einer erhobenen Leistungsklage zu prüfen. Da der privatrechtliche Anspruch gegen den Vormund oder Pfleger wegen §§ 1795, 181 von einem Ergänzungspfleger durch Klage geltend zu machen ist, bedeutet dessen Bestellung für das VormG eine Alternative zur Durchsetzung nach § 1837 (aA RGRK/Dickescheid Rz 9). Nur der privatrechtliche Anspruch umfaßt auch die eidesstattliche Versicherung des § 259 II; die Vollstreckung erfolgt nach § 888 ZPO.

7. § 1840 gilt gem § 1908i I S 1 sinngemäß auch im Betreuungsrecht (näher dazu § 1908i Rz 33). **11**

1841 *Inhalt der Rechnungslegung*

(1) Die Rechnung soll eine geordnete Zusammenstellung der Einnahmen und Ausgaben enthalten, über den Ab- und Zugang des Vermögens Auskunft geben und, soweit Belege erteilt zu werden pflegen, mit Belegen versehen sein.

(2) Wird ein Erwerbsgeschäft mit kaufmännischer Buchführung betrieben, so genügt als Rechnung ein aus den Büchern gezogener Jahresabschluss. Das Vormundschaftsgericht kann jedoch die Vorlegung der Bücher und sonstigen Belege verlangen.

§ 1841 ist **Ordnungsvorschrift**, die gleichwohl § 259 vorgeht (KGJ 37, 110, 112). Die jährliche Abrechnung **1** soll auf dem Vermögensverzeichnis nach § 1802 aufbauen, dh die erste Abrechnung knüpft an das Vermögensverzeichnis an, jede folgende führt über die frühere(n) auf das Vermögensverzeichnis zurück. Als geordnete Zusammenstellung muß die Abrechnung aus sich heraus verständlich sein (BayObLG Rpfleger 1987, 358).

Zu verzeichnen sind die **Zu- und Abgänge am Vermögen**, auch in das Vermögensverzeichnis aufzunehmen- **2** den (§ 1802 Rz 5) Einkommensquellen. Unbedeutende Änderungen wie die Ersetzung einzelner Haushaltsgegenstände oder die Anschaffung neuer Kleidungsstücke können je nach der Bedeutung für das Vermögensganze unerwähnt bleiben.

H. Holzhauer

§ 1841

3 Sodann sind die **Einnahmen** und **Ausgaben** geordnet zusammenzustellen. Dabei genügt es, alltägliche Ausgaben allgemein und mit Pauschalbeträgen anzuführen. Soweit nicht Pauschalbeträge eingesetzt werden können, sind Belege beizufügen. Dazu gehören besonders Bescheinigungen über Giro- und Sparkonten sowie Wertpapierdepots, aber nicht Urkunden von Eigenwert wie Sparkassenbücher und Depotscheine (KGJ 50, 28). Die Belege sind, da sie dem Mündel gehören, dem Vormund zurückzugeben.

4 In Abs II S 1 wurde durch das BilanzrichtlinienG vom 19. 12. 1985 das Wort „Bilanz" durch „Jahresabschluß" ersetzt, und zwar parallel mit der Einführung des § 242 HGB, dessen Abs III definiert, daß der Jahresabschluß aus der Bilanz und der Gewinn- und Verlustrechnung besteht. Die in Abs II vorgesehene Erleichterung ist nicht nur auf Handelsgeschäfte, sondern alle **Erwerbsgeschäfte** anzuwenden, zB auch auf landwirtschaftliche Betriebe, wenn die Buchführung nach kaufmännischen Grundsätzen erfolgt und eine Bilanzierung anhand der Bücher möglich ist. Das VormG kann nach seinem Ermessen von der Erleichterung abgehen.

5 Wegen der Durchsetzung des Anspruchs und einer eidesstattlichen Versicherung s § 1840 Rz 10.

6 § 1841 gilt gem § 1908i I S 1 sinngemäß auch im Betreuungsrecht.

1842 *Mitwirkung des Gegenvormunds*
Ist ein Gegenvormund vorhanden oder zu bestellen, so hat ihm der Vormund die Rechnung unter Nachweisung des Vermögensbestands vorzulegen. Der Gegenvormund hat die Rechnung mit den Bemerkungen zu versehen, zu denen die Prüfung ihm Anlass gibt.

1 Der Vormund hat dem **Gegenvormund**, der erforderlichenfalls (§ 1792 II) zunächst zu bestellen ist, auch den Bestand des Vermögens nachzuweisen (S 1). Er hat ihm zu diesem Zweck die Bestandteile des Vermögens oder die über ihren Verbleib Auskunft gebenden Urkunden vorzulegen. Der Gegenvormund kann vom Vormund über die Führung der Vormundschaft Auskunft verlangen und sich die auf die Vormundschaft beziehenden Papiere vorlegen lassen (§ 1799 II). Der von ihm auf der Rechnung zu setzende Prüfungsvermerk (S 2) hat sich auch auf das Ergebnis der Prüfung des Vermögensbestandes zu erstrecken. Gegebenenfalls hat der Gegenvormund zu bescheinigen, daß die Prüfung keinen Anlaß zu irgendwelchen Beanstandungen gegeben hat. Er haftet für ordnungsmäßige Prüfung nach § 1833 I S 2.

1843 *Prüfung durch das Vormundschaftsgericht*
(1) Das Vormundschaftsgericht hat die Rechnung rechnungsmäßig und sachlich zu prüfen und, soweit erforderlich, ihre Berichtigung und Ergänzung herbeizuführen.
(2) Ansprüche, die zwischen dem Vormund und dem Mündel streitig bleiben, können schon vor der Beendigung des Vormundschaftsverhältnisses im Rechtsweg geltend gemacht werden.

1 1. Das VormG (und zwar der Rechtspfleger, §§ 3 Nr 2 lit a, 14 RPflG) hat die Rechnung rechnungsmäßig und sachlich zu prüfen. Die **rechnungsmäßige Prüfung**, die sich insbesondere auf die Übereinstimmung der Ausgabeposten mit den Belegen und die Richtigkeit des Abschlusses zu erstrecken hat, kann auch besonders bestellten Rechnungsbeamten überlassen werden. Das VormG haftet insoweit nur für Verschulden bei der Auswahl und Überwachung (vgl RG 80, 406, 407). Bei der **sachlichen Prüfung** ist insbesondere darauf zu achten, ob alle Einnahmen, die in der Rechnung erscheinen müssen, darin enthalten sind, die Ausgaben erforderlich und angemessen waren, die Vorschriften über die Anlegung von Mündelgeld (§§ 1806ff) und die Hinterlegung von Wertpapieren (§§ 1814ff) beachtet und die erforderlichen Genehmigungen des Gegenvormunds und des VormG zu Rechtsgeschäften eingeholt worden sind. Der prüfende Rechtspfleger kann sich nach pflichtgemäßem Ermessen auch den Vermögensbestand nachweisen und die darüber Auskunft gebenden Urkunden vorlegen lassen, ohne hierzu jedoch bei jeder Rechnungslegung verpflichtet zu sein (MüKo/Wagenitz Rz 7).

2 Soweit die Rechnung zu Beanstandungen Anlaß gibt, kann der Rechtspfleger Aufklärung von dem Vormund verlangen (§ 1839), diesen auch persönlich vorladen, um durch Verhandlung mit ihm eine Berichtigung oder Ergänzung der Rechnung herbeizuführen. Insoweit kann er den Vormund zur Befolgung seiner Anordnungen durch Festsetzung von Zwangsgeld anhalten (§ 1837 III S 1). Dagegen kann er ihn nicht zwingen, Rechnungsposten zu streichen oder einzusetzen (KG OLG 30, 151, 152; Zweibrücken Rpfleger 1980, 103) oder Ansprüche des Mündels anzuerkennen und zu erfüllen. Das Nachlaßgericht kann den Nachlaßverwalter nicht zur Rückzahlung von Auslagen auffordern oder zwingen (LG Bonn Rpfleger 1985, 297); das ist Sache des Erben und muß vom Prozeßgericht entschieden werden (LG Berlin Rpfleger 1976, 98, 99). Ebensowenig kann das VormG die Rechnung selbst berichtigen und ergänzen oder dies durch einen Rechnungssachverständigen veranlassen. Auch eine Ergänzungspflegschaft nur zur Überprüfung der Rechnungslegung ist unzulässig (BayObLG Rpfleger 1981, 302). Über streitig bleibende Ansprüche zwischen Vormund und Mündel kann vielmehr nur das Prozeßgericht entscheiden (Abs II; BayObLG JFG 6, 104, 108). Sie können schon während des Bestehens der Vormundschaft gerichtlich geltend gemacht werden; dem Mündel ist gegebenenfalls ein Pfleger zu seiner Vertretung zu bestellen (§ 1909 I S 1). Zur Abgabe der Versicherung an Eides Statt vgl § 1840 Rz 10.

3 2. Eine Entlastungserklärung durch das VormG ist nicht vorgeschrieben. Auch soweit das VormG die Rechnung als richtig anerkannt hat, bleibt der Mündel berechtigt, sie während Bestehens der Vormundschaft wie nach erreichter Volljährigkeit zu beanstanden und Ansprüche gegen den Vormund daraus herzuleiten. Über die Verjährung der Ansprüche zwischen Vormund und Mündel siehe §§ 197 I Nr 2, 207 I S 2 Nr 3.

4 3. § 1843 gilt gem § 1908i I S 1 sinngemäß auch für den Betreuer.

1844 (weggefallen)

1845 *Eheschließung des zum Vormund bestellten Elternteils*
Will der zum Vormund bestellte Vater oder die zum Vormund bestellte Mutter des Mündels eine Ehe eingehen, so gilt § 1683 entsprechend.

1. Daß der Vater oder die Mutter zum Vormund bestellt werden, kam vor Inkrafttreten des BtG bei volljährigen Mündeln häufig vor. Insoweit ist die unmittelbare Anwendbarkeit von § 1845 durch die in § 1908i I angeordnete sinngemäße Anwendung im Betreuungsrecht ersetzt worden, wo die Eltern nach § 1897 V mit Vorrang zum Betreuer zu bestellen sind. Für die Vormundschaft hat § 1845 keine Bedeutung mehr (anders noch RGRK/Dickescheid Rz 7).

2. Nach dem für entsprechend anwendbar erklärten § 1683 hat ein sorgeberechtigter Elternteil, der die Ehe mit einem Dritten schließen will, diese Absicht dem VormG anzuzeigen und diesem ein Verzeichnis des Kindesvermögens einzureichen und, soweit eine Vermögensgemeinschaft zwischen ihm und dem Kind besteht, die Auseinandersetzung herbeizuführen. Das VormG kann gestatten, daß die Auseinandersetzung erst nach der Eheschließung vorgenommen wird oder auch teilweise oder sogar ganz unterbleibt, wenn das dem Vermögensinteresse des Kindes nicht widerspricht. § 1845 dehnt diese Regelung auf den Fall aus, daß ein Elternteil, der Betreuer seines Kindes ist, heiraten will.

3. Das VormG (gem § 3 Nr 2 lit a RPflG der Rechtspfleger) kann die Pflichten aus §§ 1845, 1683 mittels Zwangsgeld (§ 1837 III S 1) durchsetzen. Die Pflichten und ihre Durchsetzbarkeit entfallen, wenn das VormG die Nichterfüllung zum Anlaß nimmt, den Elternteil gem § 1886 als Betreuer zu entlassen; es tritt dann die Pflicht zur Schlußrechnung aus § 1892 an die Stelle. Möglich, aber kaum ratsam (§ 1837 Rz 15), ist der Entzug der Vermögenssorge (RGRK/Dickescheid Rz 7).

4. § 1845 gilt gem § 1908i I S 1 sinngemäß auch für den Betreuer, vgl Rz 1 aE.

1846 *Einstweilige Maßregeln des Vormundschaftsgerichts*
Ist ein Vormund noch nicht bestellt oder ist der Vormund an der Erfüllung seiner Pflichten verhindert, so hat das Vormundschaftsgericht die im Interesse des Betroffenen erforderlichen Maßregeln zu treffen.

1. Durch Art 1 Nr 44 BtG wurde das Wort „Mündels" durch das Wort „Betroffenen" ersetzt: Amtl Begr BT-Drucks 11/4528.

2. Das VormG ist grundsätzlich darauf beschränkt, die Vormundschaft anzuordnen, den Vormund zu bestellen, ihn zu beaufsichtigen und gegebenenfalls zu entlassen; darüber hinaus hat das VormG zahlreiche Einzelkompetenzen, besonders hinsichtlich der Genehmigung bestimmter Rechtsgeschäfte. Im übrigen nimmt der Vormund aber seine Aufgaben selbständig wahr. Von diesem Grundsatz abweichend erlaubt § 1846 dem VormG, unmittelbar **anstelle** eines Vormundes für den Mündel tätig zu werden a) bei einer Verhinderung des Vormundes oder b) wenn ein Vormund noch nicht bestellt ist.
Bei einer **dringenden medizinischen Maßnahme** dürfte die Voraussetzung vorliegen, unter der die Maßnahme auf mutmaßliche Einwilligung oder berechtigte Geschäftsführung ohne Auftrag gestützt werden kann, so daß die Einschaltung des VormG gerade wegen der Dringlichkeit der Maßnahme weder tauglich noch erforderlich ist.

3. Die Ersatzkompetenz des VormG bei Verhinderung des Vormunds ist nur ein Unterfall der Eilkompetenz, weil in jedem Fall einer Verhinderung, sei es aus tatsächlichen Gründen wie Krankheit oder Abwesenheit, sei es aus den rechtlichen Gründen der §§ 1795, 1796, in erster Linie ein Ersatzpfleger nach § 1909 zu bestellen ist und nur bei Dringlichkeit der Angelegenheit, wenn dessen Bestellung nicht abgewartet werden kann, das VormG nach § 1846 selbst tätig werden darf. Keinesfalls darf der Fall einer Verhinderung des Vormunds darin gesehen werden, daß dieser eine vom VormG für erforderlich gehaltene Maßnahme ablehnt (Düsseldorf FamRZ 1995, 637). Wenn das Verhalten des Vormunds den Rahmen seiner Selbständigkeit sprengt, kann das Gericht mit Mitteln der Aufsicht nach § 1837 auf eine pflichtgemäße Entscheidung hinwirken und den Vormund äußerstenfalls entlassen; erst dann ist bei Dringlichkeit Raum für eine Maßregel nach § 1846 (Schl-Holstein BtPrax 2001, 211).

4. Der **subsidiäre** Charakter der Eilkompetenz läßt nach formelleren Schranken suchen als sie der Begriff der Erforderlichkeit enthält.
   a) Da bei der **Vormundschaft über einen Minderjährigen** der Bestellung des Vormunds die Anordnung der Vormundschaft vorausgeht, wird von einer engen Ansicht gefordert, daß die Vormundschaft angeordnet sein muß, damit das Gericht eine Maßregel nach § 1846 treffen kann (Rink FuR 1990, 259 und Frankfurt ebenda; Wiegand FamRZ 1991, 1022). Im allgemeinen wird § 1846 jedoch weiter verstanden und kein solches Erfordernis gesehen (BayObLG 1986, 174, 176; Hamm FamRZ 1993, 512). Von der weiten Auffassung ist auch der Gesetzgeber des BtG ausgegangen, als er in § 1846 im Hinblick auf seine sinngemäße Anwendung auf die Betreuung das Wort „Mündel" durch „Betroffener" ersetzte, um klarzustellen, daß § 1846 auch schon dann anzuwenden ist, wenn noch kein Pfleger, Vormund oder Betreuer bestellt ist (Amtl Begr BT-Drucks 11/4528, 114).
   b) Nachdem eine **Betreuung** einstufig durch die Bestellung des Betreuers begründet wird, wird von den Vertretern der engen Auslegung von § 1846 gefordert, daß ein Betreuer mindestens gleichzeitig bestellt wird, damit eine Maßregel nach § 1846 erlassen werden kann (Frankfurt FamRZ 1993, 357; Rink FamRZ 1993, 572; Schwab FamRZ 1990, 681, 688). Die herrschende Ansicht in Rspr (Schleswig BtPrax 1992, 107; BayObLG FamRZ 2000, 566) und Literatur (Coeppicus FamRZ 1992, 19; Soergel/Zimmermann Rz 8; jetzt auch MüKo/Wagenitz Rz 4)

vertritt dagegen auch hier die weite Auslegung von § 1846 und anerkennt, wie bei der Vormundschaft über Minderjährige, zu Recht eine isolierte Maßregel. Dem hat der BGH jedoch die Einschränkung hinzugefügt, daß das Gericht gleichzeitig Maßnahmen trifft, die auf die alsbaldige Bestellung eines Betreuers, notfalls eines vorläufigen Betreuers gerichtet sind (BGH FamRZ 2002, 744).

c) Der Referentenentwurf des BtG hatte noch die **Unterbringung** eines Volljährigen von der Anwendung des § 1846 ausgenommen. Dagegen hielt der Bundesrat in Eilfällen eine zivilrechtliche Unterbringung nicht wegen der Möglichkeit öffentlich-rechtlicher Unterbringung für entbehrlich. Dem ist die BReg in ihrer Gegenäußerung mit der Modifikation gefolgt, daß sie in § 70h III FGG für eine Maßregel der gerichtlichen Unterbringung die entsprechende Geltung der Regelungen vorsah, die in § 70h I und II für **vorläufige Unterbringungsmaßnahmen** vorgesehen sind. Dabei handelt es sich um Maßnahmen eines Betreuers, die wegen Eilbedürftigkeit unter erleichterten verfahrensrechtlichen Kautelen ergehen. Von ihnen ist nun scharf die **einstweilige Unterbringungsmaßregel** des Gerichts zu unterscheiden, die entsprechend § 70h I FGG in der vorläufigen Unterbringung eines Volljährigen, die gesetzlich auf sechs Wochen beschränkt ist (Abs II S 1), aber auch in einer unterbringungsähnlichen Maßnahme nach § 1906 IV bestehen kann.

5 5. Konkludente Voraussetzung jeder Maßregel nach § 1846 ist die **Dringlichkeit** der Maßregel. Das Wohl des Mündels muß es erfordern, daß die Maßregel getroffen wird, bevor der verhinderte Vormund handeln oder ein Vormund bestellt werden kann. – Für die Maßregel der einstweiligen Unterbringung ist das Erfordernis der Dringlichkeit durch die Verweisung von § 70h III, I auf § 69f I Nr 1 FGG dahin ausgeformt, daß dringende Gründe für die Annahme bestehen müssen, daß die Voraussetzungen für die Bestellung eines Betreuers gegeben sind und daß mit dem Aufschub der Unterbringung Gefahr verbunden ist.

6 6. Subsidiarität und Eilcharakter der nach § 1846 zulässigen Maßregel bedeuten nicht, daß auch dann, wenn die Maßregel nicht einem dauernden, sondern einem nur einmaligen Bedürfnis abgeholfen hat, für den verhinderten Vormund oder Betreuer ein Ergänzungspfleger oder Ergänzungsbetreuer bestellt werden müßte. Denn die gerichtliche Unterbringung beruht auf der Kompetenz des Gerichts, das anstelle des nicht vorhandenen Betreuers handelt (Beispiel AG Nettetal FamRZ 1996, 1104: Anordnung einer dringend notwendigen Bluttransfusion, die der Betreuer, ein Zeuge Jehovas, ablehnte). Es sind dies die eigentlichen Fälle von „Ersatzzuständigkeit" des Gerichts.

7 7. **Verfahren.** Für die örtliche Zuständigkeit besteht neben der dreifach gestaffelten Normalzuständigkeit nach § 36 FGG bzw der Zuständigkeit der anhängigen Sache nach § 43 II FGG eine zusätzliche Zuständigkeit des Gerichts, in dessen Bezirk das Fürsorgebedürfnis hervortritt. In Betreuungssachen besteht dieser zusätzliche Gerichtsstand des Gerichts des Fürsorgebedürfnisses erst in zweiter Linie, nämlich dann, wenn der Betroffene im Inland keinen gewöhnlichen Aufenthalt hat oder ein solcher nicht feststellbar ist (§ 65 I, II FGG); gleiches gilt für Unterbringungssachen gem § 70 II S 2, 3 durch Verweisung auf § 65 I–III, V FGG. Im Verhältnis der nebeneinander zuständigen Gerichte gilt die Vorgriffszuständigkeit nach § 4 FGG (aA Staud/Engler Rz 13). Sobald das normalzuständige Gericht tätig wird, erlischt die Zuständigkeit des Eilgerichtes; dessen Verfügungen kann das hauptzuständige Gericht gem § 18 FGG ändern (Damrau/Zimmermann § 65 FGG Rz 25).

8 In Betreuungssachen genügt anstelle einer ärztlichen Begutachtung ein ärztliches Zeugnis (§ 69f I S 1 Nr 2 FGG). Die Anhörung des Betroffenen, gegebenenfalls auch des Verfahrenspflegers, kann durch einen ersuchten Richter erfolgen (§ 69f I S 2 FGG), die des Betroffenen auch unterbleiben, wenn hiervon erhebliche Nachteile für seine Gesundheit zu besorgen sind oder der Betroffene offensichtlich nicht in der Lage ist, seinen Willen kundzutun (§ 69f I S 3 iVm § 69d I S 3 FGG). Bei Gefahr im Verzug kann eine „**eilige**" **einstweilige Anordnung** schon vor Anhörung des Betroffenen sowie vor Bestellung und Anhörung des Pflegers erlassen werden (§ 69f I S 4 FGG); beide Anhörungen sind unverzüglich nachzuholen (§ 69f I S 4 Hs 2 FGG). Wird eine Unterbringungsmaßregel nach § 1846 als einstweilige Anordnung erlassen, so muß den in § 70d FGG genannten Personen und Stellen Gelegenheit zur Äußerung gegeben werden und die Entscheidung gemäß § 70g FGG bekannt gemacht werden; danach kann die sofortige Wirksamkeit der Entscheidung angeordnet werden. Auch eine Unterbringungsmaßnahme kann bei Gefahr in Verzug als eilige einstweilige Anordnung erlassen werden, also vor Anhörung des Betroffenen und Bestellung des Verfahrenspflegers und vor Anhörung der in § 70d FGG genannten Personen und Stellen (§ 70h I S 3 Hs 2 FGG).

9 8. Maßnahmen des VormG nach § 1846 sind **vorläufig**; endgültig entscheidet der Vormund nach Wegfall seiner Verhinderung bzw nach seiner Bestellung. Die Entscheidung des BayObLG FamRZ 1990, 1154, 1156 im Anschluß an BayObLG 1986, 174, 180 geht sehr weit, indem sie annimmt, daß eine Maßregel automatisch unzulässig wird, wenn der Pfleger innerhalb angemessener Frist keine Entscheidung trifft. Jedenfalls für die nach § 70h III FGG getroffene einstweilige Unterbringung kann dies nicht gelten; diese Maßregel endet mit dem gem § 70h III iVm Abs II S 1 und § 70f I Nr 3 FGG in dem Beschluß zu bestimmenden Zeitpunkt. Für unverzügliche Bestellung des Betreuers hat das VormG zu sorgen.

10 9. **Beschwerdebefugt** ist der Vormund aus eigenem Recht der Vormundschaft (§ 20 FGG), wenn er geltend macht, daß ein Fall der Verhinderung nicht vorgelegen habe, ferner als Vertreter des Mündels, wenn er sich gegen den Inhalt der Maßregel wendet; die Verfahrensfähigkeit des Mündels selbst für die Beschwerde richtet sich nach §§ 59 bis 66 FGG. Bei berechtigtem Interesse an der Wahrnehmung des Mündelinteresses ist auch ein Dritter nach § 57 I Nr 9 FGG beschwerdebefugt. Die Voraussetzungen des vormundschaftsgerichtlichen Einschreitens sind unbestimmte Rechtsbegriffe (so schon Göppinger Juristisches Jahrbuch 1968/69, 86, 102; jetzt auch MüKo/Wagenitz Rz 3; anders Hamm FamRZ 1964, 380; Soergel/Zimmermann Rz 7); zwischen mehreren geeigneten Maßregeln entscheidet das VormG nach seinem Ermessen. Seine Entscheidung kann nur im Instanzenzuge der FG angefochten und nachgeprüft werden.

11 10. § 1846 gilt gem § 1908i I S 1 sinngemäß auch im Betreuungsrecht (näher dazu § 1908i Rz 34).

1847 *Anhörung von Angehörigen*

Das VormG soll in wichtigen Angelegenheiten Verwandte oder Verschwägerte des Mündels hören, wenn dies ohne erhebliche Verzögerung und ohne unverhältnismäßige Kosten geschehen kann. § 1779 Abs. 3 Satz 2 gilt entsprechend.

1. Nach § 1779 II S 2 sind Verwandte und Verschwägerte mit Vorrang als Vormund auszuwählen und nach § 1779 III S 1 in dem Auswahlverfahren zu hören, wenn dies ohne erhebliche Verzögerung und ohne unverhältnismäßige Kosten geschehen kann. § 1847 überträgt diese Einflußmöglichkeit für die Familie auf wichtige Angelegenheiten der laufenden Vormundschaft. Der Begriff der **wichtigen Angelegenheiten** in S 1 ist ein **unbestimmter Rechtsbegriff** (RGRK/Dickescheid Rz 5); für die Beurteilung der Frage, ob eine Anhörung erfolgen soll (anders bei der Frage, welche Personen zu hören sind; vgl Rz 4), hat das VormG daher keinen Ermessensspielraum (so jetzt auch MüKo/Wagenitz Rz 2; aA Soergel/Zimmermann Rz 5: Ermessensentscheidung). Bei zu Unrecht unterbliebener Anhörung liegt deshalb eine Gesetzesverletzung vor, die durch weitere Beschwerde nach § 27 FGG geltend gemacht werden kann (Keidel/Kahl § 27 FGG Rz 34).

2. Bis zur Neufassung durch Art 1 Nr 34 FamRÄndG 1961 waren in S 2 als Beispiele für wichtige Angelegenheiten aufgezählt: die Ersetzung der Genehmigung im Falle des jetzigen § 1316 II, die Entlassung aus dem Staatsverband (§ 19 StAG) und die Todeserklärung (§ 16 VerschG). Außer in diesen weiterhin tauglichen Beispielsfällen kommt eine Anhörung in Frage in den Fällen der §§ 112, 113 III, 1752, 1823 BGB, 607 ZPO. Dagegen hält zB Hamburg OLG 44, 84 eine Anhörung der Mutter vor Genehmigung eines von dem früheren Ehemann mit dem Pfleger des ehelichen Kindes geschlossenen Unterhaltsvergleichs nicht für erforderlich (so jetzt, nach Neufassung der §§ 50a, 50b FGG, auch Soergel/Zimmermann Rz 5; aA Staud/Engler Rz 12).

3. Für die Anhörung ist **keine Form vorgeschrieben** Sie kann mündlich oder schriftlich erfolgen, auf Ersuchen auch durch ein anderes Amtsgericht oder das JA. Sie darf jedoch nicht zu einer bloßen Formsache werden (BayObLG JFG 6, 47). Es sind vielmehr der Sachverhalt und die für die Beurteilung wesentlichen Gesichtspunkte mit den Anzuhörenden in sachgemäßer Weise zu erörtern (KG Recht 1919, 601).

4. Das VormG bestimmt Zahl und Person der anzuhörenden Angehörigen nach seinem **Ermessen**. Die Anhörung kann unterbleiben, wenn sie eine erhebliche Verzögerung oder unverhältnismäßige Kosten verursachen würde. Die Verwandten und Verschwägerten sind andererseits nicht verpflichtet, Auskunft zu geben, sofern sie nicht nach § 15 FGG als Zeugen oder Sachverständige vernommen werden (vgl jedoch auch §§ 383ff ZPO). Ein **Beschwerderecht** steht ihnen nur nach Maßgabe des § 57 I Nr 8 und 9 FGG zu, nicht etwa schon deshalb, weil ihre Anhörung unterblieben ist (KG RJA 15, 265, 266). Da § 1847 nur eine Ordnungsvorschrift ist, ist die Entscheidung des VormG wirksam, auch wenn die Anhörung zu Unrecht unterblieben ist.

5. Wegen des Anspruchs von Angehörigen auf Auslagenersatz siehe § 1779 Rz 13.

1848 (weggefallen)

Untertitel 4

Mitwirkung des Jugendamts

1849, 1850 (weggefallen)

1851 *Mitteilungspflichten*

(1) Das Vormundschaftsgericht hat dem Jugendamt die Anordnung der Vormundschaft unter Bezeichnung des Vormunds und des Gegenvormunds sowie ein Wechsel in der Person und die Beendigung der Vormundschaft mitzuteilen.

(2) Wird der gewöhnliche Aufenthalt eines Mündels in den Bezirk eines anderen Jugendamts verlegt, so hat der Vormund dem Jugendamt des bisherigen gewöhnlichen Aufenthalts und dieses dem Jugendamt des neuen gewöhnlichen Aufenthalts die Verlegung mitzuteilen.

(3) Ist ein Verein Vormund, so sind die Absätze 1 und 2 nicht anzuwenden.

Das KJHG hat den früheren § 1851a als Abs III dem § 1851 angefügt. Die angeordneten **Mitteilungen** sollen die Durchführung der Überwachungspflicht (§ 53 III SGB VIII) erleichtern. **Abs II** gilt nur für eine **Aufenthaltsverlegung** von längerer Dauer. **Abs III:** Eine Überwachung des Vereinsvormunds durch das JA erübrigt sich, weil nach § 1791 I S 1 die Bestellung eines Vereins zum Vormund voraussetzt, daß ihm das Landesjugendamt gemäß § 54 SGB VIII die erforderliche Erlaubnis erteilt hat.

1851a (weggefallen)

Untertitel 5
Befreite Vormundschaft

1852 *Befreiung durch den Vater*
(1) Der Vater kann, wenn er einen Vormund benennt, die Bestellung eines Gegenvormunds ausschließen.
(2) Der Vater kann anordnen, dass der von ihm benannte Vormund bei der Anlegung von Geld den in den §§ 1809, 1810 bestimmten Beschränkungen nicht unterliegen und zu den in § 1812 bezeichneten Rechtsgeschäften der Genehmigung des Gegenvormunds oder des Vormundschaftsgericht nicht bedürfen soll. Die Anordnungen sind als getroffen anzusehen, wenn der Vater die Bestellung eines Gegenvormunds ausgeschlossen hat.

1853 *Befreiung von Hinterlegung und Sperrung*
Der Vater kann den von ihm benannten Vormund von der Verpflichtung entbinden, Inhaber- und Orderpapiere zu hinterlegen und den in § 1816 bezeichneten Vermerk in das Bundesschuldbuch oder das Schuldbuch eines Landes eintragen zu lassen.

1854 *Befreiung von der Rechnungslegungspflicht*
(1) Der Vater kann den von ihm benannten Vormund von der Verpflichtung entbinden, während der Dauer seines Amtes Rechnung zu legen.
(2) Der Vormund hat in einem solchen Falle nach dem Ablauf von je zwei Jahren eine Übersicht über den Bestand des seiner Verwaltung unterliegenden Vermögens dem Vormundschaftsgericht einzureichen. Das Vormundschaftsgericht kann anordnen, dass die Übersicht in längeren, höchstens fünfjährigen Zwischenräumen einzureichen ist.
(3) Ist ein Gegenvormund vorhanden oder zu bestellen, so hat ihm der Vormund die Übersicht unter Nachweisung des Vermögensbestands vorzulegen. Der Gegenvormund hat die Übersicht mit den Bemerkungen zu versehen, zu denen die Prüfung ihm Anlass gibt.

1 1. Eine **befreite Vormundschaft** liegt vor, wenn der Vater (§§ 1852ff) oder die Mutter (§ 1855) den von ihnen nach § 1777 benannten Vormund letztwillig von gewissen Beschränkungen und Verpflichtungen befreit hat. Eine solche Befreiung ist zulässig von a) der Bestellung eines Gegenvormunds (§ 1852 I); b) den in den §§ 1809 und 1810 angeordneten Beschränkungen bei der Anlegung des Mündelgeldes (§ 1852 II); c) der nach § 1812 erforderlichen Genehmigung des Gegenvormunds oder des VormG zu Verfügungen über Rechte und Wertpapiere des Mündels, soweit nicht die Genehmigung des VormG nach §§ 1819–1822 geboten ist (§ 1852 II); d) der Hinterlegung der Inhaber- und Orderpapiere des Mündels nach §§ 1814, 1815 und der Eintragung des Sperrvermerks gemäß § 1816 bei Buchforderungen gegen den Bund oder ein Land (§ 1853); e) der Rechnungslegung nach § 1840 während der Dauer des Amtes (§ 1854), nicht von der Pflicht zur Legung der Schlußrechnung nach § 1890.

2 Die Befreiung kann von allen genannten Beschränkungen und Verpflichtungen oder nur von einzelnen angeordnet, in den Fällen zu a) und d) auch auf einzelne Forderungen, Rechte, Wertpapiere und andere Gegenstände beschränkt werden. Der Ausschluß der Bestellung eines Gegenvormunds – a) – umfaßt zugleich die Befreiung von b) und c), sofern nicht Abweichendes bestimmt ist (§ 1852 II S 2). Es kann zB bei Ausschluß der Bestellung eines Gegenvormunds angeordnet werden, daß die Befreiung von b) und c) nicht gewährt wird, was zur Folge hat, daß in diesen Fällen statt der Genehmigung des Gegenvormunds stets die des VormG einzuholen ist (§§ 1809, 1810, 1812 II und III). Andererseits kann ohne Ausschluß der Bestellung eines Gegenvormunds von b) und c) befreit werden, womit zugleich eine Genehmigung des VormG nach § 1810 S 2 und § 1812 entbehrlich wird. Ist allgemein bestimmt, daß der Vormund die Stellung eines befreiten Vormunds haben soll, so ist darunter im Zweifel zu verstehen, daß sämtliche nach §§ 1852–1854 zulässigen Befreiungen eintreten sollen. Die Befreiungen gelten stets nur für den von dem Anordnenden benannten Vormund, nicht für die Vormundschaft überhaupt. Vermerk der Befreiungen in der Bestellung des Vormunds ist nicht vorgeschrieben, aber zulässig und zweckmäßig (KGJ 45, 66, 67).

3 2. Mit der Befreiung von Hinterlegung und Sperrvermerk (Rz 1 zu d) entfallen zugleich die Beschränkungen nach §§ 1819, 1820 und die Befugnis des VormG nach § 1815 II. Auf § 1818, da in §§ 1852 bis 1854 nicht genannt, bezieht sich die Befreiungsmöglichkeit nicht (vgl § 1818 Rz 3).

4 3. Die Befreiung von der Rechnungslegung (Rz 1 zu e) befreit nicht von der Aufstellung und Einreichung des Vermögensverzeichnisses (§ 1802) und der Legung der Schlußrechnung (§ 1890). Der Vormund hat in diesem Falle zudem nach je 2 Jahren dem VormG eine Übersicht über den Bestand des vom ihm verwalteten Vermögens einzureichen (§ 1854 II S 1). Dieses kann nach seinem Ermessen die Frist bis zu höchstens fünf Jahren verlängern (S 2). In der Übersicht kann auf das Verzeichnis nach § 1802 und die früher eingereichten Übersichten Bezug genommen werden. Sie hat auch die Schulden zu enthalten (Soergel/Zimmermann § 1854 Rz 2; Pal/Diederichsen § 1854 Rz 2; und nun auch Staud/Engler Rz 24). Das VormG hat die Übersicht zu prüfen (§ 1837) und kann zur Aufklärung Auskunft von dem Vormund verlangen (§ 1839). Ist ein Gegenvormund vorhanden oder zu bestellen (§ 1792), so hat ihm der Vormund die Übersicht unter Nachweisung des Vermögensbestandes vorzulegen (§ 1854 III S 1). Er muß daher erforderlichenfalls vor Einreichung der Übersicht bestellt werden. Der Gegenvormund hat die Übersicht zu prüfen und mit den Bemerkungen zu versehen, zu denen diese Anlaß gibt (§ 1854 III S 2). Der Vormund hat ihm auf Verlangen **Auskunft** über die Führung der Vormundschaft zu geben und Einsicht der Unterlagen zu gestatten (§ 1799 II). § 1854 II gilt nicht, wenn die Bestellung des Gegenvormunds ausgeschlossen ist (Rz 1 zu a).

4. Eine Befreiung kann nicht angeordnet werden von a) der Aufsicht des VormG (§ 1837) überhaupt (KGJ 5 24, 8, 10), b) der Pflicht zur Einreichung des Vermögensverzeichnisses nach § 1802; auch die Offenlegung des Verzeichnisses kann nicht untersagt werden, c) dem Erfordernis der Genehmigung des VormG in den Fällen der §§ 1821, 1822 (Kassel OLG 14, 265, 266), d) der Pflicht zur sicheren Anlegung des Mündelgeldes nach §§ 1806ff (KGJ 24, 8, 10), e) der Verpflichtung zur Sicherheitsleistung nach § 1844, f) der Legung der Schlußrechnung nach § 1890.

5. Kraft Gesetzes gelten die gleichen Befreiungen, die nach §§ 1852–1854 angeordnet werden können: a) für 6 Eltern, Ehegatten oder Abkömmlinge als Betreuer gem § 1908i II S 2, sofern das VormG nichts anderes anordnet; b) nach § 1857a für den gesetzlichen und den bestellten Amtsvormund (§ 1791b) und c) sowie für den Vereinsvormund (§ 1791a), entsprechend für das JA oder einen Verein als Pfleger (§ 1915), jedoch mit Ausnahme der Befreiung nach § 1852 I. Bei einer Vereinsvormundschaft ist daher eine Gegenvormundschaft zulässig (§ 1791a IV). Neben dem JA kann schon nach § 1792 I ohnehin kein Gegenvormund bestellt werden. Wegen der auch im übrigen freieren Stellung des Amts- und Vereinsvormunds siehe § 1791b Rz 5. c) Für einen Verein und die Betreuungsbehörde als Betreuer (§§ 1857a iVm § 1908i I). d) Für den Vereins- und den Behördenbetreuer (§ 1908i II S 2).

6. Die in den §§ 1852–1854 zugelassenen Befreiungen können nach § 1917 II, wenn dem Mündel Vermögen 7 nach Maßgabe des § 1909 I S 2 zugewendet wird, auch von dem Erblasser durch letztwillige Verfügung oder von dem zuwendenden Dritten bei der Zuwendung für den von ihnen zur Verwaltung benannten Pfleger angeordnet werden; im letzteren Falle bedarf die Anordnung keiner besonderen Form.

1855 *Befreiung durch die Mutter*
Benennt die Mutter einen Vormund, so kann sie die gleichen Anordnungen treffen wie nach den §§ 1852 bis 1854 der Vater.

Das Benennungsrecht der Mutter ergibt sich aus § 1776. Widersprechen ihre Anordnungen für den auch vom 1 Vater benannten Vormund dessen Anordnungen, so gilt § 1856 S 2. Für den Fall abweichender Benennung siehe § 1776 II.

1856 *Voraussetzungen der Befreiung*
Auf die nach §§ 1852 bis 1855 zulässigen Anordnungen ist die Vorschrift des § 1777 anzuwenden. Haben die Eltern denselben Vormund benannt, aber einander widersprechende Anordnungen getroffen, so gelten die Anordnungen des zuletzt verstorbenen Elternteils.

1. Die Wirksamkeit der Anordnung durch Vater oder Mutter hängt von den gleichen Voraussetzungen ab wie 1 nach § 1777 die Wirksamkeit der Benennung des Vormunds, da beide Ausfluß der elterlichen Sorge sind (Erläuterung zu § 1777). Sie können sowohl zusammen mit der Benennung als auch durch eine spätere letztwillige Verfügung getroffen werden, auch in einem Erbvertrag als einseitige Verfügungen iSv § 2299.

2. Ein Widerspruch zwischen den Anordnungen beider Eltern liegt vor, wenn nur ein Elternteil Befreiungen 2 verfügt hat oder wenn die Befreiungsanordnungen beider Elternteile verschiedenen Umfang haben. In diesen Fällen gilt – entsprechend §§ 1776 II, 1782 I S 2 – die Anordnung des **letztverstorbenen** Elternteils (S 2). Daraus folgt über den Wortlaut hinaus auch, daß die letzte Befreiung eintritt, wenn der Letztverstorbene sich auf die Benennung beschränkt, eine Anordnung im Sinne von §§ 1852ff also gar nicht getroffen hat; die Auslegung kann jedoch ergeben, daß er sich auch insoweit der Anordnung seines Ehegatten anschließen wollte (MüKo/Wagenitz Rz 5; aA Soergel/Zimmermann Rz 3).

1857 *Aufhebung der Befreiung durch das Vormundschaftsgericht*
Die Anordnungen des Vaters oder der Mutter können von dem Vormundschaftsgericht außer Kraft gesetzt werden, wenn ihre Befolgung das Interesse des Mündels gefährden würde.

Die Vorschrift entspricht dem Grundsatz des § 1778 I Nr 4 für die Berufung als Vormund. Wie dort kann die 1 Befreiung nur zum Wohl des Mündels erfolgen, nicht etwa im Interesse anderer Angehöriger. Die Anordnungen können auch teilweise aufgehoben sowie bei Wegfall der Gefährdung wieder in Kraft gesetzt werden. Dem Vormund steht gegen die **Außerkraftsetzung** Beschwerde nach § 20 I FGG zu. Sie gibt ihm kein Recht, seine Entlassung zu verlangen, sofern nicht das VormG einen wichtigen Grund im Sinne des § 1889 I für gegeben erachtet. Die Befugnis des VormG kann durch die Eltern weder ausgeschlossen noch beschränkt werden. Die Außerkraftsetzung ist in der Bestallung des Vormunds zu vermerken, wenn die Befreiung darin angegeben war.

1857a *Befreiung des Jugendamts und des Vereins*
Dem Jugendamt und einem Verein als Vormund stehen die nach § 1852 Abs. 2, §§ 1853, 1854 zulässigen Befreiungen zu.

1. Die Vorschrift beruht auf dem NEhelG. Nicht umfaßt wird die Befreiung nach § 1852 I (Bestellung eines 1 Gegenvormunds). Neben einem Vereinsvormund kann also ein Gegenvormund bestellt werden. § 1791 IV sieht für diesen Fall nur vor, daß das VormG vor der Bestellung den Verein hören soll. Dagegen kann neben dem JA nach § 1792 I S 2 kein Gegenvormund bestellt werden. Die gesetzliche Befreiung durch § 1857a kann vom VormG nicht gem § 1857 aufgehoben werden. Wegen weiterer Befreiungen des JA nach SGB VIII s § 1791b Rz 5.

§ 1857a Familienrecht Vormundschaft

2 2. § 1857a ist gem § 1908 I S 1 im Betreuungsrecht sinngemäß anwendbar. Das bedeutet, daß die Betreuungsbehörde oder ein Verein als Betreuer (§ 1900) stets die Befreiungen des § 1857a genießen. Hinsichtlich der Bestellung eines Gegenbetreuers bedeutet dies, daß sie neben der Vereinsbetreuung möglich ist, nicht aber neben der Behördenbetreuung, weil § 1792 I S 2 im Betreuungsrecht ebenfalls sinngemäß anzuwenden ist. In § 1908i II S 2 ist § 1857a ausgedehnt auf die Betreuung durch Vater, Mutter, Ehegatten des Betreuten sowie auf Vereins- und Behördenbetreuer.

1858–1881 (weggefallen)

Untertitel 6
Beendigung der Vormundschaft

1882 *Wegfall der Voraussetzungen*
Die Vormundschaft endigt mit dem Wegfalle der in § 1773 für die Begründung der Vormundschaft bestimmten Voraussetzungen.

1 1. Es ist zu unterscheiden zwischen dem **Ende der Vormundschaft** (§§ 1882–1884) und dem **Ende des Amtes** des Vormunds (§§ 1886–1889) oder Gegenvormunds (§ 1895). Vormundschaft wie Vormundsamt enden entweder kraft Gesetzes ohne weiteres (§§ 1882, 1884 II, 1895) oder durch richterliche Verfügung (Aufhebung der Vormundschaft, § 1884 I; Entlassung des Vormunds oder Gegenvormunds, §§ 1886–1889, 1895). Die §§ 1890–1894 regeln Folgen der Beendigung.

2 2. Die **Vormundschaft endet** grundsätzlich ohne weiteres, wenn der Grund ihrer Anordnung (§ 1773) wegfällt, also **a)** mit Tod oder Todeserklärung des Mündels oder Feststellung der Todeszeit (§ 1884); **b)** mit Volljährigkeit (§ 2) des Mündels; **c)** mit Eintritt oder Wiedereintritt der elterlichen Sorge, nämlich mit **aa)** dem Auffinden der Eltern eines Findelkindes; **bb)** mit der Adoption, der bei allen anderen als einer Stiefkindadoption wegen § 1751 I S 2 immer eine Vormundschaft vorausgeht; **cc)** wenn die Vaterschaft des unter Vormundschaft stehenden Kindes nach § 1599 II anerkannt wird und der anerkennende Mann entweder die Mutter heiratet oder mit ihr gemeinsame Sorgeerklärungen abgibt (§ 1626a I Nr 1 und 2); **dd)** mit der gem § 1696 erfolgenden Aufhebung einer den Eltern das Sorgerecht entziehenden Entscheidung; **ee)** wenn das vom einem Vormund wahrgenommene Sorgerecht dem Vater nach §§ 1671, 1672 I übertragen wird; **ff)** mit dem Ende des Ruhens der elterlichen Sorge oder im Fall des § 1674 mit der nach Abs II erfolgenden Feststellung des Gerichts, daß die tatsächliche Verhinderung nicht mehr besteht.

3 3. Entfällt der bisherige Grund der Vormundschaft, besteht das Fürsorgebedürfnis aber aus einem anderen Grund fort, so bedeutet dies nach Gernhuber/Coester-Waltjen § 73 I S 2 grundsätzlich das Ende der bestehenden Vormundschaft, verbunden mit der Notwendigkeit, eine neue einzurichten. Diese Umständlichkeit ist praktisch nicht geboten. Vielmehr bleibt die Vormundschaft grundsätzlich bestehen, wenn zB die Eltern während des Ruhens der elterlichen Sorge sterben (BayObLG 1906, 517, 518) oder die Feststellung der Vaterschaft nach dem Tod des Vaters erfolgt. Anderes mußte früher gelten, wenn nach Eintritt der Volljährigkeit des Kindes das Fürsorgebedürfnis weiterbestand (Soergel/Zimmermann Rz 7). Dem entspricht, daß seit 1992 die Vormundschaft über den Minderjährigen nicht in eine Betreuung übergehen kann. Doch kann das Verfahren auf Anordnung der Betreuung gem § 1908a schon eröffnet und ein Betreuer schon bestellt werden, wenn der Minderjährige das 17. Lebensjahr vollendet hat (§ 1908a Rz 2). Wird in solchem Fall der frühere Vormund zum Betreuer bestellt, so entfällt allerdings die Vermögensherausgabe und wohl auch die Rechenschaftslegung (§ 1890) sowie die erneute Verzeichnung des Vermögens in § 1802 (aA RGRK/Dickescheid Rz 6), Vorschriften, die gem § 1908i I S 1 im Betreuungsrecht sinngemäß ebenfalls gelten.

4 Müßte dem Kind nach Scheidung der Elternehe gem § 1671 III ein Vormund bestellt werden und verheiraten sich die Eltern wieder miteinander, so erwerben sie zwar die elterliche Sorge zurück; die Vormundschaft aber endet erst mit ihrer Aufhebung (Stuttgart FamRZ 1976, 537; Hamm FamRZ 1978, 262), weil die neue Ehe der Eltern nicht auch automatisch ihre Eignung zur Erziehung verbessert.

5 4. Das VormG hat von Amts wegen festzustellen, ob die Vormundschaft beendet ist (§ 12 FGG; KG RJA 16, 181, 183). Der Vormund ist daher beim Tod des Mündels nicht verpflichtet, eine Sterbeurkunde einzureichen (KGJ 51, 47, 50). Mit der Vormundschaft endet auch das Amt des Vormunds, es bedarf keiner Entlassung.

1883 (weggefallen)

1884 *Verschollenheit und Todeserklärung des Mündels*
(1) Ist der Mündel verschollen, so endigt die Vormundschaft erst mit der Aufhebung durch das Vormundschaftsgericht. Das Vormundschaftsgericht hat die Vormundschaft aufzuheben, wenn ihm der Tod des Mündels bekannt wird.
(2) Wird der Mündel für tot erklärt oder wird seine Todeszeit nach den Vorschriften des Verschollenheitsgesetzes festgestellt, so endigt die Vormundschaft mit der Rechtskraft des Beschlusses über die Todeserklärung oder die Feststellung der Todeszeit.

Beendigung der Vormundschaft **§ 1886**

1. Während der Tod des Mündels die Vormundschaft gem dem Grundsatz des § 1882 automatisch enden läßt, bedarf es bei Verschollenheit des Mündels, deren begriffliche Voraussetzungen (§ 1 VerschG) teilweise eine Abschätzung erfordern, zur Rechtssicherheit eines Beschlusses des VormG. Sobald allerdings die Verschollenheit zur Todesklärung oder auch nur einer Feststellung der Todeszeit geführt hat, gilt wieder der Grundsatz des § 1882 (§ 1882 Rz 2).

2. Sind nach den Umständen ernstliche Zweifel am Fortleben des Mündels begründet, hat das VormG Ermittlungen anzustellen (§ 12 FGG) und nach deren Ergebnis die Vormundschaft aufzuheben, wenn es das Ableben des Mündels als sicher erachtet. Es entscheidet der Rechtspfleger (§ 3 Nr 2 lit a RPflG). **Beschwerdeberechtigt** sind der Ehegatte, die Verwandten und Verschwägerten des Mündels sowie jeder, der am Fortbestand der Vormundschaft ein rechtliches Interesse hat (§ 57 I Nr 1 FGG).

3. Nach Soergel/Zimmermann Rz 1 (im Anschluß an Oldenburg NJW 1952, 939 und Nürnberg WM 1957, 1317) erfaßt Abs I auch **andere Beendigungsgründe**, so den Eintritt der Volljährigkeit des verschollenen Mündels. Die Begründung dieser Ansicht mit dem Gesetzeswortlaut ist irrig, weil Abs I S 2 zeigt, daß der Gesetzgeber nur den Endigungsgrund des Todes regeln wollte (wie hier Gernhuber/Coester-Waltjen § 73 I S 3 Fn 3; Pal/Diederichsen Rz 1; Staud/Engler Rz 4). Bei Eintritt der Volljährigkeit des Mündels besteht für eine Analogie auch kein Anlaß, weil die Verschollenheit des Mündels dessen Geburtsdatum nicht verunklart.

1885 (weggefallen)

1886 *Entlassung des Einzelvormunds*
Das VormG hat den Einzelvormund zu entlassen, wenn die Fortführung des Amtes, insbesondere wegen pflichtwidrigen Verhaltens des Vormunds, das Interesse des Mündels gefährden würde oder wenn in der Person des Vormunds einer der im § 1781 bestimmten Gründe vorliegt.

1. Das Amt des Einzelvormunds endet mit seiner **Entlassung** durch das VormG. Diese erfolgt entweder von Amts wegen (§§ 1886, 1888) oder auf Antrag des Vormunds (§ 1889). Die Vorschriften finden auf den Gegenvormund (§ 1895) und den Pfleger (§ 1915 I) entsprechende Anwendung.

2. Die Entlassung hat **von Amts wegen** zu erfolgen, a) wenn die Fortführung des Amtes das **Mündelinteresse gefährden** würde.

aa) Die Gefährdung kann insbesondere in pflichtwidrigem Verhalten liegen. Es genügt die abstrakte Gefährdung, die in jeder Verletzung einer im Interesse des Mündels bestehenden Pflicht liegt (vgl § 1837 Rz 12). Entlassen werden kann ein Vormund, der mißbräuchlich der infolge § 1666 nicht sorgeberechtigten Mutter den Umgang mit dem Kind verweigert; seiner Auskunftspflicht aus § 1839 beharrlich nicht nachkommt (Hamm Rpfleger 1966, 17); andauernd gegen die Pflicht zu mündelsicherer Anlage verstößt (Frankfurt Rpfleger 1983, 151) oder längerdauernd die Rechnungslegung unterläßt (BayObLG ZfJ 1982, 360, 362).

bb) Die Gefährdung des Mündelinteresses braucht nicht in pflichtwidrigem Verhalten zu liegen und muß daher auch **nicht schuldhaft** sein, so bei längerer Krankheit (BayObLG JFG 3, 76; KGJ 44, 36, 38), weit entferntem Wohnsitz (BayObLG 1906, 45, 46); Verlust der natürlichen Geschäftsfähigkeit (Karlsruhe JW 1920, 502); fehlenden Fachkenntnissen zur Führung eines Betriebs (BayObLG 1933, 345, 346); dauerndem Widerstreit der Interessen (BayObLG FamRZ 1959, 32, 33); tiefgehender Entfremdung zwischen Vormund und Mündel (BayObLG 1910, 311, 315; BayObLG 1910, 386, 389; KG OLG 8, 361, 362), auch infolge Religionswechsels des Vormunds oder Mündels (BayObLG 1924, 54, 57; JFG 3, 76), dagegen regelmäßig nicht bei Mißhelligkeiten zwischen Vormund und Verwandten des Mündels (BayObLG Recht 1904, 140) oder gegensätzlicher Auffassungen von Vormunds und VormG, wohl aber auch bei Zweckmäßigkeitsfragen, wenn der Vormund trotz aller Gegenvorstellungen auf einem unzweckmäßigen Verhalten beharrt (KG RJA 5, 219; JW 1935, 546; 1938, 170), zB auf Durchführung eines aussichtslosen Rechtsstreites (KG JW 1936, 2753, 2574).

cc) Vorrang vor der Entlassung hat jeder **mildere Eingriff**, wenn er genügend erscheint (BayObLG FamRZ 1983, 528; DAVorm 1988, 286, 288), so zunächst die Androhung der Entlassung, der Entzug der Vertretung gem § 1796 für eine einzelne oder einen bestimmten Kreis von Angelegenheiten, wofür ein Pfleger zu bestellen ist (BayObLG FamRZ 1959, 32, 33; Hamm FamRZ 1997, 1561, 1562). Auch ist zu prüfen, ob nicht durch eine Entlassung die Interessen des Mündels mehr geschädigt werden als bei Beibehaltung des Vormunds (KG OLG 24, 48); auch etwaige Schwierigkeiten, einen geeigneten anderen Vormund zu bestellen, können in Betracht gezogen werden, dürfen jedoch nicht ausschlaggebend sein (BayObLG Recht 1919 Nr 1800). Bei pflichtwidrigem Verhalten ist ein Vormund ohne Rücksicht darauf zu entlassen, ob eine andere geeignete Person als Einzelvormund oder ein Verein zur Verfügung steht (BayObLG NJW 1961, 1117, 1119). Die äußerste Grenze einer teilweisen Entziehung der Sorge ergibt sich aus § 1773: Weder in allen die Person noch in allen das Vermögen betreffenden Angelegenheiten kann dem Vormund das Vertretungsrecht entzogen werden (KGJ 45, 42, 43f; KG JW 1938, 237). Wegen der Entziehung der Sorge für die religiöse Erziehung des Mündels siehe § 1801. Sind jedoch die Voraussetzungen des § 1886 gegeben, so brauchen nicht zunächst probeweise minder einschneidende Maßnahmen versucht zu werden (BayObLG JW 1931, 1374, 1375). Auch zeitlich vor der Bestellung zum Vormund liegende Tatsachen, die nachträglich bekannt werden, können die Entlassung rechtfertigen (Hamburg OLG 30, 158).

b) § 1886 nennt als Entlassungsgrund ferner den Tatbestand des § 1781. Es kann sein, daß die Bestellung zum Vormund trotz Vorliegens des **Untauglichkeitsgrundes** (§ 1781) erfolgt war und der Grund noch fortbesteht oder

§ 1886 Familienrecht Vormundschaft

daß ein solcher Grund oder ein Unfähigkeitsgrund nach § 1780 nachträglich eintritt. Lag dagegen zZt der Bestellung der **Unfähigkeitsgrund** des § 1780 vor, so bedarf es keiner Entlassung, da die Bestellung nichtig ist.

c) Der Vormund kann auch aus folgenden, in § 1886 nicht genannten Gründen entlassen werden: **aa)** Wenn bei der Bestellung die Entlassung nach § 1790 **vorbehalten** war und der Vorbehaltsfall eingetreten ist.

6 **bb)** Wenn der als Vormund **Berufene** zZt der Bestellung des bisherigen Vormunds **vorübergehend verhindert** war und nach Wegfall des Hindernisses seine Bestellung zum Vormund beantragt (§ 1778 II) oder der Vormund unter auflösender Bedingung oder mit Endtermin benannt war und Bedingung oder Termin eingetreten ist (vgl § 1777 Rz 5).

cc) Wenn der Vormund unter **Verletzung des § 1779 II** bestellt wurde (RG 64, 288; KG JW 1939, 103; JFG 18, 325; BayObLG Rpfleger 1979, 307, 308; BayObLG FamRZ 1962, 74, 77; DAVorm 1997, 49) oder nachträglich ein Grund eingetreten ist, der den Vormund ungeeignet erscheinen läßt.

7 **dd)** Wenn eine Beschwerde gegen die Entlassung des Vorgängers erfolgreich war, so daß dieser bei sofortiger Beschwerde rückwirkend wieder Vormund geworden ist und bei einfacher Beschwerde wieder als Vormund zu bestellen ist (vgl Rz 12).

ee) Dagegen kann der Vormund nicht deswegen entlassen werden, weil bei seiner Auswahl eine als Vormund berufene Person zu Unrecht übergangen wurde (BayObLG FuR 1991, 353).

8 **3.** In der Entscheidung, ob das Interesse des Mündels gefährdet würde, wurde früher eine Ermessensentscheidung gesehen (Staud/Engler, 10./11. Aufl, Rz 2; Dölle FamR II § 135 I S 4). Heute ist dagegen allgemein anerkannt, daß ein **unbestimmter Rechtsbegriff** vorliegt, dessen Konkretisierung durch die Vorinstanzen für das Gericht der weiteren Beschwerde voll nachprüfbar ist (BayOLG ZfJ 1982, 360, 362; Frankfurt/M RdJ 1962, 223; MüKo/Wagenitz Rz 6; Keidel/Kahl § 27 FGG Rz 31; Göppinger FamRZ 1960, 258 Fn 73; 1961, 499).

9 **4. Verfahren.** Zuständig ist gem § 3 Nr 2 lit a RPflG der Rechtspfleger. Zu hören ist der Vormund, soweit tunlich (KG HRR 1926, 475), der Mündel nach Maßgabe des § 50b FGG, Eltern nach Maßgabe des § 50a FGG, andere Angehörige nach Maßgabe von § 1847. **Wirksam** wird die Entlassung gem § 16 I FGG mit der Bekanntmachung an den Vormund.

10 **Beschwerdebefugt** gegen die Entlassung des Vormunds ist a) der Vormund selbst (§ 20 FGG), b) der Mündel, dessen Recht (§ 20 FGG) davon betroffen wird, wer für ihn sorgeberechtigt ist (KG JFG 15, 198 = DFG 1937, 85 unter Aufgabe von KGJ 30, 9); diese Beschwerdebefugnis entspricht derjenigen gegenüber der Auswahl des Vormunds (vgl § 1779 Rz 9). Das Beschwerderecht des Mündels kann ein neuer Vormund ausüben oder der Mündel selbst nach Maßgabe des § 59 FGG. c) Dritte sind auch bei berechtigtem Interesse gem § 57 I Nr 9, II FGG nicht beschwerdebefugt (BayObLG 1923, 20, 22), wenn der Vormund gegen seinen Willen entlassen wird, weil die Beschwerde dann gem § 60 I Nr 3 FGG die sofortige ist.

11 Gem § 60 I Nr 3 FGG ist die **sofortige** Beschwerde gegeben, wenn der Vormund gegen seinen Willen entlassen wird. Das setzt voraus, daß ihm zuvor die Entlassungsabsicht mitgeteilt wurde. Schon gegen die Androhung der Entlassung steht dem Vormund die **einfache** Beschwerde zu (KGJ 51, 36, 40), ebenso wie gegen die Entlassung selbst, wenn er sich gegen ihre Androhung nicht gewandt hat oder von der Entlassung überrascht wurde, also ohne seinen Willen entlassen wurde. Hat sich der Vormund dagegen mit seiner beabsichtigten Entlassung einverstanden erklärt, diese sogar angeregt oder beantragt, so ist er mangels Beschwer nicht beschwerdebefugt. Ein **Vorbescheid**, mit dem das VormG dem Vormund seine Entlassung ankündigt, ist unzulässig (BayObLG FamRZ 1994, 51, 52; aA Hähnlein, Der Vorbescheid etc, S 100, 131). Der Gefahr, daß das Mündel bei mehrfachem Wechsel des Vormunds ausgesetzt wäre, hätte in dem Fall durch eine Verbleibensanordnung nach § 1632 IV begegnet werden können). Gegen den Vorbescheid ist, weil keine Verfügung, nicht nach § 60 I S 3 FGG die sofortige, sondern die einfache Beschwerde gegeben.

12 Hat die **sofortige (weitere) Beschwerde Erfolg**, so entfällt die Entlassung rückwirkend (BayObLG FamRZ 1990, 1273; 1988, 874, 875; KG FamRZ 1970, 672, 674). Hat jedoch erst das Beschwerdegericht die Entlassung verfügt, die auf sofortige weitere Beschwerde aufgehoben wird, so ist die Entlassung gem § 26 S 1 FGG noch gar nicht wirksam geworden, wenn das Beschwerdegericht nicht gem § 26 S 2 FGG die sofortige Wirksamkeit angeordnet hatte. – Hat die **einfache Beschwerde Erfolg**, so ist der Vormund wieder zu bestellen und ein inzwischen bestellter anderer Vormund zu entlassen (vgl Rz 7).

13 **5.** Vor allem dann, wenn der Vormund gegen seinen Willen entlassen wird, ist es wichtig, sogleich einen neuen Vormund zu bestellen, dem die Verfügung der Entlassung gem § 16 II S 1 FGG förmlich zugestellt werden kann, damit gegen den Mündel die Beschwerdefrist zu laufen beginnt.

14 **6.** Ein Recht, die Entlassung des Vormunds zu beantragen, steht nur der Gegenvormund: gegen die Zurückweisung seines Antrags steht ihm nach § 57 I Nr 6 FGG die Beschwerde zu.

15 **7.** § 1886 gilt nur für den Einzelvormund (BayObLG MDR 1977, 140). Die Voraussetzungen, unter denen ein **Amts- und Vereinsvormund** entlassen werden kann, bestimmen sich nach § 1887.

16 **8.** Die Entlassung steht einer späteren **Wiederbestellung** des Entlassenen zum Vormund desselben Mündels nicht entgegen (BayObLG HRR 1935, 1317).

1887 *Entlassung des Jugendamts oder Vereins*

(1) Das Vormundschaftsgericht hat das Jugendamt oder den Verein als Vormund zu entlassen und einen anderen Vormund zu bestellen, wenn dies dem Wohl des Mündels dient und eine andere als Vormund geeignete Person vorhanden ist.

Beendigung der Vormundschaft **§ 1887**

(2) Die Entscheidung ergeht von Amts wegen oder auf Antrag. Zum Antrag ist berechtigt der Mündel, der das 14. Lebensjahr vollendet hat, sowie jeder, der ein berechtigtes Interesse des Mündels geltend macht. Das Jugendamt oder der Verein sollen den Antrag stellen, sobald sie erfahren, dass die Voraussetzungen des Absatzes 1 vorliegen.

(3) Das Vormundschaftsgericht soll vor seiner Entscheidung auch das Jugendamt oder den Verein hören.

1. Die **Entlassung des Amts- oder Vereinsvormunds** regelt § 1887 im Interesse des **Mündels**, § 1889 II auf Antrag des Vormunds. Beide Vorschriften machen das Wohl des Mündels zum Kriterium der Entlassung oder besser seiner Auswechslung, § 1887 jedoch als positive, § 1889 II als negative Voraussetzung. Darin kommt zum Ausdruck, daß das Antragsrecht in gewissem Umfang auch eigenen Interessen des Vereins oder des JA Raum läßt. Aus Abs II S 3 geht jedoch hervor, daß das Antragsrecht im wesentlichen gegeben ist, damit das Wohl des Mündels verwirklicht wird. § 1887 kann aber auch Instrument der Kontrolle des VormG gegenüber Verein und JA sein (vgl § 1837 Rz 11 aE). In diesem Zusammenhang haben die für den Einzelvormund geltenden Entlassungsgründe des § 1886 auch gegenüber dem JA und einem Verein Bedeutung. Bei Bestehenbleiben der Vormundschaft kann der Amts- oder Vereinsvormund nur im Zusammenhang mit der Bestellung eines anderen, idR eines Einzelvormunds, entlassen werden.

2. Der Amts- oder Vereinsvormund ist nach Abs I zu entlassen und ein anderer, nämlich ein Einzelvormund zu bestellen, wenn es dem **Wohle des Mündels** dient und eine andere als Vormund geeignete Person vorhanden ist. Darin kommt die Subsidiarität der institutionellen Vormünder hinter dem Einzelvormund jeden Typs zum Ausdruck, die nach § 1791a und § 1791b bereits die Bestellung eines Vereins oder des JA zum Vormund beherrscht. Nach § 56 IV SGB VIII hat das JA in der Regel jährlich zu prüfen, ob im Interesse des Kindes oder des Jugendlichen seine Entlassung als Amtspfleger oder Amtsvormund und die Bestellung einer Einzelperson oder eines Vereins angezeigt ist, und dies dem VormG mitzuteilen. Darin kommt eine Subsidiarität des JA auch hinter dem Verein zum Ausdruck. Daher kann bei § 1887 der andere Vormund, der an die Stelle des JA tritt, auch ein Verein sein. Gründe für die Entlassung eines Vereins oder des JA können außer in einer als Einzelvormund zur Verfügung stehenden Person auch darin liegen, daß Verein oder Behörde keine kontinuierliche Betreuung des Mündels durch dasselbe Mitglied oder denselben Mitarbeiter sicherstellen oder deren pflichtwidriges oder kindeswohlgefährdendes Verhalten nicht zuverlässig abstellen (vgl § 1837 Rz 11). Das Erfordernis, daß die Auswechslung des Vormunds dem Wohl des Mündels dient, widerspricht nicht dem Vorrang eines Einzelbetreuers, sondern bedeutet, daß die Auswechslung im Regelfall vorzunehmen ist. Doch dürfte der Vorzug der Kontinuität sich darin auswirken, daß sich – entgegen dem Grundsatz, vgl § 1779 Rz 11 – auch gegenüber einem geeigneten Einzelvormund die bessere Eignung des institutionellen Vormunds durchsetzt.

Auch für einen Wechsel zwischen Vereinen oder verschiedenen Jugendämtern hat § 1887 Bedeutung, nämlich bei einer Veränderung des Aufenthalts des Mündels. Auf der Ebene des VormG kann ein Aufenthaltswechsel des Mündels zur Abgabe nach § 46 FGG führen. Auf der Ebene des Vormunds kann der Aufenthaltswechsel bedeuten, daß der bisherige Verein zur Führung der Vormundschaft ungeeignet geworden ist. In solchem Fall wird der Verein in der Regel gem § 1889 II den Antrag stellen, ihn zu entlassen und an seiner Stelle möglichst einen Einzelvormund, mangels eines solchen einen anderen, nämlich näher liegenden Verein, mangels auch eines solchen sogar das nun zuständige JA zum Vormund zu bestellen. Ohne einen Antrag der Verein erforderlichenfalls nach § 1887 I von Amts wegen entlassen werden.

Entsprechendes gilt für die **bestellte** Amtsvormundschaft oder -pflegschaft des JA (BayObLG 1978, 83, 84; MüKo/Wagenitz Rz 3; Soergel/Zimmermann Rz 7). Die Dienlichkeit für das Wohl des Mündels kann sich aus einem Aufenthaltswechsel ergeben; die Entlassung des bisher zuständigen JA von Amts wegen kommt in Betracht, wenn dieses den ihm von § 87c III SGB VIII vorgeschriebenen Antrag auf Entlassung nicht stellt (§ 1889 Rz 4) und ein Wechsel des Vormunds dem Wohl des Mündels dienen würde (Hamm FamRZ 1995, 830, 831).

Für die **gesetzliche** Amtsvormundschaft oder -pflegschaft des JA ist die Weiterführung durch das nach einem Aufenthaltswechsel zuständige JA in § 87 II SGB VIII geregelt. Der Übergang an das andere JA kann von dem die Vormundschaft oder Pflegschaft führende JA, jedem Elternteil und jedem, der berechtigt das Interesse des Kindes wahrnimmt, bei dem die Vormundschaft oder Pflegschaft führenden JA beantragt werden. Der Übergang tritt mit der entsprechenden Erklärung des anderen JA ein. Lehnt dieses die Übernahme ab, so kann das VormG angerufen werden. Diese Regelung hat Vorrang vor einer Entlassung des unzuständig gewordenen JA von Amts wegen.

3. Das nach § 36 FGG zuständige VormG (§ 3 Nr 2 lit a RPflG: der Rechtspfleger) entscheidet von Amts wegen oder auf Antrag (Abs II S 1). **Antragsberechtigt** sind einmal der Mündel selbst, sofern er über 14 Jahre ist, zum anderen jeder, der ein berechtigtes Interesse des Mündels geltend macht. Es müssen demnach Gründe dargelegt werden, die zeigen, daß es dem Wohle des Kindes dient, das JA oder den Vereinsvormund abzulösen. Dagegen kommt es nicht darauf an, daß der Antragsteller verwandtschaftliche oder sonstige persönliche Beziehungen zu dem Mündel hat. Das JA oder der Verein sollen selbst den Entlassungsantrag stellen, wenn sie erfahren, daß die sachlichen Voraussetzungen für eine Entlassung nach Abs I vorliegen (Abs II S 3).

4. Vor der Entscheidung hat das VormG die Eltern des Mündels zu hören, sofern nicht schwerwiegende Gründe dagegensprechen (§ 50a FGG). Die Anhörung des Mündels richtet sich nach § 50b FGG; nach Abs III soll das JA oder der Verein gehört werden.

5. Die in Beschlußform ergehende Verfügung des VormG, mit der es den Vormund entläßt, wird mit Bekanntmachung an den Vormund wirksam (§ 16 FGG). Die dagegen gerichtete Beschwerde ist eine sofortige, wenn der Amts- oder Vereinsvormund gegen seinen Willen entlassen wurde (§ 60 I Nr 3 FGG). Der über 14 Jahre alte Mündel (§ 59 FGG) und bei berechtigten Interesse Dritte (§ 57 I Nr 9 iVm II FGG) haben die einfache Beschwerde, es sei denn, der Amts- oder Vereinsvormund wäre gegen seinen Willen entlassen worden. Gegen die Ablehnung eines Entlassungsantrags ist die einfache Beschwerde gegeben (BayObLG FamRZ 1975, 178, 180).

8   Das mit seiner Entlassung einverstandene JA ist nicht im materiellen Sinn beschwert; ihm wird die Beschwerdebefugnis nur im Mündelinteresse aus § 57 I Nr 9 FGG zuerkannt (KG JFG 7, 101; BayObLG DAVorm 1975, 540, 543). Es kann zB seine Ansicht, besonders wegen veränderter Umstände geändert haben oder zur Übernahme wieder bereit sein, nachdem sich seine Vorstellung über seine Nachfolge nicht verwirklicht.

1888 *Entlassung von Beamten und Religionsdienern*
Ist ein Beamter oder Religionsdiener zum Vormund bestellt, so hat ihn das Vormundschaftsgericht zu entlassen, wenn die Erlaubnis, die nach den Landesgesetzen zur Übernahme der Vormundschaft oder zur Fortführung der vor dem Eintritt in das Amts- oder Dienstverhältnis übernommenen Vormundschaft erforderlich ist, versagt oder zurückgenommen wird oder wenn die nach den Landesgesetzen zulässige Untersagung der Fortführung der Vormundschaft erfolgt.

1   1. § 1888 steht in einem ergänzenden Verhältnis zur Vorschrift des § 1784, die den Fall erfaßt, daß der Beamte oder „Religionsdiener" während des bestehenden Dienstverhältnisses zum Vormund ausgewählt wird. § 1888 erfaßt die Fälle, daß **a)** die Bestellung zum Vormund der Eingehung des Dienstverhältnisses vorangegangen ist und die Erlaubnis zur Fortführung der Vormundschaft nun untersagt wird; **b)** die zunächst erteilte Erlaubnis zurückgenommen wird, wobei die Regelung der Voraussetzung einer wirksamen Rücknahme Sache des Beamtenrechts ist; **c)** die Bestellung des Vormunds erfolgt ist, bevor die Erlaubnis versagt war oder entgegen einer versagten Erlaubnis; in diesen beiden Fällen dient § 1888 der Durchsetzung des Verbots des § 1784.

2   2. Zum Begriff des Religionsdieners siehe § 1784 Rz 6.

3   3. Zur gebotenen Gleichsetzung von Bundesrecht mit den Landesgesetzen siehe § 1784 Rz 2.

4   4. Für den Amts- und Vereinsvormund gilt § 1888 nicht, da diese Vormundschaften dem JA oder dem Verein als solchen, nicht einem einzelnen Bediensteten, Mitglied oder Mitarbeiter übertragen sind.

5   5. Die Entlassung erfolgt von Amts wegen.

6   6. § 1784 II ist auf die Erlaubnis der Fortführung einer vor dem Eintritt in das Amts- oder Dienstverhältnis übernommenen Vormundschaft entsprechend anwendbar.

7   7. § 1888 gilt gem § 1908i I S 1 sinngemäß auch im Betreuungsrecht.

1889 *Entlassung auf eigenen Antrag*
(1) Das Vormundschaftsgericht hat den Einzelvormund auf seinen Antrag zu entlassen, wenn ein wichtiger Grund vorliegt; ein wichtiger Grund ist insbesondere der Eintritt eines Umstands, der den Vormund nach § 1786 Abs. 1 Nr. 2 bis 7 berechtigen würde, die Übernahme der Vormundschaft abzulehnen.
(2) Das Vormundschaftsgericht hat das Jugendamt oder den Verein als Vormund auf seinen Antrag zu entlassen, wenn eine andere als Vormund geeignete Person vorhanden ist und das Wohl des Mündels dieser Maßnahme nicht entgegensteht. Ein Verein ist auf seinen Antrag ferner zu entlassen, wenn ein wichtiger Grund vorliegt.

1   1. Abs I regelt die Entlassung des **Einzelvormunds** auf seinen Antrag. Dem Antrag des Vormunds ist stets stattzugeben, wenn nach Übernahme des Amtes ein Ablehnungsgrund iSd § 1786 I Nr 2–7 eintritt. Im übrigen kommt es auf die Umstände des Einzelfalles an, ob ein wichtiger Grund für die Entlassung vorliegt. Dessen Vorliegen ist unbestimmter Rechtsbegriff (Soergel/Zimmermann Rz 2, MüKo/Wagenitz Rz 2 und nun auch Pal/Diederichsen Rz 1). Die Entlassung ist jedoch abzulehnen, wenn sie zu einer schweren Beeinträchtigung des Mündelinteresses führen würde und die Ablehnung des Antrags den Vormund nicht unzumutbar belastet. Als wichtiger Grund für den Antrag kommen auch die Fälle des § 1786 I Nr 1 und 8 in Betracht, jedoch darf im letzten Fall die Übernahme einer weiteren Vormundschaft nicht dazu benutzt werden, sich der bisherigen Vormundschaft zu entledigen (Staud/Engler Rz 5).

2   § 1786 Nr 5 kommt insbesondere in Betracht, wenn Einzelvormund oder Mündel den Wohnsitz verlegen oder die Vormundschaft an ein entferntes Gericht oder einen ausländischen Staat abgegeben wird (§§ 46, 47 II FGG).

3   Dem Einzelvormund steht gegen Ablehnung seines Antrags **Beschwerde** nach § 20 II FGG zu.

4   2. Abs II. Das **JA** oder der **Vereinsvormund** können das von ihnen übernommene Amt nicht ohne weiteres und nicht jederzeit von sich aus niederlegen oder ihre Entlassung beantragen. Nach § 87c III SGB VIII ist für eine bestellte Amtsvormundschaft das JA zuständig, in dessen Bereich das Mündel seinen gewöhnlichen, hilfsweise seinen tatsächlichen Aufenthalt hat. Ändert sich der gewöhnliche Aufenthalt oder erfordert es bei einem Mündel ohne gewöhnlichen Aufenthalt dessen Wohl, so hat das JA beim VormG seine Entlassung zu beantragen. Der Antragsgrund des Abs II S 1 ist entsprechend gegeben, wenn die Vormundschaft oder Pflegschaft vom JA auf einen Verein übergehen soll. Allein der Vereinsvormund kann im Gegensatz zum JA seine Entlassung stets verlangen, wenn ein wichtiger Grund vorliegt (Abs II S 2). Ein solcher kann zB darin liegen, daß sich der Mitgliederstand des Vereins nachträglich erheblich verringert hat oder die Mittel nicht mehr ausreichen, die übernommenen Vormundschaften sachgemäß weiterzuführen.

5   JA und Verein können nur auf ihren Antrag entlassen werden. Zur Entlassung von Amts wegen siehe § 1887. Gegen den die Entlassung ablehnenden Beschluß steht nur dem JA oder dem Vereinsvormund die einfache Beschwerde zu (§§ 19, 20 FGG); wird die Entlassung ausgesprochen, so hat jeder mit berechtigtem Interesse das Beschwerderecht (§ 57 I Nr 9 FGG).

1890 *Vermögensherausgabe und Rechnungslegung*
Der Vormund hat nach der Beendigung seines Amts dem Mündel das verwaltete Vermögen herauszugeben und über die Verwaltung Rechenschaft abzulegen. Soweit er dem Vormundschaftsgericht Rechnung gelegt hat, genügt die Bezugnahme auf diese Rechnung.

1. Die Pflicht zur Herausgabe des verwalteten Vermögens und zur Rechenschaftslegung besteht gegenüber dem Mündel oder seinem Rechtsnachfolger, nicht jedoch gegenüber einem Vermächtnisnehmer (Hamm BB 1976, 671). Tritt der Mündel mit Beendigung der Vormundschaft unter elterliche Sorge (so bei Adoption) oder endet mit dem Amt des Vormunds nicht auch die Vormundschaft, so wird der Mündel hinsichtlich beider Ansprüche durch seine(n) neuen gesetzlichen Vertreter vertreten. Hinsichtlich der Herausgabe kann – anders als hinsichtlich der Rechenschaftslegung – der Mündel auch zusammen mit anderen Personen berechtigt sein, so daß Herausgabe an alle gemeinschaftlich erfolgen muß.

Die **Herausgabe** erfolgt regelmäßig ohne Mitwirkung des VormG und ist bei Weigerung des Vormunds im Prozeßwege durchzusetzen. Dem VormG stehen in dieser Hinsicht keine Zwangsmittel gegen den nicht mehr im Amt befindlichen Vormund zu (KGJ 33, 54, 61). Das VormG kann im Einverständnis mit dem Vormund die Herausgabe gerichtlich hinterlegter Vermögensgegenstände statt zunächst an diesen auch unmittelbar an den Berechtigten veranlassen, erforderlichenfalls im Wege der Rechtshilfe (Darmstadt SeuffA 65, 383, 384; Soergel/Zimmermann Rz 3; aA Kolmar OLG 9, 144, 145). Mit dem verwalteten Vermögen hat der Vormund, soweit Forderungen oder hinterlegte Werte in Frage kommen, auch die zur Geltendmachung erforderlichen **Urkunden** (Schuldscheine, Hinterlegungsscheine, Sparbücher) herauszugeben. Zur Herbeiführung der Löschung von Sperrvermerken nach §§ 1809, 1815, 1816 ist er nicht verpflichtet. Dies ist Sache des volljährig gewordenen Mündels. Das VormG hat ihm zu diesem Zweck auf Verlangen eine Bescheinigung über die Beendigung der Vormundschaft zu erteilen. Da es sich um die Herausgabe eines Inbegriffs von Gegenständen handelt, ist der Vormund nach §§ 260, 261 auch zur Vorlegung eines **Bestandsverzeichnisses** und gegebenenfalls zur **Versicherung an Eides Statt** verpflichtet. Das Bestandsverzeichnis kann im Anschluß an das nach § 1802 eingereichte Vermögensverzeichnis ausgestellt werden. Die eidesstattliche Versicherung ist nach § 261, §§ 163, 79 FGG vor dem Amtsgericht (Rechtspfleger, § 3 Nr 1 lit b RPflG) zu leisten.

Der Vormund kann wegen etwaiger Gegenansprüche aus §§ 1835, 1836 ein **Zurückbehaltungsrecht** geltend machen, bei geringerer Höhe des Gegenanspruchs jedoch nur in angemessener Beschränkung (RG 61, 128, 133).

2. Die Pflicht, nach Beendigung des Amtes des Vormunds über die Vermögensverwaltung Rechenschaft abzulegen **(Schlußrechnung)** besteht primär als privatrechtlich gegenüber dem Mündel und ist insofern durch die §§ 259ff näher ausgestaltet. Insofern das VormG die Erfüllung dieser Pflicht durch den Vormund sicherzustellen hat, besteht sie auch ihm gegenüber und ist insofern öffentlich-rechtlich (Dölle FamR II § 137 Ic). § 1892 II S 1 ordnet, wörtlich übereinstimmend mit dem die laufende Rechenschaftslegung betreffenden § 1843 I, an, daß das VormG die Rechnung rechnungsmäßig und sachlich prüft. Die Pflicht, eine in beiden Hinsichten prüfbare Rechnung dem VormG abzulegen, kann das VormG erzwingen. Dagegen fehlt in § 1892 II S 1 der in § 1843 enthaltene Zusatz, daß der Vormund, soweit erforderlich, eine Berichtigung und Ergänzung der Rechnung herbeizuführen habe. Das VormG hat daher die Rechnung mit den Bemerkungen, zu denen die Prüfung Anlaß gibt, an den Mündel oder einem neuen Vermögenssorgeberechtigten weiterzugeben und es diesem zu überlassen, die privatrechtlichen Ansprüche geltend zu machen. In rechnungsmäßiger Hinsicht kann der Mündel auf Berichtigung und Ergänzung durch den Vormund hinwirken, indem er gem §§ 259 II, 261 die eidesstattliche Versicherung der Richtigkeit und Vollständigkeit herbeiführt. Erst recht ist es allein Sache des Mündels, Herausgabe- und Ersatzansprüche gegen den Vormund geltend zu machen. Jeder Anspruch auf Rechenschaftslegung enthält einen Anspruch auf **Auskunft** (§§ 259, 260 Rz 1; auch § 1841 I), so daß der Vormund im Zusammenhang mit der Schlußrechnung Auskunft zu geben hat (KGJ 37, 110, 111). Die Schlußrechnung bezieht sich auf die ganze Dauer der Verwaltung, kann sich aber an die früheren Rechnungslegungen anschließen. Daß diese von dem VormG unbeanstandet geblieben waren, schließt Beanstandungen durch den Mündel nicht aus. Auch nach Eröffnung des Insolvenzverfahrens hat der Vormund, nicht der Verwalter, die Rechenschaft abzulegen. Weder Eltern noch – bei Vermögenszuwendungen nach § 1803 – ein Dritter können den Vormund oder Pfleger von der Pflicht zur Rechenschaftslegung befreien, da § 1854 sich nur auf die laufende Rechnungslegung während der Dauer der Verwaltung bezieht (MüKo/Wagenitz Rz 8; Staud/Engler Rz 30; aM hinsichtlich zuwendender Dritter Pal/Diederichsen Rz 4; RGRK/Dickescheid Rz 11). Nicht nur die Herausgabepflicht, auch die Rechenschaftspflicht obliegt auch dem **Vereins-**, dem gesetzlichen und bestellten **Amtsvormund** sowie dem zum Betreuer bestellten Verein und der Betreuungsbehörde als Betreuer. Sie besteht auch bei befreiter Vormundschaft, also für den von den Eltern des Mündels befreiten Vormund (§§ 1854, 1855), für den Vater, die Mutter oder den Ehegatten als Betreuer (1908i II S 2), für einen Verein, das JA (Düsseldorf FamRZ 1996, 374) oder die Betreuungsbehörde (1857a, 1908i I). Die Befreiung des § 1854 betrifft aber nur die gegenüber dem VormG bestehende Pflicht zu jährlicher Rechnungslegung aus § 1840 und läßt hierbei anstelle jährlicher Rechnungslegung die zwei- bis fünfjährliche Vorlage eines Bestandsverzeichnisses genügen. Bei der Schlußrechnung muß diese Erleichterung im Verhältnis zum VormG (§ 1892) zwar ebenfalls genügen (DIV-Gutachten DAVorm 1980, 151). Der Mündel oder sein Rechtsnachfolger kann dagegen auf Rechnungslegung bestehen (Soergel/Zimmermann § 1892 Rz 8). Zu Unrecht stützt sich Wesche (DAVorm 1987, 167) auf eine abweichende Ansicht auf KGJ 37 (1909) A 110; diese Entscheidung betrifft nicht eine Befreiung nach § 1854, sondern die Modifikation der Rechnungslegungspflicht nach § 1841 II. Zwar genügt es nach § 1890 S 2, wenn der Vormund auf die zugrundeliegende laufende Rechnung Bezug nimmt, aber nur „soweit er dem VormG Rechnung gelegt hat". Daran fehlt es, wenn er von der Rechnungslegung befreit war. Wie auch Wesche sieht, soll die Rechenschaftslegung den Mündel in die Lage versetzen, noch offenstehende Ansprüche geltend machen zu können. Das aber gilt in erster Linie für Ansprüche gegen den Vormund; damit wäre es unvereinbar, wenn dem

§ 1890

Mündel nur Vermögensverzeichnisse auf weit aufeinanderfolgende Stichtage vorgelegt würden, welche die Gründe für einen Schwund des Bestandes nicht erkennen ließen. Gegen Wesche auch Pardey DAVorm 1987, 146 und MüKo/Wagenitz Rz 13. Da es sich um einen privatrechtlichen Anspruch handelt, kann der unbeschränkt geschäftsfähig gewordene Mündel auf die Rechenschaftslegung verzichten. In geeigneten Fällen, insbesondere bei unbedeutender, einfacher und durchsichtiger Vermögensverwaltung, kann das VormG nach seinem Ermessen auf einen Verzicht hinwirken. Es hat dann den Mündel an Hand der Akten über den Stand der Vermögensverwaltung aufzuklären und seinen etwaigen Verzicht auf die Schlußrechnung zu beurkunden. Es kann auch im Wege der Rechtshilfe um entsprechende Vernehmung des Mündels oder des an seiner Stelle Berechtigten ersuchen. Ob ein geeigneter Fall vorliegt, hat das ersuchte Gericht nicht zu prüfen und darf daher das Ersuchen nicht ablehnen (RG 115, 368, 370).

4   3. Die Herausgabe- und Rechenschaftspflicht obliegt auch dem gesetzlichen und dem bestellten **Amtsvormund** sowie dem **Vereinsvormund**; die **Befreiung** der §§ 1857a, 1854 bezieht sich nur auf die periodische Rechnungslegungspflicht nach § 1840 (Frankfurt Rpfleger 1980, 18). Die Ansprüche richten sich beim Amtsvormund gegen die Körperschaft, die das JA eingerichtet hat, nicht gegen die Bediensteten, denen die Ausübung der vormundschaftlichen Obliegenheiten übertragen war.

5   4. Die Vorschriften der §§ 1890ff sind entsprechend anzuwenden, wenn die Vermögensverwaltung ganz oder teilweise auf einen **Pfleger** (§ 1909) oder **Mitvormund** oder Betreuer übergeht. Wird nach Beendigung der Vormundschaft der bisherige Vormund zum Betreuer des volljährigen früheren Mündels bestellt, so erübrigt sich die Herausgabe des Vermögens. Das VormG muß dann aber vermöge seiner Aufsichtspflicht dafür Sorge tragen, daß im Interesse des Mündels durch Rechnungslegung für die Zeit bis zur Beendigung der Vormundschaft der Vermögensstand zu diesem Zeitpunkt festgestellt wird (Soergel/Zimmermann Rz 8; Pal/Diederichsen Rz 1).

6   5. Abgesehen von der Mitwirkung bei der Rechnungslegung hat das VormG nach Beendigung der Vormundschaft auch im übrigen weiter tätig zu sein, soweit dies zur **Abwicklung der Vormundschaft** erforderlich ist. Es kann auch jetzt noch dem Vormund eine Vergütung nach § 1836 bewilligen, auch eine frühere Bewilligung auf Beschwerde oder von Amts wegen ändern oder aufheben (§ 18 FGG; KG RJA 16, 159). Auch kann das VormG noch von dem Vormund geschlossene Rechtsgeschäfte genehmigen; weil das für nachträgliche Rechtsgeschäfte gelten muß (§ 1893 Rz 3), kann die Möglichkeit auch für vor der Beendigung geschlossene nicht verneint werden. Auch das Beschwerdegericht kann nach Beendigung der Vormundschaft noch über Beschwerden gegen Verfügungen des VormG, insbesondere auch zur Vergütungsfrage, entscheiden (RG 127, 103, 109; KG RJA 6, 13).

7   6. § 1890 gilt gem § 1908i I S 1 im Betreuungsrecht sinngemäß.

1891 *Mitwirkung des Gegenvormunds*

(1) Ist ein Gegenvormund vorhanden, so hat ihm der Vormund die Rechnung vorzulegen. Der Gegenvormund hat die Rechnung mit den Bemerkungen zu versehen, zu denen die Prüfung ihm Anlass gibt.
(2) Der Gegenvormund hat über die Führung der Gegenvormundschaft und, soweit er dazu im Stande ist, über das von dem Vormund verwaltete Vermögen auf Verlangen Auskunft zu erteilen.

1   1. Abs I entspricht dem § 1842, doch entfällt bei Beendigung des Amtes die Pflicht, dem Gegenvormund den Vermögensbestand nachzuweisen, weil das neben der Herausgabepflicht gegenüber dem Mündel (§ 1890 S 1) sinnlos wäre.

2   2. Während der Dauer der Gegenvormundschaft ist der Gegenvormund gem § 1839 dem VormG auskunftspflichtig. § 1891 begründet eine Auskunftspflicht gegenüber dem Mündel, seinem neuen gesetzlichen Vertreter oder Rechtsnachfolger.

1892 *Rechnungsprüfung und -anerkennung*

(1) Der Vormund hat die Rechnung, nachdem er sie dem Gegenvormund vorgelegt hat, dem Vormundschaftsgericht einzureichen.
(2) Das Vormundschaftsgericht hat die Rechnung rechnungsmäßig und sachlich zu prüfen und deren Abnahme durch Verhandlung mit den Beteiligten unter Zuziehung des Gegenvormunds zu vermitteln. Soweit die Rechnung als richtig anerkannt wird, hat das Vormundschaftsgericht das Anerkenntnis zu beurkunden.

1   1. Da der Vormund – soweit der Mündel nicht verzichtet – trotz Beendigung seines Amtes gesetzlich verpflichtet ist, dem VormG die **Schlußrechnung**, gegebenenfalls nach Prüfung durch den Gegenvormund, einzureichen, und er hierbei noch als Vormund tätig wird, kann ihn das VormG nach § 1837 durch Festsetzung von Zwangsgeld zur Einreichung einer im Sinne des § 1841 formell ordnungsmäßigen Schlußrechnung anhalten (KGJ 32, 53; 33, 54; Neustadt NJW 1955, 1724). Mit der Schlußrechnung sind auch die Belege einzureichen, soweit sie nicht dem Mündel mit dem Vermögen herausgegeben sind (§ 1890 Rz 3). Sparkassenbücher sind keine Belege über Zu- und Abgang des Vermögens. Das VormG kann daher ihre Vorlegung nach Beendigung der Vormundschaft nicht verlangen (KGJ 50, 28).

2   2. Das VormG (gem § 3 Nr 2 lit a RPflG: der Rechtspfleger) hat die Schlußrechnung ebenso wie eine periodische Rechnung nach § 1843 rechnungsmäßig, dh förmlich, und sachlich zu prüfen (vgl § 1843 Rz 1). Beanstandungen in förmlicher Hinsicht kann das VormG mit denselben Mitteln verfolgen wie bei § 1843, nicht jedoch Beanstandungen sachlicher Art. Diese hat es dem Mündel anzuzeigen, dem es überlassen bleibt, seine Ansprüche gegen den früheren Vormund im Prozeßweg zu verfolgen (BayObLG FamRZ 1998, 1197). Eine Mitteilung des VormG, die Schlußrechnung werde nicht beanstandet, ist keine anfechtbare Verfügung (BayObLG Rpfleger 1997, 476).

3. Nach Prüfung der Schlußrechnung hat das VormG deren **Abnahme** durch Verhandlung mit den Beteiligten zu vermitteln.

a) Abnahme bedeutet die Entgegennahme der Rechnung als mindestens förmlich ordnungsgemäß. Die Abnahme soll möglichst das **Anerkenntnis der Rechnung als** (auch sachlich) **richtig** einschließen. Mit einem uneingeschränkten Anerkenntnis der Rechnung als richtig erklärt der Mündel sinngemäß, aufgrund der Vormundschaft keine Ansprüche mehr gegen den früheren Vormund zu haben. Insofern bedeutet das Anerkenntnis der Rechnung als richtig die **Entlastung** des Vormunds. Ein neu bestellter Vormund bedarf zur Entlastung seines Vorgängers ebenso wie zum Verzicht auf Schlußrechnung der Genehmigung des Gegenvormunds bzw des VormG nach § 1812 (Soergel/Zimmermann Rz 4; Staud/Engler Rz 25f).

Das uneingeschränkte Anerkenntnis der Rechnung als richtig ist ein negatives, kausales Schuldanerkenntnis, das nicht der Form des § 781 bedarf. Will der Mündel später trotzdem Ansprüche gegen den Vormund erheben, so würde der von Dölle FamR II § 137 I S 2c gewiesene Weg der Anfechtung oft daran scheitern, daß nur ein Motivirrtum vorliegt. Doch ist das kausale negative Anerkenntnis dann, wenn in Wirklichkeit ein Anspruch besteht, ohne Rechtsgrund erteilt und kondizierbar (Köln FamRZ 1996, 249). Das Anerkenntnis hat daher keine andere Wirkung als die einer Beweislastumkehr.

Auch ein Anerkenntnis, das sich nur auf einen Teil der Rechnung bezieht, fördert die Abwicklung der beendeten Vormundschaft. Daher kann der Mündel sein Anerkenntnis der Rechnung als richtig mit Vorbehalten in bestimmten Punkten verbinden.

b) Zur **Vermittlung der Abnahme** hat das VormG die Beteiligten zu laden. Das Gericht kann das Erscheinen der Beteiligten zu der Verhandlung über die Schlußrechnung nicht erzwingen (Königsberg OLG 4, 116, 117), anders nur gegenüber einem seiner Aufsicht unterstehenden neuen Vormund oder gegenüber einem Gegenvormund, dessen Amt fortdauert. Das VormG kann ein anderes Gericht im Wege der Rechtshilfe um die Verhandlung oder nur die Entgegennahme der Erklärung eines Beteiligten, besonders das Anerkenntnis des Mündels, ersuchen.

Auf dem Weg zum Anerkenntnis der Rechnung durch den Mündel kann die Vermittlung des VormG zunächst darauf zielen, daß der Vormund seine Rechnung ergänzt. In geeigneten Fällen kann das VormG aber auch auf einen Verzicht des Mündels auf Schlußrechnung hinwirken (Soergel/Zimmermann Rz 7). Das VormG hat ein Anerkenntnis des Mündels, sei es uneingeschränkt, sei es mit Vorbehalten verbunden, zu beurkunden, ohne daß diese Form für die Wirksamkeit erforderlich wäre.

4. Der Vormund hat keinen Anspruch gegen den Mündel auf seine Entlastung (Mot IV, 1188; LG Stuttgart DAVorm 1974, 670, 672). Verweigert der Mündel die Entlastung, so kann der Vormund die gewünschte Klarheit durch eine negative Feststellungsklage gegen den Mündel erreichen, für die das Feststellungsinteresse ohne weiteres zu bejahen ist.

5. Der Vormund kann nach § 368 **Quittung** über die Rechnungslegung verlangen. Sie hat jedoch nur die Bedeutung, daß nicht nochmals Schlußrechnung verlangt werden kann.

6. § 1892 gilt gem § 1908i I S 1 sinngemäß auch im Betreuungsrecht.

1893

Fortführung der Geschäfte nach Beendigung der Vormundschaft, Rückgabe von Urkunden
(1) Im Falle der Beendigung der Vormundschaft oder des vormundschaftlichen Amts finden die Vorschriften der §§ 1698a, 1698b entsprechende Anwendung.
(2) Der Vormund hat nach Beendigung seines Amts die Bestallung dem Vormundschaftsgericht zurückzugeben. In den Fällen der §§ 1791a, 1791b ist die schriftliche Verfügung des Vormundschaftsgerichts, im Falle des § 1791c die Bescheinigung über den Eintritt der Vormundschaft zurückzugeben.

1. Kraft der Verweisung auf **§ 1698a** überdauert die Befugnis des Vormunds, für den Mündel zu sorgen und ihn zu vertreten, die Beendigung der Vormundschaft oder des Amtes bis zu dem Zeitpunkt, zu dem er Kenntnis von der Beendigung erlangt oder erlangt haben muß. Das Vertretungsrecht besteht jedoch nicht gegenüber einem Dritten, der die Beendigung kennt oder kennen muß. Hat der Vormund infolge seiner Kenntnis oder seines Kennenmüssens die Befugnis verloren, so gelten im Innenverhältnis zum Mündel die §§ 677ff und im Außenverhältnis gegenüber Dritten die §§ 177ff, ohne daß der Dritte in seinem Vertrauen auf den Fortbestand der Vertretungsmacht geschützt würde; auch den Schutz durch die Haftung des Vormundes verliert der Dritte, wenn er Kenntnis von der Beendigung hat oder haben muß (§ 179 III).

Das Fortbestehen der Vertretungsmacht des Vormunds trotz Beendigung der Vormundschaft oder des Amtes des Vormunds bedeutet, daß die fortbestehende Kompetenz des Vormunds mit derjenigen des voll geschäftsfähig gewordenen Mündels konkurriert. Bei einander ausschließenden Rechtsgeschäften ist das frühere wirksam. Entsprechendes gilt, wenn die Vertretungsmacht des Vormunds wegen Bestellung eines Pflegers gem §§ 1794ff nur in bestimmter Beziehung endet.

§ 1698a deckt aber nur Rechtsgeschäfte, die sich unter den tatbestandlichen Voraussetzungen des Schutzes vollendet haben. Wenn dazu die Genehmigung des VormG gehört, muß diese erteilt und gem § 1829 I S 2 dem anderen Teil mitgeteilt sein. Allgemein abgelehnt wird die Ansicht des BayObLG FamRZ 1965, 101, wonach eine nach Beendigung einer Vormundschaft erteilte Genehmigung unwirksam wird. Indem für den guten Glauben auf den Zeitpunkt der Vornahme des Rechtsgeschäfts abgestellt wird, wird der von § 1698a intendierte Schutz zwar abgeschwächt. Aber der Vormund ist nicht schutzbedürftig (so aber Soergel/Strätz § 1698a Rz 2 zu Eltern) und der Schutz des anderen Teils ist infolge der Genehmigungsbedürftigkeit und des in § 1828 beschlossenen Reuerechts des Vormunds nur schwach. Darauf, ob das VormG bei Erteilung der Genehmigung von dem Ende der Vormundschaft oder des Amtes Kenntnis hatte oder haben mußte, kommt es nicht an. Allerdings muß das VormG, wenn es

§ 1893

vom Ende der Vormundschaft Kenntnis hat, die Genehmigung aus diesem Grunde versagen, ja, eine unwissentlich erteilte Genehmigung gem § 18 FGG sogar zurücknehmen (Staud/Engler Rz 6), wenn das Rechtsgeschäft nicht dem anderen Teil gegenüber schon wirksam geworden ist (§ 55 FGG). Hat nur das Amt des Vormunds geendet, so wird das Gericht mit dem neuen Vormund Kontakt aufnehmen (RGRK/Dickescheid Rz 5). Auch können der neue Vormund, der volljährig gewordene Mündel oder der Erbe des verstorbenen Mündels oder Betreuten die erteilte Genehmigung dem anderen Teil mitteilen und dadurch die Wirksamkeit des Geschäftes herbeiführen.

4   2. Endigt die Vormundschaft durch den Tod des Mündels, so überdauert kraft der Verweisung auf § 1698b die Verpflichtungs- und Vertretungsmacht des Vormunds die Beendigung mit der Einschränkung auf dringende Geschäfte solange bis der Erbe anderweitig Fürsorge treffen kann. Das „kann" der Erbe auch dann, wenn er selbst einen Betreuer hat (LG Koblenz FamRZ 1995, 1376). Bei Unterlassung haftet der Vormund nach § 1833. Im übrigen besteht für ihn nach Beendigung der Vormundschaft oder seines Amtes keine Verpflichtung zu weiterer Geschäftsbesorgung (RG DR 1940, 672).

5   3. Auch die **Rückgabe der Bestallung** kann trotz Beendigung des Amtes mittels Zwangsgeldes erzwungen werden, da kein Grund besteht, sie anders zu behandeln als die Pflicht zur Einreichung der Schlußrechnung (§ 1892 Rz 1; Neustadt NJW 1955, 1724; MüKo/Wagenitz Rz 13; Pal/Diederichsen Rz 5; aA Darmstadt ZBlFG 1915, 260). Dagegen kann gegen die Erben des Vormunds nur wegen Herausgabe der Bestallung geklagt werden (Soergel/Zimmermann Rz 5; MüKo/Wagenitz Rz 12; MüKo/Schwab Rz 18; aA Staud/Engler Rz 16). Der bestellte Amtsvormund und der Vereinsvormund, die keine Bestallung, sondern eine **schriftliche Verfügung** erhalten (§§ 1791b II, 1791a II), haben nach Beendigung ihres Amtes diese zurückzugeben (Abs II S 2). Der gesetzliche Amtsvormund hat die Bescheinigung über den Eintritt der Vormundschaft (§ 1791c III) zurückzugeben. Zwangsmittel stehen dem VormG gegenüber dem Amts- oder Vereinsvormund nicht zu (§ 1837 II S 2).

6   4. § 1892 gilt gem § 1908i S 1 sinngemäß auch im Betreuungsrecht (näher dazu § 1908i Rz 37).

1894 *Anzeige bei Tod des Vormunds*
(1) Den Tod des Vormunds hat dessen Erbe dem Vormundschaftsgericht unverzüglich anzuzeigen.
(2) Den Tod des Gegenvormunds oder eines Mitvormunds hat der Vormund unverzüglich anzuzeigen.

1   1. Mit dem Tod des Vormunds endet dessen Amt, nicht die Vormundschaft. Stirbt einer von zwei Mitvormündern, dem nicht gem § 1797 II ein besonderer Wirkungskreis zugewiesen war, so wird der überlebende Mitvormund Alleinvormund. In allen anderen Fällen hat der Mündel keinen gesetzlichen Vertreter. § 1894 soll dem VormG ermöglichen, auf diese dem Mündel gefährliche Situation sobald wie möglich zu reagieren. Die Erben des Vormunds sind zur Fortführung der Geschäfte nicht verpflichtet und handeln, wenn sie es tun, nach § 677ff.

2   2. Auch der Gegenvormund ist verpflichtet, den Tod des Vormunds unverzüglich (§ 121 I S 1) dem VormG anzuzeigen (§ 1799 I S 2), ebenso der Erbe des Gegenvormunds dessen Tod (§§ 1894 I, 1895). Bei Todeserklärung gilt § 1894 entsprechend. Für Schäden infolge Unterlassung oder Verspätung der Anzeigen haften Vormund, Mitvormund und Gegenvormund nach § 1833, die Erben nach allgemeinen Grundsätzen (§§ 280ff).

4   3. § 1894 gilt gem § 1908i S 1 sinngemäß auch im Betreuungsrecht.

1895 *Amtsende des Gegenvormunds*
Die Vorschriften der §§ 1886 bis 1889, 1893, 1894 finden auf den Gegenvormund entsprechende Anwendung.

1   Die **Gegenvormundschaft** endet mit der Vormundschaft aus den gleichen Gründen wie diese (§§ 1882–1884). Außerdem kann sie bei nachträglichem Wegfall der Voraussetzungen des § 1792 II aufgehoben werden (Soergel/Damrau Rz 1).

Titel 2
Rechtliche Betreuung

Vorbemerkung

1. Regelung im BGB von 1900 1	b) Altfälle 17
2. Entwicklung der Praxis bis 1991 2	aa) Kontinuität des Betreuers 18
3. Reformbestrebungen 4	bb) Kontinuität des Aufgabenkreises 19
4. Erarbeitung des Betreuungsgesetzes 5	cc) Einwilligungsvorbehalt 20
5. Grundzüge der Reform 6	dd) Befristung der Betreuung oder der Unterbringungsmaßnahme 21
6. Akzeptanz bzw Kritik bei politischen Parteien, Praxis und Wissenschaft 8	ee) Statuswirkungen der Entmündigung ... 22
7. Inhalt des Betreuungsgesetzes 11	c) Laufende Verfahren 23
8. Betreuungsbehördengesetz 12	10. Ehemalige DDR 24
9. Übergangsvorschriften 15	11. Betreuungsrechtsänderungsgesetz v 25. 6. 1998 .. 25
a) Übersicht 16	

Rechtliche Betreuung Vor § 1896

Materialien zum BtG: Diskussions-Teilentwurf Gesetz über die Betreuung Volljähriger (Betreuungsgesetz-BtG), hrsg vom Bundesminister der Justiz, Erster Teil 1987 (auch in Buchform); Zweiter Teil 1988; Referenten-Entwurf 1989; Regierungsentwurf BT-Drucks 11/4528; Stellungnahme des Bundesrates BT-Drucks 11/4528 Anlage 2; Gegenäußerung der Bundesregierung BT-Drucks 11/4528 Anlage 3; Beschlußempfehlung und Bericht des Rechtsausschusses des Bundestages BT-Drucks 11/6949; siehe ferner BT-Drucks 10/4271; 10/5911; 10/5970; 11/669.

Schrifttum: *Bauer, Axel/Birk/Klie/Rink*, Heidelberger Kommentar zum Betreuungs- und Unterbringungsrecht, Loseblatt, zit: HK-BUR/Bearbeiter; *Bienwald, Werner*, Betreuungsrecht, Kommentar zum BtG/BtBG, 3. Aufl 1999; *Cypionka, Bertram*, Die Auswirkungen des Betreuungsgesetzes auf die Praxis des Notars, DNotZ 1991, S 571; *Zimmermann, Walter*, Betreuungsrecht, Kommentar 3. Aufl 2003; *Dodegge, Georg/Roth, Andreas*, Betreuungsrecht, 2003; *Jürgens ua*, Betreuungsrecht, Kommentar, 2. Aufl 2001; *Jürgens/Kröger/Marschner/Winterstein*, Betreuungsrecht kompakt 5. Aufl 2002; *Hahn, Christoph*, Die Auswirkungen des Betreuungsrechts auf das Erbrecht, FamRZ 1991, S 27; *Helle, Jürgen*, Freiheitsbeschränkende Zwangsmaßnahmen gegenüber untergebrachten psychisch Kranken, MedR 1989, S 7; *Holzhauer, Heinz/Bruder, Jens*, Empfiehlt es sich, das Entmündigungsrecht, das Recht der Vormundschaft und der Pflegschaft über Erwachsene sowie das Unterbringungsrecht neu zu ordnen? Gutachten B/C zum 57. Deutschen Juristentag Mainz 1988, München 1988, zitiert: DJT-Gutachten; *Holzhauer*, Verfassungsrechtliche Beurteilung des Entwurfs eines Betreuungsgesetzes, ZRP 1989, S 451; *ders*, Zur klinischen Prüfung von Medikamenten an Betreuten, NJW 1992, S 249; *ders*, Betreuungsrecht in der Bewährung, FamRZ 1995, 1463; *Knittel*, Betreuungsgesetz, Kommentar, Loseblatt; *Lipp, Volker*, Freiheit und Fürsorge, 2000; *Neuhausen*, Rechtsgeschäfte mit Betreuten, Rhein Notar Zf 2003, 157–182; *Pardey*, Betreuung Volljähriger: Hilfe vor Eingriff, 1989; *v Sachsen Gessaphe*, Der Betreuer als gesetzlicher Vertreter für eingeschränkt Geschäftsfähige, 1990; *Schmidt, Gerd/Böcker, Felix*, Betreuungsrecht, 2. Aufl 1993.

Schrifttum zum BtÄndG: *Chauvisté, Ralph*, Das Problem einer fehlenden Übergangsbestimmung im BtÄndG, BtPrax 1999, S 100–101; *Deinert, H.*, Zur Änderung des Betreuungs- und Vormundschaftsrechts, ZfJ 1998, S 233–237; *ders*, Zur Neuregelung der Betreuungsvergütung und anderer betreuungsrechtlicher Bestimmungen, FuR 1998, S 3073–3078; *Zimmermann, W.*, Probleme des neuen Betreuervergütungsrechts, S 630–638.

Entscheidungssammlung: *Seitz/von Gaessler*, Betreuungsrechtliche Entscheidungen, Bd 1 1992–1993 (1996), Bd 2 1994–1995 (1998), Bd 3 1996–1997 (1999), seitdem auf CD-ROM: BtElektronisch.

1. Gegenstand und Abgrenzung des Betreuungsrechts und frühere Regelung im BGB von 1900. Die recht- 1 liche Betreuung ist eine Materie des bürgerlichen Personenrechts, die wegen der Familien-analogen Aufgabe eines Betreuers ihren systematischen Ort am Ende des 4. Buches Familienrecht des BGB hat. Das Betreuungsrecht grenzt dort, wo die Freiheit der Person zum Schutz Dritter oder der Allgemeinheit beschränkt wird, an das Straf- und das Polizei- bzw Ordnungsrecht, die beide einschlägig bleiben, auch wenn Verstöße auf mentaler Krankheit oder Behinderung beruhen. Zu betreuen ist, wer wegen mentaler Krankheit oder Behinderung selbst gefährdet ist. Im BGB war die Materie des jetzigen Betreuungsrechtes auf das Erste Buch Allgemeiner Teil und das Vierte Buch Familienrecht verteilt. § 6 aF regelte die Entmündigungsgründe. Nach § 104 Nr 3 aF führte die Entmündigung wegen Geisteskrankheit zur Geschäftsunfähigkeit, nach § 114 aF führte die Entmündigung aus einem der anderen Gründe (Geistesschwäche, Verschwendung, Trunksucht und seit 1974 Rauschgiftsucht) zu beschränkter Geschäftsfähigkeit. Dem Entmündigten war nach § 1896 aF ein Vormund zu bestellen. Diesem stand wie dem Vormund eines Minderjährigen die Vermögenssorge zu, die Personensorge nach § 1901 aF jedoch nur insoweit, als es der Zweck der Vormundschaft erforderte. Die Entmündigung konnte von nahen Angehörigen oder dem Staatsanwalt beantragt werden und wurde in einem besonderen Verfahren nach §§ 645–678 aF ZPO beschlossen. Daneben konnte nach § 1910 aF einem Volljährigen, der infolge körperlicher Gebrechen seine Angelegenheiten oder wegen körperlicher oder geistiger Gebrechen einzelne oder einen bestimmten Kreis seiner Angelegenheiten nicht zu besorgen vermochte, ein Gebrechlichkeitspfleger bestellt werden. Die Gebrechlichkeitspflegschaft setzte grundsätzlich die Einwilligung des Gebrechlichen voraus; nur wenn eine Verständigung mit dem Gebrechlichen nicht möglich war, konnte die Pflegschaft ohne seine Einwilligung angeordnet werden. Die Anordnung der Gebrechlichkeitspflegschaft wurde von Amts wegen in einem Verfahren der Freiwilligen Gerichtsbarkeit angeordnet.

2. Die Entwicklung der Praxis bis 1991. Die **Gerichte** ordneten von Anfang an Gebrechlichkeitspflegschaft 2 auch bei Geisteskrankheit oder Geistesschwäche an, sofern nur der Wirkungskreis des Pflegers auf eine einzelne oder einen Kreis von Angelegenheiten beschränkt werden konnte. Verständigungsunfähigkeit wurde auch angenommen, wenn der Gebrechliche im natürlichen Sinne des § 104 Nr 2 geschäftsunfähig war. Dadurch wurde die Gebrechlichkeitspflegschaft zu einer die Entmündigung ersparenden Alternative zur Vormundschaft über Volljährige.

Im Jahre 1987 gab es fast dreimal mehr Gebrechlichkeitspflegschaften als Vormundschaften über Erwachsene. 3 Auffallend war ein Nord-Süd-Gefälle, das in Schleswig-Holstein 10,2 Entmündigungen auf 100 000 Einwohner kommen ließ, in den süddeutschen Ländern dagegen kaum zwei, dafür entsprechend mehr Gebrechlichkeitspflegschaften.

3. Reformbestrebungen. Unter dem BGB hatte das Gebiet der Vormundschaft über Volljährige und der 4 Gebrechlichkeitspflegschaft kaum wissenschaftliches Interesse gefunden. Nennenswert ist lediglich das 1931 erschienene Buch von Werner Diamand „Vorläufige Vormundschaft und Gebrechlichkeitspflegschaft als Ersatzform der Entmündigung", das die im Titel bezeichnete Tendenz der Praxis unterstützte, weil das Entmündigungsverfahren ungeeignet sei und die Entmündigung eine unnötige Entwürdigung mit sich bringe. Erste Reformüberlegungen stammen aus dem Umkreis der 1964 vom BMJ eingesetzten Kommission zur Vorbereitung einer Reform der Zivilgerichtsbarkeit. Der ihr angehörende Amtsgerichtsrat Arnold beklagte in der FamRZ (1971, 289) die diskriminierende Wirkung der Entmündigung, die besser als Angelegenheit der Freiwilligen Gerichtsbarkeit zu behandeln sei, sowie die Zweispurigkeit einer öffentlich-rechtlichen und einer privatrechtlichen Unterbringung, die er in einem neuen Institut der „Besonderen Betreuung" aufgehen lassen wollte. Der 1977 von der Kommission vorgelegte „Entwurf einer Verfahrensordnung für die Freiwillige Gerichtsbarkeit" enthielt naturgemäß nur den ver-

H. Holzhauer

fahrensrechtlichen Niederschlag der von Arnold dargelegten Reformvorstellungen. Zuvor war 1975 der „Bericht über die Lage der Psychiatrie in der Bundesrepublik Deutschland (Psychiatrie-Enquete)" zu dem Schluß gekommen, daß eine „durchgreifende Reform des geltenden Vormundschafts- und Pflegschaftsrechts einen wichtigen Beitrag auch zur Neuordnung und Verbesserung der Versorgung psychisch Kranker und Behinderter leisten könne". Am bestehenden Recht wurden kritisiert: die Uneinheitlichkeit und Schwerfälligkeit des Entmündigungsverfahrens, zu hohe Entmündigungsrate, die Überlastung von Vormündern und Pflegern durch eine zu große Zahl zu betreuender Mündel und Pfleglinge sowie eine überholte Terminologie mit der Folge zu großer Interpretationsspielräume in Rspr und Schrifttum. Empfohlen wurde die Entwicklung eines abgestuften Systems von Betreuungsmaßnahmen, der Ersatz der Entmündigung durch die Feststellung einer „Betreuungsbedürftigkeit" und anstelle von Vormund oder Pfleger die Bestellung eines Betreuers. Im Jahre 1979 bejahte die Bundesregierung die Erforderlichkeit einer Reform (BT-Drucks 8/2565, 49).

5   **4. Die Erarbeitung des Betreuungsgesetzes.** Als Österreich sein dem System des BGB ähnliches überkommenes Recht mit Gesetz vom 2. 2. 1982 durch die „Sachwalterschaft für behinderte Personen" (GBl 1983 S 703) ersetzte, gingen davon zusätzliche Anregungen für eine entsprechende Reform in Deutschland aus. Eine große Anfrage der SPD beantwortete die Regierung im September 1986 mit Leitlinien der geplanten Reform (BT-Drucks 10/5970). Schon im April 1986 hatte der BMJ eine interdisziplinäre Arbeitsgruppe einberufen. Deren Ergebnisse veröffentlichte der BMJ im November 1987 als Diskussions-Teilentwurf eines Gesetzes über die Betreuung Volljähriger (DiskTE). Im Frühjahr 1988 folgte der Diskussions-Teilentwurf Teil 2 (DiskTE 2). Im September 1988 befaßte sich eine Abteilung des 57. Deutschen Juristentages mit der Frage „Empfiehlt es sich, das Entmündigungsrecht, das Recht der Vormundschaft und der Pflegschaft über Erwachsene sowie das Unterbringungsrecht neu zu ordnen?" Im November 1988 leitete der BMJ seinen Referentenentwurf (RefE) dem Bundeskanzler zu. Im Mai 1989 brachte die Regierung den „Entwurf eines Gesetzes zur Reform des Rechts der Vormundschaft und Pflegschaft für Volljährige (Betreuungsgesetz-BtG)" zusammen mit der Stellungnahme des Bundesrates und der Gegenäußerung der Regierung im Deutschen Bundestag ein (BT-Drucks 11/4528). Der Rechtsausschuß des Bundestages führte im November eine öffentliche Anhörung zum Gesetzentwurf durch und veröffentlichte im April 1990 seinen Bericht und seine Beschlußempfehlung (BT-Drucks 11/6949). Am 25. 4. 1990 hat der BT den Entwurf eines G zur Reform des Rechts der Vormundschaft und Pflegschaft für Volljährige in der Fassung der Beschlüsse des Rechtsausschusses in 2. und 3. Lesung angenommen, am 1. 6. 1990 hat der Bundesrat dem Gesetz zugestimmt. Am 12. 9. 1990 wurde das Gesetz verkündet (BGBl I 1990, 2002), am 1. 1. 1991 ist es in Kraft getreten.

6   **5. Grundzüge der Reform.** Das BtG schaffte die Entmündigung ab und ersetzte die Vormundschaft über Volljährige und die Gebrechlichkeitspflegschaft durch das einheitliche Institut der Betreuung. Deren Voraussetzungen entsprechen in der Sache denen des früheren Rechts; die Betreuung kann je nach Erforderlichkeit für eine einzige, einen Kreis oder für alle Angelegenheiten angeordnet werden. In seinem Aufgabenkreis ist der Betreuer gesetzlicher Vertreter des Betreuten, ohne daß dieser darüber hinaus entmachtet würde. Die Betreuung nimmt weder in ihren Voraussetzungen auf die natürliche Geschäftsunfähigkeit Bezug noch wirkt sie sich in ihren Rechtsfolgen auf die Geschäftsfähigkeit aus. Erforderlichenfalls kann jedoch ein sog Einwilligungsvorbehalt angeordnet werden, kraft dessen der Betreute ohne Einwilligung des Betreuers nur etwa noch solche Rechtsgeschäfte tätigen kann wie ein beschränkt Geschäftsfähiger. Durch eine Reihe von Bestimmungen hat das BtG – im Vergleich zum früheren Recht – die Stellung des Betroffenen gegenüber dem Betreuer gestärkt, die Personensorge gegenüber der Vermögenssorge aufgewertet und der viel beklagten anonymen Betreuung das Ideal der persönlichen Betreuung entgegengesetzt. Der Dualismus von privatrechtlicher und öffentlich-rechtlicher Unterbringung wurde in materieller Hinsicht beibehalten, das Verfahren in Unterbringungssachen jedoch vereinheitlicht. Das BtG formuliert zwei Gründe, aus denen ein Betreuer den Betreuten unterbringen kann, erweiterte in Anpassung an gewandelte Methoden des fürsorglichen Zwanges den Unterbringungsbegriff und dehnte das Erfordernis vormundschaftsgerichtlicher Genehmigung auf jede unterbringungsähnliche Freiheitsentziehung gegenüber Bewohnern von Anstalten, Heimen und sonstigen Einrichtungen – auch ohne geschlossenen Charakter – aus.

7   Für die Gestaltung des Verfahrens ergab sich aus der Abschaffung der Entmündigung und einem gewissen Vorbildcharakter der Gebrechlichkeitspflegschaft, daß das Betreuungsverfahren als Verfahren der Freiwilligen Gerichtsbarkeit geregelt wurde. Der zweite Abschnitt des FGG, der bisher „Vormundschaftssachen und Familiensachen" hieß, erhielt nun die Bezeichnung „Vormundschafts-, Familien-, Betreuungs- und Unterbringungssachen". Die Betreuungssachen sind in §§ 65–69o, die Unterbringungssachen in §§ 70–70n FGG geregelt. Abgesehen von der Geltung der Allgemeinen Vorschriften des FGG (§§ 1–34) und der Allgemeinen Vorschriften des Zweiten Abschnittes (§§ 35, 35a) ist aus den §§ 65 bis 70n FGG auf den Unterabschnitt „Vormundschafts- und Familiensachen", außerdem in großem Umfange für Unterbringungssachen auf Vorschriften für Betreuungssachen verwiesen. Da es zudem noch Verweisungen innerhalb des Unterabschnittes „Unterbringungssachen" auf den Unterabschnitt „Betreuungssachen" gibt, namentlich jeweils für das Verfahren der einstweiligen Anordnung, ist die neue Regelung des FGG sehr unübersichtlich. Aus dem Reformziel der persönlichen Betreuung ergab sich die Einheitsentscheidung: anders als früher bei der Gebrechlichkeitspflegschaft bilden die Anordnung der Pflegschaft und die Bestellung des Pflegers nicht verschiedene Verfahrensschritte, vielmehr wird einheitlich über das „Ob" und das „Wer" der Betreuung entschieden, und zwar grundsätzlich durch den Richter und nicht mehr, wie früher über die Person des Vormunds oder Pflegers, durch den Rechtspfleger. In erster Linie zu dem Zweck, das Betreuungsrecht gegenüber dem früheren Recht aufzuwerten, ist der Richtervorbehalt erheblich erweitert worden. Die Regelung nimmt ihren Ausgang zwar immer noch von § 3 Nr 2 lit a RPflG, der – mit den Vormundschafts- und Familiensachen – auch die Betreuungs-, nicht aber die Unterbringungssachen dem Rechtspfleger überträgt, aber vorbehaltlich des § 14, der in Nr 4 enumerativ alle Verrichtungen nach den §§ 1896–1900, 1903–1906, 1908a, 1908b I, II und V, 1908c, 1908d, dem § 69c FGG, die Anordnung der Betreuung über einen Angehörigen eines fremden Staa-

tes einschließlich der vorläufigen Maßregeln sowie die Anordnung einer Betreuung aufgrund dienstrechtlicher Vorschriften dem Richter vorbehält. Dieser Vorbehalt ist fast total und läßt dem Rechtspfleger nur die Verrichtungen, die eine Betreuung nach § 1896 III („Vollmachtsbetreuung") betreffen sowie in den weniger wichtigen Fällen des § 1908b III und IV die Entlassung des Betreuers und Bestellung eines neuen.

6. Akzeptanz bzw Kritik bei politischen Parteien, Praxis und Wissenschaft. Diese Gesetzgebung hatte eine breite parlamentarische Basis; lediglich die Fraktion der Grünen erhielt ihre von Anfang an eingenommenen extremen Reformpositionen bis zur Ablehnung des ganzen Gesetzes aufrecht. Doch formierte sich im Bundesrat ein Widerstand der Länder bei allen sie betreffenden ausgabeträchtigen Regelungen des Verfahrens und bei der Organisation des Betreuungswesens. Dieser Stellungnahme des Bundesrates kam die Bundesregierung in ihrer Gegenäußerung in einer Reihe von Punkten entgegen, in anderen Punkten fand der Rechtsausschuß Kompromisse. 8

Wissenschaft und Praxis stellten sich nicht gegen die Reformziele, verhielten sich aber in mehr gesetzestechnischen Fragen kritisch. Diese Kritik galt vor allem dem Verhältnis der Betreuung zur natürlichen Geschäftsunfähigkeit (§ 104 Nr 2). Kritisiert wurde, daß die Bestellung eines Betreuers nicht Geschäftsunfähigkeit des Betroffenen voraussetzt; darin wurde eine Gefahr für die grundrechtliche Autonomie des einzelnen gesehen (so besonders Bürgle NJW 1988, 1881, 1883; AnwBl 1989, 507, 509). In einem weiteren Sinn wurde kritisiert, daß die Reform die natürliche Geschäftsunfähigkeit ausgespart hat (Schwab DJT-Gutachten K 17f). Die amtliche Begründung des BtG beschränkt sich darauf, den Verzicht auf die konstitutive Feststellung von Geschäftsunfähigkeit zu begründen, ohne auf die Möglichkeit einer deklaratorischen Feststellung, wie sie im überkommenen Recht bei der sog Zwangspflegschaft stattfand, einzugehen. Indessen hätte jede Bindung der Betreuung an die Voraussetzung natürlicher Geschäftsunfähigkeit bedeutet, das Ziel einer dem Erforderlichkeitsgrundsatz folgenden flexiblen Maßnahme aufzugeben. Die Kritik übersah die Problematik des überkommenen Begriffes der Geschäfts(un)fähigkeit. Diese liegt in der Starrheit des Begriffs, die zwar durch die von Lehre und Rspr inzwischen zögernd eingeräumte Möglichkeit partieller Geschäftsunfähigkeit gelockert ist, aber nicht so weitgehend, daß auch eine „relative" Geschäfts(un)fähigkeit anerkannt würde. Zuzugeben ist der Kritik, daß das Nebeneinander von natürlicher Geschäftsunfähigkeit und Betreuung Probleme mit sich bringt, die freilich in gleicher Weise mit der früheren Zwangspflegschaft verbunden waren, ohne sich aber in der Praxis aufgedrängt zu haben oder von der Wissenschaft überhaupt bemerkt worden zu sein. Weil die Kritik das regelmäßig außer acht läßt, waren daran besonders von Notaren geknüpfte Befürchtungen unbegründet (charakteristisch Cypionka DNotZ 1991, 571, 575). Probleme können daraus entstehen, daß ein geschäftsfähiger Betreuter Rechtsgeschäfte des Betreuers konterkariert oder soweit geht, im Aufgabenkreis des Betreuers einen Bevollmächtigten zu bestellen, der pflichtgemäß seine Wünsche erfüllt, ohne auch nur auf die Genehmigung des Vormundschaftsgerichts angewiesen zu sein. Indessen ist eine solche antagonistische Konstellation zwischen Betreutem und Betreuer eine Ausnahme, für die das BtG das Institut des Einwilligungsvorbehaltes bereithält (zum Ganzen § 1896 Rz 31ff). 9

Bis zum RegE betraf die Kritik in stärkerem Maße das vorgeschlagene Verfahrensrecht. Im Streben nach rechtsstaatlichen Sicherungen sei das Verfahren zu aufwendig, wenn nicht die personellen Ressourcen der Vormundschaftsgerichtsbarkeit in kaum zu erwartendem Umfange gestärkt würden. Weil sich die Länder dazu nicht in der Lage sahen, nahm der Bundesrat vor allem gegenüber zahlreichen vorgesehenen Verfahrensregelungen eine kritische Haltung ein und erreichte Änderungen, die zwar den Bedenken in erheblichem Maße, aber nicht vollständig Rechnung trugen, vor allem aber wurden Ausnahmevorschriften vorgesehen, die bei Überlastung der Gerichte zur Regel werden können und die rechtsstaatlichen Ziele teilweise wieder in Frage stellen. 10

7. Inhalt des Betreuungsgesetzes. Das BtG ist ein Artikelgesetz. Die Artikel 1 bis 6 enthalten in dieser Reihenfolge die Änderungen des BGB, des GVG, des RechtspflegerG, der ZPO, des FGG, des EheG und Art 7 die Änderungen sonstigen Bundesrechtes, nämlich weiterer 44 Gesetze, so daß insgesamt 51 Gesetze vom BtG betroffen sind. Diese Teile des BtG haben mit seinem Inkrafttreten am 1. 1. 1992 ihre selbständige Bedeutung verloren. 11

8. Bleibende Bedeutung hat dagegen das als Art 8 des BtG verkündete, durch das JuMiG vom 18. 6. 1997 (BGBl I 1430) in seinem § 7 geänderte und durch das BtÄndG in seinem § 6 um S 2 erweiterte „**Gesetz über die Wahrnehmung behördlicher Aufgaben bei der Betreuung Volljähriger (Betreuungsbehördengesetz, BtBG)**", inzwischen geändert durch Art § 4 BtÄndG vom 25. 6. 1998: 12

I. Behörden

§ 1

Welche Behörde auf örtlicher Ebene in Betreuungsangelegenheiten zuständig ist, bestimmt sich nach Landesrecht. Diese Behörde ist auch in Unterbringungsangelegenheiten im Sinne des § 70 Abs. 1 Satz 2 Nr. 1 Buchstabe b und Nr. 2 des Gesetzes über die Angelegenheiten der freiwilligen Gerichtsbarkeit zuständig.

§ 2

Zur Durchführung überörtlicher Aufgaben oder zur Erfüllung einzelner Aufgaben der örtlichen Behörde können nach Landesrecht weitere Behörden vorgesehen werden.

II. Örtliche Zuständigkeit

§ 3

(1) Örtlich zuständig ist diejenige Behörde, in deren Bezirk der Betroffene seinen gewöhnlichen Aufenthalt hat. Hat der Betroffene im Geltungsbereich dieses Gesetzes keinen gewöhnlichen Aufenthalt, ist ein solcher nicht feststellbar

oder betrifft die Maßnahme keine Einzelperson, so ist die Behörde zuständig, in deren Bezirk das Bedürfnis für die Maßnahme hervortritt. Gleiches gilt, wenn mit dem Aufschub einer Maßnahme Gefahr verbunden ist.

(2) Ändern sich die für die örtliche Zuständigkeit nach Absatz 1 maßgebenden Umstände im Laufe eines gerichtlichen Betreuungs- oder Unterbringungsverfahrens, so bleibt für dieses Verfahren die zuletzt angehörte Behörde allein zuständig, bis die nunmehr zuständige Behörde dem Gericht den Wechsel schriftlich anzeigt.

III. Aufgaben der örtlichen Behörde

§ 4

Die Behörde berät und unterstützt die Betreuer auf ihren Wunsch bei der Wahrnehmung ihrer Aufgaben.

§ 5

Die Behörde sorgt dafür, daß in ihrem Bezirk ein ausreichendes Angebot zur Einführung der Betreuer in ihre Aufgaben und zu ihrer Fortbildung vorhanden ist.

§ 6

Zu den Aufgaben der Behörde gehört es auch, die Tätigkeit einzelner Personen sowie von gemeinnützigen und freien Organisationen zugunsten Betreuungsbedürftiger anzuregen und zu fördern. Weiterhin fördert sie die Aufklärung und Beratung über Vollmachten und Betreuungsverfügungen.

§ 7

(1) Die Behörde kann dem Vormundschaftsgericht Umstände mitteilen, die die Bestellung eines Betreuers oder eine andere Maßnahme in Betreuungssachen erforderlich machen, soweit dies unter Beachtung berechtigter Interessen des Betroffenen nach den Erkenntnissen der Behörde erforderlich ist, um eine erhebliche Gefahr für das Wohl des Betroffenen abzuwenden.

(2) Der Inhalt der Mitteilung, die Art und Weise ihrer Übermittlung und der Empfänger sind aktenkundig zu machen.

(3) (Aufgehoben durch Art. 34 Nr. 2)

§ 8

Die Behörde unterstützt das Vormundschaftsgericht. Dies gilt insbesondere für die Feststellung des Sachverhalts, den das Gericht für aufklärungsbedürftig hält, und für die Gewinnung geeigneter Betreuer. Wenn die Behörde vom Vormundschaftsgericht dazu aufgefordert wird, schlägt sie eine Person vor, die sich im Einzelfall zum Betreuer eignet.

§ 9

Die Aufgaben, die der Behörde nach anderen Vorschriften obliegen, bleiben unberührt. Zuständige Behörde im Sinne dieser Vorschriften ist die örtliche Behörde.

IV. Berlin-Klausel

13 Das BtG ist mit seinem wesentlichen Inhalt ein Justizgesetz. Doch zeigt sich die Nähe der Vormundschaftsgerichtsbarkeit zur Verwaltung darin, daß für die Vormundschaftsgerichte eine Verwaltungsbehörde Aufgaben der Gerichtshilfe wahrnimmt. Das BtG ist daher wegen seines Bestandteils des BtBG gem Art 83, 84 GG als Zustimmungsgesetz zustande gekommen. Da Art 84 I GG die Organisationsgewalt der Länder bestehen läßt, hat das BtBG die konkrete Bestimmung der Zuständigkeiten in Betreuungsangelegenheiten dem Landesgesetzgeber überlassen. Das BtBG schreibt nur vor, daß es überhaupt Behörden geben muß, welche die im BtG „der zuständigen Behörde" oder im BtBG „der Behörde" zugewiesenen Aufgaben wahrnehmen. Das BtBG läßt offen, ob hierfür neue Behörden geschaffen oder diese Aufgaben einer vorhandenen Behörde zugewiesen werden. Jedoch muß im wesentlichen eine einzige Behörde zuständig sein; nach § 2 BtBG dürfen nur für einzelne oder überörtliche Aufgaben „weitere" Behörden – neu zu schaffende oder vorhandene – vorgesehen werden. Auch die Dichte der örtlich zuständigen Behörden, also die Größe der Zuständigkeitsbereiche, ist nicht vorgeschrieben, so daß ein Land nicht gehindert ist, nur eine einzige „Betreuungsstelle" für das ganze Gebiet vorzusehen, eine für Stadtstaaten nicht unrealistische Möglichkeit. Beispiel für eine einzelne Aufgabe ist die Aufgabe als Unterbringungsbehörde (vgl § 1 S 2 BtBG), als Aufgaben einer überörtlichen Behörde scheiden die als „Aufgaben der örtlichen Behörde" bezeichneten des Abschnittes III aus; überörtliche Aufgabe ist vielmehr zB die Anerkennung als Betreuungsverein gem § 1908f.

14 Das BtG hat seit dem 1. 1. 1992 in allen Ländern Ausführungsgesetze zum BtG erforderlich gemacht. Ferner hat das BtG in § 70 I Nr 3 FGG das Verfahren in Unterbringungssachen auch für „die Anordnung einer freiheitsentziehenden Unterbringung nach den Landesgesetzen über die Unterbringung psychisch Kranker" vorgeschrieben. Diese auf der Zuständigkeit des Bundes für das gerichtliche Verfahren (Art 74 Nr 1 GG) beruhende Bestimmung hat gemäß dem Grundsatz des Art 31 GG zur Folge, daß entgegenstehende Verfahrensvorschriften in den PsychKG der Länder außer Kraft getreten sind. Dadurch sind Anpassungen dieser Landesgesetze nötig geworden, die von den Ländern zusammen mit den Ausführungsbestimmungen zum BtG in ein und demselben Gesetz erlassen werden.

15 9. Artikel 9 des BtG enthält die **Übergangsvorschriften**.

§ 1

(1) Mit Inkrafttreten dieses Gesetzes werden die bisherigen Vormundschaften über Volljährige und die Pflegschaften nach § 1910 des Bürgerlichen Gesetzbuchs zu Betreuungen nach diesem Gesetz. Vorläufige Vormundschaften werden zu Betreuungen, bei denen der Betreuer als durch einstweilige Anordnung bestellt gilt.

(2) Der bisherige Vormund oder Pfleger wird Betreuer; dies gilt auch dann, wenn er nach den Vorschriften dieses Gesetzes nicht zum Betreuer bestellt werden könnte.

(3) Besteht bei Inkrafttreten dieses Gesetzes eine Vormundschaft oder vorläufige Vormundschaft, so erfaßt der Aufgabenkreis des Betreuers alle Angelegenheiten des Betreuten mit Ausnahme der Entscheidung über die Einwilligung in eine Sterilisation. Außerdem gilt für den gesamten Aufgabenkreis ein Einwilligungsvorbehalt nach § 1903 des Bürgerlichen Gesetzbuchs als angeordnet.

(4) Besteht bei Inkrafttreten dieses Gesetzes eine Pflegschaft nach § 1910 des Bürgerlichen Gesetzbuchs, entspricht der Aufgabenkreis dem bisherigen Wirkungskreis mit Ausnahme der Entscheidung über eine Einwilligung in eine Sterilisation des Betreuten.

§ 2

Das Vormundschaftsgericht hat über die Aufhebung oder Verlängerung von Betreuungen und Einwilligungsvorbehalten nach § 1 zu entscheiden,
1. wenn die Vormundschaft oder Pflegschaft bei Inkrafttreten dieses Gesetzes schon seit mindestens zehn Jahren ununterbrochen bestanden hat, spätestens fünf Jahre nach diesem Zeitpunkt,
2. im übrigen spätestens zehn Jahre nach Inkrafttreten dieses Gesetzes.

§ 3

Ist ein Verein oder eine Behörde Betreuer nach § 1 Abs. 2, so hat die in § 1900 II Satz 3, IV Satz 2 des Bürgerlichen Gesetzbuchs vorgeschriebene Mitteilung innerhalb von sechs Monaten nach Inkrafttreten dieses Gesetzes zu erfolgen.

§ 4

Ist ein Verein vor Inkrafttreten dieses Gesetzes für geeignet erklärt worden, zum Vormund oder Pfleger bestellt zu werden, so gilt er als anerkannter Betreuungsverein im Sinne des § 1908f des Bürgerlichen Gesetzbuchs.

§ 5

(1) Eine anhängige Entmündigungssache ist bei Inkrafttreten dieses Gesetzes an das zuständige Vormundschaftsgericht abzugeben. Das Vormundschaftsgericht kann seine Entscheidung auf im Entmündigungsverfahren eingeholte Gutachten oder vorgelegte ärztliche Zeugnisse stützen. Ist der Betroffene im Entmündigungsverfahren bereits angehört worden, so genügt es, wenn das Vormundschaftsgericht ihn im Rahmen eines Schlußgesprächs nach § 68 V des Gesetzes über die Angelegenheiten der freiwilligen Gerichtsbarkeit erneut anhört. Für die Gerichtskosten und außergerichtlichen Auslagen ist das Verfahren vor dem abgebenden Gericht als Teil des Verfahrens vor dem übernehmenden Gericht zu behandeln.

(2) Ein Verfahren über die Anordnung oder Aufhebung der vorläufigen Vormundschaft oder der Pflegschaft nach § 1910 des Bürgerlichen Gesetzbuchs oder über die Bestellung oder Entlassung eines Vormunds für einen Volljährigen oder Pflegers nach § 1910 des Bürgerlichen Gesetzbuchs wird als Betreuungssache fortgeführt. Gleiches gilt für Verfahren, die auf andere Maßnahmen des Vormundschaftsgerichts gerichtet sind. Ist nach den Vorschriften dieses Gesetzes die Zuständigkeit eines anderen Gerichts begründet, so ist das Verfahren an dieses Gericht abzugeben. Ist die Sache bei einem Rechtsmittelgericht anhängig, so wird sie an das Vormundschaftsgericht zurückgegeben. Absatz 1 S 2 und 3 gilt entsprechend.

(3) Absatz 2 gilt entsprechend, wenn nach einer Entmündigung oder Anordnung einer vorläufigen Vormundschaft oder einer Pflegschaft nach § 1910 des Bürgerlichen Gesetzbuchs ein Vormund oder Pfleger noch nicht bestellt ist.

(4) Die Zulässigkeit eines bei Inkrafttreten dieses Gesetzes eingelegten Rechtsmittels beurteilt sich nach den bisherigen Vorschriften.

(5) Ist bei Inkrafttreten dieses Gesetzes in einem anhängigen Verfahren lediglich die Kostenentscheidung noch offen, so wird diese nach bisherigem Recht gefällt.

§ 6

Eintragungen über Entmündigungen werden aus dem Zentralregister entfernt.

§ 7

Mit dem Inkrafttreten dieses Gesetzes endet der Ausschluß vom Wahlrecht auf Grund der Anordnung einer Pflegschaft.

a) Durch **Übergangsvorschriften** zu regeln waren:
– Altfälle, dh das Schicksal der bei Inkrafttreten des BtG am 1. 1. 1992 bestehenden Vormundschaften und Gebrechlichkeitspflegschaften (§ 1–3),
– die Kompetenz bestehender Vormundschaftsvereine (unter dem neuen Recht § 4),
– die am 1. 1. 1992 laufenden Verfahren hinsichtlich des ab diesem Tag anzuwendenden formellen und materiellen Rechts (§ 5).

b) **Altfälle.** Nach Art 9 § 1 I BtG gilt das Prinzip der automatischen Überleitung in das neue Recht. Aus der Vormundschaft oder Gebrechlichkeitspflegschaft wird eine Betreuung. Das gilt auch, wenn die der Vormundschaft zugrundeliegende Entmündigung wegen Verschwendung, Trunk- oder Rauschgiftsucht angeordnet worden war. Möchte der Betreute in solchen – wie in anderen – Fällen die Betreuung abschütteln, so muß er die Aufhebung der Betreuung gem § 1908d I Hs 1 anregen. Das Gericht prüft dann, ob die kraft Überleitung bestehende Betreuung noch aus § 1896 begründet ist, ob zB der wegen Verschwendung Entmündigte psychisch krank ist. Eine vorläufige Vormundschaft, die zu einer Betreuung wird, bei welcher der Betreuer durch einstweilige Anordnung bestellt ist, darf nach § 69f II Hs 1 FGG die Dauer von sechs Monaten nicht überschreiten. Vor diesem Zeitpunkt muß das

VormG entscheiden, ob es gem § 1908d I die Betreuung aufhebt, die vorläufige Betreuung gem § 69f II Hs 2 FGG bis zu einer Gesamtdauer von einem Jahr verlängert oder ob es einen – nicht nur vorläufigen – Betreuer im Normalverfahren bestellt.

18 **aa) Kontinuität des Betreuers.** Vormund oder Gebrechlichkeitspfleger werden Betreuer. Der Kontinuierung steht es gem Art 9 II Hs 2 BtG nicht entgegen, wenn der bisherige Vormund oder Pfleger nicht zum Betreuer bestellt werden könnte. Zurückgestellt werden dadurch die Regelungen des neuen Rechts über Vorrang und Vorzug bei der Auswahl des Betreuers und über die Rangfolge der verschiedenen Typen von Betreuern sowie über die Qualifikation von Vereinen und die Zuständigkeit von Behörden.

Die nach § 1791 dem Vormund, iVm § 1915 I auch einem Pfleger, erteilte Bestallung behält ihre Wirksamkeit und fungiert als Bestellungsurkunde iSv § 69b II FGG.

19 **bb) Kontinuität** besteht auch bezüglich des **Aufgaben-**, früher Wirkungs**kreises.** Das Übergangsrecht übernimmt also die Totalität des Wirkungskreises eines früheren Vormunds. Wenn nach § 1901 aF der Vormund für die Person des Mündels nur insoweit zu sorgen hatte, als der Zweck der Vormundschaft es erforderte, so bedeutet dies keine entsprechende Einschränkung seiner Vertretungsmacht (8. Aufl § 1901 Rz 2). Möchte der Betroffene eine Einschränkung des Aufgabenkreises erreichen, so muß er beim VormG eine Entscheidung nach § 1908d I Hs 2, § 69i III FGG anregen. Ein übergeleiteter Aufgabenkreis erstreckt sich jedoch nicht auf die Einwilligung in die Sterilisation; hier ist dem Prinzip des „besonderen Betreuers" nach § 1899 Vorrang eingeräumt. Mangels einer weiteren Ausnahme vom Grundsatz der materiellen Überleitung erstreckt sich der Aufgabenkreis eines Betreuers kraft Überleitung aber auf die Angelegenheiten des § 1896 IV.

20 **cc)** Der Wirkung der früheren Entmündigung kommt der **Einwilligungsvorbehalt** nahe, so daß Art 9 § 1 III S 2 BtG bei einem Entmündigten, der nach § 1896 aF notwendig einen Vormund erhalten hatte, einen Einwilligungsvorbehalt als angeordnet fingiert. Davon Betroffene können geltend machen, daß der Einwilligungsvorbehalt jedenfalls nicht in dieser Breite erforderlich sei, und nach § 1908d, § 69i III FGG seine Aufhebung oder Einschränkung anregen.

Ein Einwilligungsvorbehalt kraft Überleitung erstreckt sich auf die in § 1903 III S 2 genannten geringfügigen Angelegenheiten nur, wenn das VormG dies anordnet. Die Überleitung hat insoweit zu einer gewissen Emanzipation des Betreuten bei Altfällen geführt, die ein Reformziel war. Ein Einwilligungsvorbehalt kraft Überleitung erstreckt sich auch nicht auf die Angelegenheiten des § 1903 II, weil ein solches Ergebnis dem neuen Recht fremd wäre. Ein wegen Geisteskrankheit Entmündigter erlangt daher, wenn er nicht im natürlichen Sinn geschäftsunfähig ist, die Eheschließungsfähigkeit; jeder Entmündigte gewinnt die Testierfähigkeit sowie die Fähigkeit zu den familien- und erbrechtlichen Geschäften, zu denen ein beschränkt Geschäftsfähiger nicht der Zustimmung des gesetzlichen Vertreters braucht, wiederum vorbehaltlich seiner natürlichen Geschäfts- bzw Testierfähigkeit (§ 2229 IV).

21 **dd)** Während die frühere Vormundschaft und Gebrechlichkeitspflegschaft unbefristet waren, sind Betreuungen gem § 69 I Nr 5 FGG auf längstens fünf Jahre, Unterbringungsmaßnahmen gem § 70f I Nr 3 FGG auf regelmäßig ein Jahr zu befristen. Das **Prinzip der Befristung** verwirklicht das Übergangsrecht bei Altfällen durch Art 9 § 2 BtG. Danach sind die vor dem 1. 1. 1982 begründeten „Uraltfälle" spätestens bis 1. 1. 1997, alle jüngeren Fällen spätestens bis 1. 1. 2002 daraufhin zu überprüfen, ob sie aufzuheben oder zu verlängern sind. Bleiben bisherige Vereinsvormundschaften und -pflegschaften, Amtsvormundschaften und -pflegschaften als Vereins- bzw Behördenbetreuungen bestehen, so trägt § 3 den Vorschriften in Abs II S 3 und Abs IV S 2 des neuen § 1900 dadurch Rechnung, daß der Verein oder die Behörde dem Gericht bis zum 1. 7. 1992 mitzuteilen hat, welcher Person die Wahrnehmung der Betreuung übertragen ist. Die Pflicht der Vereine und Behörden aus § 1900 II, IV S 2, dem Gericht Umstände mitzuteilen, aus denen sich ergibt, „daß der Volljährige durch eine oder mehrere natürliche Personen hinreichend betreut werden kann", gilt in allen übergeführten Betreuungsverhältnissen.

22 **ee) Statuswirkungen der Entmündigung,** die das Betreuungsrecht nicht mehr kennt, entfallen bei Altfällen. Da es ab 1. 1. 1992 keine Entmündigten mehr gibt, werden gem Art 9 § 6 BtG entsprechende Eintragungen aus dem Bundeszentralregister entfernt. Nach Art 9 § 7 endet der Ausschluß vom **Wahlrecht** für Personen, die bis 1. 1. 1992 unter Gebrechlichkeitspflegschaft gestellt waren. Daß dies auch für Entmündigte gilt, erklärt sich aus ihrer Überleitung zu Totalbetreuten und dem neugefaßten § 13 BWahlG (dazu § 1896 Rz 78).

23 **c)** Wegen der Auswirkungen des Betreuungsrechts auf am 1. 1. 1992 laufende Verfahren s 9. Aufl Rz 23.

24 **10.** Mit dem 3. 10. 1990 sind **im Gebiet der früheren DDR** grundsätzlich sowohl das BGB als auch das FGG in Kraft getreten. Ausnahmen von diesem Grundsatz liegen nicht auf dem Gebiet von Entmündigung, Vormundschaft und Pflegschaft. Daher war für die Zeit bis zum Inkrafttreten des BtG am 1. 1. 1992 im Beitrittsgebiet das Recht des BGB über die Entmündigung mit anschließender Vormundschaft und die Gebrechlichkeitspflegschaft geltend geworden. Für Altfälle aus der Zeit vor dem 3. 10. 1990 galten als Übergangsregelung Art 231 § 1 sowie Art 234 §§ 14 und 15 EGBGB. – Die mit dem 3. 10. 1990 in Vormundschaften und Pflegschaften übergeleiteten Rechtsverhältnisse haben dann an der Überleitung in das Betreuungsrecht teilgenommen.

25 **11.** Praktische Erfahrungen mit dem seit 1992 geltenden BtG waren der Anlaß für das am 1. 1. 1999 in Kraft getretene **BtÄndG**. Dies war nicht die gelegentlich ohne genauere Konturen geforderte „große Reform"; die vom BtG gestellten Weichen wurden durch die Novelle in keine andere Richtung gelegt. Nur insoweit, als dem BtG von Anfang an ein übermäßiger rechtsstaatlicher Formalismus vorgeworfen worden war, bedeutet das BtÄndG eine gewisse Bestätigung dieser Kritik.

26 **a)** Ein Schwerpunkt der Neuregelung liegt bei der Vergütung von Betreuern (Überblick unter vor § 1835 Rz 6ff). Vor allem hatte der Gesetzgeber des BtG die Fragen von Aufwendungsersatz und Vergütung für **Verfahrenspfleger** bewußt der Praxis überlassen. Das BtÄndG reagierte auf die dadurch hervorgerufene Rechtspre-

chungsflut, indem es die Rechtseinheitlichkeit auf einer finanziell unteren Stufe der bisher konkurrierenden Lösungen herstellte. Zunächst schließt der geänderte Abs II des § 1 BRAGO deren Anwendung nunmehr auch für alle Verfahrenspfleger aus; daß danach § 1835 III unberührt bleibt, hat für Verfahrenspfleger keine Bedeutung, weil die seine Vergütung regelnden §§ 67 III und 70b I S 3 FGG ihrerseits von der Verweisung auf die §§ 1835ff ua den § 1835 III ausnehmen und für die Höhe der Vergütung die ausnahmslose Maßgeblichkeit von § 1 BVormVG sowie die Leistung aus der Staatskasse anordnen. Für den RA als Verfahrenspfleger bedeutet dies, daß er stets die aus der Staatskasse zu leistende Stundenvergütung als Berufsvormund sowie Ersatz nachgewiesener Aufwendungen erhält, und zwar auch bei einem bemittelten Pflegling, der jedoch nach § 1836e im Regreßweg von der Staatskasse in Anspruch genommen werden kann.

b) Im materiellen Recht bringt das in der Überschrift vor § 1896 ebenso wie in § 1901 I eingefügte Adjektiv „rechtlich" klarer als früher zum Ausdruck, daß es im Betreuungsrecht nur um die Betreuung in rechtlicher Hinsicht geht (vgl noch Rz 30). 27

c) In dem neuen § 1897 VI wird die dem auswählenden VormG vorgegebene abstrakte Rangfolge der Typen an Betreuern, die bisher nur vom Einzelbetreuer über den Vereins- und Behördenbetreuer zur Vereins- und Behördenbetreuung festgelegt war, insofern ausgebaut, als am Anfang der Skala der **ehrenamtliche Einzelbetreuer** jedem Berufsbetreuer vorgeordnet wird. Zur Sicherstellung dieser Rangordnung wurde in § 1908 I ein S 2 angefügt, wonach ein zunächst bestellter Berufsbetreuer gegen einen später verfügbar gewordenen ehrenamtlichen Betreuer auszutauschen ist, so wie das für das Verhältnis jedes institutionellen Betreuers zu einem Einzelbetreuer von Anfang an in § 1908b V vorgeschrieben ist. Darüber hinaus erlegt der neue § 1897 VI S 2 dem Berufsbetreuer eine Informationspflicht gegenüber dem VormG auf, sobald er Umstände erfährt, die diesen Austausch ermöglichen. 28

d) Der neue **§ 1897 VII** ergänzt den neuen § 1836 I S 3 zweite Variante, wonach das Gericht die Feststellung, daß der Vormund die Vormundschaft berufsmäßig führt, bereits zu treffen hat, wenn zu erwarten ist, daß dem Vormund in absehbarer Zeit Vormundschaften in solchem Umfang übertragen werden, daß er sie nur im Rahmen einer Berufsausübung führen kann. Nach dem neuen § 1897 VII soll das Gericht die Betreuungsbehörde zuvor zu der Eignung des Berufsanfängers und der Erwartung, daß ihm weitere Vormundschaften übertragen werden, hören. 29

e) Der neue **§ 1901 I** betont im Zusammenhang mit der Neufassung von § 1897 I wiederum den rechtlichen Charakter der Betreuung und schließt damit Tätigkeiten des Betreuers, die aus einem rein faktischen Engagement fließen, von seinen Amtspflichten aus. 30

f) Der neue **§ 1904 II** stellt klar, daß sich eine **Vorsorgevollmacht** auch auf die Einwilligung in ärztliche Maßnahmen erstrecken kann, wenn sie schriftlich erteilt ist und diese Angelegenheiten ausdrücklich aufführt, und daß der Bevollmächtigte im selben Umfang wie ein Betreuer zu seiner Einwilligung in ärztliche Maßnahmen der Genehmigung des VormG bedarf. 31

g) Der neue **§ 1906 V** enthält die entsprechende Regelung wie § 1904 II für die mit Freiheitsentziehung verbundene Unterbringung. 32

h) Wegen des dem **§ 1908b I** angefügten S 2 s Rz 28. 33

i) Die Aufwendungen und Vergütung eines Betreuungsvereins betreffende Vorschrift des **§ 1908e** wurde den Änderungen der darin in Bezug genommenen §§ 1835ff angepaßt. 34

j) In **§ 1908f** wurden die Voraussetzungen für die Anerkennung als Betreuungsverein um Punkt **2a** erweitert; danach muß der Verein auch die planmäßige Information über Vorsorgevollmachten und Betreuungsverfügungen gewährleisten. 35

k) Die Aufwendungen und Vergütung des Behördenbetreuers betreffende Vorschrift des **§ 1908h** wurde den Änderungen der §§ 1835ff angepaßt. 36

Das BtÄndG war von der SPD-Fraktion nicht mitgetragen, aber auch Vertreter der damaligen Koalition im Rechtsausschuß hatten erklärt, daß der Entwurf nicht den Anspruch einer grundlegenden Strukturreform erhebe, sondern lediglich die Forderungen der Länder nach punktuellen und alsbald wirksamen Verbesserungen des geltenden Rechts aufgegriffen und umgesetzt habe. Die Fraktion der SPD nannte den Entwurf vorrangig eine Maßnahme der Kostendämpfung und peilte eine Reform an, die nicht zu Lasten der betreuenden Menschen gehen dürfe, bei Aufrechterhaltung der rechtsstaatlichen Sicherungen den justiziellen Aufwand vermindere und effektuiere sowie „sozialrechtliche Instrumentarien" einbeziehe. Schon der Rechtsausschuß des BT hatte daher zu seiner Beschlußempfehlung eine weitere Entschließung gefaßt, mit der er den BT und die BReg bat, „gemeinsam mit dem Parlament nach Wegen zu suchen, um – nicht allein mit Hilfe des bürgerlichen Betreuungsrechts, sondern unter Einbeziehung des sozialrechtlichen Instrumentariums – hilfebedürftigen Menschen langfristig rechtliche Betreuung zu verbürgen wie tatsächliche Zuwendung und Fürsorge" (BT-Drucks 13/1566 vom 17. 3. 1998). Beiden Empfehlungen folgte der BT in seiner Sitzung vom 17. 4. 1998. 37

Das Stichwort für weitere Reformen gab eine Gruppe von SPD-Abgeordneten schon am 1. 4. 1998 mit einem Antrag „Zur Reform des Betreuungsrechts": „Von der juristischen zur sozialen Betreuung". In der Folgezeit übernahm der Vormundschaftsgerichtstag diese Zielsetzung und die ihr zugrundeliegende Diagnose des bestehenden Rechtszustandes und veröffentlichte im August 1999 „Leitlinien zur rechts- und sozialpolitischen Diskussion und die Weiterentwicklung des Betreuungsrechts" (BtPrax 1999, 123), in denen die Betreuungswesen als „sozialpolitisches Unterstützungssystem" verstanden und ein „Gesetz für Betreuungswesen" gefordert wurde.

Im Jahre 1999 konstituierte sich eine interfraktionelle Arbeitsgruppe „Strukturreform des Betreuungsrechts" die unter dem Datum des 23.10.2000 ein nicht veröffentlichtes „Eckpunktepapier" erarbeitete, in dem das Wort „soziale Betreuung" nicht mehr vorkommt.

§ 1896　　　　Familienrecht　Rechtliche Betreuung

Auf der Linie des BtÄndG beschloß die Konferenz der Justizminister im Juni 2001 die Einsetzung einer Bund-Länder-Arbeitsgruppe „Betreuungswesen" mit der Aufgabe, unter Auswertung der bisher in den Ländern gewonnenen Erfahrungen konkrete Lösungsvorschläge zur Änderung des Betreuungsrechts zu erarbeiten, um die Zahl der Betreuungsfälle zu reduzieren, fehlgeleitete Ressourcen im Interesse der eigentlichen Betreuungsarbeit zu binden und die Eingriffe in das Selbstbestimmungsrecht der Betroffenen auf das Notwendige zu beschränken". Im Abschlußbericht vom Juni 2003 empfiehlt die Kommission: a) Verschiedene flankierende Maßnahmen zur Förderung von Vorsorgevollmachten; b) die Begründung gesetzlicher Vertretungsmacht für Ehegatten und Lebenspartner für die Bereiche der Gesundheitssorge, der Sozialleistungen, des Abschlusses eines Heimvertrages, der Abgabe von Einkommensteuererklärungen und für den beschränkten Zugriff auf ein Girokonto, nachrangig und beschränkt auf den Bereich der Gesundheitssorge auch für Eltern und Kinder, abhängig von einem ärztlichen Attest, das die Handlungsunfähigkeit des Betroffenen besagt; c) eine Hervorhebung des Erforderlichkeitsprinzips, der Subsidiarität und des Zieles der Rehabilitation im Wortlaut des § 1896 und zur Verwirklichung dieses Zieles die Institutionalisierung örtlicher Arbeitsgemeinschaften; d) die ausnahmslose Pauschalierung von Vergütungs- und Aufwendungsersatz; e) zur Verbesserung der Kontrolldichte die Institutionalisierung einer zentralen Erfassungsstelle für alle an Berufsbetreuer erfolgten Zahlungen. f) Bei den Vormundschaftsgerichten sollen alle Aufgaben, die nicht von Verfassungs wegen vom Richter wahrzunehmen sind, der Rechtspflegerschaft übertragen werden, bei der infolge der Umstellung des Entschädigungssystems auf Pauschalen die entsprechenden Kapazitäten vorhanden wären.

Während diese Empfehlungen nach dem Willen der Kommission im Herbst 2003 zu Gesetzesvorschlägen gemacht werden sollen, soll im politischen Raum eine Diskussion darüber angeregt werden, den Vorrang des Vormundschaftsgerichts vor der Betreuungsbehörde aufzugeben und diese entweder zur Eingangsinstanz zu machen oder ihr alle Aufgaben in Betreuungssachen zu übertragen, die nicht von Verfassungs wegen den Richtern vorbehalten sind.

1896 *Voraussetzungen*

(1) Kann ein Volljähriger auf Grund einer psychischen Krankheit oder einer körperlichen, geistigen oder seelischen Behinderung seine Angelegenheiten ganz oder teilweise nicht besorgen, so bestellt das Vormundschaftsgericht auf seinen Antrag oder von Amts wegen für ihn einen Betreuer. Den Antrag kann auch ein Geschäftsunfähiger stellen. Soweit der Volljährige auf Grund einer körperlichen Behinderung seine Angelegenheiten nicht besorgen kann, darf der Betreuer nur auf Antrag des Volljährigen bestellt werden, es sei denn, daß dieser seinen Willen nicht kundtun kann.

(2) Ein Betreuer darf nur für Aufgabenkreise bestellt werden, in denen die Betreuung erforderlich ist. Die Betreuung ist nicht erforderlich, soweit die Angelegenheiten des Volljährigen durch einen Bevollmächtigten, der nicht zu den in § 1897 III bezeichneten Personen gehört, oder durch andere Hilfen, bei denen kein gesetzlicher Vertreter bestellt wird, ebenso gut wie durch einen Betreuer besorgt werden können.

(3) Als Aufgabenkreis kann auch die Geltendmachung von Rechten des Betreuten gegenüber seinem Bevollmächtigten bestimmt werden.

(4) Die Entscheidung über den Fernmeldeverkehr des Betreuten und über die Entgegennahme, das Öffnen und das Anhalten seiner Post werden vom Aufgabenkreis des Betreuers nur dann erfaßt, wenn das Gericht dies ausdrücklich angeordnet hat.

I. Gesetzgebungsgeschichte	1
II. Aufbau der Vorschrift	2
III. Kreis der betroffenen Personen	3
IV. Betreuungstatbestand	4
1. Medizinischer Befund	5
a) Psychische Krankheit	6
b) Geistige Behinderung	11
c) Seelische Behinderung	12
d) Erscheinungen des Altersabbaus	13
e) Körperliche Behinderung	14
f) Lebender Betreuter	17
2. Sozio-juridisches Defizit	18
a) Rechtsangelegenheiten	19
aa) Eigene Angelegenheiten	20
bb) Angelegenheiten als gesetzlicher Vertreter	21
cc) Besonders: Betreuung und elterliche Sorge	22
b) Unfähigkeit zur Besorgung der Angelegenheiten	
aa) Rechtsgeschäftliche Unfähigkeit	23
bb) Einwilligungsunfähigkeit	24
cc) Sonstige rechtliche Unfähigkeit	25
dd) Das Problem der Eingriffsschwelle	26
ee) Unvollständigkeit des Betreuungstatbestands?	28
ff) Übergesetzliche Ergänzung des Betreuungstatbestands	29
3. Verhältnis zur natürlichen Geschäftsunfähigkeit	31
4. Erforderlichkeit	
a) Betreuungsbedarf	35
b) Subsidiarität gegenüber öffentlich-rechtlichen Hilfen	36
c) Subsidiarität gegenüber privatrechtlichen Hilfen	
aa) Bestehende Vollmacht	37
bb) Suspekte Bevollmächtigte	38
cc) Vorsorgevollmacht	39
dd) Verweisung auf mögliche Bevollmächtigung	41
ee) Schwierigkeit und Bereitschaft, Vollmacht zu erteilen	42
ff) Einer Bevollmächtigung verschlossene Angelegenheiten	43
gg) Gewillkürte Vertretung bei ärztlicher Heilbehandlung	43
hh) Kombination von Vollmacht und Betreuung	45
ii) Kontrollbetreuung	46
d) Verfassungsrechtlicher Aspekt der Erforderlichkeit	47
e) Interesse Dritter an der Bestellung eines Betreuers	50
V. Aufgabenkreis	51
1. Erforderlichkeitsgrundsatz	53
2. Gesetzliche Definition von Aufgabenkreisen	54

3. Angelegenheiten als Aufgabenkreise 55
4. Personen-/Vermögenssorge 56
5. Totalbetreuung 57
6. Betreuung in persönlichen Angelegenheiten ... 58
   a) Aufenthaltsbestimmung, Unterbringung, Umgang 59
   b) Gesundheitsfürsorge 60
   c) Eheschließung 61
   d) Ehevertrag 62
   e) Ehescheidung 63
   f) Beaufsichtigung 64a
7. Betreuung in Vermögensangelegenheiten 65
8. Kontrolle des Post- und Fernmeldeverkehrs ... 66
9. Prozeßführung 67
10. Strafprozeß 68
11. Grenzen der Betreuung 69
12. Eingriffstiefe 69a

VI. Dauer der Betreuung 70

VII. Bestellung des Betreuers (Einheitsentscheidung) 71

VIII. Statuswirkungen der Betreuung 72

IX. Betreuung und Prozeßrecht 74

X. Verfahren
1. Zuständigkeit 75
2. Verfahrensinitiative 76
3. Bestellung eines Verfahrenspflegers 81
4. Anhörung des Betroffenen 82
5. Gelegenheit zur Äußerung 83
6. Sachverständigengutachten 84
7. Ärztliches Zeugnis 88
8. Bestellung des Betreuers 89
9. Bestellung eines vorläufigen Betreuers im einstweiligen Verfahren 90
10. Mitteilungspflichten 92

XI. Inhalt der Entscheidung; Begründungszwang; Bestellungsurkunde 93

XII. Verfahrenskosten 94

XIII. Rechtsmittel 95

XIV. Verlängerung der Bestellung 96

XV. Sonderbetreuer nach anderen Gesetzen 97

Schrifttum: *Baer, Rolf,* Psychiatrie für Juristen, 1988; *Tölle, Rainer,* Psychiatrie, 11. Aufl 1996; *Ventzlaff, Ulrich* (Hrsg) Psychiatrische Begutachtung, Ein praktisches Handbuch für Ärzte und Juristen, 1987.

I. Gesetzgebungsgeschichte. Eingeführt durch BtG Art 1 Nr 47. Abs I ist seit dem DiskTE, Abs II seit dem RefE unverändert. Abs III und IV sind vom RefE hinzugefügt. Abs II S 2 um den ersten Relativsatz erweitert durch Art 1 Nr 1 BtÄndG, Amtl Begr BT-Drucks 13/7158, 33.

II. Aufbau der Vorschrift. Abs I S 1 enthält in seinem ersten Satzteil als anthropologische Voraussetzung der Betreuung einen zweigliedrigen Tatbestand, einen medizinischen Befund mit einer sozio-juridischen Folge verbindet, in seinem zweiten Satzteil die Verfahrensinitiative regelt und als Verfahrensziel die materielle Rechtsfolge setzt. S 2 regelt die Antragsfähigkeit und S 3 den Sonderfall der Betreuung wegen körperlicher Behinderung. **Abs II** begründet das Prinzip der Erforderlichkeit. Dieser für das Betreuungsrecht zentrale Begriff umfaßt das Bedürfnis im Sinne der früheren Gebrechlichkeitspflegschaft wie jeder anderen Form einer Pflegschaft (zB § 1909 Rz 12). **Abs III** hat eine klarstellende und zugleich anleitende Funktion, das Ausdrücklichkeitserfordernis des Abs IV dient der Rechtsklarheit in einer grundrechtlich besonders sensiblen Frage.

III. Kreis der betroffenen Personen. Nur Volljährige werden von den materiellen Regelungen des Betreuungsrechts erfaßt, obwohl ein Betreuer nach § 1908a auch für einen 17jährigen schon vorsorglich bestellt werden kann. Nach der Amtl Begr des RegE (BT-Drucks 11/4528, 52; vgl auch Rechtsausschuß des BT, BT-Drucks 11/6949, 70) soll sich der Kreis der Personen, für die ein Betreuer bestellt werden kann, weitgehend mit dem Kreis derer decken, die früher entmündigt oder unter Gebrechlichkeitspflegschaft gestellt werden konnten. Lediglich die Entmündigungsgründe der Verschwendung, der Trunk- und der Rauschgiftsucht sind entfallen. Aber auch diese Änderung hat nicht primär ein rechtspolitisches Ziel. Einerseits haben Trunk-, Rauschgiftsucht und Verschwendung als Entmündigungsgründe praktisch eine geringe Rolle gespielt und sind selten Anlaß einer Gebrechlichkeitspflegschaft gewesen, andererseits können beide Suchtformen – ebenso wie Verschwendungs„sucht" – Krankheitswert haben („Sucht" kommt von „siech", nicht etwa von „suchen").

IV. Der mehrgliedrige **Betreuungstatbestand** kann untergliedert werden, indem von einer subjektiven Betreuungsbedürftigkeit der objektive Betreuungsbedarf unterschieden wird (MüKo/Schwab Rz 6 und 39). Zur **Betreuungsbedürftigkeit** gehört die Krankheit oder Behinderung, aber auch als deren Folge die Unfähigkeit zur Besorgung der eigenen Angelegenheiten. Damit verweist die Betreuungsbedürftigkeit aus sich heraus auf das Erfordernis, daß der Kranke oder Behinderte Angelegenheiten zu besorgen hat, die den **Betreuungsbedarf** begründen. Diese beiden Elemente liegen auf der Tatbestandsseite. Wird der Begriff der **Erforderlichkeit** nicht für den Gesamttatbestand der Betreuung verbraucht (so aber Amtl Begr BT-Drucks 11/4528, 58), so kann er auf der Rechtsfolgenseite dafür eingesetzt werden, die konkreten Kriterien für die Bemessung der vom Gericht zu treffenden Maßnahmen im Hinblick auf ihre Tauglichkeit, ihren Zweck und ihre Verhältnismäßigkeit zu bezeichnen.

1. Basis der Betreuungsbedürftigkeit ist ein „**medizinischer Befund**" (Amtl Begr BT-Drucks 11/4528, 115). Das Gesetz arbeitet hier mit den Begriffen Krankheit und Behinderung und den Qualifikationen psychisch, körperlich, geistig und seelisch:

	psychisch	körperlich	geistig	seelisch
Krankheit	x			
Behinderung		x	x	x

Krankheit ist eine funktionale Störung prozeßhafter Natur, die sich bessern oder verschlimmern kann. **Behinderung** ist eine bleibende negative Konditionierung der körperlichen und/oder geistigen oder seelischen Abläufe; sie kann angeboren oder durch Krankheit verursacht sein. Im Sozialrecht werden als „behindert" alle Menschen bezeichnet, die über eine längere Zeit krank und in ihren Fähigkeiten eingeschränkt sind.

§ 1896 Familienrecht Rechtliche Betreuung

Sowohl der klinischen Dokumentation als auch der wissenschaftlichen Verständigung dient die von der World-Health-Organisation (WHO) aufgestellte, in der zehnten Revision von 1991 vorliegende „Internationale Klassifikation der psychiatrischen Krankheiten" (ICD, abgedruckt bei Tölle S 32ff).

6 a) Bei **psychischen Krankheiten** stößt eine Klassifizierung auf größere Schwierigkeiten als bei körperlichen. Antiquiert ist eine Einteilung nach Einzelsymptomen wie zB Tobsucht oder nach bestimmten Wahnthemen (Größenwahn, Eifersuchtswahn). Auch einer topologischen Gliederung nach affizierten psychischen Bereichen steht entgegen, daß eine psychische Erkrankung immer mehr oder weniger die ganze Persönlichkeit betrifft. Die klassische Einteilung hatte den symptomatologischen Ansatz, dessen Querschnittsbild der Psychiater E. Kraepelin (1856–1926) um eine Verlaufsbeschreibung erweitert hat. So gelangte er zu der Einteilung in die Formenkreise der Dementia praecox, welcher der Psychiater Eugen Bleuler (1857–1939) den Namen Schizophrenie gab, mit ihrem meist chronisch-progredienten Verlauf, und des manisch-depressiven Irreseins mit phasisch-rezidivierendem Verlauf (Zyklothymien). Später wurde die Klassifikation um Erscheinungen erweitert, die mit der älteren Bezeichnung „Neurosen" belegt wurden, sowie um die Psychopathien, die beide als Persönlichkeitsstörungen zusammengefaßt werden. Als Paranoia bezeichnete man früher reine Wahnkrankheiten; Wahnentwicklungen können indessen mit den verschiedensten psychischen Krankheiten verbunden sein. Als weiterer Komplex treten zunehmend Abhängigkeitskrankheiten hervor, von denen die „klassische" Alkoholsucht ihren Platz in der rechtlichen und medizinischen Betrachtung mehrmals gewechselt hat; nunmehr wird sie als eine Sucht unter anderen gesehen.

7 aa) Auf der Grundlage dieser Entwicklung werden heute folgende Formen unterschieden: **Psychosen**, und zwar

(1) affektive Psychosen oder affektive Störungen. Die früher herrschende Lehre von der somatischen Grundlage jeder „Geisteskrankheit" hatte mangels somatischer Symptome niemals praktische Bedeutung. Die Häufigkeit von Psychosen im Generationenzusammenhang in vielen Familien spricht für eine Vererblichkeit der Anlage, was heute als Hypothese für molekulargenetische Forschungen dient. Die Psychiatrie beschreibt einzelne Krankheitsbilder, die scharf konturiert sind, aber auch ineinander übergehen können. Nebeneinander stehen der schizophrene und der zyklothyme Formenkreis; für letztgenannten ist der Wechsel manischer und depressiver (melancholischer) Phasen charakteristisch, wobei die melancholische Phase häufig stärker in Erscheinung tritt. Paranoide Formen (Wahnentwicklungen) sind in besonderem Maß multikonditional, wobei körperliche Beeinträchtigungen nicht nur über Insuffizienzerlebnisse ursächlich werden, sondern eine organische Hirnschädigung auch unmittelbar auslösend sein kann. In diesem Fall gehört die Wahnentwicklung zu den

8 **(2) Organisch-psychische Störungen,** bei denen die akuten (Delir) von den chronischen (Demenz) unterschieden werden. Es sind dies Störungen als Folge somatischer Verletzungen oder Erkrankungen des Gehirns, von Anfallsleiden oder anderen Krankheiten oder körperlichen Beeinträchtigungen. Hierzu gehören senile Demenz, darunter die Alzheimer-Krankheit, Alkohol- und Drogenpsychosen, progressive Paralyse, Epilepsien.

9 bb) **Neurosen und Persönlichkeitsstörungen** sind sowohl genetisch als auch psychoreaktiv (mit-)bedingt (Konfliktreaktionen): **(1) Neurosen** sind psychofunktionelle Störungen, jedoch mit eigener Symptomatik und von geringerem Ausmaß, das nicht zur Desintegration der Persönlichkeit führt. Hierher gehören Angst- und Zwangsneurosen.

(2) Persönlichkeitsstörungen bestehen in der Dominanz und Prägnanz bestimmter auch sonst vorkommender menschlicher Eigenschaften im psychischen oder sozialen Bereich. Hierher gehören die süchtigen **Fehlhaltungen** als psychologische Voraussetzung von Abhängigkeit und Sucht. Anlaß solcher Fehlentwicklung, die bis zur Erkrankung führen kann, sind oft reale Belastungen wie berufliche, gesellschaftliche oder familiale Überforderung, Konflikte im Verhältnis zu nahestehenden Personen, Ambivalenzkonflikte, Einsamkeit bzw Vereinsamung, Schlaflosigkeit. Aufgrund neurotischer Anlage oder Vorprägung werden solche Anlässe übersteigert erfahren. Diese endogene Mitursache übertagt die realen Anlässe vor allem bei Perspektivlosigkeit und Sinnentleerung. Die Belastung wird nicht als Herausforderung angenommen, verarbeitet oder ausgehalten, sondern der Kranke sucht Entlastung in einem Erfüllungserlebnis, das der Suchtstoff (Alkohol) oder das Suchtverhalten (Spielen) gewährt, bis die Abhängigkeit davon das Primärproblem überlagert. Während es in der Amtl Begr BT-Drucks 11/4528, 116 heißt, daß **Trunksucht** und **Rauschgiftsucht** nach heutigem Verständnis als Ausdruck einer psychischen Krankheit begriffen werden, hatte die Rspr vor 1992 zu § 1910 aF beide grundsätzlich nicht als geistige Gebrechen eingestuft, es sei denn, sie standen in ursächlichem Zusammenhang mit einem geistigen Gebrechen oder hatten ein solches zur Folge (BayObLG FamRZ 1990, 665). Das BayObLG hat diese Rspr unter dem Betreuungsrecht beibehalten (FamRZ 1994, 1617); sie ist inzwischen herrschend.

10 **(3)** Zwischen den Neurosen und den Persönlichkeitsstörungen liegen psychische **Fehlentwicklungen**, die durch emotionale Defekte in den ersten Lebensjahren verursacht werden und daher in der Kinder- und Jugendpsychiatrie eine große Rolle spielen, die Persönlichkeit aber auch bleibend prägen und beeinträchtigen können.

11 b) **Geistige Behinderung** (Oligophrenie, Schwachsinn) mit einer Stufung von Debilität oder Imbezilität abwärts zur Idiotie beruht auf einem meßbaren Intelligenzmangel, verbunden mit mangelhafter Differenziertheit der Persönlichkeit. Der Defekt kann angeboren, perinatal oder durch spätere Schädigung erworben sein; dann spricht man von Demenz. Bei einer Behinderung ist eine Heilung nicht möglich, doch kann eine Rehabilitation kompensatorische Fähigkeiten hervorrufen und psychischen Folgeschäden vorbeugen.

12 c) Mit dem Begriff der **seelischen Behinderung** hat der Gesetzgeber eine Lücke in den Betreuungsvoraussetzungen vermeiden wollen. Er hat dabei an bleibende psychische Beeinträchtigungen gedacht, die Folge von psychischen Krankheiten sind. Auch würden in der hier nicht einheitlichen Fachsprache Beeinträchtigungen, die auf Erscheinungen des Altersabbaus beruhen, zum Teil nicht als Krankheit, sondern als seelische Behinderung angesprochen (Amtl Begr BT-Drucks 11/4528, 110, 116).

d) **Psychosen, Neurosen und krankhafte Konfliktreaktionen** kommen ebenso wie in früheren Lebensabschnitten im **Alter** vor, können aber im Rahmen der Multimorbidität in der Altersphase ein verändertes Erscheinungsbild zeigen. Während schizophrene Psychosen selten erst im Alter beginnen, ist dies bei affektiven Psychosen umgekehrt. Depressionszustände sind im Alter häufig, ebenso Melancholie und Paranoia, diese besonders bei Schwerhörigkeit.

e) Der Betreuungsgrund der **körperlichen Behinderung** entspricht dem früheren § 1910 I, wonach „körperliche Gebrechen, insbesondere Blindheit, Taubheit, Stummheit", eine Gebrechlichkeitspflegschaft begründen konnten. Weil die geistig-seelische Autonomie des nur körperlich Behinderten nicht beeinträchtigt ist und die Besorgung von Rechtsangelegenheiten nur in geringem Maß körperliche Aktivität erfordert, vor allem wenn sie nach Bestellung eines Bevollmächtigten auf dessen Überwachung beschränkt wird, wird eine ausschließlich körperliche Behinderung selten eine Betreuung erforderlich machen. Dabei ist zu berücksichtigen, daß schwere Formen körperlicher Behinderung wie ein Zusammentreffen angeborener Blindheit mit Taubheit mitunter zu einer geistigen Behinderung führen. Zwar können leichtere körperliche Behinderungen in kompensatorischer Weise Geist und Psyche stimulieren, aber umgekehrt können Insuffizienzerlebnisse des körperlich Behinderten zu krankhaften Konfliktreaktionen führen. Nur ausnahmsweise kann eine ausschließlich körperliche Behinderung so weit gehen, daß der Behinderte nicht in der Lage ist, einen Beauftragten effektiv zu überwachen, etwa wenn dazu bei einem Unternehmen oder umfangreichem Hausbesitz außer der Einsicht in Unterlagen auch eine Visitation an Ort und Stelle gehören, die der körperlich Behinderte nicht in jedem Fall vornehmen kann. Ist schließlich eine Querschnittslähmung so umfassend, daß der körperlich Behinderte den Wunsch nach mündlicher oder schriftlicher Kommunikation nicht ohne fremde Hilfe oder überhaupt nicht verwirklichen kann (vgl vor § 1896 Rz 2), ist Betreuung erforderlich.

Der Tatsache, daß der nur körperlich behinderte Betreuungsbedürftige in seiner Autonomie nicht beeinträchtigt ist, tragen folgende **Sonderregelungen** Rechnung:
- Nach § 1896 I S 3 wird dem nur körperlich Behinderten ein Betreuer **nur auf seinen Antrag** bestellt, es sei denn er könne seinen Willen nicht kundtun. Dieser Antrag hat die Doppelnatur einer Verfahrenshandlung und einer Willenserklärung (MüKo/Schwab Rz 115). Die Ausnahme, daß der körperlich Behinderte seinen Willen nicht kundtun kann, gilt extremen Fällen wie dem einer Lähmung bis zum dritten Halswirbel: ein solcher Mensch kann sich trotz vermutlich voller geistiger Orientierung nicht äußern (Amtl Begr BT-Drucks 11/4528, 116). Die Regelung ähnelt der des früheren § 1910 III. Weil die Verständigungsunfähigkeit nunmehr aber nur bei körperlich Behinderten eine Rolle spielt, die als solche geschäftsfähig sind, kann sich die früher zentrale Frage, ob der Verständigungsunfähigkeit des § 1910 III aF Geschäftsunfähigkeit gleichzusetzen ist, hier nicht stellen.
- Nach § 1908d II ist grundsätzlich die Betreuung auf Antrag des Betreuten aufzuheben, wenn der Betreuer auf seinen Antrag bestellt war. Die Ausnahme, daß die Betreuung von Amts wegen erforderlich ist, kann es bei einem nur körperlich behinderten, zu Stellung eines Aufhebungsantrags fähigen Betreuten nicht geben, so daß die Einschränkung nur dann Bedeutung haben kann, wenn inzwischen eine geistige oder seelische Behinderung oder psychische Krankheit oder jedenfalls deren Feststellung dazugekommen ist.

Auch ohne positive Regelung ergibt sich aus dem Erforderlichkeitsgrundsatz, daß sich der Aufgabenkreis des Betreuers eines nur körperlich Behinderten, der seinen Willen kundtun kann, nicht erstrecken kann (Amtl Begr BT-Drucks 11/4528, 117) auf aa) die Bestimmung des Aufenthaltes; bb) die Entscheidung über den Fernmeldeverkehr des Betreuten und über die Entgegennahme, das Öffnen und das Anhalten seiner Post (vgl Abs IV); cc) die Einwilligung in eine medizinische Maßnahme oder die Sterilisation; dd) eine Unterbringung, was auch in der Formulierung der zulässigen Unterbringungsgründe in § 1906 I Nr 1 und 2 zum Ausdruck kommt; ee) das Wahlrecht. Der Aufgabenkreis des Betreuers eines nur körperlich Behinderten kann sich nie soweit erstrecken wie § 13 Nr 2 BWahlG das für den Ausschluß vom Wahlrecht voraussetzt. ff) Schließlich kann für den nur körperlich Behinderten ein Einwilligungsvorbehalt nicht angeordnet werden (§ 1903 Rz 5).

f) Daß die Betreuung einen **lebenden Betreuten** voraussetzt und daher mit dessen Tod endet, ist als selbstverständlich im Gesetz nicht ausgesprochen worden (BT-Drucks 11/4528, 155). Daher kann einem Toten kein Betreuer bestellt werden. Die Entscheidung des AG Hersbruck (FamRZ 1992, 1471 mit Anm Schwab), im Fall des „Erlanger Babys" der hirntoten Mutter einen Betreuer mit der Auflage der „Sorge um die Durchführung der für das Leben der Leibesfrucht medizinisch indizierten funktionserhaltenden Techniken" zu bestellen, würde daher eine Definition des Todeszeitpunktes voraussetzen, die nicht auf den in diesem Fall eingetretenen Hirntod abstellt, sondern angesichts der heutigen medizintechnischen Möglichkeit, den Körper eines hirntoten Menschen am Leben zu erhalten, den Tod erst mit dem Ende der physiologischen Funktionen eintreten ließe. Wenn nicht mit der hL einheitlich auf den Hirntod abgestellt (§ 1922 Rz 2), sondern nach unterschiedlichen Zusammenhängen differenziert wird (Nachweise § 1 Rz 5), so muß jedenfalls für das Betreuungsrecht auf den früheren Zeitpunkt des Hirntodes abgestellt werden. Das Betreuungsrecht sollte sich hier an dem Grundsatz des TransplantationsG für das parallele Problem der postmortalen Organspende orientieren, das in erster Linie den Willen des Sterbenden, in zweiter Linie den seiner nächsten Angehörigen maßgebend sein läßt (ablehnend zu AG Hersbruck außer Schwab auch Kern MedR 1993, 112).

2. Psychische Krankheit, körperliche, geistige oder seelische Behinderung müssen zur Folge haben, daß der Betroffene seine Angelegenheiten ganz oder teilweise nicht besorgen kann. Ebenso wie die früheren Tatbestände der Entmündigung und der Gebrechlichkeitspflegschaft ist der Betreuungstatbestand zweigliedrig: der medizinische Befund muß ein **sozio-juridisches Defizit** zur Folge haben.

a) Die Angelegenheiten, die der Kranke oder Behinderte nicht besorgen kann, müssen **Rechtsangelegenheiten** sein. Um dies hervorzuheben, hat der Gesetzgeber des BtÄndG in der Überschrift vor § 1896 den Begriff der Betreuung durch das Adjektiv „rechtliche" präzisiert und in den §§ 1897 und 1901, jeweils in Abs I, den entspre-

§ 1896 Familienrecht Rechtliche Betreuung

chenden Zusatz gemacht. Dazu gehören vor allem Rechtsgeschäfte und sonstige Rechtshandlungen in zivil- und öffentlich-rechtlichen Verhältnissen, aber auch die Ausübung und Wahrung von Rechten. Auch wer nicht in der Lage ist, eine Forderung von einem renitenten, vielleicht die Durchsetzungsschwäche des kranken Gläubigers ausnutzenden Schuldners einzuziehen oder sich gegen Beeinträchtigungen durch seine Nachbarn zu wehren, kann seine Rechtsangelegenheiten nicht besorgen. Auch zur Beaufsichtigung des Betreuten, der außerstande ist, auf sich selber aufzupassen und sich vor Selbstverletzung seiner Lebensgüter zu bewahren, kann der Betreuer bestellt werden. Ferner gehören zu den Rechtsangelegenheiten personenrechtliche Gestattungen, insbesondere die Einwilligung in eine medizinische Maßnahme. Die Beschränkung auf Rechtsangelegenheiten ergibt sich auch aus der **Nachrangklausel** des Abs II S 2; erst die Erforderlichkeit eines Vertreters macht die Betreuung erforderlich. Das war unter dem früheren Recht der Gebrechlichkeitspflegschaft zuletzt nicht anders. Weiter gingen damals nur Kommentierungen zum Begriff der „Angelegenheiten" in §§ 6 Nr 1 und 1910 II aF, denen zufolge es sich nicht notwendig um Rechtsangelegenheiten handeln sollte, sondern Obliegenheiten aller Art bis hin zur Fürsorge für die eigene Person genügen sollten (so Erman/Westermann 8. Aufl § 6 Rz 3; ebenso MüKo/Gitter 2. Aufl Rz 16, Staud/Coing/Habermann Rz 18, RGRK/Krüger-Nieland Anm 13). Diese Kommentierungen gingen auf amtliche Auslegungen aus der Entstehungszeit des BGB zurück (Preuß MBl 1899, S 338), als der Staat noch nicht zum heutigen Sozialstaat ausgebildet war und „andere Hilfen" außerhalb geschlossener Anstalten noch nicht bereitstellte, so daß ein Vormund oder Pfleger in erster Linie der tatsächlichen Sorge wegen bestellt wurde.

20 aa) Die **Angelegenheiten**, die der Betroffene nicht besorgen kann, müssen **eigene** sein. Und zwar müssen es Angelegenheiten sein, die der Betroffene ohne die Krankheit oder Behinderung selbst wahrnehmen würde, für die er nicht üblicherweise fremde Hilfe zB eines Arztes oder Anwalts in Anspruch nehmen würde (BT-Drucks 11/4528, 117). Umgekehrt sind Angelegenheiten, die der Betroffene für andere als Arbeits-, Dienst- oder Vertragsleistung zu besorgen hat, in diesem Sinn keine eigenen Angelegenheiten. Entsprechendes gilt für denjenigen, der ein Handelsgewerbe betreibt: Erwerbstätigkeit ist grundsätzlich nicht Gegenstand einer Betreuung. Ausnahmen und Grenzfälle sind denkbar, so zB bei einem Betroffenen, der wegen Krankheit seine Erwerbstätigkeit aufgegeben hat und die Abwicklung besonders eines Handelsgewerbes nicht mehr besorgen kann. Umgekehrt kann jedoch auch die Erfüllung von familialen Pflichten keine Angelegenheit im Sinne des Betreuungsrechts sein.

21 bb) Nicht zu den eigenen Angelegenheiten gehören solche, die dem **Betroffenen als gesetzlichem Vertreter** eines Dritten obliegen, sei es als Elternteil, Vormund, Pfleger oder Betreuer. Ist der Betroffene geschäftsunfähig, so ist er allerdings auch als gesetzlicher Vertreter rechtsgeschäftlich nicht handlungsfähig. Elterliche Sorge ruht dann nach § 1673 I; zum Vormund oder Pfleger kann ein Geschäftsunfähiger nach § 1780 nicht bestellt werden, bei nachträglichem Eintritt der Geschäftsunfähigkeit ist er zu entlassen (§ 1886 Rz 5), zum Betreuer darf er mangels Eignung nicht bestellt werden und ist gegebenenfalls zu entlassen (§ 1897 Rz 14, § 1908b Rz 5).

22 cc) Große Bedeutung hat das Verhältnis von **Betreuung und elterlicher Sorge des Betreuten**. Nach früherem Recht (§ 1673 aF) hatten jede Entmündigung und die Anordnung einer Totalpflegschaft wegen körperlicher Gebrechen das Ruhen der elterlichen Sorge zur Folge. Da aber Pflegschaften wegen geistiger Gebrechen die Zahl der Entmündigungen weit überwogen, ist der Unterschied zur früheren Rechtslage praktisch nicht groß. Dem Reformziel der Flexibilität hätte es nicht entsprochen, der Bestellung eines Betreuers automatische Auswirkung auf die elterliche Sorge beizulegen. Aus diesem Grund scheidet auch eine analoge Anwendung von § 1673 aus (so aber Ute Walter FamRZ 1991, 765, 770). Vielmehr hat das VormG, das den Betreuer bestellt oder seinen Aufgabenkreis erweitert, dann, wenn die Krankheit oder Behinderung befürchten läßt, daß der Betroffene den Anforderungen der elterlichen Sorge nicht gerecht wird, dem Jugendamt und/oder dem zuständigen FamG gem § 69k I FGG Mitteilung zu machen (Rz 92). Das FamG kann dann nach §§ 1666ff die elterliche Sorge teilweise oder ganz entziehen. War der betreute Elternteil gemeinsam mit dem anderen sorgeberechtigt, so nimmt dann nach § 1680 III und I der andere die Sorge allein wahr. War der betreute Elternteil nach gescheiterter gemeinsamer Sorge allein sorgeberechtigt, so entscheidet nach § 1680 III und II das FamG über die Übertragung auf den anderen Elternteil. Wird der von Geburt des Kindes an allein sorgeberechtigten Mutter das Sorgerecht entzogen, so gilt nach § 1680 III und II S 2 das gleiche, aber unter gesteigerten Anforderungen an die Kindeswohlverträglichkeit. Kann nicht der andere Elternteil die Sorge wahrnehmen, ist nach § 1773 ein Vormund oder nach § 1909 ein Pfleger zu bestellen (dazu § 1909 Rz 2, § 1773 Rz 6). Ist die Krankheit oder Behinderung so schwer, daß der Elternteil geschäftsunfähig iSv § 104 Nr 2 ist, so hat das nach § 1673 I das Ruhen der elterlichen Sorge zur Folge. Die Auswirkungen auf die Sorgeberechtigung sind nach § 1678 die gleiche wie die einer Entziehung nach den §§ 1666ff: bei bis dahin gemeinsamer Sorge folgt alleinige Sorgeberechtigung des anderen Elternteils, sonst Übertragung auf den anderen oder Bestellung eines Vormunds. In zweifelhaften Fällen oder bei wechselndem Gesundheitszustand des Elternteils ist nur eine Entziehung nach § 1666 geeignet, Klarheit in die Sorgerechtslage zu bringen.

22a Gleichgültig, ob der betreute Elternteil die elterliche Sorge nach wie vor ausübt oder an seiner Stelle der andere Elternteil, ein Vormund oder ein Pfleger, berühren sich die Angelegenheiten des betreuten Elternteils und die des Kindes vor allem bei der Mittelverwendung im Rahmen des Familienunterhalts. Das Gesetz gibt keinen Vorrang (vgl § 1603 II S 1) und enthält für das Verhältnis des Betreuers eines Elternteils und des Vormunds oder Pflegers des Kindes auch keine Regelung für den Fall von Meinungsverschiedenheiten, die §§ 1797 I S 2, 1798 betreffen auch in ihrer sinngemäßen Anwendung auf Betreuer (§ 1908i I S 1) nur das Verhältnis mehrerer Betreuer desselben Mündels oder Betreuten. Bestehen Meinungsverschiedenheiten zwischen dem Betreuer des Elternteils und dem Vormund oder Pfleger des Kindes, so bieten bei einheitlicher Zuständigkeit die Beratung, Aufsicht und Kontrolle des VormG nach § 1837 die Möglichkeit eines Ausgleichs.

23 b) Die **Unfähigkeit zur Besorgung der eigenen Angelegenheiten** ist aa) dann juristischer Natur, wenn sie in der an den Tatbestand der natürlichen Geschäftsunfähigkeit des § 104 Nr 2 geknüpften Wirkung des § 105 I

besteht. Der Tatbestand der natürlichen Geschäftsunfähigkeit ist wie der Betreuungstatbestand zweigliedrig: eine nicht vorübergehende geistige Störung muß dazu führen, daß die freie Willensbestimmung ausgeschlossen ist. Daß einem Geschäftsunfähigen dadurch zu helfen ist, daß er einen gesetzlichen Vertreter erhält und daß dies nur ein Betreuer sein kann, dessen Bestellung aber nicht den Tatbestand des § 104 Nr 2, sondern den Betreuungstatbestand des § 1896 zur Voraussetzung hat, führt nicht zu Problemen, weil der Tatbestand der natürlichen **Geschäftsunfähigkeit** gleichsam den **Kern** des über ihn hinausgehenden **Betreuungstatbestandes** bildet.

bb) Neben der Unfähigkeit, Willenserklärungen abzugeben und zu empfangen, steht die Unfähigkeit zu sogenannten personenrechtlichen Gestattungen, wie insbesondere die Einwilligung in eine ärztliche Maßnahme. Diese **Einwilligungsunfähigkeit** war früher als in der Geschäftsunfähigkeit enthalten gedacht, ist dann aus ihr ausgeschieden worden und liegt nach heutiger Lehre und Rspr vor, wenn dem Betroffenen die Einsicht in die Bedeutung der Maßnahme, ihre Risiken und Nebenwirkungen fehlt oder er nicht in der Lage ist, nach dieser Einsicht zu handeln. Dabei ist es allgemein üblich, nur diese Unfähigkeit zu definieren, ohne, wie im Betreuungstatbestand und im Tatbestand der natürlichen Geschäftsunfähigkeit, einen medizinischen Befund vorauszusetzen. Indessen folgt allein aus der Tatsache, daß dem Einwilligungsunfähigen nur durch Bestellung eines Betreuers geholfen werden kann, daß der Betreuungstatbestand erfüllt sein und die Unfähigkeit zur Einwilligung dessen medizinische Voraussetzung haben muß. 24

cc) Nicht in Geschäftsunfähigkeit bestehende Unfähigkeit **(Betreuungsbedürftigkeit ieS)**: Die Gesetzeslage vor dem BtG, und zwar der Gegensatz der mit Geschäftsunfähigkeit einhergehenden Entmündigung zur Gebrechlichkeitspflegschaft, und die Entstehungsgeschichte des BtG ergeben, daß der an die Gebrechlichkeitspflegschaft des früheren Rechts anknüpfende Betreuungstatbestand gegenüber dem Tatbestand der natürlichen Geschäftsunfähigkeit selbständig sein und flexibel über ihn hinausgehen sollte. Dies nicht nur in dem Sinn, daß sich die Unfähigkeit nicht auf die ganze Breite des Rechtslebens zu erstrecken braucht, sondern sich auf der Linie der in letzter Zeit zunehmend anerkannten partiellen Geschäftsunfähigkeit auf einzelne Lebensbereiche beschränken kann und daß die zu besorgenden Angelegenheiten keine Rechtsgeschäfte sein müssen (Rz 19). Weil der Tatbestand der Betreuungsbedürftigkeit, so wie der Tatbestand der früheren Gebrechlichkeitspflegschaft und anders als der Tatbestand der natürlichen Geschäftsfähigkeit, nicht als Voraussetzung für die Nichtigkeit eines getätigten Rechtsgeschäfts fungiert, ist die Verbindung mit einem konkreten Rechtsgeschäft gelöst und genügt ein weiterer Bezug auf künftig erforderliches Verhalten im Rechtsleben. Diese nicht notwendig den Zustand der Geschäftsunfähigkeit erreichende Betreuungsbedürftigkeit kann sich zB daran zeigen, daß der Betroffene untätig ist, seine Angelegenheiten verschleppt oder unerledigt läßt: er beantwortet keine Post, geht nicht zum Arzt, sucht keinen Heimplatz, obwohl er nicht mehr selbständig leben kann oder gefährdet sein Leben oder seine Gesundheit. In anderen Fällen ist der Betroffene zwar aktiv, offenbart aber eben dadurch seine Unfähigkeit und kauft Unnötiges, vielleicht ohne Rücksicht auf seine finanziellen Möglichkeiten. 25

dd) Mit der Ausweitung des Begriffs der Betreuungsbedürftigkeit über den der Geschäftsunfähigkeit hinaus wächst das Bedürfnis nach einem Kriterium, das als **Eingriffsschwelle** verhindert, daß zu früh und zu leicht in die grundgesetzlich zu achtende Autonomie des einzelnen eingegriffen wird. 26

Der Gesetzgeber des BtG hat diese rechtsschützende Funktion mit der Zweigliedrigkeit des Betreuungstatbestandes verwirklicht gesehen. Danach genügt es nicht, daß der Betroffene seine Rechtsangelegenheiten schlecht oder nicht besorgt, solange dies nicht auf einer krankheits- oder behinderungsbedingten Unfähigkeit beruht. Aber die beiden Elemente der Krankheit oder Behinderung und der Unfähigkeit liegen nicht immer so weit auseinander, daß von ihrem Zusammenwirken ein freiheitssichernder Effekt ausgehen würde. Indem die Betreuungsbedürftigkeit nicht schon durch die Tatsache ausgelöst wird, daß der Betroffene es an der sozial erwarteten Besorgung seiner Angelegenheiten fehlen läßt, sondern zu ihrer Besorgung unfähig sein muß, ist zwar involviert, daß das Ausbleiben dieser Leistung auf einem psychisch-geistigen Defekt beruhen muß. Aber bereits die oben konstatierte fehlende Zweigliedrigkeit im Begriff der Einwilligungsunfähigkeit (Rz 24) weist auf typische Schwellenerscheinungen hin wie die Fehlhaltungen und Süchte (Rz 9), bei denen es schwer erscheint, von der Unfähigkeit und der davon verschiedene, ihr vorangehende Erkrankung oder Behinderung zu unterscheiden; aber gerade dort ist das Bedürfnis nach rechtsstaatlicher Sicherung besonders groß. 27

ee) Am Betreuungstatbestand des § 1896 wird daher vielfach eine **Unvollständigkeit** kritisiert, die darin liegen soll, daß er das eigentliche Kriterium, das es rechtfertige, dem Betroffenen auch gegen seinen Willen einen Betreuer zu bestellen und damit in seine Autonomie einzugreifen, vermissen lasse. Wegen dieses Mangels erlaube es der Betreuungstatbestand nicht, die Schwelle zu bestimmen, ab welcher der Eingriff verfassungsrechtlich zulässig ist. Weil nur die Bestellung eines Betreuers ohne Antrag des Betroffenen in dessen Autonomie eingreift und dieses Rechtfertigungsbedürfnis nur bei der nicht konsentierten Betreuung gesehen wird, während die Problematik der konsentierten Betreuung in der Tat eine ganz andere ist (Rz 77). Daher erscheint diese Kritik auch in der Form, daß der Betreuungstatbestand die Unterscheidung von konsentierter und nicht konsentierter Betreuung vernachlässige. 28

ff) Geradezu eine Ablehnung des Reformansatzes liegt darin, daß, wie zur früheren Zwangspflegschaft des § 1910 III aF, Geschäftsunfähigkeit als Voraussetzung für die Bestellung eines Betreuers gegen den Willen des Betroffenen gefordert wird (Bürgle NJW 1988, 1881, 1884; Knittel Rz 13; Schmidt/Böcker Rz 13; Coeppicus FamRZ 1992, 741, 750; Staud/Bienwald Rz 27). Das gilt auch für Schwab, wenn er als Voraussetzung einer „unfreiwillige Betreuung" gefordert hat, daß die Voraussetzungen einer früheren Zwangspflegschaft vorliegen (FS Mikat, 1989, S 881, 890; anders jetzt MüKo Rz 31). Nach dem BayObLG ist zwar die Frage der Geschäftsfähigkeit oder Geschäftsunfähigkeit für die Bestellung eines Betreuers oder die Anordnung eines Einwilligungsvorbehalts „nicht von unmittelbarer Bedeutung" (FamRZ 1997, 902, 903). Doch soll die Bestellung eines Betreuers 29 gegen den Willen des Betroffenen voraussetzen, daß dieser in der (den) jeweiligen Angelegenheit(en) seinen Willen nicht frei bestimmen kann (FamRZ 1993, 1489); folgerichtig soll dieselbe Voraussetzung für die Anordnung eines Einwilligungsvorbehalts gelten (FamRZ 1997, 902, 903). Die Nähe zu dem Begriff der Geschäftsunfähigkeit liegt darin, daß die Willensfreiheit nach der Definition des § 104 Nr 2 deren Zentrum bildet. Der Unterschied liegt darin, daß sich die Willensunfreiheit als Voraussetzung der Bestellung eines Betreuers oder der Anordnung eines Einwilligungsvorbehalts nur auf die Angelegenheit(en) zu beziehen braucht, für welche die Anordnung getroffen wird. Der Ansicht des BayObLG haben sich inzwischen mehrere Gerichte angeschlossen: Frankfurt/Main BtPrax 1997, 123; Hamm FamRZ 1995, 433; Düsseldorf FamRZ 1995, 118.

30 Dagegen hat Holzhauer ZRP 1989, 451, 457 (kritisch insoweit Schwab FamRZ 1992, 493, 494) versucht, in der krankheits- oder behinderungsbedingt fehlenden Einsicht in die eigene Unfähigkeit, kurz, der **Krankheitsuneinsichtigkeit** das „missing link" zu sehen. Bei der Gesundheitsbetreuung wird der Frage der Krankheitseinsicht, dh der fehlenden Einsicht des Betroffenen in seine Behandlungbedürftigkeit, auch sonst eine indizielle Bedeutung für die Betreuungsbedürftigkeit beigemessen (LG Regensburg FamRZ 1993, 471). Das BayObLG (FamRZ 1994, 1060, 1061) betont von seinem Standpunkt der Willensfreiheit dagegen, daß Krankheitsuneinsichtigkeit nicht ausreiche, die Einwilligungsunfähigkeit anzunehmen, welche die Bestellung des Betreuers erforderlich macht (andererseits BayObLG FamRZ 1996, 1370: Willensunfreiheit aufgrund Krankheitsuneinsichtigkeit). Während fehlende Krankheitseinsicht als Kriterium für die Zulässigkeit der Bestellung eines Betreuers auch gegen den Willen dienen kann, wird diese durch vorhandene Einsicht des Betroffenen nicht ausgeschlossen, wenn es an der Fähigkeit fehlt, der Einsicht entsprechend zu handeln. Das ist typisch gerade für die Schwellenerscheinungen der Fehlhaltungen und Abhängigkeiten, bei denen der Kranke möglicherweise den Entzug mehr fürchtet als die Heilung.

gg) Die subjektive Betreuungsbedürftigkeit kann im Krankheitsverlauf zeitlich schwanken. Zwar darf ein Betreuer nicht prophylaktisch für den Fall, daß es demnächst erforderlich wird, bestellt werden, aber auch ohne akuten Handlungsbedarf reicht es für die Bestellung eines Betreuers aus, wenn jederzeit mit einem erneuten Schub der Psychose gerechnet werden muß (BayObLG BtPrax 1993, 171).

31 **3.** Sowohl der Begriff der rechtsgeschäftlichen Unfähigkeit gegenüber dem weiteren Begriff der Unfähigkeit zur Besorgung eigener Rechtsangelegenheiten wie auch die teilweise vertretene Ergänzung des Betreuungsbestandes um das Element der Geschäftsunfähigkeit oder der Willensunfreiheit rücken das **Verhältnis der Betreuungsbedürftigkeit zur natürlichen Geschäftsunfähigkeit** in den Blick.

Die überkommene Regelung der Geschäftsfähigkeit ist nicht nur durch das BtG, sondern seit 1. 8. 2002 auch durch den neuen § 105a umgestaltet worden.

a) Der Grundsatz, daß Willenserklärungen Geschäftsfähiger wirksam, solche Geschäftsunfähiger unwirksam sind (§ 105 I), ist relativiert worden. Infolge von §§ 1896, 1903 I gibt es Geschäftsfähige, die nicht mehr selbständig handeln können. Infolge von § 1903 III und § 105a können nunmehr Geschäftsunfähige in bestimmtem Umfang selbständig handeln. Unter der Voraussetzung, daß § 105a auf jeden Geschäftsunfähigen, § 1903 II nur auf einen Betreuten mit Einwilligungsvorbehalt anwendbar ist, sind beide Vorschriften nebeneinander anwendbar. Beide weichen hinsichtlich des Umfangs, in dem sie dem Betroffenen seine Handlungsfähigkeit belassen, dergestalt voneinander ab, daß regelmäßig § 1903 III, aber ausnahmsweise auch einmal § 105a für den Betroffenen günstiger ist: § 1903 III insofern, als danach lediglich vorteilhafte Willenserklärungen ohne weiteres gültig sind und Willenserklärungen über geringfügige Angelegenheiten des täglichen Lebens das ganze Rechtsgeschäft wirksam sein lassen, während § 105a lediglich geringfügige alltägliche Bargeschäfte und nur bezüglich der ausgetauschten Hauptleistungen wirksam sein läßt und solche Willenserklärungen von jeder Wirksamkeit ausschließt, durch die der Betroffene seine Person oder sein Vermögen gefährdet. Andererseits kann das Gericht bei Anordnung des Einwilligungsvorbehalts nach § 1903 III S 2 Willenserklärungen über geringfügige Angelegenheiten von der Wirksamkeit ausschließen.

Treffen Geschäftsunfähigkeit und Einwilligungsvorbehalt zusammen, so gibt es keinen methodischen Gesichtspunkt, § 105a oder § 1903 III vorgehen und die andere Vorschrift verdrängen zu lassen. Die Personenkreise der Geschäftsunfähigen und der unter Einwilligungsvorbehalt Gestellten überschneiden sich, so daß keine Regelung speziell ist. Der zur Rechtslage vor Inkrafttreten des § 105a von Jürgens, Bienwald ua vertretene Vorrang von § 1903 III ist unannehmbar (10. Aufl § 1903 Rz 20; Lipp FamRZ 2003, 721, 723). Auch dürfte der rechtspolitische Grund für diese Ansicht, der Wunsch nämlich, die Stellung wenigstens der geschäftsunfähigen Betreuten unter Einwilligungsvorbehalt zu verbessern, mit dem neuen § 105a entfallen sein. Beide Regelungen, §§ 105 I, 105a einerseits und § 1903 III andererseits, wirken nebeneinander. Da sie keine Gewährungen enthalten, sondern unterschiedlich tiefe Eingriffe, kann sich der geringere Eingriff gegenüber dem weitergehenden nicht auswirken. Nur so wird das absurde Ergebnis vermieden, daß ein geschäftsunfähiger Betreuer, der zusätzlich unter Einwilligungsvorbehalt gestellt wird, dadurch an rechtlicher Fähigkeit gewinnt.

32 **b)** Die Regelung der subjektiven Voraussetzung der Betreuung nimmt in keiner Hinsicht auf die „natürliche Geschäftsunfähigkeit" des § 104 Nr 2 Bezug. Die Amtl Begr geht davon aus, daß Betreute geschäftsfähig sein können, und hält Betreuungsbedürftigkeit sogar für möglich, wenn nicht einmal Zweifel an der Geschäftsfähigkeit bestehen (BT-Drucks 11/4528, 122). Die Schwelle der Geschäftsunfähigkeit liegt danach höher als die der Betreuungsbedürftigkeit. Eine solche Diskrepanz kann unterschiedliche Gründe haben:
– Der Begriff der natürlichen Geschäftsunfähigkeit war von archaischer Starrheit. Ursprünglich sollte Geschäftsunfähigkeit bezüglich aller Angelegenheiten nur entweder vorliegen oder fehlen können. Eine gewisse Lockerung gegenüber dem Ausgangspunkt des Jahres 1900 ergab sich in der Folge daraus, daß aus gesetzgebungstechnischen Gründen neben die allgemeine Geschäftsfähigkeit spezielle Bestimmungen gestellt wurden. Die Regelung der Eheschließungsgeschäftsfähigkeit in § 2 des „Gesetzes zur Vereinheitlichung des Rechts der Eheschließung im Lande Österreich und im übrigen Reichsgebiet" vJ 1938 war durch das Fehlen einer entsprechenden

Bestimmung im österreichischen Recht bedingt. Unter dem Einfluß der grundgesetzlichen Eheschließungsfreiheit wurde die Auslegung dieser Bestimmung – aufrechterhalten im KontrollratsG Nr 16 von 1946, seit dem EheschlRG 1998 § 1303 – von der des § 104 Nr 2 so weit abgekoppelt, daß nach BayObLG BtPrax 1991, 111 auch eine mittelgradige geistige Behinderung ihr nicht entgegensteht und inzwischen eine „partielle Geschäftsfähigkeit" ausreicht (BVerfG FamRZ 2003, 259). Das TestamentsG, ebenfalls vom Jahr 1938, faßte in § 2229 IV die Geschäftsunfähigkeit des § 104 Nr 2 und die sog Urteilsunfähigkeit des § 105 II zur Testierunfähigkeit zusammen, die heute so speziell interpretiert wird, daß sie nur auf die konkret vorliegende letztwillige Anordnung bezogen wird (Erman/Schlüter § 2229 Rz 6).

– Nach den bis 1992 geltenden Betimmungen des BGB hatte nur die Entmündigung wegen Geisteskrankheit **33** (§ 6 Nr 1, Fall 1 aF) Geschäftsunfähigkeit zur Folge (§ 104 Nr 3 aF), was zuletzt so interpretiert wurde, daß nur Geisteskrankheit mit der natürlichen Geschäftsunfähigkeit des § 104 Nr 2 gleichgesetzt wurde. Dadurch wurde der Gegenschluß nahegelegt, daß die den anderen Entmündigungsgründen entsprechenden Zustände – Geistesschwäche, Verschwendung, Trunksucht, Rauschgiftsucht – die natürliche Geschäftsfähigkeit bestehen ließen. Daß in diesen Fällen, statt zu entmündigen, meistens eine Gebrechlichkeitspflegschaft eingerichtet wurde, für deren Anordnung gegen den Willen des Betroffenen Geschäftsfähigkeit vorausgesetzt wurde, führte in der Praxis zu der Verwerfung, daß in dieser Situation natürliche Geschäftsfähigkeit viel leichter bejaht würde als bei Prüfung der Wirksamkeit eines kontrahierten Rechtsgeschäfts am Maßstab des § 104 Nr 2.

– Nur allmählich und gegen Widerstände hat sich der Begriff einer **partiellen Geschäftsunfähigkeit** durchge- **34** setzt, hauptsächlich in drei typischen Fällen: bei Querulantenwahn (BVerwG 30, 24, 25), krankhafter Eifersucht (BGH 18, 184) und Rentenneurose (vgl auch BGH 30, 112 in einem sehr besonderen Fall). Unter dem Begriff der geistigen Gebrechen im Sinne des § 1910 II aF hatte sich zwar zuletzt eine weitere „Partialisierung" abgezeichnet (vgl KG FamRZ 1969, 441 und BayObLG 1965, 59: geistige Störung nur auf Vermögensgebiet). Aber erst unter der Geltung des BtG haben Gerichte im Zusammenhang mit der Betreuungsbedürftigkeit häufiger und ohne Anbindung an bestimmte Fallgruppen einen Betroffenen als partiell geschäftsunfähig beurteilt. Indessen wird eine **Relativierung** des Begriffs der Geschäftsunfähigkeit, welche die Fähigkeit der Person in Beziehung setzt zu der Eigenart und Schwierigkeit des jeweiligen Rechtsgeschäftes, noch immer abgelehnt (BGH FamRZ 1970, 545; Erman/Palm § 104 Rz 5) aA zuvor RG JW 1938, 1590; Köln 1960, 1389; Flume AT II § 13.5; Rümelin, Die Geisteskranken im Rechtsverkehr, 1912, 44. Auch bei den Entmündigungsvoraussetzungen des früheren § 6 war eine Relativität der juristischen Folgen von Geisteskrankheit anerkannt: Stand/Coing/Habermann 12. Aufl § 6 Rz 18. Von dem herrschenden Standpunkt beurteilt sich die Fähigkeit zum Kauf einer Zeitung nicht anders als die Fähigkeit, ein größeres Unternehmen zu führen. Demgegenüber erlaubt es die Flexibilität der Betreuungsvoraussetzung nicht nur, sondern zwingt dazu, bei entsprechendem Betreuungsbedarf den Aufgabenkreis so zu definieren, daß die Fähigkeit zu komplizierten Geschäften verneint, diejenige zu einfachen Geschäften aber aufrechterhalten werden kann. Es kann erwartet werden, daß der grundsätzlich flexible Begriff der Betreuungsbedürftigkeit auf der Linie dieser Entwicklung eine entsprechende Flexibilisierung bei der natürlichen Geschäftsunfähigkeit bewirken wird, die früher oder später zu einer Angleichung beider Begriffe führen und die sachlich nicht vertretbare Unterscheidung zum Verschwinden bringen wird. Künftig aufrechtzuerhalten wäre die durch § 105a erheblich gemilderte Rechtsfolge des § 105 I, so daß Rechtsgeschäfte eines Betreuten im Bereich seiner Betreuungsbedürftigkeit unwirksam sind. Dadurch würde der Widerspruch beseitigt, der heute darin liegt, daß das Gericht die Unfähigkeit zur Besorgung von Angelegenheiten feststellt, die der Betreute gleichwohl rechtswirksam besorgen kann, wenn er sich dessen nicht freiwillig enthält. Würde der Gesetzgeber diesen folgerichtigen Schritt vollziehen oder, wenn Lehre und Rechtsprechung den eingeschlagenen Weg zu Ende gegangen sein werden, diese Entwicklung sanktionieren, könnte er auf das einerseits problematische, andererseits insofern, als es von dem Unterschied zwischen geschäftsfähigen und geschäftsunfähigen Betreuern absieht, zukunftsweisende Institut des Einwilligungsvorbehalts verzichten.

c) Soweit bisher eine Betreuung erforderlich war, weil Alltagsgeschäfte eines Kranken oder Behinderten nicht **34a** wirksam zustande kamen, muß es sich auswirken, daß nunmehr solche Geschäfte nach dem neuen § 105a in dem darin bestimmten Umfang gültig sind. Allerdings durfte schon bisher in den seltensten Fällen ein Betreuer nur im Hinblick auf Alltagsgeschäfte bestellt worden sein, weil solche gewöhnlich ohne Bedenken wegen formaler Unwirksamkeit abgewickelt werden. In diesem Zusammenhang größerer Bedeutung dürfte die in der Tendenz ähnliche Rechtswirkung der § 5 XII, 8 X HeimG und § 138 V und VI SGB haben. Diese neuen Vorschriften schließen bei Verträgen Geschäftsfähigkeit mit einem Heim oder einer Behindertenwerkstatt eine Rückabwicklung aus, soweit die vom Geschäftsunfähigen erbrachte Leistung angemessen ist, ungeachtet dessen, daß Geschäftsunfähige den Vertrag jederzeit mit Wirkung für die Zukunft kündigen kann. Angesichts des häufigen Automatismus, mit dem Heimträger bisher die Bestellung eines Betreuers herbeiführten, bevor sie den Heimaufnahmevertrag schlossen (Hoffmann/Korte BtPrax 2001, 17, 19; Wolter-Henseler BtPrax 1996, 12), kann sich in Fällen, in denen etwa ein Angehöriger auch ohne wirksame Vollmacht dem Betroffenen behilflich ist, künftig eine Betreuung erübrigen.

Weniger theoretische als aktuell praktische Bedeutung hat die Frage, ob im Verfahren der Bestellung eines **34b** Betreuers der Sachverständige und das Gericht zur Frage der Geschäftsfähigkeit des Betroffenen Stellung nehmen sollen, wie dies Zimmermann (FamRZ 1991, 270, 271) und Coester (Jura 1991, 1, 6) fordern. Von dem hier eingenommenen skeptischen Standpunkt gegenüber dem Begriff einer allgemeinen Geschäftsfähigkeit ist das zu verneinen. Die Ablehnung kann mit der Warnung vor der stigmatisierenden und diskriminierenden Wirkung einer Feststellung der Geschäftsunfähigkeit verbunden werden (Klüsener und Rausch NJW 1993, 617, 618; Jürgens in Betreuungsrecht kompakt, Rz 63a), was dem Geist des BtG entspricht, das nicht zuletzt aus diesem Grunde der Frage der Geschäfts(un)fähigkeit aus dem Weg gegangen sein dürfte.

§ 1896 Familienrecht Rechtliche Betreuung

35 4. Wegen der krankheits- oder behinderungsbedingten Unfähigkeit zur Besorgung eigener Angelegenheiten einen Betreuer zu bestellen, ist nur dann **erforderlich**, wenn

a) ein **objektiver Betreuungsbedarf** besteht. Insofern ersetzt die „Erforderlichkeit" das „Bedürfnis" als Voraussetzung der früheren Gebrechlichkeitspflegschaft (8. Aufl § 1910 Rz 12). Die frühere Entmündigung hatte eine vergleichbare einschränkende Voraussetzung nur ansatzweise beim Antragsrecht des Staatsanwalts nach § 646 II aF ZPO gekannt (Stein/Jonas/Schlosser, 20. Aufl § 646 ZPO Rz 6: öffentliches Interesse); im übrigen stand an der Stelle eines Bedürfnisses das Ermessen der antragsberechtigten Angehörigen. Der Betreuungsbedarf ergibt sich zunächst aus der **Lebenssituation des Betroffenen**. Selbst bei juristischer Unfähigkeit, Rechtsgeschäfte zu tätigen (Rz 23) ist nicht automatisch ein gesetzlicher Vertreter in Form eines Betreuers zu schaffen, zumal seit § 105a dem Geschäftsunfähigen einen Kompetenzkern im Regelfall beläßt. Einen Betreuer für Vermögensangelegenheiten braucht, wer Vermögen oder Einkünfte oder mindestens einen Anspruch hat, der durchgesetzt werden soll. Aber auch wer überschuldet ist und/oder sich (weiter) zu verschulden droht, braucht mit Hilfe eines zusätzlich anzuordnenden Einwilligungsvorbehalts Schlimmeres verhindert (§ 1903 Rz 8ff). Ausnahmsweise kann der Betreuungsbedarf von Wünschen des Betroffenen abhängen, so zB beim Wunsch nach einer kosmetischen Operation. Auch Dritte können Einfluß darauf haben, daß sich ein Betreuungsbedarf ergibt: so bei der ausnahmsweisen Antragsberechtigung eines Dritten (Rz 50), aber auch bei einem gravierenden medizinischen Eingriff, besonders einem Behandlungsabbruch und Einwilligungsunfähigkeit des Patienten. Hier können der Arzt oder dem Patienten nahestehende Personen bei ihrer rechtlichen Versicherung, besonders bei einer Meinungsverschiedenheit über die Auslegung einer Vorsorgeverfügung oder den mutmaßlichen Willen des Patienten den Wunsch haben, die Entscheidung eines Betreuers herbeizuführen (Rz 36a, § 1901 Rz 21ff), dies nicht zuletzt zu dem Ziel, eine Entscheidung des VormG zu erlangen (§ 1901 Rz 24).

36 b) In seiner Lebenssituation hat der Betroffene elementare Bedürfnisse, zu deren Befriedigung er sich nicht selbst helfen kann, so daß er auf Hilfe angewiesen ist. Erfährt der Betroffene die Hilfe, so ist die Bestellung eines Betreuers nicht erforderlich. Besteht der Hilfeleistende nicht auf Legitimation durch einen Betreuer, so gibt es keinen Anlaß zu dessen amtswegiger Bestellung. So wird der Arzt, der einen nicht geschäfts- und einwilligungsfähigen Betreuten unter den Voraussetzungen und nach den Regeln der GoA behandelt, vom Betreuungsrecht nicht gezwungen, die Bestellung eines Betreuers herbeizuführen (aA Lipp. Selbstbestimmung am Ende des Lebens, in: Wolter/Riedel/Taupitz, Einwirkungen der Grundrechte etc, 1999, 75, 90; Kern MedR 1991, 66, 69; Berger JZ 2000, 797, 799). Werden Leistungen an den Betroffenen erbracht, bei deren Vereinbarung ein Angehöriger oder eine sonstige Vertrauensperson ohne Vertretungsmacht aufgetreten ist, so ist auch dies kein Grund, von Amts wegen einen Betreuer zu bestellen (Bienwald S 86), besonders dann nicht, wenn der Betroffene die Betreuung ablehnt.

36a Vor allem bedarf die tatsächliche Betreuung in der **Familie** keiner formalen Legitimation durch Bestellung eines Betreuers. Daß ein Betreuer für bestimmte Akte der Genehmigung durch das VormG bedarf, erfordert, wenn die entsprechenden Handlungen von Angehörigen in der Familie vorgenommen werden, nicht die Bestellung eines Betreuers. Das gilt für ärztliche Maßnahmen, solange der Arzt sich, selbst bei Einwilligungsunfähigkeit des Patienten, mit dem faktischen Einverständnis Angehöriger oder einer Vertrauensperson begnügt. Es ist seine Sache, etwa bei einer Risikobehandlung eine formelle Legitimation herbeizuführen. Das gleiche gilt für eine Unterbringung oder unterbringungsähnliche Maßnahme, unbeschadet der Anforderungen an ihre materielle Rechtmäßigkeit nach Straf- und Zivilrecht. Daß es bei einer Sterilisation (§ 1905) anders ist, liegt daran, daß eine nichtrechtliche Legitimation mangels Dringlichkeit ausscheidet und ohne formelle Legitimation hierbei kein Arzt handeln wird. Anderes gilt lediglich bei der Wohnungsauflösung, weil die Kündigung als solche ein Rechtsgeschäft ist, das bei Geschäftsunfähigkeit des Betroffenen ohne Vertretungsmacht nicht wirksam vorgenommen werden kann. In alledem liegt kein Abgehen von der das Betreuungsverfahren beherrschenden Offizialmaxime (Rz 76), sondern ein Element der Erforderlichkeit.

36b Für **Sterbende** sollte aus Gründen einer Sterbekultur im allgemeinen kein Betreuer mehr bestellt werden. Die Sterbephase charakterisiert sich nach Abschnitt I der „Grundsätze der Bundesärztekammer zur ärztlichen Sterbebegleitung" (NJW 1998, 3406) durch den Ausfall einer oder mehrerer vitaler Funktionen, bei denen der Eintritt des Todes in kurzer Zeit zu erwarten ist. Regelmäßig sind das 2 bis 3, längstens 14 Tage. Das bedeutet nicht die Reklamation eines rechtsfreien Raumes, weil alle Behandelnden unter dem allgemeinen Strafrecht stehen, das seinerseits aus gutem Grund dem ärztlichen Standesrecht Raum geben sollte, wie es in den Grundsätzen der Bundesärztekammer niedergelegt ist. Danach kommt dem Patientenwillen der Primat zu, sind Angehörige einzubeziehen und wird eine Lebensverkürzung durch Maßnahmen der Leidensminderung (sog indirekte Sterbehilfe) hingenommen. Aber Entscheider ist hier der Arzt, auch bezüglich eines Behandlungsabbrucks, dh der Beendigung der auf Heilung, aber auch auf bloße Lebenserhaltung zielenden Maßnahmen; die Aufrechterhaltung einer palliativen Basisversorgung bis zuletzt ist selbstverständlich.

In der **prämoribunden Phase** eines einwilligungsunfähigen Patienten ist die Bestellung eines Betreuers nicht erforderlich, wenn der Patient seinen Willen antizipatorisch geäußert hat und an der Validität seiner Patientenverfügung kein Zweifel und unter Behandelnden, Pflegenden und Angehörigen auch kein Diessens besteht. Auch ein Bevollmächtigter macht die Bestellung eines Betreuers überflüssig (Rz 37).

Mangels Patientenverfügung macht nicht bereits die Einwilligungsunfähigkeit die Bestellung eines Betreuers erforderlich, sondern erst das Anstehen von Entscheidungen, die einer patientenautonomen Mitwirkung bedürfen.

36c c) Anknüpfend an Ausführungen des RegE zum Begriff der „anderen Hilfen" (BT-Drucks 11/4528, 121) wird das Verhältnis der Betreuung sowohl zu tatsächlichen Hilfen als auch zu Hilfen privater, sozialer und öffentlicher Träger als ein Rangverhältnis gesehen und vom Vorrang der anderen Hilfen und dem Nachrang oder der **Subsidiarität** der Betreuung gesprochen (zB HK-BUR/Bauer § 1836 Rz 213). Dieser zur Lösung der Konkurrenz sich überschneidender Normen dienende Begriff paßt insofern nicht, als sich die Betreuung durch die Spezifik ihres Mittels der gesetzlichen Vertretung von allen anderen Hilfen unterscheidet. Nur insofern ein Betreuer in der Lage ist, alle anderen Hilfen zu initiieren, zu organisieren, und das gerade wegen seiner Vertretungsmacht, kann die Betreuung eine anderen Hilfen vorgeschaltete Funktion übernehmen. Damit zusammen hängt die vielfach beklagte „Instrumentalisierung" des Betreuungsrechtes (vgl Hoffmann/Korte BtPrax 2001, 154), indem andere Träger wie Heime, Krankenhäuser, Sozialämter Leistungen und besonders Aufgaben im Vorfeld von Leistungen, die ihnen teilweise vom Gesetz zugewiesen sind, auf Betreuer abschieben. So bedarf es zur Einteilung des einem Heimbewohner zustehenden Taschengeldes keines Betreuers, wenn die Heimverwaltung dieses nur in kleinen Beträgen freigibt. Da sich nach § 3 I BSHG Art, Form und Maß der Sozialhilfe nach den Besonderheiten des Einzelfalles richten, könnten häufiger kleinere Beträge oder sogar Sachleistungen gewährt werden. Im Sozialrecht vorgesehene Anträge haben regelmäßig keine materielle Bedeutung (Bley ua, Sozialrecht 8. Aufl 2001 Rz 864), so daß die Antragstellung zwar eine Rechtangelegenheit ist, ein Helfer aber keine Rechtsmacht zu haben braucht, zumal für Initiative und Tatsachenermittlung das Offizialprinzip gilt. Die Sozialhilfe deckt auch tatsächliche Hilfen ab. Nach § 8 I BSHG ist die als „persönliche Hilfe" in Form einer Dienstleistung (§ 11 SGB I) zu erbringen.

Für die besondere Lebenslage, in der sich Kranke oder Behinderte, besonders alte Menschen befinden, hat das **36d** BSHG in §§ 70ff die Sozialleistungen unter den Gesichtspunkten der „Hilfe zur Weiterführung des Haushaltes", „Hilfe zur Überwindung besonderer Schwierigkeiten" und „Altenhilfe" noch weiter konkrektisiert. Diese Hilfeformen werden ausdrücklich ohne Rücksicht auf Einkommen oder Vermögen gewährt (§§ 72 III, § 75 IV BSHG). Zwar steht auch die Sozialhilfe unter dem Prinzip des Nachrangs. Nach § 2 II S 1 BSHG dürfen auf Rechtsvorschriften beruhende Leistungen anderer, auf die jedoch kein Anspruch besteht, nicht deshalb versagt werden, weil nach diesem Gesetz (dem SHGB) entsprechende Leistungen vorgesehen sind. Die im Verhältnis von Betreuung und Sozialhilfe wechselseitigen Subsidiaritätsklauseln führen aber nicht zu einem Patt, weil der Nachrang des Betreuungsrechtes zusätzlich darin begründet ist, daß ein Betreuer die erforderliche Hilfe nicht zu leisten, sondern sie nur zu organisieren hat, während die Sozialhilfe die Leistung unmittelbar erbringt. Erst wenn die Sozialhilfe nicht „ebenso gut" Hilfe leistet wie dies ein Betreuer könnte, kommt die Betreuung kraft ihrer Subsidiarität zum Zuge. Vorstellbar ist ein solches qualitatives Versagen der Sozialhilfe etwa dann, wenn der Hilfebedürftige die Hilfe nicht annimmt. Wenn eine solche Haltung krankheitsbedingt ist, dann kann ein Betreuer versuchen, den betreuten Hilfebedürftigen umzustimmen, wofür ihm in einem Umfang, dessen Grenzen nicht eindeutig geklärt sind, Zwangsmittel zu Gebote stehen.

Aber auch dann, wenn die Sozialhilfe nicht oder nicht in der Art, wie sie geschuldet wird, geleistet wird, kann „subsidiär", nämlich zur Durchsetzung des Hilfeanspruchs, ein Betreuer bestellt werden.

d) Wenn der Betroffene einen Bevollmächtigten hat, ist es nicht erforderlich, einen Betreuer als gesetzlichen **37** Vertreter zu bestellen.

aa) Zunächst ist daran zu denken, daß der Betroffene bereits **einen Bevollmächtigten hat**. Die Vollmacht wirkt ohne weiteres über den Zeitpunkt des Eintritts einer Betreuungsbedürftigkeit und selbst der Geschäftsunfähigkeit hinaus. Nach § 168 bestimmt sich das Erlöschen der Vollmacht nach dem ihrer Erteilung zugrundeliegenden Rechtsverhältnis; das ist regelmäßig ein Auftrag oder ein Geschäftsbesorgungsvertrag. Nach § 672 erlischt der Auftrag im Zweifel nicht durch den Eintritt der Geschäftsunfähigkeit des Auftraggebers. Eine von vornherein für den Fall späterer Betreuungsbedürftigkeit erteilte Vollmacht ist die **Vorsorgevollmacht**.

bb) Seit dem BtÄndG ist die Subsidiarität der Betreuung hinter einer Bevollmächtigung infolge des in Abs II **38** S 2 eingefügten Relativsatzes eingeschränkt, wenn der **Bevollmächtigte suspekt** ist, weil er zu den in § 1897 III bezeichneten Personen gehört. Nach dieser von Anfang an Vorschrift darf nicht zum Betreuer bestellt werden, „wer zu einer Anstalt, einem Heim oder einer sonstigen Einrichtung, in welcher der Volljährige untergebracht ist oder wohnt, in einem Abhängigkeitsverhältnis oder in einer anderen engen Beziehung steht". Diese zum Schutz des Betreuten bestimmte Vorschrift (§ 1897 Rz 6) setzt sich darüber hinweg, daß der Betroffene, dem erst im Heim, einer Anstalt oder sonstigen Einrichtung ein Betreuer bestellt werden soll, nicht selten zu keiner anderen Person ein näheres Verhältnis hat als zu Mitarbeitern der Einrichtung. Wünscht der Betroffene sich jemanden aus dem Personal als Betreuer, so kann das VormG dem trotz § 1897 IV S 1 wegen Abs III nicht entsprechen. Der Betroffene ist aber nicht gehindert, die als Betreuer ausgeschlossene Person zu seinem Bevollmächtigten zu machen. Aus gutem Grund hat der Gesetzgeber das Verbot des § 1897 III nicht auf die Bevollmächtigung erstreckt. Die Bevollmächtigung eines Mitarbeiters der Einrichtung ist daher wirksam, aber hindert das VormG nicht, einen Kontrollbetreuer (Rz 46) oder einen Betreuer zu bestellen, der sogar die Rechtsmacht hat, die Vollmacht zu widerrufen. Den Bevollmächtigten zum Betreuer zu bestellen, um ihn der Aufsicht des VormG zu unterwerfen, diese für viele Fälle sachgemäße Lösung des Konfliktes zwischen dem Willen des Betroffenen und seinem abstrakt gefährdeten Wohl ist durch § 1897 III verbaut.

cc) Die **Vorsorgevollmacht** kann grundsätzlich formlos erteilt werden. Nur zur Einwilligung in gravierende **39** ärztliche Maßnahmen und zu einer mit Freiheitsentziehung verbundenen Unterbringung gilt seit dem BtÄndG gem §§ 1904 II, 1906 V das Erfordernis der Ausdrücklichkeit und Schriftlichkeit. Soll die Vollmacht bei Kreditinstituten und vor dem Grundbuchamt verwendet werden, muß sie überdies die Form des § 29 GBO haben, also öffentlich beglaubigt sein. Um eine Anzweifelung der Geschäftsfähigkeit des Vollmachtgebers, die bei baldigem Eintritt der Betreuungsbedürftigkeit oder Geschäftsunfähigkeit naheliegt, auszuschließen, sollte die Vorsorgevollmacht darüber hinaus notariell beurkundet werden. Denn nur dann muß sich der Notar gem § 11 I BeurkG von der Geschäftsfähigkeit des Vollmachtgebers überzeugen, während bei bloßer Beglaubigung der Notar gem § 4 BeurkG nur bei erheblichen Zweifeln an der Geschäftsfähigkeit des Vollmachtgebers die Beglaubigung ablehnen wird (vgl Huhn/von Schmuckmann BeurkG 3. Aufl 1995 S 11 Rz 4 und 13).

§ 1896   Familienrecht   Rechtliche Betreuung

40   Ein Problem der Vorsorgevollmacht betrifft den **Zeitpunkt**, zu dem sie **in Wirksamkeit tritt**. Eine Vorsorgevollmacht wird ihrem Begriff nach vorsorglich erteilt, so daß der Bevollmächtigte von ihr erst Gebrauch machen soll, wenn die Betreuungsbedürftigkeit oder die Geschäfts- bzw. Einwilligungsunfähigkeit eingetreten ist. Wird die Vollmachturkunde sogleich übergeben, empfiehlt es sich, ihre Wirksamkeit aufschiebend dadurch zu bedingen, daß ein Arzt den Eintritt der Betreuungsbedürftigkeit attestiert. Sollte dem Vollmachtgeber zu diesem Zeitpunkt die Krankheitseinsicht fehlen oder er zu Unrecht auf seiner Kompetenz bestehen, ein Tätigwerden des Bevollmächtigten sogar ablehnen, ja die Vorsorgevollmacht widerrufen, so kommt es, vielleicht auf Anregung des Bevollmächtigten, zur Eröffnung des Verfahrens auf Bestellung eines Betreuers. Wird darin die Betreuungsbedürftigkeit festgestellt, die Bestellung eines Betreuers wegen der bestehenden, gegebenenfalls nicht wirksam gekündigten Vorsorgevollmacht aber abgelehnt, tritt diese damit in Wirksamkeit. Bei notarieller Beurkundung kann der Notar beauftragt werden, dem Bevollmächtigten eine Ausfertigung erst gegen ein ärztliches Zeugnis über den Eintritt von Geschäftsunfähigkeit zu erteilen (Fall: LG Osnabrück FamRZ 1997, 832).

41   dd) Sodann kann der Betroffene in der Lage sein, zum Zeitpunkt der Eröffnung des Verfahrens auf Betreuung noch **Vollmacht zu erteilen**. Diese Möglichkeit beruht auf der problematischen Konzeption der Geschäftsunfähigkeit (Rz 31), wonach diese durch Betreuungsbedürftigkeit nicht ausgeschlossen wird, so daß besonders im Zug mentalen Altersabbaus eine Geschäftsunfähigkeit deutlich später als die Betreuungsbedürftigkeit eintreten kann. Seit dem BtÄndG schreibt § 68 I S 3 Hs 2 FGG dem den Betroffenen vor der Bestellung eines Betreuers anhörenden Gericht vor, diesen in geeigneten Fällen auf die Möglichkeit einer Vorsorgevollmacht und deren Inhalt hinzuweisen. Das kann aber nicht bedeuten, jedem noch Geschäftsfähigen einen Betreuer zu versagen und ihn darauf zu verweisen, sich durch Erteilung einer Vollmacht selbst zu helfen. Es wäre gegen den Geist des BtG, die Differenz zwischen der niedrigeren Schwelle der Unfähigkeit, seine Angelegenheiten zu besorgen, und der höheren Schwelle der allgemeinen Geschäftsunfähigkeit dazu zu benutzen, die Betreuung auszuhebeln. Denn die höhere Lagerung der Schwelle allgemeiner Geschäftsunfähigkeit trägt Interessen des Rechtsverkehrs Rechnung, welche für die Betreuungsvoraussetzung eine geringere Rolle spielen. Wenn der Betroffene partiell geschäftsunfähig ist, dann ist die Annahme problematisch, daß eine diesen Bereich umfassende Vollmacht insoweit wirksam sein kann und nicht infolge §§ 104 Nr 2, 105 I, und zwar gem § 139 dann als ganze, nichtig ist. Im Zuge der Annäherung der Begriffe Geschäftsunfähigkeit und Betreuungsbedürftigkeit (Rz 34) muß der vom BtÄndG verstärkte Hinweis des § 68 I S 3 Hs 2 FGG bedeutungslos werden.

42   ee) Bei der Annahme einer **Obliegenheit zur Vollmachtserteilung** ist Zurückhaltung geboten (MüKo/Schwab Rz 50). Nicht jeder hat eine Person des Vertrauens. Einerseits darf bei Betreuungsbedarf in Vermögensangelegenheiten die Betreuung nicht preiswerte Alternative zur entgeltlichen Immobilien- oder Vermögensverwaltung sein. Andererseits hat, wer überschuldet ist, zur Regelung seiner Angelegenheiten kaum die Möglichkeit, entgeltliche Dienste in Anspruch zu nehmen.

43   ff) Der Kreis der **Angelegenheiten, für die Vollmacht erteilt werden kann** geht nur bei der Gesundheitsbetreuung (Rz 60) über den möglichen Aufgabenkreis eines Betreuers hinaus. Angelegenheiten, die einer Betreuung nicht zugänglich sind (Rz 69), können auch nicht einem Bevollmächtigten übertragen werden. Die Grenzen der Betreuung sind weder in extensiver noch in intensiver Hinsicht (dazu § 1902 Rz 16) durch Bevollmächtigung überwindbar. Dies betrifft alle Angelegenheiten, auf die sich die Rechtsmacht eines Betreuers nicht erstrecken kann (§ 1902 Rz 5–6), aber auch diejenigen, die keinen Einwilligungsvorbehalt dulden (§ 1903 Rz 24–42). Der Ausschluß von der Betreuung beruht in allen Fällen auf der Höchstpersönlichkeit der jeweiligen Angelegenheit, die erst recht einer gewillkürten Stellvertretung entgegensteht. Daß fast alle Fälle dieser Art auf familien- und erbrechtlichem Gebiet liegen, ist darin begründet, daß die gewillkürte Stellvertretung ursprünglich und hauptsächlich eine Erscheinung des Vermögensrechts ist (so schon die Motive: Mugdan I, 476).

44   gg) Eine Vorsorgevollmacht kann sich auf die **Gesundheitssorge** beziehen. Vor Erlaß des BtÄndG waren solche Angelegenheiten vielfach als höchst persönlich angesehen worden (Nachw bei Bienwald S 100). Das wäre seit dem BtÄndG mit § 1904 II nicht vereinbar. Der einwilligungsfähige Patient allerdings kann sich seiner Selbstbestimmung nicht begeben. Auch bei der Ausübung der Patientenautonomie sind Einschränkungen zu machen: zum Verlangen eines Behandlungsabbruchs kann nur ein naher Angehöriger, der Ehegatte oder Lebenspartner bevollmächtigt werden. Auch die Möglichkeit der Unterbringung durch einen Vertreter war früher umstritten (vgl Leichthammer BtPrax 1997, 181), ist aber seit dem durch das BtÄndG geschaffenen § 1906 V unbestreitbar zugelassen.

45   hh) Betreuung und Bevollmächtigung können **nebeneinander bestehen**. Das VormG kann einen Betreuer bestellen, damit dieser den dem Betreuten schädlichen Bevollmächtigten entläßt (vgl Rz 38); der Betreute kann, wenn er geschäftsfähig ist, seinen Bevollmächtigten (dazu § 1902 Rz 16) selbst entlassen. Deckt der Umfang einer erteilten Vollmacht nicht alle Angelegenheiten, die der Betroffene nicht mehr besorgen kann, so ist insoweit die Bestellung eines Betreuers erforderlich. Ideal ist es, wenn der bisherige Bevollmächtigte als Betreuer ausgewählt werden kann. Die Vollmacht wird dann in jeder Hinsicht von der Rechtsmacht als Betreuer überlagert. Schließlich kommt auch in Betracht, den bisherigen Bevollmächtigten neben dem Betreuer, der für die zusätzliche(n) Angelegenheit(en) bestellt wird, zum Mitbetreuer (§ 1899) zu bestellen.

46   ii) Eine Feinabstimmung für das Verhältnis von Bevollmächtigung und Betreuung bringt Abs III mit dem Institut des **Kontrollbetreuers** (dieser Ausdruck bei Winterstein in Betreuungsrecht kompakt Rz 75 und Damrau/Zimmermann Rz 89; „Überwachungsbetreuer": MüKo/Schwab Rz 4; „Vollmachtsbetreuer": Knittel Rz 34). Dessen Aufgabe besteht in der „Geltendmachung von Rechten des Betreuten gegenüber seinem Bevollmächtigten", was Kontrolle bzw Überwachung voraussetzt. Dabei muß die Kontrolle die Selbständigkeit des Betreuers respektieren. Die Bestellung eines Kontrollbetreuers setzt voraus, daß das Gericht die erteilte Vollmacht für wirksam erachtet: BayObLG FamRZ 1993, 1249. Der Kontrollbetreuer ist im Aufgabenkreis des Betreuers gem § 1092 gesetzlicher

Vertreter des Betreuten, aber beschränkt auf seine spezielle Aufgabe, den Betreuer zu überwachen. Die Figur des Kontrollbetreuers füllt die Lücke, die sich daraus ergibt, daß der Betreute seinen Bevollmächtigten nicht überwachen kann, dieser aber auch nicht wie ein Betreuer der Aufsicht des VormG unterliegt (BtKomm/Roth A Rz 26). Daraus ergibt sich die Beschränkung seines Vertretungsrechts grundsätzlich auf das Verhältnis des Betreuten zu seinem Bevollmächtigten; nur ausnahmsweise kann der Kontrollbetreuer gegenüber Dritten Auskünfte einholen, eine Kündigung aussprechen oder die Rückgewähr von Leistungen fordern, wenn ein vom Betreuer geschlossenes Geschäft Grundlage und Grund dazu gibt. Aber auch gegenüber dem Bevollmächtigten hat der Kontrollbetreuer nicht Rechte in dem Umfang wie sonst ein handlungsfähiger Vollmachtgeber. So kann er im Rahmen des der Vollmacht zugrunde liegenden Auftrags zwar Weisungen erteilen, aber nur beschränkt auf etwa die Gebote und Verbote, die das VormG im Rahmen von § 1837 II gegenüber einem Betreuer erlassen kann. Entlassen kann der Kontrollbetreuer den Betreuer nur bei fehlender Eignung oder Pflichtverletzung. Weil der Vollmachtgeber mit einer Vorsorgevollmacht den Bevollmächtigten gerade für den Fall mit seiner Vertretung betraut hat, daß er selbst zur Überwachung des Bevollmächtigten nicht mehr in der Lage ist, wird der privatautonome Gehalt der vorsorglichen Bevollmächtigung verkannt, wenn allgemein (so BtKomm/Roth A Rz 27 in Anschluß an LG Augsburg BtPrax 1994, 176), bei entsprechendem Umfang oder Schwierigkeit der zu besorgenden Geschäfte (so Amtl Begr BT-Drucks 11/4528, 123) oder bei Angelegenheiten nach §§ 1904, 1906 (so Staud/Bienwald Rz 138) die Bestellung eines Kontrollbetreuers für den Regelfall empfohlen wird (wie hier MüKo/Schwab Rz 234; Bamberger/Roth/Müller Rz 27). Für die Erforderlichkeit einer Kontrollbetreuung genügt es nicht, daß der Vollmachtgeber seinen Bevollmächtigten selbst nicht überwachen kann, sondern es müssen konkrete Indizien für die Gefahr gegeben sein, daß der Bevollmächtigte Interessen seines Vollmachtgebers gefährdet. Daran fehlt es mit Soergel/Zimmermann Rz 25, wenn die Kontrolle von dritten Personen geleistet wird. Entgegen MüKo/Schwab Rz 236 kommt es weniger darauf an, daß der Dritte zur Kontrolle befugt ist, als darauf, daß der Vorsorgebevollmächtigte diesen, zB den Ehegatten oder andere nahe Angehörige, kontrollieren läßt. Unbestritten ist eine Kontrollbetreuung wegen Subsidiarität nicht erforderlich, wenn vorsorglich zwei Personen bevollmächtigt werden, die zusammenwirken und sich gegenseitig kontrollieren (Amtl Begr BT-Drucks 11/4528, 123, entsprechender Fall: LG Augsburg BtPrax 1994, 176). Eine solche Doppelbevollmächtigung sollte vorsehen, daß kein Bevollmächtigter die Vollmacht des anderen widerrufen kann! Ist die Bestellung eines weiteren Bevollmächtigten versäumt worden und kann sie mangels Geschäftsfähigkeit des Betroffenen nicht nachgeholt werden oder funktioniert das Zusammenwirken und die wechselseitige Kontrolle der Bevollmächtigten nicht, dann ist die Bestellung eines Kontrollbetreuers unvermeidlich. Sie dürfte jedoch nur in Betracht kommen, wenn ein Bevollmächtigter bereits vorhanden ist. Denn es wäre widersprüchlich, den Betroffenen für fähig zu halten, eine Vollmacht zu erteilen, wenn er nicht mehr in der Lage ist, seine Rechte gegenüber dem Bevollmächtigten geltend zu machen.

d) Schließlich liegt im Prinzip der Erforderlichkeit die Aufforderung zu der **verfassungsrechtlich gebotenen** **47** **Abwägung** (allg Ansicht, zB BayObLG BtE 1994/95, 917; FamRZ 1995, 1085 mN). Die Betreuung hat den Doppelcharakter von sozialer Leistung und Eingriff (MüKo/Schwab Rz 1). Die Hilfe bedingt den Eingriff, der Hilfszweck muß also die Kraft haben, das Mittel des Eingriffs zu rechtfertigen. Das Wohl des Betroffenen, dem jede Betreuung dienen muß, ist ein Steigerungsbegriff. Das „Wohl" muß das „Weh" der Fremdbestimmung, die jede Betreuung mit sich bringt, übersteigen. Das Recht des Betroffenen, das der Fremdbestimmung zu weichen hat, ist ein anderes bei der konsentierten als bei einer Betreuung gegen den Willen des Betroffenen. In diesem Fall steht das objektive Interesse des Betroffenen gegen sein subjektives, so daß in seine eigene subjektive Bestimmung eingegriffen wird. Im ersten Fall harmonieren dagegen Wohl und subjektiver Wille, und der Eingriff gilt dem Selbstbestimmungsrecht nicht als subjektivem Recht, sondern nur als objektivem Wert.

Zur Erforderlichkeit gehört die **Tauglichkeit** der Bestellung eines Betreuers zu dem Zweck, dem Wohl des **48** Betroffenen in einem konkreten, rechtlichen Sinn zu dienen, ihm nicht lediglich einen Betreuer als „Lebensbegleiter" zur Seite zu geben (Staud/Bienwald Rz 107). Daß die Betreuung kein Allheilmittel sein kann, zeigt sich vor allem bei Alkohol-, Drogen- und Spielsucht, wo die fehlende Tauglichkeit einer Betreuung die Frage nach dem Krankheitswert (Rz 9) oft in den Hintergrund treten läßt (zur Untauglichkeit einer Unterbringung des Betroffenen zu einer Entziehungskur gegen seinen Willen bereits die Amtl Begr BtG BT-Drucks 11/4528, 147).

Geht die Bedrohung des Wohls des Betroffenen ihrerseits von einer Maßnahme des Staates aus, so kann sie den **49** in einer Betreuung liegenden Eingriff nicht rechtfertigen. Die Unterbringung desjenigen, der andere gefährdet, kann daher nicht damit als sein wohlverstandenes Interesse ausgegeben werden, daß ihm andernfalls strafrechtliche Reaktionen drohen. Damit würde nämlich ein hoheitlicher Eingriff mit der Möglichkeit eines anderen gerechtfertigt. Bei der Unterbringung zeigt der vom Gesetzgeber bewußt aufrechterhaltene Dualismus von privatrechtlicher und öffentlich-rechtlicher Unterbringung, daß die Grenze zwischen beiden Instituten nicht dadurch unterlaufen werden darf, daß die Unterbringung desjenigen, der nur andere gefährdet, als sein wohlverstandenes Interesse ausgegeben wird.

e) Interesse Dritter an der Bestellung eines Betreuers. Stets müssen es Angelegenheiten des Betroffenen **50** sein, die der Besorgung bedürfen (Rz 20). Grundsätzlich muß ihre Besorgung zu seinem Wohl erforderlich sein. In bestimmten Fällen läge es im Interesse des Betroffenen, wenn in einer Angelegenheit nichts geschähe, während ein Dritter an der Besorgung ein Interesse hat, das unter bestimmten Voraussetzungen auch berechtigt ist und die Bestellung eines Betreuers rechtfertigt. Die Betreuung ist nämlich nicht nur eine Hilfe für den Kranken oder Behinderten, sondern auch die einzige Möglichkeit, einem Geschäftsunfähigen einen gesetzlichen Vertreter zu geben. An der passiven rechtlichen Handlungsfähigkeit hat der Rechtsverkehr, können Dritte ein berechtigtes Interesse haben. Der Geschäftsunfähige ist im rechtsgeschäftlichen Verkehr nicht nur aktiv, sondern auch passiv handlungsunfähig. Durch Zugang an ihn kann gem § 131 I eine Willenserklärung nicht wirksam werden. Steht ein Dritter in einem Rechtsverhältnis zu dem Geschäftsunfähigen, so ist er solange, wie dieser keinen gesetzlichen

§ 1896 Familienrecht Rechtliche Betreuung

Vertreter hat, außerstande, ihm gegenüber ein rechtliches Interesse zur Geltung zu bringen. In dem Fall des Beschlusses des BGH vom 7. 11. 1984 (BGH 93, 1 = FamRZ 1985, 276) war eine Räumungsklage mit der Begründung als unzulässig abgewiesen worden, daß der Mieter geschäfts- und daher prozeßunfähig sei. Den Antrag des Vermieters, dem Mieter einen Gebrechlichkeitspfleger zu bestellen, hatte das VormG mit der der damals hL entsprechenden Begründung abgelehnt, daß jede Pflegschaft mindestens auch im Interesse des Pfleglings liegen müsse. Auf die Beschwerde des Antragstellers ordnete das LG die Gebrechlichkeitspflegschaft mit der Begründung an, daß die andernfalls drohende Entmündigung das Eigeninteresse des Mieters an der Pflegschaft begründe. Diese Begründung war deswegen verfehlt, weil ein Grundrechtseingriff grundsätzlich nicht mit alternativen Eingriffsmöglichkeiten gerechtfertigt werden kann (Rz 49). Außerdem hätte der Mieter, weil nur partiell geschäftsunfähig, nicht entmündigt werden können. Darauf gründete der BGH – wie schon das OLG – seine Entscheidung: „Eine Gebrechlichkeitspflegschaft darf auch im Interesse eines Dritten angeordnet werden, wenn die Geltendmachung von Rechten gegen den Gebrechlichen in Frage steht und der Dritte daran ohne die Einrichtung einer Pflegschaft wegen (partieller) Geschäftsunfähigkeit gehindert wäre." Es genügt nämlich nicht, daß § 57 ZPO die Möglichkeit eröffnet, einer nicht prozeßfähigen Partei, die keinen gesetzlichen Vertreter hat, bei Gefahr im Verzug bis zu dem Eintreten des gesetzlichen Vertreters einen „besonderen Vertreter" für das Verfahren zu bestellen; es bliebe nicht nur der außergerichtliche Raum ungedeckt, sondern § 57 ZPO wäre als vorläufige Maßnahme ausgehöhlt, wenn es eine endgültige Vertreterbestellung nicht gäbe. Die Entscheidung des BGH hat seinerzeit allgemein Zustimmung gefunden (Beitzke JZ 1985, 292; Macke LM § 1910 Nr 10; MüKo/Goerke 2. Aufl § 1910 Rz 34). Auch die Amtl Begr zum BtG (BT-Drucks 11/4528, 117f) hat sie sich zu eigen gemacht. Ihr entspricht die heute hL (Pal/Diederichsen vor § 1896 Rz 12; MüKo/Schwab Rz 22; BayObLG FamRZ 1998, 922; LG Mönchengladbach FamRZ 2002, 143; zurückhaltend Staud/Bienwald Rz 69; aA LG Regensburg BtE 92/93, 55). Auch der im Drittinteresse bestellte Betreuer hat jedoch das Interesse des Betreuten zu vertreten (zum Antragsrecht des Dritten Rz 79). Folgerichtig tritt Bork (MDR 1991, 97, 99) dafür ein, auch bei der Gefahr des Verzugs iSv § 69f I Nr 1 FGG als Voraussetzung für die Bestellung eines vorläufigen Betreuers das Interesse eines Dritten zu berücksichtigen. Darüber hinaus muß auch bei einer einstweiligen Maßregel des VormG nach § 1846 das Interesse eines Dritten ausreichen, wenn es die erforderliche Dringlichkeit hat.

51   V. Nach § 69 I Nr 2 lit b FGG muß die Entscheidung, durch die ein Betreuer bestellt wird, die Bezeichnung seines **Aufgabenkreises** enthalten. Die Bestimmung des Aufgabenkreises kommt nicht zur Bestellung des Betreuers hinzu, sondern ist sozusagen ihr quantitativer Aspekt. Streitig wird der Umfang des Aufgabenkreises seltener, wo es um die Wirksamkeit einer Handlung des Betreuers geht (Beispiel aber Zweibrücken FamRZ 2000, 1324: Geltendmachung eines Unterhaltsanspruchs keine Angelegenheit der Vermögenssorge), häufiger bei der Vergütung, die für Tätigkeiten nicht in Betracht kommt, mit denen der Betreuer seinen Aufgabenkreis überschritten hat (zB BayObLG FamRZ 1999, 1300, 1301: Beantragung des Personalausweises durch den Personensorgeberechtigten).

Im „Aufgabenkreis" sind dem Betreuer eine oder mehrere Aufgaben übertragen, die sich jeweils auf eine „Angelegenheit" beziehen. Den in § 1797 II enthaltenen Begriff „Wirkungskreis" hat der Gesetzgeber (Amtl Begr BT-Drucks 11/4528, 120f) für das Betreuungsrecht nicht übernehmen wollen, weil er nicht die streng an den Umständen des Einzelfalles orientierte Festlegung des Umfanges bezeichne.

52   Im Interesse des Betreuten, des Betreuers und nicht zuletzt des Rechtsverkehrs muß der Aufgabenkreis randscharf umschrieben werden, weil nur in ihm der Betreuer nach § 1902 gesetzliche Vertretungsmacht hat (Cypionka DNotZ 1991, 571, 578). Eine Unklarheit würde den Geschäftsverkehr gefährden. Dieses Interesse an Rechtsklarheit erhöht sich noch, wenn ein angeordneter Einwilligungsvorbehalt auf die Umschreibung des Aufgabenkreises des Betreuers Bezug nimmt.

53   **1. Der Grundsatz der Erforderlichkeit** gilt nicht nur für das „Ob" der Betreuung, sondern auch für ihren Umfang. Das rechtspolitische Ziel der Flexibilität der Betreuung und das Prinzip der Erforderlichkeit führen auf eine enge Definition des Aufgabenkreises, der das Betreuungsbedürfnis nicht überschreiten, aber auch nicht hinter ihm zurückbleiben soll. Beide das Betreuungsbedürfnis konstituierende Faktoren, der Gesundheitszustand des Betroffenen und sein objektiver Betreuungsbedarf, können aber veränderlich sein. Eine häufige Erweiterung des Aufgabenkreises würde gegen das Gebot der Verfahrensökonomie verstoßen, während eine Einschränkung jederzeit ohne weiteres durch Beschluß des VormG erfolgen kann (§ 1908d Rz 6). Das Verfahren der Erweiterung des Aufgabenkreises ist grundsätzlich das gleiche wie das der erstmaligen Bestellung eines Betreuers (§ 69i I S 1 FGG); nur bei einer unwesentlichen Erweiterung sieht § 69i I S 2 FGG Erleichterungen vor: von der aufwendigen persönlichen Anhörung kann das Gericht absehen und sich mit der einfachen Anhörung, die auch schriftlich erfolgen kann, begnügen. Auch von einer erneuten Begutachtung des Betroffenen kann das Gericht absehen; anders als in sonstigen Fällen des Verzichtes auf Begutachtung ist bei unwesentlicher Erweiterung des Aufgabenkreises auch ein ärztliches Zeugnis nicht erforderlich. Nach § 69i I S 3 FGG liegt aber eine nur unwesentliche Erweiterung „insbesondere" nicht vor, wenn erstmals ganz oder teilweise die Personensorge, die in § 1896 IV (Beschränkung des Fernmeldeverkehrs des Betreuten und über die Entgegennahme, das Öffnen und Anhalten seiner Post) oder in §§ 1904–1906 (Einwilligung in eine schwerwiegende medizinische Maßnahme, die Sterilisation oder eine mit Freiheitsentziehung verbundene Unterbringung) genannten Angelegenheiten in den Aufgabenkreis einbezogen werden. Mit gutem Grund empfiehlt daher Schwab aus verfahrensökonomischen Gründen, den Erforderlichkeitsgrundsatz „vorausschauend" zu handhaben (FamRZ 1992, 493, 495). Greift die Definition des Aufgabenkreises insofern über das aktuell Erforderliche hinaus, als Angelegenheiten einbezogen werden, für die noch kein Betreuungsbedarf besteht, ist das unbedenklicher, als wenn vorausschauend eine Erschwerung der Krankheit berücksichtigt würde. Denn im ersten Fall läuft der „Überschuß" lediglich leer, während im zweiten Fall die Autonomie des Betroffenen spürbar verkürzt wird. Von daher erweist es sich als sachgemäß, wenn das BayObLG einer-

seits bei der Vermögensverwaltung eine über das aktuelle Bedürfnis hinausgehende Umschreibung des Aufgabenbereiches damit gebilligt hat, daß der Bedarf, das Notwendige zu veranlassen, jederzeit auftreten könne (FamRZ 1995, 117; 433, 435), und andererseits bei einer schubweise verlaufenden Krankheit die Bestellung des Betreuers nur für einen Zeitraum gebilligt hat, in dem der Betroffene seinen Willen nicht äußern kann (FamRZ 1995, 510; vgl auch FamRZ 1996, 1370). Dabei muß es allerdings entscheidend auf die Dauer der Zeiträume zwischen den Schüben ankommen, die in dem gegebenen Fall Jahre ausmachten. Im allgemeinen ist auch bei progredierender seelischer Erkrankung eine vorsorglich weite Umschreibung des Aufgabenkreises nicht zulässig (vgl Köln NJW-FER 1999, 324).

2. Dem Gesetz sind Beispiele oder Hinweise zur **Definition von Aufgabenkreisen** zu entnehmen. §§ 67 und 69l I S 1 FGG und § 13 BundeswahlG kennen den Betreuer zur Besorgung aller Angelegenheiten des Betreuten **(Totalbetreuung).** § 1896 III erwähnt als Aufgabenkreis die Geltendmachung von Rechten des Betreuten gegenüber seinem Bevollmächtigten. § 1907 II S 1 spricht davon, daß der Aufgabenkreis das Mietverhältnis oder die Aufenthaltsbestimmung umfaßt. Im übrigen nennen die §§ 1896ff unmittelbar oder mittels der Verweisung des § 1908i auf das Vormundschaftsrecht zahlreiche einzelne Angelegenheiten, von denen manche geeignet sind, alleine oder in Kombination den Aufgabenkreis des Betreuers zu bilden. Die Einwilligung in die Sterilisation stellt kraft § 1899 II notwendig einen eigenen Aufgabenkreis dar, der stets einen besonderen Betreuer erfordert. Eine andere Angelegenheit, nämlich die Entscheidung über den Fernmeldeverkehr und über die Entgegennahme, das Öffnen und das Anhalten der Post, muß gem § 1896 IV als Aufgabe des Betreuers bei Umschreibung seines Aufgabenkreises ausdrücklich genannt werden. Diese Angelegenheiten sind nicht notwendig gebündelt. Auch die Aufgabe der mit Freiheitsentziehung verbundenen Unterbringung sollte stets ausdrücklich genannt werden (§ 1906 Rz 41). 54

3. Von den gesetzlich besonders geregelten **Angelegenheiten** bilden die folgenden **häufig** zugleich den **Aufgabenkreis** des Betreuers: die mit Freiheitsentziehung verbundene Unterbringung (§ 1906) und die Einwilligung in eine medizinische Untersuchung, eine Heilbehandlung oder einen ärztlichen Eingriff (§ 1904).
In anderen Fällen kann der Aufgabenkreis des Betreuers dadurch umschrieben werden, daß einzelne Angelegenheiten kombiniert werden: So mit der Unterbringung (§ 1906 I) die Kündigung eines Mietverhältnisses (§ 1907 I S 1) oder die Einwilligung in eine Heilbehandlung (§ 1904). Die Verwendung der gesetzlichen Begriffe hat den Vorzug der Eindeutigkeit. Da sie jedoch zu dem Zweck definiert sind, das besondere Erfordernis vormundschaftsgerichtlicher Genehmigung daran zu knüpfen, sind sie nicht immer geeignet, einen Lebensbereich in seiner Gesamtheit zu bezeichnen. So können die Angelegenheiten des § 1904 – mit Ausnahme kosmetischer Behandlungen – besser als „Gesundheitsfürsorge", die des § 1907 I und III als „Wohnungsauflösung" erfaßt werden.
Sodann gibt es eine Reihe familien- und erbrechtlicher Rechtsgeschäfte, bei denen das Gesetz vorsieht, daß sie bei Geschäftsunfähigkeit des Betroffenen von einem Betreuer getätigt werden können (Zusammenstellung § 1902 Rz 6). Diese Rechtsgeschäfte können von einem weiten Aufgabenkreis erfaßt, als Teil des Aufgabenkreises eines Betreuers genannt werden oder auch seine einzige Aufgabe bilden. 55

4. Grundsätzlich hat das BtG keine Aufgabenkreise vorformuliert. Es hätte dabei auch nicht viel anderes tun können als die in der vormundschaftsgerichtlichen Praxis zur Gebrechlichkeitspflegschaft entwickelten Umschreibungen zu übernehmen. Die gesetzliche Unterteilung der elterlichen Sorge in **Personen- und Vermögenssorge** (§ 1626 I) kann herangezogen werden, doch passen diese dogmatischen Begriffe schlecht zum „Mischcharakter vieler in Betracht kommender Lebensbereiche" (MüKo/Schwab Rz 36). Die Entscheidung, wieviel von privatem Vermögen und Einkommen für den Unterhalt verwendet wird, hat notwendig auch einen Aspekt der Personensorge, der jedoch nicht in einem Rechtsgeschäft nach außen hervortritt. Aber das Erheben eines Unterhaltsanspruchs gehört ebenso wie die Beantragung von Sozialhilfe (LG Köln FamRZ 1998, 919) zur Personensorge (Staud/Peschel-Gutzeit § 1626 Rz 69), dies im Unterschied zur Verwaltung der Einkünfte daraus (Köln DAVorm 1993, 347; vgl aber Bienwald FamRZ 1998, 1567). Daher umfaßt der Aufgabenkreis „Vermögenssorge" nicht die Beantragung von Sozialhilfe (LG Köln FamRZ 1998, 919; anders wohl BayObLG FamRZ 1997, 902, 903), wohl aber die Verwaltung des Sozialeinkommens (Köln DAVorm 1993, 347). 56

5. Die Möglichkeit einer **Totalbetreuung** erkennt das Gesetz in zwei speziellen Verfahrensvorschriften an: ist Gegenstand des Verfahrens die Bestellung eines Betreuers zur Besorgung aller Angelegenheiten des Betroffenen oder die Erweiterung des Aufgabenkreises hierauf, ist nach § 67 I Nr 2 FGG die Bestellung eines Verfahrenspflegers erforderlich. Nach § 69l I S 1 FGG teilt das VormG den Eintritt einer Totalpflegschaft der für die Führung des Wählerverzeichnisses zuständigen Behörde mit. In beiden Vorschriften ist angedeutet, daß sie schon dann gelten, wenn die in 1896 IV und 1905 bezeichneten Angelegenheiten nicht erfaßt sind. Dem Ausnahmecharakter des ganzen Instituts der Betreuung ist zu entnehmen, daß eine Totalbetreuung nur ganz ausnahmsweise angeordnet werden soll. 57

6. Die Bezeichnungen „alle Vermögensangelegenheiten" oder „alle persönlichen Angelegenheiten" oä sind nur brauchbar, wenn solche Angelegenheiten, die beiden Bereichen zuzuordnen oder in ihrer Zuordnung strittig sind, besonders angesprochen werden. 58

a) Der Begriff **„Aufenthaltsbestimmung"** erfaßt die Vertretung des Betroffenen bei der Begründung und Aufhebung des Wohnsitzes, aber auch die Veränderung des tatsächlichen Aufenthalts, stets einschließlich des Abschlusses erforderlicher Verträge. Eine Verlegung des Aufenthalts oder Wohnsitzes in ein Heim, eine Anstalt oder sonstige Einrichtung ist **Unterbringung.** Bei Verwendung dieses Begriffs sollte immer klargestellt werden, ob auch oder gerade eine freiheitsentziehende Unterbringung erfaßt sein soll. Entrümpelung der Wohnung ist eine eigens zu benennende Aufgabe (BayObLG FamRZ 2002, 348). Zu jedem den Aufenthalt betreffenden Aufgabenkreis gehört das Recht des Betreuers, die Herausgabe des Betreuten von jedem zu verlangen, der diesen widerrechtlich – dh der vom Betreuer getroffenen Bestimmung zuwider – festhält (§ 1908i I S 1 iVm § 1632 I). Zu 59

§ 1896

jedem sich auf Unterbringung erstreckenden Aufgabenkreis gehört auch der Abschluß des Aufnahmevertrages. Soll die Aufgabe der „**Umgangsbestimmung**" auch den Brief- und Fernmeldekontakt betreffen, muß dies gem Abs IV ausdrücklich angeordnet werden. Ein zwangsweises Vorgehen des Betreuers gegen Dritte setzt einen Beschluß des Gerichtes nach § 1632 III iVm § 1908i I S 1 voraus; zuständig ist das Betreuungsgericht. Den Besuch eines Rechtsanwalts, der versichert, vom Betreuten beauftragt zu sein, die Aufhebung der Betreuung zu betreiben, darf der Betreuer nicht verhindern, und zwar ohne Rücksicht auf die Geschäftsfähigkeit des Betreuten (BayObLG 1990, 88).

60 b) Der Aufgabenkreis der „**Gesundheits(für/vor)sorge**" umfaßt die Zuführung zum Arzt oder Krankenhaus, die Einwilligung in eine medizinische Maßnahme und den Abschluß von Arzt- und Krankenhausverträgen einschließlich etwa Transportverträgen. Zu einer Beschränkung auf eine akute Erkrankung kann dann Anlaß bestehen, wenn die Behandlung einer psychischen Erkrankung gilt und diese die Fähigkeit zur Sorge wegen einer etwa auftretenden interkurrenten Erkrankung nicht von vornherein in Frage stellt. Auch kann es sich empfehlen, die Sorge aus Anlaß leichterer Erkrankungen oder Verletzungen von dem Aufgabenkreis des Betreuers auszuschließen. Zur Gesundheitssorge gehört auch die Einwilligung in eine im weiten Sinn zur Sterbebegleitung gehörende Maßnahme bis hin zur Einwilligung in einen Behandlungsabbruch (BGH FamRZ 2003, 748, 751; Frankfurt/M FamRZ 1998, 1137; aA LG München FamRZ 1999, 742)

61 c) **Eheschließung**. Daß der Betreuer für den Betreuten keine Eheschließungserklärung abgeben kann, folgt aus der in § 1311 S 1 niedergelegten Höchstpersönlichkeit. Auch das Erfordernis einer Genehmigung des Betreuers zur Eheschließungserklärung des Betreuten kann es nicht geben: ein Einwilligungsvorbehalt kann sich nach § 1903 II auf die Eheschließung nicht erstrecken. Die in § 1303 II, III geregelte Eheschließungserklärung eines beschränkt Geschäftsfähigen hat für Volljährige keine Entsprechung mehr. Ein geschäftsunfähiger Betreuter ist gem § 1304 von der Eingehung einer Ehe ausgeschlossen. Abgabe der Eheschließungserklärung kann also nie Aufgabe eines Betreuers sein.

62 d) Anderes gilt für einen **Ehevertrag**. Für einen volljährigen, aber **geschäftsunfähigen** Betreuten schließt nach § 1411 II der Betreuer den Ehevertrag – das kann zu jedem Zeitpunkt nach der Eheschließung geschehen, zu deren Zeitpunkt der Betreute freilich geschäftsfähig gewesen sein muß. Der Betreuer braucht dazu die Genehmigung des VormG, kann jedoch Gütergemeinschaft weder vereinbaren noch aufheben. Ist der Betreute **geschäftsfähig**, so ist ein Betreuer gem § 1411 I S 2 nur dann am Abschluß eines Ehevertrages beteiligt, wenn ein Einwilligungsvorbehalt angeordnet ist. Zusätzlich zur Einwilligung des Betreuers in den vom Betreuten geschlossenen Ehevertrag ist dann, wenn der Ausgleich des Zugewinns ausgeschlossen oder eingeschränkt oder wenn Gütergemeinschaft vereinbart oder aufgehoben wird, die Genehmigung des VormG erforderlich. § 1411 bezieht sich nur auf solche Vereinbarungen, die eines Ehevertrags bedürfen. Eine Vereinbarung über den Unterhalt im Fall der Scheidung kann der Betreuer, wenn sich sein Aufgabenkreis darauf erstreckt, selbständig schließen. Gleiches gilt von einer Beauftragung des Ehegatten mit der Vermögensverwaltung (§ 1413). Auch eine Vereinbarung über den Versorgungsausgleich im Zusammenhang mit der Scheidung (§ 1587o) ist kein Ehevertrag.

63 e) Für jedes **Verfahren in Ehesachen** fehlt einem **geschäftsunfähigen** Ehegatten gem § 607 II ZPO die Prozeßfähigkeit, so daß er eines gesetzlichen Vertreters bedarf; das ist bei einem noch nicht 18 Jahre alten Ehegatten der Inhaber der elterlichen Sorge, sonst im allgemeinen ein Betreuer, ausnahmsweise ein Ergänzungspfleger oder Ergänzungsbetreuer oder – im Passivprozeß – auch ein Prozeßpfleger nach § 57 ZPO. Für den **Scheidungs- oder Aufhebungsantrag** braucht der Betreuer die Genehmigung des VormG (§ 607 II S 2 ZPO). Grundsätzlich muß der Scheidungswunsch eines Geschäftsunfähigen genügen, die Bestellung eines Betreuers als erforderlich zu erachten: dessen Sache ist es dann, den Sachverhalt zu prüfen. Seine Entschließung, Scheidungsantrag zu stellen, überprüft das VormG im Genehmigungsverfahren. Fällt die Stellung des Scheidungsantrags in den größeren Aufgabenkreis des Betreuers, besonders bei Totalbetreuung oder Betreuung in allen persönlichen Angelegenheiten, und entschließt sich der Betreuer gegen den Willen des Betreuten zur Stellung des Antrages, so hat das VormG den Willensvorrang des Betreuten aus § 1901 III S 1 im Genehmigungsverfahren zu sichern.

64 Das Gesetz schließt nicht aus, daß ein **Geschäftsfähiger** einen Betreuer mit der Zuständigkeit für das Ehevefahren hat, also auch mit dem Recht, die Scheidung zu beantragen (so MüKo/Schwab § 1902 Rz 31). Aber mangels der Möglichkeit eines Einwilligungsvorbehalts (§ 1903 Rz 36) hat eine solche Betreuung keine große Bedeutung. Nach § 607 I ZPO ist der in der Geschäftsfähigkeit beschränkte Ehegatte in Ehesachen prozeßfähig, nach § 1903 II kann sich ein Einwilligungsvorbehalt nicht erstrecken auf Willenserklärungen, zu denen ein beschränkt Geschäftsfähiger nach den Vorschriften des 4. und 5. Buches des BGB nicht der Zustimmung seines gesetzlichen Vertreters bedarf. Eine solche Regelung gilt für den Scheidungsantrag des § 1564, nur ist sie nicht im 4. Buch des BGB, sondern in § 607 ZPO im Rahmen der das gesamte Eheverfahren erfassenden Vorschrift getroffen. Weil der Scheidungsantrag „doppelfunktional" ist und im materiellen Recht wurzelt (Gernhuber/Coester-Waltjen § 25.1; Soergel/Heintzmann § 1564 Rz 12), ist auch § 607 ZPO, obwohl nicht zum 4. oder 5. Buch des BGB gehörend, zur Ausfüllung von § 1903 II heranzuziehen. Wenn Schwab aaO Fn 41 dagegen einwendet, § 607 I ZPO sei auf Betreute gar nicht anwendbar, weil diese nie beschränkt geschäftsfähig seien, so verkennt er, daß § 1903 II letzter Fall nicht etwa an die entsprechenden Regelungen für beschränkt Geschäftsfähige eine weitere Rechtsfolge knüpft, sondern eine rechtstechnische Verweisung ist. Anders verstanden wäre § 1903 II sinnlos, weil kein Betreuer beschränkt geschäftsfähig ist. Die weitere These, die meine Ansicht ad absurdum führen würde, es könne sich eine Betreuung nicht auf Angelegenheiten beziehen, für die kein Einwilligungsvorbehalt zulässig ist, habe ich nirgends aufgestellt.

64a f) Vor dem Inkrafttreten des BtG war der Vormund eines Volljährigen gem §§ 1901 aF, 1800, 1631 I insoweit, als es der Zweck der Vormundschaft erforderte, zur **Beaufsichtigung** des Mündels verpflichtet, ein Gebrechlichkeitspfleger dagegen nur, wenn die Aufsicht zu seinem Aufgabenkreis gehört. Letzteres hat für die Betreuung zu gelten. Aufsichtspflichtig ist der Betreuer, dem die ganze Peronensorge oder die Beaufsichtigung des Betreuten ausdrücklich übertragen ist. Darin liegt dann die Grundlage für eine Haftung des Betreuers nach §§ 832 und 1833, in deren Rahmen die konkrete Pflicht zu bestimmen ist (vgl § 1908i Rz 24).

7. Eine Betreuung für alle Angelegenheiten der **Vermögenssorge** kann bei einem geistig Behinderten, einem 65 krankhaften Verschwender oder einem Suchtkranken, der von den Mitteln zur Befriedigung seiner Sucht abgeschnitten werden soll, erforderlich sein und in allen genannten Fällen als Grundlage eines Einwilligungsvorbehalts dienen.

Im Zusammenhang mit einer bestimmten Vermögensangelegenheit kann sich eine psychische Krankheit ausbilden und darauf beschränkt bleiben (zB „Rentenneurose"). Vielfach beschränkt sich der Betreuungsbedarf in Angelegenheiten der Vermögenssorge auf die Regelung einer einzigen Angelegenheit, nämlich ein bestimmtes behördliches oder gerichtliches Verfahren oder ein einziges Rechtsverhältnis, zB ein Unterhaltsverhältnis. Eine vermögensrechtliche Betreuung besonderer Art ist die in Abs III angesprochene „Kontrollbetreuung" (Rz 46).

Ist der Betreute **ohne Vermögen und ohne Einkünfte**, so besteht grundsätzlich kein Bedürfnis für eine Vermögenssorge (BayObLG FamRZ 1995, 1085), es sei denn, es bestünde die Gefahr, daß sich der Betroffene – weiter – verschuldet (BayObLG FamRZ 1997, 902). Trotz Insolvenz liegt in drohender Überschuldung ein potentieller Nachteil; nämlich im Fall künftigen Vermögenserwerbs, aber auch im Hinblick auf rechtliche Auseinandersetzungen, die bei Überschuldung kaum vermeidbar sind. In solchen Fällen dient der Aufgabenkreis der Vermögenssorge in der Regel als notwendige Grundlage eines entsprechenden Einwilligungsvorbehalts (§ 1903 Rz 6).

8. Die in Abs IV geregelte Befugnis, über den **Fernmeldeverkehr** des Betreuten und über das **Öffnen und das** 66 **Anhalten seiner Post** zu entscheiden, betrifft zunächst den Empfang. Dadurch soll einmal gewährleistet werden, daß der Betreuer für den Betreuten bestimmte Informationen erhält und sich in rechtsgeschäftliche Abläufe einschalten kann, an denen der Betreute passiv beteiligt ist. Anlaß dafür, den Betreuten vom aktiven Post- und Fernmeldeverkehr fernzuhalten, kann darin bestehen, daß der Betreute übermäßig und kostspielig telefoniert oder belästigende oder beleidigende Briefe schreibt. Grundsätzlich ist diese weitere Erstreckung zu bejahen, dem VormG aber zu empfehlen, bei der Aufgabenumschreibung die den Betreuten isolierende Funktion, wenn sie gewollt ist, besonders zu nennen. Im übrigen kann eine Anordnung nach Abs IV nicht bedeuten, daß der Betreuer sie ausnahmslos ausübt. Er darf das nur bei Erforderlichkeit im konkreten Fall und unterliegt dabei der Aufsicht des VormG nach § 1837 (MüKo/Schwab Rz 246, 249). Im Regelfall bedeutet eine Anordnung nach Abs IV weniger eine weitere Erstreckung des Aufgabenkreises als eine flankierende Maßnahme zur Erreichung anderer Aufgaben, besonders im Bereich der Vermögenssorge. Aus diesem Grund könnte sie von der Umschreibung anderer Aufgaben als miterfaßt gelten, was erst durch das Erfordernis ausdrücklicher Anordnung ausgeschlossen wird. Damit entspricht die Bestimmung zugleich dem Gesetzesvorbehalt des Art 10 II S I GG.

9. Die Angelegenheit, die Aufgabe des Betreuers ist oder in seinen Aufgabenkreis fällt, ist von ihm grundsätz- 67 lich in jeder Richtung zu besorgen, erforderlichenfalls im Prozeßwege. Ohne ausdrückliche Einschränkung umfaßt ein Aufgabenkreis auch die **prozessuale Wahrnehmung** der Angelegenheit (vgl § 1902: „gerichtlich und außergerichtlich").

10. In einem **Strafprozeß** ist nach § 149 II StPO der gesetzliche Vertreter als Beistand zuzulassen und auf sein 68 Verlangen zu hören; im Vorverfahren steht die Zulassung im richterlichen Ermessen. Die Zulassung setzt einen Antrag des Betreuers voraus, aber nicht die Zustimmung des Betreuten (vgl RGSt 38, 107). Dazu muß der Aufgabenkreis des Betreuers einen Bezug zum Tatvorwurf oder der zu erwartenden Rechtsfolge haben. Doch kann die Bestellung eines Betreuers nicht zu dem Zweck erfolgen, daß der Betroffene als Angeklagter in der Hauptverhandlung einen Beistand erhält, weil insoweit die Betreuung hinter der Regelung der Verteidigung subsidiär ist. Nur zu dem Zweck, das Recht der Wahl eines Verteidigers auszuüben (§ 137 II StPO), kann ein Betreuer bestellt werden. Von sich aus kann das Gericht einen Antrag des Betreuers auf seine Zulassung anregen oder den Betreuer, wenn es sich von ihm Aufschluß, besonders zur Persönlichkeit des Angeklagten, verspricht, als Zeugen beiziehen (BGH FamRZ 1997, 175). Wieder unter der Voraussetzung eines entsprechenden Aufgabenkreises, kann der Betreuer im Strafverfahren gem § 298 StPO von den zulässigen Rechtsmitteln Gebrauch machen.

11. Grenzen der Betreuung. Wie das Beispiel der Eheschließung (Rz 61) zeigt, gibt es Rechtsangelegenheiten, 69 die von einem Betreuer nicht besorgt werden können. Wegen ihrer Höchstpersönlichkeit kann ein Betreuer die unter § 1902 Rz 5 aufgeführten Angelegenheiten unter keinen Umständen besorgen; sie sind allein dem geschäftsfähigen Betreuten vorbehalten, Geschäftsunfähige sind dann in jeglicher Beziehung ausgeschlossen. Anders ist es beim politischen Wahlrecht, das in § 13 BWahlG besonders und unabhängig von der Geschäftsfähigkeit geregelt ist (Rz 73).

In anderen Fällen (§ 1902 Rz 6) beschränkt sich der Ausschluß der Betreuung auf geschäftsfähige Betreute, welche die jeweilige Angelegenheit selbständig besorgen können. Der Betreuer ist lediglich dann zuständig, wenn der Betreute geschäftsunfähig ist.

Schließlich gibt es Angelegenheiten, die bei Geschäftsfähigkeit des Betroffenen dann Aufgabe des Betreuers sein können, wenn ein Einwilligungsvorbehalt angeordnet ist (§ 1902 Rz 7).

12. Von der horizontalen Ausdehnung des Aufgabenkreises – von der Totalbetreuung bis zur Wahrnehmung 69a einer einzigen Angelegenheit, zB der Einwilligung in die Sterilisation – kann eine vertikale Dimension der **Eingriffstiefe** unterschieden werden. Wenn Schwab bei der Aufenthaltsbestimmung vom „sachlichen Fürsorgebereich" die „Befugnis zur Fremdbestimmung" unterscheidet (MüKo Rz 76), so können beide nur zwei Aspekte derselben Kompetenz des Betreuers sein. Denn die Zuweisung sachlichen Fürsorgebereichs ohne die Möglichkeit der Fremdbestimmung kann es nicht geben. Mit jeder Betätigung seiner Vertretungsmacht trifft der Betreuer eine Fremdbestimmung; eine Vertretung, die den Konsens des Vertretenen zur Voraussetzung hätte, sozusagen einen Einwilligungsvorbehalt zugunsten des Betreuten, kann es nicht geben. Die Wahrnehmung der Betreuung beschränkt sich nicht auf den rechtsgeschäftlichen Bereich, in dem die Verwirklichung einer vom Betreuer getroffenen Entscheidung in einem Rechtsgeschäft des Betreuers besteht, dessen Wirkung den Betreuer trifft. Andere Entscheidungen des Betreuers bedürfen zu ihrer Verwirklichung eines Tuns, Unterlassens oder Duldens des Betreuten. Die Frage nach **Zwangsmittel des Betreuers** (dazu § 1901 Rz 13) zur Erreichung dieses Zieles betrifft nicht eine Vertiefung der rechtlichen Fremdwirkung, sondern einen Eingriff in die Handlungs- und die körperliche Bewegungsfreiheit, was allgemein als schwerwiegender gilt als eine Rechtswirkung im Vermögensbereich.

VI. Dauer der Betreuung

70   Nach § 69 I Nr 5 FGG muß die Entscheidung, durch die ein Betreuer bestellt wird, den Zeitpunkt enthalten, zu dem das Gericht spätestens über die Aufhebung oder Verlängerung der Maßnahme zu entscheiden hat; dieser Zeitpunkt darf höchstens fünf Jahre nach der Bestellung liegen. Nach § 69i VI S 1 FGG gelten für eine Verlängerung der Bestellung eines Betreuers die Vorschriften für die erstmalige Entscheidung entsprechend. Von der erneuten Begutachtung durch einen Sachverständigen kann jedoch abgesehen werden, wenn sich aus der persönlichen Anhörung des Betroffenen und einem ärztlichen Zeugnis ergibt, daß sich der Umfang der Betreuungsbedürftigkeit offensichtlich nicht verringert hat. Angesichts der in §§ 1840 I, 1908i I begründeten Pflicht des Betreuers, mindestens einmal jährlich über die persönlichen Verhältnisse des Betreuten zu berichten, erscheint die Höchstlaufzeit von 5 Jahren, nach deren Ablauf das Bestellungsverfahren mit geringen Erleichterungen neu durchzuführen ist, zu kurz, weil dadurch die Gerichte erheblich belastet werden. Bei der großen Gruppe der altersdementen Betreuten kommt eine Verkürzung der Fünfjahresfrist nicht in Betracht, sondern hauptsächlich nur bei psychisch Kranken, bei denen eine Heilungschance oder bei jüngeren Behinderten, bei denen eine Chance der Rehabilitation besteht.

VII. Bestellung des Betreuers

71   Bejaht das Gericht alle Voraussetzungen des § 1896, so hat es nicht etwa zunächst nur die Betreuung anzuordnen, sondern sogleich den Betreuer zu bestellen. Damit hat das BtG das System des BGB verlassen, das sowohl bei der Vormundschaft (§ 1774 Rz 2) als auch bei der Pflegschaft eine anordnende Grundentscheidung von dem Ausführungsakt der Bestellung des Vormunds oder Pflegers trennt. Der Gesetzgeber des BtG hat in dieser „**Einheitsentscheidung**" sogar einen Kernpunkt der Neuregelung gesehen (Amtl Begr 11/4528, 91), die dem „personalen Bezug" der Betreuung entspreche. Dem herausgestellten Vorzug, „daß nicht zwei Verfahren mit entsprechenden Garantien" durchzuführen seien, steht der Nachteil gegenüber, daß das einheitliche Verfahren mit jedem Ausscheiden des Betreuers erneut ablaufen muß, ein Nachteil, der durch gewisse Erleichterungen gemildert wird, wenn gem § 1908c lediglich ein neuer Betreuer zu bestellen ist (vgl § 69i VIII FGG).

VIII. Statuswirkungen der Betreuung

72   Die Minderung der Rechtsstellung, die früher mit der Entmündigung eintrat, bedeutet ebenso wie die Beschränkung der Geschäftsfähigkeit, der ein Minderjähriger unterliegt, eine Statusminderung. Gleiches gilt von der natürlichen Geschäftsunfähigkeit iSv § 104 Nr 2, der ein Zustand nicht vorübergehender Art zugrunde liegen muß, was zB bedeutet, daß dem Geschäftsunfähigen gem § 1304 der Zugang zur Ehe verschlossen ist. Ungeachtet ihrer Neutralität gegenüber der Geschäftsfähigkeit des Betroffenen ist auch die Bestellung eines Betreuers ein statusbestimmender Akt, nicht erst die Anordnung eines Einwilligungsvorbehalts: denn die gesetzliche Vertretungsmacht des Betreuers setzt den Betreuten dessen Fremdbestimmung aus. Aus diesem Grund stellen auch weitere Folgen, die sich im Gesamtzusammenhang der Rechtsordnung an die Bestellung eines Betreuers knüpfen, Statuswirkungen dar. Doch werden einzelne spezielle Minderungen der Geschäftsfähigkeit dadurch, daß sie durch die Betreuung nicht kompensiert werden, nicht zu Statuswirkungen der Betreuung; zu nennen sind hier außer der Eheunfähigkeit die Testierunfähigkeit sowie die Unfähigkeit zu den unter § 1902 Rz 5–6 zusammengestellten familien- und erbrechtlichen Rechtsgeschäften.

73   Eine spezielle Statuswirkung stellt es dar, wenn derjenige, der unter Totalbetreuung steht, nach § 13 Nr 2 BundeswahlG vom **Wahlrecht ausgeschlossen** ist. Allerdings darf der Betreuer nicht durch einstweilige Anordnung bestellt sein. Der Ausschluß gilt auch, wenn sich der Aufgabenkreis des Betreuers auf die in § 1896 IV und § 1905 bezeichneten Angelegenheiten nicht erstreckt. Wer gem § 13 BWahlG vom Wahlrecht ausgeschlossen ist, ist gem § 15 II Nr 1 BWahlG auch nicht wählbar. Entsprechende Regelungen gelten in den meisten Landeswahlgesetzen. § 50 II SGB IV übernimmt die Regelung des BWahlG für Sozialwahlen. Vor 1992 hatte § 13 aF BWahlG nicht nur jeden Entmündigten, sondern auch jeden, der anders als aufgrund seiner Einwilligung unter Gebrechlichkeitspflegschaft gestellt war, vom Wahlrecht ausgeschlossen. Hier hat das BtG mit Art VII § 1 eine zweifelhafte „Emanzipation" gebracht, weil die nur ausnahmsweise zulässige (Rz 57) Anordnung einer Totalbetreuung auch bei schwerer und schwerster geistig-psychisch-seelischer Krankheit oder Behinderung unterbleibt, wenn zB mangels Vermögens und Erwerbseinkünften keine Vermögenssorge erforderlich ist.

Nach § 7 I VerwaltungszustellungsG sind **Zustellungen** innerhalb des Aufgabenkreises eines Betreuers nur an diesen zu bewirken.

Weitere Statuswirkungen ergeben sich aus Gesetzen der Bundesländer.

IX. Betreuung und Prozeßrecht

74   Im Prozeßrecht hat die Existenz eines Betreuers, dessen Aufgabe die Führung eines bestimmten Prozesses ist oder in dessen Aufgabenkreis der Gegenstand des Prozesses fällt, zur Folge, daß auch der geschäftsfähige Betreute gem § 53 ZPO die Prozeßfähigkeit verliert, sobald der Betreuer sich dem Gericht meldet. Auf diese Vorschrift ist in allen anderen Prozeßordnungen verwiesen: § 62 IV VwGO, § 71 VI SGG, § 58 II 2 FGO. Ist für den geschäfts-

fähigen Betreuten darüber hinaus ein Einwilligungsvorbehalt angeordnet, so folgt aus § 52 ZPO, daß der Betreute in dessen Umfang keine Prozeßhandlungen vornehmen kann, auch nicht mit Einwilligung des Betreuers; das gilt nicht erst von dem Zeitpunkt an, zu dem sich der Betreuer dem Gericht meldet. Die anderen Prozeßgesetze haben zwar § 52 ZPO nicht in ihre Verweisung auf die ZPO einbezogen, aber § 71 I SGG wiederholt dessen Inhalt und § 62 II VwGO sowie § 58 III FGO ordnen speziell für den Fall, daß ein Einwilligungsvorbehalt angeordnet ist, die sich aus § 52 ZPO ergebende Rechtsfolge an.

X. Verfahren

1. Zuständigkeit. § 1896 und die folgenden Vorschriften weisen die Verrichtungen in Betreuungssachen jeweils dem Vormundschaftsgericht zu, also gem § 35 FGG den Amtsgerichten. Nach § 23c GVG können die Vormundschafts-, Betreuungs- und Unterbringungssachen ganz oder teilweise einem Amtsgericht für die Bezirke mehrerer Amtsgerichte zugewiesen werden. Die örtliche Zuständigeit richtet sich gem § 65 FGG nach dem gewöhnlichen Aufenthalt des Betroffenen, hilfsweise nach dem Ort, an dem das Fürsorgebedürfnis hervortritt; höchst hilfsweise ist das AG Schöneberg zuständig. Es wird also – anders als in § 36 FGG für die Vormundschaft – in erster Linie nicht an den Wohnsitz angeknüpft, und zwar aus zwei Gründen (Amtl Begr BT-Drucks 11/4528, 169): Weil die Wohnsitzbegründung einen rechtsgeschäftlichen Willen voraussetzt, kann bei Geschäftsunfähigen dessen Feststellung zweifelhaft sein. Sodann kommt die Anknüpfung an den gewöhnlichen Aufenthalt dem Ziel persönlichen Kontaktes zwischen Betreutem, Betreuer und Gericht entgegen. Die internationale Zuständigkeit des deutschen VormG bestimmt sich über § 69e S 1 FGG nach § 35b FGG, die Anerkennung ausländischer Entscheidungen nach § 16a FGG.

Nach § 14 I Nr 4 RPflG besteht Richtervorbehalt. Ausgenommen ist lediglich das Verfahren, das gem § 1896 III auf eine Betreuung zielt, deren Aufgabenkreis sich auf die Geltendmachung von Rechten des Betreuten gegenüber seinem Bevollmächtigten (Kontrollbetreuer, Rz 46) beschränkt.

2. Verfahrensinitiative. Das Verfahren wird durch Antrag des Betroffenen oder von Amts wegen eröffnet. Sowohl hinsichtlich der Verfahrensinitiative wie hinsichtlich der Tatsachenermittlung steht die Betreuung unter dem **Offizialprinzip**, das nicht eingeschränkt wird durch das formelle (§ 1896 I) oder materielle Antragsrecht (Rz 79) oder die Bedeutung, die Anregungen zukommt (Rz 36a, 80): diese ordnen sich dem Prinzip der Erforderlichkeit unter.

a) Der **Antrag** ist Verfahrenshandlung. Der Verfahrensfähigkeit auch eines geschäftsunfähigen Betroffenen (§ 66 FGG) entspricht es, daß nach § 1896 I S 2 den Antrag auch ein Geschäftsunfähiger stellen kann. An die Erklärung des Antrags sind keine förmlichen Anforderungen zu stellen. Nach der Gegenäußerung der BReg zur Stellungnahme des BR kann der Betroffene einen Antrag nicht nur zu Beginn, sondern in jedem Zeitpunkt des Verfahrens stellen. Daher soll ein Begehren oder auch nur das Einverständnis des Betroffenen damit, daß anstelle eines Gutachtens nur ein ärztliches Zeugnis eingeholt wird (Rz 77), ohne weiteres als Antrag auszulegen sein (BT-Drucks 11/4528, 231).

Das Verfahren auf **Antrag des Betroffenen** kennt gewisse Erleichterungen: nach § 68b I S 2 FGG genügt für die Bestellung des Betreuers anstelle des Gutachtens eines Sachverständigen ein ärztliches Zeugnis, wenn der Betroffene auf seine Begutachtung verzichtet hat und die Einholung eines Gutachtens insbesondere im Hinblick auf den Umfang des Aufgabenkreises des Betreuers unverhältnismäßig wäre. Die beantragte Betreuung ist gem § 1908d II auf Antrag des Betreuten wiederaufzuheben, es sei denn, daß eine Betreuung von Amts wegen erforderlich ist. Diese Erforderlichkeit ist nicht schon immer dann anzunehmen, wenn der Betreute geschäftsunfähig ist, weil nach § 1908d II S 2 auch ein Geschäftsunfähiger den Aufhebungsantrag stellen kann. Umgekehrt kann auch bei einem Geschäftsfähigen die Betreuung erforderlich sein (Rz 25).

Im Verfahren auf Antrag ist die Erforderlichkeit der Betreuung mit gleicher Strenge zu prüfen wie im Verfahren von Amts wegen. Sonst könnte das Institut der Betreuung etwa dafür mißbraucht werden, den Kosten kommerzieller Vermögensverwaltung auszuweichen, die gewöhnlich höher sind als eine Vergütung nach § 1836 (vgl Rz 42).

Daß eine Betreuung unter bestimmten Voraussetzungen auch im Interesse eines Dritten zulässig sein muß (Rz 50), spricht dafür, **dem Dritten** auch ein **Antragsrecht** zuzugestehen (so Damrau/Zimmermann Rz 107; Schmidt–Böcker Rz 22). Das hatte der Gesetzgeber aber abgelehnt (Amtl Begr zum BtG BT-Drucks 11/4528, 115f). Von den beiden dafür genannten Gründen ist der des entgegenstehenden „Wesens der Betreuung" sachlich nicht begründet; es bleibt die Abneigung, einem Dritten die Stellung eines Verfahrensbeteiligten einzuräumen. Doch muß gesichert sein, daß der Dritte sein Recht durchsetzen kann. Zutreffend verweist die Amtl Begr auf das Äußerungs- und Beschwerderecht des Dritten, das aber die dafür angeführten §§ 68a und 69g FGG nach ihrem Wortlaut Dritten nicht oder nicht ausdrücklich gewähren. § 68a FGG ist daher erweiternd in diesem Sinne auszulegen, während § 69g I S 1 FGG die Beschwerdebefugnis den dort genannten Personen **„unbeschadet des § 20 FGG"** gibt; bei Anwendung dieser Vorschrift ist daher anzuerkennen, daß der Dritte in der Möglichkeit, sein Recht durchzusetzen, durch die Ablehnung, einen Betreuer zu bestellen, beeinträchtigt ist (BayObLG FamRZ 1996, 1369).

b) Damit das Gericht **von Amts wegen** ein Verfahren auf erstmalige Bestellung eines Betreuers eröffnet, muß es Hinweise auf ein solches Bedürfnis erhalten. Nach § 7 I BtG ist es Aufgabe der Betreuungsbehörde, dem VormG Umstände mitzuteilen, die die Bestellung eines Betreuers erforderlich machen. Anregungen können von dem Betroffenen nahestehenden Personen, seinen Angehörigen, Nachbarn, Kollegen, seinem Arzt, von der Leitung eines Altenheims oder einer anderen Einrichtung und auch im eigenen Interesse von einem Dritten gegeben werden. Wer allerdings als am Verfahren nicht beteiligter Dritter ein Betreuungsverfahren grob fahrlässig oder vorsätzlich in Gang bringt, dem können nach § 13a II S 2 FGG die Gebühren und Auslagen umfassenden Gerichtskosten ganz oder teilweise auferlegt werden (Rz 94).

§ 1896 Familienrecht Rechtliche Betreuung

81 3. Das Gericht hat zu prüfen, ob dem Betroffenen gem § 67 FGG ein **Pfleger für das Verfahren** zu bestellen ist (zur Rechtsnatur der Verfahrenspflegschaft vor § 1909 Rz 12). Das BtÄndG hat die Voraussetzungen unter denen ein Verfahrenspfleger zu bestellen ist, deutlich zurückgenommen. In den beispielhaft aufgeführten Fällen ist die Bestellung nicht mehr „insbesondere", sondern nur noch „in der Regel" erforderlich. Diese Beispielfälle sind unverändert das Absehen von der persönlichen Anhörung des Betroffenen, die Totalbetreuung und die Einwilligung in die Sterilisation. Auch in den beiden ersten Fällen kann nunmehr von der Bestellung abgesehen werden, wenn ein Interesse des Betroffenen an einer Verfahrenspflegschaft offensichtlich nicht besteht, was gem § 67 I S 4 FGG in der Entscheidung zu begründen ist. Die Bestellung soll unterbleiben oder aufgehoben werden, wenn der Betroffene von einem Rechtsanwalt oder einem anderen geeigneten Verfahrensbevollmächtigten vertreten wird. In Unterbringungssachen gilt dasselbe, wobei das Absehen von der persönlichen Anhörung das einzige Beispiel bildet, in dem nach wie vor die Bestellung „insbesondere" erforderlich ist (§ 70b I S 2 FGG). Daß auf den Verfahrenspfleger grundsätzlich nicht die Vorschriften des BGB über die Pflegschaft anzuwenden sind (vor § 1909 Rz 12), gilt besonders für die Auswahl, die das Gericht nach seinem Ermessen trifft, für die Tätigkeit, für die keine Formerfordernisse bestehen. Auch die Vergütung des Verfahrenspflegers hat das BtÄndG mit § 67 III FGG nun eigenständig und zwingend geregelt. In der Beschwerdeinstanz beurteilt das LG die Erforderlichkeit, einen Verfahrenspfleger zu bestellen, selbständig (BayObLG FamRZ 1994, 780, 781). Die Bestellung des Verfahrenspflegers kann von den Beteiligten grundsätzlich nicht angefochten werden (BayObLG FamRZ 1993, 1106), es sei denn, der Betroffene wendet sich gegen die Bestellung, weil er fürchten muß, von der Staatskasse auf Erstattung der Aufwendungen und Gebühren in Anspruch genommen zu werden (vgl LG Lübeck BtPrax 1993, 208, 209 zum früheren Recht). Diese Einschränkung muß auch gelten, seit infolge des BtÄndG der Betroffene nur im Regreßweg haftet.

82 4. Die **Anhörung des Betroffenen** ist in § 68 FGG geregelt. Ein Betreuer kann nur bestellt werden, wenn der Betroffene persönlich angehört wurde. Den unmittelbaren Eindruck vom Betroffenen soll sich das Gericht in dessen üblicher Umgebung verschaffen, wenn er es verlangt oder es der Sachaufklärung dient und der Betroffene nicht widerspricht. Die persönliche Anhörung ist so wichtig, daß § 68 III FGG die Vorführung des Betroffenen zur Anhörung zuläßt, die durch die Betreuungsbehörde erfolgt. Auch kann in der Wohnung des Betroffenen erfolgen, die zu diesem Zweck gewaltsam geöffnet werden darf. Durch einen ersuchten Richter darf die persönliche Anhörung nur dann erfolgen, wenn von vornherein anzunehmen ist, daß das entscheidende Gericht das Ergebnis der Ermittlung auch ohne eigenen Eindruck von dem Betroffenen zu würdigen vermag. Die persönliche Anhörung kann im Weg der internationalen Rechtshilfe erfolgen. Nach § 68 II FGG kann eine persönliche Anhörung unterbleiben, wenn nach ärztlichem Gutachten hiervon erhebliche Nachteile für die Gesundheit des Betroffenen zu besorgen sind oder der Betroffene nach dem unmittelbaren Eindruck des Gerichts offensichtlich nicht in der Lage ist, seinen Willen kundzutun. Nach dem durch das BtÄndG eingefügten § 68 I S 3 FGG weist das Gericht in geeigneten Fällen den Betroffenen auf die Möglichkeit der Vorsorgevollmacht und deren Inhalt hin.

83 5. Nach § 68a FGG ist vor der Bestellung eines Betreuers **Gelegenheit zur Äußerung** zu geben a) der Betreuungsbehörde, wenn es der Betroffene verlangt oder der Sachaufklärung dient; b) dem gesetzlichen Vertreter eines minderjährigen Betroffenen; c) und in der Regel auch dem Ehegatten, den Eltern, Pflegeeltern und Kindern oder einer nahestehenden Person, wenn der Betroffene nicht mit erheblichen Gründen widerspricht.
Verlangt der Betroffene die Anhörung solcher Angehörigen oder einer anderen ihm nahestehenden Person, so ist Gelegenheit zur Äußerung zu geben, wenn dies ohne erhebliche Verzögerung möglich ist.

84 6. Vor der Bestellung des Betreuers muß ein **Sachverständiger** den Betroffenen persönlich untersucht oder befragt und dem Gericht ein **Gutachten** erstattet haben (§ 68b FGG).
Die Qualifikation des Gutachters ist nicht in § 68b FGG für das Betreuungsverfahren, sondern nur in § 70e I S 2 FGG für das Verfahren in Unterbringungssachen geregelt. Dort soll Sachverständiger in der Regel ein Arzt für Psychiatrie sein; in jedem Fall muß er Arzt mit Erfahrungen auf dem Gebiet der Psychiatrie sein. Diese Regelung spricht dafür, daß auch der Bestellung eines Betreuers, zu dessen Aufgabenkreis die Unterbringung gehört, die Begutachtung durch einen solchen Arzt vorausgehen soll. Darüber hinaus sollte im Hinblick auf das medizinische Element des Betreuungstatbestandes in aller Regel ein Arzt gutachten; das medizinische Element erfordert medizinischen Sachverstand, regelmäßig eines Nervenarztes oder Psychiaters. Das kann ein Amtsarzt mit psychiatrischer Vorbildung sein. Bei einem Assistenzarzt einer psychiatrischen Klinik oder einem Arzt in psychiatrischer Facharztausbildung muß das Gericht feststellen, daß er die im Einzelfall erforderliche Sachkunde besitzt (BayObLG FamRZ 1993, 351, 352). Bei geistiger Behinderung kommt auch ein Psychologe in Betracht. Das Gericht kann den behandelnden Arzt oder einen Arzt aus der Einrichtung, in welcher der Betroffene sich aufhält, zum Gutachter bestellen. Das Gericht kann jedoch den behandelnden Arzt nicht von seiner **Schweigepflicht** befreien. Dies ist vielmehr Sache des Patienten. Ist dieser nicht einwilligungsfähig, so fehlt es in jenem Stadium des auf Bestellung eines Betreuers gerichteten Verfahrens typischerweise an einem gesetzlichen Vertreter. Die Rechtsmacht eines Verfahrenspflegers kann nicht so weit gehen, daß er die Befreiung erteilen könnte. In solchen Fällen hat der mit dem Gutachten betraute Arzt das subjektive Geheimnisrecht des Patienten, das zur beruflichen Geheimhaltungspflicht des Arztes parallel liegt, unter dem Gesichtspunkt des § 34 StGB objektiv gegen entgegenstehende Rechtsgüter abzuwägen. Wo mehr als ein Gutachter gehört wird, ist es sinnvoll, als weiteren Gutachter zB einen Vertreter der Sozialarbeit zu hören, dies besonders zur Auswahl eines geeigneten Betreuers. Die weitgehende Unentbehrlichkeit eines Arztes kommt indessen auch darin zum Ausdruck, daß dann, wenn die Einholung eines Gutachtens ausnahmsweise entbehrlich ist, mindestens ein ärztliches Zeugnis erforderlich ist (Rz 88).

85 Die Begutachtung kann gegenüber dem Betroffenen erzwungen werden. Nach § 68b III FGG kann das Gericht unanfechtbar anordnen, daß der Betroffene untersucht und durch die Betreuungsbehörde zu der Untersuchung vorgeführt wird. Nach § 68b IV FGG kann das Gericht nach persönlicher Anhörung des Betroffenen und Anhörung

eines Sachverständigen auch anordnen, daß der Betroffene zur Vorbereitung eines Gutachtens auf bestimmte Zeit untergebracht und beobachtet wird. Die Unterbringung kann für längstens sechs Wochen angeordnet werden; stellt sich heraus, daß die Zeit für die Vorbereitung des Gutachtens nicht ausreicht, kann die Unterbringung bis zu einer Gesamtdauer von drei Monaten verlängert werden.

In inhaltlicher Hinsicht hat sich das Gutachten ggf auf den Umfang des Aufgabenkreises und die voraussichtliche Dauer der Betreuungsbedürftigkeit zu erstrecken. Hierfür hat der Gutachter, auch ein Arzt, das soziale Umfeld des Betroffenen einzubeziehen (Amtl Begr BT-Drucks 11/4528, 174). Weder der Auftrag des Gerichts an den Gutachter noch das Gutachten dürfen sich etwa auf die medizinischen Elemente des Betreuungstatbestandes beschränken. Der Gutachter hat sich auch zur Fähigkeit des Betroffenen, seine Angelegenheiten zu besorgen, und zum Zusammenhang zwischen Krankheit oder Behinderung und der Unfähigkeit zu äußern, also zur gesamten anthropologischen Voraussetzung der Betreuung. Im allgemeinen braucht sich der Gutachter jedoch zur Geschäfts(un)fähigkeit des Betroffenen nicht zu äußern. Anderes gilt ausnahmsweise dann, wenn der Betreuer für eine Angelegenheit bestellt werden soll, auf die sich der Aufgabenkreis nur bei Geschäftsunfähigkeit des Betroffenen erstrecken kann (Rz 69 und § 1902 Rz 6) oder die Betreuung ausnahmsweise im Drittinteresse eingerichtet werden soll, was gleichfalls einen geschäftsunfähigen Betroffenen voraussetzt (Rz 50). In bestimmten Konstellationen kann es sinnvoll sein, daß sich der Sachverständige auch zur Person eines geeigneten Betreuers äußert. **86**

Anders als dies früher zur Entmündigung gesehen wurde, besteht in Betreuungssachen keine Arbeitsteilung zwischen Sachverständigem und Richter in der Weise, daß dieser nur die medizinischen und jener die rechtlichen Fragen zu beantworten habe. Vielmehr beantwortet jeder dieselben Fragen aus seinem besonderen Blickwinkel. Allein dadurch, daß der Richter das Verfahren leitet und die Entscheidung trifft, ergibt sich seine Überordnung über den Sachverständigen. Einzelne Fragen, die der Richter dem Sachverständigen im Beweisbeschluß stellt, können diesem helfen, sie dürfen aber nicht so selektiv sein, daß der Gesamttatbestand nicht mehr begutachtet wird. **87**

Wegen der Art und Weise der Erstattung des Gutachtens verweist § 15 I FGG auf die Vorschriften der ZPO. Nach § 411 ZPO kann das Gericht schriftliche Begutachtung anordnen, aber auch danach das Erscheinen des Sachverständigen anordnen, damit er das schriftliche Gutachten erläutere. Ein mündliches Gutachten wird zu Protokoll erstattet. In geeigneten Fällen genügt es, wenn der Sachverständige den Betroffenen im Rahmen der richterlichen Anhörung nach § 68 I S 1, IV S 1 FGG befragt und anschließend mündlich sein Gutachten erstattet. Nach § 407a II ZPO ist der Sachverständige nicht befugt, den Auftrag auf einen anderen zu übertragen. Soweit er sich der Mitarbeit einer anderen Person bedient, hat er diese namhaft zu machen und den Umfang ihrer Tätigkeit anzugeben, falls es sich nicht um Hilfsdienste von untergeordneter Bedeutung handelt.

7. Ein ärztliches Zeugnis genügt, wenn a) der Betroffene die Bestellung eines Betreuers beantragt und auf die Begutachtung verzichtet hat und diese insbesondere im Hinblick auf den Umfang des Aufgabenkreises des Betreuers unverhältnismäßig wäre (§ 68b I S 2 FGG) oder wenn b) der Betreuer nur zur Geltendmachung von Rechten des Betreuten gegenüber seinem Bevollmächtigten bestellt wird (§ 68b I S 3 FGG). **88**

Beide Verfahrenserleichterungen können sich nicht auswirken, wenn gleichzeitig mit der Bestellung des Betreuers ein Einwilligungsvorbehalt angeordnet werden soll, weil davor immer das Gutachten eines Sachverständigen erstattet sein muß (§ 1903 Rz 47). Das ärztliche Zeugnis bringt der Betroffene bei, der daher auch den Arzt aussucht. Das Zeugnis darf nicht das berüchtigte Dreizeilenattest sein und nicht nur aus einer medizinischen Diagnose bestehen. Es muß sich vielmehr grundsätzlich auf die gleichen Fragen wie ein Gutachten erstrecken. Entbehrlich sind lediglich methodische Ausführungen, auf welche Art und Weise die Ergebnisse gewonnen wurden.

8. Die Bestellung des Betreuers wird gem § 69a III FGG dadurch **wirksam**, daß die Entscheidung, deren Inhalt § 69 FGG vorschreibt, dem Betreuer bekannt gemacht wird. Das kann im Rahmen von § 16 II FGG ohne Einhaltung einer besonderen Form geschehen, weil die Bestellung des Betreuers keine Frist in Lauf setzt. Bei Gefahr im Verzug kann das Gericht die sofortige Wirksamkeit anordnen. In diesem Fall wird gem § 69a III S 3 FGG die Entscheidung in dem Zeitpunkt wirksam, in dem sie mit der Anordnung der sofortigen Wirksamkeit dem Betroffenen oder dem Pfleger des Verfahrens bekanntgemacht oder der Geschäftsstelle des Gerichts zur Bekanntmachung übergeben werden. Ohne konstitutive Wirkung ist die in § 69b I FGG vorgesehene mündliche Verpflichtung des Betreuers, die nicht für Vereins- und Behördenbetreuer und nicht für Vereine und die Behörde als Betreuer gilt. **89**

9. In **Eilfällen** kann im Weg einer **einstweiligen Anordnung** gem § 69f FGG ein vorläufiger Betreuer bestellt werden. In § 69f I Nr 1 FGG sind der formelle und der materielle Anordnungsgrund geregelt. In formeller Hinsicht muß mit dem Aufschub Gefahr verbunden sein. Der Aufschub bemißt sich nach der wahrscheinlichen Dauer bis zu einer Entscheidung im ordentlichen Verfahren. In materieller Hinsicht genügt es, daß dringende Gründe für die Annahme bestehen, daß die Voraussetzungen für die Bestellung eines Betreuers gegeben sind. Die Erleichterung der Feststellungslast bezüglich der Betreuungsvoraussetzungen trägt der Dringlichkeit der Anordnung Rechnung und entspricht den Beweiserleichterungen in solchem Falle. § 69f I Nr 2 FGG läßt anstelle des Sachverständigengutachtens ein ärztliches Zeugnis über den Zustand des Betroffenen genügen. Nach Abs I Nr 4 muß vor Erlaß der einstweiligen Anordnung der Betroffene persönlich angehört worden sein. Ist nach § 67 FGG ein Verfahrenspfleger zu bestellen, so hat dies nach § 69f I Nr 3 FGG bereits für das eilige Verfahren zu erfolgen, also weder erst im ordentlichen Verfahren noch nur für das ordentliche Verfahren. Das BtÄndG hat lediglich in § 69f I Nr 4 FGG das Erfordernis seiner persönlichen Anhörung gestrichen, so daß es genügt, dem Betroffenen Gelegenheit zur Stellungnahme zu geben. **90**

Die Anhörung des Betroffenen kann nach § 69f I S 2 FGG auch durch einen ersuchten Richter erfolgen.

Nach § 69f IV FGG wird die einstweilige Anordnung „auch" mit der Übergabe an die Geschäftsstelle zum Zweck der Bekanntmachung wirksam. Im ordentlichen Verfahren kann diese sofortige Wirksamkeit gem § 69a III

H. Holzhauer

S 2 FGG nur unter besonderen Voraussetzungen besonders angeordnet werden; die Bestellung des Betreuers durch einstweilige Anordnung wird demgegenüber ohne weiteres immer schon sofort, dh mit Übergabe an die Geschäftsstelle zum Zweck der Bekanntmachung wirksam.

91 Neben dieser gewöhnlichen einstweiligen Anordnung kennt § 69f FGG nach seinem Abs I S 4 und 5 noch eine „**eilige**" **einstweilige Anordnung**. Dafür muß zusätzlich zu der materiellen und der formellen Voraussetzung der gewöhnlichen einstweiligen Anordnung bei folgenden Verfahrenserfordernissen „Gefahr im Verzug" bestehen: a) der Anhörung des Betroffenen und b) der Bestellung und Anhörung des Verfahrenspflegers.

Der Verzug besteht hierbei in der zu erwartenden Dauer bis zur Anhörung des Betroffenen und des Verfahrenspflegers. Die Verfahrenserleichterung besteht darin, daß die Anordnung bereits vor diesen Anhörungen erlassen werden kann; die Anhörungen müssen jedoch unverzüglich nachgeholt werden. Eine weitere Erleichterung betrifft die Auswahl des Betreuers. Nach § 69f I S 5 FGG kann bei Gefahr im Verzug das Gericht den vorläufigen Betreuer auch abweichend von § 1897 IV und V bestellen. Es braucht also nicht bis zu einem Vorschlag des Betroffenen oder dem Finden einer ihm nahestehenden Person und deren Bereiterklärung zu warten, sondern kann unmittelbar auf einen jederzeit bereiten Berufsbetreuer zugreifen.

92 10. Nach § 69a II FGG hat das Gericht die Entscheidung auch der zuständigen Betreuungsbehörde **bekanntzumachen**, wenn durch sie ein Betreuer bestellt wird oder der Behörde im Verfahren Gelegenheit zur Äußerung gegeben worden war. Bei Gefahr für das Wohl des Betroffenen, für Dritte oder für die öffentliche Sicherheit und deren Übergewicht über berechtigte Gegeninteressen des Betroffenen hat das Gericht nach § 69k I FGG seine Entscheidung auch anderen Gerichten, Behörden oder sonstigen öffentlichen Stellen **mitzuteilen**. Hat der Betroffene ein Kind, das unter seiner elterlichen Sorge steht, so hat die Mitteilung an das zuständige Jugendamt oder VormG große Bedeutung. Eine erhebliche Gefahr für die öffentliche Sicherheit kann sich ergeben, wenn der Betroffene Inhaber eines Führer-, Waffen- oder Jagdscheins ist und die konkrete oder ernstliche Gefahr besteht, daß er durch sein Kfz oder eine Waffe andere oder auch Tiere schädigt (Amtl Begr BT-Drucks 11/4528, 182).

93 XI. § 69 FGG regelt den notwendigen **Inhalt der Entscheidung**, durch die ein Betreuer bestellt wird. Aus dem rechtsstaatlichen Begründungszwang folgt, daß alle danach zu „bezeichnenden" Elemente der Entscheidung, soweit sie auf Subsumtion oder Wertung beruhen, zu begründen sind; das gilt für die Erforderlichkeit der Betreuung und eines Einwilligungsvorbehalts, auch in Hinblick darauf, daß an seiner Stelle keine weniger einschneidende Maßnahme in Betracht kommt, für jede bezeichnete Aufgabe des Aufgabenkreises und für die Auswahl des Betreuers aus der Skala der §§ 1897, 1900. II schreibt die Begründung auch für die ablehnende Entscheidung vor, was nicht nur auf einen Antrag des Betroffenen zu beziehen ist, sondern jedes über Vorermittlungen hinausgelangte Verfahren, das im Hinblick auf die Erwartung Beteiligter nicht mehr formlos eingestellt werden kann. So wie ein Vormund nach § 1791 eine Bestellungsurkunde, erhält der Betreuer nach § 69b II FGG eine Bestellungsurkunde, den **Betreuerausweis**, um sich im Rechtsverkehr ausweisen zu können.

94 XII. **Verfahrenskosten**. Mit Anordnung der Betreuung wird an **Gerichtskosten** für das laufende und das folgende Kalenderjahr eine Jahresgebühr fällig (§ 92 I S 2 und 3 KostO). Die Gebühren betragen nach § 92 I S 2 KostO 5 Euro je angefangene 5000 Euro. Bemessungsgrundlage ist das Vermögen des Betroffenen, soweit es das nach § 88 II Nr 7 BSHG beim Bezug von Sozialhilfe geschützte Vermögen zuzüglich 25 000 Euro übersteigt (§ 92 I S 2 KostO). Hinzu kommen die **Auslagen** (§§ 136 bis 139 KostO), von denen vor allem die Sachverständigenkosten zu Buch schlagen. Die folgenden Jahresgebühren werden am Beginn jedes folgenden Kalenderjahres fällig. Gebührenfrei ist nach § 93a KostO die Bestellung eines Pflegers für das Verfahren und deren Aufhebung. Die dem Verfahrenspfleger aus der Gerichtskasse gezahlte Vergütung fällt nach § 137 Nr 16 KostO unter die Auslagen, die nach § 93a II KostO nach Maßgabe des § 1836c dem bemittelten Betreuten erhoben werden.

Wird die **Bestellung eines Betreuers** oder ihre Verlängerung, die Erweiterung seines Aufgabenkreises, die Anordnung oder Verlängerung eines Einwilligungsvorbehaltes, die Erweiterung des Kreises der einwilligungsbedürftigen Willenserklärungen oder eine Genehmigung nach §§ 1904, 1905 **abgelehnt** oder das Verfahren ohne Entscheidung über die Maßnahme beendet oder eine dieser Maßnahmen als ungerechtfertigt aufgehoben oder eingeschränkt, so fehlt es an einem Entstehungsgrund für Gerichtsgebühren und werden nach § 96 KostO Auslagen nicht erhoben. Hat ein **Dritter das Verfahren vorsätzlich oder grob fahrlässig veranlaßt**, kann das Gericht nach § 13a II S 2 FGG ihm die Kosten ganz oder teilweise auferlegen. Kosten, die ein Beteiligter durch ein unbegründetes Rechtsmittel oder durch grobes Verschulden veranlaßt hat, sind nach § 13a I S 2 FGG ihm aufzuerlegen.

Was einem **Beteiligten entstandenen Kosten** angeht, das sind alle zur zweckentsprechenden Rechtsverfolgung notwendig gewesenen Auslagen an Gerichtskosten und außergerichtlichen Auslagen, insbesondere für RA, Verfahrenspfleger, Betreuer, Anreisekosten zum Gericht und zu einem Sachverständigen, so kann das Gericht nach § 13a I FGG anordnen, daß sie ganz oder teilweise von einem Beteiligten einem anderen zu erstatten sind.

Nach § 13a II S 1 FGG kann das Gericht die **Auslagen des Betroffenen**, soweit sie zur zweckentsprechenden Rechtsverfolgung notwendig waren, ganz oder teilweise der Staatskasse auferlegen, wenn eine Betreuungsmaßnahme abgelehnt, als ungerechtfertigt aufgehoben, eingeschränkt oder das Verfahren ohne Entscheidung über die Maßnahme beendet wird.

95 XIII. **Rechtsmittel**. Die Bestellung des Betreuers unterliegt ebenso wie die Ablehnung der einfachen Beschwerde. Die Beschwerdebefugnis des **Betroffenen** ergibt sich, wenn die Bestellung von Amts wegen erfolgt war oder sein Antrag zurückgewiesen wurde, aus § 20 FGG. Gegen die Anordnung der Bestellung von Amts wegen und jede Ablehnung der Bestellung gibt § 69g I FGG **nahen Angehörigen**, nämlich dem Ehegatten des Betroffenen, seinen Verwandten und Verschwägerten in gerader Linie und in der Seitenlinie bis zum dritten Grad sowie der zuständigen Betreuungsbehörde unbeschadet des § 20 FGG die Beschwerdebefugnis (Düsseldorf FamRZ 1998, 510). Analog ist der nichteheliche Lebenspartner in den Kreis dieser Angehörigen einzuschließen

(LG Oldenburg FamRZ 1996, 1343, aA BayObLG FG Prax 1998, 56). Bei Bestellung des Betreuers auf Antrag des Betroffenen – oder der Ablehnung des Antrags – beurteilt sich die Beschwerdebefugnis auch von Angehörigen nach § 20 FGG (Düsseldorf FamRZ 1998, 510). Auf dieser Grundlage können Angehörige mit einer **Auswahlbeschwerde** ihren Rang verteidigen, aber auch geltend machen, daß anstelle des Ausgewählten eine andere dritte Person zu bestellen sei. Aus dem dem Gesetzgeber wichtig gewesenen Prinzip der Einheitsentscheidung (Rz 71) wird heute nicht mehr gefolgert, daß die Beschwerde nicht auf die Auswahl des Betreuers beschränkt werden könne (BayObLG FamRZ 1996, 419). Wegen Beschwerde **des Ausgewählten** gegen die Auswahlverfügung § 1898 Rz 6. Für die Betreuungsbehörde ergibt sich gegen die erstmalige Bestellung eines Berufsbetreuers auch aus § 1887 VII keine Beschwerdebefugnis (LG Nürnberg–Fürth BtPrax 1999, 157; anders gegen die Ablehnung seiner Entlassung, vgl § 1908b Rz 18). Nach § 69g I S 2 FGG hat der Vertreter der Staatskasse das Recht der Beschwerde gegen einen Beschluß, mit dem das Gericht die Entlassung des Betreuers abgelehnt hat, und kann geltend machen, daß der Betreute iSv § 1897 VI S 1 von einer oder mehreren Personen außerhalb einer Berufsausübung betreut werden kann. Durch diese, ebenso wie § 1897 VI S 1 auf dem BtÄndG beruhenden Vorschrift wird erhärtet, was schon vorher allgemeine Meinung war, daß die Staatskasse kein Beschwerderecht gegen die Bestellung eines Betreuers hat. Es ist dann aber folgerichtig, dem Vertreter der Staatskasse das Beschwerderecht bereits gegenüber der Bestellung eines Berufsbetreuers zu geben, wenn er die Subsidiarität der berufsmäßigen Betreuung geltend machen will. Als Folge dieses Beschwerderechts ist der Bestellungsbeschluß dem Vertreter der Staatskasse bekanntzumachen (Keidel/Schmidt § 16 FGG Rz 14), es sei denn, eine Mittellosigkeit des Betreuten läge fern (vgl § 1836 Rz 37).

Nach § 69g II FGG ist der Betreuer befugt, auch im Namen des Betreuten Beschwerde einzulegen. Wegen seiner Befugnis zur Beschwerde aus eigenem Recht s § 1898 Rz 6.

XIV. Jede Bestellung eines Betreuers ist gem § 69 I Nr 5 FGG in dem Sinne befristet, daß nach einem bei der Bestellung zu bestimmenden Zeitpunkt über die Verlängerung zu entscheiden ist. Eine **Verlängerung** hat in materieller Hinsicht die gleichen Voraussetzungen wie die erstmalige Bestellung; die Anordnung trifft § 69i VI FGG hinsichtlich der Vorschriften für das Verfahren, um daran einige verfahrensmäßige Erleichterungen zu knüpfen: von der erneuten Einholung eines Gutachtens kann abgesehen werden, wenn sich aus der persönlichen Anhörung des Betroffenen und einem ärztlichen Zeugnis ergibt, daß sich der Umfang der Betreuungsbedürftigkeit offensichtlich nicht verringert hat. 96

XV. Sonderbetreuer nach anderen Gesetzen. In einigen öffentlich-rechtlichen Gesetzen (vgl vor § 1909 Rz 13ff) ist oder war in speziellen Zusammenhängen die Bestellung eines Pflegers oder Vertreters vorgesehen. Soweit das jeweilige Bedürfnis in der Gebrechlichkeit eines Beteiligten besteht, hat das BtG diese Bestimmungen in dem Sinne geändert, daß jetzt Betreuungsrecht anzuwenden ist. Nach § 19 II Nr 1 **BundesdisziplinarO** bestellt auf Antrag der Einleitungsbehörde das VormG im Fall der Verhandlungsunfähigkeit des Beamten einen Betreuer, entsprechendes besagt § 78 II Nr 1 der **WehrdisziplinarO**. Nach § 16 I **VerwaltungsverfahrensG** hat das VormG in den Fällen der Nr 1–5 auf Ersuchen der Behörde einen geeigneten Vertreter zu bestellen. Der Fall Nr 4 ist der eines Beteiligten, der infolge psychischer Krankheit oder körperlicher, geistiger oder seelischer Behinderung nicht in der Lage ist, in dem Verwaltungsverfahren selbst tätig zu werden. Hier hat das BtG um der Einheitlichkeit der spezialgesetzlichen Terminologie willen den „Vertreter" nicht in einen „Betreuer" verwandelt, sondern in § 16 IV angeordnet, daß für die Bestellung und das Amt des Vertreters in den Fällen des Abs I Nr 4 und IV die Vorschriften über die Betreuung anzuwenden sind. Entsprechendes gilt nach § 81 I Nr 4 und IV der **AbgabenO** für Verfahren vor den Finanzbehörden. In § 26 I S 3 aF **BeamtenrechtsrahmenG** und § 44 I S 2 aF **BundesbeamtenG** war entsprechendes für den Fall vorgesehen, daß ein Beamter im Verfahren auf Versetzung in den Ruhestand nicht in der Lage ist, seine Rechte wahrzunehmen. Diese Vorschriften konnten vom BtG aufgehoben werden, weil in diesen Fällen ohne weiteres das jüngere VerwaltungsverfahrensG anwendbar ist. 97

Vorbemerkung §§ 1897–1900

1. Die §§ 1897 und 1899 unterscheiden verschiedene **Typen von Betreuern**, die für die Auswahl des Betreuers im gegebenen Fall in ein Rangverhältnis gebracht sind. 1

a) Diese **Typologie** wird beherrscht von dem Gegensatz des Einzelbetreuers zu dem institutionellen Betreuer, nämlich einem Verein oder der Behörde als Betreuer. An Einzelbetreuern sind mehrere Untertypen zu unterscheiden, nämlich a) den privaten Betreuern in Form einen dem Betreuten vorgeschlagenen (§ 1897 IV S 1) oder ihm durch verwandtschaftliche oder sonstige persönliche Bindung **nahestehende Person** (§ 1897 V) und der „ehrenamtliche Betreuer" (vgl § 1908f I Nr 2). **Berufsbetreuer** ist sodann sowohl ein selbständig Tätiger, insbesondere Sozialarbeiter oder RA, als auch der Mitarbeiter eines nach § 1908f zugelassenen Betreuungsvereins (Vereinsbetreuer vgl § 1897 II S 1) oder der Betreuungsbehörde (Behördenbetreuer vgl § 1897 II S 2); beide sind ebenfalls Einzelbetreuer. Es folgen die institutionellen Betreuer, nämlich ein Verein und zuletzt die Betreuungsbehörde.

b) Terminologisch sind die gesetzlichen Bezeichnungen, besonders im Verhältnis zum früheren und für bevormundete Minderjährige noch geltenden Recht, verwirrend. Während der Begriff des Einzelbetreuers nicht der Gesetzessprache angehört, kennt § 1791b den „Einzelvormund". Dafür kennt der neue § 1897 den Begriff des „Vereinsbetreuers", aber nicht für den zum Betreuer bestellten Verein, sondern für dessen zum Betreuer bestellten Mitarbeiter. Vereinsvormund wird dagegen bisher allgemein der gem § 1791 zum Vormund bestellte Verein genannt. Entsprechend heißt das Jugendamt in seiner Funktion als Vormund Amtsvormund. Für die im neuen § 1897 II als Vereins- oder Behördenbetreuer definierte Erscheinung gab es bisher bei Vormundschaft und Pflegschaft keinen Begriff, obwohl sie bekannt war (Schoch ZBlJR 1980, 79: „Erwachsenenpflegschaften und Vor- 2 mundschaften als hauptberufliche ehrenamtliche Tätigkeit"). Schließlich kennt § 1791a III seit dem KJHG von 1990 neben Mitgliedern auch Mitarbeiter des Vereins, die aber nicht Einzelvormund werden, sondern deren sich der zum Vormund oder Pfleger bestellte Verein zur Ausführung der vormundschaftlichen Verrichtungen bedient.

3 c) Die Typologie der Betreuung beruht auf unterschiedlichen **Kriterien** und erlaubt daher keine homogene Reihung. **Rechtlich** ist als Einzelbetreuer eine natürliche Person Träger des Amtes, mag sie ihre Leistung auch als Mitarbeiter eines Vereins oder der Behörde erbringen (Vereins- oder Behördenbetreuer). Bei der Vereins- und der Behördenbetreuung ist Betreuer eine juristische Person des privaten oder öffentlichen Rechts, im zweiten Fall die Körperschaft, bei der die Betreuungsbehörde errichtet ist. Unter **soziologischem** Gesichtspunkt können der nahestehende und der nichtnahestehende private Betreuer zusammengefaßt werden. **aa)** Der **nahestehende Betreuer** kommt aus dem Umfeld des Betroffenen. Er ist entweder als Vertrauensperson vom Betreuten vorgeschlagen (§ 1897 IV S 1) oder wegen seiner verwandtschaftlichen oder sonstigen persönlichen Bindung an den Betreuten (§ 1897 V) ausgewählt; **bb)** „**Ehrenamtliche Betreuer**" (§ 1908f I Nr 2) sind dagegen eine Erscheinung gesellschaftlicher Solidarität. Hierzu gehören Personen, die im Rahmen der von einem Verein oder von der Behörde „organisierten Einzelbetreuung" Betreuungen übernehmen. Die Ehrenamtlichkeit schließt nicht aus, daß dem Betreuer ebenso wie einem nahestehenden Betreuer nach §§ 1835, 1835a seine Auslagen ersetzt werden und er nach § 1836 III von einem bemittelten Mündel eine Vergütung erhalten kann. Bis hierher kann von **Privatbetreuern** gesprochen werden im Unterschied zu den folgenden **cc)** **Berufsbetreuern**, die mit der Übernahme von Betreuungen mindestens teilweise ihren Lebensunterhalt bestreiten. Hierzu gehört der selbständige Berufsbetreuer, dessen Berufsmäßigkeit das Gericht bei seiner Bestellung zum Betreuer gem § 1836 I S 2 festgestellt hat. Aus dem Gesichtspunkt der Vergütung unterscheiden sich je nach der Art ihrer Professionalisierung, regelmäßig ihrer Ausbildung, die in § 1 BVormVG definierten Klassen. Eine besondere Gruppe stellen die Anwaltsbetreuer dar. Abhängige Berufsbetreuer sind die Mitarbeiter eines Vereins oder der Behörde, die als Vereins- oder Behördenbetreuer bestellt werden. **dd)** Bisher waren alle Betreuer natürliche Personen; ihnen stehen **institutionelle** Betreuer des privaten und des öffentlichen Rechts gegenüber. Bei Betreuungsvereinen handelt es sich um eine erwerbswirtschaftliche Erscheinung des Privatrechts, bei der Behördenbetreuung schließlich um eine sozialstaatliche Aufgabenerfüllung der öffentlichen Hand.

4 d) Für die Auswahl des Betreuers hat das BtG die komplizierte Struktur des BGB für die Auswahl des Vormunds mittels Berufung (§§ 1776–1778), Unfähigkeit (§ 1780) und Untauglichkeit (§ 1787) nicht übernommen, sondern eine **Rangordnung** der verschiedenen Betreuertypen errichtet, deren Stufen sowohl eine abstrakte Eignung zum Ausdruck bringen als auch teilweise auf der Subsidiarität als einem Prinzip von verfassungsmäßiger Bedeutung beruhen. § 1900 I und IV begründen den **Vorrang der Einzelbetreuung** vor jeder institutionellen Betreuung durch Verein (Vereinsbetreuung) oder Behörde (Behördenbetreuung); § 1900 IV begründet den Vorrang der Vereinsbetreuung vor der Behördenbetreuung, § 1897 VI den Vorrang jedes Privatbetreuers vor einem Berufsbetreuer. Unter den Einzelbetreuern kommt einem Vorschlag des Betreuten der erste Rang zu (§ 1897 IV S 1). Im zwar von ihm nicht vorgeschlagenen, aber dem Betroffenen nahestehenden Betreuer, der im zweiten Rang hält, kommen persönliche Nähe und familiäre Solidarität zur Geltung. Der ehrenamtliche Betreuer genießt die Wertschätzung des Ehrenamtes, das bei den nicht nahestehenden Betreuern in gesellschaftlichem Engagement begründet ist, das jeder professionellen Motivation eines selbständigen oder abhängigen Berufsbetreuers vorgeordnet wird. Im Verhältnis jedes privaten Betreuers zum Behördenbetreuer kommt weiter die verfassungsmäßige Subsidiarität und der grundsätzlich privatrechtliche Charakter der Betreuung hinzu (ebenso MüKo/Schwab § 1897 Rz 3 und FamRZ 1992, 493/501; Damrau/Zimmermann § 1897 Rz 1). Was die Rangordnung der Berufsbetreuer angeht, so begründen die genannten Gesichtspunkte den Vorrang des selbständigen Berufsbetreuers iSv § 1836 II vor dem Vereins- und, diesem nachfolgend, dem Behördenbetreuer. Doch dürfte für die Wahl eines Berufsbetreuers die Rangfolge in besonderem Maß von Gesichtspunkten fachlicher Eignung überlagert werden. Drittletzten Rang hat somit der Behördenbetreuer. Zwar verdient es die Konstruktion des Behördenbetreuers nicht, als „Maskierung" bezeichnet zu werden (MüKo/Schwab Rz 2), aber sie dient dem Auffangen des Bedarfs bei einem Versagen der privaten und gesellschaftlichen Kräfte bei gleichzeitiger Nutzung des Vorzugs der Einzelbetreuung. Aus dem Grund der Subsidiarität rangiert auch hinter einem Vereinsbetreuer. Der Vorrang des Vereins- vor dem Behördenbetreuer begründet sich mit einer Analogie zu § 1900 IV, der das Verhältnis von Vereins- und Behördenbetreuung betrifft.

5 **2. Organisation des Betreuungswesens.** Der Gesetzgeber mußte dafür sorgen, daß in jedem Fall von Erforderlichkeit ein Betreuer zur Verfügung steht. Diesem Zweck dienen Betreuungsbehörden mit einer Auffangzuständigkeit für Betreuungen (§ 1900 IV). Darüber hinaus hat der Gesetzgeber dafür gesorgt, daß möglichst auch die vorrangigen Betreuertypen in ausreichender Zahl zur Verfügung stehen.

Die Bereitschaft zur Übernahme von Betreuungen durch Private, nämlich nahestehende Personen und ehrenamtliche Betreuer, wird dadurch gefördert, daß der Betreuer Ersatz seiner Aufwendungen oder eine pauschale Aufwandsentschädigung, notfalls aus der Staatskasse, erhält und daß ihm darüber hinaus eine Vergütung aus dem Vermögen des Betreuten bewilligt werden kann.

Die Bereitschaft zur ehrenamtlichen Übernahme von Betreuungen sucht der Gesetzgeber dadurch anzuregen, daß er im Rahmen der „organisierten Einzelbetreuung" den Vereinen (§ 1908f I Nr 2) und mittelbar auch der Betreuungsbehörde (§ 5 BtG) die Einführung, Beratung und Fortbildung ehrenamtlicher Betreuer zur Aufgabe gemacht hat.

Jenseits des Bereichs von privaten Betreuern ist der von berufsmäßigen Betreuern in Form des Anwaltsbetreuers schon lange erschlossen. Indessen sind Anwälte schwerpunktmäßig anders ausgebildet und für den Regelfall einer Betreuung überqualifiziert. Für Betreuungen hat sich aber binnen weniger Jahre ein neuer Berufsstand überwiegend von Sozialarbeitern gebildet, die entweder selbständig arbeiten oder im Dienst eines Betreuungsvereins stehen.

Innerhalb des vom Vereinsbetreuer über den Behördenbetreuer und die Vereinsbetreuung bis zur Behördenbetreuung reichenden Bereichs, in dem abhängige Berufsbetreuer tätig werden, hat der Gesetzgeber Vereine und die Behörde motiviert, ihre Mitglieder und Mitarbeiter bevorzugt als Vereins- und Behördenbetreuer einzusetzen, statt im Rahmen institutioneller Betreuung, und zwar durch die Gestaltung der Regeln über Aufwendungsersatz und Vergütung, indem Verein und Behörde als institutionelle Betreuer Aufwendungsersatz nur vom bemittelten Betreuten, nicht aber aus der Staatskasse erhalten und überhaupt keine Vergütung (§ 1908i I S 1 iVm § 1836 IV; zur Besserstellung von Verein und Behörde bei Bestellung von Vereins- und Behördenbetreuer siehe § 1908e und § 1908h und zum Ganzen Übersicht bei § 1908i Rz 25).

1897 *Bestellung einer natürlichen Person*

(1) Zum Betreuer bestellt das Vormundschaftsgericht eine natürliche Person, die geeignet ist, in dem gerichtlich bestimmten Aufgabenkreis die Angelegenheiten des Betreuten rechtlich zu besorgen und ihn in dem hierfür erforderlichen Umfang persönlich zu betreuen.
(2) Der Mitarbeiter eines nach § 1908f anerkannten Betreuungsvereins, der dort ausschließlich oder teilweise als Betreuer tätig ist (Vereinsbetreuer), darf nur mit Einwilligung des Vereins bestellt werden. Entsprechendes gilt für den Mitarbeiter einer in Betreuungsangelegenheiten zuständigen Behörde, der dort ausschließlich oder teilweise als Betreuer tätig ist (Behördenbetreuer).
(3) Wer zu einer Anstalt, einem Heim oder einer sonstigen Einrichtung, in welcher der Volljährige untergebracht ist oder wohnt, in einem Abhängigkeitsverhältnis oder in einer anderen engen Beziehung steht, darf nicht zum Betreuer bestellt werden.
(4) Schlägt der Volljährige eine Person vor, die zum Betreuer bestellt werden kann, so ist diesem Vorschlag zu entsprechen, wenn es dem Wohl des Volljährigen nicht zuwiderläuft. Schlägt er vor, eine bestimmte Person nicht zu bestellen, so soll hierauf Rücksicht genommen werden. Die Sätze 1 und 2 gelten auch für Vorschläge, die der Volljährige vor dem Betreuungsverfahren gemacht hat, es sei denn, daß er an diesen Vorschlägen erkennbar nicht festhalten will.
(5) Schlägt der Volljährige niemanden vor, der zum Betreuer bestellt werden kann, so ist bei der Auswahl des Betreuers auf die verwandtschaftlichen und sonstigen persönlichen Bindungen des Volljährigen, insbesondere auf die Bindungen zu Eltern, zu Kindern und zum Ehegatten und zum Lebenspartner, sowie auf die Gefahr von Interessenkonflikten Rücksicht zu nehmen.
(6) Wer Betreuungen im Rahmen seiner Berufsausübung führt, soll nur dann zum Betreuer bestellt werden, wenn keine andere geeignete Person zur Verfügung steht, die zur ehrenamtlichen Führung der Betreuung bereit ist. Werden dem Betreuer Umstände bekannt, aus denen sich ergibt, daß der Volljährige durch eine oder mehrere andere geeignete Personen außerhalb einer Berufsausübung betreut werden kann, so hat er dies dem Gericht mitzuteilen.
(7) Wird eine Person unter den Voraussetzungen des Absatzes 6 Satz 1 erstmals in dem Bezirk des Vormundschaftsgerichts zum Betreuer bestellt, soll das Gericht zuvor die zuständige Behörde zur Eignung des ausgewählten Betreuers und zu den nach § 1836 Abs. 1 Satz 3 zweite Alternative zu treffenden Feststellungen anhören.

1. Gesetzgebungsgeschichte. Eingeführt durch BtG Art 1 Nr 47. DiskTE: § 1898; RegE (Amtl Begr BT- 1 Drucks 11/4528, 100–102, 124); nach Abs II geändert auf Empfehlung des Rechtsausschusses des BT (BT-Drucks 11/6949, 11, 71). Abs I geändert und Abs VI und VII angefügt durch Art 1 Nr 12 BtÄndG, Amtl Begr BT-Drucks 13/7150, 33.

2. Inhalt. § 1897 regelt die **Auswahl einer natürlichen Person zum Betreuer**, die Einzelbetreuung im Gegen- 2 satz zu den institutionellen Betreuern, nämlich einem Verein und der Betreuungsbehörde (§ 1900). Die Vorordnung des Gesichtspunktes der **Eignung** in Abs I bedeutet, daß keine ungeeignete Person zum Betreuer bestellt werden darf. Unter dieser Voraussetzung ist eine Person aus der obersten Rangordnung zu nehmen, bei der jemand zur Übernahme bereit ist, wobei diese Ordnung ihrerseits eine abstrakte Eignung zum Ausdruck bringt (vor § 1897 Rz 4). Der Betreuer darf nicht nur deswegen aus einer folgenden Rangstufe entnommen werden, weil er mehr geeignet erscheint als eine Person einer vorrangigen Stufe (Köln FamRZ 1999, 811 zum Fall eines vorgeschlagenen Betreuers). Die Eignung entscheidet erst wieder zwischen mehreren Personen derselben Rangstufe (Rz 17). § 1900 setzt die Rangordnung für die institutionellen Betreuer fort.

3. Die abstrakte Rangfolge für Einzelbetreuer. a) Ein positiver **Vorschlag des Betroffenen** begründet nach 3 Abs IV den **ersten Rang**. Für den Vorschlag gelten nicht die Vorschriften über Willenserklärungen; auch der Vorschlag eines Geschäftsunfähigen ist wirksam (Hamm FamRZ 1996, 1372), auch auf eine spezielle Einsichtsfähigkeit kommt es nicht an, doch muß der Vorschlag ernsthaft sein. Die Maßgeblichkeit eines Vorschlages steht in Parallele zu der Vorschrift des § 1901 III S 1 und 2 mit dem Willensvorrang des Betreuten, dessen Wohl jeweils die Grenze bildet. Ein wirksamer positiver Vorschlag begründet den Vorrang vor allen anderen in Betracht kommenden Personen und Institutionen. Das gilt nur dann nicht, wenn dem Vorgeschlagenen, vor allem im Vergleich mit anderen möglichen Einzelbetreuern oder sogar mit einer Vereins- oder Behördenbetreuung, die Eignung in solchem Maß abgeht, daß seine Bestellung dem Wohl des Betreuten zuwiderliefe (vgl die Begründung des Rechtsausschusses BT-Drucks 11/6949, 71; dazu Schwab FamRZ 1990, 681, 685). Beispielsweise kann der Vorgeschlagene zu nahestehen, doch muß dem Vorschlag, dem angenommen werden muß, er werde diesen Wünschen entsprechen, die Grenze dieses Willensvorranges (§ 1901 II S 1) zu beachten. Ein Interessengegensatz kann den Vorgeschlagenen als ungeeignet erscheinen lassen (BayObLG FamRZ 1999, 51). Ungeeignet ist ein RA, der in einem Rechtsstreit des Betroffenen dessen Gegner vertritt, auch wenn er dieses Mandat niedergelegt hat (Köln FamRZ 1999, 54). Daß

§ 1897

eine andere zur Übernahme bereite Person geeigneter erscheint, macht einen Vorschlag nicht unwirksam (Köln aaO, BayObLG FamRZ 1999, 53). Ein Vorschlag des Betroffenen hat soviel Gewicht, daß dann, wenn der Vorgeschlagene nicht für alle Aufgabenkreise oder Angelegenheiten ausscheidet, die Bestellung eines Mitbetreuers zu erwägen ist (Düsseldorf FamRZ 2000, 1536). Der Ausschlußgrund des Abs III kann von einem Vorschlag des Betroffenen nicht überwunden werden. Abs V S 1 stellt klar, daß hinter einem Vorschlag die verwandtschaftlichen Bindungen zurücktreten, so daß die vom zu Betreuenden vorgeschlagene Person nicht gegen Angehörige abzuwägen ist. Ein Vorschlag, der auf einen Verein oder die Betreuungsbehörde zielte, ist nicht bindend (BayObLG FamRZ 1999, 52). Auch das Rangverhältnis zwischen Vereinsbetreuung und Behördenbetreuung kann durch den Vorschlag der Behörde nicht geändert werden (anders Pal/Diederichsen Rz 20 aE; wie hier MüKo/Schwab Rz 22). Aber der Mitarbeiter eines Betreuungsvereins oder der in Betreuungsangelegenheiten zuständigen Behörde kann als Einzelbetreuer, nämlich Vereins- oder Behördenbetreuer, vorgeschlagen werden. Unbeachtlich ist der Vorschlag eines wegen fehlender Eignung gerade entlassenen Betreuers (BayObLG v 2.8.1999 – 3 Z BR 199/9).

4 Ein wirksamer **negativer** Vorschlag hat nicht die gleiche Kraft. Wirkungslos wäre es, wenn der Betroffene aus Ablehnung der Betreuung alle in Betracht kommenden Personen oder jeweils die vom Gericht bevorzugte Person ablehnen würde. Lehnt der Betroffene eine bestimmte Person als Betreuer ab, so bedeutet die von Abs IV S 2 gebotene Berücksichtigung dieses Umstands, daß der negative Vorschlag im Rahmen der Eignungsprüfung Gewicht hat.

5 Die in Abs IV S 3 angesprochene Möglichkeit eines vor dem Betreuungsverfahren gemachten Vorschlages zielt auf die sog **Betreuungsverfügung** (dazu § 1901a).

6 b) Im **zweiten Rang** stehen dem Betroffenen **nahestehende Personen** (Abs V): die Familie, Verwandte, Freunde, gute Bekannte, Lebenspartner. Mit der Nennung des Ehegatten und der Verwandten ist zunächst die Kernfamilie von Ehegatten, Eltern und Kindern angesprochen, deren materielles und formelles Beteiligungsinteresse aufgrund vom Art 6 GG Verfassungsrang hat (vgl BayObLG FamRZ 2002, 702, 703 aE). Eltern sind in der Regel beide zu Mitbetreuern zu bestellen (zu § 1899 Rz 3). Angehörige der Kernfamilie haben nach § 1908i Abs II S 2 als Betreuer eine befreite Stellung. Für die Umschreibung der über die Kernfamilie hinausgehenden Verwandten kann § 69g I FGG herangezogen werden, wo den Verwandten und Verschwägerten gerader Linie und Verwandten in der Seitenlinie bis zum dritten Grad die Beschwerdebefugnis unbeschadet des § 20 FGG eingeräumt ist. Jenseits dieser Grenze verblaßt der Familienzusammenhang und kommt es mehr auf eine konkrete Bindung an. Unter gleichrangigen Personen wählt das Gericht nach pflichtgemäßem Ermessen die am meisten geeignete; dabei kommt dem hypothetischen Willen des Betroffenen erhebliches Gewicht zu; dieser kann einem langjährigen Lebensgefährten den Vorzug vor einem Verwandten geben.

7 Das Gesetz schwächt den Vorzug für nahestehende, nicht vorgeschlagene Personen ausdrücklich durch den Hinweis auf die Gefahr von Interessenkonflikten ab. Eine nur abstrakte Gefahr soll dafür nicht genügen (Zweibrücken FamRZ 2000, 223). Ein **Interessengegensatz** liegt vor, wenn die nahestehende Person kraft Gesetzes erb- und/oder pflichtteilsberechtigt oder als gewillkürter Erbe eingesetzt ist, dies besonders dann, wenn der Betroffene durch gemeinschaftliches Testament oder Erbvertrag gebunden ist oder mangels Testierfähigkeit die Einsetzung nicht mehr ändern kann. Das objektive Interesse des Auszuwählenden daran, daß das Vermögen des Betroffenen nicht durch die Kosten einer vergütungspflichtigen Betreuung oder einer von einem anderen Betreuer organisierten entgeltlichen Pflege belastet wird, steht nicht notwendig im Gegensatz zum Interesse des Betroffenen. Ein solcher Gegensatz ergibt sich erst, wenn die an der eigenen Bestellung interessierte Person es an erforderlichen Leistungen für den Betreuten fehlen lassen würde. Im allgemeinen muß zu dem Interessengegensatz die Gefahr hinzutreten, daß der Betreute benachteiligt wird, um einen **Interessenkonflikt** annehmen zu können; allerdings kann der Gegensatz so stark sein, daß er allein die Gefahr eines Konflikts begründet.

8 Problematisch ist, ob es gegen einen Angehörigen spricht, daß seine Bestellung zum Betreuer **dem Interesse anderer Angehörigen widerspricht**, ohne daß das Wohl des Betroffenen bedroht wäre. Der andere Angehörige mag fürchten, daß der künftige Nachlaß des Betreuten dadurch geschmälert wird, daß der betreuende Angehörige den Betreuten übermäßig viel verbrauchen läßt, daß er etwa die Beantragung von Sozialhilfe unterläßt oder Vermögen des Betreuten in die eigene Tasche lenkt. Die Gefahr von Veruntreuungen läßt den Angehörigen als ungeeignet erscheinen. Davon zu unterscheiden sind jedoch Vorteile, die der Betreuer durch das Zusammenwirtschaften haben kann. Die Gefahr, daß der betreuende Angehörige den Betreuten in einem den widersprechenden Angehörigen ungünstigen Sinne beeinflussen würde, etwa in Hinblick auf Nachlaßdispositionen, ist zu unterscheiden von der Möglichkeit, daß der geschäftsfähige Betreute sich gegenüber dem Betreuer erkenntlich erweisen will. Grundsätzlich muß es das Interesse des Betroffenen sein, das mit Interessen des Auszuwählenden in Konflikt geraten könnte. Mit Recht hat das BayObLG die Auswahl eines von mehreren zerstrittenen Kindern des Betroffenen nicht schon wegen dieses Streits als rechtsfehlerhaft angesehen (BtE 1996/97, 61; ähnlich Köln FamRZ 2000, 512). Nur wenn die Gefahr besteht, daß der Auszuwählende seine Stellung als Betreuer ausnutzen könnte, um andere Angehörige zu benachteiligen, verliert er den Angehörigenvorzug. Wenn der Betroffene aber unter den Konflikten zwischen seinen Angehörigen leidet, ist die Bestellung eines familienfremden Berufsbetreuers gerechtfertigt (Köln EZ FamR aktuell 1999, 286). Bedenken gegen einen vorrangig Auszuwählenden wegen Interessengegensatzes im Vermögensbereich kann durch Bestellung eines Gegenvormunds (§ 1908i Rz 11) begegnet werden, nicht aber damit, daß allgemeine Vorschriften für die Vermögensverwaltung, etwa die Rechnungslegungsperiode, verschärft werden (§ 1840 Rz 8). Bei nahen Angehörigen im Sinne von § 1908i II S 2 kann das VormG jedoch schon bei der Bestellung zum Betreuer anordnen, daß die darin enthaltene Befreiung von den in § 1857a genannten Beschränkungen der Vermögensverwaltung nicht gelten. Gegenüber einem Übergehen des vorrangig Auszuwählenden als ungeeignet kann dies der aus dem Gesichtspunkt der Verhältnismäßigkeit gebotene mildere Eingriff sein (BayObLG FamRZ 1999, 51). Bei alledem darf das Gesetz nicht so interpretiert werden, als stehe die Familie unter Generalverdacht. Nicht aus jedem objektiven Interessengegensatz darf auf Interessenkonflikte geschlossen werden. Deren abstrakte Gefahr genügt nicht, um den Angehörigen als ungeeignet erscheinen zu lassen (Düsseldorf FamRZ 1996, 1373). Nur eine konkrete Gefahr ist zu berücksichtigen und gegen den „verdächtigten" Angehörigen in die Abwägung einzubeziehen.

c) Den **dritten Rang** haben sonstige **ehrenamtliche Betreuer**. Sie werden den VormGen durch die örtlichen 9 Betreuungsvereine, Kirchengemeinden etc gemeldet und nach Eignung ausgesucht. Mit dem eingefügten Abs VI hat das BtÄndG den Vorrang jedes Ehrenamtlichen vor einem Berufsbetreuer betont. Ist dem VormG keine geeignete, vorrangig zu berücksichtigende Person bekannt, kann es gem § 8 S 3 BtBG die Behörde zu einem Vorschlag auffordern, der bereits den Vorrang jedes Ehrenamtlichen vor einem berufsmäßigen Betreuer zu beachten hat. Dieser Vorrang dient nicht nur der Geringhaltung der Betreuungskosten, vor allem der Schonung der Staatskasse, sondern ist auch geeignet, die grundsätzliche Überlegenheit jeder ehrenamtlichen über eine berufsmäßige Betreuung hinsichtlich des Ziels der persönlichen Betreuung zur Geltung zu bringen. Grundsätzlich gilt der Vorrang auch gegenüber einem Vorschlag des Betroffenen (Abs IV S 1); weil durch Sollbestimmung angeordnet, sind jedoch Ausnahmen möglich (Thüringen FamRZ 2001, 714), wenn der Betroffene eine persönliche Bindung an einen Berufsbetreuer hat, was besonders einer Austauschentlassung nach § 1908 b I S 2 entgegenstehen kann. Ausnahmen können bei bemittelten Betreuten großzügiger gehandhabt werden als bei mittellosen.

Das LG Chemnitz (FamRZ 2001, 313; abl Zimmermann FamRZ 2002, 1373, 1375) hat es zugelassen, daß ein Berufsbetreuer einzelne Betreuungen zusätzlich ehrenamtlich übernimmt. Problematisch ist dies, wenn ein selbständiger Berufsbetreuer oder ein Vereinsbetreuer im Hinblick auf eine persönliche, vor allem verwandtschaftliche Bindung ausgewählt wird (§ 1836 Rz 4 und 6). Bei einem Vereins- oder Behördenbetreuer kann ein Vertrauensverhältnis aber auch darauf beruhen, daß die Auszuwählende die Betreuung bisher als Vereinsbetreuer geführt hat und, wie im Fall des LG Chemnitz, auf Anregung des Gerichts, die berufsmäßige nun durch eine ehrenamtliche Betreuung ersetzt werden soll. Darüber hinaus ist derartiges aber abzulehnen, weil der Vorzug der ehrenamtlichen Betreuung (§ 1836 Rz 20) dadurch verspielt würde.

d) Im **vierten Rang** stehen **Berufsbetreuer**, von denen § 1897 II nur Vereins- und Behördenbetreuer anspricht, 10 während die **selbständigen Berufsbetreuer** nur von der Definition des Einzelbetreuers durch Abs I erfaßt sind. Es sind dies selbständige oder in einer freiberuflichen Sozietät niedergelassene Sozialarbeiter oder Rechtsanwälte, aber auch Angehörige wirtschaftswissenschaftlicher Berufe, die wegen ihrer speziellen Kenntnisse und Fähigkeiten zu Betreuern bestellt werden. **Vereins- und Behördenbetreuer** sind Mitarbeiter eines Betreuungsvereins oder der zuständigen Behörde. Nach **Abs II** dürfen sie nur mit Einwilligung des Vereins oder des Behördenleiters bestellt werden; dadurch wird Rücksicht genommen auf die Organisations- bzw Personalhoheit des Vereins oder der Behörde. Das Gericht kann daher auch nicht gegen den Willen des Vereins oder der Behörde unter mehreren Mitarbeitern wählen (Amtl Begr BT-Drucks 11/4528, 126). Indessen sind Betreuungsvereine und -behörden nicht verpflichtet, Mitarbeiter für diese Aufgaben zur Verfügung zu stellen (vgl Amtl Begr BT-Drucks 11/4528, 132): weder hat § 1908f I Nr 2 diesen Sinn, noch ist für die Betreuungsbehörden im BtG eine solche Verpflichtung begründet. Dadurch, daß ein Verein nach § 1908e für den Vereinsbetreuer Aufwendungsersatz und Vergütung, auch aus der Staatskasse, erhält, gem § 1835 V als zum Betreuer bestellter Verein jedoch Aufwendungsersatz nur aus dem Vermögen des Mündels und nach § 1836 IV Vergütung überhaupt nicht, sind Vereine motiviert, ihre Mitarbeiter eher als Vereinsbetreuer einzusetzen als zur Wahrnehmung von Vereinsbetreuungen (vgl vor § 1897 Rz 5). Der Nachrang jedes berufsmäßigen hinter jedem nicht-berufsmäßigen Betreuer ist kein absoluter: erscheint jener als wesentlich besser geeignet als trotz Bereitschaft einer nahestehenden oder ehrenamtlichen Person der Berufsbetreuer auszuwählen (BayObLG FamRZ 2002, 768). Der Nachrang ist dadurch befestigt, daß in S 2 der Berufsbetreuer dem VormG Umstände mitzuteilen hat, aus denen sich ergibt, daß der Volljährige durch einen oder mehrere andere geeignete Personen außerhalb einer Berufsbetreuung betreut werden kann. In diesem Fall hat das VormG nach § 1908b I S 2 den Berufsbetreuer zu entlassen und den oder die privaten Betreuer zu bestellen.

4. Der **Ausschlußgrund des Abs III** hat für jeden Betreuertyp Bedeutung, in erster Linie allerdings für vorge- 11 schlagene (BayObLG FamRZ 1997, 245) und nahestehende Betreuer. **Abhängigkeit** oder **andere enge Beziehung** des Betreuers im Verhältnis zur Einrichtung können zu Loyalitäts- oder Interessenkonflikten führen, wenn der Betreuer Rechte oder Interessen des Betreuten gegenüber der Einrichtung vertreten muß.

Einrichtung ist der Oberbegriff über Anstalt und Heim, zu denen weitere neue oder atypische Formen eingegliederten Wohnens hinzukommen, unabhängig davon, ob der Träger öffentlichen oder privaten Charakter hat. Aber das vertragliche Leistungsangebot an die Bewohner muß über das eines üblichen Vermieters hinausgehen und auf mehrere Bewohner ausgerichtet sein. Nicht erfaßt werden alle Formen familialer Pflege (Amtl Begr aaO). Wohnen oder Unterbringung in der Einrichtung stehen einander gleich.

Daß der Bewohner eines Heimes zu einer Pflegekraft ein besonderes Vertrauen faßt und sie deshalb als Betreuer vorschlägt, ist der Musterfall. Aber ausgeschlossen sein kann auch, wer nicht in demselben Heim arbeitet, in dem der Betreute wohnt, wenn er nur zu dem Träger der Einrichtung in einem **Arbeitsverhältnis** steht, mag er auch in einem anderen Heim oder in der Verwaltung arbeiten (BayObLG FamRZ 1997, 245). Bei einem kommunalen Träger kann diese Ausweitung des Ausschlußgrundes jedoch nicht dazu führen, daß alle Bedienstete eines kommunalen Heimträgers ausgeschlossen wären (Amtl Begr S 127). Die Abhängigkeit kann auch darin begründet sein, daß ein **Angehöriger** in dem Heim oder bei dessen Träger arbeitet (BayObLG FamRZ 1999, 50: Tochter des in Betracht gezogenen Betreuers).

Eine andere **enge Beziehung** kann in einem mitgliedschaftlichen oder gesellschaftsrechtlichen Näheverhältnis begründet sein, so für ein Mitglied des Trägervereins (LG Berlin BtPrax 1997, 39), in der Stellung als Geschäftsführer der Komplementär-GmbH der Betreiber-KG des Heimes (BayObLG FamRZ 2002, 702) oder auch in geschäftlichen Beziehungen zu dem Heimträger.

H. Holzhauer

Wenn die als Betreuer in Betracht gezogene Person nicht in demselben Heim arbeitet oder wenn sie nicht selbst, sondern ein Angehöriger zu der Einrichtung oder deren Träger in dem Abhängigkeitsverhältnis oder einer anderen engen Beziehung steht, kommt es darauf an, ob im Einzelfall die Erfüllung von Betreuerpflichten unter Rücksicht auf die Stellung zum Heimträger leiden könnte (Ausschluß: BayObLG FamRZ 1998, 924. Kein Ausschluß: Stuttgart BtPrax 1999, 110 und FamRZ 1999, 811; LG Berlin BtPrax 1997, 39). Dem Abs III benachbart ist die von § 1908 I S 1 in Bezug genommene Vorschrift des § 1791a III, wonach ein Mitarbeiter des Heimes von dem zum Betreuer bestellten Verein nicht bei der Betreuung eines Heimbewohners eingesetzt werden darf.

12   5. Der **Pfleger für das Verfahren** ist als Betreuer **nicht ausgeschlossen**. Nach dem RegE sollte er in der Regel nicht bestellt werden, weil es zu Konflikten führen könne, wenn er zunächst der Bestellung entgegengetreten sei und dann die Betreuung übernehme. Dem stellte der Bundesrat die Überlegung entgegen, daß ein Betroffener eine Person seines Vertrauens sehr wohl zunächst für seine Verteidigung gegen die Betreuung, dann aber, wenn die Bestellung eines Betreuers nicht abgewendet werden kann, als Betreuer vorschlage (BT-Drucks 11/4528, 127, 207, 226). Im Einzelfall kann die eine oder andere Überlegung den Ausschlag geben.

13   6. Die **Eignung** definiert Abs I im Hinblick auf die Aufgabe, die Angelegenheiten des Betreuers sachgemäß zu besorgen sowie im Hinblick auf das Ziel persönlicher Betreuung. Zu fordern ist aktuelle Kenntnis des rechtlichen Rahmens und wesentlichen Inhalts des Betreuungsrechtes, bei einem vorgeschlagenen oder nahestehenden Betreuer die Bereitschaft, oberflächliche Kenntnis entsprechend zu vertiefen, bei einem Berufsbetreuer gegebenenfalls fachliche Kenntnisse in dem ihm zu übertragenden Aufgabenkreis. Hinzu kommen müssen Bereitschaft und Fähigkeit, das Amt im Stil persönlicher Betreuung auszuüben. Die Frage, ob jemand, **dem selbst ein Betreuer bestellt ist**, zum Betreuer eines Dritten bestellt werden kann, berührt sich mit der Regelung des § 1781 Nr 2, wonach als Vormund eines Minderjährigen jeder Betreute untauglich ist. Der RegE hatte nur denjenigen ausschließen wollen, „für den zur Besorgung aller seiner Vermögensangelegenheiten ein Betreuer bestellt ist" (dazu § 1781 Rz 3). In der geltend gewordenen Regelung für den Vormund liegt eine Abschwächung des Vorzugs der Angehörigen, diese konnte im Betreuungsrecht vermieden werden. Bei großer Distanz beider Aufgabenkreise und einer Determination der Auswahl durch Vorschlag oder Vorzug erscheint eine Bestellung möglich. Hat jemand etwa wegen Tablettenabhängigkeit einen Betreuer mit der Aufgabe der Gesundheitssorge, kann er gleichwohl auf Vorschlag seines langjährigen Freundes diesen in Angelegenheiten der Vermögenssorge betreuen.

14   Auswahlkriterien des BGB für die Bestellung zum Vormund bieten auch für die Auswahl des Betreuers Anhaltspunkte, auch wenn das BtG sie nicht aufgegriffen hat und § 1908i I nicht ausdrücklich auf die entsprechende Vorschrift verweist (MüKo/Schwab Rz 26: entsprechende Geltung von § 1779). Das kann nur dort nicht gelten, wo der Gesetzgeber des BGB die Eignung besonders unter dem Gesichtspunkt der Zuverlässigkeit für die Vermögenssorge gesehen hat, während nunmehr das Ziel persönlicher Betreuung im Vordergrund steht. Wenn nach § 1780 **Geschäftsunfähigkeit** unfähig macht, zum Vormund bestellt zu werden, so muß das auch für die Betreuung gelten. Wer **minderjährig** ist, soll nach § 1781 Nr 1 nicht zum Vormund bestellt werden. Rechtsgeschäfte, die der Minderjährige als Vertreter vornimmt, sind zwar nach § 165 wirksam und die Rechtsmacht des gesetzlichen Vertreters des Minderjährigen erstreckt sich nicht auf Angelegenheiten in dem Aufgabenkreis, der einem Minderjährigen als Betreuer übertragen wird. Aber wem das Gesetz generell noch nicht die Reife zuerkennt, seine eigenen Angelegenheiten selbständig zu besorgen, der sollte nicht hoheitlich mit der Besorgung fremder Angelegenheiten beauftragt werden. Nach § 1781 Nr 3 aF hatte der Gemeinschuldner während des Konkursverfahrens nicht zum Vormund bestellt werden sollen, was sich infolge der InsO überholt hat und daher gestrichen wurde. IdR lebt der **insolvente Schuldner** jedoch in persönlichen Verhältnissen, die ihn jedenfalls als Betreuer in Vermögensangelegenheiten nicht geeignet sein lassen. Aber auch hier sind Ausnahmen denkbar, vor allem bei Vorliegen eines Vorschlags oder des Vorzugs persönlicher Bindung. Als Eignungskriterien für die Bestellung zum Vormund nennt § 1779 über die Kriterien des § 1897 für die Bestellung zum Betreuer hinaus auch die **Vermögenslage** und das religiöse **Bekenntnis**. Beide Gesichtspunkte haben, in zeitgemäßer Auslegung (§ 1779 Rz 8 und 10), auch für die Eignung des Betreuers Bedeutung. Folgerichtig soll nicht zum Betreuer bestellt werden, wenn es untersagt ist, als Betreuer tätig zu werden. Das gilt nach § 45 II Nr 1 BRAGO für einen RA, der bereits als solcher gegen den Betroffenen in Vermögensangelegenheiten tätig geworden war, wenn zu seinem Aufgabenkreis Vermögensangelegenheiten gehören.

Entgegen dem AG Garmisch-Partenkirchen (FamRZ 2000, 319) spricht es nicht gegen die Eignung als Betreuer, wenn der Sohn bereit ist, entsprechend dem Wunsch der Mutter die Einwilligung in eine künstliche Beatmung zu verweigern. Denn damit würde er deren Patientenautonomie achten, die vom AG verkannt worden ist (wie hier AG Dülmen FamRZ 1999, 1299).

15   Ein wichtiger Gesichtspunkt der Eignung ist die gruppen- und schichtenmäßige Zusammengehörigkeit von Betreuer und Betreutem. Berufswelt und Herkunft, diese besonders im Hinblick auf die **Sprache**, sind dabei die wichtigsten Merkmale. Damit ein Ausländer einen Betreuer gleicher Staatsangehörigkeit erhalten kann, wurde die Übernahmepflicht in § 1898, anders als noch in § 1785, nicht auf Deutsche beschränkt (Amtl Begr BT-Drucks 11/4528, 129). Der Gesichtspunkt sprachlicher Gemeinsamkeit hat darüber hinaus Bedeutung. Gemeinsame Muttersprache, aber auch Dialekt und landsmannschaftliche Färbung sind vor allem im Alter wichtige Träger einer in tiefere Schichten reichenden Kommunikation, fördern daher eine persönliche Betreuung.

16   Auch objektive Umstände bestimmen die Eignung. Große Entfernung einer Person vom gewöhnlichen Aufenthalt des Betroffenen spricht gegen ihre Eignung besonders im Hinblick auf das Ziel persönlicher Betreuung. In diesem Zusammenhang sind, obwohl von Abs I S 1 nicht einbezogen, auch die bei Mittellosigkeit des Betroffenen von der Allgemeinheit zu tragenden Aufwendungen von Reisekosten ein gegen die Eignung sprechender Gesichtspunkt. Die Frage, inwieweit die Eignung einer Person durch die Zahl der von ihr wahrgenommenen Betreuungen

beeinflußt wird, kann nicht einheitlich für private und für Berufsbetreuer beantwortet werden. Der DJT 1988 hatte für hauptamtliche Vereins- und Behördenbetreuer eine Höchstzahl von 25 empfohlen.

7. Zwischen Personen **gleichen Ranges** ist die Auswahl ausschließlich Sache der Eignung. 17

8. Zu den Rechtsmitteln § 1898 Rz 6. 18

1898 *Übernahmepflicht*

(1) Der vom Vormundschaftsgericht Ausgewählte ist verpflichtet, die Betreuung zu übernehmen, wenn er zur Betreuung geeignet ist und ihm die Übernahme unter Berücksichtigung seiner familiären, beruflichen und sonstigen Verhältnisse zugemutet werden kann.

(2) Der Ausgewählte darf erst dann zum Betreuer bestellt werden, wenn er sich zur Übernahme der Betreuung bereit erklärt hat.

1. Eingeführt durch BtG Art 1 Nr 47. Ähnlich wie § 1785 für das Amt des Vormunds (und über § 1915 für das Amt des Pflegers), begründet § 1898 eine **allgemeine Pflicht zur Übernahme** des Amtes eines Betreuers. Anders als bei § 1785 handelt es sich jedoch nicht um eine „staatsbürgerliche" Pflicht, weil nicht nur „jeder Deutsche...", sondern auch ein Ausländer oder Staatenloser verpflichtet ist, eine Betreuung, zu der er ausgewählt wurde, zu übernehmen. Die allgemeine Pflicht trifft auch den Vereins- oder Behördenbetreuer, ungeachtet dessen, daß deren Bestellung nach § 1897 II die Einwilligung des Vereins oder der Behörde voraussetzt. Lediglich ein Verein ist gem § 1900 I S 2 nicht zur Übernahme einer Vereinsbetreuung verpflichtet, wohl aber die Behörde; das folgt aus dem Fehlen einer § 1900 I S 2 entsprechenden Bestimmung und dient der Auffangfunktion der Behördenbetreuung. 1

2. Die allgemeine Pflicht wird dadurch konkretisiert, daß das VormG eine Person **auswählt**. Die in Abs I genannten Kriterien, Eignung und Zumutbarkeit, sind vom Gericht bereits bei der Auswahl zu berücksichtigen. Eine Auswahl, welche diese Kriterien verfehlt, ist für den Ausgewählten nicht verpflichtend. 2

3. Nach dem gem § 1908i I 1 sinngemäß anzuwendenden § 1784 soll ein **Beamter oder Religionsdiener**, der nach Landes- oder Bundesgesetzen (dazu § 1784 Rz 3) bzw kirchlichem Dienstrecht (Art 140 GG, 137 VI WRV) zur Übernahme einer Betreuung einer besonderen Erlaubnis bedarf, nicht ohne die vorgeschriebene Erlaubnis zum Betreuer bestellt werden. Solange diese nicht erteilt ist, trifft den Ausgewählten keine Pflicht zur Übernahme (§ 1784 Rz 7, vgl auch unten Rz 8). 3

4. Mit der Auswahl erlegt das Gericht dem Ausgewählten die Pflicht auf, die Betreuung zu übernehmen. Durch die Regelung des Abs II, wonach der Ausgewählte diese Pflicht durch „Bereiterklärung" erfüllt, läßt das Gesetz aber iSv § 33 I S 1 FGG erkennen, daß eine **Erzwingung** der Pflicht **nicht gewollt** ist (so ausdrücklich Amtl Begr BT-Drucks 11/4528, 129). Sie wäre den Belangen des Betreuten nicht zuträglich. 4

5. Die **Auswahl** ist eine dem Ausgewählten nach § 16 I FGG **bekannt zu machende** gerichtliche **Verfügung**. Mit Wirksamwerden dieser Verfügung ist der Ausgewählte zur Übernahme verpflichtet und, wenn ihm ein Verschulden zur Last fällt, für den Schaden verantwortlich, der dem Betroffenen dadurch entsteht, daß sich die Bestellung des Betreuers verzögert (§ 1787 I ist gem § 1908i I S 1 auf die Betreuung sinngemäß anwendbar). Weigert sich der Ausgewählte, sich zum Betreuer bestellen zu lassen und wird seine Weigerung zurückgewiesen, so ist diese Verfügung gem § 16 II FGG förmlich zuzustellen, weil dadurch die Frist der in § 69g IV Nr 2 FGG vorgesehenen sofortigen Beschwerde in Lauf gesetzt wird. Wird die zurückweisende Verfügung rechtskräftig oder endgültig bestätigt, so beschränken sich die Nachteile des Ausgewählten gleichwohl auf die Haftung aus § 1787 I (über § 1908i I S 1); zum Betreuer bestellt werden kann er mangels seiner Bereitschaft nicht (§ 1898 II). Die Regelung ist weder unklar (so aber Damrau/Zimmermann § 69g Rz 16) noch widersprüchlich (so Pal/Diederichsen Rz 1). MüKo/Schwab Rz 12 hält diese Behandlung der Auswahlentscheidung für unzweckmäßig und Rechtsmittel gem § 69g FGG erst gegen die Bestellung zum Betreuer für gegeben. Da die Bestellung gem § 1898 II aber die Bereiterklärung voraussetzt, würde es gegenüber einem Ablehnenden danach nie zum Rechtsmittelverfahren kommen können. 5

6. Nach § 69g IV Nr 2 findet gegen Entscheidungen, durch die die Weigerung, sich zum Betreuer bestellen zu lassen, zurückgewiesen wird, die **sofortige Beschwerde** statt. Mit seiner Beschwerde gegen die Auswahlverfügung kann der Ausgewählte geltend machen, daß er nach den Kriterien des Abs I, aber auch gem § 1784, nicht hätte ausgewählt werden dürfen. Anders als der als Vormund Ausgewählte nach § 1785 (Rz 2) kann der zum Betreuer Ausgewählte auch seine mangelnde Eignung geltend machen. Wegen der sog **Auswahlbeschwerde von Angehörigen**, die sich gegen die Bestellung eines Betreuers richtet, siehe § 1896 Rz 95. 6

Die Beschwerde ist begründet, wenn der Ausgewählte mangels Eignung, wegen Geschäftsunfähigkeit nach § 1784 (hier über § 1908i I S 1) oder wegen Unzumutbarkeit nicht bestellt werden kann bzw soll. Dagegen hat das Betreuungsrecht die Ablehnungsgründe des § 1786 ebensowenig übernommen wie die Kategorien der Unfähigkeit (§ 1780) und der Untauglichkeit (§ 1781). Wer jedoch minderjährig ist oder selber einen Betreuer hat (§ 1781), dürfte selten als Betreuer geeignet sein. Da jemand, dem die Übernahme der Betreuung nicht zugemutet werden kann, nie als Betreuer geeignet ist, sind beide Arten von Weigerungsgründen des Abs I nicht scharf zu trennen; mangelnde Eignung ergibt sich aus der Sicht des Betroffenen, Unzumutbarkeit aus der des Ausgewählten. Zum Begriff der Eignung vgl § 1897 Rz 13. Auch zur Unzumutbarkeit sind die Gesichtspunkte des § 1786 verwendbar, dessen Abs I Nr 1 und 3 die familiären Verhältnisse des Ausgewählten betreffen (dazu § 1786 Rz 2). Bei den beruflichen Verhältnissen ist je nach dem Betreuungsbedarf im gegebenen Fall vor allem die zeitliche Verfügbarkeit des Ausgewählten zu berücksichtigen, auf besonders häufige ferienbedingte Abwesenheit, zB von Lehrern, jedoch keine Rücksicht zu nehmen. Rechnung zu tragen ist der ungleichen Belastung von Beschäftigten mit regelmäßiger Arbeits- bzw Freizeit gegenüber leitenden Angestellten und Freiberuflern. Sonstige Verhältnisse sind in erster Linie persönliche Umstände nicht beruflicher Art wie Gesundheit (vgl § 1786 I Nr 4) und Alter. Die Grenze von § 1786 I Nr 2 (60 Jahre) kann, die nur noch für den Vormund eines Minderjährigen gilt, kann für Betreuer nicht maßgebend sein. Gerade als Betreuer eines alten Menschen kommen angesichts der großen Unterschiede der biologischen Alterung gleichaltrige oder wenig jüngere Personen in Betracht. Zu den persönlichen Verhältnissen gehören auch die Gesichtspunkte von § 1786 I Nr 5 (Entfernung des Wohnsitzes) und Nr 8 (Häufung von Vormundschaften, Pflegschaften und Betreuungen). Die Beschränkung auf zwei Vormundschaften oder Betreuungen (§ 1786 I Nr 8) muß bei einem Erwerbstätigen entsprechend gelten, nicht dagegen bei beispielsweise einem zu ehrenamtlichen Betreuungen bereiten rüstigen Rentner und schon begrifflich nicht bei einem Berufsvormund. Zu § 1784 Rz 5 hat der Gesetzgeber es abgelehnt, das nicht gesetzlich, sondern tarifvertraglich begründete Erfordernis einer Nebentätigkeitserlaubnis für Angestellte im öffentlichen Dienst ebenso zu behandeln wie bei Beamten.

7 7. Die Bestellung zum Betreuer ist wie die Bestellung zum Vormund (§ 1789 Rz 1) ein mitwirkungsbedürftiger Justizhoheitsakt. Die Mitwirkung des Adressaten besteht in der **Bereiterklärung**. Dieser bedarf es auch seitens eines Vereins- oder Behördenbetreuers, mögen diese arbeits- oder dienstrechtlich ihrem Arbeitgeber bzw Dienstherrn auch zur Übernahme der Betreuung verpflichtet sein.

8 8. Soll der Mitarbeiter eines Betreuungsvereins oder der Betreuungsbehörde ausgewählt werden, so bedarf seine Bestellung gem § 1897 II der Einwilligung des Vereins bzw der Behörde. Darüber hinaus soll gem § 1908i I S 1 iVm § 1784 ein Beamter oder Religionsdiener nicht ohne die ihm vorgeschriebene Erlaubnis zum Betreuer bestellt werden (Einzelheiten und Zusammenstellung solcher Vorschriften bei § 1784). Ohne die erforderliche Einwilligung oder Erlaubnis besteht nur eine Pflicht, sich um die Einwilligung oder Erlaubnis zu bemühen, aber keine Pflicht zur Übernahme.

9 9. Einzelheiten der Bestellung regelt § 69b FGG. Danach ist der Betreuer über seine Aufgaben zu unterrichten. Dabei sollte er auch auf die durch das BtÄndG mit § 1908k neu begründete Pflicht hingewiesen werden, als Berufsbetreuer jährlich der Behörde über den Umfang seiner Betreuertätigkeit zu berichten. Der Betreuer wird mündlich verpflichtet und erhält über seine Bestellung eine Urkunde mit dem in § 69b II FGG festgelegten Inhalt.

1899 *Mehrere Betreuer*

(1) Das Vormundschaftsgericht kann mehrere Betreuer bestellen, wenn die Angelegenheiten des Betreuten hierdurch besser besorgt werden können. In diesem Falle bestimmt es, welcher Betreuer mit welchem Aufgabenkreis betraut wird.

(2) Für die Entscheidung über die Einwilligung in eine Sterilisation des Betreuten ist stets ein besonderer Betreuer zu bestellen.

(3) Soweit mehrere Betreuer mit demselben Aufgabenkreis betraut werden, können sie die Angelegenheiten des Betreuten nur gemeinsam besorgen, es sei denn, daß das Gericht etwas anderes bestimmt hat oder mit dem Aufschub Gefahr verbunden ist.

(4) Das Gericht kann mehrere Betreuer auch in der Weise bestellen, daß der eine die Angelegenheiten des Betreuten nur zu besorgen hat, soweit der andere verhindert ist oder ihm die Besorgung überträgt.

1 1. Eingeführt durch BtG Art 1 Nr 47. Die Vorschrift stammt unverändert aus dem DiskTE (dort § 1900); Amtl Begr BT-Drucks 11/4528, 130).

2 2. Aus § 1899 ergibt sich, übereinstimmend mit § 1775 S 2, der **Grundsatz der Alleinbetreuung**: der Betreute erhält einen einzigen Betreuer. Der Grundsatz erleichtert eine persönliche Betreuung und begünstigt ein Vertrauensverhältnis zwischen Betreutem und Betreuer (Amtl Begr S 130).

3 3. Der Grundsatz kennt zwei **gesetzliche Ausnahmen:** a) Abs II begründet die Notwendigkeit, für die Angelegenheit der Sterilisation einen besonderen Betreuer zu bestellen, der zu einem weiteren Betreuer hinzutritt, wenn noch andere Angelegenheiten des Betreuten zu betreuen sind. b) Hat der Betroffene **beide Eltern**, macht er keinen anderen Vorschlag und sind beide geeignet, so folgt aus § 1897 V iVm Art 6 I und II und Art 3 II GG, daß beide Elternteile zu Betreuern zu bestellen sind. Bereits § 1899 aF war seit der 8. Aufl (Rz 1) im Sinne einer Elternvormundschaft ausgelegt worden. Ein negativer Vorschlag des zu Betreuenden, der einen Elternteil ablehnt, ist jedoch grundsätzlich beachtlich. Ist die Ehe der Eltern gescheitert, so setzt ihre gemeinsame Bestellung voraus, daß dies dem Wohl des zu betreuenden Kindes entspricht (Zweibrücken NJW-RR 2002, 292).

4 4. Allgemeiner Grund für die **ausnahmsweise Bestellung von mehr als einem Betreuer** ist, daß die Angelegenheiten des Betreuten hierdurch besser besorgt werden können. Das kann begründet sein in Umfang oder Schwierigkeit der zu besorgenden Angelegenheit(en), besonders ihrer Zusammenheit. Beim Zusammentreffen von Angelegenheiten der Personen- mit speziellen Angelegenheiten der Vermögenssorge kann dem Erfordernis der Eignung oft nicht durch ein und dieselbe Person entsprochen werden. Ist etwa der Betroffene in persönlichen Angelegenheiten zu betreuen und außerdem sein Unternehmen abzuwickeln, so kann es schwer sein, einen für beide Aufgaben geeigneten Betreuer zu finden. Auch ein Vorschlag des Betroffenen (§ 1897 IV) oder der Vorrang für Nahestehende (§ 1897 V) kann bei eingeschränkter Eignung der Person die Bestellung von mehr als einem Betreuer begründen. Schließlich kann auch die örtliche Lage eines Vermögensgegenstandes, zB eines zu verwaltenden Mietshauses, die Bestellung eines weiteren Betreuers für diese separate Aufgabe erforderlich machen, ähnlich die Entfernung des Wohnsitzes des Betreuers von dem des Betreuten (BayObLG FamRZ 2000, 1183).

5 Auch kann die **Ablösung eines Betreuers**, vor allem eines Vereins oder der Behörde, durch einen geeigneten Einzelbetreuer (§§ 1908b V, 1900 III) dadurch vorbereitet werden, daß der vorgesehene Einzelbetreuer zunächst als weiterer Betreuer bestellt und der Verein oder die Behörde erst dann entlassen wird, wenn sich der Einzelbetreuer eingearbeitet hat.

5. Abs IV sieht die Bestellung eines weiteren Betreuers vor, der den anderen zeitweise ersetzt, soweit dieser aus rechtlichen oder tatsächlichen Gründen verhindert ist oder dem weiteren Betreuer die Besorgung überträgt (**Ersatz- oder Hilfsbetreuer**).

a) Nach der Verweisung des § 1908i I 1 ist unter den Voraussetzungen des § 1795 ein Betreuer von der gesetzlichen Vertretung des Betreuten ausgeschlossen, ohne daß auch auf § 1909 I 1 verwiesen wäre, der bei Verhinderung eines Vormunds die Bestellung eines Ergänzungspflegers vorsieht (vgl § 1902 Rz 8). Hier kann gem Abs IV ein weiterer Betreuer bestellt werden für eben die Aufgabe, an deren Besorgung der andere verhindert ist (**Ergänzungsbetreuung**). Sieht das VormG die Gefahr, daß sich der Betreuer in einem in § 1796 II (iVm § 1908i I S 1) bezeichneten Interessenkonflikt befindet, so kann es den Aufgabenkreis des Betreuers um diese Angelegenheit beschränken und deren Besorgung dem zu bestellenden weiteren Betreuer übertragen (vgl § 1908i Rz 15). Die Verhinderung des Betreuers kann auch darauf beruhen, daß dem Betreuten von Todes wegen oder unentgeltlich unter Lebenden etwas zugewendet worden ist und der Erblasser durch letztwillige Verfügung oder der Zuwendende bei der Zuwendung bestimmt hat, daß der Betreuer das so erworbene Vermögen nicht verwalten soll (§ 1908i I S 1 iVm § 1803). Insoweit tritt die Ergänzungsbetreuung an die Stelle der sog Verwaltungspflegschaft des § 1909 I S 2, auf den § 1908i I S 1 nicht verweist (vgl § 1908i Rz 19).

b) Während bei §§ 1795, 1796 eine rechtliche Verhinderung vorliegt, kann, wie bei § 1909 (§ 1909 Rz 10), auch eine **tatsächliche Verhinderung** zu einer **Ersatzbetreuung** führen, nämlich im Fall einer Erkrankung oder vorübergehenden Abwesenheit des Hauptbetreuers. Der Ersatzbetreuer ist entweder für den feststehenden Zeitraum der Verhinderung zu bestellen oder auf unbestimmte Dauer und bei Fortfall der Verhinderung gem § 1908b wieder zu entlassen (§ 1908b Rz 17).

b) Das VormG kann aber auch einen Ersatzbetreuer bestellen, dem der Hauptbetreuer seine Kompetenz ganz oder teilweise überträgt (**Hilfsbetreuer**). Die Amtl Begr enthält für diesen Unterfall nur den Hinweis, daß zwei planmäßig aufeinander folgende Betreuer die Möglichkeit haben sollen, sich in Zusammenhang mit der Ablösung zeitlich zu überschneiden. Indessen ist § 1899 IV Hs 2 so weit gefaßt, daß offensichtlich weitere Anwendungsfälle darin Platz haben sollen. So haben besonders ehrenamtliche Betreuer ein berechtigtes Interesse an einer Vertretungsmöglichkeit bei vorübergehender Abwesenheit und Berufsbetreuer an einer Vertretung während ihres Urlaubs. Ohne die Möglichkeit einer **Vertretungsbetreuung** könnte die Gewinnung ehrenamtlicher Betreuer erschwert werden und würden Berufsbetreuer allzusehr eingeschränkt, wenn sie sich ohne Unterbrechung bereit halten müßten. Für die Berechtigung des Urlaubsinteresses von Berufsbetreuern spricht, daß die meisten Landesverfassungen einen Urlaubsanspruch enthalten (zB NW Art 24 III). Hier ist eine Abwägung gegen das Prinzip der persönlichen Betreuung geboten, die von der hL verweigert wird (LG Frankfurt/Oder FamRZ 1999, 1221 mN). Die Behauptung eines Konflikts mit dem Erforderlichkeitsgrundsatz (HK-BUR/Bauer Rz 61) leidet an einer petitio principii: wenn ein Urlaubsbedürfnis anerkannt wird, ist die Ersatzbetreuung erforderlich (iE ebenso LG Stuttgart BtPrax 1999, 200).

c) Allerdings ist die Ersatzbetreuung in § 1599 IV unvollständig geregelt. Zunächst darf es keine Doppelkompetenz von Haupt- und Ersatzbetreuer geben. Der Übergang der Kompetenz von einem auf den anderen Betreuer muß entweder durch den Beschluß des Gerichts, mit dem es den Ersatzbetreuer bestellt, gegebenenfalls dem Beschluß, mit dem es ihn wieder entläßt, oder durch das Rechtsgeschäft der Übertragung, gegebenenfalls deren Rücknahme erfolgen. Zugleich müssen diese Vorgänge urkundlich nachweisbar sein: der Ersatzbetreuer erhält eine Ausfertigung seines Bestallungsbeschlusses, die er nach Beendigung seines Amtes zurückgeben muß. Bei der Übertragung übergibt der Haupt- dem Hilfsbetreuer eine Urkunde, die dieser bei Beendigung seiner Zuständigkeit wieder zurückgeben muß.

Wie jeder Betreuer hat der Ersatzbetreuer Anspruch auf Ersatz seiner Aufwendungen, auf Vergütung nur, wenn das Gericht bei seiner Bestellung gem § 1836 S 1 II festgestellt hat, daß er berufsmäßig tätig wird. Hat das VormG die Vergütung gem § 1836b I Nr 1 pauschaliert, so ist es Sache des Innenverhältnisses, ob und wie der Haupt- den Ersatzbetreuer daran beteiligt. Was die Haftung angeht, so haftet jeder für die von ihm geleistete Betreuungsarbeit, der Hauptbetreuer zusätzlich für Information und Anweisung des Ersatzbetreuers (MüKo/Schwab Rz 25; HK-BUR/Bauer Rz 89).

6. Das Gericht kann verschiedene **Betreuertypen kombinieren**. Das gilt für alle Untertypen der Einzelbetreuung: hier können Vorschlag oder Vorzug bei beschränkter Eignung des Nahestehenden die Bestellung eines weiteren Betreuers erforderlich machen. Es kann sogar neben einem Einzelbetreuer auch ein Verein oder die Behörde zum weiteren Mit- oder Ersatzbetreuer bestellt werden. Ob ein Verein einen Vereinsbetreuer oder sich selbst als Ersatzbetreuer zur Verfügung stellt, muß er selbst entscheiden (vgl § 1897 II S 1 aE und § 1900 I S 2). Gleiches gilt von der Betreuungsbehörde bezüglich eines Behördenbetreuers.

7. Das Gericht muß bei der Bestellung mehrerer oder eines weiteren Betreuers bestimmen, welcher Betreuer welchen **Aufgabenkreis** hat. Es kann mehreren Betreuern denselben oder verschiedene Aufgabenkreise zuweisen, ohne daß das Gesetz einen Grundsatz vorgibt (Amtl Begr S 130). Je nachdem sind die Betreuer **Mitbetreuer** oder **Nebenbetreuer**. Bei der Zuweisung kann die tatsächliche Wahrnehmung der Aufgabe von der Vertretung nicht derart getrennt werden, daß ein Betreuer tatsächlich, aber nicht vertretungsweise zuständig wäre oder umgekehrt.

a) Im selben Aufgabenkreis sind **Mitbetreuer** grundsätzlich nur gesamthandlungsberechtigt; in solchem Fall sind sie Gesamtvertreter. Doch kann das Gericht auch Einzelhandlungsberechtigung der Mitbetreuer anordnen; dann konkurrieren ihre Kompetenzen, und jeder ist einzelvertretungsberechtigt. Das Recht zur Einzelbesorgung entbindet nicht von der Pflicht zum Einvernehmen mit dem (den) Mitbetreuer(n). Soll die Bestellung des weiteren Betreuers die Ablösung des bisherigen Betreuers vorbereiten, so ist es denkbar, zunächst Gesamtbesorgung eintreten zu lassen und nach einer ersten Zeit der Einarbeitung dem weiteren Betreuer das Recht der Einzelbesorgung zu geben. Nur passiv sind Mitbetreuer immer einzelvertretungsberechtigt, was bedeutet, daß eine den Betreuten als Adressaten betreffende Willenserklärung wirksam wird, wenn sie auch nur einem von mehreren Mitbetreuern zugegangen ist (vgl § 1797 Rz 3). Außerdem kann nach Abs III Hs 2 aE jeder gesamthandlungsberechtigte Mitbetreuer bei Gefahr im Verzug alleine handeln. Schließlich ist gegenseitige Unterbevollmächtigung der Mitbetreuer zulässig.

12   b) **Nebenbetreuung** ist angezeigt bei spezifischer Eignung der Betreuer, auch bei räumlicher Entfernung. Soll ein Betreuer den anderen ergänzen (Abs IV), so genügt es dann, wenn der andere kraft § 1795 von einem Rechtsgeschäft ausgeschlossen ist, den weiteren Betreuer mit Einzelbesorgung derselben Angelegenheit zu betrauen. Im Falle eines lediglich „punktuellen" Interessengegensatzes für eine einzelne Angelegenheit führt die sinngemäße Anwendung von § 1796 (vgl § 1908i Rz 15) dazu, daß der Aufgabenkreis des vorhandenen Betreuers um die von dem Interessengegensatz betroffene Angelegenheit einzuschränken ist.

In beiden Fällen von Ersatzbetreuung (Rz 6 und 7) liegt Nebenbetreuung vor. Bei der Ergänzungsbetreuung folgt dies aus der Verhinderung des einen Betreuers, bei der Hilfsbetreuung ist dies im Interesse der Rechtsklarheit zu fordern (Rz 7). Allerdings kann der Hauptbetreuer eine Übertragung jederzeit rückgängig machen.

13   c) Die Typen der Mit- und Nebenbetreuung, Gesamt- und Einzelbesorgung können insofern gemischt werden, als das Gericht sie zeitlich oder nach Angelegenheiten kombiniert. Vor allem können Mitbetreuer zugleich gegenseitig als Ersatzbetreuer bestellt werden.

14   8. Bei einer **Meinungsverschiedenheit** zwischen mehreren Betreuern desselben Betreuten entsteht die Gefahr, daß eine zum Wohl des Betreuten erforderliche oder erwünschte Maßnahme unterbleibt. Gem § 1908i I S 1 iVm §§ 1797 I S 2, 1798 entscheidet bei Meinungsverschiedenheiten das VormG, und zwar gem § 14 Nr 4 RPflG der Richter. Das gilt sowohl im Verhältnis zwischen Mitbetreuern (§ 1797 I S 2) als auch zwischen Nebenbetreuern, und letzteres nicht nur in dem von § 1798 bezeichneten Fall, daß Personen- und Vermögenssorge aufgeteilt sind und eine Angelegenheit beide Aspekte hat, sondern bei jeglicher Art der Aufgabenteilung, die nicht ausschließt, daß eine konkrete Angelegenheit in die Aufgabenkreise beider Betreuer fällt (§ 1798 Rz 1). Für beide Konstellationen (auch für § 1798: § 1798 Rz 1 aE) kann das VormG bei Bestellung der bzw des letzten weiteren Betreuers ein anderes bestimmen, also einem der mehreren Betreuer das Recht des **Stichentscheides** von Meinungsverschiedenheiten geben.

15   9. Eine eigenartige Konstellation zweier konkurrierender Betreuer ergibt sich, wenn auf Beschwerde hin der Beschluß, durch den ein Betreuer entlassen wird und an seiner Stelle ein anderer bestellt wird, aufgehoben wird. Nach Köln FamRZ 1995, 1086 wird die Entlassung rückwirkend hinfällig, so daß Rechtsgeschäfte, die der zu Unrecht Entlassene nach der Entlassung getätigt hat, ebenso wirksam sind wie solche, die der neue Betreuer in der Zeit bis zur Beschwerdeentscheidung getätigt hat.

16   10. **Verfahren.** Soll nachträglich ein weiterer Betreuer bestellt werden, so ist das Gericht zuständig, das den ersten Betreuer bestellt hat. Nach § 65 IV FGG ist dieses Gericht auch für weitere die Betreuung betreffende Verrichtungen zuständig. Nach § 65a I S 3 FGG kann dieses Gericht aus wichtigem Grund das einen von mehreren Betreuern betreffende Verfahren an ein anderes Gericht abgeben. Ein wichtiger Grund ist es, wenn einer von mehreren Betreuern seine Aufgaben in erheblicher Entfernung vom Sitz des Gerichts der anhängigen Betreuung wahrzunehmen hat.

17   Unproblematisch ist der Fall, daß von **vornherein** mehrere Betreuer bestellt werden. Diese Modalität der Bestellung muß bei der Anhörung und dem Schlußgespräch mit dem Betroffenen sowie bei jeder Gelegenheit zur Äußerung mit berücksichtigt werden. Für die **nachträgliche Bestellung** eines weiteren Betreuers gelten nach § 69i V die §§ 68a über die Gelegenheit zur Äußerung und 69g I FGG über die Beschwerdeberechtigung entsprechend. Der bisher alleinige Betreuer ist aus § 20 FGG beschwerdebefugt, wenn ihm ein Ergänzungsbetreuer an die Seite gestellt wird. Angehörige können die Auswahlbeschwerde gegen die Bestellung eines Ergänzungsbetreuers auch mit dem Ziel erheben, selbst bestellt zu werden. Vom Gesetz nicht erwähnt, aber hinzuzunehmen ist die entsprechende Anwendung von § 68 FGG über die Anhörung des Betroffenen. Gegen die Ablehnung seines Antrags, ihm einen Vertretungsbetreuer zu bestellen, hat der Betreuer kein Beschwerderecht (LG Hamburg FamRZ 1999, 797). Für den Fall, daß mit dieser Entscheidung auch eine Erweiterung des Aufgabenkreises verbunden ist, verweist § 69i V FGG über § 69i I FGG auf die entsprechend anzuwendenden Vorschriften über die Bestellung des Betreuers. Diese Verweisung umfaßt die Verfahrenserleichterungen für den Fall, daß der Aufgabenkreis nur unwesentlich erweitert wird.

1900 *Betreuung durch Verein oder Behörde*

(1) **Kann der Volljährige durch eine oder mehrere natürliche Personen nicht hinreichend betreut werden, so bestellt das Vormundschaftsgericht einen anerkannten Betreuungsverein zum Betreuer. Die Bestellung bedarf der Einwilligung des Vereins.**

(2) **Der Verein überträgt die Wahrnehmung der Betreuung einzelnen Personen. Vorschlägen des Volljährigen hat er hierbei zu entsprechen, soweit nicht wichtige Gründe entgegenstehen. Der Verein teilt dem Gericht alsbald mit, wem er die Wahrnehmung der Betreuung übertragen hat.**

(3) **Werden dem Verein Umstände bekannt, aus denen sich ergibt, daß der Volljährige durch eine oder mehrere natürliche Personen hinreichend betreut werden kann, so hat er dies dem Gericht mitzuteilen.**

(4) **Kann der Volljährige durch eine oder mehrere natürliche Personen oder durch einen Verein nicht hinreichend betreut werden, so bestellt das Gericht die zuständige Behörde zum Betreuer. Die Absätze 2 und 3 gelten entsprechend.**

(5) Vereinen oder Behörden darf die Entscheidung über die Einwilligung in eine Sterilisation des Betreuten nicht übertragen werden.

1. Textgeschichte. Noch der DiskTE kannte nur den Einzelbetreuer, der freilich auch ein Mitarbeiter eines Betreuungsvereins oder der Betreuungsbehörde hätte sein können. Der nahezu einhellige Hinweis von in Vormundschaftssachen arbeitenden Vereinen, daß ein uneingeschränktes Verbot der Betreuung durch Vereine und Behörde in Ausnahmefällen zu Schwierigkeiten führen könne, die letztlich zu Lasten der Betroffenen gingen (BT-Drucks 11/4528, 131), führte zur Aufnahme des § 1900 in den RefE, dessen Abs II im RegE sprachlich klarer gefaßt wurde.

2. Vereins- und Behördenbetreuung sind **subsidiär** hinter jeder Form der Einzelbetreuung, auch der durch mehrere Einzelbetreuer. Auch ein Behördenbetreuer (§ 1897 II S 2) geht der Vereinsbetreuung vor. Wer allerdings mit Schwab im Behördenbetreuer die Maskierung einer Staatsbetreuung sieht, für den ist hier das verfassungsrechtliche Subsidiaritätsprinzip verletzt (FamRZ 1992, 493, 499). Die Behördenbetreuung ist subsidiär hinter der Vereinsbetreuung (Abs IV). Die Behördenbetreuung ist ultima ratio (Deinert DAVorm 1992, 325, 372) auch im Sinn des Auffangtatbestands bei quantitativem Mangel an Betreuern jedes im Rang vorgehenden Types (BayObLG FamRZ 1993, 1248). Ausnahmslos ist diejenige Behörde örtlich zuständig und zum Betreuer zu bestellen, in deren Bezirk der Betroffene zum Zeitpunkt der zu treffenden Maßnahme seinen gewöhnlichen Aufenthalt hat (Hamburg BtPrax 1994, 138). Diese Zuständigkeitsregelung des § 3 BtBG setzt sich auch gegen das Wohl des Betreuten durch, wenn die zum Betreuer bestellte Behörde unzuständig geworden ist und entlassen werden möchte, obwohl der Betreute die bei der Betreuung wahrnehmenden Mitarbeiter behalten möchte.

Aus unterschiedlichen Gründen kann es sein, daß der Volljährige durch einen oder mehrere Einzelbetreuer nicht hinreichend betreut werden kann:
– Es kann an geeigneten natürlichen Personen mangeln, die sich zur Übernahme der Betreuung bereit erklären. Dabei ist zu berücksichtigen, daß eine Möglichkeit der vorrangigen Einzelbetreuung auch darin besteht, einen Mitarbeiter eines Betreuungsvereines oder der Betreuungsbehörde zum Einzelbetreuer zu bestellen, was aber außer seiner Bereitschaft (§ 1898 II) auch die Einwilligung des Vereins bzw der Behörde voraussetzt (§ 1897 II). Beide können nicht als verpflichtet angesehen werden, Mitarbeiter für die Verwendung als Einzelbetreuer vorzuhalten (BT-Drucks 11/4528, 132). Die Entschädigung ist jedoch so geregelt, daß sowohl Vereine als auch die Behörde sich besser stehen, wenn sie ihr Personal als Vereins- oder Behördenbetreuer denn zur Wahrnehmung von Vereins- oder Behördenbetreuung einsetzen (vor § 1897 Rz 5).

– In besonderen Fällen kann die Eignung für Vereins- oder Behördenbetreuung sprechen. Es kann sein, daß die Zuordnung konkreter Einzelpersonen die Betreuung eher erschwert als erleichtert. Etwa Alkoholiker oder manisch Erkrankte können Aggressionen gegen einen konkreten Betreuer aufbauen, die bis zu Tätlichkeiten reichen können und das Verhältnis zwischen Betreutem und Betreuer stark belasten. Argwöhnischen oder mißtrauischen Personen gegenüber hat es ein Betreuer schwer, eine Vertrauensbeziehung aufzubauen. Hier kann es sich empfehlen, daß zunächst verschiedene Personen Betreuungsaufgaben wahrnehmen, um nach einer solchen Erprobungsphase die am meisten geeignete Person zum Einzelbetreuer zu bestellen. Eine solche Erprobung ist im Rahmen einer Vereins- bzw Behördenbetreuung dadurch möglich, daß ein Mitarbeiter zunächst im Wechsel mit anderen die Betreuung übernimmt und danach zum Einzelbetreuer bestellt wird. In diesem Fall bedeutet die Vereins- bzw Behördenbetreuung nur eine Übergangsphase, an die sich die Einzelbetreuung anschließt. Wenig geeignet als Betreuer erscheint ein Verein, der Träger des Heimes ist, in dem der Betroffene wohnt (§ 1908i Rz 9).

Abs III (bezüglich der Behördenbetreuung iVm Abs IV S 2) zieht Konsequenzen aus der **Subsidiarität** der Vereins- und Behördenbetreuung **in zeitlicher Hinsicht** und macht es dem Verein bzw der Behörde geradezu zur Pflicht, auf ihre Überführung in eine Einzelbetreuung hinzuarbeiten. Die Vorschrift des § 69c I aF FGG, wonach das Gericht in Abständen von höchstens zwei Jahren von Amts wegen zu prüfen hatte, ob anstelle des Vereins oder der Behörde eine oder mehrere natürliche Personen zum Betreuer bestellt werden können, wurde durch Art 2 Nr 5 BtÄndG mit der Begründung gestrichen, daß Vereine und Behörden regelmäßig ein ureigenes Interesse hätten, institutionelle Betreuungen zum frühestmöglichen Zeitpunkt abzugeben (Amtl Begr BT-Drucks 13/7158, 38).

3. a) Als juristische Person **bedient sich** der Verein bei der Betreuung notwendig **natürlicher Personen**. Die Personen, denen die Wahrnehmung übertragen wird, können Mitglieder oder Mitarbeiter des Vereins sein. Gem § 1908i I S 1 iVm § 1791a III S 1 Hs 2 darf der Verein hierfür keine Personen einsetzen, die den Betreuten in einer Einrichtung des Vereins faktisch, etwa als Altenpfleger, betreuen (vgl § 1908i Rz 9). Abzulehnen ist die Ansicht, der Verein könne als „ehrenamtlichen Betreuern" auch außenstehenden Personen die Wahrnehmung von Betreuungsaufgaben übertragen (dafür Staud/Bienwald Rz 16f unter Berufung auf Oberloskamp; Stachinsky NJW 1996, 1512; dagegen LG München BtPrax 1999, 117). Die in der Amtl Begr erwähnten „ehrenamtlichen Helfer" eines Vereins oder einer Behörde sind Personen, die zu Einzelbetreuern bestellt werden und dieses Amt im Rahmen der organisierten Betreuung wahrnehmen (zB BT-Drucks 11/4528, 101, 126). Personen, die weder zum Betreuer bestellt sind noch als Mitglied des öffentlich anerkannten Betreuungsvereins satzungsmäßig noch als Mitarbeiter dienst- oder arbeitsvertraglich eine Pflichtstellung haben, können zwar im Rahmen der institutionellen Vereinsbetreuung faktische Hilfe, soziale Arbeit leisten, nicht aber Betreuungsaufgaben wahrnehmen.

b) Auch die Vereins- und die Behördenbetreuung steht unter der Zielsetzung **persönlicher Betreuung**. Daher müssen die Vereinsleitung oder der Behördenvorstand im Rahmen ihrer arbeits- oder dienstrechtlichen Direktion gegenüber Mitarbeitern die kontinuierliche Betreuung eines Betreuten durch einen, erforderlichenfalls mehrere, bestimmte Mitarbeiter sicherstellen. Nach **Abs II S 1 und Abs IV S 2** besteht die Möglichkeit, die Wahrnehmung der Betreuung desselben Betreuten auf mehr als eine Person zu übertragen, § 1899 ist sinngemäß heranzuziehen.

§ 1900 Familienrecht Rechtliche Betreuung

Immer bleibt eine Auswechselung der die Betreuung wahrnehmenden Person im Rahmen der Vereins- oder Behördenbetreuung leichter als die Bestellung eines neuen Einzelbetreuers.

8 c) Bei der Auswahl der Person, welcher die Wahrnehmung der Betreuung zu übertragen ist, hat der Verein oder die Behörde nach **Abs II S 2 und Abs IV S 2 Vorschlägen des Betreuten** zu entsprechen, soweit nicht wichtige Gründe entgegenstehen. Ein Vorschlag des Betreuten hat jedoch nicht die Kraft, eine wirtschaftlich sinnvolle Personalplanung des Vereins oder der Behörde in Frage zu stellen.

9 4. Nach **Abs II S 3** hat der Verein oder die Behörde dem Gericht alsbald **mitzuteilen**, wem die Wahrnehmung der Betreuung übertragen wurde. Das Gericht soll über die konkrete Betreuungsperson informiert sein.

10 5. Gem § 1908i I S 1 iVm § 1857a haben der Verein und die Behörde als Betreuer die gleiche „befreite" Stellung wie der Vereins- und der Amtsvormund. Das bedeutet eine spürbare Zurücknahme der Kontrolle bei der Vermögensverwaltung, s § 1908i Rz 33.

11 6. Wegen Abs V siehe § 1905 Rz 26.

12 7. Die Entscheidung, durch die der Verein oder die Behörde als Betreuer bestellt wird, sowie die zu erteilende Bestallungsurkunde nennen nur den Verein oder die Behörde (§§ 69 I Nr 2 lit a und 69b II Nr 1 FGG).

13 8. Gegen die Auswahl der Person, der die Wahrnehmung der Betreuung übertragen wurde, kann der Betroffene nach § 69c FGG gerichtliche Entscheidung beantragen; das Gericht kann dem Verein oder der Behörde aufgeben, eine andere Person auszuwählen, wenn einem Vorschlag des Betroffenen, dem keine wichtigen Gründe entgegenstehen, nicht entsprochen wurde oder die bisherige Auswahl dem Wohl des Betroffenen zuwiderläuft. Ein Zwangsgeld kann dem Verein oder der Behörde deswegen jedoch nicht auferlegt werden.

14 9. Die Entschädigungs- und Vergütungsregelung ergibt sich parallel für Verein und Behörde über § 1908i I S 1 aus §§ 1835ff. Nach § 1835 V erhalten Verein und Behörde wegen ihrer Aufwendungen keinen Vorschuß und erhalten Ersatz nur aus dem Vermögen des bemittelten Betreuten, nicht aus der Staatskasse und auch nicht für Versicherungskosten iSv § 1835 II nicht für ihre allgemeinen Verwaltungskosten. Auch erhalten sie nach § 1835a V keine pauschale Aufwandsentschädigung. Nach § 1836 IV erhalten Verein und Behörde keine Vergütung.

Dem widerspricht nicht § 1908h II, der bei isolierter Betrachtung die Behördenbetreuung erfassen könnte, bei systematischer Betrachtung aber nur den Behördenbetreuer betrifft. Der Neigung Bienwalds (bei Staud § 1908h Rz 2) zu der abgelehnten Interpretation ist ebenso zu widersprechen, wie der Kritik Schwabs FamRZ 1992, 493, 498 an dem Nebeneinander von Behördenbetreuer und Behördenbetreuung, die folgerichtig auch der unterschiedlichen Vergütungsregelung gilt. Eine Vergütung zugunsten der Behörde wäre mit der Vergütungslosigkeit des Vereins gänzlich unvereinbar.

1901 *Umfang der Betreuung, Pflichten des Betreuers*

(1) Die Betreuung umfaßt alle Tätigkeiten, die erforderlich sind, um die Angelegenheiten des Betreuten nach Maßgabe der folgenden Vorschriften rechtlich zu besorgen.

(2) Der Betreuer hat die Angelegenheiten des Betreuten so zu besorgen, wie es dessen Wohl entspricht. Zum Wohl des Betreuten gehört auch die Möglichkeit, im Rahmen seiner Fähigkeiten sein Leben nach seinen eigenen Wünschen und Vorstellungen zu gestalten.

(3) Der Betreuer hat Wünschen des Betreuten zu entsprechen, soweit dies dessen Wohl nicht zuwiderläuft und dem Betreuer zuzumuten ist. Dies gilt auch für Wünsche, die der Betreute vor der Bestellung des Betreuers geäußert hat, es sei denn, daß er an diesen Wünschen erkennbar nicht festhalten will. Ehe der Betreuer wichtige Angelegenheiten erledigt, bespricht er sie mit dem Betreuten, sofern dies dessen Wohl nicht zuwiderläuft.

(4) Innerhalb seines Aufgabenkreises hat der Betreuer dazu beizutragen, daß Möglichkeiten genutzt werden, die Krankheit oder Behinderung des Betreuten zu beseitigen, zu bessern, ihre Verschlimmerung zu verhüten oder ihre Folgen zu mildern.

(5) Werden dem Betreuer Umstände bekannt, die eine Aufhebung der Betreuung ermöglichen, so hat er dies dem Vormundschaftsgericht mitzuteilen. Gleiches gilt für Umstände, die eine Einschränkung des Aufgabenkreises ermöglichen oder die Bestellung eines weiteren Betreuers oder die Anordnung eines Einwilligungsvorbehalts (§ 1903) erfordern.

1 1. Eingeführt durch BtG Art 1 Nr 47. **Gesetzgebungsgeschichte:** Abs II–V stammen im wesentlichen aus dem DiskTE. Der RefE fügte den die Betreuungsverfügung berücksichtigenden jetzigen Abs III S 2 ein und erweiterte geringfügig den Abs IV. Abs I beruht auf Art 1 Nr 13 BtÄndG (Amtl Begr BT-Drucks 13/7158, 33).

2 2. **Umfang der zur Betreuung gehörenden Tätigkeiten (Abs I).** Dem die **Pflichten des Betreuers** regelnden § 1901 hat das BtÄndG den neuen Abs I vorangestellt. Dieser bringt keine Änderung, sondern eine Verdeutlichung der **Grenze vergütungsfähiger Betreuungsarbeit**, dies weniger gegenüber tatsächlicher Hilfeleistung, was sich in der Vergangenheit nicht als problematisch erwiesen hat, sondern gegenüber karitativer Zuwendung. Die Grenze kann nicht scharf gezogen werden, weil das Ziel der persönlichen Betreuung den Aufbau eines Vertrauensverhältnisses und weil die Ausrichtung der Betreuung auf das Wohl und die Wünsche des Betreuten deren Erforschung voraussetzt. Die Notwendigkeit, gleichwohl eine Grenze zu ziehen, besteht bei der Berufsbetreuung im finanziellen Interesse des Betreuten, häufiger aber noch im fiskalischen Interesse. Dieses ist hier nicht weniger berechtigt als etwa im Kassenarztrecht, wo der Arzt zwar gemäß dem auch rechtlich bedeutsamen hippokratischen Eid auf das Wohl des Patienten verpflichtet ist, gleichwohl aber seine Therapiefreiheit so betätigen muß, daß dieses Wohl mit berechtigten wirtschaftlichen Interessen eines Kostenträgers vereinbar bleibt. Die Berücksichtigung des Interesses der Kostenträger obliegt zunächst dem Betreuer, wenn er, als Berufsbetreuer, nicht unvergütet arbeiten will, und in zweiter Linie dem über die Höhe der Vergütung entscheidenden Gericht.

3. Generalklausel und Einzelpflichten unterschiedlicher Quellen. Scheinbar regelt **Abs II** nur die Art und Weise, wie der Betreuer die Angelegenheiten des Betreuten zu besorgen hat. Indem diese Art und Weise aber vom **Ziel**, dem Wohl des Betreuten, her bestimmt wird, wird die Verfolgung dieses Zieles zur **Aufgabe der Betreuung**. Aus ihr ergeben sich die **Pflichten des Betreuers**. Zu wenig berücksichtigt hat der Gesetzgeber den Umstand, daß den Betreuer eines Geschäftsunfähigen als gesetzlichen Vertreter auch die Pflicht trifft, dafür zu sorgen, daß dessen Rechtspflichten erfüllt werden, ohne daß es hierbei auf einen abweichenden Willen des Betreuten ankäme oder das Kriterium von dessen Wohl eine selbständige Bedeutung hätte. Selten nimmt ein Gesetz ausdrücklich unmittelbar den Betreuer anstelle des Betreuten in die Pflicht. Anders ist dies bei § 34 AO, wonach der Betreuer für die Abgabe der Einkommensteuererklärung verantwortlich ist. Im allgemeinen ergibt sich die Pflicht des Betreuers, für die Erfüllung gesetzlicher Pflichten des Betreuten zu sorgen, aus seiner Aufgabe der Personen- und/oder Vermögenssorge. So können den personensorgeberechtigten Betreuer nach §§ 6 III 2, 10 V S 2 und 45 IV S 2 BSeuchenG Melde-, Mitwirkungs- und Verhaltenspflichten treffen. Aber auch rechtsgeschäftlich vom Betreuer eingegangene Verpflichtungen hat der Betreuer in den durch das Vollstreckungsrecht gezogenen Grenzen seiner Leistungsfähigkeit zu erfüllen. Nicht in diesen Zusammenhang gehören Pflichten, die das Gesetz genuin dem Betreuer wie einem Vormund, besonders bei der Vermögensverwaltung, auferlegt, die also keine vom Betreuer für den Betreuten zu erfüllenden Pflichten sind (dazu § 1837 Rz 6).

Der Grundsatz der Selbständigkeit des Betreuers läßt es nicht zu, daß das **VormG** dem Betreuer Anweisungen gibt und ihm über § 1901 hinaus Pflichten bei der Führung der Betreuung auferlegt. Lediglich kraft seiner Aufsicht (§ 1908i I S 1 iVm § 1837 I–III) kann das VormG gegenüber dem Betreuer dann Gebote und Verbote erlassen, wenn dieser gegen Pflichten, die sich jedoch aus § 1901 ergeben müssen, verstößt.

Auch gegenüber der **Betreuungsbehörde** ist der Betreuer selbständig. Deren Beratung und Unterstützung setzt gem § 4 BtBG einen entsprechenden Wunsch des Betreuers voraus. Nach § 5 BtBG hat die Betreuungsbehörde ein ausreichendes Angebot zur Einführung und Fortbildung der Betreuer bereitzuhalten. Im Einzelfall kann ein Betreuer – wegen seiner Verpflichtung auf das Wohl des Betreuten – aus § 1901 verpflichtet sein, erbetenen Rat des VormG oder der Betreuungsbehörde zu befolgen oder seinem Wunsch gemäß angebotene Unterstützung von VormG oder Betreuungsbehörde in Anspruch zu nehmen oder an einer angebotenen Einführungs- oder Fortbildungsmaßnahme teilzunehmen (vgl Braunschweig DAVorm 1993, 991). Erfordert die Teilnahme an einer von der Behörde angebotenen Veranstaltung Aufwendungen, so kann der Betreuer dafür nur dann nach §§ 1908i S 1 1, 1835 I, IV Ersatz oder Vorschuß verlangen, wenn die Teilnahme einer bestimmten Betreuung zuzuordnen ist. Die Betreuungsbehörde kann die Inanspruchnahme ihres Angebots durch den Betreuer ebensowenig erzwingen wie die Befolgung eines erbetenen Rats. Wendet sich die Betreuungsbehörde an das VormG, so kann dieses nach § 1908i I S 1 iVm § 1837 gegen den Betreuer einschreiten, wenn dessen Verhalten pflichtwidrig ist.

4. Außerhalb des Bereichs rechtlicher Verpflichtung des Betreuten ergeben sich die Pflichten des Betreuers in erster Linie aus seiner Verpflichtung auf das **Wohl des Betreuten (Abs II S 1)**. Diese Ausrichtung ist selbstverständlich und entspricht sowohl dem früheren Recht der Vormundschaft für Volljährige und der Gebrechlichkeitspflegschaft als auch dem Kindschaftsrecht und dem Vormundschaftsrecht für Minderjährige (§ 1793 Rz 1). Der Begriff des Wohls umfaßt zunächst die **Erhaltung von Leben und Gesundheit**, diese im weitesten Sinn als „Zustand eines vollkommenen biologischen, sozialen und psychischen Wohlbefindens" verstanden (so die Definition der World Health Organisation, vgl Laufs, Arztrecht 4. Aufl Abschnitt I Fn 34). Im Vordergrund der Gesundheitssorge für den Betreuten steht seine psychische Krankheit oder geistige Behinderung, zu deren Beseitigung oder Besserung und der Verhütung einer Verschlimmerung jeder Betreuer nach Abs IV beizutragen hat (dazu Rz 28).

Über der elementaren Schicht von Leben und Gesundheit besteht das Wohl des Menschen in der **Entfaltung seiner Persönlichkeit**. Während dies beim Kind weitgehend mit seiner Erziehung zusammenfällt, bedarf der Erwachsene des Freiraums, in dem er seinen bisherigen Lebensentwurf beibehalten und weiterverfolgen, aber auch ändern kann. Das gilt prinzipiell auch unter den Bedingungen von Krankheit und Behinderung. Dabei wird der Wunsch vor allem alten Menschen häufiger auf Beibehaltung gewohnter Lebensumstände gerichtet sein als auf deren Veränderung. Der Betreuer hat gegebenenfalls Sozialhilfe zu beantragen (§ 1896 Rz 56) und soziale Hilfen zu organisieren, um dem Betreuten den Umzug in ein Heim zu ersparen.

In einzelnen Hinsichten ist das Wohl des Betreuten in besonderem Maß abhängig von der Zeit, die der Betreuer an den Betreuten wendet. Häufig leiden betreuungsbedürftige Personen unter Einsamkeit, entbehren mitmenschlichen Austausch und Zuwendung. Hier war es das Ziel des BtG, mit dem Ideal der „persönlichen Betreuung" helfend anzusetzen. Auf diesem Weg bedeutet das BtÄndG mit Betonung des „rechtlichen" Charakters der Betreuung eine von fiskalischer Notwendigkeit erzwungene Verhärtung. Für die Bestimmung der Grenze rechtlicher Betreuung hat der Gesetzgeber des BtÄndG jedoch einen Beurteilungsspielraum des Betreuers betont.

Entgegen dem LG Potsdam (BtPrax 1998, 242) ist die Begleitung des Betreuten bei der Besichtigung eines Heimes zur rechtlichen Betreuung zu rechnen (ebenso Jürgens BtPrax 1998, 212; Bienwald BtPrax 1999, 18). Wegen der existentiellen Bedeutung muß der Betreute Gelegenheit haben, Wünsche zu entwickeln, und der Betreuer sollte schon in diesem Stadium helfend eingreifen können. Auf der Grenze liegt dagegen eine Teilnahme des Betreuers an Heimfeiern, die das LG Koblenz (BtPrax 1998, 195) als vergütungsfähig anerkannt hat. Grundsätzlich können Wünsche des Betreuten die Grenze „rechtlicher" Betreuung nicht verrücken (BayObLG FamRZ 1999, 47), aber

§ 1901 Familienrecht Rechtliche Betreuung

ein Tätigwerden des Betreuers in der Ermessenszone ist selten sinnvoll, wenn der Wille des Betreuten entgegensteht.

9 § 1901 verwendet im Abs II S 1 einen weiten Begriff des Wohls, der gleichsam einen elliptischen Hof hat mit einem subjektiven (Abs II S 2) und in Abs III S 1 Hs 2 einen objektiven (im Sinn des „wohlverstandenen Interesses") Brennpunkt. Im Zusammenhang mit dem Ziel, eine bürokratische Wahrnehmung der Betreuung zu vermeiden und „persönliche Betreuung" sicherzustellen, hat das BtG den Schwerpunkt deutlich in Richtung auf das subjektive Wohl verschoben. **Abs II S 2** drückt zunächst den Regelfall aus, in dem das objektive Wohl das subjektive Wohl einschließt. Soweit der Betreuer die Lebensumstände des Betreuten bestimmt oder beeinflußt, hat er möglichst seine Wünsche zu berücksichtigen und ihm möglichst viel Raum zu persönlicher Entfaltung zu belassen.

10 a) Abs III S 1 begründet den **Willensvorrang des Betreuten**. Zu ihm steht der Einfluß in Parallele, den der Betroffene mittels seines Antragsrechtes (§ 1896 I S 1) auf die Bestellung eines Betreuers, in gewissem Maß auch auf die Erforderlichkeit der Betreuung (§ 1896 Rz 35) und gem § 1897 IV auf die Auswahl des Betreuers hat. Wenn der Betreuer grundsätzlich Wünschen des Betreuten zu entsprechen hat, so ergibt sich daraus zunächst in allen Fällen, in denen der Betreute Wünsche äußert, die Irrelevanz des Willens des Betreuers. Die Beachtlichkeit der Wünsche des Betreuten wird grundsätzlich nicht dadurch beeinträchtigt, daß sie von einem psychisch Kranken oder geistig Behinderten geäußert werden, auch wenn er geschäftsunfähig sein sollte, mögen sie dann auch öfter jenseits der Grenze ihrer Beachtlichkeit liegen. Diese Einschränkung gilt nicht bei einem Betreuten, der nur körperlich behindert ist (BT-Drucks 11/4528, 116f). Grundsätzlich beachtlich sind gem Abs III S 2 auch Wünsche, die der Betreute vor Bestellung des Betreuers mündlich geäußert oder in einer sogenannten Betreuungsverfügung niedergelegt hat (§ 1901a), sofern er später nicht erkennbar von ihnen abgerückt ist. In einem weiten Umfang muß der Willensvorrang des Betreuten für die Mittelverwendung gelten. Beispiele der Amtl Begr für diesen Bereich (BT-Drucks 11/4528, 133: Radiomarke, Farbe von anzuschaffender Kleidung) mögen banal sein, können aber für den Betreuten in seinem krankheits- oder behinderungsbedingt eingeschränkten Lebensraum gleichwohl bedeutsam sein. Eine gravierende Entscheidung, bei welcher der Wille des Betreuten grundsätzlich Vorrang hat, ist die Wahl des Heimplatzes (Köln BtE 1996/97, 68; vgl Rz 8a). Vorrang hat der Wille des Betreuten auch in der Frage Sparen oder Ausgeben, vorbehaltlich angemessener Vorsorge für künftigen Eigenbedarf. Die durch Krankheit veränderte Lebenssituation kann auch bisher nicht übliche Ausgabenwünsche hervorrufen. Daraus können Dritten, besonders Gläubigern, Nachteile entstehen, etwa wenn der Betreute eine angefallene Erbschaft (vgl den Fall Düsseldorf FamRZ 1999, 1166) ua auf Reisen ausgibt, statt Schulden zu bezahlen. Solange ein Gesunder, der sich ebenso verhielte, nicht rechtswidrig handelte, ist es Sache des Betreuers, entgegen Wünschen des Betreuten solche Nachteile von Dritten abzuwenden. Anders aber, wenn die Wünsche des Betreuten insofern Ausdruck seiner Krankheit oder Behinderung sind, als er für die feineren Determinanten, die von Sitte, Moral und von der Selbstachtung ausgehen, nicht empfänglich ist und wenn diese Determinanten einen durchschnittlichen Gesunden von entsprechendem Verhalten abhalten würden; dann kann es keine Rolle spielen, daß hier nicht das Wohl des Betreuten, sondern berechtigte Interessen Dritter bedroht sind.

Der Willensvorgang des Betreuten wirkt einem autoritären, eigenmächtigen Vorgehen des Betreuers entgegen, degradiert diesen aber nicht zum Willensvollstrecker des Betreuten. Auch die persönliche Betreuung ermöglicht die Umkehrung, daß der Betreuer den Betreuten zu Botengängen in eigener Sache einsetzen kann (AG Betzdorf FamRZ 2001, 712), was keineswegs mit §§ 1908i I, 1805 kollidiert (so aber Zimmermann FamRZ 2002, 1378). Daß sich aber der Betreuer nicht ohne weiteres vom Betreuten den Garten umgraben lassen darf, ist etwas anderes.

Der Willensvorrang des Betreuten ist in erster Linie von Bedeutung im Verhältnis zum VormG, wenn es über die Genehmigung eines Rechtsgeschäfts zu entscheiden hat (BayObLG FamRZ 1998, 455). Das VormG steht nicht etwa dem Betreuten im Außenverhältnis gegenüber, in dem allein die Rechtsmacht des Betreuers maßgebend wäre (Rz 25).

11 b) **Grenzen des Willensvorrangs**. Der Willensvorrang des Betreuten ist inhaltlich in zwei Richtungen, nämlich durch das objektive Wohl des Betreuten und die Zumutbarkeit für den Betreuer, begrenzt.

12 aa) Darin, daß der Betreuer Wünschen des Betreuten nicht zu entsprechen hat, die **dessen Wohl zuwiderlaufen**, kommt der objektive Brennpunkt dieses weiten Begriffs (Rz 9) zum Tragen. Der Betreuer braucht keinem Wunsch des Betreuten zu entsprechen, der geradezu Ausdruck der psychischen Erkrankung ist und diese verschärfen würde. Aber nicht jeder Gegensatz zum objektiven Wohl ist geeignet, einen Wunsch des Betreuten unbeachtlich zu machen. Sonst müßte jeder Betreuer mit dem Aufgabenkreis der Gesundheitssorge dem Betreuten das Rauchen verbieten. Widerstand des Betreuers ist aber angebracht, wenn der kettenrauchende Betreute bereits wegen chronischen Katarrhs oder Gefäßleiden ärztliche Behandlung in Anspruch nimmt. Es bedarf also eines deutlichen Widerspruchs zwischen Wünschen und Wohl; dazu gehört eine gewisse Intensität des dem objektiven Wohl drohenden Schadens.

12a bb) Im Zusammenhang der Selbstbestimmung eines Patienten am Ende des Lebens wird die Beachtlichkeit einer **Vorsorgeverfügung** des Betreuten, mit der er sich bestimmte Behandlungen, besonders lebensverlängernde Maßnahmen, verbittet, zT damit abgelehnt, daß sie gegen sein Wohl verstießen (Seitz ZRP 1998, 417, 420). Dem ist entgegenzuhalten, daß es in der existentiellen Frage über Leben und Sterben kein objektives Urteil geben kann. Darin erweist sich die Selbstbestimmung als der dem eigenen Leben vorgeordnete Wert.

13 cc) **Zwangsbefugnisse des Betreuers**. Die Bedeutung des objektiven Wohls des Betreuten für das Handeln des Betreuers beschränkt sich nicht darauf, der Maßgeblichkeit von Wünschen des Betreuten Grenzen zu setzen. Der Betreuer hat nämlich nicht nur Impulse des Betreuten aufzunehmen oder ausnahmsweise zu bremsen, sondern auch eigene Initiative zu entfalten. Hierbei kann das den Wünschen des Betreuten entgegenstehende objektive Wohl auch die Grundlage für ein pflichtgemäßes Vorgehen des Betreuers gegen den Betreuten sein. Diese materielle Grundlage enthält allerdings nicht auch schon die Befugnis zur Ausübung von Zwang. Nur bei Gefahr im Verzug kann der Betreuer in geeigneten Fällen die vom Betreuten geschuldete Duldung gem § 229 erzwingen, wobei nicht entgegensteht, daß das Notrecht des Betreuers nicht seinem eigenen Interesse, sondern dem objektiven Wohl des Betreuten dient. Im übrigen, dh außerhalb besonderer Dringlichkeit, sahen Damrau/Zimmermann früher (2. Aufl Rz 3a) die Möglichkeit, daß der Betreuer gegen den Betreuten klagt und den Weg zivilprozessualer Zwangsvollstreckung beschreitet. Hier ist indessen die Zwangsvollstreckung nach § 33 FGG vorrangig, weil das gesamte Betreuungsverfahren in die freiwillige Gerichtsbarkeit eingebettet ist. § 33 FGG setzt in Abs I S 1 voraus, daß jemandem durch Verfügung des Gerichts die Verpflichtung auferlegt ist, die Vornahme einer Handlung zu dulden. Eine solche Verfügung kann nicht darin bestehen, daß das VormG in den Aufgabenkreis des Betreuers die Anwendung unmittelbaren Zwanges aufnimmt (§ 1896 Rz 69a), weil dessen Ausübung nie Angelegenheit des Betreuten sein kann, an deren Besorgung er verhindert wäre. Das Gegenteil geht auch nicht aus § 1896 IV hervor, weil die dort genannte Anordnung des Gerichts nicht mit Zwang gegen den Betreuten durchgesetzt werden muß (s § 1896 Rz 66).

(1) Nach verbreiteter Ansicht soll es an einer **Rechtsgrundlage für Zwangsbefugnisse** des Betreuers überhaupt fehlen (HK-BUR/Bauer Rz 22a; Staud/Bienwald Rz 43; Schweitzer FamRZ 1996, 1317; Frankfurt BtPrax 1996, 71; LG Görlitz BtE 1996/97, 56). Immerhin kann das VormG nach § 1896 IV den Betreuer zur Kontrolle des Post- und Fernmeldeverkehrs ermächtigen und ihm nach § 1901 die zwangsweise Unterbringung des Betreuten genehmigen, bei deren Durchführung ihn nach § 70g V FGG die Betreuungsbehörde zu unterstützen hat. In § 68b III FGG kennt das Betreuungsverfahren einen spezifischen Verfahrenszwang (BayObLG BtPrax 1995, 182). Eine allgemeine Pflicht zur Unterstützung bei Ausübung der Personensorge ist in § 1631 III dem FamG gegenüber Eltern und infolge der Verweisung des § 1800 auch dem VormG gegenüber dem Vormund, gegenüber dem Betreuer aber in 4 BtBG nur der Betreuungsbehörde auferlegt. Vor Inkrafttreten des BtG hatte § 1897 aF für die Vormundschaft über Volljährige auf § 1800 verwiesen; darin wurde allgemein die Rechtsgrundlage gesehen, auf der das VormG den Vormund oder Gebrechlichkeitspfleger zu Zwangsmaßnahmen gegen den Mündel oder Gebrechlichen ermächtigen konnte (vgl Helle FamRZ 1984, 639). Aus dem Betreuungsrecht heraus verweist § 1908i I S 1 weder unmittelbar auf § 1631 noch auf § 1800, ohne daß sich aber im Gesetzgebungsverfahren eine Begründung dafür fände; es dürfte sich um ein gesetzgeberisches Versehen handeln. Jedoch verweist § 1908i S I 1 auf § 1837 und die meisten folgenden Vorschriften des mit „Fürsorge und Aufsicht des VormG" überschriebenen Abschnitts. Darin kommt die obervormundschaftliche Funktion des VormG zum Ausdruck. Letztlich ist es nämlich eine Maßnahme der Fürsorge für den Betreuten, wenn das VormG den Betreuer auch zur Ermöglichung zwangsweisen Vorgehens („fürsorglicher Zwang") unterstützt. So unbefriedigend es ist, daß der Gesetzgeber wiederholt Appelle, die Unsicherheit in der Rechtsgrundlage für Zwangsbefugnisse des Betreuers zu beseitigen, unbeachtet gelassen hat (bereits Helle FamRZ 1984, 639; dann Pardey, Betreuung Volljähriger etc, 1989 S 140; und dann wieder im Vorfeld des BtÄndG: des aus dem Vormundschaftsgerichtsalltag, vgl Hellmann BtPrax 1997, 171 und Bauer/Rink BtPrax 1996, 158, 160f), so wenig zwingt das dazu, in verfassungspositivistischem Perfektionismus die Rechtsgrundlage zu leugnen und den von einzelnen Gerichten entwickelten Ansätzen einer Analogie zu § 1896 IV (LG Frankfurt FamRZ 1994, 1617) oder § 70 V FGG (AG Bremen BtPrax 1994, 102) mit methodischer Schärfe entgegenzutreten, als sei zB die zwangsweise Verbringung in ein offenes Heim ein schwererer Eingriff als die von §§ 1906 BGB, 70g FGG zugelassene geschlossene Unterbringung, zumal wenn deren Voraussetzungen vorliegen. In den genannten Fällen — §§ 1896 IV, 1906 sowie § 68 III FGG — unterstützt das VormG den Betreuer. § 1901 II S 1 iVm der allgemeinen Unterstützung, die das VormG dem Betreuer zu gewähren hat, ist hinreichende Grundlage dafür, daß das VormG die nach § 33 I S 1 FGG erforderliche Verfügung erläßt, daß der Betreute die Vornahme einer Handlung des Betreuers zu dulden hat.

(2) Die zivilrechtliche Begründung für die Zwangsbefugnis des Betreuers wird leicht mit den verfassungsrechtlichen Kautelen vermischt, die für den Eingriff in bestimmte Grundrechte bestehen. Der nach allgemeiner staatsrechtlicher Auffassung für Eingriffe in Freiheit und Eigentum bestehende **Gesetzesvorbehalt** ist in den hier einschlägigen Art 2, 10, 13, 14 GG positiviert, von denen Art 13 VII GG auf Grund eines Gesetzes Eingriffe in die Unverletzlichkeit der Wohnung nur zur Verhütung dringender Gefahren für die öffentliche Sicherheit und Ordnung zuläßt; zur Abwehr einer gemeinen Gefahr oder Lebensgefahr für einzelne Personen ist dieser Gesetzesvorbehalt sogar zurückgenommen. Daß § 1896 IV und § 1906 den Anforderungen auch des ausdrücklichen Gesetzesvorbehaltes genügen, ist bisher nicht bezweifelt worden. Wenn hier für andere Grundrechtseingriffe als die Kontrolle des Post- und Fernmeldeverkehrs und eine freiheitsentziehende Unterbringung die erforderliche gesetzliche Grundlage in § 1901 iVm der in § 33 II S 1 FGG vorgesehenen richterlichen Ermächtigung zur Gewaltanwendung gesehen wird, so gehört diese Rechtsgrundlage ohne Zweifel zur „verfassungsmäßigen Ordnung" iSv Art 2 I GG und rechtfertigt somit Eingriffe in die allgemeine Handlungsfreiheit und in die Unverletzlichkeit der Wohnung, wenn diese der Abwehr einer gemeinen Gefahr oder einer Lebensgefahr für einzelne Personen dienen. Daß diese Rechtsgrundlage darüber hinaus den ausdrücklichen Vorbehalt des Art 13 VII GG auszufüllen geeignet ist, sollte im Ergebnis ebenfalls mit der Folge bejaht werden, daß Eingriffe auch zur Verhütung dringender Gefahren für die öffentliche Sicherheit und Ordnung zulässig sind.

(3) Nach dem oben Gesagten liegt keine Lücke vor, sondern eine Regelung, die lediglich der erwünschten Bestimmtheit ermangelt. Das hier teilweise vertretene Bestimmtheitserfordernis ist seinerseits Ergebnis einer Auslegung. Pardey (Betreuung Volljähriger etc, S 140) bezieht sich darauf, daß BVerfG 33, 1, 9ff für die Grundrechtseinschränkungen im Strafvollzug eine gesetzliche Ermächtigung gefordert hat. Indessen ist der fürsorgliche Zwang des Betreuungsrechtes mit dem repressiven Zwang des Strafvollzuges nicht auf eine Stufe zu stellen. Auch ist nicht zu übersehen, daß die relative Unbestimmtheit des § 1901 durch zwei nach § 33 FGG zusätzlich erforderliche richterliche Verfügungen präzisiert und konkretisiert wird. Die zunächst in § 33 I S 1 angesprochene Verfü-

§ 1901 Familienrecht Rechtliche Betreuung

gung tituliert den materiellen Duldungsanspruch gegen den Betreuten und schafft damit die Grundlage für seine Durchsetzung. Dabei hat das Gericht die Tatsachen zu ermitteln und den Willen des Betreuers gegen den auf dessen Wohl gerichteten Willen des Betreuers abzuwägen. Auf der Grundlage dieses Titels hat der Betreuer gem § 33 II S 1 FGG die besondere Verfügung zu beantragen, die ihn zur Anwendung unmittelbaren Zwangs ermächtigt. Besteht die geschuldete Duldung in dem Betreten der Wohnung, so ist erst an dieser Stelle die Abwägung des Duldungsanspruchs des Betreuers mit dem Grundrecht des Betreuten auf Unverletzlichkeit seiner Wohnung vorzunehmen. Der Eingriff darf außer zur Abwehr einer gemeinen Gefahr oder Lebensgefahr für einzelne Personen, auf Grund eines Gesetzes auch zur Verhütung dringender Gefahren für die öffentliche Sicherheit und Ordnung, insbesondere zur Bekämpfung von solchen Gefahren vorgenommen werden. Es ist offensichtlich, daß bei dieser Formulierung der Verfassungsgeber die Erscheinung des fürsorglichen Zwanges nicht im Auge gehabt hat, ohne diese jedoch ausschließen geschweige daß er solchen hätte ausschließen wollen (Materialien des Parlamentarischen Rates, Jahrbuch des öffentlichen Rechts, NF Bd 1 S 139).

17 c) Unter dem Gesichtspunkt der **Unzumutbarkeit** dispensiert das Recht im allgemeinen einen Verpflichteten von der Erfüllung. Der Grund kann im Ausmaß der geschuldeten Leistung – dies in Relation zum Leistungsvermögen des Verpflichteten – liegen oder in einem Konflikt des Verpflichteten mit einem entgegengesetzten Sollen. Je nachdem hat die Unzumutbarkeit einen mehr quantitativen oder mehr qualitativen Aspekt.

18 Seit das Gesetz mehrfach den rechtlichen Charakter der Betreuung betont, braucht sich der Betreuer zeitintensiven Wünschen des Betreuten außerhalb dieses Bereichs nicht mehr nur mit Hinweis auf Unzumutbarkeit entgegenzustellen.

19 Den **Konflikt**, in welchem der Betreuer Wünschen des Betreuten ab einer bestimmten Grenze nicht mehr zu folgen braucht, begründet nicht schon jedes anderes Wollen des Betreuers, selbst wenn ihm eine religiöse, weltanschauliche, politische oder moralische Einstellung zugrunde liegt. Auch ein kirchlich eingestellter Betreuer muß den Kirchenaustritt des Betreuten erklären. Legt der Betreuer dem wohlhabenden Betreuten zu Weihnachten eine größere Spende an das Rote Kreuz nahe, so muß er auf dessen Wunsch die freien Mittel gleichwohl in einer Sexshop-Kette investieren. Solchen Konflikten kann der Betreuer nur dadurch ausweichen, daß er beim VormG seine Entlassung nach § 1908b I anregt, weil der Dissens mit dem Betreuten seine Eignung zur persönlichen Betreuung in Frage stelle.

19a Richtet sich ein Wunsch des Betreuers auf ein rechtswidriges Verhalten, so ist dessen Erfüllung für den Betreuer stets unzumutbar. Bei einer vom Betreuten gewünschten Schenkung an den Leiter, an Beschäftigte oder sonstigen Mitarbeiter des Heims, in dem der Betreute wohnt, muß der Betreuer § 14 HeimG beachten, der grundsätzlich nur „geringwertige Aufmerksamkeiten" zuläßt. Ausnahmen kann die zuständige Behörde nur im vorhinein zulassen. Richtet sich der Wunsch des Betreuten auf ein rechtswidriges Ziel, so könnte dessen Ausführung den Betreuer haftbar machen. Fertigt und unterschreibt der Betreuer zB die Steuererklärung des Betreuten und soll er dabei wunschgemäß bestimmte Zins- oder Mieteinnahmen nicht aufführen, wäre er gem §§ 34, 370 AO selbst wegen der Steuerverkürzung haftbar. Unzumutbar wäre auch der Wunsch des Betreuten, vor dem Umzug in ein Altenheim alles Vermögen still und heimlich auf seine Kinder zu übertragen, damit Heimaufenthalt und eine eventuelle Pflege nicht auf eigene Kosten gehen; der Betreuer darf sich nicht eines Betrugs zu Lasten des Sozialfiskus schuldig machen.

20 d) Einen besonderen Aspekt haben Wille und Wohl des Betreuten auf dem Gebiet der **Gesundheitssorge**. Jede ärztliche Behandlung bedarf, um nicht rechtswidrige Körperverletzung zu sein, der Rechtfertigung, grundsätzlich einer wirksamen Einwilligung des Patienten. Dieser braucht sich nicht behandeln zu lassen, sondern hat kraft seiner Selbstbestimmung das Recht zur Krankheit (BGH NJW 1958, 267f). Hat der Patient einen Betreuer mit der Aufgabe der Gesundheitssorge, so besteht anders als bei Rechtsgeschäften, die Geschäftsfähigkeit erfordern, **keine Doppelkompetenz**, sondern, solange der Betreute einwilligungsfähig ist, hat der Betreuer keine Zuständigkeit. Verweigert der einwilligungsfähige Betreute seine Einwilligung in eine zu seinem Wohl erforderliche Behandlung, so hat der Betreuer das hinzunehmen, auch wenn darin der Wille des Betreuten, zu sterben, zum Ausdruck kommt.

21 Häufig wird eine Behandlung an einem Patienten eingeleitet, der nicht aktuell einwilligungsfähig ist, gerechtfertigt regelmäßig durch § 677ff, seltener durch Einwilligung eines gesetzlichen Vertreters, nämlich Eltern, Vormund, Pfleger oder Betreuer. Erlangt der Patient später seine Einwilligungsfähigkeit (zurück), kann er wie jeder Patient den **Abbruch der Behandlung** verlangen. Der Folgepflicht des Arztes steht § 216 StGB nicht entgegen: Die Selbstbestimmung des Patienten bedeutet, daß seine straflose Tatherrschaft entsprechend dem Grundsatz der limitierten Akzessorietät (§ 27 I StGB) die strafbare Teilnahme eines anderen ausschließt. Ein anderes Ergebnis, so verbreitet es vertreten wird, richtet sich bereits durch den Widerspruch, in den es zu dem uneingeschränkt anerkannten Grund- und Ausgangssatz gerät, wonach jede nicht konsentierte Behandlung rechtswidrig ist.

22 Die Selbstbestimmung kann vorausschauend für den Fall des Verlustes der Einwilligungsfähigkeit durch eine sog **Vorsorgeverfügung** (§ 1901a Rz 6) ausgeübt werden, die in besonderem Maße auslegungsbedürftig sein kann (§ 1901a Rz 7). Die Kriterien der Auslegung gehen dabei stufenlos in die eines mutmaßlichen Willens über.

Der Begriff der **mutmaßlichen Einwilligung** aus der GOA (§§ 677, 678), wie er zur Rechtfertigung einer Behandlungseinleitung ohne weiteres anerkannt ist, umfaßt subjektive und objektive Elemente: Mangels subjektiver, individueller Indizien für den Willen wird auf objektive Indizien bis hin zum Maßstab der „allgemeinen Wertvorstellungen" zurückgegriffen (BGHSt 40, 257, 263). Eine Parallelität der positiven und der negativen Ausübung des Selbstbestimmungsrechts, der Behandlungseinwilligung und des Abbruchsverlanges, begegnet verbreiteter Skepsis (Taupitz, GA 63. DtJT, A 39; AG Hanau BtPrax 1997, 82, 83; Roxin, Strafrecht AT Bd I 1997 § 18 Rz 21f, 24f). Seitz lehnt eine mutmaßliche Einwilligung, die etwas anderes ist als wirklicher Wille, überhaupt ab

(ZPR 1998, 417, 418). Im Zusammenhang des Behandlungsabbruchs werden daher objektive Elemente mehr oder weniger verworfen. Teilweise gehen solche Äußerungen über Selbstverständlichkeiten, die auch zu § 677 gelten, nicht hinaus: subjektive und individuelle Indizien müßten Vorrang vor objektiven haben, nur ihre Schwäche könne durch verhältnismäßig stärkere objektive Indizien kompensiert werden. Einem völligen Ausschluß objektiver Indizien steht entgegen, daß der Übergang von subjektiven, individuellen zu objektiven Indizien fließend ist. Der Übergang verläuft von Äußerungen des Patienten, die er nicht unmittelbar auf sich bezogen, sondern zu einem fremden oder fiktiven Fall getan hat, abstrakten oder prinzipiellen Äußerungen religiösen oder weltanschaulichen Inhalts bis zu seiner Zugehörigkeit zu einer Gruppe, die durch eine bestimmte Haltung zu den einschlägigen Fragen geprägt ist. In der gegen die Berücksichtigung objektiver Elemente gerichtete Tendenz des Schrifttums drückt sich eine durch die geschichtliche Erfahrung der nationalsozialistischen Euthanasie verstärkte, ursprünglich christliche Grundhaltung aus, die häufig als Prinzip „in dubio pro vita" ausgedrückt wird, das einige Autoren als eigenes objektives Element der Beurteilung zur Geltung bringen wollen (bei Taupitz, Gutachten 63. DJT A 109). Einigermaßen ausschließen läßt sich nur der Maßstab allgemeiner Wertvorstellungen.

23 Die Selbstbestimmung des Patienten kann **vertretungsweise** wahrgenommen werden von Eltern, Vormund, Pfleger, Betreuer oder Bevollmächtigten. Ein vorhandener Betreuer kann aber grundsätzlich nicht anders entscheiden als dies zuvor ohne Blick auf einen bestimmten Entscheider entwickelt worden ist. Darum ist die Bestellung eines Betreuers nicht erforderlich, wenn eine eindeutige, unbestrittene Patientenverfügung vorliegt (§ 1896 Rz 36). Auch eine auslegungsbedürftige Patientenverfügung macht die Bestellung eines Betreuers nicht in dem Sinn erforderlich, daß niemand anderes als ein Betreuer zu ihrer Auslegung zugelassen wäre; aber eine uneindeutige Patientenverfügung wird, auch ohne Dissens von Beteiligten über die Auslegung, immer sachgemäßer Anlaß für die Anregung an das Gericht sein, einen Betreuer zu bestellen, um Entscheidungsrechtswirksamkeit (Rz 25; § 1902 Rz 17a). Im Zusammenhang mit der Auslegung einer Patientenverfügung, aber auch bei der Ermittlung eines mutmaßlichen Willens ist es die Aufgabe des Betreuers, dafür schlüssige Umstände zu ermitteln. Damit ist der Betreuer zwar nicht bloßer Vertreter in der Erklärung, aber auch kein Vertreter im Willen, der mangels geäußerten Wünschen des Betreuten oder Feststellung eines mutmaßlichen Willens zu einer eigenen Entscheidung berechtigt wäre.

Von dem Grundsatz, daß der Vertreter keine eigene Entscheidung zu finden hat, sind jedoch Ausnahmen zuzulassen. Das gilt für Eltern, Vormund oder Pfleger eines schwerstkranken minderjährigen Kindes, und nach seiner Volljährigkeit auch für den Betreuer, weil ein solcher Patient niemals einwilligungsfähig war und möglicherweise nie einen Patientenwillen hat bilden können. Ferner ist denkbar, daß der vorsorglich Verfügende einen bestimmten, ihm nahestehenden Vertreter, sei es ein Bevollmächtigter oder ein Betreuer, ermächtigt, die Entscheidung über einen Behandlungsabbruch für ihn zu treffen. Weil ein solches Vertrauen kaum leichtfertig erwiesen wird, besteht kein Grund, diese Ausnahme auf Ehegatten, Lebenspartner oder engste Verwandte zu beschränken. Nichteheliche Partner und Freunde kommen daher ebenfalls in Betracht. Größte Bedeutung dürfte die Möglichkeit jedoch für Ehegatten haben, die sich etwa gegenseitig diese weitgehende Ermächtigung erteilen.

24 Mit BGH FamRZ 2003, 748 ist es abzulehnen, daß die Entscheidung des Betreuers, in einen Behandlungsabbruch einzuwilligen, analog § 1904 **vormundschaftsgerichtlicher Genehmigung** bedarf. Abzulehnen ist aber auch, daß der BGH in derselben Entscheidung rechtsfortbildend ein Genehmigungserfordernis im gleichen Umfang geschaffen hat (dazu Holzhauer FamRZ 2003, 991). Rechtsfortbildend zu fordern ist vielmehr die nicht verpflichtende Möglichkeit, in Fällen, in denen ein Betreuer bestellt ist, für jeden im sachlichen Sinn Beteiligten – den Betreuer, den behandelnden Arzt, die Angehörigen – das VormG anzurufen mit dem Antrag, die Entscheidung des Betreuers zu bestätigen, aufzuheben oder im Fall seiner Untätigkeit zu ersetzen (in diesem Sinn auch die Ärzte Strätling/Scharf/Bartmann BtPrax 2002, 237, 239).

25 e) Eine weniger inhaltliche als dogmatisch bedingte Grenze des Willensvorgangs des Betreuten besteht in seiner **Beschränkung auf das Innenverhältnis** zum Betreuer (allg Ansicht, vgl Schwab FamRZ 1992, 493, 503 mN). Damit wird die Rechtsmacht des Betreuers so behandelt wie die Vollmacht in ihrer Abstraktheit gegenüber dem Innenverhältnis, wo der Auftraggeber Weisungen erteilt haben kann, die aber die Rechtsmacht nach außen nicht beschränkt. Der dadurch bezweckte Schutz des Rechtsverkehrs ist bei der Betreuung um so angebrachter, als Wünsche des Betreuten nicht immer beachtlich sind, was aber der Betreuer zu beurteilen hat, sondern von Dritten oft gar nicht beurteilt werden kann. Abzulehnen ist die Ansicht von Lindacher (MüKo-ZPO § 53 Rz 3f), der ausgerechnet für den Prozeß meint, daß der Betreuer, der gegen den Willen des Betreuten in den Prozeß eintritt, als falsus procurator handele (dagegen auch Hausmann bei Wieczorek/Schütze § 53 ZPO Rz 20f). Das heißt nicht, daß sich Wünsche des Betreuten nicht auf das Außenverhältnis beziehen könnten, sondern daß Wünsche des Betreuten grundsätzlich nicht geeignet sind, die Rechtsmacht des Betreuers nach außen zu beschränken. Das gilt auch dann, wenn der Erklärungsgegner oder Kontrahent des Betreuers den abweichenden Willen des Betreuten erkennen müßte. Die Rechtsmacht des Betreuers endet erst dort, wo er mit einem Dritten zum Nachteile des Betreuten zusammenwirkt (Kollusion) oder dieser den Mißbrauch der Vertretungsmacht durch den Betreuer erkennt oder sich ihm diese Kenntnis aufdrängt. Es gelten die Grundsätze über den Mißbrauch der Vollmacht (§ 167 Rz 46ff).

26 **5.** Aus seiner Verpflichtung auf das Wohl des Betreuten hat der Betreuer eine **Garantenstellung** für die Rechtsgüter des Betreuten, besonders dessen Gesundheit und Leben. Das ist zwar in der strafrechtlichen Literatur für den Vormund wenig erörtert, aber nirgends abgelehnt und gelegentlich bejaht worden (Heimann–Trosien/Wolff in Leipziger Komm, 9. Aufl 1974, Einl Rz 168). Kümmert sich der Betreuer zB nicht um der allein lebenden Betreuten, der wegen Alters jederzeit hilflos werden kann, so muß regelmäßige Kontrollen angezeigt sind, so kann er für einen Körperschaden zivil- und strafrechtlich haftbar werden. Der Betreuer mit der Aufgabe der Gesundheitssorge muß beispielsweise, wenn er den Betreuten zum Arzt begleitet, dessen Angaben in der Anamnese nach seinem Wissen ergänzen oder berichtigen.

27   6. **Abs III S 3** erlegt dem Betreuer im Rahmen des Zieles persönlicher Betreuung eine **Besprechungspflicht** bei wichtigen Angelegenheiten auf. Diese Pflicht beschränkt sich nicht auf die Initiative zu einem Gespräch, sondern umfaßt die Pflicht zur Information und zum Anhören des Betreuten, um seine Wünsche zu erkennen. Bei einer Diskrepanz zwischen diesen Wünschen und dem, was der Betreuer für richtig hält, hat der Betreuer aus seiner Pflicht zu persönlicher Betreuung das Gespräch mit dem Ziel zu führen, die Meinungsverschiedenheit zu beseitigen, sei es, daß er den Betreuten überzeugt, sei es, daß er dessen Wünsche als berechtigt anerkennt.

28   7. **Abs IV** erlegt dem Betreuer eine auf die Gesundheit des Betreuten bezogene **Nebenpflicht** auf. Gehört die **Gesundheitssorge** zu dem ihm übertragenen Aufgabenkreis, so hat diese Nebenpflicht keine selbständige Bedeutung. In anderen Fällen besteht die Nebenpflicht unabhängig von Umfang und Inhalt des Aufgabenkreises, aber mit einer doppelten Beschränkung: das Ziel, die Krankheit oder Behinderung zu beseitigen, zu bessern, eine Verschlimmerung zu verhüten oder ihre Folgen zu mildern, bezieht sich auf die Anlaßkrankheit oder Behinderung, nicht auf jede interkurrente Krankheit. Und die Maßnahmen, die der Betreuer zu diesem Ziel pflichtgemäß zu ergreifen hat, müssen innerhalb des ihm übertragenen Aufgabenkreises liegen. Praktisch bedeutet dies, daß der Betreuer bei Erfüllung der ihm übertragenen Aufgabe(n) stets das Ziel mit zu verfolgen hat, die Krankheit oder Behinderung zu beseitigen etc. Daher begründet die Nebenpflicht keine eigene Vertretungsmacht.

29   8. Die in **Abs V** angesprochenen vormundschaftsgerichtlichen Maßnahmen sind von Amts wegen zu treffen. Dabei ist das Gericht auf Hinweise angewiesen. Für Maßnahmen, die eine anhängige Betreuung betreffen, ist der vom VormG bestellte Betreuer durch Abs V S 1 in einer **Mitteilungspflicht** genommen. Diese geht sowohl einem subjektiven Interesse des Betreuten vor, der eine Erweiterung des Aufgabenkreises oder einen Einwilligungsvorbehalt oder dessen Erweiterung ablehnt, als auch einem Interesse des Betreuers, der die Betreuung, aus welchen Gründen auch immer, weiterführen möchte. Je zurückhaltender eine Vorratsbetreuung angeordnet und je enger der Aufgabenkreis umschrieben wird, desto größere Bedeutung hat, besonders bei schubweise verlaufender Erkrankung, die Mitteilungspflicht (vgl BayObLG FamRZ 1995, 510).

§ 1901a   *Schriftliche Betreuungswünsche*

Wer ein Schriftstück besitzt, in dem jemand für den Fall seiner Betreuung Vorschläge zur Auswahl des Betreuers oder Wünsche zur Wahrnehmung der Betreuung geäußert hat, hat es unverzüglich an das Vormundschaftsgericht abzuliefern, nachdem er von der Einleitung eines Verfahrens über die Bestellung eines Betreuers Kenntnis erlangt hat.

1   1. Eingeführt durch BtG Art 1 Nr 47. Dem Vorschlag des BR in seiner Stellungnahme zum RegE (BT-Drucks 11/4528, 208) hat der Rechtsausschuß die Gesetz gewordene Fassung gegeben (BT-Drucks 11/6994, 72).

2   2. Die Bestimmung umschreibt die schriftliche **Betreuungsverfügung** und trifft eine dem für Testamente geltenden § 2259 entsprechende Regelung. Indem die Ablieferungspflicht für die Zeit nach Einleitung eines Verfahrens über die Bestellung eines Betreuers begründet worden ist, fehlt eine § 2258a entsprechende Möglichkeit, eine Betreuungsverfügung schon vorher bei Gericht zu hinterlegen. Aus dem überzeugenden Grund, daß das zuständige künftige Betreuungsgericht nicht feststeht, hat das KG (FamRZ 1995, 1295) gegen Bienwald eine frühere Hinterlegung abgelehnt. Damit hat der Urheber einer Betreuungsverfügung keinen sicheren Weg, auf dem er die Verfügung einem künftigen Betreuungsgericht zur Kenntnis bringen kann. Inzwischen ist in der Hälfte der Bundesländer die Hinterlegung von Betreuungsverfügungen, teilweise auch von Vorsorgevollmachten, geregelt; 5 weitere Länder überlassen die Hinterlegung dem einzelnen Amtsgericht (Zusammenstellung bei Hoffmann/Schumacher BtPrax 2002, 194).

§ 1901a ist auszudehnen auf den Widerruf einer Verfügung (BtKomm/Roth C 130) und auf Vorsorgevollmachten und Patientenverfügungen (MüKo/Schwab Rz 2). Denn bei materieller Betrachtung, auf die es hier ankommt, überschneiden sich alle drei Erscheinungen.

3   3. Die Bedeutung eines Vorschlags für die Auswahl des Betreuers ist in § 1897 IV, die von Wünschen zur Wahrnehmung der Betreuung in § 1901 III geregelt. In beiden Vorschriften sind Vorschläge und Wünsche auch dann für beachtlich erklärt, wenn sie der Volljährige vor dem Betreuungsverfahren bzw vor der Bestellung des Betreuers geäußert hat. Die in beiden Vorschriften für den Fall, daß der Betroffene an seiner Erklärung erkennbar nicht festhalten will, enthaltene Einschränkung läßt erkennen, daß durch die frühe Niederlegung des Willens in einer Betreuungsverfügung keine Selbstbindung eintritt, und zwar auch nicht infolge davon, daß der Betroffene seine Geschäftsfähigkeit verliert. Indem §§ 1897 IV, 1901 III sogar in erster Linie Vorschläge und Wünsche ansprechen, die erst im Verfahren der Bestellung des Betreuers geäußert werden, zeigt sich, daß Geschäftsfähigkeit oder allgemeine Urteilsfähigkeit aus dem Grunde nicht gefordert werden kann, aus dem im extremen Fall des § 1905 I Nr 1 jede Willensäußerung eines Betroffenen beachtlich ist. Das Ziel der persönlichen Betreuung gibt dem Willen des Betroffenen diese weite Beachtlichkeit, die gem § 1901 III ihre Grenze erst am objektiven Wohl des Betroffenen findet, bei der Auswahl der Person des Betreuers auch am Erfordernis der Eignung in dem zu § 1897 Rz 13–16 erläuterten Sinn.

4   4. Hat der Betroffene vorsorglich für den Fall seiner Betreuungsbedürftigkeit einen Bevollmächtigten benannt, die Vollmacht aber noch nicht erteilt, so kann nur er, wenn er nicht geschäftsunfähig ist, die Vollmacht noch erteilen. Die Aufgabe eines möglicherweise zusätzlich zu benennenden Betreuers kann dann auf die in § 1896 III angesprochene Geltendmachung der Rechte des Betreuten gegenüber seinem Bevollmächtigten beschränkt werden (vgl § 1896 Rz 46). Andernfalls ist die Benennung als Bevollmächtigter als Vorschlag zur Bestellung als Betreuer iSv § 1897 IV S 1 zu behandeln.

5   5. Die Ablieferung einer Betreuungsverfügung kann das VormG durch Festsetzung von Zwangsgeld erzwingen (§ 69e S 2 FGG). Wer eine Betreuungsverfügung oder ihr gleichzustellende Urkunde, bes eine Patientenverfügung mit Benachteiligungsabsicht vernichtet, beschädigt oder unterdrückt, ist nach § 274 I Nr 1 StGB strafbar.

6. Die **Betreuungsverfügung** des § 1901a ist von benachbarten Erscheinungen zu unterscheiden, mit denen sie sich überschneiden kann. **Patientenverfügung** heißt die schriftliche Niederlegung des Willens, mit welchem der Aussteller für den Fall, daß er seine Einwilligungsfähigkeit verliert, antizipierend in eine ärztliche Behandlung einwilligt oder eine solche ablehnt, und zwar meistens in dem Sinn, daß er im Hinblick auf das finale Lebensstadium lebensverlängernde Maßnahmen ablehnt und in palliative Maßnahmen einwilligt, auch wenn sie mit dem Risiko der Lebensverkürzung verbunden sind. Bestimmt ist das Patiententestament für den Arzt. Die **Vorsorgevollmacht** benennt dagegen einen Bevollmächtigten, der den Vollmachtgeber spätestens von dem Zeitpunkt an vertreten soll, in dem dieser seine Geschäftsfähigkeit verliert. Eine Vorsorgevollmacht kann sich auf die Gesundheitssorge beziehen oder auf sie beschränken und wird insoweit Gesundheitsvollmacht genannt.

Die Willensäußerung, mit der jemand sein Selbstbestimmungsrecht als Patient für den Fall späterer Entscheidungsunfähigkeit antizipatorisch ausübt, stellt einen eigenen rechtlichen Akttyp dar, der zu unterscheiden ist von dem rechtlich-sozialen Rahmen, in dem er entweder als Weisung an einen Vorsorgebevollmächtigten oder als Betreuungsverfügung an einen Betreuer oder als sog Patientenverfügung an den künftig behandelnden Arzt gerichtet ist. Der Beachtungsanspruch der Selbstbestimmung ist unabhängig davon, ob im Zeitpunkt ihrer Aktualisierung der vorgesehene rechtlich-soziale Rahmen gegeben ist, ob das Vorsorgevollmachtsverhältnis oder das Betreuungsverhältnis zustandegekommen ist oder noch besteht oder ob statt des einen das andere Verhältnis oder keines zustandegekommen ist: im letzten Fall ist die Weisung an einen Vorsorgebevollmächtigten oder der Wunsch an einen Betreuer unmittelbar vom Arzt zu beachten. Zur klaren Bezeichnung dieses Verhältnisses wird der Vorschlag von Seitz (BtPrax 2002/3) aufgegriffen und für den Akttyp die Bezeichnung **Vorsorgeverfügung** vorgeschlagen.

Eine Vorsorgeverfügung ist grundsätzlich **formfrei**. Das ist in ihrer Eigenart begründet, in besonderem Maße auslegungsbedürftig zu sein. Ihre Geltung steht unter der für die Betreuungsverfügung in § 1901 III S 2 ausgedrückten Einschränkung, daß der Äußernde an ihr „erkennbar nicht festhalten will". Inhaltlich kommt es darauf an, daß die eingetretene Behandlungssituation derjenigen entspricht, die im Zeitpunkt der Verfügung antizipiert worden war.

Die für die Auslegung heranzuziehenden Umstände, besonders jüngerer Äußerungen, entziehen sich jeglicher Formalisierung. Ein später formfrei geäußerter Wille kann, so wenig wie ein überhaupt formfrei geäußerter von der Beachtung ausgeschlossen werden. Damit scheidet die mit jedem zwingenden Formerfordernis verbundene Nichtigkeit (§ 125) jeder nicht formgerechten Erklärung für die Vorsorgeverfügung aus, was darin begründet ist, daß diese wie jede personenrechtliche Gestattung, keinen normativen sondern subjektiv-realen Charakter hat (§ 1903 Rz 38).

Nur bei zwei Gestaltungen bedarf eine Vorsorgevollmacht der Schriftform: wenn sie a) zur Einwilligung in eine medizinische Maßnahme bevollmächtigt, und bei dieser die Gefahr besteht, daß der Betreute stirbt oder einen schweren und länger dauernden gesundheitlichen Schaden erleidet und b) wenn sie zu einer mit Freiheitsentziehung verbundenen Unterbringung bevollmächtigt. In beiden Fällen ist die Schriftform insofern qualifiziert, als die Vollmachtsurkunde jeweils die das Schriftformerfordernis begründende Angelegenheit ausdrücklich nennen muß. Darin liegt jedoch weniger eine Steigerung des Formerfordernisses als die Voraussetzung, unter der überhaupt das Formerfordernis auf eine einzige Angelegenheit aus einem Kreis von Angelegenheiten ausgerichtet werden kann, welchen die Bevollmächtigung im Regelfall umfaßt.

Für die Akzeptanz der Vorsorgevollmacht wäre es nicht förderlich, das Ausdrücklichkeitserfordernis in beiden Fällen auch auf dasjenige Merkmal zuzuspitzen, um dessen willen das Erfordernis der Schriftform sowie die vormundschaftsgerichtliche Genehmigung vorgeschrieben ist: die Gefahr, daß die Maßnahme den Tod oder einen schweren und länger andauernden gesundheitlichen Schaden bzw nach § 1906 die Möglichkeit der Unterbringung gegen den Willen des Betroffenen durchzusetzen. Es genügt daher, wenn die Vollmacht die Einwilligung in § 1904 I S 1 genannte medizinische Maßnahme und bei § 1906 die Unterbringung erfaßt. Bei strengerer Auslegung käme die Bevollmächtigung einer Einwilligung in die Risikoübernahme bzw in die Freiheitsentziehung gleich, womit der Grund für das zusätzliche Erfordernis der gerichtlichen Genehmigung entfiele, die in diesen Fällen jedoch weiter erforderlich ist.

Der BGH hat in seiner Entscheidung vom 18. 3. 2003, in welcher er für die Einwilligung eines Betreuers in einem Behandlungsabbruch das Erfordernis vormundschaftsgerichtlicher Genehmigung aufgestellt hat, nichts darüber gesagt, ob das gleiche für die Einwilligung eines Bevollmächtigten gelten soll. Indessen liegt diese Ausdehnung in der Konsequenz der Entscheidung.

Keinesfalls darf ein Formerfordernis für die Bevollmächtigung zur Einwilligung in einen Behandlungsabbruch auf eine entsprechende Vorsorgeverfügung ausgedehnt werden, mit welcher der Betroffene sein Selbstbestimmungsrecht als Patient ausübt. Eine Vorsorgeverfügung duldet keine Formerfordernis (Rz 7). Das gilt auch, wenn die Verfügung als Wunsch an den Betreuer oder Weisung an den Bevollmächtigten zur Wirkung gelangt. Hat der Vollmachtgeber seinem nicht formgerecht Bevollmächtigten die mündliche oder schriftliche Weisung gegeben, unter bestimmten Voraussetzungen einem Behandlungsabbruch zuzustimmen, so kann zwar der Adressat an der Entscheidung nicht als Vertreter mitwirken; die darin enthaltene Vorsorgeverfügung ist jedoch zu beachten.

§ 1902 Vertretung des Betreuten
In seinem Aufgabenkreis vertritt der Betreuer den Betreuten gerichtlich und außergerichtlich.

1. Eingeführt durch BtG Art 1 Nr 47. Die Vorschrift war seit dem RefE unverändert geblieben.

2. Jeder Betreuer hat in seinem Aufgabenkreis **Vertretungsmacht**. Die Möglichkeit einer vertretungslosen Betreuung ist im Vorstadium des BtG erörtert und teilweise befürwortet worden (Dürr ZRP 1983, 273; Holzhauer DJT-Gutachten B 72). Sie hätte Bedeutung gehabt für leichtere Fälle, besonders in einem Übergangsstadium. Der

§ 1902 Familienrecht Rechtliche Betreuung

Gesetzgeber mag befürchtet haben, das Profil der Betreuung im Verhältnis zu den in § 1896 II S 2 angesprochenen „anderen Hilfen" zu verwischen, wenn auch eine vertretungslose Form der Betreuung zur Auswahl stünde. Indessen hindert § 1902 den Betreuer nicht, sich im Rechtsverkehr nach außen zurückzuhalten, sich auf bloßen Rat und Hilfe zu beschränken (BT-Drucks 11/4528, 122) und den geschäftsfähigen Betreuten handeln zu lassen, soweit er dessen Wünschen nicht gem § 1901 S III 1 entgegengetreten muß.

3 3. Der Betreuer ist immer gesetzlicher Vertreter. Der problematischen Figur eines staatlich bestellten Bevollmächtigten (9. Aufl § 1910 Rz 2) hat der Gesetzgeber eine Absage erteilt (Amtl Begr BT-Drucks 11/4528, 135). Der Umfang der Vertretungsmacht fällt mit dem **Aufgabenkreis** zusammen. Das Gericht kann keine Bestimmung treffen, in deren Folge Vertretungsmacht und Aufgabenkreis nicht kongruent wären. Weder kann die Vertretungsmacht über den Aufgabenkreis hinausreichen, was bedeuten würde, daß der Betreuer teilweise Entscheidungen des Betreuten auszuführen hätte, noch kann die Vertretungsmacht hinter dem Aufgabenkreis zurückbleiben.

4 4. Daher begrenzt nicht nur der Aufgabenkreis der Betreuung die Vertretungsmacht, sondern sind **Grenzen der Vertretung** auch Grenzen der Betreuung. Darüber hinaus sind Angelegenheiten, die nach § 1903 II keinem Einwilligungsvorbehalt zugänglich sind, auch der Vertretung entzogen; es gibt keinen Fall, in dem die Bindung des Betreuten an die Einwilligung des Betreuers ausgeschlossen wäre, dieser den Betreuten aber konkurrierend vertreten könnte.

5 a) **Betreuungsfreie Rechtsakte.** Die folgenden Willenserklärungen können niemals, auch nicht bei Geschäftsunfähigkeit des Betreuten, zum Aufgabenkreis eines Betreuers gehören:
– Eheschließung (§§ 1304, 1311 I S 1, 1903 I), vgl § 1903 Rz 25;
– Verfügungen von Todes wegen, und zwar sowohl Errichtung eines Testamentes wie Erbvertrag (§§ 2064, 2274, 1903 II), vgl § 1903 Rz 26;
– Zustimmung zu einer letztwilligen Verfügung des Ehegatten, mit der dieser die Stellung eines gemeinschaftlichen Abkömmlings in der eheverträglich vorgesehenen fortgesetzten Gütergemeinschaft verschlechtert (§ 1516);
– Einwilligung der Eltern in die Adoption sowie Einwilligung des Ehegatten von Kind oder Annehmenden (§ 1747 III S 1 und IV);
– Antrag des Annehmenden auf Adoption (§ 1743 Rz 3);
– Antrag eines Elternteils auf Aufhebung des Annahmeverhältnisses wegen Unwirksamkeit seiner Einwilligung (§ 1762 I S 3 und 4, § 1903 II Fall 3);
– Aufhebung eines Erbvertrags (§ 2290 II iVm § 1903 II Fall 3);
– Rücktritt vom Erbvertrag (§ 2296 I iVm § 1903 II Fall 3);
– Organentnahme beim lebenden Betreuten (§ 7 I S 1 Nr 1a, b TPG; dazu Ute Walter FamRZ 1998, 201, 203). Auch die lebzeitige Einwilligung in eine postmortale Organspende kann nach der Systematik der §§ 3ff TPG und dem vom Gesetzgeber insoweit betonten Selbstbestimmungsrecht (BT-Drucks 13/8027, 11) nicht in den Wirkungskreis eines Betreuers fallen. Jedoch kann der Betreuer als antizipiert benannte Vertrauensperson entscheidungsbefugt sein (§ 2 II TPG); der Betreute muß den Betreuer dann namentlich, nicht notwendig schriftlich, dazu ermächtigt haben.
– Außerhalb des BGB ferner: Einwilligung eines Verurteilten in Aussetzung des Strafrestes einer Freiheitsstrafe zur Bewährung nach § 57 I Nr 3 StGB (Hamm NJW 2001, 1150).

Diese Rechtsgeschäfte kann der geschäftsfähige Betreute grundsätzlich selbständig vornehmen. Einem Geschäftsunfähigen sind sie verschlossen. Besteht die Willenserklärung in der Zustimmung zu dem Rechtsgeschäft eines Dritten, so entfällt das Zustimmungserfordernis (so bei § 1749 III).

6 b) Folgende Willenserklärungen können **nur bei Geschäftsunfähigkeit** des Betreuten zum Aufgabenkreis seines ihn vertretenden Betreuers gehören. Es sind dies Fälle, in denen der geschäftsfähige Betreute selbständig handlungsfähig ist und es einen Einwilligungsvorbehalt nicht gibt:
– Anfechtung der Vaterschaft (§ 1600a II S 3, III);
– Antrag des Annehmenden oder des Angenommenen auf Aufhebung der Adoption wegen Fehlens von Antrag bzw Einwilligung (§ 1762 I S 2);
– Antrag des volljährigen Anzunehmenden auf Adoption (§ 1768 II);
– Erbverzicht für den Erblasser (§ 2347 II S 2);
– alle namensrechtlichen Erklärungen, mit denen das über fünf Jahre alte Kind
  – sich einer elterlichen Namensbestimmung anschließt (§ 1617c I und III), sei es
    – daß die Vaterschaft des mit der Mutter verheirateten Mannes nachträglich festgestellt wurde, sei es
    – daß die Eltern nachträglich geheiratet und einen anderen Ehenamen bestimmt haben als den, der Geburtsname des Kindes geworden war
  – beantragt, den Namen der Mutter als Familiennamen zu führen, nachdem rechtskräftig festgestellt wurde, daß der Mann, dessen Familienname Geburtsname des Kindes geworden war, nicht sein Vater ist (§ 1617b II);
  – sich einer Änderung des sein Geburtsname gewordenen Namens anschließt (§ 1617c II iVm III).

7 c) Schließlich gibt es eine Willenserklärung, auf die sich **bei Geschäftsfähigkeit** des Betreuten der Aufgabenkreis des Betreuers nur erstrecken kann, wenn ein **Einwilligungsvorbehalt** angeordnet ist. Es ist dies der Abschluß eines Ehevertrags (§ 1411 I S 2; zur Regelung bei Geschäftsunfähigkeit Rz 15).

8 5. Eine **Beschränkung der Vertretungsmacht** liegt vor, **a)** wenn der Betreuer wegen seiner Stellung zum Betreuten oder zur vorliegenden Angelegenheit an deren Besorgung gehindert ist:
aa) Nach § 1908i I S 1 iVm **§ 1795** kann der Betreuer weder als Doppelvertreter noch mit sich selbst kontrahieren, noch ein Rechtsgeschäft für den Betreuten im Verhältnis zu einem nahen Angehörigen des Betreuers und

kein Verfügungsgeschäft über eine gesicherte Forderung des Betreuten gegen den Betreuer oder über deren Sicherung vornehmen (Einzelheiten bei § 1795). Anders als nach früherem Recht bei Verhinderung des Vormunds oder Pflegers ist für den ausgeschlossenen Betreuer kein Ergänzungspfleger nach § 1909 zu bestellen, weil sichergestellt werden soll, daß auch für den ergänzenden Vertreter Betreuungsrecht gilt. Es ist daher gegebenenfalls ein Mitbetreuer zu bestellen (vgl § 1899 IV und § 1899 Rz 6). In allen Fällen des § 1795 kann das VormG jedoch dem Betreuer die Vornahme des Rechtsgeschäfts gestatten (§ 1795 Rz 7).

bb) Nach § 159 II VVG muß derjenige, auf dessen Todesfall von einem anderen eine Lebensversicherung 9 genommen wird, in den Abschluß des **Versicherungsvertrages** einwilligen, wenn die vereinbarte Versicherungsleistung den Betrag der gewöhnlichen Beerdigungskosten übersteigt. Diese Einwilligung kann der Betreuer nicht erteilen, wenn er der Versicherungsnehmer ist. Gleiches gilt nach § 179 II S 2 VVG, wenn der Betreuer auf eigene Rechnung den Betreuten gegen Unfall versichert. Der Betreuer kann also allein weder das Leben des Betreuten noch ihn auf eigene Kosten gegen Unfall versichern; hierbei muß ein Ergänzungsbetreuer nach § 1899 IV mitwirken.

cc) Nach § 1908i S 1 iVm **§ 1796** kann das VormG dem Betreuer die Vertretung entziehen und soll dies dann, 10 aber nur dann tun, wenn ein in § 1796 II näher bezeichneter **Interessenkonflikt** vorliegt.

b) Nach § 1908i II S 1 iVm § 1804 kann grundsätzlich kein Betreuer in Vertretung des Betreuten **Schenkungen** 11 machen (hierzu und zur folgenden Rz beachte § 1908i Rz 37ff). § 1804 nimmt davon solche Schenkungen aus, die einer sittlichen Pflicht oder einer auf den Anstand zu nehmenden Rücksicht entsprechen. § 1908i II S 1 erweitert diese Ausnahme vom Schenkungsverbot um den Fall, daß die Schenkung dem Wunsch des Betreuten entspricht und nach seinen Lebensverhältnissen üblich ist; auch dann kann der Betreuer in Vertretung des Betreuten schenken. Da diese Lockerung des Schenkungsverbotes dem Willensvorrang des § 1901 III S 1 entspricht, gilt auch für die Einschränkung dieser Vorschrift, daß die Schenkung dem Wohl des Betreuten nicht zuwiderlaufen und für den Betreuer nicht unzumutbar sein darf. Der Betreuer hat also zu prüfen, ob der Betreute auf Sachen oder Werte, die er verschenkt wissen will, in Zukunft selbst angewiesen sein könnte. Will der Betreute sein Vermögen auf Angehörige übertragen, um Sozialhilfe zu erhalten oder den Rückgriff des Sozialhilfeträgers zu vermeiden, so ist zwar nicht das Wohl des Betreuten berührt. Aber solchem Wunsch des Betreuten zu entsprechen, wäre für den Betreuer pflichtwidrig (§ 1901 Rz 19a).

Besonders problematisch sind **Schenkungen** des Betreuten **an den Betreuer**. Ist der Betreute geschäftsfähig, so 12 steht einer Schenkungserklärung, die er selbst abgibt, nichts im Wege. Aus dem Gesichtspunkt des § 333 StGB ergibt sich (über §§ 134, 138) nichts Gegenteiliges, weil der Betreuer kein Amtsträger im Sinne von § 11 I Nr 2b StGB ist (SK-StGB/Rudolphi, 7. Aufl, § 11 Rz 21). Lediglich im Rahmen der Behördenbetreuung kann für die mit der Wahrnehmung der Aufgaben betrauten Mitarbeiter der Behörde aus den bei § 1833 Rz 13f angegebenen Gründen etwas anderes gelten. Auch soweit die §§ 1908i II S 1, 1804 vertretungsweise Schenkungen des Betreuers zulassen, kann der Betreuer wegen § 1908i S 1 iVm § 1795 sich nicht selbst aus dem Vermögen des Betreuten beschenken. Eine das Verbot des Insichgeschäfts überwindende Gestattung ist ebenso auszuschließen wie eine Bevollmächtigung des Betreuers durch den Betreuten (Rz 16). Jegliche Schenkung des geschäftsfähigen Betreuten an den Betreuer ist ausgeschlossen, wenn ein entsprechender Einwilligungsvorbehalt angeordnet ist: dann kann der Betreuer nicht in eine vom Betreuten selbst abgegebene Schenkungserklärung einwilligen. Für Schenkungen des Betreuten an den Betreuer hat die in § 1908i II S 1 gegenüber § 1804 liegende Erleichterung somit keine Bedeutung.

c) Eine Beschränkung der Rechtsmacht des Betreuers bedeutet es auch, wenn zur Wirksamkeit der von ihm für 13 den Betreuten abgegebenen Willenserklärung die **Genehmigung des VormG** hinzukommen muß. Es sind dies zunächst Fälle, die das BtG in den **§§ 1904ff** geregelt hat: die Einwilligung in eine Untersuchung des Gesundheitszustandes, eine Heilbehandlung oder einen ärztlichen Eingriff, wenn die begründete Gefahr besteht, daß der Betreute aufgrund der Maßnahme stirbt oder einen schweren oder länger dauernden gesundheitlichen Schaden erleidet (**§ 1904**); die Einwilligung in eine Sterilisation (**§ 1905 II**); die mit Freiheitsentziehung verbundene Unterbringung des Betreuten (**§ 1906**); die Kündigung oder Aufhebung eines Mietverhältnisses über Wohnraum, den der Betreute gemietet hat (**§ 1907**); der Abschluß eines Miet- oder Pachtvertrages oder eines anderen Vertrages, durch den der Betreute zu wiederkehrenden Leistungen verpflichtet wird, wenn das Vertragsverhältnis länger als vier Jahre dauern soll oder wenn vom Betreuten Wohnraum vermietet werden soll (**§ 1906**); ein Ausstattungsversprechen (**§ 1908**).
Diesen gesetzlich angeordneten Genehmigungserfordernissen hat der BGH in der Entscheidung vom 17. 3. 2003 rechtsfortbildend den Fall an die Seite gestellt, daß der Betreuer „seine Einwilligung in eine ...'' lebenserhaltende oder -verlängernde Behandlung ... verweigern'' will (FamRZ 2003, 748 mit Anm Lipp und Anm Holzhauer S 991).

Andere Fälle ergeben sich aus der **Verweisung des § 1908i S 1** auf Vorschriften des Ersten Titels des Buches 14 Familienrecht, nämlich die §§ 1819, 1820, 1821, 1822 (sämtliche Unterfälle außer Nr 5) und § 1824.

Schließlich bedarf der Betreuer in folgenden **Einzelfällen** zu einer von ihm für den Betreuten abzugebenden 15 Willenserklärung der Genehmigung des VormG:
§ 112 iVm § 1903 S 2: Ermächtigung des Betreuten zum selbständigen Betrieb eines Erwerbsgeschäfts sowie Rücknahme der Ermächtigung; **§ 1411 I S 3**: Zustimmung des unter Einwilligungsvorbehalt stehenden Betreuers zu einem Ehevertrag, in dem der Ausgleich des Zugewinns ausgeschlossen oder eingeschränkt oder Gütergemeinschaft vereinbart oder aufgehoben wird, wenn für diese Angelegenheiten Einwilligungsvorbehalt angeordnet ist; **§ 1411 II S 2**: Abschluß eines Ehevertrags für den geschäftsunfähigen Betreuten; **§ 1484 II S 3**: Ablehnung der fortgesetzten Gütergemeinschaft durch den Betreuer des überlebenden Ehegatten; **§ 1491 III S 2**:

Verzicht auf den Anteil an dem Gesamtgut einer fortgesetzten Gütergemeinschaft durch den Betreuer eines Abkömmlings; § 1492 III S 2: Aufhebung der fortgesetzten Gütergemeinschaft durch den Betreuer des überlebenden Ehegatten; § 1596 I S 3 und 4: Anerkennung der Vaterschaft und Zustimmung der Mutter dazu bei Geschäftsunfähigkeit des Mannes oder der Mutter; § 2282 II: Anfechtung eines Ehevertrags durch den Betreuer des geschäftsunfähigen Erblassers; § 2347 I S 2: Erbverzicht des Betreuers für den betreuten Verzichtenden; § 2347 II: Erbverzicht des Betreuers für den geschäftsunfähigen Erblasser; § 2290 III S 1: Aufhebung eines Erbvertrags durch den Betreuer des Vertragspartners des Erblassers; § 2342 I S 3: Erbverzicht durch den Betreuer des Verzichtenden; § 2347 II S 2 Hs 2: Annahme des Erbverzichts durch den Betreuer des Erblassers; § 2351: Vertrag über die Aufhebung des Erbverzichts durch den Betreuer des Erblassers; § 2351: Vertrag über die Aufhebung des Erbverzichts durch den Betreuer des Verzichtenden; § 607 II ZPO: Scheidungs- oder Aufhebungsantrag für den geschäftsunfähigen Betreuten; § 181 II S 2 ZVG: Antrag des Betreuers eines Miteigentümers auf Auseinandersetzungsversteigerung; § 2 I NÄG: Antrag des Betreuers auf Namensänderung bei Geschäftsunfähigkeit und, sofern Einwilligungsvorbehalt angeordnet ist, auch bei Geschäftsfähigkeit des Betreuten.

16 **d) Bevollmächtigung des Betreuers?** Der Genehmigung des VormG bedarf auch der Betreuer eines geschäftsfähigen Betreuten. Abzulehnen ist die Ansicht, wonach der geschäftsfähige Betreute dadurch, daß er das Handeln des Betreuers genehmigt, das Erfordernis der gerichtlichen Genehmigung entfallen ließe (so MüKo/Schwab Rz 10; Staud/Bienwald Rz 15–18; wie hier Pal/Diederichsen Rz 2). Die Begründung des OLG Frankfurt/M (FamRZ 1997, 1424) für die Ablehnung ist allerdings formalistisch: die §§ 177f seien nicht anwendbar, weil der durch §§ 1908i I S 1, 1821 beschränkte Betreuer nicht ohne Rechtsmacht gehandelt habe. Inhaltlich sind die §§ 177f auch bei gesetzlicher Vertretung anwendbar. Die Beschränkung der Vertretungsmacht eines gesetzlichen Vertreters durch das Erfordernis gerichtlicher Genehmigung ist nur ein Minus, kein Aliud gegenüber deren Fehlen. Zu Unrecht beruft sich das OLG auch darauf, daß die §§ 1829f kraft Spezialität den §§ 177f vorgingen, denn das gilt eben nur für die Genehmigung des VormG (vgl etwa Staud/Engler 12. Aufl Rz 10). Auch wird nirgends, außer in dem Beschluß des OLG Frankfurt/M, auch nicht an den darin zitierten Literaturstellen, die Frage eine nachträglichen Genehmigung durch den Betreuer anders beurteilt als die einer **Bevollmächtigung**. Die Sache liegt allerdings anders als bei den Grenzen der Vertretung (Rz 4–5), die auf dem höchstpersönlichen Charakter eines Rechtsgeschäfts oder der Angelegenheit beruhen und daher der Bevollmächtigung ebenso entgegenstehen wie der gesetzlichen Vertretung. Zum früheren Recht der Gebrechlichkeitspflegschaft wurde angenommen, daß die im Erfordernis vormundschaftsgerichtlicher Genehmigung bestehende Schranke der Vertretungsmacht des Pflegers durch Bevollmächtigung seitens des geschäftsfähigen Pflegers überwindbar ist (MüKo/Goerke, 2. Aufl, § 1910 Rz 69 mN, BGH 18, 147, 161). In der Amtl Begr zu § 1902 ist eine solche „Freistellung von zwingenden gesetzlichen Vorschriften" als mit der Rechtsstellung eines Betreuers schlechthin unvereinbar bezeichnet (BT-Drucks 11/4528, 135). Der rechtspolitischen Vorstellung, die darin ausgedrückt wird, ist zwar von keiner Seite widersprochen worden. Jedoch wird eingewandt, daß der darauf gerichtete Wille im Gesetz keinen Ausdruck gefunden habe (Dieckmann JZ 1988, 789, 797; MüKo/Schwab Rz 10; Damrau/Zimmermann Rz 2; Staud/Bienwald Rz 18; Cypionka DNotZ 1991, 571, 577). Indessen ist den Schrankenvorschriften des Betreuungsrechtes eine die Möglichkeit dieser Bevollmächtigung verdrängende Wirkung beizumessen; es ist nicht selten, daß das systematische Verhältnis zwischen Vorschriften oder Rechtsinstituten im Auslegungsweg bestimmt wird. Das vorliegende Problem ist ein Aspekt des problematischen Verhältnisses von Betreuungsbedürftigkeit und Geschäftsfähigkeit (§ 1896 Rz 31ff). In vielen Fällen wird die Unfähigkeit, die in den Aufgabenkreis des Betreuers fallende(n) Angelegenheit(en) zu besorgen, bedeuten, daß der Betreute partiell geschäftsunfähig ist; dann ist er auch nicht in der Lage, auf diesem Gebiet Vollmacht zu erteilen. In den verbleibenden Fällen wäre die Figur eines zusätzlich „bevollmächtigten Betreuers" ein Zwischending zwischen Beauftragtem und Partei kraft Amtes, der einerseits nicht mehr gem § 1901 II an das objektive Wohl des Betreuten gebunden, andererseits bei dessen Mittellosigkeit aus der Staatskasse zu entschädigen und vielfach auch zu entschädigen wäre. Eine Denaturierung der Figur des Betreuers läge auch darin, daß die in § 1896 II S 2 verankerte Subsidiarität unterlaufen würde. (Im Erg wie hier: Frankfurt/M FamRZ 1997, 1424 und BtE 1996/97, 71 und Seitz in der Anm.)

17 **6. Keine Beschränkung durch Willensvorrang des Betreuten.** Nach § 1901 III S 1 hat der Betreuer grundsätzlich Wünschen des Betreuten zu entsprechen. Handelt der Betreuer einem vom Willensvorrang gedeckten Wunsch des Betreuten entgegen, so ist die Rechtshandlung des Betreuers gleichwohl wirksam. Hier bewährt sich die im deutschen Recht besonders ausgeprägte Unterscheidung des Außenverhältnisses der Rechtsmacht von dem ihr zugrundeliegenden Innenverhältnis zum Vertretenen. Der Dritte kann sich selbst dann grundsätzlich auf die Rechtsmacht des Betreuers verlassen, wenn er den Widerspruch zu Wünschen des Betreuten erkennt. Es ist nämlich Sache des Betreuers, die Grenzen des Willensvorrangs des Betreuten zu beurteilen. **Kolludiert der Betreuer** jedoch zum Nachteil des Betreuten mit dem Dritten, so handelt er ohne Vertretungsmacht. Es kommt dabei nicht darauf an, ob der Betreute von dem ihm nachteiligen Handeln des Betreuers Kenntnis hat und einen entgegengesetzten Wunsch äußert und ob der Dritte auch dies erkennt.

17a **7.** Auch bei persönlichen Angelegenheiten hat die Entscheidung des Betreuers Außenwirkung: sie wirkt, als sei sie vom Betreuten getroffen. Von Dritten ist sie als solche hinzunehmen. Bedeutung hat das besonders im Bereich der Gesundheitssorge. Erteilt oder verweigert der Betreuer eine Behandlungseinwilligung oder verlangt er einen Behandlungsabbruch, so übt er damit mit vertretungsweise das Selbstbestimmungsrecht des Betreuten aus, mag dem auch die Auslegung einer Patientenverfügung oder die Annahme eines mutmaßlichen Willens zugrundeliegen, welches beides mit Unsicherheit behaftet sein kann. Eben darum empfiehlt sich rechtspolitisch in streitigen Fällen die Möglichkeit einer vormundschaftsgerichtlichen Überprüfung (§ 1901 Rz 24).

18 **8. Doppelkompetenz von Betreuer und geschäftsfähigem Betreuten.** Die Bestellung des Betreuers hat keine Auswirkung auf die Geschäftsfähigkeit des Betreuten. Hier liegt der wichtige Unterschied zur früheren Entmündigung, die je nach dem Entmündigungsgrund den Betroffenen geschäftsunfähig machte oder nur noch beschränkt geschäftsfähig sein ließ. Die Betreuung gleicht hierin der früheren Gebrechlichkeitspflegschaft, die ebenfalls keine Auswirkung auf die Geschäftsfähigkeit des Gebrechlichen hatte (dazu vor § 1896 Rz 6). Immerhin mußte der Gebrechliche geschäftsunfähig sein, damit die Pflegschaft ohne seine Einwilligung angeordnet werden konnte. Weil die Feststellung der Geschäftsunfähigkeit aber keine konstitutive Bedeutung hatte, schloß sie nicht aus, daß der Pflegling in einem späteren Zeitpunkt geschäftsfähig war, sei es, daß er in lucidum intervallum hatte, sei es, daß er genesen war. Keine Doppelkompetenz duldet der Zivilprozeß. Nach § 53 ZPO steht eine prozeßfähige Person, die durch einen Betreuer vertreten wird, für den Rechtsstreit einer nicht prozeßfähigen Person gleich. Gleiches gilt in den anderen Prozeßordnungen (§ 1896 Rz 72).

Kraft der Doppelkompetenz ist es möglich, daß Betreuer und Betreuter Verpflichtungen eingehen, die in ihrer **19** Kombination das Vermögen des Betreuten überlasten, von denen eine (zB doppelte Anmietung einer Wohnung) sinnlos oder, wenn auf Verfügung über denselben Gegenstand gerichtet, nicht erfüllbar ist. Nachteile daraus treffen sowohl den Geschäftspartner als auch den Betreuten. Treffen Betreuer und Betreuter Verfügungen über denselben Gegenstand, wird zB dieselbe Sache zweimal übereignet, dieselbe Forderung zweimal abgetreten oder wegen desselben Mangels einer gekauften Sache vom einen gemindert, vom anderen gewandelt, so ist jeweils nur die zeitlich frühere Verfügung wirksam.

Indessen sind Problemfälle dieser Art während der jahrzehntelangen Geltung der Vorschrift über die Gebrech- **20** lichkeitspflegschaft nicht bekannt geworden. Es scheint, daß sich in der Praxis die Pfleglinge unterordnen und nicht eigenmächtig Rechtsgeschäfte vornehmen. Daran hat sich durch den Übergang zur Betreuung nichts geändert. Freilich kann die Vergleichbarkeit mit der Gebrechlichkeitspflegschaft in Zweifel gezogen werden: Bei der konsentierten Gebrechlichkeitspflegschaft galt ausnahmslos der Willensvorrang des Gebrechlichen, bei der viel häufigeren „Zwangspflegschaft" war ein Willensvorrang des Pfleglings dagegen unbekannt. Allerdings dürfte sich der Rechtsverkehr einem Betreuten gegenüber wegen der Gefahr seiner Geschäftsunfähigkeit in gleicher Weise zurückhalten wie früher jemandem gegenüber, der unter Gebrechlichkeitspflegschaft stand.

Als Folge der doppelten Rechtsmacht werden auch Unzuträglichkeiten für den Rechtsverkehr befürchtet. Wenn **21** dabei besonders auf **Notare** hingewiesen wird, so ist diesen bekannt, daß der durch seine Bestallungsurkunde (§ 69b II FGG) ausgewiesene Betreuer eine Rechtsmacht für den Betreuten hat, die von dessen Wünschen unabhängig ist. Vorsicht ist allerdings geboten gegenüber eigenen Rechtshandlungen des Betreuten wegen dessen zweifelhafter Geschäftsfähigkeit. Aber diese Unsicherheit ist nicht durch die Betreuung hervorgerufen.

9. Seine Rechtsmacht ermöglicht es dem Betreuer, **Untervollmacht** zu erteilen (so allg bei gesetzlicher Vertre- **22** tungsmacht: Medicus Allg Teil 8. Aufl 2002 Rz 950). Ein Vereinsbetreuer kann seinen Verein bevollmächtigen (Formella BtPrax 1996, 208, 209). Dabei hat der Betreuer zwar die Grenzen zu beachten, in denen er seine Aufgaben persönlich wahrzunehmen hat, welche die gleichen sind wie bei der Vormundschaft (§ 1793 Rz 28, § 1837 Rz 2). Aber infolge ihrer Abstraktheit ist die Wirksamkeit der Untervollmacht von diesen Grenzen unabhängig; das gilt auch von einer den gesamten Aufgabenkreis des Betreuers abdeckenden Generalvollmacht. Anders als ein Ersatzbetreuer nach § 1899 IV ist ein Unterbevollmächtigter jedoch nicht Betreuer, steht nicht unter der Aufsicht des VormG (§ 1837) und haftet dem Betreuten nicht nach § 1833. Für einen vom Unterbevollmächtigten verursachten Schaden muß der Betreuer nicht nach § 1833 (vgl § 1833 Rz 7ff) einstehen. Einem Dritten haftet der Unterbevollmächtigte bei Überschreiten der Untervollmacht aus § 179, während dann, wenn die Untervollmacht über den Aufgabenkreis des Betreuers hinausgeht, dieser haftet (Larenz/Wolf 8. Aufl § 49 Rz 29ff).

§ 1903 *Einwilligungsvorbehalt*

(1) Soweit dies zur Abwendung einer erheblichen Gefahr für die Person oder das Vermögen des Betreuten erforderlich ist, ordnet das Vormundschaftsgericht an, dass der Betreute zu einer Willenserklärung, die den Aufgabenkreis des Betreuers betrifft, dessen Einwilligung bedarf (Einwilligungsvorbehalt). Die §§ 108 bis 113, 131 Abs. 2 und § 210 gelten entsprechend.

(2) Ein Einwilligungsvorbehalt kann sich nicht erstrecken auf Willenserklärungen, die auf Eingehung einer Ehe oder Begründung einer Lebenspartnerschaft gerichtet sind, auf Verfügungen von Todes wegen und auf Willenserklärungen, zu denen ein beschränkt Geschäftsfähiger nach den Vorschriften des Buches vier und fünf nicht der Zustimmung seines gesetzlichen Vertreters bedarf.

(3) Ist ein Einwilligungsvorbehalt angeordnet, so bedarf der Betreute dennoch nicht der Einwilligung seines Betreuers, wenn die Willenserklärung dem Betreuten lediglich einen rechtlichen Vorteil bringt. Soweit das Gericht nichts anderes anordnet, gilt dies auch, wenn die Willenserklärung eine geringfügige Angelegenheit des täglichen Lebens betrifft.

(4) § 1901 Abs. 5 gilt entsprechend.

1. Textgeschichte. Eingeführt durch Art 1 Nr 47 BtG. Gegenüber dem bloßen Hinweis auf die Erforderlichkeit **1** im DiskTE brachte der RefE die Präzisierung „... zur Abwendung einer erheblichen Gefahr für die Person oder das Vermögen des Betreuten...". Abs II wurde im RefE um den Fall der Willenserklärungen nach den Vorschriften des 4. und 5. Buches erweitert. Die Abs III und IV blieben vom DiskTE an unverändert. In Abs I S 2 wurde die Verweisung der im Rahmen der Schuldrechtsreform veränderten Zählung der Verjährungsvorschriften angepaßt.

2. Gesetzgeberischer Grund. a) Der **Einwilligungsvorbehalt** (im folgenden abgekürzt: EV) dient einem **2** Zweck, der bei der früheren Entmündigung im Vordergrund gestanden hatte: den Betroffenen vor nachteiligen Folgen eigenen rechtsgeschäftlichen Handelns zu bewahren. Der primäre Zweck der Betreuung besteht dagegen darin, daß die Angelegenheiten des Betroffenen ihre erforderliche Erledigung finden. Meistens führt eine krankheits- oder behinderungsbedingte Unfähigkeit dazu, daß eigene Angelegenheiten verschleppt werden oder unerledigt bleiben: der Kranke beantwortet keine Post, geht nicht zum Arzt, sucht keinen Heimplatz, obwohl er nicht mehr selbständig leben kann. In diesen Fällen genügt die Bestellung eines Betreuers, der das Erforderliche unternimmt. In seltenen Fällen ist der Betroffene rechtlich aktiv: er kauft Unnötiges (Konsumzwang), vielleicht ohne Rücksicht auf seine finanziellen Möglichkeiten, gefährdet sein Vermögen durch geschäftliche Überaktivität, verschwendet es oder begibt sich von einer ärztlichen Behandlung in die andere. In solchen Fällen besteht die Aufgabe des Betreuers zu einem Teil darin, die verworrenen Angelegenheiten des Betreuten zu ordnen. In den meisten Fällen wird der Betreuer den Betreuten abhalten können, weiterhin nachteilige Rechtsgeschäfte vorzunehmen. Gelingt ihm das nicht, so ist ein EV keineswegs immer geeignet, die Nachteile abzuwenden, sondern nur dann, wenn diese gerade in der bestehenden oder vermeintlichen Geschäftsfähigkeit des Betreuten begründet sind. Die Nachteile können in schädlichem Erwerb oder in der Belastung mit Leistungspflichten bestehen, die zu Vermögensverlust oder Überschuldung führen. In solchen Fällen schützt ein EV den Betroffenen vor sich selbst.

3   In dem häufigen Fall, in dem die Geschäftsfähigkeit des Betroffenen zweifelhaft ist, dient die Anordnung eines EV außerdem **der Rechtsklarheit**, indem Streit über die natürliche Geschäfts(un)fähigkeit weitgehend vermieden wird (dazu auch Rz 12). Im Hinblick auf diese Wirkung kommt die Anordnung eines EV auch bei einem Betroffenen in Betracht, der für geschäftsunfähig gehalten wird (Amtl Begr BT-Drucks 11/4528, 137); dieser könnte bei Schwierigkeiten, seine Geschäftsunfähigkeit zu beweisen, auch mit den Folgen seiner materiell unwirksamen Rechtsgeschäfte belastet werden. Im allgemeinen ist aber bei einem eindeutig Geschäftsunfähigen ein EV nicht erforderlich, so daß bei sachgemäßer Praxis das von Schwab (FS Mikat S 894) befürchtete weitgehende Leerlaufen des EV nicht droht. Sowenig der Zweck, die Betreuung zu erleichtern, den EV zu rechtfertigen vermag, sowenig kann diese Folge seiner Anordnung entgegenstehen. Die Erleichterung besteht darin, daß der Betreuer nur noch auf seine fehlende Einwilligung zu verweisen braucht, um die Unwirksamkeit eines vom Betreuten allein vorgenommenen Rechtsgeschäfts darzutun. Auch kann der Betreute Maßnahmen des Betreuers nicht mehr dadurch konterkarieren, daß er zB die vom Betreuer angemietete Wohnung sogleich wieder kündigt oder einem Dritten eine Vollmacht erteilt, kraft deren dieser vom Betreuer gleichsam die in dessen Aufgabenkreis fallenden Angelegenheiten wegnimmt und ohne die Schranke des § 1901 III S 1 sowie unabhängig von der Aufsicht des VormG und ohne gerichtliche Genehmigungserfordernisse nach den Wünschen des Vollmachtgebers erledigt. Wenn diese Erleichterungen für den Betreuer unter dem Gesichtspunkt des Wohls des Betreuten in einem angemessenen Verhältnis zu der dem Betreuten auferlegten Beschränkung stehen, wird der EV nicht als Waffe des Betreuers im „Machtkampf" mit dem Betreuten (so die Befürchtung von Dieckmann JZ 1988, 789, 794) mißbraucht.

4   b) Nach der Amtl Begr soll die Erforderlichkeit eines EV auch in der Gefahr begründet sein können, „daß bedeutsame **Willenserklärungen (dem Betreuten) gegenüber abgegeben werden** und hierdurch erheblicher Schaden für die Betreuten eintritt" (BT-Drucks 11/4528, 137). Wiederum ist bei eindeutiger Geschäftsunfähigkeit des Betreuten ein EV nicht erforderlich: ist der Betreute im natürlichen Sinn des § 104 Nr 2 geschäftsunfähig, so wird eine ihm zugehende Willenserklärung wegen § 131 I nicht wirksam. Die Willenserklärung wird wirksam, wenn sie dem Betreuer zugeht. Ist der Betreute dagegen geschäftsfähig, so wird eine ihm gegenüber abzugebende Willenserklärung sowohl durch Zugang an ihn als auch durch Zugang an den Betreuer wirksam. Droht die Gefahr in diesem Fall dadurch, daß eine dem Betreuten zugehende Willenserklärung dem Betreuer nicht zur Kenntnis kommt, so kann die Erweiterung des Aufgabenkreises auf die Entgegennahme und das Öffnen der Post (§ 1896 IV) das weniger eingreifende Mittel sein. Nur wenn dies nicht ausreicht, kommt in Betracht, einen EV nicht (nur) für die Abgabe, sondern (auch) für den Empfang von Willenserklärungen wegen anzuordnen.

5   c) Bei **nur körperlich Behinderten** kommt ein EV nicht in Betracht (Amtl Begr BT-Drucks 11/4528, 137). Das kommt in dem Gegensatz zum Ausdruck, daß nach § 1896 I S 3 ein nur körperlich Behinderter nur auf seinen Antrag einen Betreuer erhält, während ein EV nur von Amts wegen angeordnet werden kann. Der nur körperlich Behinderte könnte durch seinen Antrag auf Entlassung des Betreuers, dem entsprochen werden muß (§ 1908d Rz 4), einem EV jederzeit die Grundlage entziehen. Unzulässig wäre es, mit der beantragten Bestellung des Betreuers von Amts wegen die Anordnung eines EV zu verbinden. Sollte umgekehrt ein nur körperlich Behinderter die Anordnung eines EV wollen, so wäre die Erforderlichkeit zu verneinen.

3. Voraussetzungen des Einwilligungsvorbehalts

6   a) **Gemeinsame Voraussetzungen für Betreuung und Einwilligungvorbehalt.** Indem § 1903 voraussetzt, daß ein Betreuer bestellt ist, hat die Anordnung eines EV dieselben Voraussetzungen wie die Bestellung eines Betreuers, nämlich des **zweigliedrigen Bedürfnistatbestand des § 1896**. Obwohl der EV einen vertieften Eingriff in das Persönlichkeitsrecht des Betroffenen bedeutet, setzt er nicht einen schwereren Grad an Krankheit oder Behinderung oder der damit gegebenen Unfähigkeit voraus. Das bedeutet, daß dann, wenn gleichzeitig über Bestellung eines Betreuers und Anordnung eines EV zu entscheiden ist, der zweigliedrige Bedürfnistatbestand nur einmal, und zwar als Voraussetzung der Betreuerbestellung, zu prüfen ist. Soll eine bestehende Betreuung später um einen EV erweitert werden, so ist zwar erneut der Bedürfnistatbestand festzustellen, aber nicht ohne Zusammenhang damit, daß er bereits in der bestehenden Betreuung vorausgesetzt wird und bei Bestellung des Betreuers festgestellt wurde, so daß seine Verneinung bei der erneuten Prüfung nicht nur zur Ablehnung des EV, sondern zur Aufhebung der Betreuung führen muß. Dieser Zusammenhang kommt in den Entscheidungen zuwenig zum Ausdruck, in denen des BayObLG immer wieder feststellt, daß die Anordnung eines EV die Willensunfreiheit des Betreuten voraussetzt (zuletzt FamRZ 1999, 681; zuerst BayObLG 1992, 387).

7   b) **Einer erheblichen Gefahr aa) für die Person** kann durch einen EV nur selten begegnet werden, zB dann nicht, wenn diese Gefahr durch einen bestimmten Aufenthalt droht. Solcher Gefahr ist dadurch zu begegnen, daß

der Betreuer das **Aufenthaltsbestimmungsrecht** erhält; ein EV ist insoweit kaum dienlich (Rz 37). Auf personenrechtliche Gestaltungen, wie besonders die **Einwilligung in eine medizinische Maßnahme**, ist § 1903 gar nicht anwendbar (Rz 38). Die meisten **familienrechtlichen Rechtsgeschäfte**, durch die der Person Gefahr drohen kann, sind infolge von Abs II vom EV ausgenommen. Nicht ausgenommen ist die Annahme eines Kindes, aber trotzdem kann sich ein EV darauf ebensowenig beziehen, wie die Adoption Aufgabe eines Betreuers sein kann (Rz 30). Nicht ausgenommen ist die Vaterschaftsanerkennung. Nach § 1596 I S 2 bedarf, wer in der Geschäftsfähigkeit beschränkt ist, zur Anerkennung der Vaterschaft der Zustimmung seines gesetzlichen Vertreters, so daß sich nach § 1903 II ein EV darauf erstrecken kann. Der hier drohende Schaden ist in erster Linie Vermögensschaden aufgrund der Unterhaltspflicht. Nicht ausgeschlossen erscheint, einem wohlhabenden Suchtkranken durch EV die Beschaffung des Suchtstoffes zu erschweren (vgl LG Köln BtPrax 1992, 109, 110).

bb) Erhebliche Gefahr **für das Vermögen** besteht bei ungünstigen oder unnützen Rechtsgeschäften, besonders solchen, die dem Zweck der Betreuung oder Handlungen des Betreuers widersprechen oder auf krankhaft bedingter Wahnvorstellung beruhen (BayObLG BtE 1996/97, 73: Kostspielige Verfolgung nicht bestehender Ansprüche), ferner bei Verschwendung, die auf psychischer Krankheit beruhen kann (§ 1896 Rz 3). Eine Gefahr für das Vermögen ist auch dann anzunehmen, wenn der Unterhalt des Betreuten aus seinen privaten Mitteln oder durch Sozialhilfe sichergestellt ist, denn es genügt eine Gefahr für das Vermögen, die nicht zugleich eine Gefahr für den Unterhalt der Person zu sein braucht. Ebenso bleibt ein Interesse des Betreuten, nicht mit (weiteren) Schulden belastet zu werden, erhalten, auch wenn er mittellos ist und von privater oder öffentlicher Unterstützung lebt (BayObLG FamRZ 1997, 902). **8**

cc) Die Gefahr muß **erheblich** sein; das betrifft sowohl den Umfang eines drohenden Schadens als auch die Wahrscheinlichkeit seines Eintritts. Vermögensschäden, die – in Relation zum Gesamtvermögen des Betreuten – geringfügig sind oder deren Eintritt nur eine entfernte Möglichkeit ist, scheiden aus. **9**

c) Andere Zwecke, vor allem **Drittinteressen**, können einen EV – anders als die Betreuung, § 1896 Rz 50 – nicht begründen. Soweit Dritte als privatrechtlich Unterhaltspflichtige oder der Staat als Träger sozialer Leistungspflicht von Rechtsgeschäften des Betreuten nachteilig berührt werden, kann nur die Vermögensgefährdung, der sich der Betreute selbst aussetzt, einen EV rechtfertigen. Dritte können auch als Unterhaltsberechtigte, Erbanwärter oder Pflichtteilsberechtigte Interesse daran haben, daß das Vermögen ihres Erblassers erhalten bleibt. Solange dieses Drittinteresse mit dem des Betroffenen oder Betreuten kongruent ist, ist ein EV zulässig. Selbst wenn der angemessene Unterhalt des Betroffenen oder Betreuten aus eigenen Mitteln für die voraussichtliche Lebensdauer nicht gefährdet erscheint, begründet der Schutz von darüber hinausgehendem Vermögen ein Eigeninteresse; insofern ist nach wie vor ein transpersonaler Sinn von Privatvermögen anzuerkennen. Die ganz individualistische Sicht bei MüKo/Schwab Rz 5 ist vom Gesetz nicht geboten und verkennt den Gehalt des Pflichtteilrechtes in seiner Ausgestaltung durch die ordentliche und besonders durch die außerordentliche Pflichtteilsergänzung (§§ 2325, 2329). Sie dürfte auch der allgemeinen Anschauung widersprechen. Darüber hinaus sind schützenswerte Interessen Dritter an einem EV nicht erkennbar. Zwar war gegen die frühere Entmündigung eingewandt worden, sie sei in erster Linie zum Schutz Dritter eingeführt worden. Aber das war unzutreffend und beruhte vielleicht auf einer Verwechslung mit dem Allgemeininteresse an Rechtsklarheit und an Vermeidung von Streitigkeiten über die Wirksamkeit von Rechtsgeschäften des Kranken oder Behinderten. So wie diesem Interesse die frühere Entmündigung diente, dient ihm jetzt der EV (Rz 3). Die frühere Entmündigung, die außer dem engeren Lebenskreis hinaus nicht bekannt wurde, konnte sogar ihrerseits Dritte gefährden, die mit dem „unerkannt Geisteskranken" – etwa in einem lucidum intervallum – kontrahierten (Holzhauer, DJT-Gutachten B 56f). Diese Gefahr kann nach Abschaffung der Entmündigung nur noch bei natürlicher Geschäftsunfähigkeit bestehen. Der Dritte, der mit dem Betreuten kontrahiert hat, kann sich durch Irrtumsanfechtung schützen, wenn er von dessen Krankheit oder Behinderung keine Kenntnis hatte und nach Art des Rechtsgeschäftes die Gesundheit des Partners eine wesentliche persönliche Eigenschaft ist (§ 119 II). Das Risiko, daß der mit einem ohne EV geschlossene Vertrag wegen natürlicher Geschäftsunfähigkeit des Betreuten unwirksam ist, würde auch durch EV nicht beherrschbar: Wer nicht erkannt hat, daß sein Partner unter Betreuung steht, dem wäre auch ein EV verborgen geblieben. Wer aber von der Betreuung seines Geschäftspartners weiß, ist gewarnt und kann sich nicht zuletzt durch Einsicht in die Gerichtsakte (§ 34 FGG) näheren Aufschluß verschaffen. **10**

d) Allein der Zweck, die **Arbeit des Betreuers zu erleichtern**, vermag einen EV nicht selbständig zu begründen. Besteht jedoch die erhebliche Gefahr für die Person oder das Vermögen (Rz 7 und 8), so spricht es nicht gegen die Zulässigkeit eines EV, daß seine Anordnung die Arbeit des Betreuers erleichtert (Rz 3). **11**

e) Von der Frage der natürlichen **Geschäfts(un)fähigkeit** ist die Erforderlichkeit des EV ebenso unabhängig wie die Erforderlichkeit der Betreuung (§ 1896 Rz 35ff). Allerdings ist bei einem Geschäftsunfähigen ein EV nicht erforderlich, weil seine Willenserklärungen gem § 105 I und der Einschränkung durch § 105a nichtig sind und ein EV auch nicht dazu dienen kann, den Geschäftsunfähigen in den Stand zu setzen, mit Hilfe des einwilligenden Betreuers wirksame Willenserklärungen abgeben zu können (Rz 20). Auch kann eine dem Geschäftsunfähigen zugehende Willenserklärung nicht wirksam werden, bevor sie dem Betreuer zugeht (§ 131 I). Das bedeutet aber nicht, daß umgekehrt Geschäftsfähigkeit Voraussetzung der Anordnung eines EV wäre. Das Ziel des BtG, von der Feststellung der Geschäfts(un)fähigkeit zu dispensieren, braucht auch für die Fälle, in denen ein EV angezeigt ist, nicht aufgegeben zu werden. In Fällen zweifelhafter Geschäftsunfähigkeit vermag der EV den Betreuten vor gerichtlichen Auseinandersetzungen und damit verbundenen Kosten zu bewahren, indem bei Aktivitäten des Betreuten der Hinweis auf die Einwilligung des Betreuers die Sache entscheidend vereinfacht. Geschäftsunfähigkeit steht also der Wirksamkeit des EV nicht entgegen, ebenso eine partielle (BayObLG FamRZ 1995, 518; 1996, 370, 371; Düsseldorf FamRZ 1993, 1224). Nur bei eindeutiger Geschäftsunfähigkeit des Betreuten entfällt ein EV mangels Erforderlichkeit. **12**

13 4. **Nur im Aufgabenkreis des Betreuers** kann ein EV angeordnet werden, der EV kann nicht über den Aufgabenkreis hinausgreifen. Ein EV kann also nicht ohne gleichzeitige oder frühere Bestellung eines Betreuers angeordnet werden, auch nicht durch einstweilige Anordnung als vorläufiger EV nach § 69f FGG. Lediglich bei Tod und Entlassung des Betreuers kann vorübergehend bis zur Bestellung eines neuen Betreuers ein **isolierter EV** bestehen (§ 1908c Rz 2).

Jedoch kann sich die Erforderlichkeit des EV auf einen **Ausschnitt aus dem Aufgabenkreis** des Betreuers beschränken. Besonders darauf ist § 69 FGG (Rz 48) gemünzt, wonach die Entscheidung den Kreis der einwilligungsbedürftigen Willenserklärungen bezeichnen muß. Hat sich zB der Betroffene ausschließlich durch Einkäufe im Versandhandel verschuldet, so kann der EV auf derartige Geschäfte beschränkt werden, auch wenn sich die Betreuung auf alle Vermögensangelegenheiten erstreckt. Bei einem Personen- und Vermögenssorge umfassenden Aufgabenkreis wird es in der Regel genügen, den EV für vermögensrechtliche Willenserklärungen anzuordnen. Auch kann der EV auf Geschäfte über einer bestimmten Wertgrenze, zB 500 Euro, beschränkt werden (BayObLG FamRZ 1994, 1135: Verpflichtungen über 500 DM; Cypionka DNotZ 1991, 571, 581). Aus dem Gesichtspunkt der Erforderlichkeit kann auch eine Befristung des EV abzuleiten sein, die auch in einer gegenständlichen Beschränkung zum Ausdruck kommen kann (BayObLG FamRZ 1995, 1517).

14 5. **Eingriffstiefe des Einwilligungsvorbehalts.** Ein EV greift nie so tief in die Handlungsfähigkeit des Betroffenen ein wie die frühere Entmündigung.

15 a) Diese hatte, wenn sie wegen Geisteskrankheit erfolgt war, gem § 104 Nr 3 aF zu völliger Geschäftsunfähigkeit geführt, bei jedem anderen Grund zu beschränkter Geschäftsfähigkeit. Wenn dagegen heute ein Betreuter infolge eines EV auf die Einwilligung seines Betreuers angewiesen ist, kommt seine Stellung der eines beschränkt Geschäftsfähigen (§ 108 I) nahe (MüKo/Schwab Rz 42). Diese Nähe kommt auch darin zum Ausdruck, daß § 1903 I S 2 umfangreich auf Vorschriften über die beschränkte Geschäftsfähigkeit verweist. Die Besserstellung des Betreuten gegenüber dem früher wegen Geisteskrankheit Entmündigten kommt ihm im Ergebnis auch zustatten, wenn er geschäftsunfähig ist (dazu Rz 16).

16 b) Durch § 1900 III ist die Stellung des Betreuten unter EV verglichen mit einem beschränkt Geschäftsfähigen sogar verbessert. Abs III bremst die Tiefe des im EV liegenden Eingriffs, indem lediglich vorteilhafte sowie Alltagsgeschäfte über geringfügige Gegenstände vom EV ausgenommen werden. Bis zum Inkrafttreten von § 105a am 1.8.2002 konnte allerdings ein geschäftsunfähiger Betreuter von § 1903 III nicht profitieren, weil die hL es für ihn bei § 105 I beließ, wonach alle seine Geschäfte nichtig waren. Nunmehr hebt § 105a jeden Geschäftsunfähigen, von geringen Differenzen abgesehen, (vor § 1896 Rz 31) etwa auf das Niveau des § 1903 III, so daß die bisherige Mindermeinung, die § 105 I als von § 1903 III verdrängt sah, als Vorwegnahme der Reform erscheint, seinerzeit allerdings mit paradoxer Beschränkung auf solche Geschäftsfähige, die zusätzlich unter Einwilligungsvorbehalt stehen.

17 c) Bei der Auslegung des Begriffs „geringfügige Angelegenheiten des täglichen Lebens" ist, wegen der Berührung des Interesses der Geschäftspartner, ähnlich wie bei den familiaren Bedarfsdeckungsgeschäften des § 1357, auf das typische Erscheinungsbild abzustellen, nicht etwa darauf, ob sie gerade für den Betreuten alltäglich und geringfügig sind. Bei Ausstattungen und Inanspruchnahme von Dienstleistungen kommt es also nicht darauf an, ob das Geschäft der Deckung eines konkreten Bedarfs dient. Der Besuch von üblichen Gaststätten gehört dazu, auch wenn der Heimbewohner im Heim ausreichend versorgt ist. Bargeschäfte über Gebrauchs- und kurzfristige Gebrauchsgüter fallen darunter, ebenso Personenbeförderungsverträge in der Region, weil hierbei der Betreuer über die Überlassung der Barmittel eine Kontrolle ausüben kann (ebenso Lipp FamRZ 2003, 721, 727). Ob auch Kreditgeschäfte zu den geringfügigen Angelegenheiten gehören (Schwab FamRZ 1992, 493, 506 mN), ist differenziert zu beantworten: Anschreiben beim Kaufmann, wo es noch vorkommt, oder gelegentliches Schuldigbleiben kleiner Beträge: ja; systematisches Auflaufenlassen von Schulden auch für Dinge des täglichen Bedarfs, Bank- und Anschaffungskredite: nein.

18 Die tendenziell weite Auslegung ist nicht zuletzt deswegen angebracht, weil das Gericht anordnen kann, daß sich der EV ausnahmsweise auch auf geringfügige Angelegenheiten des täglichen Lebens erstreckt. Dies kann angezeigt sein, wenn erwartet werden kann, daß der Betreute dadurch am Bezug zB von Alkohol oder Medikamenten gehindert wird oder wenn er sich durch die Häufung von täglichen Kleineinkäufen verschuldet.

19 6. **Rechtsgeschäfte nach Anordnung des Einwilligungsvorbehalts.** Nimmt der Betreute nach Anordnung des EV ein darunter fallendes Rechtsgeschäft vor, so ist zu unterscheiden, ob er geschäftsfähig ist oder nicht.

a) Das Rechtsgeschäft eines **geschäftsfähigen Betreuten** ist wirksam, wenn der Betreuer eingewilligt hat. Einwilligung ist die vorherige Zustimmung (§ 183 S 1), so daß ein in diesem Sinn einwilligungsloses Handeln des Betreuten durch nachträgliche Genehmigung wirksam werden kann; dies ergibt sich aus der Verweisung des Abs I S 2 auf §§ 108, 109. Fehlt bei einem einseitigen Rechtsgeschäft die vorherige Einwilligung, so ist es gemäß § 111 S 1 unwirksam. Willigt der Betreuer in ein einseitiges Rechtsgeschäft des Betreuten ein, so sollte er die Einwilligung am besten dem Erklärungsgegner mitteilen oder sie mindestens dem Betreuten in schriftlicher Form geben, damit dieser die Urkunde dem Geschäftspartner vorweisen kann. Andernfalls hat der Erklärungsgegner aus § 111 S 2 das Recht unverzüglicher Zurückweisung. Ein Vertrag, den der Betreute ohne die Einwilligung des Betreuers schließt, ist gemäß § 108 I schwebend unwirksam und kann vom Betreuer nachträglich genehmigt werden.

Einwilligung und Genehmigung bedürfen nicht der **Form**, die das Rechtsgeschäft haben muß, dem die Zustimmung gilt (§ 182 II). Doch muß das von dem Betreuten vorgenommene Rechtsgeschäft die Form erfüllen. Wegen ausnahmsweiser Formbedürftigkeit auch der Zustimmung vgl Erman/Palm § 182 Rz 4.

20 Hat der Geschäftsunfähige einen Betreuer und steht er zusätzlich unter EV, so stellt sich die Frage nach dem Verhältnis von § 105 I zu § 1903, der den unter EV Gestellten, wie gezeigt, etwa auf das Niveau eines beschränkt Geschäftsfähigen anhebt.

aa) Nach einer äußersten Ansicht soll § 1903 den § 105 I kraft Spezialität verdrängen, sobald ein Geschäftsunfähiger unter EV steht (Jürgens Rz 15, aufgegeben in Betreuungsrecht Kompakt Rz 185, und zwar schon seit 4. Aufl; Knieper, Geschäfte von Geschäftsunfähigen, 1999, 102ff). Zugrunde liegt eine Sicht, die in § 105 I nur die Entrechtung des Geschäftsunfähigen und nicht seinen Schutz sieht, wenn nicht sogar dem Gesetzgeber unterstellt wird, er habe den Rechtsverkehr schützen wollen (Holzhauer, GA 57.DJT 19). In dieser Sicht ist gleichsam jedes Mittel recht, den Geschäftsunfähigen zu emanzipieren, auch um den Preis der Bildung zweier Klassen, von denen paradoxerweise die zusätzlich unter EV Gestellten privilegiert wären. Diese Ansicht ist mit Recht zurückgewiesen worden (Jürgeleit Rpfleger 1995, 282; Schreieder BtPrax 1996, 96 und die gesamte Kommentarliteratur, Nw bei Lipp FamRZ 2003, 723ff Fn 25).

Für alle anderen Ansichten empfiehlt es sich, das Verhältnis von § 105 I zu § 1903 I und zu § 1903 III getrennt zu betrachten.

bb) Hat der geschäftsunfähige Betreute eine Willenserklärung abgegeben, so scheint infolge von § 105 I für eine nach § 1903 I zu erteilende Einwilligung seines Betreuers gar kein Gegenstand vorhanden zu sein. Die Einwilligungsfähigkeit wird in diesen Fällen aber allgemein befürwortet. Hinsichtlich einer Begründung hatte der DiskE gewünscht, daß der Frage weiter nachgegangen werde (S 268). Die Amtl Begr hat auf dem konstruktiven Weg einer Umdeutung (§ 140) in eine eigene Erklärung des Betreuers verwiesen und darauf, daß der Geschäftsunfähige die Eigenerklärung seines Betreuers als Bote an den Empfänger befördere (BT-Drucks 11/4528, 137f). Daß eine Umdeutung daran scheitere, daß die Eigenvornahme gegenüber der Einwilligung das weitergehende Rechtsgeschäft ist (so Pal/Diederichsen Rz 19), kann nicht zugegeben werden, weil die Umdeutung nicht scharf von der Auslegung abgegrenzt werden kann (Medicus AT Rz 517), die einen entsprechenden einschränkenden Grundsatz nicht kennt. Im Regelfall will der Betreuer, der seine Billigung von Betreuten abgegebenen Erklärung zum Ausdruck bringt, diese Erklärung für den Fall der Geschäftsunfähigkeit des Betreuten real oder hypothetisch als eigene Vornahme des gebilligten Rechtsgeschäftes gelten lassen. Hat der Betreuer seine Einwilligung nur intern gegenüber dem Betreuten erklärt, so kann der Betreute als Bote die Erklärung des Betreuers an den Erklärungsgegner befördern. Willigt der Betreuer nachträglich ein, so hilft die hL, welche die §§ 177 bis 179 auf die Botenschaft analog anwendet (Medicus AT Rz 997), so daß der Betreuer dem Betreuten die fehlende Botenmacht nachträglich erteilen kann. Dagegen hat der Gesetzgeber es abgelehnt, § 1903 so zu formulieren, daß die Willenserklärung eines geschäftsunfähigen Betreuten infolge der Einwilligung des Betreuers wirksam sei (BT-Drucks aaO). Eben dieses Ergebnis erreicht Lipp auf überzeugende Weise durch eine teleologische Reduktion des § 105 I: dessen Schutz bedarf der Geschäftsunfähige nicht, wenn das spezielle Schutzinstrument des § 1903 gegriffen hat und der Betreuer dadurch, daß er in die Willenserklärung des Betreuten einwilligt, eine Gefahr für ihn verneint (Freiheit und Fürsorge, 2000, 174f).

cc) Keinen solchen Grund gibt es dafür, § 105 I auch als durch § 1903 III verdrängt anzusehen und solche Geschäftsunfähige, die zusätzlich unter EV gestellt sind, zu privilegieren. Nachdem durch § 105a die Stellung der Geschäftsunfähigen allgemein etwa auf das Niveau von § 1903 II angehoben worden ist, hat sich diese Problematik entspannt. Zu beklagen ist nur das intransparente Nebeneinander der Regelungen von § 105a, 107 bis 113 und 1903 III, das zu vereinheitlichen und zu vereinfachen eine gesetzgeberische Aufgabe sein sollte.

b) Angebahnte Rechtsgeschäfte. Hat der geschäftsfähige Betroffene eine Willenserklärung abgegeben, so wird deren Wirksamkeit nicht dadurch gehindert, daß nach der Abgabe ein EV angeordnet wird. § 130 II ist auf diesen Fall analog anzuwenden. Dafür spricht, daß für den vergleichbaren Fall des Eintritts beschränkter Geschäftsfähigkeit die Analogie allgemein befürwortet wurde (§ 130 Rz 20).

7. Vorbehaltsfreie Rechtshandlungen

a) Abs II nennt Willenserklärungen, auf die sich ein EV nicht erstrecken kann. Diese liegen sämtlich auf familien- und erbrechtlichem Gebiet. In den Fällen der **Eheschließung** der Begründung einer Lebenspartnerschaft und der **Verfügungen von Todes wegen** beruht der Ausschluß eines EV auf der Höchstpersönlichkeit des Rechtsgeschäfts, die auch die Mitwirkung eines gesetzlichen Vertreters nicht duldet. Auch hinter den Fällen, in denen ein beschränkt Geschäftsfähiger nicht der Zustimmung seines gesetzlichen Vertreters bedarf, steht jedenfalls dann die Höchstpersönlichkeit, wenn ein Geschäftsunfähiger von dem Rechtsgeschäft ausgeschlossen ist. An diese Regelung knüpft § 1903 II ebenfalls den Ausschluß eines EV. In anderen Fällen wird der Geschäftsunfähige von seinem gesetzlichen Vertreter vertreten (so im Fall des § 1768, s Rz 34). Darin liegt dann ein Kompromiß zwischen dem persönlichen Charakter des Rechtsgeschäftes und seiner Nützlichkeit oder Erforderlichkeit für den Betroffenen, die es nicht zulassen, ihn von dem Rechtsgeschäft gänzlich auszuschließen. Für den Ausschluß des EV hat der Unterschied, ob der Betreute im Falle seiner Geschäftsunfähigkeit vertreten wird oder nicht keine Bedeutung.

b) Die Fälle des Abs II. Im einzelnen sind die folgenden Rechtsgeschäfte keinem EV zugänglich:

aa) Die Eheschließungserklärung. Der geschäftsfähige Betreute braucht nicht die Einwilligung des Betreuers. Daß nicht der Betreuer vertretungsweise für den Betreuten die Eheschließung erklären kann, folgt aus der in § 1311 I S 1 niedergelegten Höchstpersönlichkeit. Ein geschäftsunfähiger Betreuter ist durch § 1304 von der Eheschließung ausgeschlossen. Die Eheschließung fällt daher nie in den Aufgabenkreis eines Betreuers. Für die Erklärung, eine Lebenspartnerschaft begründen zu wollen, gilt das gleiche. Nur richtet sich die Geschäftsunfähigkeit nach § 104; die Höchstpersönlichkeit ist in § 1 LPartG ausgedrückt.

bb) Verfügungen von Todes wegen. Der testierfähige Betreute braucht zur Errichtung eines Testaments nicht die Einwilligung seines Betreuers. Daß der Betreuer das Testament nicht für den Betreuten errichten kann, folgt aus der in § 2064 angeordneten Höchstpersönlichkeit. Bei einer Verfügung von Todes wegen in Form eines Erbvertrags besteht für den Erblasser das Erfordernis der unbeschränkten Geschäftsfähigkeit (§ 2275 I). Der

§ 1903   Familienrecht   Rechtliche Betreuung

geschäftsfähige Betreute, der unter EV gestellt ist, braucht gem § 1903 II Fall 2 nicht die Einwilligung seines Betreuers. Daß dieser den Erbvertrag für den Betreuten schließt, ist durch § 2274 ausgeschlossen. Somit fallen Verfügungen von Todes wegen nie in den Aufgabenkreis eines Betreuers.

27 cc) **Willenserklärungen, zu denen ein beschränkt Geschäftsfähiger nach den Vorschriften des 4. oder 5. Buches des BGB nicht der Zustimmung des gesetzlichen Vertreters bedarf**, nämlich:

28 (1) § 1516: Die Zustimmung zu einer letztwilligen Verfügung des Ehegatten, mit der dieser die Stellung eines gemeinschaftlichen Abkömmlings in der ehevertraglich vorgesehenen **fortgesetzten Gütergemeinschaft** verschlechtert. Der geschäftsfähige Betreute kann die Zustimmungserklärung selbständig abgeben, sein Betreuer nicht für ihn handeln. Für den geschäftsunfähigen Betreuten kann der Betreuer nicht zustimmen (§ 1516 II S 1), mangels Zustimmungsmöglichkeit ist die zustimmungsbedürftige letztwillige Verfügung des Ehegatten ausgeschlossen (Pal/Diederichsen § 1516 Rz 2).

29 (2) **Vaterschaftsanfechtung** (§ 1600a): Hat ein Geschäftsfähiger einen Betreuer, so nimmt diesen Abs V von der Wahrnehmung des Anfechtungsrechtes aus. Nach Abs II S 2 können der Mann und die Mutter, wenn in der Geschäftsfähigkeit beschränkt, nur selbst anfechten und bedürfen dazu nicht der Zustimmung ihres gesetzlichen Vertreters. Damit ist ein EV unzulässig. Bei Geschäftsunfähigkeit kann nur der gesetzliche Vertreter anfechten (§ 1600a II S 3). Für das nicht voll geschäftsfähige Kind kann nach § 1600a III nur der gesetzliche Vertreter anfechten. Damit unterliegt das anfechtende volljährige Kind einem angeordneten EV; Abs V verhindert nur, daß der Betreuer von sich aus anficht.

30 (3) § 1750 III S 2: Die Vorschrift regelt Modalitäten der **Einwilligung in die Adoption**, die gem § 1746 vom Kind, gem § 1747 von beiden Elternteilen und gem § 1749 vom Ehegatten des Kindes oder des Annehmenden erforderlich ist. § 1746 bleibt außer Betracht, weil diese Vorschrift nur für minderjährige Kinder gilt, die keinen Betreuer haben können; zur Adoption eines Volljährigen siehe § 1768 Rz 34. Nach § 1750 III S 2 bedarf der nach §§ 1747, 1749 Einwilligende, wenn in der Geschäftsfähigkeit beschränkt, nicht der Zustimmung seines gesetzlichen Vertreters; damit ist ein EV ausgeschlossen. Der geschäftsfähige Betreute kann die Einwilligung erklären; sein Betreuer ist durch § 1750 III S 1 ausgeschlossen. Ist der Elternteil oder Ehegatte geschäftsunfähig, so entfällt gem § 1747 IV, 1749 III das Einwilligungserfordernis. Daher kann sich der Aufgabenkreis des Betreuers auf diese Einwilligungen nicht erstrecken.

31 (4) Einen **Adoptionsantrag** (§ 1752) kann der Annehmende nach § 1743 nur stellen, wenn er volljährig ist. Nach § 1752 II kann der Antrag nicht durch einen Vertreter gestellt werden. Das bedeutet zwar, daß ein Geschäftsunfähiger von der Annahme eines Kindes ausgeschlossen ist, aber nicht zwingend, daß der Betreuer eines Geschäftsfähigen gehindert ist, in den Antrag des Betreuten einzuwilligen. Das bedeutet die Zulässigkeit eines EV. Dann muß die Entscheidung über die Einwilligung in die Annahme eines Kindes Aufgabe eines Betreuers sein können.

32 (5) § 1760 III S 2: Die angeordnete entsprechende Anwendung der für die Einwilligung in die Annahme als Kind gegebenen Vorschriften gilt hier der **Nachholung dieser Einwilligungserklärungen** in ihrer Funktion, den in ihrem anfänglichen Fehlen liegenden Aufhebungsgrund auszuschließen. Wie oben Rz 30 ausgeführt, kann sich der Aufgabenkreis eines Betreuers daher auch auf die Nachholung der Einwilligung erstrecken.

33 (6) Nach § 1762 I S 4 ist zu einem **Antrag auf Aufhebung des Annahmeverhältnisses** wegen Unwirksamkeit einer erforderlichen Erklärung, wenn der Antragsberechtigte in der Geschäftsfähigkeit beschränkt ist, die Zustimmung des gesetzlichen Vertreters nicht erforderlich; damit ist ein EV ausgeschlossen. Der geschäftsfähige Betreute kann den Aufhebungsantrag selbst stellen; sein Betreuer ist durch § 1762 I S 3 ausgeschlossen. Ist das angenommene Kind oder der Annehmende geschäftsunfähig, so übt der gesetzliche Vertreter das Antragsrecht aus (§ 1762 I S 2). Ein geschäftsunfähiger Elternteil ist dagegen von dem Aufhebungsantrag ausgeschlossen; das ist aus § 1762 I S 3 zu entnehmen (§ 1762 Rz 3; Staud/Frank § 1762 Rz 7).

34 (7) Der **Antrag eines Volljährigen auf** seine eigene **Adoption** ist (§ 1768) im wesentlichen nur durch die in § 1767 II enthaltene Generalverweisung auf die Vorschriften über die Annahme Minderjähriger geregelt. Die einzige eigenständige Regelung des § 1768 II besagt, daß für einen Geschäftsunfähigen der Antrag von seinem gesetzlichen Vertreter gestellt werden kann. Bei einem geschäftsfähigen Betreuten kann er sich nur fragen, ob er durch einen EV an der selbständigen Beantragung der Adoption gehindert werden kann. Die Vorschrift des § 1768 II S 2 aF, wonach der in der Geschäftsfähigkeit beschränkte Anzunehmende den Antrag nur selbst stellen kann, ist durch BtG Art 1 Nr 26 folgerichtig gestrichen worden, weil es Volljährige dieses Status nicht mehr gibt. Der mit Inkrafttreten des BtG außer kraft getretenen Vorschrift kann aber gleichwohl die Bedeutung beigemessen werden, daß sich ein EV auf den Antrag auf die eigene Adoption nicht erstrecken kann; der geschäftsfähige Betreute kann den Antrag selbst stellen, ein Betreuer nicht für ihn handeln (vgl auch § 1768 Rz 3).

35 (8) Die Schließung eines **Erbvertrags** ist für den Erblasser eine Verfügung von Todes wegen, auf die sich nach § 1903 II ein EV nicht erstrecken kann, während für den anderen Teil, wenn er nicht auch eine Verfügung von Todes wegen trifft, nichts Besonderes gilt. Die Eingehung einer Verpflichtung unter Lebenden kann in den Aufgabenkreis eines Betreuers fallen und von einem EV erfaßt werden. Beschränkt sich der geschäftsfähige Betreute darauf, die vertragsmäßige Verfügung des Erblassers anzunehmen, so ist das ein neutrales Geschäft, das allgemein einem lediglich vorteilhaften Geschäft gleichgestellt wird (Erman/Palm § 107 Rz 8), so daß sich nach Abs III S 1 ein EV nicht darauf bezieht.

Nach § 2282 I S 2 bedarf der in der Geschäftsfähigkeit beschränkte Erblasser zur **Anfechtung** des Erbvertrages nicht der Zustimmung seines gesetzlichen Vertreters. Diese Bestimmung läuft zwar leer und kann bei Schaffung des BtG nur aus Versehen der Aufhebung entgangen sein. Denn nur noch ein Minderjähriger kann beschränkt geschäftsfähig sein, der aber durch § 2275 I gehindert ist, als Erblasser einen Erbvertrag zu schließen, der dann der Anfechtung unterliegen könnte. Aber wenn oben (Rz 34) beim Adoptionsantrag der folgerichtig aufgehobenen, inhaltlich entsprechenden Vorschrift die Kraft beigemessen wurde, die Rechtsfolge des § 1903 II Fall 3 daran zu knüpfen, dann muß das hier erst recht gelten: ein EV ist ausgeschlossen. Für einen geschäftsunfähigen Betreuten kann nach § 2282 II sein Betreuer mit Genehmigung des VormG das Anfechtungsrecht ausüben.

Die vertragliche **Aufhebung** eines Erbvertrages oder einer einzelnen vertragsmäßigen Verfügung ist in § 2290 II für den beschränkt geschäftsfähigen Erblasser entsprechend geregelt, wie in § 2282 I S 2 die Anfechtung; auch diese Vorschrift ist gegenstandslos, begründet aber im Rahmen von § 1903 II den Ausschluß eines EV (ebenso Staud/Kanzleiter § 2282 Rz 10). Für den Fall der Geschäftsunfähigkeit des Erblassers fehlt jedoch eine dem § 2282 III entsprechende Vorschrift, so daß anzunehmen ist, daß ein Betreuer keinen Aufhebungsvertrag schließen kann.

Für den anderen Teil kann nach § 2290 III die Aufhebung dagegen in den Aufgabenkreis eines Betreuers fallen. Der geschäftsfähige Betreute ist nur im Fall eines EV an der selbständigen Schließung eines Aufhebungsvertrags gehindert, für einen Geschäftsunfähigen handelt der Betreuer, der jeweils der Genehmigung des VormG bedarf.

Den **Rücktritt** vom Erbvertrag gibt es nur für den Erblasser. Wiederum gibt es mit § 2296 I S 2 die an sich gegenstandslose, aber die Rechtsfolge des § 1903 II begründende Vorschrift, so daß es keinen EV geben kann. Weil nach § 2296 I S 2 der Rücktritt auch nicht durch einen Vertreter erfolgen kann, ist ein geschäftsunfähiger Erblasser vom Rücktritt ausgeschlossen; die Regelungslage ist damit die gleiche wie bei der Aufhebung des Erbvertrags.

Zu einem **Erbverzicht** bedarf der in der Geschäftsfähigkeit beschränkte Erblasser nach § 2347 II S 1 nicht der Zustimmung seines gesetzlichen Verteters; damit ist ein EV ausgeschlossen (ebenso MüKo/Strobel § 2347 Rz 9; Staud/Schotten § 2347 Rz 30). Nach § 2347 II S 1 kann der geschäftsfähige Erblasser den Verzichtsvertrag nur persönlich schließen. Für den geschäftsunfähigen Erblasser kann nach § 2347 II S 2 der Betreuer den Vertrag schließen, aber nur mit Genehmigung des VormG.

Auf der Seite des Verzichtenden kann der Verzicht dagegen sowohl in den Aufgabenkreis eines Betreuers fallen als auch von einem EV erfaßt werden. Der geschäftsfähige Betreute kann, wenn kein EV angeordnet ist, selbständig verzichten. Der Betreuer braucht in jedem Fall, auch wenn der Betreute geschäftsfähig ist, die Genehmigung des VormG (vgl Staud/Schotten Rz 12).

c) Auch **Prozeßhandlungen** unterliegen einem EV. § 62 II VwGO und § 58 III FGO knüpfen an einen EV die 36 Folge, daß der geschäftsfähige Betreute nur insoweit zu Verfahrenshandlungen fähig ist, als er nach den Vorschriften des bürgerlichen Rechts ohne Einwilligung seines Betreuers handeln kann. Umgekehrt ergibt sich aus § 52 ZPO die fehlende Prozeßfähigkeit insoweit, als sich jemand durch Verträge nicht verpflichten kann, einer Voraussetzung, die durch einen auf den Gegenstand des Verfahrens bezüglichen EV ausgefüllt wird. Wenn Bienwald (bei Staud Rz 38) aus § 53 ZPO folgert, daß ein EV für Verfahrenshandlungen nicht in Betracht komme, so übersieht er, daß § 53 ZPO zwar die Doppelkompetenz des Betreutem von dem Zeitpunkt ab beseitigt, zu dem sich der Betreuer beim Gericht meldet, daß ein EV dagegen den Betrauten unabhängig vom Eintritt des Betreuers in den Prozeß wirkt. Nur in **Ehesachen** kann das nicht gelten. Wenn nach § 607 I ZPO ein in der Geschäftsfähigkeit beschränkter Ehegatte prozeßfähig ist, so muß entsprechend § 1903 II ein EV ausgeschlossen sein. Insoweit scheidet auch ein Betreuer aus, anderes bei Geschäftsunfähigkeit des Ehegatten nach § 607 II ZPO. Doch braucht der Betreuer danach für den Scheidungs- wie für den Aufhebungsantrag die Genehmigung des VormG. Entsprechendes gilt gem § 640b ZPO für die **Vaterschaftsanfechtungsklage**, wobei die Ausnahme für das noch nicht volljährige Kind für die Betreuung keine Bedeutung hat.

d) **Angelegenheiten, die nicht Willenserklärung sind.** Nach § 1903 bezieht sich ein EV auf Willenserklärun- 37 gen. Gleichwohl kennt § 69l II FGG einen „Einwilligungsvorbehalt, der sich auf die **Aufenthaltsbestimmung** des Betroffenen erstreckt". In Rspr und Literatur ist umstritten, ob der Aufgabenkreis „Aufenthaltsbestimmung" einen EV verträgt. Wird dieser Ausdruck auf den Aufenthalt als etwas Tatsächliches bezogen, so kann es keinen EV geben, weil sich ein solcher notwendig auf eine Willenserklärung bezieht und Aufenthaltsnahme und Aufenthaltsbestimmung in diesem Sinne Realakte sind (so LG Hildesheim BtPrax 1996, 230). Nach Bienwald können die Wirkungen eines EV daher erst „im rechtsgeschäftlichen Teil der Aufenthaltsbestimmung eintreten" (so Betreuungsrecht, 2. Aufl 1994, § 1903 Rz 39). Wird unter Aufenthaltsbestimmung (auch) Bestimmung des Wohnsitzes verstanden (so BayObLG seit FamRZ 1992, 1222), so fällt der Wohnsitz in realer Hinsicht weitgehend mit dem gewöhnlichen Aufenthalt zusammen (Erman/Westermann § 8 Rz 1 und 2), dessen Begründung gem § 8 aber einen rechtsgeschäftlichen Willen erfordert. Der Betreuer, der die Aufgabe der Aufenthaltsbestimmung hat, kann dann den Ort des tatsächlichen Aufenthalts des Betreuten zu dessen Wohnsitz machen, wenn der Betreute entweder geschäftsunfähig ist oder keinen abweichenden eigenen Willen bekundet. Auch kann der Betreuer den Betreuten, wenn dieser ihm folgt, an einen anderen Ort verbringen und dann unter den genannten Voraussetzungen zum neuen Wohnsitz des Betreuten bestimmen. Die Voraussetzungen der Geschäftsunfähigkeit und der freiwilligen Folge des Betreuten sind aber gerade diejenigen, unter denen ein EV einmal aus rechtlichen, das andere Mal aus tatsächlichem Grund nicht erforderlich ist. Ein EV kann folglich nur verhindern, daß der Betreute, der sich eigenmächtig an einen neuen Ort begibt, diesen zu seinem Wohnsitz macht oder daß der Betreute die Wohnsitzbestimmung seines Betreuers verhindert, wenn er sich an dem betreffenden Ort aufhält und von ihm auch nicht entfernt. Das erste stellt aus rechtlichen Gründen kein Problem dar, weil der Wohnsitz für Betreute so gut wie keine Bedeutung hat. Das erweisen die einschlägigen Gerichtsentscheidungen, in deren Fällen es insoweit stets um den tatsächlichen Aufenthaltsort ging. Auch die betreuungsrechtlichen Zuständigkeiten richten sich im FGG, anders als für Streitsachen in der ZPO, ausschließlich nach dem Aufenthalt. In den wirklichen Problemlagen ist ein EV des Betreuers auch gar nicht dienlich: will der Betreuer, daß der Betreute in ein Heim zieht, so kann er dieses Ziel gegen den Willen des Betreuten nicht mit Hilfe eines EV durchsetzen, sondern er muß die Befugnis haben, den Betreuten unterzubringen, ein Aufgabenkreis, von dem anerkannt ist, daß er einen EV nicht verträgt (MüKo/Schwab Rz 16).

37a Ein anderer „rechtlicher Teil der Aufenthaltsbestimmung" (Bienwald, wie Rz 37) kann Abschluß oder Kündigung eines Miet- oder Heimvertrags sein. Der Zusammenhang legt es nahe, den Aufgabenkreis „Aufenthaltsbestimmung" auch auf die vertragliche Grundlage des Wohnens zu erstrecken, obwohl sie, genau genommen, nicht zur Personen- sondern zur Vermögenssorge gehört; aber der Lebenszusammenhang schließt die reale und die rechtsgeschäftliche Angelegenheit zusammen. Zu dem Zweck, daß der geschäftsfähige Betreute einen vom Betreuer zu schließenden Heimvertrag kündigen kann, hat das BayObLG FamRZ 1993, 852, 853 einen EV bezüglich der Aufenthaltsbestimmung gebilligt. In Fällen, in denen diese Gefahr besteht, empfiehlt es sich, daß das Gericht konkret die Angelegenheit des Abschlusses und der Kündigung von Miet- oder Heimverträgen unter EV stellt.

38 Daß § 1903 als Gegenstand eines EV die Willenserklärung bezeichnet, erlaubt bei dogmatischem Herangehen, alle Erscheinungen vom EV auszuschließen, die nicht Willenserklärungen sind.
Personenrechtliche Gestattungen, zu denen die **Einwilligung in eine medizinische Maßnahme** gehört, sind weder Willenserklärung (so aber Schwab, FS Gernhuber S 815, 821; Kothe AcP 185 [1985], 142f), noch besagt es etwas, sie als geschäftsähnlich zu charakterisieren. Ihre Wirkung, einem Eingriff in die Person oder Persönlichkeit die Rechtswidrigkeit zu nehmen, ist vielmehr die Folge eines subjektiven Realaktes, wenn nicht sogar Folge der subjektiven Realität eines inneren Willens. Für den Eintritt der Wirkung kann die Rechtsordnung zwar Voraussetzungen wie die der Einwilligungsfähigkeit klarstellend regeln oder eine vertretungsweise Kompetenz zulassen oder begründen, aber nicht mit den dogmatischen Kategorien von Gültigkeit oder Nichtigkeit arbeiten. Diese aber sind gerade das Instrument der Regelung des EV. Von der Rechtsfolge her gesehen fehlt bei allen medizinischen Maßnahmen ein Anlaß für die Anordnung eines EV: mangels Doppelkompetenz ist der Betreuer nur handlungsberechtigt, wenn es der Betreute nicht ist.

39 Das Gesagte gilt auch für **Schwangerschaftsabbruch** und **Sterilisation**, beides medizinische Maßnahmen. Um einen Widerstand des Betreuten gegen die vom Betreuer befürwortete Maßnahme zu brechen, ist ein EV weder zulässig (Rz 11) noch geeignet, weil beide nicht gegen den natürlichen Willen des Betreuten durchgeführt werden können (§ 1905 I Nr 1; § 1904 Rz 19).

40 Die **Zuführung zum Arzt** ist keine Willenserklärung, sondern ein Realakt, der keinem EV zugänglich ist (LG Köln FamRZ 1992, 857), wohl aber Abschluß oder Kündigung des Behandlungsvertrags. Indessen ist die Gefahr, daß der Betreute einen vom Betreuer geschlossenen Vertrag kündigt, ohne sich auch tatsächlich der Behandlung zu entziehen, kaum vorstellbar, so daß es an der Erforderlichkeit des EV fehlt. Dem Widerstand gegen eine erforderliche Behandlung kann nur mittels einer Unterbringung nach § 1906 begegnet werden, ein Aufgabenkreis, der nach einhelliger Meinung keinen EV verträgt (MüKo/Schwab § 1902 Rz 24). Auch ein Betreuter, der von einem zum anderen Arzt liefe, wäre durch einen EV allenfalls vor dem finanziellen Schaden zu bewahren, wenn das Bestehen eines EV einem neu angegangenen Arzt nicht bekannt wäre, während ein mit den Verhältnissen des Patienten vertrauter Arzt eine Behandlung gegen den Willen des gesundheitssorgeberechtigten Betreuers auch ohne EV wohl immer ablehnen wird.

41 Auf **Unterbringung** und unterbringungsähnliche Maßnahmen kann sich ein EV nicht erstrecken (Schwab FamRZ 1992, 492, 496). Eine Einwilligung in diese Akte ist keine rechtsgeschäftliche Willenserklärung. Von Unterbringung und unterbringungsähnlicher Maßnahme kann bei wirksamer Einwilligung des Betroffenen gar nicht gesprochen werden.

42 d) Beim aktiven **Wahlrecht** ist jede Stellvertretung durch die Wahlgesetze ausgeschlossen, damit auch jedes Einwilligungserfordernis (§ 1896 Rz 73). Den Ausschluß vom Wahlrecht bei der Bemessung des Aufgabenkreises des Betreuers zu berücksichtigen, hat das BayObLG NJW-RR 1997, 961 mit zwingender Begründung abgelehnt.

43 **8. Statuswirkungen eines EV.** Die Anordnung eines EV ist nach der Bestellung des Betreuers (§ 1896 Rz 71) ein weiterer statusbestimmender Akt. Mit ihm können weitere gesetzliche Folgen verbunden sein.
Auf dem Gebiet der **Kapitalgesellschaften** gelten für einen Betreuten, der bei Besorgung seiner Vermögensangelegenheiten ganz oder teilweise einem EV unterliegt, folgende Beschränkungen: nach § 76 III S 2 AktG kann er nicht Mitglied des Vorstandes einer AG sein; nach § 100 I S 2 AktG kann er nicht Mitglied des Aufsichtsrats einer AG sein; nach § 6 II S 2 GmbHG kann er nicht Geschäftsführer einer GmbH sein.

44 Seinem Begriff nach beläßt ein EV dem geschäftsfähigen Betreuten die Fähigkeit, die jeweilige Willenserklärung selbst abzugeben, ja setzt die Willenserklärung des Betreuten voraus. Einige Vorschriften knüpfen jedoch an die Anordnung des EV die Folge, daß die geschäftsfähige Betreute die jeweilige Willenserklärung nicht abgeben kann; deren Abgabe fällt dann ausschließlich in die Kompetenz des Betreuers: Nach §§ 52 ZPO, 71 I SGG, 62 II VwGO und 58 III FGO ist ein Betreuer in Angelegenheiten, auf die sich ein angeordneter EV bezieht, prozeßunfähig (vgl § 1896 Rz 74). Nach § 2 NamÄndG kann der Betreute, für den in dieser Angelegenheit ein Betreuer bestellt und ein EV angeordnet ist, einen Namensänderungsantrag nicht stellen; für ihn handelt der Betreuer.
Mit einem EV, der nur eine Angelegenheit der Prozeßführung oder der Namensänderung umfaßt, kann das VormG einem geschäftsfähigen Betreuten die Kompetenz zugunsten des Betreuers entziehen!

45 9. Das **Verfahren** auf Anordnung eines EV ist in mehrfacher Hinsicht mit den gleichen Kautelen umgeben wie das auf Bestellung des Betreuers. Das gilt von der Anhörung des Betroffenen und dem Schlußgespräch (§ 68 FGG) sowie der Gelegenheit zur Äußerung (§ 68a FGG). Über die Bestellung des Betreuten und die Anordnung eines EV kann in einem einheitlichen Verfahren befunden werden. Da der EV die Bestellung eines Betreuers voraussetzt, kann es ein isoliertes Verfahren auf Anordnung eines EV nur nach Bestellung eines Betreuers geben.

a) Die Anordnung geschieht von **Amts wegen**. Anders als bei der Bestellung des Betreuers nach § 1896 I ist beim EV ein Antragsrecht nicht vorgesehen. Das versteht sich aus dem Grundsatz, daß sich ein Kranker oder Behinderter zwar um Hilfe, aber nicht glaubhaft um seine eigene Entmachtung bemühen kann (vgl auch Amtl Begr BT-Drucks 11/4528, 137). Weil der EV aber dem Schutz des Betreuten dient, kann sich ein Betroffener, dessen Zustand schwankt, durchaus in relativ gesundem Zustand um einen EV bemühen, der ihn in krankem Zustand schützen soll. Daher muß der Antrag des Betroffenen auf Anordnung eines EV zur Folge haben, daß die Frage, ob ein EV erforderlich ist, besonders sorgfältig geprüft wird. Auch wenn der Volljährige nur die Bestellung eines Betreuers beantragt hat, muß das Gericht von Amts wegen prüfen, ob darüber hinaus ein EV erforderlich ist. Ist bereits ein Betreuer bestellt, so wird die Anregung, einen EV anzuordnen, häufig von diesem ausgehen; nach § 1901 IV aE ist der Betreuer zur Mitteilung von Umständen an das VormG verpflichtet, die einen EV erfordern. **46**

b) Nach § 68b II FGG muß über die Notwendigkeit eines EV das **Gutachten eines Sachverständigen** eingeholt werden. Weil für die Anordnung eines EV ein Antrag des Betroffenen bedeutungslos ist, ist die in § 68b I S 3 FGG für die beantragte Bestellung eines Betreuers vorgesehene Erleichterung (ärztliches Zeugnis) von der Verweisung in Abs II ausgenommen. Der Sachverständige hat den Betroffenen vor Erstattung des Gutachtens persönlich zu untersuchen oder zu befragen. Kommt nach Auffassung des Sachverständigen die Anordnung eines EV in Betracht, so hat sich das Gutachten auch auf den Umfang und die voraussichtliche Dauer des EV zu erstrecken (Düsseldorf FamRZ 1998, 1224). **47**

c) Hinsichtlich des **Inhalts der Entscheidung**, mit der ein EV angeordnet wird, gilt § 69 FGG wie für die Bestellung eines Betreuers. Aus § 69 I Nr 5 FGG ergibt sich, daß die Anordnung eines EV ebenso wie die Bestellung eines Betreuers grundsätzlich auf fünf Jahre **befristet** ist. Nach § 69 I Nr 4 FGG muß der **Kreis der einwilligungsbedürftigen Willenserklärungen** bezeichnet werden. Die Entscheidung ist auch im Fall der Ablehnung eines EV zu begründen, dazu § 1896 Rz 93. **48**

d) Nach § 69a FGG ist die Entscheidung dem Betroffenen stets selbst **bekannt zu machen**. Nur von der Bekanntmachung der Entscheidungsgründe an den Betroffenen kann abgesehen werden, wenn dies nach ärztlichem Zeugnis wegen erheblicher Nachteile für seine Gesundheit erforderlich ist. Die Anordnung eines EV ist auch der zuständigen Behörde bekannt zu machen. **Wirksam** wird die Entscheidung mit der Bekanntmachung an den Betreuer. Dies gilt auch, wenn dieser gleichzeitig bestellt wird. Bei Anordnung eines EV ist Gefahr in Verzug besonders leicht vorstellbar. In solchem Fall oder wenn die Bekanntmachung an den Betreuer nicht möglich ist, kann das Gericht gem § 69a III FGG die **sofortige Wirksamkeit** anordnen; dann wird der EV wirksam, wenn seine Anordnung zusammen mit der Anordnung der sofortigen Wirksamkeit der Geschäftsstelle zur Bekanntmachung übergeben werden. **49**

e) Nach § 69f FGG kann das Gericht durch **einstweilige Anordnung** einen **vorläufigen EV** anordnen, wenn dringende Gründe für die Annahme bestehen, daß die Voraussetzungen für die Anordnung eines EV gegeben sind und mit dem Aufschub Gefahr verbunden wäre und ein ärztliches Zeugnis über den Zustand des Betroffenen vorliegt. Grundsätzlich muß der Betroffene persönlich gehört worden sein; bei Gefahr im Verzug kann das Gericht die einstweilige Anordnung jedoch bereits vor der Anhörung des Betroffenen erlassen; die Anhörung ist dann unverzüglich nachzuholen. Unerläßlich ist die Bestellung eines Verfahrenspflegers in den Fällen, in denen dies nach § 67 FGG geboten ist. Die Anordnung des vorläufigen EV wird schon mit der Übergabe an die Geschäftsstelle zum Zwecke der Bekanntmachung wirksam. **50**

10. Rechtsmittel. Jede Entscheidung über einen EV unterliegt gem § 69g IV FGG der **sofortigen Beschwerde**. Beschwerdebefugt sind nach § 69g I FGG stets der Betroffene, sein Ehegatte, seine Verwandten und Verschwägerten in gerader Linie sowie seine Verwandten in der Seitenlinie bis zum dritten Grad sowie die zuständige Behörde. **51**

§ 1904 Genehmigung des Vormundschaftsgerichts bei ärztlichen Maßnahmen

(1) Die Einwilligung des Betreuers in eine Untersuchung des Gesundheitszustands, eine Heilbehandlung oder einen ärztlichen Eingriff bedarf der Genehmigung des Vormundschaftsgerichts, wenn die begründete Gefahr besteht, dass der Betreute auf Grund der Maßnahme stirbt oder einen schweren und länger dauernden gesundheitlichen Schaden erleidet. Ohne die Genehmigung darf die Maßnahme nur durchgeführt werden, wenn mit dem Aufschub Gefahr verbunden ist.

(2) Absatz 1 gilt auch für die Einwilligung eines Bevollmächtigten. Sie ist nur wirksam, wenn die Vollmacht schriftlich erteilt ist und die in Absatz 1 Satz 1 genannten Maßnahmen ausdrücklich umfasst.

Schrifttum: *Bauer/Rink*, Kritik des Entwurfs eines Gesetzes zur Änderung des Betreuungsrechts sowie weiterer Vorschriften (Betreuungsrechtsänderungsgesetz BtÄndG Stand: 7. 2. 1996) 2. Teil, BtPrax 1996, 158ff; *Bienwald*, Die Vorsorgevollmacht ein gleichwertiger Ersatz der Betreuerbestellung?, BtPrax 1998, 164ff; *Deinert*, Organspende und Betreuung, BtPrax 1998, 60ff; *Dodegge*, Die Elektrokrampftherapie, FamRZ 1996, 74ff; *Dose*, Medikamentöse Versorgung als Heilbehandlung gemäß § 1904 BGB, FamRZ 1993, 1032f; *Frost*, Arztrechtliche Probleme des neuen Betreuungsrechtes, 1994; *Holzhauer*, Zur klinischen Prüfung von Medikamenten an Betreuten, NJW 1992, 2325; *Jürgens*, Ist der Tod genehmigungsfähig?, BtPrax 1998, 159f; *Kuhlmann*, Einwilligung in die Heilbehandlung alter Menschen, 1996; *Laufs*, Zivilrichter über Leben und Tod?, NJW 1998, 3399ff; *Mayer, Karl G.* Medizinische Maßnahmen an Betreuten – §§ 1904, 1905 BGB, 1995; *Nedopil*, Die medikamentöse Versorgung als Heilbehandlung gemäß § 1904 BGB Erwiderung auf den Beitrag von Schreiber – FamRZ 1991, 1014ff, FamRZ 1993, 24ff mit Schlußwort von Schreiber; *Saliger*, Sterbehilfe mit staatlicher Genehmigung OLG Frankfurt aM – NJW 1998, 2747, JuS 1999, 16f; *Schreiber*, Die medikamentöse Versorgung als Heilbehandlung gemäß § 1904 BGB nF im Lichte des Betreuungsgesetzes, FamRZ 1991, 1014ff; *Seitz*, Das OLG Frankfurt aM und die Sterbehilfe, ZRP 1998, 417ff; *Uhlenbruck*, Entmündigung des Patienten durch den Gesetzgeber?, ZRP 1998, 46ff; *Verrel*, Richter über Leben und Tod? Zur Sterbehilfeentscheidung des OLG Frankfurt vom 15. 7. 1998 20 W 224/98 –, JR 1999, 5ff; *Walter*, Das Betreuungsrechtsänderungsgesetz

§ 1904

und das Rechtsinstitut der Vorsorgevollmacht, FamRZ 1999, 685ff; *Wiebach/Kreyßig/Peters/Wächter/Winterstein*, Was ist „gefährlich"? Ärztliche und juristische Aspekte bei der Anwendung des § 1904 BGB, BtPrax 1997, 48ff; *Winkler-Wilfurth*, Betreuung und Heilbehandlung, 1995; *Wolter-Henseler*, Betreuungsrecht und Arzneimittel – wann ist eine medikamentöse Behandlung genehmigungspflichtig iS des § 1904 BGB?, BtPrax 1994, 183ff; *Zimmermann, Theodor*, Die Auswirkungen des Betreuungsrechts in der ärztlichen Praxis, 1997.

I. Entstehungsgeschichte

1   Eingeführt wurde § 1904 durch Art 1 Nr 47 BtG als Sondervorschrift im Bereich der Personensorge (zur Textgeschichte genauer Erman/Holzhauer[9] Rz 1ff). Der Gesetzgeber hielt für den Bereich ärztlicher Untersuchungen, Heilbehandlungen und sonstiger medizinischer Eingriffe eine besondere Vorschrift für erforderlich, da derartige Maßnahmen in besonders hohem Maße in die körperliche Integrität und die Freiheit des Betreuten eingreifen können und insoweit eine Stärkung der Rechte des Betreuten in Ergänzung zu § 1901 notwendig schien (BT-Drucks 11/4528, 71; kritisch: MüKo/Schwab Rz 1; Pal/Diederichsen Rz 6). Dementsprechend sieht § 1904 vor, daß Einwilligungen des Betreuers in ärztliche Maßnahmen unter bestimmten Voraussetzungen der vormundschaftsgerichtlichen Genehmigung bedürfen. Das BtÄndG vom 25. 6. 1998 hat § 1904 um einen Abs II erweitert, der das Genehmigungserfordernis auch auf die Fälle der Ausübung einer Vorsorgevollmacht erstreckt (zur Kritik Rz 32).

II. Einwilligung des Betreuers und Einwilligungszuständigkeit

2   **1.** Voraussetzung für die Anwendbarkeit des § 1904 ist neben dem Vorliegen einer Einwilligung des Betreuers dessen **Einwilligungszuständigkeit.** Diese ist grundsätzlich nur dann gegeben, wenn der Betreute selbst zur Einwilligung in eine medizinische Maßnahme nicht in der Lage ist (**Subsidiarität**). Dieser materielle Zuständigkeitsvorrang des Betreuten ergibt sich aus dessen allgemeinem Persönlichkeitsrecht und aus seinem Recht am eigenen Körper. Er verdrängt die Regeln über die Geschäftsfähigkeit, sowohl im Betreuungsrecht als auch im Bereich gesetzlicher Vertretung bei Minderjährigen (anerkannt seit BGH 31, 29). Daher ist die sonst mögliche Doppelkompetenz von Betreuer und Betreutem (siehe § 1896 Rz 51ff) bei medizinischen Maßnahmen nicht gegeben: Soweit der Betreute einsichtsfähig ist, ist es allein seine Entscheidung, ob eine der in § 1904 genannten Maßnahmen an ihm vorgenommen wird. Der Betreute ist einwilligungsfähig, wenn er Art, Bedeutung und Tragweite der Maßnahme zu erfassen und nach seinem Willen zu bestimmen vermag (BT-Drucks 11/4528, 71). Auch wenn Einsichtsfähigkeit und Geschäftsfähigkeit zu trennen sind, wird beides häufig parallel zu beurteilen sein, ja, es wird sogar die Auffassung vertreten, daß also geschäftsfähige Person immer auch einsichtsfähig sei (Staud/Bienwald Rz 13). Doch gibt es Personen, die grundsätzlich geschäftsfähig sind, jedoch in bezug auf medizinische Maßnahmen, die nicht den rechtsgeschäftlichen Bereich berühren, (krankhaft) jegliche Einsichtsfähigkeit vermissen lassen. Die Entscheidung, ob Einwilligungsfähigkeit vorliegt, ist daher jeweils im konkreten Einzelfall zu treffen. Wegen der Abhängigkeit der Einwilligungsfähigkeit von individuellen Faktoren und wegen der Erforderlichkeit einer Einzelfallbetrachtung erschien dem Gesetzgeber ein Abstellen auf die gesetzliche Regelung der Geschäftsfähigkeit nicht sachgerecht. Andererseits sah er auch das Problem der erschwerten Handhabbarkeit des Begriffs der Einwilligungsfähigkeit. Daß bei der Verabschiedung des BtG auf eine nähere Begriffsbestimmung verzichtete, wurde damit begründet, daß in der Kürze der zur Verfügung stehenden Zeit keine Begriffskonkretisierungen hätten erreicht werden können (BT-Drucks 11/4528, 72). Doch auch beim BtÄndG hat der Gesetzgeber keine Anstrengungen unternommen, um eine Konkretisierung herbeizuführen.

3   **2. Unproblematisch** sind diejenigen Fälle, in denen die Einwilligungsfähigkeit bzw -unfähigkeit des Betreuten zweifelsfrei festgestellt werden kann, woraus sich als Konsequenz die Einwilligungszuständigkeit des Betreuers bzw ihr Fehlen ergibt, § 1904 ist dementsprechend nicht anwendbar bzw anwendbar. Ebenso problemlos zu behandeln sind diejenigen Situationen, in denen die Einwilligungsfähigkeit des Betreuten zwar zweifelhaft ist, aber sowohl Betreuter als auch Betreuer in gleicher Weise einwilligen bzw die Einwilligung ablehnen.

4   **3.** Schwierigkeiten bereiten hingegen die Fälle, in denen sich bei **zweifelhafter Einwilligungsfähigkeit** des Betreuten die Entscheidungen des Betreuten und des Betreuers widersprechen.
   Das Gesetz sieht **keine ausdrückliche Lösung** vor, weder die historische Auslegung noch der Wortlaut der Vorschrift des § 1904 verschaffen Klarheit (vgl dazu Erman/Holzhauer, 9. Aufl Rz 4f; Staud/Bienwald vor §§ 1904ff Rz 11). Ebenso führt eine systematische Auslegung zu keinem eindeutigen Ergebnis, sondern erhöht vielmehr die Unsicherheit, denn § 1905 als Sonderfall des § 1904 für die Einwilligungszuständigkeit des Betreuers setzt die positive Feststellung der auf Dauer bleibenden Einwilligungsunfähigkeit des Betreuten voraus, dh in Zweifelsfällen ist eine Einwilligungszuständigkeit des Betreuers nicht gegeben. Es ist fraglich, ob dies auch für die allgemeinere Norm des § 1904 gilt (so Staud/Bienwald vor §§ 1904ff Rz 11).

5   Es wird vorgeschlagen, **analog § 1903** die Möglichkeit der gerichtlichen Anordnung eines Einwilligungsvorbehaltes zu eröffnen, wenn die Einwilligungsfähigkeit nicht zweifelsfrei geklärt werden kann und der Betreute der medizinischen Maßnahme widerspricht. Bei Widerspruch des Betreuten reiche die Einwilligung des Betreuers jedenfalls nicht aus (Pal/Diederichsen § 1904 Rz 4). Gegen eine Analogie zu § 1903 spricht jedoch, daß es an einer gesetzlichen Lücke fehlt und ein Einwilligungsvorbehalt das Bestehen einer materiell-rechtlichen Doppelkompetenz voraussetzt, die jedoch im Rahmen der Einwilligung in medizinischen Maßnahmen – wie festgestellt – nicht gegeben sein kann (so auch Erman/Holzhauer, 9. Aufl Rz 9; HK-BUR/Rink vor § 1904 Rz 10).

6   Nach einer weiteren Ansicht soll der Arzt beim Vormundschaftsgericht anregen, den Aufgabenkreis des Betreuers einzuschränken, wenn der Betreuer entgegen dem Willen des Betreuten nicht einwilligt (HK-BUR/Rink vor § 1904 Rz 13). Wenn der Betreute widerspricht und der Betreuer die Einwilligung erteilt, habe das VormG gegebenenfalls ein Negativattest zu erstellen. Letztlich läuft diese Ansicht auf ein jeweiliges Vetorecht hinaus.

Diese Lösung ist insoweit nicht überzeugend, weil nicht begründet werden kann, warum sich jeweils die weigernde Person durchsetzen soll, und sie ist angesichts des zeitlichen Aufwandes der gerichtlichen Entscheidung wenig praktikabel.

Schließlich gibt es Überlegungen, die bei Zweifeln an der Einwilligungsfähigkeit des Betroffenen allein auf die Entscheidung des Betreuers abstellen (Bienwald BtR Rz 8). 7

Da das VormG von Amts wegen allen Möglichkeiten zur Ermittlung der Einsichtsfähigkeit nachzugehen hat, geht es bei den problematischen Fällen um die Verteilung der **Feststellungslast**. Bleiben nach Ausschöpfung aller Beweismittel immer noch Zweifel, gehen diese in Antragsverfahren wie dem Verfahren nach § 1904 grundsätzlich zu Lasten des Antragstellers: Sind Zweifel hinsichtlich der Einsichtsfähigkeit nicht ausräumbar, bleibt der Patient allein entscheidungsbefugt; daher müßte die Genehmigung der Einwilligung unterbleiben. Jedoch darf die Frage der gerichtlichen Genehmigung nicht völlig losgelöst von der der Betreuerbestellung beurteilt werden, da die Zuweisung des Aufgabenkreises einer konkreten medizinischen Heilmaßnahme voraussetzt, daß der Betreute diese Aufgabe nicht selbst wahrnehmen kann. Dem Betreuer darf also nur dann die Aufgabe des § 1904 übertragen werden, wenn die fehlende Einsichtsfähigkeit des Betreuten für diesen Fall feststeht. Insoweit ist schon die **Aufgabenzuweisung** von Bedeutung: Auch wenn sie keinen konstitutiven Charakter hat, erzeugt sie doch eine primafacie-**Vermutung der Einwilligungsunfähigkeit** des Betreuten (ie ebenso Staud/Bienwald Rz 30; Damrau/Zimmermann Rz 12). Letztlich muß zwar die Einsichtsfähigkeit des Betreuten sowohl vom Betreuer als auch vom Arzt jederzeit berücksichtigt werden, Zweifel gehen aber nach einer Betreuerbestellung für diesen Bereich zu Lasten des Betreuten. 8

III. Begründete Gefahr einer schwerwiegenden Folge

Weitere Voraussetzung des § 1904 ist das Vorliegen einer begründeten Gefahr einer schwerwiegenden Folge der medizinischen Maßnahme. 9

1. Schwerwiegende Folge. a) Schwerwiegende Folgen sind der Tod sowie schwere und länger dauernde gesundheitliche Schäden. Für letztere geben § 226 StGB nF (= § 224 StGB aF) und die dazu ergangene Rspr Hinweise hinsichtlich der **Schwere** (Amtl Begr BT-Drucks 11/4528, 140). Doch kann die Aufzählung in § 226 StGB (Verlust eines wichtigen Körperteils, des Sehvermögens auf einem oder beiden Augen, des Gehörs, der Sprache oder der Zeugungsfähigkeit, erhebliche Entstellung, Siechtum, Lähmung oder Geisteskrankheit) für § 1904 nicht abschließend sein, da die Zweckrichtungen beider Normen unterschiedlich sind und § 226 StGB einseitig auf körperliche Eingriffe abstellt (LG Berlin FamRZ 1993, 597, 598). Entscheidend ist vielmehr, in welcher Weise der Betroffene in seiner alltäglichen Lebensführung im Vergleich zu einem gesunden Menschen beeinträchtigt wird. Hierzu zählen nicht nur Beeinträchtigungen, welche die körperliche Funktionsfähigkeit betreffen, sondern auch psychische Beeinträchtigungen, wenn sie sich erheblich auf das Wohlempfinden auswirken oder die Persönlichkeit verändern können. Als schwerwiegende Folgen können etwa auch das Entstehen einer Abhängigkeit oder das Auftreten schwerer Nebenwirkungen bei medikamentöser Behandlung angesehen werden.

b) Der Schaden muß **länger andauern**, dh Schwere und Dauer müssen zusammenkommen. Der Gesetzgeber hat zur erforderlichen zeitlichen Länge des Schadens ausgeführt, daß im Regelfall eine Dauer von mindestens einem Jahr vorliegen müsse, dabei jedoch nicht schematisch verfahren werden dürfe. Die Dauer sei auch mit Blick auf die Art des Schadens zu beurteilen (BT-Drucks 11/4528, 140f). Das LG Hamburg (NJWE-FER 1998, 203) hat bei Gedächtnisstörungen, welche die eigene Biographie und als Folge einer Elektrokrampfbehandlung auftreten können, wegen der persönlichkeitsbeeinflussenden Wirkung einen Zeitraum von sieben Monaten für ausreichend lang gehalten (schon LG Hamburg FamRZ 1994, 1204; aA Kemper FuR 1996, 248, 253; Dodegge FamRZ 1996, 74, 79). 10

2. Gefahr im Sinne von § 1904 ist die **Wahrscheinlichkeit** des Eintritts einer gravierenden Folge. Es muß eine **begründete Gefahr** vorliegen. Demnach kommt es nicht auf subjektive „Befürchtungen" an, sondern nur auf eine objektive, ernstliche und konkrete Gefahrenlage (Amtl Begr BT-Drucks 11/6949, 73). Die Schwelle liegt höher als bei einer bloß abstrakten „Gefahr", andererseits braucht sie nicht „dringend" zu sein (Amtl Begr). Mitunter wird ein Wahrscheinlichkeitsgrad von 20 % gefordert (Wiebach ua BtPrax 1997, 48, 49), während das LG Berlin (FamRZ 1993, 598) eine 8- bis 10prozentige allgemeine Schadenswahrscheinlichkeit in Verbindung mit der Zugehörigkeit des Betroffenen zu einer Risikogruppe ausreichen läßt, bei der das Schadensrisiko bis auf das Dreifache ansteigen kann. Richtig ist, daß ausgehend von der allgemeinen Schadenswahrscheinlichkeit bei einer medizinischen Maßnahme die konkreten Verhältnisse des Betreuten zu berücksichtigen sind. Ein Medikament, das verbreitet genommen wird, kann dennoch genehmigungsbedürftig sein, weil der Betreute zu einer Risikogruppe gehört. Des weiteren muß bei der Bestimmung des Wahrscheinlichkeitsgrades von der kunstgerechten Durchführung ausgegangen werden, da das Risiko schwerer Kunstfehler nie auszuschließen ist. Ansonsten wären die meisten medizinischen Maßnahmen entgegen dem Willen des Gesetzgebers genehmigungspflichtig (so auch HK-BUR/Rink Rz 9; Staud/Bienwald Rz 33). Der Grad der begründeten Gefahr ist nicht gleichzusetzen mit demjenigen Grad, der die ärztliche Aufklärung über Risiken auslöst. Für diese spielt die Komplikationshäufigkeit keine Rolle (Kern/Laufs, Die ärztliche Aufklärungspflicht, S 100f). Eine genaue Prozentzahl wird man aufgrund der vielen vom Einzelfall abhängenden Faktoren nicht angeben können. 11

IV. Die medizinischen Maßnahmen

Unabhängig von seinem Regelungsgehalt beschreibt § 1904 allgemein, in welchen Fällen eine Einwilligung erforderlich ist, nämlich sowohl bei Gesundheitsuntersuchungen als auch bei Heilbehandlungen und sonstigen ärztlichen Eingriffen. Es lösen aber nur solche medizinischen Maßnahmen die gerichtliche Genehmigungspflicht 12

§ 1904   Familienrecht   Rechtliche Betreuung

aus, in die der Betreuer anstelle des Betreuten aufgrund fehlender Einwilligungsfähigkeit einwilligen muß und bei denen die in § 1904 genannte begründete Gefahr gegeben ist.

13   **1.** Der Begriff der **Untersuchung des Gesundheitszustandes** umfaßt alle diagnostischen Maßnahmen. Hierzu zählen neben der Anamnese (Erforschung der Krankheitsgeschichte) und den rein äußerlichen körperlichen Untersuchungen (Abhören, Abklopfen, Abtasten, Überprüfen der körperlichen Reflexe, Blutdruckmessung), die aber nur ausnahmsweise gefährlich sein dürften, vor allem Eingriffe in den Körper, die am ehesten Gefahren im Sinne des § 1904 begründen können. Es muß dabei jeweils der Gesundheitszustand des Betreuten berücksichtigt werden (so auch Staud/Bienwald Rz 33). Röntgen- und Ultraschall-Untersuchungen, Computer-Tomographien, Blutentnahmen und Magen-Darm-Spiegelungen begründen regelmäßig keine begründete Gefahr. Diskutiert wird dies für einen Herzkatheter, die Angiographie, die Gelenkarthroskopie und die Liquorentnahme (begründete Gefahr in den beiden letzten Fällen bejahend Schreiber FamRZ 1991, 1015; Jürgens/Kröger/Marschner/Winterstein, Betreuungsrecht Rz 207; aA HK-BUR/Rink Rz 11).

14   **2. Heilbehandlung** ist jede therapeutische Maßnahme mit dem Ziel, die Gesundheit des Betreuten soweit wie möglich wiederherzustellen. Hierzu zählen internistische, chirurgische, psychiatrische und auch zahnärztliche Tätigkeiten sowie medikamentöse Behandlungen. Auch ein therapeutisches Gespräch kann schon Heilbehandlung sein (Amtl Begr BT-Drucks 11/4528, 71). Physiotherapeutische Maßnahmen wie Wandern, Schwimmen, Wannenbäder und Gymnastik fallen nicht darunter (aA Staud/Bienwald Rz 34). Chirurgische Maßnahmen sind meistens sowohl Heilbehandlung als auch ärztlicher Eingriff.

15   **a) Chirurgische Eingriffe und Narkose.** Stets genehmigungspflichtig sind Herz-/Lungenoperationen am offenen Brustkorb, alle Transplantationen von Fremdorganen mit Ausnahme von Hornhauttransplantationen, Hirn-, Hirnanhangsdrüsen- und Rückenmarksoperationen, Operationen bei Hauptschlagaderaussackungen (Aneurysmen) und fast alle Amputationen. Im übrigen hängt die Genehmigungsbedürftigkeit vom Gesundheitszustand des Betreuten ab (HK-BUR/Rink Rz 13). Die Narkose führt in der Regel nicht zu einer Genehmigungspflicht, die unerwünschten Folgen, die im Rahmen der Anästhesie eintreten können, sind zwar schwerwiegend, die Wahrscheinlichkeit ihres Eintretens ist jedoch normalerweise gering. Ausnahmsweise kann sich bei erheblich geschwächtem Allgemeinzustand des Betreuten jedoch eine Genehmigungspflicht ergeben.

16   **b) Medikamentenverordnung.** Schreiber (FamRZ 1991, 1014ff) nennt eine Liste genehmigungsbedürftiger Medikamente, wobei er seine Auflistung weitgehend auf Psychopharmaka und Schmerzmittel beschränkt. Die Genehmigungsbedürftigkeit begründet er zum einen mit Suchtgefahren, zum anderen mit der Gefahr schwerer Nebenwirkungen. Die Aufstellung Schreibers ist von medizinischer Seite kritisiert worden (vgl Nedopil FamRZ 1993, 24ff; Dose FamRZ 1993, 1032f; Wolter-Henseler BtPrax 1994, 183ff), einerseits wegen der einseitigen Beschränkung der Liste auf Psychopharmaka und Schmerzmittel, andererseits wegen der Gefahren der Überalterung und der Unvollständigkeit der Aufstellung. Des weiteren wird in Zweifel gezogen, ob eine Medikamentenliste überhaupt dem Einzelfall gerecht werden kann, da die jeweilige Behandlungssituation des Betreuten zu berücksichtigen sei. Die Gefährdung entstehe nicht durch das Arzneimittel an sich, sondern durch dessen unsachgemäße Anwendung (Wolter-Henseler BtPrax 1994, 187). In der Tat verbietet sich eine schematische Beurteilung der Genehmigungsbedürftigkeit allein nach dem zu verabreichenden Medikament. Mit einzubeziehen ist der jeweilige Gesundheitszustand des Betreuten, die Dosierung und die Dauer der Einnahme. Die Genehmigungsbedürftigkeit kann sich sowohl aus einer Suchtgefahr als auch der Gefahr schwerer Nebenwirkungen und Spätfolgen, die auch psychischer Art sein können, ergeben (vgl bzgl Spätfolgengefahr LG Berlin FamRZ 1993, 597).

Auch bei **anderen nichtoperativen Behandlungen** ist es eine Frage des Einzelfalles, ob sie die geforderte Gefahr begründen. Für die Chemotherapie und eine Strahlenbehandlung wird man es überwiegend bejahen können.

17   **c)** Im Bereich der psychiatrischen Behandlungsmaßnahmen stellt sich die Frage nach der Genehmigungsbedürftigkeit der **Elektrokrampftherapie.** Während das LG Hamburg 1994 (FamRZ 1994, 1204) noch davon ausgegangen war, daß bei jeder Form der Elektrokrampftherapie eine begründete Gefahr für die Biographie betreffende Erinnerungsstörungen des Betreuten bestehe, die seine Persönlichkeit auf das schwerste beeinflussen könnten (so auch Jürgens/Marschner Rz 8), differenziert das Gericht nunmehr (NJWE-FER 1998, 203) zwischen der Elektrokrampftherapie mit unilateraler und der mit bilateraler Stimulation. Nur noch bei bilateraler Stimulation bestehe die begründete Gefahr von Nebenwirkungen in Form retrograder Gedächtnisstörungen. Die Kritiker dieser Auffassung lehnen jede Genehmigungsbedürftigkeit der Elektrokrampftherapie ab, da sich selbst bei der bilateralen Stimulation die Gedächtnisstörungen innerhalb von sieben Monaten derart zurückbildeten, daß von einer gravierenden Einbuße nicht mehr die Rede sein könne (Dodegge FamRZ 1996, 74, 78f; Kemper FuR 1996, 248, 253).

18   **3.** Der Begriff des **ärztlichen Eingriffs** umfaßt diejenigen Maßnahmen des Arztes, die nicht unter die Rubrik der Heilbehandlung fallen, es muß also der kurative Zweck fehlen, wie zB bei Schönheitsoperationen oder Maßnahmen, die nicht dem Zweck der Beseitigung von Unfallfolgen oder der Folgen eines Heileingriffes dienen.

19   **a)** Ein **Schwangerschaftsabbruch** stellt eine Heilbehandlung dar, wenn er aufgrund einer medizinischen Indikation erfolgt, in den übrigen Fällen schlicht einen ärztlichen Eingriff. Mit der ganz hM kann auch ein Betreuer für eine einwilligungsunfähige Betreute die Einwilligung in einen Schwangerschaftsabbruch abgeben (MüKo/ Schwab Rz 33; Pal/Diederichsen Rz 9; Damrau/Zimmermann Rz 38; aA Reis ZRP 1988, 318, 321). Allein die Höchstpersönlichkeit der Entscheidung hindert eine Vertretung nicht; dies ist auch gegen den Willen der Schwangeren möglich (Damrau/Zimmermann Rz 39), da eine Ausnahme von den allgemeinen Regeln gesetzlich hätte geregelt werden müssen (aA Kern MedR 1991, 66, 70). Vorauszusetzen ist bei einer zwangsweisen Durchsetzung gegen den Willen der Schwangeren eine ihr drohende erhebliche Gefahr, die bei einer medizinischen Indikation gegeben ist (MüKo/Schwab Rz 33; großzügiger Damrau/Zimmermann Rz 40).

b) Bei der **Organtransplantation** sind vier verschiedene Fälle mit Berührungspunkten zu § 1904 zu unterscheiden. Kommt der Betreute als Empfänger eines vom Dritten gespendeten Organs in Betracht, dann bedarf die Einwilligung des Betreuers im Falle der Einwilligungsunfähigkeit des Betreuten regelmäßig der vormundschaftsgerichtlichen Genehmigung nach § 1904, da es sich um einen erheblichen Eingriff handelt. Die Überlebensrate bei Leber- und Herztransplantationen beträgt nur rund 70 % nach einem Jahr (Deinert BtPrax 1998, 60, 62). Ausnahmen ergeben sich lediglich bei kleineren Eingriffen, wie Hornhaut- oder Gehörmuscheltransplantationen (Deinert BtPrax 1998, 60, 62). Kommt der Betreute als Lebendspender eines Organs in Betracht, ist eine Einwilligung des Betreuers grundsätzlich nicht möglich, da dieser nach § 1901 II S 1 seine Entscheidung am Wohl des Betreuten ausrichten muß, die Lebendspende aber in der Regel nicht dem Wohl des Spenders, sondern nur dem Wohl des Empfängers dient. Allenfalls ausnahmsweise kann die Lebendspende auch dem Wohl des Spenders entsprechen, wenn das Leben eines Kindes des Betreuten nur durch dessen Organspende gerettet werden kann. Der Gesetzgeber hat dies erkannt, jedoch die Ansicht vertreten, daß § 1901 ausreiche, um in solchen Ausnahmefällen sachgerechte Ergebnisse zu erzielen (BT-Drucks 11/4528, 142; aA Staud/Bienwald Rz 37, der eine gesetzliche Regelung der Organspende im Rahmen des Betreuungsrechts für erforderlich hält, da die Organspende ähnlich wie die Sterilisation vom Aufgabenkreis der Gesundheitsvorsorge nicht erfaßt werde).

Kommt der Betreute als Organspender nach seinem Tod in Betracht, so kann er selbst im einwilligungsfähigen Zustand nach § 3 des am 1. 12. 1997 in Kraft getretenen Transplantationsgesetzes (TPG) eine zustimmende schriftliche Erklärung für den Todesfall abgeben. Ist dies in den Tagen bestehender Einwilligungsfähigkeit nicht geschehen, stellt sich die Frage, ob der Betreuer eine solche Erklärung abgeben kann. Nach Ansicht des AG Mölln (FamRZ 1995, 188) ist eine Vertretung durch den Betreuer ausgeschlossen, da es sich bei der Organspendeerklärung um einen höchstpersönlichen Rechtsakt handele, bei dem eine Vertretung unzulässig sei; dies gebiete das allgemeine Persönlichkeitsrecht, in das nur aufgrund eines Gesetzes eingegriffen werden dürfe, das zum Zeitpunkt der Entscheidung jedoch noch nicht vorlag. Aber auch das nunmehr geltende TPG sieht zu Lebzeiten des Betreuten keine Vertretungsmöglichkeit vor, so daß der Betreuer den Betreuten bei der Abgabe der Organspendeerklärung nicht vertreten kann. Schließlich stellt sich die Frage, ob der Betreuer auch nach dem Tod des Betreuten noch in eine Organspende einwilligen kann. Nach Deinert (BtPrax 1998, 61, 63) soll dies gemäß dem TPG möglich sein; der Betreuer komme als eine offenkundig nahestehende Person in Betracht, die nach §§ 4, 5 TPG zustimmen könne. Zu berücksichtigen ist jedoch, daß die Betreuung mit dem Tod des Betreuten automatisch endet und nur bestimmte Pflichten fortwirken, etwa die Pflicht zur Vorlage des Schlußberichts. Zu den fortwirkenden Pflichten gehört jedoch nicht die Entscheidung über eine Organentnahme.

c) Auf dem Gebiet der wissenschaftlichen **Erprobung von Arzneimitteln** enthält das Arzneimittelgesetz Sonderregelungen. Es unterscheidet die allgemeine klinische Prüfung eines Medikaments bei Menschen (§ 40 AMG) von der „klinischen Prüfung bei einer Person, die an einer Krankheit leidet, zu deren Behebung das zu prüfende Arzneimittel angewendet werden soll" (§ 41 AMG). Für die allgemeine klinische Prüfung wird ausdrücklich die Einwilligung des Probanden gefordert, der geschäfts- und einsichtsfähig sein muß (§ 40 II Nr 1 AMG). Nur bei Minderjährigen läßt § 40 IV Nr 4 AMG eine Ersetzung der Einwilligung durch einen gesetzlichen Vertreter zu. Hiervon ist der in § 41 AMG geregelte Heilversuch zu unterscheiden. § 41 Nr 4 AMG läßt beim Heilversuch eine Einwilligung des gesetzlichen Vertreters genügen, der auch der Betreuer sein kann (zur Einordnung des sog Diagnoseversuchs bei Krankheiten, für die es – noch – keine Therapie gibt, vgl Holzhauer NJW 1992, 2325, 2330; HK-BUR/Rink vor § 1904 Rz 8).

d) Unter keine der in § 1904 genannten medizinischen Maßnahmen läßt sich der **Abbruch einer lebenserhaltenden Maßnahme** (sog „Hilfe zum Sterben") fassen. Unproblematisch ist die passive Sterbehilfe („Hilfe beim Sterben"), wenn sie lediglich dazu dient, einen irreversibel in kurzer Zeit zu erwartenden Todeseintritt nicht hinauszuzögern, weil die darunter fallenden Maßnahmen vom Arzt ohne Einwilligung des Patienten vorgenommen bzw unterlassen werden können. Umstritten sind die Fälle, bei denen der Todeseintritt noch nicht unmittelbar bevorsteht und der Behandlungsabbruch diesen herbeiführen würde. Der BGH hatte in einer strafrechtlichen Entscheidung (NJW 1995, 204ff) bei der Frage der Rechtswidrigkeit eines wegen eines Behandlungsabbruchs tatbestandlich gegebenen versuchten Totschlags des behandelnden Arztes untersucht, ob eine Einwilligung des Betreuers als gesetzlicher Vertreter vorliege, dies aber von vornherein unter dem Gesichtspunkt verneint, daß eine solche **Einwilligung analog § 1904** der Genehmigungspflicht durch das VormG unterliege, eine solche Genehmigung aber nicht eingeholt worden sei. Die Analogie zu § 1904 wurde mit einem „Erst recht"-Schluß begründet: wenn schon aktive Heileingriffe wegen ihrer Gefährlichkeit der alleinigen Entscheidungsbefugnis des Betreuers entzogen seien, so gelte dies erst recht für Behandlungsabbrüche (BGH NJW 1995, 205). Einige Gerichte hatten sich in betreuungsrechtlichen Entscheidungen dem BGH angeschlossen (Frankfurt NJW 1998, 2147; Karlsruhe FamRZ 2002, 488, 490ff mit ablehnender Anm Bienwald), und auch Teile der Literatur sind dieser Auffassung beigetreten (Saliger JuS 1999, 18; Verrel JZ 1999, 8f; Frister JZ 1999, 74; Taupitz, Gutachten, A 90ff). Behandlungsabbrüche seien, insbesondere was die Schwere der Maßnahme angeht, mit den von § 1904 erfaßten Risikooperationen durchaus vergleichbar. Für den Betreuten sei der zivilrechtliche ex ante-Lebensschutz sinnvoller als der strafrechtliche ex-post-Schutz.

Die wohl überwiegende Ansicht der Literatur lehnte die Analogie ab (Müller-Freienfels JZ 1998, 1123ff; Laufs NJW 1998, 3399ff; Seitz ZRP 1998, 417ff; Wagenitz/Enders FamRZ 1998, 1256; Dodegge NJW 1997, 2425, 2432; Bienwald FamRZ 1998, 1137ff; Stalinski BtPrax 1999, 43; MüKo/Schwab Rz 38; Damrau/Zimmermann Rz 43; s auch LG München FamRZ 1999, 1788f). Die Kritiker verweisen auf rechtsethische und historische Gründe sowie darauf, daß ein Eingriff in Art 2 II GG nur aufgrund eines formellen Gesetzes zulässig sei. Im übrigen seien die Voraussetzungen einer Analogie nicht gegeben, da eine planwidrige Regelungslücke fehle, denn der Gesetzgeber des BtÄndG sei in Kenntnis der umstrittenen Rechtslage untätig geblieben. Ein Behandlungsabbruch entspreche nicht dem Zweck des § 1904, den Betreuten vor gesundheitlichen Gefahren zu schützen. Eine Risikooperation setze einen ganz anders gearteten Abwägungsprozeß voraus.

23 Der 12. Zivilsenat des BGH hat zwar die Analogie zu § 1904 abgelehnt, aber eine **Genehmigungspflicht im Wege richterlicher Rechtsfortbildung** bejaht (FamRZ 2003, 748 = BtPrax 2003, 123). Begründet wird dies aus dem „unabweisbaren Bedürfnis, mit den Instrumenten des Rechts auch auf Fragen im Grenzbereich menschlichen Lebens und Sterbens für alle Beteiligten rechtlich verantwortbare Antworten zu finden". Da es im Betreuungsrecht an einem geschlossenen System fehle, sei der Weg zu einer richterlichen Rechtsfortbildung eröffnet. Genehmigt werden könne sowohl der Widerruf einer erteilten Zustimmung zu einer lebensverlängernden Maßnahme als auch das Unterlassen der erforderlichen Einwilligung. Voraussetzung sei, daß die Krankheit einen unumkehrbar tödlich verlaufenden Weg genommen habe. Die vom Strafrecht gezogene Grenze sei auch für das Zivilrecht verbindlich (siehe auch die – überwiegend kritischen – Urteilsanmerkungen: Holzhauer FamRz 2003, 991; Hufen ZRP 2003, 248; Stackmann NJW 2003, 1569; Kutzer ZRP 2003, 212; Spickhoff JZ 2003, 739; Gerhard DRiZ 2003, 256; zu den Konsequenzen der Entscheidung: MüKo/Schwab Ergänzung 4. Aufl Rz 34ff; Hahne FamRZ 2003, 1619).

Ob die Rechtsprechung dazu berufen ist, in den hier diskutierten Fällen eine Genehmigungspflicht einzuführen, ist eher zu bezweifeln. Zutreffend wird zunächst eine Analogie zu § 1904 abgelehnt: Das Hauptargument der Gegenansicht von der existentiellen Bedeutung der Entscheidung über einen Behandlungsabbruch ist zu pauschal, da auch andere Entscheidungen des Betreuers, eine vielleicht lebensrettende Maßnahme von vorneherein zu unterlassen, ähnlich existentiell ist, ohne daß hierfür eine vormundschaftsgerichtliche Genehmigung erforderlich wäre. Gegen die Vergleichbarkeit spricht, daß die Kriterien, die § 1904 anlegt, auch nach Ansicht der Befürworter eines Analogieschlusses auf den Abbruch lebenserhaltener Maßnahmen nicht passen. Daher wird der Maßstab für die Entscheidung dem § 1901 III entnommen (Karlsruhe FamRZ 2002, 491), die Analogie insoweit also gar nicht durchgeführt. Aber auch die Voraussetzungen einer richterlichen Rechtsfortbildung sind wohl nicht gegeben: Denn der Gesetzgeber hat das Problem durchaus gesehen und eine Genehmigungspflicht gerade nicht eingeführt und eine Anpassung des Gesetzes an veränderte Verhältnisse oder ein gewandeltes Rechtsdenken ist angesichts der relativ kurzen Geltung des Betreuungsrechts wohl kaum geboten.

Rechtspolitisch ist zu wünschen, daß der Gesetzgeber sich der Frage annimmt. Wenn er dem BGH folgt und einen Genehmigungsvorbehalt einführt, müßten allerdings die Kriterien für die Entscheidung des Betreuers und des Gerichts konkretisiert werden. Wenn der Betreuer, wie der BGH nahelegt, nur den Willen des Betreuten nachvollzieht, so ist zu fragen, ob die Betreuerentscheidung (und damit auch des Gerichts) überhaupt benötigt wird: Entspricht nämlich die abzubrechende Maßnahme schon nicht dem Willen des Patienten, hätte sie überhaupt nicht vorgenommen werden dürfen und/oder muß unabhängig von einer Betreuerentscheidung abgebrochen werden. Auch ist zu fragen, ob die Ermittlung eines Willens, der bspw in einer Patientenverfügung festgelegt ist, ein taugliches Betreuerhandeln darstellt. Ferner ist das Verfahren zu regeln; der BGH plädiert für eine analoge Anwendung von § 69d I, II FGG. Hier wäre zu fragen, worüber sich ein Sachverständiger auslassen soll: Sicher nicht über die Gefährlichkeit des medizinischen Eingriffs, wie bei § 69d II FGG. Und schließlich ist auch die Beschwerdeberechtigung in diesem Bereich zumindest unklar (vgl Roth BtPrax 2003, 215).

V. Verweigerung der Einwilligung durch den Betreuer

24 Nur die Einwilligung des Betreuers, nicht auch ihre Verweigerung bedarf der Genehmigung des VormG. Zwar kann die Verweigerung einer Genehmigung mit der Folge, daß eine Maßnahme unterbleibt, ebenso gefährlich für das Wohl des Betreuten sein. Der dann einzuschlagende Weg führt jedoch nicht über § 1904: Erscheint die Verweigerung der Einwilligung durch den Betreuer dem Arzt unsachgemäß, kann er sich mit der Anregung an das VormG wenden, dieses möge von dem Betreuer eine andere Stellungnahme erreichen oder ihn im äußersten Fall entlassen und einen anderen Betreuer bestellen. Das VormG kann dem Betreuer gem §§ 1908i iVm 1837 II gebieten, die Einwilligung zu erteilen. Gibt es für dessen weitere Weigerung keine sachlichen Gründe, so kann das VormG schließlich gem §§ 1837 IV, 1666 die Einwilligung ersetzen.

VI. Rechtsnatur der Genehmigung des VormG

25 Die Wirkungen der Genehmigung werden mitunter mit ihrer Rechtsnatur erklärt. Nach überwiegender Ansicht ist die nach § 1904 erforderliche Genehmigung eine **Außengenehmigung**, die auch die Funktion hat, Arzt und Betreuer zu entlasten (Frankfurt NJW 1998, 2747; Damrau/Zimmermann Rz 7; MüKo/Schwab Rz 41; HK-BUR/Rink Rz 29; aA Bienwald Rz 27, wonach es sich um eine reine Innengenehmigung handelt). Zwar ist der herrschenden Ansicht zu folgen, doch ist bei der Außenwirkung zu differenzieren: Eine ohne Genehmigung durchgeführte Maßnahme ist immer rechtswidrig. Dieses Ergebnis ergibt sich für § 1905 aus dem eindeutigen Willen des Gesetzgebers, für § 1906 aus Art 104 GG (ausdrückliche Ausnahme: § 1906 II S 2). Es besteht kein Anlaß, dies bei § 1904 anders zu beurteilen. Daß bei fehlender Genehmigung nach dem Willen des Gesetzgebers der Arzt nicht rechtmäßig handelt, wird dadurch bestätigt, daß durch das BtÄndG auch der Vorsorgebevollmächtigte der Genehmigungspflicht unterstellt wurde. Dieses neue Genehmigungserfordernis soll den rechtsgeschäftlichen Vertreter einer staatlichen Kontrolle unterwerfen, die ineffektiv wäre, wollte man eine ohne sie durchgeführte Maßnahme gleichwohl für gerechtfertigt halten.

Ist die vormundschaftsgerichtliche Genehmigung erteilt, so hat dies allerdings nicht umgekehrt die Wirkung, daß die Maßnahme notwendig rechtmäßig ist. Dieses Ergebnis ergibt sich für § 1905 schon daraus, daß nach erteilter Genehmigung Betreuer und Arzt jederzeit eine Änderung der Verhältnisse, insbesondere einen entgegenstehenden natürlichen Willen zu beachten haben. Bei der Unterbringung ist es ähnlich, da den Betreuer auch hier eine Beobachtungspflicht trifft (s § 1906 III). Die ärztlichen Maßnahmen gem § 1904 sind genauso zu beurteilen, da auch hier der Arzt selbst eine (plötzliche) Einwilligungsfähigkeit des Betreuten zu beachten hat. Und schließlich behält der Betreuer seine Entscheidungskompetenz auch, wenn die vormundschaftsgerichtliche Genehmigung erteilt ist. Letztere mag eine Entscheidungshilfe sein, sie entlastet aber nicht von der Verantwortlichkeit. Dies muß auch für den Arzt gelten. Die **Funktion der Genehmigung** besteht nämlich nicht in erster Linie in der Entlastung für Arzt und Betreuer (so aber Pal/Diederichsen Rz 6), sondern in deren **Kontrolle**. Immerhin enthält die Genehmigung die Vermutung für das Bestehen der von ihr erfaßten Tatbestandsmerkmale; insoweit tritt auch eine Entlastung für den Arzt ein.

VII. Handlungsmöglichkeiten des Betreuers in Zweifelsfällen

In allen Fällen, in denen die Einwilligung des Betreuers erforderlich ist, umfaßt die vom Arzt an den Betreuer 26
zu richtende Aufklärung auch die schwerwiegenden Folgen, die das Genehmigungserfordernis für die Einwilligung des Betreuers begründen. Ist der Betreuer im Zweifel über die Erforderlichkeit der Genehmigung, kann er gem § 1908i I S 1 iVm § 1837 I S 1 die **Beratung des VormG** in Anspruch nehmen. Da seine Einwilligung der **Genehmigung** bedarf, ist es **seine Sache**, diese beim VormG zu beantragen. Wird sein Antrag zurückgewiesen, so werden ihm weder Kosten (§ 93 S 6 KostO) noch Auslagen des Betreuten (§ 96 lit e KostO) auferlegt.

VIII. Verfahren

Gem § 14 Nr 4 RPflG entscheidet der Richter. Nach § 69d I S 3 und 4 FGG hat das Gericht den Betroffenen 27
persönlich anzuhören. Die persönliche Anhörung kann unterbleiben, wenn von ihr erhebliche Nachteile für die Gesundheit des Betroffenen zu befürchten sind oder der Betroffene offensichtlich nicht in der Lage ist, seinen Willen kundzutun. Gemäß § 69d II S 1 FGG hat das Gericht vor der Genehmigung das Gutachten eines Sachverständigen einzuholen. Während nach früherem Recht der Sachverständige und die medizinische Maßnahme ausführende Arzt nicht personengleich sein durften, ist durch das BtÄndG dieses strenge Verbot der Personenidentität aufgelockert worden, indem nach § 69d II S 2 FGG Sachverständiger und Arzt in der Regel nicht personengleich sein sollen, Ausnahmen jedoch zulässig sind. Damit soll der Tatsache Rechnung getragen werden, daß in der Vergangenheit etliche Genehmigungsverfahren allein aufgrund fehlender Sachverständiger nicht hätten durchgeführt werden können (BT-Drucks 13/7158, 38). Diese Auflockerung der Verfahrensvorschriften birgt jedoch die Gefahr in sich, daß der Vormundschaftsrichter die Feststellungen und Folgerungen des behandelnden Arztes mangels eigenen Fachwissens möglicherweise nicht mehr kritisch würdigen kann und der Kontrollzweck des Verfahrens nach § 1904 somit verlorengeht (so auch Weber/Wienand FuR 1996, 241, 247; ebenfalls kritisch Meyer BtPrax 1998, 214, 217; Bauer/Rink BtPrax 1996, 158, 160).

Dem Ehegatten des Betreuten, seinen Eltern, Pflegeeltern und Kindern soll in der Regel Gelegenheit zur Äußerung gegeben werden. Auf Verlangen des Betreuten ist diesen Personen sowie einer ihm nahestehenden anderen Person Gelegenheit zur Äußerung zu geben (§ 69d II S 3 iVm § 68a S 3 und 4 FGG). Gegen die Zurückweisung des Antrags, nicht gegen ein Negativattest, hat der Betreuer das Recht der einfachen Beschwerde.

IX. Gerichtliche Entscheidung

Das Gericht darf dem Betreuer die Genehmigung nur erteilen, wenn der Betreute einwilligungsunfähig ist, es 28
hat daher die Einwilligungsunfähigkeit des Betreuten zu überprüfen, wobei die Bestellung des Betreuers mit dem Aufgabenkreis des § 1904 allerdings eine Indizwirkung hat (Rz 8). Im übrigen hat sich die Entscheidung am **Wohl des Betreuten** zu orientieren. Entscheidungskriterien sind der Grad der Schadenswahrscheinlichkeit, der Umfang des möglichen Schadens sowie die zu erwartenden Vorteile des Eingriffs. Es ist unter dem Gesichtspunkt der Verhältnismäßigkeit eine Güterabwägung vorzunehmen (Damrau/Zimmermann Rz 46; HK-BUR/Rink Rz 23; ebenso Hamm FGPrax 1997, 64, 65; zustimmend Seitz FGPrax 1997, 142, 144). Das Gericht kann die Maßnahme genehmigen, die Genehmigung versagen oder aussprechen, daß eine Genehmigung nicht erforderlich ist (Negativ-Attest).

Eine Gerichtsgebühr ist bei einer Dauerbetreuung für die Genehmigung nicht vorgesehen (vgl § 93 S 6 KostO). Der Betreuer läuft auch bei Zurückweisung seines Antrages nicht Gefahr, daß ihm die Auslagen des Betroffenen auferlegt werden, weil dies nach § 13a II S 2 FGG nur gegenüber einem Dritten möglich ist.

X. Zwangsbehandlung

Fraglich ist, ob der Betreuer auch gegen den Willen des nicht einwilligungsfähigen Betreuten eine **Heilbehand-** 29
lung zwangsweise durchsetzen kann. Bejaht wird diese Befugnis in der Literatur jedenfalls dann, wenn dem Betreuten schwerer Gesundheitsschaden oder Tod drohen (Schweitzer FamRZ 1996, 1324; Bienwald Rz 24; Damrau/Zimmermann Rz 16; Pal/Diederichsen Rz 3; Knittel Rz 6f), während andere dies mangels gesetzlicher Regelung ablehnen (Dodegge BtPrax 1996, 173; Walther BtPrax 2001, 97; Lipp JZ 2001, 826). Auch die Rspr ist gespalten: So hält Zweibrücken (FamRZ 2000, 1114) eine ambulante Dauermedikation nicht für zwangsweise durchsetzbar, während Hamm einen Behandlungszwang im Einzelfall bejaht (FamRZ 2000, 1115, 1117, Vorlage an den BGH). Der BGH hat eine Genehmigungsfähigkeit aus verfassungsrechtlichen Gründen abgelehnt, da der Behandlungszwang einen Eingriff in Art 2 II GG darstelle, für den es an einer gesetzlichen Grundlage fehle (BGH FamRZ 2001, 149, 152). Außerdem ergebe aus Umkehrschluß aus § 70g V FGG, daß von der Unterbringung abgesehen ein Zwang nicht zulässig sei.

Es ist zweifelhaft, ob auf das Verhältnis Betreuer/Betreuter tatsächlich die Grundrechte unmittelbar anzuwenden sind (vgl Lipp JZ 2001, 827). Letztlich muß der Betreuer selbst jedenfalls für befugt angesehen werden, eine zulässige Aufenthaltsbestimmung auch mittels Zwang durchzusetzen. Dies wird allerdings häufig nicht ausreichen. Eine Hilfestellung der Behörden wird dabei allerdings aufgrund der dargestellten Rechtsprechung oft nicht zu erlangen sein. Das Anliegen des BGH mag ehrenvoll sein, erschwert jedoch ambulante Behandlungen in Zukunft stark. Und wenn die Alternative der Unterbringung statt der ambulanten Behandlung gewählt wird, gereicht dies kaum zum Vorteil des geschützten Personenkreises (vgl auch § 1906 Rz 32). Immerhin hat das Gericht eine Hintertür offengelassen für Fälle, in denen eine Unterbringung zur Behandlung zulässig und demgegenüber die ambulante

Behandlung die weniger intensive Maßnahme wäre. Allerdings darf sich die ambulante Maßnahme in der Art und Weise nicht von der belastenderen Unterbringung unterscheiden (BFH FamRZ 2001, 149, 151).

XI. Gefahr in Verzug (Abs I S 2)

30 Bei Gefahr im Verzug kann die Maßnahme ohne die Genehmigung des Gerichts durchgeführt werden (Abs I S 2). Die Gefahr des Abs I S 2 bezieht sich darauf, was bei Unterlassen des sofortigen Heileingriffs geschehen würde. Es muß sich um eine aufgrund eines Aufschubs zu erwartende Gefahr einer erheblichen Gesundheitsbeeinträchtigung handeln, die über den bloßen Anlaß des ärztlichen Tätigwerdens hinausreicht. Zu fordern ist eine ernstliche und dringende Gefahr für Leib und Leben (MüKo/Schwab Rz 46; Bienwald, BtR Rz 26; HK-BUR/Rink Rz 31; Damrau/Zimmermann, Rz 48: beachtliche Verschlimmerung droht). Außer von der Dringlichkeit der medizinischen Maßnahme hängt die Entbehrlichkeit der Genehmigung auch von der zu erwartenden Verfahrensdauer ab, dh von der Belastung des Gerichts und der Verfügbarkeit eines Sachverständigen. Die Vorschrift des Abs I S 2 macht das vormundschaftsgerichtliche Verfahren, nicht aber die Einwilligung des Betreuers entbehrlich. Nur ausnahmsweise kann auch auf die Einwilligung des Betreuers verzichtet werden, nämlich bei ärztlichen Notfällen, bei denen es auf jede Minute ankommt (Staud/Bienwald Rz 56). Die Maßnahme kann dann nach allgemeinen Grundsätzen auf eine mutmaßliche Einwilligung oder eine Geschäftsführung ohne Auftrag gestützt werden.

31 Durfte die Maßnahme ohne Genehmigung erfolgen, braucht die Genehmigung nicht nachgeholt zu werden, da die Maßnahme in der Regel nicht rückgängig gemacht werden kann (Amtl Begr, BT-Drucks 11/4528, 141). Bei hochriskanten Maßnahmen über einen längeren Zeitraum, die noch abgebrochen werden können, sollte jedoch die Genehmigung unverzüglich nachgeholt werden (HK-BUR/Rink Rz 31).

XII. Anwendbarkeit auf Vorsorgevollmacht (Abs II)

32 Durch Abs II S 1 wird der aufgrund einer Vorsorgevollmacht mit der Gesundheitsvorsorge betraute Bevollmächtigte dem gesetzlichen Betreuer im Hinblick auf die Einwilligung in medizinische Maßnahmen gleichgestellt. Die Vorschrift ist durch das BtÄndG mit dem Ziel eingeführt worden, die praktische Bedeutung der Vorsorgevollmacht zu stärken (Amtl Begr, BT-Drucks 13/7158, 34). Zugleich soll durch das Genehmigungserfordernis auch einer bestehenden Mißbrauchsgefahr vorgebeugt werden (Amtl Begr, BT-Drucks 13/7 158, 34). Die Einbeziehung der Vorsorgevollmacht in das Genehmigungserfordernis des § 1904 wird zum Teil kritisch als Bevormundung des Patienten bewertet (vgl hierzu Bienwald BtPrax 1998, 164ff; Uhlenbruck ZRP 1998, 46ff).

33 In S 2 hat der Gesetzgeber für die Erteilung der Vorsorgevollmacht zum Schutz vor Übereilung (Amtl Begr, BT-Drucks 13/7 158, 34) ein zusätzliches **Schriftformerfordernis** geschaffen. Für die Wirksamkeit der Bevollmächtigung ist einerseits allgemein Schriftform erforderlich (diesbezüglich gilt § 126), andererseits müssen die in Abs I genannten Maßnahmen in der Vorsorgevollmacht ausdrücklich genannt werden. Näheres regelt das Gesetz allerdings nicht, so daß sich die Frage stellt, welche Rechtsfolgen es hat, wenn die Vorsorgevollmacht an sich zwar schriftlich erteilt ist, ein entsprechender Hinweis auf die Maßnahmen des § 1904 aber nicht aus der Urkunde hervorgeht. Unzweifelhaft hat der „Bevollmächtigte" dann nicht die Vertretungsmacht für die in § 1904 genannten Maßnahmen. Walter (FamRZ 1999, 685, 691) erwägt eine Interpretation des Ausdrücklichkeitsgebots als Auslegungsregel und nicht als Formerfordernis mit dem Ziel, die Vertretungsmacht insoweit aufrechtzuerhalten, als sie sich auf Maßnahmen bezieht, die nicht unter § 1904 fallen. Dieses Ergebnis läßt sich auch erzielen, wenn man ein Formerfordernis annimmt: Da die Vorsorgevollmacht – abgesehen von den Fällen der §§ 1904, 1906 – formlos gültig ist, ist es allein eine Frage der Auslegung, ob der Vollmachtgeber auch für die außerhalb dieser Vorschriften liegenden Bereiche eine Vollmacht erteilen wollte. Ist dies der Fall, wäre diese auch dann wirksam, wenn das Formerfordernis des § 1904 nicht eingehalten wäre. Nicht notwendig ist es, daß die Vorschrift des § 1904 I in der Vollmachtsurkunde ausdrücklich genannt oder gar der Gesetzestext wiedergegeben wird. Ausreichend dürfte sein, wenn die Auslegung zu dem Ergebnis führt, daß die Maßnahmen im Sinne von § 1904 von der Vollmacht mit umfaßt sind, allerdings mit der Maßgabe, daß sich für die Auslegung in der Vollmachtsurkunde eine Andeutung findet. Die Formulierung „alle Angelegenheiten" genügt genausowenig wie der Hinweis „Generalvollmacht" (Zweibrücken BtPrax 2002, 171 = FamRZ 2003, 113; Dodegge/Roth BtKomm C Rz 23).

Die Einbeziehung des Bevollmächtigten in die Genehmigungspflicht ist zwingendes Recht und kann nicht durch eine entsprechende Klausel in der Vorsorgevollmachtsurkunde in der Weise abbedungen werden, daß der Bevollmächtigte von der gerichtlichen Genehmigungspflicht befreit sein soll (zweifelnd Walter FamRZ 1999, 685, 690 mit der Konsequenz der Einschaltung eines Überwachungsbetreuers). Dies ergibt sich sowohl aus dem Wortlaut als auch aus dem Regelungszweck des § 1904 II, der Mißbrauchsfälle verhindern soll.

XIII. Zum Verhältnis zwischen § 1904 und § 1906

34 1. Die Verabreichung eines Medikaments stellt nur dann eine unterbringungsähnliche Maßnahme im Sinne von § 1906 IV mit der Folge der generellen Genehmigungspflicht nach § 1906 II dar, wenn das Hindern am Verlassen des derzeitigen Aufenthaltsortes Zweck und nicht nur Nebenfolge der Medikation ist (Hamm FGPrax 1997, 64f; zustimmend Seitz FGPrax 1997, 142 mit dem Hinweis, daß es im Einzelfall schwierig sein könne, zwischen Zweck und Nebenfolge zu unterscheiden). Im übrigen besteht eine Genehmigungspflicht allein unter den Voraussetzungen des § 1904.

35 2. Ist der Betreute zum Zwecke medizinischer Behandlung im Sinne von § 1906 I Nr 2 untergebracht, so muß für eine Untersuchung im Rahmen der Unterbringung keine weitere Genehmigung nach § 1906 eingeholt werden. Dafür ist die medizinische Maßnahme jedoch gesondert nach § 1904 zu beurteilen, ggf ist für die Maßnahme eine weitere vormundschaftsgerichtliche Genehmigung erforderlich.

§ 1905 Sterilisation

(1) Besteht der ärztliche Eingriff in einer Sterilisation des Betreuten, in die dieser nicht einwilligen kann, so kann der Betreuer nur einwilligen, wenn
1. die Sterilisation dem Willen des Betreuten nicht widerspricht,
2. der Betreute auf Dauer einwilligungsunfähig bleiben wird,
3. anzunehmen ist, dass es ohne die Sterilisation zu einer Schwangerschaft kommen würde,
4. infolge dieser Schwangerschaft eine Gefahr für das Leben oder die Gefahr einer schwerwiegenden Beeinträchtigung des körperlichen oder seelischen Gesundheitszustands der Schwangeren zu erwarten wäre, die nicht auf zumutbare Weise abgewendet werden könnte, und
5. die Schwangerschaft nicht durch andere zumutbare Mittel verhindert werden kann.

Als schwerwiegende Gefahr für den seelischen Gesundheitszustand der Schwangeren gilt auch die Gefahr eines schweren und nachhaltigen Leides, das ihr drohen würde, weil vormundschaftsgerichtliche Maßnahmen, die mit ihrer Trennung vom Kind verbunden wären (§§ 1666, 1666a), gegen sie ergriffen werden müssten.

(2) Die Einwilligung bedarf der Genehmigung des Vormundschaftsgerichts. Die Sterilisation darf erst zwei Wochen nach Wirksamkeit der Genehmigung durchgeführt werden. Bei der Sterilisation ist stets der Methode der Vorzug zu geben, die eine Refertilisierung zulässt.

Schrifttum: *Bonhoeffer*, Ein Rückblick auf die Auswirkung und die Handhabung des nationalsozialistischen Sterilisationsgesetzes, Der Nervenarzt 1949, 1; *Bundesvereinigung Lebenshilfe eV,* Stellungnahme der Bundesvereinigung Lebenshilfe zur Sterilisation einwilligungsunfähiger Menschen – § 1905 des Diskussions-Teilentwurfs eines Betreuungsgesetzes, Marburg 1988, darin: Coester, Die sorgerechtliche Indikation bei der Sterilisation behinderter Volljähriger, auch in ZfJ 1989, 350; *Bundesvereinigung Lebenshilfe eV,* Regelungen zur Sterilisation einwilligungsunfähiger Personen im Betreuungsgesetz-Entwurf der Bundesregierung vom 11. 5. 1989, Marburg 1990; *Finger*, Die Sterilisation geistig Behinderter und § 1905 BGB idF des BtG, DAV 1989, 12; *Gaidzik/Hiersche*, Historische, rechtstatsächliche und rechtspolitische Aspekte der Sterilisation Einwilligungsunfähiger, MedR 1999, 58; *Hanack*, Die strafrechtliche Zulässigkeit künstlicher Unfruchtbarmachungen, Marburg 1959; *Hiersche/Hirsch/Graf/Baumann*, Sterilisation geistig Behinderter, MedR 1987, 135; *Hoffmann*, Sterilisation geistig behinderter Erwachsener, Baden-Baden 1996; *Horn*, Die Sterilisation geistig Behinderter – strafbar?, Demokratie und Recht 1988, 62; *ders*, Strafbarkeit der Zwangssterilisation, ZRP 1983, 265; *Lachwitz*, Das neue Betreuungsrecht – Perspektiven für Menschen mit geistiger Behinderung, FuR 1990, 266, 269; *Leister*, Nach Bevensen oder die Nichteinwilligungsfähigen und die Sterilisation, Betrifft Justiz 1989, 58; *Mahnkopf*, Zwangssterilisation in der Bundesrepublik Deutschland, Betrifft Justiz 1985, 4; *Neuer-Miebach/Krebs (Hrsg)*, Schwangerschaftsverhütung bei Menschen mit geistiger Behinderung – notwendig, möglich, erlaubt?, Marburg 1987; *Pieroth*, Die Verfassungsmäßigkeit der Sterilisation Einwilligungsunfähiger gemäß dem Entwurf für ein Betreuungsgesetz, FamRZ 1990, 117; *Roth/Schlatmann*, Eugenik im Recht. Die Geschichte der sogenannten Zwangssterilisation in den letzten 100 Jahren, in Düwell/Vormbaum (Hrsg), Themen juristischer Zeitgeschichte, Bd 1, 1998, 152; *Schmidt*, Das Sterilisationsproblem nach dem in der Bundesrepublik geltenden Strafrecht, JZ 1951, 65; Vormundschaftsgerichtstag, Materialien und Ergebnisse des 1. Vormundschaftsgerichtstags vom 26.–29. Oktober 1988 in Bad Bevensen, Arbeitsgruppe 5, Sterilisation geistig Behinderter, München 1989; *Wild*, Rechtliche Aspekte der Sterilisation geistig Behinderter, Geistige Behinderung 1985, 2.

I. Vorgeschichte

1. Das einzige Gesetz, das vor dem BtG in Deutschland die Sterilisation regelte, war das „Gesetz zur Verhütung erbkranken Nachwuchses", das sog ErbgesundheitsG (ErbGesG) vom 14. 7. 1933 (RGBl I 529). Zwar war auch zur Zeit der Weimarer Republik vor allem die freiwillige Sterilisation erbkranker Personen diskutiert und von der sogenannten rassehygienischen Bewegung einwilligungsunabhängige Unfruchtbarmachungen gefordert worden (vgl Roth/Schlatmann, S 155ff). Ein vom preußischen Landesgesundheitsamt 1932 ausgearbeiteter Entwurf (abgedruckt bei Nachtsheim, Für und wider die Sterilisierung aus eugenischer Indikation, 1952, S 61ff), der die Sterilisation von Personen vorsah, die an einer Erbkrankheit litten oder entsprechende Anlagen trugen, war wegen der sich überstürzenden politischen Ereignisse nicht Gesetz geworden. Dieser Entwurf war bereits deutlich durch eine eugenische Intention gekennzeichnet und orientierte sich insoweit an **Vorbildern** aus **Nordamerika, Dänemark** und der **Schweiz**, wo es schon vorher erste Sterilisationsgesetze gab (Gesetz Indiana 1907, abgedruckt in ZStW 1952, 477f; Gesetz Dänemarks 1929, in ZStW 1952, 485; Gesetz des Kantons Waadt, 1929 in Kopp, Gesetzliche Unfruchtbarmachung, 1934, 77f). Von den bis 1933 vorliegenden Vorschlägen und Entwürfen unterschied sich das ErbGesG daher weniger durch seine eugenische Zielsetzung, als durch die Radikalität, mit der diese Ziele durchgesetzt wurden: Eine Sterilisation war danach zulässig, wenn jemand an einer in § 1 II ErbGesG näher bezeichneten Erbkrankheiten körperlicher oder geistiger Art oder an Alkoholismus (§ 1 III ErbGesG) litt und nach den Erfahrungen der ärztlichen Wissenschaft mit großer Wahrscheinlichkeit zu erwarten war, „... daß seine Nachkommen an schweren körperlichen oder geistigen Erbschäden leiden werden" (§ 1 I ErbGesG). Bei Vorliegen dieser Voraussetzungen konnte die Sterilisation auch gegen den Willen des Betroffenen durchgeführt werden. Genaue Zahlen über den Umfang der auf Grundlage des ErbGesG vorgenommenen Sterilisationen gibt es nicht. Schätzungen reichen von 200 000 bis zu 2 Millionen (vgl Hanack S 67). Einen Anhaltspunkt bietet eine statistische Aufstellung des Justizministeriums, die für das Jahr 1934 62 463 und das Jahr 1935 71 760 gerichtliche Anordnungen aufführt (Bonhoeffer, Der Nervenarzt 1949, 2).

2. **Rechtslage von 1945 bis zum Inkrafttreten des Betreuungsgesetzes.** Nach 1945 hatte das ErbGesG in den verschiedenen Besatzungszonen ein unterschiedliches Schicksal. Aufgehoben wurde es in der sowjetischen Zone (SMA-Befehl 6/1946) sowie in den Bundesländern Bayern und Hessen 1945 bzw 1946. In den westlichen Zonen wurde zwar nur die Wiedereröffnung der Erbgesundheitsgerichte untersagt, was aber einer Außerkraftsetzung

gleichkam. Württemberg-Baden und Hamburg haben das ErbGesG 1946 mit Ausnahme des § 14 I, der die freiwillige Sterilisation bei Gesundheitsgefahr zuließ, suspendiert. In den übrigen Bundesländern bestand über die Fortgeltung des ErbGesG Unklarheit (vgl zum Ganzen die Übersicht bei Schmidt JZ 1951, 65), vollständig aufgehoben wurde es erst durch das 5. StrafrechtsreformG im Jahre 1974 (BGBl I 1297 Art 8 Nr 1). Im Zuge dieser Reform wollte man auch die bis dahin bestehende Rechtsunsicherheit auf dem Gebiet der Sterilisation beseitigen, doch wurde dieser Komplex letztlich aus dem Gesetz ausgeklammert (BT-Drucks 7/1981, 4).

3   Mangels einer gesetzlichen Regelung der Ersatzeinwilligung des gesetzlichen Vertreters in eine Sterilisation bei Einwilligungsunfähigkeit des Betroffenen war die Rechtsunsicherheit auf diesem Gebiet seitdem beträchtlich. Gerichte waren – soweit ersichtlich – nur dann mit dieser Frage befaßt, wenn gesetzliche Vertreter der Sterilisation ihres Mündels bzw Pfleglings vom VormG genehmigen lassen wollten. ZT wurde eine solche Genehmigung unter Berufung auf die fehlende Rechtsgrundlage abgelehnt, ohne zur rechtlichen Zulässigkeit einer Ersatzeinwilligung Stellung zu nehmen (Hamm FamRZ 1983, 310ff; AG Alzey FamRZ 1984, 208; AG Kaiserslautern MDR 1981, 229). Andere Gerichte sahen in der entsprechenden Anwendung der §§ 3, 4, 6 KastrationsG die gesetzliche Grundlage für die vormundschaftsgerichtliche Genehmigung der Ersatzeinwilligung in eine Sterilisation, wenn sie das einzige Mittel war, um eine unmittelbar drohende schwerwiegende Gesundheitsbeeinträchtigung abzuwenden (LG Berlin FamRZ 1971, 668, 669; LG Zweibrücken MDR 1979, 758, 759).

4   Wie viele Einwilligungsunfähige trotz dieser ungeklärten Rechtslage sterilisiert worden sind, darüber gibt es nur Schätzungen. Das Bundesjustizministerium hat für die alten Bundesländer eine Zahl von 1000 Fällen pro Jahr angenommen, darunter eine nicht unerhebliche Anzahl Minderjähriger (DiskTE S 71). Angesichts dieser Praxis wurde es fast einhellig begrüßt, daß die Sterilisation Einwilligungsunfähiger im Zuge der Reform des Vormundschaftsrechts durch das BtG gesetzlich geregelt werden sollte. Die rechtspolitischen Vorstellungen reichten aber vom Verbot einer Ersatzeinwilligung außer in Fällen von Lebensgefahr (Änderungsantrag der Grünen, BT-Drucks 11/6962) oder einer medizinischen Indikation (Entwurf der SPD-Fraktion BT-Drucks 11/669, 7) bis zur Ermächtigung des Betreuers, die über § 1905 hinausgegangen wäre (Entscheidungshilfe der Bundesärztekammer, Deutsches Ärzteblatt 1987, B-1979).

II. Gesetzgebungsgeschichte

5   Der DiskTE unterschied sich von der Gesetz gewordenen Fassung vor allem darin, daß er die bei einer Schwangerschaft drohende Notlage nicht eigenständig umschrieb, sondern auf die Indikationen für einen Schwangerschaftsabbruch gem § 218a StGB verwies. Der RegE ersetzte dann aber die Verweisung auf § 218a StGB durch die Gesetz gewordene eigenständige Umschreibung der eine Sterilisation rechtfertigenden Notlagen. Er begründete dies damit, daß die Verweisung auf § 218a StGB zu Mißverständnissen geführt hatte. Vor allem die Bezugnahme auf die sogenannte eugenische Indikation (§ 218a II Nr 1 StGB) war dahin mißverstanden worden, als solle die Gefahr behinderter Nachkommenschaft eine Sterilisation rechtfertigen können und nicht die dadurch ausgelöste Notlage der Frau. Aber auch die Verweisung auf die soziale Indikation des § 218a II Nr 3 StGB könne fälschlich so verstanden werden, als solle die Ersatzeinwilligung in eine Sterilisation aus rein finanziellen Erwägungen zugelassen werden (BT-Drucks 11/4528, 78). Auf Anregung des Bundesrates wurde dem § 1905 II der letzte Satz angefügt, was mit dem Gebot der Verhältnismäßigkeit begründet wurde.

III. Verfassungsmäßigkeit des § 1905

6   Dadurch, daß § 1905 dem Betreuer die Befugnis einräumt, unter den darin normierten Voraussetzungen in die Sterilisation des Betreuten einzuwilligen, greift diese Bestimmung sowohl in den Schutzbereich des Art 2 II S 1 GG (körperliche Unversehrtheit) als auch des Art 2 I GG (allgemeines Persönlichkeitsrecht) ein. Da § 1905 gewährleistet, daß bei der Ersatzeinwilligung des Betreuers nur die körperliche und seelische Gesundheit des Betreuten maßgeblich ist, ist dieser Grundrechtseingriff **verfassungsrechtlich gerechtfertigt** (Pieroth FamRZ 1990, 117, 122). Der Ansicht, ein Gesetz, das einem Dritten die Befugnis zur Ersatzeinwilligung in eine Sterilisation einräume, verstoße gegen Art 2 I GG, weil dieses Grundrecht per definitionem nicht durch einen Dritten ausgeübt werden könne (Reis in Neuer-Miebach/Krebs S 159), kann nicht gefolgt werden. Zum einen ist sie insoweit widersprüchlich, als sie für die Fälle einer medizinischen Indikation eine Ausnahme von diesem Grundsatz macht (Reis, aaO S 160). Darüber hinaus berührt jede ohne den Willen des Betroffenen durchgeführte Maßnahme in persönlichen Angelegenheiten den Schutzbereich des Art 2 I GG, was sich aber daraus rechtfertigt, daß eine Ersatzeinwilligung dem Vertretenen eine Kompetenz gewährt, die ihm anderenfalls verschlossen bliebe. Die Sterilisation eröffnet eine Möglichkeit der Empfängnisverhütung, ohne die unter Umständen größeres Leid auf die Person zukommen würde (Schwab in Neuer-Miebach/Krebs S 147).

IV. Regelungszweck

7   § 1905 regelt die Zulässigkeit einer Ersatzeinwilligung für eine **nicht einwilligungsfähige Person.** Der Sinn des § 1905 besteht darin, daß auch Einwilligungsunfähigen, will man ihr Recht auf Sexualität nicht – etwa durch Unterbringung – einschränken, die Möglichkeit einer Sterilisierung grundsätzlich offenstehen soll, sofern andere Maßnahmen der Empfängnisverhütung nicht in Betracht kommen. Als Sonderfall der in § 1904 geregelten ärztlichen Maßnahmen stellt die Sterilisation einen schwerwiegenden Eingriff in die körperliche Unversehrtheit und die Persönlichkeitsrechte des Betroffenen dar, der einer Rechtfertigung einer wirksamen Einwilligung bedarf. Während vor dem Zweiten Weltkrieg nach hM die Einwilligung des Einwilligungsfähigen in eine Sterilisation nur in Ausnahmefällen sittlich gerechtfertigt war, kann seit einem 1964 ergangenen Urteil des BGH (BGHSt 20, 81ff) davon ausgegangen werden, daß die im Bewußtsein von Art und Bedeutung der Sterilisation abgegebene Einwilligung des Betroffenen nicht sittenwidrig iSd § 226a StGB ist. Der Gesetzgeber sah daher keinen Bedarf für

eine Regelung der Sterilisation von nicht unter Betreuung stehenden Personen und von Betreuten, die bezüglich der Sterilisation einwilligungsfähig sind (BT-Drucks 11/4528, 75). Kann die betroffene Person aber mangels Einsicht in Tragweite und Bedeutung der Sterilisation nach entsprechender Aufklärung eine wirksame Einwilligung nicht abgeben, regelt § 1905, unter welchen Voraussetzungen ein nur für diesen Zweck zu bestellender Betreuer (§ 1899 II) in eine Sterilisation des Betreuten einwilligen kann. Durch § 1905 soll gewährleistet werden, daß bei der Ersatzeinwilligung durch den Betreuer in eine Sterilisation ausschließlich Interessen des Betreuten maßgeblich sind. Die Berücksichtigung von **Interessen** etwa von **Verwandten**, der **Allgemeinheit** oder eines vermeintlichen Interesses des ungezeugten Kindes **soll ausgeschlossen werden** (BT-Drucks 11/4528, 75f).

Die Einwilligungsfähigkeit ist nicht mit der Geschäftsfähigkeit gleichzusetzen; verlangt wird die – natürliche – **8** Fähigkeit, Art, Bedeutung und Tragweite des Eingriffs einschließlich der Folgen zu verstehen, und den Willen entsprechend diesem Verständnis zu bestimmen (vgl dazu § 1904 Rz 2). Die Einsichtsfähigkeit muß grundsätzlich in jedem Zeitpunkt des Verfahrens beachtet werden. Zu beachten ist, daß die **Anforderungen an die Einwilligungsfähigkeit** nicht zu niedrig angesetzt werden, da sonst die Gefahr besteht, daß das Schutzsystem des § 1905 unterlaufen wird (sa Hoffmann S 94). Wie bereits dargestellt, würde in diesem Fall die Einwilligung des Betroffenen, der manipuliert worden sein kann, ohne weitere Voraussetzungen ausreichen (gegen dieses „Alles-oder-Nichts-Prinzip" vor allem Schwab in Neuer-Miebach/Krebs S 141 und MüKo/Schwab § 1905 Rz 12). Gerade bei Vorschriften mit sehr strengen Voraussetzungen ist diese Gefahr groß, zumal genaue Kriterien für die Einsichts- und Urteilsfähigkeit geistig Behinderter fehlen. Es ist bereits darauf hingewiesen worden, daß Menschen mit psychischer oder geistiger Behinderung leicht beeinflußbar sind (Bruder, Gutachten B/C zum 57. DJT, 1988 [17]), und aus der Vergangenheit sind schon viele Beispiele überliefert, wie man die Einwilligung eines „Patienten" erlangen kann (vgl zB Roth/Schlatmann S 170f).

V. Voraussetzungen des § 1905 im einzelnen

1. Unter **Sterilisation** iSd § 1905 I Hs 1 ist die auf Beseitigung der Fortpflanzungsfähigkeit gerichtete operative **9** Unterbrechung von Ei- oder Samenleiter zu verstehen. Nicht dem Schutzsystem des § 1905 unterliegen daher ärztliche Eingriffe, bei denen der Verlust der Fortpflanzungsfähigkeit lediglich unerwünschte Nebenfolge ist, wie zB bei vollständiger Entfernung der Gebärmutter im Rahmen einer Krebsoperation. Auf solche Fälle findet § 1904 Anwendung, wobei der Verlust der Fortpflanzungsfähigkeit eine schwere Folge im Sinne dieser Vorschrift ist, so daß der Eingriff der vormundschaftsgerichtlichen Genehmigung bedarf. Keine Sterilisation iSd § 1905 ist auch die Verabreichung von hormonellen Empfängnisverhütungsmitteln. Diese dürfte sich auch kaum unter § 1904 subsumieren lassen, da es an dem für eine „Heilbehandlung" erforderlichen therapeutischen Zweck fehlt.

2. Gem Abs I S 1 Nr 1 muß die Sterilisation unterbleiben, wenn sie dem **Willen des Betreuten widerspricht**. **10** Hierunter ist im Gegensatz zur Einwilligung, für deren Wirksamkeit es auf Einsichts- und Steuerungsfähigkeit des Betroffenen ankommt, der **natürliche Wille** zu verstehen. Dieser setzt keine rechtlichen Qualifikationserfordernisse voraus. Auch die Äußerung dessen, der nicht versteht, eine Operation welcher Art an ihm vorgenommen werden soll, zB in Gesten oder Gefühlsäußerungen besteht, ist hierbei zu beachten. Fraglich ist, ob die abwehrende Handlung unbeachtlich ist, wenn sie sich nicht unmittelbar gegen die Sterilisation richtet, sondern gegen andere, eventuell vorbereitende Handlungen (so Hamm FamRZ 2001, 314, 316; Damrau/Zimmermann Rz 4; aA Bienwald BtR Rz 32; MüKo/Schwab Rz 17; Seitz FGPrax 1996, 23; Hoffmann S 101). Zwar muß sich der Widerstand laut Gesetzeswortlaut gegen die Sterilisation richten, so daß die Angst vor einem Arztkittel nicht genügt; jedoch sind an die Finalität der Abwehr keine besonderen Anforderungen zu stellen, da die Zielrichtung der Ablehnungshandlung von geistig Behinderten oft nur schwer zu bestimmen ist (MüKo/Schwab Rz 17). Bei Zweifeln hat die Sterilisation zu unterbleiben. Kommt der Widerwille schon im vormundschaftsgerichtlichen Verfahren zum Ausdruck, ist die Genehmigung gem § 1905 II S 1 zu versagen. Aber auch wenn das VormG die Einwilligung des Betreuers in die Sterilisation genehmigt hat, muß diese unterbleiben, wenn der Betreute sich erst unmittelbar vor der Operation gegen den Eingriff wehrt. Dies gilt im übrigen auch, wenn eine der anderen Voraussetzungen des § 1905 nach der Genehmigung entfällt. Letztlich hat die Entscheidung des VormG lediglich vorläufigen Charakter. Dadurch, daß der Wille des Betreuten, mag er noch so unvernünftig erscheinen, nicht gebrochen werden darf, soll jede Nähe zu den früher auf der Grundlage des ErbGesG durchgeführten Zwangssterilisationen vermieden werden (Amtl Begr BT-Drucks 11/4528, 76).

Mit dieser, wenn auch achtenswerten, allgemein-politischen Begründung sind **Unstimmigkeiten der Regelung** **11** wohl bewußt in Kauf genommen. So wurde schon gegen den RefE eingewandt, daß die Beachtlichkeit des Willens des nicht Einsichtsfähigen widersprüchlich sei (Holzhauer 57. DJT Gutachten B 87; kritisch auch Coester in Bundesvereinigung Lebenshilfe, Sterilisation einwilligungsunfähiger Personen, 1991, S 32). Auch die Unterscheidung zwischen einer Sterilisation gegen den Willen und einer Sterilisation ohne Einwilligung des Betreuten wurde kritisiert, weil auch bei letzterer eine „verkappte Zwangssterilisation" (Diekmann JZ 1988, 789/799) oder eine Zwangssterilisation im weiteren Sinne vorliege (Finger DAV 1989, 11, 24; ähnlich auch Leister, Betrifft Justiz 1989, 58, 59). Diese Begrifflichkeit ist allerdings wenig hilfreich, denn jeder gesetzlichen Vertretung wohnt ein Zwangscharakter inne, ohne daß deshalb das Institut in Frage gestellt wird.

Die unbedingte Beachtlichkeit des einer Sterilisation entgegenstehenden Willens – bei Vorliegen aller Voraus- **12** setzungen des § 1905 – wirft die Frage auf, wie die ohne eine Sterilisation drohende **Notlage** in solchem Fall **abgewendet werden kann**. Es wird daher erwogen, das in § 1905 normierte Vetorecht des Einwilligungsunfähigen bei einer konkreten Lebensgefahr für den Betroffenen enden zu lassen (Amelung, Vetorechte beschränkt Einwilligungsfähiger in Grenzbereichen medizinischer Indikationen, 1995; Hoffmann S 109ff). Die Amtl Begr verweist auf andere Zwangsmaßnahmen wie die Unterbringung (BT-Drucks 11/4825, 76). In den meisten Fällen dürfte der Unterbringungsgrund des § 1906 I Nr 1 („erheblicher gesundheitlicher Schaden") gegeben sein, bei weiter Auslegung auch bei einer durch die Sterilisation abzuwendenden Gefahr für den seelischen Gesundheitszustand (Hoffmann S 136: auch für die „Leid durch Trennung-Indikation"). Die Überlegung, den natürlichen Willen bei Lebensgefahr für unbeachtlich zu halten, mag für unmittelbar drohende Gefahren ihre Berechtigung haben; bei der Sterilisation ist jedoch zu berücksichtigen, daß sie keine unmittelbar bestehende Gesundheitsgefahr beseitigt, da eine Schwangerschaft ja noch nicht besteht, und – wie gesagt – mit einer Unterbringung die gravierendsten Probleme gelöst werden können (wie hier Damrau/Zimmermann Rz 4; Hoffmann S 136).

13 3. Abs I S 1 Nr 2 setzt **dauerhaft Einwilligungsunfähigkeit** voraus (zum Begriff der Einwilligungsfähigkeit s § 1904 Rz 2). Besteht die reelle Chance, daß sich der die Einwilligungsunfähigkeit begründende Zustand des Betroffenen bessert und er dann fähig sein wird, die Entscheidung über eine Sterilisation selbst zu treffen, muß der Eingriff unterbleiben. Die theoretische Möglichkeit einer Besserung wird allerdings fast immer gegeben sein, so daß sie allein eine Sterilisation nicht ausschließen kann (Müko/Schwab Rz 13; Damrau/Zimmermann Rz 19; Knittel Rz 9), es muß schon eine konkrete Aussicht auf Besserung des Zustandes bestehen. Der zugrundeliegende Gedanke, vorübergehende Defizite nicht mit einem idR endgültigen Eingriff zu verbinden (BT-Drucks 11/4528, 76), kommt vor allem in dem Verbot der Sterilisation Minderjähriger (§ 1631c) zum Ausdruck.

14 4. Gem Abs I Nr 3 ist die Einwilligung des Betreuers in eine Sterilisation des Betreuten nur bei **konkreter Schwangerschaftserwartung** zulässig. Der zu Sterilisierende muß in der Weise sexuell aktiv sein, daß die Gefahr einer Schwangerschaft besteht (BayObLG FamRZ 1997, 702; FamRZ 2001, 1560). Eine „vorsorgliche" Sterilisation würde gegen den Grundsatz verstoßen, daß eine Sterilisation nur dann erfolgen darf, wenn sie zur Abwendung einer in § 1905 I S 1 Nr 4 iVm Abs I S 2 bezeichneten Notlage erforderlich ist. Daran fehlt es auch, wenn mit der Behinderung des Betreuten Unfruchtbarkeit einhergeht oder wenn durch die Art der Unterbringung die Gefahr einer Schwangerschaft ausgeschlossen ist. Droht eine Schwangerschaft nur im Fall sexuellen Mißbrauchs des Betreuten, so kann damit eine Sterilisation kaum begründet werden, da vorrangig für einen Schutz der Betroffenen zu sorgen ist, und dieser ein Sterilisation überflüssig macht (HK-BUR/Rink Rz 70; im Ergebnis wohl auch Kern/Hiersche MedR 1995, 465; Damrau/Zimmermann Rz 22).

Da die abstrakte Möglichkeit einer Schwangerschaft bei einer gesunden Frau immer besteht, verlangt das Gesetz eine durch bestimmte Tatsachen gerechtfertigte Prognose. Wenn das BayObLG meint, daß „ein besonderer Grad an Wahrscheinlichkeit" nicht gefordert sei (FGPrax 1997, 66), so ist dies mißverständlich. Nicht erforderlich ist zwar eine hohe Wahrscheinlichkeit, andererseits genügt die Feststellung der Fortpflanzungsfähigkeit noch nicht.

15 5. Kernbestimmung des § 1905 ist die Umschreibung der **Notlage** in Abs I S 1 Nr 4 iVm Abs I S 2. Sie konkretisiert das Hauptanliegen des Gesetzgebers, für die Einwilligung des Betreuers ausschließlich Interessen des Betreuten maßgeblich sein zu lassen. Ein solches Interesse des Betreuten ist anzunehmen, wenn infolge einer konkret zu erwartenden Schwangerschaft (Rz 16) **Lebensgefahr** oder die Gefahr einer **schwerwiegenden Beeinträchtigung des körperlichen** oder **seelischen Gesundheitszustands** droht. Lebensgefahr kann nach der Amtl Begr nicht nur aus medizinischen Gründen vorliegen, sondern auch, wenn angesichts einer Schwangerschaft Selbstmordgefahr besteht (BT-Drucks 11/4528, 78). Eine infolge einer Schwangerschaft zu erwartende Beeinträchtigung des körperlichen Gesundheitszustandes muß schwerwiegend sein, sie muß deutlich über die bei einer Schwangerschaft üblichen Beschwerden hinausgehen. Beurteilungskriterien lassen sich den bei Anwendung des insoweit gleichlautenden § 218a II StGB gewonnenen Erkenntnissen entnehmen (vgl Tröndle/Fischer, 51. Aufl 2003, § 218a StGB Rz 11ff).

16 Die Gefahr der Beeinträchtigung des **seelischen Gesundheitszustandes** liegt dann vor, wenn schon das Erlebnis der Schwangerschaft zu Depressionen führen wird. Diese Prognose wird sich wohl nur dann stellen lassen, wenn die Betreute bereits eine Schwangerschaft erlebt hat und entsprechende Erfahrungen vorliegen. Ungleich schwieriger wird es sein, ohne die Erfahrung einer zurückliegenden Schwangerschaft die Gefahr einer derartigen seelischen Gesundheitsbeeinträchtigung vorherzusagen.

17 Abs I S 2 stellt darüber hinaus klar, daß die Gefahr für den seelischen Gesundheitszustand der Betreuten nicht unmittelbar durch die Schwangerschaft verursacht sein muß, sondern daß dem ein **seelisches Leid** gleichsteht, **das nach der Geburt eintritt**, wenn Mutter und Kind voneinander getrennt werden müssen. Es sind zwei Prognosen anzustellen: Zum einen muß es wahrscheinlich sein, daß es zu einer **Trennung von Mutter und Kind** nach der Geburt kommen wird, wobei das Gesetz auf die §§ 1666, 1666a verweist. Nach § 1666a ist eine Trennung von Mutter und Kind aber erst dann möglich, wenn zuvor alle öffentlichen Hilfen ausgeschöpft wurden. Das BVerfG (BVerfG 60, 79) hat dies gerade im Hinblick auf geistig behinderte Eltern hervorgehoben. Für die im Rahmen des § 1905 I S 2 zu treffende Prognose einer Trennung des Kindes von der Betreuten hat das VormG sich daher auch darüber zu unterrichten, welche konkreten Hilfsangebote für die Betreute bestehen und ob sich durch diese eine Trennung vom Kind vermeiden ließe.

18 Die drohende Trennung von Mutter und Kind allein reicht nicht aus, um die Sterilisation zu rechtfertigen. Vielmehr muß hierdurch zusätzlich die Gefahr eines **schweren, nachhaltigen Leidens der späteren Mutter** zu befürchten sein. Ist wegen der geistigen Behinderung nicht zu erwarten, daß eine Mutter-Kind-Beziehung entsteht und die Betreute einer Trennung von ihrem Kind eher gleichgültig gegenübersteht, muß die Sterilisation unterbleiben. Das gilt auch, wenn beim Partner der Betroffenen die Trennung vom Kind ein schweres nachhaltiges Leiden iSd § 1905 I S 2 auslösen kann (kritisch hierzu Coester in Bundesvereinigung Lebenshilfe eV, Regelungen zur Sterilisation einwilligungsunfähiger Personen, S 45). Denn Interessen Dritter – und sei es auch des Vaters – sollen bei der Entscheidung des Betreuers über die Einwilligung in eine Sterilisation keine Rolle spielen.

19 6. Die in Abs I S 1 Nr 4 iVm Abs I S 2 umschriebene **Notlage** darf nicht auf **andere zumutbare Weise abzuwenden** sein. Gedacht ist hier an eine zumutbare **medizinische Behandlung** der durch die Schwangerschaft verur-

XI. Die Praxis

Die praktischen Auswirkungen des § 1905 lassen sich in Umrissen dem Bericht der BReg entnehmen, den diese 30 laut Entschließung des Bundestages nach vier Jahren zu erstatten hatte. In dem Bericht des Jahres 1996 (BT-Drucks 13/3822), der die Verfahren der Jahre 1992 bis 1994 erfaßt, wird von 535 Verfahren berichtet, die knapp 400 Personen betrafen (kritisch zur Methode der Datenerhebung: Gaidzik/Hiersche MedR 1999, 60). Von diesen waren gut 90 % Frauen, fast die Hälfte stand im Alter zwischen 18 und 24 Jahren, über 90 % waren ledig. Das Verfahren ging zumeist von den Angehörigen oder von den Betreuern aus. Auch wenn die Zahlen deshalb kein vollständiges Bild bieten, weil einige Justizbehörden ihre Praxis nur unzureichend oder gar nicht dokumentiert haben, wird doch deutlich, daß die Zahl der nach § 1905 durchgeführten Sterilisationen sehr niedrig liegt. Wenn die BReg daraus den Schluß zieht, daß sich das Recht bewährt habe (BT-Drucks 13/3822, 6), so ist dem nur eingeschränkt zu folgen, insbesondere wenn man die hier kritisierte Sterilisation von Männern gemäß § 1905 berücksichtigt (vgl Rz 25).

§ 1906 Genehmigung des Vormundschaftsgerichts bei der Unterbringung

(1) Eine Unterbringung des Betreuten durch den Betreuer, die mit Freiheitsentziehung verbunden ist, ist nur zulässig, solange sie zum Wohl des Betreuten erforderlich ist, weil
1. auf Grund einer psychischen Krankheit oder geistigen oder seelischen Behinderung des Betreuten die Gefahr besteht, dass er sich selbst tötet oder erheblichen gesundheitlichen Schaden zufügt, oder
2. eine Untersuchung des Gesundheitszustands, eine Heilbehandlung oder ein ärztlicher Eingriff notwendig ist, ohne die Unterbringung des Betreuten nicht durchgeführt werden kann und der Betreute auf Grund einer psychischen Krankheit oder geistigen oder seelischen Behinderung die Notwendigkeit der Unterbringung nicht erkennen oder nicht nach dieser Einsicht handeln kann.

(2) Die Unterbringung ist nur mit Genehmigung des Vormundschaftsgerichts zulässig. Ohne die Genehmigung ist die Unterbringung nur zulässig, wenn mit dem Aufschub Gefahr verbunden ist; die Genehmigung ist unverzüglich nachzuholen.

(3) Der Betreuer hat die Unterbringung zu beenden, wenn ihre Voraussetzungen wegfallen. Er hat die Beendigung der Unterbringung dem Vormundschaftsgericht anzuzeigen.

(4) Die Absätze 1 bis 3 gelten entsprechend, wenn dem Betreuten, der sich in einer Anstalt, einem Heim oder einer sonstigen Einrichtung aufhält, ohne untergebracht zu sein, durch mechanische Vorrichtungen, Medikamente oder auf andere Weise über einen längeren Zeitraum oder regelmäßig die Freiheit entzogen werden soll.

(5) Die Unterbringung durch einen Bevollmächtigten und die Einwilligung eines Bevollmächtigten in Maßnahmen nach Absatz 4 setzt voraus, dass die Vollmacht schriftlich erteilt ist und die in den Absätzen 1 und 4 genannten Maßnahmen ausdrücklich umfasst. Im Übrigen gelten die Absätze 1 bis 4 entsprechend.

I. Überblick	6. Unterbringung durch Betreuer 24
1. Privat- und öffentlich-rechtliche Unterbringung .. 1	7. Gefahr bei Aufschub der Unterbringung 25
2. Die Regelung des BGB 2	**IV. Unterbringungsähnliche Maßnahmen – Abs IV**
II. Begriff der Unterbringung	1. Verhältnis von Kern- und Untertatbestand 26
1. Aufenthaltsbestimmung und Unterbringung 5	2. Die Mittel 27
2. Heteronome Aufenthaltsbestimmung 6	a) Mechanische Vorrichtungen 28
a) Fehlende Fortbewegungsmöglichkeit oder fehlender Fortbewegungswille 6	b) Andere Methoden 29
b) Bedeutung des Einverständnisses des Betreuten 7	c) Medikamente 30
	3. Die zeitliche Qualifikation 32
c) Geschäftsunfähigkeit des Betreuten? 8	4. Ausschluß der Familienpflege 35
III. Voraussetzungen der Unterbringung – Abs I	5. Ambulante Pflegedienste 36
1. Betreuer mit entsprechendem Aufgabenkreis 9	6. Zustimmung des Betroffenen 37
2. Freiheitsentziehende Unterbringung 10	7. Die Verweisung auf die Absätze I bis III 39
3. Wohl des Betreuten 11	**V. Stellung des Betreuers** 40
4. Fürsorgliche Unterbringung 13	**VI. Fehlen der erforderlichen Mitwirkung von Betreuer oder VormG** 44
5. Medizinische Unterbringung 15	
a) Unfähigkeit, die Notwendigkeit der Unterbringung zu erkennen und nach dieser Einsicht zu handeln 16	**VII. Verfahren der gerichtlichen Genehmigung** .. 45
	VIII. Beschleunigung des Verfahrens in Eilfällen .. 49
b) Wegen somatischer Krankheit 17	**IX. Inhalt und Begründung der Entscheidung** ... 51
c) Notwendigkeit der Maßnahme 18	**X. Bekanntmachung und Wirksamkeit** 52
d) Erforderlichkeit der Unterbringung 19	**XI. Rechtsmittel** 53
e) Recht auf Krankheit 20	**XII. Vollzug der Unterbringung** 54
f) Verfassungsrechtliche Bedenken 21	**XIII. Beendigung und Verlängerung** 55
g) Verhältnis zu § 1904 22	**XIV. Unterbringung kraft Vorsorgevollmacht** 60
h) Genehmigungsbedürftigkeit des Behandlungszwanges? 23	

Schrifttum: *Alperstedt*, Willensfreiheit und Unterbringung, RPfleger 2000, 477; *Bienwald*, Die Vorsorgevollmacht – ein gleichwertiger Ersatz der Betreuerbestellung?, BtPrax 1998, 164; *Dodegge*, Neues Betreuungsrecht (2), Freiheitsentziehende Maßnahmen nach § 1906 Abs 4 BGB, MDR 1992, 437; *v Eicken/Ernst/Zenz*, Fürsorglicher Zwang, Köln 1990; *Ewers*, Zur

§ 1906 Familienrecht Rechtliche Betreuung

Prüfung der Erforderlichkeit einer Fixierung des Betreuten durch das Vormundschaftsgericht, FamRZ 1993, 853; *Grauer*, Freiheitsentziehung in der eigenen Wohnung oder in einer offenen Einrichtung, BtPrax 1999, 20; *Holzhauer*, Betreuungsrecht in der Bewährung, FamRZ 1995, 1463; *ders*, Der Umfang gerichtlicher Kontrolle privatrechtlicher Unterbringung nach § 1906 BGB idF des Betreuungsgesetzes, FuR 1992, 249; *ders*, Für ein enges Verständnis des § 1906 Abs 4 BGB, BtPrax 1992, 54; *Marschner/Volckart*, Freiheitsentziehung und Unterbringung, 4. Aufl 2001; *Pardey*, Zur Zulässigkeit drittschützender freiheitsentziehender Maßnahmen nach § 1906 BGB, FamRZ 1995, 713; *Schumacher, Christa*, Freiheitsentziehende Maßnahmen mit mechanischen Mitteln bei der Betreuung gebrechlicher Menschen, Köln 1997; *Schumacher, Ulrich*, Rechtsstaatliche Defizite im neuen Unterbringungsrecht, FamRZ 1991, 280; *Schweitzer*, Heilbehandlung und Selbstbestimmung, FamRZ 1996, 1317; *Walter*, Das Betreuungsrechtsänderungsgesetz und das Rechtsinstitut der Vorsorgevollmacht, FamRZ 1999, 685; *Weber*, Der Einfluß des Betreuungsgesetzes auf die freiheitsentziehende Unterbringung, Berlin 1995; *Zimmermann/Damrau*, Das neue Betreuungs- und Unterbringungsrecht, NJW 1991, 538.

I. Überblick

1   **Abs V eingef durch Art 1 Nr 15 des BtÄndG** (zur Textgeschichte des BtG siehe Erman/Holzhauer, 9. Aufl Rz 1, 36).

1. Privat- und öffentlich-rechtliche Unterbringung. Seit es Anstalten zum Zwecke der Erziehung, Verwahrung, Besserung und Heilung gibt, konnten **sowohl die Familien als auch die Obrigkeit** geisteskranke oder gefährliche Personen darin **unterbringen**. Aus der familiären Wurzel stand diese Befugnis auch Vormündern und Pflegern zu, die nicht dem Verwandtenkreis angehören mußten. Da Vormünder und Pfleger unter der Obervormundschaft des Staates wirkten, verlief ihre Unterbringungsbefugnis ohne scharfe Grenze bis in das 19. Jahrhundert parallel zur polizeilich-wohlfahrtsstaatlich verstandenen Kompetenz der Obrigkeit. Später traten mit der Beschränkung der Polizei auf Gefahrenabwehr die privatrechtliche und die polizeiliche Kompetenz zur Unterbringung weiter auseinander. Überlegungen, den Dualismus zu beseitigen, blieben Theorie. Nach 1945 entstanden in den **Ländern** spezielle **Unterbringungsgesetze**, nach denen Geistes- und Suchtkranke (die Terminologie war uneinheitlich), die andere oder sich selbst gefährden, von der Verwaltungsbehörde untergebracht werden konnten. Auch Bundesgesetze, wie das AusländerG, das BundesseuchenG oder das G zur Bekämpfung der Geschlechtskrankheiten, enthalten Unterbringungsgründe; für das Verfahren in diesen Fällen gilt das „G über das gerichtliche Verfahren bei Freiheitsentziehungen" (FEVG) vom 29. 6. 1956. Das BtG hat die gerichtlichen Zuständigkeiten und das Verfahren der öffentlich-rechtlichen und der privatrechtlichen Unterbringung in den §§ 70 bis 70n FGG vereinheitlicht.

2   **2. Die Regelung des BGB.** Im Rahmen der **privatrechtlichen Unterbringung** regelt § 1631b, ggf iVm §§ 1793, 1800, 1915, die Unterbringung eines Minderjährigen durch Eltern, Vormund oder Ergänzungspfleger, § 1906 I die Unterbringung Betreuter und die zulässigen Zwecke einer solchen Unterbringung. In Eilfällen ist auch eine Unterbringung durch den Richter gem § 1846 zulässig.

3   Entgegen der bis dahin herrschenden Auslegung hatte das BVerfG im Beschluß vom 10. 2. 1960 (BVerfG 10, 302) aus Art 104 II GG das Erfordernis einer **richterlichen Entscheidung** abgeleitet, **wenn der Vormund** in Ausübung seines Aufenthaltsbestimmungsrechtes den volljährigen Entmündigten **in einer geschlossenen Anstalt unterbringt**. Dieses Erfordernis wurde durch das FamRÄndG v 11. 8. 1961 zunächst auf den Vormund eines minderjährigen Mündels (damals § 1800 II) und dann durch §§ 1631b, 1800 idF des 1980 in Kraft getretenen SorgeRG auf Eltern ausgedehnt. § 1906 bewahrt mit seinem Abs II diesen Rechtszustand, während Abs I die Voraussetzungen im einzelnen regelt. Entsprechend der Vorgabe des BVerfG, das schon im Jahre 1960 die Unterbringung durch den Vormund dem Richtervorbehalt unterstellte (BVerfG 10, 392), bedarf die Unterbringung des Betreuten durch den Betreuer gem § 1906 II der Genehmigung des VormG. Eine Ausnahme wird für Fälle gemacht, in denen Gefahr im Verzug ist. Die einzelnen Voraussetzungen der Unterbringung sind in Abs I näher beschrieben, während Abs III die Frage der Beendigung regelt. Da es in der Praxis vielfach zu Freiheitsentziehungen unabhängig von einer Unterbringung in einer geschlossenen Abteilung kommt, hat Abs IV die sog unterbringungsähnlichen Maßnahmen ebenfalls der Genehmigungspflicht unterstellt.

4   Durch Schaffung des **Abs V** (eingefügt durch Art 1 Nr 15 des BtÄndG – G v 25. 6. 1998, BGBl I 1580) setzte der Gesetzgeber einer Kontroverse ein Ende, die über Jahre hinweg um die Frage geführt wurde, inwiefern eine Betreuerbestellung (und vormundschaftsgerichtliche Genehmigung) durch die bereits vorherige Erteilung einer (Alters-) **Vorsorgevollmacht** entbehrlich gemacht werden könne. Die Gerichte hatten sich – außer in Fällen des § 1904 – vor allem dann mit dieser Frage zu befassen, wenn es darum ging, die Zulässigkeit einer von einem Bevollmächtigten zu veranlassenden oder veranlaßten Unterbringung des Vollmachtgebers bzw unterbringungsähnlichen Maßnahme zu beurteilen (vgl LG Stuttgart BtPrax 1994, 64 und Stuttgart BtPrax 1994, 99 einerseits sowie LG Frankfurt FamRZ 1994, 125 andererseits). Der Gesetzgeber hat mit dem BtÄndG das Institut der Vorsorgevollmacht als Alternative zur Betreuerbestellung anerkannt (§ 1896 II S 2) und mit § 1906 V für eine effektive vormundschaftsgerichtliche Kontrolle gesorgt (vgl BT-Drucks 13/7158, 34).

II. Begriff der Unterbringung

5   **1. Unterbringung ist eine heteronome Aufenthaltsbestimmung.** Im engeren Sinn wird der Aufenthalt bestimmt, wenn dem Betroffenen ein Ort als Aufenthalt angewiesen wird, der klassische Fall der Unterbringung. Hat eine Aufenthaltsbestimmung aber nur den umgekehrten Sinn, dem Betroffenen den Aufenthalt an einem bestimmten Ort oder in einem bestimmten Gebiet zu verbieten, so greift eine solche negative Aufenthaltsbestimmung weder in den Schutzbereich des deliktischen (§ 823) noch des strafrechtlichen Freiheitsbegriffs (§ 239 StGB) ein, weil sie die körperliche Bewegungsfreiheit bestehen läßt; sie fällt daher auch nicht unter den Richtervorbehalt des Art 104 II GG.

sachten körperlichen und seelischen Beeinträchtigungen. Dagegen muß die Sterilisation nicht deshalb unterbleiben, weil es auch möglich wäre, den Eintritt einer Schwangerschaft abzuwarten und die dadurch verursachte Notlage durch einen Schwangerschaftsabbruch abzuwenden (Damrau/Zimmermann Rz 7). Erstens ist auch dieser mit medizinischen Risiken und der Gefahr psychischer Störungen als Folge des Abbruchs verbunden, so daß eine zumutbare Alternative zur Sterilisation hierin nicht gesehen werden kann (BT-Drucks 11/4528, 144; HK-BUR/Rink Rz 81). Sodann belastet die Verletzung des Rechtsguts des ungeborenen Lebens diese Alternative in der Abwägung gegen den Eingriff erheblich.

7. Die Sterilisation ist gem Abs I Nr 5 unzulässig, wenn die **Schwangerschaft** durch **andere zumutbare Mittel verhindert** werden kann. Grundsätzlich sind daher zunächst sichere **Methoden der Empfängnisverhütung** anzuwenden. Inwieweit diese sicher sind, ist eine Frage des Einzelfalls, da bei dem betroffenen Personenkreis häufig die meisten Methoden aus individuellen Gründen nicht praktikabel sind (Hoffmann S 129). Unzumutbar sind andere Mittel allerdings, wenn sie mit gravierenden Nebenwirkungen verbunden oder zB bei gleichzeitiger Einnahme bestimmter Medikamente kontraindiziert sind. Dagegen ist die Sterilisation nicht schon deshalb zulässig, weil sie im Vergleich mit anderen empfängnisverhütenden Maßnahmen der risikoloseste und bequemste Weg ist. Insbesondere ersetzt sie nicht eine sexualpädagogische Aufklärung über den Umgang mit anderen empfängnisverhütenden Methoden. 20

Unterbringung von Betreuten oder freiheitsbeschränkende Maßnahmen gem § 1906 IV stellen bei auf Dauer Einwilligungsunfähigen, die einer Sterilisation nicht widersprechen, keine zumutbare Alternative zur Sterilisation dar (BT-Drucks 11/4528, 144).

8. Gem § 1905 II S 1 bedarf die Einwilligung des Betreuers der **Genehmigung des VormG**. Bei der Sterilisation, die gem Abs II S 2 erst zwei Wochen nach Wirksamkeit der Genehmigung durchgeführt werden darf, ist dem Arzt die vormundschaftsgerichtliche Genehmigung vorzulegen. Betreuer und Arzt dürfen sich aber nicht auf das Vorliegen der Genehmigung verlassen, sondern müssen unterdessen eingetretene Veränderungen berücksichtigen. Dies gilt besonders für die Voraussetzung des Abs I Nr 1. 21

9. Der Arzt hat gem Abs II S 3 die **Sterilisierungsmethode** zu wählen, deren **Refertilisierungschancen am größten** sind. Das gebietet das Gebot der Verhältnismäßigkeit. Ob allerdings der Arzt durch dieses Merkmal zu einer weniger verläßlichen Operationstechnik gezwungen werden kann (so Gaidzik/Hiersche MedR 1999, 62), ist zweifelhaft. Es ist zu erwarten, daß sich die Chancen, eine Sterilisation rückgängig zu machen, aufgrund des medizinischen Fortschritts weiter verbessern. Dann wird sich die Frage stellen, ob die Sterilisation im Vergleich mit der uU langjährigen Verabreichung hormoneller Empfängnisverhütungsmittel, die aufgrund ihrer erheblichen Nebenwirkungen ebenfalls einen Eingriff in die körperliche Unversehrtheit darstellen, nicht die verhältnismäßigere Alternative ist. 22

VI. Sterilisation von Männern

Nach der Amtl Begr sind von § 1905 in erster Linie Frauen betroffen. Dennoch sei die Sterilisation männlicher Betreuter in einer festen Partnerschaft zwischen einer behinderten Frau und einem behinderten Mann zulässig, wenn eine in Abs I S 1 Nr 4, S 2 bezeichnete Notlage bei seiner Partnerin vorliegt (BT-Drucks 11/4528, 79). Die Einschätzung, in der Praxis würden nahezu ausschließlich Frauen betroffen (Hoffmann S 109) hat sich nicht bestätigt, da bereits einige Sterilisationen an Männern gem § 1905 erfolgt sind (vgl Bericht der BReg – BT-Drucks 13/3822, 12: ca 10 %). Die überwiegende Ansicht der Literatur akzeptiert diese Auslegung (mit Begründung: Frost, Arztrechtliche Probleme des neuen Betreuungsrechts, 1994, S 168; s a Staud/Bienwald Rz 46; Pal/Diederichsen Rz 7; Gaidzik/Hiersche MedR 1999, 62; Voll, Die Einwilligung im Arztrecht, 1996, S 192; Schmidt/Böcker, Betreuungsrecht, 1993, S 19; Seitz FGPrax 1996, 102; aA Damrau/Zimmermann Rz 23; Hoffmann S 108; Kern/Hiersche MedR 1999, 465). 23

Die **Sterilisation von Männern** gem § 1905 ist mE **nicht zulässig**. Zunächst wirft die Festigkeit der Partnerschaft im Hinblick auf die Möglichkeit eines Partnerwechsels der Frau die im Rahmen der Verhältnismäßigkeit zu erörternde Frage nach der Eignung der Sterilisation auf (vgl auch MüKo/Schwab Rz 24; Rink hält die Sterilisation nur bei stabiler Partnerschaft für zulässig – HK-BUR/Rink Rz 71). Sodann ist eine Sterilisation des Mannes mit dem Grundsatz des Entwurfs, daß Interessen Dritter eine Ersatzeinwilligung in die Sterilisation des Betreuten nicht rechtfertigen können, nicht vereinbar. Die in Abs I S 1 Nr 4 beschriebene Notlage kann nur bei einer Frau vorliegen. Mit einer Trennung vom Kind verbundenes seelisches Leid (Abs I S 2) kann zwar auch beim Vater entstehen, aber sowenig dieses die Sterilisation der Partnerin begründen könnte (Rz 18), sowenig erlaubt der Wortlaut, der nur von der Gesundheit und dem Leid der Schwangeren spricht, aus diesem Grund eine Sterilisation des Mannes. Der Gesetzgeber hatte wohl auch eher die Konstellation im Auge, daß der männliche Partner sterilisiert wird, um die oben beschriebenen Gefahren von der Frau abzuwenden (sog vikariierende Zuständigkeit). Diese Variante wird gegenüber der Sterilisation der Frau bevorzugt, weil der Eingriff beim Mann problemloser vorgenommen werden kann (Dt Juristinnenbund FamRZ 1990, 136). Das ist allerdings kein Argument, das eine solche Maßnahme ohne Zustimmung des Betroffenen rechtfertigen würde. Daß sich jeder einwilligungsfähige Mann auch im Interesse seiner Partnerin sterilisieren lassen kann, ändert nichts daran, daß für einen nicht einwilligungsfähigen Mann sein Betreuer eben nicht im Interesse eines Dritten, und sei es auch der Partnerin, einwilligen darf. Anderenfalls würde der Betreute zum Objekt eines Verfahrens, das ihm die Duldung eines Eingriffs allein im Drittinteresse auferlegt. Die verfassungsrechtliche Rechtfertigung des § 1905 (Rz 6) wäre damit nicht mehr zu halten. Mitunter wird der Wunsch oder mutmaßliche Wille des Betreuten (als Konkretisierung seines Wohls) zur Rechtfertigung der Sterilisation von Männern genannt (Lipp, Freiheit und Fürsorge, S 168). Diese Auffassung verkennt den Schutzzweck des § 1905, da der Gesetzgeber in dieser Norm für die Sterilisation (einer einwilligungsunfähigen Betreuten) bewußt und zu Recht eine um vieles höhere Schwelle als das Wohl des Betreuten gewählt hat und den 24 bloßen Wunsch nicht genügen läßt. Dies kann aber nicht nur für die Sterilisation der Frau, sondern muß auch bei einem Mann gelten.

VII. Die Sterilisationsbetreuung

25 Unabhängig davon, ob der Betroffene bereits unter Betreuung steht, ist für die Einwilligung in die Sterilisation gem § 1899 II stets ein besonderer Sterilisationsbetreuer zu bestellen. Hierdurch sollen Interessenkonflikte des allgemeinen Betreuers, den die mit einer Schwangerschaft der Betreuten möglicherweise verbundenen Probleme treffen können, vermieden werden (Amtl Begr BT-Drucks 11/4528, 79). Ein Verein oder die Betreuungsbehörde darf gem § 1900 V nicht zum Sterilisationsbetreuer bestellt werden. Anders als bei der Unterbringung gem § 1906 und dem medizinischen Heileingriff (§ 1904) ist für die Sterilisation die Bestellung eines Vorsorgebevollmächtigten unzulässig. Dies ergibt sich zum einen daraus, daß der Gesetzgeber des BtG eine Ergänzung des § 1905 unterlassen hat, zum anderen aus den sehr strengen Voraussetzungen für die Sterilisation, für die ja ua ein besonderer Betreuer zu bestellen ist.

VIII. Sterilisation Minderjähriger

26 Da bei Jugendlichen wegen des häufig zu beobachtenden Nachreifungsprozesses nur schwer festzustellen ist, ob die Einwilligungsunfähigkeit von Dauer ist, **verbietet § 1631c jede Einwilligung** in die Sterilisation eines Minderjährigen, und zwar dem Kind selbst, seinen Eltern und einem Vormund (iVm § 1800); auch die Bestellung eines Ergänzungspflegers schließt § 1631c ausdrücklich aus. Für eine Sterilisation, die lediglich unerwünschte Nebenfolge ist, kann dieses Verbot nicht gelten (vgl Rz 10). Ob für eine Sterilisation, die medizinisch geboten ist, eine Ausnahme zu machen ist, ist fraglich (vgl Wolf ZRP 1988, 316 Fn 29), letztlich aber wohl mit den gleichen Gründen abzulehnen, aus denen der natürliche Wille eines Betreuten trotz Gesundheitsgefahr beachtlich ist: Die Gesundheitsgefahr droht nicht unmittelbar und kann gegebenenfalls durch eine (vorübergehende) Unterbringung vermieden werden.

IX. Verfahren

27 Das VormG prüft die Voraussetzungen des § 1905 mit Hilfe von **Sachverständigen** (§ 68b I S 1 FGG) zunächst in dem Verfahren über die Bestellung des Sterilisationsbetreuers (Rz 25). Bei der Prüfung der Einwilligungsfähigkeit muß sich das VormG durch Sachverständigengutachten insbesondere darüber informieren, ob eine den individuellen Fähigkeiten des Betroffenen angepaßte sexualpädagogische Aufklärung stattgefunden hat und auf diese Weise versucht wurde, Einwilligungsfähigkeit herzustellen (Lachwitz FuR 1990, 266, 270).

Hat sich der **Betreuer** für die Einwilligung in die Sterilisation des Betreuten entschieden, hat er beim VormG **die Genehmigung** seiner Einwilligung **zu beantragen**. In diesem Verfahren werden erneut die Voraussetzungen des § 1905 geprüft. Liegen diese zur Überzeugung des Gerichts vor, ist die Genehmigung durch das VormG zu erteilen; für ein Ermessen des Gerichts läßt die ausgefeilte Tatbestandsregelung keinen Raum (MüKo/Schwab Rz 27; Knittel Rz 21). Vor Erteilung der Genehmigung sind gem § 69d III S 3 FGG (mindestens zwei) Sachverständigengutachten einzuholen, die sich auf die medizinischen, psychologischen, sozialen, sonderpädagogischen und sexualpädagogischen Gesichtspunkte erstrecken. Die Sachverständigen sollen ihre Erkenntnisse unmittelbar und nicht lediglich aus den Akten gewinnen. Sachverständiger und der die Sterilisation ausführende Arzt dürfen nicht personengleich sein (§ 69d III S 5 FGG), um den sonst möglichen Interessenkonflikt von vornherein auszuschließen.

28 Für das **Genehmigungsverfahren** gelten gem § 69d III S 1 FGG folgende Regeln: Der Betroffene ist stets persönlich anzuhören und über den möglichen Verlauf des Verfahrens zu unterrichten (Verweisung auf § 68 I S 1 und 3 FGG). Verfahrenshandlungen durch den ersuchten Richter sind ausgeschlossen (§ 69d III S 2 FGG). Gem § 67 I S 5 FGG erhält der Betroffene für das gesamte Verfahren einen Verfahrenspfleger, sofern er nicht anwaltlich oder von einem geeigneten Verfahrensbevollmächtigten vertreten wird. Inwieweit Dritte am Genehmigungsverfahren zu beteiligen sind, richtet sich nach § 69d III iVm § 68a FGG. Nach Hamm sollen Verfahrenshandlungen gleichen Inhalts nur einmal vorgenommen werden müssen, wenn die Verfahren auf Bestellung des Betreuers für die Sterilisation und die gerichtliche Genehmigung zeitlich eng nacheinander durchgeführt werden (FamRZ 2001, 314, 315 = NJW 2001, 1800). Problematisch ist an dieser Verfahrenserleichterung, daß der Gesetzgeber bei § 1905 bewußt die Verdoppelung angeordnet hat und zwei Anhörungen auch vor dem Hintergrund beachtlicher Willensänderungen sinnvoll sein können (vgl Hoffmann BtPrax 2000, 235, 237). Die Genehmigungsentscheidung des Gerichtes ist dem Betroffenen selbst sowie dem Verfahrenspfleger und dem Sterilisationsbetreuer bekanntzumachen; wirksam wird sie mit der Bekanntmachung an den Betreuer und an den Verfahrenspfleger (§ 69d III S 1 iVm § 69a I S 1 und Abs IV). Entscheidender Zeitpunkt ist die zuletzt erfolgte Zustellung (Düsseldorf FGPrax 1996, 22). Eine Einwilligung des Betreuers ohne gerichtliche Genehmigung ist unwirksam; das gilt auch, wenn ihm vor dem Beschluß noch nicht bekannt war, aber später zugestellt wird, da es eine Heilung nicht gibt (Düsseldorf FGPrax 1996, 22).

X. Rechtsmittel

29 Gegen die Entscheidung des VormG ist das **Rechtsmittel der Beschwerde** gegeben. Beschwerdebefugt sind die Betreute, der Betreuer und der Verfahrenspfleger. Ist die Sterilisation bereits durchgeführt, tritt Erledigung ein. Die Frage, ob die Erledigung eine Beschwerde unzulässig macht, hat Düsseldorf (FGPrax 1996, 23) verneint, da wegen des elementaren Grundrechtseingriffs das Interesse geschützt werden müsse, den Anschein der Rechtmäßigkeit zu beseitigen (s a die kritische Anm Seitz FGPrax 1996, 24). Obwohl die Freiwillige Gerichtsbarkeit ein **Fortsetzungsfeststellungsverfahren** nicht kennt, läßt sich dieses Ergebnis aus dem grundgesetzlich verankerten Rechtsstaatsprinzip herleiten (sa § 1906 Rz 53).

2. Heteronom ist eine **Aufenthaltsbestimmung**, die **ohne oder gegen den Willen** der betreffenden Person erfolgt (Bürgle NJW 1988, 1881, 1885; Dodegge MDR 1992, 437, 438).

a) Von Freiheitsentziehung kann bereits begrifflich keine Rede sein, wenn der Betreute auf Grund körperlicher Gebrechen sich ohnehin **nicht fortbewegen kann** oder infolge geistigen Verfalls zur Bildung eines auf Fortbewegung gerichteten natürlichen Willens außerstande ist (Hamm BtPrax 1993, 172, 173f). Kennzeichnend für diese Fälle ist das gänzliche Fehlen einer Fortbewegungsmöglichkeit bzw eines auch nur potentiellen Fortbewegungswillens: Entweder könnte der Betreute seinen Aufenthaltsort selbst dann nicht verändern, wenn er dies wollte, oder sein geistiger Verfall bewirkt es, daß seinen Bewegungen nicht mehr die Qualität willensgesteuerten Verhaltens zukommt (Hamm BtPrax 1993, 172, 173f). Maßnahmen, die zum Schutz einer solchen Person, zB gegen Verletzungen, ergriffen werden, sind mangels freiheitsentziehender Wirkung nicht genehmigungsbedürftig (Hamm aaO). Ist beim Betroffenen hingegen noch ein Bewegungspotential vorhanden, das durch die betreffende Maßnahme beeinträchtigt würde, so liegt eine Freiheitsentziehung vor (Hamm FamRZ 1994, 1270f).

b) Eine Einweisung in ein Krankenhaus oder eine Anstalt **mit Willen des Betreuten** stellt nach hM keine Unterbringung dar, da dann von einer Freiheitsentziehung nicht gesprochen werden kann (Amtl Begr BT-Drucks 11/4528, 146; BayObLG FamRZ 1996, 1375f; Bienwald Rz 25; Damrau/Zimmermann Rz 17; Dodegge/Roth, BtKomm G Rz 13; Jürgens/Marschner Rz 6; HK-BUR/Rink Rz 3). Eine Gegenansicht will der darin liegenden Gefahr der Aushöhlung des mit der Einschaltung des Richters bezweckten Schutzes entgegenwirken. Wer für die Frage der Aufenthaltsbestimmung eines Betreuers bedarf, könne nicht als einwilligungsfähig angesehen werden (MüKo/Schwab Rz 26f; Schumacher FamRZ 1991, 280, 281). Zwar ist die Betreuerbestellung zumindest ein Indiz für die fehlende Kompetenz des Betreuten in dem Bereich, der vom Aufgabenkreis umfaßt wird, gleichwohl darf der Wille des Betreuten nicht generell übergangen werden, wenn die Einsichtsfähigkeit, und sei es auch nur zeitweilig, besteht (vgl zur Heilbehandlung § 1904 Rz 2). Entscheidend ist, daß der Gesetzgeber die Genehmigungspflicht nicht generell für einen Aufenthalt in einer Anstalt oder in einem Krankenhaus anordnet, sondern nur für die Unterbringung darin. So lange der Betreute sich in einer Einrichtung freiwillig befindet und daher auch nicht am Verlassen gehindert wird, sieht der Gesetzgeber keinen Anlaß für eine Einschaltung des Gerichts. Sobald der Betroffene seine Meinung ändert und gleichwohl in einer Anstalt festgehalten wird, ist eine Unterbringung gegeben. Dies entspricht auch der Entstehungsgeschichte des § 1906 vor dem Hintergrund des Art 104 GG. Die Gefahr der Manipulation des Willens gerade Kranker oder geistig Behinderter ist allerdings ernst zu nehmen. Um Mißbrauch zu verhindern, sollte an die Einwilligungsfähigkeit ein strenger Maßstab angelegt werden, insbesondere bei Personen, bei denen anläßlich der Anordnung der Betreuung bereits festgestellt wurde, daß sie in einem bestimmten Bereich (Aufenthaltsbestimmung) ihre Angelegenheiten nicht selbst besorgen können.

c) Fraglich ist, wie sich der **Widerspruch eines Betreuten**, der ja nicht geschäfts- bzw einsichtsunfähig sein muß, auswirkt. Nach dem allgemein im Betreuungsrecht geltenden Grundsatz der Doppelkompetenz könnte der Betreute jede Unterbringungsmaßnahme boykottieren, womit Sinn und Zweck des § 1906 unterlaufen würden. Jedoch stellen Aufenthaltsbestimmung und speziell die Unterbringung rein tatsächliche Maßnahmen dar (nur die Bestimmung des Wohnsitzes gem § 8 wird wie ein Rechtsgeschäft behandelt), so daß die für Rechtsgeschäfte geltenden Regeln und insbesondere die Doppelkompetenz von Betreuer und Betreutem hier nicht einschlägig sind. Wird einem Betreuer die Aufgabe der Aufenthaltsbestimmung zugewiesen, so kann dieser Realakt nur von ihm und nicht auch von dem Betreuten vorgenommen werden, zumal die Betreuerbestellung voraussetzt, daß der Betreute selbst diese Angelegenheit nicht besorgen kann, also nicht über die für die Einwilligung notwendige Einwilligungsfähigkeit verfügt (§ 1896). Auch wenn bei der Betreuerbestellung nicht konstitutiv über die Einsichtsfähigkeit des Betreuten entschieden wird, entfaltet sie doch auch insoweit Wirkung: Der für die Aufenthaltsbestimmung und Unterbringung zuständige Betreuer und das genehmigende Vormundschaftsgericht können solange von der fehlenden Einsichtsfähigkeit des Betreuten ausgehen, solange sie nicht das Gegenteil feststellen, was natürlich jederzeit möglich ist und dann eine Unterbringung gegen den Willen des Betroffenen unzulässig werden läßt (siehe auch § 1904 Rz 8).

III. Voraussetzungen der Unterbringung – Abs I

1. Da die Unterbringung durch den Betreuer erfolgt, muß dieser mit dem entsprechenden Aufgabenkreis bestellt sein (oder zeitgleich bestellt werden). Anders als bei den Angelegenheiten des § 1896 IV ist nicht vorgeschrieben, daß die Unterbringung vom Gericht in den **Aufgabenkreis des Betreuers** ausdrücklich aufgenommen sein muß. Der Aufgabenkreis „Aufenthaltsbestimmung" oder „freiheitsentziehende Maßnahmen" rechtfertigt nach allgemeiner Ansicht eine Unterbringung, nicht dagegen die Bezeichnung „Gesundheitsfürsorge" (Hamm FamRZ 2001, 861). Ob die Zuweisung der Personensorge allgemein genügt, ist umstritten (dafür Staud/Bienwald Rz 20; Damrau/Zimmermann Rz 12; HK-BUR/Rink Rz 10; dagegen und für ausdrückliche Zuweisung: MüKo/Schwab Rz 6; Dodegge/Roth BtKomm G Rz 7; Jürgens § 1896 Rz 24). Aus § 1896 IV ergibt sich als Umkehrschluß, daß eine ausdrückliche Zuweisung vom Gesetzgeber nicht verlangt wird. Für eine Unterbringung zur Vornahme einer Heilbehandlung (Abs I Nr 2 – unten Rz 15f) muß dem Betreuer auch der Aufgabenkreis der Gesundheitsfürsorge zustehen. Die angeordnete Befugnis zur Unterbringung umfaßt auch eine unterbringungsähnliche Maßnahme.

2. Die mit der Unterbringung verbundene **Freiheitsentziehung** liegt vor, wenn der Betroffene gegen oder ohne seinen Willen in eine geschlossene Einrichtung oder auf eine geschlossene Abteilung einer offenen Einrichtung verbracht und dort überwacht wird. Die Freiheitsentziehung unterscheidet sich von der Freiheitsbeschränkung durch ihre Intensität. Sie ist die stärkste Form der Freiheitsbeschränkung und insbesondere bei Einsperrungen und Einschließungen gegeben (vgl BVerwG NJW 1982, 537).

Der „formalisierte" Unterbringungsbegriff („Unterbringung in einer geschlossenen Anstalt", „geschlossene Unterbringung" oder „Unterbringung, die mit Freiheitsentziehung verbunden ist") meint die „freiheitsentziehende

Unterbringung in einem geschlossenen Krankenhaus, einer anderen geschlossenen Einrichtung oder dem abgeschlossenen Teil einer solchen Einrichtung" (Amtl Begr BT-Drucks 11/4528, 82).

Es gehört zum Wesen der Unterbringung als heteronomer Aufenthaltsbestimmung, daß sie notfalls gegen den Willen des Betroffenen durchgesetzt werden kann. Über diese Selbstverständlichkeit geht es hinaus, wenn § 1906 von einer Unterbringung, die mit Freiheitsentziehung verbunden ist, spricht. Kein Fall des § 1906 liegt vor, wenn der privatrechtliche Betreuer den Betreuten in einer „offenen" Einrichtung, wie einem Altenheim, „unterbringt" (zur Frage der gewaltsamen Durchsetzung in einem solchen Fall analog § 1906 unten Rz 54).

Eine Unterbringung ist dann mit Freiheitsentziehung verbunden, wenn sie in einer **geschlossenen Einrichtung** oder einer geschlossenen Abteilung einer Einrichtung stattfindet (zu weit insoweit AG Wolfhagen BtPrax 1998, 83f, das eine freiheitsentziehende Unterbringung bei einer offenen Station eines psychiatrischen Krankenhauses bejaht hat). Dazu genügt es, daß bauliche und organisatorische Vorkehrungen vorhanden sind, um die Bewohner nicht nur in Einzelfällen am Verlassen der Einrichtung zu hindern. Das ist bei psychiatrischen Krankenhäusern oder Abteilungen der Fall, nicht dagegen in Allgemein-, in anderen Spezialkrankenhäusern oder in Altenheimen. Die Verbindung mit Freiheitsentziehung bedeutet jedoch nicht, daß die Unterbringung von Anfang an unter Anwendung von Zwang erfolgen muß. Der Untergebrachte kann jedoch jederzeit unter Anwendung von Zwang daran gehindert werden, die Einrichtung zu verlassen, ohne daß das Vollzugsverfahren nach § 70g V FGG mit der besonderen gerichtlichen Entscheidung und Einschaltung der Betreuungsbehörde eingehalten werden müßte, wenn bereits die Unterbringung genehmigt worden ist.

Die anfängliche oder später hinzutretende Freiheitsentziehung muß eine gewisse **Dauer** erreichen, damit eine Unterbringung vorliegt (Damrau/Zimmermann Rz 1). Denn erst ab einer gewissen Dauer beeinträchtigt ein Eingriff in die körperliche Bewegungsfreiheit die Aufenthaltsfreiheit. Diese Frage wird allerdings kaum bei einer „formalisierten" Unterbringung des Abs I, die fast immer mindestens mehrere Tage dauert, relevant, sondern bei den unterbringungsähnlichen Maßnahmen (s dort – unten Rz 32).

11 3. Die privatrechtliche Unterbringung ist nur zum **Wohl des Betreuten** zulässig. Sie kann daher – anders als eine öffentlich-rechtliche Unterbringung, die zu polizeilichen Zwecken zum Schutze der Allgemeinheit zulässig ist – nicht im Interesse Dritter erfolgen (Hamm BtPrax 2001, 40; Bienwald Rz 37). Allein die Tatsache, daß der Betreute seine Umwelt drangsaliert oder gegen Gesetze verstößt, rechtfertigt eine Maßnahme nach § 1906 nicht.

12 Auch zum Wohl des Betroffenen kann die Unterbringung **nicht wegen jedes Zweckes** erfolgen. Vor allem ist es nicht Aufgabe des Unterbringungsrechts, Vermögensschäden abzuwehren (Amtl Begr BT-Drucks 11/4528, 82). Daher gibt es keine Unterbringung für einen krankhaften Verschwender (BayObLG BtE 94/95, 120). Nicht einmal jede Gefährdung des persönlichen Wohls läßt sich unter Abs I subsumieren. Wer seine gemietete Wohnung verwahrlosen läßt, riskiert eine Kündigung; gleichwohl kann er nicht, auch nicht vorübergehend, zu dem Zweck untergebracht werden, daß seine Wohnung inzwischen gesäubert und renoviert werden kann. Auch die früher offene Frage, ob es dem Wohl des Betreuten dient, ihn von Straftaten und Verstößen gegen die öffentliche Sicherheit und Ordnung abzuhalten (Amtl Begr BT-Drucks 11/4528, 81), ist durch die Verengung der zulässigen Ziele der privatrechtlichen Unterbringung überholt (Holzhauer, Gutachten B, 57. DJT, S 108), es sei denn, ein drohender Angriff des Betroffenen kann Notwehr gegen ihn auslösen, die ihn in Leibes- oder Lebensgefahr bringen kann (Schwab, Referat K, 57. DJT, S 35).

13 4. **Unterbringungsgrund** ist nach Abs I Nr 1 die Gefahr der Selbsttötung oder einer schweren gesundheitlichen Selbstschädigung (fürsorgliche Unterbringung). Die **Gefahr der Selbsttötung** muß konkret bestehen, eine Depressivität, die theoretisch Suizidneigungen zur Folge haben kann, reicht nicht aus. Hat allerdings bereits ein Suizidversuch stattgefunden, spricht dies für eine Gefahr auch in der Zukunft, es sei denn, es handelt sich um Suizidhandlungen mit reiner Appellfunktion wie der Einnahme zu niedriger Dosis von Medikamenten. Ein sog Bilanz-Suizid oder ein Suizid aus philosophischen Gründen rechtfertigt, soweit er auf einem eigenverantwortlichen Willen beruht, eine Unterbringung nicht (Pal/Diederichsen Rz 4; Coeppicus FamRZ 1991, 896ff). Droht eine **Gesundheitsbeschädigung**, muß diese einen gewissen Schweregrad aufweisen. Die Erheblichkeit der Gesundheitsgefahr ist in Beziehung zu setzen zu dem in der Freiheitsentziehung liegenden Eingriff (BayObLG NJW 1999, 1789; 2002, 146). Die Gefährdung kann auch in einem Unterlassen bestehen, also bei der Verweigerung von Essen und Trinken, ja sie braucht überhaupt nicht Folge eines zielgerichteten Verhaltens zu sein (Frankfurt FamRZ 1994, 992), so wenn jemand nicht in der Lage ist, selbständig zu leben. Fehlt einem solchen Kranken oder Behinderten die erforderliche Hilfe, wird er von seiner Familie aufgegeben oder verläßt er diese, so kann dies eine erhebliche Gesundheitsgefährdung bedeuten. Die Selbstschädigung kann auch auf mittelbarem Weg drohen. Würde zB eine Zerstörung der familiären Beziehungen das Leiden des Betroffenen nachhaltig verschlimmern, so kommt für Anfallphasen der Krankheit eine zeitweise Unterbringung in Betracht, um die Zerstörung der Familienbeziehung zu verhindern (Amtl Begr BT-Drucks 11/4528, 146). Jemanden allein deshalb unterzubringen, um dem Pflegepersonal die Beaufsichtigung zu erleichtern, ist hingegen nicht zulässig (AG Soltau BtPrax 1993, 212f), auch wenn dies mittelbar dazu dient, Selbstschädigungen zu verhindern. Auch vermag **Alkoholismus** allein für sich genommen keine Unterbringung nach Abs I Nr 1 zu rechtfertigen, da es sich bei diesem weder um eine psychische Krankheit noch um eine geistige oder seelische Behinderung handelt (Hamm BtPrax 2001, 40). Etwas anderes kann beim Hinzutreten einer durch den Alkoholmißbrauch hervorgerufenen narzißtischen Persönlichkeitsstörung (BayObLG FamRZ 1994, 1617, 1618f) oder bei bereits eingetretenem Persönlichkeitsabbau gelten (Schleswig-Holstein NJW 1999, 874) oder wenn aufgrund einer Alkoholzirrhose bei einem Rückfall Lebensgefahr besteht (BayObLG FER 2001, 150).

14 Daß die **Gefahr** eine **ernstliche und konkrete** sein muß (Amtl Begr BT-Drucks 11/4528, 146), folgt aus dem verfassungsrechtlichen Gebot der Verhältnismäßigkeit. Die bloß denkbare Gefahr, der Betroffene, der das Haus verlassen kann, könnte sich verirren, ist weder ernstlich noch konkret (AG Soltau BtPrax 1993, 212f; Staud/Bienwald Rz 24). Ihn unterzubringen, wäre unverhältnismäßig. Es ist eine Prognose anzustellen, bei der insbesondere Gefährdungen, die in der Vergangenheit bereits eingetreten sind, berücksichtigt werden sollen (Hamm DAVorm 1997, 55). Kann ein Betreuter durch entsprechenden Einsatz seines Vermögens anders als durch Unterbringung in einer geschlossenen Anstalt vor Selbstschädigung bewahrt werden, ist eine fürsorgliche Unterbringung ebenfalls unverhältnismäßig und damit nicht erforderlich (AG Marburg BtPrax 1994, 106f). Die Gefahr muß gerade aufgrund der Krankheit des Betreuten drohen, insoweit wird eine **hypothetische Kausalität** verlangt. Ein Verhalten Dritter rechtfertigt die Unterbringung nicht. Allerdings kann die Unterbringung nur erfolgen, wenn der Betreute seinen Willen nicht frei bestimmen kann (BayObLG FER 2001, 150; FamRZ 2000, 566; 2002, 909), und zwar im Falle einer psychischen Krankheit gerade infolge dieser.

5. Eine Unterbringung ist nach **Abs I Nr 2** ferner zulässig, wenn bei dem Betroffenen eine medizinische Maßnahme erforderlich ist (**medizinische Unterbringung**). Medizinische Maßnahmen sind (wie bei § 1904, vgl § 1904 Rz 12ff) die Untersuchung des Gesundheitszustandes (jede diagnostische Maßnahme), die Heilbehandlung (therapeutische Behandlungen, egal ob internistisch, chirurgisch, psychiatrisch oder medikamentös) oder ein allgemeiner ärztlicher Eingriff (der nicht einem Heilzweck dient, etwa ein Schwangerschaftsabbruch). **15**

a) Der Betroffene darf aufgrund seiner psychischen Krankheit, geistigen oder seelischen Behinderung **nicht in der Lage** sein, die **Notwendigkeit der Unterbringung einzusehen** oder nach dieser Einsicht zu handeln. Die fehlende Einsicht bezieht sich allerdings in der Praxis oft auf die medizinische Maßnahme, weniger auf die Unterbringung als solche (BayObLG FamRZ 1998, 921). Einsichtsfähigkeit meint sowohl die kognitive Fähigkeit, die Krankheit zu erkennen, als auch die oft psychisch beeinflußte Fähigkeit, entsprehend seiner Einsicht zu handeln, die zB bei krankheitsbedingt antriebslosen Menschen fehlt. Die Unterbringung ist nur zulässig, wenn diese **Unfähigkeit aktuell besteht**. Gewinnt der Betreute nach Bestellung des Betreuers aufgrund einer Besserung seines psychischen oder geistigen Zustandes diese Einsichtsfähigkeit zurück und lehnt er den Aufenthalt in der Einrichtung ab, so darf ihn der Betreuer nicht unterbringen bzw muß er die Unterbringung beenden. **16**

b) Die Unterbringung muß zwecks einer **Behandlung einer Krankheit**, einer geistigen oder seelischen Behinderung oder wegen eines anderen ärztlichen Eingriffs erfolgen. Selbstverständlich muß die Maßnahme zulässig sein (Hamm FGPrax 2000, 113). Sie kann zwar auch für die Betreuungsbedürftigkeit begründenden psychischen Krankheit oder Behinderung, der sog Anlaßkrankheit (Amtl Begr BT-Drucks 11/4528, 147) dienen, wird aber in erster Linie einer anderen Krankheit gelten, die zu der die Betreuungsbedürftigkeit begründenden Krankheit oder Behinderung hinzutritt. In beiden Fällen ist die Voraussetzung der Unterbringung, daß die **medizinische Maßnahme erforderlich** ist. Dazu muß sie medizinisch geeignet sein, den Gesundheitszustand des Betreuten zu bessern, dh es muß eine konkrete Erfolgsaussicht bestehen (BayObLG BtPrax 1994, 211). **17**

c) Die darüber hinaus vorausgesetzte **Notwendigkeit der Unterbringung** erfordert zum einen, daß die medizinische Maßnahme nicht auch ohne Unterbringung durchgeführt werden kann, etwa ambulant in einer Praxis oder in einer Tagesklinik. Dabei sind nur solche Alternativen zu berücksichtigen, die denselben Erfolg versprechen und im konkreten Fall auch praktikabel sind. Zum anderen verlangt das Merkmal die Verhältnismäßigkeit der Rechtsbeeinträchtigung durch die Unterbringung im Verhältnis zu dem angestrebten Ziel gesundheitlicher Besserung (vgl BayObLG FamRZ 1994, 1617, 1619; BVerfG NJW 1998, 1774, 1775). Ob ein psychisch Kranker zu seiner Behandlung in einem psychiatrischen Krankenhaus untergebracht werden darf, hängt von der Schwere der Krankheit und der Heilungsaussicht ab. Beides ist in Beziehung zu setzen zu der Beeinträchtigung durch die Dauer der Unterbringung. Andererseits ist eine Unterbringung nicht nur bei Gefahr schwerer Schäden zulässig (so Pardey, Betreuung Volljähriger, S 136; Rink RuP 1991, 148), sondern auch ein mittlerer Schaden kann bei sehr konkreter Gefahr eine kurze Unterbringung oder unterbringungsähnliche Maßnahme rechtfertigen (wie hier Damrau/Zimmermann Rz 51). Lebt der Betroffene mit einem Ehegatten oder einem Kind zusammen, und bedeutet die Unterbringung eine Trennung von der Familie, so ist sie nur zulässig, wenn sie angesichts der Beeinträchtigung des Grundrechts aus Art 6 I GG verhältnismäßig ist. **18**

d) Widerspricht der Betreute seiner Unterbringung – anders als wenn er ihr lediglich nicht wirksam zustimmen kann –, muß der drohende gesundheitliche Schaden erheblich sein. Die Erforderlichkeit der Unterbringung ist ferner zu verneinen, wenn die beabsichtigte Heilbehandlung, zB eine psychiatrische Behandlung, deshalb keine hinreichende Aussicht auf Erfolg bietet, weil der Betroffene die Behandlung vehement ablehnt (Schleswig NJW 2000, 2752). Auch eine Unterbringung zur Alkoholentwöhnung setzt die Bereitschaft des Patienten zur Behandlung voraus (Schleswig FamRZ 1998, 1328; Marschner/Volckart Rz 29). Denn die Trunksucht stellt, wie oben gesagt, für sich allein keinen Unterbringungsgrund dar (BayObLG NJWE-FER 1999, 210, Rz 13); im letzteren Fall kann aber eine Unterbringung wegen drohender Selbsttötung oder erheblicher Selbstgefährdung (Abs I Nr 1) erforderlich sein, etwa weil dem Betreuten bei einem Rückfall wegen Alkoholzirrhose oder hohem Zucker schwerer Schaden droht: In diesem Fall wäre die Therapiefähigkeit hinsichtlich des Alkoholismus unerheblich (BayObLG FER 2001, 150, 151), da sie nur für Abs I Nr 2 von Bedeutung ist. **19**

e) Nicht nur bei Alkoholkranken müssen sowohl der Betreuer bei seiner Entscheidung über die medizinische Unterbringung als auch das VormG bei seiner Entscheidung über die Genehmigung einen möglichen **Willensvorrang des Betreuten** („Recht auf Krankheit") beachten, denn auch Kranken steht in gewissem Umfang das Recht zu, sich gesundheitlich selbst zu schaden (Hamm DAVorm 1997, 55ff). Insbesondere in weniger gravierenden Fällen ist es nämlich auch dem psychisch Kranken in gewissen Grenzen die „Freiheit zur Krankheit" zu belassen und mit Rücksicht auf den Grundsatz der Verhältnismäßigkeit eine so einschneidende Maßnahme wie eine freiheitsentziehende Unterbringung zu unterlassen (BVerfG 58, 208, 224ff = NJW 1992, 691; BVerfG NJW 1998, 1774, 1775; Staud/Bienwald Rz 29; vgl auch Seitz NJW 1998, 3695 auf der einen und Coeppicus BtPrax 1999, 130 auf der anderen Seite zum selben Fall). Eine Unterbringung allein zu dem Zweck, beim Betroffenen, der die Behand- **20**

§ 1906 Familienrecht Rechtliche Betreuung

lung vehement ablehnt, die Einsicht in die aus ärztlicher Sicht notwendige Behandlung zu befördern, dürfte deshalb ebenfalls unzulässig sein (LG Frankfurt FamRZ 1993, 478f). Schwierig ist die Grenzziehung, ab der die Selbstschädigung vom Betreuer verhindert werden muß. Kriterien sind die Schwere der Krankheit, die mittels der Unterbringung behandelt werden soll, und wie stark die Willensbildung des Betreuten durch die Krankheit beeinträchtigt ist (vgl Schleswig FamRZ 2000, 1122; BayObLG FamRZ 2001, 576; 2002, 909).

21 **f)** Zu Unrecht werden gegen § 1906 I Nr 2 **verfassungsrechtliche Bedenken** erhoben (Schumacher FamRZ 1991, 280; Pal/Diederichsen Rz 5). Richtig aufgefaßt, bedarf die Vorschrift keiner Korrektur durch verfassungskonforme Auslegung. Besonders zu beachten bei der Auslegung sind die Überordnung der Erforderlichkeit der Unterbringung über die Notwendigkeit der medizinischen Maßnahme und der begrenzte Willensvorrang des Betreuten. Bei Beachtung dieser Grundsätze ist auch eine Differenzierung zwischen somatischen und psychischen Krankheiten (vgl HK-BUR/Rink, Rz 25) nicht geboten.

22 **g) Verhältnis** der medizinischen Unterbringung (Abs I Nr 2) **zur medizinischen Maßnahme gem § 1904**: Zwar erfolgt die Definition in Abs I Nr 2 in der gleichen Weise wie in § 1904, doch setzt § 1906 nicht die Gefahr gravierender Folgen voraus. Eine unproblematische Blinddarmoperation erfordert nicht die gerichtliche Genehmigung der Einwilligung nach § 1904, kann aber eine medizinische Unterbringung nach Abs I Nr 2 rechtfertigen, die ihrerseits der gerichtlichen Genehmigung bedarf. Die Unfähigkeit, die Notwendigkeit der Unterbringung zur Durchführung der Maßnahme einzusehen, dürfte meist mit der Unfähigkeit einhergehen, in die Behandlung einzuwilligen. Bei dieser regelmäßigen Konstellation ist zusätzlich zur Unterbringung und deren Genehmigung durch das VormG die Einwilligung des Betreuers in die Behandlung und ggf die gerichtliche Genehmigung dieser Einwilligung nach § 1904 erforderlich. In diesem Fall ist es zweckmäßig, über beide Genehmigungen im selben Verfahren zu entscheiden (MüKo/Schwab Rz 50). Ist der Betroffene aber bereits untergebracht, sei es fürsorglich, sei es aus Anlaß einer anderen Krankheit, und wird eine Untersuchung oder Behandlung wegen einer weiteren Erkrankung notwendig, bedarf es keiner Unterbringung und daher auch keiner Genehmigung gem § 1906; lediglich die wirksame Einwilligung des Patienten oder seines Betreuers und ggf deren gerichtliche Genehmigung nach § 1904, soweit der geplante Eingriff entsprechend schwer ist, müssen herbeigeführt werden.

23 **h)** Hat der Betreute schon die Unterbringung zur Durchführung der medizinischen Maßnahme abgelehnt, so wird er sich nach erfolgter Unterbringung oft auch der Durchführung widersetzen, so daß Zwang angewendet werden muß. Solcher (Untersuchungs- oder) **Behandlungszwang** könnte bei entsprechender Dauer (Rz 32) als unterbringungsähnliche Maßnahme nach Abs IV genehmigungsbedürftig sein. Zur Durchführung medizinischer Maßnahmen, derentwegen der Betreute untergebracht wurde, ist aber nur die förmliche Unterbringung selbst oder eine unterbringungsähnliche Maßnahme genehmigungsbedürftig, nicht der Behandlungszwang als solcher, der vielmehr durch die Einwilligung des Betreuers allein gerechtfertigt wird (Rz 31).

24 **6.** Die **Unterbringung** wird **durch den Betreuer** angeordnet und nicht durch das Gericht, das lediglich die Entscheidung über die Genehmigung zu fällen hat (Abs II S 1) und nur auf die Initiative des Betreuers tätig wird, ohne daß dieser einen förmlichen Antrag stellen muß (BayObLG FamRZ 1994, 1416). Der Betreuer ist an die Genehmigung nicht gebunden; es steht ihm frei, von der Genehmigung keinen Gebrauch zu machen. Insbesondere entlastet ihn die Genehmigung auch nicht von der Prüfung, ob die Voraussetzungen sich vielleicht geändert haben.

Dementsprechend ordnet Abs III an, daß die Unterbringung vom Betreuer zu beenden ist, wenn die Voraussetzungen der Unterbringung entfallen sind, etwa weil die medizinische Behandlung durchgeführt wurde oder die Gefährdung nicht mehr besteht. Um dies beurteilen zu können, hat der Betreuer während der Unterbringung Kontakt zu dem Betreuten zu halten, überdies hat er die Einrichtung zu kontrollieren. Wird der Betreute endgültig entlassen, kann aufgrund der früheren Genehmigung nicht noch einmal eine Unterbringung erfolgen (Hamm BtPrax 2000, 34). Bei einer nur vorübergehenden Verlegung auf eine offene Station ist für die Rückverlegung auf die geschlossene Station keine zweite Genehmigung erforderlich. Die Beendigung einer Unterbringung hat der Betreuer dem Gericht anzuzeigen (Abs III S 2).

25 **7.** Droht dem Betreuten Gefahr wegen der Zeit, die durch die Einholung der Genehmigung verstreichen würde, kann der Betreuer gem Abs II die Unterbringung auch ohne Genehmigung anordnen. Gefahr muß eine nicht unerhebliche gesundheitliche Verschlechterung sein (BVerfG BtPrax 1998, 144). Ein zeitlicher Aufschub ist insbesondere bei einer nachts notwendig werdenden Unterbringung gegeben, wenn die richterliche Genehmigung erst am nächsten Morgen erlangt werden könnte. Erfolgt die Unterbringung gem Abs II S 2 ohne Genehmigung, ist letztere unverzüglich nachzuholen. Ordnet das Gesetz gem § 1908i I iVm § 70b III FGG selbst die Unterbringung an, so ist seine Genehmigung darin enthalten.

IV. Unterbringungsähnliche Maßnahmen – Abs IV

26 **1.** Abs IV erfaßt die Sachverhalte, in denen der Betroffene an seinem bisherigen Aufenthaltsort, insbesondere in einer offenen Einrichtung, gegen seinen Willen festgehalten wird. Die Vorschrift gilt auch für denjenigen, der zunächst freiwillig in einer geschlossenen Einrichtung war und nunmehr an deren Verlassen gehindert wird. Die Intention des Gesetzgebers besteht in der Erweiterung des Schutzes durch das VormG auf die räumliche Bewegungsfreiheit.

Die Einschränkung „**ohne untergebracht zu sein**" ist von Anfang an in allen Gesetzesvorschlägen enthalten gewesen und im Gesetzgebungsverfahren nie in Frage gestellt worden. Nimmt man den Wortlaut genau, schließt die Vorschrift solche Betroffenen aus, die förmlich untergebracht sind. Dann wäre eine Fesselung eines in einer geschlossenen Anstalt befindlichen Betreuten immer genehmigungsfrei. Dieser Ausschluß wird von der ganz hM wegen Verstoßes des Wortlauts gegen den Zweck des Gesetzes zu Recht abgelehnt (BayObLG FamRZ 1994, 721; Düsseldorf FamRZ 1995, 118; Schwab FamRZ 1990, 681, 687; Marschner in Jürgens/Kröger/Marschner/Winterstein, 5. Aufl, Betreuungsrecht kompakt, Rz 516; Staud/Bienwald Rz 14; HK-BUR/Rink Rz 47, der für Genehmigungsbedürftigkeit nach Abs I plädiert, mwN; zur Gegenansicht vgl 10. Aufl Rz 23) oder als verfassungswidrig angesehen (Schumacher FamRZ 1991, 280, 281f). Letztlich kann eine **verfassungskonforme Auslegung** die hM rechtfertigen. Daher ist die Vorschrift auch auf Untergebrachte anzuwenden: Soweit eine unterbringungsähnliche Maßnahme sich nicht bloß als eine Umsetzung der richterlich genehmigten Unterbringung darstellt, sondern als eine eigenständige weitere Freiheitsentziehung, fällt sie in den Schutzbereich des Art 104 II GG mit der Konsequenz, daß sie gesondert richterlich genehmigt werden muß.

2. Hinsichtlich der **Mittel**, die gegen den Betroffenen angewendet werden, besteht zwischen Abs I und Abs IV 27 kein grundsätzlicher Unterschied. Wird der Bewohner einer offenen Einrichtung gehindert, diese zu verlassen, so werden in erster Linie ebenfalls mechanische Vorrichtungen zum Einsatz kommen, wie das Abschließen seines Zimmers, Angurten oder Eingittern. In Betracht kommt auch eine Ausgangskontrolle, die aber auch zum System einer geschlossenen Einrichtung gehören kann und dann schon unter Abs I fällt.

a) Abs IV nennt zunächst **mechanische Vorrichtungen.** Hierzu gehören Schlösser, besonders Trickschlösser, 28 ebenso das Eingittern des Bettes (Hamm BtPrax 1993, 172ff; dazu Klie BtPrax 1998, 50) oder Festgurten (sog Fixierung) am Bett (BayObLG MDR 1993, 649) bzw Rollstuhl (Hamm BtPrax 1993, 172ff; auch das Anbringen eines Therapietisches am Rollstuhl fällt hierunter, wenn es nicht nur therapeutischen Zwecken dient (LG Frankfurt FamRZ 1993, 601).

b) Eine „**andere Weise**" der Freiheitsentziehung kann darin bestehen, daß den Bewohnern die Straßenkleidung 29 weggenommen wird und sie auch tagsüber Schlafanzug und Bademantel tragen (v Eicken ua S 44) oder eine **Ausgangskontrolle** ausgeübt wird, die bestimmte Bewohner nicht passieren läßt. Die Ausstattung eines Desorientierten mit einer elektronischen Personenortungsanlage, die dem Personal das Auffinden erleichtern soll, stellt selbst noch keine Freiheitsentziehung dar (aA AG Hannover BtPrax 1992, 113; wie hier Feuerabend BtPrax 1999, 96; Dodegge/Roth, BtKommG Rz 51). Sie könnte allerdings als mit der Menschenwürde und dem allg Persönlichkeitsrecht unvereinbar unzulässig sein (AG Hannover BtPrax 1992, 113ff; aA AG Bielefeld BtPrax 1996, 232f; Feuerabend BtPrax 1999, 96; differenzierend AG Stuttgart-Bad Cannstatt FamRZ 1997, 704, 705).

c) In der Praxis werden häufig Schlafmittel oder andere **sedierende Medikamente** verabreicht, teils zur beque- 30 men Zufriedenstellung der Bewohner, teils zur Ruhigstellung von Patienten mit starkem Bewegungsdrang (v Eicken ua, S 49; Rink/Bauer FamRZ 1988, 1235). Auch bei eindeutig medizinischer Indikation ist es die Wirkung dieser Medikamente, den Bewegungswillen zu dämpfen, was die Voraussetzung ist für den Willen, den Aufenthalt zu ändern und die Einrichtung zu verlassen. Soweit es sich um die Verordnung oder die Gabe eines Medikamentes handelt, das Abhängigkeit hervorrufen kann, besteht das Genehmigungserfordernis des § 1904.

Die hM schließt allerdings **Maßnahmen zu Heilzwecken** von § 1906 IV aus (Damrau/Zimmermann Rz 78; 31 MüKo/Schwab Rz 40; Jürgens/Marschner Rz 39). Bereits der Bundesrat hatte in seiner Stellungnahme zum RegE vorgeschlagen, Maßnahmen zu Heilzwecken von § 1906 auszunehmen (BT-Drucks 11/4528, 209). Die BReg ist in ihrer Gegenäußerung dem nicht gefolgt (BT-Drucks 11/4528, 228). Das subjektive Merkmal des Heilzwecks sei als Kriterium ungeeignet, da dieser auch gegeben sein könne bei Maßnahmen, die einer Gesundheitsbeschädigung lediglich vorbeugen sollen, so etwa wenn eine Fixierung verhindern soll, daß der Betreute aus dem Bett fällt. Diese Äußerung zeigt, daß zwar nicht der Heilzweck, wohl aber der Anlaß der Maßnahme eine Unterscheidung erlaubt, und zwar danach, ob die Maßnahme der Krankheit gilt, derentwegen der Betreute untergebracht wurde, oder ob damit weitergehende Zwecke verfolgt werden. So muß unterschieden werden, ob ein Bewohner eines Altenheims eingeschlossen wird, um ihn an der nächtlichen Flucht vor einem lange verstorbenen Vorgesetzten zu hindern, oder ob er am Blinddarm operiert worden ist und einige Tage fixiert wird, damit er sich nicht bewegt und den Verband aufreißt. Auch bei Medikamenten erscheint diese Differenzierung sachgemäß: Ein zur Dämpfung des Bewegungsdrangs gegebenes Psychopharmakum ist, wenn es einen Willen zum Aufenthaltswechsel nicht aufkommen läßt, genehmigungsbedürftig, ein Mittel zur Blutdrucksenkung mit ähnlicher Nebenwirkung wird dagegen zur Heilung einer Krankheit gegeben und fällt daher nicht unter Abs IV (vgl Hamm BtPrax 1997, 162).

3. Die zeitliche Qualifikation. Eine von Abs IV erfaßte Maßnahme muß über einen längeren Zeitraum andau- 32 ern oder „regelmäßig" erfolgen. Nur dann hat eine Freiheitsbeeinträchtigung die Intensität von Freiheitsentziehung und damit Unterbringungscharakter. Denn nicht jede iSv § 823 oder § 239 StGB tatbestandsmäßige Freiheitsbeeinträchtigung fällt unter § 1906, sondern nur eine solche, die zugleich den Aufenthalt des Betroffenen festlegt. Die Aufenthaltsfreiheit ist nicht mit der körperlichen Bewegungsfreiheit gleichzusetzen, weil der Begriff des Aufenthalts – ähnlich dem des Wohnsitzes – neben dem zeitlichen ein soziales Element enthält, wenn er auch in beiden Hinsichten hinter dem Begriff des Wohnsitzes zurückbleibt.

a) **Längere Dauer.** § 1906 IV schützt daher nicht die Freiheit, in jedem Moment den Aufenthalt zu ändern, 33 sondern dies nur innerhalb eines dafür adäquaten Zeitraumes. Die Schwere des Eingriffs ist als Kriterium der Bestimmung der zeitlichen Grenze (so Damrau/Zimmermann Rz 75) zu unbestimmt. Die amtliche Begründung hatte auf § 128 StPO Bezug genommen, dessen Frist von 24 Stunden aber als zu unflexibel in Frage gestellt, soweit unvorhergesehene Ereignisse eine Freiheitsbeschränkung für längere Zeit hinaus notwendig machen (BT-Drucks 11/4528, 149; vgl HK-BUR/Rink Rz 48). Dementsprechend ist daher zu differenzieren: Soll eine Unterbringungsmaßnahme von vornherein länger als 24 Stunden dauern, ist sie genehmigungspflichtig. Ist eine kürzere Beschränkung geplant, wird spätestens am Ende des auf die Unterbringung folgenden Tages eine Genehmigung einzuholen sein.

b) Eine freiheitsbeeinträchtigende Maßnahme von Unterbringungsähnlichkeit liegt ferner dann vor, wenn sie 34 regelmäßig erfolgt. Der Amtl Begr zufolge kann **Regelmäßigkeit** zweierlei bedeuten: „stets zur selben Zeit" oder

„aus wiederkehrendem Anlaß" (BT-Drucks 11/4528, 149). Eine Freiheitsentziehung stets **zur selben Zeit** dürfte vor allem in der Form vorkommen, daß Türen jeweils zur Nachtzeit abgesperrt oder die Ausgänge nur zu bestimmten Zeiten des Tages offengehalten werden. Die Zuführung eines Betreuten zu einer in zweiwöchentlichen Zeitabständen durchzuführenden Medikation mit Neuroleptika stellt keine Maßnahme nach § 1906 I Nr 2 bzw § 1906 IV dar. Eine solche **zwangsweise ambulante Behandlung** ist eine Freiheitsbeschränkung, aber keine Freiheitsentziehung (BGH FamRZ 2001, 149; Zweibrücken FamRZ 2000, 1114). Hamm hat eine Genehmigungsfähigkeit analog § 1906 befürwortet, weil sich die Maßnahme als milderes Mittel zu einer sonst notwendig werdenden längerfristigen Unterbringung darstelle. Der BGH hat zwar zu Recht grundsätzlich anerkannt, daß eine sich nur in der Intensität, nicht aber in der Art und Weise unterscheidende Maßnahme (Freiheitsbeschränkung) gerichtlich genehmigt werden kann, wenn die Voraussetzungen für eine belastendere Maßnahme (Unterbringung) erfüllt wären (BGH FamRZ 2001, 151). Dies ergebe sich aus dem Grundsatz der Verhältnismäßigkeit. In dem entschiedenen Fall handele es sich aber, so der BGH, um die zwangsweise Durchsetzung einer ambulanten medizinischen Behandlung, die eine grundsätzlich andersartige Maßnahme darstelle als eine Unterbringung. Da die Medikation außerdem in regelmäßigen Abständen neu und mit Hilfe der Polizei vorgenommen werden müsse, sei die Belastung für den Betroffenen eine ganz andere und könne nicht als das mildere Mittel angesehen werden (vgl § 1904 Rz 29).

Unter dem Gesichtspunkt der Unterbringungsähnlichkeit stellt es eine Alternative zur Freiheitsentziehung über einen längeren Zeitraum dar, wenn Freiheitsbeeinträchtigungen zwar einzeln von kurzer Dauer sind, aber **aus wiederkehrendem Anlaß** erfolgen. Wer immer dann, wenn er in eine bestimmte Phase seiner Krankheit gerät, fixiert bzw sediert wird oder wer immer dann in sein Zimmer eingeschlossen wird, wenn er die Einrichtung verlassen will, der unterliegt einer unterbringungsähnlichen Maßnahme (LG Essen FamRZ 1993, 1347). Diese Möglichkeiten müssen jedoch konkret sein. Es genügt nicht die abstrakte Einstellung der Leitung der Einrichtung, gegenüber jedem oder bestimmten Bewohnern erforderlichenfalls freiheitsbeeinträchtigende Maßnahmen zu ergreifen. Vielmehr muß bei dem Betroffenen der Wunsch, die Einrichtung zu verlassen, wahrscheinlich sein, was im allgemeinen nur dann angenommen werden kann, wenn eine Einzelmaßnahme bereits getroffen werden mußte.

35   **4. Ausschluß der Familienpflege.** Erfaßt werden unterbringungsähnliche Maßnahmen nur gegenüber einem Betreuten, „der sich in einer Anstalt, einem Heim oder einer sonstigen Einrichtung aufhält". Unterbringungsähnliche Maßnahmen bedürfen somit nicht der Genehmigung des Vormundschaftsgerichtes, sofern sie außerhalb von Einrichtungen im Rahmen einer Familienpflege erfolgen (BayObLG FamRZ 2003, 325). Schon die Unterstellung eines solchen Verhältnisses unter das Betreuungsrecht kann eine Belastung darstellen, die aber unvermeidlich ist und hingenommen werden muß. Eine problematische Erschwerung würde aber drohen, wenn der betreuende Angehörige zu freiheitsentziehenden Maßnahmen die Genehmigung des VormG einholen müßte. Deswegen hatte Holzhauer (57. DJT Gutachten B 104 sowie Nr 26 seiner Thesen und Vorschläge, B 116) davon abgeraten, das Genehmigungserfordernis auf den familialen Bereich auszuweiten. Dem folgte der 57. DJT und auch der Gesetzgeber (zur Gesetzgebungsgeschichte Erman/Holzhauer 9. Aufl Rz 52).

Der Ausschluß familialer Pflegeverhältnisse wird teilweise rechtspolitisch abgelehnt und sogar für verfassungswidrig gehalten (so Schumacher FamRZ 1991, 280, 282; Bonner Kommentar/Rüping Art 104 Rz 50, 55). Wendet man Art 104 II GG auf dieses Verhältnis an (so auch AG Garmisch-Partenkirchen BtPrax 1999, 207f, mit der Konsequenz der Notwendigkeit vormundschaftsgerichtlicher Genehmigung, weil hier sozialstaatliche Aufgaben erfüllt werden), so wird der betreuende Familienangehörige als Teil der Staatsgewalt verstanden. Allein die Tatsache, daß der Betreuer seine Rechtsmacht vom Staat erhält, dürfte dies nicht rechtfertigen, denn das würde auch bspw für das gesetzliche Vertretungsrecht der Eltern gelten, obwohl im Eltern-Kind-Verhältnis nach hM eine unmittelbare Geltung der Grundrechte abgelehnt wird. Sinnvollerweise wird man der Familie, die ja selbst verfassungsrechtlichen Schutz genießt, einen eigenständigen Verantwortungsbereich zuerkennen können. Angesichts der vielfach beklagten Überlastung der öffentlichen und privaten Einrichtungen und des Fehlens wissenschaftlicher Untersuchungen, die ein Versagen der Familien in relevantem Umfang belegten, war die Entscheidung des Gesetzgebers richtig, nichts zu tun, was pflegende Angehörige demotivieren könnte. Art 6 I GG dürfte dies verfassungsrechtlich rechtfertigen (iErg wie hier BayObLG FamRZ 2003, 325 LS = BtPrax 2003, 37).

36   **5.** Das Inkrafttreten des SGB XI – Soziale Pflegeversicherung – hat die Entstehung **ambulanter Pflegedienste** begünstigt, deren Tätigkeit manchen Pflegebedürftigen die Aufgabe der eigenen Wohnung und den Wechsel auf die Pflegestation eines Altenheimes oä ersparen kann. Soweit sich im Rahmen eines solchen (oder vergleichbaren) Pflegeverhältnisses die Notwendigkeit ergibt, den Betroffenen in dessen Wohnung einzuschließen, weil er anderenfalls diese verließe und hilflos umherirrte, stellt sich die Frage, ob es hierzu einer Genehmigung des VormG nach Abs IV bedarf. Die hM bejaht dies und sieht die Wohnung als sonstige Einrichtung an (Hamburg FamRZ 1995, 1019; LG München BtPrax 1999, 242; Damrau/Zimmermann Rz 72). Dies kann damit gerechtfertigt werden, daß die Formulierung (der sich in einer Anstalt, einem Heim oder einer sonstigen Einrichtung aufhält) lediglich den Ausschluß familialer Pflegeverhältnisse aus dem Anwendungsbereich des Abs IV bezweckte. Dagegen gilt es zu verhindern, daß neben dem von § 1906 unmittelbar erfaßten Bereich eine Grauzone entsteht, in der es an einer gerichtlichen Kontrolle fehlt. Möglicherweise ist eine Ergänzung des § 1906 sinnvoll (so Grauer BtPrax 1999, 20, 22), wahrscheinlich genügt eine großzügige Auslegung im Sinne der hM.

37   **6.** Die Einwilligung des Betreuers und die Genehmigung des VormG sind entbehrlich, wenn eine wirksame **Zustimmung des Betroffenen** zu einer Maßnahme nach Abs IV vorliegt. Ob dies gegeben ist, hängt von der natürlichen Einsichtsfähigkeit des Betroffenen ab. Eine einmal erteilte Einwilligung bleibt grundsätzlich bis zu ihrem Widerruf wirksam. Entfällt allerdings die Einwilligungsfähigkeit, so kann nicht einfach unterstellt werden, daß der Betroffene mit den unterbringungsähnlichen Maßnahmen weiter einverstanden ist.

38   **Mechanische**, zur Freiheitsentziehung bestimmte **Vorrichtungen** schließen die Zustimmung des Betroffenen zu ihrer Anwendung nicht aus. Denn diese Mittel dienen nicht nur, wie die nicht mehr gebräuchliche Zwangsjacke, dem

Brechen bewußten Widerstandes, sondern schützen auch vor versehentlicher Selbstschädigung, so zB fürsorgliche Fixierungen, die nur für die Schlafenszeit angebracht werden. Eine globale, abstrakte und generelle Zustimmung, dem Betroffenen etwa im Aufnahmevertrag abverlangt, wäre jedoch nicht nur aus dem Gesichtspunkt des § 228 StGB wirkungslos, sondern sinnlos, weil der Betroffene an die einmal abgegebene Erklärung nicht gebunden ist.

7. Die **Verweisung auf die Abs I bis III** stellt die Maßnahmen des Abs IV der förmlichen Unterbringung des Abs I an die Seite und belegt zusammen mit der Klausel „ohne untergebracht zu sein" deren Unterbringungsähnlichkeit. Die Verweisung gilt vor allem den Zwecken, zu denen unterbringungsähnliche Maßnahmen zulässig sind (Rz 11ff) und für das Erfordernis der gerichtlichen Genehmigung. Dagegen möchte Damrau/Zimmermann (Rz 86; Knittel Rz 49a) die entsprechende Anwendung so verstehen, daß freiheitsbeschränkende Maßnahmen – anders als eine förmliche Unterbringung – auch im Drittinteresse zulässig sein sollen, beispielsweise bei einem „nachts durch die Räume wandelnden Betreuten..., der die anderen stört". Die Verweisung gilt schließlich für die Pflichten des Betreuers während des Andauerns der Maßnahme, besonders auch im Hinblick auf ihre Beendigung (Rz 42). **39**

V. Die Stellung des Betreuers

Die Entscheidung über die privatrechtliche Unterbringung trifft grds der Betreuer, ein Vorteil der privatrechtlichen gegenüber der öffentlich-rechtlichen Unterbringung (Amtl Begr BT-Drucks 11/4528, 81). Nur ausnahmsweise kann das VormG durch einstweilige Anordnung selbst vor Bestellung (Schleswig MDR 1992, 1155; aA Frankfurt BtPrax 1993, 32f) oder an Stelle des verhinderten Betreuers den Betroffenen vorläufig unterbringen gem § 1908i I iVm § 1846 nach § 70h FGG (zu dieser Möglichkeit § 1908i Rz 31); das Erfordernis richterlicher Genehmigung ist damit erfüllt. Entsprechendes gilt von einer unterbringungsähnlichen Maßnahme: Ist der Betreuer verhindert oder noch nicht bestellt, so kann das VormG durch einstweilige Anordnung die Maßnahme vorläufig genehmigen. **40**

Hat der Betroffene einen Betreuer, dessen Aufgabenkreis sich auf die Unterbringung erstreckt, so ist eine Unterbringung ohne Mitwirkung des Betreuers außer im Fall von dessen Verhinderung (s Rz 50) unzulässig. Vor allem kann die **Weigerung des Betreuers**, den Betreuten unterzubringen, nicht dadurch umgangen werden, daß der Betreute öffentlich-rechtlich untergebracht wird. Stellt die Weigerung des Betreuers ein Versagen dar, so ist zunächst im Aufsichtswege über § 1837 iVm § 1908i I seine Zuständigkeit durch Entlassung oder Einschränkung des Aufgabenkreises zu beseitigen. Eine unterbringungsähnliche Maßnahme kann dagegen in dringenden Fällen bei Unerreichbarkeit des Betreuers unter Umständen auf dessen mutmaßliche Einwilligung gestützt werden oder aus dem Gesichtspunkt des Notstands (§ 34 StGB) gerechtfertigt sein. Doch setzt die Aufrechterhaltung der Maßnahme das permanente Bemühen um Erlangung der Einwilligung voraus. **41**

Die Aufgabe des Unterbringungsbetreuers erschöpft sich nicht in der Unterbringung des Betreuten bzw der Genehmigung der unterbringungsähnlichen Maßnahme. Der **Betreuer sucht** auch die **Einrichtung** aus (LG Bielefeld FamRZ 1990, 664; BayObLG FamRZ 1992, 105, 106; 1994, 320, 322 mwN; Düsseldorf FamRZ 1995, 118f) und schließt kraft seines Vertretungsrechts für den Betreuten (§ 1902) einen Vertrag mit der aufnehmenden Einrichtung (BGH NJW 1985, 677). Der Betreuer hat auch zu entscheiden, ob und wie lange dem Untergebrachten Ausgang zu gewähren ist. Der Betreuer kann den Arzt ermächtigen, dem Untergebrachten Ausgang zu erteilen. Die Anstalt kann nicht von sich aus Ausgang oder Urlaub erteilen (zum Ganzen Helle MedR 1986, 23). Ein wichtiger Hinweis auf die Pflichten eines Betreuers während der Unterbringung ergibt sich aus **Abs III**: Danach hat der Betreuer „**die Unterbringung zu beenden**, wenn ihre Voraussetzungen wegfallen". Der Betreuer ist somit verpflichtet, während der Unterbringung Kontakt zu dem Betreuten zu halten. Denn zum einen muß er wissen, wann die Voraussetzungen der Unterbringung wegfallen, um die Unterbringung beenden zu können. Zum anderen ist der Betreuer die einzige Instanz, die die Einrichtung bei nicht genehmigungsbedürftigen Maßnahmen kontrollieren kann, was angesichts der vielfältigen Gefahren für die Persönlichkeitsrechte der Untergebrachten notwendig ist. **42**

Bleiben freiheitsbeeinträchtigende **Maßnahmen unterhalb der zeitlichen Schwelle der Unterbringungsähnlichkeit**, so übt zwar nicht das VormG eine Kontrolle aus, wohl aber der Betreuer. Bei jeder freiheitsbeschränkenden Maßnahme außer solchen, die zur Aufrechterhaltung der Hausordnung erforderlich sind, ist der Betreuer einzuschalten, wenn der Betroffene nicht selbst wirksam zustimmen kann. Überschreitet umgekehrt der Betreuer seine Befugnisse, indem er bspw freiheitsentziehende Maßnahmen ohne die erforderliche vormundschaftsgerichtliche Genehmigung anordnet, so läuft er Gefahr, seinen Vergütungsanspruch ganz oder teilweise zu verlieren (BayObLG BtPrax 1994, 108). **43**

VI. Fehlen der erforderlichen Mitwirkung von Betreuer oder VormG

Von den geschilderten Ausnahmen abgesehen, ist jede Unterbringung oder unterbringungsähnliche Maßnahme ohne die erforderliche Einwilligung des Betreuers rechtswidrig, verletzt § 823 I und ist nach § 239 StGB strafbar. Fehlt die erforderliche Genehmigung des VormG, so ist die Freiheitsbeeinträchtigung, die über den folgenden Tag hinaus dauert, auch dann rechtswidrig, wenn die Einwilligung des Betreuers vorliegt. Der Grundrechtscharakter von Art 104 GG zwingt dazu, eine der erforderlichen Genehmigung entbehrende Freiheitsentziehung als materiell rechtswidrig anzusehen. § 1906 II S 2 statuiert eine Ausnahme, deren ausdrückliche Regelung den Umkehrschluß zuläßt, daß ohne deren Voraussetzungen immer eine Genehmigung erforderlich ist. Dagegen genügt unterhalb der Verletzung der Aufenthaltsfreiheit die Einwilligung des Betreuers, um den Eingriff in die körperliche Bewegungsfreiheit zu rechtfertigen. **44**

VII. Verfahren der gerichtlichen Genehmigung

Das Verfahren der Bestellung eines Betreuers mit der Aufgabe der Unterbringung oder der Erweiterung des Aufgabenkreises auf die Unterbringung ist Betreuungssache. Die **Genehmigung** einer Unterbringung oder einer unter- **45** bringungsähnlichen Maßnahme ist nach § 70 I S 2 Nr 1 und 2 FGG **Unterbringungssache**, sie setzt keinen förmlichen Antrag voraus (BayObLG FamRZ 1994, 1416). Unterbringungssachen sind durch § 70 I S 3 FGG den Vormundschaftsgerichten und, dh iVm § 35 FGG, den Amtsgerichten sachlich zugewiesen. Funktionell ist auf Grund von Art 104 II GG gem § 14 I Nr 4 RPflG ausnahmslos der Richter zuständig.

46 Weil eine privatrechtliche Unterbringung grundsätzlich einen Betreuer voraussetzt, ist das Gericht, bei dem die Betreuungssache anhängig ist, auch für die Unterbringungssache **örtlich zuständig** (§ 70 II S 1 FGG). Anhängig bedeutet, daß zumindest eine Anregung auf Betreuerbestellung erfolgt ist. Selbst dann, wenn das Gericht gem § 1846 iVm § 1908i I vor Bestellung eines Betreuers eine vorläufige Unterbringungsmaßnahme trifft, muß das Verfahren auf Bestellung eines Betreuers anhängig sein. Fehlt es daran, so verweist § 70 II S 2 FGG auf § 65 V FGG, wonach das Gericht zuständig ist, in dessen Bezirk ein Fürsorgebedürfnis hervorgetreten ist. Dies kann kraft seiner konkurrierenden Zuständigkeit die vorläufige Maßregel treffen. Gem § 70 III FGG kann das Betreuungsgericht das Verfahren über die Unterbringungsmaßnahme aus wichtigen Gründen mit Zustimmung des Betreuers nach Anhörung des Betroffenen an das Gericht **abgeben**, in dessen Bezirk der Betroffene untergebracht ist, wenn sich dieses Gericht zur Übernahme bereit erklärt hat. Durch diese Vorschrift sollen „Reiserichter" vermieden werden (BT-Drucks 11/4528, 218 zu Nr 61). Dieser Nachteil ist jedoch abzuwägen gegen die Nachteile des Auseinanderreißens von Unterbringungs- und Betreuungsverfahren. Besonders zu berücksichtigen ist der Wohnsitz des Betreuers. In die Erwägung einzubeziehen ist auch eine Abgabe des Betreuungsverfahrens, die sich nach § 65a FGG richtet. Wegen der **internationalen Zuständigkeit** gelten die „Allg Vorschriften" der §§ 35b, 47 FGG.

47 In Unterbringungssachen **verfahrensfähig** ist der Betroffene ohne Rücksicht auf seine Geschäftsfähigkeit ab vollendetem vierzehnten Lebensjahr (§ 70a FGG) mit der Folge, daß er selbst Rechtsmittel einlegen, aber auch zurücknehmen kann (Bienwald § 66 FGG Rz 6; Dodegge/Roth, BtKomm A Rz 122; aA Damrau/Zimmermann § 66 FGG Rz 4). Ein **Verfahrenspfleger** ist zu bestellen, soweit dies zur Wahrnehmung der Interessen des Betroffenen erforderlich ist (§ 70b I S 1 FGG), insbesondere wenn nach § 68 II FGG von der persönlichen Anhörung des Betroffenen abgesehen werden soll (§ 70b I S 2 FGG). Im übrigen ist ein Pfleger zu bestellen, wenn der Betroffene seine Rechte nicht selbst wahrnehmen kann, etwa weil er seine Einwendungen nicht artikulieren und dem Gericht mit einer differenzierten Begründung nahebringen kann. Bei Geschäftsunfähigkeit wird dies regelmäßig anzunehmen sein (Bassenge/Herbst/Roth FGG § 70b Rz 2). Zwingend geboten dürfte die Pflegerbestellung daneben auch dann sein, wenn gem § 70g I S 2 FGG von der Bekanntgabe der Entscheidungsgründe an den Betroffenen abgesehen wird, und zwar im Hinblick auf die Wahrnehmung des Beschwerderechts, die Kenntnis der Entscheidungsgründe voraussetzt (MüKo/Schwab Rz 58). Die Bestellung des Verfahrenspflegers unterbleibt, wenn der Betroffene anwaltlich oder anderweit vertreten ist (§ 70b III FGG). Der Betroffene ist gem § 70c FGG persönlich anzuhören, den erforderlichen unmittelbaren Eindruck verschafft sich das Gericht in der üblichen Umgebung des Betroffenen. Bezüglich der **Anhörung des Betroffenen** gilt kraft der Verweisung des § 70c S 5 FGG dasselbe wie im Betreuungsverfahren für

– die Hinzuziehung weiterer Personen, besonders eines Sachverständigen oder einer Vertrauensperson des Betroffenen (§ 68 IV FGG),
– das Unterbleiben der persönlichen Anhörung (§ 68 II FGG),
– die Möglichkeit, den seine Mitwirkung verweigernden Betroffenen vorführen zu lassen (§ 68 III FGG),
– das Schlußgespräch (§ 68 V FGG).

48 Nahen Verwandten, Eltern, **dem Ehegatten**, dem Lebenspartner iSd LPartG, dem Betreuer, einem Vorsorgebevollmächtigten, dem Leiter der Einrichtung, der zuständigen Behörde **sowie einer vom Betreuten benannten Person seines Vertrauens** ist gem § 70d FGG **Gelegenheit zur Äußerung** zu geben. Nach § 70e FGG ist das Gutachten eines Sachverständigen einzuholen, der den Betroffenen persönlich zu untersuchen oder zu befragen hat (§ 70e I S 1 FGG) und idR ein Arzt für Psychiatrie sein soll, jedenfalls aber psychiatrisch erfahren sein muß (§ 70e I S 2 FGG), was im **Unterbringungsgenehmigungsverfahren konkret festzustellen ist** (BayObLG FamRZ 1998, 1188); derlei Ausführungen erübrigen sich, wenn das Gutachten tatsächlich von einem Arzt für Psychiatrie oder von einem Nervenarzt erstattet wurde (BayObLG FamRZ 1998, 921). Ob die Sachkunde bei Ärzten der Gesundheitsämter idR ohne weiteres als gegeben angesehen werden kann, ist zweifelhaft (BayObLG FamRZ 1997, 1565; zu den Anforderungen an den Inhalt eines Gutachtens iSv § 70e I S 2 FGG vgl Düsseldorf FamRZ 1995, 118f = BtPrax 1995, 29ff sowie BayObLG FamRZ 1995, 695f). Für die Genehmigung einer unterbringungsähnlichen Maßnahme gem § 1906 IV genügt jedoch nach § 70e I S 3 FGG ein ärztliches Zeugnis (zu den an dieses zu stellenden Anforderungen vgl LG Hildesheim BtPrax 1993, 210f), dessen Aussteller nicht notwendig den Anforderungen des § 70e I S 2 FGG genügen muß.

VIII. Beschleunigung des Verfahrens in Eilfällen

49 Eine Unterbringung nach Abs I setzt auch in Eilfällen regelmäßig voraus, daß ein Betreuer bestellt ist. Hat der Betreuer einen anderen Aufgabenkreis, so muß dieser gem § 69i FGG um die Aufgabe der Unterbringung erweitert werden. Die Erweiterung des Aufgabenkreises folgt dem gleichen Verfahren wie die Bestellung eines Betreuers (§ 1896 Rz 75ff), beides kann gem § 69f FGG durch einstweilige Anordnung vorläufig erfolgen (§ 1896 Rz 90f). Da eine Unterbringung (oder eine unterbringungsähnliche Maßnahme) mitunter schnell erfolgen muß, können sie durch **einstweilige Anordnung** vorläufig erfolgen. Das Verfahren der einstweiligen Anordnung in Unterbringungssachen ist durch Verweisung in § 70h I auf § 69f FGG das gleiche wie in Betreuungssachen. Damit hat das einstweilige Unterbringungsverfahren die Grundvoraussetzung, daß mit einem Aufschub Gefahr verbunden ist. Es ist konkret darauf abzustellen, wieviel Zeit die Einholung der Auskunft der genannten Personen und Stellen kosten würde und welche Informationen von ihnen erwartet werden können; beides ist gegen die durch die Auskunft drohende Verzögerung der Entscheidung abzuwägen.

Während im einstweiligen Betreuungsverfahren die Vorschrift des § 68a FGG über die Gelegenheit zur Äußerung nicht gilt, ist die entsprechende Vorschrift des Unterbringungsverfahrens (§ 70d FGG) gem § 70h I S 3 FGG auch im einstweiligen Verfahren anzuwenden, sofern nicht Gefahr im Verzug ist.

Im letzteren Fall kann gem § 70h FGG durch eine einstweilige Anordnung eine Unterbringungsmaßnahme nach Abs I oder Abs IV getroffen werden. Dies ist bereits vor der persönlichen Anhörung des Betroffenen möglich, ebenso vor Bestellung eines Verfahrenspflegers und der Beteiligung weiterer Personen. Schließlich kann das **Gericht** gem § 1846 sogar ausnahmsweise **selbst eine Unterbringung anordnen**, wenn dringende Gründe für den Erlaß der endgültigen Maßnahme sprechen und der mit der Einbeziehung eines Betreuers verbundene Aufschub erhebliche Nachteile für den Betroffenen nach sich ziehen würde, etwa bei drohender Selbsttötung (BayObLG FamRZ 2001, 576). Eine solche Maßnahme ist auch zulässig, wenn ein Betreuer noch nicht bestellt ist, soweit das Gericht durch geeignete Maßnahmen sicherstellt, daß dem Betroffenen unverzüglich ein Betreuer bestellt wird (BGH 150, 45 = FamRZ 2002, 744f; Bienwald § 70h FGG Rz 70; Damrau/Zimmermann § 70h FGG Rz 37; aA noch Frankfurt BtPrax 1993, 32f). Werden keinerlei derartige Maßnahmen getroffen, ist die Anordnung der Unterbringung – obwohl sachlich gerechtfertigt – nicht rechtmäßig (BayObLG FamRZ 2003, 1323). Es müssen überdies konkrete tatsächliche Gründe für eine Genehmigung der endgültigen Unterbringung vorliegen (BayObLG FamRZ 2001, 191).

IX. Inhalt und Begründung der Entscheidung

§ 70f FGG stellt Anforderungen an den Inhalt der Entscheidung, durch die eine Unterbringungsmaßnahme getroffen wird; danach muß die Entscheidung außer der Bezeichnung des Betroffenen folgende Punkte enthalten:
– Die nähere **Bezeichnung der Unterbringungsmaßnahme** nach Art und Umfang, insbesondere bei wiederkehrenden Maßnahmen, sind anzugeben. Da der Betreuer die Einrichtung aussucht, gehört deren Angabe, selbst wenn die Einrichtung feststeht, nicht in den Beschluß (Düsseldorf FamRZ 1995, 118f), wohl die Art der Einrichtung.
– Bei einer unterbringungsähnlichen Maßnahme kann das Gericht die zulässige Maßnahme mehr oder weniger genau festlegen, deren Auswahl und den Wechsel zwischen verschiedenen Maßnahmen aber auch offenlassen.
– Den **Zeitpunkt**, zu dem die Unterbringung endet, wenn sie nicht vorher verlängert wird; dieser Zeitpunkt darf höchstens ein Jahr, bei offensichtlich längerem Unterbringungsbedürfnis höchstens zwei Jahre nach Erlaß der Entscheidung liegen, für eine vorläufige Maßnahme gelten die kürzeren Fristen des § 70h II FGG (sechs Wochen, Verlängerung bis höchstens drei Monate).
– Eine Rechtsmittelbelehrung.
Jede Entscheidung, die eine Unterbringungsmaßnahme trifft oder ablehnt, ist zu begründen (§ 70f II FGG). Wird eine Maßnahme getroffen und war dem Betroffenen kein Verfahrenspfleger bestellt, so ist auch das zu begründen (§ 70b II FGG).

X. Bekanntmachung und Wirksamkeit

Nach § 70g I S 2 FGG ist die Entscheidung stets dem Betroffenen selbst bekanntzumachen, also unabhängig von seinem Gesundheitszustand. Von der Bekanntmachung der Entscheidungsgründe an ihn (nicht auch an den Verfahrenspfleger) kann abgesehen werden, wenn dies nach ärztlichem Zeugnis wegen erheblicher Nachteile für die Gesundheit des Betroffenen erforderlich ist. Die Entscheidung, durch die eine Unterbringungsmaßnahme getroffen wird, ist auch den in § 70d FGG genannten Personen und Stellen (vgl Rz 53) sowie dem Leiter der Einrichtung, in welcher der Betroffene untergebracht werden soll, bekanntzumachen. Der Betreuungsbehörde ist auch jede andere, besonders eine ablehnende Entscheidung bekanntzumachen, wenn ihr vom Gericht Gelegenheit zur Äußerung gegeben worden war. Gem § 16 II S 1 FGG muß gegenüber einer Person oder einer Stelle, die das Recht der sofortigen Beschwerde hat (dazu Rz 53), die Bekanntmachung durch förmliche Zustellung erfolgen.
Wirksam wird eine Entscheidung, durch die eine Unterbringungsmaßnahme getroffen oder abgelehnt wird, erst mit Rechtskraft (§ 70g III S 1 FGG). Da gegen eine solche Entscheidung die sofortige Beschwerde stattfindet (§ 70m I FGG), tritt die Rechtskraft frühestens zwei Wochen nach Bekanntmachung ein (§ 22 I FGG), und zwar erst, wenn die Zweiwochenfrist gegenüber allen Beschwerdebefugten abgelaufen ist. Nach § 70g III S 2 FGG kann das Gericht bei einer Entscheidung, durch die eine Unterbringungsmaßnahme angeordnet oder abgelehnt wird, die sofortige Wirksamkeit anordnen. In diesem Falle wird die Entscheidung in dem Zeitpunkt wirksam, in dem sie zusammen mit der Anordnung der sofortigen Wirksamkeit dem Betroffenen, dem Verfahrenspfleger oder dem Betreuer bekanntgemacht, der Geschäftsstelle des Gerichts zur Bekanntmachung übergeben oder einem Dritten zum Zweck des Vollzugs der Entscheidung mitgeteilt wird (§ 70g III S 3 FGG). Die wirksam gewordene Entscheidung ist anderen Gerichten, Behörden und Stellen im selben Umfang mitzuteilen wie im Betreuungsverfahren (§ 70n FGG).

XI. Rechtsmittel

Daß jede Entscheidung in Unterbringungssachen der Beschwerde unterliegt, folgt aus § 19 I FGG. Eine Entscheidung, durch die eine Unterbringungsmaßnahme getroffen oder abgelehnt wird, unterliegt gem §§ 70m I, 70g III S 1 FGG der **sofortigen Beschwerde**. Eine solche Beschwerde bleibt auch nach Beendigung der Unterbringung noch zulässig, wenn die Dauer der Unterbringung auf lediglich bis zu sechs Wochen bemessen war. Trotz der nach Ablauf der Dauer eingetretenen **Erledigung** der **Hauptsache** ist ein **Rechtsschutzinteresse** zu bejahen, wegen des tiefgreifenden Grundrechtseingriffs und angesichts der Tatsache, daß bei einer Unterbringungsdauer von sechs Wochen kaum davon ausgegangen werden kann, daß über die möglichen Rechtsmittel in dieser Zeit entschieden worden ist (BVerfG NJW 1998, 2432; Schleswig FamRZ 1999, 105; BayObLG NJW-RR 2004, 8; BtPrax 2003, 268; NJW FER 2001, 18; Dodegge/Roth BtKomm G Rz 245ff; aA Karlsruhe FamRZ 1998, 439 =

BtPrax 1998, 34). Gegen eine Entscheidung, durch die eine Unterbringungsmaßnahme getroffen wird sowie gegen die Ablehnung der Aufhebung einer Unterbringungsmaßnahme ist gem § 70m II FGG „unbeschadet des § 20 FGG" **beschwerdebefugt** jede in § 70d FGG bezeichnete Person oder Stelle, das sind
- der Ehegatte des Betroffenen, wenn die Ehegatten nicht dauernd getrennt leben,
- jeder Elternteil und ein Kind, bei dem der Betroffene lebt oder bei Einleitung des Verfahrens gelebt hat,
- der Betreuer des Betroffenen, eine von dem Betroffenen genannte Person seines Vertrauens, insbesondere auch der Vorsorgebevollmächtigte,
- der Leiter der Einrichtung, in der der Betroffene lebt und
- die Betreuungsbehörde.

Aus § 20 I FGG ergibt sich die Beschwerdebefugnis des Betroffenen sowie einer jeden Person oder Stelle, deren Antrag oder Anregung mit der erlassenen Entscheidung nicht entsprochen wurde. Entsprechend seiner Funktion als gesetzlicher Vertreter des Betroffenen ebenfalls beschwerdebefugt ist demnach auch der Verfahrenspfleger des Betroffenen (Keidel/Kuntze/Winkler/Kuntze § 70m FGG Rz 9, 13; Bienwald, BtR, § 70m FGG Rz 10 mwN).

XII. Vollzug der Unterbringung

54 Die Durchführung der Unterbringung ist Sache des Betreuers. Leistet der Betreute Widerstand, so ist es dem Betreuer nicht zuzumuten, selbst unmittelbaren **Zwang** anzuwenden. Nach § 70g V S 1 FGG hat die zuständige Behörde den Betreuer auf seinen Wunsch hin bei der Zuführung zur Unterbringung zu unterstützen; zuständig ist die Betreuungsbehörde (vor § 1896 Rz 12). Nach § 70g V S 2 FGG darf die Betreuungsbehörde Gewalt nur auf Grund besonderer gerichtlicher Entscheidung anwenden. Diese Entscheidung trifft das VormG, der ablehnende Beschluß ist für den Betreuer selbständig anfechtbar.

In anderen als den in § 70 I S 2 Nr 1 FGG ausdrücklich genannten Unterbringungsmaßnahmen kommt die Anwendung von Gewalt gegen den renitenten Betreuten nicht in Betracht (LG Offenburg FamRZ 1997, 899, 900 = BtPrax 1996, 196; aA LG Bremen BtPrax 1994, 102f). Weigert sich etwa der Betreute, sich freiwillig in ein offenes Altenpflegeheim zu begeben, so kann der mit dem Aufgabenkreis der Aufenthaltsbestimmung ausgestattete Betreuer seinen Widerstand nicht dadurch brechen, daß er analog § 1906 II S 1 eine vormundschaftsgerichtliche Genehmigung beantragt, um auf diese Weise in den Anwendungsbereich des § 70g V S 2 und 3 FGG zu gelangen (vgl Staud/Bienwald, Rz 17 aE; Hamm FamRZ 2003, 255; aA Windel BtPrax 1999, 46ff). Die Vorschriften des § 70g V S 2 und 3 FGG stehen nämlich in untrennbarem Zusammenhang mit § 70g V S 1 FGG, der wiederum unmißverständlich nur auf die in § 70 I S 2 Nr 1 FGG genannten Fälle der Zuführung zur Unterbringung verweist. Dementsprechend ist die nach § 70g V S 2 FGG grundsätzlich mögliche Gewaltanwendung auf die in § 70 I S 2 Nr 1 FGG ausdrücklich erwähnten Fälle zu beschränken. Angesichts einer derart detaillierten gesetzlichen Regelung kann schwerlich von einer Regelungslücke gesprochen werden (Hamm FamRZ 2003, 255, 256; aA LG Bremen BtPrax 1994, 102f). Solange die Voraussetzungen des § 1906 nicht tatsächlich gegeben sind, hat der mit dem Aufgabenkreis der Aufenthaltsbestimmung ausgestattete Betreuer einen ohne die Anwendung von Zwang nicht zu überwindenden Widerstand des Betreuten vielmehr zu dulden (vgl LG Offenburg aaO). § 1906 insoweit analog anzuwenden verbietet sich schon deshalb, weil dadurch die Grenzen zwischen freiheitsentziehender Unterbringung (iSv § 70 I S 2 Nr 1 FGG) einerseits und **lediglich aufenthaltsbestimmender Verbringung** andererseits verwischt würden. Im letzteren Fall Gewalt anzuwenden, ist dem Betreuer de lege lata indessen nicht gestattet. Geht es allerdings nur um eine Verbringung (bspw in ein Altenheim), ohne daß hierbei Zwang ausgeübt oder Gewalt angewandt werden müßte, so bedarf der Betreuer hierzu noch nicht einmal der Genehmigung des VormG nach § 1906 II S 1 (Bremen OLGRp 1998, 296, 297).

XIII. Beendigung und Verlängerung

55 1. Nach Abs I ist eine Unterbringung nur zulässig, „solange sie zum Wohl des Betreuten erforderlich ist". Die Dauer der Unterbringung unterliegt sowohl der Beurteilung durch das VormG als auch durch die **unterbringende Einrichtung**. Diese darf den Untergebrachten gegen seinen Willen nicht länger festhalten als erforderlich. Sie genügt jedoch ihrer Pflicht, für die Beendigung der Unterbringung zu sorgen, wenn sie den Betreuer oder das VormG entsprechend unterrichtet.

56 2. Nach Abs III S 1 hat der **Betreuer** die **Unterbringung** zu **beenden**, wenn ihre **Voraussetzungen wegfallen**. Weil der Betreuer das Subjekt der Unterbringung ist, kann er auch die Unterbringung des Betreuten jederzeit beenden. Hält der Leiter der Einrichtung die Entscheidung des Betreuers für falsch, kann er sich an das die Aufsicht über den Betreuer führende VormG (§ 1837) wenden. Auch der Streit zwischen Betreuer und Einrichtung gehört gem §§ 1908i I, 1632 III vor das VormG, weil er um den Aufenthalt des Betreuten geführt wird. Der Betreuer muß die Voraussetzungen dafür schaffen, daß der Betreute die Einrichtung verlassen kann. Er hat die Leitung der Einrichtung entsprechend zu verständigen und dafür zu sorgen, daß der Betreute in die eigene Wohnung zurückkehren kann oder eine andere Bleibe findet. Ggf hat der Betreuer den Betreuten aus der Einrichtung herauszuholen. Die Beendigung einer unterbringungsähnlichen Maßnahme muß nicht bedeuten, daß der Betreute die Einrichtung verläßt. Es genügt dann, daß der Betreuer der Einrichtung mitteilt, daß er seine Einwilligung in die Maßnahme zurückzieht. Nach Abs III S 2 hat der Betreuer die Beendigung der Unterbringungsmaßnahme dem VormG anzuzeigen. Daraufhin schließt das VormG die Unterbringungsakte, wobei es eine frühere Genehmigung zwecks Beseitigung des von ihr ausgehenden Rechtsscheins aufhebt (BayObLG FamRZ 1995, 1296f). Dadurch wird verhindert, daß der Betreuer von dieser abermals Gebrauch macht (Amtl Begr BT-Drucks 11/4528, 148).

57 3. Nach § 70i FGG ist eine Unterbringungsmaßnahme **vom Gericht aufzuheben**, wenn ihre Voraussetzungen wegfallen. Das ist auch dann der Fall, wenn die Betreuung endet oder der Aufgabenkreis des Betreuers entsprechend eingeschränkt wird. Dauert die Betreuung mit der Aufgabe der Aufenthaltsbestimmung oder der Personensorge an, so ist die Entlassung aus der Anstalt im Einvernehmen mit dem Betreuer zu organisieren.

Ist für die Unterbringungsmaßnahme ein anderes Gericht zuständig als dasjenige, bei dem die Betreuung anhängig ist, so teilt das Unterbringungsgericht dem Betreuungsgericht die Aufhebung der Unterbringung mit (§ 70 VII FGG). **58**

4. Wird die Unterbringungsmaßnahme nicht rechtzeitig verlängert, so endet sie durch bloßen **Zeitablauf**. Nach **59** § 70f I Nr 3 FGG muß nämlich die Entscheidung, durch die eine Unterbringungsmaßnahme getroffen wird, auch den Zeitpunkt enthalten, zu dem die Unterbringungsmaßnahme endet. Dieser Zeitpunkt darf höchstens ein Jahr, bei offensichtlich langer Unterbringungsbedürftigkeit höchstens zwei Jahre nach Erlaß der Entscheidung liegen. Nach § 70i II FGG gelten für die Verlängerung einer Unterbringungsmaßnahme die Vorschriften für die erstmalige Maßnahme entsprechend. Für eine Unterbringung, die eine Gesamtdauer von vier Jahren überschreitet, soll das Gericht in der Regel keinen Sachverständigen bestellen, der den Betroffenen bisher behandelt oder begutachtet hat oder der der Einrichtung angehört, in der der Betroffene untergebracht ist.

Mit jeder Beendigung der Unterbringung wird die vormundschaftsgerichtliche Genehmigung „verbraucht", so daß eine erneute Unterbringung einer erneuten Genehmigung bedarf. Eine Beendigung liegt jedoch nicht vor, wenn der Untergebrachte eigenmächtig die Einrichtung verläßt oder wenn er Urlaub erhält, zB um an einer Familienfeier teilzunehmen. Entläßt der Betreuer den Betreuten probeweise, so wird die Unterbringung erst beendet, wenn der Betreuer die Probe dadurch für bestanden erklärt, daß er die Beendigung gem Abs III S 2 dem VormG anzeigt. Freilich darf der Betreuer die Möglichkeit probeweiser Entlassung nicht mißbrauchen, um das Genehmigungserfordernis zu unterlaufen (vgl Amtl Begr BT-Drucks 11/4528, 148).

XIV. Unterbringung kraft Vorsorgevollmacht

Nach durch das BtÄndG eingefügtem Abs V bedarf auch der Bevollmächtigte (§ 1896 II S 2) für die Unterbringung bzw die Einwilligung in Maßnahmen nach Abs IV der Genehmigung des VormG, wobei diese Befugnisse dem Bevollmächtigten nur dann zustehen sollen, wenn sie in der dem Bevollmächtigten schriftlich erteilten Vollmacht ausdrücklich erwähnt sind (Abs V S 1). Aus dem in S 2 enthaltenen Verweis auf die Abs I bis IV folgt im übrigen, daß hinsichtlich der Voraussetzungen und des Verfahrens nichts anderes gilt als für den Fall einer vom Betreuer veranlaßten Unterbringung bzw unterbringungsähnlichen Maßnahme (vgl BT-Drucks 13/7158, 34). **60**

1. **Bevollmächtigung.** Im Hinblick darauf, daß die Vorsorgevollmacht nunmehr von Gesetzes wegen (§ 1896 II **61** S 2) als **gleichwertige Alternative zur Betreuerbestellung** Anerkennung gefunden hat, steht es jedermann frei, für den Fall einer ihn betreffenden Hilflosigkeit rechtzeitig im voraus, also im Zustand der Geschäfts- und Einwilligungsfähigkeit, eine Betreuung durch eine Bevollmächtigung entbehrlich zu machen. Eine solche Vorsorgevollmacht kann grundsätzlich wegen aller Angelegenheiten erteilt werden, die zum Aufgabenkreis eines Betreuers gehören können (Bienwald BtPrax 1998, 164, 165), ausgenommen allerdings die Sterilisation (vgl § 1905). Als Bevollmächtigten wird der Vollmachtgeber regelmäßig schon deshalb eine Person seines Vertrauens erwählen (Bienwald BtPrax 1998, 164, 165), weil die auf der Grundlage von § 1906 gegebenenfalls zu treffenden Maßnahmen in die Grundrechte des Vollmachtgebers eingreifen, und zwar zu einer Zeit, zu der reuebedingte Korrekturen hinsichtlich der Auswahl des Bevollmächtigten nicht oder nicht ohne weiteres mehr möglich sind. Auf Unterbringungsmaßnahmen erstreckt sich die Vollmacht nur dann, wenn dies bei der Erteilung der Vollmacht vom Vollmachtgeber ausdrücklich erklärt worden ist (Abs V S 1 iVm § 167 I).

2. **Formerfordernisse.** Die Vorsorgevollmacht, die sonst grundsätzlich keiner bestimmten Form bedarf (Bienwald BtPrax 1998, 164, 167), ist nach Abs V S 2 **schriftlich** zu erteilen, wenn durch sie dem Bevollmächtigten die Befugnis eingeräumt werden soll, Unterbringungen zu veranlassen. Wann der Schriftform Genüge getan ist, richtet sich nach den allgemeinen Regeln (§§ 126ff). Abs V S 1 stellt darüber hinaus klar, daß der Bevollmächtigte nur dann zur Einleitung von Unterbringungsmaßnahmen befugt ist, wenn die ihm schriftlich erteilte Vollmacht die in den Absätzen I und IV genannten Maßnahmen **ausdrücklich umfaßt**. Letzteres ist dann zu bejahen, wenn in der Vollmachtsurkunde auf die genannten Maßnahmen Bezug genommen wird. Eine zwar in schriftlicher Form vorliegende Vorsorgevollmacht, die lediglich besagt, eine bestimmte Person solle bei Eintritt der Betreuungsbedürftigkeit sich anstelle eines Betreuers um die Angelegenheiten des Vollmachtgebers kümmern, würde nicht die Befugnis verleihen, Maßnahmen iSv § 1906 zu ergreifen. Für gegebenenfalls erforderlich werdende Maßnahmen nach Abs I oder IV müßte in einem solchen Fall ungeachtet der Vollmachtserteilung zusätzlich noch ein Betreuer mit entsprechendem Aufgabenkreis bestellt werden. Als von der Vollmacht „umfaßt" iSv Abs V S 1 dürften die Maßnahmen nach § 1906 idR bereits dann gelten, wenn die Auslegung ergibt, daß der Vollmachtgeber bei der Bestimmung des Umfangs der Vollmacht (auch) die Unterbringung bzw unterbringungsähnliche Maßnahmen im Sinne hatte. Insofern ist auf die allgemeinen Auslegungsregeln zurückzugreifen, allerdings mit der Maßgabe, daß ein solcher Wille des Vollmachtgebers in der Vollmachtsurkunde angedeutet sein muß, da anderenfalls nicht davon die Rede sein kann, daß die Unterbringungsmaßnahmen von dieser „ausdrücklich umfaßt" sind. Eine ausdrückliche Nennung von § 1906 I und IV in der Vollmachtsurkunde oder gar die Wiedergabe des Gesetzestextes zu fordern, ginge dagegen wohl zu weit. **62**

3. **Inhalt der Vollmacht.** Abs V S 2 ordnet die **Geltung der Abs I–IV** auch für den Inhaber einer Vollmacht **63** iSv Abs V S 1 an. Die Existenz dieser Verweisung erklärt sich zwanglos aus der in der BT-Drucks 13/7158 zum Ausdruck kommenden Motivation des Gesetzgebers, einerseits die Vorsorgevollmacht der Betreuung als gleichwertige Alternative an die Seite zu stellen, andererseits zum Schutz des Vollmachtgebers den Bevollmächtigten mit keinen weiterreichenden Befugnissen und keinen geringeren Pflichten als einen Betreuer auszustatten. Deshalb gelten die obigen Ausführungen zu den Abs I–IV sinngemäß.

Ebenso wie ein Betreuer bedarf ein **Bevollmächtigter** zu Maßnahmen nach Abs I oder IV **der Genehmigung des VormG** (Abs V S 2 iVm Abs II S 1), die im Fall von Abs II S 2 unverzüglich nachzuholen ist. Gänzlich entbinden vom Genehmigungserfordernis kann selbst der Vollmachtgeber den Bevollmächtigten nicht (Walter

FamRZ 1999, 685, 691). Insofern ist die in Abs V S 2 enthaltene Verweisung sogar der Disposition des Vollmachtgebers entzogen: Mit der Anerkennung der Vorsorgevollmacht durch das BtÄndG sollten dem Bevollmächtigten zum Schutz des Vollmachtgebers auch im Rahmen des § 1906 keine weiterreichenden Befugnisse eingeräumt werden als dem Betreuer durch das BtG. Der in einer Vorsorgevollmacht enthaltene Verzicht des Vollmachtgebers auf die Genehmigung des VormG wäre wegen des zwingenden Charakters von Abs V S 2 unwirksam. Aus demselben Grund darf der Vollmachtgeber den Bevollmächtigten nicht dazu ermächtigen, ihn unter anderen – womöglich geringeren – Voraussetzungen als den in den Abs I und IV normierten unterbringen bzw anderweit seiner Freiheit berauben zu lassen. Auch die Verpflichtung aus Abs III S 1, die Unterbringung bei Wegfall ihrer Voraussetzungen zu beenden, ist für den Bevollmächtigten ebenso wie für den Betreuer bindend (Abs V S 2 iVm Abs III S 1); hiervon abweichende Anordnungen des Vollmachtgebers sind unwirksam (Walter FamRZ 1999, 685, 691).

64 4. **In verfahrensrechtlicher Hinsicht** gilt nichts anderes als bei von einem Betreuer veranlaßten Unterbringungsmaßnahmen. Gem § 70 I S 1, 2 FGG gelten die §§ 70aff FGG auch für den Inhaber einer Vollmacht iSv § 1906 V S 1. Diesem ist deshalb ebenso wie einem Betreuer **Gelegenheit zur Äußerung** zu geben; daß in § 70d I S 1 Nr 3 FGG insoweit nur vom „Betreuer" die Rede ist, ist im Hinblick auf die Neufassung des § 70 I S 2 Nr 1 lit b FGG und die in § 70 I S 1 FGG enthaltene Regelung unschädlich. Entsprechendes gilt für § 70 II S 1 FGG, wonach die Entscheidung den in § 70d FGG genannten Personen bekanntzumachen ist. Obwohl der Bevollmächtigte in § 70d nicht erwähnt wird, liefe es der Intention des BtÄndG zuwider, ihn insoweit anders zu behandeln als den Betreuer; die **Entscheidung** ist im Fall des § 70g II S 1 FGG selbstverständlich auch **dem Bevollmächtigten bekanntzumachen**. Schließlich kann entgegen dem – nach Inkrafttreten des BtÄndG insoweit zu engen – Wortlaut des § 70g V S 1 FGG nicht nur der Betreuer, sondern auch der Bevollmächtigte die **zuständige Behörde um Unterstützung** ersuchen, woraus folgt, daß die Anwendung von Gewalt bei der Zuführung zur Unterbringung nicht nur gegen einen Betreuten, sondern bei Vorliegen der in § 70g V FGG normierten Voraussetzungen auch gegen einen Vollmachtgeber in Betracht kommt (aA Walter FamRZ 1999, 685, 692, die für eine wörtliche Anwendung des § 70g FGG plädiert). Der Vollmachtgeber, der sich infolge einer psychischen Krankheit selbst nach dem Leben trachtet, muß auch von dem Bevollmächtigten, notfalls mit Gewalt, untergebracht werden können.

§ 1907 *Genehmigung des Vormundschaftsgerichts bei der Aufgabe der Mietwohnung*

(1) Zur Kündigung eines Mietverhältnisses über Wohnraum, den der Betreute gemietet hat, bedarf der Betreuer der Genehmigung des Vormundschaftsgerichts. Gleiches gilt für eine Willenserklärung, die auf die Aufhebung eines solchen Mietverhältnisses gerichtet ist.
(2) Treten andere Umstände ein, aufgrund derer eine Beendigung des Mietverhältnisses in Betracht kommt, so hat der Betreuer dies dem Vormundschaftsgericht unverzüglich mitzuteilen, wenn sein Aufgabenkreis das Mietverhältnis oder die Aufenthaltsbestimmung umfasst. Will der Betreuer Wohnraum des Betreuten auf andere Weise als durch Kündigung oder Aufhebung eines Mietverhältnisses aufgeben, so hat er dies gleichfalls unverzüglich mitzuteilen.
(3) Zu einem Miet- oder Pachtvertrag oder zu einem anderen Vertrag, durch den der Betreute zu wiederkehrenden Leistungen verpflichtet wird, bedarf der Betreuer der Genehmigung des Vormundschaftsgerichts, wenn das Vertragsverhältnis länger als vier Jahre dauern oder vom Betreuer Wohnraum vermietet werden soll.

1 1. **Gesetzgebungsgeschichte.** Eingeführt durch Art 1 Nr 47 BtG; die Abs I und Abs II S 1 stammen aus dem RegE, Abs II S 2 geht in der Zielsetzung auf einen Vorschlag in der Stellungnahme des BR zurück, die von der BReg in ihrer Gegenäußerung in einem eigenen Formulierungsvorschlag übernommen wurde (BT-Drucks 11/4528, 210, 229). Nach früherem Recht war durch § 1821 I Nr 1 nur der Eigentümer oder sonst der an seiner Wohnung dinglich Berechtigte davor geschützt, daß der Vormund oder Pfleger im Zusammenhang mit einer Verfügung über das dingliche Recht die Wohnung auflöste. Diese Vorschrift behält über § 1908i I auch für das Betreuungsrecht Bedeutung. Geschah die Wohnungsauflösung ohne Verfügung über ein dingliches Recht oder war der Betreute Mieter, so ermangelte es des vormundschaftsgerichtlichen Schutzes. Die Lücke wird durch § 1907 geschlossen.

2 2. **Abs 1: Kündigung der Mietwohnung.** Zweck der Vorschrift ist der Erhalt des Wohnraumes als bedeutender räumlicher Lebensmittelpunkt für den Betreuten. **a)** Der Betreute muß **Mieter von Wohnraum** sein, mag den Vertrag mit dem Vermieter auch ein anderer geschlossen haben, etwa der Ehegatte, ein Erblasser oder ein Vorgänger, wenn nur der Betreute die Stellung als Mieter erlangt hat. Es ist zwar nicht erforderlich, daß der Betreute den Wohnraum aktuell bewohnt; gerade wenn er im Krankenhaus liegt oder anderweitig untergebracht ist, soll ihm für den Fall seiner Entlassung eine Wohnung erhalten bleiben. Aber die Wohnung muß für ihn vorgesehen sein. Hat der Betreute Wohnraum zB für ein selbständig wohnendes Kind gemietet, so wird ein solches Mietverhältnis nicht erfaßt, ebensowenig die nur vorübergehend gemietete Ferienwohnung. Erfaßt wird neben der Kündigung auch die einvernehmliche Beendigung sowie ein Vergleich. Genehmigungspflichtig ist die Kündigung eines Pflegeheimplatzes nach allgemeiner Ansicht, wenn ein konkreter Wohnraum mitvermietet ist. Ist das Heim vertraglich nicht zur Überlassung von bestimmten Räumlichkeiten verpflichtet, wird die Anwendbarkeit des § 1907 mitunter angelehnt, weil es an einem Mietverhältnis über Wohnraum fehle (vgl LG Münster FamRZ 2001, 1404; MüKo/Schwab Rz 8, Knittel Rz 4). Doch wenn eine Person in einem Pflegeheim ihren Lebensmittelpunkt hat, bildet das Heim einen zentralen Aspekt des täglichen Lebens, der durch die Gemeinschaftsräume, die Mitbewohner oder Besucher vermittelt wird. Insoweit ist der Pflegeheimplatz für den einzelnen genauso schutzwürdig wie die eigene Wohnung. Auch in diesem Fall schafft die Kündigung endgültige Tatsachen, so daß eine entsprechende Anwendung der Vorschrift zu befürworten ist (wie hier Bienwald Rz 18; HK-BUR/Rink Rz 9).

b) Nicht genehmigungspflichtig ist die Kündigung oder Vertragsaufhebung, die der **geschäftsfähige Betreute** 3
selbst erklärt, genausowenig die des Betreuers, wenn er in rechtsgeschäftlicher Vertretung des Betreuten handelt.
In beiden Fällen fehlt es an einem Handeln als Betreuer. Dieses Ergebnis ergibt sich auch daraus, daß der Gesetzgeber den Vorsorgebevollmächtigten insoweit nicht dem Betreuer gleichgestellt hat. Wenn allerdings der Betreuer
bei Anordnung eines Einwilligungsvorbehaltes in die Willenserklärung des Betreuten einwilligt, so löst dies die
Genehmigungsbedürftigkeit aus.

c) Der **Aufgabenkreis** des Betreuers muß sich auf das Mietverhältnis erstrecken, andernfalls sind seine Rechts- 4
handlungen schon wegen fehlender Rechtsmacht wirkungslos. Allerdings muß die Aufgabe der „Wohnungsauflösung" nicht ausdrücklich zugewiesen sein (MüKo/Schwab Rz 3); der Aufgabenkreis „Vermögenssorge" allein
genügt nicht, da es neben dem Mietverhältnis auch um den Lebensmittelpunkt des Betreuten geht (wie hier MüKo/
Schwab Rz 3; Damrau/Zimmermann Rz 4; aA Bobenhausen Rpfleger 1994, 14; Klüsener Rpfleger 1991, 228).
„Aufenthaltsbestimmung" ist jedenfalls ausreichend.

3. Abs II (Anzeigepflichten). a) Kündigt der Vermieter die dem Betreuten vermietete Wohnung, so kann genau 5
das eintreten, was Abs I mit dem Erfordernis der Genehmigung durch das VormG verhindern will. Da bei einer
Kündigung des Vermieters von seiten des Betreuten kein Rechtsakt gegeben ist, an den ein Genehmigungserfordernis anknüpfen könnte, erlegt Abs II dem Betreuer die Pflicht auf, das VormG von jeder Entwicklung zu unterrichten, die auf eine andere Beendigung des Mietverhältnisses als durch Mieterkündigung oder Aufhebungsvertrag
hinauslaufen kann. Das VormG soll die Möglichkeit erhalten, sich einzuschalten. Hierbei kann es in erster Linie
beratend tätig werden (§ 1837 I), während eine aufsichtsrechtliche Anordnung an den Betreuer nach § 1837 II und
III nur im äußersten Fall in Betracht kommt, wenn der Betreuer andernfalls eine Pflichtwidrigkeit begehen würde.
In solchem Fall kann das VormG dem Betreuer gebieten, zB einer Kündigung durch den Vermieter entgegenzutreten (Amtl Begr BT-Drucks 11/4528, 50f). Die Anzeigepflicht trifft den Betreuer nicht nur, wenn sein Aufgabenkreis speziell das Mietverhältnis erfaßt, sondern auch, wenn er sich auf Aufenthaltsbestimmung oder Unterbringung erstreckt; der Gesetzgeber hat bei der Fassung des Gesetzes die Unterbringung als Teil der Aufenthaltsbestimmung verstanden (Amtl Begr BT-Drucks 11/4528, 151).

b) Der Betreuer könnte die Wohnung des Betreuten auch dadurch faktisch aufgeben, daß er Einrichtungsgegen- 6
stände veräußert oder zB auslagert. Um hier keine Lücke entstehen zu lassen, verpflichtet **Abs II S 2** den Betreuer,
einen darauf gerichteten Willen unverzüglich dem VormG mitzuteilen.

4. Abs III stellt unter **Genehmigungsvorbehalt. a) Vermietung von Wohnraum**. Der frühere § 1902 II hatte 7
Miet- oder ähnliche Verträge mit einer über vier Jahre hinausreichenden Laufzeit der Genehmigung des VormG
unterworfen. § 1907 **Abs III** behält diese Bestimmung bei und erweitert sie insoweit, als die Vermietung von
Wohnraum jetzt ohne Rücksicht auf die Vertragsdauer genehmigungsbedürftig ist. Zweck der Vorschrift ist die
Sicherung von Wohnraum für den Betreuten. Auch hier muß es sich um eine Wohnung handeln, die für die Bewohnung durch den Betreuten vorgesehen ist, etwa eine solche, die er in nicht ferner Vergangenheit bewohnt hat. Der
Wortlaut des Gesetzes geht weit über den Zweck hinaus und erfaßt zB auch den Abschluß von Mietverträgen über
Wohnungen in einem **dem** Betreuten gehörenden Miethaus, das allein der Vermögensbildung dient. Da das Genehmigungserfordernis des Abs III nur als Ergänzung des Abs I dem Betreuten die angestammte Wohnung als Lebensmittelpunkt der Lebensführung erhalten soll, ist an eine teleologische Reduktion zu denken (LG Münster
FamRZ 1994, 53; Damrau/Zimmermann Rz 13; abl MüKo/Schwab Rz 23, weil eine mögliche Einschränkung viel
zu ungenau sei): Verfügt der Betreute über ausreichend Wohnraum und ist dieser auch nicht gefährdet, so kann
anderer Wohnraum grundsätzlich genehmigungsfrei vermietet werden.

b) Darüber hinaus sind genehmigungsbedürftig alle Verträge, durch die der Betreute zu **wiederkehrenden Lei-** 8
stungen verpflichtet wird, wenn **das Vertragsverhältnis länger als vier Jahre** dauern soll. Die Vorschrift stimmt
mit dem früheren § 1902 II überein und ist eine Parallele zu der in der Verweisungskette des § 1908i I ausgesparten Vorschrift des § 1822 Nr 5. Der Unterschied liegt im Merkmal der Dauer der übernommenen Leistungspflicht, die in § 1822 Nr 5 auf den Eintritt der Volljährigkeit des Mündels ausgerichtet ist, während Abs III jedes
Vertragsverhältnis mit einer Dauer von mehr als vier Jahren erfaßt.

5. Maßstab für die Entscheidung des VormG ist das **Wohl des Betreuten**. In erster Linie ist auf seinen 9
Wunsch abzustellen, selbst wenn der Betreute geschäftsunfähig ist (Schleswig-Holstein BtPrax 2001, 211). Aber
auch dann, wenn der Betreute die Wohnung aufgeben will, ist dazu die Genehmigung des VormG erforderlich, das
hierbei den Willensvorrang des Betreuten zu beachten hat, solange er sich nicht selbst schädigt (Schleswig NJW
FER 2001, 257). Dieser mag seine Wohnung selbst dann, wenn er geringe Aussicht hat, dahin zurückkehren zu
können, als soziale Sinnmitte seines Lebens verteidigen; auch mag er sich ohne der Auseinandersetzung seines Hausrates zu Lebzeiten nicht gewachsen fühlen. Weil der Betreuer gem § 1901 II grundsätzlich den Wünschen des
Betreuten zu entsprechen hat, wird er die Wohnungsauflösung nur betreiben, wenn die finanzielle Belastung aufgrund der doppelten Wohnkosten dazu zwingt. In solchen Fällen kann auch eine Verweigerung der gerichtlichen
Genehmigung den Verlust der Wohnung nicht verhindern, sondern würde das Unvermeidliche nur verzögern und
verteuern. Will der Betreute in die gemietete Wohnung zurückkehren, hat VormG vor Erteilung der Genehmigung der Kündigung zu beachten, ob der Aufenthaltswechsel durch den Betreuer wirksam bestimmt wurde. Dazu
muß ihm das Recht der Aufenthaltsbestimmung zugewiesen sein, die mit dem Bereich der Kündigung des Mietverhältnisses nicht identisch ist.

Wenn der Betroffene bereits untergebracht ist und sich das Ende des Mietverhältnisses (wegen des Genehmigungserfordernisses oder der Kündigungsfristen) verzögert, hat der Sozialhilfeträger, der den Heimaufenthalt
finanziert, diese finanziellen Belastungen für die Miete gem §§ 79ff BSHG bei der Festsetzung des Eigenanteils
des Betroffenen zu berücksichtigen (VG München BtPrax 1993, 213).

A. Roth

§ 1907   Familienrecht   Rechtliche Betreuung

10 **6. Verfahren.** Da ein Betreuer bereits bestellt sein muß, ist gem § 65 V FGG das Betreuungsgericht auch für die Genehmigung örtlich zuständig. Die grundsätzliche Zuweisung an den Rechtspfleger in § 3 Nr 2 lit a RPflG ist durch keinen Richtervorbehalt eingeschränkt. Grundsätzlich gelten alle Vorschriften des Betreuungsverfahrens. Einholung eines Gutachtens und Gelegenheit zur Äußerung sind in §§ 68a und b FGG jedoch nur vor der Bestellung eines Betreuers vorgeschrieben. Die Anhörung des Betroffenen ist für das Verfahren auf Genehmigung in § 69d I S 2 FGG angeordnet; sie kann nach S 3 unterbleiben, wenn hiervon erhebliche Nachteile für die Gesundheit des Betroffenen zu besorgen sind oder der Betroffene offensichtlich nicht in der Lage ist, seinen Willen kundzutun. Für die Genehmigung gelten ferner über § 1908i I die §§ 1828–1831. Die Erteilung oder die Verweigerung der Genehmigung ist **beschwerdefähig**, selbst wenn dem Mieter die Genehmigung bereits mitgeteilt und der Vertrag somit wirksam wurde (Köln FamRZ 2001, 1167, siehe auch § 1828).

1908 *Genehmigung des Vormundschaftsgerichts bei der Ausstattung*
Der Betreuer kann eine Ausstattung aus dem Vermögen des Betreuten nur mit Genehmigung des Vormundschaftsgerichts versprechen oder gewähren.

1 1. Eingeführt durch BtG Art 1 Nr 47 entsprechend dem früheren § 1902 I. Der RegE hatte die Vorschrift streichen wollen, da die das Maß des § 1624 übersteigende Ausstattung ohnehin vom Schenkungsverbot des § 1908i II (iVm § 1804) umfaßt werde, während die zulässigen Ausstattungen nicht einer Genehmigung bedürften. Aber der BR setzte sich mit der Auffassung durch, daß sich die Vorschrift bei Hof- und Geschäftsübergaben bewährt habe (BT-Drucks 11/4528, 211).

2 2. Zweck des Genehmigungserfordernisses ist der Schutz des Vermögens des Betreuten durch eine Kontrolle des Betreuers. Bei der Frage der **Genehmigung** sind daher die **langfristigen Vermögensverhältnisse** des Betreuten in Hinblick auf seine vorhersehbaren Bedürfnisse sowie die Zahl der vorhandenen Erben zu berücksichtigen. Hinsichtlich der Bedürfnisse des Betreuten sind auch die Lasten von Belang, die das mit der Ausstattung begünstigte Kind übernimmt (Stuttgart BWNotZ 1997, 147f m Anm Ziegler 149, der darauf verweist, daß bei entsprechender Gegenleistung die Unentgeltlichkeit und damit die Genehmigungsbedürftigkeit ganz entfällt).

3 3. **Ausstattung** ist nach der Legaldefinition des § 1624 „was einem Kinde mit Rücksicht auf seine Verheiratung oder auf die Erlangung einer selbständigen Lebensstellung zur Begründung oder zur Erhaltung der Wirtschaft oder der Lebensstellung von dem Vater oder der Mutter zugewendet wird" (zu den Einzelheiten s Komm dort). Einer besonderen Genehmigung des dinglichen Übertragungsaktes bedarf es nicht, wenn dessen Gegenstand bereits in dem genehmigten Versprechen genau bezeichnet ist.

4 4. § 1908 steht einer Ausstattung durch den geschäftsfähigen Betreuten nicht im Wege, es sei denn, es wäre ein Einwilligungsvorbehalt angeordnet. Dann bedarf die Einwilligung des Betreuers der Genehmigung.

1908a *Vorsorgliche Betreuerbestellung und Anordnung des Einwilligungsvorbehalts für Minderjährige*
Maßnahmen nach den §§ 1896, 1903 können auch für einen Minderjährigen, der das 17. Lebensjahr vollendet hat, getroffen werden, wenn anzunehmen ist, daß sie bei Eintritt der Volljährigkeit erforderlich werden. Die Maßnahmen werden erst mit dem Eintritt der Volljährigkeit wirksam.

1 1. **Textgeschichte.** Eingeführt durch BtG Art 1 Nr 47. Das frühere Entmündigungsverfahren konnte aus jedem gesetzlichen Grund schon gegen einen Minderjährigen eröffnet werden (8. Aufl § 1896 Rz 1). Auf diese Weise wurde vermieden, daß zwischen der elterlichen Sorge bzw der Altersvormundschaft und der Vormundschaft über den Volljährigen eine zeitliche Lücke eintrat. Diese sinnvolle Regelung wird von § 1908a für das Betreuungsrecht übernommen. Eine im DiskTE enthaltene zusätzliche Regelung, wonach der vorsorglich bestellte Betreuer mit dem Betreuten bereits vor dessen Volljährigkeit persönlichen Umgang pflegen sollte, hat der RegE nicht übernommen.

2 2. Wenn die Bestellung des Betreuers und die Anordnung eines Einwilligungsvorbehaltes nach S 2 erst mit Eintritt der Volljährigkeit wirksam werden und beide Maßnahmen nach S 1 nicht vor Vollendung des 17. Lebensjahres des Betroffenen getroffen werden können, so kann diese **untere Zeitgrenze** auf den Erlaß der Entscheidungen oder gar auf ihr Wirksamwerden im Sinne von § 16 I FGG bezogen werden (so Staud/Bienwald Rz 8; Soergel/Zimmermann Rz 2). Aber offensichtlich hat der gesetzgeberische Wille ungenauen Ausdruck gefunden. Die Dauer eines Jahres vor Volljährigkeit soll zwar einerseits die frühestmögliche materielle Wirksamkeit der Maßnahmen ermöglichen, andererseits aber den Zeitraum der erforderlichen Prognose nicht zu weit spannen und die Beeinträchtigung der elterlichen Sorge durch Verfahrenshandlungen in Grenzen halten. Daher ist die zeitliche Untergrenze auf alle prozessualen Maßnahmen gegen den Betroffenen zu beziehen (Knittel Rz 2; ähnlich MüKo/Schwab Rz 2); eine Anregung kann jedoch schon früher an das Gericht gegeben werden.

3 3. Die Annahme, daß die Betreuung **erforderlich sein werde**, kann besonders bei geistiger Behinderung, aber auch bei einer Abhängigkeitskrankheit begründet sein. Die Erforderlichkeit einer Betreuung kann entfallen, wenn die Eltern kraft ihres Vertretungsrechts aus § 1626 dem Kind einen **Bevollmächtigten bestellen**. Nur sich selbst können sie wegen §§ 1629 II S 1, 1795 IV, 181 nicht bevollmächtigen. Jedoch kann das VormG nach hier (§ 1795 Rz 10) vertretener Ansicht Eltern gestatten, sich durch Insichgeschäft zu bevollmächtigen. Nur auf diesem Weg können Eltern erreichen, in einer Weise für ihr volljähriges Kind sorgen zu können, die nicht gegenüber der Ausübung der elterlichen Sorge administrativ erschwert ist. Allerdings sind die Kontrollen des VormG über Eltern durch die Verweisung des § 1908i II S 2 auf § 1857a zurückgenommen. Kommt eine Bevollmächtigung von Eltern nur bei gleichzeitiger Bestellung eines Kontrollbetreuers (§ 1896 III) in Betracht, liegt in der Bevollmächtigung –

angesichts der Erleichterungen, die ihnen als Betreuer zuteil wird – kaum ein Vorteil gegenüber der Bestellung zu Betreuern.

4. Ein – bei nur körperlicher Behinderung gem § 1896 I S 2 erforderlicher – Antrag kann nur von dem insoweit verfahrensfähigen (§ 66 FGG) Minderjährigen selbst gestellt werden, weil es sich um eine höchstpersönliche Angelegenheit handelt. Im übrigen kann die Anregung, die Maßnahme von Amts wegen zu treffen, von jedem, zB den Eltern, ausgehen.

5. Für das **Verfahren** im Fall des § 1908a besteht die einzige Sondervorschrift des § 68a S 2 FGG, wonach Gelegenheit zur Äußerung dem gesetzlichen Vertreter nicht nur wie nach § 68a S 3 FGG in der Regel, sondern nach S 2 immer zu geben ist. Die Bestellung eines **Verfahrenspflegers** muß, über § 67 I S 3 FGG hinaus, unterbleiben, weil der Betroffene in seinen sorgeberechtigten Eltern oder einem Vormund nicht nur geeignete Verfahrensbevollmächtigte hat, sondern Eltern aus Art 6 II GG sogar ein Recht darauf haben, ihr Kind zu vertreten, wenn nicht Gründe vorliegen, ihnen gem §§ 1629 II S 3, 1796 die Vertretung in dieser Angelegenheit zu entziehen. Nach MüKo/Schwab Rz 6 soll eine **Sachverständigenbegutachtung** keinesfalls nach § 68b I S 2 FGG entbehrlich sein. Dem ist entgegenzuhalten, daß der zeitliche Abstand dieses Ermittlungsschrittes bis zum Wirksamwerden einer Betreuerbestellung im Verfahren nach § 1908a kaum erheblich größer sein dürfte als in den anderen Verfahren und es sich in aller Regel um Fälle so eindeutiger Betreuungsbedürftigkeit handelt, daß gerade in ihnen ein Zeugnis des behandelnden Arztes ausreicht. Soll zusätzlich ein Einwilligungsvorbehalt angeordnet werden, ist eine Sachverständigenbegutachtung stets erforderlich (§ 1903 Rz 47). Die Bestellung eines vorläufigen Betreuers oder die Anordnung eines vorläufigen Einwilligungsvorbehaltes durch **einstweilige oder sogar eilige Anordnung** nach § 69f FGG ist nicht ausgeschlossen, wenn allein dadurch das Ziel, Betreuung und Einwilligungsvorbehalt lückenlos an die elterliche Sorge anzuschließen, erreichbar ist (Staud/Bienwald Rz 18). Bekanntzumachen ist die Entscheidung dem Minderjährigen selbst und dem Betreuer (§ 69a III FGG); mit letzterem wird sie wirksam (§ 69a I und III FGG). Wegen der vormundschaftlichen Sukzession ist die Entscheidung ihrem Inhalt nach iSv § 16 I FGG auch für die Eltern oder den Vormund als gesetzlichen Vertreter bestimmt und diesen daher mitzuteilen.

1908b *Entlassung des Betreuers*

(1) Das Vormundschaftsgericht hat den Betreuer zu entlassen, wenn seine Eignung, die Angelegenheiten des Betreuten zu besorgen, nicht mehr gewährleistet ist oder ein anderer wichtiger Grund für die Entlassung vorliegt. Das Gericht soll den nach § 1897 Abs. 6 bestellten Betreuer entlassen, wenn der Betreute durch eine oder mehrere andere Personen außerhalb einer Berufsausübung betreut werden kann.
(2) Der Betreuer kann seine Entlassung verlangen, wenn nach seiner Bestellung Umstände eintreten, auf Grund derer ihm die Betreuung nicht mehr zugemutet werden kann.
(3) Das Gericht kann den Betreuer entlassen, wenn der Betreute eine gleich geeignete Person, die zur Übernahme bereit ist, als neuen Betreuer vorschlägt.
(4) Der Vereinsbetreuer ist auch zu entlassen, wenn der Verein dies beantragt. Ist die Entlassung nicht zum Wohl des Betreuten erforderlich, so kann das Vormundschaftsgericht stattdessen mit Einverständnis des Betreuers aussprechen, daß dieser die Betreuung künftig als Privatperson weiterführt. Die Sätze 1 und 2 gelten für den Behördenbetreuer entsprechend.
(5) Der Verein oder die Behörde ist zu entlassen, sobald der Betreute durch eine oder mehrere natürliche Personen hinreichend betreut werden kann.

1. Eingeführt durch BtG Art 1 Nr 47. § 1908b I–III waren seit dem DiskE unverändert geblieben. Abs IV war im DiskTE Teil 2 § 1908f, Abs V ergab sich im RefE als Folge der Aufnahme der Vereins- und Behördenbetreuung. Abs I S 2 angefügt durch BtÄndG Art 1 Nr 15a.

2. § 1908b faßt die für die Vormundschaft in §§ 1886–1889 geregelte **Entlassung des Vormunds** bei Fortbestehen der Vormundschaft für die Betreuung in einer Vorschrift zusammen. Sämtliche Gründe für eine Entlassung beziehen sich auf eine Voraussetzung der Bestellung oder ein Kriterium der Auswahl. Die Abs I–III betreffen jede Art Betreuer, Abs IV den Vereins- oder Behördenbetreuer und Abs V die Vereins- oder Behördenbetreuung. Ein Entlassungsgrund kann entweder in der Person des Betreuers liegen, vor allem wenn er nicht (mehr) geeignet ist, oder der Auswechslung dienen, weil eine andere Person zur Übernahme der Betreuung bereit ist, die gegenüber dem zu entlassenden Betreuer Vorrang genießt.

3. a) Zum Begriff der **mangelnden Eignung** (Abs I S 1) s § 1897 Rz 13f. Der ex ante als geeignet angesehene Betreuer kann sich durch die Art seiner Führung der Betreuung als ungeeignet erweisen (BayObLG FamRZ 1999, 1168), ohne daß es darauf ankäme, ob ihm die Eignung von Anfang an gefehlt hat oder durch nachträgliche Umstände verlorengegangen ist. Nicht treffend erscheint der vom BayObLG betonte Ausgangspunkt, daß sich die Eignung auf – physische oder psychische – Eigenschaften beziehe (zB FamRZ 1996, 105). Auch der entfernte Wohnort kann jemanden als ungeeignet erscheinen lassen. Auch braucht die Tatsache, daß der Betreute den Betreuer ablehnt, auf keine Eigenschaft des Abgelehnten zurückführbar zu sein. Selbst der wohl wichtigste Grund für die Entlassung eines Betreuers als ungeeignet, nämlich unzureichende Aufgabenwahrnehmung, kann nicht in allen Fällen mühelos auf eine Eigenschaft zurückgeführt werden. Indessen kommt es auf diese Begrifflichkeit zwar im Rahmen des § 1897, nicht aber bei § 1908b an, weil hier der fehlenden Eignung jeder andere wichtige Grund an die Seite gestellt ist.

Die mangelnde Eignung kann mehr die sachliche Aufgabenerfüllung oder mehr die persönliche Betreuung betreffen. Pflichtwidrigkeiten können in Überforderung oder mangelndem Einsatz begründet sein, aber auch zB in

§ 1908b Familienrecht Rechtliche Betreuung

eigenmächtigem Vorgehen und Mißachtung des Willensvorbehalts des Betreuten, wobei die Wünsche in einer Betreuungsverfügung niedergelegt sein können. Aber die Eignung kann auch infolge veränderter Umstände schwinden, so wenn der Betreuer erkrankt, die Ehe zwischen Betreuer und Betreutem geschieden wird, wenn der Betreuer, der für erhebliches Vermögen des Betreuten zu sorgen hat, selbst in Vermögensschwierigkeiten gerät oder ein Interessengegensatz entsteht. Der Sohn verliert die Eignung zur Betreuung der Mutter, wenn er diese nicht vor übler Behandlung durch seine Ehefrau sicherstellen kann (BayObLG FamRZ 2000, 1456). Die Eignung zu persönlicher Betreuung kann von seiten des Betreuten oder des Betreuers her in Frage gestellt sein, wenn einer eine Abneigung gegen den anderen entwickelt. Die Störung des Vertrauensverhältnisses von Seiten des Betreuten, wie sie vor allem in dessen Wunsch nach einer bestimmten anderen Person als Betreuer zum Ausdruck kommt, läßt den abgelehnten Betreuer auch ohne objektive Gründe als ungeeignet erscheinen. Dabei kommt es auf die Ernsthaftigkeit der Ablehnung an, nicht etwa auf Geschäftsfähigkeit (Köln FamRZ 1999, 1169). Fehlende Eignung muß kein Unwerturteil bedeuten, weil sich die Eignung aus der Korrelation zum Betreuten ergibt, die von dessen Seite gestört sein kann, so wenn der Betreute Wünsche äußert, denen gemäß § 1901 III S 1 zu entsprechen dem Betreuer aus prinzipiellen Gründen schwerfällt. Bei Unzufriedenheit oder Verärgerung des Betreuten muß geprüft werden, ob diese nicht gerade durch sachgemäße Wahrnehmung der Betreuung oder unberechtigte Wünsche des Betreuten verursacht sind, denen der Betreuer zu Recht nicht entsprochen hat (zB BayObLG BtPrax 1994, 136). Dann hat das VormG grundsätzlich den Betreuer zu stützen, auch wenn der Betreute dessen Ablösung wünscht. Denn ein neuer Betreuer dürfte sich nicht anders verhalten.

5 Stellt sich heraus, daß der Betreuer von Anfang an **geschäftsunfähig** war (vgl § 1897 Rz 14) – die Bestellung eines Vormunds wäre in solchem Fall ohne weiteres unwirksam (§ 1886 Rz 5) – so ist er ebenso zu entlassen wie wenn er nachträglich geschäftsunfähig geworden ist. Hat der Betreuer, ohne geschäftsunfähig zu sein, seinerseits einen Betreuer erhalten, so kann er zwar noch vertretungsweise für seinen Betreuten handeln, seine Eignung dürfte aber gleichwohl zu verneinen sein (§ 1897 Rz 13).

6 b) Selbständige Bedeutung hat der **wichtige Grund** in Fällen, in denen zwar der zu entlassende Betreuer nicht ungeeignet erscheint, aber eine andere verfügbare Person als besser geeignet, ohne einen Vorrang zu genießen. In solchen Fällen kann das in erster Linie maßgebende Wohl des Betreuten die Auswechslung gebieten. Hierher gehören Fälle, in denen gegenüber einem ehrenamtlichen Betreuer nunmehr ein Verwandter als Betreuer zur Verfügung steht oder gegenüber einem entfernteren nunmehr ein näherer Verwandter oder der Betreuer wegen wiederholter Interessenkonflikte an der kontinuierlichen Wahrnehmung gehindert ist. In solchen Fällen wird die Auswechslung grundsätzlich das Einverständnis des Betreuten erfordern und auf den an sich nicht vorgesehenen **einvernehmlichen Betreuerwechsel** hinauslaufen (vgl Staud/Bienwald Rz 5). Will der Betreute dagegen an dem bisherigen Betreuer festhalten, hat das die Bedeutung eines Vorrang begründenden Vorschlags analog § 1897 IV (vgl Köln FamRZ 1998, 1258). Wichtiger Grund für die Entlassung eines **Mitbetreuers** ist es, wenn sich herausstellt, daß die Voraussetzungen des § 1899 nicht vorliegen oder wenn sie entfallen sind (Schleswig MDR 2002, 886).

7 c) Nach § 1898 I ist jemand nicht zur Übernahme der Betreuung verpflichtet, wenn ihm die Übernahme unter Berücksichtigung seiner familiären, beruflichen und sonstigen Verhältnisse nicht zugemutet werden kann. Ergeben sich nach der Bestellung des Betreuers Gründe dieser Art, so können sie so gewichtig sein, daß das Gericht sogar unabhängig von einem Antrag den Betreuer aus wichtigem Grund entlassen muß, auch ohne daß sich sagen ließe, daß seine Eignung weggefallen ist. Begründet der Betreuer mit solchen Gründen sein **Verlangen nach Entlassung**, so hat das Gericht gem Abs II dem Antrag auch schon bei geringerem Gewicht der Gründe zu entsprechen. Hierher gehört, daß durch Verlegung von Aufenthalt oder Wohnsitz die Entfernung, wenn sie nicht schon die Eignung bedroht (§ 1897 Rz 16), die Betreuung wegen des nicht ersatzfähigen Zeitaufwandes für den ehrenamtlichen Betreuer unzumutbar macht. Dagegen kann ein bloßes Verlangen ohne Angabe von Gründen nicht zur Entlassung führen. Der Bereitschaft als Voraussetzung der Bestellung zum Betreuer (§§ 1898 II, 1900 I S 2) entspricht nicht ein Entlassungsgrund bei Rücknahme dieser Bereitschaft (abzulehnen daher LG Duisburg FamRZ 1993, 851). Doch kann auch bei grundlosem Antrag die Eignung des Betreuers zu verneinen sein.

8 4. Der bisherige Betreuer kann gegen einen neuen **ausgewechselt** werden, wenn dieser Vorrang genießt. Abs I S 2 gilt dem Vorrang von privaten vor Berufsbetreuern (§ 1897 VI), Abs V dem Vorrang jedes Einzelbetreuers vor institutionellen Betreuern (§ 1900 I). Auszuwechseln ist nicht nur im Verhältnis benachbarter, sondern erst recht im Verhältnis weiter auseinanderliegender Ordnungen, zB die Betreuungsbehörde gegen eine vom Betreuten vorgeschlagene Privatperson, einen Angehörigen oder einen ehrenamtlichen Betreuer. Eine unterschiedliche Intensität der Subsidiarität kommt darin zum Ausdruck, daß ein institutioneller Betreuer zu entlassen ist, ein einzelner Berufsbetreuer dagegen entlassen werden soll.

9 a) Auf die erste Rangordnung (§ 1897 Rz 3) bezieht sich **Abs III**. Der Vorgeschlagene darf nicht ungeeignet sein, so wenn der Betreute vom Vorgeschlagenen begründet hofft, er werde Wünschen auch gegen das Wohl (§ 1901 III S 1) stattgeben. Auch wird das VormG nicht jedem, vielleicht flüchtigen und häufig wechselnden **Vorschlag des Betreuten** folgen, zumal wenn dieser auf einer geringfügigen oder unberechtigten Unzufriedenheit mit dem bisherigen Betreuer beruht (so im Fall BayObLG 1994, 1353). Einem ernstlichen, verläßlichen und verständlichen Vorschlag hat das Gericht jedoch zu folgen, ohne die Eignung des bisherigen und des vorgeschlagenen Betreuers gegeneinander abzuwägen. War schon der gegenwärtige Betreuer vom Betroffenen vorgeschlagen, so daß der Betreute seinen Vorschlag gleichsam ändert, so hat dies nicht die Kraft, dem bisherigen Betreuer den Vorrang zu nehmen, sondern nach Abs III sind beide Personen hinsichtlich ihrer Eignung zu vergleichen. Eine Überlegenheit des aktuellen Vorschlags über den früheren liegt darin, daß es zur Entlassung des bisherigen Betreuers und Bestellung des Vorgeschlagenen ausreicht, wenn beide gleich geeignet erscheinen.

§ 1908b

b) Den nächsten Rang bei der Auswahl haben **nahestehende Personen** (§ 1897 V). Ihre spätere Verfügbarkeit ist jedoch nicht zu einem eigenen Entlassungsgrund ausgeformt, sondern kann einen wichtigen Grund (Rz 6) bedeuten. Das setzt voraus, daß die nahestehende Person eine bessere Betreuung erwarten läßt (BayObLG FamRZ 2000, 1457). Hier ist denkbar, daß der Ehegatte oder ein naher oder näherer Verwandter, der zuvor wegen Krankheit oder aus anderen Gründen die Betreuung nicht übernehmen konnte, nunmehr zur Verfügung steht (Amtl Begr BT-Drucks 11/4528, 153). Will der Betreute allerdings an seinem bisherigen Betreuer festhalten, so bedeutet dies einen Vorschlag, der nicht nach Abs III, sondern wegen der Erstmaligkeit der Alternative entsprechend § 1897 IV zu behandeln ist und die nahestehenden Personen verdrängt. [10]

c) Nach **Abs IV** ist ein **Vereins- oder Behördenbetreuer** ohne weiteres zu entlassen, wenn der Verein oder die Behörde es beantragt. In vielen Fällen wird der Verein den Antrag aus Gründen stellen, die auch das Gericht zur Entlassung veranlassen würden, weil der Betreuer wegzieht, erkrankt oder sich als unfähig erweist. Insofern Abs IV aber seine Entsprechung in § 1897 II hat, wonach der Vereins- oder der Behördenbetreuer nur mit Einwilligung des Vereins oder der Behörde bestellt werden kann, schützt auch Abs IV die Personalhoheit des Vereins und der Behörde. Diese sollen die Möglichkeit haben, das Potential ihrer Mitarbeiter optimal zu nutzen, und zwar als Ausgleich für die Auffangfunktion, die den Vereins- und Behördenbetreuern im Verhältnis zu privaten und ehrenamtlichen Betreuern zukommt. Der Wert der Stabilität der Betreuungsverhältnisse muß dahinter zurückstehen. Die darin liegende geringere Kontinuität des Vereins- und Behördenbetreuers ist ein weiterer Grund für den Nachrang im Verhältnis zu privaten und ehrenamtlichen Betreuern. [11]

Im Einzelfall kann das VormG gem **Abs IV S 2** für die dem Wohl des Betreuten dienende Kontinuität dadurch sorgen, daß es den bisherigen Vereins- oder Behördenbetreuer die Betreuung ehrenamtlich fortführen läßt. Dies setzt mehr als die Bereiterklärung nach § 1898 II, nämlich das Einverständnis des Betreuers voraus, das konstitutiv ist für das Verfahren des gerichtlichen **Ausspruchs der Weiterführung**. Es ist die eine Entscheidung eigener Art, nicht Entlassung mit anschließender Neubestellung (Amtl Begr BT-Drucks 11/4528, 154; zB LG Chemnitz FamRZ 2001, 313). Die Entscheidung liegt in der Hand des Rechtspflegers (§ 3 Nr 2 lit a RPflG, kein Richtervorbehalt nach § 14 I Nr 4) und ist nicht beschwerdefähig. Weder der Betreuer noch der Verein oder die Behörde können beschwert sein (anders MüKo/Schwab Rz 22). Mag der Verein oder die Behörde im Zusammenhang mit dem Antrag auf Entlassung einen anderen Mitarbeiter als neuen Vereins- oder Behördenbetreuer angeboten haben, so ist die Personalhoheit doch nur bezüglich der Entlassung, nicht der Bestellung des Nachfolgers geschützt. Das Einverständnis des bisherigen Vereins- oder Behördenbetreuers damit, die Betreuung ehrenamtlich weiterzuführen, schlägt den angebotenen Vereins- oder Behördenbetreuer kraft des Vorranges des ehrenamtlichen Betreuers aus dem Felde. Ein Interesse des Vereins oder der Behörde, daß ihr Mitarbeiter nicht in der Freizeit belastet wird, kann die Beschwerdebefugnis nicht begründen (Soergel/Zimmermann Rz 57; aA MüKo/Schwab Rz 27 Fn 83), weil ein solches Interesse nur bei einem Beamten berechtigt ist und dann durch das Genehmigungserfordernis des § 1784 (iVm § 1908 I S 1) abgedeckt wird. [12]

d) Ist der bisherige Betreuer ein Verein oder die Betreuungsbehörde, so genügt es nach **Abs V**, daß eine Person zur Übernahme der Betreuung bereit ist, die der Aufgabe hinreichend gerecht zu werden verspricht. [13]

5. Ein wichtiger Grund für die Entlassung liegt außerdem vor, wenn gegen die Bestellung des Betreuers eine auf die Auswahl beschränkte Beschwerde erfolgreich eingelegt wurde (vgl § 1896 Rz 95). [14]

6. Beamte und Religionsdiener sind gem § 1908i I iVm § 1888 zu entlassen, wenn die erforderliche Genehmigung versagt oder zurückgenommen wird. [15]

7. Eine Entlassung des Betreuers darf **nicht außer Verhältnis** stehen zu dem tatbestandsmäßigen Grund. Bei einem Fehlverhalten haben daher Anordnungen nach § 1837 Vorrang; nur wenn eine Weisung keinen nachhaltigen Erfolg verspricht, ist eine Einschränkung des Aufgabenkreises, zB auf die Gesundheitssorge, wenn der Betreuer bei der Vermögenssorge versagt oder sich als ungeeignet erweist, oder seine Entlassung gerechtfertigt (BayObLG FamRZ 1995, 1232). [16]

8. Zuständig für die Entlassung ist gemäß dem Richtervorbehalt des § 14 I Nr 4 RPflG in den Fällen der Abs I, II und V der Richter, sonst gem § 3 Nr 2 lit a RPflG der Rechtspfleger. Für das **Verfahren** gibt es nur in § 69i VII FGG die Vorschrift, daß dann, wenn der Betroffene widerspricht, er und der Betreuer persönlich anzuhören sind; der Betroffene jedoch dann nicht (Verweisung auf § 69d I S 3 FGG), wenn hiervon Nachteile für seine Gesundheit zu besorgen sind oder er offensichtlich nicht in der Lage ist, seinen Willen kundzutun. Die weiteren Anhörungsrechte des § 68a FGG gelten hier nicht. Auch ohne seinen Widerspruch kann sich aus § 12 FGG die Pflicht ergeben, den Betreuer und den Betroffenen oder andere zu hören. Wenn dringende Gründe für die Annahme bestehen, daß die Voraussetzungen für die Entlassung vorliegen und mit einem Aufschub Gefahr verbunden ist, kann gem § 69f III FGG die Entlassung durch **einstweilige Anordnung** erfolgen. [17]

9. Gegen die Entscheidung, durch die ein Betreuer gegen seinen Willen entlassen wird, ist nach § 69g IV S 1 Nr 3 FGG die sofortige **Beschwerde** gegeben. Die einfache Beschwerde ist gegeben, wenn die Entlassung abgelehnt wird. Betreuer und Betreuter sind beide Male aus § 20 FGG beschwerdebefugt. Daraus, daß § 69i VIII FGG für die Bestellung eines neuen Betreuers auf § 69g I FGG verweist, folgt nicht, daß Angehörige des Betreuten auch die Entlassung des Betreuers – aus wichtigem Grund – verlangen könnten, gegenüber einer Ablehnung der Entlassung also beschwerdebefugt wären (BGH FamRZ 1996, 607). Die Verpflichtung des Gerichts, den Betreuer aus wichtigem Grund zu entlassen, besteht nur gegenüber dem Betreuten. Wird im **Rechtsmittelverfahren** die angegriffene Entscheidung aufgehoben, so ist der Betreuer nie wirksam entlassen gewesen und der inzwischen bestellter neuer Betreuer seinerseits aus wichtigem Grund (§ 1908b I) zu entlassen. Bis dahin hat doppelte Vertretungsmacht bestanden. Im Fall des Abs VI (Rz 8) hat gegen einen die Entlassung ablehnenden Beschluß nach § 69g I S 2 die Staatskasse das Recht der Beschwerde. [18]

§ 1908c

1908c *Bestellung eines neuen Betreuers*
Stirbt der Betreuer oder wird er entlassen, so ist ein neuer Betreuer zu bestellen.

1 1. Eingeführt durch BtG Art 1 Nr 47. Die Vorschrift ist seit dem DiskE unverändert.

2 2. Der Tod des Betreuers, eines Mit- oder Gegenbetreuers löst zunächst Benachrichtigungspflichten aus, die sich durch Verweisung des § 1908i I S 1 aus §§ 1894, 1799 ergeben; die Entlassung ist in §§ 1908b und § 1908i I S 1 iVm § 1888 geregelt.

Die Betreuung wird durch Tod oder Entlassung des Betreuers nicht beendet (Amtl Begr BT-Drucks 11/4528, 155). Das Prinzip der Einheitsentscheidung ist rein verfahrensrechtlich und hat keine materiellrechtliche Bedeutung, so daß der Wegfall des Betreuers nicht nur die Betreuungsbedürftigkeit, sondern „die Betreuung" bestehen läßt. Für die Bestellung des neuen Betreuers gilt das Prinzip der Einheitsentscheidung daher nicht. Auch ein angeordneter Einwilligungsvorbehalt bleibt bestehen, obwohl zeitweise kein Betreuer vorhanden ist, der für den Betreuten handeln oder in dessen Handlung einwilligen könnte. Nebenverfahren in derselben Betreuungssache laufen weiter, zB der Antrag des früheren Betreuers auf Genehmigung eines Rechtsgeschäftes oder einer anderen Maßnahme; die Entscheidung ist dann dem neuen Betreuer mitzuteilen.

3 3. Das **Verfahren** der Bestellung eines neuen Betreuers ist in § 69i VIII FGG gegenüber dem Verfahren bei erstmaliger Bestellung eines Betreuers erheblich erleichtert. Seit dem BtÄndG entfällt die persönliche Anhörung des Betroffenen, wenn er sein Einverständnis mit dem Betreuerwechsel erklärt hat. Rechtsstaatlichen Bedenken dagegen (MüKo/Schwab Rz 9; Keidel/Kayser § 69i FGG Rz 16) kann und muß die Praxis unschwer entsprechen. Die Anordnung der schlichten Anhörung ersetzt § 68 FGG, so daß das Gericht sich den unmittelbaren Eindruck nicht in der üblichen Umgebung des Betroffenen verschaffen muß. Daß eine persönliche Anhörung wegen erheblicher Gefahren für die Gesundheit oder bei fehlender Fähigkeit, einen Willen kundzutun, überhaupt entfallen kann, ergibt sich nicht aus § 68 II FGG, sondern aus der Verweisung des § 69i VIII auf § 69d I S 3. Im übrigen gelten alle Verfahrensvorschriften des FGG über die Bestellung eines Betreuers: bezüglich der Gelegenheit zur Äußerung § 68a, des Inhalts § 69 und der Bekanntmachung der Entscheidung § 69a und der Verpflichtung des Betreuers § 69b; in Eilfällen kann gem § 69f FGG ein vorläufiger Betreuer bestellt werden. Weil ein neuer Betreuer von Amts wegen zu bestellen ist, auch wenn der frühere auf Antrag bestellt worden war, verweist § 69i VIII wegen der **Beschwerde** klarstellend auf § 69g I. Angehörige des Betreuten haben also die Auswahlbeschwerde wie bei der erstmaligen Bestellung eines Betreuers (§ 1896 Rz 95). Die **funktionelle Zuständigkeit** für die Bestellung des neuen Betreuers folgt in den Fällen, in denen sie durch Entlassung des Vorgängers erforderlich geworden ist, der Zuständigkeit für die Entlassung: hat der Betreute eine gleich geeignete Person vorgeschlagen oder wurde ein Vereinsbetreuer auf Antrag des Vereins entlassen, so ist für ihre Bestellung zum neuen Betreuer der Rechtspfleger zuständig, sonst und nach Tod des Vorgängers der Richter (§ 14 I Nr 4 Hs 1 RPflG).

1908d *Aufhebung oder Änderung von Betreuung und Einwilligungsvorbehalt*
(1) Die Betreuung ist aufzuheben, wenn ihre Voraussetzungen wegfallen. Fallen diese Voraussetzungen nur für einen Teil der Aufgaben des Betreuers weg, so ist dessen Aufgabenkreis einzuschränken.
(2) Ist der Betreuer auf Antrag des Betreuten bestellt, so ist die Betreuung auf dessen Antrag aufzuheben, es sei denn, daß eine Betreuung von Amts wegen erforderlich ist. Den Antrag kann auch ein Geschäftsunfähiger stellen. Die Sätze 1 und 2 gelten für die Einschränkung des Aufgabenkreises entsprechend.
(3) Der Aufgabenkreis des Betreuers ist zu erweitern, wenn dies erforderlich wird. Die Vorschriften über die Bestellung des Betreuers gelten hierfür entsprechend.
(4) Für den Einwilligungsvorbehalt gelten die Absätze 1 und 3 entsprechend.

1 1. Eingeführt durch BtG Art 1 Nr 47. Die Bestimmung ist vom DiskTE an unverändert geblieben. § 1908d ist die materielle Grundlage für alle Entscheidungen, mit denen eine Veränderung der Erforderlichkeit der Betreuung oder eines Einwilligungsvorbehalts einschließlich deren Wegfall Rechnung zu tragen ist.

2 2. Das Betreuungsrecht enthält keine Bestimmung über ein **automatisches Ende** der Betreuung.
a) Dieses tritt jedoch mit dem **Tod des Betreuten** ein (Amtl Begr BT-Drucks 11/4528, 155). Während § 1882 diese Folge des Todes eines – minderjährigen – Mündels ausspricht, fehlt im Betreuungsrecht ein entsprechender Ausspruch. Doch bedeutet die Verweisung des § 1908i I S 1 auf 1893, daß der Betreuer nach Kenntnis des Todes noch unaufschiebbare Geschäfte vorzunehmen hat. Die in § 69 I Nr 5 FGG zwingend vorgeschriebene Befristung jeder Betreuung führt nicht zu einer automatischen Beendigung mit Fristablauf, sondern bedeutet nur, daß das Gericht vor Ablauf der Frist über die Aufhebung oder Verlängerung zu entscheiden hat; unterbleibt das, dauert die Betreuung fort (BT-Drucks 11/6949, 80). Die **Todeserklärung** begründet nach § 44 II VerschG zwar nur die Vermutung, daß der Verschollene den festgestellten Zeitpunkt nicht überlebt hat, aber mit so großer Wahrscheinlichkeit, daß auch in diesem Fall ein automatisches Ende der Betreuung anzunehmen ist (ebenso MüKo/Schwab Rz 2); in dem Verfahren ist der Betreuer unabhängig vom Umfang seines Aufgabenkreises gem § 16 IIb VerschG Beteiligter. Für den fälschlich für tot Erklärten ist erforderlichenfalls erneut ein Betreuer zu bestellen. **b)** Während nach § 1918 III eine Pflegschaft zur Besorgung einer **einzelnen Angelegenheit** mit deren Erledigung endet – was auch für die Gebrechlichkeitspflegschaft gegolten hat – hat der Gesetzgeber des BtG aus Gründen der Rechtsklarheit auch für diese Fälle eine Aufhebung der Betreuung für erforderlich gehalten (Amtl Begr BT-Drucks 11/4528, 155). Wo sich die Aufgabe des Betreuers aber in einer einzigen Willenserklärung wie der Einwilligung in eine medizinische Maßnahme, besonders die Sterilisation, erschöpft, wird man mit Erteilung der Einwilligung, ggf. ihrer gerichtlichen Genehmigung, und Durchführung der Maßnahme ebenfalls eine automatische Beendigung der Betreuung annehmen (ebenso Staud/Bienwald Rz 2; anders die hL vgl MüKo/Schwab Rz 3 Fn 7)

3. Aufhebung der Betreuung wegen Wegfalls der Voraussetzungen: Wichtigster Fall ist der Wegfall der 3 Betreuungsbedürftigkeit durch Heilung oder Rehabilitation, aber auch durch Wegfall der Erforderlichkeit in dem engeren Sinn, daß Angelegenheiten, die der Betreute selbst nicht besorgen konnte, ihre endgültige Erledigung gefunden haben.

Daß einem Aufhebungsantrag des Betreuten gem Abs II zu entsprechen ist, gilt uneingeschränkt bei einem nur 4 körperlich Behinderten; nicht bei der Bestellung, wohl aber bei der Aufhebung verfügt der nur körperliche Behinderte gleichsam über die Erforderlichkeit. Dem Antrag anderer Betreuter ist nur stattzugeben, wenn die Erforderlichkeit inzwischen entfallen ist. Der Antrag kann dafür nur Indiz sein. Seltener wird es vorkommen, daß die Erforderlichkeit deswegen entfällt, weil nachträglich andere Hilfen in Anspruch genommen werden können.

Wie das Gericht zu dem Ergebnis kommt, daß die Voraussetzungen der Betreuung entfallen sind, ist nicht gere- 5 gelt. Konkreten Hinweisen, daß die Voraussetzungen der Betreuungen weggefallen sind, hat das VormG von Amtswegen nachzugehen (BayObLG v 22. 11. 1999 – 3 Z BR 322/9). Hat der vom Betroffenen beantragten Bestellung des Betreuers seinerzeit gem § 68b I FGG nur ein ärztliches Zeugnis zugrunde gelegen, so ist nach § 69i IV FGG dann, wenn ein Antrag auf Aufhebung der Betreuung oder Einschränkung des Aufgabenkreises des Betreuers erstmals abgelehnt werden soll, die ärztliche Begutachtung nachzuholen. § 69i III FGG bestimmt durch Verweisung auf § 68a lediglich, wann der Betreuung, dem Ehegatten des Betreuten, seinen Eltern, Pflegeeltern und Kindern Gelegenheit zur Stellungnahme zu geben ist. Daß auch der Betreute selbst vorher zu hören ist, ergibt sich aus seinem Recht aus § 68a S 1 und 4 FGG, bestimmte Anhörungen zu verlangen. Weil nicht auf § 68b FGG verwiesen ist, kann von einer erneuten Begutachtung abgesehen werden. Liegt ein zeitnahes Gutachten nicht vor, kann die Schutzfunktion der Betreuung ebenso wie das wohlverstandene Interesse des Betreuten im Rahmen der Amtsermittlung (§ 12 FGG) eine erneute Begutachtung verlangen (Frankfurt/M FamRZ 1992, 859). Wegen Bekanntmachung und Wirksamkeit der Entscheidung gilt kraft der Verweisung § 69i III FGG die Vorschrift des § 69a II S 1 FGG; die Beschwerdebefugnis ist durch Verweisung auf § 69g I FGG über § 20 FGG hinaus erweitert. Die Verweisung auf § 69g IV FGG bedeutet, daß die Ablehnung der Aufhebung mit sofortiger Beschwerde anfechtbar ist.

4. Abs I S 2: Einschränkung des Aufgabenkreises. Der Grundsatz der Erforderlichkeit besonders auch im 6 verfassungsrechtlichen Sinn gebietet die Einschränkung des Aufgabenkreises, wenn die Voraussetzungen der Betreuung nicht mehr im ursprünglichen Umfang gegeben sind, sei es daß sich der Zustand des Betreuten teilweise gebessert hat oder daß der Kreis der zu besorgenden Angelegenheiten kleiner geworden ist. Eine Einschränkung des Aufgabenkreises kommt außer bei einem teilweisen Wegfall der Voraussetzungen dann in Betracht, wenn dem Betreuer gem § 1908i S 1 iVm § 1796 wegen eines Interessengegensatzes eine einzelne oder ein Teil der in seinen Aufgabenkreis fallenden Angelegenheiten entzogen werden soll.

5. Abs III: Erweiterung des Aufgabenkreises. Voraussetzungen und Verfahren entsprechen denen bei Bestel- 7 lung des Betreuers, der immer einen bestimmten Aufgabenkreis haben muß. Die Voraussetzungen einer Erweiterung liegen a) in einer Erschwerung der Krankheit oder Behinderung; b) in einer Erweiterung des Kreises der Angelegenheiten, die der Betreute nicht zu besorgen vermag; c) im Wegfall von Hilfen, die bisher der subsidiären Betreuung vorgegangen sind. ZB kann der Betreuer für eine bestimmte Angelegenheit einen Bevollmächtigten gehabt haben, der durch Tod oder Beendigung des der Vollmacht zugrundeliegenden Verhältnisses weggefallen ist. In allen diesen Fällen kommt in Betracht, Aufgabenkreis des bestellten Betreuers zu erweitern, für die zusätzliche Aufgabe gem § 1899 einen weiteren Betreuer zu bestellen oder den vorhandenen Betreuer gem § 1908b aus wichtigem Grund zu entlassen und für den erweiterten Aufgabenkreis einen neuen Betreuer zu bestellen.

6. Die Gleichbehandlung des **Einwilligungsvorbehaltes** mit der Bestellung eines Betreuers ist ein durchgehen- 8 der Zug des BtG, den § 1908d IV auch für die Aufhebung, Beschränkung und Erweiterung durchführt.

1908e *Aufwendungsersatz und Vergütung für Vereine*

(1) Ist ein Vereinsbetreuer bestellt, so kann der Verein Vorschuß und Ersatz für Aufwendungen nach § 1835 Abs. 1 und 4 und eine Vergütung nach § 1836 Abs. 2, §§ 1836a, 1836b verlangen; § 1836 Abs. 1 Satz 2 und 3 findet keine Anwendung. Allgemeine Verwaltungskosten werden nicht ersetzt.

(2) Der Vereinsbetreuer selbst kann keine Rechte nach den §§ 1835 bis 1836b geltend machen.

1. Eingeführt durch BtG Art 1 Nr 47. Die Bestimmung stammt aus dem DiskTE Teil 2 (dort § 1908g) und hat 1 im RefE als § 1908e die Gesetz gewordene Fassung erhalten. Die Änderungen durch Art 1 Nr 16 BtÄndG haben sich aus der Änderung der §§ 1835ff ergeben.

2. Der Vereinsbetreuer ist in § 1897 II S 1 als Mitarbeiter eines Betreuungsvereins definiert. Er erwirbt keine 2 eigenen Ansprüche auf Entschädigung: der Anspruch auf Vergütung (§§ 1836, 1836a) entfällt, weil er die Betreuung im Rahmen seines Arbeitsverhältnisses zu dem Verein wahrnimmt und von diesem entlohnt wird. Ein Anspruch wegen Aufwendungen entfällt, weil solche im Verhältnis des Betreuers zum Verein von diesem getragen werden.

3. Der Verein erwirbt Ansprüche wegen **Aufwendungen** nach § 1835. Die Aufwendungen für den Betreuten 3 werden in der Regel vom Vereinsbetreuer getätigt, aber immer vom Verein getragen. Dessen Aufwendungen für den Vereinsbetreuer werden nicht ersetzt. Die Herausnahme von § 1835 II aus der Verweisung beruht darauf, daß es nach § 1908f Nr 1 dem Verein obliegt, seine als Vereinsbetreuer eingesetzten Mitarbeiter gegen Schäden, die sie anderen im Rahmen ihrer Tätigkeit zufügen können, angemessen zu versichern, und daß die Kosten einer solchen Sammelversicherung zu den durch § 1908 I S 2 von jedem Ersatz ausgeschlossenen allgemeinen Verwaltungskosten gehören. Die Herausnahme von § 1835 III aus der Verweisung ist darin begründet, daß der Vereinsbetreuer kein Gewerbe betreibt, sondern abhängige Arbeit an den Verein erbringt und berufsmäßiger Betreuer ist, somit keine Dienste leistet.

§ 1908e

Die ausdrückliche Anwendbarkeit von § 1835 IV bedeutet, daß der Verein wegen seiner ersatzfähigen Aufwendungen bei Mittellosigkeit des Betreuten Ersatz aus der Staatskasse erhält.

4   Der Ausschluß allgemeiner Verwaltungskosten (**Abs I S 2**) bedeutet, daß ersatzfähige Aufwendungen dem Betreuten unmittelbar zugute gekommen sein müssen. Dazu gehören auch Kosten für Telefon, Porto und Fotokopien, wenn sie dem Einzelfall zuzuordnen sind (LG Göttingen NdsRpfl 1994, 249). Kosten für die Entlohnung der Mitarbeiter, ihre Ausbildung, Fortbildung, Supervision und Versicherung sind als allgemeine Verwaltungskosten auch nicht anteilsmäßig ersatzfähig.

5   **4. Vergütung** erhält der Verein nach § 1836 II, also ohne die in Abs I vorgesehene vorherige Feststellung der Berufsmäßigkeit. Die Höhe des Stundensatzes richtet sich nach der Einordnung des Vereinsbetreuers in die Stufen des § 1836. Nicht verwiesen ist auf die ausnahmsweise Vergütung nicht berufsmäßiger Betreuer von vermögenden Mündeln regelnden § 1836 III, weil Verein und Vereinsbetreuer zum Bereich der berufsmäßigen Betreuung gehören. Die Vergütung erhält der Verein nach § 1836 vom Betreuten, bei dessen Mittellosigkeit gem § 1836a aus der Staatskasse. Nach § 1836b kann das VormG einen festen Geldbetrag bestimmen oder die vergütungsfähige Zeit begrenzen. Mit gutem Grund haben LG Marburg BtPrax 1995, 75 und LG Göttingen NdsRpfl 1994, 249 auch den Zeitaufwand des Vereinsbetreuers für die Anleitung des zu seinem Nachfolger bestimmten ehrenamtlichen Betreuers als vergütungsfähig anerkannt (dazu Anm Hellmann zu LG Marburg aaO).

6   **5.** Auf § 1908e verweist der durch das BtÄndG eingeführte § 67 III FGG in S 2. Darin liegt die beiläufige Anerkennung der Möglichkeit, daß ein Mitarbeiter eines anerkannten Betreuungsvereins mit der in § 1908e geregelten Folge für Aufwendungsersatz und Vergütung als **Vereinsverfahrenspfleger** bestellt wird. Daß dergleichen schon vor Inkrafttreten des BtÄndG geschah, zeigt der Fall, der dem Kammerbeschluß des BVerfG FamRZ 2001, 414 zugrundelag. Diese Figur wird abgelehnt von Bienwald, Betreuungsrecht S 244 und in FamRZ 2000, 415, wohl auch von Schwab MüKo Rz 1; anders Schindler FamRZ 2001, 1349, 1350).

7   **6.** Von dem ursprünglich nur für den Vereinsbetreuer nach § 1897 II geschaffenen § 1908e aus weist § 67 III S 2 FGG in eine Richtung, in der ein **Vereinspfleger** und, die Linie weiter verfolgend, auch ein Vereinsvormund möglich erscheint. Bereits hat Köln (FamRZ 2001, 1400 mit abl Anm Zimmermann), auf einen zum Pfleger bestellten Mitarbeiter eines Betreuungs- und Vormundschaftsvereins § 1908e analog angewendet und dem Verein Aufwendungsersatz und Vergütung zugesprochen.

1908f   *Anerkennung als Betreuungsverein*

(1) Ein rechtsfähiger Verein kann als Betreuungsverein anerkannt werden, wenn er gewährleistet, daß er
1. **eine ausreichende Zahl geeigneter Mitarbeiter hat und diese beaufsichtigen, weiterbilden und gegen Schäden, die diese anderen im Rahmen ihrer Tätigkeit zufügen können, angemessen versichern wird,**
2. **sich planmäßig um die Gewinnung ehrenamtlicher Betreuer bemüht, diese in ihre Aufgaben einführt, fortbildet und berät,**
2a. **planmäßig über Vorsorgevollmachten und Betreuungsverfügungen informiert,**
3. **einen Erfahrungsaustausch zwischen den Mitarbeitern ermöglicht.**

(2) Die Anerkennung gilt für das jeweilige Bundesland; sie kann auf einzelne Landesteile beschränkt werden. Sie ist widerruflich und kann unter Auflagen erteilt werden.

(3) Das Nähere regelt das Landesrecht. Es kann auch weitere Voraussetzungen für die Anerkennung vorsehen.

1   **1. Textgeschichte.** Die Vorschrift stammt aus dem DiskTE Teil 2 (dort § 1908a) und hat im RefE als § 1908f ihre endgültige Fassung erhalten: Amtl Begr BT Drucks 11/4528, 158. Abs I eingefügt durch Art 1 Nr 2a Nr 16a BtÄndG.

2   **2.** Das Recht der Vormundschaft über Minderjährige sieht in § 1791 vor, daß ein rechtsfähiger Verein zum Vormund bestellt werden kann. Dieser Vereinsvormundschaft entspricht die in § 1900 vorgesehene Vereinsbetreuung. Für die Vereinsvormundschaft sieht § 1791a III S 1 vor, daß die Mitglieder oder Mitarbeiter des Vereins die vormundschaftlichen Tätigkeiten erbringen; § 1791a kennt dagegen nicht die von § 1897 II vorgesehene Möglichkeit, daß ein Mitarbeiter eines Betreuungsvereins zum Einzelbetreuer bestellt wird (sog Vereinsbetreuer).

3   **3.** Nur ein rechtsfähiger Verein kann als Betreuungsverein anerkannt werden. Die Rechtsfähigkeit erlangt der Verein gem § 21 mit der Eintragung im Vereinsregister. Denn es handelt sich um einen nicht wirtschaftlichen Verein. Die Eintragung erfordert nach § 56, daß der Verein mindestens sieben Mitglieder hat. Die Satzung des Vereins muß den in § 57 vorgesehenen Mindestinhalt haben. Sie kann auch die Übernahme von Vormundschaften und Pflegschaften für Minderjährige vorsehen (Betreuungs- und Vormundschaftsverein).

4   **4.** Damit der rechtsfähige Verein als Betreuungsverein anerkannt wird, muß er die in Abs 1 bestimmten Voraussetzungen erfüllen. Zu genügen ist sowohl eine gegenwärtige Ausstattung sowie zukünftige Aktivitäten. Zwar kann ein Verein bereits vor seiner Anerkennung sich planmäßig um die Gewinnung ehrenamtlicher Betreuer bemühen und diese anleiten, aber damit seine Mitarbeiter als Vereinsbetreuer bestellt werden können und er selbst zum Betreuer, muß er bereits anerkannt sein.

5   **5.** Allerdings geht der Umfang der zu gewährleistenden Leistungen aus den Nr 1 bis 3 des Abs I nicht deutlich hervor; darauf kommt es aber vor allem für das Merkmal einer „ausreichenden Zahl" von Mitarbeitern an. Welches sind die Arbeiten, bezüglich deren die Mitarbeiter nach Nr 1 zu beaufsichtigen und weiterzubilden sind? Beide Aufgaben passen schlecht auf unmittelbare Betreuungsarbeit für den Verein oder als Vereinsbetreuer, auf diesen

überhaupt nicht, weil er selbständig unter der Aufsicht des VormG arbeitet (vgl auch Staud/Bienwald Rz 36). Dem Arbeitgeber von Berufsbetreuern deren Weiterbildung in so exponierter Weise zur Pflicht zu machen wäre, wenn auf unmittelbare Betreuerarbeit bezogen, eine unangebrachte Förderung der Professionalisierung, die nicht in das Gesamtbild des Betreuungsrechtes paßte. Aufsicht und Weiterbildung sind daher eher auf Mitarbeiter zu beziehen, die Querschnittsarbeit leisten. Andererseits ist solche Arbeit nicht so gefahrengeneigt, daß sie es begründen könnte, dem Verein die Versicherung gegen das Haftpflichtrisiko vorzuschreiben. Dieses Erfordernis paßt zwar wegen §§ 1908 I S 1, 1791 III S 2 auch nicht auf die Vereinsbetreuung, wohl aber auf Mitarbeiter, die als Vereinsbetreuer arbeiten. Der Begriff der Eignung schließlich, der so wie in § 1897 auf unmittelbare Betreuungsarbeit bezogen wird (MüKo/Schwab Rz 4; Staud/Bienwald Rz 33), kann ohne weiteres allein auf Querschnittstätigkeit bezogen werden.

Die gemäß Abs III ergangenen Landesgesetze bringen keine Klärung. Soweit sie zusätzliche Voraussetzungen aufstellen, gelten diese zwar der unmittelbaren Betreuungsarbeit, das aber läßt die Mindestvoraussetzungen des § 1908f unberührt und die Interpretation unberührt, daß sie nur für den Fall Bedeutung haben sollen, daß der Verein seine Mitarbeiter auch für unmittelbare Betreuungsarbeit einsetzt.

Das materielle Betreuungsrecht spricht den Betreuungsverein nur im Zusammenhang mit dem Vereinsbetreuer und der Vereinsbetreuung an und setzt dafür in § 1897 II S 1 einen „nach § 1908f anerkannten Betreuungsverein" voraus. Damit scheint zwar die unmittelbare Betreuungsarbeit im Zentrum zu stehen, im Gegensatz zu der Arbeit von Mitarbeitern mit ehrenamtlichen Betreuern, die nur in § 1908f I Nr 2 angesprochen ist. Gerade sie begründet aber die sog organisierte Einzelbetreuung, dieses Herzstück der gesamten Neuorganisation des Betreuungswesens. Auf diese Querschnittsarbeit dürften Aufsicht und Weiterbildung in Abs I Nr 1 in erster Linie zu beziehen sein.

Dem § 1908f liegt somit eine komplizierte rechtspolitische Motivstruktur zugrunde. Sein wesentlicher Zweck ist die Institutionalisierung der organisierten Einzelbetreuung. Diese vor allem bedingt Querschnittsarbeit. Zu ihrer Leistung ist zwar kein eingetragener Betreuungsverein erforderlich, sie kann vielmehr auch von einem „Beratungsverein" erbracht werden (Staud/Bienwald Rz 6; Betreuungsrecht S 592). Ein eingetragener Verein ist jedoch Voraussetzung dafür, unmittelbare Betreuungsarbeit zu leisten. § 1908f schreibt nun vor, daß ein Verein, der solche Arbeit leisten will, auch Querschnittsaufgaben übernehmen muß. Das heißt aber nicht, daß ein eingetragener Betreuungsverein sich auf Querschnittsarbeiten beschränken dürfte. Wenn nach §§ 1897 II S 1, 1900 I S 2 jede Bestellung eines Betreuers, die dazu führt, daß ein Vereinsmitarbeiter unmittelbare Betreuungsarbeit zu leisten hat, der Einwilligung des Vereins bedarf, so braucht ein Verein auch gar keine Vereinsbetreuer bereitzustellen (§ 1897 Rz 10). Vor allem zielt die finanzielle Förderung der anerkannten Betreuungsvereine in erster Linie auf deren Querschnittsaufgaben, während sich die unmittelbare Betreuungsarbeit aus der Vergütung für Vereinsbetreuer finanzieren soll, die § 1908e auf den Verein lenkt.

Von daher sind die in § 1908f aufgestellten Mindestvoraussetzungen für die Zulassung als eingetragener Betreuungsverein nicht so zu interpretieren, daß Mitarbeiter notwendig auch für unmittelbare Betreuungsarbeit bereitzuhalten wären. Eine einzige Fachkraft kann ausreichen, die erforderliche Querschnittsarbeit für eine entsprechende Zahl ehrenamtlicher Betreuer zu leisten, ohne daneben auch für unmittelbare Betreuungsarbeit einsetzbar sein zu müssen. So lassen die Förderungsrichtlinien von Rheinland-Pfalz als Förderungsvoraussetzung eine einzige Fachkraft genügen, wenn 25 ehrenamtliche Betreuer gegenüberstehen (Staud/Bienwald Rz 33).

6. Unter **Mitarbeiter** sind nur Personen zu verstehen, die zu dem Verein in einem Arbeitsverhältnis stehen (so LG München I FamRZ 1999, 321 gegen die 9. Aufl), nicht auch Vereinsmitglieder, denen gegenüber der Verein mangels Personalhoheit nicht die in Nr 1 aufgeführten Befugnisse hat. Aus dem gleichen Grund können ehrenamtliche Helfer nicht Vereinsbetreuer sein, ebenso wenig überlassene Arbeitnehmer (AG Brandenburg FamRZ 2001, 1324) oder freie Mitarbeiter auf Honorarbasis (Hamm FamRZ 2001, 253).

1908g *Behördenbetreuer*

(1) Gegen einen Behördenbetreuer wird kein Zwangsgeld nach § 1837 Abs. 3 Satz 1 festgesetzt.

(2) Der Behördenbetreuer kann Geld des Betreuten gemäß § 1807 auch bei der Körperschaft anlegen, bei der er tätig ist.

1. Gesetzgebungsgeschichte. Im DiskTeilE Zwei bildeten die beiden Absätze der Bestimmung die §§ 1908k und l. Im RefE haben sie als § 1908g zusammengefaßt ihre Gesetz gewordene Fassung erhalten.

2. Gegen Pflichtwidrigkeiten des Vormunds eines Minderjährigen oder eines Pflegers kann das VormG gem §§ 1837 III, beim Pfleger iVm 1915 I durch Festsetzung von Zwangsgeld einschreiten. Ähnlich wie § 1837 III S 2 das Jugendamt als Amtsvormund oder Amtspfleger davon ausnimmt, kann gem § 1908g gegen den Behördenbetreuer ein Zwangsgeld nicht festgesetzt werden. Zwar ist hier nicht die Behörde zum Betreuer bestellt, sondern ein Mitarbeiter (vgl § 1897 II S 2). Aber dieser nimmt mit der Betreuung eine öffentlich-rechtliche Aufgabe wahr und unterliegt als öffentlicher Bediensteter den arbeits- oder beamtenrechtlichen Sanktionen, so daß die Festsetzung von Zwangsgeld weder angemessen wäre noch erforderlich ist.

3. Nach § 1805 S 2 kann das Jugendamt als Vormund oder Gegenvormund Mündelgeld auch bei der Körperschaft anlegen, bei der das Jugendamt errichtet ist. Diese Vorschrift galt gem §§ 1897 S 1 aF, 1915 auch für den Vormund eines Volljährigen und den Gebrechlichkeitspfleger. § 1908g II erhält diese Regelung für den Behördenbetreuer aufrecht.

§ 1908h   Familienrecht   Rechtliche Betreuung

1908h *Aufwendungsersatz und Vergütung für Behördenbetreuer*

(1) Ist ein Behördenbetreuer bestellt, so kann die zuständige Behörde Ersatz für Aufwendungen nach § 1835 Abs. 1 Satz 1 und 2 verlangen, soweit eine Inanspruchnahme des Betreuten nach § 1836c zulässig ist. § 1835 Abs. 5 Satz 2 gilt entsprechend.

(2) Der zuständigen Behörde kann eine Vergütung nach § 1836 Abs. 3 bewilligt werden, soweit eine Inanspruchnahme des Betreuten nach § 1836c zulässig ist.

(3) Der Behördenbetreuer selbst kann keine Rechte nach den §§ 1835 bis 1836b geltend machen.

1 **1. Textgeschichte und Systematik.** Im BtG war die Bestimmung seit dem DiskTE unverändert geblieben. Die Neuordnung der Entschädigung durch die §§ 1835ff ergab die Folgeänderungen des Art 1 Nr 17 BtÄndG, darunter die des § 1908h. Die Vorschrift regelt nur die Entschädigung bei Bestellung eines **Behördenbetreuers**. Ist die Behörde zum Betreuer bestellt (§ 1900 IV), ergibt sich aus der Verweisung des § 1908h I S 1 auf §§ 1835–1836, daß die Behörde lediglich vom bemittelten Betreuten Aufwendungsersatz erhält (§ 1835 V), aber keine Aufwandsentschädigung (§ 1835a V) und keine Vergütung (§ 1836 IV).

2 **2. Aufwendungsersatz** – nicht auch Vorschuß – erhält die Behörde, deren Mitarbeiter zum Behördenbetreuer bestellt worden ist (vgl § 1897 II), im selben Umfang wie der Verein für einen Vereinsbetreuer nach § 1908e (§ 1908e Rz 3), jedoch nur von einem bemittelten Betreuten, nicht aus der Staatskasse. Das führt zu einem nur teilweisen Ersatz, wenn das nach § 1836c einzusetzende Vermögen zum vollen Ersatz nicht ausreicht. Allgemeine Verwaltungskosten – solche fallen nicht durch Handlungen des Behördenbetreuers an – werden nicht ersetzt; dazu gehören zB Versicherungskosten.

3 **3.** Anders als der Verein für den Vereinsbetreuer erhält die Behörde für den Behördenbetreuer keine **Vergütung** nach § 1836 I und II, sondern nur nach Abs III, dh wie ein Privatbetreuer und nur von dem bemittelten Betreuten eine Ermessensvergütung.

4 **4.** Daß die Behörde keinen Aufwendungsersatz und keine Vergütung aus der Staatskasse erhält, leuchtet ein. Daß sie auch vom bemittelten Betreuten nicht in allen Fällen Vergütung erhält, erklärt sich daraus, daß bei ihr der Zweck entfällt, die durch Betreuungen verursachten Kosten teilweise aus den Betreuungsvergütungen zu finanzieren. Daß die Besserstellung des Betreuten im Vergleich mit dem, der einen Vereinsbetreuer hat, nicht begründet ist, können die Gerichte bei ihrer Ermessenspraxis auf dem Weg des Abs III ausgleichen, indem sie die Vergütung zur Regel machen.

5 **5.** Weil in Abs I S 1 und in Abs II der gesamte § 1836 II von der Verweisung ausgenommen ist, gilt auch die Erlöschensregelung mit der 15-Monats-Frist für die Behörde nicht. Verlangt die Behörde Entschädigung nach Ablauf der Verjährungsfrist, hat das Gericht nach § 56g FGG dem zu entsprechen; die Erhebung der Einrede bleibt dem in Anspruch Genommenen überlassen.

1908i *Entsprechend anwendbare Vorschriften*

(1) Im übrigen sind auf die Betreuung § 1632 Abs. 1 bis 3, §§ 1784, 1787 Abs. 1, § 1791a Abs. 3 Satz 1 zweiter Halbsatz und Satz 2, §§ 1792, 1795 bis 1797 Abs. 1 Satz 2, §§ 1798, 1799, 1802 Abs. 1 Satz 1, Abs. 2 und 3, §§ 1803, 1805 bis 1821, 1822 Nr. 1 bis 4, 6 bis 13, §§ 1823, 1825, 1828 bis 1831, 1833 bis 1836e, 1837 Abs. 1 bis 3, §§ 1839 bis 1841, 1843, 1845, 1846, 1857a, 1888, 1890, 1892 bis 1894 sinngemäß anzuwenden. Durch Landesrecht kann bestimmt werden, daß Vorschriften, welche die Aufsicht des Vormundschaftsgerichts in vermögensrechtlicher Hinsicht sowie beim Abschluß von Lehr- und Arbeitsverträgen betreffen, gegenüber der zuständigen Behörde außer Anwendung bleiben.

(2) § 1804 ist sinngemäß anzuwenden, jedoch kann der Betreuer in Vertretung des Betreuten Gelegenheitsgeschenke auch dann machen, wenn dies dem Wunsch des Betreuten entspricht und nach seinen Lebensverhältnissen üblich ist. § 1857a ist auf die Betreuung durch den Vater, die Mutter, den Ehegatten, den Lebenspartner oder einen Abkömmling des Betreuten sowie auf den Vereinsbetreuer und den Behördenbetreuer sinngemäß anzuwenden, soweit das Vormundschaftsgericht nichts anderes anordnet.

1 **I. Textgeschichte.** Die Materie war im DiskE § 1908e. In Abs I S 1 geht die Verweisung auf §§ 1792, 1799 und 1846 auf Vorschläge des Bundesrates zurück (BT-Drucks 11/4528, 210f), denen die Bundesregierung, teilweise nur mit Einschränkungen, gefolgt ist (BT-Drucks 11/4528, 229 und 11/6949, 81). Das BtÄndG hat in Abs I S 1 die Verweisung auf §§ „1833 bis 1836a" durch „1833 bis 1836e" ersetzt.

2 **II.** Soweit auf Vorschriften des Ersten Titels des 3. Abschnittes des Vierten Buches (§§ 1773 bis 1895) verwiesen wird, entspricht die damit für das Betreuungsrecht getroffene Regelung dem bis 1992 geltenden Recht, in dem § 1897 für die Vormundschaft über Volljährige und § 1915 für die Gebrechlichkeitspflegschaft generell auf die Vorschriften für die Vormundschaft über einen Minderjährigen verwiesen. Neuerungen liegen daher dort vor, wo auf Vorschriften des Ersten Titels nicht verwiesen wird. In den meisten Fällen hat eine Nichtverweisung ihren Grund darin, daß die jeweilige Materie vom BtG positiv geregelt ist. § 1804 ist von der Verweisung ausgenommen und seine Materie in § 1908i II S 1 selbständig geregelt. § 1857a ist in § 1908i II S 2 differenzierend für bestimmte Angehörige als Betreuer und einzelne Betreuertypen für anwendbar erklärt.

3 **III. Die Verweisungen des Abs I S 1. 1. § 1632 I bis III (Anspruch auf Herausgabe des Betreuten; Bestimmung des Umgangs).** Auf den außerhalb des Vormundschaftsrechts stehenden § 1632 verweist aus dem Recht der Vormundschaft § 1800, der jedoch von § 1908i nicht mehr in Bezug genommen wird. Die anderen von § 1800 in Bezug genommenen Vorschriften passen nicht auf Volljährige mit der einzigen Ausnahme des § 1631 III (Pflicht des Gerichts zur Unterstützung des Vormunds), dessen wohl versehentliche Nichtaufnahme in die Verweisungskette erhebliche Probleme verursacht (§ 1901 Rz 14). Die Verweisung auf § 1632 hat nur Bedeutung, wenn sich

der Aufgabenkreis des Betreuers auf die Personensorge, mindestens auf die Bestimmung des Aufenthalts, des Umgangs oder die Unterbringung erstreckt. Die durch das KindRG vom VormG auf das FamG umgestellte Zuständigkeit paßt nicht auf das Betreuungsverhältnis; die sinngemäße Anwendung kann nur die Zuständigkeit des für Betreuungssachen zuständigen VormG bedeuten (ebenso Staud/Bienwald Rz 102; Schwab Rz 4).

a) Herausgabeverlangen (§ 1632 I). Beispielsweise ist denkbar, daß sich die Familie des Betreuten weigert, 4
diesen dem Betreuer zum Zweck der Unterbringung herauszugeben. Will der Betreuer seinen Anspruch gegen Dritte durchsetzen, so braucht er dazu den Beschluß des VormG. Das Verfahren ist Betreuungssache im Sinne von § 65 FGG. Nach § 14 Nr 4 mit 7 RPflG ist der Richter zuständig. Das Gericht hat die Berechtigung des Verlangens zu prüfen. Die Anhörung des Betreuten ist nicht vorgeschrieben, kann aber im Rahmen der Amtsermittlung gem § 12 FGG erforderlich sein. Die Zwangsvollstreckung richtet sich nach § 33 FGG. Eine einstweilige Anordnung ist in § 69f FGG nicht vorgesehen, ist aber mit Staud/Bienwald Rz 18 zu befürworten (vgl auch § 620 Nr 3 ZPO für das Familiengericht). Das VormG kann schon vor Bestellung eines Betreuers von Amts wegen die Herausgabe des Betroffenen nach § 1908i S 1 iVm § 1846 durch einstweilige Anordnung erzwingen. Dritter ist auch einer von mehreren Betreuern, der nicht das Aufenthaltsbestimmungsrecht hat. Streiten zwei Mitbetreuer, die beide aufenthaltsbestimmungsberechtigt sind, zB beide Eltern des Betreuten bei der sog Elternbetreuung (§ 1899 Rz 3), so ist kein Elternteil allein nach § 1632 I antragsberechtigt; ruft ein Elternteil allein das VormG an, so ergibt sich dessen Zuständigkeit aus § 1908i S 1 iVm § 1797 I S 2 (dazu § 1899 Rz 14). Auch eine bloße Erschwerung der Ausübung des Aufenthaltsbestimmungsrechts wird von § 1632 erfaßt (MüKo/Schwab Rz 2 und oben § 1632 Rz 4.

b) Die **Umgangsbestimmung** gehört nur dann zum Aufgabenkreis eines Betreuers, wenn er entweder die volle 5
Personensorge hat, diese Aufgabe ihm besonders zugewiesen ist oder er die Aufgabe der zwangsweisen Unterbringung hat; die Verhinderung des Umgangs mit Personen außerhalb der Einrichtung ist der Unterbringung immanent (Gernhuber, 3. Aufl, § 7 II 6). Bei einem Untergebrachten bedarf es zur Zurückweisung eines Dritten, der den Untergebrachten besuchen will, keines Beschlusses nach § 1632 II, weil die Geschlossenheit der Einrichtung eine prozessuale Erzwingung des Umgangsverbotes entbehrlich macht. Im allgemeinen ist der Kontakt Untergebrachter mit Dritten und sind Besuche Dritter jedoch eher zu fördern. Streitigkeiten zwischen dem Betreuer und einem Dritten gehören gem § 1632 III vor das VormG (oben Rz 3 aE); dieses entscheidet auch, wenn der Betreuer die Unterbringung beenden will und die Einrichtung dem nicht Folge leistet. Gegen jede ein Umgangsverbot enthaltende Entscheidung sind die in § 1685 genannten Personen nach § 20 FGG beschwerdebefugt.

2. Von den Vorschriften über die „**Begründung der Vormundschaft**" (§§ 1773–1792) sind nur einzelne in 6
Bezug genommen, weil die Begründung der Betreuung durch das BtG selbständig geregelt wurde. Verwiesen ist auf:

a) § 1784 (Beamter oder Religionsdiener als Betreuer). Was in den landesrechtlichen Vorschriften für Vor- 7
mundschaft oder Pflegschaft angeordnet ist, muß nach der Reform auch für die Betreuung gelten. Das gleiche ist für Bundesbeamte, Bundesrichter und Soldaten anzunehmen, die nach §§ 65, 66 I Nr 1a BBG, § 46 DRiG und § 21 SoldatenG ebenfalls der Erlaubnis bedürfen.

b) § 1787 I (Folgen der unbegründeten Ablehnung). Die Ersatzpflicht ist eine mittelbare Sanktion auf die in 8
§ 1898 niedergelegte Pflicht zur Übernahme der Betreuung. Ersatzfähig ist nur der Verzögerungsschaden.

c) § 1791a III S 1 Hs 2 und S 2 (Vereinsbetreuung). Bei sinngemäßer Anwendung betrifft die Vorschrift die 9
Vereinsbetreuung nach § 1900. Nach dessen Abs II überträgt der Verein die Wahrnehmung der Betreuung „einzelnen Personen"; das können Mitglieder oder Mitarbeiter sein. Das entspricht inhaltlich genau dem die Vereinsvormundschaft betreffenden § 1791a III S 1 Hs 1, auf den daher nicht verwiesen ist. **aa)** § 1791a III S 1 Hs 2 hat zur Voraussetzung, daß der Betreute in einem Heim wohnt, dessen Träger zugleich sein Vereinsbetreuer ist. Diese Identität des Trägers der rechtlichen Betreuung mit dem Arbeitgeber der die faktische Betreuungsarbeit leistenden Person birgt die Gefahr, daß der Betreute unter Interessengegensätzen leidet. Der betreuende Verein darf daher nicht einen Mitarbeiter für die Betreuungsarbeit einsetzen, der im Heim mit der teilweisen Pflege des Betreuten befaßt ist (vgl § 1900 Rz 6). Das gilt in erster Linie für den Altenpfleger, mehr jedoch als für Mitarbeiter im Küchen- und Putzdienst (Staud/Bienwald Rz 16) für Mitarbeiter in der Leitung oder Verwaltung des Heimes. Dem § 1791a III S 1 Hs 2 ist die Vorschrift des § 1897 III benachbart, die auch einen Betreuten betrifft, der in einem Heim wohnt, und es verbietet, jemanden zum Einzelbetreuer zu bestellen, der zu dem Heim, der Anstalt oder sonstigen Einrichtung in einem Abhängigkeitsverhältnis steht.

bb) Die sinngemäße Anwendung von S 2 gilt der in § 1908i S 1 iVm § 1833 begründeten Haftung des Vereins 10
gegenüber dem Betreuten. In ihrem Rahmen haftet der Verein für jeden, dem er die Wahrnehmung der Betreuung übertragen hat, gem § 31 organschaftlich als eigenes Verschulden.

d) § 1792 (Gegenvormund). Die Bestellung eines weiteren Betreuers als „**Gegenbetreuer**" hatte der RegE 11
noch nicht vorgesehen (Amtl Begr BT-Drucks 11/4528, 129). Ein Gegenvormund hat die Aufgabe, den Vormund zu beaufsichtigen und an der Vermögensverwaltung in bestimmter Weise mitzuwirken (§ 1792 Rz 1). Bei einer Reihe von Rechtsgeschäften, die der Vormund nicht ohne Genehmigung vornehmen kann (§§ 1810 S 2; 1812 II), wird eine Genehmigung des VormG durch die des Gegenvormundes ersetzt. Da der Gegenvormund bei umfangreicher Vermögensverwaltung eine Entlastung des VormG bewirkt, schlug der Bundesrat in seiner Stellungnahme zum RegE das Institut eines Gegenbetreuers vor (BT-Drucks 11/4528, 210); dem hat die Bundesregierung in ihrer Gegenäußerung zugestimmt (aaO S 229). Ein Antrag der Koalitionsfraktionen und die Empfehlung des Rechtsausschusses des Bundestages haben sich dem angeschlossen (BT-Drucks 11/6949, 77).

Der in Bezug genommene § 1792 installiert nur das Amt des Gegenvormunds und regelt seine Bestellung durch 12
Verweisung auf die Vorschriften über die Bestellung des Vormunds. Die sinngemäße Anwendung bedeutet hierbei, daß der Gegenbetreuer wie ein weiterer Betreuer bestellt wird. Andere Vorschriften bauen das Amt des Gegenvor-

§ 1908i   Familienrecht   Rechtliche Betreuung

munds in die Führung der Vormundschaft ein und regeln seine Rechte und Pflichten. Die wichtigste dieser Vorschriften, § 1799, ist aus Anlaß der Aufnahme der Gegenbetreuung folgerichtig in die Verweisungskette aufgenommen worden, ebenso wie § 1892, andere nicht (§§ 1802 I S 2, 1826, 1832, 1842 und 1891). Die Nichtverweisung auf den die Beendigung des Amts des Gegenvormunds regelnden § 1895 stellt klar, daß das Amt des Gegenbetreuers nach Betreuungsregeln endet. Da in keinem der anderen Fälle erkennbar ist, daß die Geltung der Vorschrift für den Gegenbetreuer ausgeschlossen werden sollte, sondern die Absicht im Gegenteil auf die volle Übernahme des Institutes gerichtet war, liegt in der Nichtverweisung wohl ein Redaktionsversehen, das im Auslegungsweg zu korrigieren ist.

13   Aus der Verweisung auf § 1792 III ergibt sich, daß ein Nebenbetreuer (§ 1899 Rz 10) zum Gegenbetreuer eines anderen Nebenbetreuers bestellt werden kann. Ausgeschlossen ist damit, einen Mitbetreuer in dem in § 1899 Rz 11 definierten Sinn zum Gegenbetreuer eines anderen Mitbetreuers zu bestellen, weil mehrere Mitbetreuer sich wie gemeinschaftliche Mitvormünder gegenseitig kontrollieren (§ 1792 Rz 2).
Analog § 1792 I S 2 kann der Betreuungsbehörde kein Gegenbetreuer bestellt werden, wohl aber kann sie Gegenbetreuer sein.
Strittig ist, ob die Bestellung des Gegenbetreuers gem § 14 RPflG dem Richter vorbehalten ist; dafür spricht der enge Zusammenhang mit der Bestellung des Betreuers, obwohl die Aufgabe des Gegenbetreuers mit derjenigen eines Betreuers nach § 1896 III verglichen werden kann, dessen Bestellung § 14 RPflG vom Richtervorbehalt ausnimmt (iE ebenso MüKo/Schwab Rz 11; Jürgens § 1792 Rz 9; anders Bienwald § 1896 Rz 275, Spanl Rpfleger 1992, 142, 144 und LG Bonn Rpfleger 1992, 233).

14   **3. Von den Vorschriften über die „Führung der Vormundschaft" (§§ 1793 bis 1836e) gelten sinngemäß:**
a) § 1795 (Gesetzlicher Ausschluß der Vertretungsmacht). Danach ist der Betreuer ebenso wie Eltern, der Vormund eines Minderjährigen oder ein Pfleger von den bezeichneten Rechtsgeschäften ausgeschlossen. Der Betreute wird vor der Gefahr geschützt, daß sein Interesse dadurch verletzt wird, daß sich der Betreuer in einem Interessengegensatz befindet. Erst recht wird verhindert, daß ein Betreuer sich oder seine nächsten Angehörigen aus dem Vermögen des Betreuten bedient. Anstelle des Ausgeschlossenen ist gem § 1899 IV ein weiterer Betreuer (Ergänzungsbetreuer) zu bestellen (§ 1899 Rz 6). Ist das verbotswidrig vorgenommene Rechtsgeschäft schwebend unwirksam (§ 1795 Rz 23), so kann es auch von dem nicht geschäftsunfähigen Betreuten genehmigt werden.

15   **b) § 1796 (Entziehung der Vertretungsmacht).** Die Verweisung auf § 1796 war im RegE noch nicht vorgesehen, sondern ist auf Vorschlag des Bundesrats, dem die Bundesregierung in ihrer Gegenäußerung zugestimmt hat (BT-Drucks 11/4528, 210, 229), aufgenommen worden. Die Entziehung der Vertretungsmacht geschieht durch entsprechende Einschränkung des Aufgabenkreises des Betreuers gem § 1908d I S 2. Wie im Fall von § 1795 ist gem § 1899 IV ein weiterer Betreuer (Ergänzungsbetreuer) zu bestellen (§ 1899 Rz 6). Eine förmliche Aufhebung der Beschränkung wird sich meistens vermeiden lassen (§ 1908d Rz 2 aE).

16   **c) § 1797 Abs I S 2 und § 1798 (Meinungsverschiedenheiten).** Danach entscheidet das VormG bei einer Meinungsverschiedenheit zwischen mehreren Betreuern, Mit- wie Nebenbetreuern (vgl § 1899 Rz 11 und wegen des Inhalts der Entscheidung § 1797 Rz 6).

17   **d) § 1799 (Pflichten des Gegenvormundes).** Die Pflichten eines Gegenbetreuers sind die gleichen, die § 1799 einem Gegenvormund auferlegt. Der Aufgabenkreis des Gegenbetreuers kann nach Maßgabe der Erforderlichkeit, dh aus Gründen des § 1792 II, gegenüber dem Aufgabenkreis des Betreuers vermindert werden.

18   **e) § 1802 I S 1, II und III (Vermögensverzeichnis).** Danach hat der Betreuer die Pflicht, das Vermögen des Betreuten, das bei Beginn der Betreuung vorhanden ist oder ihm später zufällt, zu verzeichnen. Ist ein Gegenbetreuer bestellt, so gilt sinngemäß auch § 1802 Abs I S 2 über seine pflichtgemäße Zuziehung zur Aufnahme des Verzeichnisses. Die Nichtaufnahme dieser Vorschrift in die Verweisung ist Redaktionsversehen (Rz 12).

19   **f) § 1803 (Vermögensverwaltung bei Erbschaft oder Schenkung).** Ist dem Betreuten unter Lebenden oder von Todes wegen etwas mit der Bestimmung zugewendet worden, daß der Betreuer das zugewendete Vermögen nicht verwalten soll, so war vor 1992 dem volljährigen minderjährigen Mündel bzw dem unter Gebrechlichkeitspflegschaft Stehenden insoweit ein Ergänzungspfleger zu bestellen. Nachdem § 1908i I S 1 auf § 1909 nicht mehr verweist, ist in solchem Fall nicht ein Pfleger, sondern nach § 1899 ein weiterer Betreuer mit der Aufgabe zu bestellen, das zugewendete Vermögen zu verwalten (vgl § 1899 Rz 6). Der Zuwendende kann sich aber auch darauf beschränken, für die Verwaltung des zugewendeten Vermögens Anordnungen zu treffen. Die Verbindlichkeit solcher Anordnungen für den Betreuer und die Voraussetzungen, unter denen der Betreuer von Anordnungen abweichen kann, sind durch die Verweisung auf § 1803 geregelt.

20   § 1804 ist nicht in der Verweisungskette des § 1908i I S 1 enthalten, sondern in dessen Abs II S 1 Gegenstand einer modifizierten Verweisung, welche die Möglichkeit von Gelegenheitsgeschenken des Betreuers aus dem Vermögen des Betreuten ausdehnt (zum Ganzen Rz 37).

21   **4. Vorbemerkung vor den sinngemäß anzuwendenden §§ 1805–1832.** Zahlreiche Vorschriften zur **Vermögensverwaltung** machen ein Rechtsgeschäft des Betreuers von einer Mitwirkung abhängig. Nach § 1817 I S 1 kann das VormG den Betreuer wie einen Vormund auf seinen Antrag von den Pflichten nach §§ 1806–1816 entbinden, wenn keine Gefahr für das Vermögen zu besorgen und dessen Umfang nicht bedeutend ist, was im Regelfall bei einem Wert bis 6 000 Euro anzunehmen sein soll.

– Die §§ 1807, 1810, 1812 erfordern in erster Linie die Genehmigung des Gegenbetreuers und subsidiär, dh wenn kein Gegenbetreuer bestellt ist, des VormG. Auch eine vom Gegenbetreuer verweigerte oder von ihm nicht zu erlangende Genehmigung kann durch das VormG ersetzt werden.

– Die §§ 1819, 1820, 1821 und 1822 verlangen in jedem Fall die Genehmigung des VormG. Es handelt sich um Rechtsgeschäfte mit verpflichtender oder verfügender Wirkung auf den Betreuten.
– In diesen Fällen ist die Genehmigung des VormG auch erforderlich, wenn ein Gegenvormund bestellt ist.
– Die Genehmigung des VormG ist auch dann erforderlich, wenn der Betreuer das Rechtsgeschäft nicht selbst vornimmt, sondern in das Rechtsgeschäft einwilligt, das der zwar unter Einwilligungsvorbehalt gestellte, aber geschäftsfähige Betreute vornimmt. Ist jedoch kein Einwilligungsvorbehalt angeordnet, so wäre es mit der Struktur des BtG nicht vereinbar, auch dann, wenn der geschäftsfähige Betreute das Rechtsgeschäft selbst vornimmt, die Genehmigung des VormG zu fordern.

a) § 1805 (Verwendung für den Vormund). Kein Betreuer darf Geld des Betreuten für eigene oder Zwecke 22 eines anderen Betreuers (jeweils einschließlich Gegenbetreuer) verwenden. Satz 2 kann lediglich auf die Behördenbetreuung (§ 1900 IV) sinngemäß angewendet werden, während ein Behördenbetreuer (§ 1897 II S 2) Geld des Betreuten ohne weiteres bei einer Sparkasse seiner Anstellungskörperschaft anlegen darf.

b) § 1806 (Anlegung von Mündelgeld). Die in der Vorschrift angelegte Unterscheidung von Ausgabengeld 23 und Anlagengeld ist heute dadurch relativiert, daß einerseits auch Guthaben auf Girokonten geringfügig verzinst werden, andererseits Kreditinstitute sog Geldkonten anbieten, deren Einlagen bei nennenswerter Verzinsung jederzeit verfügbar sind. Die Unterscheidung geht daher weitgehend in dem Grundsatz wirtschaftlicher Verwaltung vorhandener Mittel auf. Die Verpflichtung zu verzinslicher Anlage schließt die Anlage in Aktien nicht aus; eine solche Anlage muß jedoch gemäß § 1811 gerichtlich genehmigt werden.

c) § 1807 (Regelmäßige Anlegung) 24

d) § 1809 (Gesperrte Anlage). Der Betreuer hat nicht die Rechtsmacht, den geschäftsfähigen Betreuten in der Weise zu beschränken, daß auch er Geld von einem ihm zustehenden Konto nicht ohne Genehmigung des VormG abheben könnte. Anders als Bienwald Rz 135 meint, ist dies keine Frage des Aufgabenkreises, so daß auch das VormG den Betreuer nicht entsprechend ermächtigen kann, geschweige daß die übliche Vereinbarung, die oft nur in dem Wort „Mündelgeld" besteht, zu Lasten des Betreuten so ausgelegt werden dürfte. Zwar kann der Betreuer in anderer Hinsicht, etwa durch langfristige Anlage, den Betreuten festlegen. Aber von der vertretungsweisen Ausübung der Privatautonomie des Betreuten ist deren Beschränkung zu unterscheiden. Auch der Vorschlag von Bobenhausen BtPrax 1994, 158–160, der Betreuer solle mit dem Betreuten eine entsprechende Vereinbarung treffen, übersieht § 137: der Betreute braucht sich an die Vereinbarung nicht zu halten. Nur wenn ein Einwilligungsvorbehalt angeordnet ist, erstreckt sich dieser – unabhängig von der Auffassung zur Rechtsnatur der Erfüllung (Erman-Westermann § 362 Rz 2) – auf die Entgegennahme von Bargeld am Bankschalter oder die Erteilung eines Überweisungsauftrags; für die Einwilligung des Betreuers ist kraft der Sperrung die Genehmigung erforderlich.

e) §§ 1810–1828. § **1810** (Mitwirkung von Gegenbetreuer oder Vormundschaftsgericht); § **1811** (Andersartige Anlegung); § **1812** (Verfügungen über Forderungen und Wertpapiere); § **1813** (Genehmigungsfreie Geschäfte); § **1814** (Hinterlegung von Inhaberpapieren); § **1815** (Umschreibung von Inhaberpapieren); § **1816** (Sperrung von Buchforderungen); § **1817** (Befreiung); § **1818** (Anordnung der Hinterlegung); § **1819** (Genehmigung zur Verfügung bei Hinterlegung); § **1820** (Genehmigung nach Umschreibung und Umwandlung); § **1821** (Genehmigung für Grundstücksgeschäfte); § **1822** (Genehmigung für sonstige Geschäfte); § **1823** (Erwerbsgeschäft des Mündels); § **1824** (Überlassung von Gegenständen an den Mündel); § **1825** (Allgemeine Ermächtigung); § **1828** (Erklärung der Genehmigung).

f) §§ 1829–1831 (Genehmigung des Vormundschaftsgerichts). Vor einer Entscheidung nach §§ 1821, 1822 Nr 1–4, 6–13, §§ 1823, 1825 soll das Gericht nach § 69d FGG den Betroffenen persönlich anhören; § **1830** (Widerrufsrecht des Geschäftsgegners); § **1831** (Einseitiges Rechtsgeschäft ohne Genehmigung).

g) § 1833 (Haftung des Vormundes). Wie der Vormund ist der Betreuer zwar hoheitlich bestellt, aber Träger eines privatrechtlichen Amtes, so daß keine Staatshaftung nach Art 34 GG eintritt, aber sich seine Haftung, da er nicht staatsrechtlicher Beamter ist, auch nicht nach § 839 richtet, sondern eben nach § 1833. Wegen des möglichen Schutzes eines Dritten vor Schäden aus einem Verhalten des Betreuers s § 1833 Rz 2. Umstritten ist die **deliktische Außenhaftung des Betreuers** für einen vom Betreuten verursachten Schaden. Nach dem BtG umgestalteten früheren Rechtslage hatte der Vormund eines Volljährigen gemäß der Verweisungskette des § 1897 aF, 1793, 1800, 1631 grundsätzlich eine gleiche Aufsichtspflicht wie Vormund und Eltern über einen Minderjährigen, woran sich für Schadensersatz die Anspruchsgrundlage des § 832 anschließt. Gegenüber einem Volljährigen reduzierte § 1901 aF jedoch den Umfang der Personensorge, zu der auch die Aufsicht gehört, auf das dem Zweck der Vormundschaft entsprechende Maß. Für den Pfleger eines Gebrechlichen war die Verweisungskette lediglich um § 1915 verlängert. Der Gesetzgeber des BtG rückte von der Gleichstellung betreuungsbedürftiger Volljähriger mit erziehungsbedürftigen Minderjährigen ab und verwarf mit einer Generalverweisung auf das Recht der Vormundschaft über Minderjährige. Unter die Einzelverweisungen des § 1908i I S 1 wurde § 1800 nicht aufgenommen. Daß damit die Abschaffung einer deliktischen Außenhaftung ein Element der Neuerungen des Betreuungsrechts geworden wäre, kann jedoch nicht angenommen werden. Bauer und Knieper, die diese Ansicht vertreten (BtPrax 1998, 123 und 168), argumentieren, daß ein deliktisches Verhalten keine Angelegenheit sein könne, die ein Betreuer für den Betreuten wahrzunehmen habe. Sie verkennen, daß umgekehrt die Vermeidung der Schädigung Dritter die Angelegenheit ist, die der Betreute bei krankheitsbedingter Steuerungsunfähigkeit nicht leistet, die somit vom Betreuer besorgen ist.

Wenig überzeugend ist es, auf eine Verkehrssicherungspflicht des Betreuers zu verweisen, die das RG (70, 48) der Sache nach an die Stellung als Ehemann einer geisteskranken Frau als Haushaltsvorstand geknüpft hat, wofür heute eher der Gesichtspunkt einer Garantenstellung von Ehegatten heranzuziehen wäre. In einem Unterordnungsverhältnis wie zwischen Betreuer und Betreutem ist die Aufsichtspflicht der angemessene Gesichtspunkt zur

§ 1908i Familienrecht Rechtliche Betreuung

Begründung einer deliktischen Garantenstellung (im Erg ebenso Bienwald § 1902 Rz 73; Jürgensen in Betreuungsrecht kompakt Rz 257; Deinert/Schreibauer BtPrax 1993, 185).

Bei alledem gilt die Feststellung des BGH, „daß die Stellung des Vormunds, Betreuers und Pflegers ebenso wie die Haftung der Eltern für Pflichtwidrigkeiten in Wahrnehmung der Personen- und Vermögenssorge nicht von einer allgemeinen Einstandspflicht gegenüber Dritten geprägt ist" (FamRZ 1995, 283), was aber die Anspruchsgrundlage des § 832 nicht ausschließt und nur zu Zurückhaltung bei der Annahme konkreter Aufsichtspflichten mahnt.

h) § 1834 (Verzinsungspflicht)

25 **i) Vorbemerkung vor den sinngemäß anzuwendenden §§ 1835 bis 1836e.** Bei der Entschädigungsregelung ist die aus der Gesetzesgeschichte überkommene systematische Stellung des Betreuungsrechts als Appendix zum Recht der Vormundschaft über Minderjährige besonders mißlich. Nicht nur sind Betreuungen ungleich häufiger als Vormundschaften. Die durch BVerfG 54, 251 angestoßene, mit dem BtG verwirklichte obligatorische Vergütung für Berufsbetreuer hat fast nur für diese, nicht auch für Vormünder Bedeutung. Daß der Gesetzgeber die Neuerung für Vormünder geregelt hat und für Betreuer darauf verweist, muß verwirren und wird kritisiert (Staud/Engler § 1835 Rz 8). Da aber die Vorschriften der §§ 1835 bis 1836e bei ihrer Umgestaltung durch BtG und BtÄndG ganz auf Betreuer zugeschnitten wurden, obwohl sie von Vormündern handeln, bietet ihre „sinngemäße" Anwendung im Betreuungsrecht keine Probleme.

Die Entschädigungsregelung ist dadurch unübersichtlich, daß auch die §§ 1896ff dazu gehörende Regelungen enthalten. Das erklärt sich daraus, daß das BtG mit dem Vereins- und dem Behördenbetreuer Typen von Betreuern geschaffen hat, die im Vormundschaftsrecht keine Entsprechung haben. Ihre Entschädigung einschließende Vergütung ist in § 1908e (Vereinsbetreuer) und § 1908h (Behördenbetreuer) geregelt.

	Aufwendungsersatz § 1835		Pauschale Aufwandsentschädigung § 1835a	Vergütung §§ 1836, 1836a
	Vorschuß	Ersatz		
Privatbetreuer	Ja, vom Betreuten oder aus der Staatskasse, §§ 1908i I S 1, 1835		Ja, vom Betreuten oder aus der Staatskasse, § 1835a	Ermessensvergütung nur vom Betreuten, § 1836 III
selbständige Berufsbetreuer			§ 1835a I S 1:	Stundenvergütung vom Betreuten oder aus der Staatskasse, §§ 1908i I S 1, 1836 II, 1836a und b
Vereinsbetreuer	Ja, vom Betreuten oder aus der Staatskasse, aber nicht für Versicherungs- und allgemeine Verwaltungskosten, §§ 1908e, 1835 I, IV		§§ 1835a I S 1, 1908e: Nein	ebenso, aber nur für den Verein: § 1908e
Behördenbetreuer	Nein, § 1908h I	Ja, aber nur vom Betreuten, §§ 1908h, 1835 I S 1 und 2	§§ 1835a I S 1, 1908h:	Ermessensvergütung nur vom Betreuten, §§ 1908h II, 1836 III und nur für die Behörde, § 1908h III
Vereinsbetreuung	Nein	Ja, aber nur vom Betreuten und nicht für Versicherungs- und allgemeine Verwaltungskosten, §§ 1908i I S 1, 1835 V	§ 1835a V:	Nein, §§ 1908i I S 1, 1836 IV
Behördenbetreuung	Nein			

26 **5.** Auf den Untertitel 3 „**Fürsorge und Aufsicht des Vormundschaftsgerichts**" ist verwiesen mit Ausnahme der §§ 1842 und 1847: die Nichtverweisung auf § 1842 ist ein Redaktionsversehen (Rz 12) und § 1847 schied als reine Verfahrensvorschrift aus: die Materie ist für das Betreuungsverfahren in § 68a FGG geregelt.

27 **a) § 1837 I bis III (Beratung und Aufsicht des Vormundschaftsgerichts). aa)** Abs I und Abs II S 2 beruhen auf dem BtG (Amtl Begr BT-Drucks 11/4528, 113f). Im RegE hatte sich die in Abs I S 2 geregelte Mitwirkung außer auf die Einführung auch auf die Fortbildung bezogen, was vom Bundesrat kritisiert wurde, weil es zu einer weiteren Belastung der Gerichte geführt hätte. Dem Bundesrat genügte insoweit die Aufgabe der Betreuungsbehörde nach § 5 BtBG; die Bundesregierung stimmte im Ergebnis zu (BT-Drucks 11/ 4528, 206, 226), betonte aber den Vorteil, wenn Richter und Rechtspfleger an Fortbildungsveranstaltungen der Behörden und Vereine mitwirken.

bb) Abs I. Einführung und Beratung gelten dem einzelnen Betreuer hinsichtlich Besonderheiten, Erfordernissen und Vorfällen seines Betreuungsverhältnisses. Das VormG wirkt aber auch bei Veranstaltungen der Einführung und Fortbildung mit, die nach § 1908f I Nr 2 und § 5 BtBG Aufgabe von Betreuungsvereinen und Betreuungsbehörden sind.

Auf ihren Wunsch werden Betreuer gem § 4 BtBG von den Behörden beraten und unterstützt; im übrigen gehört gem § 1908f I Nr 2 die Beratung der ehrenamtlichen Betreuer zu den Aufgaben der Betreuungsvereine.

28 **cc)** Auch der Bitte des Betreuten um Rat in einem Konflikt mit dem Betreuer darf sich das VormG nicht verschließen, wenn es dabei die Selbständigkeit des Betreuers respektiert (Amtl Begr S 113).

29 **dd)** Zu Abs II S 2 (Aufgabe des VormG an den Betreuer, eine **Haftpflichtversicherung** einzugehen): Wird ein Einzelbetreuer dem Betreuten oder auch einem Dritten haftpflichtig, so besteht keine Staatshaftung (Rz 24 sub g und Erläuterungen zu § 1833). Ein anerkannter Betreuungsverein hat gem § 1908f I Nr 1 den als Vereinsbetreuer (§ 1897 II S 1) eingesetzten Mitarbeiter angemessen zu versichern. Gleiches gilt für die Betreuungsbehörde (§ 1897 II S 2). Die Verpflichtung dazu beruht auf der arbeits- oder dienstrechtlichen Fürsorgepflicht. Dagegen

kann der private Einzelbetreuer sein Haftungsrisiko nur dadurch beherrschen, daß er eine Versicherung eingeht. Deren angemessene Kosten sind nach § 1835 II Aufwendungen, deren Ersatz der Betreuer vom Betreuten, bei dessen Mittellosigkeit gem § 1835 IV aus der Staatskasse verlangen kann.

Nur zum Schutz des Betreuten kann das VormG nach § 1837 II S 2 den Betreuer zur Eingehung einer Versicherung anhalten, nicht auch im Hinblick auf eine Haftpflicht gegenüber Dritten. Das VormG hat diese Befugnis aus seiner Fürsorge für den Betreuten und seiner Aufsicht über den Betreuer, nicht etwa aus Fürsorge für den Betreuer.

b) § 1839 (Auskunftspflicht des Vormundes) und   30

c) § 1840 (Rechnungslegung). § 1840 I beruht auf dem BtG. Die Personensorge hervorzuheben, ist eines der Ziele des BtG. Dem dient die Pflicht des Betreuers, mindestens einmal jährlich dem VormG über die persönlichen Verhältnisse des Betreuten **zu berichten**. Während im Bereich der Vermögenssorge am Anfang der Betreuung das Verzeichnis nach § 1802 und am Ende der Betreuung der Abschlußbericht nach § 1890 zu erstellen ist, hat der Gesetzgeber in den persönlichen Angelegenheiten einen Anfangs- und Schlußbericht für entbehrlich gehalten, weil das Gericht in Betreuungssachen aufgrund des Verfahrens der Bestellung des Betreuers bzw der Ermittlungen, die einer Aufhebung der Betreuung notwendig vorausgehen, ausreichend informiert ist. Hat das Gericht ein Informationsbedürfnis, das in zeitlicher oder inhaltlicher Hinsicht über den Jahresbericht hinausgeht, dann kann es nach § 1839 jederzeit Auskunft verlangen.

Einen Betreuer, dessen Aufgabenkreis sich auf Angelegenheiten der Vermögenssorge beschränkt, trifft die Berichtspflicht nicht (dazu Damrau Rz 2 gegen Jürgens in Betreuungsrecht kompakt Rz 292). Daß auch für die Vermögenssorge das Ziel persönlicher Betreuung gilt (Amtl Begr BT-Drucks 11/4528, 68), macht diese nicht zu einer persönlichen Angelegenheit.

d) § 1841 (Art der Rechnungslegung)

e) § 1846 (Einstweilige Maßregeln des Vormundschaftsgerichts). Noch im RegE war § 1846 nicht in die Verweisungskette des § 1908i I S 1 aufgenommen. Vielmehr wurde auf § 1846 in § 1908i II S 2 besonders verwiesen: „§ 1846 ist sinngemäß anzuwenden, jedoch nicht auf die Unterbringung Volljähriger." Damit sollte die frühere Praxis beendet werden, wonach das VormG in Eilfällen den Betroffenen vor Bestellung eines Gebrechlichkeitspflegers selbst unterbrachte. Dadurch wollte der RegE die privatrechtliche Unterbringung, deren Vorzug in der Mitwirkung des Betreuers gesehen wurde, scharf von der öffentlich-rechtlichen Unterbringung abgrenzen. Für Eilfälle wies die Amtl Begr darauf hin, daß nach § 69f FGG ein vorläufiger Betreuer bestellt werden kann. Diese geplante Regelung war schon zuvor kritisiert worden (Holzhauer, Gutachten B 51, DJT, S 102; Bürgle NJW 1988, 1881ff). Der Bundesrat lehnte in seiner Stellungnahme die Einschränkung des § 1846 ab, weil sie die bewährte Praxis, in der sich an die vormundschaftsgerichtliche Unterbringung ohne Betreuer oft eine freiwillige Behandlung anschließe, unmöglich machen würde. In Eilfällen sei oft weder ein geeigneter Betreuer zu finden, noch könne er mangels eigener Erfahrung zur Beurteilung des Falles beitragen. Der Stellungnahme des Bundesrates schloß sich die Bundesregierung in ihrer Gegenäußerung an (BT-Drucks 11/4528, 211, 229). Als Folge aus dieser Änderung schlug die Bundesregierung in § 70h FGG die Aufnahme des Abs III vor, der die zivilrechtliche Unterbringung ohne Betreuer dem Verfahren der einstweiligen Unterbringung unterwirft. Der Rechtsausschuß des Bundestags schloß sich dem mit dem Satz: „Das Verbot der zivilrechtlichen Unterbringung durch das VormG selbst soll damit aufgehoben werden . . ." an (vgl § 1846 Rz 4). Mangels eines Betreuers nimmt das VormG zur Durchsetzung seiner Anordnung in entsprechender Anwendung von § 70g V FGG die Betreuungsbehörde in Anspruch (Staud/Bienwald § 1906 Rz 108).   31

6. Von dem Untertitel 4 „**Mitwirkung des Jugendamts**" hat das KJHG nur § 1851 aufrechterhalten, der Mitteilungspflichten zwischen Gericht und Jugendamt begründet. Auf diese Vorschrift ist nicht verwiesen worden, weil die Stellung der Betreuungsbehörde gegenüber den Betreuten nicht mit der entsprechenden Stellung des Jugendamts verglichen werden kann.   32

7. Der Untertitel 5 regelt die „**Befreite Vormundschaft**" (§§ 1852–1857a); sie bedeutet Befreiung von a) der Bestellung eines Gegenvormunds, b) den in §§ 1809 und 1810 angeordneten Beschränkungen bei der Anlegung von Mündelgeld, c) der von § 1812 vorgeschriebenen Genehmigung des Gegenvormunds oder des VormG zu Verfügungen über Rechte und Wertpapiere des Mündels, d) der Hinterlegung der Inhaber- und Orderpapiere des Mündels nach §§ 1814, 1815 und der Eintragung eines Sperrvermerks gem § 1816 bei Buchforderungen gegen den Bund oder ein Land, e) der Rechnungslegung nach § 1840 während der Dauer des Amts.   33

Alle genannten Vorschriften gehören zu denen, die nach § 1908i I S 1 auf die Betreuung sinngemäß anzuwenden sind. Nach § 1857a stehen die genannten Befreiungen außer derjenigen von der Bestellung eines Gegenvormunds dem Jugendamt und einem Verein als Vormund ohne weiteres zu. Das gilt sinngemäß für den eingetragenen Betreuungsverein und die Betreuungsbehörde, also für die Vereins- und Behördenbetreuung. Die gleiche Befreiung genießen nach § 1908i II S 2 Eltern, Ehegatten und Abkömmlinge als Betreuer sowie Vereins- und Behördenbetreuer.

8. Von den Vorschriften des Untertitels 6 „**Beendigung der Vormundschaft** §§ 1882 bis 1895**" ist nur auf einzelne verwiesen, weil das BtG die Entlassung des Betreuers und die Aufhebung der Betreuung eigenständig geregelt hat. Verwiesen ist lediglich auf   34

a) § 1888 (Entlassung von Beamten und Geistlichen)

b) § 1890 (Vermögensherausgabe und Rechnungslegung)

c) § 1893 (Fortführung der Geschäfte nach Beendigung der Vormundschaft). § 1893 regelt nachwirkende Pflichten des Betreuers. § 1893 I verweist weiter auf die unmittelbar für Eltern geltenden Vorschriften der

H. Holzhauer

§ 1908i Familienrecht Rechtliche Betreuung

§§ 1698a und b. § 1698a läßt bei Beendigung der Betreuung oder des Amtes des Betreuers dessen Recht, Angelegenheiten des Betreuten zu besorgen, fortbestehen, bis der Betreuer von der Beendigung Kenntnis erlangt oder erlangen muß. Die Aufhebung der Betreuung und Entlassung des Betreuers kommt hierbei als Beendigungsgrund nicht in Betracht, weil diese Verfügungen des VormG erst mit Bekanntmachung an den Betreuer wirksam werden. Bedeutung hat hier nur der Fall des Todes des Betreuten. In diesem Fall gilt auch § 1698b. Danach hat der Betreuer auch nach dem von § 1698a gesetzten Zeitpunkt der Kenntnis oder des Kennenmüssens des Todes die Pflicht, dringende Geschäfte zu besorgen, bis der Erbe des verstorbenen Betreuten anderweitig Fürsorge treffen kann.

35 d) **§ 1894 (Anzeige bei Tod des Vormundes)**

e) **§ 1895 (Amtsbeendigung des Gegenvormundes).** Die Nichtverweisung auf § 1895 ist Redaktionsversehen (vgl Rz 12). Von den nach § 1895 auf einen Gegenvormund anzuwendenden Vorschriften gehören aber nur §§ 1888, 1893, 1894 zu den nach § 1908i I S 1 im Betreuungsrecht sinngemäß anzuwendenden Vorschriften.

36 **IV. § 1908i I S 2.** Nach § 1857a sind der **Vereins- und der Amtsvormund** von einigen die Vermögenssorge betreffenden Kontrollvorschriften befreit. Es sind dies
– über § 1852 II die Vorschriften §§ 1809, 1810 und 1812,
– über § 1853 die Vorschriften der §§ 1814, 1815 II und 1816 sowie
– über § 1854 die Vorschriften des § 1840 II bis IV: Die Pflicht zu periodischer Rechnungslegung ist nicht verneint, sondern abgeschwächt, indem die Periode von einem auf zwei Jahre verlängert ist und vom VormG darüber hinaus auf fünf Jahre verlängert werden kann. Inhaltlich ist die Rechnungslegung dadurch erleichtert, daß statt einer geordneten Zusammenstellung der Einnahmen und Ausgaben und der Ab- und Zugänge des Vermögens (§ 1841 I) eine Übersicht über den Bestand des Vermögens genügt. Infolge der Verweisung des § 1908i I S 1 auf § 1857a gelten diese **Befreiungen auch für die Vereins- und Behördenbetreuung** (Rz 33).

Das am 1. 1. 1991 in Kraft getretene KJHG (= SGB VIII) hat in § 56 II das Jugendamt als Amtsvormund oder Amtspfleger darüber hinaus von den Vorschriften der §§ 1802 III, 1811 und 1818, 1803 II, 1822 Nr 6 und 7 freigestellt und weiter vorgesehen, daß Landesrecht „weitergehende Ausnahmen von der Anwendung der Bestimmungen des BGB über die Vormundschaft über Minderjährige (§§ 1773 bis 1895) vorsehen kann, die die Aufsicht des VormG in vermögensrechtlicher Hinsicht sowie beim Abschluß von Lehr- und Arbeitsverträgen betreffen".

§ 1908i I S 2 eröffnet für die **Behördenbetreuung** die entsprechende Befreiungsmöglichkeit, überläßt sie jedoch vollständig dem Landesgesetzgeber.

37 **V. § 1908i II S 1.** Das grundsätzliche **Schenkungsverbot** (Holzhauer, Schenkungen aus dem Vermögen Betreuter, FamRZ 2000, 1063) des § 1804 ist von der Verweisung des § 1908i I S 1 ausgenommen (Rz 20). § 1804 hatte früher über § 1897 aF auch für den Vormund eines Volljährigen und über § 1915 auch für den Gebrechlichkeitspfleger gegolten. Es ist in § 1908i II S 1 für jeden Typ von Betreuer übernommen, aber seine Ausnahmen sind „vorsichtig erweitert worden" (Amtl Begr BT-Drucks 11/4528, 160).

Die teilweise Zurücknahme des Schenkungsverbots durch das BtG betrifft **Gelegenheitsgeschenke**, die einem Wunsch des Betreuten entsprechen und nach seinen Lebensverhältnissen üblich sind. Dieser Maßstab ersetzt in etwa den des § 1901 III S 1 für die Beachtlichkeit von Wünschen des Betreuten, weil nach seinen Lebensverhältnissen übliche Geschenke kaum seinem Wohl widersprechen oder für den Betreuer unzumutbar sind. Doch beschränkt das Schenkungsverbot den Betreuer nicht nur im Verhältnis, sondern mit Wirkung nach außen.

38 Canaris sieht in dem Schenkungsverbot des § 1804 – ebenso wie in dem des § 1641 – eine schwere Beeinträchtigung der allgemeinen Handlungsfreiheit und darüber hinaus einen Eingriff in das allgemeine Persönlichkeitsrecht (Art 2 I GG iVm Art 1 I GG) und beurteilt die Nichtigkeitsfolge als Verstoß gegen das verfassungsrechtliche Übermaßverbot (JZ 1987, 993–998f). Er möchte die verfassungswidrige Bestimmung im Weg verfassungskonformer Lückenfüllung durch das Erfordernis vormundschaftsgerichtlicher Genehmigung ersetzen.

Für das Vormundschaftsrecht über Minderjährige kann dem nicht gefolgt werden (§ 1804 Rz 1). Denn insoweit hat das Schenkungsverbot den berechtigten Zweck, daß der junge Mensch bei Eintritt der Mündigkeit über sein Vermögen verfügen kann und es ihm als wirtschaftliche Lebensgrundlage zur Verfügung steht.

Die unterschiedslose Gleichstellung von Vormundschaft und Betreuung in dieser Frage (zuletzt BayObLG 1999, 47) sollte jedoch aufgegeben werden. Für das Betreuungsrecht sind die Bedenken von Canaris nicht von der Hand zu weisen. Ihnen kann aber auch anders als durch die kühne Auswechslung der Rechtsfolge, nämlich näherliegend durch eine engere Auslegung der Merkmale des Verbotstatbestands, entsprochen werden. Der Zweck, das Vermögen zu erhalten, kann für ältere Menschen nicht in gleicher Weise wie für Minderjährige gelten. Dem Vermögen des älteren Menschen kann statt dessen der Zweck gesetzt werden, als Reserve zur Deckung voraussichtlichen oder nicht auszuschließenden künftigen Pflegebedarfs zu dienen. Die Substitution dieses Zweckes ist möglich, weil beide Zwecke auf der Unterhaltsfunktion des Privatvermögens beruhen, die sich aber lebensaltersbedingt verschieden darstellen. Soweit bei dem älteren Menschen ein möglicher Pflegebedarf gedeckt ist, erscheint die Zulassung von Schenkungen in zwei Richtungen geboten:
– Dem älteren Menschen sollten unentgeltliche Zuwendungen im Rahmen **vorweggenommener Erbfolge** möglich sein. Auch ein geschäftsunfähiger Betreuter kann in der Lage sein, seinem Betreuer ein gewünschtes wirtschaftliches Ziel so deutlich zu machen, daß dieser es vertretungsweise verwirklichen kann. Erst recht gilt dies von einem Betreuten, dessen Geschäftsfähigkeit nur zweifelhaft ist, der aber angesichts verständlicher notarieller Vorsicht Schwierigkeiten haben kann, selbst handelnd besonders eine Grundstückszuwendung zu bewerkstelligen. Dabei verhindert § 1795 (iVm § 1908i I S 1), daß der Betreuer oder seine Familie begünstigt werden, und zwar auch bei Rechtsgeschäften unter Lebenden auf den Todesfall. Finden auf sie gem § 2301 die Vorschriften über Verfügungen von Todes wegen Anwendung, so ist Testierfähigkeit des Betreuten erforderlich. Auch die Figur des Vertrags zugunsten Dritter auf den Todesfall (zB in Form der Weisung an die kontoführende oder ein Depot ver-

waltende Bank) kann nicht zu einem unerwünschten Ergebnis führen, weil zu einer bestandskräftigen Zuwendung der Abschluß eines Schenkungsvertrags im Valutaverhältnis zwischen Betreuer und Betreutem oder seinem Angehörigen gehört, der an §§ 1795 II, 181 scheitert.

– Daß eine sittliche Pflicht nur äußerst zurückhaltend bejaht wird (KG OLG 3, 109, 110) und es dazu nicht genügt, daß der Schenker aus Nächstenliebe hilft (Staud/Cremer § 534 Rz 5), kann für einen älteren Menschen nicht gelten. Unter der Voraussetzung eines deutlichen Wunsches des Betreuten sollten die Begriffe von sittlicher Pflicht und Anstand weiter verstanden werden, zB Zuwendungen **an Angehörige**, besonders im Fall ihrer Bedürftigkeit ermöglichen (ähnlich Karlsruhe BtPrax 2000, 177; dezidiert ablehnend MüKo/Schwab Rz 40). Die Einbeziehung **karitativer** Zuwendungen in das Schenkungsverbot (so BayObLG FamRZ 1996, 1359) würde das Betreuungsrecht in einen geradezu historischen Gegensatz stellen zu den donationes ad pias causas, die im frühen Mittelalter große Bedeutung hatten und als Rechtssitte lange fortbestanden haben. Heute besteht Anlaß, die Bereitschaft zu gemeinnützigen und karitativen Leistungen, auch zu Stiftungen, wieder anzuregen, nicht zuletzt im Vergleich mit anderen Ländern. Auf diese Weise kann das Betreuungsrecht im übrigen dazu dienen, die verfassungsrechtlich ebenfalls problematische Schärfe der Testierunfähigkeit zu mildern.

Ebenso wie § 1804 (§ 1804 Rz 6) umfaßt das Schenkungsverbot des § 1908i II S 1 auch **Schenkungen an den Betreuer** selbst. Anders als beim Vormund wird dadurch jedoch nicht jeder Abfluß von Vermögen des Betreuten an den Betreuer verhindert, weil der geschäftsfähige Betreute weder dem Verbot des § 1908 II S 1 noch dem der §§ 1795 II, 181 unterliegt. Das entspricht dem Ziel des Betreuungsrechts, dem Betreuten mehr Autonomie zu belassen als einem Mündel und ist unbedenklich, soweit der Aufgabenkreis des Betreuers die Vermögenssorge nicht umfaßt. Hat der Betreuer jedoch diese Aufgabe, weil der Betreute seine Vermögensangelegenheiten besorgen kann, so ist die Annahme, er sei gleichwohl geschäftsfähig, problematisch (§ 1896 Rz 31–33). War die Bestellung des Betreuers ohne den Willen des Betreuten erfolgt, so kommt die dafür inzwischen verbreitet geforderte Voraussetzung der Willensunfreiheit der Annahme einer partiellen Geschäftsfähigkeit gleich. In solchen Fällen sollte die von § 1908i II S 1 vorgesehene sinngemäße Anwendung von § 1804 im Betreuungsrecht das Vermögen des Betreuten vor jedem Abfluß an den Betreuer bewahren. Die entsprechende Auslegung hat den §§ 1795, 181 zu gelten, die in anderen Hinsichten ebenfalls so ausgelegt werden, daß die Unwirksamkeit nicht durch den Austausch des Erklärenden (Erklärung des Vertretenen unter Zustimmung des Vertreters anstelle Erklärung des Vertreters) oder Erklärungsempfängers (Abgabe gegenüber dem Dritten anstelle des Vertretenen in Fällen von § 182 I, vgl § 1795 Rz 4 und 5) umgangen werden kann. Dem entspricht es, wenn der Betreuer nicht sich selbst als den die Schenkungserklärung abgebenden Teil gleichsam durch den Betreuten ersetzen kann.

Wenn zum Zwecke der Behinderung von Schenkungen an den Betreuer auf die Möglichkeit der Anordnung eines Einwilligungsvorbehalts hingewiesen wird (Gabriele Müller ZEV 1998, 219, 220), so ist der Betreuer dann zwar durch §§ 1795 II, 181 gehindert, in eine Schenkung des Betreuten an ihn einzuwilligen, aber die Voraussetzungen eines Einwilligungsvorbehalts überschneiden sich zwar, decken sich aber nicht mit dem Sinn eines Schenkungsverbots an den Betreuer. § 14 HeimG, der Zuwendungen an den Leiter und an Mitarbeiter eines Heims, in dem Betreute wohnen, verbietet, kann infolge § 1897 III nie unmittelbar auf Betreuer anwendbar sein und liegt für eine analoge Anwendung fern, weil die Lebenssituation eines Heimbewohners so speziell ist, daß eine Ausdehnung auf Verhältnisse geringerer Abhängigkeit wie das des Betreuten gegenüber dem Betreuer methodisch ausscheiden muß (ebenso BayObLG ZEV 1998, 232).

§ 1908i II S 2 ist an die Stelle des § 1903 aF getreten, der Vater oder Mutter von der Bestellung eines Gegenvormunds und von den Vorschriften befreit hatte, von denen nach §§ 1852 bis 1854 Befreiung erteilt werden kann. Diese Befreiung ist in § 1908i II S 2 auf Abkömmlinge eines Betreuten ausgedehnt, um die Führung der Betreuung zu entbürokratisieren, aber insgesamt unter den Vorbehalt, daß das VormG nichts anderes anordnet. Nicht anders als bei der vergleichbaren Vorschrift des § 1857, darf das nur zum Wohl des Betreuten geschehen (LG München FamRZ 1998, 701). 39

§ 1908k *Mitteilung an die Betreuungsbehörde*

(1) Wer Betreuungen entgeltlich führt, hat der Betreuungsbehörde, in deren Bezirk er seinen Sitz oder Wohnsitz hat, kalenderjährlich
1. die Zahl der von ihm im Kalenderjahr geführten Betreuungen,
2. die von ihm für die Führung dieser Betreuungen insgesamt in Rechnung gestellte Zeit,
3. den von ihm für die Führung dieser Betreuungen insgesamt in Rechnung gestellten Geldbetrag und
4. den von ihm für die Führung von Betreuungen im Kalenderjahr erhaltenen Geldbetrag
mitzuteilen.

(2) Die Mitteilung erfolgt jeweils bis spätestens 31. März für den Schluß des vorangegangenen Kalenderjahrs. Die Betreuungsbehörde kann verlangen, daß der Betreuer die Richtigkeit der Mitteilung an Eides Statt versichert.

(3) Die Betreuungsbehörde ist berechtigt und auf Verlangen des Vormundschaftsgerichts verpflichtet, dem Vormundschaftsgericht diese Mitteilung zu übermitteln.

1. Eingeführt durch Art 1 Nr 19 BtÄndG auf Vorschlag des Rechtsausschusses des Bundestags (Begründung in BT-Drucks 13/10331, 26). 1

2. Klagen über zu viele Vormundschaften und Gebrechlichkeitspflegschaften in einer einzigen Hand sowie ihre bürokratische Wahrnehmung gehörten zu den Anlässen des BtG, Zweifel an der Abrechnungsehrlichkeit mancher Berufsbetreuer zu denen des BtÄndG. Als Mittel gegen solche Fehlentwicklungen und Mißbräuche ist Berufsbetreuern nunmehr zur Pflicht gemacht, der Betreuungsbehörde über den Umfang ihrer Betreuungsarbeit in zeitlicher 2

§ 1908k — Familienrecht Rechtliche Betreuung

und finanzieller Hinsicht sowie hinsichtlich der Zahl der Betreuungen alljährlich zu berichten. Außerdem sollen Behörde und Gericht in die Lage versetzt werden, bei Bestellung eines Betreuers die Voraussetzungen der quantitativen Berufsmäßigkeit (§ 1836 I S 4) aus eigenen Unterlagen zu überprüfen (BT-Drucks 13/10331, 26). Insgesamt ist die **Jahresgesamtabrechnung** ein bisher fehlendes Instrument einer sinnvollen Kontrolle (kritisch dagegen HK-BUR/Klie Rz 35f). Der Bundesbeauftragte für den Datenschutz hat seine bereits im Gesetzgebungsverfahren abgegebene Stellungnahme, wonach derzeit datenschutzrechtliche Bedenken nicht ersichtlich sind, in einem Schreiben vom 15. 11. 1999 – Aktz II – 221/49 – aktualisiert.

3 3. Wenig aussagekräftig erscheint die von **Abs I Nr 1** geforderte Angabe der **Zahl der Betreuungen**, weil der Umfang der Aufgabenkreise und der für eine Angelegenheit erforderliche Zeitaufwand, nicht zuletzt wegen der persönlichen Unterschiede der Betreuten, weit differieren können und sich allenfalls bei großen Zahlen ausgleichen, die bei den wenigsten Einzelbetreuern erreicht werden. Auch ist die Angabe der Gesamtzahl der Betreuungen nur sinnvoll, wenn hinzugefügt wird, ob eine Betreuung im Kalenderjahr begonnen oder geendet hat, so daß durch Zusammenrechnen der nicht durch das ganze Jahr gelaufenen Betreuungen eine Zahl von „Jahresbetreuungen" erreicht wird, die den Vergleich zwischen Betreuern erleichtert. Der Betreuer ist als zu diesen zusätzlichen Angaben verpflichtet zu erachten (Gregersen BtPrax 1999, 17; aA HK-BUR/Klie Rz 15). Auch Mitbetreuungen und Gegenbetreuungen sind mitzuteilen, nicht aber Vormundschaften und Pflegschaften, ebensowenig Verfahrenspflegschaften.

4 4. Aufschlußreicher ist die Angabe der insgesamt für das Jahr in Rechnung gestellten **Zeit (Abs I Nr 2)**. Erscheint sie im Vergleich mit anderen Erwerbstätigen, besonders aber im Vergleich mit anderen Betreuern oder im Verhältnis zur Zahl der Betreuungen, dieses wiederum im Vergleich mit anderen Betreuern besonders hoch, kann das auf mangelnde Eignung oder eine extensive Auslegung des Begriffs der rechtlichen Betreuung (§ 1901 Rz 2) hinweisen oder sogar Zweifel an der Abrechnungsehrlichkeit wecken. Der Gesetzeswortlaut verlangt nur die Angabe der Gesamtzeit, nicht die Zusammenstellung der für die einzelnen Betreuungen abgerechneten Zeiten.
Der Gesetzgeber scheint davon ausgegangen zu sein, daß ein Betreuer bis zum 31. 3. eines Jahres seine im vergangenen Kalenderjahr erbrachten Leistungen abgerechnet hat. Zwar dürfte zeitnahes Abrechnen die Regel sein. Aber der Betreuer kann sich nach § 1836 II S 4 mit der Geltendmachung seines Vergütungsanspruches 15 Monate Zeit lassen und könnte durch Ausschöpfung dieser Frist bei wörtlicher Auslegung von § 1908k I Nr 2 jede Angabe von Zeiten vermeiden. In korrigierender Auslegung des Gesetzes ist er daher als verpflichtet anzusehen, alle im vergangenen Jahr in Rechnung gestellten Zeiten, auch soweit sie sich auf das vorvergangene Jahr beziehen, anzugeben; so wird wenigstens im Blick über zwei Jahre eine Beurteilung ermöglicht.

5 5. Von geringerer Bedeutung für die Kontrolle ist der von einem Betreuer insgesamt für das Jahr abgerechnete und erhaltene **Geldbetrag (Abs I Nr 3 und 4)**. Für die Rechnungstellung ist auf den Zugang bei Gericht, für das erhaltene Geld auf den Zahlungseingang beim Betreuer abzustellen. Durch Vergleich der beiden Größen wird auf den ersten Blick erkennbar, ob die Anforderungen des Betreuers bei Gericht „durchgegangen sind" oder in welchem Umfang sie nicht anerkannt wurden. Anzugeben sind die vom Betreuer selbst oder dem vermögenssorgeberechtigten Mitbetreuer dem Vermögen des Betreuten entnommenen und die aus der Staatskasse erhaltenen Beträge. Weil nur die Vergütung, nicht auch Entschädigungen für Aufwendungen Entgelt darstellen, sind Beträge, die als Aufwendungsersatz oder Aufwandsentschädigung verlangt und geleistet wurden, nicht mitzuteilen.

6 6. Abs I S 1 knüpft die Berichtspflicht an die **Entgeltlichkeit** einer Betreuung. Entgeltlich ist jede Betreuung, für die der Betreuer eine Vergütung erhält. Das trifft auf quantitative Berufsbetreuer zu (§ 1836 I S 3 und 4), auf qualitative Berufsbetreuer (§ 1836 Rz 4) und auf jeden Betreuer, der gem § 1836 III Ermessensvergütung erhält. Letzteres kann sich mit quantitativer oder qualitativer Berufsbetreuung kombinieren (§ 1836 Rz 4 und 6). Eine nach § 1836 III vergütete Betreuung vermag zwar die Berichtspflicht nicht auszulösen; wer aber wegen anderer Betreuungen bereits berichtspflichtig ist, hat die nach § 1836 III entgoltene Betreuung sowohl hinsichtlich der Zeit, soweit diese in Rechnung gestellt wurde, als auch in jedem Falle hinsichtlich des vergüteten Betrags in den Jahresbericht aufzunehmen. Damit werden angehörige und ehrenamtliche Betreuer, die nur ausnahmsweise für ihre Betreuungsarbeit Vergütung erhalten und auf welche die Bestimmung nicht zielt, nicht mit Verwaltungsaufwand belastet. Die Literatur (Belege bei Bienwald BtPrax 2001, 236) nimmt mit unterschiedlichen Begründungen nach § 1836 III entgoltene Betreuungen von der Berichtspflicht aus, wird damit der Erscheinung des eine Betreuung ehrenamtlich führenden Berufsbetreuers nicht gerecht und verkennt den Zweck der Berichtspflicht.

7 Vereine erhalten, wenn zum Betreuer bestellt, nach § 1836 IV iVm § 1908i I S 1 niemals Vergütung und sind daher als solche nicht berichtspflichtig. Während der Wortlaut bei **Vereinsbetreuern** dafür spricht, daß der Betreuer, der die Betreuung führt, zum Bericht verpflichtet ist, spricht die Begründung des Rechtsausschusses davon, daß der Verein verpflichtet sei (so auch Wagenitz/Engers FamRZ 1998, 1273, 1276; HK-BUR/Klie Rz 8). Indessen spricht der Zweck der Vorschrift für die erste Auslegung. Vom Betreuer müssen die berichtspflichtigen Angaben über die aufgewendete Zeit kommen, von der die Höhe der Vergütung abhängt. Vor allem aber kann der Vereinsbetreuer weitere Betreuungen ehrenamtlich geführt und dafür Entgelt nach Abs III erhalten haben, worüber nur er selbst berichten kann.

8 Beim **Behördenbetreuer** und der Betreuungsbehörde entfällt jede Berichtspflicht schon aus dem Grund, daß der Behördenbetreuer, anders als ein Vereinsbetreuer, nur Ermessensvergütung nach § 1836 III erhält und der Behörde nicht berichtet zu werden braucht, weil sie über die Verwendung ihres Personals informiert ist.

9 7. Die Betreuungsbehörde ist nicht darauf beschränkt, die Berichte der Betreuer entgegenzunehmen. Aus dem Zweck der Berichtspflicht, der Verantwortlichkeit der Behörde für das Betreuungswesen in ihrem Zuständigkeitsbereich und ihrem unterstützenden Verhältnis zum VormG ist abzuleiten, daß die Behörde die Jahresberichte **aus-**

zuwerten hat; das ist eine Aufgabe, die ihr gem § 9 BtBG durch § 1908k stillschweigend auferlegt ist (ebenso Staud/Bienwald Rz 7).

8. Die in Abs III geregelte **Übermittlung von Mitteilungen** der einzelnen Betreuer durch die Betreuungsbehörde an das VormG ist auch auf Zusammenstellungen und Auswertungen zu beziehen. Nicht einzusehen ist, warum der Informationsfluß zwischen Behörde und Gericht auf die Daten des einzelnen Betreuers beschränkt sein soll („informationelles Selbstbestimmungsrecht": HK-Klie Rz 24). Erst die Übersicht über alle von Betreuern der Behörde berichtete Zahlen ermöglicht es, gleich geeignete Betreuer gleichmäßig heranzuziehen.

9. Verbreitet wird § 1908k als lex imperfecta angesehen, so daß die Pflicht des Betreuers zur Erstattung des Jahresberichts **ohne Sanktion** wäre (Wagenitz/Engers FamRZ 1998, 1273–1276; Pal/Diederichsen Rz 2; Staud/Bienwald Rz 21; G. Walther BtPrax 1998, 125, 127; HK-BUR/Klie Rz 33). Zum Teil wird angenommen, daß die Berichtspflicht gegenüber der Behörde privatrechtlicher Natur wäre (HK-BUR/Klie, Walther). Daraus wird aber nicht die Konsequenz der Vollstreckbarkeit nach ZPO gezogen, vielmehr soll mit der fehlenden Erzwingbarkeit nach öffentlichem Recht jede Durchsetzbarkeit zu verneinen sein. Doch spricht schon der Behördencharakter des Berechtigten für eine öffentlich-rechtliche Pflicht. Nur das entspricht der Struktur des Betreuungswesens, bei welchem der Staat seiner sozialstaatlichen Aufgabe zwar insoweit in Formen des Privatrechts nachkommt, als das Verhältnis des Betreuers zum Betreuten analog dem eines Vormunds zum Mündel geregelt ist. Die Eingliederung des Betreuers in die staatliche Aufgabenwahrnehmung gehört aber zum öffentlichen Recht. Öffentlich-rechtliche Pflichten sind grundsätzlich gegen den Bürger vollstreckbar. Weil die Betreuungsbehörden Landesbehörden sind (§ 1 BtBG), richtet sich die Erzwingung nach den Verwaltungsvollstreckungsgesetzen der Länder, die sämtlich zur Erzwingung von Handlungen einen auf die Vornahme der Handlung gerichteten Verwaltungsakt voraussetzen (VwVG NW § 55 I). Zu erzwingender Verwaltungsakt kann hier nur die an den Betreuer zu richtende Mahnung der Behörde sein, den Bericht zu erstatten. Diese Mahnung erfolgt durch Verwaltungsakt. Ob die Behörde zum Erlaß eines Verwaltungsaktes einer besonderen Ermächtigung bedarf, ist im Licht des Vorbehalts des Gesetzes dann zu bejahen, wenn der Verwaltungsakt Eingriffscharakter hat (Erichsen, Allg VerwR 12. Aufl 2002, § 15 I 1). Es läuft auf dasselbe hinaus, ob der Eingriffscharakter hier wegen des unselbständigen Verhältnisses der Mahnung zu der angemahnten, gesetzlichen Pflicht verneint oder ob die Befugnis zum Erlaß des Verwaltungsaktes im Auslegungsweg daraus erschlossen wird, daß das Gesetz die Verpflichtung mit aller wünschbaren Deutlichkeit ausdrückt, nicht zuletzt dadurch, daß die Behörde vom Betreuer die Versicherung der Richtigkeit an Eides Statt verlangen kann. Sobald der Verwaltungsakt, mit dem die Behörde die Erstattung des Jahresberichts angemahnt hat, unanfechtbar geworden ist, kann er Grundlage des Erzwingungsverfahrens sein. Dabei ist die Betreuungsbehörde Vollzugsbehörde (§ 56 VwVG NW).

10. Eine **Verfassungsbeschwerde** gegen § 1908k hat das BVerfG (1. Senat, 2. Kammer) nicht zur Entscheidung angenommen, weil die Subsidiarität der Verfassungsbeschwerde erfordere, daß die Frage der Durchsetzbarkeit der Aufsichtspflicht zunächst fachgerichtlich geklärt wird (FamRZ 2000, 217).

Titel 3

Pflegschaft

Vorbemerkung

Schrifttum: *Beitzke*, Pflegschaften für Handelsgesellschaften und juristische Personen, FS Ballerstedt, 1975, 185; *Pohl*, Verfahrenspflegschaft, BtPrax 1992, 19 und 56ff; *Sonnenfeld*, Betreuungs- und Pflegschaftsrecht, 1996; vgl auch Schrifttum vor § 1773.

1. Die wesentlichen **Unterschiede zwischen Vormundschaft und Pflegschaft** sind folgende:

a) Daß eine Pflegschaft anders als eine Vormundschaft auch für **juristische Personen** eingerichtet werden kann, wurde zuerst anerkannt in Fällen, in denen eine juristische Person zum Erben eingesetzt war (KG OLG 24, S 246) und die Nähe des § 1913 zu § 1960 dieses Ergebnis zwingend macht. Bei den Pflegschaften nach §§ 1909, 1912, 1914 ist es allerdings tatbestandsmäßig ausgeschlossen, daß eine juristische Person Pflegling ist. Später wurde bei der als Erscheinung der Kriegs- und Nachkriegszeiten vorkommenden Spaltgesellschaft und beim mitgliedlos gewordenen Verein von den Pflegschaften nach §§ 1911 und 1913 bisweilen unsachgemäß Gebrauch gemacht, dazu § 1911 Rz 1 und 12 und § 1913 Rz 2.

b) Während nur eine natürliche Person einen Vormund haben kann, kann ein Pfleger nicht nur auch für eine juristische Person bestellt werden, sondern im Fall des § 1914 sogar für ein „**Sammelvermögen**" (einziger Fall einer Real- oder Sach- im Unterschied zur Personalpflegschaft im BGB, vgl Rz 5 und 8).

c) Dem Vormund obliegt grundsätzlich die Fürsorge in allen Angelegenheiten der Person und des Vermögens des Mündels, dem Pfleger dagegen grundsätzlich nur die Fürsorge in einzelnen oder einem beschränkten Kreis von Angelegenheiten. Selbst wenn der Wirkungskreis des Pflegers ausnahmsweise umfassend ist (§ 1909 III), hat seine Kompetenz niemals die Wirkung, daß die rechtliche Handlungsfähigkeit des Pfleglings verdrängt wird. Während der Mündel als Minderjähriger mindestens in der Geschäftsfähigkeit beschränkt ist (§§ 1773, 106), gibt es eine Pflegschaft auch über eine unbeschränkt geschäftsfähige Person (besonders bei § 1911). Daher muß der Pfleger den **Umfang seiner Vertretungsmacht** nachweisen, der sich aus der Bestellung, besonders aus der Art der übertragenen Aufgabe ergibt. Der Wirkungskreis des Pflegers erweitert sich auch nicht kraft Gesetzes, wenn die Befugnisse des gleichzeitig Sorgeberechtigten oder des Vormunds weiter eingeschränkt werden. Ist ein Pfleger für die Verwaltung einzeln bestimmter Vermögensangelegenheiten bestellt, so muß er zum Nachweis seiner Vertretungsmacht beweisen, daß er gerade in einer dieser Angelegenheiten tätig wird.

4   2. Ein Personenpfleger ist **gesetzlicher Vertreter** des Pflegebedürftigen. Früher wurde die gesetzliche Vertretung vielfach begrifflich für Fälle reserviert, in denen dem Vertretenen die Handlungsfähigkeit fehlte, er also mindestens in der Geschäftsfähigkeit beschränkt war. Der Pfleger eines Geschäftsfähigen, das konnte ein körperlich oder geistig Gebrechlicher oder ein Abwesender sein, wurde dagegen als staatlich Bevollmächtigter begriffen (MüKo/Goerke 1. Aufl 1978 § 1910 Rz 69 mN). Eine „Wesensverschiedenheit" wurde darin gesehen, daß anders als für den gesetzlichen Vertreter für einen staatlichen Bevollmächtigten der Willensvorrang des Vertretenen gelten sollte (BGH 48, 147, 161). Der Gesetzgeber des BtG hat aus seiner Haltung, dem Kriterium der Geschäfts(un)fähigkeit keine Bedeutung beizumessen und aus Achtung des verfassungsmäßigen Persönlichkeitsrechts auch eines nicht Geschäftsfähigen in § 1903 jedem Betreuten den Willensvorrang eingeräumt. Folgerichtig wurde der Unterscheidung zwischen gesetzlicher Vertretung und staatlicher Bevollmächtigung eine Absage erteilt (BT-Drucks 11/4528, 135) und in § 1902 der Betreuer als gesetzlicher Vertreter bezeichnet. Dem ist auch für das Pflegschaftsrecht zu folgen und dem Willen des Pfleglings, wo er in Betracht kommt (vgl § 1911 Rz 7), unabhängig von der Qualifikation des Vertreters Geltung beizumessen.

5   Dagegen kann der Pfleger für ein Sammelvermögen (§ 1914) mangels eines Vertretenen nicht gesetzlicher Vertreter sein. Seine übliche Qualifizierung als Partei kraft Amtes (MüKo/Schwab vor § 1909 Rz 6) deckt nur sein prozessuales Handeln ab, während er auch rechtsgeschäftlich die Haftung des Sammelvermögens herbeiführen kann. Es bleibt nur, mit Staud/Engler (10./11. Aufl § 1914 Rz 8) diesen Pfleger als staatlich bestellten Nachfolger für den weggefallenen Verwalter zu qualifizieren.

6   3. Es gibt zwei Arten von Pflegschaften: **a)** Fälle, in denen der Rechtsgrund der elterlichen Sorge oder der Vormundschaft zugleich den der Pflegschaft bildet, und diese nur eingeleitet wird, weil die Eltern oder der Vormund aus tatsächlichen oder rechtlichen Gründen an der Besorgung von Angelegenheiten verhindert sind oder ein Vormund noch nicht bestellt ist (**Ergänzungs- und Ersatzpflegschaft**, § 1909). Wegen der Abhängigkeit vom Bestehen elterlicher Sorge oder einer Vormundschaft wird die Ergänzungspflegschaft als **unselbständige Pflegschaft** bezeichnet (MüKo/Schwab vor § 1909 Rz 9). Gleichwohl vertritt der Ergänzungspfleger nicht die Eltern oder den Vormund, sondern den Minderjährigen.

7   **b)** Die §§ 1911, 1914 regeln Einzelfälle, in denen das Fürsorgebedürfnis nicht so weit geht, daß eine Vormundschaft erforderlich wäre, in denen besonders kein Grund für eine die Kompetenz des Vertretenen verdrängende Wirkung der Vormundschaft besteht. In diese Reihe gehören auch die im Erbrecht besonders geregelten Nachlaßpflegschaften der §§ 1960ff, 1975. Auf beide Formen der Nachlaßpflegschaft sind materiell (Lange/Kuchinke 38 IV 4b; 49 III 1) und formell (§ 75 S 1 FGG) die Vorschriften über Vormundschaften entsprechend anwendbar, soweit nichts anderes bestimmt ist (wie in § 1962). Diese Fälle können nicht im Wege der Analogie ausgedehnt werden. Das BGB enthält keine allgemeine Vorschrift, die das VormG ermächtigte, immer dann eine Pflegschaft anzuordnen, wenn irgendein Schutzbedürfnis besteht. Unzulässig ist daher zB eine Pflegschaft für einen verhinderten Testamentsvollstrecker (KGJ 26, 21 = OLG 6, 303).

Daß das Fürsorgebedürfnis in der Person des Pfleglings bestehen muß, ist nicht damit gleichzusetzen, daß die Anordnung der Pflegschaft im **Interesse** des Pfleglings liegen muß (so aber allgemein RGRK/Dickescheid § 1915 Rz 8). Das ist zwar so bei der Pflegschaft für einen Abwesenden (§ 1911 Rz 5), für die Leibesfrucht (§ 1912) und für einen unbekannten oder ungewissen Beteiligten (§ 1913 Rz 13), nicht aber beim Ergänzungspfleger (§ 1909 Rz 13a).

7a   Jede Anordnung einer Pflegschaft setzt stets ein **Fürsorgebedürfnis** voraus; dies ist ein unbestimmter Rechtsbegriff, dessen Konkretisierung durch die Tatsacheninstanzen das Gericht der weiteren Beschwerde voll nachprüfen kann.

8   4. Entsprechend der Natur der Vormundschaft ist auch die Pflegschaft **Personenpflegschaft**. Eine **Realpflegschaft** kennt das BGB nur in § 1914. Auch die Nachlaßpflegschaft bezweckt die Fürsorge für die unbekannten Erben (RG 135, 307). Auch soweit Pflegschaft für ein herrenloses Grundstück zugelassen wird (vgl § 1913 Rz 3), wird diese als Pflegschaft für den abwesenden und unbekannten künftigen Eigentümer verstanden (KG OLG 35, 13).

9   5. Auf die Pflegschaft finden im allgemeinen die **Vorschriften über die Vormundschaft entsprechende Anwendung** (§ 1915 I).

10   6. Im Buch Familienrecht außerhalb der §§ 1909ff ist Pflegschaftsrecht anzuwenden: nach **§ 1630 III S 3** auf eine Person, die ein Kind in Familienpflege hat, wenn dies von Eltern oder der Pflegeperson beantragt wird und die Eltern einem Antrag der Pflegeperson zustimmen; nach **§ 1716 S 2** auf die dort genannten Ausnahmen auf das Jugendamt als Beistand eines Elternteils für die in § 1712 genannten Aufgaben.

11   7. Außerhalb des Buches Familienrecht ist die **Nachlaßpflegschaft** eine im Erbrecht (§ 1960 II) geregelte Form einer Pflegschaft im Sinne der §§ 1909ff, für die vor allem § 1915 mit der Verweisung auf das Vormundschaftsrecht gilt. Nach § 1962 tritt für die Nachlaßpflegschaft an die Stelle des VormG das Nachlaßgericht. Die Vorschriften über die Mitwirkung des Jugendamts (§ 53ff KJHG – SGB VIII) sind auf den Nachlaßpfleger nicht anzuwenden. Weder hat das Jugendamt dem Nachlaßgericht als Nachlaßpfleger geeignete Personen vorzuschlagen, noch kann es etwa gem § 1791b subsidiär zum Nachlaßpfleger bestellt werden. Auf einen im Hypothekenrecht nach

§§ 1141 II, 1189 zu bestellenden Vertreter ist Pflegschaftsrecht nicht anzuwenden, ebensowenig auf den nach § 29 zu bestellenden Notvorstand eines Vereins.

8. Pfleger besonderer Art ist der in Verfahren der Freiwilligen Gerichtsbarkeit neuerdings zunehmend vorgesehene **Verfahrenspfleger:** nach § 50 FGG als „Anwalt des Kindes" in allen die Person eines Kindes betreffenden Verfahren, nach § 56f II S 1 FGG für das angenommene Kind im Verfahren der Aufhebung der Adoption und nach §§ 67, 70b FGG für den Betroffenen in Betreuungs- und Unterbringungssachen. Der Verfahrenspfleger wird vom Gericht nach pflichtgemäßem Ermessen ausgewählt; die Vergütung richtet sich nach § 67 III FGG (vgl §§ 50 V, 56f II S 2, 70b I S 3). Die zuletzt genannte Vorschrift gilt auch in allen Verfahren nach einem Landesgesetz über die Unterbringung psychisch Kranker (vgl § 70 I S 2 Nr 3 FGG), jedoch nicht für das Verfahren nach dem Gesetz über das gerichtliche Verfahren bei Freiheitsentziehungen, dessen § 5 II S 2 jedoch ebenfalls die Bestellung eines Verfahrenspflegers vorsieht. Zur überwiegend verneinten Anwendbarkeit der §§ 1909ff auf den Verfahrenspfleger Bienwald, Verfahrenspflegschaftsrecht, 2002, Rz 613ff. Der Verfahrenspfleger steht nicht unter der Aufsicht des VormG (Amtl Begr BtG BT-Drucks 11/4528, 171).

In zahlreichen weiteren Gesetzen (Tabelle unter Rz 16) finden sich **besondere Pflegschaftsfälle**. Inwieweit auf sie die Vorschriften des BGB anzuwenden sind, ist entweder durch Verweisung geregelt oder aus Sinn und Zweck der jeweiligen Regelung zu entnehmen. Für das Verwaltungsverfahren wird der ganze Bereich der Pflegschaften der §§ 1909ff durch **§ 16 VwVfG** abgedeckt. Für den Fall, daß ein Beteiligter wegen einer psychischen Krankheit oder körperlichen, geistigen oder seelischen Behinderung unfähig ist, in dem Verfahren selbst tätig zu werden, gelten nach § 16 IV VwVfG für die Bestellung und für das Amt des Vertreters die Vorschriften über die Betreuung. Die Verwaltungsverfahrensgesetze der Länder erklären insoweit das Bundesgesetz für anwendbar (zB § 1 II VwVfG Nds) oder treffen die gleiche Regelung (zB § 16 VwVfG NW). Soweit in einigen öffentlich-rechtlichen Gesetzen, die nicht Verwaltungsverfahren betrafen, ein Pfleger für den Fall vorgesehen war, daß ein Beteiligter körperlich oder geistig gebrechlich ist, hat das BtG jeweils an die Stelle des Pflegers einen Betreuer gesetzt und dort, wo für den Beteiligten ein Vertreter vorgesehen war, Betreuungsrecht für anwendbar erklärt (vgl § 1896 Rz 97). Die **Wiedervereinigung** hat zusätzliche, spezielle Pflegschaftsbedürfnisse entstehen lassen. Das **Verkehrswegeplanungsbeschleunigungsg** vom 16. 12. 1991 (BGBl I 2174) sieht in § 8 bei ungeklärten Eigentumsverhältnissen an einem im Beitrittsgebiet gelegenen Grundstück die Bestellung eines Vertreters des Eigentümers vor, der auf Antrag der Planfeststellungsbehörde bzw der Enteignungsbehörde von der kommunalen Aufsichtsbehörde bestellt wird. Auf diesen Vertreter sind § 16 III und IV VwVfG entsprechend anzuwenden, so daß diese Pflegschaft eine Erweiterung des Katalogs des § 16 VwVfG darstellen. Nach dem Vorbild dieser Bestimmung sieht § 11b des VermögensG idF des **2. Vermögensrechtsänderungsg** vom 22. 7. 1992 (BGBl I 1257) für jeden Eigentümer eines ehemals staatlich verwalteten Vermögenswerts, dessen Aufenthalt nicht festzustellen ist, vor, daß bei einem Vertretungsbedürfnis der Landkreis oder die kreisfreie Stadt, in dessen oder deren Bezirk sich der Vermögenswert befindet, einen Vertreter bestellt. Antragsberechtigt ist die Gemeinde und jeder, der ein berechtigtes Interesse an der Vertretung hat. Im übrigen wird auf § 16 III VwVfG sowie auf die Vorschriften des BGB über die Pflegschaft verwiesen. Im Verfahren nach dem **Sachenrechtsbereinigungsg** vom 21. 9. 1994 (BGBl I 2457), § 17, kann der Nutzer eines Grundstücks die Bestellung eines Pflegers beantragen, wenn der Eigentümer ungewiß, unbekannt, abwesend, an der Besorgung seiner Angelegenheiten verhindert ist, auch wenn es um den Anteil an einer Gemeinschaft geht und es an einem gemeinsamen Vertreter fehlt oder wenn das Grundstück herrenlos ist.

Im Falle einer Vermögensbeschlagnahme nach § 290 StPO hat nach **§ 292 StPO** das für die Einleitung einer Abwesenheitspflegschaft zuständige Amtsgericht die Pflegschaft einzuleiten, selbst wenn die Voraussetzungen des § 1911 nicht gegeben sind. Auch im übrigen sind die Vorschriften des BGB nur soweit anwendbar, als dies mit dem Zweck der Beschlagnahme vereinbar ist, nämlich den abwesenden Angeschuldigten zur Gestellung zu veranlassen (BayObLG NJW 1964, 301). Es gelten daher weder die Berufungsgründe der §§ 1776ff, noch kann Aufhebung der Pflegschaft beantragt werden, wenn der Abwesende einen Vertreter im Inland bestellt (BayObLG HRR 1934, 631).

Nicht anwendbar sind die BGB-Vorschriften zB auf die amtlich bestellten Vertreter im Prozeß- und Vollstreckungsverfahren nach §§ 57, 58, 494 II, 779 II, 787 ZPO, §§ 6, 7, 135, 157 II ZVG, 72 SGG, **sog Prozeßpfleger**. Ihre Bestellung erfolgt durch den Vorsitzenden des Prozeßgerichts. Bei der Auswahl besteht freies Ermessen. Zur Partei steht der Prozeßpfleger in einem hoheitlich begründeten Geschäftsbesorgungsverhältnis (Wieczorek/Hausmann ZPO § 57 Rz 25), während Zöller/Vollkommer (ZPO § 57 Rz 8) GoA annimmt. Nach beiden Ansichten erhält der Prozeßpfleger Ersatz seiner Aufwendungen nach § 670, nach der zweiten Ansicht über § 683. Der Anspruch auf Vergütung soll sich nach §§ 1836ff analog richten (Zöller/Vollkommer aaO). Er ergibt sich indessen aus §§ 675, 611, 612 II. Als Taxe fungieren die §§ 1836ff, aber in Fällen ohne sozialfürsorglichen Einschlag dürfte die BRAGO nicht durch § 1 II ausgeschlossen sein. Jede Prozeßpflegschaft hat gem § 53 ZPO die Prozeßunfähigkeit des Pfleglings zur Folge (dazu BGH Rpfleger 1987, 415). Ein im Falle einer Vermögenssperre nach MilRegG 52 bestellter Custodian war kein Pfleger, wenngleich seine Haftung gegenüber dem Vermögensinhaber landesgesetzlich zum Teil durch Verweis auf §§ 1915 II, 1833 geregelt war oder aus einem allgemeinen Grundsatz der Verwalterhaftung hergeleitet wurde, der in diesen Bestimmungen zum Ausdruck kommt (vgl dazu BGH 24, 393). Schließlich ist die Bestellung eines Vertreters nach § 1141 II ein Akt der freiwilligen Gerichtsbarkeit; das Verhältnis des Vertreters zum Eigentümer ist ein hoheitlich begründetes Geschäftsbesorgungsverhältnis (vgl München JFG 13, 273), das aber wegen Geringfügigkeit des Geschäftes nach der Regelung des § 612 I in der Regel keinen Anspruch auf Vergütung auslöst.

Übersicht über Pflegschaften und ähnliche Erscheinungen außerhalb der §§ 1909ff
(§§ ohne Bezeichnung sind solche des BGB)

Vorschrift	Anlaß	Ersuchende und/oder bestellende Stelle	Anzuwendende Vorschriften	Bezeichnung
AO § 81 I Nr 1	wie VwVfG § 16 I Nr 1	Finanzbehörde → VormG	§§ 1913, 1915 (vgl § 81 IV AO)	Vertreter von Amts wegen
– Nr 2	wie VwVfG § 16 I Nr 2		§§ 1911, 1921, 1915 (vgl § 81 IV AO)	
– Nr 3	wie VwVfG § 16 I Nr 3		§ 1915 (vgl § 81 IV AO)	
– Nr 4	wie VwVfG § 16 I Nr 4		§§ 1896ff (vgl § 81 IV AO)	
– Nr 5	Herrenlosigkeit der Sache, auf die sich das Verfahren bezieht			
ArbGG § 10	wie ZPO §§ 57, 58 vgl Grunsky, Komm z ArbGG, 7. Aufl, 1995, § 10 Rz 30	Vorsitzender des Prozeßgerichts		Prozeßpfleger
BGB § 1141 II	Eigentümer ohne Wohnsitz im Inland oder Gläubiger unverschuldet in Unkenntnis über seine oder deren Aufenthalt	AG des belegenen Grundstücks		„Empfangsvertreter"
BauGB § 207 S 1 Nr 1	wie VwVfG § 16 I Nr 1 und wenn Beteiligung ungewiß	VormG	§§ 1913, 1915 (vgl § 207 S 2 BauGB)	Vertreter von Amts wegen
– Nr 2	wie VwVfG § 16 I Nr 2		§§ 1911, 1921, 1915 (vgl § 207 S 2 BauGB)	
– Nr 3	wie VwVfG § 16 I Nr 3		§ 1915 (vgl § 207 S 2 BauGB)	
– Nr 4	Gesamthands- oder Bruchteilseigentümer eines Grundstücks oder gemeinsame Inhaber eines dingl. Rechts bestellen innerhalb der gesetzten Frist keinen gemeinsame Vertreter		wie Nr 3	
– Nr 5	Rechte/Pflichten bezüglich herrenlosen Grundstücks		wie Nr 3	
BDO § 19 II Nr 1	Verhandlungsunfähigkeit des Beamten	Einleitungsbehörde → VormG	§ 19 BDO, 1896ff	Betreuer
– Nr 2	Abwesenheit des Beamten			Pfleger
DepotG § 32 V	Wahrung der Rechte bevorrechtigter Gläubiger	Insolvenzgericht	§ 78 II–V Versicherungsaufsichtsgesetzes	Pfleger
EGBGB Art 233 § 2 III	Eigentümer eines Grundstücks in ehem DDR unbekannt oder unbekannten Aufenthalts	Landkreis/kreisfreie Stadt	§ 1915 (vgl Art 233 § 2 III S 4 EGBGB, § 16 IV VwVfG)	Vertreter
FGG § 56f II	Verfahren auf Aufhebung des Annahmeverhältnisses zum minderjährigen oder geschäftsunfähigen Kind	VormG	§ 50 III–V FGG	Verfahrenspfleger
FGG § 67	Betreuungssachen	VormG		Verfahrenspfleger
FGG § 70b	Unterbringungssachen	VormG	§ 67 III FGG	Verfahrenspfleger
FGG § 88, 99	Abwesenheitspflegschaft zur Auseinandersetzung einer Erben- oder Gütergemeinschaft	Nachlaßgericht	§§ 1915, 1911	Pfleger
FGG § 58 II 2	wie ZPO §§ 57, 58	Finanzgericht		Prozeßpfleger
FlurbG § 119 I Nr 1	wie VwVfG § 16 I Nr 1	Flurbereinigungsbehörde → VormG	§§ 1913, 1915 (vgl § 119 IV FlurbG)	Vertreter
– Nr 2	wie VwVfG § 16 I Nr 2		§§ 1911, 1921, 1915 (vgl 119 IV FlurbG)	
– Nr 3	wie VwVfG § 16 I Nr 3		§ 1915 (vgl § 119 IV FlurbG)	
– Nr 4	wie BauGB § 207 Nr 5		wie Nr 3	
– Nr 5	wie BauGB § 207 Nr 4		wie Nr 3	
GBO § 96	Beteiligter am Rangbereinigungsverfahren mit unbekanntem Aufenthalt	Grundbuchamt	§§ 1915, 1913	Pfleger

Pflegschaft

Vorschrift	Anlaß	Ersuchende und/oder bestellende Stelle	Anzuwendende Vorschriften	Bezeichnung
Gesetz über das gerichtliche Verfahren bei Freiheitsentziehungen § 5 II S 2	Unterbleiben der Anhörung des Betroffenen, der ohne Vertreter ist	AG	vgl Rz 12	Verfahrenspfleger
JGG § 67 IV S 3	Entziehung der Rechte der/des Erziehungsberechtigten oder gesetzlichen Vertreters des Beschuldigten wegen Verdachts der Tatbeteiligung	VormG	§§ 1909, 1915 iVm 1693	Prozeßpfleger
Landbeschaffungsgesetz § 29a I b	wie BauGB § 207 Nr 1	Enteignungsbehörde → VormG	§§ 1913, 1915 (vgl § 29a III LandbeschaffungsG)	Vertreter
Landbeschaffungsgesetz § 29a I b	wie VwVfG § 16 I Nr 2		§§ 1911, 1921, 1915 (vgl § 29a III LandbeschaffungsG	
SachenRBerG § 17 I Nr 1	ungeklärte Zuordnung des Eigentums oder dinglichen Rechts an einer betroffenen Fläche	VormG der belegenen Sache (§ 17 II S 2 SachenRBerG)	§ 1915 (vgl § 17 II S 1 SachenRBerG)	Pfleger
– Nr 2	wie VwVfG § 16 I Nr 1		§§ 1913, 1915 (vgl § 17 II S 1 SachenRBerG)	
– Nr 3	wie VwVfG § 16 I Nr 2		§§ 1911, 1921, 1915 (vgl § 17 II S 1 SachenRBerG)	
– Nr 4	unbekannte Beteiligung an einem dinglichen Recht und kein gemeinsamer Vertreter bestellt		wie Nr 1	
– Nr 5	herrenloses Grundstück		wie Nr 1	
SGB X § 15 I Nr 1	wie VwVfG § 16 I Nr 1	Sozialbehörde → VormG	§§ 1913, 1915 (vgl § 15 IV SGB X)	Vertreter von Amts wegen
– Nr 2	wie VwVfG § 16 I Nr 1		§§ 1911, 1921, 1915 (vgl § 15 IV SGB X)	
– Nr 3	wie VwVfG § 16 I Nr 3		§ 1915 (vgl § 15 IV SGB X)	
– Nr 4	wie VwVfG § 16 I Nr 4		§§ 1896, 1901 IV, 1908i (vgl § 15 IV SGB X)	
SGG § 72	prozeßunfähiger Beteiligter ohne Vertreter	Vorsitzender Richter	§§ 57, 58 ZPO (vgl § 71 VI SGG)	Besonderer Vertreter
StPO § 292 II	Abwesenheit/Flucht des Angeschuldigten nach Beschlagnahme seines Vermögens	Richter → VormG	§§ 1911, 1921, 1915	Pfleger
VerkehrswegeplanungsbeschleunigungsG § 8 S 2	ungeklärte Eigentumsverhältnisse an einem betroffenen Grundstück	Planfeststellungsbehörde/ Enteignungsbehörde → Kommunale Aufsichtsbehörde der Gemeinde	§ 16 IV VwVfG iVm § 1915	Vertreter
VermG § 11b	wie EGBGB Art 233 § 2 III	ebenso	§§ 1785, 1786, 1821, 1837, 662ff, VwVfG § 16 III	Vertreter
VwGO § 62 IV	wie ZPO §§ 57, 58	Vorsitzender des Prozeßgerichts		Besonderer Vertreter bzw Prozeßpfleger
VwVfG § 16 I Nr 1	Beteiligte(r) unbekannt	VormG	§§ 1913, 1915 (vgl § 16 IV VwVfG)	Vertreter von Amts wegen
– Nr 2	Beteiligter abwesend oder verhindert		§§ 1911, 1921, 1915 (vgl § 16 IV VwVfG)	
– Nr 3	Beteiligter ohne Aufenthalt in Deutschland, der keinen Vertreter innerhalb der ihm gesetzten Frist bestellt hat		§ 1915 (vgl § 16 IV VwVfG)	
– Nr 4	Psychische Krankheit etc, wie § 1896		§§ 1896, 1901 IV, 1908i (vgl § 16 IV VwVfG)	
ZPO § 57 I	prozeßunfähiger Beklagter ohne Vertreter	Vorsitzender des Prozeßgerichts	vgl Rz 15	Besonderer Vertreter, Prozeßpfleger
ZPO § 57 II	Klage gegen prozeßunfähige Partei an ihrem gewöhnl. Aufenthaltsort (§ 20 ZPO)			
ZPO § 58	Aufgabe des Eigentums an einem Grundstück/eingetragenem Schiff bei noch fehlender Ausübung des Aneignungsrechts			

Vorschrift	Anlaß	Ersuchende und/oder bestellende Stelle	Anzuwendende Vorschriften	Bezeichnung
ZPO § 494 II	Wahrnehmung der Rechte des unbekannten Gegners im selbständigen Beweisverfahren			Besonderer Vertreter
ZPO § 779 II	Unbekannter oder ungewisser Erbe des Vollstreckungsschuldners			Einstweiliger besonderer Vertreter
ZPO § 787	Zwangsvollstreckung bei herrenlosem Schiff oder Grundstück			Besonderer Vertreter
ZVG § 6	Unbekannter Aufenthalt desjenigen, dem zugestellt werden soll	Vollstreckungsgericht	§ 7 ZVG	Zustellungsvertreter
ZVG § 135	Person des an einem zugeteilten Betrag Berechtigten ist unbekannt	Vollstreckungsgericht	§ 7 II ZVG	Besonderer Vertreter
ZVG § 157 II	Ausführung eines Teilungsplans: Berechtigter ist unbekannt	Vollstreckungsgericht	§ 135, § 7 II ZVG	Besonderer Vertreter

16a 9. Das **Verfahren** der Bestellung des Pflegers weist die gleiche Zweistufigkeit auf wie das Verfahren der Bestellung eines Vormundes (§ 1774 Rz 2).

16b 10. Die internationale **Zuständigkeit** für Pflegschaftssachen ist zusammen mit der für Vormundschaftssachen in § 35b FGG geregelt, die örtliche Zuständigkeit des VormG in § 36 FGG; für die verschiedenen Arten von Pflegschaften enthalten die §§ 36a bis 42 FGG Sonderbestimmungen. Funktionell zuständig ist gem § 3 Nr 2 lit a RpflG der Rechtspfleger. Einem Richtervorbehalt unterliegen gem § 14 Nr 4 RpflG „die Anordnung ... einer Pflegschaft über einen Angehörigen eines fremden Staates einschließlich der vorläufigen Maßregeln (Art 24 EGBGB) sowie die Anordnung einer „... Pflegschaft auf Grund dienstrechtlicher Vorschriften". Jedoch obliegen Auswahl und Bestellung des Pflegers auch in diesen Fällen wieder dem Rechtspfleger.

17 11. Die **Mitwirkung des Jugendamts**, die vom JWG rechtssystematisch für alle Arten von Pflegschaft angeordnet war, hat das KJHG (SGB VIII) in § 53 auf die Beistandschaft, Pflegschaft und Vormundschaft für Kinder und Jugendliche, also auf Minderjährige, beschränkt.

18 12. Eine ohne die gesetzlichen Voraussetzungen angeordnete Pflegschaft ist nicht nichtig, sondern nur aufhebbar. Etwas anderes gilt, wenn die Anordnung auf einer fehlerhaften Beurteilung des Gesetzes beruht (§ 1911 Rz 2 aE). Das Prozeßgericht kann die Rechtmäßigkeit der Pflegerbestellung nicht nachprüfen (RG 137, 3; BGH 41, 303, 309); gegebenenfalls kann es das Verfahren nach § 148 ZPO aussetzen und das VormG einschalten (BGH 41, 310).

19 13. Die Überleitung des Rechts der früheren DDR in das der Bundesrepublik Deutschland regelt **Art 234 § 15 EGBGB**:

(1) Am Tag der Wirksamkeit des Beitritts werden die bestehenden Pflegschaften zu den entsprechenden Pflegschaften nach dem Bürgerlichen Gesetzbuch geregelt. Der Wirkungskreis entspricht dem bisher festgelegten Wirkungskreis.

(2) § 14 Abs 2 bis 6 gelten entsprechend.

1909 *Ergänzungspflegschaft*
(1) Wer unter elterlicher Sorge oder unter Vormundschaft steht, erhält für Angelegenheiten, an deren Besorgung die Eltern oder der Vormund verhindert sind, einen Pfleger. Er erhält insbesondere einen Pfleger zur Verwaltung des Vermögens, das er von Todes wegen erwirbt oder das ihm unter Lebenden unentgeltlich zugewendet wird, wenn der Erblasser durch letztwillige Verfügung, der Zuwendende bei der Zuwendung bestimmt hat, daß die Eltern oder der Vormund das Vermögen nicht verwalten sollen.
(2) Wird eine Pflegschaft erforderlich, so haben die Eltern oder der Vormund dies dem Vormundschaftsgericht unverzüglich anzuzeigen.
(3) Die Pflegschaft ist auch dann anzuordnen, wenn die Voraussetzungen für die Anordnung einer Vormundschaft vorliegen, ein Vormund aber noch nicht bestellt ist.

1 1. Abs I regelt die **Ergänzungspflegschaft**, Abs I S 2 den Unterfall der **Verwaltungspflegschaft**, Abs III die **Ersatzpflegschaft**. Die in Abs II begründete Anzeigepflicht gilt für alle Fälle der Abs I und III.

2 2. Eine **Ergänzungspflegschaft** ergänzt als unselbständige Pflegschaft (vor § 1909 Rz 6) die elterliche Sorge oder eine Vormundschaft insoweit, als Eltern oder Vormund gehindert sind, Angelegenheiten des Minderjährigen zu besorgen. Das Gesetz spricht in § 1693 und in § 1909 von Verhinderung des Sorgeberechtigten, was sowohl auf Fälle zutrifft, in denen andere Vorschriften das Vertretungsrecht verneinen oder dessen Entziehung erlauben, als auch auf Fälle tatsächlicher Verhinderung. Erstreckt sich eine nicht nur vorübergehende Verhinderung auf das Vertretungsrecht sowohl in den für die Person als auch in den das Vermögen betreffenden Angelegenheiten, so ist eine Ergänzung ausgeschlossen und der bisherige gesetzliche Vertreter dadurch zu ersetzen, daß Vormundschaft angeordnet wird (§ 1773 I). Bei Verhinderung eines Betreuers – auf ihn sind die materiellen Vorschriften, die beim Vormund zur Verhinderung führen entsprechend anzuwenden – ist nach § 1899 IV ein Ergänzungsbetreuer zu bestellen (vgl § 1899 Rz 6).

§ 1909

a) Die **rechtliche Verhinderung** beruht darauf, daß 3
aa) das Gericht einen Teil der Sorge **(1) nicht überträgt**, nämlich dem Vormund die religiöse Erziehung (§ 1801 Rz 1). Entfallen ist infolge des KindRG die zuvor in § 1671 V aF vorgesehene Möglichkeit, bei Scheidung der Elternehe einen Teil der elterlichen Sorge weder beiden Elternteilen zu belassen, noch einem alleine zu übertragen, sondern statt dessen einen Ergänzungspfleger zu bestellen. Heute kann ein gleiches Ergebnis nur dadurch erreicht werden, daß das FamG nach § 1666 einen Teil der Sorge beiden Eltern entzieht;

(2) den Eltern oder dem Vormund das Sorgerecht **entzieht** (§§ 1666, 1796, 1629 II S 3, 1837 IV, 1801). In diesen Fällen ist zu beachten, daß dann, wenn der Hinderungsgrund bei einem von beiden gesamtsorgeberechtigten Elternteilen eintritt, grundsätzlich nach § 1680 der andere sorgeberechtigt wird (vgl § 1629 Rz 23). Typischen Anwendungsfall von § 1796 bildet der Interessengegensatz, in dem sich ein Elternteil als Testamentsvollstrecker, oft ernannt von dem vorverstorbenen anderen Elternteil, befindet, der gem § 2209 die Erbschaft des Kindes zu verwalten hat (Hamm FamRZ 1993, 1122). Hinsichtlich der Kontrollrechte, die der Erbe gegen den Testamentsvollstrecker hat, wäre der Elternteil Kontrolleur und Kontrollierter, so daß das FamG (§ 1693) die Wahrnehmung der dem Erben gegen den Testamentsvollstrecker zustehenden Rechte dem Elternteil entziehen und auf einen Pfleger übertragen wird. 4

(3) Auch das **Ruhen** der elterlichen Sorge stellt einen Fall rechtlicher Verhinderung dar. Das Ruhen ergibt sich von selbst, wenn ein Elternteil geschäftsunfähig ist (§ 1673 I); es ergibt sich aus einer gerichtlichen Entscheidung, wenn es auf der Feststellung des Gerichts beruht, daß ein Elternteil die Sorge auf längere Zeit nicht ausüben kann (§ 1674 I).

bb) Von diesen ausschließlich in der Person der Eltern oder des Vormunds begründeten Fällen unterscheidet 5
sich derjenige des § 1795, in dem die rechtliche Verhinderung auf der Stellung der Eltern oder des Vormunds zu einer bestimmten oder einem Kreis bestimmter Angelegenheiten beruht. Ist in der Person eines gesamtsorgeberechtigten Elternteils ein Ausschlußgrund des § 1795 gegeben, so ist stets auch der andere Elternteil von der Vertretung ausgeschlossen (vgl § 1629 Rz 17). Es folgt dies daraus, daß § 1629 II S 1 den „Vater und die Mutter" für ausgeschlossen erklärt; entsprechend sieht § 1629 II S 3 vor, daß das FamG „dem Vater und der Mutter" die Vertretung entzieht.

Für zwei verhinderte gesamtvertretungsberechtigte Elternteile ist nur ein einziger Pfleger zu bestellen. Für mehrere Kinder oder Mündel braucht dann, wenn diese eine gleichlautende Erklärung abzugeben haben, nur ein Pfleger bestellt zu werden, weil dann alle Vertretenen auf derselben Seite des Rechtsgeschäfts stehen (§ 1795 Rz 8). 6

Von der Vertretung des Kindes bei der gerichtlichen Geltendmachung seines Unterhaltsanspruches gegen einen 7
Elternteil ist der andere durch § 1795 I Nr 1 und 3 iVm § 1629 II S 1 ausgeschlossen, wenn die Eltern miteinander verheiratet sind. Auf nicht miteinander verheiratete Eltern ist § 1795 I Nr 1 und 3 entsprechend anzuwenden, wenn die Eltern zusammenleben (vgl § 1795 Rz 24). Das Vertretungsverbot gilt auch, wenn der in Anspruch zu nehmende Teil nicht sorgeberechtigt ist. Solange miteinander verheiratete Eltern zusammenleben, kann jedoch jeder Elternteil seinen eigenen Anspruch gegen den Ehegatten auf dessen Beitrag zum Familienunterhalt (§ 1360) auch mit dem Unterhaltsbedarf eines im gemeinsamen Haushalt lebenden gemeinschaftlichen Kindes begründen. Leben die Ehegatten getrennt, so hat, solange noch keine gerichtliche Regelung der Personensorge getroffen ist, derjenige Elternteil, in dessen Obhut sich das Kind befindet, das Alleinvertretungsrecht für die Geltendmachung des Unterhaltsanspruchs des Kindes gegen den anderen Elternteil (§ 1629 II S 2); das gilt auch für nicht miteinander verheiratete Eltern, die sich getrennt haben, wenn sie gemeinsam sorgeberechtigt sind. Der mit dem anderen Elternteil nicht verheiratete Teil, der allein sorgeberechtigt ist, kann, wenn er mit dem anderen Teil nicht zusammenlebt, das Kind stets gegenüber diesem vertreten. Sobald eine Regelung über das Personensorgerecht getroffen ist, begründet anstelle der Obhut die Berechtigung zur Personensorge das Alleinvertretungsrecht für die Geltendmachung von Unterhaltsansprüchen des Kindes gegen den anderen Elternteil; für eine Pflegerbestellung ist dann kein Raum (Amtl Begr zum 1. EheRG, BT-Drucks 7/650, 175; LG Osnabrück DAVorm 1982, 1111). Schließlich entfällt mit Rechtskraft eines Scheidungsurteils der Ausschlußgrund des § 1795 I Nr 1, 3 (s § 1795 Rz 16), so daß der sorgeberechtigte Elternteil den Unterhaltsanspruch des Kindes als dessen Vertreter gegen den anderen Elternteil geltend zu machen hat.

Anstelle eines rechtlich **verhinderten Vormunds** ist, solange dieser nicht entlassen wird, ein Pfleger zu bestel- 8
len. Bei dauernder Verhinderung bezüglich eines Kreises von Angelegenheiten kommt auch die nachträgliche Bestellung eines Mitvormundes gem § 1797 II mit einem auf die Angelegenheiten, an deren Besorgung der frühere Einzelvormund gehindert ist, beschränkten Wirkungskreis in Betracht. Sie bedarf der Zustimmung des bereits bestellten Vormunds (§ 1778 IV).

Der Ausschluß von der Besorgung einzelner Angelegenheiten kann sich auch aus anderen Vorschriften als 9
§ 1795 ergeben. So darf ein wegen Betroffenheit ausgeschlossener Gesellschafter (zB nach § 47 IV GmbHG) auch nicht als Vertreter eines Mitgesellschafters abstimmen. Nach § 52 II S 2 StPO kann ein gesetzlicher Vertreter über die Ausübung des dem Vertretenen zustehenden Zeugnisverweigerungsrechts nicht entscheiden, wenn er selbst oder ein gesamtvertretungsberechtigte Elternteil der Beschuldigte ist. Ähnliches gilt im Zivilprozeß (Stein/Jonas/Schumann ZPO § 383 Rz 10). Auf die Erhebung einer Nebenklage eines Elternteils in Vertretung des Kindes gegen den anderen Elternteil ist der Rechtsgedanke des § 1795 entsprechend anzuwenden (Stuttgart, Die Justiz 1999, 348).

b) Besteht eine tatsächliche Verhinderung für längere Zeit, ohne endgültig zu sein, so wird das FamG die in 10
§ 1675 I vorgesehene Feststellung treffen mit der Folge, daß die elterliche Sorge ruht (Rz 4 unter 3). Ohne eine solche Feststellung, vor allem demnach in Fällen vorübergehender, kurzfristiger Verhinderung, übt der andere

§ 1909 Familienrecht Pflegschaft

Elternteil, wenn es gemeinsam berechtigt ist, die Sorge allein aus (§ 1678 I). Die Übertragung auf den anderen, nicht sorgeberechtigten Elternteil kommt entsprechend § 1678 II nur in Betracht, wenn keine Aussicht besteht, daß die tatsächliche Verhinderung wegfallen werde. Dann wird das VormG nach § 1909 I S 1 einen Pfleger bestellen. Die **tatsächliche Verhinderung** kann auf großer räumlicher Entfernung, Abwesenheit (Düsseldorf NJW 1968, 453), Haft (BayObLG NJW 1975, 1082), Krankheit, auch auf hohem Alter beruhen (BayObLG Ez FamR § 1909 Nr 2). In BayObLG 1976, 214, 217 ist auch der Fall, daß dem Vormund die **Geschäftsgewandtheit** für bestimmte, vorübergehend wahrzunehmende Aufgaben **fehlt**, als tatsächliche Verhinderung durch Bestellung eines Ergänzungspflegers ausgeglichen worden; das wird von Gernhuber/Coester-Waltjen § 75 V S 2 kritisiert und von MüKo/Schwab Rz 14 abgelehnt. Der Hinweis Coester-Waltjens und Soergel/Zimmermanns Rz 4 auf die Möglichkeit einer Bevollmächtigung setzt allerdings voraus, daß Eltern oder Vormund Einsicht in ihre fehlende Sachkunde haben. Nur bei voraussichtlich einmaligem oder kurzfristigem Bedürfnis kommt die Bestellung eines Ergänzungspflegers in Betracht, auch als Eilmaßnahme. Sind die Eltern oder der Vormund weniger verhindert als daß sie durch Unzulänglichkeit das Wohl des Kindes oder Mündels gefährden, muß zunächst das Sorgerecht gem §§ 1666, 1837 IV entsprechend eingeschränkt werden. Eine Selbstablehnung des gesetzlichen Vertreters begründet (mit BayObLG FamRZ 1962, 36, 38) keine tatsächliche Verhinderung, gibt jedoch Anlaß zu prüfen, ob eine Maßnahme nach §§ 1666ff oder § 1796 angezeigt ist. Im Fall Karlsruhe FamRZ 1966, 268, in dem die inkognito gebliebenen Adoptiveltern das Kind in einem Rechtsstreit mit dem leiblichen Vater nicht vertreten wollten – der Fall ist entgegen Gernhuber/Coester-Waltjen § 75 V Fn 4 auch unter dem neuen Adoptionsrecht möglich (vgl § 1755 Rz 7) – wäre heute wegen des von § 1758 anerkannten Schutzes des Inkognitos eine rechtliche Verhinderung anzunehmen. Bei endgültiger tatsächlicher Verhinderung hat das Gericht die in § 1674 I vorgesehene Feststellung zu treffen; dann erst kann für umfassend verhinderte Eltern statt eines Pflegers ein Vormund bestellt werden, weil dafür nach § 1773 vorausgesetzt ist, daß die Eltern zur Vertretung nicht „berechtigt" sind.

11 c) Der Ergänzungspfleger braucht, auch wenn er für verhinderte Eltern bestellt ist, für Rechtsgeschäfte die **Genehmigung** des Gegenvormunds oder **VormG** im gleichen Umfang wie ein Vormund.

12 3. Jede Anordnung einer Pflegschaft setzt ein **Bedürfnis** voraus. Daran fehlt es bei Verhinderung eines von beiden gemeinsam sorgeberechtigten Elternteilen (Rz 10), wenn der andere gem § 1678 I automatisch alleine sorgeberechtigt wird.

a) In den Fällen der rechtlichen Verhinderung aufgrund Nichtübertragung oder Entzug von Sorgerecht (Rz 3, 4) besteht das Bedürfnis schon darin, daß das Kind oder der Mündel für einen Teil der Angelegenheiten, für die es bei abstrakter Betrachtung der Sorge bedarf, keinen Repräsentanten hat.

13 b) Dagegen muß in den Fällen der §§ 1795, 1796 (Rz 5ff) ein konkretes Bedürfnis nach Wahrnehmung der jeweiligen Angelegenheit bestehen. Je umfassender der Kreis von Angelegenheiten, an deren Besorgung der Vormund oder Elternteil gehindert ist, desto allgemeiner kann das Fürsorgebedürfnis sein; je konkreter die Angelegenheit, desto aktueller muß das Bedürfnis sein. In keinem Fall genügt die Möglichkeit, daß ein Bedürfnis entsteht; eine sog **Beobachtungspflegschaft** (Vigilanzpflegschaft) ist unzulässig (BGH NJW 1976, 49, 51; KG OLG 7, 127, 129; RJA 16, 19; BayObLG FamRZ 1962, 36, 37). Die für einen Minderjährigen als Mitglied einer Familiengesellschaft verbreitete „**Dauerpflegschaft**" hat mit der veränderten Rspr zu § 1795 (§ 1795 Rz 7) ihren Anlaß verloren. Auch der BFH hat seine frühere Rspr, nach der für die einkommensteuerrechtliche Anerkennung einer FamilienKG erforderlich war, daß ein beteiligtes Kind einen Ergänzungspfleger hatte, aufgegeben (NJW 1976, 1287). Ob für mehr als ein an einer Familiengesellschaft beteiligtes Kind ein einziger oder jeweils ein Pfleger zu bestellen ist, richtet sich nach der Struktur des ausstehenden Rechtsgeschäfts, danach also, ob beide Kinder auf derselben Seite des Rechtsgeschäfts stehen oder gegeneinander stehen (§ 1795 Rz 8). Kein Bedürfnis nach Pflegerbestellung besteht, wenn das VormG kraft §§ 1666 I, 1693, 1837 IV, 1846 eine erforderliche Maßnahme wirksamer selbst treffen kann; andererseits kann die Maßnahme nach §§ 1693, 1846 gerade in der Bestellung eines Pflegers bestehen: diese Möglichkeit hat grundsätzlich Vorrang vor dem unmittelbaren Eingreifen des VormG. Das Bedürfnis fehlt, wenn das von dem gesetzlichen Vertreter geplante Rechtsgeschäft nicht wirksam zustande kommen kann, weil es gegen die guten Sitten oder ein gesetzliches Verbot verstoßen würde, zB gegen das Schenkungsverbot des § 1804 (Hamm FamRZ 1985, 206, 207). Andererseits kann das VormG das Bedürfnis für die Bestellung eines Pflegers für ein seiner Genehmigung bedürftiges Geschäft nicht damit verneinen, daß es ein solches Geschäft nicht zu genehmigen gedenke; dieser Beurteilung unterliegt erst das vom Pfleger abgeschlossene Rechtsgeschäft (Soergel/Zimmermann Rz 10).

13a c) Daß die Pflegschaft immer dem Wohl des Pfleglings dienen müsse (so MüKo/Schwab Rz 33), trifft nicht zu. Vielmehr beanspruchen die Gründe, aus denen einem volljährigen Betreuten auch im **Interesse eines Dritten** ein Betreuer bestellt werden kann (§ 1896 Rz 54), dann, wenn Eltern oder der Vormund an der Vertretung des Kindes oder Mündels gehindert sind, die Bestellung eines Ergänzungspflegers, zB wenn ein Elternteil, der nicht das Sorgerecht hat, vertraglich aus einer aus Eltern und Kindern bestehenden Familiengesellschaft ausscheiden will oder immer dann, wenn ein Angehöriger iSv § 1795 I Nr 1 Ansprüche gegen das Kind geltend machen will.

14 4. Einem Wunsch des gesetzlichen Vertreters nach Bestellung eines Ergänzungspflegers ist stattzugeben, wenn das Vorliegen einer rechtlichen Verhinderung oder des Bedürfnisses zweifelhaft ist, aber die Rechtsfrage von einem anderen Gericht anders beantwortet werden könnte (KG JW 1935, 2154, 2155). Aus dem gleichen Grund kann die Bestellung und die Zuständigkeit des Ergänzungspflegers nicht mit bloßen Zweifeln verneint werden, wonach der Vertretene selbst handlungsfähig sein könnte (KG NJW 1982, 526 betr 16jährigen Asylbewerber).

15 5. Bei der **Verwaltungspflegschaft (Abs I S 2)** ist die Verhinderung nicht in der Person der Eltern oder des Vormunds begründet, sondern beruht auf Anordnung eines Dritten. Wer eine unentgeltliche Zuwendung macht, sei sie Schenkung unter Lebenden oder Zuwendung von Todes wegen, kann für Fälle, in denen der Empfänger sein

Vermögen nicht autonom verwaltet, die Verwaltung durch Eltern oder Vormund mit der Folge ausschließen, daß das Zugewendete von einem Ergänzungspfleger bzw Ergänzungsbetreuer (§ 1899 Rz 6) zu verwalten ist. Das sieht § 1638 für den unter elterlicher Sorge stehenden Zuwendungsempfänger vor; für einen Bevormundeten ergibt es sich unmittelbar aus §§ 1794, 1909 I S 2. Die unterschiedliche Gesetzeslage zwingt aber zu dem Schluß, daß sich die Vermögenssorge von Eltern von vornherein nicht auf eine solche Zuwendung erstreckt (BayObLG Recht 1916, 952), während sich beim Vormund die Beschränkung erst aus der Bestellung des Pflegers ergibt. Der Zuwendende kann sich darauf beschränken, einen Elternteil von der Verwaltung auszuschließen; dann hat der andere Elternteil die Zuwendung allein zu verwalten und in diesem Umfang das Kind allein zu vertreten (§ 1638 III). Hat der Dritte angeordnet, daß Eltern das zugewendete Vermögen nicht verwalten sollen und werden später die Eltern zu Betreuern des volljährig gewordenen Kindes bestellt, so gilt die Anordnung auch für die Betreuung (vgl Neustadt FamRZ 1961, 81). Hinsichtlich der Person des Pflegers hat der Dritte ein Benennungsrecht, siehe § 1917 I. Die Gültigkeit der letztwilligen Verfügung hat das VormG vor Anordnung der Pflegschaft zu prüfen (KGJ 1938, 69, 72), im Zweifel diese aber einzuleiten und es dem Pfleger zu überlassen, eine Entscheidung des Prozeßgerichts herbeizuführen (Hamburg OLG 26, 118). Ist dem Kind oder Mündel eine Erbschaft zugefallen und ein Testamentsvollstrecker ernannt, so ist das kein Fall von § 1909 I S 2, zumal das Kind gewisse Rechte, besonders Kontrollrechte, gegen den Testamentsvollstrecker behält, zu deren Wahrnehmung dann aber, wenn der Elternteil oder der Vormund dieser Testamentsvollstrecker ist, gem § 1796 ein Pfleger zu bestellen ist (Rz 4).

6. Abs III: Ersatzpflegschaft. Liegen die Voraussetzungen für die Anordnung einer Vormundschaft vor, so kann sich die Bestellung eines Vormunds infolge Schwierigkeiten der Auswahl oder der Weigerung eines Berufenen verzögern. In einem solchen Fall kann das VormG nach §§ 1693, 1837 III, 1846 die im Interesse des Kindes erforderlichen Maßnahmen treffen (vgl Erläuterungen zu § 1846). Zu diesen gehört die sog Ersatzpflegschaft, deren Anordnung angezeigt ist, wenn das VormG dem Bedürfnis nicht durch Einzelmaßnahmen abhelfen kann. **16**

7. Wegen des **Verfahrens** siehe zunächst vor § 1909 Rz 16a. Sind es Eltern, die an der Besorgung von Angelegenheiten der elterlichen Sorge verhindert sind, so ist seit dem KindRG gem § 1693 das FamG zuständig. Bezüglich der funktionellen Zuständigkeit sind die zusätzlichen Richtervorbehalte in § 14 Nr 8 und 19 RpflG zu beachten. Ist für einen Vormund oder einen Beistand ein Ergänzungspfleger zu bestellen, so ist nach § 37 I FGG das Gericht zuständig, bei dem die Vormundschaft oder Beistandschaft anhängig ist. **17**

8. Gegen die Anordnung steht den Eltern oder dem Vormund die **Beschwerde** nach § 20 FGG, dem Kinde oder Mündel nach § 59 FGG zu, jedoch nicht dem Prozeßgegner des Pflegers (KGJ 24, 152, 153), gegen Ablehnung der Anordnung oder gegen Aufhebung der Pflegschaft jedem, der ein rechtliches Interesse an einer Änderung hat, darüber hinaus auch dem Ehegatten sowie den Verwandten und Verschwägerten des Pfleglings (§ 57 I Nr 3 FGG), jedoch nicht dem Pfleger (BGH NJW 1953, 1666, 1667; RG 151, 57, 62f; BayObLG FamRZ 1962, 36). Über Berufung als Pfleger und die Auswahl durch das VormG siehe § 1916 mit Erläuterungen. **18**

9. Die **Pflegschaft endet a) kraft Gesetzes, aa)** bei Tod oder Todeserklärung des Pfleglings (vgl § 1884 II), nicht jedoch bei Tod des verschollenen Pfleglings, in diesem Fall gehen §§ 1884 I, 1915 dem § 1918 I vor. Die Ergänzungspflegschaft des Abs I endet außerdem mit der Beendigung der elterlichen Sorge oder der Vormundschaft bei Eintritt der Volljährigkeit des Kindes, ebenso wie bei einem Wechsel des sorgeberechtigten Elternteils oder des Vormunds (§ 1918 Rz 3). **bb)** wenn es sich um eine Pflegschaft zur Besorgung einer einzelnen Angelegenheit handelt, mit deren Erledigung (§ 1918 III). **19**

b) Im übrigen endet die Pflegschaft mit **Aufhebung** durch das VormG gem § 1919 bei Wegfall ihres Grundes, zB der Verhinderung der Eltern oder des Vormunds im Falle des Abs I oder Bestellung des Vormunds im Falle des Abs III (Staud/Bienwald § 1919 Rz 8). **20**

1910 (weggefallen)

1911 *Abwesenheitspflegschaft*

(1) Ein abwesender Volljähriger, dessen Aufenthalt unbekannt ist, erhält für seine Vermögensangelegenheiten, soweit sie der Fürsorge bedürfen, einen Abwesenheitspfleger. Ein solcher Pfleger ist ihm insbesondere auch dann zu bestellen, wenn er durch Erteilung eines Auftrags oder einer Vollmacht Fürsorge getroffen hat, aber Umstände eingetreten sind, die zum Widerruf des Auftrags oder der Vollmacht Anlaß geben.

(2) Das gleiche gilt von einem Abwesenden, dessen Aufenthalt bekannt ist, der aber an der Rückkehr und der Besorgung seiner Vermögensangelegenheiten verhindert ist.

1. Abwesenheit ist auf den Ort zu beziehen, an dem das Fürsorgebedürfnis für die Vermögensangelegenheit auftritt (RG 98, 263, 267; KG OLG 18, 306, 307). Bei Abs I S 1 muß der Aufenthalt des Abwesenden **unbekannt** sein. Eine bestimmte Zeit der Nachrichtenlosigkeit verlangt das Gesetz nicht. Unbekannter Aufenthalt und Nachrichtenlosigkeit können bedeuten, daß der Betroffene nicht mehr am Leben ist. Bestehen ernstliche Zweifel an seinem Fortleben, so ist er iSd § 1 VerschollenheitsG verschollen. Auch einem Verschollenen kann bis zu einer Todeserklärung ein Pfleger bestellt werden (BayObLG 2, 42, 45). Die Rechtswirksamkeit der Pflegschaft und der von und gegenüber dem Pfleger vorgenommenen Rechtsgeschäfte wird nicht berührt, wenn sich später herausstellt, daß der Abwesende zZt der Anordnung der Pflegschaft nicht mehr gelebt hat (RG JW 1911, 100; Nürnberg DNotZ 1955, 587; vgl § 1921 II S 2). Rechtshandlungen des Pflegers nach dem Tod des Pfleglings wirken für und gegen den Erben. Wird das Fürsorgebedürfnis durch einen erbrechtlichen Erwerb ausgelöst, dessen Zeitpunkt nach **1**

§ 1911

dem Ende der Lebensvermutung des § 9 III, IV VerschollenheitsG liegt, so wird die Abwesenheitspflegschaft von der Nachlaßpflegschaft des § 1960 verdrängt; das gilt auch, wenn keine Todeserklärung erfolgt ist, vgl § 10 VerschollenheitsG (zum Meinungsstand MüKo/Schwab Rz 8). Bei Abwesenheit mit bekanntem Aufenthaltsort (Abs II) muß der Abwesende durch besondere Umstände **verhindert** sein, rechtzeitig an den Ort zu gelangen, an dem die Vermögensangelegenheit zu besorgen ist (RG 98, 267); kann die Vermögensangelegenheit ebensogut durch einen Bevollmächtigten wahrgenommen werden (dazu Rz 4), so ist die Verhinderung auch auf dessen Bestellung zu beziehen. Eine wesentliche Erschwerung des Ortswechsels steht der Verhinderung gleich (BayObLG 9, 428). Gleichgültig ist in diesen Fällen, ob die Abwesenheit zB bei ausgedehnten Reisen, auswärtigen Geschäften oder auch entferntem Wohnsitz gewollt ist oder nicht. Auslandsaufenthalt eines Steuerflüchtigen ist nicht als Verhinderung anzusehen, wenn ihm die Rückkehr möglich wäre (KG JFG 12, 136). Bei bekanntem Aufenthalt überschneidet sich mit dem Fall der Verhinderung der Fall, daß die Verbindung mit dem Abwesenden unterbrochen oder in einer Weise erschwert ist, daß dieser Vermögensangelegenheiten nicht ordnungsgemäß besorgen kann. Für diese Fälle eröffnet § 10 **ZuständigkeitsergänzungsG** (Rz 12ff) eine besondere Abwesenheitspflegschaft. Das ZustErgG ermöglicht auch eine Abwesenheitspflegschaft für **juristische Personen** und **Gesellschaften**, wenn die Voraussetzung mangelnder oder erschwerter Verbindung im Verhältnis zu der vertretungsberechtigten natürlichen Person besteht. Außerhalb § 10 ZustErgG ist eine Abwesenheitspflegschaft für juristische Personen nach wie vor (vgl KG JW 1920, 497, 498) abzulehnen (Pal/Diederichsen Rz 1; Soergel/Zimmermann Rz 2).

2 2. Das **Fürsorgebedürfnis** muß die **Vermögensangelegenheiten** des Abwesenden betreffen. a) Dabei muß es sich um **eigene Angelegenheiten des Abwesenden** handeln, nicht solche, die er als gewillkürter oder gesetzlicher Vertreter oder als Organ, Träger eines privatrechtlichen Amtes oder als Partei kraft Amtes wahrzunehmen hat.

b) Keine Abwesenheitspflegschaft für **persönliche Angelegenheiten** wie Erhebung einer Scheidungsklage (RG 126, 261, 262), Vaterschaftsanfechtung (Koblenz FamRZ 1974, 222), Nebenklage wegen Körperverletzung (Frankfurt NJW 1950, 882, 883), Stellung eines Strafantrags, es sei denn wegen der Verletzung eines vom Pfleger wahrzunehmenden Vermögensrechts (BGH 18, 389, 395), Vaterschaftsanerkenntnis, das zwar erhebliche vermögensrechtliche Bedeutung hat, aber gem § 1596 III höchstpersönlich ist (Beitzke ZfJ 1961, 296; anders LG Freiburg Rpfleger 1949, 614). Die Bestellung eines Abwesenheitspflegers zur Wahrnehmung persönlicher Angelegenheiten ist, weil im Gesetz nicht vorgesehen, nichtig (Koblenz FamRZ 1974, 222).

3 c) Weder für Minderjährige noch für einen Betreuten kommt eine Abwesenheitspflegschaft in Betracht, weil die Vertretungsmacht des Sorgeberechtigten, Vormunds oder Betreuers von einer Abwesenheit des Kindes oder Betreuten nicht berührt wird. Umgekehrt ist Eltern, dem Vormund oder dem Betreuer im Fall ihrer Abwesenheit kein Pfleger für die Vermögensangelegenheiten des Kindes oder Mündels zu bestellen, weil § 1911 eigene Angelegenheiten des Abwesenden voraussetzt (Rz 2); doch kann das Kind nach § 1909 einen Ergänzungspfleger erhalten, wenn Eltern oder Vormund infolge ihrer Abwesenheit verhindert sind (§ 1909 Rz 10). Beim Vormund kommt auch eine einstweilige Maßregel nach § 1846 in Betracht; bei einem Betreuer gelten §§ 1899 IV, 1908i I S 1 iVm § 1846.

4 d) Der Abwesende bedarf keiner Fürsorge, wenn er seine Vermögensangelegenheiten schriftlich (BayObLG 9, 428, 430) oder mittels eines **Bevollmächtigten** erledigen kann. Hat der Abwesende einen Bevollmächtigten, so kann sich ein Fürsorgebedürfnis daraus ergeben, daß Anlaß besteht, die Vollmacht oder einen erteilten Auftrag zu widerrufen (Abs I S 2; §§ 168, 671, 675); der Widerruf erfolgt dann durch den Pfleger, der hierüber selbständig entscheidet.

5 e) Entsprechend der ausdrücklichen Voraussetzung des Abs I S 1 Hs 2 erfordert die Abwesenheitspflegschaft ein **Bedürfnis der Fürsorge** für den Abwesenden (so ohne Einschränkung: Staud/Bienwald Rz 9ff; RG WarnRspr 1920 Nr 48 [S 60]; OGH 1, 81, 83; Zweibrücken FamRZ 1987, 523). Dabei setzt sich zunehmend die Ansicht durch, daß die früher übliche Unterscheidung des Interesses des Abwesenden, dem die Bestellung eines Pflegers ausschließlich oder vorwiegend dienen müsse (so Beitzke/Lüderitz 26. Aufl 1992 § 39 IV), den hier auftretenden Sachverhalten nicht gerecht wird (Staud/Bienwald Rz 10f; MüKo/Schwab Rz 14f; Soergel/Zimmermann Rz 25). Anders als im Betreuungsrecht gegenüber einem Geschäftsunfähigen ist ein Dritter gegenüber dem Abwesenden oft nicht wehrlos: ihm stehen die öffentliche Zustellung und das Versäumnisverfahren zur Verfügung; den entstehenden Schaden kann er vielfach auf den Abwesenden abwälzen, so daß erst im Fall der Leistungsunfähigkeit des Abwesenden das dann pervertierte Argument ermöglichte, daß die Bestellung eines Pflegers nicht in seinem Interesse liege. Es ist daher darauf abzustellen, ob der Abwesende in der eingetretenen Lage sich in vernünftiger und redlicher Weise eines Bevollmächtigten bedienen würde. Das gilt jedenfalls in bestehenden und während der Abwesenheit entstandenen rechtlichen Verhältnissen. Dagegen scheidet eine Abwesenheitspflegschaft zur Begründung von Rechtsverhältnissen aus; dabei ist das Institut der Abwesenheitspflegschaft nicht über das der GoA, das keine Vertretungsmacht begründet, hinauszuführen.

6 3. Ob der Pfleger nur für eine einzige, für einzelne oder alle Vermögensangelegenheiten zu bestellen ist, hängt von dem Umfang des Fürsorgebedürfnisses ab. Der **Wirkungskreis des Pflegers** ist bei der Bestellung zu bestimmen. Ist der Pfleger für alle Vermögensangelegenheiten bestellt, was im Zweifel angenommen werden kann, so obliegt ihm nicht nur die Erhaltung, sondern auch die Verwaltung des Vermögens (KG OLG 37, 252). Auch dann kann der Pfleger aber nicht schlechthin in Vermögensangelegenheiten für den Abwesenden tätig werden, sondern nur in Vermögensangelegenheiten des Abwesenden. Ein geltend gemachter Anspruch muß im Fall seines Bestehens zum Vermögen des Abwesenden gehören (BGH 5, 240, 242). Hierfür ist der Pfleger beweispflichtig. Er ist befugt, eine Erbschaft namens des Abwesenden anzunehmen oder auszuschlagen (KGJ 53, 250, 252), vorausgesetzt, daß der Abwesende den Erbfall erlebt hat (BayObLG RJA 13, 177), einen Erbschein zu beantragen (KG RJA 13, 198), einen Antrag auf Eröffnung des Insolvenzverfahrens und mit vormundschaftsgerichtlicher Genehmigung auch auf Todeserklärung des Abwesenden zu stellen (§ 16 II b und III VerschG; BGH NJW 1956, 104; RG 74, 331).

Wie bei anderen Pflegschaften ist auch bei der Abwesenheitspflegschaft der auf Besorgung der anstehenden 6a
Angelegenheiten gerichteten Hauptaufgabe die allgemeine Aufgabe immanent, ihren Anlaß dadurch zu beseitigen,
daß der Aufenthalt des Pfleglings ermittelt, der Kontakt zu ihm hergestellt und seine Rückkehr ermöglicht wird
(Pal/Diederichsen Rz 9; KG JR 1967, 26, 27; Brandenburg FamRZ 1995, 1445; zurückhaltender BGH WM 1956,
573, 575; aA Soergel/Zimmermann Rz 14). Das Gegenteil ergibt sich nicht etwa daraus, daß das die Pflegschaft
anordnende Gericht Ermittlungen angestellt haben muß, bevor es den Tatbestand der Abwesenheit festgestellt hat;
wenn das Gericht wegen Dringlichkeit nicht allen Spuren nachgegangen ist oder sich neue ergeben, hat der Pfleger
sie zu verfolgen. Gegebenenfalls hat der Pfleger die Todeserklärung des Abwesenden zu betreiben (BayObLG
1962, 373, 376). Seine Antragsberechtigung folgt aus § 16 I Nr 2 VerschollenheitsG; erforderlich ist nach dessen
Abs III die Genehmigung des VormG.

4. Der Abwesenheitspfleger ist gesetzlicher Vertreter des Abwesenden, hat aber dessen ermittelbaren – dies beson- 7
ders im Fall des Abs II – wirklichen oder mutmaßlichen Willen zu beachten (vor § 1909 Rz 4). So könnte der Abwesende vorsorgliche Bestimmungen getroffen haben, etwa gegenüber einem dann fortgefallenen Bevollmächtigten.

5. **Sonderbestimmungen.** Sonderfälle einer Abwesenheitspflegschaft regeln § 81 I Nr 2 AO, § 207 S 1 Nr 2 8
BauGB, § 19 II Nr 2 BDO, §§ 88, 99 FGG, § 119 I Nr 2 FlurbG, § 96 GBO, § 29a I b LandbeschaffungsG, § 17 I
Nr 3 SachenrechtsbereinigungsG, § 15 I Nr 2 SGB X, § 292 II StPO, § 16 I Nr 2 VwVfG.

6. Wegen des **Verfahrens** siehe vor § 1909 Rz 16a ff. Örtlich **zuständig** ist gem § 39 FGG primär das Gericht 9
des Wohnsitzes, hilfsweise für einen Deutschen das AG Schöneberg und für einen Ausländer das Gericht des Fürsorgebedürfnisses. Das VormG hat die Abwesenheitspflegschaft nach Feststellung ihrer gesetzlichen Voraussetzungen (§ 12 FGG) **von Amts wegen** einzuleiten (BayObLG OLG 28, 328). Hinsichtlich der Berufung zum Amt des
Abwesenheitspflegers sind die §§ 1776ff gem § 1915 I entsprechend anwendbar. Gegen die Anordnung der Pflegschaft steht dem Pflegling und dem Pfleger, nicht aber dem Gläubiger oder Prozeßgegner die **Beschwerde** zu
(§ 20 FGG; BayObLG 9, 364, 366), gegen die Ablehnung der Anordnung und die Aufhebung jedem, der ein rechtliches Interesse an der Änderung der Verfügung hat (§ 57 I Nr 3 FGG), zB einem Gläubiger des Abwesenden
(MüKo/Schwab Rz 27) oder einem Miterben gegen Ablehnung der Pflegschaft für andere Miterben (KG NJW
1962, 1921). Gegen Entlassung des Pflegers bei fortdauernder Pflegschaft steht diesem nach § 60 I Nr 3 FGG die
sofortige Beschwerde zu (KG JR 67, 26).

7. Die **Pflegschaft endet a) kraft Gesetzes** bei Anordnung zur Besorgung einer einzelnen Angelegenheit mit 10
deren Erledigung (§ 1918 III) und mit Rechtskraft des die Todeserklärung aussprechenden oder die Todeszeit des
Pfleglings feststellenden Beschlusses (§ 1921 III); b) mit **Aufhebung** durch das VormG bei Wegfall des Grundes
der Anordnung (§§ 1919, 1921 I; vgl zB Frankfurt MDR 1961, 57) und bei Bekanntwerden des Todes des Abwesenden (§ 1921 II).

8. Daß eine Vermögensangelegenheit von einem Abwesenden wahrzunehmen ist, zu dem die **Verbindung** 11
unterbrochen oder so **erschwert** ist, daß eine ordnungsgemäße Wahrnehmung ausgeschlossen ist, kann nur in
internationalen oder interlokalen Sachverhalten auftreten, wenn aus tatsächlichen oder politischen Gründen die
internationalen oder interlokalen Verbindungen einschließlich des Gerichtsverkehrs gestört sind. Kriegsverordnun-
gen vom 26. 11. 1914 und 4. 3. 1915 stellten ausländisches Inlandvermögen unter Zwangsverwaltung. Während
des Zweiten Weltkriegs gingen die Verordnung über Abwesenheitspflegschaften vom 11. 10. 1939 (RGBl I 2026)
und eine folgende Verordnung vom 16. 9. 1942 (RGBl I 178) den Weg einer speziellen Abwesenheitspflegschaft;
in der Besatzungszeit schloß sich dem die britische Besatzungsmacht an, während in der amerikanischen und französischen Zone meistens spezielle Treuhänder eingesetzt wurden. Im Verhältnis zur früheren SBZ bzw DDR trat
das Problem hinzu, daß für im Westen gelegenes Vermögen infolge von Enteignung neue Zuständigkeiten begründet worden waren, die von der Rechtsordnung der Bundesrepublik nicht anerkannt wurden. Hier half die Rspr
zunächst mit extensiver Auslegung von § 1911 (zB Stuttgart NJW 1949, 384, 385 m Anm Möhring). Nachdem die
Kriegsvorschriften bereits durch G v 14. 6. 1951 (BGBl I 391) aufgehoben waren, hob das **G zur Ergänzung von**
Zuständigkeiten auf den Gebieten des Bürgerlichen Rechts, des Handelsrechts und des Strafrechts
(ZustErgG) vom 7. 8. 1952 in § 22 die in der britischen Zone in Kraft gesetzten Verordnungen auf, indem es sie
in § 10 inhaltlich als Bundesrecht übernahm:

§ 10 ZustErgG 12

(1) Unbeschadet der allgemeinen gesetzlichen Vorschriften kann
1. einer natürlicher Person,
2. einer juristischen Person oder Gesellschaft

für Vermögensangelegenheiten, die im Geltungsbereich dieses Gesetzes zu erledigen sind, ein Abwesenheitspfleger
bestellt werden, wenn die Verbindung mit dem Aufenthaltsort der natürlichen Person (Nummer 1) oder den zur Vertretung berechtigten Personen der juristischen Person oder Gesellschaft (Nummer 2) unterbrochen oder in einer Weise
erschwert ist, daß die Vermögensangelegenheiten der Person oder Gesellschaft im Geltungsbereich dieses Gesetzes nicht
ordnungsmäßig besorgt werden können.

(2) Bedürfen die gesetzlichen Vertreter einer juristischen Person oder Gesellschaft zur Vornahme von Rechtsgeschäften der Zustimmung eines anderen Organs, so kann für dieses Organ oder Mitglied desselben in entsprechender Anwendung der Bestimmung des Absatzes 1 ein Abwesenheitspfleger bestellt werden.

(3) Für die Bestellung des Abwesenheitspflegers ist das Amtsgericht zuständig, in dessen Bezirk das Bedürfnis der
Fürsorge für die Vermögensangelegenheiten hervortritt. Unterhält die Person oder Gesellschaft im Geltungsbereich dieses Gesetzes eine Zweigniederlassung, so ist das für die Zweigniederlassung zuständige Amtsgericht zuständig.

(4) Betreibt die Person oder Gesellschaft ein gewerbliches Unternehmen, so ist vor der Bestellung des Abwesenheitspflegers die zuständige Berufsvertretung zu hören.

13 Mit dieser materiellen, das Institut der Abwesenheitspflegschaft erweiternden Bestimmung sollte einer vorübergehenden Behinderung von Rechtsträgern in der Wahrnehmung ihrer Rechte abgeholfen werden (BT-Drucks Nr 3313 v 23. 4. 1952, 7).

a) Eine Unterbrechung oder Erschwerung der Verbindung liegt zunächst vor, wenn aus tatsächlichen oder rechtlichen Gründen der Kommunikationskanal gestört ist. In diesem Kernbereich begegnet § 10 ZustErgG kriegsbedingten Spannungen im Verhältnis zu anderen Staaten.

b) Im Verhältnis zur SBZ bzw DDR wurde die Störung der Verbindung darin gesehen, daß ein Deutscher mit Wohnsitz in der DDR, der Vermögen in der Bundesrepublik hatte, dort verhaftet war (BayObLG 1953, 283) oder daß Kontakte aus der Bundesrepublik den Bewohner der SBZ in einer Schadensersatz begründenden Weise (BGH NJW 1964, 650) gefährdet hätten, so daß für ihn in der Bundesrepublik ein Abwesenheitspfleger bestellt werden konnte (LG Nürnberg DNotZ 1974, 620 = MittRhNotK 1973, 122).

c) Eine Unterbrechung der Verbindung wurde auch angenommen, wenn eine juristische Person oder eine Gesellschaft überhaupt keinen Vertreter hat, weil sie außerhalb der Bundesrepublik durch enteignenden Staatsakt aufgehoben worden war; ihr in der Bundesrepublik gelegenes Vermögen wird von dieser Aufhebung nicht erfaßt; die fiktiv fortbestehende juristische Person oder Gesellschaft kann daher in der Bundesrepublik einen Abwesenheitspfleger erhalten (BayObLG MDR 1957, 361, 362; LG Hannover NJW 1962, 1970, 1971).

d) Die Zuständigkeitsregelung des § 10 Abs III ZustErgG entspricht derjenigen der §§ 39 I, 39 II iVm § 37 II FGG.

e) Auch § 10 ZustErgG, der auf internationale oder interlokale Störungen zugeschnitten ist, kann nicht dazu dienen, für eine organlos gewordene Gesellschaft einen Abwesenheitspfleger zu bestellen. Ein vom Registergericht ernannter Liquidator hat auch dann keine pflegerähnliche Stellung, wenn er analog § 146 II HGB (dazu Ulmer in Großkommentar HGB § 140 Anm 24) für eine (noch) nicht in Liquidation befindliche KG bestellt wird.

1912 *Pflegschaft für eine Leibesfrucht*
(1) Eine Leibesfrucht erhält zur Wahrung ihrer künftigen Rechte, soweit diese einer Fürsorge bedürfen, einen Pfleger.
(2) Die Fürsorge steht jedoch den Eltern insoweit zu, als ihnen die elterliche Sorge zustünde, wenn das Kind bereits geboren wäre.

1 1. Nach § 1774 S 2 kann einem Kind bereits pränatal ein Vormund bestellt werden, dessen Amt jedoch erst mit der Geburt beginnt. Nach § 1912 kann bereits der Leibesfrucht ein Pfleger bestellt werden, dessen Amt mit der Geburt endigt (§ 1918 II). Die Formulierung des § 1912, wonach der Pfleger die künftigen Rechte der Leibesfrucht zu wahren hat, schließt sich an § 1 an, wonach die Rechtsfähigkeit erst mit Vollendung der Geburt beginnt. Der Gesetzgeber des BGB hat die §§ 331 II, 844 II S 2, 1923 II, 2108 als Fälle vorgezogenen Schutzes des künftigen Rechtsträgers verstanden. Seit Inkrafttreten des BGB sind im Anschluß an § 844 II S 2 in Sondergesetzen die weiteren Schutzvorschriften der §§ 5 II S 2 HaftpflG, 10 II S 2, 18 S 1 StVG, 35 II S 2, 47 LuftVG, § 28 II S 2 AtomG, § 7 II S 2 ProdHaftG, § 12 II S 2 UmweltHG, § 12 SGB VII hinzugekommen, die sämtlich Ersatzansprüche wegen vorgeburtlicher Schädigung betreffen. Ihre sachgemäße Erfassung (MüKo/Gitter § 1 Rz 26) nötigt dazu, bereits der Leibesfrucht eine Teilrechtsfähigkeit zuzusprechen, die aber insbesondere die Eigentumsfähigkeit nicht umfaßt. Der Pfleger nimmt dementsprechend **gegenwärtige Rechte der Leibesfrucht** wahr (ebenso Gernhuber/Coester-Waltjen § 75 III 2 und Staud/Coester § 1666 Rz 30; aA MüKo/Schwab Rz 1; Mittenzwei AcP 187 [1987], 247, 275f; Vennemann FamRZ 1987, 1069). Der Unterhaltsanspruch des nichtehelichen Kindes gegen seinen Vater ist zwar ein künftiger; aber auch ihn kann nach § 1615o I S 2 schon der Pfleger der Leibesfrucht für die ersten 3 Lebensmonate geltend machen.

2 Zunehmend wird bejaht, daß ein Pfleger die Leibesfrucht bei einem drohenden, strafrechtlich unzulässigen Schwangerschaftsabbruch auch gegen die Mutter verteidigen könne (MüKo/Schwab Rz 12; Soergel/Zimmermann Rz 8; ablehnend Pal/Diederichsen Rz 2; Vennemann 1987, 1068; Geiger FamRZ 1987, 1177). Dagegen spricht einmal eine dem Recht anstehende Zurückhaltung gegenüber natürlichen Verhältnissen, hier dem Zusammenhang von Leibesfrucht und Mutter. Hinzu kommt das rechtspolitische Ungeschick, mit einer so sehr in die Intimsphäre eingreifenden Regelung so hart an eine Grenze heranzugehen, die durch das Merkmal der „schwerwiegenden Beeinträchtigung des seelischen Gesundheitszustandes der Mutter" in 218a II der Deutlichkeit entbehrt und überdies rechtspolitisch dadurch zweifelhaft ist, daß der damit aus der Strafzone ausgegrenzte Bereich nach wie vor rechtswidrig sein soll.

Die Frage, wann das Leben beginnt, ist nicht für § 1912, sondern die jeweilige Norm zu beantworten, welche die Teilrechtsfähigkeit begründet (ebenso MüKo/Schwab Rz 6).

3 2. Eine Pflegschaft für die Leibesfrucht kommt nach Abs II nicht in Betracht, wenn ein im gegebenen Zeitpunkt bereits geborenes Kind unter **elterlicher Sorge** stünde; dann ist auch die Fürsorge für die Leibesfrucht Sache der Eltern. Dabei gilt es gleich, ob die elterliche Sorge beiden Eltern oder einem Elternteil, dann meistens der Mutter, zusteht. Eine Pflegschaft nach § 1912 ist daher vor allem dann anzuordnen, wenn in der Person der Eltern die Voraussetzungen des Ruhens der elterlichen Sorge vorliegen.

4 3. Der Vorrang der vorwirkenden elterlichen Sorge gem Abs II zeigt, daß die Pflegschaft für die Leibesfrucht die entsprechende Funktion wie die Vormundschaft für das geborene Kind hat. Sie kann aber auch die entsprechende Funktion wie eine Ergänzungspflegschaft haben, wenn die Leibesfrucht zwar unter der vorwirkenden elterlichen Sorge steht, aber die Eltern ausnahmsweise an der Vertretung verhindert sind. Der Ausschluß des Vertretungsrechtes kann sich aus der Bestimmung eines zuwendenden Dritten ergeben (§ 1638) oder aus den §§ 1629 II S 1, 1795, 1796 (Gernhuber/Coester-Waltjen § 75 III 3; Soergel/Zimmermann Rz 8). Grundsätzlich kann auch bei tatsächlicher Verhinderung der Eltern die Leibesfrucht einen Pfleger erhalten. Das Problem, inwieweit auch fehlende Geschäftsgewandtheit eine tatsächliche Behinderung begründet (§ 1909 Rz 10) stellt sich hier für einsichtsvolle Eltern nicht, soweit es um die Feststellung der Vaterschaft und die Geltendmachung von Unterhaltsansprüchen geht, weil Eltern für diese Angelegenheiten gem § 1713 II bereits vor der Geburt des Kindes die Beistandschaft des Jugendamts beantragen können, die einer Pflegschaft vorgeht (MüKo/Schwab Rz 11).

4. Die Rechte der Leibesfrucht oder des künftigen Kindes müssen **der Fürsorge bedürfen**. Dabei ist auf das Interesse der Leibesfrucht abzustellen, insofern gilt die alte Regel: *nasciturus pro iam nato habetur, quotiens de commodo eius quaeritur*. Daraus folgt, daß es eine Klage gegen die Leibesfrucht nicht gibt (Dresden DJZ 1903, 227). Problematisch ist weniger das Fürsorgebedürfnis als die Frage, ob eine Norm so auszulegen ist, daß sie schon die Leibesfrucht schützt: § 7 StVG (Leibesfrucht als berechtigter Insasse? Nein: Hamm VersR 1973, 810; § 4 WohngeldG? OVG Münster NJW 2000, 1283: nein).

5. Der Vorrang der elterlichen Sorge in der pränatalen Phase läßt den Gegenschluß zu, daß regelmäßig das Kind, das als Leibesfrucht einen Pfleger gehabt hat, mit seiner Geburt eines Vormunds bedarf. Dieser kann gem § 1774 S 2 bereits pränatal bestellt werden. Da der Pfleger für die Leibesfrucht gem § 1915 I vom VormG nach denselben Regeln ausgewählt wird, wird das VormG dieselbe Person zum Pfleger der Leibesfrucht und zum Vormund des Kindes bestellen.

6. Der **Wirkungskreis** des Pflegers ist auf die Fälle zu beschränken, in denen der Schutz der Leibesfrucht, dh deren Teilrechtsfähigkeit, anerkannt ist. Annahme und Ausschlagung der Erbschaft können für den nasciturus erklärt werden; die Wirkung der Annahme tritt jedoch erst mit der Geburt ein, wird jedoch, wie bei postnataler Annahmeerklärung, auf den Zeitpunkt des Erbfalls zurückbezogen. Die Ausschlagungsfrist beginnt – wegen des dem § 1923 II anhaftenden Günstigkeitsprinzips – erst mit der Geburt (Staud/Otte § 1946 Rz 5). Unterhaltsansprüche hat zwar erst das geborene Kind; den Unterhaltsanspruch gegen den auch nur als Vater vermuteten, mit der Mutter nicht verheirateten Mann für die ersten drei Monate nach der Geburt kann der Pfleger aber kraft § 1615o S 2 bereits geltend machen. Er kann auch eine Unterhaltsvereinbarung schließen (Soergel/Zimmermann Rz 9). Seine wesentliche Aufgabe ist erforderlichenfalls die Ermittlung des Mannes, der nach § 1600d II als Vater vermutet wird. Darüber hinaus hat der Pfleger sich darum zu bemühen, daß der Mann die Vaterschaft anerkennt, was gem § 1594 IV schon vor der Geburt des Kindes möglich ist. Damit der Pfleger auch die Zustimmung des Kindes zur Anerkennungserklärung bereits pränatal abgeben kann (vgl § 1600c Rz 5), empfiehlt es sich, seinen Wirkungskreis von vornherein auch auf diese Aufgabe zu erstrecken. Die Annahme einer Erbschaft kann nicht zum Wirkungskreis des Pflegers gehören, weil deren Wirkung bis zum Ende der Schwangerschaft offen wäre (§ 1923). Gegen eine pränatale Ausschlagung besteht dieses Bedenken nicht; diese wird daher heute überwiegend zugelassen (Stuttgart NJW 1993, 2250 mN; aA Pal/Edenhofer § 1946 Rz 2), vgl § 1944 Rz 6.

7. Die Voraussetzungen des § 1912 überschneiden sich mit denen der **Nachlaßpflegschaft** nach §§ 1960ff, wenn die Leibesfrucht bzw das spätere Kind gem § 1923 II als vor dem Erbfall geboren gelten würde und daher aus einem Erbfall berechtigt ist. Nach Mot V, 553, Staud/Otte/Marotzke § 1960 Rz 24, Erman/Schlüter § 1960 Rz 12, Soergel/Zimmermann Rz 4 können beide Pflegschaften nebeneinander angeordnet werden. Eine Nachlaßpflegschaft reicht insofern weiter, als ein Nachlaßpfleger für den Fall, daß kein erbberechtigtes Kind geboren wird, auch den Ersatzerben vertritt.

8. Ein **Benennungsrecht** der Eltern entsprechend § 1776 kann es nicht geben. Dieses fließt nämlich aus der elterlichen Sorge (vgl § 1777 I), die gerade fehlen muß, damit eine Pflegschaft für die Leibesfrucht erforderlich werden kann oder die der Ergänzung bedarf, für welchen Fall § 1916 eine Berufung zur Vormundschaft ausschließt (i Erg ebenso Gernhuber/Coester-Waltjen § 75 III 5 und MüKo/Schwab Rz 10).

9. Zur automatischen **Beendigung** der Pflegschaft siehe § 1918 Rz 4. Aufzuheben ist die Pflegschaft gem § 1919, wenn der Grund für ihre Anordnung von Anfang an nicht bestanden hat (simulierte oder Scheinschwangerschaft) oder wenn das Bedürfnis weggefallen ist, zB die nach Abs II primäre elterliche Sorge eintritt, nachdem die werdende Mutter volljährig geworden ist, im Fall des Ruhens ihres Sorgerechts geheiratet hat und dadurch gem § 1592 Nr 1 der Ehemann sorgeberechtigt wird oder Vaterschaftsanerkennung und Sorgeerklärungen wirksam geworden sind (§§ 1594 IV, 1626b II).

10. Örtlich zuständig ist gem § 40 FGG das für eine Vormundschaft zuständige Gericht, wenn das Kind im Zeitpunkt seiner Geburt ihrer bedürfte (vgl § 1773 Rz 7). Die Pflegschaft ist von Amts wegen einzuleiten. Ein **Beschwerderecht** gegen die Anordnung haben die Eltern aus § 20 I FGG im Hinblick auf § 1912 II, gegen die Ablehnung jeder rechtlich Interessierte gem § 57 I Nr 3 FGG.

11. Der Anspruch des Pflegers auf Ersatz seiner Aufwendungen (§ 1835) oder auf eine vom VormG bewilligte Vergütung (§ 1836) richtet sich gegen das Kind und entsteht mit dessen Geburt. Bei Mittellosigkeit des Kindes erhält der Pfleger gem § 1836 Aufwendungsersatz aus der Staatskasse. Diese Vorschrift ist entsprechend anzuwenden, wenn kein Kind geboren wird (MüKo/Schwab § 1915 Rz 19; Soergel/Zimmermann § 1915 Rz 6; RGRK/Dickescheid Rz 21). Wenn das lebend geborene, aber mittellose oder totgeborene Kind als Nacherbe eingesetzt war, stellen die Kosten der Pflegschaft jedoch Nachlaßkosten dar (dazu § 1913 Rz 15).

1913 *Pflegschaft für unbekannte Beteiligte*

Ist unbekannt oder ungewiss, wer bei einer Angelegenheit der Beteiligte ist, so kann dem Beteiligten für diese Angelegenheit, soweit eine Fürsorge erforderlich ist, ein Pfleger bestellt werden. Insbesondere kann einem Nacherben, der noch nicht gezeugt ist oder dessen Persönlichkeit erst durch ein künftiges Ereignis bestimmt wird, für die Zeit bis zum Eintritt der Nacherbfolge ein Pfleger bestellt werden.

H. Holzhauer

§ 1913 Familienrecht Pflegschaft

1 1. Auch die Pflegschaft für **unbekannte oder ungewisse Beteiligte** ist Personen-, nicht Sachpflegschaft; der Pfleger vertritt den unbekannten oder ungewissen Beteiligten. Ursprünglich wurde Ungewißheit begrifflich verneint, wenn offen war, wer aus einem Kreis bekannter Prätendenten der wahre Beteiligte ist (so KGJ 33, 84 = RJA 8, 95). Nach der seit BayObLG 1917, 116 und KG JW 1937, 2598 herrschenden Ansicht ist gerade dies ein wichtiger Anwendungsfall von § 1913.

2 Dieser Pfleger kann auch für eine **juristische Person** bestellt werden. Es muß dann unbekannt oder ungewiß sein, ob die juristische Person schon oder noch besteht, zB im Gründungsstadium vor Genehmigung einer im Entstehen begriffenen Stiftung (KG OLG 24, 246) oder bei Zweifeln über einen Erlöschenstatbestand. Das ist bei § 1913 ebenso unproblematisch wie bei § 1960. Mit Auflösung eines Vereins ist nach § 45 immer jemand vorhanden, dem das Restvermögen anfällt. Sind die nach der Satzung anfallsberechtigten Personen unbekannt oder streiten mehrere Prätendenten, so kann der Liquidator die Vollbeendigung dadurch herbeiführen, daß er das Restvermögen einem nach § 1913 zu bestellenden Pfleger herausgibt, der dann den Anfallsberechtigten zu ermitteln hat. Anders, wenn ungewiß ist, ob das Vermögen gem § 45 III aE dem Fiskus angefallen ist; denn dieser hat nur eine Auffangberechtigung, erhält aber keine Fürsorge. Unter der umstrittenen Voraussetzung, daß ein Verein mit Verlust seiner sämtlichen Mitglieder liquidationslos untergeht, haben BGH 19, 51 und LM Nr 2 zu § 21 BGB in einer Pflegschaft nach § 1913 das Mittel zur Abwicklung oder Verwaltung des dann subjektlosen Restvermögens gesehen. Eine solche Auffangfunktion kommt der Pflegschaft nach § 1913 nicht zu. Da sie allein im Interesse von Gläubigern nicht angeordnet werden dürfte (Rz 12), wäre sie zur Liquidation auch nur eingeschränkt geeignet. Keine Lösung stellt es dar, wenn die Pflegschaft nach § 1913 zu einer Pflegschaft für subjektlose Rechte umgebogen wird (Hohner, Subjektlose Rechte, 1969, 162ff). Das durch BGH 19, 51 aufgeworfene Problem wird vermieden, wenn im Anschluß an Beitzke (FS Wilburg S 19ff) angenommen wird, daß trotz Verlustes aller Mitglieder die juristische Person bis zur Liquidation des Vereinsvermögens fortbesteht (Karsten Schmidt JZ 1987, 394; Hübner Anm zu BAG AP Nr 1 zu § 1913 BGB; Reuter ZHR 151 (1987) 390; Flume Allg Teil 1. Bd 2. Teil § 6 II). Wie hier Dölle FamR II § 144 II 1: § 1913 nur für werdende, nicht für sterbende juristische Person. Bezieht sich die Unbekanntheit oder Ungewißheit auf Organe der juristischen Person, so ist § 1913 nicht anwendbar (KG JW 1920, 497). Der verbreitete Hinweis auf § 10 ZuständigkeitsErgG (vgl § 1911 Rz 13) verdeckt, daß die dort vorausgesetzte Unerreichbarkeit nicht mit Unbekanntheit oder Ungewißheit gleichgesetzt werden kann.

3 Weil die Pflegschaft nach § 1913 Personenpflegschaft ist, muß feststehen, daß ein Rechtsträger existiert oder existieren wird. Darum ist eine Pflegschaft nach § 1913 wegen eines **herrenlosen Grundstücks** abzulehnen (hL gegen KG OLG 35, 13; Wolff/Raiser, Sachenrecht § 63 S 219 Fn 7; vgl auch vor § 1909 Rz 3); die künftige Rechtslage des Grundstücks (§ 928 II) ist nicht sicher genug, um den Pfleger als Vertreter des künftigen Eigentümers ansehen zu können. Die praktische Bedeutung der Frage ist gering, weil die nach §§ 58, 787 ZPO mögliche Bestellung eines Vertreters zur Geltendmachung von Rechten an dem herrenlosen Grundstück durch Klage oder Zwangsvollstreckung regelmäßig ausreicht und im öffentlichen Recht die Sonderpflegschaften den Fall der Herrenlosigkeit berücksichtigen.

4 2. Spezialfall der Pflegschaft für unbekannte oder ungewisse Beteiligte ist die **Nachlaßpflegschaft**. Bedarf der Nachlaß der Fürsorge, so verdrängen die §§ 1960, 1961 den § 1913. Den unbekannten Erben zu ermitteln, ist nicht nur die allgemeine Aufgabe des Nachlaßpflegers, sondern kann allein schon das für eine Nachlaßpflegschaft erforderliche Bedürfnis begründen (KG NJW 1971, 565, 566). Eine Nachlaßpflegschaft soll sich nach allgemeiner Ansicht auch auf einen Erbteil beschränken können (siehe § 1960 Rz 2 aE). Die Angelegenheit muß aber immer den ganzen Nachlaß betreffen, mögen sich Unbekanntheit oder Ungewißheit auch auf die Innehabung eines Erbteils beschränken. Ist es daher ein Miterbe, der den Erbteil des unbekannten oder ungewissen Miterben gefährdet, so kann die Abwehr der Gefahr nur in der Ausübung der Rechte des unbekannten oder ungewissen Miterben bestehen; dafür ist diesem ein Pfleger nach § 1913 zu bestellen. Aus diesem Grund ist auch zum Zweck der Auseinandersetzung einer Miterbengemeinschaft für einen unbekannten oder ungewissen Miterben ein Pfleger nach § 1913 zu bestellen, zumal es hierbei nicht um die Sicherung, sondern um die Auflösung des Nachlasses geht (KG NJW 1971, 566 gegen Hamm JMBlNW 1953, 101, 102). Niemals Nachlaßteil in diesem Sinn ist ein Vermächtnis, so daß bei Unbekanntheit oder Ungewißheit des Vermächtnisnehmers nur Pflegschaft nach § 1913 angeordnet werden kann (BayObLG 1979, 340, 343).

5 Für einen **Nachlaßgläubiger**, der seinen Anspruch geltend machen will, kommt schon aus dem Interessengesichtspunkt (Rz 13) nicht § 1913, sondern nur die Nachlaßpflegschaft nach § 1961 in Betracht.

6 Für die Nachlaßpflegschaft, die einer Gefährdung des Nachlasses abhilft, ist es gleichgültig, ob der oder die unbekannten oder ungewissen Erben Vor- oder Nacherben sind. Gefährdet der Vorerbe den Nachlaß für den Fall des Nacherbfalles und ist der Nacherbe unbekannt oder ungewiß, so sind zur Abwendung dieser Gefahr die Rechte des Nacherben gegen den Vorerben durch einen dafür nach § 1960 zu bestellenden Nachlaßpfleger auszuüben. Auch wenn der Aufenthalt des Nacherben nicht ermittelt werden kann oder mehrere Prätendenten um die Nacherbenberechtigung streiten, ist § 1960 gegeben.

§ 1913 S 2 erfaßt den bei der Nachlaßpflegschaft möglichen Fall, daß der Berechtigte erst durch ein künftiges Ereignis bestimmt wird (§ 2104) oder noch nicht erzeugt ist (§ 2101 I) und das künftige Nacherbenrecht der Fürsorge bedarf. Beispielsweise können die Abkömmlinge des Vorerben im Zeitpunkt seines Todes (KG NJW 1960, 965) oder diejenigen, die bei Eintritt des Nacherbfalles die gesetzlichen Erben des Erblassers sein würden (KG FamRZ 1972, 323), zu Nacherben eingesetzt sein. Die entsprechende Konstellationen kann beim Vermächtnis (§§ 2177, 2178) bestehen, so daß § 1913 II S 2 darauf entsprechend anzuwenden ist (RGRK/Dickescheid Rz 8); gleiches gilt vom eigentlichen Nachvermächtnis des § 2191.

3. Die Bestellung eines Pflegers für eine noch nicht erzeugte Person kommt außer im Fall ihrer Einsetzung zum Nacherben dann in Betracht, wenn ihr ein Vermächtnis ausgesetzt oder in einem **Vertrag zugunsten Dritter** eine Leistung versprochen ist (§ 331 II). In diesen Fällen erlaubt § 1113 II sogar, die Forderung des künftigen Gläubigers bereits durch eine Hypothek zu sichern (RG 61, 33). Alle diese Fälle stellen deswegen Ausnahmen dar, weil grundsätzlich vor der Zeugung kein Träger von Rechten vorhanden ist, der zu schützen wäre. Daher kann der nicht Erzeugte einen Pfleger nicht zu dem Zweck erhalten, daß dieser für ihn einen Kaufvertrag schließt (RG 65, 277). Abzulehnen ist die hL, nach der die Pflegschaft für eine noch nicht erzeugte Person kraft Gesetzes mit der Zeugung endet (KG OLG 16, 38; Soergel/Zimmermann Rz 9 mN), weil dieser Zeitpunkt zu unbestimmt und nach außen nicht erkennbar ist. Die Gegenansicht, die eine Aufhebung für erforderlich hält (Gernhuber/Coester-Waltjen § 75 III 6; MüKo/Schwab Rz 7), entspricht auch dem Grundsatz des § 1919 (§ 1919 Rz 2). 7

Entsprechend wie bei der Leibesfrucht sollte die Fürsorge für ihr noch nicht gezeugtes Kind in erster Linie analog § 1912 II den **Eltern** zustehen (ablehnend Soergel/Zimmermann Rz 6, MüKo/Schwab Rz 7; RGRK/Dickescheid Rz 7 und Hamm OLGZ 1969, 410, 414). Das setzt allerdings voraus, daß der künftige Rechtsträger durch seine Abstammung von bestimmten Eltern definiert ist, so wenn künftige gemeinschaftliche Kinder eines Ehepaares zu Nacherben eingesetzt sind (daran fehlt es im Fall BayObLG 3, 1). Mindestens kommt Eltern gem Art 6 I GG, § 1915 iVm dem Rechtsgedanken aus §§ 1779, 1897 IV bei der Auswahl des Pflegers Vorrang zu. 7a

4. Ein Nacherbe ist nicht schon deshalb **ungewiß**, weil ein Ersatznacherbe bestimmt ist oder weil nicht sicher ist, daß der Nacherbe den Nacherbfall erlebt (anders die hM; wie hier mN: Soergel/Zimmermann Rz 3; RGRK/Dickescheid Rz 10). Bei mehreren Prätendenten ist ein Pfleger für den unbekannten Berechtigten zu bestellen, obwohl die Prätendenten bekannt sind. 8

Ungewiß ist ein Nacherbe nicht schon deshalb, weil er vor Eintritt als Nacherbfall wegfallen kann und dann ein gesetzlicher (§ 2108), vermuteter (zB nach § 2069, wenn Ehegatten gemeinschaftlich einen Abkömmling zum Nacherben eingesetzt haben, der seinerseits Abkömmlinge hat) oder eingesetzter Ersatznacherbe (zB wenn Ehegatten gemeinschaftlich zum Nacherben ihre Tochter, bei deren Vorversterben ihren Sohn eingesetzt haben) an die Stelle rücken würde. Davon zu unterscheiden sind aber Fälle, in denen der primäre Nacherbe nur befristet (zB Ehegatten haben gemeinschaftlich ihren Sohn bis zu einem bestimmten Zeitpunkt zum Nacherben eingesetzt, von dem ab der Enkel Nachnacherbe sein soll), aufschiebend bedingt (zB der Sohn als Nacherbe, wenn er sein Studium erfolgreich abschließt, andernfalls die Tochter) oder auflösend bedingt (zB den vorbestraften Sohn unter der Bedingung, daß er nicht rückfällig wird) eingesetzt ist. In all diesen Fällen ist der Nacherbe zwar nicht unbekannt, aber ungewiß, so daß ein Pfleger zu bestellen ist. 9

Der eindeutige Fall, daß ein Nacherbe erst im Zeitpunkt des Nacherbfalls feststehen kann (zB Bedenkung der Ehefrau des noch nicht verheirateten Sohnes mit Schmuck), erscheint häufig in der Weise, daß der unbedingt eingesetzte Nacherbe durch ein künftiges Ereignis einen oder mehrere Mitnacherben erhalten kann oder daß ein Kreis bekannter Nacherben sich um eine unbekannte Nacherben erweitern kann, so wenn der Sohn zum Vorerben und die Enkel zu Nacherben eingesetzt sind, die noch zahlreicher werden können. Abzulehnen ist die Ansicht, wonach der zu bestellende Pfleger auch die bekannten Nacherben vertritt (KGJ 42, 224; Dresden ZBlFG 1910/11, 548; BayObLG NJW 1960, 965; KG FamRZ 1972, 323; MüKo/Schwab Rz 26). Davon ist Hamm NJW 1969, 1490 für den Fall abgerückt, daß die existenten Nacherben im Nacherbenvermerk des Grundbuches eingetragen waren. Aus dem in Rz 9 Gesagten folgt, daß bekannte, unbedingt und unbefristet eingesetzte Nacherben in keinem Fall durch einen für ungewisse Nacherben bestellten Pfleger vertreten werden können (ebenso Soergel/Zimmermann Rz 3). 10

Weil im Tatbestand des § 1960 nicht auch die Ungewißheit des Erben (sondern nur die Ungewißheit über die Annahme der Erbschaft) genannt ist, bestand früher die Ansicht, der ungewisse Erbe, zB das Kind des verstorbenen Mannes vor Feststellung der Vaterschaft, erhalte nicht einen Nachlaßpfleger, sondern könne nur einen Pfleger nach § 1913 erhalten (so KG OLG 10, 18). Heute wird der Tatbestand des § 1960 um den Fall der Ungewißheit des Erben ergänzt (Stuttgart NJW 1975, 880; JMBl NW 1953, 101), was bei Pal/Edenhofer § 1960 Rz 7 mit der Formel geschieht, der Erbe könne aus tatsächlichen und aus rechtlichen Gründen unbekannt sein, wobei der aus Rechtsgründen unbekannte Erbe nichts anderes als ein ungewisser Erbe ist. Sind bekannte und unbekannte Berechtigte beteiligt, so ist nur für letztere eine Pflegschaft anzuordnen (BayObLG HRR 1929, 1322). 11

5. Besteht eine **Testamentsvollstreckung**, so besteht in der Regel kein Bedürfnis für eine Nachlaßpflegschaft. Aber bei Ungewißheit des, der oder eines Teils der Erben kann für die Wahrnehmung der Erbenrechte aus § 2218 gegenüber dem Testamentsvollstrecker eine Pflegschaft nach § 1913 in Betracht kommen. Entsprechendes gilt, wenn gem § 2222 eine Nacherbenvollstreckung angeordnet ist. Die Wahrnehmung der Rechte der Nacherben gegen den Vorerben ist dann jedoch stets Sache des Testamentsvollstreckers. 12

6. Im Anschluß an Mot IV, 1265 heißt es allgemein, es komme neben einem rechtlichen auch ein tatsächliches **Fürsorgebedürfnis**, zB bei Überschwemmungen und anderen Unglücksfällen, in Betracht. Davon abgesehen, daß derartige Fälle in der Rspr nicht vorkommen, wird damit der Charakter der Pflegschaft als Rechtsfürsorge und die Abgrenzung gegenüber dem Institut der GoA verkannt. Sehr weit in der Annahme eines Bedürfnisses gegangen ist Düsseldorf (DNotZ 1963, 564), das auf den einmütigen Wunsch mehrerer Erbprätendenten an der Veräußerung eines Nachlaßgrundstücks einen Pfleger bestellt hat. Das Bedürfnis bestand in der Überwindung des Erfordernisses eines Erbscheins aus § 35 GBO! Das erforderliche Fürsorgebedürfnis schließt es aus, die Pflegschaft nur im **Interesse eines Dritten** anzuordnen (KG OLG 1972, 82/85; Staud/Bienwald Rz 10; Soergel/Zimmermann Rz 5; RGRK/Dickescheid Rz 6; anders, nämlich unabweisbares Drittinteresse genügenlassend: MüKo/Schwab Rz 9). Das Fürsorgebedürfnis ist unbestimmter Rechtsbegriff (anders MüKo/Schwab Rz 9: Ermessen). Doch ist die konkrete Vorteilhaftigkeit eines vorzunehmenden Geschäfts nicht Voraussetzung der Pflegschaft, sondern Gegenstand 13

§ 1913

der Beurteilung des Pflegers (KG FamRZ 1972, 323). Beantragt ein Miterbe die Pflegschaft für einen unbekannten oder ungewissen anderen Miterben, so liegt die ordnungsgemäße Verwaltung des Nachlasses und eine ordnungsgemäße Erbauseinandersetzung auch in dessen Interesse (KG OLG 10, 18, 20). Ein Fürsorgebedürfnis fehlt, wenn für die Interessen des Beteiligten in anderer Weise ausreichend gesorgt ist, so durch §§ 1170f, § 494 II ZPO, § 94 ZVG (dazu KG JW 1936, 330) oder bei angeordneter Testamentsvollstreckung zugunsten des Nacherben gem § 2222. Das Interesse des unbekannten Verlierers wird durch das Fundrecht mit seiner Inpflichtnahme des Finders geschützt. Dagegen können mehrere Prätendenten einer umstrittenen Beteiligung bei Vorliegen eines Fürsorgebedürfnisses nicht auf den Weg des Zivilprozesses verwiesen werden (BayObLG OLG 33, 378).

14   7. Den **Wirkungskreis** hat das VormG bei der Bestellung festzulegen. Auch wenn der Pfleger nur für eine einzige Aufgabe bestellt ist, hat er immer grundsätzlich die Aufgabe, den Berechtigten zu ermitteln (Mot IV, 1265). Gegenüber mehreren Prätendenten hat der Pfleger jedoch Unparteilichkeit zu wahren. Keinesfalls hat er den Prätendentenstreit zu entscheiden.

15   8. Der Anspruch des Pflegers auf **Ersatz seiner Aufwendungen** (§ 1835) oder eine vom VormG bewilligte **Vergütung** (§ 1836) richtet sich gegen den unbekannten oder ungewissen Pflegling. Gegebenenfalls kann sich der Pfleger durch Entnahme aus dem Vermögen des Pfleglings befriedigen. Bei Mittellosigkeit des Pfleglings tritt gem §§ 1835 III, 1836a die Staatskasse ein. Daß der Pfleger vor der Geburt des Pfleglings keine Ansprüche erwerbe (München JFG 16, 188) und, wenn der Pflegling gar nicht geboren wird, leer ausgehe (Pal/Diederichsen bis 58. Aufl Rz 2), trifft nicht zu. Im Fall einer Nachlaßpflegschaft nach § 1961 sind die Kosten der Nachlaßpflegschaft Nachlaßkosten, die den Nachlaß belasten (Erman/Schlüter § 1967 Rz 7). Die von Soergel/Zimmermann (§ 1915 Rz 6) befürwortete analoge Behandlung des Pflegers nach § 1913 S 2 hat Köln (FamRZ 1994, 1334) unter Anführung der 9. Aufl (Rz 15 iVm § 1912 Rz 12) mit der Begründung abgelehnt, daß es hierbei nicht um die Sicherung des Nachlasses geht. Zwar sichert der vormundschaftsgerichtliche Pfleger allein das vom Erblasser begründete Erbrecht des noch nicht Geborenen. Aber das legt eine Analogie zur Testamentsvollstreckung nahe (§ 2203: „Willensvollstrecker"), deren Kosten ebenfalls Nachlaßkosten sind. Ergibt sich bei Dürftigkeit des Nachlasses der Fall der Mittellosigkeit, so endet allerdings die Analogie zur Testamentsvollstreckung, weil der Pfleger anders als ein Testamentsvollstrecker gem § 1785 zur Übernahme des Amtes verpflichtet ist, so übrigens auch der Nachlaßpfleger (MüKo/Leipold § 1960 Rz 38). Das begründet die Einstandspflicht der Staatskasse, die beim Nachlaßpfleger hinsichtlich des Aufwendungsersatzes allgemein anerkannt ist (MüKo/Leipold § 1960 Rz 65 aE mN), während sich die ebenfalls aus § 1915 ergebende sinngemäße Geltung auch von § 1836a für die Vergütung des Nachlaßpflegers von Pal/Edenhofer in der 58. Aufl noch für ein Gesetzgebungsversehen gehalten, seit der 59. Aufl (§ 1960 Rz 28) aber unter Bezugnahme auf KG Rpfleger 1995, 356 ebenfalls anerkannt wird. Für den Pfleger nach § 1913 ist die sinngemäße Geltung von § 1836 unbestritten (RGRK/Dickescheid § 1915 Rz 15; Pal/ Diederichsen Rz 3; Staud/Bienwald § 1913 Rz 3); die Konsequenz der subsidiären Haftung der Staatskasse auch für eine bewilligte Vergütung nach § 1836a wird von RGRK/Dickescheid mit Recht (§ 1915 Rz 15) gezogen, von Bienwald (Staud § 1915 Rz 17) dagegen verneint.

16   9. Die Pflegschaft **endet a)** kraft Gesetzes mit Erledigung der Angelegenheit(en), für die sie angeordnet war (§ 1918 III), **b)** mit Aufhebung durch das VormG; dieses hat die Aufhebung zu verfügen, wenn der Anordnungsgrund weggefallen ist (§ 1919); im Fall des S 2 ist dies zB der Nacherbfall oder dessen endgültiger Ausfall, zB durch Totgeburt.

17   10. **Zuständig** ist nach § 41 FGG das Gericht, in dessen Bezirk das Fürsorgebedürfnis hervortritt. Eine **Berufung zum Pfleger** durch Benennung ist für den Fall eines unbekannten oder ungewissen Beteiligten kaum denkbar, für einen zukünftigen Berechtigten, den nasciturus oder nondum conceptus kaum durch die Eltern, allenfalls für den nasciturus durch den vorverstorbenen Vater, am ehesten jedoch durch einen zuwendenden Dritten oder Erblasser (§ 1909 I S 2). Wenn dieser Dritte nach § 1917 einen Pfleger anstelle der von ihm ausgeschlossenen Eltern benennen kann, was unmittelbar auf einen Ergänzungspfleger nach § 1909 zielt, dann muß diese Benennung auch bereits für den Pfleger der Leibesfrucht (§ 1912) und das noch nicht erzeugte Kind nach § 1913 gelten. **Auszuwählen** ist der Pfleger entsprechend §§ 1779ff.

18   11. **Beschwerdebefugt** gegenüber der **Anordnung** der Pflegschaft ist aus § 20 I FGG jeder, der behauptet, der Beteiligte zu sein, nicht jedoch jemand, der mit dem Pflegling mitberechtigt ist, zB der bekannte Miterbe gegenüber der Anordnung der Pflegschaft für einen unbekannten Miterben. Beschwerdebefugt ist der Nacherbe gegen die Anordnung der Pflegschaft für den Vorerben, weil die möglichen Kosten der Pflegschaft für den Nachlaß mindern. Aus diesem Gesichtspunkt ist auch ein Testamentsvollstrecker beschwerdebefugt (KG OLG 1973, 106). Nicht beschwerdebefugt ist dagegen der Vorerbe, wenn für den Nacherben Pflegschaft angeordnet wurde (KG JFG 12, 143). Beschwerdebefugt gegenüber der **Ablehnung** der Anordnung ist gem § 57 I Nr 3 FGG jeder rechtlich daran Interessierte, auch wenn sein Interesse allein das materielle erforderliche Fürsorgebedürfnis nicht begründen kann (Rz 12). Hier sind vor allem Mit-Berechtigte wie zB Miterben des Unbekannten oder Ungewissen beschwerdebefugt (KG OLG 10, 18). Nicht beschwerdebefugt ist der Nachlaßbesitzer, das eine Nachlaßpflegschaft für gegeben erachtet, und das VormG, das um eine Pflegschaft ersucht (KGJ 48, 20).

19   12. Sonderfälle einer Pflegschaft für einen unbekannten oder ungewissen Beteiligten finden sich in § 81 I Nr 1 AO, § 1141 II BGB, § 207 S 1 Nr 1 BauGB, Art 233 § 2 III EGBGB, § 119 I Nr 1 FlurbG, § 96 GBO, § 29a I b Landbeschaffungs G, § 17 I Nr 2 SachenrechtsbereinigungsG, § 15 I Nr 1 SGB X, § 11b VermG, § 16 I Nr 1 VwVfG, § 494 II, § 779 II ZPO, §§ 6, 135, 157 II ZVG.

1914 *Pflegschaft für gesammeltes Vermögen*

Ist durch öffentliche Sammlung Vermögen für einen vorübergehenden Zweck zusammengebracht worden, so kann zum Zwecke der Verwaltung und Verwendung des Vermögens ein Pfleger bestellt werden, wenn die zu der Verwaltung und Verwendung berufenen Personen weggefallen sind.

1. Für die erst von der 2. Kommission vorgeschlagene Bestimmung wurde deswegen ein Bedürfnis angenommen, weil polizeiliche Maßnahmen nicht immer in geeigneter Weise zum Ziele führten. Die Pflegschaft für ein Sammelvermögen ist die einzige Sachpflegschaft des BGB. Bei der Formulierung des § 1914 hat sich der Gesetzgeber absichtlich einer Festlegung in der theoretischen Frage der Rechtsnatur des Sammelvermögens enthalten (Mugdan IV, 1134f mit Angaben zum damaligen Theorienstreit; Laux JZ 1953, 214; vor § 80 Rz 13).

2. Das **Vermögen** braucht nicht in Geld, sondern kann in Sachen, zB Kleidungsstücken, Lebensmitteln oder Geräten, bestehen. Den **vorübergehenden** Charakter braucht nur das Sammelvermögen, nicht sein Endzweck zu haben, so daß auch die Geldsammlung, zB für ein Bauwerk, erfaßt wird. **Öffentlich** ist eine Sammlung, wenn der Kreis der Personen, die dazu beitragen können, nicht beschränkt ist. Nicht erforderlich ist, daß in der Öffentlichkeit geworben oder gesammelt wird. **Zusammengebracht** ist ein Vermögen schon dann, wenn eine bindende Verpflichtung zum Beitrag zustande gekommen ist.

3. Das für die Anordnung der Pflegschaft kraft Gesetzes erforderliche **Bedürfnis** liegt vor, wenn die zur Verwaltung und Verwendung bestimmten Personen weggefallen sind. Der Wegfall kann tatsächlicher (Tod) oder rechtlicher (Todeserklärung, Geschäftsunfähigkeit, Rücktritt, Entlassung) Natur sein. Soergel/Damrau (Rz 6) nennt in diesem Zusammenhang auch den Wegzug des Verwalters. Bei der Unfähigkeit oder Pflichtvergessenheit ergibt sich die Unanwendbarkeit von § 1914 schon aus der Gesetzgebungsgeschichte, vgl Staud/Engler 10./ 11. Aufl Rz 7, der aber über § 1913 helfen möchte. Hier greift jedoch das erst in den 30er Jahren entstandene öffentliche Sammlungsrecht ein. Seit dem ReichssammlungsG v 5. 11. 1934, das heute durch Sammlungsgesetze der Länder ersetzt ist (Zusammenstellung bei Staud/Bienwald Rz 8), bedarf jede öffentliche Sammlung der behördlichen Erlaubnis. Wird diese später zurückgenommen oder eingeschränkt oder zeigen sich erhebliche Mißstände, die eine zweckentsprechende Verwendung des Sammlungsertrages gefährden und sich nicht auf andere Weise beseitigen lassen, so sehen diese Gesetze die Einsetzung eines Treuhänders vor, der das Verwaltungs- und Verfügungsrecht über den Sammlungsertrag zum Zweck seiner bestimmungsgemäßen Verwendung erhält (zB § 7 des SammlungsG NW idF v 9. 6. 1972). Weil die Erlaubnisbehörde dem Sachverhalt nähersteht als das VormG, ist die Bestellung eines öffentlichen Treuhänders der privatrechtlichen Pflegschaft vorzuziehen.

4. Weil es sich um eine Sachpflegschaft handelt, vertritt der Pfleger nicht die Spender. Obwohl er in seiner Zuständigkeit dem oder den weggefallenen Verwalter(n) folgt, bestimmt sich seine Rechtsmacht nach dem ihm vom VormG übertragenen **Wirkungskreis**. Das VormG kann ihm die Aufgabe zuweisen, den Sammlungsertrag seiner bestimmungsgemäßen Verwendung zuzuführen, in diesem Fall auch gezeichnete Beträge einzuziehen, oder das Zusammengebrachte an die Spender zurückzuleiten. Keinesfalls kann er die Sammlung fortsetzen (Soergel/ Damrau Rz 7). Den Wirkungskreis des Pflegers legt, nach Aufgabe und Umfang, das VormG fest. Für rechtmäßige Verpflichtungen, die der Pfleger in Wahrnehmung seiner Aufgabe eingeht, schuldet er persönlich, aber haftet das Sammelvermögen. Im Prozeß hat er die Stellung einer Partei kraft Amtes (BGH MDR 1973, 742).

1915 *Anwendung des Vormundschaftsrechts*

(1) Auf die Pflegschaft finden die für die Vormundschaft geltenden Vorschriften entsprechende Anwendung, soweit sich nicht aus dem Gesetz ein anderes ergibt.
(2) Die Bestellung eines Gegenvormunds ist nicht erforderlich.
(3) § 1793 Abs. 2 findet auf die Pflegschaft für Volljährige keine Anwendung.

1. **Textgeschichte.** Der lediglich klarstellende Abs III angefügt durch MinderjährigenhaftungsbegrenzungsG v 25. 8. 1988.

2. Grundsätzlich finden auf die Pflegschaft die **Vorschriften** für die Vormundschaft entsprechende Anwendung. Das gilt auch für **Grundsätze** wie den der Selbständigkeit des Vormunds (§ 1793 Rz 28: BGH 20, 313, 321) und die grundsätzliche Höchstpersönlichkeit der Pflichten (§ 1793 Rz 29 und § 1837 Rz 4 und 7). Das gilt auch für die Vormundschaft betreffende Vorschriften außerhalb des Abschnitts „Vormundschaft", so für § 1999. Das gilt auch, wenn der Pflegling volljährig ist, so daß für ihn seit 1992 nicht mehr das Vormundschafts-, sondern das Betreuungsrecht gelten würde (MüKo/Schwab Rz 7; Staud/Bienwald Rz 2; RGRK/Dickescheid Rz 5). Praktische Bedeutung hat das für die Fälle der Genehmigungsbedürftigkeit, wo § 1908i I S 1 nicht auf alle Nr des § 1822 verweist. Ohne weiteres anzuwenden sind Vorschriften, die für den „gesetzlichen Vertreter" gegeben sind, wie §§ 2275 II S 2, 2290 I S 1.
Abweichungen des Pflegschafts- vom Vormundschaftsrecht können sich aus Sinn und Zweck der einzelnen Vorschriften ergeben; in den §§ 1915 II, 1916, 1921 sind Abweichungen hinsichtlich der Bestellung eines Gegenvormunds, der Berufung zum Pflegeramt und der Beendigung der Pflegschaft geregelt. Die Nichtanwendung der Vorschriften über die Berufung, deren Anwendung § 1916 nur für die Pflegschaft nach § 1909 ausschließt, auch auf die Pflegschaften der §§ 1913, 1914 geht daraus hervor, daß bei § 1913 der Beteiligte unbekannt oder ungewiß ist, ein die Berufung begründendes Verwandtschaftsverhältnis daher nicht feststellbar sein kann, und die Pflegschaft nach § 1914 eine Sachpflegschaft ist. Aus denselben Gründen entfällt bei Pflegschaften nach §§ 1913, 1914 der Tod als Beendigungsgrund.

3. Im folgenden werden nur solche Vorschriften angeführt, deren entsprechende Anwendung auf die Pflegschaft zu verneinen oder umstritten ist.

§ 1915

Ein **Benennungsrecht** der Eltern analog § 1776 schließt § 1916 nur für die nach § 1909 anzuordnende Pflegschaft aus. Das in § 1917 begründete Benennungsrecht des Erblassers oder Zuwendenden im Fall des § 1909 I S 2 hat jedoch nicht nur für die Bestellung eines Ergänzungspflegers Bedeutung, sondern muß auch gelten, wenn das noch nicht geborene Kind einen Pfleger erhält, nämlich vor seiner Zeugung einen Pfleger nach § 1913, danach einen Pfleger für die Leibesfrucht nach § 1912. In diesem Fall ist auch denkbar, daß der Vater vor seinem Tod für den Fall, daß die Mutter nicht sorgeberechtigt wäre, einen Pfleger benennt. Hat er für das geborene Kind einen Vormund benannt, so ist dieser auch für die Pflegschaft nach § 1912 als berufen anzusehen und nach § 1913 (§ 1913 Rz 8) mindestens mit Vorrang auszuwählen. Bei der **Auswahl** des geeigneten **Pflegers** ist entgegen § 1779 II S 2 das Bekenntnis unerheblich, wenn die Pflegschaft Vermögensangelegenheiten betrifft (hL gegen Dölle, FamR II, 972). Grundsätzlich zu beachten ist der Vorrang des § 1779 II für Angehörige, es sei denn, es gehe um eine Pflegschaft zur Ergänzung des durch §§ 1643, 1795, 1796 begrenzten elterlichen Vertretungsrechtes. In diesen, aber auch in anderen Fällen können Angehörige etwa nach teilweiser Entziehung der elterlichen Sorge gem §§ 1666 wegen ihrer Nähe zu einem Elternteil ungeeignet sein. Das Jugendamt kann nur zum Ergänzungspfleger eines Minderjährigen bestellt werden. Im Betreuungsrecht hat das Jugendamt keine Funktion, sondern ist durch die neu geschaffene Betreuungsbehörde ersetzt worden, was aber für Pflegschaften keine Bedeutung hat. Die Pflegschaften der §§ 1911, 1913, 1914 haben schon immer außerhalb des Aufgabenkreises des Jugendamts gelegen. Wegen der Berufsmäßigkeit des Pflegers im Hinblick auf seine Entschädigung s § 1836 Rz 40.

4 Den **Wirkungskreis** des Vormunds hat grundsätzlich das Gesetz festgelegt; nur beim Sondervormund gem § 1797 II bestimmt ihn das VormG. Der Wirkungskreis des Pflegers wird immer durch das VormG bestimmt. Die Bestimmung muß klar und deutlich sein (BGH NJW 1974, 1374) und wird nicht erweiternd ausgelegt (BayObLG Rpfleger 1977, 320; BGH NJW 1974, 1374). Eine Erweiterung des Geschäftskreises durch das VormG wirkt nicht zurück (BGH NJW 1974, 1374). Bei Abweichungen ist nicht die schriftliche Bestellung, sondern die mündliche Bestellung maßgebend. Der Grundsatz der Selbständigkeit des Pflegers gebietet, den Wirkungskreis nicht zu detailliert zu bestimmen; zB ist der Pfleger nicht zum Abschluß eines Vertrags, sondern in der Angelegenheit des Vertragsschlusses zu bestellen, so daß er sich auch gegen den Abschluß entscheiden kann (Gernhuber/Coester-Waltjen § 75 V 3; Soergel/Zimmermann Rz 7).

5 Die Bestellung eines **Gegenvormunds** (den Begriff eines „Gegenpflegers" kennt das Gesetz nicht) neben dem Pfleger ist nicht erforderlich, auch wenn die Voraussetzungen des § 1792 II gegeben sind, aber **stets zulässig**, außer wenn bei der Pflegschaft nach § 1909 I S 2 der Erblasser oder zuwendende Dritte die Bestellung ausgeschlossen hat (§§ 1917 II, 1852 I), sofern das VormG diese Anordnung nicht wegen Gefährdung des Interesses des Pfleglings gem § 1917 II S 2 außer Kraft setzt. Wird neben dem Vormund nach § 1909 ein Pfleger bestellt, so wird ein vorhandener Gegenvormund nur dann zugleich Gegenvormund des Pflegers, wenn er besonders dazu bestellt wird (Soergel/Zimmermann Rz 10).

6 Inwieweit der Pfleger ein Besitzrecht an Sachen des Pfleglings diesem gegenüber hat, richtet sich nach seinem Wirkungskreis.

7 Die §§ 1882, 1884 über die Beendigung einer Vormundschaft passen auf Pflegschaften nicht und sind durch die §§ 1918ff ersetzt. Die §§ 1886ff über die Beendigung des Amtes des Vormunds gelten für den Pfleger entspr.

8 4. Analog anzuwenden ist § 1795 („Wer unter Vormundschaft steht..."), wenn der Pfleger kraft Gesetzes von der Vertretung des Pfleglings ausgeschlossen ist; es ist dann analog § 1909 I S 1 ein Unterpfleger zu bestellen. Der Pfleger kann auch analog § 1796 vom VormG wegen Interessenkonfliktes von der Vertretung oder analog §§ 1837 IV, 1666 wegen Gefährdung des Interesses des Pfleglings von der Sorge in einzelnen Angelegenheiten ausgeschlossen und an seiner Stelle ein Unterpfleger bestellt werden. Bedeutung hat das besonders für den Ersatzpfleger nach § 1909 III wegen dessen weitem Wirkungskreis. Je größer die Verhinderung im Vergleich mit dem verbleibenden Rest des Wirkungskreises ist, desto eher kommt jedoch die Entlassung des Pflegers analog § 1886 in Betracht.

§ 1916 *Berufung als Ergänzungspfleger*

Für die nach § 1909 anzuordnende Pflegschaft gelten die Vorschriften über die Berufung zur Vormundschaft nicht.

1 Die Vorschrift ist rechtspolitisch zwingend. Das Recht der Vormundschaft über Minderjährige kennt nur die Berufung kraft letztwilliger Benennung durch Eltern (§§ 1776ff). Ein danach berufener Vormund scheidet als sein eigener Ergänzungspfleger aus. § 1916 verneint aus gutem Grund auch die Möglichkeit, daß die Eltern neben dem Vormund oder alleine einen Ergänzungspfleger benennen. Die Konstellationen, in denen dessen Bestellung erforderlich wird, sind so wenig vorhersehbar, daß das VormG in der Lage sein muß, von Fall zu Fall die als Ergänzungspfleger geeignete Person auszuwählen. Wird zu Lebzeiten der Eltern eine Ergänzungspflegschaft erforderlich, so haben die Eltern auf die Auswahl des Pflegers so wenig Einfluß wie auf die Auswahl eines Vormunds für ihr minderjähriges Kind. Auch als Verwaltungspfleger (§ 1909 I S 2) scheidet ein von Eltern Benannter aus, weil die Anordnung des Dritten auf einem Mißtrauen gegen die Eltern beruht, das auch gegen ihren Vertrauensmann spräche. Als Pfleger berufen ist vielmehr gem § 1917 I, wer durch die letztwillige Verfügung des Dritten oder bei der Zuwendung benannt wurde. Kann schließlich im Fall der Ersatzpflegschaft des § 1909 III der Vormund noch nicht bestellt werden, so steht ein etwa Berufener auch nicht als Ersatzpfleger zur Verfügung. Weil es für einen Pfleger keine Berufung gibt, entfällt auch die Möglichkeit, ihn entsprechend §§ 1852f zu befreien.

2 Vom Fall des § 1917 I abgesehen, hat das VormG den Ergänzungspfleger nach § 1779 auszuwählen (BayObLG FamRZ 1959, 126), wobei jedoch hinsichtlich der zunächst zu berücksichtigenden Verwandten und Verschwäger-

ten des Pfleglings stets zu prüfen ist, ob sie für den besonderen Fall geeignet sind (BayObLG JW 1928, 68); besonders in Fällen der §§ 1629 II S 1, 1795, 1796 besteht die Gefahr des Weiterwirkens des Interessengegensatzes zwischen dem Kind und seinen Eltern auf das Verhältnis des Kindes zu den Verwandten (BayObLG 1964, 277).

Wegen der Geltung der Vorschriften über die Berufung bei den anderen Arten von Pflegschaft siehe § 1915 Rz 3.

1917 *Ernennung des Ergänzungspflegers durch Erblasser und Dritte*
(1) Wird die Anordnung einer Pflegschaft nach § 1909 Abs. 1 Satz 2 erforderlich, so ist als Pfleger berufen, wer durch letztwillige Verfügung oder bei der Zuwendung benannt worden ist; die Vorschrift des § 1778 ist entsprechend anzuwenden.
(2) Für den benannten Pfleger können durch letztwillige Verfügung oder bei der Zuwendung die in den §§ 1852 bis 1854 bezeichneten Befreiungen angeordnet werden. Das Vormundschaftsgericht kann die Anordnungen außer Kraft setzen, wenn sie das Interesse des Pfleglings gefährden.
(3) Zu einer Abweichung von den Anordnungen des Zuwendenden ist, solange er lebt, seine Zustimmung erforderlich und genügend. Ist er zur Abgabe einer Erklärung dauernd außerstande oder ist sein Aufenthalt dauernd unbekannt, so kann das Vormundschaftsgericht die Zustimmung ersetzen.

1. Die Vorschrift ist eine Ergänzung zu §§ 1638, 1909 I S 2. Der Zuwendende kann sich selbst (München JFG 21, 181) oder einen Dritten als Pfleger benennen. Benennt er den Vater oder die Mutter in einem Fall, in dem das Kind unter der Sorge beider Eltern steht, so wird idR als Ausschluß des anderen Elternteils gem § 1638 III auszulegen sein. Der Dritte kann aber auch gezielt die elterliche Vermögenssorge ausschließen und beide Eltern oder einen Teil als Pfleger benennen; die Eltern sind dann auch in den über § 1643 hinausgehenden Fällen auf die Genehmigung des VormG angewiesen (KGJ 1920, 220, 222; Gernhuber/Coester-Waltjen § 61 I 3; Soergel/Zimmermann Rz 2). Der Dritte muß auch jemanden ausdrücklich von der Pflegschaft ausschließen können (Soergel/Zimmermann Rz 2; RGRK/Dickescheid Rz 4; anders die hL). Dieses Ausschließungsrecht kann zwar nicht als Analogie aus § 1782 begründet werden, der Ausfluß des elterlichen Sorgerechts ist. Das Ausschließungsrecht entspricht jedoch der Machtvollkommenheit des unentgeltlich Zuwendenden und stellt ein Minus dar gegenüber dem Recht, einen anderen Verwalter an die Stelle von Eltern und Vormund zu setzen. So jetzt auch MüKo/Schwab Rz 2; Soergel/Zimmermann Rz 2; anders BayObLG Rpfleger 1977, 253, Staud/Bienwald Rz 5; diese konzedieren nur die Selbstverständlichkeit, daß gem § 1638 ausgeschlossene Eltern oder der ausgeschlossene Vormund nicht zum Pfleger bestellt werden dürfen.

2. Die Befreiungen der §§ 1852 bis 1854, die gem **Abs II** der zuwendende Dritte anordnen kann, sind diejenigen, die Eltern für den von ihnen benannten Vormund anordnen können. Auch die Möglichkeit für das VormG, bei Gefährdung des Mündelinteresses die Befreiungen außer Kraft zu setzen, ist die gleiche wie nach § 1857.
Aus **Abs III** geht hervor, daß der zuwendende Dritte für die Verwaltung des zugewendeten Vermögens dem Pfleger, ebenso wie nach § 1639 den Eltern oder nach § 1803 einem Vormund Anordnungen erteilen kann. Die Möglichkeit für den Verwalter, von solchen Anordnungen des Zuwendenden abzuweichen, ist in allen drei Fällen die gleiche (vgl § 1917 II S 2 und III, § 1803 II und III, § 1639 II).
Wird der Benannte übergangen, so steht ihm die Beschwerde nach §§ 60 I Nr 1, 20, 22 FGG zu.

1918 *Ende der Pflegschaft kraft Gesetzes*
(1) Die Pflegschaft für eine unter elterlicher Sorge oder unter Vormundschaft stehende Person endigt mit der Beendigung der elterlichen Sorge oder der Vormundschaft.
(2) Die Pflegschaft für eine Leibesfrucht endigt mit der Geburt des Kindes.
(3) Die Pflegschaft zur Besorgung einer einzelnen Angelegenheit endigt mit deren Erledigung.

1. Das **Amt des Pflegers** endet aus denselben Gründen wie das des Vormunds (§ 1915 I) durch Entlassung (§§ 1886, 1888, 1889).

2. Davon zu unterscheiden ist die Beendigung der **Pflegschaft**. Hierfür gelten grundsätzlich anstelle der §§ 1882, 1884 die speziellen Vorschriften der §§ 1918 bis 1921. Von diesen haben die §§ 1918 III (Erledigung der Angelegenheit) und 1919 (Wegfall des Grundes der Anordnung) für alle Arten von Pflegschaft Bedeutung, die restlichen nur für einzelne. Kraft Gesetzes endet die Pflegschaft in den Fällen der §§ 1918 und 1921 III. In den anderen Fällen endet die Pflegschaft erst durch Aufhebung.

3. Abs I betrifft die **Ergänzungspflegschaft** des § 1909, s § 1909 Rz 16, 17. Der Beendigung der elterlichen Sorge steht der Eintritt des Ruhens gleich (KG FamRZ 1972, 44). Weil das Bedürfnis nach Ergänzungspflegschaft idR in der Person des gesetzlichen Vertreters begründet ist (Interessengegensatz: §§ 1795, 1796; Entziehung wegen Versagens: §§ 1666, 1837 IV), endigt eine Ergänzungspflegschaft entgegen dem Wortlaut von Abs I nicht nur mit Beendigung der elterlichen Sorge oder der Vormundschaft, sondern auch mit einem Wechsel des sorgerechtigten Elternteils oder Vormunds (jedoch nicht mit dem Wegfall eines beider gesamtsorgeberechtigten Elternteile) oder des Vormunds (Gernhuber/Coester-Waltjen § 75 V 10; BayObLG 1920, 29, 32; aA Dölle FamR II § 148 II 1a). Das gilt nicht für einen Verwaltungspfleger nach § 1909 I S 2, weil er zwar der Vermögenssorgerechtigte, Eltern wie Vormund, von der Verwaltung ausgeschlossen ist. Erhält ein Kind mit Erreichen der Volljährigkeit einen Betreuer und ist ihm Vermögen zugewendet worden, dessen Verwaltung der Zuwendende gem §§ 1638, 1909 I S 2 von der elterlichen Sorge und auch von der Rechtsmacht eines Betreuers (§ 1803 iVm § 1908i S 1) ausgenommen hat, so liegt es nahe, den bisherigen Verwaltungspfleger (§ 1909 I S 2) zum Ergänzungsbetreuer zu bestellen (§ 1899 Rz 6). Wegen Todes des Pfleglings s § 1919 Rz 3.

§ 1918 Familienrecht Pflegschaft

4 4. Nach Abs II endet die Pflegschaft nach § 1912 kraft Gesetzes mit der Geburt des Kindes, und zwar auch dann, wenn die Angelegenheit, für die sie angeordnet wurde, noch nicht erledigt ist; § 1918 II erlaubt, trotz der berechtigten Kritik von Beitzke, FamR 25. Aufl § 40 II 1, keine andere Lösung. Gleiches gilt bei Tot- oder Fehlgeburt (MüKo/Schwab § 1912 Rz 27), weil die Pflegschaft dann wegen des in § 1923 II zum Ausdruck gekommenen Grundsatzes von Anfang an gegenstandslos war.

5 5. Abs III. Eine einzelne Angelegenheit iSd Abs III liegt nicht nur bei einer einmaligen Tätigkeit des Pflegers vor; vielmehr kann damit ein konkret zu erledigender Aufgabenkomplex gemeint sein, der einer einheitlichen Erledigung zugänglich ist. Davon zu unterscheiden ist die Anordnung für einen Kreis von Angelegenheiten, die sich immer wieder ergeben können; eine solche Pflegschaft hat einen Einschlag von Beobachtungspflegschaft und erschöpft sich nicht mit der Erledigung einzelner Angelegenheiten. Eine Pflegschaft zur Besorgung einer einzelnen Angelegenheit ist zB die Pflegschaft zur Führung eines Rechtsstreits: sie endet mit der Rechtskraft des Urteils (KG RJA 1915, 255). Eine Auseinandersetzungspflegschaft im Falle des § 1683 endet mit Abschluß der Teilungsvereinbarung, spätestens ihrer vormundschaftsgerichtlichen Genehmigung, nicht erst mit der Durchführung der Teilung (KG RJA 1917, 35; JW 1934, 3001 mit Anm Zilkens). Kein Fall des Abs III ist die Unterhaltspflegschaft, die im allgemeinen nicht bereits mit rechtskräftiger Verurteilung des Vaters endet (München JW 1938, 1046). Sie ist vielmehr erst aufzuheben, wenn die künftige Erfüllung der Unterhaltspflicht gesichert ist oder kein Fürsorgebedürfnis mehr besteht (BayObLG 1929, 353; München HRR 1938, Nr 541; KG JW 1937, 2205).

1919 *Aufhebung der Pflegschaft bei Wegfall des Grundes*
Die Pflegschaft ist von dem Vormundschaftsgericht aufzuheben, wenn der Grund für die Anordnung der Pflegschaft weggefallen ist.

1 1. Der „Grund für die Anordnung der Pflegschaft" iSd § 1919 steht in einem Gegensatz zu der zu erledigenden „Angelegenheit" iS von § 1918 III. Grund der Pflegschaft ist zunächst die in der Person begründete Verhinderung, die Angelegenheit selbst wahrzunehmen, also bei § 1909 die Verhinderung ihres gesetzlichen Vertreters, bei § 1911 ihre Abwesenheit, bei § 1912 die vorgeburtliche Existenz, bei § 1913 die Unbekanntheit oder Ungewißheit des Beteiligten und bei § 1914 das Fehlen der zur Verwaltung und Verwendung des Sammelvermögens berufenen Personen.

2 2. Die Pflegschaft ist jedoch auch dann gem § 1919 aufzuheben und endet nicht etwa nach § 1918 III von selbst, wenn der Grund ihrer Anordnung in einem weiteren, das Fürsorgebedürfnis umfassenden Sinn entfallen ist, aber in anderer Weise als durch Erledigung der Angelegenheit. Hierher gehört vor allem der Fall, daß der Kreis von Angelegenheiten, für den die Pflegschaft angeordnet wurde, keiner Fürsorge mehr bedarf, weil das Bedürfnis weggefallen ist (zB wenn dem bei der Ersatzpflegschaft nach § 1909 III ein Vormund bestellt worden ist), oder weil das Bedürfnis endgültig befriedigt ist.

3 3. Der Verhinderung des Pfleglings, seine Angelegenheit selbst wahrzunehmen, und dem Fürsorgebedürfnis ist die Existenz des Pfleglings vorgelagert; daher bedeutet auch der Tod des Pfleglings die automatische Beendigung der Pflegschaft (BayObLG NJW 1965, 297; KG JW 1938, 2942).

Dem Wegfall des Grundes für die Anordnung der Pflegschaft steht es gleich, wenn sich herausstellt, daß der Grund von Anfang an gefehlt hat. Die Pflegschaft ist auch in diesem Fall wirksam angeordnet; das in § 1773 Rz 8 zur Vormundschaft Ausgeführte gilt auch für die Pflegschaft. Fehlte der Anordnung jedoch ein formelles Erfordernis, so ist die Pflegschaft nicht von Amts wegen, sondern nur auf Beschwerde hin aufzuheben.

4 4. Der die Pflegschaft aufhebende Beschluß wird gem § 16 I FGG mit seiner Bekanntmachung wirksam; er unterliegt der einfachen (weiteren) Beschwerde. Da der **Pflegling** ein Recht auf die Fürsorge mittels einer Pflegschaft hat, ist er gegenüber ihrer Aufhebung aus § 20 I FGG **beschwerdebefugt**, was nach Wegfall der Gebrechlichkeitspflegschaft nur noch bei einer nicht nur eine einzelne Angelegenheit betreffenden Ergänzungspflegschaft Bedeutung hat, etwa einer Pflegschaft zur Regelung des Schulbesuchs (BVerfG MDR 1955, 23). Ist der Pflegling geschäftsfähig, so kann er die Beschwerde selbst einlegen; betraf die Pflegschaft die Personensorge, so ist auch der in der Geschäftsfähigkeit beschränkte Pflegling gem § 59 FGG für das Beschwerdeverfahren selbständig verfahrensfähig. Die Beschwerdebefugnis des Pfleglings kann vom Pfleger nicht ausgeübt werden, da sein Vertretungsrecht erloschen ist. Ebensowenig ist der Pfleger aus eigenem Recht beschwerdebefugt; der Pfleger hat kein Recht auf das Amt. Für alle anderen Personen als den Pflegling kann sich eine Beschwerdebefugnis gegenüber der Aufhebung der Pflegschaft nur aus § 57 I Nr 3 FGG, und, wenn diese Angelegenheiten der Personensorge betrifft, auch nach Nr 9 ergeben. Auf erfolgreiche Beschwerde hin lebt die aufgehobene Pflegschaft nicht wieder auf, sondern ist erneut Pflegschaft anzuordnen und ein Pfleger zu bestellen.

1920 (weggefallen)

1921 *Aufhebung der Abwesenheitspflegschaft*
(1) Die Pflegschaft für einen Abwesenden ist von dem Vormundschaftsgericht aufzuheben, wenn der Abwesende an der Besorgung seiner Vermögensangelegenheiten nicht mehr verhindert ist.
(2) Stirbt der Abwesende, so endigt die Pflegschaft erst mit der Aufhebung durch das Vormundschaftsgericht. Das Vormundschaftsgericht hat die Pflegschaft aufzuheben, wenn ihm der Tod des Abwesenden bekannt wird.
(3) Wird der Abwesende für tot erklärt oder wird seine Todeszeit nach den Vorschriften des Verschollenheitsgesetzes festgestellt, so endigt die Pflegschaft mit der Rechtskraft des Beschlusses über die Todeserklärung oder die Feststellung der Todeszeit.

1. Die **Abwesenheitspflegschaft (§ 1911)** endet kraft Gesetzes nur bei Erledigung einer einzelnen Angelegenheit, zu deren Besorgung sie eingeleitet war (§ 1918 III) sowie im Falle der Todeserklärung oder der Feststellung der Todeszeit (§§ 39ff VerschG) des Abwesenden (Abs III), und zwar mit der Rechtskraft des die Todeserklärung oder die Feststellung der Todeszeit aussprechenden Beschlusses. Abs III entspricht dem § 1884 II (§ 1884 Rz 3). Sonst endet die Abwesenheitspflegschaft nur mit ihrer **Aufhebung** durch das VormG, die mit der Bekanntmachung an den Pfleger wirksam wird (§ 16 I FGG).

2. Abs I entspricht dem Grundsatz des § 1919. Die Aufhebung hat zB zu erfolgen, wenn der Abwesende zurückkehrt oder einen Beauftragten oder Bevollmächtigten bestellt, auch wenn das Schutzbedürfnis wegfällt, weil zB die Umstände, die zum Widerruf eines vom Abwesenden erteilten Auftrages oder einer erteilten Vollmacht Anlaß geben konnten, weggefallen sind.

3. Im Falle des Todes des Abwesenden endet die Pflegschaft erst mit der Aufhebung durch das VormG (Abs II S 1), da der Tod eines Abwesenden oft erst nach längerer Zeit bekannt wird, uU schwer feststellbar ist, und so die Schwierigkeiten vermieden werden, die eintreten könnten, wenn die Pflegschaft rückwirkend mit dem Zeitpunkt des Todes als beendet behandelt werden müßte. Die Vertretungsmacht des Pflegers dauert also über den Tod des Abwesenden hinaus für und gegen den Erben bis zur Aufhebung der Pflegschaft fort. Auch nach § 1921 kann aber der Pfleger den Erben nur bei solchen Angelegenheiten vertreten, die erweislich Vermögensangelegenheiten des Erblassers waren (BGH 5, 244). Die Vorschrift entspricht dem § 1884 I, setzt aber nicht wie dieser Verschollenheit des Abwesenden voraus (§ 1884 Rz 1). Der Pfleger hat die Aufhebung zu beantragen, wenn ihm der Tod bekannt wird (BayObLG 1903, 841).

Buch 5
Erbrecht

Einleitung

Schrifttum: *Baumann*, Handbuch der Vermögensnachfolge, 6. Aufl 2001; *Binder*, Die Rechtsstellung des Erben nach dem Deutschen Bürgerlichen Gesetzbuch, I. Teil 1901, II. Teil 1903, III. Teil 1905, *ders*, Bürgerliches Recht, Erbrecht, 2. Aufl 1930; *Boehmer*, Erbfolge und Erbenhaftung, 1927; *ders*, Zur Entwicklung und Reform des deutschen Familien- und Erbrechts, Ausgewählte Schriften, herausgegeben von Karl F. Kreuzer, 1970; *ders*, Erbrecht, in Neumann/Nipperdey/Scheuner, Die Grundrechte, 2. Bd 1954, 401; *Brox*, Erbrecht, 20. Aufl 2003; *Cosack*, Lehrbuch des Bürgerlichen Rechts, 2. Bd, 2. Abteilung, Gemeinschaftsrecht, Familienrecht, Erbrecht, 7. und 8. Aufl 1924; *Crezelius*, Unternehmenserbrecht, 1998; *Dittmann/Reimann/Bengel*, Testament und Erbvertrag, 2. Aufl 1986; *Dörner*, Das Erbrecht als subjektives Recht in FS Murad Ferid, 1988, S. 57; *Ebenroth*, Erbrecht, 1992; *Ebert*, Die rechtsfunktionelle Kompetenzabgrenzung von Gesellschaftsrecht und Erbrecht, 1972; *Edenfeld*, Europäische Entwicklungen im Erbrecht, ZEV 2001, 457; *Endemann*, Erbrecht des BGB, 1923; *Faßbender/Hötzel/v Jeinsen/Pikalo*, Höfeordnung, 3. Aufl 1994; *Ferid/Firsching/Lichtenberger*, Internationales Erbrecht, Quellensammlung mit systematischer Darstellung des materiellen Erbrechts sowie des Kollisionsrechts der wichtigsten Staaten, 4. Aufl (Stand 1995); *Firsching/Graf*, Nachlaßrecht, 8. Aufl 2000; *Frank*, Erbrecht, 2000; *Friedrich*, Testament und Erbrecht, 15. Aufl 1989; *Groll*, Praxis-Handbuch, Erbrechtsberatung, 2001; *Gursky*, Erbrecht, 2. Aufl 1994; *Harder/Kroppenberg*, Grundzüge des Erbrechts, 5. Aufl 2002; *Heldrich*, Fälle und Lösungen nach höchstrichterlichen Entscheidungen, BGB-Erbrecht, 3. Aufl 1989; *Hansmann*, Die Vererbung von Landgütern nach dem BGB: de lege lata et ferenda, 2000; *Henrich*, Testierfreiheit vs Pflichtteilsrecht, 2000; *Hoffmann/Becking/Schippel*, Beck'sches Formularbuch zum Bürgerlichen, Handels- und Wirtschaftsrecht, 6. Aufl 1995; *Holzhauer*, Familien- und Erbrecht, Freiwillige Gerichtsbarkeit, 2. Aufl 1988; *Isele*, Familie und Familienerbe, 1938; *John*, Grundzüge des Erbrechts, 2. Aufl 1984; *Kapp/Ebeling/Grune*, Handbuch der Erbengemeinschaft, 5. Aufl, Stand 1996; *Kipp/Coing*, Erbrecht, 14. Bearbeitung, 1990; *Kretzschmar*, Das Erbrecht des deutschen BGB, 2. Aufl 1913; *Lange/Kuchinke*, Lehrbuch des Erbrechts, 5. Aufl 2001; *Langenfeld*, Testamentsgestaltung, 3. Aufl 2002; *Leipold*, Erbrecht, 13. Aufl 2000; *Leonhard*, Bürgerliches Recht, 2. Aufl 1912; *v Lübtow*, Probleme des Erbrechts, 1967; *ders*, Erbrecht, 2 Bde, 1971; *Lüderitz*, Familien- und Erbrecht (ESJ), 1971; *Mertens*, Die Entstehung der Vorschriften des BGB über die gesetzliche Erbfolge und das Pflichtteilsrecht, 1970; *Michalski*, BGB-Erbrecht, 2. Aufl 2001; *Möhring*, Vermögensverwaltung in Vormundschafts- und Nachlaßsachen, 7. Aufl 1992; *Nieder*, Handbuch der Testamentsgestaltung, 2. Aufl 2000; *Odersky*, Nichtehelichengesetz, 4. Aufl 1978; *Olzen*, Erbrecht, 2001; *Otte*, Erbrecht, 1974; *Rauscher*, Reformfragen des gesetzlichen Erb- und Pflichtteilsrecht, Bde I, II, II 2; *Schlüter*, Erbrecht, 14. Aufl 2000; *ders*, BGB Erbrecht (Prüfe dein Wissen), 8. Aufl 1994; *Strohal*, Das Deutsche Erbrecht, 3. Aufl, 1. und 2. Bd 1903/4; *ders*, Grundriß des Deutschen Erbrechts, 1914; *Sturm*, Wahlfach Familien- und Erbrecht, Einführung mit Examinatorium, 1980; *Sudhoff*, Handbuch der Unternehmensnachfolge, 4. Aufl 2000; *Weirich*, Erben und Vererben, 3. Aufl 1991; *Werner*, Angleichung des Erbrechts, in 10 Jahre Deutsche Rechtseinheit, 2001; s 111; *Wurm/Wagner/Zartmann*, Das Rechtsformularbuch, 14. Aufl 1998.

Spezielleres Schrifttum ist bei den Vorbemerkungen zu den einzelnen Abschnitten und Titeln angeführt.

1. Zum **Erbrecht im objektiven Sinne** gehören alle bürgerlich-rechtlichen Rechtssätze, die den Einfluß des Todes eines Menschen auf sein Rechts- und Pflichtenleben, vor allem auf sein Vermögen regeln. Hierzu gehören vor allem die Normen über die Rechtsnachfolge in das Vermögen. Objektives Erbrecht findet sich auch außerhalb des 5. Buches des BGB, so etwa in § 857 (Vererbung des Besitzes), im Familienrecht (§§ 1371, 1461, 1482ff,

Einl § 1922 Erbrecht

1586, 1586b, 1638f, 1777) und nach der Vereinigung der beiden deutschen Staaten am 3. 10. 1990 – für die sogenannten Altfälle – im 6. Teil des ZGB der ehemaligen DDR (GBl I 1975 Nr 27 S 465), dessen Anwendbarkeit durch Art 235 § 1, 2 EGBGB geregelt wird (s dazu Rz 13) sowie in §§ 10, 6 II S 4 des Lebenspartnerschaftsgesetzes vom 16. 2. 2001 (BGBl I 266).

2 **Erbrechtliche Sondervorschriften** finden sich in der Höfeordnung in der Fassung vom 26. 7. 1976 (BGBl I 1933), vgl vor §§ 2032–2063 Rz 7, 8. Vgl im übrigen die ausführliche Übersicht RGRK/Kregel Einl § 1922 Rz 4; Schlüter Rz 9ff.

3 **a) Aufgehobene Rechtsnormen.** Nach dem Ende des zweiten Weltkriegs sind vor allem von den Besatzungsmächten zahlreiche erbrechtliche Bestimmungen aufgehoben worden, die während des Dritten Reichs erlassen worden waren (Einzelheiten 6. Aufl Einl § 1922 Rz 3–6). Zu erwähnen ist zunächst die gesamte **Reichserbhofgesetzgebung** des Reichserbhofgesetzes vom 29. 9. 1933 (RGBl I 685) mit allen zu seiner Ausführung und Ergänzung erlassenen Verordnungen und Vorschriften durch KRG 45 vom 20. 2. 1947 (ABlKR 256), das in der ehemaligen amerikanischen und ehemaligen britischen Zone am 24. 4. 1947, in der französischen Zone am 5. 5. 1947 in Kraft getreten ist. Damit unterstand das Grundstückseigentum wieder den Vorschriften, die am 1. 1. 1933 über die gesetzliche und testamentarische Erbfolge galten. An die Stelle der Erbhofgesetzgebung ist für die Länder Hamburg, Niedersachsen, Nordrhein-Westfalen und Schleswig-Holstein die Höfeordnung, jetzt idF vom 26. 7. 1976 (BGBl I 1933) getreten. Gesetze, die ein besonderes Anerbenrecht für den landwirtschaftlichen Grundbesitz vorsehen, bestehen derzeit auch in den Ländern Baden-Württemberg, Bremen, Hessen und Rheinland-Pfalz (Einzelheiten bei Lange/Wulff/Lüdtke-Handjery, Höfeordnung, 10. Aufl 2001).

4 Aufgehoben ist das **Testamentsgesetz** vom 31. 7. 1938 (RGBl I 973) mit Ausnahme der Übergangsvorschriften des § 51. Seine Vorschriften sind, von wenigen Ausnahmen abgesehen, durch das Gesetz zur Wiederherstellung der Gesetzeseinheit auf dem Gebiet des bürgerlichen Rechts vom 5. 3. 1953 (BGBl I 41) in das Erbrecht des BGB eingefügt worden.

Zuletzt ist das **Reichsheimstättengesetz** vom 25. 11. 1937 (RGBl I 1291), das die Sondererbfolge des Heimstättenfolgers in die Heimstätte und deren Unteilbarkeit in der Erbauseinandersetzung sichern sollte, durch Gesetz vom 17. 6. 1993 (BGBl I 912) mit Wirkung zum 1. 10. 1993 aufgehoben worden (dazu Ehrenforth NJW 1993, 2082).

5 **b) Geänderte Rechtsnormen.** In den letzten Jahrzehnten ist das Erbrecht durch mehrere Gesetze zum Teil wesentlich verändert worden. Hierbei handelt es sich zunächst um das Gesetz über die Gleichberechtigung von Mann und Frau auf dem Gebiet des bürgerlichen Rechts – **Gleichberechtigungsgesetz** – vom 18. 6. 1957 (BGBl I 609), das mit § 1371 eine Neuregelung des Ehegattenerbrechts brachte. Geändert wurden ferner die §§ 1932, 2008, 2054, 2311 I S 2, 2331, 2356 II S 1, eingefügt die §§ 1931 III, 2303 II S 2.

6 Zu erwähnen ist ferner das Gesetz über die rechtliche Stellung der nichtehelichen Kinder – **Nichtehelichengesetz** – vom 19. 8. 1969 (BGBl I 1243), das eine prinzipielle erbrechtliche Gleichstellung ehelicher und nichtehelicher Kinder begründete und vor allem den Erbersatzanspruch und den Anspruch auf den vorzeitigen Erbausgleich einführte, §§ 1934a–1934e. Ferner wurden die §§ 1931 IV, 2057a, 2331a, 2338a eingefügt und die §§ 1930, 2043 II, 2316 I S 1 geändert. Zur völligen Gleichstellung ehelicher und nichtehelicher Kinder ab 1. 4. 1998 vgl Rz 9b.

7 Das **Beurkundungsgesetz** vom 28. 8. 1969 (BGBl I 1513) vereinfachte das Beurkundungsverfahren und konzentrierte die Beurkundungszuständigkeit im Bereich des Erbrechts auf die Notare. Eingefügt wurden die §§ 127a, 2258b III, aufgehoben die §§ 2234–2246, 2258a IV, 2258b II S 2. Geändert wurden vor allem die Vorschriften, in denen neben der notariellen auch eine gerichtliche Beurkundung vorgesehen war. Im einzelnen handelte es sich um die §§ 2033 I S 2, 2231–2233, 2247 I, 2249 I, II, VI, 2250 I, III, 2252 II, 2256 I S 1, 2258a II, 2276 I, 2277, 2282 III, 2291 II, 2296 II S 2, 2348, 2371.

8 Durch das Erste Gesetz zur Reform des Ehe- und Familienrechts – **1. EheRG** – vom 14. 6. 1976 (BGBl I 1421) wurden vor allem einige erbrechtliche Bestimmungen dem neuen Scheidungsrecht angepaßt, das anstelle des Verschuldens- das Zerrüttungsprinzip eingeführt hat. Geändert wurden die §§ 1933, 2077 I S 2, 2268 II, 2331a II S 2, 2335, eingefügt wurde § 2077 I S 3.

9 Zu nennen ist weiterhin das Gesetz über die Annahme als Kind und zur Änderung anderer Vorschriften – **Adoptionsgesetz** – vom 2. 7. 1976 (BGBl I 1947), das vor allem wegen der Einführung der Volladoption auch erbrechtliche Auswirkungen hatte. Eingefügt wurde § 1925 IV, geändert wurden die §§ 1926 III S 1, IV, 2043 II, 2253 II.

Das Erbrecht ist ferner durch das Gesetz zur Reform des Rechts der Vormundschaft und Pflegschaft über Volljährige – **Betreuungsgesetz** – vom 12. 9. 1990 (BGBl I 2002) geändert worden, das am 1. 1. 1992 in Kraft getreten ist. Das Betreuungsgesetz hat die Vormundschaft und Pflegschaft über Volljährige durch das Rechtsinstitut der Betreuung ersetzt, siehe dazu vor § 1896 Rz 6. Diese Reform hat sich vor allem bei der Testierfähigkeit ausgewirkt. Die §§ 2229 III, 2230, 2253 II sind aufgehoben und die §§ 1999, 2201, 2253, 2290, 2347, 2351 geändert worden.

Durch das Gesetz zur erbrechtlichen Gleichstellung nichtehelicher Kinder – **ErbGleichG** – vom 16. 12. 1997 (BGBl I 2968) sind die §§ 1934a–1934e, 2338a gestrichen und § 1930 geändert worden (Art 1 ErbGleichG). Das Gesetz ist am 1. 4. 1998 in Kraft getreten. Zur Übergangsregelung vgl Art 225 EGBGB.

9a Durch das Lebenspartnerschaftsgesetz – **LPartG** – vom 16. 2. 2001 (BGBl I 266) wurde für Personen gleichen Geschlechts, die eine Lebenspartnerschaft begründet haben, ein gesetzliches Erb- und Pflichtteilsrecht geschaffen, das dem von Ehegatten weitgehend angenähert ist, §§ 10, 6 II S 4 LPartG.

2. Erbrecht im subjektiven Sinne ist kein einheitliches subjektives Recht, sondern Sammelbezeichnung für 10
die einzelnen subjektiven Rechte, Pflichten, Rechts-, Pflicht- und Bindungslagen, die dem oder den Erben mit
dem Erbschaftsanfall (§ 1942), dh in der Regel mit dem Tod des Erblassers, aus dem objektiven Erbrecht erwachsen,
vgl Larenz JherJ 81, 4. Die Erbenstellung hat zwar ihren einheitlichen Rechtsgrund, schafft aber keine einheitliche
Rechtsmacht, die als einheitliches subjektives Recht durch einheitlichen Rechtsakt übertragbar wäre. Auch
über den Nachlaß oder einen Bruchteil des Nachlasses kann der Alleinerbe nicht durch ein einheitliches Rechtsgeschäft
verfügen, BGH NJW 1954, 1647.

Oft wird auch die **Erbaussicht** dessen, der unter bestimmten Voraussetzungen Erbe werden könnte, Erbrecht 11
genannt, vgl §§ 311b IV, 2346, 2349, 2350–2352. Sie begründet für den (potentiellen) Erben weder eine Anwartschaft
noch ein bedingtes oder künftiges Recht (RG 49, 371; BGH 12, 118; 23, 259; Boehmer FamRZ 1961, 255).
Sie kann zwar Gegenstand eines Vertrags unter Lebenden nach § 311b V (vgl auch § 1822 Nr 1) oder eines unmittelbar
wirkenden Erbverzichts (§§ 2346 I, 2352) sein (RG 169, 98), so daß uU auf Feststellung ihres Bestehens
oder Nichtbestehens geklagt werden kann. Der Erbaussicht fehlen aber alle wesentlichen Wirkungen, die mit dem
Begriff der Anwartschaft verbunden sind. Sie beruht nicht auf einer schwebend wirksamen, schon bindenden
Rechtslage, dh nicht auf einem Tatbestand, von dessen einzelnen Tatbestandsmerkmalen bereits so viele erfüllt
sind, daß die Entwicklung des entstehenden Rechts zum Vollrecht weder durch einseitige Handlungen noch Unterlassungen
anderer gestört werden kann (BGH 37, 319). Sie ist weder übertragbar, noch belastbar, noch pfändbar.
Sie kann weder durch einstweilige Verfügung noch Arrest (§ 916 II ZPO) gesichert werden, vgl BGH 12, 118;
Celle MDR 1954, 547. Der Erblasser schädigt den Erbanwärter nicht, wenn er dessen Erbaussicht durch Verfügungen
über einzelne Gegenstände seines Vermögens unter Lebenden schmälert, ohne in sein Pflichtteilsrecht einzugreifen,
ebenso Brüggemann JA 1978, 209; aA RG 111, 151 (156). Dem Schlußerben aus einem Berliner Testament
spricht die hM nach dem Tod des einen Ehegatten dagegen bereits ein gesichertes Anwartschaftsrecht zu, auf
das sich der BGH (37, 319, [322]) nicht festgelegt hat, weil ihm zur Fallentscheidung die Feststellung genügte, daß
ein Anwartschaftsrecht jedenfalls nicht übertragbar wäre. Vgl zu den Einzelfällen: Gölle, Anwartschaften im Erbrecht,
Diss Tübingen 1964, für den künftigen Vermächtnisanspruch BGH 37, 331.

3. Verfassungsrechtliche Garantie des Erbrechts

Schrifttum: *Boehmer*, Erbrecht, in Neumann/Nipperdey/Scheuner, Die Grundrechte, Bd II, 1954, S 401; *Firsching*, Verfassungsrechtliche
Instituts- und Individualgarantie des Erbrechts (Art 14 GG), in Rechtsfürsorge und Rechtsgestaltung durch das
Nachlaßgericht, 1983, S 9; *Hetmeier*, Grundlagen der Privaterbfolge in der Bundesrepublik Deutschland und in der DDR,
1990; *Husmann*, Die Testierfreiheit im Lichte der Grundrechte und des Sittengesetzes, NJW 1971, 404; *Leisner*, Verfassungsrechtliche
Grenzen der Erbschaftsbesteuerung, Berlin 1970; *Staud/Otte*, Einl zu §§ 1922ff Rz 60ff; *Vyas*, Der Schutzbereich
der Erbrechtsgarantie, ZEV 2001, 1.

Art 14 I GG lautet: „Das Eigentum und das Erbrecht werden gewährleistet. Inhalt und Schranken werden durch 12
die Gesetze bestimmt." Mit dieser Verfassungsnorm garantiert das Grundgesetz zweierlei:

a) Gewährleistet ist einmal das Privaterbrecht als objektiv-rechtliche Einrichtung (**Einrichtungsgarantie**) mit
seinen tragenden Grundprinzipien der Privaterbfolge und der Testierfreiheit (BVerfG FamRZ 1995, 405 [408f];
Brox Rz 24). Verfassungswidrig wäre es demnach, die Privaterbfolge zugunsten eines Staatserbrechts aufzuheben
oder den Erwerb von Todes wegen naher Familienangehöriger mit einer erdrosselnden Erbschaftsteuer zu belegen.

b) Die Verfassung garantiert aber nicht nur das Privaterbrecht als Einrichtung. Art 14 I GG gewährt dem
Erblasser gleichzeitig ein **Grundrecht** auf Testierfreiheit (BVerfG 67, 329 [341]), dem Erben ein Grundrecht auf
Schutz des erbrechtlichen Erwerbs vor staatlichen Eingriffen sowie nahen Angehörigen das Recht auf den Pflichtteil
(BVerfG FamRZ 1995, 405 [408f]; Brox Rz 27). Das BVerfG hat die gesetzliche Regelung des Pflichtteilsrechts
mit der Erbrechtsgarantie und der Testierfreiheit für vereinbar erklärt (BVerfG FamRZ 2000, 1563; dazu
Dauner-Lieb Forum Familien- und Erbrecht 2001, 3).

c) Das bedeutet allerdings nicht, daß das gegenwärtige gesetzliche Erb- und Pflichtteilsrecht in allen seinen
Ausprägungen Verfassungsrang genießt, so daß es dem Gesetzgeber verwehrt wäre, die gegenwärtige Familienerbfolge
zu modifizieren und etwa weit entfernte Verwandte von der Erbfolge auszuschließen; allg M: Staud/Otte
Einl §§ 1922ff Rz 70 mwN. Ebenso wie beim Eigentum kann der Gesetzgeber beim Erbrecht Inhalt und Schranken
näher bestimmen (Art 14 I S 2 GG). Hierbei muß er allerdings die Wertentscheidung der Verfassung zugunsten
des Privaterbrechts und alle übrigen Verfassungsnormen (etwa Art 3 und 6 GG; vgl BVerfG FamRZ 1995, 405
[409f]) sowie das Prinzip der Rechts- und Sozialstaatlichkeit (vgl BVerfG 14, 263) und das Prinzip der Verhältnismäßigkeit
(BVerfG 67, 329 [340] mwN) beachten. Die Maßnahme muß, um dem Prinzip der Verhältnismäßigkeit
gerecht zu werden, zur Erreichung des angestrebten gesetzgeberischen Ziels geeignet und notwendig sein und darf
nicht übermäßig und deshalb unzumutbar sein.

4. Erbrecht der ehemaligen DDR

Schrifttum: *Brunner*, Das neue Zivilrecht der DDR, JuS 1975, 744; *Drews/Halgasch*, Erbrecht, Grundriß des Zivilrechts,
Heft 9, 1978; *Freytag*, Das neue Erbrecht der DDR aus der Sicht des BGB, Diss Freiburg 1981; *Herrmann*, Erbrecht und Nachlaßverfahren
in der DDR, 1989; *Kittke*, in Westen, Das neue Zivilrecht der DDR, 1977 S 271; *ders*, Das neue Zivilrecht der
DDR, JZ 1976, 268; *ders*, Das neue Erbrecht der DDR, ROW 1976, 29; *Kringe*, Das neue Zivilgesetzbuch der DDR, MDR
1976, 189; *Lochen*, Das neue Erbrecht der DDR, Deutschland-Archiv 1977, 19; *Lüdtke-Handjery*, Das neue Erbrecht der DDR,
DB 1976, 229; *Mampel*, Das Erbrecht im neuen Zivilrecht der DDR, NJW 1976, 593; *Meincke*, Das neue Erbrecht der DDR,
JR 1976, 9, 47.

Nach Art 8 des Einigungsvertrags vom 31. 8. 1990 (BGBl II 885ff) in Verbindung mit Art 230 II EGBGB trat 13
mit der Vereinigung Deutschlands am 3. 10. 1990 das Bundesrecht und damit das 5. Buch des BGB auch in den

Einl § 1922

neuen Bundesländern in Kraft. Damit ist gleichzeitig das seit dem 1. 1. 1976 geltende ZGB der ehemaligen DDR außer Kraft gesetzt worden. Das bisherige Recht bleibt jedoch für die Erbfälle vor dem 3. 10. 1990 (sog **Altfälle**) weiterhin anwendbar (Art 235 § 1 I EGBGB; zu den Altfällen im einzelnen Schlüter Rz 1290ff mwN). Gleiches gilt für die Wirksamkeit der Errichtung oder Aufhebung der vor dem 3. 10. 1990 errichteten Verfügungen von Todes wegen (Art 235 § 2 S 1 EGBGB; dazu Schlüter Rz 1301ff mwN). Zu den Übergangsregelungen siehe Staud/Rauscher Art 235 EGBGB Rz 1ff; Staud/Dörner Rz 1ff.

14 a) **Geltung des BGB bis 1. 1. 1976.** Bis zum 1. 1. 1976 war auch in der DDR das Erbrecht im wesentlichen **im Bürgerlichen Gesetzbuch** geregelt. Diese Rechtseinheit auf dem Gebiet des Privatrechts und damit des Erbrechts wurde mit dem Inkrafttreten des Zivilgesetzbuchs der DDR (ZGB) vom 19. 6. 1975 (GBl I 465) in einem weiteren bedeutsamen Bereich aufgegeben. Schon vorher waren einige wichtige erbrechtliche Institute wie das Erbrecht des nichtehelichen Kindes und das Ehegattenerbrecht durch die §§ 9 und 10 des Einführungsgesetzes zum Familiengesetzbuch (EGFGB) vom 20. 12. 1965 (GBl I 1966, 19) neu geregelt worden. So erbte das nichteheliche Kind wie ein eheliches Kind, solange es minderjährig war, § 9 EGFGB. Unter bestimmten Voraussetzungen war auch das volljährige nichteheliche Kind nach dem Tod des Vaters oder der Großeltern väterlicherseits erbberechtigt, § 9 II EGFGB. Ebenso konnte in bestimmten Fällen der nichteheliche Vater sein Kind beerben, § 9 IV EGFGB.

Der überlebende Ehegatte erbte nach dem ebenfalls durch das Zivilgesetzbuch aufgehobenen § 10 I EGFGB wie ein Erbe erster Ordnung neben den Kindern des Erblassers oder deren Abkömmlingen. Sein Anteil betrug mindestens ein Viertel. Er erbte allein, wenn keine erbberechtigten Kinder oder Abkömmlinge von Kindern des Erblassers vorhanden waren, § 10 II S 1 EGFGB. Das bisherige Erbrecht fand weiterhin Anwendung auf Erbfälle, die vor dem 1. 1. 1976 eingetreten waren.

b) **Geltung des ZGB ab 1. 1. 1976. aa)** Mit dem Inkrafttreten des Zivilgesetzbuchs der DDR am 1. 1. 1976 (§ 1 des Einführungsgesetzes zum Zivilgesetzbuch der DDR – EGZGB – vom 19. 6. 1975 – GBl I 517) wurde das Erbrecht im wesentlichen in den §§ 362–427 ZGB geregelt. Die auffallende Kürze (66 Bestimmungen anstatt der bisherigen 464 des BGB) beruht darauf, daß zahlreiche erbrechtliche Institute weggefallen waren, wie zB der Erbschaftsanspruch (§§ 2018–2031), die Miterbenausgleichung (§§ 2050–2057a), die Vor- und Nacherbfolge (§§ 2100–2146), der Erbvertrag (§§ 1941, 2274–2302), der Erbverzicht (§§ 2346–2352) und der Erbschaftskauf (§§ 2371–2385). Darüber hinaus wurden auch die Normen der beibehaltenen Institute unter Verzicht auf Detailregelungen erheblich gestrafft (zu den Einzelheiten Kittke JZ 1976, 269; Mampel NJW 1976, 593; Meincke JR 1976, 9 [47]).

Der Gesetzgeber des Zivilgesetzbuchs konnte auch deshalb auf detaillierte erbrechtliche Regelungen leichter verzichten, weil sich unter den in der DDR herrschenden politischen und gesellschaftlichen Verhältnissen die **Funktion des Erbrechts wesentlich verändert** hatte. Das Erbrecht hatte kaum noch die Aufgabe, durch Überleitung des Vermögens auf die nachfolgende Generation oder den Ehegatten die wirtschaftliche Versorgung naher Angehöriger zu sichern. Große private Vermögen, vor allem private Unternehmen, für die im Todesfall des Eigentümers die Rechtsnachfolge geregelt werden müßte, existierten nicht mehr, weil die entscheidenden „Produktionsmittel" sozialistisches Eigentum waren (vgl § 18 ZGB), das nicht verblich war. Die Aufgabe des Erbrechts erschöpfte sich deshalb darin, die Rechtsnachfolge an den Gegenständen des vom sozialistischen Eigentum abgeleiteten persönlichen Eigentums beim Tod seines Trägers sowie die Fortsetzung bestimmter zivilrechtlicher Rechte und Pflichten zu regeln, Drews/Halgasch S 10. Auch die verfassungsrechtliche Garantie des persönlichen Eigentums und seine Vererblichkeit (Art 11 I der Verfassung der DDR idF vom 19. 12. 1974 – GBl I 425 –) diente nicht primär dem Schutz des einzelnen und seiner nächsten Familienangehörigen. Es sollte auch Bedeutung haben „für die Festlegung der sozialökonomischen Struktur der entwickelten sozialistischen Gesellschaft, für die Lösung ihrer ökonomischen Aufgaben, für die Entwicklung der sozialistischen Persönlichkeit und sozialistischer Verhaltensweisen", Drews/Halgasch S 11. Wie in jedem sozialistischen Staat wurde auch in der DDR das Recht als Instrument der Politik verstanden und eingesetzt (grundlegend Hetmeier, Grundlagen der Privaterbfolge in der Bundesrepublik Deutschland und in der DDR, 1990).

bb) Neben den §§ 362–427 ZGB, die das Kernstück des Erbrechts der DDR bildeten, sind noch **folgende erbrechtliche Vorschriften** zu nennen: **(1)** § 8 des Einführungsgesetzes zum Zivilgesetzbuch (EGZGB) vom 19. 6. 1975 (GBl I 517), der den zeitlichen Geltungsbereich der erbrechtlichen Vorschriften des Zivilgesetzbuchs bestimmte; **(2)** §§ 24–36 des Gesetzes über das Staatliche Notariat (Notariatsgesetz) vom 5. 2. 1976 (GBl I 93), die 1. Durchführungsbestimmung zum Notariatsgesetz vom 5. 2. 1976 (GBl I 99), die die Berufung und Zuständigkeit der Einzelnotare regelte, und die Notariatskostenordnung vom 5. 2. 1976 (GBl I 99); **(3)** § 25 des Gesetzes über die Anwendung des Rechts auf internationale zivil-, familien- und arbeitsrechtliche Beziehungen sowie auf internationale Wirtschaftsverträge (Rechtsanwendungsgesetz – RAG –) vom 5. 12. 1975 (GBl I 748), der festlegte, daß sich bei Erbfällen mit Auslandsberührung die erbrechtlichen Verhältnisse nach der Staatsangehörigkeit des Erblassers richten und für das Eigentum und andere Rechte an den in der DDR gelegenen Gebäuden und Grundstücken das Erbrecht der DDR gilt; **(4)** § 24 des Gesetzes über die landwirtschaftlichen Produktionsgenossenschaften vom 3. 6. 1969 (GBl I 77) idF des § 12 Nr 4 EGZGB, der die Beerbung von Mitgliedern einer landwirtschaftlichen Produktionsgenossenschaft regelte.

15 c) **Erbrechtliche Unterschiede zwischen BGB und ZGB.** Gegenüber dem BGB wies das Erbrecht der DDR außer dem in Rz 14 erwähnten Wegfall zahlreicher erbrechtlicher Institute vor allem folgende Unterschiede auf:

16 aa) **Vererblich** war nur noch das **persönliche Eigentum** im Sinne von § 23 ZGB (§ 362 II ZGB). Da die Volkswirtschaft der DDR auf dem sozialistischen Eigentum an den Produktionsmitteln beruhte (Art 9 der Verfassung der DDR idF vom 19. 12. 1974 – GBl I 425), gehörte das Eigentum an den Produktionsmitteln nur noch in geringem Umfang zum Nachlaß (vgl § 3 EGZGB; Mampel NJW 1976, 593 [595]; Drews/Halgasch S 50).

bb) Das gesetzliche Erbrecht richtete sich wie bisher nach Ordnungen, wobei Verwandte nachfolgender Ord- 17
nungen nicht zur Erbfolge berufen waren, solange es Erben vorrangiger Ordnungen gab, § 364 ZGB. Abweichend
vom BGB, jedoch unter Berücksichtigung des bisherigen Erbrechts der DDR, **gehörte der Ehegatte** neben den
Kindern des Erblassers **zu den Erben der ersten Ordnung**, §§ 365 I, 366 ZGB. Bei den Kindern wurde nicht
mehr zwischen ehelichen und nichtehelichen Kindern unterschieden, so daß den **nichtehelichen Kindern** auch
unabhängig von ihrem Alter ein **volles Erbrecht** zustand. Der Vater eines nichtehelichen Kindes hatte ein unein-
geschränktes Erbrecht nach seinem Kind. Das Erbrecht der Erben der zweiten und dritten Ordnung entsprach der
Regelung des Bürgerlichen Gesetzbuchs. Jedoch gab es kein Eintrittsrecht der Abkömmlinge, § 367 II, 368 III
ZGB. Das **unbegrenzte Verwandtenerbrecht** des Bürgerlichen Gesetzbuchs war durch eine Ausweitung des
Staatserbrechts **beseitigt** worden. Waren keine Erben der ersten bis dritten Ordnung vorhanden, so wurde der Staat
Erbe und der Nachlaß ging in das Volkseigentum über, § 369 ZGB.

cc) Die **gewillkürte Erbfolge** konnte, nachdem der Erbvertrag nicht mehr als Verfügung von Todes wegen 18
anerkannt war, **nur** noch **durch Errichtung eines Testaments** herbeigeführt werden, §§ 370ff ZGB.
Die **Testierfähigkeit** setzte voraus, daß der Erblasser volljährig und handlungsfähig war, § 370 I ZGB. Eine von
der Geschäftsfähigkeit abweichende besondere **Testierfähigkeit**, wie sie § 2229 vorsieht, gab es nicht mehr.
Als **ordentliche Testamentsformen** kannte das Zivilgesetzbuch die **notarielle Beurkundung** und die **eigenhändige schriftliche Erklärung**, § 383 I ZGB.
Das Recht des **Nottestaments** war vereinheitlicht und auf die mündliche Erklärung vor zwei Zeugen beschränkt
worden, § 383 II ZGB.
Die **Anfechtungsgründe** waren auf den Irrtum des Erblassers über den Inhalt der Erklärung, die arglistige Täuschung und die widerrechtliche Drohung **beschränkt worden**, § 374 I ZGB. Abweichend vom früheren Recht war
die Anfechtung **durch Klage** geltend zu machen, § 374 II S 1 ZGB. Die **Klagefrist** endete ein Jahr nach der
Kenntnis des Anfechtungsgrunds, § 374 II S 2 ZGB. Unabhängig von dieser Kenntnis erlosch das Anfechtungsrecht spätestens nach zehn Jahren, § 374 II S 3 ZGB.
Für **Vermächtnisse** wurde das Prinzip des schuldrechtlichen Anspruchs beibehalten, § 380 I ZGB. Der Gesetzgeber hatte jedoch die detaillierten Regelungen des BGB (§§ 2147–2191) aufgegeben und die Vorschriften auf die
§§ 380 und 381 ZGB beschränkt.
Die **Auflage** hatte den gleichen Inhalt wie im BGB, § 382 I ZGB. Den Vollzug der Auflage konnten jedoch,
abweichend von § 2194, die Miterben, die Vermächtnisnehmer und jeder, der ein berechtigtes Interesse nachwies,
verlangen, § 382 II ZGB.
Für Ehegatten bestand weiterhin die Möglichkeit, ein **gemeinschaftliches Testament** zu errichten, § 388 ZGB.
Es galten die gleichen erleichterten Formvorschriften wie in § 2267 (§ 391 II ZGB). Die Bindungswirkung bestand
für alle Verfügungen bis zu ihrem Widerruf oder ihrer Aufhebung, § 390 I S 1 ZGB. Die Ehegatten konnten sich
aber in dem Testament gegenseitig ermächtigen, hiervon abweichende Verfügungen zu treffen, § 390 I S 2 ZGB.
Der Widerruf und die Aufhebung des gemeinschaftlichen Testaments waren ähnlich wie in § 2271 geregelt, § 392
ZGB. Jeder Ehegatte konnte seine im gemeinschaftlichen Testament getroffene Verfügung auch nach Annahme
der Erbschaft des Erstverstorbenen durch Erklärung gegenüber dem Staatlichen Notariat aufheben, wenn er den
Teil, der sein gesetzliches Erbrecht überstieg, an den Erben oder deren Rechtsnachfolger herausgab, § 393 ZGB.

dd) Die **Rechtsstellung des Erben** entsprach im wesentlichen den Regelungen des BGB. Der **Erbschaftser-** 19
werb erfolgte mit dem Erbfall von selbst, § 399 I S 1 ZGB. Nur Betriebe und Organisationen benötigten für den
Erbschaftserwerb eine **staatliche Genehmigung**, § 399 I S 2 ZGB. Nach § 399 I ZGB hatte der Erbe gegenüber
jedem Besitzer von Nachlaßgegenständen einen **Anspruch auf Auskunft** über deren Umfang und deren Verbleib.
Bei der Annahme und Ausschlagung der Erbschaft, die in den §§ 402ff ZGB geregelt war, hatte sich gegenüber
dem Bürgerlichen Gesetzbuch die Ausschlagungsfrist und die Form der Ausschlagungserklärung geändert: Die
Ausschlagung der Erbschaft konnte nur in Form der notariellen Beglaubigung gegenüber dem Staatlichen Notariat
erklärt werden, § 403 II ZGB. Die Ausschlagungsfrist betrug zwei Monate für Bürger mit Wohnsitz in der DDR
und sechs Monate für Erben, die ihren Wohnsitz außerhalb der DDR hatten, § 402 I ZGB.

ee) Die Vorschriften über die **Miterbengemeinschaft** waren gegenüber dem BGB erheblich verringert und auf 20
die §§ 400, 423–427 ZGB beschränkt worden. Der Gesetzgeber hatte eindeutig klargestellt, daß die Miterben
gemeinschaftlich über Nachlaßgegenstände verfügen (§ 400 I ZGB) und Verpflichtungen hinsichtlich der Verwaltung des Nachlasses nur gemeinsam eingehen konnten, § 400 II S 1 ZGB. Jeder Erbe konnte jedoch allein die zur
Erhaltung des Nachlasses oder einzelner Nachlaßgegenstände notwendigen Maßregeln treffen, § 400 II S 2, 3
ZGB. Die zum Nachlaß gehörenden Forderungen konnte jeder Erbe für alle Miterben geltend machen, § 400 III
ZGB. Konnten sich die Erben über die **Aufteilung des Nachlasses** nicht einigen, so hatte das Staatliche Notariat
auf Antrag eines Miterben eine gütliche Einigung zu versuchen, notfalls über die Teilung zu entscheiden, §§ 425–
427 ZGB.

ff) Der **Ausschluß von der Erbfolge** konnte nur dadurch erfolgen, daß ein Erbe **enterbt** (§ 371 I ZGB) oder 21
durch Klage für erbunwürdig erklärt wurde, §§ 406–408 ZGB. Ein Erbverzicht war dem ZGB unbekannt. Der
Kreis der Erbunwürdigkeitsgründe war gegenüber dem BGB erweitert worden, § 406 ZGB. Die Erbunwürdigkeit war nicht mehr durch Anfechtung, sondern **durch Klage innerhalb von sechs Monaten** nach Kenntnis vom
erbunwürdigen Verhalten, jedoch nicht vor dem Erbfall, geltend zu machen, § 407 I ZGB. Vier Jahre nach dem
Erbfall konnte die Klage nicht mehr erhoben werden, § 407 II ZGB.

gg) **Pflichtteilsberechtigt** waren bei einer Enterbung nur noch der **Ehegatte** des Erblassers sowie die gegen- 22
über dem Erblasser **unterhaltsberechtigten Kinder, Enkel und die Eltern** (§ 396 I ZGB), **nicht** aber **entferntere
Abkömmlinge.** Die Höhe des Pflichtteils war von der Hälfte des gesetzlichen Erbteils (§ 2303) **auf zwei Drittel**

Einl § 1922 Erbrecht

heraufgesetzt worden, § 396 II S 2 ZGB. Eine Pflichtteilsunwürdigkeit (§§ 2333ff) gab es nicht mehr. Entfallen waren auch die Vorschriften über die Anrechnung auf den Pflichtteil (§ 2315), die Ausgleichungspflicht (§ 2316) und den Pflichtteilsergänzungsanspruch (§§ 2325ff). Die **Verjährungsfrist** war **auf zwei Jahre** nach Kenntnis des Erbfalls und des Inhalts des Testaments **verkürzt**. Der Anspruch verjährte spätestens in zehn Jahren nach dem Erbfall, § 396 III S 3 ZGB.

23   hh) Grundlegend geändert war die **Haftung** des Erben **für die Nachlaßverbindlichkeiten**. Der Erbe haftete für die Nachlaßverbindlichkeiten nicht mehr unbeschränkt, aber beschränkbar (§§ 1967ff), sondern seine Haftung war von vornherein gegenständlich auf den Nachlaß beschränkt, § 409 ZGB. Nachlaßverbindlichkeiten waren in der Rangfolge des § 410 ZGB zu berichten. Ohne Beschränkung auf den Nachlaß mußte der Erbe jedoch die Bestattungskosten, die Kosten eines Nachlaßverfahrens und die Zinsen für die zu den Nachlaßverbindlichkeiten gehörenden Kredite tragen, § 411 II, III ZGB. Das gleiche galt, wenn der Erbe durch Fristversäumung oder unrichtige Angaben die Pflicht zur Errichtung eines ordnungsgemäßen Nachlaßverzeichnisses schuldhaft verletzt hatte oder sich weigerte, die Richtigkeit und Vollständigkeit des Nachlaßverzeichnisses zu versichern oder beurkunden zu lassen, §§ 411 IV, 418 I, II ZGB.

Miterben waren verpflichtet, die Nachlaßverbindlichkeiten **als Gesamtschuldner** zu erfüllen, § 412 I S 1 ZGB. Im Innenverhältnis mußten sie entsprechend ihren Erbteilen einen Ausgleich vornehmen, § 412 II ZGB.

24   ii) Das Zivilgesetzbuch behandelte die **Abwicklung der Erbschaftsangelegenheiten** in einem besonderen Kapitel, §§ 413–427 ZGB. Hierzu gehörten nicht nur die **Aufteilung des Nachlasses** in einer Miterbengemeinschaft, sondern auch die **Erteilung des Erbscheins** und die **Maßnahmen zur Sicherung und Verwaltung des Nachlasses**. Hierfür war nicht mehr das Nachlaßgericht, sondern das Staatliche Notariat zuständig. Ein nur gegenständlich beschränkter Erbschein war zu erteilen, wenn sich nur Teile des Nachlasses in der DDR befanden und das Staatliche Notariat nicht für die Erteilung des Erbscheins hinsichtlich des gesamten Nachlasses zuständig war, § 414 ZGB.

Das Staatliche Notariat war auch zur Fürsorge für den Nachlaß verpflichtet, § 415 ZGB. Es hatte die unbekannten Erben zu ermitteln, den Nachlaß zu sichern, die Rechte der Nachlaßgläubiger zu wahren und konnte gegebenenfalls einen Nachlaßpfleger bestellen. Auch wenn die Erben zwar bekannt waren, sie aber für die Sicherung und Verwaltung nicht sorgen konnten, bestand die Fürsorgepflicht des Staatlichen Notariats, § 415 III ZGB. Hierbei handelte es sich in erster Linie um Fälle, in denen die einzigen Erben in der Bundesrepublik Deutschland lebten, der Nachlaß sich jedoch in der DDR befand.

5. Die Erbrechtsform

Schrifttum: Barth/Wagenitz, Der Entwurf eines Gesetzes zur erbrechtlichen Gleichstellung nichtehelicher Kinder, ZEV 1994, 79; *Bosch,* Zum Erbrecht nichtehelicher Kinder: Ein verfehlter Gesetzesvorschlag, FamRZ 1993, 1257; *ders,* Die erbrechtliche Stellung des nichtehelichen Kindes bei Tod seines Vaters – de lege lata et de lege ferenda, FamRZ 1996, 1; *Böhm,* Notwendigkeit der erbrechtlichen Gleichstellung nichtehelicher Kinder, ZEV 1994, 292; *Coing,* Empfiehlt es sich, das gesetzliche Erb- und Pflichtteilsrecht neu zu regeln?, Gutachten für den 49. DJT, Verhandlungen des 49. Deutschen Juristentages, 1972, Bd 1, A 1; *Däubler,* Entwicklungstendenzen im Erbrecht, ZRP 1975, 136; *Firsching,* Zur Reform des deutschen Erbrechts, JZ 1972, 449; *Freytag,* Neuordnung des gesetzlichen Erbrechts, ZRP 1991, 106; *Jung,* Reformbestrebungen im Erbrecht, FamRZ 1976, 134; *ders,* Gedanken zur Reform des Ehegattenerbrechts, Rpfleger 1984, 165; *Kuchinke,* Über die Notwendigkeit, ein gemeineuropäisches Erbrecht zu schaffen, in Europas universale rechtsordnungspolitische Aufgabe, 2000, S 589; *Leipold,* Europa und das Erbrecht, in Europas universale rechtsordnungspolitische Aufgabe, 2000, S 647; *Papantoniou,* Die soziale Funktion des Erbrechts, AcP 173, 385; *Rauscher,* Reformfragen des gesetzlichen Erb- und Pflichtteilsrechts, München 1990/91; *Reichert/Facilides,* Empfiehlt es sich, das gesetzliche Erb- und Pflichtteilsrecht neu zu regeln? Rechtsvergleichender Überblick, Verhandlungen des 49. Deutschen Juristentages, 1972, Bd 1, A 57; *Ruthe,* Erbrechtsreform?, FamRZ 1972, 626; *Strätz,* Reform der gesetzlichen Erbfolge, DNotZ 2001, 452.

25   1. Nachdem bereits in den Jahren 1937–1942 vom Erbrechtsausschuß der Akademie für Deutsches Recht Vorschläge für eine Gesamtreform des Erbrechts ausgearbeitet worden waren (vgl die 1.-5. Denkschrift des Erbrechtsausschusses der Akademie für Deutsches Recht, vorgelegt von Heinrich Lange, 1937–1942, und die Protokolle der Ausschüsse der Akademie für Deutsches Recht 1933–1945, Bd III 8, Neudruck 1996), beschäftigte sich im Jahr 1972 die zivilrechtliche Abteilung des 49. Deutschen Juristentages mit der Frage, ob es sich empfiehlt, das gesetzliche Erb- und Pflichtteilsrecht neu zu regeln (dazu näher 9. Aufl Einl § 1922, Rz 25ff; Staud/Otte Einl §§ 1922ff Rz 113ff). Angesichts der Verfassungsentscheidung in Art 14 I GG für die Vererblichkeit des privaten Vermögens ging es in der Reformdiskussion nicht darum, ob das Privaterbrecht mit seinen Grundprinzipien (gesetzliche Erbfolge, Pflichtteilsrecht, Testierfreiheit etc) erhalten bleiben soll oder nicht. Die Überlegungen konzentrierten sich vielmehr darauf, wie diese zentralen Institute des Privaterbrechts im einzelnen ausgestaltet und in ihrem Verhältnis zueinander bestimmt werden sollen.

26   Dazu gehörte etwa, ob die unbegrenzte Verwandtenerbfolge beibehalten oder auf bestimmte Verwandtschaftsgrade begrenzt werden soll, ob das Ehegattenerbrecht zu Lasten des Erbrechts der Verwandten, vor allem der Kinder, verbessert werden kann, wie das Verhältnis zwischen Ehegüterrecht und Ehegattenerbrecht bestimmt werden und wie das Pflichtteilsrecht ausgestaltet werden soll, als schuldrechtlicher Anspruch oder als Noterbrecht (dazu im einzelnen Staud/Otte Einl §§ 1922ff Rz 120ff; Bosch FamRZ 1972, 417f; Soergel/Stein Einl §§ 1922 Rz 68ff). Die Beschlüsse des Deutschen Juristentages zeigten jedoch, daß der Gesamtneuordnung des Erbrechts noch große Hindernisse entgegenstehen (vgl die Verhandlungen des 49. Deutschen Juristentages, München 1972, Bd II, K 164ff; Bosch FamRZ 1972, 418). Im übrigen besteht heute Übereinstimmung darin, daß eine grundlegende Reform des Erbrechts ohne breit angelegte rechtstatsächliche Erhebungen über Testiergewohnheiten, die wirtschaftliche und soziale Struktur der Familie und über die in der Bevölkerung vorherrschenden Auffassungen nicht erfolgreich

durchgeführt werden kann. Derartige Untersuchungen fehlen nahezu gänzlich, sieht man von den in den Jahren 1970/71 im Auftrag des Bundesjustizministeriums durchgeführten Meinungsumfragen ab (dazu Stöcker FamRZ 1971, 609). In den letzten Jahren hat vor allem eine breite Diskussion darüber stattgefunden, ob das geltende Pflichtteilsrecht wegen der seit seinem Inkrafttreten grundlegend veränderten sozialen Verhältnisse noch zeitgemäß ist und ob es nicht zugunsten der Testierfreiheit wesentlich eingeschränkt werden sollte, dazu die Nachweise bei Staud/Haas vor §§ 2303ff Rz 18ff; Rauscher Bd II 1 S 1; Dauner-Lieb DNotZ 2001, 460; Henrich, Testierfreiheit vs Pflichtteilsrecht, 2000; ders DNotZ 2001, 441; Schlüter in 50 Jahre BGH, 2000, Bd I S 1046; kritisch Otte AcP 202, 317.

Angesichts der ständigen Zunahme von nichtehelichen Lebensgemeinschaften ist verschiedentlich auch gefordert worden, die erbrechtliche Stellung des nicht mit dem Erblasser verheirateten Partners zu verbessern und ihm ein gesetzliches Erbrecht oder gesetzliche Vermächtnisse einzuräumen. Der 57. Deutsche Juristentag (1988) hat lediglich vorgeschlagen, dem Lebensgefährten wie dem Ehegatten einen Voraus (§ 1932) zu gewähren, Verh des 57. Deutschen Juristentags, 1988, Bd II, S I 235.

In neuester Zeit wird auch darüber diskutiert, ob und inwieweit eine Vereinheitlichung des Familien- und Erbrechts innerhalb des immer stärker zusammenwachsenden Europas zu vereinheitlichen ist, Kuchinke S 598; Leipold S 647.

2. Durch den Beitritt der ehemaligen DDR zur Bundesrepublik Deutschland und die damit verbundene Spaltung im Bereich des Erbrechts nichtehelicher Kinder (Art 235 § 1 II EGBGB) wurde die Reformdiskussion allerdings neu belebt (vgl Freytag ZRP 1991, 107ff; Hahne FamRZ 1990, 928ff; Trittel DNotZ 1991, 237, 242). So forderte der **59. Deutsche Juristentag** im Jahr 1992 die Abschaffung des Erbersatzanspruchs und des vorzeitigen Erbausgleichs (§§ 1934aff). In der gesetzlichen Erbfolge sollte sämtlichen Kindern unabhängig von dem Umstand, ob ihre Eltern miteinander verheiratet waren, die dingliche Teilhabe am Nachlaß der Eltern eingeräumt werden. Das sollte nicht durch die Ausdehnung des für die nichtehelichen Kinder vorgesehenen vorzeitigen Erbausgleichs, sondern durch die Abschaffung der §§ 1934a–e, 2338a erreicht werden (Abdruck der erbrechtlichen Beschlüsse des Juristentages in NJW 1992, 3016 [3018]). 27

Daraufhin hat der Bundestag am 16. 12. 1997 das ErbGleichG beschlossen (BGBl I 2968), das am 1. 4. 1998 in Kraft getreten ist (Art 8 ErbGleichG). Die §§ 1934a–e, 2338a sind ersatzlos gestrichen und § 1930 angepaßt worden (Art 1 Nr 2 und 3 ErbGleichG). Nichteheliche und eheliche Kinder sind damit auch erbrechtlich gleichgestellt, wodurch die längst überfällige Reform des Erbrechts in diesem Bereich abgeschlossen ist. Allerdings sieht der durch Art 2 ErbGleichG neu eingefügte Art 225 I EGBGB eine Übergangsregelung vor: Ist der Erblasser vor dem 1. 4. 1998 gestorben oder ist über den Erbausgleich eine wirksame Vereinbarung getroffen oder der Erbausgleich durch rechtskräftiges Urteil zuerkannt worden, so sind die genannten Bestimmungen weiter anzuwenden. 28

6. Die Erbschaftsteuer

Schrifttum: *Birk,* Steuern auf Erbschaft und Vermögen, 1999; *Kapp/Ebeling,* Kommentar zum Erbschaftsteuer- und Schenkungsteuergesetz, Loseblattsammlung, Stand 2/1998; *Meincke,* Erbschaftsteuer- und Schenkungsteuergesetz, Kommentar, 13. Aufl 2002; *Siegmann,* Neues zur Haftung des Erben für nachlaßbezogene Einkommensteuer, ZEV 1999, 52; *Troll,* Erbschaftsteuer- und Schenkungsteuergesetz, Kommentar, Loseblattsammlung, Stand 1999; *Weinmann,* Neubewertung des Grundbesitzes ab 1. Januar 1996, ZEV 1997, 41; *ders,* Grundstücksbewertung für Erbschaftsteuerzwecke unter Berücksichtigung der gleichlautenden Ländererlasse, ZEV 1997, 359.

a) Entwicklung der Erbschaftsteuer. Die Erbschaftsteuer ist durch das **Gesetz zur Reform des Erbschaftsteuer- und Schenkungsteuerrechts (ReformG)** vom 17. 4. 1974 (BGBl I 933) neu geregelt worden, dessen Art 1 das Erbschaft- und Schenkungsteuergesetz (ErbStG) bildete. Dieses Gesetz ersetzte das ErbStG vom 22. 8. 1925 idF der Bekanntmachung vom 1 4.1959 (BGBl I 187). Mit der Novellierung des Erbschaftsteuerrechts sollte vor allem die gerechtere Bewertung der Vermögensgegenstände und eine Entlastung für die Erwerber kleinerer Vermögensmassen erreicht werden, während die Erwerber größerer Vermögensmassen stärker belastet wurden. 29

Nach 1974 ist das ErbStG zunächst durch Art 16 des Einführungsgesetzes zur Abgabenordnung vom 14. 12. 1976 (BGBl I 3341) geändert worden, wodurch die verfahrensrechtlichen Vorschriften an die Abgabenordnung 1977 angepaßt wurden. Sachliche Veränderungen brachten das Steuervereinfachungsgesetz vom 18. 8. 1980 (BGBl I 1537) und das Adoptionsgesetz vom 2. 7. 1976 (BGBl I 1749) mit Änderungen der Steuerklassen. Eine weitere Änderung des ErbStG erfolgte durch Art 5 des Kultur- und Stiftungsförderungsgesetzes vom 13. 12. 1990 (BGBl I 2775 [2777]). Im Zuge der deutschen Wiedervereinigung sind ebenfalls einzelne Bestimmungen aufgehoben (§ 2 III ErbStG) oder neu eingefügt (§ 37 IV ErbStG) worden (vgl Art 13 des Gesetzes vom 25. 6. 1990, BGBl II 518 [524], sowie das Einigungsvertragsgesetz vom 23. 9. 1990, BGBl II 885 [985]). Die ab 1. 1. 1991 geltende Neufassung des ErbStG wurde am 19. 2. 1991 bekanntgemacht (BGBl I 468). Einzelne Bestimmungen wurden danach vor allem durch das Mißbrauchsbekämpfungs- und Steuerbereinigungsgesetz (StMBG) vom 21. 12. 1993 (BGBl I 2310, 2336) abgeändert.

Einschneidende sachliche Änderungen des Erbschaftsteuerrechts haben sich mit Wirkung zum 1. 1. 1996 durch Art 2 bis 4 des **Jahressteuergesetzes (JStG) 1997** vom 20. 12. 1996 (BGBl I 2049, 2055) ergeben. Sie waren notwendig geworden, nachdem das BVerfG in seinem **Erbschaftsteuer-Beschluß vom 22. 6. 1995 (BVerfG 93, 165)** entschieden hatte, daß § 12 I und II ErbStG iVm dem I. und II. Teil des Bewertungsgesetzes (BewG) insofern mit Art 3 I GG unvereinbar ist, als für den einheitlichen Steuertarif als Bemessungsgrundlage der Erbschaftsteuer für Grundbesitz (§ 19 BewG) die auf der Grundlage der Wertverhältnisse vom 1. 1. 1964 festgelegten Einheitswerte, für Kapitalvermögen hingegen Gegenwartswerte bestimmt werden. Die Einheitswerte des Grundbesitzes waren bislang trotz der Zuschläge nach §§ 121a, 133 BewG immer weiter hinter den tatsächlichen Verkehrswerten zurückgeblieben, was zu einer zunehmend geringeren steuerlichen Belastung im Vergleich zum übrigen Vermögen führte.

Mit der Neuregelung der Erbschaft- und Schenkungsteuer sowie der dazugehörigen Neubewertung des Grundbesitzes durch das Jahressteuergesetz 1997 soll daher die ungleichmäßige Erbschaftsbesteuerung mit Wirkung zum 1. 1. 1996 beseitigt werden. Kernpunkte der gesetzlichen Neufassung der Erbschaftsbesteuerung sind die Zusammenfassung von Steuerklassen, die Neugestaltung des Erbschaftsteuertarifs, die Anhebung der persönlichen Freibeträge, die Neuregelung der Steuerbefreiungen und Vergünstigungen für Produktivvermögen und die Neubewertung des steuerpflichtigen Vermögens. Insgesamt ist die Erbschaftsteuer zur Gegenfinanzierung der Abschaffung der Vermögensteuer erheblich erhöht worden (vgl die Begründung des Gesetzentwurfs, BT-Drucks 13/4839). Ob dem Postulat des BVerfG, die verschiedenen Vermögensarten im Verhältnis zueinander gerechter zu bewerten und zu besteuern, damit Genüge getan ist, bleibt abzuwarten. Es wird jedoch schon jetzt kritisiert, daß die vom BVerfG gesteckten Grenzen der Besteuerung des Privatvermögens durch die Erhöhung der Erbschaftsteuer im Ergebnis unterlaufen werden (MüKo/Leipold Einl § 1922 Rz 213d). Eine Besteuerung der Substanz verstößt aber gegen die verfassungsrechtliche Garantie des Erbrechts (dazu Rz 12). Zu den Neuregelungen im einzelnen Meincke ZEV 1997, 52; Piltz ZEV 1997, 61; Stuhrmann NJW 1997, 681; Thiel DB 1997, 64. Zum Werdegang der neuen Erbschaftsteuer vgl die Darstellungen bei Felix ZEV 1996, 410; Weinmann ZEV 1996, 173.

Durch das StEuroglättungsgesetz vom 19. 12. 2000 (BGBl I 1790), das am 1. 1. 2002 in Kraft getreten ist, sind die bis dahin maßgebenden DM-Beträge in Euro umgerechnet worden.

30 b) **Gegenstand der Erbschaftsteuer** ist nicht nur jeder Erwerb von Todes wegen, sondern auch jede Schenkung unter Lebenden (§ 1 I Nr 1 und 2 ErbStG). Der Erbschaftsteuer unterliegen ferner die Zweckzuwendungen (§ 1 I Nr 3 ErbStG) und seit der Novellierung auch das Vermögen einer Stiftung, sofern sie wesentlich im Interesse einer Familie oder bestimmter Familien errichtet ist, und eines Vereins, dessen Zweck wesentlich im Interesse einer Familie oder bestimmter Familien auf die Bindung von Vermögen gerichtet ist (§ 1 I Nr 4 ErbStG). Bei den Familienstiftungen und -vereinen tritt die Steuerpflicht turnusmäßig in Abständen von je 30 Jahren seit dem in § 9 I Nr 4 ErbStG näher bestimmten Zeitpunkt ein.

31 aa) **Zum Erwerb von Todes wegen** gehören nach § 3 I Nr 1 ErbStG zunächst der Erwerb durch Erbanfall (§ 1922), durch Vermächtnis (§§ 2147ff) oder auf Grund eines geltend gemachten Pflichtteilsanspruchs (§§ 2303ff). Als Erwerb von Todes wegen gilt nach § 3 I Nr 2 ErbStG auch der Erwerb durch Schenkung auf den Todesfall (§ 2301). Als Schenkung auf den Todesfall wird auch der auf einem Gesellschaftsvertrag beruhende Übergang des Anteils oder Teils eines Anteils eines Gesellschafters bei dessen Tod auf die übrigen Gesellschafter oder die Gesellschaft behandelt. Voraussetzung ist allerdings, daß der Wert, der sich für den übergehenden Anteil zZ des Todes des Gesellschafters nach § 12 ErbStG ergibt, die Abfindungsansprüche Dritter übersteigt (§ 3 I Nr 2 ErbStG).

Nach § 3 I Nr 3 ErbStG gelten als Erwerb von Todes wegen auch sonstige Erwerbe, auf welche die zivilrechtlichen Vermächtnisvorschriften anzuwenden sind, etwa der Voraus (§ 1932) oder die Zuwendungen nach § 1514.

Schließlich sieht das Gesetz in § 3 I Nr 4 ErbStG auch jeden Vermögensvorteil als Erwerb von Todes wegen an, den jemand auf Grund eines vom Erblasser geschlossenen Vertrags bei dessen Tod von einem Dritten unmittelbar erwirbt (vgl § 331). Die Ansprüche des Begünstigten gehören nicht zum Nachlaß, weil sie dem Erblasser bereits zu Lebzeiten seinem Vermögen entzogen sind. Hauptanwendungsfall ist der Lebensversicherungsvertrag zugunsten eines Dritten und die vertragliche Versorgungszusage. Voraussetzung ist hier allerdings, daß der Begünstigte durch diesen Vertrag zugunsten Dritter tatsächlich einen Vermögensvorteil erlangt und der Erblasser einen dahingehenden Bindungswillen hatte. An einem der Erbschaftsteuer unterliegenden Erwerb von Todes wegen im Sinne des § 3 I Nr 4 ErbStG fehlt es demnach, wenn bei einem Lebensversicherungsvertrag der Begünstigte vereinbarungsgemäß die Versicherungsprämien selbst erbracht hat (RFH RStBl 1931, 359).

Als Zuwendungen des Erblassers, bei denen Erbschaftsteuer anfallen kann, nennt das Gesetz in § 3 II ferner: den Übergang auf eine vom Erblasser angeordnete (rechtsfähige) Stiftung (§ 3 II Nr 1 ErbStG); das aus der Vollziehung einer vom Erblasser angeordneten Auflage (§ 1940) oder von ihm gesetzten Bedingung (§§ 2074, 2075) Erlangte (§ 3 II Nr 2 ErbStG), es sei denn, es liege eine Zweckzuwendung vor (dazu Rz 33); den Erwerb im Zusammenhang mit der Genehmigung einer Zuwendung (§ 3 II Nr 3 ErbStG), vgl Art 86 EGBGB; den Erwerb als Abfindung für den Verzicht auf einen entstandenen Pflichtteilsanspruch oder für die Ausschlagung einer Erbschaft, eines Erbersatzanspruchs oder eines Vermächtnisses (§ 3 II Nr 4 ErbStG); was als Abfindung für ein aufschiebend bedingtes, betagtes oder befristetes Vermächtnis, für das die Ausschlagungsfrist abgelaufen ist, vor Eintritt der Bedingung oder des Ereignisses gewährt wird (§ 3 II Nr 5 ErbStG); das Entgelt für die Übertragung der Nacherbenanwartschaft – vgl § 2108 II – (§ 3 II Nr 6 ErbStG) und was ein Vertragserbe aufgrund beeinträchtigender Schenkungen des Erblassers (§ 2287) von dem Beschenkten nach den Vorschriften über die ungerechtfertigte Bereicherung erlangt (§ 3 II Nr 7 ErbStG).

32 bb) Die der Erbschaftsteuer ebenfalls unterliegenden **Schenkungen unter Lebenden** sind in § 7 ErbStG aufgeführt. Hierzu gehören nicht nur die freigebigen Zuwendungen (§ 7 I Nr 1 ErbStG), sondern ua auch der Erwerb auf Grund Vollziehung einer Auflage oder Erfüllung einer Bedingung (§ 7 I Nr 2 ErbStG), die Bereicherung bei der Vereinbarung der Gütergemeinschaft (§ 7 I Nr 4 ErbStG), die Abfindung für einen Erbverzicht (§ 7 I Nr 5 ErbStG), die vorzeitige Herausgabe an den Nacherben (§ 7 I Nr 7 ErbStG), der Übergang von Vermögen auf Grund eines Stiftungsgeschäfts unter Lebenden (§ 7 I Nr 8 ErbStG) sowie der Erwerb bei Aufhebung einer Stiftung oder Auflösung eines Vereins (§ 7 I Nr 9 ErbStG).

Als Schenkung gilt nach § 7 VII ErbStG auch der auf einem Gesellschaftsvertrag beruhende Übergang des Anteils eines Gesellschafters bei dessen Ausscheiden auf die Mitgesellschafter oder die Gesellschaft.

33 cc) **Zweckzuwendungen** sind solche Zuwendungen von Todes wegen oder Zuwendungen unter Lebenden, die nicht bestimmten Personen zuteil werden, sondern einem bestimmten Zweck dienen sollen (§ 8 ErbStG).

c) **Persönliche Steuerpflicht.** Persönlich steuerpflichtig sind natürliche Personen, die ihren Wohnsitz oder **34** gewöhnlichen Aufenthalt im Inland haben (§ 2 I Nr 1 lit a ErbStG) und nichtnatürliche Personen (Körperschaften, Personenvereinigungen und Vermögensmassen), die ihre Geschäftsleitung oder ihren Sitz im Inland haben (§ 2 I Nr 1 lit d ErbStG). Persönlich steuerpflichtig sind auch deutsche Staatsangehörige, die für eine inländische juristische Person des öffentlichen Rechts auf Grund eines Dienstverhältnisses im Ausland tätig sind und dafür Arbeitslohn von einer inländischen öffentlichen Kasse beziehen sowie deren Haushaltszugehörige (§ 2 I Nr 1 lit c ErbStG). Deutsche, die sich nicht länger als fünf Jahre dauernd im Ausland aufgehalten haben, bleiben steuerpflichtig (§ 2 I Nr 1 lit b ErbStG). Diese Vorschrift soll die Umgehung der Steuerpflicht durch vorübergehende Verlegung des Wohnsitzes ins Ausland verhindern.

d) **Die Wertermittlung. aa)** Als **steuerpflichtiger Erwerb** gilt nach § 10 I ErbStG die Bereicherung des **35** Erwerbers, soweit sie nicht steuerfrei ist (§§ 5, 13, 13a, 16–18 ErbStG). Vom Aktivwert sind also abzusetzen: Vom Erblasser herrührende Schulden, soweit sie nicht mit einem zum Erwerb gehörenden gewerblichen Betrieb in wirtschaftlichem Zusammenhang stehen (§ 10 V Nr 1 ErbStG), Verbindlichkeiten aus Vermächtnissen, Auflagen, geltend gemachten Pflichtteilen und Erbersatzansprüchen (§ 10 V Nr 2 ErbStG), im Augenblick des Erwerbs bestehende Lasten, die Kosten der Bestattung des Erblassers, die Kosten für ein angemessenes Grabmal und für die übliche Grabpflege mit ihrem Kapitalwert für eine unbestimmte Dauer sowie die Kosten, die dem Erwerber unmittelbar im Zusammenhang mit der Abwicklung, der Regelung oder Verteilung des Nachlasses oder mit der Erlangung des Erwerbs entstehen einschließlich der Rentenzahlungen, die als Gegenleistung eines Erbvertrags erbracht werden, BFH BB 1984, 713. Für diese Kosten wird ohne Nachweis ein Pauschalbetrag von 10 300 Euro abgezogen (§ 10 V Nr 3 ErbStG). Wegen weiterer Einzelheiten vgl § 10 VI–IX ErbStG.

bb) Der **Wert des Erwerbs** wird, soweit § 12 II–VI ErbStG keine Sonderregelung enthält, nach den Bestim- **36** mungen des Ersten Teils des Bewertungsgesetzes (Allgemeine Bewertungsvorschriften) ermittelt (§ 12 I ErbStG). Danach ist grundsätzlich der **gemeine Wert** (§ 9 I BewG) zugrunde zu legen, etwa bei der Bewertung von Hausrat, Kunstgegenständen oder Schmuck. Für die Wertermittlung ist dabei, soweit nicht ausdrücklich etwas anderes bestimmt ist, der Zeitpunkt der Entstehung der Steuerschuld maßgebend (§ 11 ErbStG).
Besonderheiten gelten seit 1. 1. 1996 für die Bewertung des **Grundbesitzes.** Hier gelten nach § 138 I BewG nicht mehr die alten Einheitswerte vom 1. 1. 1964 (in den neuen Bundesländern vom 1. 1. 1935), dazu 9. Aufl Rz 36 und jetzt Rz 29. Für die wirtschaftlichen Einheiten des Grundvermögens und für Betriebsgrundstücke sind die Grundstückswerte jetzt abweichend von § 9 BewG mit einem „typisierenden Wert" zu ermitteln (§ 138 III BewG). Wie schon bisher beim land- und forstwirtschaftlichen Grundbesitz (§§ 33ff BewG) wird nun auch sonstiges Grundvermögen (§§ 68, 70 BewG) nach dem **Ertragswertverfahren** bewertet (vgl zu den Einzelheiten der Berechnung auch die vor Rz 1 und bei Rz 29 angegebene Literatur):
(1) **Bebaute Grundstücke** werden grundsätzlich mit dem 12,5fachen der durchschnittlichen Jahresnettokaltmiete, gekürzt um eine Alterswertminderung, bewertet (§ 146 I–IV BewG). Bei Ein- und Zweifamilienhäusern wird dieser Betrag um einen Zuschlag von 20 % erhöht (§ 146 V BewG). Der so ermittelte Grundstückswert muß mindestens dem Wert des Grundstücks ohne Gebäude entsprechen (§ 146 VI BewG) und ist auf 500 Euro abzurunden (§ 139 BewG).
(2) Bei **Industriebauten** läßt sich typischerweise keine übliche Miete feststellen. Hier bestimmt sich der Grundstückswert aus der Summe des Boden- und des Gebäudewerts (§ 147 I S 1 BewG) abzüglich eines Abschlags von 30 % (§ 147 II BewG).
(3) Der Wert **unbebauter Grundstücke** bestimmt sich nach ihrer Fläche und dem um 20 % ermäßigten Bodenrichtwert (§ 145 III BewG).
(4) **Sonderbewertungen** sind bei Erbbaurechten (§ 148 I BewG), bei Gebäuden auf fremdem Grund und Boden (§ 148 II BewG) und bei Gebäuden im Zustand der Bebauung (§ 149 BewG) durchzuführen. Für land- und forstwirtschaftlichen Grundbesitz gelten wie bisher die §§ 33ff BewG. Wegen weiterer Einzelheiten vgl §§ 12 II–VI ErbStG, 138ff BewG.

e) **Steuerbefreiungen und Freibeträge.** Von der nach den §§ 10ff ErbStG ermittelten Bereicherung (dazu **37** Rz 35f) sind die Steuerbefreiungen und Freibeträge abzuziehen. Sie sind mit Wirkung zum 1. 1. 1996 ausgedehnt worden (vgl Rz 29, zu den bisher geltenden Sätzen s 9. Aufl Rz 37ff).

aa) Die **Steuerbefreiungen** sind in §§ 5, 13, 13a ErbStG aufgeführt. Steuerfrei bleiben danach ua: **38**
(1) der Zugewinnausgleich des überlebenden Ehegatten nach der güterrechtlichen oder erbrechtlichen Lösung **39** in den Grenzen des § 5 ErbStG, dazu näher § 1931 Rz 2ff;
(2) der Hausrat einschließlich Wäsche und Kleidungsstücke beim Erwerb durch Personen der Steuerklasse I, **40** soweit der Wert insgesamt 41 000 Euro nicht übersteigt (§ 13 I Nr 1 lit a ErbStG); andere nicht erwerbliche körperliche Gegenstände, die nicht nach § 13 I Nr 2 ErbStG (Kunstgegenstände, wissenschaftliche Sammlungen etc) befreit sind, beim Erwerb durch Personen der Steuerklasse I, soweit der Wert insgesamt 10 300 Euro nicht übersteigt (§ 13 I Nr 1 lit b ErbStG); Hausrat einschließlich Wäsche und Kleidungsstücke und andere bewegliche körperliche Gegenstände, die nicht nach § 13 I Nr 2 ErbStG befreit sind, beim Erwerb durch Personen der Steuerklassen II und III, soweit der Wert insgesamt 10 300 Euro nicht übersteigt (§ 13 I Nr 1 lit c ErbStG);
(3) der Erwerb auf Grund des Dreißigsten nach § 1969 (§ 13 I Nr 4 ErbStG);
(4) der Verzicht auf die Geltendmachung des Pflichtteilsanspruchs oder des Erbersatzanspruchs (§ 13 I Nr 11 ErbStG);
(5) Zuwendungen an Religionsgesellschaften und Körperschaften, die nach ihren Statuten ausschließlich und unmittelbar kirchlichen, gemeinnützigen oder mildtätigen Zwecken dienen (§ 13 I Nr 16 ErbStG);
(6) Zuwendungen an politische Parteien im Sinne des § 2 des Parteiengesetzes (§ 13 I Nr 18 ErbStG);

(7) Betriebsvermögen, land- und forstwirtschaftliches Vermögen und Anteile an Kapitalgesellschaften nach Maßgabe des § 13a ErbStG.

41 bb) Die **Freibeträge** richten sich nicht nach dem Erwerbstatbestand, sondern nach der Person des Erwerbers:

42 (1) Für **Ehegatten** ist in § 16 I Nr 1 ErbStG ein allgemeiner Freibetrag in Höhe von 307 000 Euro vorgesehen. Dabei spielt es keine Rolle, ob es sich um eine beerbte oder eine unbeerbte Ehe handelt. Neben diesem allgemeinen Freibetrag hat der überlebende Ehegatte noch einen besonderen Versorgungsfreibetrag in Höhe von 256 000 Euro (§ 17 I ErbStG). Stehen dem Ehegatten allerdings nicht der Erbschaftsteuer unterliegende Versorgungsbezüge zu, so ist der besondere Versorgungsfreibetrag um den nach § 14 BewG zu ermittelnden Kapitalwert dieser Versorgungsbezüge zu kürzen (§ 17 I S 2 ErbStG).

43 (2) Für **Kinder** im Sinne der Steuerklasse I Nr 2 und Kinder verstorbener Kinder im Sinne der Steuerklasse I Nr 2 beträgt der Freibetrag 205 000 Euro (§ 16 I Nr 2 ErbStG). Den Kindern des Erblassers gebührt daneben ebenfalls ein besonderer Versorgungsfreibetrag, der mit zunehmendem Alter geringer wird (§ 17 II Nr 1–5 ErbStG): Er beträgt bei einem Alter bis zu 5 Jahren 52 000 Euro, bei einem Alter von mehr als 5 bis 10 Jahren 41 000 Euro, bei einem Alter von mehr als 10 bis 15 Jahren 30 700 Euro, bei einem Alter von mehr als 15 bis 20 Jahren 20 500 Euro und bei einem Alter von mehr als 20 Jahren bis zur Vollendung des 27. Lebensjahres 10 300 Euro.

44 (3) Den **übrigen Personen** der Steuerklasse I steht ein Freibetrag in Höhe von 51 200 Euro, den Personen der Steuerklasse II ein solcher in Höhe von 10 300 Euro und den Personen der Steuerklasse III ein solcher in Höhe von 5200 Euro zu (§ 16 I Nr 3–5 ErbStG).

45 f) Die **Höhe der Erbschaftsteuer** bestimmt sich nach dem persönlichen Verhältnis des Erwerbers zum Erblasser. Hierzu werden die Erwerber mit Wirkung zum 1. 1. 1996 nicht mehr in vier (dazu 9. Aufl Rz 45ff), sondern in drei Steuerklassen eingeteilt (§ 15 ErbStG). Es gehören zur

46 – **Steuerklasse I:** 1. der Ehegatte, 2. die Kinder und Stiefkinder, 3. die Abkömmlinge der in Nummer 2 genannten Kinder und Stiefkinder, 4. die Eltern und Voreltern bei Erwerben von Todes wegen.

47 – **Steuerklasse II:** 1. die Eltern und Voreltern, soweit sie nicht zur Steuerklasse I gehören, 2. die Geschwister, 3. die Abkömmlinge ersten Grades von Geschwistern, 4. die Stiefeltern, 5. die Schwiegerkinder, 6. die Schwiegereltern, 7. der geschiedene Ehegatte.

48 – **Steuerklasse III:** Alle übrigen Erwerber und die Zweckzuwendungen. Die Einordnung der Familienstiftungen ist in § 15 II ErbStG geregelt.

Zu beachten ist, daß die Steuerklassen I und II Nr 1–3 auch dann gelten, wenn die Verwandtschaft durch die Annahme als Kind bürgerlich-rechtlich erloschen ist (§ 15 Ia ErbStG).

49 g) **Der Steuersatz.** Die Erbschaftsteuer wird nach § 19 I ErbStG mit Wirkung zum 1. 1. 1996 (vgl Rz 29; zu den bisherigen Sätzen s 9. Aufl Rz 50) nach folgenden Vomhundertsätzen erhoben:

Wert des steuerpflichtigen Erwerbs (§ 10 ErbStG) bis einschließlich ... Euro)	Vomhundertsatz in der Steuerklasse		
	I	II	III
52 000	7	12	17
256 000	11	17	23
512 000	15	22	29
5 113 000	19	27	35
12 783 000	23	32	41
25 565 000	27	37	47
über 25 565 000	30	40	50

50 h) Die **Steuerfestsetzung und ihre Erhebung** ist in den §§ 20–35 ErbStG geregelt. Steuerschuldner ist grundsätzlich der **Erwerber** (§ 20 I ErbStG), im Fall der fortgesetzten Gütergemeinschaft (§ 4 ErbStG) die Abkömmlinge im Verhältnis der auf sie entfallenden Anteile und der überlebende Ehegatte für den gesamten Betrag (§ 20 II ErbStG). Der Nachlaß haftet in jedem Fall bis zur Auseinandersetzung (§ 2042) für die Steuer aller am Erbfall Beteiligten (§ 20 III ErbStG).

§ 27 ErbStG sieht Ermäßigungen für den **mehrfachen Erwerb desselben Vermögens** vor. Fällt Personen der Steuerklasse I von Todes wegen Vermögen an, das in den letzten zehn Jahren vor dem Erwerb bereits von Personen dieser Steuerklasse erworben worden ist und für das nach dem ErbStG eine Steuer zu erheben war, so ermäßigt sich der auf dieses Vermögen entfallende Steuerbetrag nach Maßgabe der in § 27 I ErbStG aufgeführten Vomhundertsätze. In besonderen Fällen kann die Steuerpflicht ganz erlöschen (§ 29 ErbStG).

Der Erwerber hat den erbschaftsteuerpflichtigen Erwerb binnen drei Monaten dem für die Verwaltung der Erbschaftsteuer zuständigen Finanzamt anzuzeigen (§ 30 I ErbStG). **Anzeigepflichten** hinsichtlich der für die Erhebung der Erbschaftsteuer maßgeblichen Tatsachen treffen auch Vermögensverwalter, Versicherungsunternehmen und zahlreiche staatliche Behörden (§§ 33, 34 ErbStG). Zu den Einzelheiten der Steuerfestsetzung und Erhebung s ErbStR 2003 vom 17. 3. 2003 (BStBl I Sondernr 1/2003, 2 und MüKo/Leipold, Einl § 1922 Rz 171ff).

7. Nachlaßgericht

Schrifttum: *Bassenge/Herbst,* Freiwillige Gerichtsbarkeit und Rechtspflegergesetz, Kommentar, 8. Aufl 1999; *Bumiller/Winkler,* Freiwillige Gerichtsbarkeit, 7. Aufl 1999; *Firsching/Graf,* Nachlaßrecht, Handbuch der Rechtspraxis, Bd VI, 8. Aufl 2000; *Keidel/Kuntze/Winkler,* Freiwillige Gerichtsbarkeit, Teil A, 14. Aufl 1999.

a) Nachlaßgericht ist das **Amtsgericht** (§ 72 FGG). Gesetzliche Grundlagen seiner Tätigkeit in diesem **51** Bereich sind die §§ 72–99 FGG. Örtlich zuständig ist nach § 73 I FGG das Amtsgericht, in dessen Bezirk der Erblasser seinen letzten inländischen Wohnsitz hatte. Zu den Sonderregelungen vgl § 73 II, III FGG und unten Rz 57.

Das Nachlaßgericht als **Organ der freiwilligen Gerichtsbarkeit** wird nicht bei jedem Erbfall tätig, sondern nur in den Fällen, die ihm das Gesetz als Aufgabe zugewiesen hat. Seine Tätigkeit vollzieht sich im Verfahren der freiwilligen Gerichtsbarkeit als helfende, vorsorgende Rechtspflege. Alle bürgerlich-rechtlichen Streitigkeiten außerhalb der Fälle, die ihm ausdrücklich zugewiesen sind, sind daher vom Prozeßgericht zu entscheiden, so die Frage nach dem Bestand eines bestimmten Erbrechts, einer Beschränkung oder Beschwerung, der Gültigkeit oder der Wirksamkeit der Anfechtung einer Verfügung von Todes wegen, der Ausschlagung einer Erbschaft, der Wirksamkeit eines Erbverzichts, nach Bestand und Höhe eines Pflichtteilsanspruchs, eines Ausgleichungsrechts oder einer Ausgleichungspflicht.

Das Rechtspflegergesetz vom 5. 11. 1969 (BGBl I 2065) überträgt die nach den gesetzlichen Vorschriften vom **52** Richter wahrzunehmenden Geschäfte des Amtsgerichts in Nachlaß- und Teilungssachen dem Rechtspfleger zur sachlich selbständigen Bearbeitung (§§ 3 I Nr 2 lit c, 9 RpflG). Die in § 16 RpflG aufgezählten Geschäfte bleiben jedoch wegen ihrer Bedeutung dem Nachlaßrichter vorbehalten. Zu ihnen gehören zum einen die Geschäfte des Nachlaßgerichts, die bei einer Nachlaßpflegschaft oder Nachlaßverwaltung erforderlich werden, soweit sie den nach § 14 RpflG von der Übertragung ausgeschlossenen Geschäften in Vormundschaftssachen entsprechen (§ 16 I Nr 1 RpflG). Zum anderen sind in § 16 I Nr 2 bis 8 RpflG die Ernennung und die Entlassung eines Testamentsvollstreckers aus wichtigem Grund, die Entscheidung von Meinungsverschiedenheiten zwischen mehreren Testamentsvollstreckern, die Erteilung von Erbscheinen, sofern eine Verfügung von Todes wegen vorliegt, die Einziehung von Erbscheinen sowie die Erteilung und Einziehung von Testamentsvollstreckerzeugnissen Aufgaben des Nachlaßrichters.

Nimmt der Rechtspfleger ein Geschäft vor, das ihm nicht übertragen worden ist, so ist es unwirksam (§ 8 IV S 1 **53** RpflG). Anderes gilt nur bei Geschäften, die ihm der Richter hätte zuweisen können (§ 8 II RpflG). Er kann sich uU schadensersatzpflichtig machen. Nimmt dagegen der Nachlaßrichter Geschäfte wahr, die dem Rechtspfleger übertragen sind, so sind diese wirksam (§ 8 I RpflG).

Durch das Dritte Gesetz zur Änderung des Rechtspflegergesetzes vom 6. 8. 1998 (BGBl I 2030 – 3. ÄndG –) **54** wurde mit Wirkung vom 1. 10. 1998 das System der Rechtsmittel gegen Entscheidungen des Rechtspflegers neu geordnet. Gegen seine Entscheidungen ist nach § 11 I RpflG das Rechtsmittel gegeben, das nach allgemeinen verfahrensrechtlichen Vorschriften (außerhalb des RpflG; also zB des FGG) zulässig ist, im Regelfall also die Beschwerde nach §§ 19ff FGG an das Landgericht. Es ist also zu überprüfen, ob eine anfechtbare End- oder Zwischenentscheidung mit Außenwirkung vorliegt und diese nach allgemeinen Vorschriften mit Rechtsmitteln (Beschwerde, sofortige Beschwerde) angreifbar ist. Ist gegen eine derartige Entscheidung des Rechtspflegers ein Rechtsmittel nicht gegeben, findet gegen sie nach § 11 II RpflG der Rechtsbehelf der befristeten Erinnerung mit Abhilfebefugnis des Rechtspflegers statt. Zu den Einzelheiten s Keidel/Kuntze/Winkler § 19 Rz 53ff.

b) Neben dem Nachlaßgericht haben auch die **Notare** in Nachlaßangelegenheiten verschiedene Aufgaben wahr- **55** zunehmen (vgl §§ 2002, 2003, 2121 III, 2215 IV, 2231ff, 2314), deren Kreis durch das BeurkG noch erweitert worden ist.

c) In der **ehemaligen DDR** war die Tätigkeit der Nachlaßgerichte seit dem 15. 10. 1952 auf die **Staatlichen** **56** **Notariate** übergegangen, § 2 Nr 2, 3 der VO über die Errichtung und Tätigkeit des Staatlichen Notariats vom 15. 10. 1952 (GBl DDR 1055) und § 3 Nr 2, 3 der VO über die Übertragung der Angelegenheiten der Freiwilligen Gerichtsbarkeit vom 15. 10. 1952 (GBl DDR 1057). Die Rechtsstellung der Staatlichen Notariate war durch das NotariatsG vom 5. 2. 1976 (GBl I 93) neu geregelt worden. Sie waren ua zuständig für alle Beurkundungen und Beglaubigungen sowie für alle Nachlaß-, Vormundschafts- und Pflegschaftssachen. Die Befugnisse der in der ehemaligen DDR ebenfalls noch tätigen Einzelnotare bestimmte sich nach § 3 NotariatsG. Durchführungsbestimmung zum NotariatsG vom gleichen Tag (GBl I 99). Zu beachten war ferner die Notariatskostenordnung vom 5. 2. 1976 (GBl I 99). Zu den Einzelheiten Kittke/Kringe NJW 1977, 183.

Nach der Vereinigung der beiden deutschen Staaten am 3. 10. 1990 bestimmt sich die gerichtliche Zuständigkeit in Nachlaßsachen ausschließlich nach § 73 FGG. Die am Tag des Wirksamwerdens des Beitritts anhängigen Verfahren wurden in der Lage, in der sie sich befanden, nach den bei in Kraft gesetzten Vorschriften fortgesetzt. Die bisher zuständige Stelle (Staatliches Notariat) hatte die bei ihr befindlichen Akten und Vorgänge unverzüglich der nunmehr zuständigen Stelle (Nachlaßgericht im Sinne von § 73 Abs I FGG) zuzuleiten, vgl Einigungsvertrag Anlage I Kapitel III Sachgebiet A Abschnitt III Nr 28 lit g, k, BGBl II 90, 937.

d) Die **Ersatzzuständigkeit für fortgefallene Nachlaßgerichte** ist durch § 7 Zuständigkeitsergänzungsgesetz **57** vom 7. 8. 1952 (BGBl I 407) geregelt. Danach tritt an die Stelle eines an sich örtlich zuständigen Nachlaßgerichts in einem Gebiet, in dem die deutsche Gerichtsbarkeit nicht mehr ausgeübt wird (§ 1 ZuständErgG), jedes AG, in dessen Bezirk Nachlaßgegenstände vorhanden sind, sonst, wenn der Erblasser Deutscher ist, das AG Schöneberg in Berlin-Schöneberg als Nachlaßgericht (§ 7 I S 2 ZuständErgG). Ist ein AG als Nachlaßgericht tätig geworden, so ist es für den gesamten Nachlaß ausschließlich zuständig. Örtliche Unzuständigkeit berührt die Wirksamkeit der Gerichtshandlungen zwischen 8. 5. 1945 und 23. 8. 1952 nicht, § 12 ZuständErgG.

Abschnitt 1

Erbfolge

Vorbemerkung §§ 1922–1941

1 **1. Systematik.** Der Abschnitt zerfällt in **vier Gruppen** von Vorschriften: **a)** § 1922 regelt den **Vermögensübergang vom Erblasser auf den Erben** oder eine Mehrheit von Erben (Miterbengemeinschaft) nach dem Grundsatz der Gesamtnachfolge (Universalsukzession), **b)** § 1923 die Hauptfragen der **Erbfähigkeit**, **c)** §§ 1924–1936 die **gesetzliche Erbfolge**, **d)** §§ 1937–1941 in Leitsätzen die allgemeine Zulässigkeit einer **Erbeinsetzung** durch Testament oder Erbvertrag und der **Anordnung eines Vermächtnisses** oder einer **Auflage**.

2 **2. Berufungsgründe.** Der Tod des Erblassers kann die gesetzliche, die gewillkürte oder beide Erbfolgen nebeneinander für verschiedene Bruchteile der Erbschaft eröffnen.

a) Die **gesetzliche Erbfolge** beruht **aa)** auf der Verwandtschaft, **bb)** der Ehe oder **cc)** der Staatsangehörigkeit (Staatserbrecht § 1936).

b) Die **gewillkürte Erbfolge** beruht auf einer Verfügung von Todes wegen und zwar entweder **aa)** auf Testament (letztwilliger Verfügung) § 1937 oder **bb)** auf Erbvertrag § 1941.

c) Keine Erben sind Vermächtnisnehmer (§ 1939), Auflagebegünstigte (§ 1940) und Pflichtteilsberechtigte (§ 2303).

1922 *Gesamtrechtsnachfolge*

(1) Mit dem Tode einer Person (Erbfall) geht deren Vermögen (Erbschaft) als Ganzes auf eine oder mehrere andere Personen (Erben) über.

(2) Auf den Anteil eines Miterben (Erbteil) finden die sich auf die Erbschaft beziehenden Vorschriften Anwendung.

I. Erbfall

1 **1.** Nur der **Tod eines Menschen löst** die **Erbfolge aus.** Juristische Personen können nicht sterben, also auch nicht beerbt werden. Sie werden vor Beendigung ihrer Rechtspersönlichkeit in der Regel aufgelöst und abgewickelt, vgl aber §§ 46, 88.

2 **2.** Das BGB hat davon abgesehen, den **Todeszeitpunkt,** dh den Zeitpunkt für das Ende der Rechtsfähigkeit und damit für den Eintritt des Erbfalls, exakt und definitiv zu bestimmen. Der genaue Todeszeitpunkt ist aber zu ermitteln, um die Erbfolge – vor allem bei Tötung untereinander erbberechtigter Personen (etwa bei einem Verkehrsunfall) – bestimmen zu können, Köln NJW-RR 1992, 1480; Hamm NJW-RR 1996, 71; Nagel, Das Versterben untereinander erbberechtigter Personen aufgrund derselben Ursache, Diss Göttingen 1983. Leben und Tod als Zeitpunkte für den Beginn und das Ende der rechtlichen Existenz des Menschen galten früher als feststehend: Der Mensch galt als tot, sobald die spontane Atmung aufhörte und der Kreislauf stillstand. Von diesem Todeszeitpunkt ist auch jetzt noch im Regelfall auszugehen. Durch die Entwicklung der Medizin, vor allem der Intensivmedizin, können Menschen aber auch nach Ausfall der Atmung und Stillstand des Kreislaufs reanimiert werden. Gelingt eine Wiederbelebung, so ist der Reanimierte selbstverständlich im Rechtssinn nicht gestorben, weil das Aussetzen der Körperfunktionen nicht endgültig war, MüKo/Leipold § 1922 Rz 12. Gelingt die Reanimation nicht, sind aber Atmung und Kreislauf durch Einsatz medizinischer Apparate künstlich aufrechterhalten worden, dann ist der Tod nicht erst mit dem Abschalten der Apparate, sondern nach hM bereits mit dem endgültigen Ausfall der Gesamtfunktion des Großhirns, des Kleinhirns und des Hirnstamms (**Hirntod**) eingetreten, MüKo/Leipold § 1922 Rz 12a; Ruscher, Die Bestimmung des Todeszeitpunkts aus erbrechtlicher Sicht, 1989, S 103ff; Geilen, Medizinischer Fortschritt und juristischer Todesbegriff, FS Heinitz, 1972, S 373 (380); Laufs, Arztrecht, 5. Aufl 1990, Rz 277. Die Frage, ob der Tod eines Menschen spätestens mit dem Hirntod eintritt, ist bei der Beratung des Transplantationsgesetzes vom 5. 11. 1997 (BGBl I 2631) – TPG – kontrovers diskutiert worden. Der Gesetzgeber hat, obwohl es angezeigt war, davon abgesehen, den Hirntod als spätesten Todeszeitpunkt zu fixieren. Er hat in § 3 II Nr 2 TPG lediglich angeordnet, daß eine Organtransplantation frühestens mit dem Eintritt des Hirntodes zulässig ist, hat es aber offengelassen, ob der Tod erst zu einem Zeitpunkt nach dem Hirntod eintreten kann. Die Aufstellung von Regeln zur definitiven Fixierung des Todeszeitpunkts hat er – in rechtspolitisch bedenklicher Weise – der hierzu kaum demokratisch legitimierten Bundesärztekammer überlassen, dazu Rz 36.

3 **3.** Der **Nachweis des Todes** kann durch eine vom Standesbeamten ausgestellte Sterbeurkunde geführt werden (§§ 60, 64 PStG). Dem erwiesenen Tod stehen die Todesvermutungen nach Todeserklärung eines Verschollenen und die Vermutung des Todes in einem bestimmten Zeitpunkt nach Feststellung der Todeszeit eines Toten gleich, §§ 9 I, 44 II VerschG. Beide Beschlüsse schaffen den Erbfall aber rückwirkend für die festgestellte Todeszeit, so daß ein Verschollener oder ein Toter noch von einem Erbberechtigten beerbt werden kann, der bei der Rechtskraft des Beschlusses bereits verstorben war; aA und zur Fragwürdigkeit der Rückwirkung Frisius NJW 1956, 499.

4 Die Vermutung wirkt erbrechtlich gegenüber dem Verschollenen und gegenüber anderen Erbprätendenten aber nur vorläufig. Sie gilt nur bis zum Beweis der Unrichtigkeit, ohne daß es einer formellen Aufhebung des Beschlusses über die Todeserklärung bedarf, Staud/Weick/Habermann § 9 VerschG Rz 24. Der lebende Verschollene kann ebenso wie der wirkliche Erbe gegen den Scheinerben den Erbschaftsanspruch erheben, §§ 2018, 2031. Die vorläufige Wirkung kann sich jedoch in eine endgültige verwandeln, wenn der gutgläubige Scheinerbe Maßnahmen über Nachlaßgegenstände trifft, die seine Herausgabepflicht auf die Bereicherung beschränken (§ 2021), oder wenn der gutgläubige Erwerb von Nachlaßgegenständen geschützt wird (§§ 2365–2367, besonders § 2370) – wobei aber die §§ 2019, 2021, 2024, 816 I S 2 zu beachten sind – oder wenn schließlich der Herausgabeanspruch des für tot Erklärten verjährt, §§ 2026, 2031.

4. Mit dem Erbfall geht das Vermögen ipso iure (**Vonselbsterwerb**), also ohne Erbschaftsantritt, auf den Erben 5 über, vor § 1942 Rz 1. Der Tod eines Menschen wird als Erbfall bezeichnet. Er ist in der Regel, aber nicht stets dem Erbanfall (§ 1942 I) gleich. Vor dem Erbfall gibt es daher kein Erbrecht und daher in der Regel weder eine positive noch negative Feststellungsklage, BGH 37, 137 (144); RG 92, 1; Staud/Marotzke Rz 19ff. UU kann jedoch auch hierfür ein Rechtsschutzbedürfnis vor dem Erbfall vorhanden sein, zumal das künftige Erbrecht Gegenstand eines unmittelbar wirkenden Verzichts (§§ 2346 I, 2352) oder eines Vertrags aus § 312 II (vgl auch § 1822 Nr 1) sein kann, RG 169, 98. Vgl zum Anfall des Vermächtnisanspruchs BGH 12, 118; Celle MDR 1954, 547.

II. Erbschaft

1. **Erbschaft** ist das **Vermögen des Erblassers**. Als Haftungsvermögen, also nicht in Beziehung zum Erben, 6 sondern zum Gläubiger und Nachlaßgericht heißt es Nachlaß. Die **Streitfrage**, ob dazu die **Schulden** gehören (hM Planck/Flad Anm 2a; RGRK/Kregel Rz 10; Dietz S 20; BGH 104, 369 [371]; 32, 367; dagegen Staud/Boehmer, 11. Aufl Rz 64ff, 76ff) hat wegen § 1967 keine praktische Bedeutung. § 1967 wäre überflüssig, wenn die Schulden als Bestandteile des Vermögens schon nach § 1922 auf den Erben übergingen. Schulden sind daher weder negative Bestandteile des aus Aktiven und Passiven bestehenden einheitlichen Vermögens, noch immanente Belastungen des Aktivvermögens. Die Schuld als Leistungsgebot eines Tuns, Unterlassens oder Duldens (§ 241), an die Persönlichkeit des Schuldners gerichtet, trifft den Erben nur nach § 1967. Sie ist nicht Inhalt des Vermögensbegriffs im Sinne des § 1922. Daher gehen mit dem Vermögen nach § 1922 nicht auch die Schulden des Erblassers auf den Erben über.

2. Unter **Vermögen** versteht das bürgerliche Recht in der Regel den **Inbegriff aller geldwerten Güter** einer 7 Person. Hierzu gehören die Sachen und Rechte, aber auch die „unfertigen", noch werdenden oder schwebenden Rechtsbeziehungen, bedingte und künftige Rechte, Rechts- und Bindungslagen, etwa auf Grund der dinglichen Bindung an die Einigung nach §§ 873 II, 875 I (BGH 32, 367; 134, 60 [64]), den Besitz und andere vermögenswerte Positionen, wie good will, den Organisations- oder Geschäfts- oder Firmenwert. Neben den vermögensbezogenen stehen aber die persönlichkeitsbezogenen Güter einer Person, die nicht mit Geld wägbar sind, weil es für sie keinen objektiven durch den Verkehr bestimmten Vergleichsmaßstab gibt. Zwischen beiden stehen Rechte, die sowohl vermögens- als auch persönlichkeitsbezogen oder bald mehr vermögens-, bald mehr persönlichkeitsbezogen sind, wie etwa das Firmenrecht.

Zur Erbschaft können **auch nicht vermögensrechtliche Rechtsbeziehungen** gehören, während einige Vermö- 8 gensrechte des Erblassers mit seinem Tod erlöschen und damit nicht vererblich sind. Daher ist der allgemeine Vermögensbegriff des bürgerlichen Rechts für die Auslegung des § 1922 nicht verbindlich (Staud/Marotzke Rz 113), wohl aber richtungweisend. **Vermögensbezogene**, wenn auch nicht ausschließlich vermögensbezogene **Rechte, Pflichten** (§ 1967) und rechtlich geschützte Positionen sind **in der Regel vererblich**, ausschließlich **persönlichkeitsbezogene** dagegen **in der Regel unvererblich**.

a) Danach ist zB das auf der Würde des Menschen beruhende (Art 2 I iV mit Art 1 I GG) **allgemeine Persön-** 9 **lichkeitsrecht** (§ 823 I), von seinen vermögenswerten Bestandteilen abgesehen, unvererblich. Die vermögenswerten Bestandteile des Persönlichkeitsrechts bestehen nach dem Tod des Trägers des Persönlichkeitsrechts fort, jedenfalls solange die ideellen Interessen noch geschützt sind. Diese vermögensbezogenen Beziehungen können vom Erben entsprechend des ausdrücklichen oder mutmaßlichen Willen des Erblassers ausgeübt werden, BGH ZEV 2000, 323 (326); Unabhänigg davon wirkt das Persönlichkeitsrecht mit seinen schutzwürdigen und schutzfähigen immateriellen Werten über den Schutz des ursprünglichen Rechtsträgers hinaus als ein postmortaler Persönlichkeitsschutz fort (Kipp/Coing § 91 IV 16; Lange/Kuchinke § 5 III 5), etwa bei der Entstellung seines Lebensbildes (BGH 50, 136ff) dadurch, daß es den Angehörigen in Analogie zu § 22 Kunsturhebergesetz, § 189 StGB, § 2 II Feuerbestattungsgesetz einen Unterlassungsanspruch gibt. Es kann das Andenken des Verstorbenen, auch Interessen zum Persönlichkeitsrecht, ideelle Belange des Toten, auch die körperliche Integrität seines Leichnams schützen, vgl dazu Schack JZ 1989, 609. Der postmortale Persönlichkeitsschutz ist zeitlich begrenzt. Seine Dauer bestimmt sich nach den Umständen des Einzelfalls, BGH 107, 385 mit Anm v Schack JZ 1990, 40. In diesem Urteil ist der BGH davon ausgegangen, daß ein Persönlichkeitsschutz, etwa eines Künstlers, noch 30 Jahre nach dem Tod fortbestehen kann. Zu den Problemen bei Transplantationen und Sektionen vgl Rz 36.

b) Vermögensrechtliche Rechtspositionen sind zwar in der Regel, aber keineswegs ausnahmslos vererblich. Ausnahmen können sich aus einer ausdrücklichen gesetzlichen Regelung, aus dem Sinn und Zweck der jeweiligen rechtlichen Position oder aber auch aus der jeweiligen rechtsgeschäftlichen Vereinbarung ergeben. Es kann zB bei befristbaren Vermögensrechten vereinbart werden, daß sie mit dem Tod des Erblassers enden. Ähnlich verhält es sich etwa mit dem Übereignungsanspruch aus einem Hofübergabevertrag. Stirbt der Übernehmer vor der Auflassung des Hofgrundstücks, so geht der Auflassungsanspruch trotz seines vermögensrechtlichen Charakters in der Regel nicht auf die Erben des Übernehmers über. Der Hofeigentümer mißt der Person des Übernehmers wegen der für die Bewirtschaftung eines landwirtschaftlichen Betriebs erforderlichen Kenntnisse in aller Regel große Bedeutung bei. Wäre dieser Übertragungsanspruch vererblich, so könnte der Hof an Personen fallen, die zu seiner Bewirtschaftung nicht geeignet sind. Nach den allein maßgeblichen Vorstellungen der jeweiligen Vertragsparteien

§ 1922

wird dieser Anspruch in der Regel nicht vererblich sein (Lange/Wulff/Lüdtke-Handjery § 17 Rz 122; aA Pal/Edenhofer Rz 9), die Parteien können aber etwas anderes vereinbaren.

10 Dieselbe Bedeutung hat die Auslegung rechtsgeschäftlicher Willenserklärungen für vertragliche Wettbewerbsverbote und -beschränkungen, während sich die Rechte aus gesetzlichen Wettbewerbsbeschränkungen mit dem geschützten Unternehmen zusammen vererben, Staud/Marotzke Rz 271f.

11 **3. Vererblich sind nach diesen Grundsätzen: a) Rechtsgeschäftlich nicht** oder nicht ausnahms- oder voraussetzungslos **übertragbare Rechte,** wie manche **Gestaltungsrechte.** Vererblich sind also nicht nur die übertragbaren selbständigen Gestaltungsrechte wie das Aneignungs- oder Wiederkaufsrecht, sondern auch in der Regel unübertragbare Rechte, wie das Recht zur Annahme eines Vertragsantrags (Optionsrecht, § 153), das unselbständige Rücktritts- und Minderungsrecht (§ 437 Nr 2), das Wahlrecht bei der Wahlschuld (§ 263), das Kündigungs-, Rücktritts- und Anfechtungsrecht aus Willensmängeln (BGH NJW 1951, 308), das Ankaufsrecht, OGH DNotZ 1951, 124, im Zweifel das zeitlich beschränkte Vorkaufsrecht (§ 473 S 2), während das zeitlich unbeschränkte im Zweifel unvererblich ist, § 473 S 1, vgl RG 110, 186. Vererblich ist das Auskunftsrecht, das dem Kontoinhaber über Vorgänge auf dem Konto auf Grund seines Vertrags mit einer Sparkasse oder Bank zusteht, BGH 107, 104 mit Anm Kuchinke JZ 1990, 652; Frankfurt MDR 1966, 503; anders nur, wenn die Auskunfts- oder Rechenschaftspflicht nur gegenüber dem Erblasser persönlich bestehen sollte, BGH NJW-RR 1990, 131. Auch das Einsichtsrecht in Krankenunterlagen kann vererblich sein, BGH NJW 1983, 2627 (2629); Stein FamRZ 1986, 7. Zum Übergang von Unterlassungspflichten vgl Gaa AcP 161, 433. Die vom Erblasser vor seinem Tod abgegebene Willenserklärung wird mit ihrem Zugang wirksam, auch wenn der Erblasser zwischen ihrer Abgabe und ihrem Zugang gestorben ist (§ 130 II), jedoch dann nicht, wenn der Erblasser durch sie ein unvererbliches Recht oder eine unvererbliche Schuld begründen wollte. Ebenso vererbt sich die Bindung des Antragenden an sein Vertragsangebot (§ 153). Vererblich ist das Vorkaufsrecht der Miterben am Erbteil (§ 2034 II) und das unübertragbare Ausschlagungsrecht, §§ 1952, 2180.

12 b) **Familienrechtliche Ansprüche** überwiegend **vermögensrechtlicher Natur,** so bei der Zugewinngemeinschaft der Ausgleichsanspruch (§ 1378 III), der Auskunftsanspruch (§ 1379 S 1) und der Ergänzungsanspruch (§ 1390 I S 1), ferner die Verwaltungs- und Auseinandersetzungsansprüche bei der Gütergemeinschaft (§§ 1445 II, 1467 II, 1471ff, 1476 I, 1477 II, 1478 I) und der fortgesetzten Gütergemeinschaft (§ 1498), der öffentlich-rechtliche Versorgungsausgleichsanspruch (§ 1587e IV S 1; zum schuldrechtlichen Versorgungsausgleich s § 1587b); Ansprüche zwischen Eltern und Kindern (§§ 1648, 1664) und Vormund und Mündel, §§ 1833, 1836. Höchstpersönliche familienrechtliche Rechte und Pflichten (zB die elterliche Sorge, § 1626) sind dagegen unvererblich. Wegen weiterer Einzelheiten vgl Rz 41, 42.

13 c) **Dingliche Rechte** (Eigentum, Erbbaurecht, Pfandrecht), auch **treuhänderisch übertragenes Gut,** und zwar sowohl bei eigennütziger (Sicherungs-) als auch bei uneigennütziger (Verwaltungs-)Treuhand, da bei der letzten die Übertragung unabhängig vom Erlöschen des Grundgeschäfts (§ 673 S 1) fortbesteht, sofern sie nicht auflösend bedingt ist, KG HRR 1931, 1866. Nur können die Erben mit dem Tod des Erblassers schuldrechtlich verpflichtet sein, das Treugut auf die Treugeber oder bei entsprechender Vereinbarung auf einen anderen Treuhänder zu übertragen.

14 d) **Gewerbliche Schutzrechte, immaterielle Güterrechte,** da der Gesetzgeber sie als überwiegend vermögensrechtlich betrachtet hat, so Urheberrechte (vgl §§ 28, 29, 30, 60 II UrhG), Verlagsrechte (§§ 9, 34 VerlG) und andere Schutzrechte (§ 22 GebrMG, § 3 GeschmMG, § 15 I PatG, § 27 I MarkenG).

15 e) Die **Firma,** auch wenn sie nur aus dem Namen des Erblassers besteht (dazu Kuchinke ZIP 1987, 681), aber nur zusammen mit dem **Handelsgeschäft** (§§ 22, 23 HGB). Dieses ist ebenso wie jedes andere **gewerbliche Unternehmen** mit seinen Sachen, Rechten und tatsächlichen Beziehungen des kaufmännischen Tätigkeitsbereichs, den Chancen aller Art, die seinen Organisations-, Firmen- oder Geschäftswert bilden, vererblich, BGH LM Nr 1; BGH 7, 136, vgl Pfeifer, Die Fortführung des Handelsgeschäfts eines Einzelkaufmanns durch eine Mehrheit von Erben, Diss Tübingen 1961 und § 2032 Rz 4. Dazu gehören Rezepte, Fabrikationsgeheimnisse, die Benutzung von Bezugs- und Absatzquellen, Verbindungen mit der Kundschaft, die innere Organisation des Betriebs, Telegrammadressen, die Betriebs- und Gewinnchancen. Nicht vererblich ist hingegen die **Kaufmannseigenschaft,** die nur durch den persönlichen Erwerb der Merkmale der §§ 1, 2, 3, 6 HGB begründet werden kann. Hat der Erblasser zur Verwaltung eines Handelsgeschäfts einen Testamentsvollstrecker bestellt, so kann dieser es als Treuhänder im eigenen Namen für Rechnung des Erben als Träger des Nachlasses (RG 132, 139) oder im Namen des Erben als Träger des Nachlasses und Eigenvermögens führen, wenn der Erbe ihm eine solche Vollmacht erteilt, BGH 12, 100, vgl auch Holch DNotZ 1958, 291; BayObLG NJW 1969, 2051. Der Erblasser kann den Erben durch Auflage zur treuhänderischen Übertragung oder zur Erteilung der Vollmacht verpflichten, BGH 12, 104; 24, 112.

16 f) Ob und inwieweit **öffentlich-rechtliche Rechtspositionen** vererblich sind, bestimmt sich nach öffentlichem Recht (BGH LM GVG § 13 Nr 116) und ist im einzelnen sehr unterschiedlich geregelt (dazu eingehend MüKo/Leipold Einl § 1922 Rz 86ff). **aa)** Die Vererblichkeit von Ansprüchen auf **Sozialleistungen** richtet sich nach den §§ 56–59 SGB I (dazu MüKo/Leipold Einl § 1922 Rz 95ff). **bb)** Da das Beamtenverhältnis mit dem Tod des Beamten endet (§ 21 I BRRG), sind **Rechtspositionen aus dem Beamtenverhältnis** grundsätzlich nicht vererblich. Etwas anderes gilt für vermögensrechtliche Ansprüche des verstorbenen Beamten, die bereits vor dem Erbfall entstanden waren, zB Ansprüche auf rückständige Dienst- oder Versorgungsbezüge, Günther, DÖD 1992, 159, 170f. Den Erben stehen nach § 17 I BeamtVG Sterbebezüge für den Sterbemonat zu. **cc)** Ansprüche aus einem **Steuerverhältnis,** aber auch Steuerschulden sind nach § 45 I AO 1977 vererblich (im einzelnen dazu MüKo/Leipold Einl § 1922 Rz 106ff). **dd)** Ob und inwieweit **öffentlich-rechtliche Gewerbeberechtigungen** auf die Erben

übergehen, ist in den einzelnen Gewerberechten sehr unterschiedlich geregelt, vgl § 46 GewO, §§ 4, 22 IV HandwO, § 10 GastG, § 19 PBefG, § 3 GüKG. Teils sind die Erben oder nur der Ehegatte berechtigt, das Gewerbe selbst fortzuführen, teils müssen sie sich dazu eines fachkompetenten Dritten bedienen oder den Gewerbebetrieb verpachten (Einzelheiten bei MüKo/Leipold Einl § 1922 Rz 107).

g) Der **Besitz**, sowohl der unmittelbare als auch der mittelbare (§ 857), nicht dagegen die Stellung als Besitzdiener (§ 855) und der Gewahrsam der §§ 808, 809 ZPO. Vererblich sind auch Besitzlagen, die Voraussetzung für einen Rechtserwerb sind, wie die Ersitzungslage, § 943. Der Eigenbesitz, der nach § 857 erworben ist, schließt weder rechtlich noch tatsächlich den Eigenbesitz aus, den § 937 I voraussetzt, Bamberg NJW 1966, 1413. **17**

h) Anwartschaftsrechte und **künftige Rechte**, und zwar sowohl dingliche als auch schuldrechtliche, Rechte aus der Vormerkung (§§ 883, 888, vgl hierzu RG JW 1926, 1955), das Anwartschaftsrecht des Finders auf das Eigentum an der Fundsache (§ 973), die Anwartschaft des Schatzentdeckers (§ 984), die Anwartschaft des Maklers auf Provision, falls er vor endgültigem Abschluß des Vertrags stirbt (BGH BB 1965, 396), die Anwartschaft aus aufschiebend bedingter Übereignung (§ 449), das erbrechtliche Anwartschaftsrecht des Nacherben im Rahmen des § 2108 II, darüber hinaus Rechtspositionen aus einer Eintragungsbewilligung, KG HRR 1930, 1610. Die Erben können ihre Eintragung anstelle des in der Bewilligung oder Auflassung genannten verstorbenen Hypothekengläubigers oder Eigentümers beantragen, RGRK/Kregel Rz 15, anders noch KGJ 36, 226. Tritt der Inhaber eines Gewerbebetriebs seine künftigen Kaufpreisforderungen gegen einen Kunden im voraus an seine Bank zur Kreditsicherung ab, so erwirbt die Bank auf Grund dieser Vorausabtretung auch Forderungen aus solchen Verkäufen, die der Erbe des Betriebsinhabers nach dessen Tod abgeschlossen hat, BGH 32, 367. **18**

i) Ob **Mitgliedschaftsrechte** vererblich sind, läßt sich nicht einheitlich beantworten und hängt maßgeblich von der jeweiligen Gesellschaftsform ab. **19**

aa) Vererblich sind die Mitgliedschaftsrechte **des Aktionärs** einer AG oder KGaA, selbst wenn ihre rechtsgeschäftliche Übertragung an die Zustimmung der Gesellschaft gebunden ist, § 68 II 1 AktG. Die Satzung kann jedoch anordnen, daß beim Tod eines Gesellschafters seine Aktien auf die AG übergehen. Eine derartige Satzungsbestimmung ist aktienrechtlich unbedenklich, weil § 71 I Nr 5 AktG ausdrücklich den Erwerb eigener Aktien durch Gesamtrechtsnachfolge zuläßt, vgl Hüffer AktG, 4. Aufl 1999, § 71 Rz 18. Daneben muß aber noch ein erbrechtlicher Verfügungstatbestand vorliegen. Die Satzung kann auch die Zwangseinziehung (§ 237 AktG) beim Tod des Aktionärs vorsehen. Auch in diesem Fall ist der Erbe bis zur Einziehung Rechtsträger der vererbten und stets vererblichen Aktien. Der Erbe erwirbt auch eine Namensaktie bereits mit dem Erbfall. Die nach § 67 I AktG vorgeschriebene Eintragung in das Aktienregister ist für den materiellen Rechtsübergang ohne Bedeutung, RG 86, 154 (157); Lutter in Kölner Kommentar zum AktG, 2. Aufl 1988, § 67 Rz 2. Sie ist aber notwendig, um den Erben der AG gegenüber zu legitimieren, denn im Verhältnis zur AG (nicht im Verhältnis zu Dritten) gilt als Aktionär nur, wer im Aktienregister eingetragen ist, § 67 II AktG. Nur er kann die Aktionärsrechte wahrnehmen. Solange der Erbe nicht eingetragen ist, haftet er etwa für rückständige Einlagen nur erbrechtlich, dh mit dem Recht zur Haftungsbeschränkung, dann aber als Aktionär persönlich, weil die Eintragung ein selbständiger Verpflichtungsgrund ist, Lutter, § 67 Rz 20f. **20**

bb) Der Geschäftsanteil einer **GmbH** ist nach § 15 I GmbHG veräußerlich und vererblich. Geht der Geschäftsanteil des GmbH-Gesellschafters auf mehrere Erben über, so erwerben diese den Anteil zur gesamten Hand, vgl Lange/Kuchinke, § 5 V S 3 b a. Es ist umstritten, ob die Vererblichkeit durch Gesellschaftsvertrag ausgeschlossen werden kann. Die hM läßt das zu, Barella GmbHR 1959, 45; Schefer GmbHR 1961, 7; DB 1961, 57; Schilling GmbHR 1962, 205; Sudhoff DB 1963, 1109. Der Ausschluß der Vererblichkeit wird konstruktiv als vorweggenommene Einziehung des Geschäftsanteils aufgefaßt, Sudhoff, Der Gesellschaftsvertrag der GmbH, 8. Aufl 1992, 521ff. Diese Begründung überzeugt nicht. Eingezogen werden kann der Geschäftsanteil beim Erben nur, wenn er ihm zunächst einmal (durch Erbfall) zugefallen ist. Im übrigen kann eine Einziehung, die erst mit dem Erbfall wirksam werden soll, keine rückwirkende Kraft haben. Ungeklärt bleibt bei dieser Konstruktion weiter, wem der eingezogene Geschäftsanteil mit der Einziehung auf welche Weise zufallen soll. Ein durch den Erbfall kraft Gesetzes eintretender Übergang auf einen Dritten ist nicht möglich, weil durch Gesellschaftsrecht keine Sondererbfolge geschaffen werden kann. Der Dritte könnte den Geschäftsanteil unmittelbar vom Erblasser nur durch eine Verfügung zugunsten Dritter auf den Todesfall (RG 80, 177; dagegen RG 98, 279) oder durch Rechtsgeschäft vom Erben erwerben. Die Vererblichkeit des Geschäftsanteils kann daher nicht durch Gesellschaftsvertrag ausgeschlossen werden. § 15 V GmbHG verträgt daher weder eine unmittelbare noch eine entsprechende Anwendung auf den Ausschluß der Vererblichkeit. Satzungsbestimmungen, die einen Geschäftsanteil unvererblich machen, können nur dahingehend umgedeutet werden, daß sie entweder eine Verfügung unter Lebenden auf den Todesfall enthalten oder den Erben zur Übertragung auf andere Personen durch einen Vertrag des Erblassers zugunsten Dritter verpflichten oder die Einziehung des ererbten Anteils ermöglichen, Baumbach/Hueck, GmbHG, 17. Aufl 2000, § 15 Rz 12f; Koblenz GmbHR 1995, 587; Staud/Marotzke § 1922 Rz 208. Die Einziehung kann aber nur erfolgen, wenn die Satzung es vorsieht, die Einlage auf den Geschäftsanteil voll eingezahlt ist und die nicht notwendige, aber vorgesehene Abfindung an die Erben aus dem Vermögen der Gesellschaft gezahlt werden kann, das nicht zur Erhaltung des Stammkapitals erforderlich ist, § 30 GmbHG. Durch den Gesellschaftsvertrag können aber die gesellschaftsvertraglichen Verwaltungs- und Mitwirkungsrechte unvererblich gestellt oder zum Ruhen gebracht werden, vgl LG Berlin NJW-RR 1986, 195; Staud/Marotzke § 1922 Rz 209. Näheres bei Schefer DB 1961, 57; ders GmbHR 1961, 9; Sudhoff DB 1963, 1109; Ronkel/Fedtke GmbHR 1968, 26 (28). Zur Ausschließung eines Gesellschafter-Erben aus einer GmbH & Co KG vgl BGH GmbHR 1989, 117. Zur Anwendung von Vinkulierungsklauseln bei der Vererbung von GmbH-Gesellschaftsanteilen siehe H. P. Westermann ZIP 1985, 1249; Lessmann GmbHR 1986, 409; Düsseldorf GmbHR 1990, 504. **21**

W. Schlüter

§ 1922 Erbrecht Erbfolge

22 cc) Die Mitgliedschaft in einem **rechtsfähigen Verein** ist nur vererblich, wenn das die Satzung bestimmt, §§ 38, 40. Ohne eine solche Satzungsbestimmung erlischt die Mitgliedschaft mit dem Tod des Mitglieds.

23 dd) Dasselbe gilt vom **nicht rechtsfähigen Verein**, nur wächst bei Unvererblichkeit der Mitgliedschaft die vermögensrechtliche Gesamthandsbeteiligung den anderen Mitgliedern an, §§ 54, 738; ebenso Lange/Kuchinke § 5 VI B 3.

24 ee) Die Mitgliedschaft in der **eingetragenen Genossenschaft** ist vererblich. Aber der Erbe scheidet mit dem Schluß des Jahres, in dem der Erblasser gestorben ist, aus der Genossenschaft aus, § 77 I GenG. Das Statut kann bestimmen, daß die Genossenschaft mit dem Erben eines verstorbenen Genossen fortzusetzen ist, § 77 II S 1 GenG. Die Fortsetzung kann jedoch von bestimmten persönlichen Voraussetzungen des Erben abhängig gemacht werden, § 77 II S 2 GenG. Für den Fall der Rechtsnachfolge durch mehrere Erben kann das Statut anordnen, daß die Mitgliedschaft erlischt, wenn nicht innerhalb einer durch das Statut festgelegten Zeit der Genossen einzutragen, § 77 II S 3 GenG; eingehend zur Fortsetzung der Mitgliedschaft Hornung Rpfleger 1976, 37; Lang/Weitmüller/Schaffland, Genossenschaftsgesetz, 32. Aufl 1988 zu § 77 GenG; LG Kassel Rpfleger 1976, 61; 1977, 62. Der Vorstand hat die Anzeige vom Tod eines Genossen unverzüglich dem Gericht (§ 10 GenG) zur Liste der Genossen einzureichen, § 77 III GenG. Aber auch wenn er dies verspätet tut und die Anzeige sogar erst nach dem Schluß des Geschäftsjahres, in dem der Genosse verstorben ist, beim Gericht eingeht, ist der letzte Tag dieses Geschäftsjahres als Zeitpunkt des Ausscheidens der Erben in die Liste der Genossen einzutragen, § 34 Nr 3 der VO über das Genossenschaftsregister vom 22. 11. 1923 idF der VO vom 10. 12. 1973, BGBl I 1894. Bis zu diesem Zeitpunkt ist der Erbe Mitglied der Genossenschaft. Dieser erbrechtliche Erwerb der Mitgliedschaft tritt ohne Eintragung nach § 15 III GenG ein, weil die rechtsbegründende Eintragung des Erblassers auch für den Erben wirkt. Die Erben scheiden auch ohne Rücksicht auf eine Eintragung mit dem Schluß des Geschäftsjahres aus, § 77 I S 2 GenG. § 70 II GenG ist nicht anwendbar. Der Erbe kann mit Beginn des nächsten Geschäftsjahres mit dem ihm als Erben zustehenden Geschäftsguthaben des Erblassers (vgl KG JFG 4, 238) eine neue Mitgliedschaft begründen, die in ihrem Umfang auf der Aktiv- und Passivseite der Mitgliedschaft des Erblassers entspricht, Dockhorn MDR 1959, 623. Hierzu muß er in der Liste der Genossen mit seinem Namen neu eingetragen werden, § 15 III GenG. Zur Rechtsnachfolge in die Anwartschaftsrechte bei Baugenossenschaften vgl BGH 15, 177; 31, 37; Schleswig SchlHA 1961, 196. Über erbrechtliche Fragen im Zusammenhang mit der Mitgliedschaft in Wohnungsbaugenossenschaften der DDR Humm NJ 1968, 17; zur Rechtslage beim Tod eines LPG-Mitglieds BGH 120, 352 (357).

25 ff) Vererblich ist die Beteiligung eines **Kommanditisten**, weil sie überwiegend vermögensrechtlich ist, § 177 HGB. Der Erbe braucht keine Eintrittserklärung, die Gesellschaft eine Genehmigungserklärung abzugeben. Erben mehrere Personen, so wird nicht die Miterbengemeinschaft (so RG 123, 366), sondern jeder Miterbe mit einem Anteil, der seinem Miterbenanteil entspricht, Kommanditist, BGH 101, 123 (126); BGH NJW 1983, 2376; aA Köbler S 98ff; Knieper/Fromm NJW 1980, 2677. Zur Abdingbarkeit des § 177 HGB durch Gesellschaftsvertrag vgl Staud/Marotzke Rz 195.

26 gg) Der Tod eines **persönlich haftenden Gesellschafters** (Komplementär) einer **OHG** oder **KG** führt dazu, daß der verstorbene Gesellschafter ausscheidet, § 131 III Nr 1 HGB. Sein Anteil am Gesellschaftsvermögen wächst den übrigen Gesellschaftern an, §§ 105 III HGB, 738 S 1. Den Erben steht nach § 738 S 2 ein Abfindungsanspruch gegen die verbleibenden Gesellschafter zu.

27 Bestimmt der Gesellschaftsvertrag ausdrücklich oder schlüssig, daß die **Gesellschaft** mit dem Erben des Verstorbenen **fortgesetzt** werden soll (§ 139 I HGB; **Nachfolgeklausel**), so vererbt sich die ganze Beteiligung auf ihn durch Gesamtnachfolge, ohne daß die Erben sich mit dem Erwerb einverstanden erklären müssen (Näheres vor § 2032 Rz 9). Auch ein Minderjähriger erwirbt diesen Gesellschaftsanteil, ohne daß seine gesetzlichen Vertreter hierfür der Genehmigung des Vormundschaftsgerichts bedürften, Soergel/Damrau § 1822 Rz 21. Allerdings ist es mit dem allgemeinen Persönlichkeitsrecht des Minderjährigen (Art 2 I iV mit Art 1 I GG) nicht vereinbar, daß die gesetzlichen Vertreter den Minderjährigen bei Fortführung der Gesellschaft unbeschränkt verpflichten können, BVerfG FamRZ 1986, 769; dazu Thiele FamRZ 1992, 1001. Nach § 1629a I beschränkt sich deshalb die Haftung für Verbindlichkeiten, die die Eltern als gesetzliche Vertreter des Minderjährigen begründet haben, auf den Bestand des Vermögens des Kindes bei Eintritt der Volljährigkeit. Zu den Einzelheiten s die Kommentierung zu § 1629a.

28 Enthält der Gesellschaftsvertrag hingegen eine **Eintrittsklausel** und erklärt der Erbe seinen Eintritt in die OHG, weil der Gesellschaftsvertrag ihm beim Tod des Erblassers nur dieses Recht gibt (zB BGH DNotZ 1967, 387), so begründet er eine neue Beteiligung auf der Grundlage seiner ererbten Liquidationsbeteiligung oder seines Auseinandersetzungsanspruchs gegen die Gesellschaft. Ein minderjähriger Erbe braucht dann die Genehmigung nach § 1822 Nr 3, 10, RG ZAkDR 1938, 638.

29 Die Geschäftsführungsbefugnis und Vertretungsmacht sind trotz der grundsätzlichen Vererblichkeit der Mitgliedschaft als einzelne aus ihr entspringende Rechte zu betrachten, die aber in einer werbenden Gesellschaft so an die Person des Erblassers gebunden sind, daß sie mit seinem Tod erlöschen und der Erbe sie dadurch neu erwirbt, daß er durch Gesellschaftsvertrag im übrigen Gesellschafter geworden ist. Dabei ist aber durch Auslegung aus dem Gesellschaftsvertrag zu ermitteln, ob diese Regelung auch dem Willen der Gesellschafter entspricht, oder ob der Erbe nicht schlüssig von der Vertretungsmacht ausgeschlossen werden sollte, etwa in Fällen, in denen der Erblasser nur als Seniorchef allein Geschäftsführung und Vertretung ausschließlich wegen seiner persönlichen Eigenschaften besaß, ebenso Fischer BB 1956, 839; Henrich JA 1971, 756f mwN; vgl Baumbach/Hopt, HGB, 30. Aufl 2000, § 114 Rz 5; BGH 41, 36ff; NJW 1959, 192.

Zur Beerbung durch mehrere Erben und vor allem durch einen von mehreren Miterben vgl vor §§ 2032–2063 Rz 7.

hh) Wird eine **BGB-Gesellschaft** durch Tod eines Gesellschafters aufgelöst, § 727 I, so erben seine Erben seinen Anteil an der Liquidationsgesellschaft ebenso wie bei der aufgelösten OHG, vgl Rz 26ff. Wächst der Anteil des Verstorbenen den übrigen Gesellschaftern an, §§ 727 I, 738, so erwerben die Erben den Anspruch auf Auszahlung des Auseinandersetzungsguthabens. War vereinbart, daß die Gesellschaft mit dem Erben fortgesetzt werden soll, so hat dieser dieselbe Stellung wie der Gesellschafter einer OHG nach § 139 HGB, vgl BGH NJW 1981, 749; Rz 26. Für den Übergang der Geschäftsführungsbefugnis und Vertretungsmacht auf den Erben gilt das gleiche wie bei der OHG; vgl RGRK/v Gamm § 727 Rz 8.

ii) Überwiegend **vermögensrechtliche Individualansprüche eines Gesellschafters** aus dem Gesellschaftsverhältnis gegen die Gesellschaft auf Leistung an sich, die zwar aus der Mitgliedschaft entstanden sind, aber nach ihrer Entstehung unabhängig von der Mitgliedschaft bestehen können, sind vererblich, vgl § 717 S 2; BGH NJW-RR 1987, 989; NJW 1981, 749. Zu ihnen gehören Ansprüche auf fällige Gewinnanteile, auf Aufwendungsersatz (§ 713; § 110 HGB), auf das Auseinandersetzungsguthaben, auf Rückzahlung von Beiträgen. Überwiegend nichtvermögensrechtliche Rechte, wie das Recht eines Gesellschafters zur Bestimmung von Geschäftsführern, Aufsichtsräten oder Vorstandsmitgliedern, sind dagegen ebensowenig vererblich wie das Recht aus der actio pro socio, das für sich allein ebensowenig wie jede andere Ermächtigung auf den Erben übergehen kann. Vgl auch Rz 50.

jj) Gesetzliche **Bezugsrechte der Aktionäre** (§ 186 AktG) sind mit der Mitgliedschaft vererblich, da sie an die Mitgliedschaft des Aktionärs bei der Kapitalerhöhung geknüpft sind, RG JW 1901, 484; RG 65, 21. Sind sie statutarisch oder vertraglich ohne Rücksicht darauf eingeräumt worden, ob der Bezugsberechtigte jemals oder jedenfalls bei der Kapitalerhöhung Aktionär ist, so wird damit erkennbar ausschließlich an die Person dieses Bezugsberechtigten gebunden und unvererblich, RG 97, 239. Dasselbe gilt entsprechend von statutarisch oder vertraglich zugebilligten **Bezugsrechten in der GmbH**. Ebenso vererbt sich das Recht, die Beteiligung an einer Personalgesellschaft durch Erhöhung der Einlage zu vergrößern mit der Beteiligung selbst, nicht aber ohne sie.

4. Unvererblich sind

a) Die körperlichen Reste des Erblassers

Schrifttum: *v Blume*, Fragen des Totenrechts, AcP 112, 367; *Forkel*, Verfügungen über Teile des menschlichen Körpers, JZ 1974, 593; *Gaedke*, Handbuch des Friedhofs- und Bestattungsrechts, 8. Aufl 2000; *Geilen*, Probleme der Organtransplantation, JZ 1971, 41; *Laufs*, Arztrecht, 5. Aufl 1993; *ders*, Ein deutsches Transplantationsgesetz – jetzt?, NJW 1995, 2398; *Reimann*, Die postmortale Organentnahme als zivilrechtliches Problem, in FS Küchenhoff, 1972, 341; *ders*, „Letztwillige" Verfügungen über den menschlichen Körper?, NJW 1973, 2240; *Strätz*, Zivilrechtliche Aspekte zur Rechtsstellung des Toten unter besonderer Berücksichtigung der Transplantationen, 1971; *Westermann*, Zur Rechtsfindung im medizinisch-juristischen Grenzbereich, FamRZ 1973, 614; *Zimmermann*, Gesellschaft, Tod und medizinische Erkenntnis, NJW 1979, 569.

Die körperlichen Reste des Erblassers, wie der **Leichnam,** das **Skelett** und die **Asche** des Erblassers sind unvererblich. Sie sind nach Herkommen und Sitte Sinnbilder der Totenverehrung, die die Familie dem Andenken der Persönlichkeit des Verstorbenen entgegenbringt, und daher solange dem Rechtsverkehr entzogen, RGSt 1964, 313; aA Brunner NJW 1953, 1174. Die Totenfürsorge ist daher im wesentlichen familienrechtlicher Natur. Sie obliegt nicht den Erben, sondern den nächsten Angehörigen (RG 108, 220; LG Bonn NJW-RR 1994, 522), es sei denn, der Verstorbene hat einen abweichenden Wunsch geäußert, BGH MDR 1992, 588. Der Kreis und die Rangfolge der Angehörigen untereinander wird durch § 2 II, III des FeuerbestattungsG vom 15. 5. 1934 (RGBl I 380) bestimmt, dessen Anordnungen als landesgesetzliche fortgelten oder durch entsprechende Bestattungsgesetze einiger Bundesländer ersetzt sind, vgl ausführlich zu den geltenden Gesetzen Gaedke, Hdb des Friedhofs- und Bestattungsrechts, S 285ff. Das FeuerbestattungsG hat im wesentlichen das Ergebnis der Rspr zum Bestattungsrecht in sich aufgenommen und ist daher über die Feuerbestattung hinaus richtungsweisend. Nur wenn Angehörige nicht vorhanden sind, haben die Erben das Recht und die Pflicht zur Totenfürsorge, weil sie die Beerdigungskosten zu tragen haben, § 1968. Dabei sind die Fürsorgepflichtigen, namentlich für Ort und Zeit der Bestattung, an den nicht notwendig in einer Verfügung von Todes wegen geäußerten pflichtbestimmten oder mutmaßlichen Willen des Erblassers (RG 100, 172; 108, 220) gebunden, §§ 2 I, 5 FeuerbestattungsG. Sie haben auf seine Lebensstellung und die Stellung der Familie Rücksicht zu nehmen. Eine Feuerbestattung kann der Verstorbene jedoch nur durch Verfügung von Todes wegen oder eine öffentlich beurkundete oder eine unter Angabe des Ortes und Tages eigenhändig geschriebene und unterschriebene Erklärung anordnen, § 4 FeuerbestattungsG. Nach früherem Recht zulässige Anordnungen sind wirksam geblieben, § 1 DVO vom 10. 8. 1938, RGBl I 1000. Streitigkeiten entscheidet das Prozeßgericht (RG 100, 172), nur Meinungsverschiedenheiten unter Angehörigen gleichen Grades bei der Feuerbestattung die Polizeibehörde, § 2 IV FeuerbestattungsG. Vgl auch für die Miterbengemeinschaft § 2038 Rz 17.

Nach diesen Grundsätzen bestimmen sich auch Umbettung der Leiche (KG FamRZ 1969, 414; BGH NJW-RR 1992, 834; Zweibrücken FamRZ 1993, 1493; Gaedke, Friedhofs- und Bestattungsrecht, S 218ff), Wahl des Urnenortes, Bestimmung des Grabsteins und seiner Inschrift, Besuch der Grabstätte. Zur Vererbung der Grabsteine LG Koblenz NJW 1956, 949.

Die einzelnen **Organe** sind ebenso wie der **Körper** selbst nicht vererbliche Sachen, sondern Rest der Persönlichkeit des Erblassers. Die lange umstrittene Frage, ob und unter welchen Voraussetzungen **Organe** des Verstorbenen zur **Transplantation entnommen** werden dürfen, ist durch das Gesetz über die Spende, Entnahme und Übertragung von Organen (Transplantationsgesetz – TPG) vom 5. 11. 1997 (BGBl I 2631) geklärt.
Nach § 3 I TPG ist die Entnahme von Organen, sofern in § 4 TPG nichts anderes bestimmt ist, nur zulässig, wenn der Organspender in die Entnahme eingewilligt hatte, der Tod des Organspenders nach Regeln, die dem Stand der

Erkenntnisse der medizinischen Wissenschaft entsprechen, festgestellt wird und der Eingriff durch einen Arzt vorgenommen wird. Der Eingriff ist nach § 3 II TPG in jedem Fall unzulässig, wenn die Person, deren Tod festgestellt ist, der Organentnahme widersprochen hatte, und nicht vor der Entnahme bei dem Organspender der endgültige, nicht behebbare Ausfall der Gesamtfunktion des Großhirns, des Kleinhirns und des Hirnstamms nach Verfahrensregeln, die dem Stand der Erkenntnisse der medizinischen Wissenschaft entsprechen, festgestellt ist. Hatte der Verstorbene weder in die Organentnahme schriftlich eingewilligt noch ihr schriftlich widersprochen, so hat der Arzt, der eine Organentnahme vornehmen will, den nächsten Angehörigen darüber zu befragen, ob ihm eine positive oder negative Erklärung des Verstorbenen über die Organspende bekannt ist. Trifft das nicht zu, dann kann auch der nächste Angehörige ihr nach Belehrung durch einen Arzt zustimmen, wobei der nächste Angehörige den mutmaßlichen Willen des Verstorbenen zu beachten hat. Nächste Angehörige sind in der Reihenfolge der Aufzählung in § 4 II TPG der Ehegatte, volljährige Kinder, die Eltern und, wenn bei einem minderjährigen Verstorbenen nur einem Elternteil oder einem Vormund oder Pfleger das Sorgerecht zusteht, der Sorgerechtsinhaber, volljährige Geschwister und schließlich die Großeltern. Falls allerdings der Verstorbene über die Organspende einer bestimmten Person übertragen hatte, hat dieser anstelle des nächsten Angehörigen darüber zu entscheiden. Die gesetzliche Regelung geht also davon aus, daß für eine Organspende in erster Linie der Wille des Verstorbenen, und nur dann, wenn ein solcher Wille nicht feststellbar ist, bestimmte nächste Angehörige, **nicht** aber die **Erben** über die Organentnahme zu entscheiden haben. Das Gesetz schreibt in § 6 TPG vor, daß die Organentnahme und alle mit ihr verbundenen Maßnahmen unter Achtung der Würde des Organspenders durchgeführt werden müssen.

Eine vorformulierte Einwilligung in Krankenhausverträgen verstößt nicht gegen § 9 AGBG (jetzt § 307), BGH NJW 1990, 2313 mit Anm Deutsch; Koblenz NJW 1989, 2951. Solche Klauseln sind jedoch überraschend iSd § 3 AGBG (jetzt § 305c), KG NJW 1990, 783; Soergel/Stein § 1922 Rz 21; Lange/Kuchinke § 5 III 5g Fn 59.

Ebensowenig wie der Körper oder bestimmte Organe sind auch konserviertes **Sperma** oder konservierte **Eizellen** wegen des überwiegend persönlichkeitsrechtlichen Bezugs vererblich, MüKo/Leipold Einl § 1922 Rz 52. Eine Verwendung des Spermas und der Eizellen nach dem Tod zur Befruchtung ist nach §§ 4 I Nr 3, 1 I Nr 1 des Gesetzes zum Schutz von Embryonen (Embryonenschutzgesetz – ESchG) vom 13. 12. 1990 (BGBl I 2746) ohnehin verboten und strafbar. Das Bestimmungsrecht über eine sonstige Verwendung, zB Vernichtung oder Aufbewahrung, steht hier nicht den Erben, sondern in entsprechender Anwendung des § 4 TPG den nächsten Angehörigen des Erblassers zu.

37 Das Eigentum an **künstlichen Körperteilen,** die mit dem Körper fest verbunden sind, wie Goldzähne, geht mit dem Tode nicht auf den Erben über. Die Erben haben aber ein ausschließliches Aneignungsrecht, das sie jedoch nur mit Zustimmung der Angehörigen rechtswirksam ausüben können, denen die Totenfürsorge obliegt, vgl § 90 Rz 6, aber auch LG Köln MDR 1948, 365, wo zwischen der Rechtsmacht der Erben und der Angehörigen nicht klar unterschieden wird. Entsprechendes gilt für das Eigentum an Herzschrittmachern, Weimar JR 1979, 363; MüKo/Leipold § 1922 Rz 52; aA Brandenburg JuS 1984, 47. Das Eigentum an Ringen, die der Erblasser beim Tod getragen hat, geht auf den Erben über. Vererblich sind hingegen künstliche Hilfsmittel, die mit dem Körper des Verstorbenen nicht fest verbunden sind, wie Brillen, Hörgeräte.

38 Einstweilen frei.

39 b) **Schmerzensgeldansprüche** des Erblassers gehen unabhängig davon, ob der Verletzte den Anspruch geltend machen wollte (BGH NJW 1995, 783), ohne weitere Voraussetzungen auf die Erben über, weil § 847 I S 2 mit Wirkung vom 1. 7. 1990 aufgehoben worden ist (BGBl I 468). Rentenansprüche aus §§ 842, 843 sind dagegen unvererblich, sofern es sich nicht um Rückstände oder um den letzten Zeitabschnitt handelt, den der Erblasser noch erlebt hat (§§ 760 III, 843 II S 1).

40 c) Wem infolge **Fortfalls einer Unterhalts- oder gesetzlichen Arbeitspflicht** durch Tod eines Verwandten, Gatten oder nichtehelichen Vaters (§§ 844 II, 845, 1353, 1619) oder aus der Begründung seiner Pflicht, die Beerdigungskosten zu tragen (§§ 844 I, 1968, 1615 II) **Ersatzansprüche** zustehen, erwirbt sie nicht vom Erblasser durch Erbgang. Sie entstehen in seiner eigenen Person zum Ausgleich seines eigenen Schadens.

41 d) **Unterhaltsansprüche und -pflichten,** Beiträge der Ehegatten zum gemeinsamen Unterhalt der Familie sind unvererblich, wenn sie nicht rückständig oder fällig sind, §§ 1360, 1360a, 1615, 1615a, 1586 I. Jedoch geht die Unterhalts**pflicht** gegenüber dem geschiedenen Ehegatten im Rahmen des § 1586b auf die Erben über; der Erbe hat bis zu dem Betrag Unterhalt zu leisten, der dem Betrag entspricht, den der geschiedene Ehegatte im Fall des Fortbestehens der Ehe als Pflichtteil hätte verlangen können, § 1586b I S 2.

42 e) **Familienrechtliche Sorge-, Erziehungs- und Verwaltungsrechte** (§§ 1626 I, 1631, 1421) sind mit allen aus ihnen hervorgehenden Einzelbefugnissen unvererblich (München JFG 14, 35). Gleiches gilt für das Recht, den Antrag auf Annahme eines Kindes zurückzunehmen (BayObLG FamRZ 1995, 1604) und die Prozeßführungsbefugnis des Ehegatten, §§ 1422, 1450 I.

43 f) Die **Verwaltungsrechte privater Amtsträger,** mögen sie Parteien kraft Amtes oder Vertreter sein, erlöschen mit ihrem Tod, so das Recht des Nachlaßpflegers, Nachlaßverwalters, Insolvenz- und Zwangsverwalters, des Testamentsvollstreckers, der Organträger juristischer Personen. Vererblich sind aber die einzelnen Ansprüche, die sich aus der Tätigkeit der Amtsträger ergeben und beim Tod des Erblassers noch nicht erfüllt sind oder sich erst aus der Beendigung durch Tod ergeben, zB Ansprüche auf Herausgabe des verwalteten Vermögens, Rechnungslegung, Schadens- oder Aufwendungsersatz, RG WarnRspr 1932, 196. Auch der Verwaltungsbesitz geht auf die Erben über, Staud/Marotzke Rz 157.

44 g) Unvererblich sind **erbrechtliche Aussichten** der Erben oder der Pflichtteilsberechtigten auf ihr Erb- oder Pflichtteilsrecht und zwar trotz des Schutzes beim Erbvertrag durch §§ 2287, 2289, beim gemeinschaftlichen Testa-

ment durch § 2271 II, beim Pflichtteilsberechtigten durch §§ 2325ff, vgl Einl § 1922 Rz 11. Erleben die gesetzlichen oder eingesetzten Erben und der Vermächtnisnehmer den Erbfall, der Nacherbe den Nacherbfall nicht, so sind ihre Aussichten bloße Hoffnungen gewesen, §§ 1923, 2160, 2108 I, vgl darüber hinaus §§ 2074, 2108 II S 2. Etwas **anderes gilt von bedingten oder befristeten Vermächtnissen.** Sie fallen zwar dem Vermächtnisnehmer erst mit Eintritt der Bedingung oder des Termins an (§ 2177), aber mit dem Erbfall entsteht, sofern nicht § 2074 entgegensteht, schon ein vererbliches Anwartschaftsrecht, vgl § 2179; Staud/Otte § 2179 Rz 7f; Soergel/Wolf 2179 Rz 1; BGH MDR 1963, 824; RG WarnRsp 1919, 99; 1920, 202. **Vererblich** sind die bereits entstandenen **Ansprüche aus** gewillkürten oder gesetzlichen **Vermächtnissen** (§§ 2174, 1932 – mit Ausnahme des Dreißigsten, der den persönlichen Unterhalt sichern soll, § 1969 –), Ansprüche **auf den Pflichtteil** (§ 2317 II) und Rechte auf **Vollzug einer Auflage** (§ 2194), die einer Privatperson zustehen, wenn auch nur zusammen mit der Rechtsstellung, auf der diese Rechte beruhen, RGRK/Johannsen § 2194 Rz 8. Zur **Vererblichkeit des Nacherbenrechts** vgl § 2108 Rz 2, 3, zur Vererbung des **Miterbenanteils,** RG 162, 397, des **Vorkaufsrechts der Miterben,** § 2034 Rz 5.

h) **Unvererblich** sind **Nießbrauch,** beschränkte persönliche Dienstbarkeiten (§§ 1061, 1090 II), Reallasten, die 45 erkennbar trotz ihrer vermögensrechtlichen Bedeutung an die Person des Berechtigten gebunden sind, wie Altenteilsrechte. Der Grundstückseigentümer kann sich jedoch dem Nießbrauchsberechtigten gegenüber verpflichten, in der Person der Erben dasselbe Recht neu zu bestellen; dieser Anspruch auf Neubestellung ist vererblich und kann schon zu Lebzeiten des Berechtigten im Grundbuch durch eine Vormerkung gesichert werden, LG Traunstein NJW 1962, 2207.

i) Unvererblich sind **Beamten- und Anstellungsverhältnisse,** Gehaltsansprüche (RG 93, 108, 110), Beihilfeansprüche 46 (BVerwG FamRZ 1963, 563), es sei denn, die Beihilfe wurde bereits zu Lebzeiten des Berechtigten bescheidmäßig festgesetzt, BVerwG NJW 1991, 1193; doch haben die Hinterbliebenen mitunter eigene Ansprüche auf Sterbe-, Witwen- und Waisengeld oder Beihilfen; für Beamte zB §§ 17ff BeamtVG. In der Regel ist auch der Anspruch auf Urlaubsvergütung unvererblich, BAG NJW 1987, 461. Dagegen geht ein für den Verlust des Arbeitsplatzes vereinbarter Abfindungsanspruch auch auf die Erben über, wenn der Arbeitnehmer vor Beendigung des Arbeitsverhältnisses verstirbt, BAG NZA 1988, 466; ZEV 2001, 447. Unvererblich sind wegen ihres höchstpersönlichen Charakters sozialrechtliche Ansprüche auf Dienst- und Sachleistungen (§ 59 S 1 SGB I). Gleiches gilt für auf Geldleistungen gerichtete sozialrechtliche Ansprüche, sofern sie im Zeitpunkt des Erbfalls weder festgestellt sind noch ein Verwaltungsverfahren über sie anhängig ist (§ 59 S 2 SGB I). Der **Ausgleichsanspruch des Handelsvertreters** (§ 89b HGB) kann in der Person seiner Erben entstehen, wenn das Vertragsverhältnis mit dem Tod des Handelsvertreters endet, da der Anspruch auf Zahlung eines angemessenen Ausgleichs eine Gegenleistung des Unternehmers für die Steigerung des Geschäftswerts (Schaffung eines neuen Kundenstamms) darstellt; so überzeugend Brüggemann in Großkomm HGB, 4. Aufl 1983, § 89b Rz 13, 72; Baumbach/Hopt, 30. Aufl 2000, § 89b HGB Rz 9; BGH 24, 214; 41, 129; BFH NJW 1962, 1464; aA München BB 1956, 833. Zur Beschränkung des Personenkreises der Erben aus Billigkeitsgesichtspunkten nach § 89b I Nr 3 HGB vgl Schiefelbein VersR 1965, 552 und Höft VersR 1965, 553.

j) Vererblich sind **Entschädigungsansprüche** nach dem BundesentschädigungsG (§ 13 I) und Ansprüche nach 47 dem Rückerstattungsrecht, § 2 BRüG.

k) **Deliktische Schadensersatzansprüche** aus der Tötung des Erblassers gehen auf den Erben nur in der Höhe 48 über, in der sie schon zu Lebzeiten des Erblassers entstanden waren. Denn die Ersatzpflicht des Schädigers ist, von den gesetzlich bestimmten und den von der Rspr entwickelten Ausnahmen abgesehen, auf die Nachteile begrenzt, die er dem Verletzten selbst zugefügt hat, vgl BGH MDR 1962, 392; FamRZ 1968, 308.

5. Eine **Vollmacht** erlischt nicht mit dem Tod des Vollmachtgebers, KG JFG 12, 278; vgl §§ 168 S 1, 672 S 1. 49 Gleiches gilt für die eigennützige Auflassungsvollmacht im Gegensatz zur treuhänderischen, Köln OLGZ 69, 304. Zur Unwiderruflichkeit der vom Erblasser erteilten Auflassungsvollmacht vgl BayObLG FamRZ 1990, 98. Die unwiderruflich über den Tod hinaus erteilte Auflassungsvollmacht bindet allerdings auch die Erben, BGH DNotZ 1990, 359 mit Anm v Heckschen. Handelt der Bevollmächtigte im Rahmen des Auftrags, so braucht er nicht jeweils zu prüfen, ob der Erbe mit dem konkret auszuführenden Geschäft einverstanden ist. Aber der Bevollmächtigte darf sein Recht im Einzelfall nicht unzulässig ausüben oder gegen die guten Sitten verstoßen, BGH NJW 1969, 1245. Für eine Pflicht des Bevollmächtigten, sich beim Erben zu informieren, Flume, Das Rechtsgeschäft, 3. Aufl 1979, § 51, 5b. Auch gegen eine postmortale Generalvollmacht bestehen keine grundsätzlichen Bedenken, BGH NJW 1962, 1718. Zur Abgrenzung gegenüber der Testamentsvollstreckung vgl Röhm DB 1969, 1973; Haegele Rpfleger 1968, 345. Die postmortale Vollmacht kann von dem Erben als nunmehr Vertretenen unter denselben Voraussetzungen wie vom Erblasser widerrufen werden (RG 107, 238; BGH NJW 1969, 1245 mit Anm Finger NJW 1969, 1624), und zwar bei einer Miterbengemeinschaft von jedem einzelnen Miterben (RG SeuffA 1979, 221; JW 1938, 1892; BGH 30, 391 [396]), da es sich nicht um eine Verfügung über einen Nachlaßgegenstand handelt, vgl § 2040 Rz 1. Das Recht zur Vertretung der anderen Erben bleibt bestehen. Dagegen kann der Erblasser nicht anordnen, daß die von ihm erteilte Vollmacht zwar für ihn, nicht aber für den Erben widerruflich sein soll. Der Erblasser kann den Erben durch die Vollmacht in aller Regel nur in gleichem Umfang binden wie sich selbst (Staud/Boehmer, 11. Aufl, § 1922 Rz 226; RG SeuffA 1979, 221). Er kann die Widerruflichkeit allein für den Erben nur dann ausschließen, wenn sich die Vollmacht auf die Erfüllung eines einzelnen Rechtsgeschäfts bezieht und die Erben diese Erfüllung schulden (§ 1967), RG 114, 351ff. Näheres Schlüter Rz 58. Die Bevollmächtigung durch einen Vorerben geht dagegen nicht über seinen Tod hinaus, weil dieser in die Rechtsstellung des Erblassers, nicht in die des Vorerben einrückt, Schleswig SchlHA 1962, 174; KG NJW 1957, 754. Siehe auch § 168 Rz 13.

Dasselbe gilt von der **Ermächtigung** (§ 185) und anderen Zustimmungserklärungen, sofern das Zustimmungs- 50 recht nicht etwa wie bei der Annahme eines Kindes höchstpersönlich und das Rechtsgrundverhältnis (§ 183) vererblich ist, Staud/Marotzke Rz 324. Hat der Erblasser bewilligt, daß ein Erwerber als Eigentümer eines Grundstücks eingetragen wird, so genügt das zur Umschreibung, auch wenn der Erbe inzwischen im Grundbuch eingetragen ist, BGH 48, 351. Der Erbe tritt mit dem Erbfall auch in schwebende **Prozeßrechtsverhältnisse** und sonstige Verfahrenslagen ein, in denen sich der Erblasser befand, sofern sie nicht personengebunden und damit unvererblich sind, wie etwa das Zeugnisverweigerungsrecht; zu den Einzelheiten Staud/Marotzke Rz 329ff.

51 6. **Lebensversicherungssummen** fallen **nicht in den Nachlaß**, wenn durch Rechtsgeschäft unter Lebenden ein Bezugsberechtigter bestimmt ist, § 330; §§ 159ff VVG; Kipp/Coing § 91 IV 2; BGH 13, 226, 232. Da die Bezugsberechtigten im Versicherungsfall, der zugleich der Erbfall ist, durch Rechtsgeschäft unter Lebenden unmittelbar einen eigenen Anspruch auf die Versicherungsleistungen erhalten (BGH 32, 44 [46]), kann der Anspruch nicht dem (Nachlaß-)Vermögen des Erblassers zugerechnet werden. Das gilt unabhängig davon, ob als Bezugsberechtigte nicht erbberechtigte Personen oder aber „die Erben" (§ 167 II VVG) eingesetzt sind. Wird der Staat gesetzlicher Erbe, kann er allerdings nicht Bezugsberechtigter werden, § 167 III VVG. Hat der Erblasser einen Bezugsberechtigten durch Erklärung unter Lebenden bestimmt, so kann er sie durch Verfügung von Todes wegen widerrufen, nicht aber umgekehrt. Der Bezugsberechtigte kann mit dem Erblasser vereinbaren, daß der Widerruf ihm gegenüber nur wirksam ist, wenn ihm angezeigt wird, BGH DNotZ 1994, 377; Lange/Kuchinke § 5 IV Fn 7. Nach § 168 VVG fällt die Versicherungssumme aber **in den Nachlaß**, wenn der Versicherungsnehmer keinen Bezugsberechtigten benannt hat oder der Bezugsberechtigte den Erwerb ablehnt oder vor oder gleichzeitig (vgl § 11 VerschG) mit dem Versicherungsnehmer gestorben ist. Soweit der Erblasser die Bezugsberechtigung widerrufen hat und die Lebensversicherung zur Sicherheit abgetreten hat, hat er über die Lebensversicherung zur Sicherung seiner Verbindlichkeiten verfügt und sie somit seinem Vermögen zugeordnet. Dann ist die Lebensversicherung in Höhe der gesicherten Verbindlichkeiten seinem Aktivnachlaß zuzurechnen, BGH NJW 1996, 2231. Vgl auch Bartholomeyczik, Die Verfügung von Todes wegen zur Bestimmung, zur Änderung und zum Widerruf der Bezugsberechtigung aus einem Lebensversicherungsvertrag, in Festgabe für Ulrich Lübtow, 1970, S 729ff.

III. Erbschaftserwerb

52 1. Die Erbschaft geht im Wege der **Gesamtnachfolge** als Einheit auf einen Alleinerben über, Abs I. Das gilt auch, wenn mehrere Personen zu Erben berufen sind. Sie bilden nach §§ 2032ff eine Gesamthandsgemeinschaft. Der Grundsatz der Gesamterbfolge wird für das deutsche Erbrecht nur in wenigen Fällen der **Sondererbfolge** (dazu Rz 53ff) durchbrochen. Über diese Fälle hinaus kann auch der Erblasser keine Sondererbfolge in einzelne Gegenstände oder Klassen von Nachlaßgegenständen, etwa in den Grundbesitz, anordnen, RG 1961, 78; Otte NJW 1987, 3164. Will der Erblasser bestimmte Gegenstände bestimmten Personen zuwenden, so kann er das nicht durch eine unmittelbare (dingliche) Verfügung erreichen, sondern nur durch schuldrechtlich wirkende Anordnungen, wie ein Vermächtnis (§ 2147) oder eine Teilungs- oder Auseinandersetzungsanordnung (§ 2048). Auch auf den Voraus (§ 1932) besteht kraft gesetzlichen Vermächtnisses nur ein schuldrechtlicher Anspruch des überlebenden Ehegatten. Der Pflichtteilsberechtigte ist nicht unmittelbar am Nachlaß als materieller Noterbe wie ein Miterbe beteiligt, sondern ist Nachlaßgläubiger eines Zahlungsanspruchs. Alle Nachlaßgegenstände gehen mit dem Erbfall gleichzeitig auf den Erben über, RG 95, 14. Die Sondererbfolge zeichnet sich dadurch aus, daß bestimmte Nachlaßgegenstände oder Vermögenseinheiten – losgelöst von der übrigen Erbschaft – unmittelbar mit dem Erbfall einer anderen Person zufallen. Bei dieser Person kann es sich entweder um einen einzelnen Miterben oder um eine dritte Person handeln, die nicht einmal Miterbe des übrigen Nachlasses ist.

a) Sondererbfolge nach der Höfeordnung

Schrifttum: *Bendel*, Landwirtschaftliches Sondererbrecht in den fünf neuen Bundesländern, AgrarR 1991, 1; *Dressel*, Die Novellierung der Höfeordnung, NJW 1977, 1244; *Faßbender/Hötzel/v Jeinsen/Pikalo*, Höfeordnung, 3. Aufl 1994; *Lange/Wulff/Lüdtke-Handjery*, Höfeordnung, 10. Aufl 2001; *Quadflieg/Weirauch*, Das landwirtschaftliche Sondererbrecht gemäß der Novelle zur Höfeordnung, FamRZ 1977, 228; *Wöhrmann/Stöcker*, Das Landwirtschaftserbrecht, 7. Aufl 1999.

53 aa) Eine Sondererbfolge kraft Anerbenrechts kannte bereits das Reichserbhofgesetz vom 29. 9. 1933 (RGBl I 685), das durch Art I des Kontrollratsgesetzes Nr 45 vom 20. 2. 1947 (ABl KR 256) aufgehoben wurde. Es wurde in den Ländern der ehemals Britischen Zone Hamburg, Niedersachsen, Nordrhein-Westfalen und Schleswig-Holstein durch Art I der Verordnung Nr 84 der Militärregierung vom 20. 2. 1947 und ihre Anlage B, die Höfeordnung, abgelöst. – Die Höfeordnung idF der Bekanntmachung vom 26. 7. 1976 (BGBl I 1933) wurde zuletzt durch Art 7 des Gesetzes über Fernabsatzverträge vom 27. 6. 2000 (BGBl I 897) geändert. Auch in den übrigen Ländern der Bundesrepublik Deutschland bestehen ähnliche Regelungen, s dazu Pal/Edenhofer Art 64 EGBGB Rz 7.

bb) Nach § 4 S 1 HöfeO fällt der **Hof** nebst allem, was zu seiner **Wirtschaftseinheit** gehört, **mit dem Erbfall kraft Gesetzes** als Teil der Erbschaft **in das Alleineigentum des** gesetzlichen oder gewillkürten **Hoferben**. Seine unmittelbare Nachfolge in den Hof als Teil des Nachlasses ist auch Erbfolge. Deshalb haftet der Hoferbe wie jeder andere Miterbe unbeschränkt, aber beschränkbar für alle Nachlaßverbindlichkeiten, § 15 I HöfeO; §§ 2058, 1967 I. Die Erbfolge in die übrigen Nachlaßgegenstände, das hoffreie Vermögen, bestimmt sich ausschließlich nach BGB. Nur danach richtet sich, ob der Hoferbe auch hieran als Miterbe gesamthandsberechtigt ist. In jedem Fall **gehören Hof und hoffreies Vermögen** des Erblassers **zu einem Nachlaß**. Der Hoferbe bildet zusammen mit den übrigen Erben eine – allerdings atypische – Miterbengemeinschaft, selbst wenn er nicht als Gesamthänder an dem hoffreien Vermögen beteiligt ist. Die Besonderheit besteht hier nur darin, daß der Hof als Teil des Nachlasses zu keinem Zeitpunkt in das Gesamthandseigentum aller Miterben fällt. Er ist – ohne Durchgangsstadium und ohne jeden Übertragungsakt unter Lebenden – bereits mit dem Erbfall kraft Gesetzes Alleineigentum des Hoferben geworden. Die Höfeordnung beteiligt die übrigen Erben dadurch am Hof, daß sie ihnen einen **Geldanspruch gegen den Hoferben** zugesteht, § 4 S 2 HöfeO, dessen Höhe sich aus der besonderen Berechnungsvorschrift des § 12 HöfeO ergibt. Dadurch mildert die Höfeordnung die Benachteiligung der anderen Miterben.

b) Die **Sondererbfolge nach § 24 RHeimstG** ist mit der Aufhebung des Reichsheimstättengesetzes zum 1. 10. 1993 (Gesetz vom 17. 6. 1993, BGBl I 912; dazu Ehrenforth NJW 1993, 2082) entfallen. Zur früheren Heimstättenfolge vgl 9. Aufl vor §§ 2032–2063 Rz 8.

c) Sondererbfolge in die Beteiligung des persönlich haftenden Gesellschafters einer OHG oder einer KG. 55
aa) Die Gesellschafter einer OHG oder KG können **im Gesellschaftsvertrag vereinbaren**, daß beim Tod eines persönlich haftenden Gesellschafters **die Gesellschaft mit dessen Erben fortgesetzt** wird, § 139 HGB; **Nachfolgeklausel**. Damit wird die personenbezogene Gesellschaftsbeteiligung vererblich. Die Miterben erben – abweichend von allgemeinen erbrechtlichen Regeln – die Beteiligung des Erblassers nicht als Gesamthänder, sondern jeder Erbe erwirbt einen **gesonderten Gesellschaftsanteil im Verhältnis seines Erbteils**, BGH 22, 186; BGH NJW 1983, 2376; Ulmer ZGR 1972, 195 (202); aA Börner AcP 166, 426. Die Gesellschaftsanteile gehören aber zum Nachlaß (BGH IVa Senat NJW 1986, 2431 mit krit Anm Koch BB 1987, 2106 und Reimann MittBayNotV 1986, 232; BGH NJW 1983, 2376; MDR 1986, 829; BayObLG Rpfleger 1981, 18; Bommert BB 1984, 178; Esch NJW 1984, 339; Flume NJW 1988, 161; Marotzke AcP 187, 223; ders JR 1988, 184; Müller JR 1986, 507; aA BGH II. Senat NJW-RR 1987, 989; NJW 1985, 1953; NJW 1981, 749, wonach nicht der Gesellschaftsanteil als solcher Nachlaßbestandteil ist, sondern nur die nach § 717 S 2 selbständig abtretbaren Ansprüche auf Gewinn und das Auseinandersetzungsguthaben; ebenso Frankfurt NJW 1983, 1806; Ulmer NJW 1984, 1496; JuS 1986, 856 und ZHR 82, 555.

bb) Der Gesellschaftsvertrag kann auch vorsehen, daß **die Gesellschaft nur mit einem der Miterben** des verstorbenen Gesellschafters fortgesetzt werden soll (**qualifizierte Nachfolgeklausel**; BGH 22, 186; Schlüter Rz 1278). Nach der herrschenden Lehre (Wiedemann, Die Übertragung und Vererbung von Mitgliedschaften bei Handelsgesellschaften, 1965, S 192; Leipold R 433), der sich der BGH (BGH 68, 225 [236] mit Anm Priester DNotZ 1977, 558 und Wiedemann JZ 1977, 689) unter Aufgabe der früheren Rspr angeschlossen hat, erlangt der **begünstigte Miterbe die Gesellschafterstellung unmittelbar in dem Umfang, wie sie der Erblasser innegehabt hat**. Die Begründungen für dieses Ergebnis sind unterschiedlich. Der BGH geht davon aus, daß die Erbquote den Erwerb nicht gegenständlich begrenzt, sondern nur den Anteil am Wert des Gesamtnachlasses festlegt. Durch die Sonderrechtsnachfolge in Gesellschaftsanteile von Personengesellschaften kann der Erbe, wenn keine besonderen erbrechtlichen oder sonstigen Schranken bestehen, den Anteil unmittelbar im ganzen erwerben. Die Erbquote hat nur Bedeutung für den Wertausgleich zwischen den Erben, BGH 1968, 225 (238); NJW 1983, 2376; München MDR 1981, 587 für Fortsetzung mit mehreren der Miterben.

Die jetzige Rspr des BGH entspricht somit der Literaturmeinung (Staud/Marotzke § 1922 Rz 182; Soergel/Wolf § 2032 Rz 24f; Siebert NJW 1955, 809 [810]; Eisenhardt MDR 1969, 521), die die Beteiligung des persönlich haftenden Gesellschafters als ein einheitliches Recht ansieht, das alle mit der Teilhaberschaft verbundenen Rechte vereinigt, soweit sie überwiegend vermögensrechtlicher Natur und damit vererblich sind. Diese Beteiligung erwirbt der Erbe als Sondererbe. Soweit die einzelnen Rechte aber wegen ihrer überwiegend personenrechtlichen Natur mit dem Tod des Erblassers erlöschen, wie die Geschäftsführungsbefugnis und Vertretungsmacht, richtet sich die Frage, ob sie in der Person des Miterben als Folge seiner ererbten, überwiegend vermögensrechtlichen Teilhaberschaft neu entstehen, nach Gesellschaftsrecht und Gesellschaftsvertrag, Fischer BB 1956, 839; BGH MDR 1959, 102. Sondererbe der Beteiligung kann nur jemand sein, der auch zum Erben des gesamten Nachlasses berufen ist. Er hat sich, wenn im Gesellschaftsvertrag oder in einer letztwilligen Verfügung nichts anderes bestimmt ist, den Wert der Beteiligung in der Auseinandersetzung unter den Miterben (§§ 2042ff) anrechnen zu lassen.

Teilweise wird der Erwerb allein aufgrund des Gesellschaftsvertrags zugunsten Dritter (§§ 328ff), also rein gesellschaftsrechtlich durch Rechtsgeschäft unter Lebenden auf den Todesfall erklärt, Bamberg MDR 1956, 41; Brox Rz 754; Lange/Kuchinke § 5 VI 4; Flume S 23. Dem ist nicht zu folgen, weil die Gesamthandsmitgliedschaft für den Nachfolger nicht nur Rechte, sondern auch Pflichten begründet. Mit dieser gesellschaftsrechtlichen Konstruktion würde ein dem BGB unbekannter Vertrag zu Lasten Dritter zugelassen, BGH 22, 186 (191); 68, 225 (229); 78, 369 (374f); Göbel DNotZ 1979, 133; Soergel/Wolf § 2032 Rz 16. Auch sind Verfügungen zugunsten Dritter dem BGB fremd.

cc) Wird einer von mehreren Miterben schon im Gesellschaftsvertrag oder aufgrund einer Ermächtigung des Gesellschaftsvertrags später vom Erblasser bestimmt, so erwirbt er die Beteiligung zwar unmittelbar vom Erblasser, aber durch **Rechtsgeschäft unter Lebenden auf den Todesfall**. Sie gehört nicht zum Nachlaß. Im Zweifel ist erbrechtliche Nachfolge anzunehmen, BayObLG DNotZ 1981, 702.

d) Gesetzliche Sondererbfolge in das Mietverhältnis. Für den Ehegatten und andere nahe Familienangehörige 56 begründet § 563 eine Sondererbfolge in ein Mietverhältnis. Diese Sondererbfolge ist nicht davon abhängig, daß diese Personen auch im übrigen Erben des Mieters geworden sind.

e) Sondererbfolge im Sozialrecht. Einen weiteren Fall der Sondererbfolge regelt § 56 I SGB I. Danach erwer- 57 ben der Ehegatte, die Kinder, die Eltern oder der Haushaltsführer nacheinander im Wege der Sondererbfolge die beim Tod des Berechtigten bestehenden fälligen Ansprüche auf laufende Geldleistungen gegen den Leistungsträger, wenn sie zur Zeit des Erbfalls mit dem Berechtigten in einem gemeinsamen Haushalt lebten oder von ihm wesentlich unterhalten wurden. Verzichtet ein Sonderrechtsnachfolger durch schriftliche Erklärung binnen sechs Wochen nach Kenntnis gegenüber dem Leistungsträger auf die Sondererbfolge, so tritt an seine Stelle derjenige, der den Verzichtenden berechtigt wäre (§ 57 I SGB I). Der Sondererbe haftet die nach dem SGB gegenüber dem Leistungsträger bestehenden Verbindlichkeiten des Erblassers, während eine Haftung der anderen Erben entfällt (§ 57 II SGB I). Dazu Mrozynski, SGB I, 2. Aufl 1995, § 56 Rz 2ff.

f) Sondererbfolge bei Grundstücken in der früheren DDR. Für die erbrechtlichen Verhältnisse in bezug auf 58 das Eigentum und Recht an Grundstücken in der ehemaligen DDR ist das ZGB der DDR nach § 25 II RAG/DDR (dazu Einl § 1922 Rz 14) iVm Art 3 III EGBGB auch dann maßgebend, wenn der Erblasser vor der Vereinigung mit gewöhnlichem Aufenthalt in den alten Bundesländern verstorben ist und daher im übrigen nach dem BGB

§ 1922 Erbrecht Erbfolge

beerbt wird, BGH DtZ 1996, 84; BGH FamRZ 1995, 481. Demnach gehören Nachlaßgrundstücke in der ehemaligen DDR in ein vom übrigen Nachlaß getrenntes Sondervermögen, so daß es zu einer Nachlaßspaltung kommt und der von § 25 II RAG/DDR umfaßte Nachlaßteil als rechtlich selbständiger Nachlaß zu behandeln ist, BayObLG FamRZ 1995, 1088; FamRZ 1994, 723. Das bedeutet, daß *alle* erbrechtlichen Fragen in bezug auf den von § 25 II RAG/DDR erfaßten Nachlaßteil nach dem Recht der DDR behandelt werden. Nach dem Recht der DDR richten sich dann zB die Wirksamkeit der Ausschlagung (BayObLG FamRZ 1995, 1089) oder ihre Anfechtung (Pal/Edenhofer § 1922 Rz 8), die Auswirkungen der Ehescheidung (BayObLG FamRZ 1995, 1088), Pflichtteilsansprüche (im Hinblick auf ein Grundstück in den USA gilt das Pflichtteilsrecht des amerikanischen Bundesstaats BGH NJW 1993, 1920), die Erbenhaftung (Pal/Edenhofer § 1922 Rz 8), die Testamentsauslegung (Köln FamRZ 1994, 591) und die Testamentsvollstreckung (KG DtZ 1996, 217). Allerdings bestimmt § 26 RAG/DDR, daß sich die Anfechtung eines Testaments nicht nach dem Recht der DDR, sondern dem Recht des Staates richtet, in dem der Erblasser im Zeitpunkt der Testamentserrichtung seinen Wohnsitz hatte (Anfechtungsstatut). Hatte der Erblasser danach seinen Wohnsitz in den alten Bundesländern, ist das BGB für die Testamentserrichtung, die zulässigen testamentarischen Verfügungen und die Testamentsanfechtung entscheidend, KG DtZ 1996, 217.

Bei der Auslegung des § 25 II RAG/DDR, insbesondere im Hinblick auf die Frage, welche Rechte hiervon umfaßt sind, ist auf die Rechtspraxis der DDR abzustellen, BGH DtZ 1996, 84; BGH 124, 270 (277). Restitutionsansprüche nach dem VermG gehören nicht dazu, BGH DtZ 1996, 84.

Zu der Nachlaßspaltung kommt es aber nur, wenn der Erblasser zwischen dem 1. 1. 1976 und dem 2. 10. 1990 gestorben ist. Denn das am 1. 1. 1976 in Kraft getretene RAG/DDR enthält keine Übergangsbestimmung, wonach es auch für Altfälle gelten soll, Frankfurt/M, OLGZ 92, 35 (38f).

59 2. **Vonselbsterwerb.** a) Jeder Nachlaßgegenstand geht ohne besondere rechtsgeschäftliche Übertragung, unabhängig vom Willen und Wissen des Erblassers und des Erben, mit dem Erbfall auf den Erben über (Vonselbsterwerb, § 1942). Der Erbe braucht weder eine auf Annahme der Erbschaft gerichtete Erklärung abzugeben, noch an den Nachlaßgegenständen Besitz zu ergreifen (§ 857). Einen gutgläubigen Erwerb von Sachen, die dem Erblasser nicht gehören, kann es daher aufgrund des Erbfalls nicht geben. Bei Grundstückseigentum wird das Grundbuch mit dem Erbfall unrichtig. Genehmigungen, die für den Erwerb bestimmter Gegenstände durch Rechtsgeschäft unter Lebenden erforderlich sind, sind hier entbehrlich, so etwa solche des Vormundschaftsgerichts. Auch die Berufung des Erben durch Verfügung von Todes wegen führt zum unmittelbaren erbrechtlichen Erwerb kraft Gesetzes, ist also kein rechtsgeschäftlicher Erwerb. Die Rechtsnatur des Erwerbsaktes wird nicht durch die Verfügung von Todes wegen bestimmt; vielmehr beruft die Verfügung den Erben, dh sie bestimmt seine Person.

60 b) **Andere Systeme des Erbschaftserwerbs. aa) Antrittsgrundsatz.** Im römischen Recht mußten die nichthausangehörigen Erben die Erbschaft dadurch antreten, daß sie erklärten, die Erbschaft erwerben zu wollen, hereditatis aditio. Nur die heredes sui erwarben „von selbst". Heute in Art 459 ital CC. **bb) Der Grundsatz der obrigkeitlichen Einantwortung,** heute im Anschluß an Vorbilder des jüngeren (nord-)deutschen Rechts in §§ 797ff ABGB. Der Erbe muß nach einer „Verlassenschaftsabhandlung" eine förmliche „Erbserklärung" abgeben. Der Erbe wird Herr des Nachlasses erst mit der Einantwortung durch Beschluß des Nachlaßgerichts nicht ihm zum Herrn des Nachlasses. **cc) Grundsatz der treuhänderischen Abwicklung,** englisch-amerikanisches Recht, der personal representative (executor oder administrator) wird als treuhänderischer Gesamtnachfolger (trustee for sale) Herr des Nachlasses (owner at law). Er verwaltet, versilbert ihn, befriedigt die Nachlaßgläubiger, denen er persönlich mit dem Nachlaß haftet, und überträgt den Überschuß durch Rechtsgeschäft unter Lebenden auf die Erben.

61 IV. **Erbteil.** Der Erbteil wird nach den Vorschriften über die ganze Erbschaft behandelt, § 1922 II. Der Erbteilskauf bedarf daher der Form des § 2371, der Erwerber eines Erbteils haftet nach § 2382 für die Nachlaßverbindlichkeiten, eine Nachlaßpflegschaft kann für einen Erbteil angeordnet werden (§ 1960), ein Erbteil kann für sich ausgeschlagen werden (§§ 1942ff), § 312 gilt ebenfalls. Vgl im übrigen die Regelung der Miterbengemeinschaft durch §§ 2032ff, 1089, 1822 Nr 1, 2 und die Ausnahmevorschriften der §§ 2033, 2062; 316, 317, 318 InsO.

1923 *Erbfähigkeit*
(1) Erbe kann nur werden, wer zur Zeit des Erbfalls lebt.
(2) Wer zur Zeit des Erbfalls noch nicht lebte, aber bereits gezeugt war, gilt als vor dem Erbfall geboren.

1 1. **Erbfähig,** dh fähig, gesetzlicher oder eingesetzter Erbe zu werden, ist jeder Mensch, jede juristische Person (vgl für die HöfeO BGH 32, 293) und jede Gemeinschaft zur gesamten Hand, sofern sie beim Erbfall schon vorhanden war und ihre Auseinandersetzung nicht voll beendet worden ist. Gesetzliche Erben können nur der Mensch und der Staat werden, § 1936. Da die Gesamthandsgemeinschaft nicht rechtsfähig ist (anders für die BGB-Gesellschaft BGH 146, 341), sind Subjekte des Erbrechts und damit der Rechte an den einzelnen Nachlaßgegenständen die Gemeinschafter als Träger des Sondervermögens, § 2032 Rz 1. Auch beim **nicht rechtsfähigen Verein,** der zum Erben eingesetzt ist, geht das Vermögen des Erblassers nicht auf die Mitglieder als Miterbengemeinschaft (§ 2032) mit der Verpflichtung über, es auf den nicht rechtsfähigen Verein, dh die Gesamtheit seiner Mitglieder als Träger des Sondervermögens zu übertragen (so RGRK/Steffen § 54 Rz 17; RG WarnRspr 1911, 89; Recht 1929, 975, für die werdende juristische Person RGRK/Kregel Rz 7), sondern es wird unmittelbar Bestandteil dieses Sondervermögens, Habscheid AcP 155, 401; MüKo/Leipold Rz 30; Soergel/Stein Rz 8; Kipp/Coing § 84 I 2b. Ob die Gemeinschafter für die Nachlaßverbindlichkeiten persönlich, also auch mit ihrem Eigen- oder Privatvermögen, haften, hängt davon ab, in wessen Namen und mit welcher Vertretungsmacht die annehmenden Personen die Erbschaft, sei es auch nur nach § 1943 S 2, angenommen haben, vgl § 2038 Rz 12; aA MüKo/Leipold Rz 30: grds Haftung nur mit dem Vereinsvermögen. Für die OHG gilt § 128 HGB. Ein Vermächtnis fällt den Trägern des Sondervermögens unbestritten unmittelbar an, KG JFG 13, 133.

2. Koexistenz zwischen Erblasser und Erben oder Vermächtnisnehmer ist erforderlich. Beide müssen wenig- 2
stens einen Augenblick nebeneinander Rechtsperson gewesen sein. Der Mensch als Erbe oder Vermächtnisnehmer
muß zu Lebzeiten des Erblassers schon und noch gelebt (§§ 1923 I, 2160), die juristische Person oder der Gesamthandsverband müssen schon bestanden haben und dürfen noch nicht voll beendet gewesen sein. Mehrere Verstorbene oder für tot Erklärte beerben sich nicht, wenn nicht bewiesen werden kann, daß der eine den anderen überlebt hat, § 11 VerschG; RG 149, 201; BayObLG NJW-RR 1999, 1309; Köln NJW-RR 1992, 1481; Hamm NJW-RR 1996, 70; Werner FamRZ 1976, 249. Stirbt der Nacherbe nach dem Erblasser, aber vor dem Vorerben, so vererbt sich im Zweifel das Nacherbenrecht, § 2108 II S 1. Die Todeserklärung des Verschollenen begründet nur eine widerlegliche Todesvermutung, §§ 9, 10 VerschG. Zum Begriff des gleichzeitigen Versterbens und zur Auslegung dieses Begriffs im gemeinschaftlichen Testament vgl BayObLG 1981, 791; Stuttgart OLGZ 82, 311. Ausnahmen von der Koexistenz gelten für die Leibesfrucht (§ 1923 II), die noch nicht erzeugte Person (§§ 2101, 2178, 2162 II), die zum Nacherben eingesetzt oder der ein Vermächtnis zugewandt werden kann, und die Stiftung, § 84.

3. Ist bei Erbfall eine **Leibesfrucht** vorhanden, so wird sie als lebend behandelt, sofern sie geboren wird und 3
einen Augenblick gelebt hat. Es handelt sich hierbei um eine Ausnahme von § 1, vgl § 1 Rz 2; Fabricius, Relativität der Rechtsfähigkeit, 1963, S 5ff und FamRZ 1963, 403ff. Ob die Leibesfrucht schon beim Erbfall vorhanden war, ist unter freier Beweiswürdigung festzustellen und nach den gesetzlichen Empfängnisvorschriften (§§ 1593 S 1, 2, 1600d III), die nur für die Feststellung der Abstammung binden. Bei einer extrakorporalen Befruchtung (In-vitro-Fertilisation) mit anschließendem Embryotransfer ist das Kind erst dann iS von § 1923 II erzeugt, wenn es im Mutterleib existiert, dh wenn der Embryotransfer durchgeführt ist, Staud/Otte Rz 29; Lange/Kuchinke § 4 III 2b; Ebenroth Rz 16; aA Soergel/Stein Rz 6, MüKo/Leipold Rz 15; Mansees, Das Erbrecht des Kindes nach künstlicher Befruchtung, 1991, S 64f, 155f. Erfolgt der Embryotransfer oder gar die Befruchtung des Eies mit dem Sperma des Verstorbenen erst nach dem Tod des genetischen Vaters, ist das Kind nach ihm weder erb- noch pflichtteilsberechtigt. Zur Strafbarkeit eines solchen Vorgehens vgl § 4 I Nr 3 EmbryonenschutzG. Die Erbschaft fällt erst mit der Geburt an, § 1942 Rz 2. Ausnahmsweise fallen hier Erbfall und Erbanfall (§ 1942 I) auseinander. Wird die Leibesfrucht nicht lebend geboren (Tot-, Fehlgeburt, dazu § 29 II und III AV PStG vom 25. 2. 1977 – BGBl I 377 –, Tod der Mutter), so fällt die Erbschaft dem zu, der beim Erbfall Erbe geworden wäre, wenn keine Leibesfrucht vorhanden gewesen wäre. Das Recht des künftigen Kindes kann von einem Pfleger nach § 1912 oder § 1960 wahrgenommen werden. Zur Abgrenzung bei der Pflegschaft vgl § 1960 Rz 12, § 1963 Rz 3ff. Vgl für die Schwebezeit § 1963, 2141, 2043. Die Einsetzung einer Person, die beim Erbfall noch nicht erzeugt ist, gilt im Zweifel als Nacherbeneinsetzung, § 2101.

4. Die früher geltenden Beschränkungen der Erbfähigkeit (Art 86, 88 EGBGB sind durch das Gesetz zur Besei- 4
tigung von Erwerbsbeschränkungen für ausländische Investoren und Staaten vom 23. 7. 1998 (BGBl I 1886) aufgehoben. Zur bis dahin geltenden Rechtslage s 10. Aufl § 1923 Rz 4 und 5.

5. Relativ erbunfähig sind Notare, Dolmetscher und deren nächste Angehörige sowie Vertrauenspersonen, die 5
bei der Errichtung eines öffentlichen Testaments oder Erbvertrags mitwirken, für Zuwendungen durch die beurkundeten Verfügungen, §§ 7, 16 III, 24 II BeurkG in Verbindung mit § 27 BeurkG. In entsprechender Anwendung des § 27 BeurkG gilt dieses auch bei Nottestamenten vor dem Bürgermeister (§ 2249 I S 3, 4) oder dem Hauptgemeindebeamten und für das Drei-Zeugen-Testament (§ 2250 I).

Eine dem § 1923 II entsprechende Fiktion war im ZGB der ehemaligen DDR nicht ausdrücklich normiert. Die 6
Erbfähigkeit des nasciturus folgte jedoch aus §§ 363 II, 399 II ZGB. § 363 III ZGB regelte die Erbfähigkeit des Staats, von Betrieben und Organisationen. Der Erbschaftserwerb durch einen Betrieb oder eine Organisation (zu den Begriffen vgl § 11 ZGB) bedurfte der staatlichen Genehmigung, § 399 II ZGB.

Vorbemerkung §§ 1924–1936

Schrifttum: *Belling*, Einführung in das Recht der gesetzlichen Erbfolge, Jura 1986, 579; *Boehmer*, Vorschläge zur Neuordnung der gesetzlichen Erbfolge, 1938; *ders*, Einführung in das Bürgerliche Recht, 2. Aufl 1965, 198ff; *Heimann*, Grundzüge des gesetzlichen Verwandtenerbrechts, 1896; *Lange*, Die Ordnung der gesetzlichen Erbfolge, 1. Denkschrift des Erbrechtsausschusses der Akademie für Deutsches Recht, 1938; *Mertens*, Entstehung der Vorschriften des BGB über die gesetzliche Erbfolge und das Pflichtteilsrecht, 1970; *Rauscher*, Reformfragen des gesetzlichen Erb- und Pflichtteilsrechts, 1993; weitere Literaturangaben zur Reform des gesetzlichen Erbrechts s Einl § 1922 Rz 25.

1. Vorrang der gewillkürten Erbfolge. Das BGB gibt im Gegensatz zum deutschrechtlichen Grundsatz: „Das 1
Gut geht wie das Blut" der gewillkürten Erbfolge den Vorrang vor der gesetzlichen. Sie tritt nur ein, wenn und soweit es nicht auf Grund einer Verfügung von Todes wegen zu einer gewillkürten Erbfolge kommt, vgl §§ 1937, 1941, 1953, 2088, 2089, 2104, 2344. Der erste Entwurf hatte aus diesem Grund die gewillkürte Erbfolge zunächst systematisch vor der gesetzlichen geregelt. Die spätere redaktionelle Änderung hat an dem Vorrang der gewillkürten Erbfolge sachlich nichts geändert.

Angesichts moderner hochdifferenzierter Wirtschaftsformen als Folge einer verstärkten Arbeitsteilung sind die 2
nachgelassenen Vermögen in ihrer juristischen Struktur, ihrer Wirtschafts- und Sozialaufgabe so verschieden gestaltet, daß es einer gesetzlichen Erbfolgeordnung wegen der notwendig innewohnenden Generalisierungstendenz nicht mehr gelingen konnte, jeden einzelnen Erbfall in seiner Besonderheit zu erfassen. Deshalb muß an der grundsätzlichen Entscheidung für den Vorrang der gewillkürten Erbfolge festgehalten werden. Zum gesetzlichen Erbrecht des ZGB der ehemaligen DDR vgl Einl § 1922 Rz 17.

3 2. Die **Aufgabe des Erbrechts** kann **nicht isoliert**, sondern muß im Zusammenhang mit familienrechtlichen Regelungen gesehen werden, so etwa mit den Bestimmungen über das eheliche Güter- und Unterhaltsrecht.

4 3. Die **gesetzliche Erbfolgeordnung der Verwandten** wird durch drei Grundsätze bestimmt: **a)** das Parentel- oder Ordnungssystem, **b)** das Stammes- oder Liniensystem, **c)** das Repräsentationssystem.

5 4. Das gesetzliche Verwandtenerbrecht wird in erster Linie durch das **Parentel- oder Ordnungssystem** bestimmt. Die Verwandten werden in den §§ 1924–1929 in verschiedene Ordnungen oder Parentele eingeteilt. Jede Parentel wird von einem Vorfahren (parens), Vater oder Mutter oder beiden, und allen von ihnen abstammenden Verwandten gebildet. Zu den Erben der ersten Ordnung gehören die Abkömmlinge des Erblassers (§ 1924 I; Kinder, Enkel, Urenkel), zu den Erben zweiter Ordnung die Eltern des Erblassers und deren Abkömmlinge (§ 1925 I), zu den Erben dritter Ordnung die Großeltern des Erblassers und deren Abkömmlinge (§ 1926 I), zu den Erben vierter Ordnung die Urgroßeltern des Erblassers und deren Abkömmlinge (§ 1928 I) usw (vgl § 1929 I). Die Zahl der Ordnungen ist unbegrenzt. Neben den jeweiligen Stammeseltern (Eltern, Großeltern, Urgroßeltern usw) gehören zu jeder Ordnung deren sämtliche Abkömmlinge. Das Grundprinzip des Parentel- oder Ordnungssystems bestimmt § 1930. Danach ist ein Verwandter einer entfernteren Ordnung nicht zur Erbfolge berufen, solange nur ein Verwandter einer vorhergehenden Ordnung vorhanden ist. Das Parentel- oder Ordnungssystem begünstigt also die jüngere Generation gegenüber der älteren und will gewährleisten, daß das Vermögen des Erblassers möglichst an die jüngere Generation weitergeleitet wird.

6 Es ist von dem **Gradsystem** zu unterscheiden. Hier erfolgt die Berufung nicht nach Ordnungen, sondern nach dem Verwandtschaftsgrad (§ 1589 S 3: „Der Grad der Verwandtschaft bestimmt sich nach der Zahl der sie vermittelnden Geburten"). Die Berufung der Erben nach dem Grad der Verwandtschaft findet erst ab der vierten Ordnung statt (§§ 1928, 1929; dazu Rz 10).

7 5. Die Erbfolge nach Ordnungen wird dadurch ergänzt, daß aus dem Kreis der Verwandten einer Ordnung die Erben durch das System der Erbfolge nach Stämmen und Linien ausgewählt werden. Dieses **Stammes- und Liniensystem** bildet innerhalb jeder Parentel (Ordnung) neue Untergruppen. Jedes Kind des Erblassers bildet als Stammvater oder -mutter einen Stamm. Sieht man das Abstammungsverhältnis des Stammvaters zu den Abkömmlingen, also abwärts, so spricht man vom Stamm, sieht man das Verhältnis derselben Personen zu ihren Eltern, also aufwärts, so spricht man von Linie. In der zweiten und jeder ferneren Ordnung bildet jeder Eltern- oder Vorelternteil, da nicht nur gemeinsame Abkömmlinge vorhanden sein müssen, sondern auch halbbürtige Geschwister in Frage kommen können, einen Stamm. Sind in einer Ordnung auf diese Weise mehrere Stämme vorhanden, so erhält jeder Stamm denselben Erbteil, auch wenn innerhalb des Stammes mehrere zu Erben berufen sind. Die Erbschaft wird nicht nach der Zahl der Köpfe, sondern nach der Zahl der Stämme verteilt.

8 6. Mit dem Stammes- und Liniensystem hängen die Repräsentation und das Eintrittsrecht zusammen (**Repräsentationsprinzip**):

a) Lebt ein vorhandener erbberechtigter Stammelternteil, so schließt er seine Abkömmlinge, die durch ihn mit dem Erblasser verwandt sind, von der Erbfolge aus, vgl § 1924 II für die erste Ordnung. Er **repräsentiert** den ganzen Stamm.

9 **b)** Ist ein Stammelternteil fortgefallen, sei es durch Tod vor dem Erbfall oder durch Enterbung (§ 1938), Ausschlagung (§ 1953 II), Erklärung der Erbunwürdigkeit (§ 2344) oder Erbverzicht (§ 2346 I S 2, vgl aber § 2349), so treten an seine Stelle die durch ihn mit dem Erblasser verwandten Abkömmlinge (**Eintrittsrecht**, dazu § 1924 Rz 8). Hat der Erblasser drei Kinder K^1, K^2, K^3, so erben sie zu gleichen Teilen ohne Rücksicht auf die Zahl ihrer Kinder, der Enkelkinder des Erblasser. Hat K^1 ein Kind E^1, K^2 drei Kinder, E^2, E^3, E^4 und K^3 vier Kinder, E^5, E^6, E^7, E^8 und sind die Kinder des Erblassers K^1, K^2, K^3 alle vorverstorben, so erhalten E^1 1/3, E^2, E^3, E^4 je 1/9 und E^5, E^6, E^7, E^8 je 1/12 der Erbschaft. Hätte K^3 als einziges Kind des Erblassers noch gelebt, so erhielten E^1-E^4 dieselben Erbteile wie vorher, E^5-E^8 jedoch nichts, dafür ihr Stammvater K^3 1/3 der Erbschaft.

10 7. Die **Gradesnähe**, die sich nach § 1589 S 2 bestimmt, entscheidet jedoch in der vierten und jeder entfernteren Ordnung ohne Unterschied von Stamm und Linien zur Vermeidung einer zu großen Nachlaßzersplitterung. Mehrere Verwandte gleichen Grades erben nach Kopfteilen, § 1928 III S 2.

1924 *Gesetzliche Erben erster Ordnung*

(1) Gesetzliche Erben der ersten Ordnung sind die Abkömmlinge des Erblassers.

(2) Ein zur Zeit des Erbfalls lebender Abkömmling schließt die durch ihn mit dem Erblasser verwandten Abkömmlinge von der Erbfolge aus.

(3) An die Stelle eines zur Zeit des Erbfalls nicht mehr lebenden Abkömmlings treten die durch ihn mit dem Erblasser verwandten Abkömmlinge (Erbfolge nach Stämmen).

(4) Kinder erben zu gleichen Teilen.

1 1. **Abkömmlinge** sind zunächst alle Kinder und Kindeskinder des Erblassers, die mit ihm verwandt sind (§ 1589), mögen sie auch aus verschiedenen Ehen des Erblassers stammen. Maßgebend ist allein die Verwandtschaft im Rechtssinne, nicht die biologische Abstammung, BGH NJW 1989, 2197. Zu den Abkömmlingen gehören auch die nichtehelichen Kinder des Erblassers, die seit der Aufhebung des § 1589 II aF durch Art 1 Nr 3 NEhelG mit ihm ebenso verwandt sind wie die ehelichen Kinder und mit Wirkung vom 1. 4. 1998 durch das Erbrechtsgleichstellungsgesetz vom 16. 12. 1997 (BGBl I 2968) diesen erbrechtlich vollständig gleichgestellt sind. Nur soweit nach Art 225 I EGBGB die §§ 1934aff über den 31. 3. 1998 hinaus weiter anzuwenden sind, erhalten sie anstelle des gesetzlichen Erbrechts nur einen Erbersatzanspruch, § 1934a, dazu Rz 3ff.

Eine besondere Regelung brachte mit Wirkung vom 1. 7. 1958 § 1371 IV in der Neufassung des Gleichberechtigungsgesetzes für solche Abkömmlinge des Erblassers, die seine gesetzlichen Erben sind, aber nicht aus der Ehe stammen, die zusammen mit dem gesetzlichen Güterstand der Zugewinngemeinschaft durch seinen Tod aufgelöst worden ist. Die Sonderregelung gilt also für **alle Stiefkinder seines überlebenden Ehegatten**. Wenn dieser anstelle des Zugewinnausgleichs einen gesetzlichen Erbteil erhält, der um ein Viertel der Erbschaft seines verstorbenen Ehegatten erhöht ist (§ 1371 I), werden die gesetzlichen Erbteile der Kinder des Erblassers dadurch herabgesetzt. Stiefkinder des überlebenden Ehegatten beerben diesen aber bei seinem Tod nicht als gesetzliche Erben und haben auch kein Pflichtteilsrecht. Zum Ausgleich dieser Benachteiligung erhalten sie einen unterhaltsähnlichen Anspruch gegen den überlebenden Stiefelternteil. Dieser ist verpflichtet, ihnen, wenn und soweit sie dessen bedürfen, die Mittel zu einer angemessenen Ausbildung aus dem Viertel zu gewähren, das ihm zusätzlich zugefallen ist.

2. Adoption

Schrifttum: *Behn*, Die Aufhebung des Adoptionsverhältnisses nach dem neuen Recht: zugleich zu den Übergangsvorschriften des neuen Adoptionsgesetzes, ZBlJugR 1977, 463; *Dittmann*, Adoption und Erbrecht, Rpfleger 1978, 277; *Kemp*, Die Übergangsvorschriften des Gesetzes über die Annahme als Kind, DNotZ 1976, 646; *Schmitt-Kammler*, Zur erbrechtlichen Problematik der Verwandten- und Stiefkinderadoption nach § 1756 BGB, FamRZ 1978, 570.

a) Die Einführung der **Volladoption** durch das Adoptionsgesetz v 2. 7. 1976 (BGBl I 1749), das am 1. 1. 1977 in Kraft getreten und teilweise durch das Kindschaftsrechtsreformgesetz vom 16. 12. 1997 (BGBl 2442) geändert ist, hat auch Auswirkungen auf das Erbrecht des angenommenen Kindes. Wird ein **minderjähriges Kind** adoptiert, so erhält es damit die **volle rechtliche Stellung eines Kindes**. Es wird nicht nur eine Verwandtschaftsbeziehung zu dem Annehmenden, sondern auch zu dessen Familie hergestellt, § 1754. Nimmt ein Ehepaar ein Kind gemeinsam an oder nimmt ein Ehegatte ein Kind des anderen an, so erlangt es hierdurch die rechtliche Stellung eines gemeinschaftlichen Kindes der Ehegatten, § 1754 I. In den anderen Fällen erwirbt das Kind nur die rechtliche Stellung eines Kindes des Annehmenden, § 1754 II. Mit der vollen Aufnahme des minderjährigen Kindes in den Familienverband des Annehmenden **erlischt in der Regel das Verwandtschaftsverhältnis** des Kindes und seiner Abkömmlinge **zu den leiblichen Verwandten,** § 1755 I. Das Kind ist also nicht mehr gegenüber seinen leiblichen Verwandten, sondern nur noch gegenüber den Annehmenden und dessen Verwandten erbberechtigt. Das angenommene Kind und seine Abkömmlinge gehören damit zu den Erben erster Ordnung des Annehmenden und der Personen, von denen der Annehmende in gerader Linie abstammt. Die Erben können durch Rücknahme des Adoptionsantrags die Adoption (§ 1753 II, III) nicht verhindern, BayObLG FamRZ 1995, 1604. Zur erbrechtlichen Relevanz einer ausländischen Adoption vgl BGH NJW 1989, 2197; KG NJW 1988, 1471 mit Anm Lüderitz und Gottwald FamRZ 1988, 436, 488.

b) Eine vollständige Lösung des angenommenen Kindes aus der leiblichen Familie **tritt** in einigen Fällen **ausnahmsweise nicht ein:**

aa) **Nimmt ein Ehegatte das Kind des anderen Ehegatten an**, so erlischt nur das Verwandtschaftsverhältnis des Kindes zu dem anderen Elternteil und dessen Verwandten, § 1755 II. Adoptiert beispielsweise der Ehemann das Kind seiner Ehefrau, so bleiben die Verwandtschaftsbeziehungen des Kindes zu ihr bestehen. Nur die Rechtsbeziehungen zum Vater und dessen Familie erlöschen.

bb) Ist der Annehmende mit dem Kind im zweiten oder dritten Grad verwandt oder verschwägert **(Verwandtenadoption)**, so erlischt nur das Verwandtschaftsverhältnis des Kindes und seiner Abkömmlinge zu seinen leiblichen Eltern, § 1756 I. Das Kind bleibt also bei einer Adoption durch Angehörige seiner Eltern mit den Verwandten seiner Eltern weiterhin verwandt. Wird beispielsweise der Enkel von den Großeltern adoptiert, so bleibt das Kind mit allen Personen verwandt, außer mit seinen leiblichen Eltern. Dadurch verschiebt sich gleichzeitig der Grad der Verwandtschaft. Die leiblichen Geschwister des adoptierten Kindes sind nunmehr mit ihm nicht mehr im zweiten, sondern im dritten Grad verwandt, weil die Verwandtschaftsbeziehung zwischen ihnen nicht über die leiblichen Eltern, sondern über die Großeltern vermittelt wird. Die Geschwister sind damit nicht mehr Erben der zweiten, sondern der dritten Ordnung, § 1925 IV, dazu § 1925 Rz 12.
Im einzelnen ist es zweifelhaft, inwieweit § 1756 I mit seiner „Auszehrung der Verwandtschaftsbeziehungen aus der Herkunftsfamilie" (Dieckmann FamRZ 1979, 389 [390]) die Verwandtenerbfolge verändert. Wird das Kind beispielsweise vom leiblichen Bruder seines Vaters adoptiert, so ist es nur nach seinem Adoptivvater und nicht nach seinem Vater zum gesetzlichen Erben der ersten Ordnung berufen. Fraglich ist aber, wie weit sich § 1756 I auch auf das Eintrittsrecht des Adoptivkindes (§ 1924 III) auswirkt, wenn nach dem Tod des Adoptivvaters und des Adoptivaters der Großvater verstirbt. Als gesetzlicher Erbe der ersten Ordnung nach seinem Großvater tritt das Adoptivkind nach § 1924 III nur an die Stelle seines Adoptivvaters, nicht aber seines leiblichen Vaters, weil die hierfür vorausgesetzte Verwandtschaftsbeziehung zum leiblichen Vater durch die Adoption (§§ 1755 I, 1756 I) abgeschnitten ist, Erman/Saar § 1756 Rz 7; Gernhuber/Coester-Waltjen § 68 X 2; aA Staud/Frank § 1756 Rz 18f; MüKo/Leipold § 1924 Rz 13.

cc) Nimmt ein Ehegatte das Kind seines Ehegatten an **(Stiefkinderadoption)**, so bleibt das Kind mit den Verwandten des verstorbenen Elternteils weiterhin verwandt, **sofern** der verstorbene Elternteil (auch) die elterliche Sorge hatte, § 1756 II. Das Verwandtschaftsverhältnis zu seinen leiblichen Verwandten bleibt also voll erhalten. Mit der Adoption treten der Annehmende und dessen Verwandte hinzu.

c) Wird ein **Volljähriger** adoptiert, so erstrecken sich die Wirkungen der Annahme in der Regel nicht auf die Verwandten des Annehmenden, § 1770 I S 1. Es handelt sich hier also anders als bei der Minderjährigenadoption um **keine Volladoption.** Sie ist nur ausnahmsweise unter den Voraussetzungen des § 1772 möglich, wenn zwischen dem Anzunehmenden und dem Annehmenden schon besondere Beziehungen bestehen, so daß nur noch eine Voll-

§ 1924

adoption das Verhältnis zwischen den Beteiligten verstärken kann, Pal/Diederichsen § 1772 Rz 2; BT-Drucks 7/3061, 55f. Bei der Volljährigenadoption werden der Angenommene und seine Abkömmlinge gesetzliche Erben erster Ordnung nur des Annehmenden und nicht auch seiner Verwandten. Da der volljährige Adoptierte weiterhin mit seiner Ursprungsfamilie verwandt bleibt, gehören er und seine Abkömmlinge auch weiterhin zu den gesetzlichen Erben erster Ordnung seiner leiblichen Eltern und der Personen, von denen diese in gerader Linie abstammen.

6 d) Die **Aufhebung der Adoption**, die nur unter den engen Voraussetzungen der §§ 1759ff möglich ist, hat nur Wirkung für die Zukunft, § 1764 I. Es erlöschen die verwandtschaftlichen Beziehungen des Kindes und seiner Abkömmlinge zu dem Annehmenden und dessen Familie (§ 1764 II), gleichzeitig lebt das Verwandtschaftsverhältnis des Kindes und seiner Abkömmlinge zu den leiblichen Verwandten des Kindes wieder auf, § 1764 III. Wurde das Annahmeverhältnis nur zu einem der annehmenden Ehegatten gelöst, so erlischt das Verwandtschaftsverhältnis nur zu diesem Ehegatten, ohne daß die alte Verwandtschaftsbeziehung zu den leiblichen Eltern wieder auflebt, § 1764 V.

7 e) Auch im **Übergangsrecht** wird zwischen der Volljährigen- und Minderjährigenadoption unterschieden. War der Angenommene beim Inkrafttreten des Adoptionsgesetzes am 1. 1. 1977 minderjährig, so richten sich die rechtlichen Wirkungen der Adoption und damit auch die erbrechtlichen bis zum 31. 12. 1977 nach altem Recht, Art 12 § 2 I AdoptG. Innerhalb dieser Jahresfrist konnten die Beteiligten erklären, daß das neue Recht mit den Folgen der Volladoption nicht angewendet werden soll, Art 12 § 2 II S 2 AdoptG. Im Falle eines Widerspruchs ist auch bei einem Minderjährigen das Recht der Volljährigenadoption anzuwenden, Art 12 § 3 I AdoptG. Wurde der Anwendung des neuen Rechts nicht widersprochen, so richtet sich ab 1. 1. 1978 die rechtliche Stellung des angenommenen Kindes nach der Volladoption, Art 12 § 2 II S 1 AdoptG. War der Angenommene bei Inkrafttreten des Adoptionsgesetzes volljährig, sind die Vorschriften über die Volljährigenadoption anzuwenden, Art 12 § 1 I AdoptG, soweit sich aus Art 12 § 1 II–VI AdoptG nichts anderes ergibt.

8 3. **Abs II und III.** Der Abkömmling, der innerhalb desselben Stammes (vor § 1924 Rz 5–7) dem Grade nach (§ 1589 S 3) dem Erblasser nähersteht, schließt seine Abkömmlinge von der Erbfolge aus, wenn er selbst zur Erbfolge gelangt oder nach früherem Recht (§ 1934e) ein vorzeitiger Erbausgleich durchgeführt wurde. Dagegen genügt nicht, daß er, wie das Gesetz sich wörtlich ausdrückt, lebt. Er darf also als Lebender die Erbschaft weder ausgeschlagen (§ 1953 II) noch einen nur gegen ihn wirkenden Erbverzicht abgeschlossen haben (§ 2346 I S 2), weder für erbunwürdig erklärt (§ 2344) noch so enterbt worden sein (§ 1938), daß der Erblasser nicht auch seine Abkömmlinge vom gesamten Erbrecht ausschließen wollte, Staud/Werner Rz 11; RG WarnRsp 1913 Nr 329; RG 61, 16. Liegen jedoch diese Voraussetzungen vor, so treten seine Abkömmlinge an seine Stelle, Abs III. Zur **Erbfolge nach Stämmen** vgl vor § 1924 Rz 5–9. Das **Eintrittsrecht** ist ein eigenes Recht der Abkömmlinge, die innerhalb desselben Stammes an die Stelle des beim Erbfall nicht mehr lebenden Abkömmlings des Erblassers treten. Es ist daher unabhängig davon, ob die eintretenden Abkömmlinge den Vorverstorbenen, der ihre Verwandtschaft mit dem Erblasser vermittelt hat, beerben (Mot V 367; RG 61, 16; Staud/Werner Rz 14), wenn nicht ein Erbverzicht des Stammvaters oder eine Enterbung durch den Erblasser auch gegen sie wirkt, §§ 2349, 1938, vgl oben. Mehrere Abkömmlinge desselben Stammvaters im gleichen Stamm erben zu gleichen Teilen und stehen mit seinen übrigen Erben in einer Miterbengemeinschaft, sie bilden aber nicht innerhalb der gesamten Miterbengemeinschaft nach dem Erblasser eine besondere Miterbengemeinschaft des betreffenden Stammes. Während die Kinder die Stämme bilden, bilden die Enkel die Unterstämme usw. Der einzelne Stammerbteil wird wiederum zu gleichen Teilen unter den vorhandenen Unterstämmen aufgeteilt.

9 4. **Kinder erben zu gleichen Teilen,** Abs IV. Treffen sie mit dem überlebenden Ehegatten zusammen, so erhalten sie, wenn die Eltern im gesetzlichen Güterstand der Zugewinngemeinschaft gelebt haben, nur ½ des Nachlasses, §§ 1931 I, II, 1371 I. Haben die Eltern beim Erbfall in Gütertrennung gelebt, dann erbt ein Kind oder dann erben zwei Kinder mit dem überlebenden Ehegatten zusammen zu gleichen Teilen (§ 1931 IV), drei und mehr Kinder dagegen zu gleichen Teilen insgesamt ¾ und der Ehegatte in jedem Fall ¼ des Nachlasses, § 1931 I.

1925 *Gesetzliche Erben zweiter Ordnung*

(1) Gesetzliche Erben der zweiten Ordnung sind die Eltern des Erblassers und deren Abkömmlinge.

(2) Leben zur Zeit des Erbfalls die Eltern, so erben sie allein und zu gleichen Teilen.

(3) Lebt zur Zeit des Erbfalls der Vater oder die Mutter nicht mehr, so treten an die Stelle des Verstorbenen dessen Abkömmlinge nach den für die Beerbung in der ersten Ordnung geltenden Vorschriften. Sind Abkömmlinge nicht vorhanden, so erbt der überlebende Teil allein.

(4) In den Fällen des § 1756 sind das angenommene Kind und die Abkömmlinge der leiblichen Eltern oder des anderen Elternteils des Kindes im Verhältnis zueinander nicht Erben der zweiten Ordnung.

1 1. Die **Erbfolge der zweiten Ordnung** setzt voraus, daß beim Erbfall keine Angehörigen der ersten Ordnung vorhanden sind (§ 1930) oder die vorhandenen durch Ausschlagung (§ 1953 II), Erklärung der Erbunwürdigkeit (§ 2344), Verzicht (§ 2346 I 2) oder Enterbung (§ 1938) mit Rückwirkung auf den Erbfall fortgefallen sind. – Trifft der Ehegatte mit Verwandten der zweiten Ordnung zusammen, so erhält er, wenn er im gesetzlichen Güterstand gelebt hat, ¾ der Erbschaft (§§ 1931 I, II, 1371 I), sonst die Hälfte, § 1931 I.

2 2. **Schoßfall (Abs II).** Leben beide Eltern beim Erbfall, so fällt die Erbschaft des verstorbenen Kindes wieder in ihren Schoß (Sachsenspiegel I 17 § 1), auch wenn ihre Ehe geschieden ist.

3 3. Die **Eltern erben nicht,** wenn sie den Erbfall nicht erlebt haben, die Erbschaft ausgeschlagen (§ 1953 II), auf die Erbschaft verzichtet (§ 2346 I S 2) haben, für erbunwürdig erklärt (§ 2344) oder enterbt worden sind, § 1938.

4. Sind Vater oder Mutter oder beide **Elternteile** vor dem Erbfall oder nach dem Erbfall auf ihn rückwirkend **fortgefallen** (vgl Rz 3), so fällt der Nachlaß zu gleichen Teilen der mütterlichen und der väterlichen Linie zu und steigt nunmehr in beiden Stämmen nach dem System der ersten Ordnung herab, § 1924 II–IV, vgl § 1924 Rz 8. Vollbürtige Geschwister des Erblassers nehmen am Vater- und Mutterstamm, halbbürtige Geschwister nur an einem Stamm teil. Jeder Bruder und jede Schwester des Erblassers eröffnen einen neuen Unterstamm, ebenso jeder Neffe und jede Nichte usw.

5. Hat ein **verstorbener Elternteil keine Nachkommen** hinterlassen, so fällt die ganze Erbschaft an den anderen Elternteil oder seine Nachkommen, Abs III S 2.

6. Adoptiveltern und **ihre Abkömmlinge** können nur dann zu den gesetzlichen Erben zweiter Ordnung gehören, wenn auf sie das seit dem 1. 1. 1977 geltende AdoptG vom 2. 7. 1976 (BGBl I 1749) anzuwenden ist, dazu § 1924 Rz 10ff.

a) Bei Erbfällen **vor dem 1. 1. 1977** wurde **für den Annehmenden kein Erbrecht** begründet, § 1759 aF. Die Wirkungen der Adoption erstreckten sich auch nicht auf die Verwandten des Annehmenden, § 1763 aF. Damit gehörten weder die Adoptiveltern noch deren leibliche Abkömmlinge zu den gesetzlichen Erben zweiter Ordnung des Angenommenen.

b) Bei Erbfällen **nach dem 31. 12. 1976** gehören die **Adoptiveltern** selbst, sofern das AdoptG anzuwenden ist (dazu § 1924 Rz 10ff, 14), immer zu den gesetzlichen Erben zweiter Ordnung. Unabhängig davon, ob es sich um eine Minderjährigenadoption (§ 1924 Rz 10) oder um eine Volljährigenadoption (§ 1924 Rz 12) handelt, wird zwischen den Adoptiveltern und dem Angenommenen ein Verwandtschaftsverhältnis begründet, §§ 1754, 1767 II. Handelt es sich um eine Volljährigenadoption, so bleiben die verwandtschaftlichen Beziehungen neben den durch die Adoption zu dem Annehmenden neubegründeten Beziehungen bestehen. Verstirbt der angenommene Volljährige ohne eigene Abkömmlinge, so sind sowohl die leiblichen als auch die Adoptiveltern gesetzliche Erben zweiter Ordnung, Pal/Edenhofer § 1925 Rz 7.

c) Die **Abkömmlinge der Adoptiveltern** können nach § 1925 III nur dann gesetzliche Erben zweiter Ordnung des Angenommenen sein, wenn es sich um eine **Volladoption** (§§ 1754, 1772) handelt, weil nur dann zwischen ihnen und dem Angenommenen ein Verwandtschaftsverhältnis begründet wird. Bei der Volljährigenadoption scheiden sie daher, sieht man von dem Sonderfall des § 1772 ab, als gesetzliche Erben des Angenommenen aus, § 1770 I.

d) Der durch Art 1 Nr 2 lit b AdoptG vom 2. 7. 1976 (BGBl I 1749) eingefügte **Abs IV** trägt den Besonderheiten der Adoption durch Verwandte oder Verschwägerte zweiten oder dritten Grades (§ 1756 I) und der Stiefkinderadoption (§ 1756 II) Rechnung, dazu § 1924 Rz 4.

aa) Bei der **Adoption durch Verwandte** zweiten oder dritten Grades, zB durch Großeltern oder Geschwister, erlischt nur das Verwandtschaftsverhältnis zu den leiblichen Eltern, §§ 1755 I, 1756 I; dazu § 1924 Rz 4. Wegen der damit fehlenden Verwandtschaftsbeziehung scheiden sie als gesetzliche Erben zweiter Ordnung aus, § 1925 I, II. Nach dem Sinn und Zweck der §§ 1755 I, 1756 I können sie auch nicht über ein Eintrittsrecht zu gesetzlichen Erben ihres leiblichen Kindes werden. Haben beispielsweise die Großeltern das leibliche Kind ihres Sohnes adoptiert und ist der vor ihrem Adoptivkind verstorben, so wird der leibliche Vater des Adoptivkindes nicht deshalb, weil er leiblicher Abkömmling der vorverstorbenen Adoptiveltern ist, über § 1925 III kraft Eintrittsrechts zum gesetzlichen Erben des Adoptiv- und seines leiblichen Kindes, aA Schmitt/Kammler FamRZ 1978, 570 (572); Staud/Werner Rz 7; Pal/Edenhofer Rz 8; MüKo/Leipold Rz 13; Soergel/Stein Rz 10.

Die leiblichen Eltern scheiden bei einer Volladoption in jeder Hinsicht als gesetzliche Erben des Adoptivkindes aus. Sie sind iS von § 1925 II und III als nicht mehr lebend und iS von § 1930 als nicht mehr vorhanden anzusehen. Das leibliche Kind soll bei einer Volladoption weder von seinen leiblichen Eltern beerbt werden noch sie beerben, BT-Drucks 7/3061, 44; Pal/Edenhofer Rz 6.

bb) Dagegen besteht das Verwandtschaftsverhältnis zu den **leiblichen Geschwistern** fort (§ 1756 I). Es wird aber nicht mehr über die leiblichen Eltern, sondern über die gemeinsamen Großeltern vermittelt, so daß sie nicht mehr zu den Erben zweiter, sondern dritter Ordnung gehören. § 1925 IV stellt klar, daß damit eine gesetzliche Erbfolge der leiblichen Geschwister neben den Adoptiveltern als Erben zweiter Ordnung ausgeschlossen ist, BT-Drucks 7/5087, 17.

Die leiblichen Geschwister können in den Fällen des § 1756 gesetzliche Erben der dritten Ordnung des Adoptivkindes sein, wenn in der zweiten Ordnung Adoptiveltern oder Adoptivgeschwister nicht vorhanden sind, § 1930; dazu BT-Drucks 7/5087, 17; Staud/Werner Rz 17.

cc) Abs IV gilt entsprechend bei der Stiefkinderadoption, § 1756 II, dazu § 1924 Rz 4.

§ 1926 *Gesetzliche Erben dritter Ordnung*

(1) Gesetzliche Erben der dritten Ordnung sind die Großeltern des Erblassers und deren Abkömmlinge.

(2) Leben zur Zeit des Erbfalls die Großeltern, so erben sie allein und zu gleichen Teilen.

(3) Lebt zur Zeit des Erbfalls von einem Großelternpaar der Großvater oder die Großmutter nicht mehr, so treten an die Stelle des Verstorbenen dessen Abkömmlinge. Sind Abkömmlinge nicht vorhanden, so fällt der Anteil des Verstorbenen dem anderen Teil des Großelternpaars und, wenn dieser nicht mehr lebt, dessen Abkömmlingen zu.

§ 1926

(4) Lebt zur Zeit des Erbfalls ein Großelternpaar nicht mehr und sind Abkömmlinge der Verstorbenen nicht vorhanden, so erben die anderen Großeltern oder ihre Abkömmlinge allein.

(5) Soweit Abkömmlinge an die Stelle ihrer Eltern oder ihrer Voreltern treten, finden die für die Beerbung in der ersten Ordnung geltenden Vorschriften Anwendung.

1 1. Die **Erbfolge der dritten Ordnung** setzt voraus, daß beim Erbfall keine Angehörigen der ersten beiden Ordnungen vorhanden sind (§ 1930) oder die vorhandenen durch Ausschlagung, Erklärung der Erbunwürdigkeit, Verzicht oder Enterbung rückwirkend weggefallen sind, vgl § 1925 Rz 3, 4. Auch halbbürtige Geschwister des Erblassers sowie Halbneffen gehen den Großeltern daher vor. Das Erbrecht der Abkömmlinge der dritten Ordnung wird durch das gesetzliche Erbrecht des überlebenden Ehegatten ausgeschaltet. Neben Großeltern erhält der Ehegatte die Hälfte des Nachlasses und von der anderen Hälfte zusätzlich die Erbanteile, die auf die Abkömmlinge fortgefallener Großeltern entfallen würden, wenn der Ehegatte nicht vorhanden wäre, § 1931 I, vgl dort.

2 2. **Schoßfall** (vgl § 1925 Rz 2) tritt nur ein, wenn alle vier Großeltern noch leben. Dann erben sie allein zu gleichen Teilen, Abs II.

3 3. **Zur dritten Ordnung gehören** neben Großeltern Onkel, Tanten, Vettern, Cousinen und deren Abkömmlinge, Abs I. Fällt ein Großelternteil fort (vgl § 1924 Rz 8), so treten seine Abkömmlinge in die Anteile des Stammes ein. Das gleiche gilt, wenn die Abkömmlinge der Großeltern fortfallen, für deren Abkömmlinge, und zwar in gleicher Weise wie in der ersten Ordnung, vgl § 1924 Rz 9. Auch in dieser Ordnung gilt das Parentelerbrecht, nur werden die Großeltern väterlicherseits von den Großeltern mütterlicherseits so geschieden, daß die beiden Stämme jedes Großelternpaares zu einer Einheit zusammengefaßt werden. Fällt ein Großelternteilstamm völlig aus, so geht sein Anteil auf den anderen Großelternteilstamm desselben Großelternpaares über. Erst wenn beide Stämme desselben Großelternpaares weggefallen sind, so geht deren Anteil zu gleichen Teilen auf die beiden Stämme des anderen Großelternpaares über, Abs II, III.

4 4. **Adoption. a)** Bei der **Minderjährigenadoption** als einer Volladoption (§§ 1754 I, 1755 I; vgl § 1924 Rz 3) gehören die Adoptivgroßeltern und deren Abkömmlinge zu den Erben dritter Ordnung, während den leiblichen Großeltern und deren Abkömmlingen kein gesetzliches Erbrecht zusteht.

5 b) Bei der **Verwandtenadoption** (§ 1756) kann wegen des fortbestehenden Verwandtschaftsverhältnisses zu den leiblichen Großeltern das Kind von drei Großelternpaaren, nämlich den beiden Elternpaaren der leiblichen Eltern und den Eltern des Annehmenden beerbt werden. Dem trägt die durch Art 1 Nr 2 lit c AdoptG vom 2. 7. 1976 (BGBl I 1749) geänderte Fassung der Abs III und IV Rechnung. Die leiblichen Geschwister sind dann als Abkömmlinge der leiblichen Großeltern auch Erben dritter und nicht zweiter Ordnung (vgl § 1925 IV und § 1925 Rz 12), falls die Großeltern die Erbschaft nicht antreten, vgl Dittmann Rpfleger 1978, 277 (280).

6 c) Da bei der **Volljährigenadoption** kein Verwandtschaftsverhältnis zu den Verwandten des Annehmenden begründet wird (§ 1770 I) und das Verwandtschaftsverhältnis zu den leiblichen Verwandten bestehen bleibt (§ 1770 II), wird der Volljährige in dritter Ordnung nur von seinen leiblichen Großeltern und deren Abkömmlingen beerbt, Staud/Werner Rz 9.

1927 *Mehrere Erbteile bei mehrfacher Verwandtschaft*

Wer in der ersten, der zweiten oder der dritten Ordnung verschiedenen Stämmen angehört, erhält den in jedem dieser Stämme ihm zufallenden Anteil. Jeder Anteil gilt als besonderer Erbteil.

1 1. Das **Parentelsystem** beherrscht die ersten drei Ordnungen. Von der vierten Ordnung ab entscheidet die Gradesnähe, vgl vor § 1924 Rz 10. Wer mit dem Erblasser **mehrfach verwandt** ist (§ 1589), so daß er in den ersten drei Ordnungen innerhalb derselben Ordnung (§ 1930) mehreren Erbstämmen angehört, erhält den Anteil jedes Stammes.

2 2. **Mehrfache Verwandtschaft** kann bei Abkömmlingen aus einer Ehe zwischen Verwandten oder durch Adoption eines Verwandten (§ 1756) begründet werden.

3 3. Jeder Anteil gilt als **besonderer Erbteil** (§ 1922 II, ebenso § 1934), und zwar für die Belastung mit Vermächtnis und Auflagen, die nur ihn betreffen (§§ 2161, 2187), für Ausgleichungspflichten (§§ 2051, 2056), für die Haftung für Nachlaßverbindlichkeiten (§ 2007) und die Berechnung des Pflichtteils (§ 2303) sowie für die Ausschlagung, so KG JFG 1, 143; § 1951 Rz 2.

1928 *Gesetzliche Erben vierter Ordnung*

(1) Gesetzliche Erben der vierten Ordnung sind die Urgroßeltern des Erblassers und deren Abkömmlinge.

(2) Leben zur Zeit des Erbfalls Urgroßeltern, so erben sie allein; mehrere erben zu gleichen Teilen, ohne Unterschied, ob sie derselben Linie oder verschiedenen Linien angehören.

(3) Leben zur Zeit des Erbfalls Urgroßeltern nicht mehr, so erbt von ihren Abkömmlingen derjenige, welcher mit dem Erblasser dem Grade nach am nächsten verwandt ist; mehrere gleich nahe Verwandte erben zu gleichen Teilen.

1 1. Die **Erbfolge der vierten Ordnung** ist nach folgenden Gesichtspunkten geregelt:

2 a) Lebt nur einer der acht Urgroßeltern, so fällt ihm die ganze Erbschaft zu (**unbedingtes Schoßfallrecht**). Abkömmlinge der vierten Ordnung erben also auch neben nur einem Urgroßelternteil nichts.

b) Leben mehrere Urgroßeltern, so erben sie ohne Rücksicht auf ihre Linienzugehörigkeit zu gleichen Teilen alles.

c) Sind keine Urgroßeltern mehr vorhanden oder sind sie mit rückwirkender Kraft weggefallen (vgl § 1924 Rz 8), so erbt der Nachkomme der acht Urgroßeltern, der dem Erblasser dem Grade nach am nächsten steht, Abs III, § 1589 S 3. Mehrere gleichgradige Verwandte erben zu gleichen Teilen, wobei voll- und halbbürtige Nachkommen gleichbehandelt werden.

d) Mehrfache Verwandtschaft begründet auch bei Gleichheit des Grades kein mehrfaches Erbrecht, § 1927.

2. Der überlebende **Ehegatte** schließt alle Verwandten der vierten Ordnung vom gesetzlichen Erbrecht aus, § 1931 II.

3. Den vorverstorbenen Abkömmlingen stehen auch hier alle gleich, die nach dem Erbfall, aber mit Rückwirkung auf den Erbfall fortgefallen sind, vgl § 1924 Rz 8.

1929 *Fernere Ordnungen*

(1) Gesetzliche Erben der fünften Ordnung und der ferneren Ordnungen sind die entfernteren Voreltern des Erblassers und deren Abkömmlinge.

(2) Die Vorschrift des § 1928 Abs. 2, 3 findet entsprechende Anwendung.

1. Mit dieser Vorschrift ist das **unbegrenzte Verwandtenerbrecht** anerkannt, das streng genommen jedes Erbrecht des Staates (§ 1936) ausschließen müßte, weil jeder Mensch mit irgendeinem anderen verwandt ist. Da aber häufig eine derart entfernte Verwandtschaft nicht nachzuweisen ist, vor allem weil sich erbberechtigte Verwandte nicht melden, tritt in diesen Fällen im allgemeinen der Staat als gesetzlicher Noterbe ein.

2. In der fünften und jeder ferneren Ordnung herrscht ausschließlich das Gradsystem. Vgl § 1928 Rz 4.

3. In der ehemaligen DDR war der Staat nach § 369 I ZGB bereits gesetzlicher Erbe, wenn keine Erben bis zur dritten Ordnung vorhanden sind.

1930 *Rangfolge der Ordnungen*

Ein Verwandter ist nicht zur Erbfolge berufen, solange ein Verwandter einer vorhergehenden Ordnung vorhanden ist.

1. Ein einziger, auch halbbürtiger Verwandter einer vorhergehenden Ordnung schließt das Erbrecht jedes Angehörigen späterer Ordnungen völlig aus. „Vorhanden" in diesem Sinne sind nicht schon alle Lebenden, sondern nur alle beim Erbfall Lebenden, die auch Erben geworden sind, vgl § 1924 Rz 17. Stirbt der Erstberufene nach dem Erbfall, so fällt der Nachlaß an seine Erben, nicht an diejenigen, die an seiner Stelle nächstberufene Erben seines Erblassers gewesen wären.

2. Bis zum 31. 3. 1998 enthielt § 1930 den durch Art 1 Nr 86 NEhelG mit Wirkung vom 1. 7. 1970 angefügten Zusatz: „auch wenn diesem nur ein Erbersatzanspruch zusteht". Dieser Zusatz ist durch Art 1 Nr 2 des ErbGleichG vom 10. 12. 1997 (BGBl I 2968) gestrichen worden. Dieser Klarstellung bedurfte es nicht mehr, nachdem die nichtehelichen Kinder mit den ehelichen Kindern erbrechtlich gleichgestellt sind, dazu Einl § 1922 Rz 28 und § 1934a Rz 1ff.

1931 *Gesetzliches Erbrecht des Ehegatten*

(1) Der überlebende Ehegatte des Erblassers ist neben Verwandten der ersten Ordnung zu einem Viertel, neben Verwandten der zweiten Ordnung oder neben Großeltern zur Hälfte der Erbschaft als gesetzlicher Erbe berufen. Treffen mit Großeltern Abkömmlinge von Großeltern zusammen, so erhält der Ehegatte auch von der anderen Hälfte den Anteil, der nach § 1926 den Abkömmlingen zufallen würde.

(2) Sind weder Verwandte der ersten oder der zweiten Ordnung noch Großeltern vorhanden, so erhält der überlebende Ehegatte die ganze Erbschaft.

(3) Die Vorschrift des § 1371 bleibt unberührt.

(4) Bestand beim Erbfall Gütertrennung und sind als gesetzliche Erben neben dem überlebenden Ehegatten ein oder zwei Kinder des Erblassers berufen, so erben der überlebende Ehegatte und jedes Kind zu gleichen Teilen; § 1924 Abs. 3 gilt auch in diesem Falle.

Schrifttum: *Battes*, Die Änderung erbrechtlicher Vorschriften im Zusammenhang mit der Reform des Scheidungsrechts, FamRZ 1977, 433; *Buchholz*, Gestaltungsprobleme des Ehegattenerbrechts: Teilungsprinzip oder Nutzungsprinzip?, MDR 1990, 375; *Bühler*, Zur Reform des gesetzlichen Erbrechts des Ehegatten neben Abkömmlingen, DNotZ 1975, 5; *Firsching*, Zur Reform des deutschen Erbrechts, JZ 1972, 449; *Herminghausen*, Erbanteil des Ehegatten im Höferecht, RdL 1978, 199; *Klüsener/Walter*, Bedeutung des Güterstandes beim Ehegattenerbrecht, Zeitschrift für Familien- und Erbrecht, 2002, 300; *Lange*, Das Erbrecht des überlebenden Ehegatten, Annales Universitatis Saraviensis, Mélanges Senn III 1954, S 56ff; *Rauscher*, Reformfragen des gesetzlichen Erb- und Pflichtteilsrechts, 1993; *Vyas*, Das gesetzliche Ehegattenerbrecht unter besonderer Berücksichtigung von § 1933 S 1, 1. Alt BGB, 2001; s ferner die Schrifttumsangaben zur Reform des gesetzlichen Erbrechts Einl § 1922 Rz 25 sowie die Schrifttumsangaben zu § 1931 Rz 21.

I. Die Entstehung des gegenwärtigen Ehegattenerbrechts

Das Ehegattenerbrecht war ursprünglich in Voraussetzungen und Umfang ohne Rücksicht auf den Güterstand, in dem die Ehegatten beim Erbfall gelebt hatten, einheitlich durch Abs I und II des § 1931 geregelt. Die Vorschriften

§ 1931

waren als Teil des ganzen BGB in Kraft getreten. Das schloß nicht aus, daß dem überlebenden Ehegatten zusätzlich Vermögenswerte nach besonderer güterrechtlicher Regelung zufallen konnten. Inzwischen sind an die Stelle dieser einfachen, einheitlichen und klaren Regelung drei verschiedene, schwer zu überschauende Arten des gesetzlichen Ehegattenerbrechts getreten.

Abs III ist in den ursprünglichen § 1931 durch Art 1 Nr 41 des **GleichberG** eingefügt worden. Er kann daher nur Erbfälle treffen, die nach dem 30. 6. 1958 eingetreten sind, und setzt voraus, daß die Ehegatten beim Erbfall im Güterstand der Zugewinngemeinschaft (§§ 1363–1390) gelebt haben und daß dieser Güterstand durch den Tod eines Ehegatten beendet worden ist. Haben die Eheleute beim Erbfall in einem anderen Güterstand gelebt, so gilt das ursprüngliche gesetzliche Erbrecht der Ehegatten Abs I und II, wenn nicht Abs IV anzuwenden ist.

Die Formulierung des Abs III ist mißverständlich. Es hätte richtiger heißen sollen: „Bei der Zugewinngemeinschaft finden auf das gesetzliche Erbrecht des überlebenden Ehegatten die Sonderbestimmungen des § 1371 Anwendung." Dann käme klar zum Ausdruck, daß es sich um eine erbrechtliche, nicht um eine güterrechtliche Regelung handelt, Staud/Werner Rz 33.

Abs IV ist dem § 1931 durch Art 1 Nr 87 NEhelG für Erbfälle nach dem 30 6.1970 angefügt worden (Art 12 § 27 NEhelG).

Inhaltliche Änderungen gegenüber dem bisherigen Recht haben sich durch das Gesetz zur Neuordnung des Eheschließungsrechts (Eheschließungsrechtsgesetz – EheschlRG) vom 4. 5. 1998 (BGBl I 833) ergeben, dazu Rz 5–7.

II. Die allgemeinen Voraussetzungen des gesetzlichen Ehegattenerbrechts

2 1. Das **gesetzliche Ehegattenerbrecht** entsteht nur, wenn der eine Ehegatte den anderen überlebt hat und beide bis zum Erbfall in rechtsgültiger Ehe gelebt haben. Die Dauer der Ehe ist dabei weder für die Entstehung noch für den Umfang des gesetzlichen Ehegattenerbrechts erheblich, während sich der Umfang des Erbrechts danach richtet, ob neben dem überlebenden Gatten überhaupt Verwandte des verstorbenen Gatten berufen sind und welcher Ordnung sie angehören. Das Ehegattenerbrecht darf auch nicht nach § 1933 ausgeschlossen sein.

3 2. Das **Ehegattenerbrecht** besteht also **nicht**:
a) wenn die **Ehegatten so gleichzeitig verstorben** sind, daß nicht bewiesen werden kann, ob der eine den anderen überlebt hat, § 11 VerschG, vgl auch § 1923 Rz 2,

4 b) wenn es sich um eine **Nichtehe** handelt, dh bei Verstößen gegen §§ 1310, 1311; wenn die Ehe also nicht vor einem Standesbeamten geschlossen worden ist oder vor einem Standesbeamten, der nicht zur Mitwirkung bereit war, oder wenn die Eheschließenden keine § 1311 entsprechenden Erklärungen abgegeben haben. Die Nichtexistenz kann auch auf Feststellungsklage eines Erbprätendenten festgestellt werden, § 632 ZPO, RG 166, 342.

5 c) wenn die **Ehe** vor dem Tod des Erblassers **rechtskräftig geschieden** (§ 1564) **oder aufgehoben** (§ 1313) oder durch Schließung einer neuen Ehe nach Todeserklärung vor dem Tod des Erblassers aufgelöst worden ist (§ 1319 II). Durch das EheSchlRG sind die Folgen rechtsfehlerhafter Eheschließungen weitgehend vereinheitlicht worden. Die Unterscheidung zwischen Nichtigerklärung, die nach bisherigem Recht zurückwirkte und damit ein Erb- und Pflichtteilsrecht der Ehegatten rückwirkend beseitigte, und Aufhebung, die nur für die Zukunft wirkte (§ 29 EheG), ist aufgegeben worden. Das neue Recht kennt nur noch Aufhebungs- und keine Nichtigkeitsgründe (§ 1314). Die Ehe kann durch gerichtliches Urteil auf Antrag (für die Zukunft) aufgehoben werden (§ 1313 S 1). Mit Rechtskraft des Urteils ist die Ehe aufgelöst (§ 1313 S 2). Dieses Gestaltungsurteil beseitigt ebenso wie das Scheidungsurteil die Stellung der Ehegatten als gesetzliche Erben (§ 1931) und Pflichtteilsberechtigte (§ 2303 II) nur für die Zeit nach Rechtskraft und nicht, wie das frühere Nichtigkeitsurteil, auch für die Vergangenheit, s aber Rz 7.

6 d) Darüber hinaus entfällt das Ehegattenerbrecht ausnahmsweise schon, wenn **beim Erbfall** zwar eine rechtsgültige Ehe bestand, aber die **Voraussetzungen** für die **Ehescheidung** (§§ 1565, 1566) gegeben waren und der Erblasser die Scheidung beantragt (§§ 622, 253, 271 ZPO) oder ihr zugestimmt hatte (§ 1933 S 1) oder der Erblasser berechtigt war, die Aufhebung der Ehe zu beantragen und den Antrag gestellt hatte (§ 1933 S 2); vgl § 1933 Rz 2, 3. Die Entscheidung über die Voraussetzungen des § 1933 fällt im Erbscheinsverfahren oder in einem Prozeß, in dem ein anderer Erbanwärter dem überlebenden Ehegatten das Erbrecht streitig macht, vgl § 1933 Rz 4. Die Entscheidung im Erbscheinsverfahren führt nicht zu einer rechtskräftigen Feststellung.

7 § 1933 beseitigt aber nicht die versorgungsrechtlichen Ansprüche der Ehefrau eines verstorbenen Beamten. Sie werden nicht geerbt, sondern entstehen mit dem Tod, vgl Geisler JR 1955, 16.

8 e) Eine **tatsächliche Trennung** der Ehegatten schließt das gesetzliche Erbrecht dagegen ohne Rücksicht auf ihre Dauer **nicht** aus, vgl aber Art 202 S 2 EGBGB.

9 f) Die **Anwendung des § 1931** ist – unabhängig davon, ob die Aufhebung der Ehe beantragt war (dazu Rz 6) oder ein Aufhebungsurteil ergangen ist (dazu Rz 5) – nach § 1318 V zugunsten des Ehegatten **ausgeschlossen, der bei der Eheschließung gewußt hat, daß** sie nach §§ 1304 (Geschäftsunfähigkeit), 1306 (Doppelehe), 1307 (Verwandtenehe), 1311 (Nichtbeachtung der Form) oder 1314 II Nr 1 (Bewußtlosigkeit oder vorübergehende Störung der Geistestätigkeit) **aufhebbar** war. Der im Hinblick auf die genannten Aufhebungsgründe, die im wesentlichen den früheren Nichtigkeitsgründen der §§ 16–18, 20, 21 EheG entsprechen, Bösgläubige ist also niemals zur gesetzlichen Erbfolge berufen, auch wenn die Ehe nicht aufgehoben wird. Der bei der Eheschließung im Hinblick auf die Aufhebbarkeit der Ehe Gutgläubige verliert hingegen – anders als nach früherem Recht – nicht rückwirkend sein Erb- und Pflichtteilsrecht, wenn der andere Ehegatte vorverstorben ist und nach dessen Tod das Aufhebungsverfahren von einem Antragsberechtigten (vgl § 1316) anhängig gemacht wird, denn das Aufhebungsurteil hat – anders als das frühere Nichtigkeitsurteil – keine rückwirkende Kraft.

g) In der **ehemaligen DDR** waren Eheschließungen und Eheauflösungen durch das Familiengesetzbuch vom 20. 12. 1965 (GBl I 1966, 1) geregelt, und zwar die Eheschließung in den §§ 5–8 FGB und die Auflösung in den §§ 23–41 FGB. Der Ehegatte, der nach § 365 I S 1 ZGB zu den Erben erster Ordnung gehörte, war nur dann zur gesetzlichen Erbfolge berufen, wenn er im Zeitpunkt des Erbfalls mit dem Erblasser in rechtsgültiger Ehe gelebt hatte. Er schied also als Erbe aus, wenn eine nichtige Ehe vorlag, die Ehe rechtskräftig geschieden war (§ 24 FGB) oder sie rechtskräftig für nichtig erklärt worden war, § 35 ZGB. Eine dem § 1933 entsprechende Bestimmung kannte das ZGB nicht.

3. Die §§ 1931, 1371 sind auf eine **nichteheliche Lebensgemeinschaft** nicht analog anwendbar, Saarbrücken FamRZ 1979, 796; Frankfurt NJW 1982, 1985; Schlüter, Die nichteheliche Lebensgemeinschaft, 1981, S 35. Im Hinblick auf Art 6 I GG ist ein gesetzliches Ehegattenerbrecht von dem rechtsgültigen Bestehen einer Ehe abhängig. Abgesehen davon handelt es sich bei der nichtehelichen Lebensgemeinschaft um sehr heterogene, in ihren Konturen unscharfe Sachverhalte, so daß sich auch aus Gründen der Rechtssicherheit eine solche Analogie verbietet.

4. Der **überlebende Ehegatte ist voller Erbe**, nicht nur Nießbraucher oder Vorerbe. Erbt er neben Verwandten, so steht er mit ihnen in einer Miterbengemeinschaft (§§ 2032ff). Mit seinem Tod geht die Erbschaft oder der Miterbenanteil auf seine erbenden Verwandten, seinen neuen Ehegatten oder seine gewillkürten Erben über, auch soweit sie nicht mit dem erstverstorbenen Gatten verwandt sind. Das Gut geht daher aus der Familie, aus der es stammt. Es gibt kein reales Rückfallrecht. Leben die Ehegatten in Gütergemeinschaft und tritt mit dem Tod des einen Ehegatten fortgesetzte Gütergemeinschaft ein (§§ 1483ff), so gehört den Erben des Verstorbenen nicht zum Nachlaß, nur sein aus Vorbehalts- und Sondergut bestehendes Vermögen geht auf die Erben erbrechtlich über.

5. Ferner kann der überlebende Ehegatte durch letztwillige Verfügung von der Erbfolge kraft Gesetzes ausgeschlossen, **enterbt** werden, § 1938. Er bleibt dann pflichtteilsberechtigt, § 2303 II.

6. Schließlich kann der Ehegatte auf sein Erbrecht einschließlich oder vorbehaltlich seines Pflichtteilsrechts oder auf sein Pflichtteilsrecht allein **verzichtet** haben, § 2346.

III. Umfang des Ehegattenerbrechts nach der Grundregel des § 1931 I und II
Ausgangspunkt für den Umfang des Ehegattenerbrechts ist § 1931 I und II, der allerdings für die einzelnen Güterstände, in denen der überlebende Ehegatte mit dem Erblasser gelebt hat, modifiziert wird. Die Grundregel des § 1931 I und II gilt nur noch, wenn der Erblasser beim Erbfall mit dem überlebenden Ehegatten in Gütergemeinschaft oder in einem anderen vereinbarten Güterstand (vgl Einl § 1363 Rz 5f) gelebt oder sich in Gütertrennung befunden und mehr als zwei Kinder hinterlassen hat, vgl § 1931 IV. In diesen Fällen ist das gesetzliche Ehegattenerbrecht folgendermaßen ausgestaltet:

1. Neben Verwandten erster Ordnung (§ 1924) erbt der Ehegatte ¼ ohne Rücksicht auf die Zahl und das Alter der Kinder aus der beerbten Ehe.

2. Neben Verwandten zweiter Ordnung (§ 1925) erbt er die Hälfte. Das gilt auch dann, wenn die Verwandten nur Abkömmlinge eines Elternteils des Erblassers sind, Celle FamRZ 2003, 560.

3. Neben Verwandten dritter Ordnung (§ 1926) ist der Umfang seines Erbrechts verschieden: **a)** Trifft er mit Großeltern allein zusammen, so erhält er ebenfalls die Hälfte, **Abs I S 1**, **b)** trifft er nur mit Abkömmlingen der Großeltern oder Verwandten der vierten und entfernteren Ordnungen zusammen, so fällt ihm der ganze Nachlaß zu, **Abs II.** **c)** Sind neben ihm mindestens ein Großelternteil und mindestens ein Abkömmling eines anderen nichterbenden Großelternteils zu Miterben berufen, so erhält der Ehegatte zunächst die Hälfte, die ihm neben Großeltern allein zustehen würde. Von der anderen Hälfte, die sich auf Großeltern und eintretende Abkömmlinge fortgefallener Großeltern verteilen würde, erhält er die Anteile, die auf Abkömmlinge nach § 1926 III–V entfallen würden, wenn der Ehegatte nicht erbberechtigt wäre (§ 1931 I S 2). Der Ehegatte schließt also allein die Abkömmlinge, nicht aber die Großeltern von ihrem gesetzlichen Erbrecht nach § 1926 aus, Staud/Werner Rz 26.

4. Bei der Berechnung des Ehegattenerbteils sind nur solche Verwandten zu berücksichtigen, die wirklich zur Erbfolge gelangt sind oder als Abkömmlinge der Großeltern zur Erbfolge gelangt wären, wenn der Ehegatte sie nicht ausgeschlossen hätte (§ 1931 I S 2; Staud/Werner Rz 28). Lebt neben einem Großelternteil, der gesetzlicher Erbe geworden ist, ein Abkömmling eines anderen Großelternteils, der deshalb nicht zur gesetzlichen Erbfolge nach § 1926 III S 1 berufen ist, weil er enterbt ist (§ 1938) oder auf sein Erbe verzichtet hat (§§ 2346, 2349), dann gilt er als nicht vorhanden. Er vermag den Anteil des Ehegatten nicht nach § 1931 I S 2 zu erhöhen. Das gilt auch, wenn der Abkömmling die Erbschaft ausschlagen würde (Staud/Werner Rz 28).

5. Zum Anspruch des überlebenden Ehegatten auf den Voraus vgl § 1932.

IV. Umfang des Ehegattenerbrechts im gesetzlichen Güterstand der Zugewinngemeinschaft
Schrifttum: *Bärmann,* Das neue Ehegattenerbrecht, AcP 157, 145; *Boehmer,* Zur Auslegung des § 1371 Abs 1–3 nF BGB, NJW 1958, 524; *ders,* Die „erbrechtliche Lösung" des § 1371 BGB nF im Lichte des Stiefkinderproblems (§ 1371 IV), FamRZ 1961, 41; *Braga,* Das güterrechtliche Erbrecht des überlebenden Ehegatten, FamRZ 1957, 334; *Ferid,* Zwei Gesichtspunkte zur „erbrechtlichen Lösung" des Zugewinnausgleiches bei Auflösung der Ehe durch den Tod eines Ehegatten, FamRZ 1957, 70; *Johannsen,* Erbrechtliche Auswirkungen des § 1371 Abs I–III BGB, FamRZ 1961, 17; *Lange,* Die Stellung des überlebenden Ehegatten bei der Zugewinngemeinschaft, NJW 1957, 1381; *ders,* Nochmals: Zum Ausgleich des Zugewinns beim Tode eines Ehegatten, NJW 1958, 288; *Müller-Freienfels,* Kernfragen des Gleichberechtigungsgesetzes, JZ 1957, 685; *v Olshausen,* Die Konkurrenz von Güterrecht bei Auflösung der Zugewinngemeinschaft durch Tod eines Ehegatten, Diss Kiel 1968; *ders,* Gesetzliches Ehegattenerbrecht neben Großeltern und Abkömmlingen im Güterstand der Zugewinngemeinschaft, FamRZ 1981, 633; *Papantoniou,* Die Auswirkungen des Zugewinnausgleichs auf das Erbrecht, FamRZ 1988, 683; *Reinicke,* Zum Ausgleich des Zugewinns beim Tode eines Ehegatten, NJW 1958, 121; *Rittner,* Zur Auslegung des § 1371 Abs 2 BGB nF, DNotZ

§ 1931 Erbrecht Erbfolge

1958, 181; *Thiele*, Die Nahtstellen von Erbrecht und Güterrecht in der Zugewinngemeinschaft, FamRZ 1958, 393; *Ulmer*, Die Stellung des erstversterbenden Ehegatten bei der Zugewinngemeinschaft, NJW 1958, 170; *Wahl*, Die Erhöhung des Ehegatten-Erbrechts um ein Viertel als Zugewinn-Ausgleich bei Auflösung der Ehe durch den Tod, FamRZ 1956, 133; *ders*, Die Erhöhung des Ehegattenerbrechts um ein Viertel als Zugewinnausgleich bei Auflösung der Ehe durch den Tod und die erbrechtliche Stellung erstehelicher Kinder, in FS Heinrich Lehmann, 1956, Bd 1, S 419.

21 **1. Die erbrechtliche Lösung des Zugewinnausgleichs.** Das GleichberG hat den Erbteil des Ehegatten unter den beiden folgenden Voraussetzungen um ein Viertel der Erbschaft erhöht:

22 a) Der **Ehegatte** muß **gesetzlicher Erbe**, und zwar mit seinem vollen gesetzlichen durch § 1931 I, II bestimmten Erbteil geworden sein. Das ist nicht der Fall,
aa) wenn die Voraussetzungen für die Ehescheidung (§§ 1565, 1566) gegeben waren und der Erblasser die Scheidung beantragt oder ihr zugestimmt hatte oder er einen berechtigten Antrag auf Aufhebung der Ehe gestellt hatte, § 1933,
bb) wenn der überlebende Ehegatte auf sein ganzes gesetzliches Erbrecht oder auf einen Bruchteil seines gesetzlichen Erbrechts durch einen Erbverzichtsvertrag nach §§ 2346ff verzichtet hat,
cc) wenn er für erbunwürdig erklärt worden ist (§§ 2339ff),
dd) wenn er als gesetzlicher Erbe die Erbschaft ausgeschlagen hat (§ 1953 I) – die Ausschlagung kann sich nur auf die ganze Erbschaft oder den ganzen großen Erbteil beziehen, der nach § 1371 I ein einheitlicher Erbteil ist, § 1950 – im Gegensatz zur Regelung des § 1935. Der überlebende Ehegatte wird nicht zunächst als Ehegatte ohne Rücksicht auf den Güterstand auf den gesetzlichen Erbteil des § 1931 und daneben unabhängig davon als Partner des gesetzlichen Güterstandes der Zugewinngemeinschaft auf einen weiteren gesetzlichen Erbteil in Höhe eines Viertels der Erbschaft nach § 1371 I Hs 1 berufen, vgl Rz 32; Staud/Werner Rz 39. Die Frage nach der Einheit und Mehrheit der Berufungsgründe, die § 1951 stellt, tritt daher hier nicht auf, sondern § 1950 schließt die Beschränkung der Ausschlagung auf einen Teil der Erbschaft oder des Erbteils (§ 1922 II) aus. Eine Teilausschlagung wäre unwirksam, § 1950 Rz 3.
ee) Erbe mit dem gesetzlichen, durch § 1931 I und II bestimmten Erbteil wird der überlebende Ehegatte schließlich nicht, wenn der Erblasser ihn von der gesetzlichen Erbfolge ganz oder teilweise ausgeschlossen (Enterbung, § 1938) oder seine **Erbfolge durch Verfügung von Todes wegen** geregelt hat.

Nur wenn er nach § 1931 I und II gesetzlicher Erbe wird, kann dieser gesetzliche Erbteil nach § 1371 I um ein Viertel erhöht werden. Der Erblasser kann aufgrund seiner Testierfreiheit durch Verfügung von Todes wegen den Besonderheiten des Erbfalls gerechter werden, als die starre Regelung der gesetzlichen Erbfolge es vorsieht. In einer Verfügung von Todes wegen kann der Erblasser namentlich die Dauer der Ehe, das Alter und die Versorgung des anderen Ehepartners und die Verschiedenheit der Vermögensverhältnisse berücksichtigen. Auf diese Weise kann er nachteilige Einflüsse, die die Erbteilserhöhung auf ein bestehendes Wirtschaftsunternehmen oder eine andere Vermögenseinheit haben kann, vermeiden. Die besondere Starrheit der Regelung zeigt sich darin, daß das Wahlrecht zwischen Erbrecht und Vermächtnis einerseits, Zugewinnausgleich und kleinem Pflichtteil andererseits nur dem überlebenden Ehegatten, nicht aber den Kindern oder den anderen mit dem Ehegatten zusammentreffenden Verwandten des Erblassers zusteht, auf deren Kosten die Gleichberechtigung gefördert wird. Die erbrechtliche Lösung benachteiligt vor allem die Kinder, namentlich in einer kinderreichen Familie (vgl Lange NJW 1957, 1387), zumal sie unabhängig davon ist, wie lange die Ehe bestanden, ob der überlebende Ehegatte einen Anspruch auf Zugewinnausgleich hat, oder sogar dem Verstorbenen ehegüterrechtlich ausgleichspflichtig gewesen wäre. Besonders hart können die Stiefkinder des überlebenden Ehegatten getroffen werden, die vom Erblasser abstammen. Sie erwerben keinen Anspruch auf den Zugewinnausgleich, haben kein gesetzliches Erbrecht nach dem überlebenden Ehegatten und werden nur vor der Äußersten geschützt, wenn § 1371 IV den Stiefelternteil verpflichtet, ihnen, wenn und soweit sie dessen bedürfen, die Mittel zur angemessenen Ausbildung aus dem erhöhten Erbteil zu gewähren.

23 b) Die **Eheleute** müssen **bis zum Tod des Erstverstorbenen im Güterstand der Zugewinngemeinschaft gelebt** haben. Durch den Tod des Erblassers müssen Ehe und Zugewinngemeinschaft aufgelöst worden sein. Das ist nicht der Fall, **aa)** wenn die Ehegatten durch Ehevertrag Gütergemeinschaft vereinbart (§ 1415), den gesetzlichen Güterstand der Zugewinngemeinschaft ausgeschlossen oder aufgehoben oder den Ausgleich des Zugewinns ausgeschlossen haben (§ 1414), **bb)** wenn vor dem Erbfall ein Urteil rechtskräftig geworden ist, das auf vorzeitigen Ausgleich des Zugewinns erkannt hat (§§ 1385–1388), **cc)** wenn ein Ehegatte einer Ehe, die vor dem 22. 6. 1957 geschlossen ist, vor dem Tod des Erblassers, aber bis zum 30. 6. 1958 gegenüber dem zuständigen Amtsgericht in gerichtlicher oder notarieller Urkunde erklärt hat, daß für die Ehe, in der bisher der Güterstand der Verwaltung und Nutznießung galt, Gütertrennung gelten soll, Art 8 I Nr 3, 4 GleichberG, **dd)** wenn die Ehegatten am 1. 7. 1958 im vertraglichen Güterstand der Errungenschafts- oder Fahrnisgemeinschaft des BGB gelebt und nicht vereinbart haben, daß dieser Güterstand nicht mehr gelten solle, Art 8 I Nr 7 der Übergangsvorschriften.

24 **2. Höhe des Ehegattenerbteils bei der erbrechtlichen Lösung des Zugewinnausgleichs.** Neben Verwandten der ersten Ordnung, also neben Abkömmlingen, erhält der Ehegatte die Hälfte des Nachlasses. Er erhält drei Viertel der Erbschaft, wenn Kinder oder andere Abkömmlinge fehlen, aber in der zweiten Ordnung Eltern des Erblassers oder ihre Abkömmlinge oder Großeltern des Erblassers vorhanden sind. Die Erbteile der übrigen gesetzlichen Erben, vor allem der Kinder, mindern sich entsprechend.

25 Erbt der Ehegatte neben Erben der dritten Ordnung nach § 1931 I S 2 bereits drei Viertel (dazu Rz 18), so wird er unter Berücksichtigung des zusätzlichen Viertels (§ 1371 I) Alleinerbe. Trifft er also mit einem oder zwei Großelternteilen sowie den Abkömmlingen des vorverstorbenen Großelternteils zusammen, so ist zunächst sein Erbteil nach § 1931 I S 1 und 2 zu errechnen und sodann das Viertel des § 1371 I hinzuzufügen, so daß der Ehegatte Alleinerbe wird, so auch Brox Rz 70; Dölle, Familienrecht, Bd I, 1964, S 780. Die gegenteilige Auffassung

(Lange/Kuchinke § 12 III 4b; MüKo/Leipold Rz 24; Soergel/Stein Rz 23; Staud/Werner Rz 37; v Olshausen FamRZ 1981, 633), die zunächst dem Erbteil nach § 1931 I S 1 das Viertel des § 1371 I hinzurechnet und dann das verbleibende Viertel nach § 1931 I S 2 auf den Ehegatten und die noch lebenden Großeltern verteilt, verkennt, daß durch § 1371 I der gesetzliche Erbteil im Endergebnis um ein Viertel erhöht werden soll, soweit dieses rechnerisch möglich ist.

Erst recht erhält der Ehegatte den ganzen Nachlaß, wie schon nach § 1931 II, wenn weder Verwandte der ersten **26** noch der zweiten Ordnung noch Großeltern vorhanden sind.

Ist der **überlebende Ehegatte als Alleinerbe** eingesetzt und hat er mit dem verstorbenen Ehegatten bis zu des- **27** sen Tod in der Zugewinngemeinschaft gelebt, so fällt ihm zwar der ganze Nachlaß zu. Aber der Güterstand ist für die Berechnung des Pflichtteils, etwa der Kinder, von Bedeutung. Denn der gesetzliche Erbteil würde neben einem kraft Gesetzes erbenden Kinde die Hälfte (§ 1371 I) betragen, der Pflichtteil also ein Viertel des Nachlasses. Das Kind würde als gesetzlicher Erbe die andere Hälfte des Nachlasses, also ebenfalls ein Viertel als Nachlaßwertes als Pflichtteil erhalten, § 2303 I S 2; BGH 37, 58. Den kleinen Pflichtteil in Höhe eines Achtels der Erbschaft erwirbt der überlebende Ehegatte nur, wenn er weder Erbe noch bedachter Vermächtnisnehmer geworden ist, § 1371 II Hs 1. In diesem Fall erhöht sich der Pflichtteil des Kindes auf drei Achtel. Diese Regelung ist gerechtfertigt, weil der Pflichtteil des Kindes bereits durch die güterrechtliche Ausgleichsforderung des überlebenden Ehegatten gemindert ist. Obwohl also der Überlebende Alleinerbe ist, ist der gesetzliche Erbteil, den er erhalten würde, Ausgangspunkt für die Berechnung des Pflichtteils der Kinder.

3. Rechtsnatur des erhöhten Ehegattenerbteils. Die Erhöhung des nach § 1931 I und II bestimmten Erbteils **28** durch § 1371 I ist **kein güterrechtlicher, sondern ein selbständiger erbrechtlicher Erwerb,** der durch güterrechtliche Motive bestimmt ist, aA MüKo/Koch § 1371 Rz 1. Mit Recht weist Werner (Staud/Werner Rz 33) darauf hin, daß § 1931 III klarer wie folgt hätte formuliert werden sollen: „Bei der Zugewinngemeinschaft finden auf das gesetzliche Erbrecht des überlebenden Ehegatten die Sonderbestimmungen des § 1371 Anwendung." Damit wäre deutlicher zum Ausdruck gekommen, daß es sich um eine erbrechtliche, nicht um eine güterrechtliche Regelung handelt und daß das gesetzliche Erbrecht des überlebenden Gatten, der in einem anderen Güterstand als dem der Zugewinngemeinschaft gelebt hat, unverändert bleibt. Mit der Begünstigung des überlebenden Ehegatten durch die erbrechtliche Lösung in § 1371 I will der Gesetzgeber aber in schematischer und pauschalierender Weise den Anspruch auf Ausgleich des Zugewinns, den er gegebenenfalls sonst hätte, ausgleichen, BGH 37, 58 (63); 42, 182 (187). Auf diese Weise soll eine sonst oft schwierige Ermittlung des auszugleichenden Zugewinns vermieden werden. Dieser Zusammenhang mit dem Ausgleich des Zugewinns gelangt auch im Wortlaut des § 1371 I Hs 1 deutlich zum Ausdruck.

4. Auch wenn § 1371 I rechtssystematisch dem Erbrecht zuzuordnen ist, so ist damit für das IPR die erb- oder **29** güterrechtliche Qualifikation (Art 15, 25 EGBGB) noch nicht eindeutig im einen oder anderen Sinn beantwortet, dazu Ferid, Internationales Privatrecht, 3. Aufl 1986, S 308 sowie die Kommentierung zu Art 15 EGBGB; Karlsruhe IPrax 1990, 407 mit Anm v Schurig IPrax 1990, 389; zu dem Meinungsstreit vor allem MüKo/Siehr Art 15 EGBGB Rz 20ff mit zahlr Nachw.

5. Die **Erhöhung** des gesetzlichen Erbteils ist davon **unabhängig,** wie lange die Ehe und der gesetzliche Güter- **30** stand gedauert haben, **ob überhaupt ein Zugewinn erzielt worden ist** und **wer ihn gemacht hat,** § 1371 I Hs 2. Selbst wenn der überlebende Ehegatte bei einer anderen Beendigung der Zugewinngemeinschaft als durch den Tod dem anderen zum Ausgleich verpflichtet gewesen wäre, erwirbt er den erhöhten gesetzlichen Erbteil. Es handelt sich also nicht darum, daß sich durch diesen erbrechtlichen Ausgleich „der Ausgleich des Zugewinns" im einzelnen Fall tatsächlich „verwirklicht". Die Fassung des § 1371 I Hs 1 ist insofern ungenau und weist nur auf das gesetzgeberische Motiv für die pauschale Abgeltung des Zugewinns hin.

6. Auch die **Erhöhung** schafft dem überlebenden Ehegatten eine **echte erbrechtliche Beteiligung** nicht nur am **31** Wert, sondern **an der Substanz des Nachlasses.** Entweder erwirbt er als Alleinerbe den ganzen Nachlaß zur alleinigen Rechtsträgerschaft oder als Miterbe eine unmittelbare gesamthänderische Beteiligung an der Nachlaßsubstanz. Die Bezeichnung dieser Beteiligung als „ehegüterrechtliches Erbrecht" kann daher nur als schlagwortartig abgekürzte Darstellung ihrer rechtspolitischen Herkunft aufgefaßt werden.

7. Gesetzlicher Erbteil des § 1931 und „Erhöhung" des § 1371 I sind **ein einheitlicher Erbteil** (vgl Rz 22), der **32** nur als ganzer angenommen und ausgeschlagen werden kann (§§ 1950, 1922 II). Das zusätzliche Viertel (§ 1371 I) kann aber Gegenstand des Erbverzichts sein, § 2346 Rz 3. Verzichtet der überlebende Ehegatte auf seinen gesetzlichen Erbteil und ist damit auch nur der Erbteil des § 1931 gemeint, so kommt es nach § 1371 nicht zur Erhöhung. Ein Verzicht auch nur auf einen Bruchteil des gesetzlichen Erbteils des § 1931 hindert die Erhöhung (Rz 22), kann sich aber an der Erhöhung bis zum Bruchteil der Erhöhung beziehen.

8. Zur **rechtspolitischen Kritik** des erbrechtlichen Zugewinnausgleichs s Schlüter Rz 103 und 6. Aufl Rz 51ff **33** sowie das Schrifttum vor Rz 21ff.

9. Ausschlagung. a) Der Ehegatte braucht es aber bei der pauschalen Abgeltung des Zugewinns durch Erhö- **34** hung des gesetzlichen Erbteils um ein Viertel (§ 1371 I) nicht zu belassen. Er kann nach § 1371 III die Erbschaft ausschlagen und den Zugewinn nach der güterrechtlichen Lösung (§§ 1373–1380, 1390) verlangen. In diesem Fall steht ihm neben der Zugewinnausgleichsforderung nach § 1378 I ein Pflichtteilsanspruch zu, der sich aber nach dem normalen (§ 1931 I), nicht erhöhten gesetzlichen Pflichtteil (kleiner Pflichtteil) bemißt.

Schlägt er aus, so kann er den Pflichtteil auch verlangen, wenn dieser ihm bisher nach den Vorschriften des **35** Erbrechts nicht zusteht, also wenn die Voraussetzungen des § 2306 I S 2 Hs 1 fehlen, § 1371 III Hs 1. Nur wenn er dem Erblasser gegenüber vertraglich auf sein gesetzliches Erbrecht und damit auf sein Pflichtteilsrecht (§ 2346 I) oder allein auf sein Pflichtteilsrecht (§ 2346 II) verzichtet hat, kann er sich auch durch Ausschlagung den Pflichtteil nicht verschaffen, § 1371 III Hs 2. Er ist dabei an die Frist für die Ausschlagung von Erbschaften, die regelmäßig sechs Wochen beträgt (§ 1944 I), gebunden.

36 b) Der überlebende Ehegatte kann nicht nur ein gesetzliches Erbrecht, sondern auch eine ihm durch Verfügung von Todes wegen zugewandte Erbschaft oder ein ihm zugewandtes Vermächtnis ausschlagen und dann den Zugewinn nach der güterrechtlichen Lösung und den kleinen Pflichtteil verlangen. Die gleichen Rechte stehen ihm zu, wenn er enterbt ist und ihm auch kein Vermächtnis zusteht (vgl die Erläuterungen zu § 1371 und zu § 2303).

37 c) Die Wahl des überlebenden Ehegatten zwischen der erbrechtlichen und der güterrechtlichen Lösung wird vor allem davon abhängen, ob das Vermögen des Erblassers im wesentlichen während des Güterstands erworben worden ist. Hat der Erblasser einen großen Zugewinn erlangt, während der überlebende Ehegatte keinen Zugewinn erzielt hat, so kann es für den zur gesetzlichen Erbfolge (§§ 1931 I, 1371 I) berufenen Ehegatten wirtschaftlich günstiger sein, die Erbschaft auszuschlagen und neben dem Zugewinnausgleich den (kleinen) Pflichtteil (§ 2303 I) zu verlangen, der auf der Grundlage des nicht erhöhten Erbteils zu berechnen ist, § 1931 I.

Der überlebende Ehegatte kann sich auch deshalb für eine Ausschlagung nach § 1371 III entscheiden, weil er die bequemere Stellung eines Nachlaßgläubigers mit einem sofort fälligen Pflichtteilsanspruch der eines Miterben vorzieht, die ihn mit den Kosten und Mühen der Nachlaßabwicklung belasten und ihn der Haftung für die Nachlaßverbindlichkeiten aussetzen würde, §§ 1967, 2058.

38 d) Zur Durchführung der güterrechtlichen Lösung vgl die Erläuterungen zu § 1371.

39 10. **Erbscheinverfahren.** Bevor der Nachlaßrichter einen Erbschein erteilt, der den überlebenden Ehegatten als gesetzlichen Erben ausweist, hat er wegen der §§ 1931 III, 1371 den Güterstand zu prüfen. Von ihm hängt die Höhe des gesetzlichen Ehegattenerbteils ab, die durch den Erbschein auszuweisen ist. Der gesetzliche Güterstand der Zugewinngemeinschaft kann durch eidesstattliche Versicherung nachgewiesen werden, § 2356 II S 1.

40 11. **Steuerliche Behandlung.** Vgl dazu im einzelnen Einl § 1922 Rz 29ff. Jedem Ehegatten steht nach § 16 I Nr 1 ErbStG ein Freibetrag in Höhe von 307 000 Euro zu. Neben diesem allgemeinen Freibetrag wird dem überlebenden Ehegatten ein besonderer Versorgungsfreibetrag von 256 000 Euro gewährt (§ 17 I S 1 ErbStG). Dieser Versorgungsfreibetrag wird allerdings um den nach § 14 BewG zu ermittelnden Kapitalwert von Versorgungsbezügen gekürzt, die dem überlebenden Ehegatten aus Anlaß des Todes zufallen und nicht der Erbschaftsteuer unterliegen (§ 17 I S 2 ErbStG). Hierzu gehören etwa die Versorgungsbezüge der Hinterbliebenen von Beamten und die Renten der Hinterbliebenen von Arbeitern und Angestellten aus der Sozialversicherung.

Wird die Zugewinngemeinschaft auf andere Weise als durch Tod aufgelöst, oder wählt der überlebende Ehegatte anstatt der erbrechtlichen (§ 1371 I) die güterrechtliche Lösung (§ 1371 II), so fällt ihm der Ausgleichsanspruch steuerfrei an, er gehört weder zum Erwerb von Todes wegen noch zu den Schenkungen unter Lebenden (§ 5 II ErbStG). Der geltend gemachte kleine Pflichtteilsanspruch ist hingegen nach § 3 I Nr 1 ErbStG zu versteuern.

Wird dagegen bei der Auflösung der Zugewinngemeinschaft durch Tod eines Ehegatten der Zugewinnausgleich nach der erbrechtlichen Lösung durch Erhöhung des gesetzlichen Erbteils um ein Viertel der Erbschaft verwirklicht, so bleibt beim Überlebenden nur noch der Betrag steuerfrei, den er bei güterrechtlicher Abwicklung nach § 1371 II als Zugewinnausgleichsforderung hätte geltend machen können. Steuerlich muß also, soweit eine Steuerpflicht nicht schon wegen der Freibeträge entfällt, die fiktive Zugewinnausgleichsforderung in jedem Fall ermittelt werden. Bei der Ermittlung des als Ausgleichsforderung steuerfreien Betrags ergeben sich insofern Schwierigkeiten, weil bei der Ermittlung der Ausgleichsforderung nach bürgerlichem Recht (§§ 1373ff) grundsätzlich vom wirklichen Wert, dem Verkehrswert, auszugehen ist, während der Steuerwert des Nachlasses nach den teilweise davon abweichenden Bewertungsgrundsätzen des § 12 ErbStG bestimmt wird. § 5 I S 4 ErbStG schreibt vor, daß höchstens der dem Steuerwert des Nachlasses entsprechende Betrag nicht als Erwerb von Todes wegen gilt und damit steuerfrei ist.

Mit der Novellierung ist die unterschiedliche steuerliche Behandlung des Zugewinnausgleichs nach der güterrechtlichen und erbrechtlichen Lösung beseitigt. Die vom Gesetzgeber mit der erbrechtlichen Lösung (§ 1371 I) angestrebte Vereinfachung ist für große Vermögen damit aber praktisch aufgegeben, weil auch bei der erbrechtlichen Lösung aus steuerlichen Gründen die fiktive Zugewinnausgleichsforderung in jedem Fall ermittelt werden muß.

V. Umfang des Ehegattenerbrechts im Güterstand der Gütertrennung

Schrifttum: *Bosch,* Erbrechtliche Probleme des Nichtehelichengesetzes, FamRZ 1972, 169; *Braga,* Das Ehegattenerbrecht nach § 1931 Abs IV BGB, FamRZ 1972, 105; *Jayme,* Zur Auslegung des § 1931 IV BGB bei ausländischem Ehegüterrechtsstatut, in FS Ferid, 1978, S 221; *Odersky,* Die Erbquote des Ehegatten und der Kinder in den Fällen des § 1931 Abs 4 BGB, Rpfleger 1973, 239.

41 1. Der durch das NEhelG eingefügte § 1931 IV verfolgt den **Zweck,** beim Güterstand der Gütertrennung sicherzustellen, daß der überlebende Ehegatte, der in aller Regel durch seine Mitarbeit den Wert des Nachlasses erhöht hat, nicht weniger erhält als ein Kind, wenn er mit einem oder zwei Abkömmlingen des Erblassers zusammentrifft. Vor allem sollte verhindert werden, daß der überlebende Ehegatte neben einem oder zwei nichtehelichen Kindern wirtschaftlich geringer am Nachlaß beteiligt ist als diese. Außerdem ist § 1931 IV im Zusammenhang mit der Ausgleichspflicht des § 2057a zugunsten der Abkömmlinge zu sehen, die – anders als der in Gütertrennung lebende Ehegatte – auf diese Weise für ihre Mitarbeit in Haushalt, Beruf und Geschäft des Erblassers belohnt werden.

42 2. Hatten die Ehegatten Gütertrennung vereinbart (§ 1414), so ändert sich das Ehegattenerbrecht gegenüber § 1931 I nur, wenn neben dem Ehegatten **ein** oder **zwei Kinder zur gesetzlichen Erbfolge berufen** sind,

§ 1931 IV. Der überlebende Ehegatte erhält dann nicht ein Viertel der Erbschaft, wie es § 1931 I vorsieht, sondern **einen ebenso großen Erbteil wie jedes Kind,** dh bei einem erbberechtigten Kind die Hälfte und bei zwei erbberechtigten Kindern ein Drittel. Sind neben ihm mehr als zwei Kinder erbberechtigt, so verbleibt ihm in jedem Fall das Viertel des § 1931 I.

3. Da § 1931 IV allgemein von Kindern des Erblassers spricht, die als gesetzliche Erben zur Erbfolge berufen **43** sind, kommt es nicht darauf an, ob die Kinder aus der durch den Tod des Erblassers beendeten Ehe oder aus einer früheren Ehe stammen, oder ob sie ehelich oder nichtehelich geboren sind, zu den Erbquoten und der Berechnung des Erbersatzanspruchs bis zum 1. 4. 1998 (vor Inkrafttreten des ErbGleichG) vgl 10. Aufl Rz 43.

4. Zu den gegen § 1931 IV bestehenden Bedenken vgl Braga FamRZ 1972, 105; er weist auf vom Gesetzgeber **44** nicht bedachte Widersprüche der Regelung hin und hält diese Norm nicht für anwendbar, weil der ihr vom Gesetzgeber beigelegte funktionale Gehalt in einer großen Zahl der Fälle nicht zum Ausdruck komme. Dagegen zutreffend Stöcker (FamRZ 1972, 429), der § 1931 IV auch für rechtspolitisch bedenklich, aber für anwendbar hält.

VI. Umfang des Ehegattenerbrechts im Güterstand der Gütergemeinschaft

1. Bestand zur Zeit des Erbfalls zwischen den Ehegatten Gütergemeinschaft, so richtet sich der Erbteil des **45** überlebenden Ehegatten ausschließlich nach § 1931 I und II. Zum Nachlaß gehören nicht nur das Sondergut (§ 1417) und das Vorbehaltsgut (§ 1418), sondern auch der Gesamthandsanteil des Erblassers am Gesamtgut, § 1482 S 1. Unabhängig von seiner Beteiligung am Nachlaß des Erblassers steht dem Ehegatten bereits nach den güterrechtlichen Regeln ein hälftiger Anteil als Gesamthänder am Gesamthandsgut zu, §§ 1416, 1419. Die allgemeine Gütergemeinschaft ist also (sieht man einmal von den wenigen Fällen ab, in denen nach Art 8 I Nr 7 GleichberG noch eine Errungenschafts- und Fahrnisgemeinschaft alten Rechts weiterbesteht) der einzige gesetzliche Güterstand, bei dessen Auflösung durch den Tod die Grundregel des § 1931 I und II ohne Modifikationen anzuwenden ist.

2. Die Ehegatten können im Ehevertrag vereinbaren, daß nach dem Tod eines Ehegatten die Gütergemeinschaft **46** nicht aufgelöst, sondern zwischen dem überlebenden Ehegatten und den gemeinschaftlichen Kindern fortgesetzt wird, § 1483 I S 1; **fortgesetzte Gütergemeinschaft.** In diesem Fall **fällt** der **Gesamtgutsanteil** des Verstorbenen nicht in seinen Nachlaß (§ 1483 I S 3) und wird deshalb nicht vererbt. Nach allgemeinen erbrechtlichen Grundsätzen werden nur das **Sonder- und Vorbehaltsgut** des Erblassers **vererbt,** §§ 1483 I S 3 Hs 2, 1486. Das Erbrecht nicht gemeinsamer Abkömmlinge bestimmt sich nach § 1483 II.

VII. Das Ehegattenerbrecht in der früheren DDR

Schrifttum: Vgl Einl § 1922 vor Rz 13ff.

1. In der ehemaligen DDR erbte der überlebende Ehegatte als Erbe der ersten Ordnung neben den erbberechtig- **47** ten Kindern des Erblassers zu gleichen Teilen, mindestens jedoch ein Viertel, § 365 I S 1 ZGB; s Einl § 1922 Rz 17. Nach § 366 ZGB erbte er allein, wenn Nachkommen des Erblassers nicht vorhanden waren. Außerdem standen ihm, ähnlich wie es § 1932 vorsieht, die zum Haushalt gehörenden Gegenstände zu, § 365 I S 2 ZGB.

2. Eine entsprechende Regelung bestand seit dem 1. 4. 1966 mit § 10 des Einführungsgesetzes zum Familienge- **48** setzbuch vom 20. 12. 1965 (GBl I 1966, 19), die mit Wirkung vom 1. 1. 1976 durch §§ 365, 366 ZGB ersetzt worden war, dazu 6. Aufl § 1931 Rz 74.

3. Auch von den erbrechtlichen Bestimmungen über das Ehegattenerbrecht konnte der Erblasser dadurch **49** abweichen, daß er durch letztwillige Verfügungen etwas anderes bestimmte, § 370 I ZGB.

4. Hatte ein Ehegatte zur Vergrößerung oder zur Erhaltung des Vermögens des anderen Ehegatten wesentlich **50** beigetragen, so konnte ihm das Gericht bei Beendigung der Ehe außer seinem Anteil am gemeinschaftlichen Eigentum und Vermögen auch einen Anteil am Vermögen des anderen Ehegatten zusprechen, § 40 I FGB. Der Anteil konnte die Hälfte dieses Vermögens erreichen. Er verjährte nach Ablauf eines Jahres nach Beendigung der Ehe und war nicht übertragbar (§ 40 II FGB), auch nicht vererblich, § 40 I S 1 FGB. Zur Verjährung des Ausgleichsanspruchs Eberhardt NJW 1968, 141.
Wurde die Ehe durch den Tod eines Ehegatten aufgelöst, so erhielt der überlebende Ehegatte diesen Ausgleichsanspruch **neben seinem Erbteil,** § 40 III FGB.
Obwohl der Anspruch nicht vererblich war, konnte er den Nachlaß schmälern. Denn § 40 IV S 2 FGB bestimmte: „Hinterläßt jedoch ein Ehegatte, der nach Abs I einen Ausgleichsanspruch hätte, nach seinem Tode Kinder, die nicht zu den gesetzlichen Erben des anderen Ehegatten gehören, so kann das Gericht diesen Kindern den Ausgleich oder einen unter Berücksichtigung der wirtschaftlichen Lage des überlebenden Ehegatten und der Interessen gemeinschaftlicher Kinder zu bemessenden Teil des Ausgleiches zusprechen." Auch dieser Anspruch verjährte nach Ablauf eines Jahres nach Beendigung der Ehe, § 40 IV S 3 FGB.

VIII. Das Erbrecht des Lebenspartners

Nach § 10 I, II Lebenspartnerschaftsgesetz – LPartG – vom 16. 2. 2001 (BGBl I 266) wird der Lebenspartner **51** hinsichtlich des gesetzlichen Erbrechts dem Ehegatten weitgehend gleichgestellt.

1. Haben die Lebenspartner **nicht die Ausgleichsgemeinschaft** (§ 6 II LPartG) vereinbart, so wird der überlebende Lebenspartner, sofern nicht sein gesetzliches Erbrecht ausgeschlossen ist (§ 10 III LPartG), neben Verwandten der ersten Ordnung (§ 1923) zu einem Viertel, neben Verwandten der zweiten Ordnung (§ 1924) oder neben Großeltern zur Hälfte der Erbschaft gesetzlicher Erbe, § 10 I S 1 LPartG. Sind weder Verwandte der ersten noch der zweiten Ordnung noch Großeltern vorhanden, erhält der überlebende Lebenspartner die ganze Erbschaft,

§ 10 II LPartG. Erben dritter (§ 1926), vierter (§ 1928) oder entfernterer Ordnungen (§ 1929) sind also neben dem überlebenden Lebenspartner nicht zu gesetzlicher Erbfolge berufen.

2. Haben die Lebenspartner den der Zugewinngemeinschaft entsprechenden **Vermögensstand der Ausgleichsgemeinschaft** (§ 6 II LPartG) vereinbart, dann gelten die §§ 1371–1390 entsprechend, § 6 II S 4 LPartG. Das bedeutet, daß sich der gesetzliche Erbteil des Lebenspartners, ebenso wie der des Ehegatten im gesetzlichen Güterstand, um ein zusätzliches Viertel erhöht, §§ 6 II S 4 LPartG, 1371 I. Es gilt dann das in Rz 20ff für den Ehegatten Ausgeführte entsprechend. Wegen weiterer Einzelheiten s die Kommentierung zu §§ 10, 6 LPartG; HandkommLPartG/Kemper § 10 Rz 6–12; Leipold ZEV 2001, 408; Mayer ZEV 2001, 169; Grziwotz ZEV 2002, 55; Langenfeld ZEV 2002, 8.

§ 1932 *Voraus des Ehegatten*

(1) Ist der überlebende Ehegatte neben Verwandten der zweiten Ordnung oder neben Großeltern gesetzlicher Erbe, so gebühren ihm außer dem Erbteil die zum ehelichen Haushalt gehörenden Gegenstände, soweit sie nicht Zubehör eines Grundstücks sind, und die Hochzeitsgeschenke als Voraus. Ist der überlebende Ehegatte neben Verwandten der ersten Ordnung gesetzlicher Erbe, so gebühren ihm diese Gegenstände, soweit er sie zur Führung eines angemessenen Haushalts benötigt.
(2) Auf den Voraus sind die für Vermächtnisse geltenden Vorschriften anzuwenden.

Schrifttum: *Lichtinger,* Der Voraus im Erbrecht – ein unbekanntes Wesen (!?), 2000.

1 **1.** Abs I S 2 ist durch Art 1 Nr 42 des Gleichberechtigungsgesetzes angefügt. Vgl hierzu Lange NJW 1957, 1385 mit zusammenfassender rechtspolitischer Würdigung zur Entstehungsgeschichte, dort Note 71; Braga FamRZ 1957, 337; Wesener FamRZ 1959, 84 und den schriftlichen Bericht des Ausschusses für Rechtswesen und Verfassungsrecht an den Bundestag in „zu Drucksache 3409" S 23. Die Beschränkung des Voraus neben Verwandten der ersten Ordnung ist beim gesetzlichen Güterstand deshalb gerechtfertigt, weil der Ehegattenerbteil erhöht ist und der Ehegatte gegenüber den Erben erster Ordnung hinreichend bedacht ist. Die eingefügte Bestimmung ist rein erbrechtlicher Natur, steht in keinem sachlichen Zusammenhang mit der Gleichberechtigung und mit dem ehelichen Güterrecht und ist daher von keinem bestimmten Güterstand abhängig, bezieht sich aber nur auf Erbfälle, die nach dem 30. 6. 1958 eingetreten sind.

2 **2. Zweck des Voraus** ist es, dem überlebenden Gatten die Fortsetzung des Haushalts mit dem bisherigen Hausrat zu ermöglichen. Seine besondere Bedeutung liegt darin, daß er in vielen Ehen sogar den gesamten Wert des Nachlasses enthält, so daß neben ihm in unbeerbten Ehen das eigentliche Erbrecht des Ehegatten unbedeutend geworden ist.

3 **3. Voraussetzungen. a)** Der Voraus steht sowohl der überlebenden Frau als dem überlebenden Mann zu, sofern die **Ehe** beim Erbfall **bestand** und der überlebende Ehegatte **gesetzlicher Erbe** geworden ist.

4 **b)** Der Voraus **steht** dem überlebenden Ehegatten also **nicht zu:**

5 **aa)** wenn die Ehe rechtskräftig geschieden oder aufgehoben ist, vgl § 1931 Rz 4–7, § 1933 Rz 2–5;

6 **bb)** wenn der überlebende Ehegatte **nicht gesetzlicher Erbe** ist (§§ 1938, 2339, 2346), auch wenn er die **Erbschaft als gesetzlicher Erbe ausgeschlagen hat,** § 1944 (hM, aA MüKo/Leipold Rz 4), während er den Voraus allein ausschlagen kann, hM, vgl § 2180;

7 **cc)** wenn er **als eingesetzter Erbe** erbt (RG 62, 110; BGH 73, 29), wohl aber, wenn er als solcher ausschlägt, um als gesetzlicher zu erben, § 1948; sind die „gesetzlichen Erben" (§ 2066) bedacht, ist durch Auslegung zu ermitteln, ob der Ehegatte den Voraus erhalten soll, Lange/Kuchinke § 12 IV 4 Fn 142; Soergel/Stein Rz 3; MüKo/Leipold Rz 5; aA Staud/Werner Rz 11;

8 **dd)** neben Abkömmlingen von Großeltern und Verwandten entfernterer Ordnungen, da er hier die ganze Erbschaft erhält, § 1931 II.

9 **4.** Der **Umfang** des Voraus bestimmt sich danach, zu welcher Ordnung die mit dem Ehegatten zur gesetzlichen Erbfolge berufenen Personen gehören. **Neben Verwandten der zweiten Ordnung und Großeltern** des Erblassers gebührt dem Ehegatten der **gesamte Voraus,** dh die zum Haushalt gehörenden Gegenstände und die Hochzeitsgeschenke, § 1932 I S 1; dazu Rz 10, 11. Ist der überlebende Ehegatte **neben Verwandten der ersten Ordnung** gesetzlicher Erbe, so stehen ihm diese Gegenstände nur zu, **soweit er sie zur Führung eines angemessenen Haushalts benötigt,** § 1932 I S 2.

10 **a)** Der **gesamte Voraus** umfaßt Sachen und Rechte, die dem Erblasser gehörten und dem gemeinschaftlichen Haushalt während der Ehe gedient haben, also auch Rechte aus Abzahlungsgeschäften für Möbel, Wäsche und Mietmöbel, Schadensersatzansprüche aus der Zerstörung von Haushaltsgegenständen, mögen die Gegenstände zum gemeinsamen häuslichen Leben auch nicht geradezu wirtschaftlich notwendig gewesen sein. Das Mietrecht gehört nicht zum Voraus. §§ 563, 563a begründen eine Sondererbfolge. Der Voraus dient dazu, den gewohnten gemeinsamen häuslichen Lebenszuschnitt wirtschaftlich und kulturell aufrechtzuerhalten. Es gehören daher dazu auch kostbare Teppiche, Gemälde, der gemeinschaftlich genutzte Pkw (AG Erfurt FamRZ 2002, 849), übliche Büchereien und solche allgemein belehrenden Inhalts, nicht jedoch das, was den besonderen beruflichen, wissenschaftlichen, künstlerischen Interessen und dem persönlichen Gebrauch des Erblassers diente, wie Schmuck und Kleider. Haben die Eheleute von Anfang an getrennt gewohnt, so fehlt es am „ehelichen Haushalt", LG Göttingen NdsRpfl 1946, 91. Bei späterer Trennung beschränkt sich der Voraus auf Gegenstände des früheren Haushalts und die später angeschafften Ersatzstücke, KG OLG 24, 80; Vlassopoulos, Der eheliche Hausrat im

Familien- und Erbrecht, 1983, S 69; aA Soergel/Stein Rz 5, der § 1932 für nicht anwendbar hält. Während der Ehe angeschaffter Hausrat wird, auch soweit er zur angemessenen Deckung des Lebensbedarfs der Familie dient, nicht über § 1357 I S 2 kraft Gesetzes Miteigentum beider Ehegatten, Schlüter, Familienrecht, 9. Aufl 2001 Rz 89; BGH 114, 74; aA Büdenbender, FamRZ 1976, 662 (668). Auch wird er in der Regel nicht Gesamthandseigentum einer Gesellschaft der Ehegatten (§ 718), OGH Köln NJW 1950, 593. Im Einzelfall kann eine Innen- oder sogar Außengesellschaft gewollt sein, namentlich um die Frau, die durch Haushaltsführung, Kindererziehung oder sogar Mitarbeit im Erwerbsgeschäft am Erwerb der Ehe teilnimmt, am Ehevermögen zu beteiligen, BGH 8, 249; 47, 157 (162); BGH FamRZ 1954, 136; 75, 35; Schlüter, Familienrecht, 10. Aufl 2003, Rz 82f. Doch kann die eheliche Gemeinschaft allein nicht schon als gemeinsamer Zweck eines Gesellschaftsvertrags angesehen werden, BGH FamRZ 1961, 431; vgl aber Thiele FamRZ 1958, 115. Darüber hinaus kann jeder Ehegatte für den anderen als Bote oder als Stellvertreter erwerben. Für den erforderlichen Vertretungswillen eines verdeckten Stellvertreters kann die Herkunft der Anschaffungsmittel wesentliche Hinweise geben.

b) Zum Voraus gehören auch die **Hochzeitsgeschenke**, dh unentgeltliche Zuwendungen an die Eheleute anläßlich der Hochzeit, vor oder nach ihr, die im Zweifel Miteigentum der Ehegatten geworden sind (KG R 07, 701; OLG 15, 400), nicht jedoch Ausstattungen nach § 1624. 11

c) **Neben Abkömmlingen** erhält der überlebende Ehegatte nach dem Vorbild des § 758 des Österreichischen ABGB die Haushaltsgegenstände und Hochzeitsgeschenke als Voraus **nur, soweit er sie** – unter Abwägen der Wertung der konkreten Verhältnisse des überlebenden Ehegatten und der Abkömmlinge – **zur Führung eines angemessenen Haushalts benötigt.** Das ist nicht der Fall, wenn er genügend Gegenstände dieser Art besitzt oder wenn sie ihm fehlen, ihm aber der Erwerb mit verfügbaren eigenen Mitteln unter Berücksichtigung des Bedarfs der Abkömmlinge zuzumuten ist, zT aA Braga FamRZ 1957, 337; vgl Wesener FamRZ 1959, 84. Eine befriedigende, interessenausgleichende Regelung verlangt, die Angemessenheit des Haushalts sowie das Wort „benötigt" objektiv, aber unter abwägender Wertung der konkreten Verhältnisse des überlebenden Ehegatten und der Abkömmlinge auszulegen, MüKo/Leipold Rz 14; aA Staud/Werner Rz 20; Vlassopoulos, aaO, S 72, die allein auf den Bedarf des Ehegatten abstellen. Keineswegs soll der überlebende Ehegatte nur vor Mangel geschützt und ein unumgänglich notwendiger Bedarf gedeckt werden. Die bisherige Lebenshaltung darf nicht unberücksichtigt bleiben. Sinkt sie mit dem Tod des Erblassers für die ganze Familie, so ist auch dieses zu berücksichtigen. 12

5. Ein **Rechtsstreit** über den Voraus ist vom **Prozeßgericht**, nicht vom Nachlaßgericht zu entscheiden, Staud/Werner Rz 31. 13

6. Der Voraus ist **kein Sondererbrecht, sondern gesetzliches Vorausvermächtnis** (§ 2150), begründet also einen Anspruch auf Verschaffung des Eigentums oder eines sonstigen Rechts (§ 2174), der durch besonderes Leistungsvollzugsgeschäft unter Lebenden zu erfüllen ist. Vgl auch §§ 2161, 2345, 2373. Nacherbenrechte erstrecken sich nicht auf den Voraus, § 2110 II. Der überlebende Ehegatte ist Nachlaßgläubiger (§ 1967 II), muß sich bei übergroßen Nachlaßverbindlichkeiten eine Kürzung gefallen lassen (§§ 2318, 2322) und ist auch im übrigen gegenüber anderen Nachlaßgläubigern zurückgesetzt (vgl § 327 I Nr 2 InsO, § 1991 IV) und hat keinen Vorrang gegenüber anderen Verpflichtungen aus Vermächtnissen oder Auflagen, vgl §§ 1972 Rz 3, 1991 Rz 4 und 1992 Rz 3. Bei der Berechnung des Pflichtteils der Abkömmlinge und der Eltern ist der Voraus vom Nachlaß nach § 2311 I S 2 abzuziehen, sofern der Ehegatte gesetzlicher Erbe wird, ihm also der Voraus nach § 1932 I gebührt, BGH 73, 29; Soergel/Stein Rz 10; Staud/Werner Rz 28. Ist der überlebende Ehegatte hingegen gewillkürter Erbe, so ist der Pflichtteil vom effektiven Bestand des Nachlasses ohne Rücksicht auf den Voraus zu berechnen, weil ihm als gewillkürten Erben ein Voraus nicht gebührt, s Rz 7; BGH 73, 29 mit Anm von Schubert JR 1979, 245 und § 2311 Rz 7. 14

7. Der **Voraus kann entzogen werden:** durch ausdrückliche letztwillige Verfügung, die ebenso möglich ist wie der Widerruf eines zugewandten Vermächtnisses, durch andere Verfügungen über die Gegenstände zu Lebzeiten, durch übermäßige Beschwerung der Erben mit anderen Vermächtnissen oder durch Ausschluß von der gesetzlichen Erbfolge. 15

8. In der **ehemaligen DDR** standen dem überlebenden Ehegatten neben seinem gesetzlichen Erbteil die zum ehelichen Haushalt gehörenden Gegenstände zu, § 365 I S 3 ZGB. Hierbei handelt es sich jedoch nicht wie bei § 1932 um einen schuldrechtlichen Anspruch, sondern um ein dingliches Recht, Mampel NJW 1976, 593 (595); Staud/Werner Rz 32. 16

9. Ein dem § 1932 I entsprechender Voraus steht auch dem Lebenspartner zu, sofern er gesetzlicher Erbe geworden ist, § 10 I S 2–4 LPartG. Wegen der Einzelheiten s die Kommentierung zu § 10 LPartG und Handkomm-LPartG/ Kemper § 10 Rz 22–32. 17

1933 *Ausschluss des Ehegattenerbrechts*

Das Erbrecht des überlebenden Ehegatten sowie das Recht auf den Voraus ist ausgeschlossen, wenn zur Zeit des Todes des Erblassers die Voraussetzungen für die Scheidung der Ehe gegeben waren und der Erblasser die Scheidung beantragt oder ihr zugestimmt hatte. Das Gleiche gilt, wenn der Erblasser berechtigt war, die Aufhebung der Ehe zu beantragen und den Antrag gestellt hatte. In diesen Fällen ist der Ehegatte nach Maßgabe der §§ 1569 bis 1586b unterhaltsberechtigt.

1. § 1933 ist durch das 1. EheRG vom 14. 6. 1976 (BGBl I 1421) und das am 1. 7. 1998 in Kraft getretene Eheschließungsrechtsgesetz vom 4. 5. 1998 (BGBl I 833) neu gefaßt worden. Der gegenseitige Ausschluß des Erbrechts nach dieser Regelung ist verfassungsgemäß, BVerfG ZEV 1995, 183; aA Zopfs ZEV 1995, 311. 1

§ 1933

Das Erbrecht des Ehegatten entfällt nicht nur dann, wenn die Ehe im Zeitpunkt des Erbfalls durch rechtskräftiges Scheidungs- oder Aufhebungsurteil aufgelöst ist oder die Voraussetzungen des § 1318 V vorliegen, sondern nach § 1933 auch schon dann, wenn (materiell) die Voraussetzungen für die Scheidung (§§ 1565ff) oder Aufhebung (§§ 1314f) vorlagen (dazu Rz 3) und (formell) der Erblasser die Scheidung beantragt oder ihr zugestimmt bzw die Aufhebung der Ehe beantragt hatte, dazu Rz 2.

2 **2. Voraussetzungen des Ausschlusses des Ehegatten. a)** Der Erblasser muß zu seinen Lebzeiten seinen Willen, die Scheidung oder Aufhebung der Ehe herbeizuführen, dadurch eindeutig bekundet haben, daß er beim Familiengericht (§§ 606ff ZPO; § 23b Nr 1 GVG) die **Scheidung oder Aufhebung beantragt** (§§ 622, 253, 271 ZPO) oder dem **Scheidungsantrag** des anderen (ausdrücklich) **zugestimmt** hat oder die Aufhebung der Ehe beantragt hat. Es genügt also nicht, daß der Erblasser außergerichtlich erklärt hat, er trete dem Ehescheidungsantrag nicht entgegen, Zweibrücken FamRZ 1990, 59; Stuttgart NJW 1979, 662; Pal/Diederichsen § 1566 Rz 4; aA Frankfurt NJW-RR 1990, 136. Auch die Zustimmung ist eine Prozeßhandlung. Für den Scheidungs- oder Aufhebungsantrag genügt es nicht, daß die Antragsschrift beim Familiengericht eingereicht ist, sie muß vor dem Tod des Erblassers auch zugestellt worden sein, hM BGH NJW 1995, 51; BGH 111, 329; aA Soergel/Stein Rz 4; Jauernig/Stürner Rz 1. Unschädlich ist es aber, wenn die Antragsschrift an heilbaren Mängeln leidet (KG HRR 1942, 478) oder ein örtlich unzuständiges Familiengericht angerufen worden ist, weil der Wille des Erblassers, die Ehe zu beenden, auch in diesem Fall hinreichend deutlich geworden ist, Staud/Werner Rz 5; Pal/Edenhofer Rz 3.

Ausreichend ist es auch, wenn der Erblasser sich in der mündlichen Verhandlung oder durch Zustellung eines den Anforderungen des § 253 II Nr 2 ZPO entsprechenden Schriftsatzes (§ 261 II ZPO) dem Scheidungsantrag des anderen Ehegatten angeschlossen hat, RG HRR 1942, 478; Bamberg MDR 1979, 557; BayObLG FamRZ 1975, 514f; RGRK/Kregel Rz 3. § 270 III ZPO findet keine entsprechende Anwendung, weil keine Regelungslücke vorliegt, denn § 262 ZPO regelt die materiellrechtliche Wirkung von Prozeßhandlungen, vgl BGH 111, 329. Wird der Scheidungs- oder **Aufhebungsantrag** zurückgenommen, so entfällt damit die Wirkung des § 1933, BGH FamRZ 1974, 649f. Für die **Zustimmung zum Scheidungsantrag** genügt es, wenn der Erblasser seine Zustimmung zu Protokoll der Geschäftsstelle oder in der mündlichen Verhandlung zur Niederschrift des Gerichts (Zweibrücken OLGZ 83, 160; Saarbrücken FamRZ 1992, 109) oder durch Schriftsatz eines bevollmächtigten Rechtsanwalts (BayObLG FamRZ 1983, 96) erklärt. Die Zustimmungserklärung kann schon vor Rechtshängigkeit eines Scheidungsantrags im Rahmen eines Prozeßkostenhilfeverfahrens erklärt werden, wird aber erst wirksam mit Rechtshängigkeit des Scheidungsantrags des anderen Ehegatten, Zweibrücken NJW 1995, 601. Die Zustimmung zur Scheidungsfolgenvereinbarung genügt nicht, Zweibrücken OLGZ 83, 160. Das Nichtbetreiben einer Ehescheidungsklage über einen Zeitraum von 25 Jahren ist wie eine Klagerücknahme zu behandeln, Düsseldorf FamRZ 1991, 1107.

3 **b)** Der **Scheidungs- oder Aufhebungsantrag** des Erblassers muß so **begründet** gewesen sein, daß die Ehe geschieden oder aufgehoben worden wäre, wäre der Rechtsstreit nicht durch den Tod des Erblassers in der Hauptsache erledigt worden (§ 619 ZPO), Staud/Werner Rz 10. Bei einem Scheidungsantrag muß die Ehe gescheitert sein (§ 1565 I) und das Trennungsjahr des § 1565 II verstrichen sein oder ihr Scheitern unwiderleglich vermutet werden (§ 1566), es dürfen auch nicht die Voraussetzungen der Härteklausel des § 1568 vorliegen. Im Falle der einverständlichen Scheidung nach § 1566 I müssen auch die Voraussetzungen des § 630 I Nr 2 ZPO vorliegen, Bremen FamRZ 1986, 833; Schleswig NJW 1993, 1082; Zweibrücken FamRZ 2001, 452; Battes FamRZ 1977, 433 (439); Pal/Edenhofer Rz 6; Soergel/Stein Rz 8; aA Dieckmann FamRZ 1979, 389 (396); MüKo/Leipold Rz 8; Frankfurt NJW-RR 1990, 136. Beim Aufhebungsverfahren muß mindestens einer der Aufhebungsgründe des § 1314 vorliegen.

4 **c)** Die Voraussetzungen des § 1933 sind im Erbscheinsverfahren vom Nachlaßgericht von Amts wegen zu prüfen (BayObLG FamRZ 1983, 96; § 2358; § 12 FGG) oder von den Erben in einem streitigen Verfahren, das keine Ehesache (§§ 606ff ZPO) ist, vor dem Prozeßgericht geltend zu machen. An den Nachweis, daß die Ehe gescheitert ist, sind hohe Anforderungen zu stellen, Pal/Edenhofer Rz 7; aA MüKo/Leipold Rz 8. Die Beweislast für das Scheitern der Ehe trägt derjenige, der sich darauf beruft. Hieran ändert auch die Erteilung eines Erbscheins nichts, BGH NJW 1995, 1082 (1084). Ist das nicht der Fall, ist zu prüfen, ob die Voraussetzungen für eine streitige Scheidung vorliegen, Stuttgart OLGZ 93, 263; Schleswig NJW 1993, 1083.

5 **3. Wirkungen. a)** Unter den Voraussetzungen des § 1933 ist der überlebende Ehegatte **vom gesetzlichen Erbrecht** (§ 1931 und § 1371 I, BGH 99, 304 [307]) und damit auch **vom Pflichtteilsrecht** (§ 2303; vgl KG OLG 40, 137) sowie **von seinem Recht auf den Voraus ausgeschlossen**. Gleiches gilt nach § 6 II Nr 2 HöfeO für die gesetzliche Hoferbfolge. Unabhängig davon hat der überlebende Ehegatte das Recht, einen güterrechtlichen Ausgleich nach § 1371 II von den Erben zu beanspruchen, vorausgesetzt die Ehegatten lebten im gesetzlichen Güterstand, BGH 46, 343 (350); vgl auch § 1931 Rz 34ff. Auch andere – nicht erbrechtliche – Ausgleichsansprüche (zB aus einer Ehegatteninnengesellschaft, vgl § 1356 Rz 16ff, 26ff; Schlüter, Familienrecht, 9. Aufl 2001 Rz 82f) werden von § 1933 nicht erfaßt. § 1933 gilt nicht für eine gewillkürte Erbfolge, vgl dazu die entsprechenden Vorschriften der §§ 2077, 2268, 2279.

6 **b)** Um den im Zeitpunkt des Erbfalls mit dem Erblasser noch verheirateten, aber nach § 1933 S 1 und 2 von der gesetzlichen Erbfolge und dem Voraus ausgeschlossenen Ehegatten mindestens mit einem geschiedenen Ehegatten gleichzustellen, kann er wie ein geschiedener Ehegatte unter den Voraussetzungen der §§ 1569–1586b von den Erben Unterhalt beanspruchen, § 1933 S 3. Zum Unterhaltsanspruch nach Erb- und Pflichtteilverzicht vgl Dieckmann NJW 1980, 277.

7 **4.** Das Erbrecht der **ehemaligen DDR** kannte im ZGB keine dem § 1933 entsprechende Regelung. § 1933 war schon durch § 27 Nr 3 EGFGB mit Wirkung vom 1. 4. 1966 aufgehoben worden.

5. Das gesetzliche Erbrecht des **Lebenspartners** (§ 10 I, II LPartG) entfällt, wenn zur Zeit des Todes des Erblassers die Voraussetzungen für die Aufhebung der Lebenspartnerschaft nach § 15 II Nr 1 oder 2 gegeben waren und der Erblasser die Aufhebung beantragt oder ihr zugestimmt hatte, § 10 III Nr 1 LPartG. Das gesetzliche Erbrecht des Lebenspartners ist ferner ausgeschlossen, wenn der Erblasser einen Antrag nach § 15 II Nr 3 gestellt hatte und dieser Antrag begründet war, § 10 III Nr 2 LPartG. Diese Regelung entspricht § 1933 S 1. Wegen der Einzelheiten s die Kommentierung zu § 10 LPartG und Handkomm-LPartG/Kemper § 10 Rz 13–20.

1934 *Erbrecht des verwandten Ehegatten*

Gehört der überlebende Ehegatte zu den erbberechtigten Verwandten, so erbt er zugleich als Verwandter. Der Erbteil, der ihm auf Grund der Verwandtschaft zufällt, gilt als besonderer Erbteil.

1. Mehrfaches Erbrecht des Ehegatten wird nur praktisch, wenn dieser mit Verwandten der zweiten Ordnung zusammentrifft (§§ 1925, 1931 II), wenn der überlebende Mann mit einer Tante oder Nichte, die überlebende Frau mit einem Onkel oder Neffen verheiratet war. Bei einer Ehe zwischen Vettern und Cousinen (Geschwisterkinder) wird der Ehegatte als Abkömmling der gemeinsamen Großeltern durch § 1931 II ausgeschaltet.

2. Zu S 2 vgl § 1927 Rz 3.

3. In der **früheren DDR** fehlte eine dem § 1934 entsprechende Regelung, weil der Ehegatte bereits zu den gesetzlichen Erben der ersten Ordnung gehörte (§ 365 I S 1 ZGB), so daß ihm ein mehrfaches Erbrecht als Verwandtem und Ehegatten nicht zustehen konnte.

1934a–1934e (aufgehoben)

I. Aufhebung der §§ 1934a–1934e, 2338a durch das ErbGleichG. 1. Durch das Gesetz zur erbrechtlichen Gleichstellung nichtehelicher Kinder (Erbrechtsgleichstellungsgesetz – ErbGleichG) vom 16. 12. 1997 (BGBl I 2968), das nach dessen Art 8 am 1. 4. 1998 in Kraft getreten ist, sind die §§ 1934a–1934e, 2338a gestrichen worden, die mit Wirkung zum 1. 7. 1970 durch Art 1 Nr 88 NEhelG vom 19. 8. 1969 (BGBl I 1243) eingeführt waren. Damit sind die Rechtsinstitute des Erbersatzanspruchs (§ 1934a) und des vorzeitigen Erbausgleichs (§ 1934d) für alle Erbfälle, die nach dem 31. 3. 1998 eintreten, ersatzlos beseitigt worden. Eheliche und nichteheliche Kinder sind damit künftig erbrechtlich gleichgestellt.

2. Durch das ErbGleichG ist auch die bis dahin bestehende Benachteiligung nichtehelicher Kinder im Höferecht beseitigt worden, indem auch § 5 S 2 HöfeO idF vom 26. 7. 1976 (BGBl I 1933) ersatzlos entfallen ist. Hiernach waren Kinder des Erblassers und deren Abkömmlinge nur dann zum Hoferben berufen, wenn sie nach den Vorschriften des allgemeinen Rechts gesetzliche Erben sind. Nichteheliche Kinder konnten daher auch dann nicht Hoferben werden, wenn ihnen anstelle des gesetzlichen Erbrechts nach § 1934a nur ein Erbersatzanspruch zustand. Das hatte zur Folge, daß sie nur auf die Abfindungsansprüche der weichenden Erben (§ 12 HöfeO) angewiesen waren, die nur auf der Basis des Eineinhalbfachen des zuletzt festgesetzten Einheitswerts errechnet wurden (§ 12 II HöfeO).

II. Weitergeltung der §§ 1934a–1934e, 2338a. 1. Die §§ 1934a–1934e, 2338a gelten für alle bis zum 31. 3. 1998 eingetretenen Erbfälle weiter. Hier gilt die intertemporale Grundregel, daß alle Altfälle nach bisherigem Recht zu beurteilen sind, Art 227 I Nr 1 EGBGB (eingefügt durch Art 2 ErbGleichG).

2. Nach Art 227 I Nr 2 EGBGB gilt das bisherige Recht ferner weiter, wenn über den vorzeitigen Erbausgleich eine wirksame Vereinbarung getroffen oder der Erbausgleich durch rechtskräftiges Urteil zuerkannt worden ist. Die Rechtsfolgen eines durch Vereinbarung oder durch rechtskräftiges Urteil zuerkannten vorzeitigen Erbausgleichs, nämlich der Ausschluß des gesetzlichen Erbrechts und des Pflichtteilsrechts (§ 1934e), bleiben auch nach dem 31. 3. 1998 bestehen. Ist hingegen bis zum 31. 3. 1998 kein wirksamer vorzeitiger Erbausgleich herbeigeführt worden, ist das neue Recht anzuwenden. Das gilt auch dann, wenn ein Urteil über einen vorzeitigen Erbausgleich bis zu diesem Zeitpunkt zwar ergangen, aber nicht rechtskräftig geworden ist. Sind allerdings im Hinblick auf den nicht zustandegekommenen Erbausgleich Leistungen erbracht und nicht zurückgefordert worden, so sind hierauf die Vorschriften der §§ 2050 I, 2051 und 2315 entsprechend anzuwenden, Art 227 II EGBGB.

3. Ist ein Erbausgleich nicht zustande gekommen, hat der Vater aber dem Kind im Hinblick auf den Erbausgleich Zahlungen geleistet und diese bis zu seinem Tod nicht zurückgefordert, dann sind derartige Zahlungen nach Art 227 II EGBGB nach den Bestimmungen über die Ausgleichung von Ausstattungen auf den gesetzlichen Erbteil (§§ 2050 I, 2051 I) auf den gesetzlichen Erbteil und den Pflichtteil (§ 2315) anzurechnen. Der Vater, nicht aber seine Erben, können die rechtsgrundlos geleisteten Zahlungen nach § 812 I S 1 zurückfordern. Seine Erben sind auf die Rechte nach Art 227 II EGBGB beschränkt, Rauscher ZEV 1998, 41 (46). Art 227 II EGBGB entspricht inhaltlich der bisherigen Regelung des § 1934d IV 2, dazu § 1934d Rz 9.

III. Nichtgeltung der §§ 1934a–1934e, 2338a bei vor dem 1. 4. 1998 eingetretenen Erbfällen. Auch unter den unter 2. dargestellten Voraussetzungen sind die §§ 1934a–1934e, 2338a bei Erbfällen vor dem 1. 4. 1998 ausnahmsweise in folgenden Fallgestaltungen nicht anzuwenden:

1. Der Erbfall war bereits vor dem 1. 7. 1970, dem Zeitpunkt des Inkrafttretens des NEhelG eingetreten. Nach Art 12 § 10 I NEhelG waren für Erbfälle vor diesem Zeitpunkt die bisher geltenden Vorschriften anzuwenden. Hiernach waren nichteheliche Kinder zwar mit ihrer Mutter, nicht aber mit ihrem Vater verwandt, § 1589 IIa aF. Wegen der fingierten fehlenden Verwandtschaft waren sie gegenseitig weder zur gesetzlichen Verwandtenerbfolge berufen noch pflichtteilsberechtigt.

§§ 1934a–1934e   Erbrecht   Erbfolge

7   2. Das nichteheliche Kind war vor dem 1. 7. 1949 geboren, also bei Inkrafttreten des NEhelG bereits 21 Jahre alt. Nach Art 12 § 10 II NEhelG blieben für die vor diesem Zeitpunkt geborenen nichtehelichen Kinder die bisher geltenden Vorschriften auch dann maßgebend, wenn der Erblasser nach dem 1. 7. 1970 verstorben war. Die Kinder waren nach ihrem Vater weder zur gesetzlichen Erbfolge berufen noch stand ihnen ein Erbersatzanspruch oder ein Anspruch auf vorzeitigen Erbausgleich zu. Der Gesetzgeber des ErbGleichG hat sich nach langer kontroverser Diskussion im Gesetzgebungsverfahren (dazu BT-Drucks 13/9083 und BT-Drucks 13/9328) nicht bereit gefunden, diese Entscheidung des NEhelG zu revidieren und auch den vor dem 1. 7. 1949 geborenen nichtehelichen Kindern generell ein gesetzliches Erbrecht und damit ein Pflichtteilsrecht nach ihrem Vater einzuräumen, wenn der Erbfall nach dem 1. 4. 1998 eintritt. Durch Art 14 § 14 KindRG vom 16. 12. 1997 (BGBl I 2942) ist aber für die Zeit nach dem Inkrafttreten dieses Gesetzes (1. 7. 1998) die Möglichkeit eröffnet worden, daß der nichteheliche Vater und das Kind durch Vereinbarung die Wirkungen des Art 12 § 10 II NEhelG ausschließen und damit ein gegenseitiges Erb- und Pflichtteilsrecht begründen. Die Vereinbarung kann nach Art 14 § 14 II KindRG nur von dem Vater und dem Kind persönlich geschlossen werden; sie bedarf der notariellen Beurkundung. Sofern die Vereinbarung wegen eines Einwilligungsvorbehalts nach § 1903 I der Einwilligung eines Betreuers bedarf, ist auch die Genehmigung des Vormundschaftsgerichts erforderlich. Ist der Vater oder das Kind verheiratet, so bedarf die Vereinbarung der notariell beurkundeten Einwilligung seines Ehegatten (Art 14 § 14 III KindRG).

8   **IV. Anwendung bzw Nichtanwendung der §§ 1934a–1934d, 2338a bei Erbfällen mit Bezug zum Beitrittsgebiet. 1.** Ist der Erblasser vor dem Wirksamwerden des Beitritts (3. 10. 1990) verstorben **(Altfall)**, bleibt das bisherige Recht maßgebend, Art 235 § 1 I EGBGB. Sofern nach den Regeln des interlokalen Privatrechts die Erbrechtsnormen der DDR, also vornehmlich die §§ 362–427 des Zivilgesetzbuchs der DDR (ZGB) vom 19. 6. 1975 (GBl I 465), anwendbar waren, hatte das nichteheliche Kind ebenso wie das eheliche Kind ein gesetzliches Erbrecht (§ 365 I S 1 ZGB) und auch ein Pflichtteilsrecht, sofern es im Zeitpunkt des Erbfalls gegenüber dem Erblasser unterhaltsberechtigt war (§ 396 I Nr 2 ZGB). Nach herrschender Meinung (BGH 124, 270; Schlüter, Erbrecht Rz 1294 mwN) ist für die Bestimmung des bisherigen Rechts iSv Art 235 § 1 I EGBGB einheitlich für das gesamte Bundesgebiet darauf abzustellen, wo der Erblasser vor dem 3. 10. 1990 seinen gewöhnlichen Aufenthalt hatte. Hielt er sich in diesem Zeitpunkt gewöhnlich in der DDR auf, bestimmt sich die Rechtsnachfolge nach den §§ 365, 396 ZGB, hielt er sich hingegen in diesem Zeitpunkt in der Bundesrepublik auf, sind die §§ 1934a–1934e maßgebend, Schlüter Rz 1297; wegen der Einzelheiten wird auf die Kommentierung zu Art 235, 236 EGBGB verwiesen.

9   2. Ist der Erblasser hingegen nach dem Wirksamwerden des Beitritts (3. 10. 1990) verstorben **(Neufall)**, gelten nach Art 235 § 1 II EGBGB idF des Art 2 Nr 2 ErbGleichG in Ansehung eines nichtehelichen Kindes, das vor dem Beitritt geboren ist, die für die erbrechtlichen Verhältnisse eines ehelichen Kindes geltenden Vorschriften. Art 235 § 1 II EGBGB stellt in seiner jetzigen Fassung, die diese Bestimmung durch Art 2 Nr 2 ErbGleichG erhalten hat, eindeutig klar, daß nichtehelichen Kindern ihre erbrechtliche Gleichstellung mit ehelichen Kindern (vgl § 365 I ZGB) über den Vereinigungszeitpunkt hinaus erhalten bleiben und nicht durch den Beitritt der DDR zur Bundesrepublik verschlechtert werden soll. Das bedeutet, daß diese nichtehelichen Kinder, wenn sie vor dem 1. 7. 1949 geboren sind, erbrechtlich in jedem Fall den ehelichen Kindern gleichgestellt sind. Voraussetzung für diese Gleichstellung ist allerdings, daß der nichteheliche Vater im Beitrittszeitpunkt (2. 10. 1990) seinen gewöhnlichen Aufenthalt im Gebiet der ehemaligen DDR gehabt hat und damit nach den Regeln des interlokalen Privatrechts nicht die §§ 1934a–1934e, sondern die erbrechtlichen Regeln des ZGB anwendbar waren, nach denen nichteheliche Kinder mit ehelichen Kindern gleichgestellt waren, Schlüter Rz 1298; Leipold Rz 191. Da der gewöhnliche Aufenthalt des nichtehelichen Vaters am 2. 10. 1990 für die Anwendung des Art 235 § 1 II EGBGB entscheidend ist, ist es unerheblich, wenn er nach dem 3. 10. 1990 seinen ständigen Aufenthalt in die alten Bundesländer verlegt hat und dort verstorben ist. Umgekehrt ist Art 235 § 1 II EGBGB nicht anzuwenden, wenn sich der nichteheliche Vater am 2. 10. 1990 in den Ländern der damaligen Bundesrepublik aufgehalten hat und später seinen Wohnsitz in eines der neuen Bundesländer verlegt hat und dort verstorben ist. Ohne Bedeutung für die Anwendung des Art 235 § 1 II EGBGB ist der gewöhnliche Aufenthalt des Kindes, Schlüter Rz 1298; Adlerstein/Desch DtZ 1991, 193 (197); Leipold Rz 191; LG Berlin FamRZ 1992, 1105.

10   **V.** Wegen der allgemeinen Voraussetzungen der §§ 1934a–1934e wird auf die Kommentierung in der 10. Aufl verwiesen.

1935 *Folgen der Erbteilserhöhung*

Fällt ein gesetzlicher Erbe vor oder nach dem Erbfall weg und erhöht sich infolgedessen der Erbteil eines anderen gesetzlichen Erben, so gilt der Teil, um welchen sich der Erbteil erhöht, in Ansehung der Vermächtnisse und Auflagen, mit denen dieser Erbe oder der wegfallende Erbe beschwert ist, sowie in Ansehung der Ausgleichungspflicht als besonderer Erbteil.

1   **1. Rechtspolitischer Zweck.** Erhöht sich der Erbteil eines gesetzlichen Erben durch Wegfall einer anderen Person, die mit Vermächtnis, Auflagen oder Ausgleichspflichten beschwert ist, so soll der bisherige Anteil des Erben am Nachlaß von diesen Beschwerungen nicht betroffen werden, da sie nicht seine Person treffen sollten.

2   **2.** Der **Wortlaut** des § 1935 ist insofern **ungenau**, als ein gesetzlicher Erbe nicht vor dem Erbfall fortfallen kann, weil er erst mit dem Erbfall Erbe wird, § 1923. Gemeint sind Personen, die als nächste kraft Gesetzes zu Erben berufen wären, die aber aus den ursprünglichen Erwartungen nicht zeitlich vor dem Erbfall liegenden Gründen nicht zur gesetzlichen Erbfolge gelangt sind. Nach dem Erbfall weggefallen bedeutet, daß die betreffende Person infolge eines zeitlich nach dem Erbfall liegenden Ereignisses ihre Erbenstellung mit Rückwirkung auf den Erbfall verloren hat. Sowohl vor als auch nach dem Erbfall weggefallene Personen sind daher im eigentlichen

Sinne nie gesetzliche Erben gewesen. Der Erbteil des anderen Erben „erhöht sich" daher auch nicht, sondern steht von vornherein mit dem Erbfall dem anderen Erben zu, so daß der „Wegfall" vor und nach dem Erbfall kein eigentlicher Wegfall des entstandenen Erbrechts und in beiden Fällen gleich zu behandeln ist.

3. Erhöhung bei gesetzlicher (§§ 1924ff) und **Anwachsung** bei gewillkürter Erbfolge und Vermächtnis (§§ 2094, 2095, 2158, 2159) sind praktisch gleich geregelt, vgl auch § 2007 S 2. Daher ist § 1935 entsprechend anzuwenden, wenn der wegfallende Erbe durch Verfügung von Todes wegen auf einen Bruchteil der Erbschaft berufen war, der unter Ausschluß der Anwachsung (§ 2094 II, III) dem gesetzlichen Erben anfällt, RGRK/Kregel Rz 1; Staud/Werner Rz 18. 3

4. b) Wegfall vor dem Erbfall: durch Versterben einer Person vor dem Erblasser, die kraft Gesetzes nach dem Erblasser berufen war (§ 1923), durch Ausschluß von der gesetzlichen Erbfolge durch Testament ohne Einsetzung eines anderen Erben (§ 1938), Erbverzicht (§ 2346), Ausschluß des Ehegattenerbrechts durch § 1933 oder § 1318 V. 4

b) Wegfall nach dem Erbfall: durch Ausschlagung (§ 1953), Erklärung der Erbunwürdigkeit (§ 2344), Totgeburt der Leibesfrucht (§ 1923 II), nicht aber durch Tod nach dem Erbfall, da das Ausschlagungsrecht auf den Erben übergeht, § 1952 I.

5. Der andere gesetzliche Erbe muß bereits kraft eigenen Rechts zu einem Erbteil berufen sein und muß infolge Wegfalls des neben ihm berufenen Miterben einen weiteren Erbteil erhalten. 5

6. Nachkommen des Weggefallenen treten in den ersten drei Ordnungen an seine Stelle, §§ 1924 III, 1925 III S 1, 1926 III S 1. Zu einer Erhöhung kann es daher nur kommen, wenn der Erbe der vierten oder einer entfernteren Ordnung angehört oder keine Nachkommen hat. Sowohl der Wegfall vor als auch wegen seiner rückwirkenden Kraft der Wegfall nach dem Tod des Erblassers schaffen keine Mehrheit von Erbteilen (vgl § 1951 Rz 1). Eine Mehrheit wird in den Fällen der §§ 1935, 2007 S 2 nur fingiert, um dem in Rz 1 genannten rechtspolitischen Zweck zu entsprechen. Der Erbe kann weder den ursprünglichen Teil noch die Erhöhung als selbständige Gesamthandsbeteiligung verkaufen (§ 275 I) oder übertragen, wohl aber über einen Bruchteil seiner einheitlichen Gesamthandsbeteiligung verfügen, so daß er mit dem Erwerber in einer Bruchteilsgemeinschaft steht und der Bruchteil beider teilweise mit den Beschwerungen des § 1935 beschwert ist, teilweise nicht, vgl §§ 2373, 2033 Rz 4; Staud/Werner Rz 8; RGRK/Kregel Rz 4. 6

7. Rechtsfolgen. In Ansehung der Vermächtnisse (§§ 2147ff), Auflagen (§§ 2192ff) und Ausgleichungspflichten (§§ 2050ff) ist der einheitliche Erbteil so anzusehen, als bestünde er aus zwei Erbteilen, die verschiedenen Miterben zustehen. Für die Beschwerung haftet nur der belastete Teil. Der Erbe braucht Vermächtnisse und Auflagen nur insoweit zu erfüllen, als die Erhöhung nicht infolge anderer auf ihr lastender Beschwerungen unzulänglich ist, § 1991 IV. Für sonstige Nachlaßverbindlichkeiten haftet der einheitlich erhöhte Erbteil im ganzen. Beispiel zur Ausgleichungspflicht bei Staud/Werner Rz 14. 7

8. Zur rechtspolitischen Kritik vgl Staud/Werner Rz 20. 8

1936 *Gesetzliches Erbrecht des Fiskus*

(1) Ist zur Zeit des Erbfalls weder ein Verwandter, ein Lebenspartner noch ein Ehegatte des Erblassers vorhanden, so ist der Fiskus des Bundesstaats, dem der Erblasser zur Zeit des Todes angehört hat, gesetzlicher Erbe. Hat der Erblasser mehreren *Bundesstaaten* angehört, so ist der Fiskus eines jeden dieser *Staaten* zu gleichem Anteil zur Erbfolge berufen.
(2) War der Erblasser ein Deutscher, der keinem *Bundesstaat* angehörte, so ist der *Reichsfiskus* gesetzlicher Erbe.

1. Rechtsnatur des Staatserbrechts. Das gesetzliche Erbrecht des Staates ist **kein hoheitliches Heimfall- oder Aneignungsrecht**, sondern ein **der Privatrechtsordnung angehörendes Erbrecht**, Lange/Kuchinke § 13 I S 3. Der Staat ist als gesetzlicher (Zwangs-)Erbe letzter Ordnung berufen, wenn weder ein entfernter Verwandter noch ein Ehegatte vorhanden ist, um herrenlose Nachlässe zu vermeiden; Da der Staat privatrechtlich zum gesetzlichen Erben berufen ist, umfaßt sein gesetzliches Erbrecht auch die Nachlaßgegenstände, die sich im Ausland befinden. 1

2. Das **gesetzliche Staatserbrecht** entsteht **nur**, wenn **weder Verwandte noch ein Ehegatte** als Erben vorhanden sind. 2
In der **ehemaligen DDR** war das Erbrecht des Staates weiter ausgedehnt. Er war nach § 369 I ZGB bereits gesetzlicher Erbe, wenn keine Erben bis zur dritten Ordnung vorhanden waren.

3. Die **Staatserbfolge** wird durch Beschluß des Nachlaßgerichts deklaratorisch **festgestellt**, § 1964. Der Staat kann, wenn mehrere Länder erben (Abs I S 2), **Miterbe** sein. Das gleiche gilt auch in den Fällen der §§ 2088, 2094 I, III, vgl KGJ 48, 73. Mitunter ist er **Vorerbe** (§ 2105), seine gesetzlichen Nacherbe, §§ 2104 S 2, 2149. Er kann als gesetzlicher Zwangserbe weder auf sein Erbrecht **verzichten** noch die Erbschaft **ausschlagen** (§§ 1942 II, 2346), noch die Beteiligung an einer offenen Handelsgesellschaft oder ein Bezugsrecht aus einer Lebensversicherung erwerben (§ 167 III VVG), wohl aber die Lebensversicherungssumme erhalten, wenn sie Teil des Nachlasses ist, so daß sich die Nachlaßgläubiger aus ihr befriedigen können. Er **haftet** ohne Inventarpflicht (vgl § 2011 Rz 1) stets **beschränkt**, auch **ohne Vorbehalt im Urteil** (§ 780 II ZPO). Er muß aber wie jeder andere Erbe die Beschränkung durch einen Antrag auf Nachlaßverwaltung, Nachlaßvergleichs- oder Nachlaßinsolvenzverfahren herbeiführen oder die Einrede beschränkter Erbenhaftung erheben (§ 1990) und gegenüber einer Vollstreckung in sein sonstiges Vermögen die Haftungsbeschränkung durch Einwendungsklage geltend machen, §§ 781, 785, 767 ZPO, Schlüter Rz 118. 3

§ 1936 Erbrecht Erbfolge

4   4. An die Stelle der Bundesstaaten sind die Länder getreten. Gesetzlicher Erbe ist das Bundesland, in dem der Erblasser im Zeitpunkt des Todes seine Niederlassung hatte, § 1936 I S 1. Niederlassung ist weiter zu interpretieren als Wohnsitz. Hierzu gehört jeder Ort, an dem der Erblasser ein Unterkommen zu nicht nur vorübergehendem Verweilen hatte, Soergel/Stein Rz 4; Staud/Werner Rz 5; MüKo/Leipold Rz 8ff.

5   5. Der Erblasser muß **deutscher Staatsangehöriger** sein, vgl Abs II. Sein letzter Wohnsitz ist unerheblich, Art 24 I EGBGB. Wegen der Beerbung von Ausländern vgl Art 25ff EGBGB, Lange/Kuchinke § 13 II 2e.

6   6. Die Art 138, 139 EGBGB halten landesgesetzliche Vorschriften aufrecht, nach denen ein ausschließliches Erbrecht, ein Pflichtteilsrecht oder ein Recht auf bestimmte Sachen des Staates oder anderer juristischer Personen neben oder anstatt der gesetzlichen Erben begründet ist oder nach denen an Stelle des Staates eine Körperschaft, Stiftung oder Anstalt des öffentlichen Rechts gesetzlicher Erbe sein kann.

1937 *Erbeinsetzung durch letztwillige Verfügung*
Der Erblasser kann durch einseitige Verfügung von Todes wegen (Testament, letztwillige Verfügung) den Erben bestimmen.

1   1. **Zulässiger Inhalt letztwilliger Verfügung.** Die §§ 1937–1941 bestimmen den möglichen Inhalt einer letztwilligen Verfügung nicht abschließend, RG 170, 380, 383; Frankfurt NJW 1950, 607. Sie kann ua enthalten: Erbeneinsetzung (§ 1937), Enterbung (§ 1938), Anordnung eines Vermächtnisses (§§ 2147ff), einer Auflage (§§ 2192ff, 1940), Auseinandersetzungsanordnungen über den Ausschluß, den Aufschub der Auseinandersetzung oder die Verteilung einzelner Gegenstände (§§ 2044, 2048, 2049), Entziehung oder Beschränkung des Pflichtteilsrechts (§ 2338), Widerruf oder Aufhebung einer letztwilligen Verfügung (§§ 2253ff, 2291, 2297), Bestimmung über den Dreißigsten (§ 1969), Ernennung eines Testamentsvollstreckers (§ 2197), eine Schiedsklausel (§ 1048 ZPO, Staud/Otte vor § 1937 Rz 6–8), die Änderung der Bezugsberechtigung einer Lebensversicherung (§ 332), Widerruf einer Schenkung (RG 170, 383), eine Reihe familienrechtlicher Anordnungen, vor allem die Benennung eines Vormunds (§§ 1777, 1782) und güterrechtliche Anordnungen (zB §§ 1418 II Nr 2, 1486, 1509, 1511), oder Anordnungen über die Verwaltung des Kindesvermögens nach §§ 1638, 1639, 1803; zur Auslegung BayObLG 83, 86. Mit der Verfügung von Todes wegen können rein äußerlich andere Rechtsgeschäfte, zB eine Bevollmächtigung, verbunden sein, deren Gültigkeitsvoraussetzungen sich dann aber nicht nach dem Erbrecht bestimmen, Staud/Otte vor § 1937 Rz 11; Köln NJW 1950, 702. Zum „Patiententestament" vgl Lange/Kuchinke § 35 IV 7.

2   2. **Verfügung von Todes wegen und letztwillige Verfügung (Testament).** Die Verfügung von Todes wegen ist der Oberbegriff für letztwillige Verfügung (Testament) (§§ 2064ff) und Erbvertrag, §§ 1941, 2274. Mit ihr wird ein Rechtsgeschäft bezeichnet, das erst mit dem Tod des Erklärenden wirksam werden soll. Während der Erbvertrag die vertragliche Form der Verfügung von Todes wegen ist, ist das Testament ein einseitiges Rechtsgeschäft. Während der Erblasser die vertragliche Verfügung in einem Erbvertrag in der Regel nicht widerrufen kann – sie kann nur ausnahmsweise in beiderseitigem Einverständnis (§§ 2290–2292) oder durch Rücktritt (§§ 2293–2297) rückgängig gemacht werden –, kann er ein Testament bis zu seinem Tod grundlos widerrufen, wobei er sich selbst die Testamentsform zu beachten braucht, und nur er es auch beachten kann, vgl §§ 2253ff. Zwischen dem Erbvertrag und dem gewöhnlichen Testament steht das **gemeinschaftliche Testament** der Ehegatten (§§ 2265ff) oder Lebenspartner (§ 10 IV LPartG), das als letztwillige Verfügung von jedem Ehegatten bzw Lebenspartner zu Lebzeiten beider widerrufen werden kann (§ 2271 I), während der Überlebende nach dem Tod des Erstverstorbenen an die wechselbezüglichen Anordnungen in der Regel gebunden ist, § 2271 II. Das Gesetz gebraucht den Ausdruck letztwillige Verfügung sowohl gleichbedeutend mit Testament, als auch zur Bezeichnung einer einzelnen im Testament enthaltenen Verfügung, vgl §§ 2085, 2253. Der gemeinrechtliche Unterschied zwischen Testament, das eine Erbeinsetzung enthalten mußte, und Kodizill, in dem andere Verfügungen getroffen wurden, ist bedeutungslos. Ein Testament kann daher als förmlich einseitiges Rechtsgeschäft auch mehrere letztwillige Verfügungen enthalten. Es ist aber nicht mit der Testamentsurkunde gleichzusetzen. Auch nach ihrer Vernichtung durch Brand besteht ein Testament als Rechtsgeschäft von Todes wegen, während ein Testament trotz unveränderter Testamentsurkunde aufgehoben sein kann.

3   3. Der Begriff der **Verfügung** ist dabei nicht mit der Verfügung als Rechtsgeschäft unter Lebenden, etwa in § 185, gleichzusetzen (RG 111, 247, 250f; Harrer ZBlFG 1919, 361) und bedeutet Anordnung (Staud/Otte Rz 2).

4   4. **Erbeinsetzung** ist nicht immer leicht vom Vermächtnis, von Auseinandersetzungsanordnungen und der Zuwendung des Pflichtteils abzugrenzen. Vgl dazu die Auslegungsregeln der §§ 2087, 2304 und § 1939 sowie § 2048 Rz 2–4. Auch Nichtverwandte können zu Ersatz- (§ 2096) oder Nacherben (§ 2100) eingesetzt werden. Dann erwerben Abkömmlinge, Eltern und Ehegatten einen Pflichtteilsanspruch, §§ 2303, 2317. Die Person des Erben muß allein aufgrund der in der letztwilligen Verfügung enthaltenen Willensäußerung des Erblassers festgestellt werden können, BayObLG FamRZ 1981, 402. Unter den Voraussetzungen des § 2079 kann eine Person, die als Erbe übergangen und pflichtteilsberechtigt ist, das Testament anfechten.

5   5. Auch durch **Rechtsgeschäfte unter Lebenden** kann der Erblasser über seinen Nachlaß so verfügen, daß die Rechtswirkung mit seinem Tod eintritt. Vgl § 2301 Rz 1–5, Schlüter Rz 1242ff.

6   6. Die Erbeinsetzung kann wegen Erbunwürdigkeit angefochten werden oder wegen Verstoßes gegen die guten Sitten nach § 138 nichtig sein. Letztwillige Verfügungen, die mit geheimem Vorbehalt (§ 116), zum Schein (§ 117) oder nicht ernstlich (§ 118) getroffen werden, sind nichtig, vgl Schlüter Rz 222ff. Allgemein zur Sittenwidrigkeit vgl § 2064 Rz 14ff; BGH 52, 17; 53, 365; BayObLG NJW 1987, 910 mit Anm Hohloch JuS 1987, 906; Simshäuser, Zur Sittenwidrigkeit der Geliebtentestamente, 1971; Thielmann, Sittenwidrige Verfügungen von Todes wegen, 1973; für die Sittenwidrigkeit von „Behindertentestamenten" VGH Baden-Württemberg

FamRZ 1994, 789; dagegen BGH NJW 1990, 2055; BGH ZEV 1994, 35; zu den erbrechtlichen Gestaltungsmöglichkeiten der Eltern behinderter Kinder van de Loo NJW 1990, 2852.

1938 Enterbung ohne Erbeinsetzung
Der Erblasser kann durch Testament einen Verwandten, den Ehegatten oder den Lebenspartner von der gesetzlichen Erbfolge ausschließen, ohne einen Erben einzusetzen.

1. Durch **negatives Testament (Enterbung)** iS von § 1938 schließt der Erblasser gesetzliche Erben von der Erbfolge aus. Denselben Erfolg kann er auch dadurch erreichen, daß er andere Personen als die gesetzlichen Erben zur gewillkürten Erbfolge beruft und dabei den gesamten Nachlaß erschöpft. Das negative Testament kann nur die Verwandten, den Lebenspartner (vgl § 10 I, II LPartG) oder den Ehegatten, nicht aber den Staat oder andere an seine Stelle tretende juristische Personen (Art 138 EGBGB) vom gesetzlichen Erbrecht ausschließen, § 1936. Ihnen kann aber durch Erbeinsetzung (§ 1937) eine andere beliebige natürliche oder juristische Person aus gutem Grund vorgezogen werden. Die Enterbung kann auch durch Erbvertrag erfolgen. Hierbei handelt es sich nicht um eine vertragsmäßige, sondern um eine einseitige, jederzeit einseitig abänderbare Verfügung, §§ 2278 II, 2299, vgl § 1941 Rz 1. Auch teilweiser, bruchteilsmäßiger und bedingter Ausschluß ist möglich, RGRK/Kregel Rz 4. Der Erbe braucht nicht ausdrücklich und kann ohne Angabe von Gründen, aber nur in den Grenzen des § 138, ausgeschlossen werden, also auch durch Zuwendung des Pflichtteils (RG 61, 15) oder durch nachträgliche Pflichtteilsentziehung gegenüber dem in einem früheren Testament eingesetzten Erben (BayObLG FamRZ 2000, 1460), aber noch nicht durch Anordnung von Vermächtnissen, die den Nachlaß erschöpfen, da die Vermächtnisse ausgeschlagen werden könnten. Im allgemeinen sind an die unzweideutigen schlüssigen Erklärungen strenge Anforderungen zu stellen, KG OLG 40, 116; 42, 128; RG JW 1913, 39. Wird der gesetzliche Erbe dadurch ausgeschlossen, daß ein anderer zum gewillkürten Erben berufen wird, so ist der Ausschluß auch bei Nichtigkeit der Erbeinsetzung wirksam, wenn er für alle Fälle gewollt war, RG WarnRspr 1942, 23. Vgl zur **Verwirkungsklausel** § 2303 Rz 3.

2. Die **Wirkung des Ausschlusses** erstreckt sich im Zweifel nicht auf die Abkömmlinge des Ausgeschlossenen. Sie treten in den ersten drei Ordnungen an seine Stelle, RG WarnRspr 1937, 132; BayObLG FamRZ 1989, 1006; LG Brandenburg MDR 1995, 1238. Die Auslegung des negativen Testaments kann aber ergeben, daß gleichzeitig die Abkömmlinge ausgeschlossen sein sollen, RG JW 1937, 2598; BGH MDR 1959, 290; BayObLG Rpfleger 1976, 290; FamRZ 1990, 1265; Staud/Otte Rz 10. Wird der Ehegatte ausgeschlossen, so hat er keinen Anspruch auf den Voraus, § 1932.

1939 Vermächtnis
Der Erblasser kann durch Testament einem anderen, ohne ihn als Erben einzusetzen, einen Vermögensvorteil zuwenden (Vermächtnis).

1. **Begriff des Vermächtnisses.** Ein Vermächtnis ist eine Verfügung von Todes wegen (§§ 1939, 1941, 2278 II), die keine Erbeinsetzung enthält und durch die dem Vermächtnisnehmer ein Vermögensvorteil derart zugewandt wird, daß er gegen den Beschwerten einen schuldrechtlichen Anspruch auf Leistung des vermachten Gegenstands erwirbt, § 2174. Es gibt (mit Ausnahme des Vorausvermächtnisses des Alleinerben, BGH 32, 60) kein unmittelbar (= dinglich) wirkendes Vermächtnis (so aber im römischen Recht, Vindikationslegat: der Vermächtnisnehmer wird bereits mit dem Erbfall Eigentümer des vermachten Gegenstands). Das Vermächtnis begründet vielmehr eine Verpflichtung, den vermachten Gegenstand durch ein selbständiges Leistungsvollzugsgeschäft unter Lebenden auf den Vermächtnisnehmer zu übertragen (**Damnationslegat**); dazu Bartholomeyczik, Erbeinsetzung, andere Zuwendungen und Erbschein, 1942, S 132ff. Ein vermachtes Grundstück muß nach §§ 873, 925 übereignet, eine vermachte Forderung nach § 398 abgetreten werden. Die Vermächtnisanordnung ist oft schwierig von der Erbeinsetzung abzugrenzen, vgl RG 170, 163 (170); BGH 36, 115; BayObLG FamRZ 1989, 101; Köln FamRZ 1991, 1481. Hierbei kommt es darauf an, ob der Erblasser den Willen hatte, den Bedachten in den Kreis der Erben einzubeziehen, ihn als Allein- oder Miterben zum Gesamtnachfolger zu machen, an der Haftung für die Nachlaßverbindlichkeiten teilnehmen zu lassen und damit mit der Verwaltung und Abwicklung des Nachlasses zu belasten (Erbeinsetzung), oder ob es ihm daran lag, den Bedachten von der unmittelbaren Herrschaft über den Nachlaß auszuschließen und auf eine Nachlaßgläubigerforderung (§ 1967 II) zu beschränken (Vermächtnis). Bei der Zuwendung des ganzen Vermögens oder eines Bruchteils will der Erblasser den oder die Bedachten in der Regel zu Erben (vgl BayObLG FamRZ 1989, 101), bei der Zuwendung einzelner Gegenstände in der Regel zu Vermächtnisnehmern machen oder eine Auseinandersetzungsanordnung erlassen, vgl § 2087. Zur Auslegung, ob im einzelnen Fall Erbeinsetzung, Vermächtnis oder Auseinandersetzungsanordnung gewollt ist, vgl § 2048 Rz 2ff.
Im Sprachgebrauch wird mit Vermächtnis sowohl die letztwillige Verfügung, als sie anordnet, als auch die Zuwendung des Vorteils, also der rechtliche Erfolg der Anordnung, bezeichnet, der im Erwerb des Forderungsrechts (§ 2174) liegt. Auch ein Allein- oder Miterbe kann durch ein Vorausvermächtnis bedacht werden, § 2150. Der Voraus (§ 1932) und der Dreißigste (§ 1969) sind gesetzliche Vermächtnisse, nicht aber der Unterhaltsanspruch der Mutter aus § 1963, vgl § 1963 Rz 3. Bei dem Ausbildungsanspruch der Stiefkinder (§ 1371 IV) und den Ansprüchen nach §§ 12, 13 HöfeO handelt es sich ebenfalls nicht um gesetzliche Vermächtnisse, Staud/Otte Rz 15; aA Pal/Edenhofer Rz 1. Von der Schenkung unterscheidet das Vermächtnis dadurch, daß es sich um ein jederzeit widerrufliches Rechtsgeschäft von Todes wegen handelt. Zur Schenkung von Todes wegen vgl § 2301.

2. Der **Bedachte** und der **vermachte Gegenstand** müssen **bestimmt** oder durch Auslegung **bestimmbar** sein, RG JW 1915, 786. In der Regel muß der vermachte Gegenstand im Nachlaß vorhanden sein, aber es gibt auch Verschaffungsvermächtnisse, die den Beschwerten dazu verpflichten, nicht zum Nachlaß gehörende Gegenstände

§ 1939

dem Vermächtnisnehmer zu verschaffen, §§ 2169ff. Hierzu gehört das häufige Geldvermächtnis, § 2173 S 2. Mit einem Vermächtnis beschwert, dh zur Leistung des vermachten Gegenstands verpflichtet, kann ein Erbe oder ein Vermächtnisnehmer werden, § 2147.

3 3. Das **Vermächtnis** kann wegen Verstoßes gegen § 138 **nichtig** sein (BGH FamRZ 1983, 53) und wegen Erbunwürdigkeit des Vermächtnisnehmers angefochten werden, § 2345.

4 4. **Vermögensvorteile** sind nicht nur körperliche Gegenstände und Rechte, deren Verschaffung der Vermächtnisnehmer verlangen kann, sondern jede, auch nur mittelbare Begünstigung des Vermögens des Bedachten im weitesten Sinne, BayObLG OLG 32, 59; Staud/Otte Rz 8ff; Kipp/Coing § 57 I. Eine Bereicherung des Bedachten oder eine Vermehrung seines Vermögens ist nicht erforderlich. Durch Vermächtnis kann auch ein Ankaufsrecht zugewendet werden, BGH FamRZ 2001, 1297. Gegenstand eines Vermächtnisses kann nicht nur der Erlaß einer Schuld (BGH FamRZ 1983, 53) sein, sondern auch das Anerkenntnis oder die Sicherung eines bereits bestehenden Rechts (RFH 29, 150), die Verpflichtung des Beschwerten, eine bestimmte, seinem Vermögen nachteilige Handlung zu unterlassen, zB eine Forderung in bestimmter Frist nicht geltend zu machen, eine Sache an den Bedachten zu einem bestimmten Preis zu verkaufen, mag es in Zeiten hoch geschätzter Sachwerte auch der gesetzlich bestimmte Preis sein, vgl OGH 1, 65; BayObLG FamRZ 1984, 825; selbst die Vornahme einer Dienstleistung (Sorge für den überlebenden Ehegatten) kann Vermächtnisgegenstand sein, Hamm FamRZ 1994, 1210 (1212). Hat die Verfügung dagegen für den Begünstigten keinen Vermögenswert, so handelt es sich nicht um ein Vermächtnis, sondern allenfalls um die Anordnung einer Auflage oder einer Testamentsvollstreckung, Staud/Otte Rz 12; Planck/Flad Anm 2; RGRK/Kregel Rz 5. Die Absicht einer Freigebigkeit verlangt das Gesetz nicht, Pal/Edenhofer Rz 3; RGRK/Kregel Rz 7; Planck/Flad Anm 5. Daher kann ein Vermächtnisnehmer selbst mit einem Untervermächtnis oder einer Auflage beschwert werden, die den vollen Wert des Vermächtnisses ausschöpfen, RG JW 1910, 6; HRR 1928, 1698. Die Zuwendung des Pflichtteils durch Verfügung von Todes wegen kann sich in der Anerkennung des gesetzlichen Pflichtteilsanspruchs unter Ausschluß sonstiger entziehbarer Ansprüche erschöpfen, aber je nach den zur Auslegung heranzuziehenden Umständen des Einzelfalls auch Anordnung eines Vermächtnisses sein, RG 129, 241; HRR 1935, 1462; vgl § 2304.

1940 *Auflage*
Der Erblasser kann durch Testament den Erben oder einen Vermächtnisnehmer zu einer Leistung verpflichten, ohne einem anderen ein Recht auf die Leistung zuzuwenden (Auflage).

1 1. **Begriff.** Die **Auflage** ist eine Verfügung von Todes wegen (§§ 1940, 1941 I, 2278 II), die den Erben oder Vermächtnisnehmer mit der Verpflichtung zu einer Leistung an einen Begünstigten beschwert, der seinerseits aber keinen unmittelbaren Anspruch gegen den Beschwerten darauf hat, die Leistung zu verlangen. Der Auflagebegünstigte kann – im Gegensatz zum Vermächtnisnehmer – nicht gegen den Beschwerten klagen. Er erwirbt daher auch keinen Schadensersatzanspruch aus der Nichterfüllung der Auflage, RG WarnRsp 1937, 133. Die Auflage setzt damit keine Zuwendung voraus. Der Vollzug der Auflage kann aber nach § 2194 S 1 vom Vollzugsberechtigten verlangt werden, dem ein eigenes klagbares und vollstreckungsfähiges Recht auf Leistung an den Auflagebegünstigten zusteht.

2 2. **Inhalt der Auflage** kann die Anordnung jeder Verpflichtung zu einer Leistung, einem Tun oder Unterlassen (§ 241), sein, Prot V 7. Im Gegensatz zum Vermächtnis braucht die Leistung **keinen Vermögenswert** zu haben, Staud/Otte Rz 5; Kipp/Coing § 64 I 3; Lange/Kuchinke § 30 II 3a. Gegenstand einer Auflage kann sein: Aufstellung einer Büste, eines Grabmals, die Pflege des Grabes oder eines Gartens, die kostenlose Öffnung einer privaten Bibliothek oder Sammlung für Fachinteressenten sowie die Anordnung oder das Verbot, ein Grundstück zu veräußern, BGH FamRZ 1985, 278; Köln FamRZ 1990, 1402. Durch Auflage kann ein Miterbe mit der alleinigen Verwaltung des Nachlasses betraut, aber durch sie auch begünstigt werden, RG LZ 1929, 254 Nr 5. Zur schwierigen Abgrenzung der Auflage von der Auseinandersetzungsanordnung und dem Vorausvermächtnis vgl § 2048 Rz 2ff; RG WarnRsp 1917, 148; LZ 1918, 268. Zur Abgrenzung von Auflage und Testamentsvollstreckung BayObLG ZEV 1996, 33. Wegen der Einzelheiten siehe §§ 2192ff.

1941 *Erbvertrag*
(1) Der Erblasser kann durch Vertrag einen Erben einsetzen sowie Vermächtnisse und Auflagen anordnen (Erbvertrag).
(2) Als Erbe (Vertragserbe) oder als Vermächtnisnehmer kann sowohl der andere Vertragschließende als ein Dritter bedacht werden.

1 1. **Begriff.** Der **Erbvertrag** ist ein erbrechtlicher Vertrag, der eine in der Regel bindende Verfügung von Todes wegen enthält, durch die eine Erbeinsetzung, ein Vermächtnis oder eine Auflage angeordnet wird. Der Erbvertrag ist bei gleichzeitiger Anwesenheit vor einem Notar zu schließen, § 2276 I S 1. Mit dem Tod des Erblassers treten die erbrechtlichen Wirkungen ebenso wie bei einem Testament oder der gesetzlichen Erbfolge ein. Bis dahin können die vertragsmäßigen Verfügungen nur ausnahmsweise in beiderseitigem Einverständnis (§§ 2290–2292) oder durch Rücktritt (§§ 2293–2297) rückgängig gemacht werden. Vertragsmäßig bindend können nur Erbeinsetzungen, Vermächtnisse und Auflagen getroffen werden (§§ 2278, 2299; RG 116, 322). Ein Erbvertrag kann zwar auch andere Verfügungen enthalten, aber nur als letztwillige (§§ 2278, 2299; RG 116, 322), so daß sie widerrufen werden können, als ständen sie in einem Testament. Aber auch die vertragsmäßig zulässigen Verfügungen von Todes wegen (§ 2278 II) werden noch nicht mit ihrer Aufnahme in einen Erbvertrag in allen Fällen vertragsmäßig bindend, sondern können einseitige letztwillige Verfügungen sein, wenn im Erbvertrag nicht der Wille erkennbar ist (§ 133), sie bindend anzuordnen. Ihre bindende Wirkung ist nicht einmal zu vermuten, RG 116, 320; Weyer DNotZ 1938, 369. Hat der Vertragspartner des jeweiligen Verfügenden ein Interesse an der Verfügung, so spricht das für ihre Vertragsmäßigkeit. Fehlt dieses Interesse, so spricht das für die Einseitigkeit und damit freie Widerruflichkeit (§ 2253) der Verfügung, BGH NJW 1961, 120; Kipp/Coing § 42 I. Nach Lange/Kuchinke (§ 25 IV 2) soll eine Vermutung für die Bindung bestehen, wenn die Zuwendung an den Vertragsgegner erfolgt oder wenn etwas einem Dritten zugewandt wird, an dessen Bedenkung der Vertragsgegner ein eigenes Interesse hat.

Keine Erbverträge sind die Verträge über den Nachlaß eines noch lebenden Dritten (§ 311b IV S 1; dazu Wiedemann NJW 1968, 769), die nach § 2302 nichtigen Schuldverträge über die Errichtung oder Aufhebung einer Verfügung von Todes wegen sowie Verträge, die schon vor dem Tod einen Anspruch des Erblassers begründen, aber seine Erfüllung bis zum Tod hinausschieben, Hamburg MDR 1950, 616. Ein Erbvertrag liegt auch dann nicht vor, wenn der künftige Erblasser sein Vermögen oder einen wesentlichen Teil davon auf einen oder mehrere als künftige Erben in Aussicht genommene Empfänger überträgt. In diesem Fall spricht man von einer „**vorweggenommenen Erbfolge**", BGH NJW 1991, 1345. Zu der Frage, ob insoweit die Grundsätze vom Wegfall der Geschäftsgrundlage (§ 313) anwendbar sind, vgl BGH NJW 1991, 1345; näher hierzu Olzen, Die vorweggenommene Erbfolge, 1984. Zur einkommensteuerrechtlichen Beurteilung der vorweggenommenen Erbfolge vgl GrS BFH NJW 1991, 254; BFH NJW 1991, 2855f; Meincke NJW 1991, 198; Märkle/Franz BB 1991, Beilage 5. Zur vorweggenommen Hoferbfolge vgl Rz 4. 2

Zu unterscheiden sind **einseitige und zweiseitige Erbverträge**, je nachdem ob nur ein Vertragsteil oder beide Vertragsteile als Erblasser auftreten. Bei zweiseitigen Erbverträgen stehen die Verfügungen der Erblasser in einem wechselseitigen Abhängigkeitsverhältnis (§§ 2278 I, 2298), wenn kein anderer Wille der Vertragsteile anzunehmen ist. Dabei brauchen die Vertragsteile nicht Eheleute oder Verlobte zu sein. Sie können es aber sein und dann mit dem Erbvertrag in derselben Urkunde einen Ehevertrag (§ 1408) verbinden, so daß auch für den Erbvertrag die Form des Ehevertrags genügt, § 2276 II.

Es kann sowohl der andere Vertragsteil als auch oder ausschließlich ein Dritter bedacht werden, § 1941 II. Der in den §§ 2346ff besonders geregelte Erbverzichtsvertrag ist kein Erbvertrag. Vgl im übrigen die Regelung der Erbverträge in §§ 2274ff.

2. Wird ein **Dritter bedacht**, so handelt es sich nicht um einen Vertrag zugunsten Dritter im Sinne der §§ 328ff, denn der Erblasser begründet weder für sich eine Verpflichtung noch für den Dritten ein Forderungsrecht, BGH 12, 115. Der Dritte erwirbt vielmehr bei der Erbeinsetzung den Nachlaß mit dem Tod unmittelbar, RG WarnRsp 1917, 91. Die §§ 328ff sind auch nicht entsprechend anwendbar. 3

3. Der **Hofübergabevertrag** ist ein Vertrag, durch den Eltern ihren Grundbesitz, vor allem ihren Hof – es kann sich aber auch um andere Vermögenswerte oder das ganze Vermögen handeln –, auf einen Abkömmling übertragen und dabei für sich einen ausreichenden Lebensunterhalt und für die anderen Abkömmlinge eine Abfindung ausbedingen (RG 118, 20), so daß die Hoferbfolge vorweggenommen wird. Der Hofübergabevertrag ist daher kein Erbvertrag, sondern ein Rechtsgeschäft unter Lebenden, oft Vertrag zugunsten Dritter (§§ 328ff), und bedarf der Form des § 311b I. Der Hofübergabevertrag ist durch die HöfeO idF vom 26. 7. 1976 (BGBl I 1933) für die Länder Hamburg, Niedersachsen, Nordrhein-Westfalen und Schleswig-Holstein besonders geregelt; dazu vor § 1922 Rz 3. 4

Abschnitt 2
Rechtliche Stellung des Erben

Einleitung

1. Systematischer Überblick. Der Abschnitt behandelt die allgemeine rechtliche Stellung des Erben, unabhängig davon, ob er durch Gesetz als Verwandter, Ehegatte oder Staat oder durch Verfügung von Todes wegen berufen ist, oder ob es sich bei dem Erben um eine natürliche oder juristische Person oder einen Gesamthandsverband handelt. Der Abschnitt (§§ 1942–2063) ist in vier Titel untergliedert. 1

a) Der 1. Titel (§§ 1942–1966) enthält zwei Gruppen von Vorschriften: **aa)** Erwerb, Annahme und Ausschlagung der Erbschaft (§§ 1942–1959), **bb)** Ermittlung der unbekannten Erben und Sicherung des Nachlasses durch Fürsorge des Nachlaßgerichts, §§ 1960–1966.

b) Der 2. Titel (§§ 1967–2017) behandelt die Haftung des Erben für die Nachlaßverbindlichkeiten, die Möglichkeit, die an sich unbeschränkte Haftung auf den Nachlaß zu beschränken.

c) Der 3. Titel (§§ 2018–2031) behandelt den Erbschaftsanspruch, der dem Erben gegen denjenigen zusteht, der die Erbschaft auf Grund eines zu Unrecht behaupteten Erbrechts besitzt, und auf Herausgabe dessen gerichtet ist, was der Beklagte aus der Erbschaft erlangt hat.

d) Der 4. Titel (§§ 2032–2063) ist wiederum in zwei Gruppen von Vorschriften unterteilt: **aa)** Die erste regelt das Rechtsverhältnis mehrerer Miterben untereinander, die Miterbengemeinschaft, zum Teil auch im Rechtsverhältnis nach außen, einschließlich der Ausgleichung von Vorempfängen einzelner Miterben unter anderen Miterben und der Ausgleichungspflicht der anderen Miterben bei besonderer Mitarbeit und Pflegetätigkeit eines Abkömmlings, §§ 2052–2057a. **bb)** Die zweite regelt das Rechtsverhältnis zwischen den Miterben einer Miterbengemeinschaft und den Nachlaßgläubigern, §§ 2058–2063.

2. Die Rechtsfolgen des Erbfalls werden in diesem Abschnitt nicht abschließend geregelt.

a) Vereinigen sich Gläubigerrecht und Verbindlichkeit oder Recht und Belastung durch Erbfall in einer Person, so erlischt die Forderung oder das Recht (Konfusion und Konsolidation; §§ 1976, 1991 II, 2175) wie in den ähnlichen Fällen der §§ 425 II, 429 II, 1072, 1164 II, 1173, 1174, 1163, 1256. Rechte Dritter (Pfandrecht, Nießbrauch) an der Forderung oder dem sonstigen Recht bleiben aber bestehen (Pal/Edenhofer Überblick vor § 1942 Rz 1), und die erloschenen Rechtsverhältnisse leben uU (so bei der Nachlaßverwaltung, der Nacherbfolge und dem Erbschaftsverkauf) wieder auf, §§ 1976, 1991, 2143, 2175, 2377, vgl BGH 48, 214. Eigenvermögen des Miterben und Gesamthandsvermögen der Miterbengemeinschaft werden dabei als getrennten Rechtsträgern zugeordnet behandelt, § 2032 Rz 1. Auch aus anderen Gründen trennt das Gesetz das Nachlaßvermögen vom sonstigen Vermögen desselben Rechtsträgers, so daß Rechte nicht erlöschen: Beim Erbschaftskauf (§ 2377), bei der Nachlaßverwaltung und dem Nachlaßinsolvenzverfahren (§§ 1976ff), bei der Herausgabe des dürftigen Nachlasses (§ 1991 II), beim Vermächtnis (§ 2175), der Nacherbfolge (§ 2143) und bei Wertpapierforderungen, die infolge ihrer Verknüpfung mit dem Recht an der Urkunde auch nach Erwerb der Gläubigerstellung durch den Schuldner abgetreten werden können. Darüber hinaus wird man, sobald ein schutzwürdiges Interesse am Fortbestand der Forderung oder des Rechts vorhanden ist, allgemein trotz Konfusion oder Konsolidation nicht den Untergang der Forderung oder des Rechts annehmen dürfen.

b) Hat vor dem Erbfall der Erbe über Gegenstände des Erblassers oder der Erblasser über Gegenstände des Erben verfügt, so werden diese Verfügungen mit der Beerbung wirksam (§ 185 II, 2. und 3. Fall, vgl § 185 Rz 12), im letzten Fall allerdings nur, wenn der Erbe unbeschränkt haftet.

3. Im ZGB der ehemaligen DDR waren Annahme und Ausschlagung der Erbschaft in §§ 402–405 geregelt, vgl Einl § 1922 Rz 19.

Titel 1
Annahme und Ausschlagung der Erbschaft, Fürsorge des Nachlassgerichts

Vorbemerkung

Schrifttum: *Friedmann*, Die Annahme einer Erbschaft, ihre rechtliche Natur und ihre Rechtswirkungen in der Geschichte und im Recht des BGB, 1909; *Goldschmidt*, Die Nachlaßpflegschaft des BGB, eine Pflegschaft über ein selbständiges Sondervermögen, 1905; *Greiser*, Die Nachlaßpflegschaft, DFG 1938, 167; *Hauser*, Die Anfechtung der Versäumung der Erbausschlagungsfrist, JherJb 65, 271; *Hawlitzky*, Zur Form der Erbausschlagung, DNotZ 1937, 876; *Heldrich*, Schranken der elterlichen Vertretungsmacht bei der Ausschlagung einer Erbschaft, in FS Lorenz, S 97ff; *Hermann*, Erbausschlagung bei Auslandsberührung, ZEV 2000, 259; *Hörle*, Die Nachlaßpflegschaft nach § 1960, 1961 BGB, ZBlFG 1909, 711 (751); *Holzhauer*, Die Teilbarkeit von Annahme und Ausschlagung im System des Erbrechts, Erbrechtliche Untersuchungen, 1973, S 85; *Ivo*, Die Erbschaftsausschlagung eines Sozialhilfeempfängers, FamRZ 2003, 6; *ders*, Erbschaftsausschlagung wegen vermeintlicher Überschuldung und ihre Anfechtung bei Nachlassspaltung, NJW 2003, 185; *ders*, Die Teilausschlagung einer Erbschaft, ZEV 2000, 145; *Josef*, Die Rechtsstellung des vorläufigen Erben im Verfahren der freiwilligen Gerichtsbarkeit, ZZP 44, 478; *Kaufmann*, Die Ausschlagung der Erbschaft, DJZ 1909, 1325; *Kirchhofer*, Erbschaftserwerb, Verwaltung und Sicherung des Nachlasses vor der Erbannahme, vergleichende Studien zum deutschen und schweizerischen Recht, 1968; *Kittel*, Rechtshilfe bei Erbausschlagung, Rpfleger 1971, 52; *Kleinschmidt*, Wann kann der Nacherbe die Nacherbschaft annehmen oder ausschlagen?, 1916; *Koessler*, Das Wesen der Nachlaßpflegschaft, JherJb 64, 412; *Kretzschmer*, Ausschlagung der Erbschaft durch einen gesetzlichen Vertreter, ZBlFG 1918, 12; *von Lübtow*, Probleme des Erbrechts, 1967; *ders*, Die Vererblichkeit des Ausschlagungsrechts, JZ 1969, 502; *Mantey*, Kann nach Eintritt des Erbfalls der Nacherbe die Erbschaft wirksam annehmen, bevor sie ihm angefallen ist?, Gruchot 1960, 937; *Müller*, Abwesenheits-, Nachlaßpflegschaft und Pflegschaft für unbekannte Beteiligte, NJW 1956, 652; *Ohr*, Fürsorge durch das Nachlaßgericht, insbesondere Nachlaßpflegschaft, in Lange, Erwerb, Sicherung und Abwicklung des Nachlasses, 4. Denkschrift des Erbrechtsausschusses der Akademie für Deutsches Recht, 1940, S 82; *von Olshausen*, Zugewinnausgleich und Pflichtteil bei Erbschaftsausschlagung durch einen von mehreren Erbeserben des überlebenden Ehegatten, FamRZ 1976, 678; *Olzen*, Die Annahme der Erbschaft und Rechtsstellung des vorläufigen Erben, Jura 2001, 366; *Pentz*, Ausschlagung durch Erbeserben, Rpfleger 1999, 516; *Pohl*, Mängel bei der Erbschaftsannahme und -ausschlagung, AcP 177, 52; *Reichel*, Aktiv- und Passivprozesse des vorläufigen Erben, in FS Thon, 1911, S 101; *Reif*, Anfall, Annahme und Ausschlagung der Erbschaft, in Lange, Erwerb, Sicherung und Abwicklung der Erbschaft, 4. Denkschrift des Erbrechtsausschusses der Akademie für Deutsches Recht, 1940, S 28; *Rhode*, Erbausschlagung eines Geschäftsunfähigen oder beschränkt Geschäftsfähigen, ZBlFG 1910, 741 (783); *Schramm*, Nochmals: das Wahlrecht des Erben nach § 1948 BGB, DNotZ 1965, 734; *Stach*, Nichtigkeit letztwilliger Verfügungen zugunsten Bediensteter staatlicher Altenpflegeeinrichtungen, NJW 1988, 943; *Strobl*, Das Wahlrecht des Erben nach § 1948 BGB, DNotZ 1965, 373; *Weidner*, Ausschlagung einer Erbschaft durch den Inhaber der elterlichen Gewalt für ein minderjähriges Kind zu Gunsten des anderen volljährigen Kindes, DFG 1937, 223; *Weithase*, Zurückweisung einer geringfügigen Erbschaft, Rpfleger 1988, 434; *Wendt*, Die Versäumung der Ausschlagungsfrist, AcP 92, 276.

1. Der Erbschaftserwerb nach dem BGB wird von **zwei Grundsätzen** beherrscht:

– von der **unmittelbaren Gesamtnachfolge kraft Gesetzes**, § 1922 Rz 52;

– vom Erwerb ohne Annahme und Besitzergreifung, vom **deutschrechtlichen Vonselbsterwerb**, § 1942: „Der Tote erbt den Lebendigen", „le mort saisit le vif" (vgl § 1922 Rz 59). Aber dieser Grundsatz ist durch das Recht des Erben zur förmlichen Ausschlagung (**Ausschlagungsgrundsatz**, §§ 1942, 1945) mitbestimmt. Der Erbe verliert es durch Ablauf der gesetzlichen Ausschlagungsfrist oder schon vorher durch formlose, auch schlüssige Annahme der Erbschaft, § 1943. Solange er ausschlagen kann, ist er nur **vorläufiger Erbe**. Schlägt er aus, so wird fingiert, daß er nie Erbe geworden sei, § 1953 I. Nur der Staat ist als gesetzlicher Erbe Zwangserbe, dh er kann nicht ausschlagen, § 1942 II.

Der Gesetzgeber hat dieses System des Erbschaftserwerbs für lebensnah gehalten, weil Erbschaften öfter angenommen als ausgeschlagen werden und die Erben im allgemeinen in der Lage sind, ohne bevormundende Aufsicht einer Behörde, ohne kostspielige Hilfe eines Treuhänders den Nachlaß abzuwickeln und ganz in ihrem Eigenvermögen aufgehen zu lassen. In das allgemeine Bewußtsein ist diese Regelung nicht gedrungen. Auch heute wird vielfach angenommen, man könne sich vom Nachlaß nicht besser fernhalten als dadurch, daß man sich um ihn überhaupt nicht kümmere. Aber der Vonselbsterwerb bleibt rechtspolitisch notwendig, weil er das Schicksal der Erbschaft auch für die Nachlaßgläubiger und nachberufenen Erben schnell klärt und der Erbe, der nach Verlust des Ausschlagungsrechts von Nachlaßschulden überrascht wird, sich mit dem Recht schützen kann, seine Haftung auf den Nachlaß zu beschränken. Beim Irrtum über Lauf oder Bedeutung der Ausschlagungsfrist hilft die Rspr außerdem sehr weitgehend mit der Anfechtung, vgl § 1956 Rz 1, 2.

2. Gesetzesübersicht. Die Vorschriften des BGB über Annahme und Ausschlagung, Fürsorge durch das Nachlaßgericht (§§ 1946–1966) werden ergänzt durch §§ 315–331 InsO; §§ 239, 241, 243, 246, 779, 782, 784, 989–1001 ZPO; §§ 72ff FGG. 2

1942 *Anfall und Ausschlagung der Erbschaft*
(1) Die Erbschaft geht auf den berufenen Erben unbeschadet des Rechts über, sie auszuschlagen (Anfall der Erbschaft).
(2) Der Fiskus kann die ihm als gesetzlichem Erben angefallene Erbschaft nicht ausschlagen.

1. **Berufen** wird der Erbe entweder **kraft Gesetzes** als Verwandter, Ehegatte oder Staat (§§ 1924–1936) **oder** vom Erblasser **durch Verfügung von Todes wegen** (Testament, Erbvertrag), §§ 1937, 1941, 1948 I. 1

2. **Anfall der Erbschaft** ist nach dem Gesetz ihr vorläufiger Erwerb, der nur noch durch Ausschlagung rückwirkend beseitigt werden kann, Abs I. Die Erbschaft fällt dem Erben kraft Gesetzes mit dem Tod des Erblassers an, auch wenn der Erbe hiervon nichts erfährt. Erbfall und Erbanfall decken sich in der Regel. Jede Erbschaft hat damit jederzeit ihren Rechtsträger, aA v Lübtow, Erbrecht, 2. Bd, § 652f, der die Erbschaft, die noch nicht angenommen ist, als objektiv gebundenes, aber zeitweise subjektloses Vermögen bezeichnet. Es gibt **keine ruhende Erbschaft** (hereditas iacens) und infolge des gesetzlichen Zwangserbrechts des Staates, das den Fiskus zum Lückenbüßer in einer nie versagenden Erbfolgeordnung macht **(Abs II), keine erblose Verlassenschaft.** Hiervon bildet auch § 1923 II keine Ausnahme. Auch dem Kind, das zur Zeit des Erbfalls noch nicht lebt, aber bereits erzeugt ist, fällt die Erbschaft nur an, wenn es geboren wird, dann allerdings wegen der Fiktion des § 1923 II rückwirkend auf den Erbfall. Dem noch nicht geborenen, aber erzeugten Kind kann die Erbschaft nicht anfallen, § 1923 I; KG OLG 14, 318; KJG 34, 79. Deshalb beginnt auch die Ausschlagungsfrist nicht vor Anfall, also nicht vor der Geburt, Linde BWNotZ 1988, 55; vgl § 1944 Rz 3. Dem Nacherben fällt die Erbschaft mit dem Nacherbfall an (§ 2139), dem aufschiebend bedingt oder befristet eingesetzten Erben mit dem Eintritt der Bedingung oder des Termins (§§ 2074, 2105), dem Vermächtnisnehmer das Vermächtnis mit dem Erbfall, § 2176. Bei der Ausschlagung und Erbunwürdigkeit dagegen fällt sie dem nächstberufenen Erben wiederum durch juristische Fiktion mit dem Erbfall an (§§ 1953 II, 1942 I, 2344 II), nur braucht er es nicht zu erleben. Bestimmungen des Erblassers, der Anfall solle von einer Annahme des Erben oder von seiner Nichtausschlagung abhängen, werden in der Regel keine rechtsgeschäftliche Bedeutung haben, Pal/Edenhofer Rz 1; Planck/Flad vor § 1942 Anm II 2; aA RGRK/Johannsen Rz 1, der § 2105 anwendet, und Staud/Otte Rz 5, der im Einzelfall auf den Erblasserwillen abstellen will. 2

3. Der **vorläufige Erbe** erwirbt die Erbschaft **endgültig**, wenn er sie angenommen hat, spätestens wenn die Ausschlagungsfrist abgelaufen ist, § 1943. Vor Verjährung, Zugriff der Eigengläubiger und Inanspruchnahme durch die Nachlaßgläubiger schützen die §§ 211, 1958, 1995 II; §§ 239 V, 778 ZPO. Bis zur Annahme ist die Erbschaft in der Hand des vorläufigen Erben ein **Sondervermögen**, das rechtlich vom Eigenvermögen des Erben getrennt ist (vgl § 1958 Rz 1). Daher können die Nachlaßgläubiger nicht das Eigenvermögen des Erben, die Eigengläubiger des Erben nicht den Nachlaß zur Befriedigung beanspruchen. Mit der Annahme hört diese rechtliche Trennung, die Eigenschaft des Nachlasses als Sondervermögen, auf, es sei denn, daß der Erbe durch Einsetzung eines Nacherben oder Anordnung einer mit der Verwaltung des Nachlasses verbundenen Testamentsvollstreckung beschränkt ist oder daß eine Mehrheit von Miterben vorhanden ist, vgl § 2032 Rz 1. Es kann wieder ein Sondervermögen, und zwar ein Liquidationssondervermögen durch Anordnung der Nachlaßverwaltung oder Eröffnung des Nachlaßinsolvenzverfahrens (§§ 315ff InsO) werden. Hat der vorläufige Erbe vor der Eröffnung des Nachlaßinsolvenzverfahrens einen Nachlaßgläubiger anderen gegenüber absichtlich begünstigt, so hängt die Anfechtbarkeit seiner begünstigenden Rechtsbehandlung, etwa nach § 131 InsO, von seiner, nicht von der begünstigenden Absicht des endgültigen Erben ab. Da der vorläufige Erbe Träger der Massegegenstände und Nachlaßschulden ist, fällt ihm auch die Rolle des Schuldners zu, BGH NJW 1969, 1349. 3

4. Der **Staat** kann zwar nicht als gesetzlicher Erbe, aber als eingesetzter Erbe ausschlagen. Als gesetzlicher Erbe hat er den Schutz der §§ 1966, 2011; § 780 II ZPO. Ein Heimträger ist aufgrund des Heimgesetzes nicht verpflichtet, die Erbschaft auszuschlagen, BayObLG BWNotZ 1991, 148. 4

5. Der **Hoferbe**, der zugleich Erbe oder Miterbe des übrigen Nachlasses ist, kann die ganze Erbschaft mit dem Hof (§ 1942) oder den Hof allein ausschlagen, die übrige Erbschaft aber annehmen, § 11 HöfeO idF vom 26. 7. 5

§ 1943 Erbrecht Rechtliche Stellung des Erben

1976 (BGBl I 1933). Dagegen kann er nicht den Hof annehmen und die übrige Erbschaft ausschlagen, bestritten, vgl § 1951 Rz 6; Lange/Wulff/Lüdtke-Handjery, 10. Aufl 2001, § 11 Rz 2.

1943 Annahme und Ausschlagung der Erbschaft
Der Erbe kann die Erbschaft nicht mehr ausschlagen, wenn er sie angenommen hat oder wenn die für die Ausschlagung vorgeschriebene Frist verstrichen ist; mit dem Ablauf der Frist gilt die Erbschaft als angenommen.

1 1. **Endgültiger Erbe** wird der vorläufige Erbe (vgl §§ 1942 Rz 3, 1958 Rz 1):
  a) mit der **Annahme der Erbschaft** oder der ihr durch Fiktion gleichgestellten Anfechtung der Ausschlagung, §§ 1955 S 1, 1957 I;
  b) mit der **Versäumung der Ausschlagungsfrist**. Sie gilt nach S 2 kraft Fiktion als rechtsgeschäftliche Annahme, damit als Willenserklärung und ist daher anfechtbar, § 1956.

2 2. Der Erbe ist wegen des Vonselbsterwerbs auch ohne Erbschaftsannahme bereits Erbe. Die Erbschaftsannahme bewirkt lediglich, daß der Erbe sein Ausschlagungsrecht schon vor Fristablauf verliert. Zur Beweislast Soergel/Stein Rz 9.
  a) **Rechtsnatur der Annahme.** Sie ist eine formlose, nicht empfangsbedürftige **Willenserklärung** des Inhalts, endgültig Erbe sein zu wollen und damit auf das Ausschlagungsrecht zu verzichten, Brox Rz 310; MüKo/Leipold Rz 10. Sie setzt also den Erbfall voraus, § 1946. Wird sie gegenüber einer Person abgegeben, so wirkt sie gegenüber allen, RGRK/Johannsen Rz 4. Ist sie an eine bestimmte Person gerichtet, so wird sie entsprechend § 130 I S 2 widerrufen werden können, solange sie ihr nicht zugegangen ist, RGRK/Johannsen Rz 5. Obwohl sie gegenüber keiner bestimmten Person abgegeben zu werden braucht, wird man aus ihr doch nur mit Vorsicht auf den Annahmewillen schließen können, wenn sie an einen Unbeteiligten gerichtet war, Planck/Flad Anm 3. Demgegenüber halten Lange/Kuchinke (§ 8 II 2 Fn 18) zwar die schlüssige Annahme durch pro herede gestio für nicht empfangsbedürftig, jeder anderen Annahmeerklärung wollen sie aber nur dann konstitutive Wirkung zuerkennen, wenn sie gegenüber einem unmittelbar Nachlaßbeteiligten gegenüber abgegeben ist, während Manigk (Das rechtswirksame Verhalten, 1939, S 389ff) sich mit jeder Betätigung des Annahmewillens begnügt. Zu den Beteiligten gehören Nachlaßgläubiger und -schuldner, Miterben, Vermächtnisnehmer, Pflichtteilsberechtigte, Auflagebegünstigte.
  b) Eine **Form** ist für die Annahme **nicht vorgeschrieben**. Der Erbe kann ausdrücklich (direkt) oder schlüssig (stillschweigend oder indirekt) annehmen.

3 c) **Schlüssige Annahme** (pro herede gestio): Wer sich in Angelegenheiten einer Erbschaft so einmischt, daß er damit rechnen muß, die Beteiligten werden hieraus auf seinen Annahmewillen schließen, kann nicht mehr ausschlagen. Er setzte sich mit seinem Verhalten in einen unlösbaren Widerspruch und verstieße gegen Treu und Glauben, § 242; Mot V 497, 457; Prot V 620; VI 336ff. Die Entscheidung hängt damit von der Wertung aller Umstände des Einzelfalls ab, BayObLG FamRZ 1988, 214. Hat der Erbe nach dieser Auslegung angenommen, ohne es zu wollen, so kann er seine Annahme anfechten, §§ 1954, 1955, vgl BayObLG MDR 1983, 937. Schlüssige Annahmehandlungen sind oft schwer von Fürsorgemaßnahmen abzugrenzen, die den Nachlaß sichern oder erhalten sollen und die auch ein vorläufiger Erbe während der Schwebezeit treffen kann, § 1959. Durch eine Überspannung der Auslegung im Sinne schlüssiger Annahme würde die Fürsorgepflicht des Erben geschwächt werden. Art 778 Code civil nimmt deshalb zutreffend eine pro herede gestio nur an, wenn der Erbe eine Handlung vornimmt, die seine Absicht, die Erbschaft anzunehmen, notwendig voraussetzt, und zu welcher er nur in seiner Eigenschaft als (endgültiger) Erbe berechtigt wäre.
  Schlüssige Annahmeerklärungen sind Anträge auf Erlaß eines Gläubigeraufgebots (aA Mot V 644) oder auf Erteilung des Erbscheins (KGJ 38, 51; BGH RdL 1968, 99; vgl aber RG Recht 1910 Nr 1111), Verfügungen über Erbteile (RG 80, 384), Verkauf der ganzen Erbschaft (§ 2371; BayObLG Recht 1906 Nr 2515), ein formloser oder formungültiger Erbverzicht zugunsten eines Miterben (Kiel OLG 40, 104), die Geltendmachung des Erbschaftsanspruchs (§ 2018), die Verwendung von Nachlaßgegenständen für eigene Zwecke (RG DJZ 1912, 1185) sowie ihre Aneignung oder Verheimlichung, der Erlaß einer Nachlaßschuld (RJA 16, 83; KG OLG 14, 309; 38, 263), die Prozeßaufnahme (§ 239 ZPO) und die Einlassung auf sie.
  Dagegen fallen Verfügungen über einzelne oder mehrere Nachlaßgegenstände, die Geltendmachung von Erbschaftsforderungen, auch von Lebensversicherungsforderungen, der Antrag auf Nachlaßverwaltung (KGJ 31, 73; 38, 51) nicht unter die schlüssige Annahme, wenn darin Fürsorgemaßnahmen des vorläufigen Erben nach § 1959 zu sehen sind und nicht der Wille des Erben, den Nachlaß endgültig mit dem Eigenvermögen zu verschmelzen. So hat das OLG Celle (OLG 65, 30) zutreffend in der Sperrung von Bankkonten, dem Antrag auf Bestellung eines Testamentsvollstreckers und dem Antrag auf Testamentseröffnung keine schlüssige Annahme, sondern bloße Fürsorgemaßnahmen erblickt. Sogar in der Verfügung über alle Nachlaßgegenstände hat das RG im Urteil vom 28. 11. 1921 – VI 437/21 – keine Annahme gesehen, weil sich der Erbe dadurch lediglich das Mittel zur Bestattung des Erblassers verschaffen wollte, RGRK/Johannsen Rz 8. Dagegen hat das BayObLG (FamRZ 1988, 213) in der Verfügung über einen einzelnen Gegenstand (Veräußerung eines Gesellschaftsanteils) und Koblenz ZEV 2001, 440 in der Geltendmachung von Ansprüchen aus einer vom Erblasser abgeschlossenen Lebensversicherung eine schlüssige Erbschaftsannahme gesehen. Ebenso hat Oldenburg NJW-RR 1995, 141 bei einem Anbieten eines Nachlaßgrundstücks zum Verkauf entschieden. Sollten die einzelnen Maßnahmen zu Zweifeln Anlaß geben können, so sollte der Erbe ausdrücklich einen Vorbehalt machen, der allerdings nicht in unlösbarem Widerspruch (protestatio facto contraria) stehen darf. In der Fortführung eines Handelsgeschäfts liegt zunächst keine Annahme, selbst in der Eintragung des Erben in das Handelsregister braucht sie noch nicht zu liegen, wenn sie etwa erforderlich ist, um gleichzeitig die verschärfte Schuldenhaftung des vielleicht später annehmenden Erben

aus § 27 I HGB entsprechend § 25 II HGB auszuschließen, KG JFG 22, 70; DR 1940, 2007; Staub/Hüffer HGB, 4. Aufl 1995, § 27 Rz 19.

3. Die **Annahme als Willenserklärung und Rechtsgeschäft** verlangt volle Geschäftsfähigkeit des Annehmenden. Als einseitiges Rechtsgeschäft ist sie nicht genehmigungsfähig (§ 111). Sofern sie in vertragsmäßigen Maßnahmen des vorläufigen Erben gesehen werden kann, kann in der Genehmigung des Vertrags (§ 108) eine schlüssige Annahme des gesetzlichen Vertreters für den Minderjährigen liegen. Die Vollmacht zur Annahme ist formlos gültig. Der gesetzliche Vertreter benötigt zur Annahme im Gegensatz zur Ausschlagung (§ 1643 II) keine Genehmigung des Familiengerichts, BayObLG v 15. 5. 1996 – 1 Z BR 103/96 –; Staud/Otte Rz 11; Lange/Kuchinke § 8 IV 2. Der Vertreter kann die Erbschaft aber nicht vor der Geburt des Erben annehmen (Linde BWNotZ 1988, 54), weil nicht feststeht, ob der nasciturus überhaupt lebend geboren und damit Erbe wird, § 1923 II; zu der Möglichkeit der Ausschlagung für die Leibesfrucht vgl § 1944 Rz 3. Testamentsvollstrecker, Nachlaß- und Leibesfruchtpfleger und Insolvenzverwalter (§ 83 S 1 InsO) können nicht über das Erbrecht des Erben entscheiden und deshalb auch nicht für ihn annehmen, RG 106, 46; Schlüter Rz 447. Ergänzungspfleger (§ 1909), Betreuer (§§ 1896, 1902) und Abwesenheitspfleger (§ 1911) sind hingegen berechtigt, die Erbschaft für ihren Pflegling bzw Betreuten anzunehmen, Pal/Edenhofer Rz 4. Ehegatten können die Erbschaft ohne Zustimmung des anderen annehmen, das gilt auch für das Gesamtgut nicht verwaltenden Ehegatten, § 1432 I 1. Wegen der **Irrtumsanfechtung** vgl §§ 1949, 1954–1957.

4. Wegen der Annahme und Ausschlagung des Hoferben vgl §§ 1942 Rz 5, 1951 Rz 6.

1944 *Ausschlagungsfrist*
(1) Die Ausschlagung kann nur binnen sechs Wochen erfolgen.
(2) Die Frist beginnt mit dem Zeitpunkt, in welchem der Erbe von dem Anfall und dem Grunde der Berufung Kenntnis erlangt. Ist der Erbe durch Verfügung von Todes wegen berufen, so beginnt die Frist nicht vor der Verkündung der Verfügung. Auf den Lauf der Frist finden die für die Verjährung geltenden Vorschriften der §§ 206, 210 entsprechende Anwendung.
(3) Die Frist beträgt sechs Monate, wenn der Erblasser seinen letzten Wohnsitz nur im Ausland gehabt hat oder wenn sich der Erbe bei dem Beginn der Frist im Ausland aufhält.

1. **Zweck der Ausschlagungsfrist.** Sie soll dem vorläufigen Erben Gelegenheit geben, sich über die Nachlaßverhältnisse zu unterrichten und sich über die Ausschlagung schlüssig zu werden, während die gesetzliche Befristung des Ausschlagungsrechts den Nachlaßgläubigern und den Nachberufenen schnell Rechtsklarheit schaffen soll. Läuft diese gesetzliche Ausschlußfrist ab, ohne daß der Erbe ausschlägt, so treten die Folgen des § 1943 Hs 2 ein.

2. **Dauer der Ausschlagungsfrist.** Sie beträgt sechs Wochen, jedoch sechs Monate in den beiden Fällen des Abs III. Bei gesetzlicher Vertretung des Erben kommt es für die Anwendung des Abs III darauf an, ob der gesetzliche Vertreter seinen Wohnsitz im Ausland hatte. Die ehemalige DDR und Berlin (Ost) waren kein Ausland im staatsrechtlichen Sinn, wurden aber für die Länge der Frist entsprechend behandelt, Hamm ZEV 1994, 246 m Anm v Kummer; AG Bleckede MDR 1968, 588; Staud/Otte Rz 3; Pal/Edenhofer Rz 9; aA Hamm ZEV 1994, 247; RGRK/Johannsen Rz 25. Bis zum Jahr 1961 ist aber von der Frist des § 1944 I auszugehen, weil es damals aufgrund der Verkehrsmöglichkeiten unschwer möglich war, die Vermögensverhältnisse zu ermitteln, Frankfurt ZEV 1994, 248.

Die Frist kann weder durch Entscheidung des Nachlaßgerichts noch durch Rechtsgeschäft verkürzt oder verlängert werden. Bestimmt der Erblasser durch Verfügung von Todes wegen eine kürzere oder längere Frist für die Annahme, so handelt es sich um eine Erbeinsetzung unter aufschiebender Bedingung. Mit der Annahme tritt die Bedingung ein, und der Erbe verliert sein Ausschlagungsrecht, RGRK/Johannsen Rz 1; Staud/Otte Rz 2. Soergel/Stein Rz 19 hält die Bedingung regelmäßig für unwirksam. Für die Ausschlagung eines Vermächtnisses besteht keine Frist.

Das ZGB der früheren DDR sah für die Ausschlagung eine Frist von zwei Monaten vor, für Erben mit Wohnsitz außerhalb der ehemaligen DDR betrug die Frist sechs Monate, § 402 I S 1, 2 ZGB. Dabei ist zu beachten, daß nach Art 231 § 6 III EGBGB die Abs I und II des Art 231 § 6 EGBGB entsprechend auf Fristen anzuwenden sind, die für die Geltendmachung, den Erwerb oder den Verlust eines Rechts maßgebend sind. Zu diesen sogenannten Ausschlußfristen zählt auch die Ausschlagungsfrist. Nach dieser Überleitungsvorschrift gilt folgende Regelung: Ist die im BGB normierte Frist kürzer als die entsprechende Frist des ZGB, so wird die kürzere Frist von dem Tag des Wirksamwerdens des Beitritts (3. 10. 1990) an berechnet. Danach gilt seit dem 3. 10. 1990 die sechswöchige Ausschlagungsfrist des BGB. Dagegen kommt es auf die Ausschlagungsfrist des ZGB an, wenn diese vor der am 3. 10. 1990 beginnenden kürzeren Frist des § 1944 endet. Diese Regelung kann dazu führen, daß es in Erbfällen, die in den letzten zwei Wochen vor dem 3. 10. 1990 eingetreten sind, zu einer Fristverkürzung kommt, Wandel BWNotZ 1991, 1 (29).

3. Die **Frist beginnt** nicht schon mit dem Anfall, § 1942 Rz 2, der aber schon das Recht zur Ausschlagung entstehen läßt, § 1946 Rz 1, sondern erst **mit sicherer Kenntnis des Erben** vom **Anfall** und **Berufungsgrund**, BGH FamRZ 2000, 1504; BayObLG 92, 68; RG LZ 1920, 351. Grob fahrlässige Unkenntnis steht der Kenntnis nicht gleich, Hamm OLG 69, 288; BayObLG 68, 68. Demzufolge steht der Zugang einer Mitteilung des Nachlaßgerichts über Anfall und Berufungsgrund der Kenntnis dieser Tatsachen nicht gleich, BayObLG 68, 68; BGH WarnRspr 1968 Nr 60. Der Erbe wird aber Anfall und Berufung dann kennen, wenn er von den Tatsachen und der Rechtslage, die sie begründen, so zuverlässige Kenntnis hat, daß er bei Würdigung aller Umstände Anfall und Berufungsgrund nicht mehr ausschließen und ein Handeln von ihm erwartet werden kann, vgl BGH Rpfleger

1968, 183; RGRK/Johannsen Rz 10; RG Gruchot 59, 481; BayObLG FamRZ 1994, 264; Pal/Edenhofer Rz 2. Ein Rechtsirrtum, der auf Unkenntnis gesetzlicher Vorschriften über den Anfall oder den Berufungsgrund beruht, schließt den Fristbeginn aus, BGH Rpfleger 1968, 183; KG OLG 33, 154; KGJ 34, 79; RG WarnRsp 14 Nr 26; BGH MDR 1968, 477, etwa ein Irrtum der Eltern über die Nachberufung ihrer Kinder, RJA 8, 181. Eine richtige Subsumtion unter das gesamte Tatbestandsmerkmal des Anfalls und des Berufungsgrunds ist allerdings nicht erforderlich. Vielmehr ist eine hinlänglich sichere Kenntnis des Anfalls und des Berufungsgrunds ausreichend, aber auch erforderlich, ohne daß die Anforderungen an die Kenntnis überspannt werden dürfen, Staud/Otte Rz 11.

4   a) **Kenntnis des Anfalls.** Der Erbe kennt den Anfall in der Regel, aber nicht schon stets, wenn er die Tatsachen kennt, die ihn nach richterlichem Urteil begründen. Im allgemeinen gehört dazu Kenntnis vom Tod oder der Todeserklärung des Erblassers, bei gesetzlicher Erbfolge ferner das Familienverhältnis, das die Erbfolge begründet, der Wegfall ausschließender Erben und das Fehlen einer gültigen Verfügung von Todes wegen, die die gesetzliche Erbfolge ausschließen würde, Pal/Edenhofer Rz 6; Staud/Otte Rz 7, bei gewillkürter Erbfolge die Erbeinsetzung, bei Nacherbfolge der Eintritt des Nacherbfalls. Der Erbe kann sich aber nicht damit verteidigen, er habe ohne konkret begründete Zweifel die Möglichkeit einer Verfügung von Todes wegen nicht ausschließen können, BayObLG NJW 1953, 1431; BayObLG OLG 36, 227; LZ 1918, 710; Staud/Otte Rz 12. Glaubt der Laie, der Nachlaß sei überschuldet oder nicht aktiv, so wird er damit häufig den Anfall nicht kennen, BayObLG 33, 337; Staud/Otte Rz 11; aA MüKo/Leipold Rz 11.

5   b) **Kenntnis des Berufungsgrundes.** Der Erbe kennt den Berufungsgrund, wenn er sich nicht darüber im unklaren ist, ob er gesetzlicher oder eingesetzter Erbe ist. Ein Irrtum über die Art der Berufung schließt damit seine Kenntnis aus, RG HRR 1931, 1140; KGJ 41, 57; BGH Rpfleger 1968, 183. **aa)** Als **gesetzlicher Erbe** muß er das Familienverhältnis kennen, das ihn beruft, und wissen, daß keine Verfügung von Todes wegen die gesetzliche Erbfolge ausschließt und daß keine vorrangigen gesetzlichen Erben vorhanden sind. **bb)** Als **eingesetzter Erbe** muß er wissen, daß er durch eine Verfügung von Todes wegen berufen ist, ohne daß er ihre Identität (insoweit aA Staud/Otte Rz 9; MüKo/Leipold Rz 24), geschweige denn ihre Einzelheiten zu kennen braucht, Pal/Edenhofer Rz 7. Der Miterbe braucht zB nicht zu wissen, wie groß sein Erbteil ist, RG HRR 1931, 1140. Die **Ausschlagungsfrist beginnt** auch bei vorheriger Kenntnis der Einsetzungsverfügung **nicht vor deren Verkündung**, Abs II S 2, § 2260, da der Erbe muß Kenntnis von der Testamentseröffnung erlangt haben, Karlsruhe Rpfleger 1989, 62. Verkündung in diesem Sinne ist auch eine sog schlichte Eröffnung (Vermerk auf dem Testament, Eröffnungsprotokoll). Das setzt aber voraus, daß der Erbe zur Verkündung geladen wurde (§ 2260 I S 2), BGH NJW 1991, 169; aA MüKo/Leipold Rz 15 mwN. Der Erbe braucht jedoch im Verkündungstermin nicht zu erscheinen und die Verkündung nicht zu kennen, OLG 14, 280. Ebenso ist die Verkündung beschwerender oder beschränkender Anordnungen unnötig. Werden bei einem Erbvertrag oder einem gemeinschaftlichen Testament beim Vorversterben anderer Personen zur Regelung dieses Erbfalls untrennbare Verfügungen mit verlesen, so sind diese nicht verkündet, so daß für den Fristbeginn eine erneute Verkündung erforderlich ist, RG 137, 229; Staud/Otte Rz 19. Ist die Verfügungsurkunde zerstört oder verloren, so ist Abs II S 2 unanwendbar, KG JW 1919, 586, es sei denn, daß eine Ausfertigung vorhanden ist, vgl KG JW 1919, 586, oder daß es sich um öffentliche Verfügungsurkunden handelt, die nach § 46 BeurkG (vorher nach der VO vom 18. 6. 1942, RGBl I 395) wiederhergestellt werden können. Die Ausschlagungsfrist beginnt dann mit der Verkündung der Ausfertigung oder der wiederhergestellten Urkunde, LG Wuppertal JMBlNRW 1948, 173. Auch wenn die Ausschlagungsfrist erst mit der Verkündung beginnt, so kann der Erbe schon vor ihr ausschlagen.

6   c) Erforderlich ist die Kenntnis vom Anfall und vom Berufungsgrund seitens des Erben oder seines gesetzlichen Vertreters, OLG 11, 225; BayObLG Rpfleger 1984, 403. Im Fall der Geschäftsunfähigkeit oder Minderjährigkeit kommt es auf die Kenntnis des gesetzlichen Vertreters an, BayObLG Rpfleger 1984, 403; Soergel/Stein Rz 12. Die Kenntnis eines **Bevollmächtigten** setzt die Frist nur in Lauf, wenn seine Vollmacht sich auch auf das Recht zur Annahme oder Ausschlagung erstreckt, wenn zB eine Vollmacht zur Ermittlung des Erbfalls erteilt ist, BayObLG NJW 1953, 1431; RGRK/Johannsen Rz 12; Soergel/Stein Rz 13; aA Staud/Otte Rz 15; MüKo/Leipold Rz 14. Hat daneben auch der Erbe Kenntnis, so setzt auch in ihr die Frist in Lauf, so daß die früher ablaufende Frist entscheidet, KG HRR 1935, 1664; Pal/Edenhofer Rz 8; MüKo/Leipold Rz 24. § 166 ist unanwendbar, da es sich nicht um die rechtlichen Folgen der Abgabe einer Willenserklärung handelt, Pal/Edenhofer Rz 8; RGRK/Johannsen Rz 12. Im Fall der Geschäftsunfähigkeit oder Minderjährigkeit kommt es auf die Kenntnis des gesetzlichen Vertreters an, BayObLG Rpfleger 1984, 403; Soergel/Stein Rz 12. Ist eine **juristische Person** zum Erben eingesetzt, die eine Erbschaft nur mit staatlicher Genehmigung erwerben kann (Art 86 S 2 EGBGB), so läuft die Frist erst, wenn die juristische Person von der Genehmigung erfährt, vgl § 1923 Rz 4. Bei der **Leibesfrucht** kann die Frist nicht vor der Geburt des Kindes zu laufen beginnen, § 1942 Rz 2; KGJ 34, 79; KG OLG 14, 318; Linde BWNotZ 1988, 54; Peter Anm Rpfleger 1988, 107. Die Eltern können, sofern sie nach § 1912 II vertretungsberechtigt sind, schon vor dem Erbanfall, aber nach dem Erbfall (§ 1946) die Erbschaft für den nasciturus ausschlagen, Oldenburg FamRZ 1994, 847; Stuttgart Rpfleger 1993, 157; Lange/Kuchinke § 8 III 1b; Linde BWNotZ 1988, 54; Peter Anm Rpfleger 1988, 107; MüKo/Leipold § 1923 Rz 19; aA LG Berlin Rpfleger 1990, 362; AG Recklinghausen Rpfleger 1988, 106; Pal/Edenhofer § 1946 Rz 1.

7   **4. Fristbeginn nach § 2306 I S 2.** Die Rspr läßt über den Wortlaut dieser Vorschrift hinaus die Frist erst beginnen, wenn der Pflichtteilserbe weiß, ob sein Erbteil seinen Pflichtteilsbetrag übersteigt, sofern man die gesetzliche Anrechnungs- und Ausgleichungspflicht berücksichtigt, RG 113, 49; BayObLG NJW 1959, 1734; MüKo/Leipold Rz 7. Dadurch wird der Schwebezustand in beachtlicher Weise verlängert, Reif, 4. Denkschrift des Erbrechtsausschusses der Akademie für Deutsches Recht, S 53; vgl § 2306 Rz 4.

8   **5.** Der **Lauf der Frist** ist nach §§ 187 I, 188, 193 zu berechnen. Abs II S 3 ist durch das SchuldModG redaktionell geändert worden. An die Stelle der §§ 203, 206 aF sind die §§ 206, 210 getreten. Der Stillstand der Rechtspflege (§ 203 I aF) ist jetzt ein Fall der höheren Gewalt (§ 206). § 210 ist nur anwendbar, wenn die Frist schon zu laufen begonnen hat. Wird der nicht voll Geschäftsfähige wieder voll geschäftsfähig oder erhält er einen gesetzlichen Vertreter, so brauchen die Voraussetzungen des Fristbeginns nach Abs II S 1, 2 nicht erneut durch Kenntnis des Anfalls und Berufungsgrunds erfüllt zu werden, Planck/Flad Anm 7b; Strohal Bd 2 § 61, Anm 20; Staud/Otte Rz 27; Pal/Edenhofer Rz 9.

Kann der gesetzliche Vertreter eines Erben, der nicht voll geschäftsfähig ist, dem Nachlaßgericht die nach §§ 1822 Nr 2, 1643 II erforderliche familiengerichtliche Genehmigung wegen einer dem Familiengericht zur Last fallenden Verzögerung nicht innerhalb der Ausschlagungsfrist nachweisen, so ist der Fristablauf so lange gehemmt, §§ 1944 II S 3, 206: höhere Gewalt. Der gesetzliche Vertreter darf sich darauf verlassen, daß sein Antrag auf Genehmigung ordnungsgemäß und zügig bearbeitet wird. Hätte die Genehmigung bei ordnungsgemäßer Bearbeitung innerhalb der Ausschlagungsfrist erteilt werden können, so ist die Frist nach herrschender Meinung bis zu dem Zeitpunkt gehemmt, in welchem der gesetzliche Vertreter den Genehmigungsbeschluß erhält, Frankfurt OLGZ 66, 337; BayObLG FamRZ 1983, 834; Kipp/Coing § 87 IV; Pal/Edenhofer Rz 9; RGRK/Johannsen Rz 20; Staud/Otte Rz 25, 26.

Nimmt ein Erbprätendent an, er sei gesetzlicher Erbe geworden, wird seine Annahme sodann noch vor dem Ablauf der Ausschlagungsfrist durch die begründete Vermutung erschüttert, er sei durch letztwillige Verfügung enterbt, so hat die zunächst angelaufene Ausschlagungsfrist keine rechtliche Bedeutung, Hamm NJW 1969, 1355.

6. Bei einer **Miterbengemeinschaft** läuft für jeden Miterben eine besondere Frist. Hemmungen wirken nur in der Person des Miterben, bei dem sie eintreten, Staud/Otte Rz 29.

7. **Beweislast für die Ausschlagung** trägt, wer sich auf sie im Rahmen eines Klagegrunds oder einer Einwendung beruft, Pal/Edenhofer Rz 10; Staud/Otte Rz 30. Daß das Ausschlagungsrecht bereits durch Fristablauf weggefallen sei, hat der Gegner zu beweisen. Den Ausschlagenden trifft jedoch die Beweislast dafür, daß er nicht voll geschäftsfähig war, BGH FamRZ 2000, 1504.

1945 *Form der Ausschlagung*

(1) Die Ausschlagung erfolgt durch Erklärung gegenüber dem Nachlassgericht; die Erklärung ist zur Niederschrift des Nachlassgerichts oder in öffentlich beglaubigter Form abzugeben.

(2) Die Niederschrift des Nachlassgerichts wird nach den Vorschriften des Beurkundungsgesetzes errichtet.

(3) Ein Bevollmächtigter bedarf einer öffentlich beglaubigten Vollmacht. Die Vollmacht muss der Erklärung beigefügt oder innerhalb der Ausschlagungsfrist nachgebracht werden.

1. a) Das **Ausschlagungsrecht** ist ein unselbständiges, stets an die Erbenstellung gebundenes Gestaltungsrecht, unübertragbar, aber vererblich (§ 1952 I), termin- und bedingungsfeindlich, § 1947. Es kann von einem Bevollmächtigten im Namen des Erben, nicht aber von einem Ermächtigten im eigenen Namen ausgeübt werden. **Die Ausschlagung ist ein einseitiges, form- und amtsempfangsbedürftiges** fristgebundenes **Rechtsgeschäft**, das wirksam ist, sobald die Willenserklärung dem Nachlaßgericht (§ 73 FGG) zugeht, § 130 III.

Der Erbe ist in seiner Entscheidung frei auszuschlagen oder anzunehmen. Es existieren keine Normen, die es ihm gebieten, eine ihm angefallene Erbschaft nicht auszuschlagen. Die Ausschlagung ist nicht etwa sittenwidrig (§ 138 I), wenn er durch die Nichtannahme der Erbschaft den Familienunterhalt gefährdet (Pohl AcP 177, 52, 65ff; Soergel/Stein Rz 3, oder der Sozialhilfe zur Last fällt, Linde BWNotZ 1988, 54, 58; Soergel/Stein Rz 3; aA Stuttgart ZEV 2002, 367 m Anm Mayer).

b) Die **Ausschlagungserklärung** muß **öffentlich beglaubigt** sein (§ 129), es sei denn, eine Körperschaft des öffentlichen Rechts schlägt die Erbschaft für sich selbst oder als gesetzlicher Vertreter für einen Dritten aus, vgl LG Braunschweig DAVorm 1988, 96; LG Essen DAVorm 1984, 921. Die Erklärung ist inhaltlich nicht formalisiert. Sie braucht nur den Willen erkennen zu lassen, daß der Erbe nicht Erbe sein oder die Erbschaft nicht annehmen will, BayObLG OLG 41, 80; Dresden OLG 35, 178; München DNotZ 1937, 706; BayObLG 77, 165f; 92, 64; Staud/Otte Rz 2; Pal/Edenhofer Rz 1. Erklärt ein gesetzlicher (Mit-)Erbe, daß er die Erbeinsetzung einer anderen Person durch Testament anerkenne, weil er das Testament für gültig halte, so schlägt er damit noch nicht die Erbschaft aus, auch wenn er weiß, daß das Testament nichtig ist, BayObLG NJW 1967, 1135; Staud/Otte Rz 3. Der Erbe kann sich formlos (§ 517) zur Ausschlagung verpflichten, RG HRR 1929, 292. Das Ausschlagungsrecht steht in allen Güterständen dem Ehegatten persönlich zu – vgl § 1432 I für die Gütergemeinschaft –, im Nachlaßinsolvenzverfahren dem Schuldner, § 83 I InsO. Gläubigeranfechtung innerhalb und außerhalb des Insolvenzverfahrens (§§ 129ff InsO; §§ 1ff AnfG) ist ausgeschlossen, RG 84, 347; 54, 289. Die rückwirkende Kraft der Ausschlagung (§ 1953) läßt diese als Ablehnung eines Erwerbs, nicht als Verfügung über einen bereits erworbenen Vermögensgegenstand erscheinen, Boehmer, Erbfolge und Erbenhaftung, 1927, S 21; BayObLG NJW 1953, 944.

2. **Genehmigung des Familien- bzw Vormundschaftsgerichts.** Für Personen, die nicht voll geschäftsfähig sind, muß der gesetzliche Vertreter ausschlagen, der die Genehmigung des Familien- bzw Vormundschaftsgerichts braucht, §§ 1643 II S 1, 1822 Nr 2, 1915, 1908i, 1903 I. Sind die Eltern gesetzliche Vertreter, so müssen beide die Ausschlagung erklären (§ 1629 I), wobei sie sich allerdings gegenseitig zur Vertretung des Kindes bevollmächtigen können. Die Eltern benötigen für die Ausschlagung **ausnahmsweise keine familiengerichtliche Genehmigung**, wenn die Erbschaft einem Elternteil zunächst angefallen war, er sie bereits für sich selbst ausgeschlagen hatte, § 1643 II S 2. Das Gesetz geht davon aus, daß hier ein zusätzlicher familiengerichtlicher Schutz entbehrlich ist. Es ist anzunehmen, daß der Vertretungsberechtigte die zunächst ihm angefallene Erbschaft im eigenen Interesse nur nach sorgfältiger wirtschaftlicher Prüfung ausgeschlagen hat. Sind der vertretungsberechtigte Elternteil und das Kind hingegen nebeneinander zu Miterben berufen, so braucht der Elternteil zur Ausschlagung für das Kind die

W. Schlüter

§ 1945

familiengerichtliche Genehmigung. Gleiches gilt, wenn ein Elternteil durch die Ausschlagung einer zugewandten Erbschaft (Testaterbschaft) nur die Voraussetzungen für eine eigene gesetzliche Erbschaft unter Ausschluß des Kindes schafft, Frankfurt FamRZ 1969, 658; BayObLG 77, 163 (167); Engler FamRZ 1972, 7f, der über den Wortlaut des § 1643 II S 1 hinaus eine Genehmigungsbedürftigkeit zu Recht auch dann bejaht, wenn durch die eigene Ausschlagung mehrere Kinder erbberechtigt geworden sind und der Inhaber der elterlichen Sorge nur für einzelne von ihnen zugunsten der anderen ausschlagen will. Hier schlägt der Elternteil nicht aus, um eine als nachteilig bewertete Erbschaft von dem Kind fernzuhalten, sondern um den Nachlaß in eine bestimmte Richtung zu lenken, Soergel/Stein Rz 6. Handelt der gesetzliche Vertreter bei der geplanten Ausschlagung erkennbar aus Eigennutz, etwa um selbst Erbe zu werden (§ 1953 II), so kann ihm das Familiengericht nach §§ 1629 II 3, 1796 die Vertretungsmacht entziehen und einen Pfleger bestellen (§ 1909), der für eine Ausschlagung die vormundschaftsgerichtliche Genehmigung benötigt, §§ 1915, 1822 Nr 2; vgl Pal/Edenhofer Rz 2; Staud/Otte Rz 9; BayObLG 83, 213; Coing NJW 1985, 6.

Das Familien- bzw Vormundschaftsgericht hat zu prüfen, ob die Ausschlagung dem Interesse des Mündels dient, nicht aber, ob die Ausschlagungsfrist bereits abgelaufen ist, BayObLG FamRZ 1969, 434. Ob die Ausschlagung wirksam ist, hat das Nachlaßgericht, im Streitfall das Prozeßgericht zu entscheiden.

Die Genehmigung des Familien- bzw Vormundschaftsgerichts und ihre Bekanntmachung an den gesetzlichen Vertreter (§ 1828) muß noch in der Ausschlagungsfrist des § 1944 dem Nachlaßgericht nachgewiesen werden, RG 118, 148; Pal/Edenhofer Rz 3. Dabei kommt es auf die Reihenfolge zwischen Zugang der förmlichen Ausschlagungserklärung, Nachweis der Genehmigung und ihrer Bekanntmachung nicht an. § 1831 S 1 gilt nicht für gesetzlich befristete rechtsgeschäftliche Erklärungen, RG 118, 147. Der Fristablauf wird aber durch eine dem Gericht zur Last fallende Verzögerung nach §§ 1944 II S 3, 203 II gehemmt, siehe § 1944 Rz 8.

4 3. Die Ausschlagungserklärung muß in der Regel dem **örtlich zuständigen Nachlaßgericht** (Amtsgericht) zugehen (§§ 72, 73 FGG), um wirksam zu sein, KG OLG 21, 299; KJG 39, 57; Schlegelberger, FGG, § 7 Rz 16. Denn nachberufene Erben und Nachlaßgläubiger können nur durch Anfrage beim zuständigen Nachlaßgericht feststellen, ob die Erbschaft ausgeschlagen ist. Über die Wirksamkeit der Ausschlagung entscheidet das Nachlaßgericht im Erbscheinverfahren, BayObLG FamRZ 1985, 1290. Zurückweisung oder Zurücksendung der wirksamen Ausschlagungserklärung an den Erben ist dann bedeutungslos, KJG 35, 58. Nachlaßgericht ist das ganze Amtsgericht, nicht nur seine Nachlaßabteilung. Hat ein unzuständiges Nachlaßgericht in der Ausschlagungsfrist die Erklärung entgegengenommen oder sonst tatsächliche Aufgaben des zuständigen Nachlaßgerichts erfüllt hat und die Erklärung nach Ablauf der Ausschlagungsfrist beim zuständigen Nachlaßgericht eingeht, § 7 FGG; RG 71, 380; BGH Rpfleger 1977, 406 (betrifft interlokale Zuständigkeit); Staud/Otte Rz 17; Pal/Edenhofer Rz 8; Keidel/Kuntze/Winkler, FGG, § 7 Rz 3ff; Kipp/Coing § 87 Fn 14. Hat das zuständige Nachlaßgericht ein anderes Amtsgericht ersucht, die Ausschlagungserklärung des Erben in Rechtshilfe entgegenzunehmen (§§ 1, 2 FGG), vor allem zu beglaubigen, so genügt es ebenfalls, wenn dieses fristgerecht vor dem ersuchten Gericht geschieht, RGRK/Johannsen Rz 13; BayObLG RJA 16, 98; BayJMBl 1953, 41; aA Planck/Flad Anm 1d; Soergel/Stein Rz 10. Für schnelle Rechtsklarheit zugunsten der Nachlaßgläubiger und nachberufenen Erben sorgt die Frist ohnehin. Glaubt der Erbe, er habe mit seiner Erklärung gegenüber dem unzuständigen Nachlaßgericht wirksam ausgeschlagen, erkennt er später seinen Irrtum und befürchtet er Schwierigkeiten hieraus, so ist ihm die vorsorgliche Anfechtung der Annahme anzuraten, § 1956.

5 4. Die **Ausschlagung eines landwirtschaftlichen Hofs** nach § 11 HöfeO ist gegenüber dem Landwirtschaftsgericht, die Ausschlagung des gesamten Nachlasses einschließlich des Hofs ist hingegen gegenüber dem Nachlaßgericht zu erklären, Lange/Wulff/Lüdtke-Handjery § 11 Rz 4.

6 5. **Form.** Die Ausschlagung muß zur **Niederschrift des Nachlaßgerichts** oder **in öffentlich beglaubigter Form** erklärt werden, §§ 1945 I Hs 2, 129. Für die öffentliche Beglaubigung sind die Notare zuständig. Das Verfahren richtet sich nach § 39f BeurkG. Zur Aufnahme der Erklärung zur Niederschrift ist der Rechtspfleger zuständig, § 3 Nr 1 lit f RpflG. Das Verfahren über die Niederschrift richtet sich nach dem BeurkG, **Abs II.** Vgl §§ 1–13, 16–18, 22–26, 44–51, 54 BeurkG. Formfehler bei der Niederschrift können in der Ausschlagungsfrist beseitigt werden. Telegrafische Übermittlung genügt nicht. Zu Einzelheiten vgl Haegele Rpfleger 1969, 365f, 414ff.

7 6. Eine **Vollmacht** zur Ausschlagung bedarf selbst der öffentlichen Beglaubigung, **Abs III 1.** Sie braucht nicht Spezialvollmacht zu sein. Bei einer Generalvollmacht ist es Frage der Auslegung, ob sie so weit reichen soll. Die förmliche Vollmachtsurkunde muß der Erklärung beigefügt sein, kann aber in der Ausschlagungsfrist nachgereicht werden. Die Ausschlagung durch einen Vertreter ohne Vertretungsmacht kann entgegen § 182 II nur in der Form des § 1945 III genehmigt werden. Die formlose Genehmigung würde den Zweck dieser Formvorschrift vereiteln, BayObLG NJW 1958, 260.

8 7. Die **Beglaubigungskosten** trägt der Ausschlagende, nicht der Nachlaß, RGRK/Johannsen Rz 8.

9 8. **Empfangsbescheinigung.** Das Nachlaßgericht hat dem Ausschlagenden auf Verlangen den Empfang der öffentlich beglaubigten Erklärung zu bestätigen. Reicht der Erbe dem Nachlaßgericht die Ausschlagungserklärung in öffentlich beglaubigter Form ein, so hat das Nachlaßgericht ihm auf Verlangen den Empfang zu bestätigen. Nimmt es die Ausschlagungserklärung zur Niederschrift entgegen, so erhält der Ausschlagende auf Antrag ein Zeugnis (KJG 35 A 60), das sich aber nur über diese Tatsache, nicht über Rechtzeitigkeit oder Wirksamkeit der Ausschlagung ausspricht, Staud/Otte Rz 23; Pal/Edenhofer Rz 9.

10 9. In der ehemaligen **DDR** war das Ausschlagungsrecht in §§ 402–405 ZGB geregelt. Nach § 402 II S 1 ZGB konnte die Erbschaft nur gegenüber einem staatlichen Notariat der früheren DDR erklärt werden, Herrmann, Erbrecht und Nachlaßverfahren in der DDR, S 53ff. Eine gegenüber einem Nachlaßgericht der Bundesrepublik Deutschland in der Zeit vom 1. 1. 1976 bis zum 2. 10. 1990 erklärte Ausschlagung der Erbschaft erfaßte aufgrund der Nachlaßspaltung (vgl § 25 II RAG-DDR, Art 3 III EGBGB: danach war für die auf dem Gebiet der früheren DDR befindlichen Grundstücke das materielle Erbrecht des ZGB maßgebend, siehe auch § 2353 Rz 10) nicht den in der ehemaligen DDR belegenen Immobiliarnachlaß, BayObLG Rpfleger 1991, 205; Notariat 3 Baden-Baden Rpfleger 1991, 252; LG Bonn Rpfleger 1991, 507; Köster Rpfleger 1991, 97, 99; Rau DtZ 1991, 19 (20); aA MüKo/Birk Art 25 EGBGB Rz 378, wohl aber den beweglichen Nachlaß, der sich auf dem Staatsgebiet der ehemaligen DDR befand, Herrmann S 59; Adlerstein/Desch DtZ 1991, 193 (198). Trat der Erbfall dagegen vor dem 1. 1. 1976 ein, so erstreckt sich eine Ausschlagungserklärung auf den gesamten Nachlaß des Erblassers, Frankfurt MDR 1991, 771; BayObLG 92, Nr 16. In der früheren DDR bedurfte die Ausschlagungserklärung der notariellen Beglaubigung, § 403 II S 2 ZGB.

Ist nach Art 235 § 1 EGBGB hinsichtlich eines in der früheren DDR gelegenen Grundstücks das Erbrecht des ZGB und hinsichtlich des anderen Vermögens des Erblassers das Erbrecht des BGB anzuwenden, so muß für jeden Nachlaß gesondert geprüft werden, ob die Voraussetzungen für eine wirksame Ausschlagung nach der jeweiligen Rechtsordnung erfüllt sind, BayObLG FamRZ 2003, 121; s auch Brandenburg ZEV 2002, 283.

1946 Zeitpunkt für Annahme oder Ausschlagung
Der Erbe kann die Erbschaft annehmen oder ausschlagen, sobald der Erbfall eingetreten ist.

1. Der **Erbfall** tritt mit dem Tod oder der Todeserklärung ein, § 1922 I. Der Erbe braucht mit der Annahme oder Ausschlagung weder bis zum Anfall (§ 1942 Rz 2) noch zum Beginn der Ausschlagungsfrist (RG 80, 384) noch der Verkündung der Verfügung von Todes wegen zu warten. Vor dem Tod des Erblassers kann der Erbe die künftige Erbschaft oder den künftigen Erbteil nicht ausschlagen. Er kann auf sein Erbrecht gegenüber dem Erblasser nach § 2346 verzichten oder in gleicher Form sich zu diesem Verzicht verpflichten. Er kann schließlich einen verpflichtenden Vertrag des § 311b V 1 schließen. Zur Ausschlagung kann er sich vor dem Erbfall nur unter den entsprechenden Voraussetzungen und in der Form des § 311b V 2 verpflichten. Dabei setzt die Analogie nicht voraus, daß der verpflichtende Vertrag zwischen künftigen gesetzlichen Erben über die gesetzliche Erbschaft oder einen gesetzlichen Erbteil geschlossen wird, sondern daß der Ausschlagende und derjenige, der infolge der Ausschlagung an seine Stelle tritt, künftige gesetzliche Erben sind. Die Ausschlagung ist in öffentlich beglaubigter Form oder zur Niederschrift des Nachlaßgerichts zu erklären, § 1945 I Hs 2. Nach dem Erbfall, wenn auch vor Beginn der Ausschlagungsfrist, kann sich der Erbe formlos (§ 517) zur Ausschlagung verpflichten, muß aber sein Versprechen in der Form des § 1945 vollziehen, RGRK/Johannsen § 1945 Rz 9; Staud/Otte § 1945 Rz 28; vgl auch RG HRR 1929, 292 und München OLG 26, 288. 1

2. Der Grundsatz des § 1946 gilt jedoch nicht ausnahmslos. So kann der **Pflichtteilsberechtigte** nach § 2306 I S 2 den Erbteil ausschlagen, bevor er von der Beschränkung oder Beschwerung erfahren hat, vgl § 1944 Rz 7. Darüber hinaus ist § 1946 in bestimmten Fällen nicht anwendbar, in denen der Erbfall (§ 1922 I) und der Anfall der Erbschaft (§ 1942 I) zeitlich auseinanderfallen. 2

a) Nach § 2142 I kann der **Nacherbe** die Erbschaft ausschlagen, sobald der Nacherbfall eingetreten ist. Er braucht nicht den Eintritt des Nacherbfalls abzuwarten, RG 80, 377.

b) Gleiches gilt für nachberufene Erben, wie zB die **Ersatzerben** (§ 2096). Sie können die Erbschaft bereits vor dem Wegfall des Erstberufenen ausschlagen, RG 80, 382; MüKo/Leipold Rz 2.

c) Stellt man nach § 1946 konsequent auf den Erbfall ab, kann sogar schon für den **nasciturus** (§ 1923 II) die Ausschlagung erklärt werden, vgl § 1944 Rz 6.

d) Der **Schlußerbe** eines Berliner Testaments (§ 2269 I) kann nicht bereits mit dem Tod des ersten Ehegatten ausschlagen. Wegen der doppelten Vollerbschaft kann er erst nach dem Tod des längerlebenden Ehegatten nach § 1946 die Erbschaft ausschlagen. § 2142 I ist auf diesen Fall nicht entsprechend anwendbar, BGH NJW 1998, 543 mit Anm Behrendt ZEV 1998, 67; aA Düsseldorf ZEV 1996, 310 mit zust Anm Edenfeld.

1947 Bedingung und Zeitbestimmung
Die Annahme und die Ausschlagung können nicht unter einer Bedingung oder einer Zeitbestimmung erfolgen.

1. Annahme und Ausschlagung sind bedingungsfeindlich, weil alsbald Klarheit darüber bestehen muß, wer Erbe ist. 1

2. Nur **Bedingungen** im Sinne der §§ 158ff sind unzulässig, also echte Geschäfts-, nicht aber Rechtsbedingungen, hM Pal/Edenhofer Rz 1. 2

3. Die Erbschaft kann auch nur für den Fall der **Berufung aus einem bestimmten Grund** angenommen oder ausgeschlagen werden; denn es liegt keine echte, sondern nur eine unechte oder Scheinbedingung vor, weil hier die objektive Ungewißheit fehlt. Es besteht nur in der Person des Erklärenden eine subjektive Ungewißheit, die nicht zu einem Schwebezustand führt, der durch § 1947 verhindert werden soll, Staud/Otte Rz 3; Pal/Edenhofer Rz 1; vgl auch §§ 1948, 1949 I, 1951. 3

4. Die **Ausschlagung zugunsten eines Dritten** ist, wenn sie nur für den Fall erfolgt, daß ein bestimmter Dritter die Erbschaft erhält, echte Bedingung und damit nach § 1947 nichtig, KG JW 1933, 2067; KGJ 35, 64; Bamberg OLG 6, 171; BayObLG 77, 163 (168); BayObLG Rpfleger 1982, 69; anders LG München FamRZ 2000, 1328. Sie kann aber auch unschädliche Rechtsbedingung, etwa bei Ausschlagung zugunsten der Nachberufenen (§ 1953 II), oder unschädlicher Beweggrund sein, wenn etwa das erwartete Entgelt für die Ausschlagung nicht bezahlt worden 4 ist, Pal/Edenhofer Rz 2; RGRK/Johannsen Rz 2. Eine unwirksame Ausschlagung zugunsten eines Dritten kann unter Umständen in eine Erbschaftsannahme und Verpflichtung zur Übertragung an den Dritten umgedeutet werden, §§ 2371, 2385, 2033; KGJ 35, 64; /Stein Rz 2.

1948 *Mehrere Berufungsgründe*

(1) Wer durch Verfügung von Todes wegen als Erbe berufen ist, kann, wenn er ohne die Verfügung als gesetzlicher Erbe berufen sein würde, die Erbschaft als eingesetzter Erbe ausschlagen und als gesetzlicher Erbe annehmen.

(2) Wer durch Testament und durch Erbvertrag als Erbe berufen ist, kann die Erbschaft aus dem einen Berufungsgrund annehmen und aus dem anderen ausschlagen.

Schrifttum: *Holzhauer*, Die Teilbarkeit von Annahme und Ausschlagung im System des Erbrechts, in Erbrechtliche Untersuchungen, 1973, S 85.

1 **1. Teilbarkeit und Unteilbarkeit der Annahme und Ausschlagung. a)** Ist dem Erben die ganze Erbschaft oder ein Erbteil aus einem einzigen Berufungsgrund angefallen, so kann er nur alles annehmen oder ausschlagen, § 1950.

b) Ist der Erbe zur ganzen Erbschaft oder einem Erbteil aus mehreren Gründen (Testament, Erbvertrag oder Gesetz) berufen, so kann er nur den Anfall aus einem Grund ausschlagen, aus dem anderen annehmen, § 1948.

c) Ist der Erbe zu mehreren Erbteilen berufen, so kommt es darauf an, ob die Berufung auf verschiedenen Gründen oder auf demselben Grund beruht, wobei das Gesetz Verschiedenheit und Gleichheit des Berufungsgrunds sehr kompliziert bestimmt, § 1951.

Erhöht sich der gesetzliche Erbteil durch Fortfall eines Miterben (§ 1935) oder wächst einem eingesetzten Erben ein Erbteil an (§§ 2094, 2095, 2279 I), so geht das Gesetz davon aus, daß der Erbe zu einem Erbteil berufen ist. Nur in Ansehung von Vermächtnissen, Auflagen und Ausgleichspflichten werden die Teile verschieden behandelt, § 2095.

2 **2. a) Abs I hat Bedeutung,** wenn der Erblasser Belastungen nur für den eingesetzten Erben angeordnet hat, Drewes JW 1925, 2104; Strobl DNotZ 1965, 337f; Pal/Edenhofer Rz 1; vgl aber §§ 2161, 2192, 2320. Dasselbe gilt nach § 2095 auch von der Nacherbschaft, Testamentsvollstreckung, Teilungsanordnung und Übertragung von Pflichtteilslasten, § 2324. Ein Miterbe kann als gesetzlicher Erbe Ausgleichsansprüche gegen Miterben erhalten (§ 2050; aA Staud/Otte Rz 8), der überlebende Ehegatte kann nach dem Tod des Erstverstorbenen seine Befugnis wiedererlangen, über sein Vermögen von Todes wegen zu verfügen, wenn er die testamentarische Erbschaft ausschlägt (§ 2271 II S 1 Hs 2; Tiedtke FamRZ 1991, 1265; aA KG NJW-RR 1991, 330; Staud/Otte Rz 11f) und als gesetzlicher Erbe annimmt. Der Ehegatte erhält nur als gesetzlicher Erbe den Voraus, § 1932, vgl auch § 2311 I. Ist der zugewendete Erbteil geringer als der gesetzliche, so ist dieser auch nach der Ausschlagung nicht höher als der zugewendete Erbteil, weil der Erbe im übrigen durch die Verfügung des Erblassers von der Erbfolge ausgeschlossen ist.

3 **b) Voraussetzung** des Abs I ist, daß nach Ausschlagung des eingesetzten Erben gesetzliche Erbfolge eintritt, also weder Nacherben- noch Ersatzerbenfolge (Frankfurt NJW 1955, 466; RGRK/Johannsen Rz 6) angeordnet ist, was jedoch in der Regel der Fall ist (vgl §§ 2068, 2069, 2096, 2097, 2102), noch der Erbteil den übrigen eingesetzten Erben anwächst, § 2094, RG LZ 1923, 451; KG OLG 21, 302; RJA 16, 39; BayObLG 77, 163 (166); Pal/Edenhofer Rz 2.

4 **3. Abs II** hat geringe praktische Bedeutung und ist nur im Zusammenhang mit § 2289 zu verstehen, vgl Staud/Otte Rz 15; MüKo/Leipold Rz 2.

1949 *Irrtum über den Berufungsgrund*

(1) Die Annahme gilt als nicht erfolgt, wenn der Erbe über den Berufungsgrund im Irrtum war.

(2) Die Ausschlagung erstreckt sich im Zweifel auf alle Berufungsgründe, die dem Erben zur Zeit der Erklärung bekannt sind.

1 **1. Berufungsgrund** ist nicht identisch mit dem „Grund der Berufung" in § 1944 II (aA Staud/Otte § 1944 Rz 8; MüKo/Leipold Rz 4), sondern bedeutet Art und Weise der konkreten Berufung, also ein bestimmtes Verwandtschaftsverhältnis, Ehe, eine bestimmte, nicht irgendeine Verfügung von Todes wegen, KG HRR 1929, 205. Es muß sich aber doch um solche Tatsachen handeln, welche die Identität des Tatbestands in Frage stellen. So genügt kein Irrtum über das Datum der Verfügung.

2 **2.** Auch die schlüssige **Annahme** (pro herede gestio) wird betroffen; die im Ablauf der Ausschlagungsfrist liegende fiktive Annahme (§ 1943) wird dagegen in aller Regel von § 1949 I nicht erfaßt, weil die Ausschlagungsfrist nach § 1944 II S 1 nicht ohne Kenntnis des Berufungsgrunds zu laufen beginnt, Staud/Otte Rz 2; aA Hauser JherJb 65, 320; etwas anderes gilt nur dann, wenn der Erbe zwar Kenntnis vom Grund der Berufung im Sinne von § 1944 II S 1 hat, aber dennoch in einem Irrtum über den (konkreteren) Berufungsgrund im Sinne von § 1949 I war. Jeder Irrtum, auch ein Rechtsirrtum, macht die Annahme unwirksam, RG Recht 1923 Nr 52; Dresden OLG 16, 265, ohne daß die Annahme nach §§ 119, 1954 angefochten werden müßte und ohne daß die übrigen Voraussetzungen des § 119 gegeben sein müssen oder eine Ersatzpflicht nach § 122 entstehen könnte. Dagegen hat der Erbe angenommen, wenn es ihm gleichgültig war, aus welchem Grund er berufen war.

3. Aus **Abs II** ergibt sich, daß sich eine Ausschlagung nur auf die Berufungsgründe erstreckt, die der Erbe 3
kannte, daß sie also gegenstandslos ist, wenn der Erbe wegen Irrtums einen Berufungsgrund nicht kannte, Staud/
Otte Rz 5; Lange/Kuchinke § 8 VII 1e; für die Anwendung von Abs I Pal/Edenhofer Rz 4. Ferner ergibt sich aus
Abs II, daß die Ausschlagung auf einzelne Berufungsgründe beschränkt werden kann.

1950 *Teilannahme; Teilausschlagung*
Die Annahme und die Ausschlagung können nicht auf einen Teil der Erbschaft beschränkt
werden. Die Annahme oder Ausschlagung eines Teiles ist unwirksam.

1. Der Erbe kann danach weder einzelne Nachlaßgegenstände, wie etwa ein Handelsgeschäft oder ein Grund- 1
stück, noch einen Bruchteil der ganzen Erbschaft noch eines Erbteils annehmen oder ausschlagen. Die Annahme
und Ausschlagung bei Anfall mehrerer Erbteile ist durch § 1951 geregelt, vgl die Ausnahme in § 1952 III.

2. Der Erbe kann **unter Vorbehalt des Pflichtteils** die Erbschaft nur unter den Voraussetzungen der 2
§§ 1371 III, 2306 I S 2 ausschlagen, RG 93, 9. Der Erblasser kann nichts anderes bestimmen, Staud/Otte Rz 3.

3. Ist die Teilannahme oder -ausschlagung unwirksam, so gilt die ganze Erbschaft oder der ganze Erbteil mit 3
Ablauf der Ausschlagungsfrist als angenommen (§ 1943), vorbehaltlich der Anfechtung, § 1956.

4. Nach § 11 HöfeO kann der Hoferbe den **Hof ausschlagen** und die **übrige Erbschaft annehmen.** Er kann 4
jedoch nicht umgekehrt den Hof annehmen und den restlichen Nachlaß ausschlagen, Soergel/Stein Rz 3; Lange/
Wulff/Lüdtke-Handjery § 11 Rz 2; aA Scheyhing, Höfeordnung, § 11 Rz 5; v Olshausen AgrarR 1977, 138;
MüKo/Leipold Rz 9.

1951 *Mehrere Erbteile*
(1) Wer zu mehreren Erbteilen berufen ist, kann, wenn die Berufung auf verschiedenen
Gründen beruht, den einen Erbteil annehmen und den anderen ausschlagen.
(2) Beruht die Berufung auf demselben Grund, so gilt die Annahme oder Ausschlagung des einen Erbteils
auch für den anderen, selbst wenn der andere erst später anfällt. Die Berufung beruht auf demselben
Grund auch dann, wenn sie in verschiedenen Testamenten oder vertragsmäßig in verschiedenen zwischen
denselben Personen geschlossenen Erbverträgen angeordnet ist.
(3) Setzt der Erblasser einen Erben auf mehrere Erbteile ein, so kann er ihm durch Verfügung von Todes
wegen gestatten, den einen Erbteil anzunehmen und den anderen auszuschlagen.

1. Zu **mehreren Erbteilen** kann der Erbe berufen sein, **a)** wenn er als gesetzlicher Erbe mit dem Erblasser ver- 1
wandt und verheiratet ist (§ 1934), **b)** wenn er mit dem Erblasser doppelt verwandt ist (§ 1927), **c)** wenn er sowohl
gesetzlicher als auch eingesetzter Erbe ist, **d)** wenn er durch verschiedene Verfügungen von Todes wegen berufen
ist, **e)** wenn er durch eine einzige so berufen ist, daß der Erblasser dabei mehrere Erbteile gebildet und die
Annahme oder Ausschlagung nur eines Erbteils gestattet hat. Das kann auch beim Alleinerben geschehen, wenn er
hinsichtlich eines Bruchteils der ganzen Erbschaft beschränkt oder beschwert wird, etwa durch Vermächtnis. Erhöhung (§ 1935) und Anwachsung (§§ 2094, 2095, 2279) schaffen keine Mehrheit von Erbteilen, § 1948 Rz 1.
Annahme und Ausschlagung des ursprünglichen Erbteils ergreifen also auch Erhöhung und Anwachsung, Pal/
Edenhofer Rz 1; kritisch Lange/Kuchinke § 8 VI 3e Fn 145.

2. Ist der Erbe zu mehreren Erbteilen berufen, so kann er nicht schlechthin den einen annehmen, den anderen 2
ausschlagen. Das Gesetz macht die teilweise Ausschlagung und Annahme vielmehr in einer ungerechtfertigten
Kasuistik davon abhängig, ob die Berufung auf **verschiedenen Gründen** oder auf **demselben Grund** beruht.
a) Einheit des Berufungsgrunds (§ 1949 Rz 1) ist gegeben, wenn der Erbe berufen ist **aa)** durch ein Testament, auch wenn dieselbe Person unter verschiedenen Voraussetzungen durch mehrere Nacherbeneinsetzungen
beschränkt ist, KG JFG 6, 143; MüKo/Leipold Rz 6, **bb)** durch mehrere Testamente, **cc)** durch einen Erbvertrag,
dd) durch mehrere Erbverträge, die der Erblasser mit ein und derselben Person abgeschlossen hat, § 1951 II S 2.
b) Verschiedenheit der Berufungsgründe ist dagegen gegeben, **aa)** wenn ein Erbteil aus Verfügung von Todes
wegen, der andere aus gesetzlicher Erbfolge anfällt, **bb)** ein Erbteil aus Testament, ein anderer aus Erbvertrag
anfällt, **cc)** mehrere Erbteile aus mehreren Erbverträgen anfallen, die der Erblasser mit verschiedenen Personen
geschlossen hat, **dd)** wenn ein gesetzlicher Erbe zwei Erbteile aus doppelter Verwandtschaft (§ 1927) oder einen
Erbteil als Ehegatte, den anderen als Verwandter erwirbt, § 1934, Kipp/Coing § 88 II; Staud/Otte Rz 11; RGRK/
Johannsen Rz 8; KG JFG 1, 143; KG HRR 1929, 205; Pal/Edenhofer Rz 2; Brox Rz 307.

3. Teilweise Annahme und Ausschlagung mehrerer Erbteile sind **nur bei verschiedenen Berufungsgründen** 3
möglich, sofern der Erblasser sie nicht trennbar erklärt hat, **Abs III.** Das ist auch bei sukzessivem Anfall der
Teile möglich, KG HRR 1929, 205. Dagegen kann der Erblasser nicht einen einheitlichen Erbteil oder die ganze
Erbschaft lediglich zur teilweisen Annahme oder Ausschlagung in verschiedene Erbteile teilen. Das verstieße
gegen § 1950, Pal/Edenhofer Rz 4; Schlüter Rz 475; Edenfeld ZEV 1996, 427; aA BayObLG ZEV 1996, 426;
Staud/Otte Rz 7; MüKo/Leipold Rz 7; Lange/Kuchinke § 8 VI 3d, e. § 1950 ist zwingend und kann vom Erblasser
nicht abbedungen werden, Soergel/Stein § 1950 Rz 1; v Lübtow, 2. Halbb, S 100; Edenfeld ZEV 1996, 427. Ist
jemand teils als Erbe, teils als Nacherbe eingesetzt, so ist von einer notwendigen Trennung auszunehmen. Damit ist aber noch
nichts über die Auslegung einer Annahme- oder Ausschlagungserklärung gesagt, die sich bei einem Erben, der zu
mehreren Erbteilen berufen ist, nicht erkennbar auf einen Erbteil beschränkt. Entsprechend § 1949 II erstreckt sie
sich im Zweifel auf alle Erbteile, die in diesem Zeitpunkt angefallen sind und deren Anfall der Erbe kennt, nicht
dagegen auf Erbteile, die noch nicht angefallen sind oder deren Anfall ihm noch unbekannt ist, Staud/Otte Rz 6.

§ 1951

4 4. Bei **einheitlichem Berufungsgrund** erstreckt sich die Annahme oder Ausschlagung eines Erbteils auch auf den anderen, mag dieser dem Erben auch später als Ersatz- oder Nacherbe angefallen sein, RG 80, 382. Der Erbe kann sich nicht einmal eine besondere Erklärung für den anderen Erbteil vorbehalten, sofern man keine ausdrückliche oder schlüssige Trennung der Erbteile durch den Erblasser in solchen Fällen annehmen will.

5 5. Die nach § 1951 unzulässige **Teilannahme oder -ausschlagung ist unwirksam,** so daß es in der Regel zur fiktiven Annahme des § 1943 kommt, die aber nach § 1956 anfechtbar ist.

6 6. **Besonderheiten bei der Hoferbfolge.** Der Hof ist kein Erbteil im Sinne des § 1951, sondern Nachlaßgegenstand, § 1950. Der Hoferbe, der zugleich Erbe oder Miterbe des übrigen Nachlasses ist, kann daher nicht den Hof annehmen und die übrige Erbschaft ausschlagen, wohl aber umgekehrt, § 11 HöfeO; Staud/Otte Rz 4; Lange/Wulff/Lüdtke-Handjery § 11 Rz 2; aA Scheyhing, Höfeordnung, § 11 Rz 5; MüKo/Leipold § 1950 Rz 9. Eine entsprechende Anwendung des § 1951 ist ebenfalls nicht möglich, RGRK/Johannsen Rz 3. Es soll zwar keine Hoffolge erzwungen werden, das würde sich für den Hof schädlich auswirken. Selbst bei überschuldetem Nachlaß bestehen keine schutzwürdigen Belange des Hoferben, den Hof anzunehmen, die übrige Erbschaft dagegen auszuschlagen, denn er haftet ohnehin für die Nachverbindlichkeiten.

1952 *Vererblichkeit des Ausschlagungsrechts*
(1) Das Recht des Erben, die Erbschaft auszuschlagen, ist vererblich.
(2) Stirbt der Erbe vor dem Ablauf der Ausschlagungsfrist, so endigt die Frist nicht vor dem Ablauf der für die Erbschaft des Erben vorgeschriebenen Ausschlagungsfrist.
(3) Von mehreren Erben des Erben kann jeder den seinem Erbteil entsprechenden Teil der Erbschaft ausschlagen.

1 1. Das **Ausschlagungsrecht** ist ein unselbständiges, an die Erbenstellung und nicht an die vermögensrechtliche Zuordnung des Nachlasses oder des Erbteils gebundenes Gestaltungsrecht. Daher ist es unübertragbar, aber **vererblich,** da der Erbe des vorläufigen Erben (Erbeserbe) auch in die vorläufige Erbenstellung des Erben eintritt.

2 2. **Rechte des Erbeserben.** Er kann beide Erbschaften, die nach dem Erblasser des Erben und die nach dem Erben, ausschlagen oder beide annehmen. Er kann auch die erste ausschlagen, die zweite annehmen. Er kann aber nicht die Erbschaft nach dem Erben ausschlagen und die nach dem Erblasser annehmen; denn wenn er die Erbschaft nach dem Erben ausschlägt, kann ihm auch die Erbschaft nach dem Erblasser nicht zufallen, die Teil des Nachlasses des Erben ist. Erklärt er zunächst vorbehaltlos die Annahme oder Ausschlagung der ersten, so liegt darin in der Regel die schlüssige Annahme der zweiten, Planck/Flad Anm 1; Staud/Otte Rz 2; aA Soergel/Stein Rz 2. Hat der Erbeserbe jedoch die erste Erbschaft erkennbar ohne die zweite angenommen oder ausgeschlagen, so werden diese Erklärungen unwirksam, wenn er die zweite ausschlägt. Für diejenigen aber, die an die Stelle des vorläufigen Erbeserben treten, kann die Erklärung über die erste Erbschaft wirksam sein, wenn in ihr, mag sie Annahme oder Ausschlagung sein, eine Verfügung gesehen werden kann, die nicht ohne Nachteil für den ganzen Nachlaß, der durch den zweiten Erbfall vermittelt wurde, verschoben werden konnte, § 1959 II, RGRK/Johannsen Rz 6; Staud/Otte Rz 2. Schlägt der Erbeserbe die erste Erbschaft aus, so fällt sie demjenigen an, der berufen gewesen wäre, wenn der Erbe selbst ausgeschlagen hätte, BayObLG NJW 1953, 1431. Auch die gesetzlichen Erben eines Vorerben, denen nach Eintritt des Nacherbfalls die Nacherbschaft zufällt, können nach Eintritt des Nacherbfalls den Anfall der Vorerbschaft an ihren Rechtsvorgänger ausschlagen, solange die Ausschlagungsfrist noch läuft, BGH 44, 152 mit Anm von Johannsen LM § 2139 Nr 2 und Bosch FamRZ 1965, 607; dazu auch die Kritik bei v Lübtow, Probleme des Erbrechts, 1967, S 28ff.

3 3. **Frist.** Stirbt der Erbe, bevor die Ausschlagungsfrist begonnen hat, so läuft diese für den Erbeserben nicht, bevor er Kenntnis vom Anfall und Grund der Berufung erlangt hat, § 1944 II S 1. Kannte der Erbe einzelne, aber nicht alle erforderlichen Tatsachen, so können diese dem Erbeserben nicht zugerechnet werden. Er muß die Kenntnis aller Tatsachen selbst erwerben. Aber die Verfügung von Todes wegen muß schon vor dem zweiten Anfall verkündet worden sein, da es dabei auf den objektiven Vorgang der Verkündung, nicht auf ihre Kenntnis ankommt, § 1944 Rz 5. Die Länge der Frist (sechs Wochen oder sechs Monate) bestimmt sich nach dem Aufenthalt des Erbeserben. § 1952 II gilt auch hier. Beide Fristen sind selbständig und können verschieden laufen. Aber die erste endet nicht vor der zweiten.

Läuft die Ausschlagungsfrist schon beim Tod des Erben, so tritt der Erbeserbe in ihren Lauf auch ein, wenn er den Anfall der ersten Erbschaft nicht kennt. Aber die erste Frist läuft nicht vor der zweiten ab **(Abs II),** kann aber als Sechs-Monats-Frist länger laufen als die zweite, wenn diese eine Sechs-Wochen-Frist ist. Endet die erste Frist ohne Kenntnis des Erbeserben automatisch mit der zweiten, so bleibt dem Erbeserben die Anfechtung nach §§ 1954, 1956.

4 4. Besteht zwischen den Erbeserben eine **Miterbengemeinschaft,** so kann jeder Miterbeserbe entgegen §§ 1950, 2033 II (RG 162, 397, 401) selbständig den Teil der ersten Erbschaft ausschlagen, der seinem Anteil an der zweiten Erbschaft entspricht, **Abs III.** Bestritten ist, ob dieser Teil aus der ersten Erbschaft den übrigen Miterbeserben anwächst (Strohal Bd 2 § 61 II; Planck/Flad Anm 4; Staud/Otte Rz 8; Lange/Kuchinke § 8 V 3; Kipp/Coing § 88 IV und Fn 6; RGRK/Johannsen Rz 11, 12; MüKo/Leipold Rz 15) oder an diejenigen fällt, die Erben des ersten Erblassers geworden wären, wenn der Erbe selbst entgegen § 1950 teilweise hätte ausschlagen können, Siber § 24 III 1; Binder I 136 Nr 69; Kipp, Lehrbuch des Erbrechts, 8. Bearb 1930, § 54 IV; Staud/Otte Rz 8a. Der ersten Auffassung ist zuzustimmen. Zwar wird nicht die zweite Erbschaft, sondern ein Teil der ersten Erbschaft ausgeschlagen, aber § 1953 II trifft unmittelbar nur die Ausschlagung durch den Erben, nicht durch den Miterbeserben, führt aber in entsprechender Anwendung zu einer solchen Rückwirkung der Ausschlagung, daß der ausschlagende Miterbeserbe als beim Erbfall nicht lebend anzusehen ist, so daß der Erstnachlaß dem annehmenden Erbeserben allein zufällt, MüKo/Leipold Rz 15; ebenso im Ergebnis v Lübtow JZ 1969, 504; zu den nachlaßgerichtlichen Zeugnissen, in diesem Fall vgl Schmid BWNotZ 1970, 82. Schlägt ein Miterbe nach dem Tod des überlebenden Ehegatten den Anteil an dessen Erbschaft nach dem vorverstorbenen Ehegatten aus, hat er keinen Anspruch auf den kleinen Pflichtteil und den güterrechtlichen Zugewinnausgleich. Es bleibt die erbrechtliche Lösung maßgebend, v Olshausen FamRZ 1976, 678; MüKo/Leipold Rz 16.

5. Zur Vererblichkeit des höferechtlichen Ausschlagungsrechts vgl Lange/Wulff/Lüdtke-Handjery § 11 Rz 14, 15.

§ 1953 *Wirkung der Ausschlagung*

(1) Wird die Erbschaft ausgeschlagen, so gilt der Anfall an den Ausschlagenden als nicht erfolgt.

(2) Die Erbschaft fällt demjenigen an, welcher berufen sein würde, wenn der Ausschlagende zur Zeit des Erbfalls nicht gelebt hätte; der Anfall gilt als mit dem Erbfall erfolgt.

(3) Das Nachlassgericht soll die Ausschlagung demjenigen mitteilen, welchem die Erbschaft infolge der Ausschlagung angefallen ist. Es hat die Einsicht der Erklärung jedem zu gestatten, der ein rechtliches Interesse glaubhaft macht.

1. **Bedeutung.** § 1953 soll verhindern, daß der Nachlaß auch nur vorübergehend herrenlos ist. Der vorläufige Erbe wird bei wirksamer Ausschlagung so behandelt, als ob er nie Erbe gewesen wäre. Das Gesetz erreicht das durch zwei Fiktionen: Abs I fingiert, daß dem Erben die Erbschaft nie angefallen ist, und Abs II, daß er schon beim Erbfall nicht gelebt hätte. Darüber hinaus bestimmt Abs II, daß die Erbschaft dem Ersatzberufenen (§§ 2096, 2069) oder dem Nachberufenen anfällt, dh dem der berufen wäre, wenn der Ausschlagende beim Erbfall nicht gelebt hätte. Ersatz- und Nachberufene brauchen nur den Erbfall, nicht den Anfall zu erleben, RG 61, 16; 95, 98; RGRK/Johannsen Rz 3. Damit ist trotz vorläufiger Erbenstellung des Berufenen und seiner Ausschlagung der unmittelbare Vonselbsterwerb kraft gesetzlicher Gesamtnachfolge gesichert. Es gibt keine ruhende Erbschaft (hereditas iacens), der in irgendeinem Augenblick der Rechtsträger fehlen könnte. Fällt ein Erbunwürdiger fort, so gilt dasselbe, § 2344.

2. **Rechtsfolgen der Ausschlagung.** An die Stelle eines eingesetzten Erben tritt ein Ersatzerbe, §§ 2096, 2069; RG 95, 98; 142, 174. Ist ein solcher nicht berufen, so tritt der gesetzliche Erbe an seine Stelle. Schlägt der Nacherbe aus, wird der Vorerbe Vollerbe, sofern kein Ersatznacherbe berufen ist, § 2142 II. An die Stelle des gesetzlichen Erben treten die nächstberufenen Erben späterer Ordnungen, §§ 1924ff. Unter gesetzlichen Miterben tritt Erhöhung (§ 1935), unter eingesetzten Anwachsung ein, § 2094. Rechtsverhältnisse und Rechte, die mit dem Anfall erloschen sind, gelten als nie erloschen. An allen Erbschaftssachen hat der endgültige Erbe mit dem Erbfall denselben Besitz erhalten, den der Erblasser gehabt hat (§ 857), ohne daß zwischenzeitlich ein vorläufiger Erbe Erbenbesitzer geworden wäre. Der endgültige, ersatz- oder nachberufene Erbe genießt daher unmittelbaren Besitz des Erblassers schon mit dem Erbfall nach den Besitzschutz der §§ 858, 935. Nimmt der vorläufige Erbe eine Erbschaftssache nach § 854 I in Besitz, so vernichtet er in diesem Augenblick den Erbenbesitz des endgültigen Erben, ohne aber ihm gegenüber verbotene Eigenmacht zu begehen (§ 858 I), und ohne daß ihm damit die Sache abhanden kommt, § 935 I. Denn dem vorläufigen Erben gestattet das Gesetz, und zwar § 1959 oder wenigstens die Geschäftsführung ohne Auftrag, den Besitz zu ergreifen, Kipp/Coing § 90 III 3d und Fn 8; Pal/Edenhofer Rz 4; Staud/Otte Rz 4; Lüke JuS 1978, 254f; Mansfeld/Moselli JuS 1979, 426f; aA Lange/Kuchinke § 5 III 4; Planck/Flad § 1959 Anm 4b a mit Einschränkung auf den Fall des § 1959 II. Hier hat die Rückwirkung ebenso ihre Grenzen wie in den Fällen des § 1959. Die Ausschlagung führt nicht zu einem Erbschaftsanspruch (§§ 2018ff) des endgültigen gegen den vorläufigen Erben, sondern zu einer Herausgabepflicht aus Geschäftsführung ohne Auftrag, §§ 1959 I, 681, 667. Der endgültige Erbe kann vom vorläufigen nach der Ausschlagung Auskunft nach § 2027 II und Herausgabe des unrichtigen Erbscheins an das Nachlaßgericht verlangen (§ 2362), wenn der vorläufige Erbe seine Annahme angefochten hat, § 1957 I. Die Ausschlagung der Erbschaft bewirkt keine Rechtsnachfolge im Sinne von § 265 ZPO vom vorläufigen auf den endgültigen Erben, BGH 106, 359 (364). Der endgültige Erbe ist vielmehr unmittelbarer Rechtsnachfolger des Erblassers, § 1953 II. Mit der Erbschaftsausschlagung erlischt auch die Antragsberechtigung für ein Nachlaßinsolvenzverfahren, § 317 InsO, vgl Koblenz Rpfleger 1989, 510. Andere letztwillige Vorteile als seine Erbenstellung verliert der Ausschlagende nicht, wie zB ein Vorausvermächtnis, § 2150, Staud/Otte Rz 9. Die Verpflichtungen, die der vorläufige Erbe als solcher gegenüber Dritten begründet, bleiben bestehen. Er haftet für sie mit seinem ganzen Vermögen, kann jedoch wie ein Geschäftsführer ohne Auftrag Befreiung von ihnen verlangen (§§ 1959 I, 681, 670, 257) und ist im Nachlaßinsolvenzverfahren Gläubiger einer Masseschuld im Rahmen des § 324 I Nr 4 InsO.

3. **Die Erbschaftsteuerpflicht** entsteht mit dem Tod des Erblassers, fällt aber rückwirkend mit der Ausschlagung fort. Dagegen ist eine Abfindung, die für die Ausschlagung gezahlt wird, zu versteuern, § 3 II Nr 4 ErbStG. Die Steuerschuld entsteht mit dem Zeitpunkt der Ausschlagung, § 9 Nr 1f ErbStG.

4. Die **Ausschlagungsfrist** für den **nachberufenen Erben** läuft nicht, bevor er nicht selbst den Anfall an ihn und seinen Berufungsgrund kennt.

5. Die **Mitteilungspflicht des Nachlaßgerichts** nach Abs III soll die Ausschlagungsfrist der Nachberufenen in Lauf setzen, § 1944 II. Das Nachlaßgericht hat diese Personen von Amts wegen (§ 12 FGG) und gebührenfrei zu ermitteln, § 105 KostO, Fürsorgemaßnahmen zu treffen und vor allem einen Nachlaßpfleger zu bestellen, §§ 1960ff.

§ 1953 Erbrecht Rechtliche Stellung des Erben

6 6. **Rechtliches Interesse an** der gebührenfreien **Einsicht** iSv Abs III 2 ist mehr als berechtigtes Interesse, RG JFG 13, 391. Die Einsicht muß rechtlich bedeutsame Folgen für Rechtsverhältnisse haben können. Berechtigt sind ersatz- und nachberufene Erben und Nachlaßgläubiger, MüKo/Leipold Rz 16.

7 7. **Schlägt der Hoferbe,** der zugleich Erbe oder Miterbe des übrigen Nachlasses ist, den Hof allein aus (§ 11 HöfeO), so fällt der Hof rückwirkend mit dem Erbfall dem an, der Hoferbe sein würde, wenn der Ausschlagende beim Erbfall nicht gelebt hätte. Die Person des Nachberufenen wird durch §§ 5, 6 HöfeO bestimmt.

1954 *Anfechtungsfrist*

(1) Ist die Annahme oder die Ausschlagung anfechtbar, so kann die Anfechtung nur binnen sechs Wochen erfolgen.

(2) Die Frist beginnt im Falle der Anfechtbarkeit wegen Drohung mit dem Zeitpunkt, in welchem die Zwangslage aufhört, in den übrigen Fällen mit dem Zeitpunkt, in welchem der Anfechtungsberechtigte von dem Anfechtungsgrunde Kenntnis erlangt. Auf den Lauf der Frist finden die für die Verjährung geltenden Vorschriften der §§ 206, 210, 211 entsprechende Anwendung.

(3) Die Frist beträgt sechs Monate, wenn der Erblasser seinen letzten Wohnsitz nur im Ausland gehabt hat oder wenn sich der Erbe bei dem Beginn der Frist im Ausland aufhält.

(4) Die Anfechtung ist ausgeschlossen, wenn seit der Annahme oder der Ausschlagung 30 Jahre verstrichen sind.

1 1. **Irrt** der Erbe **über** den **Berufungsgrund,** so sind seine Annahme- und Ausschlagungserklärung ohne Anfechtung unwirksam, § 1949.

2 2. **Anfechtungsgründe.** Annahme und Ausschlagung sind als echte oder als fingierte Willenserklärung anfechtbar. § 1954 regelt jedoch nicht die Voraussetzungen der Anfechtbarkeit. Diese werden durch §§ 119, 120, 123 bestimmt. Auch im übrigen richtet sich die Anfechtung nach den allgemeinen Vorschriften (Anfechtungswirkung, Ersatz des Vertrauensschadens), sofern sich nicht aus den §§ 1954–1957 besonderes für Form, Frist und Wirkung ergibt.

3 3. **Irrtumsanfechtung. a)** Der Ausschlagende irrt über die Bedeutung seiner Erklärung (**§ 119 I**), wenn er annahm, durch die Ausschlagung übertrage er den Erbteil auf einen Miterben, KG JFG 17, 69, oder er vermeide die durch Testament angeordneten Auflagen und werde gesetzlicher Erbe, Düsseldorf NJW-RR 1998, 151. Auch eine Annahme durch schlüssiges Verhalten kann wegen Erklärungsirrtums angefochten werden, wenn der Annehmende von der Möglichkeit der Ausschlagung keine Kenntnis hatte, BayObLG MDR 1983, 937; Hamm FamRZ 1985, 1185; zur Anfechtung der Versäumung der Anfechtungsfrist vgl § 1956. Dagegen liegt ein unbeachtlicher Rechtsirrtum vor, wenn der Erbe die Annahme ausdrücklich erklärt, aber nicht gewußt hat, daß er auch hätte ausschlagen können, BayObLG NJW 1988, 1270; BayObLG NJW-RR 1995, 904. Entsprechendes gilt, wenn der Ausschlagende irrtümlich annimmt, er erhielte den Pflichtteil, aA Hamm MDR 1981, 1017 mit abl Anm Frohn Rpfleger 1982, 56.

b) Ein Irrtum über eine verkehrswesentliche Eigenschaft (**§ 119 II**) liegt bei einer irrigen Vorstellung über einen wertbildenden Faktor des Nachlasses vor, MüKo/Leipold Rz 7; Pal/Edenhofer Rz 4. Ein solcher Irrtum ist einer über die Größe des Miterbenanteils, Lange/Kuchinke § 8 VII 2d Fn 179; BGH ZEV 1997, 24; Hamm NJW 1966, 1080, denn die quotenmäßige Beteiligung am Nachlaß entscheidet darüber, welchen Betrag der Miterbe bei der Auseinandersetzung erhält (§ 2047 I) und in welcher Höhe er nach der Teilung in den Fällen des § 2060 für Nachlaßverbindlichkeiten in Anspruch genommen werden kann. Zum Irrtum über die Überschuldung des Nachlasses vgl Rz 4.

Unbeachtlicher Motivirrtum ist hingegen der Irrtum über den Wert der Erbschaft oder des Erbteils (dazu Rz 5), die Person des Nachberufenen (KG JFG 17, 70; KG OLG 24, 61; Düsseldorf ZEV 1997, 259), dessen Bereitschaft zur Annahme der Erbschaft (Stuttgart MDR 1983, 751), die Zahlung des Entgelts für die Ausschlagung, über die Wirksamkeit dieses Entgeltversprechens, die Beschränkung oder Beschwerung der Erbschaft, etwa mit einem Vermächtnis, einer Auflage oder der Anordnung einer Nacherbschaft, RGRK/Johannsen Rz 3; Colmar OLG 6, 330; Braunschweig OLG 30, 169; Edenfeld ZEV 1996, 428; aA BayObLG 1996, 427 mwN; MüKo/Leipold Rz 9. § 2308 I erweitert das Ausschlagungsrecht hinsichtlich von Beschränkungen und Beschwerungen nur für Pflichtteilsberechtigte. § 2308 I ist aber nicht analogiefähig, Stuttgart MDR 1983, 751; aA MüKo/Leipold Rz 9; Staud/Otte Rz 7. Ebenso ist ein Irrtum über die Höhe der Erbschaftsteuer und den Bestand von Lastenausgleichsansprüchen, KG NJW 1969, 191, sowie über die Entwicklung der Verhältnisse in der ehemaligen DDR ein unbeachtlicher Motivirrtum, Frankfurt MDR 1991, 771; Düsseldorf ZEV 1995, 32; BayObLG FamRZ 1994, 848; Grunewald NJW 1991, 1208 (1212).

4 4. **Irrtum über die Überschuldung des Nachlasses als Irrtum über eine verkehrswesentliche Eigenschaft iSv § 119 II. a)** Auch der Nachlaß ist, obwohl er einen Inbegriff verschiedener Gegenstände (körperliche Sachen, Forderungen etc) darstellt, als Sache iSv § 119 II anzusehen, weil der hier verwendete Begriff Sache nicht iSv § 90 (körperlicher Gegenstand), sondern als Gegenstand (Oberbegriff von Sache und Recht) zu verstehen ist (hM, RG 158, 50f). Fraglich ist aber, ob die Überschuldung des Nachlasses als dessen Eigenschaft oder nur als Werturteil über ihn zu betrachten ist. Eigenschaften iSv § 119 II sind alle tatsächlich oder rechtlich und daher konkret richterlich nachprüfbaren Verhältnisse einer Sache, die nach der Verkehrsauffassung ihren Wert bilden und in unmittelbarer Beziehung zum Geschäftsinhalt stehen. Eigenschaften des Nachlasses sind seine wertbildenden Faktoren, nicht aber der aufgrund dieser Faktoren ermittelte Wert. Zu den Eigenschaften des Nachlasses gehören daher der Aktivbestand des Nachlasses und die Nachlaßverbindlichkeiten. Irrt der Ausschlagende über das Vorhandensein von Nachlaßgegenständen (Aktiva) oder Nachlaßverbindlichkeiten (Passiva), dann irrt er nach heute herrschender

Meinung über eine Eigenschaft des Nachlasses, so daß er – bei Vorliegen der weiteren Voraussetzungen des § 119 II – zur Anfechtung seiner Ausschlagungserklärung berechtigt sein kann, Lange/Kuchinke § 8 VII 2d–f; MüKo/Leipold Rz 7; Staud/Otte Rz 7; BayObLG FamRZ 1983, 834; ZEV 1997, 258; Düsseldorf ZEV 2000, 64. Eine Anfechtung nach § 119 II ist daher möglich, wenn dem Ausschlagenden das Vorhandensein wesentlicher Nachlaßgegenstände, etwa eines Gesellschaftsanteils (Marotzke JZ 1986, 463) oder wesentlicher Nachlaßverbindlichkeiten (BGH 106, 359) unbekannt war.

Auch wenn ein Irrtum über eine verkehrswesentliche Eigenschaft vorliegt, kommt eine Anfechtung der Ausschlagung nur in Betracht, wenn anzunehmen ist, daß der Ausschlagende die Ausschlagungserklärung bei Kenntnis der Sachlage und bei verständiger Würdigung des Falls nicht abgegeben haben würde (§ 119 II, I). Diese objektive Erheblichkeit des Irrtums entfällt in der Regel dann, wenn sich der Irrende durch die angefochtene Willenserklärung wirtschaftlich nicht schlechter gestellt hat als er ohne diese Abgabe gestanden hätte, Zweibrücken ZEV 1996, 429; BGH NJW 1988, 2599. Ist der Nachlaß mit wesentlichen Verbindlichkeiten belastet, deren rechtlicher Bestand ungeklärt ist, so ist jedenfalls dann ein beachtlicher Irrtum anzunehmen, wenn er sich auf ein Vermächtnis bezieht, das zu einer Gefährdung des Pflichtteils des Erben führt, BGH 106, 363.

b) Hat der Ausschlagende hingegen – in Kenntnis der Nachlaßbestandteile und Nachlaßverbindlichkeiten – eine unrichtige Vorstellung über den **Wert des Nachlasses**, hat er ihn also nur unrichtig bewertet, dann irrt er über den Wert des Nachlasses, der als solcher keine Eigenschaft des Nachlasses ist. In diesem Fall ist er nicht zur Anfechtung berechtigt, MüKo/Leipold Rz 8; Staud/Otte Rz 8; Soergel/Stein Rz 5; aA RGRK/Johannsen Rz 4. Irrt sich der Ausschlagende etwa über den Wert des gesamten Nachlasses, einzelner Nachlaßbestandteile (BayObLG FamRZ 1996, 59), die Höhe der Erbschaftsteuer (vgl Zweibrücken ZEV 1996, 428; Staud/Otte Rz 5, 8), dann liegt ein unbeachtlicher, nicht zur Anfechtung berechtigender Motivirrtum vor.

5. Anfechtungsberechtigt sind der Erklärende, also der Erbe oder sein Gesamtnachfolger (Erbeserbe), nicht dagegen der Testamentsvollstrecker, Nachlaßpfleger oder Nachlaßverwalter, weil das Anfechtungsrecht nicht zum Nachlaß gehört.

6. Eine **Gläubigeranfechtung** der Ausschlagung innerhalb und außerhalb des Insolvenzverfahrens wegen **Gläubigerbenachteiligung** (§ 129 InsO; §§ 1ff AnfG) kommt nicht in Betracht, s § 1945 Rz 2.

7. Die **Anfechtungsfrist** ist im wesentlichen wie die Ausschlagungsfrist geregelt, wird aber durch die äußerste Ausschlagungsfrist von 30 Jahren seit Annahme oder Ausschlagung begrenzt, Abs IV. Die Sechs-Wochen- oder Sechs-Monatsfrist ist Mindestfrist. Die Anfechtung muß also nicht unverzüglich (§ 121) erfolgen. Stirbt der anfechtungsberechtigte Erbe vor Ablauf der Ausschlagungsfrist ohne Anfechtung, so kann der Erbeserbe anfechten. Die ihm gesetzte Frist läuft nicht vor sechs Wochen oder sechs Monaten ab, nachdem der Erbeserbe die Erbschaft des Erben angenommen hat oder die Anfechtung durch einen dazu befugten Vertreter erfolgen kann.

Die Anfechtungsfrist im ZGB der ehemaligen DDR betrug zwei Monate, § 405 I S 1 ZGB. Die Anfechtungserklärung mußte gegenüber dem Staatlichen Notariat abgegeben werden und bedurfte der notariellen Beglaubigung, Herrmann, Erbrecht und Nachlaßverfahren in der DDR, S 50. Zu den Anfechtungsfristen, die im Zeitpunkt des Beitritts liefen, vgl Einl § 1922 Rz 13.

8. Die Anfechtung vernichtet hier nicht nur eine Willenserklärung (§ 142 I), sondern die Anfechtung der Annahme gilt als Ausschlagung und die Anfechtung der Ausschlagung als Annahme, § 1957 I. Der Anfechtende muß dem vertrauenden Dritten den Vertrauensschaden ersetzen (§ 122), beispielsweise dem Nachlaßgläubiger die Kosten eines Prozesses, den dieser nach der Annahme angestrengt hat.

1955 *Form der Anfechtung*
Die Anfechtung der Annahme oder der Ausschlagung erfolgt durch Erklärung gegenüber dem Nachlassgericht. Für die Erklärung gelten die Vorschriften des § 1945.

1. Der **Anfechtungsgegner** bestimmt sich also nicht nach § 143 III, IV.

2. Zur **Form der Anfechtungserklärung**, § 1945 I, II; vgl § 1945 Rz 2. Für die Anfechtung durch einen Bevollmächtigten gilt § 1945 III entsprechend. Die Vollmacht muß öffentlich beglaubigt sein, der Anfechtungserklärung beigefügt oder in der Anfechtungsfrist nachgereicht werden, vgl § 1945 Rz 7. Die Anfechtungserklärung ist ihrerseits anfechtbar. Trotz der Fiktion der Annahme oder Ausschlagung (§ 1957) gilt für die Anfechtung die Frist der §§ 121, 124, BayObLG DNotZ 1981, 54.

1956 *Anfechtung der Fristversäumung*
Die Versäumung der Ausschlagungsfrist kann in gleicher Weise wie die Annahme angefochten werden.

1. **Bedeutung.** Ebenso wie die ausdrückliche oder schlüssige Annahme kann auch die Versäumung der Ausschlagungsfrist angefochten werden, weil die Fristversäumung als Erklärung der Annahme fingiert wird, § 1943 Hs 2. Hieraus wird zutreffend gefolgert, daß der vorläufige Erbe, der die Erbschaft am Tag vor Ablauf der Ausschlagungsfrist annimmt, hinsichtlich der Anfechtung nicht besser gestellt werden soll, als wenn er durch Fristablauf endgültiger Erbe wird. Deshalb wird auch **bei Versäumung der Ausschlagungsfrist** die **Anfechtung wegen jedes Irrtums iSv § 119 zugelassen,** Planck/Flad Anm 2a; RGRK/Johannsen Rz 1; Staud/Otte Rz 3, 4. Durch diese uneingeschränkte Zulassung der Irrtumsanfechtung wird das gesetzgeberische Ziel, die Nachlaßverhältnisse beschleunigt zu klären, nicht wesentlich gefährdet, weil auch die Anfechtung kurz befristet ist, § 1954 I.

§ 1956

2 2. Die **Fristversäumung** kann daher **wegen Irrtums** nicht nur angefochten werden, wenn der Erbe den Lauf der Ausschlagungsfrist kennt und die Erbschaft demgemäß wissentlich nicht ausschlägt (so noch RG 58, 81), weil er etwa irrtümlich meinte, es laufe eine Sechs-Monats-Frist. Eine Anfechtung nach § 1956 ist auch dann möglich, wenn er überhaupt über den Bestand einer Frist, ihren Lauf oder die Folgen ihres Ablaufs irrte oder glaubte, bereits wirksam ausgeschlagen zu haben, besonders wenn er annahm, sein Schweigen habe die Bedeutung der Ausschlagung, RG 143, 419; RGRK/Johannsen Rz 2; Planck/Flad Anm 2a; Staud/Otte Rz 3; Kipp/Coing § 89 I S 2. Gleiches gilt, wenn der Erbe die Formbedürftigkeit der Ausschlagung nicht kannte, BayObLG Rpfleger 1994, 168. Ein Irrtum des gesetzlichen Vertreters, die Ausschlagung bedürfe keiner familien- bzw vormundschaftsgerichtlichen Genehmigung, berechtigt zur Anfechtung der mangels Genehmigung eingetretenen Fristversäumung, BayObLG FamRZ 1983, 834. Der Erbe kann auch anfechten, weil der neue gesetzliche Vertreter den Fristablauf nicht kannte oder weil die Ausschlagung, was er nicht wußte, gegen das Verbot der unteilbaren Ausschlagung verstieß, §§ 1947–1951. Auch hier müssen die übrigen Voraussetzungen des § 119 I vorliegen. Es muß also anzunehmen sein, daß der Erbe bei Kenntnis der Sachlage und verständiger Würdigung des Falls die Erbschaft innerhalb der Ausschlagungsfrist ausgeschlagen hätte.

3 3. **Frist, Form und Wirkung** bestimmen sich nach §§ 1954, 1955, 1957. Die familien- bzw vormundschaftsgerichtliche Genehmigung zur Ausschlagung erstreckt sich auch auf die Anfechtung der Fristversäumung, Pal/Edenhofer Rz 4.

1957 *Wirkung der Anfechtung*

(1) **Die Anfechtung der Annahme gilt als Ausschlagung, die Anfechtung der Ausschlagung gilt als Annahme.**

(2) Das Nachlassgericht soll die Anfechtung der Ausschlagung demjenigen mitteilen, welchem die Erbschaft infolge der Ausschlagung angefallen war. Die Vorschrift des § 1953 Abs. 3 Satz 2 findet Anwendung.

1 1. Die **Anfechtung** der Annahme und Ausschlagung **vernichtet nicht nur** die Erklärung und beschwört damit nochmals den Schwebezustand herauf, sondern bringt gleichzeitig die **Entscheidung im entgegengesetzten Sinne**, auch bei der Anfechtung der Fristversäumnis, § 1956.

2 2. Die **Anfechtung der Annahme** muß daher zugleich die Voraussetzungen der Ausschlagung erfüllen. Beide Anfechtungserklärungen müssen zur Niederschrift des Nachlaßgerichts erfolgen (§ 1945) oder gegenüber dem Nachlaßgericht abgegeben werden, § 1955. Die Genehmigung des Familien- bzw Vormundschaftsgerichts für eine Ausschlagung durch den gesetzlichen Vertreter muß ebenso nachgewiesen werden, § 1945 Rz 3. Ficht der Erbe seine Ausschlagung an, so kann er gegen den Erbschaftsbesitzer den Erbschaftsanspruch erheben, §§ 2018ff, aA Soergel/Stein Rz 2. Wegen der Mitteilung des Nachlaßgerichts vgl § 1953 Rz 5.

1958 *Gerichtliche Geltendmachung von Ansprüchen gegen den Erben*

Vor der Annahme der Erbschaft kann ein Anspruch, der sich gegen den Nachlass richtet, nicht gegen den Erben gerichtlich geltend gemacht werden.

1 1. **Schutz des vorläufigen Erben.** Zwischen Anfall der Erbschaft (§ 1942 I, dazu 1942 Rz 2) und ihrer Annahme oder Ausschlagung wird die Erbschaft, obwohl der berufene Erbe sie noch ausschlagen kann, seinem Vermögen zugeordnet. Da wegen der Ausschlagungsmöglichkeit noch ungewiß ist, ob der Erbe auch endgültiger Erbe wird, verschmilzt die Erbschaft nicht sogleich endgültig mit dem Eigenvermögen des berufenen Erben. Schlägt er sie aus, wird er so behandelt, als ob er nie Erbe geworden wäre, § 1953. Während der Ausschlagungsfrist soll sich der vorläufige Erbe ungestört entscheiden können, ob er die Erbschaft später annimmt oder sie ausschlägt. Deshalb wird er durch verschiedene gesetzliche Einzelregelungen vor einer gerichtlichen Inanspruchnahme der Nachlaßgläubiger geschützt. § 1958 soll gewährleisten, daß ihm für die Prüfung der Nachlaßverhältnisse und für die Überlegung, ob er endgültiger Erbe werden will, die volle Ausschlagungsfrist zur Verfügung steht **(Überlegungs- und Entscheidungsfrist)**. Daher muß er, solange die Frist läuft, vor allem vor einer gerichtlichen Inanspruchnahme durch Nachlaßgläubiger geschützt werden. Ebenso muß auch der Nachlaß, der in der Hand des vorläufigen Erben als ein von dem Eigenvermögen getrenntes Sondergut behandelt wird, vor dem Zugriff der Eigengläubiger bewahrt werden. Dem dienen folgende Bestimmungen:

2 a) Der vorläufige Erbe **kann** vom Nachlaßgläubiger **nicht verklagt werden**, § 1958; gegen ihn kann kein Mahnbescheid, kein Arrest und keine einstweilige Verfügung beantragt werden (einschränkend MüKo/Leipold Rz 4; s aber Staud/Marotzke § 1959 Rz 24); dagegen sind einstweilige Maßnahmen zum Schutz absoluter Rechte, wie sie gegenüber jedem Dritten zulässig wären, der das Recht zu achten hätte, nicht ausgeschlossen, Staud/Marotzke Rz 4; Pal/Edenhofer Rz 2.

3 b) Der vorläufige Erbe **ist nicht verpflichtet**, einen **Rechtsstreit fortzusetzen**, der vom Erblasser begonnen oder gegen ihn geführt und durch seinen Tod unterbrochen worden ist, § 239 V ZPO; vgl bei der Vertretung des Erblassers durch einen Prozeßbevollmächtigten aber § 246 ZPO.

4 c) Da Nachlaßgläubiger den vorläufigen Erben nicht verklagen und nicht zur Fortsetzung eines Rechtsstreits zwingen kann, wird die **Verjährung** eines Anspruchs, der zum Nachlaß gehört oder sich gegen ihn richtet, nicht in weniger als sechs Monaten nach der Annahme der Erbschaft vollendet, § 211.

5 d) Es **kann kein vollstreckbarer Titel** gegen den Erben **erwirkt oder umgeschrieben werden**, § 1958; §§ 727, 795 ZPO. Wird die Klausel dennoch erteilt, so kann sich der vorläufige Erbe hiergegen nach § 732 ZPO oder nach § 768 ZPO zur Wehr setzen, Brox Rz 315.

e) Die **Zwangsvollstreckung** wegen Nachlaßverbindlichkeiten (§ 1967 II) ist nur in den Nachlaß und **nicht in** **6** **das Eigenvermögen des vorläufigen Erben** zulässig, § 778 I ZPO. Dabei sind zwei Fallgestaltungen zu unterscheiden: **(aa)** Hat die Zwangsvollstreckung gegen den Erblasser noch nicht begonnen, so muß der Gläubiger zunächst die Bestellung eines Nachlaßpflegers beantragen (§ 1961), um in den Nachlaß vollstrecken zu können. **(bb)** Hat die Zwangsvollstreckung bereits vor dem Tod des Erblassers gegen ihn begonnen, so wird sie in den gesamten Nachlaß fortgesetzt, § 779 I ZPO, ohne daß die Vollstreckungsklausel gegen den vorläufigen Erben umgeschrieben werden muß. Wegen Eigenverbindlichkeiten können Gläubiger nur in das Eigenvermögen des Erben vollstrecken, § 778 II ZPO. Gegen Vollstreckungsmaßnahmen, die danach unzulässig sind, kann sich der Erbe mit der Erinnerung des § 766 ZPO oder mit der Widerspruchsklage des § 771 ZPO wenden, während die Eigengläubiger des vorläufigen Erben auf die Erinnerung beschränkt sind.

f) Was für die Zwangsvollstreckung gilt, gilt auch für die **Arrestvollziehung**, § 928 ZPO. **7**

g) Dem vorläufigen Erben kann eine **Inventarfrist** nur so gesetzt werden, daß sie mit der Annahme der Erb- **8** schaft zu laufen beginnt, § 1995 II. Die Vorteile des Inventars kommen auch dem endgültigen Erben zugute, dagegen treffen ihn nicht die Nachteile einer Inventaruntreue des vorläufigen Erben, § 2005 I; Boehmer, Erbfolge und Erbenhaftung, S 24.

h) **Nach der Annahme** der Erbschaft schützen den Erben die **aufschiebenden Einreden** der §§ 2014, 2015, **9** für die das Verfahren nach §§ 305, 782, 783, 785, 767, 769, 770 ZPO zu beachten ist, vgl vor § 1967 Rz 12 und vor § 2014 Rz 2.

2. Nachlaßgläubiger können **gegen den vorläufigen Erben** gerichtlich **nur vorgehen,** einen Titel oder eine **10** Vollstreckungsklausel nur erwirken, wenn ein Testamentsvollstrecker (§ 2213 II), Nachlaßverwalter oder ein Nachlaßpfleger bestellt ist, § 1960 III. Die Bestellung des Nachlaßpflegers können sie beim Nachlaßgericht beantragen, § 1961. Testamentsvollstrecker, Nachlaßverwalter und Nachlaßpfleger können die Einlassung auf einen Passivprozeß nicht verweigern. Ein Titel gegen den Erblasser kann gegen den Testamentsvollstrecker und entsprechend gegen den Nachlaßpfleger umgeschrieben werden, §§ 749, 727 ZPO. Richtet sich der Titel gegen den unbekannten Erben, gesetzlich vertreten durch den Nachlaßpfleger, so sind die Erben nach der Annahme zwar keine Rechtsnachfolger. Wegen der Notwendigkeit der namentlichen Parteibezeichnung und des Hinzutretens eines neuen Haftungsobjekts ist jedoch der Titel entsprechend §§ 728 II, 727ff ZPO umzuschreiben, Staud/Marotzke Rz 9. Auch gegen einen Nachlaßverwalter kann und muß der Titel nach § 727 ZPO als Rechtsnachfolger umgeschrieben werden, Soergel/Stein Rz 6; Jaspersen Rpfleger 1995, 246. Wegen einer Eigenverbindlichkeit kann vor der Annahme in den Nachlaß überhaupt nicht vollstreckt werden.

3. Die **Erbschaftsannahme** ist **Prozeßvoraussetzung,** die von Amts wegen zu berücksichtigen ist (RG 60, **11** 181) und auf die der Beklagte nicht verzichten kann, MüKo/Leipold Rz 11; aA Brox Rz 315. § 1958 hat auch den Zweck, Prozesse zu verhindern, die gegenüber dem endgültigen Erben möglicherweise nicht wirken, Prot V 663; Staud/Marotzke Rz 3. Der Kläger hat die Erbschaftsannahme zu behaupten und zu beweisen, §§ 331, 335 ZPO. Fehlt sie, so wird die Klage als unzulässig abgewiesen. § 1958 gilt auch für die Wider- und Feststellungsklage, für Anträge auf Anordnung eines Arrests oder einer einstweiligen Verfügung (§§ 928, 936 ZPO; RG 60, 179) und für Verfahren der freiwilligen Gerichtsbarkeit, in denen Ansprüche geltend gemacht werden, Staud/Marotzke Rz 11; Josef ZZP 44, 478f. Dagegen ist der Antrag auf Eröffnung des Nachlaßinsolvenzverfahrens zulässig, § 316 I InsO.

4. Außergerichtlich kann der Gläubiger einen Anspruch gegenüber dem Nachlaß **auch gegenüber dem vor-** **12** **läufigen Erben** geltend machen, den er mit Wirksamkeit gegenüber dem endgültigen Erben mahnen kann. Mit gleicher Wirkung kann er ihm gegenüber kündigen, anfechten, zurücktreten, aufrechnen, zurückbehalten, § 1959 III. Dabei können aber nicht Forderungen des Nachlasses gegen Forderungen des Eigenvermögens des vorläufigen Erben und nicht Forderungen persönlicher Gläubiger des vorläufigen Erben gegen Forderungen des Nachlasses und umgekehrt verrechnet werden, da Nachlaß und Eigenvermögen auch beim vorläufigen Alleinerben vor der Annahme noch als getrennte Vermögensmassen behandelt werden, der Nachlaß in der Person des vorläufigen Erben ein Sondervermögen ist. Weder der vorläufige noch der endgültige Erbe kommt mangels einer Fürsorgepflicht für den Nachlaß durch die Mahnung in Leistungsverzug (RG 79, 202; Staud/Marotzke Rz 6; Pal/Edenhofer Rz 4), wohl aber der endgültige Erbe von der Annahme an, MüKo/Leipold Rz 18; RGRK/Johannsen § 1959 Rz 13. Das gilt jedoch nicht, wenn der endgültige Erbe seine Nichtleistung nicht zu vertreten hat, § 286 IV; vgl auch Planck/Flad Anm 3. Die aufschiebenden Einreden (§§ 2014ff) schließen dagegen den Verzug des gemahnten endgültigen Erben nicht aus, str, vgl § 2014 Rz 4; Schlüter Rz 1080.

§ 1959 *Geschäftsführung vor der Ausschlagung*

(1) Besorgt der Erbe vor der Ausschlagung erbschaftliche Geschäfte, so ist er demjenigen gegenüber, welcher Erbe wird, wie ein Geschäftsführer ohne Auftrag berechtigt und verpflichtet.

(2) Verfügt der Erbe vor der Ausschlagung über einen Nachlassgegenstand, so wird die Wirksamkeit der Verfügung durch die Ausschlagung nicht berührt, wenn die Verfügung nicht ohne Nachteil für den Nachlass verschoben werden konnte.

(3) Ein Rechtsgeschäft, das gegenüber dem Erben als solchem vorgenommen werden muss, bleibt, wenn es vor der Ausschlagung dem Ausschlagenden gegenüber vorgenommen wird, auch nach der Ausschlagung wirksam.

1. Rechte und Pflichten des vorläufigen Erben. Zwischen Anfall der Erbschaft und ihrer Annahme oder Aus- **1** schlagung ist der vorläufige Erbe berechtigt, aber nicht verpflichtet, die Erbschaft dadurch zu verwalten, daß er „erbschaftliche Geschäfte" besorgt. Er kann ein Nachlaßinsolvenzverfahren beantragen (§ 316 I InsO), ist dazu

§ 1959 Erbrecht Rechtliche Stellung des Erben

aber nicht verpflichtet, weil § 1980 nicht für den vorläufigen Erben gilt. Den vorläufigen Erben trifft auch keine Inventarpflicht, § 1994. Er kann sich von der Verwaltung des Nachlasses vollständig fernhalten und sich darauf beschränken, Bestand und Verschuldung des Nachlasses zu prüfen, um sich über Annahme oder Ausschlagung schlüssig zu werden. In diesem Fall obliegt dem Nachlaßgericht die Nachlaßfürsorge, § 1960.

2 2. Nimmt der vorläufige Erbe die Erbschaft an oder läßt er die Ausschlagungsfrist verstreichen, dann hat er – wie jetzt feststeht – von Anfang an eigene Geschäfte getätigt. Aus seiner Eigentümerstellung war er berechtigt, die Verwaltung des Nachlasses frei zu gestalten. Seine Verwaltungsfreiheit ist nur durch seine Pflicht begrenzt, die Nachlaßgläubiger ordnungsgemäß zu befriedigen, §§ 1978 I S 2, 1990, 1991 I, 1992.

3 3. Schlägt der vorläufige Erbe die Erbschaft wirksam aus, bestimmen sich seine Rechte und Pflichten gegenüber dem endgültigen Erben aus der entsprechenden Anwendung der **Vorschriften** über die **Geschäftsführung ohne Auftrag** (Strohal Bd 2 § 62 Anm 17; Staud/Marotzke Rz 5), also auch dann, wenn sich der vorläufige Erbe irrtümlich für den endgültigen hält. § 687 I findet keine Anwendung. Der Erbe hat die Interessen des endgültigen Erben oder dessen Testamentsvollstreckers oder Nachlaßpflegers zu wahren und ihren mutmaßlichen Willen zu berücksichtigen, wenn sie ihm schon bekannt sind, sich sonst auf einen Erben einzustellen, der mit durchschnittlicher Überlegung und Sorgfalt handelt. Die Ansprüche des endgültigen Erben gegen den vorläufigen Erben (§§ 681, 667) gehören zum Nachlaß. Ansprüche aus §§ 2018ff stehen ihm daneben nicht zu, Staud/Marotzke Rz 7. Die Auskunftspflicht des vorläufigen Erben richtet sich aber nach § 2027 II.

4 4. **Verfügungsgeschäfte des vorläufigen Erben.** Hierunter sind Rechtsgeschäfte zu verstehen, durch die ein bestehendes Recht übertragen, aufgehoben, belastet oder auf sonstige Weise inhaltlich verändert wird, zur Kasuistik § 2040 Rz 1. Mit rückwirkender Ausschlagung hat der vorläufige Erbe die Verfügungsmacht verloren, so daß seine Verfügungen unwirksam sind, sofern nicht der Gutglaubensschutz des Grundbuchs, des Erbscheins und der §§ 932ff eingreift oder der endgültige Erbe genehmigt, § 185 II. § 935 I schließt den Schutz des guten Glaubens nicht aus, weil es an einem unfreiwilligen Besitzverlust und damit an einem Abhandenkommen fehlt. Nimmt der vorläufige Erbe vor der Ausschlagung eine Erbschaftssache in Besitz, so beseitigt er damit den Erbenbesitz des endgültigen Erben, dem die Erbschaft und damit der Besitz (§ 857) beim Erbfall angefallen ist. Er begeht gegenüber dem endgültigen Erben keine verbotene Eigenmacht, weil ihm das Gesetz die Besitzergreifung gestattet, so daß die Sache dem endgültigen Erben nicht abhandengekommen ist, BGH NJW 1969, 1349; v Lübtow, 2. Halbb, S 749; Kipp/Coing § 90 III 3d; RGRK/Johannsen Rz 10; Staud/Marotzke Rz 14; aA Lange/Kuchinke § 5 III 4, § 8 V 1 Fn 102. Darüber hinaus sind Verfügungen des vorläufigen Erben wirksam, wenn sie – im Zeitpunkt der Vornahme bei objektiver Betrachtung, Düsseldorf ZEV 2000, 64 – nicht ohne Nachteil für den Nachlaß verschoben werden konnten, **Abs II**. Die Verfügung bleibt nicht nur dem endgültigen Erben gegenüber wirksam, sondern auch dem Dritten gegenüber wirksam. Unberührt bleibt eine mögliche Ersatzpflicht des vorläufigen Erben aus Geschäftsführung ohne Auftrag oder aus unerlaubter Handlung. Unter die Verfügungen des Abs II fällt auch die Annahme einer Leistung zur Erfüllung einer Nachlaßforderung, Staud/Marotzke Rz 11; aA Kipp/Coing § 90 III 3c und MüKo/Leipold Rz 10, die die Leistungsannahme nach Abs III ohne Dringlichkeit wirksam sein lassen. Der endgültige Erbe hat einen Anspruch auf Herausgabe der Leistung, §§ 1959 I, 677, 667. Dagegen fallen nicht unter Abs II die Prozeßführung, die keine Verfügung ist, oder die Verfügung über einen Erbteil, der kein Nachlaßgegenstand, sondern Gegenstand des Eigenvermögens des endgültigen Erben ist.

5 5. **Verpflichtungsgeschäfte des vorläufigen Erben.** Begründet der vorläufige Erbe in der Ausführung erbschaftlicher Geschäfte Verpflichtungen gegenüber Dritten, so bleiben diese auch nach der Ausschlagung bestehen. Er haftet für sie mit seinem ganzen Vermögen, es sei denn, daß er erkennbar nur für den Nachlaß gehandelt hat, Staud/Marotzke Rz 12. Seine Befreiungs- oder (nach Befriedigung seines Gläubigers) seine Erstattungsansprüche (§§ 1959 I, 681, 670, 257) begründen, wie jeder andere Anspruch aus § 1959 I, eine Nachlaßverbindlichkeit (§ 1967), im Nachlaßinsolvenzverfahren eine Masseschuld, § 324 I Nr 6 InsO. Diesen Anspruch kann der Eigengläubiger des Erben pfänden lassen. Den endgültigen Erben braucht der vorläufige Erbe nicht verpflichten; aA wohl Siber, Erbrecht, S 112 und Bertzel AcP 158, 107. Gibt er seine Erklärung als sein Vertreter ohne Vertretungsmacht ab, so kann der endgültige Erbe sie so genehmigen, daß er durch sie berechtigt und verpflichtet wird, § 177. Bei einer vom Erblasser genommenen Versicherung ist der vorläufige Erbe nicht Repräsentant des Versicherungsnehmers, so daß eine Obliegenheitsverletzung des vorläufigen Erben den endgültigen Erben nicht berührt, BGH LM Nr 2 zu § 6 VVG.

6 6. **Einseitige empfangsbedürftige Rechtsgeschäfte**, die **gegenüber dem endgültigen Erben** vorzunehmen sind, wirken ihm gegenüber auch, wenn sie gegenüber dem vorläufigen Erben vorgenommen werden, selbst wenn der Erklärende die vorläufige Erbenstellung kennt, **Abs III**. Darunter fallen auch das Leistungsangebot, das den Annahmeverzug begründet, und die Annahme eines Vertragsangebots des Erblassers, während die Annahme einer Leistung als Erfüllung unter Abs II fällt, vgl Rz 4. Auch die Frist des § 1974 wird dadurch gewahrt, daß der Nachlaßgläubiger seine Forderung ihm gegenüber geltend macht, Pal/Edenhofer Rz 4. Vgl auch § 1958 Rz 12.

7 7. **Aktivprozesse** kann der vorläufige Erbe führen, da es sich bei ihnen um eine Verwaltungshandlung am Nachlaß handelt, und zwar mit dem Klageantrag auf Zahlung an sich bei Dringlichkeit **(Abs II)**, ohne Dringlichkeit auf Zahlung an oder Hinterlegung für den endgültigen Erben oder Ablieferung an einen gerichtlich bestellten Verwahrer. Vgl aber Staud/Marotzke Rz 21; MüKo/Leipold Rz 12. In der Regel wird aber im Aktivprozeß eine schlüssige Annahme liegen, Staud/Marotzke Rz 22; vgl auch Reichel in FS Thon, S 108f.

1960 *Sicherung des Nachlasses; Nachlasspfleger*
(1) Bis zur Annahme der Erbschaft hat das Nachlassgericht für die Sicherung des Nachlasses zu sorgen, soweit ein Bedürfnis besteht. Das Gleiche gilt, wenn der Erbe unbekannt oder wenn ungewiss ist, ob er die Erbschaft angenommen hat.

(2) Das Nachlassgericht kann insbesondere die Anlegung von Siegeln, die Hinterlegung von Geld, Wertpapieren und Kostbarkeiten sowie die Aufnahme eines Nachlassverzeichnisses anordnen und für denjenigen, welcher Erbe wird, einen Pfleger (Nachlasspfleger) bestellen.
(3) Die Vorschrift des § 1958 findet auf den Nachlasspfleger keine Anwendung.

Schrifttum: *Hartung*, Der Nachlaßpfleger im Streit mit Erbprätendenten, Rpfleger 1991, 279; *Jochum/Pohl*, Pflegschaft, Vormundschaft und Nachlaß, 1989; *Kali*, Nachlaßpfleger und Erbenermittler, Diss Bochum 2001; *Primozic*, kann der Nachlaßpfleger zum Nachlass gehörende Pflichtteilsansprüche geltend machen?, NJW 2000, 711; *Tidow*, Aufwendungen und Vergütungen des Nachlaßpflegers, 1990; *ders*, Die Anordnung der Nachlaßpflegschaft gemäß § 1960 BGB, Rpfleger 1991, 400; *ders*, Die Möglichkeit der Selbstbefriedigung des Sicherungsnachlaßpflegers gemäß § 1960 BGB aus dem Nachlaß, FamRZ 1990, 1060; *Zimmermann*, Die Nachlaßpflegschaft, 2001; *ders*, Die Vergütung des Nachlasspflegers bei vermögendem Nachlass, ZEV 2001, 15.

1. Die **Fürsorgepflicht des Nachlaßgerichts** besteht nur, soweit ein Bedürfnis zur Nachlaßsicherung vorhanden ist. Diese Bedürfnisprüfung hat das Nachlaßgericht von Amts wegen durchzuführen. Weitere Sicherungsmaßregeln kann das Landesrecht zulassen, Art 140 EGBGB.

2. Allgemeine Voraussetzungen der Sicherung. a) Der Erbe ist der Person nach dem Nachlaßgericht (KG OLG 32, 46; 37, 250) unbekannt (Abs I S 2, 1. Fall); es kann auch ungewiß sein, wer unter mehreren bekannten Personen als Erbe anzusehen ist oder in welchem Verhältnis sie an einer Erbschaft beteiligt sind, oder
b) es ist dem Nachlaßgericht gewiß, daß er die Erbschaft noch nicht angenommen hat (Abs I 1) oder
c) ungewiß, ob er sie angenommen hat, Abs I 2, 2. Fall.
d) Neben einer der Voraussetzungen zu a–c muß das Bedürfnis nach der angeordneten Fürsorge bestehen, über das das Nachlaßgericht nach pflichtgemäßem Ermessen entscheidet. Maßgebend ist das Interesse der Erben, nicht der Nachlaßgläubiger, am Bestand des Nachlasses, Köln NJW-RR 1989, 454. Die Maßnahmen dürfen nicht weitergehen, als es das Fürsorgebedürfnis verlangt, Köln JMBlNRW 1963, 249. Sie sind aufzuheben, sobald das Bedürfnis fortfällt.
e) Liegen diese Voraussetzungen nur in der Person eines Miterben vor und ist von den anderen Miterben keine ordnungsmäßige Verwaltung des Nachlasses zu erwarten, so hat das Nachlaßgericht die erforderlichen Maßnahmen für diesen Erbteil zu treffen **(Teilnachlaß-Pflegschaft)**, § 1922 II, KGJ 48, 77; Köln FamRZ 1989, 435; einschränkend KG OLG 71, 210.

3. a) Unbekannt ist der Erbe in folgenden Fällen: wenn er zur Zeit des Erbfalls noch nicht lebte, aber bereits erzeugt war (§ 1923 II), wenn über eine notwendige staatliche Genehmigung noch nicht entschieden (Art 86 S 2 EGBGB; RG 75, 406; 76, 385; KGJ 40, 36), eine zum Erben eingesetzte Stiftung noch nicht errichtet ist (§ 84; KG OLG 32, 90), wenn die Gültigkeit einer Verfügung von Todes wegen (KG Recht 1929 Nr 2004; Celle FamRZ 1959, 33) oder eine Erbunwürdigkeit (KG OLG 42, 127 Nr 1b) oder das Erbrecht zwischen mehreren Erbprätendenten ernsthaft im Streit (KGJ 45, 106; 52, 59; Köln FamRZ 1989, 547) oder die Erbberechtigung einer Person zweifelhaft ist, wenn für einen Verschollenen weder eine Lebens- noch eine Todesvermutung spricht (Karlsruhe DNotZ 1953, 427) oder der Vater vor der Feststellung der Vaterschaft des nichtehelichen Kindes ohne letztwillige Verfügung stirbt, Knur DB 1970, 1061; Stuttgart OLG 75, 177.
b) Bekannt ist der Erbe, wenn ihn das Nachlaßgericht mit hoher Wahrscheinlichkeit für erbberechtigt hält. Die Voraussetzungen für einen Erbschein brauchen nicht gegeben zu sein, BayObLG SeuffA 1958, 37; KG NJW-RR 1999, 159. Zeitraubende Ermittlungen sind unnötig, KGJ 52, 59; BayObLG FamRZ 1990, 801. Erben mit unbekanntem Aufenthalt, deren Person bekannt ist und die die Erbschaft angenommen haben, können einen Abwesenheits-, nicht aber einen Nachlaßpfleger erhalten.

4. Die **Erbschaftsannahme** ist **dem Nachlaßgericht ungewiß**, wenn es unklar ist, ob in einer Handlung des vorläufigen Erben schlüssige Annahme oder Nachlaßfürsorge zu sehen ist (§ 1943 Rz 2). Gleiches gilt bei Zweifeln über den Ablauf der Ausschlagungsfrist (§ 1944) oder die Wirksamkeit einer Anfechtung der Annahme (besonders § 1956), KG OLG 43, 388. Auch dabei sind zeitraubende Ermittlungen überflüssig.

5. Ein **Fürsorgebedürfnis fehlt,** wenn ein vertrauenswürdiger vorläufiger Erbe (aA Soergel/Stein Rz 10), ein für ihn bestellter Vormund, Betreuer, Pfleger oder Testamentsvollstrecker (KG OLG 73, 106), ein Erbprätendent, Ehegatte oder Abkömmling die Erbschaft verwaltet, KG RJA 15, 31. Es besteht auch nicht, wenn sich Schwierigkeiten in der Verwaltung des Nachlasses allein aus der Uneinigkeit der Miterben ergeben, vgl Zweibrücken Rpfleger 86, 433. Ähnliche Sicherungsmaßnahmen kann das Arrestgericht durch einstweilige Verfügung anordnen, §§ 935, 938, 940 ZPO. Das Vormundschaftsgericht kann einen Ergänzungspfleger zur Verwaltung des Nachlasses bestellen, § 1909 I S 2. Ein Bedürfnis zur Nachlaßfürsorge wird nicht dadurch begründet, daß ein Erbscheinsverfahren schwebt und ein Nacherbe vom Vorerben ein Nachlaßverzeichnis oder die Hinterlegung von Wertpapieren verlangen kann, Oldenburg Rpfleger 1966, 18.
Das **Fürsorgebedürfnis** ist hingegen **zu bejahen,** wenn die Nachlaßpflegschaft lediglich zum Zweck eingeleitet werden soll, unbekannte Erben zu ermitteln, auch wenn das Nachlaßvermögen in seinem Bestand nicht gefährdet ist (KG OLG 71, 210) oder wenn der bekannte Erbe in weit entferntem Ausland lebt und zum Nachlaß ein nicht unerhebliches Vermögen (zB ein Gewerbebetrieb) gehört, BayObLG Rpfleger 1975, 47. Es kann auch bestehen, weil die Auseinandersetzung erforderlich wird, KG OLG 81, 151.

6. Nachlaßgericht ist das Amtsgericht, § 72 FGG. Zuständig ist der Rechtspfleger, abgesehen von bestimmten dem Richter vorbehaltenen Angelegenheiten, §§ 3 Nr 2 lit c, 16 I Nr 1, 14 RpflG. Seine örtliche Zuständigkeit bestimmt sich nach §§ 73, 74 FGG. Zur Nachlaßsicherung ist danach jedes Amtsgericht zuständig, in dessen Bezirk ein Fürsorgebedürfnis auftritt, vgl aber § 74 S 2 FGG. Die Ersatzzuständigkeit für fortgefallene Nachlaßge-

§ 1960

richte ist durch § 7 Zuständigkeitsergänzungsgesetz vom 7. 8. 1952 (BGBl I 407) geregelt. Inländische Nachlaßgerichte haben stets das Recht und die Pflicht, den Nachlaß eines Ausländers in Deutschland vorläufig zu sichern, auch wenn Staatsverträge fehlen, KG RJA 13, 218; KGJ 53, 77; DJ 1937, 554. Eine Nachlaßpflegschaft kann auch angeordnet werden, wenn das Recht, das für die Beerbung gilt, keine derartige Pflegschaft kennt, BGH 49, 1 = LM Nr 4 zu Art 25 EGBGB mit Anm Rietschel. Sind jedoch im Inland nur Nachlaßschulden begründet, so besteht kein Bedürfnis für die Tätigkeit eines deutschen Nachlaßgerichts, Hamm JMBlNRW 1962, 209. Über die Benachrichtigung der Behörden in Nachlaßsachen vgl die bundeseinheitliche Gemeinsame Bekanntmachung der Länder über die Benachrichtigung in Nachlaßsachen idF vom 3. 7. 1978, JMBlNRW 1978, 185. Für Sicherungsmaßnahmen in der früheren DDR war das Staatliche Notariat am letzten Wohnsitz des Erblassers zuständig, §§ 10 I Nr 1, 33 Notariatsgesetz vom 5. 2. 1976 (GBl I 93), das die erforderlichen Maßnahmen zu treffen hatte, § 415 ZGB.

7 Die **Nachlaßsicherung** ist **Pflicht des Nachlaßgerichts,** nur die Auswahl seiner Mittel steht in seinem freien Ermessen, Celle FamRZ 1959, 34. Rechte Dritter sind zu wahren, KG Rpfleger 1982, 184. Verletzt der Nachlaßrichter diese Amtspflicht, sei es auch nur bei der Beaufsichtigung des Nachlaßpflegers, so haftet der Staat dafür dem Erben, nicht dem Nachlaßgläubiger.

8 7. Die **Nachlaßpflegschaft** kann entweder als **Sicherungspflegschaft (Abs II)** oder als **Prozeßpflegschaft (§ 1961)** angeordnet werden, die letzte setzt im Gegensatz zur ersten kein Sicherungsbedürfnis voraus, dazu Höver DFG 1936, 29ff; Greiser DFG 1938, 167.

9 a) Die Nachlaßpflegschaft ist eine **Unterart der Pflegschaft** (§ 75 S 1 FGG), so daß auf sie auch die Vorschriften über die Vormundschaft angewandt werden (§ 1915 I), soweit sich nicht aus ihrem besonderen Zweck etwas anderes ergibt, der darin liegt, daß sie einen Nachlaß betrifft und der endgültige Erbe unbekannt ist. An die Stelle des Vormundschaftsgerichts tritt das Nachlaßgericht, § 1962. Anwendbar sind die §§ 1785, 1791 I (Bestallungsurkunde für die ihm übertragenen Geschäfte, KGJ 41, 38), § 1837 (Aufsicht des Gerichts), §§ 1821, 1822 (Genehmigung wichtiger Geschäfte) sowie die §§ 1835–1836a über die Aufwandsentschädigung und die Vergütung. Unanwendbar sind dagegen die §§ 1776–1778.

10 b) Die Nachlaßpflegschaft des § 1960 dient der **Ermittlung der endgültigen Erben,** der **Sicherung** und **Erhaltung** und damit mitunter auch der Versilberung **des Nachlasses** bis zur Annahme der Erbschaft. Sie dient aber **nicht der Beschränkung der Erbenhaftung,** der Ausführung einer Verfügung von Todes wegen des Erblassers, in der Regel auch nicht der Befriedigung der Nachlaßgläubiger und der Erbauseinandersetzung, KG OLG 71, 210.

11 c) Der **Nachlaßpfleger** kann **Nachlaßgläubiger** jedoch **befriedigen,** wenn es zur Erhaltung des Nachlaßwerts, besonders zur Vermeidung unnötiger Prozesse und Kosten geboten ist, jedoch nur aus den Mitteln des Nachlasses und unter Berücksichtigung der beschränkten Erbenhaftung, §§ 1979, 1980, 2012 I S 3.

12 d) **Nachlaßpflegschaft und Leibesfruchtpflegschaft** (§ 1912) **sind nebeneinander zulässig,** wenn auch dieselbe Person bestellt werden kann. Die erste will die Belange des künftigen Erben wahren, wer es auch sein mag, die zweite lediglich die der Leibesfrucht.

13 e) Auch **mehrere Pfleger** können bestellt werden, §§ 1797, 1915.

14 f) Die Nachlaßpflegschaft kann auf **bestimmte Aufgaben beschränkt** werden, wenn damit dem Bedürfnis zur Sicherung des Nachlasses genügt ist und eine klare Abgrenzung der Befugnisse möglich ist, KG NJW 1965, 1719; Hamm JMBlNRW 1963, 19; BayObLG MDR 1960, 674. Die Rechtsmacht des Pflegers soll nicht über das Sicherungsbedürfnis hinausgehen. Sie kann daher auf die Führung eines einzelnen Prozesses oder die Verwaltung eines einzelnen Nachlaßgegenstands beschränkt werden, KG NJW 1965, 1719; Staud/Marotzke Rz 28; aA Hamm JMBlNRW 1963, 19. Zulässig ist die beschränkte Nachlaßpflegschaft für den Hof iS der HöfeO, wenn er als Sondererbschaft übergeht. Auch in diesem Fall wird die Nachlaßpflegschaft durch das Nachlaßgericht, nicht durch das Landwirtschaftsgericht angeordnet, KG JW 1939, 290; Lange/Wulff/Lüdtke-Handjery § 18 Rz 2; Staud/Marotzke Rz 16.

15 g) Ein **Beschwerderecht** (§ 20 I FGG) gegen ihre Anordnung haben in der Regel nur die Erben, und zwar auch gegen die Auswahl des Pflegers, nicht dagegen Ersatzerben, Nacherben oder Dritte (KG JW 1919, 999; OLG 40, 107; Stuttgart OLG 71, 463), zB ein vom Erblasser postmortal Bevollmächtigte, BayObLG FamRZ 2001, 453. Auch gegen die Aufhebung der Nachlaßpflegschaft steht weder dem Nachlaßpfleger (RG JFG 13, 392) noch den Nachlaßgläubigern (Colmar DNotV 15, 395) ein Beschwerderecht zu. Der Nachlaßpfleger ist nur beschwerdeberechtigt (sofortige Beschwerde), wenn er entlassen wird (§§ 60 I Nr 3, 75 FGG) oder seine Befugnisse später beschränkt werden, München JFG 16, 101. Der Testamentsvollstrecker ist beschwerdeberechtigt, wenn das Rechtsmittel darauf abzielt, den Wirkungskreis des Nachlaßpflegers einzuschränken, KG OLG 73, 106. Eine einfache Beschwerde ist gegen die Ablehnung des Antrags auf Sicherung und gegen die Aufhebung der Sicherungsmaßnahmen zulässig, §§ 75, 57 Nr 3 FGG; Hamm Rpfleger 1987, 416. Kein Beschwerderecht des Nachlaßgläubigers besteht hingegen, wenn das Nachlaßgericht Aufsichtsmaßnahmen nach § 1837 ablehnt, KG JW 1938, 1453.

16 h) Ist die **Nachlaßpflegschaft angeordnet,** obwohl ihre gesetzlichen Voraussetzungen fehlen, so ist sie wirksam, bis sie aufgehoben wird. Die vorher geschlossenen Geschäfte des Pflegers bleiben wirksam, München DR 1943, 491; Köln JMBlNRW 1954, 187.

17 i) Die Nachlaßpflegschaft **endet** erst mit ihrer **Aufhebung** und nicht automatisch, sobald der Grund für ihre Anordnung fortfällt (§ 1919, RG 106, 48). Sie endet auch in der Regel nicht mit dem Nachlaßinsolvenzverfahren (RG 154, 114), da der Nachlaßpfleger den Schuldner zu vertreten hat. Gleiches gilt, wenn die Eröffnung des Insolvenzverfahrens abgelehnt ist, Hamm Rpfleger 1987, 416. Fällt aber der Grund für ihre Anordnung fort, so ist sie

Annahme/Ausschlagung, Nachlaßgericht § 1960

unverzüglich aufzuheben (RG 154, 114), besonders nach Ermittlung der Erben oder nach Ausstellung des Erbscheins, BayObLG FamRZ 2003, 561, aber nur nach einer Schlußrechnung, §§ 1915, 1890.

j) In einen **Rechtsstreit des Nachlaßpflegers** treten die Erben nach Aufhebung der Pflegschaft ohne Aussetzung oder Unterbrechung ein (Hamburg OLG 17, 318; 41, 81; BayObLG FamRZ 1991, 230), denn sie waren und bleiben Partei. **18**

8. Nachlaßpfleger. a) Er ist, soweit er seine Hauptaufgabe – die Sicherung und Erhaltung des Nachlasses – wahrnimmt, **gesetzlicher Vertreter des zukünftigen endgültigen Erben** oder, bei einer Teilnachlaßpflegschaft, der Miterben, nicht aber des Nachlasses oder der Nachlaßgläubiger, RG 50, 395; 76, 125; 106, 46; BGH 94, 314. Seine Vertretungsmacht ist nicht auf zweckmäßige und pflichtgemäße Geschäfte beschränkt, BGH 49, 1; Pal/Edenhofer Rz 16. Es gelten aber die Grundsätze über den Mißbrauch der Vertretungsmacht, BGH WM 1967, 491. Der Nachlaßpfleger wird „für denjenigen, welcher Erbe wird", bestellt, **Abs II**. Daher darf er nicht selbstkontrahieren (§ 181; RG 71, 162), auch nicht mit Genehmigung des Nachlaßgerichts, wohl aber mit Zustimmung des endgültigen Erben, der nach § 242 hierzu auch verpflichtet sein kann, RG 110, 214. Der Pfleger besitzt **keine verdrängende Vertretungsmacht**. Der Erbe büßt neben ihm seine Verpflichtungsfähigkeit, Verwaltungs- und Verfügungsmacht nicht ein, RGRK/Johannsen Rz 29. Die Frage nach der Wirksamkeit aufeinander folgender Verfügungen des Erben und des Pflegers im Rahmen des § 1959 löst sich nach dem Recht der Vertretung und des gutgläubigen Erwerbs, vgl Mot V 553. Trotz seiner Stellung als gesetzlicher Vertreter des oder der Erben ist er aber nicht daran gehindert, auch selbst die Rolle einer Prozeßpartei zu übernehmen (vgl §§ 780 II ZPO, 40 I GBO), wenn er zum Nachlaß gehörige Rechte, uU sogar gegen einen Erben einklagt, BGH NJW 1983, 226. Er ist nicht darauf beschränkt, die Rechte der Erben wahrzunehmen; ihm stehen vielmehr kraft Amtes auch darüber hinausgehende Rechte zu, wie zB das Recht, den Nachlaß an sich zu nehmen und von jedem, der Nachlaßgegenstände im Besitz hat, deren Herausgabe zu verlangen, BGH NJW 1983, 226. Denkbar ist sogar, daß er etwa einen Grundbuchberichtigungsanspruch (§ 894) gleichzeitig im eigenen Namen und im Namen eines Erben geltend macht, BGH ZEV 2001, 32. **19**

b) Der Nachlaßpfleger **wird vom Nachlaßgericht** im Regelfall durch den Rechtspfleger **bestellt**, § 3 Nr 2 lit c RpflG; handelt es sich um den Nachlaß eines Ausländers, so ist der Richter funktionell zuständig, §§ 16 I Nr 1, 14 Nr 4 RpflG; Hamm OLG 76, 165 mit ablehnender Anm Meyer-Stolte Rpfleger 1976, 94; zur doppelten Staatsangehörigkeit BayObLG 82, 284. Der Bestellte hat die Pflicht, das Amt anzunehmen, § 1785. **20**

c) Der Nachlaßpfleger **kann** zwar **über Nachlaßgegenstände**, nicht aber über das Erbrecht **verfügen**, also die Erbschaft weder annehmen noch ausschlagen, noch einen Erbteil veräußern und übertragen, LG Aachen Rpfleger 1991, 314, noch einen Erbschein beantragen, KGJ 40, 37; Celle JR 1950, 59; vgl aber KGJ 41, 94. Im allgemeinen kann er auch keinen Rechtsstreit über das Erbrecht führen, Hamburg OLG 30, 174. Der Erbe oder ein Prätendent kann aber gegen den Nachlaßpfleger auf Feststellung seines Erbrechts klagen, wenn er festgestellt haben will, daß zwischen ihm und dem Nachlaßpfleger das gesetzliche Schuldverhältnis der Nachlaßpflegschaft besteht, RG 106, 47; OGH 4, 219; BGH NJW 1951, 559. Der Nachlaßpfleger kann keinen Rechtsstreit über die Anrechnung von Vorempfängen oder über Erbquoten führen, Staud/Marotzke Rz 47. Er ist aber berechtigt, zur Erhaltung und Verwaltung des Nachlasses als Vertreter des endgültigen Erben Prozesse über Nachlaßgegenstände zu führen. **21**

d) In einem **Rechtsstreit** ist der **endgültige unbekannte Erbe Partei**. Ihm kann nach § 114 ZPO Prozeßkostenhilfe bewilligt werden, nicht dem Pfleger, da dieser gesetzlicher Vertreter und nicht Partei kraft Amtes im Sinne von § 116 I Nr 1 ZPO ist, RG 50, 394. Prozeßkostenhilfe ist zu bewilligen, wenn die Kosten nicht aus dem Nachlaß gedeckt werden können, BGH NJW 1964, 1418. Bei Fortsetzung des Rechtsstreits durch den ermittelten Erben ist eine erneute Bewilligung der Prozeßkostenhilfe (§ 114 I ZPO) und eine erneute Beiordnung eines Rechtsanwalts (§ 121 ZPO) nicht notwendig, KG NJW 1969, 2207; vgl § 124 Nr 3 ZPO. Das Urteil entfaltet Rechtskraft für und gegen ihn, aber zur **Zwangsvollstreckung** gegen ihn muß der Titel, der die Vertretung durch den Kläger erwähnt, auf den Namen des Erben umgeschrieben werden (§ 750 I ZPO), entsprechend §§ 728 II, 727ff ZPO, vgl § 1958 Rz 10. Bestritten ist, ob der Nachlaßpfleger den Erbschaftsanspruch geltend machen kann, vgl § 2018 Rz 1. **22**

e) Der Nachlaßpfleger hat die **Aufgabe** und damit die **Befugnis**, die endgültigen Erben zu ermitteln, Anträge auf Todeserklärung Verschollener oder auf Feststellung der Todeszeit Verstorbener zu stellen (§§ 16 IIb, 40 VerschG), Nachlaßsachen in Besitz zu nehmen, RG DR 1942, 533; BGH NJW 1983, 226; zum Verhältnis zu § 2018 s § 2018 Rz 1. Er hat bis zur Annahme der Erbschaft die Vermögensinteressen des zukünftigen Erben wahrzunehmen, BGH JZ 1988, 881 mit Anm Otto. Die Ermittlung, welcher Erbanwärter tatsächlich Erbe ist, obliegt ihm nicht, BGH NJW 1983, 226; Köln FamRZ 1989, 435. Der zur Verwaltung des Nachlasses eingesetzte Nachlaßpfleger kann auch von demjenigen, der möglicherweise Erbe ist, Herausgabe von Nachlaßgegenständen verlangen, solange dessen Erbrecht nicht rechtskräftig festgestellt ist, BGH NJW 1972, 1752; zur Einziehung einer Rente siehe BSG MDR 1972, 363. Die Herausgabe der dem Erbprätendenten überlassenen und von ihm benutzten Wohnräume kann er nicht verlangen, BGH NJW 1981, 2299. Der Nachlaßpfleger hat ferner die Aufgabe, den Nachlaß zu verwalten, zu erhalten und, wenn es zur ordnungsmäßigen Verwaltung oder Erhaltung nötig ist, zu versilbern (BGH 49, 1), das Gläubigeraufgebot (§ 991 ZPO), das Nachlaßinsolvenzverfahren (§ 317 I InsO) und die Zwangsversteigerung eines Nachlaßgrundstücks (§ 175 ZVG), nicht aber die Nachlaßverwaltung zu beantragen. Dabei können ihm **Beschränkungen** auferlegt werden, damit seine Rechtsmacht nicht weiter als das Sicherungsbedürfnis reicht, Staud/Marotzke Rz 40; KG FamRZ 2000, 445. Im Rahmen dieser Aufgaben kann der Nachlaßpfleger Nachlaßverbindlichkeiten eingehen, die im Nachlaßinsolvenzverfahren Masseschulden sind, § 324 I Nr 5 InsO. Der Erbe haftet für sie unbeschränkt, aber beschränkbar. Der Nachlaßpfleger hat jedoch nicht die Befugnis, die Auseinandersetzung unter Miterben durchzuführen oder zu überwachen (RG 154, 114; BayObLG 50/51, 346; KG OLG **23**

W. Schlüter

71, 210), auch wenn die Miterben es verlangen, Nachlaßgegenstände zu schenken (§§ 1915, 1804) oder eine formnichtige Schenkung des Erblassers zu vollziehen, RG 98, 283. Er kann aber den unbekannten Miterben bei einer von den übrigen Miterben betriebenen Auseinandersetzung vertreten, wenn seine Befugnis auf den entsprechenden Miterbenanteil beschränkt ist, BGH bei Johannsen WM 1972, 914 (919); LG Berlin Rpfleger 1991, 111.

24 **f) Haftung des Nachlaßpflegers. aa)** Der Nachlaßpfleger steht **zum endgültigen Erben** in einem gesetzlichen Schuldverhältnis und haftet ihm gegenüber für jede Verletzung seiner Pflichten, §§ 1915 I, 1833, 276. Bei seiner Tätigkeit steht er unter der Aufsicht des Nachlaßgerichts, §§ 1837, 1962.

bb) Den **Nachlaßgläubigern** hat er Auskunft über den Bestand des Nachlasses zu geben, § 2012 I S 2. Er haftet ihnen für jede schuldhafte Verletzung dieser Pflicht persönlich, § 276. Ein Teil des Schrifttums will den Nachlaßpfleger darüber hinaus den Nachlaßgläubigern gegenüber entsprechend § 1985 II S 1 für jede andere schuldhafte Pflichtverletzung haften lassen, so Planck/Flad Vorbem III 5c zu § 1942; v Lübtow, 2. Halbb, S 759. Die Gegenmeinung lehnt zutreffend eine derart weitgehende unmittelbare persönliche Haftung des Nachlaßpflegers gegenüber den Nachlaßgläubigern ab und beschränkt sie auf Ansprüche aus unerlaubter Handlung, Kipp/Coing § 125 III 5; RGRK/Johannsen Rz 34; Staud/Marotzke Rz 54; Schlüter Rz 551. Der Erbe kann den Nachlaßpfleger meistens aus dem Innenverhältnis in Anspruch nehmen, §§ 1915, 1833. Diesen Anspruch des Nachlasses gegen den Pfleger können die Nachlaßgläubiger pfänden lassen. Gegen eine unmittelbare persönliche Haftung des Nachlaßpflegers gegenüber den Nachlaßgläubigern bestehen Bedenken aus der Stellung des Pflegers als Vertreter. Abgesehen davon ist auch nicht einzusehen, warum die Nachlaßgläubiger besser gestellt sein sollen als die Gläubiger anderer Pflegebefohlener oder eines Mündels.

25 **g)** Ob und inwieweit der vom Nachlaßgericht bestellte Nachlaßpfleger eine **Vergütung** erhält, richtet sich seit dem Inkrafttreten des Betreuungsrechts-änderungsgesetzes – BtÄndG – vom 25. 6. 1998 (BGBl I 1580) am 1. 1. 1999 nach §§ 1915 I, 1836–1836a. Hierbei handelt es sich um eine abschließende Sonderregelung, BayObLG ZEV 2000, 410; Bestelmeyer FamRZ 1999, 1633 (1637); Zimmermann ZEV 1999, 329 (337). Tätigkeiten des Nachlaßpflegers, die vor dem 1. 1. 1999 vorgenommen sind, sind nach dem bis dahin geltenden Recht zu vergüten, BayObLG ZEV 2000, 410; dazu die Kommentierung in der 10. Aufl.

aa) Wird die Nachlaßpflegschaft **ehrenamtlich** geführt, erhält der Pfleger grundsätzlich keine Vergütung, §§ 1915 I, 1836 I S 1. Davon geht das Gesetz auch nach der Novellierung der §§ 1836ff nach wie vor als dem Regelfall aus. Das Nachlaßgericht kann dem Pfleger aber nach § 1836 III aus besonderen Gründen eine angemessene Vergütung bewilligen, sofern der Umfang und die Schwierigkeit der vom Nachlaßpfleger zu leistenden Tätigkeit das rechtfertigen. Die Vergütung kann dem ehrenamtlichen Nachlaßpfleger jedoch nicht gewährt werden, wenn der Nachlaß mittellos ist, § 1836 III Hs 2. Mittellosigkeit liegt nicht schon vor, wenn der Nachlaß überschuldet ist, sondern erst dann, wenn die Vergütung durch den Aktivnachlaß nicht gedeckt werden kann, BayObLG ZEV 2000, 410.

bb) Wird die Nachlaßpflegschaft dagegen **berufsmäßig** geführt, hat der Pfleger einen Anspruch auf eine Vergütung, §§ 1915 I, 1836 I S 2, II. Das Nachlaßgericht hat bereits bei der Bestellung eines solchen Nachlaßpflegers die Feststellung zu treffen, daß die Pflegschaft berufsmäßig geführt wird, § 1836 I S 2. Diese Feststellung kann aber, falls sie versehentlich unterblieben ist, nachgeholt werden, Pal/Edenhofer Rz 25. Eine Berufsmäßigkeit ist dann anzunehmen, wenn dem Pfleger in einem solchen Umfang Pflegschaften übertragen sind, daß er sie nur im Rahmen einer Berufsausübung führen kann, oder wenn zu erwarten ist, daß ihm in absehbarer Zeit Pflegschaften in diesem Umfang übertragen werden, § 1836 I S 3. Davon ist im Regelfall auszugehen, wenn er mehr als zehn Nachlaßpflegschaften führt oder die für die Führung der Pflegschaften erforderliche Zeit voraussichtlich 20 Wochenstunden nicht unterschreitet, § 1836 I S 4.

cc) Der **Vergütungsanspruch** für den ehrenamtlichen Nachlaßpfleger (§ 1836 III) **entsteht** erst mit der Festsetzung durch das Nachlaßgericht. Der Vergütungsanspruch des berufsmäßigen Pflegers hingegen entsteht dem Grunde nach schon aufgrund der beruflichen Tätigkeit des Bestellten kraft Gesetzes, BT-Drucks 13/7158, 27.

dd) Die **Höhe der** festzusetzenden **Vergütung** richtet sich nach den für die Führung der Nachlaßpflegschaft nutzbaren Fachkenntnissen des Pflegers sowie nach dem Umfang und der Schwierigkeit der anfallenden Tätigkeit, §§ 1915 I, 1836 II S 2. Die Vergütung ist grundsätzlich nach Zeitaufwand und Stundensatz zu bemessen, BayObLG ZEV 2000, 410. Hierbei ist ein angemessener Stundensatz zugrunde zulegen, nicht nur der häufig nicht kostendeckende Stundenhöchstsatz des § 1 Berufsvormündergesetzes – BVormG – (Art 2a BtÄndG), Pal/Edenhofer Rz 28; Zimmermann ZEV 2001, 15. Dieser Stundensatz ist nach §§ 1915 I, 1836a nur dann zugrunde zu legen, wenn sich der Vergütungsanspruch nicht gegen den Erben, sondern wegen der Mittellosigkeit des Nachlasses gegen die Staatskasse richtet. Mittellosigkeit liegt nur dann vor, wenn die Vergütigen nicht durch den Aktivnachlaß gedeckt ist.

Auch wenn die materiell-rechtlichen Voraussetzungen für die Anordnung der Nachlaßpflegschaft und damit für die Bestellung des Pflegers nicht bestanden haben, wird dadurch sein Vergütungsanspruch weder ausgeschlossen noch in seiner Höhe gemindert, Soergel/Stein Rz 46. Entsprechendes gilt grundsätzlich bei einer mangelhaften Ausübung des Amts, weil die Vergütung für tatsächlich erbrachte Bemühungen gewährt wird. Hat der Nachlaßpfleger seine Pflichten verletzt und dadurch die Erben geschädigt, so sind daraus resultierende Schadensersatzansprüche in einem gesonderten Verfahren vor dem Prozeßgericht geltend zu machen, KG OLG 1988, 281 (284f); BayObLG 1980, 282; Soergel/Stein Rz 46; Pal/Edenhofer Rz 28.

ee) Die Vergütung wird nach §§ 75, 56g FGG **vom Nachlaßgericht** auf Antrag des Nachlaßpflegers oder von Amtswegen **festgesetzt,** wenn es das Gericht für angemessen hält. Zuständig ist der Rechtspfleger, §§ 3 Nr 2 lit c, 16 I Nr 1 RpflG.

Rechtsmittel gegen die Festsetzung ist die sofortige Beschwerde, wenn der Wert des Beschwerdegegenstands 150 Euro übersteigt oder das Gericht sie wegen der grundsätzlichen Bedeutung der zur Entscheidung stehenden

Frage zugelassen hat, §§ 75, 56g V S 1 FGG; BayObLG ZEV 2000, 413. Sonst findet nur die befristete Erinnerung statt, § 11 II RpflG. Die weitere Beschwerde (§ 27 FGG) ist statthaft, wenn das Beschwerdegericht sie wegen der grundsätzlichen Bedeutung der zur Entscheidung stehenden Frage zugelassen hat, §§ 75, 56g V S 2 FGG.

ff) Zusätzlich zu der Vergütung sind dem Nachlaßpfleger nach §§ 1915 I, 1835 – unabhängig von einer gerichtlichen Bewilligung – die **Aufwendungen** zu ersetzen, die er zum Zweck der Führung der Pflegschaft gemacht hat, zB Auslagen, Fahrtkosten, einschließlich der von ihr zu zahlenden Umsatzsteuer, Dresden FamRZ 2000, 851. Auch die Kosten für eine Haftpflichtversicherung gehören zu den zu ersetzenden Aufwendungen, § 1835 II. Ein ehrenamtlicher Nachlaßpfleger, der keine Vergütung nach § 1836 III erhält, kann nach §§ 1915 I, 1835a für jede Nachlaßpflegschaft eine pauschale Aufwandsentschädigung in der dort genannten Höhe beanspruchen. Sofern derartige Aufwendungen bereits bei der Bemessung der Vergütung berücksichtigt sind, entfällt ein Aufwendungsersatzanspruch, BayObLG 1983, 96; FamRZ 1989, 214; SchlHolst OLG ZEV 1997, 203. Etwaige Aufwendungsersatzansprüche erlöschen, wenn sie nicht binnen 15 Monaten nach ihrer Entstehung geltend gemacht werden, §§ 1915 I, 1835 I S 3. Der Nachlaßpfleger kann die ihm nach §§ 1835, 1835a zu ersetzenden Aufwendungen dem Bargeldvermögen entnehmen, ohne daß es einer Festsetzung durch das Nachlaßgericht bedarf. Bei Meinungsverschiedenheiten zwischen dem Erben und dem Nachlaßpfleger entscheidet nicht das Nachlaßgericht, sondern das Prozeßgericht, KG OLG 81, 176; BayObLG Rpfleger 1984, 356.

h) Zu wichtigen Geschäften braucht der Nachlaßpfleger die **Genehmigung des Nachlaßgerichts,** §§ 1915 I, 1962, 1821, 1822. Vgl § 1962 Rz 3. 26

Der Nachlaßpfleger ist zu entlassen, wenn ein Untauglichkeitsgrund vorliegt, §§ 1915, 1886, 1781, dazu: Pal/ Edenhofer Rz 34. 27

1961 *Nachlasspflegschaft auf Antrag*

Das Nachlassgericht hat in den Fällen des § 1960 Abs. 1 einen Nachlasspfleger zu bestellen, wenn die Bestellung zum Zwecke der gerichtlichen Geltendmachung eines Anspruchs, der sich gegen den Nachlass richtet, von dem Berechtigten beantragt wird.

1. Zweck. Da die Gläubiger Ansprüche gegen den Nachlaß vor Annahme der Erbschaft nicht gerichtlich geltend machen können (§ 1958), muß ihnen durch Bestellung eines **Prozeßnachlaßpflegers** die Möglichkeit hierzu gegeben werden. Für ihn gilt § 1958 nicht (§ 1960 III), er muß sich auf einen Rechtsstreit einlassen. Trotz § 239 V ZPO kann dann auch ein Rechtsstreit, der durch den Tod des Erblassers unterbrochen ist, fortgesetzt werden, §§ 243, 241, 246 ZPO. Auch hier ist eine Teilnachlaßpflegschaft möglich, BayObLG OLG 5, 229. 1

2. Voraussetzungen. a) Es müssen die von Amts wegen zu ermittelnden (§ 12 FGG) Voraussetzungen des § 1960 I (Rz 2) vorliegen. Dabei ist der **Erbe** auch **unbekannt,** wenn von mehreren bekannten Personen, die alle die Erbschaft angenommen haben, über das Erbrecht gestritten wird (LG Verden MDR 1951, 34) oder die Wirksamkeit einer Ausschlagung oder die Anordnung einer Ersatzerbschaft nicht ohne Ermittlungen festzustellen ist, LG Oldenburg Rpfleger 1982, 105. Ob der Erbe bekannt ist oder nicht, beurteilt sich hier anders als in § 1960 vom Standpunkt des Gläubigers, nicht des Nachlaßgerichts, KG JFG 17, 106; BayObLG Rpfleger 1984, 102. Der Erbe ist bekannt, wenn ein Erbschein vorliegt, LG Verden MDR 1951, 34. Das Nachlaßgericht kann weder verlangen, daß der Antragsteller die Voraussetzungen des § 1960 I (RGRK/Johannsen Rz 2) noch seinen Anspruch glaubhaft macht, KGJ 33, 90; BayObLG 19, 27; Staud/Marotzke Rz 7. Ein Sicherungsbedürfnis ist anders als in § 1960 I nicht erforderlich, wohl aber ein Rechtsschutzbedürfnis für den Antrag, vgl Staud/Marotzke Rz 8; BayObLG FamRZ 2003, 562. Trägt der Antragsteller Tatsachen vor, die ein Rechtsschutzbedürfnis für den Prozeß, den Arrest, die einzuleitende Zwangsvollstreckung (nach Beginn vgl § 1958 Rz 6; § 779 I ZPO) oder die Aufhebung einer Gemeinschaft mit dem Erblasser (Düsseldorf JMBlNRW 1954, 83; KG OLG 82, 151) begründen, legt er die ernsthafte Absicht zum gerichtlichen Vorgehen dar und ist sein Anspruch nicht offensichtlich unbegründet und sein Vorgehen nicht mutwillig, so ist der Pfleger zu bestellen. Dagegen fehlt das Rechtsschutzbedürfnis, wenn ein Testamentsvollstrecker vorhanden ist, § 2213. Für die unbekannten Erben eines nach dem BEG geltend zu machenden Erstattungsanspruchs ist eine Nachlaßpflegschaft zu bestellen, Köln JMBlNRW 1963, 249. 2

b) Ein Gläubiger, der einen Anspruch behauptet, kann den Antrag auch zu Protokoll der Geschäftsstelle nach § 11 FGG stellen, auch durch einen Bevollmächtigten, der gegebenenfalls seine Vollmacht in öffentlich beglaubigter Urkunde nachzuweisen hat, § 13 FGG. Antragsberechtigt ist auch ein Gläubiger, der im Ausland wohnt (Josef ZBlFG 1916, 29), und ein Gläubiger, dessen Anspruch sich gegen einen Ausländernachlaß richtet, der sich im Inland befindet, München JFG 15, 78; 16, 98 (104). Die Zuständigkeit des deutschen Nachlaßgerichts ist jedoch nicht begründet, wenn sich im Inland nur Nachlaßschulden des ausländischen Erblassers befinden, Hamm JMBlNRW 1962, 209. Antragsberechtigt ist auch der Miteigentümer des Erblassers, der die Zwangsversteigerung eines Grundstücks zur Aufhebung der Gemeinschaft beantragt, Düsseldorf JMBlNRW 1954, 83. Stirbt der Antragsteller, so läuft das Verfahren für seinen Erben weiter. 3

3. Der **Umfang der Vertretungsmacht** beschränkt sich nicht auf die Wahrnehmung dieses Prozesses, sondern erstreckt sich schlechthin auf die Nachlaßsicherung im Sinne des § 1960, Hamm Rpfleger 1987, 416. Aber das Nachlaßgericht kann den Aufgabenkreis bei der Anordnung der Pflegschaft oder später auf eine geringere Befugnis, sogar auf diesen Prozeß allein beschränken. Eine solche Sonderpflegschaft endet mit der Erledigung der konkreten Aufgabe, §§ 1915, 1918 III. Der vertretene künftige Erbe steht im Rechtsstreit einer Person gleich, die nicht prozeßfähig ist, § 53 ZPO. Setzt der ermittelte Erbe den Rechtsstreit fort, so braucht er, wenn Prozeßkostenhilfe nach § 114 ZPO bewilligt war, keinen neuen Antrag zu stellen. Auch der nach § 121 ZPO beigeordnete Rechtsanwalt bleibt in seiner Stellung, KG NJW 1969, 2207; vgl § 124 Nr 3 ZPO. 4

§ 1961 Erbrecht Rechtliche Stellung des Erben

5 4. Auch die **Pflegschaft endet,** wenn sie sich nicht nur auf die Führung eines bestimmten Prozesses bezieht, nicht mit der rechtskräftigen Erledigung dieses Prozesses, sondern mit der Aufhebung durch das Nachlaßgericht, RG 106, 48; 154, 114.

1962 *Zuständigkeit des Nachlassgerichts*
Für die Nachlasspflegschaft tritt an die Stelle des Vormundschaftsgerichts das Nachlassgericht.

1 1. Unter den Voraussetzungen der §§ 46, 75 FGG kann das zuständige Nachlaßgericht die **Nachlaßpflegschaft** an ein anderes Nachlaßgericht **abgeben.**

2 2. Über die **Beschwerden** (§§ 75, 57 Nr 3 FGG) ist auch hier entsprechend § 131 III KostO gebührenfrei zu entscheiden, München JFG 14, 68; BayObLG Rpfleger 1981, 327. Der in den §§ 62, 55 FGG vorgesehene Rechtswegausschluß bei nachlaßgerichtlichen Genehmigungen für Rechtsgeschäfte des Nachlaßpflegers ist verfassungswidrig, BVerfG ZEV 2000, 148 mit Anm Langenfeld ZEV 2000, 195.

3 3. Hat versehentlich das Vormundschaftsgericht ein Rechtsgeschäft genehmigt, das nach § 1962 vom Nachlaßgericht zu genehmigen war, so läßt sich die Genehmigung uU in eine nachlaßgerichtliche Genehmigung desselben Gerichts umdeuten. Das ist jedoch dann nicht möglich, wenn sich die Frage der Genehmigung für den Nachlaßrichter wesentlich anders darstellt als für den Vormundschaftsrichter, OGH 1, 198; aA Müller NJW 1956, 652.

1963 *Unterhalt der werdenden Mutter eines Erben*
Ist zur Zeit des Erbfalls die Geburt eines Erben zu erwarten, so kann die Mutter, falls sie außerstande ist, sich selbst zu unterhalten, bis zur Entbindung angemessenen Unterhalt aus dem Nachlass oder, wenn noch andere Personen als Erben berufen sind, aus dem Erbteil des Kindes verlangen. Bei der Bemessung des Erbteils ist anzunehmen, dass nur ein Kind geboren wird.

1 1. **Vorbemerkung.** Durch Art 1 Nr 41 FamRÄndG (BGBl I 1961, 1221) ist das Wort „standesmäßigen" durch das Wort „angemessenen" ersetzt worden.

2 2. **Zweck.** Das erwartete Kind soll dadurch geschützt werden, daß der **Mutter** ein **gesetzlicher Unterhaltsanspruch** zuerkannt wird.

3 3. **Rechtsnatur.** Es handelt sich nicht um ein „gesetzliches Vermächtnis", sondern um einen Unterhaltsanspruch, der gewöhnliche Nachlaßverbindlichkeit ist. Er ist daher auch im Nachlaßinsolvenzverfahren nicht als Vermächtnisforderung zu behandeln, vgl § 327 I Nr 2 InsO. Ebensowenig ist er wegen Vermächtnisunwürdigkeit der Mutter nach § 2345 I anfechtbar, Staud/Marotzke Rz 1.

4 4. **Gläubigerin des Anspruchs** ist jede Mutter, auch die nichteheliche. Sie braucht auch nicht die Witwe des Erblassers zu sein, wenn nur ihr Kind als eingesetzter oder gesetzlicher Erbe nach § 1923 II zu erwarten ist. Dagegen braucht das Kind nicht lebend geboren zu werden. Es genügt nicht, daß die Leibesfrucht als Ersatzerbe, Vermächtnisnehmer oder Pflichtteilsberechtigter in Betracht kommt. Bei einer Ersatzberufung gilt § 1963 aber dann, wenn der zunächst Berufene weggefallen ist, Planck/Flad Anm 2a; Pal/Edenhofer Rz 1; RGRK/Johannsen Rz 2; s BGH 26, 83; BGH NJW 1968, 156. Als Unterhaltsanspruch der Mutter ist er nicht der Vertretungsmacht des Leibesfruchtpflegers (§ 1912) unterworfen, Staud/Marotzke Rz 3; Pal/Edenhofer Rz 2.

5 5. Der **Anspruch** setzt voraus, daß die Mutter außerstande ist, sich selbst zu unterhalten, § 1602 I. Erhält die Mutter kraft der gesetzlichen Vermächtnisforderung des Dreißigsten (§ 1969) Unterhalt, so fehlen insoweit die Voraussetzungen für den Anspruch aus § 1963.

6 6. **Inhalt und Umfang des Anspruchs.** § 1963 gewährt Unterhalt bis zur Entbindung, also auch die Kosten für die ärztliche Behandlung während der Schwangerschaft, selbst wenn sie nicht auf die Schwangerschaft zurückzuführen sind. Erfaßt werden die Entbindungs-, nicht aber die Wochenbettkosten und die Behandlungskosten für die Zeit nach der Entbindung, auch wenn sie durch diese bedingt sind. Der Anspruch geht nicht nur auf den notwendigen, sondern auf den angemessenen Unterhalt, und zwar entsprechend § 1612 III in der Regel im voraus, vgl auch § 760, aber begrenzt durch den Erbteil des Kindes. Der volle Monatsbetrag wird auch dann geschuldet, wenn die Mutter im Laufe des Monats stirbt, § 1612 III S 2. Entsprechend anwendbar ist auch § 1614, dagegen nicht § 1613, Planck/Flad Anm 3; aA RGRK/Johannsen Rz 6.

7 7. Der **Anspruch** ist **Nachlaßverbindlichkeit** und kann gegen einen verwaltenden Testamentsvollstrecker oder einen Nachlaßpfleger (§§ 1960, 1961), und zwar auch durch einstweilige Verfügung (§ 940 ZPO), vor der Annahme geltend gemacht werden, §§ 1960 III, 2213 II.

8 8. Die Mutter braucht einen **empfangenen Unterhalt nicht zurückzuzahlen,** wenn das Kind nicht lebend geboren wird, Staud/Marotzke Rz 12; aA Soergel/Stein Rz 6. Die Geburt braucht nur „zu erwarten" zu sein. Bei irrtümlicher Annahme einer Schwangerschaft wird ein Bereicherungsanspruch aus § 812 I S 1 durch § 814 (Anstandspflicht) ausgeschlossen, aA Staud/Marotzke Rz 12; Pal/Edenhofer Rz 1. Bei Vorspiegelung einer Schwangerschaft sind aber Ansprüche aus § 823 II in Verbindung mit § 263 StGB sowie aus § 826 möglich.

9 9. Die werdende Mutter kann **neben** Unterhalt nach § 1963 **auch** Unterhalt nach § 1615l verlangen, wenn das **erwartete Kind nichtehelich** geboren wird und der **Erblasser** als **Kindesvater** feststeht. Die Unterhaltsansprüche nach § 1963 und § 1615l konkurrieren wegen der zeitlichen Begrenzung des § 1615l nur während des Zeitraums von sechs Wochen vor der Geburt miteinander. Trotz gleicher Rechtsnatur der Ansprüche sind bei einigen Einzelfragen unterschiedliche Ergebnisse nicht ausgeschlossen. Während bei § 1615l der Kindesvater bzw

dessen Nachlaß vor den Verwandten und dem geschiedenen Ehemann der Mutter zum Unterhalt verpflichtet ist, handelt es sich bei § 1963 um die nachrangige Unterhaltspflicht. Die einheitliche Verjährungsfrist von vier Jahren endet wegen des unterschiedlichen Fristbeginns auch zu verschiedenen Zeitpunkten (§§ 197, 201 für § 1963 und § 1615l IV). Eine Kürzung des Unterhalts ist unter Berücksichtigung des § 1611 I wegen der teilweise voneinander abweichenden Schutzzwecke nur bei § 1615l, nicht aber bei § 1963 zulässig. Nur der Unterhaltsanspruch nach § 1615l kann vorrangig aus der Insolvenzmasse befriedigt werden, § 100 I S 2 InsO. Der Anspruch nach § 1963 ist gewöhnliche Nachlaßverbindlichkeit, § 325 InsO. Diese Konkurrenzprobleme werden durch die Subsidiarität des § 1963 (Mot V 489) gelöst, so daß die Unterhaltsregelung des § 1615l vorrangig ist. Zu den weiteren Einzelheiten der Konkurrenz zwischen § 1963 und §§ 1615lff s Scholz, Die Ansprüche der werdenden Mutter eines nichtehelichen Kindes gegen den Nachlaß des Kindesvaters, Diss Berlin 1981.

1964 *Erbvermutung für den Fiskus durch Feststellung*

(1) Wird der Erbe nicht innerhalb einer den Umständen entsprechenden Frist ermittelt, so hat das Nachlassgericht festzustellen, dass ein anderer Erbe als der Fiskus nicht vorhanden ist.
(2) Die Feststellung begründet die Vermutung, dass der Fiskus gesetzlicher Erbe sei.

Schrifttum: *Frohn,* Feststellung des Fiskalerbrechts und „Erbenaufgebot", Rpfleger 1986, S 37; *Hörle,* Das Erbrecht des Fiskus und der an dessen Stelle tretenden Persönlichkeiten des öffentlichen Rechts, Recht 1904, 369; *Matthiessen,* Wie hat das Nachlaßgericht zu verfahren, wenn zwar das Vorhandensein gesetzlicher Erben feststeht, das Fehlen oder der Wegfall der nächsten Erben aber nicht nachgewiesen werden kann?, ZBlFG 1906, 387; *Romberg,* Zur Feststellung des fiskalischen Erbrechts nach § 1964 BGB, DJZ 1909, 1143.

1. Zweck. Die §§ 1964–1966 ergänzen die §§ 1936, 1942 II. Durch das Feststellungsverfahren sollen die Voraussetzungen zur Aufhebung der Nachlaßpflegschaft geschaffen und das unnütze Forschen nach weiteren entfernten Erben – eine Folge des unbegrenzten Verwandtenerbrechts – überflüssig gemacht werden. Aber die Feststellung hat keine rechtsbegründende Wirkung. Sie genügt auch nicht zum Nachweis der Erbfolge nach § 35 GBO, BayObLG MDR 1987, 762; Köln MDR 1965, 993; Frankfurt MDR 1984, 145. Der Beschluß kann jederzeit aufgehoben werden. Die Feststellung macht den Staat nicht zum Erben, wenn unbekannte entfernte Verwandte trotz öffentlicher Aufforderung nach § 1965 nicht entdeckt sind. Sie schafft nur eine Vermutung für das gesetzliche Staatserbrecht, **Abs II**. Ist der Fiskus eingesetzter Erbe, so sind die § 1964ff unanwendbar. 1

2. Die **Ermittlung der Erben** erfolgt von Amts wegen (§ 12 FGG) und ist gebührenfrei, § 105 KostO. Für die Feststellung des Erbrechts des Fiskus wird dieselbe Gebühr wie für die Erteilung eines Erbscheins erhoben, § 110 KostO. Jeder, der ein berechtigtes Interesse glaubhaft macht, hat ein Recht auf Akteneinsicht, § 78 FGG. Die Ermittlung ist auch zu führen, wenn kein Nachlaß vorhanden oder der Nachlaß überschuldet ist, BayObLG 58, 260; LG Düsseldorf Rpfleger 1981, 358. Weigert sich das Nachlaßgericht, auf Ersuchen des Grundbuchamts die Erben des eingetragenen Eigentümers zu ermitteln, so kann entsprechend § 159 GVG das OLG angerufen werden, KG OLG 69, 134. 2

3. Ein Erbprätendent kann gegen die Feststellung des Nachlaßgerichts, der Staat gegen ihre Ablehnung **einfache Beschwerde** einlegen, § 19 FGG; München JFG 16, 110. Jedoch kann der Erbprätendent auch die Feststellungsklage gegen den Staat erheben oder einen Erbschein beantragen (KG Rpfleger 1970, 340) oder das Erbscheinverfahren mit der Beschwerde fortsetzen, BayObLG 83, 204. Ein rechtskräftiges Urteil zwischen einem Erbprätendenten und dem Staat bindet auch den Nachlaßrichter bei der negativen Feststellung des Abs I, aber nur in den objektiven und subjektiven Grenzen der Rechtskraft, §§ 322, 325 ZPO; Brox ZZP 1973, 46; Planck/Flad § 1965 Anm 5c; aA Seibert, DFG 1937, 136, der zu Unrecht die Rechtskraftwirkung für die Organe der Freiwilligen Gerichtsbarkeit auf gestaltende Prozeßurteile beschränkt, vgl bier Darmstadt JFG 11, 219 und Pal/Edenhofer § 1965 Rz 2. Erteilt das Nachlaßgericht einem Erbprätendenten einen Erbschein, so muß es gleichzeitig den Feststellungsbeschluß aufheben. Für die Grundbuchberichtigung kann die Erbfolge des Fiskus durch den Feststellungsbeschluß nachgewiesen werden. Vorlage eines Erbscheins ist zur Eintragung nicht erforderlich, AG Lüneburg Rpfleger 1971, 23. 3

4. Der Beschluß ist dem Regierungspräsidenten **mitzuteilen,** Art 2 VO vom 18. 3. 1935 (RGBl I 381). Auf Grund des Beschlusses ist der Nachlaß an den Staat auszuhändigen, die Nachlaßpflegschaft aufzuheben. 4

1965 *Öffentliche Aufforderung zur Anmeldung der Erbrechte*

(1) Der Feststellung hat eine öffentliche Aufforderung zur Anmeldung der Erbrechte unter Bestimmung einer Anmeldungsfrist vorauszugehen; die Art der Bekanntmachung und die Dauer der Anmeldungsfrist bestimmen sich nach den für das Aufgebotsverfahren geltenden Vorschriften. Die Aufforderung darf unterbleiben, wenn die Kosten dem Bestande des Nachlasses gegenüber unverhältnismäßig groß sind.
(2) Ein Erbrecht bleibt unberücksichtigt, wenn nicht dem Nachlassgericht binnen drei Monaten nach dem Ablauf der Anmeldungsfrist nachgewiesen wird, dass das Erbrecht besteht oder dass es gegen den Fiskus im Wege der Klage geltend gemacht ist. Ist eine öffentliche Aufforderung nicht ergangen, so beginnt die dreimonatige Frist mit der gerichtlichen Aufforderung, das Erbrecht oder die Erhebung der Klage nachzuweisen.

1. Zweck. Die Aufforderung soll den Erben ermitteln, jedoch nicht mit seinem Erbrecht ausschließen. Daher ist auch das Verfahren kein Aufgebotsverfahren des Prozesses, sondern ein solches der Freiwilligen Gerichtsbarkeit. Das Nachlaßgericht muß also von Amts wegen ermitteln, Brox Rz 80. Nur Bekanntmachung und Fristdauer richten 1

§ 1965 Erbrecht Rechtliche Stellung des Erben

sich nach §§ 948–950 ZPO. Die Aufforderung kann erst erlassen werden, nachdem die Frist des § 1964 abgelaufen ist.

2. Es ist die **Anmeldefrist (Abs I)** von der **Wartefrist (Abs II)** zu unterscheiden. Die letzte braucht nicht eingehalten zu werden, wenn niemand ein Erbrecht angemeldet hat, KGJ 36, 67ff; aA KGJ 31, 64. Ist ein Recht nach der Anmeldefrist, aber vor dem Feststellungsbeschluß angemeldet worden, so ist die Wartefrist abzuwarten, RGRK/Johannsen Rz 1.

3. Wegen der Rechtskraftwirkung des Prozeßurteils für das Feststellungsverfahren vgl § 1964 Rz 3.

4. Der Staat kann auf seine gesetzliche Erbenstellung nicht durch rechtsgeschäftliche Erklärung verzichten, da die Verlassenschaft sonst erblos wäre, vgl § 1942 Rz 2.

1966 *Rechtsstellung des Fiskus vor Feststellung*

Von dem Fiskus als gesetzlichem Erben und gegen den Fiskus als gesetzlichen Erben kann ein Recht erst geltend gemacht werden, nachdem von dem Nachlassgericht festgestellt worden ist, dass ein anderer Erbe nicht vorhanden ist.

Die Vorschrift betrifft ebenfalls nur das **gesetzliche Erbrecht** des Staates. Als eingesetzter Erbe kann der Staat sein Erbrecht sofort geltend machen und sich gegen Ansprüche, die sich gegen den Nachlaß richten, mit § 1958 verteidigen.

Titel 2
Haftung des Erben für die Nachlassverbindlichkeiten

Vorbemerkung

Schrifttum: *Barella*, Haftung des Erben für Nachlaßschulden, DB 1959, Beilage 6; *Bartholomeyczik*, Haftung des Erben für die neuen Geschäftsverbindlichkeiten, DGWR 1938, 321; *Bauer*, Die Haftung der Erben, 2. Aufl 1966; *Bender*, Gesamthandsklage des Miterbengläubigers, JherJb 88, 311; *Binder*, Rechtsstellung des Erben, 1903; *Boehmer*, Erbfolge und Erbenhaftung, 1927; *ders*, Der Übergang des Pflichtlebens des Erblassers auf den Erben, in Festgabe für das Reichsgericht, Bd III, S 216; *ders*, Der Eintritt des Erben in pflichtbelastete Rechtslagen des Erblassers, JW 1938, 2534; *Börner*, Das System der Erbenhaftung, JuS 1968, 53 (108); *Borcherdt*, Die Haftung des Erben für die Nachlaßverbindlichkeiten, AcP 94, 197; *Eccius*, Haftung des Erben für Nachlaßverbindlichkeiten, Gruchot 1943, 403; *ders*, Verbindlichkeiten aus Rechtsgeschäften des Erben in Verwaltung des Nachlasses, Gruchot 1951, 564; 52, 810; *Gaa*, Die Vererbung von Unterlassungspflichten, AcP 161, 433; *Graf*, Möglichkeiten der Haftungsbeschränkung für Nachlassverbindlichkeiten, ZEV 2000, 125; *Harder/Müller-Freienfels*, Grundzüge der Erbenhaftung, JuS 1980, 876; *Herfs*, Haftung des Erben als Nachfolger eines Kommanditisten, DB 1991, 1713; *ders*, Haftung des Erben als Nachfolger eines Komplementärs bei Umwandlung des Komplementäranteils in einen Kommanditanteil, DB 1991, 2121; *Heilemann*, Nachlaßerbenschulden, Diss Marburg 1939; *Lange*, Die Regelung der Erbenhaftung, 3. Denkschrift des Erbrechtsausschusses der Akademie für Deutsches Recht, 1939; *Lettmann*, Die Beschränkung der Erbenhaftung, RhNK 2002, 537; *Martin*, Die Haftung des Erben für die Nachlaßverbindlichkeiten, Nachdruck der Ausgabe 1909; *Molitor*, Vereinbarung über Erbenhaftung, JherJb 69, 283ff; *Münchmeyer*, Haftung der Erben und Miterben für die Nachlaßverbindlichkeiten, 1899; *Noack*, Vollstreckung beim Erbfall, JR 1969, 8; *Olzen*, Die Erbenhaftung, Jura 2001, 520; *Raape*, Das Haftungsrecht des Erben, JherJb 72, 293ff; *Reuter*, Die handelsrechtliche Erbenhaftung (§ 27 HGB), ZHR 135, 511; *Riesenfeld*, Die Erbenhaftung nach dem Bürgerlichen Gesetzbuch, I. Bd: Die Grundsätze der Haftung, II. Bd: Das Inventar und die Mittel der Haftungsbeschränkung, 1916; *Schmidt*, Handelsrechtliche Erbenhaftung als Bestandteil des Unternehmensrechts, ZHR 157, 600; *Schröder*, Zum Übergang inhaltlich variabler Verpflichtungen auf den Erben, JZ 1978, 379; *Siber*, Haftung für Nachlaßschulden nach geltendem und künftigem Recht, 1937; *Weimar*, Haftpflicht bei Schäden durch Nachlaßsachen, MDR 1971, 369; *Welzel*, Erbenhaftung im Steuerrecht, DStZ 293, 425; *Wieser*, Ersatzleistungen an Miterben bei Sachschäden, in FS Heinrich Lange, 1970, S 325ff.

1. Mögliche Haftungssysteme. Versteht man unter der Haftung des Schuldners mit bestimmten Gegenständen, daß diese Gegenstände rechtlich dem Vollstreckungszugriff der Gläubiger zur Zwangstilgung dieser Schulden gewidmet sind, so kann ein Erbe unbeschränkt oder beschränkt für die Nachlaßschulden haften.

a) Bei der **unbeschränkten Haftung** haftet der Erbe für die Nachlaßschulden sowohl **mit dem Nachlaß** als auch **mit seinem Eigen- oder Privatvermögen**. Der Gläubiger ist auch nicht gezwungen, sich zunächst an den Nachlaß zu halten.

b) Die **beschränkte Haftung** ist in doppelter Form möglich:
- Der Erbe haftet entweder nur mit den Nachlaßgegenständen, kurz **gegenständlich beschränkt**, im späten gemeinen Recht Haftung „cum viribus hereditatis" genannt, so daß die Nachlaßgläubiger sich auch bei unzulänglichem Nachlaß nur aus den Nachlaßgegenständen, nicht aber für den Ausfall aus dem Eigenvermögen des Erben zwangsbefriedigen können.
- Der Erbe haftet mit dem Nachlaß und Eigenvermögen, aber nur insgesamt bis zu einem Betrag, der durch den Wert des Aktivnachlasses begrenzt wird, kurz **rechnerisch beschränkte Haftung**, im späteren gemeinen Recht Haftung „pro viribus hereditatis" genannt. Hier wird nicht die Haftung im eigentlichen Sinne beschränkt, sie wird nur mittelbar durch eine Begrenzung der Schuld begrenzt.

In modernen Rechtsordnungen sind die Vorzüge dieser verschiedenen Systeme einer Erbenhaftung meistens miteinander kombiniert.

2. Rechtspolitische Gesichtspunkte der Erbenhaftung nach dem BGB. a) Die Nachlaßgläubiger haben das 2 Interesse, aus dem Vermögen des verstorbenen Schuldners als ihrer ursprünglichen Kreditgrundlage unverkürzt befriedigt zu werden. Träger dieses Vermögens ist der Erbe geworden, ohne daß der Nachlaß jemals subjektlos gewesen wäre, vgl § 1942 Rz 2. Damit drohen dem Nachlaßgläubiger Gefahren aus dem Wechsel des Rechtssubjekts.

b) Der Erbe, der den Nachlaß unentgeltlich erwirbt, darf seine Verfügungsmacht über ihn nicht zum eigenen 3 Nutzen ausüben, soweit die Befriedigung der Nachlaßgläubiger dadurch gefährdet wird. „Der Gelter (Gläubiger) ist der erste Erbe."

c) Ebensowenig dürfen die Gläubiger des Erben, die keine Nachlaßgläubiger sind (Eigengläubiger), die Befriedigung der Nachlaßgläubiger aus dem Nachlaß gefährden, obwohl sie sich als Gläubiger des Erben rechtstechnisch auch aus dem nunmehr ihm als Rechtsträger zugeordneten Nachlaß befriedigen könnten. Die Nachlaßgläubiger haben, solange sie nicht befriedigt sind, ein Interesse daran, die Eigengläubiger des Erben durch Sonderung der beiden Haftungsobjekte vom Zugriff auf den Nachlaß abzuwehren. Erben können daher rechtsgeschäftlich und Eigengläubiger des Erben durch Zwangsvollstreckung nur über den Restnachlaß verfügen, der nach Befriedigung der Nachlaßgläubiger übrig geblieben ist.

d) Muß der Nachlaß aber dem Erben als neuem Rechtsträger zugeordnet werden, so könnte sich aus dem 5 Grundsatz der Gesamtnachfolge auch die Belastung des sonstigen (Eigen-)Vermögens des Erben mit den Nachlaßschulden ergeben. Die Nachlaßgläubiger haben zwar ein Interesse an einer Abwehr der Eigengläubiger des Erben. Sie haben aber kein berechtigtes Interesse an einem Haftungszuwachs durch den Erben. Dieser hat zwar ein Interesse daran, die Nachlaßschulden zu regulieren, aber ohne Belastung seines sonstigen Vermögens mit ihnen. Das entspricht auch dem Interessen der Erbengläubiger daran, ihre Kreditgrundlage im Eigenvermögen des Erben nicht dadurch geschmälert zu sehen, daß dieses mit dem Erbfall auch für alle Schulden des Erblassers haftet.

e) Diese in einem individual- und sozialethisch ausgewogenen Verhältnis bestehenden Interessen sind fast All- 6 gemeingut der geltenden Rechtsordnungen geworden. Ihre Abgrenzung im einzelnen ist jedoch überwiegend eine Frage rechtstechnischer Ordnung und Zweckmäßigkeit. Das BGB sieht die Interessen der Nachlaßgläubiger bei einem Alleinerben durch den Erbfall eher als gefährdet an als die des Erben. Die einzelnen Nachlaßgegenstände lassen bald nach dem Erbfall mangels faktischer Sonderung der beiden Gütermassen in der Regel ihre Zugehörigkeit zum Nachlaß oder Eigenvermögen des Erben nicht mehr erkennen. Die Verfügungsmacht des Erben bringt die Nachlaßgläubiger in Gefahr, neben dem ungeschmälerten Nachlaßbestand vorzufinden. Daher hat es den **Grundsatz der vorläufig unbeschränkten, aber beschränkbaren** und nicht den Grundsatz der vorläufig beschränkten, aber durch strafweise Verwirkung unbeschränkten und unbeschränkbaren **Haftung** verwirklicht, hM, Boehmer, Erbenhaftung, S 105ff; Staud/Marotzke vor § 1967 Rz 9; aA Binder, Rechtsstellung des Erben, 2. Bd, S 62ff; Münchmeyer, Haftung der Erben und Miterben für die Nachlaßverbindlichkeiten, 1899; Eccius, Gruchot 43, 603 (801). Es macht damit die Haftungsbeschränkung in der Regel von der Initiative des Erben abhängig, zu einer klaren Sonderung des Nachlasses vom Eigenvermögen zu kommen. Gegenständlich beschränkte Haftung und Nachlaßsonderung stehen also in Wechselbeziehung.

3. Das System der Erbenhaftung nach dem BGB. Das BGB regelt zunächst in den §§ 1967–2017 die Erben- 7 haftung für Alleinerben und Miterbengemeinschaften gemeinsam, bringt aber in den §§ 2058–2063 für die Miterbengemeinschaft wesentliche Besonderheiten.
a) Der Alleinerbe, der die Erbschaft angenommen hat, haftet vom Erbfall an mit Nachlaß und Eigenvermögen **vorläufig unbeschränkt, aber beschränkbar**, §§ 1967, 1975; §§ 780–785 ZPO.

b) Die Haftung des Erben beschränkt sich auf den Nachlaß (gegenständlich beschränkte Haftung): 8
aa) Endgültig allen Nachlaßgläubigern gegenüber (allgemein beschränkte Haftung) durch Gütersonderung (separatio bonorum), und zwar **(1)** durch Anordnung der **Nachlaßverwaltung** (§§ 1975ff), wenn der Nachlaß zur Befriedigung der Nachlaßgläubiger voraussichtlich ausreicht, aber unübersichtlich ist; **(2)** durch Eröffnung des **Nachlaßinsolvenzverfahrens** (§§ 1975, 1980; §§ 315ff InsO), wenn der Nachlaß voraussichtlich nicht ausreicht. Die Eröffnung führt zur haftungsrechtlichen Trennung des Nachlasses vom Eigenvermögen des Erben. Nicht das gesamte Schuldnervermögen wird verwertet, sondern nur der Nachlaß als Sondervermögen (§§ 11 II Nr 2, 325 InsO). Besitz und Verwaltung über die Nachlaßgegenstände gehen sofort auf den Insolvenzverwalter über (§ 148 I InsO). Er hat den Nachlaß nach den allgemeinen Regeln zu verwerten.
Eröffnungsgründe für das Nachlaßinsolvenzverfahren sind die Überschuldung, die Zahlungsunfähigkeit (§ 320 S 1 InsO) und die drohende Zahlungsunfähigkeit (§ 320 S 2 InsO). Das Insolvenzverfahren findet stets über den gesamten Nachlaß, nicht über einen Erbteil statt (§ 316 III InsO). Neben der Sonderinsolvenz über den Nachlaß ist auch ein zweites, allgemeines Insolvenzverfahren (§ 11 I S 1 InsO) über das Eigenvermögen des Erben möglich, das gleichzeitig durchgeführt werden kann (§ 331 InsO); Näheres zur Nachlaßinsolvenz § 1975 Rz 6ff.
bb) Vorläufig allen Nachlaßgläubigern gegenüber durch Einrede der beschränkten Erbenhaftung unter folgenden Voraussetzungen: **(1)** Steht der Nachlaß ungeteilt einer Miterbengemeinschaft zu, so haften die Miterben, die ihr Recht zur Haftungsbeschränkung nicht verloren haben, bis zur Teilung kraft Einrede vorläufig gegenständlich beschränkt, § 2059 I S 1. Sie können aber in die endgültige unbeschränkte Haftung fallen, siehe Rz 10. Hier ist der Nachlaß von vornherein Sondervermögen, vgl § 2032 Rz 1. Unter den Voraussetzungen zu aa) (1)–(3) kann durch ordentliche Gütersonderung die vorläufig beschränkte Haftung in eine endgültig beschränkte verwandelt werden. **(2)** Deckt der Nachlaß nicht die Kosten der amtlichen Nachlaßabwicklung (Nachlaßverwaltung, Nachlaß-

insolvenzverfahren), so kann der Erbe, auch wenn der Nachlaß nicht überschuldet ist, ohne Gütersonderung durch private Vollstreckungspreisgabe und Einrede die Haftung auf den Nachlaß beschränken (§ 1990; **Dürftigkeitseinrede**). (3) Dieselben Rechte hat der Erbe, wenn es sich zwar nicht um einen dürftigen Nachlaß handelt, der Nachlaß aber durch Schulden aus Vermächtnissen und Auflagen überschuldet ist, § 1992; **Einrede der Überbeschwerung**. Dabei kann er die Vollstreckungspreisgabe dadurch abwenden, daß er den Wert des Restnachlasses an den Gläubiger zahlt.

cc) **Einzelnen Nachlaßgläubigern gegenüber** (partiell beschränkte Haftung): (1) wenn sie im Aufgebotsverfahren ausgeschlossen sind, § 1973, (2) wenn sie ihre Forderung später als fünf Jahre nach dem Erbfall geltend machen (säumige Gläubiger), § 1974. – Der Erbe kann in beiden Fällen die sogenannte **Ausschluß-, Verschweigungs-** oder **Erschöpfungseinrede** geltend machen. Seine Haftung beschränkt sich auf die Bereicherung, die dem Erben bei Berücksichtigung aller noch nicht befriedigten Nachlaßgläubiger, die aber weder ausgeschlossen sind noch sich verschwiegen haben, vom Nachlaß verbleibt. Dabei kann er die Vollstreckungspreisgabe vorhandener Nachlaßgegenstände dadurch ersetzen, daß er die Nachlaßgläubiger mit dem Wert des Nachlaßrests befriedigt, § 1973 II S 1, 2. (3) Entsprechend § 1973 beschränkt sich die Haftung auch nach § 1989, wenn das Nachlaßinsolvenzverfahren durch Verteilung der Masse oder durch einen Insolvenzplan beendet ist und der Erbe hinterher wegen einer Nachlaßschuld beansprucht wird. In diesen Fällen ist eine Inventarerrichtung zur Vermeidung unbeschränkter Haftung nicht nötig, § 2000 S 3. (4) Der Erbe kann seine Haftung durch Vertrag mit einem Nachlaßgläubiger auf den Nachlaß beschränken, RG 146, 343 (346).

9 c) **In allen Fällen der Haftungsbeschränkung** wird die Haftung des Erben zur Sicherung der Befriedigung der Nachlaßgläubiger aus dem ungeschmälerten Nachlaß dadurch ergänzt, daß der **Erbe,** der die Beschränkung für sich geltend macht, rückwirkend auf den Erbfall die **Verantwortung eines Erbschaftsverwalters** gegenüber den Nachlaßgläubigern so erhält, daß die Ansprüche der Nachlaßgläubiger auf Herausgabe des Erlangten (§ 667) oder auf Schadensersatz aus schuldhaft schlechter Verwaltung (§ 276) zum Nachlaß gehören, §§ 1978, 1991 I. An die Stelle geschmälerter Nachlaßsubstanz tritt zur Wiederherstellung der ursprünglichen Haftungsgrundlage ein Anspruch des Nachlasses gegen das Eigenvermögen des Erben.

10 d) Der **Erbe** verliert sein Recht, die vorläufig unbeschränkte, aber beschränkbare Haftung oder die vorläufig beschränkte Haftung in eine endgültig beschränkte zu verwandeln, kraft Gesetzes und **fällt** damit **in die endgültig unbeschränkte Haftung** in folgenden Fällen:
aa) **allen Nachlaßgläubigern gegenüber (1)** durch Versäumung der Inventarfrist, § 1994 I S 2, **(2)** durch Inventaruntreue, § 2005 I,
bb) **einzelnen Nachlaßgläubigern gegenüber (1)** durch Verweigerung der eidesstattlichen Versicherung, § 2006 III, **(2)** dadurch, daß er auf sein Recht zur Haftungsbeschränkung vertraglich verzichtet, vgl Staud/Marotzke vor § 1967 Rz 16; Molitor JherJb 69, 291ff; RG 146, 346, **(3)** dadurch, daß er sich im Rechtsstreit mit einem Nachlaßgläubiger die Haftungsbeschränkung nicht vorbehalten läßt (§ 780 ZPO), so daß ihm durch vorbehaltlose Verurteilung sein Beschränkungsrecht rechtskräftig aberkannt wird, oder daß er trotz Vorbehalts in der Zwangsvollstreckung keine Einwendungsklage nach §§ 781, 785, 767 ZPO erhebt. Eine Verurteilung unter Vorbehalt erfolgt nur dann, wenn der Erbe die Einrede der beschränkten Erbenhaftung spätestens bis zum Schluß der letzten Tatsachenverhandlung erhebt (BGH NJW 1962, 1250), er braucht sie allerdings nicht förmlich zu beantragen, BGH NJW 1983, 2379; RG 69, 283 (291); Schlüter Rz 1179. Stirbt der verurteilte Erblasser erst nach Einlegung der Revision, dann kann dem Erben nach Aufnahme des Rechtsstreits auch noch in der Revisionsinstanz die Beschränkung der Erbenhaftung vorbehalten werden, BGH 17, 69. Im Grundurteil kann über die beschränkte Erbenhaftung nur entschieden werden, wenn der Erbe sie bereits herbeigeführt hat, SchlHolst SchlHA 1969, 231. Der Vorbehalt muß auch in einen Prozeßvergleich aufgenommen werden, damit sich der Erbe später auf die beschränkte Erbenhaftung berufen kann. Die Bezeichnung der Partei als Erbe im Protokoll über den Vergleich genügt hierfür nicht, BGH WM 1991, 1812; vgl auch § 1973 Rz 5, 6; § 1990 Rz 7. Nur der Staat als gesetzlicher Erbe, der Nachlaßverwalter, Nachlaßpfleger und Testamentsvollstrecker brauchen den Vorbehalt nicht, § 780 II ZPO. Zum Vorbehalt bei Kostenfestsetzungsbeschlüssen Hamm Rpfleger 1982, 354; KG MDR 1981, 851.
cc) Auch wenn der Erbe sein Recht zur Haftungsbeschränkung gegenüber allen Nachlaßgläubigern verloren hat, kann er noch das Nachlaßinsolvenzverfahren beantragen (§§ 316 I, 317 InsO), um die Eigengläubiger vom Nachlaß fernzuhalten (§ 1984 II), nicht dagegen die Nachlaßverwaltung, § 2013 I S 2. Nachlaßgläubiger können auch nach Verlust des Beschränkungsrechts zur Haftungssonderung beides beantragen.

11 e) Errichtet der Erbe ein **Nachlaßverzeichnis,** so schafft er sich damit im Gegensatz zum gemeinen, preußischen, österreichischen und französischen Recht keine beschränkte Haftung, kein beneficium inventarii, wohl aber die Vermutung der Vollständigkeit des Inventars, § 2009. Aber die Nachlaßgläubiger können ihn mittelbar zur Errichtung eines Inventars in dem Sinne zwingen (§§ 1993–2013), daß Verstöße gegen das Inventarrecht ihn das Beschränkungsrecht verlieren lassen. Das BGB steht damit auf dem Standpunkt, daß das Inventar die Absonderung des Nachlasses vom Eigenvermögen des Erben zwar begünstigt, aber nicht mit genügender Sicherung der Nachlaßgläubiger faktisch herbeiführt.

12 f) Der Erbe kann sich durch ein **Aufgebot der Nachlaßgläubiger** Klarheit über die Schuldenlast des Nachlasses verschaffen, §§ 1970–1974. Bis dahin ist er vor dem Zugriff der Nachlaßgläubiger auf sein Eigenvermögen geschützt. Er kann sich, solange er beschränkt haftet, im Schutz der Dreimonats- und der Aufgebotseinreden überlegen, ob er von seinem Recht zur Haftungsbeschränkung Gebrauch machen oder nicht, §§ 2014–2017. Voraussetzung dafür ist aber, daß die Einreden (§§ 2014, 2015) in dem Erkenntnisverfahren (§ 305 ZPO) und in dem sich daran anschließenden Zwangsvollstreckungsverfahren im Wege der Einwendungsklage (§§ 785, 767 ZPO) geltend macht. Dadurch kann er zwar die Zwangsvollstreckung der Nachlaßgläubiger in den Nachlaß und das Eigenvermögen sowie der Eigengläubiger in den Nachlaß als solchen nicht verhindern, das zusprechende Urteil bewirkt aber,

daß die Nachlaß- und die Eigengläubiger für die Dauer der Schonfristen (§§ 2014, 2015) die gepfändeten Gegenstände nicht verwerten dürfen, §§ 782, 783, 916, 930–932 ZPO. Wird das Nachlaßinsolvenzverfahren eröffnet, so werden Vollstreckungsmaßnahmen, die in den Nachlaß erfolgt sind, unwirksam, § 321 InsO. Sofern der Erbe beschränkt haftet, kann er im Fall der Nachlaßinsolvenzeröffnung sowie der Anordnung der Nachlaßverwaltung verlangen, daß Zwangsvollstreckungsmaßnahmen der Nachlaßgläubiger in sein Eigenvermögen aufgehoben werden, § 784 S I ZPO. Das gleiche Recht steht dem Nachlaßverwalter gegenüber Zwangsvollstreckungsmaßnahmen der Eigengläubiger in den Nachlaß zu, § 784 II ZPO. Mit dem Ablauf der Schonfristen endet der Schutz der Einreden, vgl aber § 782 S 2 ZPO. Vgl hierzu die Übersicht über den ineinander übergehenden Schutz des vorläufigen und endgültigen Erben unter § 1958 Rz 1–9.

g) Zur Haftung des Nacherben vgl §§ 2144ff, zur Haftung des Erben für Geschäftsschulden vgl § 1967 Rz 11, 12 und §§ 25 III, 27, 139 HGB. Diese Haftungsvorschriften werden ergänzt durch §§ 2382–2385 (Haftung des Erbschafts- oder Erbteilskäufers), §§ 2036–2037 und § 1963. Die Regelung der beschränkten Erbenhaftung wird durch die §§ 768 I S 2, 884, 1137 I S 2, 1211 I S 2 ergänzt. Die §§ 780–785 ZPO regeln das Verfahren zur Haftungsbeschränkung, die §§ 989–1000 ZPO das Aufgebotsverfahren zur Ausschließung der Nachlaßgläubiger, die §§ 315–331 InsO das Nachlaßinsolvenzverfahren. **13**

Zur Erbenhaftung in der früheren DDR vgl Einl § 1922 Rz 23. **14**

Untertitel 1
Nachlassverbindlichkeiten

1967 *Erbenhaftung, Nachlassverbindlichkeiten*
(1) Der Erbe haftet für die Nachlassverbindlichkeiten.
(2) Zu den Nachlassverbindlichkeiten gehören außer den vom Erblasser herrührenden Schulden die den Erben als solchen treffenden Verbindlichkeiten, insbesondere die Verbindlichkeiten aus Pflichtteilsrechten, Vermächtnissen und Auflagen.

1. **Haftungsart.** Der Erbe haftet **vorläufig unbeschränkt, aber beschränkbar,** kann aber gegenüber allen oder einzelnen Nachlaßgläubigern endgültig in die unbeschränkte und unbeschränkbare Haftung fallen oder die endgültig beschränkte herbeiführen, vgl § 1922 Rz 6 und vor § 1967 Rz 7–13. **1**

2. **Arten der Nachlaßschulden.** Unter Nachlaßschulden sind, nach dem Zeitpunkt ihrer Entstehung geordnet, **2** zu unterscheiden: a) **Erblasserschulden** oder ererbte Schulden als „die vom Erblasser herrührenden Schulden", § 1967 II, b) **Erbfallschulden,** „die den Erben als solchen treffenden Verbindlichkeiten", § 1967 II. Erbfallschulden entstehen mit dem Erbfall selbst. Dazu gehören vor allem Schulden aus Pflichtteilsrechten und Pflichtteilsergänzungsansprüchen (BGH DNotZ 1983, 111; BayObLG FamRZ 1985, 212), Vermächtnissen und Auflagen, § 1967 II, c) **Erbschaftsverwaltungs- oder Nachlaßkostenschulden,** die nach dem Erbfall im Zusammenhang mit dieser oder der Verwaltung und Abwicklung des Nachlasses entstehen, besonders aus Rechtsgeschäften des Erben oder anderer Personen, die berechtigt sind, den Nachlaß zu verpflichten.

3. Den Nachlaßschulden stehen die **Erbenschulden oder Eigenschulden des Erben** gegenüber, für die nicht der Nachlaß, sondern das Eigenvermögen des Erben haftet.

4. Hinzu treten die **Nachlaß-Erbenschulden** oder **Nachlaß-Eigenschulden,** das sind solche, für die neben dem Nachlaß als einem schon vorhandenen oder potentiellen Sondervermögen auch das Eigenvermögen des Erben haftet.

Vgl die Übersicht über die Schuldenhaftung bei Boehmer, Erbfolge und Erbenhaftung, S 111ff, und Siber, Haftung für Nachlaßschulden, S 45ff.

5. **Erblasserschulden. a)** Zu den Erblasserschulden gehören alle Schulden des Erblassers, die schon vor dem **3** Erbfall in seiner Person entstanden waren, aber auch solche, die zwar erst nach dem Erbfall entstehen, deren wesentliche Entstehungsgrundlage aber schon vor dem Erbfall gegeben war, BGH 134, 60 (64); Lange/Kuchinke § 47 II 1b. Gerade bei den letzten Schulden läßt sich nicht immer eindeutig bestimmen, ob es „zwischen zwei Rechtsleben" entstandene Schuld Nachlaß- oder Erbenschuld ist (vgl Boehmer, Festgabe für das RG, Bd III, S 261ff; ders JW 1938, 2634ff; Staud/Marotzke § 1922 Rz 285), ob der maßgebende Teil ihres Entstehungstatbestands noch in den Pflichtenkreis des Erblassers oder nur des Erben fällt, vgl LG Freiburg JW 1938, 1819; Ebenroth Rz 1094; Schlüter Rz 1055. Um eine Nachlaßschuld handelt es sich dann, wenn die Schuld vor dem Erbfall aufschiebend bedingt oder befristet entstanden ist, die Bedingung oder der Termin aber nach dem Erbfall eintritt (BGH BB 1968, 152; NJW 1991, 2558; RGRK/Johannsen Rz 5), wenn der Erblasser in bestehendes Schuldverhältnis schuldhaft verletzt oder jemandem eine widerrechtliche Handlung zugefügt hat, der Schaden aber erst nach seinem Tod eingetreten ist (RG HRR 1942, 522; Brox Rz 655), wenn der Erblasser die Bürgschaft für eine künftige Schuld übernommen hat, die erst nach seinem Tod begründet worden ist, vgl RG Recht 1911 Nr 1579; JW 1911, 447f; BGH WM 1976, 808; Frankfurt OLG 71, 46. Auch die Verpflichtung des Erben eines Beamten zur Rückzahlung von überzahltem Ruhegehalt ist eine (öffentlich-rechtliche) Erblasserschuld, BVerwG MDR 1971, 784. Der Dienstherr kann den Erben durch einen Leistungsbescheid zur Rückerstattung der zuviel gezahlten Bezüge heranziehen, sofern diese schuldhaft verletzt oder jemandem eine widerrechtliche Handlung zugefügt des Erblassers eingetreten ist. Erstreckt sich der Rückforderungsanspruch hingegen auf Bezüge, die erst nach dem Tod des Beamten ausgezahlt sind, so kann gegen die Erben, die in keinem Über-/Unterordnungsverhältnis zum Dienstherrn stehen, kein Leistungsbescheid zur Rückerstattung ergehen, VGH Mannheim NVwZ 1989, 892; umstritten ist, ob es sich hierbei um einen öffentlich-rechtli-

chen Rückerstattungsanspruch (so BVerwG DVBl 1990, 870) oder um einen privatrechtlichen Bereicherungsanspruch (so BayVGH NJW 1990, 933) handelt. Nachlaßschuld ist auch die Verpflichtung zur Abgabe einer Willenserklärung sowie zur Rechnungslegung und Auskunfterteilung nach §§ 259, 260, wozu auch die Verpflichtung zur Abgabe einer eidesstattlichen Versicherung gehört, BGH NJW 1988, 2729; NJW 1985, 3068; RG HRR 1933, 569; München NJW-RR 1987, 649. Der Rückforderungsanspruch aus § 528 I ist auch dann eine Nachlaßschuld, wenn die Bedürftigkeit des Schenkers erst nach dem Tod des beschenkten Erblassers eintritt, BGH WM 1991, 1856.

Hatte der Erblasser die unerlaubte Handlung jedoch so wenig vollendet, daß der Erbe selbst noch handeln oder etwas bewußt rechtswidrig unterlassen mußte, um ihren Tatbestand voll zu erfüllen, so hat nur der Erbe sie dadurch begangen, daß er sich den Beginn des deliktischen Handelns seines Erblassers nutzbar machte. Sein Verhalten ist allein für die Frage maßgebend, ob der äußere und innere Tatbestand einer unerlaubten Handlung erfüllt ist, vgl Boehmer JW 1938, 2634 (2641); Staud/Marotzke Rz 21ff. Die aus ihr herrührende Schuld ist ausschließlich Eigenschuld des Erben, RG 92, 341. Nicht auszuschließen ist jedoch, namentlich bei Dauerschuldverhältnissen und bei Dauerdelikten, daß die Entstehung der Schuld bereits vorwiegend oder doch wesentlich in das Rechtsleben des Erblassers hineinreicht, während der Erbe durch selbständiges verantwortliches Handeln unter Lebenden die Entstehung weiter veranlaßt hat. Der Erbe nimmt zB den dem Erblasser eingeräumten Kredit auf Grund des alten Rechtsverhältnisses weiter in Anspruch (RG 146, 343), oder er haftet, weil er in eine „pflichtbelastete Rechtslage" des Erblassers eingetreten ist, zB nach §§ 833, 835, 836, Boehmer, Erbfolge und Erbenhaftung, S 124 und JW 1938, 2634 (2641); Staud/Marotzke Rz 19. In diesen Fällen haftet den Gläubigern Nachlaß und Eigenvermögen des Erben, falls dieser nicht etwa durch Vereinbarung mit dem Gläubiger die Haftung auf den Nachlaß beschränkt hat (Nachlaßerbenschuld). Der Erbe kann seine Haftung nicht beschränken, die Nachlaßgläubiger aber die Nachlaßsonderung herbeiführen; zu den Schwierigkeiten der Abgrenzung Boehmer, Erbfolge und Erbenhaftung, S 119–125; ders, Festgabe für das RG, Bd III, S 266; Staud/Marotzke § 1922 Rz 285.

4 b) **Keine Erblasserschulden** können solche Schulden des Erblassers werden, die mit seinem Tode erlöschen. Vom Übergang der Passiven nach § 1967 gilt dasselbe wie vom Übergang der Aktiven nach § 1922. Vermögensbezogene Pflichten sind in der Regel vererblich, ausschließlich persönlichkeitsbezogene dagegen in der Regel unvererblich. Nicht auf den Erben gehen über die Pflichten zur Leistung persönlicher Dienste (§ 613), aus dem schenkungsweisen Versprechen wiederkehrender Leistungen (§ 520; vgl RG 90, 204), die gesetzlichen Unterhaltspflichten gegenüber Verwandten (§ 1615), soweit nicht rückständig oder fällig sind. Das gilt auch für die Pflicht zur Zahlung einer Ausgleichsrente nach § 1587g, BGH FamRZ 1989, 950. Die Unterhaltspflicht des Erblassers gegenüber seinem geschiedenen Ehegatten geht nach § 1586b auf die Erben über. Die Haftung ist jedoch auf den Betrag beschränkt, der dem Pflichtteil entspricht, den der geschiedene Ehegatte bei Fortsetzung der Ehe hätte verlangen können, § 1586b I S 3. Vererblich ist auch die Unterhaltsplicht des Kindesvaters gegenüber der werdenden Mutter aus Anlaß der Geburt eines nichtehelichen Kindes, §§ 1615l, 1615n. Zuwendungen des Erben aus dem Nachlaß an den nichtehelichen Lebensgefährten des Erblassers sind grundsätzlich keine abzugsfähigen Nachlaßverbindlichkeiten im Sinne von § 10 V Nr 1 ErbStG, BFH NJW 1989, 1696. Ebensowenig sind Zahlungen des Vorerben zur Ablösung des Nacherbenrechts nach § 10 V Nr 3 ErbStG als Nachlaßverbindlichkeiten abzugsfähig, BFH NJW-RR 1996, 38.

5 c) **Vererblich** dagegen sind alle sonstigen vermögensbezogenen Pflichten des Erblassers aus Rechtsgeschäften, gesetzlichen Verpflichtungsgründen, besonders aus unerlaubter Handlung, die Verpflichtung zur Auskunft und Rechenschaft (BGH FamRZ 1985, 1019), wenn der Erbe oder ein Miterbe nicht durch unvertretbares Unvermögen befreit ist (RG HRR 1933, 569), die Pflicht zur Zahlung einer Vergütung nach § 1836 I S 2, II an den Berufsbetreuer, die Steuerschulden des Erblassers (BFH NJW 1993, 350), nicht jedoch Zwangsgelder (§ 45 AO), Vermögensabgaben (vgl hierzu BFH NJW 1965, 1736 und v Elm DB 1968 Beilage Nr 21; Kröger BB 1971, 647), Prozeßkostenschulden des Erblassers (RG HRR 1930, 445; ausführlich Staud/Marotzke Rz 20); vgl aber Düsseldorf (NJW-RR 1999, 1086), das einen Anspruch der Landeskasse gegenüber dem Erben verneint, wenn dem Erblaser ratenfreie Prozeßkostenhilfe bewilligt worden ist und der Erbe den Rechtsstreit nach dem Tod des Erblassers nicht wieder aufnimmt. Nachlaßverbindlichkeit ist auch die Ersatzpflicht des Unterstützten gegenüber dem Träger der Sozialhilfe, jedoch mit Beschränkung der Haftung auf den Nachlaß (§ 92c BSHG); die Verpflichtung zur Rückzahlung eines nach § 89 BSHG gewährten Darlehens (OVG Lüneburg Nds MBl 1994, 117), der Anspruch des überlebenden Ehegatten auf Auseinandersetzung nach Beendigung der Gütergemeinschaft (§§ 1471ff, 1498) und auf Zugewinnausgleich nach § 1371 II (BFH NJW 1993, 2462), bereits entstandene Vermögensrechte und Pflichten des Erblassers aus Mitgliedschaften, so auf Rückzahlung zu Unrecht gezahlter Gewinne, auf Vertragsstrafen bei Kartellen oder auf Schadensersatz wegen Nichterfüllung von Mitgliedschaftspflichten (RG 92, 343), auf Zahlung rückständiger Einlagen oder Rückzahlung von Entnahmen, BGH 68, 225. Bei Namensaktien braucht der Erbe zum Übergang der Pflicht auf ihn nicht in das Aktienbuch eingetragen zu sein, aber er hat das Recht zur Haftungsbeschränkung. Läßt er sich in das Aktienbuch eintragen, so haftet er unbeschränkt, weil er nunmehr als Aktionär und nicht nur als Erbe eingetragen ist. Ein Vorbehalt in der Eintragung ist unmöglich. Zum Übergang der dinglichen Pflichtenlage des Erblassers vgl Staud/Marotzke § 1922 Rz 236–247.

6 **6.** Zu den **Erbfallschulden** gehören alle Schulden, die mit dem Erbfall selbst entstehen. Das Gesetz erwähnt besonders die Schulden aus Pflichtteilsrechten (§§ 2303ff, 2317), Vermächtnissen (§§ 2147ff, 2174) und Auflagen, § 2192. Zu ihnen gehören auch die Verpflichtung zum Ausgleich des Zugewinns (Braga FamRZ 1957, 338; BGH 37, 64), die Verpflichtung zur Zahlung nachehelichen Unterhalts (§ 1586b; Koblenz ZEV 2003, 111), die Schulden aus einem Vorausvermächtnis (§ 2150; RG 93, 196), aus gesetzlichen Vermächtnissen, wie dem Voraus und Dreißigsten (§§ 1932, 1969), ferner die Pflicht, die standesgemäßen Beerdigungs- oder Feuerbestattungskosten zu tragen (§ 1968; KG Rpfleger 1980, 79), die werdende Mutter zu unterhalten (§ 1963) und die Erbschaftsteuer (§§ 9 I, 20 ErbStG), BFH NJW 1993, 350; aA Hamm Rpfleger 1990, 463.

§ 1967

7. Zu den **Erbschaftsverwaltungs- oder Nachlaßkostenschulden** gehören die Kosten einer Todeserklärung (§ 34 II VerschG), der Testamentseröffnung (§ 2260), der gerichtlichen Nachlaßsicherung (§ 1960), der Erhaltung der Nachlaßgegenstände bis zur Teilung (Braunschweig OLG 26, 289), der Erbauseinandersetzung, einer Nachlaßpflegschaft (§ 1961), einer Feststellung nach § 1964, eines Gläubigeraufgebots (§§ 1970ff), einer Nachlaßverwaltung (§§ 1975ff) oder eines Nachlaßinsolvenzverfahrens (§ 324 I Nr 2–4 InsO), einer Inventarerrichtung (KG OLG 26, 292), einer Testamentsvollstreckung. Hierzu gehören auch die Schulden aus der Verwaltung des Nachlasses durch Nachlaßpfleger, Testamentsvollstrecker (vgl § 324 I Nr 5 InsO), Nachlaßverwalter, Nachlaßinsolvenzverwalter, soweit die ordnungsmäßige Verwaltung diese Maßnahmen erfordert und soweit genehmigungspflichtige Geschäfte, aus denen sie herrühren, genehmigt sind (Hamburg NJW 1952, 938; RG 60, 30), einschließlich der Ersatzansprüche dieser Personen aus ihrer Verwaltungstätigkeit und der Prozeßkosten, vgl § 324 I Nr 6 InsO. Gleiches gilt für Wohngeldschulden, die aus nach dem Erbfall gefaßten Eigentümerbeschlüssen herrühren, die sich auf eine zum Nachlaß gehörende Eigentumswohnung und das gemeinschaftliche Eigentum beziehen, BayObLG FamRZ 2000, 909. Erbschaftsverwaltungsschulden sind auch die Schulden aus Geschäften des vorläufigen Erben, der die Erbschaft ausgeschlagen hat, soweit die Geschäfte einer ordnungsmäßigen Verwaltung entsprechen (§ 1959), auch wenn dem Geschäftsgegner die Beziehung des Geschäfts zum Nachlaß nicht erkennbar war (vgl aber § 1959 Rz 5), und unter denselben Voraussetzungen Verpflichtungen aus Geschäften des endgültigen Erben vor oder nach der Erbschaftsannahme, vgl RG 35, 419; 62, 38; 72, 121; 90, 91; 134, 259 und Pfeifer, Die Fortführung des Handelsgeschäfts eines Einzelkaufmanns durch eine Mehrheit von Erben, Diss Tübingen 1961. Vorauszusetzen ist, daß die Verbindlichkeit vom Standpunkt eines sorgfältigen Verwalters in ordnungsmäßiger Verwaltung des Nachlasses begründet worden ist, ohne daß es darauf entscheidend ankommt, ob das Geschäft ausdrücklich für den Nachlaß getätigt oder seine Beziehung zum Nachlaß sonstwie dem Geschäftsgegner erkennbar geworden ist. Der Erbe steht als Verwalter des Nachlasses einem Nachlaßpfleger oder Testamentsvollstrecker (§ 324 I Nr 5 InsO) gleich. Obwohl der Nachlaß ebenso wie das Eigenvermögen dem Alleinerben zugeordnet ist, bleibt er insoweit ein potentielles Sondervermögen, das einem besonderen Haftungszweck gewidmet ist, RG 62, 42; 111, 338; 93, 295; 112, 131; 146, 346. Die Geschäfte des Erben werden, soweit es sich um die Zurechnung ihrer Rechtswirkungen zum Nachlaß handelt, so gewertet, wie wenn eine Nachlaßabsonderung erfolgt wäre, vgl unten Rz 1978, 1979. Solche Geschäfte begründen gleichzeitig die Haftung mit dem Eigenvermögen, vgl unten Rz 9. Dasselbe gilt von Geschäften des Vorerben zur ordnungsgemäßen Verwaltung des Nachlasses. Die Auslegung der mit dem Dritten getroffenen Vereinbarung kann jedoch ergeben, daß der Vorerbe nur mit seinem Eigenvermögen haften soll, BGH FamRZ 1990, 511. Zur Bewirtschaftung eines zum Nachlaß gehörenden Landguts durch den Vorerben vgl BGH MDR 1973, 749. Offengelassen hat der BGH, ob zu den Erbschaftsverwaltungsschulden auch Verpflichtungen gehören, welche die Erbengemeinschaft durch einen schuldrechtlichen Erbauseinandersetzungsvertrag gegenüber den einzelnen Miterben begründet hat, BGH 38, 193. Jedenfalls hat er einen Erbteilskäufer für solche Ansprüche nach § 2382 I S 1 entsprechend haften lassen.

Führt der Testamentsvollstrecker ein ererbtes Handelsgeschäft als Treuhänder im eigenen Namen für Rechnung des Erben, so verpflichtet er sich persönlich unbeschränkt und kann nach § 670 Befreiung von der Schuld vom Erben verlangen, BGH NJW 1954, 637.

8. Den Nachlaßschulden stehen die **Eigenschulden**, den Nachlaßgläubigern die **Erbengläubiger (Eigengläubiger des Erben)** gegenüber. Eigenschulden sind zunächst alle Schulden, die eine Pflicht des Erben vor dem Erbfall begründet haben. Aber auch nach dem Erbfall entstandene Verbindlichkeiten können Eigenschulden sein; das gilt selbst dann, wenn sie im Zusammenhang mit dem Nachlaß begründet worden sind. So stellt zB der Ersatzanspruch der Nachlaßgläubiger wegen fehlerhafter Verwaltung des Nachlasses (§ 1978 I) eine Eigenschuld des Erben dar, Ebenroth Rz 1101; Schlüter Rz 1067. Das gleiche gilt für die Einkommensteuer, die für Einkünfte erhoben wird, die nach dem Erbfall aus dem Nachlaß erzielt werden, BFH NJW 1993, 350, und für die Abfallentsorgungs-, Altwasser-, Straßenreinigungsgebühren und Grundsteuern, die nach dem Tod des Erblassers entstehen, OVG Münster NVwZ-RR 2001, 596. Eine Eigenschuld des Erben wird auch dann begründet, wenn der Erbe im Zusammenhang mit der Verwaltung des Nachlasses eine unerlaubte Handlung begeht, Ebenroth Rz 1101, ferner dann, wenn sich der Erbe zu einer Leistung eines Nachlaßgegenstandes verpflichtet, über den er nicht verfügen kann, Schlüter Rz 1067. Eigengläubiger eines Miterben können nicht in den Nachlaß, sondern nur in den Miterbenanteil ihres Schuldners vollstrecken, da der Anteil zu seinem Eigenvermögen gehört. Die Eigengläubiger des Alleinerben können dagegen ebenso wie die Nachlaßgläubiger zunächst in den Nachlaß und das Eigenvermögen des Erben vollstrecken, vgl Raape JherJb 72, 293ff. Wird auf Antrag eines Erben oder Nachlaßgläubigers Nachlaßverwaltung angeordnet oder das Nachlaßinsolvenzverfahren eröffnet, so beschränkt sich die Haftung des noch beschränkbar haftenden Erben für Nachlaßschulden auf den Nachlaß (Haftungsbeschränkung; vor § 1967 Rz 8). Gleichzeitig sondert sich der Nachlaß vom Eigenvermögen des Erben, so daß er vor Verfügungen des Erben und Zugriffen seiner Eigengläubiger gesichert ist (Haftungssonderung; § 1984). Als dritte Wirkung tritt bei der Nachlaßinsolvenz unter Ausschaltung des Präventionsprinzips ein Rangverhältnis zwischen den Nachlaßgläubigern ein, die teils bevorrechtigt, teils zurückgesetzt, normalerweise aber gleichrangig anteilig befriedigt werden. Kann der Erbe beim überschuldeten dürftigen Nachlaß seine Haftung für die Nachlaßschulden zwar durch Vollstreckungspreisgabe beschränken (vor § 1967 Rz 8), so führt er damit keine Haftungssonderung herbei. Seine Eigengläubiger können daher gleichwohl in vorhandene Nachlaßgegenstände vollstrecken. In diesen Möglichkeiten zeigen sich so viele Besonderheiten der Nachlaßschulden, daß ihre Abgrenzung von der Eigenschuld von entscheidender Bedeutung ist. Eine reine Eigenschuld des Erben kann auch bei Schulden entstehen, die sich auf den Nachlaß beziehen, wenn seine Haftung vertraglich ausgeschlossen ist. Das nimmt die Rspr schon an, wenn ein Vorerbe zur Verwaltung des Nachlasses eine Schuld im eigenen Namen und auf seinen persönlichen Kredit begründet und diese Tatsachen dem Geschäftspartner bekannt sind, RG 90, 96; Staud/Marotzke Rz 44.

9. Nachlaß-Erbenschulden. a) Zwischen den reinen Nachlaßschulden und den Eigenschulden des Erben stehen als Mischform die Nachlaß-Erbenschulden (Boehmer) oder Nachlaßeigenschulden. Hat der Alleinerbe oder Miterbe zur ordnungsmäßigen Verwaltung des Nachlasses vom Standpunkt eines sorgfältigen Verwalters aus gesehen eine Schuld begründet, so ist sie auch dann Nachlaßschuld, wenn er weder ausdrücklich noch schlüssig erklärt hat, daß er sie für den Nachlaß begründe, noch ihre Beziehung zum Nachlaß anders erkennbar macht. Er steht als Verwalter des Nachlasses einem Nachlaßpfleger oder Testamentsvollstrecker (§ 324 I Nr 5 InsO) gleich. Der Erbe kann sich aber dabei gleichzeitig persönlich verpflichten, der Miterbe schon wegen § 164 II. Nach dem RG wird dann eine „Art Gesamtschuldverhältnis" zwischen Nachlaß und Eigenvermögen begründet, das allerdings erst nach der Haftungssonderung aktuell wird. Richtiger spricht man von einem **einheitlichen Schuldverhältnis mit doppeltem Haftungsgegenstand im Falle der Haftungssonderung,** vgl hierzu RG 90, 91ff; 62, 38ff; 112, 129; 146, 343; KG OLG 24, 81; 26, 293; Strohal, Bd 2, S 176ff; Planck/Flad Anm 6; Boehmer, Erbfolge und Erbenhaftung, S 114ff; Siber, Haftung für Nachlaßschulden, S 46; Staud/Marotzke Rz 7; aA Binder, Rechtsstellung des Erben, Teil II, S 39, Teil III, S 70, der nur für eine Nachlaßhaftung, und Eccius, Gruchot 51, 566; 52, 810, der nur für eine Haftung des Eigenvermögens des Erben mit einem Rückgriffsanspruch gegen den Nachlaß eintritt, ähnlich Borcherdt AcP 94, 197ff. Die Rechtslage ist damit die gleiche, wie wenn der Erbe bei einer einzelnen Nachlaßschuld auf die Beschränkung seiner Haftung verzichtet, RG 146, 346. Der Miterbe und der Alleinerbe nach der Haftungssonderung (§§ 1978, 1979, 670, 257) können vom Nachlaß aus der Geschäftsbesorgung Befreiung von ihrer Schuld gegenüber dem Gläubiger verlangen, wenn die Schuld zur ordnungsmäßigen Verwaltung des Nachlasses begründet ist. Haben sie die Schuld aus Mitteln des Eigenvermögens getilgt, so können sie Ersatz ihrer Aufwendungen verlangen. Ihre Rückgriffsforderung ist im Nachlaßinsolvenzverfahren bevorrechtigt, § 324 I Nr 1 InsO. Der Gläubiger hat aus Rechtsgeschäften, die der Erbe im Rahmen ordnungsgemäßer Verwaltung abgeschlossen hat, einen unmittelbaren Anspruch gegen den Nachlaß (§§ 1978; 324 I Nr 1, 6 InsO). Um sich aus dem Nachlaß befriedigen zu können, braucht er daher nicht zunächst einen Titel gegen den Erben zu erwirken, um anschließend dessen Befreiungsansprüche gegenüber dem Nachlaß zu pfänden und sich überweisen zu lassen. Die Rspr legt den Vorschriften der §§ 1978, 1979, 1990, 1991 I erweiterte Bedeutung bei. Sie zieht aus dem eine Masseschuld erzeugenden Rückgriffsanspruch des Erben gegen den Nachlaß (§ 324 I Nr 1 InsO) einen unmittelbaren Schluß auf das Verhältnis des Nachlasses zum Gläubiger. Der Gläubiger hat die Wahl. Er kann vor und nach der Haftungssonderung beide Haftungsgrundlagen für sich in Anspruch nehmen. Wenn aber neben der Nachlaßverwaltung oder dem Nachlaßinsolvenzverfahren (§§ 315ff InsO) ein allgemeines Insolvenzverfahren (§ 11 I S 1 InsO) über das Eigenvermögen des Erben eröffnet wird, haftet dieses nur für den Ausfall, §§ 331, 52 InsO.

Zu Verwaltungsgeschäften der Miterben vgl § 2038 Rz 2.

b) Für **Nachlaßeigenschulden** kann der Erbe, der gleichzeitig mit seinem Eigenvermögen haftet, **die Haftung nicht auf den Nachlaß beschränken.** Der Gläubiger kann aber, weil er gleichzeitig Nachlaßgläubiger ist, die Haftungssonderung mit dem Antrag auf Nachlaßverwaltung oder Eröffnung eines Nachlaßinsolvenzverfahrens herbeiführen, um andere reine Eigengläubiger des Erben vom Nachlaß fernzuhalten.

c) Zu den **Nachlaßeigen-** oder **Nachlaßerbenschulden gehören** zunächst **alle verpflichtenden Verträge des Erben, die sich auf die Nachlaßregulierung, die ordentliche Verwaltung des Nachlasses beziehen** (BGH 71, 180 [187]), also die Erbschaftsverwaltungs- und Nachlaßkostenschulden, wie zB Schulden aus dem Bestattungsauftrag (KG OLG 24, 81), dem Auftrag zur Inventaraufnahme (KG OLG 26, 292), aus Kreditaufnahme für Nachlaßzwecke (RG 90, 91; 146, 343), aus Verkauf von Nachlaßgegenständen (RG 112, 129; JW 1927, 1196), aus der Aufforderung an die Nachlaßgläubiger, § 2061. Hat aber der Allein- oder Miterbe mit dem Gläubiger einen Haftungsbeschränkungsvertrag geschlossen oder auf andere Weise zu erkennen gegeben, daß er nur für die Erbengemeinschaft gehandelt hat (vgl § 2038 Rz 2), so sind nur reine Nachlaßschulden begründet worden. Eine Beschränkung der Haftung auf den Nachlaß liegt stets beim Testamentsvollstrecker, beim Nachlaßpfleger und Nachlaßverwalter vor, wenn sie in dieser Eigenschaft auftreten. Hat ein Dritter derartige Geschäfte besorgt, so erzeugt sein Ersatzanspruch (§§ 683, 679, 670) eine Nachlaßerbenschuld, Boehmer, Erbfolge und Erbenhaftung, S 120. Das vertragsmäßige Anerkenntnis einer Nachlaßschuld durch den Erben begründet hingegen nur eine Nachlaßschuld, Soergel/Stein Rz 11; RG 62, 38. Sie ist nur ausnahmsweise eine Nachlaßerbenschuld, wenn der Erbe sich zusätzlich persönlich verpflichten will, Brox Rz 658. Es kann dahingestellt bleiben, ob Verpflichtungen aus einem schuldrechtlichen Erbauseinandersetzungsvertrag Nachlaß-Eigenschulden sind (BGH 38, 193). In jedem Fall haftet der Käufer eines Nachlaßanteils für eine solche Verpflichtung seines Verkäufers entsprechend § 2382, wie wenn es eine Nachlaßschuld wäre, weil der Käufer den Gegenstand der Verpflichtung mitübernommen hat und einem Fremden nicht erleichtert werden soll, in den Gesamthandsverband der Familie einzudringen, BGH 38, 193. **Verletzt der Erbe schuldhaft eine Nachlaßverpflichtung, so entsteht** eine Eigenschuld des Erben neben der Nachlaßschuld in ihrer neuen Gestalt, also eine **Nachlaßerbenschuld**, RG 92, 341; Boehmer, Erbfolge und Erbenhaftung, S 121; Schlüter Rz 1065; RG 92, 343. Es handelt sich jedoch um eine Nachlaßschuld (Erbschaftsverwaltungsschuld), wenn der Erbe für die Verletzung der gleichen Pflicht durch einen vom Erblasser beauftragten Vertreter, einen Nachlaßpfleger oder Testamentsvollstrecker einzustehen hat (Boehmer, Erbfolge und Erbenhaftung, S 121) oder wenn der Erbe die Haftung bei Abschluß eines Vertrags ausdrücklich oder schlüssig auf den Nachlaß beschränkt oder als Miterbe zum Ausdruck bringt, daß er ausschließlich in Vertretung der Miterbengemeinschaft als Träger des Nachlasses handelt. Kann ein Testamentsvollstrecker aus Rechtsgründen auch bei ordnungsmäßiger Verwaltung des Nachlasses sich nur persönlich verpflichten, wie er etwa im Handelsgeschäft im eigenen Namen für Rechnung des Erben fortführt, so kann er insoweit vom Erben Befreiung von seiner unbeschränkten Haftung verlangen, § 670; BGH NJW 1954, 637.

Zu den Nachlaßeigenschulden gehören ferner die **Schulden aus dem Eintritt des Erben in eine pflichtbelastete Rechtslage des Erblassers,** wenn der Erbe durch eigenes verantwortliches Handeln den schon im wesentlichen in der Person des Erblassers gegebenen Tatbestand vollendet oder erneut verwirklicht, vgl Rz 3. Hierzu gehören Schulden des Erben aus einem Mietverhältnis des Erblassers, das der Erbe nicht nach § 564 S 2 gekündigt hat, so daß § 43 InsO entsprechend anwendbar ist, ferner die Kosten für Prozesse, die zur ordnungsmäßigen Verwaltung des Nachlasses nötig waren, es sei denn, daß sie schon in der Person des Erblassers entstanden waren, RG JW 1912, 46; Naumburg HRR 1937, 700; Köln NJW 1952, 1145; Strohal Bd 2 § 70 I 2c. Um eine Nachlaßeigenschuld handelt es sich auch, wenn die Rentenversicherung Rentenbeträge zurückfordert, die sie nach dem Tod des Berechtigten weiterhin auf dessen nunmehr vom Erben verwaltetes Konto überwiesen hatte, BGH 71, 180 (186f); aA KG FamRZ 1977, 349; AG Kassel NJW-RR 1992, 585.

10. Haftung des Erben für Geschäftsschulden; vgl Kretzschmar ZBlFG 1917, 1ff; Bartholomeyczik, DGWR 1938, 321ff; Pfeifer, Die Fortführung des Handelsgeschäfts eines Einzelkaufmanns durch eine Mehrheit von Erben, Diss Tübingen 1961. Hierbei sind einerseits die Schulden, die im Betrieb eines einzelkaufmännischen Unternehmens entstehen, von denen zu scheiden, für die ein Erblasser als offener Gesellschafter oder Kommanditist einer OHG oder KG haftet, andererseits diejenigen, die vor dem Erbfall entstanden sind **(alte Geschäftsschulden)** von denen, die nach dem Erbfall begründet worden sind **(neue Geschäftsschulden)**. 10

a) Alte Geschäftsschulden, die **im Handelsgeschäft eines Einzelkaufmanns** entstanden sind. Der Erbe haftet für sie vorläufig unbeschränkt, aber beschränkbar, § 1967. Hat ein Vorerbe ein zum Nachlaß gehörendes Handelsgeschäft fortgeführt, so haftet der Nacherbe nach dem Erbfall auch für die vom Vorerben begründeten Betriebsschulden nur mit dem Nachlaß, BGH 32, 60. § 27 HGB verschärft die Haftung des Erben insoweit, als der Erbe sein Recht zur Haftungsbeschränkung verliert, wenn er das ererbte Handelsgeschäft unter der Firma des Erblassers mit oder ohne Nachfolgezusatz oder unter besonderem persönlichen Verpflichtungsgrund für diese Schulden länger als drei Monate, nachdem er vom Anfall der Erbschaft erfahren hat, fortführt, vgl aber auch § 27 II S 2, 3 HGB. Der Erbe kann dieser Schuldenhaftung dadurch ganz entgehen, daß er die ganze Erbschaft ausschlägt. Die Ausschlagung kann nicht auf das Handelsgeschäft als Teil der Erbschaft beschränkt werden. Will er nicht ausschlagen, so kann er sich durch Einstellung des Geschäftsbetriebs in der Dreimonatsfrist das Recht zur Haftungsbeschränkung erhalten. Er kann dann die Beschränkung nach den allgemeinen Vorschriften herbeizuführen (vgl vor § 1967 Rz 7ff), kann also trotz rechtzeitiger Einstellung sein Beschränkungsrecht verwirken oder verwirkt haben. Bestritten ist, ob der Erbe die unbeschränkbare Haftung trotz Erbschaftsannahme durch Fortführung über die Dreimonatsfrist hinaus entsprechend § 25 II HGB durch Eintragung in das Handelsregister und Bekanntmachung oder durch Mitteilung an die Nachlaßgläubiger ausschließen kann. 11

aa) Nach einer früher weit verbreiteten Ansicht kann der Erbe das nur, wenn der Erblasser die Beschränkbarkeit der Haftung in einer Verfügung von Todes wegen selbst bestimmt oder wenigstens zugelassen hat, Düringer/Hachenburg, HGB, 3. Aufl 1930, § 27 Anm 6, vgl auch Riesenfeld, I. Bd S 20, 115.

bb) Nach einer anderen Auffassung hat der Erbe nur die Wahl, das Geschäft in der Frist des § 27 II HGB einzustellen oder für die Geschäftsschulden unbeschränkt zu haften, Schlegelberger/Hildebrandt/Steckhan, HGB, 5. Aufl 1973, § 27 Rz 14; Müller/Erzbach, Deutsches Handelsrecht, 2. und 3. Aufl 1928, S 83; Hildebrandt DFG 1938, 48; Reuter ZHR 135, 511.

cc) Nach der zutreffenden herrschenden Meinung kann der Erbe die unbeschränkbare Haftung durch einseitige Erklärung ausschließen, KG DNotZ 1940, 487; JFG 22, 70; Hueck ZHR 108, 6ff; Staub/Bondi, HGB, 14. Aufl 1932, § 27 Anm 11; Hüffer in GroßkommHGB, 4. Aufl 1983, § 27 Rz 22; Baumbach/Hopt, HGB, 30. Aufl 2000, § 27 Rz 8; Brox, Handels- und Wertpapierrecht, 16. Aufl 2003, Rz 148; Hofmann, Handelsrecht, 10. Aufl 2000, S 143f; Kipp/Coing § 91 IV 9; Staud/Marotzke Rz 59; Soergel/Stein vor § 1967 Rz 26. Da bei der Versendung von Rundschreiben leicht ein Gläubiger übersehen werden kann, wird der Erbe die Eintragung in das Handelsregister vorziehen. Darin kann jedoch leicht eine Annahme der Erbschaft oder sogar die Erklärung gesehen werden, unbeschränkbar nach Handelsrecht für die alten Geschäftsschulden haften zu wollen, obwohl der Erbe gerade die Unterrichtungs- und Überlegungsfrist für die Ausschlagung ausschöpfen will, Hüffer in GroßkommHGB, § 27 Rz 22. Der Erbe muß daher bei der Eintragung der Firmenfortführung erkennen lassen, daß er das Geschäft zunächst nur einstweilen mit der Firma fortführen will, Staub/Bondi, HGB, § 27 Anm 16.

b) Neue Geschäftsschulden, die **im ererbten Handelsgeschäft eines Einzelkaufmanns** begründet sind. Hier ist umstritten, ob hierfür der Erbe nur mit seinem Eigenvermögen oder beschränkt mit dem Nachlaß oder mit beiden Vermögensmassen haftet. 12

aa) Nach der einen Ansicht haftet nur der Erbe persönlich und unbeschränkbar. Er kann aber nach den Grundsätzen der Geschäftsbesorgung Ersatz aus dem Nachlaß verlangen, §§ 1978, 670; Hamburg SeuffA 1965, 257.

bb) Nach der Gegenansicht haftet nur der Nachlaß, Stegemann, Die Vererbung des Handelsgeschäfts, 1903, S 120, 128.

cc) Nach zutreffender Meinung sind neue Geschäftsschulden, die im Rahmen ordnungsgemäßer Verwaltung begründet wurden, **Nachlaßeigenschulden,** vgl Rz 2 und 9; Staud/Marotzke Rz 60; KG JW 1937, 2599 Nr 38; Bartholomeyczik DGWR 1938, 321ff; Brox Rz 659. Der Gedanke des § 139 IV HGB ist für diesen Fall nicht verwertbar, da der Gläubiger dort durch die unbeschränkte, unbeschränkbare und unmittelbare Haftung der übrigen Gesellschafter geschützt ist. Der Erbe haftet daher persönlich unbeschränkt und unbeschränkbar mit Nachlaß und Eigenvermögen. Handelsgeschäfte (§ 343 HGB) sind weder ohne persönliche Haftung des Kaufmanns noch ohne sachliche Haftung des im Unternehmen vorhandenen Betriebsvermögens denkbar. Arbeitskraft und Fähigkeiten des Unternehmers, Betriebsmittel und unsichtbare Organisation des Unternehmens bilden in ihrem untrennbaren Zusammenhang die Kreditgrundlage, mögen die Schulden vor oder nach Ablauf der Frist des § 27 II HGB entstanden sein. Die Gläubiger haben daher die Wahl, sich als Nachlaßgläubiger an den Nachlaß oder als Eigengläubiger des Erben an sein Eigenvermögen zu halten. Nur wenn neben die Nachlaßverwaltung oder das Nachlaßinsolvenzverfahren (§§ 315ff InsO) ein allgemeines Insolvenzverfahren (§ 11 I S 1 InsO) über das Eigenvermögen tritt, haftet dieses nur für den Ausfall, §§ 331, 52 InsO.

13 dd) Führt ein **Testamentsvollstrecker**, der nur persönlich, nicht als Amtstreuhänder in das Handelsregister eingetragen werden kann, das **Geschäft als** privater **Treuhänder im eigenen Namen**, aber für Rechnung des Erben, so haftet er persönlich unbeschränkt mit dem Recht, vom Erben auch als Träger des Eigenvermögens Befreiung zu verlangen (§§ 2218, 670); vgl im einzelnen Nolte in FS Nipperdey, 1965, Bd I, S 667ff. Der Testamentsvollstrecker kann auch im Namen des Erben handeln, wenn dieser ihm Vollmacht erteilt hat. Sie kann nur vom Erben und nicht vom Nachlaßgericht erteilt werden, endet aber mit der Entlassung des Testamentsvollstreckers, BayObLG BB 1969, 974. Der Erblasser kann den Erben mit einer Auflage hierzu beschweren oder eine Zuwendung von der Erteilung dieser Vollmacht als Bedingung abhängig machen, RG 132, 138; BGH NJW 1954, 636. Zur Testamentsvollstreckung bei einem Handelsgeschäft vgl Schlüter Rz 837–840.

ee) Der **Nacherbe** haftet im Fall einer Haftungsbeschränkung für die Geschäftsschulden, die der Vorerbe als Nachlaßeigenschulden begründet hat, nur mit dem Nachlaß, BGH 32, 63f.

ff) Über die Verpflichtungsgeschäfte des vorläufigen Erben vgl § 1959 Rz 5.

14 c) Der **Erbe eines Gesellschafters einer OHG** oder des Komplementärs einer KG **haftet**, wenn die Gesellschaft mit ihm fortgesetzt wird, **für alle** vor und nach dem Erbfall entstandenen **Gesellschaftsschulden persönlich und unbeschränkbar**, für die alten entsprechend § 130 HGB unter Gegenteilsschluß zu § 139 IV HGB, für die neuen nach § 128 HGB, BGH NJW 1982, 45; aA Liebisch ZHR 116, 128 (143), der den Erben für die alten Verbindlichkeiten nur nach BGB haften lassen will.

Scheidet der Erbe aber in der Frist des § 139 III HGB aus der Gesellschaft aus oder wird die Gesellschaft in dieser Frist aufgelöst, so haftet er für die Geschäftsschulden, die bis dahin entstanden sind, nur nach BGB, § 139 IV HGB, Staud/Marotzke Rz 63ff. Den Gläubigern ist daher zu raten, den Erben erst aus der persönlichen und beschränkbaren Haftung in Anspruch zu nehmen, nachdem seine endgültige Stellung in der Gesellschaft geklärt ist.

Wird der Erbe Kommanditist, so haftet er für die alten Geschäftsschulden nicht nur nach BGB, sondern auch gesellschaftsrechtlich als Kommanditist nach § 173 HGB, Ebenroth Rz 1100; Lange/Kuchinke § 47 VI S 2a; MüKo/Siegmann Rz 68; Schlegelberger/Schmidt, HGB, 5. Aufl 1986, § 173 Rz 43; aA Staud/Marotzke Rz 68; Schlegelberger/Geßler, 5. Aufl 1973, § 139 Rz 57; vgl auch BGH 66, 98; BGH DB 1981, 2165; Soergel/Stein vor § 1967 Rz 26. Zur Haftung der nichteingetretenen Erben für Entnahmen des Erblassers vgl BGH 68, 225. Stirbt bei einer aus zwei Gesellschaftern bestehenden KG der persönlich haftende Gesellschafter und wird er von dem Kommanditisten beerbt, haftet dieser für die vor dem Erbfall entstandenen Gesellschaftsverbindlichkeiten unter den Voraussetzungen des § 27 HGB, BGH 113, 137ff. Der Grundgedanke des § 27 HGB, dem Erben zu ermöglichen, sich von der unbeschränkten Haftung zu befreien, ist auf diese Fallkonstellation übertragbar, denn der Erbe hat seine Rechtsstellung (Alleingesellschafter der KG) ohne seinen Willen erlangt. Daher muß es ihm möglich sein, die an sich unbeschränkte Haftung zu verhindern, Frank/Müller/Dietz JR 1991, 455 (457); Lieb ZGR 1991, 572. Sofern der Erbe das Geschäft innerhalb der Dreimonatsfrist des § 27 II HGB eingestellt hat, entfällt seit Inkrafttreten der InsO am 1. 1. 1999 eine anderweitige Haftung nach § 419 II aF; vgl zur bisherigen Rechtslage BGH ZIP 1991, 96 mit Anm Schmidt JZ 1991, 733; Priester EWiR § 27 HGB 1/91, 175.

15 d) Der **Erbe eines Kommanditisten** einer KG haftet
aa) für die alten Geschäftsschulden
– mit seinem Kommanditanteil,
– mit dem Nachlaß bis zur Höhe der rückständigen Haftsumme,
– mit seinem Eigenvermögen bis zur Höhe der rückständigen Haftsumme, § 173 HGB RG 123, 370; Lange/Kuchinke § 47 VI 2b; Soergel/Stein vor § 1967 Rz 32; Brox Rz 661; MüKo/Siegmann Rz 70; Hamburg NJW-RR 1994, 809; aA Staud/Marotzke Rz 69; Adel ZEV 1994, 183f.

War der Erblasser aber erst nach Auflösung der Kommanditgesellschaft eingetreten, dann haftet der Erbe des Kommanditisten für die Einlageverpflichtungen des Erblassers nur nach erbrechtlichen Grundsätzen, so daß er seine Haftung beschränken kann, BGH NJW 1995, 3314 m Anm Schmidt JuS 1996, 362.

bb) Für die neuen Geschäftsschulden haftet der Erbe mit dem ererbten Kommanditanteil und bis zur Höhe der Haftsumme persönlich mit seinem ganzen Vermögen. Das gilt auch für die neuen Geschäftsschulden, die zwischen dem Erbfall und der Eintragung des Erben in das Handelsregister entstanden sind. § 176 HGB findet nur dann Anwendung, wenn die Kommanditgesellschaft als solche oder der Eintritt des Erblassers in die Gesellschaft zum Zeitpunkt des Erbfalls noch nicht eingetragen war, BGH 108, 187 (197); MüKo/Siegmann Rz 71; Lange/Kuchinke § 47 VI 2c; aA Baumbach/Hopt, HGB, 30. Aufl 2000, § 176 Rz 11; Düringer/Hachenburg/Flechtheim, HGB, 3. Aufl 1930, § 177 Anm 4; s auch BGH 66, 98; BGH NJW 1983, 2259; eingehend dazu Herfs DB 1991, 1713.

16 11. Für **Schulden des Erblassers gegenüber dem Erben** sowie für alle Aufwendungen des Erben für den Nachlaß haftet nur der Nachlaß, §§ 1976, 1991 I, II, 1978 III; 324, 326 InsO.

1968 Beerdigungskosten
Der Erbe trägt die Kosten der Beerdigung des Erblassers.

Schrifttum: *Berger*, Die Erstattung der Beerdigungskosten, Diss Köln 1968; *v Blume*, Fragen des Totenrechts, AcP 112, 367; *Boehlke*, Der Gemeindefriedhof, 2. Aufl 1973; *Gaedke*, Handbuch des Friedhofs- und Bestattungsrechts, 8. Aufl 2000; *Kiessling*, Verfügungen über den Leichnam oder Totensorge?, NJW 1969, 533; *Strätz*, Zivilrechtliche Aspekte der Rechtsstellung des Toten unter besonderer Berücksichtigung der Transplantationen, 1971; *Widmann*, Zur Bedeutung des § 1968 als Anspruchsgrundlage, FamRZ 1988, 351.

§ 1968

1. Pflicht zur Beerdigung. a) Die Pflicht zur Beerdigung ist **öffentlich-rechtlicher Natur** (vgl BVerwG 11, 1 68; BVerwG NJW 1964, 831; BGH 25, 200), soweit Notwendigkeit oder Art und Weise der Beerdigung durch öffentliche Interessen, etwa durch die Gesundheitspflege, die Rücksicht auf das allgemeine sittliche Empfinden oder die Klärung von Personenstandsverhältnissen geboten ist, vgl aber v Blume AcP 112, 413; ausführlich Gaedke, Handbuch des Friedhofs- und Bestattungsrechts, 8. Aufl 2000.

b) Von ihr sind das **private Recht** und die **private Pflicht zur Totenfürsorge,** die überwiegend aus familien- 2 rechtlichen Beziehungen stammen (RG 154, 271), zu unterscheiden. Die Totenfürsorge obliegt in erster Linie demjenigen, den der Verstorbene damit betraut hat, sonst den nächsten Angehörigen, auch wenn sie nicht Erben sind, BGH NJW-RR 1992, 834; Zweibrücken FamRZ 1993, 1493; LG Bonn NJW-RR 1994, 522. Ihr Kreis und ihre Rangfolge bestimmen sich nach dem Grundsatz des § 2 II, III Feuerbestattungsgesetz v 15. 5. 1934 (RGBl I S 380), das in den meisten Bundesländern fortgilt, Düsseldorf NJW-RR 1995, 1161. Grundsätzlich kann der Bestattungspflichtige auch nach einer Einäscherung der Leiche nicht von der weiteren Pflicht befreit werden, die Urne mit der Asche auf einem öffentlichen Friedhof beizusetzen (Friedhofszwang); zur Verfassungsmäßigkeit des Friedhofszwangs vgl BVerfG NJW 1979, 1493. Nur aus ganz besonderen Gründen kann ihm die Beisetzung auf einem privaten Grundstück erlaubt werden, Hess VGH MDR 1967, 72. Art und Ort der Bestattung werden durch den Willen des Verstorbenen bestimmt, der nicht ausdrücklich erklärt zu werden braucht, den der mit der Bestattung Betraute bzw die Angehörigen aber zu respektieren haben, BGH NJW-RR 1992, 834; Frankfurt NJW-RR 1989, 1159. Fehlt es an einer Bestimmung des Erblassers, so entscheiden die nächsten Angehörigen unabhängig von ihrer Erbberechtigung, BGH 61, 238; BGH FamRZ 1978, 15; Oldenburg FamRZ 1990, 1273. Bei einem Streit entscheiden der überlebende Ehegatte (LG München I FamRZ 1982, 849) oder der personenberechtigte Elternteil des verstorbenen Kindes, LG Paderborn FamRZ 1981, 700. Zu den Voraussetzungen einer Umbettung Zweibrükken FamRZ 1993, 1493; ZfJ 1994, 54.

c) Unabhängig von der Totenfürsorge wiederum ist die **Pflicht des Erben,** auch wenn die Angehörigen die 3 Bestattung bestimmen oder andere Personen, etwa vermeintliche Erben, sie durchführen, die **Kosten der Bestattung zu tragen.** § 1968 enthält eine selbständige Anspruchsgrundlage gegen den Erben, Berger S 8ff; Widmann FamRZ 1988, 352. Diese Kosten, auch die einer etwa teureren Feuerbestattung (RG 154, 270), sind zur ordnungsmäßigen Regulierung des Erbfalls notwendig. Die aus ihr entstehenden privat-rechtlichen Verpflichtungen sind Nachlaßkostenschulden oder Erbschaftsverwaltungsschulden und im Nachlaßinsolvenzverfahren Masseschulden, § 324 I Nr 2 InsO. Erteilt der Erbe einen Bestattungsauftrag, so begründet er eine Nachlaßeigenschuld, vgl § 1967 Rz 9. Der Erbe kann unter den Voraussetzungen der §§ 1978, 1979, 1990, 1992 Erstattung aus dem Nachlaß verlangen, sein Anspruch erzeugt eine Masseschuld nach § 324 I Nr 2, 326 InsO. Gibt ein Nichterbe den Bestattungsauftrag, so verpflichtet er sich selbst rechtsgeschäftlich oder handelt als Vertreter ohne Vertretungsmacht, §§ 177, 179. Er kann auch beides tun. Soweit er sich selbst verpflichtet hat, hat er, sofern ihm das Recht zur Totenfürsorge zusteht (Saarbrücken FamRZ 2001, 1487 mit Anm Widmann), einen Ersatzanspruch gegen den Erben, für den § 324 I Nr 2 InsO auch gilt. Aus den Aufträgen der Verwalter des Nachlasses, auch des Nachlaßpflegers, entstehen dagegen reine Nachlaßkostenschulden. Bezahlt eine Gesellschaft, an der der Erblasser beteiligt war, Bestattungskosten, so wendet sie damit dem Erben, der nach § 1968 zur Kostentragung verpflichtet ist, einen Vorteil als verdeckte Gewinnausschüttung zu, BFH BB 1956, 265.

d) Soweit die Kosten nicht vom Erben zu erlangen sind, haften die Unterhaltspflichtigen, §§ 1360a III, 1615 II; 4 Dieckmann FamRZ 1977, 161 (165). Nach den Vorschriften über die Geschäftsführung ohne Auftrag ist der geschiedene Ehegatte verpflichtet, dem anderen anteilig die Beerdigungskosten für ein gemeinsames Kind zu erstatten (§§ 683, 670, 1615 II, 1968), AG Neustadt FamRZ 1995, 731. Der Nacherbe hat nicht die Kosten für die Bestattung des Vorerben zu tragen, da er nicht sein Erbe ist, KG HRR 1941, 127. Hat der Erbschaftsbesitzer die Beerdigungskosten getragen, so kann er Erstattung vom Erben verlangen, § 2022 II. Bei Tötung des Erblassers haben die Erben einen Ersatzanspruch gegen denjenigen, der für den Tod verantwortlich ist, § 844 I; § 3 Haftpflichtgesetz; § 35 I S 2 LuftVG; § 10 I S 2 StVG, vgl hierzu Düsseldorf VersR 1995, 1195; Hamm NJW-RR 1994, 155. Wer die Beerdigungskosten des Getöteten trägt, ohne dazu verpflichtet zu sein, kann gegen den Schädiger einen Erstattungsanspruch aus Geschäftsführung ohne Auftrag haben, §§ 677, 683, 670; KG VersR 1979, 379.

2. Die **Notwendigkeit und Angemessenheit der Beerdigungskosten** bestimmen sich nach der Lebensstellung 5 des Erblassers (§ 1610 I; Köln JW 1938, 811) und schließen, indem sie die Leistungsfähigkeit des Nachlasses oder der Erben berücksichtigen, auch ein, was herkömmlicherweise zu einer würdigen Bestattung gehört, Düsseldorf VersR 1995, 1195; Hamm NJW-RR 1994, 155; RG 139, 394. Durch die Streichung des Wortes „standesmäßig" in § 1968 durch Art 33 Nr 31 EGInsO vom 5. 10. 1994 (BGBl I 2911) hat sich inhaltlich nichts geändert, Staud/Marotzke Rz 2. Zu den Beerdigungskosten gehören auch die Kosten einer üblichen Trauerfeier und eines angemessenen Grabmals, nicht jedoch die Mehrkosten für ein Doppelgrab, BGH 61, 238 mit Anm Kreft LM Nr 2 zu § 844 I. Von § 1968 werden auch die Kosten für die Todesanzeigen und die Danksagungen (KG JW 1922, 1685, vgl § 10 V Nr 3 ErbStG; RG 139, 395) und der Verdienstausfall am Beerdigungs- und am Vorbereitungstag erfaßt (Hamm DAR 1956, 217), nicht dagegen die Anreisekosten von Angehörigen zur Trauerfeier BGH 32, 72. Hierunter fallen uU auch die Kosten für die Bergung und Überführung der Leiche nach einem entfernteren Ort (RG 66, 308), die Kosten einer Umbettung (München NJW 1974, 703) sowie in bestimmten Grenzen auch die Kosten für die Beschaffung von Trauerkleidung für bedürftige Angehörige und Hausgenossen, KG OLG 14, 290; Hamm DAR 1956, 217; vgl Weimar MDR 1967, 980; aA KG JW 1922, 1685; uU ist dabei die Ersparnis für Kleidung anderer Art anzurechnen, wenn die Trauerkleidung länger getragen wird, Hamm DAR 1956, 217. Nicht dagegen ist zu ersetzen, was mit dem Bestattungsakt nichts mehr zu tun hat, etwa die Kosten der Instandhaltung der Grabstätte und des Grabmals, RG 160, 255; BGH 61, 238. Wegen der einkommensteuerlichen Behandlung von Grabpflegekosten, vgl BFH NJW 1989, 3303.

§ 1969

Dreißigster

1969 (1) Der Erbe ist verpflichtet, Familienangehörigen des Erblassers, die zur Zeit des Todes des Erblassers zu dessen Hausstand gehören und von ihm Unterhalt bezogen haben, in den ersten 30 Tagen nach dem Eintritt des Erbfalls in demselben Umfang, wie der Erblasser es getan hat, Unterhalt zu gewähren und die Benutzung der Wohnung und der Haushaltsgegenstände zu gestatten. Der Erblasser kann durch letztwillige Verfügung eine abweichende Anordnung treffen.
(2) Die Vorschriften über Vermächtnisse finden entsprechende Anwendung.

1   1. Der **Dreißigste** ist deutsch-rechtlichen Ursprungs, vgl Sachsenspiegel, I 22 §§ 1–3. Sein Schwergewicht ist nicht wirtschaftlicher Natur, er soll es den Berechtigten ermöglichen, ihre Lebensführung in der Haus- und Familiengemeinschaft des Erblassers ohne Überstürzung umzustellen. Dazu muß uU sogar von der nur unmittelbar nach dem Tod möglichen Kündigung des Mietvertrags abgesehen werden.

Kündigt der Erbe entgegen dieser Verpflichtung, so können die Berechtigten es nicht verhindern, es sei denn, daß einer von ihnen gleichzeitig Miterbe ist, § 2040 I. Sie können aber Schadensersatzansprüche aus Verletzung der gesetzlichen Vermächtnispflicht herleiten, die auf Unterhalt in Natur und zwar in bisheriger Übung gerichtet ist. Nach der Gegenansicht verwandelt sich der Unterhaltsanspruch, wenn die Haushaltung infolge des Todes aufgelöst wird, ohne weiteres in einen Geldanspruch, RGRK/Johannsen Rz 6; Pal/Edenhofer Rz 2; Soergel/Stein Rz 3. Scheidet der Berechtigte freiwillig aus dem Haushalt aus, so erlischt sein Recht.

2   2. **Berechtigt** ist nur, wer in der Haus- und Familiengemeinschaft gelebt hat, auch der Ehegatte nach einem Scheidungsantrag, Soergel/Stein Rz 2. Familienangehörige brauchen nicht mit ihm verwandt zu sein, können auch als Lebensgefährten (Düsseldorf NJW 1983, 1566), Pflegekinder, Freunde, trotz vertraglicher Regelung ihrer Beziehungen, zu seiner Familiengemeinschaft gehört haben. Hausangestellte, Hausdamen, Hauslehrer, Erzieherinnen gehören hierzu nicht, zumal sie auch keinen Unterhalt, sondern eine fixe Vergütung beziehen, Müller-Freienfels JuS 1967, 127. Der Unterhalt kann kraft gesetzlicher oder vertraglicher Pflichten oder freiwillig gewährt worden sein.

3   3. Der Anspruch auf den Dreißigsten ist ein **gesetzliches Vermächtnis**, vgl § 1939; aA Ebenroth Rz 167; Pal/Edenhofer; Rz 2. Der Erblasser kann durch letztwillige Verfügung den Dreißigsten erhöhen – dann ist er ein reines Vermächtnis –, verringern, in seinem Inhalt umgestalten oder ausschließen. Die Vermächtnisansprüche können vor Annahme der Erbschaft nur nach Bestellung eines Nachlaßpflegers geltend gemacht werden, §§ 1958, 1961. Die aufschiebenden Einreden der §§ 2014, 2015 sind wegen der kurzen Befristung der Rechte und ihrer Dringlichkeit ausgeschlossen, RGRK/Johannsen Rz 1. Der Anspruch ist nicht übertragbar und grundsätzlich nicht pfändbar, §§ 399, 400; §§ 850b I Nr 2, II, 851 ZPO; Pal/Edenhofer Rz 2; Soergel/Stein Rz 1. Verzicht auf den Anspruch ist möglich, Soergel/Stein Rz 1.

Untertitel 2

Aufgebot der Nachlassgläubiger

Vorbemerkung

1   1. Das Aufgebot gibt dem Erben zunächst einen zuverlässigen Überblick über die Verschuldung und damit zusammen mit dem Inventar über den Stand des Nachlasses.

2   2. Der Erbe soll sich auf dieser Grundlage entscheiden können, ob er eine amtliche Nachlaßliquidation durch eine Nachlaßverwaltung oder ein Nachlaßinsolvenzverfahren beantragt oder den Nachlaß in Selbstverwaltung behält und ein Inventar (§§ 2001, 2002) errichtet.

3   3. Das Aufgebot soll den Erben als Träger seines Eigenvermögens gegenüber unbekannten Nachlaßgläubigern dadurch sichern, daß er den ausgeschlossenen Gläubigern nur mit dem Nachlaßüberschuß haftet, der nach Befriedigung der nicht ausgeschlossenen Gläubiger verbleibt (**Ausschlußeinrede**, § 1973). Daher kann der unbeschränkbar haftende Erbe die Ausschlußeinrede nicht erheben (§ 2013 I) und das Verfahren nicht beantragen, § 991 I ZPO; vgl aber § 997 II ZPO. Haftet der Erbe nur einzelnen Nachlaßgläubigern unbeschränkbar, zB nach § 2006 III; § 780 I ZPO, so behält er das Antragsrecht, erwirbt ihnen gegenüber aber keine Ausschlußeinrede.

4   4. Das Aufgebot soll damit dem Erben ermöglichen, einen objektiv zulänglichen Nachlaß ohne Nachlaßabsonderung in Selbstverwaltung gefahrlos abzuwickeln.

5   5. Es soll einen Nachlaßpfleger, Nachlaßverwalter oder Testamentsvollstrecker so über die Forderungen gegen den Nachlaß unterrichten, daß sie das Nachlaßvermögen an die Gläubiger ordnungsmäßig verteilen können. Sie können daher auch bei unbeschränkter Haftung des Erben das Aufgebotsverfahren beantragen, Staud/Marotzke § 1970 Rz 7; Ebenroth Rz 1110; Lange/Kuchinke § 48 IV 3; aA Soergel/Stein § 1970 Rz 1. Unter Abweichung von § 995 ZPO sind die ausgeschlossenen Gläubiger aus dem Nachlaß erst nach den nicht ausgeschlossenen, aber vor Pflichtteilsrechten, Vermächtnissen und Auflagen zu befriedigen, Colmar OLG 19, 164; Planck/Flad § 1970 Anm 1; Kipp/Coing § 95 IV; Staud/Marotzke § 1970 Rz 7; aA RGRK/Johannsen § 1970 Rz 8.

6   6. Für die Zwecke des Aufgebotsverfahrens verlängert sich die Dreimonatsfrist des § 2014 bis zur Beendigung des Verfahrens, § 2015. Der Erbe kann daher immer noch im Prozeß den Vorbehalt der beschränkten Haftung geltend machen, §§ 305, 782 ZPO; vgl vor § 2014 Rz 3; wegen der Möglichkeit seines Verzugs vgl vor § 2014 Rz 4.

7   7. Der Erbe kann aber mit dem Aufgebotsverfahren seine Haftung nicht allgemein, nicht gegenüber allen Gläubigern auf den Nachlaß beschränken.

1970 *Anmeldung der Forderung*
Die Nachlassgläubiger können im Wege des Aufgebotsverfahrens zur Anmeldung ihrer Forderungen aufgefordert werden.

1. Die **öffentliche Aufforderung** richtet sich **an alle Nachlaßgläubiger,** selbst wenn sie dem Erben bekannt sind oder einen Vollstreckungstitel oder sogar ein rechtskräftiges Urteil gegen ihn oder den Erblasser besitzen, mag ihre Forderung fällig, betagt, bedingt oder sogar rechtsbedingt sein, zB künftige Rückgriffsforderung des Bürgen, mag es sich um eine Erblasser-, Erbfall- oder Erbschaftsverwaltungs- oder Nachlaßkostenschuld oder eine Nachlaßerbenschuld handeln.
Nicht davon **betroffen** werden die Erben- oder Eigengläubiger (RG 92, 344), die Nachlaßgläubiger, die durch die §§ 1971, 1972 ausgenommen sind oder deren Forderung dem Grund nach erst nach Beginn der Aufgebotsfrist (§ 950 ZPO) entstanden ist. Eine Anmeldung in der Aufgebotsfrist ist ihnen nicht zumutbar, Staud/Marotzke Rz 19; RGRK/Johannsen Rz 2; aA Planck/Flad vor § 1971 Anm 3c.

2. Das **Aufgebotsverfahren** ist durch die §§ 989–1000, 946–959 ZPO geregelt. Zuständig ist das Nachlaßgericht (§ 990 ZPO; § 73 FGG; § 20 Nr 2 RpflG; Art 147 EGBGB; dazu Harder/Sirko ZEV 2002, 90), das durch Ausschlußurteil entscheidet, §§ 952, 957 ZPO.
a) **Antragsberechtigt** ist jeder Erbe (§ 990 I ZPO; vgl aber vor § 1970 Rz 5; und § 997 ZPO für den Miterben), dessen Antrag auch für die übrigen Miterben wirkt. Antragsberechtigt sind auch der Erbschaftskäufer (§ 1000 ZPO), der Nachlaßpfleger, der Nachlaßverwalter, der Testamentsvollstrecker, der zur Verwaltung des Nachlasses berechtigt ist, § 991 II ZPO, vgl auch § 175 ZVG. Erben und Testamentsvollstrecker sind jedoch erst nach der Annahme der Erbschaft antragsberechtigt, nicht jedoch während des Insolvenzverfahrens (§ 993 ZPO), da mit seiner Eröffnung das Aufgebotsverfahren beendet wird. Weiter geht § 178 II ZVG. Gehört der Nachlaß zum Gesamtgut einer Gütergemeinschaft, so kann jeder erbende und jeder nichterbende, aber allein- oder mitverwaltende Ehegatte den Antrag auch zugunsten des anderen stellen, § 999 ZPO. Das Aufgebot auf Antrag eines Miterben wirkt auch für die übrigen, das auf Antrag des Vorerben auch für den Nacherben und umgekehrt, §§ 997, 998 ZPO.
b) Die **Aufgebotsfrist** muß sechs Wochen und soll nicht mehr als sechs Monate betragen, §§ 950, 994 ZPO.
c) Trotz des Aufgebotsverfahrens kann dem Erben eine Inventarfrist gesetzt werden; zur Antragsberechtigung im Rahmen des § 1994 vgl § 1994 Rz 2.
aa) Läßt der Erbe, **nachdem das Ausschlußurteil ergangen ist,** die ihm gesetzte Inventarfrist verstreichen (§ 1994 I S 2) oder begeht er eine Inventaruntreue (§ 2005), so bleibt die Ausschlußwirkung bestehen, § 2013 I S 2. Der Erbe kann sich also auf die bereits eingetretene Haftungsbeschränkung auch später berufen, vgl Kiel SeuffA 78 Nr 37; RGRK/Johannsen § 2013 Rz 4; Lange/Kuchinke § 48 IV 3a Fn 57. Gleiches muß gelten, wenn sich der Erbe nach Erlaß des Ausschlußurteils geweigert hat, die eidesstattliche Versicherung nach § 2006 abzugeben; denn die Weigerung, die Wahrhaftigkeit des Inventars zu bekräftigen, kann keine stärkere Wirkung haben als die erwiesene Unwahrhaftigkeit, Kipp/Coing § 95 V; MüKo/Siegmann Rz 12; aA Staud/Marotzke § 1973 Rz 4; Planck/Flad § 2013 Anm 2e; RGRK/Johannsen § 2013 Rz 4, unter Hinweis auf Prot VI S 395 und darauf, daß § 2006 in § 2013 I S 2 nicht erwähnt ist.
bb) **Verliert der Erbe während des Aufgebotsverfahrens sein Recht zur Haftungsbeschränkung,** so verliert er damit sein Antragsrecht, weil die Ziele des Aufgebotsverfahrens nicht mehr erreicht werden können. Ein dennoch erlassenes Ausschlußurteil, ohne daß es einer Anfechtung bedürfte, ist unwirksam, § 2013 I S 1; § 991 Rz 2; Wieczorek/Schütze/Weber, ZPO, 3. Aufl 1995, § 991 Rz 6, der die Anfechtungsklage nach § 957 II Nr 1 ZPO zulassen will, um die Wirkung des Ausschlußurteils für alle zu beseitigen. Erlangt das Gericht vor dem Urteil von der endgültig unbeschränkten Haftung des Erben Kenntnis, so muß es das Verfahren einstellen, Staud/Marotzke Rz 9; Planck/Flad Anm 1.

3. **Vom Aufgebot nicht betroffen** werden zunächst die Gläubiger, an die sich die öffentliche Aufforderung nicht richtet (vgl Rz 1), ferner die Gläubiger, denen gegenüber der Erbe endgültig unbeschränkt haftet, vor § 1970 Rz 3. Auch Forderungen eines Erben oder Miterben, der selbst das Aufgebotsverfahren beantragt hat, werden vom Aufgebot nicht betroffen und brauchen in entsprechender Anwendung des § 1972 deshalb nicht angemeldet zu werden, aA Staud/Marotzke Rz 18. Miterben, die nicht selbst das Aufgebotsverfahren beantragt haben, müssen hingegen ihre Forderungen anmelden, aA Planck/Flad vor §§ 1971, 1972 Anm 3a. Vom Aufgebot nicht betroffen sind die Forderungen gegen den Nachlaß, die nach Erlaß des Ausschlußurteils oder durch Rechtshandlungen des Nachlaßpflegers oder Testamentsvollstreckers nach Erlaß des Aufgebots entstanden sind, Strohal Bd 2, § 75 I S 5.

4. **Rechtsfolgen des Aufgebots. a)** Das nach § 952 I ZPO erlassene Ausschlußurteil gewährt dem Erben nach § 1973 die **Ausschlußeinrede** zur Haftungsbeschränkung. **b)** Unter den Voraussetzungen der §§ 2015, 2016 I, II hat er die **Aufgebotseinrede,** die ihm erlaubt, die Befriedigung der Nachlaßgläubiger für die Verfahrensdauer, aber nur mit verfahrensrechtlicher Wirkung zu verweigern, vor § 2014 Rz 3, 4. **c)** Jeder **Miterbe kann** bis zur Beendigung des Verfahrens die **Auseinandersetzung verweigern,** vgl § 2045. **d)** Jeder **Miterbe haftet** gegenüber einem ausgeschlossenen Gläubiger nach der Nachlaßteilung **nur für den Teil der Nachlaßschuld, der seinem Erbteil entspricht;** das Aufgebot erstreckt sich insoweit auch auf die Gläubiger des § 1972 und, denen der Miterbe endgültig unbeschränkt haftet.

5. **Schadensersatzpflicht** des Erben, des Nachlaßverwalters und Nachlaßpflegers (entsprechend) unter den Voraussetzungen der §§ 1980 II, 1985 II, Hamburg OLG 18, 324; KG DJZ 1905, 652.

1971 *Nicht betroffene Gläubiger*
Pfandgläubiger und Gläubiger, die im Insolvenzverfahren den Pfandgläubigern gleichstehen, sowie Gläubiger, die bei der Zwangsvollstreckung in das unbewegliche Vermögen ein Recht auf Befriedigung

§ 1971

aus diesem Vermögen haben, werden, soweit es sich um die Befriedigung aus den ihnen haftenden Gegenständen handelt, durch das Aufgebot nicht betroffen. Das Gleiche gilt von Gläubigern, deren Ansprüche durch eine Vormerkung gesichert sind oder denen im Insolvenzverfahren ein Aussonderungsrecht zusteht, in Ansehung des Gegenstands ihres Rechts.

1   1. Das **Aufgebotsverfahren berührt nicht** folgende Personen:
    a) Die Aussonderungsberechtigten im Insolvenzverfahren, §§ 47, 48 InsO,
    b) Gläubiger, deren Ansprüche durch Vormerkung im Grundbuch oder Schiffsregister gesichert sind (§§ 883, 884), in beiden Fällen nur hinsichtlich des betroffenen Gegenstands,
    c) Gläubiger, die bei der Zwangsvollstreckung in das unbewegliche Vermögen ein Recht auf Befriedigung aus ihm haben, sogenannte Realberechtigte, § 10 ZVG. Ist die persönliche Forderung des Nachlaßgläubigers durch ein dingliches Recht an einem Nachlaßgrundstück gesichert, so kann der Erbe, sofern er nicht bereits allgemein oder nach §§ 1973, 1974, 1989 bestimmten Gläubigern gegenüber endgültig unbeschränkt haftet, entsprechend dem Aufgebotsverfahren nach §§ 175ff ZVG nach Erbschaftsannahme die Zwangsversteigerung beantragen, damit festgestellt wird, inwieweit der Gläubiger, dem gegenüber der Erbe noch ein Recht zur Haftungsbeschränkung besitzt, sich aus dem Grundstück befriedigen kann und der Erbe danach noch persönlich für den Ausfall haftet, Pal/Edenhofer Rz 2.
    d) Pfandgläubiger bei vertraglichen, gesetzlichen und Pfändungspfandrechten (§§ 1204, 1273, 1257; § 804 II ZPO; §§ 49, 50 InsO) und sonstige Absonderungsberechtigte (§ 51 InsO) wegen ihres unmittelbaren Befriedigungsrechts aus den belasteten Gegenständen, Fahrnis oder Rechten, nicht wegen ihres persönlichen Anspruchs.
    e) Gläubiger wegen eines kaufmännischen Zurückbehaltungsrechts an bestimmten Gegenständen, §§ 369ff HGB,
    f) öffentliche Kassen hinsichtlich der wegen Abgaben beschlagnahmten Gegenstände, nicht wegen sonstiger Steuerforderungen, RG 64, 248.
    Gleichgültig ist, ob das Vorrecht vor oder nach dem Erbfall erlangt worden ist.

2   **2. Wirkungen.** Der Erbe hat diesen bevorrechtigten Nachlaßgläubigern gegenüber kein Leistungsverweigerungsrecht während des Aufgebotsverfahrens nach §§ 2014, 2015, es sei denn, daß diese Gläubiger ihre Sicherungsrechte erst nach dem Erbfall durch Zwangsvollstreckung oder Arrest oder einstweilige Verfügung erlangt haben, § 2016 II.

1972 *Nicht betroffene Rechte*
Pflichtteilsrechte, Vermächtnisse und Auflagen werden durch das Aufgebot nicht betroffen, unbeschadet der Vorschrift des § 2060 Nr. 1.

1   1. Die aus Pflichtteilsrechten, Vermächtnissen und Auflagen Berechtigten (nachlaßbeteiligte Gläubiger) werden vom Aufgebot nicht betroffen, weil der Erbe im allgemeinen diese Verpflichtungen schon aus der Verkündung der Verfügung von Todes wegen kennt, Prot V S 774.

2   **2. Wirkungen. a)** Obwohl sie nicht ausgeschlossen werden können, sind sie den ausgeschlossenen Gläubigern durch § 1973 I 2 zurückgesetzt. **b)** Darf der Erbe nach den Umständen annehmen, der Nachlaß reiche zur Befriedigung aller Nachlaßgläubiger aus, so kann er sie befriedigen, § 1979. Die Gläubiger und im Nachlaßinsolvenzverfahren der Insolvenzverwalter können die Befriedigung aber nach §§ 5, 4 AnfG, § 322 InsO wie eine unentgeltliche Verfügung anfechten. **c)** Hat der ausgeschlossene Gläubiger seine Forderung gegenüber dem Erben schon in der Zwangsvollstreckung geltend gemacht, so muß er ihn vor den nachlaßbeteiligten Gläubigern befriedigen, § 1971. **d)** Da die nachlaßbeteiligten Gläubiger nicht ausgeschlossen sind, können sie anders als diese den Erben nach §§ 1978, 1979 für seine Verwaltung verantwortlich machen, vgl § 327 III InsO. **e)** Die nachlaßbeteiligten Gläubiger können sich aber mit ihrem Anspruch verschweigen, § 1974 I, II. Deshalb empfiehlt sich die Anmeldung ihrer Rechte im Aufgebotsverfahren. **f)** Sie können nur durch Anmeldung ihrer Forderung die Teilhaftung der Miterben (§ 2060 Nr 1) verhindern.

3   **3. Das Rangverhältnis** zwischen nachlaßbeteiligten und anderen Nachlaßgläubigern: **a)** Im Nachlaßinsolvenzverfahren sind die Nachlaßkosten- oder Erbschaftsverwaltungsschulden Masseschulden, § 324 InsO. Ihnen folgen die Erblasserschulden, deren Erblasser gewöhnte Insolvenzgläubiger sind, § 325 InsO. Im Rang nach ihnen stehen – bei gleichem Rang nach dem Verhältnis ihrer Beträge – die Verbindlichkeiten gegenüber Pflichtteilsberechtigten und die Verbindlichkeiten aus den vom Erblasser angeordneten Vermächtnissen und Auflagen, § 327 I Nr 1 und 2 InsO. Der Insolvenzverwalter kann diese Rangfolge praktisch auf den Erbfall zurückwirken lassen, indem er mit der Anfechtungsklage Leistungen an diese zurückgesetzten Personen zum Nachlaß zurückfordert, §§ 322, 134 InsO, vgl aber § 328 InsO. **b)** Gibt der Erbe ohne Nachlaßabsonderung den Nachlaß wegen seiner Dürftigkeit oder wegen seiner Überschuldung durch Vermächtnisse und Auflagen (§§ 1990, 1992) der Zwangsvollstreckung der Nachlaßgläubiger preis, so hat er die gleiche Rangordnung einzuhalten, § 1991 IV. **c)** Selbst gegenüber ausgeschlossenen, säumigen (§§ 1973, 1974) Nachlaßgläubigern und Nachlaßinsolvenzgläubigern (§ 1989) sind diese Schulden zurückgesetzt, § 1973 I S 2. Der Ausschlußwirkung fünfjährigen Verschweigens unterliegen auch sie, § 1974 II. **d)** Auch ohne Nachlaßsonderung und Vollstreckungspreisgabe werden die nachlaßbeteiligten Gläubiger durch die Anfechtung zurückgesetzt. Sie steht jedem im Insolvenzrang vorhergehenden oder gleichstehenden Nachlaßgläubiger zur Verfügung und zwingt den nachlaßbeteiligten Gläubiger zur Duldung der Zwangsvollstreckung in den empfangenen Gegenstand oder zur Rückzahlung empfangenen Geldes an den Nachlaß, §§ 5, 4 AnfG. Zum Verhältnis der Schulden aus Pflichtteilsrechten, zu denjenigen aus Auflagen und Vermächtnissen untereinander vgl § 1974 Rz 3.

1973 *Ausschluss von Nachlassgläubigern*
(1) Der Erbe kann die Befriedigung eines im Aufgebotsverfahren ausgeschlossenen Nachlassgläubigers insoweit verweigern, als der Nachlass durch die Befriedigung der nicht ausgeschlossenen Gläubiger erschöpft wird. Der Erbe hat jedoch den ausgeschlossenen Gläubiger vor den Verbindlichkeiten aus Pflichtteilsrechten, Vermächtnissen und Auflagen zu befriedigen, es sei denn, dass der Gläubiger seine Forderung erst nach der Berichtigung dieser Verbindlichkeiten geltend macht.
(2) Einen Überschuss hat der Erbe zum Zwecke der Befriedigung des Gläubigers im Wege der Zwangsvollstreckung nach den Vorschriften über die Herausgabe einer ungerechtfertigten Bereicherung herauszugeben. Er kann die Herausgabe der noch vorhandenen Nachlassgegenstände durch Zahlung des Wertes abwenden. Die rechtskräftige Verurteilung des Erben zur Befriedigung eines ausgeschlossenen Gläubigers wirkt einem anderen Gläubiger gegenüber wie die Befriedigung.

1. **Wirkung des Ausschlußurteils. a)** Der Erbe braucht die Zwangsvollstreckung der ausgeschlossenen Gläubiger in sein Eigenvermögen nicht mehr zu dulden, obwohl der Nachlaß nicht abgesondert ist. **b)** Er ist berechtigt, die ausgeschlossenen nach den nicht ausgeschlossenen Nachlaßgläubigern aus dem Nachlaß zu befriedigen. Die ausgeschlossenen Gläubiger sind vorrangig vor Schulden aus Pflichtteilsrechten, Vermächtnissen und Auflagen (§ 1973 I S 2) sowie entsprechend der Rangfolge des § 327 I Nr 1 und 2 InsO vor den Verbindlichkeiten gegenüber Erbersatzberechtigten zu befriedigen. **c)** Hat der Erbe die Zwangsvollstreckung von Eigen- und Nachlaßgläubigern während des Aufgebotsverfahrens nach § 2015; §§ 782, 783 ZPO auf Arrestmaßnahmen beschränkt, so kann er nach Erlaß des Ausschlußurteils diese Maßnahmen nur beseitigen, soweit sie sein Eigenvermögen betreffen und von ausgeschlossenen Nachlaßgläubigern stammen. Unberührt bleiben dagegen Arrestmaßnahmen ausgeschlossener Gläubiger in den Nachlaß wegen § 1971 und von Eigengläubigern in den Nachlaß, da sie das Aufgebotsverfahren nicht betrifft, RG 92, 344. Die Wirkung des Ausschlußurteils richtet sich daher nur gegen ausgeschlossene Nachlaßgläubiger, soweit sie nicht bereits als Pfändungspfandgläubiger ein unmittelbares Recht zur Zwangsbefriedigung aus bestimmten Nachlaßgegenständen erlangt haben, § 1971. **d)** Das **Ausschlußurteil wirkt nicht,** wenn der vorläufig unbeschränkt haftende Erbe sein Recht zur Haftungsbeschränkung bereits allen Nachlaßgläubigern oder dem ausgeschlossenen Gläubiger gegenüber, der ihn in Anspruch nimmt, verloren hat, sei es auch erst während des Aufgebotsverfahrens, vor § 1967 Rz 10; vor § 1970 Rz 3; § 1970 Rz 2.

2. **Rechtsnatur der ausgeschlossenen Forderung. a)** Sie ist **nicht untergegangen, aber** ihr Inhalt hat sich **gemindert.** Der Erbe kann die Haftungsbeschränkung auf den Nachlaß durch Ausschluß- oder Erschöpfungseinrede geltend machen, indem er nachweist, daß der Nachlaß erschöpft wird, wenn die nicht ausgeschlossenen Gläubiger befriedigt werden. **b)** Auf die ausgeschlossene Forderung kann daher, wenn sie aus einem gegenseitigen Vertrag stammt, die Einrede des nichterfüllten Vertrags gestützt werden, §§ 320 I S 1, 322. **c)** Sie kann trotz § 390 S 1 zur Aufrechnung gegen Nachlaßforderungen verwendet werden, wenn sie im Zeitpunkt der Aufrechnungslage noch nicht mit der Einrede des § 1973 behaftet war, § 389; RG 42, 138; Planck/Flad Anm 7b; Staud/Marotzke Rz 6. **d)** Der ausgeschlossene Gläubiger kann Nachlaßverwaltung und Eröffnung des Nachlaßinsolvenzverfahrens beantragen, § 317 I InsO.

3. Der **Nachlaßüberschuß,** mit dem der Erbe den ausgeschlossenen Gläubigern haftet, bestimmt sich nach Bereicherungsrecht, §§ 818, 819. **a)** Dem **Aktivbestand** des Nachlasses beim Erbfall **sind hinzuzurechnen: aa)** die nach dem Erbfall gezogenen Nutzungen und die dem Nachlaß zugefallenen gesetzlichen, nicht rechtsgeschäftlichen Surrogate, § 818 I, **bb)** die Schulden und Lasten, die den Erben gegenüber dem Erblasser trafen, trotz eingetretener Konfusion und Konsolidation.

b) Dagegen sind **abzuziehen: aa)** die durch Konfusion oder Konsolidation erloschenen Forderungen und Rechte des Erben gegen den Erblasser, **bb)** die berichtigten und unberichtigten Forderungen der nicht ausgeschlossenen Gläubiger, Schulden aus Pflichtteilsrechten, Vermächtnissen und Auflagen, soweit sie vor der Forderung des ausgeschlossenen Gläubigers berichtigt worden sind, Abs I S 2, **cc)** Forderungen der vom Aufgebot nicht betroffenen Gläubiger aus § 1971, wegen der nachlaßbeteiligten Gläubiger vgl vorher bb), **dd)** berichtigte Forderungen ausgeschlossener Gläubiger unter Erweiterung durch Abs II S 3, **ee)** alle den Nachlaßwert steigernden Aufwendungen des Erben aus seinem Eigenvermögen.

c) Dabei ist vom Zeitpunkt der Rechtshängigkeit (§ 818 IV) oder der Kenntnis des Anspruchs die verschärfte Haftung des Erben nach §§ 819, 291, 292, 987ff zu berücksichtigen, während der Erbe nicht etwa vorher nach §§ 1978, 1979 verantwortlich ist, vgl aber Planck/Flad Anm 5c. Nur ausnahmsweise ist er gegenüber einem nicht ausgeschlossenen Gläubiger deshalb verantwortlich, weil er einen ausgeschlossenen Gläubiger befriedigt hat, ohne von seinem Recht aus § 1973 Gebrauch zu machen, Staud/Marotzke Rz 21. Im übrigen kann er jeden Verlust und jede Ausgabe abziehen, die im ursächlichen Zusammenhang mit dem Erbschaftserwerb steht, auch Zahlungen an vermeintliche Nachlaßgläubiger, aber unter Berücksichtigung des Bereicherungsanspruchs des Nachlasses gegen den Nichtschuldner.

d) Der Nachlaßüberschuß ist nicht für den Zeitpunkt der Rechtshängigkeit des erhobenen Anspruchs, sondern, wenn über ihn im Hauptprozeß zu entscheiden ist, für die Zeit des Urteilserlasses, wenn über ihn in der Zwangsvollstreckung zu entscheiden ist, für den Beginn der Zwangsvollstreckung zu berechnen, RGRK/Johannsen Rz 16; Pal/Edenhofer Rz 3; aA Staud/Marotzke Rz 17).

4. Die **Vollstreckungspreisgabe** bezieht sich nur auf die Art der Gläubigerbefriedigung, führt also in der Regel nicht zur Eigentumsübertragung auf den Gläubiger, obwohl sie mit dessen Einverständnis als Hingabe an Erfüllungs Statt möglich ist (Siber, Haftung für Nachlaßschulden, S 66f; Hamburg OLG 11, 227), sondern gebietet dem Erben, etwa wie in § 11 AnfG eine Duldung der Zwangsvollstreckung in den noch vorhandenen Nachlaßüberschuß (RG 137, 53; Hamburg OLG 18, 324) und eine aktive Mitwirkung dabei durch Bezeichnung der vorhandenen Gegenstände, Vorlage eines Bestandsverzeichnisses, notfalls durch eidesstattliche Versicherung nach §§ 260, 261,

§ 1973 Erbrecht Rechtliche Stellung des Erben

nicht nach § 2006, da dieser in § 2013 I S 2 nicht erwähnt ist, Strohal Bd 2, § 73 VII Fn 33; Kipp/Coing § 95 III S 2; Planck/Flad Anm 6; RGRK/Johannsen Rz 20. Der Erbe hat eine Ersetzungsbefugnis, die Zwangsvollstreckung in bestimmte Gegenstände durch Zahlung ihres Wertes abzuwenden, der sich nach dem Zeitpunkt bestimmt, zu dem er dieses Recht ausübt, Staud/Marotzke Rz 26. Nunmehr gehören die dabei zurückbehaltenen Nachlaßgegenstände nicht mehr zum Nachlaßüberschuß, der Erbe kann sie zum Schätzungswert übernehmen, Pal/Edenhofer Rz 5, Planck/Flad Anm 5c ß; aA Staud/Marotzke Rz 26.

5 5. Die **Ausschluß-** oder **Erschöpfungseinrede** ist ein bürgerlich-rechtliches **Leistungsverweigerungsrecht**, das der Erbe außergerichtlich, im Erkenntnis- oder Zwangsvollstreckungsverfahren geltend machen und auf das er verzichten kann, etwa dadurch, daß er sich nicht den Vorbehalt aus §§ 305, 780 I ZPO sichert, RG 59, 305. Der Vorbehalt kann nachträglich durch Urteilsergänzung (§ 321 ZPO) oder auf Rechtsmittel in der Tatsacheninstanz nachgeholt werden, RG HRR 1927, 423; BVerwG NJW 1956, 805. Die Einrede muß bis zum Schluß der letzten Tatsachenverhandlung erhoben sein, da der Erbe in der Revisionsinstanz keine neuen Verteidigungsmittel vorbringen kann. Ausnahmsweise kann er sie im Revisionsverfahren erheben, weil sie vorher noch gar nicht bestanden haben, der Erbfall während des Revisionsverfahrens eingetreten ist (BGH 17, 69) oder weil der Erbe vorher keinen Anlaß dazu hatte, sie geltend zu machen, weil zB die Nachlaßverwaltung, die ihn bisher davor schützte, selbst verklagt zu werden, erst während des Revisionsverfahrens aufgehoben wurde, RG DR 1944, 292 (294); BGH NJW 1962, 1250.

6 a) **Weist der Erbe im Prozeß die Erschöpfung des Nachlasses nach,** so ist auf seinen Antrag die Klage kostenpflichtig abzuweisen, und zwar nicht als sachlich unbegründet, sondern als zur Zeit unzulässig, Rostock OLG 35, 177; RG 137, 54; 61, 221; Siber Erbrecht S 145 N 4; Pal/Edenhofer Rz 4; Soergel/Stein Rz 6. Die Sachabweisung würde dem Kläger zu Unrecht die Forderung aberkennen. Die uneingeschränkte Prozeßabweisung würde nicht klar hervortreten lassen, daß der Kläger erneut klagen kann, wenn später Nachlaßgegenstände auftauchen.

7 b) **Kann der Erbe die Erschöpfung** im Erkenntnisverfahren **nicht beweisen,** so wird er auf seinen Antrag nur zur Zahlung bei Vermeidung der Zwangsvollstreckung in den Nachlaßrest verurteilt. Dann kann allerdings der Gläubiger aus diesem Urteil im Notfall nicht in das Eigenvermögen des Erben vollstrecken.

8 c) Das Gericht muß die Voraussetzungen der Nachlaßerschöpfung nicht prüfen, sondern kann den allgemeinen Beschränkungsvorbehalt in das Urteil aufnehmen, wenn der Erbe den Beweis der Nachlaßerschöpfung nicht erbringt, §§ 305, 780 I ZPO; RG 83, 330 (332); 137, 50 (54). Auch der Erbe kann sich hiermit begnügen. Der allgemeine Vorbehalt umfaßt die spezielle Beschränkungsmöglichkeit des § 1973. Die Haftungsfrage wird dann dem Zwangsvollstreckungsverfahren vorbehalten. Der Erbe kann aufgrund des Vorbehalts in der Zwangsvollstreckung die Ausschlußeinrede geltend machen. Hierzu hat er die Einwendungsklage zu erheben, §§ 781, 784 analog, §§ 785, 767 ZPO. Der Vorbehalt ist auch bei der Klage auf Erteilung der Vollstreckungsklausel erforderlich (§ 731 ZPO), nicht jedoch bei Umschreibung (§ 727 ZPO), wenn im Urteil die Einwendungen aus § 781 ZPO enthalten sind, Köln JW 1932, 1405. Kann den Parteien jedoch ohne Schwierigkeit ein neuer Prozeß erspart werden, so hat das Prozeßgericht selbst zu entscheiden, vgl Celle NdsRpfl 1962, 232.

9 6. **Vollstreckungseinwendungen.** Führt die Erschöpfungseinrede nicht zur Klageabweisung, hat sich aber der Erbe den Vorbehalt (§§ 305, 780 I ZPO) gesichert, so muß der Erbe in der Zwangsvollstreckung in den Nachlaß oder sein Eigenvermögen durch Klage nach § 767 ZPO seine Einwendungen aus § 1973 erheben, §§ 781, 784 (entsprechend), 785 ZPO; Stein/Jonas/Münzberg, 21. Aufl, § 784 Anm I; Pal/Edenhofer Rz 7.

Unterläßt es der Erbe, seine Rechte aus § 1973 auf diese Weise geltend zu machen, so kann er bei Befriedigung eines ausgeschlossenen Gläubigers uU einen Bereicherungsanspruch (§§ 813, 814) geltend machen, RG 64, 244; Staud/Marotzke Rz 31; aA Roth, Die Einrede des Bürgerlichen Rechts, 1988, S 63ff. Zur Frage seiner Verantwortlichkeit vgl Rz 3.

1974 *Verschweigungseinrede*

(1) Ein Nachlassgläubiger, der seine Forderung später als fünf Jahre nach dem Erbfall dem Erben gegenüber geltend macht, steht einem ausgeschlossenen Gläubiger gleich, es sei denn, dass die Forderung dem Erben vor dem Ablauf der fünf Jahre bekannt geworden oder im Aufgebotsverfahren angemeldet worden ist. Wird der Erblasser für tot erklärt oder wird seine Todeszeit nach den Vorschriften des Verschollenheitsgesetzes festgestellt, so beginnt die Frist nicht vor dem Eintritt der Rechtskraft des Beschlusses über die Todeserklärung oder die Feststellung der Todeszeit.

(2) Die dem Erben nach § 1973 Abs. 1 Satz 2 obliegende Verpflichtung tritt im Verhältnis von Verbindlichkeiten aus Pflichtteilsrechten, Vermächtnissen und Auflagen zueinander nur insoweit ein, als der Gläubiger im Falle des Nachlassinsolvenzverfahrens im Range vorgehen würde.

(3) Soweit ein Gläubiger nach § 1971 von dem Aufgebot nicht betroffen wird, finden die Vorschriften des Absatzes 1 auf ihn keine Anwendung.

1 1. **Zweck.** § 1974 soll den Erben davor schützen, nach langer Zeit noch bis dahin unbekannte Nachlaßverbindlichkeiten befriedigen zu müssen, Prot V 795.

2 2. **Voraussetzungen der Verschweigungseinrede.** Sie setzt den Ablauf der fünfjährigen Frist, die sich nach §§ 187 I, 188 als Ausschlußfrist, aber ohne Berücksichtigung der nur für Verjährungsfristen geltenden §§ 206, 210, 211, berechnet, jedoch kein Aufgebotsverfahren voraus. Sie entsteht nicht, wenn die Forderung dem Erben, dem Nachlaßpfleger, Nachlaßverwalter oder verwaltenden Testamentsvollstrecker vorher bekannt geworden oder im Aufgebotsverfahren angemeldet worden ist. Die Einrede entfällt entsprechend § 1959 III auch, wenn die Forderung nur dem vorläufigen Erben, der die Erbschaft später ausgeschlagen hat, bekannt geworden ist, Strohal Bd 2 § 76 II 2; Planck/Flad Anm 5a; aA Staud/Marotzke Rz 11, aber auch Rz 8; zweifelnd RGRK/Johannsen Rz 6. Den ausgeschlossenen Gläubigern gegenüber kann der Erbe schon die Einrede aus § 1973 geltend machen. Da ihnen die säumigen gleichstehen (Abs I S 1, III), entfällt die Verschweigungseinrede gegenüber den Gläubigern des § 1971. Nachlaßbeteiligte Gläubiger (§ 1972) werden zwar nicht vom Ausschlußurteil betroffen, können aber ihre Forderungen verschweigen, Abs II. Ebenso ist die Einrede gegenüber Forderungen gegeben, die erst nach Beginn der Anmeldefrist im Aufgebotsverfahren oder nach Erlaß des Ausschlußurteils oder nach der fünfjährigen Verschweigungsfrist entstanden sind, Kiel SeuffA 78, 65ff; differenzierend Soergel/Stein Rz 3; Staud/Marotzke Rz 7. Die Frist beginnt bei der Todeserklärung und bei der Feststellung der Todeszeit nicht vor der Rechtskraft des Beschlusses, §§ 23, 39ff VerschG. Auch jede private Meldung des Gläubigers genügt. Dem Erben ist die Forderung schon bekannt geworden, wenn er weiß, daß sie tatsächlich erhoben wird, auch wenn er von ihrer Begründung nicht überzeugt ist, RGRK/Johannsen Rz 9; Staud/Marotzke Rz 10. Die Frist gegenüber dem Erben läuft auch gegenüber dem Nacherben, § 2144 I S 1.

3. Wirkungen der Säumnis. a) Die Haftung des Erben wird wie in § 1973 auf die Bereicherung des Nachlasses beschränkt, vgl § 1973 Rz 3. 3

b) Bei geteiltem Nachlaß unter Miterben gilt § 2060 Nr 2.

c) Besonderheiten ergeben sich für die Geltendmachung von Pflichtteilsrechten (**Abs II**; vgl Siber, Haftung für Nachlaßschulden, S 72), wenn auch ohne praktische Bedeutung, weil diese Ansprüche dem Erben regelmäßig bekannt sind. **aa)** Ist eine verschwiegene Forderung keine solche aus Pflichtteilsrechten, Vermächtnissen oder Auflagen, so muß sie vor diesen getilgt werden, § 1973 I S 2. **bb)** Treffen jedoch diese drei zurückgesetzten Arten von Forderungen zusammen (vgl auch § 1972 Rz 3), so hat der Erbe die geltend gemachten Pflichtteilsansprüche auch vor den nicht ausgeschlossenen Ansprüchen aus Vermächtnissen und Auflagen zu befriedigen. Unter mehreren Pflichtteilsansprüchen ist der nicht verschwiegene vor den verschwiegenen zu erfüllen, § 327 III InsO. Verschwiegene Forderungen aus Vermächtnissen und Auflagen haben untereinander gleichen Rang, nicht verschwiegene Forderungen jedoch den Vorrang vor verschwiegenen, mehrere verschwiegene sind anteilsmäßig zu befriedigen.

d) Die Wirkung der Säumnis entfällt, wenn der Erbe noch in der fünfjährigen Frist sein Recht zur Haftungsbeschränkung verliert, § 2013 I S 1.

Untertitel 3

Beschränkung der Haftung des Erben

Vorbemerkung

Schrifttum: *Firsching/Graf*, Nachlaßrecht, 8. Aufl 2000; *Graf*, Möglichkeiten der Haftungsbeschränkung für Nachlassverbindlichkeiten, ZEV 2000, 125; *Grziwotz*, Die Veräußerung eines Handelsgeschäfts durch den Nachlaßverwalter, DB 1990, 924; *Jaspersen*, Vollstreckung und Anordnung der Nachlaßverwaltung, Rpfleger 1995, 243; *O. Möhring*, Vermögensverwaltung in Vormundschafts- und Nachlaßsachen, 7. Aufl 1992; *Prange*, Miterbe und Nachlaßverwalter in Personalunion, MDR 1994, 235; *Schmidt*, Die Geschäftsführung des Nachlaßpflegers und Nachlaßverwalters, 1958; *Siegmann*, Ungereimtheiten und Unklarheiten im Nachlassinsolvenzverfahren, ZEV 2000, 345.

1. Überblick über das System der Erbenhaftung nach BGB vor § 1967 Rz 7ff. 1

2. Nachlaßsonderung. a) Das BGB macht die Nachlaßsonderung vom Eigenvermögen des Erben, auch Haftungs- oder Gütersonderung (separatio bonorum) genannt, zu einer regelmäßigen Voraussetzung der Haftungsbeschränkung, weil mit der Erbschaftsannahme oder Nachlaßteilung Nachlaß und Eigenvermögen so miteinander verschmolzen werden, daß die Herkunft der einzelnen Gegenstände in der regelmäßigen Vollstreckung nicht mehr festgestellt werden kann. Der Erbe erlangt die Verfügungsmacht über beide Gütermassen, er kann Nachlaßgegenstände verbrauchen, veräußern und dadurch Nachlaßgläubiger schädigen, seine Eigengläubiger können sich aus ihnen befriedigen. Nur in Ausnahmefällen sieht das BGB daher von einer Haftungssonderung ab, vgl die Übersicht vor § 1967 Rz 7ff. 2

b) Im **Erbrecht der ehemaligen DDR** war die Haftung des Erben auch ohne Gütersonderung von vornherein auf den Nachlaß beschränkt, § 409 ZGB. Unbeschränkt haftete der Erbe nur für die Bestattungskosten, die Kosten des Nachlaßverfahrens und für die Zinsen für Kredite, die zu den Nachlaßverbindlichkeiten gehörten, § 411 II, III ZGB.

3. Die amtliche Nachlaßsonderung durch Nachlaßverwaltung bei zulänglichem, aber unübersichtlichem Nachlaß und durch Eröffnung des Nachlaßinsolvenzverfahrens bei Überschuldung oder (drohender) Zahlungsunfähigkeit (§ 320 InsO) **macht** auch den **Nachlaß** des Alleinerben mit Rückwirkung auf den Erbfall **zu einem Sondervermögen**, das durch den Abwicklungszweck dinglich gebunden ist, vgl auch § 2032 Rz 1ff. Die rechtlichen Besonderheiten zeigen sich in folgendem: 3

a) Mit Anordnung der Nachlaßverwaltung oder Eröffnung des Nachlaßinsolvenzverfahrens geht das Recht zur Verwaltung und Verfügung über den Nachlaß vom Erben auf den Verwalter über, §§ 1984 I, 1985; § 80 I InsO. Er hat die Nachlaßsachen in Besitz zu nehmen und zu verwerten, §§ 148, 159 InsO. 4

b) Die Nachlaßgläubiger können nur noch Befriedigung aus dem Nachlaß verlangen (§ 27 InsO) und ihre Ansprüche gegen den Verwalter geltend machen (§ 1984 I S 3), der die Nachlaßschulden aus dem Nachlaß zu berichtigen hat, § 1985 I. 5

6   c) **Vollstreckungsmaßnahmen der Eigengläubiger** des Erben werden rückwirkend aufgehoben, wenn sie noch nicht zur Pfandverwertung geführt haben. **aa)** Im Insolvenzverfahren verlieren sie ihre Wirkung mit Eröffnung des Verfahrens von selbst, § 321 InsO. **bb)** In der Nachlaßverwaltung muß der Verwalter mit der Vollstreckungsgegenklage Aufhebung der Vollstreckungsmaßnahmen verlangen, §§ 784 II, 785, 767 ZPO.

7   d) Umgekehrt dient der Nachlaß ausschließlich der Befriedigung der Nachlaßgläubiger unter Ausschluß der Eigengläubiger (§ 325 InsO), die während der amtlichen Abwicklung nicht in den Nachlaß vollstrecken können, § 1984 II; §§ 38, 3 I; 325 InsO. Gegen ihre Vollstreckungsmaßnahmen kann der Verwalter zwar keine Erinnerung (§ 766 ZPO), wohl aber kann und muß er die Vollstreckungsgegenklage nach §§ 784 II, I, 785, 767 ZPO (RG LZ 07, 840) erheben, wenn er dem Nachlaßgläubiger nicht schadensersatzpflichtig werden will, § 1985 II; § 60 InsO.

8   e) Die **Vereinigung von Rechten und Pflichten,** Rechten und Lasten gilt rückwirkend als nie erfolgt, § 1976; § 326 I InsO.

9   f) Für die **Aufrechnung** besteht zwischen Nachlaß und Eigenvermögen, ebenfalls rückwirkend auf den Erbfall, keine Gegenseitigkeit, §§ 387, 1977.

10 g) Die **Prozeßführungsbefugnis** geht auf den Verwalter über, während der Erbe Träger der Nachlaßrechte und -pflichten bleibt.

11 h) Die **Verfügungsmacht des Erben** über Nachlaßgegenstände und die Befriedigung der Eigengläubiger durch Vollstreckung in den Nachlaß dagegen können nicht rückwirkend beseitigt werden. Die nachträgliche Änderung in der Zuordnung der Verfügungsmacht würde die Sicherheit des Rechtserwerbs Dritter unerträglich beeinträchtigen. Der Verwalter ist auf die Anfechtung nach §§ 3, 4 AnfG; §§ 129ff InsO beschränkt. An die Stelle der Gegenstände, die auf diese Weise vor Anordnung oder Eröffnung des Verfahrens wirksam aus dem Nachlaß gelangt sind, tritt aber ein schuldrechtlicher Schadensersatzanspruch des Nachlaßgläubiger gegen den Erben, der mit der Erbschaftsannahme rückwirkend die Stellung eines Erbschaftsverwalters im Sinne eines Beauftragten der Nachlaßgläubiger erhält und vom Anfall bis zur Annahme wie ein Geschäftsführer ohne Auftrag verantwortlich ist, § 1978 I. Für jede pflichtwidrige Schädigung des Nachlasses, besonders für Leistungen aus dem Nachlaß an Eigengläubiger ist er den Nachlaßgläubigern unter Haftung mit seinem Eigenvermögen schadensersatzpflichtig. § 1978 II ordnet diese nur vom Verwalter geltend zu machenden Ersatzansprüche dem Nachlaß zu, der damit Gläubiger des Eigenvermögens des Erben wird, worin die Sondervermögensnatur des Nachlasses besonders klar erscheint. Ausgeschlossenen und säumigen Gläubigern (§§ 1973, 1974) haftet der Erbe nur nach Bereicherungsrecht, § 1973 II S 1.

12 **4.** Das **Verfahren zur Herbeiführung endgültig beschränkter Haftung** bei Nachlaßsonderung durch Nachlaßverwaltung und Nachlaßinsolvenzverfahren. Die **Haftung** des Erben **beschränkt sich nicht von selbst** auf den Nachlaß, sobald die gesetzlichen Voraussetzungen hierfür vorliegen. Der Erbe muß die Initiative ergreifen.

13 a) Wird der endgültige Erbe wegen einer Nachlaßschuld verklagt oder hat der Kläger den Rechtsstreit gegen den Erblasser nach dessen Tod gegen den endgültigen Erben aufgenommen (§ 239 ZPO), so hat der Erbe zunächst den **Schutz der Dreimonatseinreden** nach §§ 2014–2017. Über seine Durchführung vgl vor § 1967 Rz 12 und vor § 2014.

14 b) Soweit der **Erbe verklagt werden kann,** kann das Prozeßgericht seine **beschränkte Haftung** oder sein Recht, sie herbeizuführen, **nicht von Amts wegen,** sondern nur auf Einrede **berücksichtigen,** ohne daß der Erbe einen förmlichen Antrag auf den Vorbehalt der §§ 305, 780 I ZPO stellen muß, RG 69, 291; vor § 1967 Rz 10. Dabei muß der Erbe die Einrede der beschränkten Erbenhaftung bis zum Schluß der letzten Tatsachenverhandlung erheben, da er in die Revisionsinstanz keine neuen Verteidigungsmittel einführen kann, BVerwG NJW 1956, 805; RG HRR 1927, 423. Ausnahmsweise kann er sie im Revisionsverfahren erheben, weil sie vorher noch nicht bestand, etwa weil der Erbfall erst während der Revisionsinstanz eingetreten ist (BGH 17, 69; 54, 204) oder weil der Erbe vorher keinen Anlaß dazu hatte, sie geltend zu machen, weil zB die Nachlaßverwaltung, die ihn bisher davor schützte, selbst verklagt zu werden, erst während des Revisionsverfahrens aufgehoben wurde, RG DR 1944, 292 (294); BGH NJW 1962, 1250 mwN. Dagegen ist die Revision unzulässig, wenn der Erblasser sie eingelegt hat, der Erbe aber nur beantragt, ihm die beschränkte Erbenhaftung vorzubehalten. Der Erbe kann die Beschränkung seiner Haftung auch ohne ihren Vorbehalt im Berufungsurteil geltend machen, BGH 54, 204. Der Richter hat den untätigen Erben nach § 139 ZPO darauf hinzuweisen, daß die Einrede erhoben sei und beachtet werden soll. Das Urteil kann um den Vorbehalt nach § 321 ZPO ergänzt, nicht aber nach § 319 ZPO berichtigt werden, BVerwG NJW 1956, 805. Der Einwand der beschränkten Erbenhaftung muß schon im Verfahren über den Grund des Anspruchs berücksichtigt werden, Köln VersR 1968, 380.

Hat der Nachlaßgläubiger bereits ein Urteil gegen den Erblasser erwirkt, so muß der Erbe die Beschränkung durch Einspruch oder Berufung geltend machen, RG SeuffA 60, 247. Ohne Vorbehalt kann über seine Haftungsbeschränkung auf den Nachlaß nicht durchführen. Das Gericht braucht nicht darüber zu entscheiden, ob oder der Erbe das Recht hat, es braucht ihm das Recht nur vorzubehalten (RG 162, 298), kann indessen nach freiem Ermessen auch darüber sachlich und rechtskräftig entscheiden (RG 77, 245; 137, 54), vor allem, wenn es ohne umfangreiche Beweisaufnahme möglich ist und den Parteien ohne große Schwierigkeiten ein weiterer Prozeß erspart werden kann (Celle NdsRpfl 1962, 232), also den Erben verurteilen und dabei aussprechen, daß er nur mit den Gegenständen des Nachlasses haftet, Baur/Stürner, Zwangsvollstreckungsrecht, Konkurs- und Vergleichsrecht, Bd I, 12. Aufl 1995, Rz 208f. Ausnahmsweise muß das Gericht über das Beschränkungsrecht des Erben im Erkenntnisverfahren entscheiden, wenn während des Rechtsstreits über die Nachlaßschuld die Nachlaßverwaltung angeordnet oder das Nachlaßinsolvenzverfahren eröffnet wird (§§ 240, 241 III ZPO), so daß der Erbe seine Prozeßführungsbefugnis verloren hat. Das aber ist von Amts wegen zu beachten.

c) Hat das Urteil dem Erben sein Recht nur vorbehalten, was auch in den Urteilsgründen geschehen sein kann 15 (KG OLG 7, 134), aber nicht geschehen soll (RG 162, 300), so ist über das Recht auf Vollstreckungsgegenklage des Erben im **Vollstreckungsverfahren** zu entscheiden, §§ 785, 767, 780 I, 781ff ZPO. Mit dieser Klage wehrt der Erbe die Nachlaßgläubiger vom Zugriff auf sein Eigenvermögen ab, indem er eine Haftungsbeschränkung geltend macht, die bereits im Erkenntnis- oder erst im Vollstreckungsverfahren eingetreten ist, §§ 781, 784 I ZPO. Hat das Gericht bereits im Erkenntnisverfahren die beschränkte Haftung festgestellt und den Erben mit dieser Einschränkung verurteilt, so kann der Erbe den Zugriff eines Nachlaßgläubigers in sein Eigenvermögen ebenfalls nur mit dieser Klage abwehren, nicht etwa mit der Klage aus § 771 ZPO, ebenso wie sich auch der amtliche Verwalter dieser Klage bedienen muß, um die Vollstreckung der Eigengläubiger des Erben in den Nachlaß abzuwehren, §§ 1984 II; 784 II ZPO.

6. Der Erbe kann sodann auch **ohne amtliche Nachlaßsonderung** seine **Haftung** endgültig **auf den Nachlaß** 16 **beschränken,** wenn es sich um einen dürftigen überschuldeten oder um einen durch Vermächtnisse und Auflagen überschuldeten Nachlaß handelt, §§ 1990–1992; vor § 1967 Rz 8.

1975 *Nachlassverwaltung; Nachlassinsolvenz*
Die Haftung des Erben für die Nachlassverbindlichkeiten beschränkt sich auf den Nachlass, wenn eine Nachlasspflegschaft zum Zwecke der Befriedigung der Nachlassgläubiger (Nachlassverwaltung) angeordnet oder das Nachlassinsolvenzverfahren eröffnet ist.

1. Voraussetzung der Nachlaßverwaltung und des Nachlaßinsolvenzverfahrens ist ein Antrag. Vgl hierzu 1 § 1981 Rz 2; § 1980 Rz 3; vor § 1967 Rz 10. Die Nachlaßverwaltung ist nur zweckmäßig, wenn bei einem unübersichtlichen Nachlaß die Überschuldung (noch) nicht feststeht. Im Fall der Überschuldung oder der – nur drohenden – Zahlungsunfähigkeit kann das Nachlaßinsolvenzverfahren eröffnet werden, § 320 InsO. Bei erkennbarer Überschuldung besteht hierzu sogar die Pflicht, §§ 1980, 1985 II. Zur Vermeidung von Schadensersatzpflichten ist deshalb das Insolvenzverfahren häufig vorzuziehen. Beide Verfahren führen zur beschränkten Haftung des Erben (vgl vor § 1975 Rz 3) und zur Haftungs- oder Nachlaßsonderung (separatio bonorum). Nachlaßgläubiger können nicht mehr in das Eigenvermögen des Erben, Eigengläubiger nicht mehr in den Nachlaß vollstrecken, vor § 1975 Rz 3ff. Der Erbe verliert die Prozeßführungsbefugnis über Nachlaßrechte und -schulden (aA teilweise Staud/Marotzke vor § 1967 Rz 32), er kann aber die Vollstreckungsgegenklage nach §§ 784, 767 ZPO (vgl vor § 1975 Rz 18) erheben und mit einer Klage auf Feststellung oder künftige Leistung belangt werden, RG JW 1913, 752. Zum Verlust seines Beschränkungs- und seines Antragrechts vgl vor § 1967 Rz 10. Auch ein verwaltender Testamentsvollstrecker schließt Nachlaßverwaltung und Nachlaßinsolvenzverfahren nicht aus, RG LZ 1919, 875. Ebensowenig steht eine Nachlaßpflegschaft der Anordnung einer Nachlaßverwaltung entgegen, BayObLG 1976, 167 (171).

2. Die **Nachlaßverwaltung** wird in § 1975 als Nachlaßpflegschaft (§ 1960) zur Befriedigung der Nachlaßgläu- 2 biger bezeichnet, RG 135, 307. Sie ist eine Personalpflegschaft, auf die die §§ 1915ff und über § 1915 I die Vorschriften über die Vormundschaft entsprechend anwendbar sind, soweit nicht besondere Vorschriften oder der besondere Zweck der Befriedigung der Nachlaßgläubiger dem entgegenstehen, RG 135, 307; 72, 263; Stuttgart Rpfleger 1984, 416. Zuständig ist das Nachlaßgericht, §§ 1962, 1981; §§ 72, 76 FGG. Nachlaßverwaltung oder -insolvenzverfahren sind nicht über Erbteile möglich, § 316 III InsO. Nach der Teilung des Nachlasses bei einer Miterbengemeinschaft kann nur noch ein Nachlaßinsolvenzverfahren, nicht aber eine Nachlaßverwaltung durchgeführt werden, § 2062 S 2; § 316 II InsO. Im Einverständnis aller Nachlaßgläubiger ist die Nachlaßverwaltung auch zur Vermeidung eines schädigenden Insolvenzverfahrens zulässig, wenn seine Voraussetzungen vorliegen (§ 320 InsO); das gilt sogar bei Insolvenzantragspflicht, § 1980. Der Widerstand von Kleingläubigern kann durch Vollauszahlung an sie oder durch Verzicht des Erben auf sein Haftungsbeschränkungsrecht ihnen gegenüber beseitigt werden, Siber, Haftung für Nachlaßschulden, S 89. Ein Nachlaßinsolvenzverfahren macht diese Vereinbarung hinfällig. Die Nachlaßverwaltung sondert in jedem Fall den Nachlaß vom Eigenvermögen des Erben zur besonderen Haftung beider Vermögensmassen und beschränkt außerdem die Haftung des Erben für Nachlaßschulden auf den Nachlaß, soweit der Erbe sein Beschränkungsrecht noch nicht verloren hat, vgl vor § 1975 Rz 3; vor § 1967 Rz 10.

3. Der **Nachlaßverwalter** hat wegen seiner besonderen Aufgabe, die Nachlaßgläubiger zu befriedigen, nicht 3 die Rechtsstellung eines Nachlaßpflegers, sondern eher die eines Nachlaßinsolvenzverwalters. Er ist nach der zutreffenden herrschenden Meinung nicht gesetzlicher Vertreter (des Nachlasses, der Nachlaßgläubiger oder des Erben), sondern **Amtstreuhänder** mit einer gesetzlichen Verfügungs-, Erwerbs-, Verpflichtungs- und Prozeßführungsermächtigung, Rosenberg/Schwab/Gottwald, Zivilprozeßrecht, 15. Aufl 1993, § 40 II; Jauernig, Zivilprozeßrecht, 27. Aufl 2002, § 18 V 4 mwN über den Meinungsstand. Im eigenen Namen verfügt der Nachlaßverwalter über Vermögensgegenstände des Erben, verpflichtet er den Erben und führt er Rechtsstreitigkeiten über Nachlaßgegenstände als Partei kraft Amtes mit Wirkung für und gegen den Erben, der dabei stets als Träger des Sondervermögens Nachlaß berechtigt und verpflichtet wird, RG 65, 288; 135, 307; 151, 57; KG DFG 1942, 65. Der Erbe, nicht der Nachlaßverwalter, ist daher als Eigentümer eines Nachlaßgrundstücks in das Grundbuch einzutragen, BGH DNotZ 1961, 485. Nach den verschiedenen Vertretertheorien ist der Nachlaßverwalter gesetzlicher Vertreter entweder des Nachlasses, der aber keine juristische Person ist, oder der Nachlaßgläubiger oder des oder der Erben als Träger des Sondervermögens Nachlaß, vgl vor allem Kisch, Festgabe für das RG, Bd VI, S 15ff; Lent ZZP 62, 188ff; Bötticher ZZP 71, 318ff. Der dogmatische Unterschied zwischen Vertreter- und Amtstheorie ist unbedeutend geworden, seitdem überzeugend nachgewiesen ist, daß die Amtstheorie weder sachlich-rechtlich noch verfahrensrechtlich Ziele erreicht, die sich nicht auch aus der Vertretertheorie ableiten ließen, dazu Rosenberg/Schwab/Gottwald, Zivilprozeßrecht, 15. Aufl 1993, § 40 II. Der Theorienstreit hat damit seine praktische Bedeutung verloren, vor allem, wenn man auf dem Boden der Amtstheorie das Amt abgewandelt als eine nur mit einer Verpflichtungs-, Verfügungs-, Erwerbs- und Prozeßführungsermächtigung ausgestattete Amtstreuhand auffaßt, vgl Dölle in FS Fritz Schulz II, S 268ff; Staud/Marotzke § 1985 Rz 3. Nur im Urteilseingang ist nach der Amtstheorie der Name des Nachlaßverwalters als Partei, nach der Vertretertheorie jedoch der der Erben, gesetzlich vertreten durch den Nachlaßverwalter, aufzuführen. Amts- und Vertretungsbegriff widersprechen sich nicht. Der Nachlaßverwalter hat daher die Belange der Erben und der Nachlaßgläubiger wahrzunehmen, er kann sowohl gegen die Erben (§ 1978 II) als auch gegen die Gläubiger vorgehen. Er hat in jedem Fall die Stellung eines gesetzlichen Vertreters im Sinne des § 278, dazu § 278 Rz 13.

4 4. Die **Beendigung der Nachlaßverwaltung** (vgl § 1986 Rz 1) tritt ein: **a)** durch Eröffnung des Nachlaßinsolvenzverfahrens, § 1988 I, **b)** durch Aufhebung nach Feststellung der Geringfügigkeit oder Dürftigkeit des Nachlasses, § 1988 II, **c)** nach Befriedigung aller bekannten Nachlaßgläubiger (BayObLG 76, 167 [173]) und Herausgabe eines etwaigen Restnachlasses an den Erben oder Erschöpfung des Nachlasses (vgl §§ 1985, 1986; KG HRR 1935, 1022), weil damit der Zweck der Nachlaßverwaltung erreicht ist, vgl § 1919, **d)** auch vor Befriedigung der Nachlaßgläubiger, wenn alle nicht befriedigten Gläubiger zustimmen, Hamburg OLG 41, 83, **e)** wenn der Erbe nach Anordnung die Erbschaft wirksam ausschlägt, KGJ 31, 73, **f)** wenn der Vorerbe stirbt und der Nacherbfall eintritt, **g)** wenn das Nachlaßgericht die Anordnung der Nachlaßverwaltung nachträglich für ungerechtfertigt oder ihren Grund für fortgefallen hält, auch auf Antrag des einzelnen Miterben, Hamm JMBl NRW 1955, 230.

5 5. Die **Haftungsbeschränkung bleibt** auch **bestehen**, wenn eine Nachlaßverwaltung ordnungsgemäß durchgeführt und wieder aufgehoben worden ist, BGH NJW 1954, 635; BGH 41, 30, 32; Pal/Edenhofer Rz 2; RGRK/Johannsen Rz 9; einschränkend Soergel/Stein Rz 12ff; Brox Rz 662; aA Siber, Haftung für Nachlaßschulden, S 36f; Staud/Marotzke § 1986 Rz 10. Der Erbe kann sich daher entsprechend §§ 1990, 1991 auch bei nicht geringfügigem Nachlaß (§ 1982) verteidigen, BGH NJW 1954, 635. Bei Vorbehalt im Urteil (§ 780 I ZPO) kann er Nachlaßgläubiger vom Eigenvermögen mit der Vollstreckungsgegenklage abwehren, §§ 781, 785 ZPO. Da er den Nachlaßgläubigern verantwortlich bleibt (§§ 1978, 1979), ist er verpflichtet, die Eröffnung des Nachlaßinsolvenzverfahrens zu beantragen, wenn er von der Überschuldung des Nachlasses erfährt; Nachlaßverwaltung braucht er hingegen nicht erneut zu beantragen. Er kann sie jedoch ebenso wie ein nicht befriedigter Nachlaßgläubiger beantragen, der außerdem nach einer Nachlaßverwaltung, nicht aber nach einem Insolvenzverfahren (§ 2000), dem Erben eine Inventarfrist setzen lassen kann mit dem Ziel, ihn in die unbeschränkbare Haftung zu bringen, vgl dazu aber § 2004. Nur bei einer solchen Behandlung kann der Erbe damit rechnen, einen schuldenfreien Nachlaß zu erhalten, Staud/Marotzke § 1986 Rz 11 und 6; RGRK/Johannsen § 1986 Rz 6; Kipp/Coing § 97 XI 2.

6 6. Auch die Eröffnung des **Nachlaßinsolvenzverfahrens** (§§ 315ff InsO) führt zur Haftungssonderung (vgl vor § 1975 Rz 3). Dieses Verfahren ist mit Wirkung vom 1. 1. 1999 an die Stelle des früheren Nachlaßkonkurs- und Nachlaßvergleichsrechts (dazu 9. Aufl, § 1975 Rz 6f) getreten (§ 335 InsO, Art 110 I, II EGInsO). Übergangsvorschriften enthalten die Art 102ff EGInsO.

7 **a) Allgemeines.** Nachlaßinsolvenz ist zu beantragen, wenn der Nachlaß voraussichtlich nicht ausreicht, so daß die Nachlaßverwaltung nicht zweckmäßig erscheint. Die Eröffnung des Insolvenzverfahrens ist schon vor Annahme der Erbschaft und nach Nachlaßteilung, selbst nach Verlust des Haftungsbeschränkungsrechts des Erben zulässig, § 316 I, II InsO. Das Nachlaßinsolvenzverfahren führt zur **haftungsrechtlichen Trennung** des Nachlasses **vom Eigenvermögen** des Erben, wobei es stets über den gesamten Nachlaß, nicht über einen Erbteil stattfindet (§ 316 III InsO). Es wird also nicht das gesamte Schuldnervermögen verwertet, sondern nur der Nachlaß als Sondervermögen (§§ 11 II Nr 2, 325 InsO: sogenannte **Partikularinsolvenz**). Besitz und Verwaltung über die Nachlaßgegenstände gehen sofort auf den Insolvenzverwalter über (§ 148 I InsO). Er hat den Nachlaß nach den allgemeinen Regeln zu verwerten, § 159 InsO (dazu auch vor § 1967 Rz 10). Bei Anordnung einer Testamentsvollstreckung gelten deren Beschränkungen nach Eröffnung des Nachlaßinsolvenzverfahrens weiter, denn die Insolvenzmasse erfaßt den Nachlaß nur so, wie er den Erben selbst zur Zeit der Insolvenzeröffnung zusteht. Zur Rechtsstellung des Insolvenzverwalters vgl im einzelnen Rz 3.

8 **b) Verfahren.** Der Insolvenzantrag (§ 13 InsO) ist nicht beim Nachlaßgericht, sondern beim **Insolvenzgericht** zu stellen. Örtlich zuständig ist das Insolvenzgericht, in dessen Bezirk der Erblasser zur Zeit seines Todes seinen allgemeinen Gerichtsstand hatte, § 315 InsO. **Antragsberechtigt** ist jeder Erbe, auch ein Miterbe (§ 317 II InsO), der Nachlaßverwalter oder ein anderer Nachlaßpfleger, ein Testamentsvollstrecker und jeder Nachlaßgläubiger, § 317 I InsO. Nachlaßgläubiger haben die **Antragsfrist** des § 319 InsO (zwei Jahre ab Annahme der Erbschaft) zu beachten. Zum Antragsrecht bei Gesamtgut vgl § 318 InsO, zur Antragspflicht des Erben § 1980.

9 **c)** Die **Eröffnungsgründe** für das Nachlaßinsolvenzverfahren sind gegenüber dem früheren Nachlaßkonkurs- und Nachlaßvergleichsrecht erweitert (vgl die Begr zu § 363 RegE, BR-Drucks 1/92, 230f). Gründe für die Eröffnung sind die **Überschuldung**, die **Zahlungsunfähigkeit** (§ 320 S 1 InsO) und die **drohende Zahlungsunfähigkeit** (§ 320 S 2 InsO). Sie sind ausschließlich auf den Nachlaß zu beziehen. Für die drohende Zahlungsunfähigkeit ist also nicht die finanzielle Situation des Erben, sondern die des Nachlasses entscheidend.

10 **d)** Im Nachlaßinsolvenzverfahren können nur **Nachlaßverbindlichkeiten** geltend gemacht werden, § 325 InsO. Die **Reihenfolge ihrer Berichtigung** richtet sich nach den §§ 324, 327 InsO. Diese Bestimmungen erweitern den Kreis der Masse- (§§ 54, 55 InsO) und nachrangigen Insolvenzgläubiger (§ 39 InsO). Zur Rangfolge der Nachlaßgläubiger im einzelnen § 1972 Rz 3. Auch der Erbe kann die ihm gegen den Erblasser zustehenden Ansprüche geltend machen (§ 326 I InsO), weil die mit dem Erbfall eingetretene Konfusion als nicht erfolgt gilt, § 1976. Der Erbschaftskäufer tritt im Verfahren an die Stelle des Erben, § 330 InsO. Besondere Vorschriften sind zu beachten, wenn neben der Sonderinsolvenz über den Nachlaß gleichzeitig das allgemeine Insolvenzverfahren (§ 11 I S 1 InsO) über das Eigenvermögen des Erben durchgeführt wird, § 331 InsO.

§ 1976 Wirkung auf durch Vereinigung erloschene Rechtsverhältnisse

Ist die Nachlassverwaltung angeordnet oder das Nachlassinsolvenzverfahren eröffnet, so gelten die infolge des Erbfalls durch Vereinigung von Recht und Verbindlichkeit oder von Recht und Belastung erloschenen Rechtsverhältnisse als nicht erloschen.

1. Konfusion (= Vereinigung von Recht und Verbindlichkeit; dazu v Lübtow, Erbrecht, 2. Halbb, S 770ff) **und Konsolidation** (= Vereinigung von Recht und Belastung; dazu v Lübtow, aaO, S 789ff) treten mit dem Erbfall in einer Person ein, wenn der Erblasser von einem Alleinerben beerbt wird. Das trifft jedoch nicht zu, wenn Testamentsvollstreckung zur Verwaltung des Nachlasses angeordnet ist, BGH 48, 214 hinsichtlich der Konfusion. Für die Miterbengemeinschaft vgl § 2032 Rz 4. Die Vereinigungswirkung ist nicht bei der Berechnung der Erbschaftsteuer zu berücksichtigen, § 10 III ErbStG. Konfusion und Konsolidation müssen wegen der rückwirkenden Haftungssonderung der Nachlaßverfahren (vgl vor § 1975 Rz 3ff) notwendig mit unmittelbarer, nicht nur verpflichtender Rückwirkung vom Gesetz ungeschehen gemacht werden, also auch bei unbeschränkbarer Haftung des Erben (vgl § 2013 I S 1, der § 1976 nicht erwähnt), nicht jedoch bei Anwachsung nach § 738; § 138 HGB; RG 136, 99; BGH NJW 1981, 156.

2. Wirkungen. Sicherungen erloschener Forderungen durch Bürgschaft oder Pfandrecht bestehen fort. Hat der Hypothekengläubiger den Eigentümer beerbt, so ist die Hypothek vor der Haftungssonderung infolge Untergangs der Forderung durch Konfusion Eigentümergrundschuld geworden, §§ 1163 I S 2, 1177. Mit der Haftungssonderung entsteht eine Hypothek des Erben als Träger seines Eigenvermögens am Grundstück des Erben als Träger des Sondervermögens Nachlaß, so daß der Erbe trotz § 1197 I die Zwangsvollstreckung in das Grundstück betreiben kann, Pal/Edenhofer Rz 3. Ist die Hypothek bereits gelöscht worden, so kann sie nach der Haftungssonderung nur im Range nach anderen Grundstücksrechten eingetragen werden, die inzwischen erworben sind (Dresden RJA 16, 148; Staud/Marotzke Rz 4; aA Breme DNotZ 1920, 110), da die Verfügung (§ 875) des Erben als Eigentümer und Grundschuldgläubiger wirksam bleibt und der Erbe als Träger seines Eigenvermögens nur einen Anspruch gegen den Nachlaß auf Neubegründung einer Hypothek hat. Mit einer wiederaufgelebten Forderung kann sich der Erbe als Nachlaßgläubiger im Nachlaßinsolvenzverfahren beteiligen, § 326 I InsO. Auch künftig können zwischen Nachlaß und Eigenvermögen Rechtsverhältnisse begründet werden, da keine Personeneinheit zwischen Berechtigten und Verpflichteten vorliegt, Pal/Edenhofer Rz 2; Staud/Marotzke Rz 7; aA KG HRR 1932, 1661; RGRK/Johannsen Rz 2; Soergel/Stein § 1975 Rz 4, die die Bedeutung des Sondervermögens mit seiner besonderen rechtlichen Zuordnungsmöglichkeit verkennen. Die Verfügung des Nichtberechtigten wird nachträglich nur wirksam (§ 185 II), wenn der Berechtigte ihn beerbt und dieser als Erbe für die Nachlaßschulden unbeschränkt haftet, wenn es also später ua auch zu keiner Nachlaßverwaltung oder keinem Nachlaßinsolvenzverfahren mit der Folge beschränkter Haftung kommt, Staud/Marotzke Rz 10. Der BGH hat es offengelassen, ob die Anordnung der Nachlaßverwaltung nach § 1976 dazu führt, daß ein Gesellschaftsanteil, der mit dem Erbfall auf den anderen Gesellschafter übergegangen war und sich mit dessen Gesellschaftsanteil vereinigt hatte, nunmehr den Gläubigern gegenüber als fortbestehend gilt, BGH NJW-RR 1991, 683; bejahend Frankfurt JW 1930, 2812.

§ 1977 Wirkung auf eine Aufrechnung

(1) Hat ein Nachlassgläubiger vor der Anordnung der Nachlassverwaltung oder vor der Eröffnung des Nachlassinsolvenzverfahrens seine Forderung gegen eine nicht zum Nachlass gehörende Forderung des Erben ohne dessen Zustimmung aufgerechnet, so ist nach der Anordnung der Nachlassverwaltung oder der Eröffnung des Nachlassinsolvenzverfahrens die Aufrechnung als nicht erfolgt anzusehen.
(2) Das Gleiche gilt, wenn ein Gläubiger, der nicht Nachlassgläubiger ist, die ihm gegen den Erben zustehende Forderung gegen eine zum Nachlass gehörende Forderung aufgerechnet hat.

1. Zweck. Fällt die Erbschaft an einen Alleinerben, so vermischt sich das Vermögen des Erblassers mit dem des Erben zu einem einheitlichen Vermögen, dessen einzelne Gegenstände demselben Rechtsträger, dem Erben, zugeordnet sind. Zwischen einer Forderung gegen den Erblasser und einer Gegenforderung des Erben gegen den Gläubiger des Erblassers (Abs I), zwischen einer Forderung des Erblassers und einer Gegenforderung seines Schuldners gegen den Erben (Abs II) besteht nunmehr Gegenseitigkeit (§ 387), die mit der Haftungssonderung durch Nachlaßverwaltung oder -insolvenz rückwirkend aufgehoben wird, wenn der Erbe nicht mit der Aufrechnung einverstanden war. **Abs I** soll den Erben vor dem Verlust beschränkter Haftung, **Abs II** die Nachlaßgläubiger vor Verminderung des Nachlasses zugunsten der Eigengläubiger des Erben schützen.

2. Voraussetzungen. a) Es muß nach dem Erbfall, aber vor Anordnung Nachlaßverwaltung oder Eröffnung des Nachlaßinsolvenzverfahrens aufgerechnet worden sein.
b) Es muß ein Nachlaßgläubiger (Abs I) oder ein Eigengläubiger gegenüber dem Erben (Abs II) ohne dessen Zustimmung aufgerechnet haben.
c) Nicht in § 1977 geregelt sind die Fälle, in denen die Aufrechnung erst nach Anordnung der Nachlaßverwaltung oder nach Eröffnung des Nachlaßinsolvenzverfahrens erklärt wird. In diesem Zeitpunkt können eine Eigenforderung des Erben und eine Forderung gegen den Nachlaß oder eine Nachlaßforderung und eine Forderung eines Eigengläubigers nicht mehr aufgerechnet werden, weder vom Nachlaß- oder Eigengläubiger noch vom Erben, da nunmehr in beiden Fällen die Gegenseitigkeit fehlt, §§ 1975, 1984 I S 1, 3, II; § 80 InsO. Nunmehr ist der Nachlaß Sondervermögen geworden, das gegenüber dem Eigenvermögen des Erben so behandelt wird, als stände es einem besonderen Rechtsträger zu, obwohl es der Person des Erben ebenso zugeordnet ist wie sein Eigenvermögen. Aus dem gleichen Grund kann der Erbe jetzt eine Nachlaßschuld nicht mehr durch Aufrechnung mit einer Eigenforderung gegen die Nachlaßgläubiger tilgen. Mangels Gegenseitigkeit ist eine Aufrechnung auch in diesem Fall unzulässig; § 267 ist auf die rechtsgestaltende Aufrechnung nicht anwendbar, aA Pal/Edenhofer Rz 2; Staud/Marotzke

Rz 12; RGRK/Johannsen Rz 9. Die Bestimmungen über die Aufrechnung im Nachlaßinsolvenzverfahren bleiben unberührt, §§ 94–96 InsO.

3. Wirksamkeit der Aufrechnung. a) Wirksam bleibt hingegen eine **mit Zustimmung des Erben** von einem Nachlaßgläubiger **erklärte Aufrechnung gegen eine zum Eigenvermögen** des Erben **gehörende Forderung, Abs I.**

b) Nach dem Zweck des Abs I (Schutz des Erben vor dem Verlust beschränkter Haftung) muß das erst recht gelten, wenn der **Erbe** selbst **mit einer Eigenforderung** gegen eine **gegen den Nachlaß gerichtete Forderung** aufrechnet. Damit hat er zugunsten des Nachlasses über sein Eigenvermögen verfügt. Er erhält damit gegen den Nachlaß, ebenso wie wenn er die Nachlaßschuld aus eigenem Barvermögen tilgte, einen Anspruch auf Ersatz seiner Aufwendungen (§§ 1977, 1978 III), zumindest einen Bereicherungsanspruch; im Nachlaßinsolvenzverfahren vgl § 326 II InsO.

c) Hat dagegen ein **Eigengläubiger** des Erben **gegen eine Nachlaßforderung** aufgerechnet, so wird diese Aufrechnung auch dann bei der nachträglichen Gütersonderung unwirksam, wenn der Erbe ihr zugestimmt hat. Anderenfalls könnte der Nachlaß entgegen der Wertung des Abs II zum Nachteil der Nachlaßgläubiger zugunsten der Eigengläubiger des Erben gemindert werden. Obwohl Abs II uneingeschränkt auf Abs I verweist, ist hier eine Zustimmung des Erben zur Aufrechnung des Eigengläubigers rechtlich bedeutungslos, Siber, Haftung für Nachlaßschulden, S 90; Kipp/Coing § 97 IV 3 Fn 13; MüKo/Siegmann Rz 6; aA RG LZ 16, 1364 Nr 9; Planck/Flad Anm 2; RGRK/Johannsen Rz 6; Staud/Marotzke Rz 9.

d) Dasselbe gilt in **Abs II** von der Aufrechnung durch den Erben mit einer Eigenforderung gegen eine Nachlaßforderung, aA RGRK/Johannsen Rz 6.

4. Bei unbeschränkter Haftung des Erben gegenüber allen Nachlaßgläubigern (vgl vor § 1967 Rz 10) gelten beide Absätze nach dem Wortlaut des § 2013 I S 1 nicht. Das Interesse der Nachlaßgläubiger daran, daß mit der Haftungssonderung die Berichtigung des Erben auf Kosten des Nachlasses wegzufallen habe, besteht aber bei unbeschränkbarer Haftung des Erben ebenso wie bei beschränkbarer Haftung. § 2013 I S 1 ist daher einschränkend dahin auszulegen, daß er sich nur auf § 1977 I bezieht, Siber, Haftung für Nachlaßschulden, S 90; Pal/Edenhofer Rz 5; Staud/Marotzke Rz 8; RGRK/Johannsen Rz 7; v Lübtow, Erbrecht, 2. Halbb, S 1130; Brox Rz 681; Soergel/Stein Rz 5. **Haftet der Erbe nur einzelnen Gläubigern gegenüber unbeschränkbar** (vgl vor § 1967 Rz 10), so ist § 2013 II einschränkend dahin auszulegen, daß er sich nur auf § 1977 II bezieht, der die Verkürzung der Nachlaßgläubiger zugunsten des Eigenvermögens des Erben verhütet. Da § 2013 II den § 1975 nicht erwähnt, kann eine relativ unbeschränkbare Haftung diesem Gläubiger nicht wieder beschränkt werden. Sonst würde man es dem Erben erlauben, gegenüber einem solchen Gläubiger die Vorteile beschränkter Haftung zu erhalten, Strohal Bd 2 § 86 II; Pal/Edenhofer Rz 5; Staud/Marotzke Rz 6. Dieser Nachlaßgläubiger kann daher die Eigenforderung des Erben vor und nach Anordnung (Eröffnung) des Verfahrens durch Aufrechnung vernichten.

1978 *Verantwortlichkeit des Erben für bisherige Verwaltung, Aufwendungsersatz*

(1) Ist die Nachlassverwaltung angeordnet oder das Nachlassinsolvenzverfahren eröffnet, so ist der Erbe den Nachlassgläubigern für die bisherige Verwaltung des Nachlasses so verantwortlich, wie wenn er von der Annahme der Erbschaft an die Verwaltung für sie als Beauftragter zu führen gehabt hätte. Auf die vor der Annahme der Erbschaft von dem Erben besorgten erbschaftlichen Geschäfte finden die Vorschriften über die Geschäftsführung ohne Auftrag entsprechende Anwendung.
(2) Die den Nachlassgläubigern nach Absatz 1 zustehenden Ansprüche gelten als zum Nachlass gehörend.
(3) Aufwendungen sind dem Erben aus dem Nachlass zu ersetzen, soweit er nach den Vorschriften über den Auftrag oder über die Geschäftsführung ohne Auftrag Ersatz verlangen könnte.

Schrifttum: *Schnupfhagen*, Verwalterhaftung und Aufwendungsersatz im Erbrecht, Diss Berlin 1985.

1. Zweck der Vorschrift ist es, für die nicht ausgeschlossenen (§ 1970 Rz 1, 3) und nicht säumigen Gläubiger (§§ 1974, 1989) die **gegenständlich beschränkte** durch die **rechnerisch beschränkte Haftung** (vor § 1967 Rz 1) des Erben **zu ergänzen**, wenn das Gesetz den Nachlaßgläubigern trotz Haftungssonderung die Befriedigung aus dem unverkürzten Nachlaß nicht sichern kann. Denn die durch Dritte vor der Haftungssonderung erworbenen Rechte können nicht rückwirkend aufgehoben werden. Die Rechtssicherheit wäre beeinträchtigt. Daher gilt § 1978 nicht bei unbeschränkbarer Haftung gegenüber allen Nachlaßgläubigern (vor § 1967 Rz 10), § 2013 I. Die Haftungssonderung ist daher keine absolute, sondern nur eine relative, nach Maßgabe der kraft ausdrücklicher gesetzlicher Vorschrift (vor § 1975 Rz 3) wirkenden Fiktion. Vgl ferner zum Zweck der Vorschrift vor § 1975 Rz 11.

2. Vor Annahme der Erbschaft ist der Erbe fürsorgeberechtigt, aber nicht -pflichtig, § 1959 Rz 1. Hat er freiwillig erbschaftliche Geschäfte besorgt, so ist er nach Ausschlagung der endgültigen Erben (§ 1959 I), nach Annahme den Nachlaßgläubigern wie ein Geschäftsführer ohne Auftrag verantwortlich. Es gelten entsprechend die §§ 677–684, 259, 260, nach denen er auskunfts-, rechenschafts-, eides- und schadensersatzpflichtig werden und Ersatz seiner Verwendungen (§§ 683, 684) verlangen kann, **Abs I S 2.** Zur entsprechenden Anwendung vgl § 1959 Rz 3. Der vorläufige Erbe braucht nicht auf den Willen eines einzelnen Nachlaßgläubigers zu achten, es genügt, wenn er objektiv die Interessen der Nachlaßgläubiger wahrnimmt. Die Berücksichtigung des Willens eines bestimmten Nachlaßgläubigers entlastet ihn aber diesem gegenüber, Staud/Marotzke Rz 5. Für Verfügungen vor dem Erbfall ist der Erbe nicht verantwortlich. Vollstreckungsmaßnahmen wegen Eigenschulden in Nachlaßgegenstände darf auch der vorläufige Erbe nicht dulden. Er haftet dann aus ungerechtfertigter Bereicherung wegen Befreiung von seiner Eigenschuld, wenn keine Ersatzpflicht aus Geschäftsführung ohne Auftrag entsteht, nach Staud/Marotzke Rz 7 nur nach Bereicherungsrecht.

3. Nach der Annahme der Erbschaft hat der Erbe die Stellung eines Beauftragten, dh er hat den Nachlaß wie 3 fremdes Vermögen zu verwalten und darauf zu achten, daß der Nachlaß nicht zum Nachteil der Nachlaßgläubiger, vor allem nicht zum Vorteil seiner Eigengläubiger verkürzt wird, wobei seine Verantwortung durch § 1979 gemildert, durch § 1980 verschärft wird. Der Erbe ist auskunfts-, rechenschafts-, eides- und schadensersatzpflichtig, §§ 666, 681, 259, 260. Er muß vorhandene Nutzungen herausgeben, für verbrauchte Nutzungen Ersatz leisten, für sich verwandtes Geld verzinsen, § 668. Dagegen gelten jene Auftragsvorschriften nicht, die eine Übernahme der Geschäftsbesorgung durch Rechtsgeschäft voraussetzen, so §§ 662, 663, 664 I S 1, 665, 669, 671–674. Schadensersatzansprüche wegen Verlusts eines Nachlaßgegenstands gegen Dritte gehören bei einer Nachlaßverwaltung auch ohne besondere Ersetzungsvorschrift zum verwalteten Vermögen des Erben, BGH 46, 221.

Eine **dingliche (unmittelbare) Ersetzung** nicht mehr vorhandener Nachlaßgegenstände durch gesetzliche oder rechtsgeschäftliche an ihrer Stelle erworbene Ansprüche, etwa wie in §§ 2019 I, 2111 I, **erfolgt nicht**, BGH NJW-RR 1989, 1226. Rechtsgeschäftlich erlangte Gegenwerte hat der Erbe aber nicht herauszugeben, nicht nur wenn er das Rechtsgeschäft erkennbar für den Nachlaß, sondern wenn er es, wirtschaftlich gesehen, zur Verwaltung des Nachlasses abgeschlossen hat, RG 134, 259. Geht der Wille des Erben aber dahin, mit Mitteln des Nachlasses für sich selbst und nicht für den Nachlaß zu erwerben, so ist er nicht schuldrechtlich verpflichtet, das aus der Geschäftsbesorgung Erlangte an die Nachlaßgläubiger herauszugeben. Er haftet ihnen vielmehr auf Wertersatz wegen schuldhafter Verletzung seiner Verwalterpflichten, BGH NJW-RR 1989, 1226 (1227). Der BGH hat in diesem Urteil die Frage, ob der Erbe kraft Parteiwillens Gegenstände mit dinglicher Wirkung für den Nachlaß erwerben könne, nicht entschieden. Für eine dingliche Surrogation kraft Parteiwillens, Pal/Edenhofer Rz 3. Marotzke (Staud/Marotzke Rz 17) befürwortet zutreffend eine entsprechende Anwendung des § 2041.

Wegen Berichtigung von Nachlaßschulden durch den Erben vgl § 1979, zur Pflicht, die Eröffnung eines Nachlaßinsolvenzverfahrens zu beantragen, vgl § 1980.

Für die Ausschlagung einer Erbschaft oder eines Vermächtnisses ist der Erbe den Nachlaßgläubigern nicht verantwortlich, § 83 InsO. Nach Anordnung (Eröffnung) des Verfahrens hat der Erbe kein Verwaltungsrecht, § 1978 ist nicht mehr anwendbar.

Zur Verjährung der Ansprüche des Nachlasses vgl § 211.

4. Haftung des Erben für Vertreter. a) Für **gesetzliche Vertreter** haftet der Erbe nach § 278. Er haftet also 4 für den Nachlaßpfleger (§§ 1960, 1961), den Testamentsvollstrecker (§ 2219), aber nur mit dem Nachlaß (vgl § 1967 Rz 9), dagegen überhaupt nicht für den Nachlaßverwalter oder -insolvenzverwalter. Diese haften den Nachlaßgläubigern unmittelbar, § 1985 II; § 60 InsO. Das gilt aber nicht für den Nachlaßpfleger, § 1960 Rz 24.

b) Für **Erfüllungsgehilfen** haftet der Erbe ebenfalls nach § 278, bei Übertragung der Verwaltung auf einen Dritten, die ihm gestattet ist (§ 664 I S 1), nur für Verschulden bei der Übertragung, vgl § 664 I S 2.

5. Die Zuordnung der Ansprüche gegen den Erben. Die Ersatzansprüche, die die Gesamtheit der Nachlaß- 5 gläubiger sichern sollen, stehen dem Nachlaß, dh dem Erben als Träger dieses Sondervermögens zu, damit ihre gleichmäßige Wirkung zugunsten aller Nachlaßgläubiger gewährleistet ist. Sie werden während des Nachlaßverfahrens unter Ausschluß der Verfügungsmacht des Nachlaßpflegers und des Erben vom Verwalter geltend gemacht (§ 1985; § 80 InsO; RG HRR 1938, 210) und richten sich gegen das Eigenvermögen des Erben oder der gesamtschuldnerisch haftenden Miterben auch vor Nachlaßteilung (RG 89, 408), das damit den Nachlaßgläubigern auch bei beschränkter Haftung des Erben unbeschränkt haftet, RG Recht 1913 Nr 362; RG 89, 408; Braunschweig OLG 24, 64.

Einem ausgeschlossenen oder säumigen Gläubiger sowie einem Insolvenzgläubiger haftet der Erbe nach §§ 1973, 1974, 1989 nur in Höhe der Bereicherung. Hat der Erbe jedoch eine Erblasserschuld schuldhaft verletzt, so haftet er auch ihnen gegenüber persönlich durch ausschließliche oder zusätzliche Begründung einer Eigenschuld. Hierbei handelt es sich entweder um eine reine Eigenschuld des Erben oder eine Nachlaßeigenschuld, RG 92, 341; § 1967 Rz 3, 9. Auch während des Nachlaßverfahrens kann daher der Gläubiger gegen den Erben klagen.

Die Zuordnung der Ersatzansprüche zum Nachlaß ist für die Berechnung des Nachlaßwerts bedeutsam, vgl §§ 1982, 1988, 1990; §§ 26, 207 InsO.

Die Ersatzansprüche können in den Fällen der §§ 1990, 1992 von einzelnen Nachlaßgläubigern unmittelbar gegenüber dem Erben geltend gemacht werden, § 1991 Rz 3; BGH NJW-RR 1989, 1226, 1228; FamRZ 1992, 1409; Pal/Edenhofer § 1991 Rz 2; Soergel/Stein § 1991 Rz 2; Staud/Marotzke § 1991 Rz 10f; aA Siber, Haftung für Nachlaßschulden, S 77; MüKo/Siegmann § 1991 Rz 7. Dasselbe muß von einem ausgefallenen Nachlaßgläubiger nach Aufhebung des Nachlaßinsolvenzverfahrens oder der Nachlaßverwaltung gelten, vgl § 1975 Rz 5; RGRK/Johannsen Rz 11.

6. Ansprüche auf Verwendungsersatz (§§ 683, 684) stehen dem Erben als Träger seines Eigenvermögens zu. 6 Sie können von seinen Eigengläubigern, ohne Haftungssonderung auch von allen durch Ausschluß, Säumnis, Masseverteilung zurückgesetzten Nachlaßgläubigern und bei Haftungssonderung von solchen Nachlaßgläubigern gepfändet werden, denen gegenüber er unbeschränkt haftet. Sie richten sich gegen den Nachlaß, dessen Sondervermögensträger ebenfalls der Erbe ist. Im Nachlaßinsolvenzverfahren sind sie Masseschulden, § 324 I Nr 1 InsO. Der Erbe kann keine besondere Vergütung für seine Verwaltung verlangen, § 662. Die Verwendungsersatzansprüche können bei Nachlaßverwaltung oder -insolvenz nur gegen den Verwalter geltend gemacht werden. Außerhalb dieser Verfahren kann sich der Erbe in erlaubter Weise aus Nachlaßgegenständen selbst befriedigen. Wegen seiner Ansprüche hat der Erbe in der Nachlaßverwaltung oder dem Nachlaßinsolvenzverfahren kein Zurückbehaltungsrecht, vgl § 323 InsO.

§ 1979 *Berichtigung von Nachlassverbindlichkeiten*
Die Berichtigung einer Nachlassverbindlichkeit durch den Erben müssen die Nachlassgläubiger als für Rechnung des Nachlasses erfolgt gelten lassen, wenn der Erbe den Umständen nach annehmen durfte, dass der Nachlass zur Berichtigung aller Nachlassverbindlichkeiten ausreiche.

1 **1. Zweck.** Der Erbe kann Eigenschulden aus Eigenmitteln tilgen. Verwendet er hierfür Nachlaßmittel, so wird er den Nachlaßgläubigern nach § 1978 ersatzpflichtig, wenn nachträglich durch Anordnung einer Nachlaßverwaltung oder Eröffnung eines Nachlaßinsolvenzverfahrens eine Haftungssonderung eintritt. § 1979 trifft besondere Bestimmungen für die Tilgung der Nachlaßschulden aus dem Eigenvermögen des Erben oder dem Nachlaß. Diese Schulden sind für Rechnung des Nachlasses getilgt, wenn der Erbe den Umständen nach annehmen durfte, der Nachlaß reiche zur Befriedigung aller Nachlaßschulden aus. Dann durfte er die Aufwendungen „den Umständen nach für erforderlich halten" (§ 670), so daß er bei Verwendung von **Eigenmitteln** Ersatz seiner tatsächlichen Aufwendungen aus dem Nachlaß verlangen kann, mag es sich auch um Schulden aus §§ 1973, 1974 iVm § 327 III InsO handeln, § 1978 III. Im Nachlaßinsolvenzverfahren ist der Erbe Massegläubiger, § 324 I Nr 1 InsO. Ein gesetzlicher Übergang der Forderung des befriedigten Gläubigers auf den Erben findet nicht statt, vgl aber § 326 II InsO. Sofern der Erbe eine Nachlaßschuld mit **Nachlaßmitteln** berichtigt, kann er die Tilgung dem Nachlaß bei seiner Rechenschaft in Rechnung stellen. Die Vorschrift schützt daher sowohl den Erben als auch den Gläubiger.

2 **2. Bei unbeschränkter Haftung des Erben gegenüber allen Nachlaßgläubigern** (vor § 1967 Rz 10), nicht dagegen nach Verlust des Beschränkungsrechts gegenüber einzelnen Nachlaßgläubigern (vor § 1967 Rz 10; § 2013 II), ist § 1979 unanwendbar, § 2013 I S 1. Dann tritt der Erbe auch nicht in die Rechtsstellung des befriedigten Gläubigers nach § 326 II InsO ein.

3 **3. Die Prüfungspflicht des Erben** erstreckt sich auf die Zulänglichkeit des Nachlasses, wobei auf Vermächtnisse, Auflagen, ausgeschlossene und ihnen gleichgestellte Gläubiger keine Rücksicht zu nehmen ist, §§ 1980 I S 2, 1973, 1974, 1989, aA Staud/Marotzke Rz 6, 7. Er darf den Nachlaß in der Regel nicht für zulänglich halten, bevor er alle Mittel zur Ermittlung des Aktiv- und Passivbestands des Nachlasses ausgeschöpft hat, vor allem ein Inventar errichtet (§§ 1993, 2009, 2061) und im Fall des § 1980 II S 2 das Aufgebotsverfahren beantragt hat, BGH FamRZ 1984, 1004; RGRK/Johannsen Rz 7. Eine unbestimmte, übertriebene Besorgnis berechtigt ihn jedoch nicht zur Verweigerung der Befriedigung, wie ihn umgekehrt ein rechtskräftiges Urteil nicht zur Berichtigung berechtigt und damit entlastet. Mußte er erst nach Rechtskraft an der Zulänglichkeit zweifeln, so muß er Insolvenzantrag stellen (§ 1980), so daß die Wirkungen der §§ 89, 321 InsO eintreten. Vor der Rechtskraft muß er, solange die Überschuldung nicht sicher feststellbar ist, die Behelfe der §§ 719, 707, 718, 712 ZPO gebrauchen, Staud/Marotzke Rz 8.

4 **4. Fehlen die Voraussetzungen des § 1979,** so ist der Erbe ersatzpflichtig, § 1978. Die Nachlaßgläubiger und damit der Nachlaß- und der Insolvenzverwalter brauchen die Berichtigung nicht für Rechnung des Nachlasses gelten zu lassen. **a)** Hat der Erbe die **Nachlaßschuld aus Eigenmitteln** getilgt, so tritt er, wenn er nicht unbeschränkbar haftet, im Nachlaßinsolvenzverfahren kraft gesetzlichen Forderungsübergangs an die Stelle des befriedigten Gläubigers, § 326 II InsO. Er kann dessen Forderung mit gleicher Rangstelle ohne Rücksicht auf die Höhe des eigenen Aufwands geltend machen. Mit der Forderung gehen akzessorische Sicherungsrechte auf ihn über, §§ 412, 401; RG 55, 158. Außerhalb des Insolvenzverfahrens bleibt der Erbe auf einen Bereicherungsanspruch beschränkt, §§ 1978 III, 684; RGRK/Johannsen Rz 4. **b)** Hat der Erbe die **Nachlaßschuld aus Nachlaßmitteln getilgt,** so ist er nach § 1978 I, II ersatzpflichtig. Er haftet nur soweit, wie vor- und gleichrangige Gläubiger im Nachlaßinsolvenzverfahren weniger erhalten, als sie erhalten hätten, wenn die Zahlungen des Erben unterblieben wären, BGH NJW 1985, 140; Düsseldorf FamRZ 2000, 1332. Im Insolvenzverfahren kann er den zu Unrecht entnommenen Betrag der Masse zurückerstatten, um nachträglich die Rechtsstellung des befriedigten Gläubigers aus § 326 II InsO zu erhalten, Staud/Marotzke Rz 16.

5 **5. Anfechtung der Befriedigung.** Auch eine Befriedigung eines Nachlaßgläubigers unter Verletzung des § 1979 ist wirksam, RG JW 1908, 487. Sie kann aber wie eine unentgeltliche Verfügung des Erben durch den Nachlaß- oder Insolvenzverwalter angefochten werden, § 129 InsO; §§ 3–5 AnfG; §§ 1984 I, 1985 I. Das Anfechtungsrecht kann, da es zum Nachlaß gehört, nur vom Insolvenz- und Nachlaßverwalter ausgeübt werden, Pal/Edenhofer Rz 5; aA RGRK/Johannsen Rz 5. Der einzelne Nachlaßgläubiger ist nur in den Fällen der §§ 1990, 1992 anfechtungsberechtigt, MüKo/Siegmann Rz 7; Pal/Edenhofer Rz 5; aA Staud/Marotzke Rz 19 und RGRK/Johannsen Rz 5, die das Anfechtungsrecht auch bei bestehender Nachlaßverwaltung jedem durch die Berichtigung einer Nachlaßforderung in seiner Rechtsstellung verkürzten Nachlaßgläubiger einräumen wollen.

§ 1980 *Antrag auf Eröffnung des Nachlassinsolvenzverfahrens*
(1) Hat der Erbe von der Zahlungsunfähigkeit oder der Überschuldung des Nachlasses Kenntnis erlangt, so hat er unverzüglich die Eröffnung des Nachlassinsolvenzverfahrens zu beantragen. Verletzt er diese Pflicht, so ist er den Gläubigern für den daraus entstehenden Schaden verantwortlich. Bei der Bemessung der Zulänglichkeit des Nachlasses bleiben die Verbindlichkeiten aus Vermächtnissen und Auflagen außer Betracht.
(2) Der Kenntnis der Zahlungsunfähigkeit oder der Überschuldung steht die auf Fahrlässigkeit beruhende Unkenntnis gleich. Als Fahrlässigkeit gilt es insbesondere, wenn der Erbe das Aufgebot der Nachlassgläubiger nicht beantragt, obwohl er Grund hat, das Vorhandensein unbekannter Nachlassverbindlichkeiten anzunehmen; das Aufgebot ist nicht erforderlich, wenn die Kosten des Verfahrens dem Bestand des Nachlasses gegenüber unverhältnismäßig groß sind.

§ 1981 Haftung für Nachlaßverbindlichkeiten

1. Zweck. Die durch Art 37 Nr 37 EGInsO (BGBl I 2926) zum 1. 1. 1999 neugefaßte Vorschrift verschärft die Haftung des Erben über den § 1978 hinaus dadurch, daß sie ihm die Pflicht auferlegt, unverzüglich (§ 121) Eröffnung des Nachlaßinsolvenzverfahrens zu beantragen, sobald er von der Zahlungsunfähigkeit oder der Überschuldung des Nachlasses Kenntnis erhält oder bei pflichtgemäßer Sorgfalt hätte erlangen können, wenn er dem Gläubiger nicht für den hieraus entstehenden Schaden ersatzpflichtig werden will. Neben der Pflicht zum Insolvenzantrag steht nur das Recht zum Antrag auf Nachlaßverwaltung, § 1981 I.

2. Keine Verpflichtung des Erben zum Insolvenzantrag besteht in folgenden Fällen: **a)** wenn die Zahlungsunfähigkeit oder die Überschuldung des Nachlasses nur auf Vermächtnissen und Auflagen beruht, also beim nur überbeschwerten Nachlaß, da sich der Erbe diesen Gläubigern gegenüber nach § 1992 verteidigen kann, **b)** gegenüber ausgeschlossenen und ihnen gleichgestellten Gläubigern (§§ 1973, 1974, 1989) oder wenn die Zahlungsunfähigkeit nur auf ihren Forderungen beruht, Siber, Haftung für Nachlaßschulden, S 70; aA Staud/Marotzke Rz 3, **c)** bei unbeschränkter Haftung gegenüber allen Nachlaßgläubigern (§ 2013 I), obwohl das Antragsrecht des Erben erhalten bleibt, §§ 316 I, 317 InsO, **d)** wenn ein inländischer Gerichtsstand für die Eröffnung des Insolvenzverfahrens fehlt, oder **e)** wenn sämtliche Nachlaßgläubiger ihm diese Pflicht erlassen, BayObLG RJA 6, 119; Molitor JherJb 69, 293ff.

3. § 1980 I S 1 verlangt **Kenntnis des Erben von der Zahlungsunfähigkeit oder der Überschuldung** des Nachlasses. Die Vorschrift erfaßt damit neben der Überschuldung auch den ab 1. 1. 1999 geltenden Nachlaßinsolvenzgrund der Zahlungsunfähigkeit (dazu § 1975 Rz 9; zur Anpassung des § 1980 vgl Art 33 Nr 37 EGInsO, BGBl I 1994, 2926). § 1980 I S 1 entspricht insoweit § 320 S 1 InsO.

a) Für die Berücksichtigung der **Zahlungsunfähigkeit** im Rahmen des § 1980 I 1; § 320 S 1 InsO spricht, daß die Feststellung der Überschuldung des Nachlasses oft geraume Zeit in Anspruch nimmt. Während dieser Zeit können – selbst wenn Nachlaßverwaltung angeordnet ist – die Nachlaßgläubiger in den Nachlaß vollstrecken (§ 1985) und ihm so wertvolle Vermögensstücke entziehen, die bei späterer Eröffnung des Nachlaßinsolvenzverfahrens nur unter den Anfechtungsvoraussetzungen zurückgewonnen werden können (vgl die Begr zu § 363 RegE, BR-Drucks 1/92, 230f). Das kann vermieden werden, wenn der Erbe schon im Fall der Zahlungsunfähigkeit das Nachlaßinsolvenzverfahren zu beantragen hat.

b) Wie bisher ist auch die **Überschuldung** Insolvenzgrund, § 320 S 1 InsO. Sie liegt vor, wenn die Aktiven des Nachlasses (§ 2001 I) zur vollen Befriedigung aller Nachlaßgläubiger nicht ausreichen. Dabei kommen außer den Masseverbindlichkeiten (§§ 55, 324 InsO) alle in den §§ 326, 327 InsO genannten Schulden in Betracht, also auch die dem Nachlaß zugeordneten einbringlichen Ersatzansprüche der Nachlaßgläubiger gegen den Erben aus den §§ 1978, 1979 sowie solche aus Vermächtnissen und Auflagen. Unabhängig von diesem Recht ist die **Pflicht** des Erben zum Insolvenzantrag, um die Schadensersatzpflicht § 1980 I S 2 zu vermeiden. Sie wird nur durch eine Überschuldung begründet, bei der die Schulden aus Vermächtnissen und Auflagen außer Betracht bleiben, § 1980 I S 3.

c) Der Insolvenzgrund der **drohenden Zahlungsunfähigkeit** (§ 320 S 2 InsO) ist dagegen im Rahmen des § 1980 **nicht** berücksichtigt. Bei drohender Zahlungsunfähigkeit eines zum Nachlaß gehörenden Unternehmens soll der Erbe noch die Möglichkeit haben, ohne die Gefahr von Schadenersatzpflichten die Sanierung zu versuchen (vgl die Begr zu Art 31 RegE EGInsO, BT-Drucks 12/3803, Nr 36).

4. Die **Fahrlässigkeit** (§ 276) muß sich darauf beziehen, daß Zahlungsunfähigkeit vorliegt oder daß die Passiven die Aktiven überwiegen, **Abs I S 1.** Unterläßt es der Erbe, das Aufgebot der Nachlaßgläubiger zu beantragen (§§ 1970ff), so befindet er sich stets unter den besonderen Voraussetzungen des **Abs II S 2** in fahrlässiger Unkenntnis der Überschuldung. Darüber hinaus muß er sich durch Inventarerrichtung oder als Miterbe durch privates Aufgebot (§ 2061) Gewißheit über die Frage der Überschuldung zu verschaffen suchen, ehe er etwa einen Gläubiger, mag dieser auch ein rechtskräftiges Urteil in Händen haben (§ 1979 Rz 3), ohne die Voraussetzungen des § 1979 befriedigt, RGRK/Johannsen Rz 15ff.

5. Die **Pflicht obliegt** nach Anordnung einer Nachlaßverwaltung nur dem Verwalter (§ 1985 II), dem Erben bei schuldhaft mangelhafter Unterrichtung des Verwalters (Staud/Marotzke Rz 14; aA Planck/Flad Anm 2, der nur mit § 826 hilft), während das Recht des Erben neben dem des Verwalters selbständig bestehen bleibt, § 317 InsO. Dem Erben und jedem schuldhaft handelnden Miterben obliegt die Pflicht erst von der Annahme der Erbschaft an. Etwas anderes gilt nur dann, wenn der vorläufige Erbe sich in die Geschäfte des Nachlasses einmischt und einzelne Nachlaßgläubiger ohne Kenntnis der Zulänglichkeit des Nachlasses befriedigt, RGRK/Johannsen Rz 7; aA Staud/Marotzke Rz 15 und Planck/Flad Anm 2, die den vorläufigen Erben auch in diesem Fall nicht zum Insolvenzantrag verpflichten, sondern allenfalls § 1978 I S 2 haften lassen wollen. Nicht antragspflichtig sind der Nachlaßpfleger (§ 1960, 1961; KG OLGZ 75, 161) und der Testamentsvollstrecker, die aber dem Erben verantwortlich sind, §§ 1915, 1833, 2216, 2219.

Umfang und Inhalt des **Ersatzanspruchs** bestimmen sich nach §§ 249ff. Er richtet sich gegen den Erben oder die Miterben als Gesamtschuldner (§§ 823 II, 1980 I, 840 I, 421ff) und ist vom Insolvenzverwalter geltend zu machen.

6. Hat der Erbe die Erbschaft wirksam ausgeschlagen, ist er nicht mehr berechtigt, die Eröffnung des Insolvenzverfahrens zu beantragen, dazu im einzelnen § 1975 Rz 6ff.

1981 *Anordnung der Nachlassverwaltung*

(1) Die Nachlassverwaltung ist von dem Nachlassgericht anzuordnen, wenn der Erbe die Anordnung beantragt.
(2) Auf Antrag eines Nachlassgläubigers ist die Nachlassverwaltung anzuordnen, wenn Grund zu der Annahme besteht, dass die Befriedigung der Nachlassgläubiger aus dem Nachlass durch das Verhalten oder

§ 1981

die Vermögenslage des Erben gefährdet wird. **Der Antrag kann nicht mehr gestellt werden, wenn seit der Annahme der Erbschaft zwei Jahre verstrichen sind.**
(3) Die Vorschrift des § 1785 findet keine Anwendung.

Schrifttum: *Fahrenkamp,* Bis zu welchem Zeitpunkt kann der Erbe seinen Antrag auf Nachlaßverwaltung zurücknehmen?, NJW 1975, 1637; *Möhring/Beisswingert/Klinghöffer,* Vermögensverwaltung in Vormundschafts- und Nachlaßsachen, 7. Aufl 1991; *Pütter,* Der Nachlaßverwalter als Unternehmer, Diss Münster, 1999; *Reihlen,* Kann ein Miterbe Nachlaßverwalter werden?, MDR 1989, 603.

1 1. Zum **Zweck** und den **Wirkungen** der **Nachlaßverwaltung** vgl vor § 1975 Rz 3–11, zu ihren Voraussetzungen, ihrer Rechtsnatur und ihrer Beendigung vgl § 1975 Rz 1, 2, 4. Im Gegensatz zur gewöhnlichen Nachlaßpflegschaft (§ 1960) wird sie nur auf einen Antrag angeordnet, der nach Anordnung nicht mehr zurückgenommen werden kann, KG JFG 22, 66. Ist sie von Amts wegen oder auf Antrag eines Nichtberechtigten angeordnet, so ist sie auf Antrag oder von Amts wegen (§ 18 FGG) oder auf Beschwerde (KG RJA 7, 102) aufzuheben, wenn ein Berechtigter nicht nachträglich den Antrag stellt. Bis zur Aufhebung bleibt sie wirksam, RG Recht 1909, 21 (27). Sie unterliegt nicht der Gläubigeranfechtung, RG LZ 1907, 841.

2 2. Die Nachlaßverwaltung ist zunächst auf **Antrag des Erben** anzuordnen, der sich durch Erbschein oder Verfügung von Todes wegen ausweisen muß, wenn er noch nicht allen Nachlaßgläubigern gegenüber unbeschränkbar haftet, § 2013 I, vgl vor § 1967 Rz 10. Wird sie gleichwohl angeordnet, so kann der Erbe seine Haftung dennoch nicht beschränken. Hat er sein Beschränkungsrecht gegenüber einzelnen Nachlaßgläubigern verloren, so führt er nur noch die Haftungsbeschränkungen gegenüber den übrigen und die Haftungssonderung herbei, vor § 1975 Rz 3–11. Miterben können den Antrag nur zur Nachlaßverwaltung nur gemeinschaftlich stellen, § 2062. Der Antrag setzt keine Erbschaftsannahme voraus, RGRK/Johannsen Rz 1; Pal/Edenhofer Rz 3; aA Kipp/Coing § 97 I 1; Staud/Marotzke Rz 11. Er braucht sie als Sicherungsmaßnahme auch nicht schlüssig zu enthalten, KGJ 31, 73; 38, 51; § 1943 Rz 3. Es darf aber kein Nachlaßinsolvenzverfahren eröffnet sein, § 1988 I. Ist über das Eigenvermögen des Erben das Insolvenzverfahren eröffnet, so kann er oder der Insolvenzverwalter die Nachlaßverwaltung beantragen und dadurch die Haftungssonderung herbeiführen, LG Aachen NJW 1960, 48. Für die zeitliche Begrenzung des Antrags sorgen die zeitlich beschränkten Einreden der §§ 2014ff oder die Nachlaßgläubiger mit dem Antrag auf Inventarfrist, § 1994 I. Weitere Voraussetzungen sind nicht erforderlich, jedoch zwingt bei Zahlungsunfähigkeit oder Überschuldung den Verwalter sofort zum Insolvenzantrag, vgl § 1980 Rz 5.

3 3. **Andere Antragsberechtigte** sind der Erbschaftskäufer an Stelle des Erben (§ 2383), neben ihm der Erbe wie ein Nachlaßgläubiger in den entsprechenden Fällen des § 330 II InsO (Staud/Marotzke Rz 14), der Nacherbe nach Eintritt des Nacherbfalls (§ 2144 I; Brox Rz 690), der verwaltende Testamentsvollstrecker entsprechend § 317 InsO neben dem Erben. Die Nachlaßpfleger der §§ 1960, 1961, die weder für die Gläubigerbefriedigung auf Grund rechtlicher Beziehungen zu diesen noch für die Haftungsbeschränkung zu sorgen haben, sind dagegen nicht antragsberechtigt, KG JFG 21, 214; RGRK/Johannsen Rz 8; Staud/Marotzke Rz 14; Brox Rz 690; aA Soergel/Stein Rz 4. Das Antragsrecht des Ehegatten beim einem Nachlaß, der zum Gesamtgut einer Gütergemeinschaft gehört, regelt sich entsprechend § 318 I InsO.

4 4. Antragsberechtigt ist ferner jeder **Nachlaßgläubiger,** auch der ausgeschlossene und ihm gleichgestellte (§§ 1973, 1974, 1989), auch wenn er gleichzeitig Miterbe ist. Der Antrag des Nachlaßgläubigers setzt nach **Abs II** voraus, daß die begründete Annahme besteht, durch das Verhalten oder die Vermögenslage des Erben werde die Befriedigung der Nachlaßgläubiger gefährdet, Rz 5. Die Nachlaßverwaltung kann auch bei unbeschränkbarer Haftung des Erben gegenüber allen Nachlaßgläubigern beantragt werden (§ 2013 I), allerdings nur zur Haftungssonderung, vor § 1975 Rz 3–11. Auch die Pflichtteilsberechtigten, Vermächtnisnehmer und Auflageberechtigten sind antragsberechtigt, selbst wenn nur ein einziger Gläubiger vorhanden ist, BayObLG OLG 6, 312; KG RJA 7, 19. Annahme der Erbschaft ist hier nicht erforderlich, Staud/Marotzke Rz 21; RGRK/Johannsen Rz 11; aA Kipp/Coing § 97 I 2. In der Regel wird jedoch eine Nachlaßpflegschaft (§§ 1960, 1961) genügen, da die Nachlaßverwaltung möglicherweise aufgehoben werden müßte, wenn ihre Voraussetzungen in der Person des endgültigen Erben nicht gegeben sind.

Der Gläubiger muß die **Forderung** und ihre **Gefährdung glaubhaft machen,** § 15 II FGG, KG OLG 12, 357; Staud/Marotzke Rz 24. Es besteht aber eine Ermittlungspflicht des Nachlaßgerichts nach § 12 FGG, Colmar OLG 24, 66; KG OLGZ 77, 309 (312); Soergel/Stein Rz 10. Das Antragsrecht ist auf zwei Jahre nach Annahme der Erbschaft befristet (**Abs II S 2**), da die Gütersonderung desto schwieriger wird, je weiter der Erbfall zurückliegt.

5 5. Die **Befriedigung der Nachlaßgläubiger** muß durch das nicht notwendig schuldhafte Verhalten des Erben **gefährdet** sein, etwa durch voreilige Gläubigerbefriedigung oder durch seine oder auch nur eines Miterben, KGJ 43, 79. Die schlechte Vermögenslage des Nachlasses, die einen Zugriff der Eigengläubiger befürchten läßt, oder ungenaue Angaben des Erben über den Wert des Nachlasses reichen nicht aus, KG HRR 1930, 1109; BayObLG FamRZ 2002, 1737; Staud/Marotzke Rz 22. Die Befriedigung der Gläubigergesamtheit muß gefährdet sein; Beeinträchtigung eines Einzelnen, die sich aus der normalen Nachlaßabwicklung ergibt, genügt nicht, München JFG 15, 268; KG DFG 1941, 25; Staud/Marotzke Rz 22; aA RGRK/Johannsen Rz 16. Das Verhalten eines verwaltenden Testamentsvollstreckers kann dabei dem Erben nur zur Last gelegt werden, wenn der Erbe nicht alle Schutzmaßnahmen dagegen ergriffen hat, RGRK/Johannsen Rz 14; Staud/Marotzke Rz 23. Die Gegenmeinung will dem Erben dagegen das Verhalten des Testamentsvollstreckers stets zurechnen, KG OLG 18, 316; Planck/Flad Anm 3 a. Die Gefährdung kann durch Sicherheitsleistung, nicht schon durch Erbieten dazu, beseitigt werden, KG OLG 12, 357.

6 6. Die **Anordnung der Nachlaßverwaltung** besteht in der Bestellung eines Nachlaßverwalters. Der Erbe ist als Nachlaßverwalter ausgeschlossen, da die Gütersonderung sonst unvollkommen wäre, wohl aber kann der ver-

waltende Testamentsvollstrecker oder der Zwangsverwalter eines Nachlaßgrundstücks bestellt werden, KG JFG 18, 331; Pal/Edenhofer Rz 7. Zur Rechtsstellung des Nachlaßverwalters § 1975 Rz 3. Entgegen § 1785 besteht keine Pflicht zur Übernahme des Amtes, **Abs III**. Eine Bestallungsurkunde ist nach §§ 1791, 1915 zu erteilen. Die Vergütung richtet sich nach § 1987.

Die Anordnung der Nachlaßverwaltung wird mit der Bekanntgabe an den Erben wirksam, § 16 II FGG. Eine Nachlaßpflegschaft wird mit der Bekanntgabe an den Pfleger wirksam, BayObLG 76, 167 (171).

7. Die örtliche und sachliche **Zuständigkeit des Nachlaßgerichts** bestimmt sich nach §§ 72–74 FGG. Funktionell zuständig für die Entscheidung über die Anordnung und Aufhebung der Nachlaßverwaltung ist der **Rechtspfleger**, §§ 3 Nr 2 lit c, 16 I RpflG. Gegen seine Entscheidung ist das **Rechtsmittel** gegeben, das nach allgemeinen Vorschriften zulässig ist, § 11 I RpflG. Für den Rechtsschutz bei Anordnung oder Ablehnung der Nachlaßverwaltung und ihrer Aufhebung gilt folgendes:

a) Wird der **Antrag** auf Anordnung der Nachlaßverwaltung **zurückgewiesen**, so kann nur der Antragsteller (zu den Antragsberechtigten s Rz 3 und 4) die **einfache Beschwerde** einlegen, §§ 19, 20 II FGG. Miterben, die den Antrag gemeinsam gestellt haben, können das Beschwerderecht nur gemeinschaftlich ausüben, Pal/Edenhofer Rz 8; Staud/Marotzke Rz 38; Keidel/Kuntze/Winkler § 76 FGG Rz 3.

b) Wird dem **Antrag** auf Anordnung der Nachlaßverwaltung **stattgegeben**, so ist danach zu unterscheiden, ob der Erbe bzw die Miterben oder ein Nachlaßgläubiger die Nachlaßverwaltung beantragt hatten.

aa) Hat das Nachlaßgericht die Nachlaßverwaltung auf **Antrag des oder der Erben** (§ 2062) angeordnet, so ist gegen diese Verfügung eine **Beschwerde** grundsätzlich **unzulässig**, § 76 I FGG. Das gilt auch für eine Beschwerde des Testamentsvollstreckers, Staud/Marotzke Rz 35; Dresden SeuffBl 72, 1060. Sie ist auch nicht zulässig, wenn ein Antrag auf Aufhebung der Nachlaßverwaltung aus Gründen zurückgewiesen worden ist, die schon bei der Anordnung der Nachlaßverwaltung vorhanden waren, KGJ 36, 70; Keidel/Kuntze/Winkler § 76 FGG Rz 2. Dagegen ist die Beschwerde entgegen § 76 I FGG zulässig, wenn die Anordnung der Nachlaßverwaltung rechtlich unzulässig ist, Aachen NJW 1960, 48. Die übrigen Miterben sind trotz § 76 I FGG beschwerdeberechtigt, wenn die Nachlaßverwaltung entgegen § 2062 auf Antrag nur eines Miterben angeordnet worden ist.

bb) Hat das Nachlaßgericht die Nachlaßverwaltung auf **Antrag eines Nachlaßgläubigers** angeordnet, so findet gegen diese Verfügung die **sofortige Beschwerde** statt, §§ 76 II S 1, 22 FGG. Dieses Rechtsmittel steht nur dem Erben, jedem Miterben sowie dem verwaltenden Testamentsvollstrecker zu, § 76 II S 2 FGG. Nachlaßgläubiger oder Eigengläubiger des Erben sind demgegenüber nicht beschwerdeberechtigt.

c) Gegen die **Aufhebung der Nachlaßverwaltung** ist die **Beschwerde** des Antragstellers und der rechtlich Interessierten zulässig, § 57 I Nr 3 FGG. Zu ihnen gehört im Regelfall nicht der Nachlaßverwalter, RG 151, 62, es sei denn, er ist gegen seinen Willen entlassen worden, KGJ 40, 42.

8. Die Anordnung der Nachlaßverwaltung ist dem Finanzamt mitzuteilen, § 7 I Nr 5 ErbStDVO idF vom 8. 9. 1998, BGBl I 2658, geändert 19. 12. 2000, BGBl I 1790.

1982 *Ablehnung der Anordnung der Nachlassverwaltung mangels Masse*

Die Anordnung der Nachlassverwaltung kann abgelehnt werden, wenn eine den Kosten entsprechende Masse nicht vorhanden ist.

1. Zu den **Kosten der Nachlaßverwaltung** gehören die Gebühren, Auslagen und die Vergütung des Nachlaßverwalters, §§ 1983, 1987; §§ 106, 136ff KostO.

2. Zur **Masse** gehören auch die Ersatzansprüche gegen den Erben nach §§ 1978–1980. Ob die Verwertung der Masse bei der Entscheidung über die Anordnung der Nachlaßverwaltung – nicht schon beim Erbfall – keinen Erlös verspricht, der die Kosten der Verwaltung übersteigt, ist notfalls durch Sachverständige festzustellen. Ein ganz geringfügiger Überschuß bleibt außer Betracht (Pal/Edenhofer Rz 1), während unwirtschaftlicher Kostenaufwand nicht genügt, Staud/Marotzke Rz 3; aA Soergel/Stein Rz 2; Hamburg OLG 11, 228. Bei ausreichendem Vorschuß erfolgt keine Einstellung oder Aufhebung, entsprechend § 207 I S 2 InsO. Nach Ablehnung der Anordnung hat der Erbe die Einrede der beschränkten Haftung, §§ 1990, 1991.

3. **Später** kann die **Nachlaßverwaltung aufgehoben** werden, wenn keine die Kosten deckende Masse vorhanden ist, § 1988 II.

1983 *Bekanntmachung*

Das Nachlassgericht hat die Anordnung der Nachlassverwaltung durch das für seine Bekanntmachungen bestimmte Blatt zu veröffentlichen.

1. Die **Anordnung** der Nachlaßverwaltung wird **wirksam mit** der Zustellung des Anordnungsbeschlusses an den Erben (§§ 16, 76 II 1 FGG) oder alle Miterben (§ 16 I FGG) oder den verwaltenden Testamentsvollstrecker oder den Nachlaßpfleger. Hat der oder haben die Erben selbst den Antrag gestellt, so genügt die formlose Mitteilung an alle, § 16 II S 2 FGG. Die Bekanntmachung, in die Name und Anschrift des Verwalters aufzunehmen sind und die im Bundesanzeiger zu erfolgen braucht, ist keine Voraussetzung für die Wirksamkeit. Nur für die entsprechende Anwendung des § 82 InsO (§ 1984) kommt es auf die Veröffentlichung an.

2. Die **Eintragung der Nachlaßverwaltung in das Grundbuch** ist zulässig und notwendig, damit die Verfügungsbeschränkung des Erben (§ 1984) auch gegenüber gutgläubigen Erwerbern wirkt, §§ 892 I S 2, 893. Sie ist beim Eigentum an Nachlaßgrundstücken und bei beschränkten dinglichen Rechten sowie bei Rechten an solchen Rechten durchzuführen, wenn die Beeinträchtigung der Nachlaßgläubiger durch Gutglaubensschutz möglich ist,

KG OLG 6, 475; Staud/Marotzke § 1984 Rz 12. Das Nachlaßgericht ist zu einem Eintragungsersuchen (§ 38 GBO) nicht verpflichtet, wohl aber berechtigt, Soergel/Stein Rz 2; für Pflichten des Nachlaßgerichts Strohal Bd 2 § 79 Fn 17; Staud/Marotzke § 1984 Rz 13. Trägt das Grundbuchamt auf Ersuchen ein, so ist jedenfalls kein Amtswiderspruch eintragbar, da das Grundbuch nicht unrichtig ist, § 53 GBO. Zum Eintragungsantrag berechtigt und verpflichtet ist aber, und zwar ohne Zustimmung des Erben (§§ 13 II, 22 I S 2 GBO), der Nachlaßverwalter, den das Nachlaßgericht hierzu anzuhalten hat, §§ 1915, 1837; RGRK/Johannsen Rz 3; Pal/Edenhofer Rz 2.

1984 *Wirkung der Anordnung*

(1) Mit der Anordnung der Nachlassverwaltung verliert der Erbe die Befugnis, den Nachlass zu verwalten und über ihn zu verfügen. Die Vorschriften der §§ 81 und 82 der Insolvenzordnung finden entsprechende Anwendung. Ein Anspruch, der sich gegen den Nachlass richtet, kann nur gegen den Nachlassverwalter geltend gemacht werden.

(2) Zwangsvollstreckungen und Arreste in den Nachlass zugunsten eines Gläubigers, der nicht Nachlassgläubiger ist, sind ausgeschlossen.

1   1. Zu den **Folgen der Nachlaßabsonderung oder Güter- oder Haftungssonderung** im allgemeinen vgl vor § 1975 Rz 3–11. § 1984 gilt auch, wenn der Erbe allen Nachlaßgläubigern endgültig unbeschränkt, also unbeschränkbar, haftet. § 1984 ist in § 2013 I, der für den Fall unbeschränkter Haftung die Anwendung bestimmter Vorschriften ausschließt, nicht erwähnt.

2   2. Der Erbe verliert seine Verwaltungsbefugnis nicht mit dem Anordnungsbeschluß, sondern erst nach der Zustellung oder Mitteilung, § 1983 Rz 1. Damit erhält der Nachlaßverwalter sein Verwaltungs- und Verfügungsrecht, während seine Pflicht nicht vor Kenntnis seiner Bestellung beginnen kann. Dem Erben kann vor eigener Kenntnis § 674 über § 1978 I zugute kommen.

3   3. Die **Verfügungsbeschränkung** des Erben oder Testamentsvollstreckers (RG LZ 1919, 875) tritt kraft Gesetzes entsprechend §§ 81, 82 InsO ein und bezieht sich auf alle Nachlaßgegenstände, bei Miterben jedoch nicht auf ihre Anteile (§ 2033), die nicht Nachlaßgegenstände, sondern zum Eigenvermögen gehörende Beteiligungen am ganzen Nachlaß sind. Spätere Rechtshandlungen des Erben sind nicht nur den Nachlaßgläubigern gegenüber im Sinne des § 135 relativ unwirksam. Die Unwirksamkeit besteht von vornherein und im Verhältnis zu jedermann, aber sachlich nur zu dem relativen Zweck, die Nachlaßgläubiger aus dem Nachlaß zu befriedigen, Staud/Marotzke Rz 8, 9; RG 83, 189. Sie reicht soweit, als es die Interessen der Nachlaßgläubiger verlangen, so daß sie von jedermann, nicht nur vom Nachlaßverwalter geltend gemacht werden kann, sondern auch vom Schuldner der abgetretenen Nachlaßforderung, RG 83, 189; LZ 1913, 398. Eintragungsanträge des Erben, die der Rechtsänderung dienen und die nach Anordnung der Nachlaßverwaltung beim Grundbuchamt eingehen (§ 878), sind daher zurückzuweisen, vgl RG 71, 39.

Auch eine Vollmacht, die der Erblasser über den Tod hinaus erteilt hat, erlischt mit der Anordnung, § 168. Da über § 81 I S 2 InsO die §§ 892, 893 entsprechend anwendbar sind, wird der gute Glaube geschützt, wenn die Nachlaßverwaltung nicht im Grundbuch eingetragen (§ 1983 Rz 2) und dem Geschäftsgegner nicht bekannt ist, § 892 I S 2. Bei Verfügungen über bewegliche Sachen und Rechte sieht das Gesetz dagegen keinen Gutglaubensschutz vor, RGRK/Johannsen Rz 11; Kipp/Coing § 97 VI S 2; bestritten für Art 16 II WG, vgl Baumbach/Hefermehl, WG, 22. Aufl 2000, Art 16 Rz 10; Hueck/Canaris, Recht der Wertpapiere, 12. Aufl 1986, § 8 IV 2b cc; Zöllner, Wertpapierrecht, 14. Aufl 1987, § 14 VI 1c (3). Der Erwerber einer beweglichen Sache, eines Inhaber- oder Orderpapiers wird jedoch geschützt, wenn ihm nicht grobe Fahrlässigkeit unbekannt geblieben ist, daß die Gegenstände zum Nachlaß gehörten. Der Schutzzweck des § 81 InsO erschöpft sich darin, daß beim Erwerb beweglicher Sachen nur der gute Glaube an das Fehlen der Verfügungsbeschränkung nicht geschützt werden soll, Planck/Flad Anm 2 a; MüKo/Siegmann Rz 3; Pal/Edenhofer Rz 3; aA Staud/Marotzke Rz 15. Der Zweiterwerber, der von demjenigen erwirbt, der den Nachlaßgegenstand vom Erben erworben hat (Ersterwerber), kann sich dagegen auf seinen guten Glauben an die Berechtigung des Ersterwerbers berufen, da er nicht vom Erben erwirbt, RG JW 1916, 397; Pal/Edenhofer Rz 3. § 935 I hindert den Erwerb nur, wenn die Sache vom Nachlaßverwalter bereits in Besitz genommen war, denn dieser hat mit der Anordnung nur ein Recht auf den Besitz, jedoch nicht den Besitz selbst etwa entsprechend § 857 erlangt. Dasselbe gilt, wenn der Erbe bereits vor Anordnung freiwillig den Besitz auf einen anderen übertragen hat, der nach Anordnung gegenüber einem Gutgläubigen verfügt. Nach § 81 I S 3 InsO ist demjenigen, der nach § 81 I S 1 InsO unwirksam vom Erben erworben hat, die Gegenleistung aus dem Geschäft, das der unwirksamen Verfügung zugrunde liegt, aus der Masse zurückzugewähren, soweit sie in die Masse gelangt und diese noch bereichert ist. Für Verfügungen an dem Tag, an dem die Anordnung wirksam geworden ist, kann § 81 III InsO bedeutsam werden. Leistet ein Nachlaßschuldner nach Anordnung der Nachlaßverwaltung an den Erben, so wird er trotz Leistung an den Nichtberechtigten befreit, soweit das Geleistete in den Nachlaß gelangt, auch wenn dieser nicht mehr bereichert ist, oder wenn der Leistende bei der Leistung die Anordnung nicht kannte, § 82 I InsO. Die Zustellung des Anordnungsbeschlusses steht der Kenntnis nicht gleich, RG 87, 417. Wird vor der öffentlichen Bekanntmachung (§ 1983) geleistet, so wird die Nichtkenntnis der Eröffnung vermutet, § 82 S 2 InsO.

4   4. Die aktive und passive **Prozeßführungsbefugnis** des Erben erlischt, sobald die Anordnung wirksam ist. Sie steht dem Nachlaßverwalter zu, **Abs I S 1, 3.** Ein anhängiger Prozeß wird unterbrochen (§§ 239, 241 II, 246 ZPO), soweit kein Prozeßbevollmächtigter vorhanden ist. Bei unbeschränkbarer Haftung gegenüber allen Nachlaßgläubigern (§ 2013 I) verliert der Erbe seine Prozeßführungsbefugnis nur, wenn sich der Anspruch gegen den Nachlaß richtet (Breslau OLG 18, 411), nicht also bei Ansprüchen, für die der Erbe auch mit seinem Eigenvermögen haftet (Nachlaßeigenschulden). Wird der Erbe wegen einer Nachlaßeigenschuld verurteilt, so kann auf Grund dieses

Urteils aber nicht in den Nachlaß vollstreckt werden. Die Prozeßführungsbefugnis des Erben erlischt auch nicht bei nichtvermögensrechtlichen Streitigkeiten, da die Rechtsmacht des Nachlaßverwalters sich nicht auf sie erstreckt, es sei denn wegen der Kosten. Ein Prozeß des Pflichtteilsberechtigten auf Auskunft über den Nachlaß (§ 2314) ist trotz Anordnung gegen den Erben möglich, RGRK/Johannsen Rz 17. Eine Klage, die vom oder gegen den Erben nach Anordnung erhoben wird, ist als unzulässig abzuweisen (vgl Posen OLG 2, 160), nicht jedoch eine Klage gegen den Erben, der allen Gläubigern oder dem Kläger gegenüber unbeschränkbar haftet. Bei einer Klage gegen den Verwalter ist ein Vorbehalt (§ 305 ZPO) überflüssig, 780 II ZPO.

5. Vollstreckungsmaßnahmen und Arreste. a) Vollstreckungsmaßnahmen und Arreste **der Eigengläubiger des Erben in den Nachlaß** sind nach Anordnung der Nachlaßverwaltung ausgeschlossen, Abs II. Bei Zuwiderhandlungen ist jedoch keine Erinnerung (§ 766 ZPO), sondern die **Vollstreckungsgegenklage** des Verwalters der richtige Rechtsbehelf (§§ 784 II, I, 785, 767 ZPO; RG LZ 1907, 840; Pal/Edenhofer Rz 7; aA Staud/Marotzke Rz 28, 29), und zwar auch, wenn der Erbe unbeschränkbar haftet. Die Eigengläubiger können den Anspruch des Erben gegen den Verwalter auf Herausgabe des künftigen Überschusses pfänden, § 1986; §§ 829, 844 ZPO.

b) Vollstreckungsmaßnahmen und Arreste **der Nachlaßgläubiger in den Nachlaß** vor Anordnung bleiben anders als in § 321 InsO bestehen. Nach Anordnung können die Nachlaßgläubiger in den Nachlaß ohne Umschreibung der Vollstreckungsklausel vollstrecken (§ 727 ZPO), mag das Urteil gegen den Erblasser oder den Erben ergangen sein, Pal/Edenhofer Rz 8; aA Staud/Marotzke Rz 27, der §§ 748, 749 ZPO analog anwendet.

c) Gegen die **Vollstreckung in das Eigenvermögen** muß der Erbe, wenn sie schon erfolgt ist, nach §§ 784 I, 785, 767 ZPO, soweit sie erst erfolgen soll, nach §§ 781, 767 ZPO, also nur auf Grund eines Vorbehalts (§ 780 ZPO), vorgehen.

1985 *Pflichten und Haftung des Nachlassverwalters*
(1) Der Nachlassverwalter hat den Nachlass zu verwalten und die Nachlassverbindlichkeiten aus dem Nachlass zu berichtigen.
(2) Der Nachlassverwalter ist für die Verwaltung des Nachlasses auch den Nachlassgläubigern verantwortlich. Die Vorschriften des § 1978 Abs. 2 und der §§ 1979, 1980 finden entsprechende Anwendung.

1. Der **Nachlaßverwalter** ist nach einer Ansicht eine im eigenen Namen handelnde Amtsperson, ein **Amtstreuhänder**, nach aA Träger eines Amtes als Vertreter des oder der Erben als Träger des Sondervermögens Nachlaß, vgl im einzelnen § 1975 Rz 3. Als Pfleger (§ 1975) untersteht er über § 1915 dem Vormundschaftsrecht. Er ist nach § 1789 zu bestellen (vgl aber §§ 1981 III, 1987) und untersteht der Aufsicht des Nachlaßgerichts, §§ 1962, 1837. Für wichtige Geschäfte braucht er die Genehmigung des Nachlaßgerichts, auch wenn die Erben volljährig sind, §§ 1915, 1821, 1822. Es kann ein Gegenverwalter bestellt werden, § 1792. Die §§ 1812, 1813 sind auf die Nachlaßverwaltung nicht anzuwenden, Pal/Edenhofer Rz 2; Lange/Kuchinke § 49 III 6c; MüKo/Siegmann Rz 2; Hamm DNotI-Report 1996, 29; aA Soergel/Stein Rz 2; Staud/Marotzke Rz 34.

2. Pflichten des Verwalters. Er hat den Nachlaß alsbald, aber nicht eigenmächtig (§ 858), in Besitz zu nehmen. Das ergibt sich aus einem Gegenteilsschluß zu § 1986, vgl § 148 I InsO. Der Nachlaßverwalter wird mit der Besitzergreifung unmittelbarer Besitzer, der Erbe mittelbarer Besitzer. Streitig ist, ob der Verwalter auf Grund des Anordnungsbeschlusses vom Nachlaßgericht die Beiordnung eines Gerichtsvollziehers zur Wegnahme bestimmter vom Gericht bezeichneter beweglicher Sachen und zur Räumung ebenso bestimmter Grundstücke verlangen kann (so München LZ 1931, 121; RGRK/Johannsen Rz 5) oder ob der Verwalter den Erben auf Herausgabe verklagen muß, so Lange/Kuchinke § 49 III 6b Fn 101; v Lübtow, Erbrecht, 2. Halbb, S 1141; Pal/Edenhofer Rz 5; Staud/Marotzke Rz 13; KG NJW 1958, 2071. Der Anordnungsbeschluß bildet dann einen zur Vollstreckung geeigneten Titel im Sinne des § 794 I Nr 3 ZPO, soweit es sich um die Herausgabe von Gegenständen handelt, die unstreitig zum Nachlaß gehören, Brox Rz 691; RGRK/Johannsen Rz 5. Der Erbe kann gegenüber dem Herausgabeanspruch kein Zurückbehaltungsrecht wegen seiner Ersatzansprüche aus der Verwaltung des Nachlasses geltend machen, denn der Nachlaßverwalter braucht erst den Besitz an den Nachlaßsachen, um nach ihrer Verwertung den Erben zu befriedigen. Nach der Gegenansicht soll ein Zurückbehaltungsrecht des Erben wegen vom Verwalter erhobener Ansprüche der Nachlaßgläubiger aus § 1978 bestehen, Hamm OLG 35, 18; vgl § 1978 Rz 1. Der Erbe hat dem Verwalter ein Verzeichnis über den Bestand des Nachlasses vorzulegen und gegebenenfalls eine eidesstattliche Versicherung abzugeben, § 260. Der Verwalter ist den Nachlaßgläubigern auskunftspflichtig (§ 2012 I S 2), außerdem hat er dem Nachlaßgericht ein Verzeichnis einzureichen, §§ 1915, 1802. Eine Inventarfrist kann ihm nicht bestimmt werden, § 2012 I S 1. Er hat den Nachlaß **nach pflichtbestimmtem Ermessen zu verwalten**, über ihn **zu verfügen, die Nachlaßschulden zu berichtigen,** und ist nur in diesem Rahmen an die Interessen der Nachlaßgläubiger und Erben gebunden, die sich ebenso wie der zeitweilig (Colmar OLG 39, 12; RG LZ 1919, 875) aus der Verwaltungs- und Verfügungsmacht durch den Nachlaßverwalter verdrängte Testamentsvollstrecker wegen Pflichtwidrigkeiten des Verwalters an das Nachlaßgericht wenden können, RG 72, 263. Gefährdet der Nachlaßverwalter die Interessen der Erben oder der Nachlaßgläubiger, kann er nach § 1886, der nach §§ 1915 I, 1975 für die Nachlaßverwaltung entsprechend anwendbar ist, entlassen werden, BayObLG FamRZ 1988, 543; Staud/Marotzke Rz 36. Daher ist auch ein Nachlaßgläubiger berechtigt, die Entlassung des Nachlaßverwalters zu beantragen, Karlsruhe NJW-RR 1989, 1095; Staud/Marotzke Rz 36; aA Soergel/Stein Rz 3.

3. Die Rechtsmacht des Nachlaßverwalters nach außen ist nur durch die §§ 1821, 1822 beschränkt. Sie bezieht sich auf höchstpersönliche Rechte wie eine Firma, in der Name des Erben enthalten ist (aA Soergel/Stein Rz 7). Sie erstreckt sich auch nicht auf eine Vereinbarung über das Ausscheiden des Erben aus einer Personalgesellschaft (KG JFG 23, 236) oder darauf, persönliche Mitgliedschaftsrechte des Erben eines Gesellschafters geltend zu machen (BGH 98, 48 (55); BayObLG FamRZ 1988, 1102; Rpfleger 1991, 58; BayObLG 90,

§ 1985

306; Flume NJW 1988, 162). Gleiches gilt für die Feststellung, daß der Gesellschaftsvertrag nichtig oder wirksam angefochten ist, Pal/Edenhofer Rz 6. Nur die rein vermögensrechtlichen Ansprüche auf Gewinn und der Anspruch auf das Abfindungsguthaben unterliegen seiner Verwaltung, BGH 98, 48 (55); 91, 132 (136); 47, 293, dazu Anm Großfeld/Rohlff JZ 1967, 705; Hamm OLG 93, 147. Der Nachlaßverwalter kann hingegen das Wahlrecht des Erben nach § 139 HGB nicht ausüben, H. P. Westermann AcP 173, 24 (39). Mitgliedschaftsrechte bei einer Kapitalgesellschaft kann der Nachlaßverwalter ohne Rücksicht auf den Inhalt der Satzung wahrnehmen, siehe Wiedemann, Die Übertragung und Vererbung von Mitgliedschaftsrechten bei Handelsgesellschaften, 1965, § 13 III 2. Bargeld muß er unter Aufsicht des Nachlaßgerichts anlegen, §§ 1806ff, 1837; RG 88, 266. Da er nicht Rechtsinhaber des Nachlasses ist, kann er nicht als Berechtigter im Grundbuch eingetragen werden, BGH DNotZ 1961, 485; Hamm OLG 88, 390. Er ist berechtigt, eine vom Erblasser erteilte Generalvollmacht zu widerrufen, KG NJW 1971, 566; RGRK/Johannsen Rz 13. Außerdem kann und muß er das Gläubigeraufgebot beantragen (§ 1980 II; § 991 ZPO), die aufschiebenden Einreden der §§ 2014, 2015, die Einwendungen des § 785 ZPO geltend machen, die Eröffnung des Nachlaßinsolvenzverfahrens (§ 317 InsO) und die Zwangsversteigerung eines Nachlaßgrundstücks nach § 175 ZVG beantragen. Dem Erben darf er notdürftigen Unterhalt aus dem Nachlaß gewähren, da dieses auch im Insolvenzverfahren möglich ist, § 100 InsO.

Der **Nachlaßverwalter kann** dagegen **nicht** die Erbauseinandersetzung und Nachlaßteilung unter Miterben vollziehen, RG 72, 260. Eine gerichtliche Auseinandersetzung ist während der Nachlaßverwaltung ausgeschlossen, KGJ 49, 84.

4 4. Die **Berichtigung der Nachlaßschulden** ist die **Hauptaufgabe** des Nachlaßverwalters. Gegebenenfalls muß er die Nachlaßgläubiger durch ein Aufgebot nach §§ 1970ff ermitteln, KG OLG 77, 309f; BGH FamRZ 1984, 1004. Bei der Berichtigung der Nachlaßschulden ist er an § 1979 gebunden. Er muß unter den Voraussetzungen des § 1980 den Insolvenzantrag stellen, **Abs II S 2**. Der Verwalter kann auch Nachlaßgegenstände wirksam veräußern und neue Nachlaßschulden begründen, wenn es zur Gläubigerbefriedigung erforderlich ist. Bei der Auswahl zu versilbernder Nachlaßgegenstände hat er, wenn möglich, auch die Interessen der Erben zu berücksichtigen. Der Nachlaßverwalter ist befugt, ohne Zustimmung der Nacherben ein Nachlaßgrundstück zu veräußern, um damit Nachlaßverbindlichkeiten zu tilgen; insoweit ist § 2115 S 2 entsprechend anwendbar, Braunschweig OLG 88, 392.

Bei dürftigem Nachlaß (§ 1982) hat er nicht den Schutz des § 1990, sondern er hat die Aufhebung der Nachlaßverwaltung zu beantragen, § 1988 II; KG HRR 1935, 1022; Stuttgart Rpfleger 1984, 416; RGRK/Johannsen Rz 17; aA Planck/Flad Anm 1b. Er kann jedoch die Einrede der Überbeschwerung (§ 1992) erheben, Pal/Edenhofer Rz 10.

5 5. Die **Verantwortlichkeit des Nachlaßverwalters**. Durch seine Bestellung wird zwischen ihm und dem Erben sowie den Nachlaßgläubigern (**Abs II S 1**) ein **gesetzliches Schuldverhältnis** begründet, RG 150, 190; OGH 4, 219. Es gelten für ihn die Vorschriften über die Verantwortlichkeit eines Pflegers und Vormunds, §§ 1915, 1833, 1834, 1839–1841; § 1960 Rz 19. Hat sich der Nachlaßverwalter über seine gesetzlichen Pflichten hinaus für die Interessen der Erben eingesetzt und sind dabei von ihm nicht verschuldete Verluste eingetreten, so kann es gegen Treu und Glauben verstoßen, wenn die Erben den Nachlaßverwalter für diese Verluste haftbar machen, BGH FamRZ 1975, 576. Den Nachlaßgläubigern haftet er unmittelbar wie ein Beauftragter (§ 1978 I) für jeden Schaden, der durch schuldhafte Pflichtverletzung entsteht, KG DJZ 1905, 652; BGH FamRZ 1984, 1004. In beiden Fällen haftet der Verwalter nur mit seinem Eigenvermögen, aber die Ansprüche der Gläubiger werden entsprechend § 1978 II (Abs II S 2) dem Nachlaß zugeordnet. Wenn es nicht zum Insolvenzverfahren kommt, können die einzelnen Gläubiger gegen ihn vorgehen, Staud/Marotzke Rz 41.

1986 *Herausgabe des Nachlasses*

(1) **Der Nachlassverwalter darf den Nachlass dem Erben erst ausantworten, wenn die bekannten Nachlassverbindlichkeiten berichtigt sind.**

(2) **Ist die Berichtigung einer Verbindlichkeit zurzeit nicht ausführbar oder ist eine Verbindlichkeit streitig, so darf die Ausantwortung des Nachlasses nur erfolgen, wenn dem Gläubiger Sicherheit geleistet wird. Für eine bedingte Forderung ist Sicherheitsleistung nicht erforderlich, wenn die Möglichkeit des Eintritts der Bedingung eine so entfernte ist, dass die Forderung einen gegenwärtigen Vermögenswert nicht hat.**

1 1. Zu den Gründen einer **Beendigung der Nachlaßverwaltung** siehe § 1975 Rz 4. Kraft Gesetzes endet sie nur mit Eröffnung des Nachlaßinsolvenzverfahrens (§ 1988 I), sonst muß sie vom Nachlaßgericht aufgehoben werden, §§ 1975, 1919. Vor unbekannten Nachlaßgläubigern kann sich der Verwalter mit dem Aufgebot (§§ 1970ff) schützen.

2 2. Zur **Fortwirkung der Haftungsbeschränkung** nach ordnungsmäßiger Durchführung des Verfahrens vgl § 1975 Rz 5.

3 3. Der **Erbe** oder jeder Miterbe (§ 2039) hat **nach Beendigung** der Nachlaßverwaltung einen **Anspruch auf Herausgabe des Nachlaßrests**, dh auf Verschaffung des Besitzes an den Nachlaßgegenständen, deren Eigentümer oder Gläubiger er geblieben ist. Herauszugeben ist alles das, was der Nachlaßverwalter aus der Verwaltung des Nachlasses erlangt hat, wozu auch die von ihm angelegten Akten gehören, KG NJW 1971, 566. Dieser Anspruch kann schon vor Beendigung als künftiger Anspruch abgetreten, belastet und von Gläubigern des Erben gepfändet werden. Vorzeitige Ausantwortung macht den Verwalter gegenüber den Nachlaßgläubigern schadensersatzpflichtig, § 1985 II. Meldet sich nach Aufhebung der Verwaltung ein unbefriedigter Nachlaßgläubiger, so muß sich der Nachlaßverwalter den ausgeantworteten Nachlaß vom Erben zurückverschaffen und das Verfahren fortsetzen, Staud/Marotzke Rz 7. Nach Aufhebung haftet der Erbe den ausgeschlossenen oder ihnen gleichgestellten Gläubigern nur nach §§ 1973, 1974, 1989, bei geringfügigem unzulänglichem (§ 1990) oder überbeschwertem unzulänglichem Nachlaß (§ 1992) nur mit den vorhandenen Nachlaßgegenständen, aber unter Berücksichtigung seiner Verwaltungsverantwortlichkeit, §§ 1991 I, 1978, 1979. Zu den Einzelheiten § 1975 Rz 5.

4. **Sicherheitsleistung** erfolgt nach §§ 232ff auch durch Hinterlegung, §§ 372ff. Streitig iS von Abs II S 1 ist die Nachlaßschuld, wenn der Nachlaßverwalter sie bestreitet; die Ansicht des Erben ist unerheblich, Frankfurt JZ 1953, 53. Zur Frage der bedingten Forderung ohne Vermögenswert vgl § 916 II ZPO. Dazu gehören nicht der Anspruch einer Leibesfrucht (§ 1615o) und der Anspruch der Mutter aus § 1963, Pal/Edenhofer Rz 2. Zum Unterschied zwischen bedingter und künftiger Forderung vgl § 398 Rz 11. **4**

1987 *Vergütung des Nachlassverwalters*
Der Nachlassverwalter kann für die Führung seines Amts eine angemessene Vergütung verlangen.

1. Der Nachlaßverwalter kann, gleichgültig ob er ehrenamtlich oder berufsmäßig tätig ist, nach § 1987 **in jedem Fall** eine **Vergütung** beanspruchen. Anders als beim Nachlaßpfleger (§§ 1915, 1836 I S 3; dazu § 1960 Rz 25) braucht das Nachlaßgericht bei der Bestellung des Nachlaßverwalters nicht festzustellen, daß der Nachlaßverwalter das Amt berufsmäßig ausübt. Der Grund für diese unterschiedliche Behandlung besteht darin, daß der Nachlaßverwalter – anders als der Vormund und der Nachlaßpfleger (§§ 1915, 1785) – das Amt nicht zu übernehmen braucht (§ 1981 III) und die Nachlaßverwaltung anders als die Nachlaßpflegschaft nach § 1960 und ebenso wie die Testamentsvollstreckung und die Insolvenzverwaltung in erster Linie dem Interesse des Erben und der Nachlaßgläubiger und weniger dem öffentlichen Interesse dient, Pal/Edenhofer Rz 1; Planck/Flad Anm 1. **1**

2. Die Vergütung muß ihrer **Höhe** nach angemessen sein. Da die Nachlaßverwaltung eine Form der Pflegschaft ist (§ 1975 I), richtet sich die Frage, welche Vergütung angemessen ist, nach §§ 1915, 1836 II S 1, also nach den für die Nachlaßverwaltung nutzbaren Fachkenntnissen des Nachlaßverwalters sowie nach dem Umfang und der Schwierigkeit der anfallenden Tätigkeiten. Die Vergütung ist ebenso wie beim Nachlaßpfleger (§ 1960) grundsätzlich nach Zeitaufwand und Stundensatz zu bemessen, dazu § 1960 Rz 25. Ist dem Verwalter bereits eine Gebühr für die Tätigkeit nur als Insolvenzverwalter zugebilligt (§§ 63, 64 InsO), so ist sie auf diese Gebühr nicht anzurechnen, München DFG 1936, 215. Zur Vergütung bei vorheriger Tätigkeit als Nachlaßpfleger vgl Soergel/Stein Rz 2. Ist der Verwalter nicht tätig geworden oder wegen Pflichtwidrigkeit entlassen (§ 1886), so ist ihm die Vergütung zu versagen, vgl RG 154, 117, aber auch KG OLG 8, 271. **2**

3. Das **Verfahren** des Nachlaßgerichts richtet sich ebenso wie bei der Festsetzung der Vergütung des Nachlaßpflegers nach §§ 75, 56G VII FGG. Zuständig ist der Rechtspfleger, §§ 3 Nr 2 lit c, 16 I RpflG. **Rechtsmittel** gegen die Entscheidung des Rechtspflegers ist die **sofortige Beschwerde**, §§ 75, 56G V. Zu den Einzelheiten s § 1960 Rz 25. **3**

4. Nach **Aufhebung** der Nachlaßverwaltung ist **keine Änderung** der festgesetzten Vergütung möglich, KG JFG 14, 42. **4**

1988 *Ende und Aufhebung der Nachlassverwaltung*
(1) Die Nachlassverwaltung endigt mit der Eröffnung des Nachlassinsolvenzverfahrens.
(2) Die Nachlassverwaltung kann aufgehoben werden, wenn sich ergibt, dass eine den Kosten entsprechende Masse nicht vorhanden ist.

1. Da die **Nachlaßverwaltung** keine Pflegschaft im Sinne des § 1918 III ist, **endigt** sie erst mit der Aufhebung durch das Nachlaßgericht (§ 1919), nur beim Übergang in das Nachlaßinsolvenzverfahren endigt sie mit seiner Eröffnung kraft Gesetzes, RG 72, 263. Zu den einzelnen Endigungsgründen vgl § 1975 Rz 4. Eine andere Nachlaßpflegschaft (§§ 1960, 1961) bleibt bestehen, KGJ 38, 117; RGRK/Johannsen Rz 1. Der Erbe kann die Aufhebung der Nachlaßverwaltung wegen Zweckerreichung beantragen. Gegen eine ablehnende Entscheidung des Nachlaßgerichts steht ihm die Beschwerde (§ 19 FGG) zu. Jeder Miterbe kann einzeln den Aufhebungsantrag, der nur eine Anregung an das Gericht ist, stellen und ist bei einer ablehnenden Entscheidung auch beschwerdebefugt, Frankfurt JZ 1953, 53; Hamm JMBlNRW 1955, 230; aA München JFG 14, 61; zur Ausübung des Beschwerderechts bei Ablehnung des Antrags auf Anordnung der Nachlaßverwaltung, vgl § 1981 Rz 7. **1**

2. Mit der **Überleitung der Nachlaßverwaltung** in das **Nachlaßinsolvenzverfahren** geht das Verwaltungs- und Verfügungsrecht des Nachlaßverwalters auf den Nachlaßinsolvenzverwalter über, dem der Nachlaß entsprechend § 323 InsO ohne Möglichkeit eines Zurückbehaltungsrechts wegen seiner Aufwendungen und seiner Vergütung, §§ 1915, 1835ff (hM, Staud/Marotzke Rz 3), herauszugeben ist, wenn nicht der Nachlaßverwalter zum Nachlaßinsolvenzverwalter bestellt worden ist. Rechtshandlungen des bisherigen Verwalters nach der Eröffnung sind nach der Amtstheorie mangels gesetzlicher Ermächtigung, nach der Vertretertheorie mangels gesetzlicher Vertretungsmacht (§ 177) unwirksam. Den Nachlaßverwalter kann dabei § 674 schützen. **2**

3. Eine **Aufhebung mangels Masse (Abs II)** erfolgt wegen § 1982 selten. Sie kann durch Kostenvorschuß entsprechend § 207 I S 2 InsO abgewendet werden. Gegen den Aufhebungsbeschluß ist eine einfache Beschwerde des Erben und Nachlaßgläubigers (§§ 19, 20 FGG), nicht auch des Nachlaßverwalters möglich, RG 151, 57; aA BayObLG JW 1927, 1651. Nach der Aufhebung wird der Restnachlaß an den Erben ausgehändigt, der nunmehr die Einreden aus §§ 1990, 1992 geltend machen kann. Auch wenn der Nachlaß nicht geringfügig ist, hat der Erbe die Einrede aus § 1990, vgl § 1975 Rz 5. **3**

4. Die **Aufhebung der Nachlaßverwaltung** verpflichtet den Verwalter zur Schlußrechnung (§ 1890), Herausgabe des Nachlaßrests an den Erben (§ 1986), wobei jedoch der Verwalter wegen seiner Aufwendungen **4**

(§§ 1915 I, 1835) und seiner Vergütung (§ 1836 II S 1) ein Zurückbehaltungsrecht (§ 273) haben kann, RGRK/ Johannsen Rz 5; Pal/Edenhofer Rz 5. Die Aufhebung ist in das Grundbuch einzutragen, §§ 200 II S 3, 32 InsO; § 1983 Rz 2. Der Aufhebungsbeschluß ist nach § 16 FGG zuzustellen, vgl § 1983 Rz 1. Wird der Aufhebungsbeschluß durch das Beschwerdegericht aufgehoben und erneut Nachlaßverwaltung angeordnet, so ist damit der bisherige Nachlaßverwalter nicht automatisch bestellt, er ist vielmehr neu zu verpflichten, §§ 1791, 1915; Pal/Edenhofer Rz 3.

1989 *Erschöpfungseinrede des Erben*

Ist das Nachlassinsolvenzverfahren durch Verteilung der Masse oder durch einen Insolvenzplan beendet, so findet auf die Haftung des Erben die Vorschrift des § 1973 entsprechende Anwendung.

1 **1. Voraussetzungen.** Die durch Art 33 Nr 40 EGInsO (BGBl I 1994, 2926) zum 1. 1. 1999 neugefaßte Vorschrift betrifft nur die Beendigung des Nachlaßinsolvenzverfahrens durch Verteilung der Masse oder durch einen Insolvenzplan (§§ 217ff InsO). Die Vorschrift gilt dagegen nicht bei Einstellung mangels Masse (§ 207 InsO; § 1990 I) oder mit Zustimmung aller Insolvenzgläubiger, § 213 InsO. Vgl aber zum Fortbestand beschränkter Haftung des Erben in diesen Fällen § 1975 Rz 5. Wird der Eröffnungsbeschluß auf sofortige Beschwerde (§ 34 II 6 InsO) wieder aufgehoben, so gilt das Verfahren als nie eröffnet, die Haftungsbeschränkung ist rückwirkend beseitigt, unbeschadet der Wirksamkeit der Verfügungen, die der Insolvenzverwalter inzwischen getroffen hat, § 34 III 3 InsO.

2 **2. Wirkungen.** Der Erbe haftet dem Nachlaßgläubiger nur wie einem ausgeschlossenen Gläubiger (§ 1973). Da eine Masse in der Regel nicht vorhanden sein wird, tritt eine Haftung nicht ein. Jedenfalls haftet der Erbe diesen Nachlaßgläubigern, auch wenn sie nicht am Insolvenzverfahren teilgenommen haben oder vom Insolvenzplan betroffen sind, nicht mit seinem Eigenvermögen. § 201 I InsO gilt damit im Bereich des § 1989 nicht. Die Verteidigung nach § 1973 kommt praktisch nur in Frage, wenn der Insolvenzverwalter unverwertbare Gegenstände zugunsten der Erben freigegeben hat. Werden hinterher Massegegenstände ermittelt oder verfügbar, so kommt es zu einer Nachtragsverteilung, §§ 203, 205 InsO.

3 **3.** Eine **Ausnahme** von der durch § 1973 abgeschwächten Haftung, die nach § 1989 entsprechend vorgesehen ist, besteht gegenüber Nachlaßgläubigern, denen der Erbe bereits unbeschränkbar haftet (vgl vor § 1967 Rz 10) und bei unbeschränkbarer Haftung gegenüber allen Nachlaßgläubigern, vgl § 1967 Rz 10; § 2013 I S 1. Hat der Erbe sich aber durch ein Nachlaßinsolvenzverfahren die beschränkte Haftung gesichert, so kann ihm zwar nicht während, aber nach Beendigung des Verfahrens eine Inventarfrist mit dem Ziel gesetzt werden, seine endgültige unbeschränkte Haftung herbeizuführen, § 2000 S 1, 3. Zur Haftung der Miterben vgl § 2060 Nr 3.

Vorbemerkung §§ 1990–1992

Einrede der beschränkten Haftung

Schrifttum: *Kretschmar*, Beschränkung der Haftung der Erben in den Fällen der §§ 1990, 1992 BGB, SeuffBl 74, 192.

1 **1. Die Erbenhaftung des BGB** wird von dem **Grundsatz** beherrscht, daß sich eine **beschränkte Haftung** nur dort verwirklichen läßt, **wo Nachlaß und Eigenvermögen** von vornherein oder später, dann aber möglichst rückwirkend, **gesondert** sind. Daher stellt er den Erben mit dem Erbfall in die vorläufig unbeschränkte, aber beschränkbare Haftung, um ihn wenigstens nachträglich zu einer Gütersonderung zu zwingen, die ihm die beschränkte Haftung sichert. Ist der Nachlaß so dürftig, daß die Kosten einer amtlichen Nachlaßabwicklung durch Nachlaßverwaltung oder Nachlaßinsolvenzverfahren aus der Aktivmasse nicht gedeckt werden, so kann es dem Erben nicht zugemutet werden, die für ihn kostspielige Gütersonderung etwa auf Kosten seines Eigenvermögens herbeizuführen, selbst wenn er Nachlaßschulden nicht übernommen hat. Der Erbe kann seine Haftung auf den Nachlaß durch Einrede beschränken. Damit haftet er bei dürftigem überschuldetem Nachlaß praktisch vorläufig beschränkt.

2 **2. Die Einrede der beschränkten Haftung** kann **unter vier verschiedenen Voraussetzungen** geltend gemacht werden, als Dürftigkeitseinrede, Unzulänglichkeitseinrede, Erschöpfungseinrede und Einrede der Überbeschwerung. Die ersten drei Einreden werden von § 1990, die letzte wird von § 1992 erfaßt.

a) Die **Dürftigkeitseinrede** setzt nur Dürftigkeit des Aktivbestandes im Sinne des § 1990 I S 1, aber keine Überschuldung des Nachlasses voraus. Mit ihr verfolgt der Erbe das Ziel, den Zugriff der Nachlaßgläubiger lediglich auf sein Eigenvermögen abzuwehren (Haftungssonderung ohne Bildung von Sondervermögen), vgl § 1990 Rz 1, 2.

b) Die ebenfalls von § 1990 erfaßte **Unzulänglichkeitseinrede** setzt nicht nur einen dürftigen, sondern auch einen überschuldeten Nachlaß voraus, vgl § 1990 Rz 3. Mit ihr darf der Erbe die volle Befriedigung der Nachlaßgläubiger, vor allem auch der nachlaßbeteiligten Gläubiger (§ 1991 IV), aus dem Nachlaß verweigern.

c) Die **Erschöpfungseinrede** setzt voraus, daß überhaupt keine Nachlaßgegenstände mehr vorhanden, auch keine Ersatzansprüche gegen den Erben nach §§ 1991 I, 1978, 1979 gegeben sind, vgl § 1990 Rz 5. Mit ihr kann der Erbe schon die Klageabweisung des Gläubigers erreichen, vgl § 1973 Rz 5–8.

d) Die in § 1992 geregelte **Einrede der Überbeschwerung gegenüber Vermächtnis- und Auflagegläubigern** setzt nicht voraus, daß der Nachlaß dürftig, daß er aber durch Vermächtnisse und Auflagen überschuldet ist, vgl § 1992 Rz 2–4.

Zur Kritik der verschiedenen Bezeichnungen der Einrede vgl Strohal Bd 2, § 81 Fn 3.

3 **3.** Die **Unzulänglichkeitseinrede ohne Dürftigkeit** ist **entsprechend** §§ 1990, 1991 in den §§ 1480 S 2, 1489 II, 1504, 2036, 2145 II S 2, 2187 III vorgesehen.

§ 1990 Dürftigkeitseinrede des Erben

1990 (1) Ist die Anordnung der Nachlassverwaltung oder die Eröffnung des Nachlassinsolvenzverfahrens wegen Mangels einer den Kosten entsprechenden Masse nicht tunlich oder wird aus diesem Grund die Nachlassverwaltung aufgehoben oder das Insolvenzverfahren eingestellt, so kann der Erbe die Befriedigung eines Nachlassgläubigers insoweit verweigern, als der Nachlass nicht ausreicht. Der Erbe ist in diesem Falle verpflichtet, den Nachlass zum Zwecke der Befriedigung des Gläubigers im Wege der Zwangsvollstreckung herauszugeben.

(2) Das Recht des Erben wird nicht dadurch ausgeschlossen, dass der Gläubiger nach dem Eintritt des Erbfalls im Wege der Zwangsvollstreckung oder der Arrestvollziehung ein Pfandrecht oder eine Hypothek oder im Wege der einstweiligen Verfügung eine Vormerkung erlangt hat.

1. **Dürftigkeitseinrede. a)** Der **Nachlaß** muß so **dürftig** sein, daß die Anordnung der Nachlaßverwaltung oder 1 die Eröffnung des Nachlaßinsolvenzverfahrens mangels einer die Kosten deckenden Aktivmasse abgelehnt (§ 1982; § 26 InsO) oder das Verfahren deswegen aufgehoben oder eingestellt wird, § 1988 II; § 207 InsO. Der maßgebliche **Zeitpunkt** für die Bestimmung der Dürftigkeit ist die letzte mündliche Verhandlung in der Tatsacheninstanz (BGH 85, 274 [280]; MüKo/Siegmann Rz 4; Kipp/Coing § 99 II 2; Brox Rz 711; Pal/Edenhofer Rz 3), also weder der Zeitpunkt der Geltendmachung des Nachlaßgläubigeranspruchs (so Lange/Kuchinke § 49 VIII 1d; Soergel/Stein Rz 5) noch der Zeitpunkt des Erbfalls. Ebensowenig ist auf den Zeitpunkt der Erhebung der Einrede abzustellen, so aber Planck/Flad, Anm a ß; von Lübtow, 2. Halbbd S 1166; Staud/Marotzke Rz 7. Bei der Feststellung der Dürftigkeit sind die dem Nachlaß zugeordneten einbringlichen Ersatzansprüche der Nachlaßgläubiger gegen den Erben (§§ 1991, 1978 I, II, 1979) zu berücksichtigen, RG LZ 1913, 233. Zur Feststellung der Dürftigkeit nach Nachlaßteilung unter Miterben vgl RG Recht 1907 Nr 1453; RGRK/Johannsen Rz 3.
Der Erbe braucht die gerichtliche Entscheidung über die Untunlichkeit des amtlichen Abwicklungsverfahrens nicht durch einen Antrag auf Anordnung (Eröffnung) mit den Beweisen der Dürftigkeit herbeizuführen, RG 74, 377. Er kann ein Inventar anfertigen (§ 2002), Auskunft über den ursprünglichen Bestand des Nachlasses sowie die Gründe seiner Minderung geben und sich zur Abgabe einer eidesstattlichen Versicherung erbieten, § 260. Aus prozeßökonomischen Gründen ist es richtig, das Prozeßgericht an den Ablehnungs-, Aufhebungs- und Einstellungsbeschluß zu binden, BGH NJW-RR 1989, 1226f; Hamburg OLG 11, 228; Dresden ZBlFG 1906, 414; Pal/Edenhofer Rz 2; Staud/Marotzke Rz 6; Kretzschmar § 83 N 3; Kipp/Coing § 99 II 1; RGRK/Johannsen Rz 12; gegen die Bindung RG DJZ 1907, 881.

b) **Überschuldung** des Nachlasses ist hier im Gegensatz zu der Überbeschwerung in § 1992 S 2 **nicht erforderlich,** wenn auch in der Regel gegeben. Es genügt, daß die Aktiven so geringfügig sind, daß sie die Verfahrenskosten nicht decken (RGRK/Johannsen Rz 1; Pal/Edenhofer Rz 2; aA Staud/Marotzke Rz 3, der begründete Besorgnis der Überschuldung fordert), jedenfalls wenn der Erbe nur das Ziel verfolgt, mit der Einrede die Nachlaßgläubiger vom Zugriff auf sein Eigenvermögen abzuwehren.

c) Der Erbe muß Dürftigkeit des Nachlasses **beweisen**, wenn er sie behauptet, RG WarnRsp 1940, 122. Die Dürftigkeit beweist er vor allem, indem er den entsprechenden Beschluß des Nachlaßgerichts (s oben) vorlegt.

d) Der Erbe **darf nicht** allgemein, auch nicht gegenüber dem ihn beanspruchenden Gläubiger **unbeschränkbar haften,** § 2013 I S 1.

e) Mit der **Dürftigkeitseinrede** wehrt der Erbe auch bei zulänglichem Nachlaß die Nachlaßgläubiger vom 2 Zugriff auf sein Eigenvermögen ab, Pal/Edenhofer Rz 9; Staud/Marotzke Rz 3.

2. Die ebenfalls von § 1990 erfaßte **Unzulänglichkeitseinrede** setzt neben der Dürftigkeit (Rz 1) Überschul- 3 dung des Nachlasses voraus.
a) Mit ihr kann der Erbe teilweise Abweisung der Klage, soweit sie auf Befriedigung aus dem Nachlaß gerichtet ist, wegen Unzulänglichkeit des Nachlasses schon im Erkenntnisverfahren, erreichen, wenn der Nachlaß beim Schluß der mündlichen Verhandlung nur aus Geld besteht, so daß sich die Kürzung der Gläubigerforderung nach § 1990 I S 1 ohne weiteres übersehen läßt, vgl RGRK/Johannsen Rz 20ff.
b) Sonst muß der Nachlaß den Gläubigern zur Befriedigung durch Zwangsvollstreckung herausgegeben werden, damit festgestellt werden kann, ob er zulänglich ist, RG 137, 54.
c) Die Überschuldung ist nach dem für die Einrede der Dürftigkeit maßgebenden Zeitpunkt, MüKo/Siegmann Rz 13; vgl oben Rz 1. Vgl zu ihrer Errechnung § 1980 Rz 3. Auch hier sind die dem Nachlaß zugeordneten einbringlichen Ersatzansprüche der Nachlaßgläubiger gegen den Erben aus seiner Verwaltungsverantwortlichkeit dem Aktivbestand (§§ 1991 I, 1978 I, II, 1979), die Verwendungsansprüche des Erben den Passiven zuzurechnen.
d) Die Aufrechnung ist zwar nicht nach § 1977, der in § 1991 I nicht erwähnt ist, unwirksam; der Nachlaßgläubiger kann aber nicht mit einer ihm gegen den Erben zustehenden Forderung gegen eine private Forderung des Erben aufrechnen, da er sich sonst aus dessen Eigenvermögen befriedigen würde, BGH 35, 317, 327f; Hamburg OLG 11, 228; Soergel/Stein Rz 8; abweichend Staud/Marotzke Rz 41. Dagegen kann ein Nachlaßgläubiger gegen eine Forderung des Nachlasses, die gegen ihn gerichtet ist, aufrechnen, wenn er auch im Nachlaßinsolvenzverfahren hätte aufrechnen können (§§ 94ff InsO), obwohl seiner Forderung die Einrede des § 1990 entgegensteht und einredebehaftete Forderungen nach § 390 S 1 grundsätzlich von der Aufrechnung ausgeschlossen sind. § 390 S 1 kann aber den Nachlaßgläubiger nicht schlechter stellen, als er in Insolvenzverfahren stehen würde, vgl RG 42, 138; Planck/Flad § 1991 Anm 3; RGRK/Johannsen Rz 14; Staud/Marotzke Rz 42; Lange/Kuchinke § 49 VIII 5 Fn 204; aA Dresden SeuffA 72, 128.
e) Konfusion und Konsolidation (dazu § 1976 Rz 1) gelten nur im Verhältnis zwischen dem Erben und dem ihn beanspruchenden Nachlaßgläubiger als nicht erfolgt, § 1991 II, vgl § 1976 Rz 1, 2.

§ 1990

f) Die Unzulänglichkeitseinrede hemmt nicht die Verjährung des Anspruchs (Staud/Marotzke Rz 39), ihre Geltendmachung ist an keine Frist gebunden, Celle NdsRpfl 1962, 232.

4 g) Die **Pflicht zur Vollstreckungspreisgabe** ist die Folge der Unzulänglichkeitseinrede, vgl hierzu § 1973 Rz 4. Der Erbe kann daher dem Gläubiger die erforderlichen Nachlaßgegenstände freiwillig an Zahlungs Statt überlassen, da er abgesehen von § 1991 III, IV nicht zur gleichmäßigen oder zur Befriedigung in bestimmter Rangfolge verpflichtet ist. Er kann sich auch zur Vermeidung von Kosten der sofortigen Zwangsvollstreckung unterwerfen (§ 794 Nr 5 ZPO; RG 137, 53), aber die Vollstreckungspreisgabe – anders als in § 1973 II S 1, 2 – nicht durch Zahlung des Werts der noch vorhandenen oder zur Befriedigung dieses Gläubigers erforderlichen Nachlaßgegenstände abwenden. Anders als dort bestimmt sich der Umfang der Duldungspflicht nicht nach Erbrecht, sondern unter Berücksichtigung der Haftung des Erben aus dem Rechtsgrund schuldhaft verletzter Verwaltungsverantwortlichkeit (§§ 1978, 1979, 1991 I). Der Erbe muß daher auch die Vollstreckung in sein Eigenvermögen in Höhe dieser Ersatzansprüche dulden.

5 3. **Erschöpfungseinrede.** Weist der Erbe im Prozeß sofort nach, daß er den Nachlaß restlos zur Bezahlung von Nachlaßschulden verwandt hat und verwenden durfte (§§ 1991 I, 1978, 1979; Hamburg HRR 1929, 1069), so daß die Nachlaßgläubiger keine Ersatzansprüche gegen ihn aus der Verwaltungsverantwortlichkeit haben, so ist die Klage wegen Erschöpfung des Nachlasses abzuweisen (RG 137, 54; BayObLG 8, 122; BGH ZEV 2000, 274). Das gilt jedenfalls dann, wenn dem Erben der Nachweis ohne zeitraubende Beweisaufnahme gelingt, vgl Celle NdsRpfl 1962, 232. Die Verweisung der Entscheidung aus Vollstreckungsverfahren nach Aufnahme des Vorbehalts in das Urteil wäre prozeßökonomisch nicht vertretbar, vgl Eccius Gruchot 43, 617; Krüger, MDR 1951, 664.

6 4. Die **Einreden aus § 1990 stehen auch dem Nachlaßpfleger und Testamentsvollstrecker,** nicht aber dem Nachlaßverwalter zu. Diesem ist die Einrede aus § 1990 versagt, weil er bei dürftigem Nachlaß die Aufhebung der Nachlaßverwaltung beantragen muß, vgl § 1985 Rz 4. Ein Vorbehalt ist nicht erforderlich, § 780 II ZPO.

7 5. **Verteidigung des Erben im Erkenntnisverfahren.** Die Einreden können schon im Erkenntnisverfahren erhoben werden, so daß über sie entschieden werden kann (BGH NJW 1954, 635; 1964, 2298; 1983, 2378; RG 77, 245; 82, 276), aber nicht entschieden werden muß, RG 77, 245; 137, 54; 162, 298. Das Prozeßgericht kann sich ebenso wie schon der Erbe bei seinem Antrag ohne Beweis der Dürftigkeit oder Unzulänglichkeit mit dem Vorbehalt (§ 780 ZPO) begnügen, so daß die Einrede im Vollstreckungsverfahren durch Vollstreckungsgegenklage geltend zu machen ist, §§ 785, 767 ZPO; RG 69, 291; 77, 245; BGH NJWE-FER 2000, 211; Oldenburg FamRZ 2001, 179. Erhebt der Erbe die Einrede, so ist der Vorbehalt ohne besonderen Antrag in das Urteil aufzunehmen, vor § 1967 Rz 10; BGH NJW 1964, 2298 (2300); RG 69, 291. Ist der Erbe ohne Vorbehalt verurteilt, so muß er die Vollstreckung auch in sein Eigenvermögen dulden, vgl auch § 1973 Rz 5, 6. Weist er schon im Erkenntnisverfahren die Dürftigkeit und den Bestand des Nachlasses nach, so kann er auch lediglich auf Duldung der Zwangsvollstreckung in diese Gegenstände verurteilt werden, München OLG 24, 67; Rostock OLG 30, 189; RG 54, 412. Zur Vermeidung unnützer Kostenlast kann daher der Gläubiger seinen Klageantrag dahin oder besser zur Ermöglichung der Vollstreckung auch in später zu ermittelnde Gegenstände allgemein auf Befriedigung aus dem Nachlaß beschränken, gegebenenfalls den Antrag dahin ändern, § 264 Nr 3 ZPO. Für die Kosten seines Hauptprozesses über die Nachlaßschuld kann der Erbe seine Haftung nicht beschränken, da er hier auch sein Eigenvermögen verteidigt (Dresden OLG 37, 169), wohl aber für die dem Erblasser bereits entstandenen Kosten, RG HRR 1930, 455.

8 6. **Verteidigung des Erben im Zwangsvollstreckungsverfahren.** Sie ist nur möglich, wenn der Vorbehalt (§ 780 I ZPO) in das Urteil aufgenommen worden ist (wegen nachträglicher Aufnahme § 1973 Rz 5), und sie muß mit der Vollstreckungsgegenklage durchgeführt werden, §§ 785, 767 ZPO. Gegenüber dieser Klage des Erben kann der Gläubiger Widerklage auf Auskunft, Rechnungslegung, Abgabe einer eidesstattlichen Versicherung über den Nachlaß, nicht auch über das Eigenvermögen (Rostock OLG 36, 228) erheben, §§ 259, 260. Diese Gläubigerrechte entstehen schon, wenn der Erbe die Einrede außergerichtlich erhebt (Planck/Flad Anm 2c), können also auch mit selbständiger Klage des Gläubigers auf Grund der §§ 1991 I, 1978 geltend gemacht werden. Die eidesstattliche Versicherung in der Zwangsvollstreckung (§ 807 ZPO) bezieht sich auch auf das Eigenvermögen des Erben, weil die Haftungsbeschränkung für den Erben nach § 781 ZPO zunächst nicht zu berücksichtigen ist, Hamburg HRR 1929, 1069 und OLG 11, 99; Marienwerder OLG 19, 4. Hat dieser aber ein rechtskräftiges Urteil auf Klage aus §§ 785, 767 ZPO hin erwirkt, so ist die eidesstattliche Versicherung nur auf den Nachlaß als Sondervermögen zu beschränken, Staud/Marotzke Rz 34; Pal/Edenhofer Rz 13. Eine vorläufige Beschränkung der Versicherung auf den Nachlaß ist nach §§ 785, 769 ZPO möglich. Der Gläubiger kann in jedem Fall seinen Antrag von vornherein auf Nachlaß beschränken, Stein/Jonas/Münzberg, ZPO, 21. Aufl 1995, § 781 Rz 4.

9 7. **Zwangsvollstreckung, Arreste in dürftigen Nachlaß.** Die Einreden sind auch nicht gegenüber Nachlaßgläubigern ausgeschlossen, die sich nach dem Erbfall durch Zwangsvollstreckung, Arreste oder einstweilige Verfügungen Pfandrechte, Hypotheken oder Vormerkungen (§§ 804, 866 ZPO; § 885) verschafft haben, **Abs II**. Das gilt jedoch nicht für rechtsgeschäftlich bestellte Sicherungen, §§ 884, 1211 I S 2, 1137 I S 2; vgl aber Staud/Marotzke Rz 25. Betreffen die Zwangsvollstreckungsmaßnahmen das Eigenvermögen, so kann der Erbe ihre Aufhebung durch Vollstreckungsgegenklage entsprechend §§ 784 I, 785, 767 ZPO verlangen, Pal/Edenhofer Rz 5; Staud/Marotzke Rz 26. Vollstrecken Eigengläubiger in den Nachlaß, so kann der Erbe unter den Voraussetzungen der §§ 1990, 1992 entsprechend § 784 II ZPO Aufhebung der Maßnahmen verlangen, Brox Rz 792; Pal/Edenhofer Rz 6; aA Planck/Flad § 1990 Anm d; Strohal Bd 2, § 81 Fn 12; Staud/Marotzke Rz 28; MüKo/Siegmann Rz 7. Sonst müßte man die Nachlaßgläubiger auf seinen Ersatzanspruch gegen den Erben verweisen, weil dieser sein Eigenvermögen nicht zur Befriedigung der Eigengläubiger bereitgestellt, dadurch ihnen den Zugriff auf den Nachlaß ermöglicht und seine Verwaltungspflichten nach § 1978 I S 1 verletzt hat. Damit ist den Nachlaßgläubigern aber wenig gedient, wenn der Erbe kein pfändbares Eigenvermögen hat. Geht der Erbe nicht entsprechend § 784 II

Haftung für Nachlaßverbindlichkeiten §1991

ZPO vor, so haftet er den Nachlaßgläubigern aus schuldhafter Verletzung seiner Verwaltungsverantwortung, § 1978 I S 1. Dasselbe gilt von der Vollstreckung der Nachlaßgläubiger in den Nachlaß, sofern die Maßnahmen das Recht des Erben aus Abs I beeinträchtigen würden, wenn sich etwa ein nachlaßbeteiligter Gläubiger über den Rahmen des § 1991 IV hinaus befriedigen würde oder wenn der Erbe auch wegen seiner Verwendungsansprüche infolge des Sicherungsrechts des Nachlaßgläubigers sich nicht mehr aus dem Nachlaß befriedigen könnte.

1991 *Folgen der Dürftigkeitseinrede*
(1) Macht der Erbe von dem ihm nach § 1990 zustehenden Recht Gebrauch, so finden auf seine Verantwortlichkeit und den Ersatz seiner Aufwendungen die Vorschriften der §§ 1978, 1979 Anwendung.
(2) Die infolge des Erbfalls durch Vereinigung von Recht und Verbindlichkeit oder von Recht und Belastung erloschenen Rechtsverhältnisse gelten im Verhältnis zwischen dem Gläubiger und dem Erben als nicht erloschen.
(3) Die rechtskräftige Verurteilung des Erben zur Befriedigung eines Gläubigers wirkt einem anderen Gläubiger gegenüber wie die Befriedigung.
(4) Die Verbindlichkeiten aus Pflichtteilsrechten, Vermächtnissen und Auflagen hat der Erbe so zu berichtigen, wie sie im Falle des Insolvenzverfahrens zur Berichtigung kommen würden.

1. Rechnerische Nachlaßtrennung und Verwaltungsverantwortlichkeit des Erben. Erhebt der Erbe die Einrede der beschränkten Haftung (§ 1990), so kommt es zwar nicht wie bei der amtlichen Nachlaßabwicklungsverfahren zu einer absolut wirkenden Sonderung des Nachlasses vom Eigenvermögen des Erben durch Trennung der Verfügungsmacht über beide Vermögensmassen. Aber rechnerisch ist eine relative Trennung im Verhältnis zwischen dem Erben und dem ihn beanspruchenden Nachlaßgläubiger zu vollziehen, damit der Aktiv- und Passivbestand des Nachlasses unter Berücksichtigung der Verwaltungsverantwortlichkeit des Erben (§§ 1978, 1980) und unter Nichtberücksichtigung der durch den Erbfall tatsächlich eingetretenen Konfusionen und Konsolidationen **(Abs II)** festgestellt werden kann. § 1980 ist von der Reichstagskommission versehentlich gestrichen worden. Über seine Anwendung als Folge der Verwaltungspflicht des § 1978 herrscht Einverständnis, RG LZ 1913, 233; Strohal Bd 2, § 81 Fn 5; Pal/Edenhofer Rz 2; RGRK/Johannsen Rz 2. Die rechnerische Trennung erschöpft sich in den Vorschriften der Abs I, II. Die Ansprüche der Nachlaßgläubiger auf Schadensersatz wegen Verletzung der Verwaltungspflicht und auf Herausgabe des Erlangten (§§ 667, 668) gegen den Erben als Träger des Eigenvermögens sind dem Aktivbestand, die Ansprüche des Erben auf Verwendungsersatz (§ 1978 III) dem Passivbestand des Nachlasses zuzurechnen. Vgl zu diesen Ansprüchen im einzelnen die Kommentierung zu §§ 1978–1980. Der Erbe kann sich wegen seiner Ansprüche gegen den Nachlaß aus diesem selbst befriedigen, § 181. Er braucht daher nur den hierzu nicht erforderlichen Restnachlaß den Gläubigern zur Vollstreckung herauszugeben, da er einem Nachlaßgläubiger mit rechtskräftigem Urteil gleichzustellen ist (Abs III), weil er gegen sich ein Urteil nicht erstreiten kann, RG 139, 202; 82, 278; MüKo/Siegmann Rz 2; RGRK/Johannsen § 1990 Rz 16; aA Staud/Marotzke Rz 13, 20, der eine entsprechende Anwendung des Abs III nicht für erforderlich hält.

2. Zu Abs II vgl § 1976, dessen Auslegung aber nur in der Beschränkung durch Abs II auf das Verhältnis zwischen Erben und Nachlaßgläubigern verwertbar ist. Der Erbe kann also einen Anspruch gegen den Erblasser dem Gläubiger bei der Berechnung der Nachlaßschulden in Rechnung stellen. Seine Eigengläubiger können ihn jedoch nicht pfänden.

3. Rangfolge bei der Gläubigerbefriedigung. a) Allgemeines. Der Erbe braucht, abgesehen von den Ausnahmen in Abs III, IV keine bestimmte Rangfolge der Gläubiger bei ihrer Befriedigung zu beobachten, vor allem nicht die des Insolvenzverfahrens, solange er nicht seine Pflichten aus § 1980 verletzt. Es entscheidet also die Reihenfolge des Vollstreckungszugriffs. Ein Verstoß gegen § 1980 macht ihn ersatzpflichtig, nimmt ihm aber nicht die Einrede des § 1990, wenn er auch durch die Gläubigerbefriedigung den Nachlaß dürftig gemacht hat. Er verliert hierdurch aber das Recht, seine Zahlungen dem Nachlaß in Rechnung zu stellen, § 1979. Hat er die Dürftigkeit herbeigeführt, so führt seine Verwalterhaftung dazu, daß er verpflichtet ist, den Nachlaß aus seinem Eigenvermögen so viel zu ersetzen, daß alle sich später meldenden Gläubiger den Anteil befriedigt werden können, den sie im Insolvenzverfahren erhalten hätten, vgl dazu § 1991 I iVm §§ 1978, 1979; BGH FamRZ 1992, 1409. Diese Ersatzforderung kann der einzelne Gläubiger gegen den Erben als Träger des Eigenvermögens unmittelbar geltend machen, BGH NJW-RR 1989, 1226 (1228); FamRZ 1992, 1709; Pal/Edenhofer Rz 2; /Stein Rz 2; Staud/ Marotzke Rz 10. § 1991 verweist zwar auch auf § 1978 II, so daß die Ersatzansprüche der Nachlaßgläubiger auch in diesem Fall aus dem Nachlaß zugeordnet werden sollen. Daraus wird von der Gegenansicht (MüKo/Siegmann Rz 7; Kipp/Coing, § 101 VI) gefolgert, der einzelne Nachlaßgläubiger könne sie nur pfänden und sich überweisen lassen, leiste der Erbe jedoch nicht, so müsse der Gläubiger ein neues Urteil auf Grund des Pfändungs- und Überweisungsbeschlusses gegen ihn erwirken (Siber, Haftung für Nachlaßschulden, S 48), ein Umweg, der besonders bei den Ansprüchen auf Auskunftserteilung gegen den Erben falsch erscheinen muß. Außerdem übersieht die Gegenmeinung, daß § 1978 II seinem Zweck nach im Rahmen des § 1991 I nur eingeschränkt anwendbar ist. Im Gegensatz zur Nachlaßverwaltung (§ 1975) wird durch die Einrede der Dürftigkeit kein Verfahren zur gleichmäßigen Befriedigung der Nachlaßgläubiger eröffnet. Die Verwalterhaftung nach § 1991 I begründet ein Recht, das dem Nachlaßgläubiger schon kraft Gesetzes zusteht, BGH NJW-RR 1989, 1226 (1228). Daher ist die Zuordnung der Ersatzansprüche zum Nachlaß nur bei der amtlichen Nachlaßabwicklung als sinnvoll zu erachten; vgl auch § 1978 Rz 5.

b) Besondere Rangfolge. aa) Da der Gläubiger mit einem rechtskräftigen Urteil gegen den Erben als befriedigt gilt **(Abs III)**, darf der Erbe nicht andere Gläubiger vor ihm befriedigen oder ihre Befriedigung durch Vollstrek-

W. Schlüter

kung dulden, ohne daß er sich aus der Verletzung seiner Verwaltungspflichten (§§ 1991 I, 1978) diesen Nachlaßgläubigern mit seinem Eigenvermögen ersatzpflichtig macht, RG 139, 202; RGRK/Johannsen Rz 8; Brox Rz 714; aA Siber, Haftung für Nachlaßschulden, S 61f; Lange/Kuchinke § 49 VIII 4a Fn 197; Staud/Marotzke Rz 17. Wohl aber kann er sich wegen seiner Ersatzansprüche oder ein Nachlaßpfleger wegen seiner Ansprüche auf Vergütung und Auslagen aus dem Nachlaß befriedigen (§ 181), bevor er die Vollstreckung in die hierzu notwendigen Nachlaßgegenstände duldet, RG 82, 273; WarnRsp 1914, 213; Siber, aaO, S 76 (67); de Boor, Kollision von Forderungsrechten, 1928, S 61.

bb) Die ausgeschlossenen und ihnen gleichgestellten Nachlaßgläubiger (§§ 1973f) muß der Erbe nach den übrigen Nachlaßgläubigern, aber vor den nachlaßbeteiligten Gläubigern (§ 1991 IV) befriedigen, § 1973 I S 2; Strohal Bd 2, § 81 IV S 2c; MüKo/Siegmann Rz 10; Brox Rz 714.

cc) Die nachlaßbeteiligten Gläubiger (§ 1972 Rz 1) muß er, wenn der Erblasser letztwillig nicht etwas anderes angeordnet hat (§ 2189; § 327 II S 2 InsO), selbst wenn sie bereits ein rechtskräftiges Urteil erwirkt haben, hinter allen anderen zurücksetzen und nachlaßmäßig befriedigen, § 327 I InsO; vgl auch § 1972 Rz 3. Zum Anfechtungsrecht der ihnen im Rang vorgehenden Nachlaßgläubiger vgl § 1972 Rz 3.

dd) Verletzt der Erbe die Rangfolge in der Gläubigerbefriedigung, so ist die Befriedigung zunächst wirksam, es treten aber die unter Rz 3 hervorgehobenen Folgen entsprechend ein. Brauchen die in ihren Rechten verletzten Gläubiger die Befriedigung nicht gelten zu lassen (§ 1979), so erwirbt der Erbe gegen die Empfänger einen Bereicherungsanspruch (§§ 813, 814), soweit diese bei richtigem Vorgehen des Erben nicht befriedigt worden wären, WarnRsp 1908 Nr 650; Planck/Flad Anm 5; Staud/Marotzke Rz 22. Den Nachlaßgläubigern steht unter den Voraussetzungen des § 5 AnfG ein Anfechtungsrecht zu. Ist der Erbe rechtskräftig zur Befriedigung eines Nachlaßgläubigers aus dem Nachlaß verurteilt, so kann er nach § 1991 III einem zeitlich später kommenden Gläubiger die Einrede der Erschöpfung des Nachlasses durch den ersten Nachlaßgläubiger entgegenhalten, BGH NJW-RR 1989, 1226 (1228).

1992 *Überschuldung durch Vermächtnisse und Auflagen*
Beruht die Überschuldung des Nachlasses auf Vermächtnissen und Auflagen, so ist der Erbe, auch wenn die Voraussetzungen des § 1990 nicht vorliegen, berechtigt, die Berichtigung dieser Verbindlichkeiten nach den Vorschriften der §§ 1990, 1991 zu bewirken. Er kann die Herausgabe der noch vorhandenen Nachlassgegenstände durch Zahlung des Wertes abwenden.

1 **1. Insolvenzantrag bei überbeschwertem Nachlaß.** Beruht die Überschuldung des Nachlasses auf Vermächtnissen und Auflagen, so ist der Erbe zwar berechtigt (§ 317 I InsO), aber nicht verpflichtet (§ 1980 I S 3), die Eröffnung eines Nachlaßinsolvenzverfahrens zu beantragen. § 1992 erlaubt dem Erben, die Ansprüche letztwilliger Gläubiger nach §§ 1990, 1991 zu berichtigen, auch wenn eine Aktivnachlaßmasse, die die Kosten der Insolvenz deckt, vorhanden ist. Pflichtteilsberechtigte sind den letztwilligen Gläubigern nicht gleichgestellt, da Ansprüche aus Pflichtteilsrechten einen aktiven Nachlaßbestand zur Zeit des Erbfalls voraussetzen, vgl Staud/Marotzke Rz 6; Pal/Edenhofer Rz 1.

2 **2. Voraussetzung der Einrede der Überbeschwerung.** Nach einer Meinung darf die Überschuldung des Nachlasses nur auf Vermächtnissen und Auflagen beruhen, RG WarnRsp 1912, 37; KG OLG 30, 175; München HRR 1938, 1602; Brox Rz 709; Pal/Edenhofer Rz 1; Staud/Marotzke Rz 3. Man wird aber Überschuldung schlechthin genügen lassen müssen (Strohal Bd 2, § 82 II; Hamburg DR 1940, 727; RGRK/Johannsen Rz 2; Kipp/Coing § 99 VI 1), während Siber (Haftung für Nachlaßschulden, S 54) völlig von der Überschuldung absieht, weil er ein Redaktionsversehen annimmt. Der Erbe darf nicht allgemein (§ 2013 I) oder dem ihn beanspruchenden Gläubiger gegenüber unbeschränkt haften.

3 **3. Die Berichtigung der Vermächtnisse und Auflagen** durch den Erben, Nachlaßverwalter, Testamentsvollstrecker oder Nachlaßpfleger (Dresden OLG 35, 373) erfolgt insolvenzmäßig, §§ 1992, 1991 IV; § 327 InsO; Näheres § 1991 Rz 4 und § 1972 Rz 3. Soweit der Nachlaß dazu nicht ausreicht, kann der Erbe die Befriedigung letztwilliger Gläubiger unter Vollstreckungspreisgabe (§ 1990 Rz 3) verweigern; anderen Gläubigern gegenüber muß er die gewöhnlichen Mittel zur Haftungsbeschränkung anwenden, notfalls die Einrede aus § 1990 unter ihren engeren Voraussetzungen erheben, vor § 1990 Rz 1–3. Anders als in §§ 1990, 1991, aber ebenso wie gegenüber einem ausgeschlossenen Gläubiger (§ 1973 II S 2) kann der Erbe die Vollstreckungspreisgabe durch Zahlung des Wertes der vorhandenen Nachlaßgegenstände oder des zur Befriedigung dieses Gläubigers erforderlichen Betrages abwenden (S 2), Näheres § 1973 Rz 4. Umgekehrt billigt die Rspr dem Gläubiger eines Gegenstandsvermächtnisses das Recht zu, durch anteilsmäßige Aufzahlung die Herausgabe des Gegenstands in Natur zu verlangen, BGH NJW 1964, 2298; RG Recht 1930 Nr 1521.

4 **4. Zur Durchführung der Haftungsbeschränkung** vgl § 1990 Rz 7–9. Der Erbe kann sich im Urteil, das auf Duldung der Vollstreckung in bestimmte Nachlaßgegenstände lautet, die Abwendung der Vollstreckung durch Zahlung des Wertes dieser Gegenstände vorbehalten lassen.

5 **5.** § 1992 gilt auch für die Gläubigerbefriedigung durch Nachlaßpfleger, Testamentsvollstrecker und Nachlaßverwalter, Staud/Marotzke Rz 15.

Untertitel 4
Inventarerrichtung, unbeschränkte Haftung des Erben

Vorbemerkung

1. Die Inventarerrichtung hat weder die Wirkung einer Haftungsbeschränkung noch einer Haftungssonderung. Sie ist hierfür auch keine notwendige Voraussetzung. Das Inventar verhütet aber, wenn es rechtzeitig und richtig errichtet ist (§§ 1994 I S 1, 2005 I), daß der Erbe sein Recht zur Haftungsbeschränkung endgültig verliert. Daher ist der Erbe zwar berechtigt, aber nicht verpflichtet, ein Inventar zu errichten, dazu § 1993 Rz 1.

2. Es **dient** damit den **Interessen des Erben** an der Erhaltung seines Rechts, seine beschränkte Haftung herbeizuführen. Es schafft ihm die Vermutung der Vollständigkeit gegenüber den Nachlaßgläubigern, § 2009. Dem Erben ist mit ihm die Rechenschaftspflicht erleichtert (§§ 1973, 1974, 1978, 1991 I) und die Möglichkeit gegeben, sich vor allem im Zusammenhang mit dem Gläubigeraufgebot von der Ersatzpflicht aus nicht rechtzeitigem Insolvenzantrag zu entlasten (§ 1980). Es schafft im Verhältnis zwischen dem Erben und den Nachlaßgläubigern die negative Vermutung, daß beim Erbfall keine weiteren Nachlaßgegenstände vorhanden gewesen sind als die im Inventar verzeichneten, § 2009.

3. Es **dient den Interessen der Nachlaßgläubiger.** Zum einen kann dem Erben durch das Nachlaßgericht eine Inventarfrist gesetzt werden, § 1994 I S 1. Versäumt der Erbe die Frist (§ 1994 I S 2) oder begeht er Inventaruntreue (§ 2005 I), so haftet er allen Nachlaßgläubigern gegenüber unbeschränkbar, §§ 1994 I S 2, 2005 I. Verweigert er einem Nachlaßgläubiger die eidesstattliche Bekräftigung des Inventars, so haftet er dem einzelnen Gläubiger gegenüber unbeschränkbar, § 2006 III. Die Einrede des § 2014 reicht nicht über die Errichtung des Inventars hinaus. Die Nachlaßgläubiger gewinnen aus ihm eine Übersicht über den Nachlaßbestand und wissen, in welche Gegenstände sie vollstrecken können, ohne das Eigenvermögen des Erben anzugreifen, und wofür sie den Erben bei Veränderungen im Bestand ersatzpflichtig machen können (§ 1978), RG 129, 244.

4. Arten der Inventarerrichtung. a) Aufnahme durch den Erben unter Hinzuziehung einer zuständigen Behörde oder Amtsperson, §§ 1993, 2002. Das Inventar ist mit der Einreichung an das Nachlaßgericht errichtet, § 1993. **b) Aufnahme durch das Nachlaßgericht** oder durch eine zuständige Behörde oder Amtsperson, der die Aufnahme des Inventars vom Nachlaßgericht übertragen worden ist. Das Inventar ist errichtet, wenn der Erbe oder ein Miterbe mit Wirkung für die übrigen noch beschränkbar haftenden (§ 2063 I) den Antrag an das Nachlaßgericht stellt, § 2003 I S 2. **c)** Der Erbe **erklärt** gegenüber dem Nachlaßgericht, **daß ein** dort befindliches **Inventar,** das den §§ 2002, 2003 entspricht und weder von ihm noch seinem Vertreter noch einer anderen Person stammt, deren Inventar ihm zugute kommt (§§ 2008 I S 3, 2063 I, 2144 II, 2383 II), **als von ihm eingereicht gelten** soll, § 2004. Das Inventar ist errichtet, sobald diese Erklärung des Erben dem Nachlaßgericht zugegangen ist.

1993 *Inventarerrichtung*
Der Erbe ist berechtigt, ein Verzeichnis des Nachlasses (Inventar) bei dem Nachlassgericht einzureichen (Inventarerrichtung).

Schrifttum: *van Venrooy,* Zum Sinn eines Nachlaßinventars, AcP 186, 356.

1. Die **Inventarerrichtung** ist ein Recht des Erben und jedes Miterben, gleichzeitig eine unselbständige Pflicht (Obliegenheit; vgl Einl § 241 Rz 6), also keine Pflicht, aus der auf Erfüllung oder aus deren Nichterfüllung auf Schadensersatz geklagt werden kann, KG OLG 14, 295. Sie besteht in der Aufnahme des Inventars, einer Nachlaßkennisses, sondern in seiner Einreichung beim örtlich zuständigen Nachlaßgericht (§ 73 FGG) § 2003 III. Der Erbe kann jedoch zur Hilfe bei der Aufnahme jedes sachlich zuständige Amtsgericht hinzuziehen, § 2002. Diese freiwillige unbefristete Errichtung ist auch während der Nachlaßverwaltung (KGJ 42, 94) oder des Nachlaßinsolvenzverfahrens möglich. Sie schützt den Erben vor der Fristversäumung des § 1994 I S 2. Äußerste Sorgfalt ist wegen der Pflicht zur eidesstattlichen Versicherung (§ 2006) geboten, RG 129, 244. Der Testamentsvollstrecker muß dem Erben bei der Errichtung helfen, besonders bei der Wertermittlung, § 2215. Die Erfordernisse des Verzeichnisses ergeben sich aus §§ 2001ff. Zur Inventarerrichtung durch Ehegatten bei Gütergemeinschaft s §§ 1432 II, 1455 Nr 3.

2. Eine **Bevollmächtigung** ist zulässig, die Beibringung einer Vollmachtsurkunde aber nicht erforderlich, RGRK/Johannsen Rz 5. Jedoch muß der Erbe die Bevollmächtigung im Prozeß beweisen. Durch einen Vertreter ohne Vertretungsmacht kann ein Inventar nicht wirksam errichtet werden, § 180. Der Erbe kann aber anstatt einer nochmaligen Inventarerrichtung erklären, daß ein bereits beim Nachlaßgericht befindliches Verzeichnis als von ihm eingereicht gelten soll, § 2004. Der Nachlaßpfleger ist bei der Inventarerrichtung Vertreter des Erben, § 1960. Das Inventar des Nachlaßverwalters oder Testamentsvollstreckers wird erst durch Anerkennung des Erben (§ 2004) zu einem Inventar im Sinne dieser Vorschrift.

3. Der Einreichende kann vom Nachlaßgericht eine **Empfangsbestätigung,** der Gläubiger **Abschrift** des Inventars (§ 34 FGG) verlangen, RG 129, 243.

4. Die **Kosten des Inventars** sind Nachlaßschulden, im Nachlaßinsolvenzverfahren Masseschulden, § 324 I Nr 4 InsO. Die Gebühren richten sich nach §§ 114, 115, 52 KostO. Wegen Unzulänglichkeit des Nachlasses kann dem Erben keine Prozeßkostenhilfe bewilligt werden, vgl KGJ 42, 99.

§ 1994 *Inventarfrist*

(1) Das Nachlassgericht hat dem Erben auf Antrag eines Nachlassgläubigers zur Errichtung des Inventars eine Frist (Inventarfrist) zu bestimmen. Nach dem Ablauf der Frist haftet der Erbe für die Nachlassverbindlichkeiten unbeschränkt, wenn nicht vorher das Inventar errichtet wird.

(2) Der Antragsteller hat seine Forderung glaubhaft zu machen. Auf die Wirksamkeit der Fristbestimmung ist es ohne Einfluss, wenn die Forderung nicht besteht.

1 1. Die **Inventarfrist** ist eine richterliche, keine gesetzliche **Frist**.

2 2. Der **Antrag** kann zur Niederschrift des Urkundsbeamten der Geschäftsstelle des zuständigen Nachlaßgerichts oder auch jedes anderen Amtsgerichts (§ 11 FGG), auch schriftlich und durch Bevollmächtigte gestellt werden, § 1993 Rz 2. Antragsberechtigt ist jeder Nachlaßgläubiger (§ 1967), auch der ausgeschlossene oder ihm gleichgestellte Gläubiger (§§ 1973, 1974, 1989), weil schon die Fristbestimmung auf Antrag eines Nichtgläubigers wirksam ist, **Abs II 2**; Soergel/Stein Rz 3; Lange/Kuchinke § 48 VI 5a; aA RGRK/Johannsen Rz 3; Pal/Edenhofer Rz 3; Staud/Marotzke Rz 8; Kipp/Coing § 94 II 1 Fn 9. Ein Miterbe, der gleichzeitig Nachlaßgläubiger ist, ist nicht antragsberechtigt. Das ergibt sich aus § 2063 II und der Möglichkeit, nach § 1993 selbst ein Inventar zu errichten, Pal/Edenhofer Rz 1; Lange/Kuchinke § 48 VI 5a Fn 126; RGRK/Johannsen Rz 5; Schlüter Rz 1114; KG Rpfleger 1979, 136; aA Soergel/Stein Rz 2; MüKo/Siegmann Rz 3. Für den Antrag besteht keine gesetzliche Ausschlußfrist, doch kann ein Antrag, der später als fünf Jahre nach dem Erbfall gestellt wird, wegen §§ 1974, 2013 I S 2 praktisch bedeutungslos werden. Antragsberechtigt ist auch ein Gläubiger eines Nachlaßgläubigers, der eine Nachlaßforderung hat pfänden und sich überweisen lassen, BayObLG OLG 16, 41. Der Antragsteller muß die Person benennen, die das Inventar errichten soll, LG Bochum Rpfleger 1991, 154.

3 3. **Glaubhaft zu machen** sind alle Tatsachen, die die Forderung als die eines Nachlaßgläubigers begründen. Die Mittel der Glaubhaftmachung bestimmen sich nach § 15 FGG; § 294 ZPO, dessen Abs II (Ausschluß nicht präsenter Beweismittel) im Verfahren der FG nicht anwendbar ist. Die eidesstattliche Versicherung ist als Mittel der Glaubhaftmachung zugelassen, vgl BayObLG 18, 171. Alle anderen Tatsachen, wie die Erbeneigenschaft, sind von Amts wegen zu ermitteln (§ 12 FGG; RJA 11, 89); es entsteht jedoch keine Bindung des Prozeßgerichts, das selbständig über die Frage der Haftung zu entscheiden hat, RJA 3, 176.

4 4. Der Erbe braucht die **Erbschaft noch nicht angenommen**, darf sie aber **noch nicht ausgeschlagen** haben, BayObLG RJA 3, 176. Ist sie wirksam ausgeschlagen, ist der Antrag auf Setzung einer Inventarfrist zurückzuweisen, BayObLG FamRZ 1994, 264. Ein Erbschein ist nicht erforderlich. Bei Miterben braucht die Frist nicht einheitlich bestimmt zu sein, vgl aber § 2063 I. Zur Inventarfrist gegenüber dem anderen Ehegatten bei einer zum Gesamtgut gehörenden Erbschaft vgl § 2008.

5 5. **Keine Inventarfrist** kann dem **Fiskus** als gesetzlichem Erben (§ 2011) sowie dem **Nachlaßpfleger** oder -verwalter (§ 2012) gesetzt werden. Ebensowenig kann eine Inventarfrist während einer Nachlaßverwaltung oder eines Nachlaßinsolvenzverfahrens (§ 2000 S 2) und im Falle des § 2000 S 3 bestimmt werden. Gleiches gilt, wenn ein ordnungsmäßiges Inventar, wenn auch nur von einem Miterben, errichtet ist. Unerheblich ist dagegen, ob Aktivnachlaß vorhanden ist, KG OLG 24, 82 Fn 1.

6 6. **Zuständig** für die Fristbestimmung, die Fristverlängerung oder die Setzung einer neuen Frist ist der **Rechtspfleger**, §§ 3 Nr 2, 16 I Nr 1 RpflG. Der Fristbestimmungsbeschluß ist stets zuzustellen, § 1995 I S 2. Gegen die Entscheidung des Rechtspflegers sind folgende **Rechtsmittel** gegeben:

a) Wird der **Antrag** auf Fristbestimmung **zurückgewiesen**, so findet gegen diese Verfügung des Rechtspflegers die **einfache Beschwerde** statt, §§ 19, 20 FGG. Die Beschwerde steht dem Erben auch gegen die Ablehnung der Entgegennahme des Inventars zu. Beschwerdeberechtigt ist nur der Antragsteller, § 20 II FGG; Keidel/Kuntze/Winkler § 77 FGG Rz 9.

b) Die **sofortige Beschwerde** findet hingegen statt, (1) gegen die Verfügung des Rechtspflegers, durch die dem Erben eine Inventarfrist bestimmt wird, § 77 I FGG und (2) gegen Verfügungen, durch die (positiv oder negativ) über die Bestimmung einer neuen Inventarfrist (§§ 1995, 1996) oder über den Antrag des Erben, die ihm gesetzte Frist zu verlängern, entschieden wird, § 77 II FGG.

Beschwerdeberechtigt ist jeder **Erbe** und jeder **Nachlaßgläubiger**. Ein Nachlaßgläubiger, der nicht Antragsteller war, muß bei der Beschwerdeeinlegung seine Forderung glaubhaft machen, § 1994 II; Keidel/Kuntze/Winkler § 77 FGG Rz 8. Die Zweiwochenfrist zur Einlegung der sofortigen Beschwerde (§ 22 I S 1 FGG) beginnt für den Erben mit der Bekanntmachung (§ 16 II S 1 FGG) an ihn, § 22 I S 2 FGG. Für jeden Nachlaßgläubiger beginnt die Frist mit dem Zeitpunkt, in dem die Verfügung demjenigen Nachlaßgläubiger bekannt gemacht wird, der den Antrag auf Bestimmung der Inventarfrist gestellt hat, § 77 III FGG. Im Fall des § 2005 II ist das der Nachlaßgläubiger, der die neue Inventarfrist beantragt hat. Unabhängig davon ist die Verfügung des Rechtspflegers allen am Verfahren beteiligten Nachlaßgläubigern bekannt zu machen, Keidel/Kuntze/Winkler § 77 FGG Rz 10. Die Frist wird in entsprechender Anwendung des § 176 ZPO nur durch Zustellung des Fristbestimmungsbeschlusses an den Verfahrensbevollmächtigten in Lauf gesetzt, wenn dieser sich für den Erben beim Nachlaßgericht gemeldet hat und seine Bevollmächtigung auch ohne Vorlage einer schriftlichen Vollmacht als nachgewiesen zu erachten ist, BayObLG FamRZ 1994, 1599; wohl aA Hamm Rpfleger 1992, 114, wonach im Regelfall auf die Vorlage einer schriftlichen Vollmacht nicht verzichtet werden kann.

Der Erbe kann geltend machen, daß er nicht Erbe sei, die Frist zu kurz bemessen oder ein Inventar bereits eingereicht sei (aA Staud/Marotzke Rz 23; dagegen zutreffend Soergel/Stein Rz 10). Der Nachlaßgläubiger kann geltend machen, daß die Frist zu lang sei. Ist die Fristbestimmung rechtskräftig geworden, so kann sie vom Nachlaßgericht nicht zurückgenommen, wohl aber auf Antrag des Erben vom Nachlaßgericht verlängert werden, § 1995 III. Sie kann aber unwirksam werden, wenn die Nachlaßverwaltung angeordnet oder das Nachlaßinsolvenzverfahren eröffnet wird (§ 2000 S 1), wenn der Erbe die Erbschaft nach der Fristbestimmung ausschlägt (BayObLG OLG 6, 70; AG Oldenburg Rpfleger 1990, 21), worüber notfalls das Prozeßgericht zu entscheiden hat, KGJ 34, 94.

7. Die **Wirkung des Fristablaufs** ist die unbeschränkte und unbeschränkbare Haftung des Erben gegenüber allen Nachlaßgläubigern. Sie wird vermieden durch Einreichung eines ordnungsmäßigen Inventars (§ 1993), ferner dadurch, daß der Erbe den Antrag auf amtliche Aufnahme des Inventars stellt (§ 2003 I) oder auf ein schon beim Nachlaßgericht vorhandenes Inventar Bezug nimmt, § 2004. Wegen Einreichung beim unzuständigen Gericht vgl § 1945 Rz 4. Dabei wirkt, wenn die Erbschaft zum Gesamtgut einer Gütergemeinschaft gehört, das Inventar des einen Ehegatten unter den Voraussetzungen des § 2008 für den anderen, das des Miterben für die übrigen Miterben (§ 2063 I), das des Erbschaftskäufers für den Verkäufer und umgekehrt (§ 2383 II), das des Vorerben für den Nacherben, § 2144 II. Hat der Erbe sein Recht zur Haftungsbeschränkung bereits gegenüber ausgeschlossenen oder säumigen Gläubigern erworben (§§ 1973, 1974), so verliert er es nicht mehr. Umgekehrt kann er nach Fristablauf das damit verlorene Recht zur Haftungsbeschränkung nicht durch andere Maßnahmen neu begründen, § 2013 I S 1. Nach Ablauf der Inventarfrist kann der Erbe nicht mehr die Nachlaßverwaltung beantragen (§ 2013) oder die Einreden aus §§ 1990, 1992 geltend machen. Die von einem Nachlaßgläubiger beantragte Nachlaßverwaltung bzw vom Erben oder Nachlaßgläubiger beantragte Eröffnung eines Nachlaßinsolvenzverfahrens führen nur zur Haftungssonderung, nicht zur Haftungsbeschränkung. Nicht voll geschäftsfähige Personen werden vor den Wirkungen durch die §§ 1997, 1999 geschützt. Die Entscheidung darüber, ob die Wirkung der allgemein unbeschränkbaren Haftung eingetreten ist, trifft das Prozeßgericht, KG RJA 8, 185.

1995 *Dauer der Frist*
(1) Die **Inventarfrist** soll mindestens einen Monat, höchstens drei Monate betragen. Sie beginnt mit der Zustellung des Beschlusses, durch den die Frist bestimmt wird.
(2) Wird die Frist vor der Annahme der Erbschaft bestimmt, so beginnt sie erst mit der Annahme der Erbschaft.
(3) Auf Antrag des Erben kann das Nachlassgericht die Frist nach seinem Ermessen verlängern.

Ein Verstoß gegen die **Sollvorschrift** des **Abs I S 1** macht die Fristsetzung nicht unwirksam, gibt aber die sofortige Beschwerde (§ 1994 Rz 6. Besondere Vorschriften über die Frist enthalten **Abs III** und die §§ 1996, 1998, 2008 I S 2. Sie beginnt mit der Zustellung des Beschlusses an den Erben oder an jeden Miterben besonders (KG OLG 14, 293; § 16 FGG, § 208–213 ZPO), auch mit einer Ersatzzustellung, §§ 181f ZPO. Für den letzten Fall vgl § 1996 I S 2. Dem Nachlaßpfleger kann keine Inventarfrist gesetzt werden, § 2012 S 1. Zur Fristberechnung vgl §§ 187 I, 188 II, III.

1996 *Bestimmung einer neuen Frist*
(1) Ist der Erbe durch höhere Gewalt verhindert worden, das Inventar rechtzeitig zu errichten oder die nach den Umständen gerechtfertigte Verlängerung der Inventarfrist zu beantragen, so hat ihm auf seinen Antrag das Nachlassgericht eine neue Inventarfrist zu bestimmen. Das Gleiche gilt, wenn der Erbe von der Zustellung des Beschlusses, durch den die Inventarfrist bestimmt worden ist, ohne sein Verschulden Kenntnis nicht erlangt hat.
(2) Der Antrag muss binnen zwei Wochen nach der Beseitigung des Hindernisses und spätestens vor dem Ablauf eines Jahres nach dem Ende der zuerst bestimmten Frist gestellt werden.
(3) Vor der Entscheidung soll der Nachlassgläubiger, auf dessen Antrag die erste Frist bestimmt worden ist, wenn tunlich gehört werden.

Bei der Bestimmung einer neuen Inventarfrist handelt es sich um eine **Art Wiedereinsetzung** in den vorigen Stand, die über den hier nicht geltenden § 206 (vgl aber § 1997) hinausgeht, RG 54, 151f; § 233 ZPO. Die Bestimmung der neuen Frist beseitigt die Folgen der Versäumung der ursprünglichen. Im Gegensatz zu § 1995 III handelt es sich hier um eine Mußvorschrift. **Abs I S 2** erlangt bei Ersatz- und öffentlicher Zustellung praktische Bedeutung, §§ 181f, 203 ZPO. Der Erbe muß sich ein Verschulden seines gesetzlichen Vertreters oder Generalbevollmächtigten zurechnen lassen, § 171 ZPO. Die formell rechtskräftige Entscheidung bindet das Prozeßgericht (vgl Seibert DFG 1937, 136). Eine erneute Wiedereinsetzung ist bei Versäumung der neuen Frist auf Antrag innerhalb eines Jahres nach Ablauf der zuerst bestimmten Frist (**Abs II**) möglich, Staud/Marotzke Rz 13; RGRK/Johannsen Rz 1; Pal/Edenhofer Rz 1. Abs II entspricht § 234 ZPO, Staud/Marotzke Rz 13.

1997 *Hemmung des Fristablaufs*
Auf den Lauf der Inventarfrist und der in § 1996 Abs. 2 bestimmten Frist von zwei Wochen finden die für die Verjährung geltenden Vorschriften der §§ 206, 210 entsprechende Anwendung.

Die **Inventarfrist** ist **gehemmt**, wenn der geschäftsunfähige oder beschränkt geschäftsfähige Erbe ohne gesetzlichen Vertreter ist. In diesem Fall läuft die Inventarfrist nicht vor Ablauf von sechs Monaten nach dem Zeitpunkt an, in dem der Erbe unbeschränkt geschäftsfähig geworden oder der Mangel der Vertretung behoben ist, § 210. Die **Inventarfrist** läuft auch **ab,** wenn der geschäftsfähig gewordene Erbe oder der neue gesetzliche Vertreter sie nicht kennt. Dann hilft § 1996 I S 2. Versäumt der gesetzliche Vertreter die Frist, so wirkt das gegen den Erben. Die Vorschrift gilt für die ursprüngliche (§ 1994 I S 1), die verlängerte (§ 1995 III), die neue Inventarfrist (§ 1996 I) und für die Antragsfrist aus § 1996 II.

§ 1998 Tod des Erben vor Fristablauf

Stirbt der Erbe vor dem Ablauf der Inventarfrist oder der in § 1996 Abs. 2 bestimmten Frist von zwei Wochen, so endigt die Frist nicht vor dem Ablauf der für die Erbschaft des Erben vorgeschriebenen Ausschlagungsfrist.

1 § 1952 II gilt damit für die Inventarfrist, die also auch abläuft, wenn der **Erbeserbe** sie nicht kennt. Notfalls hilft ihm § 1996 I S 2. Bei mehreren Erbeserben ist jeder zur Inventarerrichtung über die ganze dem Erben zugefallene Erbschaft berechtigt und auf Gläubigerantrag verpflichtet. Die Inventarfrist, die dem Erben gesetzt ist, kann für jeden Miterbeserben verschieden laufen, § 1944, vgl auch § 2063 I. Auch der Erbeserbe kann die Anträge nach §§ 1995 III, 1996 I stellen.

§ 1999 Mitteilung an das Vormundschaftsgericht

Steht der Erbe unter elterlicher Sorge oder unter Vormundschaft, so soll das Nachlassgericht dem Vormundschaftsgericht von der Bestimmung der Inventarfrist Mitteilung machen. Dies gilt auch, wenn die Nachlassangelegenheit in den Aufgabenkreis eines Betreuers des Erben fällt.

1 1. **Vorbemerkung.** Satz 2 ist durch das Gesetz zur Reform des Rechts der Vormundschaft und Pflegschaft – Betreuungsgesetz – vom 12. 9. 1990 (BGBl I 2002) angefügt worden.

2 2. Durch die Mitteilung soll das **Vormundschaftsgericht** in die Lage gesetzt werden, von Amts wegen die Einhaltung der **Frist** durch die Eltern, den Vormund, den Betreuer (§ 1896) oder Pfleger (§ 1915) zu veranlassen und zu **überwachen**, §§ 1667ff, 1837. Ist für minderjährige Kinder ein Vormund bestellt, so ist die Bestimmung der Inventarfrist dem Familiengericht mitzuteilen, weil es nach §§ 1667 die erforderlichen Maßnahmen zu treffen hat. Verstöße gegen diese Sollvorschrift hindern die Wirkung des Fristablaufs nicht.

§ 2000 Unwirksamkeit der Fristbestimmung

Die Bestimmung einer Inventarfrist wird unwirksam, wenn eine Nachlassverwaltung angeordnet oder das Nachlassinsolvenzverfahren eröffnet wird. Während der Dauer der Nachlassverwaltung oder des Nachlassinsolvenzverfahrens kann eine Inventarfrist nicht bestimmt werden. Ist das Nachlassinsolvenzverfahren durch Verteilung der Masse oder durch einen Insolvenzplan beendet, so bedarf es zur Abwendung der unbeschränkten Haftung der Inventarerrichtung nicht.

1 1. **Vorbemerkung.** § 2000 ist durch Art 33 Nr 43 EGInsO (BGBl I 1994, 2926) zum 1. 1. 1999 neugefaßt worden.

2 2. Die **amtlichen Abwicklungsverfahren**, die Nachlaßverwaltung und das Nachlaßinsolvenzverfahren (§§ 315ff InsO) sichern durch die Verwalter oder die gerichtliche Aufsicht eine ordnungsgemäße Aufnahme des Nachlasses und die Befriedigung der Gläubiger. Die **Inventaraufnahme** und die Folgen der Fristversäumnis sind deshalb und im Hinblick auf die haftungsbeschränkende Wirkung dieser Verfahren **überflüssig**. Die Verwalter sind verzeichnispflichtig, der Erbe ist ihnen auskunftspflichtig, vgl § 1985 Rz 1. Daher wird die Bestimmung einer Frist mit der Anordnung (Eröffnung) des Verfahrens unwirksam. Während des Verfahrens kann sie nicht mehr bestimmt werden. Geschieht es dennoch, ist sie unwirksam. Endet das Nachlaßinsolvenzverfahren mit der Verteilung der Masse oder durch einen Insolvenzplan, so haftet der Erbe ohnehin nicht mehr unbeschränkt (§§ 1973, 1989), es sei denn gegenüber Gläubigern, denen er bereits endgültig unbeschränkt haftet. Endet das Insolvenzverfahren auf andere Weise oder ist die Nachlaßverwaltung ordnungsmäßig durchgeführt, so kann dem Erben auf Antrag eines Gläubigers eine neue Frist gesetzt werden mit der Folge, daß er unbeschränkbar haftet, wenn er sie versäumt, § 1994 I S 2; Stuttgart FamRZ 1995, 57; Staud/Marotzke Rz 6, 7. Der Erbe kann sich aber auf ein ordnungsgemäßes Inventar des Nachlaßverwalters beziehen, vgl 2004.

3 3. Hatte sich der Erbe bereits vor Anordnung (Eröffnung) des Verfahrens einer Inventaruntreue schuldig gemacht (§ 2005 I), so hat er das Recht zur Haftungsbeschränkung verloren, selbst wenn die Frist noch nicht abgelaufen war. Errichtet der Erbe während des amtlichen Verfahrens freiwillig ein Inventar, so kann seine Untreue dabei nicht diese nachteiligen Folgen haben, weil ihm während dieser Verfahren eine Inventarfrist mit den Folgen der Versäumung nicht gesetzt werden konnte, MüKo/Siegmann Rz 6; RGRK/Johannsen Rz 6; aA Staud/Marotzke Rz 8.

§ 2001 Inhalt des Inventars

(1) In dem Inventar sollen die bei dem Eintritt des Erbfalls vorhandenen Nachlassgegenstände und die Nachlassverbindlichkeiten vollständig angegeben werden.

(2) Das Inventar soll außerdem eine Beschreibung der Nachlassgegenstände, soweit eine solche zur Bestimmung des Wertes erforderlich ist, und die Angabe des Wertes enthalten.

1 1. Verstöße gegen die **Sollvorschrift** machen das Inventar nicht unwirksam, aber die Inventaruntreue (§ 2005 I) nimmt dem Erben das Recht zur Haftungsbeschränkung. Ein Nachlaßverzeichnis ohne amtliche Mitwirkung (§ 2002) ist jedoch kein Inventar im Sinne dieser Vorschrift.

2 2. Die **Nachlaßgegenstände (Aktiven)** brauchen nur bezogen auf den Zeitpunkt des Erbfalls (Lange/Kuchinke § 48 VI 4b), daher ohne Berücksichtigung späterer Veränderungen, also von Abgängen und späteren Erwerben, angegeben zu werden. Diese Aktualisierung ist aber zweckmäßig, weil durch das Inventar auch eine Unterlage für die Rechenschaftspflicht des Erben nach §§ 1978, 1991 geschaffen werden soll. Vorempfänge brauchen nicht ver-

zeichnet zu werden, RG 24, 195. Der Nacherbe hat alles aufzuführen, was er aus der Erbschaft erlangt, einschließlich seiner Ansprüche gegen den Vorerben.

3. Die **Nachlaßschulden** sind für den Zeitpunkt der Inventarerrichtung aufzuführen, mögen sie auch nach dem Erbfall entstanden sein, BGH 32, 60. Auch Rechte, Schulden und Lasten, die durch Konfusion oder Konsolidation erloschen sind, sind aufzuführen (§§ 1976, 1991 II; RGRK/Johannsen Rz 3; Staud/Marotzke Rz 3), nicht aber Ausgleichsansprüche und -pflichten, da sie keine Nachlaßrechte und -schulden sind, § 2055 Rz 1, 2; Planck/Flad Anm 1.

4. Das **Inventar eines Miterben** muß den ganzen Nachlaß aufführen, KG RJA 8, 100; Pal/Edenhofer Rz 1.

2002 *Aufnahme des Inventars durch den Erben*
Der Erbe muss zu der Aufnahme des Inventars eine zuständige Behörde oder einen zuständigen Beamten oder Notar zuziehen.

1. Ein **Privatinventar** ohne die amtliche Mitwirkung **ist unwirksam (Mußvorschrift)**, selbst wenn die Unterschrift des Erben unter ihm öffentlich beglaubigt ist. Die unterstützende Mitwirkung bezieht sich nur auf die Aufnahme. Anders als in § 2003 I S 1 ist sie Sache des Erben. Erklärungen des Erben vor dem Urkundsbeamten der Geschäftsstelle des Nachlaßgerichts über den Nachlaß sind daher kein Inventar im Sinne des § 2002, München JFG 15, 118. Die Aufnahme durch die Amtsperson selbst ist unter den Voraussetzungen des § 2003 I S 1 zulässig, schafft aber kein Inventar im Sinne des § 2002. Entscheidend ist, daß der Erbe das Inventar unterschreibt, wobei Stellvertretung zulässig ist (RG 77, 246), so daß er damit seine eigene Verantwortung zum Ausdruck bringt. Die Unterschrift der Amtsperson genügt nicht, aA Staud/Marotzke Rz 2. Die Amtsperson ist für die Vollständigkeit, die Richtigkeit und die Wertangabe nicht verantwortlich. Sie hat nur die Stellung eines Beistandes und ist daher nicht verpflichtet, den Inhalt des Inventars in eigener Verantwortung zu überprüfen, wenngleich sie ihre abweichende Meinung zum Ausdruck bringen kann und belehren muß. Sie braucht daher auch nicht mit zu unterzeichnen, RGRK/Johannsen Rz 3; Staud/Marotzke Rz 2; aA Planck/Flad Anm 3. Anders ist es bei der amtlichen Inventaraufnahme in § 2003, wenn die Behörde oder der Beamte die Verantwortung hierfür trägt.

2. Die **Zuständigkeit** der Behörde oder der Amtsperson bestimmt sich nach Landesrecht, Art 147, 148 EGBGB. Der Notar ist in allen Bundesländern mindestens auch sachlich zuständig, § 20 V BNotO; § 61 I Nr 2 BeamtG, zum Teil sogar ausschließlich zuständig, vor allem in Bayern (§ 8 AGGVG); vgl im einzelnen Keidel/Kuntze/Winkler, FGG, 14. Aufl 1999, § 77 Rz 5. Ist eine sachlich unzuständige Behörde oder Amtsperson hinzugezogen, so ist das Inventar unwirksam, während örtliche Unzuständigkeit nicht schadet, RGRK/Johannsen Rz 7; aA Planck/Flad Anm 2.

3. Die **Form** ist vom BGB nicht bestimmt, doch muß das Verzeichnis beim Nachlaßgericht eingereicht werden, um wirksam zu werden (§§ 1993, 2003 III), Hamm NJW 1962, 53. Landesgesetzliche Bestimmungen haben die Bedeutung von Ordnungsvorschriften.

4. Die **Frist** wird anders als in § 2003 I S 2 noch nicht durch Hinzuziehung der Amtsperson, sondern nur durch rechtzeitige Einreichung beim Nachlaßgericht **gewahrt,** Hamm NJW 1962, 53. Die Gebühren richten sich nach § 52 KostO. Bei schuldhaft verspäteter Mitwirkung tritt eine Amtshaftung nach § 839, Art 34 GG ein. Die Inventarfrist ist zu verlängern (§§ 1995 III, 1996 I), sofern sie wegen verspäteter Mitwirkung nicht eingehalten werden kann. Daneben verbleibt die Möglichkeit, fristwahrend einen Antrag nach § 2003 I S 2 zu stellen.

2003 *Amtliche Aufnahme des Inventars*
(1) Auf Antrag des Erben hat das Nachlassgericht entweder das Inventar selbst aufzunehmen oder die Aufnahme einer zuständigen Behörde oder einem zuständigen Beamten oder Notar zu übertragen. Durch die Stellung des Antrags wird die Inventarfrist gewahrt.
(2) Der Erbe ist verpflichtet, die zur Aufnahme des Inventars erforderliche Auskunft zu erteilen.
(3) Das Inventar ist von der Behörde, dem Beamten oder dem Notar bei dem Nachlassgericht einzureichen.

1. Die **Frist** wird hier dadurch **gewahrt,** daß der Erbe in ihr die amtliche Aufnahme beantragt, Abs I S 2.

2. Antragsberechtigt ist der Erbe, jeder Miterbe mit der Wirkung des § 2063 I, nicht dagegen ein Nachlaßgläubiger, also auch kein Pflichtteilsberechtigter, Vermächtnisnehmer oder Auflageberechtigter, Karlsruhe OLG 35, 361. Der Antrag muß stets an das Nachlaßgericht und darf nicht unmittelbar an eine andere zuständige Behörde oder Amtsperson gerichtet sein. Diese Übertragung der Aufnahme ist Sache des Nachlaßgerichts, RG 77, 246.

3. Der **Antrag** muß **an** das **zuständige Nachlaßgericht** gerichtet, die Aufnahme der **zuständigen Behörde** und **Amtsperson** übertragen sein, vgl § 3 Nr 2 lit c RpflG. Nach Landesrecht kann die Zuständigkeit des Nachlaßgerichts allerdings ausgeschlossen sein, Art 148 EGBGB. Das gilt zB für Hamburg (§ 78 II AGBGB), Bayern (§ 8 AGGVG) und Bremen (§ 63 II AGBGB); Übersicht im einzelnen bei Keidel/Kuntze/Winkler, FGG, 14. Aufl 1999, § 77 Rz 5. Das Gericht ist dann aber verpflichtet, die Aufnahme des Inventars auf einen Notar bzw die nach Landesrecht zuständige Behörde oder Beamten zu übertragen, Art 147 EGBGB. Das Inventar ist nur unwirksam, wenn offensichtlich die sachliche, nicht wenn die örtliche Zuständigkeit fehlt, Staud/Marotzke § 2002 Rz 3. Das örtlich zuständige Nachlaßgericht (§ 73 FGG) kann ein auswärtiges Gericht oder eine auswärtige Behörde mit der Aufnahme durch Rechtshilfe ersuchen, RG 106, 288; Staud/Marotzke Rz 7; RGRK/Johannsen Rz 2. Das ersuchte Gericht kann die Aufnahme wiederum übertragen, Pal/Edenhofer Rz 1.

W. Schlüter

4 4. Die **Verantwortung für** die **Aufnahme** trägt anders als in § 2002 die Behörde oder Amtsperson.

5 5. Der Erbe muß **Auskunft geben (Abs II)**, ohne daß diese erzwungen werden kann. In der Auskunftsverweigerung kann aber eine Inventaruntreue liegen, durch die er sein Recht zur Haftungsbeschränkung verliert, § 2005 I S 2; KG OLG 14, 293 (295). Gleiches gilt, wenn er die Auskunft absichtlich in erheblichem Maß verzögert. Auf Grund seiner Auskunftspflicht ist er verzeichnispflichtig, § 260. Über die Beistandspflicht des Testamentsvollstreckers vgl § 2215.

2004 *Bezugnahme auf ein vorhandenes Inventar*

Befindet sich bei dem Nachlassgericht schon ein den Vorschriften der §§ 2002, 2003 entsprechendes Inventar, so genügt es, wenn der Erbe vor dem Ablauf der Inventarfrist dem Nachlassgericht gegenüber erklärt, dass das Inventar als von ihm eingereicht gelten soll.

1 1. § 2004 ist nicht anwendbar, wenn dieses Inventar vom Erben selbst oder für ihn von seinem gesetzlichen oder gewillkürten Vertreter oder von jemandem errichtet ist, dessen Inventar dem Erben zugute kommt, vgl vor § 1993 Rz 4; Staud/Marotzke Rz 6. In diesen Fällen bedarf es, weil das Inventar ohnehin als das des Erben gilt, nicht noch zusätzlich einer Erklärung nach § 2004; aA Staud/Marotzke Rz 2. § 2004 greift hingegen ein, wenn das Inventar von einem Vertreter ohne Vertretungsmacht, einem im eigenen Namen handelnden Geschäftsführer ohne Auftrag, einem Nachlaßverwalter, Testamentsvollstrecker, Erbschaftsbesitzer oder dem Nachlaßgericht selbst (§ 1960 II) herrührt. Das Inventar muß entweder beim Nachlaßgericht eingereicht oder von diesem herangezogen worden sein.

2 2. Ein **Privatinventar**, das ohne amtliche Mitwirkung aufgenommen ist (§ 2002), **genügt nicht**. Es müssen die Voraussetzungen des § 2002 oder des § 2003 vorliegen, KG OLG 14, 295; Dresden SeuffA 72, 129.

3 3. Die **Erklärung des Erben** kann **formlos** an das Nachlaßgericht gerichtet werden. Nur wenn dem Erben bereits eine Inventarfrist gesetzt war (§ 1994), muß er die Erklärung innerhalb der Frist abgeben, sonst kann sie unbefristet abgegeben werden, Staud/Marotzke Rz 1. Sie kann auch durch Bevollmächtigte, deren Vollmacht nachgereicht werden kann, abgegeben werden. War dem Erben bereits eine Inventarfrist gesetzt, kann auch die Vollmacht nur innerhalb der Frist beigebracht werden, Soergel/Stein Rz 3.

2005 *Unbeschränkte Haftung des Erben bei Unrichtigkeit des Inventars*

(1) Führt der Erbe absichtlich eine erhebliche Unvollständigkeit der im Inventar enthaltenen Angabe der Nachlassgegenstände herbei oder bewirkt er in der Absicht, die Nachlassgläubiger zu benachteiligen, die Aufnahme einer nicht bestehenden Nachlassverbindlichkeit, so haftet er für die Nachlassverbindlichkeiten unbeschränkt. Das Gleiche gilt, wenn er im Falle des § 2003 die Erteilung der Auskunft verweigert oder absichtlich in erheblichem Maße verzögert.
(2) Ist die Angabe der Nachlassgegenstände unvollständig, ohne dass ein Fall des Absatzes 1 vorliegt, so kann dem Erben zur Ergänzung eine neue Inventarfrist bestimmt werden.

1 1. **Inventaruntreue (Abs I)** führt ebenso wie die Versäumnis der Inventarfrist zur **unbeschränkten Haftung** des Erben **gegenüber allen Nachlaßgläubigern,** mag es sich um ein freiwilliges (§ 1993; aA Pal/Edenhofer Rz 3) oder um ein durch Fristsetzung erzwungenes Inventar (§ 1994) handeln. Der Erbe haftet jedoch nicht unbeschränkt, wenn er bei der Errichtung eines Inventars während der Nachlaßverwaltung oder des Nachlaßinsolvenzverfahrens eine Inventaruntreue begeht, vgl § 2000 Rz 1, 2.

2 2. **Inventaruntreue liegt in folgenden Fällen vor: a)** Der Erbe **gibt** die einzelnen **Nachlaßgegenstände** (§ 2001) **absichtlich erheblich** (Rostock OLG 30, 189) **unvollständig an**. Eine Gläubigerbenachteiligungsabsicht ist dabei nicht nötig, Breslau Recht 1904 Nr 1723. Mängel der Beschreibung, Fehler in der Wertangabe genügen nicht, Staud/Marotzke Rz 4; es muß mit der Unvollständigkeit etwas bezweckt sein, zB das Finanzamt oder andere Personen zu täuschen, Brox Rz 651; RGRK/Johannsen Rz 4; Kipp/Coing § 94 V 1 Fn 21.

b) Der Erbe **verursacht die Aufnahme einer nichtbestehenden Nachlaßschuld in das Inventar**, in der Absicht, die Nachlaßgläubiger zu benachteiligen. Er kann gleichzeitig nach § 283 I Nr 4 StGB strafbar werden. Absicht ist dabei nicht Beweggrund, es genügt, daß der Erbe bei seinem Handeln weiß, daß er notwendig oder mit aller Wahrscheinlichkeit die Gläubiger benachteiligen werde, vgl § 133 InsO. Unschädlich ist, daß der Erbe bestehende Schulden fortläßt, RGRK/Johannsen Rz 5.

c) Der Erbe **nimmt** nach § 2004 **auf ein objektiv unrichtiges Inventar Bezug** und erfüllt die subjektiven Voraussetzungen des § 2005 I S 1, Soergel/Stein Rz 5. Handelt er nicht mit der erforderlichen Benachteiligungsabsicht, ist § 2005 II entsprechend anzuwenden.

d) Der Erbe **verweigert** bei amtlicher Inventaraufnahme (§ 2003) **die von ihm geforderte Auskunft** oder **verzögert sie absichtlich** in erheblichem Maße, **Abs I S 2**. Inventarfristsetzung muß vorher erfolgen, da Abs I S 2 ein Fall der Fristversäumung ist, Prot V 756. Führt er eine erhebliche Unvollständigkeit in der Aufzeichnung der Aktivmasse herbei, so kann **Abs I S 1** gegeben sein, oder dem Erben auf seinen Antrag oder eines Nachlaßgläubigers die Frist des **Abs II** gesetzt werden. Ergänzt der Erbe dann gleichwohl nicht, so haftet er nach § 1994 I S 2 unbeschränkbar.

3 3. **Keine Inventaruntreue liegt vor,** wenn der Erbe absichtlich einen nicht vorhandenen Nachlaßgegenstand aufnimmt oder absichtlich die Aufnahme einer vorhandenen Nachlaßschuld unterläßt oder unrichtige Wertangaben macht. Eine Inventaruntreue entfällt ferner bei Unrichtigkeit in einem reinen Privatinventar ohne amtliche Mitwirkung nach § 2002 (dann aber Abs II) oder wenn die falsche Auskunft infolge Weigerung des Erben von anderer

Seite erteilt war, RGRK/Johannsen Rz 7. Bei § 2008 ist die Auskunft des erbenden Ehegatten maßgebend, dem aber die des anderen Ehegatten zustatten kommt, falls dieser das Gesamtgut allein oder mit verwaltet.

4. Berichtigung nach ungetreuer Inventarerrichtung ist auch unter den Voraussetzungen des § 2006 II 4 unmöglich (keine tätige Reue; Pal/Edenhofer Rz 3; Staud/Marotzke Rz 19), auch nicht in der noch laufenden Inventarfrist, weil sonst die erzwungene Inventarerrichtung gegenüber der freiwilligen privilegiert würde.

5. Für Verstöße seiner **gesetzlichen Vertreter** (zB Nachlaßpfleger, §§ 1960, 1961) oder **seiner Bevollmäch-** 5 **tigten** bei der Inventarerrichtung haftet der Erbe unter denselben Voraussetzungen wie für eigene Verstöße (§ 278), auch bei freiwilligem Inventar, Planck/Flad Anm 4; RGRK/Johannsen Rz 8; aA für Verstöße des Nachlaßpflegers Staud/Marotzke § 1993 Rz 16. Verstöße der Personen, deren ordnungsmäßige Inventarerrichtung dem Erben zugute kommt (§§ 2008 I S 3, 2063 I, 2144 II, 2383 II), werden ihm zwar nicht zugerechnet, hindern aber nicht den Ablauf der Inventarfrist, die dem Erben gesetzt ist.

6. Dem Erben kann nach **Abs II** auf Antrag eines Nachlaßgläubigers (§ 1994 I) durch das Nachlaßgericht eine 6 **neue** bzw im Fall des § 1993 eine erste Inventarfrist gesetzt werden, sofern das Inventar unvollständig ist und die Voraussetzungen des Abs I nicht gegeben sind. Gegen die Ablehnung der Fristsetzung steht dem Nachlaßgläubiger die sofortige Beschwerde zu, § 77 II FGG. Die Inventarfrist kann auch einem Miterben gesetzt werden, der das erste Inventar nicht errichtet oder dessen Errichtung nicht beantragt hatte, § 2063 I.

2006 *Eidesstattliche Versicherung*

(1) Der Erbe hat auf Verlangen eines Nachlassgläubigers zu Protokoll des Nachlassgerichts an Eides statt zu versichern, dass er nach bestem Wissen die Nachlassgegenstände so vollständig angegeben habe, als er dazu imstande sei.
(2) Der Erbe kann vor der Abgabe der eidesstattlichen Versicherung das Inventar vervollständigen.
(3) Verweigert der Erbe die Abgabe der eidesstattlichen Versicherung, so haftet er dem Gläubiger, der den Antrag gestellt hat, unbeschränkt. Das Gleiche gilt, wenn er weder in dem Termin noch in einem auf Antrag des Gläubigers bestimmten neuen Termin erscheint, es sei denn, dass ein Grund vorliegt, durch den das Nichterscheinen in diesem Termin genügend entschuldigt wird.
(4) Eine wiederholte Abgabe der eidesstattlichen Versicherung kann derselbe Gläubiger oder ein anderer Gläubiger nur verlangen, wenn Grund zu der Annahme besteht, dass dem Erben nach der Abgabe der eidesstattlichen Versicherung weitere Nachlassgegenstände bekannt geworden sind.

1. Vorbemerkung. Durch Art 2 § 1 Nr 3 des Gesetzes zur Änderung des RpflG und des BeurkG sowie zur 1 Umwandlung des Offenbarungseides in eine eidesstattliche Versicherung vom 26. 6. 1970 (BGBl I 911) ist § 2006 mit Wirkung vom 1. 7. 1970 geändert worden.

2. Zweck. Der Erbe wäre schon nach §§ 1978, 666, 681, 259, 260 auskunfts- und eidespflichtig. Diese Ansprü- 2 che wären aber nur durch Klage im streitigen Verfahren durchsetzbar. § 2006 legt die Entscheidung über die **Abgabe der eidesstattlichen Versicherung** in das Verfahren der freiwilligen Gerichtsbarkeit vor dem Nachlaßgericht (§§ 79, 15 I FGG) und entzieht daher der Entscheidung über die Versicherung an Eides statt dem Prozeß (RG WarnRsp 1911/12 Nr 116; Dresden OLG 10, 296), es sei denn, daß Grund zur Annahme besteht, daß das Verzeichnis des Nachlaßbestandes nicht mit der erforderlichen Sorgfalt aufgestellt worden ist, § 260 II; RG 129, 245; vgl München JFG 15, 121. Die Verpflichtung zur eidesstattlichen Versicherung nach § 2006 kann im Prozeß nur Gegenstand einer Zwischenfeststellung bei der Entscheidung über die unbeschränkte Haftung des Erben sein.

3. Voraussetzung der Pflicht zur Versicherung an Eides Statt ist, daß ein Inventar freiwillig oder nach Frist- 3 setzung nach §§ 2002, 2003, 2004 (vgl vor § 1993 Rz 4) errichtet worden ist (KGJ 28, 27) und ein Nachlaßgläubiger (§ 1967), auch wenn er keine Inventarfrist hat setzen lassen, die eidesstattliche Versicherung verlangt hat. Dieses Verlangen kann also auch ein Pflichtteilsberechtigter (KG OLG 37, 227; BayObLG 22, 189) oder ein ausgeschlossener oder säumiger Gläubiger (§§ 1973, 1974) stellen; RGRK/Johannsen Rz 4; Planck/Flad Anm 2; Staud/ Marotzke Rz 5; Lange/Kuchinke § 48 VI 7a Fn 145; Pal/Edenhofer Rz 2. Der Nachlaßgläubiger muß seine Forderung entsprechend § 1994 II spätestens im Termin zur Abgabe der eidesstattlichen Versicherung glaubhaft machen. Der Erbe darf die Versicherung, sei es auch auf Verlangen eines anderen Gläubigers, noch nicht geleistet haben, es sei denn, daß der Gläubiger glaubhaft macht, daß Grund zur Annahme besteht, dem Erben seien nach der ersten eidesstattlichen Versicherung weitere Nachlaßgegenstände bekannt geworden, **Abs IV**. Eine Pflicht zur Versicherung an Eides Statt besteht im Nachlaßinsolvenzverfahren nur nach § 153 II InsO (KGJ 28, 27), ohne daß der Erbe bei ihrer Verletzung das Recht zur Haftungsbeschränkung verliert.

4. Verpflichtet zur Versicherung an Eides Statt ist der Erbe, nicht der amtliche Verwalter oder Nachlaßpfle- 4 ger, § 2012 I S 2, II. Wem unter den Voraussetzungen des § 2000 nicht die Inventarerrichtung geboten ist, der ist auch nicht zur Abgabe einer eidesstattlichen Versicherung verpflichtet, KGJ 28, 27; aA Staud/Marotzke § 2000 Rz 9. Wohl kann aber der Nachlaßverwalter den Erben auf Abgabe der eidesstattlichen Versicherung unter den Voraussetzungen des § 260 II verklagen, vgl auch RG 129, 245. Die Verpflichtung zur Versicherung an Eides Statt bezieht sich nur auf die Vollständigkeit der dem Erben bei der eidesstattlichen Versicherung bekannten Aktiven im Zeitpunkt des Erbfalls, § 2001. Es besteht keine besondere Nachforschungspflicht des Erben, Soergel/Stein Rz 5; einschränkend Staud/Marotzke Rz 11.

5. Die Wirkung der **Verweigerung der eidesstattlichen Versicherung (Abs III)** ist die unbeschränkbare Haf- 5 tung des Erben gegenüber dem verlangenden Gläubiger wegen der geltend gemachten Forderung (§ 2013 II; aA Soergel/Stein Rz 6: wegen aller Forderungen des Gläubigers), wenn nicht schon wegen Versäumnis der Inventarfrist oder Inventaruntreue allgemein eine unbeschränkbare Haftung vorliegt, §§ 1994, 2005 I. Die Verweigerung

§ 2006　　　Erbrecht　Rechtliche Stellung des Erben

der eidesstattlichen Versicherung gegenüber einem Gläubiger schließt das Recht eines anderen Gläubigers nicht aus, da die Verweigerung nur relative Wirkung gegenüber dem beantragenden Gläubiger hat. Die Vervollständigung des Inventars nach Abs II schützt vor Strafe, verschafft aber dem Erben nicht wieder das Beschränkungsrecht.

6　6. Die **Versicherung an Eides Statt** wird zu **Protokoll des Nachlaßgerichts** abgegeben; zuständig ist der Rechtspfleger, § 3 Nr 2 lit c RpflG. Den Antrag auf Terminbestimmung kann ein Gläubiger oder der Erbe stellen. Das Verfahren, über dessen Verlauf ein Protokoll aufzunehmen ist (§ 78 I S 2 FGG), richtet sich nach § 79 FGG in Verbindung mit den §§ 478–480, 483 ZPO entsprechend. Wegen Rechtshilfe vgl München OLG 30, 401. Hat das Nachlaßgericht das Nichterscheinen entschuldigt oder die Abgabe der eidesstattlichen Versicherung als verweigert angesehen, so ist das Prozeßgericht an diese Feststellung gebunden, Pal/Edenhofer Rz 4; MüKo/Siegmann Rz 6; aA Kipp/Coing § 94 VI 2 Fn 26; RGRK/Johannsen Rz 15; Planck/Flad Anm 4b; Staud/Marotzke Rz 21; vgl aber Lange/Kuchinke § 48 VI 7b Fn 155, die eine Bindungswirkung des Prozeßgerichts nur hinsichtlich des entschuldigten Nichterscheinens annehmen wollen.

2007 *Haftung bei mehreren Erbteilen*
Ist ein Erbe zu mehreren Erbteilen berufen, so bestimmt sich seine Haftung für die Nachlassverbindlichkeiten in Ansehung eines jeden der Erbteile so, wie wenn die Erbteile verschiedenen Erben gehörten. In den Fällen der Anwachsung und des § 1935 gilt dies nur dann, wenn die Erbteile verschieden beschwert sind.

1　Über **Berufung zu mehreren Erbteilen** vgl § 1951 Rz 1. Ihr steht der Zuerwerb eines Erbteils nach § 2033 gleich. Bei Anwachsung und Erhöhung (§§ 1935, 2095) gilt die Vorschrift nur in Ansehung von Vermächtnissen und Auflagen, die verschiedene Erbteile beschweren, weil eine Haftungsbeschränkung nach S 2 nur gegenüber letztwilligen, nicht auch gegenüber anderen Nachlaßgläubigern möglich ist, Planck/Flad Anm 3; Pal/Edenhofer Rz 2. Meist werden die Voraussetzungen für die Haftungsbeschränkung für alle Erbteile gleich sein. Ausnahmsweise kann für jeden Erbteil eine besondere Inventarfrist laufen, weil sie verschieden bestimmt ist (§§ 1994, 1995), oder weil der Erbe nach § 1951 I die Erbteile verschieden annehmen konnte und angenommen hat. § 2059 I ist auf Alleinerben und Miterben entsprechend anwendbar, Soergel/Stein Rz 2; aA bei Alleinerben Staud/Marotzke Rz 2. Die Vorschrift hat keine erhebliche praktische Bedeutung.

2008 *Inventar für eine zum Gesamtgut gehörende Erbschaft*
**(1) Ist ein in Gütergemeinschaft lebender Ehegatte Erbe und gehört die Erbschaft zum Gesamtgut, so ist die Bestimmung der Inventarfrist nur wirksam, wenn sie auch dem anderen Ehegatten gegenüber erfolgt, sofern dieser das Gesamtgut allein oder mit seinem Ehegatten gemeinschaftlich verwaltet. Solange die Frist diesem gegenüber nicht verstrichen ist, endet sie auch nicht dem Ehegatten gegenüber, der Erbe ist. Die Errichtung des Inventars durch den anderen Ehegatten kommt dem Ehegatten, der Erbe ist, zustatten.
(2) Die Vorschriften des Absatzes 1 gelten auch nach der Beendigung der Gütergemeinschaft.**

1　1. Diese Fassung des § 2008, die auf Art 1 Nr 43 des Gleichberechtigungsgesetzes vom 18. 6. 1957 (BGBl I 609) zurückgeht, verwirklicht die Gleichberechtigung dadurch, daß sie die zum Gesamtgut gehörenden Erbschaften der Frau ebenso wie die des Mannes trifft und die Bestimmung der Inventarfrist nur wirksam sein läßt, wenn sie auch dem anderen Ehegatten gegenüber erfolgt, wenn dieser das Gesamtgut allein oder mit seinem erbenden Ehegatten gemeinschaftlich verwaltet. Zur Regelung der Verwaltung im einzelnen vgl § 1421 Rz 2.

2　2. Fällt die Erbschaft ins Gesamtgut, so kann der erbende, nicht oder nicht allein verwaltende Ehegatte durch selbständige Annahme der Erbschaft (§ 1432 I S 1) das Gesamtgut mit Schulden oder durch Untreue bei der selbständigen Errichtung des Inventars (§ 1432 II) mit dem Verlust des Rechts zur Haftungsbeschränkung belasten und dadurch die Rechte des Gesamtgutsverwalters oder -mitverwalters beeinträchtigen. Daher kann dieser selbständig alle Mittel anwenden, um die Haftung seines Ehegatten zu beschränken. Nicht nur der erbende, nicht verwaltende Ehegatte, sondern auch der nicht erbende Gesamtgutsverwalter oder Gesamtgutsmitverwalter können daher unabhängig voneinander das Inventar errichten (§§ 1432 II, 2008 I S 3), Eröffnung des Nachlaßinsolvenzverfahrens beantragen, § 318 I S 1, 2 InsO. Sie behalten dieses Recht, wenn die Gütergemeinschaft endet, § 318 I S 3 InsO. Wird der Antrag aber nicht von beiden Ehegatten gestellt, so ist er nur zuzulassen, wenn der Eröffnungsgrund glaubhaft gemacht wird, § 318 II S 1 InsO. Ebenso ist das Recht geregelt, das Aufgebot der Nachlaßgläubiger zu beantragen. Der Antrag des einen Ehegatten und das Ausschlußurteil, das er erwirkt hat, kommen dem anderen zustatten, § 999 ZPO. Entsprechendes gilt ohne ausdrückliche Regelung für den Antrag auf Anordnung der Nachlaßverwaltung, für den Antrag auf Verlängerung oder Bestimmung einer neuen Inventarfrist (§§ 1995 III, 1996), von der Geltendmachung der Einreden der beschränkten Erbenhaftung (§§ 1990, 1992) und der aufschiebenden Einreden der §§ 2014ff, Pal/Edenhofer Rz 3; Staud/Marotzke Rz 5.

3　3. Dem nicht erbenden Ehegatten wird durch § 2008 kein selbständiges Inventarrecht eingeräumt, so daß die Fristsetzung ihm gegenüber nur zulässig ist, wenn sie auch gegenüber dem Erben erfolgen kann, Staud/Marotzke Rz 11. Daher muß der Fristsetzungsbeschluß beiden Eheleuten zugestellt werden (**Abs I S 1**), so daß die Frist für beide verschieden laufen kann und der Erbe erst unbeschränkbar haftet, wenn sie beiden versäumt worden ist, **Abs I S 2**. Aber der nicht erbende Ehegatte kann durch seine Rechte aus § 2008 die Folgen der Inventarversäumnis des Erben (§ 1994 I S 2) und seiner Inventaruntreue (§ 2005 I) selbständig abwenden, wenn es nicht der Erbe selbst tut. Der nicht erbende Ehegatte braucht sich also nicht auf ein vorliegendes Inventar des Erben nach § 2004 zu beziehen.

4. Aus einer **Inventaruntreue** haftet der Erbe nur unbeschränkbar, wenn beide Eheleute gegen § 2005 I verstoßen haben oder wenn der Erbe Inventaruntreue begangen und der nicht erbende Ehegatte seine Frist versäumt hat, nicht jedoch, wenn sich der nicht erbende Ehegatte gutgläubig auf ein untreues Inventar des Erben bezieht und er es innerhalb der ihm dann nach § 2005 II neu zu setzenden Frist berichtigt, Soergel/Stein Rz 6; RGRK/Johannsen Rz 12; Pal/Edenhofer Rz 2. Marotzke (Staud/Marotzke Rz 27) hält eine Berichtigung nicht für erforderlich. Allerdings kann dem Erben ein untreues Inventar des anderen Ehegatten nicht zustatten kommen, aber der Erbe kann, wenn seine Inventarfrist noch läuft, ein neues richtiges Inventar errichten oder das Inventar des anderen Ehegatten berichtigen. Infolgedessen kann auch der nicht erbende Ehegatte, solange der Erbe noch diese Möglichkeit hat, auch sein eigenes Inventar berichtigen oder durch ein neues richtiges ersetzen, vgl auch Planck/Flad Anm 4b; RGRK/Johannsen Rz 12.

5. Zur Abgabe einer Versicherung an Eides Statt verpflichtet ist nur, wer das Inventar errichtet hat oder sich nach § 2004 auf ein bereits vorliegendes Inventar beruft; aA RGRK/Johannsen Rz 13, der eine Verpflichtung des anderen Ehegatten zur eidesstattlichen Versicherung auch dann bejaht, wenn dieser kein Inventar errichtet oder sich nicht auf ein solches berufen hat. Haben beide Ehegatten das Inventar errichtet, so behält der Erbe das Beschränkungsrecht, solange er seine Pflicht zur Abgabe einer eidesstattlichen Versicherung nicht verletzt. Selbst wenn der Erbe diese Pflicht verletzt hat, kann der nicht erbende Ehegatte die unbeschränkbare Haftung durch eigene Abgabe einer Versicherung an Eides Statt abwenden, solange er selbst nicht gegen § 2006 III verstoßen hat (Planck/Flad Anm 4c; Staud/Marotzke Rz 29; aA Kipp/Coing § 94 IX 2, der nur den Erben zur Abgabe einer eidesstattlichen Versicherung verpflichtet und es ihm damit in die Hand gibt, durch sein Verhalten, ohne Abhilfemöglichkeit des nicht erbenden Ehegatten, die endgültig unbeschränkte Haftung herbeizuführen).

6. Verzichte des Erben auf die Haftungsbeschränkung ohne Zustimmung des anderen wirken ihm gegenüber nicht für das Gesamtgut, §§ 1438, 1460. Enthält das Urteil gegen den Erben keinen **Vorbehalt** aus § 780 I ZPO, so kann der andere Ehegatte gleichwohl die Haftungsbeschränkung geltend machen, wenn er für das Duldungsurteil gegen sich den Vorbehalt erwirkt, Pal/Edenhofer Rz 6.

2009 *Wirkung der Inventarerrichtung*

Ist das Inventar rechtzeitig errichtet worden, so wird im Verhältnis zwischen dem Erben und den Nachlassgläubigern vermutet, dass zur Zeit des Erbfalls weitere Nachlassgegenstände als die angegebenen nicht vorhanden gewesen seien.

1. Der **Zweck der Vorschrift** besteht darin, dem Erben den Nachweis ordentlicher Verwaltung (§ 1978) gegenüber den Nachlaßgläubigern zu erleichtern, zu sichern und seine Herausgabepflicht bei der Vollstreckungspreisgabe (§§ 1973 II S 1, 1974, 1989, 1990 I S 2, 1992) zu begrenzen.

2. Die **Vermutung gilt nicht** gegenüber Miterben, sofern sie nicht gleichzeitig Nachlaßgläubiger sind, sowie gegenüber Eigengläubigern des Erben, Gesellschaftsbesitzern, Testamentsvollstreckern. Sie gilt auch nicht im Verhältnis des Vorerben zum Nacherben. Sie erstreckt sich nur darauf, daß weitere als die angegebenen Nachlaßgegenstände nicht vorhanden sind und damit auf die Vollständigkeit der Aktiven, nicht auf die Vollständigkeit der Nachlaßverbindlichkeiten. Außerdem umfaßt sie nicht die Richtigkeit der Bestands- und Wertangaben, also auch nicht die Zugehörigkeit der aufgeführten Gegenstände zum Nachlaß. Sie bezieht sich nur auf die Zeit des Erbfalls, also nicht auf den Zuwachs nach dem Erbfall.

3. Voraussetzung der Vermutung ist die rechtzeitige Errichtung eines ordnungsmäßigen Inventars, §§ 2002, 2003. Das ist beim freiwilligen Inventar und bei Inventarerrichtung in der gesetzten Frist (§§ 1993, 1994 I) der Fall. Die Vermutung ist widerlegt, wenn Inventaruntreue (§ 2005 I) vorliegt, Planck/Flad Anm d; Staud/Marotzke Rz 7. Das Inventar darf auch sonst nicht so mangelhaft sein, daß der Inventarzweck mit ihm nicht mehr erreicht werden kann, Prot V 576. Dagegen wirkt die Vermutung auch beim Verdacht der Unvollständigkeit des Inventars (§ 2005 II; RGRK/Johannsen Rz 1), sowie dann, wenn es nicht durch eidesstattliche Versicherung bekräftigt ist, § 2006, RGRK/Johannsen Rz 5.

4. Der **Gegenbeweis** ist nach § 292 ZPO zulässig. Er muß sich aber auf bestimmte nicht angegebene Nachlaßgegenstände erstrecken. Ist er für sie geführt, so ist die Vermutung im übrigen noch nicht entkräftet, RGRK/Johannsen Rz 3; Staud/Marotzke Rz 4; einschränkend Soergel/Stein Rz 1.

2010 *Einsicht des Inventars*

Das Nachlassgericht hat die Einsicht des Inventars jedem zu gestatten, der ein rechtliches Interesse glaubhaft macht.

1. Zum **rechtlichen Interesse,** das enger ist als das berechtigte (§ 34 S 1 FGG), vgl § 1953 Rz 6. Es ist bei Nachlaßgläubigern, Nachlaßverwaltern und Testamentsvollstreckern, Miterben und der Steuerbehörde vorhanden. Zur Glaubhaftmachung ist die eidesstattliche Versicherung des Antragstellers zugelassen, § 15 II FGG. Wegen des Rechts auf Einsichtnahme und der bei der Einreichung des Inventars anfallenden Gebühren, die sich nach dem Wert des Nachlasses richten (§ 114 KostO), ist ein versiegeltes Inventar unzulässig, Pal/Edenhofer Rz 2; Staud/Marotzke § 1993 Rz 21; aA RGRK/Johannsen Rz 2, der die Einreichung eines verschlossenen Inventars zuläßt, das erst bei der Einsichtnahme geöffnet werden soll.

2. Abschriften (einfache oder beglaubigte) können im Rahmen des § 34 S 2 FGG erteilt werden.

3. Die Entscheidung über die Ablehnung der Einsichtnahme und Abschrifterteilung trifft der Rechtspfleger, § 3 I Nr 2 lit c RpflG; dagegen ist Erinnerung nach § 11 RpflG möglich.

§ 2011 *Keine Inventarfrist für den Fiskus als Erben*

2011 Dem Fiskus als gesetzlichem Erben kann eine Inventarfrist nicht bestimmt werden. Der Fiskus ist den Nachlassgläubigern gegenüber verpflichtet, über den Bestand des Nachlasses Auskunft zu erteilen.

1   1. **Zweck.** Der **Staat als gesetzlicher Erbe** ist Zwangserbe. Er kann die Erbschaft nicht ausschlagen (§ 1942 II), auf sein Erbrecht nicht verzichten (§ 2346) und nicht erbunwürdig sein, sonst würde die Erbschaft zur erblosen Verlassenschaft. Zum Ausgleich erhält er den Schutz vor den Nachteilen aus dem Anfall überschuldeter Nachlässe dadurch, daß er die beschränkbare Haftung nicht anders als durch Verzicht auf sein Beschränkungsrecht oder die freiwillige Einreichung eines ungetreuen Inventars (§ 2005) verlieren kann, denn ihm kann keine Inventarfrist wirksam bestimmt werden. Daher kann er auch nicht zur Abgabe einer eidesstattlichen Versicherung verpflichtet (§ 2006) sein (MüKo/Siegmann Rz 1; Lange/Kuchinke § 13 IV 2e; aA Staud/Werner § 1936 Rz 12; Staud/Marotzke Rz 2; RGRK/Johannsen Rz 1) und sich keiner Versäumnis der Inventarfrist (§ 1994 I S 2), wohl aber bei freiwilligem Inventar der Inventaruntreue (§ 2005 I) schuldig machen. Daher braucht er keinen Beschränkungsvorbehalt, § 780 II ZPO. Praktisch haftet der Staat damit stets beschränkt, Planck/Flad Anm 1. Alles das gilt nicht, wenn der Staat durch Verfügung von Todes wegen zum Erben berufen ist.

2   2. Die **Haftungsbeschränkung** muß er **als gewillkürter Erbe** ebenso wie jeder andere Erbe durchführen, also Nachlaßverwaltung oder die Eröffnung des Nachlaßinsolvenzverfahrens beantragen oder die Einrede der beschränkten Haftung erheben (§ 1990), so daß er auch für die Verwaltung nach §§ 1978–1980 verantwortlich ist. Vollstreckt ein Nachlaßgläubiger (vgl hierzu Art 15 Nr 3 EGZPO), so muß er Einwendungen ebenfalls nach §§ 785, 767 ZPO geltend machen.

3   3. **Auskunftspflichtig** und damit zur Errichtung eines Verzeichnisses und zur Abgabe einer eidesstattlichen Versicherung verpflichtet ist der Staat nach § 260 für den gegenwärtigen Nachlaßbestand; eine Rechenschaftspflicht besteht nach §§ 1978, 666. Die Ansprüche können im Prozeß verfolgt werden. In der Regel wird der Staat auf das Verzeichnis des vorher zur Ermittlung der unbekannten Erben bestellten Nachlaßpflegers Bezug nehmen können.

2012 *Keine Inventarfrist für den Nachlasspfleger und Nachlassverwalter*

(1) Einem nach den §§ 1960, 1961 bestellten Nachlasspfleger kann eine Inventarfrist nicht bestimmt werden. Der Nachlasspfleger ist den Nachlassgläubigern gegenüber verpflichtet, über den Bestand des Nachlasses Auskunft zu erteilen. Der Nachlasspfleger kann nicht auf die Beschränkung der Haftung des Erben verzichten.
(2) Diese Vorschriften gelten auch für den Nachlassverwalter.

1   1. **Bedeutung.** Die Vorschrift bestimmt für den **Nachlaßpfleger und Nachlaßverwalter** dasselbe wie für den Staat als gesetzlichen Erben (§ 2011) und zusätzlich, daß beide nicht durch Vertrag auf das Recht des Erben zur Haftungsbeschränkung verzichten können, **Abs I S 3**.

2   2. Auch Nachlaßpfleger und Nachlaßverwalter treffen die in § 2011 Rz 3 erwähnten Pflichten des Staates. Die Versicherung an Eides Statt kann von ihnen nach §§ 888, 889 ZPO erzwungen werden. Verzeichnispflicht besteht schon nach §§ 1802, 1915. Durch schuldhafte (§ 276) Verletzung der Auskunftspflicht werden sie den Nachlaßgläubigern unmittelbar verantwortlich, § 1985 II, § 1960 Rz 1.

2013 *Folgen der unbeschränkten Haftung des Erben*

(1) Haftet der Erbe für die Nachlassverbindlichkeiten unbeschränkt, so finden die Vorschriften der §§ 1973 bis 1975, 1977 bis 1980, 1989 bis 1992 keine Anwendung; der Erbe ist nicht berechtigt, die Anordnung einer Nachlassverwaltung zu beantragen. Auf eine nach § 1973 oder nach § 1974 eingetretene Beschränkung der Haftung kann sich der Erbe jedoch berufen, wenn später der Fall des § 1994 Abs. 1 Satz 2 oder des § 2005 Abs. 1 eintritt.
(2) Die Vorschriften der §§ 1977 bis 1980 und das Recht des Erben, die Anordnung einer Nachlassverwaltung zu beantragen, werden nicht dadurch ausgeschlossen, dass der Erbe einzelnen Nachlassgläubigern gegenüber unbeschränkt haftet.

1   1. Unter unbeschränkter Haftung ist in **Abs I** die **unbeschränkbare Haftung** zu verstehen. In Abs I sind die Folgen unbeschränkbarer Haftung gegenüber allen Nachlaßgläubigern (allgemein unbeschränkbare Haftung; vor § 1967 Rz 10), in **Abs II** der gegenüber einzelnen Nachlaßgläubigern (vor § 1967 Rz 10) geregelt. Abs I geht davon aus, daß der allen Nachlaßgläubigern unbeschränkbar haftende Erbe nicht mehr die Möglichkeit hat, seine Haftung nachträglich gegenüber allen oder auch nur einzelnen Nachlaßgläubigern auf den Nachlaß zu beschränken. Abs II läßt hingegen zu, daß der Erbe, der nur gegenüber einzelnen Nachlaßgläubigern unbeschränkbar haftet, seine Haftung gegenüber den anderen Nachlaßgläubigern grundsätzlich noch auf den Nachlaß beschränken kann.

2   2. Die in Abs I vorausgesetzte **gegenüber allen Nachlaßgläubigern unbeschränkbare Haftung**, die Haftung mit Nachlaß und Eigenvermögen des Erben, tritt ein durch Versäumung der Inventarfrist (§ 1994 I S 2), durch Inventaruntreue (§ 2005 I) und durch vertraglichen Verzicht des Erben auf sein Beschränkungsrecht gegenüber den Nachlaßgläubigern.

a) Sobald der Erbe allen Nachlaßgläubigern gegenüber mit dem Nachlaß und seinem Eigenvermögen unbeschränkbar haftet, ist für die Anwendung der §§ 1978–1980, 1985–1992 kein Raum mehr, **Abs I S 1.**

b) Nachdem gegenüber allen Nachlaßgläubigern eine unbeschränkbare Haftung eingetreten ist, kann der Erbe seine Haftung gegenüber einzelnen Nachlaßgläubigern weder durch Ausschlußurteil (§ 1973) noch durch Verschweigung (§ 1974) nachträglich beschränken, **Abs I S 1**. War allerdings bei Eintritt der unbeschränkbaren Haftung das Ausschlußurteil bereits ergangen oder die Verschweigungsfrist bereits abgelaufen, dann bleibt die auf den Nachlaß beschränkte Haftung gegenüber diesen Nachlaßgläubigern bestehen, **Abs I S 2**; Kiel SeuffA 78, 65.

c) Die §§ 2014, 2015 sind nach Eintritt einer unbeschränkbaren Haftung gegenüber allen Nachlaßgläubigern nicht mehr anwendbar, weil diese Einreden die Aufgabe haben, dem Erben eine Haftungsbeschränkungsmöglichkeit vorzubehalten.

d) Nachlaßverwaltung und Nachlaßinsolvenzverfahren können zwar auch dann noch beantragt werden, wenn der Erbe allen Nachlaßgläubigern gegenüber unbeschränkbar haftet. Die Nachlaßverwaltung können nur die Nachlaßgläubiger, nicht aber der Erbe **(Abs I S 1 Hs 2)** beantragen. Nachlaßverwaltung und Nachlaßinsolvenzverfahren führen hier aber nicht zu einer Haftungsbeschränkung für den Erben, sondern nur zu einer Trennung von Nachlaß und Eigenvermögen des Erben, damit die Nachlaßgläubiger vorrangig aus dem Nachlaß befriedigt werden können. Der unbeschränkbar haftende Erbe kann daher nicht verlangen, daß nach Anordnung der Nachlaßverwaltung oder Eröffnung des Insolvenzverfahrens früher durchgeführte Zwangsvollstreckungsmaßnahmen in sein Eigenvermögen aufgehoben werden, § 784 I ZPO. Der Nachlaßverwalter kann hingegen Zwangsvollstreckungsmaßnahmen von Eigengläubigern in den Nachlaß aufheben lassen (§ 784 II ZPO), weil die Nachlaßsonderung die Nachlaßgläubiger begünstigen soll, obwohl der Erbe sein Haftungsbeschränkungsrecht verloren hat. Zwangsvollstreckungsmaßnahmen, die Eigengläubiger gegen den Nachlaß erwirkt haben, geben diesen im Nachlaßinsolvenzverfahren kein Absonderungsrecht, § 321 InsO.

e) Nach dem Wortlaut des **Abs I S 1** gelten bei unbeschränkbarer Haftung des Erben gegenüber allen Nachlaßgläubigern beide Absätze des § 1977 nicht. Die Nachlaßgläubiger haben aber ein schutzwertes Interesse daran, daß mit der Haftungssonderung die Berichtigung einer Eigenschuld des Erben mit Mitteln des Nachlasses rückwirkend wegfällt, ohne Rücksicht darauf, ob der Erbe beschränkt oder unbeschränkt haftet. Abs I S 1 ist daher einschränkend nur auf § 1977 I anzuwenden, Siber, Haftung für Nachlaßschulden, S 90; Kipp/Coing § 97 IV 3; RGRK/Johannsen § 1977 Rz 7.

3. Bei **unbeschränkbarer Haftung gegenüber einzelnen Nachlaßgläubigern** (vor § 1967 Rz 10) treten im allgemeinen dieselben Folgen wie bei allgemein unbeschränkbarer Haftung ein. Der Erbe kann sein Beschränkungsrecht aber den übrigen Nachlaßgläubigern gegenüber geltend machen, also Anordnung der Nachlaßverwaltung oder Eröffnung des Nachlaßinsolvenzverfahrens beantragen. Insoweit gelten auch die §§ 1977 II, 1978–1980. Ebenso kann er gegenüber den übrigen Nachlaßgläubigern das Aufgebot beantragen, die Einreden aus §§ 1973, 1974, 1989, 1990–1992 erheben, da das Gesetz nur die Vorschriften erwähnt hat, die allen Nachlaßgläubigern gegenüber wirksam sind, Planck/Flad Anm 3; Staud/Marotzke Rz 9.

4. Beweislast. Der Erbe muß beweisen, wodurch er die beschränkte Haftung herbeigeführt, der Nachlaßgläubiger, wodurch der Erbe sein Recht zur Beschränkung verloren hat, und zwar schon im Erkenntnisverfahren.

Untertitel 5

Aufschiebende Einreden

Vorbemerkung

Schrifttum: Friedburg, Die rechtliche Natur der aufschiebenden Einreden des Erben, 1910; *Kipp*, Über die aufschiebenden Einreden des Erben, in Berliner FS Brunner 1914, S 311; *Riesenfeld*, Die Erbenhaftung nach Bürgerlichem Gesetzbuch, Bd I: Die Grundsätze der Haftung, 1916, S 131; *v Winterfeld*, Die aufschiebenden Einreden, 1907.

1. Bis zum Ablauf der Ausschlagungsfrist (§ 1944) ist der vorläufige Erbe vor einer gerichtlichen Inanspruchnahme durch Nachlaßgläubiger durch § 1958 geschützt, dazu § 1958 Rz 1–8. Während dieser Frist kann sich der Erbe überlegen, ob er die Nachlaßabwicklung überhaupt übernehmen oder sich durch rückwirkende Ausschlagung vom Nachlaß ganz fernhalten will.

2. Nach der Erbschaftsannahme geben **dem endgültigen Erben,** der sein Recht zur Haftungsbeschränkung noch nicht verloren hat (§ 2016 I), die aufschiebenden Einreden der §§ 2014, 2015 Zeit, die Möglichkeit, sich durch Inventarerrichtung und durch Ermittlung der Nachlaßgläubiger mittels Gläubigeraufgebots über den Stand des Nachlasses und damit darüber schlüssig zu werden, ob er sein Recht zur Haftungsbeschränkung ausüben will oder nicht. Der Erbe kann die Berichtigung einer Nachlaßschuld verweigern, und zwar **a)** bis zum Ablauf der ersten drei Monate nach Erbschaftsannahme oder der früheren Bestellung eines Nachlaßpflegers, jedoch nicht über die Inventarerrichtung hinaus, § 2014 **(Dreimonatseinrede), b)** bis zur Beendigung des Aufgebotsverfahrens, wenn der Erbe das Aufgebot innerhalb eines Jahres nach der Erbschaftsannahme oder der früheren Bestellung eines Nachlaßpflegers beantragt und der Antrag zugelassen ist, § 2015 **(Aufgebotseinrede).**

3. Verfahrensrechtliche Wirkungen der Einrede. Erhebt der Erbe die Einrede, so wird der Nachlaßgläubiger mit seiner Klage nicht abgewiesen, sondern der Erbe unter dem Vorbehalt der Beschränkung seiner Haftung verurteilt, § 305 I ZPO. In der Zwangsvollstreckung kann der Erbe die Einrede nur mit dem Ziel geltend machen, daß Nachlaß- und Eigengläubiger für den Lauf der Fristen der §§ 2014, 2015, ebenso wie Arrestgläubiger, auf sichernde Maßnahmen beschränkt werden, vgl §§ 782, 783 ZPO. Dabei ist es gleichgültig, ob die Zwangsvollstreckung schon gegen den Erblasser begonnen oder erst gegen den Erben auf Grund eines Titels gegen ihn oder einer gegen ihn erteilten Vollstreckungsklausel (§§ 727, 781, 782, 783, 785 ZPO) eingeleitet ist. Sie beschränkt sich also auf die Pfändung beweglicher Gegenstände oder die Eintragung von Sicherungshypotheken an Grundstücken,

§§ 930, 932 ZPO. Eine Verwertung beschlagnahmter Nachlaßgegenstände ist dagegen vor dem Verlust der Einrede nicht möglich.

Hat der von einem Nachlaßgläubiger verklagte Erbe den Anspruch sofort unter dem berechtigten Vorbehalt der beschränkten Erbenhaftung anerkannt und keine Veranlassung zur Klageerhebung gegeben, so trägt der Nachlaßgläubiger die Kosten, § 93 ZPO; München JurBüro 1995, 659.

4 4. Bürgerlichrechtliche Wirkungen der Einreden. Eine Auffassung gibt den Einreden nicht nur verfahrensrechtliche (Rz 3), sondern auch die bürgerlichrechtliche Wirkung eines Leistungsverweigerungsrechts, das den Verzug, vereinbarte Vertragsstrafen, Schadensersatz (§§ 280 I, III, 281) und die Rechte aus § 323 ausschließen soll, Strohal Bd 2, § 74 III; Kipp/Coing § 100 IV 1; Brox Rz 706; RGRK/Johannsen § 2014 Rz 7; KG OLG 2, 388; 3, 131 (134); 18, 318; wohl auch Staud/Marotzke § 2014 Rz 7ff, jedenfalls für den Verzug. Für eine Beschränkung auf die verfahrensrechtlichen Wirkungen tritt dagegen die zutreffende herrschende Meinung ein, RG 79, 201; KG OLG 26, 294; München OLG 30, 203; Planck/Siber § 284 Anm 4d; Riesenfeld, Bd II, S 286; Pal/Edenhofer § 2014 Rz 3; MüKo/Siegmann § 2014 Rz 5; Soergel/Stein § 2014 Rz 4; Dietz S 193; v Lübtow, 2. Halbb, S 1105; Ebenroth Rz 1107; Lange/Kuchinke § 48 III 2. Das Risiko der Unübersichtlichkeit des Nachlasses muß im Einklang mit der zweiten Auffassung mit Recht nicht den Nachlaßgläubigern, sondern dem Erben aufgebürdet werden, der die Verantwortlichkeit seines Erblassers gegenüber den Nachlaßgläubigern vermögensrechtlich fortsetzt. Nicht der Nachlaßgläubiger, sondern der Erblasser und der Erbe beherrschen dieses Risiko, jedenfalls in ungleich höherem Maße als der einzelne Nachlaßgläubiger. Damit kann auch der Nachlaßgläubiger gegen eine Nachlaßforderung aufrechnen, weil es sich nicht um eine Einrede im Sinne des § 390 S 1 handelt, Staud/Marotzke § 2014 Rz 11.

5 5. Auch die **Pflicht zur Erhebung der Einreden** kann den Erben aus seiner Verwaltungsverantwortlichkeit (§ 1978) treffen. Das Recht, sie zu erheben, haben außer den Erben der Nachlaßpfleger (vgl § 2017), der Nachlaßverwalter, der verwaltende Testamentsvollstrecker, der nicht erbende Ehegatte als Verwalter oder Mitverwalter des Gesamtguts selbständig in den Fällen des § 2008. Die schuldhaft unberechtigte Geltendmachung kann den Erben aber ersatzpflichtig machen.

2014 *Dreimonatseinrede*
Der Erbe ist berechtigt, die Berichtigung einer Nachlassverbindlichkeit bis zum Ablauf der ersten drei Monate nach der Annahme der Erbschaft, jedoch nicht über die Errichtung des Inventars hinaus, zu verweigern.

1 1. Zur Annahme der Erbschaft vgl § 1943 Rz 2. Bis dahin ist der vorläufige Erbe nach § 1958 geschützt, vgl § 1958 Rz 1–9.

2 2. Geltendmachung der Einrede erfolgt nicht mit dem Ziel der Klageabweisung, sondern mit dem des Vorbehalts, §§ 305 I, 780 I ZPO. Ein ausdrücklicher Antrag des Erben ist nicht erforderlich. Der Vorbehalt ist überflüssig in den Fällen des § 780 II ZPO, oder wenn die Vollstreckung gegen den Erben aus einem Titel gegen den Erblasser begonnen hat oder fortgesetzt wird. Zum Ziel der Einrede vgl ferner vor § 2014 Rz 4.

3 3. Der Erbe verliert die Einrede: a) durch Inventarerrichtung (§ 2014); nunmehr kann der Nachlaßgläubiger die in der Zwangsvollstreckung beschlagnahmten Gegenstände verwerten;
b) durch Verlust des Beschränkungsrechts (§ 2016 I), der eintreten kann: **aa)** mit Versäumung der Inventarfrist, §§ 1994 I S 2, 1995 I, **bb)** wegen Inventaruntreue (§ 2005 I) vor Inventarerrichtung, **cc)** durch Verzicht auf das Beschränkungsrecht (vor § 1967 Rz 10) oder Nichterwirkung des Vorbehalts, §§ 305 I, 780 I ZPO.

4 4. Die Einrede ist nach ihrem Sinn und Zweck **nicht** gegenüber dem sofort zu befriedigenden Anspruch auf den Dreißigsten (§ 1969) und den Unterhaltsanspruch der werdenden Mutter (§ 1963) anzuwenden.

2015 *Einrede des Aufgebotsverfahrens*
(1) Hat der Erbe den Antrag auf Erlassung des Aufgebots der Nachlassgläubiger innerhalb eines Jahres nach der Annahme der Erbschaft gestellt und ist der Antrag zugelassen, so ist der Erbe berechtigt, die Berichtigung einer Nachlassverbindlichkeit bis zur Beendigung des Aufgebotsverfahrens zu verweigern.
(2) Der Beendigung des Aufgebotsverfahrens steht es gleich, wenn der Erbe in dem Aufgebotstermin nicht erschienen ist und nicht binnen zwei Wochen die Bestimmung eines neuen Termins beantragt oder wenn er auch in dem neuen Termin nicht erscheint.
(3) Wird das Ausschlussurteil erlassen oder der Antrag auf Erlassung des Urteils zurückgewiesen, so ist das Verfahren nicht vor dem Ablauf einer mit der Verkündung der Entscheidung beginnenden Frist von zwei Wochen und nicht vor der Erledigung einer rechtzeitig eingelegten Beschwerde als beendigt anzusehen.

1 1. Zweck. Die **Aufgebotseinrede** will die gleichmäßige Befriedigung aller Nachlaßgläubiger sichern und für die Ermittlung unbekannter Gläubiger sorgen. Daher ist der Erbe mitunter zum Aufgebotsantrag verpflichtet, wenn er seine Schadensersatzpflicht aus der Verletzung seiner Verwaltungsverantwortung vermeiden will, § 1980 II. Der Antrag muß binnen eines Jahres nach der Erbschaftsannahme (§ 1943 Rz 2, 3) gestellt und, wenn auch nach Ablauf der Frist, zugelassen sein. Vor Annahme der Erbschaft schützt den Erben § 2017.

2 2. Zur Beschleunigung des Aufgebotsverfahrens verkürzt **Abs II** die Sechsmonatsfrist des § 954 S 2 ZPO auf zwei Wochen, kommt aber dabei mit § 952 II ZPO in Kollision. Daher verliert der Erbe die Einrede nicht, wenn er im Termin ausbleibt, aber vor dem ersten oder zweiten Termin schriftlich oder zur Niederschrift das Ausschlußurteil beantragt, Pal/Edenhofer Rz 2; RGRK/Johannsen Rz 4.

3. Geltendmachung und Ziel der Einrede entsprechen der Dreimonatseinrede des § 2014. Vgl § 2014 Rz 2f.

4. Abs III berücksichtigt die sofortige Beschwerde, die nach § 952 IV ZPO eingelegt werden kann, § 577 II ZPO.

2016 *Ausschluss der Einreden bei unbeschränkter Erbenhaftung*

(1) Die Vorschriften der §§ 2014, 2015 finden keine Anwendung, wenn der Erbe unbeschränkt haftet.
(2) Das Gleiche gilt, soweit ein Gläubiger nach § 1971 von dem Aufgebot der Nachlassgläubiger nicht betroffen wird, mit der Maßgabe, dass ein erst nach dem Eintritt des Erbfalls im Wege der Zwangsvollstreckung oder der Arrestvollziehung erlangtes Recht sowie eine erst nach diesem Zeitpunkt im Wege der einstweiligen Verfügung erlangte Vormerkung außer Betracht bleibt.

1. Ein Verlust der Einrede tritt ein, wenn der Erbe allen oder nur einzelnen Nachlaßgläubigern gegenüber unbeschränkt haftet, im letzten Fall allerdings nur diesen gegenüber. Gleichwohl kann ein Nachlaßverwalter oder ein verwaltender Testamentsvollstrecker noch die Aufgebotseinrede (§ 2015) erheben, da sie noch das Aufgebotsverfahren beantragen können, Planck/Flad Anm a; Staud/Marotzke Rz 2; aA Soergel/Stein Rz 1.

2. Pfandgläubiger, andere **dinglich berechtigte Nachlaßgläubiger,** solche die eine **Vormerkung** durch Bewilligung (§ 885), Nachlaßgläubiger, die durch Zwangsvollstreckung oder Arrest ein Pfändungspfandrecht oder eine Sicherungshypothek oder eine Vormerkung durch einstweilige Verfügung **vor dem Erbfall** erlangt haben und somit nach § 1971 vorberechtigt sind, können ihre dinglichen Verwertungsrechte, nicht aber ihre schuldrechtlichen Ansprüche, gegen den Nachlaß geltend machen, ohne daß der Erbe die Einreden erheben kann. Anderen Realberechtigten und Vormerkungsnachlaßgläubigern gegenüber, die ihre Rechte erst **nach dem Erbfall** durch Zwangsvollstreckung erlangt haben, kann der Erbe mit der Aufgebotseinrede die Beschränkung der Vollstreckung auf Sicherungsmaßnahmen nach §§ 782, 783 ZPO verlangen, da sie auch im Nachlaßinsolvenzverfahren mit ihren Rechten keine abgesonderte Befriedigung verlangen können, vgl Staud/Marotzke Rz 4; RGRK/Johannsen Rz 3–5.

2017 *Fristbeginn bei Nachlasspflegschaft*

Wird vor der Annahme der Erbschaft zur Verwaltung des Nachlasses ein Nachlasspfleger bestellt, so beginnen die in § 2014 und in § 2015 Abs. 1 bestimmten Fristen mit der Bestellung.

1. Vor der Erbschaftsannahme können Ansprüche gegen den Nachlaß nur geltend gemacht werden, wenn die vorläufigen Erben durch einen Nachlaßpfleger vertreten sind, §§ 1958, 1960 II, III, 1961. Dann muß der **Nachlaßpfleger** auch die **Einrede erheben können.** Ihre Fristen können jedoch nicht ausgeschöpft werden, sie erst mit der Bestellung des Pflegers, dh mit der Bekanntgabe der Bestellung an ihn (§ 16 FGG), zu laufen beginnen. Für den Nachlaßverwalter gilt dasselbe (Pal/Edenhofer Rz 1; Staud/Marotzke Rz 6, 7), für den Testamentsvollstrecker vgl § 2213; § 748 I ZPO. Wird die Nachlaßpflegschaft infolge Erbschaftsannahme aufgehoben (§ 1919; vgl § 1960 Rz 17), so laufen die begonnenen Fristen gegen den Erben weiter, da der verwaltende Nachlaßpfleger sein gesetzlicher Vertreter ist, vgl § 1960 Rz 19–26. Auch das Ende einer Nachlaßverwaltung hat auf den Lauf der Fristen keinen Einfluß, da sie sich der Erbe anrechnen lassen muß, RGRK/Johannsen Rz 4. Hat der Nachlaßpfleger nur Sicherungsmaßnahmen zu treffen, so beginnt die Frist gegen den Erben erst mit der Erbschaftsannahme zu laufen, so daß die Einrede des Pflegers unbegrenzt geltend gemacht werden kann, wenn Ansprüche gegen ihn erhoben werden, die Einrede aus § 2014 jedoch nicht über die Inventarerrichtung hinaus, Soergel/Stein Rz 3; aA Staud/Marotzke Rz 8.

2. Auch der **verwaltende Testamentsvollstrecker** hat die Einreden der §§ 2014, 2015, wenn er von Nachlaßgläubigern verklagt wird, was nach §§ 2213 II, 1958 möglich ist. Die Frist beginnt mit der Erbschaftsannahme oder mit der Bestellung eines verwaltenden Nachlaßpflegers, Staud/Marotzke Rz 1.

Titel 3
Erbschaftsanspruch

Vorbemerkung

Schrifttum: *Bellermann,* Der Erbschaftsanspruch bei Erbschaftsveräußerungen, 1910; *Binder,* Die Rechtsstellung des Erben, III. Teil, Kap IV, 1904; *Gursky,* Zur Rechtsnatur des Erbschaftsanspruchs, in FS v Lübtow, 1991, S 211; *Olzen,* Der Erbschaftsanspruch, §§ 2018ff BGB, Jura 2001, 223; *Reif,* Erbschaftsanspruch, in Lange, Erwerb, Sicherung und Abwicklung der Erbschaft, 4. Denkschrift des Erbrechtsausschusses der Akademie für Deutsches Recht, 1940, S 107; *Tiedtke,* Beweislast beim Anspruch des Erben gegen den Erbschaftsbesitzer, DB 1999, 2352; *Weimar,* Der Erbschaftsanspruch und die Einzelansprüche des Erben, MDR 1976, 728; *Weinkauf,* Der Erbschaftsanspruch als besondere Anspruchsgrundlage zur Wahrung der berechtigten Interessen des Erben, Diss Göttingen 1981.

1. Rechtsnatur und Bedeutung des Erbschaftsanspruchs. Der Erbschaftsanspruch ist ein **einheitlicher erbrechtlicher Gesamtanspruch** des wahren Erben gegen denjenigen, der aufgrund eines ihm tatsächlich nicht zustehenden (angemaßten) Erbrechts etwas aus der Erbschaft erlangt hat (Erbschaftsbesitzer), § 2018, dazu eingehend

Staud/Gursky Rz 14ff. Dieser Anspruch umfaßt auch alle Surrogate, dh Gegenstände, die der Erbschaftsbesitzer mit Mitteln der Erbschaft erworben hat (§ 2019), und die Nutzungen und Früchte, die der Erbschaftsbesitzer aus Nachlaßgegenständen gezogen hat, § 2020. Der Gesetzgeber wollte mit diesem Gesamtanspruch, der auf die hereditatis petitio des römischen und gemeinen Rechts zurückgeht, den Erben vor allem in den Fällen, in denen ihm das Erbrecht von einem Dritten bestritten wird, in die Lage versetzen, auf möglichst einfache Weise in den Besitz der ihm vom Erbschaftsbesitzer vorenthaltenen Erbschaftsgegenstände und Nachlaßwerte zu gelangen und ihn damit privilegieren, Mot V S 576f; Prot V S 702. Dem Erben als Rechtsnachfolger des Erblassers (§ 1922) und Nachfolger in den Besitz (§ 857) stehen zwar gegen den Dritten, der ihm Nachlaßgegenstände, deren Surrogate oder Früchte vorenthält, auch die allgemeinen schuld- und sachenrechtlichen Ansprüche (zB §§ 985, 861, 812) zu, die er anstelle oder neben dem einheitlichen erbrechtlichen Gesamtanspruch geltend machen kann, dazu Rz 3. Der Gesamtanspruch des § 2018 hat aber für ihn den Vorteil, daß er nur dessen Voraussetzungen (seine Erbenstellung und den Erbschaftsbesitz des Gegners) nachzuweisen hat. Der oft schwierige Nachweis der Rechte des Erblassers (zB des Eigentums) an den einzelnen zum Nachlaß gehörenden Gegenständen bleibt ihm erspart, dazu Staud/Gursky Rz 5; Schlüter Rz 609.

2 Der Erbschaftsanspruch ist ein einheitlicher erbrechtlicher, kein schuld- oder sachenrechtlicher Herausgabeanspruch. Er hat dinglichen Charakter, soweit die herauszugebenden Gegenstände, das Erlangte (§ 2018), deren Surrogate (§ 2019) oder die herauszugebenden Früchte im Eigentum des Erben geblieben sind; er hat obligatorischen Charakter, wenn der Erbschaftsbesitzer nur nach bereicherungsrechtlichen Grundsätzen herausgabepflichtig (§ 2021) oder schadensersatzpflichtig (§§ 2023–2025) ist, Staud/Gursky Rz 16. In beiden Fällen handelt es sich um einen erbrechtlichen Gesamtanspruch, der den Erben in die Lage versetzen soll, die Verletzung des Erbrechts durch den Erbschaftsbesitzer auf möglichst einfache Weise zu beseitigen.

Trotz des erbrechtlichen Charakters des Erbschaftsanspruchs sind die allgemeinen Vorschriften des Schuldrechts – vor allem § 242 – in der Regel auf den gesamten Erbschaftsanspruch anwendbar, auch soweit sein Inhalt dinglicher Natur ist. Trotz seines erbrechtlichen Ursprungs schafft er ein persönliches Beziehungsverhältnis zwischen Erben und Erbschaftsbesitzer, das dem Besitzer ein bestimmtes Leistungsverhalten iSv § 241 gebietet. § 2024 S 3 setzt daher die Möglichkeit eines Schuldnerverzugs des Besitzers voraus.

3 **2. Die neben dem Erbschaftsanspruch als Gesamtanspruch möglichen Einzelansprüche des Erben.** Neben dem Gesamtanspruch können dem wahren Erben gegen den Besitzer von Nachlaßgegenständen folgende Einzelansprüche zustehen: **a)** Der Herausgabeanspruch aus § 985, soweit er durch den Erbfall Eigentum an beweglichen oder unbeweglichen Sachen erlangt hat, **b)** der Besitzentziehungsanspruch aus verbotener Eigenmacht gegen denjenigen, der ihm gegenüber fehlerhaft besitzt, weil der Erbe nach § 857 schon mit dem Erbfall in seinem Besitz geschützt wird, §§ 861, 858, **c)** der Herausgabeanspruch aus vermutetem Recht zum Besitz an beweglichen Erbschaftssachen, § 1004, **d)** der Bereicherungsanspruch auf Rückgewähr rechtsgrundlos erlangten Besitzes an Sachen oder anderen Gegenständen, § 812 I S 1, **e)** der Rückgewähranspruch auf Wiederherstellung des ursprünglichen Zustands als Schadensersatz wegen schuldhaften Eingriffs in das Eigentum oder den Besitz des Erben, §§ 992, 823, 249ff.

4 **3. Besonderheiten des Erbschaftsanspruchs gegenüber den Einzelansprüchen des Erben. a) Unterschiedliche Voraussetzungen und unterschiedlicher Inhalt des Erbschaftsanspruchs. aa)** Für den Erbschaftsanspruch braucht der Erbe nur die Voraussetzungen der §§ 2018ff (Erbenstellung des Klägers, Erbschaftsbesitz des Beklagten) und nicht die besonderen Voraussetzungen der jeweiligen Einzelansprüche (dazu Rz 3) darzulegen und im Bestreitensfall zu beweisen. Für den Erbschaftsanspruch braucht der Erbe nicht – wie bei den Einzelansprüchen – zu beweisen, daß der Beklagte die herausverlangten Gegenstände noch besitzt. Es genügt der Nachweis, daß der Beklagte zu irgendeiner Zeit etwas aus der Erbschaft erlangt hat, § 2018. Der Beklagte muß den Gegenbeweis führen, daß er den erlangten Besitz verloren hat und nicht mehr bereichert ist, § 2021.

bb) Auch der Inhalt des Anspruchs ist unterschiedlich. Der Erbschaftsanspruch beruht auf einer Verletzung des Erbrechts, die Einzelansprüche auf der Verletzung des Einzelrechts, vor allem des Eigentums oder des Besitzes, oder auf ungerechtfertigter Bereicherung. Gegenstand der Herausgabe iSv § 2018 sind daher – anders als beim Herausgabeanspruch aus §§ 985, 861 – nicht nur Sachen, sondern auch Rechte oder sonstige rechtliche Positionen wie eine Grundbucheintragung.

cc) Der gutgläubige Erbschaftsbesitzer wird besonders geschützt. Ist er zur Herausgabe der ursprünglichen Gegenstände, der Surrogate oder der Nutzungen nicht imstande, so kann er sich auf den Fortfall der Bereicherung berufen, §§ 2021, 818 II, III. Außerdem hat er einen Anspruch auf Verwendungsersatz, auch wenn die Verwendungen nicht notwendig oder nützlich waren (vgl demgegenüber §§ 994ff) und sich auf die ganze Erbschaft, dh nicht nur auf die herausverlangten Gegenstände bezogen haben, § 2022.

5 **b) Unterschiedliche Verjährung.** Der Erbschaftsanspruch verjährt als erbrechtlicher Gesamtanspruch einheitlich in 30 Jahren, mag er dinglichen oder schuldrechtlichen Charakter haben, §§ 2026, 197 I Nr 2. Die Frist beginnt für alle Gegenstände, sobald der Erbschaftsbesitzer „etwas" aus der Erbschaft erlangt hat, selbst wenn er später noch weitere Gegenstände erhält, Staud/Gursky § 2026 Rz 2; aA Lange/Kuchinke § 40 IV 7. Die Frist läuft also auch für jeden Gegenstand gesondert und nicht erst mit der Erlangung des letzten Gegenstands, Schlüter Rz 631.

6 **c) Ausschluß des Ersitzungseinwands.** Nach § 2026 kann sich der Erbschaftsbesitzer gegenüber den Erben solange nicht auf die Ersitzung einer Sache (§ 937) berufen, wie der Erbschaftsanspruch noch nicht verjährt ist. Dadurch wird der Schutz des Erben praktisch auf 30 Jahre erweitert. Der Erbschaftsbesitzer erlangt zwar durch die Ersitzung Eigentum und kann seine Eigentümerrechte Dritten gegenüber geltend machen. Er bleibt aber, solange der Erbschaftsanspruch nicht verjährt ist, dem Erben gegenüber verpflichtet, das Eigentum auf ihn zu übertragen.

d) Unterschiede bei der Geltendmachung im Prozeß. aa) Der Erbschaftsanspruch nach § 2018 kann im allgemeinen Gerichtsstand des Erbschaftsbesitzers (§§ 13ff ZPO) oder im besonderen Gerichtsstand der Erbschaft (§ 27 ZPO) erhoben werden. Auch wenn mit der Klage nach § 2018 nur die Herausgabe eines Grundstücks verlangt wird, ist für sie nie der dingliche Gerichtsstand (§ 24 ZPO) gegeben, Soergel/Dieckmann vor § 2018 Rz 6; Staud/Gursky Rz 19; Stein/Jonas/Schuhmann, ZPO, 21. Aufl 1993, § 24 Rz 12. Für Einzelklagen des Erben gegen Dritte entfällt der Gerichtsstand der Erbschaft, § 27 ZPO; Nürnberg OLG 81, 115; Staud/Gursky Rz 24.

bb) Auch bei der rechtlichen Durchsetzung des Gesamtanspruchs muß der Klageantrag spätestens am Schluß der letzten mündlichen Verhandlung die einzelnen Nachlaßgegenstände genau bezeichnen, § 253 II Nr 2 ZPO, Soergel/Dieckmann vor § 2018 Rz 5. Andernfalls könnte der Gerichtsvollzieher, der die Vollstreckung aus dem Titel durchzuführen hat, nicht erkennen, welche Erbschaftsgegenstände er dem Besitzer wegzunehmen hat, § 883 ZPO. Hat der Klageantrag aber nicht alle von dem einheitlichen Erbschaftsanspruch umfaßten Erbschaftsgegenstände bezeichnet, kann er nach Rechtshängigkeit vervollständigt werden, ohne daß es einer Klageänderung bedarf, § 264 Nr 2 ZPO.

2018 *Herausgabepflicht des Erbschaftsbesitzers*
Der Erbe kann von jedem, der auf Grund eines ihm in Wirklichkeit nicht zustehenden Erbrechts etwas aus der Erbschaft erlangt hat (Erbschaftsbesitzer), die Herausgabe des Erlangten verlangen.

1. Gläubiger des Anspruchs ist der Erbe und nach dem Nacherbfall der Nacherbe (§ 2139; KG OLG 21, 310). Verlangt der Nacherbe aber die Erbschaft nach Eintritt des Nacherbfalls von Vorerben heraus, dann gilt hierfür nicht § 2018, sondern die strengere Spezialvorschrift des § 2130, dazu Rz 2. Den Anspruch können ferner geltend machen ein Gläubiger, der einen Erbteil gepfändet hat (RG WarnRsp 1911 Nr 139), ein Miterbe gegen einen anderen Miterben zur Herstellung eines der wirklichen Miterbengemeinschaft entsprechenden Besitzstandes (vgl RG 81, 293 und unten Rz 2), der Miterbe gegen Dritte auf Herausgabe zur Hinterlegung für alle Miterben entsprechend § 2039 (RG LZ 14, 576), ebenso der Erbteilserwerber, der verwaltende Testamentsvollstrecker (§§ 2211, 2212), der Nachlaßverwalter (§ 1984), der Nachlaßinsolvenzverwalter (§ 80 I InsO), der zu Unrecht für tot Erklärte (§ 2031), der Erbschaftskäufer nur nach Abtretung des Anspruchs an ihn durch den Verkäufer, wozu dieser verpflichtet ist, § 2374. Es ist umstritten, ob auch der Nachlaßpfleger als gesetzlicher Vertreter des endgültigen unbekannten Erben nach § 2018 die Nachlaßsachen von einem Erbschaftsbesitzer herausverlangen kann. Ein Teil des Schrifttums bejaht dies, Lange/Kuchinke § 40 II 1; v Lübtow, 2. Halbb, S 1048f; Planck/Flad Anm 1b 178; RG JW 1931, 44; Staud/Gursky Rz 3; MüKo/Frank Rz 14. Die Gegenmeinung lehnt die Anwendung des § 2018 ab, gewährt dem Nachlaßpfleger jedoch aus § 1960 einen Herausgabeanspruch, weil die Wahrnehmung seiner Aufgaben voraussetze, daß er den gesamten Nachlaß in Besitz nehme, RGRK/Kregel Rz 3; BGH NJW 1972, 1752; 83, 226 mit Anm Dieckmann FamRZ 1983, 582; dazu § 1960 Rz 23. Vorzuziehen ist die erste Auffassung. Hinsichtlich des Anspruchs auf Herausgabe des Nachlasses führen beide Ansichten im wesentlichen zu demselben Ergebnis; denn auch diejenigen, die den Herausgabeanspruch auf § 2018 stützen, halten den Nachlaßpfleger nur für beweispflichtig, daß der Erbschaftsbesitzer nicht Erbe ist, vgl Brox Rz 574. Bedeutsam ist es aber, ob die §§ 2019ff, vor allem § 2022, wenigstens analog anzuwenden sind. Das aber wird zutreffend auch vom BGH (NJW 1972, 1752) bejaht, der § 2018 selbst nicht anwenden will.

2. Erbschaftsbesitzer ist, wer „auf Grund eines ihm in Wirklichkeit nicht zustehenden Erbrechts etwas aus der Erbschaft erlangt hat" (possessor pro herede). Er muß den Erbschaftsgegenstand also **auf Grund eines angemaßten Erbrechts** besitzen und kann dabei sowohl gut- als auch bösgläubig sein. Der Anspruch entfällt daher einmal, wenn derjenige, der einen Erbschaftsgegenstand besitzt, kein Besitzrecht geltend macht, wie etwa der Dieb. Der Anspruch aus § 2018 ist ferner nicht gegeben, wenn der Besitzer des Erbschaftsgegenstands kein Erbrecht für sich in Anspruch nimmt, sondern sich auf seine Rechtsstellung als Eigentümer infolge Erwerbs durch Rechtsgeschäft unter Lebenden oder durch Schenkung von Todes wegen oder als Besitzer auf Grund eines persönlichen oder sonstigen dinglichen Rechts, sei es auch am ganzen Nachlaß (possessor pro possessore), beruft. Hier muß der Erbe Einzelklage erheben, vor § 2018 Rz 3; Hamburg OLG 42, 132; Dresden OLG 39, 229. Ebensowenig richtet sich der Anspruch gegen den Besitzer, der sein Besitzrecht auf Grund eines Vermächtnisses behauptet. Ebenfalls nicht passiv legitimiert sind der Testamentsvollstrecker (RG 81, 152), der Nachlaßverwalter, Nachlaßpfleger oder Nachlaßinsolvenzverwalter, weil diese Personen das Erbrecht nicht für sich in Anspruch nehmen. Sie können jedoch in Anspruch genommen werden, wenn sie aufgrund eines bereits vom Erblasser angemaßten Erbrechts Gegenstände verwalten, Soergel/Dieckmann Rz 8. Auch der (vorläufige) Erbe, der die Erbschaft **ausgeschlagen** hat, haftet trotz der Rückwirkung der Ausschlagung (§ 1953 I) nicht nach § 2018, sondern ausschließlich nach der spezielleren Regelung des § 1959 I als Geschäftsführer ohne Auftrag, Brox Rz 577; RGRK/Kregel Rz 5; v Lübtow, 2. Halbb, S 1052f; Lange/Kuchinke § 40 II 3. § 2018 greift hingegen ein, wenn der vorläufige Erbe fälschlich die Wirksamkeit der Ausschlagung bestreitet und damit den Fortbestand seines Erbrechts behauptet, Lange/Kuchinke § 40 II 3 Fn 38; Soergel/Dieckmann Rz 6; Staud/Gursky Rz 17; Dietz S 152; aA Brox Rz 577; RGRK/Kregel Rz 5; Pal/Edenhofer Rz 7. Als Erbschaftsbesitzer anzusehen ist hingegen vom Erbfall an derjenige, der seine Erbenstellung durch **Erbunwürdigkeitserklärung** (§ 2344) oder durch **Anfechtung** (§§ 2078, 2079) mit Rückwirkung auf den Erbfall verloren hat. Hierbei ist es unerheblich, ob er sich danach noch seines Erbrechts berühmt, BGH NJW 1985, 3068f mit Anm Dieckmann FamRZ 1985, 1246; Soergel/Dieckmann Rz 6; Staud/Gursky Rz 16 mwN; anders 10. Aufl Rz 2. Der **Vorerbe** ist dem Nacherben nach der speziellen Regelung des § 2130 herausgabepflichtig. Das gilt selbst dann, wenn er den Eintritt des Nacherbfalls bestreitet, v Lübtow, 2. Halbb, S 1048; Staud/Gursky Rz 14; Soergel/Dieckmann Rz 7; aA Kipp/Coing § 50 III 1; RG 163, 53. Dagegen greift § 2018 ein, wenn sich der Vorerbe nach Eintritt des Nacherbfalls etwas, das zum Nachlaß gehört, mit der Behauptung geben läßt, noch Erbe zu sein. Der Anspruch aus § 2018 richtet sich auch gegen einen Miterben, der ein weitergehendes Erbrecht beansprucht als ihm wirklich zusteht und hieraus die Folgerungen für die Besitzlage gezogen hat, RG 81, 293. Der Erbe kann gegen Amtspersonen und Nachlaßpfleger, die ihm das Erbrecht streitig machen, Feststellungsklage erheben, RG 106, 46; OGH 4, 219; BGH NJW 1951, 559; LM Nr 1 zu § 1960. Herausgabepflichtig ist jeder Nachlaßschuldner, der dem wahren Erben die Erfüllung unter Berufung auf eigenes Erbrecht verweigert, Strohal Bd 2, § 94 II 2a; Planck/Flad Anm 3; Kipp/Coing § 106 I 4; Staud/Gursky Rz 14; vgl auch MüKo/Frank Rz 26; aA Binder, Die Rechtsstellung des Erben, Bd III, S 396ff. Das Gesetz läßt die Herausgabepflicht mit der Besitzerlangung durch Anmaßung des Erbrechts entstehen. Es genügt aber auch, wenn der Erbe den Besitz erst unter einem anderen Besitztitel erlangt und später in einen solchen kraft Erbanmaßung verwandelt, RG 81, 294; KG OLG 74, 17; Staud/Gursky Rz 8. Dagegen ist es unerheblich, ob der Herausgabepflichtige seinen Besitz später mit einem besonderen Besitzrecht begründet oder die Herausgabe ohne Berufung auf ein besonderes Recht zum Besitz verweigert, Strohal Bd 2, § 94 Fn 3a; Planck/Flad Anm 2b; Staud/Gursky Rz 11; Brox Rz 575; BGH FamRZ 1985, 1019; aA RGRK/Kregel Rz 6.

Dem Erbschaftsbesitzer ist gleichgestellt, wer die Erbschaft von ihm durch Vertrag erworben hat, § 2030. Zum Anspruch gegen den Erben des Erbschaftsbesitzers vgl MüKo/Frank Rz 23.

3 **3. Aus der Erbschaft erlangt** ist jeder Vermögensvorteil, der aus dem Nachlaß oder aus Mitteln des Nachlasses (§ 2019) stammt, auch der ganze Nachlaß. Hierbei handelt es sich vor allem, aber nicht ausschließlich, um den Besitz an Nachlaßsachen, den mittelbaren (RG 81, 296) oder unmittelbaren Eigen- oder Fremdbesitz, mag es sich also auch nur um Sachen handeln, die der Erblasser gelegentlich gemietet hatte, mag der Besitz dem Erbschaftsbesitzer von einem Dritten oder dem Erben selbst auf Grund der Erbrechtsanmaßung übergeben worden sein, mag er den Besitz auch schon vor dem Erbfall erlangt haben, aber nunmehr auf Grund des behaupteten Erbrechts zurückbehalten, RG 81, 295; KG OLG 74, 17; Planck/Flad Anm 3; RGRK/Kregel Rz 9; Staud/Gursky Rz 19. Aus dem Nachlaß erlangt ist auch der Betrag, den ein Dritter aufgrund eines ihm vom Erblasser zu eigenen Zwecken übereigneten Schecks nach dessen Tod erhält, vgl KG NJW 1970, 329 mit Anm Finger NJW 1970, 954; MüKo/Frank Rz 24. Wurde ihm der Scheck nur zur Einlösung übergeben, dann ist der erlangte Betrag Surrogat im Sinne von § 2019. Erlangt sein kann auch eine Eintragung in das Grundbuch, die zu keiner Rechtsänderung geführt hat. Erlangt sein können ferner Forderungen und Rechte, vor allem jeder rechtsgeschäftliche Erwerb mit Mitteln der Erbschaft (§ 2019), die Annahme von Leistungen des Nachlaßschuldners oder die wirksame Verfügung über ein Nachlaßrecht auf Grund eines entgeltlichen Grundgeschäfts, die Befreiung von einer persönlichen Schuld durch Aufrechnung mit einer Nachlaßforderung des durch Erbschein legitimierten Erbprätendenten.

4 **4.** Auch **gegenüber** dem **Gesamtanspruch** kann der Beklagte sämtliche **Einzeleinreden** erheben, die ihm ein Besitzrecht nicht nur für die ganze Erbschaft, sondern auch für die einzelnen Nachlaßsachen aus einem persönlichen oder dinglichen Rechtsverhältnis geben, das nur die einzelnen Sachen, nicht die Erbschaft als Ganzes betrifft. Mit einem Pflichtteils- oder Vermächtnisanspruch dagegen nicht gegen den Erben und den Erbschaftsbesitzer ein Zurückbehaltungsrecht geltend machen, Düsseldorf FamRZ 1992, 600; KG OLG 74, 17; einschränkend Staud/Gursky Rz 37 und MüKo/Frank Rz 29, unter der Voraussetzung, daß dadurch offensichtlich eine wirtschaftlich sinnvolle Nachlaßabwicklung nicht gefährdet wird. Für die hier vertretene Auffassung spricht schon die rechtliche Natur des Herausgabeanspruchs, durch den der Erbe erst in die Lage versetzt wird, etwaige Pflichtteils- oder Vermächtnisansprüche zu erfüllen, vgl Hamm MDR 1964, 151; KG OLG 74, 17.

5 **5.** Zur **Rechtsnatur des Erbschaftsanspruchs** s vor § 2018 Rz 1.

6 **6. Beweislast.** Der Erbe **muß** sein **Erbrecht beweisen.** Als gesetzlicher Erbe hat er das Verwandtschaftsverhältnis oder die Ehe, nicht aber den Ausschluß näherer oder gleichnaher Verwandter oder das Fehlen von Verfügungen von Todes wegen zu beweisen. Nicht erforderlich ist die Vorlage des Erbscheins, der aber die widerlegliche (RG 92, 71) Vermutung des Erbrechts des Klägers begründet, §§ 2353, 2365, vgl aber § 2365 Rz 4. Als eingesetzter Erbe muß er die formgerechte Errichtung und den Inhalt der Verfügung von Todes wegen beweisen. Die Vorlage der Urkunden ist nicht notwendig. Gelingt der Beweis des Erbrechts nicht, so ist die Klage trotz unberechtigten Besitzes des Beklagten abzuweisen, vgl RGRK/Kregel Rz 12; Staud/Gursky Rz 35; Planck/Flad Anm 5a.

Sodann muß der Erbe den Erbschaftsbesitz (§ 2018) **des Beklagten** beweisen, vgl hierzu Rz 2. Ist ungewiß, ob der Beweis gelingt, weil an das eigentliche Verteidigung des Beklagten nicht vorauszusehen vermag, so kann er mit dem Erbschaftsanspruch Einzelansprüche in einer Klage verbinden oder die Klage vom Erbschaftsanspruch auf den Einzelanspruch umstellen, § 264 ZPO. Hierin liegt keine Klageänderung, sondern nur ein ohne weiteres zulässiger Begründungswechsel, Soergel/Dieckmann Rz 14. Die Beweislastregel des § 2018 findet auf § 2130 keine Anwendung, BGH NJW 1983, 2874.

2019 *Unmittelbare Ersetzung*

(1) Als aus der Erbschaft erlangt gilt auch, was der Erbschaftsbesitzer durch Rechtsgeschäft mit Mitteln der Erbschaft erwirbt.

(2) Die Zugehörigkeit einer in solcher Weise erworbenen Forderung zur Erbschaft hat der Schuldner erst dann gegen sich gelten zu lassen, wenn er von der Zugehörigkeit Kenntnis erlangt; die Vorschriften der §§ 406 bis 408 finden entsprechende Anwendung.

Schrifttum: *Beyer*, Die Surrogation bei Vermögen nach BGB, 1905; *Böhm*, Surrogation trotz Unwirksamkeit einer Verfügung?, Diss Hamburg 1973; *Coester-Waltjen*, Die dingliche Surrogation, Jura 1996, 24; *Martinek*, Der Kommanditanteil als Nachlaßsurrogat – Ein neuer Konflikt zwischen Erb- und Gesellschaftsrecht?, ZGR 1991, 74; *Menken*, Die dingliche Surrogation bei den Sondervermögen des Familien- und Erbrechts, Diss Münster 1991; *Strauch*, Mehrheitlicher Rechtsersatz, 1972; *Wolf*, Prinzipien und Anwendungsbereich der dinglichen Surrogation, JuS 1975, 643 (710); 1976, 32 (104).

Erbschaftsanspruch § 2019

1. § 2019 erstreckt die Herausgabepflicht des Erbschaftsbesitzers auf die Ersatzstücke, die an die Stelle der nach § 2018 herauszugebenden Gegenstände getreten sind. Die in § 2019 angeordnete **unmittelbare (dingliche) Ersetzung** (Surrogation) bewirkt, daß als vom Erbschaftsbesitzer im Sinne des § 2018 erlangt alles gilt und daher vom Erben herausverlangt werden kann, was der Erbschaftsbesitzer durch Rechtsgeschäft mit Mitteln der Erbschaft erwirbt, **rechtsgeschäftliche Surrogate**. Es ist nicht erforderlich, daß sich das Rechtsgeschäft oder der Erwerb des Anspruchs durch den Erbschaftsbesitzer auf die Erbschaft bezieht. Die unmittelbare Wirkung der Ersetzung zeigt sich darin, daß der wahre Erbe den Gegenwert so erwirbt, wie wenn der Erbschaftsbesitzer beim Abschluß des Rechtsgeschäftes als sein unmittelbarer Stellvertreter (§ 164) gehandelt hätte, ohne daß der Erbschaftsbesitzer, sein Vertragspartner oder der Erbe es gewollt haben müssen. Es kommt daher auch nicht zu einem sogenannten Durchgangserwerb des Erbschaftsbesitzers, der den Übergang auf den Erben vermittelt, sondern der Erbe erwirbt unmittelbar von demjenigen, mit dem der Erbschaftsbesitzer das Geschäft geschlossen hat, Staud/Gursky Rz 4. Das gilt auch für förmliche Rechtsgeschäfte wie der Erwerb eines Grundstücks oder eines Geschäftsanteils an einer GmbH. Wird der Erbschaftsbesitzer als Erwerber eines Grundstücks im Grundbuch eingetragen, so erwirbt der Erbe nach § 2019 gleichwohl Eigentum. Das Grundbuch ist unrichtig, so daß der Erbe vom Erbschaftsbesitzer Berichtigung des Grundbuchs verlangen kann, § 894. Bringt der Erbschaftsbesitzer einen Erbschaftsgegenstand als seine Einlage in eine Kommanditgesellschaft ein, dann sind sowohl seine Gesellschafterstellung als auch die daraus gezogenen Nutzungen Surrogate iSv § 2019, BGH 109, 214; Düsseldorf FamRZ 1992, 600; Pal/Edenhofer Rz 1; aA BGH NJW 1977, 433; MüKo/Frank Rz 12; Staud/Gursky Rz 16. Die dingliche Surrogation hat den Sinn, die realen Werte einer Erbschaft zu binden und im Interesse der Erben und ihrer Gläubiger über einen Wechsel der zu ihr gehörenden konkreten Bestandteile hinweg zusammenzuhalten. Ausschlaggebend ist demnach, jedenfalls wenn es sich bei dem Surrogat um einen Kommanditanteil handelt, der Wert des Sondervermögens und nicht seine konkrete Erscheinungsform, BGH 109, 214. Surrogat iSv § 2019 ist nicht nur der Kommanditanteil selbst, sondern auch die damit verbundenen Gewinnrechte und die wiederum hieraus gezogenen Gewinne.

Auch mehrfache Surrogation, also Surrogation surrogierter Gegenstände, ist möglich, RGRK/Kregel Rz 1; Staud/Gursky Rz 7. Der Grundsatz des unmittelbaren Erwerbs ist durchbrochen, wenn der Erbschaftsbesitzer die Gegenleistung bereits erlangt, die ihm obliegende Leistung aber noch nicht erbracht hat, zB bei Kreditgeschäften. Die Gegenleistung fällt erst in den Nachlaß, nachdem er seine Leistung mit Mitteln der Erbschaft erbracht hat, MüKo/Frank Rz 13.

Die rechtsgeschäftliche Verwendung der Erbschaftsmittel braucht dem Erben gegenüber nicht nach den Vorschriften zum Schutz gutgläubigen Erwerbs (§§ 407, 851, 892, 893, 932–936, 1032, 1138, 1155, 1207, 1244, 2366, 2367) wirksam zu sein, da das Gesetz die wirtschaftliche Erhaltung der Nachlaßeinheit zum Schutz des Erben bezweckt und der Geschäftspartner des Erbschaftsbesitzers auch durch eine nachfolgende Genehmigung einer unwirksamen Verfügung des Erbschaftsbesitzers durch den Erben geschützt wird. Der Erbe kann aber nicht nebeneinander mit einer Einzelklage den vom Erbschaftsbesitzer unwirksam verwandten Erbschaftsgegenstand vom Geschäftspartner des Erbschaftsbesitzers und gleichzeitig mit dem Erbschaftsanspruch den Ersatzgegenstand vom Erbschaftsbesitzer herausverlangen. In dem Herausgabeverlangen des Ersatzgegenstands vom Besitzer liegt die Genehmigung seiner Verfügung über den Erbschaftsgegenstand, die aber nur unter der hier wegen der Übersehbarkeit des Bedingungseintritts durch den Erbschaftsbesitzer zulässigen Bedingung erteilt wird, daß der Erbe den Ersatzgegenstand auch tatsächlich erlangt. Denn es entspricht nicht seinem Interesse und Willen, auf den Erbschaftsgegenstand zu verzichten, ohne auch die Erfüllung seines Anspruchs auf das Ersatzstück zu erhalten. Richtig wäre es, dem Erben den Anspruch auf das Ersatzstück Zug um Zug gegen die Genehmigung der unwirksamen Verfügung zu geben, vgl Dölle, Festgabe für das RG, Bd III, S 22ff; MüKo/Frank Rz 10. Unbillig wäre es, den Anspruch des Erben auf Fälle wirksamer Verfügungen zu beschränken oder vom Erben zu verlangen, daß er die unwirksame Verfügung zunächst genehmigt, bevor er den Ersatzanspruch erheben kann, so aber Strohal Bd 2, § 95 I 4. Das würde ihn mit einem Risiko belasten, das dem rechtspolitischen Zweck des § 2019 I widerspräche, Kipp/Coing § 107 II 1; Staud/Gursky Rz 12; Planck/Flad Anm 2, der aber zu Unrecht in der Beanspruchung des Surrogats durch den Erben die unbedingte Genehmigung der Verfügung des Erbschaftsbesitzers sieht, vgl auch RG 106, 45. Die Genehmigung des Erben beschränkt seinen Schadensersatzanspruch gegen den Erbschaftsbesitzer (§§ 2023–2025) auf den Schaden, der nicht bereits durch Herausgabe des Ersatzgegenstands gedeckt ist, während die Rückwirkung der Genehmigung nicht den Anspruch auf den nichtgedeckten Schaden ausschließt, da dieser auch zu ersetzen ist, wenn der Erbschaftsbesitzer zwar als Nichtberechtigter verfügt hat, aber so, daß seine Verfügung infolge Gutglaubensschutzes wirksam geworden ist, Planck/Flad Anm 2; aA Beyer S 187.

2. Erst recht fallen in den Nachlaß, obwohl das Gesetz hierzu schweigt, **gesetzliche Surrogate**, die der Erbschaftsbesitzer auf Grund eines zum Nachlaß gehörenden Rechts erlangt hat, oder die durch Beschädigung, Zerstörung oder Entziehung eines Erbschaftsgegenstands an seine Stelle getreten sind, §§ 818 I, 2021, vgl auch §§ 2041, 2111 I S 1. Die Begründung dieses einhellig vertretenen Ergebnisses ist allerdings umstritten, dazu Staud/Gursky Rz 20. Die Bereicherungsforderung, die dadurch entsteht, daß der Erbschaftsbesitzer eine vermeintliche Nachlaßschuld aus Mitteln der Erbschaft tilgt, fällt ebenfalls ohne Anwendung des § 2019 I dem Nachlaß zu, Staud/Gursky Rz 18. Nur gilt für den Schuldner gesetzlicher Surrogate nicht die Schutzvorschrift des Abs II, die rechtsgeschäftlichen Erwerb nach Abs I voraussetzt, aA Staud/Gursky Rz 20. Ihm wird aber der Schutz der §§ 851, 893, 2367 zuteil, Strohal Bd 1, § 28a II aE; Bd 2, § 95 I 6; Pal/Edenhofer Rz 4.

3. Keine Ersetzung tritt ein, wenn der Gegenwert ausschließlich dem Eigenvermögen des Erbschaftsbesitzers zugute kommt, er befreit sich zB von einer Eigenschuld mit Mitteln des Nachlasses, entweder durch Zahlung oder durch wirksame Aufrechnung (§§ 2366, 2367) mit einer Nachlaßforderung. Hier ist das Erlangte nicht mehr vorhanden, sein Wert ist herauszugeben, soweit er den Besitzer noch bereichert, §§ 2021, 818 II, III. Dasselbe muß

W. Schlüter

§ 2019

zum Schutz des Vertragspartners des Erbschaftsbesitzers beim rechtsgeschäftlichen Erwerb höchstpersönlicher Rechte gelten, wie beim Nießbrauch, bei beschränkten persönlichen Dienstbarkeiten oder bei Sachen oder Rechten, die wesentliche Bestandteile des Eigenvermögens des Erbschaftsbesitzers werden, Staud/Gursky Rz 8, 9.

4 4. Der Begriff **Mittel der Erbschaft** ist wirtschaftlich so zu verstehen, daß auch der Besitz hierzu zählt, aA Staud/Gursky Rz 11. Zu den Mitteln der Erbschaft gehören hingegen nicht die Eigenmittel des Erbschaftsbesitzers. Bei Erwerb mit Eigen- und Nachlaßmitteln entsteht zwischen Erben und Erbschaftsbesitzer eine schlichte Rechtsgemeinschaft, bei sachenrechtlicher Zuordnung also Miteigentum, §§ 741ff, 1008ff. Staud/Gursky Rz 13. Was der Erbschaftsbesitzer nach Bereicherungsrecht (§ 2021) oder als Schadensersatz (§§ 2023–2025) schuldet, sind keine Mittel der Erbschaft, Staud/Gursky Rz 14.

5 5. Der **Schutz des gutgläubigen Schuldners des Erbschaftsbesitzers (Abs II)** erfolgt entsprechend §§ 406–408. Der Schuldner braucht die durch Rechtsgeschäft mit Mitteln der Erbschaft erworbene Forderung als Nachlaßbestandteil solange nicht gegen sich gelten zu lassen, als er ihre Zuordnung zur Person des Erben nicht kennt. Da sich diese Zuordnung kraft Gesetzes vollzieht, braucht er ebenso wie beim gesetzlichen Forderungsübergang (§ 412) nicht die Zuordnung selbst zu kennen. Es genügt, wenn er die Tatsachen kennt, aus denen sich diese kraft Gesetzes eintretende Zuordnung ergibt, daß er also weiß, daß die Forderung mit Erbschaftsmitteln vom Erbschaftsbesitzer erworben ist, der nicht wahrer Erbe ist. Solange er diese Kenntnis nicht hat, kann der Schuldner den Erbschaftsbesitzer als den für ihn maßgeblichen Gläubiger erachten. Der Schuldner kann gegenüber dem Erben selbstverständlich auch die Einreden geltend machen, die er gegenüber dem Erbschaftsbesitzer erworben hat, § 404; Pal/Edenhofer Rz 5. Dagegen ist § 405 nicht anwendbar, RGRK/Kregel Rz 4; Staud/Gursky Rz 29.

2020 *Nutzungen und Früchte*

Der Erbschaftsbesitzer hat dem Erben die gezogenen Nutzungen herauszugeben; die Verpflichtung zur Herausgabe erstreckt sich auch auf Früchte, an denen er das Eigentum erworben hat.

1 1. Zum Begriff der **Nutzungen** vgl § 100. Sie müssen tatsächlich gezogen sein, vgl aber § 2023 II. Die Vorschrift geht damit über die §§ 987–993 hinaus, um den Nachlaß als Ganzes zusammenzuhalten.

2 2. Zum Begriff der **Früchte** vgl § 99. Hat der Erbschaftsbesitzer Eigentum an ihnen erworben (§ 955), so kommt es nicht zur unmittelbaren Ersetzung. Der Herausgabeanspruch hat dann nur verpflichtenden Inhalt (Verschaffungsanspruch), so daß im Fall der Insolvenz des Erbschaftsbesitzers kein Aussonderungsrecht (§ 47 InsO) besteht. Erwirbt der Erbschaftsbesitzer kein Eigentum an den Früchten, so handelt es sich dagegen um einen Anspruch dinglicher Natur, Staud/Gursky Rz 2. Der Rechtsgedanke des S 2 muß über die unmittelbaren Sachfrüchte hinaus auf mittelbare Sachfrüchte und Rechtsfrüchte, etwa eine Miet- oder Pachtforderung angewandt werden, Kipp/Coing § 107 II 4; Pal/Edenhofer Rz 1; aA Planck/Flad Anm 2c. Eine andere Auslegung würde zu einer zweckwidrigen Beschränkung des Surrogationsgrundsatzes führen. Kann der Erbschaftsbesitzer Nutzungen nicht herausgeben, so daß er nur für ihren Wertersatz haftet (§§ 2021, 818), so hat dieser Anspruch wiederum nur schuldrechtlichen Inhalt.

2021 *Herausgabepflicht nach Bereicherungsgrundsätzen*

Soweit der Erbschaftsbesitzer zur Herausgabe außerstande ist, bestimmt sich seine Verpflichtung nach den Vorschriften über die Herausgabe einer ungerechtfertigten Bereicherung.

1 1. Die sich aus den §§ 2018–2020 ergebende Herausgabepflicht wird, wenn der Erbschaftsbesitzer **gutgläubig** und **zur Herausgabe außerstande** ist, durch § 2021 auf eine Haftung nach Bereicherungsgrundsätzen (§§ 818, 822) beschränkt. Da es sich bei § 2021 um eine Rechtsfolgenverweisung handelt, brauchen die Voraussetzungen für einen Bereicherungsanspruch (§§ 812ff) nicht vorzuliegen. Der Erbschaftsbesitzer haftet aber verschärft bei **Bösgläubigkeit** (§ 2024), bei **Rechtshängigkeit** des Herausgabeanspruchs (§ 2023) und **bei gewaltsamer Aneignung** der Erbschaft (§ 2025).

2 2. **Zur Herausgabe außerstande** ist der Erbschaftsbesitzer, wenn er nicht herausgeben kann, was er nach §§ 2018–2020 sachenrechtlich oder schuldrechtlich herauszugeben hat, vgl § 2018 Rz 5; § 2020 Rz 2. Daher kommt es noch nicht zu einer bloßen Bereicherungsschuld, wenn ein Ersatzstück (§ 2019) oder infolge Verbindung, Vermischung, Vermengung Miteigentum des Erben und des Erbschaftsbesitzers vorhanden ist. Erwirbt der Erbe nach § 2019 eine Geldforderung, so kann sich der Erbschaftsbesitzer auf den Fortfall der Bereicherung berufen, § 818 III; RG Recht 1920 Nr 417. Warum der Erbschaftsbesitzer das Erlangte nicht herausgeben kann, ist gleichgültig, Staud/Gursky Rz 3. Es kann sich auch um Nutzungen handeln, die in bloßen Gebrauchsvorteilen bestehen, wie in der Benutzung eines Kraftwagens, der mietfreien Benutzung von Räumen des Erblassers. Hat der Herausgabeanspruch nach §§ 2018–2020 sachenrechtlichen Inhalt, so wird er infolge Unmöglichkeit der Herausgabe nach § 818 II zu einem schuldrechtlichen Ersatzanspruch. Der Erbschaftsbesitzer hat den Wegfall des Besitzes sowie den Wegfall der Bereicherung als rechtsvernichtende Einwendung zu beweisen. Warum die Bereicherung fortgefallen ist, ob den Erbschaftsbesitzer dabei ein Verschulden oder gar der Vorwurf eines wirtschaftlich unsinnigen Verhaltens trifft, ist unerheblich. Er kann also das Herauszugebende auch verschenkt haben. Dann richtet sich allerdings der schuldrechtliche Anspruch des Erben gegen den Empfänger der Zuwendung, § 822. Aufwendungen, die der Erbschaftsbesitzer ohne Rücksicht auf die Bereicherung hätte machen müssen, verhindern seine Bereicherung nicht. Dabei ist bei der Errechnung der Bereicherung dem Vermögen des Erbschaftsbesitzers alles zuzurechnen, was ihm durch die Erbschaft als Ganzes zugeflossen ist, aber alles abzuziehen, was er im ursächlichen Zusammenhang mit diesem Zufluß, also im Vertrauen auf die Beständigkeit der vermeintlichen Vermögensvermehrung ausgegeben hat, mag es auch aus seinem Eigenvermögen stammen, ohne daß es der Erbschaft zugute kommen muß, aA RG WarnRsp 1919, 308. Dabei sind auch die auf die ganze Erbschaft gemachten Verwendungen abzuziehen, § 2022. Aufwendungen, die der „Erlangung" vorausgingen, wie die Kosten des Erbscheins, kann er jedoch nicht abziehen (Staud/Gursky Rz 9), ebensowenig die Kosten des Prozesses, mit dem er die Erbschaft erst erlangen will, Kiel LZ 1917, 888; Kipp/Coing § 107 III. Abzugsfähig sind aber die Kosten eines Prozesses, mit dem der gutgläubige Erbschaftsbesitzer das Erlangte verteidigen will, Staud/Gursky Rz 9; aA Soergel/Dieckmann Rz 5. Von der Rechtshängigkeit an wird die Haftung nach §§ 818 IV, 292 verschärft. § 819 I wird jedoch durch die Sondervorschrift des § 2024 ausgeschaltet, der die Ansprüche gegenüber dem bösgläubigen Besitzer abschließend regelt, Staud/Gursky Rz 4. Zur Abgrenzung der Ansprüche aus §§ 2021 und 2023 vgl § 2023 Rz 2.

2022 *Ersatz von Verwendungen und Aufwendungen*

(1) Der Erbschaftsbesitzer ist zur Herausgabe der zur Erbschaft gehörenden Sachen nur gegen Ersatz aller Verwendungen verpflichtet, soweit nicht die Verwendungen durch Anrechnung auf die nach § 2021 herauszugebende Bereicherung gedeckt werden. Die für den Eigentumsanspruch geltenden Vorschriften der §§ 1000 bis 1003 finden Anwendung.
(2) Zu den Verwendungen gehören auch die Aufwendungen, die der Erbschaftsbesitzer zur Bestreitung von Lasten der Erbschaft oder zur Berichtigung von Nachlaßverbindlichkeiten macht.
(3) Soweit der Erbe für Aufwendungen, die nicht auf einzelne Sachen gemacht worden sind, insbesondere für die im Absatz 2 bezeichneten Aufwendungen, nach den allgemeinen Vorschriften in weiterem Umfang Ersatz zu leisten hat, bleibt der Anspruch des Erbschaftsbesitzers unberührt.

1. Voraussetzungen des Verwendungsersatzes. a) Es muß ein sachenrechtlicher Herausgabeanspruch des Erben bestehen (vgl vor § 2018 Rz 1, § 2020 Rz 2). Durch Analogie ist ihm der schuldrechtliche Anspruch auf Herausgabe solcher Früchte, die in das Eigentum des Erbschaftsbesitzers übergegangen sind (§ 2020 S 2) ebenso gleichzustellen wie der Bereicherungsanspruch, RGRK/Kregel Rz 1, 2; Brox Rz 585; Staud/Gursky Rz 2; aA Planck/Flad Anm 1a 180.

b) Der Erbschaftsbesitzer muß Verwendungen auf Nachlaßgegenstände aber nicht notwendig auf die herausverlangte Sache gemacht haben; sie können sich auch auf die ganze Erbschaft beziehen, wie es etwa der Fall ist, wenn der Erbschaftsbesitzer aus Eigenmitteln Nachlaßschulden getilgt hat. Zum Begriff der Verwendung eingehend Staud/Gursky Rz 3ff. Sie müssen aus Eigenmitteln und im Interesse der vermeintlich Erbschaft erbracht worden sein, Düsseldorf FamRZ 1992, 600. Daher genügt es nicht, daß der Erbschaftsbesitzer lediglich eigene Bedürfnisse, wenn auch im Vertrauen auf den Vermögenszuwachs durch die Erbschaft befriedigt.

c) Die Verwendungen müssen vor Rechtshängigkeit (§ 2023 II) und bei Gutgläubigkeit des Erbschaftsbesitzers (§ 2024) gemacht worden sein.

d) Die Verwendungen brauchen weder notwendig noch nützlich noch werterhöhend zu sein, so daß der Erbschaftsbesitzer besser gestellt ist als der Besitzer gegenüber dem Eigentümer, vgl §§ 994, 996. Ihm stehen aber auch bei Gutgläubigkeit keine Nutzungen zu, § 2020. Die zur Erhaltung und Pflege einer Erbschaftssache aufgewandte Arbeitsleistung ist nur dann eine Verwendung, wenn der Erbschaftsbesitzer seine Arbeitskraft sonst anderweitig gegen Entgelt verwendet hätte, KG OLG 74, 17.

2. Die **Rechtsfolgen der Verwendung** bestimmen sich nach §§ 1000–1003, deren Voraussetzungen durch den Erbschaftsbesitzer zu beweisen sind, Düsseldorf FamRZ 1992, 600. Danach hat der Erbschaftsbesitzer ein Zurückbehaltungsrecht, ein pfandähnliches Recht, sich selbst unmittelbar aus der Sache zu befriedigen, unter Umständen einen klagbaren Anspruch auf Verwendungsersatz. Dem gutgläubigen Erbschaftsbesitzer muß in entsprechender Anwendung der §§ 997, 258 ferner ein Wegnahmerecht eingeräumt werden, weil er sonst schlechter gestellt wäre als der bösgläubig und verklagte Erbschaftsbesitzer, Brox Rz 586; Staud/Gursky Rz 1.

3. Ein **Zurückbehaltungsrecht** und damit eine aufschiebende Einrede hat der Erbschaftsbesitzer hinsichtlich aller Nachlaßgegenstände bis zur Befriedigung seines Anspruchs auf Ersatz von Verwendungen, mögen sie auch einen anderen Gegenstand, einen solchen, der nicht mehr vorhanden ist, oder schlechthin die ganze Erbschaft betreffen (RG WarnRsp 1913 Nr 233; BGH NJW 1972, 1752), zB wegen Bezahlung einer Erbschaftsteuerschuld, vgl hierzu Staud/Gursky Rz 6. Sofern der Erbschaftsbesitzer als Eigentümer eines in Wahrheit zur Erbschaft gehörenden Grundstücks eingetragen ist, kann er in entsprechender Anwendung des § 2022 seine Zustimmung zur Grundbuchberichtigung (§ 894) so lange verweigern, bis der Erbe ihm seine Verwendungen auf das Nachlaßgrundstück ersetzt hat, Pal/Edenhofer Rz 4. Gegen Verfügungen über das Grundstück kann sich der Erbe durch Eintragung eines Widerspruchs schützen, § 899. Soweit die Verwendungen bereits bei der Berechnung der Bereicherung berücksichtigt worden sind (§§ 2022 I S 1, 2021), besteht kein Zurückbehaltungsrecht, auch nicht im Fall des § 1000 S 2, wobei zu berücksichtigen ist, daß das Erbrecht ein absolutes Recht im Sinne des § 823 I ist, RGRK/Kregel Rz 4. Zum Zurückbehaltungsrecht wegen eines dem Besitzer zustehenden Pflichtteilsanspruchs vgl § 2018 Rz 4.

4. Klage auf Ersatz der Verwendungen ist in der Ausschlußfrist des § 1002 zu erheben, sofern der Erbe die Erbschaftssache, auf die die Verwendung gemacht worden ist, ihr Surrogat (§ 2019) wiedererlangt, den an ihre Stelle getretenen Wert nach § 2021 erhalten hat oder die Verwendung genehmigt, § 1001. Bei Verwendungen auf die ganze Erbschaft muß er die ganze Erbschaft, ihre Surrogate oder ihre Ersatzwerte erhalten haben. Er kann sich vom Ersatzanspruch nur durch Rückgabe aller wiedererlangten Erbschaftssachen befreien, § 1000 S 2.

5. Dem Erbschaftsbesitzer steht nur ein **Befriedigungsrecht** (§ 1003) aus allen Erbschaftssachen zu, die er noch im Besitz hat.

6. Hat der Erbschaftsbesitzer **Verwendungen nicht auf einzelne Nachlaßsachen** gemacht, etwa Nachlaßschulden, vor allem Erbschaftsteuerschulden, bezahlt, so hat er daneben alle weiteren Ansprüche nach den allgemeinen

W. Schlüter

Vorschriften, also aus Bereicherungsrecht, nicht aber aus Geschäftsführung ohne Auftrag, da er kein fremdes Geschäft besorgen wollte, § 687 I. Hat er Verpflichtungen zur Beerdigung des Erblassers begründet, so kann er nach § 1968 Ersatz oder Befreiung von den eingegangenen Schulden beanspruchen.

7 **7.** Der Erbschaftsbesitzer, der gleichzeitig Vermächtnisnehmer oder Pflichtteilsberechtigter ist, hat zwar ein Zurückbehaltungsrecht wegen seiner Verwendungen, nicht aber wegen seines Vermächtnis- oder Pflichtteilsanspruchs, da der Erbe erst mit der Befriedigung seines Erbschaftsanspruchs in die Lage kommt, die Erbschaft abzuwickeln, RG WarnRsp 1913 Nr 233; KG OLG 74, 17; einschränkend Staud/Gursky § 2018 Rz 37; vgl auch RG 132, 86; WarnRsp 1910 Nr 141.

§ 2023 *Haftung bei Rechtshängigkeit, Nutzungen und Verwendungen*

(1) Hat der Erbschaftsbesitzer zur Erbschaft gehörende Sachen herauszugeben, so bestimmt sich von dem Eintritt der Rechtshängigkeit an der Anspruch des Erben auf Schadensersatz wegen Verschlechterung, Untergangs oder einer aus einem anderen Grund eintretenden Unmöglichkeit der Herausgabe nach den Vorschriften, die für das Verhältnis zwischen dem Eigentümer und dem Besitzer von dem Eintritt der Rechtshängigkeit des Eigentumsanspruchs an gelten.

(2) Das Gleiche gilt von dem Anspruch des Erben auf Herausgabe oder Vergütung von Nutzungen und von dem Anspruch des Erbschaftsbesitzers auf Ersatz von Verwendungen.

1 **1. Von der Rechtshängigkeit an** (§§ 261, 253 I, 696 III ZPO) **verschärft sich die Haftung** des Erbschaftsbesitzers, der nunmehr wie ein Rechtshängigkeitsbesitzer aus dem allgemeinen Eigentümer-Besitzer-Verhältnis heraus haftet. Das gilt nicht nur für den Anspruch auf Herausgabe der erlangten Nachlaßsachen, sondern auch für die Herausgabe oder Vergütung von Nutzungen und für den Anspruch des Erbschaftsbesitzers auf Ersatz von Verwendungen (**Abs II**), der die Lage des Besitzers ebenfalls verschlechtert. Von der Rechtshängigkeit an muß der Erbschaftsbesitzer mit der Möglichkeit des Prozeßverlusts rechnen. Er kann die Erbschaft nicht mehr unbedingt wie eigenes Gut verwalten. Daher haftet er für alle Schäden (§§ 249ff), die dadurch entstehen, daß Erbschaftssachen infolge seines Verschuldens (§ 276) schlechter sind, untergehen oder aus einem anderen Grund von ihm nicht herausgegeben werden können (§ 989), sowie für den Ausfall schuldhaft nicht gezogener Nutzungen, §§ 2023 II, 987 II.

2 **2. Voraussetzung der verschärften Regelung** ist, daß der Erbe einen dinglichen Erbschaftsanspruch auf eine Erbschaftssache (§ 2018) oder ihren Ersatzgegenstand erhebt (§ 2019). Für den Bereicherungsanspruch des § 2021 gilt jedoch ausschließlich § 818 IV, der auf die §§ 291, 292 verweist, Staud/Gursky Rz 14; vgl RG JW 1938, 1025. Hat der Erbschaftsbesitzer den Fortfall der Bereicherung hier nicht zu vertreten, so haftet er nicht, §§ 292, 989; RG WarnRsp 1908, 45; JW 1918, 133; Planck/Flad Anm 2; Pal/Edenhofer Rz 2; Brox Rz 582; aA Kipp/Coing § 108 I 3.

3 **3.** Der **Verwendungsersatz (Abs II)** bestimmt sich nach §§ 994 II, 996. Der Anspruch kann dinglichen oder schuldrechtlichen Inhalt haben. Verwendungen durch Bezahlung von Nachlaßschulden kann der Erbschaftsbesitzer nur ersetzt verlangen, wenn er den Nachlaß entsprechend §§ 1978–1980, 1991 verwaltet hat, RGRK/Kregel Rz 5; Planck/Flad Anm 1c; Staud/Gursky Rz 12. Die Verwendungen brauchen nicht gerade auf die herauszugebenden Sachen gemacht zu sein, vgl § 2022 Rz 3; Planck/Flad Anm 1c und Staud/Gursky Rz 11; aA Pal/Edenhofer Rz 3.

§ 2024 *Haftung bei Kenntnis*

Ist der Erbschaftsbesitzer bei dem Beginn des Erbschaftsbesitzes nicht in gutem Glauben, so haftet er so, wie wenn der Anspruch des Erben zu dieser Zeit rechtshängig geworden wäre. Erfährt der Erbschaftsbesitzer später, dass er nicht Erbe ist, so haftet er in gleicher Weise von der Erlangung der Kenntnis an. Eine weitergehende Haftung wegen Verzugs bleibt unberührt.

1 **1. Die verschärfte Haftung des bösgläubigen Erbschaftsbesitzers** trifft den dinglichen Teil des Erbschaftsanspruchs ebenso wie den schuldrechtlichen. Sonst fiele die Haftung für den schuldrechtlichen Anspruch aus § 2021 (§ 819) und den dinglichen Anspruch (§ 990) auseinander, da § 819 Kenntnis vom Mangel des Rechtsgrunds voraussetzt, während sich § 990 mit der grob fahrlässigen Unkenntnis des Besitzrechts begnügt.

2 **2. Bösgläubig** ist der Erbschaftsbesitzer, **a)** wenn er bei Beginn seines Besitzes als Erbprätendent weiß oder infolge grober Fahrlässigkeit nicht weiß, daß er nicht Erbe ist, oder **b)** wenn er dieses später positiv erfährt oder, was dem gleichzusetzen ist, wenn er sich der Kenntnisnahme vorsätzlich entzogen hat, Kipp/Coing § 108 II; Staud/Gursky Rz 5; aA Planck/Flad Anm 1. Grobe Fahrlässigkeit genügt bei späterer Kenntnis nicht, RG 56, 317; Staud/Gursky Rz 2; Pal/Edenhofer Rz 2. **c)** Ist der Erbschaftsbesitzer hinsichtlich des fehlenden Erbrechts bösgläubig, ist er aber hinsichtlich seines Besitzrechts für den einzelnen Gegenstand gutgläubig, so muß er bezüglich dieses Gegenstands wegen der Vollwertigkeit der Einzeleinreden gegenüber dem Gesamtanspruch (vgl vor § 2018 Rz 4) wie ein gutgläubiger Erbschaftsbesitzer behandelt werden, Kipp/Coing § 108 II; Planck/Flad Anm 1; aA Staud/Gursky Rz 6; Soergel/Dieckmann Rz 2.

3 **3. Gesteigerte Haftung des bösgläubigen Erbschaftsbesitzers im Verzug, S 3.** Die Haftung des bösgläubigen Erbschaftsbesitzers wird gesteigert, wenn er sich mit der Herausgabe der Erbschaft im Verzug (§ 286) befindet. § 2024 S 3 gilt nicht für den gutgläubigen Erbschaftsbesitzer, weil für ihn die mit dem Verzug verbundene Zufallshaftung (§ 287 S 2) zu hart wäre, Staud/Gursky Rz 8; Prot II 3, 344–348. Allein, daß der bösgläubige Erbschaftsbesitzer (leicht) fahrlässig (§ 276) verkannt hat, daß er nicht Erbe ist und sich deshalb zu Unrecht weigert, die Erbschaft herauszugeben, führt noch nicht dazu, daß er das Unterbleiben der Herausgabe iS von § 286 IV zu vertreten hat. Maßgebend für das Vertretenmüssen ist insoweit der spezielle Verschuldensmaßstab des § 2024, Kipp/Coing § 108 III Fn 2; Olzen Jura 2000, 223, 227; aA Staud/Gurky Rz 10.

§ 2025 Haftung bei unerlaubter Handlung

Hat der Erbschaftsbesitzer einen Erbschaftsgegenstand durch eine Straftat oder eine zur Erbschaft gehörende Sache durch verbotene Eigenmacht erlangt, so haftet er nach den Vorschriften über den Schadensersatz wegen unerlaubter Handlungen. Ein gutgläubiger Erbschaftsbesitzer haftet jedoch wegen verbotener Eigenmacht nach diesen Vorschriften nur, wenn der Erbe den Besitz der Sache bereits tatsächlich ergriffen hatte.

1. Die **Vorschrift ist dem § 992 nachgebildet und verschärft** die **Haftung** des **Erbschaftsbesitzers** nach den Vorschriften über Schadensersatz wegen unerlaubter Handlungen. Dadurch wird die unmittelbare Ersetzung (§ 2019) nicht ausgeschlossen, so daß es am Schaden des Erben fehlen kann.

2. Als **Straftaten** kommen Urkundenfälschungen bei letztwilligen Verfügungen oder Erbscheinen, die Abgabe falscher eidesstattlicher Versicherungen im Erbscheinsverfahren und Betrug oder Erpressung, nicht aber Unterschlagung von Nachlaßsachen in Frage. Die strafbare Handlung muß die Ursache für die Erlangung des Erbschaftsgegenstands (Sache oder Recht) sein, zB die Einziehung einer Nachlaßforderung unter Vorlage eines gefälschten Erbscheins. Bösgläubigkeit des Erbschaftsbesitzers wird in der Regel gegeben sein, ist aber nach dem Gesetz nicht erforderlich.

3. **Verbotene Eigenmacht** (§ 858) ist nur an Nachlaßsachen möglich, wegen § 857 aber auch, wenn der Erbe den Besitz noch nicht nach § 854 I ergriffen hat. Da die Haftung nicht schon durch den objektiv rechtswidrigen Eingriff in den Besitz des Erben begründet werden soll, müssen auch die Schuldvoraussetzungen und Schuldformen einer unerlaubten Handlung (§§ 823ff, 276) vorliegen, so daß nicht derjenige Erbschaftsbesitzer haftbar gemacht werden kann, der bei seiner verbotenen Eigenmacht ohne Fahrlässigkeit an sein Erbrecht glaubte. Ein gutgläubiger Erbschaftsbesitzer haftet jedoch nicht nach den Vorschriften über die unerlaubten Handlungen, wenn der Erbe die Nachlaßsache lediglich im reinen Erbenbesitz (§ 857) hatte, den reinen Erbenbesitz also noch nicht in tatsächliche Sachherrschaft umgewandelt hatte, S 2. Ist das geschehen, so haftet der Erbschaftsbesitzer nach Deliktsrecht, wenn er weiß oder infolge Fahrlässigkeit nicht weiß, daß die Sache, die er in Besitz nimmt, vorher von einem anderen in Besitz genommen ist, der sich objektiv als wahrer Erbe qualifiziert. In diesem Fall ist es nicht erforderlich, daß ihn hinsichtlich seiner Annahme, Erbe zu sein, ein Schuldvorwurf trifft, S 1; Staud/Gursky Rz 7, 8; Lange/Kuchinke § 40 IV 4b; Kipp/Coing § 108 V.

4. Der **Schadensersatz** wegen unerlaubter Handlung bestimmt sich nach §§ 823ff, 249ff. Der Erbschaftsbesitzer haftet also nach § 848 über das Bereicherungsrecht hinaus für zufälligen Untergang, zufällige Verschlechterung oder Unmöglichkeit der Herausgabe. Verwendungsersatz erhält er dann nur nach §§ 850, 994–996. Die Verjährung tritt in drei Jahren ein, §§ 195, 199 I; Staud/Gursky Rz 13; RGRK/Kregel Rz 4; Soergel/Dieckmann Rz 4; aA RG 117, 423 (425); Lange/Kuchinke § 40 IV 4b Fn 100, die eine dreißigjährige Verjährungsfrist annehmen. Dieser Frist unterliegen aber nur die Ansprüche aus §§ 2023, 2024, 197 I Nr 2; Staud/Gursky Rz 13; Pal/Edenhofer § 2026 Rz 2; Soergel/Dieckmann Rz 4.

§ 2026 Keine Berufung auf Ersitzung

Der Erbschaftsbesitzer kann sich dem Erben gegenüber, solange nicht der Erbschaftsanspruch verjährt ist, nicht auf die Ersitzung einer Sache berufen, die er als zur Erbschaft gehörend im Besitz hat.

1. Die **einheitliche Verjährung des Gesamtanspruchs** tritt in 30 Jahren ein, § 197 I Nr 2. Dabei ist es gleich, ob der Anspruch dinglicher oder schuldrechtlicher Natur ist, vgl vor § 2018 Rz 5. Die Frist beginnt mit der Entstehung des Anspruchs, § 200. Das ist der Fall, sobald der Erbschaftsbesitzer „etwas" aus der Erbschaft erlangt hat, und zwar einheitlich auch für solche Gegenstände, die er erst später hinzuerlangt, RGRK/Kregel Rz 4; Planck/Flad Anm 1a; Pal/Edenhofer Rz 2; aA Staud/Gursky Rz 2–6; Lange/Kuchinke § 40 IV 7, welche die Verjährung hinsichtlich der Besitzerlangung jedes einzelnen Gegenstands bestimmen und Kipp, 8. Aufl 1930, § 66 I, nach dem die Verjährungsfrist erst mit der Erlangung des letzten Gegenstands zu laufen beginnen soll. Dasselbe gilt vom Erbschaftsanspruch des Miterben gegen einen anderen trotz § 758, der nur einen Anspruch auf Aufhebung der Gemeinschaft unverjährbar macht (vgl § 2042 Rz 10), und für die Geltendmachung des Erbschaftsanspruchs der Miterbengemeinschaft durch einen Miterben, § 2039 Rz 1. Ansprüche aus § 2025 verjähren in drei Jahren, § 195; vgl § 2025 Rz 4. Wird der Erbe durch wirksame Anfechtung wegen Willensmangels oder Erbunwürdigkeit (§§ 2078, 2340) Erbschaftsbesitzer, so beginnt die Verjährungsfrist erst mit der Anfechtungserklärung, aber nicht bevor der Anfechtungsgegner etwas aus der Erbschaft erlangt hat, § 200. Trotz der Einheitlichkeit des Gesamtanspruchs wird die Verjährung nur hinsichtlich der Gegenstände gehemmt (§ 204 I Nr 1), die im Klageantrag der Gesamtklage aufgeführt sind, vor § 2018 Rz 5.

2. Die **Ersitzung** des Eigentums an einem Grundstück durch Eintragung (§ 900) scheidet schon wegen der dreißigjährigen Ersitzungsfrist aus. Bewegliche Sachen, auch soweit es sich um Surrogate (§ 2019) oder Nutzungen, die Eigentum des Erben werden (§ 2020), oder um Eigentum Dritter handelt, könnte der gutgläubige Erbschaftsbesitzer aber in zehn Jahren ersitzen (§ 937), wobei ihm noch bei Sachen, die dem Erblasser nicht gehörten, dessen Ersitzungszeit zuzurechnen wäre (§ 944), während der Erbschaftsanspruch erst in 30 Jahren verjährt, § 197 I Nr 2. Da der Erbschaftsbesitzer sich nicht „auf die Ersitzung einer Sache berufen" kann, wird er zwar durch die Ersitzung Eigentümer, bleibt aber dem Erben schuldrechtlich zur Übertragung des Eigentums verpflichtet, Pal/Edenhofer Rz 1; RGRK/Kregel Rz 7; Staud/Gursky Rz 9; MüKo/Frank Rz 7. Sein Eigentumserwerb ist jedoch nicht etwa gegenüber dem Erben relativ unwirksam, Pal/Edenhofer Rz 1; Staud/Gursky Rz 15; aA Soergel/Dieckmann Rz 3; Brox Rz 595; Kipp/Coing § 106 VII 2. Gegenüber Dritten kann der Erbschaftsbesitzer die Rechte aus seinem Eigentum voll geltend machen.

W. Schlüter

§ 2027 Auskunftspflicht des Erbschaftsbesitzers

(1) Der Erbschaftsbesitzer ist verpflichtet, dem Erben über den Bestand der Erbschaft und über den Verbleib der Erbschaftsgegenstände Auskunft zu erteilen.

(2) Die gleiche Verpflichtung hat, wer, ohne Erbschaftsbesitzer zu sein, eine Sache aus dem Nachlass in Besitz nimmt, bevor der Erbe den Besitz tatsächlich ergriffen hat.

1. Die **Auskunftspflicht des Erbschaftsbesitzers (Abs I)** ermöglicht es dem Erben, die Klage mit einem ordnungsmäßigen Antrag zu erheben, vgl vor § 2018 Rz 8. Schon nach § 260 ist der Erbschaftsbesitzer verpflichtet, wenn es sich nicht um einen geringfügigen Nachlaß handelt, dem Erben ein Bestandsverzeichnis vorzulegen und uU mit einer Versicherung an Eides Statt zu bekräftigen. UU können mehrere Teilverzeichnisse eine ausreichende Auskunft darstellen, BGH NJW 1962, 1499. Die eidesstattliche Versicherung bezieht sich nicht auf Nachlaßschulden, RGSt 71, 360. Die Vollstreckung des bürgerlich-rechtlichen Anspruchs auch auf Abgabe einer eidesstattlichen Versicherung erfolgt nach § 888 ZPO. Nach § 2027 I hat der Erbschaftsbesitzer dem Erben und jedem, der den Erbschaftsanspruch geltend machen kann (§ 2018 Rz 1), über den Bestand der Erbschaft und den Verbleib der Erbschaftsgegenstände, ihre Veräußerung, Verschlechterung, ihren Verlust, ihre Ersatzgegenstände (§ 2019) Auskunft zu erteilen. Diese Auskunftspflicht besteht auch gegenüber dem Nachlaßpfleger (1960), Pal/Edenhofer Rz 1; Staud/Gursky Rz 8. Sie kann nicht vom Erblasser in einer Verfügung von Todes wegen ausgeschlossen werden, Bremen OLGRp 2002, 187. Der Erbe des Erbschaftsbesitzers ist verpflichtet, dessen Auskunftspflicht zu erfüllen, Nürnberg OLG 81, 115; BGH NJW 1985, 3068 mit Anm Dieckmann FamRZ 1985, 1247; aA MüKo/Frank Rz 5; einschränkend Staud/Gursky Rz 4. Darüber hinaus besteht eine originär eigene Auskunftspflicht des Erben, BGH NJW 1985, 3068; aA MüKo/Frank Rz 5. Auch der Auskunftsanspruch ist vererblich, MüKo/Frank Rz 4, jedoch kann er nicht allein auf einen Nichterben übertragen werden, Soergel/Dieckmann Rz 4; Karlsruhe FamRZ 1967, 692. Die Auskunftspflicht kann praktisch zu einer Rechenschaftspflicht über die Verwaltung des Nachlasses führen, besonders wenn es sich um Nutzungen oder den Fortfall der Bereicherung (§ 2020) handelt, KG OLG 21, 310 (311); 22, 187; 24, 71; Braunschweig OLG 26, 296. Sie erstreckt sich auch auf Gegenstände, die dem Erbschaftsbesitzer als Voraus (§ 1932) oder Vorausvermächtnis (§ 2150) zufallen sollen, Kiel SeuffA 1966, 141; KG OLG 5, 231; aA KG OLG 12, 365. Anders als beim Inventar sind Wertangaben für die Aktiven nicht erforderlich, KG OLG 26, 297; RGSt 71, 360. Zum allgemeinen, vom Erbschaftsanspruch unabhängigen Auskunftsrecht der Miterben untereinander vgl § 2038 Rz 18.

Ist die Auskunft unvollständig, so kann ihre Ergänzung nur durch eidesstattliche Versicherung, nicht durch neue Klage erzwungen werden, es sei denn, daß ein bestimmter Nachlaßgegenstand überhaupt nicht aufgenommen worden ist, weil der Erbschaftsbesitzer seine Zugehörigkeit zum Nachlaß zu Unrecht bestritten hatte (RG 84, 44) oder in Folge eines Irrtums einen Teil des Vermögens weggelassen, Bremen OLGRp 2002, 187.

2. Auch der **Besitzer von Nachlaßsachen**, der kein Erbschaftsbesitzer ist (vgl § 2018 Rz 2), ist in gleicher Weise **auskunftspflichtig (Abs II)**, wenn er sie in Besitz genommen hat, bevor der Erbe den unmittelbaren (§§ 854 I, 855) oder mittelbaren Besitz (§ 868) tatsächlich ergriffen hat, zB wenn jemand Schlüssel der Erblasserwohnung an sich genommen hat, KG OLG 9, 34. Keine Auskunftspflicht besteht, wenn der Besitz schon vor dem Tod des Erblassers erlangt war, Kiel OLG 40, 108; RG 84, 206; Staud/Gursky Rz 20. Wer nach dem Tod des Erblassers eine Sache in Besitz nimmt, die der Erblasser schon zu seinen Lebzeiten einem Dritten übergeben hat, nimmt die Sache nicht „aus dem Nachlaß" in Besitz und ist daher nicht nach Abs II auskunftspflichtig, BGH LM Nr 1 zu § 1421. Der Grund der Besitznahme ist unerheblich. Der Besitz kann auch gutgläubig, selbst objektiv berechtigt gewesen sein, RG LZ 1923, 453. War der Besitzer kraft Amts zur Besitznahme befugt, wie der Nachlaßpfleger, der Nachlaßverwalter oder verwaltende Testamentsvollstrecker usw, oder führt er als Geschäftsführer (§§ 662, 675) erbschaftliche Geschäfte (KG OLG 9, 386; Marienwerder Recht 1907, 312 Nr 611), so richtet sich seine Auskunftspflicht nicht nach § 2027. Der Besitzer braucht nicht zu wissen, daß er eine Nachlaßsache an sich nimmt, RGRK/Kregel Rz 5; Kipp/Coing § 110 II Fn 7; Pal/Edenhofer Rz 2; aA Planck/Flad Anm 2a. Nimmt der Miterbe Nachlaßsachen für die Miterbengemeinschaft in Besitz (§ 2038 I S 2), so ist er nicht nach Abs II (RG 81, 32 (295); HRR 1932, 1928), wohl aber aus Geschäftsführung oder Geschäftsführung ohne Auftrag auskunftspflichtig, §§ 666, 681; Pal/Edenhofer Rz 4; Staud/Gursky Rz 9.

3. Die **Klage** auf Auskunftserteilung macht weder den Erbschaftsanspruch (Staud/Gursky Rz 6) noch den Anspruch auf Feststellung des Erbrechts rechtshängig (vgl RG 115, 29), hemmt auch nicht die Verjährung des Erbschaftsanspruchs, kann aber mit diesen Klagen verbunden werden, § 254 ZPO, RGRK/Kregel Rz 1. Für die örtliche Zuständigkeit gilt auch der besondere Gerichtsstand der Erbschaft, § 27 ZPO; Nürnberg OLG 81, 115; Pal/Edenhofer Rz 5; RGRK/Kregel Rz 8; Kipp/Coing § 110 I Fn 1; aA Staud/Gursky Rz 7; Planck/Flad Anm 2c; Lange/Kuchinke § 40 III 3f Fn 89, die § 27 ZPO nur bei dem Anspruch aus Abs I anwenden wollen.

§ 2028 Auskunftspflicht des Hausgenossen

(1) Wer sich zur Zeit des Erbfalls mit dem Erblasser in häuslicher Gemeinschaft befunden hat, ist verpflichtet, dem Erben auf Verlangen Auskunft darüber zu erteilen, welche erbschaftlichen Geschäfte er geführt hat und was ihm über den Verbleib der Erbschaftsgegenstände bekannt ist.

(2) Besteht Grund zu der Annahme, dass die Auskunft nicht mit der erforderlichen Sorgfalt erteilt worden ist, so hat der Verpflichtete auf Verlangen des Erben zu Protokoll an Eides statt zu versichern, dass er seine Angaben nach bestem Wissen so vollständig gemacht habe, als er dazu imstande sei.

(3) Die Vorschriften des § 259 Abs. 3 und des § 261 finden Anwendung.

1. Vorbemerkung. Durch Art 2 § 1 Nr 4 des Gesetzes zur Änderung des RpflG und BeurkG sowie zur Umwandlung des Offenbarungseides in eine eidesstattliche Versicherung vom 27. 6. 1970 (BGBl I 911) sind mit

Wirkung vom 1. 7. 1970 in Abs II die Worte „den Offenbarungseid dahin zu leisten" ersetzt worden durch die Worte „zu Protokoll an Eides statt zu versichern".

2. Der Begriff **häusliche Gemeinschaft** ist weit auszulegen. Er setzt hier anders als in § 1619 keine Zugehörigkeit zum Hausstand und anders als in § 1969 keine Familiengemeinschaft und ebenso wie in § 1969 keine Verwandtschaft voraus, so daß Hausangestellte, Zimmer- und Flurnachbarn, sogar Familienbesuch, der sich infolge der letzten Krankheit des Erblassers mit ihm vorübergehend in häuslicher Gemeinschaft befunden hat (RG 80, 285), hierunter fallen können. Jede enge räumliche Beziehung zum Nachlaß, die dem sich in der Wohnung des Erblassers beim Tod Aufhaltenden die Möglichkeit der unmittelbaren Einwirkung auf die Nachlaßgegenstände und die Kenntnis von ihrem Verbleib gibt, ist ausreichend, BGH LM § 2028 Nr 1; Staud/Gursky Rz 5. Die häusliche Gemeinschaft wird nicht dadurch aufgehoben, daß der Erblasser kurz vor seinem Tod in ein Krankenhaus gebracht wird, RG WarnRsp 1922 Nr 75. Auskunftspflichtig kann auch ein Minderjähriger (ZblFG 17, 35) oder auch ein Miterbe sein, RG 81, 32; Naumburg und Celle OLG 24, 68; Braunschweig OLG 26, 296. Das letzte gilt jedoch nicht, wenn der Auskunftsberechtigte mit diesen Miterben zusammen in häuslicher Gemeinschaft gelebt und beide den Besitz gemeinschaftlich tatsächlich ergriffen und längere Zeit ausgeübt haben, Hamburg DR 1939, 1535. Unabhängig davon kann aber eine allgemeine Auskunftspflicht der Miterben untereinander bestehen, § 2038 Rz 18.

3. Auskunftsberechtigt ist der Erbe, jeder Miterbe nach § 2039 und jede andere Person, die zur Verwaltung des Nachlasses berechtigt ist.

4. Die **Auskunftspflicht** nach § 2028 geht nicht so weit wie die nach § 2027 (RG LZ 1922, 196); sie umfaßt nicht die Pflicht, über den Bestand des Nachlasses Auskunft zu geben und ein Nachlaßverzeichnis vorzulegen, § 260; KG OLG 20, 428; München OLG 40, 134; RG Warn Rsp 1922, 75; Kipp/Coing § 110 IV Fn 10; Staud/Gursky Rz 10. Wer schon Auskunft nach § 2027 erteilt hat, braucht dieses nicht noch nach § 2028 zu tun, KG OLG 20, 427; Soergel/Dieckmann Rz 3; aA Staud/Gursky Rz 15; Pal/Edenhofer Rz 2; MüKo/Frank Rz 5. Zwar verpflichtet § 2028 über § 2027 hinaus auch zur Auskunft über die Führung erbschaftlicher Geschäfte, aber diese Pflicht ist ohnehin nach §§ 681, 666, 259, 260 begründet. Der Auskunftsanspruch wird nach § 888 ZPO vollstreckt. Die Auskunft über den „Verbleib der Erbschaftsgegenstände" (Sachen und Rechte) bezieht sich auch darauf, welcher Gegenwert aus dem Rechtsgeschäft, das der Verfügung zugrunde liegt, zum Nachlaß gelangt ist (RGRK/Kregel Rz 3; Staud/Gursky Rz 12), und auf ein Beiseiteschaffen vor dem Erbfall (RG 81, 293), nicht aber auf Schenkungen des Erblassers aus dem Nachlaß, RG 84, 206. Der Auskunftspflichtige hat nur sein Wissen zu offenbaren und braucht nicht Nachforschungen über den Verbleib anzustellen. Als Auskunft kann regelmäßig nur eine Erklärung gewertet werden, die der Erklärende auf Fragen hin in dem Bewußtsein abgibt, er genüge einer gesetzlichen Pflicht. Ein Vortrag, mit dem der Auskunftspflichtige in einem Rechtsstreit begründet, warum er nicht auskunftspflichtig ist, kann daher regelmäßig nicht als Auskunft interpretiert werden, BGH WM 1971, 443; Staud/Gursky Rz 14.

5. Die **Versicherung an Eides statt** bezieht sich anders als in § 260 nur auf die Vollständigkeit der Angaben in der Auskunft, nicht auf die des Bestandes. Die Pflicht zur Abgabe einer eidesstattlichen Versicherung besteht nicht schon bei objektiver Unvollständigkeit der Angaben, es muß vielmehr Grund zu der Annahme bestehen, daß die erteilte Auskunft nicht mit der gebotenen Sorgfalt gegeben wurde; vgl im einzelnen BGH BB 1964, 1148. Zuständigkeit und Verfahren richten sich nach §§ 163, 79 FGG § 889 ZPO; § 3 Nr 1 lit b RPflG. Will der Auskunftspflichtige die eidesstattliche Versicherung vor dem Gericht der freiwilligen Gerichtsbarkeit freiwillig leisten, so hat dieses nicht zu prüfen, ob Grund zur Annahme einer unsorgfältigen Auskunft besteht (KGJ 45, 112), falls der Erbe die Abgabe der Versicherung an Eides statt verlangt oder wenigstens damit einverstanden ist, vgl Pal/Edenhofer Rz 3. In der Klage auf Abgabe einer eidesstattlichen Versicherung ist stets ein solches Verlangen zu sehen, BayObLG 53, 135. Verweigert der Pflichtige die Abgabe einer eidesstattlichen Versicherung, so muß er vor dem Prozeßgericht verklagt werden. Eine Änderung der Formel der Versicherung an Eides statt ist nach § 261 II möglich, RG 125, 160.

§ 2029 Haftung bei Einzelansprüchen des Erben

Die Haftung des Erbschaftsbesitzers bestimmt sich auch gegenüber den Ansprüchen, die dem Erben in Ansehung der einzelnen Erbschaftsgegenstände zustehen, nach den Vorschriften über den Erbschaftsanspruch.

1. Rechtspolitischer Zweck. Der Erbe kann gegen den Erbschaftsbesitzer nach seiner Wahl mit dem Gesamtanspruch oder den Einzelansprüchen vorgehen, die sich auf die einzelnen Nachlaßgegenstände beziehen, vor § 2018 Rz 3. Aber auch wenn er die Einzelansprüche wählt, bestimmt sich ihr Umfang nach den Vorschriften über den Erbschaftsanspruch. Dadurch soll vermieden werden, daß der Erbschaftsbesitzer durch Erhebung der Einzelklagen ungünstiger gestellt wird, namentlich mit seinem Ersatzanspruch wegen Verwendungen auch auf andere Sachen als die eingeklagten oder auf den ganzen Nachlaß (§ 2022), oder soweit sich seine Haftung für den Gesamtanspruch auf die Bereicherung beschränkt, § 2021. Andererseits ist selbst der gutgläubige Erbschaftsbesitzer insofern schlechter gestellt, als der aus dem Einzelanspruch Verklagte entgegen § 993 alle Nutzungen (§ 2020) und die Surrogate (§ 2019) herausgeben muß und sich nicht auf die Ersitzung berufen kann, § 2026. Schlechter gestellt ist vor allem der bösgläubige Besitzer durch § 2024 S 1 gegenüber § 819, da grob fahrlässiges Nichtwissen genügt.

Wählt der Erbe die Einzelklagen, so braucht der Erbschaftsbesitzer seinen Erbschaftsbesitz nicht ausdrücklich einzuwenden, es genügt, daß er Tatsachen vorträgt, aus denen sich sein Erbschaftsbesitz (§ 2018 Rz 2) ergibt.

§ 2029

2 **2. Anwendbar auf die Einzelansprüche** (vgl die Übersicht vor § 2018 Rz 3) sind alle Vorschriften, die Art und Umfang der Leistungspflicht des Erbschaftsbesitzers regeln, also die Vorschriften über die Herausgabe der Surrogate, Nutzungen, der Bereicherung (§§ 2019–2021, 2024), über den Verwendungsersatz (§ 2022), die Wirkung der Rechtshängigkeit (§ 2023), die Voraussetzungen und Wirkungen der Bösgläubigkeit (§ 2024), über die Verjährung und den Ausschluß des Ersitzungseinwands, § 2026; RGRK/Kregel Rz 3. Auch gegenüber der Besitzentziehungsklage (§§ 861, 858) kann sich daher der Erbschaftsbesitzer entgegen § 863 auf sein Zurückbehaltungsrecht wegen seiner Verwendungen aus § 2022 berufen, wenn er gutgläubig ist und der Erbe den Besitz noch nicht tatsächlich ergriffen hatte (§ 854 I), bevor ihn der Erbschaftsbesitzer ergriff. Hat der bösgläubige Erbschaftsbesitzer dagegen den vom Erben schon tatsächlich ergriffenen Besitz durch Entziehung verletzt, so kann der Erbe sein Zurückbehaltungsrecht mit dem Schadensersatzanspruch nach §§ 2025 S 2, 249ff beseitigen. Der Sondernachfolger des Erbschaftsbesitzers ist selbst nicht Erbschaftsbesitzer, so daß ihm der Schutz des § 2029 nicht zustatten kommt.

3 **3.** Der **Gerichtsstand** des § 27 ZPO gilt nicht für die Einzelklagen, Nürnberg OLGZ 1981, 115; Stein/Jonas/Schumann, ZPO, 21. Aufl 1993, § 27 Rz 8; Soergel/Dieckmann Rz 5; aA Handkomm/Hoeren Rz 2.

2030 *Rechtsstellung des Erbschaftserwerbers*
Wer die Erbschaft durch Vertrag von einem Erbschaftsbesitzer erwirbt, steht im Verhältnis zu dem Erben einem Erbschaftsbesitzer gleich.

1 **1.** Dem **Erbschaftsbesitzer** im Verhältnis zum Erben ist gleichgestellt, wer die Erbschaft oder einen Erbteil durch Vertrag vom Erbschaftsbesitzer erwirbt. Auch ihm gegenüber kann er die Ansprüche aus §§ 2018ff geltend machen. Im Gegensatz zum Erbteil (§ 2033 I) kann die Erbschaft als solche nicht durch einheitliches Rechtsgeschäft „erworben" werden, sondern nur ihre einzelnen Gegenstände nach den jeweils für den einzelnen Gegenstand geltenden Vorschriften, vor § 2371 Rz 2. Also ist mit „erwirbt" zwar nicht das auf den Erwerb gerichtete Verpflichtungsgeschäft allein, wohl aber der Erwerb der einzelnen Nachlaßgegenstände auf Grund eines solchen Verpflichtungsgeschäfts (§§ 2371, 2385, 1922 II) gemeint. Der Erwerb braucht nicht wirksam zu sein. Es ist aber erforderlich, daß sie so erlangt werden, wie es für die Herausgabepflicht des Erbschaftsbesitzers vorausgesetzt wird, § 2018 Rz 2, 3; Strohal Bd 2, § 94 Fn 14. Wegen der weitgehenden rechtlichen Folgen, die sich an diese Gleichstellung und die mit ihr verbundene sehr nachteilige Behandlung des Erwerbs knüpfen, ist es hier besonders wichtig, den echten schuldrechtlichen Gesamtvertrag in Bausch und Bogen, der den Nachlaß als Ganzes betrifft und für die Anwendung des § 2030 erforderlich ist, von einem Kaufvertrag zu unterscheiden, bei dem zwar alle wesentlichen Gegenstände des Nachlasses verkauft werden, aber als Einzelgegenstände, ohne daß damit der Erbschaftskäufer dem Erben die Sorge für die Nachlaßabwicklung abnehmen will, wie es meistens bei den Nachlaßverkäufen an Händler mit alten Einrichtungsgegenständen der Fall ist, vor § 2371 Rz 2. Auch ein Kauf in Bausch und Bogen, der alle Nachlaßgegenstände erfaßt, ohne die ganze Erbschaft als solche zu betreffen, fällt nicht hierunter. Dabei kommt hinzu, daß § 2030 einen formgültigen Schuldvertrag voraussetzt, vgl § 2371 Rz 1–3.

2 **2.** Die **Herausgabepflicht des Erwerbers** erstreckt sich auf das Erlangte (§ 2018), die Ersatzgegenstände (§ 2019), die Nutzungen (§ 2020), die Bereicherung (§ 2021), wobei sich die Bösgläubigkeit des § 2024 und der Verschärfungstatbestand des § 2025 aus der Person des Erwerbers beurteilen. Dafür kann der Erwerber auch die **Verwendungen** geltend machen, die er von dem Erbschaftsbesitzer im Rahmen des § 2022 vom Erben ersetzt verlangen können, Staud/Gursky Rz 5. Dazu gehört nicht der Kaufpreis, den der Erbschaftserwerber an den Verkäufer gezahlt hat, Staud/Gursky Rz 5; RGRK/Kregel Rz 5; vgl BGH 9, 333; 14, 7.

3 **3.** Ein **gutgläubiger Erwerb** nach §§ 932ff, 892f, 2366, 2367 durch denjenigen, der vom Erbschaftsbesitzer Nachlaßgegenstände nach § 2030 erwirbt, ist ausgeschlossen, weil der Erwerber dem Erbschaftsbesitzer gleichgestellt wird, Pal/Edenhofer Rz 1; Staud/Gursky Rz 3.

4 **4.** Der **Anspruch des Erben auf den Kaufpreis** als Ersatzgegenstand der Erbschaft (§ 2019) oder auf Schadensersatz gegen den Erbschaftsbesitzer und die **Ansprüche auf die Erbschaft** gegen den Erwerber (§ 2030) können nicht in dem Sinne nebeneinander bestehen, daß der Erbe wegen beider Ansprüche Befriedigung verlangen kann. Der Erbe hat vielmehr nur das Recht, zwischen beiden zu wählen. Erhält er die Erbschaft zurück, so kann er nicht außerdem den Verkaufserlös oder die Bereicherung, wohl aber Ansprüche auf Schadensersatz aus der Verschlechterung einzelner Erbschaftsgegenstände gegen den Erbschaftsbesitzer geltend machen, während der Erwerber den Kaufpreis vom Erben zurückfordern kann, §§ 346 I, 437 Nr 2, 435, 323 I, 326 V. Verlangt der Erbe zunächst vom Erbschaftsbesitzer das Entgelt für die Veräußerung an den Erwerber, so ist er verpflichtet, die Genehmigung der Verfügung des Erbschaftsbesitzers Zug um Zug gegen die Herausgabe der Ersatzgegenstände oder der Bereicherung zu erteilen, dazu Bellermann, Der Erbschaftsanspruch bei Erbschaftsveräußerungen, 1910, S 40ff; Staud/Gursky Rz 6ff.

5 **5.** § 2030 ist **entsprechend anzuwenden** auf die Fälle, in denen der Erwerber die Nachlaßgegenstände auf Grund Vermächtnisses in letztwilliger Verfügung des Erbschaftsbesitzers erwirbt, RGRK/Kregel Rz 6.

2031 *Herausgabeanspruch des für tot Erklärten*
(1) Überlebt eine Person, die für tot erklärt oder deren Todeszeit nach den Vorschriften des Verschollenheitsgesetzes festgestellt ist, den Zeitpunkt, der als Zeitpunkt ihres Todes gilt, so kann sie die Herausgabe ihres Vermögens nach den für den Erbschaftsanspruch geltenden Vorschriften verlangen. Solange sie noch lebt, wird die Verjährung ihres Anspruchs nicht vor dem Ablauf eines Jahres nach dem Zeitpunkt vollendet, in welchem sie von der Todeserklärung oder der Feststellung der Todeszeit Kenntnis erlangt.

(2) Das Gleiche gilt, wenn der Tod einer Person ohne Todeserklärung oder Feststellung der Todeszeit mit Unrecht angenommen worden ist.

1. § 2031 ist durch das Gesetz zur Wiederherstellung der Gesetzeseinheit auf dem Gebiete des bürgerlichen Rechts vom 5. 3. 1953 (Teil 1 Art 5) **neu gefaßt.** Die Feststellung der Todeszeit eines Verstorbenen ist der Todeserklärung eines Verschollenen gleichgesetzt.

2. **Entsprechend dem Erbschaftsanspruch** kann einen Gesamtanspruch auf Herausgabe seines ganzen Vermögens, nicht einer Erbschaft, derjenige geltend machen, der **zu Unrecht für tot gehalten (Abs II)** oder der für **tot erklärt** oder dessen Todeszeit festgestellt worden ist, aber die Zeit überlebt hat, die als Zeitpunkt seines Todes gilt (§§ 9, 23, 39ff, 44 VerschG), **Abs I.** Der Besitzer des Vermögens braucht nicht Erbschaftsbesitzer (§ 2018) zu sein (Pal/Edenhofer Rz 1; aA Staud/Gursky Rz 4; RGRK/Kregel Rz 3; Planck/Flad Anm 1; vgl Schubart JR 1948, 296), also ein angemaßtes Erbrecht verlangen.

Der Erbschaftsanspruch ist in erweiterter Anwendung des § 2031 auch dann gegeben, wenn sich der Anspruchsgegner betrügerisch für den Verschollenen ausgegeben und sich dadurch in den Besitz des vermeintlichen Nachlasses gesetzt hat, RGRK/Kregel Rz 4; Staud/Gursky Rz 4; Kipp/Coing § 105 IV Fn 13; aA Planck/Flad Anm 1.

3. **Entsprechend anzuwenden** sind alle Vorschriften über den Erbschaftsanspruch, auch die §§ 2026–2030, Staud/Gursky Rz 5.

4. Der Anspruch des für tot Erklärten oder für tot Gehaltenen soll nicht allein durch Ablauf der Verjährungsfrist verloren werden, **Abs I S 2.**

5. Der **Anspruch** aus § 2031 ist **vererblich.**

6. Der **Dritte,** der vom vermeintlichen Erben des für tot Erklärten erwirbt, wird nach § 2370 geschützt.

Titel 4
Mehrheit von Erben

Vorbemerkung §§ 2032–2063

Schrifttum: *Ann,* Die Erbengemeinschaft, 2001; *Armbruster,* Die Erbengemeinschaft als Rechtsform zum Betrieb eines vollkaufmännischen Handelsgeschäfts, Diss Tübingen 1965; *Bartholomeyczik,* Die Miterbengemeinschaft, in Lange, Erwerb, Sicherung und Abwicklung der Erbschaft, 4. Denkschrift des Erbrechtsausschusses der Akademie für Deutsches Recht, 1940, S 120; *ders,* das Aktienpaket der Miterbengemeinschaft, in FS Lange, 1970, S 343; *Blomeyer,* Einzelanspruch und gemeinschaftlicher Anspruch von Miterben und Miteigentümern, AcP 159, 385; *J. Blomeyer,* Die Rechtsnatur der Gesamthand, JR 1971, 397; *Börner,* Die Erbengemeinschaft als Gesellschafterin einer offenen Handelsgesellschaft, AcP 166, 426; *Bork,* Zur Rechtsfähigkeit der Erbengemeinschaft, in 100 Jahre BGB – 100 Jahre Staudinger, 1999, S 181; *Buchwald,* Der Betrieb eines Handelsgewerbes in Erben- oder Gütergemeinschaft, BB 1962, 1405; *Ebeling/Geck/Grune,* Handbuch der Erbengemeinschaft, 6. Aufl, 2002; *Eberl-Borges,* Die Rechtsnatur der Erbengemeinschaft nach dem Urteil des BGH vom 29. 1. 2001 zur Rechtsfähigkeit der (Außen-)GbR, ZEV 2002, 125. *Eichmanns,* Erwerb und Verwaltung eines GmbH-Geschäftsanteils durch eine Erbengemeinschaft, Diss Köln 1980; *Fuchs,* Zur Geltendmachung von Nachlaßverbindlichkeiten seitens des Erben gegen einen Miterbenschuldner, JW 1938, 355; *Grunewald,* Die Rechtsfähigkeit der Erbengemeinschaft, AcP 97, 305; *Hoffmann,* Die geschichtliche Entwicklung der Erbengemeinschaft, Jura 1995, 125; *Knitschky,* Erbschaft und Anteil, AcP 91, 281; *Kreß,* Die Erbengemeinschaft nach BGB, 1903; *Kunz,* Über die Rechtsnatur der Gemeinschaft zur gesamten Hand, Bern 1963; *Lang,* Beteiligung von Gemeinschaften des Bürgerlichen Rechts an Erbengemeinschaften, Diss Regensburg 1976; *Lehmann,* Die Konkurrenz zwischen Vertragspfandrecht und nachrangigem Pfändungspfandrecht am Anteil eines Miterben, NJW 1971, 1545; *Muscheler,* Mehrheitsbeschluß in der Erbengemeinschaft, ZEV 1997, 169, 222; *Nölle,* Die rechtliche Natur der Erbengemeinschaft, insbesondere der Bestellung des Nießbrauchs durch Miterben, 1901; *Pfeiffer,* Die Fortführung des Handelsgeschäfts eines Einzelkaufmanns durch eine Mehrheit von Erben, Diss Tübingen 1961; *Roskothen,* Gesamthänderischer Erwerb innerhalb der Erbengemeinschaft, JW 1937, 2955; *Sarres,* Die Erbengemeinschaft, 2000; *ders,* Die Erbengemeinschaft und das Teilungskonzept des BGB, ZEV 1999, 377; *Schulze-Osterloh,* Das Prinzip der gesamthänderischen Bindung, 1972; *Sobisch,* Erbengemeinschaft und Handelsgeschäft, Diss Kiel 1975; *Staudenmaier,* Teilübertragung von Gesellschaftsanteilen und Erbteilen, DNotZ 1966, 724; *Stodolkowitz,* Nachlaßzugehörigkeit von Personengesellschaftsanteilen, in FS Kellermann, 1991, S 453; *Strohal,* Anteil am ungeteilten Nachlaß und Erbschein, in FS v Gierke, 1911, S 917; *Venjakob,* Die Untergemeinschaft innerhalb der Erbengemeinschaft, Rpfleger 1993, 2; *Welter,* Vertragliche Vereinbarungen im Rahmen einer Erbengemeinschaft, MittRhNotK 1986, 140; *Wieacker,* Familiengut und Erbengemeinschaft, DR 1936, 275; *Winkler,* Verhältnis von Erbteilsübertragung und Erbauseinandersetzung – Möglichkeiten der Beendigung einer Erbengemeinschaft, ZEV 2001, 435; *Wolf,* Die Fortführung eines Handelsgeschäfts durch die Erbengemeinschaft, AcP 181, 480; *Zunft,* Die Übertragung sämtlicher Nachlaßgegenstände an einen Miterben gegen Abfindung der übrigen Miterben, JZ 1956, 550.

1. System. Mit dem Erbfall geht das Vermögen des Erblassers durch Gesamtnachfolge kraft Gesetzes auf einen Alleinerben oder in der Regel auf mehrere Miterben, die Miterbengemeinschaft, über, § 1922 I. Gelten die Titel 1–3 des 2. Abschnitts (§§ 1922–2031) für Allein- und Miterben gemeinsam, so enthält der 4. Titel Sondervorschriften für die Miterbengemeinschaft, und zwar im 1. Teil (§§ 2032–2057a) für das Verhältnis der Miterben untereinander und den Rechtsverkehr mit Dritten, im 2. Teil (§§ 2058–2063) für das Verhältnis der Miterben zu den Nachlaßgläubigern. Vermächtnisnehmer und Pflichtteilsberechtigte sind nicht Miterben, sondern Nachlaßgläubiger, §§ 2174, 2303 I S 2, 2311ff. Zur Rechtsstellung der Mitnacherben vgl § 2100 Rz 4.

2 2. Die Miterbengemeinschaft ist anders als im römischen und gemeinen Recht keine Bruchteilsgemeinschaft an einzelnen Nachlaßgegenständen, sondern wie im prALR deutschrechtliche **Gemeinschaft zur gesamten Hand** am ganzen Nachlaß.

3 a) **Kennzeichnend für die Gesamthandsgemeinschaft,** die nicht auf der Grundlage der Vertragsfreiheit zu beliebigen Zwecken geschaffen werden kann, sondern nur als Gesellschaft (§ 705), eheliche Gütergemeinschaft (§ 1415) oder Miterbengemeinschaft in Erscheinung treten kann (siehe aber § 2035 Rz 3), ist die **Bildung eines gemeinsamen Sondervermögens,** das **dem Gesamthandszweck gewidmet** und rechtlich **vom Privatvermögen der Gesamthänder** derart getrennt ist, daß diese über die einzelnen Gegenstände ihres Sondervermögens nur gemeinsam „zur gesamten Hand" verfügen können (§ 2040 I), während jedem einzelnen die Verfügung über seinen Anteil an den einzelnen Gegenständen verwehrt ist, § 2033 II.

4 Damit sind in der **Miterbengemeinschaft** folgende **rechtspolitische Ziele** erfüllt: aa) Kein Miterbe kann den Miterben gegen ihren Willen an einzelnen Nachlaßgegenständen fremde Teilhaber aufdrängen, dadurch Nachlaßgegenstände und Nachlaß entwerten und die einheitliche wirtschaftliche Auflösung der Mitberechtigung am gesamten Nachlaß erschweren.

bb) Kein Miterbe kann über wesentliche Teile des Aktivnachlasses verfügen, ohne zuvor zu seinem Teil zur Tilgung der Verbindlichkeiten gegenüber den Nachlaßgläubigern oder Miterben beigetragen zu haben. Miterben und Nachlaßgläubiger würden mit der Verfügung über Anteile an einzelnen Gegenständen die bisherige Haftungsgrundlage für ihre Forderungen verlieren.

cc) Die Forderungen der Nachlaßgläubiger erhalten einen Vorrang vor den Ansprüchen der Miterben, an die nur der Restnachlaß oder sein Wert auszuschütten ist, und damit auch vor den Privatgläubigern der Miterben. Es verwirklicht sich in den Abwicklungsvorschriften der deutschrechtliche Satz: „Der Gelter (Gläubiger) ist der erste Erbe."

5 b) **Besonderheit der Miterbengemeinschaft.** Sie beruht nicht wie die Gesellschaft oder die eheliche Gütergemeinschaft **auf freiem Willensentschluß der Miterben,** sondern auf gesetzlicher Erbfolgeordnung, dem Entschluß des Erblassers oder beidem. Sie ist keine werbende Gemeinschaft, sondern erreicht ihren Zweck schon dadurch, daß sie das Vermögen zur Befriedigung der Nachlaßgläubiger und zum besten Nutzen der Miterben erhält. Ihr Sondervermögen dient nur der einheitlichen wirtschaftlichen Abwicklung, sie wird schon mit dem Abwicklungszweck geboren, BGH 17, 299, 302. Aus diesen Gründen ist sie für den Dauerbetrieb eines gewerblichen Unternehmens nicht geeignet, Sudhoff DB 1966, 649.

aa) Daher kann der einzelne Miterbe anders als der Gesellschafter (§§ 719 I S 2, 723) und der Ehegatte (§§ 1447f, 1469) in der Regel jederzeit die **Auseinandersetzung** verlangen, § 2042 I. Vor Mißbrauch des Auseinandersetzungsrechts schützt die Miterben § 242, LG Düsseldorf FamRZ 1955, 303.

bb) Ferner kann jeder Miterbe, anders als der Gesellschafter (§ 719 I S 1) und der Ehegatte (§ 1419 I), ohne Zustimmung der anderen über seinen **Anteil am ganzen Nachlaß verfügen,** § 2033 I S 1. Ein stark ausgestattetes Vorkaufsrecht (§§ 2034–2037) schützt die Miterben vor dem Eintritt eines fremden Gesamthänders in die Gemeinschaft.

6 3. Auch für Miterben gilt der Grundsatz der Gesamterbfolge, vgl § 1922 Rz 52ff.

Untertitel 1

Rechtsverhältnis der Erben untereinander

2032 *Erbengemeinschaft*

(1) Hinterlässt der Erblasser mehrere Erben, so wird der Nachlass gemeinschaftliches Vermögen der Erben.

(2) Bis zur Auseinandersetzung gelten die Vorschriften der §§ 2033 bis 2041.

1 1. Das **gemeinschaftliche Vermögen** der Miterben bildet ein **Sondervermögen,** das durch den gemeinsamen Verwaltungs-, Nutzungs- und Liquidationszweck, nach Anordnung der Nachlaßverwaltung oder des Nachlaßinsolvenzverfahrens allein durch den Liquidationszweck, dinglich gebunden ist, RG 93, 294. Träger des Sondervermögens ist keine juristische Person. Der Miterbengemeinschaft fehlt die selbständige Rechtssubjektivität, damit die Parteifähigkeit (§ 50 I ZPO), vielmehr sind die einzelnen Erben selbst Partei, BGH FamRZ 2002, 1621 m Anm Marotzke ZEV 2002, 506; BGH NJW 1989, 2133; anders im sozialgerichtlichen Verfahren, § 70 Nr 2 SGG; BSG NJW 1958, 1560. Rechtsträger der Nachlaßgegenstände sind die Miterben, aber in ihrer Gebundenheit an den Gesamthandszweck. Dadurch ist das Sondervermögen vom ungebundenen Privat- oder Eigenvermögen der einzelnen Miterben abgesondert. Die Rspr des BGH (BGH 146, 341) zur Teilrechtsfähigkeit der (Außen-)Gesellschaft des bürgerlichen Rechts ist nicht auf die Erbengemeinschaft als Gesamthandsgemeinschaft übertragbar, dazu aber Eberl-Borges ZEV 2002, 125. Das Sondervermögen der Erbengemeinschaft erreicht aber eine gewisse rechtliche Selbständigkeit, die sich ua in folgenden Erscheinungen äußert:

a) Über die einzelnen Gegenstände, entgegen § 420 auch über Forderungen des Sondervermögens Nachlaß, können alle Miterben nur gemeinschaftlich (§ 2040 I) verfügen. Der einzelne Miterbe kann nur über sein Eigenvermögen allein verfügen.

b) Der einzelne Miterbe kann nicht über seinen Anteil an einzelnen Nachlaßgegenständen verfügen, § 2033 II.

c) Nachlaßschuldner können sich nur durch Leistung an alle Miterben gemeinschaftlich befreien, § 2039 S 1.

d) Zwischen der Miterbengemeinschaft und den einzelnen Miterben können aber neue Rechtsbeziehungen begründet werden, etwa durch Abschluß eines Mietvertrags, BGH JR 1969, 297; Karlsruhe JW 1932, 3013. Alte Rechtsbeziehungen zwischen einzelnen Miterben und dem Erblasser erlöschen mit dem Erbfall weder ganz noch teilweise, es tritt weder Konfusion noch Konsolidation ein. Nach dem Erbfall schuldet zB ein Miterbe das Darlehen der Miterbengemeinschaft so, wie er es vorher dem Erblasser schuldete. Ein Miterbe kann von der Miterbengemeinschaft, dh aus dem Nachlaß, Ersatz seiner ganzen Aufwendungen verlangen, die er im Interesse der Gemeinschaft gemacht hat.

e) Vor allem ist das Sondervermögen der besonderen Haftung für die Nachlaßverbindlichkeiten gewidmet. Die Miterben und ihre Eigengläubiger müssen hinter Nachlaßgläubigern zurücktreten. Diese besondere Rangordnung der Gläubiger drückt sich in folgenden Tatsachen aus:

aa) Für Aufrechnungen werden Sonder- und Eigenvermögen als Vermögen verschiedener Rechtsträger behandelt, §§ 2040 II, 1977. Nur wenn sich dasselbe Sondervermögen oder dasselbe Eigenvermögen als Gläubiger und Schuldner gegenübersteht, besteht die nach § 387 für eine Aufrechnung notwendige Gegenseitigkeit.

bb) Zur Zwangsvollstreckung in Nachlaßgegenstände ist ein Titel gegen alle Miterben erforderlich, § 747 ZPO. Eigengläubiger können mit einem Titel gegen einen Miterben nicht in den ungeteilten Nachlaß oder Anteile des Miterben an solchen Gegenständen (§ 859 II ZPO) vollstrecken.

cc) Das Sondervermögen wird durch den Grundsatz dinglicher Ersetzung (Surrogation) in seinem Wertbestand möglichst erhalten, § 2041. Was auf Grund eines Nachlaßrechts oder als Ersatz für Minderungen des Nachlasses oder durch Rechtsgeschäfte, die sich nach Inhalt oder Zweck auf den Nachlaß beziehen, erworben ist, fällt in den Nachlaß als Sondervermögen.

dd) Die Miterben können den an der Vermögenssonderung interessierten Personen wegen Minderung des Nachlasses ersatzpflichtig werden. Die Ersatzforderungen gelten als Forderungen des Nachlasses und füllen seinen geminderten Bestand wertmäßig auf, § 1978.

ee) Zum Eigenvermögen gehört auch der Anteil der Miterben am ganzen Nachlaß, § 2033 I.

2. Jeder Vermögensgegenstand des Erblassers wird **Gesamthandsvermögen,** jede Sache steht im Gesamthandseigentum aller Miterben, an jedem Recht sind sie gesamthandsberechtigt. Der Anteil des Miterben an den einzelnen Nachlaßgegenständen ist zwar kein Bruchteil, aber ein wirklicher, wenn auch bis zur Auseinandersetzung gesamthänderisch gebundener Anteil, BayObLG 68, 3; 82, 59, 67 und § 2033 Rz 9. Gesamthandseigentum bleibt auch dann bestehen, wenn der Nachlaß nur noch aus einem einzelnen Gegenstand besteht, BGH FamRZ 2001, 622f. Auch wenn für einzelne Miterben durch Testament besondere Gegenstände bestimmt sind und der Erblasser angeordnet hat, daß seine Bestimmung für alle Miterben bindend sei, wird mit dem Erbfall nicht Alleineigentum des einzelnen begünstigten Miterben begründet. Es liegt nur eine Teilungsanordnung, ein Vorausvermächtnis oder eine Auflage vor, die nur schuldrechtliche Wirkung haben, §§ 2048, 2150. Der bevorrechtigte Miterbe kann nur die Übertragung des betreffenden Nachlaßgegenstands von der Gesamthand auf sich verlangen. Eine Sondererbfolge gibt es in der Regel nicht. Vgl aber die Ausnahmen bei § 1922 Rz 53ff.

3. Durch seine gesamthänderische Bindung erlangt das **Sondervermögen** Nachlaß gegenüber dem Eigenvermögen der Miterben eine gewisse **rechtliche Selbständigkeit** (Rechtsidentität), ohne damit zu einem eigenständigen Rechtssubjekt zu werden. Materiellrechtlicher Träger des Nachlasses sind trotz dieser Verselbständigung die Miterben, allerdings in gesamthänderischer Verbundenheit. Das wirkt sich etwa bei der Grundbuchberichtigung aus. Nach dem Erbfall sind die Erben als Eigentümer des Nachlaßgrundstücks einzutragen, allerdings mit dem Zusatz als ungeteilte Erbengemeinschaft, § 47 GBO. (Zur Eintragung einer Untergemeinschaft innerhalb der Erbengemeinschaft nach dem Tod eines Miterben vgl BayObLG 90, 188; Venjakob Rpfleger 1993, 2.) Bei der Auflassung eines Grundstücks mehrerer Erwerber muß sich die Einigung daher auch auf die Art des Gemeinschaftsverhältnisses beziehen. Dieses kann daher nicht nachträglich einseitig geändert werden. Dazu wäre eine erneute Auflassung erforderlich. Eine unrichtige Angabe des Gemeinschaftsverhältnisses macht die Auflassung unwirksam, weil die dingliche Einigung die Art und Weise der Eintragung mit umfaßt, so mit Recht Zweibrücken DNotZ 1965, 614; München DNotZ 1939, 656; BayObLG DNotZ 1959, 200; Staud/Werner Rz 12; aA Eber DNotZ 1959, 463, 615. Teilen die Erben eines Miterben dessen Erbanteil unter sich nach Bruchteilen durch Vertrag auf, so muß das Bruchteilsverhältnis im Grundbuch eingetragen werden. Es genügt nicht anzugeben, daß zwischen den Erbeserben und den übrigen Erben insgesamt eine Erbengemeinschaft besteht, Düsseldorf Rpfleger 1968, 188.

Bei **Grundstücken** bedürfen daher der Auflassung und Eintragung (§§ 873, 925): die Übertragung eines Grundstücks von der Miterbengemeinschaft auf einen Dritten oder einen Miterben zum Alleineigentümer (BGH 138, 8), die Umwandlung des Gesamthandseigentums in Bruchteilseigentum unter denselben Personen (RG 57, 432; BGH NJW 1956, 1433), die Umwandlung einer Miterbengemeinschaft mit Grundstückseigentum in eine OHG (KG JFG 21, 168; Fischer DNotZ 1955, 182; Eckelt NJW 1957, 1860; aA Ganßmüller DNotZ 1955, 172); die Übereignung eines einer Miterbengemeinschaft gehörenden Grundstücks auf eine aus den gleichen Personen gebildeten OHG oder KG (RG 117, 264) oder BGB-Gesellschaft sowie alle Gegenakte zu diesen Geschäften, sogar die Übertragung eines Grundstücks von einer Miterbengemeinschaft auf eine andere, die aus denselben Miterben besteht, wenn es sich um verschiedene Nachlässe handelt, vgl § 925 Rz 10. Dagegen ist keine Auflassung, sondern Berichtigung erforderlich, wenn Miterben sämtliche Anteile auf eine aus ihnen gebildete Gesellschaft bürgerlichen Rechts übertragen und zum Nachlaß ein Grundstück gehörte (KG DFG 1944, 78), weil hier kein Rechtsgeschäft auf Übereignung eines Grundstücks abgeschlossen wird. Die Verpflichtungsgeschäfte, die auf Übertragung nach §§ 873, 925 gerichtet sind, bedürfen der Form des § 311b I. Ein gutgläubiger Erwerb ist allerdings nur möglich, wenn auf der Erwerberseite eine Person beteiligt ist, die nicht auch auf der Veräußererseite steht, da es sich nur in diesen Fällen um Verkehrsgeschäfte handelt, RG 119, 126 (130); 127, 341 (346); Schlüter Rz 652. Dagegen erfolgt keine Auflassung und Eintragung, wenn alle Miterben ihre Anteile nach § 2033 I auf einen einzigen Erwerber übertragen, auch wenn der Nachlaß im wesentlichen aus einem Grundstück besteht. Hier wird mit der Übertragung der Erbteile das Grundbuch unrichtig, das lediglich zu berichtigen ist, weil der Eigentumsübergang die gesetzliche Folge des rechtsgeschäftlichen Erwerbs der Miterbenanteile ist. Vgl aber RG 129, 122 zur Frage der Konversion eines solchen Geschäfts. Näheres § 2371 Rz 3.

4   **4. Die Miterbengemeinschaft als Kaufmann und Gesellschafter.** Da die Miterbengemeinschaft keine selbständige Rechtspersönlichkeit, sondern Träger eines Sondervermögens ist, können die Miterben zwar einen Vertrag zur Errichtung einer aus ihnen bestehenden BGB-Gesellschaft schließen (vgl RG 136, 240 für BGB-Gesellschaft), die Miterbengemeinschaft als solche kann sich aber nicht an der Gründung einer Genossenschaft (KGJ 52, 101), einer OHG (KGJ 49, 109 (268); 37, 145), eines rechtsfähigen Vereins, einer GmbH, einer AG beteiligen. Hinterläßt ein Kommanditist mehrere Erben, so erwirbt nicht die Miterbengemeinschaft als Gesamthandsgemeinschaft die Kommanditbeteiligung, sondern jeder Miterbe wird mit einem seinem Erbteil entsprechenden Anteil Kommanditist, RG 170, 328; BGH NJW 1983, 2376; Staud/Werner vor § 2032 Rz 25; Pal/Edenhofer Rz 9; aA RG 123, 366; Brox Rz 795. Zum Übergang der Beteiligung eines persönlich haftenden Gesellschafters an einer OHG oder KG vgl § 1922 Rz 55. Geht das Geschäft eines Einzelkaufmanns auf eine Miterbengemeinschaft über, so kann es durch sie als Kaufmann fortgeführt werden (RG 132, 138; KG JW 1938, 3117; BGH FamRZ 1985, 173; BFH NJW 1988, 1343; Wolf AcP 191, 480ff), auch wenn ein Miterbe aus ihr ausgeschieden ist, KG JW 1939, 565. Dagegen kann die Miterbengemeinschaft kein Handelsgeschäft neu errichten oder erwerben (KG HRR 1932, 749; Staud/Werner Rz 18), weil es von mehreren Personen, abgesehen vom Erwerb durch Erbfall, nur in den Gesellschaftsformen des HGB betrieben werden kann. Die Miterbengemeinschaft, die ein Handelsgeschäft fortführt, ist nicht auf die notwendige Abwicklungs- und Auseinandersetzungszeit beschränkt, BayObLG JW 1931, 3129. Sie kann auch nach Auseinandersetzung über die sonstige Nachlaßvermögen fortbestehen. Soll das vererbte Unternehmen von den Miterben als OHG fortgeführt werden, so bedarf es dazu des Abschlusses eines Gesellschaftsvertrags. Die zum ererbten Unternehmen gehörenden Gegenstände müssen durch Rechtsgeschäft unter Lebenden von der Erbengemeinschaft auf die Personengesellschaft übertragen werden. Bei der Erbengemeinschaft und der Personengesellschaft handelt es sich jeweils um gesonderte Gesamthandsvermögen, vgl BGH 92, 259; BFH NJW 1988, 1343. Führt die Erbengemeinschaft das vererbte Handelsgeschäft über einen längeren Zeitraum fort, so kann darin der schlüssige Abschluß eines Gesellschaftsvertrags liegen. Gehört ein Grundstück zum Nachlaß, so bedarf der Gesellschaftsvertrag der notariellen Beurkundung (§ 311b I), ist ein Miterbe minderjährig, so ist der Gesellschaftsvertrag vom Familien- bzw. Vormundschaftsgericht zu genehmigen, § 1822 Nr 3. Zu der Frage, ob die Fortführung eines ererbten Handelsgeschäfts durch einen minderjährigen Miterben der gerichtlichen Genehmigung bedarf, vgl BVerfG 72, 155; Thiele FamRZ 1992, 1001; Salgo NJW 1995, 2129; § 1822 Rz 13; zur Haftung des minderjährigen Miterben bei Eintritt der Volljährigkeit s § 1629a. Die Miterbengemeinschaft kann als Kaufmann in das Handelsregister eingetragen werden, KG JFG 5, 209; 15, 6; Staud/Werner Rz 18. Führt ein Miterbe mit Zustimmung der anderen das Unternehmen allein weiter, so kann dieser auch allein seine Eintragung in das Handelsregister herbeiführen, LG Kleve RhNotK 1967, 783. Eine Testamentsvollstreckung ist dagegen nicht eintragbar, da sie keinen typischen Inhalt hat und im Gegensatz zum handelsrechtlichen Grundsatz der unbeschränkten Haftung eines Kaufmanns zur beschränkten Haftung der Miterben mit dem Nachlaß führen könnte, RG 132, 138. Betreiben die Miterben das ererbte Handelsgeschäft lange Zeit so fort, daß sie ihre ganze Arbeitskraft widmen und dadurch den Lebensunterhalt für sich und ihre Familie verdienen, so kann darin die schlüssige Abrede liegen, auf die Beziehungen zum Handelsgeschäft das Recht der OHG anzuwenden, BGH 17, 299.

5   **5. Für unerlaubte Handlungen**, die ein einzeln beauftragter Miterbe in der Verwaltung des Nachlasses begeht, haftet die Erbengemeinschaft nicht nach § 31, da sie keine juristische Person ist, wohl aber im Rahmen der §§ 278, 831.

2033 *Verfügungsrecht des Miterben*
(1) **Jeder Miterbe kann über seinen Anteil an dem Nachlass verfügen. Der Vertrag, durch den ein Miterbe über seinen Anteil verfügt, bedarf der notariellen Beurkundung.**
(2) **Über seinen Anteil an den einzelnen Nachlassgegenständen kann ein Miterbe nicht verfügen.**

Schrifttum: *Brinck*, Die dingliche Übertragbarkeit des Erbrechts der Miterben nach ALR und BGB, ZBlFG 1908, 231; *Bühler*, Kann ein Miterbe formlos aus einer Erbengemeinschaft ausscheiden?, BWNotZ 1987, 73; *Conrades*, Verpfändung des Erbteils, DJZ 1903, 310; *Habscheid*, Zur Heilung formnichtiger Erbteilsverkäufe, FamRZ 1968, 13; *Henseler*, Zur Übertragung eines ver- oder gepfändeten Erbanteils ohne Mitwirkung des Pfandgläubigers, Rpfleger 1956, 185; *Hügel*, Die Formbedürftigkeit von Vollmachten bei Erbteilsübertragungen, ZEV 1995, 121; *Josef*, Verfügungen über Erbschaftsanteile, AcP 99, 315; *Kretzschmar*, Verfügungen über einen Erbteil, Recht 1908, 265 (313); *Liermann*, Zweifelsfragen bei der Verwertung eines gepfändeten Miterbenanteils, NJW 1962, 2189; *Meyer*, Über die Bewertung von Verträgen auf Abtretung von Erbanteilen, SeuffBl 69, 25; *Muscheler*, Testamentsvollstreckung über Erbteile, AcP 195, 35; *Patschke*, Erbteilsübernahme durch den Miterben, NJW 1955, 444; *Rink*, Der Erbteilskauf, Diss Erlangen 1963; *Ripfel*, Pfandgrundverhältnis am Erbteil, NJW 1958, 692; *Schlüter*, Durchbrechung des Abstraktionsprinzips über § 139 BGB und Heilung eines formnichtigen Erbteilskaufs durch Erfüllung, JuS 1969, 10; *Schmale*, Die dingliche Wirkung der Verfügung des Miterben über seinen Anteil am Nachlaß, ZBlFG 1905, 366; *Sentner*, Pfändung und Verpfändung des Miterbenanteils, Diss Köln 1966; *Siegler*, Zur Abtretbarkeit des Anspruchs des Miterben auf das Auseinandersetzungsguthaben, MDR 1964, 372; *Staudenmaier*, Teilübertragung von Gesellschaftsanteilen und Erbteilen, DNotZ 1966, 724; *Stöber*, Grundbucheintragung der Erben nach Pfändung des Erbanteils, Rpfleger 1976, 197; *Tiedtke*, Bruchteilsmäßiger Erwerb aller Erbteile durch mehrere Personen – BFHE 116, 408 –, JuS 1977, 158; *Wendt*, Verfügungen über Erbschaftsanteile, AcP 89, 420; *Zunft*, Die Übertragung sämtlicher Nachlaßgegenstände an einen Miterben gegen Abfindung der übrigen Miterben, JZ 1956, 550; *ders*, Verpflichtung des Miterben zur Verfügung über Anteile an Nachlaßgegenständen, NJW 1957, 1178; vgl auch die Schrifttumshinweise vor § 2032.

Mehrheit von Erben: Erben untereinander § 2033

1. Verfügung über Nachlaßanteil. a) Zweck. Im Gegensatz zur Gesellschaft und ehelichen Gütergemeinschaft 1 (§§ 719, 1419 I) ist eine Verfügung über den Gesamthandsanteil zulässig. Gesellschafter und Ehegatten haben sich freiwillig in die Gesamthandsbindung begeben. Die Gesellschaft muß auf persönlichem Vertrauen der Gesellschafter beruhen, die Gütergemeinschaft dient der ehelichen Lebensgemeinschaft. Daher können Gesamthänder bei der ersten nur mit Zustimmung aller Gesellschafter, bei der letzten überhaupt nicht ausgewechselt werden. Miterben kann besonders bei Aufschub der Auseinandersetzung durch den Erblasser (§ 2044) die nicht selbst gewählte Gesamthandsbindung lästig werden. Sie können daher ebenso wie ihre Eigengläubiger ein Interesse daran haben, schon vor der Auseinandersetzung ihren Nachlaßanteil durch Verkauf zu versilbern oder als Kreditsicherung zu verwerten; sonst ständen sie erheblich schlechter da als der Alleinerbe, der zwar nicht über den Nachlaß durch einheitlichen Akt, wohl aber anders als der Miterbe über die einzelnen Gegenstände verfügen kann. Die Verfügung über einen Nachlaßanteil kann daher weder durch den Erblasser noch durch Vereinbarung der Miterben noch durch Anordnung einer Testamentsvollstreckung ausgeschlossen oder beschränkt werden, § 137, Staud/Werner Rz 4. Sie ist auch dann zulässig, wenn zum Nachlaß ein Anteil an einem fremden Nachlaß gehört, BayObLG MDR 1960, 675.

b) Gefahren. aa) Unliebsame Fremde können in die Miterbengemeinschaft eindringen und den Willen des 2 Erblassers zunichte machen. Bis zu einem gewissen Grad kann das Vorkaufsrecht der übrigen Miterben sie fernhalten, §§ 2034ff.

bb) Miterben können über den gesamten Aktivanteil am Nachlaß verfügen, ohne mit dem leicht verschiebbaren Erlös zu ihrem Teil zur Tilgung der Verbindlichkeiten gegenüber Nachlaßgläubigern und Miterben beizutragen. Daher besteht zusätzlich eine gesamtschuldnerische Haftung des Erwerbers gegenüber den Nachlaßgläubigern, §§ 2382 I, 1922 II.

c) Zeitliche Grenzen. Eine Verfügung ist erst mit dem Erbfall möglich (§ 2033 I). Daher ist eine Verfügung 3 über den künftigen Anteil unzulässig, BGH 37, 324 (325). Eine Verfügung über den Erbteil ist noch bis Beginn der Auseinandersetzung möglich, solange ein im gemeinschaftlicher Gegenstand vorhanden ist, KGJ 52, 272. Vor dem Erbfall ist aber ein Verpflichtungsgeschäft unter künftigen gesetzlichen Erben über den gesetzlichen Erbteil zulässig, § 311b V S 1, BGH Rpfleger 1988, 412. Mit der Vereinigung aller Anteile in einer Person löst sich die Erbengemeinschaft auf, so daß frühere Anteile nicht mehr übertragbar sind, RG 88, 116; Staud/Werner Rz 6; Kipp/Coing § 114 VI 5; Pal/Edenhofer Rz 3; Düsseldorf NJW 1977, 1828. Erwirbt aber ein Kind alle Anteile seiner Geschwister, so daß sich der Nachlaß der Eltern in seiner Hand vereinigt, so kann es über die in den Nachlässen der Eltern enthaltenen Erbanteile nach den Großeltern gemäß § 2033 I verfügen, Hamm DNotZ 1966, 744. Die Erbengemeinschaft der Eltern nach den Großeltern ist nicht aufgelöst. Weder der Alleinerbe noch der Erwerber aller Erbteile kann über den Nachlaß als Ganzes in einem einheitlichen Akt verfügen, BGH DNotZ 1968, 358.

d) Verfügung. Zum Begriff und zur Abgrenzung vom Verpflichtungsgeschäft zur Verfügung vgl Einl § 104 4 Rz 16f. Die Verfügung vollzieht sich in einem vertraglichen, unmittelbar wirkenden (abstrakten) Rechtsgeschäft unter Lebenden und führt zu einer Gesamtnachfolge in alle Rechte, die dem Miterben als Träger seines Eigenvermögens am Nachlaß und gegen den Nachlaß zustehen. Von der Erbfolge unterscheidet sie sich dadurch, daß die Gesamtnachfolge nicht kraft Gesetzes eintritt und der Erwerb kein Erwerb von Todes wegen ist. Die Gesamtnachfolge wird vielmehr durch vertragliche Willenseinigung des Veräußerers und Erwerbers ausgelöst. Die Erklärung, der Erbanteil werde übertragen, ist ausreichend, wenn kein Zweifel darüber besteht, daß sie von dem Veräußerer und dem Erwerber abgegeben ist, KG Rpfleger 1973, 26. Sie braucht nur auf die Übertragung des Erbteils, nicht auch der Anteile an einzelnen Nachlaßgegenständen gerichtet zu sein, § 2033 II. Daher ist für sie auch nur die Form des § 2033 I, nicht die für die Übertragung der einzelnen Rechte zu beachten, die zum Nachlaß gehören. Selbst wenn dieser nur aus einem Grundstück oder grundstücksgleichen Recht besteht, wird der Erbteil ohne Auflassung und Eintragung nach § 2033 I übertragen (RG 171, 185; Celle NdsRpfl 1967, 126; Kipp/Coing § 114 VI 2; RGRK/Kregel Rz 3; BFH NJW 1975, 2119 mit abl Anm Lehmann NJW 1976, 263), denn es liegt keine Verfügung über das Grundstück oder das Recht vor. Eine bei Veräußerung des Erbbaurechts oder Wohnungseigentums vereinbarungsgemäß erforderliche Zustimmung des Grundstückseigentümers (§ 5 ErbbauVO) oder der anderen Wohnungseigentümer (§ 12 I WEG) ist daher in einem solchen Fall nicht erforderlich, BayObLG 67, 408; Staud/Werner Rz 20; Hamm DNotZ 1980, 53; vgl auch BayObLG 82, 46. Dagegen unterliegt die Übertragung eines Erbteils an einem Nachlaß, zu dem ein Grundstück gehört, der Grunderwerbsteuer, BFH BStBl 76 II 159; ebenso Staud/Werner Rz 20; Haegele Rpfleger 1976, 234.

Das Rechtsgrundgeschäft ist kein Grundstücks- (§ 311b), sondern ein Erbteilskauf, §§ 2371, 1922 II. Das gilt auch, wenn alle Miterben alle Anteile auf einen einzigen Erwerber in einheitlicher Urkunde übertragen, vgl aber RG 129, 123. Der Erwerber des Anteils ist zur Berichtigung des Grundbuchs als Gesamthandseigentümer in ungeteilter Erbengemeinschaft einzutragen, RG 90, 235. Umgekehrt kann in der Übertragung des einzelnen Nachlaßgegenstandes, etwa eines Grundstücks, die Übertragung von Erbteilen liegen, aber nur, wenn das Grundstück im wesentlichen das ganze Nachlaß ist und beide Teile dieses gewußt haben. Nur dann ist es gerechtfertigt, daß der Erwerber für die Nachlaßschulden gegenüber den Nachlaßgläubigern unabdingbar haftet und daß sich gesetzliche Vorkaufsrechte der übrigen Miterben gegen ihn richten, BGH FamRZ 1965, 268; Lange JuS 1967, 454.

Möglich ist eine Erbteilsübertragung auch, wenn zum Nachlaß ein Handelsgeschäft gehört, Keller ZEV 1999, 147; aA MüKo-HGB/Lieb § 27 Rz 35. Der Erwerber kann wie der Miterbe das Handelsgeschäft zeitlich unbeschränkt in ungeteilter Erbengemeinschaft fortführen, Keller ZEV 1999, 174; aA KG ZEV 1999, 28.

Zu der Verfügung gehören nicht nur die **Übertragung** einschließlich der Sicherungsübertragung, sondern auch die **Nießbrauchbestellung** (§ 1068) und die **Verpfändung** (§ 1273). Pfandgläubiger haben die Rechte aus § 1258, Nießbraucher die aus § 1066. Beide haften nicht nach § 2382 für die Nachlaßverbindlichkeiten, aber Nachlaßgläubiger und übrige Miterben können sich durch Betreibung der Auseinandersetzung aus dem Nachlaß befriedigen,

W. Schlüter

§§ 756, 755. Gehört ein Grundstück zum Nachlaß, so ist ein Pfandrecht am Miterbenanteil als Veräußerungsverbot zur Berichtigung in Abteilung II des Grundbuchs einzutragen, denn der betroffene Miterbe kann sich an einer Verfügung über ein Grundstück (§ 2040 I) nur mit Zustimmung des Pfandgläubigers beteiligen (§ 1276), so daß bei Nichteintragung ein Rechtsverlust durch Gutglaubensschutz droht, vgl BayObLG NJW 1959, 1780; Hamm JMBl NRW 1959, 110; Staud/Werner Rz 28; Hamm OLG 77, 283 (286); Frankfurt Rpfleger 1979, 205. In der Eintragung liegt weder ein Verstoß gegen § 2033 II noch gegen § 137, RG 90, 233; KGJ 33, 228. Der betroffene Miterbe muß voreingetragen sein (§ 39 GBO), der Pfandgläubiger kann seine Zustimmung hierzu verlangen, § 895. Ist noch der Erblasser eingetragen, so müssen alle Miterben die Berichtigung bewilligen (§§ 22 II, 29 GBO), der Pfandgläubiger, auch der Pfändungspfandgläubiger kann die Zustimmung der übrigen nach §§ 1273 II, 1258, 2038 II verlangen, KGJ 37, 273. Vom Nießbrauch muß dasselbe gelten, § 1071. Der Pfandgläubiger kann aber nicht selbst die Eintragung der Miterben in das Grundbuch beantragen, Staud/Werner Rz 34; Zweibrücken Rpfleger 1976, 214; aA Stöber Rpfleger 1976, 197.

Auch eine **Verfügung über den Bruchteil des Anteils** ist möglich (BGH NJW 1963, 1610; BayObLG 91, 46; BFH NJW 1975, 2119; LG Düsseldorf RhNotK 1967, 219); der Erwerber des Bruchteils steht mit dem Veräußerer in einer Bruchteilsgemeinschaft (Staud/Werner Rz 7), die wiederum Gesamthänderin in der Gesamthandsgemeinschaft ist, RG WarnRsp 1913, 234; aA Staudenmaier DNotZ 1966, 724. Auch wenn der Nachlaß nur aus einem Gegenstand besteht, kann ein Miterbe über seinen Miterbenanteil verfügen, BGH NJW 1969, 92. Der Miterbe verfügt dabei nicht über diesen Gegenstand, BayObLG Rpfleger 1968, 188. Zur Verbindung von Erbteilskauf und Übertragung des Miterbenanteils zu einer rechtlichen Einheit im Sinne des § 139 oder durch Hinzufügung einer rechtsgeschäftlichen Bedingung BGH NJW 1967, 1128; Schlüter JuS 1969, 10. Veräußert ein Miterbe seinen Nachlaßanteil, zu dem ein Grundstück gehört, an mehrere Erwerber, so sind diese nicht als Bruchteilsgemeinschaft in das Grundbuch einzutragen, BayObLG NJW 1968, 505.

Den **Erben eines Miterben** steht dessen Anteil wiederum zur gesamten Hand zu. Sie können über ihn deshalb nur gemeinschaftlich verfügen, § 2040 I; RG 162, 397. Der Alleinerbe eines Miterben hingegen kann über einen Erbteil, der zum Vermögen seines Erblassers gehört hat, allein verfügen, LG Landau NJW 1954, 1647; Staud/Werner Rz 8, ebenso der Testamentsvollstrecker, BGH NJW 1984, 2464. Zur Bezeichnung der Gemeinschaftsverhältnisse nach § 47 GBO, wenn eine im Grundbuch eingetragene Erbengemeinschaft ihrerseits durch eine aus mehreren Personen bestehenden Erbengemeinschaft beerbt wird und deren Miterben zum Teil der eingetragenen Erbengemeinschaft angehören, BayObLG FamRZ 1990, 1274; Venjakob Rpfleger 1993, 2.

5   e) **Stellung des Erwerbers.** Der **Miterbe bleibt** auch nach der Veräußerung **Erbe**, (BGH NJW 1971, 1264; KG ZEV 1999, 28), ein ihm vorher erteilter Erbschein wird nicht unrichtig. Der Miterbe behält das Recht, nach § 2227 Entlassung eines Testamentsvollstreckers zu beantragen, RG DJZ 1929, 1347, und im Erbscheinsverfahren Beschwerde einzulegen, BayObLG FamRZ 2002, 850. Ein nach Übertragung erteilter Erbschein muß den Veräußerer, nicht den Erwerber als Miterben ausweisen, RG 64, 173. Der Erwerber kann zwar die Erteilung eines Erbscheins, aber nur auf den Namen des Veräußerers beantragen, KG OLG 44, 106; Brox Rz 475; Staud/Werner Rz 24. Er ist **nicht Miterbe**, wohl aber **Gesamthänder** und damit Inhaber aller Rechte eines Miterben, sofern diese ihrer Natur nach nicht nur dem veräußernden Miterben zustehen können (RGRK/Kregel Rz 12), also auch etwaiger Ausgleichsansprüche, §§ 2050ff, vgl § 2372 und BGH NJW 1960, 291. Er erwirbt den Anteil durch Rechtsgeschäft unter Lebenden und erhält seine Stellung als Gesamthänder an den einzelnen Gegenständen durch Gesamtnachfolge. Deshalb kann er auch nach § 2039 Ansprüche der Gesamthand gegen Dritte im eigenen Namen geltend machen, Dresden ZEV 2000, 402 mit Anm Damrau. Gehört ein Grundstück zum Nachlaß, so wird mit der Veräußerung des Anteils das Grundbuch unrichtig; die bereits vollzogene Rechtsänderung ist durch Berichtigung ohne Auflassung kenntlich zu machen, KGJ 33, 207; BayObLG Rpfleger 1987, 111; Staud/Werner Rz 26. Eine Bruchteilsgemeinschaft, in der die Erbteilserwerber hinsichtlich des gemeinschaftlichen oder in Teilen erworbenen Nachlaßanteils stehen, ist dagegen nicht ins Grundbuch einzutragen, denn sie ist kein Gemeinschaftsverhältnis am Grundstückseigentum, sondern am Nachlaßanteil, vgl § 47 GBO; aA Düsseldorf Rpfleger 1968, 188; BFH BB 1975, 1523. Jedoch ist bei nachfolgender Grundstücksveräußerung eine Voreintragung des Anteilserwerbers entsprechend § 40 GBO überflüssig, KGJ 44, 238; aA BayObLG 94, 158. Bei Übertragung auf die Miterben fällt der Erbteil diesen idR nicht zu Bruchteilen, sondern zur gesamten Hand an, BayObLG Rpfleger 1981, 21. Die Vorschriften über ungeteilte Ersetzung bleiben fort. Der Erwerber nimmt an gemeinschaftlicher Verwaltung, Verfügung, Nutzung teil. Er kann die Auseinandersetzung (§§ 86ff FGG) und das Auseinandersetzungsguthaben verlangen sowie die Eröffnung des Nachlaßinsolvenzverfahrens und Nachlaßverwaltung beantragen, von denen er auch betroffen wird, § 330 InsO; § 1981. Gegen den Erwerber richtet sich der Erbschaftsanspruch (§§ 2018ff), während er ihn entsprechend auch gegen den veräußernden Miterben erheben kann. Der Erwerber haftet für Nachlaßverbindlichkeiten (§§ 2382, 2385) und für Ansprüche der anderen Miterben gegen seinen Veräußerer aus der Miterbengemeinschaft, §§ 2042 II, 756. Ihm ist die gerichtliche Inventarfrist zu setzen, bei deren Verletzung ihn unbeschränkte, unbeschränkbare Haftung trifft, § 2383. Errichtet der Veräußerer vor der Veräußerung ein Inventar, so kommt es dem Erwerber zugute.

Ihn treffen dafür auch alle Beschränkungen und Beschwerungen des Miterben, so Testamentsvollstreckung, Nacherbrecht (BayObLG DNotZ 1983, 320), Vermächtnis und Auflage, Pflichtteilslasten, Ausgleichspflichten und Teilungsanordnungen, Beschränkung in der Verfügung über den Anteil an einer BGB-Gesellschaft (§ 719), BayObLG MDR 1960, 675; Staud/Werner Rz 26; vgl § 2376.

Mitbesitz an den Nachlaßsachen erwirbt der Erbteilserwerber nur durch besondere Einzelübertragung. § 857 ist nicht entsprechend anzuwenden, weil der Erbschaftserwerb zwar ein Erwerb im Wege einer Gesamtnachfolge, aber kein Erwerb von Todes wegen kraft Gesetzes, sondern auch Rechtsgeschäft unter Lebenden ist, eingehend Bartholomeyczik, Die Kunst der Gesetzesauslegung, 3. Aufl 1965, S 109ff; Staud/Werner Rz 23; Soergel/Wolf Rz 13; Lange/Kuchinke § 42 II 3; v Lübtow, 2. Halbbd, S 821f; Brox Rz 475. Oft wird in der Übertragung des

Anteils aber zugleich die Übertragung des unmittelbaren Mitbesitzes nach § 854 II oder die Abtretung des Herausgabeanspruchs liegen, § 870.

f) Form. Die Verfügung über den Miterbenanteil bedarf der notariellen Beurkundung, §§ 2033 I S 2, 128. Das **6** gilt für jede Verfügung, also auch für die Nießbrauchbestellung und Verpfändung (§§ 1274 I S 1, 1069 I), für die Erbteilsübertragung zur Vollziehung einer formlos gültigen (RG 129, 123) Erbauseinandersetzung (Grunau DNotZ 1951, 365; Patschke NJW 1955, 444; aA Celle NJW 1951, 198 mit abl Anm Rötelmann), für die Rückübertragung von Erbteilen auf den Veräußerer, Schleswig SchlHA 1957, 181. Die Verpflichtungsgeschäfte sind nur formbedürftig, wenn sie zur Veräußerung des Miterbenanteils verpflichten und nicht nur auf seine Belastung gerichtet sind, §§ 2371, 2385, 1922 II. Beide Geschäfte können in derselben Urkunde beurkundet werden, RG 137, 173. Ein formnichtiges Verpflichtungsgeschäft wird entsprechend § 311b I S 2 durch Vornahme eines formgültigen Verfügungsgeschäfts geheilt, Habscheid FamRZ 1968, 13; Schlüter JuS 1969, 10ff; Häsemeyer, Die gesetzliche Form der Rechtsgeschäfte, 1971, S 262f; Johannsen WM 1970, 573; Brox Rz 477, 799; Lange/Kuchinke § 42 II 4; Staud/Olshausen § 2371 Rz 27; aA RG 129, 123; 137, 175; BGH NJW 1967, 1128; WM 1970, 1319; RGRK/Kregel Rz 13; Pal/Edenhofer Rz 9; Staud/Werner Rz 19. Daher bedarf auch ein Vertrag, durch den sich ein Miterbe zur Durchführung der Auseinandersetzung verpflichtet, keiner Form, Johannsen WM 1970, 573. Der Miterbenanteil wird veräußert, so daß die Form des § 2371 gewahrt werden muß, wenn es zu einer teilweisen Auseinandersetzung in der Weise kommt, daß ein Miterbe abgefunden wird und er seinen Anteil auf die anderen Miterben überträgt, die die Erbengemeinschaft ungeteilt weiter fortsetzen, Johannsen WM 1970, 573; Bühler BWNotZ 1987, 74; BGH Urt v 11. 3. 1968 – III ZR 223/65; aA RG 137, 175; RGRK/Kregel Rz 13; vgl im einzelnen § 2371 Rz 5. Da der Zweck ebenso wie in § 311b I m Schutz vor Übereilung besteht, bedarf auch die Vollmacht zum Verkauf und zur Veräußerung der Form, wenn durch sie eine ähnliche Rechtslage wie durch den Verkauf oder die Veräußerung geschaffen werden soll, dh in der Regel, wenn sie unwiderruflich erteilt wird oder auf andere Weise eine rechtliche oder tatsächliche Bindung des Vollmachtgebers begründet, BGH ZEV 1996, 462; Dresden ZEV 1996, 461; BayObLG 54, 225; SchlHOLG SchlHA 1962, 174; LG Erfurt MDR 1994, 175 mit Anm Hügel BayNot 1994, 177; Hügel ZEV 1995, 121; Staud/Werner Rz 18; Kipp/Coing § 114 VI S 2.

g) Genehmigungserfordernisse. Die Veräußerung eines Miterbenanteils an einen Nichtmiterben bedarf der **7** Genehmigung, wenn der Nachlaß im wesentlichen aus einem land- oder forstwirschaftlichen Betrieb besteht (§ 2 II Nr 2 GrdstVG) und der Wert der anderen Nachlaßgegenstände nicht erheblich ins Gewicht fällt, MüKo/Dütz Rz 17. Nicht hierunter fallen Nachlässe, die aus mehreren Grundstücken bestehen, die aber keinen einheitlichen Betrieb bilden. Der Veräußerung steht die Bestellung des Nießbrauchs gleich (§ 2 II Nr 3 GrdstVG; vgl Celle NdsRpfl 1964, 10), nicht aber die Verpfändung. Genehmigungsbedürftig ist auch das Verpflichtungsgeschäft (§ 2 I GrdstVG), vgl Roemer DNotZ 1962, 489; aA Herminghausen DNotZ 1962, 467. Zur Genehmigungspflicht bei Übertragung ideeller Miteigentumsanteile vgl Oldenburg NdsRpfl 1964, 195; Schleswig DNotZ 1964, 120; bei Übertragung des Anteils an einer GmbH vgl BGH 92, 386.

Die Veräußerung eines Erbteils durch die Eltern, einen Vormund, Pfleger oder Betreuer bedarf der familiengerichtlichen bzw der vormundschaftsgerichtlichen Genehmigung, §§ 1643 I, 1822 Nr 1, 1915 I, 1908i. Auch der Erwerb eines Erbteils bedarf im Hinblick auf § 2382 der gerichtlichen Genehmigung, §§ 1643 I, 1822 Nr 10, 1915 I, 1908i, Soergel/Wolf Rz 10. Zu beachten sind auch die §§ 1365 I, 1424.

h) Die Pfändung des Anteils durch Pfändungsbeschluß eines Gläubigers des Miterben, auch eines Privatgläubi- **8** gers, ist zulässig (§ 859 II ZPO), weil der Anteil nicht Nachlaßgegenstand, sondern Gegenstand des Eigenvermögens des Miterben ist, BGH NJW 1967, 200. Die Pfändung wird erst mit Zustellung des Beschlusses an alle Miterben wirksam, da die übrigen Miterben Drittschuldner im Sinne des § 857 I ZPO sind, RG 75, 179. Ist ein Testamentsvollstrecker eingesetzt, so erfolgt die Zustellung nur an ihn, RG 86, 294. Ein Pfandgläubiger kann nach der Überweisung nur Auseinandersetzung nach §§ 2042 I, 751 S 2, 752, 732 verlangen oder sich vom Vollstreckungsgericht ermächtigen lassen, den Anteil durch Verkauf oder Versteigerung zu verwerten, § 1258 IV; § 844 ZPO. Auch die öffentliche Versteigerung ist zulässig (§ 857 V ZPO; RG 87, 385), wenn auch unerwünscht, da kein Vorkaufsrecht der übrigen Miterben entsteht, vgl § 470. Der Erwerber in öffentlicher Versteigerung tritt auch nicht in die Haftung für die Nachlaßverbindlichkeiten ein. Das Pfändungsrecht kann ebenso wie das vertragliche in das Grundbuch eingetragen werden, vgl Rz 4. Zur Stellung des Gläubigers beim Pfandrecht am Miterbenanteil BGH NJW 1967, 200; BB 1965, 1368. Zur Konkurrenz eines Vertragspfandrechts mit einem später entstandenen Pfändungspfandrecht BGH NJW 1969, 1347 (dazu Lehmann NJW 1971, 1545) unter Abweichung von RG 84, 395, 397; Näheres § 2047 Rz 2.

2. Verfügung über den Anteil an einzelnen Nachlaßgegenständen. Eine Verfügung des Miterben über den **9** Anteil an einzelnen Nachlaßgegenständen ist ausgeschlossen, auch wenn die übrigen Miterben zustimmen, da hierdurch die Nachlaßgläubiger geschützt werden, RG 88, 27; Zunft NJW 1957, 1178. Die früher hM nahm in Anschluß an die Rspr des preußischen Obertribunals (35, 352) an, daß der Miterbe überhaupt nur einen Anteil am ganzen Nachlaß, nicht an einzelnen Gegenständen habe, so Planck/Ebbecke vor § 2032 Anm 3; RG 61, 78; Kipp/Coing § 114 V 1b; aA RG 94, 243; BayObLG FamRZ 1968, 206; wohl auch RGRK/Kregel Rz 14. Die Auffassung ist heute durch **Abs II** überholt. Es ist unvorstellbar, wie der Miterbe am gesamten Nachlaß beteiligt sein soll, wenn er nicht an einem einzigen Nachlaßgegenstand unmittelbar berechtigt ist. Es wäre nicht eindeutig zu klären, warum das Grundbuch nach Veräußerung des Miterbenanteils berichtigt werden muß, wenn ein Grundstück zum Nachlaß gehört, warum überhaupt gemeinschaftliches Eigentum der Miterben eintragbar ist, denn als Verfügungsbeschränkung wäre Eintragung in Abteilung I des Grundbuchs unmöglich. Der Meinungsstreit hat aber angesichts der gesetzlichen Regelung in **Abs II** keine praktischen Auswirkungen. Über einzelne Nachlaßgegenstände können Miterben nur gemeinschaftlich verfügen, § 2040 I. Ein Miterbe kann sich wirksam zur Verfügung über einzelne Nachlaßgegenstände sowie zur Verfügung über fremde Sachen verpflichten. Seine Verpflichtung unterfällt lediglich den Regeln über die anfängliche Unmöglichkeit (§§ 280 I, III, 311a); BGH BWNotZ 1968, 165; Staud/Werner Rz 44; RGRK/Kregel Rz 15. Nach dem Wegfall des § 306a aF durch das SchuldModG gilt Entsprechendes auch für die von Anfang an auf eine rechtlich unmögliche Leistung gerichtete Verpflichtung, einen Anteil an einzelnen zum Nachlaß gehörenden Gegenstände zu übertragen.

10 **3. Verfügung über den Anspruch auf das Auseinandersetzungsguthaben.** Die Verfügung über den Anspruch auf das Auseinandersetzungsguthaben ist neben der Verfügung über den Miterbenanteil unmöglich, kann aber in der Regel in sie umgedeutet werden, RG 60, 128; RGRK/Kregel Rz 2; Staud/Werner Rz 13; aA Stettin OLG 26, 298 und Siegler MDR 1964, 372. Sonst könnte der Miterbe zuerst den Anspruch auf das Auseinandersetzungsguthaben, danach den Miterbenanteil übertragen. Der Anteilserwerber würde für Nachlaßverbindlichkeiten haften (§§ 2382, 2385), ohne den Haftungsgegenstand zu erwerben, der die Schuldenhaftung rechtfertigt. Auch eine spätere Pfändung des Anteils träfe ins Leere.

2034 *Vorkaufsrecht gegenüber dem Verkäufer*
(1) Verkauft ein Miterbe seinen Anteil an einen Dritten, so sind die übrigen Miterben zum Vorkauf berechtigt.
(2) Die Frist für die Ausübung des Vorkaufsrechts beträgt zwei Monate. Das Vorkaufsrecht ist vererblich.

Schrifttum: *Ann*, Zum Problem der Vorkaufsberechtigung beim Miterbenvorkaufsrecht nach § 2034 BGB, ZEV 1994, 343; *Bartholomeyczik*, Das Gesamthandsprinzip beim gesetzlichen Vorkaufsrecht der Miterben, in FS Nipperdey, Bd I 1965, S 145; *Klinke*, Das Vorkaufsrecht der Miterben, Diss Münster 1995; *Knüpfermann*, Das Miterbenvorkaufsrecht, §§ 2034–2037 BGB, Diss Würzburg 1970; *Sieveking*, Zum Miterbenvorkaufsrecht des § 2034 BGB, MDR 1989, 224; vgl auch die Schrifttumshinweise vor §§ 2032–2063.

1 **1. Aufgabe des Vorkaufsrechts.** Durch das Vorkaufsrecht sollen die Miterben in die Lage versetzt werden, unerwünschte familienfremde Dritte von der Miterbengemeinschaft fernzuhalten, RG 170, 207; BGH NJW 1982, 330. Daher hat es eine gewisse dingliche Wirkung, die sich dadurch verstärkt, daß es keinen gutgläubigen lastenfreien Erwerb von Erbteilen gibt, so daß das Vorkaufsrecht auch nicht durch Veräußerung des Anteils an Dritte untergehen kann. Die allgemeinen Vorschriften (§§ 463ff) finden nur Anwendung, soweit sich nicht aus §§ 2034–2037 etwas anderes ergibt. Haben die Miterben Gesamthandseigentum an einem Grundstück in Miteigentum verwandelt, so haben die Miteigentümer kein Vorkaufsrecht an den anderen Anteilen, Hamm RdL 1953, 52 Nr 3.

2 **2. Voraussetzungen.** Das Vorkaufsrecht **entsteht nur bei gültigem,** namentlich formwirksamem **Verkauf** des Anteils durch einen Miterben oder durch den Erben oder Erbeserben eines Miterben (BGH NJW 1966, 2207; 1969, 92 mit Anm Kanzleiter DNotZ 1969, 625; BGH ZEV 2001, 116) an Dritte (BGH DNotZ 1960, 551), nicht an einen anderen Miterben, BGH NJW 1993, 726; Bartholomeyczik in FS Nipperdey, S 151; Lange/Kuchinke § 42 III 2b. Diese Voraussetzung liegt auch vor, wenn der Dritte, der bereits einen Erbteil erworben hat, einen weiteren hinzu erwirbt, BGH 56, 115; Staud/Werner Rz 7. Dagegen ließe sich allenfalls anführen, daß der Erbteilserwerber, der einen weiteren Nachlaßanteil ankauft, schon durch seinen ersten Erwerb die Mitgliedschaft in der Gesamthand erworben hat, so daß sie nicht mehr geschützt werden kann. § 2034 soll aber den Miterben auch vor einer Überfremdung des Nachlasses schützen, Brox Rz 478. Das gesetzliche Vorkaufsrecht entfällt hingegen, wenn bei einer aus nahen Familienangehörigen bestehenden Erbengemeinschaft ein Miterbe seinen Anteil im Wege „vorweggenommener" gesetzlicher Erbfolge an seinen Sohn übertragen hat und dieser „Dritte" von einem Miterben einen weiteren Anteil kauft. Da hier der Schutzzweck des § 2034, Familienfremde von der Miterbengemeinschaft fernzuhalten, entfällt, hat der BGH diesen Erbteilserwerber zutreffend nicht als „Dritten" angesehen, BGH JZ 1965, 617; MüKo/Dütz Rz 20; aA Staud/Werner Rz 7. Die Ausübung des Vorkaufsrechts ist dagegen nicht dadurch ausgeschlossen, daß der Vorkaufsberechtigte nur zu einem geringen Bruchteil Erbe ist und der Käufer nahezu alle Anteile der übrigen Miterben bereits erworben hat. Die Wirksamkeit der Vorkaufserklärung hängt auch nicht davon ab, ob der Vorkaufsberechtigte die sich daraus ergebenden Pflichten zu erfüllen vermag, BGH MDR 1972, 128. § 2034 ist **nicht entsprechend anwendbar bei Tausch,** Pal/Edenhofer Rz 9; Staud/Werner Rz 4; Lange/Kuchinke § 42 III 2a; aA Brox Rz 481, wenn die Miterben in der Lage sind, das geschuldete Tauschobjekt zu liefern. Das Vorkaufsrecht besteht auch nicht bei **Schenkung,** gemischten Schenkung, **Verpfändung, Sicherungsabtretung** (BGH NJW 1957, 1515), Hingabe an Zahlungs Statt, vgl Hamburg OLG 14, 285. § 2034 ist ferner nicht beim Verkauf im Wege der Zwangsvollstreckung oder durch den Insolvenzverwalter anzuwenden, § 471; BGH NJW 1977, 37 mit Anm Schubert JR 1977, 284. Der Schutzzweck des § 2034 entfällt auch, wenn der letzte verbliebene Erbteil an den Erwerber der anderen Erbteile verkauft wird, BGH 86, 379. Ein Vorkaufsrecht ist ebenfalls nicht gegeben, wenn ein Erbe die Versteigerung des Nachlasses (§ 753; § 180 ZVG) betreibt, BGH NJW 1972, 1199. Zu Umgehungsgeschäften vgl MüKo/Dütz Rz 11. Die Miterben haben dann auch kein Vorkaufsrecht, wenn die Erben eines anderen Miterben ihre Anteile an dessen Nachlaß veräußern und dieser nicht ausschließlich aus dem Erbanteil des beerbten Miterben am Nachlaß des von ihm beerbten Erblassers besteht, BGH NJW 1975, 445 mit Anm Schubert JR 1975, 290. Schließlich erlangt ein Miterbe auch dann kein Vorkaufsrecht, wenn er, bevor seine Vorkaufserklärung dem anderen Miterben, der seinen Anteil veräußert, zugegangen ist, diesen Anteil seinerseits einem Dritten weiterverkauft hat, BGH FamRZ 1990, 1110.

Die vorkaufsberechtigten Miterben können den veräußerten Erbteil nur zum vereinbarten Preis erwerben, der vom Richter nicht auf den angemessenen herabgesetzt werden kann. Besteht der ungeteilte Nachlaß im wesentlichen aus einem Grundstück und verpflichtet sich ein Miterbe gegenüber einem Vertragspartner, der diese Tatsache kennt, zu einem Verhalten, das diesem Partner praktisch eine Miterbenstellung sichern soll, so kann diese Vereinbarung ein Vorkaufsrecht der übrigen Miterben an seinem Anteil begründen, RG DR 1943, 1108. Veräußert der Erwerber den Anteil weiter, so entsteht kein neues Vorkaufsrecht, Staud/Werner Rz 6; Soergel/Wolf Rz 1. Die Miterben können aber ihr bereits beim ersten Verkauf entstandenes Vorkaufsrecht gegenüber dem neuen Käufer ausüben, §§ 2037, 2035. Der vorkaufsberechtigte Miterbe kann dem Miterben, der seinen Erbanteil verkauft hat und sich gegenüber der Ausübung des Vorkaufsrechts auf den Formmangel des Kaufs beruft, nicht mit dem Gegeneinwand unzulässiger Rechtsausübung begegnen, wenn der Erbteilserwerber den Anteil auf den veräußernden Miterben in Erfüllung eines Bereicherungsanspruchs zurückübertragen hat (RG 170, 203), wohl aber wenn dieses geschehen ist, obgleich § 814 die Rückübertragung ausschloß und der Erwerber den Anteil in Kenntnis dessen doch zurückübertragen hat, Lange/Kuchinke § 42 III 2a Fn 176; teilweise aA Staud/Werner Rz 4; MüKo/Dütz Rz 10.

3. Vorkaufsberechtigt sind sämtliche Miterben gemeinschaftlich, § 472 S 1. Das Vorkaufsrecht als Gestaltungsrecht steht ihnen als Gesamthändern zu, Staud/Werner Rz 14; BGH NJW 1982, 330; aA Knüpfermann S 74ff. Die Gesamthand der Miterben und der vorkaufsberechtigten Miterben ist dabei nicht identisch, Bartholomeyczik in FS Nipperdey, Bd I, S 171. Sie brauchen ihre Erklärungen aber nicht gleichzeitig abzugeben, RG 158, 57. Übt es ein Miterbe nicht aus, so bleibt es den anderen (§ 472 S 2) wiederum als Gesamthändern, Bartholomeyczik, aaO, S 147; vgl auch BGH NJW 1982, 330. Aus dem Zweck des § 2034, das Eindringen Familienfremder in eine Erbengemeinschaft zu verhindern, und aus dem Rechtsgedanken des § 470 folgt, daß § 472 S 2 dann nicht anzuwenden ist, wenn ein Erbteil an den zur gesetzlichen Erbfolge berufenen Abkömmling eines Miterben verkauft wird und dieser Miterbe der Ausübung des Vorkaufsrechts durch einen anderen Miterben widerspricht, BGH MDR 1971, 377. 3

Erbteilserwerber sind nicht vorkaufsberechtigt, denn sie gehören der gesamten Hand aus freiem Entschluß an. Das **Recht** ist nicht allein (§ 473), auch nicht zusammen mit dem Anteil **übertragbar**, BGH NJW 1983, 2142; Pal/Edenhofer Rz 5; Staud/Werner Rz 11; Lange/Kuchinke § 42 III 2c; aA Planck/Ebbecke Anm 2a, der die Übertragung des Vorkaufsrechts mit dem Erbteil zuläßt. Könnte es mit der Übertragung des Anteils auf den Erwerber übergehen, und würde es zwar nicht rechtsgeschäftlich übertragen, sondern ginge kraft Gesetzes in beschränkter Universalsukzession über, die rechtsgeschäftlich veranlaßt wäre. Aber der Schutzzweck des § 473 S 1 muß auch diesen Übergang ausschließen, denn der Erwerber des Anteils hat kein Interesse an der Abwehrfunktion des Vorkaufsrechts, weil er aus freiem Entschluß in die Erbengemeinschaft eintritt und das Risiko des künftigen Gemeinschafterwechsels tragen muß, wenn er sich zum Eintritt in eine solche Abwicklungsgemeinschaft entschließt, Bartholomeyczik in FS Nipperdey S 151. Der Miterbe, der seinen Anteil veräußert, kann das Vorkaufsrecht nicht mehr ausüben, und zwar Miterbe (BGH 86, 379), aber nicht mehr Gesamthandsberechtigter geblieben ist und daher keines Schutzes gegen das Eindringen familienfremder Dritter in die Erbengemeinschaft mehr bedarf, BGH 121, 47 mit Anm Hohloch JuS 1993, 694; Stuttgart NJW 1967, 2409; Staud/Werner Rz 9; aA Grunsky AcP 179, 600f. 4

Das **Vorkaufsrecht ist** dagegen abweichend von § 473 S 1 **vererblich (Abs II S 2)**, wenn auch nur zusammen mit dem Miterbenanteil, Staud/Werner Rz 11; vgl Strohal, Bd 2, § 64 III 2; Kreß, Die Erbengemeinschaft, 1903, S 188; BGH NJW 1966, 2207. Denn der Erbe tritt in die gesamte Rechtsstellung des Erblassers ein. Der Erblasser hat es nicht in der Hand, diesen wesentlichen Schutz der Erbengemeinschaft vor Überfremdung auszuschalten, Bartholomeyczik, aaO, S 151. Wird über das Vermögen eines Miterben das Insolvenzverfahren eröffnet, so kann nicht der Insolvenzverwalter das Vorkaufsrecht zusammen mit den übrigen Miterben ausüben, denn es ist **unpfändbar** (§ 473 S 1; § 851 ZPO) und gehört daher nicht zur Insolvenzmasse, KG OLG 9, 388; Colmar OLG 26, 302; Pal/Edenhofer Rz 5; Staud/Werner Rz 11; Lange/Kuchinke § 42 III 2c; aA Planck/Ebbecke Anm 2a. Auch solange das Vorkaufsrecht anderer Miterben noch besteht, können einzelne Miterben es unter der ausdrücklich oder schlüssig erklärten Bedingung geltend machen, daß die übrigen es nicht ausüben, Jena HRR 1932, 451; Staud/Werner Rz 14; Kipp/Coing § 115 I 3. 5

4. Die Frist beginnt für jeden Vorkaufsberechtigten besonders mit der formlosen, aber klaren, inhaltlich richtigen (RG Recht 1924 Nr 1522) Mitteilung über Inhalt des Kaufs (RG HRR 1930, 297), zu der der Verkäufer unverzüglich (§ 121) verpflichtet ist, § 469 S 1. Ist die Frist durch diese Mitteilung in Lauf gesetzt, so beginnt mit der Übertragung des Anteils keine neue Frist. Eine bereits laufende Frist wird auch nicht gehemmt, bis eine Mitteilung nach § 2035 II erfolgt, denn das Vorkaufsrecht kann vor dieser Mitteilung auch gegenüber dem Verkäufer ausgeübt werden, Staud/Werner Rz 17; aA Strohal Bd 2, § 64 III 4. 6

5. Das Vorkaufsrecht erlischt durch formlosen Verzicht aller Berechtigten, auch wenn er vor Mitteilung des Kaufs erklärt ist (RG JW 1924, 1247), und durch Fristablauf, auch wenn der Anteil noch nicht auf den Käufer übertragen ist, Staud/Werner Rz 21; Lange/Kuchinke § 42 III 3f; aA Planck/Ebbecke 2035 Anm 2. Jede Veräußerung des Erbteils, bei der die Ausübung des Vorkaufsrechts ausgeschlossen ist, bewirkt ebenfalls, daß das Vorkaufsrecht erlischt, Pal/Edenhofer Rz 8. 7

2035 *Vorkaufsrecht gegenüber dem Käufer*
(1) Ist der verkaufte Anteil auf den Käufer übertragen, so können die Miterben das ihnen nach § 2034 dem Verkäufer gegenüber zustehende Vorkaufsrecht dem Käufer gegenüber ausüben. Dem Verkäufer gegenüber erlischt das Vorkaufsrecht mit der Übertragung des Anteils.
(2) Der Verkäufer hat die Miterben von der Übertragung unverzüglich zu benachrichtigen.

1. Solange der Miterbe den verkauften Anteil noch nicht auf den Käufer übertragen hat, ist das Vorkaufsrecht gegenüber dem Miterben (Verkäufer) auszuüben (§ 464), nach Übertragung des Anteils hingegen nur gegenüber dem Käufer (§ 2035 I S 1; KG ZEV 1995, 296) und nach weiterer Übertragung nur gegenüber dem weiteren Erwerbern, § 2037. Darin zeigt sich seine dingliche oder besser absolute Wirkung, vgl BGH BB 1967, 1104. 1

§ 2035   Erbrecht   Rechtliche Stellung des Erben

2 2. Der Verkäufer hat den Miterben nicht nur den Inhalt des Kaufvertrags (§ 510), sondern auch die Übertragung unverzüglich (§ 121) anzuzeigen, § 469 I S 2 ist entsprechend anwendbar, Pal/Edenhofer Rz 2. Solange die Übertragung noch nicht angezeigt ist, können die Miterben das Vorkaufsrecht gegenüber dem Verkäufer nach dem Rechtsgedanken des § 407 I wirksam ausüben, BGH BW NotZ 1980, 160f; RGRK/Kregel Rz 4; Staud/Werner Rz 3. Die Anzeige setzt die Frist des § 2043 II nicht in Lauf.

3 3. **Wirkung der Ausübung.** a) Es kommt ein nach Kaufrecht zu beurteilendes **gesetzliches Schuldverhältnis** zwischen dem berechtigten Miterben und dem Verpflichteten, also mit dem Verkäufer oder nach Übertragung mit dem Käufer, zustande, § 505; BGH 6, 85; Staud/Werner Rz 2; Kipp/Coing § 115 II. Haben mehrere Miterben ihr gesetzliches Vorkaufsrecht fristgemäß ausgeübt, so steht ihnen der Anspruch aus dem ausgeübten Vorkaufsrecht in ihrer Verbundenheit als Gesamthänder zu, Bartholomeyczik in FS Nipperdey, Bd I, S 171. Haben die Miterben ihr Vorkaufsrecht bereits gegenüber dem verkaufenden Miterben fristgerecht ausgeübt, hat dieser aber unter Mißachtung des Vorkaufsrechts seinen Miterbenanteil nach Ablauf der Zweimonatsfrist des § 2034 II S 1 auf den Erbteilserwerber dinglich übertragen, so ist der Erwerber in entsprechender Anwendung des § 2035 I S 1 verpflichtet, den erworbenen Erbteil auf die vorkaufsberechtigten Miterben zu übertragen, BGH NJW 2002, 820 m Anm Kornexl ZEV 2002, 69; Schleswig NJW-RR 1992, 1160; MüKo/Dütz Rz 7; Lange/Kuchinke § 42 III 3c; aA Soergel/Wolf Rz 1; Staud/Werner Rz 1; § 2037 Rz 4, die den vorkaufsberechtigten Miterben nur gegen den verkaufenden Miterben wegen der Mißachtung ihres Vorkaufsrechts einen Schadensersatzanspruch zubilligen wollen. Der Miterbenanteil geht mit der Ausübung des Vorkaufsrechts nicht kraft Gesetzes über, die Vorkaufsberechtigten erwerben vielmehr nur einen Anspruch auf Übertragung desselben, BGH LM Nr 1 zu § 2034. Der Anspruch kann nicht auf einzelne Nachlaßgegenstände beschränkt werden. Der schuldrechtliche Anspruch auf Übertragung muß auf Kosten der Vorkäufer (RG JW 1925, 2119; Staud/Werner Rz 2) nach § 2033 I S 2 erfüllt werden, RG WarnRsp 1925, 131.

4 b) **Mehrere Miterben erwerben** den Anteil ebenfalls **als Gesamthänder**, nicht nach Kopfteilen, aber so, daß sich der Anteil sofort im Verhältnis ihrer Nachlaßanteile nach Erhöhungs- oder Anwachsungsgrundsätzen (§§ 1935, 2094) teilt, BayObLG 80, 328; Lange/Kuchinke § 42 III 3c; Bartholomeyczik in FS Nipperdey, Bd I, S 171; RGRK/Kregel Rz 3; Staud/Werner § 2034 Rz 19. Die Gesamthandsgemeinschaft der Vorkäufer hat damit ihren Zweck erreicht. Sie löst sich dadurch auf, daß die Nachlaßanteile der vorkaufenden Miterben am ganzen Nachlaß berichtigt werden. Der Anteil, der den vorkaufenden Miterben schon vorher zustand, bleibt für Auflagen, Vermächtnisse und Ausgleichspflichten selbständig.

5 c) **Mehrere Vorkaufsberechtigte haften** entsprechend § 427 **als Gesamtschuldner** für den Kaufpreis. Der Verkäufer haftet dem Käufer nicht für Rechtsmängel, da der Mangel auf dem Gesetz beruht, Binder, Rechtsstellung des Erben, III, S 122 Fn 118. Zahlt der vorkaufsberechtigte Miterbe trotz Fristsetzung den Erwerbspreis nicht, so kann dieser sich von seiner Übertragungspflicht nicht durch Rücktritt nach § 323 oder nach § 350 analog lösen, München ZEV 1994, 43 mit Anm Ebenroth; Staud/Werner Rz 2; vgl aber Schleswig NJW-RR 1992, 1160; MüKo/Dütz Rz 6; Brox Rz 485, die eine analoge Anwendung des § 354 aF (jetzt § 350) für vertretbar halten. Ein Rücktrittsrecht steht aber dem verpflichteten Miterben vor der Übertragung zu, BGH 15, 102. Zum Zurückbehaltungsrecht vgl MüKo/Dütz Rz 5.

2036 *Haftung des Erbteilkäufers*

Mit der Übertragung des Anteils auf die Miterben wird der Käufer von der Haftung für die Nachlassverbindlichkeiten frei. Seine Haftung bleibt jedoch bestehen, soweit er den Nachlassgläubigern nach den §§ 1978 bis 1980 verantwortlich ist; die Vorschriften der §§ 1990, 1991 finden entsprechende Anwendung.

1 1. Die Haftung des Miterben für die Nachlaßverbindlichkeiten (§ 1967) bleibt bestehen, auch wenn er seinen Erbanteil veräußert. Neben ihm haftet der Erbteilskäufer, §§ 1922 II, 2382 I S 2, 2383. Die Haftung kann nicht durch Vereinbarung mit dem Verkäufer ausgeschlossen werden (§ 2382 II; vgl § 2382 Rz 1–3) und bleibt auch bestehen, wenn er den Anteil weiterveräußert. Der Käufer wird ausnahmsweise von dieser Haftung frei, wenn er oder sein Verkäufer den Anteil auf die Miterben übertragt, das das Vorkaufsrecht ausgeübt haben, Planck/Ebbecke Anm 2; Staud/Werner Rz 1; aA RGRK/Kregel Rz 1, der die Vorschrift nur anwenden will, wenn der Käufer den Anteil auf den Vorkaufsberechtigten überträgt. Die Haftungsbefreiung tritt selbst dann ein, wenn der Käufer das Recht zur Haftungsbeschränkung schon verloren hatte, Strohal Bd 2, § 92 III 1; Staud/Werner Rz 3.

2 2. Aber der Käufer haftet nach S 2 weiter für Verwaltungshandlungen nach §§ 1978, 1980, auch ohne daß Nachlaßverwaltung oder Nachlaßinsolvenz angeordnet worden ist.

2037 *Weiterveräußerung des Erbteils*

Überträgt der Käufer den Anteil auf einen anderen, so finden die Vorschriften der §§ 2033, 2035, 2036 entsprechende Anwendung.

1 Ist ein Vorkaufsfall eingetreten, so kann das **Vorkaufsrecht** nicht nur gegenüber dem Miterben-Verkäufer oder dem Käufer, sondern auch **gegenüber jedem weiteren Erwerber** ausgeübt werden, wobei die weiteren Übertragungsakte vom Käufer ab auch andere Rechtsgründe als einen Kauf haben können. Darin zeigt sich die dingliche oder besser absolute Wirkung des ursprünglich vom verkaufenden Miterben bestehenden Vorkaufsrechts, ohne daß etwa ein neues entsteht. Deshalb läuft keine neue Frist (§ 2034 Rz 6), obwohl jeder neue Erwerber selbständig die Anzeigepflicht des § 2035 II hat. Kehrt der Anteil wieder zu den Miterben zurück, so erlischt das Vorkaufsrecht, denn sie sind keine Fremden, die von der Miterbengemeinschaft ferngehalten werden müßten, RG 170, 207; Staud/Werner Rz 1.

§ 2038 Gemeinschaftliche Verwaltung des Nachlasses

(1) Die Verwaltung des Nachlasses steht den Erben gemeinschaftlich zu. Jeder Miterbe ist den anderen gegenüber verpflichtet, zu Maßregeln mitzuwirken, die zur ordnungsmäßigen Verwaltung erforderlich sind; die zur Erhaltung notwendigen Maßregeln kann jeder Miterbe ohne Mitwirkung der anderen treffen.

(2) Die Vorschriften der §§ 743, 745, 746, 748 finden Anwendung. Die Teilung der Früchte erfolgt erst bei der Auseinandersetzung. Ist die Auseinandersetzung auf längere Zeit als ein Jahr ausgeschlossen, so kann jeder Miterbe am Schluss jedes Jahres die Teilung des Reinertrags verlangen.

Schrifttum: *Bartholomeyczik*, Das Aktienpaket der Miterbengemeinschaft, in FS Heinrich Lange, 1970, S 343; *ders*, Willensbildung, Willensverwirklichung und das Gesamthandsprinzip der Miterbengemeinschaft, in FS Reinhardt, 1972, S 12; *Bengel*, Die Notgeschäftsführung bei der Gesellschaft bürgerlichen Rechts und bei der Erbengemeinschaft, ZEV 2002, 484; *Bertzel*, Der Notgeschäftsführer als Repräsentant des Geschäftsherrn, AcP 158, 107; NJW 1962, 2280; *Beuthien*, Die Miterbenprokura, in FS Fischer, 1979, S 51; *Henrich*, Die Verwaltung des Nachlasses durch eine Miterbengemeinschaft, JA 1971, 621; *Jülicher*, Mehrheitsgrundsatz und Minderheitenschutz bei der Erbengemeinschaft, AcP 175, 143; *Lange*, Verwaltung, Verfügung und Auseinandersetzung bei der Erbengemeinschaft, JuS 1967, 453; *Nipperdey*, Stimmrecht des Miterben bei seiner Bestellung zum Verwalter in der Erbengemeinschaft, AcP 143, 315; *Presser*, Kompetenzfragen unter Miterben, JW 1933, 145; *Speckmann*, Der Anspruch des Miterben auf Auskunft über den Bestand des Nachlasses, NJW 1973, 1869; *Wernecke*, Die Aufwendungs- und Schadensersatzansprüche bei der Notgeschäftsführung – eine Zusammenschau –, AcP 193, 240; *Wiedemann*, GmbH-Anteile in der Erbengemeinschaft, GmbHR 1969, 247; vgl auch die Schrifttumshinweise vor § 2032.

1. Überblick. Anders als im Recht der Handelsgesellschaften enthält das Gesetz bei der Erbengemeinschaft keine klare Trennung zwischen Innen- und Außenverhältnis. Das Recht der OHG unterscheidet einerseits zwischen der Geschäftsführung als einer Maßnahme, die das Rechtsverhältnis der Gesellschafter untereinander, das Innenverhältnis, betrifft (§§ 109ff HGB), und andererseits der Vertretungsmacht, die den vertretungsberechtigten Gesellschaftern die Rechtsmacht verleiht, im Namen der Gesellschaft gegenüber Dritten (im Außenverhältnis) zu handeln, §§ 123ff HGB. Die Vertretungsmacht umfaßt das Recht des Gesellschafters, seine Gesellschaft zu verpflichten, Gegenstände für sie unmittelbar zu erwerben, über Gegenstände ihres Vermögens zu verfügen und Rechte der Gesellschaft gegenüber Dritten geltend zu machen. 1

Das Recht der Erbengemeinschaft enthält demgegenüber in den §§ 2038–2040 nur einige Einzelregelungen, die teils das Innenverhältnis, teils das Außenverhältnis und teils beides betreffen. § 2038 I stellt klar, daß die **Verwaltung** des Nachlasses den Erben **gemeinschaftlich** zusteht und jeder Miterbe dem anderen gegenüber verpflichtet ist, zu Maßregeln der **ordnungsmäßigen Verwaltung** mitzuwirken, und daß er nur zur Erhaltung des Nachlaßvermögens **notwendige Verwaltungsmaßnahmen** allein treffen kann. Unter **Verwaltung** sind nach einhelliger Ansicht **alle tatsächlichen und rechtlichen Maßnahmen** zu verstehen, die auf Erhaltung, Nutzung und Mehrung des Nachlaßvermögens gerichtet sind, BGH FamRZ 1965, 267 (269); Staud/Werner Rz 4 mwN. Derartige Verwaltungsmaßnahmen können sich im Innenverhältnis erschöpfen, so etwa bei der Inbesitznahme von Nachlaßsachen, bei der Besitzausübung an ihnen, bei ihrer Verwahrung, Sicherung und Erhaltung oder Nutzung. Sie können aber auch Außenwirkung entfalten, wenn zur Verwaltung des Nachlaßvermögens mit Dritten Rechtsgeschäfte, etwa Verpflichtungs-, Erwerbs- oder Verfügungsgeschäfte abgeschlossen oder gegenüber Dritten Nachlaßansprüche geltend gemacht werden müssen. § 2040 I regelt aus dem Kreis der möglichen Rechtsgeschäfte mit Dritten nur die Verfügungsgeschäfte und schreibt vor, daß die Miterben über Nachlaßgegenstände nur **gemeinschaftlich verfügen** können. Besondere Regeln für die Verpflichtungs- und Erwerbsgeschäfte der Erbengemeinschaft enthält das Gesetz hingegen nicht. Ihre Wirksamkeit richtet sich nach den allgemeinen Regeln. § 2039 S 1 läßt es zu, daß ein Miterbe im eigenen Namen Nachlaßansprüche gegen Dritte geltend macht; er muß dann aber Leistung an alle fordern; vgl die Kommentierung zu § 2039.

Die komplizierte Regelung läßt sich nur erfassen, wenn auch im Recht der Erbengemeinschaft zwischen Innenverhältnis (Rz 2–10) und Außenverhältnis (Rz 11–14) unterschieden wird.

2. Rechtsbeziehungen der Miterben im Verhältnis zueinander (Innenverhältnis). Im Innenverhältnis sind neben den Verwaltungsmaßnahmen der Miterben der Gebrauch, der Besitz, die Teilhabe an den Früchten der Nachlaßgegenstände, die Verteilung der Lasten und die allgemeine Auskunftspflicht der Miterben untereinander zu beachten. 2

a) Die **Beteiligung der Miterben an der Verwaltung des Nachlasses ohne rechtliche Außenwirkungen** ist unterschiedlich gestaltet, je nachdem, ob es sich um gewöhnliche Verwaltungsmaßnahmen, Maßnahmen der ordnungsmäßigen Verwaltung oder zur Erhaltung des Nachlasses notwendige Verwaltungsmaßnahmen handelt. 3

aa) Zu den **gewöhnlichen Verwaltungsmaßnahmen** ist die **Zustimmung** oder **Mitwirkung aller Miterben** erforderlich, Abs I S 1. Die Miterben müssen aber nicht gleichzeitig oder gemeinschaftlich handeln, Staud/Werner Rz 9. Die Zustimmung erfordert keine einheitliche Willensäußerung aller Miterben, sondern kann auch durch zeitlich auseinanderliegende, selbständige Erklärung eines jeden Miterben erfolgen. Die Einstimmigkeit der Miterben erübrigt sich, wenn die Verwaltung des Nachlasses in die Hand eines Testamentsvollstreckers (§ 2205), eines Nachlaßverwalters (§ 1984), eines Nachlaßinsolvenzverwalters (§ 80 InsO) oder eines Bevollmächtigten der Erbengemeinschaft gelegt ist, der auch Miterbe sein kann, BGH BB 1968, 1219. Die Vollmacht kann auch konkludent erteilt werden, wenn die Erben die Verwaltungshandlungen eines Miterben widerspruchslos hinnehmen, BGH 30, 391 (395); Staud/Werner Rz 9. Durch letztwillige Verfügung können einem Miterben auch besondere Verwaltungsrechte übertragen werden. Hierbei kann es sich um die Bestellung des Miterben zum Verwaltungstestamentsvollstrecker, um eine Auflage zu Lasten der anderen Miterben oder um ein Vorausvermächtnis zugunsten des Miterben handeln, Pal/Edenhofer Rz 3. 4

§ 2038

5 bb) Soweit es sich um eine der Beschaffenheit des gemeinschaftlichen Gegenstands entsprechende **ordnungsgemäße Verwaltung** handelt, können die Maßnahmen **durch Stimmenmehrheit** beschlossen werden, §§ 2038 II, 745. An die Mehrheitsentscheidung ist auch der Erwerber eines Miterbenanteils gebunden, § 746. Die Stimmenmehrheit richtet sich nach der Größe der Erbanteile (§ 745 I), wobei jedoch Ausgleichspflichten nicht zu berücksichtigen sind, RGRK/Kregel Rz 8. Der Miterbe hat kein Stimmrecht, wenn bei Entscheidungen in eigenen Angelegenheiten ein Interessenwiderstreit besteht, entsprechend §§ 34; 136 AktG; § 47 IV GmbHG; § 43 VI GenG; Staud/Werner Rz 36; Pal/Edenhofer Rz 10. Soll ein Rechtsgeschäft zwischen einer Erbengemeinschaft und einer GmbH abgeschlossen werden, der Miterben als Gesellschafter angehören, so sind diese bei der Beschlußfassung der Erbengemeinschaft grundsätzlich stimmberechtigt, BGH 56, 47. Ein Mehrheitsbeschluß der Erbengemeinschaft ist nicht schon deshalb unwirksam, weil ein Miterbe nicht gehört worden ist, BGH 56, 47; aA Muscheler ZEV 1995, 169, 173. Die Rechtssicherheit verlangt im letzten Fall, daß der Dritte geschützt wird, der regelmäßig keinen Einblick in die inneren Vorgänge der Erbengemeinschaft hat. Eine wesentliche Veränderung des Nachlaßgegenstands kann nicht durch Stimmenmehrheit beschlossen werden, § 745 III.

Im übrigen hat jeder Miterbe gegen den anderen nach § 2038 I S 2 einen **klagbaren Anspruch auf Mitwirkung** bei Maßnahmen, die der ordnungsmäßigen Verwaltung des Nachlasses dienen (BGH 6, 76), ggf unmittelbar auf Feststellung des sich aus der ordnungsgemäßen Verwaltung ergebenden Anspruchs (BGH NJW 1984, 45). Zuständig die Klage, deren Antrag auf Zustimmung zu einer bestimmten Verwaltungsmaßnahme zu richten ist, ist das Prozeßgericht, Staud/Werner Rz 16. Die verweigerte Zustimmung wird durch das rechtskräftige Urteil ersetzt, § 894 ZPO. Allerdings kann auch hier kein Miterbe eine wesentliche Veränderung des ganzen Nachlasses oder eines einzelnen Nachlaßgegenstands verlangen, §§ 2038 II, 745 III S 1; Staud/Werner Rz 13; aA Brox Rz 492. Ist ein Erbe zur ordnungsgemäßen Verwaltung nicht bereit oder fähig, so haben die Miterben Anspruch auf Fremdverwaltung, BGH NJW 1983, 2142.

6 cc) Die **zur Erhaltung des Nachlasses notwendigen Maßnahmen** kann jeder Miterbe nach **Abs I S 2 Hs 2 ohne Mitwirkung der anderen allein** treffen. An dieses Alleinverwaltungsrecht sind strenge Anforderungen zu stellen, um nicht die für den Regelfall vorgesehene Mehrheitsverwaltung zu durchkreuzen. Es genügt nicht allein, daß die Maßnahme für die Erhaltung notwendig ist, hinzukommen muß noch, daß der Miterbe die Zustimmung der anderen Miterben nicht mehr rechtzeitig einholen kann. Zur **Notwendigkeit** muß also die **Dringlichkeit** der Maßnahme hinzutreten, BGH 6, 76 (83); Hamm OLG 85, 226; Hamburg OLG 90, 141; Brox Rz 494; Staud/Werner Rz 27; Pal/Edenhofer Rz 14; Lange/Kuchinke § 43 II 4b.

7 b) Der **Gebrauch** bestimmt sich **nach Gemeinschaftsrecht**, §§ 2038 II S 1, 743 II, 745. Jeder Miterbe ist also insoweit zum Gebrauch der Nachlaßgegenstände befugt, als der Mitgebrauch der anderen nicht beeinträchtigt wird. An Nachlaßsachen erwerben die Miterben denselben **Besitz** gemeinschaftlich, den der Erblasser hatte, § 857. Infolge der Selbständigkeit des Sondervermögens können sie die Besitzverhältnisse so regeln, daß einer von ihnen allein unmittelbarer Besitzer und gleichzeitig Besitzmittler der Erbengemeinschaft ist, § 868. Der Gebrauch der Nachlaßgegenstände ist in der Regel Teil der ordnungsmäßigen Verwaltung und kann daher durch Mehrheitsbeschluß geregelt werden, §§ 2038 II, 745 I S 1.

8 c) Die **Früchte der Nachlaßgegenstände** fallen der gesamten Hand zu. Sie sind unter **die Miterben** im Verhältnis der Erbteile und unter Berücksichtigung von Ausgleichspflichten bei der Auseinandersetzung zu verteilen. Wenn sie für länger als ein Jahr ausgeschlossen ist, können die Miterben am Schluß eines jeden Jahres Verteilung des Reinertrags verlangen, §§ 2038 II, 743 I. Aufgrund eines übereinstimmenden Beschlusses aller Miterben können die Früchte bereits vor der Auseinandersetzung verteilt werden, RG 81, 241 (243); Staud/Werner Rz 43; Pal/Edenhofer Rz 16. Hat ein Miterbe bereits einen Vorschuß auf seinen Auseinandersetzungsanspruch erhalten, so bestimmt sich sein Anteil an den Früchten des ungeteilten Nachlasses nicht nach dem Erbteil als Bruchteil des Nachlasses, sondern nur nach der Größe seiner wirtschaftlichen Beteiligung, die sich aus dem Unterschied ergibt, der bei der Verteilung zwischen Erbteil und Vorschuß besteht, Hamburg MDR 1956, 107; Pal/Edenhofer Rz 16; RGRK/Kregel Rz 11.

9 d) Die **Lasten** tragen die Miterben **im Innenverhältnis nach Gemeinschaftsrecht**, §§ 2038 II S 1, 748. Die Verteilung richtet sich dabei nach der Größe der Erbanteile. Die Verpflichtung geht jedoch nur so weit, wie im Nachlaß bereite Mittel vorhanden sind, Pal/Edenhofer Rz 12; RGRK/Kregel Rz 10; Staud/Werner Rz 42; aA Brox Rz 501. Überschreitet der Erbe sein Notverwaltungsrecht, so daß ein Aufwendungsersatzanspruch nach §§ 2038 III S 1, 748 ausscheidet, kann sich ein Aufwendungsersatzanspruch nach den Regeln der Geschäftsführung ohne Auftrag ergeben, BGH NJW 1987, 3001; Hohloch JuS 1988, 74. Auf den Aufwendungsersatzanspruch ist § 2059 analog anzuwenden, Wernecke AcP 193, 252.

10 e) Eine **allgemeine Auskunftspflicht der Miterben untereinander über den Nachlaß** aus Abs I S 2 oder aus allgemeiner Treuepflicht (§ 242) wird von der Rspr (BGH FamRZ 1989, 377; RG 81, 30 (33); KG DR 1940, 1775) und dem überwiegenden Schrifttum (Staud/Werner Rz 18; Pal/Edenhofer Rz 13; RGRK/Kregel Rz 13; Lange/Kuchinke § 43 II 7c) zu Unrecht generell mit der Begründung verneint, der Miterbe, auch der einen Ergänzungspflichtteil (§ 2325) geltend macht, könne sich jederzeit selbst über Bestand und Wert des Nachlasses in Kenntnis setzen und dazu die Mitwirkung der anderen Miterben verlangen, BGH NJW 1973, 1876; Lorenz JuS 1995, 569 (571). Dem ist nicht uneingeschränkt zu folgen. Auch unter Miterben ist es nicht auszuschließen, daß ein Miterbe ohne eigene Säumnis dringend auf eine Auskunft angewiesen ist und der oder die in Anspruch genommenen Miterben die gewünschte Auskunft ohne große Mühe erteilen können, MüKo/Dütz Rz 48; Staud/Werner Rz 18; Brox Rz 497. Eine besondere erbrechtliche Auskunftspflicht enthalten die Vorschriften über den Erbschaftsanspruch (§§ 2027, 2028) und die Ausgleichungspflicht, § 2057; dazu Nürnberg NJW 1957, 1482; Hamburg MDR 1955, 43. Eine Auskunftspflicht kann auch aus Auftrag, auftragloser Geschäftsführung (§§ 666, 681 S 2) folgen.

Umstritten ist, ob auch § 2314 analog anzuwenden ist, Speckmann NJW 1973, 1869; Zweibrücken OLG 73, 217. Personenbezogene Umstände des Erblassers können allerdings nicht Gegenstand eines Auskunftsverlangens sein, BGH FamRZ 1989, 377.

3. Rechtsgeschäfte der Miterben gegenüber Dritten (Außenverhältnis). Zum Außenverhältnis gehören die 11 Verpflichtungsgeschäfte, die dinglichen Erwerbsgeschäfte und die Verfügungsgeschäfte der Miterben; zu den Verfügungsgeschäften vgl § 2040 Rz 1–4.

a) Die **Verpflichtungsgeschäfte der Miterben als Maßnahmen gewöhnlicher oder ordnungsgemäßer Verwaltung** 12 hinsichtlich des Sondervermögens Nachlaß sind gesetzlich nicht besonders geregelt und folgen daher ebenso den allgemeinen Vorschriften wie die unmittelbaren dinglichen Erwerbsgeschäfte. Alle Miterben müssen in der Regel bei ihnen mitwirken, alle müssen ein Grundstück des Nachlasses verkaufen, kaufen oder erwerben oder sich hierbei von anderen Miterben aufgrund besonderer Bevollmächtigung vertreten lassen. Sie brauchen dabei nicht zeitlich gemeinschaftlich, erst recht nicht in einem einheitlichen Rechtsakt zu handeln. Aber ihre Erklärungen müssen sich zu einer einheitlichen Verpflichtungserklärung der gesamten Hand ergänzen. Diese Verpflichtung des Nachlasses durch alle Miterben ist genauso ein Akt der Vertretung wie die Vertretung einer offenen Handelsgesellschaft durch alle gesamtvertretungsberechtigten Gesellschafter. Die Miterben schulden sich untereinander diese Mitwirkung, wenn das Verpflichtungsgeschäft zur ordnungsmäßigen Verwaltung des Nachlasses erforderlich ist, Abs I S 2 Hs 1. Aber kein Miterbe hat deshalb schon eine gesetzliche Vertretungsmacht für die Erbengemeinschaft. Kein Miterbe braucht zur Erfüllung dieser innenrechtlichen Pflicht schlechthin im eigenen Namen, das heißt mit Wirkung für Eigen- und Sondervermögen zu handeln, sondern er kann seine Haftung auf einen Anteil am Sondervermögen beschränken, Staud/Werner Rz 12. Auch wenn die Vornahme des Verpflichtungsgeschäfts im Verhältnis der Miterben zueinander als Maßnahme ordnungsmäßiger Verwaltung im Sinne von Abs I anzusehen ist, so daß die Miterben darüber mit Stimmenmehrheit entschließen können, verleiht ein solcher Mehrheitsbeschluß der Mehrheit nicht das Recht, die Minderheit beim Abschluß des Verpflichtungsgeschäfts zu vertreten. Auch in diesem Fall müssen entweder alle Miterben die Verpflichtungserklärung einheitlich abgeben oder die Erklärenden hierzu bevollmächtigen, § 167 I.

Die hM im Schrifttum (Brox Rz 505; Kipp/Coing § 114 IV 2; Lange/Kuchinke § 43 III 6c; Pal/Edenhofer Rz 1; Staud/Werner Rz 40; RGRK/Kregel Rz 8; MüKo/Dütz Rz 51) und der BGH (BGH 56, 47) wollen demgegenüber einem Mehrheitsbeschluß über eine ordnungsmäßige Verwaltung und Benutzung (§§ 2038 II 1, 745) nicht nur Wirkung im Innenverhältnis verleihen, sondern gleichzeitig die Mehrheit zur Vertretung auch der überstimmten Miterben berechtigen. Der Mehrheitsbeschluß ist danach nicht nur ein Akt der internen Willensbildung, er hat gleichzeitig Wirkung für das Außenverhältnis, für die Vertretung der Miterbengemeinschaft gegenüber Dritten. Die hM kann sich jedoch weder auf den Wortlaut, die Entstehungsgeschichte noch den systematischen Zusammenhang stützen, in den § 2038 gestellt ist, dazu eingehend Bartholomeyczik in FS Reinhardt S 13 (27, 34) und 6. Aufl Rz 1–6; Jülicher AcP 175, 143 (147ff); v Lübtow, 2. Halbb, S 803 (806); Königsberg OLG 18, 34; Neustadt MDR 1962, 574; zur Vertretungsmacht insbesondere Rz 13.

Im einzelnen können die **Verpflichtungsgeschäfte in folgender Weise** abgeschlossen werden:

aa) Es handeln alle Miterben gemeinschaftlich und erkennbar **für den Nachlaß.** Dann sind die Miterben nur mit ihm verpflichtet, § 164 I. Das RG zog diese Folgerung nicht aus der Stellvertretung des Sondervermögens, sondern aus einem Vertrag über die Beschränkung der Haftung auf den Nachlaß, sieht ihn aber als schlüssig gegeben an, wenn der Erbe erklärt, „im Namen oder in Vertretung oder für den Nachlaß handeln zu wollen", und der Gläubiger damit einverstanden ist, RG 146, 343 (346); so auch Staud/Werner Rz 9.

bb) Es handelt ein einzelner oder es handeln mehrere, aber nicht alle Miterben **im Namen des Nachlasses.** Der Nachlaß wird verpflichtet, wenn die Handelnden das Geschäft als seine bevollmächtigten Vertreter schließen. Die Vollmacht muß von allen Miterben erteilt, notfalls durch Klage nach Abs I S 2 erzwungen sein, § 894 ZPO. Es reicht aber auch eine Anscheins- oder Duldungsvollmacht aus.

Der einzelne Miterbe muß wiederum durch Vertrag mit dem Vertragspartner die Haftung ausdrücklich oder schlüssig auf seinen Anteil oder die Anteile der übrigen Miterben am Nachlaß beschränken, RG 146, 343 (346). Handelt ein Miterbe als Vertreter, aber ohne Vertretungsmacht, so haftet er dem Geschäftspartner nach § 179. Handelt er überhaupt nicht als Vertreter oder ohne Haftungsbeschränkungsvertrag, so haftet er aus dem Geschäft persönlich, § 164 II. Er kann aber vom Nachlaß aus der Geschäftsbesorgung Befreiung von seiner persönlichen Schuld gegenüber dem Dritten verlangen, wenn er sie zur ordnungsmäßigen Verwaltung des Nachlasses begründet hat, §§ 1978, 670, 257. Nach Tilgung seiner Schuld kann Ersatz seiner Aufwendungen verlangen, Staud/Werner Rz 9; Lange/Kuchinke § 43 III 3d. Seine Rückgriffsforderung ist im Nachlaßinsolvenzverfahren bevorrechtigt, § 324 I Nr 1 InsO. Der Vertragspartner kann aber, sofern die handelnden Miterben bevollmächtigt waren, auch gegen alle Miterben als Träger des Nachlasses vorgehen **(Nachlaß-Eigenschuld).** Es entsteht nach der Rspr eine Art Gesamtschuldverhältnis, nach der herrschenden Lehre ein einheitliches Schuldverhältnis, mit getrenntem doppelten Haftungsvermögen, vgl RG 90, 91. Bei der starken Verselbständigung des Sondervermögens Nachlaß kann von einem echten Gesamtschuldverhältnis gesprochen werden.

cc) Für die neuen Geschäftsschulden, die im Betrieb eines Handelsgeschäfts entstehen, das die Miterben von einem Einzelkaufmann geerbt haben und fortführen, haften sie stets mit ihrem Eigenvermögen und dem Nachlaß **(Nachlaß-Eigenschulden),** KG JW 1937, 2599 Nr 38.

b) Für den Abschluß von **Notverpflichtungsgeschäften** als notwendige Maßregeln zur Erhaltung des Nachlas- 13 ses **(Abs I S 2 Hs 2)** hat der einzelne Miterbe dagegen nach zutreffender Ansicht eine gesetzliche Vertretungsmacht und Verpflichtungsermächtigung für die Miterbengemeinschaft. Abs I S 2 Hs 2 entfaltet daher nicht nur Innen-, sondern auch Außenwirkung, BGH 6, 76 (82f); Lange/Kuchinke § 43 III 6c; Bertzel AcP 158, 121 u NJW 1962, 2280; Staud/Werner Rz 25; aA Neustadt MDR 1962, 574. Sähe man in dieser Vorschrift nur im Innenverhältnis die Grundlage für einen Anspruch jedes Miterben gegenüber den anderen, so würde sie nur wiederholen, was schon aus Abs I S 2 Hs 1 folgt, denn notwendige Erhaltungsmaßnahmen sind stets zur ordnungsmäßigen Verwaltung erforderlich. Aber auch hier muß der Miterbe, will er seine persönliche Haftung vermeiden, erkennbar im Namen des Nachlasses handeln (§ 164 I) oder seine Haftung vertraglich auf den Nachlaß beschränken; zur Haftung der handelnden Miterben auch Wernecke, AcP 93, 257ff. Die übrigen Miterben, die sich nicht selbst handelnd am Geschäftsabschluß beteiligen, haften nur aus besonderem Rechtsgrund, etwa aus Geschäftsführung ohne Auftrag, auch mit ihrem Eigenvermögen. Der Miterbe kann daher beispielsweise im Namen des Nachlasses den Auftrag zu einer unumgänglichen Dachreparatur an einem Nachlaßgrundstück erteilen. Kann ein zum Nachlaß gehöriges Recht nur durch Klageerhebung erhalten werden, so ist jeder Miterbe allein nach § 2038 I S 2 Hs 2 zur Prozeßführung befugt, BGH 94, 117 (120). Das gilt auch für die Anfechtung eines Gesellschafterbeschlusses, wenn der Erbengemeinschaft ein Geschäftsanteil an einer GmbH zusteht, BGH 108, 21 (30). Weitere Einzelfälle bei MüKo/Dütz Rz 59.

14 c) Für die **unmittelbaren dinglichen Erwerbsgeschäfte** gelten dieselben Grundsätze wie für die Verpflichtungsgeschäfte der Erbengemeinschaft. Sie müssen ebenfalls von allen Miterben oder von einem oder mehreren Miterben als den bevollmächtigten Vertretern der Erbengemeinschaft geschlossen werden. Auch hierfür gibt es eine Notvertretung, vgl Rz 13.

2039 *Nachlassforderungen*

Gehört ein Anspruch zum Nachlass, so kann der Verpflichtete nur an alle Erben gemeinschaftlich leisten und jeder Miterbe nur die Leistung an alle Erben fordern. Jeder Miterbe kann verlangen, dass der Verpflichtete die zu leistende Sache für alle Erben hinterlegt oder, wenn sie sich nicht zur Hinterlegung eignet, an einen gerichtlich zu bestellenden Verwahrer abliefert.

Schrifttum: *Blomeyer*, Einzelanspruch und gemeinschaftlicher Anspruch von Miterben und Miteigentümern, AcP 159, 385; *Damrau*, Klage eines Erbteilserwerbers gegen den Nachlasspfleger auf Leistung an die Erbengemeinschaft, ZEV 2000, 405; *Fuchs*, Zur Frage der Geltendmachung von Nachlaßansprüchen seitens der Erben gegen einen Miterben-Schuldner, JW 1938, 355; *Schneider*, Der Streitwert der Miterbenklagen nach § 2039 und § 2050 BGB, Rpfleger 1982, 268; *Wieser*, Ersatzleistung an Miterben bei Sachschäden, in FS Lange, 1970, S 325.

1 **1. Gesetzliche Ermächtigung des einzelnen Miterben.** Nach S 1 ist jeder Miterbe befugt, vom Nachlaßschuldner wegen eines Anspruchs der Miterbengemeinschaft Leistung an alle Miterben zu fordern. Diese Regelung lockert neben dem Notverpflichtungs- und Notverfügungsrecht des einzelnen Miterben (§ 2038 I S 2 Hs 2; dazu § 2038 Rz 13) den Grundsatz der gesamten Hand auf, hebt aber weder die Rechtszuständigkeit der Erbengemeinschaft als Gesamthandsgemeinschaft auf noch beseitigt sie voll ihre Verfügungsmacht. Der Anspruch bleibt Gesamthandsanspruch der Miterbengemeinschaft (§ 2032) und ist kein Recht des einzelnen Miterben aus eigenem Anteil am Anspruch. Daher kann der einzelne Miterbe auch gegen seine Miterben keine Nachlaßforderung nach dem Verhältnis seines Erbteils geltend machen, München OLG 21, 314. Aber jeder Miterbe ist kraft Gesetzes berechtigt, Leistungen an alle Erben zu verlangen, hat also eine **gesetzliche Einziehungs- und Prozeßführungsermächtigung**, auch wenn der Erbengemeinschaft als Teilhaberin einer Miteigentümergemeinschaft Ansprüche zustehen, BGH NJW 1983, 2020. Sie dient dazu, die durch das Gesamthandsprinzip der §§ 2038 I S 1, 2040 I sehr unbeweglich gewordene Miterbengemeinschaft handlungsfähiger zu machen. Ein Widerspruch der übrigen Miterben schließt die Ermächtigung nicht aus, Staud/Werner Rz 24. Im Prozeß klagt der einzelne Miterbe als Partei den Anspruch der Miterbengemeinschaft im eigenen Namen ein (RG 149, 194) und kann den unterbrochenen Prozeß des Erblassers im eigenen Namen aufnehmen, RG WarnRsp 1939, 23; Staud/Werner Rz 25, 27. Die Prozeßstandschaft besteht auch für Feststellungsklagen (Köln FamRZ 1983, 837), auch für negative (RG 44, 183), für das Beweissicherungsverfahren nach §§ 485ff ZPO, für die Vollstreckung (KG NJW 1957, 1154) und Sicherung durch Arrest und einstweilige Verfügung, für den Antrag auf Umschreibung des Vollstreckungstitels (§ 772 ZPO), aber nur für Leistung an die Miterbengemeinschaft, für den Antrag auf Abgabe einer eidesstattlichen Versicherung zugunsten aller Miterben (München OLG 30, 186), für die Wiederaufnahme eines Verfahrens, in dem ein Nachlaßanspruch rechtskräftig abgewiesen worden ist (BGH 14, 251), und für die Anfechtung nach dem AnfG, Pal/Edenhofer Rz 3. Die Klage des Miterben hemmt die Verjährung (§ 204 I Nr 1) für alle Miterben, weil ein Recht der Miterbengemeinschaft befugt geltend gemacht wird, das nur einheitlich verjährt oder unverjährt sein kann, Staud/Werner Rz 26; aA Planck/Ebbecke Anm 2; Pal/Edenhofer Rz 7. Ein Neubeginn der Verjährung (§ 212 I Nr 1) erfolgt bei einer Nachlaßverbindlichkeit nur durch Anerkenntnis aller Miterben, § 2040 I. Die Verjährung eines Anspruchs, der der Miterbengemeinschaft aus unerlaubter Handlung zusteht, beginnt erst mit Kenntnis jedes einzelnen vom Schaden und von der Person des Ersatzpflichtigen, Celle NJW 1964, 869. Die Ermächtigung ist nicht für sich allein übertragbar, denn die übrigen Miterben haben sie ohnehin, und Fremde sollen sie nicht erhalten. Daher ist sie auch nicht belastbar und pfändbar. Wohl aber kann der einzelne Miterbe für Einzelfälle eine Vollmacht zur Geltendmachung seiner Ermächtigung erteilen. Mit der Übertragung des Anteils (§ 2033 I) geht sie auf den Erwerber über. Die Vorschrift dürfte daher eigentlich nicht von Miterben, sondern müßte von Gesamthändern sprechen.

2 **2. Rechtsmacht des ermächtigten Miterben.** Er kann die Ansprüche im eigenen Namen nicht nur gerichtlich, sondern auch außergerichtlich geltend machen. Die Ausübung von Gestaltungsrechten fällt jedoch nicht unter § 2039, vgl Rz 3. Deshalb kann der Miterbe eine Nachlaßforderung nur mit den anderen Miterben gemeinschaftlich kündigen, § 2040 I; RG 65, 5. Er kann aber allein den Nachlaßschuldner mahnen, an die Miterbengemeinschaft zu zahlen, dessen Erben eine Inventarfrist setzen lassen (§ 1994), weil dieser Antrag lediglich ein Hilfsmittel zur erfolgreichen Geltendmachung der Nachlaßforderung ist, RGRK/Kregel Rz 2; Kipp/Coing § 114 IV 4d

Fn 43; Staud/Werner Rz 11; aA KG RJA 16, 50, das auch hier ein gemeinschaftliches Handeln verlangt. Ein Miterbe wird durch die Pfändung seines Erbteils durch einen anderen Miterben nicht gehindert, eine Nachlaßforderung mit dem Ziel der Hinterlegung für alle Erben geltend zu machen. Dies gilt auch, wenn der Pfändungsgläubiger zugleich Forderungsschuldner ist, BGH NJW 1968, 2059. Klagen mehrere, aber nicht alle Miterben, so geht jeder von ihnen aus seiner gesetzlichen Ermächtigung vor, sie sind keine notwendigen Streitgenossen, RG WarnRsp 1913, 235; RG 75, 27; BGH 23, 212; BVerwG BayVBl 1996, 252; Staud/Werner Rz 25; RGRK/Kregel Rz 9. Eine notwendige Streitgenossenschaft besteht jedoch, wenn alle Miterben gemeinschaftlich klagen (wie in RG 96, 52 und OGHZ 3, 244), weil es sich dann um ein einheitliches Rechtsverhältnis handelt, das in demselben Rechtsstreit nicht verschieden beurteilt werden kann, Blomeyer AcP 159, 387 (405); Staud/Werner Rz 25; aA RGRK/Kregel Rz 9; Schwab in FS Lent, 1957, S 283ff; Stein/Jonas/Bork, ZPO, 21. Aufl 1993, § 62 Rz 8. Der BGH hat es offengelassen, ob in diesem Fall eine notwendige Streitgenossenschaft besteht, BGH NJW 1989, 2123. Der Schuldner kann mehrere Klagen der Miterben aus ihrer Prozeßstandschaft vermeiden, indem er an alle Miterben leistet oder den Leistungsgegenstand unter den gesetzlichen Voraussetzungen für alle Miterben hinterlegt. Ein Urteil hat nur Rechtskraft für und gegen den klagenden Miterben (§ 325 I ZPO), denn nur er, nicht die Miterbengemeinschaft ist Partei, RG 44, 185; 93, 129; Staud/Werner Rz 25; MüKo/Dütz § 2032 Rz 36; Blomeyer AcP 159, 396. Die Erbengemeinschaft kann aber die Rechtskraft zu ihren Gunsten durch Genehmigung herbeiführen, Blomeyer AcP 159, 398. Ist jeder Miterbe mit seiner Einzelklage unterlegen, so steht die Rechtskraft der Gesamthandsklage entgegen, Blomeyer AcP 159, 397. Ein gegen einen Miterben ergangenes rechtskräftiges Urteil bewirkt, daß bei einer Klage der Erbengemeinschaft die Klage des betreffenden Miterben als unzulässig abzuweisen ist (BGH NJW 1989, 2134; ablehnend Schilken NJW 1991, 281). Zur Frage, ob die Rechtskraft eines vor Eintritt der Nacherbfolge gegen den Nacherben ergangenen Urteils auch nach Eintritt des Nacherbfalls wirkt, BGH WM 1971, 653. Der **Streitwert** bemißt sich nicht nach der Beteiligung des Erben am Nachlaß, sondern nach dem Wert der ganzen Sache oder dem ganzen Forderungsbetrag, Staud/Werner Rz 30; RGRK/Kregel Rz 16; RG 149, 193; Schneider Rpfleger 1982, 268; aA RG 93, 127. Wird ein Prozeßstreit durch den Tod des Erblassers unterbrochen (§ 239 ZPO), so kann der einzelne Miterbe ihn allein wieder aufnehmen (BGH LM Nr 6 zu § 239 ZPO), Rechtsmittel einlegen, die bisherige Prozeßführung genehmigen, BGH 23, 212; Staud/Werner Rz 27.

3. Der einzelne Miterbe kann nur **Leistung an alle** verlangen, denn die Annahme der Leistung durch ihn wäre eine Verfügung, die nur die Miterben gemeinschaftlich treffen können (§§ 2040 I, 2032, 2033 II; Kiel OLG 4, 432), sie können aber auf diesen Schutz nach § 185 verzichten, Dresden OLG 39, 229. Auf Hinterlegung kann der Miterbe klagen, soweit einzelne Miterben nicht dazu bereit sind, bei der Annahme der Leistung mitzuwirken, Pal/Edenhofer Rz 9; vgl auch Wieser in FS Lange S 325ff.

4. Die Ermächtigung bezieht sich auf alle **Ansprüche** im Sinne des § 194 I, Pal/Edenhofer Rz 2; Staud/Werner Rz 6. Unter § 2039 fallen nicht nur alle **schuldrechtlichen Ansprüche,** sondern auch **dingliche Ansprüche,** wie der Herausgabeanspruch des § 985, der Abwehr- und Unterlassungsanspruch des § 1004, der Berichtigungsanspruch des § 894 (RG 132, 83; BGH 44, 367; Zweibrücken Rpfleger 1968, 88), wobei zur Eintragung der Berichtigung noch die Zustimmungserklärungen sämtlicher Miterben erforderlich sind, § 2040 I; MüKo/Dütz Rz 6; Soergel/Wolf Rz 4; KGJ 25, 114. § 2039 S 1 erfaßt im einzelnen die Ansprüche auf Auskunft, Rechnungslegung (Hamburg OLG 5, 358), Rechnungslegungsansprüche allein gegen den Testamentsvollstrecker derart, daß Leistung an alle Miterben erfolgen soll (BGH NJW 1965, 396), Vorlegung von Urkunden (Bamberg OLG 2, 134), Erbschaftsansprüche (§§ 2018ff), entsprechend auch Ansprüche gegen Nachlaßverwalter auf Herausgabe des Nachlasses (RG 150, 189), Befreiungsansprüche, RG 158, 42. Auch **öffentlich-rechtliche Ansprüche,** wie der Erlaß von Säumniszuschlägen (BFH FamRZ 1989, 975) werden von § 2039 erfaßt. Nicht nur der sachlich-rechtliche Witwerrentenanspruch des verstorbenen Vaters bis zu dessen Tod (BVerfG 17, 86), sondern auch der Kostenerstattungsanspruch aus den vom Vater selbst und später von den Erben für den Vater geführten Rechtsstreitigkeiten (LSG Celle NJW 1968, 1743) und der Anspruch auf Aufhebung einer Gemeinschaft, an der die Miterbengemeinschaft beteiligt ist (RG 108, 424; LG Aachen DNotZ 1952, 36), können daher von einem Miterben nach § 2039 S 2 geltend gemacht werden, aA LG Darmstadt NJW 1955, 1558 mit abl Anm Bartholomeyczik.

Die Ausübung von **Gestaltungsrechten** zählt nicht zu den Ansprüchen im Sinne von § 2039, BGH 108, 21 (30). Sie ist dem Miterben verwehrt. Als Verfügung über den Nachlaßgegenstand ist sie der Miterbengemeinschaft vorbehalten, BGH 14, 251 (254); Habermeier ZZP 105, 182. Eine kündbare Forderung kann daher nur von allen Miterben gekündigt werden, RG 146, 314 (316); Schlüter Rz 687.

Der Testamentsvollstrecker kann einen Miterben ermächtigen, einen Grundbuchberichtigungsanspruch, der zum Nachlaß gehört, im eigenen Namen geltend zu machen, Zweibrücken Rpfleger 1968, 88. Der Nachlaßschuldner kann der Grundbuchberichtigungsklage, die Miterben gegen ihn erhoben haben, nicht den Einwand der unzulässigen Rechtsausübung entgegensetzen, wenn dieser Einwand nur aus dem Verhalten eines Miterben begründet werden kann, BGH 44, 367; RG 132, 81; aA MüKo/Dütz Rz 20. Macht jedoch dieser Miterbe allein den Anspruch geltend und widersprechen die Miterben der Klageerhebung, so mißbraucht der Klagende seine Prozeßführungsermächtigung. Seine Klage muß als unzulässig abgewiesen werden, BGH 44, 367.

5. Der einzelne Miterbe kann auch **Ansprüche gegen Miterbenschuldner** im eigenen Namen geltend machen, ohne daß er bis zur Auseinandersetzung zu warten braucht, und zwar auch, wenn der Schuldner seine Schuld in der Auseinandersetzung ausgleichen könnte. Seine Klage kann auch nicht teilweise abgewiesen werden, da die Forderung der Miterbengemeinschaft auch nicht teilweise durch Vereinigung von Gläubigerrecht und Schuld in einer Person erloschen ist. Wohl kann aber der Miterbenschuldner im Einzelfall unzulässige Rechtsausübung einwenden, wenn sich zB schon jetzt mit Sicherheit voraussehen läßt, daß seine Schulden durch seinen Erbteil gedeckt sind, RG 65, 10; 72, 260; RGRK/Kregel Rz 15; vgl auch BGH NJW 1957, 1916 und WM 1971, 653. Der Miterbenschuldner kann dem Testamentsvollstrecker, der eine Nachlaßforderung gegen ihn geltend macht, vom

Ausnahmefall des § 242 abgesehen, nicht entgegenhalten, er verstoße gegen die Grundsätze ordnungsmäßiger Verwaltung. Der Grundsatz von Treu und Glauben verwehrt es einem Miterben regelmäßig nicht, Ansprüche der Erbengemeinschaft nach § 2039 zu verfolgen, obwohl er selbst Verbindlichkeiten gegenüber der Erbengemeinschaft hat. Das gilt besonders, wenn diese anderer Art sind, BGH WM 1971, 653 (656). Mangels Gegenseitigkeit kann der Miterbenschuldner nicht mit einem Gegenanspruch gegen den klagenden Miterben aufrechnen, wohl aber mit einem Anspruch gegen die Miterbengemeinschaft. Aber die Aufrechnungserklärung muß gegenüber allen Miterben abgegeben werden, § 2040 Rz 4.

Der **Streitwert** für die Klage eines Miterben gegen einen anderen auf Leistung an alle nach § 2039 bestimmt sich nach dem Betrag der Nachlaßforderung, von dem der Betrag abzuziehen ist, der dem Miterbenanteil des Beklagten entspricht, vgl BGH NJW 1967, 443; Staud/Werner Rz 30; MüKo/Dütz Rz 33; aber Düsseldorf MDR 1962, 912. Bei Herausgabe- und Zahlungsklagen nach § 2039 sind die klagenden Miterben aber gemeinschaftlich an dem Streitgegenstand beteiligt, Schleswig SchlHA 1993, 155.

2040 *Verfügung über Nachlassgegenstände, Aufrechnung*

(1) **Die Erben können über einen Nachlassgegenstand nur gemeinschaftlich verfügen.**
(2) **Gegen eine zum Nachlass gehörende Forderung kann der Schuldner nicht eine ihm gegen einen einzelnen Miterben zustehende Forderung aufrechnen.**

Schrifttum: Vgl die Nachweise bei § 2038.

1 **1. Begriff der Verfügung.** Der Verfügungsbegriff des § 2040 I ist der allgemeine Verfügungsbegriff des bürgerlichen Rechts, Lange/Kuchinke § 43 IV 1a; Bartholomeyczik in FS Reinhardt S 32. Verfügung ist ein Rechtsgeschäft, durch das ein bestehendes Recht unmittelbar übertragen, belastet, aufgehoben oder inhaltlich verändert wird. Zur Abgrenzung vom Verpflichtungsgeschäft vgl Einl § 104 Rz 16f; zur Wirksamkeit entsprechender Verpflichtungsgeschäfte eines einzelnen Miterben vgl § 2033 Rz 9. Die Vorschrift wird negativ durch § 2033 II ergänzt; vgl auch BayObLG 53, 183.

Verfügungen sind die Übertragungsgeschäfte wie Übereignung (zur Sicherungsübereignung Weimar MDR 1973, 290), die Abtretung (§§ 398, 413), die Legitimationsübertragung, die Ermächtigung. Verfügung ist ferner die Belastung mit beschränkten dinglichen Rechten, die unmittelbare Veränderung von Rechten, wie die Kündigung, RG 146, 316, unzutreffend BGH RdL 1951, 87 und LG Köln MDR 1972, 520. Zu den Verfügungen gehört auch die Ausübung des Wahl-, Vorkaufs-, Wiederkaufsrechts, des Rücktritts (RG 151, 312) und der Minderung (§ 441). Auch eine Nachfrist (zB § 281 I) kann nur von der Miterbengemeinschaft gesetzt werden, BGH 143, 41 (zu § 326 I aF). Verfügung ist die unmittelbare Aufhebung von Rechten, wie der Verzicht, die Eigentumsaufgabe sowie die gestaltende Anfechtung (RG 107, 238; BGH NJW 1951, 308; Düsseldorf NJW 1954, 1041), nicht aber die Anfechtung nach AnfG, wohl aber Anerkenntnis und Aufrechnung, BGH 38, 122; BGH LM Nr 3 zu § 2058. Verfügung ist ferner der Widerruf eines Auftrags (RG SeuffA 79, 221) oder einer Schenkung, die Annahme einer Leistung als Erfüllung, der Widerspruch gegen die Zwangsvollstreckung (Rostock OLG 33, 99), die Erteilung einer Löschungsbewilligung (BayObLG 88, 230), die Zustimmung zur Grundbuchberichtigung, RG 93, 292 (296).

Keine Verfügung ist der Widerruf einer Vollmacht, weil mit ihr kein Recht der Miterbengemeinschaft aufgehoben wird (RG JW 1938, 1892), so daß jeder Miterbe für und gegen sich wirksam die von ihm oder dem Erblasser erteilte Vollmacht widerrufen kann (vgl § 168 Rz 15ff). Keine Verfügungen sind die Rücknahme des Eintragungsantrags des Erblassers (Düsseldorf NJW 1956, 876) sowie der Antrag, ein Aufgebotsverfahren nach § 927 einzuleiten, Bamberg NJW 1966, 1413. Im Antrag, eine Nachlaßschuld herabzusetzen oder zu stunden, kann schon deshalb keine Verfügung über den Nachlaßgegenstand liegen, weil die Schuld der einzelnen Miterben unterschiedlich herabgesetzt oder gestundet werden kann, BGH MDR 1962, 390. Der Einwand der vollzogenen Aufrechnung ist ebenfalls keine Verfügung und kann deshalb von jedem Miterben geltend gemacht werden.

2 **2. Gemeinschaftliche Verfügung** ist nicht gleichbedeutend mit gleichzeitiger oder gar Verfügung in einheitlichem Rechtsakt. Die einzelnen Verfügungen der Miterben müssen sich nur zu einer einheitlichen Verfügung der Gesamthand ergänzen, KGJ 53, 133; RG 112, 129. Verfügt ein einzelner Miterbe mit Vollmacht der übrigen im Namen der Miterbengemeinschaft, so ist die Verfügung wirksam, § 164 I. Handelt er als Vertreter ohne Vertretungsmacht, so wird seine Verfügung durch Genehmigung rückwirkend wirksam (§§ 177, 184 I), wobei die Genehmigungen der Miterben wiederum einzeln erfolgen können. Handelt der Miterbe im eigenen Namen, so ist seine Verfügung wirksam, wenn die anderen Miterben eingewilligt haben (§ 185 I; RG 129, 286), oder rückwirkend wirksam, sobald alle übrigen genehmigt haben (§§ 185 II S 1, 184 I), denn von der Verfügung eines Miterben kann nichts anderes gelten als von der eines Nichterben, ebenso RG 152, 380; BGH 19, 138; anders RG 93, 292 mit Beschränkung auf die Einwilligung. Verfügt eine Frau in der Annahme, Alleinerbin ihres Mannes zu sein, zugunsten der gemeinsamen Kinder gleichmäßig über Grundbesitz, der in Wirklichkeit nach gesetzlicher Erbfolge ihr und den Kindern gehört, so wird die Verfügung mit ihrem Tod nach § 185 II wirksam, wenn die Kinder sie zu gleichen Teilen beerben und für die Nachlaßverbindlichkeiten unbeschränkt haften, BGH DNotZ 1965, 302. Die Genehmigungen nach §§ 177 I, 185 II S 1 sind nicht an die Form des Verfügungsgeschäfts gebunden (§§ 167 II, 182 II), sie können gegenüber dem verfügenden Miterben oder seinem Geschäftspartner erfolgen, § 182 I; RG 129, 286. Wegen der Genehmigung einseitiger Rechtsgeschäfte vgl; RG 146, 316; OGH 1, 46. Erfolgt die Verfügung der Miterbengemeinschaft gegenüber einem Miterben, so ist seine Zustimmung nicht erforderlich, BayObLG 6, 327; aA Breslau OLG 26, 304. Verfügt ein Miterbe unter dem Schein des Alleineigentums, so kann der Erwerber gutgläubiger Eigentümer werden (§§ 929, 932), sofern die Sache den anderen Miterben nicht abhandengekommen ist, §§ 857, 935.

Abs I bezieht sich nach seinem Sinn und Zweck nicht nur auf die Erben, sondern über seinen Wortlaut hinaus auch auf die Erbteilserwerber, RG 112, 132. Das Gesetz hätte also auch hier besser von Gesamthändern sprechen sollen.

3. Verwaltung und Verfügung. Der Grundsatz gemeinschaftlicher Verfügung wird nicht durch §§ 2038 II S 1, 3 745 durchbrochen, da das Mehrheitsprinzip nur für das Innenverhältnis der Miterben, für die Verpflichtung untereinander zur Verfügung nach außen gilt, nicht aber für das Recht zur Verfügung mit Wirksamkeit gegenüber dem Verfügungspartner. Der Mehrheitsbeschluß gibt der Mehrheit noch nicht notwendig, nicht einmal in der Regel die Vollmacht, die Verfügung auch im Namen der überstimmten Miterben vorzunehmen, BGH 56, 47; Brox Rz 507; Lange/Kuchinke § 43 III 6; Planck/Ebbecke § 2038 Anm 1; MüKo/Dütz § 2038 Rz 53; Staud/Werner Rz 18; aA Soergel/Wolf § 2038 Rz 5; Kipp/Coing § 114 IV 2c. Die überstimmten Miterben können aber die Vertretung durch die Mehrheit dulden. Verweigert ein überstimmter oder ein zustimmender Miterbe in Ausführung des Beschlusses seine Mitwirkung bei der Verfügung, so müssen die übrigen ihn auf Erfüllung seiner Verwaltungspflicht verklagen. Das rechtskräftige Urteil ersetzt seine Zustimmung zur Verfügung nach außen, § 894 ZPO.

4. Verfügungen gegenüber der Miterbengemeinschaft müssen auch gegenüber allen Miterben getroffen wer- 4 den, da sie als Gesamthänder Träger der betroffenen Rechte sind, so etwa die Kündigung (Rostock OLG 30, 188), die Aufrechnung, der Rücktritt (§ 351), die Minderung (§ 441), das Wieder- und Vorkaufsrecht, §§ 461, 472. Das gilt auch für die Anfechtung, jedoch nur soweit die anfechtbare Erklärung schon gegenüber dem Erblasser abgegeben war, in dessen Stellung als Anfechtungsgegner (§ 143) die Miterbengemeinschaft eingetreten ist, Staud/Werner Rz 26. War die Willenserklärung gegenüber der Miterbengemeinschaft abgegeben, genügt die Anfechtung gegenüber den Miterben, denen gegenüber die Willenserklärung unter einem Willensmangel litt. Bei Rechtsgeschäften mit der Miterbengemeinschaft hat deren Vertragspartner gegenüber jedem Miterben eine Willenserklärung abgegeben. Die Wirkung der Anfechtung auf das Vertragsverhältnis zur Miterbengemeinschaft beurteilt sich nach § 139, RG 56, 424; 65, 415; Staud/Werner Rz 26. Eine **Klage auf Verfügung** über einen Nachlaßgegenstand **muß gegen alle Miterben**, wenngleich nicht als notwendige Streitgenossen gerichtet werden, es sei denn, daß einzelne ihre Verfügungserklärung unwiderruflich freiwillig abgegeben haben oder daß einzelne bereits zur Vornahme der Verfügung verurteilt sind oder daß die Bereitwilligkeit einzelner unbestritten ist, RG 112, 132; Staud/Werner Rz 21; BGH WM 1978, 1327. Dasselbe gilt für einen Antrag auf Ersetzung der Zustimmung nach § 7 III ErbbauRVO, wenn eine Erbengemeinschaft Grundstückseigentümerin ist, Hamm OLG 66, 574 mit Anm Haegele Rpfleger 1967, 416; Pal/Edenhofer Rz 5. In einen Gegenstand des ungeteilten Nachlasses kann nur mit einem Titel gegen alle Miterben vollstreckt werden, § 847 ZPO.

5. Die **Aufrechnung** mit einer Forderung, die einem Nachlaßschuldner gegen einen Miterben zusteht, gegen 5 eine Forderung des Nachlasses ist ausgeschlossen **(Abs II)**, da Sonder- und Eigenvermögen der Erben keinen identischen Rechtsträger haben, so daß es an der Gegenseitigkeit fehlt, § 387. Der Miterbe würde sein Eigenvermögen auf Kosten des Sondervermögens aller Miterben bereichern. Daher kann der Nachlaßschuldner unter gleichen Voraussetzungen auch kein Zurückbehaltungsrecht ausüben, RG 132, 84. Ebensowenig kann er gegen einen Herausgabeanspruch der Miterbengemeinschaft aus § 985 ein Besitzrecht geltend machen, das ihm nur gegenüber einem Miterben zusteht, München MDR 1957, 103; Staud/Werner Rz 27; Pal/Edenhofer Rz 6. Verlangt jedoch ein Miterbe Zahlung einer Nachlaßforderung nach § 2039 S 1, so muß er sich die Aufrechnung mit einer Gegenforderung gegen den Nachlaß gefallen lassen, denn er macht in seinem eigenen Namen die Nachlaßforderung geltend, Celle SeuffA 71 Nr 212; aA RG Gruchot 68, 66. Ebenso kann ein Miterbe als Gesamtschuldner (§ 2058) Nachlaßschulden tilgen, indem er gegenüber Nachlaßgläubigern mit einer Eigenforderung gegen ihn aufrechnet, Staud/Werner Rz 10. Nur wenn sich dasselbe Sondervermögen oder dasselbe Eigenvermögen als Gläubiger und Schuldner gegenübersteht, besteht Gegenseitigkeit (§ 387) und damit Aufrechnungsmöglichkeit. Gesamtgläubiger sind dabei Gläubiger der ganzen (§ 428), gemeinschaftliche Gläubiger dagegen nur Gläubiger einer anteiligen Forderung, § 420. Hat ein Eigengläubiger eines Miterben gegen diese als Gesamtschuldner eine Forderung, zB nach §§ 427, 769, 830, 840 I, so ist die Aufrechnung mit einer Forderung des Nachlasses gegen ihn zulässig, obwohl sich hier der Nachlaß als Gläubiger und die Eigenvermögen der Miterben als Schuldner gegenüberstehen, so daß es, streng genommen, an der Gegenseitigkeit fehlt. Aber der Eigengläubiger könnte alle Miterbenanteile pfänden lassen (vgl § 2033 Rz 8) und ohne Mitwirkung aller Miterben die Auseinandersetzung nach §§ 1258 II S 2, 2042 I, 751 S 2, 752, 732 durchführen, sich also aus den einzelnen Nachlaßgegenständen, somit auch aus der Nachlaßforderung gegen ihn befriedigen. Daher sollte sowohl ihm als auch den Miterben die Befriedigung durch rechtsgestaltende Aufrechnung gestattet sein, mögen dabei auch Erb- und Ausgleichsquote (§ 426 I) verschieden sein, Staud/Werner Rz 29; MüKo/Dütz Rz 21. Diese Verschiedenheit ist in der weiteren Auseinandersetzung zu berücksichtigen. Verlangt ein Nachlaßgläubiger von einem Miterben als Gesamtschuldner (§ 2058) Erfüllung einer Nachlaßschuld, so kann der Miterbe nicht mit einer Forderung des Nachlasses gegen denselben Gläubiger aufrechnen, dazu § 2058 Rz 2. Insoweit ist auf der einen Seite der Nachlaßgläubiger gleichzeitig Nachlaßschuldner, auf der anderen Seite die Miterbengemeinschaft Schuldnerin der Nachlaßschuld und Gläubigerin der Nachlaßforderung, so daß die Voraussetzung der Gegenseitigkeit vorhanden ist. Aber der beanspruchte Miterbe kann nicht allein die Aufrechnung erklären, da er damit über einen Nachlaßgegenstand, die Nachlaßforderung, verfügt (Abs I) und § 2039 nicht gegeben ist. Ein Zurückbehaltungsrecht kann der Miterbe allerdings schon wegen einer Gegenforderung geltend machen, an der er nur mitberechtigt, also auch nur gesamthandsberechtigt ist. Dann muß der beklagte Miterbe zur Leistung an den Gläubiger Zug um Zug gegen dessen Gegenleistung an die Erbengemeinschaft verurteilt werden, BGH 5, 176; 38, 125. Im einen Fall kann der Miterbe in entsprechender Anwendung des § 770 II; § 129 III HGB mit einem Leistungsverweigerungsrecht erreichen, daß die Klage als unbegründet abgewiesen wird, BGH 38, 128.

6. Ein **besonderes Notverfügungsrecht** ist im Rahmen der Gesamtregelung des § 2040 nicht vorgesehen. Nach 6 § 2038 I S 2 Hs 2 kann aber jeder Miterbe ohne Mitwirkung der anderen Maßnahmen treffen, die zur Erhaltung des Nachlasses nötig sind. Dazu können auch Verfügungen gehören, Schleswig SchlHA 1965, 278; Pal/Edenhofer § 2038 Rz 14; Lange/Kuchinke § 43 II 4a, IV 3; Bertzel NJW 1962, 2280; aA Neustadt MDR 1962, 574; RGRK/Kregel § 2038 Rz 5; Staud/Werner Rz 19. Beschränkt man § 2038 I S 2 Hs 2 in den Fällen, in denen Verfügungen zur Erhaltung des Nachlasses oder seines Werts notwendig sind, auf das Innenverhältnis, so wäre die Vorschrift gegenüber § 2040 I zwecklos. Als reine Innenregelung folgte sie schon aus § 2038 I S 2, vgl dort Rz 9. Notverfügungen müssen der ordnungsmäßigen Verwaltung des Nachlasses dienen. Der einzelne Miterbe muß daher über Nachlaßgegenstände verfügen können, wenn die Verfügung zur Erhaltung des Nachlasses notwendig ist, Johannsen, WM 1970, 577. Zur Erhaltung des Nachlasses notwendig sind Maßnahmen, die so dringlich sind, daß sie nicht aufgeschoben werden können, bis die Zustimmung der anderen Miterben erreicht werden kann. Ein Notverfügungsrecht ist beispielsweise wichtig bei notwendigen Veräußerungsgeschäften verderblicher Sachen, befristeten Kündigungen (RG 65, 6), Anfechtungs- und Rücktrittserklärungen, vgl BGH 108, 21 (30). Da das Notverwaltungsrecht dem einzelnen Miterben auch das Recht zum Abschluß von Notverpflichtungsgeschäften im Namen des Nachlasses geben muß (§ 2038 Rz 9), aber kein innerer Grund dafür besteht, die Verfügungsgeschäfte anders als die Verpflichtungsgeschäfte zu behandeln, kann der Miterbe die Notverfügung sowohl im eigenen Namen mit gesetzlicher Ermächtigung als auch im Namen des Nachlasses treffen, und zwar als gesetzlicher Vertreter aller Miterben in ihrer Eigenschaft als Träger des Sondervermögens, Brox Rz 507; Pal/Edenhofer § 2038 Rz 15.

2041 *Unmittelbare Ersetzung*

Was auf Grund eines zum Nachlass gehörenden Rechts oder als Ersatz für die Zerstörung, Beschädigung oder Entziehung eines Nachlassgegenstands oder durch ein Rechtsgeschäft erworben wird, das sich auf den Nachlass bezieht, gehört zum Nachlass. Auf eine durch ein solches Rechtsgeschäft erworbene Forderung findet die Vorschrift des § 2019 Abs. 2 Anwendung.

Schrifttum: *Groß*, Zur Anwendung des § 166 Abs 2 BGB im Rahmen des § 2041 Satz 1 BGB, MDR 1965, 443.

1   1. Durch die in § 2041 angeordnete **dingliche Surrogation** soll sowohl zum Schutz der Miterben als auch der Nachlaßgläubiger eine nachträgliche Wertminderung des Nachlasses, zB durch Veräußerung oder Zerstörung von Nachlaßgegenständen, möglichst vermieden werden. Die Surrogationsfälle des § 2041 stimmen mit denen der §§ 1473, 2374, 1370 überein: Rechtssurrogation, Ersatzsurrogation und Beziehungssurrogation.

2   2. Von der **Rechtssurrogation** wird alles erfaßt, was aufgrund eines zum Nachlaß gehörenden Rechts, eines schuldrechtlichen oder dinglichen Anspruchs, der zum Nachlaß gehört, erworben wird. Hierbei handelt es sich um einen Erwerb aufgrund von Ansprüchen, die bereits beim Erbfall begründet waren, MüKo/Dütz Rz 7.

3   3. Gegenstand der **Ersatzsurrogation** ist alles, was für die Zerstörung, Beschädigung oder Entziehung von Nachlaßgegenständen kraft Gesetzes erworben wird. Hierzu gehören vor allem Schadensersatz- oder Bereicherungsansprüche oder Ansprüche gegen den Sachversicherer bei Eintritt des Versicherungsfalls. Auch der Schadensersatzanspruch gegen einen Notar, der durch eine Amtspflichtverletzung den Nachlaß geschädigt hat, ist Gegenstand der Ersatzsurrogation, BGH NJW 1987, 435. Entsprechendes gilt für Schadensersatzansprüche aus §§ 1960, 1915, 1833 gegen einen Nachlaßpfleger, Dresden ZEV 2000, 402.

4   4. Bei der **Beziehungssurrogation** („Erwerb durch Rechtsgeschäft, das sich auf den Nachlaß bezieht") ist umstritten, ob es für die Surrogation – ebenso wie beim Erbschaftsanspruch (§ 2019) – genügt, daß eine rein objektive Beziehung zwischen Rechtsgeschäft und Nachlaß besteht, dazu eingehend MüKo/Dütz Rz 12ff.
a) Die eine Ansicht schließt dieses mit dem Hinweis auf die verschiedenen Formulierungen in § 2019 I und § 2041 S 1 aus. Nach ihr bezieht sich das Rechtsgeschäft auf den Nachlaß, wenn **zwei Voraussetzungen** vorliegen: aa) Es muß objektiv ein **innerer Zusammenhang** zwischen dem Erwerb und dem Nachlaß vorhanden sein, Dresden SächsArch 6, 516; KG DR 1944, 190; JFG 15, 155. bb) Es muß der handelnde Miterbe **subjektiv für** den **Nachlaß** und nicht für sein Eigenvermögen erwerben wollen, KG JFG 15, 155; OGH 2, 226; LG Koblenz DNotZ 1950, 65; unentschieden Köln OLG 65, 117.
b) Nach der zutreffenden **objektiven** Auffassung hat daneben schon allein der Gegenstand des Rechtsgeschäfts, seine **Zugehörigkeit** zum Nachlaß, zuordnende Wirkung, Kipp/Coing § 114 III 2; RGRK/Kregel Rz 3; Staud/Werner Rz 6; München NJW 1956, 1880. Das gilt jedenfalls dann, wenn das Rechtsgeschäft mit Mitteln des Nachlasses abgewickelt wird, Brox Rz 608; Ebenroth Rz 730. Nur diese Meinung erreicht den Schutzzweck der Ersetzung, die im Interesse der Nachlaßgläubiger und der Miterben die wirtschaftliche Einheit und den Wert des Nachlaßvermögens erhalten soll; vgl BGH NJW 1987, 434f; ZEV 2000, 62; MüKo/Dütz Rz 1. Daher bezieht sich eine Verpachtung eines Nachlaßgegenstands sogar dann auf den Nachlaß, wenn ein Miterbe sie im eigenen Namen in der Absicht vornimmt, die Pacht für sich einzuziehen; dieser gehört daher zum Vermögen der Erbengemeinschaft, BGH NJW 1968, 1824; vgl auch BFH WM 1971, 835. Zur Frage des Erwerbs von Nichtberechtigten vgl Groß MDR 1965, 443. Beim Erwerb mit nachlaßfremden Mitteln kommt eine Surrogation nur dann in Betracht, wenn das Rechtsgeschäft objektiv eine Beziehung zum Nachlaß hat, es also etwa der Erhaltung oder Verwaltung des Nachlasses dient, und der Miterbe den Willen hat, für den Nachlaß zu erwerben, Ebenroth Rz 730; Brox Rz 608. Der Wille allein, für den Nachlaß zu erwerben, vermag keine Nachlaßzugehörigkeit zu begründen. Hat der Miterbe zum Erwerb, der in das Gesamthandsvermögen fiel, eigene Mittel aufgewandt, so hat er gegen die Nachlaßgläubiger nach §§ 1978, 1991, gegen die Miterbengemeinschaft nach §§ 670, 683ff Ersatzansprüche. Soweit der Miterbe Erbschaftsbesitzer ist, gilt neben § 2041 noch 2019 I.

5   5. Nach S 2 gilt § 2019 II entsprechend, vgl § 2019 Rz 5.

2042 *Auseinandersetzung*

(1) Jeder Miterbe kann jederzeit die Auseinandersetzung verlangen, soweit sich nicht aus den §§ 2043 bis 2045 ein anderes ergibt.
(2) Die Vorschriften des § 749 Abs. 2, 3 und der §§ 750 bis 758 finden Anwendung.

Schrifttum: *Bartholomeyczik*, Zur Auseinandersetzung der Miterbengemeinschaft im neuen Recht, ZAkDR 1938, 626; *J. Blomeyer*, Die vorweggenommene Auseinandersetzung der in gemeinschaftlichem Testament bedachten Kinder nach dem Tod des einen Elternteils, FamRZ 1974, 421; *Bull*, Auseinandersetzung als Prozeßgegenstand, SchlHA 1967, 11; *Coing*, Nachlaßteilungsverträge im deutschen Erbrecht, in FS Schwind, 1978, S 63; *Dütz*, Das Zurückbehaltungsrecht des § 273 I BGB bei Erbauseinandersetzungen, NJW 1971, 1105; *Eberl-Borges*, Die Erbauseinandersetzung, 2000; *Firsching/Graf*, Nachlaßrecht, 8. Aufl 2000; *Krenz*, Die Auseinandersetzung der Erbengemeinschaft – Dogmatische, rechtsvergleichende und rechtspolitische Aspekte –, AcP 195, 361; *Lange*, Verwaltung, Verfügung und Auseinandersetzung bei der Erbengemeinschaft, JuS 1967, 453; *Muscheler*, Testamentsvollstreckung über Erbteile, AcP 195, 35; *Petzold*, Die Teilauseinandersetzung bei der Miterbengemeinschaft, Diss Hamburg 1973; *Speckmann*, Der Streitwert der Erbteilungsklage, NJW 1970, 1259; *Weimar*, Die Auseinandersetzung unter Miterben, MDR 1978, 287; *Wilcke*, Vorschläge zur Verbesserung der Vorschriften über die Auseinandersetzung unter mehreren Erben, DR 1938, 70; *Winkler*, Verhältnis von Erbteilsübertragung und Erbauseinandersetzung: Möglichkeiten der Beendigung der Erbengemeinschaft, ZEV 2001, 11; vgl auch die Schrifttumshinweise vor § 2032 und bei § 2033.

1. Anspruch auf sofortige Auseinandersetzung. a) In den Grenzen des nötigen Gläubiger- und Miterbenschutzes bleibt auch die Erbengemeinschaft des BGB eine geborene Liquidationsgesamthand, denn jeder Gesamthänder kann sofort und ohne wichtigen Grund, auch zur Unzeit, von den übrigen die Auseinandersetzung aller Miterben über den ganzen Nachlaß verlangen, **Abs I.** Ihm kann allenfalls mit dem Einwand unzulässiger Rechtsausübung begegnet werden, § 242. Gleichwohl ist die Erbengemeinschaft keine Liquidationsgesamthand um jeden Preis. Sie dient auch der gemeinsamen Verwaltung und Nutzung und erstrebt die Liquidation zur besten Zeit. Daher kann ein Miterbe sein Auseinandersetzungsverlangen auf einen Teil des Nachlasses, etwa ein Grundstück oder die Einkünfte aus einem im übrigen von der Miterbengemeinschaft fortzusetzenden Gewerbebetrieb beschränken, wenn besondere Gründe vorliegen und die Belange der Miterbengemeinschaft nicht beeinträchtigt werden, BGH NJW 1963, 1610f; FamRZ 1965, 267 (269).

b) Den **Auseinandersetzungsanspruch** hat nicht nur jeder Miterbe, sondern auch jeder Erbteilserwerber (§ 2033 I; KG OLG 14, 154), ferner der Nießbraucher zusammen mit dem Miterben oder Erbteilserwerber bis zur Verkaufsberechtigung (§ 1066 IV), der Pfandgläubiger zusammen mit dem Miterben oder Erbteilserwerber (§§ 1258 II, 1276 II S 2, 1257; § 804 ZPO), nach der Verkaufsberechtigung der Pfandgläubiger allein, §§ 1258 II, 1228 II; RG 60, 126; Staud/Werner Rz 37. Der Anspruch auf die Auseinandersetzung ist an die Miterben- oder Gesamthänderstellung gebunden. Daher kann er nicht abgetreten, wohl aber einem anderen zur Geltendmachung im eigenen Namen überlassen werden, wenn dieser ein besonderes eigenes Rechtsschutzbedürfnis für eine solche Ermächtigung hat, BGH FamRZ 1965, 270.

2. Ausschluß der Auseinandersetzung. Der im Regelfall bestehende Anspruch auf Auseinandersetzung kann **ausnahmsweise ausgeschlossen** sein.

a) Zunächst einmal können **die Erben** die Auseinandersetzung **durch vertragliche Vereinbarung** für immer oder zeitweilig, ganz oder teilweise ausschließen oder von einer Kündigung abhängig machen, BGH BB 1968, 1219. Da es sich hierbei um keine Maßnahme der Verwaltung des Nachlasses im Sinne von § 2038 handelt, genügt ein Mehrheitsbeschluß nicht. Ein vertraglicher Ausschluß der Auseinandersetzung wirkt auch gegenüber Sondernachfolgern einzelner Miterben, etwa gegenüber Erbteilserwerbern. Die Vereinbarung kann in jedem Fall aus wichtigem Grund gekündigt werden, §§ 2042 II, 749 II, III, 750, 751, 314. Ein unbeschränktes Kündigungsrecht hat trotz der Vereinbarung der Erben der Gläubiger eines Miterben, der einen endgültig vollstreckbaren Titel besitzt und den Erbteil seines Schuldners hat pfänden lassen, § 751 S 2.

b) Ferner kann **der Erblasser** die sofortige Auseinandersetzung **letztwillig** ausschließen oder von einer Kündigung abhängig machen (negative Auseinandersetzungsanordnung). Sie verpflichtet die Miterben, sie einzuhalten, wirkt also nur obligatorisch, ohne ihre unmittelbare Rechtsmacht zur Auseinandersetzung auszuschließen, §§ 137, 2044.

c) Kraft Gesetzes fehlt den Erben der Anspruch auf die Auseinandersetzung, soweit und solange die Erbteile der Miterben noch unbestimmt sind, weil zB die Geburt eines Miterben zu erwarten ist, § 2043.

d) Jeder Miterbe kann schließlich verlangen, daß die Auseinandersetzung **bis zur Beendigung eines** eingeleiteten oder unverzüglich beantragten öffentlichen oder privaten **Gläubigeraufgebots** aufgeschoben wird, §§ 2045, 1970, 2061.

3. Regeln für die Auseinandersetzung. Das Gesetz enthält in den §§ 2046ff nachgiebige Regelungen über die Auseinandersetzung des Nachlasses (**Teilungsvorschriften**). Sie gelten nur soweit, wie der Erblasser nicht in seiner Verfügung von Todes wegen hiervon abweichende **Teilungsanordnungen** getroffen hat, § 2048. Die Miterben können sich durch **vertragliche Vereinbarungen** sowohl über die gesetzlichen Teilungsvorschriften als auch die Teilungsanordnungen des Erblassers hinwegsetzen. Etwas anderes gilt nur dann, wenn der Erblasser für die Auseinandersetzung des Nachlasses **Testamentsvollstreckung** angeordnet hat; der Testamentsvollstrecker ist an die Teilungsanordnungen des Erblassers und im übrigen an die gesetzlichen Vorschriften gebunden, § 2204 I.

a) Die nachgiebigen **Teilungsvorschriften des Gesetzes** (§§ 2046ff, 752ff) sehen zunächst Tilgung der Nachlaßverbindlichkeiten vor, § 2046 I. Zu ihrer Berichtigung ist der Nachlaß, soweit erforderlich, nach den Vorschriften über den Pfandverkauf, bei Grundstücken durch Zwangsversteigerung in Geld umzusetzen, vgl dazu § 2046 III. Ist eine Nachlaßverbindlichkeit noch nicht fällig oder streitig, so ist das zur Berichtigung Erforderliche zurückzubehalten, § 2046 I S 2. Näheres §§ 753, 754. Der verbleibende Restnachlaß ist im Verhältnis der Erbteile zu teilen, § 2047 I, vgl § 752–758. Die Teilbarkeit „in Natur" (§ 752) beschränkt sich allerdings nicht auf die physisch mögliche Zerlegung eines Gegenstands in gleichwerte Teile. Sie ist teleologisch aus der Bestimmung des Nachlasses zu verstehen. Einerseits sollen alle Miterben bei der Teilung möglichst gleich behandelt werden, andererseits soll das Nachlaßvermögen soweit als möglich gegenständlich und wertmäßig erhalten bleiben. Daher sind beispielsweise nicht nur Lebensmittelvorräte teilbar, sondern auch Wertpapiere, soweit mehrere gleichartige

§ 2042

Stücke vorhanden sind und jedem Teilhaber ein Stück zugeteilt werden kann, das seinem Nachlaßteil entspricht, RG 91, 416; Bartholomeyczik in FS Lange S 358. Sogar Grundstücke mit Wohnhäusern sind „in Natur teilbar", weil nach § 1 WEG an einzelnen Wohnungen Wohnungseigentum begründet werden kann, Staud/Werner Rz 53. Wirtschafts- und sonstige sinnvolle Einheiten, deren Wert gerade auf der geistig-organisatorischen Zusammenfügung einzelner juristisch selbständiger Sachen beruht, Unternehmen, Bibliotheken, Sammlungen können trotz dieser weiten Interpretation der Teilbarkeit zerstört werden, wenn auch nur ein Miterbe der Zuteilung an einen oder mehrere Miterben widerspricht. Auch hat kein Miterbe das Recht, von den anderen Umwandlung des Gesamthandseigentums in Bruchteilseigentum am gleichen Gegenstand zu verlangen, BGH NJW 1956, 1434. Dagegen ist ein Miterbenanteil ein teilbarer Gegenstand, weil er in Bruchteile geteilt werden kann, BGH NJW 1963, 1610.

Ist die Teilung in Natur (§ 752) ausgeschlossen, erfolgt die Aufhebung der Gemeinschaft durch Verkauf des Nachlaßgegenstands, § 753 I S 1. Ist die Veräußerung unstatthaft (§ 753 I S 2), so ist der Gegenstand unter den Miterben zu versteigern. Das gilt etwa für das Nutzungsrecht einer Erbengemeinschaft an einem Grabrecht, Oldenburg FamRZ 1996, 377.

5 b) Zum **Inhalt von Teilungsanordnungen** des Erblassers s die Erl zu § 2048.

6 c) Der **Inhalt des Vertrags der Miterben über die Auseinandersetzung,** der sich auch über Teilungsanordnungen des Erblassers hinwegsetzen kann, ist durch keine zwingende gesetzliche Vorschrift vorgeschrieben. Es kann alles versilbert und der Erlös geteilt, die Gesamthandsberechtigung in eine Bruchteilsgemeinschaft an allen Nachlaßgegenständen umgewandelt, es können die Nachlaßgegenstände selbst unter die Miterben ohne Versilberung verteilt, es kann der ganze Nachlaß ohne Form des § 2371 für das Grundgeschäft (RG WarnRspr 1909, 512) einem oder mehreren Miterben so übertragen werden, daß die übrigen Geldabfindungen erhalten. Daher kann ein formnichtiger Erbteilskauf in eine formgültige Erbauseinandersetzung umgedeutet werden, § 140; RG 129, 123; RGRK/Kregel Rz 2.

4. Arten der Auseinandersetzung (Überblick)

7 a) Die Auseinandersetzung durch vertragliche Vereinbarung aller Miterben. Die Miterben können einem von ihnen oder einem Dritten die Verwaltung des gemeinschaftlichen Nachlasses übertragen, die Auseinandersetzung hinsichtlich des ganzen Nachlasses oder einzelner Gegenstände auf Zeit oder für immer ausschließen, die Benutzung der Nachlaßgegenstände mit bindender Wirkung für die Beteiligten regeln, auch einem von ihnen ein – nicht dingliches – Nutzungsrecht am Nachlaß oder an einzelnen Nachlaßgegenständen einräumen, §§ 2038, 745; 2042, 749; BGH BB 1968, 1219.

b) Die Auseinandersetzung durch den Testamentsvollstrecker (§ 2204 I), der die Auseinandersetzung und Teilung so vollzieht, daß er zwar an die Anordnungen des Erblassers, nicht aber an Vereinbarungen der Miterben gebunden ist.

c) Die Auseinandersetzung durch gerichtliches Vermittlungsverfahren (§§ 86ff FGG), das im Erfolgsfall einen Vollstreckungstitel schafft, § 98 FGG.

d) Die Auseinandersetzung auf Auseinandersetzungsklage durch das Prozeßgericht, das nur nach den gesetzlichen Teilungsregeln erkennt, aber keine gestaltende Zuteilungsmöglichkeit hat.

e) Die Auseinandersetzung durch Zuweisung des Landwirtschaftsgerichts, §§ 13–17 GrdstVG.

8 **5. Auseinandersetzung durch Vertrag der Miterben.** Der **Auseinandersetzungsvertrag** wirkt **verpflichtend,** erst die ihn vollziehende **Teilung** überführt **unmittelbar dingliche** Gesamthands- in Alleinberechtigungen. Zur Frage der Teilung vgl § 2059 Rz 7. Eine Form kann nur aus besonderen Gründen notwendig werden, zB aus § 311b oder aus § 15 GmbHG.

9 a) Die **dingliche Teilung** richtet sich nach den jeweiligen Übertragungsvorschriften, verlangt bei Grundstücken Auflassung und Eintragung (§§ 873, 925; vgl besonders § 2032 Rz 2), bei beweglichen Sachen Beachtung der §§ 929ff; ein Handelsunternehmen kann auch in der Erbauseinandersetzungsvorschriften nicht durch einen einheitlichen Rechtsakt als Ganzes übertragen werden, BGH BB 1965, 1373. Der Pfandgläubiger des Miterbenanteils muß bei der dinglichen Teilung ebenso mitwirken (vgl 2033 Rz 8) wie der Nießbraucher (MüKo/Petzoldt § 1066 Rz 5), der Nacherbe nur, soweit Rechtsgeschäfte nach §§ 2113 I, 2114 vorzunehmen sind, KG DJZ 1907, 300.

10 b) Auch die **verpflichtende Auseinandersetzung** braucht nicht in einem einheitlichen Vertrag zu erfolgen, sie kann sich auf einzelne Nachlaßgegenstände beschränken oder sich in mehreren Verträgen vollziehen, so daß kein Vertrag zwischen allen Miterben geschlossen wird, aber so, daß die Verträge insgesamt zur Auseinandersetzung aller Miterben führen sollen, RG HRR 1930, 1466.

11 c) Nehmen **mehrere minderjährige Erben** an einer Auseinandersetzung teil, so muß wegen §§ 1795 II, 1629 II S 1, 181 jeder einen besonderen Vertreter (Pfleger, § 1909) haben (RG 93, 334; BGH FamRZ 1968, 245), es sei denn, daß lediglich in Erfüllung der gesetzlichen Auseinandersetzungsvorschriften und damit zur Erfüllung einer gesetzlichen Verbindlichkeit geteilt wird (RG 67, 64; 93, 336; Riedel JR 1950, 140; BGH NJW 1956, 1433), oder daß die minderjährigen Miterben ihre Erbteile formgerecht an einen oder mehrere volljährige Miterben gegen Abfindungssummen übertragen, die an die einzelnen minderjährigen Miterben zu zahlen sind, RGRK/Kregel Rz 6; Staud/Werner Rz 35. Eine **vormundschaftsgerichtliche bzw familiengerichtliche Genehmigung** kann die Beschränkung des § 181 nicht aufheben, RG 71, 162.

Vormund und Pfleger brauchen, wenn von ihnen vertretene Minderjährige an der Auseinandersetzung beteiligt ist, die vormundschaftsgerichtliche, in den Fällen der Auseinandersetzungsvermittlung nach §§ 88, 97 II FGG die nachlaßgerichtliche Genehmigung nach §§ 1915, 1822 Nr 2, dazu Damrau ZEV 1994, 1. Die sorgeberechtigten Eltern benötigen die familiengerichtliche Genehmigung nur, wenn der Vertrag ein Geschäft des § 1643 I einschließt. Setzen sich Miterben über einen Nachlaßgegenstand so auseinander, daß ein minderjähriger Miterbe unentgeltlich ein Nachlaßgrundstück zum Alleineigentum erwirbt, bedarf die Auseinandersetzung weder der Einwilligung seines gesetzlichen Vertreters noch der Genehmigung des Familien- oder Vormundschaftsgerichts, § 107; BayObLG 68, 1. Vgl zur Erbauseinandersetzung unter Mitbeteiligung von Minderjährigen und zur Übertragung der Erbteile Minderjähriger BGH FamRZ 1968, 245; Hamm OLG 83, 144.

d) Für **Mängel zugeteilter Nachlaßgegenstände** haften die Miterben einander nach Kaufrecht, §§ 2042 II, 757, 437. Diese Haftung für Sach- (§ 434) und Rechtsmängel (§ 435) greift aber nur dann ein, wenn ein Ausgleich wegen einer objektiven Wertbenachteiligung erforderlich ist, Lange/Kuchinke § 44 IV 5a. Anderenfalls würde die Auseinandersetzung unter den Miterben sehr erschwert, wenn nicht gar unmöglich gemacht, weil hierbei in der Regel zahlreiche, meist gebrauchte und damit oft mit einem Sach- oder Rechtsmangel behaftete Gegenstände verteilt werden müssen, aA Soergel/Wolf Rz 43. Verkaufen die Miterben einen Gegenstand an einen Dritten, um den Erlös zur Gläubigerbefriedigung oder Teilung zu verwenden, so haften sie ihm gegenüber nach Kaufrecht als Gesamtschuldner, wenn sie ihre Haftung nicht auf den Nachlaß beschränkt haben, im Innenverhältnis nach Maßgabe ihrer Anteile.

6. Auseinandersetzung durch einen Testamentsvollstrecker. Der Testamentsvollstrecker hat die Auseinandersetzung durch Teilung nach den §§ 2042–2056 zu vollziehen (§ 2204 I), er darf also die Auseinandersetzung nicht nach „billigem Ermessen" vornehmen, Karlsruhe NJW-RR 1994. Er ist deshalb zwar an die Anordnungen des Erblassers (§ 2048), nicht aber an Vereinbarungen der Miterben gebunden. Zu beachten hat er aber Abreden der Miterben über die Fortsetzung der Erbengemeinschaft, RG WarnRspr 1934 Nr 21. Über die Anordnungen des Erblassers kann er sich nur aus wichtigem Grund oder mit Zustimmung aller Miterben (BGH 40, 115; 56, 275; 57, 84) wirksam hinwegsetzen, während die wirksamen Vereinbarungen der Miterben, den Nachlaß derzeit nicht auseinanderzusetzen, ihn nur schuldrechtlich binden, so daß seine entgegenstehenden Verfügungen nach außen dennoch wirksam sind. Der Testamentsvollstrecker hat die Auseinandersetzung nach den gesetzlichen Auseinandersetzungsvorschriften durchzuführen, wenn der Erblasser sie nicht ausdrücklich oder schlüssig durch letztwillige Verfügung seinem billigen Ermessen anheimgestellt hat, RGRK/Kregel Rz 12; Kipp/Coing § 118 II. Zu den Besonderheiten, wenn der Testamentsvollstrecker gleichzeitig gesetzlicher Vertreter der Erben ist, vgl Hamm FamRZ 1993, 1123.

7. Auseinandersetzung durch nachlaßgerichtliches Vermittlungsverfahren. Dieses Verfahren ist nur zulässig, wenn kein Testamentsvollstrecker bestellt ist oder nicht zur Auseinandersetzung berechtigt ist (§ 86 I FGG), keine Nachlaßverwaltung oder kein Nachlaßinsolvenzverfahren durchgeführt werden, KGJ 49, 84; Staud/Werner Rz 9. Zuständig ist das Amtsgericht als Nachlaßgericht. Es entscheidet der Rechtspfleger (Ausnahme: Richtervorbehalt des § 16 I Nr 8 RpflG). Das Vermittlungsverfahren wird auf Antrag eines Miterben, eines Erbteilserwerbers oder eines Pfandgläubigers oder Nießbrauchers an einem Erbteil (§ 86 II FGG) eingeleitet. Ein Ehegatte ist als Miterbe allein antragsberechtigt, wenn er im gesetzlichen Güterstand oder im Güterstand der Gütertrennung lebt, §§ 1364, 1414. Ist bei vereinbartem Güterstand der Gütergemeinschaft die Erbschaft in das Gesamtgut gefallen, so steht die Antragsmacht beiden Ehegatten zu, wenn dieses von beiden Ehegatten gemeinschaftlich verwaltet wird, §§ 1450, 1451. Wird es nur von einem Ehegatten verwaltet, so ist nur dieser verwaltende Ehegatte antragsberechtigt, § 1422. Allein antragsberechtigt ist der erbende Ehegatte hingegen, wenn die Erbschaft in das Vorbehaltsgut gefallen ist, dazu Keidel/Kuntze/Winkler, FGG, 14. Aufl 1999, Teil A, § 86 Rz 57. Landesgesetzlich kann es auch von Amts wegen durchgeführt werden (§ 192 FGG), wovon die Länder aber keinen Gebrauch mehr machen. Das Nachlaßgericht hat in erster Linie zwischen den Miterben zu vermitteln (§ 86 I FGG) und einen Auseinandersetzungsplan aufzustellen. Der Widerspruch eines einzelnen Miterben macht das Verfahren hinfällig. Streitigkeiten, sei es über Erbrechte, Größe der Erbteile, Zugehörigkeit von Gegenständen zum Nachlaß, sei es über den Bestand von Nachlaßverbindlichkeiten, besonders Pflichtteilsansprüche, Vermächtnisse und Auflagen, Ausgleichspflichten, Ansprüche der Miterben untereinander, können nicht vom Nachlaßgericht entschieden werden, sondern führen zur Aussetzung des Vermittlungsverfahrens bis zur Einigung der Beteiligten oder Entscheidung durch Urteil des Prozeßgerichts, § 95 FGG. Säumige Miterben können unter den Voraussetzungen des § 91 III FGG als zustimmend behandelt werden. Einigen sich alle Beteiligten auf einen Teilungsplan, so beurkundet und bestätigt ihn das Nachlaßgericht, § 93 I S 2 FGG. Er wirkt wie eine Vereinbarung und zwar auch dinglich. Der bestätigte Teilungsplan bildet einen Vollstreckungstitel, § 98 FGG.

8. Auseinandersetzung durch Zuweisung durch das Landwirtschaftsgericht. a) Das Landwirtschaftsgericht kann nicht nur wie das Nachlaßgericht die Auseinandersetzung unter den Miterben vermitteln, sondern auf Antrag eines Miterben, auch eines Erbteilserwerbers, einen landwirtschaftlichen Betrieb, der eine bäuerliche Familie zu ernähren vermag (§ 14 GrdstVG), einem Miterben rechtsgestaltend zuteilen (adiudicatio), § 13 I GrdstVG. Kann der Betrieb des Erblassers in mehrere Betriebe geteilt werden, so kann er auch geteilt einzelnen Miterben zugewiesen werden. Das Landwirtschaftsgericht ist also nicht auf die Einigkeit der Miterben, sondern nur auf den Antrag eines Miterben oder Erbteilserwerbers und die Bereitwilligkeit des Zuweisungsempfängers zur Übernahme angewiesen.

Eine Zuweisung ist nach § 13 I S 1 GrdstVG nur dann möglich, wenn die Erbengemeinschaft aufgrund gesetzlicher und nicht gewillkürter Erbfolge entstanden ist. Sie ist selbst dann ausgeschlossen, wenn die letztwillige Verfügung im Ergebnis die gesetzliche Erbfolgeregelung herbeiführt, BGH 40, 60; vgl aber Oldenburg NdsRpfl 1966, 42. Der Erblasser darf die Auseinandersetzung auch nicht durch besondere Verfügung geregelt haben, etwa durch Teilungsanordnung, Bestellung eines Testamentsvollstreckers, der zur Auseinandersetzung berechtigt ist, oder auch nur durch den Ausschluß der Auseinandersetzung. Einigen sich die Miterben über die Auseinandersetzung und kann die vereinbarte Auseinandersetzung vollzogen werden, so ist das gerichtliche Verfahren unzulässig, § 14 II GrdstVG.

b) Die anderen Miterben erhalten an Stelle ihres Erbteils am Betrieb einen Geldanspruch (**Abfindung**), den das Gericht nach dem Ertragswert (§ 2049) festzusetzen hat (condemnatio), § 16 I GrdstVG. Das Gericht kann die Ausgleichszahlungen stunden und sichern (§ 16 III GrdstVG). Es kann auch festsetzen, daß Ausgleichsberechtigte durch ein beschränktes dingliches Recht am zugewiesenen Grundstück (§ 16 V GrdstVG) oder ganz oder teilweise durch Übereignung eines für den Empfänger entbehrlichen, aber von den Ausgleichsberechtigten benötigten Grundstücks (§ 16 IV S 1 GrdstVG) abzufinden sind.

Für Nachlaßschulden, die nicht an Betriebsgrundstücken dinglich gesichert sind, haftet in erster Linie das übrige, nicht zum Betrieb gehörende Vermögen, § 16 II GrdstVG.

Mit der Zuweisung soll das Gericht nur nachholen, was ein verständiger Erblasser vor seinem Tod voraussichtlich angeordnet hätte, wenn er die Uneinigkeit seiner Miterben hätte voraussehen können. Zuweisungsempfänger kann daher nur ein wirtschaftsfähiger Miterbe sein, dem der Erblasser den Betrieb nach seinem wirklichen oder mutmaßlichen Willen zugedacht hat (§ 15 I S 1 GrdstVG), entweder sein Ehegatte oder ein Abkömmling, ein anderer nur, wenn er den Betrieb bewohnt und bewirtschaftet oder mitbewirtschaftet.

Da das Verfahren bei fehlenden Anordnungen des Erblassers oder fehlender Einigkeit der Miterben dazu dient, eine ordnungsmäßige Bewirtschaftung dieses Betriebs zu landwirtschaftlichen Zwecken zu gewährleisten, ist die Zuweisung solcher Grundstücke ausgeschlossen, bei denen nach ihrer Lage und Beschaffenheit anzunehmen ist, daß sie in absehbarer Zeit nicht mehr landwirtschaftlichen Zwecken dienen werden, zB weil das Siedlungsgebiet einer Stadt sie erreicht, so daß sie zur Bebauung herangezogen werden, § 13 I S 2 GrdstVG. Werden zugewiesene Grundstücke binnen 15 Jahren nach dem Erwerb im Zuweisungsverfahren vom Erwerber veräußert oder in anderer Weise mit besonderem Gewinn ihrem Zweck entfremdet, so werden die anderen Miterben am Gewinn mitbeteiligt, § 17 GrdstVG.

Die Zuweisung ist keine Enteignung, Piepenbrock DRiZ 1963, 426; die §§ 13ff GrdstVG sind daher verfassungsgemäß, BVerfG FamRZ 1995, 405 mit Anm Bosch.

Vgl im einzelnen Wöhrmann/Stöcker, Das Landwirtschaftserbrecht, 7. Aufl 1999.

16 **9. Auseinandersetzung auf Auseinandersetzungsklage. a)** Die Auseinandersetzungsklage ist keine rechtsgestaltende Klage, die dem Nachlaßrichter wie etwa im römischen und gemeinen Recht die actio familiae erciscundae die Möglichkeit gibt, die Auseinandersetzung „ex aequo et bono" zu betreiben, Nachlaßgegenstände zuzuteilen und Miterben mit Ausgleichsverpflichtungen zu belegen. Es handelt sich um eine **Leistungsklage** eines Miterben gegen die übrigen Miterben **auf Zustimmung zu dem** vom Kläger **vorgelegten Teilungsplan.** Das rechtskräftige Urteil ersetzt die Zustimmung des beklagten Miterben zur Nachlaßauseinandersetzung, § 894 ZPO; Staud/Werner Rz 44. Hat der Miterbe mit seinem Teilungsplan auch die Übertragung bestimmter Nachlaßgegenstände beantragt, so wird mit der Rechtskraft des Urteils auch die Zustimmung zu diesen rechtsändernden dinglichen Ausführungsverfügungen ersetzt, Kipp/Coing § 118 V. Aber der Teilungsplan, den der Kläger in seinem Klageantrag zu formulieren hat (Kassel SeuffA 64, 10), kann sich nur auf Anordnungen des Erblassers oder auf Vereinbarungen der Miterben oder auf die gesetzlichen Teilungsregeln stützen. Die Klage kann aber auch auf Abschluß eines Auseinandersetzungsvertrags gerichtet werden, der sich auf einige Streitpunkte beschränkt (RG JW 1910, 655 Nr 14; WarnRsp 1941, 108) oder sich nur auf einzelne Miterben bezieht, RGRK/Kregel Rz 23. Kann das Gericht die Beklagten nicht nach dem Klageantrag zu den Bedingungen des Teilungsplans verurteilen, so muß der Kläger Hilfsanträge stellen. Das Gericht ist nicht befugt, den Teilungsplan von sich aus abzuändern. Bedarf die Erbauseinandersetzung einer Genehmigung des Vormundschafts- oder Familiengerichts, so muß der Kläger diese vor der Entscheidung beibringen, KG NJW 1961, 733. Der Nachlaß muß teilungsreif sein, Karlsruhe NJW 1974, 956; RGRK/Kregel Rz 22; Staud/Werner Rz 41; aA BGH Urteil vom 24. 1. 1962 – V ZR 6/61 bei Johannsen WM 1970, 744; differenzierend Soergel/Wolf Rz 20. Das ist nicht der Fall, wenn die Parteien über den Umfang des Nachlasses streiten, vor allem wenn die Feststellung seines Bestands von der Abgabe einer eidesstattlichen Versicherung abhängt, die der Beklagte vom Kläger mit der Widerklage verlangt, vgl Johannsen WM 1961, 733. Solange der Nachlaß nicht teilungsreif ist, ist nur eine Feststellungsklage zulässig, Karlsruhe NJW 1974, 956. Statt einer Klage auf Auseinandersetzung kann ein Miterbe auch eine Feststellungsklage erheben, wenn sie dazu dient, die Grundlagen der späteren Erbauseinandersetzung zu klären, BGH FamRZ 1990, 1112 (1113). Befindet sich im Nachlaß nur noch eine Forderung gegen einen Miterben, so haben die übrigen Miterben die Möglichkeit, von ihm mittels Leistungsklage Auseinandersetzung und Erfüllung der auseinandergesetzten Forderung an sich (Ausnahmefall zu 2039) zu verlangen, BGH FamRZ 1989, 273; vgl § 2039 Rz 3.

b) Der **Streitwert der Erbauseinandersetzungsklage** bestimmt sich nicht nach dem vollen Nachlaßwert, sondern nach dem Interesse des Klägers, letztlich also nach dem Wert des auf ihn entfallenden Anteils, BGH NJW 1975, 1415; Soergel/Wolf Rz 24; Speckmann NJW 1970, 1259; aA BGH NJW 1962, 914; Staud/Werner Rz 45 und 10. Aufl. Ist der Teilungsplan nur hinsichtlich der Verteilung einzelner Nachlaßgegenstände streitig, so richtet sich der Streitwert der Auseinandersetzungklage nur nach dem Verkehrswert dieser Nachlaßgegenstände, BGH NJW 1969, 1350; Johannsen WM 1970, 745; 73, 545. Zur Berechnung des Nachlaßwerts vgl Meincke, Das Recht der Nachlaßbewertung im BGB, 1973.

17 **10. Gegenständliche und persönliche Teilauseinandersetzung.** Auch eine gegenständliche oder persönliche Teilauseinandersetzung ist zulässig. Sie beschränkt sich dann auf einzelne Nachlaßgegenstände (BGH FamRZ 1965, 269; Colmar OLG 21, 317; Lange JuS 1967, 454) oder auf einzelne Miterben, Colmar OLG 11, 230; KG OLG 65, 244; Neustadt DNotZ 1965, 489; Bühler BWNotZ 1987, 73.

18 **a)** Eine **persönliche Teilauseinandersetzung** kann in der Weise erfolgen, daß einzelne Miterben ihren Erbteil auf die anderen übertragen, § 2033. Die Miterbengemeinschaft wird dann von den anderen fortgesetzt, Colmar OLG 11, 230; Köln JMBl NRW 1958, 127; KGJ 23, 74. Keiner der Miterben kann jedoch verlangen, daß eine persönlich beschränkte Teilauseinandersetzung nur in bezug auf ihn stattfindet, während die Miterbengemeinschaft im übrigen fortbestehen soll, BGH NJW 1985, 51. Entgegen der hM (BGH 138, 8; KG OLG 65, 244; Soergel/Wolf Rz 39; Eberl-Borges, Die Erbauseinandersetzung, S 274ff; Pal/Edenhofer Rz 18; MüKo/Dütz Rz 14) kann der einzelne Miterbe nicht formlos aus der Miterbengemeinschaft ausscheiden. Eine Anwachsung sieht das Recht der Miterbengemeinschaft nicht vor. § 738 ist auf eine durch Vertrag begründete Gesamthandsgemeinschaft zugeschnitten und deshalb auf die kraft Gesetzes entstehende Miterbengemeinschaft nicht entsprechend anwendbar, ebenso Bühler BWNotZ 1987, 73 (75) und Patschke NJW 1955, 446.

b) Eine **gegenständliche Teilauseinandersetzung** kann nur verlangt werden, wenn besondere Gründe das rechtfertigen und keine Interessen der Erbengemeinschaft oder der anderen Miterben entgegenstehen, BGH NJW 1985, 51; Koblenz FamRZ 2002, 1513; Celle ZEV 2002, 363; Staud/Werner Rz 30; aA Köln MDR 1958, 517. Bei ihr besteht die Gesamthandsgemeinschaft weiter, solange die Auseinandersetzung nicht vollständig durchgeführt ist. Auch ein Anspruch auf eine Teilauseinandersetzung hinsichtlich der Nachlaßfrüchte besteht nur ausnahmsweise, vgl § 2038 II S 2; BGH LM Nr 4 zu § 2042; Hamburg MDR 1965, 665. Die teilweise Auseinandersetzung kann nur im Verhältnis auch zu den anderen Miterben gelten, wenn diese sich am Auseinandersetzungsverfahren beteiligt haben, RG ZBlFG 4, 493. **19**

11. Jeder Miterbe ist berechtigt, den **Antrag auf Zwangsversteigerung** eines Nachlaßgrundstücks zum Zweck der Auseinandersetzung zu stellen, § 180 ZVG. Nach § 180 II ZVG ist das Verfahren auf Antrag eines Miterben für längstens sechs Monate einstweilig einzustellen, wenn das bei Abwägung der widerstreitenden Interessen der Miterben angemessen erscheint. Die Einstellung kann nur einmal wiederholt werden; § 30b ZVG gilt entsprechend, § 180 II S 2 und 3 ZVG. **20**

12. Der **Auseinandersetzungsanspruch verjährt nicht** (§ 758), wird aber mit der Verjährung des Erbschafts- oder Herausgabeanspruchs gegen Erben oder Dritte wirkungslos, Planck/Ebbecke Anm 1; Staud/Werner Rz 48. **21**

13. Ist die Auseinandersetzung **vollzogen,** so kann die Miterbengemeinschaft nicht durch Vertrag wiederhergestellt werden (Düsseldorf Rpfleger 1952, 243), auch nicht hinsichtlich einzelner Gegenstände, KG DNotZ 1952, 84. Die Auseinandersetzung ist so lange nicht vollzogen, wie noch gemeinschaftliches Nachlaßvermögen vorhanden ist. Gemeinschaftliches Vermögen ist auch dann noch vorhanden, wenn der schuldrechtliche Auseinandersetzungsvertrag wegen Irrtums (§ 119) oder arglistiger Täuschung (§ 123) mit rückwirkender Kraft (§ 142 I) angefochten ist. Der damit entstehende Anspruch aus § 812 I S 1 steht den Miterben zur gesamten Hand zu, die Erbengemeinschaft ist also insoweit nicht aufgelöst, Soergel/Wolf Rz 36. Gleiches gilt, wenn Miterben nach § 323 I vom Auseinandersetzungsvertrag zurücktreten und von demselben nach § 346 I empfangene Leistungen zurückfordern, BGH LM Nr 2 zu § 326 BGB (A); Soergel/Wolf Rz 36; Pal/Edenhofer Rz 23. **22**

Nach einem Beschluß des Großen Senats des BFH bilden der Erbfall und die Erbauseinandersetzung von Betriebsvermögen im Einkommensteuerrecht keine rechtliche Einheit, GrS BFH NJW 1991, 291. Daraus folgt, daß der Miterbe das bei der Erbauseinandersetzung erlangte Vermögen nicht unmittelbar vom Erblasser, sondern aus dem Gesamthandsvermögen der Erbengemeinschaft erwirbt. Erbringt ein Erbe im Rahmen der Auseinandersetzung bzw für den Erwerb des Erbteils eine Abfindungszahlung an einen anderen Miterben, so entstehen ihm in einkommensteuerrechtlicher Hinsicht Anschaffungskosten in Höhe der Ausgleichsleistung. Für den ausscheidenden Miterben ergibt sich ein Veräußerungserlös, GrS BFH NJW 1991, 291. Zu den Auswirkungen des Beschlusses im Steuerrecht Söffing DB 1991, 773 (828); Meincke NJW 1991, 198; Stephan DB 1991, 1038, 1090, 2051; Priester DNotZ 1991, 504; Theilacker BWNotZ 1991, 101; Paus DStZ 1991, 225; Förster/Heyeres BB 1991, 1458; Felix FR 1991, 613. Zur steuerrechtlichen Beurteilung von ererbten Mitunternehmeranteilen BFH DB 1991, 733 mit Anm Groh DB 1991, 724. **23**

2043 *Aufschub der Auseinandersetzung*

(1) Soweit die Erbteile wegen der zu erwartenden Geburt eines Miterben noch unbestimmt sind, ist die Auseinandersetzung bis zur Hebung der Unbestimmtheit ausgeschlossen.
(2) Das Gleiche gilt, soweit die Erbteile deshalb unbestimmt sind, weil die Entscheidung über einen Antrag auf Annahme als Kind, über die Aufhebung des Annahmeverhältnisses oder über die Anerkennung einer vom Erblasser errichteten Stiftung als rechtsfähig noch aussteht.

1. Vorbemerkung. Durch Art 1 Nr 48 des Kindschaftsrechtsreformgesetzes vom 16. 12. 1997 (BGBl I 2942) sind die Vorschriften über die Legitimation nichtehelicher Kinder (§§ 1719–1740g) ersatzlos entfallen. Durch Art 1 Nr 45 dieses Gesetzes sind in § 2043 II die Wörter „über eine Ehelicherklärung" als Folgeänderung ebenfalls gestrichen. Eine Ehelicherklärung eines nichtehelichen Kindes hätte erbrechtlich ohnehin künftig keine Auswirkungen mehr, weil eheliche und nichteheliche Kinder durch das Erbrechtsgleichstellungsgesetz vom 16. 12. 1997 (BGBl I 2968) gleichgestellt und die §§ 1934aff entfallen sind. **1**

2. Nur „soweit" (vgl Mot V, 689) infolge der zu erwartenden Geburt (§ 1923 II) oder aus den Gründen des Abs II die Erbteile unbestimmt sind, ist die **Auseinandersetzung ausgeschlossen**. Können Erbteile bestimmter Stämme durch diese Ereignisse nicht beeinflußt werden, so kann unter diesen Stämmen die Auseinandersetzung erfolgen. Für den nasciturus nehmen der Pfleger oder die im Fall der Geburt sorgeberechtigten Eltern (§ 1912) an der Verwaltung (§ 2038) teil. **2**

3. a) Die **Entscheidung über die Annahme als Kind** oder die **Aufhebung des Annahmeverhältnisses** wirkt sich nur auf das gesetzliche Verwandtenerbrecht aus, dazu § 1924 Rz 10–13. Soweit die gesetzliche Erbfolge dadurch beeinflußt werden kann, ist die Auseinandersetzung nach Abs II ebenfalls ausgeschlossen, bis über die Annahme oder die Aufhebung des Annahmeverhältnisses befunden ist. **3**

§ 2043 Erbrecht Rechtliche Stellung des Erben

4 **b)** Die **Entscheidung über die Anerkennung einer Stiftung** ist erbrechtlich bedeutsam, weil die Stiftung hiermit erst rechtsfähig und damit erbfähig wird, §§ 80, 84.

5 **c)** Eine Erbauseinandersetzung ist ferner ausgeschlossen, solange eine **für den erbrechtlichen Erwerb notwendige Genehmigung** (Art 86 S 2 EGBGB) fehlt, RG 75, 408.

6 **d)** Eine analoge Anwendung des § 2043 auf andere Fälle bestehender Unbestimmtheit ist im Hinblick auf §§ 1911, 1960 nicht geboten, Staud/Werner Rz 11; MüKo/Dütz Rz 7; v Lübtow, 2. Halbb, S 828.

7 **4.** Die Vorschrift **schließt die Geltendmachung des Auseinandersetzungsanspruchs zeitweilig aus,** macht aber die dennoch durchgeführte Auseinandersetzung nicht nach § 134 nichtig. Wird der erwartete Miterbe tatsächlich nicht Miterbe, so schließt sich an die gültige Auseinandersetzung eine Nachtragsauseinandersetzung über die dem Erwarteten vorbehaltenen Gegenstände an, Staud/Werner Rz 8. Wird der erwartete Miterbe tatsächlich Miterbe, ist die Auseinandersetzung unwirksam, auch wenn für den Erwarteten ein Pfleger mitgewirkt und zugestimmt hat, RGRK/Kregel Rz 5; aber der Miterbe kann die Verfügung genehmigen, § 185 II.

2044 *Ausschluss der Auseinandersetzung*

(1) Der Erblasser kann durch letztwillige Verfügung die Auseinandersetzung in Ansehung des Nachlasses oder einzelner Nachlassgegenstände ausschließen oder von der Einhaltung einer Kündigungsfrist abhängig machen. Die Vorschriften des § 749 Abs. 2, 3, der §§ 750, 751 und des § 1010 Abs. 1 finden entsprechende Anwendung.

(2) Die Verfügung wird unwirksam, wenn 30 Jahre seit dem Eintritt des Erbfalls verstrichen sind. Der Erblasser kann jedoch anordnen, dass die Verfügung bis zum Eintritt eines bestimmten Ereignisses in der Person eines Miterben oder, falls er eine Nacherbfolge oder ein Vermächtnis anordnet, bis zum Eintritt der Nacherbfolge oder bis zum Anfall des Vermächtnisses gelten soll. Ist der Miterbe, in dessen Person das Ereignis eintreten soll, eine juristische Person, so bewendet es bei der dreißigjährigen Frist.

Schrifttum: *Bengel,* Zur Rechtsnatur des vom Erblasser verfügten Erbteilungsverbots, ZEV 1995, 178; *Enders,* Erbauseinandersetzung – Einkommensteuerfolgen, MDR 1988, 16; *Flume,* Teilungsanordnung und Erbschaftsteuer, DB 1983, 2271; *Kegel,* Nemo minus iuris transferre potest, quam ipse habet, oder warum Erbteilsverbote so kraftlos sind, in FS Richard Lange, 1976, S 927; *Kohler,* Das Teilungsverbot besonders beim testamentarischen Familiengut, DNotZ 1958, 245; *Weckbach,* Die Bindungswirkung von Erbteilungsverboten, 1987; vgl auch die Schrifttumshinweise bei § 2042.

1 **1.** Die **Auseinandersetzung** kann durch Vereinbarung der Miterben (§ 2042 Rz 2) oder durch letztwillige Verfügung des Erblassers für den ganzen Nachlaß, einzelne Nachlaßgegenstände oder Erbstämme **ausgeschlossen** werden, so wenn der Erblasser bestimmt, daß bei der Auseinandersetzung eine wertbeständige Währung zugrunde zu legen ist (Oldenburg MDR 1948, 17), oder wenn der Erblasser sonst erkennen läßt, daß der Nachlaß zum dauernden Nutzen der Familienmitglieder verwaltet werden soll, LG Düsseldorf FamRZ 1955, 303. Der Ausschluß wirkt nur **schuldrechtlich,** kann daher auch nicht ins Grundbuch eingetragen werden, KG DR 1944, 191; Pal/Edenhofer Rz 3. Er verliert seine Wirkung für Gegenstände, die aus dem Nachlaß ausgeschieden sind, mögen sie den Miterben auch weiter als Miteigentümern gehören, Hamm RdL 1953, 52 Nr 3. Wege zum Ausschluß der Nachlaßteilung und zur Bildung von Familienvermögen weisen Kohler NJW 1957, 1173 und Kahler DNotZ 1958, 245. Beantragt ein Miterbe die Zwangsversteigerung eines Nachlaßgrundstücks nach §§ 180ff ZVG, so kann ein anderer Miterbe ein Teilungsverbot des Erblassers unter entsprechender Anwendung des § 771 ZPO durch Widerspruchsklage geltend machen, BGH FamRZ 1985, 278; Hamburg NJW 1961, 610; Staud/Werner Rz 3.

2 **2.** Die **Anordnung des Erblassers** kann einen **verschiedenen Sinn** haben, der durch Auslegung zu ermitteln ist.

a) Negative Auseinandersetzungsanordnung. Sie wird zu Unrecht Teilungsanordnung genannt, da sie nur die schuldrechtliche Seite betrifft. Miterbe und Anteilserwerber (§§ 2042 II, 751) sind schuldrechtlich verpflichtet, die Auseinandersetzung, wie angeordnet, zu unterlassen. Sie ist auch bei gesetzlicher Erbfolge möglich, BayObLG NJW 1967, 1136. Die Miterben können sich einstimmig über sie wirksam und ohne Rechtsnachteile hinwegsetzen (BayOblG DNotZ 1983, 320), der Testamentsvollstrecker jedoch nur (vgl §§ 2203, 2216 I), wenn alle Erben zustimmen (BGH 40, 115) oder ein wichtiger Grund vorliegt. Haben nicht alle zugestimmt, so ist die verpflichtende Auseinandersetzung unwirksam, die dingliche Teilung in der Regel ebenfalls wegen § 2040 I. Sollte sie etwa infolge Gebrauchs gültiger Vollmacht wirksam sein, hat die Zuteilung unter Miterben keinen Rechtsgrund, § 812 I S 1.

3 **b)** Die Anordnung kann auch **lediglich die Verpflichtung** begründen, die **Auseinandersetzung nicht zu beantragen.** Wird die Teilung dennoch dinglich wirksam durchgeführt, so entsteht nur eine Schadensersatzpflicht der Zuwiderhandelnden, Planck/Ebbecke Anm 3.

4 **c)** Es kann auch eine **Auflage** zu Lasten aller Miterben gegeben sein, vgl BGH FamRZ 1985, 278. Dann können sich die Miterben auch nicht einstimmig über sie hinwegsetzen. Sie kann nach § 2194 erzwungen werden, Staud/Werner Rz 8. Aber auch dann ist nur die verpflichtende Auseinandersetzung ausgeschlossen, ihre Erfüllung durch die dinglich wirkende Teilung (§ 2040 I) bleibt wirksam, denn die Verfügungsmacht kann weder durch Rechtsgeschäft ausgeschlossen werden (§ 137 S 1), noch setzt sie sich über ein gesetzliches Veräußerungsverbot (§ 134; KG OLG 40, 112; BGH 40, 115 mit Anm Nirk; BGH LM Nr 1 zu § 2044; LG Wiesbaden Rpfleger 1967, 411) hinweg, noch ist sie sittenwidrig, § 138. Nach Planck/Ebbecke (Anm 3) soll die Anordnung in der Regel nur bei Vorliegen eines öffentlichen Interesses als Auflage aufzufassen sein.

5 **d)** Es kann auch ein **Vorausvermächtnis** (§ 2150) vorliegen, wenn die Auseinandersetzung zB nur mit Zustimmung eines bestimmten Miterben zulässig sein soll. Ein Vorausvermächtnis ist anzunehmen, wenn der Erblasser

einem Miterben einen Nachlaßgegenstand durch Verfügung von Todes wegen zuweist, um ihn gegenüber den anderen Miterben im Verhältnis des Erbteilwerts, den er sich vorgestellt hat, zu begünstigen, BGH 36, 115; BGH FamRZ 1987, 476; NJW-RR 1990, 391; ZEV 1998, 23 mwN. Einem Miterben ist zB ein Nachlaßgrundstück zum Alleineigentum zu übertragen, ohne daß sein Wert bei der Auseinandersetzung über den übrigen Nachlaß berücksichtigt werden soll, RG SeuffA 63, 404. Verbindet der Erblasser seinen Begünstigungswillen mit einer Anrechnungspflicht des Zuwendungsempfängers, ordnet er aber nicht die Anrechnung in voller Höhe des vorgestellten Werts an, so liegt in Höhe der Anrechnung eine Teilungsanordnung, darüber hinaus zugleich ein Vorausvermächtnis vor, vgl BGH 36, 115 (118).

Unterschiede in den Rechtsfolgen zeigen sich vor allem darin, daß nur ein Vorausvermächtnis, nicht aber eine Auseinersetzungsanordnung, den überlebenden Ehegatten in einem gemeinschaftlichen Testament (§§ 2270, 2271) oder den Erblasser in einem Erbvertrag (§§ 2290–2292) binden kann. Derjenige, der in einem gemeinschaftlichen Testament für den zweiten Erbfall oder in einem Erbvertrag mit einem Vorausvermächtnis bedacht ist, genießt schon vor dem Erbfall den Schutz der §§ 2287, 2288, der Miterbe, zugunsten dessen eine Teilungsanordnung verfügt ist, allenfalls den Schutz des § 826. Einzelheiten zur Abgrenzung zwischen Auseinandersetzungsanordnung und Vorausvermächtnis s § 2048 Rz 2ff; Schlüter Rz 898.

3. Umfang des Auseinandersetzungsverbots. Nicht nur die Einigung über den Verkauf und die Veräußerung 6 an Dritte, sondern auch über die Zuteilung an Miterben, die Umwandlung des Gesamthandseigentums in Bruchteilseigentum, die Veräußerung von Erbteilen ist ausgeschlossen. **Zuwiderhandlungen** machen verpflichtende und dingliche Erfüllungsgeschäfte mit Dritten nie unwirksam, berühren auch sonst nicht wirksame Verfügungsgeschäfte (§ 2040 I) unter Miterben. Über ihren Einfluß auf verpflichtende Auseinandersetzungen unter den Miterben vgl die einzelnen Fälle unter Rz 2–5. Der Erblasser kann sich auf die Erschwerung der Auseinandersetzung beschränken. So kann er etwa anordnen, daß nicht der einzelne Miterbe, sondern nur eine Mehrheit die Auseinandersetzung verlangen kann, RG 110, 271 (273).

4. Der Testamentsvollstrecker ist an ein **Auseinandersetzungsverbot** des Erblassers **gebunden,** Planck/Eb- 7 becke Anm 3; Pal/Edenhofer Rz 4. Nur aus wichtigem Grund darf sich der Testamentsvollstrecker über das Auseinandersetzungsverbot hinwegsetzen, § 749 II, III; KG Recht 1919, 1524; Staud/Werner Rz 12; vgl auch § 2216 II und dazu § 2216 Rz 3.

5. Die **Auseinandersetzungsanordnung** ist **unwirksam** gegenüber einem zum Miterben berufenen Pflichtteils- 8 berechtigten in § 2306 I S 1, gegenüber der Insolvenzmasse (§ 84 II S 2 InsO), gegenüber einem Pfandgläubiger mit nicht bloß vorläufig vollstreckbarem Schuldtitel, §§ 2044 I, 751 S 2; Staud/Werner Rz 15.

6. § 1010 II ist entsprechend anzuwenden, wenn der Erblasser unter Gestattung der Umwandlung der Miterben- 9 gemeinschaft an Grundstücken in eine Bruchteilsgemeinschaft deren Teilung verboten hat, was gegenüber einem Sondernachfolger nur bei Eintragung im Grundbuch wirkt, RGRK/Kregel Rz 7; Staud/Werner Rz 16.

7. Abs II S 1 begrenzt das Auseinandersetzungsverbot zeitlich in gleicher Weise wie in §§ 2109, 2162, 10 2163, 2210. Die Auseinandersetzung kann also auch bis zum Eintritt einer Nacherbfolge aufgeschoben sein, § 2139.

8. Die **Wirksamkeit** der Anordnung **erlischt,** wenn ein wichtiger Grund vorliegt, § 749 II, III; Staud/Werner 11 Rz 12; KG Recht 1930, 260.

2045 *Aufschub der Auseinandersetzung*

Jeder Miterbe kann verlangen, dass die Auseinandersetzung bis zur Beendigung des nach § 1970 zulässigen Aufgebotsverfahrens oder bis zum Ablauf der in § 2061 bestimmten Anmeldungsfrist aufgeschoben wird. Ist das Aufgebot noch nicht beantragt oder die öffentliche Aufforderung nach § 2061 noch nicht erlassen, so kann der Aufschub nur verlangt werden, wenn unverzüglich der Antrag gestellt oder die Aufforderung erlassen wird.

Durch das gerichtliche Aufgebot (§ 1970) oder die private öffentliche Aufforderung (§ 2061) kann der Miterbe, 1 auch wenn er sonst unbeschränkbar haftet, gegenüber säumigen Gläubigern seine Haftung nach der Teilung auf den seinem Erbanteil entsprechenden Teil jeder einzelnen Nachlaßverbindlichkeit beschränken. Aus diesem Grund gewährt ihm § 2045 das Recht, die Erbauseinandersetzung bis zur Beendigung des Aufgebotsverfahrens oder zum Ablauf der Anmeldefrist hinauszuschieben.

2046 *Berichtigung der Nachlassverbindlichkeiten*

(1) Aus dem Nachlass sind zunächst die Nachlassverbindlichkeiten zu berichtigen. Ist eine **Nachlassverbindlichkeit noch nicht fällig oder ist sie streitig, so ist das zur Berichtigung Erforderliche zurückzuhalten.**

(2) Fällt eine Nachlassverbindlichkeit nur einigen Miterben zur Last, so können diese die Berichtigung nur aus dem verlangen, was ihnen bei der Auseinandersetzung zukommt.

(3) Zur Berichtigung ist der Nachlass, soweit erforderlich, in Geld umzusetzen.

1. Die Miterben sind untereinander, nicht auch gegenüber Gläubigern verpflichtet, vor der Auseinandersetzung 1 die **Nachlaßverbindlichkeiten** zu **tilgen.** Das entspricht auch der Interessenlage der Miterben, da für sie die Gefahr besteht, nach der Teilung des Überschusses als Gesamtschuldner mit ihrem Eigenvermögen zu haften, vgl § 2058 Rz 8ff. Sie können sich aber ebenso wie die Erblasser über § 2046 hinwegsetzen. Demgegenüber ist der Testamentsvollstrecker hieran stets, das Nachlaßgericht (§ 86ff FGG) nur dann gebunden, wenn nicht sämtliche

§ 2046

Miterben andere Anträge stellen, RG 95, 329; Staud/Werner Rz 3. Ist eine Verbindlichkeit noch nicht fällig oder streitig, so ist der erforderliche Betrag zurückzubehalten, nicht aber notwendig sicherzustellen. Das gleiche gilt auch für Ansprüche aus Ausgleichungspflichten nach §§ 2050ff, KG OLG 9, 389. Zu den Nachlaßverbindlichkeiten gehören auch Pflichtteilsergänzungsansprüche nach § 2325 (BGH FamRZ 1989, 273f) sowie unklagbare sittliche Verpflichtungen, KG SeuffA 60, 341; vgl auch BGH 57, 84 (93).

2 2. **Gläubiger** können **auch Miterben** sein, die zB für den Nachlaß etwas aus ihrem Eigenvermögen aufgewandt haben, um Nachlaßgläubiger zu befriedigen. Im Einzelfall kann sich jedoch aus § 242 ergeben, daß der Miterbengläubiger auf Befriedigung bis zur Auseinandersetzung warten muß, RG 93, 197. Auch der Miterbengläubiger kann, wie jeder andere Gläubiger, sowohl die Gesamthandsklage (§ 2059 II) als auch die Gesamtschuldklage (§ 2058) erheben, Pal/Edenhofer § 2058 Rz 3; Staud/Werner Rz 9; Kipp/Coing § 121 III 3; aA RG 93, 197, das den Miterbengläubiger nur auf die Gesamthandsklage verweisen wollte. Die Gesamtschuldklage ist nicht erst nach der Teilung (KG 150, 344), sondern auch schon vorher möglich. Der Miterbengläubiger ist aber, weil er gleichzeitig Miterbe ist, gehalten, nach Möglichkeit im Wege der Gesamthandsklage vorzugehen; Einzelheiten § 2058 Rz 4; Schlüter Rz 1212.

3 3. Auch unter den Voraussetzungen des **Abs II** hat die Tilgung der Auseinandersetzung vorauszugehen.

4 4. Die **Versilberung** richtet sich nach den §§ 753, 754, vgl dazu § 2042 Rz 11.

5 5. Nach § 15 II HöfeO idF vom 26. 7. 1976 (BGBl I, 1933) sind die Nachlaßverbindlichkeiten einschließlich der auf dem Hof ruhenden Grundpfandrechte, aber ohne die auf dem Hof ruhenden sonstigen Lasten (Altenteil, Nießbrauch usw), soweit das außer dem Hof vorhandene Vermögen dazu ausreicht, aus diesem zu berichtigen, damit der Hof dem Hoferben erhalten bleibt. Der Hof wird auf Kosten des übrigen Nachlasses entlastet. Im Innenverhältnis haften also die Miterben, die am Hof nicht sachenrechtlich beteiligt sind, auch für die rein dinglichen Grund- und Rentenschulden. Soweit die Nachlaßverbindlichkeiten nicht auf diese Weise berichtigt werden können, ist der Hoferbe den Miterben gegenüber verpflichtet, sie allein zu tragen und die Miterben von ihnen zu befreien, § 15 III HöfeO. Verbleibt nach Berichtigung der Nachlaßverbindlichkeiten ein Überschuß, so ist dieser auf die Miterben nach allgemeinem Erbrecht zu verteilen. Der Hoferbe kann eine Beteiligung am Überschuß nur dann und nur insoweit verlangen, als der auf ihn entfallende Anteil größer ist als der Einheitswert des Hofes.

2047 *Verteilung des Überschusses*

(1) Der nach der Berichtigung der Nachlassverbindlichkeiten verbleibende Überschuss gebührt den Erben nach dem Verhältnis der Erbteile.

(2) Schriftstücke, die sich auf die persönlichen Verhältnisse des Erblassers, auf dessen Familie oder auf den ganzen Nachlass beziehen, bleiben gemeinschaftlich.

1 1. Zum reinen Aktivnachlaß ist nach § 2055 I S 2 der Wert sämtlicher auszugleichender Zuwendungen zuzurechnen, vgl § 2055 Rz 2ff. Dieser Berechnungsmodus kann dazu führen, daß die Teilungsquote von der Erbquote abweicht, BGH 94, 174 (179); BGH NJW-RR 1989, 259f. Der **Überschuß** ist nicht Gesamtschuldvermögen. Die **Teilung** erfolgt nach §§ 2042 II, 752–754. Allerdings können die Miterben eine andere Teilung vereinbaren, Staud/Werner Rz 3; Pal/Edenhofer Rz 2. Der Überschuß muß nach den jeweils geltenden Übertragungsvorschriften aus der Gesamthandsberechtigung in die Alleinberechtigung des einzelnen Miterben übertragen werden. Zum Zweck der Überschußverteilung ist der noch verbliebene Nachlaß zu bewerten. Liegt in der Zuwendung einzelner Gegenstände eine Erbeinsetzung (vgl § 2087 Rz 2), so ist auch die Erbquote aufgrund einer Nachlaßbewertung zu ermitteln. Zur Nachlaßbewertung vgl Herchen, Das Recht der Nachlaßbewertung im BGB, 1973.

2 2. **Einfluß der Teilung auf das Pfandrecht am Miterbenanteil.** Das Pfandrecht am Miterbenanteil umfaßt auch den Auseinandersetzungsanspruch (vgl § 86 II FGG) und den Anspruch auf Übertragung des anteiligen Überschusses nach § 2047 I, also auf Auszahlung des Auseinandersetzungsguthabens. Übertragen die übrigen Miterben den ihm gebührenden Überschuß auf den Miterben des gepfändeten Anteils, so ist zwar § 1287 nicht unmittelbar anwendbar, da es sich beim Anteil nicht um eine Forderung handelt, wohl ist aber sein Rechtsgedanke verwertbar, MüKo/Dütz § 2033 Rz 30ff. Denn auch bei einer Teilung nach § 2047 I ist an den Miterben oder den Erwerber und Pfandgläubiger gemeinschaftlich zu leisten. Ohne Mitwirkung des Pfandgläubigers wäre die Teilung unwirksam, § 1276. Er erhält den Mitbesitz an beweglichen Sachen und im Wege der dinglichen Surrogation entsprechend §§ 1219 II S 1, 1247 S 2 ein Pfandrecht an den zugeteilten Sachen, Soergel/Wolf § 2033 Rz 19; BGH 52, 99, 105; aA RG 84, 395 (397), das beim vertraglichen Pfandrecht dem Gläubiger nur einen schuldrechtlichen Anspruch auf Bestellung eines Pfandrechts gegeben hat, da dieses ihm nach § 1258 III nur „gebühre"; vgl Mot III, 499, 835. Der BGH geht zutreffend davon aus, daß sich das Pfandrecht an einem Miterbenanteil nach dem Prinzip, das in den §§ 1247, 1287 zum Ausdruck komme, durch unmittelbare Ersetzung an den Gegenständen fortsetze, die durch die Teilung vom schuldenden Miterben erworben werden; dazu Wellmann NJW 1969, 1903 und Lehmann NJW 1971, 1545. Vgl auch § 2033 Rz 9.

3 3. Abs II bezieht sich nicht auf alle **Familienerinnerungsstücke**, sondern nur auf die dort näher bezeichneten **Schriftstücke**. Sie bleiben Gesamthandseigentum der Miterben, anders Prot II, 887, die Bruchteilseigentum annehmen. Der Auseinandersetzungsanspruch bezieht sich nicht auf sie. Die Miterben können aber gemeinschaftlich über sie verfügen (§ 2040 I; Staud/Werner Rz 5) und daher Bruchteilseigentum aller Miterben begründen oder sie einzelnen von ihnen ganz zuteilen. Die Schriftstücke können auch einen Vermögens- oder Verkehrswert haben.

2048 *Teilungsanordnungen des Erblassers*
Der Erblasser kann durch letztwillige Verfügung Anordnungen für die Auseinandersetzung treffen. Er kann insbesondere anordnen, dass die Auseinandersetzung nach dem billigen Ermessen eines Dritten erfolgen soll. Die von dem Dritten auf Grund der Anordnung getroffene Bestimmung ist für die Erben nicht verbindlich, wenn sie offenbar unbillig ist; die Bestimmung erfolgt in diesem Falle durch Urteil.

Schrifttum: *Beck*, Grenzen der Teilungsanordnung, DNotZ 1961, 565; *Coing*, Vorausvermächtnis und Teilungsanordnung, JZ 1962, 529; *Dieckmann*, Bemerkungen zu „wertverschiebenden" Teilungsanordnungen, in FS Coing, 1982, II. Bd, S 53; *Dütz*, Das Zurückbehaltungsrecht des § 273 Abs 1 BGB bei Erbauseinandersetzungen, NJW 1967, 1105; *Eberl-Borges*, Die Erbauseinandersetzung, 2000; *Emmerich*, Teilungsanordnung und Vorausvermächtnis – BGH 36, 115 –, JuS 1962, 269; *Esch*, Letztwillige Teilungsanordnungen, BB 1994, 1651; *Grunsky*, Zur Abgrenzung der Teilungsanordnung gegenüber dem Vorausvermächtnis, JZ 1963, 250; *Kohler*, Gemeinschaften und Zwangsteilung, AcP 91, 309; *Loritz*, Teilungsanordnung und Vorausvermächtnis, NJW 1988, 2697; *Mattern*, Einzelzuweisungen von Todes wegen, DNotZ 1963, 450; *Meincke*, Das Recht der Nachlaßbewertung im BGB, 1973; *Müller*, Das erbrechtliche Übernahmerecht, Teilungsanordnung und Vorausvermächtnis, Diss Freiburg 1970; *Natter*, Teilungsanordnung und Vermächtnis, JZ 1959, 151; *Rudolf*, Teilungsanordnung und Vorausvermächtnis, Diss Tübingen 1966; *Siegmann*, „Überquotale" Teilungsanordnung und Teilungsversteigerung, ZEV 1996, 47; *Skibbe*, Zur Abgrenzung von Teilungsanordnung und Vorausvermächtnis, ZEV 1995, 145; *Stenger*, Die Teilungsanordnung des Erblassers nach geltendem Recht, 1933; *Wöhrmann*, Teilungsanordnung und Vorausvermächtnis, RdL 1969, 138.

1. Teilungsanordnungen, richtiger **Auseinandersetzungsanordnungen** des Erblassers können durch Testament oder einseitig im Erbvertrag (§ 2299; BGH NJW 1982, 441) getroffen werden. Die Auseinandersetzungsanordnung kann zB die Zuweisung eines Nachlaßgegenstands an einen Miterben nach ihrem Verkehrswert oder zu einem bestimmten Übernahmepreis, nur die Verwaltung (§ 2038), Ausgleichsverpflichtungen (§ 2050; Rostock OLG 26, 307) oder die Verteilung von Nachlaßverbindlichkeiten im Innenverhältnis zum Gegenstand haben, RG HRR 1937, 809. Außerdem kann der Erblasser anordnen, daß der Gesellschaftsvertrag einer Personengesellschaft für die Auseinandersetzung der Erbengemeinschaft abzuändern ist, wenn außer den Erben keine weiteren Gesellschafter vorhanden sind, BGH WM 1990, 1066.

2. Abgrenzung der Auseinandersetzungsanordnung von anderen Rechtsinstituten. Schwierig ist die Abgrenzung der Auseinandersetzungsanordnung vom Vorausvermächtnis (§ 2150; vgl BGH FamRZ 1987, 475; Düsseldorf FamRZ 1996, 444; Eidenmüller JA 1991, 150; Loritz NJW 1988, 2697) und der Auflage, § 2140, dazu Rz 8.

a) Abgrenzung von dem Vorausvermächtnis. Diese Abgrenzung ist besonders schwierig, weil die Anordnung des Erblassers zugleich Vorausvermächtnis und Teilungsanordnung sein kann BGH 36, 115; Loritz NJW 1988, 2697; dazu Rz 6.

aa) Bei einer **Auseinandersetzungsanordnung** wird der Erbschaftsgegenstand, den der Erblasser einem Miterben zugewandt hat, voll auf dessen Miterbenanteil angerechnet. Sie beschränkt sich auf die bloße Abwicklung der Erbauseinandersetzung und soll den Miterben nicht gegenüber den anderen vermögensmäßig begünstigen, MüKo/Dütz Rz 16. Der Miterbe soll weder mehr noch weniger als seinen Erbteil erhalten, RG DR 1942, 977; Neustadt MDR 1960, 497. Dabei ist mangels eines sicheren objektiven Maßstabs nicht der objektive, sondern der Wert maßgebend, den sich der Erblasser vorgestellt hat, RG 170, 171.

bb) Demgegenüber ist ein **Vorausvermächtnis** gegeben, wenn dem Miterben gegenüber den anderen ein **wertmäßiger Vorteil** verschafft werden soll. Das ist vor allem dann anzunehmen, wenn der Wert des zugewiesenen Gegenstands bei der Verteilung des übrigen Nachlasses nicht berücksichtigt wird, der Miterbe vielmehr so gestellt werden soll, als sei der Gegenstand einem Dritten zugewandt worden, BGH 36, 115; Nürnberg MDR 1974, 671; Loritz NJW 1988, 2704; Schlüter Rz 898.
Entscheidendes Kriterium für die Abgrenzung von Vorausvermächtnis und Auseinandersetzungsanordnung ist es, ob der Erblasser den Miterben vermögensmäßig begünstigen wollte, BGH 36, 115; BGH FamRZ 1995, 228; MüKo/Dütz Rz 16. Dieser wirkliche oder hypothetische **Begünstigungswille** des Erblassers ist nach den allgemeinen erbrechtlichen Auslegungsregeln zu ermitteln, BGH FamRZ 1987, 475f; NJW-RR 1990, 391; ZEV 1998, 23 mwN. Da dem Erblasser im allgemeinen die Unterschiede zwischen den beiden Rechtsinstituten nicht geläufig sind, kommt es entscheidend darauf an, welches Ziel der Erblasser mit seiner Verfügung von Todes wegen verfolgt hat oder verfolgt hätte, wenn ihm bei der Errichtung der Verfügung unbekannte Umstände bekannt gewesen wären. Zu berücksichtigen ist daher, ob die sich aus der jeweiligen rechtlichen Einordnung ergebenden unterschiedlichen Rechtsfolgen (dazu Rz 7) seiner Zielsetzung entsprechen oder entsprochen hätten, Loritz NJW 1988, 2703.

cc) Für die verschiedenen Fallgestaltungen ergeben sich im einzelnen erhebliche **Abgrenzungsschwierigkeiten**.
Hat der Erblasser dem Miterben einen Gegenstand zugewandt, dessen Wert, wie ihm bekannt war, höher ist als die Quote, die dem Erben bei der Nachlaßauseinandersetzung zukäme, so liegt mindestens hinsichtlich des Mehrwerts ein Begünstigungswille und damit ein Vorausvermächtnis vor, BGH FamRZ 1984, 688; 1985, 62; 1987, 475; 1995, 228; BGH 36, 115; RG 170, 173; 171, 362; Coing JZ 1962, 529; Mattern DNotZ 1963, 454; Emmerich JuS 1962, 269; Natter JZ 1959, 151; vgl aber Grunsky JZ 1963, 250.
Hat der Erblasser nicht gewußt, daß der zugrunde gelegte Wert des zugewandten Gegenstands höher ist als die Erbquote des betreffenden Miterben, und hat er die Zuwendung eines Mehrwerts deshalb auch nicht gewollt, so fehlt es hinsichtlich des Mehrwerts an einem Begünstigungswillen und damit an einem Vorausvermächtnis. Hier liegt also eine bloße Auseinandersetzungsanordnung vor. Eine Auseinandersetzungsanordnung kann aber die vom Erblasser gewollte quotenmäßige Beteiligung der Miterben nicht verändern. Eine „wertverschiebende Teilungsan-

ordnung" ist nicht möglich, BGH NJW 1985, 51; BGH 82, 274 (279). Diese „überquotale" Auseinandersetzungsanordnung (Siegmann ZEV 1996, 47) kann nur aufrecht erhalten werden, wenn der durch sie begünstigte Miterbe bereit ist, den Mehrwert in der Erbauseinandersetzung auszugleichen, MüKo/Dütz Rz 16; Siegmann ZEV 1996, 47. Ist er dazu nicht bereit, so ist die Auseinandersetzungsanordnung nicht vollziehbar und deshalb unbeachtlich, weil der Miterbe nicht gezwungen ist, aus seinem Eigenvermögen den Mehrwert zu begleichen, MüKo/Dütz Rz 16; Schlüter Rz 898; BGH ZEV 1996, 70. Zur Berücksichtigung derart „überquotaler" Auseinandersetzungsanordnungen in der Teilungsversteigerung nach § 180 ZVG, BGH ZEV 1996, 70; Siegmann ZEV 1996, 47.

Hat der Erblasser dem Erben das Recht eingeräumt, einen bestimmten Nachlaßgegenstand zu dem wirklichen Wert zu übernehmen, so kann in der Zuwendung dieses Übernahmerechts eine Begünstigung und damit ein Vorausvermächtnis erblickt werden, weil der Erblasser diesen Miterben schon durch die Einräumung dieses Wahlrechts vor den anderen bevorzugen wollte, BGH 36, 115; Kipp/Coing § 44 II 2; Pal/Edenhofer Rz 2; Schlüter Rz 898.

7 dd) **Auseinandersetzungsanordnung und Vorausvermächtnis** werden in wesentlichen Punkten **verschieden behandelt:**
(1) Der Vorausvermächtnisnehmer kann seinen Anspruch auf Leistung des vermachten Gegenstands gegen die Erbengemeinschaft idR mit dem Erbfall (§§ 2174, 2176) geltend machen, auch wenn er als Miterbe noch nicht die Auseinandersetzung verlangen kann. Der Miterbe, dem ein bestimmter Nachlaßgegenstand nur durch eine Auseinandersetzungsanordnung zugewiesen ist, kann erst in der Auseinandersetzung, nachdem die Nachlaßverbindlichkeiten berichtigt sind (§ 2046 I), fordern, daß die anderen Miterben ua auch dabei mitwirken, ihm das alleinige Recht am zugewiesenen Gegenstand zu verschaffen, § 2047; RG DR 1942, 978; Neustadt MDR 1960, 497. Solange die Auseinandersetzung ausgeschlossen ist, kann er keinen Vollzug verlangen. Bezieht sich die Auseinandersetzungsanordnung jedoch auf eine bestimmte Geldsumme, so kann der Miterbe ohne vorherige Erbauseinandersetzung sogleich auf Zahlung der ihm zugewendeten Summe klagen, Frankfurt OLG 77, 228.
(2) Nur das Vorausvermächtnis, nicht aber die Auseinandersetzungsanordnung kann Gegenstand einer vertragsmäßig bindenden oder wechselbezüglichen Verfügung sein, §§ 2278 II, 2270 III. Deshalb ist nur der Vorausvermächtnisnehmer durch die §§ 2287, 2288 vor lebzeitiger Verfügung des Erblassers geschützt.
(3) Das Vorausvermächtnis kann ausgeschlagen werden (§ 2180), die Auseinandersetzungsanordnung nicht. Der Miterbe kann die Übernahme des zugewiesenen Gegenstands nicht verweigern, es sei denn, daß der Erblasser ihm nur ein Recht zur Übernahme eingeräumt hat, Lange/Kuchinke § 44 III 5d Fn 125. Dann wird es sich aber insoweit um ein Vorausvermächtnis handeln.
(4) Der Vermächtnisnehmer hat mit seiner Forderung einen besseren Rang. Er ist zwar hinter die normalen Nachlaßgläubiger zurückgesetzt (§ 1991 IV iVm § 327 Nr 2 InsO; § 1992), kann aber den Vollzug des Vermächtnisses verlangen, bevor der Nachlaß unter den Miterben unter Berücksichtigung der Auseinandersetzungsanordnung geteilt wird, § 2046.
(5) Der durch Auseinandersetzungsanordnung zugewiesene Gegenstand gehört bei beschränkter Erbenhaftung zum haftenden Nachlaß, nicht dagegen der vorausvermachte, dem Vermächtnisnehmer bereits verschaffte Gegenstand. Der Vermächtnisnehmer hat diesen Vorzug aber erst mit dem Vollzug der Vermächtnisanordnung und ist der Anfechtung aus § 5 AnfG ausgesetzt. Da alle anderen Unterschiede aber durch Verfügungen von Todes wegen beseitigt werden können (Mattern DNotZ 1963, 455), bleibt die Bindung des Erblassers an sein Vorausvermächtnis bei Erbverträgen und gemeinschaftlichen Testamenten als der wesentliche Unterschied übrig.

8 b) **Abgrenzung von der Auflage.** Die Auflage (§ 1940) gibt dem Begünstigten kein unmittelbares Recht auf die Leistung und setzt keine Zuwendung voraus. Die Miterben sind gegeneinander zur Ausführung der Anordnung verpflichtet, die nach § 2194 erzwungen werden kann. Nur das Vorausvermächtnis, nicht die Auflage kann ausgeschlagen werden. Über die Auseinandersetzungsanordnung können sich Erben einstimmig hinwegsetzen, sofern kein Testamentsvollstrecker bestellt ist, der an sie gebunden ist. Die Auflage kann, § 2194, unabhängig vom Willen der Miterben vollzogen werden, vgl § 2044 Rz 4.

9 3. Die **Auseinandersetzungsanordnung wirkt nur schuldrechtlich** (KGJ 28, 196; Schleswig SchlHA 1957, 336; Neustadt MDR 1960, 497), nicht dinglich. Sie durchbricht also nicht die Gesamtnachfolge zugunsten einer Art Sondernachfolge (KG OLG 67, 361) oder eines dinglichen Vermächtnisses. Die Miterben können daher von einer Auseinandersetzungsanordnung, nicht aber von einer Auflage (Rz 8) einstimmig abweichen. Nur ein Testamentsvollstrecker ist an sie gebunden, §§ 2203, 2204; Staud/Werner Rz 3. Der Testamentsvollstrecker darf nur dann davon abweichen, wenn alle Erben zustimmen (BGH 40, 115, 118; 56, 275, 278; BGH NJW 1984, 2464f) oder ein wichtiger Grund vorliegt, §§ 2203, 2216 II. Die Pflichtteilsberechtigten dürfen durch die Anordnung nicht beeinträchtigt werden, § 2306.

10 4. Der Erblasser kann auch die **Auseinandersetzung einem Dritten nach billigem Ermessen** überlassen, S 2. Sie kann auch einem Miterben als Drittem überlassen werden, RG 110, 274. Auch ein Testamentsvollstrecker kann Dritter sein, Staud/Werner Rz 13; Kipp/Coing § 117 IV 2. Zum Begriff der offenbaren Unbilligkeit vgl § 319 Rz 2. Wenn der Dritte die Bestimmung nicht treffen kann, weil oder wenn er sie verzögert, gilt § 319 I 2 entsprechend, RGRK/Kregel Rz 9; Staud/Werner Rz 16.

2049 *Übernahme eines Landguts*
(1) Hat der Erblasser angeordnet, dass einer der Miterben das Recht haben soll, ein zum Nachlass gehörendes Landgut zu übernehmen, so ist im Zweifel anzunehmen, dass das Landgut zu dem Ertragswert angesetzt werden soll.
(2) Der Ertragswert bestimmt sich nach dem Reinertrag, den das Landgut nach seiner bisherigen wirtschaftlichen Bestimmung bei ordnungsmäßiger Bewirtschaftung nachhaltig gewähren kann.

Schrifttum: *Becker,* Übernahme eines Landgutes nach BGB, AgrarR 1975, 57; Deutsche Agrarrechtsgesellschaft, Leitfaden für die Ermittlung des Ertragswertes landwirtschaftlicher Betriebe, AgrarR 1994, 5; *Foag,* Der Ertragswert bei Landgütern, RdL 1955, 5; *Fritzen,* Ertragswertermittlung für die Zuweisung, RdL 63, 5; *Köhne,* Der Ertragswert landwirtschaftlicher Betriebe, AgrarR 1984, 57; *Meincke,* Das Recht der Nachlaßbewertung im BGB, 1973; *Müller-Feldhammer,* Das Ertragswertverfahren bei der Hofübergabe, ZEV 1995, 161; *Steffen,* Ertragswert eines Landgutes, RdL 1980, 143; *ders,* Ertragswertberechnung eines Landgutes, RdL 1988, 253.

1. Zum Begriff des **Landguts** vgl § 98 Rz 4. 1

2. Die Auslegungsregel des **Abs II** greift dann ein, wenn ein anderer durch Auslegung zu ermittelnder ausdrücklicher oder schlüssig nach § 2048 S 1 geäußerter Wille des Erblassers nicht feststellbar ist. Der Bruchteilseigentümer eines Grundstücks, der die Teilungsversteigerung beantragt, kann seine Geschwister sittenwidrig schädigen, wenn der Erblasser die reale Teilung des Grundstücks unter ihnen angeordnet hat, BGH FamRZ 1966, 348. Übernimmt der Miterbe nur einen Bruchteil des Eigentums an einem Landgut, so ist hierfür im Zweifel nicht der Ertragswert anzusetzen, weil in diesem Fall der gesetzgeberische Zweck des § 2049 entfällt, die wirtschaftliche Einheit des Hofs in einer Hand zusammenzuhalten, BGH NJW 1973, 995. Dagegen ist die Auslegungsregel bei Übergabeverträgen im Wege der vorweggenommenen Erbfolge anzuwenden, BGH NJW 1964, 1323. 2

3. Über die **Bestimmung des Ertragswerts** durch die Landesgesetzgebung vgl Art 137 EGBGB. Zur Nichtigkeit der Ertragswertbestimmung nach § 23 SchlHAGBG vgl BVerfG NJW 1988, 2723. 3

§ 2050 Ausgleichungspflicht für Abkömmlinge als gesetzliche Erben

(1) Abkömmlinge, die als gesetzliche Erben zur Erbfolge gelangen, sind verpflichtet, dasjenige, was sie von dem Erblasser bei dessen Lebzeiten als Ausstattung erhalten haben, bei der Auseinandersetzung untereinander zur Ausgleichung zu bringen, soweit nicht der Erblasser bei der Zuwendung ein anderes angeordnet hat.

(2) Zuschüsse, die zu dem Zwecke gegeben worden sind, als Einkünfte verwendet zu werden, sowie Aufwendungen für die Vorbildung zu einem Beruf sind insoweit zur Ausgleichung zu bringen, als sie das den Vermögensverhältnissen des Erblassers entsprechende Maß überstiegen haben.

(3) Andere Zuwendungen unter Lebenden sind zur Ausgleichung zu bringen, wenn der Erblasser bei der Zuwendung die Ausgleichung angeordnet hat.

Schrifttum: *Bührer,* Die Einwirkung der Ausgleichspflicht auf die Berechnung des Pflichtteils, ZBlFG 1922, 282; *Hamm,* Ist die Schuld eines Miterben an den Erblasser auf dessen Erbteil anzurechnen?, DJZ 1906, 496; *Heymann,* Die Bedeutung der Ausgleichungspflicht für die Verteilung der Erbschaftsfrüchte, JherJb 42, 459; *Kohler,* Das Geld als Wertmaßstab beim Erb- und Zugewinnausgleich, NJW 1963, 225; *Krug,* Die Kaufkraftproblematik bei ausgleichspflichtigen Vorempfängen in der Erbteilung; eine Kritik an der BGH-Rechtsprechung, ZEV 2000, 41; *Maener,* Die Ausgleichung unter Pflichtteilsberechtigten, Recht 1921, 145; *Mayer,* Nachträgliche Änderung von erbrechtlichen Anrechnungs- und Ausgleichungsbestimmungen, ZEV 1996, 441; *Meyer,* Ausgleichung unter Miterben und Auskunftspflicht, Recht 1900, 245; *ders,* Zur Ausgleichspflicht der Miterben, Recht 1900, 514; *Scherer,* Zur Ausgleichspflicht und Auskunftspflicht der Miterben, Recht 1900, 327; *Schneider,* Der Streitwert der Miterbenklagen nach §§ 2039 und 2050 BGB, Rpfleger 1982, 268; *Tecklenburg,* Lebzeitige Zuwendungen in ihrer Entwicklung auf die Erb- und Pflichtteilsberechnung, 1904; *Weimar,* Rechtsfragen zur Ausgleichspflicht unter Miterben, JR 1967, 97; vgl auch die Schrifttumshinweise bei §§ 2055 und 2057a.

1. Rechtspolitischer Grund der Ausgleichungspflicht. Das Gesetz begründet in den §§ 2050ff für den Fall gesetzlicher Erbfolge für die zu gesetzlichen Erben berufenen Abkömmlinge des Erblassers die Verpflichtung, bestimmte Vermögenszuwendungen auszugleichen, die sie vom Erblasser zu dessen Lebzeiten erhalten haben. Das Gesetz geht hierbei von der Lebenserfahrung aus, daß Kinder und andere Abkömmlinge gleichen Grades dem Erblasser im allgemeinen gleich nahe stehen und daß er deshalb bei der Verteilung seines Vermögens auch gleich behandeln will. Entschließt sich ein Erblasser, eine Verfügung von Todes wegen zu errichten, so berücksichtigt er bei ihrer Abfassung im allgemeinen alles, was ein Abkömmling von ihm erhalten hat. Er unterscheidet nicht den reinen Erwerb durch Rechtsgeschäft unter Lebenden von dem durch Rechtsgeschäft unter Lebenden auf den Todesfall und dem Erwerb von Todes wegen. Er berücksichtigt auch Zuwendungen, die ein Abkömmling lange vor seinem Tod empfangen hat, die sogenannten Vorempfänge. Diesen mutmaßlichen Willen eines Erblassers will das Gesetz mit den §§ 2050ff auch verwirklichen, wenn er keine Verfügungen von Todes wegen errichtet hat. Es sieht solche Zuwendungen, vor allem Aussteuer und Ausstattung, Mittel zur Ausbildung und Abdeckung von Schulden, als Vorgriff auf die künftige Erbfolge an und berücksichtigt daher bei der Auseinandersetzung durch die sogenannte Ausgleichung, gemeinrechtlich Kollation genannt. 1

2. Ausgleichungssysteme. Der Gesetzgeber kann den Vorempfänger verpflichten, die Zuwendungen auf den Nachlaß zu übertragen (**Natural- oder Realkollation**). Dann erfolgt die gleichmäßige Auseinandersetzung. Das BGB hat die Zuwendungen in den Händen des Vorempfängers belassen und die rechnerische Berücksichtigung bei der Auseinandersetzung vorgeschrieben (**Idealkollation oder Wertausgleichung**), §§ 2055, 2056. Vgl im einzelnen Kohler NJW 1963, 225 sowie München NJW-RR 1991, 1097. 2

3. Rechtsnatur der Ausgleichspflicht. Sie ist weder gesetzliches Vermächtnis noch Nachlaßverbindlichkeit, sondern **Teil des Auseinandersetzungsverfahrens.** Sie mindert nicht den Bruchteil des Miterben am Nachlaß, also auch nicht sein Stimmrecht bei der Verwaltung, wohl aber den wirtschaftlichen Wert des Anteils, Pal/Edenhofer Rz 2. Sie erscheint nicht im Erbschein, weil Verwaltungsrecht, Verpflichtungs- und Verfügungsmacht auch dem Miterben verbleiben, der in der Auseinandersetzung rechnerisch nichts erhält, RGRK/Kregel Rz 4ff; Staud/Werner Rz 4. Auch in diesem Fall haftet der Miterbe Nachlaßgläubigern als Gesamtschuldner (§ 2058). Im Innenverhältnis kann er Befreiung von den Nachlaßverbindlichkeiten, nach Zahlung an Nachlaßgläubiger vol- 3

§ 2050

len Ersatz seiner Aufwendungen verlangen und nach § 2046 I vorweg Tilgung der Nachlaßverbindlichkeiten durch die übrigen Miterben fordern. Hat ein Miterbe vorweg mehr empfangen als die Erbteile der übrigen an der Ausgleichung teilnehmenden Miterben betragen, so braucht er den Mehrempfang nicht herauszugeben, § 2056.

4 4. **Ausgleichspflichtig und -berechtigt** sind nicht nur Kinder, sondern alle **Abkömmlinge** des Erblassers, soweit sie **gesetzliche** Erben sind (§ 2050) oder vom Erblasser auf ihren gesetzlichen Erbteil oder im Verhältnis ihrer gesetzlichen Erbteile zu Miterben eingesetzt sind, § 2052. Erblasser ist im Verhältnis zu dem im gemeinschaftlichen Testament eingesetzten Schlußerben auch der vorversterbende Ehegatte. Sind nur einige der Miterben zur gesetzlichen, andere zur gewillkürten Erbfolge berufen, so beschränkt sich die Ausgleichspflicht auf den Kreis der kraft Gesetzes berufenen Erben. Auch der Ersatzerbe eines gesetzlichen Erben ist ausgleichsberechtigt, Brox Rz 529; Staud/Werner Rz 14. Andere Miterben als die Abkömmlinge werden von der Ausgleichung nicht berührt. Die Ausgleichung ist nicht von Amts wegen zu berücksichtigen. Erbteilserwerber treten in Ausgleichungsrechte und -pflichten ein; wegen des Innenverhältnisses Käufer – Verkäufer vgl §§ 2372, 2376. Die Frage, ob eine Ausgleichspflicht gemäß §§ 2050, 2055 bei Eintritt des Nacherbfalls besteht, kann vorab nicht durch eine Feststellungsklage geklärt werden, da es insoweit an einem Rechtsverhältnis iS von § 256 ZPO fehlt, Karlsruhe FamRZ 1989, 1232.

5 **Nichteheliche Abkömmlinge** wurden schon bisher in der Ausgleichung ebenso wie eheliche behandelt, denn der durch Art 1 Nr 3 Erbrechtsgleichstellungsgesetz vom 16. 12. 1997 (BGBl I 2968) zum 1. 4. 1998 aufgehobene § 1934b III bestimmte, daß auf den Erbersatzanspruch des Abkömmlings des Erblassers auch die Vorschriften über die Ausgleichungspflicht unter Abkömmlingen entsprechend anzuwenden sind, die als gesetzliche Erben zur Erbfolge gelangen, vgl Schlüter Rz 713.

6 5. **Ausgleichungspflichtige Zuwendungen sind: a) Ausstattungen**, die der Erblasser mit Rücksicht auf die Verheiratung oder zur Begründung einer selbständigen Lebensstellung gegeben hat, § 1624. Sie sind auch dann auszugleichen, wenn sie nicht von den Eltern, sondern von Voreltern gewährt worden sind. Unerheblich ist es hierbei, ob die Ausstattung das den Umständen entsprechende Maß übersteigt oder nicht, Staud/Werner Rz 22; Pal/Edenhofer Rz 11. Zu den Ausstattungen gehören nicht nur einmalige Zahlungen bei der Verheiratung oder Begründung der selbständigen Lebensstellung, sondern auch alle späteren Leistungen, die mit der Heirat im Zusammenhang stehen oder der Erhaltung der Lebensstellung dienen, RG 67, 204; 79, 266; Staud/Werner Rz 21. Die Übergabe eines Hofs im Geltungsbereich der HöfeO ist als vorweggenommene Hoferbfolge (§ 17 I HöfeO) keine Zuwendung iS von § 2050, Schleswig AgrarR 1972, 362.

7 b) **Zuschüsse**, die als Einkünfte verwendet werden sollen und deren Wiederholung also in Aussicht genommen ist, RG Recht 1910, 2578; Brox Rz 508; Staud/Werner Rz 25. Sie begründen aber **nur** insoweit eine **Ausgleichungspflicht, als sie die Vermögensverhältnisse des Erblassers übersteigen (Abs II)**, mögen sie auch eine Ausstattung nach §§ 1624, 2050 I sein, RG 79, 266.

8 c) **Aufwendungen für die Vorbildung zu einem Beruf (Abs II)**, also etwa die Kosten für den Besuch einer Fach- oder Hochschule, für eine Promotion oder für die Beschaffung der Lernmittel, aber auch Leistungen, die an Stelle der Ausbildung gewährt werden, BGH MDR 1982, 300; Dieckmann FamRZ 1988, 714. Sie sind ebenfalls **nur auszugleichen, wenn sie das den Vermögensverhältnissen des Erblassers entsprechende Maß übersteigen.** Sie sind selbst dann nur in ihrem Übermaß auszugleichen, wenn sie nicht in Erfüllung einer gesetzlichen Unterhaltspflicht aufgewendet worden sind, RG 114, 52; Staud/Werner Rz 29. Keinesfalls auszugleichen sind die Kosten der allgemeinen Schulbildung, zu der auch der Besuch einer weiterführenden Schule gehört, MüKo/Dütz Rz 25. Das Übermaß wird nicht schon dadurch begründet, daß für einen Abkömmling zum gleichen Zweck höhere Aufwendungen gemacht worden sind als für den anderen. Die Ausbildung endet in der Regel mit der Prüfung, die die Befähigung zu einem bestimmtem Beruf verschafft, kann sich aber auch auf Umschulung für einen anderen Beruf erstrecken, RG 114, 54; Pal/Edenhofer Rz 14.

9 d) **Sonstige Zuwendungen** unter Lebenden sind nur auszugleichen, wenn der Erblasser vor oder bei der Zuwendung die Ausgleichung so angeordnet hat **(Abs III)**, daß der Empfänger mit Rücksicht auf diese Anordnung die Zuwendung ablehnen konnte, RG 67, 308. Eine Schenkung bringt trotz der Ausgleichungsanordnung einem Minderjährigen nur rechtlichen Vorteil, BGH 15, 168 mit Anm Westermann JZ 1955, 244. Der Ausgleich kann bei der Zuwendung formlos durch ausdrückliche oder schlüssige Erklärung, danach nur noch durch Verfügung von Todes wegen angeordnet werden, Staud/Werner Rz 32, 33. Die letztwillig angeordnete Ausgleichung stellt in der Regel ein Vermächtnis zugunsten der anderen Miterben dar. Die Zuwendung braucht nicht notwendig rechtsgeschäftlichen Charakter zu haben. Es genügen auch bewußte, nicht rechtsgeschäftliche Maßnahmen, die in der Gesamtbetrachtung ihrer wirtschaftlichen Folgen das Vermögen des Erblassers zu dessen Lebzeiten mindern und das des Abkömmlings bereichern (RG JW 1927, 1201; Pal/Edenhofer Rz 8, 9), auch wenn der Erblasser damit nur einer gesetzlichen Pflicht genügt, RG 59, 377. Auch die Darlehensausgabe durch den Erblasser kann hierunter fallen, wenn keine vertragliche Rückzahlungspflicht vereinbart, sondern nur die Verrechnung bei der Erbauseinandersetzung vorgesehen ist, RGRK/Kregel Rz 15. Vgl zur Auslegung einer Vermögensübertragung im Wege „vorweggenommener Erbfolge" als Ausgleichungsanordnung durch den Erblasser, BGH 82, 274 (278).

10 6. Die an der Ausgleichung beteiligten **Miterben** können sich **übereinstimmend** über die gesetzliche Ausgleichungsvorschrift **hinwegsetzen,** RG 149, 131; Staud/Werner Rz 3.

11 7. Der Erblasser kann bei der Zuwendung die Ausgleichung aller kraft Gesetzes auszugleichenden Vorempfänge durch ausdrückliche oder schlüssige Erklärung formlos, nach der Zuwendung nur durch Verfügung von Todes wegen ausschließen, RG 90, 419; Staud/Werner Rz 2; Pal/Edenhofer Rz 16. Die Ausschließung kann ganz oder teilweise, bedingt oder unbedingt erfolgen. Der Erblasser darf jedoch Zuwendungen iS von § 2050 I (Ausstattungen) nicht zum Nachteil eines Pflichtteilsberechtigten von der Ausgleichung ausschließen, § 2316 III.

§ 2051 *Ausgleichungspflicht bei Wegfall eines Abkömmlings*

(1) Fällt ein Abkömmling, der als Erbe zur Ausgleichung verpflichtet sein würde, vor oder nach dem Erbfall weg, so ist wegen der ihm gemachten Zuwendungen der an seine Stelle tretende Abkömmling zur Ausgleichung verpflichtet.
(2) Hat der Erblasser für den wegfallenden Abkömmling einen Ersatzerben eingesetzt, so ist im Zweifel anzunehmen, dass dieser nicht mehr erhalten soll, als der Abkömmling unter Berücksichtigung der Ausgleichungspflicht erhalten würde.

1. **Fällt der zunächst** zur Erbfolge **berufene Abkömmling** durch Tod (§ 1924), Erbverzicht (§ 2346), Ausschlagung (§ 1953), Ausschließung (§ 1938) oder Erbunwürdigkeit (§ 2344) als Erbe **fort** und tritt an seine Stelle kraft Eintrittsrechts (§ 1924 III) ein anderer Abkömmling des Erblassers, so tritt er auch in die Ausgleichungspflicht des § 2050 ein. Der eintretende Erbe muß nicht zugleich ein Abkömmling des fortgefallenen Erben, sondern kann zB auch dessen Bruder sein. Ist der zunächst berufene Erbe endgültig Erbe geworden und wird er auf Grund eines Erbfalls beerbt, dann tritt der Erbeserbe nach § 1922 ohnehin in die Rechts- und Pflichtenstellung seines Erblassers, also auch hinsichtlich der Ausgleichung ein, auch wenn er kein Abkömmling des Erblassers ist. Erhöht sich durch den Fortfall der Erbteil eines Miterben durch Anwachsung, so berührt die Ausgleichungspflicht nur den hinzuerworbenen Anteil, § 1935.

2. **Dieselben Rechtswirkungen** treten im Zweifel ein, wenn der Erblasser an Stelle des wegfallenden Abkömmlings einen **Ersatzerben** eingesetzt hat, auch wenn dieser nicht Abkömmling ist. Ebenso gehen im Zweifel Ausgleichungsrechte, obwohl sie im Abs II nicht erwähnt sind, auf den Ersatzerben über, Staud/Werner Rz 6; RGRK/Kregel Rz 4; Planck/Ebbecke Anm 2.

§ 2052 *Ausgleichungspflicht für Abkömmlinge als gewillkürte Erben*

Hat der Erblasser die Abkömmlinge auf dasjenige als Erben eingesetzt, was sie als gesetzliche Erben erhalten würden, oder hat er ihre Erbteile so bestimmt, dass sie zueinander in demselben Verhältnis stehen wie die gesetzlichen Erbteile, so ist im Zweifel anzunehmen, dass die Abkömmlinge nach den §§ 2050, 2051 zur Ausgleichung verpflichtet sein sollen.

1. **Rechtspolitischer Zweck.** Setzt der Erblasser seine Abkömmlinge auf die gesetzlichen Erbteile oder im Verhältnis ihrer gesetzlichen Erbteile zu Miterben ein, so will er damit sagen, daß er die gesetzliche Erbfolge zur Regelung seines Erbfalls für passend hält und daß sie auch seinem Willen entspricht. Damit will er auch ihre Nebenregelungen beibehalten. Mit Recht wird daher die Ausgleichungspflicht sogar zwischen einzelnen Miterbenabkömmlingen anerkannt, wenn nur zwischen diesen das Verhältnis gesetzlicher Erbteile besteht, RG 90, 420; KG OLG 46, 226; Staud/Werner Rz 2; Kipp/Coing § 120 III 2.

2. Es handelt sich bei § 2052 nur um eine **Auslegungsregel,** die dann nicht eingreift, wenn aus der letztwilligen Verfügung oder aus anderen Umständen der Wille des Erblassers ermittelt werden kann, er habe keine Ausgleichung gewollt, RG 90, 421; Staud/Werner Rz 1. Der Wille muß aber vor oder bei der Zuwendung und kann nach ihr nur in einer letztwilligen Verfügung zum Ausdruck gekommen sein, vgl § 2050 Rz 11.

3. Die Zuwendung eines **Vorausvermächtnisses an einen Miterben** schließt die Ausgleichung nicht notwendig aus (RG 90, 419), kann aber die Ausgleichungspflicht der anderen entfallen lassen, Pal/Edenhofer Rz 1.

4. Will ein Ausgleichungsberechtigter bei anderen Erbeinsetzungen, die nicht unter § 2052 fallen, Ausgleichungsrechte geltend machen, muß er eine dahingehende Anordnung im Wege der Auslegung bei Anhalt in der letztwilligen Verfügung nachweisen oder die Verfügung durch Anfechtung etwa nach § 2078 so vernichten, daß sein Ausgleichungsrecht über die gesetzliche Erbfolge gegeben ist, § 2050.

§ 2053 *Zuwendung an entfernteren oder angenommenen Abkömmling*

(1) Eine Zuwendung, die ein entfernterer Abkömmling vor dem Wegfall des ihn von der Erbfolge ausschließenden näheren Abkömmlings oder ein an die Stelle eines Abkömmlings als Ersatzerbe tretender Abkömmling von dem Erblasser erhalten hat, ist nicht zur Ausgleichung zu bringen, es sei denn, dass der Erblasser bei der Zuwendung die Ausgleichung angeordnet hat.
(2) Das Gleiche gilt, wenn ein Abkömmling, bevor er die rechtliche Stellung eines solchen erlangt hatte, eine Zuwendung von dem Erblasser erhalten hat.

1. Wendet der Erblasser **einem entfernten Abkömmling** etwas zu einer Zeit zu, da dieser durch nähere Abkömmlinge des Erblassers nach § 1924 II von der Erbfolge ausgeschlossen ist, so stellt er sich in diesem Augenblick den entfernteren Abkömmling noch nicht als unmittelbaren Erben vor, dem er etwas vorweg auf sein Erbteil zuwenden will, vielmehr will er diese Zuwendung seinen künftigen Erben entziehen. Daher ist der entferntere Abkömmling nur bei besonderer Anordnung ausgleichungspflichtig (vgl § 2050 Rz 9), vorausgesetzt, daß er unmittelbarer Erbe des Zuwendenden wird, Pal/Edenhofer Rz 1; Staud/Werner Rz 6. Unter besonderen Umständen kann diese Anordnung auch den näheren zum Erben gewordenen Abkömmling mit einer Ausgleichungspflicht für die Zuwendungen an den entfernteren Abkömmling belasten, Planck/Ebbecke Anm 2. Die Ausgleichung findet statt, wenn der Erblasser irrtümlich den näheren Abkömmling für fortgefallen und deshalb den Bedachten für seinen unmittelbaren Erben gehalten hat, denn bei der Annahme einer Ausgleichspflicht ist maßgeblich auf die Vorstellungen des Erblassers abzustellen, Planck/Ebbecke Anm 1; Staud/Werner Rz 3; aA MüKo/Dütz Rz 4. Ist der Erblasser hingegen zur Zeit der Zuwendung an den entfernteren Abkömmling irrtümlich von der Existenz des bereits fortgefallenen näheren Abkömmlings ausgegangen, so ist eine Ausgleichspflicht zu verneinen, Pal/Edenhofer Rz 1; RGRK/Kregel Rz 1; aA MüKo/Dütz Rz 4.

W. Schlüter

2 2. Dasselbe gilt von Zuwendungen an einen **entfernteren Abkömmling**, der **als Ersatzerbe** (§ 2096) an die Stelle des anderen Abkömmlings tritt, wenn er die Zuwendung vor dem Wegfall des näheren Abkömmlings erhalten hat, Staud/Werner Rz 4.

3 3. Abs II betrifft die Fälle der Annahme an Kindes Statt, §§ 1741ff.

2054 *Zuwendung aus dem Gesamtgut*

(1) Eine Zuwendung, die aus dem Gesamtgut der Gütergemeinschaft erfolgt, gilt als von jedem der Ehegatten zur Hälfte gemacht. Die Zuwendung gilt jedoch, wenn sie an einen Abkömmling erfolgt, der nur von einem der Ehegatten abstammt, oder wenn einer der Ehegatten wegen der Zuwendung zu dem Gesamtgut Ersatz zu leisten hat, als von diesem Ehegatten gemacht.
(2) Diese Vorschriften sind auf eine Zuwendung aus dem Gesamtgut der fortgesetzten Gütergemeinschaft entsprechend anzuwenden.

1 1. Leben die Ehegatten im Güterstand der Gütergemeinschaft, so können sie vereinbaren, daß das Gesamtgut (§ 1416) nicht von ihnen gemeinsam, sondern nur von einem Ehegatten verwaltet werden soll, § 1421.

2 2. Erbringt der verwaltende Ehegatte aus dem Gesamtgut Leistungen, so wäre er allein Zuwendender iS der §§ 2050ff. Damit wären nur seine Erben ausgleichungspflichtig. Die Leistungen, die der verwaltende Ehegatte erbringt, stammen aber aus dem beiden Ehegatten zugeordneten Gesamthandsvermögen. Deshalb sind sie bei der Beerbung jedes Ehegatten, unabhängig davon, wer das Gesamtgut verwaltet hat und ob der jeweilige Nachlaß zur vollständigen Ausgleichung ausreicht, nach der Vermutung des § 2054 je zur Hälfte bei der Ausgleichung unter deren Miterben zu berücksichtigen, dazu Staud/Werner Rz 2.
Den Ehegatten es im übrigen unbenommen, abweichend von § 2054 eine Ausgleichung anzuordnen oder sie auszuschließen, vgl § 2050 Rz 9, 11; Pal/Edenhofer Rz 1; Staud/Werner Rz 3.

3 3. Die Ausgleichung beschränkt sich auf die Miterben nur eines Ehegatten, wenn der Empfänger der Zuwendung Abkömmling nur eines Ehegatten ist, oder der Ehegatte wegen der Zuwendung Ersatz an das Gesamtgut zu leisten hat.

4 4. Zu **Abs II** vgl § 1483ff.

2055 *Durchführung der Ausgleichung*

(1) Bei der Auseinandersetzung wird jedem Miterben der Wert der Zuwendung, die er zur Ausgleichung zu bringen hat, auf seinen Erbteil angerechnet. Der Wert der sämtlichen Zuwendungen, die zur Ausgleichung zu bringen sind, wird dem Nachlass hinzugerechnet, soweit dieser den Miterben zukommt, unter denen die Ausgleichung stattfindet.
(2) Der Wert bestimmt sich nach der Zeit, zu der die Zuwendung erfolgt ist.

Schrifttum: *Bertolini,* Zur Durchführung der Ausgleichung (§ 2055 BGB), MittBayNot 1995, 109; *Kohler,* Geldentwertung und Erbenausgleichung, AcP 122, 70; *ders,* Das Geld als Wertmaßstab beim Erb- und Zugewinnausgleich, NJW 1963, 225; *Krug,* Die Kaufkraftproblematik bei ausgleichspflichtigen Vorempfängen in der Erbteilung; eine Kritik an der BGH-Rechtsprechung, ZEV 2000, 41; *Meincke,* Das Recht der Nachlaßbewertung, 1973; *ders,* Zum Verfahren der Miterbenausgleichung, AcP 178, 45; *Philipp,* Zur Berücksichtigung des Kaufkraftschwundes bei der Berechnung von Pflichtteilsansprüchen – Ausgleichung von Vorempfängen –, DB 1976, 664; *Werner,* Werterhöhung als ausgleichspflichtiger Zugewinn und erbrechtlicher Vorempfang, DNotZ 1978, 66; vgl auch die Schrifttumsnachweise bei §§ 2050 und 2057a.

1 1. Die **Ausgleichungspflicht** schafft **keine** Vermächtnis- oder sonstige **Nachlaßschuld**. Sie modifiziert die Auseinandersetzung der Miterben. Der ausgleichspflichtige Miterbe wird nicht Schuldner des Nachlasses, aber er kann in der Auseinandersetzung weniger erhalten als seinem Erbteil entspricht. Nie braucht er dem Nachlaß etwas zurückzugewähren, s 2056. Die Ausgleichungspflicht hat auch keinen Einfluß auf die sonstige Erbenstellung des Pflichtigen, selbst wenn sein Erbteil durch Vorempfänge aufgezehrt ist, Staud/Werner Rz 14; RGRK/Kregel Rz 8. Das BGB hat sich damit im Anschluß an das gemeine Recht in den §§ 2055, 2056 für die **Wertausgleichung** (rechnerische oder Idealkollation) entschieden.

2 2. **Verfahren bei der Ausgleichung. a)** Zunächst werden die Erbteile der Miterben, die an der Ausgleichung nicht beteiligt sind, ohne Rücksicht auf Vorempfänge der anderen, also nach dem wirklich vorhandenen Nachlaß berechnet. Dabei ist der Nachlaß zu bewerten. Stichtag ist der Erbfall, BGH 96, 174 (181); Meincke S 220ff; aA Staud/Werner Rz 1; MüKo/Dütz Rz 12; Krug ZEV 2000, 41.

3 b) Dann werden vom gesamten Nachlaß die Werte der an der Ausgleichung nicht beteiligten Erbteile abgezogen, etwa der Erbteil der Ehefrau (§§ 1931 I, III, 1371 I), die neben den gemeinschaftlichen Kindern Miterbin ist.

4 c) Zu dieser (verbleibenden) Differenz werden die Werte der Vorempfänge hinzugerechnet, **Abs I S 2**. Ihr Wert bestimmt sich nach den Anordnungen des Erblassers. Fehlen solche, so ist der Zeitpunkt der Zuwendung maßgebend, **Abs II**. Bei einer ausgleichspflichtigen Schenkung kann sich auch ohne ausdrückliche Erklärung aus den Umständen des Falls ergeben, daß für den Wert des Geschenks der Zeitpunkt des Erbfalls und nicht der Zuweisung maßgebend sein soll, Hamm MDR 1966, 330. Bei der Wertermittlung der Zuwendung ist die Geldentwertung zu berücksichtigen, BGH FamRZ 1976, 88. Bewertungsmaßstab für die Zuwendung ist die Deutsche Mark/der Euro mit der Kaufkraft zur Zeit des Erbfalls, BGH 65, 75 (77) mit Anm v Löbbecke NJW 1975, 2293 und Philipp DB 1976, 664; BGH NJW-RR 1989, 260. Um einen **Kaufkraftschwund** auszugleichen, muß also ermittelt werden, welchen Wert die Zuwendung hätte, wenn sie erst im Zeitpunkt des Erbfalls erfolgt wäre. Das geschieht in

der Weise (in Anlehnung an die inflationsbedingte Bereinigung des Anfangsvermögens beim Zugewinnausgleich, BGH 61, 385), daß der Wert des Vorempfangs im Zeitpunkt der Zuwendung mit der für den Zeitpunkt des Erbfalls maßgeblichen Preisindexzahl multipliziert und anschließend durch die für den Zeitpunkt der Zuwendung maßgeblichen Preisindexzahl dividiert wird, BGH 65, 75 (78); 96, 174 (180f); aA Krug ZEV 2000, 41, der für die Indexierung nicht auf den Zeitpunkt des Erbfalls, sondern den der Erbteilung abstellen will.

d) Ausgehend von diesem (fiktiven) Gesamtwert werden die Erbteile aller an der Ausgleichung beteiligten Miterben errechnet, wobei vom Wert des Erbteils jedes ausgleichungspflichtigen Miterben noch seine Vorempfänge abzuziehen sind. **5**

e) Sind sämtliche Vorempfänge durch den Betrag des Nachlasses nicht gedeckt, so tritt verhältnismäßige Kürzung ein. Die so errechneten Teilungsquoten sind in der Regel mit den Erbquoten nicht identisch, vgl § 2047 Rz 1. **6**

3. Ist die **Ausgleichung** bei der Auseinandersetzung und Teilung **vergessen** worden, können die Miterben gegen den Ausgleichspflichtigen nachträglich mit Ansprüchen aus rechtsgrundloser Bereicherung (§ 812 I S 1) vorgehen, sofern nicht § 814 entgegensteht, RGRK/Kregel § 2050 Rz 21. Zur Verschiebung der Teilungsquoten bei früherer Teilauseinandersetzung BGH FamRZ 1992, 665. **7**

2056 *Mehrempfang*

Hat ein Miterbe durch die Zuwendung mehr erhalten, als ihm bei der Auseinandersetzung zukommen würde, so ist er zur Herauszahlung des Mehrbetrags nicht verpflichtet. Der Nachlass wird in einem solchen Falle unter den übrigen Erben in der Weise geteilt, dass der Wert der Zuwendung und der Erbteil des Miterben außer Ansatz bleiben.

1. § 2056 setzt das Verfahren des § 2055 fort. Ergibt sich aus § 2055 für einen ausgleichungspflichtigen Miterben ein Erbteilswert, den die **Vorempfänge übersteigen**, so braucht der Ausgleichungspflichtige nichts herauszugeben oder an den Nachlaß zu zahlen. Auch von Pflichtteilszahlungen ist er befreit, RG 77, 282. Der Pflichtteilsergänzungsanspruch des § 2325 bezieht sich nur auf Schenkungen, nicht auf andere Zuwendungen des § 2055, RG 77, 284; Staud/Werner Rz 2. **1**

2. Ist der nach § 2055 berechnete Wert des ausgleichungspflichtigen Anteils durch Vorempfänge gedeckt, so wird der Nachlaß nur unter die übrigen Miterben so verteilt, wie wenn keine Ausgleichungspflicht bestände und der ausgleichungspflichtige Miterbe nicht vorhanden wäre. Die Vorempfänge werden nicht zum Nachlaßwert hinzugerechnet, der wertmäßig erschöpfte Anteil wird als nicht vorhanden betrachtet. **2**

2057 *Auskunftspflicht*

Jeder Miterbe ist verpflichtet, den übrigen Erben auf Verlangen Auskunft über die Zuwendungen zu erteilen, die er nach den §§ 2050 bis 2053 zur Ausgleichung zu bringen hat. Die Vorschriften der §§ 260, 261 über die Verpflichtung zur Abgabe der eidesstattlichen Versicherung finden entsprechende Anwendung.

Schrifttum: *Sarres,* Auskunftspflichten zwischen Miterben über lebzeitige Zuwendungen gemäß § 2057 BGB, ZEV 2000, 349.

1. **Rechtspolitischer Zweck.** Die richtige Ausgleichung kann in der Auseinandersetzung dadurch verhindert werden, daß den ausgleichungsberechtigten Miterben ausgleichungspflichtige Zuwendungen unbekannt bleiben. Diese Schwierigkeit überwindet ein **besonderes Auskunftsrecht.** Über die Frage einer allgemeinen Auskunftspflicht unter Miterben vgl § 2038 Rz 10. **1**

2. Das **Auskunftsrecht** ist kein Anspruch der gesamten Hand, der unter § 2039 S 1 fällt, sondern es steht als Individualrecht aus der Miterbengemeinschaft jedem Miterben gegen jeden Miterben zu. Auskunftsberechtigt ist auch der Testamentsvollstrecker, wenn er den Nachlaß auseinanderzusetzen hat, § 2204. Dem Nachlaßverwalter und Nachlaßinsolvenzverwalter steht das Auskunftsrecht nur bei Nachweis eines besonderen Interesses zu, RGRK/Kregel Rz 3; Pal/Edenhofer Rz 1; Staud/Werner Rz 3. Wegen § 2316 I hat auch der pflichtteilsberechtigte, nicht erbende Abkömmling ein Auskunftsrecht, RG 73, 376; WarnRspr 1933, 64; Zweibrücken FamRZ 1987, 1197; Nürnberg NJW 1957, 1482. Auskunftspflichtig können nur Miterben iS der §§ 2050–2053 sein. **2**

3. **Umfang der Auskunftspflicht.** Sie erstreckt sich nicht nur auf Zuwendungen, die unbestritten ausgleichspflichtig sind, sondern jeder Miterbe hat zu offenbaren, welche Zuwendungen er überhaupt vom Erblasser empfangen hat, RG 58, 91; 73, 376; Pal/Edenhofer Rz 2; einschränkend Staud/Werner Rz 5; Sarres ZEV 2000, 349. Es soll geprüft werden können, ob sie ausgleichungspflichtig sind. Sonst könnte, namentlich bei der Ablehnung einer allgemeinen Auskunftspflicht unter Miterben durch die Rspr (BGH WM 1989, 548), das rechtspolitische Ziel der Ausgleichungspflicht nicht erreicht werden. Auch der Wert der Zuwendungen ist anzugeben, BayObLG OLG 37, 253. Ein Anspruch auf Einholung eines Sachverständigengutachtens besteht uU gemäß § 242, Hamm FamRZ 1983, 1279. Der Anspruch ist klagbar. Die Vollstreckung des Urteils richtet sich nach § 888 ZPO. **3**

4. **Für die Auskunft** ist **keine Form** vorgeschrieben. § 260 setzt die Zuwendung eines Inbegriffs von Gegenständen voraus. Zur Erfüllung und Erzwingung der Pflicht aus §§ 260, 261 vgl §§ 259–261 Rz 12ff. **4**

2057a *Ausgleichungspflicht bei besonderen Leistungen eines Abkömmlings*

(1) Ein Abkömmling, der durch Mitarbeit im Haushalt, Beruf oder Geschäft des Erblassers während längerer Zeit, durch erhebliche Geldleistungen oder in anderer Weise in besonderem Maße

dazu beigetragen hat, dass das Vermögen des Erblassers erhalten oder vermehrt wurde, kann bei der Auseinandersetzung eine Ausgleichung unter den Abkömmlingen verlangen, die mit ihm als gesetzliche Erben zur Erbfolge gelangen; § 2052 gilt entsprechend. Dies gilt auch für einen Abkömmling, der unter Verzicht auf berufliches Einkommen den Erblasser während längerer Zeit gepflegt hat.

(2) Eine Ausgleichung kann nicht verlangt werden, wenn für die Leistungen ein angemessenes Entgelt gewährt oder vereinbart worden ist oder soweit dem Abkömmling wegen seiner Leistungen ein Anspruch aus anderem Rechtsgrund zusteht. Der Ausgleichungspflicht steht es nicht entgegen, wenn die Leistungen nach den §§ 1619, 1620 erbracht worden sind.

(3) Die Ausgleichung ist so zu bemessen, wie es mit Rücksicht auf die Dauer und den Umfang der Leistungen und auf den Wert des Nachlasses der Billigkeit entspricht.

(4) Bei der Auseinandersetzung wird der Ausgleichungsbetrag dem Erbteil des ausgleichungsberechtigten Miterben hinzugerechnet. Sämtliche Ausgleichungsbeträge werden vom Wert des Nachlasses abgezogen, soweit dieser den Miterben zukommt, unter denen die Ausgleichung stattfindet.

Schrifttum: *Dressel*, Die Ausgleichspflicht im Höferecht bei besonderer Mitarbeit oder Pflegetätigkeit eines Abkömmlings (§ 2057a BGB), RdL 1970, 146; *Fenn*, Die Mitarbeit in den Diensten Familienangehöriger, 1970; *Petersen*, Die Beweislast bei der Ausgleichspflicht unter Miterben nach § 2057a BGB, ZEV 2000, 432; *Weimar*, Der Ausgleichsanspruch eines Abkömmlings bei besonderer Mitarbeit und Pflege (§ 2057a BGB), MDR 1973, 23.

1. **Vorbemerkung.** § 2057a ist durch Art 1 Nr 90 NEhelG vom 19. 8. 1969 (BGBl I 1243) mit Wirkung vom 1. 7. 1970 neu eingefügt worden und gilt auch nach der erbrechtlichen Gleichstellung nichtehelicher Kinder durch das ErbGleichG vom 16. 12. 1997 (BGBl I, 2968) unverändert fort, vgl Art 1 ErbGleichG.

2. In ähnlicher Weise wie Vorempfänge einzelner Miterben aus dem Vermögen des Erblassers sind bei Erbfällen, die nach dem 1. 7. 1970 eingetreten sind, nach dem Vorbild des Schweizerischen ZGB (Art 633) Leistungen einzelner Miterben auszugleichen, die dem Nachlaß zugute gekommen sind. Schrifttum und Rspr zu Art 633 ZGB können daher für die Auslegung des § 2057a hilfreich sein, vgl die Beispiele bei Damrau FamRZ 1969, 580 Fn 10.

§ 2057a ist **subsidiär**. Eine Ausgleichung entfällt, wenn für die Leistungen ein angemessenes Entgelt gewährt, rechtswirksam vereinbart war oder dem Abkömmling aus einem anderen Rechtsgrund, zB Dienst-, Arbeits-, Gesellschaftsverhältnis, Geschäftsführung ohne Auftrag, ungerechtfertigte Bereicherung, zusteht, **Abs II S 1**.

3. Ausgleichsberechtigt und -verpflichtet sind alle Abkömmlinge, eheliche und nichteheliche. Während die Mitarbeit des Ehegatten beim gesetzlichen Güterstand durch die Erhöhung des Erbteils oder durch den Zugewinnausgleich (§§ 1371, 1931 III) und bei der Gütertrennung durch Gleichstellung des Ehegatten neben einem oder zwei Abkömmlingen (§ 1931 IV) bereits pauschal berücksichtigt wird, will der Gesetzgeber die Ausgleichung unter Abkömmlingen am Einzelfall orientieren. Der Tatbestand ist weit gefaßt und stellt die Rspr vor die schwer lösbare Aufgabe, im Einzelfall die zur Ausgleichung zu bringenden Beträge zu ermitteln. Bosch (FamRZ 1969, 506) bezeichnet die Vorschrift sogar als „injudiziabel".

4. **Voraussetzungen der Ausgleichungspflicht und des Ausgleichungsanspruchs.** a) Mehrere Abkömmlinge müssen als gesetzliche Erben zur Erbfolge gelangen oder in entsprechender Anwendung des § 2052 durch Verfügung von Todes wegen auf dasjenige eingesetzt sein, was sie als gesetzliche Erben erhalten würden.

Tritt an die Stelle eines Abkömmlings, der aus § 2057a ausgleichsberechtigt wäre, ein anderer Abkömmling des Erblassers, so kann dieser in Analogie zu § 2051 den Ausgleich verlangen, Pal/Edenhofer Rz 14; MüKo/Dütz Rz 7; Johannsen WM 1970, 743; einschränkend Lutter, Das Erbrecht des nichtehelichen Kindes, 2. Aufl 1972, § 6 III 1a; aA Knur DB 1970, 1115. Dagegen ist § 2053 nicht entsprechend anwendbar. Ausgleichsberechtigt ist daher ein Abkömmling auch, wenn er besondere Leistungen zu einer Zeit erbracht hat, als er noch durch einen später weggefallenen Elternteil von der Erbfolge ausgeschlossen wurde. Denn für die Anwendung des § 2057a kommt es nicht auf die Motivation des Leistenden an, sich später im Rahmen der Erbauseinandersetzung für die Leistungen einen Ausgleich zu verschaffen. Entscheidend ist allein, daß durch die Leistungen des Abkömmlings das Vermögen des Erblassers tatsächlich erhalten oder vermehrt worden ist. Deshalb ist es unerheblich, wann der Abkömmling die besondere Leistung erbracht hat, MüKo/Dütz Rz 7; RGRK/Kregel Rz 3; Staud/Werner Rz 21; aA Damrau FamRZ 1969, 580; Pal/Edenhofer Rz 14.

b) Der Abkömmling muß durch Mitarbeit im Haushalt, Beruf oder im Unternehmen des Erblassers während längerer Zeit in besonderem Maß zur Erhaltung oder Vermehrung des Nachlasses beigetragen oder unter Verzicht auf berufliches Einkommen den Erblasser während längerer Zeit gepflegt haben, **Abs I**. Obwohl der Gesetzgeber in erster Linie an eine Mithilfe in einem landwirtschaftlichen oder kleinen gewerblichen Betrieb gedacht hat (vgl BT-Drucks V/4179 zu Nr 83a), genügt nach dem Wortlaut des Gesetzes jede Art von Mitarbeit, die über eine gelegentliche Aushilfe hinausgeht, Staud/Werner Rz 9. Zu den Formen der Mitarbeit vgl Weimar MDR 1973, 23. Da die Mitarbeit auch „in besonderem Maße" das Vermögen des Erblassers beeinflußt haben muß, kann die üblicherweise von Abkömmlingen zu erwartende Mitarbeit nicht berücksichtigt werden. Unerheblich ist nach **Abs II S 2**, ob es sich bei der Mitarbeit um Dienste im Haus oder Geschäft der Eltern gehandelt hat, zu denen der Abkömmling verpflichtet war (§ 1619) oder um Aufwendungen iS des § 1620, für die zu Lebzeiten kein Ersatz verlangt werden kann.

War die Mitarbeit nur zum Teil unentgeltlich, so besteht eine Ausgleichungspflicht nur für den unentgeltlichen Teil der Leistung, Staud/Werner Rz 24. Ob die Mitarbeit persönlich geleistet werden muß, erscheint zweifelhaft. Es genügt jedoch, wenn die Ehefrau oder andere Familienangehörige des Abkömmlings mitgearbeitet haben, so Art 633 Schweizer ZGB; Damrau FamRZ 1969, 680; Knur FamRZ 1970, 277. Sogar die Mitarbeit vom Abkömmling bezahlter Hilfskräfte müßte genügen, Pal/Edenhofer Rz 5.

c) Durch **Abs I S 2** wird klargestellt, daß auch eine Pflegetätigkeit des Abkömmlings gegenüber dem Erblasser 6
als Mitarbeit anzusehen ist. Sie muß sich über eine längere Zeit erstrecken und eine besondere Leistung darstellen.
Außerdem muß der Abkömmling infolge der Pflege auf berufliche Einnahmen, sei es ganz oder zu einem nicht
unerheblichen Teil, verzichtet haben, Pal/Edenhofer Rz 9; Körting NJW 1970, 1527.

d) Ebenso wie durch Mitarbeit kann der Abkömmling den Nachlaß auch dadurch erhalten oder vermehrt haben, 7
daß er das Vermögen des Erblassers durch finanzielle Hilfe erhöht hat. Unter „Beiträge in anderer Weise" werden
in erster Linie Sachleistungen zu verstehen sein. Es dürfte hierzu aber auch eine Bürgschaft (Damrau FamRZ
1969, 589) oder die Übertragung von Benutzungsrechten zählen, Staud/Werner Rz 16. Was oben zur Mitarbeit
gesagt ist, gilt für Geldleistungen und Beiträge in anderer Weise entsprechend.

e) Der Erblasser kann die Ausgleichungspflicht durch Verfügung von Todes wegen ausschließen oder ein- 8
schränken, Damrau FamRZ 1969, 581; Pal/Edenhofer Rz 16. Eine derartige Anordnung ist in der Regel ein Vermächtnis zugunsten der anderen Abkömmlinge, Damrau FamRZ 1969, 581; Pal/Edenhofer Rz 16.

5. Die **Höhe des Ausgleichungsanspruchs** bestimmt sich gemäß Abs III nach Art, Umfang und Dauer der Lei- 9
stungen einerseits sowie dem Wert des Nachlasses andererseits. Da der Gesetzgeber bewußt davon abgesehen hat,
genauere Berechnungskriterien aufzustellen, bleibt den Beteiligten und dem Richter die nicht leichte Aufgabe, im
Einzelfall unter Berücksichtigung der gesetzlichen Gesichtspunkte eine Entscheidung zu treffen, die der Billigkeit
entspricht. Anhaltspunkte werden hierbei sein, inwieweit der Abkömmling infolge der Mitarbeit an eigener
Erwerbstätigkeit gehindert wurde, Knur FamRZ 1970, 277 mit Hinweis auf die schweizerische Rspr zu Art 633
ZGB.

6. Die besondere Mitarbeit oder Pflegetätigkeit ist im Gegensatz zu § 2055, der die Ausgleichung der Vorempf- 10
fänge regelt, dadurch auszugleichen, daß der Anspruch rechnerisch von den Nachlaßanteilen der Abkömmlinge,
die ausgleichungspflichtig sind, abgezogen und dem Nachlaßanteil des ausgleichungsberechtigten Abkömmlings
hinzugerechnet wird, **Abs IV; Wertausgleichung.** Es ist also zunächst der Wert des Nachlasses zu bestimmen.
Sodann ist von diesem der Wert des Erbteils des Ehegatten, soweit einer vorhanden ist, abzuziehen. Von dem so
verbleibenden Restwert sind die Ausgleichungsbeträge der ausgleichungsberechtigten Abkömmlinge ebenfalls
abzuziehen. Der verbleibende Rest ist dann auf die Abkömmlinge im Verhältnis ihrer Beteiligung am Nachlaß zu
verteilen. Der sich ergebende Ausgleichungsbetrag ist dem Anteil des ausgleichungsberechtigten Abkömmlings
hinzuzurechnen, **Abs IV S 1.**
Durch die Ausgleichung nach § 2057a kann der Wert des Nachlasses anders als bei der Ausgleichung der Vorempfänge nach § 2056 nicht erschöpft werden. Denn bei der Bemessung der Ausgleichung ist der Nachlaßwert
mit zu berücksichtigen, **Abs III.** Er kann daher nicht ganz an die Ausgleichungsberechtigten fallen.

7. Den ausgleichsberechtigten Abkömmling trifft die **Darlegungs- und Beweislast** für die in Abs I genannten 11
Voraussetzungen. Die ausgleichspflichtigen Abkömmlinge sind demgegenüber dafür darlegungs- und beweispflichtig, daß der Ausgleichsberechtigte für die Mitarbeit oder Pflege eine Vergütung erhalten hat, Petersen ZEV
2000, 432.

Untertitel 2

Rechtsverhältnis zwischen den Erben und den Nachlassgläubigern

Vorbemerkung

Schrifttum: Bender, Gesamthandsklage des Miterbengläubigers, JherJb 88, 311; *Börner,* Das System der Erbenhaftung,
3. Teil, Sonderregeln für Miterben, JuS 1968, 108; *Kieserling,* Die erbrechtliche Haftung des Miterben-Gesellschafters einer
Personengesellschaft bis zur Nachlaßteilung, Diss Münster 1971; *Pabst,* Haftung des Mitglieds einer Erbengemeinschaft für
Straßenausbaubeiträge – Anm zu VG Braunschweig, Urt v 21. 6. 2000, ZEV 2001, 443; *Siber,* Haftung für Nachlaßschulden,
1937; *H. P. Westermann,* Haftung für Nachlaßschulden bei Beerbung eines Personengesellschafters durch eine Erbengemeinschaft, AcP 173, 24; *Wieser,* Ersatzleistungen an Miterben bei Sachschäden, in FS Heinrich Lange, 1970, S 325; weitere
Schrifttumshinweise vor § 1967.

1. Die **gesetzlichen Grundlagen** der **Haftung der Miterben** für Nachlaßschulden finden sich **zunächst** in den 1
§§ 1967–2017. Sie regeln die Haftung für Alleinerben ebenso wie für Miterben. Die **§§ 2058–2063 verändern
und ergänzen** sie für die Miterbengemeinschaft. Ihre Besonderheit ist schon dadurch bedingt, daß die Miterben
anders als der Alleinerbe gleich mit dem Erbfall Träger des Nachlasses als eines Sondervermögens werden, das
durch den gemeinschaftlichen Verwaltungs-, Nutzungs- und Auseinandersetzungszweck in der gemeinschaftlichen
Verfügungsbefugnis (§ 2040) gesamthänderisch gebunden ist (vgl § 2032 Rz 1), so daß sich die **Sonderung des
Nachlasses** vom Eigenvermögen in den einzelnen Miterben von vornherein und **automatisch,** dh ohne behördliche
Anordnung, vollzieht mit Ausnahme der bis zur Nachlaßteilung fortbesteht. Daher gestattet § 2059 I S 1 jedem Miterben, der
noch nicht endgültig unbeschränkbar haftet, bis zur Teilung seine Haftung durch Einrede gegenständlich auf seinen
Anteil am Nachlaß zu beschränken, auch wenn die Voraussetzungen der §§ 1990, 1992 nicht gegeben sind. **Miterben haften** daher **bis zur Teilung vorläufig beschränkt.**

2. Daneben gelten die ergänzenden **Verfahrensvorschriften der §§ 780–785 ZPO.** Zur Zwangsvollstreckung 2
in einzelne Nachlaßgegenstände bis zur Teilung ist ein Titel gegen alle Miterben erforderlich (§ 747 ZPO), der
aber nicht einheitlich zu sein braucht. Die einzelnen Miterben können auch durch verschiedene Urteile verurteilt
worden sein. Die Miterben sind erst in der Zwangsvollstreckung, nicht schon im Erkenntnisverfahren, notwendige

3. **Vor der Annahme der Erbschaft** kann auch ein Miterbe nicht verklagt werden, § 1958. **Nach der Annahme** hat jeder Miterbe den Schutz der aufschiebenden Einreden der §§ 2014, 2015, vgl vor § 2014 Rz 3 und vor § 1967 Rz 12.

4. Jeder Miterbe kann sich und den übrigen Miterben **selbständig** die **endgültig beschränkte Haftung** dadurch **sichern,** daß er vor der Nachlaßteilung die Eröffnung des Nachlaßinsolvenzverfahrens beantragt (§ 317 InsO), was er auch nach der Teilung nicht nur zur Haftungssonderung, sondern auch zur Haftungsbeschränkung tun kann, § 316 II InsO. **Nachlaßverwaltung** können die Miterben nur **gemeinschaftlich** und nur bis zur Teilung beantragen (§ 2062), also nicht mehr, wenn auch nur ein Miterbe den Nachlaßgläubigern unbeschränkbar haftet. Über einen Erbteil ist dagegen weder Nachlaßinsolvenz (§ 316 III InsO) noch Nachlaßverwaltung zulässig.

5. Das **Aufgebot der Nachlaßgläubiger** kann jeder noch nicht allgemein unbeschränkbar haftende Miterbe beantragen (§ 991 ZPO), so daß er damit die Aufgebots- (§§ 2015, 2016 I, II) und Ausschließungseinrede erwerben kann, §§ 1970ff. Ebenso steht jedem Miterben die Verschweigungseinrede zu, § 1974.

6. Die **Einrede der beschränkten Erbenhaftung** (§§ 1990ff) kann jeder noch nicht unbeschränkbar haftende Miterbe erheben und zwar bis zur Teilung auch ohne Dürftigkeit (§ 1990 Rz 1) oder Überbeschwerung (§ 1992 Rz 2) des Nachlasses, § 2059 I S 1.

7. Das **Recht zur Herbeiführung endgültiger Haftungsbeschränkung** (vor § 1967 Rz 10) verliert der Miterbe, in dessen Person das nachteilige Ereignis eingetreten ist. Vgl aber hierzu die wesentliche Abweichung in § 2063.

8. **Nach Nachlaßteilung** stellt sich die Haftung der Miterben folgendermaßen dar:
   a) Die Haftung der Miterbengemeinschaft mit dem ungeteilten Nachlaß (§ 2059 II; § 747 ZPO) und
   b) die Haftung der Miterben mit ihren Erbteilen (§ 2059 I S 1; §§ 859, 857 V ZPO) sind mit den entsprechenden Haftungsobjekten fortgefallen. Auch jetzt richtet sich die Haftung der Miterben nach den allgemeinen Vorschriften über die Erbenhaftung, jedoch sind einige Besonderheiten zu berücksichtigen.

   c) Haftet ein Miterbe nur mit dem Nachlaß, so sind darunter nach der Teilung diejenigen Nachlaßgegenstände zu verstehen, die ihm aus dem Gesamthandsvermögen zugeteilt worden sind. Vgl die ausdrückliche Regelung in § 1480 S 2 nach der Teilung des Gesamtguts bei fortgesetzter Gütergemeinschaft.

   d) Jeder noch nicht unbeschränkbar haftende Miterbe kann Insolvenzantrag zur Herbeiführung seiner beschränkten Haftung stellen, § 316 II InsO. Sofern er sein Recht zur Haftungsbeschränkung verloren hat, kann er den Antrag nur noch mit dem Ziel stellen, die Haftung mit den Nachlaßgegenständen ausschließlich den Nachlaßgläubigern zu sichern und die Eigengläubiger der Miterben vom Vollstreckungszugriff auf sie abzuwehren (Haftungssonderung), während die Nachlaßverwaltung (§ 2062 S 2) nicht mehr zulässig ist.

   e) Außerdem hat jeder Miterbe die Einrede der beschränkten Haftung nach §§ 1990, 1992, die Ausschließungs- und Verschweigungseinrede aus Aufgebotsverfahren, die bereits vor der Teilung durchgeführt sind (§§ 1973, 1974), sowie die ihnen entsprechende Einrede aus § 1989.
   Nachlaßgläubiger können auch noch nach der Teilung durch Ausschließungsurteil ausgeschlossen werden. Das Gläubigeraufgebot kann auch noch jetzt beantragt werden, führt aber nur zum Ziel, wenn der Gläubiger sich im Verfahren nicht meldet.

   f) Schließlich kann sich der Miterbe zur Haftungsbeschränkung auf eine vor der Teilung angeordnete Nachlaßverwaltung oder ein vorher durchgeführtes Nachlaßinsolvenzverfahren (§§ 315ff InsO) berufen.

   g) Daraus folgt, daß die Erbteilung nicht unbedingt zur endgültig unbeschränkten Haftung der Miterben führt, wie es oft unrichtig behauptet wird.

   h) Den in § 2060 genannten Nachlaßgläubigern haften die Miterben nach der Teilung nur für den ihrem Erbteil entsprechenden Teil der Nachlaßverbindlichkeit.

9. **Mögliche Schuld- und Haftungslagen des Miterben.** Bei Miterben fragt es sich demnach nicht nur wie beim Alleinerben, ob sie allein mit dem Nachlaß oder auch mit ihrem Eigenvermögen haften, sondern ob sie als Gesamtschuldner für die Nachlaßverbindlichkeit in vollem Umfang einzustehen haben (§ 2058), oder nur für den Teil der Schuld, der ihrem Anteil am Nachlaß entspricht, §§ 2059, 2061. Damit ist für den Miterben bei Nachlaßverbindlichkeiten eine vierfache Schuld- und Haftungslage möglich: a) Der Miterbe schuldet als Gesamtschuldner voll, haftet aber nur mit dem Nachlaß. b) Der Miterbe schuldet als Gesamtschuldner voll, haftet aber für die Schuld mit dem Nachlaß und seinem Eigenvermögen. c) Der Miterbe schuldet nur den Teil, der seinem Erbteil entspricht, und haftet für diese begrenzte Schuld nur mit dem Nachlaß. d) Der Miterbe schuldet nur den Teil, der seinem Erbteil entspricht, haftet für diese begrenzte Schuld aber mit dem Nachlaß und seinem Eigenvermögen.

10. Wegen der Haftung der Miterben für die alten und neuen Schulden, die im Betrieb eines von einem Einzelkaufmann ererbten Handelsgeschäfts begründet worden sind (§ 27 HGB) vgl § 1967 Rz 10.

11. Zur Haftung bei fortgesetzter Gütergemeinschaft vgl § 1489.

12. Der **Hoferbe** haftet auch dann als Gesamtschuldner für die Nachlaßverbindlichkeiten, wenn er an dem übrigen Nachlaß nicht als Miterbe beteiligt ist, § 15 I HöfeO. Dingliche Verwertungsrechte (Grundschulden, Rentenschulden, Hypotheken) richten sich nur gegen den Hoferben als Eigentümer des Hofes. Nur, wenn der Erblasser auch persönlicher Schuldner der hypothekarisch gesicherten Forderung war, kann der Gläubiger die übrigen Mit-

erben ebenfalls in Anspruch nehmen, Lange/Wulff/Lüdtke-Handjery § 15 Rz 7. Gemeinschaftliche Schulden aller Miterben sind auch solche Schulden, die vom Erblasser herrühren und den Hof betreffen. Auch hier schulden die Miterben als Gesamtschuldner. Alle Nachlaßschulden, einschließlich der auf dem Hof ruhenden Hypotheken, Grund- und Rentenschulden sind, soweit das Vermögen, das außer dem Hof vorhanden ist, dazu ausreicht, aus ihm zu berichtigen, § 15 II HöfeO. Soweit das unmöglich ist, ist der Hoferbe den Miterben gegenüber verpflichtet, sie allein zu tragen und die Miterben von ihnen zu befreien, § 15 III HöfeO.

2058 *Gesamtschuldnerische Haftung*
Die Erben haften für die gemeinschaftlichen Nachlassverbindlichkeiten als Gesamtschuldner.

1. Der **Miterbe** kann nach den §§ 2058ff in vier verschiedene Schuld- und Haftungslagen kommen, vgl vor § 2058 Rz 15. Er **schuldet in der Regel**, auch wenn die Schuld auf eine teilbare Leistung gerichtet ist, anders als im römischen und gemeinen Recht (nomina et debita sunt ipso iure divisio) als **Gesamtschuldner** das Ganze (§ 421), **wenn** es sich um eine **gemeinschaftliche Nachlaßschuld** handelt, nicht nur den Anteil an der Schuld, der seinem Erbanteil entspricht. Gemeinschaftliche Nachlaßschulden sind solche, die gegenüber den Nachlaßgläubigern alle Miterben treffen, die also nicht nur einigen Miterben zur Last fallen (§ 2046 II; Erbteilsschulden), wie etwa Schulden aus Vermächtnissen und Auflagen, Pflichtteilsrest- und Pflichtteilsergänzungsansprüche (§§ 2305, 2326), die einen einzelnen oder mehrere, aber nicht alle Miterben beschweren. Die betreffenden Miterben haften dann wiederum entsprechend § 2058 als Gesamtschuldner, aber vorläufig beschränkt (§ 1992; Pal/Edenhofer Rz 1; Planck/Ebbecke Anm 1; RGRK/Kregel Rz 3), ohne daß sich damit eine engere Miterbengemeinschaft dieser Miterben bildet, KG HRR 1927, 481. Schulden der Miterben aus schuldhafter Verletzung ihrer Verwaltungspflicht (§§ 1978ff) treffen die Erben als Träger ihres Eigenvermögens und fallen daher weder unmittelbar noch entsprechend unter § 2058, möglicherweise aber unter die §§ 427, 830, 840.

2. **Gesamtschuld- und Gesamthandsklage. a)** Der Erbfall begründet eine **Gesamtschuld aller Miterben für gemeinschaftliche Nachlaßschulden**, § 2058. Sie besteht über die Nachlaßteilung hinaus. Daher kann der Nachlaßgläubiger schon vor der Teilung gegen jeden Miterben die **Gesamtschuldklage** erheben. Nur muß er, wenn er gleichzeitig Miterbe ist, von der Forderung den Bruchteil abziehen, der seinem Anteil am Nachlaß entspricht, Düsseldorf MDR 1970, 766.
Mit der Gesamtschuldklage sucht der Nachlaßgläubiger **Befriedigung aus dem Eigenvermögen des verklagten Miterben**, zu dem auch sein Miterbenanteil (§§ 1922 II, 2033 I; § 859 ZPO) gehört. Dieser Anspruch des Nachlaßgläubigers entspricht dem Anspruch des Gesellschaftsgläubigers einer offenen Handelsgesellschaft aus ihrer persönlichen Haftung, § 128 HGB. Verklagt der Nachlaßgläubiger **mehrere Miterben** wegen derselben Schuld **als Gesamtschuldner**, so sind sie wegen § 425 II **keine notwendigen Streitgenossen**, § 62 ZPO; RG 68, 221f; BGH JZ 1964, 722 mit Anm Bötticher. Der als Gesamtschuldner beanspruchte Miterbe kann von den übrigen Miterben Ausgleich nach § 426 I, II im Verhältnis der Erbteile, aber unter Berücksichtigung der Ausgleichungsrechte und -pflichten unter Miterben verlangen, §§ 2050ff.
Verlangt ein Nachlaßgläubiger von **einem Miterben als Gesamtschuldner** (§ 2058) Erfüllung einer Nachlaßschuld, so kann der Miterbe gegen diese Forderung des Nachlaßgläubigers nicht mit einer Forderung des Nachlasses gegen diesen Gläubiger aufrechnen. Insoweit ist auf der einen Seite der Nachlaßgläubiger gleichzeitig Nachlaßschuldner, auf der anderen Seite die Miterbengemeinschaft Schuldnerin der Nachlaßschuld und Gläubigerin der Nachlaßforderung, so daß die Voraussetzungen der Gegenseitigkeit (§ 387) vorhanden sind. Aber der beanspruchte Miterbe kann nicht allein die Aufrechnung erklären; denn die Aufrechnung mit einer Nachlaßforderung ist eine Verfügung über einen Nachlaßgegenstand, die nur von allen Miterben gemeinsam vorgenommen werden kann, § 2040 I. Die besonderen Voraussetzungen des § 2039 liegen hier nicht vor. Das Zurückbehaltungsrecht (§ 273) kann der Schuldner aber schon wegen einer Gegenforderung geltend machen, an der er nur als Gesamthänder mitberechtigt ist. Macht der beklagte Miterbe das Zurückbehaltungsrecht geltend, so wird er zur Leistung an den Gläubiger Zug um Zug gegen Leistung dieses Gläubigers an die Erbengemeinschaft verurteilt, BGH 5, 173 (176); 38, 122 (125). In jedem Fall kann der Miterbe in entsprechender Anwendung des § 770 II; § 129 III HGB mit einem Leistungsverweigerungsrecht erreichen, daß die Klage als unbegründet abgewiesen werden muß, wenn sich der Nachlaßgläubiger durch Aufrechnung gegen eine fällige Forderung der Erbengemeinschaft befriedigen kann, BGH 38, 122 (128).

b) Neben der Gesamtschuldklage gegen die einzelnen Miterben als Träger ihres Eigenvermögens kann der Nachlaßgläubiger die **Gesamthandsklage** gegen alle Miterben als Träger des Nachlasses erheben, § 2059 II. Sie ist auf **Befriedigung aus** dem ungeteilten Nachlaß, also nicht aus dem Eigen-, sondern aus dem Sondervermögen gerichtet, § 747 ZPO. Da die Miterbengemeinschaft ebenso wenig wie bei der offenen Handelsgesellschaft (§§ 124 I, II, 129 IV HGB), nicht unbedingt verlangen dürfen, anders als bei der offenen Handelsgesellschaft (§§ 124 I, II, 129 IV HGB), nicht unbedingt verlangen dürfen, daß der Antrag sich ausdrücklich auf die Befriedigung aus dem Nachlaß beschränkt. Der Gläubiger kann vielmehr auch dann in den Nachlaß vollstrecken (§ 747 ZPO), wenn er ein Urteil gegen alle Erben besitzt, das auf eine zusammengefaßte Gesamtschuldklage hin ergangen ist. Es werden sogar gegen Miterben ergangene Einzeltitel genügen, die der Gläubiger in getrennten Prozessen erwirkt hat, RG 68, 221; Siber S 107. Denn wer sich aus allen Erbteilen einer Erbengemeinschaft auf Grund eines oder mehrerer Gesamtschuldurteile befriedigen kann (§ 859 ZPO), kann dieses auch aus dem Nachlaß und seinen einzelnen Gegenständen tun, RG 71, 366 (371). Auch ein Beschränkungsvorbehalt (§ 780 I ZPO), der an sich das Eigenvermögen des Erben schützen soll, kann der Vollstreckung in den Nachlaß nicht entgegenstehen, da er eine verständliche Vorsichtsmaßnahme des Beklagten ist, aber nicht zwingend dafür spricht, daß der Kläger nur Befriedigung aus dem Eigenvermögen einschließlich des Erbteils des Beklagten gesucht hat, RG 71, 366 (371).

W. Schlüter

Verklagt der Gläubiger **Miterben mit der Gesamthandsklage gemeinschaftlich,** so sind sie – anders als bei der Gesamtschuldklage (§ 2058) – **notwendige Streitgenossen,** RG JW 1931, 3541. Oft muß an Hand des Klageantrags und der Klagebegründung ermittelt werden, welche von beiden Klagen erhoben worden ist. Eine Klage auf die unmittelbare Abgabe der Auflassungserklärung, die sich auf ein Nachlaßgrundstück bezieht, kann schon deshalb nur eine Gesamthandsklage sein, weil der Kläger eine Verfügung über einen Nachlaßgegenstand begehrt, die nur alle Miterben gemeinschaftlich treffen können, § 2040 I. Verlangt der Kläger dagegen die Herbeiführung der Auflassung, so kann es sich um eine Gesamtschuldklage handeln, vgl BGH JZ 1964, 722.

c) **Bis zur Teilung** kann der **Nachlaßgläubiger** idR zwischen der **Gesamtschuldklage (§ 2058)** und der **Gesamthandsklage (§ 2059 II) wählen.** Er kann auch nach Rechtshängigkeit von der Gesamtschuldklage zur Gesamthandsklage übergehen, weil er damit sein prozessuales Begehren einschränkt, § 264 Nr 2 ZPO; RG 93, 198. Es ist aber auch zulässig, beide Klagen ausdrücklich nebeneinander zu erheben. Die Einrede der Rechtshängigkeit kann bei nebeneinander erhobenen Klagen nicht zu befürchten, da mit der einen Klage die Erben als Träger ihres Eigenvermögens, mit der anderen die Erben als Träger des Nachlasses beansprucht. Es fehlt daher an der Identität der beklagten Parteien und an der Identität des prozessualen Anspruchs.

3 3. Der **Anspruch gegen den gesamtschuldnerischen Miterben** ist **bis zur Nachlaßteilung durch Einrede gegenständlich** auf den Miterbenanteil **beschränkt,** auch wenn die Voraussetzungen der §§ 1990, 1992 fehlen, der Nachlaß also weder dürftig noch überbeschwert ist, § 2059 I S 1. Der Miterbe haftet noch nicht „vorläufig unbeschränkt", sondern vorläufig beschränkt, Siber S 108. Verwirkt der Miterbe sein Recht, endgültig die beschränkte Haftung herbeizuführen (vor § 1967 Rz 10), so geschieht das nur für den Bruchteil der Nachlaßschulden, der seinem Erbanteil entspricht, § 2059 I S 2. Für den übrigen Bruchteil kann er eine Haftung auf seinen Miterbenanteil beschränken. Vgl aber die Ausnahmen von der gesamtschuldnerischen Haftung nach der Teilung in §§ 2060, 2061.

4 4. **Miterbengläubiger,** das sind Miterben, die gleichzeitig Nachlaßgläubiger sind, können **nach der Teilung** unbestritten die Gesamtschuldklage gegen die übrigen Miterben erheben, müssen sich aber dabei den Schuldanteil abziehen lassen, der ihrem Erbteil entspricht, RG 150, 344; OGH 1, 47. **Vor der Teilung** sollte der Miterbengläubiger nach der Rspr des RG nicht die Gesamtschuldklage, sondern nur die Gesamthandsklage erheben oder die übrigen Miterben teilschuldnerisch in Anspruch nehmen können, weil er nicht nur Gläubiger, sondern auch Miterbe sei und damit eine nach Treu und Glauben gebotene Rücksicht zu nehmen habe, § 2046 I S 1; RG 93, 196. Dem sind der BGH (LM Nr 1 zu § 2046; BGH NJW-RR 1988, 710; ebenso OGH 1, 46, 163; Stuttgart NJW 1959, 1735; Düsseldorf MDR 1970, 766) und das überwiegende Schrifttum (RGRK/Kregel Rz 7; Pal/Edenhofer Rz 3; Staud/Marotzke Rz 92–94 mwN) nicht gefolgt. Es wird zutreffend auf die abweichende Rspr des RG im Gesellschaftsrecht hingewiesen (vgl RG 153, 305 (312) JW 1937, 1986), die dem Gesellschaftsgläubiger für einen Drittgläubigeranspruch auch bei werbender Gesellschaft, also vor Eintritt in die Abwicklung, sowohl den Zugriff auf das Sondervermögen der Gesellschaft als auch das Privatvermögen der Gesellschafter, bei der OHG etwa nach § 128 HGB unter Abzug des eigenen Verlustanteils zugesteht. Die Miterbengemeinschaft beruht gleichfalls anders als die Gesellschaft nicht auf freiem Willensentschluß der Erben, sondern auf dem Entschluß des Erblassers oder auf Abstammung oder Ehe. Deshalb ist es nicht gerechtfertigt, den Miterbengläubiger anders als andere Nachlaßgläubiger zu behandeln. Auch er muß das Recht haben, schon vor der Nachlaßteilung die Gesamtschuldklage gegen die anderen Miterben zu erheben, BGH NJW-RR 1988, 710. Wegen der starken Bindung des vom Miterbengläubiger mitgetragenen Sondervermögens an die Abwicklungszweck, der normalerweise im Vordergrund der gesamthänderischen Bindung steht, sind dem Miterbengläubiger, da sie gleichzeitig Miterben sind, gegenüber den übrigen Miterben gewisse Rücksichten zuzumuten; deshalb müssen sie zunächst rücksichtsvoll ihre Befriedigung aus dem Nachlaß versuchen (§ 242; RG 93, 197; Lange/Kuchinke § 50 VII 2), bevor sie die Gesamtschuldklage gegen die übrigen Miterben unter Abzug ihres Schuldanteils erheben, der ihnen selbst im Verhältnis ihres ideellen Erbenanteils zur Last fällt. Dementsprechend bemißt sich auch der Streitwert, RG 156, 263. Ist der Miterbengläubiger ausgleichungspflichtig, so können die übrigen Miterben einen entsprechenden Betrag bis zur Auseinandersetzung zurückbehalten, RGRK/Kregel Rz 9. Er wird auch die übrigen Miterben nicht als Gesamtschuldner die ganze restliche Nachlaßforderung, sondern nur anteilig in Anspruch nehmen können, damit sich die endgültige Auseinandersetzung zwischen den Miterben recht schnell vollzieht, so wie es der vordergründige Abwicklungszweck der Miterbengemeinschaft verlangt. Für eine anteilsmäßige Haftung auch im Gesellschaftsrecht, RG 153, 305, 312 mit Anm Würdinger JW 1937, 1638; BGH 37, 299 mit Anm Zunft NJW 1962, 2148. Der Miterbengläubiger braucht die Gesamthandsklage ohne Abzug des eigenen Schuldanteils (aA v Lübtow, 2. Halbb, S 1205) nur gegen die übrigen Miterben zu richten und kann mit diesem Titel in den ungeteilten Nachlaß vollstrecken, RG Gruchot 57, 158.

5 5. Der **Erbteilserwerber** haftet neben dem Veräußerer gesamtschuldnerisch, §§ 2382, 1922 II.

6 6. Der als Gesamtschuldner beanspruchte Miterbe kann von den übrigen Miterben **Ausgleichung** nach § 426 I, II verlangen und zwar nicht nach Kopfteilen, sondern im Verhältnis der Erbteile, aber unter Abzug geschuldeter Ausgleichungsbeträge, §§ 2050ff; Pal/Edenhofer Rz 4.

7 7. Maßgeblicher **Gerichtsstand** ist der der Erbschaft, §§ 27, 28 ZPO.

2059 *Haftung bis zur Teilung*

(1) Bis zur Teilung des Nachlasses kann jeder Miterbe die Berichtigung der Nachlassverbindlichkeiten aus dem Vermögen, das er außer seinem Anteil an dem Nachlass hat, verweigern. Haftet er für eine Nachlassverbindlichkeit unbeschränkt, so steht ihm dieses Recht in Ansehung des seinem Erbteil entsprechenden Teils der Verbindlichkeit nicht zu.

(2) Das Recht der Nachlassgläubiger, die Befriedigung aus dem ungeteilten Nachlass von sämtlichen Miterben zu verlangen, bleibt unberührt.

§ 2060

1. Die Verteidigung des gesamtschuldnerischen Miterben. a) Vor der Annahme der Erbschaft kann er ebenso wie der Alleinerbe nicht verklagt werden, § 1958.

b) Nach der Annahme hat er den Schutz der aufschiebenden Einreden aus §§ 2014, 2015 (vor § 2058 Rz 3); zu ihrer Geltendmachung vgl vor § 2014 Rz 3.

c) Nach Verlust dieser Einrede kann der Miterbe, der als Gesamtschuldner beansprucht wird und noch beschränkbar haftet, die Befriedigung des Gläubigers aus seinem Eigenvermögen bis zur Nachlaßteilung auch dann verweigern (**aufschiebende Einrede der beschränkten Erbenhaftung**), wenn die allgemeinen Voraussetzungen für eine beschränkte Haftung (Nachlaßinsolvenzverfahren, Nachlaßverwaltung oder §§ 1990, 1992) nicht vorliegen, **Abs I**. Das Gesamthandsprinzip hat von vornherein den Nachlaß als Sondervermögen vom Eigenvermögen der Miterben abgesondert und hält diesen Zustand aufrecht, solange der Nachlaß nicht geteilt ist, vgl § 2032 Rz 1. Damit haftet der Miterbe, der sein Recht zur Haftungsbeschränkung noch nicht verloren hat, vorläufig beschränkt.

d) Selbst wenn ein als Gesamtschuldner beanspruchter Miterbe unbeschränkbar haftet, braucht er vor der Nachlaßteilung die Befriedigung des Nachlaßgläubigers aus seinem Eigenvermögen nur für den Bruchteil der Gesamtschuld zu dulden, der seinem Miterbenanteil entspricht, **Abs I S 2**. Ausgleichungspflichten und -rechte sind erst nach Errechnung dieser Schuld gegenüber den Nachlaßgläubigern im Innenverhältnis zwischen den Miterben zu berücksichtigen. Für den Rest genügt der Vorbehalt des § 780 ZPO, der entsprechend zu beschränken ist, Pal/Edenhofer Rz 1. Ist die Schuld auf eine teilbare Leistung gerichtet, so kann der Nachlaßgläubiger in das Eigenvermögen des Miterben nur wegen des dem Miterbenanteil entsprechenden Geldanspruchs vollstrecken.

e) Da die aufschiebende Einrede der beschränkten Erbenhaftung nur den Zugriff des Nachlaßgläubigers auf das Eigenvermögen des Miterben ausschließen soll, hat sie nur Bedeutung für seine Haftung, nicht für seine Schuld. Sie hindert seine Verurteilung als Gesamtschuldner nicht. Wohl aber kann der Kläger von vornherein gegen den Miterben beschränkt auf Befriedigung aus dem Erbanteil klagen. Auch in der Zwangsvollstreckung kann der Miterbe die Einrede nicht geltend machen, wenn er sich nicht im Urteil den Haftungsvorbehalt des § 780 ZPO gesichert hat, RG 71, 371. Auf Grund des Vorbehalts muß er seine Einwendungen gegen die Zwangsvollstreckung in das Eigenvermögen mit der Klage nach §§ 781, 785, 767 ZPO geltend machen. Dabei muß er beweisen, daß der Nachlaß noch ungeteilt ist. Verlangt der Gläubiger von vornherein in seiner Klage nur Befriedigung aus dem Erbteil, so steht diese Beschränkung des Urteils dem Vorbehalt gleich, RGRK/Kregel Rz 8. Der beklagte Miterbe kann diese Beschränkung nicht verlangen, da der Kläger gleichzeitig einen unbeschränkten Vollstreckungstitel gegen den Miterben als Träger seines Eigenvermögens für die Zeit nach der Teilung gewinnen will.

f) Soweit die Miterben die Befriedigung der Nachlaßgläubiger aus dem Eigenvermögen verweigern dürfen, können die Nachlaßgläubiger ihren Erbanteil pfänden und verwerten lassen (§§ 859, 857 V ZPO), da er zum Eigenvermögen des einzelnen Miterben gehört.

2. Unter der **Teilung des Nachlasses** ist nur die unmittelbar wirkende Umwandlung der gesamthänderischen Berechtigung der Miterben an den einzelnen Nachlaßgegenständen in Alleinberechtigungen einzelner Miterben zu verstehen. Es genügt auch, wenn die gesamthänderische Beteiligung der Miterben an den Nachlaßgegenständen in eine zwischen mehreren oder sogar allen Miterben bestehende Gesamthands- oder Bruchteilsgemeinschaft überführt wird.

3. Die **Teilung ist vollzogen**, wenn die Gesamthandsberechtigung an so erheblichen Teilen des Nachlasses aufgehoben ist, daß das Gesamthandsvermögen der Miterben als ursprüngliches Sondervermögen praktisch aufgelöst ist und daß das, was in ihrem Gesamthandsvermögen verblieben ist, objektiv nicht mehr als „der Nachlaß" erscheint, RG HRR 1938, 1602. Es ist daher nicht erforderlich, daß die gesamthänderische Berechtigung auch am letzten Nachlaßgegenstand aufgehoben ist. Andererseits genügt es zum Vollzug der Teilung nicht, wenn einzelne oder einzelne besonders wertvolle Nachlaßgegenstände in Alleinberechtigungen der Miterben überführt worden sind, RG 89, 403 (407); RGRK/Kregel Rz 5. Der Nachlaß ist nicht geteilt, wenn ein Miterbe nach §§ 2371, 2033 die Anteile der übrigen Miterben mit Mitteln, die nicht aus dem Nachlaß stammen, erwirbt, wohl haben aber alle Miterben die Einrede aus § 2059 I S 1 verloren, da die Miterbengemeinschaft hierdurch aufgelöst ist, Pal/Edenhofer Rz 3; RGRK/Kregel Rz 7.

4. Abs II läßt **neben** der **Gesamtschuldklage** die **Gesamthandsklage** zu. Vgl zu beiden Klagen § 2058 Rz 2, zur Auslegung der Klageanträge BGH NJW 1963, 1612; NJW-RR 1988, 710. Die Klage des Nachlaßgläubigers gegen alle Miterben ist somit noch nicht ohne weiteres eine Gesamthandsklage, sie kann auch eine zusammengefaßte Gesamtschuldklage sein. Die Gesamthandsklage muß zweifelsfrei schon im Klageantrag erkennen lassen, daß der Kläger seine Befriedigung nur aus dem ungeteilten Nachlaß erstrebt. Der Hinweis, der Nachlaß sei noch ungeteilt, spricht für eine Gesamthandsklage, zwingend ist das aber nicht, vgl RG WarnRsp 1935 Nr 125. Zur Vollstreckung in den Nachlaß genügen aber auch Urteile, die der Gläubiger gegen alle Miterben als Gesamtschuldner in verschiedenen Prozessen erwirkt hat, so daß es sich für die Miterben stets empfiehlt, sich den Vorbehalt des § 780 ZPO zu sichern, was auch gegenüber der Gesamthandsklage zulässig ist, RGRK/Kregel Rz 13; Pal/Edenhofer Rz 4.

2060 *Haftung nach der Teilung*

Nach der Teilung des Nachlasses haftet jeder Miterbe nur für den seinem Erbteil entsprechenden Teil einer Nachlassverbindlichkeit:
1. wenn der Gläubiger im Aufgebotsverfahren ausgeschlossen ist; das Aufgebot erstreckt sich insoweit auch auf die in § 1972 bezeichneten Gläubiger sowie auf die Gläubiger, denen der Miterbe unbeschränkt haftet;

§ 2060

Erbrecht Rechtliche Stellung des Erben

2. wenn der Gläubiger seine Forderung später als fünf Jahre nach dem in § 1974 Abs. 1 bestimmten Zeitpunkt geltend macht, es sei denn, dass die Forderung vor dem Ablauf der fünf Jahre dem Miterben bekannt geworden oder im Aufgebotsverfahren angemeldet worden ist; die Vorschrift findet keine Anwendung, soweit der Gläubiger nach § 1971 von dem Aufgebot nicht betroffen wird;
3. wenn das Nachlassinsolvenzverfahren eröffnet und durch Verteilung der Masse oder durch einen Insolvenzplan beendigt worden ist.

1 1. **Vorbemerkung.** § 2060 Nr 3 ist mit Wirkung zum 1. 1. 1999 durch Art 33 Nr 44 EGInsO vom 5. 10. 1994 (BGBl I 2911) neugefaßt worden.
2. Die §§ 2060, 2061 begrenzen nur die **Schuld** der Miterben. Sie regeln dagegen **nicht die Haftung** mit dem Nachlaß allein oder mit dem Nachlaß und Eigenvermögen.

2 3. Zum **Begriff und Vollzug der Teilung** vgl § 2059 Rz 7, 8 und Staud/Marotzke § 2059 Rz 30ff. Auch nach der Teilung bleibt der Grundsatz der gesamtschuldnerischen Verpflichtung aller Miterben (§ 2058) aufrechterhalten, nur in den Ausnahmefällen der §§ 2060, 2061 schuldet der einzelne Miterbe lediglich den ideellen Teil der Nachlaßschuld, der seinem Erbteil entspricht, BGH ZEV 1998, 23; vgl § 2059 Rz 4. Bei der Bestimmung der Teilschuld sind Ausgleichungsrechte und -pflichten unter Miterben (§§ 2050ff) nicht gegenüber den Nachlaßgläubigern zu berücksichtigen. Sie wirken sich bei der Auseinandersetzung der Miterben oder beim Ausgleich der Gesamtschuld (§ 426), also nur im Innenverhältnis aus, Planck/Ebbecke vor § 2058 Anm 2; Pal/Edenhofer Rz 1; RGRK/Kregel Rz 2; Lange/Kuchinke § 50 V 4a Fn 68. Das erfordert der Schutz der Nachlaßgläubiger vor der ihnen als Zufälligkeit erscheinenden internen Ausgleichung der Miterben ebenso wie die Schnelligkeit der Rechtsfeststellung und -durchsetzung. Der ausgleichungsberechtigte Miterbe schuldet gleichwohl nur den Teil der Nachlaßschuld, der seinem ideellen Erbteil entspricht. Dagegen müssen sich die ausgleichungspflichtigen Miterben bei der Nachlaßteilung ihre Ausgleichungspflicht auf ihren Auseinandersetzungsanspruch anrechnen lassen, so daß sie weniger als ihren ideellen Erbteil erhalten. Haben die Erben ihre Haftung auf den Nachlaß beschränkt, dann kann die Ausgleichung unter den Miterben dazu führen, daß die Haftung der Ausgleichspflichtigen vermindert wird oder ganz entfällt. Denn bei beschränkter Erbenhaftung haftet der Erbe nur soweit, wie er tatsächlich etwas aus dem Nachlaß erhalten hat (Haftung ceum viribus), Kipp/Coing § 121 V.

3 4. Da es sich bei § 2060 um eine Frage der Teilschuld, nicht um die Frage der Haftung mit dem Nachlaß oder auch dem Eigenvermögen handelt, kann der Miterbe unter den Voraussetzungen der §§ 2060, 2061 nur zur Zahlung der anteiligen Schuld verurteilt werden. Eines Vorbehalts (§ 780 ZPO) bedarf es hierzu nicht, Brox Rz 731. Wird aus der vollen Gesamtschuld erst nach dem Zeitpunkt, den § 767 ZPO bestimmt, die anteilige Schuld, so muß der Miterbe die Vollstreckungsgegenklage erheben, § 767 ZPO.

4 5. **Nr 1. Gläubigerausschluß im Aufgebotsverfahren.** Vgl §§ 1970–1974. Da der Ausschluß für die Begrenzung der Schuld der Miterben auf die Teilschuld weiter als § 1970ff, nämlich auch gegenüber den nachlaßbeteiligten Gläubigern des § 1972 und gegenüber den Nachlaßgläubigern wirkt, denen der Miterbe unbeschränkbar haftet, muß dieser Nachteil den Gläubigern besonders angedroht werden, § 997 I S 2 ZPO. Das Ausschlußurteil wirkt für alle Miterben, § 997 ZPO. Auch der unbeschränkbar haftende Miterbe kann den Aufgebotsantrag stellen, § 997 II ZPO. Es ist nicht erforderlich, daß das Ausschlußurteil vor der Nachlaßteilung ergeht (Planck/Ebbecke Anm 3; aA Pal/Edenhofer Rz 2), daher kann es auch nach der Teilung beantragt werden, RGRK/Kregel Rz 5; aA Planck/Ebbecke Anm 3. Dinglich berechtigten Nachlaßgläubigern gegenüber kommt es nicht zur Teilung der Schuld, soweit es sich um die Verfolgung ihrer dinglichen Verwertungsrechte handelt, RGRK/Kregel Rz 6; vgl Nr 2, wo § 1971 ausdrücklich ausgeschlossen ist.

5 6. **Nr 2. Verspätete Geltendmachung der Forderung** führt ebenfalls zur Teilschuld der Miterben und zwar auch, soweit es sich um nachlaßbeteiligte Gläubiger handelt, § 1972. Zur Frage der Geltendmachung vgl § 1974 Rz 2. Es genügt außergerichtliche Mahnung. Da die Frage der Teilschuld davon abhängen kann, daß ein Miterbe die Forderung kennt, kann ein Miterbe gesamtschuldnerisch voll, ein anderer Miterbe nur anteilig schulden. Sind Gläubiger und Miterben aufgrund eines Rechtsirrtums übereinstimmend der Ansicht, eine Forderung gegen den Erblasser sei erloschen, so haftet der Miterbe nur gemäß § 2060 Nr 2 nach Bruchteilen, denn beiderseitige Irrtum ist so zu behandeln wie die Unkenntnis von dem Bestehen der Forderung überhaupt, KG NJW 1967, 1137. Meldet der Nachlaßgläubiger seine Forderung auf eine Aufforderung nach § 2061 an, so handelt es sich zwar nicht um eine Anmeldung im Aufgebotsverfahren, möglicherweise aber um eine Geltendmachung.

6 7. **Nr 3.** Das **Nachlaßinsolvenzverfahren** kann auch nach der Teilung des Nachlasses **eröffnet** werden, § 316 II InsO. Nachlaßverwaltung ist dagegen nach der Teilung ausgeschlossen, § 2062. Auch der unbeschränkbar haftende Miterbe kann zum Zweck der Haftungssonderung die Eröffnung des Nachlaßinsolvenzverfahrens beantragen, § 317 InsO. Auch die Bildung der Teilschuld hängt nicht davon ab, ob das Nachlaßinsolvenzverfahren schon vor der Teilung eröffnet war, Staud/Marotzke Rz 84; RGRG/Kregel Rz 9; Pal/Edenhofer Rz 4; Börner JuS 1968, 111; aA Lange/Kuchinke § 50 V 4 Fn 75; Brox Rz 701; MüKo/Dütz Rz 15. Die Ausschüttung der ganzen Masse an die Gläubiger wirkt wie die Teilung selbst, Pal/Edenhofer Rz 4. Die Miterben können außerdem wegen Verletzung ihrer Pflicht nach § 1980 mit ihrem Eigenvermögen verantwortlich werden.

2061 *Aufgebot der Nachlassgläubiger*

(1) **Jeder Miterbe kann die Nachlassgläubiger öffentlich auffordern, ihre Forderungen binnen sechs Monaten bei ihm oder bei dem Nachlassgericht anzumelden. Ist die Aufforderung erfolgt, so haftet nach der Teilung jeder Miterbe nur für den seinem Erbteil entsprechenden Teil einer Forderung, soweit**

nicht vor dem Ablauf der Frist die Anmeldung erfolgt oder die Forderung ihm zur Zeit der Teilung bekannt ist.

(2) Die Aufforderung ist durch den Bundesanzeiger und durch das für die Bekanntmachungen des Nachlassgerichts bestimmte Blatt zu veröffentlichen. Die Frist beginnt mit der letzten Einrückung. Die Kosten fallen dem Erben zur Last, der die Aufforderung erlässt.

1. Das **Privataufgebot sichert** den Miterben anders als das Gläubigeraufgebot nach §§ 1970ff **nicht die endgültig beschränkte Haftung**, sondern **begrenzt ihre Schuld** auf das Verhältnis ihrer Erbteile (**Teilschuld**). Daher kann auch der unbeschränkbar haftende Erbe das Privataufgebot, nicht aber das Gläubigeraufgebot nach §§ 1970ff beantragen, § 991 I ZPO.   1

2. Die Schuld der Miterben begrenzt sich auf die Teilschuld erst, wenn folgende **Voraussetzungen** vorliegen: **Aufforderung, Fristablauf** und **Nachlaßteilung**. Die Aufforderung kann jeder Miterbe, und zwar auch nach Teilung ergehen lassen, RGRK/Kregel Rz 2; Brox Rz 701; aA Planck/Ebbecke § 2061; Pal/Edenhofer Rz 2. Die Aufforderung hat Wirkung für alle, auch für die unbeschränkbar haftenden Miterben, gegen nachlaßbeteiligte Gläubiger (§ 1972), nicht jedoch gegen dinglich berechtigte Nachlaßgläubiger wegen ihrer Verwertungsrechte, § 1971. War der Nachlaß schon vor Fristablauf geteilt, so begrenzt sich die Schuld erst mit dem Ablauf der Frist. Der Nachlaßgläubiger kann die Begrenzung der Schuld auf die Teilschuld nur dadurch verhindern, daß er seine Forderung bei dem Miterben anmeldet, der das Privataufgebot erlassen hat, oder beim Nachlaßgericht, RGRK/Kregel Rz 3. Die ordnungsmäßige Anmeldung beläßt dann alle Miterben im Gesamtschuldverhältnis. Auch hier kann es jedoch dazu kommen, daß ein Miterbe als Gesamtschuldner für die ganze Schuld haftet, weil er die Nachlaßforderung bei der Teilung kennt, während die übrigen Miterben aus Unkenntnis anteilig schulden.   2

2062 *Antrag auf Nachlassverwaltung*

Die Anordnung einer Nachlassverwaltung kann von den Erben nur gemeinschaftlich beantragt werden; sie ist ausgeschlossen, wenn der Nachlass geteilt ist.

1. Die **Nachlaßverwaltung kann** – anders als das Nachlaßinsolvenzverfahren (§ 317 InsO) – **nur von allen Miterben gemeinschaftlich** beantragt werden. Den Beschluß, der den Antrag zurückweist, können ebenfalls nur alle Miterben gemeinschaftlich mit der Beschwerde angreifen. Kein Miterbe darf daher bei der Entscheidung über die Nachlaßverwaltung allen Nachlaßgläubigern unbeschränkbar haften, § 2013 I S 1 Hs 2. Mehrheitsbeschlüsse binden die Miterben auch untereinander nicht, da es sich nicht um einen Akt der Verwaltung (§ 2038) handelt. Das Einverständnis der Miterben muß noch bei der Entscheidung über den Antrag vorhanden sein, KG HRR 1932, 956. Ordnet das Nachlaßgericht trotz Fehlens dieses Einverständnisses die Nachlaßverwaltung an, so kann jeder widersprechende Miterbe den Beschluß mit der einfachen Beschwerde angreifen, § 19 FGG; KG SeuffA 66, 178; RGRK/Kregel Rz 1. Ein Miterbengläubiger (vgl § 2058 Rz 4) kann dagegen den Antrag allein stellen (§ 1981 II), wozu ihm schon das Verhalten eines einzigen Miterben Grund geben kann, § 1981 II; KGJ 44, 72; Pal/Edenhofer Rz 1.   1

2. Nach der **Nachlaßteilung** kann **keine Nachlaßverwaltung mehr** angeordnet werden, auch nicht auf Antrag eines Nachlaßgläubigers. Ein Nachlaßinsolvenzverfahren kann hingegen auch nach der Teilung eröffnet werden, § 316 II InsO. Wird die Miterbengemeinschaft ohne Teilung aufgehoben, etwa dadurch, daß sich sämtliche Erbteile in einer Hand vereinigen, so bleibt die Nachlaßverwaltung zulässig, RGRK/Kregel Rz 3; einschränkend MüKo/Dütz Rz 9.   2

3. Über **Miterbenanteile** kann weder ein Nachlaßinsolvenzverfahren eröffnet (§ 316 III InsO) noch Nachlaßverwaltung angeordnet werden.   3

4. Die **Aufhebung der Nachlaßverwaltung** kann jeder Miterbe allein beantragen, da das Nachlaßgericht dadurch zu einer Überprüfung von Amts wegen angeregt wird, Frankfurt JZ 1953, 53; Hamm JMBlNRW 1955, 230; RGRK/Kregel Rz 2. Gegen den Beschluß, der den Aufhebungsantrag zurückweist, hat jeder einzelne Miterbe ein Beschwerderecht, Hamm JMBlNRW 1955, 230; aA 7. Aufl § 2062 Rz 1; München JFG 14, 61.   4

2063 *Errichtung eines Inventars, Haftungsbeschränkung*

(1) Die Errichtung des Inventars durch einen Miterben kommt auch den übrigen Erben zustatten, soweit nicht ihre Haftung für die Nachlassverbindlichkeiten unbeschränkt ist.

(2) Ein Miterbe kann sich den übrigen Erben gegenüber auf die Beschränkung seiner Haftung auch dann berufen, wenn er den anderen Nachlassgläubigern gegenüber unbeschränkt haftet.

Schrifttum: Buchholz, Der Miterbe als Nachlaßgläubiger – Überlegungen zur Auslegung des § 2063 II BGB, JR 1990, 45.

1. Zur **Inventarerrichtung** vgl §§ 1993ff. Die Inventarfrist des § 1994 I S 1 muß jedem Miterben besonders gesetzt werden und kann daher gegen jeden Miterben verschieden laufen. Errichtet aber auch nur ein Miterbe über den ganzen Nachlaß rechtzeitig und ehrlich das Inventar, so vermeidet er auch für die übrigen den Verlust ihres bis dahin noch bestehenden Rechts zur Herbeiführung der beschränkten Haftung, ohne daß sie auf sein Inventar nach § 2004 Bezug zu nehmen brauchen. Versäumung der Inventarfrist und Inventaruntreue des einen Miterben schaden den anderen nicht. Da aber die übrigen Miterben für das Inventar nicht verantwortlich sind, kann ihnen eine eidesstattliche Versicherung weder nach § 2006 noch nach § 260 II abverlangt werden, RG 129, 245; Pal/Edenhofer Rz 1; aA Staud/Marotzke § 2006 Rz 3. Anders ist es, wenn ein Notar das Inventar im Auftrag eines Miterben anfertigt und einreicht, dabei aber kraft einer Vollmacht dieses Miterben auch für alle übrigen handelt, RG 129, 246; RGRK/Kregel Rz 2.   1

§ 2063 Erbrecht Testament

2 2. Hat ein Miterbe oder haben mehrere, aber nicht alle Miterben eine Nachlaßforderung, zB aus einer Erblasser-, einer Erbfalls- oder einer Nachlaßverwaltungs- oder Nachlaßkostenschuld (vgl § 1967 Rz 2) erfüllt, so kann sich der von diesem **Miterbengläubiger** in Anspruch genommene Miterbe nach **Abs II** auf die Beschränkung seiner Haftung auf den Nachlaß auch dann berufen, wenn er dieses gegenüber der Gesamtheit der übrigen Nachlaßgläubiger nicht mehr kann, weil er beispielsweise die Inventarfrist versäumt oder Inventaruntreue begangen hat, §§ 1994 I S 2, 2005 I. Er kann daher dem oder den Miterbengläubigern gegenüber seine Haftung für die ganze Forderung auf den Nachlaß durch die bloße Einrede des § 2059 I beschränken, vorausgesetzt, daß er sich den Vorbehalt des § 780 ZPO gesichert hat, der durch § 2063 II nicht überflüssig wird. Daneben hat er alle übrigen Mittel zur Haftungsbeschränkung, nach der Teilung nur noch die unter vor § 2058 Rz 8–14 aufgeführten. § 185 II S 1, 3. Fall ist nicht anzuwenden, wenn der Erblasser als Nichtberechtigter über einen Nachlaßgegenstand zugunsten eines Miterben verfügt hat; denn wegen § 2063 II haften die Miterben untereinander nicht unbeschränkt, RG 110, 94, 96; Pal/Edenhofer Rz 2; RGRK/Kregel Rz 4.

Abschnitt 3
Testament

Titel 1
Allgemeine Vorschriften

Vorbemerkung

1 1. **Verfügungen von Todes wegen** sind die Willenserklärungen des Erblassers, mit denen er seine persönlichen und vermögensrechtlichen Angelegenheiten für die Zeit nach seinem Tode regelt. Den verbindlichen Erklärungen des Erblassers liegen drei auf seine Person bezogene Voraussetzungen zugrunde:

2 a) **Testierrecht.** Gemeint ist das Recht, vermögens- und familienrechtliche Bestimmungen durch Verfügungen von Todes wegen mit dem Inhalt zu treffen, daß sie nach dem Tode des Erblassers wirksam werden. Es ist auf natürliche Personen beschränkt und höchstpersönlich (§§ 2064, 2065). Nur in einzelnen im Gesetz besonders genannten Fällen kann es der Erblasser einem Dritten überlassen, seinen grundsätzlich geäußerten Willen zu ergänzen, so zB bei Vermächtnis und Auflage die Person des Bedachten und den Gegenstand der Zuwendung zu bestimmen (§§ 2151–2156, 2192, 2193), die Person des Testamentsvollstreckers zu ernennen (§§ 2198–2200), eine Erbauseinandersetzung nach billigem Ermessen vorzunehmen (§ 2048).

3 b) **Testierfähigkeit.** Zu verstehen ist hierunter die im Gesetz gewährte Fähigkeit, den letzten Willen verbindlich zum Ausdruck zu bringen. Sie wird ebenso wie die allgemeine Geschäftsfähigkeit grundsätzlich angenommen und fehlt nur in den ausdrücklich normierten Fällen (§ 2229). Es gibt keine nach dem Grad der Schwierigkeit der Testamentserrichtung abgestufte Testierfähigkeit (OGH 2, 45).

4 c) **Testierfreiheit.** Sie bezieht sich auf den Inhalt der vom Erblasser zu treffenden Verfügungen. Es ist ihm freigestellt, nach Belieben über sein Vermögen zu verfügen. Er kann sogar über sein eigenes Vermögen hinausgreifen und dem Erben auferlegen, fremde Sachen dem Bedachten zu verschaffen (§§ 2169, 2170). Die Testierfreiheit findet ihren Schutz primär in § 2302 und ihre Grenze in den Bestimmungen über den Pflichtteil (BVerfG DNotZ 2000, 137), in etwaigen Bindungen aus einem früheren gemeinschaftlichen Testament oder Erbvertrag (§§ 2271, 2289) und in den allgemeinen Vorschriften über Sitte und Anstand (§ 138) sowie im Testierverbot des § 14 HeimG (BVerfG NJW 1998, 2964; vgl Rz 12). Für den Eigentümer eines Hofes im Geltungsbereich der Höfeordnung ist die Testierfreiheit durch die HöfeO eingeengt (zur Testierfreiheit beim Ehegattenhof kritisch Stöcker DNotZ 1979, 82ff). Die für Ansprüche maßgebliche Rechtsordnung kann nur beschränkt auf im Inland belegenes unbewegliches Vermögen gewählt werden (Art 25 II EGBGB).

5 2. Bei Verfügungen von Todes wegen ist zu unterscheiden:
a) Das **Testament** ist eine einseitige Verfügung von Todes wegen, eine widerrufliche und deswegen letztwillige Verfügung. Eine Unterart ist das gemeinschaftliche Testament von Eheleuten (§§ 2265ff) bzw eingetragenen Lebenspartnern (§ 10 IV LPartG). Was testamentarisch geregelt werden kann, ist in den §§ 1937–1940 summarisch und für das gemeinschaftliche wechselbezügliche Testament erschöpfend in § 2270 bestimmt. Es können noch zahlreiche andere im Familien- und Erbrecht vorgesehene Regelungen angeordnet (§ 1937) oder sonstige Willenserklärungen abgegeben werden (§ 130). Ob und in welchem Umfang der Erblasser letztwillig verfügen oder getroffene Verfügungen wieder aufheben will, ist ihm freigestellt (Testierfreiheit). Schließt der Erblasser die nächsten Verwandten und den Ehegatten von der Erbfolge aus, bleibt diesen der Pflichtteilsanspruch (§§ 2303ff). In der HöfeO ist das freie Bestimmungsrecht des Eigentümers uU durch die Wirtschaftsfähigkeit des Hoferben bedingt (§ 7 HöfeO). Nicht jede schriftliche Erklärung, die äußerlich als letztwillige Verfügung erscheint, stellt auch eine solche dar. Es muß der Erklärung oder den näheren Umständen der ernstliche Wille des Erblassers zu entnehmen sein, die rechtlichen Verhältnisse nach seinem Tode zu regeln. Bestimmungen, die eine Person über ihren Leichnam trifft, sind keine Verfügungen von Todes wegen iSd §§ 2064ff; es handelt sich um rechtsgeschäftliche Erklärungen, die nicht formbedürftig sind (vgl Lehner NJW 1974, 593; Reimann NJW 1973, 2240).

Allgemeine Vorschriften **Vor § 2064**

b) Der **Erbvertrag** ist eine Verfügung von Todes wegen, wegen der Bindung aber keine letztwillige Verfügung **6** (§§ 2274ff). Vertragsmäßige Verfügungen von Todes wegen können nur in Erbeinsetzungen, Vermächtnissen und Auflagen bestehen (§§ 1941, 2278 II). Darüber hinaus kann jede Vertragspartei im Erbvertrag einseitig in gleichem Umfang letztwillige Verfügungen treffen wie im Testament (§ 2299). Mit dem Abschluß des Vertrages tritt hinsichtlich der vertragsmäßigen Bestimmungen die Bindung des Erblassers ein, und er begibt sich insoweit der Testierfreiheit, als er keine der Bindung entgegenstehende letztwillige Verfügung mehr wirksam treffen kann.

3. Verfügungen von Todes wegen sind abzugrenzen von: **7**
a) Hofübergabevertrag. In landwirtschaftlichen Kreisen besteht ein besonderes Bedürfnis, die Nachfolge in den Hof zu regeln. Die Hofübergabe durch Vertrag ist einerseits Rechtsgeschäft unter Lebenden, andererseits in der Erfüllung vorweggenommene Erbfolge. Die Erörterungen über die Rechtsnatur des Übergabevertrages und des Vorvertrages zum Übergabevertrag, über die formlose Hoferbenbestimmung und den formlosen Übergabevertrag oder Erbvertrag sind mit der HöfeO vom 29. 3. 1976 für die Länder Hamburg, Niedersachsen, Nordrhein-Westfalen und Schleswig-Holstein (BGBl I 881) in den Hintergrund getreten; vereinzelt gilt im übrigen landesgesetzliches Anerbenrecht. §§ 7, 17 HöfeO regeln, welchen Inhalt ein Übergabevertrag haben kann und unter welchen Voraussetzungen eine formlose Hoferbenbestimmung (§ 6 I, § 7 II HöfeO) angenommen werden darf. Die Rspr hatte von dem Formerfordernis der notariellen Beurkundung eine Ausnahme gemacht für den Fall eines den Umständen nach schlechthin untragbaren Ergebnisses (siehe § 2276 Rz 8). Besonders ausgestaltet ist die Bindung: die durch Übergabevertrag erfolgte Bestimmung des Hoferben wird wie eine bindende Verfügung von Todes wegen durch einen späteren Erbvertrag nicht entkräftet (siehe § 2289 Rz 5).

b) Übergabevertrag. Außerhalb des Höferechts sind Übergabeverträge bedeutsam zur Regelung der Nachfolge **8** in Betriebs- und Gesellschaftsanteile. Vermögen wird frühzeitig übertragen, mitunter gegen das Versprechen, dem Übergeber Unterhalt zu gewähren und weichende Erben abzufinden. Es handelt sich um das Rechtsgeschäfte unter Lebenden, die vornehmlich dem Schenkungsrecht zuzuordnen sind. Problematisch kann sich die Abgrenzung zu Verfügungen von Todes wegen gestalten, die im allgemeinen danach erfolgt, ob der Erklärende schon zu Lebzeiten Rechte und Pflichten begründen will (BGH NJW 1984, 46). Bei der Übertragung auch zukünftigen Vermögens wird regelmäßig eine verschleierte Verfügung von Todes wegen angenommen (BGH 8, 23), weil ein Rechtsgeschäft unter Lebenden in diesem Fall nach § 311b II nichtig wäre. Es wird auch verlangt, § 2301 I auf alle nicht zu Lebzeiten vollzogenen Übergabeverträge anzuwenden, also auch, wenn nur die Fälligkeit vom Tod des Übergebenden abhängt (Olzen Die vorweggenommene Erbfolge 1984 S 55ff; zust Otte AcP 186, 314). Auf diese Weise würde nicht dem Wortlaut der Vorschrift, wohl aber den Interessen der Pflichtteilsberechtigten und Nachlaßgläubiger entsprochen. Umfassende Regelungen werden unter Einschluß der gesetzlichen Erben getroffen, die gegen Erb- und Pflichtteilsverzicht häufig noch zu Lebzeiten des Erblassers beschenkt werden und auf diese Weise einer unternehmerisch ausgerichteten Übergabe durch Rechtsgeschäft unter Lebenden oder Verfügung von Todes wegen Platz machen (zur Bewältigung auftretender Störungsfälle siehe H.P. Westermann in FS Kellermann 1991 S 505ff). Steuerrechtliche Auswirkungen zeigen einerseits die angehobenen Freibeträge, andererseits die eingeschränkte Anerkennung von Versorgungsleistungen durch den BFH (DB 1995, 657) und das BMF-Schreiben vom 23. 12. 1996 (BStBl I 1508). Eine Überprüfung auch von Altverträgen kann sich auf dieser Grundlage anbieten (Winkler DNotZ 1998, 551, 566 mit Gestaltungshinweisen).

4. Die **allgemeinen Vorschriften über Testamente** (§§ 2064–2086) betreffen deren Auslegung, Ergänzung, **9** Anfechtung und Unwirksamkeit, zu berücksichtigen auch bei Erb- und Übergabeverträgen. Besondere Bedeutung erlangen sie im Zusammenhang mit Rechtsänderungen, wenn unter altem Rechtszustand errichtete Testamente nach neuem Recht auszulegen oder umzudeuten sind (§ 2084).

5. Die **allgemeinen Vorschriften über Willenserklärungen** (§§ 104ff, 115ff) sind auf letztwillige Verfügun- **10** gen anwendbar, soweit sie für nicht empfangsbedürftige Willenserklärungen gelten und nicht durch Sondervorschriften ausgeschlossen sind. Der Geschäftsfähigkeit entspricht die Testierfähigkeit mit den durch §§ 2229, 2230 bedingten Abweichungen. **Nichtigkeit** aus § 116 S 2, § 117 ist nicht möglich, da kein Erklärungsempfänger vorhanden ist. Es bleibt aber zur Vermeidung betrügerischer Verwendung bei § 116 S 1 (Soergel/Stein § 1937 Rz 14), so daß letztwillige Erklärungen zum Schein oder unter geheimem Vorbehalt entgegen Brox (ErbR Rz 252, 254), Lange/Kuchinke (§ 35 I 1b) wirksam sind (ebenso Frankfurt OLG 1993, 461). Nach § 118 nichtig ist das Scherztestament. Im übrigen kann Nichtigkeit wegen Verstoßes gegen zwingende gesetzliche Vorschriften gegeben sein. Verstöße können betreffen:

a) § 125. Welche Vorschriften zwingend sind, ergibt sich aus dem Wortlaut der einzelnen Bestimmungen. Zwin- **11** gender Charakter ist anzunehmen, wenn die Bezeichnung „muß" gebraucht wird, während die Verletzung einer „Soll"-Vorschrift für die Wirksamkeit bedeutungslos ist. Bei Verletzung zwingender Vorschriften haben Billigkeitserwägungen zwecks Aufrechterhaltung des Testaments keinen Raum (BGH 45, 179; 48, 396). Möglich ist aber, daß ein Testament zwar als öffentliches Testament wegen Nichtbeachtung von Formvorschriften nichtig ist, als eigenhändiges Testament jedoch wirksam bleibt, wenn den Vorschriften des § 2247 genügt, oder daß ein Erbvertrag als gemeinschaftliches Testament aufrechterhalten wird (§ 140).

b) § 134. Auch der Erblasser ist an die bestehende Rechtsordnung gebunden, zu deren Beurteilung auf die Zeit **12** des Erbfalls abzustellen ist. Er kann daher keine Verfügungen treffen, die gegen ein gesetzliches Verbot verstoßen, zB die Erbeinsetzung von dem Willen eines Dritten abhängig machen (§ 2065). Für den Testierenden gilt aber nicht die Beschränkung des § 1365 (BGH WM 1969, 707), und mangels unmittelbarer Drittwirkung (BVerfG 7, 198) bilden auch die Grundrechte insoweit keine Verbotsgesetze. Unwirksam kann hingegen die Einsetzung von Altenpflegeeinrichtungen und deren Bediensteten durch Heimbewohner sein (§ 14 HeimG). Wegen Verstoßes gegen das Verbot der Vorteilsannahme ist die letztwillige Verfügung dem sozialstaatlich gebotenen Schutzzweck

M. Schmidt

entsprechend allerdings nur dann nichtig, wenn die Erbeinsetzung dem Heimträger bereits zu Lebzeiten des Erblassers bekannt war (BayObLG NJW 1992, 56); das Wissen von Vertretern wird zugerechnet (BayObLG NJW 1993, 1143). Brox zufolge soll das Verbot überhaupt nur einvernehmliche, lebzeitige wie erbvertragliche Zuwendungen erfassen (ErbR Rz 256; dagegen Adam AnwBl 2003, 337). Das Verbot gilt auch für nahestehende Angehörige der in § 14 V HeimG genannten Personen (BayObLG 2000, 48; 2000, 36 mit Anm Hohloch JuS 2000, 815), auch wenn etwa die Ehefrau des Heimbediensteten eigene Betreuungsleistungen erbracht hat (Frankfurt DNotZ 2001, 716), nicht aber analog im Verhältnis zwischen Betreuer und Betreuten (BayObLG NJW 1998, 2369). Beamte und BAT-Angestellte dürfen keine Zuwendungen annehmen, die ihre Grundlage im dienstlichen Bereich haben (§§ 43 BRRG, 70 BBG, 10 BAT), auch nicht im Wege letztwilliger Verfügungen (BayObLG FamRZ 1990, 302; NJW 1995, 3260; Stach NJW 1988, 943). Diesbezüglichem Zustimmungserfordernis seitens des Dienstherrn unterliegen auch Zivildienstleistende (BVerwG NJW 1996, 2319). Kaum praktische Bedeutung haben hier strafrechtlichen Normen, von denen aber etwa §§ 84 II Alt 2, 85 II Alt 2 StGB bei Förderung einer verbotenen Vereinigung in Betracht kommen.

13 c) § 138. Nichtig ist eine Verfügung von Todes wegen, die nach Inhalt und Auswirkung sowie Zweck und Beweggrund sittenwidrig ist. Maßgebend ist der Gesamtcharakter der durch die Zusammenfassung objektiver und subjektiver Momente bestimmten Verfügung. Alle Umstände sind in ihrem Zusammenhang zu sehen. Anders als bei einem objektiven Verstoß gegen ein gesetzliches Verbot sind neben den tatsächlichen Auswirkungen auch Absicht, Beweggrund und Gesinnung des Erblassers von Bedeutung. Smid (NJW 1990, 409) zufolge verbinde die pluralistische Gesellschaft aber keine allgemeingültige Sozialmoral mehr, weshalb die Bewertung der Sittenwidrigkeit danach erfolgen soll, ob sich aus dem Zusammenhang der Rechtsordnung ein rechtlicher Verbotssatz erschließen läßt. Umstritten ist auch der maßgebliche **Zeitpunkt**. Mit den Umständen kann sich die Subsumtion unter § 138 ändern. Da die subjektiven Vorstellungen des Erblassers gewichtige Kriterien sind, liegt es nahe, mit BGH 20, 71 auf den Zeitpunkt der Errichtung des Testaments abzustellen (vgl Birk FamRZ 1964, 120). Nach aM soll der Zeitpunkt des Erbfalls entscheiden (Keuk Der Erblasserwille post testamentum und die Auslegung des Testaments 1965 S 21ff; Gernhuber FamRZ 1960, 326; Soergel/Stein § 1937 Rz 24). Hat sich der Wertungsmaßstab gewandelt, dann kann es allerdings unbillig sein, auf den Zeitpunkt der Errichtung oder auf den des Erbfalls abzustellen, denn der Richter hat seinem Urteil die Anschauungen zugrundezulegen, die im Zeitpunkt des Spruchs bestehen oder vorherrschen (Hamm OLG 1979, 425; Lange/Kuchinke § 35 IV 6; aM Otte JA 1985, 192).

14 Inwieweit die **Grundrechte** und insbesondere das Gleichheitsgebot als Maßstab eine Rolle spielen, ist problematisch, weil auch die Testierfreiheit den Schutz des Grundgesetzes (Art 14 I; BVerfG 67, 329, 341; FamRZ 2000, 945) genießt. Unmittelbare Drittwirkung kommt den Grundrechten nicht zu (siehe Rz 12). Durch die Ausstrahlung verfassungsrechtlicher Wertentscheidungen auf die guten Sitten kann ein besonders krasser Verstoß aber die Gesamtbeurteilung prägen (MüKo/Mayer-Maly/Armbrüster § 138 Rz 20). Praktische Bedeutung kommt dem Verbot von Diskriminierungen aus rassischen, religiösen und weltanschaulichen Gründen zu (Überblick bei Otte JA 1985, 192; Kritik bei Adam AnwBl 2003, 341), nach der Zweckrichtung von sog Erbunfähigkeitsklausel unterscheidend BGH 140, 118. Vgl zu sittenwidrigen **Bedingungen** § 2074 Rz 5 und 6.

15 Das **Übergehen von Angehörigen** zugunsten familienfremder Personen wird in aller Regel nicht das Merkmal der Sittenwidrigkeit enthalten, solange nicht ausnahmsweise mit der Zuwendung selbst unzumutbare Folgen verbunden sind oder ein Zweck verfolgt wird, der das Anstandsgefühl aller billig und gerecht Denkenden verletzt. In der letztwilligen Verfügung selbst muß die unredliche, verwerfliche Gesinnung zum Ausdruck kommen und Verwirklichung anstreben (BayObLG Rpfleger 1987, 359). Zur Nichtigkeit tendierte die in den sechziger Jahren aufsehenerregende Rspr zu *Geliebtentestamenten*; sie verpönte Liebesbeziehungen ohne Trauschein und vermutete die testamentarische Hergabe für die geschlechtliche Hingabe (BGH 20, 71; NJW 1968, 932; kritisch Müller-Freienfels JZ 1968, 441; Ramm JZ 1970, 129; Husmann NJW 1971, 404; Thielmann Sittenwidrige Verfügungen von Todes wegen 1973 S 215ff, 266ff; Finger JZ 1983, 608). Ohne daß über die Kriterien Einigkeit besteht, ist eine differenziertere Beurteilung heute allgemein anerkannt (BGH 53, 369; NJW 1984, 2150; BayObLG NJWE-FER 2001, 2095; § 138 Rz 100). Allein von einer außerehelichen sexuellen Beziehung läßt sich nicht auf sittenwidrige Erbeinsetzung schließen. Eine solche müßte ausschließlich Entgeltcharakter haben, was jedenfalls bei langdauernden Beziehungen kaum anzunehmen sein wird und im übrigen von der relativ unbeteiligten Person, die die Sittenwidrigkeit geltend macht, zu beweisen wäre. Es ist zu berücksichtigen, wer zugunsten der bedachten Person zurückgesetzt worden ist, in welchen Beziehungen der Erblasser zu den Bedachten und Zurückgesetzten stand und wie sich die Verfügung für diese ideell und materiell auswirkt; ferner, ob der Erblasser etwa begangenes Unrecht gutmachen oder aufopferungsvolle Zuwendung belohnen will. Bei der Prüfung der Sittenwidrigkeit des Rechtsgeschäfts kommt es weniger auf eine Beurteilung persönlichen Verhaltens als auf die mit der Verfügung verbundenen Motive und Folgen an. Der BGH erkennt einerseits eine moralische Pflicht, für den Unterhalt auch des neuen Partners nach dem eigenen Tod zu sorgen, andererseits entbindet die vorhergehende Trennung vom Ehepartner nicht von familiären Pflichten. Wie sehr es für das besonderen Ausnahmefällen vorbehaltene Urteil der Sittenwidrigkeit auf eine Feststellung *familienfeindlicher Gesinnung* ankommt, zeigt BGH NJW 1983, 674: Die Zuwendung des einzigen erheblichen Vermögensgegenstands an den neuen Partner bleibt unbeanstandet, wenn dem Erblasser eine auffällige Benachteiligung der Familienangehörigen bei der Testamentserrichtung nicht bewußt ist. Auch die Einsetzung eines homosexuellen Partners des verheirateten Erblassers gilt nicht als sittenwidrig, wenn das Vorversterben des Ehegatten zu erwarten war (Frankfurt FamRZ 1995, 1226). Der Testierende muß sein Vermögen auch nicht pflegen, um es den Angehörigen zu vererben. Diese mögen von den wirtschaftlichen Auswirkungen enttäuscht sein. Indessen ist das erbrechtliche Pendant zum familienrechtlichen Versorgungsgedanken im gesetzlichen *Pflichtteilsrecht* und dem zusätzlichen Schutz durch § 1371 ausgestaltet (siehe Simshäuser aaO S 49; Gernhuber FamRZ 1960, 328; Reinicke NJW 1969,

1343). Ohne weitere Umstände läßt sich mit finanzieller Not eine Sittenwidrigkeit daher nicht begründen. Eher schon sollen ideelle Momente für die Nächsten zur *Unzumutbarkeit* führen. Entschieden sind in diesem Sinn die Fälle aufgeteilter Arztpraxis (RG WarnR 1928, 432) und der von Familienangehörigen noch zu erarbeitenden Rente für die Geliebte (RG 166, 395). Mit dem Urteil unzumutbaren Kontakts zwischen Angehörigen und dem neuen Partner ist aber äußerst zurückhaltend umzugehen, wie sich an der Entscheidung BGH 20, 71 zeigt, die die tatsächlichen Umstände des persönlichen Verhältnisses nicht genügend berücksichtigt (sachgerechter Köln OLG 1968, 489). Mit Bedacht sind bloße Empfindlichkeiten auszuscheiden, und ebenso stehen Kränkungen und Enttäuschungen auslösende Verfügungen der Testierfreiheit näher als der Sittenwidrigkeit. Schließlich bleibt den Angehörigen, soweit sie nicht auf den Pflichtteil gesetzt sind, die Ausschlagung. Anders kann es sich verhalten mit der Weggabe besonders familienverbundener Gegenstände. Wenn damit deren Herkunft an Bedeutung gewinnt, legt sie den Testierenden aber nicht ein für allemal fest. Zu Recht beanstandet das BayObLG nicht die Verfügung zugunsten des Freundes und Reisegefährten über von der Ehefrau 25 Jahre zuvor geschenktes Vermögen (FamRZ 1986, 1248 mit abl Anm Bosch). Entsprechende Rücksichtnahmepflichten mit der Folge der Nichtigkeit letztwilliger Zuwendungen von einem nichtehelichen Lebenspartner zugunsten der „Drittgeliebten" verneint mangels schutzwürdigen Vertrauens auf Nachsorge ohne den Mantel der Ehe Liebl-Wachsmuth (MDR 1983, 988). Das Urteil der Sittenwidrigkeit stellt im Einzelfall jedenfalls hohe Anforderungen.

Als **Behindertentestament** wird eine letztwillige Verfügung bezeichnet, die ein Erblasser trifft, der gegenüber 16 der behinderten Person unterhaltspflichtig ist, und mit der er bezweckt, den Nachlaß dem Zugriff des Sozialhilfeträgers (§§ 88ff BSHG) zu entziehen. Eine wirksame Gestaltungsvariante besteht darin, den Bedachten/Hilfeempfänger mit einer den Pflichtteil (kaum) übersteigenden Erbquote als nicht befreiten, der Testamentsvollstreckung unterliegenden Vorerben einzusetzen und ihm aus den Früchten der Vorerbschaft des Schonvermögens § 88 II BSHG zuzureichende Leistungen zukommen zu lassen, die auf den Sozialhilfeträger nicht übergeleitet werden können. Dadurch wird der in § 2 BSHG, § 9 SGB I normierte Nachrang der Sozialhilfe nicht in einer gegen die guten Sitten verstoßenden Weise unterlaufen, wenn sich der Nachlaß im Verhältnis zu den Kosten für die Hilfe des Behinderten als bescheiden ausnimmt (BGH NJW 1990, 2055; NJW 1994, 248; einschränkend BGHZ 111, 36). Das Subsidiaritätsprinzip ist im BSHG selbst durchbrochen, insbesondere zugunsten des Familienlastenausgleichs. Der BGH verweist zu Recht auch auf § 2338. Ein Zugriff des Sozialhilfeträgers auf etwaige Erträgnisse der Vorerbschaft läßt sich aber nicht für alle Fälle ausschließen (Otte JZ 1990, 1027; Nieder NJW 1994, 1264). Die Anordnung eines Vorvermächtnisses anstelle der Vorerbschaft setzt den Nachvermächtnisnehmer Haftungsgefahren aus (Damrau/Mayer ZEV 2001, 293 gegen Hartmann ZEV 2001, 89); sie beläßt zumindest Unsicherheiten (Joussen NJW 2003, 1853). Von Fall zu Fall können neben der Vorerbschaft Vermächtnisse angeordnet werden. Dem Verfassungsrang des Erbrechts würde es widersprechen, würde die unterlassene Ausschlagung der Sozialhilfe nach §§ 25 II Nr 1, 29a BSHG sanktioniert werden (Lange/Kuchinke § 35 IV 3c). De lege ferenda ist vorgeschlagen worden, eine Vermögensanrechnung sozialhilferechtlich durch eine Verbotsnorm iSv § 134 festzuschreiben (so Eichenhofer JZ 1999, 232; abl Mayer DNotZ 1994, 356; Wittek Verfügungen von Todes wegen zugunsten behinderter Menschen 1996 S 147). Zu den Gestaltungsmöglichkeiten und inhaltlichen Bewertungen vgl aus dem Schrifttum Bengel ZEV 1994, 29; Goebel FamRZ 1997, 656; Grziwotz ZEV 2002, 409; Heinz-Grimm/Krampe/Pieroth Testamente zugunsten von Menschen mit geistiger Behinderung[3] 1997; Hieke in Groll [Hrsg] Praxis-Handbuch Erbrechtsberatung 2001 B VIII; Kaden Zur Sittenwidrigkeit von Behindertentestamenten 1997; Karpen Mitt-RhNotK 1988, 147; Köbl ZfSH/SGB 1990, 465; Krampe AcP 191, 526; van de Loo NJW 1990, 2852; Mayer-Maly AcP 194, 146; Raiser MDR 1995, 237; Renk NJW 1993, 2727; Tiedtke DNotZ 1998, 85; Trilsch-Eckardt ZEV 2001, 229; Weidlich ZEV 2001, 94; sowie zu Fragen der Haftung und Überleitung aus der Rspr BVerwG DVBl 1993, 79; ZfSH/SGB 1993, 78, 79; 1994, 471; VGH Mannheim NJW 1993, 2953.

Ist von mehreren Einzelverfügungen nur eine zu beanstanden, dann bleiben Testament oder Erbvertrag im übri- 17 gen wirksam; § 2085 berücksichtigt insoweit den von der Regel des § 139 abweichenden Testierwillen. Umstritten ist, ob auch die **teilweise Nichtigkeit** einer selbständigen Verfügung in Betracht kommt. Diese muß wie in RG Recht 1920 Nr 420 bei einem mehreren Erben auferlegten Geldvermächtnis überhaupt teilbar sein. Darüber hinaus bejaht die Rspr die Teilbarkeit einer nach sittlichen Maßstäben zu weit gehenden Erbeinsetzung durch Rückführung auf ein rechtlich zulässiges Maß (BGH 52, 17; 53, 369; FamRZ 1963, 287; Karlsruhe FamRZ 1967, 691). Die Meinungen im Schrifttum hierzu reichen von scharfer Ablehnung (Reinicke NJW 1969, 1343; Ramm JZ 1970, 129; Husmann NJW 1971, 409; Simshäuser zur Sittenwidrigkeit der Geliebten-Testamente S 58f; Tiedtke ZIP 1987, 1094) bis zu weitgehender Zustimmung (Leipold Rz 307; Lange/Kuchinke § 34 V 2b). Fraglich ist schon die Teilbarkeit der Alleinerbschaft (ablehnend zB Jauernig § 139 Rz 7; siehe dazu § 2085 Rz 2) Soweit die Sittenwidrigkeit sich vornehmlich aus den Beweggründen des Erblassers ableitet, besteht die Möglichkeit, eine Teilung im Verhältnis der maßgeblichen Motive vorzunehmen, zB wie in der Entscheidung BGH FamRZ 1963, 287 eine Zuwendung zum Teil für geleistete Dienste und zum Teil als Belohnung für das Liebesverhältnis anzunehmen. Eine *motivbezogene Aufteilung* des Sittenwidrigkeitsvorwurfes setzt aber voraus, daß der Erblasser bestimmte Teile der Verfügung entsprechend seinen verschiedenen Motiven vorgenommen hat. Eine solche Zuordnung ist kaum denkbar und wird sich praktisch nicht feststellen lassen; im genannten Fall des BGH nicht, weil eine Liebesbeziehung, die dem Erblasser anerkennenswerte Dankbarkeit abverlangt, ungeachtet der gewandelten Rspr zur Kausalität von testamentarischer Hergabe und geschlechtlicher Hingabe (siehe Rz 15) nach der Lebenserfahrung wie die Motivation einheitlich zu beurteilen ist. So läßt sich diese schwerlich in einen sittenwidrigen und einen achtenswerten Teil aufspalten. Nach BGH 52, 17 sollte die teilweise Sittenwidrigkeit darin liegen, daß die übergangenen Angehörigen in Höhe der gesetzlichen Pflichtteile nicht die Erbenstellung erhielten. Mit der obligatorisch ausgestalteten Pflichtteilsregelung hat der Gesetzgeber eine mögliche Schlechterstellung gegenüber der Position eines Miterben jedoch bewußt in Kauf genommen (Reinicke NJW 1969, 1343). § 138 kann Angehörigen daher nicht zu einem Noterbrecht verhelfen. Hier gelangt der Richter an die Grenze zur Gestaltung des Rechtsverhältnisses, wozu eine gesetzliche Handhabe fehlt (vgl Ramm JZ 1970, 129; Flume AT Bd II § 32, 6; Jungmichel Unzulässige Beschränkung der Testierfähigkeit durch die Annahme einer Teilnichtigkeit sittenwidriger letztwilliger Verfügungen 1981 S 146).

18 **d) § 142.** Die Anfechtung letztwilliger Verfügungen erfolgt abgesehen von deren Wirkung gem § 142 grundsätzlich nur nach den besonderen Vorschriften der §§ 2078ff. Für Erbverträge gelten teilweise andere Bestimmungen, die zB dem beteiligten Nichterblasser das Anfechtungsrecht aus § 119 belassen (siehe vor § 2274 und zu § 2278).

19 **6. Verlorengegangene**, abhandengekommene oder sonstwie nicht in Aufhebungsabsicht vernichtete Testamente bleiben wirksam. Gerichtliche oder notariell beurkundete Testamente und Erbverträge können nach § 46 BeurkG wiederhergestellt werden, indem die Urschrift durch einen Vermerk auf einer noch vorhandenen Ausfertigung oder beglaubigten Abschrift ersetzt wird. Für eigenhändige Testamente gilt die Ersetzungsmöglichkeit nicht, selbst wenn sie sich nach § 2258a in besonderer amtlicher Verwahrung befunden haben. Die Rekonstruktion des Inhalts kann sich insoweit als schwierig erweisen. Es finden aber alle zulässigen Beweismittel Verwendung. Beweislast bzw Feststellungslast treffen denjenigen, der aus der letztwilligen Verfügung Rechte beansprucht. Schafft jemand gegen den Willen des Erblassers die Urkunde beiseite, dann kann das eine Verschiebung der Beweislast zur Folge haben (vgl § 2255 Rz 7–9).

20 **7. Vereinbarungen über die Erbfolge oder über Erbrechte** (zB Anerkenntnis des Erbrechts einer bestimmten Person; Verzicht auf Erbfolge) finden sich in gerichtlichen Vergleichen oder sonstigen Auseinandersetzungen. Erklärungen dieser Art kommen auch in Gestalt der einvernehmlichen Auslegung einer Verfügung von Todes wegen vor (§ 2084 Rz 12). Sie mögen deklaratorischer oder auch schuldrechtlicher Natur sein, sie sind jedoch nicht geeignet, ein Erbrecht zu begründen oder zu beseitigen. Das Erbrecht selbst kann nur durch Erbverzicht oder Erbausschlagung beeinflußt werden, auch wenn es an Dritte übertragbar ist. Die Vereinbarung über ein Anfechtungsrecht ist zulässig, siehe dazu § 2078 Rz 12 und § 2281 Rz 2. Über den Erbvertrag in einem Prozeßvergleich siehe § 127a und § 2274 Rz 2.

21 **8. Das TestG** ist durch Gesetz zur Wiederherstellung der Gesetzeseinheit auf dem Gebiete des bürgerlichen Rechts vom 5. 3. 1953 bis auf § 51 aufgehoben worden. Die betreffenden Bestimmungen befinden sich wieder im BGB (vgl vor § 2229 Rz 2).

22 **9.** Mit dem **ZGB** war in der **DDR** zum 1. 1. 1976 ein neues Erbrecht eingeführt worden (dazu Mampel NJW 1976, 593ff; Freytag ZRP 1984, 66ff; Herrmann Erbrecht und Nachlaßverfahren in der DDR 1989), das durch das Inkrafttreten des BGB am 3. 10. 1990, dem Tag des Wirksamwerdens des Beitritts zur BRD, wieder ersetzt wurde. Bei der Geltung des bisherigen Rechts bleibt es für Erbfälle vor dem 3. 10. 1990 (EGBGB Art 235 § 1 I) und darüber hinaus für die vor dem 3. 10. 1990 erfolgte Errichtung und Aufhebung von Verfügungen von Todes wegen sowie für die Bindung des Erblassers bei einem gemeinschaftlichen Testament, das vor dem Beitrittstermin errichtet worden ist (EGBGB Art 235 § 2). Ein Sonderstatus ist nichtehelichen Kindern durch erbrechtliche Gleichstellung mit ehelichen Kindern eingeräumt und hinsichtlich der Einbeziehung der vor dem 1. 7. 1949 unehelich geborenen auch nach Inkrafttreten des Erbrechtsgleichstellungsgesetzes am 1. 4. 1998 und des Kindschaftsrechtsreformgesetzes am 1. 7. 1998 erhalten geblieben (vgl § 2066 Rz 4), wenn der Vater vor dem 3. 10. 1990 seinen gewöhnlichen Aufenthaltsort im Gebiet der ehemaligen DDR hatte (EGBGB Art 235 § 1 II). Im übrigen wird angenommen, daß Inhalt und Wirkungen der vor dem Beitrittstermin errichteten Verfügungen von Todes wegen auch im Beitrittsgebiet ausnahmslos nach bundesrepublikanischem Erbrecht zu beurteilen sind, wenn sich der Erbfall am 3. 10. 1990 oder danach ereignet hat (MüKo/Leipold Zivilrecht im Einigungsvertrag Rz 712). Soweit es aber um die Auslegung einzelner letztwilliger Verfügungen geht, deren Inhalt der Erblasser vor dem Hintergrund eines vom BGB abweichenden Erbrechts getroffen hat, kann das abweichende Recht nicht völlig unberücksichtigt bleiben; im Bereich der Individualauslegung behält das ZGB daher eine gewisse Bedeutung (vgl zB § 2067 Rz 2).

2064 *Persönliche Errichtung*
Der Erblasser kann ein Testament nur persönlich errichten.

1 **1.** Das **Testierrecht** ist ein höchstpersönliches Recht des Erblassers. Daher ist weder eine Vertretung im Willen noch in der Erklärung zulässig, auch nicht durch den gesetzlichen Vertreter. Die Vorschrift bezieht sich auf jede Form des Testaments, auch auf das öffentliche Testament durch Übergabe einer Schrift. Das Widerrufstestament (§ 2254) ist ebenso letztwillige Verfügung und höchstpersönlich zu fertigen. Indessen sind die Anforderungen beim Errichten strenger als beim Vernichten. Wenn der Widerruf in Form des Vernichtens oder Veränderns einer Urkunde ausnahmsweise durch einen Dritten als „Werkzeug" zugelassen wird (siehe § 2255 Rz 4), ist aber auch damit kein Entscheidungsspielraum verbunden. Im übrigen ist die Hilfe Dritten insoweit gestattet, als sie sich auf Beratung und Beistand erstreckt. Vielfach ist sie unumgänglich und für die Beratung durch den Notar Gegenstand der §§ 17, 30 BeurkG. Ziel ist hier, gerade dem wirklichen Erblasserwillen Geltung zu verschaffen. Ein eigennütziges Beeinflussen kann uU zur Erbunwürdigkeit (§ 2339 I Nr 3) oder zur Anfechtung (§ 2078) führen.

2 Ein **Prozeßvergleich** ist zur Errichtung eines Testaments grundsätzlich nicht geeignet (vgl § 127a). Erbverträge und Erbverzichtsverträge lassen sich auf diese Weise aber schließen (BayObLG NJW 1965, 1276), wenn auch die Abgabe der nötigen Erklärungen in einem Anwaltsprozeß nicht ganz bedenkenfrei ist (vgl § 2274 Rz 2). Der Erblasser muß seine Erklärungen daher zusätzlich persönlich abgeben.

3 **2.** § 2064 wird inhaltlich ergänzt durch § 2065. Jeder Verstoß macht das Testament unwirksam. **Ausnahmen** gelten bei Vermächtnis (§§ 2151–2156), Auflage (§§ 2192, 2193), Auseinandersetzung unter Miterben (§ 2048)

und bei Bestimmung der Person des Testamentsvollstreckers (§§ 2198–2200): Wenn das Testament die grundsätzliche Anordnung enthält, ist Vertretung im Willen ausnahmsweise zugelassen. Gesetzliche Ausnahmen gelten für die HöfeO insofern, als beim Ehegattenhof uU ein Ehegatte allein den Hoferben bestimmen kann (§ 8 II, III HöfeO). Zu dem besonderen Fall des § 14 III HöfeO (Bestimmung des Hoferben durch den überlebenden Ehegatten bei entsprechender Ermächtigung des Eigentümers) siehe BGH 45, 199 mit Anm Piepenbrock in LM Nr 4; ferner Lange/Wulff/Lüdtke-Handjery HöfeO § 14 Rz 84, 86; Köln FamRZ 1995, 57 mit Anm Hermann FamRZ 1995, 1396.

2065 *Bestimmung durch Dritte*
(1) Der Erblasser kann eine letztwillige Verfügung nicht in der Weise treffen, dass ein anderer zu bestimmen hat, ob sie gelten oder nicht gelten soll.

(2) Der Erblasser kann die Bestimmung der Person, die eine Zuwendung erhalten soll, sowie die Bestimmung des Gegenstands der Zuwendung nicht einem anderen überlassen.

Schrifttum: *Brox*, Die Bestimmung des Nacherben oder des Gegenstandes der Zuwendung durch den Vorerben, FS Bartholomeyczik, 1973, S 41; *Dobroschke*, Die Unternehmensnachfolge Minderjähriger, DB 1967, 803; *Großfeld*, Höchstpersönlichkeit der Erbenbestimmung und Auswahlbefugnis Dritter, JZ 1968, 113; *Haegele*, Möglichkeit und Grenzen der Bestimmungen von Erben und Vermächtnisnehmern durch einen Dritten, Rpfleger 1965, 355; *ders*, Zulässigkeit der Bezeichnung eines Erben oder eines Vermächtnisnehmers durch einen Dritten, BWNotZ 1972, 74; *H.-G. Hermann*, Hoferbenbestimmungsrecht nach § 14 III HöfeO und Erbenbenennung nach § 2065 II BGB, FamRZ 1995,1396; *Herrmann*, Einsetzung eines Nacherben unter der Bedingung, daß der Vorerbe nicht letztwillig anders verfügt? AcP 155, 434; *Immel*, Die höchstpersönliche Willensentscheidung des Erblassers, 1965; *Ivo*, Nochmals: Abschied von „Dieterle"? DNotZ 2002, 260; *Keim*, Das Gebot der höchstpersönlichen Erbenbestimmung bei der Testamentsgestaltung, FamRZ 2003, 137; *Keuk*, Der Erblasserwille post testamentum. Zur Unzulässigkeit der testamentarischen Potestativbedingung, FamRZ 1972, 9; *Klunzinger*, Die erbrechtliche Ermächtigung zur Auswahl des Betriebsnachfolgers durch Dritte, BB 1970, 1197; *Raape*, Testierbefugnis des Vorerben, AcP 140, 233; *Stiegeler*, Der Grundsatz der Selbstentscheidung des Erblassers, Diss, Freiburg 1985; *ders*, Die Nacherbeneinsetzung, abhängig vom Willen des Vorerben, BWNotZ 1986, 25; *Wagner*, Der Grundsatz der Selbstentscheidung bei der Errichtung letztwilliger Verfügungen – eine gesetzgeberische Unentschlossenheit? 1997; *H. Westermann*, Die Auswahl des Nachfolgers im frühzeitigen Unternehmertestament, FS Möhring, 1965, S 183.

1. Der **Ausschluß der Fremdbestimmung** (§ 2065) betrifft die Ausübung des höchstpersönlichen Testierrechts **1** (§ 2064). Grundsätzlich soll in einer Verfügung von Todes wegen der Wille des Erblassers zum Ausdruck kommen. Die gesetzliche Erbfolge soll dem Normzweck zufolge hinter der vom Erblasser getroffenen Regelung zurücktreten, nicht aber durch die Willkür eines anderen beseitigt werden können. Der Erblasser darf es darum keinem anderen überlassen, über die Geltung einer Verfügung (Abs I) oder die Person des Bedachten oder den Gegenstand der Zuwendung (Abs II) zu bestimmen. Dem Erblasser ist es grundsätzlich verwehrt, seine Verfügungsmacht zu übertragen, und zwar unabhängig von dem Hintergrund, ob er vielleicht unentschlossen oder verantwortungsscheu ist.

Ein **Verstoß** macht die Verfügung unwirksam (BGH 15, 199). Weist der erkennbar gewordene Wille Anzeichen **2** von Unfertigkeit oder Unvollständigkeit auf, kommen aber zunächst die Mittel der **Auslegung** in Betracht. Die Auslegung zielt freilich nur darauf ab, den Willen des Erblassers zu ermitteln, nicht ihn zu bilden. Eine den Anforderungen des Abs II nicht genügende Vermögenszuwendung an gemeinnützige Organisationen kann zB als Zweckauflage iSv § 2193 auszusehen sein, die sonst als unwirksame Erbeinsetzung gemäß § 140 umzudeuten zu müssen (BGH WM 1987, 564); die Auslegung kann im Einzelfall auch ein Verschaffungsvermächtnis mit dem Bestimmungsrecht nach § 2151 I ergeben (BayObLG NJW-RR 1998, 727).

Die im Gesetz vorgesehenen **Ausnahmen**, die Bestimmung des Bedachten einem Dritten zu überlassen, betref- **3** fen Vermächtnisse, Auflagen, Teilungsanordnungen, Testamentsvollstrecker und Hoferben (siehe § 2064 Rz 3).

Zulässig sind im übrigen Anordnungen, die geeignet sind, der späteren Ermittlung des Erblasserwillens zu die- **4** nen, zB die Bestimmung eines **Schiedsgerichts** als neutrale Stelle zur Entscheidung von Streitigkeiten über die Auslegung, Gültigkeit oder Anfechtbarkeit einzelner Anordnungen (RG 100, 76; Kohler DNotZ 1962, 125) oder die Bestimmung eines Dritten als **Schiedsgutachters** iSv § 317 zur Feststellung des Eintritts vom Erblasser gesetzter Bedingungen (MüKo/Leipold Rz 6; Staud/Otte Rz 10; KG ZEV 1998, 182 mit Anm Wagner). Auch dem Testamentsvollstrecker kann eine solche Entscheidung übertragen werden. Oft ist aber die Grenze zur unzulässigen Vertretung im Willen nahe, zB wenn der Testamentsvollstrecker nach dem Willen des Erblassers von vornherein die für die Beteiligten und das Gericht maßgebliche Auslegung (Inhaltsdeutung) vornehmen soll (RG 66, 103). Eine Grenze muß schließlich dort gezogen werden, wo es um die Auslegung einer mit dem Amt des Testamentsvollstreckers selbst zusammenhängenden Anordnung geht, denn es kann niemand Richter in eigener Sache sein (BGH 41, 23).

2. Die **Bestimmung über die Geltung einer Verfügung** (Abs I) kann weder vom Willen noch vom Ermessen **5** eines anderen abhängig gemacht werden. Ein anderer als der Erblasser ist auch der Bedachte. Liegt der Inhalt der letztwilligen Verfügung fest, kann dessen Wirksamkeit gleichwohl an eine Potestativbedingung geknüpft werden. Daß der Erbe eine in den Entschluß des Erblassers einbezogene Handlung vornimmt oder unterläßt, zB studiert oder geheiratet hat bzw als Schlußerbe nicht beim ersten Erbfall seinen Pflichtteil verlangt hat, ist mit § 2065 vereinbar, solange die Abhängigkeit vom Handeln oder Unterlassen des Bedachten nicht versteckt auf eine Vertretung im Willen hinausläuft. Darüber hinaus läßt es die hM zu, den Eintritt des Nacherbfalls davon abhängig zu machen, daß der Vorerbe nicht anderweitig verfügt, weil er insoweit über seinen eigenen Nachlaß entscheide und darüber,

§ 2065

Vollerbe zu werden (BGH 2, 35; BayObLG 2001, 203; Hamm ZEV 2000, 197 mit Anm Loritz; Raape AcP 140, 233; Herrmann AcP 155, 434; Brox in FS Bartholomeyczik S 52; Staud/Otte Rz 19; Keim FamRZ 2003, 140; offengelassen von BGH NJW 1981, 2051). Das Abstellen auf den Nachlaß des Vorerben lenkt indessen nur davon ab, daß eine derartige Anordnung des Erblassers, um die es geht, den Vorerben unzulässigerweise ermächtigte, nach eigenem Willen in die Nachlaßregelung des Erblassers einzugreifen (zutr MüKo/Leipold Rz 10; Stiegeler BWNotZ 1986, 27; vgl § 2100 Rz 1). Dem Erben bleibt im übrigen die Möglichkeit der Ausschlagung, für deren Fall der Erblasser auch Anordnungen treffen kann.

6 3. Die **Bestimmung des Zuwendungsempfängers** (Abs II) ist Sache des Erblassers, auf dessen Willen es allein ankommt. Er muß die Person des Erben in zweifelsfreier Weise bezeichnen. Der Name braucht dazu nicht genannt zu werden, schon die Angabe der sozialen Beziehung zum Erblasser („ältester Neffe", „Briefträger") kann den Erben identifizieren. Der Erblasser kann auch erst nach Errichtung der Verfügung eintretende Ereignisse in seinen Entschluß einbeziehen und zB seine künftigen Adoptivkinder oder diejenigen eines Dritten (Köln OLG 1984, 299) zu Erben berufen. Zulässig ist die Anordnung, das Los über die Erbschaft entscheiden zu lassen (RG SeuffA 1891 Nr 106; Lange/Kuchinke § 27 I 6d; Pal/Edenhofer Rz 7; Staud/Otte Rz 12; aM MüKo/Leipold Rz 14; Soergel/Loritz Rz 15). Als unzulässig erweist sich ohne weiteres aber die Einsetzung desjenigen zum Nacherben, den der Vorerbe zu seinem Erben macht (Frankfurt DNotZ 2001, 143 mit Anm Kanzleiter; anders die hM, BayObLG 2001, 203; Otte ZEV 2001, 318; Ivo DNotZ 2002, 260; auf die Motivation des Erblassers abstellend Schnabel Das Geschiedenentestament S 126; Wagner Der Grundsatz der Selbstentscheidung S 138), denjenigen einzusetzen, der die Erblasserin zuletzt gepflegt hat (Frankfurt NJW-RR 1995, 711), der als Heimträger von einem Dritten ausgewählt wurde (Rossak abl Anm zu Hamm MittBayNot 2003, 56), der mit dem Leichnam des Erblassers in bestimmter Weise verfährt (KG ZEV 1998, 260 mit krit Anm Wagner ZEV 1998, 255; LG Frankfurt MDR 1987, 762; LG Magdeburg NJWE-FER 2000, 63) oder die ihm „beisteht" (BayObLG FamRZ 1991, 610).

7 Für die **Einschaltung eines Dritten** besteht ein praktisches Bedürfnis, wenn die Eignung der in Frage kommenden Erben im Hinblick auf die Besonderheit des Nachlasses bei Abfassung des Testaments noch nicht feststeht. Während es § 14 III HöfeO ausnahmsweise den Eheleuten überläßt, dem Überlebenden die Befugnis zu erteilen, unter den Abkömmlingen des vorverstorbenen Eigentümers den Hoferben zu bestimmen (vgl § 2064 Rz 3), hat sich die Bestimmung zB eines Unternehmensnachfolgers in der engeren § 2065 zu orientieren, der verlangt, daß die Person des Erben aufgrund unverrückbarer Tatsachen, dh objektiver Gesichtspunkte, nach dem Willen des Erblassers und nicht nach dem Willen eines Dritten bestimmt wird. Ein Dritter darf danach, wenn er seinerseits vom Erblasser unzweideutig bezeichnet ist, den Erben nach sachlichen, vom Erblasser festgelegten Merkmalen benennen, ihn freilich nicht nach eigenem Gutdünken bestimmen. Einem Vorerben kann es demzufolge nicht ohne weiteres überlassen werden, aus einem bestimmten Personenkreis den Nacherben auszuwählen, auch nicht im Wege der Auslegung, der Personenkreis sei für den Fall zu Nacherben bestimmt, daß der Vorerbe nicht anderweitig verfüge (aM Hamm OLG 1973, 103; vgl Rz 5). Umstritten ist, ob und ggf inwieweit der Dritte bei der Auswahl des Erben eine Ermessensentscheidung treffen kann. Nach RG 159, 296 muß der vom Erblasser bezeichnete Personenkreis so eng begrenzt und müssen die Gesichtspunkte für die Auswahl so genau festgelegt sein, daß für die Willkür eines Dritten kein Raum bleibt, vielmehr die Entscheidung auf seinem Urteil über das Vorliegen jener Voraussetzungen beruht, mag dieses auch ein reines Werturteil darstellen oder ein solches einschließen. Danach bliebe ein kleiner, aber echter Entscheidungsspielraum, den der BGH (15, 199) als Abs II ersichtlich entschieden ist, da jede subjektive Auffassung und Wertung den Willen des Erblassers ersetze (ebenso BayObLG FamRZ 1991, 610; Schlüter Rz 142; v Lübtow I S 145; Kipp/Coing § 18 III 4; Dobroschke DB 1967, 803). Für eine Ermessensentscheidung des Dritten hat sich H. Westermann ausgesprochen, wenn zur Zeit der Testamentserrichtung die unsicheren Umstände noch keine verantwortungsvolle Entscheidung des Erblassers zulassen (FS Möhring S 191ff; zust Großfeld JZ 1968, 113). Das Schrifttum befindet sich im übrigen weitgehend auf der Linie des RG (Staud/Otte Rz 35; Soergel/Loritz Rz 30; MüKo/Leipold Rz 18; Brox ErbR Rz 104; Klunzinger BB 1970, 1198; Haegele Rpfleger 1965, 255).

8 Die Einräumung eines subjektiven Beurteilungsspielraums stößt aber an die von Abs II gesteckten **Grenzen**. Einerseits wird eine Auswahl auf der Grundlage vorgegebener Richtlinien kaum ohne eine eigene Bewertung durch den Auswählenden erfolgen können. Andererseits muß die ggf erforderliche Befähigung des Dritten objektivierbar sein; ist sie nämlich einzigartig, so daß sie nur der Dritte hat, dann kann es sich im Ergebnis nicht um eine Entscheidung des Erblassers handeln; es handelte sich vielmehr um eine unzulässige Vertretung im Willen. Zulässig ist die Einschaltung eines Dritten, sofern dem Dritten Auswahlkriterien an die Hand gegeben werden, die er aufgrund seiner Sachkunde anwenden und deren Vorliegen er subsumieren kann. Die Auswahlkriterien müssen klar und erforderlichenfalls dezidiert aufgeführt werden, damit die Auswahl nachvollzogen als Entscheidung des Erblassers verstanden werden kann. Die Anordnung, von den Kindern werde zum Erben berufen, wer nach Meinung des Dritten zur Unternehmensnachfolge am geeignetesten sei, kann den Anforderungen nicht ohne weiteres genügen, denn an das Anforderungsprofil eines Unternehmers lassen sich unterschiedliche Maßstäbe anlegen. Durch den unausgefüllten Begriff der Eignung wird dem Dritten auch der Maßstab und damit ein beträchtlicher Ermessensfreiraum überlassen. Lassen sich keine präzisen Kriterien aufstellen, nach denen der Erbe bezeichnet werden kann, dann bleiben andere Möglichkeiten, dem Bedürfnis nach einer Ermessensentscheidung eines Dritten Rechnung zu tragen (vgl Rz 3).

9 Soweit überhaupt eine Auswahl zu treffen ist, versteht es sich, daß der Erblasser für diese Tätigkeit jemanden benennt (BGH NJW 1965, 2201; Großfeld JZ 1968, 113). Wem gegenüber die **Erklärung des Dritten**, mit der der Erbe bezeichnet wird, abzugeben ist, ergibt sich nicht unmittelbar aus dem Gesetz. Ein Vergleich mit § 2198 macht es plausibel, daß die Erklärung dem Nachlaßgericht gegenüber abzugeben ist (ebenso Rötelmann NJW 1958, 954; KG ZEV 1998, 182; aM Celle NJW 1959, 955). Die öffentlich beglaubigte Form genügt.

4. Die **Bestimmung des Zuwendungsgegenstands** (Abs II) läßt sich ebenfalls nicht auf eine andere Person 10 übertragen. Allein der Erblasser legt die Quoten fest. Unzulässig ist daher eine letztwillige Verfügung, die den Vorerben ermächtigt, unter den Nacherben eine andere Verteilung vorzunehmen (aM BGH 59, 220; Oldenburg NJW-RR 1991, 646; vgl Rz 5). Ebensowenig kann ein Dritter den Zeitpunkt der Nacherbfolge festlegen (BGH 15, 199).

2066 *Gesetzliche Erben des Erblassers*

Hat der Erblasser seine gesetzlichen Erben ohne nähere Bestimmung bedacht, so sind diejenigen, welche zur Zeit des Erbfalls seine gesetzlichen Erben sein würden, nach dem Verhältnis ihrer gesetzlichen Erbteile bedacht. Ist die Zuwendung unter einer aufschiebenden Bedingung oder unter Bestimmung eines Anfangstermins gemacht und tritt die Bedingung oder der Termin erst nach dem Erbfall ein, so sind im Zweifel diejenigen als bedacht anzusehen, welche die gesetzlichen Erben sein würden, wenn der Erblasser zur Zeit des Eintritts der Bedingung oder des Termins gestorben wäre.

Schrifttum: *Böhm*, Der Einfluß des Gesetzes über die rechtliche Stellung nichtehelicher Kinder auf erbrechtliche Auslegungs- oder Ergänzungsregeln, FamRZ 1972, 180; *Braga*, Über die „ergänzenden Auslegungsregeln" des Erbrechts, insbes die des § 2069 BGB, GS Dietrich Schultz, 1987, S 41; *Damrau*, Neuere Probleme zu § 167 Abs 2 VVG, FamRZ 1984, 443; *Dettinger*, Neuerungen im Familien- und Erbrecht, BWNotZ 1998, 122; *Giencke*, Ergänzende Auslegung von Erbverträgen gem § 2066 BGB unter Berücksichtigung nichtehelicher Kinder des Erblassers als gesetzliche Erben, FamRZ 1974, 241; *Lindacher*, Änderung der gesetzlichen Erbfolge, mutmaßlicher Erblasserwille und Normativität des dispositiven Rechts, FamRZ 1974, 345; *Rauscher*, Die erbrechtliche Stellung nicht in einer Ehe geborener Kinder nach Erbrechtsgleichstellungsgesetz und Kindschaftsrechtsreformgesetz, ZEV 1998, 41; *Siber*, Auslegung und Anfechtung der Verfügungen von Todes wegen, RG-Festgabe III, 1929, S 350; *Spellenberg*, Zum Erbrecht des nichtehelichen Kindes, FamRZ 1977, 185; *Tappmeier*, Die erbrechtlichen Auslegungsvorschriften in der gerichtlichen Praxis, NJW 1988, 2714.

1. Die §§ 2066–2072 stellen Auslegungsregeln dar, die bei Zuwendungen durch Verfügung von Todes wegen 1 den erklärten Willen des Erblassers auslegen bzw teilweise ergänzen. Im letzteren Sinne schließt § 2066 S 1 eine Lücke in der Willenserklärung des Erblassers, also durch eine Ergänzungsregel (MüKo/Leipold Rz 2; aM Staud/Otte Rz 2: Auslegungsregel). Die Vorschrift ist unmittelbar anwendbar, wenn der Erblasser seine „gesetzlichen Erben", seine „Erben" oder mit gleicher Aussagekraft seine „rechtmäßigen Erben" einsetzt, ohne sie zu individualisieren oder deren Anteile näher festzulegen. Werden die gesetzlichen Erben namentlich aufgeführt oder sonstwie individualisiert, ist grundsätzlich § 2091 anzuwenden. § 2066 S 2 ist echte Auslegungsregel und entspricht den §§ 158 I, 163, 274; sie erfaßt auch das Nacherbrecht. Inhaltlich wird mit der Ergänzung und Auslegung dem Gerechtigkeitsbild entsprochen, das auch mit der gesetzlichen Erbfolge realisiert wird.

2. Die als **gesetzliche Erben** Bedachten sind Testamentserben. Die Aufteilung erfolgt im Verhältnis der gesetz- 2 lichen Erbteile nach Stämmen. Die gesetzlichen Erben bestimmen sich nach dem **Zeitpunkt des Erbfalls** (Frankfurt FamRZ 1995, 1087), die Nacherben entsprechend nach dem Zeitpunkt des Nacherbfalls (Köln FamRZ 1970, 605; BayObLG ZEV 2001, 440). Hat sich durch gesetzliche Änderung in der Zeit zwischen Testamentserrichtung und Erbfall die gesetzliche Erbfolge geändert, kann die Testamentsbestimmung uU eine andere Auslegung rechtfertigen. Gesetzliche Änderungen dieser Art brachten:

a) Das am 1. 7. 1958 in Kraft getretene **Gleichberechtigungsgesetz** für den Fall, daß die Eheleute von diesem 3 Zeitpunkt an in Zugewinngemeinschaft lebten. Bei einem vor dem Stichtag errichteten Testament und nach dem Stichtag eintretenden Erbfall erhöht sich der Erbteil des überlebenden Ehepartners gemäß § 1371 I (hierzu Rupp NJW 1958, 12; Boehmer NJW 1958, 526; Köln FamRZ 1970, 606).

b) Das am 1. 7. 1970 in Kraft getretene **Nichtehelichengesetz**. Hat ein nach dem 30. 6. 1970 verstorbener 4 Erblasser in seiner letztwilligen Verfügung seine Abkömmlinge bedacht, gehört zu diesen, an die gesetzliche Erbfolge angelehnt, auch sein nach dem 30. 6. 1949 geborenes nichteheliches Kind. Abweichendes kann sich durch Auslegung ergeben, praktisch weniger bei aktuellen als bei älteren Testamenten. Mit Inkrafttreten des **Erbrechtsgleichstellungsgesetzes** am 1. 4. 1998 ist die Beschränkung nichtehelicher Verwandter auf einen Erbersatzanspruch nach § 1934a aF entfallen; die Erbverzichtswirkung eines vorzeitigen Erbausgleichs bleibt aber bestehen. Hatte der Erblasser seinen gewöhnlichen Aufenthalt vor dem 3. 10. 1990 im Gebiet der ehemaligen DDR, dann erb(t)en seine nichtehelichen Abkömmlinge ungeachtet des Datums des Erbfalls und der Geburt des Abkömmlings wie eheliche. Diesbezüglich besteht der Unterschied fort (vgl § 2064 Rz 22). Die übrigen, vor dem 1. 7. 1949 unehelich geborenen und aus Gründen der Rechtskontinuität nicht gleichberechtigten Abkömmlinge können mit ihrem Vater bei Einwilligung der Ehegatten die Gleichstellung, dh Einbeziehung in das gesetzliche Erbrecht, seit Inkrafttreten des **Kindschaftsrechtsreformgesetzes** am 1. 7. 1998 notariell vereinbaren (vgl Rauscher ZEV 1998, 44); über die testamentarische oder erbvertragliche Einsetzung hinaus erlangt der vor dem 1. 7. 1949 nichtehelich geborene Abkömmling durch die Vereinbarung ein Pflichtteilsrecht und das Anfechtungsrecht nach 2079. Einen diesbezüglichen notariellen Hinweis bei der Beurkundung letztwilliger Verfügungen empfiehlt Dettinger (BWNotZ 1998, 127).

c) Das am 1. 1. 1977 in Kraft getretene **Adoptionsgesetz**, wonach ein adoptiertes minderjähriges Kind in jeder 5 Beziehung einem leiblichen Kind gleichgestellt wird und in Art 12 §§ 1, 2, 3 Übergangsregelungen vorgesehen sind. Damit sind adoptierte Kinder und deren Abkömmlinge (§ 1754) als „gesetzliche Erben" mitbedacht, wenn nicht ein anderer Wille festgestellt wird (siehe BayObLG FamRZ 1985, 426; Schmitt-Kammler FamRZ 1978, 570 sowie die vor § 1741).

6   d) Für das Beitrittsgebiet das am 1. 1. 1976 in Kraft getretene **ZGB** der DDR und das am 3. 10. 1990 wieder eingeführte **BGB**. Deren unterschiedliche Regelungen der gesetzlichen Erbfolge können zu beachten sein, wenn es um die Auslegung einer letztwilligen Verfügung geht, die vor dem Hintergrund früheren Rechts errichtet worden ist. Es kommt insoweit darauf an, ob dem Erblasser eine bestimmte Regelung bewußt war, von der er als der geltenden ausging und die er auch seiner Erbfolge zugrundelegen wollte. Die *Unterschiede* liegen darin, daß der Ehegatte nach § 365 I ZGB mit einem Anteil von mindestens einem Viertel zu den gesetzlichen Erben erster Ordnung gehörte; daß unter den gesetzlichen Erben zweiter Ordnung gemäß § 367 II S 2 ZGB im Falle des Überlebens nur eines Elternteils dieser allein erbte und entferntere Verwandte nur nachrückten, wenn beide Elternteile vorverstorben waren; daß ebenso unter den gesetzlichen Erben der dritten Ordnung gemäß § 368 III S 1 ZGB im Falle des Vorversterbens eines Teils eines Großelternpaares der andere dessen Erbteil miterbte und Nachkommen ein Eintrittsrecht nur hatten, wenn beide Teile eines Großelternpaares nicht mehr lebten; und daß der Staat gemäß § 369 I ZGB gesetzlicher Erbe wurde, wenn keine Erben bis zur dritten Ordnung vorhanden waren.

7   e) Das am 1. 8. 2001 in Kraft getretene **Lebenspartnerschaftsgesetz.** Danach ist der eingetragene, gleichgeschlechtliche Lebenspartner des Erblassers neben Verwandten der ersten Ordnung zu einem Viertel, neben Verwandten der zweiten Ordnung oder neben Großeltern zur Hälfte der Erbschaft gesetzlicher Erbe. Sind Verwandte der ersten oder zweiten Ordnung oder Großeltern nicht vorhanden, erbt der eingetragene Lebenspartner allein. Beim Vermögensstand der Ausgleichsgemeinschaft gilt § 1371 entsprechend.

8   3. Eine **entsprechende Anwendung** von § 2066 wird bejaht, wenn der Erblasser die „gesetzlichen Erben" eines Dritten bedenkt (Köln FamRZ 1970, 605; BayObLG FamRZ 1991, 1234; MüKo/Leipold Rz 4). Statt dessen betreffen die §§ 2066–2069 das Näheverhältnis zum Erblasser. Das hierauf beruhende Stammesprinzip wird zwar häufig gewollt sein, wenn an die gesetzliche Erbfolgeregelung angeknüpft wird, entsprechende Feststellungen sind im Einzelfall aber erst zu treffen. Parallelen ergeben sich zu § 167 II S 1 VVG.

§ 2067 *Verwandte des Erblassers*

Hat der Erblasser seine Verwandten oder seine nächsten Verwandten ohne nähere Bestimmung bedacht, so sind im Zweifel diejenigen Verwandten, welche zur Zeit des Erbfalls seine gesetzlichen Erben sein würden, als nach dem Verhältnis ihrer gesetzlichen Erbteile bedacht anzusehen. Die Vorschrift des § 2066 Satz 2 findet Anwendung.

1   1. Es handelt sich um eine Auslegungsregel mit zwei Funktionen. Sind ohne nähere Bestimmung „**Verwandte**" des Erblassers bedacht und läßt sich kein anderer Wille feststellen, dann hilft § 2067 über die Mehrdeutigkeit des Ausdrucks hinweg: bedacht sind diejenigen Verwandten, die beim Erbfall gesetzliche Erben wären, und zwar unter Aufteilung der Zuwendung nach Stämmen. Bei namentlicher Bezeichnung der Bedachten ist die Anwendung von § 2067 ausgeschlossen, so daß im Zweifel § 2091 mit dem Kopfteilprinzip gilt. Welche Variationen die Individualauslegung hervorrufen kann, veranschaulicht der Fall BayObLG 1991, 323.

2   Die **gesetzliche Erbfolge** der Verwandten behandeln die §§ 1924–1930. Nicht dazu gehören der Ehegatte und die Verschwägerten, wohl aber nichteheliche und angenommene Kinder. Maßgebend zur Bestimmung des Kreises der gesetzlichen Erben ist der Zeitpunkt des Erbfalls. Da die Auslegungsregel des § 2067 gegenüber der Individualauslegung nachrangig ist, werden Ehegatten vielfach einzubeziehen sein, worauf besonders letztwillige Verfügungen ehemaliger DDR-Bürger hindeuten, da die Ehegatten nach § 365 I ZGB zu den gesetzlichen Erben erster Ordnung zählten. Innerhalb einer Ordnung kann Gradesnähe entscheiden (MüKo/Leipold Rz 4), was wiederum bei Verfügungen ehemaliger DDR-Bürger in Entsprechung der §§ 367 II S 2, 368 III S 1 ZGB naheliegt (vgl § 2066 Rz 6).

3   2. Bei der Frage einer **entsprechenden Anwendung** der Vorschrift ist zu differenzieren. Bedenkt der Erblasser aus dem Kreise seiner Verwandten nur eine bestimmte Gruppe wie seine Kinder oder Neffen und Nichten, dann ist dem gesetzlichen Grundgedanken zufolge das Stammesprinzip einschlägig (RG JW 1938, 2972; BayObLG ZEV 2001, 440; MüKo/Leipold Rz 5). Die eigene verwandtschaftliche Nähe gibt hier den Ausschlag, die bei der Erbeinsetzung der Verwandten eines Dritten, zB eines Freundes, nicht gegeben ist, so daß in diesem Fall die Regel des § 2067 nicht paßt (aM MüKo/Leipold Rz 5; RGRK/Johannsen Rz 5). Das Testament ist frei auszulegen (RG Gruchot 50, 386; KG JFG 10, 65), was häufig auch zum Ergebnis der Aufteilung nach Stämmen führen wird.

§ 2068 *Kinder des Erblassers*

Hat der Erblasser seine Kinder ohne nähere Bestimmung bedacht und ist ein Kind vor der Errichtung des Testaments mit Hinterlassung von Abkömmlingen gestorben, so ist im Zweifel anzunehmen, dass die Abkömmlinge insoweit bedacht sind, als sie bei der gesetzlichen Erbfolge an die Stelle des Kindes treten würden.

1   1. Die Auslegungsregel setzt voraus, daß die eigenen **Kinder** oder (entsprechend) eine Gruppe dieser Kinder (Söhne oder Töchter) ohne namentliche Benennung und nähere Angaben über die Erbanteile als Erben oder Vermächtnisnehmer bedacht sind. Nach § 2068 zieht nur das *vor* der Errichtung des Testaments gestorbene Kind seine Abkömmlinge nach. Unwesentlich ist, ob dem Erblasser der Tod bekannt war. Ist das Kind *nach* Errichtung des Testaments weggefallen, greift § 2069 ein. Hat es das Erbrecht aus anderen Gründen als durch Tod verloren (Erbverzicht, Ausschlagung), findet § 2068 keine Anwendung. „Kinder" sind die Abkömmlinge ersten Grades. Dazu gehören Adoptivkinder, sofern nicht ein gegenteiliger Wille des Erblassers zum Ausdruck gekommen ist (BayObLG FamRZ 1989, 1118), und auch die nichtehelichen Kinder (vgl § 2066 Rz 4). Unter den an die Stelle des verstorbenen Kindes tretenden „Abkömmlingen" sind auch die nichtehelichen und iSv § 1770 I angenommenen Kinder zu verstehen, da der Begriff an die gesetzliche Erbfolge angelehnt ist.

Allgemeine Vorschriften § 2069

2. Sind Kinder eines Dritten bedacht, kann wie im Fall des § 2069 (vgl § 2069 Rz 8) nach den Regeln der Auslegung unter Berücksichtigung auch außerhalb des Testaments liegender Anhaltspunkte auf eine Ersatzberufung von deren Abkömmlingen geschlossen werden (RG 133, 277; KG Rpfleger 1991, 154; Soergel/Loritz Rz 14; für Analogie des § 2068 MüKo/Leipold Rz 5). Freie Auslegung erfolgt auch bei Erbeinsetzung naher Angehöriger, etwa Geschwister des Erblassers (so auch MüKo/Leipold Rz 5).

2069 *Abkömmlinge des Erblassers*
Hat der Erblasser einen seiner Abkömmlinge bedacht und fällt dieser nach der Errichtung des Testaments weg, so ist im Zweifel anzunehmen, dass dessen Abkömmlinge insoweit bedacht sind, als sie bei der gesetzlichen Erbfolge an dessen Stelle treten würden.

Schrifttum: *Baumann*, Zur Bindungswirkung wechselbezüglicher Verfügungen bei gem. § 2069 BGB ermittelten Ersatzerben, ZEV 1994, 351; *Braga*, Über die „ergänzenden Auslegungsregeln" des Erbrechts, insbes. die des § 2069 BGB, GS D. Schultz, 1987, S 41; *Nieder*, Die ausdrücklichen oder mutmaßlichen Ersatzbedachten im deutschen Erbrecht, ZEV 1996, 241; *Schopp*, Anwachsung und Ersatzerbschaft, MDR 1978, 10.

1. Stillschweigende Ersatzberufung. Die ergänzende Auslegungsregel (RG 142, 173) gilt für den Fall, daß ein bedachter Abkömmling des Erblassers nach Errichtung des Testaments wegfällt und nach dem realen oder hypothetischen Willen des Erblassers eine Ersatzlösung nicht feststellbar ist. § 2069 schließt die testamentarische Regelungslücke und vermutet die stillschweigende Ersatzberufung der Abkömmlinge (§ 1924 III) des Bedachten. „Im Zweifel" ist der Ausdruck dafür, daß zunächst anhand des Wortlauts und außerhalb des Testaments liegender Umstände zu prüfen ist, was der Erblasser sich vorgestellt hat oder vorgestellt hätte. Ein von der Vermutung abweichender Wille hat also stets Vorrang.

a) Ein **Abkömmling** des Erblassers muß bedacht sein, also eine mit ihm in gerader absteigender Linie verwandte Person. Zu den Abkömmlingen zählen leibliche Kinder und Adoptivkinder (BayObLG FamRZ 1985, 426; LG Stuttgart FamRZ 1990, 214), Enkel und Urenkel. Haben Ehegatten den Abkömmling eines Ehepartners zum gemeinschaftlichen Erben eingesetzt, so gilt dieser entsprechend § 2069 (nur für einzelfallorientierte Auslegung MüKo/Leipold Rz 7) auch dann als Abkömmling, wenn es sich nicht um den Abkömmling des Letztverstorbenen handelt (BGH FamRZ 2001, 993; BayObLG NJW-RR 1991, 8; Hamm OLG 1982, 272; KGJ 51, 101; vgl aber Rz 5 und zur Bindungswirkung wechselbezüglicher Verfügungen § 2270 Rz 5 und § 2271 Rz 11). Es spielt im übrigen keine Rolle, ob der Abkömmling namentlich oder iSv § 2068 bedacht ist. Die Person braucht nicht individuell festzustehen, sondern kann aus dem Kreis mehrerer Abkömmlinge etwa aufgrund eines Bestimmungsrechts des überlebenden Ehegatten erst ausgewählt werden (BGH NJW 1969, 1111).

b) Der **Wegfall** des bedachten Abkömmlings ist die weitere Voraussetzung, die sich über den Wortlaut hinaus auch vor Testamentserrichtung ereignet haben kann. Da entscheidend auf den Willen des Erblassers abgestellt wird, genügt es, daß der Bedachte nach Meinung des Erblassers zur Zeit der Testamentserrichtung noch gelebt hat, wenn er in Wahrheit schon vorher verstorben ist (RG 149, 134). Umgekehrt kann der Wegfall des Bedachten auch noch nach Eintritt des Erbfalls erfolgen, und zwar in den Fällen, in denen der Verlust des Erbrechts de jure auf den Zeitpunkt des Erbfalls zurückbezogen wird (RG 96, 98).

Einzelfälle: Am häufigsten ereignet sich der Wegfall durch **Tod** des Abkömmlings, im übrigen durch **Erbunwürdigkeitserklärung** (RG 95, 97; Frankfurt NJW-RR 1996, 261), Eintritt einer **Verwirkungsklausel** (RG JW 1938, 1600; aM MüKo/Leipold Rz 16). Beim **Erbverzicht** des Abkömmlings kommt es auf den Grund hierfür an. Verzichtet er, weil er abgefunden worden ist, wird eine Ersatzberufung seiner Abkömmlinge nicht gewollt sein (Hamm OLG 1982, 273; aM Baumgärtl DNotZ 1959, 63ff); verzichtet er jedoch zugunsten seiner Abkömmlinge, so ist anzunehmen, daß sie nachrücken sollen (BGH NJW 1974, 43). Ein Verzicht auf den gesetzlichen Erbteil (§ 2349) schließt auch nicht die spätere testamentarische Erbberufung ein, so daß § 2069 anwendbar bleibt. Entsprechendes gilt für einen vor dem. 1. 4. 1998 nach § 1934e aF wirksam zustande gekommenen **vorzeitigen Erbausgleich**, der einem nichtehelichen Kind das gesetzliche Erbrecht nahm, nicht aber die Möglichkeit einer testamentarischen Zuwendung. Der bedachte Abkömmling kann ferner durch **Ausschlagung** wegfallen. Hier ist zu differenzieren, denn es kann ohne weiteres als mutmaßlicher Wille des Erblassers unterstellt werden, daß ein Erbstamm über § 2069 nicht zweimal am Nachlaß beteiligt wird. Der Rspr zufolge soll die Vorschrift daher unanwendbar sein, wenn ein Abkömmling ausschlägt und den Pflichtteil verlangt (BGH 33, 60; Frankfurt OLG 1971, 208; Stuttgart Rpfleger 1982, 106). Die Ansicht überzeugt nicht, denn sie schießt über das Ziel hinaus, während eine Doppelbegünstigung des Stammes schon durch die Regelung des § 2320 vermieden wird, welche die Ersatzperson im Innenverhältnis mit dem Pflichtteil belastet (wie hier MüKo/Leipold Rz 13). Eine Bevorzugung des Stammes ist nur im Fall des Nacherben zu besorgen, der vor Eintritt des Nacherbfalls ausschlägt und seinen Pflichtteil verlangt; hier gilt die vermutete Ersatzerbfolge des § 2069 nicht (BayObLG ZEV 2000, 274; KG DNotZ 1942, 147; Höfer NJW 1961, 588). Hingegen erstreckt sich eine **Enterbung** nicht schon kraft Gesetzes auf die Abkömmlinge (BGH JZ 1959, 444; NJW 1965, 1273; Schopp MDR 1978, 10). Anlaß zu einer abweichenden Individualauslegung mag die Motivation des Erblassers geben. Im übrigen handelt es sich um einen Wegfall, wenn der Erblasser selbst Erklärungen auf die Verfügung von Todes wegen bezieht, sei es in Form des Widerrufs, des Rücktritts, der Aufhebung oder Anfechtung.

2. Als **Ersatzberufener** kommt nur in Frage, wer Abkömmling des weggefallenen Bedachten und außerdem Verwandter des Erblassers ist. Die *Verwandtschaft zum Erblasser* ist erforderlich, insoweit die Rechtsfolge des § 2069 darauf abstellt, daß der Abkömmling des weggefallenen Bedachten bei der gesetzlichen Erbfolge nach dem Erblasser (dies verkennend LG Berlin FamRZ 1994, 785) an die Stelle des Weggefallenen tritt. Die gesetzliche

§ 2069

Erbfolge richtet sich nach dem Zeitpunkt des (Nach-/Schluß-)Erbfalls. Diesen müssen die Ersatzberufenen erleben oder sie müssen bereits erzeugt sein (§ 1923 II); ob auch die zur Zeit des Erbfalls noch nicht erzeugten Abkömmlinge des Bedachten ersatzberufen sein können, ist nach freier Auslegung des Testaments zu ermitteln (KG JFG 15, 310). Bei den **Abkömmlingen des Bedachten** kann es sich um leibliche Abkömmlinge handeln und seit dem Inkrafttreten des Adoptionsgesetzes auch um die mit dem Erblasser verwandten Adoptivkinder (§ 1754); das sind idR (§ 1772) die minderjährig angenommenen. Nichteheliche Kinder des Abkömmlings gelten bei Erbfällen ab dem 1. 4. 1998 als ersatzberufen (BGH NJW 2002, 1126), es sei denn, ein anderer Wille läßt sich vor dem Hintergrund der persönlichen Umstände ermitteln. Bei Erbfällen vor dem Stichtag könnte dem Ersatzberufenen uU ein Erbersatzanspruch nach § 1934a aF zukommen (vgl § 2066 Rz 4). Die Ersatzerben können nur zum Zuge kommen, wenn sie den Erbfall erleben. Für sie ist der Zeitpunkt der Testamentserrichtung unwichtig.

6 3. § 2069 ist auch auf den zum **Nacherben** eingesetzten Abkömmling anwendbar (BGH 33, 60). Sein Ersatzerbe (Abkömmling) muß nach hM den Nacherbfall erlebt haben (KG JW 1929, 1751; RGRK/Johannsen Rz 13).

7 Unklar ist die Erbfolge, wenn § 2069 mit **§ 2108 II S 1** zusammentrifft. Beispiel: Eheleute A haben sich gegenseitig zu Vorerben und ihre zwei Kinder zu Nacherben eingesetzt. Nach dem Tod eines Ehegatten, aber vor dem des Überlebenden, stirbt eines der Kinder, das selbst verheiratet war und seinen Ehegatten sowie Kinder hinterläßt. Nach § 2069 würden außer dem überlebenden Kind nur die Enkel der Eheleute A zu Nacherben berufen sein, während nach § 2108 II S 1 neben den Enkeln auch der Ehegatte des verstorbenen Kindes zum Zuge käme. Beide Bestimmungen sind Auslegungsregeln. Während das KG dazu neigte, § 2069 bevorzugt anzuwenden (KGJ 52, 73), bejahte das RG häufiger die Vererblichkeit des Anwartschaftsrechts nach 2108 II S 1 (RG 95, 97; 99, 86; 142, 181) und sprach sich schließlich für den Vorrang des § 2108 II aus; es verlangte besondere Anhaltspunkte für die Annahme, daß nicht Unvererblichkeit der Anwartschaft, sondern Ersatzerbfolge gewollt sei (RG 169, 39). Der BGH (NJW 1963, 1150) folgt der genannten Entscheidung, läßt jedoch den Erblasserwillen sorgfältig daraufhin überprüfen, ob im iSv § 2069 das Eindringen familienfremder Personen nicht gewollt war (ebenso Köln OLG 1968, 91; BayObLG Rpfleger 1983, 11). Schon geringe Anzeichen können dabei den Ausschlag in die eine oder andere Richtung geben (MüKo/Brandner Rz 24). Setzen sich Eheleute in einem gemeinschaftlichen Testament gegenseitig zu Vorerben ein und bestimmen einen gemeinsamen Abkömmling zum Nacherben, dann wird häufig die Vorstellung eine Rolle gespielt haben, der Familie das Vermögen zu erhalten (siehe zur Streitfrage noch § 2108 Rz 4 sowie Schlüter Rz 777, der wie RG 142, 171 von gleichrangigen Auslegungsvorschriften ausgeht).

8 4. § 2069 als ergänzende Auslegungsregel bezieht sich auf eigene Abkömmlinge des Erblassers und läßt sich allenfalls auf die in einem gemeinschaftlichen Testament zu Schlußerben eingesetzten Abkömmlinge des Erstverstorbenen erstrecken (siehe dazu Rz 2 und 5). Nur der Sonderfall dieses Näheverhältnisses rechtfertigt es, in der Einsetzung des Bedachten ohne weiteres die stillschweigende Ersatzberufung der Abkömmlinge des Bedachten zu sehen. Über diesen Rahmen hinaus läßt sich die Vorschrift **nicht entsprechend anwenden** (BGH NJW 1973, 240; BayObLG NJW 1988, 2744; Hamm NJWE-FER 1997, 61; OLG 1977, 260; Staud/Otte Rz 26). Hat der Erblasser eine andere Person als seine Abkömmlinge bedacht, dann kann er gleichwohl eine entsprechende Regelung gewollt haben. Eine solche Feststellung bleibt den Mitteln der **(ergänzenden) Auslegung** überlassen. Werden iSv § 133 alle Umstände herangezogen, die auch außerhalb des Testaments liegen können, muß sich daraus ergeben, daß der Erblasser nicht nur die eingesetzte Person, sondern auch deren Stamm bedenken wollte. Ist dies im Testament zumindest angedeutet, dann kann es sich um eine konkludente Ersatzberufung der Abkömmlinge des wegfallenden Bedachten handeln (Hamm Rpfleger 1987, 247). Eine Ersatzberufung kommt auch in Frage, wenn der Erblasser in Kenntnis des Wegfalls einer bedachten Person bestimmt, das Testament bleibe bestehen. IdR wird der Erblasser die Möglichkeit des Wegfalls bei Testamentserrichtung eher nicht in seine Überlegungen einbeziehen haben, so daß es auf den hypothetischen Willen ankommt. Ein wenngleich unvollkommener (RG 134, 280) Anhaltspunkt ergibt sich aus der Einsetzung naher Angehöriger. Hier wird vielfach eine stillschweigende Ersatzberufung von deren Abkömmlingen anzunehmen sein (kritisch Braga S 41), zB bei Geschwistern (BGH aaO; Karlsruhe FamRZ 1993, 363; Karlsruhe FamRZ 1993, 363; andererseits BayObLG FamRZ 1992, 355), bei Neffen und Nichten (Hamm Rpfleger 1986, 480), beim Ehegatten (KG MDR 1954, 39; Frankfurt NJW-RR 1996, 261, in dessen Fall für die Ersatzberufung des Abkömmlings des erbunwürdigen Ehegatten aber in erster Linie an die Schlußerbeinsetzung des Abkömmlings anzuknüpfen gewesen wäre), nicht aber bei entfernt verschwägerten Personen, auch nicht bei insoweit herzlichem Verhältnis (BayObLG NJW 1988, 1033). Vom Ehegatten kann sogar der einzige Verwandte ersatzberufen sein (BayObLG NJW 1988, 2744). Stand die bedachte Person sonstwie in einer engen persönlichen Beziehung zum Erblasser, dann wird sich der Grund der Einsetzung eher auf die betreffende Person beschränken, die etwa für eine langdauernde persönliche Betreuungstätigkeit gezielt belohnt werden soll (Hamm Rpfleger 1987, 247). Die Umstände des Einzelfalls erlauben in der Regel nicht aufzustellen und die stillschweigende Übertragung auf die Abkömmlinge etwa von Lebensgefährten hier bejahen (KG DNotZ 1976, 564) und dort verneinen (BayObLG ZEV 2001, 151; Hamm FamRZ 1976, 552; Rpfleger 1987, 247).

9 5. Ist die letztwillige Verfügung öffentlich beurkundet und soll sie dem **Grundbuchamt** als Grundlage der Eintragung dienen (§ 39 GBO), dann hat das Grundbuchamt sowohl bei eigenen Abkömmlingen als auch bei anderen Personen selbständig zu würdigen, was als Wille des Erblassers bei deren Wegfall anzunehmen ist (BayObLG NJW 1974, 954).

2070 *Abkömmlinge eines Dritten*

Hat der Erblasser die Abkömmlinge eines Dritten ohne nähere Bestimmung bedacht, so ist im Zweifel anzunehmen, dass diejenigen Abkömmlinge nicht bedacht sind, welche zur Zeit des Erbfalls oder,

wenn die Zuwendung unter einer aufschiebenden Bedingung oder unter Bestimmung eines Anfangstermins gemacht ist und die Bedingung oder der Termin erst nach dem Erbfall eintritt, zur Zeit des Eintritts der Bedingung oder des Termins noch nicht gezeugt sind.

Mit der Auslegungsregel wird beim Erbfall oder zumindest bei Bedingungseintritt absehbar, wer von den **Abkömmlingen eines Dritten** bedacht ist: im Zweifel nur die zu diesem Zeitpunkt bereits erzeugten. Aus dem erklärten Willen oder aus sonstigen Umständen wird man allerdings auch auf anderslautende Absichten schließen können, zB wenn im Zeitpunkt des Erbfalls überhaupt noch keine Abkömmlinge des benannten Dritten erzeugt sind. Anhaltspunkte dazu müssen aber bestimmt sein, denn der Wille, eine Vor- und Nacherbschaft zu begründen, liegt außerhalb der üblichen Vorstellung eines Erblassers. Ist der „Dritte" seinerseits Abkömmling des Erblassers, sind also eigene Abkömmlinge bedacht, dann ist § 2070 nicht anwendbar (KG JFG 10, 65; Köln FamRZ 1992, 475); statt dessen ist in freier Auslegung zu ermitteln, ob im Zeitpunkt des Erbfalls noch nicht gezeugte Kinder berücksichtigt sein sollen. 1

2071 *Personengruppe*
Hat der Erblasser ohne nähere Bestimmung eine Klasse von Personen oder Personen bedacht, die zu ihm in einem Dienst- oder Geschäftsverhältnis stehen, so ist im Zweifel anzunehmen, dass diejenigen bedacht sind, welche zur Zeit des Erbfalls der bezeichneten Klasse angehören oder in dem bezeichneten Verhältnis stehen.

1. Zur Anwendbarkeit dieser Auslegungsregel muß die bedachte **Personengruppe** bestimmbar sein, und zwar so, daß die dazugehörigen Personen namentlich festgelegt werden können. Ist der Kreis zu unbestimmt, scheitert daran die Gültigkeit des Testaments. Der Zeitpunkt des Erbfalls entscheidet im Gegensatz zu §§ 2066, 2070 auch dann, wenn die Bedenkung bedingt oder befristet erfolgt ist, es sei denn, daß sich aus dem Wortlaut der letztwilligen Verfügung etwas anderes ergibt. 1

2. Hat der Erblasser Personen bedacht, die in ihrer Amtsstellung oder Funktion gemeint sind („unser Bürgermeister"), so ist der jeweilige Amtsinhaber im Zeitpunkt des Erbfalls als bedacht anzusehen. § 2071 ist sinngemäß anwendbar. 2

2072 *Die Armen*
Hat der Erblasser die Armen ohne nähere Bestimmung bedacht, so ist im Zweifel anzunehmen, dass die öffentliche Armenkasse der Gemeinde, in deren Bezirk er seinen letzten Wohnsitz gehabt hat, unter der Auflage bedacht ist, das Zugewendete unter Arme zu verteilen.

Ihrem Grundgedanken nach soll die Auslegungsregel (Umdeutungsregel nach AK/Finger Rz 1) Verfügungen des Erblassers, mit denen er caritative Zwecke verfolgt, möglichst zu rechtlicher und tatsächlicher Wirkung verhelfen (LG Bonn Rpfleger 1989, 63). Die Bedenkung der **„Armen"** soll dahin aufgefaßt werden, daß die öffentliche Armenkasse die Zuwendung unter der Auflage, das Zugewandte unter Arme zu verteilen, erhält. Unter „Armenkasse" ist nach dem heutigen Fürsorgerecht der örtliche Träger der Sozialhilfe iSv §§ 9, 96 BSHG zu verstehen. 1

§ 2072 ist entsprechend (nach Lange/Kuchinke § 34 VI 3c unmittelbar) anwendbar, wenn **„Bedürftige"** oder die „sozial Schwachen" bedacht sind und der Erblasser nähere Gruppenanhaltspunkte gegeben hat (Hamm Rpfleger 1984, 417; zu „Kriegsbeschädigten" KG FamRZ 1993, 360). Die Verfügung zugunsten eines gemeinnützigen Zwecks muß jedoch stets einen Zuwendungsempfänger erkennen lassen (BayObLG ZEV 2001, 22; MüKo/Leipold Rz 9). Aus dem Zusammenhang und dem Zweck des Testaments kann sich ergeben, daß ein überörtlicher Träger von Heimen oder Einrichtungen gemeint ist, möglicherweise auch ein sonstiger caritativer Verband, nicht aber eine Blindenvereinigung, deren Nutznießer idR nicht auf mildtätige Zuwendungen angewiesen sind (LG Bonn aaO). Wird dem Bestimmtheitserfordernis nicht genügt und auch kein Bestimmungsrecht iSv § 2065 II angeordnet, dann kann es sich immer noch um eine Zweckauflage gemäß § 2193 handeln (BGH WM 1987, 564). Die Vollziehung ist nach § 2194 erzwingbar. 2

2073 *Mehrdeutige Bezeichnung*
Hat der Erblasser den Bedachten in einer Weise bezeichnet, die auf mehrere Personen passt, und lässt sich nicht ermitteln, wer von ihnen bedacht werden sollte, so gelten sie als zu gleichen Teilen bedacht.

1. Die Vorschrift enthält eine **gesetzliche Fiktion**. Vorausgesetzt wird eine an sich klare und vollständige Erbeinsetzung, die aber aus außerhalb der Erklärung liegenden Gründen objektiv mehrdeutig ist und auch im Wege der Auslegung nicht zum richtigen Erfolg führt. Die Voraussetzungen sind zB gegeben, wenn der Name des Bedachten mehrmals in der Verwandtschaft vorkommt, wenn es zwei unter die testamentarische Bezeichnung fallende Tierschutzvereine gibt (Celle FamRZ 2003, 787) oder mit dem bedachten „Staat" der Bund oder das Land gemeint sein kann (AG Leipzig Rpfleger 1995, 22 mit Anm Gruber) und es nicht möglich ist, den vom Erblasser Bedachten durch Auslegung zu ermitteln. Um den Willen des Erblassers zumindest teilweise zu verwirklichen, wird ein zweifellos nicht vorhanden gewesener Wille fingiert, indem alle in Frage kommenden Personen als zu gleichen Teilen bedacht gelten. Wollte der Erblasser aber unter keinen Umständen alle bedenken, scheidet die Fiktion aus (BGH WM 1975, 737). Im Verhältnis zur Auslegung ist die **Fiktion** jedenfalls nachrangig und im Ergebnis eine Kompromißlösung (Tappmeier NJW 1988, 2714). 1

2 Die Fiktion gilt **entsprechend**, wenn von mehreren möglicherweise Bedachten einzelne als nicht bedacht ausgeschlossen werden können, die restlichen aber in Betracht kommen. Die restlichen sind dann als zu gleichen Teilen bedacht anzusehen. Für eine entsprechende Anwendung auf den Fall, daß über eine vom Erblasser für erschöpfend gehaltene Aufzählung hinaus ein weiterer Bedachter vorhanden ist (so BayObLG NJW-RR 1990, 1417; MüKo/Leipold Rz 6), besteht hingegen kein Anlaß. Das BayObLG wäre mit der Auslegung ausgekommen, wozu mit § 2091 im Zweifel eine Regel bereitgestanden hätte. Allein die Höhe der Anteile braucht nicht fingiert zu werden, wenn sich ermitteln läßt, wer bedacht sein soll.

3 **2.** Ist die Bezeichnung des Bedachten selbst so ungenau, daß die mehreren in Betracht kommenden Personen nicht sicher festgelegt werden können oder daß nicht zu ermitteln ist, ob der Bedachte sich unter ihnen befindet, ist die gesamte Bedenkung nicht genügend bestimmt und damit **unwirksam** (KG OLG 1968, 329). Unwirksam ist auch eine alternative Erbeinsetzung, die dem Wortlaut nach entweder den einen oder den anderen begünstigt, sofern dem Testament nicht zu entnehmen ist, daß die alternativ Erwähnten als Miterben, als Haupt- oder Ersatzerben oder als Vor- und Nacherben berufen sind. Für eine (entsprechende) Anwendung des § 2073 ist insbesondere für Fälle sog alternativer Erbeinsetzung (A oder B) voraussetzungsgemäß kein Raum (Kipp/Coing § 18 III 2; aM Baldus JR 1969, 179; Pal/Edenhofer Rz 3). Infolge der Nichtigkeit ist allerdings eine Umdeutung in Betracht zu ziehen.

2074 *Aufschiebende Bedingung*

Hat der Erblasser eine letztwillige Zuwendung unter einer aufschiebenden Bedingung gemacht, so ist im Zweifel anzunehmen, dass die Zuwendung nur gelten soll, wenn der Bedachte den Eintritt der Bedingung erlebt.

Schrifttum: *Adam*, Verstöße letztwilliger Verfügungen gegen Verbotsgesetze und § 138 BGB, AnwBl 2003, 336; *Keuk*, Der Erblasserwille post testamentum. Zur Unzulässigkeit der testamentarischen Potestativbedingung, FamRZ 1972, 9; *Loritz*, ZEV 1999, 187; *Lübbert*, Verwirkung oder Schlußerbfolge durch Geltendmachung des Pflichtteils, NJW 1988, 2706; *ders*, ZEV 1997, 335; *Meincke*, Die Scheidungsklausel im Testament, FS Kaser, 1976, S 437; *v Olshausen*, Die Sicherung gleichmäßiger Vermögensteilhabe bei „Berliner Testamenten" mit nicht-gemeinsamen Kindern als Schlußerben, DNotZ 1979, 707; *Otte*, Die Nichtigkeit letztwilliger Verfügungen wegen Gesetzes- oder Sittenwidrigkeit, JA 1985, 192; *Radke*, Verlangen, Erhalten oder Durchsetzen: Gestaltungsalternativen bei der Pflichtteilsklausel, ZEV 2001, 136; *Smid*, Rechtliche Schranken der Testierfreiheit aus § 138 I BGB, NJW 1990, 409; *Thielmann*, Sittenwidrige Verfügungen von Todes wegen, 1973; *Wacke*, Rechtsfolgen testamentarischer Verwirkungsklauseln, DNotZ 1990, 403; *Wagner*, Erbeinsetzung unter einer Potestativbedingung und § 2065 BGB, ZEV 1998, 255.

1 **1. Aufschiebende Bedingung.** Da die letztwilligen Verfügungen wie alle Verfügungen von Todes wegen zu den Rechtsgeschäften gehören (Einl § 104 Rz 11, 13), sind grundsätzlich auch sämtliche Vorschriften über Bedingung und Zeitbestimmung anwendbar (vor § 158, besonders über unmögliche, unsittliche oder unerlaubte Bedingungen). Hierzu geben die §§ 2074–2077, 2108 II Auslegungsregeln sowie die §§ 2109, 2161, 2162 eine zeitliche Begrenzung der Wirksamkeit. § 2074 enthält eine Auslegungsregel für die aufschiebende Bedingung, während § 2075 einen Fall der Umdeutung einer aufschiebenden in eine auflösende Bedingung behandelt.

2 Die Bedingung ist kein zusätzliches Rechtsgeschäft zur Verfügung von Todes wegen, sondern bildet mit ihr eine **untrennbare Einheit**. § 139 und § 2085 sind daher nicht einschlägig; die Verfügung steht und fällt mit der Bedingung. Wird diese von der Rechtsordnung etwa wegen Sittenwidrigkeit nicht akzeptiert, dann ist die einheitliche Verfügung nichtig. In diesem Fall die Zuwendung unbedingt aufrechtzuerhalten, schafft ungewollte Ergebnisse, denn der Testierende hat die Verfügung bedingt gewollt. Im Einzelfall muß eine Aufrechterhaltung der Verfügung aber auch ohne die Bedingung möglich sein, was die Annahme eines darauf gerichteten hypothetischen Willens erfordert. Umstritten ist, auf welcher dogmatischen Grundlage eine solche Aufrechterhaltung möglich ist. Da die wirtschaftlichen Folgen der Zuwendung bei Fortfall der Bedingung nicht über den ursprünglichen Rahmen hinausgehen, ist eine Umdeutung unter den Voraussetzungen des § 140 denkbar (im Ergebnis übereinstimmend Otte JA 1985, 200). Andere Lösungen beruhen auf einer ergänzenden Auslegung der Verfügung von Todes wegen (Thielmann S 191, 194ff), auf einer teleologischen Begrenzung der Nichtigkeitsfolgen (MüKo/Leipold Rz 18; Meincke S 458ff) oder auf römisch-rechtlicher Tradition (Flume AT Bd II § 34 4d). Die Auffassungen haben das Interesse gemein, die unzulässige wie unerfüllbare Bedingung nicht zum Nachteil des Bedachten ausschlagen zu lassen.

3 **2.** Von den echten Bedingungen zu unterscheiden sind **Erwartungen**, Wünsche, Beweggründe oder sonstige im Testament geäußerten Vorstellungen oder Hinweise des Erblassers ohne rechtsgeschäftlichen Charakter, zB im Zusammenhang mit Prüfungen, Berufsaussichten, Erkrankungen (siehe BayObLG MDR 1982, 145; NJWE-FER 1997, 180). Es wird im Einzelfall aus dem Motiv oder Sinn und Zweck der Zuwendungen zu entnehmen sein, ob der Erklärung eine den Erbgang regelnde Bedeutung beizulegen ist.

4 Liegt bei einer Erbeinsetzung zwischen Erbfall und Eintritt der Bedingung oder dem gewollten Anfangstermin eine Zwischenzeit, tritt gesetzliche Erbfolge mit anschließender testamentarischer Nacherbschaft ein (§§ 2103, 2105); bei Vermächtnissen gilt § 2177. Ist die Erbeinsetzung befristet, gilt Vorerbfolge mit anschließender gesetzlicher Nacherbfolge (§ 2104). Mit der Erbeinsetzung unter aufschiebender Bedingung oder Befristung ist insoweit stets Vor- und Nacherbfolge verbunden (dazu Zawar DNotZ 1986, 515). Erst mit dem Eintritt der Bedingung oder des Anfangstermins fällt die Erbschaft an (§ 1942). Auf Ersatzerbeinsetzung kann § 2074 nicht angewendet werden, da der Wegfall des Erben begriffliches Erfordernis für die Ersatzberufung ist (KGJ 42, 106; vgl § 2096 Rz 2). Nach § 2074 soll als Wille des Erblassers anzunehmen sein, daß die bedingte oder befristete Anwartschaft des eingesetzten Erben nicht vererblich ist, es sei denn, daß sich aus dem Testament selbst etwas anders ergibt. § 2074 ist gegenüber § 2069 nicht vorrangig, es entscheidet der mutmaßliche Wille des Erblassers (BGH NJW 1958, 22).

Allgemeine Vorschriften § 2074

Die Ausschlagung der bedingten Zuwendung kann bereits vom Erbfall an erklärt werden (§ 1946). Zulässig ist auch eine teilweise bedingte Zuwendung. Die Bedingung muß aber aus dem Inhalt des Testaments selbst hervorgehen.

3. Die Voraussetzungen, unter denen Zuwendungen nach §§ **134, 138** unerlaubt oder unsittlich sind, treffen 5 inhaltlich auch für Bedingungen zu, da sie mit der verbundenen Verfügung eine untrennbare Einheit bilden (siehe auch vor § 2064 Rz 12–17). Bedingungen sollen mitunter dazu dienen, das Verhalten des Bedachten in nicht vertretbarer Weise zu beeinflussen, ehe ihm endgültig etwas zufallen soll, zB in Fragen des Familienstandes, der Konfession, der Parteizugehörigkeit. Solche Eingriffe in die Persönlichkeitssphäre können an § 138 scheitern. Anstößig sind Beeinflussungen, die von dem Bedachten nicht mehr als Anreiz gewertet werden, sondern ihm von vornherein mehr als befremdlich vorkommen müssen, was sich aus objektivierter Sicht ergeben wird, wenn der Zuwendungsempfänger auf einen unwürdigen Handel eingehen soll. Es geht um eine Abwägung der Individualinteressen des Erblassers und übergeordneter Interessen, auch der des Bedachten. Je tiefer der Einschnitt in die Persönlichkeitssphäre ist, desto geringer wird die Bedeutung der Motivation des Erblassers. Der mit der Bedingung verfolgte Zweck mag noch als achtbar angesehen werden, die Bedingung wird gleichwohl beanstandet, wenn sie unter Berücksichtigung der höchstpersönlichen und auch wirtschaftlichen Umstände die Entschließungsfreiheit des bedingten Zuwendungsempfängers über Gebühr unter Druck setzt. Die geschützten Rechtspositionen bestehen indessen einerseits in der Testierfreiheit, andererseits in der Ausschlagung und dem Pflichtteilsanspruch. Bei diesem Ausgangspunkt hält sich der Spielraum für Abwägungen letztlich in Grenzen (vgl Adam AnwBl 2003, 341). Smid empfiehlt (NJW 1990, 409), da die Beurteilung der Sittenwidrigkeit in einer pluralistischen Rechtsordnung nicht auf eine generell verbindliche Sozialmoral gestützt werden könne; zu prüfen, ob sich aus dem Zusammenhang des Rechts ein Verbotssatz ergibt.

Als sittenwidrig ist eine Erbeinsetzung des Sohnes anzusehen, die an die Bedingung geknüpft ist, sich von der 6 untreuen Ehefrau **scheiden** zu lassen (Meincke S 440ff; Thielmann S 262; Keuk FamRZ 1972, 9; Otte JA 1985, 199; Smid NJW 1990, 415 wegen Art 6 I GG; aM BGH FamRZ 1956, 130; Lange/Kuchinke § 35 IV 2c). Die **Heirat** einer bestimmten Person ist als aufschiebende Bedingung zuzulassen. Denn wie die Motive zur Eheschließung finanzieller Natur sein mögen, können auch entsprechende Anreize geschaffen werden (zutr Staud/Otte Rz 41; aM v Lübtow I S 350). Eine Heirat kann aber nicht zur auflösenden Bedingung einer testamentarischen Begünstigung gemacht werden (Kipp/Coing § 16 III 1b), was im Grundsatz ebenso zu beurteilen ist, wenn Ehegatten im gemeinschaftlichen Testament die Wiederheirat des Längerlebenden auf diese Weise sanktionieren. **Wiederheiratsklauseln** sind in verschiedenen Formen gebräuchlich. Sind sie so gefaßt, daß bei den Kindern im Fall der Wiederheirat der gesamte Nachlaß des Erstverstorbenen herauszugeben ist, dann besitzen sie sittenwidrigen Strafcharakter, der sich durch die Gegenseitigkeit der Anordnung nicht ohne weiteres rechtfertigen läßt. Zu bedenken ist, daß in aller Regel die Ausschlagungsfrist verstrichen ist und ein Pflichtteilsanspruch daher entfällt. Sachgerecht kann eine Klausel allerdings mit dem Anliegen sein, die Interessen einerseits der verbleibenden und andererseits der neuen Familienmitglieder den Umständen entsprechend zu berücksichtigen. In diesem Sinn kann der Längerlebende bis zum eigenen Tod Vorerbe sein, oder die gemeinsamen Abkömmlinge erhalten ein Vermächtnis, das beim Tod des Längerlebenden fällig wird. Sollen die Abkömmlinge schon im Zeitpunkt der Wiederheirat anspruchsberechtigt sein, dann setzt die Klausel den Alleinerben idR unter Druck, so daß dem Ausmaß nach zu prüfen ist, ob die Wirkung dadurch ausgeglichen wird, daß der längerlebende Ehegatte auch an seine eigenen Verfügungen nicht mehr gebunden ist. Hier spielen nach Lage des Falles die Umstände der Vermögensverteilung eine Rolle (vgl Staud/Otte Rz 42ff mwN; zT undifferenziert dagegen die hM, so BGH FamRZ 1965, 600; zur rechtlichen Gestaltung und den Folgen von Wiederheiratsklauseln § 2269 Rz 10ff). Den Eintritt des Nacherbfalls vorzuziehen für den Fall, daß die Vorerbin eine bestimmte Person in ein zum Nachlaß gehörendes Anwesen einläßt, hat das BayObLG zurecht nicht beanstandet (ZEV 2001, 189). Eine Anordnung der Testamentsvollstreckung, solange die Erbin der **Scientology-Church** angehört, hielt das LG Düsseldorf (NJW 1987, 3141) für sittenwidrig; die Bedachte habe auf diese Weise zur Lossagung veranlaßt werden sollen. Das OLG (Düsseldorf NJW 1988, 2615) hat die Entscheidung aufgehoben, weil die Testamentsvollstreckung zumindest auch der Sicherung eines zum Nachlaß gehörenden Unternehmens diente. Die Sittenwidrigkeit läßt sich auch verneinen, wenn die Verfügung in einer vergleichbaren Situation als Pflichtteilsbeschränkung in guter Absicht (§ 2338) gerechtfertigt wäre (Smid NJW 1990, 416).

4. Die Verwirkungsklausel regelt einen bevorzugten Fall der potestativ auflösend oder auch aufschiebend 7 bedingten Zuwendung. Sie bezweckt, den Bedachten auf den Pflichtteil zu setzen, wenn er versucht, sich dem letzten Willen des Erblassers zu widersetzen. Verwirkungsklauseln sind nicht unbegrenzt zulässig; der Erblasser muß sich vielmehr innerhalb der durch Gesetz und Sitte gebotenen Grenzen halten (Kipp JW 1924, 1717; ausführlich Natter DRZ 1946, 163; Birk DNotZ 1972, 284). Die Klausel muß auch bestimmt und präzise formuliert sein (vgl Loritz ZEV 1999, 187; Radke ZEV 2001, 136). Welche Handlungen im einzelnen erfassen soll, ist eher eine Frage der Auslegung. Im Zweifel löst nicht jeder Angriff gegen eine letztwillige Verfügung die klausulierte Rechtsfolge aus. Ein Streit über die Echtheit oder Auslegung des Testaments oder auch eine Anfechtung nach §§ 2078ff zieht nicht ohne weiteres den Eintritt der Bedingung nach sich. Beachtlich ist nur der Angriff, der sich gegen den wahren Willen des Erblassers richtet. Die Verwirkung kann umgekehrt auch eintreten, wenn der Erbe das Testament formell unberührt läßt, aber dem Sinn und Zweck der Verfügungen zuwider handelt. Grundsätzlich wird darum ein bewußtes Widersetzen gegen eindeutige und wirksame Anordnungen vorausgesetzt (BayObLG 1962, 47; 1990, 58; FamRZ 1995, 1019; vgl v Olshausen DNotZ 1979, 721). Nach aM soll es außer bei ausdrücklicher Anordnung nicht auf subjektive Erfordernisse ankommen, so daß auch das Verlangen des Pflichtteils in Unkenntnis der Verwirkungsklausel deren Konsequenzen auslöse (Lübbert NJW 1988, 2713; ZEV 1997, 335). Nach noch aM ist wegen der Bedeutung einer Strafsanktion ein böswilliges Auflehnen (Stuttgart OLG 1968, 246; anders OLG 1979, 52) gegen den letzten Willen des Erblassers verlangt worden, läßt sich aber nicht sicher genug

§ 2074 Erbrecht Testament

8 Die **Form des Auflehnens** gegen den letzten Willen ist unwesentlich. Sofern testamentarisch besonders zum Ausdruck gebracht, läßt sich die Verwirkung schon an ein außergerichtliches Verhalten knüpfen. Im übrigen kann eine Klage, eine Einrede im Prozeß (RG Recht 1916, I 549) oder auch der Antrag auf Prozeßkostenhilfe/Armenrecht (KG JW 1936, 2744; aM MüKo/Leipold Rz 22) Auflehnungscharakter haben. Verlangt der Schlußerbe eines Berliner Testaments nach dem ersten Erbfall seinen Pflichtteil, kann darin die Auflehnung gegen den durch das gemeinschaftliche Testament zum Ausdruck gebrachten Willen der Erblasser gesehen werden. Ist der Schlußerbe minderjährig und wird er von einem Pfleger vertreten, kommt es auf die Motive des Pflegers an (Braunschweig OLG 1977, 185). Ggf ist die testamentarische Schlußerbfolge nach dem zweiten Erbfall verwirkt; siehe dazu im einzelnen § 2269 Rz 16.

mit dem Bestreben des Erblassers vereinbaren, Auseinandersetzungen in der Erbengemeinschaft zu verhindern, und rückte im übrigen die Gefahr nahe, daß der Richter an die Stelle des Erblassers tritt.

9 Hat der Bedachte seine Rechte aus dem Testament verwirkt, ist er, wenn er zu den Pflichtteilsberechtigten gehört, auf den **Pflichtteil** gesetzt. Ob an die Stelle des ausgeschlossenen Erben dessen Abkömmlinge (§ 2069) treten (im Zweifel annehmend Wacke DNotZ 1990, 412), ob die gesetzlichen Erben des Erblassers (§ 2104) oder die eingesetzten Miterben (§ 2094) nachrücken, hängt von dem Willen des Erblassers ab, der erforderlichenfalls durch Testamentsauslegung zu ermitteln ist. In einem gemeinschaftlichen Testament oder in einem Erbvertrag kann die Verwirkung der Schlußerbeneinsetzung den Überlebenden von der diesbezüglichen Verfügung entbinden, so daß er seine Testierfreiheit wiedererlangt (BayObLG 1990, 56 mit Anm Steiner MDR 1991, 156). Durch Anfechtung kann die Verwirkungsklausel selbst zu Fall gebracht werden (RG JW 1937, 2201; Wacke DNotZ 1990, 404). Wird der Eintritt der Bedingung wider Treu und Glauben vereitelt oder herbeigeführt, ist § 162 zu beachten, jedoch ist die Vorschrift bei reinen Potestativbedingungen nicht anwendbar (§ 162 Rz 3).

10 5. Mit der Bedingung kann der Erblasser eine **Schiedsklausel** verbinden, insbesondere für den Fall, daß ein Streit über die Auslegung oder Gültigkeit einer Bestimmung oder über den Eintritt einer Bedingung besteht (vgl Kohler DNotZ 1962, 125). Das Schiedsgericht kann uU auch berufen sein, über die Gültigkeit des ganzen Testaments zu entscheiden, da mit dem Schiedsspruch nicht der Wille des Erblassers ersetzt (was nach § 2065 unzulässig wäre), sondern nur der Streit über die Wirksamkeit dieses Willens beigelegt werden soll (siehe § 2065 Rz 2).

2075 *Auflösende Bedingung*
Hat der Erblasser eine letztwillige Zuwendung unter der Bedingung gemacht, dass der Bedachte während eines Zeitraums von unbestimmter Dauer etwas unterlässt oder fortgesetzt tut, so ist, wenn das Unterlassen oder das Tun lediglich in der Willkür des Bedachten liegt, im Zweifel anzunehmen, dass die Zuwendung von der auflösenden Bedingung abhängig sein soll, dass der Bedachte die Handlung vornimmt oder das Tun unterlässt.

1 1. **Auflösende Bedingung.** Eine aufschiebende Bedingung wird in eine auflösende umgedeutet, allerdings nur unter der Voraussetzung, daß es sich um eine Wollens- oder Potestativbedingung (vgl § 158 Rz 12) handelt. Die Verwirkungsklausel (§ 2074 Rz 7, 8) kann auch in dieser Form erscheinen, zB wenn Pflichtteilsberechtigte bei Zuwiderhandlungen gegen das Testament auf den Pflichtteil gesetzt werden. Die Pflichtteilsberechtigten haben dann auch nach Annahme der Erbschaft noch die Wahl, ob sie Erben bleiben oder sich mit dem Pflichtteil begnügen wollen (RGRK/Johannsen Rz 2).

2 2. Da nicht abzusehen ist, ob die auflösende Bedingung eintreten wird, hat der insoweit mit einer Erbschaft Bedachte tatsächlich nur die Stellung eines Vorerben. Möglicherweise stellt sich erst mit seinem Tode heraus, ob die Bedingung eintritt und ob ihm (bzw seinen Erben) die Vorerbschaft endgültig verbleibt. Bis dahin besteht unabhängig davon, ob der Eintritt der Bedingung gewiß oder ungewiß ist, **Vor- und Nacherbfolge** (bei Zuwendung eines Vermächtnisses vgl § 2177 Rz 4). Wird der Erbe mangels Eintritts der Bedingung Vollerbe, fällt die Nacherbschaft fort. Typischer Fall: Der Bedachte soll der Erbschaft verlustig gehen, wenn er sich nicht gut führt oder erhebliche Nachlaßwerte veräußert. Da die auflösende Bedingung ex nunc wirkt, kann der Erbe nicht rückwirkend wegfallen. Also bleibt nur die Konstruktion der Nacherbfolge. Dabei wird der Bedachte idR befreiter Vorerbe sein (§ 2136); denn solange der Nacherbfall nicht eintritt, weil sich der Vorerbe wunschgemäß verhält, wird ihn der Erblasser von Beschränkungen weitgehend freistellen wollen (BayObLG NJW 1962, 1060). Bestimmt der Erblasser keinen Nacherben, dann gilt § 2104. In gemeinschaftlichen Testamenten sind Wiederheiratsklauseln gebräuchlich, die für den Fall der Wiederheirat des überlebenden Ehegatten dessen Erbrecht auflösen. Der überlebende Ehegatte ist auch hiernach Vorerbe, nach hM dagegen auflösend bedingter Vollerbe und zugleich aufschiebend bedingter Vorerbe (siehe § 2269 Rz 12). Wird die Nacherbschaft von weiteren auflösenden Bedingungen abhängig gemacht, bei deren Eintritt eine zweite Nacherbschaft anfällt, handelt es sich um gestaffelte Nacherbfolge (siehe dazu Zawar DNotZ 1986, 520). Hängt das Tun oder Unterlassen nicht allein von der Willkür des Bedachten ab (zB Vereinbarung der Gütertrennung), ist § 2075 nicht anwendbar, sondern es kommt auf die freie Auslegung des Testaments an (KG OLG 1968, 244; aA Bosch FamRZ 1968, 395; siehe auch Hamm OLG 1968, 80).

2076 *Bedingung zum Vorteil eines Dritten*
Bezweckt die Bedingung, unter der eine letztwillige Zuwendung gemacht ist, den Vorteil eines Dritten, so gilt sie im Zweifel als eingetreten, wenn der Dritte die zum Eintritt der Bedingung erforderliche Mitwirkung verweigert.

1 1. Zunächst ist zu prüfen, ob es sich um eine **bedingte Zuwendung** oder um eine Zuwendung unter einer Auflage (§ 2195) oder um eine reine Vermächtnisbeschwerung (§ 1939) handelt. § 2076 gilt nur für die bedingte

Zuwendung, die den Vorteil eines Dritten bezweckt, und bringt wie in § 162 den Grundsatz von Treu und Glauben zur Geltung. Für andere Arten von Bedingungen gilt § 162 unmittelbar.

2. Verweigert der Dritte die zum Eintritt der Bedingung erforderliche Mitwirkung, dann wird der Bedingungseintritt fingiert, sofern die Auslegung nicht auf einen anderen Willen des Erblassers schließen läßt. Eine absichtliche Vereitelung des Bedingungseintritts braucht nicht vorzuliegen. Es genügt, daß die Mitwirkung abgelehnt, mithin bewußt verweigert wird. Im Einzelfall kann zweifelhaft sein, wann die Bedingung als erfüllt gilt, zB bei einer Zuwendung nur für den Fall, daß der Bedachte, dem die Bedingung zum Vorteil gereichen soll, heiratet. Mit der Ablehnung des Heiratsantrags durch den Dritten kann die Bedingung erfüllt sein, die Zuwendung kann aber auch je nach ihrem Zweck wegfallen (Brox ErbR Rz 215). Ähnlich wird nach den besonderen Umständen zu entscheiden sein, wenn aus anderen Gründen der Eintritt der Bedingung unmöglich geworden ist. In diesem Sinne genügten dem BayObLG (FamRZ 1986, 606) die eindringlichen, aber erfolglosen Versuche, die Vornahme der betreffenden Handlung durch den Dritten zu veranlassen.

2077 *Unwirksamkeit letztwilliger Verfügungen bei Auflösung der Ehe oder Verlobung*

(1) Eine letztwillige Verfügung, durch die der Erblasser seinen Ehegatten bedacht hat, ist unwirksam, wenn die Ehe vor dem Tode des Erblassers aufgelöst worden ist. Der Auflösung der Ehe steht es gleich, wenn zur Zeit des Todes des Erblassers die Voraussetzungen für die Scheidung der Ehe gegeben waren und der Erblasser die Scheidung beantragt oder ihr zugestimmt hatte. Das Gleiche gilt, wenn der Erblasser zur Zeit seines Todes berechtigt war, die Aufhebung der Ehe zu beantragen, und den Antrag gestellt hatte.
(2) Eine letztwillige Verfügung, durch die der Erblasser seinen Verlobten bedacht hat, ist unwirksam, wenn das Verlöbnis vor dem Tode des Erblassers aufgelöst worden ist.
(3) Die Verfügung ist nicht unwirksam, wenn anzunehmen ist, dass der Erblasser sie auch für einen solchen Fall getroffen haben würde.

Schrifttum: *Battes*, Zur Wirksamkeit von Testament und Erbvertrag nach der Ehescheidung, JZ 1978, 733; *Finger*, Ehenichtigkeit und § 2077 BGB, MDR 1990, 213; *ders*, Lebensversicherung, Scheidung oder Aufhebung der Ehe und § 2077 BGB, VersR 1990, 229; *Liebl-Wachsmuth*, Das Schicksal der Ehegatten-Bezugsberechtigung gemäß § 166 VVG nach Ehescheidung, VersR 1983, 1004; *Litzenburger*, Auslegung und Gestaltung erbrechtlicher Zuwendungen an Schwiegerkinder, ZEV 2003, 385; *Tappmeier*, Erbeinsetzung und Bezugsberechtigung des Ehegatten aus einer Kapitallebensversicherung nach Scheidung der Ehe, DNotZ 1987, 715.

1. Die Erbeinsetzung eines Ehegatten, Verlobten oder eingetragenen Lebenspartners, unabhängig davon, ob sie als solche bezeichnet sind, erfolgt im allgemeinen wegen der **familienrechtlichen Bindung**. Fällt diese fort, wird als Wille des Erblassers vermutet, daß auch die entsprechende letztwillige Verfügung hinfällig werden soll. § 2077 bringt daher weder einen Bedingungs- (§ 2076) noch einen Anfechtungstatbestand (§ 2078), sondern sieht als Voraussetzung die gegenseitige Abhängigkeit vor und ist damit in erster Linie eine **Auslegungsregel** (BGH DB 1959, 790; Zweibrücken NJW-RR 1998, 941), wozu die ergänzende Auslegung gehört (Brox ErbR Rz 219; siehe im übrigen Battes JZ 1978, 733 und Tappmeier DNotZ 1987, 715; NJW 1988, 2714). Abs I und III gelten entsprechend für letztwillige Verfügungen des Lebenspartners (§ 10 V LPartG). Der Erblasser würde in aller Regel nicht seinen Partner bedacht haben, wenn er mit dem Scheitern der Ehe bzw. Lebenspartnerschaft gerechnet hätte. Im Wege der Auslegung läßt sich auch das Verhalten des Erblassers nach Lösung der Bindung berücksichtigen. Abs III steht dem nicht entgegen, denn der hypothetische Wille im Sinne des Abs III kann erst abgestellt werden, wenn ein ausdrücklich erklärter oder durch Auslegung zu ermittelnder Erklärungswille nicht festzustellen ist (BGH FamRZ 1961, 364; kritisch gegenüber der hM Keuk Der Erblasserwille post testamentum und die Auslegung des Testaments 1965 S 53ff). Eine spätere Wiederheirat derselben Partner macht das durch die Scheidung unwirksam gewordene Testament nicht wieder wirksam (KG FamRZ 1968, 217; aM MüKo/Leipold Rz 17; Soergel/Loritz Rz 17; Pal/Edenhofer Rz 7; Tappmeier DNotZ 1987, 722). Auch die Formulierung „meine Ehefrau" bezieht sich nur auf einen späteren Ehegatten (RG 134, 277), wenn nicht abweichende Anhaltspunkte erkennbar sind (Brox ErbR Rz 219). Die Auslegung richtet nach dem Tag der Testamentserrichtung.

Abs I betrifft folgende Konstellationen: a) Die Ehe des Erblassers ist gemäß vor dem 1. 7. 1998 geltenden EheG für nichtig erklärt worden (vgl zum Übergangsrecht § 226 EGBGB). b) Die Ehe wurde vor dem Tod des Erblassers rechtskräftig aufgelöst; auf den Grund der Auflösung kommt es nicht an. c) Die Voraussetzungen für die Scheidung der Ehe waren zur Zeit des Todes des Erblassers gegeben und der Erblasser hatte sie beantragt oder ihr zugestimmt. d) Der Erblasser war zur Zeit des Todes berechtigt, die Aufhebung der Ehe zu beantragen und er hatte den Antrag gestellt.

Die letztwillige Verfügung zugunsten des Ehegatten ist in allen Fällen des Abs I unwirksam. War die Ehe im Zeitpunkt des Erbfalls in den Fällen c und d noch nicht rechtskräftig geschieden, das Verfahren aber eingeleitet, hat der Nachlaßrichter im Erbscheinverfahren oder der Prozeßrichter bei Erbschaftsklage die Aussichten des Scheidungsverfahrens selbständig zu prüfen. Wer die Unwirksamkeit der letztwilligen Verfügung und das Vorliegen der **Scheidungsvoraussetzungen** geltend macht, muß das Scheitern der Ehe (§ 1566 I, II) einschließlich des Nichtbestehens der Versöhnungsbereitschaft im Zeitpunkt des Erbfalls beweisen (Bremen FamRZ 1986, 833). Ein etwaiger Scheidungsantrag des überlebenden Ehegatten läßt das auf Erbvertrag beruhende Erbrecht unberührt, wenn der Erblasser sich eindeutig gegen eine Scheidung gewandt hatte (Hamm JBMl NRW 1964, 280).

2. Ist das **Verlöbnis** aufgelöst, kommt es auf den Grund nicht an. Lag auf Seiten des Erblassers kein wichtiger Grund für den Rücktritt vor oder hat er den Rücktritt des anderen Teils durch sein Verschulden veranlaßt, kann

M. Schmidt

eine Ersatzpflicht nach §§ 1298, 1299 begründet sein. Abs II und III sind unanwendbar, wenn der Erblasser als Verlobter stirbt und seine Braut unter der nicht mehr erfüllbaren Bedingung nachträglicher Eheschließung eingesetzt hat (Halle NJ 1949, 18). Eine letztwillige Verfügung von Verlobten ist wie die von Verheirateten zu beurteilen, wenn das Verlöbnis zur Ehe geführt hat. Besteht Streit darüber, ob das Verlöbnis zur Zeit des Erbfalls noch Gültigkeit hatte, trifft die als Verlobte bedachte Person die Feststellungslast für das Bestehen (so BayObLG FamRZ 1987, 1199; abl Leipold Rz 278 Fn 30). Darüber hinaus bleibt der Weg über Abs III.

5 Ein **eheähnliches Verhältnis** ohne ernstliches Eheversprechen ist kein Verlöbnis. § 2077 II ist auf nichteheliche Lebensgemeinschaften nicht anzuwenden (BayObLG Rpfleger 1983, 440). Ein Verlöbnis enthält eine auf Dauer gerichtete rechtliche Bindung (vor § 1297 Rz 3ff) und gibt den Vermögensdispositionen der Verlobten eine entsprechende Erwartung, während eine nichteheliche Lebensgemeinschaft in der Regel von unbestimmter Dauer ist und keine rechtliche Bindung enthält. Daher ist auch eine analoge Anwendung des § 2077 nicht angezeigt; es gelten die allgemeinen Bestimmungen (ebenso Soergel/Loritz Rz 13; MüKo/Leipold Rz 11 mwN; aM Meier-Scherling DRiZ 1979, 299).

6 3. Hat der Erblasser die letztwillige Verfügung auch für den Fall der Scheidung oder Aufhebung des Verlöbnisses treffen wollen, kann es im Einzelfall noch eine Frage der Auslegung sein, ob er nur die ihm bei der Testamentserrichtung bekannten oder auch spätere, noch unbekannte Scheidungs- oder Aufhebungsgründe außer Betracht lassen wollte (vgl Tappmeier NJW 1988, 2714). Beweispflichtig für den **Fortgeltungswillen iSv Abs III** ist derjenige, der sich auf die Gültigkeit der letztwilligen Verfügung beruft (BGH FamRZ 1960, 28; Bremen FamRZ 1986, 833, 835). Der ehemalige Partner muß also aufzeigen, daß er unabhängig von den Trennungsgründen bedacht werden sollte (vgl Battes JZ 1978, 733).

7 4. Für **Zuwendungen an Dritte** gilt § 2077 bei gemeinschaftlichem Testament- und Erbvertrag gemäß § 2268 I (BayObLG FamRZ 1994, 193) bzw § 2279 II. Der vermutete Einfluß der Ehe oder Verlobung auf die Verfügung bleibt auf diese Weise bei deren Scheitern bestehen. Dementsprechend kann auch die (ergänzende) Auslegung einer letztwilligen Verfügung, mit der der Erblasser den Ehegatten seines Kindes oder den Ehegatten eines Dritten bedenkt, bei Scheitern der Ehe zur Unwirksamkeit der Verfügung führen. Den Willen des Erblassers erschließende Anhaltspunkte frühzeitig aufzuzeigen und in das Verfahren einzubringen, empfiehlt sich, da § 2077 auf die Erbeinsetzung von Schwiegerkindern nicht analog anzuwenden ist (BGH ZEV 2003, 284 mit krit Anm Leipold; Litzenburger ZEV 2003, 388; aM Saarbrücken FamRZ 1994, 1205). Anhaltspunkte können in der ausdrücklichen Anknüpfung an die möglicherweise zur Bedingung der Zuwendung erhobene Ehe des Bedachten zu sehen sein. Motiviert ist die eher seltene Bedenkung von Schwiegerkindern in der Praxis überwiegend von einer Würdigung persönlicher Verdienste um den Erblasser oder von Erwartungen an eine mittelbare Begünstigung des eigenen Kindes, des Enkelkindes oder des Erblassers selbst (Litzenburger ZEV 2003, 389). Gestalterisch läßt sich eine Zuwendung an Dritte bei beabsichtigter Abhängigkeit von der Ehe des Bedachten unter die Bedingung stellen, daß die Ehe im Erbfall nicht aufgelöst und die Auflösung nicht beantragt ist. Mit einer auflösenden Bedingung kann auch eine spätere Trennung berücksichtigt werden.

8 Eine entsprechende Anwendung des § 2077 auf **Lebensversicherungsverträge**, bei denen ein Ehegatte als Bezugsberechtigter benannt ist, ist abzulehnen, wenngleich derartige Bezugsrechtsbenennungen letztwilligen Verfügungen funktional sehr nahe kommen (die Analogie befürwortend daher MüKo/Leipold Rz 25; Liebl-Wachsmuth VersR 1983, 1004; Fuchs JuS 1989, 179, 181; Finger VersR 1990, 233f). Der BGH schließt die Analogie aus Gründen der Rechtssicherheit und der Interessen des Vertragspartners aus (NJW 1987, 3131). Der Zweck der Vorschrift kann ebenso erreicht werden durch einen Ausgleich im Valutaverhältnis. Die Versicherer werden auf diese Weise von erbrechtlichen Auslegungsfragen weitgehend verschont. Die Bestimmung der begünstigten Person hängt vom Versicherungsvertrag und insoweit vom eingangs erklärten Willen des Versicherungsnehmers ab, welcher auslegungsfähig ist (BGH NJW 1995, 1082). Es gibt indessen keine Vermutung dahin, daß die Benennung des bezugsberechtigten Ehegatten gegenüber dem Versicherer nur für den Fall des Fortbestehens der Ehe gelten soll (BGH NJW 1976, 290 mit Anm Gitter JR 1976, 464; LG Saarbrücken NJW 1983, 180). Ist gemäß Versicherungsbedingungen unwiderruflich die Ehefrau als im Todesfall des Versicherungsnehmers bezugsberechtigt aufgeführt, liegt es nach BGH 79, 295 (zust MüKo/Gottwald § 330 Rz 7) nahe, gerade die beim Versicherungsfall noch hinterbliebene Ehefrau als berechtigt anzusehen, wenn die Lebensversicherung die Alters- und Hinterbliebenenversorgung von Mitarbeitern (hier des Versicherers) bezweckt; eine solche Funktion kommt auch der Unfallversicherung zu (Stuttgart MDR 1987, 849). Im übrigen bedarf die bezugsberechtigte Person im Verhältnis zu der versicherten Person eines Rechtsgrundes, der infolge der dem § 2077 zugrundeliegenden Sachverhaltsumstände entfallen sein kann. Als Rechtsgrund kommen Schenkung, eventuell Pflichtschenkung (BGH WM 1982, 100), Unterhalt (BGH 74, 38) und die unbenannte Zuwendung (BGH 84, 361; Morhard NJW 1987, 1734) in Betracht. Eine derartige Geschäftsgrundlage fällt mit dem Scheitern der Ehe regelmäßig weg (BGH NJW 1987, 3131; vgl Tappmeier DNotZ 1987, 715 zu diesbezüglichen Scheidungsvereinbarungen), sofern nicht die Bezugsberechtigung gerade für diesen Fall den Unterhalt und die Versorgung des Ehegatten sichern sollte (BGH NJW 1995, 1082; Köln FamRZ 1998, 193).

9 5. Über sonstige **Nichtigkeitsgründe** siehe vor § 2064 Rz 10–18 und § 2078 Rz 1.

2078 *Anfechtung wegen Irrtums oder Drohung*
(1) Eine letztwillige Verfügung kann angefochten werden, soweit der Erblasser über den Inhalt seiner Erklärung im Irrtum war oder eine Erklärung dieses Inhalts überhaupt nicht abgeben wollte und anzunehmen ist, dass er die Erklärung bei Kenntnis der Sachlage nicht abgegeben haben würde.

Allgemeine Vorschriften **§ 2078**

(2) **Das Gleiche gilt, soweit der Erblasser zu der Verfügung durch die irrige Annahme oder Erwartung des Eintritts oder Nichteintritts eines Umstands oder widerrechtlich durch Drohung bestimmt worden ist.**
(3) **Die Vorschrift des § 122 findet keine Anwendung.**

Schrifttum: *Bengel*, Zum Verzicht des Erblassers auf Anfechtung bei Verfügung von Todes wegen, DNotZ 1984, 132; *Berse*, Der Motivirrtum im Testamentsrecht, 1991; *Brox*, Die Einschränkung der Irrtumsanfechtung, 1960; *Canaris*, Systemdenken und Systembegriff in der Jurisprudenz, 1983; *Fikentscher*, Die Geschäftsgrundlage als Frage des Vertragsrisikos unter besonderer Berücksichtigung des Bauvertrages, 1971; *Grunewald*, Die Auswirkungen eines Irrtums über politische Entwicklungen in der DDR auf Testamente und Erbschaftsausschlagungen, NJW 1991, 1208; *Häsemeyer*, Die Abhängigkeit erbrechtlicher Verträge von Verkehrsgeschäften, 1966; *Heinz*, Die Anfechtung gem. § 2078 Abs. 2 BGB, Diss, Mannheim 1985; *Keuk*, Der Erblasserwille post testamentum und die Auslegung des Testaments, 1965; *Joussen*, Die erbrechtliche Anfechtung durch Minderjährige, ZEV 2003, 181; *Keymer*, Die Anfechtung nach § 2078 Abs. 2 und die Lehre von der Geschäftsgrundlage, 1984; *de Leve*, Deutsch-deutsches Erbrecht nach dem Einigungsvertrag, 1995; *R. Meyer*, Testamentsanfechtung und Anfechtung der Erbschaftsausschlagung wegen Irrtums über die politischen Veränderungen in der ehemaligen DDR, ZEV 1994, 12; *Müller-Freienfels*, Fahrlässige Tötung des Erblassers durch betrunkenen Erben: Ein Grund zur Testamentsanfechtung oder zur Erbausschließung? FS Schiedermair, 1976, S 409; *Pohl*, „Unbewußte Vorstellungen" als erbrechtlicher Anfechtungsgrund? 1976; *Schubert/Czub*, Die Anfechtung letztwilliger Verfügungen, JA 1980, 257ff, 334ff; *Sieker*, Der Motivirrtum des Erblassers aufgrund nicht bedachter Ereignisse, AcP 201 (2001), 697; *Stumpf*, Erläuternde und ergänzende Auslegung letztwilliger Verfügungen im System privatautonomer Rechtsgestaltung, 1991; *Wähler*, Probleme des Erbrechts nach der Wiedervereinigung, ROW 1992, 103; *Wasmuth*, Zur Korrektur abgeschlossener erbrechtlicher Sachverhalte im Bereich der ehemaligen DDR, DNotZ 1992, 3.

1. Auf letztwillige Verfügungen sind die Vorschriften des Allgemeinen Teils über Rechtsgeschäfte anzuwenden, **1** soweit sich nicht aus der Eigenart der letztwilligen Verfügungen als nicht empfangsbedürftiger Willenserklärungen etwas anderes ergibt (vor § 2064 Rz 10ff). Wenn der Bestand einer letztwilligen Verfügung in Frage gestellt ist, muß unterschieden werden zwischen Nichtigkeit, Unwirksamkeit und Anfechtung. Im Falle der **Nichtigkeit** liegt ein unheilbarer Mangel vor, während die Unwirksamkeit beseitigt werden kann, zB durch Widerruf entgegenstehender letztwilliger Verfügungen. Die Nichtigkeit betrifft den erklärten Willen und macht diesen unbeachtlich, die Unwirksamkeit ist Oberbegriff und betrifft die Ausführung der Willenserklärung, also den gewollten Erfolg, läßt sie selbst unberührt, verhindert aber ihr Wirksamwerden. Nichtigkeit kann sich daraus ergeben, daß Testierfähigkeit fehlt (§§ 2229, 2230), zwingende gesetzliche Formvorschriften nicht eingehalten sind (§ 125), der Inhalt gegen ein gesetzliches Verbot oder gegen die guten Sitten verstößt (§§ 134, 138) mit dem besonderen Unterfall der Ausnutzung der Todesnot (früher § 48 III TestG) oder sonstwie etwas Unmögliches bestimmt wird, wobei es grundsätzlich auf den Zeitpunkt der Testamentserrichtung ankommt (BGH 20, 71; vor § 2064 Rz 13). Jedoch kann der Zeitpunkt des Erbfalls berücksichtigt werden, wenn die Verfügung gerade mit Rücksicht auf die in der Zwischenzeit möglichen Änderungen getroffen worden ist. Nichtig sind auch Verfügungen, die ihrem Inhalt nach widersinnig oder so unbestimmt sind, daß aus ihnen der letzte Wille nicht ermittelt werden kann. Nichtigen Verfügungen kann nicht durch Vereinbarung zwischen den Erben eine erbrechtliche Wirkung beigelegt werden, vielmehr bleibt trotz Vereinbarung die Erbfolge unberührt, nur können sich schuldrechtliche Verpflichtungen ergeben. Unter unwirksame letztwillige Verfügungen fallen zunächst alle nichtigen, darüber hinaus solche, die zwar vorhanden sind, den Erfolg aber nicht zu erzeugen vermögen (Ausfall der Bedingung; Tod des Bedachten vor dem Erbfall; überholte letztwillige Verfügung).

2. Die **Anfechtung** steht häufig in Konkurrenz zu der **Auslegung** einer letztwilligen Verfügung. Die Auslegung **2** geht der Anfechtung vor, denn die Anfechtung vernichtet die letztwillige Erklärung, während die ergänzende Auslegung ermöglicht, weitgehend den letzten Willen, auch soweit er nicht ausdrücklich erklärt ist, zu berücksichtigen (BGH NJW 1987, 264; 1978, 266; BayObLG ZEV 2002, 190; DNotZ 1998, 209; Brox Irrtumsanfechtung S 144ff; aM Schubert/Czub JA 1980, 258 für ein Verhältnis der Alternativität mit Vorrang jeweils dessen, was dem Willen des Erblassers entspricht; vgl auch Siber RG-Festgabe III S 350ff). Nicht genügend bestimmte oder unrichtige Angaben des Erblassers sind durch Auslegung auf ihren wahren Inhalt hin zu untersuchen. Im Zusammenhang mit dem Währungsverfall wurde zB eine Anpassung an die neue wirtschaftliche Lage als dem Willen des Erblassers entsprechend angesehen (OGH 1, 156). Ebenso wird die Auslegung bei Kurseinbrüchen von Wertpapieren das geeignetere Mittel sein als die Anfechtung (vgl noch RG 108, 83; LZ 1923, 604). Darüber hinaus kann aber nicht allein mit den Mitteln der ergänzenden Auslegung ein negativer hypothetischer Wille bestimmt und damit die Anfechtung ersetzt werden (MüKo/Leipold § 2084 Rz 47; RGRK/Johannsen § 2084 Rz 24; aM BayObLG NJW 1967, 729; Keymer S 134). Die Rechtsfolgenbildung der Unwirksamkeit der Verfügung bedarf einer gesetzlichen oder ausdrücklich testamentarischen Anordnung. Sofern auch die Anfechtung nicht zum Zuge kommt, ist die Anwendung der Grundsätze vom Fehlen oder Wegfall der **Geschäftsgrundlage** (§ 313) diskutiert worden. Im Zuge einer restriktiven Auslegung des § 2078 II will Keymer (S 162ff) diejenigen Fälle über die Geschäftsgrundlage lösen, bei denen angesichts der veränderten Sachlage die Unwirksamkeit der Verfügung der Wirkung des Erbrechts und des allgemeinen Zivilrechts mehr entspricht als dessen Fortbestehen; als Rechtsfolge soll, um einer richterlichen Testamentsgestaltung zu begegnen, anders als bei ergänzender Auslegung, jedoch wie bei der Anfechtung, die gesetzliche Erbfolge eintreten (Keymer S 204). Fikentscher (S 41f) will die Geschäftsgrundlagenlehre mit der Folge der Anpassung an die veränderten Umstände anwenden; so soll sich die bei der ergänzenden Auslegung ergebende Bindung an die Erklärung überbrücken lassen. Sieker (AcP 201, 724) befürwortet die Geschäftsgrundlagenlösung ausnahmsweise bei grundlegenden, die Allgemeinheit treffenden Ereignissen, die alle Welt überraschen; die Anpassung solle sich auf schuldrechtliche Ausgleichsansprüche gegen die testamentarisch Bedachten beschränken (Sieker AcP 201, 728). Mit den Möglichkeiten der ergänzenden Auslegung und der Anfechtbarkeit auch beim Motivirrtum stehen erbrechtliche Überprüfungsinstrumente jedoch zur Verfügung, so

§ 2078

daß es einer Anwendung der auf (zumal einseitige) Verfügungen von Todes wegen nicht zugeschnittenen Lehre von der Geschäftsgrundlage bzw des Verträge regelnden § 313 nicht bedarf (ebenso BGH NJW 1993, 850; Köln DtZ 1993, 215, Düsseldorf FamRZ 1996, 1302; Häsemeyer S 55ff; de Leve S 127; kritisch auch Canaris S 74ff). Insbesondere ließen sich auf diesem Wege nicht die auf erbrechtlichen Grundsätzen aufbauenden Grenzen der gesetzlichen Korrektive umgehen, etwa hinsichtlich der Einbeziehung von Ereignissen nach dem Erbfall (vgl Rz 9 und § 2284 Rz 7).

3 3. Die Anfechtung unterscheidet sich ihrer Natur und ihrer Wirkung nach nicht von der allgemeinen Anfechtung der **§§ 119, 123**. Ihre Voraussetzungen sind aber mit Rücksicht darauf, daß es sich bei den letztwilligen Verfügungen um nicht empfangsbedürftige Willenserklärungen handelt und ein allgemeines Verkehrsinteresse an der Beständigkeit der Willenserklärungen fehlt, zum Teil gelockert, so daß die **§§ 2078–2083** ausschließlich zur Anwendung kommen. Ein Vertrauen Dritter auf den Fortbestand erfordert also keinen Schutz (wohl aber das Interesse an der Richtigkeit MüKo/Leipold Rz 1). Zu den Anfechtungsberechtigten zählt nicht der Erblasser, da er seine letztwillige Verfügung widerrufen kann. **Erbverträge** können unter gleichen Voraussetzungen angefochten werden wie Testamente (§ 2279), darüber hinaus auch vom Erblasser (§ 2281). Der Erblasser genießt hier besonderen Schutz, infolgedessen er bei erfolgreicher Anfechtung seine Testierfreiheit wiedererlangt.

4 4. Anfechtbar ist nicht das Testament als solches oder gar mehrere Testamente (BayObLG Rpfleger 1987, 353), sondern anfechtbar sind die darin enthaltenen letztwilligen Verfügungen des Erblassers, und zwar in dem **Umfang**, wie ein Irrtum reicht und sich ausgewirkt hat (BGH NJW 1985, 2025). Die Anfechtung muß so eng begrenzt werden, daß nur der unmittelbar durch Willensmängel betroffene Teil der letztwilligen Verfügung ausgeschaltet wird, aber sonst möglichst weitgehend der wahre Wille des Erblassers erhalten bleibt (§ 2085). So kann unabhängig von der bestimmten Erbfolge die Befreiung des Vorerben nach § 2136 Gegenstand der Anfechtung sein, ebenso die Vorerbeneinsetzung selbst, die Einsetzung eines Ersatzerben oder die Zuwendung eines Vermächtnisses (BayObLG 1971, 150). Eine Anfechtung des Quotenverhältnisses hat aber die Unwirksamkeit der gesamten Erbeinsetzung zur Folge (Hamm JMBl NRW 1951, 9). Angefochten werden können **letztwillige Verfügungen jeder Art**, auch der Widerruf eines Testaments, der Widerruf durch Vernichtung iSv § 2255 (RG 102, 69; aM Lange/Kuchinke § 23 III 2b) oder der Widerruf durch Rücknahme eines öffentlichen Testaments aus der amtlichen Verwahrung iSv § 2256 (KG NJW 1970, 612; aM v Lübtow NJW 1968, 1849; Kipp/Coing § 31 II 3). Im Einzelfall kann eine Ausübung des Anfechtungsrechts sittenwidrig und deshalb unzulässig sein (RG 138, 374). Eine erfolgreiche Anfechtung wirkt gegenüber allen Beteiligten, nicht nur zugunsten des Anfechtenden (BGH NJW 1985, 2025).

5 5. Als anfechtungsbegründende Willensmängel kommen Irrtum und Drohung in Betracht. Beim **Inhaltsirrtum** befindet sich der Erblasser über die Bedeutung seiner Erklärung im Irrtum, etwa bei Verwechslung von Vorerbschaft und Vermächtnis eines Nießbrauchs (RG LZ 1920, 340) oder bei falscher Vorstellung über die Bindungswirkung eines Erbvertrages (Hamm FamRZ 1967, 697; BayObLG NJW-RR 1997, 1027; Frankfurt FamRZ 1998, 194), nicht in gleicher Weise aber eines gemeinschaftlichen Testaments (BayObLG 2002, 128). Der **Erklärungsirrtum** betrifft den Fall, daß der Erblasser eine Erklärung dieses Inhalts überhaupt nicht abgeben wollte, wenn er sich etwa verschrieben hat. Die Anfechtung gemäß Abs I setzt jedenfalls voraus, daß der Erblasser die Erklärung bei Kenntnis der Sachlage nicht abgegeben hätte. Hier fehlen die in § 119 I hinzugefügten Worte „bei verständiger Würdigung des Falles". Daraus folgt, daß für die Erheblichkeit des Irrtums nur auf die Vorstellungen und Anschauungen des Erblassers abzustellen ist und nicht auf diejenigen eines unparteiischen Dritten (BGH NJW 1952, 420; BayObLG 1971, 149).

6 6. § 2078 erhält seine Bedeutung durch Abs II, der die Anfechtung wegen eines **Motivirrtums** zuläßt. Die Erweiterung gegenüber § 119 trägt der testamentarischen Besonderheit Rechnung, daß es hier weniger auf den Bestand der Erklärung als auf deren einwandfreie Grundlage ankommt, die fehlerfreie Willensbildung. Schafft die Testierfreiheit erheblichen Raum für den Inhalt des Beweggrundes, dann setzt Abs II der Anfechtungsmöglichkeit dennoch Grenzen: Nur so schwerwiegende Umstände, die den Erblasser mit Sicherheit dazu veranlaßt hätten, anders zu testieren, können die Anfechtung begründen (BGH NJW-RR 1987, 1412; näher Rz 9). Die Fehlvorstellung muß sich auf den die Willensbildung bestimmenden Grund beziehen. Abzustellen ist auf den Zeitpunkt der Testamentserrichtung, von da ab gesehen sich eine irrige Annahme auf die Gegenwart und Vergangenheit bezieht, während eine Erwartung ggf auf die Zukunft gerichtet ist. Der Erblasser muß sich bei der Niederlegung seines Willens tatsächliche oder rechtliche Verhältnisse vorgestellt oder muß den Eintritt oder Nichteintritt von Ereignissen erwartet haben, die mit dem Gegebenheiten nicht übereinstimmen (OGH JR 1950, 244). So kann der Erblasser dem Irrtum erlegen sein, die beiden Bedachten seien miteinander verheiratet (BayObLG Rpfleger 1984, 66). Oder die Erblasserin rechnet mit der bleibenden Unterhaltsverpflichtung des Ehemannes gegenüber seiner ersten Frau (RG JW 1925, 356 Nr 10). Es reicht sogar die allgemeine Erwartung des Erblassers, daß es zwischen ihm und der bedachten Person nicht mehr zu Unstimmigkeiten kommen werde (BGH NJW 1963, 246; für den Erbvertrag BGH FamRZ 1973, 539; BayObLG FamRZ 1990, 322; vgl § 2281 Rz 4), und umgekehrt, daß ein bestehender Streit, der die letztwillige Verfügung beeinflußt hat, nicht mehr beigelegt werden kann (Köln FamRZ 1990, 1038). Hierbei ist es gleichgültig, ob die Vorstellungen und Erwartungen von dem Willen des Erblassers abhängig oder unabhängig gewesen sind (RG 148, 218; JW 1936, 250), ob sie auf der arglistigen Täuschung eines Dritten beruhen, was zusätzlich zur Erbunwürdigkeit führen kann (§ 2339 I Nr 3), oder ob sie sich auf vergangene, gegenwärtige oder zukünftige Umstände bezogen haben (Hamm OLG 1968, 87).

7 Umstritten ist allerdings, inwieweit sich der Erblasser über zukünftige Ereignisse bestimmte **Vorstellungen** wirklich gemacht haben muß. Hat sich der Erblasser überhaupt keine Gedanken darüber gemacht, hielt RG 86, 206 eine Anfechtung für ausgeschlossen, während es RG 134, 280 für bedeutungslos erklärte, ob der Erblasser mit

§ 2078

dem später tatsächlich eingetretenen Ereignis gerechnet hat oder nicht. Das RG stellte schließlich darauf ab, auf die Zukunft gerichtete Erwartungen können auch unbewußt bestehen, wenn sie zu den Vorstellungen gehören, die dem Erblasser als selbstverständlich erscheinen (WarnR 1931, 50). Unter Berufung auf diese Entscheidung vertritt der BGH zwischen den alternativen Erfordernissen positiver Vorstellung und bloßen Nichtwissens eine vermittelnde Position (NJW-RR 1987, 1412). Anfechtungsbegründend sind danach die „Umstände, die in der Vorstellungswelt des Erblassers so selbstverständlich sind, daß er sie zwar nicht konkret im Bewußtsein hat, aber doch jederzeit abrufen und in sein Bewußtsein holen kann", die ihm also als selbstverständlich erscheinen (BGH aaO; NJW 1963, 246; 1962, 1058; BayObLG 1993, 248; ZEV 1994, 369 mit Anm Winkler; Hamm NJW-RR 1994, 522; KG FamRZ 1977, 271; München NJW 1983, 2577; Grunewald NJW 1991, 1211; Sieker AcP 201, 710; einschränkend Pohl S 70ff, der die Relevanz des „Mitbewußtseins" begründet, die insoweit erheblichen Vorstellungen aber auf persönliche Eigenschaften beschränkt). Der widersprüchlich benutzte Begriff der „unbewußten Vorstellung" ist nicht treffend (Pohl S 36ff). War ein Erblasser bei Testamentserrichtung selbstverständlich von dem Fortbestand der DDR und des begrenzten wirtschaftlichen Wertes dort belegenen Grundbesitzes ausgegangen, kann die Änderung der politischen und wirtschaftlichen Verhältnisse irrtumsbegründend sein; die Irrtumsrelevanz und damit die Anfechtbarkeit unterliegt aber zeitlichen Grenzen (Rz 9). Wie weit die Grenze im übrigen gezogen wird, was noch als Vorstellung akzeptiert wird, zeigt der Fall Hamm MDR 1968, 498/BGH FamRZ 1971, 638 zur Erwartung künftigen Wohlverhaltens, in dem der Erbe den zum Tod der Erblasserin führenden Verkehrsunfall grob fahrlässig verursachte. Zur Frage der Erheblichkeit derart abstrakter Vorstellung siehe auch Rz 10.

Darüber hinaus kann auch der hypothetische Wille berücksichtigt werden, wenn man Fehlvorstellung und Nichtwissen gleichbewertet und die Anfechtung in beiden Fällen zuläßt, solange die Verfügung auf der **Unkenntnis** beruht (so Staud/Otte Rz 23; Kipp/Coing § 24 II 2b; Lange/Kuchinke § 36 III 2c; Brox ErbR Rz 229; zum gleichen Ergebnis kommen im Wege der Analogie Schubert/Czub JA 1980, 261 und Heinz S 75ff; sowie über die Geschäftsgrundlagenlehre Keymer S 167ff). Mit der „Erwartung" ist hingegen ausgedrückt, daß beim Testierenden ein Denkvorgang stattgefunden haben muß. Dementsprechend ist in den Gesetzesmaterialien mehrfach erwähnt, der Erblasser müsse sich positive und deutliche Vorstellungen gemacht haben (Prot II Bd 5 S 51). Schließlich ist es keineswegs zwingend, § 2079 als Unterfall von § 2078 II anzusehen, der die Fälle bloßer Unkenntnis dann nicht umfaßt. Diese Unkenntnis der tatsächlichen Entwicklungen verbindet zwar die fehlenden mit den falschen Vorstellungen, eine Gleichbehandlung verlagerte aber den für die Willensbildung relevanten Zeitpunkt praktisch von der Testamentserrichtung zum Erbfall. Die Entscheidung über das Bestehenlassen oder Kassieren einer Verfügung ist daher nicht von vornherein an Mutmaßungen zu koppeln. Darüber hinaus kommt eine zeitliche Begrenzung relevanter Entwicklungen in Frage (siehe Rz 9) und es muß sich um eine die Willensbildung bestimmende Vorstellung handeln (siehe Rz 10). In den Vordergrund rückt damit die verantwortliche Feststellung des Sachverhalts. **8**

Gesetzeswortlaut und -materialien (Mugdan Bd V S 26) unterscheiden nicht danach, ob sich die von der Vorstellung des Testierenden abweichenden Tatsachen vor oder nach dem Erbfall ereignen. Eine **zeitliche Begrenzung** ist aber sinnvoll, um den neuen Rechts- oder Vermögensinhaber in seiner weiteren Verfügungsbefugnis nicht endlos an den Willen des Erblassers zu binden. Dafür spricht das Gebot der Rechtssicherheit (MüKo/Leipold Rz 35; zustimmend Grunewald NJW 1991, 1211; offenlassend BGH NJW-RR 1987, 1412; noch ohne Begründung verneinend BGH WM 1985, 896; WM 1986, 567; verneinend auch LG Gießen FamRZ 1992, 603; DtZ 1993, 217; R. Meyer ZEV 1994, 14; de Leve S 120; Sieker AcP 201, 713). Wie sich der Wert eines Gemäldes im Vermögen der Erben entwickelt, ob ein Grundstück später zu Bauland wird oder mehr als 25 Jahre nach dem Erbfall infolge des Beitritts der DDR an Wert gewinnt (aM insoweit LG Gießen aaO), hat mit dem Rechtsvorgänger wenig zu tun. Mit der Wirkung der letztwilligen Verfügung ist deren Zweck erreicht (vgl RGRK/Johannsen Rz 51; BGH MDR 1967, 657) und der Bedachte ohne weiteres frei in seiner Disposition. Legt der Erblasser Wert auf einen bestimmten Umgang mit seinem Nachlaß, dann kann er die Zuwendungen an Bedingungen knüpfen, mit Auflagen versehen oder Testamentsvollstreckung anordnen. An deren Stelle ist aber nicht die Anfechtung wegen einer in die unbestimmte Zukunft gerichteten selbstverständlichen Erwartung zuzulassen (abzulehnen darum RG WarnR 1931 Nr 50; bedenklich München NJW 1983, 2577, das den Erblasserwillen vernachlässigt, nach Beendigung der Testamentsvollstreckung den Erben selbst entscheiden zu lassen). Daß Vorstellungen über das weitere Schicksal des Nachlasses idR einer Anfechtung entzogen sind, wird im übrigen im Rahmen der Erheblichkeit geprüft (BGH MDR 1967, 657; RG LZ 1923, 603; RGRK/Johannsen Rz 51; siehe dazu Rz 10). **9**

Zwischen dem Motivirrtum und der letztwilligen Verfügung muß ein ursächlicher Zusammenhang bestehen. Hier ist ein strenger Maßstab anzusetzen, der in der Voraussetzung zum Ausdruck kommt, daß der Irrtum den Erblasser zu der Verfügung „bestimmt" haben muß. Mehr als um eine bloße Ursache muß es sich um den **bewegenden Grund** für den letzten Willen handeln (BGH NJW-RR 1987, 1412). Haben für den Testierenden mehrere Erwägungen eine Rolle gespielt, dann muß die geltend gemachte mitbestimmend gewesen sein (BGH FamRZ 1961, 366; RG 59, 33). Um den Beweggrund handelt es sich aber immer dann, wenn der Erblasser ohne diesen die Verfügung mit Sicherheit nicht getroffen hätte (BayObLG FamRZ 1997, 1436; Düsseldorf FamRZ 1997, 1506). Die Enttäuschung eines in den Bedachten gesetzten Vertrauens soll keineswegs anfechtungsbegründend wirken (BGH NJW-RR 1987, 1412; MDR 1967, 657). Dies betrifft die Vorstellungen des Erblassers, wie sein Nachlaß einmal verwendet werden wird (vgl Rz 9). Die Bestimmung zur Verfügung läßt sich auf diese Weise aber nicht grundsätzlich verneinen, denn Maßstab ist stets die subjektive Denk- und Anschauungsweise des Erblassers (BGH FamRZ 1956, 83; BayObLG FamRZ 1995, 1523). Auf diese kommt es besonders bei der allgemeinen Vorstellung künftigen Wohlverhaltens an. Hier muß eine Abwägung stattfinden, ob die Verfügung auf eine gefestigte Erwartung gebaut war und welches Verhalten davon im einzelnen erfaßt sein konnte. Bleibt es bei einer abstrakten Vorstellung, läßt sich das entscheidende Motiv daraus kaum herleiten (zu weitgehend idS BGH FamRZ 1971, 638, krit besonders Müller-Freienfels S 409ff). **10**

11 7. Weiterer Anfechtungsgrund ist die Bestimmung durch **widerrechtliche Drohung**, zB einer nahestehenden Person, dem hilfebedürftigen Erblasser die weitere Pflege zu versagen, wenn er nicht in bestimmter Weise testamentarisch verfügt. Sofern grundsätzlich auch politisch motivierte Kollektivdrohungen für tatbestandsrelevant gehalten werden, bleibt das Erfordernis der im Einzelfall ausgeschlossenen Selbstbestimmung (de Leve S 119). Die durch Drohung hervorgerufene Zwangslage muß während der Testamentserrichtung bestehen. Ein nicht unerheblicher Zeitraum zwischen Drohung und Errichtung begründet daher Zweifel an der Kausalität (BayObLG FamRZ 1990, 211). Aufdringlichkeiten und Proteste gegen beabsichtigte Verfügungen reichen alleine nicht aus (BGH BWNotZ 1965, 348). Widerrechtlichkeit bezieht sich auf den Zweck, das Mittel oder die Verknüpfung von beiden (siehe dazu § 123 Rz 60ff, zur Drohung § 123 Rz 56ff). Schon zur Nichtigkeit nach § 138 führt die Ausnutzung der Todesnot. Auch hier konkurriert wie bei arglistiger Täuschung mit der Anfechtung der letztwilligen Verfügung die Anfechtung wegen Erbunwürdigkeit (§ 2339 I Nr 3).

12 8. Das Anfechtungsrecht ist anders als die Nichtigkeit einer letztwilligen Verfügung der **Vereinbarung** zwischen Anfechtungsberechtigten und Anfechtungsgegnern nicht entzogen, da die Anfechtung erst durch Erklärung erfolgt (§ 2081) und ein Verzicht auf Abgabe dieser Erklärung möglich ist. Streitig ist, ob der Anfechtungsberechtigte einseitig die anfechtbare Verfügung unter entsprechender Anwendung des § 144 **bestätigen** kann, obwohl er nicht Erklärender ist (so die hM: Staud/Otte § 2080 Rz 25; aM Kipp/Coing § 24 VII 2). Umgekehrt kann der Anfechtungsgegner die Wirksamkeit der erfolgten Anfechtung vertraglich anerkennen, allerdings nicht mit Wirkung gegenüber Dritten (RG WarnR 1918, 212). Die Tragweite der Vereinbarung über das Anfechtungsrecht ist idR schwer zu umgrenzen, insbesondere dann, wenn das Erbrecht selbst umstritten war. Die in Vergleichen häufig gebrauchte Formulierung, daß das Erbrecht eines Beteiligten anerkannt werde, ist nicht geeignet, das Erbrecht zu begründen, wenn es nicht schon aufgrund einer Verfügung von Todes wegen oder kraft Gesetzes bestand. Es kann als Erbausschlagung oder Verkauf der Erbschaft des anderen Teils zu bewerten sein und bedarf dann der entsprechenden Form (§§ 2385, 2371). Dies gilt insbesondere, wenn die Erbschaft nach Bruchteilen verteilt wird, die nicht den gesetzlichen oder testamentarischen Bestimmungen entsprechen. Im übrigen sind schuldrechtliche Vereinbarungen zwischen den Beteiligten jederzeit möglich und bindend, auch wenn sie von der erbrechtlichen Regelung abweichen (Damrau JR 1986, 375).

13 9. **Ausschluß.** Hat der Erblasser nach Errichtung des Testaments von seinem Anfechtungsrecht Kenntnis bekommen, etwa seinen Irrtum erkannt, ändert er aber sein Testament daraufhin nicht, kann bei freier Würdigung der Umstände des Einzelfalls darauf geschlossen werden, daß der Erblasser es bei seinem erklärten Willen belassen wollte (RG 77, 170; BayObLG 1980, 42). Für den Fall, daß der Erblasser einem Irrtum über den Fortbestand der politischen und wirtschaftlichen Verhältnisse in der DDR unterlag und er darauf basierende letztwillige Verfügungen nach dem 2. 10. 1990 nicht geändert hat, wird eine Vermutung für das Fehlen der hypothetischen Kausalität angenommen (Wähler ROW 1992, 110; Wasmuth DNotZ 1992, 11; de Leve S 121). Jedoch wird damit nicht jede Anfechtungsmöglichkeit ausgeschlossen. Den Anfechtungsberechtigten steht es frei, nachzuweisen, daß der Erblasser die Änderung des Testaments nicht deshalb unterlassen hat, weil er es aufrechterhalten wollte, sondern daß andere Gründe ursächlich waren, etwa mangelnde Beratung oder die fehlerhafte Vorstellung, die Verfügung sei aufgrund einer Veränderung der Verhältnisse ohnehin gegenstandslos geworden (Frankfurt FamRZ 1997, 1433). Will der Erblasser nach Erkennen des Anfechtungsgrundes sichergehen, den Grund zu beseitigen, dann muß er die letztwillige Verfügung formgerecht wiederholen (hM Bengel DNotZ 1984, 132; aM Lange/Kuchinke § 36 V2, für Zulässigkeit der Bestätigung entsprechend § 144). Ferner kann eine Anfechtung ausgeschlossen sein, wenn der Erblasser in einem Erbvertrag zur Sicherung der Bedachten auf alle späteren „Einreden und Ausflüchte" verzichtet hat (vgl BGH NJW 1983, 2249). Im Einzelfall kann die Ausübung des Anfechtungsrechts sittenwidrig und deshalb unzulässig sein (RG 138, 374). Der Grund kann darin liegen, daß der Anfechtungsberechtigte selbst die Voraussetzungen mitgeschaffen hat, nicht aber ohne weiteres darin, daß dem Erblasserwillen das Ergebnis der Anfechtung noch weniger entspricht als die anfechtbare Verfügung (aM Kipp/Coing § 24 III 4d).

14 10. Die **Behauptungslast** richtet sich auf dem Gebiet der Anfechtung zwar grundsätzlich nach den allgemeinen Regeln, hängt aber auch von der Art des Verfahrens ab (FGG-Verfahren mit überwiegend Amtsermittlung oder Verfahren der streitigen Gerichtsbarkeit mit Parteibetrieb). Ist unter Heranziehung der Beweismittel der Sachverhalt erschöpfend aufgeklärt und der geltend gemachte Anfechtungsgrund nicht feststellbar, dann kommt es auf die materielle Beweislast an (KG FamRZ 1977, 271). Der Anfechtende hat die anfechtungsbegründenden, der Gegner die anfechtungsvernichtenden Tatsachen darzutun (BGH NJW 1963, 246). Sehr strenge Anforderungen sind an den Nachweis des Motivirrtums zu stellen. Das gilt in besonderem Maße für die Feststellung des Beweggrundes. Ist ein solcher im Testament angegeben, spricht eine tatsächliche, widerlegbare Vermutung dafür, daß es sich um den wirklich bestimmenden Grund für die Verfügung handelt (BGH NJW 1965, 584). Aus dem Testament braucht sich aber ein Anhaltspunkt für den Willensmangel des Erblassers nicht zu ergeben, wenn sich der Nachweis auch mit mündlichen Äußerungen des Erblassers führen läßt (BGH aaO). Im Falle einer widerrechtlichen Drohung obliegt dem Anfechtenden auch die Beweislast bzw Feststellungslast für den ursächlichen Zusammenhang zwischen der Zwangslage und der getroffenen Verfügung (BayObLG FamRZ 1990, 211). Ist eine letztwillige Verfügung aus einem bestimmten Grund angefochten, kann bei Verneinung dieses Grundes nicht ohne weiteres wie bei einer Kündigung als wichtiger Grund ein anderer nach der Anfechtung entstandener Anfechtungsgrund **nachgeschoben** werden (OGH 3, 378), jedenfalls dann nicht, wenn dem Anfechtenden die Aufhebung der letztwilligen Verfügung nicht mehr zustatten kommen kann. Allenfalls muß aus dem zweiten Grund eine neue Anfechtung erklärt werden.

15 11. Abweichend von § 122 ist in keinem Falle der **Vertrauensschaden** zu ersetzen. Zur Wirkung der Anfechtung gegenüber dritten gutgläubigen Erwerbern siehe § 142 II. Auf seiten der beklagten Miterben besteht bei Nichtigkeitsklage keine notwendige Streitgenossenschaft (BGH 23, 73).

§ 2079 Anfechtung wegen Übergehung eines Pflichtteilsberechtigten

2079 Eine letztwillige Verfügung kann angefochten werden, wenn der Erblasser einen zur Zeit des Erbfalls vorhandenen Pflichtteilsberechtigten übergangen hat, dessen Vorhandensein ihm bei der Errichtung der Verfügung nicht bekannt war oder der erst nach der Errichtung geboren oder pflichtteilsberechtigt geworden ist. Die Anfechtung ist ausgeschlossen, soweit anzunehmen ist, dass der Erblasser auch bei Kenntnis der Sachlage die Verfügung getroffen haben würde.

Schrifttum: *Damrau*, Die Bedeutung des Nichtehelichenerbrechts für den Unternehmer, BB 1970, 467; *Jung*, Die Testamentsanfechtung wegen „Übergehens" eines Pflichtteilberechtigten, AcP 194 (1994), 42; *Körting*, Das Erbrecht des nichtehelichen Kindes, NJW 1970, 1525; *Reinicke*, Die Wirkungen der Testamentsanfechtung durch den übergangenen Pflichtteilsberechtigten, NJW 1971, 1961; *Spellenberg*, Zum Erbrecht des nichtehelichen Kindes, FamRZ 1977, 185; *Tiedtke*, Die Auswirkungen der Anfechtung eines Testaments durch den übergangenen Pflichtteilsberechtigten, JZ 1988, 649.

1. § 2079 ist ein Sonderfall neben § 2078 und begründet die **gesetzliche Vermutung des ursächlichen Zusammenhangs** zwischen einem Irrtum im Motiv und der letztwilligen Verfügung des Erblassers. Satz 1 geht davon aus, daß ein Pflichtteilsberechtigter bei Kenntnis nicht übergangen wird. Satz 2 läßt den Gegenbeweis zu, den der Anfechtungsgegner zu führen hat (BayObLG FamRZ 1985, 534). Nebenher ist die Anfechtung aus § 2078 möglich. § 2079 dient demselben Zweck wie § 2078 sowie dem Schutz des Pflichtteilsberechtigten und soll ihm ermöglichen, einen in seiner Übergehung liegenden Irrtum des Erblassers gegenstandslos zu machen. 1

2. Voraussetzung ist, daß zur Zeit des Erbfalls ein **Pflichtteilsberechtigter** (§ 2303) vorhanden (geboren oder erzeugt) ist, mit dessen Existenz der Erblasser bei Testamentserrichtung nicht oder nicht mehr (RG JW 1907, 203) gerechnet hat. Dem Erblasser fehlt auch die Kenntnis, wenn er den Übergangenen aus tatsächlichen oder rechtlichen (Soergel/Loritz Rz 4; aM MüKo/Leipold Rz 9) Gründen nicht für pflichtteilsberechtigt gehalten oder an die Entstehung eines Pflichtteilsrechts nicht gedacht hat. Nachträglich kann solches durch Kindesannahme, Heirat oder Lebenspartnerschaft entstehen, aber auch durch Gesetzesänderung (Erb- und Pflichtteilsrecht des unehelichen Kindes nach dem Vater ab dem 1. 7. 1970; vgl Spellenberg FamRZ 1977, 185). Aus Ungewißheit bestehende Zweifel reichen zur Annahme der Unkenntnis nicht aus (Freiburg DRZ 1949, 235). 2

3. Übergangen ist derjenige, der im Verhältnis zum Nachlaß keine erhebliche Zuwendung erhalten hat (Karlsruhe ZEV 1995, 454 mit krit Anm Ebenroth/Koos), weder Erbanteile, noch Vermächtnisse noch sonstige anrechnungspflichtige Zuwendungen, nicht zur vorläufigen Absicherung (Hamm NJW-RR 1994, 462) und auch nicht durch ein späteres Testament, das wirtschaftlich als Ergänzung des angefochtenen Testaments anzusehen ist (Celle NJW 1969, 101). Hat der Erblasser eine Person schon testamentarisch bedacht, ohne von deren (künftigem) Pflichtteilsrecht zu wissen, soll die Anfechtung gemäß § 2079 ausscheiden (RG 50, 238). Diesem objektiven Verständnis (RG WarnR 1926 Nr 17; BayObLG ZEV 1994, 109; Staud/Otte Rz 5; Schubert/Czub JA 1980, 261 mwN) steht die subjektive Umstände berücksichtigende Auffassung gegenüber (Damrau BB 1970, 473; Brox ErbR Rz 229; Jung AcP 194, 70), wonach bei Unkenntnis der künftigen Pflichtteilsberechtigung eine Person übergangen ist, solange ihr weniger zugewendet wurde als dem gesetzlichen Erbteil entspricht. Es gelt vornehmlich um die Fälle späterer Heirat und Kindesannahme. Es kann dann eine Anfechtung nach § 2078 gegeben sein. Die Auffassungen führen letztlich nicht zu unterschiedlichen Ergebnissen. Bei nichtehelichen Kindern ist ein vorzeitiger Erbausgleich nach § 1934d aF zu berücksichtigen. Leistungen aus früheren Unterhaltsabfindungen sind idR keine Zuwendungen. Ersatzberufene iSv § 2069 gelten nicht als übergangen, ebensowenig, wer iSv § 1938 ausdrücklich von der Erbschaft ausgeschlossen ist. 3

4. Ob die **Anfechtung nach Satz 2 ausgeschlossen** ist, richtet sich nach dem hypothetischen Willen des Erblassers im Zeitpunkt der Errichtung des Testaments (BGH NJW 1981, 1735; BayObLG ZEV 2001, 315; FamRZ 1985, 534). Spätere Willensänderungen sind unbeachtlich. Der maßgebliche Zeitpunkt wird auch nicht durch eine das Pflichtteilsrecht begründende neue Rechtslage verschoben; diese ist Teil der „Sachlage" (BGH DNotZ 1983, 114). Lediglich das Vorhandensein des Pflichtteilsberechtigten ist als Veränderung auf den Entscheidungsstand bei Testamentserrichtung zu projizieren, so daß zu prüfen ist, ob der Erblasser ebenso verfügt hätte, wenn er diese neue Sachlage gekannt, im übrigen aber alle die Umstände berücksichtigt hätte, die schon für die getroffene Verfügung ausschlaggebend waren (BGH aaO; LM Nr 1). Hat der Erblasser seine Lebensgefährtin aus der Zeit der Testamentserrichtung auch für den Fall der Eheschließung nicht zur Erbin machen wollen, muß das nicht auf eine andere Person, die er später heiratet, übertragen werden (BayObLG FamRZ 1983, 952). Um den im Zeitpunkt der Testamentserrichtung mutmaßlichen Willen zu ergründen, können auch spätere Gegebenheiten, insbesondere Äußerungen des Erblassers, Hinweise geben und ggf Rückschlüsse zulassen. Hat der Erblasser nach Errichtung des Testaments von dem Pflichtteilsberechtigten Kenntnis bekommen und ändert er trotzdem seine Verfügung nicht, kann daraus iSv Satz 2 gefolgert werden, daß sie auch bei Kenntnis der Sachlage getroffen haben würde (RG 77, 170). Das ist nicht zwingend, deutet aber auf den Willen hin, einen späteren Pflichtteilsberechtigten nicht zu bedenken, wenn der Erblasser das Testament „geflissentlich", dh absichtlich weiterbestehen läßt (BGH LM Nr 1; BayObLG 1989, 116). Entscheidend ist der Einzelfall. Der Erblasser mag eine beabsichtigte Änderung aus Krankheitsgründen nicht mehr vorgenommen haben. Er mag es vergessen oder auf einen späteren Zeitpunkt aufgeschoben haben. Es kann auch sein, daß er die neue Rechtslage noch nicht voll übersehen hat oder die Entwicklung hat abwarten wollen. Der bloßen Untätigkeit des Erblassers wird daher nur mit großer Vorsicht entnommen werden können, er habe die Anfechtung ausschließen wollen (im einzelnen Damrau BB 1970, 472). In einem Erbvertrag wird der Ausschluß gewollt sein, wenn die Eheleute sich gegenseitig zu Erben einsetzen, „gleichviel, ob und welche Pflichtteilsberechtigte zur Zeit unseres Todes vorhanden sind" (BGH NJW 1983, 2249). Schließlich kann die Ausübung des Anfechtungsrechts unzulässig sein. Rechtsmißbräuchlich ist aber nicht schon die willkommene Loslösung vom ungeliebten Erbvertrag oder die Schlechterstellung des Pflichtteilsberechtigten (BGH FamRZ 1970, 79; aM Hamburg MDR 1965, 139). 4

§ 2079

5 5. Mit der Anfechtung will der Pflichtteilsberechtigte gesetzlicher Erbe werden. Gesetzliche Erbfolge kommt in Betracht, soweit der Nachlaß nicht wirksam geregelt ist. Wie weit die Rechtsfolge von § 2079 reicht, ist umstritten. Dem Wortlaut wird entnommen, die Anfechtung bewirke grundsätzlich **Gesamtnichtigkeit**, so daß der Gegenbeweis zur Aufrechterhaltung einzelner (Teil-)Verfügungen iSv Satz 2 den eingesetzten Erben obliege (BayObLG 1971, 147; FamRZ 1985, 534; Brandenburg FamRZ 1998, 59; Pal/Edenhofer Rz 7; einschränkend und insoweit widersprüchlich Reinicke NJW 1971, 1964). Danach sollen neben dem Übergangenen auch die übrigen gesetzlichen Erben und sogar die Enterbten in den Genuß der Anfechtung kommen. Dieser Schluß ist keineswegs zwingend. Der Vorschrift liegt die allgemeine Lebenserfahrung zugrunde, nahe Angehörige im Range von Pflichtteilsberechtigten bei der letztwilligen Verfügung bedenken zu wollen. Darauf basiert die gesetzliche Vermutung. Es gibt dagegen keine Vermutung dafür, der Erblasser würde gleichsam von allen testamentarischen Verfügungen Abstand nehmen wollen. Es wäre in Anbetracht von § 2080 III sogar überraschend, wenn auf diese Weise über das Interesse des Anfechtungsberechtigten hinaus die letztwillige Verfügung unwirksam gemacht werden könnte. Es genügt, daß er mit seinem gesetzlichen Erbanteil als Miterbe eingeschoben und die letztwillige Verfügung verhältnismäßig angepaßt wird. Die Anfechtung begründet daher grundsätzlich nur eine auf den gesetzlichen Erbteil des Pflichtteilsberechtigten **beschränkte Nichtigkeit** (Köln NJW 1956, 1522; MüKo/Leipold Rz 19; mit Einschränkungen auch Tiedtke JZ 1988, 651; LG Darmstadt JZ 1988, 671; Vermächtnisse von der Anfechtungswirkung ausnehmend Jung AcP 194, 77, dagegen Staud/Otte Rz 15). Die soweit mögliche Anfechtung entspricht der Vermutung, die von einem entgegenstehenden hypothetischen Willen des Erblassers iSv Satz 2 aber entkräftet werden kann (vgl Düsseldorf NJWE-FER 1998, 180). Was bisweilen übersehen wird (vgl Tiedtke JZ 1988, 651): Der übergangene Pflichtteilsberechtigte erhält weniger als den gesetzlichen Erbteil, „soweit" der Erblasser ihn auch bei Kenntnis der Sachlage nicht berücksichtigt hätte. Die Last des Nachweises tragen die Anfechtungsgegner. Im übrigen gilt der Grundsatz des § 2085, wonach sich die Wirksamkeit solcher Anordnungen beurteilt, die von der Anfechtung nicht oder nicht ganz erfaßt werden. Das bedeutet im Regelfall Bestehenbleiben der testamentarischen Verfügungen. Insbesondere zugunsten etwaiger Enterbter kann aber der mutmaßliche Wille des Erblassers eine weitergehende Unwirksamkeit und insoweit gesetzliche Erbfolge ergeben.

6 Anschaulich ist der **Beispielsfall** bei Reinicke NJW 1971, 1964: Der Erblasser hat den Sohn A und den Neffen zu gleichen Teilen zu Erben berufen; nach dem Erbfall kehrt der verschollene Sohn B zurück und ficht das Testament an. Wenn N im Hause des Erblassers wie ein eigenes Kind aufgewachsen ist, gleichwohl aber die Möglichkeit bleibt, er sei nur anstelle von B eingesetzt, dann wird B gesetzlicher Erbe zu ½, A und N erhalten je ¼. Daß die Söhne ungleiche Anteile bekommen, geht auf den Erblasser zurück, der dem A nur die Hälfte seines gesetzlichen Erbteils zugesprochen hat, also weniger als der Gesetzgeber vermutet. So besteht entgegen Tiedtke (JZ 1988, 651) auch kein Erfordernis, den Schutz der Vorschrift auf den eingesetzten Pflichtteilsberechtigten (A) auszudehnen. Außerdem können A und N iSv § 2079 S 2, wenn es naheliegt, darlegen, wie alle nur zu ⅓ bedacht worden. Im Fall Köln NJW 1956, 1522 erhielt der übergangene Ehegatte ¼ und die Base anstelle des Bruders ¾ der Erbschaft (aM Staud/Otte Rz 16 unter Hinweis auf § 1931 II), denn nur in Höhe der ¾ handelt es sich um gesetzliche Erbfolge. Der gesetzliche Erbanteil des Anfechtungsberechtigten errechnet sich ohne Einbeziehung des Testaments, da die Vermutung des § 2079 objektiver Natur ist (ebenso Tiedtke JZ 1988, 650). Der Fall BayObLG 1971, 147 wird im Ergebnis übereinstimmend gelöst. Die anfechtenden Adoptivkinder sind Erben zu je ¼ neben den testamentarisch enterbten, aber mit einem Vermächtnis bedachten Ehegatten als Erbe zu ½; die Anfechtung hat das die Erbschaft belastende Vermächtnis des Ehegatten vernichtet, so daß nach § 2085 auch die Enterbung des Ehegatten und damit die Erbeinsetzung der nicht verwandten Patenkinder unwirksam wurde.

7 6. Die **Beweislast** bzw die Feststellungslast ist wie bei der Anfechtung nach § 2078 verteilt: der Anfechtende hat die anfechtungsbegründenden, der Gegner die anfechtungsvernichtenden Tatsachen darzutun. Demnach geht es zu Lasten des Anfechtungsgegners, wenn sich der hypothetische Wille des Erblassers iSv § 2079 S 2 nicht mit letzter Sicherheit aufklären läßt (Hamburg FamRZ 1990, 910).

2080 *Anfechtungsberechtigte*

(1) Zur Anfechtung ist derjenige berechtigt, welchem die Aufhebung der letztwilligen Verfügung unmittelbar zustatten kommen würde.

(2) Bezieht sich in den Fällen des § 2078 der Irrtum nur auf eine bestimmte Person und ist diese anfechtungsberechtigt oder würde sie anfechtungsberechtigt sein, wenn sie zur Zeit des Erbfalls gelebt hätte, so ist ein anderer zur Anfechtung nicht berechtigt.

(3) Im Falle des § 2079 steht das Anfechtungsrecht nur dem Pflichtteilsberechtigten zu.

1 1. Der **Kreis der Anfechtungsberechtigten** ist durch das „unmittelbar" in Abs I im Gegensatz zu § 2341 eingeengt. Wem die Anfechtung unmittelbar zustatten kommen würde, ergibt sich aus einem Vergleich mit der hypothetischen Rechtslage nach Anfechtung. Dazu ist der Erfolg der Anfechtung in dem geltend gemachten Umfang zu unterstellen. Eine etwaige Unwirksamkeit aus anderen Gründen bleibt außer Betracht (BayObLG FamRZ 1984, 1272). Unmittelbar zustatten kommt dem Berechtigten aber nicht nur die Erlangung eines Erbrechts oder Anspruchs oder der Wegfall einer Beschwerung oder Beschränkung, sondern auch ein Gestaltungsrecht, zB das Recht, die eigene Ausschlagungserklärung anzufechten (BGH NJW 1991, 168). Anfechtungsberechtigt sind im Einzelfall gesetzliche Erben bei Berufung nichtgesetzlicher Erben; Ersatzerben gegenüber Haupterben; Vor- und Nacherben wechselseitig; der in einem früheren Testament berufene Erbe gegenüber dem in einem späteren Testament berufene (RG 102, 69). Das gilt auch bei familienrechtlichen Anordnungen. Ausnahmsweise läßt die hM bei Erbunwürdigkeit des unmittelbar Begünstigten die Anfechtung durch denjenigen zu, der erst nach dem Erbunwürdigen berufen ist, der im Vorfeld der Erbunwürdigkeitserklärung (§ 2344) aber ein Erbanwartschaftsrecht erworben hat (Pal/Edenhofer Rz 6). Die Gegenmeinung läßt schon die Erbunwürdigkeitsanfechtung nach § 2340 II S 1 zu (Kipp/Coing § 24 IV 1a; Schubert/Czub JA 1980, 263). Schlägt der Anfechtungsberechtigte die Erbschaft aus, geht das Anfechtungsrecht auf den Nächstberufenen über. Da durch Anfechtung keine andere gewillkürte Erbfolge als die im Testament zum Ausdruck gekommene erreicht werden kann (siehe MüKo/Leipold § 2078 Rz 4 mwN; dagegen für Testamentskorrektur bei Motivirrtum v Lübtow I S 302ff), ist ein Dritter nicht anfechtungsberechtigt, um ein formloses Versprechen des Erblassers oder dergleichen durchzusetzen.

Sind **mehrere anfechtungsberechtigt**, kann jeder für sich mit Wirkung für alle anfechten (BGH NJW 1985, 2025; LM Nr 1 zu § 2078; aM MüKo/Leipold Rz 8). Dem Grundgedanken des § 2078 I entspricht es, die begründete Anfechtung eines dazu Berechtigten mit absoluter Wirkung durchgreifen zu lassen, dh soweit der Willensmangel die Verfügung betrifft und nicht soweit der Willensmangel den Anfechtenden benachteiligt, denn das Interesse des Erblassers an einer Richtigstellung seines Willens ist höher zu bewerten als das Interesse des Anfechtungsberechtigten an der lediglich zu seinen Gunsten aufgehobenen Benachteiligung. 2

Der **Erblasser** ist selbst nicht anfechtungsberechtigt, da er sein Testament jederzeit widerrufen kann (§ 2253); anders beim Erbvertrag, soweit es sich um die vertragsmäßigen Verfügungen handelt (§ 2281), und auch beim gemeinschaftlichen Testament, wenn durch den Tod des einen Teils die Bindung des anderen eingetreten ist; vgl §§ 2271 Rz 15 und 2281. Zu beachten ist § 2285: Erlöschen des Anfechtungsrechts, wenn der Erblasser es bereits verloren hat. Im übrigen kann der Erblasser die Anfechtbarkeit durch ein neues Testament oder gar einfache Erklärung (nach Soergel/Loritz Rz 23) beseitigen. Geschieht dies trotz Kenntnis der Anfechtbarkeit nicht, kann daraus uU gefolgert werden, daß der Anfechtungsgrund nicht ursächlich war oder daß der Erblasser es bei seinem Testament belassen wollte (§ 2078 Rz 13). 3

2. Abs II und III engen das „unmittelbar" des Abs I weiter ein auf die bestimmte Person, bezüglich derer sich der Erblasser im Irrtum befunden hat. Hat der Berechtigte den Erblasser überlebt und ist damit sein Anfechtungsrecht entstanden, vererbt es sich auf die Erben des Berechtigten. Stirbt er vor dem Erblasser, kommt es nicht zur Entstehung. Als höchstpersönliches Recht ist es für den Berechtigten nicht übertragbar (MüKo/Leipold Rz 10), jedoch kann die Ausübung einem Dritten überlassen werden. Testamentsvollstrecker und Nachlaßpfleger sind nur anfechtungsberechtigt, soweit eine das Amt einengende Anordnung des Erblassers beseitigt werden soll. Wird das Erbrecht, das mit der Anfechtung entstehen soll, selbst übertragen, geht auch das Anfechtungsrecht auf den Zessionar über (RGRK/Johannsen Rz 8). Bei einer durch Drohung erreichten letztwilligen Verfügung ist nur Abs I anzuwenden. 4

2081 *Anfechtungserklärung*

(1) Die Anfechtung einer letztwilligen Verfügung, durch die ein Erbe eingesetzt, ein gesetzlicher Erbe von der Erbfolge ausgeschlossen, ein Testamentsvollstrecker ernannt oder eine Verfügung solcher Art aufgehoben wird, erfolgt durch Erklärung gegenüber dem Nachlaßgericht.
(2) Das Nachlaßgericht soll die Anfechtungserklärung demjenigen mitteilen, welchem die angefochtene Verfügung unmittelbar zustatten kommt. Es hat die Einsicht der Erklärung jedem zu gestatten, der ein rechtliches Interesse glaubhaft macht.
(3) Die Vorschrift des Absatzes 1 gilt auch für die Anfechtung einer letztwilligen Verfügung, durch die ein Recht für einen anderen nicht begründet wird, insbesondere für die Anfechtung einer Auflage.

1. Man unterscheidet zwischen **Anfechtungsberechtigtem** und **Anfechtungsgegner**. Anders als nach § 143 I muß die Anfechtung in den hier wichtigsten Fällen nach Abs I und III gegenüber dem Nachlaßgericht, ohne daß dieses dadurch Anfechtungsgegner wird, erklärt werden, um aus Gründen der Rechtssicherheit von vornherein für alle Beteiligten Klarheit zu schaffen (RG 143, 352; anders beim Erbvertrag, siehe §§ 2282ff). Die Erklärung kann formlos abgegeben werden und braucht den Anfechtungsgrund nicht zu enthalten; daher können in einem Anfechtungsprozeß andere Gründe vorgebracht werden als in der Erklärung angegeben sind. Nach Anhängigkeit können bei Verneinung des Anfechtungsgrundes aber nicht mehr beliebig andere, erst nach der Anfechtungserklärung entstandene Gründe nachgeschoben werden (OGH 3, 738). Die Anfechtung muß mit dem neuen Grund erneut erklärt werden. 1

Ist irrtümlich eine dem Anfechtungsgegner gegenüber zu erklärende Anfechtung dem Nachlaßgericht gegenüber abgegeben, kann sie mit der Mitteilung nach Abs II wirksam werden. Eine dem Anfechtungsgegner erklärte Anfechtung, die dem Nachlaßgericht hätte zugehen müssen, erlangt keine **Wirksamkeit**. Hingegen sind Vereinbarungen über Anfechtungsrechte nicht ausgeschlossen (siehe § 2078 Rz 12), zB Verzicht (str, ob Bestätigung der anfechtbaren Verfügung durch Anfechtungsberechtigten möglich). Ist der anfechtungsberechtigte Erbe nicht voll geschäftsfähig, muß der gesetzliche Vertreter die Anfechtung erklären, wenn sie dem Erben nicht ausschließlich rechtliche Vorteile bringt (§ 107; siehe Joussen ZEV 2003, 183). Auch § 181 ist anwendbar (BGH NJW 1977, 2168 unter Hinweis auf RG 143, 350f). Hatte der Erblasser seinen letzten Wohnsitz in der DDR, galt § 7 FGG analog (BGH FamRZ 1977, 786 entgegen Vorlagebeschluß KG NJW 1976, 496). 2

2. Über die Wirksamkeit einer Anfechtung hat das **Nachlaßgericht** nur zu befinden, wenn ein Erbschein zu erteilen oder einzuziehen ist. Als Ablehnung der Einziehung kann auch die Zurückweisung einer Anfechtung beschwerdefähig sein (BayObLG FamRZ 1997, 1179; Köln FamRZ 1993, 1124). Sonst ist ein besonderer Rechtsstreit oder in Höfesachen ein Verfahren vor dem Landwirtschaftsgericht durchzuführen, § 18 HöfeO (München DNotZ 1938, 180; KG NJW 1963, 766). Die Beweislast liegt beim Anfechtenden. 3

3. Letztwillige Verfügungen iSv **Abs III** können neben Auflagen betreffen: Beschränkung und Entziehung des Pflichtteils, §§ 2305, 2336; Ausschließung der Auseinandersetzung, § 2044 (Staud/Otte Rz 4; aM Kipp/Coing § 24 V 1a); familienrechtliche Anordnungen. 4

§ 2081

5 4. Übrig bleiben die Fälle, die weder durch Abs I noch durch Abs III erfaßt werden, insbesondere die Anordnung und Aufhebung von Vermächtnissen. Insoweit bleibt es bei der Regel des § 143; die Anfechtung ist gegenüber demjenigen zu erklären, der durch die angefochtene Verfügung unmittelbar betroffen ist (Vermächtnisnehmer; Erbe als Beschwerter) (RG 143, 353). Soll gegenüber einem Ehegatten angefochten werden, hängt es vom Güterstand ab, ob gegenüber einem oder gegenüber beiden Ehegatten anzufechten ist. Wird der Anfechtungsgegner nach dem Erbfall in seiner Verfügungsbefugnis kraft Gesetzes beschränkt (zB Insolvenz), dann ist gegenüber dem Amtsvertreter anzufechten. Eine **Begründung** braucht der Anfechtende nicht anzugeben (BayObLG 1962, 47; Soergel/Loritz Rz 8); nach der Gegenmeinung muß der anfechtungsbegründende Lebenssachverhalt wenigstens in groben Zügen dargestellt werden (Staud/Otte Rz 12; MüKo/Leipold Rz 16). Die Befreiung des Vorerben gemäß § 2136 fällt unter Abs I (MüKo/Leipold Rz 6; aM Soergel/Loritz Rz 6; Rohlfing/Mittenzwei ZEV 2003, 51). Eine Anfechtung bei Vermächtnissen beseitigt die causa der Zuwendung, so daß nach §§ 812ff das bereits Geleistete zurückgefordert werden kann. Ein Anspruch des Bedachten auf Schadenersatz ist gemäß § 2078 III ausgeschlossen.

2082 *Anfechtungsfrist*

(1) Die Anfechtung kann nur binnen Jahresfrist erfolgen.
(2) Die Frist beginnt mit dem Zeitpunkt, in welchem der Anfechtungsberechtigte von dem Anfechtungsgrund Kenntnis erlangt. Auf den Lauf der Frist finden die für die Verjährung geltenden Vorschriften der §§ 206, 210, 211 entsprechende Anwendung.
(3) Die Anfechtung ist ausgeschlossen, wenn seit dem Erbfall 30 Jahre verstrichen sind.

1 1. Aus der Formulierung ergibt sich, daß es sich um eine von Amts wegen zu berücksichtigende **Ausschlußfrist** und nicht um eine Verjährungsfrist handelt. Sie gilt nicht nur für die in § 2081 genannten Fälle. Ob ein Testament rechtzeitig angefochten wurde, kann vom Gericht erst entschieden werden, wenn über den in Frage kommenden Anfechtungsgrund Klarheit besteht, da dessen Kenntnis für den Beginn und für den Ablauf der Frist von Bedeutung ist (BayObLG FamRZ 1990, 1037). Beweispflichtig ist derjenige, der sich auf die Einhaltung oder die Versäumung der Frist beruft (BayObLG 1963, 265).

2 2. Die **Frist beginnt** frühestens mit dem Erbfall, auch wenn der Anfechtungsberechtigte schon zuvor Kenntnis von der Verfügung und dem Anfechtungsgrund hat. Im Fall des § 2269 kommt es für die Erben aus dem zweiten Erbfall auf den zweiten und nicht auf den ersten Erbfall an (BayObLG FamRZ 1977, 347; aM Frankfurt MDR 1959, 393).

3 Die **Kenntnis des Anfechtungsgrundes** setzt voraus, daß der Anfechtungsberechtigte die wesentlichen Tatsachen, aus denen er sein Anfechtungsrecht herleiten kann, erfahren hat. Wird der Anfechtungsberechtigte von dem Nachlaßgericht über den Regelungsumfang eines Testaments unterrichtet, erlangt er damit zuverlässig Kenntnis von der anfechtbaren Regelung (Frankfurt ZEV 2002, 109; auf die Gewißheit erst aufgrund letztinstanzlicher Entscheidung abstellend KGJ 40, 47). Die Kenntnis vom Anfechtungsrecht selbst ist nicht erforderlich (BGH FamRZ 1970, 79; RG 164, 114). Ein Rechtsirrtum ist nach überwiegender Meinung beachtlich, wenn der Irrtum die Unkenntnis einer die Anfechtung begründenden Tatsache zur Folge hat; unbeachtlich ist aber eine rechtsirrtümliche Beurteilung des Anfechtungstatbestandes selbst, also ein reiner Rechtsirrtum (BGH FamRZ 1970, 79; BayObLG 1990, 95; kritisch MüKo/Leipold Rz 8, zwischen Rechtsirrtum und ausschließlich relevantem Tatsachenirrtum unterscheidend). Die Unterscheidung wird bedeutsam, wenn es um die Gültigkeit einzelner, einander widersprechender Testamente geht. Dem Anfechtungsberechtigten darf kein höheres Maß an Rechtskenntnissen und Urteilsvermögen abverlangt werden, als unter Berücksichtigung seiner Verhältnisse erwartet werden kann. Hält er irrtümlich eine ihn begünstigende letztwillige Verfügung für wirksam oder eine sein Erbrecht ausschließende Verfügung für nichtig, muß ihm das hinsichtlich des Fristablaufs nicht zur Last gelegt werden (RG 107, 192; 115, 30; 132, 4; Kiel HEZ 2, 329). Auch die rechtsirrige Beurteilung seines früheren Widerrufs oder eine für wirksam gehaltene Anfechtung setzen die Frist nach der Rspr (Köln OLG 1967, 496; KG OLG 1968, 112; Hamm FamRZ 1994, 849; zustimmend Staud/Otte Rz 11; ablehnend MüKo/Leipold Rz 8) nicht in Lauf. Vgl zum gemeinschaftlichen Testament § 2271 Rz 15 und zum Erbvertrag entsprechend § 2283 Rz 2.

4 3. **Fristablauf.** § 206 bestimmt die Hemmung der Frist bei Verhinderung durch höhere Gewalt, etwa bei Stillstand der Rechtspflege, die auch in einer unrichtigen amtlichen Sachbehandlung (Erbscheinserteilung) liegen kann, wenn der Berechtigte auf die Richtigkeit vertrauen durfte (BayObLG 1989, 116). **§ 210** betrifft die Ablaufhemmung bei mangelnder Vertretung einer geschäftsunfähigen oder beschränkt geschäftsfähigen Person, seit der Neufassung der Vorschrift zum 1. 1. 2002 von Ansprüchen auch gegen den nicht voll Geschäftsfähigen, anzunehmen auch bei Verhinderung des gesetzlichen Vertreters gemäß § 181 (RG 143, 354). **§ 211** regelt die Zugehörigkeit des Anfechtungsrechts zum Nachlaß.

5 Abs III schließt eine Anfechtung später als 30 Jahre nach dem Erbfall jedenfalls aus. Eine diesbezügliche Hemmung kommt auch bei Testamentserrichtung in der DDR nicht in Betracht (Düsseldorf FamRZ 1999, 1461).

6 4. Im Fall der **Fristversäumung** ist zwar die Anfechtung ausgeschlossen, es bleibt aber die Einrede aus § 2083.

2083 *Anfechtbarkeitseinrede*

Ist eine letztwillige Verfügung, durch die eine Verpflichtung zu einer Leistung begründet wird, anfechtbar, so kann der Beschwerte die Leistung verweigern, auch wenn die Anfechtung nach § 2082 ausgeschlossen ist.

1. Gegenüber einem Leistungsanspruch (Vermächtnis, Auflage) steht dem Anfechtungsberechtigten unbeschränkt ein **Leistungsverweigerungsrecht** zu. Die Herausgabepflicht des Vorerben fällt nicht hierunter, da sie eine gesetzliche Folge des Eintritts der Nacherbfolge ist. § 2083 erfaßt auch keine Teilungsanordnungen; ebenso nicht Ausgleichsanordnungen (Staud/Otte Rz 2; MüKo/Leipold Rz 2; aM RGRK/Johannsen Rz 1), wenn es sich nicht um Vermächtnisse handelt. Die Einrede kann schon während des Laufes der Anfechtungsfrist erhoben werden, wenn die Anfechtung nicht besonders erklärt ist. Nach Erfüllung hindert § 814 die Rückforderung. Der Testamentsvollstrecker kann nur mit Zustimmung des Erben (Bevollmächtigung oder Übertragung des Ausübungsrechts) die von ihm verlangte Erfüllung einer letztwilligen Verfügung verweigern, da er den Willen des Erblassers auszuführen hat, und nur der Erbe selbst über die Anfechtung einer letztwilligen Verfügung zu entscheiden vermag (BGH NJW 1962, 1058).

2. Der Erbe kann die Erfüllung einer anfechtbaren Verbindlichkeit auch dann verweigern, wenn er die Anfechtungsfrist des § 2082 versäumt hat. Hat aber bereits der Erblasser die Anfechtungsfrist des § 2283 verstreichen lassen, so daß dem Anfechtungsrecht des Erben § 2285 entgegensteht, dann kann der Erbe die Leistung nicht verweigern (BGH NJW 1989, 2885).

§ 2084 Auslegung zugunsten der Wirksamkeit

Lässt der Inhalt einer letztwilligen Verfügung verschiedene Auslegungen zu, so ist im Zweifel diejenige Auslegung vorzuziehen, bei welcher die Verfügung Erfolg haben kann.

Schrifttum: *Bartz,* Testamentsauslegung bei Vermögenserwerb des Erblassers nach Testamentserrichtung, NJW 1972, 1174; *Bestelmeyer,* Erbfälle mit Nachlaßgegenständen in der ehemaligen DDR, Rpfleger 1992, 229; *Brox,* Die Einschränkungen der Irrtumsanfechtung (§ 8: Das Verhältnis von Auslegung, Anfechtung und Geschäftsgrundlage im Recht der letztwilligen Verfügungen), 1960; *ders,* Der Bundesgerichtshof und die Andeutungstheorie, JA 1984, 549; *Coing,* Die Bedeutung der Zweckgebundenheit juristischer Personen bei der Auslegung von Verfügungen von Todes wegen, FS Nipperdey, 1965 I, S 229; *Dressler,* Der erbrechtliche Auslegungsvertrag – Gestaltungshilfe bei einvernehmlichen Nachlassregelungen, ZEV 1999, 289; *Eisele,* Vertragliches Einvernehmen über die Auslegung unklarer letztwilliger Verfügungen, 2002; *Flume,* Testamentsauslegung bei Falschbezeichnung, NJW 1983, 2007; *H. Foer,* Die Berücksichtigung des Willens des Testators bei der Auslegung mehrdeutiger Verfügungen von Todes wegen, AcP 153 (1953), 492; *R. Foer,* Die Regel „falsa demonstratio non nocet" unter besonderer Berücksichtigung der Testamentsauslegung, 1987; *Foerste,* Die Form des Testaments als Grenze seiner Auslegung, DNotZ 1993, 84; *Gerhards,* Ergänzende Testamentsauslegung und Formvorschriften („Andeutungstheorie"), JuS 1994, 642; *Grunewald,* Die Auswirkungen eines Irrtums über politische Entwicklungen in der DDR auf Testamente und Erbschaftsausschlagungen, NJW 1991, 1208; *Horn,* Das Zivil- und Wirtschaftsrecht im neuen Bundesgebiet, 2. Aufl 1993; *Kapp,* Die Auslegung von Testamenten. Ein Querschnitt durch die Rechtsprechung, BB 1984, 2077; *Keuk,* Der Erblasserwille post testamentum und die Auslegung des Testaments, 1965; *Krampe,* Die Konversion des Rechtsgeschäfts, 1980; *Leipold,* Wille, Erklärung und Form insbesondere bei der Auslegung von Testamenten, FS Müller-Freienfels, 1986, S 421; *J. Mayer,* Auslegungsgrundsätze und Urkundsgestaltung im Erbrecht; DNotZ 1998, 772; *Siber,* Auslegung und Anfechtung der Verfügung von Todes wegen, RG-Festgabe III, 1929, S 350; *Smid,* Probleme bei der Auslegung letztwilliger Verfügungen, JuS 1987, 283; *Steffen,* Auslegung von Testamenten und Erbverträgen, RdL 1983, 57; *Stumpf,* Erläuternde und ergänzende Auslegung letztwilliger Verfügungen im System privatautonomer Rechtsgestaltung, 1991; *Tappmeier,* Die erbrechtlichen Auslegungsvorschriften in der gerichtlichen Praxis, NJW 1988, 2714; *Welter,* Auslegung und Form testamentarischer Verfügungen, 1985; *Wolf/Gangel,* Der nicht formgerecht erklärte Erblasserwille und die Auslegungsfähigkeit eindeutiger Verfügungen BGH NJW 1981, 1737 und NJW 1981, 1736, JuS 1983, 663.

1. Die Vorschrift betrifft die **Auslegung des Inhalts einer letztwilligen Verfügung** und setzt damit als selbstverständlich voraus, daß der Inhalt wie bei jeder rechtsgeschäftlichen Willenserklärung iSv § 133 auslegungsfähig und nicht auf die Ausdeutung des formellen Wortlauts beschränkt ist. Mit dem Inhalt seiner Verfügung will der Testator einen bestimmten Rechtserfolg herbeiführen, ebenso wie es der Erklärende mit einer sonstigen Willenserklärung bezweckt. Sein Wille drückt sich in dem schriftlich niedergelegten Text des Testaments aus. Wenn sich der Text als eindeutig erweist und die Beteiligten keine Zweifel haben, bleibt nichts auszulegen. Möglicherweise hat der Erblasser mit seiner Formulierung aber einen anderen Sinn verbunden, als es nach allgemeinem Sprachgebrauch anzunehmen ist. Ferner kann der Sinn eines Testaments schwer erfaßbar sein, weil der Wortlaut bei ungezwungener Ausdeutung mißverständlich, widersprüchlich oder sonstwie schwer verständlich ist. Die Auslegung soll dahin führen, den in oder hinter solch einem Wortlaut stehenden wahren Willen des Erblassers zu erkennen, um dann entscheiden zu können, ob er „eine hinreichende Stütze" im Testament selbst findet (BGH 86, 41). Mit dieser Zielsetzung richtet sich die Auslegung letztwilliger Verfügungen grundsätzlich nach den allgemeinen Vorschriften, in erster Linie nach § 133. Des Weiteren finden die erbrechtlichen Auslegungsregeln der §§ 2066–2076 Anwendung. Einen Sonderfall im Rahmen der Auslegung regelt § 2084: Bei verschieden möglichen Auslegungen ist diejenige zu wählen, bei der der Wille des Erblassers den gewünschten Erfolg haben kann.

2. Zu beachten ist, daß es sich bei der letztwilligen Verfügung um eine nicht empfangsbedürftige Willenserklärung handelt und deswegen der subjektive, selbst unvollkommen ausgedrückte Wille des Erblassers entscheidend ist und demgegenüber der objektive Gehalt der Erklärung zurücktreten kann (vgl § 133 Rz 15). Erbverträge sind mehr nach den Grundsätzen auszulegen, die den Vertrauensschutz für vertragliche und empfangsbedürftige Willenserklärungen unter Lebenden bedingen, **§§ 157, 242**. Brox (ErbR Rz 219ff) stellt bei der Auslegung erbvertraglicher Verfügungen darauf ab, inwieweit der Vertragspartner schutzwürdig ist, infolgedessen § 157 nur bei entgeltlichen Verträgen zur Anwendung komme (dagegen MüKo/Leipold Rz 23). Hier wird die Auslegung nach Verkehrssitte und Empfängerhorizont vorgenommen, die Berücksichtigung von Treuepflichten aber davon abhängig gemacht, daß sich der Vertragspartner seinerseits durch korrespondierende Verfügungen von Todes wegen gebunden hat. Bei gemeinschaftlichen Testamenten sind die Verfügungen nach den Vorstellungen beider Ehegatten auszulegen, da der eine Ehegatte sich bei seinen Verfügungen von seinen Vorstellungen über die des anderen leiten läßt. Dies gilt für wechselbezügliche und nur gegenseitige Verfügungen (BGH NJW 1951, 959; FamRZ 1973, 189). Es ist daher stets zu prüfen, ob eine nach dem Verhalten des einen Ehegatten mögliche Auslegung auch dem Willen des anderen Ehegatten entspricht (BGHRp 2002, 66; NJW 1993, 256; KG Rpfleger 1987, 111; Hamm JR 1987, 376).

3   3. Zur Formgültigkeit der letztwilligen Verfügung muß die Auslegung einen Anhalts- oder Ausgangspunkt in der schriftlichen Erklärung selbst haben **(Andeutungstheorie)**, sonst würde jede beweisbare mündliche Erklärung bindende Kraft erlangen können (hM, BGH 26, 204; 80, 242; 80, 246; 86, 45; NJW 1993, 256; MüKo/Leipold Rz 9; Staud/Otte vor § 2064 Rz 28ff). Die Form soll überlegtes Testieren fördern, das rechtsverbindlich Gewollte erkennen und durch die Beweiskraft Streitigkeiten ausräumen helfen (BGH 94, 36). Dieser Zweck wird verkannt, wenn man das Formerfordernis nicht auf den maßgeblichen Inhalt der letztwilligen Verfügung erstreckt (so aber Brox ErbR Rz 197, der das Vorliegen überhaupt einer formgerechten Verfügung von Todes wegen genügen läßt, um den feststehenden wahren Willen zur Geltung zu bringen; gegen die Andeutungstheorie auch Flume AT Bd II § 16, 2; MüKo/Mayer-Maly/Busche § 133 Rz 53; Foerste DNotZ 1993, 84; Gerhards JuS 1994, 642). Praktisch bedeutsam wird der Meinungsunterschied, wenn mit der Andeutungstheorie eine nachweislich gewollte, aber vergessene Erbeinsetzung unwirksam ist (vgl BGH 80, 242). In den Fällen der sog bewußten Falschbezeichnung gelangt aber auch die Andeutungstheorie nicht zu einem Formmangel, denn was in der Erklärung zum Ausdruck kommt, ist konsequenterweise aus der Sicht des Erblassers zu beurteilen, der seine Ehefrau darum „Mutter" und seinen Weinkeller „Bibliothek" nennen mag.

4   Die mit der Entscheidung BGH 86, 41 eingeleitete neuere Rspr hat die Andeutungstheorie nicht etwa aufgegeben, wie aus dem Leitsatz, auch ein klarer und eindeutiger Wortlaut setze der Auslegung keine Grenzen, zunächst gefolgert wurde (Flume NJW 1983, 2007; Brox JA 1984, 549). Zur Auslegung einer letztwilligen Verfügung sind danach über die Analyse des Wortlauts hinaus alle greifbaren Umstände heranzuziehen, um den dahinterstehenden Sinn zu ermitteln. Der wirkliche Wille hat auch gegenüber einem scheinbar klaren und eindeutigen Wortlaut Vorrang, wenn der Erblasser mit seiner Wortwahl einen vom allgemeinen Sprachgebrauch abweichenden Sinn verbunden hat (BGH 86, 41; 94, 36; BayObLG NJW 1992, 322; NJWE-FER 1997, 181; Zweibrücken NJW-RR 1989, 453; KG Rpfleger 1987, 111; Karlsruhe BWNotZ 1984, 69). Wenn die Frage, ob der so geschlossene Wille des Erblassers in der Erklärung gleichwie andeutungsweise zum Ausdruck gekommen ist, nach der genannten Rspr einem gesonderten Prüfungsgang vorbehalten wird, relativiert der BGH die aufgestellte Prüfungsfolge nunmehr dahin, daß es weder um die Ermittlung eines von der Erklärung losgelösten Willens des Erblassers gehe noch um die Beilegung eines in der Erklärung überhaupt nicht zum Ausdruck gekommenen Sinnes (BGH FamRZ 1987, 475). Eine Trennung der Auslegungsfrage von der Formfrage ist in der Tat problematisch, führte bei konsequenter Anwendung insbesondere zu gerichtlichen Beweisaufnahmen, die sich im Lichte unerfüllter Formerfordernisse dann als nutzlos erwiesen (siehe dazu Leipold JZ 1983, 711; ders in FS Müller-Freienfels S 421; Kuchinke JZ 1985, 748). In diesem Sinne findet also grundsätzlich keine gesonderte Prüfung des Erklärungsinhalts statt, sondern die Prüfung fällt mit derjenigen der Wahrung der gesetzlichen Form weitgehend zusammen (BGH FamRZ 1987, 475).

5   4. Die Auslegung soll dem wahren Willen des Erblassers zum Erfolg verhelfen. Es ist grundsätzlich von den Vorstellungen und Verhältnissen des Erblassers zur Zeit der Testamentserrichtung auszugehen. Von hier aus ist der gewollte Sinn der Verfügung zu erforschen. Dazu ist nicht nur der Wortlaut und der unmittelbar damit verbundene Sinn von Bedeutung, sondern es sind **alle zugänglichen Umstände** auch außerhalb des Testaments auszuwerten, die geeignet sind, zur Erschließung des Erblasserwillens beizutragen (BGH 86, 41; 94, 36; Zweibrücken NJWE-FER 1998, 39). Es kann auf allgemeine Lebenserfahrung zurückgegriffen (BGH FamRZ 1987, 475) und es können Äußerungen in Briefen oder gelegentlich der Testamentserrichtung berücksichtigt werden; ebenso Erklärungen in aufgehobenen Verfügungen, deren Inhalt aber beibehalten werden sollte; außerdem das persönliche Verhältnis und die Intensität der Kontakte zu den möglicherweise Bedachten (Zweibrücken NJW-RR 1989, 453). Äußerungen aus der Zeit nach Testamentserrichtung sind soweit zu verwerten, wie sie einen Rückschluß auf den Willen des Erblassers zur Zeit der Testamentserrichtung zulassen (BayObLG NJW 1988, 2742), nicht jedoch, soweit sie auf eine Abänderungsabsicht schließen lassen (zur Problematik der Motivangabe in der Urkunde vgl Mayer DNotZ 1998, 784). Es kommt auch nicht auf die Vorstellungen des beurkundenden Notars an (KG Rpfleger 1987, 111); gleichwohl hat die Wortwahl (zB „Teilungsanordnung" und nicht „Vorausvermächtnis") Gewicht, wenn ein Notar das Testament beurkundet hat (BGH NJW-RR 1990, 391). Ebenso können sich die Wahrnehmungen von Urkundspersonen und Zeugen als Beweisquellen eignen, soweit sie den Willen des Erblassers erkennen lassen (LG Deggendorf ZEV 2003, 247 insoweit zT nicht abgedruckt). Eine Rolle spielen kann auch die äußere Gestaltung der Testamentsurkunde (BayObLG FamRZ 1990, 318). Wenn in der Ausschöpfung mitteilsamer Umstände nicht sogleich am Wortlaut der auszulegenden Erklärung festzuhalten ist, soll damit erreicht werden, daß der Auslegung nur nichts entgeht. Im Endeffekt bleibt es aber bei der Fragestellung, was der Testierende mit seinen Worten habe sagen wollen. Der Wortsinn wird daher hinterfragt, um von den möglichen Bedeutungen die rechtlich maßgebende zu erkennen (BGH FamRZ 1987, 475). Auslegungsfragen ergeben sich regelmäßig im Zusammenhang a) mit Verfügungen mehrdeutigen Inhalts, b) mit Verfügungen unvollständigen Inhalts und c) mit Verfügungen unzulässigen Inhalts, die aber mehrere Auslegungsmöglichkeiten offenlassen.

6   **a)** Die **erläuternde Auslegung** betrifft Verfügungen mehrdeutigen Inhalts. Auch scheinbar eindeutigen Formulierungen kann ein Sinn beigelegt werden, den der klare Begriff zunächst nicht vermuten läßt (BGH 86, 41). Da Beziehungen, Satzwendungen und Rechtsbegriffe allein aus den subjektiven Vorstellungen des Erblassers heraus zu interpretieren sind, ist mit „leiblichem Abkommen" nicht eindeutig lediglich die Abgrenzung zu angenommenen

Allgemeine Vorschriften   § 2084

(BGH WM 1983, 74; Brandenburg FamRZ 1999, 55) oder unehelichen Kindern (Köln FamRZ 1993, 856) ausgedrückt. „Unsere gemeinschaftlichen Kinder, soweit solche aus unserer Ehe hervorgehen", sind uU nur leibliche und nicht auch Adoptivkinder (Düsseldorf NJWE-FER 1998, 84). Zu den „Kindern" gehört vielleicht nicht ein bereits volljährig Angenommener (LG München I FamRZ 2000, 569), während idR auch Adoptivkinder gemeint sind (Hamm Rpfleger 1999, 278). Werden Kind und Enkelkinder „zu gleichen Teilen" eingesetzt, kann eine Aufteilung nach Stämmen gemeint sein (BayObLG Rpfleger 1988, 24). Ist ein Abkömmling mit einem geringfügigen Betrag „als einmaliger Zahlung" bedacht, kann darin die laienhafte Vorstellung des Erblassers zum Ausdruck kommen, darüber hinaus sei der ganze Stamm enterbt (Karlsruhe BWNotZ 1984, 69), umgekehrt bei verbleibenden Zweifeln (BGH FamRZ 1959, 149). Wer die Hinterlassenschaft „verwalten" soll, kann entgegen dem objektiven Erklärungsinhalt des Begriffs Erbe sein (BayObLG NJW-RR 1989, 837). Eine Erbeinsetzung „für den Fall des gemeinsamen Ablebens", „gleichzeitigen Versterbens" oä ist keineswegs eindeutig (aM Karlsruhe OLG 1988, 24); sie betrifft bei nächstliegender Auslegung in engem zeitlichen und inneren Zusammenhang stehende Todesfälle, kann aber auch das Nacheinanderversterben ohne zeitliche Nähe meinen (vgl BayObLG Rpfleger 2003, 190; Düsseldorf NJW-RR 1999, 1527; Hamm NJWE-FER 1997, 37; Stuttgart FamRZ 1994, 592; siehe auch § 2269 Rz 6). Ein „Geschäft mit sämtlichen Aktiven und Passiven" kann selbst in der Bilanz enthaltene Grundstücke nicht umfassen, wenn darüber besondere Bestimmungen getroffen sind (BGH FamRZ 1958, 180). Die Einsetzung von „Schluß- und Ersatzerben" kann lediglich Bedeutung einer Ersatzerbenbestimmung („ersatzweise zu Schlußerben") haben, wenn zu einem gemeinschaftlichen Testament bereits Schlußerben benannt sind und sich für eine Nacherbeinsetzung kein Anhaltspunkt ergibt (BayObLG NJWE-FER 1997, 276). Zu den Fällen unbewußter Falschbezeichnung siehe auch Wolf/Gangel JuS 1983, 665; zur bewußten Falschbezeichnung Rz 3, zur verschlüsselten Ausdrucksweise BGH WM 1976, 744.

b) Die **ergänzende Auslegung** betrifft unvollständige Verfügungen. In der Zeit zwischen Testamentserrichtung 7 und Erbfall können sich Änderungen hinsichtlich der bedachten Personen oder der zugewendeten Sache ergeben, die vom Erblasser im Testament nicht genügend berücksichtigt worden sind. Der Wille des Erblassers ist dann sinngemäß zu ergänzen. Es wird ermittelt, was nach der Willensrichtung des Erblassers zur Zeit der Errichtung des Testaments als von ihm gewollt anzusehen ist, sofern er vorausschauend das spätere Ereignis bedacht haben würde. Die Entwicklung ist insoweit in allen seinen wesentlichen, für die Willensbildung bedeutsamen Zügen zu erfassen (Hamm NJWE-FER 1997, 61). Diesem hypothetischen Willen entsprechend erfolgt die Anpassung der Verfügung an die neue Lage. Die Zulässigkeit der ergänzenden Testamentsauslegung ist seit RG 99, 82 allgemein anerkannt. Zwar gibt es keine unmittelbare gesetzliche Grundlage, doch wird auf die Privatautonomie des Erblassers verwiesen (Stumpf S 209) oder an den Zweck des § 2084 angeknüpft, nach Möglichkeit die testamentarische Nachlaßregelung vor der gesetzlichen Platz greifen zu lassen (MüKo/Leipold Rz 38). Der hypothetische Wille des Erblassers kann sich ua auch außerhalb des Testaments liegenden Umständen sowie aus der allgemeinen Lebenserfahrung erschließen, muß jedoch in der Erklärung eine Stütze finden. Auch hier gilt die Andeutungstheorie (BGH 74, 116; BayObLG NJW 1988, 2744; Köln FamRZ 1990, 438; Staud/Otte vor § 2064 Rz 87). Maßgeblicher Zeitpunkt ist der des Testierens. Ändert der Erblasser danach seine Meinung, kommt eine Anpassung nicht in Frage, solange man dem Formerfordernis iSd Andeutungstheorie Gewicht beimißt (Welter S 130). Demgegenüber berücksichtigt Brox (Irrtumsanfechtung S 154) einen hypothetischen Willen im Zeitpunkt der Testamentserrichtung zB derart, daß der Erblasser bei Kenntnis seiner später gewandelten Sympathiebekundungen gegenüber seinen Freunden einen anderen zum Alleinerben bestimmt hätte. Mit der ergänzenden Auslegung verbindet sich hier die Frage, wie weit man der richterlichen Gestaltung der letztwilligen Verfügung den Vorrang gegenüber der kassierenden Anfechtung einräumen will (eine zurückhaltende Anwendung der ergänzenden Testamentsauslegung begrüßend auch Staud/Otte vor § 2064 Rz 107ff). Spätere Gegebenheiten lassen sich nur berücksichtigen, soweit sie zu Rückschlüssen geeignet sind, wie der Erblasser testiert hätte. Daran anknüpfend können spätere Umstände aber nicht ohne jede zeitliche Begrenzung herangezogen werden, denn mit Wirkung der letztwilligen Verfügung soll auch nach dem realen Willen des Erblassers seine Dispositionsmöglichkeit enden. Tatsächliche Veränderungen nach dem Erbfall bleiben beachtlich, bis die volle Wirkung der Verfügung eintritt, zB bis zum Nacherbfall (MüKo/Leipold Rz 59, BGH LM Nr 5; BayObLG NJW-RR 1991, 1094). Im Zusammenhang mit Geldentwertung (RG 108, 85) und Währungsreform (OGH 1, 156) hat es Anpassungen an die neue wirtschaftliche Lage gegeben, was bei einer bereits angefallenen Zuwendung aber ausscheiden muß. Dem gleichen Maßstab unterliegen Verfügungen, die nicht ohne den Einfluß politischer Entwicklungen und deren rechtlicher und wirtschaftlicher Veränderungen (in der ehemaligen DDR) gesehen werden können (so auch Grunewald NJW 1991, 1209; Bestelmeyer Rpfleger 1992, 326; Oldenburg DtZ 1992, 290; aM Frankfurt DtZ 1993, 216; Horn S 207; R. Meyer ZEV 1994, 14; unentschieden, aber nicht ausschließend BayObLG ZEV 1994, 47; KG FamRZ 1996, 569; Naumburg FGPrax 1996, 30). Auf den Gedanken der Zumutbarkeit kommt es nach Wirksamwerden der Verfügung nicht an. Der Erblasser vermacht sein Vermögen und will es an jemanden vermachen, wie es sich beim Erbfall oder einem anders angeordneten Zeitpunkt darstellt. Im Wege der ergänzenden Auslegung lassen sich Verfügungen von Todes wegen bei Erbfällen vor der deutschen Einigung unter Bezugnahme auf eben dieses unvorhergesehene Ereignis idR nicht anpassen, wie auch idR nicht anfechten (vgl § 2078 Rz 7, 9). Ein anerkannter Anwendungsfall betrifft die Berufung von Ersatzerben, wenn die bedachte Person vor dem Erblasser stirbt. Bei Einsetzung von Verwandten liegt es nahe, sie als Erste ihres Stammes anzusehen (BayObLG NJW 1988, 2744); nicht ohne weiteres aber bei Lebensgefährten (vgl § 2069 Rz 8), insbesondere nicht hinsichtlich deren Verwandten 2. und 3. Grades (BayObLG ZEV 2001, 24); ferner liegt solche Annahme auch, wenn die Einsetzung einer Pflegeperson als gezielte Belohnung für die persönliche Betreuung erfolgt ist (Hamm Rpfleger 1987, 247). Stirbt die zum Testamentsvollstrecker bestimmte Person vor dem Erblasser, dann kann angenommen werden, daß der Erblasser bei Berücksichtigung der eingetretenen Sachlage die Ernennung eines Testamentsvollstreckers durch das Nachlaßgericht gewollt hätte (BayObLG NJW-RR 1988, 387). Einer Hoferbenbestimmung nach § 7 HöfeO kann, wenn die zum Hof gehörenden Grundstücke im

§ 2084
Erbrecht Testament

wesentlichen zur Vermeidung einer Enteignung veräußert worden sind, dahin auszulegen sein, daß der Bedachte den Hof unabhängig von dessen rechtlicher Qualifikation als Vermögenswert bekommen soll. Insofern kann dem Bedachten auch der Erlös aus der Veräußerung von Grundstücken oder das ersatzweise beschaffte Grundstück zufallen (BGH 86, 41).

8 c) Die **wohlwollende Auslegung** betrifft Verfügungen, die mehrere Auslegungsmöglichkeiten zulassen, und von denen eine zur Unwirksamkeit der Verfügung führen würde. Es ist dann diejenige Auslegung geboten, die der Verfügung zur Wirksamkeit verhilft. Dieser Rechtssatz entstammt unmittelbar **§ 2084** und ergänzt den § 133. Darüber hinaus steht die Vorschrift in engem Zusammenhang mit dem Grundsatz der Umdeutung oder Konversion aus § 140. Deren Verhältnis zueinander wird unterschiedlich gesehen. Umdeutung und wohlwollende Auslegung unterscheiden sich im wesentlichen durch den zugrundeliegenden Willen, der bei Anwendung der Auslegung beide möglichen Rechtsgeschäfte umfaßt, bei Anwendung der Umdeutung aber auf das nichtige abzielt, infolgedessen ein voraussetzungsmäßig von dem nichtigen abgedecktes Rechtsgeschäft erst nach Feststellung des hypothetischen Willens zur Wirksamkeit gebracht wird. Neben der Einordnung von § 2084 als echte Auslegungsregel (MüKo/Leipold Rz 29) wird die Vorschrift auch als umdeutender Rechtssatz aufgefaßt (v Lübtow I S 278), während umgekehrt auch die Umdeutung als Unterfall der ergänzenden Auslegung verstanden wird (Staud/Otte Rz 1 im Anschluß an Krampe S 280ff). In der Praxis wird nicht immer genau unterschieden, mitunter verfließen auch die Grenzen. Ein testamentarisches Verbot, den im wesentlichen den Nachlaß ausmachenden Grundbesitz anderweitig zu „übergeben" als an die Abkömmlinge der Söhne, kann wegen des Grundsatzes der Testierfreiheit nicht wirksam (§ 134) Gegenstand einer Auflage sein und als Nacherbfolge ausgelegt werden, um die bezweckte Bindung des Grundbesitzes zugunsten der benannten Abkömmlinge zu verwirklichen (BayObLG FamRZ 1986, 608); ohne Andeutung der Nacherbeneinsetzung gelangt man zum gleichen Ergebnis durch Umdeutung (vgl Hamm NJW 1974, 60). Schon bei Anwendung besonderer Auslegungsregeln ist der Grundsatz der wohlwollenden Auslegung zu berücksichtigen. So hält es der BGH (WM 1987, 564) für rechtlich bedenklich, eine Verfügung gemäß § 2087 I dergestalt auszulegen, daß sie (§ 2065 II zufolge) unwirksam und nach § 140 in eine wirksame Verfügung (iSv § 2193) umzudeuten ist: § 2084 legt von vornherein eine Auslegung im Sinne der wirksamen Anordnung nahe und macht eine zusätzliche Umdeutung dadurch entbehrlich. Ohne daß eine der Auslegungsalternativen zur Unwirksamkeit führen muß, wird von mehreren Auslegungsmöglichkeiten auch diejenige vorgezogen, die weniger umständlich und mit geringeren Kosten den erstrebten wirtschaftlichen Erfolg gewährleistet (anschauliches Beispiel: KG JW 1938, 2273 Nr 6; vgl Kipp/Coing § 21 Vb). § 2084 verhilft so auch praktikableren Lösungen zum Erfolg. Ist die Verfügung zweifelsfrei von Erfolg und bleibt nur fraglich, in welchem Umfang, dann gilt der Grundsatz des § 2084 nicht, und es ist allein nach § 133 der Erklärungsinhalt zu erforschen, zB wenn ein Hausgrundstück „mit allem was dazu gehört" vermacht wird und Streit darüber besteht, ob hierunter auch Nicht-Zubehör fällt. Ebenso ist allein nach § 133 zu beurteilen, ob eine Erklärung des Erblassers rechtsgeschäftlicher Natur sei oder lediglich einen unverbindlichen Wunsch (BGH LM Nr 13, aM Stuttgart BWNotZ 1960, 150) oder eine unverbindliche Mitteilung (BGH WM 1976, 744) enthält, was besonders bei Briefen in Betracht zu ziehen ist. Das gleiche gilt für die Abgrenzung einer wirksamen Verfügung von einer bloßen Ankündigung oder einem Entwurf (KG NJW 1959, 1441; BayObLG FamRZ 1992, 353) sowie bei Zweifeln über die Mißachtung von Formerfordernissen wie etwa einer fehlenden Unterschrift (BayObLG FamRZ 1983, 836; Neustadt Rpfleger 1962, 446; differenzierend Erman/Hense[7] Rz 4).

9 § 2084 baut auf einer verbindlichen Willenserklärung auf, dem Wortlaut nach auf einer letztwilligen Verfügung, die der Auslegung zugänglich ist. Nach hM muß indessen nicht feststehen, daß es sich bei der rechtsgeschäftlichen Erklärung um eine Verfügung von Todes wegen handelt. Bestehen Zweifel hinsichtlich der Einordnung als Verfügung von Todes wegen oder als Rechtsgeschäft unter Lebenden und bliebe dem Rechtsgeschäft in einem der beiden Fälle die Wirksamkeit versagt, dann wird die Auslegungsregel des **§ 2084 entsprechend** angewendet (BGH FamRZ 1985, 693; NJW 1984, 46; MüKo/Leipold Rz 34 mwN; aM Kipp/Coing § 21 Vb § 33 IIa: § 140). Dem übereinstimmenden Grundgedanken der §§ 2084 und 140 zufolge soll die Verwirklichung des Erblasserwillens an Zweifeln über die rechtliche Einordnung des Geschäfts regelmäßig nicht scheitern. Abzulehnen ist die Anwendung aber im Rahmen des § 2301, wenn es darum geht, ein Rechtsgeschäft den Vorschriften der Verfügungen von Todes wegen oder der Schenkung unter Lebenden zu unterstellen (Bork JZ 1988, 1063; aM BGH NJW 1988, 2731). Mit dem Normzweck, eine Umgehung der Vorschriften des Erbrechts zu verhindern, verträgt es sich nicht, im Zweifel den Willen des Zuwendenden anzunehmen, der auf eine Umgehung hinausläuft (vgl § 2301 Rz 4). Bedenklich erscheint auch die entsprechende Anwendung des § 2084 zur Klärung der nach Art 25 II EGBGB zulässigen beschränkten Rechtswahl (Süß Anm zu Zweibrücken FamRZ 2003, 162).

10 4. Steht fest, daß der Erblasser ein Rechtsgeschäft gewollt hat, das sich schließlich als unwirksam erweist, dann kommt eine **Umdeutung** (Konversion) iSv § 140 in Betracht. Ungeachtet der rechtlichen Gestaltung des Rechtsgeschäfts soll der wirtschaftliche Erfolg mit der Zielrichtung verwirklicht werden, die dem Erblasser von Anfang an vorgeschwebt hat. Bei der Umgestaltung in ein anderes, wirksames Rechtsgeschäft müßten dessen Voraussetzungen vorliegen und von dem (hier) hypothetischen Willen des Erblassers gedeckt sein. Die wirtschaftlichen Folgen müssen im wesentlichen übereinstimmen, dürfen jedenfalls über den ursprünglichen Rahmen nicht hinausgehen. Ist eine letztwillige Verfügung als solche nicht mehr zu halten, kann eine Umdeutung in ein Rechtsgeschäft unter Lebenden erfolgen, zB Umdeutung eines erbvertraglichen Vermächtnisses in eine befristet vollzogene Schenkung (BGH NJW 1978, 423; krit Schubert JR 1978, 289; abl Tiedtke NJW 1978, 2572). Häufiger sind die umgekehrten Fälle, in denen ein Rechtsgeschäft unter Lebenden in eine Verfügung von Todes wegen umgestaltet wird (dagegen wegen struktureller Unterschiede Smid JuS 1987, 289), im Fall BGH 40, 218 Umdeutung eines Übergabevertrages über das gesamte Vermögen ohne die nach § 1365 erforderliche Zustimmung des Ehegatten in einen Erbvertrag, Umdeutung eines aus gleichem Grund unwirksamen Grundstückskaufvertrages in einen Erbvertrag (BGH 77, 29;

abl Tiedtke FamRZ 1981, 1), oder Umdeutung einer in einem Ehevertrag beurkundeten, nach § 2302 nichtigen Verpflichtung zur Testamentserrichtung in einen Erbvertrag (Hamm FamRZ 1997, 581). Innerhalb des Erbrechts können aus formwidrig errichteten gemeinschaftlichen Testamenten einzelne Verfügungen als Einzeltestamente aufrechtzuerhalten sein, ohne daß dafür eine Regel spricht (anders aber Frankfurt MDR 1976, 667; Krampe S 160; vgl auch die Nachweise bei Rz 8 aE zum Entwurf und § 2267 Rz 3). Es kann ein formnichtiges Vertragsangebot zur Aufhebung eines Erbvertrags die Voraussetzungen eines Rücktritts vom Erbvertrag erfüllen (Hamm DNotZ 1977, 752).

5. Die Auslegung ist Sache des Richters. Führen die Umstände nicht mit letzter Sicherheit zur Überzeugung 11 über den Erblasserwillen, soll sich der Richter notfalls damit begnügen, „den Sinn zu ermitteln, der dem (mutmaßlichen) Erblasserwillen am ehesten entspricht" (BGH 86, 41; als ergänzende Auslegung mißdeutend Zweibrücken Rpfleger 1986, 479). Bei richterlichen Zweifeln an dem wirklichen Willen ist der Sinn zu ermitteln, der dem wirklichen Willen am ehesten entspricht; ein irrealer Wille ist dagegen nur gefragt, wenn feststeht, daß der Erblasser keinen realen Willen gebildet hat. Der Richter kann sich also auch bei einem großen Maß an Zweifeln nicht von der Auslegungsaufgabe lösen (vgl BGH NJW 1981, 2745), ist dafür aber auch in der Wertung der Umstände frei, solange sie sich im Rahmen der Denkgesetze und allgemeinen Erfahrung hält, mit den gesetzlichen Auslegungsregeln in Einklang steht, dem klaren Sinn und Wortlaut nicht widerspricht und die wesentlichen Umstände ausschöpft. Die Schlußfolgerungen müssen nicht zwingend sein, so daß es nicht darauf ankommt, ob ein anderer Sinn ebenso nahe oder sogar näher gelegen hätte (BGH 121, 357; BayObLG Rpfleger 2002, 28; Köln Rpfleger 2003, 193; Zweibrücken FGPrax 1999, 113). Nachprüfbar ist die Auslegung unter revisions- und rechtsbeschwerderechtlichen Gesichtspunkten nur auf ihre Gesetzmäßigkeit. Bei Beanstandungen kann das Beschwerdegericht selbst entscheiden, wenn keine weiteren Ermittlungen mehr erforderlich sind (BGH 32, 63). An die Stelle des Richters kann auch ein **Schiedsgericht** treten, das der Erblasser durch letztwillige Verfügung einsetzt und das zu Feststellungen über die Gültigkeit von Anordnungen und zur Auslegung nach den anerkannten Grundsätzen befugt ist (vgl § 2065 Rz 2).

6. Wenn letztwillige Verfügungen in der Bestimmung der Bedachten oder der Zuwendungen nicht eindeutig 12 sind, einigen sich die Beteiligten häufig untereinander. Einverständliche Erklärungen, mitunter an den Erbscheinsantrag gekoppelt, vermögen vielfach eine Indizwirkung für die Auslegung zu bilden, soweit sie dem Sinn und Wortlaut nach im Rahmen der Ziele und Vorstellungen des Erblassers bei Abfassung der letztwilligen Verfügung bleiben. Soweit die „einverständliche Auslegung" darüber hinausgeht und einer eigenen erbrechtlichen Gestaltung gleichkommt, gewinnt sie schuldrechtlichen Charakter und bedingt noch die entsprechenden dinglichen Übertragungen etwa von Erbteilen. Ein derartiger **Auslegungsvertrag** ist als Vergleich iSv § 779 zulässig und bedarf der notariellen Beurkundung gemäß §§ 2385, 2371 (BGH NJW 1986, 1812 mit Anm Cieslar DNotZ 1987, 113 und Damrau JR 1986, 375, der auf formlos mögliche Einigungen über Teilungsanordnungen und Vermächtnisse hinweist; Frankfurt DNotZ 2001, 143; Dressler ZEV 1999, 289; Eisele S 74). Die Beteiligten können indessen nur an die vom Erblasser geschaffene Rechtslage anknüpfen und ggf mit inhaltlichen Vereinbarungen so zu stellen, als sei ihre einverständliche Auslegung zutreffend. Die Verfügung von Todes wegen selbst steht keinesfalls zu ihrer Disposition. Der Auslegungsvertrag begründet daher kein materielles Erbrecht. Ein Streit der Beteiligten darüber, ob sie einen wirksamen Auslegungsvertrag geschlossen haben, ist im Erbscheinsverfahren nicht auszutragen (Frankfurt DNotZ 2001, 143).

2085 *Teilweise Unwirksamkeit*
Die Unwirksamkeit einer von mehreren in einem Testament enthaltenen Verfügungen hat die Unwirksamkeit der übrigen Verfügungen nur zur Folge, wenn anzunehmen ist, dass der Erblasser diese ohne die unwirksame Verfügung nicht getroffen haben würde.

Schrifttum: *Jungmichel*, Unzulässige Beschränkung der Testierfähigkeit durch die Annahme einer Teilnichtigkeit sittenwidriger letztwilliger Verfügungen, 1981; *H.-G. Hermann*, Pro non scripta habere und § 2085 BGB, 2001; *Siber*, Auslegung und Anfechtung der Verfügung von Todes wegen, RG-Festgabe III 1929, S 350; *Thielmann*, Sittenwidrige Verfügungen von Todes wegen, 1973.

1. Unwirksamkeit einer von mehreren Verfügungen. § 2085 ist nach hM eine Auslegungsregel, die der 1 Absicht dient, den Willen des Erblassers nach Möglichkeit zur Geltung zu bringen (Soergel/Loritz Rz 1), nach aM ergänzender Rechtssatz (Siber S 370f). Die Vorschrift ist anwendbar, wenn ein Testament mehrere Verfügungen enthält, von denen eine unwirksam ist. Auf Verfügungen in verschiedenen Testamenten findet sie keine Anwendung (BayObLG 2000, 48). Die Regel besagt, daß die übrigen Verfügungen wirksam bleiben. Das Regel-Ausnahme-Verhältnis ist umgekehrt zu § 139 ausgestaltet. Der Unterschied liegt praktisch in der Beweislast: Wer behauptet, daß entgegen der Regel des § 2085 die Unwirksamkeit einer einzelnen Anordnung das gesamte Testament vernichte, ist hierfür beweispflichtig.

Auf den **Grund der Unwirksamkeit** einer von mehreren Verfügungen kommt es nicht an. Sie mag aus einem 2 Formmangel (BayObLG FamRZ 1986, 726; Zweibrücken ZEV 2003, 367), einer Beeinträchtigung iSv § 2289 I S 2 (Stuttgart ZEV 2003, 79), einer Anfechtung (BGH NJW 1985, 2025) oder aus Sittenwidrigkeit resultieren. Nach hM betrifft § 2085 auch die Fälle der Ausschlagung (Zweibrücken FGPrax 1996, 152; Staud/Otte Rz 3; aM MüKo/Leipold Rz 4) und Bedingung.

2. Teilunwirksamkeit einer Verfügung. Enthält das Testament eine Verfügung, von der ein Teil oder einzelne 3 Teile unwirksam sind, dann ist die Regel des § 2085 entsprechend anzuwenden, so daß ohne weiteres der Rest der Verfügung bestehen bleibt. Nachdem RG 63, 27 noch von § 139 ausging, entwickelte sich die Rspr uneinheitlich

§ 2085

und ließ die Frage zT offen (BGH NJW 1962, 1912; FamRZ 1963, 287; Düsseldorf FamRZ 1970, 105; Hamm NJW 1972, 2132; bedenklich BGH 52, 17, insoweit ohne das Vorliegen einzelfallbezogener Umstände eine Vermutung aufgestellt wurde für den Willen des Erblassers, die Verfügung im übrigen aufrechtzuerhalten; damit hätte sich eher die Analogie zu § 2085 begründen lassen). Auf die Anwendbarkeit von § 2085 deutete BGH NJW 1959, 2113 hin, solange nicht die Einheitlichkeit der einzelnen Verfügungsbestandteile wirtschaftlich und rechtlich zwingend geboten ist. BGH NJW 1983, 273 stützt die Restwirksamkeit eines teilweise nichtigen Vermächtnisses schließlich auf § 2085, wenn auch ohne Begründung. Im Schrifttum wird überwiegend die Analogie zu § 2085 befürwortet (Siber S 370; Lange/Kuchinke § 34 V 2b; MüKo/Leipold Rz 9; Schlüter Rz 199). Dafür spricht das weitgehende Regelungsbedürfnis des Erblassers, der seinen Willen nicht wieder bekunden kann. Die Interessenlage ist dann die gleiche, wenn der aufrechterhaltene Rest der Verfügung dem ursprünglich bekundeten Willen noch entspricht, also in seiner Teilidentität den Charakter des Rechtsgeschäfts wahrt.

4   Voraussetzung für die Feststellung der teilweisen Unwirksamkeit einer Verfügung ist deren **Teilbarkeit** in dem genannten Sinn der gewahrten Teilidentität (siehe näher § 139 Rz 13ff). Dem entspricht beispielsweise das mehreren Erben auferlegte Geldvermächtnis (RG Recht 1920 Nr 420) oder die Anordnung der Vorerbschaft, wenn die Nacherbeinsetzung erfolgreich angefochten ist. Ist bei Erbenmehrheit die Anordnung der Testamentsvollstreckung gegenüber einem Erben etwa nach § 2289 ungültig, so kann sie doch den anderen gegenüber wirksam sein (BGH NJW 1962, 912). Kontrovers beurteilt wird die Teilbarkeit der Alleinerbschaft. Angesichts der nur beschränkten Verfügungsrechte des Miterben bedeutete die Teilbarkeit der Alleinerbeinsetzung eine qualitative Veränderung des Rechtsgeschäfts (Jauernig § 139 Rz 7; Jungmichel S 146), so daß eine lediglich quantitative Begrenzung der Alleinerbschaft nicht möglich ist. Im Vordergrund der Erbeinsetzung steht jedoch grundsätzlich der Zuwendungstatbestand, der einer Teilung zugänglich sein kann. Der Erblasser nimmt mit der Erbeinsetzung die Vermögensverteilung vor und wird der Rechtsstellung des Alleinerben idR keinen im Wesen anderen Wert der Zuwendung beimessen, so daß sich mit dem Bruchteil nicht ohne weiteres das Wesen der Erbeinsetzung ändert. So ist die (Allein-) Erbenstellung nach Brüchen teilbar (Thielmann S 177ff), den Einzelfall bestimmt nach § 2085 der hypothetische Wille. Bedenklich bleibt aber die eine nach ihren sittlichen Maßstäben zu weit gehende Erbeinsetzung auf ein rechtlich zulässiges Maß stutzende Rspr (BGH 20, 71; 52, 17; 53, 369; zust Erman/Hense[7] Rz 2; Leipold Rz 205; differenziered Otte JA 1985, 200; abl Tiedtke ZIP 1987, 1094; Ramm JZ 1970, 129; Soergel/Loritz Rz 10). Für die Reduktionsmöglichkeit wird der Grundsatz der wohlwollenden Auslegung bemüht, zu besorgen sind demgegenüber unzulässige Motivaufspaltung, richterliche Gestaltungsbefugnis, Einschränkung der Testierfreiheit sowie Gefährdung der Rechtssicherheit (vgl vor § 2064 Rz 17).

5   3. Vorbeugend empfohlen werden **Teilunwirksamkeitsklauseln** derart, daß ein etwa unzulässiger Teil durch eine zulässige Regelung zu ersetzen ist, die dem verfolgten Zweck am nächsten kommt (Kohler DNotZ 1961, 195; Pal/Edenhofer Rz 6).

6   4. Bei Erbvertrag und gemeinschaftlichem Testament sind die wechselbezüglichen Verfügungen nach § 2270 bzw § 2298 im Bestand voneinander abhängig; uU gilt § 2085 (iVm § 2279 I) analog.

2086 *Ergänzungsvorbehalt*

Ist einer letztwilligen Verfügung der Vorbehalt einer Ergänzung beigefügt, die Ergänzung aber unterblieben, so ist die Verfügung wirksam, sofern nicht anzunehmen ist, dass die Wirksamkeit von der Ergänzung abhängig sein sollte.

1   Die Vorschrift dient neben § 2085 konsequent dem Bestreben, den geäußerten Willen des Erblassers aufrechtzuerhalten. Entgegen der Vermutung des § 154 I S 1 bleibt eine Verfügung des Erblassers trotz vorbehaltener, aber unterbliebener Ergänzung wirksam. Den Gegenbeweis des Inhalts, die Ergänzung sei Wirksamkeitsbedingung, hat derjenige zu führen, der die Unwirksamkeit der Verfügung geltend macht. Eine Verfügung, die schon im Kern unvollständig ist, wird von der Wirksamkeitsvermutung nicht erfaßt. Hier kann nur noch eine Ergänzung durch Testamentsauslegung erfolgen, zB bei einem der Höhe nach noch unbezifferten Vermächtnis.

Titel 2

Erbeinsetzung

Vorbemerkung

Schrifttum: *Bartholomeyczik*, Erbeinsetzung, andere Zuwendungen und Erbschein, 1942; *Bartz*, Erbeinsetzung oder Vermächtnis, Diss Köln 1972; *Boehmer*, Erbfolge und Erbenhaftung, 1927; *Lindemann*, Erben nach Gegenständen, DNotZ 1951, 215; *Mattern*, Einzelzuwendungen von Todes wegen, DNotZ 1963, 450; *Nieder*, Die ausdrücklichen oder mutmaßlichen Ersatzbedachten im deutschen Erbrecht, ZEV 1996, 241; *Otte*, Läßt das Erbrecht des BGB eine Erbeinsetzung auf einzelne Gegenstände zu? NJW 1987, 3164; *Schrader*, Erb- und Nacherbeinsetzung auf einzelne Nachlaßgegenstände, NJW 1987, 117.

1   **Erbeinsetzung** wird im System des Erbrechts unterschieden von der Zuwendung eines Vermächtnisses. Unter Erbeinsetzung versteht man die durch besondere Verfügung von Todes wegen angeordnete Gesamtnachfolge des Erben in die wirtschaftliche Rechtsstellung des Erblassers; ihr Ziel ist die Übernahme der Rechte und Pflichten des Erblassers durch den Erben. Möglich ist der Übergang auf einen Erben oder auf mehrere Miterben, je nach-

dem, ob der Erblasser sein Vermögen einer Person oder nach Bruchteilen mehreren Personen zuwendet. Der Vermächtnisnehmer erhält nur den Anspruch auf einen oder mehrere Gegenstände, er wird nicht schon mit dem Tode des Erblassers Eigentümer dieser Gegenstände, sondern ist auf einen obligatorischen Anspruch gegen den Erben beschränkt. Ob Erbeinsetzung oder Vermächtnisanordnung gewollt ist, läßt sich nicht immer bestimmt genug sagen. Oftmals wird der Ausdruck „vererben" unterschiedslos für die Erbeinsetzung im Rechtssinn wie für das Vermächtnis verwendet (BayObLG NJWE-FER 1997, 208). Entscheidend ist, ob der Bedachte unmittelbare Rechte am Nachlaß oder nur Ansprüche gegen andere Bedachte erwerben soll. Es handelt sich um eine Frage der Auslegung.

Die Erbeinsetzung erfolgt durch Testament oder Erbvertrag. Ein Testament muß nicht notwendig eine Erbeinsetzung zum Inhalt haben. Es kann sich darauf beschränken, einzelne der gesetzlichen Erben von der Erbschaft auszuschließen oder nur sonstige Anordnungen wie Vermächtnisse und Auflagen zu enthalten. Der Ausschluß einzelner Erben bedeutet nicht gleichzeitig die Einsetzung der übrigen gesetzlichen Erben. Aus der Verweisung auf den Pflichtteil für den Fall der Anfechtung eines Erbvertrages kann nicht ohne weiteres auf eine Erbeinsetzung des Pflichtteilsberechtigten geschlossen werden (OGH MDR 1950, 669). Die §§ 2087–2099 betreffen die Erbeinsetzung durch Testament, sind aber auf den Erbvertrag entsprechend anzuwenden (§ 2279). Für den nicht hinreichend zum Ausdruck gekommenen Erblasserwillen enthalten sie Auslegungsregeln und Ergänzungen. 2

2087 Zuwendung des Vermögens, eines Bruchteils oder einzelner Gegenstände

(1) Hat der Erblasser sein Vermögen oder einen Bruchteil seines Vermögens dem Bedachten zugewendet, so ist die Verfügung als Erbeinsetzung anzusehen, auch wenn der Bedachte nicht als Erbe bezeichnet ist.

(2) Sind dem Bedachten nur einzelne Gegenstände zugewendet, so ist im Zweifel nicht anzunehmen, dass er Erbe sein soll, auch wenn er als Erbe bezeichnet ist.

1. Wer Erbe wird, bestimmt der Erblasser. Die Bestimmungen des Erblassers sind mitunter nicht klar gefaßt 1 oder die Bezeichnungen geben nicht wieder, welche rechtliche Stellung dem Bedachten nach dem feststellbaren Willen des Erblassers zukommen soll. Die Verfügung von Todes wegen ist ihrem gesamten Inhalt nach auszulegen. So ist zu ermitteln, wem der Erblasser die Stellung eines Erben verschaffen wollte, dh wer seine wirtschaftliche Nachfolge antritt, vor allem in seine Rechte eintritt, für die Schulden aufzukommen und den Nachlaß zu regulieren hat (BayObLG FamRZ 1986, 604; ZEV 2001, 240). Dabei kann § 2087 hilfreich sein, der klarstellt, daß die Erbenstellung weniger von einer darauf gerichteten Ausdrucksweise als von der Art der Zuwendung abhängt. Unabhängig von der Bezeichnung ist nicht Erbe, wer nur einzelne Gegenstände erhält, sondern Erbe ist derjenige, auf den das Vermögen des Erblassers im Ganzen oder nach Bruchteilen übergeht.

2. Abs I findet keine Anwendung, wenn der Erblasser eine abweichende Bestimmung getroffen hat. Insoweit 2 handelt es sich um eine Auslegungsregel (Soergel/Loritz Rz 3; BayObLG NJW-RR 1996, 1478). Die Zuwendung des Vermögens kann bedingt oder befristet erfolgen (§ 2074) und sie kann sich auf einen Teil beschränken, ohne daß über den Rest eine weitere Bestimmung getroffen wird (§ 2088). Um eine Erbeinsetzung handelt es sich nicht, wenn ein Kind des Erblassers zwar gemeinsam mit seinen Geschwistern als Erbe bezeichnet, aber im übrigen für abgefunden erklärt wird. Werden Erben alternativ eingesetzt, ist Abs I nicht anwendbar; die Verfügungen sind vielmehr auszulegen.

Das **Vermögen** muß nicht als solches oder als Nachlaß bezeichnet sein. Die Zuwendung einzelner Gegenstände 3 kann praktisch das gesamte Vermögen erschöpfen. Die auf ein Hausgrundstück (BayObLG FamRZ 1986, 604; ZEV 2001, 22), auf den Miteigentumsanteil an der gemeinsamen Ehewohnung als den wesentlichen Teil des Vermögens (BayObLG NJW 2000, 440; ZEV 2001, 492) oder auf eine Wohnung bzw dessen Inhalt (BayObLG ZEV 1994, 377) eingesetzte Person kann demzufolge Erbe sein. Die Zusammensetzung des Vermögens spielt eine Rolle, im Wege der Auslegung vor allem die Annahme, daß der Erblasser die benannten Gegenstände als sein wesentliches Vermögen angesehen hat (Düsseldorf NJW-RR 1996, 520). Wendet der Erblasser einer Person sein ganz überwiegendes Vermögen zu und einer anderen Person den Rest („was nicht aufgeführt ist"), kann darin eine Alleinerbeinsetzung liegen (BayObLG FamRZ 1990, 1399; NJWE-FER 1997, 180). Ist das gesamte Vermögen oder dessen auch nur nach der Vorstellung des Erblassers wesentlicher Teil unter Bezeichnung der einzelnen Gegenstände auf mehrere Erben aufgeteilt, dann besteht idR eine Erbengemeinschaft nach Bruchteilen, die durch den Wert der einzelnen Gegenstände ausgedrückt werden, verbunden mit Teilungsanordnung oder Vorausvermächtnis (BGH MDR 1960, 484). Im Einzelfall kann die Zuwendung eines Bruchteils des Erblasservermögens allerdings als Quotenvermächtnis ausgelegt werden (KG OLG 1967, 361; BayObLG NJW-RR 1996, 1478), uU sogar bei Bezeichnung der Zuwendung des gesetzlichen Erbteils (BayObLG FGPrax 1998, 109).

Fraglich ist, ob es für die Berechnung des Wertverhältnisses auf den **Zeitpunkt** der Testamentserrichtung oder 4 auf den des Erbfalls ankommt. Entscheidend sind die Vorstellungen des Erblassers bei Abfassung des Testaments, gerichtet auf die Zusammensetzung des Nachlasses bei seinem Ableben (BGH FamRZ 1972, 563). So fällt der Blick auf den Zeitpunkt des Erbfalls und diesbezügliche Bewertungen. Doch kann zweifelhaft werden und nur durch ergänzende Auslegung zu klären sein, ob ein Erblasser, der sein nach Gegenständen bezeichnetes Vermögen vermacht, auch das nach Testamentserrichtung erworbene Vermögen hierauf einbezogen wissen will. Im Grundsatz umfaßt die Erbeinsetzung das gesamte Vermögen, das der Erblasser bei seinem Tod hinterläßt, also auch einen erheblichen Vermögenszuwachs nach Testamentserrichtung. (BayObLG Rpfleger 1987, 358; NJW-RR 2000, 888; KG NJW 1971, 1992). Läßt sich aber feststellen, daß der Erblasser über den künftigen Vermögenserwerb bewußt keine Verfügung getroffen hat, dann gilt der Grundsatz nicht; es tritt gesetzliche Erbfolge ein, §§ 2088, 2089 (BayObLG Rpfleger 1987, 151). Eine verständige Würdigung des Erblasserwillens steht an.

M. Schmidt

5 Eine **Erbeinsetzung auf einzelne Gegenstände** ist im Gesetz nicht vorgesehen. Schrader (NJW 1987, 17) befürwortet eine weite Auslegung der Einsetzung auf einzelne Nachlaßgegenstände als echte Erb- oder Nacherbeinsetzung und nicht nur als Vermächtnis einzelner Gegenstände (krit dazu Otte NJW 1987, 3164). Hat der Erblasser mehreren Personen Gegenstände zugewendet, etwa einem der Bedachten einen bestimmten Gegenstand aber aus einer gegebenen Verpflichtung, so kann darin ein Vermächtnis liegen; es müssen nicht alle zu Erben berufen sein (BGH DNotZ 1972, 500; ZEV 2000, 195). Gehört ein Hof zum Nachlaß, so ist im Geltungsbereich der HöfeO zu berücksichtigen, daß selbst dann, wenn der Hof das Gesamtvermögen darstellt, der Übernehmer nicht Alleinerbe ist. Nach der HöfeO bleibt im Zweifel die gesetzliche Erbfolge bestehen. Als schwierig kann es sich erweisen, die Quoten in einer Erbengemeinschaft festzulegen, wenn nicht bestimmt ist, welche Berechnungsgröße im einzelnen anzusetzen ist (zB Kurswert von Wertpapieren; Einheits- oder Verkehrswert von Besitzungen oder Grundstücken, bei denen ggf Beschwerungen wie Nießbrauch, Altenteil oder Reallasten zu berücksichtigen sind; Liebhaberwert von Antiquitäten oder Sammlungen). Der Erblasser kann die Nachfolge in den Lebenskreis seiner Familie und damit in die Vermögensgruppe, die diesen ausgemacht hat, erheblich höher bewertet haben als den rechnerischen Wert anderer Vermögensgruppen. Das kann dazu führen, daß sein vorrangiger Nachfolger als Alleinerbe und die anderen als Vermächtnisnehmer anzusehen sind.

6 2. **Abs II** stellt eine Auslegungsregel dar. Als **Vermächtnis** ist idR die Zuwendung bestimmter Geldsummen anzusehen (BayObLG ZEV 2001, 22; Rpfleger 2003, 190); ebenso die Zuwendung des Nießbrauchs oder des Anteils an einer fortgesetzten Gütergemeinschaft. Zu berücksichtigen ist aber das Verhältnis zum sonstigen Vermögen. Ergibt sich durch Auslegung, daß eine Erbeinsetzung gewollt ist, bleibt für die Auslegungsregel des Abs II kein Raum (BGH FamRZ 1972, 561; Köln FamRZ 1993, 735; BayObLG ZEV 2001, 240). In diesem Sinne handelt es sich nur scheinbar um die Zuwendung einzelner Gegenstände, wenn diese praktisch den gesamten Nachlaß ausmachen (vgl Rz 3). Soll der Mieter eines dem Erblasser gehörenden Hauses dieses nach Ablauf der Mietzeit behalten dürfen, ist aber weiteres erhebliches Vermögen vorhanden, dann ist der Mieter mit einem Vermächtnis und nicht als Nacherbe bedacht (BayObLG 1996, 69). Die Zuwendung des Nießbrauchs und die gleichzeitige Ernennung zum Testamentsvollstrecker kann dem Bedachten uU eine dem Eigentümer gleichkommende Stellung verschaffen und die Einsetzung zum Vorerben bedeuten (BayObLG Rpfleger 1981, 64). Eine klare Bestimmung des Erblassers ermöglicht, daß der Erbe mit Vermächtnissen und Auflagen bis zur Aufzehrung des Nachlasses beschwert wird. So kann ungeachtet der Höhe des verbleibenden Nachlasses ein „Haupterbe" Alleinerbe sein (BayObLG Rpfleger 1982, 13). Sind bestimmte Gegenstände ausgenommen und ist hierüber keine Bestimmung getroffen, fallen sie im Zweifel den gesetzlichen Erben als Vermächtnis zu. In der Verteilung der überwiegenden Vermögenswerte mittels mehr als 80 Zuwendungen an mehr als 60 Personen, darunter an die 2 am besten bedachten gesetzlichen Erben, sind gemäß Abs II lediglich Vermächtnisanordnungen zu sehen (BGH ZEV 2000, 195). Vermächtnisse zu Lasten des Hoferben eines Hofes im Sinne der HöfeO können auf Antrag für nichtig erklärt oder gekürzt werden, soweit sie über die wirtschaftliche Leistungsfähigkeit des Hofes hinausgehen (BGH 86, 41; RdL 1952, 49).

7 Die **Zuwendung des Pflichtteils** kann eine Erbeinsetzung in Höhe des gesetzlichen Pflichtteils oder ein Vermächtnis in gleicher Höhe oder lediglich eine Beschränkung auf den gesetzlichen Pflichtteil (Enterbung) sein. Vermutet wird die Enterbung (§ 2304); demgegenüber ist eine Erbeinsetzung oder Vermächtnisanordnung nur anzunehmen, wenn die Auslegung dazu führt (RG 113, 237). Bedeutung erlangt die Unterscheidung bei der Verjährung (§ 2332).

§ 2088 *Einsetzung auf Bruchteile*
(1) Hat der Erblasser nur einen Erben eingesetzt und die Einsetzung auf einen Bruchteil der Erbschaft beschränkt, so tritt in Ansehung des übrigen Teils die gesetzliche Erbfolge ein.
(2) Das Gleiche gilt, wenn der Erblasser mehrere Erben unter Beschränkung eines jeden auf einen Bruchteil eingesetzt hat und die Bruchteile das Ganze nicht erschöpfen.

1 1. § 2088 ist im Zusammenhang mit § 2089 zu sehen. Grundsätzlich sind **testamentarische und gesetzliche Erbfolge nebeneinander** möglich. Voraussetzung ist die Beschränkung einer Erbeinsetzung tatsächlich und wirtschaftlich auf einen Bruchteil. Prozentanteile können sich andererseits auf den Wert beziehen und hinsichtlich vermeintlich freier Anteile die Anordnung einer Auflage bedeuten (vgl § 2089 Rz 1). Erschöpft der Bruchteil den Nachlaß oder sind einzelne Gegenstände genannt, deren Wert im Verhältnis zum Gesamtnachlaß nicht bestimmt werden kann, findet § 2088 keine Anwendung.

2 2. Hat der Erblasser einen gesetzlichen Erben iSv § 2088 bedacht, ist in freier Auslegung zu entscheiden, ob der so auf den Bruchteil Gesetzte zugleich noch als gesetzlicher Erbe anteilsberechtigt ist, was ohne nähere Anhaltspunkte im allgemeinen zu verneinen ist (hM, BayObLG 1965, 177). Kommt man in den Fällen sittenwidriger (§ 138) oder unwissentlicher (§ 2079) **Übergehung** naher Angehöriger zur Teilnichtigkeit, dann wird insoweit nur der Übergangene gesetzlicher Erbe. Ist kein anderer hypothetischer Wille feststellbar, erhalten die eingesetzten Erben nicht nochmals einen gesetzlichen Anteil, während eine etwaige Enterbung durch den Grund der Teilnichtigkeit nicht ohne weiteres berührt wird (im Ergebnis ebenso Köln NJW 1956, 1522; anders BayObLG 1971, 174; vgl dazu Tiedtke JZ 1988, 649; § 2079 Rz 5, 6 sowie vor § 2064 Rz 17).

3 Gesetzliche Erbfolge tritt auch in Höhe eines **Vermögenserwerbs nach Testamentserrichtung** ein, wenn der Erblasser über den künftigen Vermögenserwerb im Testament bewußt keine Verfügung getroffen hat (BayObLG Rpfleger 1987, 151). Zum entgegengesetzten, die §§ 2088, 2089 ausschließenden Grundsatz, daß eine Erbeinsetzung den gesamten Nachlaß erfaßt, siehe BayObLG NJW-RR 2000, 888 und § 2087 Rz 2.

Der Sonderfall der Kollision des § 1934a aF mit dem Willen des Erblassers, die Ehefrau oder ein eheliches Kind 4
nur auf einen Bruchteil zu setzen, ist durch die erbrechtliche Gleichstellung nichtehelicher Kinder für Erbfälle seit
dem 1. 4. 1998 gelöst. Vorherige Erbfälle sind übergangsweise (Art 227 EGBGB) nach altem Recht zu beurteilen
(siehe dazu Erman/M. Schmidt[9] Rz 4).

3. Wenn § 2088 nicht anwendbar ist, wird durch Auslegung ermittelt, ob § 2089 oder die gesetzliche Erbfolge 5
mit Vermächtnissen in Frage kommt. Sind von mehreren Erben nur einzelne auf Bruchteile eingesetzt, ist § 2092
anzuwenden.

2089 *Erhöhung der Bruchteile*
Sollen die eingesetzten Erben nach dem Willen des Erblassers die alleinigen Erben sein, so tritt, wenn jeder von ihnen auf einen Bruchteil der Erbschaft eingesetzt ist und die Bruchteile das Ganze nicht erschöpfen, eine verhältnismäßige Erhöhung der Bruchteile ein.

Ob die eingesetzten Erben nach dem Willen des Erblassers die alleinigen Erben sein sollen, ist durch **Auslegung** 1
zu ermitteln. Einerseits gilt § 2088 II, andererseits § 2089. Hier ist das Verhältnis der einzelnen Bruchteile zueinander maßgebend, die entsprechend erhöht werden. Sollen zwei Erben jeweils 40 % des Nachlaßvermögens erhalten und die restlichen 20 % für Grabpflege verwendet werden, dann sind nicht die Erbquoten, sondern die Wertanteile gemeint; der Erblasser hat die jeweils auf einen hälftigen Bruchteil eingesetzten Erben mit einer Auflage beschwert (BayObLG ZEV 2003, 241).

Es handelt sich bei der **Erhöhung** nicht um eine spätere Anwachsung; die Erben sind mit ihren berichtigten 2
Bruchteilen von vornherein als Erben berufen. Für sie gelten nicht die §§ 1935, 2095.

2090 *Minderung der Bruchteile*
Ist jeder der eingesetzten Erben auf einen Bruchteil der Erbschaft eingesetzt und übersteigen die Bruchteile das Ganze, so tritt eine verhältnismäßige Minderung der Bruchteile ein.

Die Bestimmung bezweckt, die **widersprüchliche Verfügung** des Erblassers nach Möglichkeit sinnvoll auf- 1
rechtzuerhalten. Es muß ein Rechenfehler des Erblassers sachgerecht korrigiert werden. Abweichend von der
Regel kann durch Auslegung ein anderes Ergebnis als die anteilsmäßige Minderung gerechtfertigt sein (BayObLG
FamRZ 1984, 825). Beruht die Einsetzung auf verschiedenen Testamenten, ist zunächst zu ermitteln, ob nicht in
dem späteren Testament ein Widerruf liegt.

2091 *Unbestimmte Bruchteile*
Sind mehrere Erben eingesetzt, ohne dass die Erbteile bestimmt sind, so sind sie zu gleichen Teilen eingesetzt, soweit sich nicht aus den §§ 2066 bis 2069 ein anderes ergibt.

1. Die Bestimmung ergänzt den erklärten Willen des Erblassers für den Fall, daß die **Erbanteile der Höhe** 1
nach offen bleiben, bei fehlender Anordnung oder auch bei Unleserlichkeit der betreffenden Ziffern (BayObLG
FamRZ 1984, 825). Zuerst ist der Frage nachzugehen, ob sich keine Anhaltspunkte dafür ergeben, daß die Erben
auf verschieden große Bruchteile eingesetzt sind (BayObLG FamRZ 1990, 1405; 2000, 120). Die Vorschrift setzt
weiter voraus, daß nicht die besonderen Auslegungsregeln der §§ 2066–2069 direkt oder entsprechend (Hamm
Rpfleger 1986, 480; BayObLG FamRZ 1986, 610) zur Anwendung kommen. Es gilt dann das **Kopfteilsprinzip**.
ZB sind die §§ 2066, 2067 nicht einschlägig, wenn der Erblasser die bedachten Personen namentlich bezeichnet
oder individuell näher festgelegt hat. Umgekehrt kann aber der Grundgedanke der §§ 2066, 2067 berücksichtigt
werden, wenn der Erblasser die gesetzlichen Erben eines Verwandten oder eines Dritten oder auch eine bestimmte
Gruppe von Verwandten bedacht hat.

2. Hat der Erblasser seinen Nachlaß nach Gegenständen verteilt, richtet sich das Verhältnis der Erbteile nach 2
§ 2087. Auch im übrigen kommt § 2091 nicht zur Anwendung, wenn ein entgegenstehender Wille des Erblassers
anzunehmen ist. Eine „gleichmäßig" angeordnete Erbeinsetzung bedeutet nicht in jedem Fall, daß nach Kopfteilen
zu teilen ist, sondern kann auch die Erbfolge nach Stämmen als gewollt erscheinen lassen. Besonderes kann aus
der Bezifferung der Erben in ihrer Aufzählung gefolgert werden. Werden sie in gesonderten Gruppen erwähnt,
liegt eine Aufteilung zunächst an die Gruppen und innerhalb dieser nach Kopfteilen nahe, soweit das zu einer
Angleichung an die gesetzliche Erbfolge führt (Staud/Otte Rz 2; abweichend Soergel/Loritz Rz 4).

2092 *Teilweise Einsetzung auf Bruchteile*
(1) Sind von mehreren Erben die einen auf Bruchteile, die anderen ohne Bruchteile eingesetzt, so erhalten die Letzteren den freigebliebenen Teil der Erbschaft.
(2) Erschöpfen die bestimmten Bruchteile die Erbschaft, so tritt eine verhältnismäßige Minderung der Bruchteile in der Weise ein, dass jeder der ohne Bruchteile eingesetzten Erben so viel erhält wie der mit dem geringsten Bruchteil bedachte Erbe.

Abs I bringt zum Ausdruck, daß die nicht auf einen Bruchteil eingesetzten Erben zu gleichen Teilen den Rest 1
erhalten. Erschöpfen jedoch die Bruchteile bereits den Nachlaß, ist Abs II anzuwenden, der wiederum den Grundgedanken des § 2090 enthält. Sind die Bruchteile der einen gleich groß, so erhalten auch die anderen den gleichen
Anteil. Sind sie unterschiedlich, findet eine Minderung und Umrechnung in der Weise statt, daß die anderen soviel
erhalten wie der mit dem geringsten Bruchteil bedachte Erbe.

2093 *Gemeinschaftlicher Erbteil*
Sind einige von mehreren Erben auf einen und denselben Bruchteil der Erbschaft eingesetzt (gemeinschaftlicher Erbteil), so finden in Ansehung des gemeinschaftlichen Erbteils die Vorschriften der §§ 2089 bis 2092 entsprechende Anwendung.

1 Die Vorschrift handelt von dem Begriff des **gemeinschaftlichen Erbteils**, definiert diesen und erklärt insoweit die §§ 2089–2092, die für den gesamten Nachlaß gelten, für entsprechend anwendbar. Darüber, ob die Miterben auf einen gemeinschaftlichen Erbteil berufen sind, besagt § 2093 nichts. Dieses muß durch Auslegung ermittelt werden, wenn das Testament keine klare Bestimmung enthält. Sind mehrere Personen zu einem Bruchteil berufen, so ist damit noch nicht zweifelsfrei gesagt, daß sie gemeinschaftlich einen Erbteil erhalten sollen. Die Zusammenfassung unter einer Ziffer in der letztwilligen Verfügung deutet darauf hin, ist aber nicht zwingend. Andere Umstände sind zu berücksichtigen: Verwandtschaft untereinander, Verhältnis zu den Miterben, Beziehungen zum zugewandten Gegenstand und etwa die Entstehungsgeschichte des Testaments. So deuten Änderungen, nach denen einzelne Kinder durch deren Abkömmlinge ersetzt werden, insoweit auf gemeinschaftliche Erbteile hin, auch wenn diese Enkelkinder dann neben einem verbleibenden Kind „zu gleichen Teilen" eingesetzt sind (BayObLG Rpfleger 1988, 24). Es können mehrere solcher gemeinschaftlichen Erbteile bestehen, auch innerhalb der einzelnen Gruppen wie der Untergruppen. Da sich § 2093 nur auf die eingesetzten Erben bezieht, ist die Vorschrift bei gesetzlicher Erbfolge nicht anwendbar. Im Fall des § 2088 sind die Testamentserben nicht notwendig auf einen gemeinschaftlichen Erbteil eingesetzt (§ 2094 I S 2 und II).

2094 *Anwachsung*
(1) Sind mehrere Erben in der Weise eingesetzt, dass sie die gesetzliche Erbfolge ausschließen, und fällt einer der Erben vor oder nach dem Eintritt des Erbfalls weg, so wächst dessen Erbteil den übrigen Erben nach dem Verhältnis ihrer Erbteile an. Sind einige der Erben auf einen gemeinschaftlichen Erbteil eingesetzt, so tritt die Anwachsung zunächst unter ihnen ein.
(2) Ist durch die Erbeinsetzung nur über einen Teil der Erbschaft verfügt und findet in Ansehung des übrigen Teils die gesetzliche Erbfolge statt, so tritt die Anwachsung unter den eingesetzten Erben nur ein, soweit sie auf einen gemeinschaftlichen Erbteil eingesetzt sind.
(3) Der Erblasser kann die Anwachsung ausschließen.

Schrifttum: *Faber*, Zur Anwachsung iSv § 2094 BGB, BWNotZ 1987, 7; *Schopp*, Anwachsung und Ersatzerbschaft, MDR 1978, 10; *Staats*, Anwachsung oder Erhöhung bei Wegfall eines „gesetzlichen" Erben? ZEV 2002, 11.

1 1. Dem Grundsatz der Erhöhung bei der gesetzlichen Erbfolge (§ 1935) entspricht die **Anwachsung** bei der gewillkürten Erbfolge. Der Wille des Erblassers wird insoweit ergänzt. Im Gegensatz zu § 2089 handelt es sich hier um eine **echte Erhöhung** und nicht nur um die formell richtige Berechnung des Anteils. Die Erbteile vergrößern sich um den wegfallenden, ohne daß es einer Willenserklärung oder Rechtshandlung bedarf, und zwar bezogen auf den Tag des Erbfalls. Trotz der Verschmelzung gilt der wegfallende Erbteil in Ansehung der Vermächtnisse und Auflagen noch als selbständiger Erbteil (§ 2095), ebenso kann die Haftung verschieden sein (§ 2007) oder die Nacherbfolge (§ 2110). Die Annahme oder Ausschlagung muß aber anders als nach § 1951 I einheitlich erfolgen.

2 2. **Voraussetzung der Anwachsung** ist eine Mehrheit von Erben, die auf den gesamten Nachlaß eingesetzt ist und dadurch die gesetzliche Erbfolge ausschließt (evtl nach §§ 2089–2093), sowie der **Wegfall** eines der eingesetzten Erben vor oder nach dem Erbfall. Vor dem Erbfall ist Wegfall möglich durch Erbverzicht gemäß § 2352 oder durch Tod (§ 1923). Nach dem Erbfall heißt, daß der Erbe mit Wirkung ex tunc wegfällt (RG 95, 98), also durch Ausschlagung gemäß § 1953, Nichterleben einer aufschiebenden Bedingung gemäß § 2074, Erbunwürdigkeitserklärung gemäß § 2344 oder Nichterteilung der staatlichen Genehmigung nach Art 86 EGBGB. Umstritten ist, ob ein Erbe auch „wegfällt", insoweit dessen Einsetzung *nichtig* ist. Hier ist die Reichweite des jeweiligen Nichtigkeitsgrundes von Bedeutung (Staud/Otte § 2088 Rz 2). Weder zu § 2094 noch zu § 2089 passen die Fälle, in denen ein Angehöriger sittenwidrig (§ 138) oder unwissentlich (§ 2079) übergangen wird, denn hier soll gerade die nicht eingesetzte Person zum Zuge kommen, was die gesetzliche Erbfolge bedingt. Im übrigen führt die Anfechtung (§ 2078) nach einhelliger Meinung zu § 2094. Besteht die Nichtigkeit von Anfang an, zB wegen Formmangels nach § 125 iVm §§ 7, 27 BeurkG, dann kommt entsprechend § 2094 eine Anwachsung der Erbeinsetzungen (KG NJW 1956, 1523; MüKo/Schlichting Rz 3; Brox ErbR Rz 322) oder nach § 2089 eine Erhöhung der Bruchteile (Schlüter § 25 V 2) in Betracht. Beide Regelungen tragen dem Willen des Erblassers Rechnung, den ganzen Nachlaß den wirksam eingesetzten Erben zu vermachen. In Anbetracht des nichtig verfügten Anteils sollten die wirksam eingesetzten Erben jedoch nicht von Anfang an alles bekommen, so daß die Anwachsung näher liegt. § 2094 gilt entsprechend.

3 3. Die Anwachsung beruht auf dem vermuteten Willen des Erblassers. Fällt einer von mehreren auf einen **gemeinschaftlichen Erbteil** eingesetzten Erben weg, wirkt sich das zunächst nur innerhalb dieses Erbteils aus. Die übrigen Miterben partizipieren insoweit erst, als Inhaber des gemeinschaftlichen Erbteils weggefallen sind. Umgekehrt wächst ein gemeinschaftlicher Erbteil mit jedem Wegfall eines anderen Erben an.

4 4. Tritt neben der testamentarischen Erbfolge die **gesetzliche Erbfolge** ein (Abs II und § 2088), gilt die Anwachsung als nicht gewollt, es sei denn, daß sich der Wegfall innerhalb eines gemeinschaftlichen Erbteils ereignet. Bei den gesetzlichen Erben findet eine Erhöhung entsprechend § 1935 statt. Werden im Testament die „gesetzlichen Erben" eingesetzt, handelt es sich um gewillkürte Erbfolge; bei Wegfall eines dieser Erben kommt es zur echten Erhöhung der übrigen Anteile (aM Staats ZEV 2002, 11), wenn dem Testament kein anderer Wille zu entnehmen ist.

5. Insoweit das **Anwachsungsrecht ausgeschlossen** ist, tritt gesetzliche Erbfolge ein. Der Ausschluß braucht **5** nicht ausdrücklich (BayObLG FamRZ 1993, 363) erklärt zu werden, muß ggf aber durch (ergänzende) Auslegung (Karlsruhe FamRZ 1993, 363) dem Inhalt der letztwilligen Verfügung zu entnehmen sein. Das ist der Fall, wenn der Erblasser an den Wegfall eines Miterben gedacht und dafür sinngemäß eine Regelung getroffen hat (ohne das Erfordernis des Bewußtseins jedenfalls für den Fall ergänzender Auslegung Hamburg FamRZ 1988, 1322). Die Anwachsung kann auch für nur einen von mehreren Erben ausgeschlossen werden; das ist insbesondere anzunehmen, wenn eine Person als Erbe nur in Höhe des gesetzlichen Pflichtteils eingesetzt ist. Es gelten im übrigen vorrangig die Bestimmung eines Ersatzerben (§ 2099) oder Nacherben (§§ 2102, 2110), die Vererblichkeit der Anwartschaft (§ 2108 II S 1) und bei Vermächtnisnehmern die §§ 2158, 2159. Die Feststellungslast für einen Ausschluß der Anwachsung trägt, wer die Miterbenstellung geltend macht (BayObLG NJW-RR 1992, 73).

Fällt einer von mehreren Vorerben weg, ist es eine Frage der Auslegung der letztwilligen Verfügung, ob sich die **6** Vorerbschaft vererben oder ob zwischen den übrigen Vorerben Anwachsung oder ob schon ein Übergang auf den Nacherben stattfinden soll. Wesentlich wird sein, welchen Zweck der Erblasser mit der getroffenen Regelung verfolgt hat. Im Zweifel kommt es zu Ersatzerbschaft, nach dem Erbfall zu Nacherbschaft. Fällt zwischen Erbschaft und Nacherbfall einer von mehreren Nacherben weg, dann geht der Anwachsung im Zweifel die Vererblichkeit des Nacherbenanwartschaftsrechts vor (vgl RGRK/Johannsen § 2108 Rz 12). Jedenfalls wird der Vorerbe nicht Vollerbe (siehe Staud/Otte Rz 5).

2095 *Angewachsener Erbteil*
Der durch Anwachsung einem Erben anfallende Erbteil gilt in Ansehung der Vermächtnisse und Auflagen, mit denen dieser Erbe oder der wegfallende Erbe beschwert ist, sowie in Ansehung der Ausgleichungspflicht als besonderer Erbteil.

1. Die Vorschrift übernimmt für die testamentarische Erbfolge den Grundsatz des § 1935, hat dispositiven Charakter und praktisch nur Bedeutung, wenn der anwachsende Erbteil anders beschwert ist als der ursprüngliche Erbteil (§ 2007). § 2095 bezweckt den **Schutz des Erben** insoweit, als sein ursprünglicher Erbteil durch die Anwachsung nicht in Mitleidenschaft gezogen werden soll, zB bei geringerer Belastung oder bei unbeschränkter Erbenhaftung. Die Vorschrift bezweckt außerdem den Schutz der Vermächtnisnehmer oder Auflageberechtigten, deren Ansprüche gemäß §§ 2161, 2192 wirksam bleiben, besonders dann, wenn der anwachsende Erbteil geringer belastet ist. Die Selbständigkeit der Erbteile besteht auch hinsichtlich der Verteilung der Pflichtteilsansprüche gemäß § 2318 (allg M, zurückgehend auf Fürnrohr JW 1912, 61ff).

2. Die Ausgleichungspflicht kann nur bei der testamentarischen Berufung von Abkömmlingen (§ 2052) in **2** Betracht kommen. Um den Erben vor Nachteilen zu bewahren (§§ 2055, 2056), ist die Fiktion der Verselbständigung des anwachsenden Erbteils notwendig.

2096 *Ersatzerbe*
Der Erblasser kann für den Fall, dass ein Erbe vor oder nach dem Eintritt des Erbfalls wegfällt, einen anderen als Erben einsetzen (Ersatzerbe).

1. Das Gesetz unterscheidet zwischen Nacherben und **Ersatzerben**. Der Nacherbe folgt dem Ersterben (vor **1** § 2100 Rz 1), während der Ersatzerbe an die Stelle des erstberufenen (gesetzlichen oder gewillkürten) Erben mit Wirkung vom Tode des Erblassers an tritt. In diesem Sinne handelt es sich zwar um eine von dem Erbfall zugunsten des Erben abhängige Erbberufung, aber damit noch nicht um eine echte Bedingung in der Erbeinsetzung des Ersatzerben. Diese würde nur vorliegen, wenn auf ein ungewisses, vom Erbfall aus gesehen noch in der Zukunft liegendes Ereignis abgestellt würde (§ 2074). Ob Ersatzerben berufen sind, ergibt sich aus einer ausdrücklichen Anordnung oder durch Auslegung. Bei der Erbeinsetzung einer dem Erblasser nahestehenden Person ist zu prüfen, ob etwa deren Abkömmlinge ersatzweise zu Erben bestimmt sind (§ 2069 Rz 8).

Der Ersatzerbe kann aber nur zum Zuge kommen, wenn der Erstberufene niemals Erbe geworden ist, also bei **2** dessen **Wegfall** ex tunc (RG 95, 98) durch Ausschlagung (§ 1953), Anfechtung (§ 2078), Erbunwürdigkeit (§ 2344), Tod vor dem Erblasser (§ 1923), möglicherweise Volladoption durch einen Dritten (§§ 1754, 1755), Nichtigkeit der Erbberufung (vgl § 2094 Rz 2). Die rechtliche Charakterisierung des Wegfalls ist umstritten. Ob man von einer gesetzlichen Voraussetzung für den Ersatzerbfall spricht (so RG 145, 316) oder von einer rechtsgeschäftlichen Bedingung mit Rückwirkung (so Kipp/Coing § 46 I 1 mwN), bleibt praktisch ohne Bedeutung. Wenn der Erstberufene die Erbschaft angetreten hat und dann erst weggefallen ist, rückt sein eigener Erbe nach, nicht aber der Ersatzerbe. Da im übrigen auf den Zeitpunkt des Erbfalls abgestellt wird, kommt es beim Wegfall des Erstberufenen nur darauf an, daß der Ersatzerbe den Erbfall und nicht den tatsächlichen Wegfall des Erstberufenen erlebt. Stirbt er vor dem Wegfall des Erstberufenen, rücken seine Erben als Ersatzerben nach, denn der Ersatzerbe erwirbt mit dem Erbfall ein **Anwartschaftsrecht**, das übertragbar und vererblich ist (Soergel/Loritz Rz 12; aM Hamm NJW 1970, 1606). Der Erblasser kann jedoch anderes bestimmen, kann insbesondere durch echte Bedingungen den Eintritt des Ersatzerben davon abhängig machen (§ 2074), daß dieser den Wegfall des Erstberufenen erleben muß, oder daß er nur für bestimmte Gründe des Wegfalls berufen oder nicht berufen ist (BayObLG MittBayNot 1989, 161).

Ersatzerben können gemäß § 2069 die Abkömmlinge von eingesetzten Abkömmlingen sein und gemäß § 2102 **3** die eingesetzten Nacherben. Im Zweifel gehen Abkömmlinge als Ersatzerben iSv § 2069 dem testamentarisch eingesetzten Nacherben als Ersatzerben vor (aM Diederichsen NJW 1965, 674; MüKo/Schlichting Rz 8; Musielak ZEV 1995, 7; ohne Annahme eines Vorrangs einer der Vorschriften BayObLG 1993, 334; Staud/Otte Rz 3).

§ 2096

4 2. Das **Ersatzerbrecht** ist elastisch und nicht streng an Umfang und Personenzahl uä des Erstberufenen gebunden. An dessen Stelle kann eine Personenmehrheit treten oder umgekehrt. Der Ersatzerbe kann auf den Anteil des Erben oder einen geringeren Teil eingesetzt und es kann ein Nacherbe bestimmt sein. Beschwerungen können unterschiedlich sein; im Zweifel rückt der Ersatzerbe unverändert in die Erbenstellung nach (§§ 2161, 2192), ebenso hinsichtlich Ausgleichungspflicht (§ 2051 II), Vorausvermächtnis (§ 2150, nicht § 1937) und Teilungsanordnung (§ 2048). Im Einzelfall ist durch Auslegung zu ermitteln, inwieweit die Anordnungen gerade auf die besonderen Verhältnisse des Erben zugeschnitten waren und für den Ersatzerben bei richtiger Beurteilung in Betracht kommen. Das gilt insbesondere für Bedingungen.

5 3. Für den Nacherben kann ebenfalls ein Ersatzerbe (**Ersatznacherbe**) bestimmt werden. Er tritt an dessen Stelle, wenn er den Nacherbfall erlebt und der erstberufene Nacherbe bis dahin weggefallen ist. Stirbt der Nacherbe vor Eintritt des Nacherbfalls, dann bleibt es im Einzelfall Auslegungsfrage, ob die Erben des Nacherben gemäß § 2108 II S 1 oder die vom Erblasser bestimmten Ersatznacherben eintreten. Läßt sich ein entgegenstehender Wille des Erblassers nicht ermitteln, ist Vererblichkeit der Nacherbenanwartschaft anzunehmen, so daß die Erben des Nacherben den Ersatznacherben vorgehen, denn hier kommt der gleiche Gedanke zum Tragen wie bei der Anwachsung (vgl § 2094 Rz 6 und § 2108 Rz 3f). Die Tatsache allein, daß der Erblasser einen Ersatznacherben bestimmt hat, rechtfertigt nicht ohne weiteres, die Erben des Nacherben als ausgeschlossen anzusehen. Mit der Berufung von Ersatznacherben kann der Erblasser die Vererblichkeit ausgeschlossen haben wollen. Entscheidend ist, ob der Ersatznacherbe vor Wegfall des erstberufenen Nacherben in der Zeit der Vorerbschaft schon dem Nacherben gleichgestellt ist, insbesondere iSd § 2113 (verneinend noch RG 145, 317, dazu Becher NJW 1969, 1463). Es kommt auf den Willen des Erblassers an, dessen Beweggründe für die einzelnen Anordnungen sorgfältig zu erforschen sind (vgl § 2102 Rz 4). Im Erbschein ist der Ersatznacherbe aufzunehmen (RG 142, 173; vgl § 2363 Rz 4).

6 4. Die Einsetzung eines Ersatzerben kann uU in die Bestimmung eines Nacherben **umzudeuten** sein. Dies liegt nahe, wenn der Ersatzerbe für den Fall eingesetzt ist, daß der Erbe nach dem Erbfall mit Wirkung ex nunc wegfällt. Es kommt hierbei nicht auf den vom Urkundsbeamten vielleicht zufällig gebrauchten Ausdruck „Ersatzerbe" an (RG HRR 1932, 1055). Der Unterschied zwischen Ersatzerbe und Nacherbe ist Rechtsunkundigen nicht immer geläufig und führt mitunter zu Verwechslungen. Maßgebend ist auch nicht, was der Notar sich gedacht, sondern was der Erblasser sich vorgestellt hat. Rückschlüsse bleiben möglich. Im Zweifel ist Ersatzerbschaft anzunehmen, und zwar auch, wenn es sich um Abkömmlinge des Erblassers handelt; eine entgegenstehende Lebenserfahrung besteht nicht (OGH MDR 1949, 483). Im allgemeinen gilt die Regel, daß der Nacherbe zwar Ersatzerbe, aber der Ersatzerbe nicht Nacherbe ist (§ 2102). Der für einen bedingt eingesetzten Nacherben ersatzweise berufene Nacherbe ist nicht Ersatzerbe, sondern ebenfalls bedingt (Ausfall der Bedingung für die Berufung des ersten Nacherben) berufener Nacherbe (KG JW 1936, 3562). Nach BayObLG NJW 1960, 965 sollen, wenn zwei Gruppen von Personen nur bedingt zu Nacherben berufen sind, diese auch dann nicht Ersatznacherben der anderen sein, wenn die einen erst an zweiter Stelle hinter den anderen berufen sind; vielmehr sollen beide Gruppen Hauptnacherben sein. Das kann richtig sein, kommt aber doch sehr auf die Auslegung der letztwilligen Verfügung an.

2097 *Auslegungsregel bei Ersatzerben*

Ist jemand für den Fall, dass der zunächst berufene Erbe nicht Erbe sein kann, oder für den Fall, dass er nicht Erbe sein will, als Ersatzerbe eingesetzt, so ist im Zweifel anzunehmen, dass er für beide Fälle eingesetzt ist.

1 Die **Auslegungsregel** ergänzt eine nicht selten vorkommende, unklare und in wörtlicher Bedeutung unvollständige Willenserklärung des Erblassers dahin, daß eine nur für den einen Fall getroffene Ersatzerbeinsetzung auch den anderen Fall einschließt. Die Auslegungsregel ist widerlegbar. Sie greift nicht ein, wenn die Ersatzerbenberufung in einem Erbvertrag durch vertragsmäßige Verfügung dem festgestellten Erblasserwillen nach auf eine bestimmte Art des Wegfalls beschränkt ist (BayObLG MittBayNot 1989, 161). Sie gilt im übrigen nicht bei Ersatzerbfolge von Abkömmlingen, wenn der erstberufene Nacherbe die Nacherbschaft ausgeschlagen und vom Vorerben den Pflichtteil verlangt. Eine solche Abweichung von der Nachlaßregelung läßt vielmehr vermuten, daß die Abkömmlinge des Ausschlagenden von der Nacherbfolge ausgeschlossen sein sollen (Stuttgart OLG 1982, 271; Frankfurt MDR 1971, 48; ebenso für § 2069 BGH 33, 60). Davon abweichende Anhaltspunkte müßten sich aus dem Testament eindeutig ergeben, beispielsweise dem Stamm unbedingt die Erbschaft zu erhalten. Die Vorschrift ist auf Vermächtnisse entsprechend anzuwenden (§ 2190).

2098 *Wechselseitige Einsetzung als Ersatzerben*

(1) Sind die Erben gegenseitig oder sind für einen von ihnen die übrigen als Ersatzerben eingesetzt, so ist im Zweifel anzunehmen, dass sie nach dem Verhältnis ihrer Erbteile als Ersatzerben eingesetzt sind.

(2) Sind die Erben gegenseitig als Ersatzerben eingesetzt, so gehen Erben, die auf einen gemeinschaftlichen Erbteil eingesetzt sind, im Zweifel als Ersatzerben für diesen Erbteil den anderen vor.

1 1. Die **Auslegungsregel** folgt dem gleichen Grundsatz wie bei der Anwachsung des § 2094 I. Sind für einen Erben mehrere sonst nicht beteiligte Ersatzerben eingesetzt, gilt zunächst § 2091, dh sie erben bei Eintritt des Ersatzerbfalls im Zweifel zu gleichen Teilen. Sind die Erben jedoch gegenseitig als Ersatzerben eingesetzt oder für einen von ihnen die übrigen Miterben, so wird als Wille des Erblassers angenommen, daß sie nach dem Verhältnis ihrer eigenen Erbteile berufen sein sollen. Sind nur einzelne von den übrigen Miterben berufen oder tritt ein Dritter als Ersatzerbe hinzu, ist § 2098 nicht anwendbar. Innerhalb eines gemeinschaftlichen Erbteils regelt sich die

Ersatzerbfolge im Zweifel zunächst nur unter den Erben, die auf den gemeinschaftlichen Erbteil eingesetzt sind (Abs II).

2. Gegenüber der Anwachsung besteht der Unterschied darin, daß der Ersatzerbteil selbständig bleibt (§ 2007), allerdings mit der Ausnahme des § 1951. Annahme des einen und Ausschlagung des anderen Erbteils ist nur möglich, wenn verschiedene Berufungsgründe vorliegen.

3. Bei Vermächtnissen siehe § 2190.

2099 *Ersatzerbe und Anwachsung*
Das Recht des Ersatzerben geht dem Anwachsungsrecht vor.

1. Wie es an sich schon zu vermuten ist, stellt die Vorschrift klar, daß die Einsetzung eines Ersatzerben (§ 2096) eine etwaige Anwachsung (§ 2094) ausschließt.

2. Die Anwendung dieses Grundsatzes wird zweifelhaft, wenn eine ungleiche Anzahl von Erben und Ersatzerben berufen ist, so daß beim Wegfall nur eines Erben zu entscheiden ist, ob der Ersatzerbe eintritt oder ob es zur Anwachsung unter den übrigen Miterben kommt. Zweifelhaft kann das auch in den Fällen des § 2069 und des § 2102 werden. Ergibt sich durch Auslegung des Testaments nichts anderes, ist davon auszugehen, daß die Ersatzerben zum Zuge kommen (vgl Schopp MDR 1978, 10ff).

Titel 3
Einsetzung eines Nacherben

Vorbemerkung

Schrifttum: *Avenarius*, Testamentsauslegung und „Fallgruppen typischer Sachlage" bei der Anordnung von Vor- und Nacherbfolge, NJW 1997, 2740; *Bartholomeyczik*, Erbeinsetzung, andere Zuwendungen und Erbschein, 1942; *Brox*, Die Bestimmung des Nacherben oder des Gegenstandes der Zuwendung, FS Bartholomeyczik, 1973, S 41; *Coing*, Die unvollständige Regelung der Nacherbfolge, NJW 1975, 521; *Diederichsen*, Ersatzerbfolge oder Nacherbfolge, NJW 1965, 671; *Gutbell*, Schutz des Nachlasses gegen Zwangsvollstreckungsmaßnahmen bei Testamentsvollstreckung und Vorerbschaft, ZEV 2001, 260; *Haegele*, Rechtsfragen zur Vor- und Nacherbschaft, Rpfleger 1971, 121; *Herminghausen*, Vor- und Nacherbschaft im Landwirtschaftsrecht, RdL 1950, 190, 218, 272; *Kanzleiter*, Der „unbekannte" Nacherbe, DNotZ 1970, 326; *Kempf*, Die Anwartschaften des Nacherben und des Ersatznacherben, NJW 1961, 1797; *Lutter*, Zur Beschränkung des Vorerben im Gesellschaftsrecht, ZGR 1982, 108; *Musielak*, Zur Vererblichkeit des Anwartschaftsrechts eines Nacherben, ZEV 1995, 5; *Paschke*, Nacherbenschutz in der Vorerben-Personengesellschaft, ZIP 1985, 129; *Schrader*, Erb- und Nacherbeinsetzung auf einzelne Nachlaßgegenstände, NJW 1987, 117; *Stiegeler*, Die Nacherbeneinsetzung, abhängig vom Willen des Vorerben, BWNotZ 1986, 25; *Zawar*, Der bedingte oder befristete Erwerb von Todes wegen, DNotZ 1986, 515.

1. Es können für einen Erblasser gewichtige Gründe bestehen, die Erbfolge in sein Vermögen für einen längeren Zeitraum nach seinem Tode dahin zu regeln, daß der zunächst berufene Erbe nur für eine gewisse Zeit den wirtschaftlichen Wert des Nachlasses ausgehändigt bekommen oder daß der eigentliche Erbe erst zu einem späteren Zeitpunkt in den Genuß des Nachlasses gelangen soll. Gründe dieser Art können sein, daß der zunächst berufene Erbe (zB Ehegatte) in seiner bisherigen wirtschaftlichen und sozialen Stellung nicht beeinträchtigt, die Substanz des Vermögens aber anderen Erben (zB Kindern, Geschwisterkindern) erhalten werden soll, oder daß der zunächst berufene Erbe nicht die Möglichkeit haben soll, den Nachlaß seinen eigenen Erben zuzuwenden (zB bei Wiederheirat). Zur Erreichung dieses Ziels kann der Erblasser bestimmen, daß der zunächst berufene Erbe (**Vorerbe**) von einem weiteren Erben (**Nacherbe**) abgelöst werden soll. Das Verhältnis dieser Erben zueinander ist durch gesetzliche Bestimmungen festgelegt, kann aber durch Anordnungen des Erblassers in verhältnismäßig weitem Umfang abgeändert und beeinflußt werden.

Oft ist aus dem **Wortlaut** der letztwilligen Verfügung des Erblassers nicht klar zu erkennen, in welchem Sinne die Erbfolge gewollt ist. Es ist dann durch **Auslegung** zu ermitteln, ob Vor- und Nacherbfolge bestimmt ist, ggf zwischen welchen Personen und zu welchen Bedingungen. Bei laienhaftem Sprachgebrauch ist dieses nicht immer zweifelsfrei, insbesondere ist die Abgrenzung gegenüber der Einheitslösung des Berliner Testaments (§ 2269) oft recht schwierig. Haben sich Ehegatten gegenseitig als Erben und die Kinder als Schlußerben eingesetzt, so zwingt allein die Vermögenslosigkeit des überlebenden Ehegatten nicht zur Annahme von Vor- und Nacherbschaft. Es kommt mehr darauf an, ob die Verfügungsmacht des überlebenden Ehegatten eingeschränkt werden sollte oder nicht (BayObLG NJW 1966, 1223; 1967, 1136; einschränkend KG DNotZ 1955, 408: es müsse besonders bewiesen werden, daß die Kinder nur Erben des Überlebenden werden sollen). Darum ist unabhängig von den in der letztwilligen Verfügung gebrauchten Worten auf den Sinn und wirtschaftlichen Zweck der Erbeinsetzung abzustellen (siehe im einzelnen § 2100 Rz 3 und § 2269 Rz 9).

2. Vor- und Nacherbfolge kann in Personenzahl und Erbanteilen wechseln. Einem Vorerben können mehrere Nacherben folgen und umgekehrt. Es kann auch Nacherbschaft nur hinsichtlich eines Bruchteils der Erbschaft angeordnet werden. Einem Nacherben kann in zeitlicher Reihenfolge ein weiterer Nacherbe bestimmt werden, so daß nach dem ersten Nacherbfall der Nacherbe zum Vorerben des weiteren Nacherben wird (vgl § 2100 Rz 1). Für den Nacherben kann ein Ersatznacherbe berufen werden. Dessen Stellung ist umstritten (vgl § 2096 Rz 5, § 2108 Rz 3 sowie Bartholomeyczik S 24ff). Nach herrschender Lehre hat der Ersatznacherbe eine schwache Rechtsstellung, und zwar nur eine durch den Wegfall des Hauptnacherben bedingte Anwartschaft. Er hat in dieser Stellung nicht die Rechte des Hauptnacherben. Seine Anwartschaft ist aber vererblich und übertragbar (RG 170, 268, Hamm JMBl NRW 1959, 173).

4 3. Wie der Vorerbe ist auch der Nacherbe Rechtsnachfolger des Erblassers, worin ein Wesenszug der Nacherbschaft liegt. Während die Rechtsstellung des Vorerben als Erbe mit dem Nacherbfall endet, erwirbt der Nacherbe schon vorher Rechte: Mit dem Erbfall erlangt er ein gegenwärtiges, rechtlich gesichertes **Anwartschaftsrecht** (BGH 87, 367; 37, 319; RG 170, 168; siehe näher § 2100 Rz 9, 10). Der Nacherbe erlangt aber noch kein Recht an den einzelnen zum Nachlaß gehörenden Gegenständen.

5 Die Anordnung der Vor- und Nacherbfolge für eine zu einer Erbschaft gehörende Beteiligung an einer **Personenhandelsgesellschaft** wirft Fragen auf, die entweder aus dem Gesellschaftsverhältnis oder aus der erbrechtlichen Stellung des Vorerben beantwortet werden müssen. Der Vorerbe erlangt die volle Rechtsstellung des Gesellschafters für die Dauer der Vorerbschaft. Mit dem Eintritt der Nacherbfolge verliert er seine Gesellschafterstellung, in die automatisch der Nacherbe als Erbe des Erblassers eintritt, vorausgesetzt, der Gesellschaftsvertrag läßt das zum Zeitpunkt des Nacherbfalls noch zu. Als Gesellschafter erlangt der Vorerbe seine Rechte und Pflichten aus dem Gesellschaftsvertrag und aus den §§ 105ff HGB; als Erbe bezieht er seine Rechtsstellung gegenüber dem Nacherben quasi als Treuhänder aus den §§ 2100ff. Kollisionen können eintreten, wenn eine gesellschaftsrechtliche Angelegenheit die erbrechtliche Stellung des Vorerben berührt. Vgl § 2113 Rz 15.

6 Der Vorerbe ist bei der **Verwaltung** des Nachlasses und bei der Verfügung über Nachlaßgegenstände Beschränkungen unterworfen (§§ 2113ff), von denen er teilweise befreit werden kann (§ 2136). Während der Dauer der Vorerbschaft haftet er den Nachlaßgläubigern gegenüber mit der Möglichkeit, die **Haftung** nach den allgemeinen Vorschriften zu begrenzen. Nach Eintritt des Nacherbfalls haftet er in begrenztem Umfang für die Nachlaßverbindlichkeiten weiter (§ 2145). Der Nacherbe ist für die Dauer der Vorerbschaft hinsichtlich des Nachlasses weder aktiv noch passiv legitimiert. Soweit seine Zustimmung zu Verfügungen des Vorerben erforderlich ist, kann nur der Vorerbe sie unter den Voraussetzungen des § 2120 erzwingen.

7 4. Die kraft Gesetzes möglich gewesene Entstehung von Vor- und Nacherbschaft nach Höferecht im Gebiet der Länder Hamburg, Niedersachsen, Nordrhein-Westfalen und Schleswig-Holstein ist mit der Neufassung der HöfeO vom 26. 7. 1976 fortgefallen. Es sind dort nur noch die allgemeinen Bestimmungen anwendbar, soweit die erbrechtlichen Gestaltungsformen in Betracht kommen. Für Todesfälle vor dem 1. 7. 1976 bleibt es bei den bis dahin geltenden Vorschriften (vgl Hamm AgrarR 1986, 234).

8 5. Über Erbschein, Grundbucheintragung und Prozeßführungsbefugnis bei Vor- und Nacherbschaft siehe § 2100 Rz 13 und 14.

2100 Nacherbe
Der Erblasser kann einen Erben in der Weise einsetzen, daß dieser erst Erbe wird, nachdem zunächst ein anderer Erbe geworden ist (Nacherbe).

1 1. Die Vorschrift enthält die **gesetzliche Definition** des Nacherben, während „ein anderer" idS der Vorerbe ist. Vorerbe und Nacherbe sind in zeitlicher Reihenfolge Erben des Erblassers und dessen Gesamtrechtsnachfolger, nicht der Nacherbe der des Vorerben. Sie bilden keine Erbengemeinschaft. Die Aufeinanderfolge kann variieren, so daß einer Vorerbengemeinschaft ein Alleinnacherbe folgen oder der Nacherbe lediglich auf einen **Bruchteil** der Vorerbschaft eingesetzt sein kann (BGH NJW 1980, 1276; BayObLG Rpfleger 2003, 190; Köln Rpfleger 2003, 193; vgl Rz 3). Unzulässig ist aber eine Sondernacherbfolge in einzelne Bestandteile des Nachlasses, seien es Immobilien oder Gesellschaftsbeteiligungen. Mit einer **Bedingung** oder **Befristung** ist die Nacherbfolge schon begriffsnotwendig verbunden. Der Nacherbfall kann an den Eintritt mehrerer Bedingungen oder Befristungen geknüpft sein, ohne daß sich die Nacherbfolge begrifflich ändern muß, insbesondere nicht zu einer bedingten Nacherbfolge (umstr). Von größerer Bedeutung ist die Frage, ob eine aufschiebend bedingte Vorerbschaft möglich ist, was im Zusammenhang mit der Wiederheiratsklausel beim Berliner Testament zum Teil unter Einschränkungen (MüKo/Musielak § 2269 Rz 55), zum Teil unter Anwendung der Beschränkungen der § 2113ff (BGH 96, 198) bejaht wird, nach richtigem Verständnis der Vor- und Nacherbfolge aber zu verneinen ist (Wilhelm NJW 1990, 2857; Zawar NJW 1988, 16; vgl § 2269 Rz 12). Mehrere Bedingungen ändern nichts daran, daß der Vorerbe den Beschränkungen der §§ 2113ff unterliegt. Im Hinblick auf die Einsetzung des Nacherben hält es die hM für zulässig, dem Vorerben die Befugnis einzuräumen, letztwillig eine anderweitige Verfügung zu treffen (BGH 2, 35; BayObLG 2001, 203; Hamm ZEV 2000, 197 mit Anm Loritz) oder unter den Nacherben eine andere Verteilung vorzunehmen (BGH 59, 220; Oldenburg NJW-RR 1991, 646) oder aus einem bestimmten Personenkreis den Nacherben auszuwählen, wenn sich durch Auslegung ergibt, daß der Personenkreis für den Fall zu Nacherben bestimmt ist, daß der Vorerbe nicht anderweitig verfügt (Hamm OLG 1973, 10). Mit den Erfordernissen des § 2065 läßt sich die hM aber nicht vereinbaren (vgl § 2065 Rz 5); die Verfügungen sind vorbehaltlich einer anderen Auslegung oder einer Umdeutung unwirksam. Der Nacherbfall kann sich schließlich in der Weise wiederholen, daß vom Erblasser mehrere Nacherben in zeitlicher Aufeinanderfolge eingesetzt werden (gestaffelte Nacherbfolge, Zawar DNotZ 1986, 515, 520). Nach Eintritt des ersten Nacherbfalls wird der Nacherbe sodann Vorerbe des weiteren Nacherben, des sog Nachnacherben (BGH Rpfleger 1986, 434). Im übrigen ist die Nacherbschaft auseinanderzuhalten von der Ersatzerbschaft, deren Anordnung nicht ausreicht, wenn der Erblasser einer Person auf jeden Fall etwas zukommen lassen will (BayObLG DNotZ 1983, 668).

Einsetzung eines Nacherben § 2100

Die Vor- und Nacherbfolge setzt voraus, daß Vor- und Nacherbe ihren Erbfall erleben oder daß das ihre Erbfolge **2** bedingende Ereignis nicht vor dem Erbfall wegfällt. Fällt der Vorerbe vor seinem Erbfall weg, ist der eingesetzte Nacherbe im Zweifel Ersatzerbe (§ 2102); er kommt also zum Zuge, wenn sich aus dem Erblasserwillen nichts anderes ergibt. Fällt der Nacherbe vor dem Erbfall weg, wird der Vorerbe zum Vollerben, wenn der Erblasserwille eine entsprechende Auslegung zuläßt. Wenn nicht, tritt die Erbfolge ein, die immer dann gilt, wenn der Erbe vor dem Erblasser stirbt. Fällt der Vorerbe nach dem Erbfall weg, ergeben sich keine Besonderheiten. Es tritt der Nacherbfall ein, es sei denn, daß zunächst die Erben des Vorerben in seine Rechtsstellung nachrücken und erst später der Nacherbfall eintritt. Fällt nach dem Erbfall, aber vor Eintritt des Nacherbfalles, der Nacherbe weg, ist § 2108 II einschlägig. Insbesondere ist dann zu entscheiden, ob etwaige vom Erblasser eingesetzte Ersatznacherben oder die Erben des erstberufenen Nacherben zum Zuge kommen.

2. Vor- und Nacherbschaft ist vom Erblasser nur im Wege der **gewillkürten** Erbfolge bestimmbar. Bei unklarem **3** Wortlaut des Testaments oder nur laienhafter Umschreibung der zugewendeten Rechte ist es eine Frage der Auslegung, ob Vor- und Nacherbschaft gemeint ist. Entscheidend ist in erster Linie der wirtschaftliche Zweck. Der im Testament gebrauchte Ausdruck „Nacherbe" ist nicht ausschlaggebend, auch nicht bei Errichtung unter Mitwirkung eines Rechtskundigen (BGH MDR 1951, 474; aM RG 160, 109). Für die Feststellung der maßgeblichen Vorstellungen des Erblassers kann das Verständnis des Notars gleichwohl Indizwirkung haben. Auch die Bezeichnungen „Haupterbe" oder „Alleinerbe" schließen die Annahme von Vor- und Nacherbschaft nicht aus (BayObLG FamRZ 1984, 1272). Es sind alle Umstände des Einzelfalls zu erforschen, auch kann auf außerhalb des Testaments liegende Anhaltspunkte zurückgegriffen werden. Es kommt darauf an, ob der Bedachte unter gewissen Einschränkungen für einen bestimmten Zeitraum eigenverantwortlich den Nachlaß besitzen und erst nach ihm ein anderer endgültig Erbe werden soll. Zum Wesen der Vorerbschaft gehört nicht, daß dem Vorerben die Verfügung über den Nachlaß im eigenen Interesse oder zum eigenen Vorteil und Nutzen zustehen muß (BGH LM Nr 2). Verwaltung und Nutznießung mit freiem Verfügungsrecht kann als Vorerbschaft auszulegen sein (BayObLG FamRZ 1981, 403) wie überhaupt häufig mit dem Nießbrauch unter Ehegatten oder nahen Verwandten die Stellung des Vorerben und nicht nur die eines Vermächtnisnehmers eingeräumt sein soll. Im Verhältnis zum (Nach-)Vermächtnis liegt ein gewichtiges Kriterium darin, ob der dem Bedachten zugesprochene Gegenstand praktisch den ganzen Nachlaß darstellt (BayObLG Rpfleger 1989, 22). Hierher gehört auch § 2103. Als Vor- und Nacherbschaft auszulegen ist im übrigen ein testamentarisches Verbot, den im wesentlichen den Nachlaß ausmachenden Grundbesitz an andere als im einzelnen bestimmte Abkömmlinge zu „übergeben" (BayObLG FamRZ 1986, 608). Wird das Grundvermögen „vererbt", ein „Nacherbe" benannt und die Verteilung der übrigen Gegenstände bestimmt, dann liegt die Anordnung von Nacherbschaft nahe (BayObLG Rpfleger 2003, 190), die Beschränkung auf einen Bruchteil (entgegen BayObLG aaO) aber fern, beschweren die Vermächtnisse doch die gesamte Vorerbschaft. Bleiben nach Erfüllung der Verbindlichkeiten außer dem Grundstück nennenswerte Gegenstände im Nachlaß, kann der Vorerbe insoweit zugleich mit einem Vorausvermächtnis bedacht sein.

Bei einem **gemeinschaftlichen Testament** können Zweifel darüber bestehen, ob der Erbe des Längerlebenden **4** anstatt Schlußerbe schon Nacherbe des Erstversterbenden sein soll. § 2269 spricht gegen eine Auslegung als Vor- und Nacherbschaft, so daß es sich um ein sog Berliner Testament mit Einsetzung eines Schlußerben auch handeln kann, wenn die Ehegatten sich gegenseitig zu Alleinerben einsetzen und beim Tod des Letztversterbenden ein gemeinschaftlicher Sohn der Bezeichnung nach „Nacherbe" sein soll (BGH JZ 1983, 147 mit Anm Stürner). Andererseits ist Nacherbeinsetzung denkbar, wenn in Gütergemeinschaft lebende Ehegatten im gemeinschaftlichen Testament Abkömmlinge mit bestimmten Grundstücken oder dem Gesamtgut aus dem Tod des Überlebenden bedenken (BayObLG FamRZ 1988, 542). Enthält das Testament für den Überlebenden die Verpflichtung, einen bestimmten Nacherben einzusetzen, so kann darin ebenfalls die Anordnung einer Nacherbschaft liegen. Der Begünstigte muß aber bestimmt genug bezeichnet sein. Die in einem Vertrag übernommene Verpflichtung, bestimmte Personen zu Erben einzusetzen, kann gegen § 2302 verstoßen. Der Wunsch oder die Bitte an den überlebenden Ehepartner, später einen bestimmten Kreis von Verwandten zu bedenken, ist in der Regel unverbindlich und beeinträchtigt nicht die Vollerbenstellung (zu Zweifelsfällen Hamm DNotZ 1963, 559 und BayObLG 1958, 225).

3. Der **Vorerbe** ist Erbe und wird Eigentümer des Nachlasses. Er kann sein Erbrecht übertragen oder verpfän- **5** den. Es kann auch gepfändet werden, zweckmäßigerweise mit der Verwertung nach § 857 IV (nicht V) ZPO. Schranken ergeben sich aus den §§ 2113–2115 und aus § 773 ZPO, wovon der Erblasser teilweise befreien kann (§ 2136). Der Nachlaß bildet zum Teil eine Sondervermögensmasse des Vorerben (§ 2111). Ihm gebühren die Nutzungen, die grundsätzlich auch der Pfändung wegen privater Schulden unterworfen sind. UU kann aber § 850b I Nr 3 ZPO fortlaufende Einkünfte aus Erträgen der Vorerbschaft von der Pfändung ausnehmen, sofern die Erzielung des Einkommens der Disposition des Vorerben entzogen ist (Frankfurt ZEV 2001, 156 mit Anm Gutbell; dies ZEV 2001, 262; Wieczorek/Schütze/Lüke ZPO § 850b Rn 29); entsprechendes läßt sich bestimmen, mal mit der Anordnung der Testamentsvollstreckung. Der Erblasser kann im Testament den Vorerben durch Auflagen oder Vermächtnisse in der Weise beschränken, daß die Nutzungen einem anderen zufallen sollen, auch dem Nacherben. Ohne weiteres stehen dem Vorerben die vollen Nutzungen (§ 100) zu; ihm fallen neben den Fruchtziehungskosten (§ 102) nur die gewöhnlichen Erhaltungskosten (§ 2124 I) zur Last. Im übrigen muß dem Nacherben lediglich die Substanz erhalten bleiben (BGH NJW-RR 1988, 386). Verfügt der Vorerbe darum vorbei von Todes wegen über die Vorerbschaft, und tritt dann der Nacherbfall ein, dann ist die Verfügung des Vorerben hinsichtlich der Nacherbschaft gegenstandslos. Als Eigentümer wird der Vorerbe unter Angabe der Nacherbfolge in das Grundbuch eingetragen (§ 51 GBO). Im Handelsregister erscheint nur der Vorerbe, etwa bei Erwerb eines Handelsgeschäfts oder bei Fortsetzung einer Handelsgesellschaft eines verstorbenen Gesellschafters (München HRR 1941, 271).

M. Schmidt

§ 2100

6 Der Vorerbe kann bereits vor dem im Testament vorgesehenen Ereignis für den Eintritt der Nacherbfolge auf die Ausübung seiner Rechte als Vorerbe **verzichten**, auch die Erbschaft durch Vertrag auf den Nacherben übertragen, jedoch befreit er sich hierdurch nicht von seiner Haftung gegenüber Nachlaßgläubigern, ebensowenig wie der Verkäufer einer Erbschaft. Für die **Kosten** der Beerdigung des Erblassers haftet der Nachlaß, für die des Vorerben nicht (Celle HRR 1941, 127). Die den Vorerben treffende **Erbschaftsteuer** kann aus den Mitteln der Vorerbschaft entrichtet werden (§ 20 IV ErbStG). Tritt der Nacherbfall mit dem Tod des Vorerben ein, wird die Nacherbschaft entgegen § 2100 als vom Vorerben stammend versteuert (§ 6 II ErbStG), anderenfalls als vom Erblasser stammend (§ 6 III ErbStG).

7 In der **Insolvenz** über das Vermögen des Vorerben tritt der Insolvenzverwalter an die Stelle des Vorerben. Er ist nur insoweit verfügungsbefugt, als das Recht des Nacherben nicht beeinträchtigt oder vereitelt wird (§ 2115 und InsO § 83 II). Der Nacherbe hat beim Eintritt des Nacherbfalls ein Aussonderungsrecht.

8 **4.** Der **Nacherbe** ist Erbe und Rechtsnachfolger des Erblassers, nicht des Vorerben. Er muß daher als solcher im Testament eingesetzt und seine Auswahl darf nicht dem Vorerben überlassen sein (BayObLG Rpfleger 1987, 151), es sei denn, daß die Auswahl nach bestimmten, vom Erblasser vorgegebenen Gesichtspunkten aus einem begrenzten Kreis getroffen werden kann. Die Kriterien müssen jedenfalls vom Erblasser objektiv so genau umrissen sein, daß dem Dritten kein eigener Ermessensfreiraum bleibt (umstr, vgl § 2065 Rz 6f). Der Erblasser kann auch die Bestimmung des Zeitpunkts, in dem die Nacherbfolge eintreten soll, nicht dem Vorerben überlassen, auch nicht dem Testamentsvollstrecker (BGH 15, 199). Die Möglichkeit des Vorerben zur Bestimmung des Nacherben findet sich in der HöfeO, die dem überlebenden Ehegatten nach § 14 III das Recht einräumt, unter den Abkömmlingen den Hoferben zu bestimmen. Es handelt sich dabei um eine Ausnahme von § 2065 II (Lange/Wulff/Lüdtke-Handjery HöfeO § 14 Rz 92), die nicht auf die Grundvorschrift übertragbar ist (vgl Rz 1).

9 Die Erbschaft fällt mit dem Eintritt des Nacherbfalls an (§ 2139). Aber bereits mit dem Tod des Erblassers erwirbt der Nacherbe, der der Person nach feststeht, nicht nur eine Aussicht, sondern eine rechtlich gesicherte **Anwartschaft** (BGH 87, 367; 37, 319). Das Anwartschaftsrecht resultiert aus der Vererblichkeit des Nacherbrechts gemäß § 2108 II (vgl MüKo/Grunsky Rz 27) und aus den Befugnissen etwa aus §§ 2116, 2127, 2128, die dem Nacherben schon ab dem Erbfall gesetzlich eingeräumt sind, um den späteren Anfall der Nacherbschaft zu gewährleisten (Brox ErbR Rz 344). Das Anwartschaftsrecht stellt somit einen gegenwärtigen Vermögenswert dar (BGH 87, 367). Ist der Nacherbe der Person nach noch unbestimmt, kommt die Bestellung eines Pflegers nach §§ 1913, 1960 in Betracht, der die Rechte des Nacherben wahrnimmt. Ein nur möglicherweise zur Nacherbfolge Berufener hat noch keine feste Anwartschaft, kann mithin auch nicht die Rechte aus §§ 2113 ff wahrnehmen oder die Einziehung eines unrichtigen Erbscheins betreiben (BGH RdL 1952, 26; aM Hermingshausen RdL 1950, 253). Der Nacherbe kann die Erbschaft vom Zeitpunkt des Erbfalls an ausschlagen oder annehmen (§ 2142). Stirbt der Nacherbe vor Eintritt des Nacherbfalls, fällt die Anwartschaft zivilrechtlich in dessen Nachlaß (§ 2108 II), steuerrechtlich nicht (§§ 10 IV ErbStG). Zwischen mehreren Nacherben besteht vor Eintritt des Nacherbfalls keine Erbengemeinschaft, sondern ein Gesamthandsverhältnis (München DNotZ 1938, 597; KG ZEV 1999, 28).

10 Der Nacherbe kann in der Zeit zwischen Erbfall und Nacherbfall über seine Anwartschaft **verfügen** (BGH 87, 367). Dies kann zu einem Bruchteil geschehen, sofern die Übertragung nicht lediglich einzelne Nachlaßgegenstände betrifft. Nach hM kann der Erblasser die Übertragbarkeit wie nach § 2108 II die Vererblichkeit ausschließen (RG 170, 168; Kipp/Coing § 50 I 3; aM Staud/Avenarius Rz 76). Jedenfalls vermag er einen Ersatznacherben für den Fall der Veräußerung zu bestimmen oder auch Testamentsvollstreckung anzuordnen. Die Nacherbenanwartschaft enthält die Anwartschaft auf den Nachlaß und auf die Erbenstellung; mit der Veräußerung wird nur die Anwartschaft auf den Nachlaß erfaßt. Für die Übertragung des Anwartschaftsrechts ist die **Formvorschrift** des § 2033 entsprechend anzuwenden, auch wenn nur ein Alleinnacherbe eingesetzt ist (RG 101, 85). Für die schuldrechtlichen Verträge gelten §§ 2371, 2385. Im Falle der Veräußerung steht nach § 2034 den Mitnacherben und entsprechend dem Vorerben ein Vorkaufsrecht zu. Erwirbt der Vorerbe von sämtlichen Nacherben sämtliche Anwartschaften, dann wird er Vollerbe, sofern nicht Ersatznacherbschaft angeordnet ist (BayObLG NJW 1970, 1794; Hamm NJW 1970, 1606; Köln NJW 1955, 634). Die Rechte des Ersatznacherben werden durch Veräußerung der Anwartschaft nicht berührt (vgl § 2102 Rz 4). Steht endgültig fest, daß der Nacherbfall nicht mehr eintreten kann, also bei Wegfall sämtlicher Nacherben, wird der Vorerbe ebenfalls Vollerbe.

11 Die Anwartschaft ist auch **pfändbar**. Die Pfändung kann in das Grundbuch eingetragen werden (Staud/Behrends/Avenarius Rz 64). Mitnacherben muß der Pfändungsbeschluß zugestellt werden. Umstritten ist, ob die Zustellung an den bzw die Nacherben ausreicht (KGJ 42, 235) oder ob sie zur Wirksamkeit auch an den Vorerben erfolgen muß (MüKo/Grunsky Rz 32). Im übrigen bleibt es dem Nacherben unbenommen, zu Lasten des Pfändungspfandrechts die Nacherbschaft auszuschlagen. Bei Insolvenz des Anwartschaftsberechtigten fällt die Anwartschaft in die Masse.

12 Mit der Übertragung des Anwartschaftsrechts tritt der **Erwerber** in die Rechtsstellung des Nacherben ein, ähnlich einem Erbschaftskäufer. Mit Eintritt des Nacherbfalls steht dem Erwerber dann die Erbschaft unmittelbar zu, ohne daß der Nacherbe zwischengeschaltet wäre. Gleichwohl wird der Erwerber nicht zum Erben und ist auch im Erbschein nicht als solcher zu bezeichnen (BayObLG Rpfleger 1985, 183; Düsseldorf MDR 1981, 149). Die abweichende Auffassung (KG DR 1939, 1085) ist nicht haltbar, denn eine Erbenstellung kann nicht veräußert werden. Der Vorerbe ist nunmehr ohne Zustimmung des Erwerbers gebunden wie nach §§ 2113 ff an die eines Nacherben. Der Erwerber haftet den Nachlaßgläubigern, während der Nacherbe nach überwiegender Meinung frei wird (MüKo/Grunsky Rz 30; Schlüter Rz 783; aM v Lübtow S 634). Umstritten ist, ob dem Erwerber noch das Recht zur Annahme und Ausschlagung der Nacherbschaft zusteht oder ob in der Übertragung des Anwartschaftsrechts die konkludente Annahme der Nacherbschaft liegt; siehe dazu § 2142 Rz 1.

5. Für das Verhältnis zwischen Vorerben und Nacherben sind §§ 2113ff von Bedeutung, wobei zu berücksichtigen ist, daß der Erblasser einzelne Befreiungen erteilen (§ 2136) oder weitere Beschränkungen auferlegen kann (BGH LM Nr 2). Im **Erbschein** für Vorerben ist anzugeben, daß Nacherbfolge angeordnet ist, unter welchen Voraussetzungen sie eintritt und wer der Nacherbe ist sowie etwaige Befreiungen von gesetzlichen Beschränkungen (§ 2363). Nachnacherben und Ersatznacherben gehören ebenfalls hinein (vgl § 2102 Rz 5 und § 2363). Insoweit genügt die Aufnahme der Anordnung, ohne daß sie namentlich angegeben zu werden, da der Ersatznacherbe keine Rechte besitzt, auch keine Anwartschaft. Des weiteren ist ein Vorausvermächtnis für den Vorerben aufzunehmen. Fehlt ein Vermerk über die Vererblichkeit des Nacherbenrechts, ist von Vererblichkeit auszugehen (RG 154, 330; siehe § 2108 Rz 7). Die auf die Prüfung des Erbscheins gerichteten Amtspflichten eines Notars bestehen auch gegenüber dem am Beurkundungsgeschäft unbeteiligten Nacherben (BGH WM 1987, 1205), dem dadurch ein zusätzlicher Schutz vermittelt wird. Bei Verletzung der Amtspflicht steht dem Nacherben der Schadenersatzanspruch nach § 19 I BNotO zu. Über Feststellungsklagen zwischen Vorerben und Nacherben siehe BGH LM Nr 5.

Im **Grundbuch** ist ein Nacherbenvermerk aufzunehmen, wenn schon der Vorerbe eingetragen ist (§ 51 GBO), ohne daß dadurch eine Sperre gegen Verfügungen des Vorerben bewirkt würde (BayObLG Rpfleger 1980, 64). Die Person des Nacherben ist so genau wie möglich zu bezeichnen (Köln MittRhNotK 1988, 44; BayObLG 1984, 502). Für den Nachweis der Berechtigung des Nacherben gilt § 35 I GBO (zum Erfordernis der Vorlage eines Erbscheins BGH 84, 96; LG Frankfurt Rpfleger 1984, 271). In das Grundbuch einzutragen sind auch Nachnacherben sowie Ersatznacherben, deren Zustimmung der Vorerbe zu Verfügungen nicht benötigt, deren künftige Rechtsstellung aber möglich ist. Die Eintragung des Ersatznacherben kann der Nacherbe weder löschen lassen (Hamm NJW 1970, 1606) noch durch Verzicht auf den Nacherbenvermerk verhindern (Köln NJW 1955, 634; grundsätzlich aA Becher NJW 1969, 1463; vgl § 2102 Rz 4). Einzutragen sind auch Pfändung, Verpfändung und Übertragung der Anwartschaft des Nacherben, wodurch der gute Glaube an die Verfügungsmacht des Vorerben berührt sein kann. Ein nach § 2222 bestimmter Testamentsvollstrecker ist ebenfalls aufzunehmen (KG JW 1938, 1412). Bei unrichtiger Eintragung erfolgt Löschung nach § 53 oder § 87 GBO. Ein Amtswiderspruch ist nicht zulässig, wohl aber Beschwerde nach § 71 II GBO, da die Eintragung nicht Grundlage für einen gutgläubigen Erwerb sein kann (Hamm Rpfleger 1957, 415). Für einen Rechtsstreit der Vorerbe bis zum Eintritt des Nacherbfalls ist Nacherbe aktiv und passiv legitimiert, auch in bezug auf den Pflichtteilsanspruch (RG 113, 50); vor dem Nacherbfall kann sich die Rechtskraft eines Urteils auf den Nacherben erstrecken, im übrigen kann er beitreten (§§ 66, 326 ZPO). Eine Antragsbefugnis im Sinne von § 47 II S 1 VwGO wird dem Nacherben selbst nicht zugestanden (BVerwG ZEV 1998, 102).

2101 Noch nicht gezeugter Nacherbe

(1) Ist eine zur Zeit des Erbfalls noch nicht gezeugte Person als Erbe eingesetzt, so ist im Zweifel anzunehmen, dass sie als Nacherbe eingesetzt ist. Entspricht es nicht dem Willen des Erblassers, dass der Eingesetzte Nacherbe werden soll, so ist die Einsetzung unwirksam.

(2) Das Gleiche gilt von der Einsetzung einer juristischen Person, die erst nach dem Erbfall zur Entstehung gelangt; die Vorschrift des § 84 bleibt unberührt.

1. Die Vorschrift ergänzt als Zwischenregelung § 1923 dahin, daß die an sich unwirksame Erbeinsetzung im Zweifel als Berufung zum Nacherben umzudeuten ist. Es handelt sich um eine Auslegungsregel, die widerlegt werden kann. Bis zur Geburt des Nacherben oder bis zur Entstehung der juristischen Person sind die gesetzlichen Erben des Erblassers als Vorerben berufen (§ 2105 II, § 2106 II). Ist ein Nacherbe im Zeitpunkt des Nacherbfalls noch nicht geboren oder gezeugt oder eine juristische Person noch nicht zur Entstehung gelangt, ist § 2101 ebenfalls anwendbar. Eine Pflegerbestellung ist auch gegen den Willen des Vorerben nach § 1913 S 2 möglich, solange der Nacherbe noch nicht gezeugt ist. Die Eintragung im Grundbuch nach § 51 GBO geschieht durch Einbeziehung der Eltern (RG 61, 355; 65, 277). Die Ungewißheit darüber, ob die Nacherbfolge eintreten wird oder nicht, wird durch Fristablauf (§ 2109) oder durch Tatsachen beseitigt, aus denen sich ergibt, daß der Nacherbe nicht mehr geboren oder die juristische Person nicht mehr entstehen wird.

2. Bei **Stiftungen** bedarf es des § 2101 I nicht, da § 84 die Rechtsnachfolge gewährleistet, sofern die Stiftung schon errichtet, möglicherweise nur noch nicht anerkannt ist.

2102 Nacherbe und Ersaterbe

(1) Die Einsetzung als Nacherbe enthält im Zweifel auch die Einsetzung als Ersatzerbe.
(2) Ist zweifelhaft, ob jemand als Ersatzerbe oder als Nacherbe eingesetzt ist, so gilt er als Ersatzerbe.

Schrifttum: Becher, Kein Anwartschaftsrecht des Ersatznacherben, NJW 1969, 1463; *Diederichsen*, Ersatzerbfolge oder Nacherbfolge, NJW 1965, 671; *Nehlsen-v Stryk*, Zur Anwendbarkeit von § 2102 I BGB bei der Auslegung gemeinschaftlicher Testamente, DNotZ 1988, 147.

1. Im Zweifel ist der **Nacherbe auch Ersatzerbe**, nicht aber umgekehrt. Als Ersatzerbe muß der Nacherbe im Augenblick des Erbfalls bereits leben oder erzeugt sein (§ 1923), sonst gilt § 2101 und Anfall der Erbschaft mit der Geburt (§ 2106 II). Es wird bei dieser Auslegungsregel unterstellt, daß der Erblasser den Nacherben auf jeden Fall bedenken will. Ist aber ein gegenteiliger Wille erklärt oder den Umständen nach anzunehmen (zB aus Gründen in der Person des Nacherben, mangelnde Altersreife, Eintritt einer Bedingung), werden die gesetzlichen Erben zunächst Vorerben (§ 2105). Sind mehrere Nacherben nacheinander eingesetzt (§ 2100 Rz 1), gilt die Auslegungsregel des Abs I, wenn der zuerst berufene Nacherbe durch Tod vor dem Eintritt des ersten Nacherbfalls ausfällt, ebenso wenn bei einer aufschiebend bedingten Nacherbeneinsetzung die Bedingung nicht eintritt und ein weiterer Nacherbe berufen ist. Möglich ist ein gegenteiliger Wille des Erblassers dahin, daß an die Stelle des ausgefallenen Nacherben zunächst dessen gesetzliche Erben treten sollen. Das gleiche gilt, wenn die Berufung des ersten Nach-

§ 2102

erben unwirksam ist. Nach BayObLG NJW 1960, 965 sollen in dem Fall, daß zwei Personengruppen nur bedingt zu Nacherben berufen sind, die einen auch dann nicht Ersatznacherben der anderen sein, wenn die einen erst an zweiter Stelle hinter den anderen berufen sind; vielmehr sollen beide Gruppen Hauptnacherben sein. Das kann richtig sein, hängt aber von der konkreten Auslegung der Anordnungen des Erblassers ab.

2   Fällt einer von mehreren Vorerben weg, ist es eine Frage der Auslegung, ob sich die Vorerbschaft vererben oder ob es zur Anwachsung unter den Vorerben oder schon zum Übergang auf den Nacherben kommen soll. Wesentlich ist der Zweck, den der Erblasser mit seinen Anordnungen verfolgt hat.

3   Bestimmen Eheleute in einem **gemeinschaftlichen Testament** sich gegenseitig zu Vorerben und einen Dritten zum Nacherben, kann beim Nacherbfall Streit darüber entstehen, ob der Dritte auch den Nachlaß des Letztversterbenden erhalten soll. Da es insoweit zur Vorerbschaft gekommen ist, kann der Dritte auch nicht Nacherbe werden. Durch Individualauslegung ist zunächst zu ermitteln, ob die als „Nacherbe" bezeichnete Person ersatzweise auch Vollerbe des Letztversterbenden sein sollte. Bei verbleibenden Zweifeln greift die Auslegungsregel des Abs I ein, so daß der „Nacherbe" des Erstversterbenden zugleich Ersatzerbe des Letztversterbenden wird (BGH ZEV 1999, 26; FamRZ 1987, 475; Hamburg FGPrax 1999, 225; Hamm FamRZ 2002, 201; Karlsruhe NJW-RR 2003, 582; Köln ZEV 2000, 232; KG OLG 1987, 1; Nehlsen-v Stryk DNotZ 1988, 147; aM noch Karlsruhe FamRZ 1970, 255; MüKo/Grunsky Rz 3; Soergel/Harder/Wegmann Rz 3). Die Nacherbeneinsetzung ist stets an die Bedingung geknüpft, daß der als Vorerbe Eingesetzte den Erblasser überlebt. Tritt die Bedingung nicht ein, steht mit § 2102 I die naheliegende Auslegungsregel zur Verfügung, derzufolge der nach dem Vorerben Berufene bei Wegfall des Vorerben unmittelbar erben soll. Für eine andere Bewertung gemeinschaftlicher Testamente besteht in diesem Zusammenhang kein Anlaß.

4   **2. Abs II** kann nur dann zur Anwendung kommen, wenn der Wille des Erblassers nicht klar zu ermitteln ist. Deshalb handelt es sich hier, wie Diederichsen (NJW 1965, 675) bemerkt, nicht um eine Auslegungsregel, sondern um eine Fiktion (aM BayObLG NJWE-FER 2000, 128; Staud/Avenarius Rz 9 mwN). Im allgemeinen ist anzunehmen, daß der vom Erblasser bewußt gebrauchte Ausdruck „Nacherbe" oder „Ersatzerbe" dem jeweiligen Gesetzesbegriff entspricht, zumindest dann, wenn ein Rechtskundiger bei der Abfassung des Testaments mitgewirkt hat (RG 160, 109); eine andere Auslegung ist aber nicht ausgeschlossen, da die gesetzliche Bedeutung der Begriffe nicht immer als bekannt vorausgesetzt werden kann und bei der Verwendung Verwechslungen unterlaufen können. Maßgeblich ist schließlich die hinter der Wortwahl stehende Vorstellung des Erblassers, die mit der Auffassung des beurkundeten Notars nicht übereinstimmen muß (vgl BGH MDR 1951, 474; KG OLG 1987, 1). Bei Zweifeln, ob Nacherbschaft oder Ersatzerbschaft gewollt ist, gelten auch Abkömmlinge des Erblassers nur als Ersatzerben und nicht als Nacherben (OGH 2, 59). Eine entgegenstehende allgemeine Lebenserfahrung besteht nicht.

5   Umstritten ist, ob der für den Nacherben eingesetzte Ersatznacherbe vor dem Eintritt des Ersatznacherbfalls im **Grundbuch** und **Erbschein** zu vermerken ist. Da der Ersatznacherbe gegenüber dem Vorerben keine Kontroll-, Sicherungs- und Zustimmungsrechte hat (BGH 40, 115; RG 145, 316; Schlüter Rz 788), folgert Becher (NJW 1969, 1463), daß der Ersatznacherbenvermerk nicht einzutragen sei. Diese Auffassung läßt sich schwerlich halten. Die Anordnung der Ersatznacherbfolge birgt die Möglichkeit späterer Rechte des Ersatznacherben in sich. Verfügt der Nacherbe vor Eintritt des Nacherbfalls über seine aufschiebend bedingte Anwartschaft oder wird in sie vollstreckt, so ist das dem Ersatznacherben gegenüber unwirksam, wenn er mit Eintritt des Nacherbfalls anstelle des Nacherben zum Zuge kommt (Hamm NJW 1970, 1606; Köln NJW 1955, 633; Kanzleiter DNotZ 1970, 693). Im übrigen kann der etwaige Nacherbe nicht vorzeitig (vor dem Eintritt des Nacherbfalls) gegen den Willen des Erblassers eine ersatzweise vorgesehene Erbfolge gegenstandslos machen. Der Nacherbenanwärter ist insoweit in seiner Verfügungsmacht über den Nachlaß des Erblassers nicht frei, sondern vom Erblasser durch die Berufung des Ersatzerben beschränkt. Das Grundbuch soll dazu dienen, den Dritten über eine mögliche Erbfolge richtig ins Bild zu setzen. So ist der Ersatznacherbenvermerk zugleich mit dem Nacherbenvermerk einzutragen (§ 51 GBO) und bei Übertragung der Anwartschaft des Nacherben nicht zu löschen (Hamm NJW 1970, 1606). Vgl zum Erbschein § 2363 Rz 5 und im übrigen § 2096 Rz 5.

2103 *Anordnung der Herausgabe der Erbschaft*

Hat der Erblasser angeordnet, dass der Erbe mit dem Eintritt eines bestimmten Zeitpunkts oder Ereignisses die Erbschaft einem anderen herausgeben soll, so ist anzunehmen, dass der andere als Nacherbe eingesetzt ist.

1   **1.** Die Anordnung, unter bestimmten Umständen den Nachlaß herauszugeben, wird zugunsten des Berechtigten als **Nacherbeinsetzung** gedeutet. Begrifflich verbunden ist damit die Vorerbschaft, zu der es nicht kommt, wenn der Nachlaß bereits beim Erbfall herauszugeben ist. Der „bestimmte Zeitpunkt" muß *nach* dem Tode des Erblassers liegen. Er muß vom Erblasser selbst festgelegt sein. Die Bestimmung darf nicht einem Dritten (zB Testamentsvollstrecker) überlassen werden (BGH 15, 199). Sind nur einzelne Gegenstände oder Wertanteile in Geld herauszugeben, liegt ein Vermächtnis vor, eventuell aufschiebend bedingt, was im Zweifel auch gilt, wenn der Gegenstand den wesentlichen Teil der Erbschaft ausmacht. Ist nach dem Willen des Erblassers Nacherbschaft auszuschließen, kann die Herausgabe der gesamten Nachlasses auch mit dem Wesen des Vermächtnisses unvereinbar und als solches unwirksam sein. § 2103 ist jedoch anwendbar, wenn ein Bruchteil des Nachlasses herauszugeben ist oder das, was beim Tod des zuerst Berufenen noch übrig ist (RG 152, 190). Ein häufiger Fall des § 2103 ist die zugunsten eines Angehörigen als Vorerbschaft auszulegende Zuwendung eines Nießbrauchs mit Verfügungsrecht bis zu einem bestimmten Lebensalter (§ 2100 Rz 3) oder die Pflicht des überlebenden Ehegatten, den Nachlaß aufgrund eines gemeinschaftlichen Testaments nach einer bestimmten Zeit oder einem bestimmten Ereignis (Wiederheirat) an einen Dritten (gemeinsames Kind) herauszugeben (vgl Weihe DNotZ 1930, 11 und 247).

2. In einer **Teilungsanordnung** kann auch die Einsetzung eines Nacherben auf einen Bruchteil erblickt werden, insbesondere wenn die Teilung erst zu einem Zeitpunkt nach dem Erbfall vorzunehmen ist und sie sich nicht auf einzelne Gegenstände, sondern auf einen Bruchteil des Nachlasses bezieht. Es kommt auf eine verständige Würdigung der im einzelnen getroffenen Maßnahmen an unter Berücksichtigung von Umständen, die auch außerhalb des Testaments liegen können. Die Person, der der Nachlaß herauszugeben ist, muß hinreichend bestimmt sein (§ 2065 Rz 6). Ist die Verpflichtung zur Herausgabe in einem Erbvertrag übernommen, kann die Vereinbarung nach § 2302 nichtig sein. Ist der Kreis der Berechtigten unbestimmt, aber ein Dritter bestimmungsberechtigt, kann die Anordnung des Erblassers uU in ein Vermächtnis umgedeutet oder entsprechend ausgelegt werden, § 2151 (zur Abgrenzung siehe Mattern DNotZ 1963, 450 und JZ 1963, 250).

2104 *Gesetzliche Erben als Nacherben*

Hat der Erblasser angeordnet, dass der Erbe nur bis zu dem Eintritt eines bestimmten Zeitpunkts oder Ereignisses Erbe sein soll, ohne zu bestimmen, wer alsdann die Erbschaft erhalten soll, so ist anzunehmen, dass als Nacherben diejenigen eingesetzt sind, welche die gesetzlichen Erben des Erblassers sein würden, wenn er zur Zeit des Eintritts des Zeitpunkts oder des Ereignisses gestorben wäre. Der Fiskus gehört nicht zu den gesetzlichen Erben im Sinne dieser Vorschrift.

Schrifttum: *Coing*, Die unvollständige Regelung der Nacherbfolge, NJW 1975, 521; *Kanzleiter*, Der „unbekannte" Nacherbe, DNotZ 1970, 326.

1. Die §§ 2104, 2105 ergänzen unvollständige letztwillige Verfügungen. Hat der Erblasser nur Vorerben eingesetzt, dann gelten § 2104 zufolge die gesetzlichen Erben als Nacherben (**konstruktive Nacherbenberufung**). Hat er nur Nacherben eingesetzt, dann wird die Lücke durch § 2105 geschlossen, indem die gesetzlichen Erben zu Vorerben werden (konstruktive Vorerbenberufung).

2. Die **Anwendung** der Vorschrift setzt voraus, daß der Erblasser den Vorerben durch die Anordnung der Nacherbschaft beschränken wollte, daß er aber keinen Nacherben bestimmt hat. Der Wille, den Vorerben jedenfalls zu beschränken, wird unterstellt, wenn der Erblasser anordnet, daß der Erbe nur bis zum Eintritt eines bestimmten Zeitpunkts oder Ereignisses Erbe sein soll. In anderen Fällen ist ein solcher Wille erst festzustellen. Die Formulierung „bis zu ihrem Lebensende übertrage(n) und im Besitz halten soll" bringt den Willen, die Erbeinsetzung zeitlich zu begrenzen, zum Ausdruck (Köln Rpfleger 2003, 193). Die Begriffe Vor- und Nacherbe muß der Erblasser nicht gebrauchen.

Ist der Nacherbe benannt, die Bestimmung aber hinfällig geworden, sei es, daß der Nacherbe vorverstorben, die Bestimmung des Nacherben angefochten oder aus sonstigen Gründen unwirksam ist, dann kommt es auf eine Auslegung des Testaments an. Läßt sich der Wille, die Nacherbfolge auch bei Wegfall des benannten Nacherben aufrechtzuerhalten, den Vorerben also absolut zu beschränken, feststellen, dann gilt § 2104 **entsprechend** und der gesetzliche Erbe als Nacherbe (Coing NJW 1975, 521), zB wenn der Erblasser die Einsetzung eines bestimmten Nacherben später streicht, die Nacherbfolge aber bestehen lassen will (BayObLG FamRZ 1991, 1114), möglicherweise auch, wenn der Erblasser die Bestimmung des Nacherben entgegen § 2065 II dem Vorerben überlassen hat, die Anordnung der Nacherbfolge aber als bestandskräftig anzusehen ist (einerseits Hamm NJW-RR 1995, 1477; andererseits Frankfurt ZEV 2001, 316 mit Anm Otte). Gibt es hingegen keine besonderen Anhaltspunkte für den Willen, den Vorerben auf jeden Fall, eben nicht nur relativ, sondern absolut, zu beschränken, dann wird der Vorerbe zum Vollerben (BGH NJW 1986, 1812). Darum handelt es sich idR, wenn der Erblasser nur eine bestimmte Person oder Gruppe zu Nacherben beruft. Setzen Ehegatten zB künftige Abkömmlinge als Nacherben ein, ohne daß schon welche vorhanden sind, dann ist anzunehmen, daß der Längerlebende (Vorerbe) bei kinderlos gebliebener Ehe unbeschränkter Erbe sein soll (KG JFG 2, 151). Sind Abkömmlinge als Nacherben eingesetzt, aber schon beim Tod des Erstverstorbenen nicht mehr vorhanden, wird man die Anordnung als gegenstandslos ansehen müssen. Fallen bis zum Eintritt des Ereignisses, das die Nacherbfolge auslösen soll, sämtliche gesetzliche Erben weg, wird der Vorerbe ebenfalls zum Vollerben.

Ist von mehreren Erben nur einer den Voraussetzungen des § 2104 gemäß eingesetzt, so spricht eine Vermutung für den Willen des Erblassers, daß mit dem Eintritt des Zeitpunkts oder Ereignisses der Erbanteil gemäß § 2094 den übrigen Miterben anwachsen soll. Die gesetzlichen Erben treten daher nicht in die Erbengemeinschaft ein. Ist der Vorerbe vor dem Erblasser oder zeitgleich mit ihm, zB er sein sollte, schon zu Lebzeiten des Erblassers eingetreten, ist § 2104 nicht anwendbar; es tritt stattdessen die gesetzliche Erbfolge ein.

3. Wer die **gesetzlichen Erben** des Erblassers sind, richtet sich nach dem Zeitpunkt des Nacherbfalls. Angenommene Kinder und nichteheliche Kinder sind dabei zu berücksichtigen. Es gelten die gleichen Erwägungen wie zu § 2066 (vgl § 2066 Rz 4; differenzierend AK/Schaper Rz 6).

Ein vererbliches **Anwartschaftsrecht** besteht vor dem Nacherbfall noch nicht. Vom Tod des Erblassers bis zum Eintritt der Nacherbfolge sind die Nacherben unbekannt, da nicht feststeht, wer zum Kreis der gesetzlichen Erben gehören wird. Nach Maßgabe des § 1913 ist bis dahin ein **Pfleger** zu bestellen, nach hM auch für diejenigen, die bereits vorhanden sind, die aber noch fortfallen können und darum noch nicht endgültig bestimmt sind (BGH MDR 1968, 484; aM Kanzleiter DNotZ 1970, 326; Soergel/Harder/Wegmann Rz 5). Es wäre auch verfrüht, die erst in Aussicht stehende Erbschaft auszuschlagen oder Verfügungen zu treffen (anders die hM, MüKo/Grunsky Rz 4). Zu einer Zustimmung nach § 2113 ist nur der Pfleger legitimiert (vgl BayObLG 1966, 227). Pflichtteilsberechtigte, die uU Nacherben werden können, haben Pflichtteilsansprüche.

§ 2105

2105 *Gesetzliche Erben als Vorerben*
(1) Hat der Erblasser angeordnet, dass der eingesetzte Erbe die Erbschaft erst mit dem Eintritt eines bestimmten Zeitpunkts oder Ereignisses erhalten soll, ohne zu bestimmen, wer bis dahin Erbe sein soll, so sind die gesetzlichen Erben des Erblassers die Vorerben.
(2) Das Gleiche gilt, wenn die Persönlichkeit des Erben durch ein erst nach dem Erbfall eintretendes Ereignis bestimmt werden soll oder wenn die Einsetzung einer zur Zeit des Erbfalls noch nicht gezeugten Person oder einer zu dieser Zeit noch nicht entstandenen juristischen Person als Erbe nach § 2101 als Nacherbeinsetzung anzusehen ist.

1 **1.** Als **konstruktive Vorerbenberufung** bildet die Vorschrift das Pendant zu § 2104. Da es keine herrenlose Erbschaft gibt, tritt bis zum Eintritt des Zeitpunkts oder Ereignisses, zu dem der benannte Erbe berufen ist, gesetzliche (Vor-)Erbfolge ein.

2 **2.** Die Vorschrift findet **Anwendung**, wenn der eingesetzte Erbe die Erbschaft erst mit dem Eintritt eines bestimmten Zeitpunkts oder Ereignisses erhalten (Abs I) oder wenn der Erbe durch ein erst nach dem Erbfall eintretendes Ereignis bestimmt werden soll oder eine noch nicht gezeugte bzw entstandene (juristische) Person als Erbe eingesetzt ist (Abs II), ohne daß der Erblasser einen Vorerben bestimmt hat. Die nach Abs II benannte Person des (Nach-)Erben darf noch nicht bestimmbar sein (zB eheliches Kind des noch unverheirateten Sohnes). Eine bestimmbare, lediglich noch zu ermittelnde Person (zB der nur dem Namen nach noch nicht bekannte Lebensretter) würde die Vorerbschaft dagegen entbehrlich machen, so daß ggf ein Nachlaßpfleger (§ 1960) zu bestellen wäre. Wie im Wortlaut hervorgehoben, enthält Abs II die notwendige Ergänzung zu § 2102.

3 Gleichwohl kann § 2105 **entsprechend** anwendbar sein, wenn ein Vorerbe eingesetzt ist, die Einsetzung aber nicht wirksam ist und wenn gleichwohl anzunehmen ist, daß die Nacherbfolge bestehen bleiben soll.

4 Erlebt der Erblasser den für den Eintritt der Nacherbfolge bestimmten Zeitpunkt oder den Eintritt der Bedingung, dann wird die zum Nacherben bestimmte Person unmittelbar Erbe. Ist von mehreren Erben nur einer oder nur ein Teil erst von einem späteren Zeitpunkt an berufen, so ist die Verfügung von Todes wegen dahin auszulegen sein, daß die übrigen Miterben insoweit als Vorerben berufen sind.

5 **3.** Der Personenkreis und die Anteile der **gesetzlichen Erben** bestimmen sich nach dem Zeitpunkt des Todes des Erblassers. Im Unterschied zu § 2104 gehört der Fiskus dazu. Nicht ganz einfach gestaltete sich die Rechtslage, wenn die Voraussetzungen für einen Erbersatzanspruch des nichtehelichen Kindes gegeben waren. Die Auskehrung dieses Anspruchs konnte nur in Form einer anteilsmäßigen Beteiligung an den Erträgnissen erfolgen, die den Vorerben gebührten (MüKo/Grunsky Rz 4; aM Böhm FamRZ 1972, 185).

2106 *Eintritt der Nacherbfolge*
(1) Hat der Erblasser einen Nacherben eingesetzt, ohne den Zeitpunkt oder das Ereignis zu bestimmen, mit dem die Nacherbfolge eintreten soll, so fällt die Erbschaft dem Nacherben mit dem Tode des Vorerben an.
(2) Ist die Einsetzung einer noch nicht gezeugten Person als Erbe nach § 2101 Abs. 1 als Nacherbeinsetzung anzusehen, so fällt die Erbschaft dem Nacherben mit dessen Geburt an. Im Falle des § 2101 Abs. 2 tritt der Anfall mit der Entstehung der juristischen Person ein.

1 **1. Eintritt der Nacherbfolge.** In §§ 2104, 2105 sind Bestimmungen darüber getroffen, welche Personen zu Vorerben bzw Nacherben berufen sind, wenn das Testament lückenhaft ist. § 2106 ergänzt die letztwillige Verfügung, in der die Nacherbfolge angeordnet und die Vorerben und Nacherben bestimmt sind, bzgl des Zeitpunkts, in dem die Nacherbfolge (§ 2139) eintreten soll. Führt der Nacherbe den Zeitpunkt wider Treu und Glauben herbei (§ 162 II), kann er sich nicht auf den Eintritt des Nacherbfalls berufen (BGH NJW 1968, 2150). Andererseits kann der Vorerbe angesichts seiner bloßen Zwischenherrschaft die Vorerbschaft nicht selbst vererben. Eine letztwillige Verfügung über den Nachlaß, der dem Nacherben zusteht, ist gegenstandslos (Hamm FamRZ 1986, 612).

2 **2.** Abs II bezieht sich auf die umgedeutete Nacherbfolge des § 2101, nicht auf die vom Erblasser gewollte. Stirbt der gesetzlich berufene Vorerbe, bevor der Fall der Nacherbschaft eingetreten ist, so werden zunächst die gesetzlichen Erben des Vorerben weitere Vorerben.

3 **3.** Einem Dritten kann die Bestimmung des Zeitpunkts, von dem an die Nacherbfolge eintreten soll, nicht überlassen werden, auch nicht dem Testamentsvollstrecker (BGH 15, 199).

2107 *Kinderloser Vorerbe*
Hat der Erblasser einem Abkömmling, der zur Zeit der Errichtung der letztwilligen Verfügung keinen Abkömmling hat oder von dem der Erblasser zu dieser Zeit nicht weiß, dass er einen Abkömmling hat, für die Zeit nach dessen Tode einen Nacherben bestimmt, so ist anzunehmen, dass der Nacherbe nur für den Fall eingesetzt ist, dass der Abkömmling ohne Nachkommenschaft stirbt.

1 **1.** § 2107 ist im Zusammenhang mit den §§ 2069, 2079 zu sehen, ergänzt den Willen des Erblassers und verweist die Abkömmlinge des Vorerben (umgekehrt zu § 2079) nicht auf die Anfechtung. Ein gegenteiliger Wille des Erblassers ist zu beachten, erforderlichenfalls durch Auslegung zu ermitteln (BayObLG FamRZ 1991, 1234). Die Vorschrift beruht auf dem Gedanken, daß es dem Willen des Erblassers idR näher steht, den Nachlaß auf Dauer in der Familie zu halten. Bei der Regel bleibt es auch, wenn das Angehörigenverhältnis vom Erblasser zum eingesetzten Nacherben enger ist als zu den Nachkommen des Abkömmlings (BGH NJW 1981, 2743).

2. Abkömmlinge des Erblassers müssen zu Vorerben bestimmt sein und den Erbfall erlebt haben. Der Erblasser muß im Zeitpunkt der Errichtung des Testaments davon ausgegangen sein, daß der berufene Abkömmling kinderlos gewesen ist. Spätere Kenntnis kann nur insoweit von Bedeutung sein, wie sie als Bestätigung des Testaments anzusehen ist. Nicht die Tatsache der Kinderlosigkeit entscheidet, sondern die Vorstellung des Erblassers darüber; ebenso wenn ein Kind bereits erzeugt, aber noch nicht geboren ist. Zu den Abkömmlingen zählen auch Adoptivkinder (BayObLG FamRZ 1985, 426; Stuttgart BWNotZ 1984, 21), es sei denn, das Kind ist nur angenommen, um die Nacherbschaft zu beseitigen (einschränkend MüKo/Grunsky Rz 3).

3. Der Nacherbe muß ausdrücklich für die Zeit **nach dem Tod des Vorerben** berufen sein oder nach § 2106 als berufen gelten. Handelt es sich um eine Nacherbeneinsetzung iSv § 2105 oder § 2106 II, ist eine Ergänzung nach § 2107 ausgeschlossen. Erlebt der Vorerbe den Erbfall nicht oder fällt er später ex tunc weg, greift § 2102 ein. Etwaige Nachkommen des Vorerben sind lediglich auf eine Anfechtung nach §§ 2078, 2079 beschränkt (ebenso MüKo/Grunsky Rz 5; aM Staud/Avenarius Rz 9 für entsprechende Anwendung des § 2107).

4. Hat der zum Vorerben eingesetzte Abkömmling im Zeitpunkt seines Todes Nachkommenschaft, wird kraft Gesetzes **rückwirkend** seine Vorerbenstellung zur Vollerbschaft. Ob er zu Lebzeiten als befreiter Vorerbe anzusehen war oder den allgemeinen Beschränkungen des Vorerben unterlag, läßt sich nicht generell entscheiden. Es kommt auf die Motive des Erblassers für die getroffene Regelung an. Vorab spricht mehr dafür, daß der Vorerbe für die Zeit der Ungewißheit zum befreiten Vorerben eingesetzt werden soll (BayObLG WM 1981, 824). Das Gegenteil müßte dargetan und bewiesen werden, da der Vorerbe das Vertrauen des Erblassers besaß und für geeignet gehalten wurde, den Nachlaß zu erhalten. Wird die Vorerbenstellung zur Vollerbschaft, werden die nicht durch § 2136 gedeckten Verfügungen nachträglich voll wirksam, und der Vorerbe vererbt sein Vermögen als Vollerbe, so daß er durch letztwillige Verfügung frei testieren kann. Er ist nicht gehalten, seine Nachkommen als Erben zu bedenken.

5. Das Nacherbrecht des unter den Vorraussetzungen des § 2107 eingesetzten Erben ist nicht aufschiebend bedingt iSv § 2074 und auch nicht dem Wortlaut nach auflösend bedingt, wie es die hM (BayObLG Rpfleger 1981, 64; RGRK/Johannsen Rz 5; dagegen auch Staud/Avenarius Rz 3) annimmt. Es handelt sich um eine den besonderen Verhältnissen angepaßte gesetzliche Regelung der Erbfolge, „die Verfügung ist nach gesetzlicher Auslegung bedingt" (Kipp/Coing § 47 III 4). Der eingesetzte Nacherbe erlangt vom Erbfall an seine Anwartschaft, die jedoch nachträglich wirkungslos werden kann.

2108 *Erbfähigkeit; Vererblichkeit des Nacherbrechts*

(1) Die Vorschrift des § 1923 findet auf die Nacherbfolge entsprechende Anwendung.
(2) Stirbt der eingesetzte Nacherbe vor dem Eintritt des Falles der Nacherbfolge, aber nach dem Eintritt des Erbfalls, so geht sein Recht auf seine Erben über, sofern nicht ein anderer Wille des Erblassers anzunehmen ist. Ist der Nacherbe unter einer aufschiebenden Bedingung eingesetzt, so bewendet es bei der Vorschrift des § 2074.

1. Zu unterscheiden ist zwischen dem Zeitpunkt des Erbfalls und dem des Nacherbfalls. Durch **Verweisung auf § 1923** wird bestimmt, daß Nacherbe nur sein kann, wer zur Zeit des Erbfalls noch lebt. Stirbt der Nacherbe vor dem Erblasser, wird die Anordnung der Nacherbfolge hinfällig, und der Vorerbe wird mit dem Erbfall Vollerbe, es sei denn, daß Ersatznacherben oder weitere Nacherben eingesetzt sind. § 2069 ist anzuwenden, da ein Abkömmling auch dann „bedacht" ist, wenn er zum Nacherben berufen ist (Bremen NJW 1970, 1923).

2. Hat der eingesetzte Nacherbe den Erbfall erlebt oder wird er später geboren, so entsteht ein **Anwartschaftsrecht**, für das entsprechend § 1923 der Zeitpunkt des Nacherbfalls entscheidend ist. Lebt der Nacherbe zur Zeit des Nacherbfalls nicht mehr, unabhängig davon, ob er vor oder nach dem Erbfall geboren ist, so geht nach Abs II sein Recht auf seine Erben über, sofern nicht ein anderer Wille des Erblassers anzunehmen ist. Lebt der Nacherbe zu diesem Zeitpunkt noch nicht, ist er aber noch nicht erzeugt, so gilt § 2101 mit der Folge, daß der Nacherbe mit seiner Geburt zweiter Nacherbe wird (§ 2106 II); der bereits Erzeugte gilt als vor dem Nacherbfall geboren (§ 1923 II). Bestimmen sich die Nacherben überhaupt erst nach dem Zeitpunkt des Nacherbfalls, dann kann zuvor kein Anwartschaftsrecht iSv Abs II entstehen (BayObLG ZEV 2001, 440 mit Anm Wegmann). Für den Ersatznacherben gelten die gleichen Grundsätze.

3. Über das Anwartschaftsrecht des Nacherben kann dieser bereits vor Eintritt des Nacherbfalls unter Lebenden oder von Todes wegen **verfügen** (siehe § 2100 Rz 9ff). Im übrigen ist das Anwartschaftsrecht nach der Auslegungsvorschrift des Abs II S 1 **vererblich**: Trifft er keine Verfügung, geht die Anwartschaft mit seinem Tod vor Eintritt des Nacherbfalls auf die gesetzlichen oder testamentarischen Erben über, möglicherweise nur auf einen Teil von ihnen (BGH NJW 1963, 1150). Beweispflichtig ist, wer sich abweichend von der Regel darauf beruft, daß die Anwartschaft nicht übertragbar sei (RG 169, 38; BayObLG Rpfleger 1983, 11).

Zweifel darüber, ob die Anwartschaft auf die Erben des Nacherben übergeht (§ 2108 II S 1) oder ob die Ersatzerben (§ 2096) bzw die nach § 2069 vermuteten Ersatzerben eintreten, entstehen, wenn die letztwillige Verfügung ausschließlich engste Familienangehörige betrifft und keine Regelung über die Vererblichkeit des Nacherbenanwartschaftsrechts enthält (Oldenburg Rpfleger 1989, 106; bezüglich der Auslegungsmöglichkeiten vgl die kritische Anm von Grunsky zu LG Frankfurt Rpfleger 1984, 271). In RG 142, 173 wird darauf hingewiesen, daß sich § 2108 II auf den Wegfall durch Tod beschränke, § 2069 aber auch andere Gründe umfasse. Hieraus wird gefolgert, daß trotz einer nach § 2108 II anzunehmenden Vererblichkeit des Anwartschaftsrechts eine nach § 2069 eintretende Ersatznacherbfolge möglich ist. Läßt sich ein bestimmter Wille des Erblassers nicht andeutungsweise aus dem Testament ermitteln, gehen die Erben des Nacherben den Ersatzerben vor (RG 169, 39; BGH NJW 1963, 1150; BayObLG Rpfleger 1983, 11; Köln NJW 1955, 633; OLG 1968, 91). Eine sorgfältige Prüfung des Erblasserwillens ist aber unerläßlich (vgl § 2069 Rz 7). Schließlich ist auch eine Lösung in der Weise möglich, daß der Erblasser eine Vererbung des Nacherbenrechts gewollt, sie aber auf einen Teil der (Erbes-)Erben hinter den Nacherben (zB auf leibliche Abkömmlinge) beschränkt hat (vgl BGH NJW 1963, 1150; Hamm JMBl NRW 1952, 46; MüKo/Grunsky Rz 7).

5 Sind mehrere Nacherben in der Weise eingesetzt, daß die Vererblichkeit des Anwartschaftsrechts nicht ausgeschlossen ist, daß aber auch weder ausdrücklich noch stillschweigend Ersatzerben berufen sind, tritt Anwachsung nach **§ 2094** ein (vgl § 2094 Rz 5).

6 4. Bei **aufschiebend bedingter Nacherbschaft** ist, vorausgesetzt, daß der Erblasser nicht ausdrücklich oder sinngemäß etwas anderes bestimmt hat, das Anwartschaftsrecht nicht vererblich (Abs II S 2); wohl aber bei Befristung, zB bei mehrfacher Nacherbfolge (KG DNotZ 1955, 412), da die Erbfolge des Nachnacherben nur durch die Zeit der ersten Nacherbfolge aufschiebend befristet ist. Bei auflösender Bedingung ist das Anwartschaftsrecht veräußerlich und je nach Art der Bedingung auch vererblich, fällt jedoch bei Eintritt der Bedingung fort. Auch der Ersatznacherbe hat im Zweifel schon mit dem Erbfall eine Anwartschaft erworben (RG 170, 168; Kempf NJW 1961, 1797). Es handelt sich aber um eine noch lockere Anwartschaft, die nur bedeutsam werden kann, wenn der Nacherbe vor dem Nacherbfall ausscheidet.

7 5. Der **Erbschein** hat für den Fall, daß der eingesetzte Nacherbe vor dem Eintritt der Nacherbfolge, aber nach dem Eintritt des Erbfalls sterben sollte, Klarheit darüber zu geben, ob die Nacherbenanwartschaft auf die Erben des Nacherben übergeht oder nicht. Enthält der Erbschein keinen Vermerk, so ist damit der Regelfall der Vererblichkeit ausgedrückt (RG 154, 330). Soll der Ersatznacherbe geschützt sein, ist seine Aufnahme in dem Erbschein notwendig (siehe § 2363 Rz 4 und Bartholomeyczik Erbeinsetzung, andere Zuwendungen und Erbschein 1942 S 24ff).

2109 *Unwirksamwerden der Nacherbschaft*
(1) Die Einsetzung eines Nacherben wird mit dem Ablauf von 30 Jahren nach dem Erbfall unwirksam, wenn nicht vorher der Fall der Nacherbfolge eingetreten ist. Sie bleibt auch nach dieser Zeit wirksam,
1. **wenn die Nacherbfolge für den Fall angeordnet ist, dass in der Person des Vorerben oder des Nacherben ein bestimmtes Ereignis eintritt, und derjenige, in dessen Person das Ereignis eintreten soll, zur Zeit des Erbfalls lebt,**
2. **wenn dem Vorerben oder einem Nacherben für den Fall, dass ihm ein Bruder oder eine Schwester geboren wird, der Bruder oder die Schwester als Nacherbe bestimmt ist.**

(2) Ist der Vorerbe oder der Nacherbe, in dessen Person das Ereignis eintreten soll, eine juristische Person, so bewendet es bei der dreißigjährigen Frist.

Schrifttum: *Edenfeld*, Lebenslange Bindungen im Erbrecht? DNotZ 2003, 4.

1 1. Aus der Testierfreiheit des Erblassers folgt, daß er den Nacherbfall an beliebige Voraussetzungen knüpfen und mehrere Nacherben nacheinander einsetzen kann. Durch § 2109 ist ihm jedoch die **Schranke von 30 Jahren** gesetzt, innerhalb deren seine Anordnungen wirksam werden müssen. Darüber hinausgehende Bestimmungen sind von vornherein unwirksam, sofern nicht im Wege der Auslegung eine Vorverlegung des vom Erblasser bestimmten Zeitpunkts möglich ist. Eine solche Auslegung ist gerechtfertigt, wenn der Erblasser klar zu erkennen gibt, daß der Nachlaß endgültig bei dem Nacherben oder dem letzten Nacherben bleiben soll (vgl Hamburg FamRZ 1985, 538).

2 2. **Zwei Ausnahmen** sind zur Überschreitung der Frist ausdrücklich zugelassen; sie entsprechen § 2163 beim Vermächtnis. Als „bestimmtes Ereignis" iSv Abs I Nr 1 gelten zB der Tod des Vorerben (Hamburg FamRZ 1985, 538; BayObLG FamRZ 1990, 320; 1991, 1234) und die Heirat des Vorerben oder Nacherben. Die Bezeichnung „in dessen Person" braucht nicht eng genommen zu werden. Es genügt, daß es sich um ein Ereignis handelt, das in den wirtschaftlichen oder persönlichen Verhältnissen des Vorerben oder Nacherben eintritt, gleichgültig, ob es auf fremden oder eigenen Handlungen des Vorerben oder Nacherben beruht (KG MDR 1976, 756; wirtschaftliche Einheit zwischen Ost und West, LG Berlin NJW 1993, 272; zu § 2163 auch BGH NJW 1969, 1112). Ein Ereignis, das sich nicht auf die Person des Erben bezieht (zB lediglich politischer Vorgang, technische Entwicklung), kann aber kein Anknüpfungspunkt sein (aM MüKo/Grunsky Rz 4). Voraussetzung ist im übrigen, daß der Vorerbe oder Nacherbe, in dessen Person das Ereignis eintreten soll, zur Zeit des Erbfalls gelebt hat oder schon erzeugt war (§ 1923 II). Bei der Ausnahme nach Abs I Nr 2 ergibt sich die Begrenzung aus der Lebensdauer der Eltern des Vorerben und etwaiger zu Nacherben berufener Geschwister. Einbezogen sind Halbgeschwister und Legitimierte (§§ 1719, 1736), wegen § 1754 folgerichtig auch Adoptivgeschwister (MüKo/Grunsky Rz 5; Staud/Avenarius Rz 9; aM Soergel/Harder/Wegmann Rz 4; Pal/Edenhofer Rz 3). Die gestalterischen Möglichkeiten einer postmortalen Herrschaft über Generationen stoßen aber auf Bedenken (für eine gesetzliche Obergrenze von 60 Jahren daher Edenfeld DNotZ 2003, 18).

2110 *Umfang des Nacherbrechts*
(1) Das Recht des Nacherben erstreckt sich im Zweifel auf einen Erbteil, der dem Vorerben infolge des Wegfalls eines Miterben anfällt.

(2) Das Recht des Nacherben erstreckt sich im Zweifel nicht auf ein dem Vorerben zugewendetes Vorausvermächtnis.

Schrifttum: *Sonntag*, Zur Rechtsnatur des Vorausvermächtnisses an den Vorerben, ZEV 1996, 450.

1. „Im Zweifel" zeigt an, daß es sich um **Auslegungsregeln** handelt, und zwar dahin, daß der Nacherbe in die Erbenstellung des Vorerben voll und ganz nachrückt. Vom Nacherbrecht wird infolgedessen auch erfaßt, was der Vorerbe als Erbe durch Erhöhung seines Erbteils (§ 1935), durch Anwachsung (§ 2094) oder durch Ersatzberufung (§ 2096) erhalten hat. Für den Fall des Erbschaftskaufs enthält § 2373 eine teilweise abweichende Regelung.

2. Das **Vorausvermächtnis** ist ein Forderungsrecht und gilt als Vermächtnis auch, soweit der Erbe selbst beschwert ist (§§ 2150, 2174). Das auf Grund des Vorausvermächtnisses Zugewandte erhält der Vorerbe demnach nicht unmittelbar aufgrund seiner Erbenstellung. Dem Vorausvermächtnis des Alleinerben (gilt auch für Vorerben) ist allerdings dingliche Wirkung beizulegen, weil ein besonderer Erwerbsvorgang (Insichgeschäft) nur eine leere Konstruktion sein würde (BGH 32, 60); nach hM (so jetzt Staud/Otte § 2150 Rz 4ff) ist auch das Vorausvermächtnis rein obligatorischer Natur (vgl dazu Sonntag ZEV 1996, 451; Staud/Avenarius Rz 7). Entgegen der Auslegungsregel des Abs II kann jedoch vom Erblasser etwas anderes bestimmt werden, und zwar in der Weise, daß der Nacherbe auch den Gegenstand des Vorausvermächtnisses entweder als Nacherbe oder auch als Nachvermächtnisnehmer (§ 2191) erhalten soll. Im Erbschein ist das Vorausvermächtnis, wenn es dem Nacherben nicht zufallen soll, zu vermerken (KG JFG 21, 122). Handelt es sich um ein Grundstück, wird der Nacherbenvermerk (§ 51 GBO) nicht eingetragen bzw ist er auf Antrag wieder zu löschen, auch wenn inzwischen die Nacherbfolge eingetreten ist (München JFG 23, 300).

2111 *Unmittelbare Ersetzung*

(1) Zur Erbschaft gehört, was der Vorerbe auf Grund eines zur Erbschaft gehörenden Rechts oder als Ersatz für die Zerstörung, Beschädigung oder Entziehung eines Erbschaftsgegenstands oder durch Rechtsgeschäft mit Mitteln der Erbschaft erwirbt, sofern nicht der Erwerb ihm als Nutzung gebührt. Die Zugehörigkeit einer durch Rechtsgeschäft erworbenen Forderung zur Erbschaft hat der Schuldner erst dann gegen sich gelten zu lassen, wenn er von der Zugehörigkeit Kenntnis erlangt; die Vorschriften der §§ 406 bis 408 finden entsprechende Anwendung.

(2) Zur Erbschaft gehört auch, was der Vorerbe dem Inventar eines erbschaftlichen Grundstücks einverleibt.

Schrifttum: *F. Baur*, „Nutzungen" eines Unternehmens bei Anordnung von Vorerbschaft und Testamentsvollstreckung, JZ 1958, 465; *Bökelmann*, Nutzungen und Gewinn beim Unternehmensnießbrauch, 1971; *Hadding*, Zur Rechtsstellung des Vorerben von GmbH-Geschäftsanteilen, FS Bartholomeyczik, 1973, S 75; *Hefermehl*, Vor- und Nacherbfolge bei der Beteiligung an einer Personenhandelsgesellschaft, FS H. Westermann, 1974, S 223; *U. Huber*, Vermögensanteil, Kapitalanteil und Gesellschaftsanteil an Personalgesellschaften des Handelsrechts, 1970; *Martinek*, Der Kommanditanteil als Nachlaßsurrogat – ein neuer Konflikt zwischen Erb- und Gesellschaftsrecht? ZGR 1991, 74; *Roggendorff*, Surrogationserwerb bei Vor- und Nacherbfolge, MittRhNotK 1981, 29.

1. Der Nacherbe erlangt mit dem Erbfall ein Anwartschaftsrecht auf den Nachlaß (§ 2100 Rz 9), nicht jedoch ein Recht an den einzelnen Erbschaftsgegenständen. Der Vorerbe wird mit dem Erbfall zwar Erbe und Eigentümer des Nachlasses, jedoch mit der Beschränkung, daß er ihn im Zeitpunkt des Nacherbfalls herausgeben muß (§§ 2130, 2138). Dies bedingt, daß der Nachlaß in der Hand des Vorerben sich nicht völlig mit dem freien Vermögen des Vorerben vermischt, sondern einem eigenen Schicksal unterliegt. § 2111 (Prinzip der **dinglichen Surrogation**) bestimmt hierzu, daß Veränderungen in der Zeit zwischen Erbfall und Nacherbfall den Bestand der Erbschaft (ähnlich wie bei §§ 2019, 2041) nicht schmälern sollen. Es macht hierbei grundsätzlich keinen Unterschied, ob es sich um befreite (§ 2136, 2137) oder gesetzliche Vorerbschaft handelt (BGH NJW 1983, 2874; Köln NJW-RR 1987, 267). Den Beweis für eingetretene Surrogationsvorgänge während der Dauer der Vorerbschaft trägt der Nacherbe, wenn er Gegenstände herausverlangt, die nicht aus dem Nachlaß des Erblassers stammen (BGH NJW 1983, 2874).

Erhalten werden soll nur die **Substanz** (BGH NJW-RR 1988, 386). Die **Nutzungen** fließen vom Erbfall an dem Vorerben zu freiem Eigentum zu, wobei sich in jedem Einzelfall der Rechtsübergang auf dem gesetzlich vorgesehenen Weg vollzogen haben muß. § 2111 bezieht sich nur auf das Verhältnis zwischen Vorerben und Nacherben und hat keine Bedeutung zugunsten der Nachlaßgläubiger (BGH 81, 8; aM Staud/Avenarius Rz 11). Es handelt sich um eine Zweckmäßigkeitsvorschrift, die nicht ausdehnend auszulegen ist (RG Recht 1928, 1856).

2. Bei dem Erwerb auf Grund eines zur Vorerbschaft gehörenden **Rechts** kann es sich um Verbindung, Vermischung, Ersitzung, Schatzfund, Lotteriegewinn usw handeln, also nicht um Rechte, die durch ein Rechtsgeschäft des Vorerben begründet worden sind. Der Erwerb eines Grundstücks durch Zuschlag in der Zwangsversteigerung mit Mitteln der Erbschaft oder aus einer zur Erbschaft gehörenden Hypothek fällt nicht unter § 2111 (RG 136, 363; aM Soergel/Harder/Wegmann Rz 8; MüKo/Grunsky Rz 10); uU besteht aber eine Ersatzpflicht des Vorerben. Als **Ersatz** für Zerstörung, Beschädigung oder Entziehung eines Nachlaßgegenstandes kommen Versicherungszahlungen, Entschädigungssummen, Überschüsse aus der Zwangsversteigerung (BGH NJW 1993, 3198), Ausgleichsleistungen nach dem LAG (BGH 44, 336 mit Anm Kreft LM Nr 3; NJW 1972, 1369; aM BVerwG 24, 89 zu § 2041; zur Differenzierung nach Grundbeträgen und Zinszuschlägen BGH 81, 8; dazu Johannsen WM 1982 Sonderbeilage 2 S 10) und Schadenersatzansprüche in Betracht. Der Ersatz von Aufwendungen zB für Versicherungsbeiträge regelt sich nach den §§ 2124, 2125.

Rechtsgeschäftliche Surrogation kann nur stattfinden, wenn der Vorerbe in eigener Person Erwerber ist. Nicht erforderlich ist, daß der Vorerbe den Erwerb ausdrücklich für den Nachlaß tätigen will, denn die Zugehörigkeit zum Nachlaß tritt von selbst ein, so auch bei Versicherungsansprüchen, selbst wenn die Beiträge aus dem freien Vermögen des Vorerben geleistet worden sind oder wenn der Vorerbe sich für den Vollerben hält (Celle OLG

M. Schmidt

1969, 22: Veräußerung eines Hofes). Selbst Gegenstände, die der Vorerbe im Rahmen einer Nachlaßauseinandersetzung erwirbt, fallen unter die Nacherbenbeschränkung (BGH LM § 242 Nr 13; DNotZ 2001, 392; BayObLG FamRZ 1987, 104; Hamm ZEV 2003, 31; aM Beck DNotZ 1961, 574). Bei der Grundbuchumschreibung hinsichtlich eines so erworbenen Grundstücks durch den Vorerben ist von Amts wegen ein Nacherbenvermerk aufzunehmen (BayObLG 1986, 208; Saarbrücken ZEV 2000, 27 mit Anm Schaub). Daß der rechtsgeschäftliche Erwerb grundsätzlich **mit Mitteln der Erbschaft** erfolgen muß, gilt auch dann als erfüllt, wenn in den Erwerbsvorgang zur Zwischenfinanzierung ein Kreditinstitut eingeschaltet wird (BGH 110, 176). Bei teilweisem Erwerb mit Mitteln der Erbschaft kann der erlangte Gegenstand zum entsprechenden Teil zum Nachlaß gehören. Demzufolge soll bei einem Grundstückserwerb mit eigenen Mitteln und Hausbau mit Mitteln des Nachlasses das Hausgrundstück entsprechend dem Wertanteil des Hauses zum Nachlaß gehören (BGH NJW 1977, 1631; wegen des Widerspruchs zu § 946 wird die Entscheidung aber abgelehnt und der Nacherbe auf einen Ausgleichsanspruch nach § 2138 II [Peters NJW 1977, 2075] bzw § 2134 [Wolf JuS 1981, 14; MüKo/Grunsky Rz 7] verwiesen; einschränkend auf Handeln in Benachteiligungsabsicht Johannsen WM 1979, 605, dagegen Roggendorff MittRhNotK 1981, 34). Spezielle Normen, die den Eigentumserwerb unmittelbar mit einer Bezugsperson verknüpfen (Verarbeitung, Umwandlung), schließen die Surrogation aus. Das gleiche betrifft den Erwerb nicht übertragbarer Rechte mit Nachlaßmitteln (Johannsen WM 1979, 605). Beteiligt sich der Vorerbe mit Mitteln des Nachlasses an einer typisch personalistisch strukturierten Gesellschaft, dann fällt nicht der Gesellschaftsanteil, sondern der künftige Anspruch auf das Auseinandersetzungsguthaben in den Nachlaß (aM Roggendorff MittRhNotK 1981, 35), während die Surrogationsbewehrtheit übertragbarer Anteile an kapitalistisch organisierten Personengesellschaften von der Zustimmung der Mitgesellschafter abhängt (in diesem Sinne Martinek ZGR 1991, 74). Demgegenüber vertritt der BGH (109, 214) die Auffassung, ein mit Mitteln der Erbschaft erworbener Kommanditanteil werde jedenfalls Bestandteil der Vorerbschaft, ohne den Vorrang der gesellschaftsrechtlichen Unübertragbarkeit anders lösen zu können als durch Weitergabe der vermögensrechtlichen Ansprüche. Frei übertragbare Beteiligungen wie die an Kapitalgesellschaften fallen indessen in die Nacherbschaft. Wird eine auf dem Nachlaßgrundstück ruhende Hypothek getilgt, fällt auch die Eigentümergrundschuld in den Nachlaß (BGH 40, 115). Dies gilt dann nicht, wenn die Bezahlung **mit eigenen Mitteln** des Vorerben erfolgt (BGH NJW 1993, 3198; Celle NJW 1953, 1265; Hamburg JFG 2, 431; aM RGRK/Johannsen Rz 5 für den Fall, daß der Vorerbe die Grundschuld erworben hat, weil er durch die Vorerbschaft Eigentümer des Grundstücks geworden ist). Für eine derartige Differenzierung fehlt es an einer Grundlage. Schwierig kann im Einzelfall indessen der Nachweis sein, daß der Vorerbe tatsächlich mit eigenen Mitteln gezahlt hat, etwa bei übermäßigem Fruchtbezug. In ein vom Erblasser begründetes, vom Vorerben fortgeführtes Girovertragsverhältnis tritt der Nacherbe nicht ein, nur die Zuordnung des Kontoguthabens richtet sich nach § 2111 (BGH NJW 1996, 190). Eine andere Frage ist, ob der Vorerbe durch **Insichgeschäft** Gegenstände seines freien Vermögens mit dinglicher Wirkung dem Nachlaß zuweisen kann, was allgemein verneint wird (BGH 40, 125; Stuttgart OLG 1973, 262; Maurer DNotZ 1981, 223 mwN). Der Vorerbe kann einen Austausch mit einem eigenen nachlaßfremden Grundstück selbst mit der Zustimmung des zur Wahrnehmung der Nacherbenrechte eingesetzten Testamentsvollstreckers nicht vornehmen (Köln NJW-RR 1987, 267). Rechtsgeschäftliche Beziehungen dieser Art sind allerdings möglich (Stuttgart OLG 1973, 262), wenn dem Vorerben der Verwaltung und Verfügung des Vorerben entzogen ist, namentlich bei Testamentsvollstreckung oder Nachlaßpflegschaft zu Lasten des Vorerben. Der gutgläubige Schuldner genießt den Schutz wie bei § 2019 II (siehe § 2019 Rz 5). Bei nichtrechtsgeschäftlichem Erwerb kommen die §§ 851, 893, 2367 in Betracht.

5 3. Der Vorerbe ist für die Zeit vom Erbfall bis zum Nacherbfall nutzungsberechtigt. Vorher angefallene Nutzungen gehören zum Nachlaß, spätere gebühren dem Nacherben (§§ 100, 101). **Nutzungen** sind ua Zinszuschläge gemäß § 250 III LAG (BGH 81, 8 in Übereinstimmung mit BVerwG 58, 306). Für die Dauer seines Nutzungsrechts muß der Vorerbe die gewöhnlichen Erhaltungskosten tragen (§ 2124). Bei übermäßigem Fruchtgenuß gilt § 2133. Eine andere Regelung zu treffen, steht dem Erblasser frei. Der Vorerbe kann per Vermächtnis zur Herausgabe verpflichtet werden; möglich sind auch Auflagen. In § 2111 ist lediglich die Verteilung im Verhältnis zwischen Vorerben und Nacherben geregelt; dh gegenüber Nachlaßgläubigern zählen die Nutzungen zum Nachlaßvermögen.

6 Bei Sachgesamtheiten (§ 92 II) oder Rechtsgesamtheiten (§ 260), praktisch also **bei Unternehmen** oder Unternehmensbeteiligungen, kann eine Unterscheidung schwierig sein, was als Surrogat und was als Nutzung anzusehen ist (Hadding S 83). Zu den Nutzungen gehört der durch die etwaigen Handelsbilanzen ausgewiesene **Reingewinn**, wenn dieser festgestellt und die Verteilung beschlossen ist. Es handelt sich dann um Nutzungen aus dem Gesellschaftsverhältnis (Baur JZ 1958, 465; Bökelmann S 100). Einzelheiten richten sich nach der Satzung, ohne deren Regelung nach § 122 HGB auch einem Gesellschafter-Vorerben jährlich 4 % seines Kapitalanteils zustehen soll (Hefermehl S 223, 236; MüKo/Grunsky Rz 20; aM U. Huber S 416). Gewinne sind an sich nur Buchungsposten; uU müssen Teile davon für spätere Investitionen zurückgestellt werden (§ 2133). Indem Gewinne zur Ausschüttung gelangen, werden sie entnahmefähig. Nicht entnommene Gewinne bleiben aber nicht als „Fremdgeld" des Vorerben stehen, sondern gehören dem Vorerben als persönlicher Anspruch gegen die Gesellschaft und sind dem Charakter nach Nutzungen, sobald sie einem Personalkonto des Vorerben gutgeschrieben sind, über das er frei verfügen kann (Hefermehl S 232). Gewinne stehen dem Vorerben grundsätzlich für die Zeit zu, in der er Gesellschafter des Unternehmens ist (BGH NJW 1990, 515). Was an Gewinn für die vorherige Zeit anfällt, gehört auch bei späterer Feststellung zum Nachlaß. Werden nach dem Ausscheiden des Vorerben noch aus seiner Zeit stammende Gewinne ausgeschüttet, hat der Vorerbe einen Ausgleichsanspruch gegen den Nacherben. Umgekehrt kann der Nacherbe Ausgleich verlangen, wenn zur Zeit des Vorerben Rücklagen oder Rückstellungen aus der Zeit des Erblassers aufgelöst werden. Für **Dividenden** kommt es auf den Zeitraum und nicht auf den Tag der Ausschüttung an. Die Ausgabe neuer Anteile bei Erhöhung des Stammkapitals bleibt der Rechtsnatur nach gesellschaftsgebunden. Zum Nachlaß gehört dann ebenso der Erlös aus der Veräußerung von **Bezugsrechten**. Übt der Vorerbe Bezugsrechte aus und erwirbt er mit eigenen Mitteln neue Anteile, sollen diese ebenfalls bei Ausgleichsansprüchen gemäß §§ 2124, 2125 an das Nacherbenrecht gebunden sein (Roggendorff MittRhNotK 1981, 38).

4. Abs II entspricht den §§ 588 II, 1048 I. Vorausgesetzt ist, daß der Erwerb mit eigenen Mitteln des Vorerben erfolgt; sonst gilt schon Abs I. Ob der Vorerbe Ersatz verlangen kann, richtet sich nach den §§ 2124, 2125. Das Wegnahmerecht nach § 2125 II ist bei Grundstücksinventar aber ausgeschlossen (str, siehe § 2125 Rz 2). 7

2112 *Verfügungsrecht des Vorerben*
Der Vorerbe kann über die zur Erbschaft gehörenden Gegenstände verfügen, soweit sich nicht aus den Vorschriften der §§ 2113 bis 2115 ein anderes ergibt.

1. Verpflichtungsfreiheit. Der Vorerbe ist Erbe und Eigentümer des Nachlasses. Er ist in keiner Weise gehindert, sich Dritten gegenüber rechtsgeschäftlich zu verpflichten. Die von ihm eingegangenen Verbindlichkeiten sind eigene Verbindlichkeiten, können aber auch gleichzeitig Nachlaßverbindlichkeiten sein. Durch Vereinbarung mit dem Gläubiger kann er seine Haftung auf den Nachlaß beschränken. Das ist anzunehmen, wenn er bei den Vertragsverhandlungen erkennbar zum Ausdruck bringt, nur eine Nachlaßverbindlichkeit eingehen zu wollen (RG 146, 346). Im Streitfall obliegt dem Vorerben die Beweispflicht. 1

2. Verfügungsfreiheit. Durch § 2112 wird dem Vorerben das Recht verliehen, über die zur Erbschaft gehörenden Gegenstände Verfügungen zu treffen, die über die Zeit seiner Vorerbschaft hinaus und auch dem Nacherben gegenüber wirksam sind, soweit sich nicht aus den §§ 2113–2115 anderes ergibt. Die letztgenannten Bestimmungen enthalten dingliche Verfügungsbeschränkungen, während die weiteren Anordnungen in §§ 2116ff schuldrechtliche Beziehungen begründen und damit ein gesetzliches Schuldverhältnis zwischen Vorerben und Nacherben zum Ausdruck bringen. Von dem wesentlichen Teil dieser Beschränkungen kann der Erblasser den Vorerben befreien, auch stillschweigend oder bedingt (zB „falls er in Not gerät"), § 2136. Andererseits kann er den Vorerben auch durch weitere Verfügungsbeschränkungen einengen, die allerdings nur schuldrechtliche Bedeutung haben (BGH LM § 2100 Nr 2). Ohne weiteres kann der Vorerbe im eigenen Namen über die gesamte Erbschaft als solche verfügen (zB allgemeine Gütergemeinschaft einführen, BayObLG FamRZ 1989, 114; LG Oldenburg Rpfleger 1979, 102), falls er Miterbe ist, auch über seinen Miterbenanteil (BayObLG DNotZ 1983, 320). Das Recht des Nacherben wird hierdurch nicht beeinträchtigt. Der Erwerber erhält dann eine Erbschaft, die mit dem Nacherbenrecht beschwert ist. Der Vorerbe kann den Auseinandersetzungsanspruch nach § 2042 erheben, bedarf hierbei jedoch zu Verfügungen im Sinne der §§ 2113–2115 der Zustimmung des Nacherben. Er darf eine zum Nachlaß gehörende Zuwendung ausschlagen, selbst dann, wenn hierzu Grundstücke gehören. Dem Nacherben ist er nach § 2130 verantwortlich. Soweit er Gegenstände für sich verbraucht, ist er zum Ersatz des Wertes verpflichtet (§ 2134). Zwangsverfügungen sind im Rahmen des § 2115 wirksam. Ob ein zum Nachlaß gehörendes Handelsgeschäft fortgeführt werden soll, unterliegt seiner freien Entschließung. Der Vorerbe kann seine Eintragung im Handelsregister betreiben, ohne der Mitwirkung des Nacherben zu bedürfen, der im übrigen auch nicht vermerkt wird. Hinsichtlich der Beteiligung an einer Personenhandelsgesellschaft stehen dem Vorerben die Möglichkeiten offen, die ihm die gesellschaftsvertraglichen Eintritts- oder Fortsetzungsklauseln bieten. Der Vorerbe kann sich ohne Einschaltung des Nacherben auch dafür entscheiden, gemäß § 139 I HGB die Umwandlung seiner Stellung in die eines Kommanditisten zu verlangen (siehe auch BGH BB 1981, 1174). 2

3. Testierfreiheit. Der Vorerbe kann Verfügungen von Todes wegen treffen, sofern er die Anwartschaft des Nacherben nicht beeinträchtigt (vgl BGH ZEV 1999, 26). Hängt der Eintritt der Nacherbfolge nicht vom Tod des Vorerben, sondern von einem anderen Ereignis ab, kann beim Tod des Vorerben für die Zeit bis zum Nacherbfall die Vorerbenstellung auf dessen Erben übergehen. Entsprechend kann der Vorerbe testieren (Pal/Edenhofer Rz 8; aM Raape AcP 140, 233). 3

4. Wenn vom Erblasser ein **Testamentsvollstrecker** für Vorerben eingesetzt ist, bestimmen sich dessen Rechte und Pflichten nach §§ 2205, 2209. Der Vorerbe ist insoweit nicht mehr verfügungsberechtigt (§ 2221). Ein Testamentsvollstrecker kann auch zu dem Zweck ernannt sein, daß er bis zum Eintritt der Nacherbfolge die Rechte des Nacherben ausüben und dessen Pflichten erfüllen soll (§ 2222). Bei befreiter Vorerbschaft darf die Anordnung der Testamentsvollstreckung nicht zur Vereitelung der Befreiung des Vorerben führen (vgl § 2222 Rz 4). 4

5. Durch eine **Generalvollmacht** des Erblassers an den Vorerben oder durch eine Ermächtigung des Vorerben iSv § 181, namens des Nacherben mit sich selbst Rechtsgeschäfte vorzunehmen, kann die gesetzliche Regelung des Vorerben- und Nacherbenrechts nicht beseitigt werden. Eine solche Vollmacht ist unwirksam oder im Fall, daß sie im Rahmen einer letztwilligen Verfügung erteilt ist, auslegungsbedürftig; uU kann eine Auslegung derart geboten sein, daß entweder nur eine Ersatzerbschaft des „Nacherben" oder eine befreite Vorerbschaft gewollt ist. Hat der Erblasser über seinen Tod hinaus einem Dritten eine Vollmacht erteilt, kann der Dritte ab dem Erbfall den Vorerben vertreten, während es sich um die Vollmacht eines Lebenden handelte. Vom Nacherbfall an geht das Widerrufsrecht auf den Nacherben über. Vgl zur postmortalen Vollmacht vor § 2197 Rz 7ff. 5

6. Der Vorerbe ist nicht gehindert, aktiv oder passiv einen **Rechtsstreit** zu führen, da dies zur Verwaltung des Nachlasses gehört (BGH NJW 1970, 79, Rücknahme einer Revision ohne Zustimmung des Nacherben). Zur Rechtskraftwirkung eines Urteils gegenüber dem Nacherben siehe §§ 326, 728 ZPO; zur Unterbrechung des Rechtsstreits bei Eintritt der Nacherbfolge §§ 242, 246 ZPO. Verfügungen durch Urteil sind nur denkbar in den Fällen der §§ 894, 895 ZPO. Sie stehen den rechtsgeschäftlichen gleich (vgl hierzu die Erläuterungen zu § 2115). 6

§ 2113 Verfügungen über Grundstücke, Schiffe und Schiffsbauwerke; Schenkungen

(1) Die Verfügung des Vorerben über ein zur Erbschaft gehörendes Grundstück oder Recht an einem Grundstück oder über ein zur Erbschaft gehörendes eingetragenes Schiff oder Schiffsbauwerk ist im Falle des Eintritts der Nacherbfolge insoweit unwirksam, als sie das Recht des Nacherben vereiteln oder beeinträchtigen würde.

(2) Das Gleiche gilt von der Verfügung über einen Erbschaftsgegenstand, die unentgeltlich oder zum Zwecke der Erfüllung eines von dem Vorerben erteilten Schenkungsversprechens erfolgt. Ausgenommen sind Schenkungen, durch die einer sittlichen Pflicht oder einer auf den Anstand zu nehmenden Rücksicht entsprochen wird.

(3) Die Vorschriften zugunsten derjenigen, welche Rechte von einem Nichtberechtigten herleiten, finden entsprechende Anwendung.

Schrifttum: *Banck,* Vor- und Nacherbfolge im Gesellschaftsrecht, Diss Schleswig 1983; *Deimann,* Eintragung des Nacherbenrechts nach erfolgter Nachlaßauseinandersetzung zwischen den Vorerben, Rpfleger 1978, 244; *Dillmann,* Verfügungen während der Vorerbschaft, RNotZ 2002, 1; *Ebeling,* Zivilrechtliche und steuerrechtliche Auswirkungen unentgeltlicher Verfügungen des Vorerben in seiner Eigenschaft als Personengesellschafter, BB 1983, 1933; *Edelmann,* Beschränkungen des Vorerben nach § 2113 bei Verfügungen über Gegenstände eines Gesamthandsvermögens, Diss, Mainz 1975; *Feller,* Zur Vorerbschaft an GmbH-Geschäftsanteilen, Diss Mainz 1974; *Hadding,* Zur Rechtsstellung des Vorerben von GmbH-Geschäftsanteilen, FS Bartholomeyczik, 1973, S 75; *Haegele,* Nacherben- und Testamentsvollstrecker-Vermerk bei Mitgliedschaft an einer BGB-Gesellschaft? Rpfleger 1977, 50; *Harder,* Unentgeltliche Verfügungen und ordnungsmäßige Nachlaßverwaltung des Vorerben, DNotZ 1994, 822; *W. Hefermehl,* Vor- und Nacherbfolge bei der Beteiligung an einer Personenhandelsgesellschaft, FS H. Westermann, 1974, S 223; *Heider,* Die Befugnis des Vorerben zu unentgeltlichen Verfügungen über Nachlaßgegenstände, ZEV 1995, 1; *Hill,* Die Übertragung eines Rechtes durch einen Vorerben und seine grundbuchmäßige Behandlung, MDR 1959, 359; *Ludwig,* Gegenständliche Nachlaßspaltung bei Vor- und Nacherbschaft, DNotZ 2001, 102; *ders.,* Vor- und Nacherbschaft im Grundstücksrecht, 1996; *Lutter,* Zur Beschränkung des Vorerben im Gesellschaftsrecht, ZGR 1982, 108; *J. Mayer,* Der superbefreite Vorerbe? – Möglichkeiten und Grenzen der Befreiung des Vorerben, ZEV 2000, 1; *Michalski,* Die Vor- und Nacherbschaft in einen OHG(KG)- und GmbH-Anteil, DB 1987, Beilage Nr 16; *Neuschwandner,* Unentgeltliche Verfügungen des befreiten Vorerben, BWNotZ 1977, 85; *Paschke,* Nacherbenschutz in der Vorerben-Personengesellschaft, ZIP 1985, 129; *Prölss,* Die Stellung des Vorerben bei beendeter Gütergemeinschaft, JZ 1970, 95; *Pyszka,* Unentgeltliche Verfügungen des Vorerben und des Testamentsvollstreckers, 1989; *Ricken,* Die Verfügungsbefugnis des nicht befreiten Vorerben, AcP 202 (2002), 465; *K. Schmidt,* Nacherbenschutz bei Vorerbschaft an Gesamthandsanteilen, FamRZ 1976, 683; *Spellenberg,* Schenkungen und unentgeltliche Verfügung zum Nachteil des Erben oder Pflichtteilsberechtigten, FamRZ 1974, 350; *Staudenmaier,* Zur Verfügungsmacht des Vorerben bei beendeter Gütergemeinschaft, NJW 1965, 380; *Stimpel,* Der Gesellschafter als Vorerbe des verstorbenen einzigen Mitgesellschafters einer offenen Handelsgesellschaft, FS Rowedder, 1994, S 477.

1   **1.** Der Nacherbe hat ein Anwartschaftsrecht auf den Nachlaß, das erfordert, die Erbmasse ihrer Substanz nach möglichst zu erhalten. Diesem Zweck dienen die in §§ 2113–2115 enthaltenen **Verfügungsbeschränkungen** zugunsten des Nacherben. § 2113 beschränkt in Abs I Verfügungen des Vorerben über Grundstücke und grundstücksgleiche Rechte, in Abs II unentgeltliche Verfügungen. Die Bedeutung der Beschränkungen erschöpft sich darin, die Anwartschaft des Nacherben (auch des bedingt eingesetzten Nacherben, RG 156, 172) zu sichern. Ein Recht des Nacherben an den einzelnen Gegenständen begründen sie nicht. Harder (DNotZ 1994, 837) zufolge gelten die Verfügungsbeschränkungen des Vorerben nicht, wenn die betreffende Verfügung zur ordnungsmäßigen Verwaltung erforderlich ist (siehe auch § 2120 Rz 2).

2   Ist für den Vorerben ein **Testamentsvollstrecker** eingesetzt, hat dieser keine anderen Befugnisse als der Vorerbe und unterliegt ebenso den Beschränkungen des § 2113 (Staud/Avenarius Rz 7; RGRK/Johannsen Rz 1; aM Neustadt NJW 1956, 1881). Hingegen ist der für den gesamten Nachlaß zugleich für Vorerben und Nacherben berufene Testamentsvollstrecker an die Beschränkungen nicht gebunden (allgM, BGH 40, 115; BayObLG MittBayNot 1991, 122).

3   **2.** Der Erblasser kann den Vorerben von den Beschränkungen des Abs I befreien, nicht aber von denen des Abs II, § 2136. Insoweit unterliegen die Vorschrift Verfügungen über Grundstücke erst bei Unentgeltlichkeit. Gemeinsam haben Abs I und Abs II die **Voraussetzungen,** daß die Verfügung unwirksam ist, wenn der Nacherbfall eintritt und wenn gleichsam das Recht des Nacherben vereitelt oder beeinträchtigt wird.

4   Unwirksamkeit tritt nur in dem Maße der **Beeinträchtigung** ein. Es kommt dabei auf die einzelne Verfügung und nicht auf den gesamten Nachlaß an. Ob eine Beeinträchtigung in Frage kommt, richtet sich für die Beurteilung nach Abs I im allgemeinen nach rechtlichen und für die Beurteilung nach Abs II nach wirtschaftlichen Gesichtspunkten. Umstritten ist aber, welchen Beschränkungen Verfügungen unterliegen, mit denen der Vorerbe vom Erblasser begründete Verbindlichkeiten erfüllt. Es geht um die Ablösung von Nachlaßverbindlichkeiten in Form von Vermächtnissen (BayObLG 2001, 118; Düsseldorf ZEV 2003, 296 mit Anm Ivo; Hamm Rpfleger 1984, 312), Pflichtteilsansprüchen oder Teilungsanordnungen (LG Hanau Rpfleger 1986, 433) und um die Auflassung eines vom Erblasser verkauften Grundstücks und die Abtretung einer gepfändeten Restkaufgeldforderung an den Gläubiger (KG HRR 1934 Nr 172). Einerseits wird darin eine rechtliche Beeinträchtigung der Nacherben mit dem Erfordernis von deren Zustimmung gesehen (Brox ErbR Rz 350; MüKo/Grunsky Rz 13; v Lübtow II S 893). Anderseits ist der Vorschrift nicht zu entnehmen, daß die Wirksamkeit der Erfüllung vom Erblasser begründeter Verbindlichkeiten von der Einwilligung des Nacherben abhängen soll. Nach hM ist der Vorerbe ohne ein weiteres erfüllungsberechtigt (Schlüter Rz 752; Deimann Rpfleger 1978, 244 sowie die genannte Rspr). Eine Beeinträchtigung läßt sich aber nicht wegkonstruieren durch die Annahme einer vermächtnisweisen Verpflichtung des Nacherben, eine bestimmte unentgeltliche Verfügung des Vorerben zu genehmigen (Ludwig DNotZ 2001, 102, 105; aM Düsseldorf ZEV 2000, 29 mit abl Anm Wübben; vgl § 2136 Rz 3). Beeinträchtigend wirkt die eigen-

mächtige Verfügung des Vorerben, solange die Verbindlichkeit noch nicht fällig ist (BayObLG NJW 1974, 2323). Beeinträchtigung und **Nacherbfall** müssen zusammentreffen. Dazu kommt es nicht, wenn feststeht, daß der Fall der Nacherbfolge nicht mehr eintreten kann, wenn etwa der Nacherbe ausschlägt. Begrenzt der Vorerbe die Wirksamkeit seiner Verfügung auf den Zeitraum der Vorerbschaft, so berührt das den Nacherben nicht, da seine Stellung nicht beeinträchtigt wird. Ohne Zustimmung des Nacherben wirksam ist auch die Löschung einer Hypothek, wenn eine Löschungsvormerkung eingetragen ist (Saarbrücken DNotZ 1950, 66), wenn die Hypothek nachweislich mit persönlichen Mitteln des Vorerben zurückgezahlt worden ist (KGJ 50 A 210) oder wenn überhaupt nur diese eine Hypothek eingetragen stand oder es sich um die rangletzte Hypothek handelte (München JFG 21, 18). Anders liegt es bei der Bestellung eines Erbbaurechts, das nach § 1 IV S 1 ErbbauR VO nicht auf die Dauer der Vorerbschaft begrenzt werden kann (BGH 52, 269; aM Hönn NJW 1970, 138; näher § 1 ErbbauR VO Rz 21).

Der Nacherbe ist nicht beeinträchtigt, wenn er der Verfügung zugestimmt hat (§ 185 I) oder wenn er Alleinerbe 5 des Vorerben wird (§ 185 II). Die **Zustimmung** des Nacherben kann sich aus näheren Umständen des Einzelfalls ergeben; bei Verfügungen zugunsten des Nacherben wird im allgemeinen von deren Vorliegen auszugehen sein. Der gesetzliche Vertreter eines minderjährigen Nacherben muß die Zustimmung gemäß § 1821 I Nr 1 vormundschaftsgerichtlich genehmigen lassen (BayObLG NJW 1960, 966; LG Berlin Rpfleger 1987, 457). Ist der gesetzliche Vertreter gleichsam der Vorerbe, kann § 181 zur Anwendung kommen (Coing NJW 1985, 68; MüKo/Grunsky Rz 15; Jauernig/Stürner Rz 3). Demgegenüber wird von den Instanzgerichten die Abgabe der Zustimmungserklärung gegenüber dem Dritten für zulässig gehalten (Hamm NJW 1965, 1490; LG Berlin Rpfleger 1987, 457; zust Soergel/Leptien § 181 Rz 31), während höchstrichterliche Tendenzen in beide Richtungen zeigen, in die des § 181 (V. Senat, BGH 77, 7) und in die des § 182 (VIII. Senat, BGH 94, 132 wie RG 76, 89). Für ein Insichgeschäft spricht der bleibende Interessenwiderstreit, näher dazu § 181 Rz 17. Ist eine Mehrzahl von Nacherben eingesetzt, muß jeder von Ihnen die Verfügung gebilligt haben. Erforderlich ist ggf auch die Zustimmung von bedingten Nacherben (Hamm DNotZ 1970, 360) und von Nachnacherben, nicht aber von Ersatznacherben (BGH 40, 115; BayObLG 1995, 96; FamRZ 1997, 712; LG Tübingen BWNotZ 1981, 143; Heider ZEV 1995, 1), die zu Lebzeiten des Nacherben nicht beteiligt sind. Hat ein Gläubiger des Nacherben das Nacherbenrecht gepfändet, muß zu Verfügungen des Vorerben die Zustimmung des Pfändungsgläubigers eingeholt werden.

3. Rechtsfolge ist die **Unwirksamkeit** der Verfügung, jedoch nicht von Beginn an. Erst bei Eintritt der Nach- 6 erbfolge stellt sich heraus, inwieweit der Nacherbe beeinträchtigt ist. Die Verfügung des Vorerben ist dann nicht nur gegenüber dem Nacherben, sondern absolut unwirksam, §§ 163, 161 (BGH 52, 269). Die Unwirksamkeit nach § 2113 II erfaßt aber nicht einen Surrogationserwerb des Vorerben, mag dieser auch auf derselben rechtlichen Grundlage beruhen (Hamm ZEV 2003, 31). Problematisch gestalten kann sich die Rechtsfolge bei der Änderung von Gesellschaftsverträgen. Da eine Mitwirkung daran in der Form positiver Stimmabgabe als Verfügung iSv § 2113 qualifiziert ist (Feller S 205), verschafft die Unwirksamkeit im körperschaftlichen Beschlußverfahren lediglich den Anfechtungsgrund mit der Bindung an kurze Fristen (Einmonatsfrist nach § 246 I AktG, angemessene Frist bei GmbH). Ist im Zuge gravierender Änderungen die besondere Zustimmung eines jeden Gesellschafters erforderlich und betrifft die Unwirksamkeit zugleich den Beschluß, dann wird gleichwohl eine etwaige Eintragung im Handelsregister nach Ablauf von drei Jahren unangreifbar. Nur die Berufung auf den Fristablauf kann möglicherweise rechtsmißbräuchlich sein (vgl Lutter ZGR 1982, 119ff; Michalski DB 1987 Beilage Nr 16 S 17). Andererseits ist besonders bei Personengesellschaften die sich hinziehende Ungewißheit über die Wirksamkeit der Verfügung unbefriedigend. Abhilfe schaffen kann der Vorerbe uU, indem er gegen den Nacherben auf Feststellung der unbeschränkten Wirksamkeit der Verfügung klagt (vgl BGH 7, 276). Im übrigen besitzt er gegenüber dem Nacherben den Anspruch auf Zustimmung nach § 2120 (vgl § 2120 Rz 3 und zu den Möglichkeiten des Nacherben unten Rz 7).

Vor Eintritt des Nacherbfalls stehen dem Nacherben die Sicherungsmöglichkeiten nach §§ 2127–2129 offen. 7 Zudem ist dem Nacherben gegen den Beschenkten nach den Grundsätzen von Treu und Glauben ein Anspruch auf **Auskunft** zu gewähren, wenn eine Abwägung der beiderseitigen Interessen dazu veranlaßt, wenn also Anhaltspunkte für eine Verfügung vorliegen und der Vorerbe selbst nicht mehr in der Lage ist, eine entsprechende Auskunft zu geben, und wenn das Auskunftsverlangen nicht nur der Ausforschung dient (BGH 58, 237). Herrscht noch vor Eintritt des Nacherbfalls Streit über die Wirksamkeit einer Verfügung, kann der Nacherbe **Feststellungsklage** erheben (RG 139, 343; HRR 1928 Nr 1629; Oldenburg NJW-RR 2002, 728; Staud/Avenarius Rz 42; wohl auch BGH 52, 271). Die abweichende Auffassung (Celle MDR 1954, 547) ist zu eng. Die Berechtigung (§ 185) und Verpflichtung (§ 2120), Verfügungen über einzelne Nachlaßgegenstände zuzustimmen, zeigt eine dingliche Wirkung des Anwartschaftsrechts, das einer die Möglichkeiten des dritten Titels (§§ 2100–2146) ergänzenden Absicherung bedarf. Anderenfalls könnte das zu schützende Nacherbenrecht bei einem Abwarten der Rechtsfolge schon endgültig vereitelt sein (Rz 6). Vorgemerkt wird der Anspruch des Nacherben auf Grundbuchberichtigung nicht (Oldenburg NJW-RR 2002, 728).

Die Unwirksamkeit der Verfügung bedeutet für den Nacherben einen **Herausgabeanspruch** gegen den Erwer- 8 ber aus § 985, denn die Erbschaft fällt ihm auch dann von selbst an, wenn sie sich nicht beim Vorerben befindet (§ 2139). Hat der Erwerber dem Vorerben Gegenleistungen erbracht, soll ihm insoweit ein Zurückbehaltungsrecht gemäß § 273 I zustehen (Soergel/Harder/Wegmann Rz 16; siehe auch Dütz NJW 1967, 1105). Dem ist entgegenzuhalten, daß Anspruchsgegner im Rahmen der Rückabwicklung wegen unwirksamen Geschäfts der Vorerbe bzw dessen Erben sind (BGH 3. 6. 1987 – IVa ZR 273/85 zit per Schmidt-Kessel WM 1988 Sonderbeilage 8 S 10), will man nicht die Fälle der Rückabwicklung ordnungswidriger Verwaltung in die Nachlaßhaftung einbeziehen. Der Nacherbe kann in Form der Gegenleistung bereichert sein, denn die Beeinträchtigung ist im Fall des Abs I gar nicht materieller Art und besteht im Fall des Abs II wertmäßig nur in Höhe des Schenkungsanteils. Handelt es sich um eine gemischte Schenkung, begrenzt der BGH den Anspruch des Nacherben von Anfang an auf die Herausgabe

§ 2113   Erbrecht   Testament

der Nachlaßsache gegen Erstattung der nicht die Beeinträchtigung ausmachenden Gegenleistung, da dem Schutzzweck des § 2113 II zufolge die Unwirksamkeit nur im Maße der Beeinträchtigung eintritt (FamRZ 1990, 1344; NJW 1985, 382). Dem Erwerber kann im übrigen ein Zurückbehaltungsrecht wegen Verwendungen auf die Nachlaßsache zustehen. In bezug auf Verwendungen und Nutzungen vermittelt ihm der Erwerb für den Zeitraum der Vorerbschaft die Stellung, wie sie sonst dem Vorerben zukommt. Insoweit kommen wegen Verwendungen auf die Nachlaßsache Ersatzansprüche gemäß §§ 2124–2126 für die Zeit bis zum Nacherbfall und gemäß §§ 987ff für die Zeit danach in Betracht. Als Einzelrechtsnachfolger des Vorerben muß der Erwerber allerdings die gewöhnlichen Erhaltungskosten tragen, wie ihm anderseits die Nutzungen zufallen (BGH NJW 1985, 382).

9   4. Abs I beschränkt die Wirksamkeit von **Verfügungen über Grundstücke** und über Rechte an Grundstücken sowie über eingetragene Schiffe oder Schiffsbauwerke. Gleich behandelt werden Verfügungen über Erbbaurechte (§ 11 ErbbauR VO), über Wohnungseigentum (§ 1 WEG) und die Bestellung einer Baulast (VG Schleswig DNotZ 1986, 95; VGH Mannheim NJW 1990, 268), während Verfügungen über Hypothekenforderungen, Grund- und Rentenschulden in § 2114 geregelt sind. Überwiegend wird auch die Bewilligung einer Vormerkung unter Abs I gefaßt (RG 118, 230; Lange/Kuchinke § 26 IV Fn 69). Erkennt man das Eigentum nicht als selbst betroffen an (Erman/Hense[7] Rz 4), muß man das aber verneinen. Umstritten ist auch, ob ein Surrogat der weiteren Beschränkung der Vorschrift unterliegt (bejahend für die Entschädigung im Fall einer Enteignung BGH RdL 1956, 189; aM MüKo/Grunsky Rz 2; verneinend für den überschüssigen Versteigerungserlös LG Göttingen WM 1985, 1353). Die Beschränkung des § 2113 I betrifft schließlich nicht den Hofvorerben, der durch Übergabevertrag verfügen darf, soweit sein Recht zur Bestimmung des weiteren Hoferben reicht (Hamm OLG 1986, 9). Der Vorerbe kann die zum Nachlaß gehörenden Grundstücke vermieten oder verpachten; der Nacherbe tritt anschließend in das Vertragsverhältnis ein (§ 2135). Auch im übrigen sind Verpflichtungsgeschäfte des Vorerben über Grundstücke wirksam, möglicherweise nur nicht rechtsfehlerfrei.

10   5. Eine mitunter wechselvolle Beurteilung ist bislang den Verfügungen über Gegenstände aus dem Vermögen einer **Gesamthand** zuteil geworden, wenn Anteile daran der Nacherbschaft unterliegen. Da die Übertragung eines Gesamthandsanteils nicht mit der Übertragung des Anteils an den Gesamthandsgegenständen identisch ist (dazu im einzelnen § 719), greifen die Beschränkungen des § 2113 nicht unmittelbar ein. Mittelbar ist der Nachlaß aber betroffen, so daß ein Interessenkonflikt besteht zwischen dem Schutzbedürfnis des Nacherben einerseits und dem der Gesamthand andererseits. So wird eine entsprechende Anwendung der Vorschrift erwogen, die K. Schmidt von der Durchführbarkeit und Zumutbarkeit einer Auseinandersetzung abhängig machen will (FamRZ 1976, 688; ebenso Edelmann S 75ff); diese sei bei Erben- und Gütergemeinschaften prinzipiell zu bejahen, bei Gesamthandsgesellschaften nur, sofern diese sich auf Grundstücksverwaltung beschränken. Von der **hM** wird eine entsprechende Anwendung abgelehnt. Wer in ehelicher Gütergemeinschaft lebte und Vorerbe des verstorbenen Partners wird, kann ohne Zustimmung des Nacherben über ein zum Gesamtgut gehörendes Grundstück verfügen (BGH NJW 1964, 768; NJW 1976, 893 [entgegen BGH NJW 1970, 943 und Hamm NJW 1976, 575]; BayObLG ZEV 1996, 64 mit Anm Kanzleiter; Hamburg NJW-RR 1994, 1231; aM § 1482 Rz 1; Prölss JZ 1970, 95 und Batsch NJW 1970, 1314 für ideelle Auflösung und Quasi-Bruchteilsgemeinschaft). Ebenso unterliegt nicht den Beschränkungen des § 2113, wer an einer Erbengemeinschaft beteiligt ist und Vorerbe seines einzigen Miterben wird (BGH NJW 1978, 698; BayObLG 2002, 148). Die Interessenabwägung macht entscheidend aus, daß im Falle eines durchgreifenden Schutzes des Nacherben die Verfügungsmöglichkeit darüber hinaus zu Lasten der übrigen Gesamthandsanteile blockiert wäre. Eine derartige Einschränkung des Verkehrsschutzes und auch der reibungslosen Geschäftsführung von Gesellschaften wird von § 2113 nicht bezweckt. Demzufolge unterliegen der Nacherbenbindung auch keine Verfügungen über einzelne Vermögensgegenstände von Gesamthandsgesellschaften (MüKo/Grunsky Rz 4). Ob die Gesamthandsanteile von mehreren Personen gehalten werden oder ob sie sich sämtlich in der Person des Vorerben vereinigen, ist unerheblich (Köln Rpfleger 1987, 60; aM Ludwig S 145). Verfügungen über Grundstücke einer mehrköpfigen Erbengemeinschaft unterliegen daher nicht den Beschränkungen des § 2113 (zutreffend LG Aachen Rpfleger 1991, 301; aM Hamm Rpfleger 1985, 21). Das Verkehrsschutzbedürfnis und das Interesse der nicht von der Nacherbschaft betroffenen Gesamthänder ist bei Mehrpersonengemeinschaften eher größer, so daß der Nacherbenschutz auf diese Fälle ebensowenig auszudehnen ist.

11   Eine andere Frage ist die Beurteilung von Verfügungen über den zum Nachlaß gehörenden **Gesamthandsanteil** selbst. Soweit von der Gesamthand zugelassen, werden deren Belange durch eine Verfügung über den Anteil weit weniger berührt, so daß hier eine Stärkung des Nacherbenschutzes zu erwägen ist, wenn das Gesamthandsvermögen im wesentlichen aus Grundeigentum besteht (bejaht für den Fall der Veräußerung eines zum Nachlaß gehörenden Erbanteils von Düsseldorf JMBl NRW 1960, 101; weitergehend auch für Verfügungen über Gesellschaftsanteile Erman/Hense[7] Rz 4; Michalski DB 1987 Beilage Nr 16 S 16). Eine derartige wirtschaftliche Betrachtungsweise läßt sich mit dem rechtlichen Verständnis der Gesamthand aber nicht vereinbaren. Die Veräußerung des Anteils ist mit der Veräußerung der zum Gesamthandsvermögen gehörenden Gegenstände nicht identisch (K. Schmidt FamRZ 1976, 687; aM Schulze-Osterloh Das Prinzip der gesamthänderischen Bindung 1972 S 88ff). Für eine entsprechende Anwendung kämen ggf auch andere Erbschaftsgegenstände von Bedeutung in Frage (bejaht für Unternehmensbeteiligungen auch an anderen als Grundstücksgesellschaften von Michalski aaO), was als Ausdehnung der Verfügungsbeschränkungen vom Grundsatz der Verfügungsfreiheit (§ 2112) aber nicht getragen wird. Die Verfügung über Gesamthandsanteile ist deshalb nicht nach Abs I beschränkt (ebenso die überwiegende Meinung, MüKo/Grunsky Rz 5; Hefermehl S 223, 227; Harder DNotZ 1994, 823). Jedenfalls genießt der Nacherbe aber den Schutz des Abs II, so daß unentgeltliche Verfügungen über den Anteil unwirksam werden (vgl Rz 15).

12   Im übrigen kann der Vorerbe über seinen **Anteil am Nachlaß** unbeschränkt verfügen. § 2113 ist insoweit nicht anwendbar, denn die Vorschrift bezieht sich nur auf Verfügungen über Einzelgegenstände der Erbschaft. Ein weite-

rer Schutz des Nacherben ist auch gar nicht erforderlich. Bei einer Verfügung über die Vorerbschaft im Ganzen erwirbt der Dritte auch die Belastung mit der Anwartschaft des Nacherben; dessen Rechte bleiben auf diese Weise erhalten (BayObLG DNotZ 1983, 320, 325; Düsseldorf JMBl NRW 1960, 101).

6. Abs II steht selbständig neben Abs I und bezieht sich auf alle Erbschaftsgegenstände, auch auf Grundstücke 13 und Rechte an Grundstücken. Praktisch handelt es sich bei unentgeltlichen Verfügungen um Schenkungen iSv § 516 (BGH 5, 174). Ausschlaggebend ist das wirtschaftliche Interesse. Eine **unentgeltliche Verfügung** liegt vor, wenn aus dem Nachlaß (objektiv) Gegenstände ausscheiden, ohne daß der wirtschaftliche Gegenwert zurückfließt, und wenn der Vorerbe das (subjektiv) erkennt oder erkennen muß (st Rspr, BGH 7, 274; NJW 1984, 362, 364; RG 159, 385; aM für einen rein objektiven Begriff Harder DNotZ 1994, 828; nur den Fall der Schenkung erfassend Pyszka S 111). Das subjektive Kriterium stellt den Verkehrsschutz über den Nacherbenschutz. Die irrtümliche Annahme, es handele sich um ein entgeltliches Geschäft, macht das Geschäft aber nicht ohne weiteres wirksam. Maßgeblich ist, ob sich für den Vorerben unter dem Gesichtspunkt ordnungsmäßiger Verwaltung des Nachlasses und unter Berücksichtigung der Pflicht, die Erbschaft später an den Nacherben herauszugeben, Leistung und Gegenleistung als gleichwertig darstellen. Auf eine positive Erkenntnis kommt es insoweit weder beim Vorerben noch beim Empfänger an (BGH NJW 1984, 366, 367; NJW 1963, 1613; zur Gegenmeinung Spellenberg FamRZ 1974, 350).

Der nicht befreite Vorerbe kann über den Nachlaß nur verfügen wie ein ordentlicher Vermögensverwalter. Fließt 14 ihm der Gegenwert persönlich zu, wird die Verfügung von der hM als unentgeltlich angesehen (Soergel/Harder/Wegmann Rz 12; Erman/Hense/M. Schmidt[8] Rz 14). Vorrangig kommt es jedoch auf die Rechtsfolge des § 2111 an, unter dessen Voraussetzungen der Gegenwert der dinglichen Surrogation unterliegt (MüKo/Grunsky Rz 23). Der nach §§ 2134, 2136 befreite Vorerbe kann sich im übrigen, ohne die Rechte des Nacherben zu beeinträchtigen, auch bei Veräußerung eines Grundstücks eine gleichwertige **Leibrente** gewähren lassen, die ihm ausschließlich persönlich zugute kommt (BGH NJW 1977, 1631; 1955, 1354; Braunschweig MDR 1956, 612). Dabei kann sich die Festlegung einer Mindestdauer der Rentenzahlungen als sinnvoll erweisen; die Gleichwertigkeit läßt sich davon aber nicht abhängig machen (aM Hamm OLG 1991, 137 mit abl Anm Brinkmann Rpfleger 1991, 299). Wohnrecht und Rente zur Abgeltung des Kaufpreises müssen jedoch dinglich gesichert werden (Hamm MDR 1971, 665). Sind mit der Übernahme eines Grundstücks durch einen befreiten Vorerben außergewöhnliche Erhaltungsaufwendungen verbunden, kann sein Verzicht auf die Ersatzansprüche aus § 2124 II das Entgelt für den Erwerb in sein von der Nacherbfolge freies Eigenvermögen darstellen (BGH NJW 1994; 1152).

Ist der Vorerbe **Gesellschafter** aufgrund einer zum Nachlaß gehörenden Beteiligung an einer Personen- oder 15 auch Kapitalgesellschaft, so betrifft eine Verfügung darüber sowohl seine Gesellschafterstellung iSd Gesellschaftsrechts als auch seine erbrechtliche Stellung gegenüber dem Nacherben, denn er verfügt über einen zum Nachlaß gehörenden Gegenstand. Als Gesellschafter würde er seine Stellung verschenken können, als Vorerbe kann er es nicht (näher Hefermehl S 223, 228). Die Veräußerung der Mitgliedschaft muß daher den vollen Gegenwert in den Nachlaß bringen. Nur wenn der Vorerbe von der Verpflichtung des § 2134 befreit ist, kann auch in einem Leibrentenversprechen eine wertgleiche Gegenleistung liegen (BGH 69, 47). Vollwertig ist im übrigen der reguläre Abfindungsanspruch iSv § 738. Da abweichende Abfindungsklauseln zulässig sind, können auch geringere Abfindungen entgeltlich sein, die beispielsweise auf gesellschaftsvertraglich festgelegten Pauschalsätzen beruhen (BGH NJW 1984, 362, 364). Der Keim eines damit verbundenen Wertabschlags liegt bereits in den ererbten Gesellschaftsanteil, so daß noch zu prüfen ist, ob nicht das Verbleiben in der Gesellschaft den Nachlaß besser stellt als das Ausscheiden (Lutter ZGR 1982, 108, 116; aM Paschke ZIP 1985, 136). Im Zusammenhang mit der Verwaltung des Gesellschaftsanteils läßt sich ein Urteil über die Unentgeltlichkeit von Verfügungen des Vorerben-Gesellschafters mit den üblichen Markt- und Austauschelementen nicht unmittelbar finden. Es wird daher der Begriff der Unentgeltlichkeit mit dem der ordnungsmäßigen Verwaltung verknüpft und fast allein hiernach ausgerichtet, bei Personengesellschaften wie im körperschaftlichen Beschlußverfahren (so der BGH [II. Senat] 78, 177; NJW 1981, 1560; NJW 1984, 362; zust Lutter ZGR 1982, 108ff; abl Paschke ZIP 1985, 129ff mit der Sorge um das wertbezogene Verständnis der Verfügungsbeschränkungen). Anstelle einer Entgeltprüfung wird das Vorliegen einer ordnungsmäßigen Verwaltung an marktökonomischen Kriterien gemessen. Unter diesen Umständen ist zu berücksichtigen, was sich aufgrund des Gesellschaftsverhältnisses als wirtschaftlich notwendig und zweckmäßig erweist. Das kann die Sanierung einer GmbH mit Mitteln des Nachlasses sein, wenn sich die Maßnahmen für Vorerben mit einem unternehmensbezogenen Äquivalent darstellen. Nicht entgeltlich ist in diesem Sinne auch der Verzicht auf eine wertlose Forderung, worunter im Fall der Überschuldung einer GmbH der Rückgriffsanspruch aus einer Bürgschaft zu verstehen ist, die als kapitalersetzendes Gesellschafterdarlehen in der Insolvenz hinter den übrigen Verbindlichkeiten der GmbH rangiert (BGH NJW 1984, 366). Bei einer Änderung des Gesellschaftsvertrages kommt es darauf an, ob alle Gesellschafter gleichmäßig betroffen sind oder sonst ein Ausgleich geschaffen wird (BGH 78, 177). Förmliche Beschneidungen von Mitgliedschaftsrechten müssen danach beurteilt werden, ob sie im Zuge gewandelter Verhältnisse das Unternehmen und den Gesellschaftsanteil nicht wirtschaftlich stärken. Erstreckt sich die Nacherbschaft auch auf das Auseinandersetzungsguthaben, kann die Zustimmung zur Änderung des Gewinnverteilungsschlüssels aber unentgeltlich wirken, soweit die stillen Reserven nur unangemessen berücksichtigt werden (BGH NJW 1981, 1560). Zu den steuerrechtlichen Auswirkungen unentgeltlicher Verfügungen des Vorerben in seiner Eigenschaft als Personengesellschafter siehe Ebeling BB 1983, 1933.

Die Beurteilung der Unentgeltlichkeit richtet sich nach den Umständen **zur Zeit der Vornahme** der Verfügung 16 (BayObLG 1957, 285). Davon unabhängig läßt sich jedoch erst im Zeitpunkt des Nacherbfalls feststellen, ob das Recht des Nacherben beeinträchtigt worden ist (vgl Ricken AcP 202, 484). Ist die Gegenleistung bei Vornahme des Rechtsgeschäfts angemessen, zB der Kapitalwert einer lebenslänglichen Rente, stirbt der Vorerbe jedoch früh und erreichen die tatsächlichen Leistungen nur einen Bruchteil des Wertes, wird dadurch die entgeltliche Verfügung nicht zu einer teilweise unentgeltlichen.

17 **Teilweise unentgeltliche Verfügungen** begründen ebenfalls die Anwendbarkeit von Abs II und einen Herausgabeanspruch im Ganzen (BGH 5, 173; 7, 279; NJW 1963, 1613). Als unmittelbare Folge der gleichwohl nur begrenzten Unwirksamkeit des Geschäfts wird die Rückabwicklung von vornherein als lediglich derart geschuldet angesehen, daß die Gegenleistungen zumindest bei befreiter Vorerbschaft ohne Rücksicht auf ihren Verbleib Zug um Zug zu erstatten sind (BGH FamRZ 1990, 1344; 3. 6. 1987 – IVa ZR 273/85 zit bei Schmidt-Kessel WM 1988 Sonderbeilage 8 S 10, klarstellend zu NJW 1985, 382). Damit wird der im Schrifttum zunehmend vertretenen Auffassung widersprochen, dem Erwerber eine Ersetzungsbefugnis zuzubilligen, bei deren Ausübung er den die wirtschaftliche Beeinträchtigung ausmachenden Differenzbetrag bezahlen und den Gegenstand behalten könne (so Brox ErbR Rz 351; MüKo/Grunsky Rz 28 im Anschluß an RG LZ 1932, 94; mit Hinweis auf § 242 AK/Pardey Rz 8; zwischen befreiter und nicht befreiter Vorerbschaft differenzierend Soergel/Harder/Wegmann Rz 21).

18 7. Mit **zulässigen Schenkungen** wird der Voraussetzung nach einer sittlichen Pflicht oder einer auf den Anstand zu nehmenden Rücksicht entsprochen (Abs II S 2). Um Gegenstände auf diese Weise wirksam dem Nachlaß zu entziehen, muß sich der Vorerbe einer Situation gegenübersehen, die nicht bloß an seine Großzügigkeit appelliert, sondern die ihm gemessen an von der Gemeinschaft zu akzeptierenden Wertvorstellungen ein Verhalten geradezu aufdrängt. Es ist der Vorerbe, der dem Eindruck der sittlichen Pflicht oder dem Anstandsgefühl unterliegt, und dessen persönliche Ergriffenheit und Einschätzung bei der Bewertung deshalb nicht unberücksichtigt bleiben kann. In besonderem Maße spielen hier die Umstände des Einzelfalls eine Rolle, die eine aufgeschlossene Beurteilung verdienen, aber auch die Beachtung erfordern, daß der Vorerbe die Substanz der Erbschaft im Grundsatz lediglich zu verwalten hat und insoweit Pflichten unterliegt (vgl Köln OLG 1969, 263; BGH NJW 1973, 1690 mit Anm Waltjen NJW 1973, 2061; außerdem §§ 534, 1641, 1804).

19 8. Zur Sicherung der Nacherben, bedingten Nacherben, Nachnacherben und Ersatznacherben ist von Amts wegen im Grundbuch ein **Nacherbenvermerk** aufzunehmen (§ 51 GBO). Voraussetzung ist die Eintragung schon des Vorerben (siehe § 2100 Rz 14). Der Nacherbe kann selbst darauf hinwirken und ggf die Berichtigung des Grundbuchs verlangen, gegenüber dem Vorerben gemäß §§ 894, 895. Der Nacherbenvermerk besitzt keinen Rang, zerstört aber etwaigen guten Glauben. Ist der Vorerbe eingetragen und verzichtet der Nacherbe auf seine Eintragung, dann kommt gutgläubigen Dritten der Schutz des § 892 I S 2 zugute. Ist ein Recht vor der Eintragung des Nacherbenvermerks wirksam entstanden, muß der Vermerk dennoch eingetragen werden, daß dieses Recht dem Nacherben gegenüber wirksam bleibt (BayObLG DNotZ 1998, 206; Hamm Rpfleger 1957, 12). Zur **Löschung** des Nacherbenvermerks ist grundsätzlich die Einwilligung des Nacherben erforderlich (§ 19 GBO); entsprechendes gilt für den Ersatznacherbenvermerk (Hamm DNotZ 1955, 538). Sind die Nacherben unbekannt, ist nach § 1913 ein Pfleger zu bestellen, um den Schutz des § 51 GBO wahrzunehmen (BayObLG Rpfleger 1982, 277). Will der Pfleger zustimmen, benötigt er nach §§ 1915, 1821 I die Genehmigung des Vormundschaftsgerichts. Dessen Ermessensentscheidung hat sich allein an den Interessen der unbekannten Nacherben zu orientieren, wie sie sich zur Zeit der Entscheidung darstellen (BayObLG NJW-RR 2003, 649). Gehen diese dahin, den Nachlaß bis zum Nacherbfall bestmöglich gesichert zu erhalten, dann muß eine Veräußerung des der Nacherbschaft unterfallenden Grundstücks im Einzelfall ordnungsmäßiger Verwaltung entsprechen. Genehmigungsfähig kann eine Veräußerung des Grundstücks bzw Löschung des Nacherbenvermerks bei drohendem Substanzverlust sein (BayObLG NJW-RR 2003, 649). Soweit im Vorfeld absehbar, kann dem Erblasser zur Vermeidung eines mitunter schwerfälligen Verfahrens der Pflegerbestellung die Benennung eines Nacherbenvollstreckers angeraten werden (Dillmann RNotZ 2002, 12). Der Nacherbenvermerk darf bei bedingter Nacherbeinsetzung (vgl § 2100 Rz 1) nicht vor dem Tod des Vorerben gelöscht werden, auch wenn der Vorerbe durch Erbvertrag anderweitig verfügt (Braunschweig Rpfleger 1991, 204). Auch ohne Einwilligung der Nacherben kann der Nacherbenvermerk bei Nachweis der **Unrichtigkeit** gelöscht werden (§ 22 GBO). Unrichtig wird der Vermerk, wenn der Vorerbe wirksam über das damit aus dem Nachlaß fallende Grundstück verfügt: etwa bei Zustimmung des Nacherben oder bei Erfüllung einer fälligen Nachlaßverbindlichkeit, sei es aufgrund einer noch zu Lebzeiten von dem Erblasser eingegangenen Verpflichtung, einer Teilungsanordnung des Erblassers (Hamm FGPrax 1995, 7) oder eines von dem Erblasser angeordneten Vermächtnisses (Düsseldorf ZEV 2003, 296 mit Anm Ivo); in Fällen befreiter Vorerbschaft bei entgeltlicher Verfügung.

20 Der **Nachweis** der Unrichtigkeit ist in der Form des § 29 GBO zu führen (BayObLG DNotZ 1983, 320), in der Form des § 35 GBO bei Unrichtigkeit aufgrund Erbfolge (Hamm OLG 1986, 9). Weil die Löschung ohne Bewilligung des von ihr Betroffenen, des Nacherben, begehrt wird, hat das Grundbuchamt an den förmlichen Nachweis im Grunde strenge Anforderungen zu stellen. Von den Behörden und Gerichten sind diese im einzelnen unterschiedlich beurteilt worden. In Zweifelsfällen wird vielfach die Zustimmungserklärung des Nacherben verlangt. Zunehmend wird indessen dem Umstand Rechnung getragen, daß sich öffentliche Urkunden nicht in aller Hinsicht beibringen lassen. Soweit es um die Erfüllung eines von dem Erblasser angeordneten Vermächtnisses geht, läßt sich das Bestehen des *Vermächtnisanspruchs* durch Einsicht in die Nachlaßakten oder durch beglaubigte Abschrift des privatschriftlichen Testaments nebst Eröffnungsniederschrift nachweisen (Düsseldorf ZEV 2003, 296 mit Anm Ivo; Hamm Rpfleger 1996, 504, anders noch Rpfleger 1984, 312; ausdrücklich offenlassend BayObLG ZEV 2001, 403, ablehnend noch Rpfleger 1977, 285; befürwortend Schöner/Stöber Grundbuchrecht Rz 3520; Dillmann RNotZ 2002, 10). Der befreite Vorerbe muß, da auch ihm das unentgeltliche Verfügen über Nachlaßgegenstände nicht gestattet ist, gegenüber dem Grundbuchamt die *Entgeltlichkeit* nachweisen, sofern die Tatsache sich nicht schon aus der Natur des zugrundeliegenden Vertrages ergibt, quasi offenkundig ist. Das Grundbuchamt hat dabei den Sachverhalt umfassend zu würdigen und eine den Umständen nach naheliegende Wertung vorzunehmen. Die Praxis stützt sich dabei auf Erfahrungssätze und Wahrscheinlichkeitserwägungen (Frankfurt Rpfleger 1980, 107; Hamm Rpfleger 1996, 504; KG DNotZ 1993, 607). Dergestalt werden im Ergebnis der Offenkundigkeit solche

Fälle gleichgestellt, in denen bei freier Würdigung der vorgelegten Urkunden die Unentgeltlichkeit durch die Natur der Sache oder die Sachlage ausgeschlossen ist, namentlich, wenn die Entgeltlichkeit auf einem zweiseitigen entgeltlichen Rechtsgeschäft beruht und der Vertragspartner des Vorerben ein ansonsten unbeteiligter Dritter ist (Hamm OLG 1969, 403 mit Anm Haegele Rpfleger 1969, 350; KG Rpfleger 1968, 224; Herrmann in Kuntze/Ertl/ Herrmann/Eickmann Grundbuchrecht § 29 Rz 137). Zweifel an der Entgeltlichkeit lösen in diesem Sinne enge verwandtschaftliche Beziehungen zum Käufer aus (Braunschweig Rpfleger 1991, 204). Spekulationen sind nicht anzustellen, wenn sich keine Schlüsse auf einen bestimmten Sachverhalt ziehen lassen (LG Aachen Rpfleger 1986, 260). Zu Amtsermittlungen und Beweiserhebungen ist das Grundbuchamt in diesem Verfahren nicht befugt (KG OLG 1968, 337). Sachverständigengutachten über den Wert des Grundstücks darf es nicht einholen (LG Freiburg BWNotZ 1982, 17). Rechtliches Gehör ist den Nacherben vor der Löschung des Nacherbenvermerks aber stets zu gewähren (BayObLG 1994, 177; 1973, 272, anders noch NJW 1956, 992; Hamm FGPrax 1995, 14; Rpfleger 1984, 312).

9. Der **Schutz des guten Glaubens** ist in Abs III geregelt wie in §§ 135 II, 161 III, 163 und setzt entweder **21** Unkenntnis gegenüber der Nacherbfolge oder die irrige Annahme voraus, der Vorerbe sei nach § 2136 von Beschränkungen befreit. Bei beweglichen Sachen gelten §§ 932, 1032, 1207; bei Grundstücken und Rechten an Grundstücken §§ 892, 893, solange nicht noch der Erblasser selbst eingetragen ist (BGH NJW 1970, 943). Der gute Glaube an die Entgeltlichkeit einer Verfügung wird nicht geschützt. Bei unentgeltlichen Verfügungen steht dem Nacherben der Anspruch aus § 816 I S 2 zu, bei gemischter Schenkung der Anspruch auf Wertausgleich (Staud/Avenarius Rz 103). Besitzt der Vorerbe einen Erbschein ohne Nacherbenvermerk, richtet sich der darauf bezogene Schutz von Gutgläubigen nach §§ 2365–2376.

2114 *Verfügungen über Hypothekenforderungen, Grund- und Rentenschulden*
Gehört zur Erbschaft eine Hypothekenforderung, eine Grundschuld, eine Rentenschuld oder eine Schiffshypothekenforderung, so steht die Kündigung und die Einziehung dem Vorerben zu. Der Vorerbe kann jedoch nur verlangen, dass das Kapital an ihn nach Beibringung der Einwilligung des Nacherben gezahlt oder dass es für ihn und den Nacherben hinterlegt wird. Auf andere Verfügungen über die Hypothekenforderung, die Grundschuld, die Rentenschuld oder die Schiffshypothekenforderung findet die Vorschrift des § 2113 Anwendung.

1. **Verfügungen über Hypothekenforderungen, Grund- und Rentenschulden** sind Verfügungen über Rechte **1** an einem Grundstück iSv § 2113 I. Grundsätzlich gelten die Verfügungsbeschränkungen des § 2113 bei deren Abtretung, Löschungsbewilligung, Verpfändung, Umwandlung, Aufrechnung (§ 2114 S 3).

2. Zur **Kündigung und Einziehung** dieser Rechte ist der Vorerbe ohne Mitwirkung des Nacherben berechtigt **2** (§ 2114 S 1). Insoweit stärkt die (Ausnahme-)Vorschrift die Stellung des Vorerben, der dem Nacherben gegenüber allerdings iSv § 2131 verantwortlich bleibt. Die Einziehung des Rechts umfaßt die prozessuale Geltendmachung sowie die Betreibung der Zwangsvollstreckung. Der Antrag auf Zwangsversteigerung eines Grundstücks, das mit einer zum Nachlaß gehörenden Hypothek belastet ist, steht der Einziehung gleich (RG 136, 353).

Die **Zahlung** des Kapitals kann der Vorerbe wiederum nur mit Einwilligung des Nacherben verlangen (§ 2114 **3** S 2). Die Einschränkung findet auf Nebenforderungen, die dem Vorerben nach § 2112 ohnehin zufallen, keine Anwendung. Nach § 2136 kann der Vorerbe auch von der Einschränkung befreit werden. Im übrigen kann der Schuldner die Einwilligung des Nacherben von sich aus herbeiführen, wenn er durch die Zahlung an den Vorerben gegenüber dem Nacherben frei werden will (BGH FamRZ 1970, 192). Ohne der Einwilligung ist die Zahlung im Verhältnis zum Nacherben unwirksam, auch wenn die Schuld entsprechend einer Vereinbarung mit dem Erblasser in Raten beglichen wird. Verweigert der Nacherbe die Zustimmung, kann diese aber nach § 2120 erzwungen werden.

Die **Hinterlegung** (§§ 372ff) kann auch ohne Zustimmung des Nacherben verlangt oder vom Schuldner bewirkt **4** werden, weil die Sicherung des Nacherben dann darin liegt, daß der Betrag nur mit seiner Zustimmung ausgezahlt werden darf. Wird der Betrag ohne diese Zustimmung (zB in Unkenntnis der Nacherbschaft) gezahlt, so hat der Vorerbe von sich aus die Verpflichtung zu hinterlegen; anderenfalls gilt § 2128.

2115 *Zwangsvollstreckungsverfügungen gegen Vorerben*
Eine Verfügung über einen Erbschaftsgegenstand, die im Wege der Zwangsvollstreckung oder der Arrestvollziehung oder durch den Insolvenzverwalter erfolgt, ist im Falle des Eintritts der Nacherbfolge insoweit unwirksam, als sie das Recht des Nacherben vereitelt oder beeinträchtigen würde. Die Verfügung ist unbeschränkt wirksam, wenn der Anspruch eines Nachlassgläubigers oder ein an einem Erbschaftsgegenstand bestehendes Recht geltend gemacht wird, das im Falle des Eintritts der Nacherbfolge dem Nacherben gegenüber wirksam ist.

Schrifttum: Gutbell, Schutz des Nachlasses gegen Zwangsvollstreckungsmaßnahmen bei Testamentsvollstreckung und Vorerbschaft, ZEV 2001, 260; K. Hofmann, Zu § 28 ZVG bei Nacherbschaft am Versteigerungsobjekt, Rpfleger 1999, 317.

1. Der Vorerbe ist Eigentümer und Besitzer des Nachlasses. Er ist daher im Rechtsstreit, der sich auf Nachlaß- **1** gegenstände bezieht oder den Erben als solchen angeht, aktiv und passiv die richtige Partei. Das Urteil wirkt immer **für** den Nacherben, sofern es vor Eintritt der Nacherbfolge rechtskräftig wird, und **gegen** den Nacherben, sofern der Vorerbe befugt ist, ohne Zustimmung des Nacherben über den Gegenstand zu verfügen (§ 326 ZPO). Die Möglichkeit der Zwangsvollstreckung ist dieser Rechtskraftwirkung angepaßt. Der Vorerbe kann jede Zwangsvollstreckung durchführen und veranlassen. Eine sich gegen ihn richtende Zwangsvollstreckung ist aber einge-

§ 2115

schränkt. Die Sicherung des Nacherben durch §§ 2113 und 2114 sowie §§ 2127ff würde vereitelt, wenn durch Zwangsvollstreckung der Nachlaß unbegrenzt in Anspruch genommen werden könnte. Darum gleicht § 2115 iVm § 773 ZPO, § 83 II InsO diesen Fall den rechtsgeschäftlichen Verfügungsmöglichkeiten an.

2 Der Nachlaß ist gegen **persönliche Gläubiger des Vorerben** und gegen Ansprüche, die aus Verpflichtungsgeschäften über etwaige seiner Verfügungsmacht entzogene Gegenstände hergeleitet werden könnten, gesichert. Da § 2115 in § 2136 nicht aufgeführt ist, genießt der Nacherbe selbst bei befreiter Vorerbschaft Schutz. Es sind nicht nur Grundstücke oder Rechte an Grundstücken, sondern sämtliche Erbschaftsgegenstände einbezogen. Mit § 394 wird auch verhindert, daß persönliche Forderungen gegen den Vorerben mit Erbschaftsforderungen aufgerechnet werden (RG 80, 30; Brox ErbR Rz 353). Satz 1 bezieht sich nicht auf die Teilungsversteigerung nach §§ 180ff ZVG (so zutreffend BayObLG MDR 1965, 749). Der Nacherbenvermerk darf nicht in die Versteigerungsbedingungen aufgenommen werden und ist nach dem Zuschlag zu löschen (Hamm NJW 1969, 516). Der Pfandgläubiger eines Vorerben kann an sich die Zwangsversteigerung nach § 180ff ZVG betreiben; ein solches Vorgehen dürfte jedoch arglistig sein, wenn der Nacherbe der vom Gläubiger beabsichtigten Einziehung des Erlösanteils widerspricht wird (Celle NJW 1968, 801). Von § 2115 nicht geschützt werden die Erträge des Nachlasses, die dem Vorerben aber im Rahmen des § 850b I Nr 3 ZPO verbleiben können (vgl § 2100 Rz 5).

3 **2. Zwangsvollstreckungsmaßnahmen** sind ebenso wie nach § 2113 Verfügungen des Vorerben insoweit zulässig, als durch sie der Gegenstand der Erbschaftsmasse nicht entzogen wird und sie nicht über die Zeit der Vorerbschaft hinaus wirken. Zulässig ist daher die Zwangsverwaltung eines Grundstücks, die Eintragung einer Sicherungshypothek nach § 866 ZPO oder die Bestellung eines Pfandrechts an beweglichen Sachen. Vorläufig einzustellen ist aber eine Zwangsversteigerung bei nicht befreiter Vorerbschaft, solange nicht die Zustimmung des Nacherben, sei es mittels eines Duldungstitels, beigebracht ist (Hofmann Rpfleger 1999, 320). Der Nacherbe kann bei Eintritt des Nacherbfalls die ihm gegenüber unwirksamen Zwangsverfügungen beseitigen lassen. Verurteilungen auf Abgabe einer Willenserklärung oder Eigentumsübertragung (§§ 894–897 ZPO) sind zulässig, da sie nur rechtsgeschäftliche Verfügungen ersetzen, mithin keine Verfügung im Wege der Zwangsvollstreckung bedeuten.

4 **Gutglaubensschutz** kommt bei Zwangsvollstreckungsmaßnahmen nicht in Betracht, da die §§ 894, 932 sich nur auf rechtsgeschäftliche Verfügungen beziehen. Der Vollstreckungsgläubiger erlangt also keine Rechte gegen den Nacherben. Kommt es zur Veräußerung oder Versteigerung, gelten die allgemeinen Regeln, insbesondere bei Veräußerung durch den Insolvenzverwalter entgegen § 83 II InsO.

5 **3.** Satz 2 will zunächst in den Fällen, in denen es auf die Person des Erben nicht ankommt (§§ 1967–1969), vermeiden, daß Nachlaßgläubiger eine überflüssige Einwilligung des Nacherben einholen müssen, es sei denn, daß vom Erblasser ausdrücklich nur der Vorerbe beschwert ist. Des weiteren ist die Durchsetzung derjenigen Rechte möglich, die trotz § 2113 (vgl § 2113 Rz 5) mit Zustimmung des Nacherben wirksam begründet worden sind (RG 133, 263). Ist das Grundpfandrecht vom Vorerben im Rahmen seiner Befugnisse nach § 2113 ohne Zustimmung des Nacherben bestellt worden, im Grundbuch aber ein Nacherbenvermerk eingetragen, kann die Zwangsvollstreckung zwar angeordnet oder ein Beitritt zugelassen werden, aber wegen Satz 1 iVm § 2136 nicht bis zu Ende durchgeführt werden. Der Zuschlag ist in diesen Fällen von Amts wegen zu versagen. Im übrigen verbietet der Grundsatz der Verhältnismäßigkeit schon eine zwecklose Verfahrensdurchführung, so daß bei Zweifeln darüber, ob der Nacherbe der Verfügung dulden muß, das Verfahren einzustellen ist (LG Berlin Rpfleger 1987, 457). Widerspricht der Nacherbe der Zwangsvollstreckung von Anfang an, dann wird das Vorgehen des Pfandgläubigers sogar arglistig sein. Zulässig ist die Zwangsvollstreckung aber, soweit nur die Nutzungen des Vorerben in Anspruch genommen werden, da es sich insoweit um freies Vermögen des Vorerben handelt (§ 2111 III); eine Ausnahme enthält § 2338 iVm § 863 ZPO.

6 Eine **entsprechende Anwendung** von Satz 2 kommt bei Verfügungen des Nachlaßverwalters über Nachlaßgrundstücke in Betracht, die demnach ohne Zustimmung der Nacherben zulässig sind, sofern sie der Ablösung von Nachlaßverbindlichkeiten dienen (Braunschweig OLG 1988, 392).

7 **4.** Der Nacherbe kann schon vor Eintritt des Nacherbfalls gegen Zwangsvollstreckungsmaßnahmen, die nach § 2115 unwirksam sind, **Widerspruchsklage** erheben (§§ 773, 771 ZPO, in der Insolvenz iVm § 58 I S 1 InsO), der unbekannte Nacherbe nur über einen Pfleger gem § 1913.

2116 *Hinterlegung von Wertpapieren*

(1) Der Vorerbe hat auf Verlangen des Nacherben die zur Erbschaft gehörenden Inhaberpapiere nebst den Erneuerungsscheinen bei einer Hinterlegungsstelle oder bei der Reichsbank, bei der Deutschen Zentralgenossenschaftskasse oder bei der Deutschen Girozentrale (Deutschen Kommunalbank) mit der Bestimmung zu hinterlegen, dass die Herausgabe nur mit Zustimmung des Nacherben verlangt werden kann. Die Hinterlegung von Inhaberpapieren, die nach § 92 zu den verbrauchbaren Sachen gehören, sowie von Zins-, Renten- oder Gewinnanteilscheinen kann nicht verlangt werden. Den Inhaberpapieren stehen Orderpapiere gleich, die mit Blankoindossament versehen sind.

(2) Über die hinterlegten Papiere kann der Vorerbe nur mit Zustimmung des Nacherben verfügen.

1 **1.** Den allgemeinen Rahmen der Sorgfalt, die der Vorerbe zu beobachten hat, geben die §§ 2130ff. Der Nacherbe kann darüber hinaus zur eigenen Sicherung verlangen, daß verkehrsgängige **Wertpapiere** hinterlegt werden. Die Ausdrucksweise bezeugt, daß es sich nur um einen Anspruch handelt, dessen Verletzung uU Schadenersatzpflichten nach sich zieht. Zu hinterlegen sind: a) Inhaberpapiere (§§ 793, 1195, 1199; AktG § 10) einschließlich Erneuerungsscheinen. Zu den Inhaberpapieren gehören nicht die Papiere des § 808 wie Sparkassenbücher, Pfand-, Depot- und Versicherungsscheine. Und es besteht kein Anspruch auf Hinterlegung von Inhaberpapieren, deren bestimmungsgemäßer Gebrauch in dem Verbrauch oder in der Veräußerung liegt (§ 92), sowie von Zins-, Renten- und Gewinnanteilscheinen. Zu den ersteren gehören Banknoten und Wertpapiere, die praktisch als Betriebskapital dienen. b) Mit Blankoindossament versehene Orderpapiere (HGB §§ 363, 364; WG Art 13, 14, 16; ScheckG Art 15, 16, 17, 19), die infolge ihrer Verkehrsgängigkeit den Inhaberpapieren gleich zu achten sind. Soweit es sich bei diesen Papieren nicht um Anlagevermögen, sondern um zum Geschäft gehörendes Betriebskapital handelt, kann ebenso wie bei Banknoten die Hinterlegung nicht verlangt werden. Ähnliche Regelungen finden sich in §§ 1082, 1814 (vgl die Bemerkungen dort).

2. Die **Hinterlegungsstellen** bestimmen sich nach der HintO (Amtsgericht und die nach § 27 HintO zugelassenen Banken). An die Stelle der Reichsbank sind die Bundesbank (nur theoretisch, da nicht zum Geschäftskreis gehörig) und die Landeszentralbanken getreten. Die Funktionen der Zentralgenossenschaftskasse sind auf die Deutsche Genossenschaftsbank in Frankfurt a.M. übergegangen (Gesetz vom 22. 12. 1975, BGBl I 3171). Die Deutsche Girozentrale (Deutsche Kommunalbank) ist ansässig in Berlin und Frankfurt a.M.

3. Die **Hinterlegung** hat mit der Maßgabe zu erfolgen, daß die Herausgabe nur mit Zustimmung des Nacherben verlangt werden kann. Die Hinterlegungsstelle haftet für Schäden, wenn sie die Wertpapiere ohne Zustimmung des Nacherben herausgibt. Verfügt der Vorerbe einseitig ohne Zustimmung des Nacherben, kann die Verfügung durch Genehmigung des Nacherben wirksam werden, da die §§ 182–184 anwendbar sind (Einwilligung und Genehmigung). Die Zustimmung kann nach § 2120 erzwungen werden, wenn dessen Voraussetzungen erfüllt sind.

2117 *Umschreibung; Umwandlung*

Der Vorerbe kann die Inhaberpapiere, statt sie nach § 2116 zu hinterlegen, auf seinen Namen mit der Bestimmung umschreiben lassen, dass er über sie nur mit Zustimmung des Nacherben verfügen kann. Sind die Papiere vom Bund oder von einem Land ausgestellt, so kann er sie mit der gleichen Bestimmung in Buchforderungen gegen den Bund oder das Land umwandeln lassen.

Zur **Umschreibung von Inhaberpapieren auf den Namen** des Vorerben vgl § 806, zur Umwandlung in Schuldbuchforderungen das Bundeswertpapierverwaltungsgesetz vom 11. 12. 2001 (BGBl I 3519), mit dessen Inkrafttreten am 1. 1. 2002 die Verordnung über die Bundesschuldenverwaltung, die Reichsschuldenordnung und das Reichsschuldbuchgesetz aufgehoben wurden. Siehe im übrigen § 232 Rz 2.

2118 *Sperrvermerk im Schuldbuch*

Gehören zur Erbschaft Buchforderungen gegen den Bund oder ein Land, so ist der Vorerbe auf Verlangen des Nacherben verpflichtet, in das Schuldbuch den Vermerk eintragen zu lassen, dass er über die Forderungen nur mit Zustimmung des Nacherben verfügen kann.

Vgl zum **Bundesschuldbuch** die §§ 6–11 BWpVerwG (BGBl 2001 I 3519). Der eingetragene Vorerbe ist Gläubiger. Rechte des Nacherben sind einem neuen Gläubiger gegenüber nur wirksam, wenn sie im Schuldbuch eingetragen sind, es sei denn, diesem waren die Rechte des Nacherben zur Zeit des Erwerbs bekannt oder infolge grober Fahrlässigkeit nicht bekannt.

2119 *Anlegung von Geld*

Geld, das nach den Regeln einer ordnungsmäßigen Wirtschaft dauernd anzulegen ist, darf der Vorerbe nur nach den für die Anlegung von Mündlagegeld geltenden Vorschriften anlegen.

1. Die Bestimmung über die **Anlage von Nachlaßkapital** entspringt dem Bedürfnis, den Nachlaß wirtschaftlich dem Nacherben zu erhalten. Die Sorgfaltspflicht der §§ 2130ff wird erhöht, wenn Geld vorhanden ist, „das nach den Regeln einer ordnungsmäßigen Wirtschaft dauernd anzulegen ist". Der Formulierung zufolge werden die Anforderungen an die Sorgfaltspflicht nach objektiven wirtschaftlichen Gesichtspunkten erhöht. Die Einschätzung des vermögensverwaltenden Vorerben ist in bezug auf das Anforderungsprofil nicht ausschlaggebend. Im übrigen bedarf der Vorerbe weder zum Anlegen noch zum Abheben von Geld der Zustimmung des Nacherben. Letzterer hat aber einen klagbaren Anspruch auf Anlage des Geldes, uU auch auf Auskunft (siehe § 2127 Rz 1) und Sicherheitsleistung (§ 2128). Einen Überblick über Fälle und Maßstäbe der ordnungsmäßigen Verwaltung bei der Anlage von Kapitalien geben Coing FS Kaufmann 1972 S 127ff; Ordemann MDR 1967, 642f; Sturm DB 1976, 805.

2. **Mündelsichere Anlagen** sind Gegenstand der §§ 1806ff und von landesgesetzlichen Vorschriften, die nach Art 212 EGBGB in Kraft geblieben sind.

2120 *Einwilligungspflicht des Nacherben*

Ist zur ordnungsmäßigen Verwaltung, insbesondere zur Berichtigung von Nachlassverbindlichkeiten, eine Verfügung erforderlich, die der Vorerbe nicht mit Wirkung gegen den Nacherben vornehmen kann, so ist der Nacherbe dem Vorerben gegenüber verpflichtet, seine Einwilligung zu der Verfügung zu erteilen. Die Einwilligung ist auf Verlangen in öffentlich beglaubigter Form zu erklären. Die Kosten der Beglaubigung fallen dem Vorerben zur Last.

Schrifttum: *Harder*, Unentgeltliche Verfügungen und ordnungsmäßige Nachlaßverwaltung des Vorerben, DNotZ 1994, 822ff; *Ricken*, Die Verfügungsbefugnis des nicht befreiten Vorerben, AcP 202 (2002), 465.

1. Die Verfügungsbeschränkungen des Vorerben ergeben sich aus den §§ 2113, 2114, 2116–2118. Sie sind abgestellt auf die Art der Verfügungen; sie sollten, worauf die Gesetzesmaterialien (E I § 1823; Mot V 107) hin-

§ 2120 Erbrecht Testament

deuten, für Maßnahmen ordnungsmäßiger Verwaltung ursprünglich nicht bestehen (Harder DNotZ 1994, 835). Unabhängig von der Verfügungsart gehören zu einer **ordnungsmäßigen Verwaltung** des Nachlasses solche Verfügungen, die nach den Regeln einer gesunden Wirtschaftsführung unter den gegebenen Verhältnissen erforderlich und zweckmäßig sind. Die persönlichen Bedürfnisse und Anschauungen des Vorerben bilden dafür kein Maß. „Insbesondere zur Berichtigung von Nachlassverbindlichkeiten" kann von dem Nacherben die Einwilligung in Verfügungen verlangt werden, die der Mittelbeschaffung dienen, um schon bestehende Verbindlichkeiten des Nachlasses erfüllen zu können. Hierzu gehört der Fall, daß der Vorerbe ein Verpflichtungsgeschäft des Erblassers erfüllen will (vgl § 2113 Rz 4), wenn das Grundbuchamt die Einwilligung des Nacherben verlangt. Im übrigen werden zustimmungspflichtige Verfügungen zumeist darin bestehen, daß Nachlaßgegenstände veräußert werden müssen, um Wertverbesserungen vorzunehmen oder Wertverminderungen vorzugreifen. In diesem Sinn ist es zur Vermeidung einer Enteignung geboten, den im Verhältnis zur erwarteten Entschädigung höheren Verkaufserlös zu erzielen (BGH NJW 1972, 580). Nicht ordnungsmäßig sind in der Regel Verfügungen, welche die Rechte des Nacherben beeinträchtigen. Die Begriffe der ordnungsmäßigen Verwaltung und der entgeltlichen Verfügung sind nach hM dergestalt miteinander verknüpft, daß zwar von ordnungsmäßiger Verwaltung auf entgeltliche Verfügung geschlossen werden kann (vgl die Entscheidungspraxis zur Verwaltung von Gesellschaftsanteilen unter dem Gesichtspunkt des § 2113 II, § 2113 Rz 13), nicht aber umgekehrt. Aus der Sichtweise eines sorgfältigen Verwalters fremden Vermögens stellt eine Kreditaufnahme danach keine Maßnahme ordnungsmäßiger Verwaltung dar, wenn die Zins- und Tilgungsleistungen nicht aufgebracht werden können, so daß die anwachsenden Verbindlichkeiten den Nachlaß aufzuzehren drohen (BGH 110, 176), oder wenn keine Vorkehrungen getroffen werden, die eine zweckwidrige Verwendung der Kreditmittel ausschließen (BGH 110, 176), etwa durch die Einschaltung eines erfahrenen und zuverlässigen Treuhänders (BGH 114, 16; NJW 1993, 1582); eine andere Betrachtung wird von Fall zu Fall aber angebracht sein (vgl MüKo/Grunsky Rz 4a). § 2120 ist auf schuldrechtliche Verpflichtungen entsprechend anwendbar (RG 90, 91, 96). An sich wird der Vorerbe aber nicht gehindert, schuldrechtliche Verpflichtungen, die nur ihn allein binden, einzugehen. Überhaupt ist zu beachten, daß bis zum Eintritt des Nacherbfalls auch alle Verfügungen des Vorerben, die ohne Einwilligung des Nacherben vorgenommen worden sind, nicht nichtig sind. Sie tragen den Keim künftiger Unwirksamkeit in sich, bleiben aber bis zum Eintritt des Nacherbfalls wirksam. So kann der Vorerbe die in § 915 vorgesehene Gestaltungserklärung abgeben, ohne daß für den Nacherben die Pflicht besteht, in die Auflassung einzuwilligen. Diese setzt vielmehr voraus, daß die Erklärung des Vorerben zur ordnungsmäßigen Verwaltung erforderlich war (KG MDR 1974, 583).

2 2. Im Wortlaut des Gesetzes ist nur von **Einwilligung** die Rede. Diese ist nach hM im Sinne von Zustimmung zu verstehen, also Einwilligung und Genehmigung (§§ 183, 184), während es sich nach der Auffassung von Harder (DNotZ 1994, 938; zust Ricken AcP 202, 476) um ein bloßes Einverständnis handelt, auf das es für die Wirksamkeit der Verfügung materiellrechtlich nicht ankommt.

3 Die **Zustimmung des Nacherben** wirkt Dritten gegenüber und macht die Verfügung über den Nacherbfall hinaus bindend. Sie hat darüber hinaus Bedeutung für das Verhältnis zwischen Vorerben und Nacherben mit Rücksicht auf die §§ 2130, 2131, denn wenn der Nacherbe die Zustimmung pflichtgemäß erteilt, kann er späterhin aus der Verfügung des Vorerben keine Schadenersatzansprüche gegen den Vorerben herleiten. In Zweifelsfällen muß der Vorerbe berechtigt sein, die Zustimmung vor Eintritt des Nacherbfalls herbeizuführen, auch wenn das Vorliegen der Zustimmungsvoraussetzungen im einzelnen nicht feststeht (kritisch dazu Maenner LZ 1925, 12, 17). Gehört beispielsweise eine Gesellschaftsbeteiligung zum Nachlaß und will der Vorerbe an einer Änderung des Gesellschaftsvertrages mitwirken, kann die Ungewißheit über die Wirksamkeit der Zustimmung ein akutes Bedürfnis nach Rechtsklarheit schaffen; der Vorerbe will gedeckt sein. Zur Geltendmachung der unbeschränkten Wirksamkeit liegt aber die Feststellungsklage näher (vgl § 2113 Rz 7). Der **Anspruch** auf Erteilung der Zustimmung (RG 148, 394) steht nur dem Vorerben zu, ist jedoch abtretbar, was auch stillschweigend geschehen kann. Der Dritte kann die Zustimmung unmittelbar vom Nacherben einholen und auch verlangen, wenn es sich um die Berichtigung des Grundbuchs (Löschung des Nacherbenvermerks) infolge einer wirksamen Verfügung des Vorerben handelt. Im Rahmen der Aufforderung sind die Verfügung und deren Gründe detailliert und nachprüfbar aufzuschlüsseln (Düsseldorf NJW-RR 1996, 905).

4 Sind mehrere Nacherben nacheinander berufen, sind alle zur Zustimmung verpflichtet. Den Ersatzerben trifft die **Pflicht** nach hM nicht. Ob der Vorerbe als gesetzlicher Vertreter eines minderjährigen Nacherben dem Dritten gegenüber die Zustimmung erteilen darf und in diesem Fall muß, ist umstritten. Die Frage wird noch überwiegend bejaht (so vom LG Berlin Rpfleger 1987, 457; vgl § 2113 Rz 4). Der gesetzliche Vertreter oder der bestellte Pfleger bedarf bei Grundstücksgeschäften gemäß § 1821 I Nr 1 zumindest der Genehmigung durch das Vormundschaftsgericht.

5 3. Zur **Prozeßführung** vgl § 2115 Rz 1ff.

6 4. Zur **Form** vgl § 129 BGB; §§ 39, 40, 63 BeurkG; BGH NJW 1972, 581.

2121 *Verzeichnis der Erbschaftsgegenstände*

(1) Der Vorerbe hat dem Nacherben auf Verlangen ein Verzeichnis der zur Erbschaft gehörenden Gegenstände mitzuteilen. Das Verzeichnis ist mit der Angabe des Tages der Aufnahme zu versehen und von dem Vorerben zu unterzeichnen; der Vorerbe hat auf Verlangen die Unterzeichnung öffentlich beglaubigen zu lassen.
(2) Der Nacherbe kann verlangen, dass er bei der Aufnahme des Verzeichnisses zugezogen wird.
(3) Der Vorerbe ist berechtigt und auf Verlangen des Nacherben verpflichtet, das Verzeichnis durch die zuständige Behörde oder durch einen zuständigen Beamten oder Notar aufnehmen zu lassen.
(4) Die Kosten der Aufnahme und der Beglaubigung fallen der Erbschaft zur Last.

Einsetzung eines Nacherben § 2124

1. Zur Vermeidung späterer Streitigkeiten ist es in aller Interesse zweckmäßig, daß ein **Verzeichnis über den** 1 **Nachlaß** aufgestellt wird. Ähnliche Regelungen enthalten §§ 1035, 1377. Verpflichtet dazu ist der Vorerbe, ggf die Vorerbengemeinschaft; der Erblasser kann sie davon nicht befreien (§ 2136). Für den Inhalt ist der Zeitpunkt der Auskunftserteilung maßgebend (hM seit RG 164, 208). Nur so können die Surrogate des § 2111 berücksichtigt werden, wodurch es gleichsam entbehrlich wird, bereits ausgeschiedene Erbschaftsgegenstände aufzunehmen. Auch die in Abs III eröffnete Möglichkeit, einen Notar oder Beamten mit der Erstellung zu betrauen, spricht dafür, daß nur der aktuelle Bestand in das Verzeichnis gehört. Über die Auflistung der Nachlaßaktiva hinaus braucht der Wert der einzelnen Gegenstände nicht mitgeteilt zu werden (KG OLGE 21, 325), insbesondere beim Unternehmen nicht in Form einer Bilanz (MüKo/Grunsky Rz 5). Es geht aber nicht darum, den Wert der Vermögensstücke geheimzuhalten, denn der Nacherbe kann sein Recht aus § 2122 wahrnehmen und bei dieser Gelegenheit auf eigene Kosten auch den Wert ermitteln lassen (BGH NJW 1981, 2051). Das Nachlaßverzeichnis liefert schließlich keinen Beweis der Vollständigkeit und es besteht keine Pflicht zur eidesstattlichen Versicherung. Die Eidesleistung kann nur über §§ 2127, 260 erreicht werden.

Der **Anspruch** aus § 2121 steht dem Nacherben zu. Da von mehreren nebeneinander oder nacheinander einge- 2 setzten Nacherben jeder einen Anspruch besitzt, ist es dem einzelnen freigestellt, seinen Anspruch unabhängig von den übrigen Nacherben geltend zu machen. So wird der Vorerbe uU mehrere jeweils aktualisierte Verzeichnisse errichten müssen (Staud/Avenarius Rz 2; aM MüKo/Grunsky Rz 3). Ersatznacherben werden erst mit Eintritt des Ersatzerbfalls berechtigt. Ist mit der Verwaltung ein Testamentsvollstrecker betraut, dann erlischt nicht das Recht des Nacherben, ein Verzeichnis zu verlangen (Staud/Avenarius Rz 3). Es richtet sich nunmehr gegen den Testamentsvollstrecker, der gegenüber dem Vorerben schon das umfangreichere Verzeichnis nach § 2215 zu fertigen hat. Der Anspruch aus § 2121 geht aber ggf auch on the sog Nacherbenvollstrecker iSv § 2222 über. Im übrigen kann der Anspruch im Prozeßweg geltend gemacht werden, nicht nach dem FGG (Stuttgart OLG 198, 274). Spätere Veränderungen begründen nach einmaliger Erfüllung keinen neuen Anspruch. Der Nacherbe bleibt aber nach § 2127 auskunftsberechtigt für den Fall, daß die Beeinträchtigung der Erbschaft zu besorgen ist. Mit Eintritt des Nacherbfalls entfällt der Anspruch aus § 2121, fortan kann Herausgabe nach § 2130 verlangt werden. Zu dem im allgemeinen aus § 242 hergeleiteten Anspruch des Nacherben gegen einen vom Vorerben Beschenkten siehe § 2113 Rz 7 und § 2314 Rz 2.

Grundsätzlich genügt die einfache **Schriftform**. Nur auf Verlangen des Nacherben ist die Unterschrift zu 3 beglaubigen (§§ 39, 40, 63 BeurkG). Die **Zuständigkeit** iSv Abs III richtet sich für den Notar nach § 20 I BNotO, für die Behörden und Beamten nach Landesrecht. Der Nacherbe kann verlangen, daß er selbst (Abs II) oder eine der in Abs III aufgeführten Stellen (§ 2002) bei der Abfassung des Verzeichnisses hinzugezogen wird.

2. Nach **Abs IV** werden die **Kosten** der Aufnahme und der Beglaubigung zu Nachlaßverbindlichkeiten 4 (§ 1967). Wird das Verzeichnis vom Vorerben aus freien Stücken ohne Verlangen des Nacherben aufgestellt, finden nach hM aber die §§ 2124, 2125 Anwendung (Staud/Avenarius Rz 8; einschränkend MüKo/Grunsky Rz 10).

2122 *Feststellung des Zustands der Erbschaft*
Der Vorerbe kann den Zustand der zur Erbschaft gehörenden Sachen auf seine Kosten durch Sachverständige feststellen lassen. Das gleiche Recht steht dem Nacherben zu.

Das Verlangen kann wiederholt gestellt werden, wenn vernünftige Gründe vorliegen. Es kann sich auf einzelne 1 oder auf sämtliche Gegenstände der Erbschaft erstrecken, soll sich aber nicht in der Wertermittlung erschöpfen (Prot V S 94). Gleichwohl kann auch der Wert festgestellt werden (BGH NJW 1981, 2051). Der Erblasser kann den Vorerben von der Pflicht zur Duldung nicht befreien (§ 2136). Die Pflicht, die Sachen vorzulegen, ergibt sich aus § 809. Die Kosten fallen demjenigen zur Last, der die Feststellung wünscht; das Verfahren richtet sich nach §§ 15, 164 FGG.

2123 *Wirtschaftsplan*
(1) Gehört ein Wald zur Erbschaft, so kann sowohl der Vorerbe als der Nacherbe verlangen, dass das Maß der Nutzung und die Art der wirtschaftlichen Behandlung durch einen Wirtschaftsplan festgestellt werden. Tritt eine erhebliche Änderung der Umstände ein, so kann jeder Teil eine entsprechende Änderung des Wirtschaftsplans verlangen. Die Kosten fallen der Erbschaft zur Last.
(2) Das Gleiche gilt, wenn ein Bergwerk oder eine andere auf Gewinnung von Bodenbestandteilen gerichtete Anlage zur Erbschaft gehört.

Die Regelung entspricht dem § 1038 beim Nießbrauch. Der aufzustellende **Wirtschaftsplan** hat sich in den 1 Grenzen ordnungsmäßiger Wirtschaft zu halten. Der Erblasser kann aber Befreiung erteilen (§ 2136).

2124 *Erhaltungskosten*
(1) Der Vorerbe trägt dem Nacherben gegenüber die gewöhnlichen Erhaltungskosten.
(2) Andere Aufwendungen, die der Vorerbe zum Zwecke der Erhaltung von Erbschaftsgegenständen den Umständen nach für erforderlich halten darf, kann er aus der Erbschaft bestreiten. Bestreitet er sie aus seinem Vermögen, so ist der Nacherbe im Falle des Eintritts der Nacherbfolge zum Ersatz verpflichtet.

Schrifttum: *Dillmann,* Verfügungen während der Vorerbschaft, RNotZ 2001, 1; *W. Hefermehl,* Vor- und Nacherbfolge bei der Beteiligung an einer Personengesellschaft, FS H. Westermann, 1974, S 223; *Voit,* Außergewöhnliche notwendige Aufwendungen des Vorerben zur Erhaltung der Erbschaft und ihre Finanzierung durch Kredite, ZEV 1994, 138.

§ 2124

1 1. Im **Innenverhältnis** gebühren dem Vorerben die Nutzungen der Erbschaft, während dem Nacherben die verbleibende Substanz zugedacht ist. Auf dieser Grundlage gehen die Interessen an nutzbringenden Maßnahmen einerseits und wertsteigernden andererseits auseinander. In den §§ 2124–2126 ist geregelt, wer in diesem Verhältnis die gewöhnlichen und sonstigen Erhaltungskosten, Verwendungen auf die Erbschaft und die außerordentlichen Lasten zu tragen hat. Danach treffen den Vorerben grundsätzlich die gewöhnlichen Erhaltungskosten, darüber hinaus gemäß § 102 die Fruchtziehungskosten. Diese Verteilung hat in gleichem Maße Bedeutung für die Tätigkeit des Testamentsvollstreckers (BGH NJW-RR 1988, 386; 1986, 1069) sowie für den Fall, daß während der Vorerbenzeit ein Dritter Einzelrechtsnachfolger des Vorerben wird (BGH NJW 1985, 382). Unbeschadet dieser Regelung können sich etwaige Nachlaßgläubiger an den Vorerben halten, soweit die Kosten oder Lasten bis zum Eintritt des Nacherbfalls entstanden sind (§ 103). Der Vorerbe haftet für die in diesem Rahmen eingegangenen Verbindlichkeiten über diesen Zeitpunkt hinaus nach Maßgabe des § 2145. Eine Befreiung ist nicht vorgesehen (§ 2136), jedoch ist eine andere Art der Verteilung durch Vermächtnis oder Auflage oder auch durch Vereinbarung zwischen Vorerben und Nacherben möglich.

2 2. Die **gewöhnlichen Erhaltungskosten** (Abs I), die nach den rechtlichen und wirtschaftlichen Umständen des Nachlasses regelmäßig aufgewendet werden müssen, um das Vermögen tatsächlich und rechtlich zu erhalten, sind vom Vorerben zu tragen, da ihm die Nutzungen zustehen. Er kann also in keiner Weise Ersatz oder Befreiung von einer eingegangenen Verbindlichkeit verlangen für laufende Steuern, Versicherungsprämien, Lastenausgleichsabgaben (dazu § 2126 Rz 1), normale Reparaturen, Zinsen und Betriebsausgaben wie Löhne oder in begrenztem Maß Investitionen. Es handelt sich besonders um wiederkehrende Abgaben, deren Charakter als gewöhnliche Erhaltungskosten bei Aufzehrung der Nutzungen idR endet. Die hM unterscheidet grundsätzlich nicht, ob in diesem Sinne Deckung besteht (BGH NJW 1993, 3198; MüKo/Grunsky Rz 2; Hefermehl S 223, 229). Ob es überhaupt zur Entstehung von Kosten kommt, ist Sache der Verwaltung des Nachlasses. Betreibt der Vorerbe nur ungenügenden Aufwand im Rahmen der gewöhnlichen Erhaltung, kann er gegenüber dem Nacherben schadenersatzpflichtig werden (§§ 2130, 2131).

3 Die **Kosten eines Rechtsstreits**, der gegen den Vorerben als Erben gerichtet wird, gehören nicht zu den gewöhnlichen Erhaltungskosten, es sei denn, daß sich der Streit nur auf die Nutzungen bezieht. Der Umfang der Nutzungen kann als Maßstab für die gewöhnlichen Erhaltungskosten berücksichtigt werden; dabei müssen die Nutzungen nicht die Erhaltungskosten decken.

4 3. „Andere Aufwendungen" iSv Abs II sind **außergewöhnliche Erhaltungskosten**. Darunter fallen einmalige größere Ausbesserungen und auch notwendige Erneuerungen, die über den Zeitraum der Vorerbschaft hinaus wesentliche Wertverbesserungen darstellen wie die Rationalisierung eines Maschinenparks, der Einbau einer modernen Heizungsanlage in ein Mietwohnhaus sowie die Isolierverglasung dessen Fenster (BGH NJW 1993, 3198), die Kosten eines Rechtsstreits gegen den Vorerben in seiner Eigenschaft als Erbe oder die Rückzahlung einer Hypothek (zustimmend Voit ZEV 1994, 140). Wird die Hypothek mit Mitteln des Vorerben bezahlt, entsteht keine Eigentümergrundschuld. Die Formulierung des Abs II stimmt sachlich mit § 670 überein. Es fällt also der Erbschaft zur Last, was der Vorerbe bei ordnungsmäßiger Verwaltung mit Recht an besonderen Aufwendungen zur Erhaltung des Bestandes der Erbschaft machen konnte. Bei einer Mißwirtschaft des Vorerben können aber an sich notwendige Aufwendungen (zB Kauf von Kunstdünger bei einem Landgut) keine Nachlaßschuld begründen (BGH FamRZ 1973, 187). Haftet der Nachlaß, kann der Vorerbe die Zustimmung des Nacherben zur Verwertung einzelner Gegenstände erzwingen (§ 2120). Bestreitet der Vorerbe die Aufwendungen aus eigenem Vermögen, zu dem auch die Nutzungen des Nachlasses gehören, kann er vom Nacherben Ersatz verlangen, und zwar vom Zeitpunkt des Nacherbfalls an, ggf auch Befreiung von noch bestehenden Verbindlichkeiten (§ 257) sowie die Verzinsung (§ 256), auch wenn der Gegenstand, der die Verwendungen verursacht hat, nicht mehr zum Nachlaß gehört. Anders nur bei § 2138 S 2. Es kommt auch ein Zurückbehaltungsrecht nach § 273 in Betracht. Im übrigen kann der Nacherbe seine Haftung beschränken (§ 2144).

2125 *Verwendungen; Wegnahmerecht*

(1) Macht der Vorerbe Verwendungen auf die Erbschaft, die nicht unter die Vorschrift des § 2124 fallen, so ist der Nacherbe im Falle des Eintritts der Nacherbfolge nach den Vorschriften über die Geschäftsführung ohne Auftrag zum Ersatz verpflichtet.

(2) Der Vorerbe ist berechtigt, eine Einrichtung, mit der er eine zur Erbschaft gehörende Sache versehen hat, wegzunehmen.

1 1. Bei den **Verwendungen** handelt es sich im Gegensatz zu den gewöhnlichen und außergewöhnlichen Erhaltungskosten des § 2124 um erheblich über die Erhaltung hinausgehende Wertverbesserungen, Luxusaufwendungen. Der Vorerbe kann in diesen Fällen nur **Ersatz** als Geschäftsführer ohne Auftrag verlangen, wenn er die Aufwendungen den Umständen nach für erforderlich halten durfte und die Geschäftsführung dem wirklichen oder mutmaßlichen Willen des Nacherben bzw der Erfüllung einer im öffentlichen Interesse liegenden Pflicht entsprach (mehr dazu bei §§ 670, 679, 683). Im übrigen besitzt der Vorerbe nur einen Bereicherungsanspruch (§ 684).

2 2. Das **Wegnahmerecht** (nicht -pflicht) wird dem Vorerben ausdrücklich gewährt, weil sich aus den §§ 677ff ein solches nicht ergibt. Umstritten ist, ob sich das Wegnahmerecht auch auf die nach § 2111 II einverleibten Inventarstücke bezieht (dafür MüKo/Grunsky Rz 3; Kipp/Coing § 49 II 3; dagegen Staud/Behrends/Avenarius Rz 5; Pal/Edenhofer Rz 2; differenzierend Soergel/Harder/Wegmann Rz 3). Wenn § 2111 II seine Bedeutung behalten soll, muß das Wegnahmerecht darauf bezogen verneint werden. Es bleibt insoweit bei dem wirtschaftlichen Ausgleich in Form des Ersatzanspruchs (Rz 1). Im übrigen regelt die Ausübung des Wegnahmerechts § 258.

2126 Außerordentliche Lasten

Der Vorerbe hat im Verhältnis zu dem Nacherben nicht die außerordentlichen Lasten zu tragen, die als auf den Stammwert der Erbschaftsgegenstände gelegt anzusehen sind. Auf diese Lasten findet die Vorschrift des § 2124 Abs. 2 Anwendung.

Die **außerordentlichen Lasten** verbleiben dem Nacherben. Dazu gehören (wie bei §§ 995, 1047) die Schulden und alle sonstigen aus dem Stamm des Nachlasses zu begleichenden Verbindlichkeiten: Beerdigungskosten für den Erblasser, Hypotheken (nicht Zinsen), Vermächtnisse, Pflichtteile, öffentliche Sonderlasten (Erschließungsbeiträge nach dem BauGB) und überhaupt alle Pflichten, die ihrer Art nach auf Leistungen gehen und dem Vermögensinhaber als solchem obliegen, jedoch nicht wiederkehrend sind (einmalige Leistungen). Das setzt im allgemeinen voraus, daß die Leistung aus der Substanz und nicht aus den Erträgnissen aufzubringen ist, zB Steuer, berechnet nach dem Wert der Sache (BGH WM 1980, 1196). Die den Vorerben nach §§ 3 I Nr 1, 6 I, 20 I ErbStG treffende Erbschaftsteuer ist nach § 20 IV ErbStG aus den Mitteln der Vorerbschaft zu entrichten. Mittelbar treffen sie daher den Nacherben. Außerordentliche Last ist auch die nach § 17 EStG anfallende Steuer wegen Veräußerung von Anteilen an Kapitalgesellschaften (BGH MDR 1968, 566); ebenso die nach § 16 EStG zu entrichtende Steuer auf den Gewinn aus Veräußerung des Gewerbebetriebs (BGH NJW 1980, 2465). Es ist sonst jeweils darauf abzustellen, ob sich Nutzungen und Belastungen gegenüberstehen oder ob die Belastungen den Vermögensstamm betreffen. 1

2127 Auskunftsrecht des Nacherben

Der Nacherbe ist berechtigt, von dem Vorerben Auskunft über den Bestand der Erbschaft zu verlangen, wenn Grund zu der Annahme besteht, dass der Vorerbe durch seine Verwaltung die Rechte des Nacherben erheblich verletzt.

1. Der Vorerbe ist verpflichtet, nach Eintritt der Nacherbfolge dem Nacherben die Erbschaft in dem Zustand herauszugeben, der sich bei einer bis zur Herausgabe fortgesetzten ordnungsmäßigen Verwaltung ergibt (§ 2130). In der Zeit der Vorerbschaft können Bestand und Zustand des Nachlasses (nicht jedoch der Verbleib) unter den Voraussetzungen der *§§ 2121–2123* festgestellt werden und der Nacherbe kann seine Sicherung im Rahmen der *§§ 2127–2129* verlangen. Während die Rechte aus den erstgenannten Paragraphen jederzeit vom Vorerben und Nacherben geltend gemacht werden können, sind die **Sicherungsmittel** zugunsten des Nacherben aus den letztgenannten Vorschriften nur gegeben, wenn sein Anwartschaftsrecht gefährdet ist. Hat der Vorerbe bereits ein Nachlaßverzeichnis iSv § 2121 aufgestellt, kann nach § 2127 nur die Ergänzung verlangt werden (ebenso MüKo/Grunsky Rz 4; Soergel/Harder/Wegmann Rz 4; aM Staud/Avenarius Rz 10). Eine Pflicht zur eidesstattlichen Versicherung ergibt sich unter den Voraussetzungen des § 260. Von mehreren Nacherben nebeneinander oder nacheinander kann jeder für sich den Anspruch erheben, nicht aber der Ersatznacherbe. Ist nach § 1913 ein Pfleger oder nach § 2222 ein Testamentsvollstrecker bestellt, sind nur diese und nicht der Nacherbe berechtigt, die Sicherungsansprüche geltend zu machen. Der Erblasser kann den Vorerben aber freistellen (§ 2136). Ist der Vorerbe nicht befreit, kann ihn nach *§ 242* die zusätzliche Pflicht zur Auskunftserteilung treffen, etwa darüber, ob bestimmte Gelder mündelsicher angelegt sind (LG Berlin ZEV 2002, 160 mit Anm Krug). 1

2. Eine **erhebliche Gefährdung** kann nicht vorliegen, solange der Vorerbe den Nachlaß ordnungsmäßig verwaltet und der Nacherbe nach § 2120 zur Zustimmung verpflichtet ist. Wann eine erhebliche Gefährdung besteht, ist den Umständen des Einzelfalls zu entnehmen. Eine schlechte Vermögenslage des Vorerben allein genügt nicht, da die Gefährdung durch Verwaltungshandlungen eintreten muß, zumal eine Vollstreckung in den Nachlaß wegen persönlicher Forderungen gegen den Vorerben nicht möglich ist (§ 2115). Die Gefährdungslage kann sich wiederholen, wodurch ein erneuter Anspruch auf Auskunft entsteht. 2

Entsprechend § 2127 auch potentiellen Erben gegenüber dem Erblasser oder begünstigten Dritten Auskunftsrechte einzuräumen (erwogen von Sarres ZEV 2003, 233), ist abzulehnen. Keineswegs verwaltet der Erblasser sein Vermögen für einen potentiellen Erben (vgl § 2287 Rz 6). 3

2128 Sicherheitsleistung

(1) Wird durch das Verhalten des Vorerben oder durch seine ungünstige Vermögenslage die Besorgnis einer erheblichen Verletzung der Rechte des Nacherben begründet, so kann der Nacherbe Sicherheitsleistung verlangen.
(2) Die für die Verpflichtung des Nießbrauchers zur Sicherheitsleistung geltende Vorschrift des § 1052 findet entsprechende Anwendung.

1. Das **Verhalten** oder die **ungünstige Vermögenslage** des Vorerben müssen objektiv besorgniserregend sein. Ähnlich §§ 1051, 1981 II kommt es weder auf Pflichtwidrigkeit (Staud/Avenarius Rz 3; aM MüKo/Grunsky Rz 1) noch auf Verschulden an und es muß sich nicht wie bei § 2127 um die Verwaltung des Nachlasses handeln. Abzustellen ist allein darauf, daß das Recht des Nacherben auf Herausgabe der Erbschaft im Zustand einer bis zur Herausgabe fortgesetzten ordnungsmäßigen Verwaltung erheblich gefährdet wird (§ 2130). Die Besorgnis ist nicht gerechtfertigt, wenn der Nacherbe der Verfügung nach § 2120 zustimmen muß. Die ungünstige Vermögenslage des Vorerben muß dergestalt sein, daß sie Besorgnis hinsichtlich der Verwaltung des Nachlasses erzeugt und dadurch eine erhebliche Verletzung der Rechte des Nacherben befürchten läßt, zB bei mangelnder Deckung für Ersatzansprüche des Nacherben bei der Veräußerung von Nachlaßgegenständen (RG 149, 65). Befreiung ist nach § 2136 möglich. Bei einer wirksamen Veräußerung eines Hofes im Sinne der HöfeO kann der Nacherbe auch Sicherheitsleistung hinsichtlich des vom Vorerben erlangten Erlöses (Surrogation) verlangen (Celle OLG 1969, 23). 1

§ 2128 Erbrecht Testament

2 2. Mit der Klage kann der Nacherbe den Anspruch auf **Sicherheitsleistung** geltend machen. Deren Höhe richtet sich nach dem Wert des Nachlasses, es sei denn, ein Teil des Nachlasses ist von der anspruchsbegründenden Besorgnis gar nicht betroffen (Pal/Edenhofer Rz 1). Sind mehrere Nacherben nebeneinander oder nacheinander berufen, kann jeder von ihnen Sicherheit verlangen, nicht aber der Ersatznacherbe. Im übrigen ist die Sicherheit nicht nur aus dem Nachlaß, sondern erforderlichenfalls auch aus dem Vermögen des Vorerben zu leisten. Wie dies zu bewirken ist, regeln die §§ 232ff.

3 3. Nach § 1052 iVm ZPO §§ 255, 764 kann das Vollstreckungsgericht dem Vorerben die **Verwaltung entziehen** und einem besonderen Verwalter übertragen, wenn die im rechtskräftigen Urteil festgesetzte Frist zur Sicherheitsleistung verstrichen ist. Die weitere Auswirkung ergibt sich aus § 2129. Der Verwalter steht im Falle der Zwangsverwaltung unter der Aufsicht des Vollstreckungsgerichts. Wird nachträglich Sicherheit geleistet, ist die Anordnung wieder aufzuheben. Nebenher und vor rechtskräftiger Verurteilung zur Sicherheitsleistung sind Sicherungsmaßnahmen in Form des Arrests oder der einstweiligen Verfügung unter den allgemeinen Voraussetzungen zulässig, auch wenn der Erblasser Befreiung erteilt hat. Im letzteren Fall sind dies die einzigen Maßnahmen zur möglichen Sicherung.

2129 *Wirkung einer Entziehung der Verwaltung*
(1) Wird dem Vorerben die Verwaltung nach der Vorschrift des § 1052 entzogen, so verliert er das Recht, über Erbschaftsgegenstände zu verfügen.
(2) Die Vorschriften zugunsten derjenigen, welche Rechte von einem Nichtberechtigten herleiten, finden entsprechende Anwendung. Für die zur Erbschaft gehörenden Forderungen ist die Entziehung der Verwaltung dem Schuldner gegenüber erst wirksam, wenn er von der getroffenen Anordnung Kenntnis erlangt oder wenn ihm eine Mitteilung von der Anordnung zugestellt wird. Das Gleiche gilt von der Aufhebung der Entziehung.

1 1. Mit dem **Entzug der Verwaltung** entfällt das Verfügungsrecht, während das Nutzungsrecht bestehen bleibt. Der Verwalter ist berechtigt, den Nachlaß in Besitz zu nehmen. Die Zwangsverwaltung beginnt mit der Vollstreckbarkeit der Entscheidung, dh mit der Anordnung der Zwangsverwaltung durch das Vollstreckungsgericht. Der Verwalter bedarf der Zustimmung des Nacherben im gleichen Umfang wie der Vorerbe (§ 2120). Der Vorerbe kann nur noch nach allgemeinen Vorschriften (§ 185) verfügen.

2 2. Die **Anordnung der Verwaltung** ist im Grundbuch auf Antrag des Nacherben oder des Verwalters nach §§ 22, 13 GBO einzutragen. Im übrigen schützt § 2113 III den guten Glauben. Es kommt mithin darauf an, ob der andere Teil die Anordnung kennt oder grob fahrlässig nicht kennt. Wie in §§ 1070 II, 1275 ist in Abs II S 1 der Schutz von Forderungsschuldnern ausgestaltet, indem die Anordnung ihnen nicht ohne weiteres zugestellt wird. Die Zustellung kann allerdings auf Antrag des Nacherben erfolgen. Wer sich nach Anordnung der Zwangsverwaltung noch Forderungen vom Vorerben abtreten läßt, erlangt kein Gläubigerrecht, sofern nicht die §§ 892, 893 eingreifen. Schließlich kann man sich nicht allein auf den Erbschein verlassen, weil der Erbschein über die Verfügungsbefugnis keine Eintragung enthält (§ 2366).

2130 *Herausgabepflicht nach dem Eintritt der Nacherbfolge, Rechenschaftspflicht*
**(1) Der Vorerbe ist nach dem Eintritt der Nacherbfolge verpflichtet, dem Nacherben die Erbschaft in dem Zustand herauszugeben, der sich bei einer bis zur Herausgabe fortgesetzten ordnungsmäßigen Verwaltung ergibt. Auf die Herausgabe eines landwirtschaftlichen Grundstücks findet die Vorschrift des § 596a, auf die Herausgabe eines Landguts finden die Vorschriften der §§ 596a, 596b entsprechende Anwendung.
(2) Der Vorerbe hat auf Verlangen Rechenschaft abzulegen.**

Schrifttum: *Baur/Grunsky*, Eine Einmann-OHG, Beitrag zur Vor- und Nacherbschaft an einem OHG-Anteil, ZHR 133 (1969), 208; *v Godin*, Nutzungsrechte an Unternehmen und Unternehmensbeteiligungen, 1949; *W. Hefermehl*, Vor- und Nacherbfolge bei der Beteiligung an einer Personenhandelsgesellschaft, FS H. Westermann, 1974, S 223.

1 1. Mit Eintritt des Nacherbfalls (§ 2139) hört der Vorerbe auf, Erbe zu sein. Der Nacherbe wird kraft Gesetzes Eigentümer des Nachlasses und hat einen Herausgabeanspruch, der seinem Inhalt und Umfang nach dadurch geprägt ist, daß der Anspruchsgegner für eine Zeitlang die Vorerbenstellung innehatte und in dieser Eigenschaft verpflichtet war, den Nachlaß ordnungsmäßig zu verwalten. Der Nacherbe soll in den Genuß dessen kommen, was ihm bei ordnungsmäßiger Verwaltung zufließen würde. Der Anspruch geht aufs Ganze. Soweit sich die Herausgabe praktisch auf das Vorhandene reduziert, ergibt sich aus der Festschreibung der Vorerbenpflicht ein Anspruch auf Schadenersatz im übrigen.

2 Zwischen Vor- und Nacherben findet keine Erbauseinandersetzung statt, sondern der Nacherbe hat einen **Herausgabeanspruch**, der an sich obligatorischer Natur ist. Er ist jedoch dem Anspruch aus § 2018 angenähert, da der Nacherbe bereits Eigentümer des Nachlasses geworden ist. Der Vorerbe hat nicht nur das herauszugeben, was er selbst ursprünglich erlangt hat, sondern alles, was im Zuge ordnungsmäßiger Verwaltung zur Vermögenssubstanz hinzugekommen ist, also Wertverbesserungen und Surrogate (§ 2111) sowie Dinge, die der Vorerbe in seiner Eigenschaft als Erbe oder in Beziehung auf Erbschaftsgegenstände sonstwie erlangt hat, etwa die vollstreckbare Ausfertigung einer Urkunde über eine Nachlaßforderung, die sich der Vorerbe hat erteilen lassen, oder die Police über einen abgeschlossenen Versicherungsvertrag (RG 163, 55). Die Nutzungen stehen dem Vorerben bis zum Zeitpunkt des Nacherbfalls zu. Anschließend gezogene Nutzungen gebühren dem Nacherben und sind mit herauszugeben. Die Verteilung der Früchte und Lasten regeln §§ 101, 102, Verwendungen §§ 2124, 2125, übermäßige

Fruchtziehung § 2133. Im übrigen gelten §§ 592, 593, so daß der Vorerbe eines Landgutes die zur Fortführung der Wirtschaft erforderlichen Erzeugnisse zurücklassen muß. Auf Gegenstände, die aus der Vermögenssubstanz ausgeschieden sind (§ 2132), bezieht sich der Anspruch nicht. Resultieren Wertminderungen aus nachlässiger Verwaltung, kann sich der Vorerbe ggf auf die Haftungserleichterung nach § 2131 berufen. Der Vorerbe kann im übrigen ein Zurückbehaltungsrecht im Rahmen des § 273 haben. Denn möglicherweise hat ihm der Nacherbe gemäß § 2124 II außergewöhnliche Erhaltungskosten zu ersetzen, oder nach § 592 solche Aufwendungen, die bei landwirtschaftlichen Grundstücken die zur Zeit des Nacherbfalls noch nicht getrennten Früchte entfallen, sofern nicht Mißwirtschaft vorliegt (vgl BGH FamRZ 1973, 188).

Bestreitet der Vorerbe den Eintritt des Nacherbfalls, dann maßt er sich ein Erbrecht an, infolgedessen dem Nacherben nach lange hM der unmittelbare Anspruch aus § 2018 zustand (RG 163, 52; Kipp/Coing § 50 III 1; Erman/Hense[7] Rz 3; einschränkend Soergel/Harder/Wegmann Rz 6). „Erlangt" hat der Vorerbe die Erbschaft aber berechtigterweise. Dazu kommt die strengere Haftung nach § 2130, der sich der Vorerbe nicht eigenmächtig entziehen kann. Es bleibt daher auch im Streit um den Nacherbfall bei dem Anspruch aus § 2130 (Staud/Avenarius Rz 23; MüKo/Frank § 2018 Rz 21). Anspruchsgegner ist der Vorerbe. Tritt die Nacherbfolge wie gewöhnlich mit dem Tod des Vorerben ein oder ist aus sonstigem Grund die Vorerbschaft zunächst auf die Erben des Vorerben übergegangen, sind diese zur Herausgabe verpflichtet. Der Vorerbe oder dessen Erben müssen sich Gewißheit darüber verschaffen, wer Nacherbe ist. Gibt der Vorerbe die Erbschaft irrtümlich einem Dritten, dann kann er sich gegenüber dem wahren Nacherben nicht auf § 2140 berufen. Wird der Vorerbe von der Pflicht zur Herausgabe der Erbschaft nach Maßgabe des § 2130 befreit, haftet er immer noch gemäß § 2138. 3

2. Das Korrelat zur Nutzungs- und Verfügungsbefugnis des Vorerben bildet die Pflicht zur ordnungsmäßigen Verwaltung. § 2131 bestimmt dazu den Sorgfaltsmaßstab der diligentia quam in suis rebus. Verschiedentlich stellt das Gesetz sogar konkrete Verhaltensregeln auf, beides, um dem Nacherben die Substanz des Nachlasses zu erhalten. Verwaltet der Vorerbe den Nachlaß nicht ordnungsmäßig und kann er die Erbschaft bei Eintritt der Nacherbfolge nicht in dem geschuldeten Umfang herausgeben, dann tritt an die restliche Stelle ein **Anspruch auf Schadenersatz**. Auf eine einzelne Verwaltungshandlung läßt sich ein solcher Anspruch aber nicht gründen; es kommt vielmehr auf das Gesamtergebnis der Nachlaßverwaltung an (BGH MDR 1973, 749). Im Rahmen der Führung eines Unternehmens wird insgesamt nur der Maßstab einer unternehmerischen Leitung in Betracht kommen (vgl v Godin S 78ff; Baur/Grunsky ZHR 133, 212). Tritt in einem zum Nachlaß gehörenden Gesellschaftsverhältnis Nacherbfolge ein, so handelt es sich nicht um das Ausscheiden und Neueintritt eines Gesellschafters, sondern der Vorerbe und der Nacherbe sind gegenüber der Gesellschaft im Hinblick auf die Beteiligung als ein Gesellschafter anzusehen (Hefermehl S 233; aM Staud/Avenarius Rz 10 mwN). Im Innenverhältnis kann zwischen Vorerben und Nacherben ein Ausgleichsanspruch in Betracht kommen, wobei es entscheidend auf die Vereinbarungen im Gesellschaftsvertrag und etwaige Anordnungen des Erblassers ankommt. 4

3. Zum Herausgabeanspruch gehören die Ansprüche auf **Rechenschaftslegung** (§ 259) und Vorlage eines Bestandsverzeichnisses (§ 260), ggf unter Abgabe einer eidesstattlichen Versicherung. Der Vorerbe braucht aber keine Rechenschaft über ordnungsmäßige Nutzungen und gewöhnliche Erhaltungskosten abzulegen, denn diese gehören nicht zur Erbschaft iSv § 2111. Der Anspruch ist nach Treu und Glauben zu beurteilen. Ein nach § 2121 bereits angelegtes Vermögensverzeichnis ist nur zu ergänzen, ebenso eine nach § 2127 früher erteilte Auskunft über den Bestand. Die Durchsetzung der Ansprüche erfolgt nötigenfalls im Wege der Klage. UU steht dem Nacherben auch ein Auskunftsanspruch gegen den vom Vorerben Beschenkten zu (siehe dazu § 2113 Rz 7). 5

2131 *Umfang der Sorgfaltspflicht*

Der Vorerbe hat dem Nacherben gegenüber in Ansehung der Verwaltung nur für diejenige Sorgfalt einzustehen, welche er in eigenen Angelegenheiten anzuwenden pflegt.

Da der Vorerbe Eigentümer des Nachlasses wird, kann von ihm dem vermuteten Willen des Erblassers entsprechend auf die **Sorgfalt wie in eigenen Angelegenheiten** verlangt werden (§ 277). Hier werden die objektiven Anforderungen an die allgemeine Nachlaßverwaltung (§ 2130) durch eine subjektive Komponente eingeschränkt, deren Darlegung und Beweis dem Vorerben obliegt. Der subjektive Maßstab der Vorschrift gilt aber von vornherein nicht, wo das Gesetz dem Vorerben besondere Verwaltungspflichten auferlegt, so in §§ 2113–2119 und 2123. Insoweit bleibt es bei der Haftung für einfache Fahrlässigkeit. Die Haftungserleichterung hat auch keine Auswirkungen auf § 2133 und § 2134, und es steht dem Erblasser darüber hinaus frei, den Umgang mit Nachlaßgegenständen an eine gesonderte Sorgfaltspflichten zu knüpfen. Andererseits kann der Erblasser auch gemäß § 2136 Befreiung erteilen, so daß der Vorerbe nicht einmal für grobe Fahrlässigkeit einstehen muß. Wegen § 2138 II haftet der Vorerbe aber jedenfalls für arglistiges Verhalten, also bei der Verminderung des Nachlaßwertes in der Absicht, den Nacherben zu benachteiligen (dazu RG 70, 332); des weiteren bei (teilweise) unentgeltlichen Verfügungen iSv § 2113 II, in deren Zusammenhang der Vorerbe sich wie ein ordnungsmäßiger Vermögensverwalter ein Urteil über die Frage der Entgeltlichkeit machen muß. Insoweit ist jede Befreiung ausgeschlossen. 1

2132 *Keine Haftung für gewöhnliche Abnutzung*

Veränderungen oder Verschlechterungen von Erbschaftssachen, die durch ordnungsmäßige Benutzung herbeigeführt werden, hat der Vorerbe nicht zu vertreten.

Eine klarstellende Vorschrift, die sich im übrigen aus § 2130 ergibt, ähnlich den §§ 538, 602, 1050. Für **sonstige Veränderungen oder Verschlechterungen** haftet der Vorerbe. Er ist im Streitfall beweispflichtig dafür, daß die Veränderungen im Rahmen ordnungsmäßiger Wirtschaft eingetreten sind. Die Befreiung von § 2130 schließt ein, daß die Beweispflicht im Sinne des § 2132 entfällt. 1

§ 2133 Ordnungswidrige oder übermäßige Fruchtziehung

2133 Zieht der Vorerbe Früchte den Regeln einer ordnungsmäßigen Wirtschaft zuwider oder zieht er Früchte deshalb im Übermaß, weil dies infolge eines besonderen Ereignisses notwendig geworden ist, so gebührt ihm der Wert der Früchte nur insoweit, als durch den ordnungswidrigen oder den übermäßigen Fruchtbezug die ihm gebührenden Nutzungen beeinträchtigt werden und nicht der Wert der Früchte nach den Regeln einer ordnungsmäßigen Wirtschaft zur Wiederherstellung der Sache zu verwenden ist.

1   Außerordentliche Lasten und Aufwendungen fallen dem Nacherben zur Last (§§ 2124 II, 2126). Für **außerordentliche Nutzungen** muß ein entsprechender Ausgleich geschaffen werden: die im Übermaß gezogenen Früchte gehören dem Vorerben und werden nicht Bestandteil des Nachlasses (§§ 100, 953), es findet aber ein **Wertausgleich** statt. Der Nacherbe ist am Wert zu beteiligen, soweit der ordnungsmäßige Ertrag überschritten worden ist und er partizipiert sogar an dem ordnungsmäßigen Ertrag, soweit es nach den Regeln einer ordnungsmäßigen Wirtschaft zur Wiederherstellung der Sache erforderlich ist. Auf den Grund der übermäßigen Fruchtgewinnung kommt es nicht an, so daß die Ersatzpflicht unabhängig von Verschulden (ordnungswidrige Wirtschaft) oder höherer Gewalt (Schädlingsbefall, Unwetterfolgen) besteht. Bei grob fahrlässigem Verschulden macht sich der Vorerbe noch schadenersatzpflichtig nach §§ 2131, 2132. Der Ausgleich erfolgt bei Eintritt der Nacherbfolge. Befreiung ist nach § 2136 möglich.

2134 Eigennützige Verwendung

Hat der Vorerbe einen Erbschaftsgegenstand für sich verwendet, so ist er nach dem Eintritt der Nacherbfolge dem Nacherben gegenüber zum Ersatz des Wertes verpflichtet. Eine weitergehende Haftung wegen Verschuldens bleibt unberührt.

1   1. Es geht um **Wertausgleich für Substanzverlust**, der dadurch eingetreten ist, daß der Vorerbe Geld oder andere verbrauchbare Sachen für persönliche Zwecke verwendet oder durch Verbindung, Vermischung, Verarbeitung (§§ 946, 948, 950) seinem persönlichen Vermögen einverleibt hat, so daß die Herausgabe nach § 2130 unmöglich geworden ist. Nutzungen gehören nicht hierzu, ebensowenig Wertminderungen durch Benutzung; auch eine durch Währungsverlust (Geldanlage im Ausland) begründete Wertminderung geht gewöhnlich nicht zu Lasten des Vorerben. Der Wert bestimmt sich nach dem Zeitpunkt der Verwendung, ist aber erst im Zeitpunkt des Nacherbfalls zu ersetzen. Verstößt die Verwendung gegen die Grundsätze einer ordnungsmäßigen Verwaltung, bleibt ein weitergehender Ersatzanspruch erhalten (§§ 280, 249ff), wobei die Frage des **Verschuldens** nach § 2131 zu beurteilen ist, bei böswilliger Verminderung nach § 2138 II. Liegt kein Verschulden vor, dann bleibt uU ein Anspruch aus ungerechtfertigter Bereicherung.

2   2. Der Erblasser kann den Vorerben ausdrücklich von der Ersatzpflicht **befreien** (§ 2136). Testamente können ferner dahin auszulegen sein, daß der Vorerbe den Wert der Substanz ohne Ersatzpflicht angreifen darf; insbesondere, wenn der Unterhalt des Vorerben sichergestellt werden soll. Eine derartige Auslegung kann auch andere Fälle des Selbstverbrauchs erfassen. Will der Vorerbe einen Gesellschaftsanteil gegen ein Leibrentenversprechen veräußern, scheitert die Verfügung an der Beschränkung des § 2113 II, wenn der Vorerbe nicht von der Verpflichtung des § 2134 befreit ist (BGH 69, 47). Die Herausgabepflicht des befreiten Vorerben reduziert sich im übrigen auf den Haftungsrahmen des § 2138 (BGH NJW 1983, 2874).

2135 Miet- und Pachtverhältnis bei der Nacherbfolge

Hat der Vorerbe ein zur Erbschaft gehörendes Grundstück oder eingetragenes Schiff vermietet oder verpachtet, so findet, wenn das Miet- oder Pachtverhältnis bei dem Eintritt der Nacherbfolge noch besteht, die Vorschrift des § 1056 entsprechende Anwendung.

1   Durch die Verweisung auf **§ 1056** werden die §§ 566, 566a, 566b I, 566c–566e, 567b für entsprechend anwendbar erklärt. Der Nacherbe tritt in das Miet- oder Pachtverhältnis ein. Der Vorerbe haftet wie ein Bürge, der auf die Vorausklage verzichtet hat, kann sich aber durch Anzeige befreien (§ 566). In die Rechte aus einer etwaigen Sicherheitsleistung tritt der Nacherbe ein (§ 566a). Verfügungen des Vorerben über die Miete sind nur im Rahmen des § 566b wirksam, Rechtsgeschäfte über die Miete und Aufrechnungen nur nach Maßgabe der §§ 566c, 566d. Die Mitteilung des Eintritts der Nacherbfolge durch den Vorerben ist für ihn bindend (§ 566e). Das Kündigungsrecht des Nacherben regelt § 1056 II, jedoch mit den Einschränkungen vor allem der mietrechtlichen Kündigungsschutzbestimmungen; zur Erklärung über die Ausübung kann der Mieter den Nacherben nach § 1056 III auffordern. Hat der Nacherbe gemäß § 2120 dem Miet- oder Pachtvertrag zugestimmt, tritt er mit den vereinbarten Einzelheiten ohne weiteres in den Vertrag ein. Vereinbarungen über Bau- und Mietkostenzuschüsse oder Mietvorauszahlungen des Mieters behalten Bestand; deren Nachweis obliegt aber dem Mieter (vgl § 1124 Rz 6; BGH 15, 296 und 16, 31). Über eine entsprechende Anwendung des § 57c ZVG kommt auch ein Ausschluß der Kündigung in Betracht (Staud/Avenarius Rz 12). In Fällen der Weiterveräußerung durch den Nacherben oder bei Folge eines Nachnacherben gilt § 567b.

2136 Befreiung des Vorerben

Der Erblasser kann den Vorerben von den Beschränkungen und Verpflichtungen des § 2113 Abs. 1 und der §§ 2114, 2116 bis 2119, 2123, 2127 bis 2131, 2133, 2134 befreien.

Schrifttum: *Avenarius,* Testamentsauslegung und „Fallgruppen typischer Sachlage" bei der Anordnung von Vor- und Nacherbfolge, NJW 1997, 2740; *Dillmann,* Verfügungen während der Vorerbschaft, RNotZ, 2002, 1; *Ludwig,* Gegenständliche Nachlassspaltung bei Vor- und Nacherbschaft, DNotZ 2001, 102; *J. Mayer,* Der superbefreite Vorerbe? – Möglichkeiten und

Einsetzung eines Nacherben § 2136

Grenzen der Befreiung des Vorerben, ZEV 2000, 1; *N. Mayer*, Ermächtigung des Vorerben zur Beseitigung der Nacherbschaft, ZEV 1996, 104; *G. Müller*, Möglichkeiten der Befreiung des Vorerben über § 2136 BGB hinaus, ZEV 1996, 179; *Rikken*, Die Verfügungsbefugnis des nicht befreiten Vorerben, AcP 202 (2002), 465.

1. Der Vorerbe hat eine Mittelstellung zwischen dem Vollerben und demjenigen, dem nur die Verwaltung und Nutznießung am Nachlaß zusteht. Je nach dem Willen des Erblassers kann diese Stellung mehr der einen oder mehr der anderen angenähert werden. Aber selbst bei **befreiter Vorerbschaft** ist der Vorerbe nicht Vollerbe. In welchem Umfang der Vorerbe befreit ist, muß durch Auslegung des Testaments ermittelt werden. Die Anhaltspunkte für die Auslegung sind dem Testament selbst und nicht nur außerhalb liegenden Gegebenheiten zu entnehmen (siehe § 2084 Rz 5). Indizien werden sich finden lassen; zu würdigen bleiben die Gesamtumstände. Befreiung kann von allen in § 2136 aufgezählten Beschränkungen und Verpflichtungen erfolgen, insbesondere von derjenigen zur ordnungsmäßigen Verwaltung (unzutreffend RG 148, 391), oder nur von einzelnen oder hinsichtlich einzelner Gegenstände oder sogar nur von ganz bestimmten Verfügungen, etwa der in § 2113 I genannten Art (KG JFG 22, 100). Der Erblasser kann die Befreiung des Vorerben ohne weiteres an eine Bedingung knüpfen, etwa für den Fall der wirtschaftlichen Not (BayObLG FamRZ 1984, 1272). Der Erblasser kann auch lediglich einen von mehreren Vorerben befreien (LG Stuttgart Rpfleger 1980, 387). Einer ausdrücklichen Erklärung über die Befreiung des Vorerben bedarf es nicht, wenn sie sich im übrigen aus dem Gesamtinhalt des Testaments ergibt (Celle RdL 1967, 44). Vgl auch die Übersicht bei J. Mayer ZEV 2000, 10.

Einzelfälle: Ist trotz der Einsetzung von „Haupterben", „Universalerben" oder „Alleinerben" die Anordnung von Nacherbfolge anzunehmen, deuten die Begriffe für sich genommen noch nicht auf befreite Vorerbschaft hin (BGH FamRZ 1970, 192; BayObLG FamRZ 1984, 1272; aM Düsseldorf FamRZ 1998, 389 mit Anm Avenarius). Wird die Nacherbfolge von der Wiederheirat des überlebenden Ehegatten abhängig gemacht, liegt befreite Vorerbschaft nahe (siehe § 2269 Rz 12). Befreiung wird auch anzunehmen sein, wenn der Nacherbe nur für den Fall eingesetzt ist, daß der Vorerbe ohne leibliche Nachkommen stirbt (BayObLG Rpfleger 1981, 64), oder wenn nach dem Ehegatten entferntere Verwandte zum Zuge kommen. Das persönliche Näheverhältnis spielt eine Rolle, eingebunden in die Zielrichtung des Testaments. Ging es dem Erblasser darum, die Substanz des Vermögens zu erhalten, wird man im allgemeinen von gewöhnlicher Vorerbschaft ausgehen; wenn es ihm aber darauf ankam, den Vorerben, zumeist den Ehegatten, wirtschaftlich abzusichern und die Interessen des Nacherben für ihn zweitrangig waren, wird befreite Vorerbschaft anzunehmen sein (BayObLG 1960, 437). Ein weiteres Kriterium für die Befreiung ist der Beitrag des Begünstigten zur Finanzierung der den Nachlaß im wesentlichen ausmachenden Immobilie (BayObLG 1960, 437; Hamm NJW-RR 1997, 453 mit Anm Avenarius NJW 1997, 2740). Hat der Erblasser dem Bedachten ein Verfügungsrecht eingeräumt, kommt es darauf an, ob dies den Umständen nach unbeschränkt sein soll (vgl § 2100 Rz 1).

Eine **weitergehende Befreiung** als in § 2136 ist nicht zulässig (BGH 7, 274). Einen Systembruch verursachen würde insbesondere ein sog Zustimmungsvermächtnis, das den Nacherben verpflichtet, eine bestimmte unentgeltliche Verfügung isV § 2113 II zu genehmigen (Ludwig DNotZ 2001, 102; Wübben ZEV 2000, 30; aM Düsseldorf ZEV 2000, 29; N. Mayer ZEV 1996, 105; G. Müller ZEV 1996, 179; Dillmann RNotZ 2002, 19; Pal/Edenhofer § 2138 Rz 2; differenzierend Bühler BWNotZ 1967, 180). In gleicher Weise abzulehnen ist ein sog Befreiungs- oder Freistellungsvermächtnis, das den Nacherben auferlegt, den Vorerben von den zwingenden gesetzlichen Verpflichtungen und Schadenersatzansprüchen freizustellen (vgl § 2138 Rz 3). Die Grenzen des § 2136 lassen sich auch nicht dadurch verschieben, daß der Vorerbe zum Testamentsvollstrecker des Nacherben bestimmt wird (§ 2222 Rz 3). UU kann die Auslegung des Testaments ergeben, daß nicht Vorerbschaft, sondern Vollerbschaft gewollt ist, am ehesten beim gemeinschaftlichen Testament (vgl Karlsruhe OLG 1969, 495; Hamm NJW-RR 1997, 453). Möglichkeiten der Gestaltung bietet das zugunsten des Vorerben angeordnete Vorausvermächtnis. Wie es § 2110 II für diesbezügliche Anordnungen zur Regel erhebt, läßt sich das Vermächtnis auf diese Weise von der Nacherbenbindung ausnehmen (vgl J. Mayer ZEV 2000, 4; Wübben ZEV 2000, 32; Ludwig DNotZ 2001, 110).

2. Mit entgegengesetzter Zielrichtung kann der Erblasser den Vorerben durch Vermächtnis oder Auflage **einengen**, zB durch die Anordnung, Nutzungen und Ersparnisse herauszugeben. Auch der befreite Vorerbe kann in der Ausübung seiner Rechte durch die Anordnung einer Testamentsvollstreckung beschränkt werden (§ 2222 Rz 4). Wird der Nacherbe selbst zum Testamentsvollstrecker bestellt, kann dadurch die Befreiung des Vorerben für die Dauer der Testamentsvollstreckung wertlos sein, sie wird aber deswegen nicht unzulässig. Denkbar ist auch die Einengung zum Wohle des Bedachten, zB um den Zugriff des Sozialhilfeträgers auf den Nachlaß zu verhindern (vor § 2064 Rz 16). Für die Ordnungsmäßigkeit der Verwaltung bleibt der Testamentsvollstrecker dem Vorerben ungeachtet des etwaigen Interessenwiderstreits gemäß §§ 2216 I, 2219 verantwortlich (RG 172, 199; BGH NJW 1990, 2055).

3. Im **Erbschein** ist anzugeben, daß und inwieweit der Vorerbe befreit ist (§ 2363 I S 2). Im Rechtsverkehr soll daraus zu erkennen sein, in welchem Umfang der Erbe verfügungsbefugt ist. Sich hierauf nicht beziehende Befreiungen brauchen nicht vermerkt zu werden. Entgeht einem Notar bei Weiterleitung eines Erbscheins der unrichtige Zusatz „befreite Vorerbschaft", schützt die allgemeine Amtspflicht (§ 14 II BNotO) mit der Folge des Schadenersatzes (§ 19 I S 1 BNotO) auch den am Beurkundungsgeschäft unbeteiligten Nacherben (BGH WM 1987, 1205). Im **Grundbuch** ist ggf zu vermerken, ob der Vorerbe von allen Beschränkungen oder wenigstens von denen der §§ 2113 I, 2124 befreit ist (§ 51 GBO), denn hierdurch wird die Stellung des Vorerben erleichtert. Er darf Löschungen beantragen, wenn er nachweist, daß sie nicht unentgeltlich vorgenommen werden. Läßt sich im Eintragungsverfahren aus tatsächlichen Gründen nicht klären, ob eine befreite Vorerbschaft vorliegt, hat das Grundbuchamt dem Vorerben Gelegenheit zu geben, einen entsprechenden Erbschein oder die Zustimmung des Nacherben beizubringen.

M. Schmidt

§ 2136

6 4. Während der Dauer der **Testamentsvollstreckung** hat die Befreiung praktischen Wert, soweit einzelne Gegenstände vom Testamentsvollstrecker freigegeben werden (§ 2217). Eine Befreiung kann ferner zur einschränkenden Auslegung der Testamentsvollstreckung führen. Siehe im einzelnen § 2222 Rz 4.

2137 *Auslegungsregel für die Befreiung*
(1) Hat der Erblasser den Nacherben auf dasjenige eingesetzt, was von der Erbschaft bei dem Eintritt der Nacherbfolge übrig sein wird, so gilt die Befreiung von allen in § 2136 bezeichneten Beschränkungen und Verpflichtungen als angeordnet.

(2) Das Gleiche ist im Zweifel anzunehmen, wenn der Erblasser bestimmt hat, dass der Vorerbe zur freien Verfügung über die Erbschaft berechtigt sein soll.

1 1. Bei der sog **Einsetzung auf den Überrest** ist in erster Linie zu prüfen, ob überhaupt eine Nacherbeneinsetzung vorliegt. Durch Auslegung kann sich auch ergeben, daß Vollerbschaft und Vermächtnis gewollt sind (Oldenburg NdsRpfl 1958, 88; Bremen DNotZ 1956, 149). § 2137 behandelt nur den Fall, daß der Nacherbe auf den Überrest eingesetzt ist, besagt aber nichts darüber, ob eine Nacherbfolge angeordnet ist. Ist eine Nacherbeneinsetzung anzunehmen, bleibt der Vorerbe dem Nacherben gegenüber gebunden, soweit er nach § 2136 befreit werden kann. Jede befreite Vorerbschaft ist somit eine Einsetzung auf den Überrest. Neben der Einordnung als Auslegungsregel (Staud/Avenarius Rz 2) wird Abs I noch als Ergänzungsregel (Soergel/Harder/Wegmann Rz 1) oder als widerlegbare Vermutung (MüKo/Grunsky Rz 1) angesehen.

2 2. Bei testamentarisch bestimmter **Berechtigung zur freien Verfügung über die Erbschaft** ist der Vorerbe nach der Auslegungsregel des Abs II im weitesten Sinne von § 2136 befreit. Als Wille des Erblassers kann aber auch ermittelt werden, daß er nur die Befreiung von den Verfügungsbeschränkungen der §§ 2113 I, 2114 gewollt hat. Die Anordnung einer Nacherbschaft nur für den Fall, daß der überlebende Ehegatte keine abweichende Verfügung über den Nachlaß trifft, widerspricht § 2065 (vgl § 2065 Rz 5 und § 2100 Rz 1), deutet allerdings darauf hin, für den Fall der Vorerbschaft auch die Bestimmung einer weitgehenden Befreiung anzunehmen.

3 3. Über die Eintragung im Erbschein und Grundbuch siehe § 2136 Rz 5.

2138 *Beschränkte Herausgabepflicht*
(1) Die Herausgabepflicht des Vorerben beschränkt sich in den Fällen des § 2137 auf die bei ihm noch vorhandenen Erbschaftsgegenstände. Für Verwendungen auf Gegenstände, die er infolge dieser Beschränkung nicht herauszugeben hat, kann er nicht Ersatz verlangen.

(2) Hat der Vorerbe der Vorschrift des § 2113 Abs. 2 zuwider über einen Erbschaftsgegenstand verfügt oder hat er die Erbschaft in der Absicht, den Nacherben zu benachteiligen, vermindert, so ist er dem Nacherben zum Schadensersatz verpflichtet.

1 1. Die Verweisungen auf § 2137 und dort auf § 2136 ergeben, daß § 2138 die Fälle umfaßt, in denen der Vorerbe von allen Beschränkungen und Verpflichtungen befreit ist. Der befreite Vorerbe muß alles **herausgeben**, was er von der Erbschaft übrig gelassen hat, einschließlich der Surrogate. Der Unterschied zur Herausgabepflicht nach § 2130 besteht darin, daß der nicht befreite Vorerbe zum Schadenersatz verpflichtet ist, soweit er den Nachlaß ordnungswidrig verwaltet hat und nicht herausgeben kann. Von dieser Ersatzpflicht ist der befreite Vorerbe entbunden. Er ist daher auch nicht verpflichtet, den Nachlaß ordnungsmäßig zu verwalten (unzutreffend RG 148, 391; dagegen Vogler JW 1936, 41). Beansprucht der Nacherbe die Herausgabe von Gegenständen, die sich ursprünglich nicht im Nachlaß befanden, muß er die während der Vorerbschaft eingetretene Ersetzung selbst darlegen und beweisen. Eine entsprechende Anwendung der Vorschriften über den Erbschaftsanspruch (§§ 2018ff) kommt in dieser Hinsicht nicht in Betracht (BGH NJW 1983, 2874). Als hilfreich kann sich aber das **Bestandsverzeichnis** erweisen, das der Vorerbe nach §§ 260, 2138 unter Heranziehung aller zugänglichen Erkenntnisquellen so aufstellen muß, daß es den Bedürfnissen des Nacherben genügen kann.

2 2. Der **Ausschluß des Verwendungsersatzes** bedeutet eine Einschränkung der §§ 2124–2126. Der Ausschluß betrifft aber nur Verwendungen auf solche Gegenstände, die der Vorerbe infolge dieser Beschränkung (Abs I S 2) nicht herausgeben muß. Brauchte der Vorerbe die Sache schon aus einem anderen Grund nicht herauszugeben (zufälliger Untergang), bliebe der Ersatzanspruch etwa für außerordentliche Erhaltungskosten bestehen. Wird die Sache gleichwohl herausgegeben, dann bleibt es in jedem Fall bei dem Anspruch auf Verwendungsersatz.

3 3. Abs II bestimmt die Sanktion für diejenigen Fälle, die einer Befreiungsmöglichkeit gänzlich entzogen sind. Auch der befreite Vorerbe haftet danach auf **Schadenersatz** wegen unentgeltlicher Verfügungen, wegen arglistigen Verhaltens oder wegen Verminderung des Nachlasses in der Absicht, den Nacherben zu benachteiligen. Zur Beurteilung der Frage der Entgeltlichkeit ist der Maßstab des Handelns eines ordentlichen Verwalters anzulegen (im einzelnen § 2113 Rz 13ff). In diesem Zusammenhang besteht auch im Falle der Befreiung von der Verpflichtung zur ordnungsmäßigen Verwaltung (Rz 1) Anlaß zur Prüfung, ob die Maßnahmen nach wirtschaftlichen Kriterien zweckmäßig und geboten waren (kritisch dazu Pyszka, Unentgeltliche Verfügungen des Vorerben und des Testamentsvollstreckers 1989 S 78ff). Die Höhe des Schadenersatzes bestimmt sich nach dem Zeitpunkt der Ersatzleistung (MüKo/Grunsky Rz 4; aM Erman/Hense[7] Rz 3). Der Anspruch entsteht mit dem Nacherbfall; vorher ist grundsätzlich keine Leistungsklage möglich, wohl aber eine Feststellungsklage (BGH NJW 1977, 1631); in Betracht kommen auch Sicherungsmaßnahmen. Daß es allgemein für zulässig erachtet wird, den Vorerben vermächtnisweise von der Ersatzpflicht wegen Verstoßes gegen § 2113 II zu befreien (Kipp/Coing § 51 III 1b; Flad ZAkDR 1936, 421), ist bedenklich. Praktisch wird auf diese Weise das Institut der Vor- und Nacherbfolge außer Kraft gesetzt (vgl § 2136 Rz 3), so daß die Umdeutung in eine Vollerbschaft vorzugswürdig ist.

§ 2139 Wirkung des Eintritts der Nacherbfolge

Mit dem Eintritt des Falles der Nacherbfolge hört der Vorerbe auf, Erbe zu sein, und fällt die Erbschaft dem Nacherben an.

1. Die Vorschrift hat grundsätzliche Bedeutung, da sie die Natur des Nacherbrechts betrifft. Mit dem **Nacherbfall** tritt kraft Gesetzes der Anfall der Erbschaft ein und der Nacherbe wird Erbe des Erblassers, nicht des Vorerben (BGH 44, 152; vor § 2100 Rz 4). Der Nacherbe wird Eigentümer des gesamten Nachlasses und grundsätzlich auch dessen Besitzer (§ 857), soweit dem nicht die tatsächliche Besitzergreifung des Vorerben entgegensteht. Der mittelbare Besitz geht sofort auf ihn über, der unmittelbare Besitz insoweit, als der Vorerbe ihn nach § 857 ererbt hat. Im übrigen kann der unmittelbare Besitz des Vorerben (tatsächliche Sachherrschaft) nicht von selbst untergehen, wenn der Vorerbe aus eigenem Willen den tatsächlichen Besitz ausgeübt hat, wie sich aus der Regelung des § 2140 ergibt (Brox ErbR Rz 359). Es bedarf insoweit der Besitzübertragung. Der Nacherbe hat einen Herausgabeanspruch (§ 2130), der Vorerbe eventuell ein Zurückbehaltungsrecht (§§ 2124, 2125, 273).

2. Dadurch, daß der Nacherbe an den Erblasser anschließt, übernimmt er nur die **Nachlaßforderungen** und **Nachlaßverbindlichkeiten**, die vom Erblasser oder Vorerben in ordnungsmäßiger Verwaltung eingegangen oder vom Nacherben anerkannt (KG NJW 1957, 754) sind, nicht aber die vom Vorerben persönlich begründeten Forderungen oder eingegangenen Verbindlichkeiten. Die Vorschriften über die Beschränkung der Erbenhaftung gelten ebenso für den Nacherben (§ 2144); der Vorerbe haftet uU über den Nacherbfall hinaus (§ 2145). Ein Rechtsstreit des Vorerben über einen zum Nachlaß gehörenden Gegenstand wird unterbrochen, wenn der Vorerbe befugt war, ohne Zustimmung des Nacherben zu verfügen (§§ 242, 246 ZPO). Der Nacherbe wird wie ein Rechtsnachfolger behandelt und ist erst nach Annahme der Erbschaft zur Fortsetzung des Rechtsstreits verpflichtet (§ 239 V ZPO). Über die Wirkung des Urteils für und gegen den Nacherben siehe § 326 ZPO, über die Erteilung einer vollstreckbaren Ausfertigung § 728 ZPO. Eine noch vom Erblasser erteilte Prokura des Nacherben erlischt nicht schon mit dem Vorerbfall, sondern erst mit dem Nacherbfall (BGH 32, 67); eine an einen Dritten erteilte postmortale Vollmacht bleibt über die Vorerbschaft hinaus bis zum Eintritt des Nacherbfalls bestehen (MüKo/Grunsky Rz 5), während eine vom Vorerben erteilte Vollmacht erlischt.

3. **Wann** der Nacherbfall eintreten soll, richtet sich nach dem Willen des Erblassers, ansonsten nach § 2106. Im übrigen kann der Vorerbe zugunsten des Nacherben auf seine Vorerbenstellung verzichten, indem er die Erbschaft ausschlägt, sie auf den Nacherben überträgt oder sich zu deren Übertragung verpflichtet (vgl § 2346 Rz 7); er bleibt dann aber für die Schulden haftbar (RG Recht 1916, 831), da er Dritten gegenüber nicht auf seine Erbenstellung verzichten kann. Stirbt der Vorerbe vor Ablauf der Ausschlagungsfrist, können die Erben des Vorerben, wenn sie nicht zu Nacherben berufen sind, den Anfall der Vorerbschaft an ihren Erblasser noch ausschlagen (Vererblichkeit des Ausschlagungsrechts, BGH 44, 152 mit Anm Johannsen in LM Nr 2). Überträgt der Vorerbe vor Eintritt des Nacherbfalls Erbschaftsgegenstände an mehrere berufene Nacherben, so werden diese nicht Eigentümer zur gesamten Hand innerhalb einer Erbengemeinschaft, sondern Eigentümer unter den gleichen Voraussetzungen wie eine sonstige Personenmehrheit (Gesellschaft, Gemeinschaft); vgl KG ZEV 1999; 28. Der Nacherbe ist nicht gehindert, schon über seine Anwartschaft zu verfügen (§ 2100 Rz 10) oder die Nacherbschaft vor deren Anfall auszuschlagen (§ 2142). Führt der Nacherbe den Nacherbfall wider Treu und Glauben (§ 162 II) herbei (Tötung des Vorerben, §§ 2339ff nicht anwendbar), kann sich nicht auf den Eintritt des Nacherbfalls berufen (BGH NJW 1968, 2051).

4. Der etwaige **Ersatznacherbe** tritt in dem Zeitpunkt (vor Eintritt des Nacherbfalls oder mit Wirkung auf diesen Zeitpunkt), in dem der eingesetzte Nacherbe wegfällt, in dessen Rechtsstellung ein. Die von dem Nacherben bis dahin in bezug auf den Nachlaß vorgenommenen Handlungen (Zustimmungen zu Verfügungen des Vorerben) bleiben wirksam, während Verfügungen des Nacherben über den Nachlaß (Übertragung des Anwartschaftsrechts, Ausschlagung der Erbschaft) dem Ersatznacherben gegenüber unwirksam sind.

5. **Erbschein** und **Grundbuch** werden unrichtig. Der Erbschein ist einzuziehen (§ 2361), was der Nacherbe ohne zeitliche Grenze (BGH 47, 58; Köln Rpfleger 2003, 193) beantragen kann. Das Grundbuch ist auf Antrag zu berichtigen, wobei der Antragsteller den Urkundenbeweis für die Unrichtigkeit in der Form des § 29 GBO führen muß, sofern nicht der Vorerbe die Umschreibung bewilligt. Der Erbschein des Vorerben genügt nicht. Nach BGH 84, 196 ist die Nacherbfolge gemäß § 35 I S 1 GBO (als speziellere Vorschrift gegenüber § 29 GBO) auch dann durch Erbschein nachzuweisen, wenn der Nacherbenvermerk im Grundbuch eingetragen steht und eine Sterbeurkunde des Vorerben vorgelegt wird (ebenso Hamm DNotZ 1981, 57). Der Nacherbenvermerk ist nur hinsichtlich der Verfügungsbefugnis des Vorerben von Bedeutung. Mit dieser Entscheidung des BGH (84, 196) läßt sich die (im Anschluß an KG DNotZ 1954, 389) bis dahin überwiegend vertretene Auffassung, daß der eingetragene Nacherbenvermerk mit dem Erbschein des Vorerben und dessen Sterbeurkunde zur Löschung genüge, nicht mehr aufrechterhalten. Ob ein Erbschein des Nacherben auch beizubringen ist, wenn die Eintragungsvoraussetzungen der Nacherbfolge offenkundig erfüllt sind (§ 29 I S 2 GBO), läßt der BGH (84, 196) offen (vgl Köln MDR 1965, 993). Der vorzulegende Erbschein des Nacherben muß den Zeitpunkt des Nacherbfalls enthalten (BayObLG Rpfleger 1985, 183). Der Erbschein lautet auch auf den Namen des Nacherben, wenn dieser sein Anwartschaftsrecht zuvor veräußert hat, denn der Erwerb der Anwartschaft vermittelt keine Erbenstellung (§ 2100 Rz 10ff).

§ 2140 Verfügungen des Vorerben nach Eintritt der Nacherbfolge

Der Vorerbe ist auch nach dem Eintritt des Falles der Nacherbfolge zur Verfügung über Nachlaßgegenstände in dem gleichen Umfang wie vorher berechtigt, bis er von dem Eintritt Kenntnis erlangt oder ihn kennen muss. Ein Dritter kann sich auf diese Berechtigung nicht berufen, wenn er bei der Vornahme eines Rechtsgeschäfts den Eintritt kennt oder kennen muss.

§ 2140

1 **1. Für das Verhältnis zwischen Vorerben und Nacherben** bestätigt die Vorschrift einen Grundsatz des BGB, der in allen Fällen gesetzlich begründeter Vermögensverwaltung gilt (§§ 1472 II, 1698a, 1893, 1915). Sie bezieht sich nicht nur auf dingliche Verfügungen, sondern auch auf schuldrechtliche Verbindlichkeiten, zumindest entsprechend. So sind die §§ 406, 407, 408, 412 zugunsten etwaiger Schuldner anzuwenden, allerdings mit der Einschränkung, daß schon das Kennenmüssen genügt, den Schuldner nicht frei werden zu lassen (RGRK/Johannsen Rz 3; Staud/Avenarius Rz 11). Sinngemäß kann die Vorschrift auch sonstige Verwaltungshandlungen des Vorerben erfassen. Im Verhältnis zu anderen können die Vorschriften über gutgläubigen Erwerb durch Dritte Anwendung finden. Die §§ 857, 935 stehen auch hier nicht entgegen, wenn der Voreigentümer Eigenbesitz ergriffen hatte.

2 **2.** Im übrigen bezieht sich die Vorschrift nur auf den Fall, daß der Nacherbfall nicht mit dem Tod des Vorerben eintritt, sondern vorher oder später. Ist er mit dem Tod des Vorerben eingetreten, kann § 2140 selbst bei gutgläubigen Erben des Vorerben nicht, auch nicht entsprechend, angewendet werden.

2141 *Unterhalt der werdenden Mutter eines Nacherben*
Ist bei dem Eintritt des Falles der Nacherbfolge die Geburt eines Nacherben zu erwarten, so findet auf den Unterhaltsanspruch der Mutter die Vorschrift des § 1963 entsprechende Anwendung.

1 § 2141 ist eine Zweckmäßigkeitsvorschrift zugunsten der Mutter des erzeugten, aber noch nicht geborenen Nacherben. Es wird § 1963 für anwendbar erklärt. Der Anspruch richtet sich gegen den durch den Pfleger des Nacherben vertretenen Nachlaß, wenn der Nacherbfall vor der Geburt, und gegen den Vorerben, wenn der Nacherbfall mit der Geburt eintritt. Der Vorerbe kann im letzteren Fall vom Nacherben Ersatz verlangen.

2142 *Ausschlagung der Nacherbschaft*
(1) Der Nacherbe kann die Erbschaft ausschlagen, sobald der Erbfall eingetreten ist.
(2) Schlägt der Nacherbe die Erbschaft aus, so verbleibt sie dem Vorerben, soweit nicht der Erblasser ein anderes bestimmt hat.

1 **1.** Abs I regelt die **Ausschlagung** der Nacherbschaft und stellt klar, daß § 1946 auch den Nacherben betrifft. Entsprechend kann die **Annahme** der Nacherbschaft, auch der aufschiebend bedingten oder befristeten, schon vom Zeitpunkt des Erbfalls an erklärt werden (hM seit RG 80, 377). Hierfür spricht ein allgemeines Verkehrsschutzbedürfnis. Der Nacherbe ist befugt, über seine Anwartschaft zu verfügen; im Zuge dessen will sich ein potentieller Erwerber darauf verlassen können, daß der Nacherbe nicht später ausschlägt. Ein weiterer Grund beruht auf der gesetzlichen Möglichkeit, die Ausschlagung anzufechten, denn eine solche Anfechtung wirkt nach § 1957 I als Annahme. Die Erklärung der Annahme ist an keine Form gebunden, sie kann konkludent erfolgen. Einen Erklärungsempfänger gibt es in persona nicht. Im allgemeinen wird die Verfügung über die Anwartschaft als schlüssige Annahme der Nacherbschaft aufzufassen sein (Soergel/Harder/Wegmann Rz 3; Schlüter Rz 783; aM MüKo/Grunsky Rz 6), nicht jedoch schon die Mitwirkung bei Verfügungen und Rechtsgeschäften des Vorerben, die der Zustimmung des Nacherben bedürfen, oder die Wahrnehmung der Nacherbenrechte (allg M).

2 Verzichten kann der Nacherbe auf sein Nacherbrecht außer durch Ausschlagung durch die praktisch bedeutsamere **Übertragung der Anwartschaft** auf den Vorerben. Erfolgt die Übertragung in der Form des § 2033, wird der Vorerbe zum Vollerben. In eine Übertragung der Anwartschaft umzudeuten ist auch ein Verzichtsvertrag zwischen Vorerben und Nacherben (Kipp/Coing § 50 I 3c; im Fall RG DNotZ 1942, 145 aber sittenwidrig). Will der Nacherbe seinen Pflichtteilsanspruch nach dem Erblasser geltend machen, muß er die Nacherbschaft ausschlagen.

3 **2.** Die **Ausschlagungsfrist** (§ 1944) beginnt erst mit dem Eintritt des Nacherbfalls, zugunsten eines Pflichtteilsberechtigten eventuell noch später (§ 2306). Um den Pflichtteilsanspruch geltend zu machen, muß der Nacherbe die Ausschlagung rechtzeitig in der Frist der §§ 2306, 2332 nach dem Tod des Erblassers erklären; das kann noch vor dem Nacherbfall sein, was Abs I ermöglicht. Zwischen Vor- und Nacherbfall wirkt iSv § 1957 I auch die Anfechtung der Annahme der Erbschaft als Ausschlagung (BayObLG MDR 1963, 54). Für den Fristablauf nach § 1944 III ist der Wohnsitz des Erblassers und nicht der des Vorerben maßgebend.

4 **3.** Als **Folge der Ausschlagung** wird nach Abs II der Vorerbe zum Vollerben, sofern nichts anderes bestimmt ist. Etwas anderes kann sich aus dem Testament oder aus sonstigen Umständen des Einzelfalls ergeben. Nach § 2094 kommt es zur Anwachsung, wenn einer von mehreren Nacherben ausschlägt. Hat der Erblasser den Vorerben durch die Anordnung der Nacherbfolge ganz bestimmter Personen nicht nur notwendigerweise (relativ) beschränken wollen, sondern hat er dem Vorerben den Nachlaß ohnehin nur zeitlich begrenzt überlassen wollen (absolute Beschränkung), dann rücken entsprechend § 2104 die nächstberufenen gesetzlichen Erben nach (Coing NJW 1975, 521 und § 2104 Rz 3). Als Ausnahme zu § 2142 II kommt auch die vermutete Ersatznacherbfolge gemäß § 2069 in Betracht, die die Abkömmlinge des ausschlagenden Nacherben berücksichtigt, sofern der Nacherbe seinerseits Abkömmling des Erblassers ist. Schlägt der Nacherbe aber aus, um den Pflichtteil zu verlangen, dann läßt sich nur in äußersten Ausnahmefällen vermuten, der Erblasser hätte die Abkömmlinge des Nacherben ersatzweise bedenken und auf diese Weise den Stamm bevorzugen wollen (Düsseldorf NJW 1956, 1880; Celle NdsRpfl 1953, 69; Frankfurt OLG 1971, 208; Höfer NJW 1961, 588; vgl § 2069 Rz 4). Entsprechender Beurteilung unterliegen die Fälle des § 2096, in denen der Erblasser einen Abkömmling testamentarisch zum Ersatznacherben beruft; bei Ausschlagung und Pflichtteilsverlangen fällt danach idR auch der eingesetzte Pflichtteil weg (BayObLG ZEV 2000, 274; Zweibrücken OLG 1984, 3; LG Lübeck SchlHA 1964, 258). An einen Ausnahmefall ist bei dem Wunsch des Erblassers zu denken, ein Hausgrundstück als Familienbesitz zu erhalten und gerade nicht in den Besitz der Familie des Vorerben übergehen zu lassen (Zweibrücken aaO); der Fall zeigt, wie sehr es auf eine exakte Auslegung der Erblasservorstellungen ankommt. Sofern kein anderer Wille anzunehmen ist, bleibt es

beim Grundsatz des Abs II: die Nacherbfolge ist als nicht angeordnet anzusehen und entfällt. Fällt der Nacherbe aus einem anderen Grund als durch Ausschlagung fort, beispielsweise durch Tod vor dem Erblasser, durch Verzichtserklärung gegenüber dem Erblasser, durch Erklärung der Erbunwürdigkeit oder durch Ausfall einer Bedingung der Nacherbenberufung, dann gilt Abs II nicht.

2143 *Wiederaufleben erloschener Rechtsverhältnisse*
Tritt die Nacherbfolge ein, so gelten die infolge des Erbfalls durch Vereinigung von Recht und Verbindlichkeit oder von Recht und Belastung erloschenen Rechtsverhältnisse als nicht erloschen.

1. Wiederaufleben erloschener Rechtsverhältnisse. Der Vorerbe ist nur zeitweiliger Erbe und der Nachlaß bleibt ein besonderer Bestandteil im Vermögen des Vorerben. Geht der Nachlaß auf den Nacherben über, so werden die durch Konfusion erloschenen Rechtsverhältnisse mit dinglicher Wirkung wiederhergestellt, und zwar nicht nur die Rechtsverhältnisse selbst, sondern auch die zu ihrer Sicherung bestellten Nebenrechte (Pfand, Bürgschaft). Auch Dritten gegenüber tritt diese Wirkung ein. Hinsichtlich Zinsen und sonstiger Nebenforderungen verbleibt es aber dabei, daß die Forderung oder dergleichen vorübergehend erloschen war. Die Verjährung wird für die Zeit der Vorerbschaft gehemmt (§ 205). Tritt Nacherbfolge nur hinsichtlich eines Bruchteils ein, leben die Rechte und Verbindlichkeiten ebenfalls wieder auf, denn mit dem Nacherbfall entsteht eine Erbengemeinschaft und der in dieser Erbengemeinschaft gebundene Nachlaß steht dem Vermögen des Vorerben selbständig gegenüber. Hat der Vorerbe eine Hypothek mit eigenen Mitteln bezahlt, entsteht zu seinen Gunsten eine Eigentümergrundschuld, die nicht in den Nachlaß fällt (§ 2111 Rz 4). 1

2. Die Vorschrift ist nicht anwendbar, wenn bereits aus anderen Gründen (zB wegen Testamentsvollstreckung, Nachlaßverwaltung oder -insolvenz) der Nachlaß Sondervermögen geworden, also von dem sonstigen Vermögen des Vorerben getrennt worden ist (BGH 48, 214). 2

2144 *Haftung des Nacherben für Nachlassverbindlichkeiten*
(1) Die Vorschriften über die Beschränkung der Haftung des Erben für die Nachlassverbindlichkeiten gelten auch für den Nacherben; an die Stelle des Nachlasses tritt dasjenige, was der Nacherbe aus der Erbschaft erlangt, mit Einschluss der ihm gegen den Vorerben als solchen zustehenden Ansprüche.
(2) Das von dem Vorerben errichtete Inventar kommt auch dem Nacherben zustatten.
(3) Der Nacherbe kann sich dem Vorerben gegenüber auf die Beschränkung seiner Haftung auch dann berufen, wenn er den übrigen Nachlassgläubigern gegenüber unbeschränkt haftet.

1. Nachlaßverbindlichkeiten des Nacherben sind die Ansprüche aus §§ 1967, 1968, 1969 einschließlich etwaiger Verschlechterungen und Zinsen, außerdem die Ersatzansprüche des Vorerben aus den §§ 2124–2126. Die vom Vorerben hinsichtlich des Nachlasses eingegangenen Verbindlichkeiten sind persönliche Verpflichtungen des Vorerben und gleichzeitig, soweit sie im Rahmen ordnungsmäßiger Wirtschaftsführung begründet worden sind, Nachlaßverbindlichkeiten (zur Rückabwicklung ordnungswidriger Verwaltung vgl § 2113 Rz 7). Es kann aber die ausschließliche persönliche Haftung des Vorerben zwischen Gläubigern und Vorerben vereinbart worden oder den Umständen nach anzunehmen sein (RG HRR 1938, 1397). Die Kosten der Beerdigung des Vorerben gehören nicht zu den Nachlaßverbindlichkeiten (Celle HRR 1941, 127); für diese haften die Erben des Vorerben. Für Verpflichtungen, die vom Erblasser nur dem Vorerben auferlegt sind (Vermächtnisse, Auflagen), haftet der Nacherbe nicht mehr. Ein gegen den Vorerben insoweit ergangenes Urteil wirkt nicht gegen den Nacherben (§ 326 ZPO). Soweit die Nachlaßverbindlichkeiten durch das Verhalten des Vorerben angewachsen sind (Zinsen, Verzugskosten), hat der Nacherbe ein Rückgriffsrecht gegen den Vorerben (§§ 2130, 2131). 1

2. Der Nacherbe haftet ab Eintritt des Nacherbfalls. Er kann seine Haftung gemäß §§ 1975–1992 beschränken, unabhängig davon, ob der Vorerbe seinerseits beschränkt haftet oder nicht. Gehört ein **Handelsgeschäft** zum Nachlaß, richtet sich die handelsrechtliche Haftung nach den §§ 25, 27 HGB über die erbrechtliche Haftung hinaus auch dann, wenn die Verbindlichkeiten nicht im Rahmen einer ordnungsmäßigen Verwaltung des Nachlasses eingegangen wurden (BGH 32, 60). Was zum Nachlaß gehört, ergibt sich aus § 2111 einschließlich der Ersatzansprüche gegen den Vorerben. Der Nacherbe hat zunächst die aufschiebende Einrede nach §§ 2014–2017, des weiteren kann er das **Aufgebotsverfahren** einleiten (§§ 1970–1974). Das vom Vorerben Durchgeführte wirkt auch zu seinen Gunsten (§§ 998, 997 ZPO). Die Frist des § 1974 beginnt mit dem Erbfall und nicht mit dem Nacherbfall. Bei **Nachlaßinsolvenz** gelten die §§ 315ff InsO; der Nacherbe hat ein Antragsrecht vom Eintritt des Nacherbfalls an, der Nachlaßgläubiger unterliegt einer Ausschlußfrist von zwei Jahren. Die **Nachlaßverwaltung** bleibt bestehen, wenn sie vom Nachlaßgläubiger beantragt war (§ 1981 II). Der Nacherbe kann sie neu beantragen, ein Nachlaßgläubiger ebenfalls binnen zwei Jahren vom Eintritt des Nacherbfalls an. Bei Unzulänglichkeit des dürftigen Nachlasses (§§ 1990–1992) ist zugrunde zu legen, was der Nacherbe aus der Erbschaft erlangt hat, einschließlich der Ersatzansprüche. 2

3. Der Vorerbe kann ein **Inventar** (§§ 1993ff) errichten, unabhängig davon nach Eintritt der Nacherbfolge auch der Nacherbe. Dem Nacherben kommt ein vom Vorerben errichtetes Inventar zustatten, sofern es vollständig, rechtzeitig und in gehöriger Form aufgestellt war. Zur Ergänzung kann dem Nacherben eine neue Inventarfrist gesetzt werden (§ 2005 II), nicht jedoch wegen Veränderung nach Eintritt des Erbfalls, da sonst § 2144 II praktisch bedeutungslos würde. Stellt der Nacherbe ein eigenes Inventar auf, weil der Vorerbe keines oder ein ungenaues aufgestellt hatte, so ist nach hM der Zeitpunkt der Erbfalls zugrunde zu legen (MüKo/Grunsky Rz 10; RGRK/Johannsen Rz 13; Soergel/Harder/Wegmann Rz 7; aM für den Zeitpunkt des Nacherbfalls Staud/Avenarius Rz 19). Der Streitpunkt besteht darin, daß die selbständige Inventarpflicht des Nacherben auf diejenige des Vorerben 3

§ 2144 Erbrecht Testament

(§ 1994 I) ausgedehnt wird, ohne daß der Nacherbe unbedingt die Kenntnisse über den Nachlaß zur Zeit des Erbfalls erlangt. Der Nacherbe ist jedenfalls gehalten, alsbald nach dem Erbfall seinerseits auf die Erstellung eines Verzeichnisses iSv § 2121 hinzuwirken. Im übrigen kann der Nacherbe von dem nicht befreiten Vorerben Rechenschaft nach § 2130 II verlangen, von dem befreiten Vorerben im Rahmen des § 260.

4 **Eidesstattliche Versicherung:** § 2006. Läßt der Nacherbe das vom Vorerben errichtete Inventar gelten, hat er eine entsprechende eidesstattliche Versicherung abzugeben, sofern es der Vorerbe nicht bereits getan hat (Soergel/Harder/Wegmann Rz 7). Der Nacherbe kann trotz der Versicherung des Vorerben zur Nachleistung unter den Voraussetzungen des § 2006 IV verpflichtet sein.

5 Trotz beschränkter Erbenhaftung kann der Nacherbe über § 1978 haften, wenn er seine ihm den Vorerben gegenüber obliegenden Mitwirkungsrechte im Rahmen der Verwaltung des Nachlasses nicht wahrgenommen hat.

6 4. Haftet der Nacherbe den Nachlaßgläubigern gegenüber unbeschränkbar, kann er seine **Haftung gegenüber dem Vorerben** gleichwohl beschränken. Abs III entspricht dem § 2063 II. Es kommen Ansprüche auf Verwendungsersatz aus §§ 2124–2126 und wieder aufgelebte Forderungen nach § 2143 in Betracht. Die Durchführung der Haftungsbeschränkung hat nach den allgemeinen Vorschriften über die Beschränkung der Erbenhaftung zu geschehen (§§ 1975ff).

2145 *Haftung des Vorerben für Nachlassverbindlichkeiten*

(1) Der Vorerbe haftet nach dem Eintritt der Nacherbfolge für die Nachlassverbindlichkeiten noch insoweit, als der Nacherbe nicht haftet. Die Haftung bleibt auch für diejenigen Nachlassverbindlichkeiten bestehen, welche im Verhältnis zwischen dem Vorerben und dem Nacherben dem Vorerben zur Last fallen.

(2) Der Vorerbe kann nach dem Eintritt der Nacherbfolge die Berichtigung der Nachlassverbindlichkeiten, sofern nicht seine Haftung unbeschränkt ist, insoweit verweigern, als dasjenige nicht ausreicht, was ihm von der Erbschaft gebührt. Die Vorschriften der §§ 1990, 1991 finden entsprechende Anwendung.

1 1. Die verunglückte Fassung dieser Bestimmung läßt den Umfang der noch bestehenden **Haftung des Vorerben nach Eintritt des Nacherbfalls** nicht klar genug erkennen. Der Vorschrift liegt zugrunde, daß die Haftung des Vorerben für Nachlaßverbindlichkeiten, sofern sie schon zur Zeit der Vorerbschaft unbeschränkt war, mit dem Nacherbfall nicht erlischt (hM Schlüter Rz 1220; aM v Lübtow II S 1273f; Kipp/Coing § 52 vor I). Die Nachlaßgläubiger können sich nach dem Nacherbfall noch an den Vorerben halten. Er haftet neben dem Nacherben gesamtschuldnerisch, auch wenn dieser bereits unbeschränkt haftet. Es fragt sich dann nur, inwieweit der Vorerbe einen **Rückgriffsanspruch** gegen den Nacherben besitzt. Hierfür sind die §§ 2124ff maßgebend. Der Gläubiger, der den Vorerben in Anspruch nimmt, hat zu beweisen, daß dieser unbeschränkt haftet.

2 Haftet der Vorerbe nur **beschränkt** oder beschränkbar, scheidet er mit dem Nacherbfall grundsätzlich als Schuldner der Nachlaßverbindlichkeiten aus, da er seine Erbenstellung verliert und der Nachlaß kraft Gesetzes dem Nacherben zufällt (§ 2139). Seine Haftung besteht dann nur insoweit fort, als (a) der Nacherbe nicht haftet (ist über eine andere Forderung ein Titel erwirkt, kann der Vorerbe die Zwangsvollstreckung im Wege der §§ 767, 769 ZPO für unzulässig erklären lassen) oder (b) die Nachlaßverbindlichkeit im Innenverhältnis dem Vorerben zur Last fällt. Der Vorerbe haftet mithin den Gläubigern teils allein, teils neben dem Nacherben.

3 a) Der Vorerbe haftet **allein** für Nachlaßverbindlichkeiten, die der Erblasser nur ihm als Vorerben auferlegt hat (Vermächtnisse und Auflagen), da diese dem Nacherben gegenüber keine Nachlaßverpflichtung darstellen; des weiteren für Verbindlichkeiten, die zwar im Interesse des Nachlasses eingegangen wurden, aber ausschließlich (auch für den Gläubiger erkennbar) mit persönlichen Mitteln erfüllt werden sollten.

4 b) Der Vorerbe haftet **neben dem Nacherben**, soweit die Verbindlichkeiten in ordnungsmäßiger Verwaltung des Nachlasses eingegangen sind und er nicht ausdrücklich mit dem Gläubiger die persönliche Haftung ausgeschlossen hat; des weiteren für Nachlaßverbindlichkeiten, die im Verhältnis zum Nacherben ihm zur Last fallen, was aus den §§ 2124ff zu entnehmen ist, zB rückständige Zinsen von Nachlaßschulden; rückständige Erhaltungskosten (vgl § 2124 Rz 2 und 2126 Rz 1). Außerdem haftet er **subsidiär**, soweit die Nachlaßgläubiger vom Nacherben keine Befriedigung erzielen können, entweder weil dieser nur beschränkt haftet und die Mittel des Nachlasses nicht ausreichen, oder weil der Nacherbe, selbst wenn er unbeschränkt haftet, persönlich nicht genügend Mittel besitzt. Der Gläubiger, der den Vorerben in Anspruch nimmt, hat diese Voraussetzungen zu beweisen. Der Vorerbe kann aber seine Haftung nach Abs II beschränken. Der Grundgedanke dieser Regelung ergibt sich daraus, daß den Nachlaßgläubigern der gesamte Nachlaß haftet, auch soweit er infolge des Fruchtgenusses in der Hand des Vorerben endgültig verblieben ist.

5 2. Gehört zum Nachlaß ein **Erwerbsgeschäft**, das der Vorerbe fortgeführt hat, so sind die von ihm eingegangenen Verpflichtungen **persönliche Verbindlichkeiten**; es gilt insofern Rz 3. Führt der Nacherbe das Geschäft nicht fort, stellen sich die noch offenen Verpflichtungen als Nachlaßverbindlichkeiten dar, denen gegenüber er seine Haftung ebenso wie für die übrigen Nachlaßverbindlichkeiten beschränken kann. Führt er das Geschäft fort, haftet er unbeschränkt nach §§ 27, 25 HGB, also unabhängig davon, ob die Verbindlichkeiten im Rahmen der ordnungsmäßigen Verwaltung des Nachlasses begründet wurden (BGH 32, 60 mit Anm Mattern LM Nr 1 zu § 1967).

6 3. Die **Beschränkung der Haftung des Vorerben** im Rahmen des Abs II erfolgt durch die Erschöpfungseinrede nach §§ 1990, 1991. Eine andere Möglichkeit zur Beschränkung der Haftung besteht nicht, da der Vorerbe nicht mehr mit dem Nachlaß, sondern mit seinem eigenen Vermögen haftet, soweit dieses aus dem Nachlaß herrührt. Der Haftung unterliegen in diesem Sinne die gezogenen Früchte und Nutzungen sowie im Fall befreiter Vor-

erbschaft (§ 2134) die zur Eigenverwendung in das Privatvermögen gelangten Erbschaftsmittel. Macht der Vorerbe seine Haftungsbeschränkung geltend, so finden auf seine Verantwortung und den Ersatz seiner Aufwendungen die Vorschriften der §§ 1978, 1979 Anwendung (§ 1991 I). Danach ist der Vorerbe den Nachlaßgläubigern auch für die Einbußen des Nachlasses aus mangelhafter Verwaltung während der Zeit der Vorerbschaft verantwortlich. Im Rechtsstreit muß der Vorerbe entweder nachweisen, daß ihm aus der Erbschaft nichts mehr verblieben ist, dann ist die Klage abzuweisen, oder dem Vorerben ist im Urteil die Beschränkung der Haftung vorzubehalten (§ 780 ZPO). Dem Nacherben kann der gleiche Anspruch aus den §§ 2130–2134, 2138 II zustehen und diese Ansprüche können als Forderungen Bestand des Nachlasses sein.

2146 Anzeigepflicht des Vorerben gegenüber Nachlassgläubigern

(1) Der Vorerbe ist den Nachlassgläubigern gegenüber verpflichtet, den Eintritt der Nacherbfolge unverzüglich dem Nachlassgericht anzuzeigen. Die Anzeige des Vorerben wird durch die Anzeige des Nacherben ersetzt.

(2) Das Nachlassgericht hat die Einsicht der Anzeige jedem zu gestatten, der ein rechtliches Interesse glaubhaft macht.

Im Interesse der Nachlaßgläubiger obliegt es dem Vorerben und ggf dessen Erben, den Nacherbfall gegenüber dem Nachlaßgericht (§§ 72, 73 FGG) anzuzeigen. Die Anzeige ist ohne schuldhaftes Zögern (§ 121) zu erstatten. Bei Verletzung der **Anzeigepflicht** steht den Nachlaßgläubigern ein Anspruch auf Schadenersatz zu. Gegenüber Nachlaßschuldnern besteht die Pflicht nicht, weil diese solange geschützt sind, bis sie Kenntnis von dem Übergang erlangen. Kommt der Vorerbe der Anzeigepflicht nach, dann besteht die Möglichkeit der Einsichtnahme (Abs II). Das Nachlaßgericht ist indessen nicht verpflichtet, die Anzeige den Nachlaßgläubigern mitzuteilen; anders als in § 1953 III S 1 soll hier keine Frist in Lauf gesetzt werden. 1

Titel 4

Vermächtnis

Vorbemerkung

Schrifttum: *Amend*, Schuldrechtsreform und Mängelhaftung beim Gattungsvermächtnis, ZEV 2002, 227; *Bengel*, Rechtsfragen zum Vor- und Nachvermächtnis, NJW 1990, 1826; *Bühler*, Das Verschaffungsvermächtnis, Inhalt und Durchsetzung, DNotZ 1964, 581; *Bungeroth*, Zur Wirksamkeit von Verfügungen über bedingt vermachte Gegenstände, NJW 1967, 1357; *Demuth*, Nachfolgegestaltung für eine Personenhandelsgesellschaft durch Aussetzung von Vermächtnissen: Zivilrechtliche und steuerliche Probleme mit Lösungsvorschlägen, BB 2001, 945; *Daragan*, Vermächtnisse als Mittel der Erbschaftsteuergestaltung, DStR 1998, 357; *Ebeling*, Korrekturvermächtnisse im Berliner Testament und deren erbschaftsteuerliche Folgen, ZEV 2000, 87; *Ebenroth/L. Fuhrmann*, Konkurrenzen zwischen Vermächtnis- und Pflichtteilsansprüchen bei erbvertraglicher Unternehmensnachfolge, BB 1989, 2049; *Gudian*, Kann der mit einem Vermächtnis Beschwerte wie ein Vorerbe befreit werden?, NJW 1967, 431; *Haegele*, Verschaffungsvermächtnisse, Rpfleger 1964, 138; *Hild*, Behandlung betagter Vermächtnisse, DB 1990, 153; *G. Kegel*, Erbfolge und Vermächtnis: Heres ex re certa und Vindikationslegat, FS Seidl-Hohenveldern, 1998, S 339; *Kuchinke*, Die Rechtsfolgen der Vorausleistung eines Vermächtnisgegenstandes an den Bedachten, JZ 1983, 483; *K. Otte*, Der kurze Arm des Vermächtnisnehmers – internationale Zuständigkeit deutscher Nachlaß- und Prozeßgerichte bei Ansprüchen auf Übertragung U.S.-amerikanischer Grundstücke?, IPRax 1993, 142; *Pentz*, Ausschlagung des Vermächtnisses bei mehreren Beschwerten, JR 1999, 138; *Piltz*, Das Vermächtnis als Instrument der Nachfolgeplanung, DStR 1991, 1108; *Zawar*, Das Vermächtnis in der Kautelarjurisprudenz, 1983.

1. Der Erblasser kann durch Testament einem anderen, ohne ihn als Erben einzusetzen, einen Vermögensvorteil zuwenden (Vermächtnis), **§ 1939**. In dieser Begriffsbestimmung sind die verschiedenen Elemente enthalten, teils positiv ausgedrückt, teils aus dem Sinn zu ergänzen, die das Wesen des Vermächtnisses ausmachen: 1

a) Die Anordnung erfolgt durch Testament (§ 1939) oder durch Erbvertrag (§§ 1941, 2278, 2279). Sie unterliegt den allgemeinen Vorschriften über Willenserklärungen und kann daher gesetzeswidrig oder unsittlich und damit nichtig sein (vor § 2064 Rz 14). Unwirksam ist sie auch bei anfänglichem Unvermögen (§ 2169 I), objektiver Unmöglichkeit und Gesetzesverstoß (§ 2171). Es finden die allgemeinen Bestimmungen der §§ 2065ff Anwendung, teilweise jedoch mit Einschränkungen. Während etwa die Bestimmung der Anordnung eines Vermächtnisses allein dem Erblasser obliegt und er diese keinem Dritten überlassen darf (§ 2065 I), kann er wohl aber die näheren Einzelheiten hinsichtlich der Person des Bedachten (§§ 2151, 2152) und der Art der Leistung (§§ 2153–2156) in den Willen eines Dritten stellen. Praktische Bedeutung gewinnt das Vermächtnis damit als Mittel zur Bestimmung einer geeigneten Unternehmens- oder Betriebsnachfolge (siehe § 2151 Rz 1). 2

b) Begünstigt ist der Vermächtnisnehmer, ohne Erbe zu sein. Hierin liegt das entscheidende Kriterium für das Vermächtnis. Der Bedachte erhält etwas aus dem Nachlaß, ohne Rechtsnachfolger des Erblassers zu werden. Infolgedessen erwirbt er den Vermächtnisgegenstand nicht unmittelbar vom Erblasser, sondern er erlangt lediglich einen Anspruch auf Leistung (§ 2174). Er erhält die Stellung eines Nachlaßgläubigers, muß jedoch hinter den echten Nachlaßgläubigern zurückstehen (§§ 1972–1974, 1980, 1991, 2318; §§ 322, 325, 327, 328 InsO; § 5 AnfG). Das Schuldverhältnis ist teilweise, dh beim Gattungsvermächtnis, den Beziehungen aus einem Kaufvertrag angeglichen (Gewähr- 3 leistung wegen Sach- und Rechtsmängeln, §§ 2182, 2183) und teilweise, dh beim Stück- und Verschaffungsvermächtnis, dem Verhältnis zwischen Eigentümer und Besitzer (Ersatz von Verwendungen und Aufwendungen, § 2185). Es kann auch ein Erbe zusätzlich Vermächtnisnehmer werden. Insoweit erlangt er mit dem obligatorischen Anspruch eine selbständige Gläubigerstellung (**Vorausvermächtnis**, § 2150). Fließend verläuft die Grenze zwischen dem Vorausvermächtnis und einer Teilungsanordnung (§ 2048). Soll der Berechtigte einen Vermögensvorteil vor den übrigen Miterben zugeteilt bekommen und tritt dadurch eine Wertverschiebung der Erbquoten ein, dann handelt es sich um ein Vermächtnis (BGH FamRZ 1985, 62, siehe § 2150 Rz 4). Der Erblasser kann für den Fall, daß dem zunächst Bedachten das Vermächtnis nicht anfällt, Vorsorge treffen, indem er einen weiteren Gläubiger bestimmt (**Ersatzvermächtnis**, § 2190).

4 c) **Beschwert** ist mit dem Vermächtnis im Zweifel derjenige, in dessen Vermögen der zu leistende Gegenstand gelangt ist, also der Gesamtrechtsnachfolger (§ 2147). Der Erblasser kann auch einen Vermächtnisnehmer mit einem beliebigen **Untervermächtnis** (§ 2186) beschweren oder er verpflichtet den zunächst Bedachten als Vorvermächtnisnehmer, den Gegenstand der Zuwendung nach Eintritt eines festgelegten Zeitpunkts oder Ereignisses auf eine andere Person zu übertragen (**Nachvermächtnis**, § 2191). Soll ein zunächst Beschwerter den Gegenstand später zurückbekommen, handelt es sich um ein **Rückvermächtnis**. Der Erblasser kann schließlich Einschränkungen vornehmen, beispielsweise nur den Vorerben oder nur den Nacherben belasten. Wer aber weder als Erbe noch als Vermächtnisnehmer bedacht ist, kann grundsätzlich nicht beschwert werden, denn ebensowenig wie es Verträge zu Lasten Dritter gibt, kann durch letztwillige Verfügung ein Dritter zur Leistung verpflichtet werden (siehe § 2147 Rz 3f).

5 d) **Gegenstand** der Zuwendung muß ein Vermögensvorteil sein, was im weitesten Sinne des Wortes zu verstehen ist. Eine unmittelbare Vermögensvermehrung muß damit nicht verbunden sein (MüKo/Schlichting Rz 4), vor Vermögensverschlechterungen schützt allerdings § 2187. Zuwendungsfähig ist alles, was in einem Schuldverhältnis als Leistung vereinbart werden kann, wobei es nicht darauf ankommt, ob die Zuwendung unentgeltlich erfolgt oder nur in einer Gebrauchsüberlassung oder in einer Begünstigung für einen begrenzten Zeitraum besteht. Häufig ist die Einräumung eines Nießbrauchs an Grundstücken (BGH WM 1977, 416), denkbar auch an Aktien (BGH WM 1977, 689) und an Unternehmen (Soergel/Wolf § 2147 Rz 6). Möglich ist die Verpflichtung, dem Bedachten einen Anteil am Gewinn auszuzahlen (BGH NJW 1983, 937) oder unter Kürzung der eigenen Gewinnbeteiligung die Witwenversorgung sicherzustellen (BGHR § 2174 Hinterbliebenenversorgung 1), und die Zuwendung kann in dem Verzicht auf eine Forderung liegen. Es genügt auch die Zuwendung des Rechts, einen Gegenstand nach Belieben zu erwerben (BGH 36, 115). Möglicher Gegenstand der Übertragung ist schließlich der Nachlaß selbst (**Universalvermächtnis**) oder ein Bruchteil des Nachlaßwertes (**Quotenvermächtnis**), der zur Berechnung der Anspruchshöhe von den Nachlaßverbindlichkeiten zu bereinigen ist (BGH DNotZ 1978, 487; mit einem Rechenbeispiel Schwenck MDR 1988, 545). Eine präzise Auslegung des geäußerten Erblasserwillens bleibt unerläßlich. Bei der Pflicht zur Herausgabe des gesamten Nachlasses ist im Zweifel Nacherbschaft anzunehmen (§ 2103). Zur Notwendigkeit einer ergänzenden Auslegung im Zusammenhang von Geldvermächtnissen und Währungsumstellung siehe Erman/Hense[7] Rz 7 und RGRK/Johannsen § 2174 Rz 48, 49.

6 Nach dem Inhalt der Leistung lassen sich noch die folgenden Vermächtnisarten unterscheiden: Das **Stückvermächtnis** (§ 2169) bezieht sich auf einen bestimmten zum Nachlaß gehörenden Gegenstand, sei es eine Sache, eine Forderung oder ein Recht. Beim **Verschaffungsvermächtnis** (§§ 2169, 2170) ist ein bestimmter Gegenstand vermacht, der sich nicht im Nachlaß befindet und nach dem Willen des Erblassers dem Bedachten erst zu verschaffen ist. Ist der vermachte Gegenstand nur der Gattung nach bestimmt, so daß eine den Verhältnissen des Bedachten entsprechende Sache zu leisten ist, handelt es sich um ein **Gattungsvermächtnis** (§ 2155). Der Erblasser kann ein **Wahlvermächtnis** (§ 2154) dergestalt anordnen, daß der Bedachte von mehreren Gegenständen nur den einen oder anderen erhalten soll. Der Erblasser kann sich auch auf die Bestimmung des Verwendungszwecks beschränken; bleibt die Bestimmung der Leistung dem Ermessen des Bedachten oder eines Dritten überlassen, dann liegt darin ein **Zweckvermächtnis** (§ 2156).

7 e) **Anfall und Fälligkeit** des Vermächtnisses sind zu unterscheiden. Grundsätzlich kommt der Anspruch mit dem Erbfall zur Entstehung (§ 2176), der Anfall kann jedoch hinausgeschoben sein (§ 2178). Ist über die Fälligkeit nichts besonderes angeordnet, soll sie gleichzeitig mit dem Anfall eintreten; steht die Erfüllung jedoch im Belieben des Beschwerten, dann tritt die Fälligkeit im Zweifel erst mit dem Tod des Beschwerten ein (§ 2181).

8 2. **Ob** ein Vermächtnis gewollt ist, wird häufig aus dem Wortlaut des Testaments nicht klar hervorgehen. Es kann auch eine Erbeinsetzung oder nur eine Auflage gemeint sein. Im Vordergrund der Beurteilung steht einerseits der wirtschaftliche Zweck und andererseits, ob der Bedachte unmittelbare Rechte am Nachlaß oder nur Ansprüche gegen andere Bedachte erwerben soll (BayObLG Rpfleger 1989, 22; FamRZ 1986, 837). Entscheidend sind die Umstände des Einzelfalls, nicht der Ausdruck „Erbe" (vgl § 2087). Wenn Gesamtrechtsnachfolge gewollt ist (Nießbrauch mit freiem Verfügungsrecht), ist eine Erbeinsetzung anzunehmen; sind nur einzelne Gegenstände zugewendet, ist zuerst an ein Vermächtnis zu denken; soll hingegen keine Forderung begründet werden, kommt nur eine Auflage (§ 1940) in Betracht. Eventuell kann die Anordnung des Erblassers zerlegbar sein in Vermächtnis und Auflage oder dergleichen (OGH 4, 225).

9 3. Außerhalb des vierten Titels gibt es gesetzliche Ansprüche, auf welche die für Vermächtnisse geltenden Vorschriften **entsprechend** anzuwenden sind (gegen den Begriff des „gesetzlichen Vermächtnisses" Harder NJW 1988, 2716). Es handelt sich um § 1932 (Voraus des überlebenden Ehegatten); § 1969 (Dreißigster); § 1371 IV (Ausbildungskosten, str, siehe § 1939 Rz 1); mit Einschränkungen § 1934a aF (Erbersatzanspruch; dazu Damrau FamRZ 1969, 585; Coing NJW 1988, 1753); nicht aber §§ 12, 13 HöfeO (Abfindung der weichenden Erben). Einen Sonderfall bildet § 1514. Hiernach kann die Hälfte des Anteils eines Abkömmlings an der fortgesetzten

Gütergemeinschaft in Geldwert einem Dritten zugewendet werden; der Betrag wird aber erst nach Auflösung der fortgesetzten Gütergemeinschaft fällig. §§ 2147ff sind entsprechend anwendbar.

4. Bei Höfen im Sinne der **Höfeordnung** dürfen Vermächtnisanordnungen nicht zur Aushöhlung des Eigentums führen. Den praktischen Ausschluß der Hoferbfolge kann ein Grundstücksvermächtnis zur Folge haben. Nach BGH 3, 391 (krit Pikalo DNotZ 1956, 376) waren derartige Anordnungen auf ein wirtschaftlich tragbares Maß zu reduzieren und ggf für nichtig zu erklären. Nach geltendem Höferecht sind die gerichtlichen Möglichkeiten zur Kürzung von Abfindungsansprüchen wegen § 12 II, III, IV, V, X HöfeO (vom 26. 7. 1976) verringert. Der Hofeswert bildet insgesamt die Obergrenze der möglichen Belastung, worin diese auch bestehen kann. Bei Beeinträchtigung der Bewirtschaftung des Hofes durch die Belastung mit Abfindungsansprüchen kann das Gericht die Erfüllung auch des Vermächtnisanspruchs auf Antrag stunden. Stellt der Hof den gesamten Nachlaß dar und ist der Hofeswert erschöpft, dann kann der Hoferbe nach §§ 1990–1992 die Dürftigkeit des Nachlasses einwenden (vgl Lange/Wulff/Lüdtke-Handjery HöfeO § 16 Rz 18–21).

5. Über die Mithaftung des Vermächtnisnehmers am **Lastenausgleich** des Beschwerten siehe §§ 70, 71 LAG und Hense DNotZ 1953, 79; RGRK/Johannsen § 2174 Rz 25ff; über die sich daraus uU noch nachträglich (§ 812) ergebende Kürzungsbefugnis des Beschwerten BGH DNotZ 1965, 620.

6. Der **Erbschaftsteuer** unterliegt als Erwerb von Todes wegen auch das Vermächtnis, §§ 1 I Nr 1; 3 I Nr 1 ErbStG. Steuerpflichtig wird der Vermächtnisnehmer (§ 20 I ErbStG) mit dem Anfall des Vermächtnisses (§ 9 I Nr 1 ErbStG); im übrigen haftet der Nachlaß bis zur Auseinandersetzung (§ 20 III ErbStG). Der Erbschaftsteuer unterliegt nach § 3 I Nr 3 ErbStG auch der Erwerb aufgrund eines gesetzlichen Anspruchs, für den die Vorschriften über das Vermächtnis entsprechend anzuwenden sind (Rz 9). Der sog Dreißigste iSv § 1969 ist allerdings frei (§ 13 I Nr 4 ErbStG), für den beim Ehegattenvoraus iSv § 1932 in Frage kommenden Hausrat sind Freibeträge vorgesehen (§ 13 I Nr 1 ErbStG). Vermächtnisse, die mit dem Tod des Beschwerten fällig werden, sind erbschaftsteuerrechtlich den Nacherbschaften gleichgestellt und damit abweichend vom Bürgerlichen Recht als Erwerb vom Beschwerten und nicht als Erwerb vom Erblasser zu behandeln (§ 6 IV ErbStG, R 13 ErbStR 2003 v 17. 3. 2003 BGBl I Sondernr 152).

2147 Beschwerter
Mit einem Vermächtnis kann der Erbe oder ein Vermächtnisnehmer beschwert werden. Soweit nicht der Erblasser ein anderes bestimmt hat, ist der Erbe beschwert.

1. Vermächtnis ist die **Zuwendung eines Vermögensvorteils** durch Verfügung von Todes wegen, ohne daß der Bedachte Erbe wird (§ 1939). Da keine durch Erbfolge erzeugte dingliche Wirkung eintritt, begründet das Vermächtnis nur einen obligatorischen Anspruch (§ 2174) und damit ein Schuldverhältnis als Nachlaßverbindlichkeit gemäß § 1967, das einem allgemeinen, vertraglich begründeten Schuldverhältnis gleichsteht, soweit nicht Sonderbestimmungen getroffen sind. Gegenstand des Vermächtnisses ist ein Vermögensvorteil, nicht notwendigerweise eine unmittelbare Vermögensvermehrung (vor § 2147 Rz 5). Der Vermächtnisnehmer ist Nachlaßgläubiger (vor § 2147 Rz 3). Wer Schuldner des Anspruchs ist, behandelt § 2147.

2. **Beschwert** ist der gesetzliche, testamentarische oder vertragliche (§ 2289) Erbe oder auch ein Vermächtnisnehmer, dem vom Erblasser ausdrücklich die Leistung auferlegt ist (Untervermächtnis, §§ 2186–2188). Zu den Erben gehört auch der Ersatzerbe, sofern die Belastung den Ersatzfall betrifft. Bei Vor- und Nacherbschaft kann der Vorerbe oder der Nacherbe jeweils für sich allein beschwert sein; bei Nachvermächtnis ist nur der Erstvermächtnisnehmer beschwert (§ 2191). Der Nacherbe kann dagegen weder durch eine Vermächtnisanordnung noch durch eine Auflage beschwert werden, die er schon vor Eintritt des Nacherbfalls erbringen soll. Es handelt sich dann entweder um eine Bedingung für das Nacherbenrecht oder um einen unverbindlichen Wunsch des Erblassers (BayObLG NJW 1967, 446).

Der Kreis der mit einem Vermächtnis beschwerbaren Personen wird vom Wortlaut der Vorschrift nicht abschließend erfaßt. Der Beschwerte muß die Stellung eines Erben oder von Todes wegen einen eigenen Anspruch haben. Das traf auf die Ersatzberechtigten iSv § 1934a aF zu, denen die Erbenstellung lediglich zur Vermeidung konfliktgeneigter Miterbengemeinschaften versagt wurde. Insoweit anders bezweckt der Pflichtteilsanspruch einen vermögensrechtlichen Mindestanteil und vermag nicht durch ein Vermächtnis reduziert zu werden. Der Voraussetzung nach reicht auch nicht der unentgeltliche Erwerb aufgrund eines Rechtsgeschäfts unter Lebenden (BGH NJW-RR 1986, 164; Pal/Edenhofer Rz 6). Im Schrifttum wird aber überwiegend eine Ausnahme befürwortet, wenn mit dem Tod des Erblassers durch Vertrag zugunsten Dritter das Recht auf eine Leistung erworben wird und der Versprechensempfänger sich das Recht vorbehalten hat, die Person des Begünstigten einseitig zu ändern (Kipp/Coing § 54 I 3; Schlüter Rz 891). Indessen läßt sich der Vorbehalt schon als Einräumung eines Leistungsbestimmungsrechts iSv §§ 315 I, 316 verstehen; ist in dem Vertrag vorgesehen, daß die Leistungsbestimmung durch Verfügung von Todes wegen erfolgen soll, dann erübrigt sich auch deren Zugang beim Vertragspartner (§ 315 II). Anerkannt ist die Möglichkeit, den Begünstigten eines Hofübergabevertrages mit Vermächtnis zu beschweren. Der dem § 17 II HöfeO zugrundeliegende Gedanke erlaubt es, die vorweggenommene Hoferbfolge einem Anfall des Hofes beim Erbfall gleichzusetzen (BGH 37, 192; NJW-RR 1986, 164).

Erbeserben können selbst nicht beschwert werden. Die Leistungsverpflichtung aus einem Vermächtnis kann aber an eine Bedingung oder Befristung geknüpft sein und erst mit dem Tod des Beschwerten entstehen (§ 2177) oder fällig werden (§ 2181). Auf diese Weise kann der Erblasser bestimmen, daß sein Erbe oder Vermächtnisnehmer, den er mit dem Vermächtnis beschwert, zu dessen Lebzeiten noch gar nicht belastet wird, so daß dessen Nachlaß und damit praktisch der Erbeserbe haftet. Ein dahingehender Erblasserwille wird anzunehmen sein, wenn in einer letztwilligen Verfügung die Erben eines Erben oder Vermächtnisnehmers beschwert sind (Planck/Flad Anm 2a; Staud/Otte Rz 3).

§ 2148 Mehrere Beschwerte

Sind mehrere Erben oder mehrere Vermächtnisnehmer mit demselben Vermächtnis beschwert, so sind im Zweifel die Erben nach dem Verhältnis der Erbteile, die Vermächtnisnehmer nach dem Verhältnis des Wertes der Vermächtnisse beschwert.

1 1. Die **gesetzliche Auslegungsregel** läßt den Gegenbeweis zu. Ein von der Regel abweichender Wille müßte dem Testament zu entnehmen sein, freilich unter Berücksichtigung außerhalb des Testaments liegender Anhaltspunkte. Der Erblasser kann also für die Haftung von mehreren Erben und Vermächtnisnehmern im Außenverhältnis wie im Innenverhältnis einen beliebigen Rahmen anordnen (vgl Soergel/Wolf Rz 2).

2 2. Im **Außenverhältnis** haften dem Vermächtnisnehmer mehrere Miterben als Gesamtschuldner (§ 2058). Sind nicht alle Miterben beschwert oder handelt es sich um Untervermächtnisse, haften die Beschwerten nach § 2148 nur entsprechend ihrem Anteil, da § 2058 nicht anwendbar sein kann. Brox (ErbR Rz 435; MüKo/Schlichting Rz 2; Staud/Otte Rz 4) zufolge soll es für die Durchsetzbarkeit der Vermächtnisforderung keinen Unterschied machen dürfen, ob alle oder nur einige Miterben beschwert sind; nach dieser Auffassung gilt § 2148 ausschließlich im Innenverhältnis. Es kommt aber in erster Linie auf den Willen des Erblassers an, der in der Regel für die Beschwerung nach Anteilen spricht. Ist das Vermächtnis unteilbar, haften Miterben und Vermächtnisnehmer als Gesamtschuldner (§ 431); ebenso bei alternativer Vermächtnisbeschwerung.

3 Für den Ausgleich im **Innenverhältnis** ist bei Miterben untereinander das Verhältnis der Erbteile maßgebend, bei Vermächtnisnehmern das Verhältnis des Wertes der Vermächtnisse. Der Wert der Vermächtnisse richtet sich nach dem Zeitpunkt des Erbfalls. Nach hM ist die Vorschrift auch bei gemeinsamer Beschwerung von Erben und Vermächtnisnehmern anzuwenden (RGRK/Johannsen Rz 2). Bestimmend ist dann einheitlich der Wert der Zuwendung.

§ 2149 Vermächtnis an die gesetzlichen Erben

Hat der Erblasser bestimmt, dass dem eingesetzten Erben ein Erbschaftsgegenstand nicht zufallen soll, so gilt der Gegenstand als den gesetzlichen Erben vermacht. Der Fiskus gehört nicht zu den gesetzlichen Erben im Sinne dieser Vorschrift.

1 Die Vorschrift ergänzt den nicht vollständig zum Ausdruck gekommenen Willen des Erblassers ähnlich wie die §§ 2088, 2104, 2105 durch gesetzliche Erbfolge hinsichtlich der Personen und der Höhe ihrer Anteile. Hat der Erblasser dem Erben die Verfügung über einen Gegenstand unter Lebenden oder von Todes wegen letztwillig untersagt, ist durch Auslegung zu ermitteln, ob es sich um ein Nachvermächtnis (§ 2191), eine Auflage (§ 2193) oder eine Zuwendung unter einer auflösenden Bedingung handelt. Kommt keine dieser Formen in Betracht, bleibt die Einschränkung ohne Wirkung, möglicherweise als unverbindlicher Wunsch des Erblassers.

§ 2150 Vorausvermächtnis

Das einem Erben zugewendete Vermächtnis (Vorausvermächtnis) gilt als Vermächtnis auch insoweit, als der Erbe selbst beschwert ist.

Schrifttum siehe bei § 2048.

1 1. Dem Erben können unabhängig von der Gesamtrechtsnachfolge einzelne Gegenstände zugewendet werden (**Vorausvermächtnis**). Denkbar sind folgende Fälle:

2 a) Der Erbe ist **Alleinerbe**. Die Zuwendung des Gegenstands hat nur insofern Bedeutung (gilt als „Vermächtnis"), als sie unabhängig von der Erbenstellung des Erben besteht, also bei Ausschlagung, Unwirksamkeit der Erbenberufung, Nacherbfolge, Erbschaftskauf und ebenso bei Nachlaßverwaltung, Nachlaßinsolvenz und bei Testamentsvollstreckung. Der Vermächtnisgegenstand fällt dem Erben (auch dem Vorerben) beim Erbfall mit dinglicher Wirkung an, was insbesondere für den Vorerben bedeutsam ist (BGH 32, 60; aM Staud/Otte Rz 4ff; vgl § 2110 Rz 2), dem auf diese Weise ein Vermögenswert unmittelbar und ohne die Belastung einer Nacherbfolge vermacht werden kann. Der Anfall mit dinglicher Wirkung versagt allerdings bei Ausschlagung der Erbschaft.

3 b) Es besteht eine **Erbengemeinschaft**, und mehrere Miterben, darunter der Vermächtnisnehmer, sind beschwert. Auch dann besteht der Anspruch aus dem Vermächtnis unabhängig von der Erbenstellung (wie unter Rz 2). Der Bedachte kann den Anspruch gegen die Miterben schon vor der Auseinandersetzung geltend machen, und zwar mit der Gesamthandsklage nach § 2059 II; verstößt die Inanspruchnahme ausnahmsweise gegen die Grundsätze von Treu und Glauben oder sind nicht alle Miterben belastet, wird der Anspruch im Rahmen der Auseinandersetzung vorab ungekürzt zugeteilt (RG 93, 196).

4 c) Es sind **andere Miterben** als der Bedachte beschwert, dann besteht kein Unterschied gegenüber dem sonstigen Vermächtnisnehmer.

5 2. **Gegenstand des Vorausvermächtnisses** kann alles das sein, was als Vermächtnis aussetzbar ist, also auch erst zu verschaffendes Gut (BGH WM 1985, 174). Als Vorausvermächtnis ist ein Gegenstand zugewendet, wenn er dem Erben nicht in Anrechnung auf dessen Erbteil vermacht ist.

6 Davon zu unterscheiden ist die **Teilungsanordnung** (§ 2048), mit der dem Erben ebenfalls bestimmte Nachlaßgegenstände zugeteilt werden können. Die Abgrenzung erfolgte nach der Grundsatzentscheidung BGH 36, 115 (subjektiv) danach, ob der Bedachte gegenüber seinen Miterben bevorzugt werden soll. Der BGH ist davon abgerückt und stellt seither (objektiv) auf eine Wertverschiebung bei den Erbquoten ab (BGH 82, 274; NJW 1985, 51; NJW-RR 1990, 391; 1990, 1220). So kann der Erblasser abgesehen vom Fall des § 2049 allein mit der Teilungsan-

ordnung keine überquotale Begünstigung eines Miterben erreichen, wohl aber, wenn auch nicht zwingend (BGH NJW 1995, 721 mit Anm Kummer ZEV 1995, 145), im Wege des Vorausvermächtnisses. Hat er für einen Miterben Gegenstände bestimmt, deren Wert über der Auseinandersetzungsquote des betreffenden Miterben liegt, dann kommt es für die Annahme eines Vorausvermächtnisses in Höhe des Mehrwerts darauf an, ob der Bedachte insoweit gegenüber dem Miterben bevorzugt werden soll; hierin liegt eine subjektive Komponente. Sollte der Miterbe nicht bevorzugt werden, handelt es sich um eine Teilungsanordnung mit der Folge, daß der begünstigte Miterbe den Mehrwert durch Zahlung aus seinem eigenen Vermögen ausgleichen muß; erbschaftsteuerrechtlich kommen die Privilegien der Bewertung von Grundbesitz zudem sämtlichen Miterben zugute (vgl FG München ZEV 1999, 38). Der Erblasser kann auf diese Weise auch die wesentlichen Nachlaßwerte einem der Miterben zuweisen (etwa dem Pädagogen das Schulgrundstück, BGH FamRZ 1987, 475), ohne die übrigen im Ergebnis zu benachteiligen. Andererseits kann er auch einen der Miterben bevorzugen unter der auflösenden Bedingung, daß dieser die hier vermachte Gärtnerei nicht weiter betreibt (BGH FamRZ 1985, 62 mit Anm Rudolf). Eine im Testament enthaltene Anordnung über die Ausgleichung unter Lebenden ist wirksame Schenkung und kann als Vorausvermächtnis ausgelegt werden (RG 82, 149). Die Auslegung des Testierwillens richtet sich nach den allgemeinen Grundsätzen (§ 2084 Rz 5ff). Die Abgrenzung ist bedeutsam für die Rechtsstellung des Miterben, die ihn als Vorausvermächtnisnehmer besser stellt als bei Annahme einer Teilungsanordnung. ZB bleibt dem Vorausvermächtnisnehmer der Mehrwert auch bei Ausschlagung der Erbschaft erhalten, und der so vermachte Gegenstand gehört bei beschränkter Erbenhaftung nicht zum haftenden Nachlaß (siehe im übrigen § 2048 Rz 7).

§ 2151 *Bestimmungsrecht des Beschwerten oder eines Dritten bei mehreren Bedachten*

(1) **Der Erblasser kann mehrere mit einem Vermächtnis in der Weise bedenken, dass der Beschwerte oder ein Dritter zu bestimmen hat, wer von den mehreren das Vermächtnis erhalten soll.**

(2) Die Bestimmung des Beschwerten erfolgt durch Erklärung gegenüber demjenigen, welcher das Vermächtnis erhalten soll; die Bestimmung des Dritten erfolgt durch Erklärung gegenüber dem Beschwerten.

(3) Kann der Beschwerte oder der Dritte die Bestimmung nicht treffen, so sind die Bedachten Gesamtgläubiger. Das Gleiche gilt, wenn das Nachlassgericht dem Beschwerten oder dem Dritten auf Antrag eines der Beteiligten eine Frist zur Abgabe der Erklärung bestimmt hat und die Frist verstrichen ist, sofern nicht vorher die Erklärung erfolgt. Der Bedachte, der das Vermächtnis erhält, ist im Zweifel nicht zur Teilung verpflichtet.

Schrifttum: *Dobroschke*, Die Unternehmensnachfolge Minderjähriger, DB 1967, 803; *Ebeling*, Korrekturvermächtnisse im Berliner Testament und deren erbschaftsteuerliche Folgen, ZEV 2000, 87; *Klunzinger*, Die erbrechtliche Ermächtigung zur Auswahl des Betriebsnachfolgers durch Dritte, BB 1970, 1197; *Menz*, Die Regelung der Unternehmensnachfolge bei noch jugendlichen Erben, DB 1966, 1719; *Sudhoff*, Die Regelung der Unternehmensnachfolge bei noch jugendlichen Erben, DB 1966, 1720; *Zawar*, Das Vermächtnis in der Kautelarjurisprudenz, 1983.

1. Während nach § 2065 II eine **Vertretung im Willen** nicht zulässig ist, wird dieser Grundsatz in den §§ 2151ff teilweise verlassen, und zwar hinsichtlich der Person des Bedachten in §§ 2151, 2152, hinsichtlich des Gegenstands in §§ 2153–2156. Der **Personenkreis** muß so genau bezeichnet oder bestimmbar sein, daß dem Dritten die Auswahl des Bedachten aus diesem Kreis möglich ist. Der Erblasser kann sich auf diese Weise von den engeren Grenzen der Erbenbestimmung lösen, indem er für den praktisch wichtigen Fall der Unternehmensnachfolge nur den in Betracht kommenden Personenkreis hinreichend beschreibt, von denen der Dritte dann zu einem festgelegten Zeitpunkt die nach den Umständen geeigneteste Person auswählt und zum Vermächtnisnehmer bestimmt. Selbst wenn das Unternehmen praktisch den gesamten Nachlaß ausmacht, ist in dieser Form ein Universalvermächtnis zulässig (Dobroschke DB 1967, 803; Klunzinger BB 1970, 1197; aM Menz DB 1966, 1719; Sudhoff DB 1966, 1720), in Hinblick auf den Vorwurf der Gesetzesumgehung aber nur mit Beachtung des § 2065 II zu empfehlen (Zawar S 115). In jedem Fall muß die Vermächtnisanordnung selbst vom Erblasser getroffen werden. Fehlt es an der Bestimmbarkeit, kann eine Umdeutung in die insoweit noch geringere Anforderungen stellende Auflage (§ 2193) geboten sein; ansonsten bleibt es bei der Unwirksamkeit.

2. Die **Bestimmung** erfolgt durch formlose empfangsbedürftige Erklärung, die unwiderruflich ist. Umstritten ist, ob sie wie in den Fällen der §§ 319, 2155 III, 2156 auf Billigkeit beruhen muß, was bejaht (Pal/Edenhofer[57] Rz 2) oder vom Willen des Erblassers abhängig gemacht wird (Lange/Kuchinke § 29 III 2b; Soergel/Wolf Rz 4). Andererseits soll die Bestimmung durch den Dritten diejenige des Erblassers ersetzen, so daß eine gerichtliche Überprüfung nur unter dem Gesichtspunkt der Arglist oder der Sittenwidrigkeit in Betracht kommt (MüKo/Schlichting Rz 12; mit Ausnahme für den Fall der Selbstbestimmung RGRK/Johannsen Rz 68). Auf die §§ 317ff sollte nur mit Vorsicht zurückgegriffen werden, weil sich hier erbrechtliche Vorstellungen mit allgemein vertraglichen treffen. Die Ausnahmen von § 2065 II sind aber nicht weiter auszudehnen, als es dem Sinn und Zweck des § 2151 entspricht. Gleiches gilt für die §§ 2153–2155, in denen ebenfalls das Bestimmungsrecht eines Dritten vorgesehen ist. In § 2156 werden die §§ 315–319 ausdrücklich angeführt.

3. Das **Bestimmungsrecht** ist nicht übertragbar. Kann der Berechtigte es nicht ausüben, werden die Bedachten alsdann Gesamtgläubiger, nicht nach Bruchteile. Will der Berechtigte nicht ausüben, hat der Kreis, aus dem der Bedachte bestimmt werden soll, kein Klagerecht, sondern ein Antragsrecht beim Nachlaßgericht. Die Frist wird durch den Rechtspfleger bestimmt, § 3 Nr 2 lit c RPflG mit Beschwerderecht nach § 80 FGG. Der Beschwerte kann aber von sich aus an einen aus dem Kreis der Bedachten leisten, wenn der Dritte sein Bestimmungsrecht nicht ausüben kann oder will (§ 428).

§ 2152 *Wahlweise Bedachte*

2152 Hat der Erblasser mehrere mit einem Vermächtnis in der Weise bedacht, dass nur der eine oder der andere das Vermächtnis erhalten soll, so ist anzunehmen, dass der Beschwerte bestimmen soll, wer von ihnen das Vermächtnis erhält.

1 Die Vorschrift ergänzt § 2151; sie betrifft die **alternative Benennung** mehrerer Personen, auch wenn aus diesem Kreis wiederum mehrere bedacht sein sollen. Das Bestimmungsrecht steht hiernach wie in § 262 dem Beschwerten zu, vorzunehmen durch formlose empfangsbedürftige Erklärung (§ 2151 II). Sind mehrere Personen beschwert und bestimmungsberechtigt, ist Übereinstimmung aller erforderlich (§ 317 II). Für den Fall, daß der Beschwerte sein Bestimmungsrecht nicht wahrnimmt, gilt § 2151 III.

2153 *Bestimmung der Anteile*

(1) Der Erblasser kann mehrere mit einem Vermächtnis in der Weise bedenken, dass der Beschwerte oder ein Dritter zu bestimmen hat, was jeder von dem vermachten Gegenstand erhalten soll. Die Bestimmung erfolgt nach § 2151 Abs. 2.

(2) Kann der Beschwerte oder der Dritte die Bestimmung nicht treffen, so sind die Bedachten zu gleichen Teilen berechtigt. Die Vorschrift des § 2151 Abs. 3 Satz 2 findet entsprechende Anwendung.

1 1. Die §§ 2151, 2152 betreffen in begrenzter Abweichung von § 2065 II die Bestimmung der Person, die §§ 2153–2156 die **Bestimmung des zugewendeten Gegenstands** durch einen Dritten (häufig Testamentsvollstrecker). Beides kann miteinander verbunden sein (RG 96, 17), wenn zB der Erbe unter den Verwandten des Erblassers Erinnerungsstücke aus dem Nachlaß verteilen soll. Dazu muß die körperliche Teilung oder bei unteilbaren Sachen die ideelle Teilung nach Bruchteilen möglich sein. Die Bestimmung wird nach nun allgemeiner Ansicht erst wirksam, wenn der vermachte Gegenstand restlos aufgeteilt und damit die Anordnung des Erblassers vollständig erfüllt ist. Dennoch braucht die Bestimmung nicht gleichzeitig zu erfolgen, sie kann vielmehr jedem einzelnen gegenüber nacheinander erklärt werden.

2 2. Die Bestimmung ist **unwiderruflich** und in der gerichtlichen Nachprüfbarkeit beschränkt, siehe § 2151 Rz 2. Trifft der Verpflichtete keine Bestimmung, sind die Bedachten zu gleichen Teilen berechtigt (Bruchteilsgläubiger). Im übrigen ist für die Bemessung der einzelnen Anteile allein der Wille des Erblassers entscheidend oder die nicht nachprüfbare Ermessensentscheidung des Dritten. Fristbestimmung und Beschwerderecht richten sich nach § 3 Nr 2 lit c RPflG, § 80 FGG.

2154 *Wahlvermächtnis*

(1) Der Erblasser kann ein Vermächtnis in der Art anordnen, dass der Bedachte von mehreren Gegenständen nur den einen oder den anderen erhalten soll. Ist in einem solchen Falle die Wahl einem Dritten übertragen, so erfolgt sie durch Erklärung gegenüber dem Beschwerten.

(2) Kann der Dritte die Wahl nicht treffen, so geht das Wahlrecht auf den Beschwerten über. Die Vorschrift des § 2151 Abs. 3 Satz 2 findet entsprechende Anwendung.

1 1. Für das **Wahlvermächtnis** gelten die allgemeinen Bestimmungen über die Wahlschuld (§§ 262ff). Es ist zu unterscheiden von einem bedingten Vermächtnis (zB Bestimmung durch Los). Wenn nichts anderes bestimmt ist, steht die Wahl dem Beschwerten zu. Der Erblasser kann aber auch den Bedachten zum Wahlberechtigten machen, wie sich aus § 262 ergibt; und gemäß Abs I S 2 auch Dritte (hierzu § 2152 Rz 2).

2 2. Bei mehreren Wahlberechtigten (Beschwerten oder Vermächtnisnehmern) muß die Wahl von allen gemeinsam vorgenommen werden, im Fall der Erbenmehrheit nach § 2040 I, im übrigen nach §§ 317 II, 747. § 2154 greift auch, wenn mehrere gleichartige Gegenstände im Nachlaß sind. Fristbestimmung und Beschwerderecht ergeben sich aus § 3 Nr 2 lit c RPflG, § 80 FGG. Die erbschaftsteuerliche Bewertung richtet sich ausschließlich nach dem Gegenstand, für den sich der Bedachte entscheidet (BFH ZEV 2001, 452 mit Anm Wälzholz).

2155 *Gattungsvermächtnis*

(1) Hat der Erblasser die vermachte Sache nur der Gattung nach bestimmt, so ist eine den Verhältnissen des Bedachten entsprechende Sache zu leisten.

(2) Ist die Bestimmung der Sache dem Bedachten oder einem Dritten übertragen, so finden die nach § 2154 für die Wahl des Dritten geltenden Vorschriften Anwendung.

(3) Entspricht die von dem Bedachten oder dem Dritten getroffene Bestimmung den Verhältnissen des Bedachten offenbar nicht, so hat der Beschwerte so zu leisten, wie wenn der Erblasser über die Bestimmung der Sache keine Anordnung getroffen hätte.

Schrifttum: *Kuchinke,* Die Rechtsfolgen der Vorausleistung eines Vermächtnisgegenstandes an den Bedachten, JZ 1983, 483.

1 1. Beim **Gattungsvermächtnis** ist eine den Verhältnissen des Bedachten entsprechende Sache zu leisten und nicht eine solche mittlerer Art und Güte wie nach § 243. Betroffen sind nur körperliche Sachen (Soergel/Wolf Rz 2), nach aM auch Rechte (Staud/Otte Rz 2), Ansprüche auf Einräumung eines Wohnrechts (Bremen ZEV 2001, 401) und Dienstleistungen (MüKo/Schlichting Rz 2). Nicht erforderlich ist, daß die Sachen im Nachlaß vorhanden sind; § 2169 gilt nur für das Stückvermächtnis. Der Erblasser kann jedoch anordnen, daß nur aus dem Nachlaß geleistet werden soll; es handelt sich dann um ein beschränktes Gattungsvermächtnis, das im Einzelfall wie ein Gattungsvermächtnis oder wie ein Wahlvermächtnis zu behandeln ist (Staud/Otte Rz 4). Hat der Erblasser dem

Bedachten den Gegenstand noch zu Lebzeiten zugewendet, hängt die Wirksamkeit des Vermächtnisses zunächst davon ab, ob nicht stillschweigend eine entsprechende auflösende Bedingung daran geknüpft war. Im übrigen wird der Erfüllungswille zu prüfen sein, wenn auch der Anspruch aus dem Vermächtnis erst mit dem Anfall zur Entstehung gelangt (vgl § 2170 Rz 1 zum Stückvermächtnis sowie Kuchinke JZ 1983, 483).

2. Im Zweifel hat der Beschwerte das **Bestimmungsrecht**, der Erblasser kann es jedoch dem Bedachten oder einem Dritten übertragen. Bei Mißbrauch (siehe § 319 und § 2151 Rz 2) oder Unterlassen (trotz Fristsetzung §§ 2154, 2151 III S 2 BGB, § 3 Nr 2 lit c RPflG, § 80 FGG) fällt es an den Beschwerten zurück. Im Streitfall hat der Beschwerte den Mißbrauch zu beweisen. Hält der Bedachte die durch den Beschwerten vorgenommene Bestimmung nicht für seinen Verhältnissen angemessen, kann er eine gerichtliche Entscheidung herbeiführen. Das Gericht ist jedoch nicht befugt, die Sache konkret zu bestimmen; es kann nur die Grundsätze angeben, nach welchen die Auswahl des zu leistenden Gegenstands zu erfolgen hat (Brox ErbR Rz 421).

Die Zwangsvollstreckung richtet sich nach § 884 ZPO. Falls sich entsprechende Sachen nicht im Nachlaß befinden, geht der Anspruch des Bedachten auf Leistung des Interesses (§ 893 ZPO).

2156 *Zweckvermächtnis*
Der Erblasser kann bei der Anordnung eines Vermächtnisses, dessen Zweck er bestimmt hat, die Bestimmung der Leistung dem billigen Ermessen des Beschwerten oder eines Dritten überlassen. Auf ein solches Vermächtnis finden die Vorschriften der §§ 315 bis 319 entsprechende Anwendung.

1. Das **Zweckvermächtnis** gehört ebenfalls zu den Abweichungen von § 2065 (vgl § 2151 Rz 1). Den Zweck muß der Erblasser selbst bestimmen, etwa eine Abfindung anstelle des Erbteils (BGH NJW 1983, 277), die Verschaffung einer Gesellschafterstellung (BGH NJW 1984, 2570) oder beim Berliner Testament die Ausschöpfung der Erbschaftsteuerfreibeträge bereits beim ersten Erbfall (siehe dazu § 2269 Rz 1, sog Supervermächtnis). Die Bestimmung über die Art, Höhe, Fälligkeit und über sonstige Bedingungen kann dem Beschwerten oder einem Dritten überlassen bleiben. Ebenso wie in §§ 154, 2155 kann (entgegen der hM BGH NJW 1991, 1885; MüKo/Schlichting Rz 4; Staud/Otte Rz 3) sogar der Bedachte dieses Bestimmungsrecht erhalten (wie hier Soergel/Wolf Rz 4). Zwar ist der Bedachte nur in § 2155 und nicht in den §§ 2151, 2152, 2154 ausdrücklich als bestimmungsberechtigt benannt; aber ebenso wie sich in § 2154 das Bestimmungsrecht des Bedachten aus der Art des Vermächtnisses (§ 262) folgern läßt, kann dies auch bei § 2156 geschehen (§ 315).

2. Es geht um eine Entscheidung nach billigem Ermessen und nicht nach freiem Belieben. Soll ein Vermächtnis der „Abfindung" dienen, ohne daß es ziffernmäßig bestimmt worden ist, muß es bei der Bestimmung durch einen Dritten in rechtem Verhältnis zum Wert des gesamten Nachlasses und zu den Anteilen der Erben stehen (BGH NJW 1983, 277); notfalls kann eine Korrektur über § 319 (oder § 315 III) erfolgen. Der Dritte kann seine Bestimmung nicht widerrufen oder anfechten. Eine Anfechtung kommt nur durch den Beschwerten und durch den Bedachten in Betracht, jeweils gegenüber dem anderen, § 318 II.

2157 *Gemeinschaftliches Vermächtnis*
Ist mehreren derselbe Gegenstand vermacht, so finden die Vorschriften der §§ 2089 bis 2093 entsprechende Anwendung.

Beim **gemeinschaftlichen Vermächtnis** sind mehrere Personen im Zweifel zu gleichen Teilen bedacht (§§ 2091, 2093), sofern sich nicht aus den §§ 2066–2069 etwas anderes ergibt (Verweisung hierauf in § 2091). Es handelt sich um eine Gläubigergemeinschaft nach Bruchteilen (§§ 741ff), nicht um eine Gesamthand. Reicht das Ganze für die im Einzelnen bestimmten Bruchteile nicht aus oder wird das Ganze nicht ausgeschöpft, werden die einzelnen Forderungen nach §§ 2089, 2090 verhältnismäßig vermindert oder erhöht. Ist der vermachte Gegenstand teilbar, können uU mehrere selbständige Vermächtnisse gewollt sein, was jedenfalls anzunehmen ist, wenn der Erblasser selbst die Teilung festgelegt hat.

2158 *Anwachsung*
(1) Ist mehreren derselbe Gegenstand vermacht, so wächst, wenn einer von ihnen vor oder nach dem Erbfall wegfällt, dessen Anteil den übrigen Bedachten nach dem Verhältnis ihrer Anteile an. Dies gilt auch dann, wenn der Erblasser die Anteile der Bedachten bestimmt hat. Sind einige der Bedachten zu demselben Anteil berufen, so tritt die Anwachsung zunächst unter ihnen ein.
(2) Der Erblasser kann die Anwachsung ausschließen.

1. **Anwachsung** erfolgt wie in § 2094, wenn mehrere Personen gemeinsam bedacht sind und eine von ihnen ex tunc wegfällt, etwa durch Verzicht oder Tod vor dem Erbfall, durch Ausschlagung, Anfechtung, Erbunwürdigkeit, Nichteintritt einer Bedingung oder durch Versagung einer erforderlichen Genehmigung zB nach dem GrdstVG. Fällt einer der Bedachten nach dem Erbfall wegen einer auflösenden Bedingung oder Befristung aus, ist die Vorschrift entsprechend anzuwenden. Ob die Zuwendung dann unter aufschiebender Bedingung oder als Anwachsung zu verstehen ist, wirkt sich praktisch nicht aus. Sind auf einen Anteil seinerseits mehrere Personen eingesetzt, findet wie beim gemeinschaftlichen Erbteil die Anwachsung zunächst innerhalb des Anteils statt (vgl § 2094 Rz 3).

2. Die Anwachsung ist ausgeschlossen, wenn ein Ersatzvermächtnisnehmer bestimmt ist oder wenn nach dem Willen des Erblassers anzunehmen ist, daß das Vermächtnis bei Wegfall des Bedachten hinfällig werden soll.

§ 2159 *Selbständigkeit der Anwachsung*
Der durch Anwachsung einem Vermächtnisnehmer anfallende Anteil gilt in Ansehung der Vermächtnisse und Auflagen, mit denen dieser oder der wegfallende Vermächtnisnehmer beschwert ist, als besonderes Vermächtnis.

1   Entsprechend der Regelungen in § 1935 und § 2095 wird der angewachsene Anteil hinsichtlich der Beschwerungen als **selbständiger Anteil** behandelt. Die Haftung gegenüber dem Untervermächtnisnehmer ist auf den Wert des beschwerten Anteils beschränkt. Abweichende Anordnungen sind zulässig.

§ 2160 *Vorversterben des Bedachten*
Ein Vermächtnis ist unwirksam, wenn der Bedachte zur Zeit des Erbfalls nicht mehr lebt.

1   1. Der Vermächtnisnehmer erwirbt den Vermächtnisanspruch, wenn er den Erbfall noch erlebt oder wenn er später geboren wird. Er muß nicht wie der Erbe (§ 1923) zur Zeit des Erbfalls wenigstens gezeugt sein, das Vermächtnis kann vielmehr noch zu einem späteren Zeitpunkt anfallen (§ 2178). Eine zeitliche Grenze zieht lediglich § 2162 II.

2   2. Das **Vorversterben des Bedachten** macht das Vermächtnis jedoch unwirksam. Die Unwirksamkeit entlastet den Beschwerten, also nicht ohne weiteres den Erben. Zu beachten bleibt das Bestehen eines Untervermächtnisses. Es kann auch einen Ersatzvermächtnisnehmer geben, sei es aufgrund einer Bestimmung durch den Erblasser (§ 2190), aufgrund der gesetzlichen Auslegungsregel (§ 2069) oder aufgrund einer ergänzenden Auslegung (Oldenburg NdsRpfl 1948, 8). Im übrigen kann es sich um einen Fall der Anwachsung (§ 2158) handeln. Eine Ersatzberufung geht der Anwachsung aber vor.

§ 2161 *Wegfall des Beschwerten*
Ein Vermächtnis bleibt, sofern nicht ein anderer Wille des Erblassers anzunehmen ist, wirksam, wenn der Beschwerte nicht Erbe oder Vermächtnisnehmer wird. Beschwert ist in diesem Falle derjenige, welchem der Wegfall des zunächst Beschwerten unmittelbar zustatten kommt.

1   Der **Wegfall des Beschwerten** hat auf den Bestand des Vermächtnisses keine Auswirkung. Der Vermächtnisanspruch bleibt selbständig bestehen, es sei denn, daß ein anderer Wille des Erblassers ausdrücklich erklärt oder den Umständen nach dem Inhalt des Vermächtnisses zu entnehmen ist. Wird der Begünstigte durch den Wegfall selbst Erbe oder Miterbe, kann das Vermächtnis als Vorausvermächtnis erhalten bleiben. Im übrigen ist nach dem Wegfall derjenige verpflichtet, der rechtlich, nicht wirtschaftlich, an die Stelle des ursprünglich Beschwerten tritt. Die Haftung geht nach § 2187 II über den Umfang der Haftung des zunächst Beschwerten nicht hinaus.

§ 2162 *Dreißigjährige Frist für aufgeschobenes Vermächtnis*
(1) Ein Vermächtnis, das unter einer aufschiebenden Bedingung oder unter Bestimmung eines Anfangstermins angeordnet ist, wird mit dem Ablauf von 30 Jahren nach dem Erbfall unwirksam, wenn nicht vorher die Bedingung oder der Termin eingetreten ist.
(2) Ist der Bedachte zur Zeit des Erbfalls noch nicht gezeugt oder wird seine Persönlichkeit durch ein erst nach dem Erbfall eintretendes Ereignis bestimmt, so wird das Vermächtnis mit dem Ablauf von 30 Jahren nach dem Erbfall unwirksam, wenn nicht vorher der Bedachte gezeugt oder das Ereignis eingetreten ist, durch das seine Persönlichkeit bestimmt wird.

Schrifttum: *Edenfeld*, Lebenslange Bindungen im Erbrecht? DNotZ 2003, 4.

1   1. Die Vorschrift bezweckt, ebenso wie § 2109 für die Nacherbfolge, die Verpflichtung des Beschwerten nicht zu verewigen (zu wirkungsvolleren Überlegungen de lege ferenda Edenfeld DNotZ 2003, 18). Sie gilt gleichsam für das Unter-, Ersatz- und Nachvermächtnis. Ausnahmen enthält § 2163.

2   2. Die **dreißigjährige Frist** kann sich nach Abs II um die Empfängniszeit verlängern, was im Gegensatz zu § 2109 ausdrücklich hervorgehoben ist. Abs II betrifft nur den Anfall des Vermächtnisses, nicht die Fälligkeit des entstandenen Anspruchs (vgl § 2177 Rz 1).

§ 2163 *Ausnahmen von der dreißigjährigen Frist*
(1) Das Vermächtnis bleibt in den Fällen des § 2162 auch nach dem Ablauf von 30 Jahren wirksam:
1. wenn es für den Fall angeordnet ist, dass in der Person des Beschwerten oder des Bedachten ein bestimmtes Ereignis eintritt, und derjenige, in dessen Person das Ereignis eintreten soll, zur Zeit des Erbfalls lebt,
2. wenn ein Erbe, ein Nacherbe oder ein Vermächtnisnehmer für den Fall, dass ihm ein Bruder oder eine Schwester geboren wird, mit einem Vermächtnis zugunsten des Bruders oder der Schwester beschwert ist.
(2) Ist der Beschwerte oder der Bedachte, in dessen Person das Ereignis eintreten soll, eine juristische Person, so bewendet es bei der dreißigjährigen Frist.

1   1. Die Bestimmung bildet eine **Ausnahme zu § 2162**. Sie entspricht § 2109 bei der Nacherbschaft. Ermöglicht wird eine postmortale Herrschaft über Generationen (krit und rechtsvergleichend Edenfeld DNotZ 2003,15ff).

2   2. Das die Annahme begründende **Ereignis** kann von dem Willen des Beschwerten oder Bedachten abhängig (Wiederheirat, Landverkauf) oder unabhängig sein (Verlust der Erwerbsfähigkeit; Tod des Vorerben, BayObLG

FamRZ 1991, 1237; Hamburg FamRZ 1985, 538). Das Ereignis muß den Beschwerten oder Bedachten auch nicht unmittelbar in seiner Person berühren, sondern es genügt, wenn seine vermögensrechtliche Stellung betroffen ist, sei es durch eigenes Handeln, sei es durch sonstige objektive Umstände (BGH NJW 1969, 1112). Irgendwelche allgemeinen Vorgänge (zB Raumflug) können aber nicht als Anknüpfungspunkt genommen werden (zust MüKo/Schlichting Rz 2; vgl noch § 2109 Rz 2). Auch auf Fälle, in denen das Ereignis in der Person eines nicht beschwerten, früher Bedachten eintritt, läßt sich die Ausnahmeregel des Abs I Nr 1 nicht erstrecken (BGH FamRZ 1992, 667).

2164 *Erstreckung auf Zubehör und Ersatzansprüche*
(1) **Das Vermächtnis einer Sache erstreckt sich im Zweifel auf das zur Zeit des Erbfalls vorhandene Zubehör.**
(2) **Hat der Erblasser wegen einer nach der Anordnung des Vermächtnisses erfolgten Beschädigung der Sache einen Anspruch auf Ersatz der Minderung des Wertes, so erstreckt sich im Zweifel das Vermächtnis auf diesen Anspruch.**

1. Die Vorschrift enthält Auslegungsregeln über die **Zugehörigkeit von Zubehör** und Ersatzansprüchen zum Vermächtnis. Was unter Zubehör zu verstehen ist, definieren die §§ 97, 98. Gehören Teile des Zubehörs nicht dem Erblasser, wird insoweit entweder eine Gewährung des Gebrauchs in dem gleichen Umfang gewollt sein, wie er dem Erblasser zustand (§ 2169 II), oder es ist ein Verschaffungsvermächtnis (§ 2170) anzunehmen. Die Auslegung richtet sich nach den Umständen des Einzelfalls, insbesondere nach dem Zweck des Vermächtnisses; sie wird praktisch bedeutsam bei der Frage, wer die restlichen Raten zu zahlen hat, wenn Zubehörstücke auf Abzahlung gekauft sind. Für den Umfang des zum Vermächtnis gehörenden Zubehörs ist der Zeitpunkt des Erbfalls und nicht der Testamentserrichtung maßgebend. Es gilt auch kein späterer Zeitpunkt, wenn das Vermächtnis aufgrund einer Bedingung oder Befristung erst nach dem Erbfall anfällt (aM Planck/Flad Anm 1). Ein Austausch von Zubehörstücken wird allerdings Berücksichtigung finden müssen, soweit der Beschwerte den Gegenstand im Rahmen ordnungsmäßiger Verwaltung durch einen ersetzt (Staud/Otte Rz 4). Sind mit der vermachten Sache Gegenstände wirtschaftlich verbunden, ohne Zubehör iSd Gesetzes zu sein, wird sich das Vermächtnis nach dem Willen des Erblassers gleichwohl darauf erstrecken. Entsprechend gilt Abs I bei Sach- oder Rechtsgesamtheiten (vgl RG WarnR 1917 Nr 122 und Reichel AcP 138, 199).

2. Das Vermächtnis umfaßt **Ersatzansprüche**, die nach Errichtung des Testaments wegen Beschädigung der Sache aus jedwedem Rechtsgrund in der Person des Erblassers entstanden sind. Vor Errichtung des Testaments entstandene Ansprüche sind erweiternd einzubeziehen, wenn der Erblasser von deren Bestehen bei der Errichtung keine Kenntnis hatte (Staud/Otte Rz 9). Ergänzend sind auch Gewährleistungsansprüche wegen Mängeln des vermachten Gegenstands einzubeziehen. Der nicht eine Wertminderung ausgleichende Wandlungsanspruch gilt indessen nach § 2169 III als vermacht (ebenso Soergel/Wolf Rz 5; für Anwendung des § 2164 II MüKo/Schlichting Rz 5; aM Pal/Edenhofer Rz 2; Staud/Otte Rz 9). Der Rechtsgedanke der Vorschrift läßt es im übrigen zu, Ausgleichsleistungen nach dem LAG als Surrogat anzusehen, auch wenn die Beschädigung des Gegenstands noch vor dem Anfall erfolgt, die Ansprüche nach dem LAG aber erst danach entstanden sind (BGH NJW 1972, 1369). Der Vermächtnisnehmer erlangt stets nur einen Anspruch auf Abtretung der Ersatzansprüche gegen den Beschwerten. Das gleiche gilt nach §§ 281, 2184 für Beschädigungen nach Eintritt des Erbfalls, allerdings gegen Ersatz der Verwendungen (§ 2185). Bei völligem Untergang der Sache vor dem Erbfall gilt § 2169 III, nach dem Erbfall die Haftung nach allgemeinen Vorschriften.

2165 *Belastungen*
(1) **Ist ein zur Erbschaft gehörender Gegenstand vermacht, so kann der Vermächtnisnehmer im Zweifel nicht die Beseitigung der Rechte verlangen, mit denen der Gegenstand belastet ist. Steht dem Erblasser ein Anspruch auf die Beseitigung zu, so erstreckt sich im Zweifel das Vermächtnis auf diesen Anspruch.**
(2) **Ruht auf einem vermachten Grundstück eine Hypothek, Grundschuld oder Rentenschuld, die dem Erblasser selbst zusteht, so ist aus den Umständen zu entnehmen, ob die Hypothek, Grundschuld oder Rentenschuld als mitvermacht zu gelten hat.**

1. Die §§ 2165–2168a regeln die **Verteilung der dinglichen Belastungen**, die auf dem vermachten Gegenstand ruhen. Den Auslegungsregeln liegt zugrunde, daß der Vermächtnisnehmer den Gegenstand so erhalten soll, wie er sich im Zeitpunkt des Erbfalls im Nachlaß befindet, also mit allen privaten und öffentlichen Lasten und auch mit allen Einreden gegenüber diesen Rechten. Rückstände auf wiederkehrende Leistungen werden jedoch im Zweifel vom Erben zu tragen sein. Die persönliche Schuld, für die ein Pfandrecht am vermachten Gegenstand (bewegliche Sache oder Recht) bestellt ist, bleibt eine vom Erben zu tragende Nachlaßverbindlichkeit; im Fall der Befriedigung durch den Bedachten regeln die §§ 1249, 268 III den Regreß. Von gesetzlichen Pfandrechten (§§ 559, 647) hat der Erbe den Bedachten freizustellen. Ist ein vermachtes Grundstück mit einer Hypothek belastet, gilt § 2166; bei Grund- und Rentenschulden § 2165 I; siehe die Bemerkungen zu § 2166 und zu § 2168. In Miet- und Pachtverträge (keine dingliche Belastung) tritt der Vermächtnisnehmer ein. Die Auslegungsregel des Abs I S 1 gilt, solange nicht ein anderer auf lastenfreie Übertragung gerichteter Erblasserwille feststeht (BGH NJW 1998, 682).

Sicherungsübereignete Gegenstände gehören nicht zur Erbschaft und daher nicht zum Anwendungsbereich 2 der Vorschrift. Statt dessen kann ein Verschaffungsvermächtnis gewollt sein; Anwendung finden dann die §§ 2182 I und 2183. In aller Regel wird der Erblasser zur Sicherheit übereignete Gegenstände langfristig seinem

§ 2165

Vermögen zuschreiben mit der Folge, daß der Beschwerte das Sicherungsgut auszulösen hat. Anderenfalls gilt der Anspruch auf Rückübereignung gemäß § 2169 III als vermacht (RGRK/Johannsen Rz 4).

3 2. Der Anspruch auf **Beseitigung der Belastung** (Abs I S 2) richtet sich gegen den Gläubiger und nicht gegen den Beschwerten, der den Anspruch vielmehr abtreten muß. Abs I S 2 gewinnt Bedeutung im Fall eines Bauspardarlehens, das in doppelter Weise durch Grundschuld und Lebensversicherung gesichert war; hier stand dem Erblasser ein bedingter Anspruch auf Rückübertragung der Grundschuld zu, soweit mit der Versicherungssumme das Restdarlehen getilgt werden sollte. Dann kann der Vermächtnisnehmer vom Erben entsprechend Abs I S 2 die Abtretung des Anspruchs des Erblassers auf Beseitigung der Belastung oder, falls das Darlehen durch die Versicherung schon getilgt und die Grundschuld an den Erben abgetreten ist, nach § 281 die Löschung verlangen (BGH WM 1980, 310). Hatte der Erblasser einen Anspruch auf Beseitigung, ist der Beschwerte dafür beweispflichtig, daß der Anspruch nicht mit übergegangen ist.

4 3. Abs II beantwortet nicht die Frage, ob ein Grundpfandrecht mitvermacht ist. Es entscheiden vielmehr die Umstände, wobei es grundsätzlich keinen Unterschied macht, ob die Belastung auf den Namen des Gläubigers oder des Erblassers eingetragen ist. Wird das noch auf den Gläubiger eingetragene Recht mittels Befriedigung durch den Erblasser zum Eigentümergrundpfandrecht, mag der Erblasser von der laienhaften Vorstellung ausgehen, das Grundstück sei unbelastet; hier sprechen die Umstände für ein mitvermachtes Grundpfandrecht (RGRK/Johannsen Rz 10). Anders liegt der Fall bei einer (vorläufigen) Eigentümergrundschuld (MüKo/Schlichting Rz 7). Allein aufgrund testamentarischer Anordnung, das mit Eigentümerrechten belastete Grundstück gegen Übernahme der beim Erbfall vorhandenen Belastungen zu übergeben, sind die Eigentümerrechte nicht als mitvermacht anzusehen (BayObLG 2001, 118). Läßt sich den Umständen nichts entnehmen, bleibt die Belastung zugunsten des Beschwerten bestehen. Die eine lastenfreie Übertragung stützenden Umstände darlegen muß der Vermächtnisnehmer.

2166 *Belastung mit einer Hypothek*

(1) Ist ein vermachtes Grundstück, das zur Erbschaft gehört, mit einer Hypothek für eine Schuld des Erblassers oder für eine Schuld belastet, zu deren Berichtigung der Erblasser dem Schuldner gegenüber verpflichtet ist, so ist der Vermächtnisnehmer im Zweifel dem Erben gegenüber zur rechtzeitigen Befriedigung des Gläubigers insoweit verpflichtet, als die Schuld durch den Wert des Grundstücks gedeckt wird. Der Wert bestimmt sich nach der Zeit, zu welcher das Eigentum auf den Vermächtnisnehmer übergeht; er wird unter Abzug der Belastungen berechnet, die der Hypothek im Range vorgehen.

(2) Ist dem Erblasser gegenüber ein Dritter zur Berichtigung der Schuld verpflichtet, so besteht die Verpflichtung des Vermächtnisnehmers im Zweifel nur insoweit, als der Erbe die Berichtigung nicht von dem Dritten erlangen kann.

(3) Auf eine Hypothek der in § 1190 bezeichneten Art finden diese Vorschriften keine Anwendung.

1 1. § 2166 betrifft nur die **persönliche Schuld**, die dingliche ist in § 2165 I geregelt. Im Außenverhältnis zum Gläubiger haftet der Erbe (§ 1967). Der Vermächtnisnehmer kann durch Rechtsgeschäft die Schuld übernehmen (§§ 414, 415) oder durch Untervermächtnis mit ihr belastet werden (§§ 2147, 2174). Wem die Schuld im Innenverhältnis zwischen Erbe und Vermächtnisnehmer endgültig zur Last fällt, hängt von der vereinbarten oder durch Verfügung von Todes wegen getroffenen Regelung ab (BGH NJW 1963, 1612). Nach § 2166 besteht die Verpflichtung des Vermächtnisnehmers nur im Innenverhältnis dem Erben gegenüber (§ 329). Die Haftung reicht bis zur Höhe des Grundstückswertes, der sich nach dem Zeitpunkt des Eigentumsübergangs auf den Vermächtnisnehmer bestimmt (zu Höchstpreisen als Obergrenze des möglichen Verkehrswertes siehe Staud/Otte Rz 5 und ablehnend RGRK/Johannsen Rz 5). Frühere oder spätere Wertveränderungen oder ein etwaiger Mehr- oder Mindererlös bei einer späteren Versteigerung bleiben unberücksichtigt. Zahlt der Vermächtnisnehmer einen höheren Betrag an den Gläubiger, geht insoweit die Forderung gegen den persönlichen Schuldner auf ihn über (§ 1143); zahlt der Erbe die Schuld, geht die Hypothek insoweit auf ihn über, als der Vermächtnisnehmer zur Zahlung verpflichtet gewesen wäre. Bei der Wertberechnung sind alle vorrangigen Belastungen abzuziehen und eventuell zu kapitalisieren, jedoch nicht die Abs III unterfallenden Sicherungshöchstbetragshypotheken und Sicherungsgrundschulden (vgl Rz 3), im Zweifel auch nicht die iSv § 2165 II mitvermachten Grundpfandrechte, es sei denn, der Wert dieser Rechte sollte dem Vermächtnisnehmer nach dem Willen des Erblassers auf jeden Fall verbleiben.

2 2. Die **Haftung nach Abs II** besteht nur hilfsweise. Vorrangig muß sich der Erbe an den Dritten halten. Um ggf dessen Zahlungsunfähigkeit nachzuweisen, braucht der Erbe aber nicht die Vorausklage zu erheben. Begleicht der Vermächtnisnehmer sodann die Schuld, kann dieser vom Erben die Abtretung des Rückgriffsanspruchs verlangen.

3 3. Auf eine Höchstbetragshypothek findet Abs I keine Anwendung (Abs III), weil diese vornehmlich auf persönliche Forderungen abgestellt ist. Zwar bleibt auch diese Hypothek nach § 2165 I bestehen, persönlicher Schuldner ist aber der Erbe, so daß die Forderung bei Befriedigung durch den Vermächtnisnehmer nach § 1143 auf diesen übergeht. Soweit es sich um die Sicherung einer der Höhe nach unveränderlichen Forderung und folglich um einen nicht typischen Fall der Höchstbetragshypothek handelt, wendet die hM Abs I ausnahmsweise an (BGH NJW 1963, 1612; RGRK/Johannsen Rz 9; aM Staud/Otte Rz 9). Auf **Sicherungsgrundschulden** ist Abs I dann entsprechend anzuwenden, wenn es sich um einen typischen Realkredit mit einer einzigen, ihrer Höhe und Natur nach von vornherein grundsätzlich festliegenden Forderung handelt (BGH NJW 1963, 1612), entsprechend Abs III hingegen nicht, wenn ein Kreditverhältnis mit stets wechselndem Schuldenstand gesichert wird (BGH 37, 233; KG NJW 1961, 1680).

2167 *Belastung mit einer Gesamthypothek*
Sind neben dem vermachten Grundstück andere zur Erbschaft gehörende Grundstücke mit der Hypothek belastet, so beschränkt sich die in § 2166 bestimmte Verpflichtung des Vermächtnisnehmers im Zweifel auf den Teil der Schuld, der dem Verhältnis des Wertes des vermachten Grundstücks zu dem Werte der sämtlichen Grundstücke entspricht. Der Wert wird nach § 2166 Abs. 1 Satz 2 berechnet.

Die Vorschrift ergänzt § 2166 für den Fall der **Gesamthypothek**. Dem Gläubiger gegenüber haftet der Vermächtnisnehmer mit dem Grundstück unbegrenzt (§ 1132 I), dem Erben gegenüber haftet er jedoch lediglich im Verhältnis des Wertes des vermachten Grundstücks zum Wert der anderen Grundstücke. Auch § 2167 betrifft ausschließlich das Innenverhältnis und im übrigen nur Grundstücke, die mit der Gesamthypothek belastet sind und zur Erbschaft gehören. Haftet ein nicht zur Erbschaft gehörendes Grundstück mit, bleibt es bei § 2166. Sind außerdem noch andere zur Erbschaft gehörende Grundstücke mit der Hypothek belastet, haftet der Vermächtnisnehmer daneben mit seinem verhältnismäßigen Wert; die nicht zum Nachlaß gehörenden Grundstücke werden bei der Berechnung der Haftungsanteile im Innenverhältnis nicht berücksichtigt. Ist lediglich ein ideeller Grundstücksanteil vermacht, wird entsprechend (§ 2167) verfahren.

2168 *Belastung mit einer Gesamtgrundschuld*
(1) Besteht an mehreren zur Erbschaft gehörenden Grundstücken eine Gesamtgrundschuld oder eine Gesamtrentenschuld und ist eines dieser Grundstücke vermacht, so ist der Vermächtnisnehmer im Zweifel dem Erben gegenüber zur Befriedigung des Gläubigers in Höhe des Teils der Grundschuld oder der Rentenschuld verpflichtet, der dem Verhältnis des Wertes des vermachten Grundstücks zu dem Wert der sämtlichen Grundstücke entspricht. Der Wert wird nach § 2166 Abs. 1 Satz 2 berechnet.
(2) Ist neben dem vermachten Grundstück ein nicht zur Erbschaft gehörendes Grundstück mit einer Gesamtgrundschuld oder einer Gesamtrentenschuld belastet, so finden, wenn der Erblasser zur Zeit des Erbfalls gegenüber dem Eigentümer des anderen Grundstücks oder einem Rechtsvorgänger des Eigentümers zur Befriedigung des Gläubigers verpflichtet ist, die Vorschriften des § 2166 Abs. 1 und des § 2167 entsprechende Anwendung.

Entsprechend §§ 2166, 2167 regelt § 2168 die **Gesamtgrundschuld** und die Gesamtrentenschuld (§§ 1132, 1192, 1199). Abs I betrifft den Fall, daß die übrigen belasteten Grundstücke zum Nachlaß gehören; Abs II betrifft den Fall, daß die übrigen belasteten Grundstücke oder einzelne von ihnen nicht zum Nachlaß gehören. Die Haftungsanteile der Grundstücke entsprechen dem Wertverhältnis der Grundstücke zueinander. Der Vermächtnisnehmer haftet gegenüber dem Erben aber nur bis zum Wert des vermachten Grundstücks (RGRK/Johannsen Rz 1). In Abs II wird für die anteilsmäßige Verteilung darauf abgestellt, ob der Erblasser sich zur Zeit des Erbfalls zur Befriedigung des Gläubigers verpflichtet hatte. Bestand keine derartige Verbindlichkeit, ergibt sich auch für den Vermächtnisnehmer dem Erben gegenüber keine Pflicht zur anteilsmäßigen Freistellung. Der Vermächtnisnehmer haftet mit dem Grundstück neben den anderen Eigentümern.

2168a *Anwendung auf Schiffe, Schiffsbauwerke und Schiffshypotheken*
§ 2165 Abs. 2, §§ 2166, 2167 gelten sinngemäß für eingetragene Schiffe und Schiffsbauwerke und für Schiffshypotheken.

Eingefügt wurde die Vorschrift durch Art II Nr 29 SchiffsRegDVO vom 21. 12. 1940 (RGBl I 1609). Sie gilt für **Schiffe**, Schiffsbauwerke und Schiffshypotheken (siehe dazu die amtliche Begründung in DJ 1940, 1329 mit Erläuterungen von Krieger DJ 1941, 97 und Däubler DR 1941, 609). Die Vorschrift gilt sinngemäß für **Luftfahrzeuge** und Registerpfandrechte an Luftfahrzeugen, angeordnet in § 98 II LuftfzG vom 26. 2. 1959 (BGBl I 57, III 4 Nr 403).

2169 *Vermächtnis fremder Gegenstände*
(1) Das Vermächtnis eines bestimmten Gegenstands ist unwirksam, soweit der Gegenstand zur Zeit des Erbfalls nicht zur Erbschaft gehört, es sei denn, dass der Gegenstand dem Bedachten auch für den Fall zugewendet sein soll, dass er nicht zur Erbschaft gehört.
(2) Hat der Erblasser nur den Besitz der vermachten Sache, so gilt im Zweifel der Besitz als vermacht, es sei denn, dass er dem Bedachten keinen rechtlichen Vorteil gewährt.
(3) Steht dem Erblasser ein Anspruch auf Leistung des vermachten Gegenstands oder, falls der Gegenstand nach der Anordnung des Vermächtnisses untergegangen oder dem Erblasser entzogen worden ist, ein Anspruch auf Ersatz des Wertes zu, so gilt im Zweifel der Anspruch als vermacht.
(4) Zur Erbschaft gehört im Sinne des Absatzes 1 ein Gegenstand nicht, wenn der Erblasser zu dessen Veräußerung verpflichtet ist.

Schrifttum: *Bühler*, Das Verschaffungsvermächtnis, Inhalt und Durchsetzung, DNotZ 1964, 581; *Haegele*, Verschaffungsvermächtnisse, Rpfleger 1964, 138.

1. Abs I enthält die Vermutung, daß der Erblasser nur über die Gegenstände letztwillig verfügen will, über die er auf den Zeitpunkt des Erbfalls bezogen allein verfügen kann. Nicht zur Erbschaft gehörende Gegenstände sind im Zweifel nicht vermacht; ebensowenig Gegenstände, zu deren Veräußerung sich der Erblasser verpflichtet hat (Abs IV). Zur Erbschaft kann aber wenigstens der dann vermachte Besitz einer Sache gehören (Abs II) oder der Ersatz für einen nicht mehr dazu gehörenden Gegenstand (Abs III). Wird die Vermutung widerlegt, handelt es sich

§ 2169

um ein Verschaffungsvermächtnis (Abs I Hs 3, § 2170). Die Vorschrift findet keine Anwendung auf ein Gattungsvermächtnis, das grundsätzlich nicht davon abhängt, ob die Sache zur Erbschaft gehört oder nicht (§ 2155).

2 Die **vermutete Unwirksamkeit** bezieht sich auf das Vermächtnis eines bestimmten Gegenstands, eines Rechts oder einer Sache. Ist der Erblasser Bruchteilseigentümer, dann ist nur der Bruchteil wirksam vermacht. Ist er Gesamthandseigentümer als Mitglied einer Erbengemeinschaft, ehelichen Gütergemeinschaft oder Personengesellschaft, gehört der zum Vermögen der Gesamthand zählende Gegenstand überhaupt nicht zum Nachlaß. Ist ein Gegenstand nur noch teilweise vorhanden, bleibt er insoweit vermacht. Ist nicht der Gegenstand selbst, sondern nur ein Recht an dem Gegenstand vermacht und gehört der das vermachte Recht tragende Gegenstand selbst nicht zum Nachlaß, dann ist das Vermächtnis ohne weiteres unwirksam, auch wenn der Erblasser zu einem ideellen Anteil am Eigentum beteiligt war. Soweit der Erblasser nach seiner Rechtsstellung zur Übertragung des Rechts oder der Sache nicht befugt ist, hilft nur ein Verschaffungsvermächtnis.

3 Hatte sich der Erblasser bereits zur Veräußerung verpflichtet, wird der Gegenstand als nicht mehr zum Nachlaß gehörend betrachtet (**Abs IV**). Hat der Erblasser den Gegenstand noch zu Lebzeiten veräußert, bleibt es um so mehr bei der Regel des Abs I (BGH 31, 14 mit Anm Baumgärtel MDR 1960, 296, und Coing JZ 1960, 538). Hier wird es zur Auslegungsfrage, ob der Erlös oder der sonstige Gegenwert an die Stelle des Gegenstands treten soll und ob der Besitz bis zur Eigentumsübertragung an den Erwerber vermacht sein soll. Abs III paßt in diesen Zusammenhang nicht, zu gleichem Ergebnis kann eine ergänzende Testamentsauslegung führen (BGH 22, 357; KG FamRZ 1977, 267; Oldenburg NJW-RR 1994, 843). Ist die Veräußerung wegen einer noch fehlenden Genehmigung schwebend unwirksam, hängt die Wirksamkeit des Vermächtnisses vom Ausgang des Genehmigungsverfahrens ab; im Falle der Versagung wird die Veräußerung ex tunc unwirksam und das Vermächtnis damit unwirksam. Abs IV gilt auch bei Erbverträgen und gemeinschaftlichen Testamenten. Der Erblasser kann sich aber dem Bedachten gegenüber schuldrechtlich verpflichten, über den vermachten Gegenstand auch unter Lebenden nicht mehr zu verfügen (siehe § 2286 Rz 3, Baumgärtel aaO und BayObLG DNotZ 1979, 27). Ein derartiger Vertrag ist formlos gültig (BGH MDR 1963, 578); der Erblasser macht sich uU schadenersatzpflichtig, wenn er gegen die Verpflichtung verstößt.

4 **2. Ausnahme von Abs I.** Das Vermächtnis bleibt wirksam, wenn der Gegenstand auch für den Fall zugewendet wird, daß er nicht zur Erbschaft gehört, der Beschwerte aber verpflichtet ist, den Gegenstand dem Vermächtnisnehmer zu verschaffen (§ 2170). Beweispflichtig ist für eine derartige Auslegung der Vermächtnisnehmer (BGH NJW 1984, 731; RG 164, 202). Grundlage des Nachweises ist in erster Linie das Testament selbst, in Verbindung damit auch außerhalb liegende Umstände (Oldenburg NJW-FER 1999, 62). Der Erblasser wird den Beschwerten üblicherweise zur Verschaffung verpflichten, wenn er weiß, daß der Gegenstand nicht ihm oder wenigstens nicht ihm allein gehört. Erforderlich ist ein solches Bewußtsein indessen nicht. Entscheidend ist vielmehr die Intensität seines Zuwendungswillens (BGH NJW 1984, 731), so daß es letztlich unerheblich ist, ob sich der Erblasser Gedanken über die Eigentumsverhältnisse macht oder einem Irrtum über die Rechtslage erliegt. Ein Verschaffungsvermächtnis liegt besonders nahe, wenn der Erblasser in seiner Eigenschaft als Gesamthänder einen Gegenstand aus dem Vermögen der Gemeinschaft vermacht, sei es einer ehelichen Gütergemeinschaft (BGH NJW 1984, 731; BayObLG NJW-RR 2003, 293) oder einer Erbengemeinschaft (RG 105, 246). Auf den qualifizierten Zuwendungswillen kann dann auch weiteres geschlossen werden, wenn ein Gegenstand nicht rechtlich, aber wirtschaftlich im Nachlaß enthalten ist (MüKo/Schlichting Rz 10), namentlich bei einem Anspruch auf Gewinnbeteiligung an einer Personengesellschaft (BGH NJW 1983, 937) oder beim Vermächtnis eines nicht zum Nachlaß gehörenden Gesellschaftsanteils (BGH NJW 1983, 2377); ebenso, wenn der Erblasser den Gegenstand nur fiduziarisch auf einen Dritten übertragen hat (eventuell mit der Folge von Abs III) und wenn er sich selbst als den wirtschaftlichen Eigentümer betrachtet (BGH NJW 1984, 731). Beispiele der Verschaffung von Ansprüchen aus einer Lebensversicherung bieten die Fälle Düsseldorf (ZEV 1996, 142) und München (ZEV 1997, 336, Revision nicht angenommen). Zur Überlagerung des Verschaffungsvermächtnisses durch Verträge unter Lebenden siehe BGH FamRZ 1957, 171.

5 **3. Abs II** stellt eine Auslegungsregel dar. Stand dem Erblasser nur der Besitz und nicht das Eigentum an einer vermachten Sache zu, gilt im Zweifel nur der Besitz als vermacht. Immerhin erlangt der Bedachte auf diese Weise die Rechtsstellung, die der Erblasser innehatte. Sogar die Einräumung des Besitzes vermag der Beschwerte zu vermeiden, wenn er beweist, daß der Besitz für den Bedachten mit keinem rechtlichen Vorteil verbunden ist. Bei wissentlich unrechtmäßigem Besitz kann das der Fall sein. Im übrigen kann sich ein rechtlicher Vorteil schon aus den §§ 937ff, 987ff, 1006 ergeben.

6 **4. Abs III** ist ebenfalls eine Auslegungsregel. Danach tritt im Zweifel ein Anspruch auf Leistung des vermachten Gegenstands oder ein Ersatzanspruch an dessen Stelle. Ein derartiger Anspruch ist zB zu prüfen, wenn der Erblasser einen Gegenstand finanziert hat, zur Reduzierung des Betriebsvermögens aber dessen Ehefrau als Eigentümerin aufgetreten ist (BGH NJW 1984, 731). Es kann aber auch ein echtes Verschaffungsvermächtnis anzunehmen sein. Abs III legt keinen allgemeinen Surrogationsgrundsatz fest (MüKo/Schlichting Rz 15). Daher kann Abs III nicht entsprechend angewendet werden, wenn der Erblasser den vermachten Gegenstand veräußert hat und der Erlös sich noch im Nachlaß befindet (Rz 3). Der Erlös kann allerdings im Wege einer (ergänzenden) Testamentsauslegung als vermacht angesehen werden (vgl BGH 86, 41).

2170 *Verschaffungsvermächtnis*

(1) Ist das Vermächtnis eines Gegenstands, der zur Zeit des Erbfalls nicht zur Erbschaft gehört, nach § 2169 Abs. 1 wirksam, so hat der Beschwerte den Gegenstand dem Bedachten zu verschaffen.

(2) Ist der Beschwerte zur Verschaffung außerstande, so hat er den Wert zu entrichten. Ist die Verschaffung nur mit unverhältnismäßigen Aufwendungen möglich, so kann sich der Beschwerte durch Entrichtung des Wertes befreien.

Schrifttum: *Kuchinke*, Die Rechtsfolgen der Vorausleistung eines Vermächtnisgegenstandes an den Bedachten, JZ 1983, 483. Siehe auch bei § 2169.

1. Verschaffungsvermächtnis. Liegt der Ausnahmefall von § 2169 I vor (siehe § 2169 Rz 4), dann hat der Beschwerte den Gegenstand oder, wenn ein Recht daran vermacht ist, dem Bedachten die Bestellung dieses Rechts zu verschaffen. Befindet sich der Gegenstand bereits im Eigentum des Bedachten, weil der Erblasser die Übertragung möglicherweise noch zu Lebzeiten vorgenommen hat, so entfällt die Pflicht zur Verschaffung. Sie ist uU aber umzudeuten in eine Ersatzpflicht hinsichtlich der Anschaffungskosten, wenn dem Bedachten solche angefallen sind. Andererseits wird auch der Gesichtspunkt der Zweckerreichung (Soergel/Wolf § 2171 Rz 3) geltend gemacht oder in Gleichbehandlung mit der Gattungsschuld (vgl dazu § 2155 Rz 1) auf den Erfüllungswillen abgestellt (Kuchinke JZ 1983, 483); eine Subsumtion unter § 2171 scheidet aus (so auch Staud/Otte § 2171 Rz 3). Für Rechtsmängel haftet der Beschwerte nach § 2182 II wie ein Verkäufer mit den Einschränkungen nach § 2182 III und § 2170 II. Die Erstreckung auf Zubehör (§ 2164 I) gilt auch für zu verschaffende Gegenstände. 1

2. Keine Verschaffungspflicht des Beschwerten besteht bei objektiver Unmöglichkeit (§ 2171 Rz 1, 2). Bei **subjektivem Unvermögen**, dem Bedachten den vermachten Gegenstand zu verschaffen, wird der Beschwerte nach Abs II nicht gänzlich von der Leistungspflicht befreit, sondern zum Wertersatz verpflichtet (Satz 1) bzw berechtigt (Satz 2). Zu ersetzen ist der Verkehrswert (MüKo/Schlichting Rz 12) nach dem Zeitpunkt der Entstehung des Ersatzanspruchs. In gleicher Weise kann er sich auf die Wertersatzleistung beschränken, wenn die Verschaffung nur mit unverhältnismäßig großen Aufwendungen möglich ist. Es handelt sich insoweit nicht um eine Wahlschuld, sondern um eine Ersetzungsbefugnis (§ 262 Rz 2); der zu ersetzende Verkehrswert richtet sich in diesem Fall nach dem Zeitpunkt der tatsächlichen Leistung, dh der Ersetzung. Dem Erblasser wird in diesem Zusammenhang empfohlen, die zeitlichen Anforderungen an die Bemühungen des Beschwerten zu konkretisieren; für den Bedachten bietet es sich anderenfalls an, die Ansprüche auf Verschaffung und Wertersatz in eventueller Klagenhäufung miteinander zu verbinden (Staud/Otte Rz 5). Die Höhe der Entschädigung einer dem Bedachten vorenthaltenen Mitgliedschaft in einer OHG bemißt sich nach deren objektiven Wert; die Ertragsentwicklung des Unternehmens ist vorausschauend zu bewerten und im übrigen zu berücksichtigen, inwieweit es dafür mehr auf den Kapitaleinsatz oder mehr auf die persönlichen Leistungen des Gesellschafters ankommt (BGH NJW 1984, 2570). Wird die Leistungserbringung nachträglich darüber hinaus noch objektiv unmöglich, ohne daß der Beschwerte dies zu vertreten hat, entfällt der Anspruch auf das Vermächtnis (§ 275 I), wenn nicht bereits der Wert entrichtet ist. Im Falle des Vertretenmüssens haftet der Beschwerte nach § 283. Zum Vermächtnis beim Erbvertrag vgl § 2288. 2

2171 *Unmöglichkeit, gesetzliches Verbot*

(1) Ein Vermächtnis, das auf eine zur Zeit des Erbfalls für jedermann unmögliche Leistung gerichtet ist oder gegen ein zu dieser Zeit bestehendes gesetzliches Verbot verstößt, ist unwirksam.

(2) Die Unmöglichkeit der Leistung steht der Gültigkeit des Vermächtnisses nicht entgegen, wenn die Unmöglichkeit behoben werden kann und das Vermächtnis für den Fall zugewendet ist, dass die Leistung möglich wird.

(3) Wird ein Vermächtnis, das auf eine unmögliche Leistung gerichtet ist, unter einer anderen aufschiebenden Bedingung oder unter Bestimmung eines Anfangstermins zugewendet, so ist das Vermächtnis gültig, wenn die Unmöglichkeit vor dem Eintritt der Bedingung oder des Termins behoben wird.

Schrifttum: *Brambring*, Die Auswirkungen der Schuldrechtsreform auf das Erbrecht, ZEV 2002, 137.

1. Die Vorschrift behandelt in Abs I die **anfängliche objektive Unmöglichkeit** der Leistung des Vermächtnisses. Die Leistung muß nicht im Zeitpunkt der Testamentserrichtung, sondern erst im Zeitpunkt des Erbfalls unmöglich sein, um die Rechtsfolgen auszulösen: Das Vermächtnis wird unwirksam, der Beschwerte wird frei. Jedoch kann die Anordnung des Erblassers dahin auszulegen sein, daß etwaige Ersatzansprüche abzutreten oder das bereits Erlangte (§§ 2169 III, 2173) herauszugeben ist. Mit der festgeschriebenen Unwirksamkeit des Vermächtnisses bei objektiver Unmöglichkeit der Leistung weicht die erbrechtliche Vermächtnisregelung von dem seit dem 1. 1. 2002 geltenden Schuldrecht (§§ 275, 283, 285) ab. 1

Die **nachträgliche objektive Unmöglichkeit** der Leistung, dh das Unmöglichwerden erst nach dem Erbfall, führt zur Anwendung der §§ 275, 285, dh zum Ausschluß der Leistungspflicht und Herausgabe des Ersatzes, bei Vertretenmüssen auch zum Schadenersatz nach § 283. 2

2. Soll das Vermächtnis nicht mit dem Erbfall, sondern erst mit dem Eintritt einer **Bedingung** oder **Befristung** anfallen, gilt der zum 1. 1. 2002 eingefügte, die Regelung des § 308 II aF für das Vermächtnis übernehmende Abs III. Die Rechtslage ist insoweit unverändert; bei einem aufschiebend bedingten Vermächtnis nach § 2177 bleibt der Zustand bei Eintritt der Bedingung maßgeblich (vgl BGH NJW 1983, 937). Ist die Unmöglichkeit vor Eintritt der Bedingung oder Befristung behoben, behält das Vermächtnis seine Gültigkeit. 3

3. Wie der Formulierung des Abs III zu entnehmen ist, benennt auch Abs II einen Fall aufschiebender Bedingung, die Behebbarkeit einer im Zeitpunkt des Anfalls des Vermächtnisses unmöglichen Leistung (**vorübergehende Unmöglichkeit**). Der zum 1. 1. 2002 eingefügte Abs II ersetzt den für das Vermächtnis inhaltsgleichen § 308 I aF, auf den in § 2171 S 2 aF verwiesen wurde. Trotz objektiver Unmöglichkeit der Leistung im Zeitpunkt des Erbfalls bleibt das Vermächtnis wirksam, wenn die Unmöglichkeit behoben werden kann und das Vermächtnis unter der Bedingung erteilt ist, daß die Leistung möglich wird. 4

4. Der nach Abs I ebenfalls zur Unwirksamkeit führende Verstoß gegen ein **gesetzliches Verbot** umfaßt Verpflichtungs- und Verfügungsverbote, die schon von § 134 erfaßt sein können (vgl vor § 2064 Rz 12). Als maßgeb- 5

§ 2172 Erbrecht Testament

licher Zeitpunkt ist der des Erbfalls bestimmt, während sich ein Verstoß gegen § 138 grundsätzlich nach den Verhältnissen zur Zeit der Testamentserrichtung beurteilt (BGH 20, 71; str, siehe vor § 2064 Rz 13). Zu den hier relevanten Verfügungsbeschränkungen aus öffentlichem Interesse zählen beispielsweise Einfuhr- und Ausfuhrverbote sowie entsprechende Devisenbestimmungen; ausländische Devisenbestimmungen werden davon aber allgemein ausgenommen (vgl insbesondere Frankfurt NJW 1972, 398 mit abl Anm Kohler). Soweit im Grundstücksverkehr behördliche *Genehmigungen* erforderlich sind, ist in der Regel nicht das Vermächtnis als solches genehmigungsbedürftig, sondern die zur Ausführung des Vermächtnisses notwendige Rechtshandlung (Auflassung, Teilung). Ein solches Vermächtnis ist nicht von vornherein unmöglich, sondern es kann, wenn die Genehmigung versagt wird, unmöglich werden. Daß die Erfüllbarkeit der Verpflichtung bis zur Entscheidung über die Genehmigung ungewiß ist, beeinträchtigt die Wirksamkeit der Verpflichtung nicht (BGH 37, 233; vgl ferner VG Braunschweig DNotZ 1961, 652; Bitter DVBl 1962, 41; Hense DNotZ 1958, 562). Zu Grundstücksvermächtnissen im Höferecht siehe die Hinweise vor § 2147 Rz 10.

2172 *Verbindung, Vermischung, Vermengung der vermachten Sache*

(1) Die Leistung einer vermachten Sache gilt auch dann als unmöglich, wenn die Sache mit einer anderen Sache in solcher Weise verbunden, vermischt oder vermengt worden ist, dass nach den §§ 946 bis 948 das Eigentum an der anderen Sache sich auf sie erstreckt oder Miteigentum eingetreten ist, oder wenn sie in solcher Weise verarbeitet oder umgebildet worden ist, dass nach § 950 derjenige, welcher die neue Sache hergestellt hat, Eigentümer geworden ist.

(2) Ist die Verbindung, Vermischung oder Vermengung durch einen anderen als den Erblasser erfolgt und hat der Erblasser dadurch Miteigentum erworben, so gilt im Zweifel das Miteigentum als vermacht; steht dem Erblasser ein Recht zur Wegnahme der verbundenen Sache zu, so gilt im Zweifel dieses Recht als vermacht. Im Falle der Verarbeitung oder Umbildung durch einen anderen als den Erblasser bewendet es bei der Vorschrift des § 2169 Abs. 3.

1   Hat der Erblasser selbst infolge **Verbindung, Vermischung** oder **Verarbeitung** des Gegenstands die Leistung unmöglich gemacht, ist das Vermächtnis wie nach § 2171 unwirksam. Davon abweichende Anordnungen sind zulässig, die sich auf den Wertersatz oder etwaigen Miteigentumsanteil beziehen können. Hat die Unmöglichkeit infolge Verbindung oder Vermischung ein anderer als der Erblasser ohne dessen Willen herbeigeführt, so gilt nach der Auslegungsregel des Abs II ggf ein Miteigentumsanteil oder Wegnahmerecht als vermacht, im Fall der Verarbeitung der Ersatz- und Bereicherungsanspruch (§ 2169 III). Ist der Erblasser Eigentümer der verbundenen, vermischten oder verarbeiteten Sache geworden, dann ist die Vermächtnisanordnung so auszulegen, daß der Beschwerte Wertersatz zu leisten hat.

2173 *Forderungsvermächtnis*

Hat der Erblasser eine ihm zustehende Forderung vermacht, so ist, wenn vor dem Erbfall die Leistung erfolgt und der geleistete Gegenstand noch in der Erbschaft vorhanden ist, im Zweifel anzunehmen, dass dem Bedachten dieser Gegenstand zugewendet sein soll. War die Forderung auf die Zahlung einer Geldsumme gerichtet, so gilt im Zweifel die entsprechende Geldsumme als vermacht, auch wenn sich eine solche in der Erbschaft nicht vorfindet.

1   1. Die Auslegungsregel betrifft den Fall, daß sich bei einem **Forderungsvermächtnis** in der Zeit zwischen Testamentserrichtung und Erbfall Änderungen hinsichtlich der vermachten Forderung ergeben. Da auf das Forderungsvermächtnis im Grundsatz auch § 2171 Anwendung findet, ist das Vermächtnis unwirksam, wenn die Forderung im Augenblick des Erbfalls nicht mehr besteht. Ist der auf die Forderung vorher geleistete Gegenstand aber noch in der Erbschaft vorhanden, oder war die Forderung auf die Zahlung einer Geldsumme gerichtet, kommt die Auslegung nach § 2173 in Betracht mit der Folge, daß der Gegenstand bzw die Geldsumme als vermacht gilt. Aus dem Testament oder aus dem Verhalten des Erblassers kann sich indessen die gegenteilige Absicht ergeben, dem Bedachten keinen Ersatz zukommen zu lassen. Auf eine Absicht solchen Inhalts läßt sich aber nicht ohne besonderen Grund schließen, wenn die Forderung von vornherein vor dem Erbfall fällig werden sollte und die Leistung durch Lieferung des Gegenstands oder Zahlung der Geldsumme demzufolge termingerecht erfolgte.

2   Der Zahlung auf eine Geldforderung steht die Aufrechnung gleich. Die Auslegungsregel gilt ebenso, wenn anstelle des vermachten Gegenstands nach §§ 2164 II, 2169 III ein Ersatzanspruch getreten ist. Sind echte Wertpapiere vermacht, vor dem Erbfall aber bereits veräußert, kann der Beschwerte zur Herausgabe des Erlöses verpflichtet sein, was im Einzelfall jedoch eine Frage der Auslegung bleibt. Sollte der Bedachte ein Sparbuch erhalten, ist darunter die Forderung in der Höhe zu verstehen, wie sie im Zeitpunkt des Erbfalls gegen das Bankinstitut besteht. Transferiert der Erblasser vermachtes Bankguthaben auf ein anderes Konto, dann kann die neue Forderung die alte ersetzen (Oldenburg ZEV 2001, 276).

3   2. Ein **Verschaffungsvermächtnis** kommt in Betracht, wenn die Forderung dem Erblasser nicht zustand. War die Forderung des Dritten bereits vor dem Erbfall erloschen, läßt sich die Vorschrift nicht anwenden. Sofern das Testament nicht eindeutig darauf hinweist, erhält der Bedachte dann keinen Wertersatz. Hat der Beschwerte die Forderung des Erblassers nach dem Erbfall eingezogen, ist er dem Bedachten zur Herausgabe des Erlangten verpflichtet, im Fall der Aufrechnung zur Herausgabe der Bereicherung.

4   3. Der Bedachte kann nach § 2174 von dem Beschwerten die **Abtretung** der Forderung verlangen, einschließlich der Nebenrechte wie Pfandrechte, Hypotheken und Bürgschaften. Nebenrechte gelten nur dann nicht als mitvermacht, wenn sie ausdrücklich ausgenommen sind.

4. Um ein **Befreiungsvermächtnis** handelt es sich, wenn der Bedachte von einer Schuld gegenüber dem Erblasser oder einem Dritten befreit werden soll. War der Erblasser oder der Beschwerte Gläubiger, erlangt der Bedachte einen Anspruch auf Schulderlaß, Ausstellung einer Quittung, ggf Rückgabe des Schuldscheins und geleisteter Sicherheit oder sonstwie auf Befreiung (BGH FamRZ 1964, 140). Hat der Bedachte die Schuld bereits vor dem Erbfall getilgt, wird § 2173 S 2 analog angewendet und die der Schuld entsprechende Geldsumme als vermacht gelten.

5. Das **Schuldvermächtnis** bestärkt die bestehende Schuld des Erblassers gegenüber dem Bedachten. Es wirkt mit dem Erbfall wie ein Schuldanerkenntnis (§ 781), dessen beweisrechtliche Bedeutung im einzelnen von den Erklärungen des Erblassers abhängt. Dem privatschriftlichen Testament kann auf diese Weise die Beweisfunktion eines Darlehensschuldscheins zukommen (BGH WM 1985, 1206). Im übrigen kann mit dem Vermächtnis ein neuer Schuldgrund geschaffen werden, wenn Zweifel an dem Bestehen oder an der Höhe der Schuld ausgeräumt werden sollen. Besteht die Schuld im Zeitpunkt des Erbfalls nicht mehr, weil der Erblasser sie noch beglichen hat, ist das Vermächtnis gegenstandslos (allg M). Ggf ist auch die Anfechtung der Verfügung möglich (§ 2078).

6. Sind **sonstige Rechte** oder Sachinbegriffe vermacht, ist im Einzelfall durch Auslegung zu ermitteln, ob anstelle des nicht in Anspruch genommenen Rechts ein Geldausgleich oder ein sonstiger, dem Beschwerten zufallender Vorteil als vermacht anzusehen ist. Wird beispielsweise ein Wohnrecht vermacht, vom Bedachten aber nicht in Anspruch genommen, kann im Zweifel nicht die dem Beschwerten durch anderweitige Vermietung zufallende Miete beansprucht werden, ähnlich beim Nießbrauch, der nicht ausgeübt wird. Umgekehrt kann der Beschwerte verpflichtet sein, um dem Sinn und Zweck des Vermächtnisses zu entsprechen, Geldleistungen zuzuschießen; denkbar in dem Fall, daß zur Unterhaltssicherung der Nießbrauch an einem Haus vermacht ist, das Haus aber zu diesem Zweck keine ausreichenden Erträge abwirft.

2174 *Vermächtnisanspruch*
Durch das Vermächtnis wird für den Bedachten das Recht begründet, von dem Beschwerten die Leistung des vermachten Gegenstands zu fordern.

1. Die Rechtsnatur des Vermächtnisses wird wesentlich dadurch bestimmt, daß das Vermächtnis nur einen **obligatorischen Anspruch** begründet und keine dingliche Wirkung erzeugt. Zwischen Bedachtem und Beschwertem wird ein gesetzliches Schuldverhältnis geschaffen, auf das die allgemeinen Vorschriften über Treu und Glauben (BGH 37, 233, 241), Verschulden, Pflichtverletzung, Verzug, nicht aber § 313 über den Wegfall der Geschäftsgrundlage (BGH NJW 1993, 850) unmittelbar anzuwenden sind. Stets gehen die erbrechtlichen Regeln aber vor. Eine über den obligatorischen Anspruch hinausgehende Sicherheit des Bedachten kann der Erblasser durch Erbeinsetzung mit Teilungsanordnung, durch Anordnung der Testamentsvollstreckung oder durch Schenkung von Todes wegen (§ 2301) erreichen. Nur der alleinige Vorerbe erwirbt den ihm durch Vorausvermächtnis zugewendeten Gegenstand beim Erbfall mit dinglicher Wirkung (BGH 32, 60; siehe auch § 2150 Rz 1).

2. Die **Vermächtnisforderung** entsteht im Augenblick des Erbfalls (§ 2176) oder in den Fällen der §§ 2177, 2178 mit dem Eintritt der Bedingung, der Befristung oder des bestimmten Ereignisses. Vor dem Erbfall besteht nur eine tatsächliche Aussicht, kein künftiger Anspruch und auch keine rechtlich gesicherte Anwartschaft. Zwischen der Begründung des Rechts (§ 2174) und der Entstehung der Forderung (§ 2176) besteht kein praktischer Unterschied, insbesondere soll durch die Formulierung in § 2174 nicht ausgedrückt werden, daß die Errichtung des Testaments schon mit rechtlicher Relevanz verbunden wäre (BGH NJW 1961, 1915). Erwirbt ein Miterbe ein Nachlaßgrundstück in der Teilungsversteigerung, dann erlischt nicht der Anspruch auf dessen Übertragung aus einem Vorausvermächtnis (BGH NJW 1998, 682).

Der Anspruch beruht **unmittelbar** auf dem Testament und vermittelt nicht etwa erst einen Anspruch auf Abschluß eines schuldrechtlichen Vertrages, was bei Dauerverhältnissen (Wohnrecht, Nießbrauch) bedeutsam werden kann. Änderungen oder Ergänzungen sind nur vertraglich möglich (LG Mannheim DNotZ 1968, 53). Der Anspruch gehört zu den Nachlaßverbindlichkeiten gemäß § 1967 II, wenn der Erbe beschwert ist. Erfüllungsort ist der Wohnsitz des Erblassers (§§ 269, 270). Hervorzuheben sind im übrigen § 1972, wonach Vermächtnisnehmer ihre Forderungen nicht anmelden müssen; §§ 1973 I, 1974 II, wonach Vermächtnisnehmer selbst hinter ausgeschlossenen Gläubigern zurücktreten; § 327 InsO, danach gehen Pflichtteilsansprüche Vermächtnisforderungen vor, sofern nicht durch das Vermächtnis das Pflichtteilsrecht des Bedachten ausgeschlossen wird; hierzu noch §§ 2306, 2318, 2321–2323. Die Verpflichtung aus dem Vermächtnis besteht für den beschwerten Erben außerdem nur insoweit, als Mittel aus dem Nachlaß vorhanden sind (§ 1992); diese müssen erforderlichenfalls aber voll ausgeschöpft werden (BGH NJW 1993, 850). Bei mehreren Vermächtnissen kann der Erblasser die Rangfolge bestimmen (§ 2189). Ist ein Vermächtnisnehmer selbst beschwert, kommen die §§ 2186ff zur Anwendung. Zu den Grundsätzen über die Bewertung einer vermächtnisweise zugewendeten, aber vorenthaltenen Rechtsposition in einer OHG siehe § 2170 Rz 2.

Der Anspruch richtet sich **gegen den Beschwerten**, das ist in der Regel der Erbe. Es gilt der Gerichtsstand der Erbschaft (§ 27 ZPO). Passiv legitimiert ist für den Fall, daß der Erbe die Erbschaft noch nicht angenommen hat, ein Nachlaßpfleger (§§ 1960, 1961), Testamentsvollstrecker (§ 2213) oder Insolvenzverwalter (§ 327 InsO). Kosten hat grundsätzlich der Beschwerte zu tragen, uU kommt eine entsprechende Anwendung von § 448 I in Betracht (BGH DNotZ 1964, 232). Für die Erbschaftsteuer haftet der Beschwerte neben dem Bedachten, er darf das Vermächtnis insoweit aber zurückbehalten oder mindern und er kann aufrechnen.

Soweit zur Ausführung eines Grundstücksvermächtnisses behördliche Genehmigungen (nach dem Grundstücksverkehrsgesetz oder Baugesetzbuch) erforderlich sind, wird das Vermächtnis nachträglich unmöglich, wenn die Genehmigung versagt wird (BGH 37, 233; vgl § 2171 Rz 5).

§ 2174

Erbrecht Testament

6 3. Der Bedachte hat als Gläubiger keinen eigenen im Erbrecht wurzelnden Anspruch auf **Sicherung**, sofern ein solcher nicht gesondert mitvermacht ist. Bei Gefährdung des Anspruchs kann der Bedachte nach § 1981 II einen Antrag auf Nachlaßverwaltung stellen und ihm stehen die Sicherungsmittel wie jedem persönlichen Gläubiger zu, also Arrest (§ 916 ZPO), einstweilige Verfügung (§ 935 ZPO) und Vormerkung (§ 885); die testamentarische Zuwendung zugleich eines Anspruchs auf Bewilligung einer Vormerkung kann sich aus den Umständen ergeben (BGH NJW 2001, 2883). Eine dingliche Sicherung bereits zu Lebzeiten des Erblassers scheidet aus, weil der Vermächtnisanspruch zu dieser Zeit noch nicht besteht. Insbesondere die Auflassungsvormerkung ist unzulässig, wenn ein Grundstück vermacht ist, sei es durch Testament oder durch Erbvertrag (BGH 12, 115; Coing JZ 1954, 436; Thieme JR 1956, 292; aM noch für den Fall des Erbvertrags Celle NJW 1953, 27; Schulte DNotZ 1953, 360). Eine andere Frage ist, ob eine Sicherung im Wege einer schuldrechtlichen Vereinbarung erreicht werden kann, indem sich der Erblasser gegenüber dem Bedachten verpflichtet, zu Lebzeiten nicht mehr über den vermachten Gegenstand zu verfügen. Ein derartiger Vertrag ist zulässig und kann formlos, auch stillschweigend, geschlossen werden, selbst wenn ein Grundstück betroffen ist (BGH MDR 1963, 578). Diese schuldrechtliche Unterlassungspflicht ist ihrerseits durch ein gerichtliches Verfügungsverbot iSv § 938 II ZPO sicherbar (Staud/Otte Rz 14), zu erreichen im Wege der einstweiligen Verfügung.

7 **Auskunft** kann der Bedachte über den Bestand der Erbschaft verlangen, wenn die Durchsetzung des Vermächtnisanspruchs entsprechende Kenntnis erfordert und demzufolge die Vermächtnisanordnung einen Anspruch auf Auskunftserteilung sinngemäß einschließt. Beispielsweise ist das anzunehmen bei einem bestimmten Bruchteil des Nachlaßwerts als Vermächtnis (RG 129, 239). Der Anspruch kann auch gegen einen befreiten Vorerben gerichtet sein (Oldenburg MDR 1990, 633). Darüber hinaus schuldet der Bedachte **Rechenschaftslegung**, wenn das Vermächtnis auf Erträgnisse des Nachlasses gerichtet ist und sich auf die Einnahmen und Ausgaben über einen bestimmten Zeitraum bezieht (RG LZ 1931, 688).

8 4. Im Geltungsbereich der **HöfeO** kann durch Grundstücksvermächtnisse die Erbfolge nach der HöfeO nicht ausgeschlossen werden. Darauf abzielende Vermächtnisse können unwirksam sein (siehe vor § 2147 Rz 10). Die Beschränkung der Erbfolge ist zulässig, aber genehmigungsbedürftig, und zwar in dem Umfang, wie für ein Rechtsgeschäft unter Lebenden die Genehmigung nach dem Grundstücksverkehrsgesetz erforderlich ist. An die Stelle der dort vorgesehenen Genehmigungsbehörde tritt das Landwirtschaftsgericht (§ 16 HöfeO).

2175 *Wiederaufleben erloschener Rechtsverhältnisse*
Hat der Erblasser eine ihm gegen den Erben zustehende Forderung oder hat er ein Recht vermacht, mit dem eine Sache oder ein Recht des Erben belastet ist, so gelten die infolge des Erbfalls durch Vereinigung von Recht und Verbindlichkeit oder von Recht und Belastung erloschenen Rechtsverhältnisse in Ansehung des Vermächtnisses als nicht erloschen.

1 Eine **Fiktion**, die erforderlich ist, um zu verhindern, daß durch Konfusion das Vermächtnis nach § 2169 als nichtig angesehen werden müßte. Die Fiktion greift nicht durch, wenn die vermachte Forderung nicht übertragbar ist oder mit dem Tod des Erblassers erlischt (§§ 1059, 1061, 1090 II, 1092). Der Untergang des Rechts wird ähnlich in anderen Bestimmungen ausgeschlossen: §§ 889, 1976, 1991 II, 2143. Da die infolge der Konfusion erloschenen Rechtsverhältnisse hier „in Ansehung des Vermächtnisses" als nicht erloschen gelten, können sich sonstige Gläubiger des Erben nicht darauf berufen. **Nebenrechte** (Pfand, Bürgschaft) bleiben zugunsten des Bedachten bestehen. Ist der vermachte Gegenstand mit einem Recht des Erben belastet, wird § 2175 nicht unmittelbar, aber sinngemäß angewendet, wie sich aus § 2165 ergibt.

2176 *Anfall des Vermächtnisses*
Die Forderung des Vermächtnisnehmers kommt, unbeschadet des Rechts, das Vermächtnis auszuschlagen, zur Entstehung (Anfall des Vermächtnisses) mit dem Erbfall.

1 1. Mit dem **Anfall des Vermächtnisses** wird das Entstehen der Forderung des Bedachten bezeichnet, das von der Fälligkeit der Forderung zu unterscheiden ist. Mit dem Anfall befassen sich die §§ 2176–2179. Soweit nichts anderes bestimmt ist, entsteht die Vermächtnisforderung kraft Gesetzes (§ 2176) mit dem Erbfall. Durch Ausschlagung kann der Bedachte den Anfall jedoch rückwirkend zunichte machen (§§ 2180, 1953 I). Ob der Erbe die Erbschaft angenommen hat oder nicht, wirkt sich auf das Bestehen des Vermächtnisanspruchs nicht aus; nur kann der Anspruch vor der Annahme nicht gegenüber dem Erben geltend gemacht werden (§ 1958). Die Fälligkeit des Vermächtnisanspruchs fällt mit seiner Entstehung zusammen, sofern nichts anderes bestimmt ist oder den Umständen (§ 242) zu entnehmen ist. Das gleiche gilt in der Regel für das Quotenvermächtnis. Die Berechnung der Quote richtet sich nach dem Wertverhältnis zur Zeit des Erbfalls (vgl BayObLG Rpfleger 1989, 22). Andererseits kann die Auslegung ergeben, daß der Zeitpunkt der Erfüllung maßgebend sein soll, wenn zB der Nachlaß im Vermögen des Erben geblieben ist (BGH NJW 1960, 1759). Die Zeit der Erfüllung kann in das Belieben des Beschwerten gestellt sein (§ 2181). Handelt es sich um ein Untervermächtnis, kann es nicht vor Fälligkeit des Hauptvermächtnisses geltend gemacht werden (§ 2186).

2 2. Das für den Fall der **vorweggenommenen Hoferbfolge** im Übergabevertrag eingesetzte Vermächtnis entsteht im Zuge von § 17 HöfeO im Zeitpunkt der Übergabe (BGH 37, 192 mit Anm Rötelmann MDR 1962, 975).

2177 *Anfall bei einer Bedingung oder Befristung*
Ist das Vermächtnis unter einer aufschiebenden Bedingung oder unter Bestimmung eines Anfangstermins angeordnet und tritt die Bedingung oder der Termin erst nach dem Erbfall ein, so erfolgt der Anfall des Vermächtnisses mit dem Eintritt der Bedingung oder des Termins.

§ 2179

Schrifttum: *Bühler,* Zum Inhalt der Vermächtnisanwartschaft im Vergleich zur Anwartschaft des Nacherben, BWNotZ 1967, 174; *Bungeroth,* Zur Wirksamkeit von Verfügungen über bedingt vermachte Gegenstände, NJW 1967, 1357; *Gudian,* Kann der mit einem Vermächtnis Beschwerte wie ein Vorerbe befreit werden? NJW 1967, 431; *Zawar,* Das Vermächtnis in der Kautelarjurisprudenz, 1983; *ders,* Der bedingte oder befristete Erwerb von Todes wegen, DNotZ 1986, 515.

1. Geregelt wird das **aufgeschobene Vermächtnis**. Darunter sind die aufschiebend bedingten und befristeten Vermächtnisse zu verstehen, deren Bedingung oder Befristung erst nach dem Erbfall eintritt. Der Anspruch (Anfall des Vermächtnisses) entsteht dann nicht mit dem Erbfall, sondern entsprechend §§ 158 I, 163 erst mit dem Eintritt der Bedingung bzw Befristung. Vorausgesetzt ist, daß das Vermächtnis selbst unter der Bedingung oder Befristung steht, nicht etwa der zugewendete Gegenstand (zB bedingtes Recht). Um den Schwebezustand nicht unabsehbar lange andauern zu lassen, setzen die §§ 2162, 2163 eine zeitliche Grenze für die Wirksamkeit von Bedingung und Befristung. Die von der Entstehung zu unterscheidende Fälligkeit des Anspruchs trifft in der Regel mit der Entstehung zusammen, wenn der Erblasser nichts anderes angeordnet hat (dazu Celle NdsRpfl 1961, 198). Nach den allgemeinen Auslegungsgrundsätzen muß der die Rechtsfolgen auslösende Erblasserwille im Testament Anklang gefunden haben (§ 2084 Rz 3ff). Mitunter ist nicht klar zu erkennen, ob die Entstehung oder die Fälligkeit hinausgeschoben sein soll; von Bedeutung ist die Frage im Hinblick auf § 2184 (Fruchtgenuß) und §§ 2162, 2163 (Wirksamkeitsbegrenzung). Bei der Auslegung ist in diesem Zusammenhang besonders darauf abzustellen, ob dem Bedachten während der Zwischenzeit schon Rechte auf Zinsen oder sonstige Nutzungen zustehen sollen. 1

Werden **wiederkehrende Leistungen** vermacht, ist zu entscheiden, ob ein einheitliches Vermächtnis gewollt ist oder mehrere Vermächtnisse jeweils die einzelnen Leistungen betreffend. Im Zweifel liegt ein einheitliches Vermächtnis näher; für den Fall der Leibrente, weil anzunehmen ist, daß eine so auf die persönlichen Bedürfnisse zugeschnittene Zuwendung nicht nach der Dauer von dreißig Jahren enden soll (hM). 2

Mit dem Erbfall erlangt der Bedachte eine **Anwartschaft** (§§ 2179, 160ff), über die er verfügen und die gepfändet werden kann (BGH MDR 1963, 824; RG JW 1929, 585), obwohl der Anfall des aufschiebend bedingten Vermächtnisses nach § 2074 davon abhängig ist, daß der Bedachte den Bedingungseintritt erlebt. Da es sich insoweit um eine Auslegungsregel handelt, kann die Anwartschaft auch im Fall eines aufschiebend bedingten Vermächtnisses vererblich sein (auch nach der vorrangigen Regel des § 2069, vgl BGH NJW 1958, 22) mit der Folge, daß das Vermächtnis beim Eintritt der Bedingung den Erben des Bedachten anfällt. Die Anwartschaft auf ein befristetes Vermächtnis ist im Zweifel vererblich, da § 2074 für den Fall der Befristung nicht gilt. Während des Bestehens der Anwartschaft ist der mit dem Vermächtnis Beschwerte zur ordnungsmäßigen Verwaltung verpflichtet (vgl § 2179 Rz 1; zur Sicherung der Vermächtnisanwartschaft siehe § 2179 Rz 2, zur Kritik der Bezeichnung als Anwartschaft Zawar S 45). 3

2. Nicht geregelt ist das **Vermächtnis unter auflösender Bedingung** oder Befristung. Der so vermachte Gegenstand fällt, sobald die Bedingung eingetreten oder der bestimmte Endtermin erreicht ist, entweder an einen Nachvermächtnisnehmer (§ 2191) oder ist an den Beschwerten zurückzugeben. Letzterenfalls wird es sich um ein – allerdings aufschiebend bedingtes oder befristetes – Rückvermächtnis handeln. 4

2178 *Anfall bei einem noch nicht gezeugten oder bestimmten Bedachten*

Ist der Bedachte zur Zeit des Erbfalls noch nicht gezeugt oder wird seine Persönlichkeit durch ein erst nach dem Erbfall eintretendes Ereignis bestimmt, so erfolgt der Anfall des Vermächtnisses im ersteren Falle mit der Geburt, im letzteren Falle mit dem Eintritt des Ereignisses.

1. Der Bedachte ist Nachlaßgläubiger, nicht aber Rechtsnachfolger des Erblassers. Es besteht daher keine Notwendigkeit, daß er im Zeitpunkt des Erbfalls schon leben oder gezeugt sein oder genügend bestimmt sein müßte, wie es in § 1923 für den Anfall der Erbschaft vorausgesetzt ist. Der Anfall und die Fälligkeit des Vermächtnisses werden auf den **Zeitpunkt der Geburt** hinausgeschoben (nicht entsprechend § 1923 II auf den der Erzeugung), bei sonstiger Ungewißheit bis zum Eintritt des klärenden Ereignisses. Eine zeitliche Begrenzung bilden die §§ 2162, 2163. War der Bedachte im Zeitpunkt des Erbfalls bereits gezeugt und sollte ihm das Vermächtnis mit der Geburt zufallen, dann gilt § 1923 II unmittelbar mit der Folge, daß das Vermächtnis schon mit dem Erbfall anfällt und nicht erst mit der Geburt. 1

2. Das spätere **Entstehen einer juristischen Person** gilt als „nach dem Erbfall eintretendes Ereignis". Für den Fall der nachträglichen Anerkennung einer Stiftung bleibt es bei § 84 mit der Rückwirkung wie bei § 1923 II: das Vermächtnis fällt mit dem Tod des Erblassers (Stifters) an. 2

2179 *Schwebezeit*

Für die Zeit zwischen dem Erbfall und dem Anfall des Vermächtnisses finden in den Fällen der §§ 2177, 2178 die Vorschriften Anwendung, die für den Fall gelten, dass eine Leistung unter einer aufschiebenden Bedingung geschuldet wird.

1. Während des Schwebezustandes finden die **§§ 158–163** Anwendung, woraus sich ergibt, daß der Bedachte eine Anwartschaft besitzt (siehe § 2177 Rz 3 und § 158 Rz 4). Der Beschwerte macht sich nach § 160 I schadenersatzpflichtig, wenn er den Anfall schuldhaft vereitelt oder beeinträchtigt (BGH MDR 1963, 824). Insofern besteht schon vor dem Anfall eine Pflicht zur ordnungsmäßigen Verwaltung des Vermächtnisgegenstands (BGH NJW 1991, 1736, 1737). Gemäß § 162 I muß sich der Beschwerte bei arglistiger Verhinderung des Eintritts so behandeln lassen, als ob das Vermächtnis angefallen wäre (für den Fall der Adoption, um nicht ohne Abkömmlinge zu bleiben, Stuttgart FamRZ 1981, 918 mit Anm Bausch). Die Anwendbarkeit des § 161 I ist zweifelhaft, da die Vor- 1

§ 2179

schrift nur für Verfügungen gilt; bejahend Gudian (NJW 1967, 431), der sich im Ergebnis mit der Testamentsauslegung und der Auffassung hilft, der Beschwerte könne wie ein Vorerbe (§ 2136) befreit werden. Diese Vorschrift paßt aber ebensowenig. Entscheidend ist darauf abzustellen, daß § 2179 das bedingte Vermächtnis nicht weitergehend schützen will als das unbedingte Vermächtnis (so zutreffend Bungeroth NJW 1967, 1357; Bühler BWNotZ 1967, 174; Zawar, Das Vermächtnis in der Kautelarjurisprudenz, 1983, S 39, letzterer über die Gestaltungsmöglichkeiten von aufgeschobenem Vermächtnis und Nacherbschaft, S 79ff). § 161 ist nur anzuwenden, sofern der Gegenstand unter der auch für das Vermächtnis geltenden Bedingung schon übereignet wird. Ersatzansprüche nach § 285 können erst nach regulärem Anfall des Vermächtnisses geltend gemacht werden.

2 Vorher ist die **Sicherung** der Anwartschaft durch einstweilige Verfügung nach §§ 916 II, 935 ZPO möglich. Die Anwartschaft auf ein Grundstück oder Grundstücksrecht ist auch vormerkungsfähig, § 883 (BayObLG Rpfleger 1981, 190; LG Aachen MittRhNotK 1987, 27). Ist dem Erblasser an einer solchen dinglichen Sicherung gelegen, wird ihm empfohlen, das aufgeschobene Vermächtnis mit einem gesonderten Anspruch auf Bewilligung der Auflassungsvormerkung zu versehen, da ein solcher Anspruch von Gesetzes wegen mit dem Vermächtnis eines Auflassungsanspruchs nicht ohne weiteres verbunden ist (ebenso Zawar DNotZ 1986, 402). Ein Anspruch auf Bewilligung besteht nur, wenn ein darauf gerichteter Wille in der Verfügung von Todes wegen anklingt. Nach aM ist jeder bedingte oder befristete Auflassungsanspruch unter Hinweis auf § 161 (vgl dazu aber Rz 1) mit einem Anspruch auf Bewilligung einer Vormerkung verbunden (Hamm MDR 1984, 402); bzw bei der Auslegung der letztwilligen Verfügung sei entsprechend den Kriterien zu § 2136 (vgl dazu wiederum § 2192 II) von nicht befreiten Vorvermächtnisnehmern auszugehen. Jedenfalls den Anspruch auf Bewilligung eines Veräußerungs- oder Belastungsverbots hat das RG (SeuffA 87 Nr 10) von einer besonderen Anordnung des Erblassers abhängig gemacht. Nach § 1913 wird im übrigen die Bestellung eines Pflegers erforderlich, wenn die Person des Bedachten noch ungewiß ist.

3 2. Im Fall einer **auflösenden Bedingung** (§ 2177 Rz 4) kann der Bedachte nach § 160 II schadenersatzpflichtig sein, wenn er die Rückgewähr beeinträchtigt oder vereitelt hat. Anspruchsberechtigt ist der Nachvermächtnisnehmer, wenn ein solcher bestimmt ist, anderenfalls der Beschwerte, an den das Vermächtnis zurückfällt. Über die Wirksamkeit der in der Zwischenzeit vom Bedachten getroffenen Verfügungen über den Vermächtnisgegenstand ist wiederum auf § 161 zu verweisen. Auch hier tritt die Frage der Unwirksamkeit nach § 161 nicht unmittelbar auf, da die auflösende Bedingung nur in dem obligatorischen Vermächtnisanspruch enthalten ist. Häufig wird der vermachte Gegenstand jedoch unter der auflösenden Bedingung des Vermächtnisses auch übereignet, sofern es sich nicht um ein Grundstück handelt (§ 925 II); damit wird § 161 anwendbar.

2180 *Annahme und Ausschlagung*
(1) Der Vermächtnisnehmer kann das Vermächtnis nicht mehr ausschlagen, wenn er es angenommen hat.
(2) Die Annahme sowie die Ausschlagung des Vermächtnisses erfolgt durch Erklärung gegenüber dem Beschwerten. Die Erklärung kann erst nach dem Eintritt des Erbfalls abgegeben werden; sie ist unwirksam, wenn sie unter einer Bedingung oder einer Zeitbestimmung abgegeben wird.
(3) Die für die Annahme und die Ausschlagung einer Erbschaft geltenden Vorschriften des § 1950, des § 1952 Abs. 1, 3 und des § 1953 Abs. 1, 2 finden entsprechende Anwendung.

1 1. Das Vermächtnis fällt kraft Gesetzes an, kann aber ausgeschlagen werden. Die **Ausschlagung** ist, und das ist die Bedeutung von Abs I, nicht mehr möglich, wenn das Vermächtnis angenommen ist. Annahme und Ausschlagung schaffen (abweichend von § 1944 ohne Frist) einen endgültigen Zustand und sind (ebenso wie in §§ 1943, 1945) unwiderruflich. Als Willenserklärungen nach §§ 130–132 sind sie jedoch dem Beschwerten gegenüber anfechtbar, §§ 119–124; nach §§ 1954ff und mit Ausnahme der Anfechtung nach § 2308 I. Außerdem sind die Bestimmungen über Vertretung, Einwilligung und Genehmigung des Allgemeinen Teils und des Familienrechts anzuwenden; nach § 1432 I S 1 und § 1455 Nr 1 bedarf der bedachte Ehegatte nicht der Bestimmung des anderen Ehegatten; nach § 1643 II und § 1822 Nr 2 ist die Genehmigung des Vormundschaftsgerichts erforderlich. Zu beachten sind im übrigen § 83 I InsO und § 517.

2 2. Die Erklärungen über Annahme oder Ausschlagung sind **formfrei**, können daher stillschweigend abgegeben werden und liegen gleichzeitig in der Annahme des vermachten Gegenstands oder in der Ablehnung durch den Bedachten, uU auch in der Zustimmung des Bedachten zu einer anderweitigen Verfügung des Beschwerten über den Vermächtnisgegenstand. Die Erklärung muß dem Beschwerten gegenüber abgegeben werden. Wird sie dem Nachlaßgericht gegenüber abgegeben, kann die Erklärung von dort an den Beschwerten weitergeleitet werden (RG 113, 237). Testamentsvollstrecker oder Nachlaßpfleger sind empfangsberechtigt, wenn der Vermächtnisanspruch gegen sie geltend gemacht werden kann. Vor dem Erbfall kann die Erklärung der Annahme oder Ausschlagung nicht abgegeben werden (Abs II S 2). Bei einem Vermächtnis iSv 2177, 2178 können Annahme und Ausschlagung aber in der Zeit zwischen Erbfall und Anfall erklärt werden, dh vor Bedingungseintritt; bei einem Vermächtnis iSv § 2191 vor Eintritt des Nachvermächtnisfalles (BGH NJW 2001, 520).

3 3. Mit der Ausschlagung durch den Bedachten gilt dessen Anspruch als nicht angefallen (§ 1953), als angefallen aber gleichsam der Anspruch des Ersatzbedachten (§ 2190), und zwar mit **Wirkung** von der Entstehung einer vererblichen Anwartschaft an (Pal/Edenhofer Rz 6; RGRK/Johannsen Rz 13); nach aM mit dem Erbfall (Lange/Kuchinke § 29 IV 2d) oder in den Fällen der §§ 2177, 2178 mit dem späteren Anfall (MüKo/Schlichting Rz 8; Soergel/Wolf Rz 11). Gibt es (auch nach § 2069) keinen Ersatzvermächtnisnehmer, kommt es zur Anwachsung (§ 2158), anderenfalls ist das Vermächtnis hinfällig und kommt dem Beschwerten zugute. Die Annahme des Vermächtnisses begründet über die Wirkung von Abs I hinaus die Möglichkeit des Annahmeverzuges (§§ 293ff), und ggf ist ein Untervermächtnis zu erfüllen. Untergehen kann der Vermächtnisanspruch nach der Annahme in erster Linie durch Erfüllung und Erfüllungssurrogate.

4. Zur Abgrenzung von der Ausschlagung: Ein **Verzicht** ist noch zu Lebzeiten des Erblassers in der Form des 4 § 2352 möglich. Der Schluß auf einen stillschweigend vereinbarten Erlaßvertrag erfordert einen triftigen Grund und ein unzweideutiges Verhalten auf Seiten des Vermächtnisnehmers (Nürnberg OLG 1984, 127).

2181 *Fälligkeit bei Beliebigkeit*
Ist die Zeit der Erfüllung eines Vermächtnisses dem freien Belieben des Beschwerten überlassen, so wird die Leistung im Zweifel mit dem Tode des Beschwerten fällig.

Betroffen ist nicht der Anfall (§ 2176 Rz 1), sondern die **Fälligkeit** der Vermächtnisforderung. Die Fälligkeit 1 kann bis zum Tod des Beschwerten hinausgeschoben werden, was im Zweifel anzunehmen ist. Der Beschwerte ist auf diese Weise zu Lebzeiten nicht mit der Erfüllungspflicht belastet; solange ist auch eine Leistungsklage nicht geboten. Wohl aber kann die Verpflichtung selbst bereits gegen den Beschwerten mit der Feststellungsklage (§ 256 ZPO) geltend gemacht werden (RG WarnR 1919 Nr 198). Die Erfüllung des Vermächtnisanspruchs wird mit dem Tod des Beschwerten zur Nachlaßverbindlichkeit, so daß die Erben des Beschwerten sich auf dessen Haftungsbeschränkungen (zB nach § 1992) berufen können (MüKo/Schlichting Rz 1). Im Zweifel ist nicht erforderlich, daß der Bedachte den Zeitpunkt der in § 2181 vermerkten Fälligkeit erleben muß; der Anspruch geht ggf auf die Erben des Bedachten über. Eine Frage der Auslegung ist es auch, wem die Nutzungen während der Zeit zwischen Anfall und Fälligkeit des Vermächtnisses gebühren. Dem Willen des Erblassers wird es ohne weiteres entsprechen, daß sie dem Beschwerten zustehen.

2182 *Gewährleistung für Rechtsmängel*
(1) Ist eine nur der Gattung nach bestimmte Sache vermacht, so hat der Beschwerte die gleichen Verpflichtungen wie ein Verkäufer nach den Vorschriften des § 433 Abs. 1 Satz 1, der §§ 436, 452 und 453. Er hat die Sache dem Vermächtnisnehmer frei von Rechtsmängeln im Sinne des § 435 zu verschaffen. § 444 findet entsprechende Anwendung.
(2) Dasselbe gilt im Zweifel, wenn ein bestimmter nicht zur Erbschaft gehörender Gegenstand vermacht ist, unbeschadet der sich aus dem § 2170 ergebenden Beschränkung der Haftung.
(3) Ist ein Grundstück Gegenstand des Vermächtnisses, so haftet der Beschwerte im Zweifel nicht für die Freiheit des Grundstücks von Grunddienstbarkeiten, beschränkten persönlichen Dienstbarkeiten und Reallasten.

Schrifttum: *Amend*, Schuldrechtsreform und Mängelhaftung beim Gattungsvermächtnis, ZEV 2002, 227; *Brambring*, Die Auswirkungen der Schuldrechtsreform auf das Erbrecht, ZEV 2002, 137; *Schlichting*, Schuldrechtsmodernisierung im Erbrecht, ZEV 2002, 478.

1. Die Verpflichtungen des Beschwerten aus einem Vermächtnis ähneln denen eines Verkäufers; daher sind für 1 das Gattungs- (§ 2155) und Verschaffungsvermächtnis (§ 2170) die Vorschriften über die Verpflichtung zur Leistung und über die **Haftung bei Rechtsmängeln** für anwendbar erklärt (§ 2182 I), außerdem für das Gattungsvermächtnis diejenigen über die Haftung bei Sachmängeln (§ 2183). Für das Verschaffungsvermächtnis stellt die Verweisung auf die Rechtsmängelhaftung nur eine Auslegungsregel dar (§ 2182 II); der Beschwerte kann nach Maßgabe des § 2170 II allerdings Wertersatz leisten. Beim Wahlvermächtnis wird die Haftung durch die Rechtsnatur des gewählten Gegenstands bestimmt. Für das Stückvermächtnis gilt § 2165, also weder Sachmängel- noch Rechtsmängelhaftung.

Beim Gattungsvermächtnis und im Zweifel beim Verschaffungsvermächtnis kann der Bedachte also die lasten- 2 freie Übertragung des Eigentums an dem Vermächtnisgegenstand verlangen (Abs I, § 433 I S 1, § 435). Ist aber ein Grundstück vermacht, dann gilt die einschränkende Auslegungsregel des Abs III: der Beschwerte haftet im Zweifel nicht für die Freiheit von Grunddienstbarkeiten, beschränkten persönlichen Dienstbarkeiten und Reallasten. Wer die öffentlichen Lasten eines vermachten Grundstücks zu tragen hat, folgt aus § 436. Nach dessen sog Beginnlösung treffen den Beschwerten alle Erschließungs- und Anliegerbeiträge für die bis zum Erbfall bautechnisch begonnenen Maßnahmen; eine statt dessen den Bedachten belastende Verfügung des Erblassers kann sich anbieten (Brambring ZEV 2002, 140). Entsprechend § 444 kann sich der Beschwerte auf eine vereinbarte Haftungsbeschränkung nicht berufen, wenn er einen Mangel arglistig verschwiegen oder eine Garantie für die Beschaffenheit des vermachten Gegenstands übernommen hat. Die Rechtsmängelhaftung (Abs I) betrifft nicht nur Sachen, sondern auch der Gattung nach bestimmte Schiffe, Schiffsbauwerke (§ 452), Rechte und sonstige Gegenstände (§ 453). Einen Rechtsmangel beweisen muß der Bedachte ab der Annahme des vermachten Gegenstands als Erfüllung; die uneingeschränkte Beweislast nach § 442 aF ist in Angleichung der Beweislast beim Sachmangel entfallen. Die amtliche Überschrift der Vorschrift ist mißverständlich; den Begriff der Gewährleistung gibt es im Kaufrecht, auf das verwiesen wird, nicht mehr.

2. Im übrigen finden die Vorschriften über den **Erwerb vom Nichtberechtigten** Anwendung, so daß der 3 Bedachte keine Rechte wegen eines Mangels erlangt, wenn er nach § 932 (lediglich) gutgläubig Eigentum erwirbt; auch dann nicht, wenn er nach § 816 I S 2 zur Rückgabe an den wahren Eigentümer gezwungen ist (hM; abl MüKo/Schlichting Rz 9).

§ 2183 Gewährleistung für Sachmängeln

Ist eine nur der Gattung nach bestimmte Sache vermacht, so kann der Vermächtnisnehmer, wenn die geleistete Sache mangelhaft ist, verlangen, dass ihm anstelle der mangelhaften Sache eine mangelfreie geliefert wird. Hat der Beschwerte einen Sachmangel arglistig verschwiegen, so kann der Vermächtnisnehmer statt der Lieferung einer mangelfreien Sache Schadensersatz wegen Nichterfüllung verlangen. Auf diese Ansprüche finden die für die Gewährleistung wegen Mängeln einer verkauften Sache geltenden Vorschriften entsprechende Anwendung.

Schrifttum: Siehe bei § 2182.

1 **Haftungsansprüche wegen Sachmängeln** bestehen nur beim *Gattungsvermächtnis* (§ 2155). Der Anspruch ist auf die Lieferung einer mangelfreien Sache gerichtet (Satz 1), bei arglistigem Verschweigen wahlweise auf Schadenersatz statt der Leistung (Satz 2). Der dem Käufer gemäß § 439 I seit dem 1. 1. 2002 wahlweise eingeräumte Anspruch auf Nachbesserung statt Nachlieferung kann auch dem Vermächtnisnehmer zustehen (Satz 3), allerdings unter Beachtung des § 439 III (Amend ZEV 2002, 229; Schlichting ZEV 2002, 479). Minderung und Rücktritt kommen bei dem Vermächtnis als einseitigem Schuldverhältnis nicht in Betracht. Auch gelten nicht ohne weiteres die Haftungsfolgen der §§ 280ff (aM Amend ZEV 2002, 229). Beachtlich bleiben der Haftungsausschluß wegen Kenntnis vom Mangel (§ 442), die nicht berufungsfähige Vereinbarung eines Haftungsausschlusses bei arglistigem Verschweigen eines Mangels oder Übernahme einer Beschaffenheitsgarantie (§ 444) sowie die ausgeweitete Verjährungsfrist von grundsätzlich 2 Jahren (§ 438). Die Begrifflichkeiten „Schadensersatz wegen Nichterfüllung" und „Gewährleistung" sind nach diesbezüglichen Änderungen im Schuldrecht nicht mehr passend.

2 Beim Stückvermächtnis besteht keine Sachmängelhaftung. Der Gegenstand ist vermacht in dem Zustand, in dem er in den Nachlaß gelangt bzw in dem er sich bei Anfall des Vermächtnisses befindet.

§ 2184 Früchte; Nutzungen

Ist ein bestimmter zur Erbschaft gehörender Gegenstand vermacht, so hat der Beschwerte dem Vermächtnisnehmer auch die seit dem Anfall des Vermächtnisses gezogenen Früchte sowie das sonst auf Grund des vermachten Rechts Erlangte herauszugeben. Für Nutzungen, die nicht zu den Früchten gehören, hat der Beschwerte nicht Ersatz zu leisten.

1 **1.** Zubehör (§ 2164) und **Früchte** gehören zum Vermächtnis, wenn ein bestimmter zur Erbschaft gehörender Gegenstand zugewendet wird. Beim Gattungs- (§ 2155) und Verschaffungsvermächtnis (§ 2170) gelten für Früchte die allgemeinen Vorschriften, praktisch also nur diejenigen über Verzug. Beim Wahlvermächtnis (§ 2154) wird die Schuld erst mit der Wahl begründet. Herauszugeben sind vom Beschwerten seit Anfall des Vermächtnisses tatsächlich gezogenen Früchte. Es muß sich um Früchte des vermachten Gegenstands handeln. Der Bedachte kann darum nach § 2184 nicht etwa die Miete verlangen, wenn ihm ein Wohnungsrecht zugewendet wird, er von der Nutzungsmöglichkeit keinen Gebrauch macht, und der Beschwerte daraufhin die Wohnung anderweitig vermietet. In Frage kommen bei dieser Sachlage allerdings Ansprüche aus § 812 und § 285. Wird ein Nießbrauch vermacht, können die Nutzungen erst vom Zeitpunkt der Bestellung des Rechts nach § 873 an verlangt werden, denn die Früchte der Sache sind nicht Früchte des vermachten Gegenstands (KG NJW 1964, 1808). Sollen dem Bedachten die Früchte schon seit dem Erbfall zukommen, kann der Erblasser dies besonders bestimmen (BGH WM 1977, 416). Für nicht gezogene Nutzungen muß der Beschwerte grundsätzlich nicht haften, es sei denn, er befand sich mit der Leistung in Verzug oder der Anspruch ist rechtshängig geworden (§§ 281, 280 II, 292, 987 II) oder die Fruchtziehung ist böswillig unterblieben (§ 826). Der Rechtshängigkeit iSv § 292 ist die Kenntnis von der Erfüllungspflicht nach einhelliger Meinung nicht gleichzustellen (RGRK/Johannsen Rz 5). Sind die Früchte verbraucht oder aus einem anderen Grund nicht mehr vorhanden, haftet der Beschwerte nach § 285 auf Herausgabe von Surrogaten und nach § 281 bei Verschulden auch auf Schadensersatz, nach §§ 812, 818 auf Wertersatz nur, sofern die Leistung des Vermächtnisgegenstands bereits erfolgt ist (Staud/Otte Rz 5).

2 **2. Sonstige Nutzungen**, die der Gebrauch der Sache mit sich bringt (§ 100), verbleiben dem Beschwerten ohne Ersatzpflicht und unabhängig davon, ob der Beschwerte hierdurch Vorteile erlangt hat und bereichert ist.

§ 2185 Ersatz von Verwendungen und Aufwendungen

Ist eine bestimmte zur Erbschaft gehörende Sache vermacht, so kann der Beschwerte für die nach dem Erbfall auf die Sache gemachten Verwendungen sowie für Aufwendungen, die er nach dem Erbfall zur Bestreitung von Lasten der Sache gemacht hat, Ersatz nach den Vorschriften verlangen, die für das Verhältnis zwischen dem Besitzer und dem Eigentümer gelten.

Schrifttum: *Bengel*, Rechtsfragen zum Vor- und Nachvermächtnis, NJW 1990, 1826; *Maur*, Die Rechtsstellung des Vorvermächtnisnehmers bei zugunsten des Nachvermächtnisnehmers eingetragener Vormerkung, NJW 1990, 1161; *Schlichting*, Der Verwendungsersatzanspruch des Vorvermächtnisnehmers gegen den Nachvermächtnisnehmer, ZEV 2000, 385.

1 **1. Verwendungen** und **Aufwendungen** sind ersatzfähig, sofern sie (enger als nach § 2184) auf eine bestimmte zur Erbschaft gehörende Sache gemacht sind. Betroffen ist also das Stückvermächtnis und dem Willen des Erblassers entsprechend auch das Verschaffungsvermächtnis, sobald der Beschwerte die zu verschaffende Sache erstanden hat (für Analogie auf unkörperliche Gegenstände Kipp/Coing § 58 VII). Nach 2185 und nicht entsprechend §§ 2124ff sind auch Verwendungsersatzansprüche des Vorvermächtnisnehmers gegen den Nachvermächtnisnehmer zu beurteilen (BGH 114, 16; Schlichting ZEV 2000, 385; aM Maur NJW 1990, 1161; Bengel NJW 1990, 1829; Leipold JZ 1991, 990; Watzek MittRhNotK 1999, 37). In Bezug auf die Sache wird ein Verhältnis unterstellt

wie zwischen Eigentümer und Besitzer (§§ 994–1003), und zwar vom Erbfall und nicht erst vom Anfall des Vermächtnisses an.

Nach §§ 994 I, 995 sind **notwendige** Verwendungen zu ersetzen und (mit Ausnahme von § 256 S 2) zu verzinsen, wenn die Nutzungen nicht dem Beschwerten verbleiben. Auf dieser Grundlage haftet der Bedachte bis zum Eintritt der Rechtshängigkeit bzw Bösgläubigkeit (§§ 994 II, 990). Bösgläubig wird er mit Kenntnis oder grobfahrlässiger Unkenntnis vom eingetretenen oder sicher eintretenden Anfall des Vermächtnisses (Staud/Otte Rz 2; so auch BGH 114, 16; aM Kipp/Coing VII; Zawar Das Vermächtnis in der Kautelarjurisprudenz 1983 S 68). Von diesem Zeitpunkt an haftet der Bedachte der Verweisung in § 994 II zufolge nach den Vorschriften über die Geschäftsführung ohne Auftrag. Ob im Rahmen der §§ 683, 670 ein entgegenstehender Wille des Bedachten zu beachten ist, wenn eine Verwaltungsmaßnahme nach § 1978 geboten ist, bejaht RGRK/Johannsen (Rz 5), der dem Beschwerten nur einen Ersatzanspruch gegen den Nachlaß zugesteht. Interessengerechter ist es indessen, den tatsächlichen Willen des Bedachten zu vernachlässigen; anderenfalls könnte der Beschwerte bei überschuldetem Nachlaß benachteiligt sein (Staud/Otte Rz 6) oder der Bedachte auf Kosten der übrigen Nachlaßgläubiger einen Vorteil erlangen. 2

Nützliche Verwendungen sind nach § 996 zu ersetzen, soweit sie vor Rechtshängigkeit bzw Bösgläubigkeit gemacht und bei Erfüllung des Vermächtnisanspruchs wertmäßig noch vorhanden sind. 3

2. Ob es sich **im Einzelfall** um ersatzfähige Aufwendungen oder bloß um gewöhnliche Erhaltungskosten (§ 994 I S 2) bzw solche Lasten handelt, die nicht den Stammwert des Vermächtnisgegenstands erhöhen (§ 995 S 2), kann zweifelhaft sein. Als ersatzfähig anerkannt sind bei einem Grundstück zB die Versorgungsnetz- und Erschließungsbeiträge. Die Kosten für die Grenzfeststellung, die Kosten der Einmessung und die Rechtsverfolgung im Zusammenhang mit einem Netzkostenbeitrag sind hingegen als gewöhnliche Erhaltungskosten angesehen worden (BGH NJW 1991, 1736), was bedenklich erscheint, insoweit die Begründung darin liegt, die Kosten seien verhältnismäßig niedrig und könnten schon deshalb aus den laufenden Nutzungen gedeckt werden. Die Abgrenzung zu außergewöhnlichen, ersatzfähigen Kosten kann davon nicht abhängen. Darum sind die Kosten eines Rechtsstreits, die dem Beschwerten im Zusammenhang mit dem Vermächtnisgegenstand erwachsen, als notwendige und idR als erstattungsfähige Verwendung aufzufassen, wenn der Rechtsstreit den Umständen nach notwendig oder zweckmäßig ist. Erstattungsfähig ist auch die auf die Schuld des Vermächtnisnehmers abgeführte Erbschaftsteuer. 4

§ 2186 Fälligkeit eines Untervermächtnisses oder einer Auflage

Ist ein Vermächtnisnehmer mit einem Vermächtnis oder einer Auflage beschwert, so ist er zur Erfüllung erst dann verpflichtet, wenn er die Erfüllung des ihm zugewendeten Vermächtnisses zu verlangen berechtigt ist.

Das **Untervermächtnis** beschwert den Hauptbedachten. Während die Zeitpunkte des Anfalls voneinander unabhängig sind, tritt die Fälligkeit frühestens mit der Hauptvermächtnisses ein. Wird das Hauptvermächtnis erfüllt, noch bevor es fällig wird, muß der Hauptbedachte auch das Untervermächtnis erfüllen. Andererseits kann sich der Hauptbedachte auf das Ausbleiben der Leistung des mit dem Hauptvermächtnis Beschwerten nicht berufen, sobald er nur berechtigt ist, Erfüllung zu verlangen. Die Ausschlagung des Hauptvermächtnisses, die gemäß § 2180 an keine Frist gebunden ist, befreit den Hauptbedachten allerdings gegenüber dem Untervermächtnisnehmer, ohne den Anfall des Untervermächtnisses zu beeinträchtigen. An die Stelle des Hauptbedachten tritt lediglich ein anderer Schuldner; ist dies der Erbe, dann greift § 2186 nicht mehr ein. Der Erblasser kann die Vorschrift im übrigen nicht außer Kraft setzen. Ist der Hauptvermächtnisnehmer mit einer Auflage beschwert, gilt Entsprechendes. 1

§ 2187 Haftung des Hauptvermächtnisnehmers

(1) Ein Vermächtnisnehmer, der mit einem Vermächtnis oder einer Auflage beschwert ist, kann die Erfüllung auch nach der Annahme des ihm zugewendeten Vermächtnisses insoweit verweigern, als dasjenige, was er aus dem Vermächtnis erhält, zur Erfüllung nicht ausreicht.
(2) Tritt nach § 2161 ein anderer an die Stelle des beschwerten Vermächtnisnehmers, so haftet er nicht weiter, als der Vermächtnisnehmer haften würde.
(3) Die für die Haftung des Erben geltende Vorschrift des § 1992 findet entsprechende Anwendung.

Die **Haftungsbeschränkung** des Hauptbedachten ist ähnlich geregelt wie die des Erben. Der erbrechtlich Beschwerte soll nicht mehr leisten, als ihm selbst aus der Erbschaft zufließt. Abs III verweist auf die Dürftigkeitseinrede des Erben im Hinblick auf eine Überschwerung des Nachlasses. An die Stelle des Nachlasses tritt hier der Wert des Hauptvermächtnisses. Damit haftet er dem Untervermächtnisnehmer; er kann ihm diesen Wert auszahlen (§ 1992 S 2), oder er kann ihm seinen eigenen Anspruch abtreten (§ 1990 I), um von einer wertmäßig höheren eigenen Verpflichtung loszukommen. UU ist mit der Auslegung zu helfen, wenn sich der Wert des Vermächtnisses, des Untervermächtnisses oder der Auflage infolge besonderer Ereignisse nach Testamentserrichtung ändert (zB Kursverfall von Wertpapieren, die für untervermachte Unterhaltsleistungen verwendet werden sollen). Bedeutsam ist dann nicht der nominelle Wert des Vermächtnisses, sondern der tatsächliche Wert dessen, was der Vermächtnisnehmer erhalten hat (vgl RG 120, 237). Im übrigen ist der Hauptbedachte nach § 1978 I für die ordnungsmäßige Verwaltung des ihm selbst Zugewendeten verantwortlich, notfalls unter Rechnungslegung. Dazu wird die Aufnahme des Inventars angeraten (Pal/Edenhofer Rz 2). Ist der Hauptbedachte gleichsam mit mehreren Vermächtnissen bedacht, haftet er den Untervermächtnisnehmern jeweils nur mit dem sie betreffenden Hauptvermächtnis, so daß er sich jeweils auf die Haftungsbeschränkung berufen kann, die ihm auch nach der Annahme noch zusteht. Sie ist im Rechtsstreit geltend zu machen und im Urteil als Vorbehalt aufzunehmen (§§ 786, 780 ZPO), über § 767 ZPO kann sie zur Beseitigung der Vollstreckbarkeit dienen. 1

§ 2188 Kürzung der Beschwerungen

2188 Wird die einem Vermächtnisnehmer gebührende Leistung auf Grund der Beschränkung der Haftung des Erben, wegen eines Pflichtteilsanspruchs oder in Gemäßheit des § 2187 gekürzt, so kann der Vermächtnisnehmer, sofern nicht ein anderer Wille des Erblassers anzunehmen ist, die ihm auferlegten Beschwerungen verhältnismäßig kürzen.

1 Die Bestimmung dient wie § 2187 der Herstellung des Zusammenhangs zwischen dem, was der Hauptbedachte aus dem Nachlaß erhält und dem, was er durch weitere Beschwerungen auszukehren verpflichtet ist. Die **Kürzung** durch den Hauptbedachten kann ihre Ursache in der Unzulänglichkeitseinrede (§§ 1990–1992), im Vorrang der Pflichtteilsberechtigten (§§ 2319, 2322–2324) oder in der Nachlaßinsolvenz (§ 327 InsO) haben. Im Zweifel ist der Hauptbedachte berechtigt, die Beschwerungen anteilsmäßig zu kürzen, auch dann, wenn das Vermächtnis noch ausreichen würde, weitere Beschwerungen ganz zu erfüllen. Bei einer unteilbaren Zuwendung ist eine Kürzung in der Weise zulässig, daß der Hauptbedachte anstelle des Gegenstands einen gekürzten Schätzwert entrichtet, sofern nicht der Unterbedachte den die Kürzung ausmachenden (geschätzten) Differenzbetrag anbietet (BGH 19, 309; DNotZ 1965, 620).

2189 Anordnung eines Vorrangs

Der Erblasser kann für den Fall, dass die dem Erben oder einem Vermächtnisnehmer auferlegten Vermächtnisse und Auflagen auf Grund der Beschränkung der Haftung des Erben, wegen eines Pflichtteilsanspruchs oder in Gemäßheit der §§ 2187, 2188 gekürzt werden, durch Verfügung von Todes wegen anordnen, dass ein Vermächtnis oder eine Auflage den Vorrang vor den übrigen Beschwerungen haben soll.

1 Der Erblasser kann für die Beschwerungen eine **Rangordnung** bestimmen, die im Fall der Nachlaßinsolvenz mit der Einschränkung gilt, daß den Pflichtteil ausschließende Vermächtnisse (§ 2307) den gleichen Rang behalten wie der Pflichtteilsanspruch selbst (§ 327 II InsO).

2190 Ersatzvermächtnisnehmer

Hat der Erblasser für den Fall, dass der zunächst Bedachte das Vermächtnis nicht erwirbt, den Gegenstand des Vermächtnisses einem anderen zugewendet, so finden die für die Einsetzung eines Ersatzerben geltenden Vorschriften der §§ 2097 bis 2099 entsprechende Anwendung.

1 Das **Ersatzvermächtnis** ist im Grundsatz dem Ersatzerbrecht (§ 2096) gleichgestaltet. Ein Ersatzberechtigter erwirbt das Vermächtnis nur, wenn der Erstberufene mit Wirkung ex tunc ausscheidet. Der Ersatzbedachte muß den Erbfall erlebt haben (§ 2160) oder nachträglich bestimmt geworden sein (§ 2178), den Vermächtnisanfall muß er aber nicht mehr erleben. Ist er zwischen Erbfall und Anfall des Vermächtnisses gestorben, vererbt sich sein Anwartschaftsrecht auf seine Erben. Siehe im übrigen die Erläuterungen zu §§ 2097–2099.

2191 Nachvermächtnisnehmer

(1) Hat der Erblasser den vermachten Gegenstand von einem nach dem Anfall des Vermächtnisses eintretenden bestimmten Zeitpunkt oder Ereignis an einem Dritten zugewendet, so gilt der erste Vermächtnisnehmer als beschwert.

(2) Auf das Vermächtnis finden die für die Einsetzung eines Nacherben geltenden Vorschriften des § 2102, des § 2106 Abs. 1, des § 2107 und des § 2110 Abs. 1 entsprechende Anwendung.

Schrifttum: *Bengel*, Rechtsfragen zum Vor- und Nachvermächtnis, NJW 1990. 1826; *Maur*, Die Rechtsstellung des Vormächtnisnehmers bei zugunsten des Nachvermächtnisnehmers eingetragener Vormerkung, NJW 1990, 1161.

1 1. Das **Nachvermächtnis** ist mit dem Nacherbrecht vergleichbar, der Nachvermächtnisnehmer schließt jedoch nicht an den Erblasser an, sondern an den Vorvermächtnisnehmer; außerdem hat das Nachvermächtnis wie das Ersatzvermächtnis keine dingliche Wirkung. Im Unterschied zum Ersatzvermächtnis wiederum wechselt hier die Person des Bedachten. Es handelt sich um eine Art des Untervermächtnisses iSv § 2186 mit der Besonderheit, daß beim Nachvermächtnis derselbe Gegenstand weitervermacht wird. In diesem Sinne ist der Gegenstand noch derselbe, wenn bei einer Gesamtheit von Gegenständen nicht jede Einzelsache, aber noch der Gesamtcharakter erhalten bleibt. Das Nachvermächtnis kann sich auf einen (ideellen) Teil des Vermächtnisses beschränken. Zwischen dem Erst- und Zweitbedachten besteht ein Schuldverhältnis nach Art des § 2177 als aufschiebend bedingtes oder befristetes Vermächtnis (BGH NJW 1991, 1736). Beschwert ist dem Nachbedachten gegenüber allein und ausschließlich der Vorbedachte, auch wenn der Erbe als Eigentümer des vermachten Grundstücks eingetragen ist (OGH NJW 1950, 596). Es können mehrere Vermächtnisnehmer zeitlich nacheinander folgen; eine zeitliche Begrenzung dahingehender Anordnungen des Erblassers ergibt sich aus den §§ 2162, 2163.

2 2. Da in Abs II nur einzelne Bestimmungen aus dem Nacherbrecht für anwendbar erklärt werden, gelten die übrigen Bestimmungen nicht. Das Anwartschaftsrecht des Nachvermächtnisnehmers ist daher nicht unter den gleichen Umständen **vererblich** wie nach § 2108. Vielmehr konkurrieren die Auslegungsregeln der §§ 2074, 2069, denen zufolge das Anwartschaftsrecht im Falle des Ablebens des Anwartschaftsberechtigten entweder erlischt oder auf die weiteren Abkömmlinge übergeht (vgl § 2077 Rz 3). Entscheidend ist insoweit der Erblasserwille, den eindeutig zu formulieren (ggf durch eine klarstellende Ersatz-Nachvermächtnisnehmerbestimmung) zu empfehlen ist (Bengel NJW 1990, 1826). Anstelle der dinglichen Surrogation nach § 2111 tritt beim Nachvermächtnis im Rahmen der §§ 2164, 2169 die schuldrechtliche Surrogation nach § 285. Der Vorvermächtnisnehmer unterliegt

außerdem keiner Verfügungsbeschränkung wie in §§ 2113ff; statt dessen wird die Anwartschaft des Nachvermächtnisnehmers über § 2179 geschützt. Bei einem Grundstück ist das Anwartschaftsrecht durch **Vormerkung** sicherbar, ein Anspruch auf deren Bewilligung ist aber nicht ohne weiteres anzunehmen (vgl § 2179 Rz 2). Erbschaftsteuerrechtlich sind Nachvermächtnisse den Nacherbschaften gleichgestellt und damit abweichend vom Bürgerlichen Recht als Erwerb vom Vorvermächtnisnehmer und nicht als Erwerb vom Erblasser zu behandeln (§ 6 IV ErbStG, R 13 ErbStR 2003 v 17. 3. 2003 BGBl I Sondernr 1 S 2).

Der Vorvermächtnisnehmer ist zur **ordnungsmäßigen Verwaltung** verpflichtet, die dem Sacherlangungsinter- 3 esse des Nachvermächtnisnehmers dient, den Umständen nach aber Verwendungen notwendig machen kann, die vom Nachvermächtnisnehmer zu tragen sind. Ob der Vorvermächtnisnehmer **Verwendungsersatzansprüche** gegen den Nachvermächtnisnehmer hat, ist nicht entsprechend §§ 2124ff, sondern nach § 2185 zu beurteilen (BGH NJW 1991, 1736; aM Maur NJW 1990, 1161; einschränkend Bengel NJW 1990, 1829). In Betracht kommen Ansprüche wegen notwendiger und auch wegen nützlicher Verwendungen (vgl § 2185 Rz 2ff), während der Vorvermächtnisnehmer die gewöhnlichen Erhaltungskosten und diejenigen Lasten zu tragen hat, die nicht als auf den Stamm angelegt anzusehen sind. Da der Nachvermächtnisnehmer für die notwendigen Verwendungen erst bei Anfall seines Nachvermächtnisses einzustehen hat und von den Beteiligten möglicherweise keiner in der Lage oder bereit ist, zusätzliche Privatmittel aufzubringen, muß der vermachte Gegenstand erforderlichenfalls selbst belastet, uU sogar verkauft werden, um (bei drohendem Verfall eines Hauses und nicht tragbarer Belastung) den größtmöglichen Teil des Wertes zu sichern (vgl BGH NJW 1991, 1736).

3. Die (bedingte) Anordnung eines **Rückvermächtnisses** ist wie ein Nachvermächtnis zu werten. Der zunächst be- 4 schwerte Erbe ist zugleich Nachvermächtnisnehmer und hat als solcher einen bedingten schuldrechtlichen Anspruch (§§ 2174, 2177) auf Rückübertragung gegen den (Vor-)Vermächtnisnehmer. Das Nachvermächtnis bleibt wirksam, auch wenn der Erblasser das Vermächtnis noch zu seinen Lebzeiten vorweg erfüllt (Frankfurt ZEV 1997, 295).

Titel 5

Auflage

Vorbemerkung

Schrifttum: Daragan, Die Auflage als erbschaftsteuerliches Gestaltungsmittel, DStR 1999, 393; *Sturm,* Der Vollzugsberechtigte der erbrechtlichen Auflage und seine Befugnisse, Diss, Konstanz 1985; *Vorwerk,* Geldzuwendungen durch erbrechtliche Auflage, ZEV 1998, 297.

1. Der Erblasser kann durch Testament den Erben oder einen Vermächtnisnehmer zu einer Leistung verpflich- 1 ten, ohne einem anderen ein Recht auf die Leistung zuzuwenden (Auflage), § 1940. Verpflichtet werden kann mithin derjenige, dem der Erblasser einen Vermögensvorteil zuwendet, nicht ein Dritter, auch nicht durch eine Auflage Begünstigter. Im Zweifel ist der Erbe belastet (§§ 2192, 2147). Gegenstand der „Leistung" kann ein Vermögensvorteil oder auch eine sonstige Handlung oder ein Unterlassen sein, ohne daß ein anderer begünstigt wird, zB Besuch der Grabstätte, Pflege eines Lieblingstieres, Herausgabe von Memoiren. Im Einzelfall kann es schwierig sein, darüber zu entscheiden, ob es sich um eine Verpflichtung oder nur um einen unverbindlichen Wunsch oder Vorschlag des Erblassers handelt. Zu unterscheiden ist die Auflage auch von der Zuwendung, die unter der Bedingung erfolgt, eine solche Leistung zu erbringen, die gleichsam Gegenstand einer Auflage sein kann. Hierauf sind die allgemeinen Vorschriften anzuwenden. Zur Abgrenzung gegen Auseinandersetzungsanordnung und Vorausvermächtnis vgl § 2048 Rz 2.

2. Bedeutsam ist bei der Auflage die **Zweckbestimmung**. Hat der Erblasser den Zweck der Auflage klargestellt 2 oder wenigstens erkennen lassen, kann er die Bestimmung des Begünstigten einem anderen überlassen (§ 2193). Ergibt sich der Zweck aus der letztwilligen Verfügung nicht, ist eine Vertretung im Willen unstatthaft, so daß die Person des Begünstigten zweifelsfrei feststehen muß.

3. Die Eigentümlichkeit der Auflage und der Unterschied zum Vermächtnis liegt darin, daß der Begünstigte 3 keinen Anspruch auf die Leistung erwirbt. Er ist darauf angewiesen, daß die nach § 2194 Berechtigten die Vollziehung verlangen. Der Gerichtsstand folgt aus § 27 ZPO.

4. **Erbschaftsteuerrechtlich** ist die Auflage gesondert geregelt (§ 3 II Nr 2 ErbStG). Wird der Begünstigte der 4 Auflage vom Erblasser bestimmt, dann gilt der Erwerb infolge der Vollziehung der Auflage grundsätzlich als Zuwendung von dem Erblasser. Die Erbschaftsteuer auf die zugewendete Leistung entsteht mit Vollziehung der Auflage (§ 9 I Nr 1 lit d ErbStG). Im Vergleich dazu werden mit dem Tod eines Beschwerten fällig werdende Vermächtnisse als Erwerb vom Letztverstorbenen versteuert (§ 6 IV ErbStG). Vornehmlich bei mehrstufigen Testamenten von Eheleuten, sei es bei der Einheits- oder der Trennungslösung, können Gestaltungen mittels Auflagen uU eine geringere Steuerlast bewirken (Daragan DStR 1999, 393). In Betracht zu ziehen sind beim Berliner Testament oder auch bei Anordnung der Vor- und Nacherbfolge insbesondere Zuwendungen an die vorgesehenen Schlußerben bzw Nacherbin in Höhe der Freibeträge bereits beim ersten Erbfall. Bei der gestalterischen Wahl zwischen Auflage und Vermächtnis darf indessen nicht ausgeschlossen werden, daß der Gesetzgeber die Regelung des § 6 IV ErbStG auf die Auflage erstreckt, deren Anwendbarkeit zu dem beabsichtigten Zweck zudem nicht als gesichert gilt (vgl § 2269 Rz 1; Ebeling ZEV 2000, 90; Langenfeld Testamentsgestaltung Rz 358).

§ 2192 *Anzuwendende Vorschriften*

Auf eine Auflage finden die für letztwillige Zuwendungen geltenden Vorschriften der §§ 2065, 2147, 2148, 2154 bis 2156, 2161, 2171, 2181 entsprechende Anwendung.

1 1. Die Auflage kann den gleichen **Inhalt** haben wie ein Vermächtnis, also eine wirtschaftliche Leistung. Sie kann etwa darin bestehen, einen bestimmten Nachlaßwert für Grabpflege zu verwenden (BayObLG ZEV 2003, 241) oder Ausgaben für wohltätige oder kulturelle Zwecke zu tätigen. Weitergehend braucht die Leistung bei der Auflage aber keinen Vermögenswert zu haben und kann in einem Tun oder Unterlassen bestehen (§ 1940 Rz 2). Auf diese Weise bietet es sich an, Anordnungen über einen bestimmten Umgang mit Nachlaßgegenständen zu treffen, wie beispielsweise nicht oder nur an besonders genannte Personen zu veräußern, bestimmte Kunstwerke der Öffentlichkeit zugänglich zu machen (Trilsch-Eckardt in Groll Praxis-Hdb Erbrechtsberatung 2001 Rz 56, 57) oder vor einer Verfügung darüber den Rat und die Zustimmung eines Dritten einzuholen (Köln FamRZ 1990, 1402 zur Abgrenzung gegenüber der Anordnung einer beschränkten Testamentsvollstreckung). Ob der Erblasser dem Erben seines Handelsgeschäfts zur Auflage machen kann, dem Testamentsvollstrecker zur Erweiterung seiner Befugnisse die unbeschränkte Vollmacht zur Geschäftsführung zu erteilen, ist umstritten (siehe § 2205 Rz 22, 30). Eine Auflage kann auch nicht zum Gegenstand haben, ein bestimmtes Testament zu errichten. Die Anordnung, Nachlaßsachen nur an die Abkömmlinge zu übergeben oder weiterzuvererben, verstieße als Auflage gegen den Grundsatz der Testierfreiheit (mit der Folge von § 134), kann jedoch als Anordnung einer Nacherbfolge auszulegen sein (BayObLG FamRZ 1986, 608; Rpfleger 1983, 303).

2 2. Die Auflage ist ein Weniger gegenüber dem Vermächtnis. Auf der einen Seite wird wie beim Vermächtnis der Beschwerte belastet, es steht ihm aber, und darin liegt das Weniger, kein anspruchsberechtigter Begünstigter gegenüber. Folglich sind nur die Vorschriften für entsprechend anwendbar erklärt, die den Beschwerten betreffen. § 2065, der die Vertretung im Willen bei einer etwaigen Bestimmung über die Gültigkeit der Auflage, die Person des Bedachten und den Gegenstand der Zuwendung ausschließt, erleidet ebenso wie beim Vermächtnis eine Einschränkung durch § 2156 und außerdem noch durch § 2193. Die Auflage bleibt im Zweifel wirksam, auch wenn der Beschwerte, im allgemeinen der Erbe (§ 2147), ex tunc wegfällt (§ 2161). Fällig wird sie spätestens mit dem Tod des Beschwerten (§ 2181). Ein Nacherbe kann nicht mit einer Auflage beschwert werden, die er schon vor Eintritt des Nacherbfalls erbringen soll (BayObLG NJW 1967, 446, Auslegung als Bedingung für das Nacherbenrecht oder nur als Wunsch des Erblassers). Mehrere Erben haften als Gesamtschuldner, im Innenverhältnis nach Erbteilen (§§ 2148, 2058). Ausdrücklich erwähnt ist die Auflage noch in den §§ 2159 (Anwachsung), 2186–2189 (Fälligkeit nicht vor Hauptvermächtnis; Haftungsbeschränkung und Rangverhältnis). Die Wirksamkeit ist nicht kraft Gesetzes zeitlich begrenzt, da §§ 2162, 2163 nicht anwendbar sind. Im übrigen kommen auch die allgemeinen Vorschriften der §§ 241ff in Betracht.

3 3. Infolge wirtschaftlicher Vorgänge (Geldentwertung, Kursverfall von Wertpapieren) kann die Erfüllung von Auflagen erschwert oder unmöglich werden. Durch ergänzende Testamentsauslegung kann uU eine **Anpassung** an die neuen wirtschaftlichen Verhältnisse erfolgen. Dazu muß sich der hypothetische Wille des Erblassers feststellen lassen. Spätere Entwicklungen können aber nur begrenzt Berücksichtigung finden (vgl § 2084 Rz 7), längstens bis zur Vollziehung der Auflage. In Betracht kamen in früherer Zeit Einschränkungen der Mithaftung des Begünstigten für den Lastenausgleich des Erblassers (siehe Hense DNotZ 1953, 79).

§ 2193 *Bestimmung des Begünstigten, Vollziehungsfrist*

(1) Der Erblasser kann bei der Anordnung einer Auflage, deren Zweck er bestimmt hat, die Bestimmung der Person, an welche die Leistung erfolgen soll, dem Beschwerten oder einem Dritten überlassen.

(2) Steht die Bestimmung dem Beschwerten zu, so kann ihm, wenn er zur Vollziehung der Auflage rechtskräftig verurteilt ist, von dem Kläger eine angemessene Frist zur Vollziehung bestimmt werden; nach dem Ablauf der Frist ist der Kläger berechtigt, die Bestimmung zu treffen, wenn nicht die Vollziehung rechtzeitig erfolgt.

(3) Steht die Bestimmung einem Dritten zu, so erfolgt sie durch Erklärung gegenüber dem Beschwerten. Kann der Dritte die Bestimmung nicht treffen, so geht das Bestimmungsrecht auf den Beschwerten über. Die Vorschrift des § 2151 Abs. 3 Satz 2 findet entsprechende Anwendung; zu den Beteiligten im Sinne dieser Vorschrift gehören der Beschwerte und diejenigen, welche die Vollziehung der Auflage zu verlangen berechtigt sind.

1 1. Wenn der Erblasser den **Zweck der Auflage** bestimmt hat, kann es in Abweichung von § 2065 II dem Beschwerten oder einem Dritten überlassen bleiben, die Person des Leistungsempfängers zu bestimmen. Auch über die Höhe der Zuwendungen kann der Dritte im Rahmen von Einzelzuwendungen aus dem festgelegten Gesamtfonds entscheiden (vgl BGH WM 1987, 564). Die Regelung geht über die für das Vermächtnis geltenden §§ 2151, 2152, die dem Beschwerten die Auswahl des Bedachten aus einem vom Erblasser bezeichneten Personenkreis ermöglichen, erheblich hinaus; die Vorschriften sind bei der Auflage daher nicht anzuwenden. Ist der Zweck der Auflage nicht bestimmt, muß der Begünstigte in der nach § 2065 II erforderlichen Bestimmtheit bezeichnet sein. § 2156 bleibt ebenfalls anwendbar, wenn der Zweck der Auflage bestimmt ist (§ 2192). Der Zweck der Auflage ist hinreichend bestimmt, wenn aus den gesamten Umständen, insbesondere dem Kreis der Begünstigten, entscheidende Anhaltspunkte gewonnen werden können, zB bei einer Anordnung zugunsten der „Armen" oder der „bedürftigen Verwandten". Bestimmt der Erblasser, Werte seines Vermögens „den Tieren zugute kommen zu lassen", kann darin eine Zweckauflage oder die Erbeinsetzung einer Tierschutzorganisation gesehen werden (BayObLG NJW 1988, 2742). Genügt eine Anordnung nicht den Anforderungen des § 2065 II, legt der Grundsatz der wohlwollenden Auslegung (§ 2084) die Annahme einer Zweckauflage nahe (BGH WM 1987, 564).

Auflage § 2196

2. Steht die Bestimmung des Begünstigten im Belieben des Beschwerten oder eines Dritten, ist eine **gerichtliche Nachprüfung** der getroffenen Bestimmung darauf begrenzt, ob die Bestimmung dem Zweck zuwider oder arglistig erfolgt ist (BGH 121, 357; Staud/Otte Rz 5). Insoweit der Dritte den Erblasser zulässigerweise im Willen vertritt, ist seine Entscheidung ebensowenig wie eine Anordnung des Erblassers anfechtbar (vgl § 2151 Rz 2). 2

3. Die **Bestimmung der Frist** zur Vollziehung der Auflage ist im Falle des Abs II auch durch das Prozeßgericht (§ 255 II ZPO), im Fall des Abs III durch das Nachlaßgericht (Rechtspfleger) möglich (§ 2151 III S 2; § 3 Nr 2 lit c RPflG). 3

2194 *Anspruch auf Vollziehung*
Die Vollziehung einer Auflage können der Erbe, der Miterbe und derjenige verlangen, welchem der Wegfall des mit der Auflage zunächst Beschwerten unmittelbar zustatten kommen würde. Liegt die Vollziehung im öffentlichen Interesse, so kann auch die zuständige Behörde die Vollziehung verlangen.

Schrifttum: *Sturm*, Der Vollzugsberechtigte der erbrechtlichen Auflage und seine Befugnisse, Diss Konstanz 1985.

1. Dem Beschwertem steht kein anspruchsberechtigter Begünstigter gegenüber. Um die **Vollziehung der Auflage** nicht dem freien Ermessen des Beschwerten zu überlassen, ist dem bezeichneten Personenkreis ein eigener Anspruch auf Leistung an den Begünstigten verliehen (formales Recht). Wer nach dem Wegfall des Beschwerten zum Zuge kommen würde, hat ein eigenes Recht, weil er dann der Beschwerte sein würde. Der Testamentsvollstrecker ist nicht besonders erwähnt, sein Recht folgt aber aus den §§ 2203, 2208 II, ohne den Erben auszuschließen. Auch kann der Erblasser einen Dritten besonders ermächtigen, die Vollziehung zu verlangen, was allerdings zur Prüfung veranlaßt, ob damit nicht eine eingeschränkte Testamentsvollstreckung angeordnet ist (Lange/Kuchinke § 30 III 3b). Dem Erblasser steht es andererseits frei, den Kreis der Vollziehungsberechtigten zu reduzieren. Ein von der Auflage Begünstigter soll nach dem Urteil des BGH IV ZR 220/51 keinesfalls vollzugsberechtigt sein (RGRK/Johannsen Rz 4; Soergel/Dieckmann Rz 7). Bedenken gegen diese Einschränkung ergeben sich besonders, wenn sonst keine Berechtigten vorhanden sind (Fallbeispiel bei Sturm S 75; ablehnend auch MüKo/Schlichting Rz 3; Staud/Otte Rz 8; Daragan DStR 1999, 395). Eine Vereinbarung, welche die Durchsetzung eines Vollziehungsanspruchs vereiteln soll, verstößt gegen § 138 (BGH 121, 357). 1

Welche **Behörde** nach Satz 2 zuständig ist, bei öffentlichem Interesse, dh insoweit nach pflichtgemäßem Ermessen, die Vollziehung der Auflage zu verlangen, ergibt sich ähnlich dem § 525 II aus den landesrechtlichen Ausführungsgesetzen zum BGB, zB § 4 bad-württ AGBGB v 26. 4. 1974 (GBl S 496); § 15 brdbg AGBGB v 31. 7. 2000 (GVBl S 117); Art 69 bay AGBGB v 20. 9. 1982 (GVBl S 803); Art 66 brem AGBGB v 18. 7. 1899; Abschn I 5 hamb AOBGB und AG v 20. 5. 1958 (AAnz S 441); § 3 nds AGBGB v 4. 3. 1971 (GVBl S 73); § 4 rheinl-pf VO v 20. 12. 1976 (GVBl S 319); § 1 schl-h VO v 9. 9. 1975 (GVOBl S 237); Art 7 preuß AVBGB v 16. 11. 1899 (GS S 563), bedeutsam noch für Berlin und NRW. 2

2. Die Vollziehung wird im Wege der **Klage** durchgesetzt. Der Anspruch entsteht im Zweifel mit dem Erbfall. Er ist nicht übertragbar und nicht pfändbar, weil er nicht zum Vermögen des Berechtigten gehört; der Anspruch ist jedoch mit der Rechtsstellung vererblich, auf die er gegründet ist (Soergel/Dieckmann Rz 10). Bestritten wird, daß der Berechtigte eine andere Person ermächtigen kann, im Wege der gewillkürten Prozeßstandschaft sein Recht auszuüben (Schlüter Rz 936); sicherer ist darum die Bevollmächtigung (auch des Begünstigten, Sturm S 168) zur Geltendmachung des Vollziehungsrechts. Da die Berechtigten nicht Gläubiger der in der Auflage ausgesetzten Leistung sind, besteht zwischen mehreren Berechtigten keine Gesamtgläubigerschaft iSv § 428; es verbleibt insoweit bei der Einzelzuständigkeit. Ist ein Testamentsvollstrecker eingesetzt, verliert der berechtigte Erbe dadurch nicht sein Klagerecht; § 2212 ist nicht anwendbar (aA LG Braunschweig MDR 1955, 169). Auf seinen Anspruch der Vollziehung kann jeder Berechtigte verzichten (Staud/Otte Rz 11; MüKo/Schlichting Rz 7); nicht aber der Testamentsvollstrecker und die Behörde (gegen die Zulässigkeit des Verzichts Lange/Kuchinke § 30 III 3c; v Lübtow I S 394; nach den Umständen differenzierend, ob auch der Erblasser zu einem Verzicht veranlaßt wäre, RGRK/Johannsen Rz 11; Pal/Edenhofer Rz 3; Soergel/Dieckmann Rz 11). 3

2195 *Verhältnis von Auflage und Zuwendung*
Die Unwirksamkeit einer Auflage hat die Unwirksamkeit der unter der Auflage gemachten Zuwendung nur zur Folge, wenn anzunehmen ist, dass der Erblasser die Zuwendung nicht ohne die Auflage gemacht haben würde.

Auflagen und Zuwendungen gelten im Zweifel jeweils **selbständig**, so daß der Grundsatz des § 2085 auch hier anzuwenden ist. Ob die Auflage von Anfang an oder von einem späteren Zeitpunkt an unmöglich und damit unwirksam ist, bleibt belanglos. Auf den Grund der Unmöglichkeit kommt es abgesehen von § 2196 nicht an. Der Beschwerte behält die Zuwendung. Durch ergänzende Testamentsauslegung kann sich ergeben, daß die infolge veränderter Umstände an sich unmögliche Leistung in einer anderen Art zu erbringen ist (BGH 42, 327 mit Anm Kreft in LM Nr 1). 1

Ist die Zuwendung unwirksam, bleibt § 2085 anwendbar. 2

2196 *Unmöglichkeit der Vollziehung*
(1) Wird die Vollziehung einer Auflage infolge eines von dem Beschwerten zu vertretenden Umstands unmöglich, so kann derjenige, welchem der Wegfall des zunächst Beschwerten unmittelbar zustatten kommen würde, die Herausgabe der Zuwendung nach den Vorschriften über die Herausgabe

§ 2196

einer ungerechtfertigten Bereicherung insoweit fordern, als die Zuwendung zur Vollziehung der Auflage hätte verwendet werden müssen.

(2) Das Gleiche gilt, wenn der Beschwerte zur Vollziehung einer Auflage, die nicht durch einen Dritten vollzogen werden kann, rechtskräftig verurteilt ist und die zulässigen Zwangsmittel erfolglos gegen ihn angewendet worden sind.

1. § 2196 knüpft an § 2195 an und setzt voraus, daß die Zuwendung wirksam geblieben ist. Es soll verhindert werden, daß sich der Beschwerte durch einen von ihm zu vertretenden Umstand bereichert, insbesondere durch seine Weigerung zur Erfüllung der Auflage. Der Beschwerte hat Vorsatz und Fahrlässigkeit zu vertreten, da die allgemeinen Vorschriften über Schuldverhältnisse heranzuziehen sind. Hat der Beschwerte den Umstand nicht zu vertreten, wird er gemäß § 275 frei.

2. Anspruchsberechtigt ist nur derjenige, dem der Wegfall des zunächst Beschwerten unmittelbar zustatten kommen würde, nicht der Testamentsvollstrecker (aM Lange/Kuchinke § 30 III 5d Fn 83: zwar nicht für sich, aber für den Erben) und auch nicht die Landesbehörde. Dadurch, daß auf die Bereicherung und damit auf den Vermögensvorteil abgestellt wird, ergibt sich, daß dann, wenn die Auflage nicht vermögensrechtlicher Natur war, jeglicher Anspruch entfällt. Die Höhe des Betrages und etwaige Nebenkosten bemessen sich nach § 818.

Titel 6
Testamentsvollstrecker

Vorbemerkung

Schrifttum: *Baur*, „Nutzungen" eines Unternehmens bei Anordnung von Vorerbschaft und Testamentsvollstreckung, JZ 1958, 465; *Bund*, Aufgaben und Risiko des Testamentsvollstreckers, JuS 1966, 60; *Dittmann/Bengel/Reimann* (Hrsg), Handbuch der Testamentsvollstreckung, 3. Aufl 2001; *Dauner-Lieb*, Unternehmen in Sondervermögen, 1998; *Granicky*, Die Anordnung von Testamentsvollstreckung im gemeinschaftlichen Testament, NJW 1957, 407; *Haegele*, Einzel- und Zweifelsfragen um den Testamentsvollstrecker, Rpfleger 1957, 147; *ders*, Familienrechtliche Fragen um den Testamentsvollstrecker, Rpfleger 1963, 330; *ders*, Möglichkeit und Grenzen der postmortalen Vollmacht, Rpfleger 1968, 345; *Haegele/Winkler*, Der Testamentsvollstrecker, 16. Aufl 2001; *Hopt*, Die Auswirkungen des Todes des Vollmachtgebers auf die Vollmacht und das zugrundeliegende Rechtsverhältnis, ZfHK 133 (1970), 305; *Kapp*, Die rechtliche Stellung des Testamentsvollstreckers zum Erben, BB 1981, 113; *Klingelhöffer*, Vermögensverwaltung in Nachlaßsachen, 2002; *Kuchinke*, Das versprochene Bankguthaben auf den Todesfall und die zur Erfüllung des Versprechens erteilte Vollmacht über den Tod hinaus, FamRZ 1984, 109; *J. Mayer/Bonefeld/Daragan*, Testamentsvollstreckung, 2000; *Merkel*, Die Anordnung der Testamentsvollstreckung – Auswirkungen auf eine postmortale Bankvollmacht? WM 1987, 1001; *Muscheler*, Die Haftungsordnung der Testamentsvollstreckung, 1994; *Offergeld*, Die Rechtsstellung des Testamentsvollstreckers, 1995; *Rehmann*, Zur Beschränkung der postmortalen Vollmacht durch eine angeordnete Testamentsvollstreckung am Beispiel der Bankvollmacht, BB 1987, 213; *Reithmann*, Testamentsvollstreckung und postmortale Vollmacht als Instrumente der Kautelarjurisprudenz, BB 1984, 1394; *Röhm*, Rechtsfragen in der vom Erblasser erteilten Vollmacht, DB 1969, 1973; *Werkmüller*, Vollmacht und Testamentsvollstreckung als Instrumente der Nachfolgegestaltung bei Bankkonten, ZEV 2000, 305; *W. Zimmermann*, Die Testamentsvollstreckung, 2. Aufl 2003. Weitere Literaturangaben insbesondere bei § 2205.

1. Der Erblasser kann auf verschiedene Weise dafür sorgen, daß sein letzter Wille respektiert und ausgeführt wird. Neben der Verwirkungsklausel (§ 2074 Rz 7, 8) ist der gebräuchliche Weg die **Anordnung einer Testamentsvollstreckung**. Sie kann nur vom Erblasser und nur in einer letztwilligen Verfügung bestimmt werden, also nicht erbvertraglich (§ 2278 II), wohl aber als einseitige Verfügung im Erbvertrag, § 2299. Nicht notwendig ist es, daß der Erblasser die Person des Testamentsvollstreckers bezeichnet (§§ 2198–2200), er muß aber auf jeden Fall den Dritten oder das Nachlaßgericht zur Ernennung einer bestimmten Person ermächtigen, sonst ist die Bestimmung unwirksam. Der zu ernennende Testamentsvollstrecker muß für das Amt geeignet sein. Es kann sich je nach dem Umfang des Nachlasses oder seinen Besonderheiten um mehrere natürliche Personen oder auch um juristische Personen handeln, die dann durch ihre Organe handeln (§§ 2210, 2163 II).

2. Der Testamentsvollstrecker leitet seine **Legitimation vom Erblasser** her. Er hat daher dem Erben gegenüber eine selbständige Stellung. Der Erbe ist zwar Eigentümer und der eigentliche Herr des Nachlasses und der Testamentsvollstrecker nur Verwalter des Nachlasses, aber in dieser Stellung ist er nicht den Weisungen des Erben unterworfen. Als Verwalter übt er die Rechte und Pflichten des Erben innerhalb des ihm durch den Erblasser zugewiesenen Aufgabenkreises im Interesse des Erben aus. Soweit er tätig wird, ist er mithin Vertreter des Nachlasses, nicht des Erblassers und nicht des Erben. Er **handelt im eigenen Namen** und dem Erben gegenüber aus eigenem Recht. Nur im weiteren Sinn ist er auch Vertreter des Erben, da die von ihm vorgenommenen Rechtsgeschäfte auch dem Erben gegenüber wirksam sind (BGH NJW 1958, 670; vgl vor § 164 Rz 28 und § 278 Rz 11). Verschulden und mitwirkendes Verschulden muß sich der Erbe anrechnen lassen. Er ist innerhalb seines Aufgabenkreises aktiv (§§ 2205, 2206, 2212) und dem Erben passiv (§ 2213) zur Vertretung des Nachlasses legitimiert. Gegenüber dem Erben befindet er sich, soweit es sich um Ersatz von Aufwendungen handelt, in der Stellung eines Beauftragten (§ 2218). Auch sonst ist er zur ordnungsmäßigen Verwaltung verpflichtet (§§ 2215ff) und bei Verletzung uU schadenersatzpflichtig (§ 2219). Er kann jederzeit kündigen (§ 2226) und aus wichtigem Grund vom Nachlaßgericht entlassen werden (§ 2227). Solange ein vertrauenswürdiger Testamentsvollstrecker im Amt ist, besteht für eine Nachlaßpflegschaft für unbekannte Erben zur Wahrung ihrer Rechte aus §§ 2215ff kein Bedürfnis (KG MDR 1972, 1036). Die Ernennung ist gegenstandslos, wenn die dem Testamentsvollstrecker zugedachten Aufgaben bereits ausgeführt sind (BGH 41, 23).

3. Die **Rechtsstellung** des Testamentsvollstreckers bezeichnet das Gesetz wie beim Nachlaß- und Insolvenzverwalter als „Amt" (§ 2202). Der Testamentsvollstrecker ist insoweit Amtstreuhänder, wobei der dogmatische Unterschied zwischen der Vertretertheorie und der Amtstheorie unbedeutend geworden ist (Schlüter Rz 806); die Testamentsvollstreckung wird auch als Institution sui generis bezeichnet (Offergeld S 72). Das Amt ist privater Natur (BGH 13, 203) und beginnt mit der Annahme. Eine Pflicht zur Annahme besteht nicht. Anders als ein Insolvenz- oder Nachlaßverwalter untersteht der Testamentsvollstrecker keiner allgemeinen gerichtlichen Aufsicht; das Nachlaßgericht ist nicht gesetzlich ermächtigt, von selbst in die Amtsführung einzugreifen; gesetzlich vorgesehen sind lediglich unterstützende und streitentscheidende Maßnahmen (vgl Köln OLG 1987, 280). Bei minderjährigen Erben entfällt sogar die Aufsicht des Vormundschaftsgerichts. Der Testamentsvollstrecker ist bei seinen Verwaltungshandlungen an eine Zustimmung der Erben nicht gebunden. Durch Entlassung oder Kündigung kann das Amt aber beendet werden; im übrigen erlischt es mit dem Tod des Vollstreckers, der Einschränkung seiner Geschäftsfähigkeit, mit Fristablauf, Bedingungseintritt oder mit der Erledigung der zugewiesenen Aufgaben (§ 2225 Rz 1 und 2). 3

Der **Aufgabenkreis** ergibt sich aus der Anordnung des Erblassers. Es kann ihm die Ausführung einzelner Verfügungen, die Auseinandersetzung unter Miterben oder auch die Verwaltung des Nachlasses oder einzelner Nachlaßgegenstände über einen bestimmten Zeitraum übertragen sein. Die Aufgabe kann sich zB darauf beschränken, für die Vollziehung einer Auflage zu sorgen, mit der ein Vermächtnisnehmer beschwert ist (BayObLG 1986, 34; vgl §§ 2203ff, insbesondere zum Erwerb von Gesellschaftsanteilen durch sog Sondererbfolge § 2205 Rz 28ff, zu den Möglichkeiten testamentarischer Beschränkung § 2208 Rz 1). Geht der Erblasser über die im Gesetz vorgesehenen Möglichkeiten hinaus, kann es sich nicht mehr um die Aufgabe eines Testamentsvollstreckers handeln. Ob dann in diesen Anordnungen eine Erbeinsetzung oder die Zuwendung eines Vermächtnisses liegt, bleibt durch Auslegung zu ermitteln. Wer in eigenem Interesse und zu eigenem Nutzen Verwaltungs- und Verfügungsbefugnisse zugewendet bekommt, ist Vorerbe (München DNotZ 1938, 173; BayObLG 1982, 59). 4

4. Wird **Nachlaßverwaltung** angeordnet (§§ 1975ff), bleibt die Testamentsvollstreckung bestehen, jedoch geht das Verwaltungs- und Verfügungsrecht über den Nachlaß auf den Nachlaßverwalter über. Die Rechte des Nachlaßverwalters gehen denen des Testamentsvollstreckers vor. Wird die Nachlaßverwaltung aufgehoben, tritt der Testamentsvollstrecker wieder in seine Rechte ein. Der Nachlaßverwalter hat ihm unmittelbar oder über den Erben den Rechenschaftsbericht zu erstatten. Wird ein **Nachlaßinsolvenzverfahren** eröffnet, verhält es sich ebenso. Die Rechte des Insolvenzverwalters gehen denen des Testamentsvollstreckers vor, soweit es sich nicht um insolvenzfreie Teile des Nachlasses handelt. 5

Im **Erbschein** ist die Ernennung des Testamentsvollstreckers anzugeben (§ 2364), ggf mit Beschränkungen auf einzelne Nachlaßgegenstände (LG Mönchengladbach Rpfleger 1982, 382 mit zust Anm Heinen/Sigloch Rpfleger 1982, 426; aM § 2364 Rz 1). Der Testamentsvollstrecker ist selbst antrags- und folgerichtig beschwerdeberechtigt (Oldenburg NdsRpfl 1965, 158). Ihm steht nach § 2368 ein **Testamentsvollstreckerzeugnis** zu, das den guten Glauben schützt, soweit der Testamentsvollstrecker kraft gesetzlicher Ermächtigung über Nachlaßgegenstände verfügt (BayObLG 1984, 225). Über den Regelfall der Abwicklungsvollstreckung hinausgehende Befugnisse sind in dem Zeugnis anzugeben (KG OLG 1991, 261; § 2368 Rz 3). Mit dem Antrag auf Zeugniserteilung nimmt der Testamentsvollstrecker sein Amt an. Im **Grundbuch** wird er bei der Eintragung des Erben von Amts wegen miteingetragen (§ 52 GBO), wenn das Grundstück seiner Verwaltung unterliegt. Die Löschung des Vermerks setzt den Nachweis der Grundbuchunrichtigkeit voraus (§ 22 GBO), dazu reicht die bloße Bewilligung des Testamentsvollstreckers nicht aus (AG Starnberg Rpfleger 1985, 57). Statt dessen ist die Amtsbeendigung genau darzulegen, ohne den Grund dafür offenzulassen. In das **Handelsregister** ist der Testamentsvollstrecker einzutragen, wenn er treuhänderisch Inhaber eines zum Nachlaß gehörenden Handelsgeschäfts oder Geschäftsanteils ist. Im übrigen sind die Erben einzutragen (Überblick bei Krug ZEV 2001, 51). Darüber hinaus ist es sinnvoll, im Handelsregister einen Testamentsvollstreckervermerk aufzunehmen, sofern die Tätigkeiten des Vollstreckers für die Rechtsverhältnisse des Unternehmens Außenwirkung entfalten. Dementsprechend sollte die Verwaltungsvollstreckung an Gesellschaftsanteilen im Hinblick auf die nach §§ 2212–2214 zu beachtenden Besonderheiten im Handelsregister vermerkt werden (Schlegelberger/K. Schmidt HGB § 177 Rz 34; Ulmer NJW 1990, 82; Reimann DNotZ 1990, 194; Plank ZEV 1998, 325; Schaub ZEV 1994, 71; aM RG 132, 142; KG FGPrax 1995, 202; Damrau BWNotZ 1990, 69). Ein Offenlegungsinteresse kann auch bestehen, wenn der Testamentsvollstrecker ein Handelsgeschäft als Bevollmächtigter fortführt (vgl § 2205 Rz 22). Die Anmeldung der Eintragungen in das Handelsregister ist im Rahmen des betreffenden Aufgabenbereichs Sache des Testamentsvollstreckers; wird der Kernbereich eines Mitgliedschaftsrechts berührt (Erhöhung der Kommanditeinlage), dann hat das Registergericht den Rechtsinhaber zu hören (BGH 108, 187; D. Mayer ZIP 1990, 978). 6

5. Vollmacht. Der Erblasser kann einen Dritten oder auch einen Erben oder Testamentsvollstrecker über seinen Tod hinaus zu seinem Bevollmächtigten bestellen. Die transmortale Vollmacht besteht schon zu Lebzeiten des Erblassers und behält über dessen Tod hinaus Gültigkeit (Köln DNotZ 1951, 36); die postmortale Vollmacht wird überhaupt erst mit dem Tod des Erblassers oder danach wirksam (RG 114, 354). Beide Arten der Bevollmächtigung entspringen dem praktischen Bedürfnis nach individueller Ausformung der Verwaltungsbefugnisse und einer fortlaufenden Handlungsfähigkeit einer mit der Situation vertrauten Person schon unmittelbar nach dem Tod des Erblassers. Die Zulässigkeit wird grundsätzlich nicht angezweifelt (BGH 87, 19; NJW 1962, 1718; Überblick bei Kuchinke FamRZ 1984, 109; aM Heldrich JhJb 79, 315; einschränkend Kipp/Coing § 91 IV 11). Die Bevollmäch- 7

M. Schmidt

tigung erfolgt isoliert oder im Rahmen eines konkreten Rechtsverhältnisses (§§ 662, 675); letzterenfalls ist die Vollmacht an das Bestehen des Rechtsverhältnisses geknüpft (§§ 168, 672). Zur Vollmacht im Zusammenhang mit hinterlassenen Gesellschaftsanteilen oder Einzelhandelsgeschäften siehe Rz 9 und § 2205 Rz 22.

8 Die nach dem Tod des Erblassers wirksame Vollmacht erteilt dieser noch zu Lebzeiten durch Erklärung iSv § 167, Bankvollmachten uU formularmäßig. Gemäß § 130 II genügt der Zugang nach dem Tod. Bei einer **Vollmachtserteilung** in einer Verfügung von Todes wegen muß gewährleistet sein, daß die entsprechende Erklärung den Bevollmächtigten alsbald nach der Eröffnung zugeht; erst dann wird sie wirksam (näher Staud/Reimann Rz 56ff). Die Vollmacht bleibt wirksam, bis sie widerrufen wird. Die Rechtsstellung des Bevollmächtigten ist unabhängig von der des Testamentsvollstreckers; sie wird durch die Einsetzung eines Testamentsvollstreckers grundsätzlich nicht eingeschränkt (so auch Werkmüller ZEV 2000, 307; aM Staud/Reimann Rz 68; MüKo/Brandner § 2211 Rz 13). Die Rechtsverhältnisse stehen in keinem Verhältnis der Akzessorietät zueinander (Merkel WM 1987, 1003), insbesondere können die Aufgaben in einer Person zusammenfallen und ggf die weitergehenden Rechte aus der Vollmacht wahrgenommen werden. Aus dem gleichen Grund läßt sich nicht die Regel aufstellen, mit der späteren Anordnung der Testamentsvollstreckung widerrufe der Erblasser die Vollmacht, wenn er nur für die Kenntnisnahme des Bevollmächtigten vom Testamentsinhalt sorgt (so aber Rehmann BB 1987, 213, gegen Merkel WM 1987, 1003).

9 Den **Beschränkungen** eines Testamentsvollstreckers unterliegt der Bevollmächtigte nicht. Er kann unentgeltliche Geschäfte abschließen, soweit die Vollmacht reicht. Sie kann als Generalvollmacht erteilt werden. Es sind aber stets die Grenzen zu beachten, welche die Art der Bevollmächtigung dem Umfang der Vertretungsmacht setzt: Der Erblasser kann dem Bevollmächtigten sein gesamtes Vermögen anvertrauen, das nach dem Erbfall den Nachlaß bildet. Er kann jedoch niemanden ermächtigen, darüber hinaus das Privatvermögen des Erben zu verpflichten (str, ebenso Staud/Marotzke § 1967 Rz 28; Nieder Rz 713; Ulmer ZHR 146, 374; aM BGH 30, 391; Beuthien FS Fischer 1979 S 1, 18). Mit dieser Beschränkung auf den Nachlaß eignet sich die postmortale Vollmacht grundsätzlich nicht, um die Fortführung eines Handelsgeschäfts oder die Verwaltung des Anteils eines persönlich haftenden Gesellschafters zu gewährleisten, sofern der Erbe durch gleichzeitige Anordnung der Testamentsvollstreckung oder durch entsprechende testamentarische Bedingungen oder Auflagen von der Geschäftsführung ausgeschlossen wird (aM Reithmann BB 1984, 1394). Im übrigen ist der Bevollmächtigte nur den §§ 164ff unterworfen und kann von den Beschränkungen des § 181 befreit werden. Eine Schranke liegt in dem Verbot, die Vollmacht zu mißbrauchen, dh rechtsmißbräuchlich oder gegen die guten Sitten zu handeln. Er braucht sich dagegen nicht zu vergewissern, ob der Erbe mit dem beabsichtigten Rechtsgeschäft einverstanden ist (BGH NJW 1969, 1245 entgegen Flume AT Bd II § 51 5b; dazu Röhm DB 1969, 1976). Ergeben kann sich aus den Umständen eine Informationspflicht und bei Verletzung eine Schadenersatzpflicht des Bevollmächtigten gegenüber dem Erben. Dazu kommt es auf den Zweck der Vollmacht an (zum Fall der fortdauernden Prokura nach § 52 III HGB vgl Hopt ZfHK 133, 310). So weitgehende Befugnisse dem Bevollmächtigten im Verhältnis zum Erben auch eingeräumt werden, nimmt die Vollmacht dem Erben doch nicht die Möglichkeit, seine Rechte selbst wahrzunehmen.

10 Der Erbe als der Vertretene kann die Vollmacht **widerrufen**. Jeder Miterbe kann den Widerruf für seine Person erklären (KG DNotZ 1937, 813; Staud/Reimann Rz 73). Ist der Bevollmächtigte ein Dritter, kann auch der Testamentsvollstrecker widerrufen, es sei denn, der Erblasser hat die Testamentsvollstreckung durch die Bevollmächtigung gerade einschränken wollen. Die Erben auf eine bestehende Vollmacht hinzuweisen, wird die Bank nicht als verpflichtet angesehen (BGH NJW 1995, 260; krit Krampe ZEV 1995, 189; Schultz NJW 1995, 3345). Während die postmortale Vollmacht grundsätzlich widerruflich ist, kann im Kausalgeschäft Unwiderruflichkeit bestimmt sein. Beispielsweise läßt sich im Gesellschaftsvertrag im Hinblick auf eine kontinuierliche Geschäftsführung die unwiderrufliche Bevollmächtigung des überlebenden Gesellschafters festschreiben. Eine unwiderruflich erteilte Vollmacht ist aber aus wichtigem Grund stets widerrufbar. Eine unwiderrufliche Generalvollmacht wird sogar als Umgehungsgeschäft der Testamentsvollstreckung angesehen (Röhm DB 1969, 1977) und ist entweder nach § 138 nichtig, nach § 139 als widerruflich aufrechtzuerhalten oder in eine Erbeinsetzung umzudeuten. Um einem erbrechtlichen Prinzip folgend den Nachlaß nicht übermäßig lange zu binden, ist die postmortale Vollmacht entsprechend § 2210 zeitlich zu begrenzen (Reithmann BB 1984, 1397).

2197 *Ernennung des Testamentsvollstreckers*
(1) Der Erblasser kann durch Testament einen oder mehrere Testamentsvollstrecker ernennen.
(2) Der Erblasser kann für den Fall, dass der ernannte Testamentsvollstrecker vor oder nach der Annahme des Amts wegfällt, einen anderen Testamentsvollstrecker ernennen.

Schrifttum: *Adams*, Der Alleinerbe als Testamentsvollstrecker, ZEV 1998, 331; *Bork*, Testamentsvollstreckung, WM 1995, 225; *Henssler*, Geschäftsmäßige Rechtsberatung durch Testamentsvollstrecker? ZEV 1994, 261; *Kleine-Cosack*, Testamentsvollstreckung durch Steuerberater und Banken: Plädoyer gegen ein Anwaltsmonopol, BB 2000, 2109; *V. Lang*, Die Zulässigkeit der Testamentsvollstreckung durch Banken und Sparkassen, NJW 1999, 2332; *Leverenz*, Testamentsvollstreckung durch Banken und Sparkassen, ZBB 1995, 156; *Schaub*, Testamentsvollstreckung durch Banken, FamRZ 1995, 482; *Stracke*, Testamentsvollstreckung und Rechtsberatung, ZEV 2001, 250; *Voortmann*, Testamentsvollstreckung durch Banken, ZBB 1994, 259.

1 1. Der Erblasser kann die Durchsetzung seines letzten Willens über seinen Tod hinaus durch Testamentsvollstreckung sicherstellen. Die **Anordnung** erfolgt nur durch letztwillige Verfügung, in erster Linie durch Testament. Beim gemeinschaftlichen Testament der Ehegatten ist durch Auslegung zu ermitteln, ob die Anordnung nach dem Tod des Erst- oder des Letztversterbenden beginnen soll (hierzu Granicky NJW 1957, 407). Um zwei selbständige Testamentsvollstreckungen handelt es sich bei der Ernennung für beide Nachlässe (BayObLG 1985, 233). Im Erbvertrag kann die Anordnung nur einseitig verfügt werden (§ 2299), nicht vertragsmäßig (§ 2278 II). Für den Inhalt der Verfügung bieten sich zwei Möglichkeiten an: Entweder ernennt der Erblasser einen Testamentsvollstrecker unter namentlicher Bezeichnung oder doch so bestimmt (ältester der Miterben), daß Mißverständnisse ausgeschlossen sind. Oder der Erblasser ordnet die Testamentsvollstreckung an und ermächtigt gleichsam einen Dritten (auch Erben, RG 92, 69) oder ersucht das Nachlaßgericht, die Person des Testamentsvollstreckers zu bestimmen. Letzterenfalls wäre die Anordnung allein unwirksam. Eine wortgetreue Anordnung der „Testamentsvollstreckung" ist nicht notwendig; es genügt, wenn der entsprechende Wille durch sinngemäße Auslegung ermittelt werden kann. Die falsche Ausdrucksweise „Pfleger", „Beistand" oder „Vollmacht" schadet nicht, solange der wirtschaftliche Zweck hinreichend erkennbar ist. Indiz in diesem Sinne ist das Bestreben, für die Verwaltung eines beachtlichen Vermögensobjekts das Mitspracherecht eines Dritten sicherzustellen (BayObLG 1982, 59).

Abzugrenzen ist die Ernennung eines Testamentsvollstreckers von der Einsetzung einer Person, die ausschließlich im eigenen Interesse und zu eigenem Nutzen die Befugnis zur Verwaltung und Verfügung übertragen erhält. Es wird sich ggf um eine (Vor-)Erbschaft, um ein Vermächtnis (zur Verwaltung und Nutznießung) oder um eine Teilungsanordnung unter Miterben handeln. Testamentsvollstreckung ist auch ausgeschlossen, solange nicht mehr als ein unverbindlicher Wunsch oder eine Hoffnung des Erblassers anzunehmen ist. Bei fortgesetzter Gütergemeinschaft kommt eine Testamentsvollstreckung hinsichtlich des Gesamtguts nicht in Frage (§ 1518). Bei fortgesetzter westfälischer Gütergemeinschaft ist der überlebende Ehegatte befugt, einen Testamentsvollstrecker für das gütergemeinschaftliche Vermächtnis einzusetzen (KG DNotZ 1938, 808).

2. Zum Testamentsvollstrecker kann eine **natürliche** oder **juristische Person** bestellt werden, also auch der Vorsteher einer Behörde oder der jeweilige Träger eines Amts, ein Erbe, Miterbe, Vorerbe oder Nacherbe sowie mehrere Erben gemeinsam. Nicht ernannt werden kann das Nachlaßgericht selbst; persönliche Ausschlußgründe enthält § 2201. Da die Anordnung einer Testamentsvollstreckung eine Belastung und Beschränkung des Erben bedeutet, kann der **Alleinerbe** allein nicht sein eigener Testamentsvollstrecker sein (RG 77, 177; aM Adams ZEV 1998, 321). Es ist möglich, den Alleinerben zum Vermächtnisvollstrecker nach § 2223 zu berufen; zur Testamentsvollstreckung über seine Alleinerbschaft müßte ihm ein Nichterbe zur gemeinschaftlichen Führung des Amts zur Seite gestellt werden. Die Bestimmung einzelner oder sämtlicher **Miterben** zu Testamentsvollstreckern ist hingegen wirksam, denn die Verwaltung erfolgt in diesem Fall nach § 2224 I, nicht nach § 2038 II (Staud/Reimann Rz 53); der Berufung eines weiteren Miterben bedarf es hier nicht (aM RGRK/Johannsen Rz 4 unter Hinweis auf RG 163, 57; die Entscheidung läßt die Frage aber ausdrücklich offen). Der **Nacherbe** kann für die Vorerben, nicht aber der **Vorerbe** für die Zeit bis zum Eintritt des Nacherbfalls für den Nacherben eingesetzt werden; anders einer von mehreren Vorerben oder ein Vorerbe gemeinsam mit einem Dritten (KG OLG 1967, 361; BayObLG NJW 1959, 1920). Nicht grundsätzlich unwirksam ist die Ernennung eines **Schiedsrichters** zugleich zum Testamentsvollstrecker, wohl aber, wenn der Testamentsvollstrecker zum Schiedsrichter „unter Ausschluß des Rechtswegs" bestellt ist (BayObLG Rpfleger 1988, 239). Es muß gewährleistet sein, daß der Ernannte nicht zum einzigen Kontrollorgan seiner eigenen Tätigkeit wird. Kraft Gesetzes sind als Testamentsvollstrecker diejenigen ausgeschlossen, die bei Errichtung des Testaments mitgewirkt haben, ua der **Notar** (§ 2235 aF; §§ 7, 27 BeurkG, vgl § 27 BeurkG Rz 4). Für den **Notarsozius** gilt das Verbot des § 3 I Nr 4 BeurkG. **Rechtsanwälte** unterliegen nur den allgemeinen berufsrechtlichen Beschränkungen des § 45 II Nr 1, III BRAO. Anderen Berufsgruppen und Institutionen wird die Erlaubnispflicht nach dem aber restriktiv auszulegenden (BVerfG NJW 1998, 3482) RBerG vorgehalten. **Steuerberater** sollen zur geschäftsmäßigen Wahrnehmung von Testamentsvollstreckungen nicht befugt sein (Düsseldorf DNotZ 2001, 641 mit krit Anm Sandkühler; abl Grunewald ZEV 2002, 460); ebenso **Wirtschaftsprüfer** (Stracke ZEV 2001, 255; aM Bamberger/Roth/J. Mayer Rz 30). Umstritten ist die Frage der Zulässigkeit auch für **Banken und Sparkassen**, wegen Art 1 § 1 RBerG ablehnend Karlsruhe (ZBB 1994, 257), Groll (Praxishdb-Erbrechtsberatung 2001 C IX Rz 28), Stracke (ZEV 2001, 256), ablehnend jedenfalls bzgl Abwicklungsvollstreckungen Düsseldorf (ZEV 2002, 27 mit Anm Grunewald), befürwortend aufgrund Art 1 § 3 Nr 6 RBerG Leverenz (ZBB 1995, 165), Lang (NJW 1999, 2332), Kleine-Cosack (BB 2000, 2114), aufgrund Art 1 § 5 Nr 3 RBerG Vortmann (ZBB 1994, 259), Bork (WM 1995, 225) und eingeschränkt, je nach dem konkreten Aufgabenbereich Schaub (FamRZ 1995, 845), für Genossenschaftsbanken bei Vereinbarkeit mit der Satzung aufgrund Art 1 § 5 Nr 7 RBerG Bork (WM 1995, 232). Lösungsorientiert können gesonderte Testamentsvollstrecker-Gesellschaften eingesetzt werden. Bedingungen und Befristungen sind bei der Ernennung zulässig.

3. Der **Umfang** der Tätigkeit kann vom Erblasser begrenzt werden. Möglich ist die Beschränkung der Testamentsvollstreckung auf einen von mehreren Miterben. Ist die Anordnung gegenüber einem Miterben (zB nach § 2289) unwirksam, kann sie den anderen gegenüber gleichwohl wirksam bleiben (BGH NJW 1962, 912). Der Umfang kann aber nicht über den in §§ 2203ff vorgesehenen Rahmen hinaus ausgedehnt werden. Eine Erweiterung ist als Erbeinsetzung, als Vermächtnis oder als Bevollmächtigung auslegbar.

4. Die Anordnung der Testamentsvollstreckung ist als letztwillige Verfügung vor dem Erbfall frei **widerruflich**. Auch im Rahmen des gemeinschaftlichen Testaments handelt es sich um eine „andere Verfügung" iSv § 2270 III mit der Folge, daß sie mit anderen Verfügungen nicht im Verhältnis der Wechselbezüglichkeit steht; die Widerruflichkeit beschränkt sich insoweit freilich auf die eigenen Anordnungen. Nach § 2081 ist die Anordnung der Testamentsvollstreckung **anfechtbar**.

5. In **Abs II** kommt es auf den Grund des Wegfalls nicht an. Auch bei Ablehnung des Amts durch den Erstberufenen wird die Ersatzbenennung wirksam.

6. Andere Möglichkeiten des Erblassers, seinen Willen durchzusetzen, hat er in Form der Verwirkungsklausel (§ 2074 Rz 3) und zu Lebzeiten durch Bevollmächtigung eines Dritten, einzelne Maßnahmen auch nach dem Tod des Erblassers noch auszuführen (vor § 2197 Rz 7ff).

§ 2198 Bestimmung des Testamentsvollstreckers durch einen Dritten

(1) Der Erblasser kann die Bestimmung der Person des Testamentsvollstreckers einem Dritten überlassen. Die Bestimmung erfolgt durch Erklärung gegenüber dem Nachlassgericht; die Erklärung ist in öffentlich beglaubigter Form abzugeben.

(2) Das Bestimmungsrecht des Dritten erlischt mit dem Ablauf einer ihm auf Antrag eines der Beteiligten von dem Nachlassgericht bestimmten Frist.

1. **Ernennung durch Dritte.** Nicht voraussehbare Verhältnisse können es dem Erblasser angezeigt erscheinen lassen, bei Abfassung des Testaments die Person des Testamentsvollstreckers noch nicht zu bestimmen. Das Testament muß dann aber die Anordnung der Testamentsvollstreckung und die Ermächtigung an den Dritten enthalten, den Testamentsvollstrecker zu bestimmen. Darauf aufbauend ist eine Vertretung im Willen als Ausnahme von § 2065 möglich. Der die Bestimmung übernehmende „Dritte" muß geschäftsfähig sein. Es kann sich um den Erben handeln (RG 92, 68) oder um den Vorsteher einer Behörde, der auch gemeint sein wird, wenn im Testament die Behörde selbst genannt ist. Häufig werden Gerichtsvorstände damit betraut, die Auswahl eines Testamentsvollstreckers vorzunehmen, etwa als Präsident eines Oberlandesgerichts (Stuttgart DNotZ 1986, 300) oder der im Amt befindliche Direktor eines Amtsgerichts (Hamm DNotZ 1965, 487).

2. Die Bestimmung erfolgt nach freiem **Ermessen.** Bestimmt werden kann grundsätzlich jede geeignete Person mit Ausnahme des Alleinerben; der Dritte kann sich also selbst ernennen. Hat der Erblasser bestimmte Auswahlkriterien angegeben, übt der Dritte sein Ermessen in diesem Rahmen aus. Eine Widerrufsmöglichkeit besteht uU über § 2227. Eine Pflicht zur Bestimmung besteht nicht. Unterläßt der Dritte die Bestimmung auch in der nach Abs II gesetzten Frist, dann wird die Anordnung des Erblassers über die Testamentsvollstreckung hinfällig. Nach Ablehnung durch den Bestimmungsberechtigten bleibt für eine ergänzende Auslegung einer jedenfalls gewollten Testamentsvollstreckung als Ersuchen an das Nachlaßgericht iSv § 2200 nur Raum, wenn der entsprechende Wille im Testament Anklang gefunden hat (dazu Hamm DNotZ 1965, 487 und § 2200 Rz 1).

3. Der Dritte bestimmt die Person des Testamentsvollstreckers durch Erklärung gegenüber dem Nachlaßgericht **in öffentlich beglaubigter Form** (§§ 29, 40, 63 BeurkG). Die Erklärung wird mit dem Zugang dort unwiderruflich. Gibt der Dritte die Erklärung innerhalb seines (gemeinschaftlichen) Testaments privatschriftlich ab, fehlt es an der nötigen Form. Auch in einem notariellen Testament ist die Erklärung streng genommen nicht dem Nachlaßgericht gegenüber abgegeben. Die Praxis nimmt aber an, daß sie mit der Ablieferung des Testaments dorthin gelangt (Soergel/Damrau Rz 4). Im übrigen braucht die Bestimmung durch den Dritten nur öffentlich beglaubigt zu sein, selbst wenn der Erblasser die Beurkundung vorgeschrieben hat, denn dem Sicherungszweck des Gesetzes wird auch in diesem Fall entsprochen (ebenso Soergel/Damrau Rz 4; aM Staud/Reimann Rz 14 mwN). Ist der mitteilende Notar selbst bestimmungsberechtigt, genügen Unterschrift und Siegel, weil er als Inhaber des öffentlichen Amts tätig wird (Neustadt DNotZ 1951, 339). Ebenso verhält es sich, wenn ein Behördenleiter die Bestimmung des Testamentsvollstreckers in seiner amtlichen Eigenschaft vornimmt. Als Bestimmungsberechtigter genügt der Präsident des OLG mit der öffentlichen Urkunde iSv §§ 417, 415 ZPO dem Formerfordernis, so daß es einer öffentlichen Beglaubigung nicht mehr bedarf. Stuttgart (DNotZ 1986, 300) hat die Wahrnehmung eines solchen fürsorglichen Akts der Rechtspflege den Amtsbefugnissen des Präsidenten als Organ der Rechtspflege zugerechnet. Die Entscheidung ist zutreffend, weil die Ernennung im inneren Zusammenhang mit dem Aufgabenkreis der Behörde steht und diese nicht wie im Fall des § 2200 verpflichtet wird, sondern nach freiem Ermessen die ihr angetragene Befugnis wahrnehmen oder zurückweisen kann. In amtlicher Eigenschaft handelt insoweit auch der Präsident der Rechtsanwaltskammer (KG JFG 23, 306), was auch für den jeweiligen Direktor des Amtsgerichts in Frage kommt (als Privatperson angesehen von Hamm DNotZ 1965, 487). Wenn aber die Verwaltung des Nachlasses nicht unmittelbar oder mittelbar die sonst zugewiesenen Amtsaufgaben zu fördern geeignet ist, handelt der Amtsträger als Privatperson (bejaht für den Präsidenten der IHK, KG JW 1938, 1900).

4. Die **Fristsetzung** zur Ausübung des Bestimmungsrechts dient der Klärung ungewisser Nachlaßverhältnisse. Sie erfolgt wie zum Vermächtnis nach § 2151 III und zur Auflage nach § 2193 II auf Antrag durch das Nachlaßgericht. Das Nachlaßgericht kann eine kürzere Frist bestimmen als vom Erblasser vorgesehen. Ob auch eine Verlängerung der einmal gesetzten Frist statthaft ist, wird unterschiedlich beurteilt (befürwortend Pal/Edenhofer Rz 3; Soergel/Damrau Rz 7; eine zu kurz bemessene Frist einer nicht gesetzten Frist gleichsetzend Staud/Reimann Rz 19; abl MüKo/Brandner Rz 10). Die gerichtlich bestimmte Frist ist nicht abänderbar (§ 18 II FGG).

5. Der Kreis der antragsberechtigten **Beteiligten** iSv Abs II ist ähnlich wie bei § 2200 und § 2202 weit zu ziehen, weil es darum geht, den Repräsentanten des Nachlasses zu bestimmen. Beteiligt kann dennoch nur sein, wer ein rechtliches und nicht nur ein wirtschaftliches Interesse an der Bestellung hat. Hier liegt ein Unterschied zum Kreis der Antragsberechtigten nach § 2216 II und § 2227. Zu den Beteiligten gehören insbesondere Erben, Auflagenberechtigte, Auflagenbegünstigte (aM LG Verden MDR 1955, 231; Soergel/Damrau Rz 9), Pflichtteilsberechtigte, Vermächtnisnehmer, andere Nachlaßgläubiger (BGH 35, 296; § 2200 Rz 3) und sonstige zur gemeinsamen Ausübung ernannte Testamentsvollstrecker.

6. Ist das Fristsetzungsverfahren erfolglos verlaufen, erlischt das Bestimmungsrecht des Dritten. Die Bestimmung eines Testamentsvollstreckers ist damit gescheitert, sofern nicht, sei es im Wege ergänzender Testamentsauslegung, eine Ernennung durch das Nachlaßgericht über § 2200 in Betracht kommt (siehe § 2200 Rz 1). Das Nachlaßgericht verständigt die am Verfahren beteiligten Antragsteller ebenso wie im Fall eines positiven Ausgangs des Verfahrens; zur Bekanntmachung siehe § 16 FGG.

2199 *Ernennung eines Mitvollstreckers oder Nachfolgers*
(1) Der Erblasser kann den Testamentsvollstrecker ermächtigen, einen oder mehrere Mitvollstrecker zu ernennen.
(2) Der Erblasser kann den Testamentsvollstrecker ermächtigen, einen Nachfolger zu ernennen.
(3) Die Ernennung erfolgt nach § 2198 Abs. 1 Satz 2.

1. **Ernennung durch Testamentsvollstrecker.** Um einen Mitvollstrecker oder einen Nachfolger zu ernennen, bedarf der berufene Testamentsvollstrecker einer **Ermächtigung** durch letztwillige Verfügung. Allein aufgrund eines eigenen Entschlusses vermag er keinen Mitvollstrecker hinzuzunehmen. Sind ohnehin mehrere Testamentsvollstrecker bestellt, ist es eine Frage der Auslegung, ob jeder Einzelne ermächtigt ist, seine Nachfolger zu bestimmen, ob sie mit Mehrheit oder einvernehmlich entscheiden (Hamburg OLG 44, 96). Nach §§ 2218, 2219 haftet der Ermächtigte für eine sorgfältige Auswahl. 1

2. Die **Ernennung** eines Mitvollstreckers und die Ernennung eines Nachfolgers kann vom Testamentsvollstrecker nur vorgenommen werden, solange er selbst noch sein Amt ausübt, da er sonst Dritter iSv § 2198 ist. Der „Nachfolger" übt sein Amt nicht gemeinsam mit dem Testamentsvollstrecker aus, sondern nur nach ihm, deswegen setzt seine Ernennung das Ausscheiden des ersten Testamentsvollstreckers (§§ 2225–2227) voraus. Es wird jedoch für zulässig gehalten, daß dem Nachfolger bereits vorher abgegrenzte Wirkungskreise selbständig überlassen werden, soweit das Testament in diesem Sinne auslegungsfähig ist (KGJ 43, A 88; mit Betonung der erforderlichen Ermächtigung MüKo/Brandner Rz 9). Die unmittelbare Übertragung des Amts auf den anderen ist nicht möglich (Abs III). Die Bestimmung des anderen kann der ermächtigte Testamentsvollstrecker allerdings einem Dritten überlassen, indem er ihm rechtsgeschäftliche Vollmacht erteilt. Im Zweifel kann der Nachfolger seinerseits wieder einen Nachfolger bestimmen (aM Staud/Reimann Rz 15 mwN). Ob bei Meinungsverschiedenheiten zwischen mehreren Testamentsvollstreckern über die Zuwahl oder Nachwahl § 2224 eingreift, ist umstritten. Zutreffend handelt es sich dabei nicht um eine Angelegenheit der Amtsführung, sondern um einen persönlichen Auftrag, so daß letztlich eine Entscheidung des Prozeßgerichts (Hamburg OLG 44, 96; Soergel/Damrau Rz 2) und nicht des Nachlaßgerichts (KG OLG 30, 209) herbeizuführen ist. 2

2200 *Ernennung durch das Nachlassgericht*
(1) Hat der Erblasser in dem Testament das Nachlassgericht ersucht, einen Testamentsvollstrecker zu ernennen, so kann das Nachlassgericht die Ernennung vornehmen.
(2) Das Nachlassgericht soll vor der Ernennung die Beteiligten hören, wenn es ohne erhebliche Verzögerung und ohne unverhältnismäßige Kosten geschehen kann.

1. **Ernennung durch Nachlaßgericht.** Das Nachlaßgericht kann einen Testamentsvollstrecker ernennen, wenn der Erblasser in der letztwilligen Verfügung darum ersucht hat, mithin nicht von Amts wegen und nicht auf Antrag des Erben. Ob und wann ein **Ersuchen** gestellt ist, kann durch weite Auslegung des Testaments ermittelt werden. Wörtlich braucht dies nicht zum Ausdruck gekommen sein; es genügt ein verstecktes Ersuchen, das sich aus dem wirtschaftlichen Zweck der Anordnung ergibt. Praktisch bedeutsam ist das im Wege der ergänzenden Auslegung zu ermittelnde Ersuchen, das häufig angenommen wird, wenn die Ernennung eines Testamentsvollstreckers auf andere Weise versagt; namentlich, wenn der benannte Testamentsvollstrecker wegfällt, weil er vorher verstirbt (BayObLG NJW-RR 1988, 387), das Amt nicht annimmt (BayObLG FamRZ 1987, 98), kündigt (BayObLG FamRZ 2003, 789), entlassen wird (Düsseldorf NJWE-FER 1998, 135, mit allerdings fraglicher Annahme einer gewollten Dauervollstreckung) oder bei unwirksamer Benennung (Zweibrücken ZEV 2001, 27 mit krit Anm Damrau). Die Vorschrift bildet jedoch keinen automatischen Auffangtatbestand (zutreffend MüKo/Brandner Rz 4). Ob die letztwillige Verfügung eine Regelungslücke enthält, die mit dem Ersuchen des Nachlaßgerichts iSv § 2200 zu schließen ist, richtet sich nach dem im Testament angeklungenen mutmaßlichen Willen des Erblassers. Der Schwerpunkt der Prüfung ist darauf zu legen, welche Gründe den Erblasser zur Anordnung der Testamentsvollstreckung bewogen haben und ob die Gründe nach Wegfall der benannten Person nicht fortbestehen; davon ist nach Ausführung der Aufgaben nicht auszugehen (BayObLG ZEV 2001, 284). Es muß dem Erblasser auf die Bindung des Nachlasses an die Testamentsvollstreckung angekommen sein, ohne die Entscheidung letztlich von der Person abhängig zu machen, zB bei „längstmöglicher" Verwaltung (BayObLG NJW-RR 1988, 387) oder bei Benennung eines Testamentsvollstreckers und eines Ersatzmannes nebst Anordnung, „notfalls" solle der Direktor des Amtsgerichts eine Person bestimmen (Hamm DNotZ 1965, 487; bedenklich hingegen BayObLG FamRZ 1996, 636 und 1997, 1569; siehe auch KG DNotZ 1955, 649; LG Kiel MDR 1967, 593; Düsseldorf ZEV 1998, 353). Hat der weggefallene Testamentsvollstrecker noch wirksam einen Nachfolger ernannt, dann gilt das Nachlaßgericht nicht als ersucht, solange der Nachfolger das Amt noch nicht abgelehnt hat (BayObLG Rpfleger 1988, 239). 1

Das Nachlaßgericht prüft selbst, ob es zur **Ernennung** eines Testamentsvollstreckers ersucht ist. Im Einzelfall kann es von einer Ernennung absehen, weil es nach pflichtgemäßem Ermessen darüber zu entscheiden hat (Hamm Rpfleger 1984, 316; OLG 1976, 566; Soergel/Damrau Rz 5; aM MüKo/Brandner Rz 5) und die Gründe für die Anordnung der Testamentsvollstreckung sich im Zeitpunkt der Entscheidung erledigt haben können. Ändert sich nach Testamentserrichtung die Zusammensetzung des Vermögens oder reduziert sich sonstwie der vorgesehene Aufgabenkreis, dann mag sich die Ernennung eines Testamentsvollstreckers als unzweckmäßig erweisen. Die Interessen der Beteiligten sind in die Ermessensentscheidung mit einzubeziehen, und im Hinblick auf mögliche Ablehnungsgründe hat das Nachlaßgericht von Amts wegen zu ermitteln. An die Ernennung einer bestimmten Person ist das Nachlaßgericht nicht gebunden, selbst wenn sich die Erben auf jemanden geeinigt haben (Hamm Rpfleger 1959, 53; JMBl 1962, 211). Im Rahmen seines pflichtgemäßen Ermessens muß das Gericht aber eine geeignete 2

§ 2200

Person auswählen. Es kann den beurkundenden Notar auswählen (LG Göttingen DNotZ 1952, 445), auch wenn dieser den darauf gerichteten Wunsch des Erblassers mitbeurkundet hat (Stuttgart OLG 1990, 14). Mit §§ 7, 27 BeurkG läßt sich dies vereinbaren, weil es sich nicht um eine Anordnung, sondern um ein Ersuchen handelt, dem Folge zu leisten das Nachlaßgericht nicht ohne weiteres verpflichtet ist (vgl auch BeurkG § 27 Rz 4). Soweit es die Aufgaben erfordern, kann es mehrere Testamentsvollstrecker und bei Wegfall einen Nachfolger bestimmen. Sucht es eine Person aus, die den anstehenden Aufgaben nicht gewachsen ist, kann eine Amtspflichtverletzung die Haftungsfolge nach Art 34 GG iVm § 839 auslösen.

3 **2.** Abs II ist eine Ordnungsvorschrift, unter deren Voraussetzungen eine Anhörung der Beteiligten erfolgen soll. Die Einschränkung „ohne erhebliche Verzögerung und ohne unverhältnismäßige Kosten" beläßt dem Nachlaßgericht einen weiten Ermessensspielraum. Eine bestimmte Form der Anhörung, insbesondere eine mündliche, ist nicht vorgeschrieben (BayObLG FamRZ 1987, 98). Die **Beteiligten** sind gleichsam beschwerdeberechtigt (vgl Rz 4). Beteiligt sind die Mitvollstrecker, Erben, Pflichtteilsberechtigten, Vermächtnisnehmer und andere Nachlaßgläubiger. Ob gewöhnliche Nachlaßgläubiger dazu zählen, wird für die Frage der Anhörung (MüKo/Brandner Rz 8; Soergel/Damrau Rz 6) und für die Frage des Beschwerderechts (KG OLG 1973, 385) zT abgelehnt. Nach BGH 35, 296 hat der Nachlaßgläubiger ein wirtschaftliches und rechtliches Interesse an der Klärung, wer den Nachlaß repräsentiert, um gegen diesen seine Ansprüche geltend machen zu können (§ 748 I ZPO, § 2213 I S 1). In diesem Sinne ist der Kreis der Beteiligten grundsätzlich wie in den §§ 2198, 2202 aufzufassen.

4 **3.** Die Ernennung wird **wirksam**, wenn sie dem Ernannten (formlos) bekannt gemacht ist (KG OLG 1973, 387). Einer förmlichen Zustimmung (so noch KG JFG 19, 40) bedarf es nicht, weil hier keine Frist in Lauf gesetzt wird. Die Mitteilung kann sogar durch schlüssiges Verhalten erfolgen (BayObLG FamRZ 1987, 98), insbesondere durch Anordnung und Erteilung eines Testamentsvollstreckerzeugnisses (BayObLG 1987, 46). Die Ernennung muß auch den Beteiligten bekanntgemacht werden (Keidel/Winkler FGG § 81 Rz 4). Davon unabhängig beginnt das Amt des Testamentsvollstreckers jedoch erst mit der Annahme (§ 2202). Lehnt das Nachlaßgericht die Ernennung ab, ist dagegen die einfache Beschwerde gegeben (§ 20 FGG), gegen die Ernennung die sofortige Beschwerde (§ 81 FGG). Das Beschwerderecht haben alle Beteiligten (Rz 3), nicht aber der ernannte Testamentsvollstrecker selbst (§§ 16, 20 FGG), da er die Annahme ablehnen (§ 2202 II) und später jederzeit kündigen kann (§ 2226). Als Beschwerdegrund kommen in erster Linie Verfahrensmängel oder Ermessensfehler in Betracht. An eine wirksame Verfügung sind Prozeßgericht, Grundbuchamt und Registergericht wie regelmäßig im Bereich der freiwilligen Gerichtsbarkeit gebunden, so daß die wirksam gewordene Entscheidung des Nachlaßgerichts der Nachprüfung entzogen ist, wenn es bei zweifelhaftem Wortlaut des Testaments das Ersuchen auf Bestellung eines Testamentsvollstreckers bejaht hat (Keidel/Winkler FGG § 81 Rz 3; aM Schlegelberger FGG § 81 Anm 4). Auf einen Ausnahmefall erstreckt sich jedoch die Zuständigkeit des Prozeßgerichts: Hat der erste Testamentsvollstrecker die sich aus dem Testament ergebenden Aufgaben ausgeführt, braucht nach seinem Wegfall kein neuer ernannt zu werden (vgl Rz 2). Jede gleichwohl erfolgte Ernennung ist gegenstandlos und stellt folglich keine wirksame Verfügung dar (BGH 41, 23; Bund JuS 1966, 60; Jansen NJW 1966, 331). Wird die Ernennung im Beschwerdeweg wieder aufgehoben, gilt die Beseitigung auch dann rückwirkend, wenn die Ernennung schon wirksam geworden und ein Testamentsvollstreckerzeugnis erteilt ist (so BayObLG Rpfleger 1988, 239). In der Zwischenzeit getätigte Rechtsgeschäfte des Testamentsvollstreckers bleiben nach § 32 FGG aber wirksam.

5 Ist ein Testamentsvollstrecker ohne wirksames Ersuchen ernannt, liegt darin ein wichtiger Grund für die **Entlassung** nach § 2227 (BayObLG Rpfleger 1987, 151), was aber einen Antrag des Berechtigten voraussetzt, gegen dessen Ablehnung die Beschwerde gegeben ist. Von der Ernennung ist überhaupt abzusehen, wenn sich im Zeitpunkt der möglichen Ernennung bereits ein wichtiger Grund abzeichnet, der die Entlassung rechtfertigen würde (Hamm JMBl 1962, 211). Es fehlt demzufolge für einen Entlassungsantrag das Rechtsschutzbedürfnis, solange noch die Frist für die sofortige Beschwerde gegen die Ernennung des Testamentsvollstreckers läuft (BayObLG 1987, 46).

2201 *Unwirksamkeit der Ernennung*

Die Ernennung des Testamentsvollstreckers ist unwirksam, wenn er zu der Zeit, zu welcher er das Amt anzutreten hat, geschäftsunfähig oder in der Geschäftsfähigkeit beschränkt ist oder nach § 1896 zur Besorgung seiner Vermögensangelegenheiten einen Betreuer erhalten hat.

1 **1.** Bestimmte Gründe in der Person des Testamentsvollstreckers (Rz 2) machen die **Ernennung unwirksam**. Der maßgebliche Zeitpunkt, in dem das Amt anzutreten hat, kann vor dem tatsächlichen Amtsantritt liegen (aM MüKo/Brandner Rz 3). Liegt zwischen der Ernennung und der Annahme des Amts ein längerer Zeitraum (zB iVm einer Bedingung oder Befristung) und ist der Grund in der Person des Ernannten erst während dieser Zeit eingetreten, ist die Ernennung gleichwohl unwirksam. War der Grund dagegen bei der Ernennung vorhanden, bis zur Annahme aber entfallen, dann ist er unbeachtlich. Das ergibt sich daraus, daß die Ernennung erst rechtswirksame Bedeutung zu erlangen vermag, wenn sie dem Betroffenen zur Kenntnis gebracht wird. Liegen zu diesem Zeitpunkt keine Unwirksamkeitsgründe vor, kann die er die Ernennung annehmen und das Amt antreten. Treten Mängel erst nach Amtsantritt auf, kommt § 2225 in Betracht. Es bedarf dann keiner besonderen Aufhebung, sondern das Amt erlischt. Auch die Rechtsfolge der Unwirksamkeit ergibt sich unmittelbar. Fällt der Grund in der Person des Testamentsvollstreckers anschließend weg, lebt das Amt nicht wieder auf; auch nicht, wenn er von der Betreuung freigestellt wird. Der Testamentsvollstrecker muß vielmehr neu ernannt werden.

2 **2.** Als **Unwirksamkeitsgründe** gelten die Geschäftsunfähigkeit (§ 104), die Minderjährigkeit (§ 106) und die Betreuung in Vermögensangelegenheiten (§ 1896). Sonstige Gründe mögen für eine Entlassung nach § 2227 in Betracht kommen, berühren aber nicht die Ernennung.

§ 2202 Annahme und Ablehnung des Amts

(1) Das Amt des Testamentsvollstreckers beginnt mit dem Zeitpunkt, in welchem der Ernannte das Amt annimmt.

(2) Die Annahme sowie die Ablehnung des Amts erfolgt durch Erklärung gegenüber dem Nachlassgericht. Die Erklärung kann erst nach dem Eintritt des Erbfalls abgegeben werden; sie ist unwirksam, wenn sie unter einer Bedingung oder einer Zeitbestimmung abgegeben wird.

(3) Das Nachlassgericht kann dem Ernannten auf Antrag eines der Beteiligten eine Frist zur Erklärung über die Annahme bestimmen. Mit dem Ablauf der Frist gilt das Amt als abgelehnt, wenn nicht die Annahme vorher erklärt wird.

1. Zu unterscheiden ist zwischen der **Annahme des Amts** und der tatsächlichen Ausführung von Geschäften. Die Annahmeerklärung muß dem Nachlaßgericht gegenüber abgegeben werden. Sie kann nicht wie die Erbschaftsannahme (§ 1943 III) stillschweigend erfolgen. Die Erklärung selbst kann schriftlich oder mündlich abgegeben werden, sie kann auch in einer anderen an das Nachlaßgericht gerichteten Erklärung enthalten sein (zB in einem Antrag auf Erteilung des Zeugnisses), ohne daß es eines bestimmten Wortlauts bedarf. Die mündliche Erklärung ist zu Protokoll zu nehmen. Die Ablehnung ist in gleicher Weise zu erklären. Annahme und Ablehnung sind unwiderruflich. Nach § 2226 besteht aber jederzeit die Möglichkeit der Kündigung.

Eine **Pflicht zur Annahme** des Amts besteht grundsätzlich nicht. Hat sich der im Testament bestimmte Testamentsvollstrecker dem Erblasser gegenüber zur Annahme verpflichtet, kann er aber schadenersatzpflichtig werden. Streitig ist, ob er zur Annahme verurteilt werden kann. Die Frage ist nur theoretischer Natur, da auch ein zur Annahme Verurteilter nach § 2226 jederzeit wieder kündigen kann. Außerdem verträgt sich ein Amtsantritt im Wege der Verurteilung nicht mit der künftigen Stellung des Testamentsvollstreckers als Vertrauensperson. Wenn die Klagbarkeit auch vereinzelt bejaht wird (RGRK/Kregel Rz 3), bleibt sie dennoch unzweckmäßig. Der Erblasser kann allerdings einen Anreiz zur Annahme schaffen, indem er dem von ihm gewünschten Testamentsvollstrecker eine Zuwendung aussetzt, die an die Annahme und Ausübung des Amts gebunden ist.

2. Die Annahme kann nicht vor, aber jederzeit nach dem Erbfall erklärt werden, auch wenn der Beginn der Tätigkeit bedingt oder befristet ist oder von dem Eintritt eines Nacherbfalls abhängt. Der **Beginn der Amtstätigkeit** bleibt aber vom Eintritt der Bedingung oder Befristung abhängig. Eine Fristbestimmung nach Abs III ist daher nicht vor diesem Zeitpunkt möglich. Ist der vorgesehene Testamentsvollstrecker unbekannten Aufenthalts, darf keine Frist gesetzt werden; wohl aber kann er nach § 2227 entlassen werden. Fristbestimmung und Beschwerderecht behandelt § 81 FGG. Der Kreis der antragsberechtigten Beteiligten ist hier nicht anders zu umgrenzen als in § 2198 II (vgl § 2198 Rz 4), ist also möglichst weit zu ziehen, da jeder, der Ansprüche an den Nachlaß stellen will, wissen muß, wer der Repräsentant des Nachlasses sein wird.

3. Hat der Testamentsvollstrecker bereits vor der Annahme des Amts Rechtsgeschäfte für den Nachlaß getätigt, so hat er als **Vertreter ohne Vertretungsmacht** gehandelt. Derartige Geschäfte werden im Zeitpunkt des Amtsantritts nicht etwa nach § 1959 II wirksam (aM Lange/Kuchinke § 31 V 3), sie sind aber genehmigungsfähig (§§ 177, 180, 184). Auch Verfügungen werden nicht nach § 185 II S 1 Fall 2 ohne weiteres wirksam, weil der Testamentsvollstrecker den Gegenstand, über den er verfügt hat, nicht durch Erlangung des Amts „erwirbt" (§ 185 Rz 12; aM RGRK/Kregel Rz 4; MüKo/Brandner Rz 4 mwN). Die Vorverfügung zu genehmigen, ist auch hier empfehlenswert (§ 185 II S 1 Fall 1).

4. Den **Nachweis der Annahme** führt der Testamentsvollstrecker gegenüber dem Grundbuchamt durch Vorlage seines Testamentsvollstreckerzeugnisses (§ 2368). Möglich ist auch die Vorlage der öffentlich beurkundeten letztwilligen Verfügung samt Eröffnungsprotokoll und einer Bescheinigung des Nachlaßgerichts über die Annahme.

§ 2203 Aufgabe des Testamentsvollstreckers

Der Testamentsvollstrecker hat die letztwilligen Verfügungen des Erblassers zur Ausführung zu bringen.

1. Der Testamentsvollstrecker leitet seine Legitimation vom Erblasser und nicht vom Erben her. In welchem **Umfang** er nach Annahme seines Amts tätig zu werden berechtigt (§ 2205) und verpflichtet (§ 2216) ist, ergibt sich aus der Anordnung des Erblassers. Enthält die Anordnung keine Einzelheiten über die anstehende Tätigkeit, hat er die Verfügungen gem §§ 2204ff auszuführen und dadurch den vom Erblasser bezweckten Vermögenszustand zu schaffen, mit dessen Erreichen die Tätigkeit alsdann erledigt ist (BGH 41, 23). Darüber hinaus kann der Erblasser die Dauerverwaltung des Nachlasses (nach § 2209 mit der zeitlichen Grenze aus § 2210) bestimmen, was anzunehmen ist, wenn sie entweder ausdrücklich angeordnet oder sich aus der Art der zugewiesenen Aufgabe ergibt. Soll der Testamentsvollstrecker nur begrenzt tätig werden, muß dies ausdrücklich aus dem Testament hervorgehen (§ 2208). So kann seine einzige Aufgabe darin bestehen, für die Vollziehung einer Auflage zu sorgen, mit der ein Vermächtnisnehmer beschwert ist (BayObLG FamRZ 1986, 613).

2. Der Testamentsvollstrecker handelt **im eigenen Namen** und **aus eigenem Recht**. Er hat alles zu tun, was zur Abwicklung des Nachlasses notwendig ist. Er hat daher die Bestattung des Erblassers zu veranlassen, die Eröffnung des Testaments zu betreiben, den Nachlaß in Besitz zu nehmen und ihn zu verwalten (§ 2205), nötigenfalls unter Anstrengung der Erbschaftsklage nach § 2018; er hat Verbindlichkeiten einzugehen und zu erfüllen (§§ 2206, 2207), Forderungen einzuziehen, und auch sonst kann er über Nachlaßgegenstände verfügen, soweit es der Zweck der Verwaltung erfordert. Über den Nachlaß im Ganzen kann er nicht verfügen, ebensowenig über Miterben-Anteile, wohl aber über den Erbteil an einem anderen Nachlaß, der bereits dem Erblasser zugestanden hat (BGH NJW 1984, 2464). Er hat Aktivprozesse zu führen (§ 2212) und ist neben dem Erben passiv legitimiert

§ 2203

(§ 2213). Er hat die Auseinandersetzung unter Miterben durchzuführen (§ 2204) und er kann bei Überschuldung nach § 1992 verfahren und nach § 317 InsO die Eröffnung eines Nachlaßinsolvenzverfahrens beantragen.

3 An **Weisungen der Erben** ist der Testamentsvollstrecker nicht gebunden, ob die Weisungen den Anordnungen des Erblassers widersprechen oder ob sie über die vom Erblasser eingeräumten Befugnisse hinausgehen (RG 105, 250). Er kann auch nicht wirksam mit den Erben eine Einengung seiner Handlungsfreiheit vereinbaren oder seine Handlungen zustimmungsbedürftig machen (BGH 25, 275). Während der Erbe über Nachlaßgegenstände nicht verfügen kann, solange der Testamentsvollstrecker im Amt ist (§ 2211), kann er den Testamentsvollstrecker aber auf Erfüllung seiner Verpflichtungen in Anspruch nehmen und auf Ausführung der vom Erblasser getroffenen Anordnungen verklagen (§§ 2216, 2218). Im übrigen ist der Testamentsvollstrecker den Erben gegenüber zur Aufstellung eines Nachlaßverzeichnisses verpflichtet (§ 2215) und er hat ihm diejenigen Nachlaßgegenstände herauszugeben, die er zur Erfüllung seiner Verbindlichkeiten offensichtlich nicht benötigt (§ 2217). Auf das Rechtsverhältnis zwischen dem Testamentsvollstrecker und dem Erben finden die in § 2218 genannten Vorschriften über den Auftrag Anwendung; im Falle von Pflichtverletzungen haftet der dem Erben auf Schadenersatz (§ 2219), ohne daß ihn der Erblasser hiervon befreien kann (§ 2220). Bei Interessenkollisionen entfällt das Verwaltungsrecht des Testamentsvollstreckers (RG 138, 132; siehe auch § 2205 Rz 2).

4 3. Besteht zwischen Testamentsvollstrecker und Erben **Streit über die Auslegung** einzelner Anordnungen des Erblassers, kann eine Feststellungsklage nach § 256 ZPO erhoben werden (RG 83, 151). Das Rechtsschutzinteresse ist zu bejahen, weil der Testamentsvollstrecker nach § 2219 verantwortlich ist und die Erben zur Erfüllung einer Verbindlichkeit verpflichtet bleiben. Bezieht sich der Streit auf das Erbrecht selbst, ist der Testamentsvollstrecker nicht die richtige Partei, insoweit es sich um Ansprüche der Erben untereinander handelt, die mit der Verwaltung des Nachlasses nichts zu tun haben. Nur wenn der Testamentsvollstrecker selbst in seiner Rechtsstellung betroffen ist oder wenn er von sich aus eine Klarstellung zur Durchführung der ihm übertragenen Erbauseinandersetzung erreichen will, ist für die Führung eines solchen Rechtsstreits berufen und das Feststellungsinteresse zu bejahen (BGH NJW 1951, 559; RG 106, 48 für Nachlaßpfleger, sinngemäß anzuwenden für Testamentsvollstrecker; zu weiteren Einzelfällen siehe RG JW 1909, 52; RG 106, 46; RG LZ 1922, 197; RG Gruch 62, 631 und dazu Löwisch DRiZ 1971, 272).

5 Kommen dem Testamentsvollstrecker selbst **Bedenken gegen die Gültigkeit** einzelner Anordnungen des Erblassers, sollte er die Erben verständigen und möglicherweise unter Anrufung des Nachlaßgerichts (§ 2216 II) eine Klarstellung herbeiführen, um nicht durch eigenmächtiges Handeln gegen die Verpflichtung zur ordnungsmäßigen Verwaltung zu verstoßen (hierzu RG 130, 131ff). Das Anfechtungsrecht nach § 2078 steht dem Testamentsvollstrecker zu, soweit er eine das Testamentsvollstreckeramt einengende Anordnung des Erblassers beseitigen will. Im übrigen ist nur der Erbe anfechtungsberechtigt, so dies bei der Anfechtung um eine Verfügung über das Erbrecht handelt. Das gleiche gilt für die Einrede aus § 2083 (BGH NJW 1962, 1058).

6 4. Der Erblasser kann den Testamentsvollstrecker auch als **Schiedsrichter** einsetzen, um etwaige Streitigkeiten unter den Erben über die Auslegung einzelner Testamentsverfügungen beizulegen (RG 100, 76; aM Kipp/Coing § 78 III 5). Geht es um einen Erbvertrag, bedarf die Schiedsabrede einer gesonderten Urkunde (Hamm NJW-RR 1991, 455). Naturgemäß darf sich die Entscheidungsbefugnis des Schiedsrichters aber nicht auf die Bestimmungen beziehen, die sein Amt als Testamentsvollstrecker betreffen, da er nicht Richter in eigener Sache sein kann (BGH 41, 23). Unzulässig ist daher die Bestellung zum Schiedsrichter mit den weitgehenden Befugnissen „unter Ausschluß des Rechtswegs" (BayObLG Rpfleger 1988, 239).

2204 *Auseinandersetzung unter Miterben*

(1) Der Testamentsvollstrecker hat, wenn mehrere Erben vorhanden sind, die Auseinandersetzung unter ihnen nach Maßgabe der §§ 2042 bis 2056 zu bewirken.

(2) Der Testamentsvollstrecker hat die Erben über den Auseinandersetzungsplan vor der Ausführung zu hören.

1 1. Die gerichtliche **Auseinandersetzung** nach §§ 86ff FGG oder das Zuweisungsverfahren nach dem Grundstücksverkehrsgesetz ist ausgeschlossen, wenn ein Testamentsvollstrecker bestellt und ihm die Befugnis zur Auseinandersetzung nicht ausdrücklich entzogen ist. Die Auseinandersetzung hat nach Maßgabe der §§ 2042ff zu erfolgen. Sie ist folglich aufgeschoben, solange die Erbteile noch unbestimmt sind (§ 2043) oder die Gläubiger erst zu ermitteln sind (§ 2045) oder wenn der Erblasser die Auseinandersetzung ganz ausgeschlossen hat. Zur Auseinandersetzung ist der Testamentsvollstrecker dann nicht berufen, wenn er iSv § 2209 nur die Verwaltung des Nachlasses besorgen soll. Nimmt er die Auseinandersetzung dennoch vor, ist sie zwar wirksam (Rz 2), begründet aber uU eine Schadenersatzpflicht.

2 Ungeachtet eines testamentarischen Verbots wird die **einverständliche Auseinandersetzung** von Testamentsvollstrecker, Erben und sonstwie Bedachten für zulässig gehalten, weil es sich bei dem Verbot um ein rechtsgeschäftliches nach § 137 und nicht um eines nach §§ 134–136 handelt (Soergel/Damrau Rz 3). Der BGH (56, 275) hält die Einigung zwischen Testamentsvollstrecker und Erben für stärker als eine entgegenstehende Erblasseranordnung. Richtigerweise ist schon die Verfügung des Testamentsvollstreckers aufgrund seiner ungebrochenen Verfügungsbefugnis wirksam, denn das Auseinandersetzungsverbot bildet keine dingliche Sperre (aM Staud/Reimann Rz 5). Praktisch wird für den Testamentsvollstrecker eine Auseinandersetzung aber nur mit Einverständnis in Betracht kommen, schon um sich nicht Regreßansprüchen auszusetzen. Auf diese Weise kann auch eine weitere Verwaltungsvollstreckung iSv § 2209 gegenstandslos werden. Vereinbaren die Erben die **einverständliche Fortsetzung** der Erbengemeinschaft, bindet dies den Testamentsvollstrecker dergestalt, daß er bei entgegengesetztem

Handeln Gefahr läuft, sich schadenersatzpflichtig zu machen. Die von ihm betriebene Auseinandersetzung bleibt aber wirksam, da die Vereinbarung unter den Miterben nur schuldrechtliche Wirkung hat (KGJ 52, 113).

Auch wenn der Testamentsvollstrecker seine Legitimation und Aufgabe vom Erblasser herleitet, hat er die **Interessen der Erben** doch weitgehend zu berücksichtigen, wie es sich schon aus dem Sinn einer Auseinandersetzung ergibt. Das gilt unabhängig von § 2044 sowohl für den Zeitpunkt als auch für die Art und Weise der Verwertung von Einzelstücken oder Sammlungen mit möglicherweise hohem Erinnerungs- oder Marktwert im Wege des freihändigen Verkaufs, der Versteigerung oder der Zuweisung an einzelne Miterben; siehe näher § 2042 Rz 2ff. An Vereinbarungen der Erben ist der Testamentsvollstrecker nicht gebunden (RG 133, 128), weil er grundsätzlich das Verfügungsrecht besitzt. Seine Richtlinien sind dabei die Grundsätze ordnungsmäßiger Verwaltung iSv §§ 2216ff. § 753 gilt für ihn nicht verbindlich (§ 753 Rz 8). Bei der Ausgleichspflicht unter Miterben (§§ 2050–2056) ist der Testamentsvollstrecker hingegen an Vereinbarungen gebunden, da die Miterben über die Ausgleichspflicht frei bestimmen können. Im Streitfall haben sie untereinander eine gerichtliche Entscheidung herbeizuführen. Nur wenn dies unterbleibt und wenn der Testamentsvollstrecker zur Beendigung seines Amts einer Klarstellung bedarf, wird er selbst ein berechtigtes Interesse iSv § 256 ZPO haben und auf Feststellung klagen können.

2. Der Testamentsvollstrecker muß einen **Auseinandersetzungsplan** aufstellen. Dieser hat zunächst noch keine rechtliche Bedeutung, bedarf auch weder der Zustimmung der Erben (sie sind nur „zu hören") noch des Nachlaßgerichts. Der Plan kann bis zum Abschluß des Anhörungsverfahrens geändert werden. Alsdann erlangt er ohne ausdrückliche förmliche Feststellung eine Bestandskraft ähnlich einer vertraglichen Vereinbarung, die für die Beteiligten verbindlich wird. Die Ausführung des Plans geschieht in der Weise, daß die Miterben entsprechende Verfügungen treffen oder daß der Testamentsvollstrecker aus seiner Machtvollkommenheit die Gegenstände den einzelnen Erben zu Eigentum überträgt, und zwar in der gesetzlich vorgesehenen Form (Übergabe, Auflassung unter Beachtung etwaiger Genehmigungs- oder Anzeigepflichten nach dem Grundstücksverkehrsgesetz und Baugesetzbuch). Diese Übergabe erzeugt durch das Zusammenwirken zwischen dem Testamentsvollstrecker und dem Berechtigten eine dingliche Wirkung in der Weise, daß der Miterbe, der sein Miteigentum aufgeben muß, es zugunsten des Berechtigten verliert. Eine Mitwirkung des Berechtigten ist aber unerläßlich, um eine Auflassung oder Übergabe zu ermöglichen. Ist der Testamentsvollstrecker zugleich Miterbe, handelt es sich uU um ein Insichgeschäft (dazu näher § 2205 Rz 18).

Stellen sich einzelne Miterben gegen die Ausführung des Plans, können sie gegen den Testamentsvollstrecker auf **Abänderung** klagen, jedoch nur mit der Begründung, daß der Plan nicht den Anordnungen des Erblassers oder den gesetzlichen Bestimmungen entspricht oder daß er gegen Treu und Glauben verstößt. Dabei sind die Miterben keine notwendigen Streitgenossen des Testamentvollstreckers (Karlsruhe NJW-RR 1994, 905). Dem einzelnen Miterben kann gegen den vom Testamentvollstrecker begünstigten Miterben aus § 812 jedoch ein Anspruch auf Rückgewähr zustehen, geltend zu machen nach § 2039 (BGH bei Johannsen WM 1970, 744).

3. Über die Auseinandersetzung in dem Fall, daß ein Handelsgeschäft oder ein Anteil an einer Personengesellschaft zum Nachlaß gehört, siehe § 2205 Rz 20 und 28.

2205 *Verwaltung des Nachlasses, Verfügungsbefugnis*

Der Testamentsvollstrecker hat den Nachlass zu verwalten. Er ist insbesondere berechtigt, den Nachlass in Besitz zu nehmen und über die Nachlassgegenstände zu verfügen. Zu unentgeltlichen Verfügungen ist er nur berechtigt, soweit sie einer sittlichen Pflicht oder einer auf den Anstand zu nehmenden Rücksicht entsprechen.

I. Aufgaben der Verwaltung
1. Überblick 1
2. Abgrenzung zu höchstpersönlichen Rechten, Nachlaßverwaltung, Nachlaßinsolvenz 2
3. Gemeinsame Befugnisse 4
4. Berichtigung von Nachlaßverbindlichkeiten 5
5. Anfechtungsrecht 6
6. Inbesitznahme 7
7. Verfügungsrecht 8

II. Beschränkungen insbesondere des Verfügungsrechts
1. Unentgeltliche Verfügungen 9
    a) Unentgeltlichkeit 10
    b) Einzelfälle 11
    c) Nachweis der Entgeltlichkeit 12
    d) Zustimmung der Erben 13
    e) Testamentarische Befreiung 15
2. Testamentarische Verfügungsbeschränkungen 16
3. Gesetzliche Beschränkungstatbestände 17

4. Insichgeschäfte 18
5. Mißbrauch 19

III. Testamentsvollstreckung bei Handelsgeschäften und Mitgliedschaften
1. Handelsgeschäft
    a) Fortführung 20
    b) Veräußerung, Verpachtung, Freigabe ... 24
    c) Besonderheit bei Erbengemeinschaft .. 27
2. Personengesellschaften 28
    a) OHG 29
    b) KG 33
    c) GbR 34
    d) Stille Gesellschaft 35
3. GmbH 36
4. Aktiengesellschaft 37
5. Genossenschaft 38
6. Verein 39
7. Änderung der Unternehmensrechtsform 40
8. Erwerb eines Mitgliedschaftsrechts 41

Schrifttum: *Adams*, Interessenkonflikte des Testamentsvollstreckers, 1997; *Baur*, Der Testamentsvollstrecker als Unternehmer, FS Dölle, 1963, Bd I S 249; *Bommert*, Neue Entwicklungen zur Frage der Testamentsvollstreckung in Personengesellschaften, BB 1984, 178; *Brandner*, Das einzelkaufmännische Unternehmen unter Testamentsvollstreckung, FS Stimpel, 1985, S 991; *Buschmann*, Testamentsvollstreckung im Gesellschaftsrecht, 1982; *Damrau*, Zur Testamentsvollstreckung am Kommanditanteil, NJW 1984, 2785; *ders*, Kann ein Testamentsvollstrecker einen Kommanditanteil erwerben? DNotZ 1984, 660; *Dauner-Lieb*, Unternehmen in Sondervermögen, 1998; *Donner*, Der Testamentsvollstrecker des eingetragenen Kaufmanns, des offenen Handelsgesellschafters, des Komplementärs und Kommanditisten, DNotZ 1944, 143; *Durchlaub*, Ausübung von Gesellschaftsrechten durch Testamentsvollstrecker, BB 1977, 1399; *Einmahl*, Die Ausübung der Verwaltungsrechte des Gesellschaftererben durch den Testamentsvollstrecker, AcP 160, 29; *Emmerich*, Die Testamentsvollstreckung an Gesellschafteranteilen, ZHR 132 (1969), 297; *Esch*, Zur Zulässigkeit der Testamentsvollstreckung an KG-Beteiligungen, NJW 1981, 2222; *ders*, Die Nachlaßzugehörigkeit vererbter Personengesellschaftsbeteiligungen, NJW 1984, 339; *Finger*, Testamentsvollstreckung und Nachfolge in der OHG, DB 1975, 2021; *Flume*, Die Erben-Nachfolge in die Beteiligung an einer Personengesellschaft und die sonstige Erbfolge in Hinsicht auf die Problematik von Nachlaßverwaltung, Nachlaßkonkurs und Testamentsvollstreckung, FS Müller-Freienfels, 1986, S 113; *ders*, Die Erbennachfolge in den Anteil an einer Personengesellschaft und die Zugehörigkeit des Anteils zum Nachlaß, NJW 1988, 161; *Frank*, Die Testamentsvollstreckung über Aktien, ZEV 2002, 389; *ders*, Umwandlung einer Personengesellschaft in eine Kapitalgesellschaft durch den Testamentsvollstrecker – Ist eine Umwandlungsanordnung anzuraten? ZEV 2003, 5; *ders*, Verwaltungskompetenz des Testamentsvollstreckers und Organkompetenz. Zur Vereinbarkeit der Befugnisse eines fremdnützigen Vermögensverwalters mit dem Amt des Vorstands und des Aufsichtsrats in der AG, NZG 2002, 898; *Goebel*, Probleme der treuhänderischen und der echten Testamentsvollstreckung über ein vermächtnisweise erworbenes Einzelunternehmen, ZEV 2003, 261; *Groschuff*, Zur Frage der Registerfähigkeit der Testamentsvollstrecker, Treuhänder und Zwangsliquidatoren, JW 1938, 1361; *Haegele*, Der Testamentsvollstrecker und das Selbstkontrahierungsverbot des § 181 BGB, Rpfleger 1958, 370; *ders*, Das Recht des Testamentsvollstreckers zu unentgeltlichen Verfügungen und zu Erbteilungen bei Dauervollstreckungen, BWNotZ 1969, 260; *ders*, Die Vererbung von GmbH-Geschäftsanteilen, Rpfleger 1969, 86; *ders*, Zu den Verfügungsrechten eines Testamentsvollstreckers, Rpfleger 1972, 43; *ders*, Testamentsvollstreckung im Handels- und Gesellschaftsrecht, BWNotZ 1968, 65 und Rpfleger 1973, 13, 179; *Hehemann*, Testamentsvollstreckung bei Vererbung von Anteilen an Personengesellschaften, BB 1995, 25; *Holzhauer*, Erbrechtliche Untersuchungen. Einschränkung der Verwaltungstestamentsvollstreckung im Handelsrecht, 1973; *Johannsen*, Führung von Handelsgeschäften und Verwaltung von Geschäftsanteilen einer Handelsgesellschaft durch den Testamentsvollstrecker, WM 1970, 570; *John*, Testamentsvollstreckung über ein einzelkaufmännisches Unternehmen, BB 1980, 757; *Knieper*, Erbrecht und Gesellschaftsrecht bei der Gesellschafternachfolge, NJW 1980, 2677; *Koch*, Kommanditisten und Testamentsvollstreckung, NJW 1983, 1762; *Lange*, Die Rechtsmacht des Testamentsvollstreckers und ihre Grenzen, JuS 1970, 101; *Lehmann*, Die unbeschränkbare Verfügungsbefugnis des Testamentsvollstreckers, AcP 188, 1; *Lenzen*, Die Testamentsvollstreckung bei der GmbH und Co KG nach höchstrichterlicher Rechtsprechung, GmbHR 1977, 56; *Lorz*, Testamentsvollstreckung und Unternehmensrecht, 1995; *v. Lübtow*, Insichgeschäfte des Testamentsvollstreckers, JZ 1960, 151; *Mains*, Der Testamentsvollstrecker im Handelsregister, DFG 1939, 191; *Marotzke*, Die Mitgliedschaft in einer OHG als Gegenstand der Testamentsvollstreckung, JZ 1986, 457; *ders*, Die Nachlaßzugehörigkeit ererbter Personengesellschaftsanteile und der Machtbereich des Testamentsvollstreckers, AcP 187, 223; *Mattern*, Insichgeschäfte des Testamentsvollstreckers, BWNotZ 1961, 149; *D. Mayer*, Testamentsvollstreckung am Kommanditanteil, ZIP 1990, 976; *J. Mayer*, Die Testamentsvollstreckung über GmbH-Anteile, ZEV 2002, 209; *K. Müller*, Zur Unentgeltlichkeit der Verfügung als Schranke der Verfügungsmacht des Testamentsvollstreckers, WM 1982, 466; *Muscheler*, Die Haftungsordnung der Testamentsvollstreckung, 1994; *Neuschwander*, Testamentsvollstrecker und unentgeltliche Verfügungen, BWNotZ 1978, 73; *Nolte*, Zur Frage der Zulässigkeit der Testamentsvollstreckung nach Handelsrecht, FS Nipperdey, 1965, Bd I, S 667; *Nordemann*, Zur „Testamentsvollstreckung" an Handelsgesellschaften und in Personalgesellschaften, NJW 1963, 1139; *Piltz*, Zur steuerlichen Haftung des Testamentsvollstreckers, ZEV 2001, 262; *Priester*, Testamentsvollstreckung am GmbH-Anteil, FS Stimpel, 1985, S 463; *Pyszka*, Unentgeltliche Verfügungen des Vorerben und des Testamentsvollstreckers, 1989; *Quack*, Die Testamentsvollstreckung an Kommanditanteilen, BB 1989, 2271; *Raddatz*, Nachlaßzugehörigkeit vererbter Personengesellschaftsanteile, 1991; *Rehmann*, Testamentsvollstreckung an Gesellschaftsanteilen, BB 1985, 297; *Reimann*, Testamentsvollstreckung in der Wirtschaftsrechtspraxis, 1985; *ders*, Testamentsvollstreckung an Gesellschaftsanteilen jetzt möglich? MittBayNot 1986, 232; *Reithmann*, Testamentsvollstreckung und postmortale Vollmacht als Instrumente der Kautelarjurisprudenz, BB 1984, 1394; *Rowedder*, Die Zulässigkeit der Testamentsvollstreckung bei Kommanditbeteiligungen, FS Goerdeler, 1987, S 445; *Schaub*, Unentgeltliche Verfügungen des Testamentsvollstreckers, ZEV 2001, 257; *Schmellenkamp*, Die Testamentsvollstreckung an Gesellschaftsanteilen, insbesondere Kommanditanteilen und Ersatzlösungen, MittRhNotK 1986, 181; *C. Schmid*, Die Dauertestamentsvollstreckung an dem Anteil einer Gesellschaft bürgerlichen Rechts, BWNotZ 1998, 37; *E. Schmitz*, Testamentsvollstreckung an Personengesellschaftsanteilen – Folgerungen für die Praxis aus BGHZ 98, 48, ZGR 1988, 140; *Schopp*, Letztwillige Bestimmungen über die Unternehmensfortführung durch Dritte, Rpfleger 1978, 77; *Siebert*, Zur Gestaltung der Testamentsvollstreckung bei der Vertretung der Stellung eines persönlich haftenden Gesellschafters, FS Hueck, 1959, S 321; *Spellenberg*, Schenkungen und unentgeltliche Verfügungen zum Nachteil des Erben und der Pflichtteilsberechtigten, FamRZ 1974, 350; *Tiedau*, Die Abfindungs- und Ausgleichsansprüche der von den gesellschaftlichen Nachfolge ausgeschlossenen Erben, NJW 1980, 2446; *Ulmer*, Testamentsvollstreckung an Kommanditanteilen? ZHR 146 (1982), 555; *ders*, Nachlaßzugehörigkeit vererbter Personengesellschaftsbeteiligungen, NJW 1984, 1496; *ders*, Probleme der Vererbung von Gesellschaftsanteilen, JuS 1986, 856; *ders*, Testamentsvollstreckung am Kommanditanteil – Voraussetzungen und Rechtsfolgen, NJW 1990, 73; *D. Weber*, Testamentsvollstreckung an Kommanditanteilen? FS Stiefel, 1987, S 829; *Weidlich*, Befugnisse des Testamentsvollstreckers bei der Verwaltung von Beteiligungen an einer werbenden BGB-Gesellschaft, ZEV 1998, 339; *ders*, Die Testamentsvollstreckung an Beteiligungen einer werbenden OHG bzw Kommanditgesellschaft, ZEV 1994, 205; *Wiedemann*, Die Übertragung und Vererbung von Mitgliedschaftsrechten bei Handelsgesellschaften, 1965.

I. Aufgaben der Verwaltung

1. Das **Aufgabengebiet des Testamentsvollstreckers** ergibt sich aus den Anordnungen des Erblassers. Wird in der letztwilligen Verfügung das Schicksal des Nachlasses geregelt oder werden Anordnungen getroffen, zu deren Ausführung die Herrschaft über den Nachlaß erforderlich ist, hat der Testamentsvollstrecker den Nachlaß zu verwalten. Sind ihm nur einzelne Aufgaben zugewiesen oder hat er nur einen sonstwie begrenzten Wirkungskreis, obliegt ihm das Verwaltungsrecht nur in diesem Rahmen (§ 2208). „Verwalten" ist ein Sammelbegriff. Dazu gehört das Recht und die Pflicht, den Nachlaß in Besitz zu nehmen und über Nachlaßgegenstände zu verfügen, im Rahmen ordnungsmäßiger Wirtschaft außerdem für die Erhaltung, Sicherung, Nutzung, Fruchtziehung und Vermehrung des Nachlasses zu sorgen. Der Testamentsvollstrecker ist nicht nur berechtigt, sondern auch verpflichtet, seine Aufgaben wahrzunehmen.

2. Schwierig ist oft die **Abgrenzung** der Verwaltungsbefugnis des Testamentsvollstreckers gegenüber den Rechten, die dem Erben verbleiben. Das Verwaltungsrecht erstreckt sich nicht auf diejenigen Gegenstände und Rechte, **die dem Erben höchstpersönlich zustehen**. Er kann zB nicht nach § 530 II eine Schenkung widerrufen oder nach § 2287 die Herausgabe eines Geschenkes verlangen. Zur Vererbung von Gesellschaftsanteilen siehe Rz 20ff. Eine Grenze findet die Tätigkeit des Testamentsvollstreckers darin, daß er lediglich den Anordnungen des Erblassers nachkommen muß, mithin nur Aufgaben zu erfüllen hat, die mit Mitteln des Nachlasses oder sonstwie für den Nachlaß auszuführen sind. Wirksam beschränken läßt sich das Verwaltungsrecht durch Vereinbarung zwischen Testamentsvollstrecker und Erben nicht (BGH 25, 275).

Hat der Erblasser **Nachlaßverwaltung** angeordnet, geht das Recht zur Verwaltung (§ 1985) in vollem Umfang auf den Nachlaßverwalter über, so daß das Amt des Testamentsvollstreckers während dieser Zeit ruht. Ein Nebeneinander ist technisch nicht durchführbar und die Zwecke der Nachlaßverwaltung gebieten den Vorrang des Nachlaßverwalters. In der **Nachlaßinsolvenz** ist der Insolvenzverwalter bis zur Beendigung des Verfahrens allein legitimiert. Der Testamentsvollstrecker kann allerdings zum Nachlaßverwalter bzw Nachlaßinsolvenzverwalter bestellt werden. Die Insolvenz über das nicht der Testamentsvollstreckung unterliegende Vermögen des Erben berührt die Zuständigkeit des Testamentsvollstreckers nicht.

3. Neben dem Erben ist der Testamentsvollstrecker berechtigt, Passivprozesse zu führen (§ 2213), das Aufgebot der Nachlaßgläubiger zu betreiben, den Antrag auf Zwangsverwaltung eines Nachlaßgrundstücks oder den Antrag auf Eröffnung der Nachlaßinsolvenz zu stellen, und er ist berechtigt, einen Erbschein zu beantragen.

4. Der Aufgabenkreis umfaßt die **Berichtigung von Nachlaßverbindlichkeiten**. Dazu gehören die Verbindlichkeiten, für die der Nachlaß schon zu Beginn der Testamentsvollstreckung haftet, ua Steuerschulden, insbesondere Erbschaft- und Einkommensteuer (§§ 34, 69 AO). Wenngleich der Erbe als Steuerpflichtiger zu bezeichnen ist, hat der Testamentsvollstrecker für die Abgabe der Erbschaftsteuererklärung zu sorgen (§ 31 V S 1 ErbStG); im Falle der Überzahlung ist er wegen des Erstattungsanspruchs des Erben empfangszuständig (BGH NJW 1987, 1039). Der Testamentsvollstrecker trägt zudem die Verantwortung für die Einkommensteuer des Erblassers; entsprechende Erklärungen sind abzugeben, die vom Erblasser abgegebenen Erklärungen bei erkannten Fehlern zu berichtigen. Bei noch zu erwartender Betriebsprüfung eines Erblasserunternehmens sind ausreichende Mittel zur Steuernachzahlung zurückzubehalten (Piltz ZEV 2001, 266). Die Einkommensteuer aus Erträgnissen des Nachlasses richtet sich allerdings nur gegen den Erben, dem auch allein die Abwehr unbegründeter Steueransprüche obliegt (BGH DB 1974, 169); der Testamentsvollstrecker hat dem Erben indes die erforderlichen Auskünfte zu erteilen und notwendige Unterlagen zur Verfügung zu stellen. Soweit der Testamentsvollstrecker für Steuerschulden des Erben haftet, kann er durch Haftungsbescheid persönlich in Anspruch genommen werden; ein als Testamentsvollstrecker eingesetzter Rechtsanwalt handelt iSv § 191 II AO stets in Ausübung seines Amts (BFH NJW 1998, 2999), so daß zuvor die Berufskammer anzuhören ist. Der Erbe kann notfalls im Klagewege verlangen, daß der Testamentsvollstrecker die in seinen Bereich fallenden Nachlaßverbindlichkeiten erfüllt, denn anderenfalls bleibt die persönliche Haftung des Erben bestehen (RG 73, 26).

5. Das **Anfechtungsrecht** nach § 2078 steht dem Testamentsvollstrecker soweit zu, wie es um die Beseitigung von Anordnungen geht, die die Ausübung des Amts beeinträchtigen; insoweit ist seine Stellung als Testamentsvollstrecker betroffen und die Aufhebung käme ihm unmittelbar zustatten (§ 2080). Im übrigen ist er nur mit Zustimmung der Erben oder sonstigen Anfechtungsberechtigten befugt, eine Anordnung des Erblassers anzufechten oder die Einrede aus § 2083 zu erheben (BGH NJW 1962, 1058).

6. Der Testamentsvollstrecker ist insbesondere zur **Inbesitznahme** des Nachlasses berechtigt. Mit dem Erbfall wird zunächst noch der Erbe Besitzer (§ 857). Der Erbe hat ihm aber den unmittelbaren Besitz, soweit er ihn selbst erlangt hat, zu verschaffen und rückt selbst in die Stellung des mittelbaren Besitzers. Gegen Nichterben kann der Testamentsvollstrecker die Erbschaftsklage erheben (§ 2018). Soweit er die Nachlaßgegenstände zur Erfüllung der Obliegenheiten nicht benötigt, muß er sie dem Erben überlassen (§ 2217). Hinsichtlich dieser Gegenstände kann er darum bei Antritt seines Amts gar nicht erst die Einräumung des unmittelbaren Besitzes verlangen. Ist der Testamentsvollstrecker nebenher Generalbevollmächtigter des Erblassers (über dessen Tod hinaus), unterliegt er in dieser Eigenschaft nur den Beschränkungen aus dem Vertretungsverhältnis (siehe vor § 2197 Rz 7ff).

7. Mit dem Besitzrecht ist das **Verfügungsrecht** verbunden, das eine Einschränkung nur durch Satz 3 erfährt. Ansonsten kann der Testamentsvollstrecker zu jedem Zweck und aus jedem Grund (entgeltlich) über Nachlaßgegenstände verfügen. Die Befugnis des Testamentsvollstreckers schließt eine Verfügungsbefugnis des Erben gleichsam aus (§ 2211). Sie bezieht sich auf sämtliche Nachlaßgegenstände. Dazu zählen Miterbenanteile an einem anderen Nachlaß, die bereits dem Erblasser zustanden und von diesem als Bestandteile seines eigenen Vermögens auf seine Erben übergegangen sind (BGH NJW 1984, 2464). Der Anteil eines Miterben am Nachlaß ist jedoch nicht Gegenstand desselben, so daß die Testamentsvollstreckung davon unberührt bleibt. Jeder Miterbe kann daher über seinen eigenen Erbanteil frei verfügen, sofern es der Erblasser nicht untersagt hat (BGH WM 1969, 1404).

II. Beschränkungen insbesondere des Verfügungsrechts

1. Das gesetzliche Vertretungsrecht des Testamentsvollstreckers umfaßt nicht die Berechtigung zu **unentgeltlichen Verfügungen** über Nachlaßgegenstände (Satz 3). Da es sich insofern um einen Mangel in der Vertretungsmacht handelt, kommt es auf den guten Glauben des von der Verfügung Begünstigten nicht an, es sei denn, dieser hält den Testamentsvollstrecker für den Eigentümer (Hamm ZEV 2001, 275; Folge: § 816). Das Verbot führt zur

Unwirksamkeit der sachenrechtlichen Übertragung (Lehmann AcP 188, 2). Ausnahmen macht die Vorschrift wie in § 2113 II S 2 für die Fälle einer sittlichen Verpflichtung oder Anstandspflicht, was nach Maßstäben des sozialen Umfelds zu entscheiden ist und in Frage kommt, wenn mit einem Unterlassen eine Einbuße an Achtung und Anerkennung verbunden wäre (RG 73, 46; vgl § 2113 Rz 18).

10   a) Für die Frage der **Unentgeltlichkeit** kommt es wie bei § 2113 (siehe § 2113 Rz 13) nicht nur darauf an, ob die auszutauschenden Leistungen objektiv gleichwertig sind, sondern auch darauf, ob der Testamentsvollstrecker die Gegenleistung nach den Grundsätzen ordnungsmäßiger Verwaltung für gleichwertig halten durfte (BGH 57, 84; NJW 1991, 842; aM Pyszka S 111). Neben dem objektiven Wertverhältnis spielen die subjektiven Vorstellungen des Testamentsvollstreckers eine Rolle, die auch bei fehlendem Eigeninteresse des Testamentsvollstreckers dem Verkehrsinteresse damit dienen, das Erfordernis einer exakten Leistungsbewertung in den Spitzen nicht mit der strengen Sanktion der Unwirksamkeit zu verbinden. Zum Schutz des Nachlaßvermögens wird die Erkennbarkeit der Ungleichwertigkeit durch den Verfügungsgegner nicht verlangt (BGH NJW 1963, 1613; MüKo/Brandner Rz 40; aM Lange/Kuchinke § 31 VI 2b). Unwirksam ist die Verfügung nur, wenn der Testamentsvollstrecker die Unentgeltlichkeit erkannt hat oder wenn er sie hätte erkennen müssen. Nimmt der Testamentsvollstrecker irrtümlich an, es werde eine Gegenleistung erbracht, bleibt seine Verfügung allerdings unentgeltlich und daher unwirksam (RG 117, 97). Die Beurteilung erfolgt zum Zeitpunkt der Vornahme der Verfügung. Ob die Gegenleistung an den Testamentsvollstrecker persönlich oder unmittelbar in den Nachlaß gelangt, ist unwesentlich, denn der Testamentsvollstrecker tritt ohnehin in eigenem Namen auf. Ebenso unbeachtlich ist, was mit dem Gegenwert geschieht, nachdem er in den Nachlaß gelangt ist. Eine Verfügung bleibt daher wirksam, wenn der Testamentsvollstrecker den Erlös pflichtwidrig verwendet; unwirksam ist sie jedoch, wenn der Gegenwert unmittelbar nur einem Miterben oder Dritten zufließt (gegen diese Unterscheidung K. Müller WM 1982, 473). Bei gemischten Verfügungen (teilweise entgeltlich, *teilweise unentgeltlich*) ist jeweils die gesamte Verfügung nichtig (vgl § 2113 Rz 17).

11   b) **Einzelfälle**: Unentgeltlich kann eine Verfügung im Rahmen der Erbauseinandersetzung sein, soweit ein Miterbe wertmäßig mehr zugeteilt bekommt als seiner Erbquote entspricht (BGH NJW 1963, 1616; BayObLG 1986, 208). Die ordnungsmäßige Vollziehung einer Teilungsanordnung stellt aber keine unentgeltliche Verfügung dar (Düsseldorf NJW-RR 1991, 1056; BayObLG NJW-RR 1989, 587). Ebenso kann der Testamentsvollstrecker Vermächtnisse erfüllen, denn der Erbe wird von einer entsprechenden Verbindlichkeit befreit (LG Aachen MittRhNotK 1987, 26). Schließt der Testamentsvollstrecker einen Vergleich ab, der den Ansprüchen ordnungsmäßiger Verwaltung genügt, dann ist der Vollzug entgeltlicher Natur (in diesem Sinne auch BGH NJW 1991, 842 mit Anm Bork JZ 1991, 728); die Ordnungsmäßigkeit ergibt sich daraus, daß der mit dem Nachgeben verbundene Minderwert durch die eintretende Rechtssicherheit (§ 779) ausgeglichen wird (Bork aaO). Nach hM sind auch rechtsgrundlose Verfügungen unentgeltlich (RG 163, 348; 105, 246; RGRK/Kregel Rz 22; aM K. Müller WM 1982, 473; Spellenberg FamRZ 1974, 353), was im Einzelfall allerdings von der kausalen Beziehung abhängt, inwieweit dem Nachlaß eine Ausgleichsforderung erwächst. Die Löschung einer Eigentümergrundschuld wirkt unentgeltlich, wenn die nachfolgenden Grundpfandgläubiger für die Rangverbesserung keine Gegenleistung erbringen (KG OLG 1968, 215).

12   c) **Nachweis der Entgeltlichkeit.** Verfügt der Testamentsvollstrecker über ein Grundstück, so muß er gegenüber dem Grundbuchamt nachweisen, daß die Verfügung nicht unentgeltlich erfolgt. Durch öffentliche Urkunden läßt sich das kaum nachweisen. So ist es anerkannt, die strengen Beweisanforderungen des § 29 GBO zu lockern. Praktisch genügen erläuternde Bemerkungen des Testamentsvollstreckers über Rechtsgrund und Beweggrund. Der Grundbuchrichter hat sich nach pflichtgemäßem Ermessen von der Entgeltlichkeit bzw von der Erfüllung einer letztwilligen Verfügung des Erblassers zu überzeugen. Dabei kann er sich auf die Angaben des Testamentsvollstreckers verlassen, sofern nicht schon aus der Art der Verfügung Zweifel begründet sind (BGH 57, 84; RG 65, 222; KG NJW 1968, 1632; BayObLG NJW-RR 1989, 587). Berücksichtigungsfähig sind auch allgemeine Erfahrungssätze und darauf aufbauende Wahrscheinlichkeitserwägungen (BayObLG 1956, 55). Die Beweiserleichterungen greifen aber nicht ein, soweit es auf die Erbenstellung des Leistungsempfängers ankommt; für den Nachweis bedarf es in einem solchen Fall der Form des § 35 oder ggf des § 36 GBO (BayObLG 1986, 208). Stimmen Erben und Vermächtnisnehmer einer unentgeltlichen Verfügung des Testamentsvollstreckers zu (Rz 13), sind neben den Zustimmungserklärungen der Erbschein und in bezug auf das Vermächtnis die Verfügung von Todes wegen nebst Eröffnungsprotokoll erforderlich (für verzichtbar hält die Zustimmung letzterer konsequent Neuschwander BWNotZ 1978, 73; außerdem Soergel/Damrau Rz 79). Ergeben sich nachträglich erhebliche Zweifel an der Wirksamkeit der Verfügung des Testamentsvollstreckers, kann ein Amtswiderspruch nach § 52 GBO eingetragen werden, eventuell auf Anregung und Antrag der Erben (Zweibrücken Rpfleger 1968, 881). Zum Nachweis der Verfügungsbefugnis dient regelmäßig das Testamentsvollstreckerzeugnis iSv § 2368, gegenüber dem Grundbuchamt ein Verweis auf die Nachlaßakten (näher dazu vor § 2197 Rz 6).

13   d) Mit **Zustimmung** der Erben, ggf Nacherben und Vermächtnisnehmer, kann der Testamentsvollstrecker wirksam unentgeltlich verfügen (BGH 57, 84; NJW 1991, 842; KG OLG 1992, 145; Staud/Reimann Rz 56; Lehmann AcP 188, 4). Neuschwander (BWNotZ 1978, 73) läßt die Zustimmung der Erben genügen. Nach früher verbreiteter Meinung (RG 105, 249; Düsseldorf NJW 1963, 162; JMBl 1966, 272; Schlüter Rz 845) kann die Zustimmung einer Verfügung nicht zur Wirksamkeit verhelfen, weil der Testamentsvollstrecker seine Legitimation nicht vom Erben herleitet. Für die hM sprechen § 137 und Gründe praktischer Art; sie läßt sich auch dem Zweck der Vorschrift herleiten. Satz 3 dient dem Schutz der Erben und Vermächtnisnehmer (§ 2216 I, § 2219 I), worin gegen ihren Willen der Schutz nicht aufrechterhalten werden muß. Auflagenbegünstigte und andere Nachlaßgläubiger fallen allerdings nicht in den Schutzbereich. Darüber hinaus wird auf die Zustimmung eines Nacherben verzichtet, wenn die Interessen der (eventuell noch unbekannten) Person anderweitig gesichert ist, namentlich in Form eines Nacherbenvermerks im Grundbuch (LG Oldenburg Rpfleger 1981, 197). Die Zustimmung eines Vermächtnisnehmers ist entgegen Muscheler (ZEV 1996, 405) auch bei unentgeltlichen Verfügungen über andere als dem Vermächtnis unterliegende Gegenstände nicht entbehrlich, da der Vermächtnisnehmer, sollte der Nachlaß infolge der Verfügung verarmen, hinter anderen Nachlaßgläubigern rangiert. Andererseits wird bei minderjährigen Erben oder Vermächtnisnehmern nach allgemeinen Regeln die Genehmigung des Vormundschaftsgerichts erforderlich, soweit die Entscheidung über die gesetzliche Verfügungsbefugnis des Testamentsvollstreckers hinausgeht (vgl Rz 17). Stimmen die Berechtigten zu, ist die Verfügungsmacht des Testamentsvollstreckers gegeben.

Im übrigen genügte es auch, in der Zustimmung der Erben den **Verzicht** auf etwaige Schadenersatzansprüche gegen den Testamentsvollstrecker zu erblicken und zugleich die Zustimmung zur Verfügung eines Nichtberechtigten. Der Testamentsvollstrecker handelt dann nicht in seiner amtlichen Eigenschaft, sondern als Nichtberechtigter; und als Testamentsvollstrecker gibt er den Erben den Gegenstand, über den er unentgeltlich verfügt, aus dem Nachlaß frei (§ 2217). Die Ansicht, das Ergebnis einer gerade durch § 2205 S 3 verhinderten unentgeltlichen Verfügung dürfe nicht durch andere, an sich zulässige Rechtshandlungen herbeigeführt werden (BGH 57, 84), überzeugt nicht. **14**

e) Der Erblasser ist nicht berechtigt, den Testamentsvollstrecker von der Einschränkung in Satz 3 zu **befreien**. Eine testamentarische Anordnung solchen Inhalts wäre entweder unwirksam oder dahin auszulegen, daß der Testamentsvollstrecker als Vorerbe oder als Vermächtnisnehmer eingesetzt ist. Bevollmächtigt der Erblasser den Testamentsvollstrecker zu unentgeltlichen Verfügungen, können die Erben die Vollmacht jederzeit widerrufen. Im Falle der Unwiderruflichkeit kann die Vollmacht von vornherein nichtig oder in ein Vermächtnis oä umzudeuten sein; es kommt auf den Einzelfall an (siehe vor § 2197 Rz 10). **15**

2. Testamentarische Verfügungsbeschränkungen, die dem Testamentsvollstrecker gleichwohl die Verwaltung über den Nachlaßgegenstand belassen, haben nach hM dingliche Wirkung, können jedoch mit Zustimmung der Erben umgangen werden. Dagegen bleibt nach der hier vertretenen Auffassung im Umfang der Verwaltung auch die Verfügungsbefugnis allein beim Testamentsvollstrecker (siehe im einzelnen § 2208 Rz 3). **16**

3. Gesetzliche Beschränkungstatbestände. Die **Minderjährigkeit** eines Erben beeinträchtigt die Befugnisse des Testamentsvollstreckers nicht; einer Zustimmung des Vormundschaftsgerichts bedarf er auch zu solchen Rechtsgeschäften nicht, zu denen der Vormund die Zustimmung benötigte (Hamburg DNotZ 1983, 381), vorausgesetzt, der Testamentsvollstrecker handelt im Rahmen seiner Befugnisse. Der Vormund des Erben vertritt die Rechte seines Mündels nur gegenüber dem Testamentsvollstrecker. Trifft der Vormund mit Zustimmung des Testamentsvollstreckers Verfügungen über das der Testamentsvollstreckung unterliegende Mündelvermögen, benötigt selbst er keine vormundschaftsgerichtliche Genehmigung; mit der Zustimmung wird er im Machtbereich des Testamentsvollstreckers für diesen tätig. Ist ein Elternteil oder Vormund zugleich Testamentsvollstrecker, bedarf es zur Überwachung nicht der Bestellung eines Pflegers (Damrau ZEV 1994, 1). Über das Verbot unentgeltlicher Verfügungen hinaus unterliegt der Testamentsvollstrecker ebensowenig den weitergehenden Verfügungsbeschränkungen eines **Vorerben** aus §§ 2113–2115, wenn er für Vor- und Nacherben eingesetzt ist (BGH 40, 115; BayObLG MittBayNot 1991, 122). Zu derartigen Verfügungen benötigt er somit keine Zustimmung des Nacherben, denn die Erteilung einer solchen Zustimmung unterfällt seinem eigenen Aufgabenbereich und insoweit ergibt sich eine Beschränkung aus § 2206 S 3. Ist er nur für den Vorerben eingesetzt, hat er keine über dessen Rechtsstellung hinausgehenden Befugnisse. Die Bedeutung einer derartigen Anordnung liegt gerade in der Wahrnehmung der Rechte des Vorerben und nicht in einem Eingriff in diejenigen des Nacherben (ebenso MüKo/Brandner Rz 33; Lange/Kuchinke § 31 VI 2a; Zimmermann Rz 373; aM Karlsruhe MDR 1981, 943; Stuttgart BWNotZ 1980, 92; D. Mayer in Bengel/Reimann Rz 281). Zu den Befugnissen des Testamentsvollstreckers bei befreiter Vorerbschaft siehe § 2222 Rz 4. Auch Verfügungsbeschränkungen aus dem **ehelichen Güterrecht** können für den Testamentsvollstrecker nicht bindend sein (zB §§ 1365, 1423, 1424), soweit das Vermögen in den Nachlaß gefallen ist, da der Testamentsvollstrecker als Amtsperson und nicht als Vertreter des Ehegatten handelt (§ 1365 Rz 19). **17**

4. Da der Testamentsvollstrecker in Ausübung seines Amts für den Nachlaß und damit für die Erben handelt, sind seine Verfügungen unmittelbar den Erben gegenüber wirksam. An sich wäre er auch berechtigt, Rechtsgeschäfte mit sich selbst vorzunehmen **(Insichgeschäfte)**. § 181 steht dem nicht unmittelbar entgegen, weil der Testamentsvollstrecker nicht Vertreter des Erben ist, weil er seine Rechte vom Erblasser herleitet und unabhängig im eigenen Namen handelt. Unwirksam würden im Hinblick auf § 138 demnach nur die im Rahmen der Verwaltung getätigten Rechtsgeschäfte sein, die der Testamentsvollstrecker unter Mißbrauch seiner Amtsstellung vorgenommen hat, wobei der Mißbrauch nicht mit der Interessenkollision iSv § 181 gleichgesetzt werden kann. Solche Grenzen sind von außen schwer zu erkennen. Es besteht daher Einigkeit, wie bei Trägern anderer privater Ämter (Nachlaß-, Insolvenzverwalter) im Interesse der Rechtssicherheit § 181 entsprechend anzuwenden (BGH 30, 67; 51, 214; NJW 1981, 1271; Staud/Reimann Rz 60). Es bleibt dann eine Frage der Testamentsauslegung, inwieweit Verbindlichkeiten in Form von Vermächtnissen oder Auflagen zu erfüllen sind und in welchem Umfang der Erblasser dem Testamentsvollstrecker Insichgeschäfte gestattet hat. Die Grenzen sind mit dem Rahmen ordnungsmäßiger Verwaltung zu ziehen, da der Erblasser hiervon nicht befreien kann (§§ 2216, 2220) und den Interessen des Testamentsvollstreckers genügend gedient ist. Je nach den äußeren Umständen verlaufen die Grenzen also variabel. Ist der Testamentsvollstrecker lediglich Amtsperson, ist es angezeigt, den Willen des Erblassers zu beurteilen und die Grenzen für eine ordnungsmäßige Verwaltung eng zu ziehen. Ist er jedoch selbst Miterbe und als solcher oder auch aus anderen persönlichen Gründen vom Erblasser mit einem besonderen Vertrauen bedacht worden, entspricht der in der Regel dem Willen des Erblassers, den Testamentsvollstrecker weitergehend als ermächtigt anzusehen, mit sich selbst Geschäfte abzuschließen (BGH 30, 67; kritisch Adams § 59). Es wird stets darauf ankommen, inwieweit der Erblasser dem Testamentsvollstrecker in seinen Anordnungen und Hinweisen für die Verwaltung „konkludent" (§ 181 Rz 25) einen Ermessens- und Gestaltungsraum überlassen und damit den Bereich **18**

für Insichgeschäfte abgesteckt hat (BGH 51, 214; vgl noch v Lübtow JZ 1960, 151; Haegele Rpfleger 1958, 371). Hat der Testamentsvollstrecker mit einem Insichgeschäft den zulässigen Rahmen überschritten, ist das Geschäft schwebend unwirksam und kann entsprechend § 177 von den Erben genehmigt werden (BGH 30, 67). Darüber hinaus werden auch die Vermächtnisnehmer genehmigen müssen (zutreffend MüKo/Brandner Rz 79), da es sich letztlich um eine Frage ordnungsmäßiger Verwaltung handelt und die Vermächtnisnehmer davon gleichsam betroffen sind. Wird die Wirksamkeit eines Insichgeschäfts bestritten, ist es Sache des Testamentsvollstreckers, seine Berechtigung aufgrund entsprechender Anordnung des Erblassers nachzuweisen. Möglich bleibt aber der Gegenbeweis, daß der Rahmen ordnungsmäßiger Verwaltung überschritten ist und die eingeräumte Befugnis als unzulässige Befreiung von § 2216 gegenstandslos ist (vgl BGH 30, 67).

19 **5. Handelsgeschäft.** Während die Pflicht zur **ordnungsmäßigen Verwaltung** (§ 2216) Verpflichtungsgeschäfte schon unmittelbar in ihrer Rechtsfolge (§ 2206 I S 1) trifft, sind ordnungswidrige Verfügungen grundsätzlich wirksam. Damit es bei dieser Wirksamkeit bleibt, kann der Testamentsvollstrecker in den Grenzen der Verfügungsbefugnis auch (ordnungswidrige) Verbindlichkeiten zur Verfügung über Nachlaßgegenstände wirksam eingehen (§ 2206 I S 2). Die Ausübung der Rechte gegen den Nachlaß ist aber unzulässig, wenn sich im Rechtsgeschäft im Verkehr mit Dritten als **Mißbrauch** erweist und wenn der Dritte dies erkennen mußte (BGH 30, 67; NJW-RR 1989, 642; RG 75, 299; § 2206 Rz 2). Nicht jeder Verstoß gegen eine Anordnung des Erblassers ist allerdings als Mißbrauch des Amts zu werten, da nachträglich eingetretene Umstände eine andere Beurteilung der Verhältnisse rechtfertigen können. Ein Mißbrauch läßt sich nicht schon dann annehmen, wenn sich der Testamentsvollstrecker bei seinen Maßnahmen mehr von persönlichen Interessen hat leiten lassen als von dem Gedanken einer pflichtgemäßen Ausübung seines Amts. Jedenfalls ist das Motiv dann nicht schädlich, wenn der Testamentsvollstrecker auch bei pflichtgemäßer Einstellung so hätte handeln dürfen. In Zweifelsfällen ist zu erwarten, daß der Testamentsvollstrecker eine Entscheidung des Nachlaßgerichts herbeiführt.

III. Testamentsvollstreckung bei Handelsgeschäften und Mitgliedschaften

20 **1. Handelsgeschäft. a)** Gehört ein Handelsgeschäft zum Nachlaß, kommt es für die Ausgestaltung der Verwaltungsbefugnisse im einzelnen auf die Zusammensetzung einer bestehenden Erbengemeinschaft und auf den Spielraum an, den der Erblasser dem Testamentsvollstrecker überlassen hat, ferner auf die Vereinbarkeit der allgemeinen handelsrechtlichen Vorschriften mit den erbrechtlichen Bestimmungen. Während die Haftung im Rahmen der Testamentsvollstreckung auf den Nachlaß beschränkt ist, haftet der Unternehmensträger nach Handelsrecht unbegrenzt. Die unterschiedlichen Haftungsregelungen führen im Hinblick auf die **Fortführung** des Handelsgeschäfts zu dem gemeinhin als Dilemma bezeichneten Zustand, zu dessen Lösung im wesentlichen drei Konzepte angeboten werden:

21 Die reine „**Testamentsvollstreckerlösung**" beruht auf dem Vorrang des Erbrechts, wonach der Testamentsvollstrecker das Handelsgeschäft als Sondervermögen verwaltet und insoweit ausschließlich Nachlaßverbindlichkeiten eingeht (Baur in FS Dölle S 249; Kipp/Coing § 68 III 3a; Muscheler S 389ff). Die reine „Testamentsvollstreckerlösung" führte letztlich zu einem einzelkaufmännischen Unternehmen mit beschränkter Haftung, was bei ähnlicher Sachlage für die Abwicklung von Geschäften des Insolvenzverwalters bei der Liquidierung eines Handelsgeschäfts hingenommen werden muß, bei einem lebenden Handelsgeschäft aber nicht angängig ist. Sie wird daher überwiegend abgelehnt (BGH 12, 100; 24, 106; 35, 13; RG 132, 138 mit Anm Bondi JW 1931, 3073; Haegele Rpfleger 1968, 347; 69, 299; Dauner-Lieb S 322ff; ausnahmsweise für die Abwicklungsvollstreckung nach §§ 2203, 2204 für zulässig gehalten von Holzhauer S 61, und Brandner in FS Stimpel S 997). Da der Testamentsvollstrecker nach §§ 2205ff mit Wirkung für und gegen den Nachlaß, nicht aber für sich selbst oder den Erben persönlich tätig wird, bleiben zur Fortführung des Handelsgeschäfts nur die Wege über die Vollmacht und Treuhand möglich.

22 Im Zuge der „**Vollmachtlösung**" wird der Erbe oder die Erbengemeinschaft Inhaber des Handelsgeschäfts und im Handelsregister eingetragen. Der Erbe haftet nach §§ 27 I, 25 HGB für Altschulden und unbegrenzt für neu eingegangene Verbindlichkeiten. Das Geschäft führt der Testamentsvollstrecker, der in Vollzug seiner Amtsbefugnisse handelt, darüber hinaus zur persönlichen Verpflichtung des Erben aber dessen Vollmacht benötigt. Die vom Erblasser selbst erteilte postmortale Vollmacht reicht dazu nicht aus, weil eine solche Ermächtigung auf den Nachlaß beschränkt ist (str, vor § 2197 Rz 9). Nach hM kann der Erblasser den Erben durch eine Bedingung oder Auflage verpflichten, dem Testamentsvollstrecker die Vollmacht zu erteilen (BGH 12, 100; Haegele/Winkler Rz 313). Danach kann der Testamentsvollstrecker gegen den Erben notfalls auf Erteilung der Vollmacht klagen (BayObLG 1969, 138), während sich der Erbe gegen die Inanspruchnahme seines Privatvermögens nur schützen kann, indem er die Erbschaft ausschlägt. Gegen die Wirksamkeit einer zur Bevollmächtigung zwingenden Anordnung ergeben sich allerdings Bedenken: Eine Vollmacht ist aus der Sicht des Erblassers nur sinnvoll, wenn sie nicht an Weisungen des Erben gebunden und nicht frei widerruflich ist; entsprechend muß das an die Testamentsvollstreckung anknüpfende Auftragsverhältnis vereinbart werden. Indessen schafft die Unternehmensführung regelmäßig einen weiten Spielraum, den Inhaber persönlich zu verschulden. Häufig soll dieser das Geschäft einmal selbst übernehmen, so daß den Interessen mit einer Ausschlagung der Erbschaft nicht gedient ist. Und der verbleibende Möglichkeit, die Vollmacht zu entziehen, ist unter dem Gesichtspunkt der Haftung nur begrenzt erfolgversprechend, wenn die zur Entlassung nach § 2227 berechtigende Pflichtverletzung schon stattgefunden hat. Eine Bedingung oder Auflage, die eine Bevollmächtigung zur Verpflichtung des Privatvermögens zum Gegenstand hat, ist darum zunächst an § 138 zu überprüfen (sittenwidrig nach Brandner in FS Stimpel S 1002; Schopp Rpfleger 1978, 79; John BB 1980, 757; Nordemann NJW 1963, 1139; bei Unzumutbarkeit nach Johannsen WM 1970, 570; siehe weiter Rz 30) und zur Verwendung nicht zu empfehlen. Erteilt der Erbe die Vollmacht aus freien Stücken und besitzt der Testamentsvollstrecker zur Führung des Handelsgeschäfts die ausschließliche Verfügungsmacht, erscheint es sinnvoll, die fehlende Befugnis des Unternehmensträgers nach außen kundzutun, indem die Anordnung der Testamentsvollstreckung im Handelsregister vermerkt wird (ebenso K. Schmidt Handelsrecht § 5 I).

Die „**Treuhandlösung**" macht den Testamentsvollstrecker zum Inhaber des Handelsgeschäfts, das er als Treu- 23
händer des Erben für dessen Rechnung, aber auf eigene Gefahr und im eigenen Namen betreibt. Der Testamentsvollstrecker wird ins Handelsregister eingetragen, zu deren Anmeldung vereinzelt die Mitwirkung der Erben gefordert wird (so von MüKo/Brandner Rz 16 und Krug ZEV 2001, 52 gegen die hM: BGH 24, 106; Soergel/Damrau Rz 19). Der Testamentsvollstrecker wird aber nicht Eigentümer des Anlagevermögens und nach hM auch nicht Eigentümer des Umlaufvermögens (BGH NJW 1975, 54; Brandner in FS Stimpel S 1004; K. Schmidt Handelsrecht § 5 I; für Vollrechtstreuhand John BB 1980, 760; kritisch dazu Muscheler S 220). Die Haftung für Altschulden des Erblassers vermag der Testamentsvollstrecker entsprechend §§ 27 I, 25 II HGB einzuschränken, für neu eingegangene Verbindlichkeiten haftet er indessen mit seinem gesamten Vermögen. Im Innenverhältnis steht ihm allerdings nach §§ 2218, 670 Aufwendungsersatz zu; umstritten ist nur, in welcher Höhe. Ohne weitere Absprache ist das Treuhandverhältnis an das Recht der Testamentsvollstreckung angelehnt, weshalb sich die Ersatzpflicht auf den Nachlaß beschränken soll (Siebert in FS Hueck S 337; John BB 1980, 761; Muscheler S 315; Goebel ZEV 2003, 263). Mit der treuhänderischen Übertragung des Unternehmens wird jedoch die Pflicht zur ordnungsmäßigen Verwaltung in eine Pflicht zum unternehmerischen Handeln modifiziert, in deren Rahmen es in Betracht kommt, Verbindlichkeiten einzugehen, die das Nachlaßvermögen übersteigen. Eine pflichtgemäße Haftung dieser Art ist Inhalt des gesondert begründeten Geschäftsbesorgungsverhältnisses und insoweit als Aufwendung ersatzfähig (ebenso BGH 12, 100; Brandner aaO; Lange/Kuchinke § 31 V 7b Fn 184; Holch DNotZ 1958, 292). Wirtschaftlich gehört dem Erben das Unternehmen, so daß die Vollhaftung nicht überrascht. Im übrigen wird das mit der fremden Geschäftsführung verbundene Risiko durch die persönliche Haftung des Testamentsvollstreckers reduziert. Unterstellt der Erblasser das Handelsgeschäft der Testamentsvollstreckung, ohne die Modalitäten der Fortführung anzuordnen, wird bisweilen angenommen, es sei die Treuhandlösung gewollt (BGH 24, 106; Soergel/Damrau Rz 19). Anzuraten ist eine möglichst genaue Anordnung. Die Wahl dem Testamentsvollstrecker zu überlassen (Lange/Kuchinke § 31 V 7b), ist dagegen nicht geeignet, den rechtlichen Bedenken an den einzelnen Lösungsmodellen gerecht zu werden. Mittels testamentarischer Auflage kann der Erbe zur treuhänderischen Übertragung des Handelsgeschäfts angehalten werden. Bedenken an der Zulässigkeit sind hier weniger stark als bei der Bevollmächtigung (Rz 22), weil die persönliche Haftung des Treuhänders vorgeschaltet ist und Regreßansprüche eine ordnungsmäßige Erfüllung der Treuhandabrede voraussetzen.

b) Unabhängig von den aufgezeigten Möglichkeiten bleibt dem Testamentsvollstrecker der Weg der **Veräuße-** 24
rung des Handelsgeschäfts, sofern er nicht nach § 2209 auf die Verwaltungsvollstreckung beschränkt ist. Zwar ist er auch dann jedenfalls mit dem Einverständnis der Erben zur entsprechenden Verfügung befugt (§ 2208 Rz 3), zur Vermeidung von Ersatzansprüchen wird der Testamentsvollstrecker bei entgegenstehenden Anordnungen aber ohnehin Einvernehmen mit den Erben erzielen wollen.

Ferner kommt die **Verpachtung** des Handelsgeschäfts in Betracht, womit der Übergang des Geschäftsrisikos 25
auf den Pächter verbunden ist. Ob und unter welchen Bedingungen das geschehen kann, hängt von den Vorstellungen sowohl des Erblassers als auch des Erben über die Zukunft des Geschäfts ab. Es können schwerwiegende Gründe für und gegen die Erhaltung der Geschäftssubstanz sprechen (Mitarbeiterstab, Ausbildung der Erben, Streit unter Miterben).

Schließlich bleibt dem Testamentsvollstrecker die **Freigabe** des Handelsgeschäfts aus der Testamentsvollstrek- 26
kung (§ 2217), so daß der Erbe über diesen Nachlaßteil frei verfügen oder ihn in Eigenbewirtschaftung nehmen kann. Ob der Erbe dem Entschluß des Testamentsvollstreckers zustimmen muß, ist zweifelhaft. Im Zuge der Aufspaltung des Nachlasses in den freien Teil und den weiterhin der Testamentsvollstreckung unterliegenden Teil kann es leicht zu Unzuträglichkeiten kommen, etwa wegen der Motive des Erblassers für die Anordnung der Testamentsvollstreckung oder aus Gründen mangelnder Sachkenntnis eines Testamentsvollstreckers. Notfalls ist eine fachkundige Person hinzuzuziehen, um geschäftliche Schwierigkeiten zu überwinden; durch Kündigung (§ 2226) kann der Testamentsvollstrecker sein Amt auch aufgeben.

c) Geht das Handelsgeschäft auf eine **Erbengemeinschaft** über, so entsteht bei Fortführung des Geschäfts nach 27
Ablauf der Frist des § 27 II HGB aus der Gesamthand nicht eo ipso eine OHG (K. Schmidt NJW 1985, 2785; John JZ 1985, 243; BGH 92, 259 [aus Gründen des Minderjährigenschutzes aufgehoben von BVerfG NJW 1986, 1859; dazu K. Schmidt BB 1986, 1238 und BGH NJW-RR 1987, 450; vgl § 2032 Rz 4]). Im Innenverhältnis kann jedoch OHG-Recht zur Anwendung kommen (BGH 17, 299). Der Testamentsvollstrecker wird zunächst für sämtliche Erben tätig. Gibt er das Handelsgeschäft aus dem Nachlaß frei (§ 2217) und führen die Miterben es fort, dann vermag sich die Miterbengemeinschaft in eine tätige OHG umzuwandeln, in der Regel zu gleichen Anteilen. Will der Testamentsvollstrecker selbst in die Gesellschaft eintreten, bedarf es zunächst der Zustimmung der Miterben; Mitglied wird er sodann nicht in seiner Eigenschaft als Testamentsvollstrecker, sondern in eigenem Namen und mit persönlicher Haftung. Zur Vereinfachung der Teilauseinandersetzung kann der Testamentsvollstrecker auch eine Abwicklungsvollstreckung hinsichtlich des Handelsgeschäfts durchführen, bei der die ausscheidenden Miterben mit den im Handelsgeschäft verbleibenden Miterben einen angemessenen Ausgleich vereinbaren und die weiteren Einzelheiten auf Vorschlag regeln.

2. Hinterläßt der Erblasser einen Anteil an einer **Personengesellschaft**, vollzieht sich die Möglichkeit der 28
Testamentsvollstreckung im Spannungsfeld zwischen Erbrecht und Gesellschaftsrecht. Enthält der Gesellschaftsvertrag keine anderen Vereinbarungen, dann löst sich mit dem Tod eines persönlich haftenden Gesellschafters die OHG gemäß § 131 Nr 4 HGB, die KG gemäß § 161 II HGB auf, die GbR und die stille Gesellschaft nach § 727 I. Der in den Nachlaß fallende Anteil an der Abwicklungsgesellschaft unterfällt der Testamentsvollstreckung ebenso wie im Fall der gesellschaftsvertraglich vereinbarten Fortsetzungsklausel der Abfindungsanspruch gegenüber der von den überlebenden Gesellschaftern fortgeführten Gesellschaft (BGH NJW 1985, 1953; NJW 1981, 749; Esch

§ 2205

NJW 1981, 2222; MüKo/Brandner Rz 18). Differenzierter gestaltet sich die Verwaltungsvollstreckung bei Fortführung der Gesellschaft durch einen Erben, praktisch im Zuge einer erbrechtlichen oder rechtsgeschäftlichen Nachfolgeklausel, beim Kommanditanteil auch ohne eine solche (§ 177 HGB). Nach ganz hM geht die Beteiligung des Erblassers an der Gesellschaft im Wege der Singularsukzession unmittelbar auf den im Gesellschaftsvertrag bezeichneten bzw den letztwillig benannten Erben über, so daß sie der gesamthänderischen Bindung einer Erbengemeinschaft nicht unterliegt. Hat es der Erblasser in diesem Zusammenhang versäumt, etwaige Miterben durch letztwillige Verfügungen angemessen zu berücksichtigen, kommen Ausgleichsansprüche in Betracht (dazu BGH 68, 225; BayObLG DNotZ 1981, 702; K. Schmidt Gesellschaftsrecht § 45 V 4e; Tiedau NJW 1980, 2446; Knieper NJW 1980, 2677). In erster Linie aus der Sondererbfolge resultieren die Bedenken gegen eine Testamentsvollstreckung über Gesellschaftsanteile. Es zwingen indessen keine gesellschaftsrechtlichen Erfordernisse dazu, den sondervererbten Beteiligungen die Nachlaßqualität abzusprechen (hM seit BGH NJW 1983, 2376, deutlich BGH 98, 48; NJW 1996, 1284 – jeweils IVa bzw IV. Senat; BGH 108, 187; NJW 1998, 1313 – II. Senat; Esch NJW 1984, 339; Marotzke JZ 1986, 458; Bommert BB 1984, 178; Flume in FS Müller-Freienfels S 120; K. Schmidt Gesellschaftsrechte § 45 V 3c bb; aM Frankfurt NJW 1983, 1806; Ulmer NJW 1984, 1496 sowie in FS Schilling S 90.) Insoweit die Gesellschafterrechte höchstpersönlicher Natur sind, setzt die interne Tätigkeit eines Testamentsvollstreckers die Zustimmung der Gesellschafter voraus, die im Gesellschaftsvertrag vereinbart oder nach dem Erbfall erteilt werden kann. Darüber hinaus bleibt die Unverträglichkeit einer unbeschränkt haftenden Gesellschafterstellung mit dem nur den Nachlaß verpflichtenden Testamentsvollstreckeramt. Wieviel Raum dies der Tätigkeit eines Testamentsvollstreckers beläßt, variiert nach der Art der Beteiligung:

29 **a)** Die Testamentsvollstreckung über den Anteil an einer **OHG** ist nach dem Erbrechtssenat (BGH 98, 48; vgl. auch NJW 1996, 1284) und dem für Gesellschaftsrecht zuständigen Senat des BGH (NJW 1998, 1313 mit Anm Ulmer JZ 1998, 468; Goette DStR 1998, 304) partiell zulässig (dazu Schmitz ZGR 1988, 140; Marotzke AcP 187, 223; Reimann MittBayNot 1986, 232; K. Müller JR 1986, 504; D. Mayer ZIP 1990, 979; Hehemann BB 1995, 1301; Weidlich ZEV 1994, 205; abl Weber in FS Stiefel S 829; hiergegen Muscheler S 438). Die Verwaltungsvollstreckung umfaßt den Anteil als Ganzes; gemeint ist jedoch lediglich dessen „Außenseite" zum Zweck der Bestandssicherung, die verhindert, daß der Gesellschafter-Erbe allein über die Beteiligung verfügt und daß seine Privatgläubiger in den Geschäftsanteil und die daraus erwachsenen Vermögenswerte vollstrecken können. Die Testamentsvollstreckung dient auf diese Weise dem Schutz der Nachlaßgläubiger. Wegen der Besonderheiten der zwischen den Gesellschaftern gebildeten Arbeits- und Haftungsgemeinschaft erstreckt sich das Verwaltungsrecht nicht auf die inneren Angelegenheiten der Mitgliedschaft; es beschränkt sich auf die mit der Gesellschaftsbeteiligung verbundenen Vermögensrechte. Der Testamentsvollstreckung unterstehen die künftigen Ansprüche auf das Auseinandersetzungsguthaben sowie die laufenden Gewinnansprüche, auch die erst nach dem Erbfall entstandenen. Der BGH erkennt allerdings den unternehmerischen Einfluß des Gesellschafter-Erben an mit der Folge, daß sowohl die laufenden Gewinne als auch der Anteilswert selbst nach längerer Zeit erfolgreichen Einsatzes zu einer angemessenen Quote dem Nachlaß entzogen und ausschließlich dem Gesellschafter-Erben zuzuordnen sind, sofern die Erträge im Laufe der Zeit auch auf dessen verantwortlicher Mitwirkung beruhen (BGH 98, 48, 56; zur Alternative, dem Gesellschafter-Erben insoweit Aufwendungsersatzansprüche zuzugestehen und dafür die Gewinne dem Nachlaß zu belassen, Marotzke AcP 187, 233 und K. Müller JR 1986, 509). In den Aufgabenbereich eines Testamentsvollstreckers fallen jedenfalls nicht die gesellschaftsinternen Maßnahmen der Geschäftsführung, mit denen erst der Unternehmensgewinn erwirtschaftet werden soll. Gesellschaftsrechtlich ist daran die persönliche Haftung gebunden, die für den Testamentsvollstrecker auf den Nachlaß beschränkt ist. Insoweit vermag auch eine Zustimmung des Erben und der übrigen Gesellschafter nichts zu bewirken, solange nicht auf eine der Ersatzlösungen (Rz 30–32) zurückgegriffen wird (ebenso Reimann MittBayNot 1986, 232; aM Marotzke AcP 187, 238). Ist der Erblasser von der Geschäftsführung und Vertretung der Gesellschaft ausgeschlossen, kann er seinen Anteil im Einvernehmen mit den anderen Gesellschaftern aber einem Testamentsvollstrecker unterstellen (Bommert BB 1984, 178). Der BGH gewährt dem Testamentsvollstrecker schließlich Kontrollrechte zum Schutz des Gesellschafts-Nacherben in Form eines umfassenden Einblicks in das Unternehmen, namentlich in Form der Vorlage einer ordentlichen Handelsbilanz zum Stichtag des Erbfalls. Im Hinblick auf höchstpersönliche Mitgliedsrechte ist hier allerdings zu differenzieren, so daß es uU auf eine Zustimmung der Gesellschafter ankommt (näher Ulmer JuS 1986, 861; Marotzke AcP 187, 241ff; Weidlich ZEV 1994, 208).

30 Als Ersatzlösung ist die Erteilung einer rechtsgeschäftlichen **Vollmacht** auch zur Wahrnehmung der Rechte eines persönlich haftenden Gesellschafter-Erben verbreitet. Die Bevollmächtigung ist aber in mehrfacher Hinsicht problematisch. Aus gesellschaftsrechtlichen Gründen kann sie nicht mit verdrängender Wirkung versehen werden, da eine Auffächerung des Anteils in Mitglieds- und Haftungsrechte unzulässig ist (BGH 3, 354; 20, 363; DB 1976, 2295). Bedenklich ist eine Selbstbeschränkung in Form von Unwiderruflichkeit, wenn auch ein Widerruf bei wichtigem Grund stets möglich bleibt. So wird die widerrufliche Erteilung einer Vollmacht zur Ausübung der geerbten Anteilsrechte akzeptiert, wenn die Mitgesellschafter ihr Einverständnis erklären (BayObLG 1986, 34). Von testamentarischen Auflagen oder Bedingungen, eine entsprechende Vollmacht zu erteilen, muß jedoch abgeraten werden. Erbrechtliche Druckmittel zur Übernahme wirtschaftlicher Risiken wie die unbeschränkte persönliche Haftung für fremdes Handeln bewegen sich im Grenzbereich von § 138. Bezweifelt hat die Zulässigkeit BGH WM 1969, 492; abgelehnt Emmerich ZHR 132, 314; Schmellenkamp MittRhNotK 1986, 190; MüKo/Brandner Rz 20; (vgl die parallelen Bedenken und Nachweise in Verbindung mit Handelsgeschäften bei Rz 22). Abhilfe kann der Erblasser hier auch mit einer postmortalen Vollmacht nicht schaffen, die eine persönliche Haftung des Gesellschafter-Erben grundsätzlich nicht auszulösen vermag (str, vgl vor § 2197 Rz 6).

31 Auf der Grundlage einer **Treuhandabrede** kommt die Abtretung des Gesellschaftsanteils an den Testamentsvollstrecker in Betracht mit der Folge, daß der Treuhänder nach außen als Gesellschafter auftritt. Das ist auch

Sache der Mitgesellschafter; ist der Treuhänder im Gesellschaftsvertrag bereits als einer der möglichen Miterben vorgesehen, bedarf es keiner weiteren Zustimmung. Inwieweit die Tätigkeit eines Testamentsvollstreckers im Gesellschafterkreis im einzelnen noch von den Mitgesellschaftern des Erblassers gebilligt werden muß, ist eine Frage des Gesellschafts- und nicht des Erbrechts. Ähnlich richtet sich das Innenverhältnis zwischen Erben und Testamentsvollstrecker nach dem Treuhandvertrag, im Zweifel nach § 2218. Der persönlichen Haftung des Treuhänders steht indessen ein unbegrenzter Rückgriffsanspruch gegenüber (vgl Rz 23 und Schmellenkamp MittRhNotK 1986, 188). Daran paßt sich der Vorschlag an, entsprechend § 139 I HGB eine Risikobegrenzung zuzulassen, die während der Testamentsvollstreckung den Anteil des persönlich haftenden Treuhänders zum Kommanditanteil macht (so Wiedemann S 323). Ob der Treuhänder im Fall der persönlichen Haftung bei der Wahrnehmung sog Kernrechte stets der Zustimmung des Gesellschafter-Erben bedarf (Reimann MittBayNot 1986, 232), läßt sich nicht verallgemeinern. Im Einzelfall kommt eine derartige Mitwirkung bei Änderungen des Gesellschaftsvertrages zu Lasten des Treuhandanteils sowie bei Kapitalerhöhungen, für die das Nachlaßvermögen nicht ausreicht, in Betracht. Alternativ zur testamentarischen Auflage kann der Erbe schon per Gesellschaftsvertrag zur treuhänderischen Abtretung des geerbten Anteils veranlaßt werden, indem das Entnahmerecht an die entsprechende Willenserklärung gekoppelt wird (Klußmann BB 1966, 1211).

Vor dem Hintergrund der partiellen Zulässigkeit der Testamentsvollstreckung an Personengesellschaften stellt sich die Frage nach darauf abgestimmten Alternativlösungen. Die Abtretung einzelner Verwaltungsrechte mit dem Ergebnis der Abspaltung von dem Gesellschaftsanteil widerspricht dem Wesen der Gesamthandsgemeinschaft und scheidet damit aus (BGH 3, 354). Möglich ist es aber, einen **Beirat** einzusetzen, der per Gesellschaftsvertrag oder Beschluß mit Entscheidungsbefugnissen ausgestattet wird (BGH WM 1985, 256). Durch die Mitwirkung des Testamentsvollstreckers ließe sich eine Einflußnahme auf die Unternehmensführung erzielen. Eine Durchsetzung mit erbrechtlichen Druckmitteln wäre gegen den Willen des Gesellschafter-Erben im Hinblick auf die unbegrenzte Haftung allerdings bedenklich (Schmellenkamp MittRhNotK 1986, 192). Am meisten mag den Interessen der Beteiligten mit einer Umwandlung der OHG in eine beschränkt haftende Gesellschaft gedient sein (siehe dazu Rz 40). **32**

b) Bei Beteiligungen an einer **KG** ist zu unterscheiden. Der Anteil eines Komplementärs läßt sich ebenso wie der eines OHG-Gesellschafters nur begrenzt unter Testamentsvollstreckung stellen (Rz 29). Die Versagungsgründe treffen für die Kommanditbeteiligung nur bedingt zu, so daß die Verwaltungsvollstreckung hier zulässig ist, wenn die Mitgesellschafter einwilligen (BGH 108, 187 – II. Senat; Hamm OLG 1989, 148; Damrau NJW 1984, 2788; Bommert BB 1984, 183; Esch NJW 1984, 340; Flume in FS Müller-Freienfels S 113; Weidlich ZEV 1994, 207; aM RG 172, 199; Frankfurt NJW 1983, 1806; Koch NJW 1983, 1762; Ulmer ZHR 146, 555, NJW 1984, 1496). Die Zustimmung der Mitgesellschafter kann im Gesellschaftsvertrag oder ad hoc erteilt werden, auch konkludent (Hamm NJW-RR 1991, 837). Bei frei veräußerlichen Anteilen läßt der Gesellschaftsvertrag darauf schließen (Schlegelberger/K. Schmidt HGB § 177 Rz 30), während in der Nachfolgeklausel nicht ohne weiteres eine Zustimmung enthalten ist (Hamburg ZIP 1984, 1226); es handelt sich hierbei vielmehr um eine Frage der Auslegung. Daß der Kommanditanteil im Wege der Sondererbfolge auf den Gesellschafter-Erben übergeht (bezweifelt von Ulmer NJW 1990, 75), schließt den Anteil nicht vom Nachlaß aus (BGH 98, 48) und steht der Testamentsvollstreckung darum nicht entgegen. Um die gesellschaftsrechtliche Haftung des Erben mit der erbrechtlich begrenzten Ermächtigung des Testamentsvollstreckers in Einklang zu bringen, kann der Testamentsvollstrecker ohne Mitwirkung des Erben weder einer Erhöhung der Haftsumme durch Änderung des Gesellschaftsvertrages noch einer haftungsschädlichen Rückzahlung geleisteter Einlagen zustimmen. Ob die Kommanditeinlage im Zeitpunkt des Erbfalls voll eingezahlt ist, spielt keine Rolle, da die unmittelbare Haftung des Gesellschafter-Erben nach § 171 I HGB unabhängig von der Tätigkeit des Testamentsvollstreckers besteht (BGH 108, 187; aM Rowedder in FS Goerdeler S 466). Der Testamentsvollstrecker darf nur nicht in den Kernbereich der Mitgliedschaftsrechte eingreifen, namentlich nicht die Rechtsstellung des Gesellschafter-Erben unmittelbar zu ihrem Nachteil verändern (dazu Ulmer NJW 1990, 80; D. Mayer ZIP 1990, 978 mwN). Bei der Ausübung der Gesellschafterrechte unterliegt der Testamentsvollstrecker den gleichen Grundsätzen wie zuvor der Erblasser, insbesondere bindet ihn die Treuepflicht. Ob der Testamentsvollstreckung eine Geschäftsführungs- und Vertretungsbefugnis des Erblassers entgegensteht, hat der BGH offengelassen. Sonderrechte dieser Art sind indessen höchstpersönlicher Natur und dem gesellschaftsrechtlichen Grundverhältnis zufolge schon nicht auf die Erben des Sonderberechtigten übertragbar (Ulmer NJW 1990, 76 mwN). Von praktischer Bedeutung ist dagegen das Verbot, einheitliche Gesellschaftsanteile aufzuspalten. Die Einsetzungsmöglichkeiten eines Testamentsvollstreckers würden aus diesem Grunde eingeschränkt, wenn der Erbe bereits vor dem Erbfall an der Kommanditgesellschaft beteiligt war. Ebenso wie bei fehlender Zustimmung der übrigen Gesellschafter unterliegen aber die vermögensrechtlichen Ansprüche aus der Beteiligung dem Aufgabenbereich des Testamentsvollstreckers (vgl Rz 29; BGH 98, 48; NJW 1985, 1953; D. Mayer ZIP 1990, 929; Reimann DNotZ 1990, 193). Daneben bleibt Raum für die Ersatzkonstruktionen (vgl Rz 30f). Zu den Eintragungen in das Handelsregister vgl vor § 2197 Rz 6. **33**

c) Die Beteiligung an einer Gesellschaft bürgerlichen Rechts (**GbR**) wird hinsichtlich der Testamentsvollstreckung den gleichen Grundsätzen unterworfen wie die OHG (BGH NJW 1981, 749; NJW 1996, 1284; differenzierend Weidlich ZEV 1998, 339; C. Schmid BWNotZ 1998, 37, 44; Hehemann BB 1995, 1308; Bommert BB 1984, 183). Auch vermittelt die GbR nach neuerer Rspr eine akzessorische Gesellschafterhaftung entsprechend § 128 HGB (BGH 146, 341). Auf der Grundlage haftungstechnischer Vertragsgestaltungen (§ 714 Rz 11ff) eröffnet sich bei Konsens der Gesellschafter die Möglichkeit für eine über die Grenzlinie in Rz 29 hinausgehende Verwaltungsvollstreckung. **34**

d) Die Beteiligung eines **stillen Gesellschafters** kann anstelle des Erben ein Testamentsvollstrecker verwalten, auch im Falle der atypischen stillen Gesellschaft (BGH WM 1962, 1084). Erforderlich ist dazu die Zustimmung **35**

§ 2205

des Geschäftsinhabers (Blaurock Hdb der Stillen Gesellschaft Rz 15.57). Die Zustimmung kann sich aus dem Gesellschaftsvertrag ergeben. Die Fortführung der Gesellschaft beim Tod des Stillen (§ 234 II HGB) ist allerdings dispositiv.

36 3. Die Verwaltung des Geschäftsanteils einer **GmbH** gehört zum Aufgabenbereich des Testamentsvollstreckers, ohne daß es einer gesonderten Zustimmung der Mitgesellschafter bedarf. Satzungsmäßig kann die Verwaltungsvollstreckung allerdings ausgeschlossen sein, was bei Vereinbarung höchstpersönlicher Rechtsausübung anzunehmen ist, nicht aber bei bloßer Vinkulierung der Geschäftsanteile (Priester in FS Stimpel S 471). Ein Sonderrecht der Geschäftsführung wird idR an die Person des Rechtsträgers gebunden sein (vgl einerseits Scholz/Winter GmbHG § 15 Rz 208a, andererseits Hachenburg/Zutt GmbHG § 15 Anh Rz 121), bei bloßer Verknüpfung mit dem Geschäftsanteil kommt die Wahrnehmung durch den Testamentsvollstrecker in Betracht (J. Mayer ZEV 2002, 210). Zu den gewissenhaft wahrzunehmenden Gesellschafterrechten gehört die Überwachung der Geschäftsführung (BGH NJW 1959, 1820; DB 1976, 2295), insbesondere, wenn der Erblasser alleiniger Gesellschafter war (Johannsen WM 1969, 1407). Bei der Mitwirkung an Satzungsänderungen ist zu beachten, daß die Befugnisse des Testamentsvollstreckers auf den Nachlaß beschränkt sind, soweit neu begründete Nebenleistungspflichten iSv § 3 II GmbHG oder Einlagepflichten aufgrund einer Kapitalerhöhung erfüllbar sein müssen, wenn nicht letztere schon aus Gesellschaftsmitteln erfolgt. Darüber hinaus erfahren die Befugnisse des Testamentsvollstreckers eine Einschränkung durch den Kernbereich der Mitgliedschaft in dem Fall, daß die Gesellschafterbeschlüsse zu ihrer Wirksamkeit der Zustimmung des Gesellschafters bedürfen und mit Nachlaßmitteln allein nicht umsetzbar sind (Priester aaO S 483). Ob der Erblasser dem Testamentsvollstrecker lediglich das Recht übertragen kann, das Stimmrecht aus dem Geschäftsanteil auszuüben, ist umstritten, bejahend Hamm BB 1956, 511; Wiedemann S 338; ablehnend unter Berufung auf das gesellschaftsrechtliche Abspaltungsverbot Scholz/Winter GmbHG § 15 Rz 208a; Priester aaO S 468. Für den Fall, daß ein treuhänderisch abgetretener Geschäftsanteil zum Nachlaß gehört, kann der Testamentsvollstrecker dessen Rückübertragung auf den (minderjährigen) Treugeber durchführen, wenn dies aus Mitteln des Nachlasses bewirkt werden kann und zusätzliche persönliche Pflichten für den Treugeber nicht begründet werden (BayObLG 1991, 127).

37 4. Im Nachlaß befindliche **Aktien** verwaltet der Testamentsvollstrecker mit allen Rechten und Pflichten, die sich für einen Aktionär üblicherweise ergeben. Die für den Geschäftsanteil einer GmbH entwickelten Grundsätze gelten weitgehend entsprechend. In diesem Rahmen darf der Testamentsvollstrecker Vorzugsrechte und Sonderbezugsrechte wahrnehmen; im Hinblick auf eine persönliche Verpflichtung der Erben wird deren Zustimmung einzuholen sein (Frank ZEV 2002, 393). Kritischer Betrachtung ausgesetzt ist die Einnahme organschaftlicher Funktionen in der AG durch den Testamentsvollstrecker (Frank NZG 2002, 898).

38 5. Die Mitgliedschaft in einer **Genossenschaft** geht mit dem Genossen auf dessen Erben über und endet zum Schluß des Geschäftsjahres (§ 77 GenG). Die nach Möglichkeit des Statuts eingeräumte Entscheidung darüber, ob die Mitgliedschaft nach der Übergangsfrist fortgesetzt werden soll, trifft der Erbe persönlich und nicht der Testamentsvollstrecker (aM MüKo/Brandner Rz 23). Der Testamentsvollstrecker übt aber die Mitgliedschaftsrechte bis zum Ende des Geschäftsjahres aus, im Fall der Fortsetzung auch über den Jahreswechsel hinaus.

39 6. Die Mitgliedschaft in einem **Verein** endet grundsätzlich mit dem Tod des Mitglieds. Sieht die Satzung entgegen § 38 vor, daß die Mitgliedschaft vererblich ist, bleibt für eine Testamentsvollstreckung gleichwohl wenig Raum (Soergel/Damrau Rz 48). Die Mitgliedschaft gewährt auch Vermögensrechte, die uU gesondert in Anspruch genommen und den Privatgläubigern vorenthalten werden können. Im übrigen ist die Beziehung zwischen Verein und Mitgliedern typischerweise durch ein besonderes Treueverhältnis geprägt, das einer Wahrnehmung von Rechten durch Dritte entgegensteht.

40 7. UU kommt eine **Änderung der Unternehmensrechtsform** in Betracht. War der Erblasser persönlich haftender Gesellschafter, steht es dem Erben nach § 139 HGB frei, die Gesellschaft um Einräumung der Kommanditistenstellung zu ersuchen, womit die Änderung einer OHG in eine KG verbunden sein kann. Auf diese Weise über die persönliche Haftung zu entscheiden, ist allein Sache des Erben und kann vom Testamentsvollstrecker nicht an dessen Stelle wahrgenommen werden. Überhaupt steht es nicht in der Macht des Testamentsvollstreckers, für den Nachlaß eine Unternehmensbeteiligung einzugehen, die den Erben persönlich unbeschränkt haftbar macht. Gehört ein Handelsgeschäft zum Nachlaß, bietet sich eher die Neugründung einer GmbH an. Gegen die Zulässigkeit einer eigenmächtigen GmbH-Gründung mit Wirkung für den Nachlaß spricht die damit verbundene Haftung der Gründer (KG RJA 8, 127; KGJ 33 A 135; Scholz/Emmerich GmbHG § 2 Rz 47). Entscheidend kommt es aber darauf an, ob die Kapitalaufbringung gesichert ist, so wenn das Unternehmen als Einlage ausreicht. Eine Gründungsbeteiligung ist dann zulässig (Hachenburg/Ulmer GmbHG § 2 Rz 35; Haegele/Winkler Rz 406; Brandner in FS Stimpel S 1005; Reithmann BB 1984, 1396; Schelter DNotZ 1976, 703; zur Umsetzung Lorenz S 244ff). Auch eine Umwandlung unterfällt der Verwaltungsbefugnis des Testamentsvollstreckers, sofern dadurch keine weitergehenden Verpflichtungen für den Erben begründet werden (BayObLG NJW 1976, 1692) und keine diesbezüglichen Einschränkungen hinsichtlich der Mitgliedschaftsrechte an der umzuwandelnden Gesellschaft bestehen. An einem Umwandlungsbeschluß (§ 217 UmwG) sind die Erben vorsorglich zu beteiligen (J. Mayer ZEV 2002, 215). Schafft der Erblasser nicht schon zu Lebzeiten die adäquaten Verhältnisse zur Fortführung des Unternehmens, empfiehlt sich ggf eine gezielte Anordnung im Testament (für notwendig gehalten von Frank ZEV 2003, 5), so daß der Testamentsvollstrecker im Einvernehmen mit den Erben oder als Treuhänder die Errichtung etwa einer Kapitalgesellschaft in die Wege leiten kann.

41 8. Da eine Erbengemeinschaft nicht Gesellschafterin einer Personenhandelsgesellschaft sein kann, ist der **Erwerb** einer entsprechenden Beteiligung durch den Testamentsvollstrecker ausgeschlossen, der für den Nachlaß handelt und kraft seines Amts einen der Sondererbfolge vergleichbaren Direkterwerb nicht bewirken kann (übersehen von Hamburg DNotZ 1983, 381). Möglich bleibt der Erwerb einer kapitalistisch strukturierten Kommanditbeteiligung im Fall der Alleinerbschaft und voll eingezahlter Kommanditeinlage (zu Fragen der dinglichen Surrogation vgl in diesem Zusammenhang § 2111 Rz 14). Damrau (DNotZ 1984, 660) lehnt auch dies ab, um eine Unterscheidung der Vollstreckerbefugnisse nach Allein- oder Miterbschaft und die damit verbundenen Unwägbarkeiten zu vermeiden.

2206 *Eingehung von Verbindlichkeiten*

(1) Der Testamentsvollstrecker ist berechtigt, Verbindlichkeiten für den Nachlass einzugehen, soweit die Eingehung zur ordnungsmäßigen Verwaltung erforderlich ist. Die Verbindlichkeit zu einer Verfügung über einen Nachlassgegenstand kann der Testamentsvollstrecker für den Nachlass auch dann eingehen, wenn er zu der Verfügung berechtigt ist.

(2) Der Erbe ist verpflichtet, zur Eingehung solcher Verbindlichkeiten seine Einwilligung zu erteilen, unbeschadet des Rechts, die Beschränkung seiner Haftung für die Nachlassverbindlichkeiten geltend zu machen.

1. Verbindlichkeiten. Abs I erläutert den Rahmen, in dem der Testamentsvollstrecker berechtigt ist, mit Wirkung gegenüber dem Nachlaß und den Erben Verbindlichkeiten einzugehen (Nachlaßverbindlichkeiten iSv § 1967 mit der Möglichkeit des Erben, seine Haftung zu beschränken). Im Gegensatz zur Verfügungsbefugnis kann der Testamentsvollstrecker Verbindlichkeiten nur eingehen, soweit es zur ordnungsmäßigen Verwaltung erforderlich ist. An diesem Erfordernis findet die gesetzliche Vertretungsmacht des Testamentsvollstreckers ihre Grenze. Notfalls kann der Gläubiger gemäß § 179 den Testamentsvollstrecker als falsus procurator persönlich in Anspruch nehmen. Ob die Grenze ordnungsmäßiger Verwaltung überschritten wird, ist nicht nach objektiven Gesichtspunkten festzustellen, sondern ergibt sich aus der Auffassung der Beteiligten, wonach fahrlässiges Nichtkennen genügt (BGH NJW 1983, 40; RG 83, 348; K. Müller JZ 1981, 370). Gehört die Eingehung einer Verbindlichkeit durch den Testamentsvollstrecker objektiv nicht mehr zur ordnungsmäßigen Verwaltung, kann sie also gleichwohl wirksam sein, wenn der Gläubiger annimmt und ohne Fahrlässigkeit annehmen darf, sie gehöre noch hierzu. Ob der Testamentsvollstrecker seine Vertretungsmacht überschritten und sich gemäß § 2219 schadenersatzpflichtig gemacht hat, wird vom BGH (aaO) nicht entschieden, auch nicht, ob überhaupt eine wirksame Verpflichtung zustande gekommen ist. Im Streitfall ist der Gläubiger beweispflichtig. Der Erblasser kann den Testamentsvollstrecker von dieser Beschränkung ganz oder teilweise (hinsichtlich einzelner Gegenstände oder Vermächtnisteile, zB der Verwaltung von Grundstücken) befreien oder ihn weiter einengen (§§ 2207, 2208 I, 2209). In der Insolvenz sind vom Testamentsvollstrecker eingegangene Verbindlichkeiten Masseschulden (§ 324 I Nr 5 InsO). Wegen § 2213 I S 3 kann der Testamentsvollstrecker einen Pflichtteilsanspruch nicht für die Erben verbindlich anerkennen (BGH 51, 125 mit zust Anm Merkel NJW 1969, 1285), jedenfalls nicht ohne Zustimmung der Erben.

2. Verbindlichkeiten zur Verfügung über Nachlaßgegenstände. Da die Wirksamkeit von Verfügungen nicht unmittelbar an das Kriterium der ordnungsmäßigen Verwaltung gekoppelt ist und die Wirksamkeit des dinglichen Rechtsgeschäfts bei Unwirksamkeit des obligatorischen Rechtsgeschäfts wieder aufhebbar wäre, ermächtigt Abs I S 2 den Testamentsvollstrecker, Verbindlichkeiten zur Verfügung über Nachlaßgegenstände in den Grenzen der Verfügungsbefugnis einzugehen, ohne daß es auf die Ordnungsmäßigkeit der Verwaltung ankommt. Der rechtsfolgenrelevante Unterschied zwischen Satz 1 und Satz 2 reduziert sich allerdings vor dem Hintergrund, daß der engere Rahmen des Satzes 1 durch das subjektive Moment auf seiten des Dritten erweitert (Rz 1) und der weitere Rahmen des Satzes 2 im Fall des Mißbrauchs eingeengt ist. Nach § 138 I ist ein Rechtsgeschäft nichtig, das der Testamentsvollstrecker und der Geschäftsgegner bewußt zum Nachteil des Nachlasses abschließen. Fehlt dem Geschäftsgegner ein solches Bewußtsein, kann er sich gleichwohl nicht auf einen wirksamen Abschluß berufen, wenn er den Mißbrauch fahrlässig nicht erkannt hat. Dazu ist Voraussetzung, daß der Testamentsvollstrecker in ersichtlich verdächtiger Weise von seiner Vollmacht Gebrauch macht, als grundsätzlich trifft den Geschäftsgegner keine Prüfungspflicht, ob und inwieweit der Testamentsvollstrecker als Vertreter im Innenverhältnis gebunden ist (BGH NJW-RR 1989, 642; vgl auch § 2205 Rz 19).

3. Die in Abs II vorgesehene **Einwilligung** des Erben (bei Vorerbschaft des Vorerben) hat mit der Gültigkeit des Rechtsgeschäfts selbst nichts zu tun. Ihre Verweigerung macht ein wirksames Rechtsgeschäft nicht unwirksam und ihre Erteilung ein unwirksames nicht wirksam, da der Testamentsvollstrecker seine Legitimation nicht von dem Erben herleitet. Die Zustimmung des Erben kann für den Testamentsvollstrecker oder den Dritten jedoch von Bedeutung sein, um endgültig Klarheit darüber zu bekommen, ob die in Aussicht genommene Verbindlichkeit noch in das Aufgabengebiet des Testamentsvollstreckers fällt. Zweifel können sich daraus ergeben, daß eine einengende Anordnung des Erblassers auszulegen ist oder die Grenzen der ordnungsmäßigen Verwaltung nicht deutlich genug feststellbar sind. Die Einwilligung sichert den Testamentsvollstrecker gegen Schadenersatzansprüche (§ 2219) und den Dritten gegen spätere Einwendungen des Erben über den Mangel der Vertretungsmacht des Testamentsvollstreckers. Abs II bezieht sich aber nur auf Abs I S 1, nicht auch auf Satz 2. Der Erbe braucht keineswegs in Geschäfte einzuwilligen, die nicht der ordnungsmäßigen Verwaltung entsprechen (Kipp/Coing § 68 III 7d). Insoweit bleibt er auch schadenersatzpflichtig.

Die Einwilligung kann im **Klageweg** erzwungen werden. Klageberechtigt ist nur der Testamentsvollstrecker, nicht auch der Dritte. Unter den Voraussetzungen des § 256 ZPO kann der Erbe seinerseits gegen den Testamentsvollstrecker oder gegen den Dritten Klage auf Feststellung der Unwirksamkeit der Verbindlichkeiten erheben.

2207 *Erweiterte Verpflichtungsbefugnis*

Der Erblasser kann anordnen, dass der Testamentsvollstrecker in der Eingehung von Verbindlichkeiten für den Nachlass nicht beschränkt sein soll. Der Testamentsvollstrecker ist auch in einem solchen Falle zu einem Schenkungsversprechen nur nach Maßgabe des § 2205 Satz 3 berechtigt.

M. Schmidt

§ 2207

1 Eine Befreiung dieser Art ist nur durch den Erblasser möglich und nur durch letztwillige Verfügung, ähnlich wie in § 2136. Nicht notwendig ist die ausdrückliche Befreiung. Sie kann sich ebenso aus der Art der Anordnung ergeben, die der Testamentsvollstrecker ausführen soll, beispielsweise bei kostspieligem Aufwand zur Erhaltung von Lieblingstieren des Erblassers oder nach § 2209. Eine verständige Würdigung der letztwilligen Verfügung weist hier den Weg. Im Ergebnis stellt die Befreiung den Testamentsvollstrecker aber nicht wie § 2136 den Vorerben vermögensrechtlich besser, weil der Testamentsvollstrecker in jedem Fall Verwalter eines fremden Vermögens bleibt und in dieser Eigenschaft trotz der Befreiung zur ordnungsmäßigen Verwaltung verpflichtet ist (§§ 2216, 2220). Daraus ergibt sich gleichsam, daß der Testamentsvollstrecker in jedem Fall die Zustimmung des Erben nach § 2206 II verlangen kann. Um dem Testamentsvollstrecker nicht eine dem Erben angeglichene Stellung zu verschaffen, kann er wie der Vorerbe nicht ermächtigt werden, über den Rahmen von § 2205 S 3 hinaus Schenkungsversprechen abzugeben; ebensowenig kann er ermächtigt werden, das Privatvermögen des Erben zu verpflichten. Zweifelhaft ist, ob der Erblasser den Erben durch entsprechende Bedingungen oder Auflagen anhalten kann, was im Hinblick auf die weitreichenden Folgen eher zu verneinen ist (siehe dazu § 2205 Rz 22 und 30).

2208 Beschränkung der Rechte des Testamentsvollstreckers, Ausführung durch den Erben

(1) Der Testamentsvollstrecker hat die in den §§ 2203 bis 2206 bestimmten Rechte nicht, soweit anzunehmen ist, dass sie ihm nach dem Willen des Erblassers nicht zustehen sollen. Unterliegen der Verwaltung des Testamentsvollstreckers nur einzelne Nachlassgegenstände, so stehen ihm die in § 2205 Satz 2 bestimmten Befugnisse nur in Ansehung dieser Gegenstände zu.

(2) Hat der Testamentsvollstrecker Verfügungen des Erblassers nicht selbst zur Ausführung zu bringen, so kann er die Ausführung von dem Erben verlangen, sofern nicht ein anderer Wille des Erblassers anzunehmen ist.

Schrifttum: *Lehmann*, Die unbeschränkbare Verfügungsbefugnis des Testamentsvollstreckers, AcP 188 (1988), 1; *Muscheler*, Testamentsvollstreckung über Erbteile, AcP 195 (1995), 35; *Preuschen*, Testamentsvollstreckung für Erbteile (Teilvollstreckung), FamRZ 1993, 1390.

1 1. Die Stellung des Testamentsvollstreckers basiert auf dem Willen des Erblassers und auf der gesetzlichen Regelung. Aus beiden ergibt sich der Wirkungskreis für das auszuübende Amt. Für den Erblasser bieten sich drei Möglichkeiten zur Bestimmung der Aufgabe: a) Ohne besondere Anordnung läßt er es beim Regelfall der Abwicklungsvollstreckung und den vom Gesetz in §§ 2203–2206 gezogenen Grenzen. b) Er erweitert den Aufgabenkreis nach Möglichkeit des §§ 2207, 2209 S 1 Hs 2. c) Er schränkt den Tätigkeitsbereich ein. Durch **testamentarische Einschränkung** kann er gemäß § 2209 S 1 Hs 1 lediglich die Verwaltung zum Inhalt der Testamentsvollstreckung machen, er kann nach § 2222 einen Nacherbenvollstrecker und nach § 2223 einen Vermächtnisvollstrecker ernennen; nach § 2208 I S 1 kann er dem Testamentsvollstrecker die in §§ 2203–2206 genannten Rechte entziehen (Rz 3), nach § 2208 I S 2 läßt sich die Verwaltung auf einzelne Nachlaßgegenstände beschränken (Rz 4) und nach § 2208 II ist eine nur beaufsichtigende Vollstreckung möglich (Rz 5). Was der Erblasser gewollt hat, ist durch Auslegung des Testaments zu ermitteln oder kann sich aus der Art der dem Testamentsvollstrecker zugewiesenen Aufgaben von selbst ergeben. Im Zweifel ist nicht von einer Beschränkung auszugehen, wohl aber, wenn die Umstände auf einen Interessenwiderstreit in der Person des Vollstreckers hindeuten.

2 2. **Zeitliche Beschränkungen** sind zulässig. Befristet der Erblasser die Testamentsvollstreckung oder knüpft er sie an eine aufschiebende oder auflösende Bedingung, dann vermittelt die Testamentsvollstreckung überhaupt nur für diesen Zeitraum Rechte, die im übrigen beim Erben liegen.

3 3. Abs I S 1 betrifft **inhaltliche Beschränkungen**. Untersagt der Erblasser dem Testamentsvollstrecker die Auseinandersetzung (BGH 40, 115) oder das Verfügen über Grundstücke (BGH 56, 275) oder andere Nachlaßgegenstände, schreibt er dem Testamentsvollstrecker vor, in bestimmter Weise zu verfügen, oder bindet er die Verfügungen des Testamentsvollstreckers an die Zustimmung des Erben oder gar eines Dritten, dann ist die Befugnis des Testamentsvollstreckers zu widersprechenden Verfügungen nach hM auch dinglich ausgeschlossen (BGH NJW 1984, 2464; Zweibrücken DNotZ 2001, 399 mit diff Anm Winkler; Staud/Reimann Rz 17; MüKo/Brandner Rz 7; abl Damrau JR 1985, 105; Lehmann AcP 188, 6ff). Verfügungsbefugt sollen stattdessen der Testamentsvollstrecker gemeinsam mit den Erben sein (BGH 40, 115; 56, 275). Auf welcher Grundlage derartige Zuständigkeiten beruhen, ist indessen nicht geklärt. § 137 verbietet, **rechtsgeschäftliche Verfügungsbeschränkungen** ohne neue Zuständigkeiten zu schaffen (nach hM wohl nachrangig gegenüber den §§ 2205, 2208, BayObLG 1990, 82). Das Verhältnis der Verfügungsbefugnis zur Verwaltungsbefugnis wird in § 2205 als Mittel-Zweck-Relation dargestellt und in § 2211 wird dem Erben die Verfügungsmacht entzogen, soweit die Verwaltung des Nachlasses beim Vollstrecker liegt. Dem entspricht die Annahme, daß auch auf seiten des Testamentsvollstreckers die Macht zu verfügen mit der Macht zu verwalten korrespondiert (Lehmann aaO). Dafür sprechen auch Gründe der Rechtssicherheit. Das Verfügungsrecht wird bei testamentarischem Ausschluß kasuistisch beschränkt und nach außen schlecht erkennbar. In allen oben genannten Fällen (Rz 1) bleibt es daher bei der alleinigen Verfügungsbefugnis des Testamentsvollstreckers, der sich allerdings schadenersatzpflichtig machen kann, wenn er den Weisungen des Erblassers nicht nachkommt (§§ 2216 II, 2219); äußerstenfalls ist der Erwerber nach §§ 826, 249 S 1 zur Rückübertragung verpflichtet. Die Praxis bleibt insoweit sinnvoll, indem mit der Zustimmung der Beteiligten Regreßansprüche im vorhinein vermieden werden.

4 4. Abs I S 2 ermöglicht **gegenständliche Beschränkungen**, auch auf einen Anteil an einem zum Gesamthandsvermögen gehörenden Gegenstand wie einen Grundstücksanteil (BayObLG 1982, 950). Zulässig ist auch eine beschränkte Testamentsvollstreckung über Erbteile (BGH NJW 1979, 1362; KG OLG 21, 329; Muscheler AcP

195, 56; Preuschen FamRZ 1993, 1390) oder über das zur Fortführung eines Unternehmens notwendige betriebliche und private Vermögen (Hamm ZEV 2003, 27). Hinsichtlich dieser Gegenstände bestehen sämtliche Verwaltungs-, Verfügungs- und Verpflichtungsbefugnisse, während der Nachlaß im übrigen von der Testamentsvollstreckung frei ist. Die Beschränkung ist gegenüber Dritten wirksam und im Testamentsvollstreckerzeugnis zu vermerken (§ 2368). Ist die Testamentsvollstreckung nur für einen Erbteil angeordnet, dann ist der Testamentsvollstrecker anstelle des Miterben berechtigt, bei der Verwaltung und Auseinandersetzung mitzuwirken, nicht jedoch, nach § 2033 I über den Erbteil zu verfügen. Für eingegangene Verpflichtungen haftet regelmäßig der gesamte Nachlaß im Verhältnis der Erbteile und nicht nur der unter Testamentsvollstreckung stehende Teil (BGH NJW 1997, 1362 mit Anm von Morgen ZEV 1997, 117; im Anschluß an Muscheler ZEV 1996, 185).

5. Die Beschränkung auf eine **beaufsichtigende Tätigkeit** nach Abs II schließt das Recht des Testamentsvollstreckers aus, die Anordnungen des Erblassers selbst auszuführen. Der lediglich beaufsichtigende Vollstrecker hat keine Verwaltungs-, Verpflichtungs- oder Verfügungsbefugnis, sondern ein Klagerecht gegen den Erben auf Ausführung der letztwilligen Verfügung, dazu einen Anspruch auf Ersatz der Aufwendungen nach § 2218 (ebenso Pal/Edenhofer Rz 7; nach aA verpflichtet der Testamentsvollstrecker auch hier unmittelbar den Nachlaß, MüKo/Brandner Rz 13; Lange/Kuchinke § 31 V 1a Fn 115). Die Beschränkung ist im Testamentsvollstreckerzeugnis zu vermerken (§ 2368) und Dritten gegenüber wirksam.

2209 *Dauervollstreckung*

Der Erblasser kann einem Testamentsvollstrecker die Verwaltung des Nachlasses übertragen, ohne ihm andere Aufgaben als die Verwaltung zuzuweisen; er kann auch anordnen, dass der Testamentsvollstrecker die Verwaltung nach der Erledigung der ihm sonst zugewiesenen Aufgaben fortzuführen hat. Im Zweifel ist anzunehmen, dass einem solchen Testamentsvollstrecker die in § 2207 bezeichnete Ermächtigung erteilt ist.

Schrifttum: *O. Schmidt*, Die Errichtung von Unternehmensträgerstiftungen durch Verfügung von Todes wegen und Testamentsvollstreckung, ZEV 2000, 438.

1. Die Übertragung der Verwaltung stellt als selbständige Dauertätigkeit eine besondere Art der Testamentsvollstreckung dar, bezeichnet als **Verwaltungs-** oder **Dauertestamentsvollstreckung** (Schlüter Rz 810). Sie kann auf die Dauerverwaltung beschränkt sein oder sich an die Ausführung einzelner sonst zugewiesener Aufgaben (wie Ordnung familienrechtlicher Verhältnisse, Verwertung einzelner Nachlaßgegenstände) anschließen. Einer unternehmerischen Tätigkeit angenähert vermag sich die Anlage von Nachlaßvermögen zu gestalten (BGH FamRZ 1987, 377). Ist ein Alleinerbe eingesetzt und Testamentsvollstreckung angeordnet, spricht das für eine Dauervollstreckung, weil die Testamentsvollstreckung sonst im wesentlichen bedeutungslos wäre (BGH NJW 1983, 2247). Die Testamentsvollstreckung kann sich auf den ganzen Nachlaß erstrecken oder nur auf einzelne Gegenstände (vgl auch § 2223 Rz 2).

2. Ihre **Wirkung** liegt darin, daß sie als Teilungsverbot iSv § 2044 anzusehen ist und damit den Nachlaß in der Hand des Testamentsvollstreckers bindet. Dieser ist im Zweifel zur unbeschränkten Eingehung von Verbindlichkeiten ermächtigt (Satz 2), was nicht schon durch die Anordnung entkräftet wird, der Testamentsvollstrecker habe den Besitz so zu verwalten, daß den Erben kein Schaden entsteht (BGH WM 1989, 321). Der Erbe kann nicht über die Nachlaßgegenstände verfügen (§ 2211), die so auch dem Zugriff der persönlichen Gläubiger des Erben entzogen sind (§ 2214) und iSv § 2338 I S 2 eine Enterbung in guter Absicht ermöglichen. Der Zweck kann auch darin liegen, das Verwaltungsrecht der Eltern oder eines Elternteils (§§ 1626, 1638) oder des Vormunds (§ 1794) des Erben auszuschalten oder innerhalb einer familiengebundenen Erbengemeinschaft dem Testamentsvollstrecker eine von vormundschaftsgerichtlichen Bindungen unabhängige Stellung einzuräumen, zB im Fall einer Witwe mit minderjährigen Kindern. Ob die Bestellung eines Pflegers nach § 1909 I S 2 vermieden werden kann, ist nicht eindeutig. Ein Aufgabengebiet ergibt sich dann für den Pfleger jedenfalls nicht, so daß eine Bestellung schon aus praktischen Gründen entbehrlich ist. Für den Erben ist mit der Dauervollstreckung regelmäßig eine erhebliche Beschränkung seines Erbrechts verbunden, der er sich auch über § 2216 II S 2 nicht entziehen kann, da die Anordnung der Testamentsvollstreckung selbst nicht aufgehoben werden darf. Als Ausweg bleibt dem Erben allenfalls, den Pflichtteil zu verlangen (§ 2306), wenn er nicht mit einer Anfechtung über § 2078 durchdringen kann. Im übrigen gelten für das Verhältnis zwischen Erben und Testamentsvollstrecker die §§ 2215–2219. Zur Herausgabe nach § 2217 ist er nur verpflichtet, soweit sich Gegenstände praktisch gar nicht der Verwaltung unterstellen lassen.

3. Die auf Dauer angelegte Verwaltung verlangt, den Nachlaß in Besitz zu nehmen und auf Dauer in Besitz zu halten. Eingeschlossen ist die Befugnis, den Nachlaß zu verpflichten und darüber zu verfügen. Zum Nachlaß gehören auch die im Rahmen der Verwaltung erwirtschafteten **Erträge**, die herauszugeben der Erbe nur dann verlangen kann, wenn es den Grundsätzen ordnungsmäßiger Verwaltung entspricht (BGH Rpfleger 1986, 434; FamRZ 1988, 279). Vornehmlich hängt es allerdings vom Willen des Erblassers ab, was mit den Erträgen zu geschehen hat. Auch wenn er nichts angeordnet hat, werden die Umstände mitunter den hypothetischen Willen nahelegen, dem Erben die Nutzungen zukommen zu lassen; jedenfalls nach § 2338 II S 2 steht dem Erben der jährliche Reinertrag zu. Die gleichen Kriterien gelten für die Frage der Nutzungsherausgabe bei Vor- und Nacherbfolge. Hier liegt die Besonderheit im Vorfeld, wenn der Testamentsvollstrecker die gegensätzlichen Interessen berücksichtigen muß, die auf seiten des Vorerben auf die vermehrte Erwirtschaftung der ihm zustehenden Nutzung (§ 100) abzielen und auf seiten des Nacherben auf eine Stärkung der ihm zugute kommenden Nachlaßsubstanz gerichtet sind. Dazu treffen den Vorerben die Gewinnungskosten (§ 102) sowie die gewöhnlichen Erhaltungskosten (§ 2124), vgl BGH aaO und § 2216 Rz 3. Erstreckt sich die Dauervollstreckung nur auf einen von mehreren Miterben, so fällt dem

§ 2210

Vollstrecker nach der Auseinandersetzung der dem betreffenden Miterben zugewiesene Teil der Nachlaßgegenstände zur Verwaltung zu. Hat der Erblasser durch Verfügung von Todes wegen eine Stiftung errichtet, kommt über deren Anerkennung hinaus als Aufgabe des Testamentsvollstreckers die Überwachung der Stiftung in Betracht (vgl BGH 41, 23; Stickrodt NJW 1964, 1316; O. Schmidt ZEV 2000, 438). Über die Aufgaben des Testamentsvollstreckers hinsichtlich der den Nachlaß betreffenden Steuerschulden siehe § 2205 Rz 5.

2210 *Dreißigjährige Frist für die Dauervollstreckung*
Eine nach § 2209 getroffene Anordnung wird unwirksam, wenn seit dem Erbfall 30 Jahre verstrichen sind. Der Erblasser kann jedoch anordnen, dass die Verwaltung bis zum Tode des Erben oder des Testamentsvollstreckers oder bis zum Eintritt eines anderen Ereignisses in der Person des einen oder des anderen fortdauern soll. Die Vorschrift des § 2163 Abs. 2 findet entsprechende Anwendung.

Schrifttum: *Edenfeld*, Lebenslange Bindungen im Erbrecht? DNotZ 2003, 4.

1   1. Die **Frist von 30 Jahren** bezieht sich nur auf die Dauervollstreckung des § 2209, nicht auf die Abwicklungsvollstreckung iSv § 2203. Diese kann den Zeitraum des § 2210 überschreiten (RG 155, 350; Hamburg FamRZ 1985, 538), wenn der Testamentsvollstrecker nur vorher entlassen wird. Die Frist entspricht der Zeitbestimmung bei der Nacherbschaft (§ 2109), beim Vermächtnis (§ 2162) sowie beim Teilungsverbot (§ 2044) und soll verhindern, daß der Erbe für alle Zeiten ausgeschlossen wird. Schon die Auslegung mag ergeben, daß der Erblasser eine kürzer befristete Dauervollstreckung gewollt hat; eine Rolle spielen die für die Anordnung ausschlaggebenden Gründe. Ein Vollstrecker-Kollegium kann berechtigt sein, über die Beendigung des Amts einvernehmlich zu beschließen (BayObLG 1976, 79).

2   2. Satz 2 ermöglicht die Ausdehnung des Amts bis zum **Lebensende** des Erben (Nacherben) oder Testamentsvollstreckers. Gleichwohl kann sich eine derartige Beschränkung des Erben im Einzelfall als sittenwidrig erweisen, was allerdings gravierende Belastungen der Persönlichkeit voraussetzt. Auf der anderen Seite fällt ins Gewicht, inwieweit mit der Dauervollstreckung eine Schutzfunktion zugunsten des Erben verbunden ist und inwieweit sie anzuerkennenden Belangen des Erblassers dient (vgl Zweibrücken Rpfleger 1982, 106).

3   Wenn erst der Tod des Amtsinhabers das Ende der Testamentsvollstreckung markiert, kann sich die Dauer uU **unendlich** verlängern, da der Testamentsvollstrecker nach § 2199 II einen Nachfolger benennen darf. Ein solches Ergebnis widerspricht dem Sinn des Gesetzes, das einer zweckentsprechenden Interpretation bedarf (für die Einführung einer gesetzlichen Obergrenze von 60 Jahren Edenfeld DNotZ 2003, 18). Die Testamentsvollstreckung endet danach mit dem Tod des benannten Nachfolgers, sofern der Nachfolger bereits zum Zeitpunkt des Erbfalls gelebt hat (Kipp/Coing § 69 III 2; Staud/Reimann Rz 9), nach aM, wenn der Nachfolger vor Ablauf der 30jährigen Frist ernannt ist (RGRK/Kregel Rz 2), nach aA bis zum Tod des ersten Testamentsvollstreckers (O. Schmidt ZEV 2000, 439). In Verbindung mit Satz 2 an das Erleben des Erbfalls anzuknüpfen, scheint dem Gesetz am ehesten zu entsprechen, so daß der zuerst genannten Ansicht zuzustimmen ist.

4   3. Mit der Verweisung auf § 2163 II wird klargestellt, daß **juristische Personen**, deren Bestellung zum Testamentsvollstreckeramt gleichsam als zulässig bezeichnet wird, jedenfalls nicht über die 30jährige Frist hinaus im Amt bleiben können.

2211 *Verfügungsbeschränkung des Erben*
(1) Über einen der Verwaltung des Testamentsvollstreckers unterliegenden Nachlassgegenstand kann der Erbe nicht verfügen.
(2) Die Vorschriften zugunsten derjenigen, welche Rechte von einem Nichtberechtigten herleiten, finden entsprechende Anwendung.

1   1. **Kein Verfügungsrecht des Erben.** Daß der Erbe nicht verfügen „kann", bedeutet die Entziehung der Verfügungsmacht mit der Folge, daß entgegenstehende Verfügungen absolut unwirksam sind. Unter den Voraussetzungen der §§ 183–185 können sie aber wirksam werden, also mit vorheriger Zustimmung, nachträglicher Genehmigung (RG 87, 432) oder wenn die Testamentsvollstreckung wegfällt, ehe der Testamentsvollstrecker eine widersprechende Verfügung getroffen hat, oder auch wenn der Testamentsvollstrecker das Amt ablehnt (§ 185 Rz 5, 12). Ausgeschlossen ist zwar das dingliche Verfügungsrecht, nicht aber das tatsächliche (Einbau von Materialien) und auch nicht die Verpflichtungsbefugnis (RG HRR 1929, 833). Der Erbe kann daher Verbindlichkeiten eingehen; ihm ist nur die Erfüllung verwehrt, solange die Testamentsvollstreckung besteht. Die durch ihren Wegfall bedingte oder betagte Verfügung ist iSv § 160 bindend. Handelt es sich um einen Gegenstand, der dem Erben nach § 2217 zur freien Verfügung zu überlassen ist, kann der Erbe im Wege der Klage die Zustimmung verlangen. Ist der Testamentsvollstrecker zugleich der Vermächtnisnehmer, kann er die Verpflichtung aus dem Vermächtnisanspruch in seiner Eigenschaft als Testamentsvollstrecker selbst erfüllen oder den Gegenstand aus der Verwaltung freigeben und vom Erben Erfüllung verlangen (RG 82, 149).

2   Die Verfügungsbefugnis des Erben entfällt **vom Erbfall an** (BGH 25, 282) und nicht erst mit der Annahme des Amts durch den Testamentsvollstrecker. In dem Zeitraum, in dem trotz angeordneter Testamentsvollstreckung ein Vollstrecker tatsächlich nicht vorhanden ist oder nicht in der Lage ist, sein Amt auszuüben, soll der Erbe, soweit Verfügungen getroffen werden müssen, als Geschäftsführer ohne Auftrag handeln (Johannsen Anm zu LM § 2205 Nr 2). Nach hM können Testamentsvollstrecker und Erben gemeinsam über Nachlaßgegenstände verfügen, wenn der Erblasser eine Verfügung überhaupt verboten oder den Testamentsvollstrecker in seiner Verfügungsmacht eingeschränkt hat (BGH 40, 115; 56, 275; NJW 1984, 2464). Nach hier vertretener Auffassung liegt das Verfügungs-

recht im Umfang der Verwaltung des Nachlasses ausschließlich beim Testamentsvollstrecker (§ 2208 Rz 3). Zu einvernehmlichen Verfügungen entgegen des Schenkungsverbots nach § 2205 S 3 siehe § 2205 Rz 13.

Der Testamentsvollstreckervermerk (§ 52 GBO) sperrt das Grundbuch gegen die Eintragung von Verfügungen des Erben über das **Grundstück**, (Düsseldorf NJW 1963, 162). Der Testamentsvollstrecker kann jedoch das Grundstück ganz oder beschränkt zu der vom Erben beabsichtigten Verfügung (zB Bestellung eines Erbbaurechts) aus der Testamentsvollstreckung entlassen (§ 2217). Insoweit wird der Vermerk gelöscht. Will der Erbe ein Grundstück nur belasten, ist eine Freigabe weder notwendig noch angebracht noch nach § 2217 überhaupt zulässig, da ausschließlich „Nachlaßgegenstände" freigegeben werden können. Hier ist nur in der Weise zu helfen, daß der Testamentsvollstrecker der Belastung zustimmt. 3

2. Zur Verfügung über den **Erbteil** selbst (§ 2033) ist der Erbe durch die Testamentsvollstreckung nicht gehindert. Umgekehrt berührt eine solche Verfügung auch die Rechte des Testamentsvollstreckers nicht, ebensowenig eine Pfändung (BGH NJW 1967, 200; § 2033 Rz 8). Der Erwerber erlangt den durch die Vollstreckung gebundenen Anteil am Nachlaß. Trifft der Testamentsvollstrecker in der Folgezeit Verfügungen, fällt der Gegenwert wie üblich in den Nachlaß. 4

3. Der Dritte ist bei Verfügungen des Erben **gutgläubig**, wenn er keine (§ 892) oder nur leicht fahrlässig keine (§ 932) Kenntnis davon hat, daß der erforderliche Gegenstand zum Nachlaß gehört oder ein Testamentsvollstrecker bestellt ist, oder wenn er irrtümlich der Ansicht ist, der Gegenstand unterliege nicht der Verwaltung des Testamentsvollstreckers. Ein Irrtum über die rechtliche Stellung des Testamentsvollstreckers schützt nicht (RG 74, 219). Guter Glaube kommt nicht in Betracht, wenn der Testamentsvollstrecker im Erbschein vermerkt (§ 2364) oder im Grundbuch eingetragen (§ 52 GBO) ist, oder wenn sich der Gegenstand im Besitz des Testamentsvollstreckers befindet. Die Eintragung im Handelsregister ist in dieser Hinsicht bedeutungslos. Bei Nachlaßforderungen ist § 407 I sinngemäß anwendbar. Überschreitet der Testamentsvollstrecker seine Verfügungsbefugnis, wird der Dritte in seinem guten Glauben nicht geschützt. 5

2212 *Gerichtliche Geltendmachung von der Testamentsvollstreckung unterliegenden Rechten*
Ein der Verwaltung des Testamentsvollstreckers unterliegendes Recht kann nur von dem Testamentsvollstrecker gerichtlich geltend gemacht werden.

Schrifttum: *Kessler*, Der Testamentsvollstrecker im Prozeß, DRiZ 1967, 299; *Tiedke*, Der Testamentsvollstrecker als gesetzlicher oder gewillkürter Prozeßstandschafter, JZ 1981, 429.

1. Der Testamentsvollstrecker ist zur Führung von **Aktivprozessen** (§ 2212) und Passivprozessen (§ 2213) legitimiert. Zu deren Unterscheidung kommt es nicht auf die Parteirolle des Testamentsvollstreckers (oder Erben), sondern darauf an, ob der Streit um Ansprüche oder um Verbindlichkeiten des Nachlasses geführt wird (Schlüter Rz 868), entscheidend in Fällen negativer Feststellungsklagen (Beispiel bei MüKo/Brandner Rz 6); siehe auch hier Rz 5. 1

2. Die **Prozeßführungsbefugnis des Testamentsvollstreckers** ist an sein Recht zur Verwaltung geknüpft. Alle Rechte, die seiner Verwaltung unterliegen, kann er gerichtlich geltend machen (gesetzliche Prozeßstandschaft), beispielsweise Erbschaftsansprüche gegen Dritte nach § 2018 und Ansprüche auf Auskunft und Rechnungslegung. Hinsichtlich des Anteils an einer Personengesellschaft erstreckt sich sein Prozeßführungsrecht allein auf die damit verbundenen Vermögensrechte, nicht aber auf innere Angelegenheiten wie Mitgliedschaftsrechte (BGH NJW 1998, 1313 mit Anm Ulmer JZ 1998, 468; Goette DStR 1998, 304) oder die Auflösung (Hamm NJW-RR 2002, 729). Er ist auch von der Vertretung des Nachlasses ausgeschlossen, wenn er selbst Nachlaßschuldner ist (RG 98, 175; BGH FamRZ 2003, 307). Nicht zum Nachlaß gehört der Anspruch aus § 2287, den der Testamentsvollstrecker bei Vorliegen der erforderlichen Eigeninteressen allenfalls mit Zustimmung des Erben geltend machen kann (gewillkürte Prozeßstandschaft; dazu BGH NJW 1980, 2461 und Tiedtke JZ 1981, 429). Ein Anspruch, für den nur der Testamentsvollstrecker aktiv legitimiert ist, verjährt nicht vor Ablauf von sechs Monaten oder der ggf kürzeren Verjährungsfrist vom Zeitpunkt des Amtsantritts an. 2

Das **Erbrecht** selbst untersteht nicht der Verwaltung und grundsätzlich auch nicht der Prozeßführung des Testamentsvollstreckers. Hat er aber gerade in seiner amtlichen Eigenschaft ein rechtliches Interesse an der Feststellung, daß das Erbrecht eines Prätendenten nicht besteht, dann liegt die Prozeßführung im Rahmen seiner Verwaltungsaufgabe und er ist klagebefugt. Das rechtliche Interesse an der begehrten Feststellung bejaht der BGH (WM 1987, 564), wenn der Erbprätendent einen Teil des Nachlasses beansprucht. Auf das unverbindliche Erbscheinsverfahren braucht sich der Testamentsvollstrecker nicht verweisen zu lassen, denn er hat ein eigenständiges Recht, den letzten Willen des Erblassers zu verwirklichen und zu verteidigen (BGH 69, 235, 241). Ausnahmsweise kommt eine Aktivlegitimation auch dann in Betracht, wenn die eigene Rechtsstellung oder der Umfang der Verwaltungstätigkeit betroffen ist; siehe die Einzelfälle bei Löwisch DRiZ 1971, 272. 3

3. Die aktive **Prozeßführungsbefugnis des Erben** wird durch diejenige des Testamentsvollstreckers im Rahmen der Verwaltung verdrängt (BGH 31, 279). Sie lebt folglich wieder auf, wenn es dem Testamentsvollstrecker rechtlich unmöglich ist, einen Nachlaßanspruch geltend zu machen, so im Fall, daß der Testamentsvollstrecker selbst Nachlaßschuldner ist (RG 82, 151; 98, 175). Folgerichtig endet die Zuständigkeit wieder, sobald ein neuer Testamentsvollstrecker ernannt ist (RG 138, 132), praktisch bedeutsam bei Ansprüchen aus § 2219. Bei Meinungsverschiedenheiten über die Führung eines Rechtsstreits kann der Erbe eine gerichtliche Entscheidung darüber herbeiführen, ob der Testamentsvollstrecker zur Klageerhebung verpflichtet ist, oder er kann auf die Entlassung des Testamentsvollstreckers hinwirken (§ 2227). Im übrigen kann der Erbe einen Aktivprozeß **mit Zustimmung des** 4

§ 2212

Testamentsvollstreckers führen (gewillkürte Prozeßstandschaft, BGH 38, 287; dazu Bötticher JZ 1963, 682; Soergel/Damrau Rz 3). Das Urteil wirkt dann für und gegen den Testamentsvollstrecker. Ebenso kann mit dessen Zustimmung ein Antrag des Miterben nach § 180 ZVG (Teilungsversteigerung eines Nachlaßgrundstücks) wirksam werden.

5 4. Der Begriff der **gerichtlichen Geltendmachung** ist weit zu verstehen; er umfaßt die Klage, Widerklage, Einrede, Aufrechnung im ordentlichen Verfahren, die Klage im Verwaltungsstreitverfahren und den Antrag im FGG-Verfahren. Patentnichtigkeitsklagen unterfallen dem hier vertretenen Verständnis des Aktivprozesses (Rz 1). Gleichwohl geht § 81 I S 2 PatG (§ 37 II PatG aF) dem § 2212 vor, weil die Anwendung einer Testamentsvollstreckung nicht in der Patentrolle eingetragen werden. Die Klage ist gegen den als Patentinhaber eingetragenen Erben zu richten; zur Führung des Nichtigkeitsprozesses auf der Beklagtenseite und zur Erteilung einer Prozeßvollmacht ist jedoch allein der Testamentsvollstrecker befugt (BGH NJW 1966, 2059).

6 Das Prozeßführungsrecht vermittelt dem Testamentsvollstrecker die Parteistellung. Er ist **Partei kraft Amts** und als solche zu vernehmen (Kessler DRiZ 1967, 299). Seine Sachlegitimation ergibt sich aus der Person des Erben. Er muß sich daher Einwendungen gefallen lassen, die dem Erben gegenüber begründet sind, soweit sie nicht etwa auf Verfügungen beruhen, zu denen der Erbe nach § 2211 nicht befugt war (RG 138, 132).

7 Der **Erbe** kann Zeuge und auch Neben- oder Hauptintervenient sein (§§ 64, 66, 69, 327 ZPO), wenn er zB bestreitet, daß die Testamentsvollstreckung wirksam angeordnet ist oder der Streitgegenstand der Testamentsvollstreckung unterliegt. Andererseits kann ihm der Streit verkündet werden (§§ 2216 I, 2219, §§ 72ff ZPO).

8 Bei **Unterbrechung** eines Verfahrens durch den Tod des Erblassers kann im Falle eines Aktivprozesses diesen nur der Testamentsvollstrecker aufnehmen, § 243 ZPO (BGH NJW 1988, 1390). Die Vorschriften über die Unterbrechung des Verfahrens (§§ 239, 241, 246 ZPO) sind im übrigen bei einem Wechsel in der Position des Testamentsvollstreckers, bei Beendigung der Testamentsvollstreckung und beim Ausscheiden des Gegenstandes aus der Testamentsvollstreckung entsprechend anzuwenden (RG 155, 350).

9 Die **Rechtskraft** eines Urteils wirkt für und gegen den Erben, wenn der Testamentsvollstrecker zur Führung des Prozesses befugt, hier also über den streitigen Gegenstand oder das Recht verwaltungsbefugt war (§ 327 I ZPO). Unterhalb dieser Voraussetzungen wird der wahre Erbe nicht durch Urteile gebunden, die zwischen dem Testamentsvollstrecker und solchen Personen ergehen, die für sich ein Erbrecht in Anspruch nehmen. Umgekehrt ist auch der Testamentsvollstrecker nicht an Urteile zwischen dem Erben und Dritten gebunden. In beiden Fällen kann er aber mit befreiender Wirkung an die obsiegende Partei leisten. Zur Umschreibung einer vollstreckbaren Ausfertigung eines für oder gegen den Erblasser ergangenen Urteils für und gegen den Testamentsvollstrecker siehe § 749 ZPO, zur Umschreibung eines für oder gegen den Testamentsvollstrecker ergangenen Urteils für und gegen den Erben siehe § 728 II ZPO.

10 Für die **Kosten** haftet der Nachlaß. Der Testamentsvollstrecker kann nicht persönlich in Anspruch genommen werden, solange nicht der Erbe aus § 2219 gegen ihn vorgeht. Bei einer Klage aus § 2216 ist der Testamentsvollstrecker in der Amtsstellung betroffen, so daß die Kosten zu Lasten des Nachlasses gehen oder über §§ 2218, 670 zu erstatten sind. Geht es überhaupt um die Ernennung des Testamentsvollstreckers, werden die Aufwendungen aber nicht weiter ersetzt, weil es sich etwa um die Verteidigung des letzten Willens handele (siehe BGH 69, 235; anders RG JW 1936, 3380; zum Ganzen Zeuner in FS Mühl 1981 S 721). Die Voraussetzungen für die Gewährung von Prozeßkostenhilfe richten sich nicht nach den persönlichen Verhältnissen des Testamentsvollstreckers. Entscheidend sind nach § 116 Nr 1 ZPO vielmehr die verfügbaren Mittel des Nachlasses und unter dem Gesichtspunkt der Zumutbarkeit (Lange/Kuchinke § 31 VI 4b; aM Grunsky NJW 1980, 2044) nach den persönlichen Verhältnissen des Erben.

2213 *Gerichtliche Geltendmachung von Ansprüchen gegen den Nachlass*

(1) Ein Anspruch, der sich gegen den Nachlass richtet, kann sowohl gegen den Erben als gegen den Testamentsvollstrecker gerichtlich geltend gemacht werden. Steht dem Testamentsvollstrecker nicht die Verwaltung des Nachlasses zu, so ist die Geltendmachung nur gegen den Erben zulässig. Ein Pflichtteilsanspruch kann, auch wenn dem Testamentsvollstrecker die Verwaltung des Nachlasses zusteht, nur gegen den Erben geltend gemacht werden.

(2) Die Vorschrift des § 1958 findet auf den Testamentsvollstrecker keine Anwendung.

(3) Ein Nachlassgläubiger, der seinen Anspruch gegen den Erben geltend macht, kann den Anspruch auch gegen den Testamentsvollstrecker dahin geltend machen, dass dieser die Zwangsvollstreckung in die seiner Verwaltung unterliegenden Nachlassgegenstände dulde.

Schrifttum: *Klingelhöffer*, Testamentsvollstreckung und Pflichtteilsrecht, ZEV 2000, 261.

1 1. **Passivprozesse** (§ 2213) umfassen alle gerichtlichen Streitigkeiten, die auf eine Leistung aus dem Nachlaß oder auf die Feststellung einer Nachlaßverbindlichkeit gerichtet sind (MüKo/Brandner Rz 2). Um einen Passivprozeß handelt es sich zB nicht bei der Patentnichtigkeitsklage, weil der Streit um ein Recht des Nachlasses geführt wird (§ 2212 Rz 5). Andererseits kann für den Nachlaß eine negative Feststellungsklage erhoben werden, um Forderungen gegen den Nachlaß endgültig abzuwehren. Hier sind im Gegensatz zu Aktivprozessen (§ 2212) Erbe und Testamentsvollstrecker nebeneinander legitimiert, was seinen Grund in der Trennung von amtlicher Verwaltung und persönlicher Haftung hat. Zur Geltendmachung der Ansprüche ergeben sich verschiedene Möglichkeiten, die nach Art des Anspruchs variieren und im Hinblick auf die Vollstreckung von unterschiedlichem Nutzen sind.

2 a) **Gegen den Erben** kann nach Annahme der Erbschaft (§ 1958) jeder Nachlaßanspruch geltend gemacht werden, denn ihn trifft die Haftung für die Verbindlichkeiten des Nachlasses. Der Erbe kann auch ein durch den Tod des Erblassers unterbrochenes Verfahren aufnehmen, ohne daß § 243 ZPO dem entgegensteht (BGH NJW 1988, 1390). Die Klage muß sogar gegen den Erben gerichtet werden, wenn der Testamentsvollstrecker nur einzelne Gegenstände verwaltet, wenn er nur beaufsichtigende Funktion hat oder wenn ein Pflichtteilsanspruch geltend gemacht wird. Andererseits ist ein Urteil gegen ihn solange nicht vollstreckbar, wie die Verwaltung dem Testamentsvollstrecker untersteht (Rz 9), so daß auch dieser auf Leistung oder auf Duldung der Zwangsvollstreckung verklagt werden muß.

b) Gegen den Testamentsvollstrecker können mit Ausnahme des Pflichtteilsanspruchs (Rz 7) sämtliche Nachlaßansprüche geltend gemacht werden, wenn ihm die Verwaltung des gesamten Nachlasses zusteht. Er kann am Verfahren beteiligt werden, sobald er sein Amt angetreten hat (§ 2202 I), auch wenn der Erbe die Erbschaft noch nicht angenommen hat. Verwaltet er nur einzelne Gegenstände des Nachlasses, dann fehlt ihm hinsichtlich einer Leistungsklage die Prozeßführungsbefugnis, so daß er auf Duldung der Zwangsvollstreckung verklagt werden muß. UU läßt sich ein Leistungsantrag in einen Duldungsantrag umdeuten; die materiell-rechtlichen Einwendungen können ohnehin auch gegen den Duldungsanspruch erhoben werden. Ein Anspruch des Erben gegen den Erblasser, der mit dem Erbfall regelmäßig durch Konfusion untergehen würde, bleibt im Fall der Testamentsvollstreckung bestehen; § 2143 ist nicht anzuwenden. Statt dessen kann der Erbe gegen den Testamentsvollstrecker auf Leistung zwecks Befriedigung seiner Forderung klagen (BGH 48, 214, 220), um den Vermögenswert der Bindung durch die Testamentsvollstreckung zu entziehen. Der Testamentsvollstrecker ist schließlich weder zur Leistung noch zur Duldung legitimiert, wenn er nur beaufsichtigende Funktion (Rz 8) oder den umstrittenen Gegenstand dem Erben zur freien Verfügung überlassen hat, § 2217. Eine gegen den Testamentsvollstrecker gerichtete Klage kann nach Wegfall der Testamentsvollstreckung noch in der Revisionsinstanz gegen ihn als Miterben fortgeführt werden (BGH NJW 1964, 2301). 3

c) Gegen Erben und Testamentsvollstrecker ist der Prozeß zugleich zu führen, wenn in den Nachlaß und in das persönliche Vermögen des Erben vollstreckt werden soll. Soweit auch der Testamentsvollstrecker prozeßführungsbefugt ist, können beide auf Leistung verklagt werden. Nicht erforderlich, aber zweckmäßig ist es im übrigen, die Leistungsklage gegen den Erben mit der Duldungsklage gegen den Testamentsvollstrecker zu verbinden (BGH NJW 1988, 1390; RG 109, 166). In gleichem Maß kann gegen beide auf Feststellung geklagt werden, daß eine Nachlaßverbindlichkeit besteht (BGH aaO). Ein durch den Tod des Erblassers unterbrochener Rechtsstreit kann vom und gegen den Testamentsvollstrecker (§ 243 ZPO) sowie vom und gegen den Erben (§ 239 ZPO) oder auch von beiden oder gegen beide gemeinsam aufgenommen werden (BGH aaO). Im übrigen können Erben und Testamentsvollstrecker wechselseitig einem Rechtsstreit des anderen als Nebenintervenient beitreten (§ 66 ZPO). Der Erbe wird auf diese Weise zum Streitgenossen des Testamentsvollstreckers (§ 69 ZPO), was für den Testamentsvollstrecker umgekehrt nicht gilt, da ihn das Urteil gegen den Erben nicht in gleichem Maße bindet. § 72 ermöglicht ferner die Streitverkündigung. 4

2. Im Fall der **Gesamtverwaltung** durch den Testamentsvollstrecker ergeben sich also die Möglichkeiten, den Testamentsvollstrecker oder den Erben oder beide gemeinsam auf Leistung zu verklagen. Im Hinblick auf die Vollstreckbarkeit während der Verwaltung ist jedenfalls ein Titel gegen den Testamentsvollstrecker zu erwirken (§ 748 I ZPO). 5

Im Fall der **Teilverwaltung** nur einzelner Gegenstände (§ 2208 I S 2) und der hierauf gerichteten Klage ist der Erbe allein passiv legitimiert, jedoch muß der Testamentsvollstrecker auf Duldung der Zwangsvollstreckung verklagt werden (§ 748 II ZPO). 6

Pflichtteilsansprüche einschließlich der dazugehörigen Auskunftsansprüche sind stets gegen den Erben zu richten, früher auch Erbersatzansprüche nach § 1934b II aF. Dementsprechend kann der Testamentsvollstrecker ohne Zustimmung des Erben einen solchen Anspruch nicht anerkennen (BGH 51, 125 mit Anm Merkel NJW 1969, 1285), er kann einen unstreitigen Anspruch aber mit Wirkung für den Erben anerkennen (München Rpfleger 2003, 588 mit Anm Bestelmeyer) und erfüllen und ist seinerseits an ein Anerkenntnis durch den Erben nicht gebunden (Celle MDR 1967, 46). Vorausschauend läßt sich abgestimmtes Handeln uU im Wege der gesonderten Bevollmächtigung des Testamentsvollstreckers erzielen (Klingelhöffer ZEV 2000, 262). In allen Fällen der Verwaltung (Rz 5 und 6) ist zur Vollstreckbarkeit die Duldungsklage gegen den Testamentsvollstrecker erforderlich (§ 748 III ZPO). 7

Im Fall der **beaufsichtigenden Vollstreckung** (§ 2208 II) verwaltet der Testamentsvollstrecker überhaupt nicht, so daß jedes Urteil gegen den Erben auch in den Nachlaß vollstreckt werden kann. 8

3. Ist bereits ein **Urteil gegen den Erblasser** ergangen, muß die Vollstreckungsklausel auf den Testamentsvollstrecker und den Erben umgeschrieben werden, wenn in den Nachlaß vollstreckt werden soll (§§ 749, 727 ZPO). Die bereits gegen den Erblasser begonnene Zwangsvollstreckung kann fortgesetzt werden (§ 779 III ZPO). 9

Das **Urteil gegen den Testamentsvollstrecker** in einer seiner Verwaltung unterliegenden Nachlaßsache wirkt nach § 327 ZPO gegen den Erben. Noch während der Amtstätigkeit des Testamentsvollstreckers kann eine vollstreckbare Ausfertigung gegen den Erben erteilt werden (§§ 727 II, 728 II ZPO). Da ein Vorbehalt der beschränkten Erbenhaftung im Urteil gegen den Testamentsvollstrecker nicht erforderlich ist (§ 780 II ZPO), kann der Erbe die Beschränkung der Haftung nach Umschreibung des Titels regelmäßig geltend machen (§ 781 ZPO). Nur wenn sich der Erbe aufgrund materiellen Rechts (§ 1994 Rz 7) unbeschränkt haftbar gemacht hat, bleibt ihm jede Möglichkeit der Einrede verwehrt, und kann mit dem gegen den Testamentsvollstrecker ergangenen Urteil nach Umschreibung ohne weiteres in das eigene Vermögen des Erben vollstreckt werden (aM Wieser Prozeßrechtskomm Rz 24). 10

Ein **Urteil gegen den Erben** kann nicht in den Nachlaß vollstreckt werden, solange dem Testamentsvollstrecker die Verwaltung zusteht (§ 748 I ZPO), insbesondere nicht wegen solcher Verbindlichkeiten, die der Erbe ohne 11

§ 2213

Zustimmung des Testamentsvollstreckers über Nachlaßgegenstände eingegangen ist (BGH NJW 1957, 1916). Unterliegen nur einzelne Gegenstände der Verwaltung des Testamentsvollstreckers und bezieht sich darauf das Urteil gegen den Erben, dann kann ebenfalls für die Dauer der Verwaltung nicht vollstreckt werden (§ 748 II ZPO). Da sich der Erbe der persönlichen Haftung entzieht, indem er sich die Haftungsbeschränkung im Urteil vorbehalten läßt (§ 780 I ZPO), muß der Testamentsvollstrecker zugleich auf Duldung der Zwangsvollstreckung verklagt werden (§ 2213 I S 2, III).

12 Ein (obsiegendes) **Urteil für den Erben** wirkt indessen auch zugunsten des Testamentsvollstreckers, da sonst mit einem möglicherweise neuen Urteil gegen den Testamentsvollstrecker die Haftung des Erben wieder herbeigeführt werden könnte (§§ 327, 728 II ZPO).

13 4. Gegen den **Testamentsvollstrecker persönlich** ist zu klagen, wenn seine Befugnis zur Amtsausübung bestritten wird (OGH 2, 45), wenn nach Amtsbeendigung der Nachlaß von ihm herausverlangt oder wenn er auf Schadenersatz in Anspruch genommen wird (BGH FamRZ 1988, 279; weitere Beispiele bei Soergel/Damrau Rz 6). In keinem der Fälle handelt es sich um Nachlaßansprüche. Will der Testamentsvollstrecker einen eigenen Anspruch (zB aus Vermächtnis) geltend machen, kann er den Gegenstand freigeben (§ 2217) und gegen den Erben klagen, wenn er nicht schon von der Beschränkung des § 181 befreit ist (§ 2205 Rz 18). Wird gegen den Testamentsvollstrecker gleichzeitig ein gegen den Nachlaß gerichteter Anspruch und ein gegen ihn persönlich gerichteter Schadenersatzanspruch aus Amtspflichtverletzung erhoben, dann ist eine Verbindung der Klagen nicht ohne weiteres möglich (Kessler DRiZ 1965, 195), wegen der unterschiedlichen Rechtskraftwirkung und Vollstreckungsmöglichkeit im allgemeinen unzulässig; es ist aber die sinngemäße Anwendung der §§ 59, 60 ZPO zu überprüfen.

2214 *Gläubiger des Erben*

Gläubiger des Erben, die nicht zu den Nachlassgläubigern gehören, können sich nicht an die der Verwaltung des Testamentsvollstreckers unterliegenden Nachlassgegenstände halten.

Schrifttum: *Ensthaler*, Eigengläubiger des Miterben bei Testamentsvollstreckung, Rpfleger 1988, 94; *Gutbell*, Schutz des Nachlasses gegen Zwangsvollstreckungsmaßnahmen bei Testamentsvollstreckung und Vorerbschaft, ZEV 2001, 260.

1 Gläubiger des Erben sind seine **Eigengläubiger** im Gegensatz zu den Nachlaßgläubigern. Zu den eigenen Gläubigern gehören auch diejenigen, gegenüber denen der Erbe Verbindlichkeiten über Nachlaßgegenstände eingegangen ist. Solche Verbindlichkeiten sind trotz des Verwaltungsrechts des Testamentsvollstreckers wirksam, können jedoch nicht in den Nachlaß vollstreckt werden. Die von einem persönlichen Gläubiger des Erben veranlaßte Vollstreckung in den der Verwaltung des Testamentsvollstreckers unterliegenden Nachlaß ist unwirksam. Die Vollstreckung ist vom Zeitpunkt des Erbfalls und nicht erst von dem der Übernahme des Amts durch den Testamentsvollstrecker an unzulässig. Ist die Testamentsvollstreckung auf einzelne Gegenstände beschränkt, so sind nur diese dem Zugriff des Gläubigers entzogen. Lastet auf dem Gegenstand ein dingliches Recht, dann ist der Gegenstand gegen den Zugriff des Gläubigers aus diesem Recht nicht geschützt, denn insoweit ist gleichsam der Nachlaß belastet. Ansprüche des Erben gegen den Testamentsvollstrecker, etwa auf Auszahlung von Erträgen gem § 2216 (beschränkbar aber im Rahmen von § 850b I Nr 3 ZPO, vgl § 2100 Rz 5 und Gutbell ZEV 2001, 262) oder Freigabe von Gegenständen gem § 2217, können gepfändet und verwertet werden. Auch in den Erbanteil eines Erben kann vollstreckt werden, soweit die Rechte des Testamentsvollstreckers dadurch nicht berührt werden. Für den Eigengläubiger einer Erbengemeinschaft wird es aber für möglich gehalten, wegen § 751 iVm § 2044 I vorzeitig die Auseinandersetzung herbeizuführen (Ensthaler Rpfleger 1988, 94). Die gleiche Sachlage ergibt sich für die Insolvenz und das von einem nicht dinglich gesicherten Gläubiger betriebene Zwangsversteigerungsverfahren. Der Testamentsvollstrecker kann sich gegen jede Beeinträchtigung seiner Nachlaßverwaltung wehren und alle Vollstreckungsmaßnahmen der persönlichen Gläubiger des Erben durch Erinnerung nach § 766 ZPO oder ggf durch Klage nach § 771 ZPO anfechten.

2215 *Nachlassverzeichnis*

(1) Der Testamentsvollstrecker hat dem Erben unverzüglich nach der Annahme des Amts ein Verzeichnis der seiner Verwaltung unterliegenden Nachlassgegenstände und der bekannten Nachlassverbindlichkeiten mitzuteilen und ihm die zur Aufnahme des Inventars sonst erforderliche Beihilfe zu leisten.

(2) Das Verzeichnis ist mit der Angabe des Tages der Aufnahme zu versehen und von dem Testamentsvollstrecker zu unterzeichnen; der Testamentsvollstrecker hat auf Verlangen die Unterzeichnung öffentlich beglaubigen zu lassen.

(3) Der Erbe kann verlangen, dass er bei der Aufnahme des Verzeichnisses zugezogen wird.

(4) Der Testamentsvollstrecker ist berechtigt und auf Verlangen des Erben verpflichtet, das Verzeichnis durch die zuständige Behörde oder durch einen zuständigen Beamten oder Notar aufnehmen zu lassen.

(5) Die Kosten der Aufnahme und der Beglaubigung fallen dem Nachlass zur Last.

Schrifttum: *Sarres*, Die Auskunftspflichten des Testamentsvollstreckers, ZEV 2000, 90.

1 1. Der Testamentsvollstrecker hat den Berechtigten unverlangt ein **Verzeichnis** über den gesamten Nachlaß mitzuteilen. Anspruchsberechtigt ist der Erbe, auch ein Nutzungsberechtigter (Pfandgläubiger, Nießbraucher), nicht aber der Vermächtnisnehmer. Anders als der Erblasser (§ 2220) kann der Erbe dem Testamentsvollstrecker die Pflicht erlassen. Das Nachlaßverzeichnis umfaßt alle Aktiva und Passiva; dazu gehört auch ein vom Testamentsvollstrecker treuhänderisch für den Erben geführtes Handelsgeschäft. Das Ausfüllen des ebenfalls als Nachlaßverzeichnis bezeichneten amtlichen Vordrucks des Nachlaßgerichts genügt den Anforderungen des § 2215 nicht

(BayObLG ZEV 2002, 155). Im Unterschied zum amtlichen Vordruck sind Wertangaben nicht erforderlich (BayObLG ZEV 1997, 381; ZEV 2002, 155 mit insoweit abw Anm Klingelhöffer), wenn auch sinnvoll; die Nachlaßgegenstände sind jedoch im einzelnen detailliert aufzuführen. In welcher Form, von wem, unter wessen Mitwirkung und auf wessen Kosten das Verzeichnis aufzunehmen ist, regeln die Abs II–V wie bei § 2121 (vgl § 2121 Rz 3 und 4; Beispiel bei Sarres ZEV 2000, 93). Nach Maßgabe des § 260 muß der Testamentsvollstrecker über seine Angaben eidesstattliche Versicherungen abgeben (§§ 2218, 666). Für eine ordnungsgemäße Amtsführung ist das Verzeichnis unverzichtbare Grundlage (BayObLG FamRZ 1998, 325). Genügen seine Angaben nicht im mindesten den Anforderungen des § 2215, dann handelt der Testamentsvollstrecker grob pflichtwidrig (§ 2227), ohne daß er in jedem Fall entlassen werden müßte (BayObLG NJWE-FER 2001, 262; Hamm OLG 1986, 1; Köln FamRZ 1992, 723; LG Freiburg NJW-FER 1997, 39). Bedeutsam ist das Verzeichnis für die Beurteilung der Ordnungsmäßigkeit der Verwaltung, der Rechnungslegung und des Bestehens von Schadenersatzansprüchen (§§ 2216, 2218, 2219). Umstritten ist, ob bei Eltern-Testamentsvollstreckern zum Schutz minderjähriger Erben ein Ergänzungspfleger zu bestellen ist (vgl dazu § 2218 Rz 3).

2. Da das Verzeichnis anders als das Inventar nicht geeignet ist, die Haftungsbeschränkung herbeizuführen, dem Erben diese Möglichkeit aber erhalten werden soll, wird im Falle der §§ 1993, 1994 uU weitere **Beihilfe** notwendig. Diese kann darin bestehen, über den Inhalt des Nachlaßverzeichnisses hinaus erforderliche Auskünfte zu erteilen. Verweigert der Testamentsvollstrecker die Hilfe, kann ihn der Erbe auf Vornahme der Leistung verklagen (KG OLG 16, 269); eine genaue Bezeichnung der Beihilfehandlung tut Not. 2

2216 *Ordnungsmäßige Verwaltung des Nachlasses, Befolgung von Anordnungen*
(1) Der Testamentsvollstrecker ist zur ordnungsmäßigen Verwaltung des Nachlasses verpflichtet.
(2) Anordnungen, die der Erblasser für die Verwaltung durch letztwillige Verfügung getroffen hat, sind von dem Testamentsvollstrecker zu befolgen. Sie können jedoch auf Antrag des Testamentsvollstreckers oder eines anderen Beteiligten von dem Nachlassgericht außer Kraft gesetzt werden, wenn ihre Befolgung den Nachlass erheblich gefährden würde. Das Gericht soll vor der Entscheidung, soweit tunlich, die Beteiligten hören.

Schrifttum: *Klumpp*, Handlungsspielraum und Haftung bei Vermögensanlagen durch den Testamentsvollstrecker, ZEV 1994, 65; *Reimann*, Die Kontrolle des Testamentsvollstreckers, FamRZ 1995, 588.

1. Die **Pflicht zur ordnungsmäßigen Verwaltung** ist das Gegenstück zum Recht auf Verwaltung. Sie besteht gegenüber den Erben und Vermächtnisnehmern (vgl § 2219), nicht gegenüber Pflichtteilsberechtigten (BayObLG FamRZ 1997, 905) und anderen Nachlaßgläubigern. Von der Pflicht zur ordnungsmäßigen Verwaltung kann der Erblasser den Testamentsvollstrecker nicht befreien und er kann auch den Grad der Sorgfaltspflicht nicht mindern. Er legt allerdings den Inhalt (Rz 2) und den Umfang der zu entfaltenden Tätigkeit fest, der sich insbesondere aus dem Sinn und Zweck der Testamentsvollstreckung ergibt, und zwar je nachdem, ob es sich nur um die Ausführung der getroffenen Anordnungen (§ 2203) oder um eine Dauervollstreckung (§ 2209) handelt. UU kann der Erbe den Testamentsvollstrecker auf Vornahme einer Handlung verklagen, die zur ordnungsmäßigen Verwaltung erforderlich ist (BGH 25, 283; FamRZ 1988, 279); einstweiligen Rechtsschutz erlangt er dazu unter den Voraussetzungen der §§ 935ff ZPO (Köln OLG 1987, 282). Mißbraucht der Testamentsvollstrecker seine Verwaltungsbefugnis und muß der Geschäftspartner dies erkennen, dann wird der Erbe ausnahmsweise nicht verpflichtet (§ 2205 Rz 19). Im Schadensfall löst eine ordnungswidrige Verwaltungsmaßnahme als Pflichtverletzung Ersatzansprüche aus, wenn dem Testamentsvollstrecker Verschulden nachgewiesen wird (§ 2219). Vor diesem Hintergrund hat der Testamentsvollstrecker die Interessen der Bedachten besonnen wahrzunehmen und alles zu unterlassen, was den Erben und Vermächtnisnehmern zum Nachteil gereicht. Bei grober Pflichtverletzung droht Entlassung (§ 2227). 1

2. Welche Maßnahmen eine **ordnungsmäßige Verwaltung** dem Testamentsvollstrecker abverlangt, hängt von dem individuellen Aufgabenbereich ab und ist nach den Umständen des Einzelfalls zu beurteilen (BGH FamRZ 1988, 279). In diesem Rahmen stellt das Kriterium der Ordnungsmäßigkeit objektivierte Anforderungen, die streng zu bemessen sind, um der treuhänderischen Stellung der Amtsperson gerecht zu werden. Das dem Testamentsvollstrecker in dieser Eigenschaft eingeräumte Ermessen hat er besonders gewissenhaft und sorgfältig auszuüben (RG 130, 135). Es findet seine äußerste Grenze in dem Schenkungsverbot des § 2205 S 3 und seine Leitlinie in den Grundsätzen der Wirtschaftlichkeit (BGH WM 1967, 25, 27; BayObLG FamRZ 1997, 905). Hieran haben sich alle Entscheidungen zu orientieren, die zum Aufgabenbereich der Verwaltung gehören, wann immer es darum geht, Verbindlichkeiten einzugehen, über Nachlaßgegenstände zu verfügen, Nachlaßansprüche geltend zu machen oder sonst Möglichkeiten der Vorteilsgewinnung wahrzunehmen. 2

Bei der **Anlage von Nachlaßvermögen** darf sich der Testamentsvollstrecker nicht mit mäßigem Erfolg begnügen (OGH 3, 242, 247) und ist an den sichersten Weg darum nicht gebunden. In diesem Sinne verlangt eine wirtschaftliche Vermögensverwaltung das Profil eines „zwar umsichtigen und soliden, aber dynamischen Geschäftsführers", der die Risiken und Chancen abwägt und von der Eingehung eines kalkulierten Wagnisses nicht absehen muß. Rein spekulative Anlagen, die bei erhöhtem Risiko auf größere Wertsteigerungen abzielen, sind für den gesamten Nachlaß oder einen sehr hohen Teil davon allerdings ausgeschlossen (BGH NJW 1987, 1070; Klumpp ZEV 1994, 67), so daß mit einer Streuung der Kapitalanlagen operiert werden kann. Zu beurteilen sind die Geschäftstätigkeiten des Testamentsvollstreckers regelmäßig im Kontext mit dem Anlageverhalten insgesamt, und zwar zum maßgeblichen Zeitpunkt der Vornahme eines Geschäfts. Das kann zur Folge haben, daß ein Aktiengeschäft, das sich später als verlustreich erweist, gleichwohl im Moment der Kaufentscheidung ordnungsgemäßer 3

M. Schmidt

§ 2216 Erbrecht Testament

Wirtschaft entspricht und daß auch der Verkauf nach den neueren Erkenntnissen und Prognosen durchaus vernünftig erscheint. Zu berücksichtigen sind steuerrechtliche Kriterien und der jeweilige Geldwert. Kurzfristige Zinsanlagen müssen nicht vorab mit den Bedingungen anderer Geldinstitute verglichen werden (BGH FamRZ 1995, 478). Eine hohes Maß an Kompetenz erfordert die Anlage in Kunstgegenstände. Werden Teile des Vermögens Dritten überlassen, sind diese zu kontrollieren und deren Kosten auf Angemessenheit zu überprüfen, um Gefahren und Verlusten rechtzeitig begegnen zu können (BGH WM 1995, 1465; ZEV 1999, 26). Zu den Aufgaben des Testamentsvollstreckers kann es gehören, die Geschäftsführung einer Gesellschaft zu überwachen (BGH NJW 1959, 1820) und darüber hinaus kann der Testamentsvollstrecker selbst **unternehmerische Tätigkeiten** wahrnehmen (§ 2205 Rz 20ff). An den Gesichtspunkten der Wirtschaftlichkeit läßt sich die ordnungsmäßige Verwaltung dann nur noch schlagwortartig anlehnen, insbesondere wenn die Fortführung eines Handelsgeschäfts oder einer Personengesellschaft über die Anteile treuhänderisch erfolgt und der Testamentsvollstrecker zum unternehmerischen Handeln verpflichtet ist. Unternehmerisches Handeln erfordert geradezu die Einbeziehung eines Risikomoments, das im Zuge der mitunter unerläßlichen Investitionen besonders deutlich wird. Im Grundsatz paßt auch hier das Bild vom dynamischen Geschäftsführer. Im übrigen wird der Pflichtenkreis wie auch sonst durch die individualisierte Aufgabenstellung konkretisiert, ggf auch durch die Treuhandabrede. Bei der **Verwertung eines Nachlaßgrundstücks** hat der Testamentsvollstrecker die sich markttechnisch bietenden Möglichkeiten zu berücksichtigen. Die Versteigerung für die Hälfte des Verkehrswertes, ohne sich zuvor um eine bessere Verwertung etwa durch freihändigen Verkauf nachhaltig zu bemühen, ist pflichtwidrig (BGH ZEV 2001, 358). Läßt sich der Testamentsvollstrecker von dem Erwerber eine Provision versprechen, liegt die Möglichkeit einer besseren Verwertung für den Nachlaß, nämlich durch alternative Aufstockung des Kaufpreises, auf der Hand (vgl BGH ZEV 2001, 28). Keine ordnungsmäßige Verwaltung ist die honorarpflichtige **Beauftragung eines Rechtsanwalts**, um Einsprüche gegen Erbschaftsteuerbescheide einzulegen, an deren Berechtigung keine Zweifel bestehen (BGH ZEV 2000, 195). Unterliegt der Nachlaß der **Vor- und Nacherbschaft**, dann hat der Testamentsvollstrecker den Interessengegensatz zu berücksichtigen, der sich aus der Kosten- und Nutzenverteilung während der Dauer der Vorerbschaft ergibt (BGH Rpfleger 1986, 434; FamRZ 1988, 279; NJW 1990, 2055). Praktisch ist eine sachgerechte Abwägung gefragt, wenn es darum geht, mehr den Wert oder mehr den Ertrag steigernde Maßnahmen zu treffen; vgl § 2124 Rz 1 und § 2209 Rz 3.

4   3. Die inhaltliche Ausformung der Pflichten erfolgt also in erster Linie durch die **Anordnungen des Erblassers**. Diese sind zu befolgen, wie sie letztwillig verfügt sind. Auch bestimmte Wünsche des Erblassers können für den Umfang der Tätigkeit bedeutsam werden, wenn sie den Zweck der Testamentsvollstreckung deutlich machen (BayObLG 1976, 67). Erteilt der Erblasser dem Testamentsvollstrecker eine postmortale Vollmacht, die vornehmlich der Herstellung einer raschen Handlungsfähigkeit zugunsten und zulasten des Nachlasses dient, kann der Erbe diese jederzeit widerrufen (vor § 2197 Rz 10). Anordnungen des Erblassers, die keine vernünftige wirtschaftliche oder den Umständen nach zu billigende Grundlage haben, dafür aber geeignet sind, den Erben in seiner Persönlichkeitssphäre zu beschneiden oder ihn sonst übermäßig zu beschränken, können nach § 138 nichtig sein (vgl vor § 2064 Rz 16, § 2205 Rz 19, 22 und § 2074 Rz 5).

5   Die Anordnungen mögen sich mit den **Interessen der Erben** überschneiden oder die Erben mögen ihre Vorstellungen über die Verwaltungstätigkeit äußern, so daß zu klären ist, welcher Stellenwert dem Willen der Erben zukommt und inwieweit der Testamentsvollstrecker durch Übereinkunft mit den Erben die Anordnungen des Erblassers außer Kraft setzen kann. Hier ist eine nicht zu enge Auslegung am Platze. Daß der Testamentsvollstrecker nach hM gemeinsam mit den Erben (BGH NJW 1984, 2464) und nach hier vertretener Auffassung im Rahmen der Verwaltungsbefugnis (§ 2208 Rz 3) über Nachlaßgegenstände verfügen kann, selbst wenn der Erbe Verfügungen untersagt hat, betrifft die dingliche Wirkung. Schadenersatzansprüche seitens der Erben geht der Testamentsvollstrecker jedenfalls aus dem Weg, wenn er in deren Einvernehmen handelt. Im Verhältnis zu den starren Anordnungen des Erblassers mißt die Rspr dem Willen der Lebenden zunehmend Gewicht bei. Als berücksichtigungsfähig erweisen sich insbesondere Entwicklungen zwischen Testamentserrichtung und Ausführung der Anordnungen, die eine neue Beurteilung der Verhältnisse rechtfertigen; im Zuge dieser Beurteilung sind die Erben zu hören (BGH DB 1959, 706). Berücksichtigungsfähig ist auch das Einverständnis, das die Erben zu dem vom Testamentsvollstrecker praktizierten Verwaltung erklären. ZB kann die generelle Zustimmung zu Aktiengeschäften einen Gradmesser des erlaubten Risikos bilden, der sich wegen des spekulativen Charakters der Geschäfte dann nicht mehr ohne weiteres beanstanden läßt (BGH NJW 1987, 1070). Schließlich kann der Testamentsvollstrecker gemäß dem Willen des Erblassers für die Erben treuhänderisch tätig werden. Die gesonderte Treuhandabrede modifiziert den Pflichtenkreis in diesem Fall regelmäßig in bezug auf eine unternehmerische Tätigkeit. Vgl im übrigen § 2084 Rz 12 zum Auslegungsvertrag.

6   4. Das Nachlaßgericht hat kein allgemeines Aufsichtsrecht über den Testamentsvollstrecker. Es kann aber **im Falle erheblicher Gefährdung des Nachlasses** einzelne Anordnungen des Erblassers außer Kraft setzen. Die Besorgnis ist begründet, wenn die betreffende Anordnung sich auf die Verwaltung nachteilig auswirkt und der Nachlaß entgegen der eigentlichen Zweckbestimmung substantiell gefährdet. Entscheidend ist weniger der absolute Wert der beeinträchtigten Substanz als der mit der Anordnung verbundene Erblasserwille (München JFG 20, 121). UU kann eine ergänzende Auslegung weiterhelfen, die ggf den Vorteil bietet, dem hypothetischen Erblasserwillen entsprechend eine positive, den Entwicklungen Rechnung tragende Anordnung zu gewinnen. Im Ergebnis muß die bloße Aufhebung aber nicht dahinter zurückstehen. Außer Kraft gesetzt werden kann etwa das Verbot, einen Nachlaßgegenstand unter einem bestimmten Preis zu veräußern, wenn dieser auf Dauer nicht zu realisieren ist (Hamburg OLGE 12, 374). Die Anordnung der Testamentsvollstreckung selbst und ihre Einzelheiten wie Dauer und Ziel kann das Nachlaßgericht dagegen nicht aufheben, eine Teilungsanordnung praktisch nur soweit, wie sie sich aus Verwaltungsanordnungen ergibt (Staud/Reimann Rz 29). Im Wege des einstweiligen Rechtsschutzes kann

das Nachlaßgericht nicht tätig werden (Köln OLG 1987, 280; Reimann FamRZ 1995, 590). Umstritten ist, ob eine Anordnung noch für kraftlos erklärt werden darf, wenn sich der Testamentsvollstrecker bereits über sie hinweggesetzt hat. Das ist mit der hM (Firsching/Graf Nachlaßrecht Rz 4.478) zu bejahen, denn die Frage der Verbindlichkeit der Anordnung kann für die Entlastung des Testamentsvollstreckers im Hinblick auf Regreßforderungen Bedeutung behalten (aM Staud/Reimann Rz 27). Die Möglichkeit der Außerkraftsetzung kann der Erblasser selbst nicht im vorhinein ausschließen, wozu im Grunde auch kein Anlaß besteht, weil es auch insoweit schließlich darum geht, dem Willen des Erblassers Geltung zu verschaffen.

Den erforderlichen **Antrag an das Nachlaßgericht** kann der Testamentsvollstrecker stellen, im Falle mehrerer 7 Testamentsvollstrecker alle gemeinschaftlich (München JFG 20, 121; MüKo/Brandner Rz 23; aM Jansen FGG Bd II § 82 Rz 3). Zu den ferner antragsberechtigten „Beteiligten" gehören die Erben, Vermächtnisnehmer und Auflagenberechtigten, also die Bedachten. Der Kreis der Beteiligten ist ähnlich wie bei § 2227 enger zu fassen als in den §§ 2198 II, 2200 II, 2202 III, da ein materiell-rechtliches Interesse an der zweckgerechten Verwaltung gerade aus der Sicht des Nachlasses bestehen muß. Ein gewöhnlicher Nachlaßgläubiger kann daher nicht als Beteiligter angesehen werden (BGH 35, 296), auch nicht, wenn ihm ein Pfändungspfandrecht am Miterbenanteil zusteht (BayObLG Rpfleger 1983, 112). Der beim Nachlaßgericht zuständige Richter (§ 16 I Nr 3 RpflG) setzt entweder die Anordnung außer Kraft oder lehnt den Antrag ab; eine neue Anordnung kann der Richter nicht selbst treffen (KG OLG 1971, 220). Gegen die eine Anordnung aufhebende Entscheidung steht jedem der Beteiligten ein Beschwerderecht zu (§§ 19, 20, 82 I FGG), gegen die ablehnende Entscheidung nur dem Antragsteller (§ 20 II FGG).

2217 *Überlassung von Nachlassgegenständen*
(1) Der Testamentsvollstrecker hat Nachlassgegenstände, deren er zur Erfüllung seiner Obliegenheiten offenbar nicht bedarf, dem Erben auf Verlangen zur freien Verfügung zu überlassen. Mit der Überlassung erlischt sein Recht zur Verwaltung der Gegenstände.
(2) Wegen Nachlassverbindlichkeiten, die nicht auf einem Vermächtnis oder einer Auflage beruhen, sowie wegen bedingter und betagter Vermächtnisse oder Auflagen kann der Testamentsvollstrecker die Überlassung der Gegenstände nicht verweigern, wenn der Erbe für die Berichtigung der Verbindlichkeiten oder für die Vollziehung der Vermächtnisse oder Auflagen Sicherheit leistet.

Schrifttum: *Häußermann*, Überlassung von Nachlaßgegenständen durch den Testamentsvollstrecker, § 2217 I BGB, BWNotZ 1967, 234; *Muscheler*, Freigabe von Nachlaßgegenständen durch den Testamentsvollstrecker, ZEV 1996, 401.

1. Die Vorschrift regelt, unter welchen Voraussetzungen der Erbe schon vor Beendigung der Vollstreckung 1 einen **Anspruch auf Überlassung** von Nachlaßgegenständen hat. Wann der Anspruch besteht, richtet sich nach dem Umfang der Testamentsvollstreckung. Handelt es sich um eine Abwicklung, bedarf der Testamentsvollstrecker nur der Gegenstände, die er zur Erfüllung von Vermächtnissen, Auflagen, Teilungsanordnungen oder Nachlaßverbindlichkeiten benötigt. Er bedarf nicht solcher Gegenstände, die auf den ersten Blick – ohne langwierige Klärung durch Beweisaufnahme – mit den Aufgaben der Testamentsvollstreckung nichts mehr zu tun haben. Handelt es sich um eine Dauervollstreckung (§ 2209), kommt eine Freigabe im allgemeinen nicht in Betracht. Unterliegen nur einzelne Gegenstände der Testamentsvollstreckung, sind die hierzu nicht benötigten freizugeben. Eine inhaltlich begrenzte Freigabe eines Grundstücks zum Zweck der Belastung kann nicht verlangt werden, denn in der Vorschrift ist von Nachlaßgegenständen die Rede. Dazu zählen nur Rechte selbständiger Art. Die Befugnis, ein Grundstück zu belasten, ist kein selbständiges Recht dieser Art (Düsseldorf NJW 1963, 162). Der Testamentsvollstrecker kann jedoch der Belastung zustimmen und diese dadurch wirksam werden lassen (vgl Rz 4). Der Anspruch auf Überlassung ist gegen den Testamentsvollstrecker zu erheben, im Falle einer Erbengemeinschaft von allen gemeinsam (aM Muscheler ZEV 1996, 402. Dagegen steht dem Erben kein Zurückbehaltungsrecht zu, auch wenn er im Besitz eigener Ansprüche auf Vergütung und Vorschußerstattung ist (Häußermann BWNotZ 1967, 234). Im Rechtsstreit über den Freigabeanspruch tragen die Erben die Beweislast.

Die Gegenstände sind dem Erben **zur freien Verfügung** zu überlassen. Dazu müssen sie aus dem Verwaltungs- 2 und Verfügungsrecht des Testamentsvollstreckers voll ausscheiden, und dem Erben ist die unbeschränkte Verfügungsmacht zu verschaffen. Von der Freigabe mit dinglicher Wirkung zu unterscheiden ist die bloß gebrauchsweise Überlassung eines Gegenstandes an den Erben, ohne daß die Verfügungsmacht des Testamentsvollstreckers nach außen beeinträchtigt wird (abweichend LG Hannover JR 1950, 693 mit Anm Hartung). Die Freigabe ist nach ehemals hM ein gemischter Realakt (Hamm MDR 1973, 500), nach nunmehr überwiegender Auffassung die empfangsbedürftige rechtsgeschäftliche Erklärung, das Verwaltungsrecht über den Nachlaßgegenstand aufzugeben (MüKo/Brandner Rz 7; Staud/Reimann Rz 15; Lange/Kuchinke § 31 VIII 1 Fn 368), nach neuerer Auffassung ist die Erklärung annahmebedürftig, die Freigabe ein dinglicher Vertrag (Muscheler ZEV 1996, 404). Bei der Freigabe eines Nachlaßgrundstücks ist im Wege der Grundbuchberichtigung nach § 22 GBO der Vermerk über die Testamentsvollstreckung (§ 52 GBO) zu löschen, wobei dem Grundbuchamt die erfolgte Freigabe in der Form des § 29 GBO nachzuweisen ist. Als Nachweis wird allein die Freigabeerklärung nicht anerkannt (AG Starnberg Rpfleger 1985, 57), weil die hM den Testamentsvollstrecker im Falle eines Freigabeverbots nur zusammen mit sämtlichen Erben als verfügungsbefugt ansieht; zur Entlastung wird ohnehin die Freigabe mit Zustimmung der Bedachten empfohlen. Der Vermerk über die Testamentsvollstreckung ist dann im Grundbuch zu löschen, auch wenn die Voraussetzungen des § 2217 nicht gegeben waren (BGH 56, 275). Der Testamentsvollstrecker ist nach Freigabe eines Gegenstandes nicht mehr legitimiert. Ist die Freigabe irrtümlich erfolgt, steht ihm nach § 812 ein Anspruch auf Rückgewähr und Wiedereinräumung des Verwaltungsrechts zu (BGH 12, 100; übersehen von BayObLG FamRZ 1992, 604 und abl Anm Damrau).

§ 2217 Erbrecht Testament

3 2. **Freigabeanspruch gegen Sicherheitsleistung** (Abs II). Letztlich haftet der Erbe für die Nachlaßverbindlichkeiten. Soweit es sich nicht um die Erfüllung der bereits fälligen Anordnungen des Erblassers handelt, muß dem Erben ermöglicht werden, durch Disposition mit seinem eigenen Vermögen die Nachlaßgläubiger zu befriedigen und die Nachlaßgegenstände nach eigenem Belieben zu verwenden. Dazu dient das Recht, die Überlassung der Gegenstände gegen Sicherheitsleistung (§§ 232ff) zu verlangen. Die Sicherheit steht dem Testamentsvollstrecker zu. Wahlweise kann sie auch dem Anspruchsberechtigten mit Nachweis gegenüber dem Testamentsvollstrecker geleistet werden, hM (aM Lange/Kuchinke § 31 VIII 1 Fn 372). Die Testamentsvollstreckung selbst kann auf diese Weise nicht beseitigt werden, wohl kann sie praktisch gegenstandslos werden. Dem Erblasser bleibt die Möglichkeit, die Überlassungspflicht auszuschließen oder den Testamentsvollstrecker von ihr zu befreien (§ 2220).

4 3. Die **eigenmächtige Freigabe** wird von § 2217 nicht geregelt. Allerdings ist der Testamentsvollstrecker im Rahmen seiner Verwaltung verfügungsbefugt, dinglich eingeschränkt durch § 2205 S 3 (nach hM auch durch die testamentarischen Beschränkungen gemäß § 2208 I, siehe § 2208 Rz 3). Eine Freigabe ohne darauf gerichteten Anspruch ist aber als unentgeltliche und insoweit unwirksame Verfügung qualifiziert (Muscheler ZEV 1996, 405). Die hM läßt indessen die **einvernehmliche Freigabe** zu, die in Übereinstimmung zwischen Testamentsvollstrecker und Erben gegen den Willen des Erblassers und ohne Rücksicht auf die Erfordernisse des § 2217 I erfolgen kann (BGH 56, 275, 284; 57, 84, 87). Auch die Zustimmung etwaiger Vermächtnisnehmer ist allerdings einzuholen (vgl § 2205 Rz 13), während die hM letztere auf § 2219, andere Nachlaßgläubiger auf § 823 verweist. Mit dem Ausmaß eines bei ihnen zu erwartenden Schadens wird sich der Testamentsvollstrecker schon nach ihnen richten: Anlaß genug, sich nicht auf diesen „kalten Weg" der Amtsbeendigung zu begeben (vgl Lange/Kuchinke § 31 VIII 1 und MüKo/Brandner Rz 12).

2218 *Rechtsverhältnis zum Erben; Rechnungslegung*
(1) Auf das Rechtsverhältnis zwischen dem Testamentsvollstrecker und dem Erben finden die für den Auftrag geltenden Vorschriften der §§ 664, 666 bis 668, 670, des § 673 Satz 2 und des § 674 entsprechende Anwendung.
(2) Bei einer länger dauernden Verwaltung kann der Erbe jährlich Rechnungslegung verlangen.

Schrifttum: *Sarres,* Die Auskunftspflichten des Testamentsvollstreckers, ZEV 2000, 90.

1 1. Das „Rechtsverhältnis" zwischen Testamentsvollstrecker und Erben ist nicht vertragsähnlich vereinbart, sondern ein **gesetzliches Schuldverhältnis** (BGH 69, 235), dessen Inhalt sich aus den §§ 2197ff ergibt. § 2218 erklärt, ohne das Schuldverhältnis mit dem Auftragsverhältnis gleichzustellen, lediglich einzelne Vorschriften aus diesem Vertragstypus für anwendbar. Mit der Aufzählung wird auch zum Ausdruck gebracht, daß die Anwendung der übrigen Vorschriften ausgeschlossen ist. Unabhängig von der gesetzlichen Stellung des Testamentsvollstreckers (abgeleitet vom Willen des Erblassers) können zwischen ihm und dem Erben vertragliche Vereinbarungen getroffen werden, die zwar nicht die gesetzliche Stellung des Testamentsvollstreckers ändern (der Testamentsvollstrecker kann auf seine Unabhängigkeit nicht rechtswirksam verzichten, BGH 25, 275), ihn aber von der Verantwortlichkeit gegenüber diesem Erben befreien können (vgl § 2216 Rz 5). Aus den entsprechend geltenden Vorschriften ergibt sich:

2 a) **§ 664.** Durch das Vertrauensverhältnis ist das Amt an die Person des Testamentsvollstreckers gebunden. Der Testamentsvollstrecker kann die Geschäftsführung nicht in der Weise auf einen Dritten übertragen, daß dieser insgesamt an seine Stelle tritt (Substitution, vgl § 663 Rz 13ff). Der Testamentsvollstrecker kann zurücktreten (§ 2226) oder mit Ermächtigung des Erblassers einen Nachfolger ernennen (§ 2199 II), nicht aber mit bloßer Ermächtigung des Erben. Das Verbot der Substitution schließt nicht aus, daß der Testamentsvollstrecker einen **Beauftragten** oder sogar Generalbevollmächtigten bestellt, sofern die Bestellung widerruflich ist und sofern sich diese Gehilfenschaft bei der Durchführung mit dem Vertrauensverhältnis vereinbaren läßt (aM Schlüter Rz 863; vgl Gerlach Die Untervollmacht 1967 S 102ff). Anderenfalls ergibt sich ein Grund zur Entlassung des Testamentsvollstreckers. Dieser bleibt verantwortlich und haftet nach § 278 für den Dritten, der nur Erfüllungsgehilfe ist. Um die Einschaltung eines Erfüllungsgehilfen (Vertretung im Willen) handelt es sich nicht, wenn der Testamentsvollstrecker in Ausübung seines Amts Dritte (Handwerker) hinzuzieht, vgl § 664 Rz 16. Hier haftet er nur für ein Verschulden bei der Auswahl. Eine vom Testamentsvollstrecker erteilte Vollmacht erlischt spätestens mit endgültiger Beendigung der Testamentsvollstreckung, nicht zwingend bereits mit dem Wegfall der Person des betreffenden Testamentsvollstreckers (aM Düsseldorf ZEV 2001, 281 mit abl Anm Winkler).

3 b) **§ 666** begründet drei Pflichten des Testamentsvollstreckers gegenüber den Erben (gegenüber Nacherben gem § 2127): **Benachrichtigung** über die Ausführung von Anordnungen und über drohende Schäden ohne gesonderte Aufforderung (RG 130, 139); Kriterien der Informationsobliegenheit ist insoweit die wirtschaftliche Bedeutung von geschäftlichen Vorgängen im Zusammenhang mit dem Nachlaß (Sarres ZEV 2000, 91). **Auskunftserteilung** auf Verlangen, bezogen auf den Stand des Geschäfts, grundsätzlich formfrei. Die größere Zuverlässigkeit kann schriftliche Niederlegung und gar persönliche Unterzeichnung gebieten (München FamRZ 1995, 737), derart strenge Anforderungen sind jedoch wenig praktikabel und auf besondere Fälle zu beschränken (Sarres ZEV 2000, 91). Der Auskunftsanspruch wird ergänzt durch § 2215, evtl eidesstattliche Versicherung nach § 260. **Rechnungslegung**, die im allgemeinen nach Erfüllung der Aufgabe in Betracht kommt, ist nach § 2218 II jährlich, zB bei Dauerverwaltung oder sonstigen Abschnitten in der Testamentsvollstreckung (RG LZ 1919, 1243), eidesstattliche Versicherung nach § 259. Auch wenn Belege vernichtet sind, kann noch Rechnung gelegt werden (München HRR 1941, 628). Verwirkung durch vorbehaltlose Entgegennahme von Leistungen über einen längeren Zeitraum ist in der Regel nicht anzunehmen, zu beurteilen nach Treu und Glauben. Ansprüche aus § 666 sind nur übertragbar und kündbar mit dem Erbanteil; bei Pfändung auch, wenn die Forderung nicht dem Wert des Erbanteils entspricht (Kipp Anm zu RG JW 1928, 869). Das Verlangen nach Auskunft und Rechnungslegung ist ein Anspruch iSv § 2039 und kann daher von jedem Miterben zugunsten der Erbengemeinschaft geltend gemacht werden (BGH NJW 1965, 396). Der Streitwert bei einer Klage auf Rechnungslegung hängt von dem Kenntnisstand des Klägers und dem verbleibenden Interesse an Informationen für die vorzubereitende Leistungsklage ab (BGH ZEV 2001, 30). Bei Testamentsvollstreckung durch einen sorgeberechtigten Elternteil ist umstritten, ob zur Wahrnehmung der Auskunfts- und Rechnungslegungsrechte des minderjährigen Erben Ergänzungspflegschaft anzuordnen ist (so Nürnberg ZEV 2002, 158; Hamm FamRZ 1993, 1122); die Pflichten von Eltern-Testamentsvollstreckern schützen die Kindesinteressen aber bereits verstärkt, so daß auf einen erheblichen Interessengegensatz iSv § 1796 II idR nicht zu schließen ist (Schlüter ZEV 2002, 158; Damrau ZEV 1994, 1). Ein Auskunftsanspruch des Vermächtnisnehmers ergibt sich nicht aus den §§ 2218, 666, sondern aus allgemeinen Grundsätzen (BGH DB 1964, 1370), wenn er nicht schon als mitvermacht anzunehmen ist.

Umgekehrt hat der Testamentsvollstrecker gegen den Erben einen Anspruch auf **Entlastung** (RG JW 1909, 75; MüKo/Brandner Rz 14; aM Hamburg OLGE 16, 281; Soergel/Damrau Rz 6), den er im Anschluß an die Rechnungslegung geltend machen kann (weitergehend Erman/Hense[7] Rz 3), um künftige Streitigkeiten über das Bestehen einer aus der Verwaltung herrührenden Schuld auszuschließen. Geht es um die Haftung des Testamentsvollstreckers in Verbindung mit einzelnen Geschäften, dann kann schon die weitere Amtsführung ein Interesse daran bekunden, die gehörige Pflichterfüllung feststellen zu lassen. Im Vorfeld der Maßnahme kommt eine Klage auf Einwilligung in Betracht, im Hinblick auf die Eingehung von Verbindlichkeiten nach § 2206 II, im übrigen entsprechend (MüKo/Brandner Rz 14). 4

c) § 667. Die **Herausgabepflicht** nach Beendigung des Amts umfaßt alle in den Nachlaß gefallenen Gegenstände einschließlich der Unterlagen über die Amtsführung (BGH NJW 1972, 1660). Wegen seiner Aufwendungen steht dem Testamentsvollstrecker hier ein Zurückbehaltungsrecht nach § 273 zu, worin sich ua der Unterschied zur Überlassungspflicht nach § 2217 zeigt. 5

d) § 668. Die Verzinsung des vom Testamentsvollstrecker im eigenen Interesse verwendeten Geldes ist die Mindestfolge der **Eigenverwendung**. Die Höhe der Zinsen ergibt sich aus § 246, ggf aus § 352 HGB. Unberührt davon bleibt die Möglichkeit eines Schadenersatzanspruchs. 6

e) § 670 **Aufwendungsersatz**. Dem Testamentsvollstrecker sind die zweckgebunden gemachten und für erforderlich zu haltenden Aufwendungen zu ersetzen. Zu den Aufwendungen gehören unabhängig von der Vergütung (§ 2221), soweit testamentarische Bestimmungen nicht entgegenstehen, auch die gesetzlichen Gebühren für besondere Tätigkeiten in der Eigenschaft des Testamentsvollstreckers als Rechtsanwalt (RG 149, 12), Steuerberater, Handwerker oä. In gleicher Weise sind die Kosten für in Anspruch genommene Dienstleistungen zu erstatten, sofern es sich nicht um Dienste allgemeiner Art handelt, deren Ausführung dem Testamentsvollstrecker ohne weiteres selbst obliegt und insoweit von der regulären Vergütung umfaßt ist. Die Aufwendungen für eine berechtigte Prozeßführung zur Verteidigung des Erblasserwillens treffen den Nachlaß; im Zusammenhang mit Amtsenthebungsverfahren siehe § 2227 Rz 15, zum unverschuldet erlittenen Schaden aA § 670 Rz 14ff. Einen Anspruch auf Vorschuß hat der Testamentsvollstrecker nicht, weil § 669 in § 2218 nicht erwähnt ist; zuzubilligen ist ihm aber ein Entnahmerecht (BGH WM 1972, 101). Die Haftung des Erben auf Ersatz besteht im gleichen Umfang wie für sonstige Nachlaßverbindlichkeiten. Aufgrund einer gesonderten Treuhandabrede, die den Testamentsvollstrecker zur Fortführung zB eines Unternehmens ermächtigt, vermag sich die Haftung auf das Privatvermögen des Treugebers zu erstrecken (§ 2205 Rz 23). 7

f) § 673 S 2. Beim Tod des Testamentsvollstreckers trifft dessen Erben die Pflicht zur unverzüglichen Anzeige und uU zur vorläufigen Fortführung des Amts als Beauftragter. Die Anzeige kann an den durch die Testamentsvollstreckung beschränkten Erben oder an das Nachlaßgericht erfolgen. 8

g) § 674. Erlischt das Amt ohne Wissen des Testamentsvollstreckers (zB durch auflösende Bedingung), dann gilt es zu seinen Gunsten als fortbestehend, bis er Kenntnis davon erlangt. Der Schutz des gutgläubigen Dritten nach § 169 besteht daher nicht, wenn nur der Dritte gutgläubig war, nicht aber der Testamentsvollstrecker. 9

2. Die Bestimmungen gelten nur im Verhältnis des Testamentsvollstreckers zum Erben, nicht zum Vermächtnisnehmer oder Pflichtteilsberechtigten. Auch Dritte können sich nicht darauf berufen. Soweit in den vorgenannten Bestimmungen Rechte mit Anspruchscharakter gegen den Testamentsvollstrecker enthalten sind (zB Rechnungslegung), kann sie ein Miterbe allein geltend machen, allerdings nur derart, daß die Leistung an alle Miterben erbracht wird (BGH NJW 1965, 396). Zum Aufwendungsersatzanspruch des vermeintlichen Testamentsvollstreckers siehe § 2221 Rz 14. 10

§ 2219 *Haftung des Testamentsvollstreckers*

(1) Verletzt der Testamentsvollstrecker die ihm obliegenden Verpflichtungen, so ist er, wenn ihm ein Verschulden zur Last fällt, für den daraus entstehenden Schaden dem Erben und, soweit ein Vermächtnis zu vollziehen ist, auch dem Vermächtnisnehmer verantwortlich.
(2) Mehrere Testamentsvollstrecker, denen ein Verschulden zur Last fällt, haften als Gesamtschuldner.

Schrifttum: *Dauner-Lieb*, Unternehmen in Sondervermögen – Haftung und Haftungsbeschränkung, 1998; *Muscheler*, Die Haftungsordnung der Testamentsvollstreckung, 1994; *Pickel*, Die Haftung des Testamentsvollstreckers und seine Versicherung, Diss Köln 1987; *Piltz*, Zur steuerlichen Haftung des Testamentsvollstreckers, ZEV 2001, 262.

§ 2219

1. 1. Aufgrund des Erblasserwillens kommt dem Testamentsvollstrecker als Verwalter fremden Vermögens eine Vertrauensstellung zu; dabei unterliegt er weder einer allgemeinen Aufsicht des Nachlaßgerichts noch ist er an Weisungen der Erben gebunden. Ohne daß Erben und Testamentsvollstrecker rechtsgeschäftliche Vereinbarungen treffen, gibt es drei **Druckmittel**, auf den Testamentsvollstrecker in der Ausübung seines Amts einzuwirken und ihn zu überwachen: a) Die Klage des Erben auf Erfüllung der letztwilligen Anordnungen oder auf Vornahme notwendiger oder Unterlassung nicht gebotener Handlungen (§ 2216 Rz 1); b) Der Antrag auf Entlassung nach § 2227 und c) die Inanspruchnahme auf Schadenersatz nach § 2219. Im Zuge dieser Möglichkeiten ist von prozessualer Bedeutung, daß nur der Ersatzanspruch aus § 2219 den Testamentsvollstrecker persönlich trifft. Wird er in seiner amtlichen Eigenschaft auf Erfüllung verklagt, ist ein Eventualantrag wegen des Ersatzanspruchs nicht möglich (Kessler DRiZ 1965, 195; aM Staud/Reimann Rz 13). Beim Übergang von der einen zur anderen Klage ändert sich demnach auch die Partei. Neben die Verantwortung nach § 2219 tritt die nicht disponible steuerliche Haftung des Testamentsvollstreckers, die sich aus § 20 VI S 2 ErbStG, §§ 69, 71, 191, 219 S 2, 370 AO ergeben kann (siehe Piltz ZEV 2001, 262).

2. 2. Die **Haftung des Testamentsvollstreckers auf Schadenersatz** beruht auf dem gesetzlichen Schuldverhältnis mit den Erben und besteht, wenn der Testamentsvollstrecker die ihm obliegenden Verpflichtungen schuldhaft nicht erfüllt. Welche Pflichten der Testamentsvollstrecker hat, ergibt sich aus den Bestimmungen der §§ 2203–2209, 2212–2213, 2215–2218, 2226 S 3 (siehe insbesondere § 2216 Rz 2ff) und denen des Erblassers. Im Sinne von § 276 hat er diese gewissenhaft wahrzunehmen. Das haftungsbegründende **Verschulden** meint demnach Vorsatz und Fahrlässigkeit, wobei sich das strenge Maß der zu beachtenden Sorgfalt an der besonderen Vertrauensstellung des Testamentsvollstreckers sowie daran orientiert, daß er an Weisungen der Erben nicht gebunden ist; eine Rolle spielt ferner die individuelle Zusammensetzung des Nachlasses. Der mitunter komplexen Tätigkeit mit unternehmerischen Entscheidungen wird der dem Testamentsvollstrecker zustehende Ermessensspielraum gerecht (vgl § 2216 Rz 3, § 2227 Rz 3). Fühlt sich der Testamentsvollstrecker den Anforderungen nicht gewachsen, die zB mit der (treuhänderischen) Führung eines Handelsgeschäfts oder der Bewirtschaftung eines Hofes verbunden sind, dann muß er uU sein Amt niederlegen oder geeignete Hilfskräfte hinzuziehen. Niemals ist mangelnde Sachkenntnis ein Entschuldigungsgrund. Beispiele für verschuldete Pflichtverletzungen sind die leichtfertige oder persönlichen Interessen dienende Prozeßführung (BGH WM 1967, 25; RG JW 1936, 3388), die Beauftragung eines Anwalts mit der lediglich fristwahrenden Erhebung von Einsprüchen gegen Erbschaftsteuerbescheide, an deren Berechtigung keine Zweifel bestehen (BGH ZEV 2000, 195), die Veräußerung von Nachlaßgegenständen zu ungünstigem Preis (BGH VersR 1965, 608), die Versteigerung anstelle eines günstigeren freihändigen Verkaufs (Saarbrücken JZ 1953, 509); die unnötig firmenändernde Umwandlung eines Handelsgeschäfts in eine GmbH (BGH MDR 1958, 670), die grundlose Verzögerung der Auseinandersetzung (BayObLG 1921, 312) sowie das wirksame Verfügen über Nachlaßgegenstände gegen den Willen des Erblassers (§ 2208 Rz 3). Voraussetzung bleibt stets ein Schaden.

3. Einen **Haftungsausschluß** vermag der Erblasser nicht anzuordnen. Er kann weder die Sorgfaltsanforderungen reduzieren noch den Vollstrecker insgesamt von der Haftung befreien (§ 2220). Wer sich professionell anerbietet, Testamentsvollstreckungen durchzuführen, und im Prospekt die Haftung für leichte Fahrlässigkeit ausschließt, kann sich ohne das Einverständnis der Erben diesen gegenüber nicht wirksam darauf berufen. Wohl können sich die Erben binden, indem sie einzelnen Maßnahmen zustimmen (bedeutsam im Rahmen von § 254, BGH ZEV 1999, 26) oder auf Schadenersatzansprüche verzichten; dabei ist die Übereinstimmung sämtlicher Erben erforderlich, wenn es nicht nur um die Schädigung eines einzelnen Miterben geht.

4. Eine **Haftungsbeschränkung** ist nicht dem Grund, aber der Höhe nach denkbar, indem mit der Testamentsvollstreckung eine juristische Person betraut wird. Mehrere Testamentsvollstrecker haften, sofern sie gleichberechtigt sind, als Gesamtschuldner. Sind ihnen individuelle Aufgaben zugewiesen, haftet jeder nur für seinen Bereich. Im übrigen läßt sich das Risiko des Testamentsvollstreckers versichern, in Verbindung mit kaufmännischen Tätigkeiten jedoch nur begrenzt (insbesondere zu den Ausschlußklauseln in den AVB/VH: Pickel S 218ff).

5. Anspruchsberechtigt sind die geschädigten Erben bzw Vermächtnisnehmer (Innenhaftung). Im Fall der Berechtigung eines Alleinerben oder sämtlicher Miterben fällt der Anspruch in den Nachlaß. Ist bereits ein neuer Testamentsvollstrecker bestellt, dann macht dieser die Nachlaßansprüche gegen den Vorgänger geltend (RG 138, 132). Falls nur einer von mehreren Miterben geschädigt ist, steht auch nur ihm der Anspruch zu (BGH MDR 1958, 670). Soweit ein Vermächtnis zu vollziehen ist, haftet der Testamentsvollstrecker dem Vermächtnisnehmer und ggf einem Unter- oder Nachvermächtnisnehmer. Diese müssen sich nicht erst an den Erben wenden, sondern können sogleich vom Testamentsvollstrecker Ersatz verlangen, beispielsweise wenn dieser die Unmöglichkeit der Vermächtnisleistung verschuldet hat (BGH LM Nr 1 zu § 2258). Gegenüber Auflagenbegünstigten und einfachen Nachlaßgläubigern gilt die Verantwortlichkeit aus § 2219 nicht; hier bleibt es bei der Haftung aus § 823. Muscheler (S 195ff) tritt für eine Außenhaftung des Testamentsvollstreckers ein, die sich kraft institutionalisierten, rollengebundenen Vertrauens gegenüber neuen Geschäftspartnern zwingend aus cic und pVV ergeben soll (siehe dagegen Dauner-Lieb S 238ff).

6. Die **Beweislast** für das Vorliegen der Pflichtverletzung, das Verschulden des Testamentsvollstreckers und den Eintritt des Schadens trägt der Erbe (BGH ZEV 2001, 458). Der Testamentsvollstrecker muß hingegen eine von ihm geltend gemachte Gestattung des Selbstkontrahierens durch den Erblasser nachweisen.

7. Die **Verjährung** der Ansprüche aus § 2219 wird in Anwendung des § 197 I Nr 2 nach 30 Jahren angenommen (BGH FamRZ 2003, 92; Brambring ZEV 2002, 137; kritisch Baldus FamRZ 2003, 308; für teleologische Reduktion Otte ZEV 2002, 500), auch bei Tätigkeit eines Rechtsanwalts. Vergleichsweise war die lange Regelverjährung des § 195 aF für Insolvenzverwalter in § 62 InsO auf 3 Jahre verkürzt worden.

3. Einen **Anspruch auf Entlastung** hat der Testamentsvollstrecker (vgl § 2218 Rz 4), der in bezug auf einzelne 8
Maßnahmen seiner Amtsführung auch ein Interesse an der Feststellung haben kann, daß keine Schadenersatzpflicht besteht.

4. Eine **Haftung des Erben** kommt im Zuge des gesetzlichen Schuldverhältnisses für pflichtwidrige Handlun- 9
gen des Testamentsvollstreckers in Betracht. Der Erbe haftet insoweit für die wirksame Entstehung von Verbindlichkeiten (§§ 2206, 2207), wie er sich auch das Verschulden des Testamentsvollstreckers bei der Erfüllung von Nachlaßverbindlichkeiten anrechnen lassen muß (§ 278), BGH LM Nr 1 (Ad) zu § 823. Im Innenverhältnis ist der Testamentsvollstrecker dem Erben im Umfang seines Verschuldens regreßpflichtig (§ 2219). Umstritten ist die darüber hinausgehende außervertragliche Haftung. Zum Schadensersatz verpflichtende Handlungen des Testamentsvollstreckers, die in keinem inneren Zusammenhang mit einer Nachlaßverbindlichkeit stehen, begründen keine Haftung des Erben (BGH aaO). Für unerlaubte Handlungen haftet der Testamentsvollstrecker persönlich (vgl Rz 5). Er ist nicht Verrichtungsgehilfe iSv § 831 (aA Burgard FamRZ 2000, 1267) und auch nicht Organ iSv § 31 (für entsprechende Anwendung MüKo/Brandner Rz 18; Pickel S 190 mwN).

2220 *Zwingendes Recht*
Der Erblasser kann den Testamentsvollstrecker nicht von den ihm nach den §§ 2215, 2216, 2218, 2219 obliegenden Verpflichtungen befreien.

1. Eine besondere **Schutzvorschrift zugunsten des Erben**, der dem Testamentsvollstrecker nicht völlig ausge- 1
liefert werden soll. Die fundamentalen Verhaltenspflichten des Testamentsvollstreckers im Umgang mit dem Nachlaß und den Bedachten werden darum für den Erblasser selbst als indisponibel erklärt. In gleicher Weise ist ihm jegliche Art von Umgehungsversuchen verwehrt, den § 2220 etwa durch Vermächtnis oder sonstige Anordnungen praktisch gegenstandslos zu machen (RG 133, 128). Der Erbe kann allerdings von sich aus auf den Schutz verzichten, indem er mit dem Testamentsvollstrecker vereinbart, dessen Haftung für die Amtsführung im allgemeinen oder in bezug auf einzelne Maßnahmen zu mildern oder ganz auszuschließen (Hamburg OLGE 43, 403). Miterben können solche Vereinbarungen nur gemeinschaftlich treffen.

2. Das **Befreiungsverbot** erfaßt über § 2218 auch die aus dem Auftragsrecht hergeleiteten Ansprüche zB auf 2
Aufwendungsersatz, Rechenschaftslegung und Herausgabe des Nachlasses nach Amtsbeendigung. Auffällig ist, daß § 2217 nicht genannt ist. Stellt der Erblasser den Testamentsvollstrecker von der Überlassungspflicht nicht mehr benötigter Gegenstände frei, dann kann der Testamentsvollstrecker mit den Gegenständen nach Belieben verfahren, vorausgesetzt, er bleibt im Rahmen ordnungsmäßiger Verwaltung (§ 2216).

2221 *Vergütung des Testamentsvollstreckers*
Der Testamentsvollstrecker kann für die Führung seines Amts eine angemessene Vergütung verlangen, sofern nicht der Erblasser ein anderes bestimmt hat.

Schrifttum: *Dittus*, Der Vergütungsanspruch des vermeintlichen Testamentsvollstreckers, NJW 1961, 590; *Eckelskemper*, Die Vergütung des Testamentsvollstreckers, MittRhNotK 1981, 147; *Glaser*, Die Vergütung des Testamentsvollstreckers, NJW 1962, 1998; *ders.*, Das Honorar des Testamentsvollstreckers, MDR 1983, 93; *Kirnberger*, Testamentsvollstreckervergütung und Umsatzsteuer, ZEV 1998, 342; *ders*, Besteuerung der Testamentsvollstreckervergütung als Einkommen oder Vermögensanfall von Todes wegen, ZEV 2001, 267; *Klinghöffer*, Vermögensverwaltung in Nachlaßsachen, 2002; *Möhring/Seebrecht*, Aufwendungsersatzansprüche des vermeintlichen Testamentsvollstreckers, JurBüro 1978, 146; *Mümmler*, Zur Vergütung des Testamentsvollstreckers, JurBüro 1974, 1369; *Reimann*, Die Testamentsvollstreckervergütung nach den Empfehlungen des Deutschen Notarvereins, DNotZ 2001, 344; *Reithmann*, Die Vergütung im notariellen Testament – Bezugnahme auf Tabellen –, ZEV 2001, 385; *Tiling*, Die Vergütung des Testamentsvollstreckers, ZEV 1998, 331; *Tschischgale*, Die Vergütung des Testamentsvollstreckers, JurBüro 1965, 89; *Weingärtner*, Notarrecht – Bundeseinheitliche Vorschriften – Gesetze, Verordnungen, Erlasse, Merkblätter und Hinweise, 8. Aufl 2003; *Zeuner*, Zur Stellung des wirklichen und des vermeintlichen Testamentsvollstreckers gegenüber Nachlaß und Erben, FS Mühl, 1981, S 721; *Zimmermann*, Die angemessene Testamentsvollstreckervergütung, ZEV 2001, 334.

1. Die **Bestimmung der Vergütung** obliegt in erster Linie dem **Erblasser**. Er kann die Höhe der Vergütung 1
selbst festsetzen oder die Festsetzung in das Ermessen des Testamentsvollstreckers oder eines Dritten stellen. Eine Vergütung kann auch ausdrücklich ausgeschlossen werden oder den Umständen nach als ausgeschlossen gelten. Den Umständen nach ausgeschlossen ist sie im Zweifel, wenn der Haupterbe als Testamentsvollstrecker mit der Ausführung nur nebensächlicher Anordnungen betraut, oder wenn ihm für die Führung des Testamentsvollstreckeramts bereits die Erbquote erhöht oder eine besondere Zuwendung gemacht worden ist. Der wirkliche oder mutmaßliche Wille des Erblassers ist zu erforschen. Eine von ihm getroffene Bestimmung ist verbindlich, auch wenn sie nicht angemessen ist (vgl BayObLG 1980, 152). Eine unangemessen hohe Vergütung kann als verschleiertes Vermächtnis zu beurteilen sein. Ist die Vergütung weniger günstig bestimmt und will sich der Testamentsvollstrecker damit nicht begnügen, muß er das Amt ablehnen.

Eine andere, ihm jedenfalls verbleibende Möglichkeit zur Festlegung der Vergütung ist die vertragliche **Verein- 2
barung** mit dem Erben, im Fall des § 2222 mit dem Nacherben und im Fall des § 2223 mit dem Vermächtnisnehmer. Das Bemühen um eine einvernehmliche Vergütungsregelung ist zweckmäßig, um späteren Streit zu vermeiden.

Das **Nachlaßgericht** ist nicht befugt, eine angemessene Vergütung zuzuerkennen, auch nicht mit Ermächtigung 3
des Erblassers, da die Gerichtsbarkeit dem Parteiwillen entzogen ist (so auch BGH WM 1972, 101). Möglicherweise kann in der Anordnung des Erblassers die Bestimmung des Nachlaßrichters als Dritten iSv § 317 zur Ent-

§ 2221

scheidung über die Höhe der Vergütung liegen. Die Bestimmung erfolgt auf diese Weise mittelbar durch den Erblasser.

4 Ebenso kann der **Testamentsvollstrecker** ermächtigt werden, den Betrag selbst festzulegen (BGH NJW 1957, 947). Sind aus den Nachlaßvorgängen keine Anhaltspunkte für die Höhe der Vergütung oder die Bestimmung durch einen Dritten zu entnehmen, dann greift § 2221 ein und der Testamentsvollstrecker kann unter sinngemäßer Anwendung der §§ 315, 316 von den Erben bzw von den mit der Testamentsvollstreckung Beschwerten eine angemessene Vergütung beanspruchen.

5 Kommt es zum Rechtsstreit, entscheidet das **Prozeßgericht**, indem es eine angemessene Vergütung festsetzt. Der Testamentsvollstrecker kann hier einen unbezifferten Leistungsantrag stellen, der jedoch die Bemessungsgrundlage zu enthalten hat sowie die Angabe einer Größenordnung, die nach oben und unten jeweils einen Spielraum von 20 % beläßt (vgl Wurm Jura 1989, 70; Dunz NJW 1984, 1734 in Anknüpfung an BGH VersR 1977, 861; andererseits München 1986, 3089; dazu Gerstenberg NJW 1988, 1352); nach hM ist der Klageantrag grundsätzlich zu beziffern (RG JW 1937, 3184).

6 2. Eine **angemessene Vergütung** kann nur nach den Umständen des Einzelfalls ermittelt werden. Als Anhaltspunkte dienen im wesentlichen der Umfang, die Dauer und Art der Tätigkeit, der Grad der Schwierigkeit und Verantwortung, die eingebrachten Kenntnisse und Erfahrungen, der erzielte Erfolg sowie als Bezugsgröße der Umfang und Wert des Nachlasses. Diese und andere individuelle Kriterien sind aufeinander abzustimmen und lassen sich am gängigsten in einem Prozentsatz vom Nachlaßwert ausdrücken. Soweit der Aufgabenbereich den gesamten Nachlaß umfaßt, ist von dessen Bruttowert auszugehen (BGH NJW 1967, 2400). Verbindlichkeiten sind davon nicht abzuziehen, da sie den Pflichtenkreis des Testamentsvollstreckers nicht verringern (anders Erman/Hense[7] Rz 2), eher erweitern. Nur ein Teilwert des Nachlasses ist in Ansatz zu bringen, soweit die Testamentsvollstreckung begrenzt ist oder Einzeltätigkeiten honoriert werden sollen. Der Berechnung ist idR der Nachlaßwert im Zeitpunkt des Erbfalls zugrundezulegen. Wertveränderungen in der Folgezeit sind aber zu berücksichtigen, so daß der Zeitpunkt einer späteren Übernahme der Testamentsvollstreckung maßgeblich wird, wenn der Nachlaß bereits konstituiert ist und sich das Vermögen durch Verteilung an die Erben oder durch Kursschwankungen verändert hat (KG NJW 1974, 752).

7 a) Die **Richtlinien des Rheinpreußischen Notarvereins** aus dem Jahr 1925 (DNotZ 1935, 623 = Weingärtner 740–2) empfehlen für die Tätigkeit des Testamentsvollstreckers eine mit steigendem Nachlaß degressive Vergütung. Für „normale Verhältnisse und glatte Abwicklung" waren bei einem Nachlaßwert bis zu 20 000 RM 4 %, darüber hinaus bis zu 100 000 RM 3 %, darüber hinaus bis zu 1 Mio RM 2 % und darüber hinaus 1 % vorgesehen. Im Hinblick auf die allgemein höheren Nachlaßwerte sind die Rheinischen Richtlinien in der Rspr weiterhin für maßgeblich gehalten worden (BGH NJW 1967, 2400; Köln ZEV 1994, 118; Düsseldorf MittRhNotK 1996, 172; Karlsruhe ZEV 2001, 286). Um die regelmäßig anfallenden Tätigkeiten angemessen zu vergüten, bietet es sich an, die für RM konzipierten, bereits für DM übernommenen Stufenwerte der Rheinischen Tabelle nun in Euro fortzuführen. Eine moderate Erhöhung wäre damit verbunden. Regelmäßig anfallen idS die Konstituierung des Nachlasses, eine kurzweilige Verwaltung und die Auseinandersetzung. Die Erledigung dieser Aufgaben werden mit der Regelvergütung abgegolten. Im **Schrifttum** werden mitunter höhere Regelsätze für angemessen gehalten, um den komplizierter gestalteten wirtschaftlichen Abläufen und einem sozialen Wertwandel bezüglich des Zeit-Lohn-Verhältnisses Rechnung zu tragen, durch Anhebung um 25 %, dh durch entsprechende Staffelung von 5 %, 3,75 %, 2,5 %, 1,25 % für Regelfälle, sowie um 50 %, dh durch entsprechende Staffelung von 6 %, 4,5 %, 3 %, 1,5 % für schwierige Fälle (Tschischgale JurBüro 1965, 92; Frankfurt MDR 2000, 788). Die aktualisierte Fassung der Möhring'schen Tabelle enthält eine breitere Staffelung bis 12 500 Euro von 7,5 %, bis 25 000 Euro 7 %, bis 50 000 Euro 6 %, bis 100 000 Euro 5 %, bis 200 000 Euro 4,5 %, bis 500 000 Euro 4 %, bis 1 Mio Euro 3 %, darüber hinaus 1 % (Klingelhöffer Rz 323). In Anbetracht der etwa fünffachen Erhöhung der Lebenshaltungskosten seit 1925 werden andererseits Stufenwerte empfohlen bis 50 000 Euro von 4 %, bis 250 000 Euro 3 %, bis 1,25 Mio Euro 2,5 %, bis 2,5 Mio Euro 2 %, darüber hinaus 1 % (Eckelskemper in Bengel/Reimann X Rz 59). Aus Gründen einerseits der Haftung des Vollstreckers, andererseits der Überschaubarkeit der Vergütung für Testierende hat Groll (Praxis-Hdb Erbrechtsberatung 2001 C IX Rz 213) nach dem Grundmuster der BRAGO eine Tabelle mit festen Vergütungssätzen entwickelt, mit denen jeweils die gesamte Tätigkeit abgegolten wird. Eine Abrechnung nach Zeitaufwand fordert Zimmermann (ZEV 2001, 334; krit dagegen wegen Unberechenbarkeit für den Erben Klingelhöffer Rz 327, unter Hinweis auf entsprechende Betreuervergütung Bamberger/Roth/J. Mayer Fn 64). Die Empfehlungen des **Deutschen Notarvereins** (ZEV 2000, 181 = Weingärtner 740–3; erläuternd Reimann DNotZ 2001, 344) sehen **Vergütungsgrundbeträge** vor bis 250 000 Euro 4 %, bis 500 000 Euro 3 %, bis 2,5 Mio Euro 2,5 %, bis 5 Mio Euro 2 %, über 5 Mio Euro 1 %; mindestens gilt der höchste Betrag der Vorstufe. Die Empfehlungen orientieren sich an den vergleichsweise höheren Insolvenzverwalter-Vergütungen nach § 2 InsVV, ebenfalls auf der Basis eines Vergütungsgrundbetrages mit einem System von Zu- und Abschlägen.

8 b) Eine **Erhöhung** rechtfertigen besonders umfangreiche und zeitraubende oder längerdauernde Tätigkeiten. Ein Zuschlag kommt zB bei überdurchschnittlich umfangreicher Abwicklung und Aufteilung in Höhe von 50 % in Betracht (Köln ZEV 1994, 118). Hat der Testamentsvollstrecker den Nachlaß nach der Konstituierung nicht auseinanderzusetzen, sondern zu verwalten, dann verdient er im Regelfall eine höhere Vergütung. Nach den Rheinischen Richtlinien (DNotZ 1935, 623) kann für höhere Gebühr auch eine laufende, nach dem Jahresertrag der Verwaltung zu berechnende Gebühr gerechtfertigt sein. Allein für die Verwaltung können jährlich 1/3 bis 1/2 % vom Bruttowert oder 2 bis 4 % vom Bruttogewinn angemessen sein (BGH NJW 1963, 1615; KG NJW 1974, 572; Köln ZEV 1994, 118), bei unternehmerischer Tätigkeit 10 % vom Reingewinn (LG Hamburg MDR 1959, 761). Eine Orientierung an den Überschüssen wird den Interessen der Erben entsprechen. Dazu trägt der Testamentsvollstrek-

ker als Treuhänder das Risiko der persönlichen Haftung (vgl Eckelskemper MittRhNotK 1981, 155), das durch die – der Höhe nach umstrittene (§ 2205 Rz 23) – Möglichkeit der Regreßnahme nicht egalisiert wird. Eine berufsähnliche Beanspruchung kann einzelfallbezogen auch mit einem marktgerechten Gehalt vergütet werden. Nach den Empfehlungen des Deutschen Notarvereins (ZEV 2000, 181) sollen Zuschläge von jeweils 2/10 bis 10/10 gewährt werden bei aufwendiger Grundtätigkeit, bei erforderlicher Auseinandersetzung oder Vermächtniserfüllung, bei komplexer Nachlaßverwaltung, bei aufwendigen oder schwierigen Gestaltungsaufgaben sowie bei über die Erbschaftsteuer hinausgehenden Steuerangelegenheiten; unter Einschluß der Zuschläge soll die Gesamtvergütung das Dreifache des Grundbetrages idR nicht überschreiten. Für Fälle der Dauervollstreckung sehen die Empfehlungen eine gesonderte Vergütung vor, einerseits für die Verwaltung über den Zeitpunkt der Erbschaftsteuerveranlagung hinaus pro Jahr 1/3 bis 1/2 % des jährlichen Nachlaßbruttowerts oder, falls höher, 2 bis 4 % des Nachlaßbruttoertrags, andererseits für die Testamentsvollstreckung über Unternehmen und Beteiligungen je nach der Funktion 10 % des jährlichen Reingewinns in Personengesellschaften bzw die branchenübliche Vergütung in Kapitalgesellschaften.

c) Eine **Kürzung** der für den Regelfall zu erwartenden Vergütung ist angemessen, wenn der Testamentsvollstrecker das Amt kündigt und die Aufgaben nicht oder unzureichend erfüllt. Im Fall der Entlassung kann eine Vergütung ganz ausscheiden (auch bei testamentarischer Bestimmung). Übernimmt der Testamentsvollstrecker einen schon konstituierten Nachlaß, dann ist er nur für die Anschlußtätigkeiten zu bezahlen. Merklich unter dem Standard der Verwaltung liegt die Beaufsichtigung (§ 2208 II) und die Nacherbentestamentsvollstreckung (2/10 bis 5/10 des Grundbetrages nach den Empfehlungen des Deutschen Notarvereins, ZEV 2000, 181). Eine geringere Bezahlung wird auch durch einen geringeren Arbeitsaufwand gerechtfertigt, verursacht durch die Tätigkeit mehrerer Testamentsvollstrecker.

3. Mehrere Testamentsvollstrecker haben unabhängig voneinander einen Vergütungsanspruch, der nach dem individuellen Einsatz zu bemessen ist. Werden sie in zeitlicher Aufeinanderfolge oder mit abgesteckten Aufgabenbereichen eingesetzt, ergibt sich ein entsprechender Verdienst. Sind mehrere Testamentsvollstrecker mit der gleichen Aufgabe betraut, dann kommt es auf die Umstände des Zusammenwirkens an. Tatsächlich mögen sie ihre Tätigkeitsfelder aufgeteilt haben; immer bleibt aber zu berücksichtigen, wie weit der Grad der Verantwortung reicht. Ohne weiteres läßt sich die Vergütung weder vervielfachen noch aufteilen (BGH NJW 1967, 2400; Karlsruhe ZEV 2001, 286: bei abgegrenzten Teilbereichen und sonstiger Aufgabenerteilung jeweils 75 % der Regelvergütung für zwei Testamentsvollstrecker; aM Glaser MDR 1983, 95: Verdoppelung des Regelsatzes).

4. Fällig wird die Vergütung mit Beendigung des Amts. Bei langwieriger Abwicklung kann es angemessen sein, die abgeschlossene Konstituierung vorzeitig zu vergüten. Bei längerer Verwaltung kann die Bezahlung nach jährlichen Abschnitten erfolgen (BGH WM 1964, 950; Köln Rpfleger 1987, 458). Der Anspruch auf die Schlußvergütung besteht aber erst nach der Rechnungslegung (BGH LM Nr 1).

Einen **Vorschuß** müssen die Erben nicht leisten (Köln Rpfleger 1987, 458), da § 669 in § 2218 nicht aufgeführt ist.

Der Testamentsvollstrecker hat aber ein **Entnahmerecht** (BGH NJW 1963, 1615; WM 1972, 101; Köln Rpfleger 1987, 458). Ist im Nachlaß nicht genügend Geld vorhanden, darf er zur Beschaffung Nachlaßgegenstände nur veräußern, wenn er das Einverständnis der Erben einholt oder wenn besondere Umstände dies rechtfertigen (BGH WM 1973, 360). Da er nicht mehr als die angemessene Vergütung entnehmen darf, handelt er stets auf eigene Gefahr, solange die Vergütung noch nicht festgesetzt ist. Eine Zuvielentnahme kann die Entlassung begründen.

Ein **Zurückbehaltungsrecht** steht dem Testamentsvollstrecker wegen seines Anspruchs auf Vergütung und Aufwendungsersatz zu, soweit von ihm die Herausgabe des Nachlasses verlangt wird; nicht aber gegenüber den Ansprüchen auf Freigabe (§ 2217) sowie Auskunft und Rechnungslegung (§ 2218).

Der Vergütungsanspruch ist im übrigen **abtretbar** (KG NJW 1974, 752) und **pfändbar**. Die frühere **Verjährungsfrist** von dreißig Jahren (BGH WM 1969, 1411) gilt auch nach § 197 I Nr 2 nF für erbrechtliche Ansprüche. Die erbrechtliche Qualifizierung des Vergütungsanspruchs nach § 2221 (Bamberger/Roth/J. Mayer Rz 23; Pal/Edenhofer Rz 13) ist indessen zweifelhaft. Während die Bestellung des Testamentsvollstreckers auf der Anordnung des Erblassers beruht, stellt der Anspruch auf angemessene Vergütung das Äquivalent für die Amtsführung dar. Ansprüche aus einer Vergütungsvereinbarung zwischen Testamentsvollstrecker und Erben fallen nicht unter § 197 I Nr 2, sie verjähren regelmäßig nach § 195.

Der Anspruch auf Vergütung kann **verwirkt** sein, wenn der Testamentsvollstrecker in besonders schwerwiegender Weise und grob fahrlässig die mit seinem Amt verbundenen Pflichten verletzt hat; zB wenn er sich bewußt über die Interessen der Personen, für die er und der Aufgabe nach tätig zu sein hat, hinweggesetzt und stattdessen eigene Interessen oder die Interessen Dritter verfolgt (BGH DNotZ 1980, 164). Fehlerhafte Beschlüsse infolge einer irrigen Beurteilung der Sach- und Rechtslage begründen aber keine Verwirkung, wenn der Testamentsvollstrecker zum Wohle der Bedachten handeln wollte (BGH NJW 1976, 1402).

5. Aufwendungsersatz kann der Testamentsvollstrecker gemäß §§ 2218, 670 unabhängig von der Vergütung verlangen. Erstattungsfähig sind neben den organisationsbedingten Auslagen Aufwendungen für die Einschaltung von Hilfspersonen. Den Umständen nach für erforderlich halten darf der Testamentsvollstrecker zB die Kosten für anwaltlicher Prozeßführung oder handwerklicher Arbeiten. Inwieweit der Testamentsvollstrecker dazu angehalten ist, bestimmte Tätigkeiten in seiner amtlichen Eigenschaft gerade selbst auszuführen, läßt sich mitunter nicht leicht abgrenzen (bezüglich der Aufstellung eines Verteilungsplans Soergel/Damrau Rz 16 krit zu KG OLGE 25, 16; bezüglich einfacher Steuerangelegenheiten BGH BB 1967, 184; vgl ferner MüKo/Brandner Rz 22). Es handelt sich stets um eine Frage ordnungsmäßiger Verwaltung. In diesem Sinne kann der Testamentsvollstrecker für Dienste, die er kraft seines Berufes leistet, die ihm nach Gesetz oder billigem Ermessen zustehende Vergütung als Aufwendung beanspruchen, wenn dafür nicht bereits in der Vergütung für die Testamentsvollstreckung eine Pauschale oder ein besonderes Entgelt berücksichtigt ist.

18 6. Stellt sich erst nachträglich heraus, daß die Anordnung über die Testamentsvollstreckung unwirksam ist (zB bei Anfechtung, Ausschlagung oder Auffinden eines überholenden Testaments), und ist der **vermeintliche Testamentsvollstrecker** in der Zwischenzeit bereits tätig gewesen, bedarf es einer gesetzlichen Grundlage für eine Vergütung und für den Ersatz von Aufwendungen (zB der Prozeßkosten im Streit um das Bestehen des Vollstreckeramts). Für § 2221 und § 2218 fehlt es an dem gesetzlichen Schuldverhältnis. Ein Geschäftsbesorgungsvertrag (§§ 675, 612, 316, 315 III) ist anzunehmen, wenn der Testamentsvollstrecker gutgläubig und der Erbe einverstanden war (BGH NJW 1963, 1615; Zeuner in FS Mühl S 729; aM Dittus NJW 1961, 590). Hat der Erbe dagegen von Anfang an widersprochen, dann realisiert sich das Risiko des vermeintlichen Testamentsvollstreckers, den der BGH (69, 235) grundsätzlich für weniger schützenswert hält als den Erben und hier leer ausgehen läßt (ebenso MüKo/Brandner Rz 23). UU kommt aber ein Bereicherungsanspruch in Betracht, wenn der Wert des Nachlasses durch die aufgedrängten Verwendungen objektiv gestiegen und für den Erben nach seinen konkret-individuellen Verhältnissen nutzbar ist (vgl Medicus Bürgerliches Recht Rz 899; Möhring/Seebrecht JurBüro 1978, 146). Nach anderer Ansicht sind die §§ 2218 und 2221 analog anzuwenden, weil der Erblasser den Rechtsschein eines gesetzlichen Schuldverhältnisses gesetzt habe und der gutgläubige Testamentsvollstrecker darauf vertrauen dürfe (Schelter DNotZ 1978, 494; Pal/Edenhofer Rz 3; Haegele/Winkler Rz 632; Tiling ZEV 1998, 339; abl Eckelskemper MittRhNotK 1981, 157). Hat der Testamentsvollstrecker sein Amt wirksam ausgeübt und erlangt er nur keine Kenntnis davon, daß es ex nunc erloschen ist (zB durch Eintritt einer auflösenden Bedingung), dann gilt die Regel der §§ 2218, 674 und das Amt zu seinen Gunsten als fortbestehend (BGH 69, 235).

19 7. Der **Einkommensteuer** unterliegen die Einkünfte des Testamentsvollstreckers iSv § 18 I Nr 3 EStG aus selbständiger Arbeit. Die im Rahmen freiberuflicher Tätigkeit von Notaren, Rechtsanwälten und Wirtschaftsprüfern ausgeübte Testamentsvollstreckung ist deren hauptberuflicher Tätigkeit ohne die Tarifbegünstigung nach § 34 III EStG zuzurechnen (BFH BStBl II 1990, 1028; BStBl II 1973, 729). Ist die Vergütung zu einem möglicherweise unangemessenen Teil als Vermächtnis qualifiziert, fällt insoweit Erbschaftsteuer an. Grundsätzlich unterliegt dieser Teil, sofern er zu separieren ist, dann nicht der Einkommensteuer (OFD Hamburg v 14. 3. 1974, StEK EStG § 18 Nr 65; FG Berlin EFG 1987, 119). Pauschal geht der BFH (BStBl II 1990, 1028) aber einheitlich von einer Besteuerung mit Einkommensteuer aus, da auch eine unangemessen hohe Vergütung als Anreiz für besonders sorgfältige Arbeit anzusehen sei. Läßt sich dies im Einzelfall nicht widerlegen (zB mit vorbereitenden Formulierungen bereits bei Bestimmung der Testamentsvollstreckervergütung in der letztwilligen Verfügung, Kirnberger ZEV 2001, 267), kommt es zur Doppelbesteuerung.

20 Der **Umsatzsteuer** unterliegt die nur einmal übernommene Testamentsvollstreckertätigkeit grundsätzlich nicht. Sie wird zur unternehmerischen und damit umsatzsteuerbaren Tätigkeit erst bei Wiederholungsabsicht oder langjähriger Verwaltungsvollstreckung (BFH BStBl II 1976, 57; Übersicht bei Kirnberger ZEV 1998, 344). Freiberufler sind außerdem für Tätigkeiten im Rahmen ihrer typischen Berufsausübung umsatzsteuerpflichtig; die „eigentliche" Testamentsvollstreckertätigkeit ist aber keine berufstypische freiberufliche Tätigkeit eines Rechtsanwalts (BFH NJW 1988, 224 zu § 12 II Nr 5 UStG aF, die Abweichung von der einkommensteuerrechtlichen Betrachtungsweise ausdrücklich zulassend). Ist der Testamentsvollstrecker zur Umsatzsteuer verpflichtet, kann er den erforderlichen Betrag nicht zusätzlich ersetzt verlangen, denn dieser ist in der Vergütung bereits enthalten (KG NJW 1974, 572; Köln ZEV 1994, 118; Frankfurt MDR 2000, 788; Karlsruhe ZEV 2001, 286; kritisch Klinghöffer ZEV 1994, 121; Tiling ZEV 1998, 337). Zuvor ist die Einbeziehung der Umsatzsteuer allerdings eine Frage der angemessenen Vergütung; etwa die Empfehlungen des Deutschen Notarvereins (ZEV 2000, 181) sind ausdrücklich als Nettovergütungen gemeint.

2222 *Nacherbenvollstrecker*

Der Erblasser kann einen Testamentsvollstrecker auch zu dem Zwecke ernennen, dass dieser bis zu dem Eintritt einer angeordneten Nacherbfolge die Rechte des Nacherben ausübt und dessen Pflichten erfüllt.

1 1. Denkbar sind bei **Vor- und Nacherbschaft** vier Formen der Testamentsvollstreckung: a) für Vorerben und Nacherben ohne Rücksicht auf den Eintritt der Nacherbschaft; b) für den Vorerben vom Erbfall bis zur Beendigung der Vorerbschaft; c) für den Nacherben vom Anfall der Nacherbschaft an und d) für den Nacherben für die Zeit vom Erbfall bis zum Anfall der Nacherbschaft. § 2222 bezieht sich nur auf die letzte Form.

2 2. Der nach § 2222 **für den Nacherben bestellte Testamentsvollstrecker** hat für die Zeit bis zum Anfall der Nacherbschaft die Rechte (§§ 2116ff) und die Pflichten (§§ 2120, 2123) des Nacherben wahrzunehmen. Für diesen Zeitraum geht praktisch die gesamte Rechtsstellung des Nacherben auf den Testamentsvollstrecker über, soweit es sich um die Verwaltung der Anwartschaft des Nacherben handelt. Der Testamentsvollstrecker kann jedoch nicht auf die Anwartschaft selbst oder auf einzelne Rechte des Nacherben verzichten. Verzichtet er auf die Eintragung eines Nacherbenvermerks im Grundbuch, dann verfügt er nicht über einen Teil des Nachlasses selbst; da er aber eine seiner Verwaltung unterliegende Rechtsposition, die den Schutz des Nacherben bezweckt, aufgibt, läßt sich der Verzicht nicht abstrakt als wirksam bezeichnen (Kipp/Coing § 2076 II; aM BayObLG 1989, 183), sondern stellt eine unentgeltliche Verfügung iSv § 2205 S 3 dar, wenn keine gleichwertige Gegenleistung erbracht wird. Ist ein Nacherbenvollstrecker eingesetzt, wird die Bestellung des Pflegers für den noch nicht geborenen minderjährigen oder den noch unbekannten Nacherben überflüssig, da der Pfleger keine andere Funktion haben könnte als der Testamentsvollstrecker (so auch BayObLG NJW 1960, 966). Der Vorerbe wird in seiner Rechtsstellung durch die Einsetzung des Testamentsvollstreckers für den Nacherben nicht berührt.

Als Testamentsvollstrecker für den Nacherben kann der Vorerbe allein nicht bestellt werden, da hierdurch die **3**
Stellung des Nacherben mangels Überwachung des Vorerben inhaltslos gemacht würde (RG 77, 177; aA Rohlff
DNotZ 1971, 518). Nach hM kann der Vorerbe nur zusammen mit einem anderen Testamentsvollstrecker eingesetzt werden, im Fall der Vorerbengemeinschaft kann einer der Miterben Testamentsvollstrecker sein (BayObLG
1989, 183). Zulässig ist es, für Vorerben und Nacherben den gleichen Testamentsvollstrecker zu bestimmen (BGH
127, 360 mit Anm Schubert JR 1996, 60; Hamm ZEV 2003, 27). Für den Vorerben kann auch der Nacherbe eingesetzt werden (vgl Rz 4). Das Amt des für den Nacherben berufenen Testamentsvollstreckers kann je nach dem
Willen des Erblassers mit dem Anfall der Nacherbschaft enden, das Amt kann aber auch darüber hinaus fortdauern. Besteht die Testamentsvollstreckung nur bis zum Anfall der Nacherbschaft, fällt sie mit der Ausschlagung der
Erbschaft durch den Vorerben oder den Nacherben fort, da sie in beiden Fällen gegenstandslos wird. Alsdann wird
entweder der Vorerbe oder der Nacherbe zum Vollerben, es sei denn, es kommen Ersatzerben in Betracht.

3. Ist **für den befreiten Vorerben** ein Testamentsvollstrecker bestimmt, so berührt der Umfang der Befreiung **4**
auch die Amtsbefugnisse. Der Erblasser hat die Rechtsstellung des Vorerben gestärkt, der im Verhältnis zum Nacherben freier mit dem Nachlaß umgehen kann. Der die Rechte des Vorerben wahrnehmende Testamentsvollstrecker
kann das in gleichem Maße. Da der Testamentsvollstrecker im übrigen den vorgegebenen Interessenwiderstreit
zwischen Vorerbe und Nacherbe zu berücksichtigen hat (§ 2216 Rz 3 mwN), ist seine Rechtsstellung entsprechend
erweitert. Diese Erweiterung wirkt zugunsten des Vorerben, dem gegenüber der Testamentsvollstrecker zur ordnungsmäßigen Verwaltung verpflichtet ist. Ob mit der Befreiung des Vorerben zugleich eine Beschränkung des
Testamentsvollstreckers verbunden ist, bleibt eine Frage der Auslegung. Es kommt darauf an, welche Zwecke der
Erblasser damit verfolgt hat, einerseits den Vorerben umfangreicher am Nachlaß zu beteiligen und anderseits die
Ausübung von Rechten einem Testamentsvollstrecker zu übertragen. Demgemäß kann sich die Testamentsvollstreckung darin erschöpfen, den Nachlaß zu übergeben. Möglich ist aber auch die fortdauernde Verwaltung, ohne
daß die Befreiung des Vorerben vereitelt wird; dem befreiten Vorerben steht dann der Zugriff auf die Substanz
offen. Unterfällt die Entscheidung hierüber dem Aufgabenbereich des Testamentsvollstreckers, ist ein hohes Maß
an Pflichtentreue verlangt, wenn zum Testamentsvollstrecker etwa der Nacherbe selbst berufen ist; um einen Fall
koordinierbarer Interessen handelt es sich zB bei der Vorerbenstellung eines Behinderten/Hilfeempfängers und der
Nacherbeneinsetzung eines Vereins zur Unterstützung Behinderter (BGH NJW 1990, 2055). Grundsätzlich verdrängt die Verwaltungsbefugnis des Testamentsvollstreckers diejenige des (befreiten) Vorerben, solange ein
Gegenstand noch nicht freigegeben oder der Nachlaß herausgegeben ist (BayObLG NJW 1959, 1920; aA MüKo/
Brandner Rz 11; Erman/Hense[7] Rz 4).

4. Der **für Vorerben und Nacherben** gemeinsam eingesetzte Testamentsvollstrecker unterliegt zwar nicht **5**
unmittelbar den Beschränkungen der §§ 2113–2115 (vgl § 2205 Rz 17), wohl aber dem Verbot des § 2205 S 3 und
dem Gebot ordnungsmäßiger Verwaltung (§ 2216 Rz 3).

5. Der nur **für den Nacherbfall** berufene Testamentsvollstrecker kann sein Amt erst mit dem Nacherbfall antre- **6**
ten. Ihm obliegt die Auseinandersetzung, wenn mehrere Nacherben vorhanden sind (§§ 2203, 2204), oder auch die
Dauerverwaltung (§ 2209), je nach dem Willen des Erblassers.

§ 2223 *Vermächtnisvollstrecker*

Der Erblasser kann einen Testamentsvollstrecker auch zu dem Zwecke ernennen, dass dieser für die Ausführung der einem Vermächtnisnehmer auferlegten Beschwerungen sorgt.

Schrifttum: *Bengel*, Rechtsfragen zum Vor- und Nachvermächtnis, NJW 1990, 1829; *Damrau*, Das Ende der Testamentsvollstreckung über ein Vorvermächtnis, FS A. Kraft, 1998, S 37; *Spall*, Vollzug eines Nachvermächtnisses durch den Testamentsvollstrecker, ZEV 2002, 5.

1. Einsetzung eines Gesamtvollstreckers. Während im allgemeinen nicht anzunehmen ist, daß der für den **1**
Erben eingesetzte Testamentsvollstrecker auch für die Ausführung der Beschwerungen zu sorgen hat, die einem
Vermächtnisnehmer auferlegt sind, können besondere Umstände eine solche Annahme gleichwohl rechtfertigen
(BGH 13, 203), vornehmlich wenn Vermächtnisse von erheblichem Wert ausgesetzt sind und dem Erblasser
erkennbar daran lag, die damit verbundenen Beschwerungen auch zur Ausführung zu bringen. § 2223 soll den
Wirkungskreis des Vollstreckers nicht beschränken, sondern klarstellen.

2. Unabhängig davon kann der Erblasser eigens für den Vermächtnisnehmer einen Testamentsvollstrecker **2**
bestimmen. Dann tritt das Vermächtnis an die Stelle des Nachlasses, und der **Vermächtnisvollstrecker** hat dem
Vermächtnisnehmer gegenüber die Rechte und Pflichten, wie sie sonst der Testamentsvollstrecker gegenüber den
Erben hat. Zur Ausführung zu bringende Beschwerungen sind in erster Linie Untervermächtnisse, Auflagen, aber
auch die auf das Vermächtnis entfallende Erbschaftsteuer (BFH BStBl 1999 II, 529; FG München ZEV 2001,
287). Der Vermächtnisvollstrecker ist prozeßführungsbefugt (§§ 2212, 2213) und dem Vermächtnisnehmer für
seine Amtshandlungen verantwortlich (§§ 2218, 2219). Verwaltet der Vermächtnisvollstrecker ein Grundstück
oder Grundstücksrecht, kommt entsprechend § 52 GBO die Eintragung eines Testamentsvollstreckervermerks in
Betracht (BayObLG 1990, 82). Bei angeordneter Dauervollstreckung über einen vermächtnisweise zugewendeten
Gegenstand gelten die §§ 2209, 2210 entsprechend (BayObLG 1986, 34; FamRZ 1991, 490)

3. Bei Anordnung von **Vor- und Nachvermächtnis** (§ 2191) sollte der Aufgabenkreis eines Vermächtnisvoll- **3**
streckers von dem Erblasser genau bestimmt werden. In Betracht kommen mehrere Varianten, im wesentlichen:
für den Vorvermächtnisnehmer, für Vor- und Nachvermächtnisnehmer, für den Nachvermächtnisnehmer bis zum
Anfall des Nachvermächtnisses oder auch ab dem Anfall. Ist der Testamentsvollstrecker für den Vorvermächtnisnehmer eingesetzt, endet das Amt mit dem Anfall des Nachvermächtnisses, sofern nicht anders bestimmt, mit dem

Tod des Vorvermächtnisnehmers. Der Vermächtnisgegenstand ist nach §§ 2218, 667 an den Vorvermächtnisnehmer bzw dessen Erben herauszugeben. Die Erfüllung des Nachvermächtnisanspruchs durch Übertragung des vermachten Gegenstands auf den Nachvermächtnisnehmer obliegt einem Vermächtnisvollstrecker nur, solange dieser noch mit den Befugnissen des § 2205 ausgestattet ist, also im Regelfall nicht dem *Vorvermächtnisvollstrecker*, sondern dem Vorvermächtnisnehmer bzw dessen Erben (Damrau in FS Kraft S 37; Damrau/J. Mayer ZEV 2001, 294; dogmatisch unscharf Hartmann ZEV 2001, 92; Spall ZEV 2002, 5; im Sachverhalt unklar BGH NJW 2001, 520). Die Einbeziehung etwa abschließender Übertragungsbefugnis kann angeordnet werden; um reine Vorvermächtnisvollstreckung handelt es sich dann aber nicht mehr, es sei denn, der Anfall des Nachvermächtnisses selbst wird an die Übertragung geknüpft. Ein für Vor- und Nachvermächtnisnehmer eingesetzter Testamentsvollstrecker ist idR Dauervollstrecker (vgl Rz 2). Entsprechend §§ 2222, 2223 kann der Erblasser auch einen *Nachvermächtnisvollstrecker* berufen, der mit der Ausübung der Rechte des Nachvermächtnisnehmers vor Anfall des Nachvermächtnisses betraut wird (Bengel NJW 1990, 1829). Daß ihm Sicherungsaufgaben zufallen können, ist nicht auszuschließen (Dieterich NJW 1971, 2017).

§ 2224 *Mehrere Testamentsvollstrecker*

(1) Mehrere Testamentsvollstrecker führen das Amt gemeinschaftlich; bei einer Meinungsverschiedenheit entscheidet das Nachlassgericht. Fällt einer von ihnen weg, so führen die übrigen das Amt allein. Der Erblasser kann abweichende Anordnungen treffen.

(2) Jeder Testamentsvollstrecker ist berechtigt, ohne Zustimmung der anderen Testamentsvollstrecker diejenigen Maßregeln zu treffen, welche zur Erhaltung eines der gemeinschaftlichen Verwaltung unterliegenden Nachlassgegenstands notwendig sind.

Schrifttum: Reimann, Die Kontrolle des Testamentsvollstreckers, FamRZ 1995, 588ff.

1   1. Der Erblasser kann selbst **mehrere Testamentsvollstrecker** ernennen (§ 2197), oder er kann den Testamentsvollstrecker oder das Nachlaßgericht ermächtigen, mehrere zu ernennen (§§ 2199, 2200). Ob die Bestellung eines Mitvollstreckers gewollt ist, wenn sich der ernannte Testamentsvollstrecker zB eines Beraters bedienen oder wenn er für einen bestimmten Kreis von Geschäften die Zustimmung eines Dritten einholen soll, bleibt eine Frage der Auslegung; hier kann auch eine Verwaltungsanordnung iSv § 2216 II S 1 gemeint sein (RG 130, 238; Reimann FamRZ 1995, 951f). Sind mehrere Testamentsvollstrecker ernannt, führen sie das Amt im Innen- und Außenverhältnis gemeinschaftlich (BGH NJW 1967, 2402). Es ist ihnen gestattet, einen aus den eigenen Reihen oder einen Dritten mit der Ausführung der Anordnungen oder der laufenden Verwaltung zu beauftragen (ähnlich wie bei §§ 709, 714, 715) oder die Verwaltung nach Aufgabengebieten unter sich aufzuteilen (Verwaltung der Immobilien, Führung eines Geschäfts etc).

2   **Interne Vereinbarungen** befreien nicht von der Verantwortlichkeit und Haftung gegenüber dem Erben. Sie haften als Gesamtschuldner. Der Erbe kann von jedem der Testamentsvollstrecker Auskunft und Rechenschaft verlangen. Den Antrag auf Außerkraftsetzung einer Verwaltungsanordnung nach § 2216 II S 2 kann jeder Testamentsvollstrecker selbständig stellen und ebenso Beschwerde einlegen, nach § 82 FGG (nur gemeinschaftlich dagegen nach München JFG 20, 121; Staud/Reimann Rz 18). Zu sonstigen Anträgen und Beschwerden im Rahmen der gemeinschaftlichen Amtsführung (zB im Grundbuch- und Registerverfahren) ist indessen ein Zusammenwirken erforderlich. Demgegenüber ließe sich eine Entlastung der Verwaltung nicht schon dadurch erreichen, daß nur einer den Antrag stellt und die übrigen gehört werden (anders Erman/Hense[7] Rz 2).

3   2. **Meinungsverschiedenheiten** können über Einzelfälle oder über die grundsätzliche Führung der Verwaltung entstehen. Ist eine Zusammenarbeit zwischen mehreren Testamentsvollstreckern nicht möglich, kommt die Abberufung eines der Vollstrecker in Betracht (§ 2227). Handelt es sich um Einzelfälle, kann sich das Nachlaßgericht ähnlich wie das Vormundschaftsgericht bei mehreren Vormündern (§ 1797 I) auf eine sachliche Entscheidung beschränken. Antragsberechtigt ist jeder Testamentsvollstrecker und auch jeder sonstige Beteiligte, wie Erben, Vermächtnisnehmer und Pflichtteilsberechtigte (KG OLGE 30, 209), nicht aber Dritte, mit denen das umstrittene Rechtsgeschäft geschlossen werden soll. Die Entscheidung des Nachlaßgerichts hat sich auf die Schlichtung der Meinungsverschiedenheiten zu beschränken, kann also nur entweder a) die vom Gericht gebilligte Auffassung eines der Testamentsvollstrecker bestätigen; der Testamentsvollstrecker kann die bestätigte Maßnahme dann durchführen, ohne daß die Zustimmung des anderen noch erklärt werden muß; die §§ 82, 53 FGG sehen eine Gleichbehandlung mit zustimmungsersetzenden Entscheidungen vor, was auch dem rein praktischen Bedürfnis entspricht (ebenso Kipp/Coing § 74 I 1; MüKo/Brandner Rz 14; Jauernig/Stürner Rz 1; aM KG DR 1943, 353; Soergel/Damrau Rz 15 mwN). Oder b) das Nachlaßgericht lehnt die Entscheidung ab, wenn es beide Auffassungen für unrichtig hält. Es ist indessen nicht befugt, von sich aus eine dritte Meinung für verbindlich zu erklären; die Selbständigkeit der Testamentsvollstrecker wäre anderenfalls nicht gewahrt.

4   Das **Nachlaßgericht** ist grundsätzlich nicht zur Entscheidung von Rechtsfragen zuständig (zB Auslegung einer Testamentsbestimmung), auch nicht, soweit sie als Vorfragen für die beabsichtigte Amtsführung von Bedeutung sind (BGH 20, 264; Hamburg MDR 1953, 364; RGRK/Kregel Rz 7). Allerdings ist eine klare Abgrenzung zur sachlichen Amtsführung mitunter nicht möglich. Hält man deswegen das Nachlaßgericht auch zur Entscheidung von Rechtsfragen für zuständig (Baur JZ 1956, 495), eröffnet man die Möglichkeit einander widersprechender Entscheidungen von Nachlaßgericht und Prozeßgericht, denn das Prozeßgericht kann letztlich nicht ausgeschaltet werden. Nur wenn die rechtlichen Fragen den eigentlichen Gegenstand des Streits ausmachen, soll das Prozeßgericht zuständig sein nach Staud/Reimann Rz 22. Nach MüKo/Brandner Rz 12 umfaßt die Kompetenz des Nachlaßgerichts rechtliche Vorfragen, auch wenn sie den Grund der Meinungsverschiedenheit bilden; die Entscheidung

befreie den danach handelnden Testamentsvollstrecker jedenfalls von der Haftung, wenn auch eine abweichende Entscheidung des Prozeßgerichts Vorrang habe.

Von vornherein vor das **Prozeßgericht** gehört ein Rechtsstreit darüber, ob die fragliche Angelegenheit der Amtsführung den Testamentsvollstreckern gemeinschaftlich zugewiesen ist (für die Zuständigkeit des Nachlaßgerichts Sauerlandt DFG 1940, 12). Ein Verfahren nach § 2224 kommt auch nicht in Betracht, um einen Streit über die Verbindlichkeiten eines der Testamentsvollstrecker beizulegen, der gleichsam Nachlaßschuldner oder Nachlaßgläubiger ist. Ebenso ist das Prozeßgericht anzurufen, wenn es darum geht, ob ein Nachfolger von einem oder von sämtlichen Testamentsvollstreckern zu benennen ist. Steht hingegen fest, daß sie den Nachfolger gemeinschaftlich ernennen sollen, und können sie sich nur nicht auf eine Person einigen, dann ist die vorgegebene Auswahl Sache des Nachlaßgerichts. Die Entscheidung wird erst mit Rechtskraft wirksam, wenn sie inhaltlich die Vornahme eines Rechtsgeschäfts billigt und damit der sofortigen Beschwerde unterliegt (§§ 82, 53, 60 I Nr 6 FGG). 5

3. Der **Wegfall** eines Testamentsvollstreckers iSv Abs I S 2 ereignet sich durch dauernde rechtliche oder tatsächliche Verhinderung an der Amtsausübung, im einzelnen durch Ablehnung des Amts, Kündigung, Entlassung, Versterben. Tatsächlich verhindert ist auch ein Vermißter (OGH NJW 1950, 64), nicht aber, wer lediglich zu der Zeit nicht verfügbar ist, zu der er tätig werden soll (aM Oldenburg NdsRpfl 1948, 10). Auch vorübergehende Verhinderungen durch Krankheit oder Reisen begründen keinen dauernden Wegfall. Für die Dauer der Verhinderung können die übrigen Testamentsvollstrecker ohne ihn handeln. Der Miterbe als Testamentsvollstrecker ist auch zu solchen Verfügungen über Nachlaßgegenstände befugt, die in seinem Interesse liegen, wenn er in amtlicher Eigenschaft auch für die übrigen Miterben handelt und ein Fall echter Interessenkollision nicht vorliegt (RG 61, 142). 6

4. Abweichende Anordnungen des Erblassers bedürfen der Form der Verfügung von Todes wegen. Sie können zum Inhalt haben, daß jeder Testamentsvollstrecker für ein bestimmtes Aufgabengebiet eingesetzt wird; dann ist jeder in seinem Wirkungskreis selbständig handlungsberechtigt; daß jeder der Testamentsvollstrecker allein oder mit bestimmten anderen vertretungsberechtigt ist (Mehrheitsprinzip, BayObLG ZEV 2002, 24); daß die Beilegung von Meinungsverschiedenheiten auf andere Weise erfolgen soll, also durch Entscheidung eines Schiedsmanns; daß bei Wegfall eines Testamentsvollstreckers ein anderer nachzurücken hat oder ein Berater zu hören ist. Denkbar ist auch die Einbeziehung gesellschafts- oder stiftungsrechtlicher Organisations- und Kontrollmechanismen (Reimann FamRZ 1995, 593) Unwirksam sind Erschwerungen, mit denen die Tätigkeit eines Vollstreckers praktisch lahmgelegt wird. Unzulässig ist es auch, Handlungen des Testamentsvollstreckers über das Gesetz hinaus an die Zustimmung des Nachlaßgerichts zu binden, da die Gerichtsbarkeit dem Parteiwillen entzogen ist. 7

5. Erhaltungsmaßnahmen iSv Abs II (ähnlich § 744 II, § 2038 I) müssen dringlich sein, dann kann ein Testamentsvollstrecker ohne Zustimmung der anderen handeln, zB Reparaturen in Auftrag geben, verderbliche Gegenstände verwerten, Rechtsmittel gegen einen vollstreckbaren Titel einlegen (Saarbrücken NJW 1967, 1137), Beweissicherung beantragen und uU Forderungen beitreiben (RG 98, 174). Hat einer der Testamentsvollstrecker eigenständig eine Maßnahme getroffen, ohne daß sie dringlich war, dann sind die Regeln über die Geschäftsführung ohne Auftrag anzuwenden mit der Möglichkeit der Genehmigung nach §§ 177ff, 185, bei Meinungsverschiedenheiten eventuell durch Entscheidung des Nachlaßgerichts gemäß Abs I. 8

2225 Erlöschen des Amts des Testamentsvollstreckers

Das Amt des Testamentsvollstreckers erlischt, wenn er stirbt oder wenn ein Fall eintritt, in welchem die Ernennung nach § 2201 unwirksam sein würde.

Schrifttum: *Reimann,* Ende der Testamentsvollstreckung durch Umwandlung?, ZEV 2000, 381.

1. Zur **Beendigung des Testamentsvollstreckeramts** führen die besonderen Gründe des § 2225: Tod des Testamentsvollstreckers, Eintritt seiner Geschäftsunfähigkeit, Minderjährigkeit, Bestellung eines Betreuers oder vorläufigen Betreuers (BayObLG ZEV 1995, 63 mit Anm Damrau) zur Besorgung seiner Vermögensangelegenheiten nach § 1896. Stirbt der Testamentsvollstrecker, dann sind dessen Erben zur unverzüglichen Anzeige und uU zur vorläufigen Fortführung als Beauftragte verpflichtet (§§ 2218, 673 S 2), wenn mit einem Aufschub Gefahr verbunden ist, also notwendige Erhaltungsmaßnahmen zu treffen sind (vgl § 2224 Rz 8 und Kipp/Coing § 75 I). Das Testamentsvollstreckeramt einer juristischen Person endet mit dem Verlust der Rechts- bzw Teilrechtsfähigkeit; im Fall der Umwandlung ist das Amt von einer Anwachsung oder Gesamtrechtsnachfolge nicht umfaßt (siehe Reimann ZEV 2000, 381). Der Erblasser kann anordnen, daß in all diesen Fällen Ersatzvollstreckung eintritt. Dann ist den Beteiligten (Erben und Testamentsvollstrecker) auch die Vertragsfreiheit genommen, eine Beendigung der Testamentsvollstreckung zu vereinbaren. Maßgebend ist allein der Inhalt des Testaments, also der Wille des Erblassers (Hamm JMBl NRW 1958, 5). 1

Andere Beendigungsgründe sind die Kündigung nach § 2226, die Entlassung nach § 2227, der Ablauf der dreißigjährigen Frist nach § 2210, der Anordnung des Erblassers zufolge der Eintritt einer auflösenden Bedingung oder des Endtermins sowie im Normalfall die Erledigung der dem Testamentsvollstrecker zugewiesenen Aufgaben (BGH 41, 23; RG 81, 166), eingeschlossen die Erschöpfung des Nachlasses (KG OLG 37, 259). Eine formelle Aufhebung durch Anzeige, Beschluß oder sonstige Maßnahmen ist außer in den Fällen der §§ 2226, 2227 nicht erforderlich. Durch den Tod des Erben wird die Testamentsvollstreckung nur dann beendet, wenn sie gerade für diesen Erben auf dessen Lebenszeit angeordnet ist; anderenfalls geht der Nachlaß mit der Beschwerung der Testamentsvollstreckung auf die Erbeserben über und die Aufgaben des Testamentsvollstreckers bleiben bestehen (München NJW 1951, 74). Nachlaßverwaltung und Nachlaßinsolvenz bedeuten nicht zugleich das Ende der Testamentsvollstreckung. Die Insolvenz über das Vermögen des Testamentsvollstreckers wird aber Grund zur Entlassung nach § 2227 sein. 2

M. Schmidt

§ 2225

3 2. Einen **Streit** über die Beendigung der Testamentsvollstreckung entscheidet ausschließlich das Prozeßgericht (BGH 41, 23, 28; Hamm Rpfleger 1973, 303). Das Nachlaßgericht kann sich allerdings mit der Beendigung als Vorfrage befassen, wenn es im Verfahren der freiwilligen Gerichtsbarkeit eine Entscheidung zu treffen hat, zu deren Voraussetzungen das Bestehen des Amts gehört (BayObLG Rpfleger 1988, 265; Köln MDR 1963, 763). Solange das Nachlaßgericht nicht von der Beendigung des Amts ausgeht, kann es zB den Testamentsvollstrecker gemäß § 2227 entlassen, ohne daß das Verfahren ausgesetzt werden muß; die Entlassungsverfügung erweist sich aber als gegenstandslos, wenn das Prozeßgericht anschließend zu dem Ergebnis kommt, das Amt sei bereits beendet gewesen (BayObLG aaO).

4 3. Die **Folgen der Amtsbeendigung** hängen davon ab, ob die Testamentsvollstreckung insgesamt beendet ist. Die Verfügungsmacht über den Nachlaß geht auf den Nachfolger oder auf den Erben über. Entsprechend besteht die Herausgabe- und Rechenschaftspflicht (§§ 2218, 666, 667), während der scheidende Testamentsvollstrecker ggf einen Anspruch auf Entlastung hat (str, siehe § 2218 Rz 4). Das Testamentsvollstreckerzeugnis wird kraftlos (§ 2368 III), kann auf einen Nachfolger aber umgeschrieben werden (KGJ 28, 200). Letzterenfalls bleibt auch ein Vermerk im Grundbuch eingetragen, der zum Ende der Testamentsvollstreckung dagegen zu löschen ist. Da die Rspr § 878 auf die Beendigung der Testamentsvollstreckung nicht entsprechend anwendet, bleiben Grundstücksverfügungen des Testamentsvollstreckers, solange sie nicht im Grundbuch vollzogen sind, unsicher (BayObLG ZEV 1999, 67 mit Anm Reimann; Schaub ZEV 2000, 51). An die Testamentsvollstreckung gekoppelt bleibt auch die einem Dritten erteilte Vollmacht. Im Falle eines anhängigen Prozesses kommt es zur Aussetzung (§ 246 ZPO), im übrigen zur Unterbrechung des Verfahrens (§ 239 bzw § 241 ZPO).

2226 *Kündigung durch den Testamentsvollstrecker*

Der Testamentsvollstrecker kann das Amt jederzeit kündigen. Die Kündigung erfolgt durch Erklärung gegenüber dem Nachlassgericht. Die Vorschrift des § 671 Abs. 2, 3 findet entsprechende Anwendung.

1 1. Die **Kündigung** steht wie die Übernahme des Amts im Belieben des Testamentsvollstreckers, ohne daß er für seinen Entschluß einen Grund benötigte. Mit der entsprechenden Anwendung von § 671 II und III ist eine Rücksichtnahmepflicht verbunden. Der Testamentsvollstrecker darf nur derart kündigen, daß der Erbe die laufenden Geschäfte anderweitig besorgen lassen kann. Zur Unzeit kann er nur aus wichtigem Grund kündigen, zB bei Krankheit oder Zwistigkeiten mit den Erben. Eine im Widerspruch hierzu erfolgte Kündigung ist gleichwohl wirksam (RG 100, 95), verpflichtet aber zum Schadenersatz. Je nach dem, wie es die letztwillige Verfügung zuläßt, ist sogar eine **Teilkündigung** möglich; mit deren Erklärung erlischt der entsprechende Teil der Vollstreckeraufgaben. Ist in der letztwilligen Verfügung nicht angedeutet, eine Teilkündigung zuzulassen, bleibt es bei dem Grundsatz, daß der Testamentsvollstrecker sein Amt nur insgesamt kündigen kann; eine gleichwohl erklärte Teilkündigung entfaltet keine Wirkung, weder zum Teil, noch im Ganzen (KGJ 43 A 88; Hamm FamRZ 1992, 113 mit Anm Reimann; abw Erman/Hense/M. Schmidt[8] Rz 1). Die Kündigung berührt allerdings nicht das Amt eines Mitvollstreckers oder eines Ersatzvollstreckers, so daß sie den Nachlaß von der Testamentsvollstreckung nicht in jedem Fall befreit.

2 Einer besonderen **Form** bedarf die Kündigung nicht. Die Erklärung erfolgt gegenüber dem Nachlaßgericht. Sie wird mit ihrem Zugang wirksam (§ 130) und beendet das Amt des Testamentsvollstreckers. Sie ist nicht widerruflich, unter der Voraussetzung der §§ 119, 123 aber anfechtbar.

3 2. Ein **Ausschluß** des Kündigungsrechts steht nicht zur Disposition des Erblassers, der dem Testamentsvollstrecker aber eine Zuwendung machen kann, die durch Koppelung an das Amt einen Anreiz schafft, von der Kündigung abzusehen.

4 3. Durch **Vereinbarung** mit dem Erblasser oder mit dem Erben kann sich der Testamentsvollstrecker verpflichten, nicht zu kündigen. Zulässig ist auch ein Verzicht mit der Einschränkung des § 671 III, daß eine Kündigung aus wichtigem Grund stets möglich bleibt. Kündigt er im Widerspruch zu seiner eingegangenen Verpflichtung, dann ist die Kündigung nach überwiegender Meinung wirksam, löst aber uU Schadenersatzansprüche aus (Soergel/Damrau Rz 1; Staud/Reimann Rz 5; AK/Finger Rz 5; aM MüKo/Brandner Rz 4). Das jederzeitige Kündigungsrecht gibt dem Testamentsvollstrecker überdies die Möglichkeit, sich dem Erben gegenüber zur Niederlegung seines Amts zu verpflichten (BGH NJW 1962, 912; FamRZ 1966, 140; Pal/Edenhofer Rz 1; aM v Lübtow II S 996; Lange/Kuchinke § 31 VIII 2a; Kipp/Coing § 75 VI). Die Verpflichtung kann an den Eintritt eines bestimmten Ereignisses oder an einen Zeitpunkt geknüpft sein (Hamm Rpfleger 1958, 15), nicht aber an ein jederzeit mögliches Verlangen des Erben; eine solche Klausel würde die Unabhängigkeit des Testamentsvollstreckers während der laufenden Verwaltung unzulässig beeinträchtigen (BGH 25, 275). Aus der zulässigen Verpflichtung kann der Erbe den Testamentsvollstrecker auf Abgabe der Erklärung verklagen, und zwar vor dem ordentlichen Gericht.

5 4. **Streitigkeiten** über die Wirksamkeit der Kündigung entscheidet das Prozeßgericht. Das Nachlaßgericht vermag sich allenfalls als Vorfrage damit zu befassen, ohne daß eine auf diese Weise vertretene Rechtsansicht verbindlich werden könnte (vgl § 2225 Rz 3).

2227 *Entlassung des Testamentsvollstreckers*

(1) Das Nachlassgericht kann den Testamentsvollstrecker auf Antrag eines der Beteiligten entlassen, wenn ein wichtiger Grund vorliegt; ein solcher Grund ist insbesondere grobe Pflichtverletzung oder Unfähigkeit zur ordnungsmäßigen Geschäftsführung.

(2) Der Testamentsvollstrecker soll vor der Entlassung, wenn tunlich, gehört werden.

Schrifttum: *Muscheler*, Die Entlassung des Testamentsvollstreckers, AcP 197 (1997), 226.

1. Die Befugnis der Erben, die **Entlassung** des Testamentsvollstreckers zu beantragen, kann der Erblasser nicht **1** beschränken, da es sich um eine Schutzvorschrift zugunsten der Erben und der übrigen Beteiligten handelt (RG 133, 135). Die Rechtsinhaber sollen nach dem Erbfall des Auftraggebers die Möglichkeit erhalten, der Rechtsmacht des Testamentsvollstreckers praktisch eine nachlaßgerichtliche Kontrolle entgegenzusetzen. Folglich kann der Erblasser nicht anordnen, daß über die Entlassung ein Schiedsgericht zu entscheiden hat (RG aaO), während es den Erben ihrerseits freisteht, sich durch Schiedsvertrag mit dem Testamentsvollstrecker des Schutzes staatlicher Gerichte zu begeben (Damrau zu LG Hamburg EWiR § 1025 ZPO 1/85). Voraussetzung für eine Entlassung ist a) ein wichtiger Grund, b) der Antrag eines Beteiligten und c) die wirksame Ernennung des Testamentsvollstreckers.

a) Wann ein **Entlassungsgrund** vorliegt, ist unter Berücksichtigung des zu verwaltenden Nachlasses, des **2** Zwecks der Testamentsvollstreckung und der Verhältnisse des Testamentsvollstreckers zu entscheiden. Auszurichten ist die Entscheidung an dem Gesetz und dem Willen des Erblassers und, soweit damit vereinbar, an den Interessen der Nachlaßbeteiligten. Ein Verschulden des Testamentsvollstreckers ist – abgesehen vom Fall der groben Pflichtverletzung – nicht vorausgesetzt. Nach st Rspr liegt ein wichtiger Entlassungsgrund außer in den genannten Beispielsfällen vor, wenn begründeter Anlaß für die Annahme besteht, daß ein längeres Verbleiben im Amt der Ausführung des letzten Willens hinderlich sei oder eine Schädigung oder erhebliche Gefährdung der Interessen der an der Ausführung oder am Nachlaß Beteiligten nach sich ziehen würde (BayObLG 1985, 298; ZEV 1995, 366 mit Anm Bengel; ZEV 2002, 156; Hamm ZEV 2001, 279). Gegen die Berücksichtigung der Belange von Nachlaßbeteiligten wendet sich Muscheler (AcP 197, 278), der allein auf mit der Person des Testamentsvollstreckers zusammenhängende Umstände abstellt, die sich auf die Amtstätigkeit des Testamentsvollstreckers auswirken, indem sie entweder eine erhebliche objektive Pflichtverletzung darstellen oder mit einiger Wahrscheinlichkeit eine objektive Pflichtverletzung in Zukunft erwarten lassen. Geht es darum, neben dem Gesetz dem Willen des Erblassers Geltung zu verschaffen, ist diesem gleichwohl kein bleibendes Widerrufsrecht eingeräumt; so spielt es keine Rolle, ob der Erblasser die Ernennung widerrufen hätte (aM BayObLG aaO; Düsseldorf FamRZ 1995, 123). Auch ist die Kenntnis des Erblassers von Tatsachen, die eine Entlassung rechtfertigen, irrelevant (aM Düsseldorf MittRhNotK 1964, 505; BayObLG FamRZ 1991, 490), da der Erblasser die gesetzlichen Entlassungsgründe nicht einzuschränken vermag. Beispielhaft nennt das Gesetz zwei wichtige Gründe:

Eine **grobe Pflichtverletzung** begeht der Testamentsvollstrecker bei einem erheblichen und zudem schuldhaften **3** Verstoß gegen die von Gesetz oder Erblasser angeordneten Pflichten. Die Erheblichkeit muß sich nicht in dem Grad des Verschuldens realisieren. Beruht die Verletzung einer Pflicht auf einfacher Fahrlässigkeit, muß die verletzte Pflicht von besonderer Wichtigkeit sein. Verletzt der Testamentsvollstrecker eine ihm obliegende einfache Pflicht, dann ist auf die Intensität der Verletzung abzustellen (Muscheler AcP 197, 278). In der Rspr ist eine grobe Pflichtverletzung im Einzelfall angenommen worden, wenn der Testamentsvollstrecker einen Veräußerungserlös nicht im Sinne der ausdrücklichen Anordnung verteilt (Zweibrücken Rpfleger 1989, 370), wenn er die testamentarisch vorgeschriebene Verpachtung eines Geschäfts unterläßt und die Geschäftsführung des Nießbrauchers unzureichend überwacht (Hamm JMBl NRW 1961, 78), wenn er dem Erben entgegen § 2217 I S 1 Nachlaßgegenstände nicht überläßt (BayObLG Rpfleger 1988, 97), wenn er die vollständige Erfüllung eines Vermächtnisses verweigert (BayObLG FamRZ 2001, 124), wenn er als Rechtsanwalt kein den Anforderungen des § 2215 genügendes Nachlaßverzeichnis erstellt und die Interessen der Erben dadurch ernstlich gefährdet (Hamm OLG 1986, 1; Köln FamRZ 1992, 723; BayObLG NJWE-FER 2001, 262), wenn er nur unzulänglich Auskunft erteilt und die Rechnungslegung unterläßt (BayObLG NJW-RR 1988, 645), wenn er ungerechtfertigt und leichtfertig prozessiert (KG DFG 1943, 133), wenn er dem Nachlaß eine ganz unangemessen hohe Vergütung entnimmt (Köln Rpfleger 1987, 458; BayObLG FamRZ 1987, 101), nicht dagegen bei der Entnahme einer nur noch nicht fälligen Vergütung (Köln OLG 1988, 26). Eigennütziges Handeln begründet den Vorwurf grober Pflichtverletzung nicht, wenn es auch bei redlich gemeinter Amtsführung nicht zu beanstanden wäre (OGH 3, 242; mißverständlich BayObLG 1985, 298, 305).

Die **Unfähigkeit zur ordnungsmäßigen Geschäftsführung** kann tatsächliche oder rechtliche Ursachen haben, **4** ohne daß es auf Verschuldensmomente ankommt. Ob der Grund schon in die Zeit vor Ernennung zurückreicht oder erst anschließend entsteht, ist nicht ausschlaggebend. Grund für die Unfähigkeit kann schlichtes Unvermögen oder tatsächliche Verhinderung, der Vermögensverfall des Testamentsvollstreckers, die Ableistung der eidesstattlichen Versicherung (LG Berlin JW 1928, 922) oder einer Freiheitsstrafe sein. Längere Abwesenheit oder Krankheit führen nur zur Unfähigkeit, wenn die Geschäfte nicht durch einen geeigneten Bevollmächtigten weitergeführt werden und die Amtsführung so nachhaltig beeinträchtigt wird, daß von einer ordnungsmäßigen Geschäftsführung nicht mehr gesprochen werden kann (BayObLG FamRZ 1991, 615). Praktisch kommt die Unfähigkeit nicht selten durch Untätigkeit zum Ausdruck (vgl BayObLG FamRZ 1991, 235), was einer ordnungsmäßigen Geschäftsführung schadet, solange der Amtsinhaber keine Abhilfe schafft. Wer mit der Aufgabe überfordert ist, kann sich sachkundig machen; wer verhindert ist, für Ersatz sorgen.

Auch andere wichtige Gründe können die Entlassung rechtfertigen, beispielsweise ein **Interessengegensatz** **5** zwischen Testamentsvollstrecker und Erben, der so erheblich ist, daß eine ordnungsmäßige Geschäftsführung auf Dauer nicht erwartet werden kann (MüKo/Brandner Rz 10), von der Rspr angenommen, wenn etwa der Testamentsvollstrecker zugleich Nießbraucher am Nachlaß (BayObLG 1988, 42, 50) oder dem wesentlichen Nachlaßbestandteil ist (RG 98, 173, 174; BayObLG 1985, 298, 306), was allerdings bereits zusammen mit der Inkompatibilität zu prüfen ist (zutr Muscheler AcP 197, 301). Es bestehen idR keine Bedenken dagegen, daß der Testamentsvollstrecker gleichzeitig Miterbe, Nachlaßgläubiger oder Nachlaßschuldner (BayObLG aaO; abweichend ZEV 1995, 366) ist. Vertritt der Testamentsvollstrecker eine ihm selbst als Vermächtnisnehmer günstige Testamentsauslegung, begründet das für sich genommen nicht den seine Entlassung rechtfertigenden Interessengegensatz

§ 2227

(BayObLG ZEV 2002, 155). Soweit Nachlaßbeteiligte allein durch die Anordnung der Testamentsvollstreckung eingeschränkt sind, haben sie den sich aus dem Willen des Erblassers ergebenden Interessengegensatz hinzunehmen.

6 Ein wichtiger Grund kann auch bei berechtigtem **Mißtrauen** gegenüber der Amtsführung des Testamentsvollstreckers bejaht werden. Er muß dazu, wenn auch unverschuldet, Anlaß gegeben haben, so daß es auf Tatsachen und nicht nur auf subjektiven Gefühlsmomenten beruht (BayObLG 1988, 42, 48; Zweibrücken Rpfleger 1977, 306; Hamm NJW 1968, 800). Es ist ein strenger Maßstab anzulegen (BayObLG 1997, 1, 26). Mißtrauen kann bei mangelnder Unparteilichkeit gegenüber den Miterben hervorgerufen werden oder durch möglicherweise unberechtigtes eigennütziges Handeln vor Antritt des Amts (BayObLG ZEV 1995, 366); für die Heranziehung der Grundsätze der arbeitsrechtlichen Verdachtskündigung Muscheler (AcP 197, 287).

7 **Persönliche Spannungen** und **Feindschaft** vermögen in besonders gelagerten Fällen eine ordnungsmäßige Amtsführung zu gefährden. Ein darauf gestützter Entlassungsgrund setzt eine strenge Überprüfung voraus, denn es soll keinem Beteiligten die Möglichkeit eröffnet werden, durch feindseliges Verhalten die Entlassung des Testamentsvollstreckers zu provozieren (BayObLG 1988, 42, 49; 1990, 177). Außerdem muß das Verhältnis zwischen Testamentsvollstreckern untereinander oder das Verhältnis zu den Erben nicht notwendigerweise von besonderem Vertrauen geprägt sein. Ohne die Möglichkeit einer wenigstens sachlichen Verständigung wird sich eine ordnungsmäßige Verwaltung aber kaum realisieren lassen, um so weniger, wenn es um beträchtliche Vermögenswerte geht. Hier kommt es auch darauf an, ob sich die persönlichen und geschäftlichen Beziehungen klar voneinander trennen lassen (Köln OLG 1969, 281; Celle NdsRpfl 1961, 199). Wenn nicht, dann ist zu berücksichtigen, ob die Spannungen zu einem nennenswerten Anteil auch vom Testamentsvollstrecker verursacht worden sind. Allein die Ansicht des Beteiligten, ein geschäftlicher Verkehr mit dem Vollstrecker sei ihm nicht mehr zuzumuten, ist jedenfalls nicht ausschlaggebend (BayObLG 1953, 357, 364), auch nicht die subjektive Ablehnung aufgrund anwaltlicher Interessenvertretung des Erblassers in einem zu dessen Lebzeiten gegen die Erben geführten Unterhaltsrechtsstreits (Hamm ZEV 2001, 278). Es stellt sich vielmehr die Frage, ob den Umständen nach eine unbefangene und unvoreingenommene und vor allem ordnungsmäßige Amtsführung noch gewährleistet ist, was ohne Hinzutreten konkreter Gefährdungsmomente kaum zu bejahen sein wird.

8 Eine **fehlerhafte Auswahl** des Testamentsvollstreckers oder ein unwirksames Ersuchen lassen die Gültigkeit oder Ernennung idR unberührt, können daher als wichtiger Grund zur Entlassung führen (BayObLG Rpfleger 1987, 151; KG DNotZ 1955, 649); vgl weiter Rz 10.

9 **b)** Den **Entlassungsantrag** stellen die Beteiligten beim Nachlaßgericht. Beteiligt ist, wer über ein bloßes wirtschaftliches Interesse hinaus ein materiellrechtliches Interesse an der Testamentsvollstreckung hat. Dazu gehören Erben, wegen der fortdauernden Haftung nach §§ 2382, 2385 auch nach Verpfändung oder Übertragung der Erbschaft oder des Erbanteils. Miterben gelten grundsätzlich nur insoweit als beteiligt, wie es um ihren eigenen Anteil geht und die Beziehung zu den übrigen Miterben nicht berührt wird (Köln NJW-RR 1987, 1098). Beteiligt sind ferner Vermächtnisnehmer, Pflichtteils- (BayObLG 1997, 1; KG NJW-RR 2002, 439; aM Muscheler AcP 197, 240) und Auflagenberechtigte, nicht Auflagenbegünstigte (MüKo/Brandner Rz 5 mwN; aM Lange/Kuchinke § 31 VIII 2b Fn 396). Mitvollstrecker sind beteiligt, solange sie im Amt sind (Köln NJW-RR 1987, 1098) und ihr Aufgabenbereich der Amtsführung des anderen betrifft. Seine eigene Entlassung kann der Testamentsvollstrecker dagegen nicht beantragen, weil er ohne weiteres kündigen kann. Wie in § 2216 ist der Kreis der Beteiligten hier enger zu ziehen als in den §§ 2198 II, 2200 II und 2202 III. Antragsberechtigt sind daher keine gewöhnlichen Nachlaßgläubiger, die wohl ein Interesse an der Klärung haben können, gegen welchen Repräsentanten des Nachlasses sie vorgehen können, nicht aber daran, daß der Repräsentant seine Stellung verliert (BGH 35, 296). Beteiligt sind schließlich nicht die Devisenstelle (aM Staud/Reimann Rz 27), die Staatsanwaltschaft und auch nicht die Eltern, denen nach § 1638 die Sorge für das ihrem Kind zugewendete Vermögen entzogen ist (BGH 106, 96; aM Baur DNotZ 1965, 484). Bei Bedenken gegen die Zulässigkeit des Entlassungsantrags sind gerichtliche Hinweise angebracht, damit den Bedenken Rechnung getragen werden kann (BGH 106, 96). Bis zur Rechtskraft der Entscheidung über die Entlassung kann der Antrag zurückgenommen werden.

10 **c)** Voraussetzung ist im übrigen die **wirksame Ernennung des Testamentsvollstreckers**. Nicht notwendig ist, daß er sein Amt bereits angenommen oder angetreten hat (ebenso Soergel/Damrau Rz 1; MüKo/Brandner Rz 3; aM Staud/Reimann Rz 1; Lange/Kuchinke § 31 VIII 2b). Ist die Ernennung trotz unzureichend erfüllter Voraussetzungen wirksam, kann darin gleichwohl ein wichtiger Grund liegen, der die spätere Entlassung rechtfertigt (BayObLG Rpfleger 1987, 151). IdR fehlt aber das Rechtsschutzbedürfnis für einen Entlassungsantrag, solange die Rechtsmittelfrist gegen die Ernennung nach §§ 81 I, 22 I FGG noch läuft oder über die sofortige Beschwerde noch nicht entschieden ist (BayObLG 1985, 233, 241; 1986, 46). Nur wenn die Klärung einer wirksamen Ernennung weitere Ermittlungen und voraussichtlich ein langwieriges Verfahren erfordert, ist ein vorsorglich gestellter Entlassungsantrag zulässig, und der Testamentsvollstrecker kann aus einem anderen Grund als der ungültigen Ernennung entlassen werden (BayObLG FamRZ 1987, 101, 104). Erweist sich die Ernennung später als ungültig, dann wird die Entlassungsverfügung lediglich gegenstandslos.

11 **2.** Als **Vorfrage** kann das Nachlaßgericht auch prüfen, ob das Amt des Testamentsvollstreckers nicht bereits auf andere Weise beendet ist, denn zur Entlassung eines ausgeschiedenen Testamentsvollstreckers besteht kein Anlaß (BGH NJW 1964, 1316; Hamm NJW-RR 2002, 1300). Einen Streit darüber kann nur das Prozeßgericht entscheiden (§ 2225 Rz 3). Verneint das Nachlaßgericht im Rahmen seiner Vorfragenprüfung eine solche Beendigung, dann kann es über den Entlassungsantrag beschließen (BayObLG 1988, 42). Eine Entscheidung des Prozeßgerichts braucht nicht abgewartet zu werden, denn allenfalls erweist sich die Entlassungsverfügung als gegenstandslos, wenn das Prozeßgericht in der Frage der Beendigung später zu einem anderen Ergebnis kommt. Als Vorfrage kann das Nachlaßgericht des weiteren über die Angemessenheit der Testamentsvollstreckervergütung befinden, wenn daran das Vorliegen eines Entlassungsgrundes geknüpft wird.

3. Die **Entscheidung des Nachlaßgerichts** erfolgt auf der Grundlage des von Amts wegen zu ermittelnden Sachverhalts (§ 12 FGG) durch den Richter (§ 16 I Nr 5 RpflG). Demnach hat sich die Prüfung nicht auf die von den Beteiligten vorgebrachten Gründe zu beschränken. Ob ein wichtiger Grund zur Entlassung vorliegt, ist zum einen Tat-, zum anderen Rechtsfrage (BayObLG 1976, 67, 73). Dem Nachlaßgericht wird dabei ein Ermessensspielraum eingeräumt, insoweit überwiegende Gründe dafür sprechen können, den Testamentsvollstrecker im Amt zu belassen (BayObLG 1988, 42, 51; ZEV 2000, 316; Hamm OLG 1986, 1, 6); eine erweiterbare Gestaltungsmacht des Nachlaßgerichts ablehnend Muscheler (AcP 197, 249). Bei der Abwägung sind die Auswirkungen der Entlassung zu berücksichtigen, insbesondere ob das Amt von einem Ersatzvollstrecker fortgeführt wird. Ein darauf gerichtetes Ersuchen des Erblassers läßt sich möglicherweise dem Testament entnehmen. Das Nachlaßgericht hat den Testamentsvollstrecker (Abs II) und die Hauptbeteiligten (Art 103 I GG) zu hören, in der Regel formlos (BayObLG FamRZ 1998, 325). Eine vorläufige Entlassung ist nicht möglich, ebensowenig ist das Nachlaßgericht befugt, durch einstweilige Anordnungen in die Amtsführung des Vollstreckers einzugreifen, da eine Ermächtigung wie in § 24 III FGG nicht gegeben ist (Köln OLG 1987, 270; Muscheler AcP 197, 259). Die Entlassungsverfügung wird dem Testamentsvollstrecker gemäß §§ 16 II, 81 II zugestellt und damit wirksam.   12

Die Entlassung **bewirkt** die Beendigung des Amts, nicht zwingend auch die Beendigung der Testamentsvollstreckung. Das Zeugnis wird nach § 2368 III Hs 2 von selbst kraftlos, ohne daß es förmlich eingezogen werden müßte. Das Nachlaßgericht kann allerdings der Klarheit halber das Zeugnis zu den Akten zurückholen (BayObLG 1953, 357, 361; 1988, 42, 51).   13

4. Als **Rechtsmittel** gegen die Entlassung steht dem Testamentsvollstrecker und jedem dadurch beschwerten Beteiligten die sofortige Beschwerde zu (§§ 20 I, 22, 81 II FGG). Bei Erfolg wird die Entlassung gegenstandslos, der Testamentsvollstrecker gilt als im Amt geblieben (BayObLG 1959, 128; FamRZ 1991, 615). Gegen die Ablehnung des Entlassungsantrags ablehnend kann nur der Antragsteller nach § 20 II FGG. Die Angemessenheit und Zweckmäßigkeit der getroffenen Entscheidung ist der Nachprüfung des Rechtsbeschwerdegerichts entzogen (BGH 18, 143, 148; Köln OLG 1988, 26). Der Testamentsvollstrecker kann der Entlassung zuvorkommen, indem er kündigt. Mit Wirkung der Kündigung ist das Entlassungsverfahren erledigt; ebenso bei Beendigung des Testamentsvollstreckeramts (BayObLG ZEV 1995, 370). Ergeht eine Beschwerdeentscheidung, wird diese mit der Rechtskraft wirksam (§ 26 FGG).   14

5. Kosten, die dem Testamentsvollstrecker gemäß § 13a I S 2 FGG auferlegt werden, treffen ihn grundsätzlich persönlich. Nur ausnahmsweise handelt es sich um Aufwendungen, die er ersatzweise dem Nachlaß entnehmen oder vom Erben verlangen kann, sofern er berechtigterweise annehmen durfte, den letzten Willen des Erblassers zu verteidigen (Hamburg MDR 1963, 423; Oldenburg NJW-RR 1996, 582).   15

6. Ein nach **ausländischem Recht** ernannter Testamentsvollstrecker kann von einem deutschen Nachlaßgericht nicht entlassen werden, wenn die ausländische Rechtsordnung die Entlassung nicht vorsieht (BayObLG 1965, 377). Entlassungen ausländischer Gerichte und des Staatlichen Notariats der ehemaligen DDR (vgl dazu Erman/Schmidt[9] Rz 16) sind, sofern sie in einem rechtsstaatlichen Verfahren ergangen sind, anzuerkennen (KG JZ 1967, 123).   16

2228 *Akteneinsicht*

Das Nachlassgericht hat die Einsicht der nach § 2198 Abs. 1 Satz 2, § 2199 Abs. 3, § 2202 Abs. 2, § 2226 Satz 2 abgegebenen Erklärungen jedem zu gestatten, der ein rechtliches Interesse glaubhaft macht.

Verlangt wird ein rechtliches Interesse und nicht nur ein berechtigtes Interesse. Die Einsicht muß rechtlich bedeutsame Auswirkungen für Rechtsverhältnisse des Interessenten haben (BGH 9, 111). Zu den Interessenten gehören Ersatzerben und Nachlaßgläubiger. Aus dem Einsichtsrecht ergibt sich das Recht, Abschriften zu nehmen; siehe dazu die §§ 34, 78, 85 FGG und § 810.   1

Titel 7
Errichtung und Aufhebung eines Testaments

Vorbemerkung

1. Gesetzeszweck. Zur Errichtung und Aufhebung von Testamenten verlangt das Gesetz eine besondere Formstrenge, denn das Testament wird erst mit dem Erbfall wirksam, wenn der Testierende keine Auskünfte mehr geben kann. Bezweckt wird damit, die Echtheit des Testaments zu gewährleisten, es von bloßen Entwürfen abzugrenzen, auf durchdachte Vermögensregelungen hinzuwirken und den letzten Willen beweisbar zu machen (BGH 94, 36).   1

2. Rechtsentwicklung. Die Bestimmungen über die Errichtung und Aufhebung von Testamenten haben wiederholt eine Änderung erfahren. Mit dem **BGB** wurde zwar das eigenhändige Privattestament zugelassen, insgesamt   2 aber ein später für unnötig gehaltener Formzwang festgeschrieben, der durch das am 4. 8. 1938 in Kraft getretene Testamentsgesetz (**TestG**, RGBl I 973) abgemildert wurde. Insbesondere wurden die Anforderungen an die Unterschriftsleistung und die Zeit- und Ortsangabe gelockert, bei öffentlichen Testamenten wurde auf die zwangsweise Mitwirkung von Zeugen verzichtet. Über die sachlichen Änderungen hinaus hat das TestG die Bestimmungen in Form eines selbständigen Gesetzes zusammengefaßt (Amtl Begr, DJ 1938, 1254ff), bevor die Vorschriften des TestG durch das Gesetz zur Wiederherstellung der Gesetzeseinheit (GesEinhG) mit Wirkung vom 1. 4. 1953 (BGBl I 33) in das BGB eingefügt wurden. Inhaltliche Änderungen waren mit dem GesEinhG nicht verbunden. Lediglich einzelne, gegenstandslos gewordene Bestimmungen (wie die §§ 27, 48–50, 52 TestG) brauchten nicht mehr berücksichtigt zu werden, und in der Formulierung wurden die neueren §§ 2229, 2247, 2273 dem BGB angepaßt, das Empfehlungen und Beispiele nicht kennt; § 51 TestG ist als Übergangsvorschrift wirksam geblieben. Schließlich ist am 1. 1. 1970 das Beurkundungsgesetz (**BeurkG**) in Kraft getreten (BGBl I 1513). Dies hat zur Rechtseinheit im Beurkundungswesen geführt und ist seinem Inhalt nach ein Verfahrensgesetz, das die Beurkundung durch den Notar regelt und in den §§ 27–35 Besonderheiten für Verfügungen von Todes wegen enthält. Soweit die Bestimmungen für Beurkundungen jeglicher Art gelten, entsprechen sie in ihrer Formulierung mitunter nicht mehr dem früheren Erbrecht, ohne auf diese Weise einen sachlichen Unterschied auszumachen. Die materiellrechtlichen Bestimmungen der einzuhaltenden Testamentsformen sind im BGB verblieben (siehe dazu Erman/Hense[7] Rz 1–6). In der DDR wurde das BGB durch das Zivilgesetzbuch (**ZGB** vom 19. 6. 1975; GBl I 465) mit Wirkung vom 1. 1. 1976 ersetzt, bis das BGB mit dem Beitritt zur BRD am 3. 10. 1990 wieder in Kraft getreten ist.

3 3. **Übergangsrecht.** Im 19. Jahrhundert errichtete Verfügungen von Todes wegen wären nach den Formvorschriften alten Rechts zu beurteilen (**Art 214 EGBGB**), während sich Inhalt und Wirkung nach dem BGB idF v 1. 1. 1900 richten, wenn der Erbfall sich nach diesem Zeitpunkt ereignete (Art 213 EGBGB), aber vor dem 4. 8. 1938. Ebenso unterscheidet § 51 TestG grundsätzlich nach dem Zeitpunkt des Erbfalls mit der Modalität, daß Formerleichterungen des neuen Rechts auch vor dem Stichtag errichteten Verfügungen zugute kommen. Bei der Anwendung alten Rechts bleibt es allerdings bei wechselbezüglichen Verfügungen in gemeinschaftlichen Testamenten, falls ein Ehegatte vor dem 4. 8. 1938 verstorben ist; die beim ersten Erbfall nichtige Verfügung kann beim zweiten Erbfall nicht wieder wirksam werden. Umstritten ist die Behandlung der Testamente, die in der Zeit bis zum 31. 12. 1969 errichtet wurden. Das BeurkG enthält keine Übergangsregeln für letztwillige Verfügungen, so daß die Art 213, 214 EGBGB und § 51 III TestG für entsprechend anwendbar gehalten werden, weil es sich insoweit um einen allgemeinen Grundsatz handelt (Johannsen WM 1971, 405; Keidel/Winkler BeurkG vor § 27 Rz 9; aM für die Beurteilung nach dem zur Zeit der Testamentserrichtung geltenden Recht MüKo/Burkart Rz 2; Soergel/I. Mayer Rz 15). Dem Inhalt der Art 213, 214 EGBGB entspricht auch der durch den Einigungsvertrag mit Wirkung vom 3. 10. 1990 für das Beitrittsgebiet eingefügte **Art 235 EGBGB**, dessen § 1 I bestimmt, daß für die erbrechtlichen Verhältnisse das bisherige Recht, also insbesondere das ZGB, maßgebend ist, wenn ein Erblasser mit gewöhnlichem Aufenthalt in der ehemaligen DDR vor dem Wirksamwerden des Beitritts gestorben ist. Während Erbfälle ab dem 3. 10. 1990 im Grundsatz einheitlich nach bundesrepublikanischem Erbrecht beurteilt werden, enthalten EGBGB Art 235 § 1 II für das Erbrecht des nichtehelichen Kindes und § 2 für Verfügungen von Todes wegen Sonderregeln: § 1 II zufolge wird die im ZGB verwirklichte Gleichstellung – vor dem Beitrittstermin geborener – nichtehelicher Kinder mit ehelichen Kindern aufrechterhalten, wenn der Vater am 3. 10. 1990 seinen gewöhnlichen Aufenthalt im Gebiet der ehemaligen DDR hatte. § 2 bestimmt die Maßgeblichkeit alten Rechts, soweit es um die Errichtung und Aufhebung einer Verfügung von Todes wegen vor dem Beitrittstermin und dementsprechend um die Bindung bei einem gemeinschaftlichen Testament geht.

4 4. **Geltendes Recht. a)** Der **7. Titel im 3. Abschnitt des 5. Buches des BGB** enthält die Regeln über die Testierfähigkeit (§ 2229), über die ordentlichen Testamentsformen, nämlich das notarielle (§§ 2231–2233) und das eigenhändige Testament (§§ 2247, 2248), über die außerordentlichen Testamentsformen, und zwar das Nottestament vor dem Bürgermeister (§§ 2249, 2250 I), das Dreizeugentestament (§ 2250) und das Seetestament (§ 2251), über die Aufhebung von Testamenten (§§ 2253–2258), über die amtliche Verwahrung (§§ 2258a, 2258b), Ablieferung (§ 2259), Eröffnung (§§ 2260–2263), über die Einsichtnahme und über Abschriften (§ 2264). Formvorschriften finden sich darüber hinaus im **BeurkG** (vgl die Kommentierung der Besonderheiten für Verfügungen von Todes wegen, Anh §§ 2234–2246).

5 **b)** Im KonsG v 11. 9. 1974 (BGBl I 2317) ist das **Konsulartestament** geregelt, eine besondere Form des öffentlichen Testaments, das deutsche Staatsangehörige im Ausland nach deutschem Recht errichten können. Die von einem Konsularbeamten aufgenommenen Urkunden stehen den von einem inländischen Notar aufgenommenen Testamenten (oder Erbverträgen) gleich (§ 10 II KonsG). Berufskonsularbeamte, die die Befähigung zum Richteramt haben, sind ohne weiteres berechtigt, Beurkundungen dieser Art vorzunehmen, andere (Berufs- und Honorar-)Konsularbeamte nur mit Ermächtigung des Auswärtigen Amts (§ 19 KonsG). Da es sich hierbei um eine Sollvorschrift handelt, sind auch ohne die Ermächtigung vorgenommene Beurkundungen wirksam (Geimer DNotZ 1978, 3). Für das Verfahren bei der Beurkundung gilt das BeurkG mit der Gleichstellung, daß Urkunden auf Verlangen auch in einer anderen als der deutschen Sprache errichtet werden können und Dolmetscher nicht vereidigt zu werden brauchen (§ 10 III KonsG). Für die besondere amtliche Verwahrung ist das AG Schöneberg in Berlin zuständig, sofern nicht der Erblasser die Verwahrung bei einem anderen Gericht verlangt (§ 11 II KonsG). Stirbt der Erblasser, bevor der Konsularbeamte das Testament (oder den Erbvertrag) zur Verwahrung abgesendet hat, oder wird eine solche Verfügung nach dem Tod des Erblassers beim Konsularbeamten abgeliefert, dann kann dieser das Testament selbst eröffnen (§ 11 III KonsG). Dazu gelten die §§ 2260, 2261 (für Erbverträge die §§ 2273, 2300) und im übrigen die §§ 2232, 2233 (und 2276) entsprechend.

6 Weitere außerordentliche Testamentsformen betreffen nur noch die Errichtung in vergangener Zeit: Das **Verfolgtentestament** betraf die Zeit vom 30. 1. 1933 bis 8. 5. 1945, es ersparte unter dem Eindruck unmittelbarer

Todesgefahr die Niederlegung des letzten Willens. Das **Militärtestament** gewährte Soldaten im Mobilmachungsverhältnis und im Kriegsfall formelle Privilegien, geregelt im WehrmFGG v 24. 4. 1934 (RGBl I 335) und in der VO v 6. 9. 1943 (RGBl I 537); für Bundeswehrangehörige gelten diese Sondervorschriften nicht.

5. Internationales Erbrecht. Die Kollisionsnormen des Haager Übereinkommens über das auf die Form letztwilliger Verfügungen anzuwendende Recht v 5. 10. 1961 (BGBl 1965 II, 1145; 1966 II, 11) haben Eingang in Art 26 I bis III EGBGB gefunden. Für nach dem 31. 12. 1965 errichtete letztwillige Verfügungen verdrängt das Haager Übereinkommen in Erbfällen mit Auslandsberührung das EGBGB (BGH NJW 1995, 58). Unbeschadet des Vorrangs staatsvertraglicher Regelungen gemäß Art 3 II EGBGB wird auch den entsprechenden Vorschriften des EGBGB staatsvertraglicher Charakter und daher unmittelbare Anwendbarkeit zuerkannt (so Pal/Heldrich Art 26 EGBGB Rz 1; Schurig JZ 1987, 764; aM Jayme IPRax 1986, 266; Basedow NJW 1986, 2975; Siehr IPRax 1987, 6; MüKo/Birk Art 26 EGBGB Rz 2). Der Form nach sind Verfügungen von Todes wegen gültig, wenn sie einer der nach fünf alternativen Anknüpfungspunkten möglichen Rechtsordnungen genügen. Angeknüpft wird a) an die Staatsangehörigkeit oder b) an den Wohnsitz oder den gewöhnlichen Aufenthalt des Erblassers im Zeitpunkt der Testamentserrichtung oder des Todes, c) an den Ort der Testamentserrichtung, d) an den Ort des unbeweglichen Vermögens oder e) an das tatsächliche Erbstatut (Art 25 EGBGB) oder an das hypothetische Erbstatut bei Errichtung des Testaments. An Formmängeln soll eine Verfügung von Todes wegen nach Möglichkeit nicht scheitern. Im übrigen wird die Gültigkeit wie die Bindungswirkung der Verfügungen von Todes wegen nach dem Erbstatut im Zeitpunkt des Todes beurteilt (Art 25 EGBGB). Für den Fall eines Statutenwechsels zwischen der Errichtung einer Verfügung und dem Erbfall bestimmt Art 26 V EGBGB, daß Gültigkeit und Bindungswirkung nach dem Zeitpunkt der Errichtung zu beurteilen sind. Auch die Testierfähigkeit richtet sich nach dem Erbstatut, für den Deutschen mithin nach deutschem Recht. Durch eine Änderung des Personalstatuts wird die einmal erlangte Testierfähigkeit nicht beeinträchtigt (Art 26 V S 2 EGBGB).

2229 *Testierfähigkeit Minderjähriger, Testierunfähigkeit*
(1) **Ein Minderjähriger kann ein Testament erst errichten, wenn er das 16. Lebensjahr vollendet hat.**
(2) **Der Minderjährige bedarf zur Errichtung eines Testaments nicht der Zustimmung seines gesetzlichen Vertreters.**
(3) (weggefallen)
(4) **Wer wegen krankhafter Störung der Geistestätigkeit, wegen Geistesschwäche oder wegen Bewusstseinsstörung nicht in der Lage ist, die Bedeutung einer von ihm abgegebenen Willenserklärung einzusehen und nach dieser Einsicht zu handeln, kann ein Testament nicht errichten.**

Schrifttum: *v Dickhuth-Harrach*, Testament durch Wimpernschlag – Zum Wegfall des Mündlichkeitserfordernisses bei der Beurkundung von Testamenten und Erbverträgen, FamRZ 2003, 493; *Hahn*, Die Auswirkungen des Betreuungsrechts auf das Erbrecht, FamRZ 1991, 27; *Reimann*, Die Änderungen des Erbrechts durch das OLG-Vertretungsänderungsgesetz, FamRZ 2002, 1383; *Venzlaff/Foerster*, Psychiatrische Begutachtung, 3. Aufl; *Wetterling/Neubauer/Neubauer*, Psychiatrische Gesichtspunkte zur Beurteilung der Testierfähigkeit Dementer, ZEV 1995, 45.

1. Testierfähigkeit. a) Die Vorschrift behandelt die **Voraussetzungen** der Testierfähigkeit, gleichwohl das Gesetz den Begriff nicht gebraucht. Der Begriff umschreibt die sich auf die Errichtung, Änderung oder Aufhebung von Testamenten beziehende Geschäftsfähigkeit. Mit der allgemeinen Geschäftsfähigkeit ist die Testierfähigkeit nicht identisch. Sie setzt voraus, daß der Testierende eine Vorstellung von der Tatsache und von dem Inhalt seiner letztwilligen Verfügung hat. Er muß deren Bedeutung erkennen sowie deren Tragweite und Auswirkungen auf die persönlichen und wirtschaftlichen Verhältnisse der Betroffenen. Dabei muß sich der Testierende in der Lage befinden, die Gründe für und gegen seine Anordnungen vernünftig abzuwägen und frei von Einflüssen interessierter Dritter zu entscheiden (st Rspr: BGH FamRZ 1984, 1003; BayObLG FGPrax 2003, 35; Hamm OLG 1989, 271). Gefragt sind intellektuelle Fähigkeiten sowie die Fähigkeit zur freien Willensbildung. Diese Fähigkeiten werden idR auch bei einem besonders hohen Grad von Psychopathie vorliegen (BayObLG 1991, 59; FamRZ 1996, 109).

b) Volljährige, die vor dem 1. 1. 1992 unter **vorläufiger Vormundschaft** standen (§ 1906 aF), waren nach § 2229 II aF unbeschränkt testierfähig. Erst infolge der rechtskräftigen Entmündigung ist das in jenem Stadium errichtete Testament unwirksam geworden (vgl Rz 6). Bei Ablehnung oder Rücknahme des Entmündigungsantrags blieb das Testament dagegen wirksam (§ 115 aF), ebenso wenn über den (begründeten) Entmündigungsantrag nicht mehr vor dem 1. 1. 1992 entschieden wurde (Hahn FamRZ 1991, 29). Auch die Anordnung einer **Gebrechlichkeitspflegschaft** mit Einwilligung des Erblassers (§ 1910 aF) hat die Testierfähigkeit grundsätzlich nicht berührt (BayObLG FamRZ 1990, 318). Mit Inkrafttreten des BtG am 1. 1. 1992 sind aus der Gebrechlichkeitspflegschaft und der vorläufigen Vormundschaft Volljähriger **Betreuungen** (Art 9 § 1 I S 1 bzw 2 BtG) und aus dem Pfleger und dem Vormund Betreuer (Art 9 § 1 III bzw IV BtG) geworden. Von der Testierfähigkeit des Betreuten ist ohne weiteres auszugehen. Eine Mitwirkung des Betreuers bei der Errichtung oder bei dem Widerruf eines Testaments kommt nicht in Betracht. Der Betreute kann allerdings testierunfähig sein (vgl zu deren Feststellung Rz 6f).

c) Minderjährige über 16 Jahre sind eingeschränkt testierfähig. Sie können weder eigenhändig testieren (§ 2247 IV) noch dem Notar eine verschlossene Schrift übergeben (§ 2233 I). Wollen sie ein Testament errichten, muß die Beratung durch einen Notar gewährleistet sein. In Frage kommt das öffentliche Testament durch Erklärung oder Übergabe einer offenen Schrift. Die Mitwirkung eines gesetzlichen Vertreters ist in keinem Fall erforderlich. Mit Vollendung des 18. Lebensjahres wird die Person nach § 2 (idF vom 1. 1. 1975; im Beitrittsgebiet seit 1950) volljährig und gleichsam unbeschränkt testierfähig.

§ 2229 Erbrecht Testament

4   **d) Leseunfähige** und **Schreibunfähige** können nicht eigenhändig testieren (§ 2247 I und IV). Sie sind dadurch in der Wahl der Testamentsform eingeschränkt. Wer Geschriebenes nicht zu lesen vermag, kann nur ein öffentliches Testament durch eine Erklärung errichten (§ 2233 II). Wer auch nicht seinen eigenen Namen schreiben kann, bedarf noch der Unterstützung eines Zeugen oder zweiten Notars, der beim Vorlesen und bei der Genehmigung anwesend ist und das Protokoll unterschreibt (§ 25 BeurkG). Auch **Sehunfähige** sind auf die Errichtung eines öffentlichen Testaments angewiesen. Es soll ein Zeuge oder zweiter Notar zugezogen werden (§ 22 BeurkG). **Hörunfähige** und **Sprechunfähige** können ein öffentliches Testament sowohl durch eine Erklärung, die seit dem 1. 8. 2002 nicht mehr mündlich erfolgen muß, als auch durch Übergabe einer Schrift errichten (§ 2232). Hinzugezogen werden soll ein Zeuge oder zweiter Notar und auf Verlangen ein Gebärdensprachdolmetscher (§ 22 BeurkG). Einem hörbehinderten Erblasser muß die Niederschrift anstelle des Vorlesens zur Durchsicht vorgelegt werden (§ 23 BeurkG). Kann sich der Höhr- oder Sprechunfähige nicht schriftlich verständigen, muß eine Person zugezogen werden, die sich mit der behinderten Person in anderer Weise zu verständigen vermag (§ 24 BeurkG).

5   **2. Testierunfähigkeit. a) Minderjährige unter 16 Jahre** sind testierunfähig (§ 2229 I).

6   **b)** In der Zeit bis zum 31. 12. 1991 **Entmündigte** waren testierunfähig, und zwar gemäß § 2229 III aF rückwirkend mit der Stellung des Antrags. Die von Entmündigten seinerzeit errichteten Verfügungen von Todes wegen bleiben auch nach Inkrafttreten des BtG und der Wiedererlangung der Testierfreiheit unwirksam, da die Testierfähigkeit nach dem Zeitpunkt der Errichtung zu beurteilen ist und keine bloße Verfahrensvoraussetzung darstellt, deren Erleichterung Rückwirkung entfalten müßte (übereinstimmend Hahn FamRZ 1991, 29). An die Stelle der Vormundschaft über den Volljährigen ist am 1. 1. 1992 die Betreuung getreten, für deren gesetzlichen Aufgabenkreis ein Einwilligungsvorbehalt als angeordnet gilt (Art 9 § 1 S 1 BtG), der sich auf Verfügungen von Todes wegen allerdings nicht erstreckt (§ 1903 II). Die Beurteilung der Testierunfähigkeit des **Betreuten** konzentriert sich stattdessen auf die natürlichen Gründe des Abs IV.

7   **c) Geistesgestörte, Geistesschwache und Bewußtseinsgestörte** sind nach Abs IV natürlich testierunfähig, soweit sie nicht in der Lage sind, die Bedeutung ihrer Willenserklärungen einzusehen und nach dieser Einsicht zu handeln. Abs IV stellt wie die §§ 104, 105 auf den tatsächlichen Geisteszustand ab, allerdings in einer verständlicheren Form. Welche Anforderungen im einzelnen zu stellen sind, ergibt sich aus der Abgrenzung zum Begriff der Testierfähigkeit (Rz 1). Der Befund einer Geisteskrankheit ist allein nicht ausreichend. Maßgebend bleibt die Frage, ob und in welchem Maß sich die Krankheit auf die Einsichts- und Willensbildungsfähigkeit des Erblassers auswirkt. Eine geistige Erkrankung des Erblassers steht der Gültigkeit seiner letztwilligen Verfügung nicht entgegen, wenn sie von ihr nicht beeinflußt ist (BayObLG 2, 403; ZEV 2002, 234). Eine nach dem Grad der Schwierigkeit der Testamentserrichtung abgestufte Testierfähigkeit gibt es nicht (BGH 30, 112, 117; NJW 1970, 1680; aM Köln NJW 1960, 1389; Flume AT Bd II § 13, 5). Maßgeblicher Zeitpunkt ist der Abschluß der Errichtung. Hat der Erblasser seinen letzten Willen im Vollbesitz seiner geistigen Kräfte eindeutig zu erkennen gegeben, zB durch mündliche Erklärung gegenüber dem Notar oder durch Übergabe eines Schriftstücks, erleidet er aber vor der eigentlichen Testamentserrichtung eine Bewußtseinstrübung (evtl durch Schlaganfall), dann braucht sich die Testierfähigkeit nur noch auf die Zustimmung oder Ablehnung des Vorgelesenen zu erstrecken; der Erblasser muß nicht mehr in der Lage sein, den Inhalt der Verfügungen von sich aus zu bestimmen, wenn zwischen Bekundung und Beurkundung des letzten Willens ein gewisser zeitlicher Zusammenhang besteht (BGH 30, 294). Im übrigen ist ein in lichten Augenblicken errichtetes Testament wirksam (BayObLG FamRZ 1985, 739), während eine partielle Testierunfähigkeit im Unterschied zur partiellen Geschäftsunfähigkeit abzulehnen ist (BayObLG 1991, 59; aM Erman/Hense/M. Schmidt[8] Rz 7). Auch wenn sich die geistige Störung nur auf einen bestimmten gegenständlich abgrenzbaren Lebensbereich ausdehnt, wirken die einzelnen Verfügungen darüber hinaus. Die Wirksamkeit der Errichtung eines Testaments läßt sich daher nur einheitlich beurteilen (vgl aber RG JW 1906, 376; BGH FamRZ 1970, 641; BayObLG FamRZ 1985, 540).

8   **d) Mehrfachbehinderungen.** Stumme Schreibunfähige waren nach dem Gesetz bis zum 31. 7. 2002 faktisch testierunfähig, da sie zu der ihnen nach § 2233 III aF verbliebenen Möglichkeit der Übergabe einer Schrift wegen § 31 S 1 BeurkG aF nicht imstande waren, denn die Vorschrift verlangte zwingend eine gesonderte, eigenhändig geschriebene Erklärung des Erblassers, daß die übergebene Schrift seinen letzten Willen enthält. Dieser Ausschluß Behinderter von der Testierfähigkeit widersprach der Erbrechtsgarantie, dem allgemeinen Gleichheitssatz und dem Benachteiligungsverbot für Behinderte in Art 14 I bzw Art 3 I und II GG (BVerfG 99, 341; Rossak MittBayNot 1991, 193; ZEV 1995, 236). Nach der Entscheidung des BVerfG vom 19. 1. 1999 sind die §§ 2232 aF, 2233 aF, § 31 BeurkG aF auf letztwillige Verfügungen schreib- und sprechunfähiger Personen nicht anzuwenden, soweit sie diese Personen von jeglicher Testiermöglichkeit ausschlösse. Übergangsweise konnten deren letztwillige Verfügungen ohne die einschränkenden Formerfordernisse notariell beurkundet werden, als rechtswirksam anzuerkennen bei Einhaltung allein der §§ 22–26 BeurkG aF (BVerfG 99, 341). Vor dem 19. 1. 1999 eingetretene Erbfälle mit rechtskräftig abgeschlossenen Verfahren bleiben davon mit Rücksicht auf die Belange der Rechtssicherheit aber unberührt, aus Gründen des Vertrauensschutzes auch alle vor dem Jahr 1991, als die Verfassungsmäßigkeit des Testierausschlusses in der Literatur erstmals in Zweifel gezogen wurde, liegende Erbfälle (BVerfG 99, 341). Bei Erbfällen zwischen 1991 und dem 19. 1. 1999 bleiben Testamente unwirksam, soweit sie nicht die formalen Kriterien der §§ 22–26 BeurkG erfüllen (Hamm NJW 2000, 3362; aM Voit in Dittmann/Reimann/Bengel § 2232 Rz 7). Seit dem 1. 8. 2002 ist das Mündlichkeitserfordernis in den §§ 2232, 2233 entfallen, § 2233 III und § 31 BeurkG sind aufgehoben. Nicht testieren können weiterhin taube Analphabeten.

9   **3. Verfahren. a) Beweisfragen.** Der Erblasser gilt als testierfähig, solange das Gegenteil nicht feststeht. Fest steht es erst bei völliger Gewißheit über die Testierunfähigkeit (Frankfurt NJW-RR 1996, 1159). Bestehen in einem Verfahren der Freiwilligen Gerichtsbarkeit begründete Zweifel an der Testierfähigkeit, hat das Nachlaßgericht den

Sachverhalt **von Amts wegen** aufzuklären (§ 2358 I, § 12 FGG). Die konkreten Verhaltensweisen und tatsächlichen Umstände, die die Testierfähigkeit im maßgeblichen Zeitpunkt beeinträchtigt haben können, die sog Anknüpfungstatsachen, bedürfen einer umfangreichen und sorgfältigen Ermittlung (Frankfurt NJW-RR 1998, 870; BayObLG ZEV 2002, 234). Zweifeln, die auf konkreten Umständen und nicht nur auf pauschalen Behauptungen beruhen, ist nachzugehen (Hamm FGPrax 1997, 68; BayObLG NJWE-FER 1997,159). Aufgeklärt ist der Sachverhalt, sobald von weiteren Ermittlungen keine entscheidungserheblichen Ergebnisse mehr zu erwarten sind. Inwieweit sich das Gericht dabei auf sein eigenes Einschätzungsvermögen verlassen und von sachverständiger Unterstützung absehen darf, steht in seinem pflichtgemäßen Ermessen. Gelangt es zu der Überzeugung, daß die Tatsachen auch mit Hilfe eines Sachverständigengutachtens nicht geeignet sein werden, die Testierunfähigkeit zu begründen, darf es von einer Beauftragung absehen (BayObLG NJW-RR 1990, 1419). Der Entschluß eines Erblassers zur Selbsttötung muß zB nicht auf eine gestörte Willensbildung beim Testieren hindeuten (BayObLG Rpfleger 1984, 317). Das förmliche Beweisverfahren verdient aber den Vorzug vor formlosen Ermittlungen (Frankfurt NJWE-FER 1998, 15). In aller Regel wird ein ärztlicher Sachverständiger einzuschalten sein, um Fragen aus dem Bereich der medizinischen Fachwissenschaft zu klären (Hamm Rpfleger 1989, 23; KG NJW 1961, 2061), am besten ein Arzt für Nervenkrankheiten, von dem eine größere Fachkunde zu erwarten ist als von einem praktischen Arzt (BGH FamRZ 1984, 1003). Eine solche Sachkunde wird der Richter im allgemeinen nicht haben, so daß eine Widerlegung der gutachterlichen Schlußfolgerungen nicht ohne weiteres in Betracht kommt. Dennoch ist das Gericht nicht an das **Gutachten** gebunden, denn es gilt der Grundsatz der freien Beweiswürdigung. Von dem Gutachten kann abgewichen werden, wenn eine eingehende Auseinandersetzung damit stattfindet und andere gewichtige Argumente verwertet werden. Möglicherweise sind dem Gutachten andere oder nicht alle zugänglichen Sachverhaltsmomente zugrundegelegt oder es enthält keine Feststellungen über Ausmaß und Intensität der Bewußtseinsstörungen (zum Fall der Cerebralarteriosklerose BayObLG Rpfleger 1985, 239; NJW-RR 1991, 1098, und im letzten Stadium Celle NdsRpfl 1962, 201). Unterschiedliche ärztliche Stellungnahmen kann das Gericht frei würdigen (zum Fall seniler Demenz BayObLG ZEV 1998, 230).Verbleibenden Zweifeln ist weiter nachzugehen (BayObLG Rpfleger 1988, 67). Dazu bietet sich uU die Einholung eines Obergutachtens an, auch um besonders schwierigen Fragen Rechnung zu tragen, oder wenn ein anderer Sachverständiger auf überlegene Forschungsmittel (BGH 53, 245; BayObLG 1982, 309) oder auf eigene Untersuchungen der betreffenden Person (BayObLG FamRZ 1985, 739) zurückgreifen kann. Den Bekundungen sachverständiger Zeugen kommt grundsätzlich ein erhöhter Beweiswert zu (BayObLG FamRZ 1985, 742; Köln NJW-RR 1991, 1412). Insoweit kann der Arzt, der den Erblasser behandelt hat, auch vernommen werden, wenn der Erblasser ihn nicht von seiner Schweigepflicht entbunden hat (BayObLG NJW-RR 1991, 1287). Auch die Daten, die sich im Betreuungsverfahren aufgrund der Untersuchungsmaßnahmen (§§ 2068, 69 FGG) über den Zustand eines Betreuten ergeben, können herangezogen werden und zu Rückschlüssen über die Testierunfähigkeit geeignet sein (Hahn FamRZ 1991, 27). Rückschlüsse dieser Art können auch der Text und das äußere Bild des Testaments zulassen (BayObLG ZEV 2002, 234; Venzlaff/Foerster S 437). Steht fest, daß der Erblasser vor oder nach der Testamentserrichtung testierunfähig war, so spricht der **erste Anschein** dafür, daß auch im Zeitpunkt der Errichtung noch Testierunfähigkeit vorlag; durch den ernsthaften Möglichkeit eines lichten Intervalls wird dieser erste Anschein aber erschüttert; die ernsthafte Möglichkeit muß beweisen, wer Rechte aus dem Testament herleitet (Karlsruhe OLG 1982, 280; Köln NJW-RR 1991, 1412; BayObLG ZEV 1994, 303 mit Anm Jerschke). Bei nicht behebbaren Zweifeln muß schließlich von der Testierfähigkeit ausgegangen werden, so daß die **Feststellungslast** derjenige trägt, der sich auf die Testierunfähigkeit beruft (Hamm OLG 1989, 271; Musielak FamRZ 1992, 359). Hat der nach Errichtung testierunfähig gewordene Erblasser die Ergänzung der Erbeinsetzung nicht datiert, dann muß entgegen der Regel die Testierfähigkeit nachgewiesen werden (BayObLG ZEV 1996, 390; Rpfleger 2003, 190). Der Regel entsprechend verhält es sich aber mit der Beweislast in der streitigen Gerichtsbarkeit (BGH FamRZ 1968, 127), umgekehrt nur bei eigenhändigen, undatierten Testamenten gemäß § 2247 V. Bei beabsichtigter Verwertung der Krankenakte des Erblassers ist den Beteiligten, erforderlichenfalls auch deren bevollmächtigten Privatgutachtern, Einsichtnahme zu gewähren (Düsseldorf ZEV 2000, 363 Ls).

b) Beschwerdeverfahren. Da es sich bei den Voraussetzungen der Testierfähigkeit im wesentlichen um Tatfragen handelt, ist deren Nachprüfung im Beschwerdeverfahren auf Gesetzesverletzungen iSv § 27 FGG beschränkt. Im einzelnen muß der Sachverhalt ausreichend erforscht, und bei der Erörterung des Tatsachen- und Beweisstoffes müssen alle wesentlichen Umstände berücksichtigt werden, ohne daß gegen Denkgesetze oder allgemein anerkannte Erfahrungssätze verstoßen wurde; Rechtsbegriffe dürfen nicht verkannt und die Beweisanforderungen nicht zu hoch und nicht zu niedrig angesetzt worden sein (BayObLG 1999, 1). Ob dann eine andere Schlußfolgerung ebenso nahe oder noch näher gelegen hätte, ist unerheblich (Hamm Rpfleger 1989, 23). 10

2230 (weggefallen)

Durch das BtG ist die Vorschrift seit dem 1. 1. 1992 aufgehoben (vgl dazu § 2229 Rz 2, 6). Abs I aF zufolge ist 1 ein Testament wirksam geblieben, wenn der Erbfall eingetreten ist, bevor der Entmündigungsbeschluß nach Ablauf eines Monats unanfechtbar (§§ 664, 684 ZPO aF) oder über die Anfechtung noch nicht rechtskräftig entschieden wurde. Nach Abs II aF bewirkte eine Wiederaufhebung der Entmündigung die Wiederherstellung der Testierfähigkeit seit dem Zeitpunkt der Antragstellung (§§ 675, 685 ZPO aF). Ist der Entmündigte vor Rechtskraft des Aufhebungsurteils verstorben, blieb das zwischenzeitlich errichtete Testament wegen der Gegenstandslosigkeit des Antrags unwirksam (vgl Erman/Hense/M. Schmidt[8] Rz 2). In gleicher Weise unwirksam bleibt ein Testament des ehemals Entmündigten, das er nach Antrag auf Wiederaufhebung der Entmündigung errichtet hat, wenn über den Antrag nicht mehr entschieden wurde, weil sich die Vormundschaft am 1. 1. 1992 kraft Gesetzes in eine Betreuung umgewandelt hat (Hahn FamRZ 1991, 29).

§ 2231 Ordentliche Testamente
Ein Testament kann in ordentlicher Form errichtet werden
1. zur Niederschrift eines Notars,
2. durch eine vom Erblasser nach § 2247 abgegebene Erklärung.

1   1. Es gibt **ordentliche und außerordentliche Testamentsformen**. Zu den ordentlichen gehören das öffentliche Testament, errichtet nach § 2232 und den Vorschriften des BeurkG, und das eigenhändige (privatschriftliche) Testament nach § 2247. Zu den außerordentlichen zählen die Nottestamente nach §§ 2249–2251, das Konsulartestament (vor § 2229 Rz 5), die Testamente der Verfolgten nach den Rückerstattungs- und Entschädigungsgesetzen der einzelnen Zonen (vor § 2229 Rz 6) und früher auch die Testamente von Wehrmachtsangehörigen aufgrund des aufgehobenen 27 TestG (vor § 2229 Rz 6). Im Wege eines Prozeßvergleichs läßt sich ein Testament anders als ein Erbvertrag (BGH 14, 381) nicht errichten, denn bei Testamenten handelt es sich regelmäßig um einseitige Erklärungen (BGH FamRZ 1960, 30).

2   2. Welche **ordentliche Testamentsform** der Erblasser wählt, steht in seinem Belieben. Das gemeinschaftliche Testament des § 2265 kann öffentlich oder eigenhändig sein. Einfacher und preiswerter ist das privat geschriebene Testament, das der Erblasser nach § 2248 auch in die besondere amtliche Verwahrung geben kann. Demgegenüber bietet das öffentliche Testament die Möglichkeit der fachkundigen Beratung, wodurch Testamente auch verständlicher und Auslegungsprobleme reduziert werden. Öffentliche Testamente sind beweiskräftig iSv § 35 GBO und § 41 SchiffsRegVO; es handelt sich um öffentliche Testamente iSv § 415 ZPO. Die Beurkundungszuständigkeit liegt beim Notar; örtlich richtet sie sich nach § 11 BNotO, in Baden-Württemberg nach den §§ 3, 13ff LFGG v 12. 2. 1975 (GesBl 116). Der Notar darf seine Amtshandlungen grundsätzlich nur in seinem Amtsbezirk vornehmen; gleichwohl wird die Wirksamkeit eines außerhalb dieses Gebiets errichteten Testaments nicht beeinträchtigt, auch nicht außerhalb des Bundeslandes (§ 11a BNotO; § 2 BeurkG). Nur im Ausland kann der Notar nicht wirksam tätig werden (§ 11a BNotO; BGH 138, 359; Winkler NJW 1972, 981). Dort besteht für deutsche Staatsangehörige die Möglichkeit, vor einem Konsularbeamten das ebenfalls öffentliche Konsulartestament zu errichten (siehe vor § 2229 Rz 5). Zur Errichtung eigenhändiger Testamente von Deutschen im Ausland und von Ausländern in Deutschland siehe vor § 2229 Rz 7.

2232 Öffentliches Testament
Zur Niederschrift eines Notars wird ein Testament errichtet, indem der Erblasser dem Notar seinen letzten Willen erklärt oder ihm eine Schrift mit der Erklärung übergibt, dass die Schrift seinen letzten Willen enthalte. Der Erblasser kann die Schrift offen oder verschlossen übergeben; sie braucht nicht von ihm geschrieben zu sein.

1   1. Verfahrensrechtlich wird ein **öffentliches Testament** nach den Vorschriften des BeurkG errichtet. Noch vor dem 1. 1. 1970 errichtete Testamente sind nach dem Recht der §§ 2232–2246 aF zu beurteilen. Die dem Richter genommene Beurkundungszuständigkeit konzentriert sich seither auf den Notar; zur örtlichen Zuständigkeit siehe § 2231 Rz 2.

2   2. Materiellrechtlich bestimmt § 2232 die ordentliche Form des öffentlichen Testaments. Inhaltlich entsprach die Vorschrift vor Aufhebung des Mündlichkeitserfordernisses durch das OLGVertrÄndG vom 23. 7. 2002 (BGBl I 2850) der Regelung in § 2238 I, II S 1, 2 idF vor 1970. Wegen Verfassungsverstoßes waren die §§ 2232 aF, 2233 aF, § 31 BeurkG aF auf letztwillige Verfügungen schreib- und sprechunfähiger Personen bereits nicht mehr anzuwenden (BVerfG 99, 341; siehe § 2229 Rz 6 auch zu Fragen des Übergangsrechts). Dem Erblasser stehen **drei Errichtungsformen** zur Auswahl: a) Erklärung, b) Übergabe einer offenen Schrift, c) Übergabe einer verschlossenen Schrift. In Einzelabschnitten können die Formen miteinander verbunden werden, indem der Erblasser zu einer übergebenen Schrift noch Erklärungen abgibt oder während der Erklärung auf eine übergebene Schrift verweist. Die bloße Bezugnahme auf eine andere Schrift, ohne diese in den Errichtungsakt aufzunehmen, genügt nicht. Zum Errichtungsakt gehört jeweils die Niederschrift und deren Verlesung, Genehmigung und Unterzeichnung (§ 13 BeurkG) mit den Besonderheiten für behinderte Personen (§§ 22–26 BeurkG).

3   a) **Errichtung durch Erklärung.** Die Erklärung kann verbal, seit dem 1. 8. 2002 auch nonverbal erfolgen. In aller Regel wird die Erklärung mündlich abgegeben. Die mündliche Erklärung erfordert ein verständliches Sprechen. Der Testierende braucht seinen Willen nicht Wort für Wort zu erklären; es genügt eine deutliche Antwort auf die Frage, ob der vorgelesene, uU nach den Angaben Dritter gefertigte Text seinem Willen entspricht (BGH 2, 175; RG 108, 397; BayObLG ZEV 2000, 66; Hamm ZEV 1994, 113). Mit Aufgabe des Mündlichkeitserfordernisses durch das OLGVertrÄndG (siehe Rz 2) hat die Abgrenzung eines klaren „Ja" zu einer etwa nur möglichen Lautäußerung „a" seine Bedeutung verloren. Die Erklärung kann auch in jeder anderen Form erfolgen, die eine zuverlässige Verständigung ermöglicht. Denkbare Kommunikationsmittel sind besonders Gebärden in der Deutschen Gebärdensprache, lautsprachbegleitende Gebärden (vgl § 6 BGG vom 27. 4. 2002, BGBl I 1467), Lormen (Handtastensprache), taktil wahrnehmbare Gebärden (vgl § 2 Kommunikationshilfenverordnung zu § 9 BGG), Zeichen, Kopfnicken, Wimpernschlag (v Dickhuth-Harrach FamRZ 2003, 493). Der Testierende muß selbst aktiv werden und auch zur gegenteiligen Meinungsäußerung in der Lage sein (Reimann FamRZ 2002, 1384). Bei nonverbaler Erklärung ist das Hinzuziehen eines Zeugen oder zweiten Notars und eines Gebärdensprachdolmetschers zu prüfen (§ 22 BeurkG). Stellt der Notar bei der Niederschrift fest, daß der hör- oder sprachbehinderte Erblasser nicht schriftlich zu verständigen vermag, ist zudem eine Verständigungsperson hinzuzuziehen (§ 24 BeurkG). Die zustimmende Erklärung des Testierenden kann sich auf alle vorgelesenen Einzelverfügungen beziehen. Zu empfehlen ist allerdings das abschnittsweise Verlesen und Zustimmen, um sicherzugehen, daß der Inhalt auch in den Einzelheiten vom Willen des Erblassers getragen wird. Bestehen daran keine Zweifel, kann die Erklärung des letzten

Willens mit der Genehmigung der Niederschrift in einem Akt zusammengefaßt werden (BGH 37, 79; vgl Hamm DNotZ 2001, 129 mit Anm Reithmann). Kommt hinzu, daß der Erblasser nicht hinreichend hörfähig ist, und wird ihm der Text anstelle des Vorlesens zur Durchsicht vorgelegt (§ 23 BeurkG), dann muß ihm auch die Frage, ob er die Niederschrift billige und als seinen letzten Willen gelten lassen wolle, schriftlich zum Selbstlesen vorgelegt werden (Hamm DNotZ 1989, 584). Im Anschluß an die Genehmigung ist die Niederschrift von den Beteiligten und vom Notar zu unterschreiben (§ 13 BeurkG), ggf auch von dem zugezogenen Zeugen bzw zweiten Notar und der Verständigungsperson. Eine Unterschrift des gem § 22 I S 2 BeurkG zugezogenen Gebärdensprachdolmetschers verlangt das Gesetz nicht, wenn dieser nicht zugleich Verständigungsperson iSv § 24 BeurkG ist. Der Notar sollte auf das Unterschreiben aber hinwirken. Eine Unterschrift muß den typischen Schriftzug erkennen lassen, der die Identität des Unterschreibenden kennzeichnet und sich als Unterschrift eines Namens darstellt. Sie muß nicht lesbar, ihre Entstehung aus der ursprünglichen Schrift in Buchstaben muß aber erkennbar sein (BGH NJW 1982, 1099). Ein einzelner Buchstabe (Paraphe) reicht nicht aus. Der Familienname genügt, wenn keine Verwechslungsgefahr besteht oder der volle Name aus der Niederschrift hervorgeht. Sofern keine Zweifel an der Identität aufkommen, ist auch der Gebrauch eines Künstlernamens oder eines unrichtigen, aber ständig geführten Namens zulässig. Die Verwendung eines falschen und tatsächlich nicht geführten Namens begründet hingegen Zweifel an der Ernstlichkeit des Testierwillens (KG FamRZ 1996, 1242). Es ist zulässig, den Erblasser durch Halten des Armes oder der Hand zu unterstützen, solange dieser den Willen hat, die Unterschrift zu leisten, und dieser Wille für den Schreibvorgang bestimmend bleibt (BayObLG DNotZ 1986, 299; Rpfleger 1987, 358). Eine aktive Mitwirkung des Erblassers bleibt so erforderlich (BGH NJW 1981, 1900). Ist der Erblasser nicht mehr schreibfähig, muß nach § 25 BeurkG ein sog Schreibzeuge hinzugezogen werden, der mit dem Bewußtsein der verantwortlichen Mitwirkung (BayObLG 1984, 141) während des Verlesens und Genehmigens anwesend ist und die Niederschrift unterschreibt.

b) Errichtung durch Übergabe einer offenen Schrift. Der Erblasser braucht die Schrift nicht selbst anzufertigen (Satz 2 Hs 2). Sie kann aus einem beliebigen Stoff bestehen, mit der Schreibmaschine oder einem anderen Mittel geschrieben sein, in Stenographie, in Blindenschrift (Schulze DNotZ 1955, 629) oder chiffriert, sofern der Code mitgeliefert wird; sie kann auch in einer fremden Sprache abgefaßt sein. Der Testierende muß aber eine Vorstellung vom Inhalt der Schrift haben (vgl Rz 5) und er muß erklären, daß es sich um seinen letzten Willen handelt. Die Erklärung ist an keine bestimmte Form gebunden; sie muß in der zum Ausdruck gekommenen Form klar verständlich sein. Dies geschieht idR bei der Übergabe der Schrift. Es handelt sich dabei um keinen sachenrechtlichen Begriff, so daß es auch keiner Übergabe von Hand zu Hand bedarf. Es genügt, wenn sich der Erblasser als Besitzer fühlt, weil er in der Lage ist, die Schrift an sich zu nehmen, wenn der Notar die Schrift mit dem Willen des Erblassers übernimmt, und wenn der Akt nach außen deutlich wird (vgl RG 150, 189; 108, 400; enger 81, 36; krit Kipp/Coing § 27 IV 2 Fn 15). Der Notar soll von dem Inhalt Kenntnis nehmen und den Erblasser auf etwaige Bedenken hinweisen (§ 30 S 4 BeurkG). Datum, Ort und Unterschrift braucht die Schrift nicht zu enthalten, weil die Angaben im Protokoll erfolgen (zu diesbezüglichen Anforderungen des § 13 BeurkG siehe Rz 3). Auch hier kann die Erklärung des Erblassers mit der Genehmigung zusammenfallen. Vermag der Erblasser nicht zu lesen, ist ihm eine Testamentserrichtung durch Übergabe einer Schrift, ob offen oder verschlossen, verwehrt (§ 2233 II).

c) Errichtung durch Übergabe einer verschlossenen Schrift. Grundsätzlich wird die verschlossene wie die offene Schrift übergeben. Der Notar darf sie nicht gegen den Willen des Erblassers öffnen (Brox ErbR Rz 104), so daß er vom Inhalt nicht Kenntnis nehmen kann. Er hat aber das Recht, den Erblasser über den Inhalt zu befragen und ihn auf mögliche Bedenken hinzuweisen, was sich wegen der Ausschließung mitwirkender Personen nach §§ 26, 27 BeurkG als sinnvoll erweist. Von der überwiegenden Meinung wird nicht verlangt, daß der Erblasser den Inhalt der Schrift tatsächlich kennt (Prot V S 277; RG 76, 94; v Lübtow I S 187), während die Gegenmeinung auf die sittliche Verantwortung des Testierenden abstellt, seine Erbfolge wissentlich zu gestalten (MüKo/Burkart Rz 16). Die Wertung im letztgenannten Sinne kommt in den §§ 2064, 2065 zum Ausdruck. Übergibt der Erblasser zB eine Schrift, die von einem Dritten stammt und deren Inhalt er nicht kennt, dann hat er dem Dritten die Bestimmung seiner Erbfolge überlassen, was nach § 2065 II unwirksam ist. Der Testierende kann sich den Inhalt der Schrift nur zu eigen machen, wenn er ihn kennt. Er muß einen letzten Willen haben, um ihn erklären zu können. Praktisch wird der Notar die Fälle bewußter Unkenntnis ausschalten, denn er wird sich von dem Kenntnisstand besonders überzeugen, wenn sich herausstellt, daß der Erblasser die Schrift nicht selbst angefertigt hat. Davon zu unterscheiden sind die Fälle unbewußter Unkenntnis, die regelmäßig einen Erklärungsirrtum darstellen und zur Anfechtung nach § 2078 I berechtigen. Im übrigen wird die übergebene Schrift nicht Teil der Niederschrift, soll ihr aber beigefügt werden. Eine Verbindung durch Schnur und Siegel ist nicht zwingend, aber zweckmäßig. Für Minderjährige ist die Übergabe einer verschlossenen Schrift nach § 2233 I ausgeschlossen.

3. Ein **Formverstoß** gegen § 2232 führt zur Nichtigkeit des öffentlichen Testaments, auch wenn der Notar den Verstoß durch ein Versehen verursacht hat (BGH NJW 1981, 1900; aM Kegel in FS Flume 1978 Bd 1 S 545). Die übergebene Schrift kann allerdings als privatschriftliches Testament wirksam bleiben, sofern sie den Anforderungen des § 2247 genügt.

4. Pflichtverletzungen können die **Haftung des Notars** auslösen, auch gegenüber denjenigen Personen, zu deren Gunsten das fehlerhafte Testament errichtet wurde. Der Ersatzanspruch ergibt sich für den Notar aus §§ 19, 46 BNotO, für den Notarvertreter aus §§ 19, 39 IV, 46 BNotO, für den Notariatsverwalter und die Notarkammer aus §§ 19, 57 I, 61 BNotO.

2233 *Sonderfälle*

(1) Ist der Erblasser minderjährig, so kann er das Testament nur durch eine Erklärung gegenüber dem Notar oder durch Übergabe einer offenen Schrift errichten.

§ 2233 Erbrecht Testament

(2) Ist der Erblasser nach seinen Angaben oder nach der Überzeugung des Notars nicht im Stande, Geschriebenes zu lesen, so kann er das Testament nur durch eine Erklärung gegenüber dem Notar errichten.

1 1. **Schutzzweck.** Die Vorschrift entstammt den §§ 2238 III, IV, 2243 I S 1 idF vor 1970, geändert durch das OLGVertRÄndG v 23. 7. 2002 (BGBl I 2850), das für Erklärungen das Mündlichkeitserfordernis und folgerichtig Abs III aF aufgehoben hat. Abs I ist im Interesse Minderjähriger, Abs II im Interesse Leseunfähiger getroffen.

2 2. Die Testierfähigkeit des **Minderjährigen** beginnt mit Vollendung des 16. Lebensjahres (§ 2229 I). Sodann kann der Minderjährige ein öffentliches Testament durch Erklärung (siehe § 2232 Rz 3) oder durch Übergabe einer offenen Schrift (siehe § 2232 Rz 4) errichten (Abs I). Die Errichtungsformen gewährleisten, daß er stets eine Beratung durch den Notar erhält. Privatschriftliches Testieren ist ihm verwehrt (§ 2247 IV). Mit Vollendung des 18. Lebensjahres wird der Jugendliche volljährig (§ 2). Von diesem Zeitpunkt an stehen ihm alle Errichtungsformen offen. Ein zuvor errichtetes privatschriftliches Testament wird nicht nachträglich wirksam, denn es kommt grundsätzlich auf die Testierfähigkeit zur Zeit der Errichtung an.

3 3. **Leseunfähige** können weder ein öffentliches Testament durch Übergabe einer Schrift (Abs II) noch ein privatschriftliches Testament (§ 2247 IV) errichten. Unfähig zu lesen ist, wer den Sinn geschriebener Worte nicht erfassen kann. Der Grund kann darin liegen, daß der Erblasser vorübergehend oder dauernd sehbehindert ist. Beherrscht der Sehbehinderte oder die Blindenschrift, kann er dem Notar eine so gefertigte Schrift übergeben, wie es überhaupt ausreicht, irgendeine (lateinische, griechische, kyrillische, arabische oä) Schrift lesen zu können. Ob auch der Notar die betreffende Schrift beherrscht, ist unerheblich. Der Notar kann sich auf die Angaben des Testierenden verlassen, solange er nicht vom Gegenteil überzeugt ist. Wer nicht lesen kann, muß sein Testament nach Abs II durch Erklärung vor dem Notar (siehe § 2232 Rz 3) errichten. Ein Formverstoß macht das Testament nichtig. Entscheidend bleibt aber die tatsächliche Leseunfähigkeit und nicht, ob der Notar davon überzeugt war.

4 4. **Sprechunfähige** konnten ein öffentliches Testament nach Abs III idF bis zum 31. 7. 2002 nur durch Übergabe einer Schrift errichten. Ergänzend verlangte § 31 BeurkG aF, daß der Stumme die Erklärung, die Schrift enthalte seinen letzten Willen, gesondert und eigenhändig schreibt. War er hierzu außerstande, konnte er nach dem Gesetz überhaupt kein Testament errichten. Dies widersprach der Erbrechtsgarantie der Verfassung. Das BVerfG (99, 341) ordnete daher an, die §§ 2232 aF, 2233 aF, § 31 BeurkG aF auf letztwillige Verfügungen Schreib- und Sprechunfähiger bis zu einer gesetzlichen Neuregelung nicht anzuwenden. Zu Erbfällen vor dem 1. 8. 2002, dem Inkrafttreten des OLGVertRÄndG, siehe § 2229 Rz 8.

Anhang zu § 2233

Beurkundungsgesetz (BeurkG)
– Auszug: §§ 27–35 –

vom 28. August 1969 (BGBl. I S. 1513), zuletzt geändert durch das Gesetz zur Änderung des Rechts der Vertretung durch Rechtsanwälte vor den Oberlandesgerichten (OLG-Vertretungsänderungsgesetz – OLGVertRÄndG) vom 23. Juli 2002 (BGBl. I S. 2850)

5. Besonderheiten für Verfügungen von Todes wegen

Vorbemerkung

Schrifttum: *Appell*, Die Auswirkungen des Beurkundungsgesetzes auf das Familien- und Erbrecht, FamRZ 1970, 520; *v Dickhuth-Harrach*, Die Rückgabe eines Erbvertrages aus der notariellen Verwahrung, RNotZ 2002, 384; *Dittmann/Reimann/Bengel* (Hrsg.), Testament und Erbvertrag, 4. Aufl 2003; *Eylmann/Vaasen* (Hrsg.), Bundesnotarordnung – Beurkundungsgesetz, 2000; *Haegele*, Beurkundungsgesetz, Rpfleger 1969, 365 und 414; *Huhn/v Schuckmann*, Beurkundungsgesetz, 4. Aufl 2003; *Jansen*, Beurkundungsgesetz, 1971; *Keidel/Winkler*, Beurkundungsgesetz, 15. Aufl 2003; *Keim*, Das notarielle Beurkundungsverfahren, 1990; *Ludwig*, Entwicklungstendenzen des Rechts der notariellen Beurkundung, AcP 180 (1980), 373; *Mecke/Lerch*, Beurkundungsgesetz, 2. Aufl 1991; *Reimann*, Die Änderungen des Erbrechts durch das OLG-Vertretungsänderungsgesetz, FamRZ 2002, 1383; *Reithmann/Albrecht/Basty*, Handbuch der notariellen Vertragsgestaltung, 7. Aufl 1995; *Riedel/Feil*, Beurkundungsgesetz, 1970.

1 1. **Regelungsgehalt des BeurkG.** Es hat aus der Verzweigung früheren Rechts die Rechtseinheit im Beurkundungswesen geschaffen. Die Beurkundungstätigkeit ist im wesentlichen dem Notar zugewiesen. Frühere Zuständigkeiten der Gerichte und Verwaltungsbehörden sind weitgehend aufgehoben. Nur § 62 begründet eine besondere Zuständigkeit für Amtsgerichte und § 63 in beschränktem Maße für Verwaltungsbehörden. Das BeurkG ist seinem Inhalt nach ein Verfahrensgesetz. Soweit für bestimmte Rechtsgeschäfte bestimmte Formen einzuhalten sind, finden sich die Formvorschriften in den materiell-rechtlichen Vorschriften in anderen Gesetzen wie dem BGB. Sehen die Formvorschriften die öffentliche Beurkundung vor, dann werden sie durch das BeurkG verfahrensrechtlich ergänzt. Die Verfahrensregeln gehen im Kern von den früheren Bestimmungen des BGB über die Beurkundung von Testamenten und Erbverträgen aus, verallgemeinern und vereinfachen sie jedoch in den zu beachtenden Förmlichkeiten. Viele Mußvorschriften sind durch Sollvorschriften ersetzt worden, weil es als ausreichend erachtet wurde, daß Amtspflichten der Urkundsperson begründet werden, deren Verletzung dienstaufsichtsrechtliche Maßnahmen und

Beurkundungsgesetz **Anh § 2233**

Schadenersatzansprüche nach sich ziehen kann (Amtl Begründung Einl III 1 BT-Drucks V/3282). Die durchgreifendere Rechtsfolge der Unwirksamkeit des beurkundeten Rechtsgeschäfts wird dagegen nur an die Mißachtung einer Mußvorschrift geknüpft. Insoweit gebraucht das Gesetz mit den Worten „muß" und „soll" eine klare Terminologie.

a) Form der Beurkundung. Formvorschriften (§§ 126, 128, 129 BGB) dienen Schutz- und Beweiszwecken, wobei insbesondere die öffentliche Beurkundung gewährleisten soll, daß die zu beurkundende Willenserklärung vom Erklärenden selbst mündlich abgegeben, vom Notar inhaltlich wahrgenommen und verantwortlich geprüft wird (BGH 37, 86). Dem Notar obliegt daher eine Beratungs- und Belehrungspflicht (§ 17), außerdem die Aufgabe der Verhandlung und Verlesung (§§ 8, 13 I). 2

b) Wirkungsbereich. Die im BeurkG geregelten Verfahrensvorschriften bilden ein Verfahren der Freiwilligen Gerichtsbarkeit. Der Geltungsbereich des Gesetzes entspricht dem Bereich der territorialen Staatsgewalt, erstreckt sich seit dem 3. 10. 1990 also auf das Gebiet der ehemaligen DDR. Inwieweit sich die Wirkung der Beurkundung darüber hinaus erstrecken kann, ist eine Frage des internationalen Privatrechts. Zur Verwendbarkeit öffentlicher Urkunden außerhalb des Grenzbereichs und ausländischer Urkunden im Inland dient die Legalisation (§ 2). 3

c) Überblick. Das BeurkG besteht aus fünf Abschnitten. Der erste Abschnitt (§§ 1–5) enthält allgemeine Vorschriften, die für alle Beurkundungen maßgeblich sind. Der zweite Abschnitt mit den Bestimmungen über die Beurkundung von Willenserklärungen untergliedert sich in die Vorschriften über die Ausschließung des Notars (§§ 6, 7), die Niederschrift (§§ 8–16), Prüfungs- und Belehrungspflichten (§§ 17–21), die Beteiligung behinderter Personen (§§ 22–26) und die hier kommentierten Besonderheiten für Verfügungen von Todes wegen (§§ 27–35). Im dritten Abschnitt (§§ 36–43) wird das Verfahren bei sonstigen Beurkundungen zusammengefaßt, im vierten Abschnitt (§§ 44–54) die Behandlung der bereits errichteten Urkunden, im fünften Abschnitt die Verwahrung (§§ 54a–54e). Der fünfte sechste Abschnitt (§§ 55–71) enthält die Schlußvorschriften, insbesondere Übergangsrecht: der Einfachheit halber gelten nach § 68 die meisten Bestimmungen des vierten Abschnitts auch für vor Inkrafttreten des BeurkG errichtete Urkunden. 4

2. Verfügungen von Todes wegen sind Erbverträge (§§ 2274ff BGB) und Testamente, von denen hier das öffentliche Testament vor dem Notar (§ 2232 BGB) und kraft besonderer Einzelverweisungen das Gemeindetestament (§ 2249 BGB), das Dreizeugentestament (§§ 2250, 2251 BGB) und das Konsulartestament (§§ 10, 11 KonsG; siehe dazu vor § 2229 BGB Rz 10) in Betracht kommen, also nicht das privatschriftliche Testament (§ 2247 BGB). Die materiellen Formvorschriften befinden sich im BGB bzw KonsG, die allgemeinen Verfahrensvorschriften hier in den §§ 1–26 bzw als Sondervorschriften in den folgenden §§ 27–35, und zwar bzgl der Ausschließung der Urkundsperson und anderer mitwirkender Personen (§ 27), der Geschäftsfähigkeit (§ 28), der Mitwirkung eines Zeugen oder zweiten Notars (§ 29), der Errichtung einer Verfügung von Todes wegen durch Übergabe einer Schrift (§ 30), der Beteiligung von Sprachunkundigen (§ 32), der Verschließung und Verwahrung der Verfügung von Todes wegen (§ 34), der Unterschrift der Urkundsperson nur auf dem verschlossenen Umschlag (§ 35) sowie der Besonderheiten beim Erbvertrag (§ 33). Zur Rechtsentwicklung und zum Übergangsrecht siehe vor § 2229 BGB Rz 2ff. 5

§ 27 Begünstigte Personen

Die §§ 7, 16 Abs. 3 Satz 2, § 24 Abs. 2, § 26 Abs. 1 Nr. 2 gelten entsprechend für Personen, die in einer Verfügung von Todes wegen bedacht oder zum Testamentsvollstrecker ernannt werden.

1. Bedeutung. Aufgrund des § 27 werden die in einer Verfügung von Todes wegen Bedachten oder zum Testamentsvollstrecker Ernannten denjenigen Personen gleichgestellt, die unter den Voraussetzungen der aufgeführten Vorschriften einen „rechtlichen Vorteil" erlangen. Danach ergeben sich auch bei der Beurkundung von Verfügungen von Todes wegen Ausschließungsgründe (Rz 2) vor dem Notar, für den Dolmetscher, die zugezogene Verständigungsperson, den Zeugen und den zweiten Notar (Rz 2); bei Verstoß (Rz 4) jeweils mit der Rechtsfolge der (Teil-)Unwirksamkeit der Verfügung (Ausnahme im Fall des § 26 I Nr 2). Die aufgeführten Vorschriften mußten für entsprechend anwendbar erklärt werden, da weder der in einer Verfügung von Todes wegen Bedachte noch der zum Testamentsvollstrecker Ernannte durch die zu beurkundende Verfügung einen „rechtlichen Vorteil" erlangt. Dagegen ist § 6 ohne eine hier notwendige Erwähnung anwendbar, denn die vor dem Notar testierende Person ist an der Beurkundung „beteiligt", so daß der Notar ein öffentliches Testament oder einen Erbvertrag seiner Angehörigen iSv § 6 I gar nicht wirksam beurkunden kann. Eine solche Verfügung von Todes wegen wäre insgesamt unwirksam, es sei denn, sie entspräche der Form eines privatschriftlichen Testaments und wäre als solches aufrechtzuerhalten (vgl Rz 5). 1

2. Von der Beurkundung ausgeschlossen ist der Notar, wenn er selbst, sein (früherer) Ehegatte oder eine solche Person bedacht oder zum Testamentsvollstrecker ernannt werden soll, die mit ihm in gerader Linie verwandt oder verschwägert oder in der Seitenlinie bis zum dritten Grad verwandt oder bis zum zweiten Grad verschwägert ist oder war (§§ 7, 27). In gleicher Weise ist der Dolmetscher ausgeschlossen (§§ 7, 16 III S 2, 27); die Verständigungsperson (§ 24 II, 27), der Zeuge und der zweite Notar (mit eingeschränkter Rechtsfolge, § 26 I Nr 2) dagegen nur, wenn sie selbst bedacht oder Testamentsvollstrecker werden sollen. Wegen der entsprechenden Anwendbarkeit des § 27 können als Urkundsperson auch der Konsul (§§ 11 I, 10 III KonsG), der Gemeindevorsteher (§ 2249 I BGB) und die drei Zeugen (§§ 2250 III, 2251 BGB) ausgeschlossen sein. 2

a) Als bedacht gelten die in Rz 2 genannten Personen, wenn sie Erben, Ersatzerben und Vermächtnisnehmer sind, denen ein vermögensrechtlicher Vorteil zugewendet wird. Die Zuwendung ist im weitesten Sinn des Wortes zu verstehen; sie kann in all dem liegen, was zum Gegenstand eines Schuldverhältnisses gemacht werden kann, 3 sofern dadurch unmittelbar oder mittelbar eine vermögensrechtliche Besserstellung bezweckt wird (siehe § 1939 BGB Rz 4). Zu den Bedachten zählen nicht die durch eine Auflage Begünstigten (Bengel in Dittmann/Reimann/ Bengel Rz 4; Armbrüster in Huhn/v Schuckmann Rz 5; aM Eylmann/Vaasen/Baumann Rz 3; Soergel/J. Mayer Rz 4) oder die durch familienrechtliche Anordnungen zum Vormund, Betreuer, Pfleger oder Beistand Bestellten (aM noch Soergel/Harder[12] Rz 3).

4 b) Als **Testamentsvollstrecker** kann der Notar oder eine der in Rz 2 genannten Personen durch die beurkundete Verfügung von Todes wegen ebenfalls nicht wirksam eingesetzt werden. Die Bestimmung des Notars zum Testamentsvollstrecker erfolgt daher mitunter durch privatschriftliches Testament. In Anerkennung dieser Praxis bleibt auch die Mitbeurkundung eines Wunsches unbeanstandet, den beurkundenden Notar durch das Nachlaßgericht zum Testamentsvollstrecker zu ernennen (Stuttgart OLG 1990, 14; aM Eylmann/Vaasen/Baumann Rz 4), denn das Gericht ist an den Wunsch nicht gebunden; in gleichem Maße ist die Erfüllung des Wunsches aber auch unsicher. Die Frage, ob ein Sozius des beurkundenden Notars zum Testamentsvollstrecker ernannt werden kann, ohne daß die §§ 7, 27 einschlägig wären, hat der BGH noch zutreffend bejaht NJW 1997, 946 mit Anm Reimann DNotZ 1997, 469; ablehnend Moritz JZ 1997, 953), denn § 7 beschränkt sich auf einen rechtlichen Vorteil, während es auf den wirtschaftlichen Vorteil, der über die Mitgliedschaft in der Sozietät ermöglicht wird, nicht ankommt. Den mit dem Notar zur gemeinsamen Berufsausübung oder in Bürogemeinschaft Verbundenen zum Testamentsvollstrecker zu bestimmen, widerspricht aber dem Verbot des § 3 I Nr 4.

5 3. **Rechtsfolge** bei einem Verstoß gegen § 27 ist die Unwirksamkeit der Verfügung, „insoweit" sie den Notar, den Dolmetscher, deren Angehörige oder die Verständigungsperson begünstigt. Eine Ausnahme bildet § 26 I Nr 2 als Sollvorschrift, so daß eine Begünstigung des Zeugen oder zweiten Notars wirksam ist (dazu Frankfurt DNotZ 1971, 500). Ob der Notar die verbotenerweise begünstigende Verfügung erkennt, ist unerheblich. Er hat daher bei seiner Belehrung auf die Unwirksamkeitsgründe hinzuweisen, wenn ihm ein Testament verschlossen übergeben wird. Will der Erblasser die ausgeschlossene Person gleichwohl bedenken, muß er zu diesem Zweck ein eigenhändiges Testament (§ 2247 BGB) errichten oder die Beurkundung durch einen anderen Notar vornehmen lassen. UU kann die dem Notar verschlossen übergebene Schrift auch in ein eigenhändiges Testament umgedeutet werden (vgl § 2084 BGB Rz 10). Ist eine Einzelverfügung unwirksam, bleibt das Testament nach der Auslegungsregel des § 2085 im übrigen wirksam. In einem Erbvertrag führt die Nichtigkeit einer vertragsmäßigen Verfügung der Auslegungsregel des § 2298 BGB zufolge aber zur Unwirksamkeit des gesamten Vertrags.

§ 28 Feststellungen über die Geschäftsfähigkeit

Der Notar soll seine Wahrnehmungen über die erforderliche Geschäftsfähigkeit des Erblassers in der Niederschrift vermerken.

1 1. Als **Ergänzung zu § 11** dient § 28 der Beweissicherung. Der Notar hat sich von der Geschäfts- und Testierfähigkeit des Erblassers ein Bild zu machen. Zweifel an der erforderlichen Geschäftsfähigkeit eines Beteiligten soll der Notar in der Niederschrift feststellen (§ 11). Darüber hinaus (§ 28) soll er „seine Wahrnehmungen" über die erforderliche Geschäftsfähigkeit vermerken, dh seine allgemeinen Beobachtungen, ohne daß Anhaltspunkte zu Bedenken bestehen müßten. Aufzunehmen sind in diesem Sinn die Eindrücke, die der Notar von der geistigen Verfassung des Erblassers gewinnt, ggf Auswirkungen einer Erkrankung oder dergleichen. Verfügungen von Todes wegen werden nicht selten von alten und gebrechlichen Personen errichtet. Um spätere Unklarheiten über die Geschäftsfähigkeit nach Möglichkeit auszuschalten, steht mit den Feststellungen des Notars sogleich ein Beweismittel zur Verfügung. Feststellungen dieser Art haben auch andere Urkundspersonen zu treffen, so im Fall der Nottestamente (§§ 2249 I, 2250, 2251 BGB) und bei Errichtung eines Konsulartestaments (§§ 11 I, 10 III KonsG). Eine abschließende Entscheidung über die Geschäftsfähigkeit ist damit nicht verbunden (Nieder ZNotP 2001, 335).

2 2. Die **erforderliche Geschäftsfähigkeit** ergibt sich aus dem materiellen Recht, für den Abschluß eines Erbvertrages aus § 2275 BGB, für das Errichten eines Testaments aus § 2229 BGB (Testierfähigkeit).

3 3. Bestehen **Zweifel** an der Geschäftsfähigkeit bzw an der Testierfähigkeit, hat der Notar die Beurkundung vorzunehmen, er muß die Zweifel aber vermerken. Nur wenn der Notar ohne verbleibende Zweifel davon überzeugt ist, daß der Beteiligte die erforderliche Geschäftsfähigkeit nicht besitzt, kann er die Beurkundung ablehnen; eine Entscheidung, die mit der Beschwerde angreifbar ist (§ 15 I BNotO).

§ 29 Zeugen, zweiter Notar

Auf Verlangen der Beteiligten soll der Notar bei der Beurkundung bis zu zwei Zeugen oder einen zweiten Notar zuziehen und dies in der Niederschrift vermerken. Die Niederschrift soll auch von diesen Personen unterschrieben werden.

1 1. Daß der Notar **auf Verlangen der Beteiligten** bis zu zwei Zeugen oder einen zweiten Notar hinzuzuziehen hat, gibt den Beteiligten bei der Errichtung von Verfügungen von Todes wegen ein den Beteiligten im sonstigen Beurkundungsverfahren nicht zustehendes Recht. Beteiligt sind Erblasser und sonstige Parteien eines Erbvertrages. Sind mehrere Personen beteiligt, so müssen sie das Verlangen gemeinsam äußern. Der Widerspruch schon eines Beteiligten ist erheblich, da das Interesse an der Geheimhaltung des letzten Willens berücksichtigt werden muß. Aus der Beratungspflicht des Notars (§ 17) läßt sich aber folgern, daß der Notar das „Verlangen" anregen darf. Dies kann sich empfehlen, wenn später schwierige Auslegungsfragen auftreten oder bei der Ausführung des Testaments bestimmte Vorstellungen des Erblassers zu verwirklichen sind. Wird der Wunsch nach Zeugen nicht geäußert, braucht dies in der Urkunde nicht vermerkt zu werden; eine Feststellung anregend Keidel/Winkler (Rz 10), ablehnend Armbrüster in Huhn/v Schuckmann (Rz 7).

2. Das **Hinzuziehen von Zeugen oder einem zweiten Notar** ist Sache der Urkundsperson, die nur die Ausschließungsgründe der §§ 26, 27 beachten muß. Da nur die Mitwirkung von bis zu zwei Zeugen verlangt werden kann, sind die Möglichkeiten insoweit erschöpft, wenn schon aus Gründen der Behinderung eines Beteiligten gemäß §§ 22 und 25 Zeugen hinzugezogen sind. Einem weiteren Verlangen kann dann nicht stattgegeben werden, auch nicht dem Verlangen nach einem zweiten Notar. Das Mitwirken eines Dolmetschers (§§ 16, 32) oder einer Verständigungsperson (§ 24) erfüllt dagegen andere Zwecke; sie können nicht gleichzeitig Zeuge sein. Das Mitwirken ist in der Niederschrift zu vermerken und die Zeugen bzw der zweite Notar sollen unterschreiben. Das Verfahren gilt entsprechend bei der Errichtung von Konsulartestamenten (§§ 11 I, 10 III KonsG), während bei Nottestamenten ohnehin zwei bzw drei Zeugen vorausgesetzt sind (§§ 2249 I, 2250 II, 2251 BGB).

3. Da § 29 nur **Sollvorschriften** enthält, berührt deren Verletzung nicht die Wirksamkeit der Beurkundung. Ausnahmsweise kann daher dem Verlangen nach weiteren Zeugen entsprochen werden, wenn ausländisches Recht die Mitwirkung von mehr als zwei Zeugen erfordert.

§ 30 Übergabe einer Schrift

Wird eine Verfügung von Todes wegen durch Übergabe einer Schrift errichtet, so muß die Niederschrift auch die Feststellung enthalten, daß die Schrift übergeben worden ist. Die Schrift soll derart gekennzeichnet werden, dass eine Verwechslung ausgeschlossen ist. In der Niederschrift soll vermerkt werden, ob die Schrift offen oder verschlossen übergeben worden ist. Von dem Inhalt einer offen übergebenen Schrift soll der Notar Kenntnis nehmen, sofern er der Sprache, in der die Schrift verfaßt ist, hinreichend kundig ist; § 17 ist anzuwenden. Die Schrift soll der Niederschrift beigefügt werden; einer Verlesung der Schrift bedarf es nicht.

1. **§ 30 regelt das Verfahren** bei der Errichtung einer Verfügung von Todes wegen durch Übergabe einer Schrift. Das Verfahren gilt außer für das **ordentliche Testament** und den Erbvertrag auch für das Gemeindetestament (§ 2249 I BGB) und das Konsulartestament (§§ 11 I, 10 III KonsG). Die Form als solche ist materiellrechtlich in § 2232 BGB und entsprechend in §§ 2249 I, 2276 BGB, § 11 I KonsG bestimmt. Wer minderjährig ist, kann die Verfügung von Todes nur durch Erklärung gegenüber dem Notar oder durch Übergabe einer offenen Schrift errichten (§ 2233 I BGB). Wer nicht lesen kann, ist dagegen auf eine Erklärung gegenüber dem Notar angewiesen (§ 2233 II BGB).

2. **Feststellen der Übergabe und Übergabeerklärung.** Der Erblasser muß dem Notar die Schrift übergeben und erklären, daß sie seinen letzten Willen enthält (siehe § 2232 BGB Rz 4 und 5). Beides ist in der Niederschrift neben dem sonstigen Inhalt (§§ 9ff) zwingend festzustellen. Auf den Wortlaut des Feststellungsvermerks kommt es nicht an. Aus der Niederschrift muß nur eindeutig hervorgehen, daß der Notar die tatsächliche Übergabe der Schrift festhalten wollte (Satz 1). Daß auch die Übergabeerklärung zwingend zu vermerken ist, ergibt sich aus § 9 I S 1 Nr 2. Unterbleibt eine dieser Feststellungen, dann ist die Beurkundung unwirksam. Im übrigen soll vermerkt werden, ob die Schrift offen oder verschlossen übergeben worden ist (Satz 2).

3. **Prüfungs- und Belehrungspflichten.** Vom Inhalt der offen übergebenen Schrift soll der Notar Kenntnis nehmen und die Beteiligten auf etwaige Bedenken gegen den Inhalt aufmerksam machen (Satz 4); die Vorschrift verweist ausdrücklich auf die Pflichten des § 17. Diese sind eingeschränkt, wenn der Notar nicht imstande ist, die fremde Schrift oder Sprache zu verstehen und der Erblasser diese (zulässigerweise) beibehält. Die Pflicht entfällt bei einer verschlossen übergebenen Schrift. Hier hat sich der Notar davon zu überzeugen, daß die Schrift den Willen des Erblassers enthält und nicht etwa den eines Dritten. In Zweifelsfällen ist der Notar sogar gehalten, sich zu vergewissern, daß der Erblasser eine verständliche und in ihrem Inhalt wirksame letztwillige Verfügung getroffen hat, zB wenn sich der Erblasser trotz erheblicher Verständnisschwierigkeiten einer für ihn fremden Sprache bedient.

4. **Kennzeichnen und Beifügen der Schrift.** Die übergebene Schrift soll so gekennzeichnet werden, daß sie nicht mit einem anderen Blatt verwechselt werden kann. Die Art der Kennzeichnung ist dem Einzelfall überlassen. Bei einer offenen Schrift bietet es sich an, Anfang und Ende des Textes zu zitieren oder einen besonderen Vermerk auf der Schrift anzubringen. Bei der verschlossenen Schrift kann die Art des Umschlags oder die Farbe des Papiers angegeben oder auf dem Umschlag ein besonderes Kennzeichen angebracht werden. Die Schrift, ob offen oder verschlossen übergeben, soll der Niederschrift schließlich beigefügt werden (Satz 5). Sie wird aber nicht zum Bestandteil der Niederschrift und braucht nicht verlesen zu werden.

§ 31

(weggefallen)

Die Vorschrift wurde mit Wirkung vom 1. 8. 2002 aufgehoben. Sie regelte das Verfahren bei der Errichtung einer Verfügung von Todes wegen durch Stumme. Die materiellrechtliche Grundlage bildete der zeitgleich aufgehobene § 2233 III BGB. Wegen des bis dahin geltenden Mündlichkeitserfordernisses kam für sprechunfähige Personen nur die Errichtungsform der Übergabe einer Schrift in Betracht, was Sprech- und zugleich Schreibunfähigen faktisch die Testierfähigkeit nahm. Insoweit waren die §§ 2232, 2233 BGB aF, § 31 aF verfassungswidrig und auf schreib- und sprechunfähige Personen nicht mehr anwendbar (BVerfG 99, 341). Übergangsweise reichte die Einhaltung der für Rechtsgeschäfte unter Lebenden maßgeblichen §§ 22–26 (vgl § 2229 BGB Rz 8, § 2232 BGB

Rz 3). Nach dem OLGVertrÄndG v 23. 7. 2002 (BGBl I 2850) müssen Erklärungen des Erblassers gegenüber dem Notar nicht mehr mündlich erfolgen (§§ 2232, 2233 I, II BGB).

§ 32 Sprachunkundige

Ist ein Erblasser, der dem Notar seinen letzten Willen mündlich erklärt, der Sprache, in der die Niederschrift aufgenommen wird, nicht hinreichend kundig, und ist dies in der Niederschrift festgestellt, so muß eine schriftliche Übersetzung angefertigt werden, die der Niederschrift beigefügt werden soll. Der Erblasser kann hierauf verzichten; der Verzicht muß in der Niederschrift festgestellt werden.

1   1. In Ergänzung zu § 16 gilt § 32 für die Errichtung einer Verfügung von Todes wegen durch mündliche Erklärung eines Beteiligten, der die Urkundensprache nicht beherrscht. Während die Niederschrift nach § 16 mündlich übersetzt werden muß und nur auf Verlangen schriftlich übersetzt werden soll, ordnet § 32 die schriftliche Übersetzung zwingend an, wenn der Erblasser nicht verzichtet. So gewährleistet § 32 in höherem Maße, daß der Sprachunkundige den Inhalt der beurkundeten Erklärungen erfaßt. Die §§ 16 und 32 gelten außer für ordentliche öffentliche Testamente und Erbverträge für das Konsulartestament (§§ 11 I, 10 III KonsG) und das Gemeindetestament (§ 2249 I BGB). Beim Dreizeugentestament kommt die Übersetzung der Niederschrift nicht in Betracht; § 2250 III BGB sieht insoweit nur die Verwendung einer anderen Urkundensprache vor, ohne daß der Erblasser dies (schwächer als nach § 5 II) verlangen könnte.

2   2. Eine **schriftliche Übersetzung** der Niederschrift muß angefertigt werden, a) wenn ein Erblasser seinen letzten Willen mündlich erklärt, b) wenn der Erblasser nach seinen Angaben oder nach der Überzeugung des Notars der Urkundensprache nicht hinreichend kundig ist und c) wenn dies in der Niederschrift festgestellt ist. Die Voraussetzungen b) und c) decken sich mit den Voraussetzungen des § 16 I. Aufgrund der mündlichen Erklärung des letzten Willens (a) wird also über die Pflicht zur mündlichen Übersetzung nach § 16 II hinaus die schriftliche Übersetzung nach § 32 zur zwingenden Pflicht. Bei dem Verfahren nach § 16 bleibt es daher in Fällen der seit dem 1. 8. 2002 gesetzlich möglichen nicht mündlichen Erklärung des letzten Willens (vgl § 2232 Rz 3) und der Erklärung durch Übergabe einer Schrift. Bei mündlicher Erklärung des letzten Willens ist die Niederschrift dagegen schriftlich zu übersetzen, wozu der Notar einen Dolmetscher hinzuzieht, wenn er das Übersetzen nicht selbst erledigt. Die schriftliche Übersetzung ist den Beteiligten zur Durchsicht vorzulegen und der Niederschrift beizufügen. § 16 II S 4 verlangt die Feststellung darüber in der Niederschrift. § 32 erhebt die schriftliche Übersetzung zur Wirksamkeitsvoraussetzung der Beurkundung, solange der sprachunkundige Erblasser nicht darauf verzichtet hat.

3   3. Der **Verzicht** auf die schriftliche Übersetzung spart Zeit und ermöglicht uU erst die wirksame Errichtung der Verfügung von Todes wegen. Der Verzicht muß in der Niederschrift festgestellt werden. Auf die mündliche Übersetzung (§ 16 II S 1) kann der Sprachunkundige nicht verzichten.

§ 33 Besonderheiten beim Erbvertrag

Bei einem Erbvertrag gelten die §§ 30 und 32 entsprechend auch für die Erklärung des anderen Vertragschließenden.

1   Seitdem das BeurkG die verfahrensrechtlichen Vorschriften über die Errichtung von Verfügungen von Todes wegen wieder von den materiellrechtlichen getrennt hat und § 2276 BGB als die materiellrechtliche Formvorschrift für Erbverträge nur noch auf die §§ 2231 Nr 1, 2232, 2233 BGB verweist, nicht aber mehr auf die Verfahrensbestimmungen der §§ 2233–2245 BGB idF vor 1970, ergeben sich die Vorschriften über das Verfahren beim Abschluß von Erbverträgen, weil diese notariell zu beurkunden sind, aus den allgemeinen Bestimmungen des BeurkG; des weiteren aus den Besonderheiten der §§ 27–35 für Verfügungen von Todes wegen. Die §§ 30, 32 gelten expressis verbis nur für Personen, die eine Verfügung von Todes wegen treffen. Erbverträge können indessen auch einseitig geschlossen werden, indem nur ein Vertragschließender von Todes wegen verfügt, während der andere Vertragschließende sich darauf beschränkt, die Erklärungen des anderen anzunehmen. Die Erklärungen dieses „anderen Vertragschließenden" fallen nicht unmittelbar in den Anwendungsbereich der §§ 30, 32, aufgrund des § 33 aber entsprechend. § 33 bildet inhaltlich die Ergänzung zu § 2276 I S 2 Hs 2 BGB.

2   Demgemäß findet § 30 Anwendung, wenn der (nicht von Todes wegen verfügende) andere Vertragspartner die Annahmeerklärung in einer offenen oder verschlossenen Schrift erklärt. § 32 macht eine schriftliche Übersetzung erforderlich, sofern der mündlich die Annahme Erklärende die Urkundensprache nicht versteht und Entsprechendes in der Niederschrift festgestellt ist. Die entsprechende Anwendbarkeit auch des § 31 ist mit dessen Aufhebung durch das OLGVertrÄndG v 23. 7. 2002 (BGBl I 2850) entbehrlich geworden.

§ 34 Verschließung, Verwahrung

(1) Die Niederschrift über die Errichtung eines Testaments soll der Notar in einen Umschlag nehmen und diesen mit dem Prägesiegel verschließen. In den Umschlag sollen auch die nach den §§ 30 und 32 beigefügten Schriften genommen werden. Auf dem Umschlag soll der Notar den Erblasser seiner Person nach näher bezeichnen und angeben, wann das Testament errichtet worden ist; diese Aufschrift soll der Notar unterschreiben. Der Notar soll veranlassen, daß das Testament unverzüglich in besondere amtliche Verwahrung gebracht wird.

(2) Beim Abschluß eines Erbvertrages gilt Absatz 1 entsprechend, sofern nicht die Vertragschließenden die besondere amtliche Verwahrung ausschließen; dies ist im Zweifel anzunehmen, wenn der Erbvertrag mit einem anderen Vertrag in derselben Urkunde verbunden wird.

(3) Haben die Beteiligten bei einem Erbvertrag die besondere amtliche Verwahrung ausgeschlossen, so bleibt die Urkunde in der Verwahrung des Notars. Nach Eintritt des Erbfalls hat der Notar die Urkunde an das Nachlaßgericht abzuliefern, in dessen Verwahrung sie verbleibt.

1. Die **Sollvorschriften** betreffen die Verschließung und besondere amtliche Verwahrung von öffentlichen Testamenten und Erbverträgen. Die Parteien des Erbvertrages können beides ausschließen, da der Vertrag anders als das (gemeinschaftliche) Testament die Grundlage weiterer Vereinbarungen sein kann, und auf diese müssen die Parteien separat zurückgreifen können. An die Stelle der besonderen amtlichen Verwahrung tritt dann die Aktenverwahrung beim Notar. Beide Verwahrungsarten dienen dem Schutz der Urkunde vor Verlust und Verfälschung, um die Eröffnung nach dem Tod des Erblassers zu gewährleisten (Köln Rpfleger 1989, 240). Da sowohl die Verschließung als auch die Verwahrung grundsätzlich nicht mehr zum Errichtungsakt gehören (vgl aber § 35), beeinträchtigt ein Verstoß gegen die gesetzlichen Anforderungen den Zustand der Verfügung von Todes wegen nicht.

2. Die **Verschließung** des öffentlichen Testaments oder des Erbvertrags in einem Umschlag ist Sache des beurkundenden Notars. Entgegen der strengeren Regelung des § 2246 BGB aF braucht der Notar die Niederschrift und etwaige Anlagen nicht mehr in Gegenwart der Beteiligten in einen Umschlag zu nehmen. Er kann die Niederschrift im Anschluß an den Errichtungsakt noch einmal überprüfen und etwaige Formfehler (ggf im Einvernehmen mit den Beteiligten) vermeiden. In den Umschlag gehören alle dem Vertrag beizufügenden Schriften, nicht nur diejenigen gemäß §§ 30 (übergebene Schrift), 32 (schriftliche Übersetzung). Zur umfassenden Wahrung der Anforderungen an die Aufschrift ist ein Umschlag nach dem Muster der Anlage 1 zu der bundeseinheitlichen Bekanntmachung der Länder über die Benachrichtigung in Nachlaßsachen vom 2. 1. 2001 (AV d JM [3804-I D.5] und RdErl d IM [I A 3/14–66.18], JMBl NRW 2001, 17 = Weingärtner 270–10) zu verwenden. Sind die Personalien in diesem Sinne aufgenommen und ist das Prägesiegel gemäß § 2 BNotO iVm § 2 DONot angebracht, soll der Notar auf dem Umschlag unterschreiben; eine Unterschrift, die uU formwahrende Bedeutung hat (§ 35).

3. Die **besondere amtliche Verwahrung** erfolgt zuständigkeitshalber beim Amtsgericht, in dessen Bezirk der Notar seinen Amtssitz hat, wenn der Erblasser nicht die Verwahrung bei einem anderen Amtsgericht verlangt (§ 2258a BGB). Die Einzelheiten des Verfahrens regeln die §§ 2258b, 2277, 2300 BGB, § 20 DONot, §§ 27, 28 AktO. Der Notar veranlaßt unverzüglich die Ablieferung und fertigt für seine Urkundensammlung einen Vermerk an, der nach § 20 I DONot bestimmte Angaben über den Erblasser bzw die Vertragschließenden und die sonstigen Beteiligten sowie über die Errichtungsform der Verfügung von Todes wegen enthalten muß. Zu vermerken ist, wann und an welches Amtsgericht die Verfügung von Todes wegen abgeliefert wurde. Um den Einblick in den Inhalt der Urkunde zu erleichtern, soll der Notar auf Wunsch des Erblassers bzw der Vertragschließenden eine beglaubigte Abschrift zurückbehalten. In einem verschlossenen Umschlag gelangt die Abschrift in die Urkundensammlung des Notars (§ 18 DONot) und kann von den Berechtigten jederzeit beansprucht werden.

a) Die **Rücknahme** der Urschrift aus der besonderen amtlichen Verwahrung hat im Falle des öffentlichen Testaments grundsätzlich Widerrufswirkung. Das Testament ist an den Erblasser bzw das gemeinschaftliche Testament an die Ehegatten persönlich zurückzugeben (§§ 2256, 2272 BGB). Auch die Rücknahme von Erbverträgen, die nur Verfügungen von Todes wegen enthalten, gilt nach § 2300 II BGB idF des OLGVertrÄndG vom 23. 7. 2002 (BGBl I 2850) entsprechend § 2256 BGB als Aufhebung. Die die Wirkung auslösende Rückgabe der Urschrift kann nur an alle Vertragschließenden gemeinschaftlich erfolgen. Bei der Rückgabe an den Notar, der die Urschrift dann zu seinen Akten nimmt (Rz 6), bleibt es in Fällen von Erbverträgen, die mit Verträgen unter Lebenden verbunden sind.

b) Der **Ausschluß** der besonderen amtlichen Verwahrung kann von Anfang an nur für den Erbvertrag vereinbart werden, während der Notar bei der Beurkundung eines Testaments dem gewünschten Ausschluß nicht entsprechen darf und die Verbringung jedenfalls veranlassen muß (BGH DNotZ 1990, 436). Beim Erbvertrag kommt es auf die Gründe für die Ausschließung nicht an. Der Wille muß – ggf von allen Vertragschließenden – rechtzeitig geäußert werden, bevor der Vertrag verschlossen und abgeliefert ist. Die Annahme des Ausschließungswillens im Zweifel schon aufgrund der Verbindung des Erbvertrags mit einem anderen Vertrag (Abs II) verlangt keine rechtliche, sondern nur eine urkundliche Einheit. Der Notar nimmt die Urschrift in diesem Fall zu seinen Akten (Abs III).

4. Die **gewöhnliche Aktenverwahrung** der Urschrift erfolgt in der Urkundensammlung des Notars (§ 18 I DONot), wenn die Vertragschließenden die besondere amtliche Verwahrung des Erbvertrags ausgeschlossen oder einen gemischten Erbvertrag ohne Widerrufswirkung (Rz 4) von dort zurückgenommen haben Nach Maßgabe des § 9 I DONot hat der Notar ein Erbvertragsverzeichnis zu führen. Bewahrt er den Erbvertrag gesondert auf, muß er für die Urkundensammlung einen Vermerk anfertigen (§§ 18 IV, 20 I DONot). Den Notar treffen im übrigen die Pflichten, die sonst dem Gericht zufallen. Er hat das Standesamt des Geburtsortes des Erblassers bzw die Hauptkartei für Testamente beim AG Schöneberg in Berlin zu benachrichtigen, damit beim Erbfall die Ablieferung der Verfügung von Todes wegen an das Nachlaßgericht gewährleistet ist. Die Benachrichtigungspflicht trifft den Notar auch, wenn eine Urkunde Erklärungen enthält, nach deren Inhalt die Erbfolge geändert wird, zB bei Aufhebungsverträgen, Rücktritts- und Anfechtungserklärungen, Erbverzichtserklärungen oder Eheverträgen mit erbrechtlichen Auswirkungen (§ 20 II DONot). Den vertragschließenden Erblassern gegenüber ist der Notar zur Erteilung von Abschriften verpflichtet. Die Herausgabe der Urschrift können die Vertragschließenden gemeinschaftlich auch aus der notariellen Aktenverwahrung verlangen, sofern der Erbvertrag nur Verfügungen von Todes wegen enthält. § 2300 II BGB ermöglicht entsprechend § 2256 BGB die Aufhebung der Verfügung seit dem 1. 8. 2002. Die Rückgabe ist unmittelbar Sache des Notars oder seines amtlich bestellten Vertreters persönlich an die Vertragschließenden. Auswärtigen Beteiligten die Urkunde über einen örtlich näheren Notar im Wege der Rechtshilfe auszuhändigen, bleibt hinsichtlich der Aufhebungswirkung der Verfügungen von Todes wegen unsicher (Reimann FamRZ 2002, 1385), die Rückgabe mit einem Verwahrungstransfer über die besondere amtliche Verwahrung beim

Amtsgericht und insoweit gesicherte Rechtshilfemöglichkeit nach § 27 Nr 8 AktO aufwendig (v Dickhuth-Harrach RNotZ 2002, 391). Die Rückgabe des Erbvertrags und die Aufhebungsfiktion sind auf der Urkunde zu vermerken. Befindet sich ein Erbvertrag seit mehr als 50 Jahren in der Verwahrung des Notars, dann sind Ermittlungen darüber anzustellen, ob der Erblasser noch lebt. Führen sie zu keinem positiven Ergebnis, liefert der Notar den Erbvertrag zur Eröffnung an das Nachlaßgericht ab (§§ 2263a, 2300a BGB, § 20 IV DONot).

§ 35 Niederschrift ohne Unterschrift des Notars

Hat der Notar die Niederschrift über die Errichtung einer Verfügung von Todes wegen nicht unterschrieben, so ist die Beurkundung aus diesem Grunde nicht unwirksam, wenn er die Aufschrift auf dem verschlossenen Umschlag unterschrieben hat.

1 **1. Bedeutung.** Die Vorschrift will eine Nichtigkeitsquelle beseitigen, die sich aus den besonderen Umständen bei der Errichtung von Verfügungen von Todes wegen ergeben kann. Zu einer wirksamen Beurkundung muß die Niederschrift außer von den Beteiligten (§ 13 I S 1) und dem ersetzenden Schreibzeugen (§ 25 S 3) zwingend von dem Notar unterschrieben (§ 13 III) werden, während die sonstigen mitwirkenden Personen (entgegen § 2242 IV BGB aF) die Unterschrift lediglich leisten sollen (§§ 16 III S 4; 22 II; 24 I S 4; 29 S 2) oder nicht einmal das (§ 22 I S 2, II). Die Unwirksamkeit einer Verfügung von Todes wegen ist angesichts der zeitlichen Grenzen, eine wirksame Beurkundung nachzuholen, nach Möglichkeit zu vermeiden. Dahingehend schafft § 35 eine Erleichterung, indem die fehlende Unterschrift des Notars auf der Niederschrift durch dessen Unterschrift auf der Aufschrift des verschlossenen Umschlags ersetzt wird. Die Urkunde besitzt auch in diesem Fall die uneingeschränkte Beweiskraft der §§ 415ff ZPO (MüKo/Burkart Rz 9; Keidel/Winkler Rz 1; aM Soergel/Harder Rz 4).

2 **2. Ersetzen der Unterschrift.** Die Niederschrift gilt als unterschrieben, wenn sie gemäß § 34 in den Umschlag genommen, der Umschlag verschlossen und mit der vorgeschriebenen Aufschrift versehen und die Aufschrift von dem beurkundenden Notar unterschrieben ist. Die Unterschrift eines Notarvertreters genügt ebensowenig wie eine unterschriebene Kostenrechnung auf der Urkunde (BayObLG 1976, 275). In Betracht kommt das Ersetzen der Unterschrift bei öffentlichen Testamenten (iSv § 2232 BGB, § 2249 BGB, §§ 10, 11 KonsG), die stets in einen Umschlag zu nehmen, zu verschließen und in die besondere amtliche Verwahrung zu bringen sind, unabhängig davon, ob es zu letzterem tatsächlich kommt; außerdem bei Erbverträgen, die nicht offen zu den Akten genommen, sondern in einem Umschlag verschlossen werden, auch bei Verbindung mit einem anderen Vertrag, für den die Erleichterung des § 35 aber nicht gilt (Keidel/Winkler Rz 6; aM Lischka NotBZ 1999, 12).

3 **3. Nachholen der Unterschrift.** Wenn der Notar die Urkunde selbst verwahrt, kann er die Unterschrift nachholen, insbesondere beim Erbvertrag, bei dem die Vertragschließenden die besondere amtliche Verwahrung ausgeschlossen haben (§ 34 II). Bis zu welchem Zeitpunkt der Notar die Unterschrift nachholen kann, ist umstritten. Da es um den Abschlußvorgang der Beurkundung geht, deren Gegenstand eine Verfügung von Todes wegen ist, bildet der Tod des Erblassers die zeitliche Grenze (Keidel/Winkler Rz 7); nach aM kann der Notar die Unterschrift jedenfalls noch vor Weitergabe an das Verwahrungsgericht nachholen (Eylmann/Vaasen/Baumann Rz 2). Im Ergebnis weitergehender wird angenommen, der Notar könne die Verfügung von Todes wegen ohne Rückgriff auf § 35 bis zur Eröffnung aus der amtlichen Verwahrung zurückholen, um die Unterschrift im Protokoll selbst zu leisten, die Urkunde zu verschließen und an das Verwahrungsgericht zurückzugeben (Riedel/Feil Rz 3; Bengel in Dittmann/Reimann/Bengel Rz 3).

2234-2246 (weggefallen)

1 Die Vorschriften wurden mit Wirkung vom 1. 1. 1970 aufgehoben, gelten aber noch für vor dieser Zeit errichtete Testamente, auch wenn der Erbfall sich nachher ereignete (siehe die Kommentierung in Erman/Hense[7]). Seit dem 1. 1. 1970 sind die verfahrensrechtlichen Bestimmungen zur Errichtung öffentlicher Testamente rechtseinheitlich im BeurkG zusammengefaßt (im Folgenden abgedruckt mit Kommentierung der §§ 27–35).

2247 *Eigenhändiges Testament*

(1) Der Erblasser kann ein Testament durch eine eigenhändig geschriebene und unterschriebene Erklärung errichten.

(2) Der Erblasser soll in der Erklärung angeben, zu welcher Zeit (Tag, Monat und Jahr) und an welchem Orte er sie niedergeschrieben hat.

(3) Die Unterschrift soll den Vornamen und den Familiennamen des Erblassers enthalten. Unterschreibt der Erblasser in anderer Weise und reicht diese Unterzeichnung zur Feststellung der Urheberschaft des Erblassers und der Ernstlichkeit seiner Erklärung aus, so steht eine solche Unterzeichnung der Gültigkeit des Testaments nicht entgegen.

(4) Wer minderjährig ist oder Geschriebenes nicht zu lesen vermag, kann ein Testament nicht nach obigen Vorschriften errichten.

(5) Enthält ein nach Absatz 1 errichtetes Testament keine Angabe über die Zeit der Errichtung und ergeben sich hieraus Zweifel über seine Gültigkeit, so ist das Testament nur dann als gültig anzusehen, wenn sich die notwendigen Feststellungen über die Zeit der Errichtung anderweit treffen lassen. Dasselbe gilt entsprechend für ein Testament, das keine Angabe über den Ort der Errichtung enthält.

Schrifttum: *Haegele,* Zum eigenhändigen Testament, BWNotZ 1977, 29; *Görgens,* Überlegungen zur Weiterentwicklung des § 2247 BGB, JR 1979, 357; *Grundmann,* Favor Testamenti. Zu Formfreiheit und Formzwang bei privatschriftlichen Testamenten, AcP 187 (1987), 429; *v Hippel*, Formalismus und Rechtsdogmatik, 1935; *Holzhauer*, Die eigenhändige Unterschrift, 1973; *Michau*, Zulässige und unzulässige Schreibhilfe bei Errichtung eines eigenhändigen Testaments, ArchKrim 162 (1978), 1; *Schulze*, Über die Verwendung der Blindenschrift bei der Errichtung letztwilliger Verfügungen, DNotZ 1955, 629; *Werner*, Zur Eigenhändigkeit letztwilliger Verfügungen, DNotZ 1972, 6; *ders*, Das kopierte Erblasserschreiben, JuS 1973, 434.

1. Überblick. § 2247 ist in seiner Mischung aus zwingenden Vorschriften, Sollvorschriften und Empfehlungen nur in Anknüpfung an den früheren Rechtszustand verständlich. Die strengen Formerfordernisse der §§ 2231 Nr 2, 2247 aF und ihre Ausdeutung durch die Rechtsprechung hatten viele eigenhändige Testamente zu Fall gebracht und hierdurch einen wesentlichen Anstoß zur Reformierung des Testamentsrechts gegeben. Diese fand ihren Niederschlag in § 21 TestG, der später in das BGB übernommen wurde. Der Zweck des § 2247 liegt darin, unter Einhaltung bestimmter Mindestanforderungen dem Willen des Erblassers möglichst zum Erfolg zu verhelfen. 1

2. Zwingendes Formerfordernis ist, daß der Erblasser das Testament eigenhändig geschrieben und eigenhändig unterschrieben hat. Die eigenhändige Niederschrift weist auf den Testierenden als Urheber hin, während die Unterschrift den Urheber identifiziert und deutlich macht, daß es sich um ein verbindliches Testament und nicht bloß um einen Entwurf handelt; ob sie auch den Abschluß der Verfügung kennzeichnet, ist umstritten (s dazu Rz 5). Der gesetzlich eingeräumte Vorbehalt einer späteren Aufhebung steht dem ernstlichen Testierwillen nicht entgegen. Der vorhandene **Testierwille** grenzt das Testament von möglicherweise formwahrenden Entwürfen ab. Ernstlich testieren will, wer den Verbleib seines Vermögens in dem Bewußtsein regelt, die Erklärung würde als Testament angesehen werden und als solches Wirksamkeit erlangen können (BayObLG 1970, 173). Mit welchem Inhalt ein Testament wirksam wird, ist eine Frage der Auslegung, die nach den Grundsätzen von § 133 erfolgt und Umstände auch außerhalb des Testaments berücksichtigt, sofern sie in den Erklärungen des Testaments Anklang gefunden haben (zu den Einzelheiten der Andeutungstheorie § 2084 Rz 3). Versäumt der Erblasser versehentlich, den Erben zu bestimmen, kann es sich um eine formgerechte Verfügung von Todes wegen handeln (Köln Rpfleger 1981, 357). **Zeit- und Ortsangaben** sind für die Gültigkeit dagegen unwesentlich (Abs II); insoweit schaden auch falsche oder mechanisch hergestellte Angaben nicht. Bedeutsam werden sie erst bei Zweifeln iSv Abs V, wenn mehrere Testamente vorhanden sind. Läßt sich die fehlende Angabe nicht auf andere Weise erbringen, ist das undatierte Testament ungültig. Mehrere letztwillige Verfügungen gleichen Datums gelten mangels abweichender Anhaltspunkte als gleichzeitig errichtet; sie sind wirksam, soweit sie sich nicht widersprechen (KG Rpfleger 1991, 154; BayObLG FamRZ 1991, 237; ZEV 2000, 367 [Ls]; ZEV 2003, 27 [Ls]; vgl § 2258 Rz 3). Bei mehreren, unterschiedlichen Zeitangaben gilt die letzte, im übrigen die freie Beweiswürdigung iSd ZPO. 2

a) Eigenhändige Niederschrift. Der Erblasser muß das Schriftstück seinem ganzen Inhalt nach persönlich anfertigen. Das Erfordernis geht über § 126 hinaus, um die Echtheit des Testaments zu gewährleisten. Der Erblasser muß die Schriftzüge selber formen, wobei es auf das Formen durch seine „Hand" nicht ankommt; es genügt eine Schreibtätigkeit mit dem Mund oder einem Fuß, wenn infolge der Übung ein individuelles Schriftbild des Urhebers zum Ausdruck kommt. Das Zustandebringen der gewöhnlichen Schriftzüge ist nicht mehr maßgeblich, wenn der Erblasser beim Schreiben unterstützt wird. Das ist zulässig, solange die Schriftzüge auf dem Willen des Erblassers beruhen. Der Dritte darf nur den Arm halten, nicht aber führen und dadurch den Schreibvorgang ohne oder gegen den Willen des Erblassers bestimmen (BGH 47, 68; 27, 274; Hamm NJW-RR 2002, 222; vgl auch § 2232 Rz 3). Wer gar nicht schreiben kann, vermag ein eigenhändiges Testament nicht zu errichten; ebensowenig derjenige, der Geschriebenes nicht lesen kann (Abs IV). Unerheblich ist die Sprache und die Art der Schriftzeichen. Voraussetzung ist nur, daß die Erklärungen für einen Dritten verständlich sind und auch der Erblasser sie selbst zu lesen vermag. Letzteres ist im Zweifel anzunehmen (Neustadt MDR 1961, 601); ersteres kann bei einer schwer lesbaren Schrift unter Zuziehung eines Sachverständigen ermittelt werden, wobei außerhalb der Testamentsurkunde liegende Umstände nicht berücksichtigungsfähig sind (KG JW 1937, 2831; Hamm FamRZ 1992, 356 mit differenzierender Anm Musielak). Die Blindenschrift enthält keine typischen Schriftzüge und genügt aus diesem Grund nicht (LG Hannover DNotZ 1972, 545; Schulze DNotZ 1955, 632; Staud/Baumann Rz 31; aM Lange/Kuchinke § 20 IV 1c Fn 42). 3

Das Schriftstück braucht weder als Testament bezeichnet zu sein, noch muß es sich inhaltlich auf letztwillige Verfügungen beschränken. Den Erklärungen muß allerdings zu entnehmen sein, daß der Erblasser damit seinen letzten Willen niederlegen wollte. Handschriftliche **Briefe** und Postkarten sind dazu grundsätzlich geeignet (BayObLG FamRZ 1983, 836; Rpfleger 1980, 189), erfordern aber eine sorgfältige Abgrenzung zu unverbindlichen Mitteilungen über letzte Absichten des Absenders. Abgrenzungskriterium ist der ernsthafte Testierwille, der auch Erklärungen in einem Notizblock zu letztwilligen Verfügungen macht (BayObLG Rpfleger 1987, 359; ZEV 2000, 365 mit Anm Knoppenberg). Das Papier kann schon anderweitig verwendet worden sein (BayObLG FamRZ 1987, 98), denn dem Erblasser steht es frei, worauf und womit er das Testament anfertigt. Mittels Blaupause hergestellte **Durchschriften** eines eigenhändigen Testaments sind vom Erblasser ebenso eigenhändig geschrieben. Sie können je nach dem Testierwillen als Original gelten (BGH 47, 68; BayObLG FamRZ 1994, 658) oder durch nachträglichen Zusatz zur Urschrift eines neuen eigenhändigen Testaments werden (BayObLG FamRZ 1986, 1043; NJW 1965, 2301; aM KG NJW 1966, 663 mit Anm Jansen; krit auch Schlüter Rz 169). Im Zweifel handelt es sich beim Durchschlag lediglich um eine Abschrift (BayObLG Rpfleger 1981, 282); der Nachweis eines Erbrechts läßt sich damit freilich nicht führen, wenn der Erblasser die Urschrift in Aufhebungsabsicht vernichtet hat. Auf einem fototechnisch gewonnenen Abbild des Originals sind die Schriftzüge nicht unmittelbar von dem Schreiber selbst geformt, so daß die individuellen Merkmale der Handschrift nicht hinreichend hervortreten. Bei Verknüpfung mit dem Original kann der Testierende aber die Fotokopie eines von ihm selbst geschriebenen unvollständigen Textes eigenhändig ergänzen und durch die Verbindung ein formwirksames Testament errichten (Karlsruhe NJW-RR 2003, 653). **Änderungen** und Rasuren letztwilliger Verfügungen gelten nach § 2255 S 2 als Widerruf (vgl zur Abgrenzung Rz 10), ohne daß aus Streichungen und angefügten Fragezeichen Bedenken gegen den 4

Testierwillen abgeleitet werden müßten (BayObLG FamRZ 1987, 98). Zusätze von fremder Hand und maschinenschriftliche Einschübe sind unbeachtlich. Erst recht kann die testamentarische Zuwendung nicht durch **Bezugnahme** auf ein mit der Schreibmaschine geschriebenes Schriftstück erfolgen (BGH JR 1981, 23 mit Anm Schubert; BayObLG FamRZ 1990, 1404). Wirksam ist aber die Bezugnahme auf eine formgerecht errichtete letztwillige Verfügung des Testierenden (Hamm FamRZ 2000, 985), auch auf ein gemeinschaftliches Testament, das sein vorverstorbener Ehegatte niedergeschrieben hat (Hamm Rpfleger 1991, 419; Frankfurt ZEV 2002, 70; ebenso jetzt Staud/Baumann Rz 70). Den Erfordernissen der eigenhändigen Niederschrift genügt der Erblasser auch, wenn er sich nur zum Zweck der näheren Erläuterung auf ein nicht formgerechtes Schriftstück bezieht (Zweibrücken FamRZ 1989, 900). Lediglich erläuternd idS ist aber nicht eine die bedachten Personen erst aufführende maschinenschriftliche Liste (aM Hamm NJW 2003, 2391), die die Authentizität eben nicht gewährleistet.

5 **b) Eigenhändige Unterschrift.** Der Erblasser soll mit seinem Vor- und Familiennamen unterschreiben (Abs III). Es genügt allerdings jede sonstige Unterzeichnung, die keine Zweifel an der Identität aufkommen läßt. So kann der Vorname mit einem Verwandtschaftszusatz ausreichen, "Tante D." (Naumburg FamRZ 2003, 407); ebenso ein Kosename oder schlicht „Vater" (BayObLG Rpfleger 1980, 189), wenn durch einen Brief die Beziehung zum Adressaten Aufschluß gibt. Die bloßen Anfangsbuchstaben genügen, wenn der Erblasser einem das Kürzel allgemein bekannt war und stets verwendet hat (ebenso Celle NJW 1977, 1690; Pal/Edenhofer Rz 12; aM Kipp/Coing § 26 I 2a; Staud/Baumann Rz 107). Leserlich braucht die Signatur nicht zu sein; die Individualität macht die Identifizierung allerdings nicht entbehrlich. Vgl dazu Rz 3.

6 **Identitätserklärungen** am Anfang des Testaments oder sonstige Selbstbenennungen innerhalb des Textes ersetzen die Unterschrift nicht (BayObLG 1979, 203; FamRZ 1988, 1211; Hamm OLG 1986, 292; Köln OLG 1967, 64; aM KG DNotZ 1941, 222; Grundmann AcP 187, 457). Schließt der Erblasser den Text mit seiner Namensnennung ab, kann es sich allerdings um die Unterschrift handeln (Düsseldorf JMBl 1954, 116), zumal der Namenszug keine größere Individualität aufweisen muß als die übrige Handschrift.

7 Die Anforderungen an die **räumliche Anordnung** der Unterschrift orientieren sich an deren Zweck. Grundsätzlich gilt, daß eine Oberschrift keine Unterschrift ist (BGH 113, 48 mit Anm Kohler JZ 1991, 408; mit Anm Schubert JR 1991, 287). Das Testament soll mit der Unterschrift abgeschlossen werden und der Testierende soll sich damit zum Erklärungsinhalt bekennen. Dies im Anschluß an die Verfügungen zu tun, ist zweckmäßig, aber nicht zwingend. Die Unterschrift muß räumlich so zur Erklärung stehen, daß diese von ihr gedeckt wird. Dazu spielt es eine Rolle, welchen Eindruck das Gesamtbild der Urkunde vermittelt. Ist die Seite etwa vollgeschrieben, kann die Unterschrift neben den Text oder quer darüber (BayObLG FamRZ 1986, 728; 81, 710; Hamm NJW 1996, 2938; Köln FGPrax 2000, 116) oder auf die Rückseite gesetzt werden (LG Konstanz NJWE-FER 2001, 180).

8 Bezieht sich der Erblasser innerhalb der letztwilligen Verfügung auf eine eigenhändig geschriebene **Anlage**, dann wird diese zum Testamentsbestandteil, ohne daß es einer gesonderten Unterzeichnung des Schriftstücks bedarf. Inwieweit die Unterschrift abschließend wirkt, fragt sich bei den weiteren ein einzelnen, losen Seiten. Sind die Erklärungen auf **mehrere Blätter** geschrieben, können sie nur dann als einheitliche letztwillige Verfügung angesehen werden, wenn sie ihrem Inhalt nach zusammengehören und die Blätter dadurch eine inhaltlich untrennbare Urkunde bilden. Die Zusammengehörigkeit muß sich durch inneren Zusammenhang, fortlaufenden Text, Numerierung oder sonstige typische Zeichen feststellen lassen. Stehen auf jedem Blatt in sich abgeschlossene Erklärungen, muß jede den Formerfordernissen entsprechen, um als letztwillige Verfügung wirksam zu sein (BGH NJW 1983, 1083), zB bei einzelnen Ringbuchblättern (Hamm NJW 1983, 689). Die Unterschrift auf einem **Begleitschreiben**, das dem Notar mit dem Testament übersandt wird, wahrt nur dann die Form, wenn ein enger innerer Zusammenhang besteht und dem Begleitschreiben keine eigenständige Bedeutung zukommt, also nicht bei gesonderten Anweisungen an den Notar (BayObLG FamRZ 1992, 477).

9 Die Unterschrift kann auf dem **verschlossenen Umschlag** erfolgen, wenn sie nach dem Willen des Erblassers und nach der Verkehrsauffassung die äußere Fortsetzung und den Abschluß der im Umschlag befindlichen Erklärungen darstellt (BayObLG ZEV 1994, 40). Auf einen inneren Zusammenhang dieser Art deuten feierliche Aufschriften verbunden mit Datumsangaben hin. Im Zweifel wird man die Einheit bejahen können. In Verbindung mit Angaben über den Inhalt kann der Namenszug aber auch lediglich der Zuordnung dienen, etwa als Ergänzung einer aufgedruckten Inhaltsangabe (BayObLG FamRZ 1988, 1211) oder der Bezeichnung „Testament" (BayObLG ZEV 2003, 26; Hamm ZEV 2002, 152). Ebensowenig reicht der Namenszug des Absendervermerks eines an das Nachlaßgericht adressierten Briefes, der das Testament enthält (KG JFG 18, 66); anders bei einer Postkarte mit Testamentsinhalt (KG JFG 16, 91). Im übrigen genügt das Unterzeichnen eines unverschlossenen Umschlags den Formerfordernissen nicht, weil die Erklärungen auf diese Weise vorläufigen Charakter behalten und jederzeit austauschbar sind (Hamm OLG 1986, 292; aM BayObLG Rpfleger 1986, 294).

10 **3. Nachträge** können in verschiedener Weise erfolgen. Das Testament braucht nicht in einem Zuge errichtet zu werden, so daß der Erblasser das Schriftstück jederzeit eigenhändig modifizieren kann. Den früheren Text muß der Testierende auch nicht von vornherein in Testierabsicht verfaßt haben (Karlsruhe NJW-RR 2003, 653). Es kommt nur darauf an, daß am Ende alle Verfügungen der nötigen Form entsprechen, insbesondere unterschrieben sind (BayObLG Rpfleger 2003, 190; Zweibrücken NJWE-FER 1998, 39). Der Erblasser braucht seine Nachträge nicht gesondert zu unterschreiben, wenn er sie von der vorhandenen Unterschrift gedeckt wissen will und das äußere Erscheinungsbild der Urkunde dem nicht entgegensteht (BGH NJW 1974, 1083). Bloße Korrekturen von Schreib- oder Rechenfehlern sind danach ohne weiteres möglich. Überhaupt werden Nachträge innerhalb des Textes idR von der Unterschrift erfaßt, und zwar ohne Rücksicht auf den Inhalt der neuen Verfügung (Lange/Kuchinke § 20 IV 4 Fn 78; aM BayObLG 1974, 440; MüKo/Burkart Rz 17). Erklärungen auf einem bereits widerrufenen Testament bedürfen allerdings einer aktualisierten Unterzeichnung (BayObLG 1975, 35; Schleswig SchlHA 1976,

9). Plaziert der Erblasser den Nachtrag auf die gültige Testamentsurkunde, aber unter die Signatur, dann hängt die Wirkung der vorhandenen Unterschrift vom feststellbaren Willen des Erblassers ab. Danach werden Klarstellungen und Erläuterungen sowie Ergänzungen eines ansonsten (aufgrund von Streichungen) unvollständigen Textes von der vorhandenen Unterschrift umfaßt (BayObLG FamRZ 1986, 835), während selbständige post scripta nicht gedeckt sind (Köln NJW-RR 1994, 74). Nachträge auf einem gesonderten (Ringbuch-)Blatt muß der Erblasser gesondert unterschreiben (Hamm NJW 1983, 689; aM Grundmann AcP 187, 456). Im Unterschied zum Errichten iSv § 2247 bedarf das Verfügungen aufhebende Verändern iSv § 2255 durch Ausstreichen oder Radieren keiner Unterschrift; vgl zum Ungültigkeitsvermerk § 2255 Rz 3.

4. Minderjährige und Leseunfähige können keine privatschriftlichen Testamente errichten. Hat ein Minderjähriger eigenhändig testiert, wird das Testament mit Erreichen seiner Volljährigkeit nicht automatisch wirksam; er muß es in der Form des § 2247 zumindest bestätigen. Das gleiche gilt für den zunächst Leseunfähigen, der später lesen lernt. Wer erblindet ist, ist leseunfähig (BayObLG FamRZ 2000, 322). Kann der Erblasser krankheitsbedingt nicht mehr lesen, was er schreibt, dann ist das Schriftstück nach Abs IV formungültig (BayObLG 1997, 198); bei auffällig großer und ungelenker Schrift besteht Anlaß, in diese Richtung zu ermitteln. 11

5. Nichtigkeit der gesamten letztwilligen Verfügung ist die Folge der Verletzung zwingender Formvorschriften. Betrifft die Unwirksamkeit nur maschinenschriftliche Einschübe oder Zusätze von fremder Hand, dann bleibt die Unwirksamkeit auch der übrigen Verfügungen nach § 2085 die Ausnahme. Dazu kommt es darauf an, ob die nichtige Verfügung Teil eines einheitlich gewollten Testaments ist oder ob der Rest gegenüber dem nichtigen Teil eine selbständige letztwillige Verfügung darstellt (vgl BayObLG FamRZ 1986, 726; Zweibrücken ZEV 2003, 367). Ist bei einem gemeinschaftlichen Testament die Haupterklärung des einen Ehegatten wegen fehlender Unterschrift nichtig, so kann die eigenhändig geschriebene und unterschriebene Beitrittserklärung des anderen Ehegatten nicht als Einzeltestament aufrechterhalten werden (BayObLG NJW 1969, 797). 12

6. Beweisfragen. Die Echtheit und die Eigenhändigkeit des Testaments muß in einem Rechtsstreit derjenige beweisen, der Rechte aus dem Testament herleiten will. Im Erbscheinsverfahren wird von Amts wegen ermittelt (§ 2358). Dabei steht es im pflichtgemäßen Ermessen des Tatsachengerichts, ob die Beweiserhebung durch formlose Ermittlungen im Wege des Freibeweises (§ 12 FGG) oder durch eine förmliche Beweisaufnahme (§ 15 FGG) erfolgt. Das Gericht kann selbst einen Schriftvergleich mit anderen Schriftstücken des Erblassers anstellen und sich auf das Ergebnis seines Augenscheins nach freier Überzeugung verlassen (BayObLG NJW-RR 1986, 494). Ist durch formlose Ermittlungen keine genügende Aufklärung zu erreichen oder ist das Recht der Beteiligten, an der Wahrheitsfindung mitzuwirken, nicht hinreichend gesichert, dann ergibt sich die Pflicht zur förmlichen Beweisaufnahme. Haben Zeugenaussagen zur Überzeugung von der Eigenhändigkeit geführt, kann von der Einholung eines schriftvergleichenden Gutachtens abgesehen werden (BayObLG ZEV 1994, 369 mit Anm Winkler). Weitere Vergleichsschriften des Testierenden brauchen nicht herangezogen zu werden, wenn der Schriftsachverständige ein Testament aufgrund des ihm überlassenen Materials bereits mit höchstmöglicher Wahrscheinlichkeit als echt beurteilt (BayObLG ZEV 2002, 154). Verbleiben aufgrund eines Sachverständigengutachtens Zweifel an der Echtheit oder Eigenhändigkeit des Testaments, muß den Zweifeln nachgegangen werden (BayObLG Rpfleger 1988, 67). UU kommt die Einholung eines weiteren Gutachtens in Betracht (BayObLG FamRZ 1985, 837). Der Grundsatz der freien Beweiswürdigung gestattet es dem Gericht der Tatsacheninstanz, auch von einem Sachverständigengutachten abzuweichen (BayObLG FamRZ 1985, 742). Die Feststellungslast für die Echtheit und Eigenhändigkeit trägt schließlich derjenige, der Rechte aus der Urkunde herleiten will (BayObLG Rpfleger 1988, 68). Die Feststellungslast umfaßt auch die Tatsache, daß es sich um eine mit Testierwillen errichtete letztwillige Verfügung und nicht nur um einen Entwurf handelt. Die Anforderungen dürfen diesbezüglich aber nicht überspannt werden, so daß ein formgerecht abgefaßtes und inhaltlich vollständiges Testament regelmäßig keinen Anlaß dazu gibt, den animus testandi in Frage zu stellen (KG Rpfleger 1991, 154). Wer sich nur auf ein mit Blaupause gefertigtes Schriftstück beruft, trägt außerdem die Feststellungslast dafür, daß der Erblasser mit der Durchschrift eine Testamentsurschrift errichten wollte (BayObLG Rpfleger 1981, 282). Für die Richtigkeit eigenhändiger Zeit- und Ortsangaben spricht eine Vermutung (BayObLG FamRZ 1991, 237; ZEV 2001, 399 mit Anm J. Mayer). Hinterläßt der Erblasser aber mehrere Schriftstücke verschiedenen Inhalts, welche die Form eines Testaments erfüllen, dann besteht für keines von ihnen eine tatsächliche Vermutung, daß es den letzten Willen des Erblassers enthält (BayObLG NJW-RR 1989, 1092). 13

Auf tatsächlichem Gebiet liegt auch die Frage, ob der Erblasser im Zeitpunkt der Testamentserrichtung Geschriebenes nicht mehr lesen und mithin gar kein eigenhändiges Testament errichten konnte. Bejahendenfalls würde es sich um die Ausnahme handeln, so daß bei verbleibender Unklarheit vom Regelfall auszugehen ist, daß der Testierende zu lesen vermochte (Neustadt FamRZ 1961, 541; Düsseldorf ZEV 2000, 316). Die Feststellungslast ist also demjenigen aufzuerlegen, der sich auf die mangelnde Fähigkeit zu lesen beruft (BayObLG FamRZ 1987, 1199; 1985, 742). Auch wer behauptet, der Erblasser habe bewußt unwirksam testieren wollen, trägt für diesen Ausnahmetatbestand die Feststellungslast (BayObLG ZEV 1994, 40). 14

2248 *Verwahrung des eigenhändigen Testaments*

Ein nach der Vorschrift des § 2247 errichtetes Testament ist auf Verlangen des Erblassers in besondere amtliche Verwahrung zu nehmen (§§ 2258a, 2258b). Dem Erblasser soll über das in Verwahrung genommene Testament ein Hinterlegungsschein erteilt werden.

Amtliche Verwahrung. Der Erblasser muß die Möglichkeit haben, seinen Willen unverfälscht zur Durchsetzung zu bringen. Um zu vermeiden, daß das Testament unterdrückt oder von fremder Hand geändert wird oder sonstwie verlorengeht, kann es der Erblasser in amtliche Verwahrung geben. Für die Wirksamkeit des Testaments 1 und seine Rechtsnatur als privates Testament ist die Verwahrung selbst bedeutungslos. Zu technischen Einzelheiten vgl die §§ 2258a, 2258b und § 34 BeurkG.

2249 Nottestament vor dem Bürgermeister

(1) Ist zu besorgen, daß der Erblasser früher sterben werde, als die Errichtung eines Testaments vor einem Notar möglich ist, so kann er das Testament zur Niederschrift des Bürgermeisters der Gemeinde, in der er sich aufhält, errichten. Der Bürgermeister muß zu der Beurkundung zwei Zeugen zuziehen. Als Zeuge kann nicht zugezogen werden, wer in dem zu beurkundenden Testament bedacht oder zum Testamentsvollstrecker ernannt wird; die Vorschriften der §§ 7 und 27 des Beurkundungsgesetzes gelten entsprechend. Für die Errichtung gelten die Vorschriften der §§ 2232, 2233 sowie die Vorschriften der §§ 2, 4, 5 Abs. 1, §§ 6 bis 10, 11 Abs. 1 Satz 2, Abs. 2, § 13 Abs. 1, 3, §§ 16, 17, 23, 24, 26 Abs. 1 Nr. 3, 4, Abs. 2, §§ 27, 28, 30, 32, 34, 35 des Beurkundungsgesetzes; der Bürgermeister tritt an die Stelle des Notars. Die Niederschrift muß auch von den Zeugen unterschrieben werden. Vermag der Erblasser nach seinen Angaben oder nach der Überzeugung des Bürgermeisters seinen Namen nicht zu schreiben, so wird die Unterschrift des Erblassers durch die Feststellung dieser Angabe oder Überzeugung in der Niederschrift ersetzt.

(2) Die Besorgnis, dass die Errichtung eines Testaments vor einem Notar nicht mehr möglich sein werde, soll in der Niederschrift festgestellt werden. Der Gültigkeit des Testaments steht nicht entgegen, daß die Besorgnis nicht begründet war.

(3) Der Bürgermeister soll den Erblasser darauf hinweisen, daß das Testament seine Gültigkeit verliert, wenn der Erblasser den Ablauf der in § 2252 Abs. 1, 2 vorgesehenen Frist überlebt. Er soll in der Niederschrift feststellen, daß dieser Hinweis gegeben ist.

(4) Für die Anwendung der vorstehenden Vorschriften steht der Vorsteher eines Gutsbezirks dem Bürgermeister einer Gemeinde gleich.

(5) Das Testament kann auch vor demjenigen errichtet werden, der nach den gesetzlichen Vorschriften zur Vertretung des Bürgermeisters oder des Gutsvorstehers befugt ist. Der Vertreter soll in der Niederschrift angeben, worauf sich seine Vertretungsbefugnis stützt.

(6) Sind bei Abfassung der Niederschrift über die Errichtung des in den vorstehenden Absätzen vorgesehenen Testaments Formfehler unterlaufen, ist aber dennoch mit Sicherheit anzunehmen, daß das Testament eine zuverlässige Wiedergabe der Erklärung des Erblassers enthält, so steht der Formverstoß der Wirksamkeit der Beurkundung nicht entgegen.

1 **1. Nottestamente** sind das Bürgermeister-, Gemeinde- oder Dorftestament nach § 2249, das Dreizeugentestament nach § 2250 und das Dreizeugentestament in der Form des Seetestaments nach § 2251. Durch das TestG und die seit dem 1. 1. 1970 neugefaßten Bestimmungen des BGB ist die Formstrenge früherer Regelungen besonders bei den Nottestamenten gelockert worden. Maßgebend war die Erwägung, daß die mit der Abfassung solcher Testamente betrauten Personen die anzuwendenden Formvorschriften idR nicht ausreichend beherrschen, und daß die Umstände, unter denen solche Testamente aufgenommen werden, eine genaue Einhaltung von Formvorschriften gerade erschweren. Durch das OLGVertrÄndG v 23. 7. 2002 (BGBl I 2850) ist für öffentliche Testamente vor dem Notar das Mündlichkeitserfordernis der §§ 2232, 2233 aF entfallen; diese Erleichterung gilt seit dem 1. 8. 2002 auch für das Bürgermeistertestament, nicht aber für die Dreizeugentestamente. Mit den gesetzlich beschriebenen Notfällen ist ein Bemühen um das Inkraftsetzen des feststehenden Erblasserwillens verbunden, wenn auch die formalen Anforderungen nicht gerade übersichtlich gestaltet sind.

2 **2. Das Bürgermeistertestament (Gemeinde- oder Dorftestament)** ist ein öffentliches Testament. Es kann nach § 2250 I im Fall der Absperrung des Aufenthaltsortes errichtet werden oder nach § 2249, wenn entweder objektiv zu besorgen ist, daß der Erblasser früher sterben werde, als ein Testament vor einem Notar errichtet werden kann (RG 171, 27), oder wenn die Urkundsperson die Besorgnis des Todes lediglich subjektiv hegt (Abs II S 2). Der Besorgnis des Todes steht die Besorgnis der Testierunfähigkeit gleich (BGH 3, 372; aM Brox ErbR Rz 130). Voraussetzung ist des weiteren, daß ein Notar nicht erreichbar ist oder zwar erreichbar ist, aber nicht tätig werden will.

3 **Zuständig** ist der Bürgermeister der Gemeinde, in der sich der Erblasser aufhält, nach Abs IV der Gutsvorsteher in gemeindefreien Gebieten und nach Abs V deren Vertreter. Wer die betreffende Position einnimmt, richtet sich nach den landesrechtlichen Gemeindeordnungen. In Hamburg liegt die Zuständigkeit beim Standesbeamten (GVBl 1958, 441). In der ehemaligen britischen Zone sind auch die Hauptgemeindebeamten (Stadtdirektor ua) für zuständig erklärt (VO v 12. 12. 1946, VOBlBrZ 1947, 9, noch in Kraft gemäß Art 4 Nr 6 GesEinhG v 5. 3. 1953, BGBl I 33; vgl Zimmermann Rpfleger 1970, 195). Die Verwaltungsanweisungen des RJM und des RMdI v 22. 11. 1938 (Justiz 1938, 2013; 1939, 1076) sind in einzelnen Ländern ersetzt worden, und zwar in Niedersachsen (Erl v 24. 7. 1954, MBl 1954, 427), Nordrhein-Westfalen (AV v 23. 11. 1956, JMBl 1956, 278), Bayern (Erl v 29. 6. 1957, BSVJu III 1957, 601; MEntsch v 24. 8. 1970, MABl 1970, 657), Hamburg (GVBl 1958, 441), Rheinland-Pfalz (DA v 29. 1. 1962, MBl 1962, 353).

4 Die **Form** des Bürgermeistertestaments richtet sich im Grundsatz nach den gleichen Vorschriften wie das ordentliche Testament vor dem Notar mit der Besonderheit, daß die Urkundsperson zwei Zeugen hinzuziehen muß (Abs I S 2), die während der Testamentserrichtung, dh beim Vorlesen, Genehmigen und Unterschreiben, anwesend sind (§ 13 BeurkG). Nach Abs I S 3 ist als Zeuge ausgeschlossen, wer im Testament bedacht oder zum Testamentsvollstrecker ernannt ist; die §§ 7, 27 BeurkG gelten entsprechend. Entsprechend den §§ 2232, 2233 kann das Bürgermeistertestament durch verbale oder seit dem 1. 8. 2002 auch nonverbale Erklärung oder durch Übergabe einer

offenen oder verschlossenen Schrift errichtet werden; die in Abs I S 4 weiter aufgeführten Bestimmungen des BeurkG finden entsprechende Anwendung. Zwingendes Erfordernis ist die Aufnahme einer Niederschrift in deutscher Sprache (§§ 5 I, 8ff BeurkG), die zu verlesen und zu genehmigen ist. Dabei kann die Erklärung des letzten Willens zusammen mit dem Vorlesen und Genehmigen der Niederschrift in einem Vorgang geschehen (vgl § 2232 Rz 3; J. Mayer ZEV 2002, 141). Der Erblasser muß die Niederschrift noch eigenhändig unterschreiben (vgl § 2250 Rz 6 aE). Ist er dazu nach seinen eigenen Angaben oder nach der Überzeugung der Urkundsperson nicht imstande, reicht es nach Abs I S 6 aus, wenn darüber eine Feststellung aufgenommen wird. Unterschreiben müssen nach Abs I S 5 auch die Zeugen und noch zu Lebzeiten des Erblassers entsprechend § 13 III BeurkG die Urkundsperson (einen engen zeitlichen Zusammenhang ausreichen lassen will Voit in Dittmann/Reimann/Bengel Rz 13).

3. Formverstöße bei Abfassung der Niederschrift berühren nach Abs VI nicht die Gültigkeit des Testaments, 5 sofern es eine zuverlässige Wiedergabe der Erblassererklärung enthält. Die Vorschrift verdient eine weite Auslegung (BGH 37, 79). Hier wird dem Umstand Rechnung getragen, daß den mit der Aufnahme des Nottestaments betrauten Urkundspersonen die einzelnen Formvorschriften im allgemeinen nicht geläufig sind. Der Rechtsfolge nach ist zwischen unheilbaren Verstößen gegen Errichtungsvorschriften und unschädlichen Verstößen gegen Protokollierungsvorschriften zu unterscheiden. Das Nichtbefolgen von Sollvorschriften macht das Testament ohnehin nicht unwirksam.

a) Unschädlich sind die Formverstöße bei Abfassung der Niederschrift iSv Abs VI. Dazu zählt die fehlende 6 Protokollierung der Schreibunfähigkeit des Erblassers (BGH 28, 190) sowie die fehlende Unterschrift der Zeugen (KG NJW 1966, 1661), die noch nach dem Erbfall nachgeholt werden kann (KG NJW 1947/48, 190). Das unschädliche Nichtbefolgen von Sollvorschriften betrifft § 2249 II S 1, III, V S 2 und aus dem BeurkG § 4, § 9 II, § 10, § 11 I S 2, II, § 13 I S 2 und 4, III S 2, § 16 I, II S 2 bis 4, III S 3 bis 5, § 17, § 23 S 1 Hs 2, § 24 I S 1, S 2 Hs 2, S 3 und 4, § 26 I Nr 3 (die Aufnahme von Nr 3a hat der Gesetzgeber des LPartG v 16. 2. 2001 [BGBl I 266] offenbar übersehen) und Nr 4, II, § 28, § 30 S 2 bis 5, § 32 S 1 Hs 2, § 34 I. Unschädlich ist es auch entsprechend § 2 BeurkG, das Bürgermeistertestament außerhalb des jeweiligen Amtsgebiets zu errichten, und entsprechend § 35 BeurkG, wenn die Urkundsperson nicht die Niederschrift, aber die Aufschrift des verschlossenen Umschlags unterschreibt.

b) Unheilbar sind die Formverstöße, die den Errichtungsakt materiellrechtlich betreffen. So ist ein Testament 7 nichtig, wenn die Urkundsperson mit dem Erblasser verheiratet oder in gerader Linie verwandt ist (Abs I S 4 iVm § 6 I BeurkG), wenn zur Errichtung nicht zwei Zeugen hinzugezogen werden und fortwährend anwesend sind, wenn keine Niederschrift aufgenommen wird, wenn die Niederschrift nicht verlesen und genehmigt wird (Frankfurt MDR 1979, 673; BayObLG 1979, 232) oder wenn sie vom schreibfähigen Erblasser (KG JFG 21, 42) oder von der Urkundsperson nicht unterschrieben wird. Die Niederschrift muß die Erklärungen des Erblassers enthalten oder die Übergabe einer Schrift bestätigen. Nur die betreffende Verfügung ist unwirksam, wenn die Urkundsperson, ein Dolmetscher oder einer der Zeugen bedacht oder als Testamentsvollstrecker eingesetzt ist; insoweit verdrängt Abs I S 3 iVm § 7 BeurkG als zwingende Vorschrift die über § 27 BeurkG ebenfalls für entsprechend anwendbar erklärte Sollvorschrift des § 26 I Nr 2 BeurkG. Nichtig ist ein Testament im übrigen, wenn weder eine objektive noch eine subjektive Todesgefahr besteht (BGH 37, 79) oder wenn die Urkundsperson sachlich unzuständig ist, sofern das Testament nicht iSv § 2250 aufrechterhalten werden kann.

4. Die Haftung für schuldhafte Amtspflichtverletzungen der Urkundsperson übernimmt nach Art 34 GG iVm 8 § 839 dessen Anstellungskörperschaft, bei der Beurkundung durch den Bürgermeister also die Gemeinde. Da vom Bürgermeister verlangt wird, daß er die zwingenden Wirksamkeitsvoraussetzungen des Nottestaments kennt, begründet das Verursachen der Nichtigkeit idR eine schuldhafte Amtspflichtverletzung, zB bei Hinzuziehung einer gesetzlich ausgeschlossenen Person als Zeugen (Nürnberg OLG 1965, 160). Auch das Versäumnis der Belehrung des Erblassers über die Gültigkeitsdauer des Nottestaments kann einen Schadenersatzanspruch auslösen (MüKo/Burkart Rz 17) zugunsten der Person, der die nicht wirksam gewordene Zuwendung galt. Ein fahrlässiges Eigenverschulden des Erblassers und dessen Beraters braucht sich der Anspruchsinhaber nicht zurechnen zu lassen (BGH NJW 1956, 260). Die Träger öffentlicher Krankenhäuser sind aufgrund des Aufnahmevertrages zu Vorsorgemaßnahmen verpflichtet, die im Notfall die Errichtung eines Testaments ermöglichen, ohne daß dem Patienten gegenüber eine darauf gerichtete Belehrungspflicht besteht (BGH NJW 1958, 2107). Hat das Krankenhauspersonal an der Errichtung eines formunwirksamen Testaments mitgewirkt, muß der Patient veranlaßt werden, eine wirksame letztwillige Verfügung zu errichten (BGH NJW 1989, 2945 mit allerdings zweifelhaften Wahrscheinlichkeitserwägungen).

§ 2250 Nottestament vor drei Zeugen

(1) Wer sich an einem Orte aufhält, der infolge außerordentlicher Umstände dergestalt abgesperrt ist, daß die Errichtung eines Testaments vor einem Notar nicht möglich oder erheblich erschwert ist, kann das Testament in der durch § 2249 bestimmten Form oder durch mündliche Erklärung vor drei Zeugen errichten.

(2) Wer sich in so naher Todesgefahr befindet, daß voraussichtlich auch die Errichtung eines Testaments nach § 2249 nicht mehr möglich ist, kann das Testament durch mündliche Erklärung vor drei Zeugen errichten.

(3) Wird das Testament durch mündliche Erklärung vor drei Zeugen errichtet, so muß hierüber eine Niederschrift aufgenommen werden. Auf die Zeugen sind die Vorschriften des § 6 Abs. 1 Nr. 1 bis 3, der §§ 7, 26 Abs. 2 Nr. 2 bis 5 und des § 27 des Beurkundungsgesetzes; auf die Niederschrift sind die Vorschriften der §§ 8 bis 10, 11 Abs. 1 Satz 2, Abs. 2, § 13 Abs. 1, 3 Satz 1, §§ 23, 28 des Beurkundungsgesetzes sowie die Vor-

§ 2250

schriften des § 2249 Abs. 1 Satz 5, 6, Abs. 2, 6 entsprechend anzuwenden. **Die Niederschrift kann außer in der deutschen auch in einer anderen Sprache aufgenommen werden. Der Erblasser und die Zeugen müssen der Sprache der Niederschrift hinreichend kundig sein; dies soll in der Niederschrift festgestellt werden, wenn sie in einer anderen als der deutschen Sprache aufgenommen wird.**

1 1. Das **Dreizeugentestament** ist ein Nottestament, das der Erblasser vor Privatpersonen errichtet. Auf diese Weise werden hoheitliche Befugnisse iSv § 415 ZPO nicht wahrgenommen, so daß es sich um eine Privaturkunde handelt (BGH LM Nr 1 zu § 416 ZPO; Staud/Baumann Rz 36). Drei Sachverhaltskonstellationen ermöglichen die Testamentserrichtung in dieser außerordentlichen Form: a) der Aufenthalt an einem abgesperrten Ort, b) die nahe Todesgefahr und c) das Befinden auf einer Seereise iSv § 2251. Die Umstände lassen in allen Fällen die Errichtung eines öffentlichen Testaments vor einem Notar oder einer Urkundsperson iSv § 2249 nur erschwert oder gar nicht zu. Allein darin liegt die Rechtfertigung, dem Erblasser das Testieren durch mündliche Erklärung offenzuhalten.

2 **a)** Im Fall der **Absperrung des Aufenthaltsortes** durch außergewöhnliche Umstände (Abs I) hat der Erblasser die Wahl, ein Nottestament nach § 2249 oder nach § 2250 zu errichten. Ob ein Naturereignis, ein technisches Hindernis oder krankheitsbedingte Quarantäne (MüKo/Burkart Rz 4) die Absperrung verursacht und ob zB ein Grundstück oder eine Ortschaft eingeschneit ist, spielt keine Rolle. Vor allem braucht das Leben oder die Gesundheit des Erblassers in keiner Weise gefährdet zu sein. Es reicht aus, daß dessen tatsächlicher Aufenthaltsort objektiv oder nach der (auch irrtümlichen) Vorstellung der Zeugen abgesperrt ist (BGH 3, 372).

3 **b)** Auch die **nahe Todesgefahr**, die eine Testamentserrichtung nach § 2249 voraussichtlich nicht mehr möglich macht, muß nur entweder objektiv oder subjektiv bestehen. Subjektiv besteht die Gefahr, wenn die Zeugen übereinstimmend davon überzeugt sind. Objektiv kann sie durch Unfall oder Krankheit ausgelöst sein. Der nahen Todesgefahr ist die Gefahr des Eintritts der dauerhaften Testierunfähigkeit gleichzusetzen (BGH 3, 372). Maßgeblich zur Beurteilung ist stets der vom Erblasser gewählte Zeitpunkt; mit der Errichtung seiner letztwilligen Verfügung kann er beliebig zuwarten (LG Freiburg ZEV 2003, 370 mit Anm Dümig).

4 **c)** Auf einer **Seereise** iSv § 2251 kann das Dreizeugentestament errichtet werden (s § 2251 Rz 1 und hier Rz 5–9). Übersee-Luftreisen fallen nicht darunter.

5 **2. Drei Zeugen** treten an die Stelle der Amtsperson. Gemäß Abs III S 2 iVm § 6 I BeurkG kann weder der Erblasser selbst, sein Ehegatte oder eingetragener Lebenspartner noch ein mit ihm in gerader Linie Verwandter als Zeuge fungieren. Auch sollen keine Minderjährigen, Geisteskranken, Geistesschwachen, Hör-, Sprech-, Seh- oder Schreibunfähigen bestellt werden (§ 26 II Nr 2 bis 5 BeurkG). Im übrigen dürfen die Zeugen samt Ehegatten oder Lebenspartner und Verwandten nicht letztwillig bedacht oder zu Testamentsvollstrecker eingesetzt werden (§§ 7, 27 BeurkG). Wird das Nottestament vor mehr als drei Zeugen mit Beurkundungsfunktion errichtet, müssen die Voraussetzungen von allen und nicht nur von drei Zeugen erfüllt sein (Frankfurt MDR 1981, 673; aM BGH 115, 169; MüKo/Burkart Rz 12; Lange/Kuchinke § 21 IV 1b Fn 50). Die Zeugen wirken grundsätzlich gleichberechtigt mit. Sie müssen von Anfang an das Bewußtsein der verantwortlichen Beurkundung haben (BGH 54, 89; Hamm FamRZ 1991, 1111). Wer nur zufällig zugegen ist, ist kein Zeuge.

6 **3.** Die **Form** des Dreizeugentestaments ist gegenüber den öffentlichen Testamentsformen eingeschränkt. Der Erblasser kann den Zeugen keine offene oder verschlossene Schrift übergeben (Frankfurt HEZ 1, 236); er muß seinen letzten Willen mündlich erklären. Andere, nach § 2232 für das öffentliche Testament vor dem Notar bzw iVm § 2249 vor dem Bürgermeister seit dem 1. 8. 2002 zugelassene Erklärungsformen sind bei Dreizeugentestamenten ausgeschlossen. Als Erklärung muß wenigstens ein klares „Ja" geäußert werden. Über die mündliche Erklärung ist zwingend eine Niederschrift anzufertigen (Abs III S 2 iVm § 8 BeurkG). Die Erklärung kann wie die Niederschrift in einer fremden Sprache gefaßt sein, wenn auch alle Zeugen die Sprache beherrschen (Abs III S 3 und 4). Die Zuziehung eines Dolmetschers ist bei dieser Testamentsform ausgeschlossen, da auf die §§ 16 und 32 BeurkG nicht verwiesen ist. In der Niederschrift müssen der Erblasser und die Zeugen bezeichnet sein (§ 9 I BeurkG). Außerdem soll die Niederschrift den Ort und Tag der Verhandlung enthalten (§ 9 II BeurkG) sowie weitere Feststellungen über die Person (§ 10 BeurkG) und Testierfähigkeit des Erblassers (§ 11 I S 2, II BeurkG). In Gegenwart aller Zeugen muß die Niederschrift anschließend verlesen und vom Erblasser genehmigt werden (§ 13 I BeurkG); einem hörbehinderten Erblasser ist sie anstelle des Verlesens zur Durchsicht vorzulegen (§ 23 BeurkG). Das Erklären, Verlesen und Genehmigen des letzten Willens kann in einem Akt zusammengefaßt werden, indem ein vorbereiteter Entwurf Satz für Satz vorgelesen wird und der Testierende sein uneingeschränktes Einverständnis erklärt (Zweibrücken Rpfleger 1987, 22; Düsseldorf ZEV 2001, 319; dazu J. Mayer ZEV 2002, 140). Der Erblasser muß die Niederschrift unterschreiben. Unterschreibt er ein Schriftstück, das nicht selbst vorgelesen und genehmigt, sondern von der vorgelesenen und genehmigten Niederschrift abgeschrieben ist, dann ist die unterschriebene Abschrift nicht formwirksam (BGH 115,169). Ist er nach seinen Angaben oder nach der Überzeugung der Zeugen nicht imstande, zu unterschreiben, genügt eine entsprechende Feststellung in der Niederschrift (§ 2249 I S 6). Kommt der Erblasser anschließend wieder zu Kräften, dann braucht er die Unterschrift nicht nachzuholen (Hamm FamRZ 1991, 1111). Unterschreiben müssen aber in jedem Fall die Zeugen (§ 2249 I S 5).

7 **4. Formverstöße** sind in entsprechender Anwendung des § 2249 VI bei Abfassung der Niederschrift heilbar, bei wesentlichen Erfordernissen des Errichtungsakts aber unheilbar (vgl § 2249 Rz 5).

8 **a) Unschädlich** sind Verstöße gegen Protokollierungsvorschriften, sofern das Testament die Erklärung des Erblassers dennoch zuverlässig wiedergibt. Fehlende Feststellungen über die nahe Todesgefahr oder die Schreibunfähigkeit des Erblassers machen das Testament daher nicht ungültig (BGH 3, 372; Hamm JMBl NRW 1962, 60), ebensowenig die am Anfang und nicht am Ende der Niederschrift plazierten Unterschriften der Zeugen (BayObLG NJW 1991, 928), nach verbreiteter Meinung gar deren Fehlen (vgl Rz 9). Unschädlich ist aber das Nichtbefolgen

der Sollvorschriften: § 2249 II S 1 und aus dem BeurkG § 9 II, § 10, § 11 I S 2, II, § 13 I S 2 und 4, § 23 S 1 Hs 2, § 26 II Nr 2 bis 5 (Mitwirkung geisteskranker Zeugen, Hamm FamRZ 1991, 1111), § 28.

b) Unheilbar sind Verstöße gegen materielle Vorschriften über den Errichtungsakt. So muß der letzte Wille vor allen Zeugen erklärt, verlesen und genehmigt werden, sonst ist das Testament insgesamt nichtig. Die Zeugen haben nicht nur Überwachungsfunktion, sondern sind anstelle des Notars bzw Bürgermeisters Urkundspersonen. Der Errichtungsakt wird erst mit der Unterschrift der Urkundsperson (§ 13 III BeurkG), hier der Urkundspersonen vollendet, die folglich zur Errichtung des Testaments gehören. Demgegenüber wird der Verstoß für unschädlich (KG NJW 1966, 1661; Köln Rpfleger 1994, 65; Schlüter Rz 181) oder die Unterschrift nur eines Zeugen im Zeitpunkt des Todes für ausreichend gehalten, um das Testament wirksam werden zu lassen (BayObLG 1979, 232; MüKo/Burkart Rz 18), oder es soll die Unterschrift des Erblassers genügen, sofern die fehlenden Unterschriften der Zeugen unverzüglich nachgeholt werden (Staud/Baumann Rz 35; Soergel/J. Mayer Rz 16), wodurch den Zeugen partiell die Beurkundungsfunktion praktisch abgesprochen wird. Das Dreizeugentestament ist darüber hinaus unwirksam, wenn weder objektiv noch subjektiv eine Absperrung, nahe Todesgefahr oder Seereise gegeben oder wenn einer der Zeugen entsprechend § 6 I Nr 1 bis 3 BeurkG von der Mitwirkung ausgeschlossen ist. Diejenige Verfügung ist unwirksam, die einen Zeugen oder Angehörigen eines Zeugen iSv §§ 7, 27 BeurkG begünstigt (BayObLG ZEV 1995, 341). 9

5. Eine **Haftung** wegen schuldhafter Amtspflichtverletzung kommt nach Art 34 GG iVm § 839 in Betracht, wenn bestimmte Organisations- oder Fürsorgemaßnahmen zB von einem Krankenhausträger oder dessen Personal nicht getroffen werden (vgl § 2249 Rz 8). 10

2251 *Nottestament auf See*

Wer sich während einer Seereise an Bord eines deutschen Schiffes außerhalb eines inländischen Hafens befindet, kann ein Testament durch mündliche Erklärung vor drei Zeugen nach § 2250 Abs. 3 errichten.

1. Auch das **Seetestament** ist ein Nottestament, da eine (zuständige) amtliche Urkundsperson nicht zur Verfügung steht. Darüber hinaus braucht eine Notlage wie Seenot oder schwere Erkrankung nicht Anlaß der Testamentserrichtung zu sein. Voraussetzung ist, daß sich der Erblasser während einer Seereise außerhalb eines inländischen Hafens befindet. Das ist vor der Küste und schon in Zufahrtsgewässern der Fall, sofern es sich nicht um einen Nachmittagsausflug mit einem Sportboot handelt. Ein bestimmtes Reiseziel ist nicht erforderlich. Der Aufenthalt in einem ausländischen Hafen gehört noch zur Reise. Der Erblasser muß sich jedenfalls an Bord eines deutschen Schiffes befinden. Entscheidend ist, daß der Eigentümer als Deutscher berechtigt ist, die deutsche Flagge zu führen. Der Erblasser kann auch Ausländer sein. Reist er in einem Luftschiff über der See, sind gleich zwei Voraussetzungen nicht erfüllt. 1

2. Der **Form** nach ist das Seetestament ein besonderer Fall des Dreizeugentestaments. Für die Errichtung gilt § 2250 III (s § 2250 Rz 5 bis 9). 2

2252 *Gültigkeitsdauer der Nottestamente*

(1) Ein nach § 2249, § 2250 oder § 2251 errichtetes Testament gilt als nicht errichtet, wenn seit der Errichtung drei Monate verstrichen sind und der Erblasser noch lebt.
(2) Beginn und Lauf der Frist sind gehemmt, solange der Erblasser außerstande ist, ein Testament vor einem Notar zu errichten.
(3) Tritt im Falle des § 2251 der Erblasser vor dem Ablauf der Frist eine neue Seereise an, so wird die Frist mit der Wirkung unterbrochen, daß nach Beendigung der neuen Reise die volle Frist von neuem zu laufen beginnt.
(4) Wird der Erblasser nach dem Ablauf der Frist für tot erklärt oder wird seine Todeszeit nach den Vorschriften des Verschollenheitsgesetzes festgestellt, so behält das Testament seine Kraft, wenn die Frist zu der Zeit, zu welcher der Erblasser nach den vorhandenen Nachrichten noch gelebt hat, noch nicht verstrichen war.

1. Nottestamente haben eine **beschränkte Gültigkeitsdauer** von drei Monaten. Der Erblasser wird auf diese Weise veranlaßt, ein ordentliches Testament zu errichten, nicht aber ein eigenhändiges, denn Abs II macht die Rechtsfolge davon abhängig, daß der Erblasser imstande ist, ein Testament vor einem Notar zu errichten; anderenfalls sind Beginn und Lauf der Frist gehemmt. Ein Nottestament wird also nicht ungültig, solange die Gründe zu deren Errichtung noch andauern oder wieder entstehen. Nach Abs III wird die Frist unterbrochen, wenn der Erblasser vor Ablauf eine neue Seereise antritt, so daß im Anschluß daran eine neue Frist von drei Monaten einsetzt. 1

2. Mit dem Ablauf der Frist verliert das Nottestament jede **Wirkung**, auch die des Widerrufs eines früheren Testaments. Erfüllt das Testament die Anforderungen eines eigenhändigen Testaments, bleibt es als solches in Kraft; verkennt der Erblasser dies, dann kommt eine Anfechtung nach § 2078 in Betracht (RG 104, 320). In Kraft bleibt auch das gemeinschaftliche Nottestament, falls ein Ehegatte innerhalb der Dreimonatsfrist stirbt (str, vgl § 2266 Rz 2). Für den Fall der Todeserklärung eines verschollenen Erblassers verdrängt Abs IV die Lebensvermutung der §§ 9 I, 44 VerschG mit der Wirkung, daß der Zeitpunkt der letzten Lebensnachricht und nicht der festgestellte Zeitpunkt der Todesvermutung maßgeblich dafür ist, ob die Dreimonatsfrist abgelaufen ist oder nicht. 2

3. Die **Beweislast** trägt bei einem Streit über den Zeitpunkt des Todes oder über den Zeitpunkt der letzten Nachricht derjenige, der sich auf die Ungültigkeit des Testaments beruft (Pal/Edenhofer Rz 2). Liegt der Zeitpunkt drei 3

§ 2253

Monate nach Errichtung des Nottestaments, dann muß die Gültigkeit infolge Hemmung oder Unterbrechung der Frist nachgewiesen werden.

2253 *Widerruf eines Testaments*
Der Erblasser kann ein Testament sowie eine einzelne in einem Testament enthaltene Verfügung jederzeit widerrufen.

Schrifttum: *v Lübtow*, Zur Lehre vom Widerruf des Testaments, NJW 1968, 1849.

1 1. **Widerruf.** Da das Testament den letzten Willen enthält, muß es dem Erblasser gestattet sein, einmal getroffene Verfügungen zu widerrufen, um seinen wirklich letzten Willen zur Geltung zu bringen. Anders kann es sich verhalten, wenn der Erblasser sich gebunden hat. Eine Bindung ist ausschließlich im Rahmen der gesetzlichen Möglichkeiten zulässig, und zwar abgesehen von dem hier nicht relevanten Erbvertrag nur beim gemeinschaftlichen Testament nach dem ersten Erbfall (vgl § 2271 Rz 7). Zu Lebzeiten beider Ehegatten ist ein Widerruf jederzeit sowohl von beiden als auch von einem Ehegatten möglich, einseitig allerdings nur nach den Vorschriften über den Rücktritt vom Erbvertrag, wenn die widerrufenen Verfügungen wechselbezüglich sind. Eine testamentarische Verpflichtung, eine Verfügung oder das ganze Testament nicht zu widerrufen, ist ungültig; eine derartige Verpflichtung läßt sich weder mit § 2302 noch mit § 2253 vereinbaren.

2 2. **Testierfähigkeit** ist die Voraussetzung einer letztwilligen Verfügung und grundsätzlich auch eines Widerrufs. Abs II aF, durch das BtG seit dem 1. 1. 1992 aufgehoben, schwächte den Grundsatz dergestalt ab, daß Entmündigte, die nicht von § 2229 IV betroffen waren, ihre letztwilligen Verfügungen widerrufen konnten, die sie noch im Zustand unbeschränkter Testierfähigkeit errichtet hatten. Ein Widerruf dieser Art, der vor Inkrafttreten des BtG erfolgte, ist also nicht nach § 2229 III aF unwirksam, sondern aufgrund der Ausnahme des § 2253 II aF wirksam. Hat vor dem 1. 1. 1992 ein seinerzeit Entmündigter ein widersprechendes Testament iSv § 2258 verfaßt, das keinen Widerruf iSv § 2254 enthielt, kommt zur Wirksamkeit der Verfügung nur eine Umdeutung in einen Widerruf iSv § 2254 in Betracht (vgl Erman/Hense/M. Schmidt[8] Rz 3). Wer ab oder nach dem 1. 1. 1992 unter **Betreuung** steht, kann sein Testament jederzeit widerrufen, sofern nicht ein Grund der natürlichen Testierunfähigkeit iSv § 2229 IV eingreift.

3 3. Die **Form** des Widerrufs ergibt sich aus den §§ 2254–2256; darüber hinaus besteht die Möglichkeit der gesetzlichen Aufhebung widersprochener Verfügungen nach § 2258.

4 4. Dem **Inhalt** nach kann sich der Widerruf auf einzelne Verfügungen des Testaments beschränken. Er kann auch in einer Einschränkung der Anordnung zB durch Hinzufügen einer Bedingung oder Zeitbestimmung bestehen. Über die mögliche Anfechtung des Widerrufs s § 2257 Rz 3, außerdem § 2256 Rz 4.

5 5. Die **Rechtsfolge** des Widerrufs besteht darin, daß die widerrufene Verfügung nicht mehr zur Geltung kommt. Ob der Erblasser an deren Stelle eine neue Anordnung trifft, ob andere, schon getroffene Verfügungen sich auf den Inhalt der widerrufenen Verfügung erstrecken, ob eine von der widerrufenen Verfügung ihrerseits widerrufene Verfügung wiederauflebt (vgl § 2257 Rz 1) oder ob die gesetzliche Erbfolge eintritt, ist eine Frage des Einzelfalls.

2254 *Widerruf durch Testament*
Der Widerruf erfolgt durch Testament.

1 1. **Widerrufstestament.** Das widerrufende Testament muß nicht in der gleichen Form errichtet werden, in der das widerrufene hergestellt wurde (Köln OLG 1968, 324). Jede Form ist möglich, solange das Widerrufstestament gültig ist. Das ist noch der Fall bei einem unvollständigen, aber auslegungsfähigen Vermerk („bis zum Höchstbetrage von 50 000 DM, B., den 20. 3. 1961, C."), der in der Form des § 2247 auf eine schreibmaschinengeschriebene Testamentsabschrift gesetzt wird und erst durch deren Inhalt Sinn bekommt (BGH NJW 1966, 201; abl Flume AT Bd II § 16, 5), der auf einem Hinterlegungsschein unterschriebene Vermerk „Testament überholt" (LG München II FamRZ 1998, 1623). Inhaltlich kann sich das Widerrufstestament auf den bloßen Widerruf beschränken (Frankfurt NJW 1950, 607), darüber hinaus kann es aber auch neue letztwillige Verfügungen enthalten (Hamm MDR 1971, 137).

2 2. **Abgrenzung zu § 2258.** Während § 2254 den Widerruf früherer Anordnungen durch rechtsgeschäftliche Erklärung erfaßt, bestimmt § 2258 die gesetzliche Aufhebung durch widersprechende Verfügung (zur Abgrenzung BGH NJW 1981, 2745; DNotZ 1987, 430; Hamm MDR 1971, 137; v Lübtow I S 237f). Der Widerruf verlangt das **Bewußtsein**, von einer früheren Regelung Abstand zu nehmen, worauf es bei § 2258 nicht ankommt. Die Unterscheidung konzentriert sich im einzelnen darauf, inwieweit der Widerrufswille in die Testamentserklärungen Eingang gefunden hat. Die ausdrückliche Bezeichnung als „Widerruf" ist nicht erforderlich, dafür die zweifelsfreie Feststellung, der Erblasser habe die neue Regelung an die Stelle der früheren setzen wollen (Hamm MDR 1971, 137). Wenn im Wege der Auslegung auch außerhalb des Testaments liegende Umstände eine Rolle spielen, um die Bedeutung des Wortlauts im Sinne des Erblasserwillens zu ermitteln (BGH NJW 1981, 2745), dann ist es möglich, in abschließenden und umfassenden Anordnungen einen Widerruf zu sehen (s BayObLG NJW 1965, 1276; Rpfleger 1979, 123; § 2258 Rz 2 mwN).

3 3. **Der Umfang** des Widerrufs ist in das Belieben des Erblassers gestellt und auch teilweise möglich (vgl Rz 1). ZB bleibt in bezug auf die Einsetzung eines späteren Alleinerben das frühere Testament wirksam, welches noch weitere Erben vorsah, insoweit aber später ausdrücklich widerrufen wurde (unzulässig auf § 2258 ausweichend

BayObLG Rpfleger 1987, 59). Der Erblasser kann frühere Verfügungen durch Bedingungen oder durch Einschieben weiterer Erben einschränken, er kann Zuwendungen kürzen, Auflagen verfügen, Testamentsvollstreckung oder sonstwie das Erbrecht beeinträchtigende Verfügungen anordnen.

2255 Widerruf durch Vernichtung oder Veränderungen

Ein Testament kann auch dadurch widerrufen werden, dass der Erblasser in der Absicht, es aufzuheben, die Testamentsurkunde vernichtet oder an ihr Veränderungen vornimmt, durch die der Wille, eine schriftliche Willenserklärung aufzuheben, ausgedrückt zu werden pflegt. Hat der Erblasser die Testamentsurkunde vernichtet oder in der bezeichneten Weise verändert, so wird vermutet, daß er die Aufhebung des Testaments beabsichtigt habe.

Schrifttum: *R. Schmidt*, Der Widerruf des Testaments durch Vernichtung oder Veränderung der Testamentsurkunde, MDR 1951, 321.

1. Widerruf durch schlüssige Handlungen. Nicht jede Vernichtung, Beschädigung oder Änderung eines Testaments gilt als Widerruf, sondern nur diejenige, die in der Absicht vorgenommen wird, das Testament aufzuheben oder zu verändern. Der Widerruf setzt auch hier Testierfähigkeit voraus und des weiteren, daß der Wille zur Aufhebung vom Erblasser persönlich ausgeht und in seinen Handlungen zum Ausdruck kommt (§ 2065). Der Widerruf in der Form des § 2255 ist Rechtsgeschäft. Vereinzelt wird die Vernichtung als Willensgeschäft bezeichnet, dem ein Kundmachungszweck fehle, während nur die Veränderung der Urkunde als Willenserklärung der Kundbarmachung bedarf (Manigk Das rechtswirksame Verhalten 1939 S 434f; aM R. Schmidt MDR 1951, 321; Flume AT Bd II § 5, 6). Die Unterscheidung wird relevant bei der nach § 2078 möglichen Anfechtung des Widerrufs (BayObLG 1983, 204; s § 2257 Rz 2), bei den Annahme eines Willensgeschäfts nicht in Betracht kommt. Der Widerruf iSv § 2255 läßt sich in verschiedenen Formen verwirklichen: 1

a) **Vernichten.** Mit der Absicht, den Testamentsinhalt für ungültig zu erklären, gilt als Widerruf das Zerreißen, Verbrennen oder sonstwie eigenhändige Vernichten der Urkunde. Der Substanzvernichtung ist die ideelle Vernichtung gleichzusetzen: der Erblasser wirft das Testament in den Papierkorb, er behandelt es als Altpapier oä. Die überwiegende Literatur läßt das Wegwerfen knitterfreier Urkunden dagegen nicht gelten (Staud/Baumann Rz 10; Brox ErbR Rz 140). 2

b) **Verändern.** Selbständige rechtsgeschäftliche Handlung ist auch das Verändern der Urkunde, das die Widerrufsabsicht erkennbar macht. So können, an der Urkunde selbst vorgenommen, sämtliche oder einzelne Verfügungen auch teilweise widerrufen werden durch Ausradieren, Zerstören, Unleserlichmachen (Motive V 301), Zerknüllen (BayObLG 1980, 95), starkes Einreißen (RG 69, 413; BayObLG 1983, 204), Einschneiden (RG JW 1909, 20), Herausschneiden (KG HRR 1933 Nr 1492), Durchstreichen (von Textteilen oder der Unterschrift: RG LZ 1915, 635; WarnR 1928 Nr 15; nicht aber bloß der Tagesangabe: RG JW 1913, 41). Veränderungen stellen auch **Ungültigkeitsvermerke** wie „annulliert", „verbrennen" oder „widerrufen" dar, wenn sie auf dem Text oder am Rande angebracht sind und jedermann auffällig zu erkennen geben, daß die betreffende Anordnung nicht mehr gelten soll (KG NJW 1957, 1364). Es braucht dann nicht jeder Vermerk der Form eines Testaments zu entsprechen (aM die überholte Rspr und R. Schmidt MDR 1951, 321). Befinden sich nicht unterschriebene Vermerke auf dem Testament umschließenden Umschlag, so entscheidet die Auslegung, ob infolge inhaltlichen Zusammenhangs Testament und Umschlag noch eine einheitliche Urkunde bilden (einerseits RG 111, 262; andererseits BayObLG NJW 1963, 1622). Mit Änderungen können sachlich neue Verfügungen verbunden sein. Um bloßen Widerruf handelt es sich noch bei der Streichung eines von mehreren Erben mit der notwendigerweise positiven Folge, daß der frei gewordene Erbteil iSv §§ 2089, 2088 anderen zufällt. Demgegenüber bedürfen des Testamentsform solche **Zusätze**, die etwa ein Geldvermächtnis erhöhen oder eine zusätzliche Unterschrift nur gültig sind, wenn sie nach dem ursprünglichen Willen des Erblassers von der Testamentsunterschrift gedeckt sind (BGH NJW 1974, 1083; näher § 2047 Rz 10). 3

c) Nimmt ein Dritter die mechanische Handlung **im Auftrag des Erblassers** mit dessen Wissen und Willen vor, dann ist er nur Werkzeug, so daß Widerruf durch den Erblasser anzunehmen ist, wenn das Vernichten zu seinen Lebzeiten erfolgt (KG HRR 1929 Nr 1653; Hamm NJW-RR 2002, 222; Müller-Freienfels JuS 1967, 125). Ebenso sind Durchstreichungen wirksam, die der Dritte in Gegenwart und im Einvernehmen mit dem Erblasser vornimmt (RG 71, 300). Keinesfalls Widerrufswirkung haben dagegen Testamentseingriffe von gesetzlichen Vertretern oder Bevollmächtigten, denen Entschlußfreiheit eingeräumt wird (R. Schmidt MDR 1951, 323). Nur der Erblasser persönlich besitzt das Testierrecht und damit das Widerrufsrecht. Folglich konnte auch der Vormund des Geisteskranken dessen in gesunden Tagen errichtetes Testament nicht aufheben. 4

d) Erklärt der Erblasser die **nachträgliche Zustimmung**, nachdem ein Dritter die Urkunde vernichtet hat, liegt nach hL kein Widerruf vor, sondern ein Realakt ohne Anwendbarkeit der §§ 182ff (Schlüter Rz 186). Die Gegenmeinung (R. Schmidt MDR 1951, 323) will der Genehmigung gemäß § 185 II heilende Wirkung beilegen und hält das Unterscheiden zwischen vorher und nachher erteilter Zustimmung für überkünstelt, wenn die nachträgliche Erklärung gegenüber dem Dritten unzweifelhaft abgegeben wird. Es kommt bei der Vernichtung jedoch nicht auf etwaige Absichten des Dritten an, dem aus Eigeninteresse an einer Testamentsaufhebung gelegen sein kann. So paßt § 185 ebensowenig wie eine Gleichstellung mit der Vernichtung im Auftrag des Erblassers (anders Erman/Hense[7] Rz 4). Bedenkt man außerdem die Umstände, unter denen ein Dritter ein Testament eigenmächtig vernichtet, dann verlangt der Zweck der Gesetzesanforderungen besondere Beachtung. 5

2. Existieren **mehrere Urschriften** des Testaments, dann reicht es zum Widerruf aus, eine zu vernichten. Angesichts der eigenständigen Bedeutung jeder der Urkunden muß allerdings definitiv feststehen, daß der Erblasser alle 6

Urschriften widerrufen wollte. Hier gilt nicht die Vermutung von Satz 2, sondern freie Beweiswürdigung (BayObLG Rpfleger 1983, 12). Hat der Erblasser keinen Zugriff auf die übrigen Exemplare, wird insgesamt Aufhebungswille vorliegen. Ebenso der freien Beweiswürdigung unterliegt es, ob mit der Vernichtung eines Testaments auch andere, inhaltlich nahezu **gleichlautende Testamente** unterschiedlichen Datums widerrufen werden sollten (so folgerichtig BayObLG NJW-RR 1990, 1480). Das Vernichten/Verändern lediglich einer **Testamentsabschrift** bedeutet dagegen keinen Widerruf (KG ZEV 1995, 107; Soergel/J. Mayer Rz 10).

7   3. **Vermutete Absicht.** Entsteht Streit darüber, ob das Vernichten oder Verändern in der Absicht des Widerrufs erfolgte, spricht die widerlegbare Vermutung in Satz 2 für eine solche Absicht, wenn der Erblasser die Urkunde selbst vernichtet bzw verändert hat. Daß der Erblasser sie selbst vernichtet oder verändert hat, wird aber nicht vermutet, ist vielmehr tatrichterlich festzustellen, auch wenn die Urkunde unauffindbar ist (BayObLG FamRZ 1986, 1043; s auch Rz 8). Die **Beweislast**, im Erbscheinsverfahren die Feststellungslast, trifft bei verbleibenden Zweifeln denjenigen, der sich auf die Vernichtung beruft (Zweibrücken Rpfleger 1987, 373). An den Beweis, daß es der Erblasser selbst war, sind keine allzu hohen Anforderungen zu stellen, wenn sich das veränderte Testament bis zuletzt im Gewahrsam des Erblassers befunden hat und keine ernsthaften Anhaltspunkte für ein Einwirken Dritter vorliegen (BayObLG 1983, 204). UU reichen schon Indizien aus (Frankfurt Rpfleger 1978, 310; Hamm NJW 1974, 1827). Gegen die Vermutung in Satz 2 kann der testamentarische Erbe den **Gegenbeweis** führen, daß die Vernichtung nicht in Aufhebungsabsicht erfolgte (BayObLG Rpfleger 1982, 13). Hierunter fällt der Nachweis, der Erblasser habe das Testament wegen eines inzwischen neu errichteten Testaments vernichtet, dessen Formnichtigkeit er aber nicht kannte (Freiburg Rpfleger 1952, 340; aM RGRK/Kregel Rz 6: lediglich Anfechtbarkeit wegen Motivirrtums nach § 2078 II). Will der Erblasser das vermeintlich bereits widerrufene frühere Testament aber nicht nur zur Klarstellung vernichten, sondern um jeden Anschein einer Verfügung des betreffenden Inhalts auszuräumen, ist Widerrufsabsicht anzunehmen (Hamm ZEV 2002, 108; Voit in Dittmann/Reimann/Bengel Rz 14). Zu Fällen mehrerer Testamentsfassungen s Rz 6.

8   4. Ist das **Testament weg**, sei es verlorengegangen, zufällig vernichtet oder beiseite geschafft, wird es dadurch in seiner Wirksamkeit nicht beeinträchtigt, solange es rekonstruierbar ist (BayObLG FamRZ 1986, 1043). Im Wege einer formlosen Billigung des Verlusts kann es auch mit Aufhebungsabsicht nicht widerrufen werden. Will der Erblasser das nicht mehr vorhandene Testament nicht mehr gelten lassen, muß er es durch ein neues Testament gemäß § 2254 oder § 2258 aufheben (BGH NJW 1951, 559; Brox ErbR Rz 140). Die Inkonsequenz reklamierende Gegenauffassung von R. Schmidt (JZ 1951, 745) verkennt den Unterschied zur Einschaltung eines Werkzeugs, der darin liegt, daß das gesetzgeberisch verlangte Kausalverhältnis zwischen Widerrufsabsicht und Vernichtung beim zufälligen Untergang gerade fehlt. Bei Unauffindbarkeit der Testamentsurkunde spricht keine Vermutung dafür, daß der Erblasser sie in Widerrufsabsicht vernichtet hat (BayObLG FamRZ 1986, 1043; Zweibrücken Rpfleger 1987, 373). Läßt sich eine derartige Absicht nicht ermitteln, dann ist vom Weiterbestehen des Testaments auszugehen (Frankfurt Rpfleger 1978, 310).

9   **Beweis des Testamentsinhalts.** Inwieweit der Inhalt der nicht mehr vorhandenen Urkunde rekonstruiert werden kann, ist eine Frage des Beweises. Beweispflichtig für die formgültige Errichtung und für den Inhalt ist derjenige, der sich auf das Testament beruft. An deren Feststellung werden strenge Anforderungen gestellt, doch können alle zulässigen Beweismittel verwendet werden (BayObLG NJW-RR 1992, 653; Zweibrücken Rpfleger 1987, 373). Eine Fotokopie des Testaments kann Beweis dafür sein, daß es so errichtet worden ist (Hamm NJW 1974, 1827; BayObLG Rpfleger 1985, 194). Von dem Grundsatz, daß der Testamentsinhalt seinem vollen Umfang nach rekonstruiert werden muß, macht der BGH (LM Nr 1 zu § 2085) eine Ausnahme für den Fall, daß der Gesamtwille des Erblassers aus dem festgestellten Teil des Testaments erkennbar und dieser von dem im einzelnen unbekannt gebliebenen Vermächtnis dem Umfang nach nicht wesentlich berührt wird. Mit einer Umkehr der Beweislast muß derjenige rechnen, der eine Urkunde beiseite schafft oder sonstwie auf sie einwirkt, um die Beweisführung zu beeinträchtigen, so daß ein Testament mit dem von der Gegenseite behaupteten Inhalt als formgerecht errichtet gilt (BGH zit bei Johannsen WM 1971, 402; OGH 1, 268; Hamm NJW 1967, 1138). Angesichts dieser Beweiserleichterung verlieren mögliche Auskunftsansprüche über den Testamentsinhalt weitgehend an Bedeutung (s RG 108, 7). **Öffentliche Testamente**, die zerstört worden oder abhanden gekommen sind, können nach Maßgabe der §§ 46, 68 BeurkG ersetzt werden (vormals geregelt nach VO v 18. 6. 1942, RGBl I 395). Zum Verfahren des Ersetzungsvermerks s Keidel/Winkler BeurkG § 46 Rz 17ff. Für eigenhändige Testamente gilt § 46 BeurkG nicht (vgl Hamm Rpfleger 1959, 353), wird aber entsprechend angewendet, wenn das Testament aus politischen Gründen unbenutzbar wird (vgl KG JR 1952, 443).

10   5. **Ein gemeinschaftliches Testament** kann mit all seinen Verfügungen von den Ehegatten gemeinsam widerrufen werden. Dazu reicht es aus, wenn ein Ehegatte die Urkunde mit Zustimmung des anderen vernichtet oder verändert; die nachträgliche Billigung läßt die hM (Pal/Edenhofer Rz 15) entgegen R. Schmidt (MDR 1951, 325) aber nicht zu. Will nur einer widerrufen, hängen die Anforderungen von der Art der Verfügung ab. Einseitige Verfügungen können jederzeit widerrufen werden, wechselbezügliche Verfügungen grundsätzlich nur zu Lebzeiten beider Ehegatten und nur nach den Vorschriften über den Rücktritt vom Erbvertrag (§§ 2271, 2296). Ausnahmsweise kann eine Abänderung in der Form des § 2255 zulässig sein, wenn sie lediglich dem Vorteil des anderen dient. Nach dem Tod eines Ehegatten kann der andere seine wechselbezüglichen Verfügungen nur noch nach Ausschlagung der eigenen Zuwendungen widerrufen. Dies kann in der Form des § 2255 geschehen, vorzugsweise aber durch Verfügung von Todes wegen. Haben sich die Ehegatten das Recht eingeräumt, wechselbezügliche Verfügungen noch nach dem ersten Erbfall abzuändern, hat dies in entsprechender Anwendung des § 2297 durch Testament zu erfolgen (§§ 2254, 2258), so daß ein Ungültigkeitsvermerk nicht ausreicht (Stuttgart NJW-RR 1986, 632; s § 2271 Rz 2ff).

2256 Widerruf durch Rücknahme des Testaments aus der amtlichen Verwahrung

(1) Ein vor einem Notar oder nach § 2249 errichtetes Testament gilt als widerrufen, wenn die in amtliche Verwahrung genommene Urkunde dem Erblasser zurückgegeben wird. Die zurückgebende Stelle soll den Erblasser über die in Satz 1 vorgesehene Folge der Rückgabe belehren, dies auf der Urkunde vermerken und aktenkundig machen, daß beides geschehen ist.
(2) Der Erblasser kann die Rückgabe jederzeit verlangen. Das Testament darf nur an den Erblasser persönlich zurückgegeben werden.
(3) Die Vorschriften des Absatzes 2 gelten auch für ein nach § 2248 hinterlegtes Testament; die Rückgabe ist auf die Wirksamkeit des Testaments ohne Einfluß.

Schrifttum: *Merle*, Zur Rückgabe eines öffentlichen Testaments aus der amtlichen Verwahrung, AcP 171 (1971), 487.

1. Widerrufswirkung hat die **Rücknahme aus der amtlichen Verwahrung** bei öffentlichen Testamenten iSv 1 § 2231 Nr 1, § 2249 und § 10 KonsG, die in besondere amtliche Verwahrung genommen (§ 2258a) und auf das Verlangen des Erblassers an diesen persönlich zurückgegeben werden. Die besondere amtliche Verwahrung soll vor Verlust und Veränderungen der Urkunde schützen, hat also eine starke Sicherungsfunktion. Konsequent „gilt" die Aufgabe dieser Sicherung in Form der Rücknahme als Widerruf, sie hat kraft Gesetzes Widerrufswirkung. Es kommt nicht darauf an, ob der Erblasser die Wirkung erkannt und ob er einen entsprechenden Willen gehabt hat. Die Rücknahme wird einer Willenserklärung gleich geachtet und setzt daher Testierfähigkeit voraus (BGH 23, 207).

Zwingend muß die **Rückgabe an den Erblasser persönlich** erfolgen, im Falle eines gemeinschaftlichen Testa- 2 ments an beide Ehegatten (§ 2272). Erst mit der tatsächlichen Aushändigung wird der Widerruf wirksam. Die Übersendung mit der Post oder die Aushändigung an einen (bevollmächtigten) Dritten oder lediglich zur Einsicht gilt nicht als Widerruf, selbst wenn der Erblasser nachträglich bei Gericht seine Zustimmung erklärt. Auch der Vermerk iSv Abs I S 2 verleiht der Rückgabe an einen Bevollmächtigten keine Widerrufswirkung (Saarbrücken Rpfleger 1992, 64). Notfalls muß die Aushändigung der Urkunde im Wege der Rechtshilfe und bei Bettlägerigkeit des Erblassers durch Aufsuchen am Krankenbett erfolgen (Staud/Baumann Rz 14). Auch die irrtümliche Rückgabe ohne den Willen des Erblassers hat keine Widerrufswirkung. Es kann dann aber gemäß § 2255 widerrufen werden. Das in besonderer amtlicher Verwahrung befindliche Testament kann im übrigen durch Errichtung eines widerrufenden (§ 2254) oder widersprechenden (§ 2258) Testaments aufgehoben werden, so daß ein Testament, das amtlich verwahrt wird, unwirksam sein kann. Dem Grundgedanken des § 2256 zufolge liegt aber kein Widerruf vor, wenn der Notar dem Erblasser das Testament zurückgibt, bevor er es in die besondere amtliche Verwahrung absendet (BGH NJW 1959, 2113).

Mit der Rückgabe „soll" eine **Belehrung** des Erblassers über die Wirkung der Rücknahme erfolgen. Der Wider- 3 ruf wird auch ohne Belehrung wirksam, im Hinblick auf die bestehende Amtspflicht kommt dann aber ein Anspruch auf Schadenersatz in Betracht.

2. Gemäß §§ 2078ff ist die Rücknahme **anfechtbar** (BayObLG FamRZ 1990, 1404; aM, zwingende Gesetzes- 4 wirkungen unterliegen nicht der Anfechtbarkeit, v Lübtow NJW 1968, 1851; Merle AcP 171, 504). Anfechtungsberechtigt ist der Personenkreis nach § 2080, naturgemäß nicht der Erblasser selbst, der ein neues Testament errichten kann. Die Anfechtung kann ua damit begründet werden, daß der Erblasser die rechtliche Bedeutung der Rücknahme als eines Widerrufs nicht gekannt hat (KG JFG 21, 323) oder daß der Erblasser glaubte, dem mit der Rückgabe fingierten Widerruf durch entgegenstehendes Testament die Wirkung wieder entziehen zu können (KG NJW 1970, 612 mit krit Anm Riedel S 1278), oder daß die Voraussetzungen, die ihn zum Widerruf veranlaßt haben, in Wahrheit nicht vorgelegen haben. Jedenfalls muß sich der Irrtum des Erblassers auf die Rücknahme beziehen (BayObLG FamRZ 1990, 1404).

3. Auch ein **eigenhändiges Testament** kann nach § 2248 in besondere amtliche Verwahrung gegeben werden. 5 Die Rückgabe des eigenhändigen Testaments hat aber keine Widerrufswirkung (§ 2256 III). Das Testament kann in diesem Fall nur in den Formen der §§ 2254, 2258 aufgehoben werden. Entspricht ein öffentliches Testament zugleich den Anforderungen eines privaten Testaments, kann es als solches nach der Rücknahme aus der Verwahrung nicht aufrechterhalten werden (Schlüter Rz 187; diff Staud/Baumann Rz 19; MüKo/Burkart Rz 3).

4. Der Erblasser kann **Einsicht** in ein Testament nehmen und Abschriften herstellen lassen, ohne daß die beson- 6 dere amtliche Verwahrung unterbrochen wird. Das Gericht hat die Siegel zu öffnen und nach der Einsichtnahme wieder anzubringen.

5. Über die **Nachprüfung** aufgrund Zeitablaufs oder Gesetzesänderung gegenstandslos gewordener Testamente 7 sind in einzelnen Ländern besondere Verfügungen ergangen. Sie haben keine sich auf die Wirksamkeit der Testamente beziehende Bedeutung und dienen nur dazu, überflüssige Verwahrungen zu beenden.

6. Für **Erbverträge** gelten die besonderen Vorschriften der §§ 2290ff, 2300 II über Aufhebung und Rücktritt, in 8 Fällen der seit dem 1. 8. 2002 möglichen Rückgabe von nur Verfügungen von Todes wegen enthaltende Erbverträge aus der amtlichen oder notariellen Verwahrung auch § 2256 I.

2257 Widerruf des Widerrufs

Wird der durch Testament erfolgte Widerruf einer letztwilligen Verfügung widerrufen, so ist im Zweifel die Verfügung wirksam, wie wenn sie nicht widerrufen worden wäre.

Schrifttum: *Hellfeier*, Die Neuerrichtung eines durch schlüssige Handlung nach § 2255 Satz 1 BGB widerrufenen Testaments, ZEV 2003, 1; *Klunzinger*, Die Maßgeblichkeit des Erblasserwillens beim Widerruf des Widerrufs, DNotZ 1974, 278.

§ 2257

1. Widerruf des Widerrufs. Widerrufen werden kann nur der testamentarische Widerruf iSv § 2254, nicht der Widerruf durch Vernichtung oder Veränderung iSv § 2255 oder der Widerruf durch Rücknahme aus der amtlichen Verwahrung iSv § 2256 (Merle AcP 171, 506; BayObLG FamRZ 1990, 1404; 1996, 1113; zweifelnd KG NJW 1970, 613). In den beiden letztgenannten Fällen muß der Erblasser, falls er das widerrufene Testament dem Inhalt nach wieder in Kraft setzen will, das Testament neu errichten. Dazu genügt bei einem eigenhändigen Testament dann, wenn der Widerruf durch Veränderung der Urkunde erfolgt war (zB durch Streichen der Unterschrift), daß unter das Testament ein Vermerk gesetzt wird, es solle wieder gelten, und daß dieser Vermerk erneut unterschrieben wird (vgl Leipold Rz 342). Bejaht wird eine Neuerrichtung (Düsseldorf JZ 1951, 309; Staud/Baumann Rz 7; Soergel/J. Mayer Rz 3), wenn der Erblasser sein zerrissenes Testament wieder zusammenklebt und es in einen Umschlag schließt mit der eigenhändigen und unterzeichneten Aufschrift „Mein Testament". Der Vermerk ist für sich aber inhaltsleer und die Unterschrift allein auf dem Umschlag nicht ohne weiteres als Fortsetzung des Textes anzusehen. Jedenfalls muß der den Abschluß der Erklärungen aufzeigende innere Zusammenhang deutlich werden. Bleibt der Umschlag unverschlossen, wird dies zu verneinen sein (aM Hellfeier ZEV 2003, 4; vgl § 2247 Rz 9).

2 Form. Der (zweite) Widerruf iSv § 2257 kann in einer der Formen der §§ 2254–2256 erfolgen und auf einzelne Widerrufsverfügungen beschränkt werden. Der Widerruf setzt Testierfähigkeit voraus. Die auf die Rechtsfolge bezogenen Worte „im Zweifel" zeigen an, daß es sich bei § 2257 um eine widerlegbare Auslegungsregel handelt. Der Widerruf des Widerrufs wird auf den Zeitpunkt des ersten Widerrufs zurückbezogen; das Testament tritt in der ursprünglichen Fassung wieder in Kraft (s Klunzinger DNotZ 1974, 278). Läßt sich die Regel widerlegen, dann gilt die gesetzliche Erbfolge (Zweibrücken ZEV 2003, 367).

3 2. Anfechtung des Widerrufs. Unabhängig vom Widerruf des Widerrufs kann jede Art des Widerrufs angefochten werden. Die Anfechtung des Widerrufs einer Erbeinsetzung ist gegenüber dem Nachlaßgericht, die Anfechtung des Widerrufs eines Vermächtnisses gegenüber dem Beschwerten zu erklären (§ 2081). Die Anfechtung wirkt nur insoweit, als die Wiederherstellung des Testaments dem Anfechtenden unmittelbar zustatten kommt. Deswegen kann ein Vermächtnisnehmer nicht ohne weiteres den Widerruf der Erbeinsetzungen anfechten, es sei denn, daß der Erblasser das Testament nur in seiner Gesamtheit widerrufen hätte (BayObLG MDR 1961, 505 [Ls]). Ein vernichtetes Testament muß inhaltlich rekonstruiert werden (s dazu § 2255 Rz 9). Beweispflichtig ist derjenige, der sich auf das Testament beruft.

2258 *Widerruf durch ein späteres Testament*

(1) Durch die Errichtung eines Testaments wird ein früheres Testament insoweit aufgehoben, als das spätere Testament mit dem früheren in Widerspruch steht.

(2) Wird das spätere Testament widerrufen, so ist im Zweifel das frühere Testament in gleicher Weise wirksam, wie wenn es nicht aufgehoben worden wäre.

1 1. Widersprechendes Testament. Der Erblasser kann in einem neuen Testament dem früheren Testament inhaltlich entgegenstehende Verfügungen treffen, ohne daß er expressis verbis den Widerruf erklärt oder das frühere Testament erwähnt oder auch nur davon weiß. Eine Auslegung seiner Testamentserklärungen wird vielfach schon zur Annahme eines Widerrufs nach § 2254 führen (abzulehnen ist insoweit BayObLG Rpfleger 1987, 59). Demgegenüber tritt die Aufhebung widersprüchlicher Verfügungen gemäß § 2258 kraft Gesetzes ein (zur Abgrenzung § 2254 Rz 2). § 2258 ist die Konsequenz des Grundsatzes (dazu BayObLG 1986, 1043), daß sämtliche den gesetzlichen Anforderungen gemäß errichtete Testamente Geltung beanspruchen können, ob sie unterschiedliche Vermögensbereiche regeln oder inhaltlich mit einer zuvor getroffenen Verfügung identisch sind. Bei der möglichen Geltung einer Vielzahl von letztwilligen Verfügungen nimmt die gesetzlich angeordnete Rechtsfolge objektiv nicht miteinander in Einklang zu bringenden Testamenten die Widersprüche (vgl BayObLG FamRZ 1997, 247). Ein auf diese Rechtsfolge gerichteter Geschäftswille ist nicht erforderlich.

2 2. Widerspruch. Es ist stets eine Frage der Auslegung, zu ermitteln, ob und in welchem Umfang der Erblasser inhaltlich abweichende Verfügungen getroffen hat, die einen Widerspruch bedeuten. Der Umfang des Widerspruchs bestimmt den Umfang der Aufhebung. Diese kann sich auf Teile einer Verfügung beschränken (BayObLG Rpfleger 1987, 59). Liegt kein Widerspruch, sondern nur eine Ergänzung vor, gelten beide Testamente nebeneinander, etwa bei späteren Anordnungen für den Fall gleichzeitigen Versterbens mit dem Partner (BayObLG Rpfleger 2003, 296). So muß die Tatsache noch nichts bedeuten, daß in dem zweiten Testament das erste nicht erwähnt wird. Das frühere Testament kann bei Abfassung des neuen bereits in Vergessenheit geraten sein: ein potentieller Fall des § 2258, der das Bewußtsein der Aufhebung nicht verlangt. Sachliche Unvereinbarkeit bedeutet stets einen Widerspruch. Darüber hinaus kann sich ein Widerspruch ergeben, wenn mit dem Erblasserwillen die kumulative Geltung unvereinbar ist (BGH NJW 1986, 2572; 1985, 969). Hier ist nach den Grundsätzen von § 133 und § 2084 von den Erklärungen auszugehen und deren Bedeutung zu erforschen, wobei auch Umstände außerhalb des testamentarisch erklärten Willens berücksichtigt werden können (RG WarnR 1913 Nr 230; 1931 Nr 12; BGH LM Nr 1; NJW 1981, 2745). In diesem Sinn soll die abschließende und umfassende Neuregelung, sei es auch nur eines Teilbereichs, insoweit zur Aufhebung des früheren Testaments führen (BGH NJW 1986, 2572; 1985, 969; 1981, 2745; LM Nr 1; BayObLG FamRZ 1992, 607; MüKo/Burkart Rz 5). Ergibt aber die Auslegung des späteren Testaments eine derartige Absicht des Erblassers, eine frühere Verfügung außer Kraft zu setzen, dann wird es sich in aller Regel schon um einen Widerruf gemäß § 2254 handeln (so auch BayObLG Rpfleger 1979, 123; NJW 1965, 1276; RGRK/Kregel Rz 2). § 2254 setzt allerdings Kenntnis der früheren Verfügung voraus.

3 3. Tatbestandsvoraussetzung ist die wirksame Errichtung des zweiten Testaments (KG DNotZ 1956, 564). Liegen mehrere undatierte Testamente vor, ist zunächst zu ermitteln, welches Testament zuletzt errichtet worden ist.

Testamente gleichen Alters bieten bei Widersprüchen keine Präferenz, so daß sich Unvereinbares gegenseitig aufhebt (BayObLG FamRZ 1991, 237; ZEV 2003, 27 [Ls]; KG Rpfleger 1991, 154). Lassen sich keine bestimmten Feststellungen treffen, dann sind die sich widersprechenden Verfügungen ebenso unwirksam. Bei Unvereinbarkeit eines undatierten mit einem datierten Testament spricht § 2247 V für Ungültigkeit der undatierten Verfügungen, wenn sich nicht deren spätere Errichtung feststellen läßt; das datierte Testament gilt aber. Im übrigen kommt es nicht darauf an, daß das spätere Testament in der gleichen Form errichtet wird wie das erste, so daß auch durch ein eigenhändiges Testament ein öffentliches Testament außer Kraft gesetzt werden kann (BayObLG Rpfleger 1987, 59).

4. Wird das **spätere Testament wirkungslos**, ohne daß der Grund seine Errichtung betrifft (Ausschlagung oder Vorversterben des Erben, Nichteintritt einer Bedingung, Verlust und fehlende Rekonstruierbarkeit), dann wird das erste Testament im Zweifel nicht wieder wirksam, wenn feststeht, daß mit dem späteren Testament das erste außer Kraft gesetzt werden sollte. 4

Wird das **spätere Testament widerrufen**, dann lebt das frühere wieder auf. Abs II ist insoweit eine widerlegbare Auslegungsregel. Das frühere Testament wird daher nicht wieder wirksam, wenn sich ein darauf gerichteter Wille des Erblassers für den Zeitpunkt des Widerrufs feststellen läßt (Hamm Rpfleger 1983, 401). Ist das erste Testament in der Zwischenzeit vernichtet oder aus der amtlichen Verwahrung zurückgenommen worden, kann es nicht wieder wirksam werden. Ist es unfreiwillig verloren gegangen, kommt eine Rekonstruktion in Betracht. Für den Inhalt ist derjenige beweispflichtig, der sich auf das erste Testament beruft. 5

2258a *Zuständigkeit für die besondere amtliche Verwahrung*
(1) Für die besondere amtliche Verwahrung der Testamente sind die Amtsgerichte zuständig.
(2) Örtlich zuständig ist:
1. wenn das Testament vor einem Notar errichtet ist, das Amtsgericht, in dessen Bezirk der Notar seinen Amtssitz hat,
2. wenn das Testament vor dem Bürgermeister einer Gemeinde oder dem Vorsteher eines Gutsbezirks errichtet ist, das Amtsgericht, zu dessen Bezirk die Gemeinde oder der Gutsbezirk gehört,
3. wenn das Testament nach § 2247 errichtet ist, jedes Amtsgericht.
(3) Der Erblasser kann jederzeit die Verwahrung bei einem anderen Amtsgericht verlangen.

Schrifttum: *Hornung*, Die geschäftliche Behandlung der Verfügungen von Todes wegen im Hinblick auf das Verfahren zur Eröffnung von Testamenten und Erbverträgen, JVBl 1964, 225.

1. Besondere amtliche Verwahrung. Das öffentliche Testament und mit Einschränkungen der Erbvertrag sollen (§ 34 BeurkG), das eigenhändige Testament kann (§§ 2248) in besondere amtliche Verwahrung genommen werden. Die besondere amtliche Verwahrung beim Amtsgericht unterscheidet sich durch größere Vorsichtsmaßnahmen gegen Verlust oder Beschädigung von der einfachen amtlichen Verwahrung beim Notar. Beide Verwahrungsarten gewährleisten die spätere Eröffnung nach dem Tod des Erblassers. § 2258a betrifft die örtliche und sachliche Zuständigkeit für die besondere amtliche Verwahrung. 1

2. Die **sachliche Zuständigkeit** zur besonderen amtlichen Verwahrung liegt bei den Amtsgerichten. In Baden-Württemberg sind die Notariate zuständig (§§ 1 II, 38 LFGG [GBl 1975, 116], §§ 7, 11–19 l. AV LFGG [Justiz 1975, 201]; vgl Stuttgart BWNotZ 1976, 175; Karlsruhe BWNotZ 1977, 45; Hörer BWNotZ 1977, 87; Richter Rpfleger 1975, 417). Vor deutschen Konsul errichtete Testamente sind beim AG Schöneberg in Berlin zu hinterlegen (§ 11 II KonsG). 2

3. Die **örtliche Zuständigkeit** ergibt sich aus dem Ort, an dem die Urkunde errichtet worden ist, jedoch kann der Erblasser jederzeit die Verwahrung bei einem anderen Gericht verlangen. Der Wunsch des Erblassers bedarf keiner Form und kann jederzeit gestellt werden. Die Aufgaben des Gerichts sind dem Rechtspfleger übertragen (§ 3 Nr 2 lit c RPflG; vgl § 2258b Rz 1). Nach Eröffnung eines **gemeinschaftlichen Testaments** ist für die weitere Verwahrung das Nachlaßgericht zuständig, auch wenn das Testament vorher andernorts aufbewahrt worden war (umstritten, s § 2273 Rz 2). 3

4. Der rechtzeitigen Benachrichtigung der Stellen, die Testamente und Erbverträge amtlich verwahren, vom Eintritt des Erbfalls dient die Allgemeine Verfügung über die **Benachrichtigung in Nachlaßsachen** v 2. 1. 2001 (AV d JM [3804-I D.5] und RdErl d. IM [I A 3/14–66.18], JMBl NRW 2001, 17 = Weingärtner 270; inhaltsgleich mit den AV der übrigen Länder). Danach hat das verwahrende Gericht das das Geburtsregister führende Standesamt bzw die Hauptkartei für Testamente beim AG Schöneberg in Berlin von der Hinterlegung der Verfügung von Todes wegen zu benachrichtigen. Wird ein Erbvertrag nicht in besondere amtliche Verwahrung gegeben, obliegt die Benachrichtigungspflicht dem Notar bzw in Zusammenhang mit einem gerichtlichen Vergleich dem Richter des Prozeßgerichts. Vom Eintritt des Erbfalls erhält der Standesbeamte des Geburtsortes Nachricht durch den Standesbeamten des Todesortes; er benachrichtigt daraufhin das verwahrende Gericht bzw den Notar. Die benachrichtigte Stelle verfährt nach den Vorschriften der §§ 2259ff, 2300. 4

5. Auf Wunsch des Erblassers soll der Notar eine **Abschrift** der Verfügung von Todes wegen zurückbehalten, die er zu beglaubigen und zu seinen Akten zu nehmen hat. 5

2258b *Verfahren bei der besonderen amtlichen Verwahrung*
(1) Die Annahme zur Verwahrung sowie die Herausgabe des Testaments ist von dem Richter anzuordnen und von ihm und dem Urkundsbeamten der Geschäftsstelle gemeinschaftlich zu bewirken.

§ 2258b Erbrecht Testament

(2) Die Verwahrung erfolgt unter gemeinschaftlichem Verschluß des Richters und des Urkundsbeamten der Geschäftsstelle.

(3) Dem Erblasser soll über das in Verwahrung genommene Testament ein Hinterlegungsschein erteilt werden. Der Hinterlegungsschein ist von dem Richter und dem Urkundsbeamten der Geschäftsstelle zu unterschreiben und mit dem Dienstsiegel zu versehen.

1   Die technischen Einzelheiten bei der **Annahme, Verwahrung** und **Herausgabe** eines Testaments regeln die §§ 27, 28 AktO. Die Verantwortung ist nach § 3 Nr 2 lit c RPflG dem Rechtspfleger übertragen; die Landesregierungen bzw Landesjustizverwaltungen können die Geschäfte bei der Annahme und Verwahrung von Testamenten und Erbverträgen zur amtlichen Verwahrung seit dem 1. 8. 2002 auf den Urkundsbeamten der Geschäftsstelle übertragen (§ 36b I S 1 Nr 1, S 2 RPflG idF des G v 16. 6. 2002 bzw des OLGVertrÄndG v 23. 7. 2002). Eine Pflicht zur Prüfung der Gültigkeit des Testaments besteht bei der Annahme nicht. Es ist auch nicht erforderlich, daß der Erblasser sein Testament persönlich abliefert. Die Übersendung per Post oder die Übergabe durch einen Bevollmächtigten ist anders als bei der Rückgabe zulässig, da mit der Hinterlegung keine Erbfolgewirkung verbunden ist. Der Erblasser erhält einen Hinterlegungsschein, der abliefernde Notar oder Bürgermeister auf Verlangen eine Empfangsbescheinigung. Bei dem Amtsgericht ist ein Verwahrungsbuch und dazu ein Namensverzeichnis zu führen. Benachrichtigungspflichten bestehen nach der bundeseinheitlichen Bekanntmachung über die Benachrichtigung in Nachlaßsachen v 2. 1. 2001 (s § 2258a Rz 4).

2   Für **Erbverträge** gilt die Vorschrift über § 2300 I entsprechend, auch wenn die besondere amtliche Verwahrung durch gemeinsame Erklärung ausgeschlossen wurde. Eine Rücknahme und Aushändigung der Urkunde an die Vertragschließenden ermöglicht § 2300 II seit dem 1. 8. 2002, sofern der Erbvertrag lediglich Verfügungen von Todes wegen enthält. Mit Rückgabe des Erbvertrages ist dieser dann aufgehoben. Siehe im einzelnen die Erläuterungen zu § 2277, § 2300 und zu § 34 BeurkG.

2259 *Ablieferungspflicht*

(1) Wer ein Testament, das nicht in besondere amtliche Verwahrung gebracht ist, im Besitz hat, ist verpflichtet, es unverzüglich, nachdem er von dem Tode des Erblassers Kenntnis erlangt hat, an das Nachlaßgericht abzuliefern.

(2) Befindet sich ein Testament bei einer anderen Behörde als einem Gericht in amtlicher Verwahrung, so ist es nach dem Tode des Erblassers an das Nachlaßgericht abzuliefern. Das Nachlaßgericht hat, wenn es von dem Testament Kenntnis erlangt, die Ablieferung zu veranlassen.

1   **1. Ablieferungspflicht des Besitzers.** Um die Unterdrückung von Testamenten zu verhindern, ist jeder, der ein Testament in Besitz hat, verpflichtet, es dem Gericht abzuliefern, wenn er vom Tod des Erblassers Kenntnis erlangt. Gemeint ist der unmittelbare Besitzer des Schriftstücks (BayObLG Rpfleger 1988, 239). IdR wird das der Erbe sein (§ 857) oder derjenige, dem der Erblasser zu Lebzeiten das eigenhändige Testament zur Verwahrung übergeben hat. Das Gebot richtet sich an jede Privatperson und jede andere Behörde als das Gericht; das kann ein Notar, Bürgermeister, Konsularbeamter oder auch die Polizei sein.

2   **2. Abzuliefern** ist jede Urkunde, die sich als Testament darstellen kann (KG OLG 1977, 109). Unwesentlich ist, ob das Testament gültig oder widerrufen ist. Selbst ein offensichtlich nichtiges oder gegenstandslos gewordenes Testament soll sichergestellt werden, da es für die Auslegung späterer Testamente von Bedeutung werden oder den Beteiligten Anfechtungsmöglichkeiten vermitteln kann (hierzu Boehmer DNotZ 1940, 190). Nur eine so extensive Handhabung gewährleistet eine fundierte Entscheidung über die Relevanz der Urkunde durch das Nachlaßgericht. Eine ausdrückliche oder sinngemäße Bezeichnung als Testament oder Erklärung ist nicht erforderlich. Auf den Inhalt des Testaments kommt es, sofern es überhaupt eine erbrechtliche Gestaltungsmöglichkeit enthält, nicht an. Schriftstücke mit gemischtem Inhalt, also erbrechtliche Anordnungen nebst sonstigen privaten Erklärungen, sind vollständig abzuliefern (BayObLG Rpfleger 1984, 18). Eine Mehrzahl unbestimmter Schriftstücke soll die Pflicht dagegen nicht betreffen, also nicht einen beim Notar hinterlegten Koffer mit Schriftstücken (BayObLG Rpfleger 1988, 239). Damit verbunden bleiben verfahrensrechtliche Möglichkeiten, das Geheimhaltungsinteresse des Urkundsbesitzers zu schützen, indem absonderungsfähige Erklärungen ohne erbrechtlichen Bezug von der Testamentseröffnung und Akteneinsicht ausgenommen werden. Im Fall des BayObLG Rpfleger 1984, 18 war die teilweise abgedeckte Fotokopie schon ohne Original vorgelegt worden. Abzuliefern ist aber stets die Urschrift, ggf auch mehrere, da jede Urschrift eigenständige Bedeutung hat. Eine beglaubigte Abschrift kommt nur in Frage, wenn die Urschrift nicht erreichbar ist, sich zB im Ausland befindet.

3   Die Ablieferungspflicht besteht auch für einen **Erbvertrag** (§ 2300 I). Ein entgegenstehendes Verbot des Erblassers ist unbeachtlich. Enthält ein Erbvertrag lediglich Verfügungen von Todes wegen, kann er aus der Verwahrung zurückgenommen und den Vertragschließenden zurückgegeben werden (§ 2300 II, in Kraft seit dem 1. 8. 2002). Sonstige Erbverträge sind bei Aufhebung in die notarielle Verwahrung zu nehmen und nach den Erbfall abzuliefern. Nicht abgeliefert werden müssen Erbverzichtsverträge iSv § 2349 (BayObLG 1983, 149), Aufhebungsverträge iSv § 2290 (Düsseldorf RhNotK 1973, 199) sowie letztwillige Anordnungen lediglich über die Art der Bestattung (MüKo/Burkart Rz 6).

4   **3. Empfangsstelle** ist das Nachlaßgericht. Örtlich zuständig ist das Nachlaßgericht des Wohnsitzes oder in Ermangelung dessen des letzten Aufenthaltsortes des Erblassers (§ 73 FGG). Das abgelieferte Testament wird beim Nachlaßgericht nicht zur besonderen amtlichen Verwahrung gebracht, sondern zu den anzulegenden Testamentsakten genommen (§ 27 Nr 11 AktO). Nachforschungen darüber, ob sich noch weitere letztwillige Verfügungen des Erblassers außerhalb des Gerichtsbereichs befinden, muß das Nachlaßgericht grundsätzlich nicht anstellen; allenfalls bei positiver Kenntnis kommt eine Ausnahme in Betracht (LG Berlin Rpfleger 1989, 285).

4. Erzwingbar ist die Ablieferung, wenn feststeht, wer im Besitz des Testaments ist, und zwar durch Anwendung unmittelbaren Zwangs oder durch Verhängung von Zwangsgeld nach §§ 83 I, 33 II FGG. Bei vermutetem Testamentsbesitz kann das Nachlaßgericht hinsichtlich des Verbleibs eine eidesstattliche Versicherung verlangen (§ 83 II FGG). Nachlaßbeteiligte können auch Klage auf Herausgabe an das Nachlaßgericht erheben, neben dem Amtsverfahren idR aber nicht praktikabel (Soergel/J. Mayer Rz 14). Die strafrechtliche Verantwortung wegen Urkundenunterdrückung ergibt sich aus § 274 I Nr 1 StGB.

2260 Eröffnung des Testaments durch das Nachlaßgericht

(1) **Das Nachlaßgericht hat, sobald es von dem Tode des Erblassers Kenntnis erlangt, zur Eröffnung eines in seiner Verwahrung befindlichen Testaments einen Termin zu bestimmen. Zu dem Termin sollen die gesetzlichen Erben des Erblassers und die sonstigen Beteiligten, soweit tunlich, geladen werden.**

(2) **In dem Termin ist das Testament zu öffnen, den Beteiligten zu verkünden und ihnen auf Verlangen vorzulegen. Die Verkündung darf im Falle der Vorlegung unterbleiben. Die Verkündung unterbleibt ferner, wenn im Termin keiner der Beteiligten erscheint.**

(3) **Über die Eröffnung ist eine Niederschrift aufzunehmen. War das Testament verschlossen, so ist in der Niederschrift festzustellen, ob der Verschluß unversehrt war.**

Schrifttum: *Eickmann,* Das rechtliche Gehör in Verfahren vor dem Rechtspfleger, Rpfleger 1982, 449; *Westphal,* Rechtliches Gehör in Nachlaßsachen, Rpfleger 1983, 204.

1. Die **Eröffnung des Testaments** erfolgt von Amts wegen, sobald das Nachlaßgericht (dort der Rechtspfleger, § 3 Nr 2 lit c RPflG) vom Tod des Erblassers Kenntnis erlangt hat oder bei älteren Testamenten die Frist abgelaufen ist (§§ 2263a, 2300a). Ausnahmsweise ist die Verwahrungsstelle (§ 2261) oder der Konsularbeamte (§ 11 III KonsG) zuständig. Zum Eröffnungstermin sollen diejenigen geladen werden, für die das Testament von Bedeutung sein kann. Das sind idR die gesetzlichen Erben und diejenigen, die aus dem Testament, wenn es offen abgegeben ist, als Bedachte, Testamentsvollstrecker oder Auflagenbegünstigte zu erkennen sind. Die Praxis verfährt unterschiedlich, wobei die Tendenz dahin geht, weitgehend von der Ladung abzusehen (mit verfassungsrechtlichen Bedenken Soergel/J. Mayer Rz 18). Sind die Anschriften nur schwer zu ermitteln, kann die Ladung unterbleiben, denn es ist wichtiger, daß das Testament alsbald eröffnet wird als daß zeitraubende Ermittlungen angestellt werden. Erbenermittlung von Amts wegen muß sinnvoll sein und nicht um ihrer selbst willen geschehen. Westphal (Rpfleger 1980, 460; 1983, 209) sieht die Ladung als grundsätzlich unerläßlich an (dazu auch Eickmann Rpfleger 1982, 455). Bedeutsamer ist die Erbenermittlung bei der Anordnung von Versicherungsmaßregeln (§ 1960) und zur Mitteilung des Testamentsinhalts (§ 2262). Zu Nachforschungen über weitere letztwillige Verfügungen s § 2259 Rz 4.

2. Jede äußerlich als Testament bezeichnete und abgelieferte Schrift ist zu eröffnen (Frankfurt DNotZ 1970, 698), gleichgültig ob sie wirksam, nichtig oder gegenstandslos ist (BayObLG FamRZ 1997, 644). Auch Testamente, die aus amtlicher Verwahrung zurückgenommen sind, bleiben eröffnungspflichtig; ebenso aufgehobene, den Vertragsschließenden nach § 2300 II aber nicht zurückgegebene Erbverträge. Verschiedentlich wird bei zweifelsfreier Aufhebung auf das Geheimhaltungsinteresse abgestellt (Boehmer DNotZ 1940, 187). Es ist allerdings nicht Aufgabe des Nachlaßrichters im Eröffnungsverfahren, die Gültigkeit eines Testaments zu beurteilen. Auch kann ein widerrufenes Testament für die Auslegung anderer Verfügungen von Bedeutung sein oder sich nach § 2257 wieder als gültig erweisen (BayObLG NJW-RR 1989, 1284). Nur dann, wenn ein Testament in einer Form widerrufen ist, derzufolge es zweifellos nicht wieder wirksam werden kann, was bei Vernichtung durch Schwärzen oä iSv § 2255 in Frage kommt, kann vernünftigerweise die Eröffnung unterbleiben (aM Soergel/J. Mayer Rz 12; offenlassend Stuttgart Rpfleger 1988, 485). Ist ein Teil widerrufen, muß gleichwohl das ganze Testament eröffnet werden (Düsseldorf JMBl NRW 1965, 93). Die Eröffnung von **gemeinschaftlichen Testamenten** und Erbverträgen unterliegt der Einschränkung des § 2273. Einerseits sollen die Interessen des überlebenden Ehegatten an der Geheimhaltung seiner eigenen Anordnungen gewahrt werden, andererseits verdienen die Beteiligten Schutz, mögliche Erbrechte nach dem Erstverstorbenen geltend zu machen. Nach dem ersten Erbfall kommt es deshalb zur Teilverkündung der Anordnungen des Verstorbenen sowie der davon nicht trennbaren Verfügungen des Überlebenden (s § 2273 Rz 1 und 2).

Testamente von Ausländern sind im allgemeinen nicht vor deutschen Gerichten zu eröffnen, solange keine Erbfolge nach deutschem Recht stattfindet (Höver DFG 1937, 133). Die internationale Zuständigkeit kann aber kraft Staatsvertrages oder Rückwirkung gegeben sein oder auch, wenn es der Sicherungszweck erfordert (BayObLG 1958, 34). Bestehen Zweifel oder soll ein Erbschein beantragt werden, dann wird die Eröffnung notwendig (KGJ 36 A 109).

Eine andere Frage ist die, ob ein Schriftstück überhaupt als Testament anzusehen ist. Das ist nur der Fall, wenn darin der letzte Wille des Erblassers zum Ausdruck kommt. Der auslegungsfähige Wille muß darauf gerichtet sein, erbrechtliche Wirkungen zu erzeugen. Das Nachlaßgericht wird eine inhaltliche Prüfung daraufhin vornehmen dürfen, ob eine Urkunde als Testament, also dem animus testandi entsprechend errichtet worden ist (Frankfurt DNotZ 1970, 698; Hamm Rpfleger 1983, 252, Adoptionsvertrag, Ausschluß des gesetzlichen Erbrechts). Hält das Nachlaßgericht ein Schriftstück nicht für ein Testament in diesem Sinne, kann es die Eröffnung unterlassen. Auch ein unfreiwillig abhanden gekommenes Testament kann nicht mehr eröffnet werden. Die Feststellung seines Inhalts bleibt ebenso wie in sonstigen trotz Eröffnung möglichen Zweifelsfällen dem Erbscheinsverfahren oder einem besonderen Rechtsstreit überlassen.

3. Der **Termin** ist nur zur Eröffnung und Verkündung des Testaments bestimmt. Kann eine Informationsvermittlung zwar einmal von praktischem Nutzen sein, gehören Erörterungen über die Gültigkeit und Auslegung des

§ 2260　　　　　　　　　　　　　Erbrecht　Testament

Testaments aber nicht zum Aufgabenkreis des Rechtspflegers (BayObLG 1983, 176). Zur **Niederschrift** über die Eröffnung bestimmt das Gesetz nur den Mindestinhalt, Einzelheiten zum Teil das Landesrecht. Zweckmäßigerweise sind Vermerke über den Zustand des Testaments aufzunehmen, wenn sich Besonderheiten ergeben. In der Praxis wird die Eröffnungsniederschrift häufig durch einen Stempelaufdruck auf dem Testamentsoriginal ersetzt; über dessen Zulässigkeit besteht verbreitet Unsicherheit (s BayObLG Rpfleger 1986, 303; Westphal Rpfleger 1980, 214; 1980, 460; 1983, 210; v Rechberg Rpfleger 1980, 458; Bayer Rpfleger 1980, 459). Das bezüglich der Eröffnung gleiche Verfahren bei Verwahrungsniederschrift läßt getrennte Urkunden erwarten. Der Stempelaufdruck bleibt aber anschließend als Eröffnungsvermerk sinnvoll. Die **Urschrift** des Testaments bleibt dann offen bei den Akten des Nachlaßgerichts, wenn sie nicht wieder in besondere amtliche Verwahrung zurückgebracht werden muß. Eine Herausgabe der Urschrift an Dritte kommt im Grundsatz nicht in Betracht (zu Nachweisen und Ausnahmen s § 2264 Rz 1).

6　4. Die Eröffnung des Testaments ist **materiellrechtlich** nicht Wirksamkeitsvoraussetzung der darin enthaltenen Verfügungen (Brox ErbR Rz 632) und eignet sich grundsätzlich nicht zum Nachweis der Erbfolge (BayObLG Rpfleger 1986, 303). Erleichterungen ergeben sich aber aus § 35 I GBO, § 42 SchiffsRegVO, Nr 5 AGB-Banken; zur Legitimation kann anstelle eines Erbscheins die Eröffnungsniederschrift zusammen mit einem öffentlichen Testament bzw einer beglaubigten Abschrift der letztwilligen Verfügung genügen. Nach § 1944 II S 2 beginnt der Lauf der Ausschlagungsfrist nicht vor der Verkündung der Verfügung, dh im Zeitpunkt der Kenntnis des Erben von der Eröffnung, etwa mit der Benachrichtigung iSv § 2262 (BGH 112, 229; Karlsruhe Rpfleger 1989, 62). Anzeigepflichten gegenüber dem Finanzamt bestehen für die eröffnende Stelle gem § 34 II Nr 3 ErbStG, seit dem 28. 8. 2002 in Schriftform. Zu übersenden sind beglaubigte Abschriften der eröffneten Verfügungen von Todes wegen mit einer Mehrausfertigung der Eröffnungsniederschrift und bestimmten Personenstandsangaben nach § 7 ErbStDV v 8. 9. 1998 (BGBl I 2658) idF des StEuglG v 19. 12. 2000 (BGBl I 1790).

7　5. Die **Kosten** des Eröffnungsverfahrens treffen die Erben als Nachlaßverbindlichkeiten (§ 6 KostO). Angesichts der Eröffnungspflicht aller, auch identischer oder ungültiger letztwilliger Verfügungen sind bei einem Erbfall mehrere Eröffnungsverfahren an dem einen oder anderen Gericht denkbar. Entsprechend der eingeschränkten testamentarischen Prüfungskompetenz wird für den Gebührentatbestand des § 102 KostO an den verfahrenstechnischen Eröffnungsakt angeknüpft (BayObLG FamRZ 1997, 644; KG FGPrax 2002, 136; Frankfurt Rpfleger 1986, 55; LG Bayreuth JurBüro 1986, 261). So kann die Eröffnungsgebühr mehrfach anfallen. Sie wird auch bei offensichtlicher Nichtigkeit der Verfügung (LG Siegen Rpfleger 1986, 182) jeweils nach dem vollen Geschäftswert erhoben (LG Duisburg Rpfleger 1988, 190; aM für Fälle bereits eröffneter oder widerrufener Testamente Lappe NJW 1987, 1864). Eine Gebührenermäßigung kommt nach § 103 II KostO nur in Betracht, wenn gleichzeitig mehrere Verfügungen desselben Erblassers bei demselben Gericht eröffnet werden (Stuttgart Rpfleger 1988, 485; LG Berlin Rpfleger 1989, 285). Darauf können die Beteiligten hinwirken. Die natürliche Grundlage der Kostenschuld ist der Nachlaßwert (s dazu BayObLG 2001, 315; Rpfleger 2000, 128; FamRZ 1997, 644; KG FGPrax 2002, 136; Rpfleger 1979, 277). Wer Kostenschuldner ist und in welcher Höhe, wird erst nach Eröffnung des Testaments festgestellt, so daß **Prozeßkostenhilfe** für das Amtsverfahren noch nachträglich bewilligt werden kann. Dies geschieht in angemessener Frist, wenn vor Abschluß des anschließenden Erbscheinsverfahrens ein gemeinsamer Antrag gestellt wird (AG Olpe Rpfleger 1987, 373).

2261　*Eröffnung durch ein anderes Gericht*

Hat ein anderes Gericht als das Nachlaßgericht das Testament in amtlicher Verwahrung, so liegt dem anderen Gericht die Eröffnung des Testaments ob. Das Testament ist nebst einer beglaubigten Abschrift der über die Eröffnung aufgenommenen Niederschrift dem Nachlaßgericht zu übersenden; eine beglaubigte Abschrift des Testaments ist zurückzubehalten.

1　1. **Nachlaßgericht** (§ 73 FGG) und **Verwahrungsgericht** sind oft nicht identisch. Um zu vermeiden, daß ein noch nicht eröffnetes Testament auf dem Versendungsweg verloren geht, hat das Verwahrungsgericht das Testament zu eröffnen und eine beglaubigte Abschrift zurückzubehalten. Seine Funktionen enden mit der Zusendung des Testaments und einer beglaubigten Abschrift der Errichtungsniederschrift an das Nachlaßgericht. Das Verwahrungsgericht nimmt hiermit eine eigenständige Aufgabe wahr (Hamburg Rpfleger 1985, 194). Wenn es die Eröffnung auch in gleicher Weise wie das Nachlaßgericht vorzunehmen hat, dann leitet es doch seine Funktionen nicht von dessen Tätigkeit ab. Mit den weiteren Maßnahmen nach §§ 2262 und 2264 setzt das Nachlaßgericht auch nicht die Tätigkeiten des Verwahrungsgerichts fort, sondern beginnt ein neues Verfahren. Folgerichtig ist es nicht befugt, eine für fehlerhaft gehaltene Testamentseröffnung des Verwahrungsgerichts aufzuheben oder abzuändern (Hamburg Rpfleger 1985, 194). Ebensowenig kann das Nachlaßgericht mit der Beschwerde gegen die bereits durchgeführte Testamentseröffnung vorgehen und eine verfahrensrechtliche Berichtigung und Ergänzung erreichen (BayObLG 1986, 118). Dem Nachlaßgericht steht die Beschwerde nur gegen eine Verweigerung des Verwahrungsgerichts zu, das Original der Testamentsurkunde oder die Errichtungsniederschrift zu übersenden (KG JFG 14, 168).

2　2. Die **Testamentseröffnung** obliegt dem Verwahrungsgericht nach einer einfachen wie nach der besonderen amtlichen Verwahrung iSv § 34 BeurkG, § 2258a (KG JFG 22, 199; Hamm Rpfleger 1972, 23). In Baden-Württemberg nimmt das beurkundende Notariat auch die Eröffnung nach § 2261 vor (§ 1 LFGG). Bei gemeinschaftlichen Testamenten und Erbverträgen ist § 2261 entsprechend anzuwenden (§§ 2273, 2300 I). Die **Kosten** für die Eröffnung des Testaments fallen bei dem eröffnenden Gericht jeweils gesondert an, auch wenn bereits widerrufene Testamente desselben Erblassers bei verschiedenen Gerichten verwahrt und getrennt eröffnet werden (KG FGPrax 2002, 136; vgl § 2260 Rz 7). Die besondere amtliche **Verwahrung** erfolgt anschließend beim Nachlaßgericht (umstritten, vgl § 2273 Rz 4).

2262 Benachrichtigung der Beteiligten durch das Nachlaßgericht
Das Nachlaßgericht hat die Beteiligten, welche bei der Eröffnung des Testaments nicht zugegen gewesen sind, von dem sie betreffenden Inhalt des Testaments in Kenntnis zu setzen.

1. Die **Pflicht zur Benachrichtigung** obliegt dem Nachlaßgericht und im Fall des § 2261 nicht mehr dem Verwahrungsgericht. Sie betrifft jede eröffnete Verfügung unabhängig von ihrer Gültigkeit und Bedeutung für die Rechtslage (Karlsruhe Rpfleger 1989, 62; BayObLG NJW-RR 1989, 1284). Bei einem offensichtlich nichtigen Testament kann in der Benachrichtigung hierauf hingewiesen werden. Es ist aber nicht Aufgabe des Nachlaßgerichts, in diesem Stadium des Verfahrens das Testament auf seine Wirksamkeit hin zu beurteilen. Die Pflicht aus § 2262 hat erheblich an Bedeutung gewonnen, seit es zur Geschäftsvereinfachung praktisch „untunlich" ist, die Beteiligten zur Testamentseröffnung zu laden (vgl § 2260 Rz 1 mwN).

2. Beteiligt sind die Personen, deren Rechtslage durch eine Anordnung in der Verfügung von Todes wegen unmittelbar beeinflußt wird, weswegen sie in den Kenntnisstand zu versetzen sind, das zur Wahrnehmung ihrer Interessen Zweckdienliche zu veranlassen (BGH 70, 173). Beteiligt sind im einzelnen Erben, Nacherben, Ersatzerben (Hamm NJW-RR 1994, 75), Vermächtnisnehmer, Begünstigte aus einer Auflage und wer nach § 2194 die Vollziehung einer Auflage verlangen kann, des weiteren Testamentsvollstrecker und Pfleger. Ohne Rücksicht auf die Wirksamkeit einer Verfügung (vgl Rz 1) gehören auch diejenigen zum Kreis der Beteiligten, deren testamentarische Einsetzung später widerrufen (LG Koblenz Rpfleger 1992, 25) oder deren Pflichtteil entzogen wurde oder die von der gesetzlichen Erbfolge, sei es nur teilweise, ausdrücklich oder stillschweigend ausgeschlossen worden sind. Der Erblasser kann die Benachrichtigung nicht wirksam verbieten, die Beteiligten können jedoch darauf verzichten.

Bei einem **gemeinschaftlichen Testament** und beim Erbvertrag kommt es darauf an, in welchem Umfang die Verfügung von Todes wegen eröffnet worden ist (§ 2260 Rz 2, § 2273 Rz 1). Bekanntzugeben ist der zulässig eröffnete Teil (Hamm NJW 1982, 57; FamRZ 1974, 387). Entsprechend können Geheimhaltungsinteressen der überlebenden Person bezüglich ihrer eigenen nicht absonderbaren und daher gleichsam kundzugebenden Verfügungen tangiert sein, insoweit § 2273 I den Interessen der Erben aber grundsätzlich Vorrang einräumt is BGH 91, 105). Nicht zu den Beteiligten gehören nach BGH 70, 173 diejenigen Personen, die mit einem Vermächtnis eindeutig nur von dem Längerlebenden bedacht sind; insoweit wird die gemeinsame Anordnung als solche des Vorverstorbenen beim ersten Erbfall gegenstandslos. Handelt es sich aber um eine Erbeinsetzung (Hamm NJW 1982, 57) oder sind gesetzliche Erben (KG MDR 1979, 494) oder gar Pflichtteilsberechtigte (BGH 91, 104; BayObLG Rpfleger 1982, 424) betroffen, dann berechtigt sie ihr Interesse an der Geltendmachung möglicher Rechte zur Kenntnis auch solcher Verfügungen, die beide Ehegatten für den Fall ihres Überlebens getroffen haben. Es kann sich entgegen der Auslegungsregel des § 2269 um eine Nacherbeinsetzung handeln; die Übergehung kann eine Anfechtung auslösen oder die Geltendmachung des Pflichtteils nahelegen. Daß es sich hierbei um Ausnahmen handelt (Stuttgart Rpfleger 1984, 178), rechtfertigt es nicht, die Rechtswahrnehmung einzuschränken. Wie das Eröffnungsverfahren gesetzlich ausgestaltet ist, läßt es eine materielle Prüfung des Testamentsinhalts durch das Nachlaßgericht nicht zu. Siehe § 2273 Rz 1 mwN.

Ist die Anschrift eines Beteiligten nicht bekannt, hat das Nachlaßgericht von Amts wegen die erforderlichen **Ermittlungen** anzustellen (§ 12 FGG), jedoch nur in vertretbarem Umfang. Dazu kann das Einholen von Auskünften gegenüber dem Standesamt über in den Sammelakten aufgeführte Angehörige des Verstorbenen gehören (Braunschweig Rpfleger 1989, 371). Nach Landesrecht ist die amtliche Erbenermittlung in Bayern (Art 37 AGGVG) und Baden-Württemberg (§ 41 LFGG) als eigenständiges (reformbedürftiges, Soergel/J. Mayer Rz 16) Verfahren geregelt. Hier haben die Nachlaßgerichte (Notariate) eine Nachforschungspflicht. Ermittlungen können unterbleiben, wenn zum Nachlaß kein dingliches Recht oder die Beerdigungskosten übersteigendes Vermögen vorhanden ist (Art 37 bayAGGVG), bzw bei unverhältnismäßigem Aufwand oder geringfügigem Nachlaß (§ 41 LFGG, dazu Richter Rpfleger 1975, 417; Sandweg BWNotZ 1979, 25; 1986, 5). UU ist ein Nachlaßpfleger zu bestellen (BayObLG 1979, 340). Gewerbliche Erbensucher haben gegenüber den ermittelten Erben, wenn diese sich nicht auf eine Honorarvereinbarung einlassen, keine Vergütungsansprüche aus Geschäftsführung ohne Auftrag oder ungerechtfertigter Bereicherung (BGH ZEV 2000, 33). Wer die Ermittlung unbekannter Erben übernimmt, um sich von diesen gegen ein Erfolgshonorar mit der Erbschaftsabwicklung beauftragen zu lassen, bedarf zu der Erbschaftsabwicklung grundsätzlich der Erlaubnis nach Art 1 § 1 RBerG (BGH NJW 1989, 2125; 2003, 3046). Ist der Erbenermittler zugleich als Rechtsberater zugelassen, darf er sich wegen § 43 BRAO nicht unaufgefordert an ermittelte Erben wenden und rechtsbesorgende Tätigkeiten im Zusammenhang mit dem Nachlaß andienen (KGRp 2002, 327).

3. Die Benachrichtigung selbst kann **formlos**, mündlich oder schriftlich erfolgen. Inhaltlich hat sich die Nachricht auf den betreffenden Teil des Testaments zu beschränken, der für den Empfänger bedeutsam ist. Beantragt der Erbe, die Mitteilung vom **Inhalt** des Testaments gegenüber einem Vermächtnisnehmer zu berichtigen und zu ergänzen, ist die ablehnende Entscheidung des Nachlaßgerichts beschwerdefähig (BayObLG Rpfleger 1987, 151).

Die Mitteilung setzt in aller Regel die Ausschlagungsfrist nach § 1944 II S 2 in Lauf (BGH 112, 229; Karlsruhe Rpfleger 1989, 62). Siehe § 2260 Rz 6 auch zu den Anzeigepflichten gegenüber dem für die Erbschaftsteuer zuständigen Finanzamt. Die **Kosten** der Benachrichtigung werden durch die Gebühr der Testamentseröffnung (§ 102 KostO) abgegolten.

2263 Nichtigkeit eines Eröffnungsverbots
Eine Anordnung des Erblassers, durch die er verbietet, das Testament alsbald nach seinem Tode zu eröffnen, ist nichtig.

§ 2263

1 Eröffnungsverbote. Sind Vermögenswerte vorhanden, kann der Frage, wer Erbe geworden ist, nicht unbeantwortet bleiben. Anordnungen des Erblassers, in denen er die Ablieferung oder Eröffnung eines Testaments verbietet oder die Pflichten des Nachlaßgerichts einengen will, sind daher unbeachtlich. Die Nichtigkeit wird nach § 2085 idR nicht die gesamte Verfügung ergreifen (LG Freiburg BWNotZ 1982, 115). Denkbar ist, daß ein Eröffnungsverbot als Widerruf des Testaments auszulegen ist, zB wenn der Erblasser damit das Wirksamwerden seiner Verfügung hat verhindern wollen, worauf Umstände außerhalb des Testaments hindeuten können. Im Einzelfall ist aber zu prüfen, ob der Erblasser bei Kenntnis der Nichtigkeit des Eröffnungsverbots die Zuwendungen nicht doch gewollt hat (Soergel/J. Mayer Rz 3).

2263a *Eröffnungsfrist für Testamente*

Befindet sich ein Testament seit mehr als 30 Jahren in amtlicher Verwahrung, so hat die verwahrende Stelle von Amts wegen, soweit tunlich, Ermittlungen darüber anzustellen, ob der Erblasser noch lebt. Führen die Ermittlungen nicht zu der Feststellung des Fortlebens des Erblassers, so ist das Testament zu eröffnen. Die Vorschriften der §§ 2260 bis 2262 sind entsprechend anzuwenden.

1 1. Die **Eröffnungsfrist** für Testamente beträgt dreißig, die für Erbverträge gemäß § 2300a fünfzig Jahre. Der Unterschied rührt daher, daß Erbverträge häufig zusammen mit Eheverträgen geschlossen werden, also schon in verhältnismäßig jungen Jahren der Vertragsparteien. § 2263a gilt für alle Testamente, die sich in besonderer amtlicher Verwahrung befinden, auch für gemeinschaftliche Testamente, obwohl diese nicht besonders erwähnt sind. Da für Testamente eine einfache amtliche Verwahrung nicht vorgesehen ist, erübrigt es sich hier, auf die zu § 2300a möglichen Zweifel einzugehen. Offensichtlich durch Zeitablauf gegenstandslos gewordene Testamente brauchen nicht mehr eröffnet zu werden, denn auch Satz 2 ist vor dem Hintergrund zu sehen, daß eine letztwillige Verfügung überhaupt bedeutsam werden kann.

2 2. Zu **technischen Einzelheiten** der Durchführung vgl § 27 X AktO. Nach Ablauf der Frist sind Ermittlungen von Amts wegen darüber zu führen, ob der Erblasser noch lebt. Lebt er noch, sind die Ermittlungen alle 3 bis 5 Jahre zu wiederholen; bleiben sie ergebnislos, ist das Testament unter entsprechender Anwendung der §§ 2260–2262 zu eröffnen. Bei einem gemeinschaftlichen Testament oder Erbvertrag ist eine Teilverkündung vorzunehmen, wenn in der Person des Erblassers die Voraussetzungen gegeben sind (§§ 2273, 2300). Ergibt sich später, daß der Erblasser noch am Leben war, ist die Eröffnung gegenstandslos, das Testament wieder zu verschließen und in Verwahrung zu nehmen. Zuständig ist wie bei allen Angelegenheiten der §§ 2258a–2264 der Rechtspfleger (§§ 3 Nr 2 lit c, 36b RPflG), in Baden-Württemberg sind es die staatlichen Notariate.

2264 *Einsichtnahme in das und Abschrifterteilung von dem eröffneten Testament*

Wer ein rechtliches Interesse glaubhaft macht, ist berechtigt, ein eröffnetes Testament einzusehen sowie eine Abschrift des Testaments oder einzelner Teile zu fordern; die Abschrift ist auf Verlangen zu beglaubigen.

1 1. Das **Recht auf Einsichtnahme und Abschrift** eines Testaments setzt voraus, daß das Testament eröffnet ist und ein rechtliches Interesse glaubhaft gemacht wird. Vor der Eröffnung kann nur der Erblasser selbst Einsicht nehmen. Ein rechtliches Interesse ist anzunehmen, wenn eigene Rechte des Antragstellers in ihrem Bestand vom Inhalt des Testaments abhängig sind. Der gesetzliche Erbe hat ein rechtliches Interesse, auch wenn er nicht bedacht ist, denn er soll in die Lage versetzt werden, letztwillige Verfügungen nachzuprüfen, die seine Rechtslage unmittelbar beeinflussen (BayObLG 1954, 310). Auch ein etwaiges Anfechtungsrecht ließe sich sonst kaum durchsetzen. Der Begriff des rechtlichen Interesses ist enger als der des berechtigten Interesses in § 34 FGG (dazu Rz 2). Das Interesse muß auch darüber entscheiden, ob sich das Recht auf das gesamte Testament oder nur auf einzelne Teile bezieht. Zum Testament gehören dessen Anlagen, nicht aber das Eröffnungsprotokoll (Voit in Dittmann/Reimann/Bengel Rz 3; Soergel/J. Mayer Rz 4; aM MüKo/Burkart Rz 6; Bamberger/Roth/Litzenburger Rz 4; Pal/Edenhofer Rz 2). Voraussetzungsgemäß bleiben bei einem gemeinschaftlichen Testament die nicht eröffneten Verfügungen verdeckt (aM Jena Rpfleger 1998, 249), während § 2264 für Erbverträge gar nicht gilt (vgl Rz 2). Zuständig ist das Gericht, bei dem sich das Testament befindet, also regelmäßig das Nachlaßgericht und im Fall des § 2261 ein anderes Eröffnungsgericht, solange es noch im Besitz der Urschrift ist. Die Einsichtnahme wird ausschließlich in den Gerichtsräumen gewährt, eine Aushändigung auch zur Untersuchung auf Echtheit der Urkunde wird nicht gestattet. Es können aber Vertreter oder Sachkundige einbezogen und während der Einsichtnahme Ablichtungen gefertigt werden. Im übrigen kann der Rechtsinhaber die Erteilung einer Abschrift verlangen, grundsätzlich aber nicht die Herausgabe der **Urschrift**. Die Urschrift muß erhalten bleiben, um auch lange Zeit nach dem Erbfall noch die Echtheit des Testaments überprüfen zu können, was bei einer Herausgabe nicht gewährleistet wäre (BGH NJW 1978, 1484; BayObLG NJWE-FER 2000, 317; KG DR 1943, 1381; Staud/Baumann § 2260 Rz 39). Wenn aber offensichtlich keine Sicherungsgründe mehr vorhanden sind, dürfte es im Einzelfall zur Befriedigung ideeller Belange gerechtfertigt sein, die Urschrift den Nachfahren zu überlassen, etwa bei besonders künstlerischem Wert oder zur Auslage in einer Erinnerungsstätte (s auch Stuttgart Rpfleger 1977, 398; Hamburg MDR 1975, 666; Kipp/Coing § 123 V). Ausnahmen werden noch zugelassen für die Verwendung im Ausland, sofern dort eine Ausfertigung oder beglaubigte Abschrift nicht genügt (Soergel/J. Mayer § 2260 Rz 22; vgl § 45 II BeurkG).

2 2. § 34 FGG ist neben § 2264 anwendbar (BayObLG 1954, 310) und gewährt weitergehend Einsicht in Akten, also auch in das Eröffnungsprotokoll und in Erbverträge. In gleichem Maße werden (beglaubigte) Abschriften erteilt. Dazu sind die Anforderungen an das „berechtigte Interesse" geringer, das anders als das „rechtliche Interesse", tatsächlicher, wirtschaftlicher oder wissenschaftlicher Art sein kann. Es läßt sich nach vernünftiger Erwägung rechtfertigen, wenn ein künftiges Verhalten des Antragstellers durch die Kenntnis vom Akteninhalt beeinflußt sein kann (BayObLG 1995, 1; Rpfleger 1985, 38). Berechtigt sind in diesem Sinne gesetzliche Erben, testamentarische Erben, Pflichtteilsberechtigte und Vermächtnisnehmer, eventuell auch Nachlaßgläubiger, nicht aber alle Verwandten (BayObLG MDR 1982, 857; Zweibrücken FGPrax 2003, 36). Die Rechtsfolge des § 34 FGG ist gleichwohl nicht als Recht ausgestaltet, sondern steht im pflichtgemäßen Ermessen des Gerichts: der Gewährung dürfen keine gleichrangigen oder gewichtigeren Gründe für eine Geheimhaltung entgegenstehen (BGH NJW-RR 1994, 382). Die Einsichtnahme erfolgt gleichermaßen auf der Geschäftsstelle des Nachlaßgerichts, wo die Akten stets greifbar bleiben müssen (Köln Rpfleger 1983, 325).

Titel 8
Gemeinschaftliches Testament

Vorbemerkung

Schrifttum: *Asbeck*, Das eigenhändige Ehegattentestament, DB 1961, 869; *Battes*, Gemeinschaftliches Testament und Ehegattenerbvertrag als Gestaltungsmittel für die Vermögensordnung der Familie, 1974; *Buchholz*, Erbfolge und Wiederverheiratung. Erscheinungsformen, Regelungszwecke und Dogmatik letztwilliger Wiederverheiratungsklauseln, 1986; *ders*, Berliner Testament (§ 2269) und Pflichtteilsrecht der Abkömmlinge – Überlegungen zum Ehegattenerbrecht, FamRZ 1985, 872; *J. Bühler*, Zur Wechselbezüglichkeit und Bindung beim gemeinschaftlichen Testament und Erbvertrag, DNotZ 1962, 359; *M. Bühler*, Erbschaftsteuerreform: Übersicht und Vorschläge zur Verminderung der Steuernachteile beim Berliner Testament, BB 1997, 551; *Claudi*, Die Erbfolge nach englischem materiellen und internationalen Privatrecht, MittRhNotK 1981, 79; *Daragan*, Die Auflage als erbschaftsteuerliches Gestaltungsmittel, DStR 1999, 393; *Dippel*, Zur Auslegung von Wiederverheiratungsklauseln in gemeinschaftlichen Testamenten und Erbverträgen, AcP 177 (1977), 349; *Dopffel*, Deutsch-englische gemeinschaftliche Testamente, DNotZ 1976, 335; *Dressler*, Vereinbarungen über Pflichtteilsansprüche – Gestaltungsmittel zur Verringerung der Erbschaftsteuerbelastung, NJW 1997, 2848; *Ebeling*, Korrekturvermächtnisse im Berliner Testament und deren erbschaftsteuerliche Folgen, ZEV 2000, 87; *Flik*, Gemeinschaftliches Testament bei überschuldeten Ehegatten, BWNotZ 1979, 53; *v Frentz*, Gestaltungsformen zur Abgrenzung der Rechte von überlebenden Ehegatten und Kindern in gemeinschaftlichen Testamenten und Erbverträgen, DNotZ 1962, 635; *Goßrau*, Behandlung gemeinschaftlicher Testamente von Nicht-Ehegatten, NJW 1948, 364; *Grundmann*, Zur Errichtung eines gemeinschaftlichen Testaments durch italienische Ehegatten in Deutschland, IPrax 1986, 94; *Haegele*, Das Ehegattentestament, 6. Aufl 1977; *ders*, Testamentarische Wiederverheiratungsklauseln, JurBüro 1968, 87; *Huber*, Freistellungsklauseln in gemeinschaftlichen Testamenten, Rpfleger 1981, 41; *Iglesias*, Das gemeinschaftliche Testament in der spanischen Rechtsordnung seit dem Gesetz v 24. 12. 1984, Revista de Derecho privado, 1983, S 1091; *Jakob*, Gemeinschaftliches Testament und Wechselbezüglichkeit letztwilliger Verfügungen, FS Bosch, 1976, S 447; *Jayme*, Zur Errichtung eines gemeinschaftlichen Testaments durch portugiesische Eheleute im Ausland, IPrax 1982, 210; *Johannsen*, Der Schutz der durch gemeinschaftliches Testament oder Erbvertrag berufenen Erben, DNotZ 1977, Sonderheft, S 69; *Kanzleiter*, Die Aufrechterhaltung der Bestimmungen in unwirksamen gemeinschaftlichen Testamenten als einseitige letztwillige Verfügungen, DNotZ 1973, 233; *ders*, Gemeinschaftliche Testamente bitte nicht auch für Verlobte!, FamRZ 2001, 1198; *Kapp*, Das gemeinschaftliche Testament in zivilrechtlicher und erbschaftssteuerlicher Sicht, BB 1980, 689; *Keuk*, Der Erblasserwille post testamentum und die Auslegung des Testaments, 1965; *Kropholler*, Gemeinschaftliche Testamente von Schweizern in Deutschland, DNotZ 1967, 734; *Lange*, Bindung des Erblassers an seine Verfügungen, NJW 1963, 1571; *Langenfeld*, Freiheit oder Bindung beim gemeinschaftlichen Testament oder Erbvertrag von Ehegatten? NJW 1987, 1577; *Leipold*, Wandlungen in den Grundlagen des Erbrechts? AcP 180 (1980), 160; *ders*, Die Wirkungen testamentarischer Wiederverheiratungsklauseln. Dogmatik oder Erblasserwille? FamRZ 1988, 352; *Lübbert*, Verwirkung der Schlußerbfolge durch Geltendmachung des Pflichtteils, NJW 1988, 2706; *Lutter*, Zur Umdeutung nichtiger gemeinschaftlicher Testamente von nicht-Ehegatten, FamRZ 1959, 273; *Meier-Kraut*, Zur Wiederverheiratungsklausel in gemeinschaftlichen Testamenten mit Einheitslösung, NJW 1992, 143; *J. Mayer*, Berliner Testament ade? – Ein Auslaufmodell wegen zu hoher Erbschaftsteuerbelastung?, ZEV 1998, 50; *Meincke*, Vorteile und Nachteile von Ehegatten-Testamenten und Erbverträgen, DStR 1981, 523; *G. Müller*, Partnerschaftsverträge nach dem Lebenspartnerschaftsgesetz (LPartG) – Hinweise zur Vertragsgestaltung, DNotZ 2001, 581; *Muscheler*, Der Einfluß der Eheauflösung auf das gemeinschaftliche Testament, DNotZ 1994, 733; *ders*, Kindespflichtteil und Erbschaftsteuer beim Berliner Testament, ZEV 2001, 377; *Musielak*, Zum Begriff und Wesen des gemeinschaftlichen Testaments, GS Riederer, 1981, S 181; *ders*, Die Aufhebung bindend gewordener Verfügungen in gemeinschaftlichen Testamenten, FS Kegel, 1987, S 433; *Nehlsen-v Stryk*, Zur Anwendbarkeit von § 2102 I bei der Auslegung gemeinschaftlicher Testamente, DNotZ 1988, 147; *v Olshausen*, Die Sicherung gleichmäßiger Vermögensteilhabe bei „Berliner Testamenten" mit nicht-gemeinsamen Kindern als Schlußerben, DNotZ 1979, 707; *Rau*, Letztwillige Verfügungen portugiesischer Staatsangehöriger in Deutschland, ZVglRW 80 (1981), S 241; *Ripfel*, Das Testament für den Fall des gemeinschaftlichen Unfalltodes von Ehegatten, BB 1961, 583; *Rötelmann*, Erfordernisse des eigenhändigen gemeinschaftlichen Testaments, Rpfleger 1958, 146; *S. Schmidt*, BWNotZ 1998, 97; *Simshäuser*, Auslegungsfragen bei Wiederverheiratungsklauseln in gemeinschaftlichen Testamenten und Erbverträgen, FamRZ 1973, 273; *Speth*, Schutz des überlebenden Ehegatten im gemeinschaftlichen Testament, NJW 1985, 463; *Stopfer*, Erbrechtliche Wiederverheiratungsklauseln und Nichteheliche Lebensgemeinschaft der Erben, Diss, Regensburg 1988; *Strobel*, Nochmals: Pflichtteilsstrafklausel im Ehegattentestament, MDR 1980, 363; *Strötz*, Die Wiederverheiratungsklausel, 1981; *Sturm*, Kollisionsrecht, eine terra incognita für den deutschen Notar, FS Ferid, 1978, S 417; *Tzschaschel*, Das private Ehegattentestament, 12. Aufl 1994; *Umstätter*, Gemeinschaftliche Testamente mit Auslandsberührung, DNotZ 1984, 532; *Wacke*, Gemeinschaftliche Testamente von Verlobten, FamRZ 2001, 457; *Weiss*, Pflichtteilsstrafklausel im Ehegattentestament, MDR 1979, 813; *Wilhelm*, Wiederverheiratungsklausel, bedingte Erbeinsetzung und Vor- und Nacherbfolge, NJW 1990, 2857; *Wing*, Zur Reform des gemeinschaftlichen eigenhändigen Testaments, JZ 1952, 611; *Zawar*, Der auflösend bedingte Vollerbe, NJW 1988, 16; *ders*, Der bedingte oder befristete Erwerb von Todes wegen, DNotZ 1986, 515.

Vor § 2265 Erbrecht Testament

1 1. Das **gemeinschaftliche Testament** enthält letztwillige Verfügungen verschiedener Personen. Es kann nur von Ehegatten oder (nach § 10 V S 1 LPartG) von eingetragenen Lebenspartnern errichtet werden. Gemeinschaftlich ist das Testament, wenn zwischen den Verfügungen ein Zusammenhang in dem Sinne besteht, daß die Testierenden ihren letzten Willen in gewolltem Zusammenwirken festlegen. Wie eng das Zusammenwirken sein muß, hat in der Rechtsprechung und Literatur eine Entwicklung durchlaufen, die vom streng formalistischen Standpunkt der objektiven Theorie zu verschieden aufgelockerten Formen der subjektiven Theorie gelangt ist. Nach der objektiven Theorie war es erforderlich, daß die Erklärungen inhaltlich aufeinander Bezug nahmen und äußerlich in einer Urkunde zu einer natürlichen Einheit zusammengefügt waren (RG 72, 204; Koblenz NJW 1954, 1648). Heute wird in erster Linie auf die Willensrichtung der Ehegatten und nicht mehr auf den äußeren Tatbestand der Zusammenfassung in einer Urkunde und eine gegenseitige Bezugnahme der Erklärungen abgestellt. Nach rein subjektiven Kriterien soll schon aus dem räumlichen, zeitlichen und inhaltlichen Zusammenhang der beiderseitigen Verfügungen sowie aus der Lebenserfahrung geschlossen werden, daß beide Erblasser ihre Vermögensverhältnisse von Todes wegen trotz äußerlicher Trennung gemeinschaftlich regeln wollen (OGH 1, 333; Lange/Kuchinke § 24 III). Demgegenüber wird von der hM an die Andeutungstheorie angeknüpft (dazu § 2084 Rz 3) und verlangt, daß der Wille, gemeinschaftlich zu verfügen, zumindest ansatzweise aus den Verfügungen selbst hervorgehen muß (BGH 9, 113; BayObLG Rpfleger 1988, 365; KG ZEV 2000, 512; Köln OLG 1968, 321; Zweibrücken ZEV 2002, 414; Coing JZ 1952, 613). Konsequenterweise muß es ausreichen, wenn sich der volle Beweis erst aus außertestamentarischen Umständen ergibt (Hamm OLG 1979, 266; Frankfurt OLG 1978, 267). Wesentlich ist, daß das gemeinschaftliche Testament auf einem gemeinsamen Entschluß der Testierenden beruht und daß der Errichtungszusammenhang in der Gestaltung der Erklärungen zum Ausdruck kommt. Die Ehegatten bzw eingetragenen Lebenspartner können ihre letztwilligen Verfügungen demnach an getrennten Orten, zu verschiedenen Zeiten und auf gesonderten Urkunden niederschreiben. Dabei müssen sie die Erklärungen des anderen kennen und billigen, soweit eigene Erklärungen damit in einem Abhängigkeitsverhältnis stehen sollen.

2 2. Der **Inhalt** der letztwilligen Verfügungen kann verschiedenartig sein und führt dementsprechend zu verschiedenen Arten des gemeinschaftlichen Testaments.

3 a) Das **gleichzeitige Testament** enthält selbständig nebeneinander stehende Anordnungen, wie sie auch in Einzeltestamenten getroffen werden können. Immerhin bietet die gemeinschaftliche Errichtung Formerleichterungen. Testamente dieser Art kommen jedoch kaum vor.

4 b) Das **gegenseitige (reziproke) Testament** enthält Verfügungen der Ehegatten zugunsten des jeweils anderen. Es kann sich um Erbeinsetzungen oder Vermächtnisse handeln, die in einem äußeren Beziehungsverhältnis, nicht aber in einem Abhängigkeitsverhältnis zueinander stehen.

5 c) Das **wechselbezügliche (korrespektive) Testament** trägt das sinngebende Element des gemeinschaftlichen Testaments in sich, nämlich voneinander abhängige, also in innerer Beziehung zueinander stehende Verfügungen, die ohne bestimmte Verfügungen des Partners nicht wirksam sein sollen. Bedeutsam ist hier die Bindung an die eigenen Verfügungen auch nach dem Tod des Ehegatten, geregelt in den §§ 2270, 2271. Die Bindung hat vertragsähnlichen Charakter und weist auf die Ausgestaltung der Regelung bei Erbverträgen hin, deren Vorschriften zum Teil anwendbar sind, zB solche über Anfechtung, Verfügungen unter Lebenden und über den Schutz von Vermächtnisnehmern. Durchaus kann das wechselbezügliche Testament zusätzliche Verfügungen enthalten, die in keinem inneren Zusammenhang zueinander stehen. Auch müssen die voneinander abhängigen Verfügungen nicht notwendigerweise gegenseitig sein, können also dritte Personen begünstigen, uU sogar neben vertraglichen Regelungen wie einem Erb- oder Pflichtteilsverzicht stehen (BGH NJW 1977, 1728). Den Regelfall bildet allerdings das sog Berliner Testament, das dazu dient, die wirtschaftliche Einheit des gemeinschaftlichen Vermögens auch nach dem Tod eines Ehegatten zu sichern: Der Überlebende wird alleiniger Erbe, und erst nach dessen Tod geht das gesamte Vermögen auf einen gemeinsam bestimmten Dritten über. Das Berliner Testament findet sich häufig in privatschriftlichen Urkunden und läßt sich in seinem Kern oft erst durch schwierige Auslegung ermitteln; es kommt dann auf eine verständige Würdigung des wirtschaftlich angestrebten Erfolges an. Über die rechtliche Ausgestaltung enthält § 2269 eine Auslegungsregel. Macht nur ein Ehegatte seine letztwillige Verfügung von der des anderen abhängig, handelt es sich um eine einseitige Abhängigkeit; die §§ 2270, 2271 sind in diesem Fall entsprechend anwendbar.

6 3. Die **Form** des gemeinschaftlichen Testaments steht im Belieben der Ehegatten. Sie können privatschriftlich testieren und die Formerleichterung des § 2267 nutzen. Danach braucht nur ein Ehegatte den letzten Willen beider aufzuschreiben, während sich der andere damit begnügen kann, das Testament mitzuunterzeichnen. Sie können auch ein öffentliches Testament vor einem Notar errichten, unter Hervorhebung des gemeinschaftlichen Willens sogar unabhängig voneinander in verschiedenen Beurkundungsvorgängen (aM Erman/Hense[7] § 2267 Rz 2). Sofern die besonderen Voraussetzungen zur Errichtung eines außerordentlichen Testaments gegeben sind, kommt ein gemeinschaftliches Testament vor einem Konsularbeamten, einem Bürgermeister oder vor drei Zeugen in Betracht; die Fälle der §§ 2249, 2250 erleichtert § 2266, der eine Notlage eines der Ehegatten ausreichen läßt. Da es den Ehegatten frei steht, auf gesonderten Urkunden zu testieren, ist es denkbar, daß sie sich unterschiedlicher Errichtungsformen bedienen. Die Verfügungen von Todes wegen können einerseits öffentlich beurkundet und andererseits privatschriftlich gefertigt sein. Die Ehegatten können dem Notar eine gemeinsame Schrift übergeben, jeder kann eine eigene Schrift übergeben oder auch nur einer von beiden, während der andere seinen letzten Willen mündlich erklärt. Eine ordentliche Testamentsform kann mit einer außerordentlichen kombiniert werden (s § 2266 Rz 3). Mischformen sind auch derart möglich, daß ein gemeinschaftliches öffentliches Testament später durch ein gemeinschaftliches eigenhändiges Testament ergänzt wird (BayObLG Rpfleger 1980, 283). Darüber hinaus läßt sich ein Erbvertrag durch ein gemeinschaftliches Testament ergänzen, so daß die neuen Verfügungen mit den bisherigen auf diese Weise eine Einheit bilden (BayObLG NJW-RR 2003, 658; s auch § 2292).

4. Den **Beweis** für die formgültige Errichtung und für den Gesamtinhalt eines gemeinschaftlichen Testaments **7** muß derjenige führen, der sich auf das Testament beruft. Kann er es nicht vorlegen, weil es vernichtet, verlorengegangen oder nicht auffindbar ist, dann bleiben ihm, wenn auch bei strengen Anforderungen, alle sonst zulässigen Beweismittel (BayObLG FamRZ 1985, 839). Erfolgversprechend sind in diesem Sinne Durchschriften und Ablichtungen des Originals (vgl § 2266 Rz 9). Steht fest, daß der Letztverstorbene die Urkunde des wechselbezüglichen gemeinschaftlichen Testaments vernichtet hat, um sich von der Bindung des § 2272 II zu befreien, dann muß der durch die Vernichtung Begünstigte die Formnichtigkeit des Testaments nachweisen (OGH NJW 1949, 146).

5. Von **Einzeltestamenten** unterscheidet sich das gemeinschaftliche Testament im wesentlichen durch die mögliche Wechselwirkung des § 2270, verbunden mit den eingeschränkten Widerrufsmöglichkeiten der §§ 2271, **8** 2272. Andererseits genießt das privatschriftliche gemeinschaftliche Testament die Formerleichterung des § 2267.

Ein **Erbvertrag** bedarf der notariellen Beurkundung und setzt (für Ehegatten und Verlobte beschränkte) **9** Geschäftsfähigkeit voraus. Darüber hinaus kann die vertragsmäßige Bindung jedermann eingehen, während das gemeinschaftliche Testament den Eheleuten vorbehalten ist. Des weiteren braucht der Erbvertrag nur letztwillige Verfügungen einer Partei zu enthalten; häufiger anzutreffen sind aber auch hier die wechselbezüglichen Verfügungen. Zu lösen vermag sich eine Partei davon durch Rücktritt oder Anfechtung aufgrund erbvertraglicher Vorschriften, die für das gemeinschaftliche Testament entsprechend gelten. Da der Regelungsgehalt ohnehin weitgehend der gleiche ist, kann im einzelnen zu prüfen sein, ob sich eine unwirksame vertragliche Verfügung nicht als testamentarische Verfügung aufrechterhalten läßt und umgekehrt.

6. Dem **Gesetzesaufbau** nach regeln die §§ 2265–2267 die Errichtungsform des gemeinschaftlichen Testa- **10** ments, die §§ 2268–2271 behandeln die Wirksamkeit und den einseitigen Widerruf der getroffenen Verfügungen, § 2272 betrifft die nur gemeinsam mögliche Rücknahme aus der amtlichen Verwahrung und § 2273 das Verfahren nach dem ersten Erbfall, also das Eröffnen und ggf wieder das Verschließen und Zurückbringen in die besondere amtliche Verwahrung.

2265 *Errichtung durch Ehegatten*
Ein gemeinschaftliches Testament kann nur von Ehegatten errichtet werden.

1. Nur **Ehegatten** und seit dem 1. 8. 2001 **eingetragene Lebenspartner** (§ 10 IV S 1 LPartG) können ein **1** gemeinschaftliches Testament errichten. Wird die Ehe bzw die Lebenspartnerschaft anschließend aufgelöst, ist deren gemeinschaftliches Testament seinem ganzen Inhalt nach unwirksam (§ 2268 I). Ist die Ehe bzw die Lebenspartnerschaft vor dem ersten Erbfall aufgelöst oder ist ein begründeter Scheidungs- oder Aufhebungsantrag gestellt worden, dann bleiben die Verfügungen im gemeinschaftlichen Testament wirksam, soweit sie mutmaßlich auch für diesen Fall getroffen sind (§ 2268 II).

2. Von **Unverheirateten** bleibt ein gemeinschaftliches Testament selbst dann nichtig, wenn die Testierenden **2** später heiraten (Kanzleiter FamRZ 2001, 1198; aM Wacke FamRZ 2001, 459). Daß ihnen die Errichtung eines gemeinschaftlichen Testaments verwehrt ist, ihnen insbesondere die Formerleichterungen des § 2267 nicht zukommen, ist mit dem Grundgesetz vereinbar (BVerfG NJW 1989, 1986). Im Vordergrund steht die Frage, ob die nichtigen Verfügungen gemäß § 140 in wirksame Verfügungen umgedeutet werden können, wenn sie den Formerfordernissen eines Erbvertrags oder Einzeltestaments genügen. Die Antwort darauf läßt sich aus dem mutmaßlichen Willen der Testierenden erschließen: Im Hinblick auf den wirtschaftlich bezweckten Erfolg müßten die Testierenden bei Kenntnis der Unwirksamkeit entsprechende Einzeltestamente oder einen Erbvertrag aufgesetzt haben. Unproblematisch ist dies hinsichtlich der unabhängigen Verfügungen, die ein Erblasser in das vermeintlich gemeinschaftliche Testament aufgenommen hat, denn er würde sie regelmäßig auch in einer anderen Verfügung von Todes wegen aufrechterhalten wollen (hM seit KG JFG 23, 371; BGH NJW-RR 1987, 1410; Düsseldorf FamRZ 1997, 518; grundsätzlich abl noch RG 87, 33; Neustadt NJW 1958, 1785; Goßrau NJW 1948, 365). Eine Umdeutung wechselbezüglicher Verfügungen hat die lange hM demgegenüber abgelehnt, weil sie ihrem Wesen nach nicht isoliert gelten sollen (Lutter FamRZ 1959, 273; BayObLG NJW 1969, 797; KG NJW 1969, 798; ebenso wieder Hamm ZEV 1996, 304). Eine ausschließlich abhängig von der anderen gewollte Verfügung stellt sich jedoch sowohl in einem Erbvertrag als auch in einem Einzeltestament als bedingte Verfügung dar (Kanzleiter DNotZ 1973, 149). Um eine vermeintlich gemeinschaftliche testamentarische Erklärung auf anderer rechtlicher Grundlage aufrechtzuerhalten, kommt es insoweit auf den hypothetischen Willen der Testierenden an, ob die einzelnen Verfügungen einer Bedingung und bejahendenfalls, welcher, unterliegen. Wollte der eine abhängig von dem anderen testieren, dann wird die Verfügung an die entsprechende Äußerung und den diesbezüglichen Willen des anderen geknüpft gewesen sein. Nicht ohne weiteres ist von einer Abhängigkeit von einer formwirksamen Äußerung auszugehen. Für die Geltung einer Verfügung spricht es, wenn dem Testierenden mutmaßlich mehr an der Verwirklichung seiner Anordnung als an der Inkaufnahme der Nichtigkeit lag (hM, Staud/Kanzleiter Rz 12; aM, die Verfügungen verbinde nur das gemeinschaftliche und entbehrliche Motiv, KG NJW 1972, 2133; Frankfurt MDR 1976, 667).

2266 *Gemeinschaftliches Nottestament*
Ein gemeinschaftliches Testament kann nach den §§ 2249, 2250 auch dann errichtet werden, wenn die dort vorgesehenen Voraussetzungen nur bei einem der Ehegatten vorliegen.

1. Ein **gemeinschaftliches Nottestament** können die Ehegatten in den üblichen Formen der §§ 2249–2251 **1** errichten; also auch ein gemeinschaftliches Seetestament, wenn die Ehegatten beide an Bord eines deutschen Schiffes sind. Darüber hinaus ermöglicht § 2266 das Errichten eines gemeinschaftlichen Nottestaments, wenn die

M. Schmidt

§ 2266

Erbrecht Testament

Voraussetzungen dafür nur in der Person eines Ehegatten vorliegen. Die Vorschrift gilt für eingetragene Lebenspartner entsprechend (§ 10 IV S 2 LPartG).

2   Die **Wirkungsdauer** eines gemeinschaftlichen Nottestaments hängt von § 2252 ab. Sterben beide Ehegatten innerhalb der Dreimonatsfrist, wird das Testament mit all seinen Verfügungen wirksam. Überleben beide Ehegatten die Frist, wird das Testament rückwirkend ungültig. Überlebt nur einer, dann werden die Verfügungen des Verstorbenen mit dem Erbfall wirksam, und auch die Verfügungen des Überlebenden bleiben gültig. Über die Frist hinaus wird die fortdauernde Gültigkeit allerdings bestritten, soweit die Verfügungen des Überlebenden nicht wechselbezüglich sind (so Kipp/Coing § 33 I 4; Staud/Kanzleiter Rz 5). Es überzeugt aber nicht, das in der Form der §§ 2249–2251 einheitlich errichtete Testament im Rahmen des § 2252 nicht einheitlich zu beurteilen (ebenso Soergel/Wolf Rz 3; RGRK/Johannsen Rz 3; Pal/Edenhofer Rz 2). Der Überlebende kann seine unabhängigen Verfügungen schließlich frei widerrufen, die wechselbezüglichen nur noch in den Grenzen des § 2271.

3   2. Mittels **unterschiedlicher Errichtungsformen** kann ein gemeinschaftliches Testament derart entstehen, daß sich nur ein Ehegatte der Notform bedient, während der andere eine Urkunde in ordentlicher Form anfertigt (aM MüKo/Musielak Rz 2). Es unterliegen dann nur die in der Notform errichteten Verfügungen der beschränkten Gültigkeitsdauer des § 2252. Soweit die in ordentlicher Form errichteten Verfügungen wechselbezüglicher Art sind, folgen sie nach § 2270 allerdings dem Schicksal der Bezugsverfügung, so daß nur die nicht wechselbezüglichen Verfügungen über die Dreimonatsfrist hinaus fortbestehen können, sofern sie nach dem Willen des Erblassers nicht ihrerseits an die wechselbezüglichen Verfügungen gebunden sind (§ 2085).

2267 *Gemeinschaftliches eigenhändiges Testament*

Zur Errichtung eines gemeinschaftlichen Testaments nach § 2247 genügt es, wenn einer der Ehegatten das Testament in der dort vorgeschriebenen Form errichtet und der andere Ehegatte die gemeinschaftliche Erklärung eigenhändig mitunterzeichnet. Der mitunterzeichnende Ehegatte soll hierbei angeben, zu welcher Zeit (Tag, Monat und Jahr) und an welchem Orte er seine Unterschrift beigefügt hat.

1   1. Die **Formerleichterung** gegenüber der Errichtung gemäß § 2247 gilt für das eigenhändige gemeinschaftliche Testament, deren Erklärungen nach § 2267 nur einer der Ehegatten bzw der eingetragenen Lebenspartner (entsprechend § 10 IV S 2 LPartG) aufzuschreiben braucht. Der andere muß eine ausdrückliche Beitrittserklärung iSv § 2267 aF nicht mehr abgeben. Es müssen nur beide Ehegatten bzw Lebenspartner das Testament eigenhändig unterschreiben. Die Unterschriften müssen beide so plaziert sein, daß sie sämtliche Verfügungen der Ehegatten decken. Dazu genügt die Abgabe einer Beitrittserklärung auf einem gesonderten Blatt, sofern die Beziehung zur Haupterklärung feststeht (BayObLG FamRZ 1994, 193; aM MüKo/Musielak Rz 11). Ist das nicht der Fall, muß das gemeinschaftliche Testament den Formerfordernissen des § 2247 entsprechen. Weder den einen noch den anderen Erfordernissen genügt es, wenn ein Ehegatte auf demselben Blatt erst seine eigenen Verfügungen und dann die des anderen niederschreibt, wenn die Ehegatten aber nur jeweils ihre eigenen Verfügungen unterschreiben (BGH NJW 1958, 547; Hamm MDR 1972, 241; Rötelmann NJW 1957, 876; MüKo/Musielak Rz 21; aM Celle NJW 1957, 876). Unterzeichnet der Ehegatte die Verfügungen des anderen lediglich zur Kenntnisnahme, dann fehlt ihm der nötige Testierwille. Da sich die Auslegung einer derartigen Unterschrift im einzelnen als schwierig erweisen kann, sollte es vermieden werden, die Erklärungen in einem gemeinschaftlichen Testament in der Ich-Form zu halten (vgl Haegele Rpfleger 1972, 404 krit zu Hamm MDR 1972, 241).

2   Auch **Nachträge** können in der Form des § 2267 von einem Ehegatten bzw Lebenspartner niedergeschrieben und von beiden unterschrieben werden. Nimmt der eine Änderungen oder Einfügungen innerhalb des bereits unterzeichneten Textes derart vor, daß der Nachtrag von der ursprünglichen Unterschrift gedeckt ist, dann soll die Einwilligung des anderen ausreichen (Staud/Kanzleiter Rz 18; Soergel/Wolf Rz 3; aM v Lübtow I S 489). Um keine Zweifel an der bestehenden Einwilligung aufkommen zu lassen, ist beiderseitiges Unterschreiben stets zu empfehlen.

3   2. **Formmängel** führen zur Ungültigkeit des gemeinschaftlichen Testaments. Inwieweit die vorhandenen Erklärungen ausreichen, um sie als Einzeltestament aufrechtzuerhalten, hängt nach § 140 davon ab, ob sie den Formvorschriften für ein Einzeltestament entsprechen und ob der Testierende sie auch gesondert hätte gelten lassen wollen, wenn er die Unwirksamkeit der gemeinschaftlichen Verfügung von Todes wegen gekannt hätte. Auf diese Weise läßt sich ein erst entworfenes gemeinschaftliches Testament verwerten, das der Partner noch nicht unterschrieben hat, ganz unabhängig davon, ob der Entwurf von Verheirateten oder von Unverheirateten stammt (BGH NJW-RR 1987, 1410; BayObLG FamRZ 1999, 1370; vgl auch § 2084 Rz 10). Der mutmaßliche Erblasserwille ist hinsichtlich der wechselbezüglich bezeichneten Verfügungen besonders sorgfältig zu ermitteln; im Allgemeinen spricht die Lebenserfahrung gegen eine isolierte Geltung als Einzelverfügung (BayObLG 2000, 194). Schon an den entsprechenden Formvorschriften scheitert die Umdeutung einer Beitrittserklärung des Mitunterzeichnenden, die iSv § 2267 aF idR hieß: „Vorstehendes Testament soll auch als das meinige gelten."

2268 *Wirkung der Ehenichtigkeit oder -auflösung*

(1) Ein gemeinschaftliches Testament ist in den Fällen des § 2077 seinem ganzen Inhalt nach unwirksam.
(2) Wird die Ehe vor dem Tode eines der Ehegatten aufgelöst oder liegen die Voraussetzungen des § 2077 Abs. 1 Satz 2 oder 3 vor, so bleiben die Verfügungen insoweit wirksam, als anzunehmen ist, dass sie auch für diesen Fall getroffen sein würden.

1   1. Der **Bestand der Ehe** bzw der eingetragenen Lebenspartnerschaft (entsprechende Anwendung gemäß § 10 IV S 2, V LPartG) ist für die Wirksamkeit des gemeinschaftlichen Testaments bedeutsam, weil es nur von

Ehegatten bzw Lebenspartnern errichtet werden kann und die so Testierenden in aller Regel auf den Fortbestand der Bindung vertrauen. Ist deren Bestand in Frage gestellt, dh liegt eine der Konstellationen des § 2077 vor, dann ist das gemeinschaftliche Testament unwirksam. § 2268 ist demzufolge anwendbar, auch wenn keiner der Testierenden den anderen bedacht hat (BayObLG FamRZ 1994, 193). Die Vorschrift wird als dispositive Auslegungsregel (BayObLG NJW 1996, 133) oder als dispositiver Rechtssatz (Muscheler DNotZ 1994, 736) verstanden. Im Hinblick auf die nicht alle Fälle betreffende Einschränkung des Abs I durch Abs II ist zu unterscheiden:

Wurde die Ehe aufgrund des vor dem 1. 7. 1998 geltenden Ehegesetzes für **nichtig** erklärt, dann ist das gemeinschaftliche Testament seinem Inhalt nach zwingend unwirksam. Bei der Regelung bleibt es auch über den Stichtag hinaus (Art 226 EGBGB). Die Unwirksamkeit erfaßt das gesamte Testament. Der einschränkende, auf einen Fortgeltungswillen abstellende Abs II findet keine Anwendung. Zur Rettung einer Verfügung bleibt nur die Umdeutung (vgl Rz 6). 2

Wird die Ehe bzw die eingetragene Lebenspartnerschaft **aufgelöst** (Scheidung, Aufhebung, Wiederheirat nach vorausgegangener Todeserklärung), ist das gemeinschaftliche Testament nicht zwingend unwirksam. Die Verfügungen bleiben wirksam, insoweit sie mutmaßlich auch für diesen Fall gelten sollen. Freilich ermöglicht Abs II das Aufrechterhalten einzelner Verfügungen nur im Rahmen des gemeinschaftlichen Testaments (vgl Rz 5). Lassen sich nach dem mutmaßlichen Willen nur Verfügungen eines Ehegatten aufrechterhalten, dann kommt lediglich die Umdeutung in ein Einzeltestament in Betracht (vgl Rz 6). 3

Der Auflösung gleichgestellt ist der Tod während des Verfahrens. Die Bezugnahme auf § 2077 I S 2 und 3 bedeutet, daß die Voraussetzungen der Scheidung bzw Aufhebung bereits erfüllt gewesen sein müssen und daß der die Scheidung Beantragende oder der ihr Zustimmende während des Scheidungsverfahrens bzw der Kläger während des Aufhebungsverfahrens verstorben ist. Umstritten ist die Anwendung beim Tod desjenigen Ehegatten, der nicht die Scheidung beantragt oder ihr zugestimmt oder die Aufhebungsklage erhoben hat. Die überwiegende Meinung hält sich an den Wortlaut und unterscheidet danach, welcher Ehegatte gestorben ist (Staud/Kanzleiter Rz 8; Lange/Kuchinke § 24 I 6). Zu gerechteren Ergebnissen führt aber die Gleichbehandlung, denn allein der begründete Scheidungsantrag bzw die begründete Aufhebungsklage hat die Auflösung der Ehe zur Folge, wenn nicht einer der Ehegatten vor Rechtskraft des entsprechenden Urteils verstirbt. § 2268 ist daher jedenfalls anzuwenden, wenn der Scheidungsantrag oder die Aufhebungsklage begründet ist und einer der Ehegatten während des Verfahrens stirbt (MüKo/Musielak Rz 13; zum Erbvertrag § 2279 Rz 4). 4

2. Der **Fortgeltungswille** iSv Abs II muß bei Testamentserrichtung bestanden haben oder als hypothetischer Wille für denselben Zeitpunkt anzunehmen sein. Es spielt eine Rolle, wer auf welche Weise bedacht ist. Nach allgemeiner Lebenserfahrung ist anzunehmen, daß gegenseitige Begünstigungen der Ehegatten sowie die Einsetzung von Verwandten nur eines Ehegatten bei Auflösung der Ehe kraftlos werden sollen (Hamm OLG 1992, 272) bei Auflösung der Ehe kraftlos werden sollen, während die Begünstigung anderer Personen, insbesondere gemeinsamer Kinder (BayObLG FamRZ 1994, 193), eher auf einen Fortgeltungswillen schließen läßt. Sollen wechselbezügliche Verfügungen ausnahmsweise fortbestehen, dann endet mit der Ehe zwingend aber deren **Wechselbezüglichkeit** (Muscheler DNotZ 1994, 742); die Verfügungen sind fortan widerruflich. Eine Aufrechterhaltung der Bindungswirkung ist dem Erbvertrag vorbehalten. Durch **Wiederheirat des geschiedenen Ehepaares** lebt das unwirksam gewordene gemeinschaftliche Testament nicht wieder auf, die neue Ehe begründet und nicht die alte wiederhergestellt wird (KG FamRZ 1968, 217; aM Keuk S 53). Es reicht auch im Rahmen der Prüfung eines Fortgeltungswillens iSv Abs II nicht die Annahme eines hypothetischen Willens der Eheleute, sie hätten bei Kenntnis von der Scheidung und späteren erneuten Heirat den Fortbestand des Testaments gewollt (so aber BayObLG NJW 1996, 133; krit dazu auch Kuchinke DNotZ 1986, 306; Staud/Kanzleiter Rz 7), denn soll das gemeinschaftliche Testament bei späterer Wiederheirat seine Geltung behalten, muß es bereits nach der Scheidung weitergegolten haben. Erforderlich wäre demzufolge ein hypothetischer Wille bei Testamentserrichtung, daß das gemeinschaftliche Testament bei späterer Scheidung Bestand haben soll. Anstelle einer diesbezüglichen Prüfung enthält die Entscheidung des BayObLG (NJW 1996, 133 wie schon FamRZ 1994, 195) noch keine einmal die Ergebnisorientierung offenbarend, im Rahmen des § 2268 aber unzulässigen Hinweis auf § 2084. 5

3. Es bleibt die Möglichkeit einer **Umdeutung** der nach § 2268 unwirksamen Verfügungen. Insbesondere enthält Abs I kein Umdeutungsverbot (aM Lutter FamRZ 1969, 273), so daß sämtliche Verfügungen der Ehegatten unter den Voraussetzungen des § 140 als Einzeltestamente aufrechterhalten werden können (Kanzleiter DNotZ 1973, 141; MüKo/Musielak Rz 15; einschränkend auf Verfügungen, die einem Dritten begünstigen und die der Ehe nichts zu tun haben, Frankfurt DNotZ 1988, 181; Pal/Edenhofer Rz 1; Erman/Hense[7] Rz 1). Die Erfüllung der Formvorschriften des Einzeltestaments ist aber stets zu prüfen. So ist es eine Frage der Form und des Nachweises, inwieweit die Ehegatten ihre Verfügungen unabhängig vom Bestand der Ehe hätten aufrechterhalten wollen. 6

4. Beweispflichtig ist für das Wirksambleiben des gemeinschaftlichen Testaments (Hamm OLG 1992, 272) wie für die Umdeutung in ein Einzeltestament derjenige, der sich darauf beruft. 7

2269 *Gegenseitige Einsetzung*

(1) Haben die Ehegatten in einem gemeinschaftlichen Testament, durch das sie sich gegenseitig als Erben einsetzen, bestimmt, daß nach dem Tode des Überlebenden der beiderseitige Nachlass an einen Dritten fallen soll, so ist im Zweifel anzunehmen, dass der Dritte für den gesamten Nachlaß als Erbe des zuletzt verstorbenen Ehegatten eingesetzt ist.

(2) Haben die Ehegatten in einem solchen Testament ein Vermächtnis angeordnet, das nach dem Tode des Überlebenden erfüllt werden soll, so ist im Zweifel anzunehmen, daß das Vermächtnis dem Bedachten erst mit dem Tode des Überlebenden anfallen soll.

§ 2269

I. Gestaltungsmöglichkeiten

1 1. Das **Berliner Testament** ist die beliebte **Einheitslösung**, wenn es den Ehegatten darum geht, sich gegenseitig zu bedenken und gleichzeitig die Erbfolge nach dem Versterben beider Partner zu regeln. Vereint bleibt das gemeinschaftliche Vermögen der Ehegatten, denn sie setzen sich gegenseitig zu Alleinerben ein, so daß erst nach dem Tod des Längerlebenden der beiderseitige Nachlaß an einen gemeinsam bestimmten Schlußerben fällt. Der **Schlußerbe** ist in diesem Sinne Ersatzerbe eines jeden Ehegatten, weil er den Längerlebenden unmittelbar beerben soll. Es erbt also zunächst ausschließlich der Ehegatte, der als Vollerbe die lebzeitige Verfügungsbefugnis über den Nachlaß und über sein Eigenvermögen besitzt; selbst den Schlußerben beeinträchtigende Schenkungen sind wirksam, können entsprechend § 2287 allerdings zu erbschaftsteuerpflichtigen (vgl § 2287 Rz 7) Bereicherungsansprüchen führen. Der Schlußerbe erhält den gesamten Nachlaß, der beim Tod des längerlebenden Ehegatten noch vorhanden ist. Vorher hat der Schlußerbe kein Anwartschaftsrecht (Lange NJW 1963, 1561), sondern nur eine rechtlich begründete Aussicht, die weder vererblich noch übertragbar ist. Im Hinblick auf die Schlußerbeneinsetzung läßt die Rechtsprechung uU schon nach dem ersten Erbfall eine Feststellungsklage gegen den überlebenden Ehegatten oder Dritte zu (BGH 37, 137; 37, 331; Düsseldorf ZEV 1994, 171; diff München FamRZ 1996, 253; abl Kuchinke in FS Henckel 1995 S 479; Staud/Kanzleiter Rz 15). Ausschlagen kann der Schlußerbe aber erst nach dem zweiten Erbfall (BGH NJW 1998, 543, gegen Düsseldorf FamRZ 1996, 1576). Die Ehegatten können ohne weiteres mehrere Schlußerben einsetzen und den Anfall an eine Bedingung knüpfen, wovon beim Gebrauch einer sog Pflichtteilssanktionsklausel auszugehen ist (BayObLG Rpfleger 1988, 314). Erlebt der eingesetzte Schlußerbe den zweiten Erbfall nicht, dann gilt für die Ersatzerbfolge die Auslegungsregel des § 2069. In entsprechender Anwendung rückt ein Abkömmling auch nach, wenn der zum Schlußerben Bestimmte nur ein Abkömmling des Erstverstorbenen ist, denn im Zweifel ist anzunehmen, daß die Ehegatten auch die Ersatzerbfolge nicht nach der Reihenfolge ihres Versterbens unterscheiden wollten. Den Ehegatten ist es im übrigen unbenommen, neben dem Schlußerben nur als Vorerben einzusetzen und ihm einen Nacherben folgen zu lassen (BayObLG FamRZ 1986, 610). Der Nachlaß unterliegt beim Berliner Testament also mindestens zweimal der *Erbschaftsteuer*, und zwar beim ersten Erbfall, beim zweiten Erbfall, ggf noch beim Nacherbfall. Der Schlußerbe kommt dennoch nur einmal in den Genuß des Freibetrages nach §§ 16, 17 ErbStG. Mit der Gesamtvermögensbildung ist zudem eine erhöhte Steuerprogression verbunden. § 15 III ErbStG bestimmt aber zugunsten des Schlußerben, daß sich seine Steuerklasse hinsichtlich des vom Erstverstorbenen stammenden Vermögensteils nach dem näheren Verwandtschaftsverhältnis zum Erst- oder Letztverstorbenen richtet, sofern der Letztverstorbene an die gemeinsame Verfügung gebunden ist (zum Bindungserfordernis BFH ZEV 2000, 35 mit Anm Jülicher). Mehrfacher Erwerb desselben Vermögens durch Personen jeweils der Steuerklasse I innerhalb von 10 Jahren erfährt nach § 27 ErbStG immerhin Ermäßigungen von 10 bis 50 %; das insoweit begünstigte Vermögen wird bei der Berechnung des darauf entfallenden Steuerbetrags höchstens mit dem Wert angesetzt, mit dem es beim Vorerwerber der Besteuerung unterlag (R 85a ErbStR 2003). Will man der erbschaftsteuerlichen Nachteile weiter begegnen, wird empfohlen, die Schlußerben bereits beim ersten Erbfall in Höhe der Freibeträge zu bedenken, sei es durch Vermächtnis (J. Mayer ZEV 1998, 57) oder durch Auflage (Daragan DStR 1999, 396). Da nach § 6 IV ErbStG mit dem Tod des Beschwerten fällig werdende Vermächtnisse als Erwerb vom Letztverstorbenen versteuert werden (R 13 ErbStR 2003), das Risiko einer Umgehung iSv § 42 AO auszuschließen und eine gesetzgeberische Erstreckung des § 6 IV ErbStG auf Auflagen langfristig einzukalkulieren ist, wird die Verwendung eines Zweckvermächtnisses favorisiert (S. Schmidt BWNotZ 1998, 97; Ebeling ZEV 2000, 87; Langenfeld Testamentsgestaltung Rz 359, sog Supervermächtnis). Danach wenden die zuerstversterbende Ehepartner den benannten Abkömmlingen zum Zweck der ganzen oder teilweisen Ausnutzung ihrer Erbschaftsteuerfreibeträge ein Vermächtnis iSv § 2156 zu; der längerlebende Ehepartner erhält das Bestimmungsrecht von Gegenstand, Bedingungen und Anfall, insoweit insbesondere unter Berücksichtigung des eigenen Versorgungsinteresses, von der Fälligkeit (§ 2181), von den Bedachten (§ 2151) und deren Anteilen (§ 2153). Dem längerlebenden Ehegatten alternativ nahezulegen, die Erbschaft gegen Nießbrauchsabfindung auszuschlagen (M. Bühler BB 1997, 554), erfordert hingegen eine fristgebundene Erklärung und Einbeziehung der an die Ausschlagung den Umständen nach geknüpften Risiken (vgl § 2271 Rz 12 und J. Mayer ZEV 1998, 60). Einvernehmliche Pflichtteilserfüllungen, auch teilweise zur Ausschöpfung von Freibeträgen, lassen sich noch nach den Erbfällen steuern (s Rz 15, 16).

2 2. Die Anordnung der **Vor- und Nacherbfolge** ist als **Trennungslösung** die Alternative zum Berliner Testament. Mit dem ersten Erbfall wird der Ehegatte (befreiter) Vorerbe und in den Grenzen der §§ 2112ff verfügungsberechtigt; so bestehen zwei getrennte Vermögensmassen in der Person des Ehegatten/Vorerben, was den wirtschaftlichen Einsatz mitunter behindern kann. An wechselbezügliche Verfügungen von Todes wegen ist der Ehegatte als Vorerbe in gleichem Maße gebunden wie als Vollerbe aufgrund eines Berliner Testaments. Der gemeinsam bestimmte Nacherbe erhält nach dem Tod des längerlebenden Ehegatten dessen Vermögen (ersatzweise) als Vollerbe und das Vermögen des Erstverstorbenen als Nacherbe. Daß der „Nacherbe" ersatzweise auch als Vollerbe des längerlebenden Ehegatten eingesetzt werden soll, ist entsprechend § 2102 I im Zweifel anzunehmen (str, s § 2102 Rz 3). Hinsichtlich der Nacherbschaft erlangt er schon vorher ein vererbliches und veräußerliches Anwartschaftsrecht (§ 2100 Rz 9). Die *Erbschaftsteuer* fällt auch bei der Trennungslösung zweimal an, nämlich beim Vorerbfall und beim Nacherbfall. Entgegen der zivilrechtlichen Regelung erwirbt der Nacherbe erbschaftsteuerrechtlich vom Vorerben. Wahlweise gilt die günstigere Steuerklasse; den Freibetrag kann der Nacherbe jedoch auch als Erbe des Vorerben, dh bei dem Erwerb von freiem Vermögen des Vorerben, wirtschaftlich insgesamt nur einmal geltend machen (§ 6 II ErbStG). Tritt der Nacherbfall hingegen unabhängig vom Tod des Vorerben ein, dann erwirbt der Nacherbe die beiden Vermögensanteile getrennt und kann den Freibetrag hinsichtlich des gebundenen Vermögens gegenüber dem Erstverstorbenen und hinsichtlich des freien Vermögens des Letztverstorbenen gesondert, dh zweimal in Anspruch nehmen (§ 6 III ErbStG). Nach § 27 ErbStG kommen Steuerermäßigungen in Betracht. Steuerentlastende Gestaltungen bieten sich wie bei der Einheitslösung an (vgl Rz 1 aE).

3. Ein **Nießbrauchsvermächtnis** zugunsten des längerlebenden Ehegatten und Vollerbschaft eines Dritten (idR der Kinder) ermöglichen dem Ehegatten zwar die Nutzung des gesamten Nachlasses, belassen ihm insgesamt aber auch bei Einräumung einer Dauertestamentsvollstreckung auf Lebenszeit und insoweit der Verfügungsbefugnis sowie der Anordnung eines Teilungsverbotes die schwächste Rechtsposition. Dem Längerlebenden kann vermächtnisweise allerdings ein Zugriff auf die Nachlaßsubstanz eingeräumt werden. Der Nießbrauch erlischt, wenn auch der längerlebende Ehegatte stirbt (§ 1061). Der Reiz dieser Lösung liegt in einer ermäßigten *Erbschaftsteuer*, die sich für den Ehegatten an dem Kapitalwert des Nießbrauchs und nicht am gesamten Nachlaß orientiert, während dem Erben der auf diesen Kapitalwert entfallende Erbschaftsteueranteil nach § 25 ErbStG zinslos gestundet wird (vgl M. Bühler BB 1997, 557; J. Mayer ZEV 1998, 59; Meincke ErbStG § 7 Rz 26).

II. Die Auslegungsregel des § 2269 I

1. Voraussetzungen. Die Auslegungsregel des § 2269 geht vom Berliner Testament aus (Rz 1), das die Ehegatten bzw die eingetragenen Lebenspartner (in entsprechender Anwendung nach § 10 IV S 2 LPartG) im Zweifel wollen, wenn sie sich in einem gemeinschaftlichen Testament gegenseitig zu Erben einsetzen und für den Erbfall des Längerlebenden einen Dritten mit dem beiderseitigen Nachlaß bedenken (zur Entscheidung des Gesetzgebers für diese Regel s Buchholz FamRZ 1985, 872).

a) Ein **gemeinschaftliches Testament** muß vorliegen, auf das die Auslegungsregel anwendbar ist. Einzeltestamente reichen grundsätzlich nicht aus, es sei denn, sie enthalten jeweils die Erbeinsetzung des anderen Ehegatten und werden durch ein gemeinschaftliches Testament ergänzt, das auf die Einzeltestamente Bezug nimmt und für den Erbfall des Längerlebenden einen Dritten zum Erben macht (BGH v 2. 2. 1967 – III ZR 17/65). Über § 2280 gilt die Auslegungsregel im übrigen für Erbverträge von Ehegatten und entsprechend von Unverheirateten (s § 2280 Rz 1).

b) Die **gegenseitige Erbeinsetzung** muß nicht wechselbezüglich sein, aber ohne Berufung von Miterben. An einer gegenseitigen Erbeinsetzung kann es fehlen, wenn die Ehegatten für den Fall ihres „gleichzeitigen Todes" oder „gemeinsamen Ablebens" einen Dritten zum Erben bestimmen. Mit dem Begriffen sind in der Regel in engem zeitlichen und inneren Zusammenhang stehende Todesfälle gemeint. Die Zeitspanne mag dann eine halbe Stunde (Suizid, BayObLG 1996, 243) oder mehrere Tage (Unfall ohne Wiedererlangen der Testierfähigkeit, KG FamRZ 1970, 148; Stuttgart OLG 1982, 311; BayObLG NJW-RR 1987, 263) umfassen. Der Nachlaß soll dann direkt auf den Dritten übergehen; so daß § 2269 nicht anwendbar ist. Die genannten und ähnliche Bestimmungen sind jedoch stets im Zusammenhang mit der übrigen Testamentsgestaltung zu sehen. Mitunter ist ihnen eine gegenseitige Erbeinsetzung vorangestellt; dann kann es sich zugleich um eine Schlußerbenbestimmung iSv § 2269 handeln (BayObLG FamRZ 1997, 389; Frankfurt ZEV 1999, 66; FamRZ 1996, 1039; Hamm NJWE-FER 1997, 37; KG ZEV 1997, 247; Stuttgart FamRZ 1994, 592; vgl Rz 7 sowie § 2084 Rz 6).

c) Die **Schlußerbeneinsetzung** eines Dritten braucht nicht ausdrücklich zu erfolgen. Es genügt, wenn die Ehegatten es für selbstverständlich halten, daß ihre Kinder die weiteren Erben sind. Dies kann sich aus einer Pflichtteilssanktionsklausel ergeben (BayObLG 1959, 199; 1960, 218; Frankfurt ZEV 2002, 109; Saarbrücken NJW-RR 1994, 844), ist aber nicht zwingend (Bremen ZEV 1994, 365). Auch eine Verteilung nach Gegenständen, selbst wenn bezüglich eines angegebenen Gegenstandes offen bleibt, wem dieser zufallen soll, ist geeignet, die Einsetzung von Schlußerben zu begründen (BayObLG NJW-RR 1998, 1230). Einsetzungen Dritter für Fälle gleichzeitigen Versterbens der Eheleute können im Einzelfall (vgl Rz 6), bei offenen Formulierungen etwa für den Fall des „Ablebens von uns beiden" (Köln FGPrax 1996, 27), „daß beide Ehegatten sterben" (Köln FamRZ 1996, 310), „bei gemeinsamem Tode" (BayObLG FamRZ 2000, 1186), oder „sollte mir und meinem Ehemann gemeinsam etwas zustoßen" (BayObLG Rpfleger 2003, 190 mit allerdings bedenklichem Nacherbenhinweis, vgl § 2100 Rz 3) im Regelfall Schlußerbeneinsetzungen bedeuten.

2. Anwendbarkeit. Nur in Zweifelsfällen ist die Auslegungsregel heranzuziehen. Zuvor ist mit Hilfe der allgemeinen Auslegungsgrundsätze zu ermitteln, von welchen Vorstellungen sich die Ehegatten bzw Lebenspartner haben leiten lassen und welche der möglichen Lösungen sie im Ergebnis gewollt haben.

Da es insoweit auf den **Willen beider Erblasser** ankommt, ist stets zu prüfen, ob die nach dem Verhalten eines Ehegatten mögliche Auslegung auch dem Willen des anderen entspricht (BayObLG NJW-RR 1987, 263; KG OLG 1987, 1). Nachträgliche Erklärungen des überlebenden Ehegatten sind mit entsprechender Vorsicht zu verwerten (BayObLG 1966, 49; Karlsruhe OLG 1969, 497). Sie sind immerhin zu Rückschlüssen geeignet, denn der Erblasserwille ist für den maßgeblichen Zeitpunkt der Testamentserrichtung auszulegen, ergänzend in Vorausschau auf spätere Ereignisse. Die **Wortwahl** spielt dabei keine alles entscheidende Rolle. Mit juristisch feststehenden Begriffen wird häufig ein anderer Sinn verbunden, mitunter auch in notariellen Testamenten. Mit der Bezeichnung „Nacherbe" kann neben der gegenseitigen Erbeinsetzung im Schlußerbe und im Ergebnis ein Berliner Testament gemeint sein (BGH NJW 1983, 277; LM Nr 1 zu 2100). Entscheidend ist der **wirtschaftliche Zweck**, den die Ehegatten verfolgen. Wollen sie das beiderseitige Vermögen möglichst unbeschränkt in der Hand des Längerlebenden zusammenhalten, liegt die Einheitslösung nahe. Für Vor- und Nacherbschaft spricht dagegen die getrennte Verteilung des Vermögens an die jeweils eigenen Verwandten (RG 79, 277) oder die Einräumung von Mitverwaltungsrechten (RG 60, 118). Soll der längerlebende Ehegatte in der Verfügung unter Lebenden beschränkt sein, dann kommt die Nacherbfolge auch in Frage, wenn die Ehegatten in Gütergemeinschaft leben und keinen Anlaß zur Unterscheidung nach getrennten Vermögenssphären haben (BayObLG FamRZ 1988, 542). Die **Vermögensverhältnisse** der Ehegatten deuten grundsätzlich nicht auf die eine oder andere Lösung hin. Insbesondere müssen konkretere Anhaltspunkte als die Vermögenslosigkeit eines Partners vorliegen, um den Beweggrund für die Einheitslösung auszuschließen (vgl einerseits BayObLG 1966, 49; andererseits KG DNotZ 1955, 408).

III. Wiederheiratsklauseln

10 **1. Inhalt, Zweck und Zulässigkeit.** Wiederheiratsklauseln sind ein verbreiteter Bestandteil gemeinschaftlicher Testamente. Die gegenseitige Erbeinsetzung der Ehegatten erfolgt hier mit der Einschränkung, daß der Längerlebende im Fall der Wiederheirat gehalten ist, sich mit den Schlußerben bzw Nacherben besonders auseinanderzusetzen, um deren Erbschaft nicht durch Pflichtteile des neuen Ehepartners und mögliche Abkömmlinge aus dieser Beziehung einzuschränken und um dem Wiederheiratswilligen die Freiheit letztwilligen Verfügens zurückzugeben. Sinnvoll kann insoweit die Anordnung der Nacherbfolge oder eines Vermächtnisses sein, die jeweils mit dem Versterben des Längerlebenden wirksam werden. Den gebräuchlichen Formen nach soll bereits im Zeitpunkt der Wiederheirat der gesamte Nachlaß oder ein Teil dessen herausgegeben oder ein nur für diesen Fall bedingtes Vermächtnis zumeist in Höhe der gesetzlichen Erbquote ausgekehrt werden. Sofern eine Klausel dieser Art dazu dient, dem überlebenden Ehegatten eine erneute Eheschließung zu erschweren, ist sie sittenwidrig. Das ist ohne weiteres anzunehmen, wenn sie ihm weniger als den gesetzlichen Erbteil beläßt. Darüber hinaus kann auch eine vorzeitige Auszahlungspflicht geeignet sein, den Wiederheiratswilligen unter Druck zu setzen, so daß eine sorgfältige Abwägung von Zweck und Wirkung angebracht ist, um überhaupt den Bestand der Wiederheiratsklausel festzustellen. Die hM ist hier weniger streng (vgl § 2074 Rz 5 und 6 mwN).

11 a) Bei der **Einheitslösung** in Form des Berliner Testaments bietet sich als Wiederheiratsklausel ein aufschiebend bedingtes Vermächtnis an, das dem überlebenden Ehegatten von Beginn an die Stellung des Vollerben beläßt. Der Höhe nach orientiert es sich häufig an der gesetzlichen Erbfolge (vgl Köln FamRZ 1976, 552; Karlsruhe NJW 1961, 1410). Bedingung und Befristung können hier kombiniert werden, so daß der Anspruch erst mit dem Tod des Wiederverheirateten entsteht. Zum Schutz des Vermächtnisnehmers gelten die §§ 158–160 und 162 (Bungeroth NJW 1967, 1357) sowie gewillkürte Sicherungen (Zawar DNotZ 1986, 525).

12 Problematischer erscheinen die Klauseln, die dem überlebenden Ehegatten im Fall der Wiederheirat seine Vollerbschaft entziehen. Solange es nicht zu einer Wiederheirat kommt, ist der überlebende Ehegatte nach hM auflösend bedingter Vollerbe und zugleich aufschiebend bedingter Vorerbe; da es sich jedenfalls um bedingte Nacherbfolge handele, sollen von Beginn an die Beschränkungen der §§ 2113ff gelten (BGH 96, 198 mit zust Anm Bökelmann JR 1986, 155, mit abl Anm Zawar DNotZ 1986, 541; BGH NJW 1983, 278 mit zust Anm Stürner JZ 1983, 149; Hamm ZEV 2000, 197; RGRK/Johannsen Rz 19). Nach der Gegenmeinung handelt es sich umgekehrt um die Verbindung einer auflösend bedingten Vorerbschaft mit einer aufschiebend bedingten Vollerbschaft, wobei der überlebende Ehegatte insoweit den Beschränkungen der §§ 2113ff unterliege, durch alternative Anordnung einer auflösend bedingten Vollerbschaft und zugleich aufschiebend bedingten Vorerbschaft aber auch von allen Beschränkungen eines Vorerben freigestellt werden könne, mithin als Vollerbe und nicht als Vorerbe behandelt werden könne, bis er wieder heiratet (MüKo/Musielak Rz 52ff; Leipold FamRZ 1988, 353; weitergehend Buchholz S 15ff, der die Geltung der §§ 2113ff in diesem Zusammenhang stets verneint). Beide Auffassungen unterstellen die Möglichkeit und Anordnung einer aufschiebend bedingten Vor- und Nacherbschaft. Dem ist entgegenzuhalten, daß jede befristete oder bedingte Erbeinsetzung als Vor- und Nacherbfolge iSv §§ 2100ff qualifiziert ist. Dem Gesetz nach ist der überlebende Ehegatte, der nur Erbe sein soll, bis er ggf wieder heiratet, also Vorerbe (Wilhelm NJW 1990, 2857ff; Zawar NJW 1988, 16). Fällt die Bedingung des Nacherbfalls endgültig aus, dann wird der Vorerbe ohnehin zum Vollerben. Ausfallen kann die Bedingung erst mit dem Tod des längerlebenden Ehegatten; zwischenzeitlich getroffene, nach 2113ff schwebend unwirksame Verfügungen sind sodann endgültig wirksam und die Schlußerben kommen zum Zuge. Hat der längerlebende Ehegatte hingegen wieder geheiratet, dann tritt der Nacherbfall ein, und zwar den gebräuchlichsten Klauseln zufolge im Zeitpunkt der Wiederheirat. Es kann aber auch bestimmt werden, daß die Nacherbschaft erst mit dem Tod des Wiederverheirateten anfällt; bis dahin verbleiben ihm dann die Vorteile aus der Vorerbenstellung, deren Befreiungen iSv § 2136 mit der Wiederheirat freilich aufgehoben werden können. Eine Gestaltung als aufschiebend bedingte Vor- und Nacherbfolge dergestalt, daß der überlebende Ehegatte, solange er noch nicht wieder verheiratet ist, über die Grenzen des § 2136 hinaus von jeglichen Beschränkungen eines Vorerben befreit wird (für möglich gehalten von MüKo/Musielak Rz 52ff; Buchholz S 15ff; Leipold FamRZ 1988, 353; Meier-Kraut NJW 1992, 146), läßt die gesetzliche Regelung der Nacherbfolge aber nicht zu, die auch im Hinblick auf die Befreiungsmöglichkeiten des Vorerben zum Schutz des Nacherben abschließend ist. Im Zweifel ist anzunehmen, daß sich die Ehegatten im Rahmen der gesetzlichen Ermächtigung (§ 2136) haben befreien wollen (hM, BGH FamRZ 1961, 275; Hamm DNotZ 1972, 96).

13 b) Bei der **Trennungslösung** wird ohnehin Vor- und Nacherbfolge angeordnet, so daß mit der Wiederheiratsklausel eine Bedingung neben die Befristung tritt. Der Nacherbfall ist hier gewiß; er ereignet sich spätestens mit dem Tod des Vorerben/Ehegatten, ob er inzwischen wieder geheiratet hat oder nicht. Der Nacherbfall kann demnach vorverlegt werden, was hinsichtlich der gesamten Vorerbschaft aber sittenwidrig sein wird. Möglich ist insoweit die Beschränkung der Nacherbfolge auf einen Bruchteil der dem Vorerben zugewendeten Erbschaft, so daß der Wiederverheiratete hinsichtlich des verbleibenden Erbteils Vollerbe wird (Kipp/Coing § 79 IV 1; MüKo/Musielak Rz 47).

14 **2.** Mit der Wiederheirat ist die **Wiedergewinnung der Testierfreiheit** verbunden. Dadurch wird ein Ausgleich für die klauselbedingte Beeinträchtigung der Erbschaft geschaffen sowie dem eigenständigen Motiv Rechnung getragen, die neuen Familienmitglieder im Fall der Wiederheirat bedenken zu können. Die Testierfreiheit bezieht sich auf den eigenen Nachlaß des Wiederverheirateten, unabhängig davon, ob seine Erbenstellung in bezug auf den Nachlaß des Erstverstorbenen durch Vermächtnis oder Nacherbfolge beeinträchtigt ist. In diesem Sinn ist anzunehmen, daß sich die Ehegatten mit einer Wiederheiratsklausel auch von der Bindung an wechselbezügliche Verfügungen befreien wollen (hM, Leipold FamRZ 1988, 353; aM Buchholz S 86ff). Der Wiederverheiratete kann seine früheren Verfügungen widerrufen und neue treffen, was zur Aufhebung auch erforderlich ist, da die Anordnungen nicht von selbst außer Kraft treten (Huken DNotZ 1965, 729). Die Erblasser können selbstverständlich bestimmen, daß die (wechselbezüglichen) Verfügungen eines Wiederverheirateten ohne weiteres gegenstandslos werden, was ggf durch (ergänzende) Auslegung zu ermitteln ist (MüKo/Musielak Rz 59; Staud/Kanzleiter Rz 50). Für einen derartigen Willen spricht nach anderer Meinung schon eine Vermutung (KG NJW 1957, 1073; FamRZ 1968, 331; Dippel AcP 177, 370; Haegele Rpfleger 1976, 78; Soergel/Wolf Rz 31; nur in dem Fall, daß der überlebende Ehegatte durch die Wiederheirat jegliche Beteiligung am Nachlaß des Erstverstorbenen verliert, Hamm JR 1987, 376; FamRZ 1995, 250). Die Frage wird bedeutsam, wenn der Wiederverheiratete seine Anordnungen nicht widerruft. Hat er geglaubt, sie seien automatisch gegenstandslos geworden, dann bleibt den neuen Familienmitgliedern immerhin die Anfechtung.

IV. Pflichtteil

1. Pflichtteilsansprüche können die Nacherben des erstversterbenden Ehegatten nur geltend machen, wenn sie die Nacherbschaft ausschlagen. Die ersatzweise Erbeinsetzung auf den Nachlaß des Letztversterbenden bleibt bei dieser Trennungslösung unberührt. Bei der Einheitslösung des Berliner Testaments hat der Erstverstorbene seinen Ehegatten zum Alleinerben bestimmt, die übrigen Angehörigen also enterbt. Die Schlußerben bleiben gleichwohl pflichtteilsberechtigt, sofern sie zum Personenkreis des § 2303 gehören. Verlangt einer von ihnen nach dem ersten Erbfall seinen Pflichtteil, dann bedarf es keiner Ausschlagung (Zweibrücken FGPrax 1999, 62); er bleibt ohne weiteres Schlußerbe, durchbricht aber die von den Ehegatten angestrebte Vermögenseinheit und bringt die zu erwartenden Anteile der Schlußerben aus dem Gleichgewicht (vgl zum soziologischen Hintergrund Buchholz FamRZ 1985, 872). Andererseits haben einvernehmliche **Pflichtteilserfüllungen** im Zuge der gesetzlichen Anhebung der Steuerfreibeträge, deren Ausschöpfung auch für den ersten Erbfall noch nach dem zweiten Erbfall in Betracht kommen kann, Bedeutung erlangt (vgl Rz 1, 16). Nach dem ersten Erbfall lassen sich noch Pflichtteilsvereinbarungen mit Stundung treffen, idR selbst bei vorhandenen Pflichtteilssanktionsklauseln (Dressler NJW 1997, 2850; Ebeling NJW 1998, 358; vgl Rz 16). Den Pflichtteilsanspruch gegen den Erstverstorbenen kann sogar der den Letztversterbenden als den Pflichtteilsgläubiger allein beerbende Schlußerbe noch geltend machen; der zivilrechtliche Konfusion steuerrechtlich modifizierende § 10 III ErbStG gilt insoweit entsprechend (Muscheler ZEV 2001, 381; aM FG München EFG 1991, 199; Dressler NJW 1997, 2853). Die Verjährung des Anspruchs steht dem nicht entgegen (Muscheler ZEV 2001, 384).

2. Das gemeinschaftliche Testament kann **Sanktionen** vorsehen, um pflichtteilsberechtigte Schluß- oder Nacherben davon abzuhalten, schon beim ersten Erbfall Ansprüche geltend zu machen. Mit dieser Intention kann, auch stillschweigend, die Anrechnung des erhaltenen Pflichtteils auf die Schlußerbschaft bestimmt werden. Häufig werden Klauseln verwendet, die den seinen Pflichtteil fordernden Erben auch beim zweiten Erbfall auf den Pflichtteil beschränken. Welche Sanktion die Erblasser bei Verwendung einer solchen Klausel gemeint haben, wenn als Schlußerben die Kinder nur des Erstverstorbenen eingesetzt sind, hängt von den Umständen ab, die den nach dem Stiefelternteil nicht pflichtteilsberechtigten Schlußerben leer ausgehen lassen oder auf ein Vermächtnis in Höhe etwa des nach dem Erstverstorbenen erhaltenen Pflichtteils hindeuten können (BGH NJW-RR 1991, 706). Stets setzt die Enterbung aufgrund einer Verwirkungsklausel ein bewußtes Auflehnen gegen den Willen der Erblasser voraus (str, vgl § 2074 Rz 7 mwN). Zur Ermöglichung steuerentlastender Pflichtteilserfüllungen nach dem ersten Erbfall (vgl Rz 15) kann die Sanktion vorsorglich an ein Pflichtteilsverlangen „gegen den Willen des Längerlebenden" geknüpft werden (Dressler NJW 1997, 2850). Mit der Verwirkung der Schlußerbeneinsetzung kann die Rechtsfolge verbunden sein, daß der Längerlebende seine Testierfreiheit wiedererlangt (BayObLG 1990, 56 mit Anm Steiner MDR 1991, 156). Macht er davon keinen Gebrauch, dann rücken Ersatzerben nach, oder es kommt zur Anwachsung (vgl § 2074 Rz 9). Damit läßt sich aber nicht ausschließen, daß der gesetzliche Pflichtteilsanspruch nach dem Letztversterbenden überproportional hoch ausfällt, insoweit das aus dem Nachlaß des Erstverstorbenen noch vorhandene Vermögen in die Berechnung des Pflichtteilsanspruchs nach dem Letztversterbenden einfließt. Unter den Schlußerben kann ein Ausgleich dadurch erreicht werden, daß die übrigen Erben Vermächtnisse in Höhe ihrer gesetzlichen Erbteile erhalten, die erst beim zweiten Erbfall entstehen oder fällig werden sollen (Jastrow DNotZ 1904, 424; Schopp Rpfleger 1978, 77; Weiss MDR 1979, 812; Strobel MDR 1980, 363); zu bedenken ist aber die steuerrechtlich ungünstige Behandlung derartiger Vermächtnisses als Erwerb vom Beschwerten (§ 6 IV ErbStG, R 13 ErbStR 2003). Soll die Belastung des Vermögens des längerlebenden Partners ausgeschlossen werden, bleibt die vertragliche Regelung eines Pflichtteilsverzichts, woran die Beteiligten mitwirken müssen. UU wird ein solcher Verzicht im Rahmen eines Erbvertrages stillschweigend vereinbart (BGH 22, 364), mit der begrenzten Wirkung seitens der Erklärungen der Ehegatten auch im gemeinschaftlichen Testament (BGH NJW 1977, 1728; abl Habermann JuS 1979, 169). De lege ferenda ist vorgeschlagen worden, die Pflichtteilsansprüche erst beim zweiten Erbfall fällig zu stellen oder bis dahin zu stunden (Schippel Verhandlungen des 49. Dt Juristentags 1972 II K 59) oder die Einheitslösung auf das Pflichtteilsrecht zu erstrecken (Buchholz FamRZ 1985, 883 mwN). Praktische Lösungsansätze mögen die Konsensbereitschaft der Beteiligten fördern.

V. Die Auslegungsregel des § 2269 II

1. Vermächtnisse im Berliner Testament werden von Abs II in logischer Fortsetzung des Abs I geregelt. Es handelt sich ebenfalls um eine Auslegungsregel, und zwar mit dem Inhalt, daß Vermächtnisforderungen im Zweifel erst mit dem Tod des längerlebenden Ehegatten bzw Lebenspartners (§ 10 IV S 2 LPartG) entstehen (§ 2176), so daß der Vermächtnisnehmer diesen Zeitpunkt erlebt haben muß (§ 2160). Dem Längerlebenden soll er zu seinem Tod über den vermachten Gegenstand frei verfügen (BGH 26, 276). Ist dem weichenden Abkömmling ein Vermächtnis ausgesetzt und soll der Längerlebende aufgrund einer Ermächtigung im gemeinschaftlichen Testament dessen Höhe bestimmen, dann muß er sich an einen Grenzwert halten, der sich sinngemäß aus dieser Ermächtigung ergibt: In diesem Sinn legt die Bezeichnung „Abfindung" die Auslegung nahe, das Vermächtnis auf

§ 2269

den gesetzlichen Erbteil zu begrenzen, also den damit beschwerten Erben zumindest den Wert ihrer gesetzlichen Erbteile zu belassen (BGH JZ 1983, 149 mit Anm Stürner). Vgl zum Zweckvermächtnis Rz 1.

18 2. Die Auslegungsregel beruht auf einer Lebenserfahrung, die im Einzelfall **widerlegbar** ist. Sie ist widerlegt, wenn dem Bedachten der Nachweis gelingt, daß das Vermächtnis aufgrund einer Verfügung des Erstversterbenden bereits bei dessen Tod anfallen, aber erst beim zweiten Erbfall fällig werden soll. Denkbar ist auch, daß das Vermächtnis den ersten Nachlaß beschweren, aber erst mit dem zweiten Erbfall anfallen soll.

2270 *Wechselbezügliche Verfügungen*

(1) **Haben die Ehegatten in einem gemeinschaftlichen Testament Verfügungen getroffen, von denen anzunehmen ist, daß die Verfügung des einen nicht ohne die Verfügung des anderen getroffen sein würde, so hat die Nichtigkeit oder der Widerruf der einen Verfügung die Unwirksamkeit der anderen zur Folge.**

(2) **Ein solches Verhältnis der Verfügungen zueinander ist im Zweifel anzunehmen, wenn sich die Ehegatten gegenseitig bedenken oder wenn dem einen Ehegatten von dem anderen eine Zuwendung gemacht und für den Fall des Überlebens des Bedachten eine Verfügung zugunsten einer Person getroffen wird, die mit dem anderen Ehegatten verwandt ist oder ihm sonst nahe steht.**

(3) **Auf andere Verfügungen als Erbeinsetzungen, Vermächtnisse oder Auflagen findet die Vorschrift des Absatzes 1 keine Anwendung.**

Schrifttum: *Baumann*, Zur Bindungswirkung wechselbezüglicher Verfügungen bei gem § 2069 BGB ermittelten Ersatzerben, ZEV 1994, 351; *Bengel*, Zum Begriff „nahestehende Personen" in § 2270 Abs 2, DNotZ 1977, 5; *Buchholz*, „Einseitige Korrespektivität". Entwicklung und Dogmatik eines Modells zu §§ 2270, 2271 BGB, Rpfleger 1990, 45; *J. Bühler*, Zur Wechselbezüglichkeit und Bindung beim gemeinschaftlichen Testament und Erbvertrag, DNotZ 1962, 359ff; *Lange*, Bindung des Erblassers an seine Verfügungen, NJW 1963, 1571; *Pfeiffer*, Das gemeinschaftliche Ehegattentestament – Konzept, Bindungsgrund und Bindungswirkungen, FamRZ 1993, 1266; *Tiedtke*, Zur Bindung des überlebenden Ehegatten an das gemeinschaftliche Testament bei Ausschlagung der Erbschaft als eingesetzter, aber Annahme als gesetzlicher Erbe, FamRZ 1991, 1259.

1 1. Die **Wechselbezüglichkeit** letztwilliger Verfügungen stellt eine der möglichen Besonderheiten des gemeinschaftlichen Testaments dar. Wechselbezüglich (korrespektiv oder abhängig) sind Verfügungen der testierenden Ehegatten bzw eingetragenen Lebenspartner (in entsprechender Anwendung nach § 10 IV S 2 LPartG), die aufgrund innerer Willensverbundenheit nicht zusammen sein sollen. Wechselbezügliche Verfügungen entstehen abhängig voneinander mit den gesetzlichen Rechtsfolgen, daß sie auch voneinander abhängig bestehen bleiben (Abs I), daß ein Widerruf zu Lebzeiten beider Ehegatten der notariellen Form des § 2296 bedarf (§ 2271 I) und daß ein Widerruf nach dem ersten Erbfall ausgeschlossen ist (§ 2271 II). Grundsätzlich können die Ehegatten das Verhältnis ihrer Verfügungen zueinander aber frei bestimmen. Jede der bezeichneten Rechtsfolgen setzt die fortbestehende Abhängigkeit voraus, die von den Ehegatten indessen eingeschränkt werden kann. ZB läßt sich das Abhängigkeitsverhältnis für die Zeit nach dem ersten Erbfall (Rz 3) oder für den Fall der Wiederheirat ausschließen (§ 2269 Rz 14). Die Ehegatten können nebeneinander wechselbezügliche und andere Verfügungen im Testament aufnehmen, sie können einen Erbvertrag oder ein früheres gemeinschaftliches Testament durch ein neues derart ergänzen, daß die Verfügungen insgesamt zu einer Einheit und erst auf diese Weise wechselbezüglich werden (BayObLG FamRZ 1986, 393). Andererseits kann ein Ehegatte im Anschluß an die Errichtung eines gemeinschaftlichen Testaments einseitig testieren, die ursprünglich wechselbezüglichen Bestimmungen ohne Rücksicht auf die Verfügungen des anderen unter Aussparung der Schlußerbeinsetzung wiederholen und sie dadurch der gegenseitigen Abhängigkeit entkleiden, so daß der andere freigestellt ist, seine ursprünglich wechselbezüglichen Verfügungen zu widerrufen, der Freistellende jedoch nicht (KG JFG 17, 44). Wie hier handelt es sich um einen Fall einseitiger Abhängigkeit, wenn nur Verfügungen eines Ehegatten von denen des anderen abhängen, während die Verfügungen des anderen Ehegatten auf jeden Fall gelten sollen (BayObLG FamRZ 1985, 1289; KG JFG 10, 67; vgl Buchholz Rpfleger 1990, 46). Hat ein Ehegatte seine letztwilligen Verfügungen erkennbar in der Form eines gemeinschaftlichen Testaments treffen wollen, kommt es aber nicht mehr zu dem vorgesehenen Testieren des anderen, dann kann die Wirksamkeit der Verfügungen wie nach § 2270 I beurteilt werden (BGH NJW-RR 1987, 1410).

2 a) Im Wege der **Auslegung** ist zu ermitteln, ob einzelne Verfügungen des gemeinschaftlichen Testaments wechselbezüglich sind. Die Auslegung erfolgt nach allgemeinen Grundsätzen und umfaßt die im Testament angedeuteten Umstände aller Art sowie die Lebenserfahrung (§ 2084 Rz 2ff). Gleichlautende Verfügungen deuten auf Wechselbezüglichkeit hin (Hamm FamRZ 1994, 1210). Gegenseitig bedacht haben müssen sich die Ehegatten nicht (BayObLG NJW-RR 1991, 1288). Auch Verfügungen in einem Berliner Testament müssen erst auf mögliche Abhängigkeiten überprüft werden. Bei gegenseitiger Erbeinsetzung und Schlußerbeneinsetzung der gemeinsamen Kinder ist zB nicht ohne weiteres anzunehmen, daß die einzelne Ehegatte die Kinder nur deshalb bedenkt, weil dies auch der andere tut (MüKo/Musielak Rz 12). Verfügungen jeweils nur zugunsten des einzigen gemeinsamen Kindes werden im Zweifel nicht wechselbezüglich sein, denn das Kind wird nicht allein deswegen bedacht, weil der andere es bedenkt (BayObLG ZEV 1996, 188 mit Anm Kössinger). Das Motiv der Eheleute mag andererseits darin bestehen, zu gewährleisten, daß mehrere Kinder hinsichtlich des beiderseitigen Vermögens im Ergebnis gleichmäßig bedacht werden; als Anzeichen für einen dahingehend übereinstimmenden Willen kann ein gegenseitiger Erb- und Pflichtteilsverzicht gewertet werden (Hamm ZEV 2001, 403). Wechselbezüglich mag aber die Einsetzung des Schlußerben durch den Längerlebenden zu dessen Einsetzung als Alleinerbe sein (BGH NJW 2002, 1126). Haben kinderlose Ehegatten sowohl ihre als auch seine Verwandten zu Schlußerben bestimmt, dann liegt es nahe, daß jeder Ehegatte seine eigenen Verwandten unabhängig von anderen Verfügungen bedacht hat, der Längerlebende also die Einsetzung seiner eigenen Verwandten noch widerrufen kann (BGH FamRZ 1957, 130; BayObLG FamRZ 1986, 392). Haben die sich gegenseitig einsetzenden Ehegatten einen Abkömmling der überlebenden Ehefrau zum Schlußerben berufen, dann reicht gutes Einvernehmen zwischen dem vorverstorbenen Stiefvater und dem Stiefkind allein nicht aus, um dessen Schlußerbeneinsetzung an die Erbeinsetzung der Ehefrau zu koppeln. Unter solchen Umständen entspricht es der Lebenserfahrung, daß der Erstverstorbene der Überlebenden ganz allgemein das Recht einräumen wollte, die Schlußerbeneinsetzung ihres Abkömmlings zB im Fall einer Verschlechterung der persönlichen Beziehungen noch zu ändern (BayObLG FamRZ 1985, 1287; KG OLG 1993, 398). Andererseits enthält eine letztwillige Bestimmung, daß der überlebende Ehegatte in der Verfügung über den Nachlaß des Erstverstorbenen nicht beschränkt ist, ohne weitere Anhaltspunkte nur die Ermächtigung, über den Nachlaß unter Lebenden, nicht auch von Todes wegen frei zu verfügen (BayObLG Rpfleger 1985, 240; 1980, 283). Die Verfügungsfreiheit auch von Todes wegen kann sich bei Schlußerbeneinsetzung einer gemeinnützigen Organisation ergeben, wenn ein solcher Erblasserwille übereinstimmend bezeugt wird (BayObLG FamRZ 1986, 604). Die Verfügung zugunsten einer von den Ehegatten von Todes wegen errichteten gemeinnützigen Stiftung kann aber auch wechselbezüglich sein (München FamRZ 2000, 853).

Enthält das Testament eine **Freistellungsklausel**, also die ausdrückliche Ermächtigung des überlebenden Ehegatten, die Verfügung von Todes wegen nach seinem Willen zu ändern, kann die Wechselbezüglichkeit von vornherein ausgeschlossen sein (BayObLG Rpfleger 1987, 249), sie muß es aber nicht (BGH NJW 1987, 901; Stuttgart NJW-RR 1986, 432). Es ist denkbar, daß die Erblasser ihre Verfügungen wechselbezüglich errichten und daß diese Verfügungen bis zum Tod eines Ehegatten wechselbezüglich bleiben sollen, daß der Überlebende aber frei sein soll, neue Verfügungen zu treffen. So kann eine wechselbezüglich errichtete Verfügung aufgrund der Freistellungsklausel § 2271 II widerrufen werden, während die Verfügungen zu Lebzeiten beider Ehegatten voneinander abhängig bleiben und es auch gewährleistet ist, daß ein Widerruf während dieser Zeit nach den Vorschriften über den Rücktritt vom Erbvertrag erfolgt. 3

Als Auslegungskriterium ist das **Wertverhältnis** der beiderseitigen Zuwendungen von Bedeutung. Bleibt die Zuwendung an den überlebenden Ehegatten hinter dem Erbteil oder sogar hinter dem Pflichtteil zurück, so ist dieser an seine eigenen Verfügungen über seinen gesamten, wertvolleren Nachlaß zugunsten der Verwandten des Erstverstorbenen in der Regel nicht gebunden (KG HRR 1941, 182a). Einen Hinweis können auch die Vermögensverhältnisse der Ehegatten geben. Bei erheblichen Unterschieden besteht besonderer Anlaß zur Prüfung, ob sich binden will, wer selbst nichts Wesentliches zu erwarten hat. So läßt sich eine Abhängigkeit der Schlußerbeneinsetzung von der Erbeinsetzung des überlebenden Ehegatten verneinen, wenn der Erstverstorbene vermögenslos war oder im Verhältnis zum Überlebenden nur geringes Vermögen besaß (BayObLG FamRZ 1984, 1154); nur einseitige Wechselbezüglichkeit ist denkbar. Gleichwohl kann nach Lage der Dinge beiderseitige Wechselbezüglichkeit angenommen werden, wenn der verstorbene Ehegatte kein Vermögen besaß, die Verfügungen aber einem übereinstimmenden Zweck dienten (RG HRR 1940, 541; BayObLG FamRZ 1995, 251; Hamm ZEV 1995 mit Anm Kössinger). 4

b) Nach der **Auslegungsregel des Abs II** sind die dort genannten Verfügungen im Zweifel wechselbezüglich. Die Auslegungsregel greift also erst ein, wenn die Auslegung nach den Grundsätzen des § 133 zu keinem zweifelsfreien Ergebnis führt (BayObLG FamRZ 1988, 878). Sodann gilt sie für das gegenseitige Bedenken der Eheleute bzw eingetragenen Lebenspartner durch Erbeinsetzung oder Vermächtnis sowie für den zweiten Fall des Abs II, daß ein Ehegatte bzw Lebenspartner dem anderen etwas zuwendet und dieser für den Fall seines Überlebens einen Verwandten oder sonst Nahestehenden des Erstverstorbenen bedenkt. Nicht erfaßt wird die Einsetzung der Verwandten des Überlebenden durch diesen selbst. Der häufigste Fall umfaßt beide Varianten des Abs II: die Eheleute setzen sich gegenseitig als Erben ein und berufen die gemeinsamen Kinder zu Schlußerben des Letztlebenden. Eine Kumulierung mit der Auslegungsregel des 2069 lehnt der BGH (NJW 2002, 1126 mit Anm Schmucker DNotZ 2002, 665 und Koutses BGHRp 2002, 283; auf Vorlage BayObLG FGPrax 2001, 248; anders noch NJW 1983, 277; Frankfurt FamRZ 1998, 772) zu Unrecht ab (Leipold JZ 2002, 895; Otte ZEV 2002, 151; vgl § 2271 Rz 11). Mit dem Erstverstorbenen „**verwandt**" ist der Personenkreis iSv § 1589, sofern die Ehegatten ihren Wohnsitz im Geltungsbereich des BGB haben, denn die Verwandtschaftsverhältnis richtet sich nach dem Recht des Wohnsitzes der Eheleute (KG FamRZ 1983, 98). Das Verwandtschaftsverhältnis muß im Zeitpunkt der Testamentserrichtung noch nicht bestanden haben. Wer dem erstverstorbenen Ehegatten „**sonst nahe steht**", ist für jeden Einzelfall nach einem strengen Maßstab zu beurteilen. Da zu letztwillig bedachten Personen ein eher spannungsfreies und ungetrübtes Verhältnis bestehen wird, reicht ein verträgliches Miteinanderauskommen oder ein gutes nachbarschaftliches Verhältnis nicht aus. Vorausgesetzt werden besonders gute und enge persönliche Beziehungen, die zumindest dem üblichen Verhältnis zu Verwandten entsprechen (BayObLG 1982, 474; KG OLG 1993, 398). Das läßt sich bei engen Freunden, bewährten Hausgenossen und langjährigen Angestellten denken, schwerlich aber bei natürlichen Personen, die im Zeitpunkt der Testamentserrichtung noch nicht geboren oder dem betreffenden Erblasser sonst unbekannt waren (KG FamRZ 1983, 98). Die Einbeziehung juristischer Personen ist umstritten (abl Staud/Kanzleiter Rz 22; Soergel/Wolf Rz 7), hinsichtlich einer von den Eheleuten von Todes wegen errichteten Stiftung aber zu bejahen (München FamRZ 2000, 853; aM Pal/Edenhofer Rz 9), kommt doch die enge Bindung zwischen Stifter und Stiftung in der Stiftungsverfassung regelmäßig zum Ausdruck. 5

2. Nur Erbeinsetzungen, Vermächtnisse und Auflagen können nach § 2270 wechselbezüglich sein (Abs III). Andere Verfügungen wie der Erb- und Pflichtteilsverzicht (BGH 30, 261; BayObLG NJW-RR 1991, 1288; Hamm ZEV 2001, 404), die Pflichtteilsentziehung, Einsetzung eines Testamentsvollstreckers (KG OLG 1977, 390; Köln FamRZ 1990, 1402; Hamm ZEV 2001 mit Anm Reimann), Teilungsanordnung (BGH 82, 274; BayObLG FamRZ 1988, 660; vgl aber Lehmann MittBayNot 1988, 157: zu beurteilen nach § 2271 II) oder familienrechtliche Bestimmungen sind gesetzlich nicht aneinander gebunden und können frei widerrufen werden. Unwirksam können sie allerdings nach § 2085, nach §§ 2078ff iVm § 2281 oder bei Annahme einer Bedingung sein. 6

§ 2270

7 3. Die **Wirkung der Wechselbezüglichkeit** entfaltet sich beim **Widerruf** und bei der **Nichtigkeit** einer Verfügung: kraft Gesetzes wird auch die korrespondierende Verfügung unwirksam. Der Grund der Nichtigkeit (mangelnde Testierfähigkeit, Verletzung von Formvorschriften, spätere Anfechtung) oder des Widerrufs ist belanglos. Unerheblich ist auch, ob der Ehegatte die Nichtigkeit oder den Widerruf der Verfügung des anderen gekannt hat. Das Schicksal der übrigen Verfügungen des gemeinschaftlichen Testaments richtet sich nach § 2085.

8 Die **Gegenstandslosigkeit** einer wechselbezüglichen Verfügung hat dagegen nicht automatisch die Unwirksamkeit der korrespondierenden Verfügung zur Folge. Bei Ausschlagung, Tod oder Erbunwürdigkeit des Bedachten bleibt die korrespondierende Verfügung grundsätzlich wirksam, wenn nicht eine Ersatzerbenberufung anzunehmen ist oder die Verfügungen über die Wechselbezüglichkeit hinaus durch die gegenseitige Ausführung bedingt sind. An eine derartige Verknüpfung durch eine Bedingung ist zu denken, wenn die Verfügungen der Ehegatten in ihrer Gemeinsamkeit auf einen wirtschaftlich einheitlichen Erfolg gerichtet sind, so daß zB das Grundstück des einen mit dem Zubehör des anderen zusammenbleiben soll. Hat der überlebende Ehegatte das ihm Zugewendete ausgeschlagen, dann kann er auch die eigenen Verfügungen aufheben und neu testieren (vgl § 2271 Rz 11).

9 4. **Feststellungslast.** Führt die Auslegung zu keinem zweifelsfreien Ergebnis und gibt auch die Auslegungsregel mangels Anwendbarkeit keinen Aufschluß über das Bestehen oder Nichtbestehen der Wechselbezüglichkeit, dann ergeht die Entscheidung unter Berücksichtigung aller Umstände des Einzelfalls nach freiem richterlichen Ermessen. Dabei trägt die Feststellungslast, wer sich erfolglos auf die Unwirksamkeit der vermeintlich wechselbezüglichen Verfügung beruft (BayObLG FamRZ 1986, 392; Rpfleger 1987, 359).

2271 *Widerruf wechselbezüglicher Verfügungen*

(1) Der Widerruf einer Verfügung, die mit einer Verfügung des anderen Ehegatten in dem in § 2270 bezeichneten Verhältnis steht, erfolgt bei Lebzeiten der Ehegatten nach der für den Rücktritt von einem Erbvertrag geltenden Vorschrift des § 2296. Durch eine neue Verfügung von Todes wegen kann ein Ehegatte bei Lebzeiten des anderen seine Verfügung nicht einseitig aufheben.
(2) Das Recht zum Widerruf erlischt mit dem Tode des anderen Ehegatten; der Überlebende kann jedoch seine Verfügung aufheben, wenn er das ihm Zugewendete ausschlägt. Auch nach der Annahme der Zuwendung ist der Überlebende zur Aufhebung nach Maßgabe des § 2294 und des § 2336 berechtigt.
(3) Ist ein pflichtteilsberechtigter Abkömmling der Ehegatten oder eines der Ehegatten bedacht, so findet die Vorschrift des § 2289 Abs. 2 entsprechende Anwendung.

Schrifttum: Siehe bei § 2270.

1 I. **Überblick.** Das gemeinschaftliche Testament liegt seiner rechtlichen Struktur nach zwischen dem einseitigen Testament und dem Erbvertrag. Das unterscheidende Kriterium ist, inwieweit mit der Errichtung eine Bindung an die getroffenen Verfügungen herbeigeführt wird. Während das einseitige Testament bis zum Tod des Erblassers frei widerruflich und danach anfechtbar ist, wird der Erbvertrag bereits mit seinem Abschluß wirksam und kann nur durch vorbehaltenen Rücktritt oder durch Anfechtung außer Kraft gesetzt werden. In einem gemeinschaftlichen Testament sind die einseitig oder auch gegenseitig getroffenen Verfügungen nach §§ 2254ff jederzeit widerrufbar und nach dem Tod der Verfügenden gemäß §§ 2078ff anfechtbar. Wechselbezügliche Verfügungen beruhen dagegen auf einem einheitlichen Beweggrund und bleiben nach § 2270 I voneinander abhängig. Wesentlich und ihnen eigentümlich ist daher die **Bindung** der Verfügenden an ihre Verfügungen; sie entspricht der Abhängigkeit bei gegenseitigen Verträgen. Dementsprechend gelten nach § 2271 I die Vorschriften für den Rücktritt vom Erbvertrag, denn zu Lebzeiten der Ehegatten bzw eingetragenen Lebenspartnern (für die § 2271 entsprechend gilt, § 10 IV S 2 LPartG) vertrauen beide auf den Bestand ihrer Anordnungen und können erwarten, von deren Unwirksamkeit infolge eines Widerrufs durch den anderen in Kenntnis gesetzt zu werden. Mit dem Tod eines Testierenden werden dessen Verfügungen endgültig wirksam und die korrespondierenden Verfügungen verbindlich (§ 2271 II). Von der Bindung kann sich der Überlebende jetzt nur noch lösen, indem er die Zuwendung ausschlägt oder seine eigene Verfügung anficht, wenn eine Änderung vorbehalten ist oder die Verfügung gegenstandslos wird, bei Verfehlungen des Bedachten und in guter Absicht auch bei Verschwendung oder Überschuldung des Bedachten. Rechtsgeschäfte unter Lebenden bleiben ohne weiteres möglich; zum Schutz der Bedachten gelten allerdings die §§ 2287, 2288.

2 II. **Aufhebung letztwilliger Verfügungen zu Lebzeiten beider Ehegatten. 1. Gemeinsame Aufhebung.** Die Ehegatten können sämtliche Verfügungen des gemeinschaftlichen Testaments gemeinsam widerrufen, und zwar durch Vernichten oder Verändern der Urkunde (§ 2255), im Fall eines öffentlichen Testaments durch Rücknahme aus der amtlichen Verwahrung (§ 2272 iVm § 2256). Die Ehegatten können ihre Verfügungen auch gemeinsam durch ein widersprechendes Testament (§ 2258) oder durch einen Erbvertrag (§ 2289 I S 1) aufheben. Soweit Vermächtnisse oder Auflagen angeordnet sind, gilt § 2291 entsprechend, so daß eine einseitige Verfügung mit der notariell beurkundeten Zustimmung des anderen ausreicht.

3 2. **Einseitige Aufhebung.** Jeder Ehegatte kann seine nicht wechselbezüglichen Verfügungen vor und nach dem Tod des anderen frei widerrufen. Bis zum ersten Erbfall können auch wechselbezügliche Verfügungen einseitig widerrufen werden (§ 2271 I S 1), zur Vermeidung von Heimlichkeiten jedoch nur nach der für den Rücktritt vom Erbvertrag geltenden Vorschrift des § 2296. Deren Voraussetzungen müssen ebenso erfüllt sein, wenn ein Ehegatte nur Teile wechselbezüglicher Verfügungen widerruft. Einem solchen Teilwiderruf stehen Verfügungen gleich, die den wechselbezüglich Bedachten vergleichsweise schlechter stellen (BGH FamRZ 1964, 501), zB die Anordnung von Vermächtnissen, Auflagen, Nacherbfolge oder Testamentsvollstreckung. In allen Fällen muß der Ehegatte testierfähig sein; § 2282 II gilt nicht entsprechend (MüKo/Musielak Rz 6; aM Schlüter Rz 364).

a) In der Form des § 2296 wird der Widerruf persönlich erklärt und notariell beurkundet. Der beurkundete **4**
Widerruf muß dem anderen Ehegatten zugehen, und zwar in Urschrift oder in einer Ausfertigung. Die Übermittlung einer beglaubigten Abschrift genügt also nicht (str, Nachweise bei § 2296 Rz 2). Die Widerrufserklärung kann gemäß § 130 II noch nach dem Tod des Widerrufenden wirksam zugehen. Unzulässig ist jedoch die Anweisung an einen Dritten (Notar), die Widerrufserklärung erst nach seinem Tod an den überlebenden Ehegatten zu übermitteln (BGH 9, 233). Erschleicht sich der Widerrufende die öffentliche Zustellung, während er den Aufenthalt des Ehegatten in Wahrheit kennt, dann ist der Widerruf wirksam, verschafft dem Benachteiligten aber den Einwand der unzulässigen Rechtsausübung gegenüber demjenigen, der aus dem Widerruf Rechte herleiten will (BGH 64, 5).

Andere Formen des Widerrufs sind unzulässig. Wechselbezügliche Verfügungen lassen sich weder durch ein- **5**
seitige Rücknahme aus der amtlichen Verwahrung noch durch Vernichten der Urkunde (BayObLG Rpfleger 1981, 282) aufheben; bei der Rekonstruktion des gemeinschaftlichen Testaments können jedoch Beweisschwierigkeiten auftreten (vgl § 2255 Rz 7). § 2271 I S 2 stellt klar, daß wechselbezügliche Verfügungen nicht durch neue Verfügungen einseitig aufhebbar sind. Dennoch hat die Bestimmung nicht die formelle Nichtigkeit der neuen Verfügung zur Folge. Wird nämlich eine wechselbezügliche Verfügung später gegenstandslos, zB durch Vorversterben des eingesetzten Erben, dann kann die neue Verfügung die entstandene Lücke füllen und wirksam werden (RG 149, 200). Im übrigen kann ein Ehegatte den anderen durch spätere Verfügungen besserstellen. Eine zulässige Besserstellung ist die Aufhebung der Bindung des anderen Ehegatten, etwa durch den späteren, einseitigen Gebrauch des Ausdrucks „Universalerbe" (BayObLG 1966, 242). Auch ausdrücklich kann ein Ehegatte seine wechselbezüglichen Verfügungen einseitig wiederholen mit dem Ziel, den anderen ganz oder teilweise von der Bindung zu befreien (Hamm OLG 1967, 77; vgl § 2270 Rz 1).

b) Die Wirkung des einseitigen Widerrufs besteht in der Unwirksamkeit der wechselbezüglichen und der kor- **6**
respondierenden Verfügung (§ 2270 I). Durch eine Anfechtung des Widerrufs läßt sich dessen Wirkung nach § 2078 wieder beseitigen, nicht dagegen durch einen Widerruf des Widerrufs.

III. Umfang und Aufhebung der Bindung nach dem ersten Erbfall. 1. Die Bindung an wechselbezügliche **7**
Verfügungen tritt mit dem Tod eines Ehegatten ein; nach § 2271 II erlischt das Widerrufsrecht. Spätere Verfügungen von Todes wegen, die der überlebende Ehegatte trifft, sind daher unwirksam, soweit sie der Bindung widersprechen; es können weder neue Vermächtnisse (BGH NJW 1978, 423) noch eine erstmalige Testamentsvollstreckung (Köln NJW-RR 1991, 525) oder gar Nacherbfolge angeordnet werden, sofern dies nicht dem Willen beider Erblasser entsprach und in dem gemeinschaftlichen Testament Anklang gefunden hat. Die Rechtssicherheit gebietet eine strikte Bindung auch bei späteren Verfügungen, mit denen einer sittlichen Pflicht etwa zur Unterstützung hilfsbedürftiger Familienangehöriger entsprochen werden soll (BGH NJW 1978, 423; aM KG OLG 1977, 457; Soergel/Wolf Rz 25). UU kommt in diesen Fällen eine Umdeutung der späteren Verfügung in ein Rechtsgeschäft unter Lebenden in Betracht, wenn der Erblasser damit den gleichen Erfolg hätte erreichen können, ohne gegen die Bindung zu verstoßen (BGH NJW 1978, 423; krit Schubert JR 1978, 289; abl Tiedtke NJW 1978, 2572; Schlüter Rz 367). Die Bindung an die wechselbezügliche Verfügung entfällt im übrigen nicht aufgrund einer Zustimmung des Bedachten, sofern es nicht zu einem Erbverzicht im Sinne der §§ 2346ff kommt. Erklärt sich der Bedachte aber mit einer ihn belastenden Verfügung von Todes wegen bewußt einverstanden, dann schafft er möglicherweise einen Vertrauenstatbestand und verstößt gegen den Grundsatz von Treu und Glauben, wenn er die Unwirksamkeit der späteren Verfügung geltend macht (BGH MDR 1958, 490; LG Düsseldorf FamRZ 1988, 661).

2. Ein Änderungsvorbehalt im gemeinschaftlichen Testament schließt die Bindung an die wechselbezüglich **8**
getroffene Verfügung im Umfang des Änderungsrechts aus. Daß die Testierenden ihre Verfügungen nur mit Rücksicht auf Verfügungen des anderen treffen, dem Überlebenden aber die Möglichkeit der Änderung einräumen, ist zulässig (BGH WM 1977, 278; NJW 1987, 901). Die Testierenden können sich die Änderung auch stillschweigend vorbehalten (M. Huber Rpfleger 1981, 42; BayObLG FamRZ 1991, 1488; bedenklich Hamm ZEV 1995, 146 mit abl Anm Kössinger). Es gibt aber keinen auf einen diesbezüglichen gemeinschaftlichen Erblasserwillen hindeutenden Erfahrungssatz für Fälle eines Vermögenszuwachses oder von Familienstreitigkeiten nach dem ersten Erbfall (Hamm FGPrax 2002, 33). Ob und in welchem Umfang der überlebende Ehegatte freigestellt ist, muß sich aus den Umständen ergeben. Das Änderungsrecht kann an Bedingungen geknüpft sein wie die Wiederheirat oder die Verschlechterung der persönlichen Beziehungen zur bedachten Person. Es kann sich auf bestimmte rechtliche Modalitäten beschränken wie die Auskehrung von Vermächtnissen. Die Befugnis zu solchen Zuwendungen läßt sich der Höhe nach begrenzen, was zB mit der Absicht verbunden sein wird, das vorwiegend aus dem Nachlaß des Erstverstorbenen stammende Vermögen im wesentlichen dem Schlußerben zukommen zu lassen; der Überlebende ist dann nicht befugt, wesentliche Nachlaßteile einem Dritten zu vermachen (BGH FamRZ 1973, 189). Befindet sich die Freistellungsklausel in einem Erbvertrag, dann kann sich das Änderungsrecht im Rahmen einer zustande gekommenen Gesamtregelung auch auf die spätere Schlußerbeneinsetzung im gemeinschaftlichen Testament beziehen (BGH NJW 1987, 901 mit krit Anm Kanzleiter DNotZ 1987, 430). Häufig läßt sich nur aus dem Sinn der Anordnungen erschließen, ob dem Überlebenden ein Änderungsrecht zugebilligt ist. Es besteht nicht, wenn das Änderungsrecht „den Eltern" vorbehalten ist und sich aus dem Zusammenhang mit den übrigen Formulierungen ergibt, daß die Ehegatten nur zur gemeinschaftlichen Abänderung befugt sein sollen; hier muß schon deswegen ein einseitiges Änderungsrecht gemeint sein, weil den Ehegatten die gemeinschaftliche Änderung ohnehin (Rz 2) jederzeit gestattet ist (BayObLG NJW-RR 1989, 587). Um eine Auslegungsfrage handelt es sich auch dabei, ob die Verfügung trotz der Änderungsbefugnis wechselbezüglich ist (vgl dazu § 2270 Rz 2 und 3). Aufhebbar sind in allen Fällen nur eigene Verfügungen des Überlebenden, da eine Ermächtigung zur Abänderung von Verfügungen des Erstverstorbenen grundsätzlich an § 2065 scheitert (umstr, vgl § 2065 Rz 5, 6, 10). Freistellungsklauseln in einem Berliner Testament sind dagegen unproblematisch, denn es geht nur noch um den Nachlaß des Überlebenden.

§ 2271 Erbrecht Testament

9 Die **Ausübung der vorbehaltenen Änderung** kann nach hM nur durch Verfügung von Todes wegen erfolgen (Stuttgart NJW-RR 1986, 632; Hamm FamRZ 1996, 825). Praktisch ist das notwendig, um neue gewillkürte Verfügungen zu treffen, nicht aber erforderlich, um die gesetzliche Erbfolge eintreten zu lassen. Da der überlebende Ehegatte im Umfang des Änderungsrechts gar nicht iSv Abs II gebunden ist, besteht entgegen der hM (wie hier Staud/Kanzleiter Rz 63) auch nicht die gleiche Ausgangslage wie bei § 2297, so daß ein Widerruf gemäß § 2255 ausreicht. Soweit die Ehegatten darauf verzichten, den Erblasser an die wechselbezüglich getroffenen Verfügungen zu binden, entfällt für den Fall des Widerrufs die Bindungswirkung. Die mit der abänderbaren Verfügung idR korrespondierende Erbeinsetzung des überlebenden Ehegatten bleibt daher nach dem ersten Erbfall wirksam.

10 3. Eine **Aufhebung der Bindung** und der wechselseitigen Verfügung ist auch nach dem Tod eines Ehegatten ausnahmsweise möglich:

11 a) Die **Gegenstandslosigkeit** einer wechselbezüglichen Verfügung löst den Erblasser von der Bindung, zB beim Tod des Bedachten, bei dessen Ausschlagung, Erbunwürdigkeit oder Erbverzicht. Gegenstandslos wird die Verfügung allerdings nur, wenn der Wegfall keine Anwachsung nach § 2094 und keine Ersatzerbenberufung nach §§ 2069, 2096 zur Folge hat (Hamm OLG 1982, 272; BayObLG ZEV 1994, 362; Frankfurt NJW-RR 1995, 265). Hierzu kommt es auf den Willen beider Ehegatten zur Zeit der Errichtung und nicht nur auf den des Überlebenden an. Den Nachweis des Willens, die Bindungswirkung auf die Ersatzerbenberufung zu erstrecken, macht § 2270 II aber entbehrlich (Frankfurt FamRZ 1998, 772; Leipold JZ 2002, 895; Otte ZEV 2002, 151; aM BGH NJW 2002, 1126 mit Anm Schmucker DNotZ 2002, 665 und Koutses BGHRp 2002, 283; Baumann ZEV 1994, 351; vgl § 2270 Rz 5).

12 b) Durch **Ausschlagung** der Zuwendungen kann sich der überlebende Ehegatte selbst von der Bindung befreien (§ 2272 II S 1 Hs 2). Ausschlagungsfähig ist ein überschuldeter Nachlaß, nicht aber die bloße Ermächtigung, einen Testamentsvollstrecker zu bestimmen. Eine Zuwendung stellt auch die gesetzliche Erbschaft nicht dar, so daß der Überlebende diese nicht zusätzlich ausschlagen muß (§ 1948), um seine Testierfreiheit zurückzugewinnen. Die Erblasser können die gesetzliche Erbfolge allerdings in die Bindungswirkung einbeziehen, indem der Überlebende für den Fall (unter der Bedingung) der Ausschlagung enterbt wird (vgl Holzhauer Erbrechtliche Untersuchungen 1973 S 137f); das Gewollte ist stets daraufhin zu überprüfen, setzt ggf aber besondere Umstände voraus, die nicht schon dann anzunehmen sind, wenn der gesetzliche Erbteil nicht oder nicht wesentlich hinter dem testamentarischen zurückbleibt (Tiedtke FamRZ 1991, 1264; aM MüKo/Musielak Rz 25). Nach aM wird zur Wiederherstellung der Testierfreiheit verlangt, in jedem Fall auch den gesetzlichen Erbteil auszuschlagen, sofern dieser nicht wesentlich hinter der testamentarischen Zuwendung zurückbleibt (KG NJW-RR 1991, 330; München JFG 15, 36; Pal/Edenhofer Rz 17). Die Wiedererlangung der Testierfreiheit von einem Vermögensopfer abhängig zu machen, entspricht aber weder dem Wortlaut noch dem Zweck des Gesetzes. Zielt der Wille der Erblasser darauf ab, müssen sie die bedingte Enterbung anordnen (Tiedtke FamRZ 1991, 1261; Musielak in FS Kegel 1987 S 449). Erhält der Überlebende selbst nichts zugewendet, sondern nur ein Dritter, dann kann nur dieser etwas ausschlagen, doch bleibt der Überlebende an seine Verfügungen gebunden (aM Kipp/Coing § 35 III 3b). Ist der Überlebende und neben ihm ein Dritter bedacht, dann muß konsequenterweise der Überlebende das ihm Zugewendete ausschlagen, um von der Bindung an seine eigenen Verfügungen loszukommen, auch wenn beide Verfügungen, also auch diejenige zugunsten des Dritten, in einem Abhängigkeitsverhältnis zu denen des Überlebenden gestanden haben (Staud/Kanzleiter Rz 41; aM Pal/Edenhofer Rz 17; Erman/Hense/M. Schmidt[8] Rz 12). Die Ausschlagung selbst bewirkt im übrigen noch nicht die Aufhebung der eigenen Verfügungen, da die Wechselwirkung des § 2270 I bei bloß gegenstandslosen Verfügungen nicht eingreift (§ 2270 Rz 7). Der Ausschlagende erhält allerdings die Möglichkeit zur Aufhebung (RG 65, 275), die er am einfachsten durch Errichtung eines widersprechenden Testaments wahrnimmt, um an die Stelle der aufgehobenen Verfügungen neue zu setzen.

13 c) Bei **Verfehlungen, Verschwendung und Überschuldung** des Bedachten kann ihm der überlebende Ehegatte nach Maßgabe der §§ 2333ff den Pflichtteil entziehen bzw (in guter Absicht) beschränken und dementsprechend die wechselbezügliche Verfügung aufheben (§ 2271 II S 2 bzw III). Eine Verfehlung ist ausschließlich in den Fällen des § 2333 anzunehmen; die Einsetzung der Abkömmlinge des Bedachten kommt nur nach § 2338 in Betracht. Der Grund muß in der Aufhebungsverfügung angegeben werden und in jedem Fall gegenwärtig bestehen, so daß zB eine drohende Überschuldung nicht genügt (Köln MDR 1983, 318).

14 IV. **Anfechtung. 1. Zu Lebzeiten beider Ehegatten** ist die Anfechtung ausgeschlossen, weil jeder von ihnen seine wechselbezüglichen und nicht wechselbezüglichen Verfügungen frei widerrufen kann.

15 2. Der **überlebende Ehegatte** kann nach dem ersten Erbfall seine eigenen wechselbezüglichen Verfügungen (§§ 2281ff, 2078, 2079) und sämtliche Verfügungen des Erstverstorbenen anfechten (§§ 2078, 2079). Seine eigenen Verfügungen, die nicht wechselbezüglich sind, kann er widerrufen. Die Hauptfälle der Anfechtung wechselbezüglicher Verfügungen sind mit der Wiederheirat und mit der Geburt eines weiteren Kindes, dh mit neuen Pflichtteilsberechtigten verbunden. Durch die entsprechende Anwendung der §§ 2281ff wird dem überlebenden Ehegatten die Möglichkeit gegeben, selbst auf die neue Sachlage zu reagieren, damit nicht im Fall einer späteren Anfechtung durch Dritte die gesetzliche Erbfolge eintritt. Unerheblich ist, ob der neue Pflichtteilsberechtigte daraufhin bedacht wird (BGH FamRZ 1970, 79). Die Anfechtungserklärung muß entsprechend § 2282 III notariell beurkundet und entsprechend § 2283 I binnen Jahresfrist abgegeben werden; die Frist beginnt jedoch nicht vor dem ersten Erbfall zu laufen (vgl § 2283 Rz 2). Die Anfechtung kann nach Treu und Glauben unzulässig sein (vgl § 2078 Rz 13).

16 3. **Dritte** erlangen mit dem ersten Erbfall ein Anfechtungsrecht bezüglich aller Verfügungen des Erstverstorbenen und mit dem zweiten Erbfall auch bezüglich der Verfügungen des Letztverstorbenen (§§ 2078ff). Entsprechende Anwendung findet § 2285 bei wechselbezüglichen Verfügungen des Längerlebenden (BayObLG NJW-RR 1989, 587), so daß hier kein späteres Anfechtungsrecht besteht, wenn es noch zu Lebzeiten des Letztverstorbenen erloschen ist. Umstritten ist, ob die Vorschrift auch für Verfügungen des Erstverstorbenen gilt. Der Erstverstorbene hatte zu Lebzeiten kein Anfechtungsrecht, sondern nur ein Widerrufsrecht; aber im Verhältnis zu Dritten lagen die Gründe, die ein Anfechtungsrecht hätten rechtfertigen können uU vor. Fallen die Gründe bis zum Tod des Erstverstorbenen dadurch weg, daß er sein Testament bestätigt oder jedenfalls nicht widerruft, dann kommt eine Anfechtung durch Dritte schon nicht in Betracht, weil feststeht, daß der Erblasser auch bei Kenntnis der Sachlage nicht anders testiert hätte. § 2285 braucht nicht bemüht zu werden (MüKo/Musielak Rz 41; aM LG Karlsruhe NJW 1958, 714; Erman/Hense[7] Rz 17).

4. Die **Wirkung** einer erfolgreichen Anfechtung liegt in der Beseitigung der Verfügung. War sie wechselbezüg- **17** lich, dann entfällt nach § 2270 I auch die korrespondierende Verfügung. Ist anzunehmen, daß die korrespondierende Verfügung auch in Kenntnis der Anfechtung vorgenommen worden wäre, soll sie entgegen § 2270 I wirksam bleiben (Hamm NJW 1972, 1089). Fraglich ist aber, ob Verfügungen dieser Art überhaupt wechselbezüglich sind. Soweit die Anfechtung reicht, tritt die gesetzliche Erbfolge ein, wenn nicht eine andere letztwillige Verfügung errichtet wird oder schon vorher errichtet worden war. Ficht der überlebende Ehegatte eine Vermächtnisanordnung an, wird dem der ursprünglich Bedachten zugestanden, im Wege der Klage feststellen zu lassen, ob die Anfechtung wirksam geworden ist (BGH 37, 331). Eine Feststellungsklage kann sich auch nach dem zweiten Erbfall noch gegen Dritte richten, die Rechte aus der Anfechtung herleiten.

V. Rechtsgeschäfte unter Lebenden. 1. Haftungsgrundlagen. Die Ehegatten können über ihr Vermögen unter **18** Lebenden grundsätzlich frei verfügen. Es ist jedoch anerkannt, daß die Beschränkungen der §§ 2287 und 2288 entsprechend gelten, sobald die letztwilligen Verfügungen beim Ehegatten bindend geworden sind, also auch dem ersten Erbfall (RG 58, 64; BGH 82, 274; 87, 24; Frankfurt NJW-RR 1995, 265). Zu Lebzeiten beider Ehegatten kann auf eine Schenkung noch reagiert werden, indem der andere seine eigenen Verfügungen widerruft. Diese Möglichkeit ist ihm aber praktisch verwehrt, wenn der Nachlaß des Erstversterbenden durch einen Vertrag zugunsten Dritter auf den Todesfall (§ 331) geschmälert wird. Es wird daher vorgeschlagen, § 2287 auch hier entsprechend anzuwenden (Speth NJW 1985, 463; zust Jauernig/Stürner Rz 5; noch weitergehend Liessem MittRhNotK 1988, 38). Damit würde über das Ziel hinausgeschossen, dem anderen Ehegatten eine angemessene Reaktionsmöglichkeit zuzugestehen. Zu diesem Zweck reicht es aus, die Bindung des überlebenden Ehegatten an die Bedingung zu knüpfen, daß der Erstverstorbene keine Schenkung gegen den Willen des Partners vorgenommen hat. Testamentswidriges Verhalten läßt sich auch mit anderen letztwilligen Anordnungen sanktionieren. Daneben können formlos schuldrechtliche Vereinbarungen (Unterlassungsverträge) getroffen werden, die ggf Schadenersatzansprüche auslösen (Kohler NJW 1964, 1393). Wollen die Eheleute die sofortige Bindung, dann sollten sie sich für einen Erbvertrag entscheiden.

2. Nichtigkeit. Lange Zeit hat die Rspr Rechtsgeschäfte unter Lebenden, die ausschließlich oder überwiegend **19** bezweckten, bindend gewordene Verfügungen des gemeinschaftlichen Testaments zu umgehen („auszuhöhlen"), nach § 134 für nichtig erachtet (BGH DNotZ 1955, 85; FamRZ 1971, 641; ausdrücklich aufgegeben von BGH 59, 343). Seitdem folgt Nichtigkeit nicht schon daraus, daß dem Schlußerben das erwartete Erbgut entzogen wird. Vielmehr müssen besondere Umstände hinzutreten, die das Rechtsgeschäft gemäß § 138 in einen unlösbaren Widerspruch zu den guten Sitten stellen (vgl § 2287 Rz 4 mwN).

2272 *Rücknahme aus amtlicher Verwahrung*
Ein gemeinschaftliches Testament kann nach § 2256 nur von beiden Ehegatten zurückgenommen werden.

Schrifttum: Merle, Zur Rückgabe eines öffentlichen Testaments aus der amtlichen Verwahrung, AcP 171, 487.

1. Die **Rücknahme aus der amtlichen Verwahrung** kann bei einem gemeinschaftlichen Testament nur von **1** beiden Ehegatten bzw (in entsprechender Anwendung nach § 10 IV S 2 LPartG) eingetragenen Lebenspartnern gemeinsam erfolgen. Beide müssen die Rückgabe verlangen und dazu persönlich und gleichzeitig erscheinen, so daß eine dem anderen Ehegatten erteilte Vollmacht zur Rücknahme unwirksam ist. Beide müssen testierfähig sein, denn die Rücknahme des gemeinschaftlichen öffentlichen Testaments hat die Bedeutung eines Widerrufs (§ 2256 I S 1). Die Rücknahme eines eigenhändigen gemeinschaftlichen Testaments hat dagegen keine Widerrufswirkung (§ 2256 III). Die Widerrufswirkung tritt auch beim gemeinschaftlichen öffentlichen Testament nicht ein, wenn der verwahrende Beamte das Testament entgegen § 2272 an nur einen Ehegatten zurückgibt; das gilt nicht nur für die wechselbezüglichen, sondern auch für die einseitigen Verfügungen des betreffenden Ehegatten (Soergel/Wolf Rz 2; aM Staud/Kanzleiter Rz 3). Es steht aber jedem einzelnen frei, ohne die Mitwirkung des anderen seine Verfügungen in der Form des § 2254 zu widerrufen, die wechselbezüglichen Verfügungen entsprechend den Vorschriften über den Rücktritt vom Erbvertrag (§ 2271 I). Im übrigen kann jeder Ehegatte Einsicht in das verwahrte Testament nehmen (KG JFG 4, 159).

Im Fall der **Scheidung** oder **Aufhebung** der Ehe bzw Lebenspartnerschaft wird das gemeinschaftliche Testa- **2** ment nach Maßgabe des § 2268 unwirksam. Anderenfalls kommt eine gemeinschaftliche Rücknahme in Betracht, die ebenso nur von beiden verlangt werden kann. § 2272 bleibt auch nach dem **Tod** eines der Testierenden zu beachten, so daß eine Rückgabe an den Überlebenden gänzlich ausscheidet.

2. Ein **Aktenvermerk** empfiehlt sich außer über die Belehrung iSv § 2256 I S 2 auch über die Form der Rück- **3** gabe an die Ehegatten. Ist aktenkundig, daß die Rückgabe an beide erfolgt ist, spricht eine Vermutung für deren Ordnungsmäßigkeit; der Gegenbeweis bleibt aber zulässig.

§ 2273 *Eröffnung*

2273 (1) Bei der Eröffnung eines gemeinschaftlichen Testaments sind die Verfügungen des überlebenden Ehegatten, soweit sie sich sondern lassen, weder zu verkünden noch sonst zur Kenntnis der Beteiligten zu bringen.

(2) Von den Verfügungen des verstorbenen Ehegatten ist eine beglaubigte Abschrift anzufertigen. Das Testament ist wieder zu verschließen und in die besondere amtliche Verwahrung zurückzubringen.

(3) Die Vorschriften des Absatzes 2 gelten nicht, wenn das Testament nur Anordnungen enthält, die sich auf den Erbfall beziehen, der mit dem Tode des erstversterbenden Ehegatten eintritt, insbesondere wenn das Testament sich auf die Erklärung beschränkt, daß die Ehegatten sich gegenseitig zu Erben einsetzen.

Schrifttum: *Asbeck*, Testamentseröffnung und Erbscheinserteilung beim Berliner Testament mit Wiederverheiratungsklausel, MDR 1959, 897; *M. Bühler*, Zur Eröffnung eines gemeinschaftlichen Testaments, BWNotZ 1980, 34; *ders*, Das Geheimhaltungsinteresse des Überlebenden bei der erstmaligen Eröffnung gemeinschaftlicher Verfügungen von Todes wegen, ZRP 1988, 59; *Haegele*, Einzelfragen zur Testaments-Eröffnung, Rpfleger 1968, 137; *Langenfeld*, Freiheit oder Bindung beim gemeinschaftlichen Testament oder Erbvertrag von Ehegatten? NJW 1987, 1577; *Steffen*, Eröffnung von Ehegattentestamenten, RdL 1980, 4.

1 **1. Testamentseröffnung.** Das gemeinschaftliche Testament und der Erbvertrag enthalten Verfügungen beider Ehegatten. Da nach dem ersten Erbfall nur die Anordnungen des Erstversterbenden in Kraft treten, besteht ein Bedürfnis zur Eröffnung auch nur dieser Verfügungen. Die Beschränkung der Testamentseröffnung auf eine Teilverkündung setzt aber voraus, daß der Text der Verfügung von Todes wegen eine nur teilweise Verkündung derart zuläßt, daß die Anordnungen der Ehegatten dem Wort und Sinn nach voneinander getrennt werden können ("sich sondern lassen"). Dies ist regelmäßig zu verneinen bei sprachlich zusammengefaßten Verfügungen wie „Der Überlebende von uns beruft zu seinen Erben..." (Zweibrücken ZEV 2003, 82). Für gemeinschaftliche Testamente eingetragener Lebenspartner gilt die Vorschrift entsprechend (§ 10 IV S 2 LPartG). Mit der Teilverkündung soll erreicht werden, daß die Verfügungen des Überlebenden geheim bleiben oder wenigstens nicht verkündet, zur Einsicht vorgelegt oder den Beteiligten mitgeteilt werden. Ist eine Trennung der Verfügungen nicht möglich, muß das ganze Testament verlesen werden. Eröffnet im Rechtssinne des § 2260 werden damit aber nur die Verfügungen des Erstverstorbenen; im übrigen ist die notwendige Miteröffnung der Verfügungen des Überlebenden ein rein tatsächlicher Vorgang (Hamm OLG 1987, 283). Die tatsächlichen Auswirkungen sind es indessen, die häufig zur Unzufriedenheit des Überlebenden führen, wenn es zur Testamentseröffnung mittlerweile gegenstandslos gewordener oder noch nicht aktueller Anordnungen kommt. Soweit die Verfügungen nicht abtrennbar sind, ist die Miteröffnung aber verfassungskonform (BVerfG NJW 1994, 2535). Forderungen sind daher erhoben worden, de lege ferenda nach dem Kreis der Beteiligten zu unterscheiden (M. Bühler ZRP 1988, 59; Langenfeld NJW 1987, 1577). Erfolgversprechender ist hingegen die Empfehlung, die Anordnungen der Ehegatten in der Verfügung von Todes wegen sprachlich voneinander zu trennen, so daß diejenigen des Überlebenden weithin verdeckt bleiben können (Cypionka DNotZ 1988, 722).

2 Die **Teilverkündung** umfaßt neben den untrennbaren Verfügungen des Überlebenden grundsätzlich alle Verfügungen des Erstversterbenden, unabhängig davon, ob sie gültig oder ungültig oder wegen des Vorversterbens gegenstandslos geworden sind (BGH 91, 105 [gegen Stuttgart Bökelmann JR 1984, 178 mit zust Anm Bökelmann JR 1984, 501]; RG 150, 315; auf dieser Linie auch BayObLG NJW-RR 1990, 135; Köln DNotZ 1988, 721 mit Anm Cypionka; Hamm NJW 1982, 57; KG MDR 1979, 494). Die genannten Verfügungen betreffen in aller Regel die Interessen der Beteiligten, die mit dem ersten Erbfall Rechte erworben haben können, zu deren Durchsetzung sie der Kenntnis des gesamten Erblasserwillens bedürfen. Dazu gehören auch Anordnungen, die der Erblasser für den Fall seines Letztversterbens getroffen hat. ZB kann die Erbeinsetzung eines Dritten nach dem Letztversterbenden entgegen der Auslegungsregel des § 2269 als Nacherbschaft mit schon gegenwärtigen Rechten gewollt sein. Darüber hinaus können übergangene gesetzliche Erben daran interessiert sein, sich über mögliche Anfechtungsgründe Kenntnis zu verschaffen oder über die Geltendmachung von Pflichtteilsansprüchen zu entscheiden. Unter diesen Umständen bevorzugt § 2273 I mitunter abstrakte Eröffnungsinteressen der Beteiligten gegenüber konkreten Geheimhaltungsinteressen des Überlebenden. Demgegenüber lag der Entscheidung BGH 70, 173 die Ausnahme zugrunde, daß für den Nacherbfall eindeutig nur Vermächtnisse ausgesetzt waren, so daß der BGH (wie Vorlagebeschluß Köln NJW 1977, 1416) für den ersten Erbfall eine rechtlich erhebliche Beteiligtenstellung verneinte. Handelt es sich aber um Erbeinsetzungen oder sind Pflichtteilsberechtigte und gesetzliche Erben betroffen, dann lassen sich deren Rechtspositionen nach geltendem Recht des Abs I auch keine geringe Einbuße an Rechtssicherheit im Eröffnungsverfahren zu (aM Stuttgart Rpfleger 1984, 178). Über den Umfang der Eröffnung eines gemeinschaftlichen Testaments oder Erbvertrags befindet das Nachlaßgericht, dessen Entscheidungen nach § 11 RPflG erinnerungsfähig sind (Zweibrücken ZEV 2003, 82).

3 **2. Nach der Eröffnung** richtet sich der weitere Verbleib des Testaments nach dessen Inhalt. Enthält es nur Verfügungen, die sich auf den ersten Erbfall beziehen (gegenseitige Erbeinsetzung), ist es mit der ersten Eröffnung in seiner Bedeutung erschöpft. Es verbleibt dann wie jedes andere Testament bei den Testamentsakten (Abs III). Enthält es noch letztwillige Verfügungen, die erst nach dem Tode des Überlebenden wirksam werden, oder ist dies zweifelhaft (Hamm Rpfleger 1975, 25), dann ist nach Abs II zu verfahren. Die beglaubigte Abschrift der Verfügungen des Erstverstorbenen tritt an die Stelle der Urschrift.

4 War das Testament vorher in besonderer amtlicher **Verwahrung**, wird es dorthin „zurück" gebracht. Wohin, ist umstritten im Fall des § 2261 S 1. Eine beachtliche Anzahl von Obergerichten hält die einmal begründete Zuständigkeit des Verwahrungsgerichts aufrecht (BayObLG FamRZ 2000, 638; 1995, 681 [anders noch NJW 1974, 955]; Stuttgart Rpfleger 1988, 189; Oldenburg NJW-RR 1987, 265; Saarbrücken Rpfleger 1988, 484; KG Rpfleger

1972, 405; Köln Rpfleger 1975, 249; Schleswig SchlHA 1978, 101). Zutreffend ist aber, das gemeinschaftliche Testament oder den Erbvertrag zur Wiederverwahrung beim Nachlaßgericht (§ 2261 S 2) zu belassen, unabhängig davon, wo es vorher aufbewahrt und eröffnet wurde. Das ist insbesondere zweckmäßig zur Wahrnehmung der weiteren Aufgaben gemäß §§ 2262, 2264, 2353 (Frankfurt Rpfleger 1995, 253; Hamm OLG 1990, 276; 1987, 283; Zweibrücken Rpfleger 1998, 428; Celle Rpfleger 1977, 24; München BayJMBl 1960, 22; ebenso die hL: Staud/Kanzleiter Rz 16; MüKo/Musielak Rz 7 mwN). Der Überlebende kann eine anderweitige Aufbewahrung entsprechend § 2258a III nach dem ersten Erbfall alleine nicht mehr verlangen (München BayJMBl 1960, 22; vgl aber die Empfehlung von Krzywon BWNotZ 1988, 70 nur für den OLG-Bezirk Stuttgart). Testamente, die sich vor Eröffnung nicht in besonderer amtlicher Verwahrung befanden, bleiben fortan offen bei den Testamentsakten. In keinem Fall werden sie an den Überlebenden oder eine dritte Person zurückgegeben. Zur Vermeidung versehentlicher Preisgabe vermag der Überlebende nachträglich die besondere Verwahrung zu verlangen, § 2248 (Staud/Kanzleiter Rz 17).

3. Nach dem zweiten Erbfall ist das Testament wegen der restlichen Verfügungen zu eröffnen und zu verkünden, sofern es noch Anordnungen enthält, die jetzt erst in Kraft treten (RG 137, 228; 150, 315); bei Zweifeln ist noch einmal zu eröffnen (Hamm Rpfleger 1975, 25). Da die erstmalige Miteröffnung noch keine solche im Rechtssinne darstellt (Hamm OLG 1987, 283), wird die nochmalige Eröffnung insoweit bedeutsam für die Ausschlagungsfrist des § 1944 II S 2, für die Anzeige an das Finanzamt gemäß § 34 II Nr 3 ErbStG, für Registereintragungen nach § 35 GBO bzw § 42 SchiffsRegVO (vgl § 2260 Rz 6). Nach der zweiten Eröffnung bleibt das Testament endgültig offen bei den Testamentsakten des Nachlaßgerichts. 5

Abschnitt 4
Erbvertrag

Vorbemerkung

Schrifttum: *Battes*, Gemeinschaftliches Testament und Ehegattenerbvertrag als Gestaltungsmittel für die Vermögensordnung der Familie, 1974; *Boehmer*, Entgeltliche Erbverträge, FS H. Lehmann, 1957, S 461; *Buchholz*, Zur bindenden Wirkung des Erbvertrags, FamRZ 1987, 440; *Coing*, Wie ist die bindende Wirkung von Erbverträgen zu ermitteln? NJW 1958, 689; *Felix*, Testament und Erbvertrag, Steuerinstrumente mit hohem Beratungsrisiko, DStR 1987, 599; *Firsching*, Der Ehe- und Erbvertrag im deutschen, österreichischen und schweizerischen Recht, DNotZ 1954, 229; *Johannsen*, Der Schutz der durch gemeinschaftliches Testament oder Erbvertrag berufenen Erben, DNotZ 1977, Sonderheft, S 69; *Kanzleiter*, Bedürfen Rechtsgeschäfte „im Zusammenhang" mit Ehe und Erbverträgen der notariellen Beurkundung? NJW 1997, 217; *Kapp*, Der Erbvertrag in zivilrechtlicher und erbschaftsteuerlicher Sicht, BB 1980, 845; *Knieper*, Die Verbindung des Erbvertrages mit anderen Verträgen, DNotZ 1968, 331; *Kornexl*, Gibt es einen Nachtrag zum Erbvertrag?, ZEV 2003, 62; *ders*, Nochmals: Gibt es einen Nachtrag zum Erbvertrag?, ZEV 2003, 235; *Langenfeld*, Freiheit oder Bindung beim gemeinschaftlichen Testament oder Erbvertrag von Ehegatten? NJW 1987, 1577; *Lehmann*, Der Änderungsvorbehalt beim Erbvertrag, BWNotZ 1999, 1; *ders*, Nochmals: Gibt es einen Nachtrag zum Erbvertrag?, ZEV 2003, 234 *J. Mayer*, Der Änderungsvorbehalt beim Erbvertrag – erbrechtliche Gestaltung zwischen Bindung und Dynamik, DNotZ 1990, 755; *Meyding*, Erbvertrag und nachträgliche Auswechslung des Testamentsvollstreckers ZEV 1994, 98; *Nolting*, Inhalt, Ermittlung und Grenzen der Bindung beim Erbvertrag, 1985; *Reithmann*, Erbverträge zwischen mehr als zwei Beteiligten, DNotZ 1957, 527; *Schulte*, Verhältnis zwischen Übergabevertrag und späterem Erbvertrag, RdL 1960, 316; *Stürzebecher*, Zur Anwendbarkeit der §§ 320ff BGB auf den entgeltlichen Erbvertrag, NJW 1988, 2717.

1. Begriff und Bedeutung. Der Erbvertrag ist ein zweiseitiges Rechtsgeschäft, bei dem sich mindestens ein Vertragspartner unwiderruflich bindet, indem er durch Erbeinsetzung, Vermächtnis oder Auflage von Todes wegen verfügt. Das Wesen der vertragsmäßigen Verfügung liegt in der Bindung. Die Bindung ist hier stärker als beim gemeinschaftlichen Testament, denn sie besteht bereits zu Lebzeiten der Erblasser, die ihre Verfügungen nur noch gemeinsam aufheben (§§ 2290ff) oder einzeln anfechten können (§§ 2281ff), wenn nicht ein besonderer Grund (§§ 2294, 2295) oder Vorbehalt (§ 2293) auch den Rücktritt ermöglicht. Vorbehalten können sich die Vertragspartner auch abweichende Verfügungen; ansonsten sind entgegenstehende Verfügungen von Todes wegen grundsätzlich unwirksam, sowohl frühere als auch spätere (§ 2289). Rechtsgeschäfte unter Lebenden können dagegen noch frei getätigt werden (§ 2286); ohne lebzeitiges Eigeninteresse führen sie allerdings zu Bereicherungsansprüchen, insoweit sie den vertragsmäßig Bedachten beeinträchtigen (§§ 2287, 2288). In diesem Sinne ermöglicht der Erbvertrag ganz den individuellen Wünschen entsprechend eine mehr oder auch weniger starke Sicherung der Beteiligten, was den Stellenwert des Erbvertrages in der Praxis erklärt. 1

2. Inhalt. Der Erblasser kann den Vertrag mit dem vorgesehenen Erben oder einem Dritten schließen (einseitiger Erbvertrag); oder mehrere Erblasser treffen vertragsmäßige Verfügungen von Todes wegen (zweiseitiger Erbvertrag), die jeweils dem Vertragspartner oder einem Dritten zugute kommen. Den Erbvertrag machen also nur die vertragsmäßigen (bindenden) Verfügungen aus. Zusätzlich kann jeder einseitige (widerrufliche) Verfügungen treffen, die den Vorschriften des Testamentsrechts unterliegen, § 2299. In einem einseitigen Erbvertrag kann also auch derjenige, der nicht Vertragserblasser ist, letztwillig verfügen. Abhängigkeiten werden dadurch nicht geschaffen. Andererseits kann der Vertragsgegner, der in keiner Weise Verfügungen trifft, schuldrechtliche Verpflichtungen eingehen, die den anderen zu dessen vertragsmäßiger Verfügung von Todes wegen erst veranlassen. Eine Verbin- 2 dung dieser Art schafft der sog Verpfründungsvertrag, bei dem der Vertragserbe den Erblasser bis zu dessen Tod zu unterhalten verspricht. Bei Wegfall der rechtsgeschäftlichen Verpflichtung kommt hier ein Rücktritt des Vertragserblassers in Betracht (§ 2295). Verfügen dagegen beide Parteien vertragsmäßig von Todes wegen, dann vermutet § 2298 die gegenseitige Abhängigkeit dieser Verfügungen, so daß die eine mit der anderen steht und fällt. Auch hier geht die Auslegung vor. Die Auslegung vertragsmäßiger Verfügungen erfolgt nach Maßgabe der §§ 133, 157 unter Berücksichtigung des Empfängerhorizonts. Hiernach kommt es auf den erklärten, übereinstimmenden Willen beider Vertragsparteien an (BGH NJW 1984, 721; 1989, 2885). Brox (ErbR Rz 223) zufolge ist bei einseitigen Erbverträgen auf den wahren Willen des Erblassers abzustellen, wenn der Verfügung von Todes wegen keine schuldrechtliche Verpflichtung gegenübersteht (s dagegen § 2084 Rz 2).

3 3. **Abschluß.** Die Vertragserblasser müssen unbeschränkt geschäftsfähig sein. Beschränkte Geschäftsfähigkeit genügt ausnahmsweise bei Ehegatten und Verlobten (§ 2275), die den Erbvertrag auch gemeinsam mit einem Ehevertrag schließen können. Wider den Anschein des § 2275 II ist damit aber keine Formerleichterung verbunden. Der Erbvertrag muß in der Form des öffentlichen Testaments vor einem Notar beurkundet werden (§ 2276), insbesondere ist die persönliche Anwesenheit der Vertragspartner erforderlich (§ 2274). Alternativ ist der Vertragsschluß im Rahmen eines Prozeßvergleichs zulässig (s § 2274 Rz 2). Im übrigen finden die allgemeinen Vorschriften des Vertragsrechts Anwendung, so daß der Erbvertrag gemäß §§ 125, 134, 138 nichtig sein kann (vgl vor § 2064 Rz 10ff). Liegen in einem solchen Fall die Voraussetzungen für ein wirksames Testament vor, kommt eine Umdeutung iSv § 140 in Betracht (zur Umdeutung eines Rechtsgeschäfts unter Lebenden in einen Erbvertrag § 2084 Rz 10 und § 2302 Rz 4).

4 4. **Übergabeverträge**, die eine vorweggenommene Erbfolge regeln, sind Rechtsgeschäfte unter Lebenden, also nicht Erbverträge. Sie dienen zumeist der vorzeitigen Betriebsnachfolge und stellen vornehmlich (gemischte) Schenkungen dar (s vor § 2064 Rz 8). Um ein Rechtsgeschäft unter Lebenden handelt es sich auch bei der besonderen Variante des Hofübergabevertrags, mit dessen Hilfe nach §§ 7, 17 HöfeO der Hoferbe verbindlich bestimmt werden kann. Der Hofübergabevertrag steht in dieser Form einer Verfügung von Todes wegen gleich, so daß ein späterer Erbvertrag die vorweggenommene Erbfolge nicht aufhebt (BGH MDR 1952, 414), wie umgekehrt die erbvertragliche Hoferbenbestimmung durch einen späteren Hofübergabevertrag nicht entkräftet wird (vgl vor § 2064 Rz 7).

2274 *Persönlicher Abschluß*
Der Erblasser kann einen Erbvertrag nur persönlich schließen.

1 1. **Höchstpersönlich** ist das Testierrecht nach § 2064 und höchstpersönlich muß der Erblasser auch im Erbvertrag die Verfügungen von Todes wegen treffen (§ 2274). Um sicherzustellen, daß es sich um den eigenen und unverfälschten Willen des Erblassers handelt, kann er sich beim Vertragsabschluß weder von einem gesetzlichen Vertreter noch von einem Bevollmächtigten vertreten lassen. Das gleiche gilt bei der Anfechtung (§ 2282), Aufhebung (§ 2290 II), Bestätigung (§ 2284) und bei der Erklärung des Rücktritts (§ 2296 I). Der Vertragspartner, der keine eigenen Verfügungen von Todes wegen trifft, kann sich jedoch vertreten lassen, auch wenn er als Vertragserbe oder sonstwie bedacht wird.

2 2. Wird der Erbvertrag in einem **Prozeßvergleich** geschlossen, indem die notarielle Beurkundung durch die Aufnahme der Erklärungen in das Protokoll ersetzt wird (§ 127a), dann ist das Erfordernis der Höchstpersönlichkeit auch (und gerade) in einem Prozeß mit Anwaltszwang zu beachten. Einerseits werden die Erklärungen, die den Vergleich zu einem Prozeßvergleich machen, von den Anwälten abgegeben. Andererseits vermögen diese Erklärungen durch Vertreter alleine keinen wirksamen Erbvertrag zu begründen. Zusätzlich muß daher der Erblasser seine Erklärungen persönlich abgeben (BayObLG NJW 1965, 1276; Stuttgart NJW 1989, 2700), was im Protokoll zum Ausdruck kommen muß (aM Stuttgart NJW 1989, 2700; Soergel/Wolf § 2276 Rz 12), denn das gerichtliche Protokoll ersetzt die Niederschrift des Notars. Beide Prozeßparteien müssen sich so verhalten, wenn beide Verfügungen von Todes wegen treffen. Verfügt nur eine Partei, bleibt die Vertretung der anderen zulässig und möglich.

2275 *Voraussetzungen*
(1) Einen Erbvertrag kann als Erblasser nur schließen, wer unbeschränkt geschäftsfähig ist.
(2) Ein Ehegatte kann als Erblasser mit seinem Ehegatten einen Erbvertrag schließen, auch wenn er in der Geschäftsfähigkeit beschränkt ist. Er bedarf in diesem Falle der Zustimmung seines gesetzlichen Vertreters; ist der gesetzliche Vertreter ein Vormund, so ist auch die Genehmigung des Vormundschaftsgerichts erforderlich.
(3) Die Vorschriften des Absatzes 2 gelten auch für Verlobte.

1 1. **Unbeschränkt geschäftsfähig** muß der vertragschließende Erblasser sein, also nicht bloß testierfähig iSv § 2229. Erbverträge eines geschäftsunfähigen oder nur beschränkt geschäftsfähigen Erblassers sind grundsätzlich nichtig. Sie bleiben auch nichtig, wenn der gesetzliche Vertreter den Vertrag genehmigt oder wenn der Erblasser später volljährig wird. Zur Feststellung der Geschäftsunfähigkeit nach § 104 Nr 2 kommt es neben einer Störung der Geistestätigkeit vornehmlich darauf an, ob der Erblasser imstande war, seinen Willen frei und unbeeinflußt von der vorliegenden Störung zu bilden und nach zutreffend gewonnenen Einsichten zu handeln (BGH FamRZ 1984, 1003). Bei deutlichen Anhaltspunkten in diese Richtung (Verkalkung der Gefäße, Involutionsdepression) ist es geboten, ein Sachverständigengutachten zu beantragen und einzuholen. Fragen der Geschäftsfähigkeit fallen wie die der Testierfähigkeit vorzugsweise in das Fachgebiet eines Psychiaters. Im Streitfall ist der Erblasser als geschäftsfähig anzusehen, solange das Gegenteil nicht überzeugend nachgewiesen ist. Der Bestreitende trägt die Beweislast für alle die Geschäftsunfähigkeit begründenden Umstände (BayObLG Rpfleger 1982, 286).

2. Ehegatten und Verlobte brauchen nur beschränkt geschäftsfähig zu sein, um einen Erbvertrag zu schließen und darin letztwillige Verfügungen zu treffen. Für die Partner einer nichtehelichen Lebensgemeinschaft gelten die Erleichterungen der Abs II und III nicht (AK/Finger Rz 10). Beschränkt geschäftsfähig sind Minderjährige iSv § 106; vor dem 1. 1. 1992 waren dies auch Entmündigte iSv § 114 aF. Da die Ehemündigkeit voraussetzt, daß mindestens ein Partner volljährig und der andere 16 Jahre alt ist (§ 1303), die Verlobten dagegen beide minderjährig sein können, enthält Abs III einen größeren Ausnahmebereich als Abs II. In allen Fällen der beschränkten Geschäftsfähigkeit ist die Zustimmung des gesetzlichen Vertreters erforderlich. An eine bestimmte Form ist die Zustimmung nicht gebunden. Sie kann nach Abschluß des Vertrages noch erteilt werden, so daß die Beurkundung des Erbvertrages nicht vom Vorliegen einer Einverständniserklärung abhängig gemacht werden kann (aM Pal/Edenhofer Rz 2; Soergel/Wolf Rz 7). Den Notar trifft insoweit die Pflicht (§ 17 II BeurkG), die Vertragspartner über das Genehmigungserfordernis und über die schwebende Unwirksamkeit des Vertrages zu belehren (MüKo/ Musielak Rz 10). Mit der späteren Genehmigung wird die schwebende Unwirksamkeit geheilt. Wird der Ehegatte bzw Verlobte voll geschäftsfähig, dann kann er den Vertrag selbst genehmigen. Die Heilung der schwebenden Unwirksamkeit setzt aber die Genehmigung noch zu Lebzeiten beider Vertragserblasser voraus. Zur Sicherheit des Rechtsverkehrs soll sich die mit dem Tod eines Erblassers eingetretene Erbfolgeregelung nicht noch beliebig lange wieder umstoßen lassen (BGH NJW 1978, 1159; aM BayObLG NJW 1960, 577).

3. Der **Vertragspartner**, der nicht selbst verfügt, untersteht den allgemeinen Bestimmungen der §§ 104ff. Der beschränkt Geschäftsfähige kann daher wirksam vertragsmäßige Erklärungen abgeben, die für ihn rechtlich lediglich von Vorteil sind. Lediglich Vorteile erlangt er iSv § 107, wenn er im Erbvertrag bedacht ist und selbst keine Verpflichtungen eingeht. Verpflichtungserklärungen des beschränkt Geschäftsfähigen bedürfen indessen der Zustimmung des gesetzlichen Vertreters (§ 108); die Zustimmung muß noch zu Lebzeiten des Vertragserblassers erteilt werden (vgl Rz 2 aE). Bei Geschäftsunfähigkeit des Vertragspartners ist der Erbvertrag unwirksam, während sich die vertragsmäßige Verfügung uU in eine einseitige Verfügung von Todes wegen umdeuten läßt (BayObLG ZEV 1995, 413).

2276 *Form*

(1) Ein Erbvertrag kann nur zur Niederschrift eines Notars bei gleichzeitiger Anwesenheit beider Teile geschlossen werden. Die Vorschriften des § 2231 Nr. 1 und der §§ 2232, 2233 sind anzuwenden; was nach diesen Vorschriften für den Erblasser gilt, gilt für jeden der Vertragschließenden.

(2) Für einen Erbvertrag zwischen Ehegatten oder zwischen Verlobten, der mit einem Ehevertrag in derselben Urkunde verbunden wird, genügt die für den Ehevertrag vorgeschriebene Form.

1. Form des Erbvertrages. Nach Abs I können Erbverträge nur zur Niederschrift vor einem Notar geschlossen werden. Mit den §§ 2231 Nr 1, 2232, 2233 wird auf die ordentliche Form öffentlicher Testamente verwiesen; die Vorschriften sind beim Abschluß von Erbverträgen entsprechend. Eine dem eigenhändigen Testament vergleichbare privatschriftliche Form ist dagegen nicht zulässig, auch kein außerordentlicher Vertragsabschluß (in Not) vor dem Bürgermeister oder vor drei Zeugen. Die frühere Zuständigkeit des Richters ist nach § 57 III Nr 14 BeurkG entfallen. Außer dem Notar sind allerdings Konsularbeamte befugt, Erbverträge deutscher Erblasser zu beurkunden (§ 11 I KonsG). Im übrigen kann die notarielle Beurkundung nach § 127a durch das gerichtliche Protokoll eines Prozeßvergleichs ersetzt werden (s § 2274 Rz 2).

a) Die **gleichzeitige Anwesenheit** der Parteien ist zwingend vorgeschrieben. § 2274 zufolge (keine Formvorschrift) muß der Erblasser persönlich erscheinen, während eine nicht vertragsmäßig verfügende Partei sich vertreten lassen kann; die Vollmacht kann in einem solchen Fall nachgereicht werden (§ 177).

b) Die **notarielle Beurkundung** des Erbvertrags kann Erklärungen der Vertragschließenden oder wahlweise die Übergabe einer offenen oder verschlossenen Schrift zur Grundlage haben (§ 2232). Das gilt für die Erklärungen beider Parteien, denen es allerdings freisteht, ob sie die gleiche Form wählen. Tun sie das, dann muß die bloße Annahmeerklärung der nicht selbst verfügenden Partei nicht gesondert ausgedrückt werden, denn der übereinstimmende Wille kann sich auch aus der Gemeinsamkeit der Erklärung ergeben, worauf schon beide Unterschriften hindeuten (Frankfurt Rpfleger 1980, 344; Mattern abl Anm zu Oldenburg DNotZ 1966, 249). Die möglichen Erklärungsformen sind für Minderjährige und Leseunfähige nach § 2233 reduziert. Außerdem verlangt der Vertragscharakter in allen Fällen, daß mit Kenntnisnahme durch den Vertragspartner zu rechnen ist. Kann etwa einer von beiden nicht lesen, sind sind ihm die Erklärungen der anderen durch Erklärung verständlich zu machen, sonst kommt ein Vertrag nicht zustande. Dies ist (entgegen Staud/Kanzleiter Rz 6) allein eine Frage des Zugangs. Die Niederschrift (§§ 8ff BeurkG) muß den Beteiligten in Gegenwart des Notars vorgelesen, von ihnen genehmigt und eigenhändig unterschrieben werden (§ 13 BeurkG). Nach §§ 6, 7, 27 BeurkG kann der Notar von der Beurkundung bestimmter Erklärungen ausgeschlossen sein. Die Vorschriften gelten auch hier in bezug auf den Vertragspartner, der nicht selbst von Todes wegen verfügt. Wird der nicht verfügende Vertragsteil durch eine andere Person vertreten, richten sich die Verfahrensbestimmungen, soweit es auf persönliche Eigenschaften ankommt, nach der Person des Vertreters. Besondere Verfahrensweisen ergeben sich für Hörbehinderte, Sprachbehinderte, Sehbehinderte, Schreibunfähige und Sprachunkundige (§§ 16, 22–25, 32 BeurkG).

c) Ein **Formverstoß** führt nach § 125 S 1 zur Nichtigkeit des Erbvertrags. Ausnahmen sind auch für den Fall ausgeschlossen, daß der „bessere Wille" feststeht (BGH NJW 1981, 1900 gegen Kegel in FS Flume 1978 S 545; dazu Zimmermann FamRZ 1980, 99). Die Formvorschriften sollen den wirklichen Willen der Erblasser zur Gel-

§ 2276

tung kommen lassen und insbesondere gewährleisten, daß die niedergelegte Erklärung vom Erblasser selbst stammt und nicht verfälscht ist. Unentbehrlich ist in diesem Sinne die eigenhändige Unterschrift des Erblassers, und zwar so, daß der Schriftzug stets von seinem Willen abhängig bleibt (BGH NJW 1981, 1900). Ist der Erbvertrag nichtig, kommt uU die Umdeutung der einen oder anderen Erklärung in ein Testament in Betracht (§ 140).

5   2. Die **Verbindung mit einem Ehevertrag** schafft für den Abschluß des Erbvertrags keine nennenswerte Erleichterung, wie es nach Abs II noch den Anschein hat. Die Vorschrift hat seit der Angleichung der Beurkundungsbestimmungen durch das TestG seine Bedeutung verloren. Die Form der Beurkundung richtet sich heute für beide Vertragspartner nach dem BeurkG. Wie § 2276 I schreibt § 1410 die gleichzeitige Anwesenheit der Vertragschließenden vor, ermöglicht den Parteien allerdings, sich vertreten zu lassen. Da § 2274 keine Formvorschrift ist, sondern materielles Recht enthält, bleibt es aber bei dem Erfordernis, daß Ehe- und Erbvertrag nur vom Erblasser persönlich abgeschlossen werden kann. Es bleiben auch die §§ 2231, 2232, 2233 zu beachten (Pal/Edenhofer Rz 11; aM Staud/Kanzleiter Rz 12). Die §§ 9 I S 2, 13 I BeurkG verlangen, daß die ehevertraglichen Erklärungen Bestandteil der Niederschrift werden; die Übergabe einer verschlossenen Schrift kommt somit nicht in Frage.

6   Welche **gegenseitigen Auswirkungen** Rechtsänderungen des einen Teilvertrags auf den anderen haben, hängt von der Art der Rechtsänderung und vom Willen der Parteien ab. Erbvertrag und Ehevertrag bilden nicht notwendigerweise eine rechtliche Einheit im Sinne von § 139. Gleichwohl kann sich die Nichtigkeit des einen Teils (wegen Formverstoßes oder Anfechtung) auf den anderen Teil erstrecken, wenn es sich nach dem Parteiwillen um ein einheitliches Rechtsgeschäft handelt. Ein solcher Wille ist zu vermuten, wenn die Verträge in einer Urkunde zusammengefaßt sind und wenn der Zugewinnausgleich einschließlich des Rechts aus § 1371 I ausgeschlossen, aber nicht Gütergemeinschaft vereinbart ist (Stuttgart FamRZ 1987, 1034). Wird der Erbvertrag dagegen durch Rücktritt aufgehoben, dann greift § 139 nicht ein (BGH 29, 129; NJW 1967, 152). Sofern die Parteien nichts anderes vereinbaren, wird mit der Auflösung des Verlöbnisses auch der Erbvertrag unwirksam (§ 2279 II iVm § 2077); wirksam bleibt er dagegen beim Tod eines Verlobten (KGJ 37 A 115).

7   3. Die **Verbindung mit einem sonstigen Vertrag**, der häufig die lebzeitige Versorgung des Erblassers zum Gegenstand hat, bedeutet nicht notwendigerweise, daß auch diese Vereinbarung der Form des § 2276 bedarf (BGH 36, 65). Die Form ist aber zu beachten, wenn die Verträge untrennbar miteinander verbunden sind. Ist einer der Verträge nichtig, kann sich die Auswirkung auf den anderen nach § 139 richten (BGH 50, 72). Die hier vorausgesetzte rechtliche Einheit ist regelmäßig anzunehmen, wenn dem Vertragserblasser wiederkehrende Leistungen versprochen werden, denn der Gedanke der lebzeitigen Versorgung spricht für den Einheitlichkeitswillen des Erblassers, während der andere Vertragschließende diesen Willen nur kennen und hinnehmen muß (v Lübtow I S 408ff). Darüber hinaus lassen sich die Verträge durch Bedingungen miteinander verknüpfen (Lüke Vertragliche Störungen beim „entgeltlichen" Erbvertrag 1990 S 72f). § 2295 räumt dem Erblasser bei Aufhebung der Gegenverpflichtung ein Rücktrittsrecht ein, und uU kann der Erbvertrag noch angefochten werden (vgl die Erläuterungen zu § 2295).

8   4. **Formlose Übergabe- und Erbverträge** hat die Rspr im Höferecht anerkannt, um unbillige Härten für Abkömmlinge zu vermeiden, die über einen längeren Zeitraum nach Art und Umfang bedeutsame Tätigkeiten auf dem elterlichen Hof ausgeübt haben. Hatte der Hofeigentümer dem Abkömmling durch willentliche Duldung zu erkennen gegeben, daß er den Hof später übernehmen sollte, und hatte sich der Abkömmling darauf eingestellt, konnte darin entgegen § 125 eine Vereinbarung mit der bindenden Kraft eines Übergabevertrags liegen (BGH 12, 286; NJW 1955, 1065; Schleswig RdL 1955, 330; Hamm RdL 1956, 87). In einer formlosen Hofzusage hat die Rspr sogar den Abschluß eines bindenden Erbvertrags gesehen, wenn nicht anzunehmen war, daß der Hofeigentümer den Hof bereits zu Lebzeiten im Wege der vorweggenommenen Erbfolge auf den Nachfolger übertragen wollte (BGH 23, 249; Celle NdsRpfl 1961, 195; Braunschweig NdsRpfl 1963, 67; dagegen Schulte NJW 1958, 361; 62, 2086; Küchenhoff RdA 1958, 121). Die Rspr-Grundsätze sind in die zum 1. 7. 1976 neugefaßte HöfeO (BGBl I 1933) übernommen worden. Nach § 6 I Nr 1, 2 und § 7 II HöfeO wird der Hofeigentümer in bestimmten Fällen durch formlose Hofübergabe gebunden. Die gesetzliche Regelung erfaßt aber nicht alle möglicherweise schutzwürdigen Fallgestaltungen, insbesondere nicht die Entziehung der zunächst auf Dauer übertragenen Bewirtschaftung auf andere Personen als Abkömmlinge (vgl Lange/Wulff/Lüdtke-Handjery HöfeO § 7 Rz 12ff). In diesem Rahmen bleibt der Schutz durch die von der Rspr entwickelten Grundsätze zur formlosen Hoferbenbestimmung weiterhin nicht ausgeschlossen; Zurückhaltung ist aber geboten. Liegen die Sachverhalte zB bei gewerblichen Betrieben im Kern oft nicht anders, so ist jedenfalls diesbezüglich festgestellt, daß eine Übertragung der Rspr-Grundsätze auf Verhältnisse außerhalb des Höferechts nicht in Frage kommt (BGH 17, 184).

2277 *Besondere amtliche Verwahrung*

Wird ein Erbvertrag in besondere amtliche Verwahrung genommen, so soll jedem der Vertragschließenden ein Hinterlegungsschein erteilt werden.

1   1. § 2277 hängt mit **§ 34 BeurkG** zusammen, der die Verschließung und besondere amtliche Verwahrung des Erbvertrags zum Regelfall erklärt. Die Art der Verwahrung steht allerdings zur Disposition der Parteien. Wollen sie keine besondere amtliche Verwahrung, dann hat der Notar den Erbvertrag in die gewöhnliche amtliche Verwahrung, also zu seinen Akten zu nehmen. Für diese Alternative spricht der geringere Kosten. Beide Verwahrungsarten bezwecken den Schutz der Urkunde vor Verlust und Verfälschung und stellen die spätere Eröffnung nach dem Tod des Erblassers sicher. Dazu dient die Benachrichtigung in Nachlaßsachen gem bundeseinheitlicher Bekanntmachung der Länder v 2. 1. 2001 (AV der JM [3804-I D.5] und RdErl der IM [I A 3/14–66.18], JMBl NRW 2001, 17 = Weingärtner 270–10).

2. Die **Verschließung und besondere amtliche Verwahrung** des Erbvertrages ist gem § 34 II BeurkG im Zweifel ausgeschlossen, wenn der Erbvertrag in derselben Urkunde mit einem anderen Vertrag verbunden ist. Will nur eine Partei die besondere amtliche Verwahrung ausschließen, bleibt es beim Regelfall. Zuständigkeit und Verfahren richten sich nach §§ 2258a, 2258b, 2300, § 20 DONot, §§ 27, 28 AktO. § 2277 stellt über die Regelung in § 2258b III hinaus klar, daß der **Hinterlegungsschein** jedem Vertragschließenden zu erteilen ist, nicht nur dem Erblasser. Der Hinterlegungsschein enthält eine wörtliche Abschrift der über den Erbvertrag gemachten Eintragung im Verwahrungsbuch des Amtsgerichts.

Gegen **Rückgabe** des Hinterlegungsscheins können die Parteien gemeinschaftlich auch die Rückgabe des Erbvertrages aus der besonderen amtlichen Verwahrung verlangen. Die Rückgabe bewirkt die Aufhebung im Falle von § 2300 II, wenn der Erbvertrag nur Verfügungen von Todes wegen enthält. Anderenfalls erfolgt sie nicht an die Vertragschließenden, sondern an den Notar, der die Urschrift zu seinen Akten nimmt.

3. Die **gewöhnliche Aktenverwahrung** beim Notar erfolgt nach Maßgabe der §§ 9, 18 I, IV, 20 DONot nicht nur, wenn die Vertragschließenden die besondere amtliche Verwahrung des Erbvertrags ausgeschlossen, sondern auch, wenn sie einen gemischten Erbvertrag ohne Widerrufswirkung (§ 2300 II) von dort zurückgenommen haben (s § 34 BeurkG Rz 6).

2278 Zulässige vertragsmäßige Verfügungen

(1) In einem Erbvertrag kann jeder der Vertragschließenden vertragsmäßige Verfügungen von Todes wegen treffen.
(2) Andere Verfügungen als Erbeinsetzungen, Vermächtnisse und Auflagen können vertragsmäßig nicht getroffen werden.

Schrifttum: Buchholz, Zur bindenden Wirkung des Erbvertrags, FamRZ 1987, 440; *Coing,* Wie ist die bindende Wirkung von Erbverträgen zu ermitteln? NJW 1958, 689; *Hülsmeier,* Der Vorbehalt abweichender Verfügungen von Todes wegen beim Erbvertrag, NJW 1986, 3115; *Kornexl,* Gibt es einen Nachtrag zum Erbvertrag?, ZEV 2003, 62; *Küster,* Grenzen des Rücktrittsvorbehalts im Erbvertrag? JZ 1958, 394; *Lehmann,* Der Änderungsvorbehalt beim Erbvertrag, BWNotZ 1999, 1; *J. Mayer,* Der Änderungsvorbehalt beim Erbvertrag – erbrechtliche Gestaltung zwischen Bindung und Dynamik, DNotZ 1990, 755; *Nolting,* Inhalt, Ermittlung und Grenzen der Bindung beim Erbvertrag, 1985; *Otte,* Aufhebung der Hofeigenschaft trotz bindender Bestimmung eines Hofnachfolgers, NJW 1988, 672; *Weiler,* Änderungsvorbehalt und Vertragsmäßigkeit der erbvertraglichen Verfügung, DNotZ 1994, 427.

1. Vertragsinhalt. Das Wesen des Erbvertrages besteht in einer bindenden Verfügung von Todes wegen. Der Erbvertrag muß daher mindestens eine vertragsmäßige Verfügung enthalten. Eine schuldrechtliche Verpflichtung wird dadurch nicht begründet. Darüber hinaus können weitere vertragsmäßige Verfügungen getroffen werden, auch von beiden oder mehreren Vertragspartnern. Dazu kann jede Partei nichtvertragsmäßige (einseitige) Verfügungen in gleichem Maße in den Erbvertrag wie sonst in ein Testament aufnehmen. Auch Rechtsgeschäfte unter Lebenden lassen sich vereinbaren und mit dem Erbvertrag verbinden. Um was es sich im einzelnen handelt, hängt vom Willen der Parteien ab, die in der Vertragsgestaltung frei sind, soweit sie sich der Form des § 2276 bedienen.

2. Vertragsmäßige Verfügungen sind bindend. Sie können nur in Erbeinsetzungen, Vermächtnissen oder Auflagen bestehen. Da nicht alle Erbeinsetzungen, Vermächtnisse und Auflagen vertragsmäßig sind, muß wie sie sich in einem Erbvertrag befinden, muß für jede Verfügung gesondert festgestellt werden, ob sie mit bindender Kraft ausgestattet ist. Eine schon als vertragsmäßig bezeichnete Verfügung macht den entsprechenden Willen in der Regel deutlich. Darüber hinaus gelten die Grundsätze der vertraglichen Auslegung (vgl vor § 2274 Rz 2), in deren Rahmen a) das Interesse der Vertragspartner und b) ein eventuell eingeräumter Änderungsvorbehalt Aufschluß geben können:

a) Parteiinteressen. Ohne weitere Anhaltspunkte liegt die Annahme einer vertragsmäßigen Verfügung nahe, wenn der Vertragspartner selbst bedacht ist (BGH 26, 204; 106, 359), denn er will sich darauf einstellen, daß es bei der Anordnung bleibt. Darüber hinaus spricht für ein vertragsmäßiges Vermächtnis der Zusammenhang mit einem gleichzeitig erklärten Erbverzicht der bedachten Person (BGH 106, 359). Auch bei der Zuwendung an einen Dritten ist auf das Interesse des Vertragspartners abzustellen, das sich möglicherweise an dem Verhältnis zu dem Dritten erschließen läßt. Das Interesse kann vermögensrechtlicher, familienbedingter oder sonstiger Art sein (RG 116, 321; BayObLG Rpfleger 1983, 70; Buchholz FamRZ 1987, 441; Coing NJW 1958, 690). Gegen das Kriterium des Interesses wendet sich Nolting (S 34ff), der im Zweifel jede Verfügung in einem Erbvertrag für bindend hält. Setzen die Vertragschließenden auf ihren Nachlaß gemeinschaftlich einen Dritten ein, so spricht die Lebenserfahrung dafür, daß sich binden wollen, denn hier liegt der Zweck darin, das Vermögen zusammenzuhalten. Mit der Schlußerbeneinsetzung gemeinsamer Kinder soll zu deren Gunsten idR eine gesicherte erbrechtliche Stellung begründet werden, insbesondere im Zusammenhang mit einer Pflichtteilssanktionsklausel (Saarbrücken NJW-RR 1994, 844). Nach allgemeiner Lebenserfahrung hat jeder Ehegatte ein natürliches Interesse daran, die Zuwendungen an seine Verwandten abgesichert zu wissen. Setzen kinderlose Ehegatten die Verwandten von einem oder von beiden zu Erben des Längerlebenden ein, so ist anzunehmen, daß jeder Ehegatte an die Einsetzung der Verwandten des anderen gebunden ist, daß er die Einsetzung der eigenen Verwandten ggf aber widerrufen kann (BGH NJW 1961, 120; BayObLG FGPrax 1999, 111). Ebenso ist die Einsetzung des nur eigenen, mit dem Vertragspartner in schlechtem Verhältnis stehenden Kindes nicht vertragsgemäß (BayObLG ZEV 1997, 160).

b) Änderungsvorbehalt. Der Erblasser kann sich das Recht vorbehalten, durch eine spätere Verfügung von Todes wegen eine im Erbvertrag vorgesehene Regelung zu ändern. Der Vorbehalt bedarf der für den Erbvertrag vorgeschriebenen Form (BGH 26, 204). Er braucht nicht ausdrücklich erklärt zu werden, sondern kann sich still-

§ 2278

schweigend aus den Anordnungen ergeben (Küster JZ 1958, 394), etwa des Inhalts, daß das mit der Bindung Gewollte auf andere Weise erreicht wird (BayObLG ZEV 1995, 229). Ob und mit welchem Inhalt ein Vorbehalt in den Vertrag aufgenommen wird, betrifft die Bindung des Erblassers an die Verfügung und steht im Zusammenhang mit der Frage, ob die Verfügung vertragsmäßig ist. Soweit der Vorbehalt reicht, ist der Erblasser an seine Verfügung nicht gebunden. Geht der Vorbehalt so weit, daß der Erblasser völlig ungebunden ist, dann ist die Verfügung, auf die sich der Vorbehalt bezieht, nicht vertragsmäßig getroffen; hier fehlt es, wenn auch keine andere Verfügung bindenden Charakter hat, an der wesentlichen Voraussetzung für das Vorliegen eines Erbvertrages (Hülsmeier NJW 1986, 3115). Die hM läßt dagegen einen Totalvorbehalt nicht zu und trennt infolgedessen die Prüfung des (beschränkten) Vorbehalts von der Prüfung der Vertragsmäßigkeit (BGH NJW 1982, 441; Stuttgart OLG 1985, 434; Köln MDR 1994, 71; Hamm FGPrax 1995, 241; Buchholz FamRZ 1987, 440; einen Änderungsvorbehalt wegen des möglichen Rücktrittsvorbehalts ganz ablehnend Lehmann BWNotZ 1999, 1; Harrer LZ 1924, 11; dagegen Kornexl ZEV 2003, 236). Während der Totalvorbehalt dem Erblasser die gesamte Testierfreiheit beläßt, handelt es sich um eine vertragsmäßige Verfügung mit beschränktem Vorbehalt, wenn der Erblasser zu Änderungen berechtigt ist, die er nur nicht willkürlich vornehmen kann. Durch die Bindung an den feststehenden Inhalt bzw an die Umstände, die den Erblasser zur Änderung berechtigen, ist er in seiner Testierfreiheit beschnitten, die Verfügung also vertragsmäßig (im Grundsatz ebenso J. Mayer DNotZ 1990, 755; Weiler DNotZ 1994, 427). Beispiele eines beschränkten Vorbehalts sind die Möglichkeiten, einen weiteren Erben zu bestimmen, die gleichberechtigte Erbfolge der gemeinsamen Kinder aus triftigen Gründen anders zu regeln (Koblenz DNotZ 1998, 218), eine bedachte Person mit einem Vermächtnis oder einer Auflage zu belasten (Stuttgart ZEV 2003, 79; Düsseldorf OLG 1966, 70), eine Testamentsvollstreckung anzuordnen (Stuttgart OLG 1979, 49) oder den Wegfall der gesamten Verfügung unter einer Zeitbestimmung oder Bedingung, deren Eintritt nicht vom Willen des Änderungsberechtigten abhängt (Hülsmeier NJW 1986, 3115), etwa für den Fall, daß sich die Verhältnisse ändern (LG Koblenz JurBüro 1968, 254; aM MüKo/Musielak Rz 20). Ein Änderungsvorbehalt zugunsten des Längerlebenden kann nach ergänzender Auslegung zulassen, daß die Änderung noch zu Lebzeiten beider Vertragsparteien erfolgt; wirksam wird die neue Verfügung aber erst nach dem Ableben des anderen (BayObLG DNotZ 1996, 316). Vgl zur Wirkung beeinträchtigender Verfügungen § 2289.

5 **3. Nichtvertragsmäßige (einseitige) Verfügungen** kann jeder Vertragschließende in gleichem Umfang wie in einem Testament treffen. Aufhebbar sind die Verfügungen ebenso wie testamentarische, außerdem zusammen mit der Aufhebung einer vertragsmäßigen Verfügung durch Vertrag (§ 2292 II). Im Zweifel treten die Verfügungen außer Kraft, wenn der Vertrag aufgehoben oder durch Ausübung des Rücktrittsrechts hinfällig wird (§ 2299 III).

6 **4. Rechtsgeschäfte unter Lebenden** können mit dem Erbvertrag verbunden werden, wie § 2276 II und § 34 II BeurkG zu entnehmen ist. In Frage kommen besonders Eheverträge (§ 2276 Rz 5, 6), Verpfründungsverträge (vor § 2274 Rz 2), Erbverzichtsverträge (§§ 2346ff) und die postmortale Vollmacht (vor § 2197 Rz 7ff), die in einem Erbvertrag wirksam ist, auch wenn sie dem Bevollmächtigten erst nach dem Tod des Erklärenden oder mit der Eröffnung der Verfügung von Todes wegen bekannt wird (Köln JMBl NRW 1950, 166). Im übrigen wird eine vertragliche Verpflichtung durch das Aufschieben der Erfüllung bis zum Tod einer Partei nicht zu einem Erbvertrag, sondern bleibt ein bedingtes Rechtsgeschäft (Düsseldorf NJW 1954, 1041). Für die Abgrenzung ist entscheidend, ob der Vertrag einen Anspruch begründet, dessen Erfüllung nur hinausgeschoben ist, oder ob der Anspruch erst beim Erbfall entsteht. Siehe für den Fall der Geschäftsübernahme nach dem Tod einer Vertragspartei einerseits Hamburg MDR 1950, 615 und Ehlers JR 1950, 86 (Rechtsgeschäft unter Lebenden), andererseits Stuttgart JR 1949, 383; für den Fall der Hofübergabe OGH NJW 1949, 822 (verschleierter Erbvertrag), krit dazu BGH 8, 23. § 1365 ist auf einen Erbvertrag nicht anwendbar.

2279 *Vertragsmäßige Zuwendungen und Auflagen; Anwendung von § 2077*
(1) Auf vertragsmäßige Zuwendungen und Auflagen finden die für letztwillige Zuwendungen und Auflagen geltenden Vorschriften entsprechende Anwendung.
(2) Die Vorschrift des § 2077 gilt für einen Erbvertrag zwischen Ehegatten, Lebenspartnern oder Verlobten auch insoweit, als ein Dritter bedacht ist.

1 **1. Die entsprechende Anwendung des Testamentsrechts** (Abs I) bezieht sich nicht auf die Regelungen (wie Form, Bindung, Rücktritt), die wegen der Vertragseigenschaft in den §§ 2274ff eigenständig betroffen sind. Abs I bezieht sich auf den Regelungsinhalt materiell-erbrechtlicher Art. Inhaltlich haben die vertragsmäßigen Verfügungen von Todes wegen den gleichen Charakter wie letztwillige Verfügungen. Anwendbar sind daher insbesondere die Bestimmungen über die notwendige Bestimmtheit und Auslegung, Anwachsung, Ersatzerbschaft, Vor- und Nacherbschaft, Bedingungen, Vermächtnisarten und Verpflichtungen zur Erfüllung einer Auflage (BGH 31, 13; RG 67, 66). Das gilt auch für und wider die überlebende Vertragspartei, die im Erbvertrag bedacht ist; ein vertragsmäßiger Verzicht auf Ausschlagung ist daher unwirksam. Für einseitige Verfügungen gilt § 2299 II, der das Testamentsrecht insgesamt zur Anwendung bringt.

2 **2. Die Anwendung allgemeiner Vorschriften** über Rechtsgeschäfte und Verträge regelt § 2279 nicht. Insoweit gelten insbesondere die Grundsätze der §§ 133, 157, die §§ 134, 138, die §§ 116, 117, bei der §§ 158ff; nicht dagegen die §§ 145ff (außer I 47 I), die § 305ff, also auch nicht die §§ 320ff (aM Stürzebecher NJW 1988, 2717).

3 **3. Erbverträge zwischen Ehegatten, Lebenspartnern oder Verlobten** sind bei Nichtigkeit (aufgrund des vor dem 1. 7. 1998 geltenden EheG) oder Auflösung der Ehe, der eingetragenen Lebenspartnerschaft bzw des Verlöbnisses im Zweifel unwirksam. Die Rechtsfolge läßt sich aus der entsprechenden Anwendung von **§ 2077 I S 1** iVm § 2279 I und für zweiseitige Erbverträge iVm § 2298 I herleiten. § 2279 betrifft nur vertragsmäßige Verfügungen; die entsprechende Rechtsfolge für einseitige Verfügungen regelt § 2299. § 2279 II erstreckt die Unwirksamkeit

entsprechend § 2077 auf Zuwendungen an Dritte, da in der Regel auch hier das Fortbestehen der Beziehung zwischen den Vertragspartnern für die Zuwendung bedeutsam ist.

Der Auflösung der Ehe steht es nach § 2077 I S 2 gleich, wenn die Voraussetzungen der Scheidung bzw Aufhebung erfüllt sind und der die Scheidung Beantragende oder ihr Zustimmende während des Scheidungsverfahrens bzw der Kläger während des Aufhebungsverfahrens verstirbt. Über den Wortlaut hinaus kommt es dabei nicht darauf an, welcher Ehegatte noch vor der rechtskräftigen Entscheidung stirbt (vgl § 2268 Rz 4; MüKo/Musielak Rz 8f; anders die hM: BayObLG FamRZ 1990, 322; Hamm FamRZ 1965, 78; Staud/Kanzleiter Rz 13 mwN). So sind beim einseitigen wie beim zweiseitigen Erbvertrag die vertragsmäßigen Verfügungen des Antragstellers (Klägers) nach §§ 2279, 2077 unwirksam, wenn er selbst oder wenn sein Ehegatte stirbt. Beim zweiseitigen Erbvertrag sind die vertragsmäßigen Verfügungen des Antragsgegners (Beklagten) in beiden Fällen, also ob der Antragsteller (Kläger) oder er selbst stirbt, nach § 2298 I unwirksam. Daß die Rechtsfolge der §§ 2279, 2077 immer nur die vertragsmäßigen Verfügungen des Antragstellers (Klägers) trifft, macht sich beim einseitigen Erbvertrag bemerkbar: Stellt der Vertragspartner, der nicht selbst vertragsmäßig verfügt, den Scheidungsantrag (Aufhebungsklageantrag), und versagt der Vertragserblasser die Zustimmung, dann ist weder beim Tod des einen noch beim Tod des anderen Ehegatten die Unwirksamkeit der vertragsmäßigen Verfügung anzunehmen.

4

In allen Fällen handelt es sich aber um **Auslegungsregeln**, so daß sich aus dem Sinn und Zweck des Erbvertrages ein anderer Wille ergeben kann (BayObLG NJW-RR 1997, 7; Stuttgart OLG 1976, 17; LG Tübingen BWNotZ 1986, 67). Da die Vertragschließenden den Fall der Trennung zumeist nicht bedenken, steht der hypothetische Wille im Vordergrund der Prüfung. Dabei geht es vor allem um die Nähe des Erblassers zu der bedachten Person und die denkbare Motivation, die Zuwendung ungeachtet der Veränderungen der Partnerschaft gerade in der erbvertraglich ihn bindenden Form zu bestimmen (BayObLG ZEV 2001, 190; Hamm FamRZ 1994, 994; vgl J. Mayer ZEV 1997, 281). Der Fortgeltungswille muß ggf besonderen Umständen zu entnehmen sein (Zweibrücken FamRZ 1998, 1540).

5

2280 *Anwendung von § 2269*

Haben Ehegatten oder Lebenspartner in einem Erbvertrag, durch den sie sich gegenseitig als Erben einsetzen, bestimmt, daß nach dem Tode des Überlebenden der beiderseitige Nachlaß an einen Dritten fallen soll, oder ein Vermächtnis angeordnet, das nach dem Tode des Überlebenden zu erfüllen ist, so findet die Vorschrift des § 2269 entsprechende Anwendung.

1. Die **Auslegungsregeln des § 2269** gelten auch beim zweiseitigen Ehegattenerbvertrag. Danach wird der längerlebende Ehegatte Vollerbe und nach dessen Tod der Dritte Schlußerbe des gesamten Nachlasses. Ohne weiteres können sich in einem Erbvertrag auch unverheiratete Personen gegenseitig zu Erben einsetzen und bestimmen, daß im Anschluß an den zuletzt versterbenden Vertragspartner ein Dritter den gesamten Nachlaß erhalten soll. Die Interessenlage ist hier die gleiche wie bei Ehegatten, wenn zwischen den Vertragschließenden ein ähnlich starkes Vertrauensverhältnis besteht. In solchen Fällen sind die Auslegungsregeln entsprechend anzuwenden (Köln FamRZ 1974, 387).

1

2. Im Fall der **Wiederheirat** des überlebenden Ehegatten kommt es darauf an, ob der Erbvertrag eine Wiederheiratsklausel enthält (dazu § 2269 Rz 10ff). Wenn nicht und wenn der Erbvertrag auch nicht nach §§ 2281, 2079 angefochten wird, steht dem neuen Ehegatten nach dem zweiten Erbfall der Pflichtteil aus dem gesamten Nachlaß des letztverstorbenen Vertragspartners zu, außerdem der Zugewinnausgleich gemäß § 1371 II, wenn die zweite Ehe eine Zugewinngemeinschaft war. Ob der Anspruch aus § 1371 II auch iVm vor dem 1. 7. 1958 geschlossenen Erbverträgen besteht, ist streitig (dafür Reimann § 2289 Rz 30; dagegen Scholten NJW 1958, 935), inzwischen weniger relevant.

2

2281 *Anfechtung durch den Erblasser*

(1) Der Erbvertrag kann auf Grund der §§ 2078, 2079 auch von dem Erblasser angefochten werden; zur Anfechtung auf Grund des § 2079 ist erforderlich, daß der Pflichtteilsberechtigte zur Zeit der Anfechtung vorhanden ist.

(2) Soll nach dem Tode des anderen Vertragschließenden eine zugunsten eines Dritten getroffene Verfügung von dem Erblasser angefochten werden, so ist die Anfechtung dem Nachlaßgericht gegenüber zu erklären. Das Nachlaßgericht soll die Erklärung dem Dritten mitteilen.

Schrifttum: *Brox,* Die Einschränkung der Irrtumsanfechtung, 1960; *Hohmann,* Die Sicherung des Vertragserben vor lebzeitigen Verfügungen des Erblassers, ZEV 1994, 133; *Ischinger,* Die Bestätigung anfechtbarer Verfügungen von Todes wegen, Rpfleger 1951, 159; *Mankowski,* Selbstanfechtungsrecht des Erblassers beim Erbvertrag und Schadensersatzpflicht nach § 122 BGB, ZEV 1998, 46; *Rohlfing/Mittenzwei,* Der Erklärungsgegner bei der Anfechtung eines Erbvertrags oder gemeinschaftlichen Testaments, ZEV 2003, 49; *O. Schmidt,* Die Anfechtung des Stiftungsgeschäfts von Todes wegen bei Errichtung einer Unternehmensträgerstiftung – Mittel zur Sicherung des Unternehmens?, ZEV 2000, 308; *Veit,* Die Anfechtung von Erbverträgen, 1991; *ders,* Die Anfechtung von Erbverträgen durch den Erblasser, NJW 1993, 1533; *Winkler von Mohrenfels,* Die Auskunfts- und Wertermittlungspflicht des vom Erblasser Beschenkten, NJW 1987, 2557.

1. **Anfechtung im Überblick.** Erbverträge können die Vertragsparteien und Bedachten auf weite Sicht zu Berufs- und Vermögensplanungen anhalten. Sie sind dann von erheblicher Bedeutung, werden aber häufig abgeschlossen, wenn die persönliche und wirtschaftliche Entwicklung der Beteiligten nur vorausschauend berücksichtigt werden kann. Hier müssen Möglichkeiten bestehen, auf unvorhergesehene Entwicklungen zu reagieren: Nicht vertragsmäßige Verfügungen von Todes wegen können die Vertragspartner wie testamentarische Verfügungen

1

§ 2281

widerrufen (§ 2299). Darüber hinaus gewährt § 2281 dem Vertragserblasser die Anfechtung seiner eigenen vertragsmäßigen Verfügungen. Der Vertragspartner, der keine vertragsmäßigen Verfügungen getroffen hat, kann seine vertragliche Bindung nur über die §§ 119, 123 und die vertragsmäßigen Verfügungen des Erblassers über die §§ 2078ff, 2285 beseitigen. Letztere Möglichkeit besteht auch für sonstige Dritte iSv § 2080, denen die Aufhebung einer Verfügung unmittelbar zustatten kommen würde. Die §§ 2281ff gelten entsprechend für die Anfechtung wechselbezüglicher Verfügungen in *gemeinschaftlichen Testamenten* (BGH FamRZ 1970, 71; vgl § 2271 Rz 2). Wie bei Testamenten geht der Anfechtung aber auch bei Erbverträgen die Auslegung vor (vgl § 2078 Rz 2), wobei die Interessen des Vertragspartners angemessen zu berücksichtigen sind.

2 **2. Anfechtungsrecht des Vertragserblassers.** Da der Erblasser seine vertragsmäßigen Verfügungen nicht widerrufen kann, steht ihm nach § 2281 das Anfechtungsrecht der §§ 2078, 2079 zu; bei zweiseitigen Erbverträgen hat es jede Partei. Ausgeschlossen ist die Anfechtung, wenn der Erblasser den Anfechtungsgrund rechtsmißbräuchlich herbeiführt (Rz 5), wenn er die anfechtbare Verfügung bestätigt (§ 2284) oder wenn er auf das Recht vertragsmäßig verzichtet hat. Ein Verzicht kann auch konkludent erfolgen, indem die Eheleute sich gegenseitig als Erben einsetzen, „gleichviel, ob und welche Pflichtteilsberechtigte zur Zeit unseres Todes vorhanden sind" (BGH NJW 1983, 2249), oder indem der Erblasser zur Sicherung der Bedachten auf spätere „Einreden und Ausflüchte" verzichtet (Celle NJW 1963, 353). Ob ein derartiger Verzicht auch sehr entfernt liegende, spätere Anfechtungsmöglichkeiten umfaßt oder nur solche Tatsachen ausschließt, mit denen der Erblasser vernünftigerweise rechnen mußte, bleibt Auslegungsfrage (Staud/Kanzleiter Rz 20).

3 **3. Anfechtungsgrund.** Die §§ 2078, 2079 (und die Erläuterungen dazu) sind entsprechend anwendbar. Als Gründe für die Anfechtung vertragsmäßiger Verfügungen gelten der Inhaltsirrtum, Erklärungsirrtum, Motivirrtum, die Drohung und die Übergehung eines Pflichtteilsberechtigten.

4 a) Der **Irrtum** stellt wie üblich bei rechtsgeschäftlichen Erklärungen einen Anfechtungstatbestand dar. Die Verweisung auf die Regelung bei letztwilligen Verfügungen läßt für die Anfechtung von Erbverträgen mehr Möglichkeiten zu als die §§ 119, 123 für die Anfechtung sonstiger Verträge. Für die Frage, ob die Erklärung auch bei Kenntnis der Sachlage abgegeben worden wäre, kommt es nicht auf eine (objektive) Würdigung des Falles, sondern auf die (subjektiven) Vorstellungen des Vertragserblassers mit all den Besonderheiten seiner Persönlichkeit an (BGH FamRZ 1983, 898). Von Bedeutung ist in diesem Zusammenhang der Motivirrtum, der im Rahmen einer vertraglichen Regelung ausnahmsweise zur Anfechtung berechtigt. Die damit verbundene Abschwächung der Bindungswirkung dient dem Schutz der Testierfreiheit, zu dessen Effektivität die Grenzen der Anfechtungsmöglichkeit nicht zu eng zu ziehen sind. Als Anfechtungsgrund werden in diesem Sinne enttäuschte Erwartungen zugelassen, zB hinsichtlich bestimmter Betreuungsleistungen (BGH FamRZ 1983, 898), der Neigung und späteren Eignung eines Abkömmlings zur Unternehmensfortführung (O. Schmidt ZEV 2000, 308), einer sich harmonisch weiterentwickelnden Beziehung (BayObLG FamRZ 1983, 1273), eines bis zum Tode bestehenbleibenden Vertrauensverhältnisses (BayObLG FamRZ 2000, 1353) oder des bloßen Fortbestands der Ehe (BayObLG FamRZ 1990, 322; vorrangig ist insoweit allerdings § 2077, vgl § 2279). Zur Anfechtung berechtigt ein Irrtum über die vertragsmäßige Bindung (BayObLG NJW-RR 1997, 1027; Frankfurt FamRZ 1998, 194). Eine arglistige Täuschung kann durch einen inszenierten Suizidversuch hervorgerufen sein (BGH FamRZ 1996, 605): Entgegen § 123 II ist es für die erbvertragliche Anfechtung unerheblich, ob die Täuschung vom Vertragspartner oder einem Dritten verübt wurde.

5 b) Wegen **Übergehung eines Pflichtteilsberechtigten** kann der Erblasser anfechten, solange der Übergangene lebt. Hier gilt die Frist des § 2283, so daß der Zeitpunkt der Anfechtbarkeit maßgebend ist, nicht der des Todes. Der Erblasser soll sich selbst noch auf das Vorhandensein des Pflichtteilsberechtigten einstellen können. Nach § 2079 S 2 kann die Anfechtung ausgeschlossen sein. Auch kann die Ausübung sich als sittenwidrig oder unzulässig erweisen, wenn die Voraussetzungen nur geschaffen worden sind, um von der Bindung loszukommen, etwa bei Adoption einzig zu dem Zweck der Anfechtungsmöglichkeit. Bei Adoptionen der im gemeinsamen Haushalt lebenden Kinder der zweiten Ehefrau wird ein solcher Mißbrauchstatbestand allerdings kaum anzunehmen sein, denn die Wahrnehmung einer willkommenen Anfechtungsmöglichkeit wird vom Grundsatz der Testierfreiheit gedeckt (vgl BGH FamRZ 1970, 79; dazu Johannsen WM 1973, 531). Enthält der Erbvertrag nur Teilregelungen, kann die Anfechtung ausgeschlossen sein, wenn der (ungeregelte) Nachlaß noch so viel enthält, daß der übergangene Pflichtteilsberechtigte seinen gesetzlichen Erbteil ohnehin bekommt. Der mit dem Einzelfall verfolgte Zweck und sonstige Umstände bleiben zu beachten.

6 **4. Anfechtungserklärung.** Für die Erklärung schreibt § 2282 II die notarielle Beurkundung vor. Anfechtungsgegner ist der Vertragspartner (§ 143). Stirbt ein Vertragserblasser, dann geht das Anfechtungsrecht nicht auf die Erben über, denn das Recht ist höchstpersönlicher Art; uU erwerben Dritte ein eigenes Anfechtungsrecht (§ 2285). Derweil kann der überlebende Vertragspartner seine eigenen Verfügungen noch anfechten. Inhaltlich kann es sich aber nur noch um Erbeinsetzungen, Vermächtnisse und Auflagen zugunsten Dritter handeln. Mangels eines Anfechtungsgegners ist die Erklärung gegenüber dem Nachlaßgericht abzugeben, das für den Verstorbenen zuständig ist; dort wird es dem betroffenen Dritten mitgeteilt, zweckmäßigerweise auch dem Erben des Verstorbenen. Bei drei- oder mehrseitigen Erbverträgen ist es zweckmäßig, die Anfechtung gegenüber allen Überlebenden und dem Nachlaßgericht zu erklären (Rohlfing/Mittenzwei ZEV 2003, 53).

7 **5. Wirkung der Anfechtung.** Eine erfolgreich angefochtene Verfügung von Todes wegen ist von Anfang an nichtig. Die Anfechtung einseitiger Verfügungen hat die Unwirksamkeit der übrigen Verfügungen nur zur Folge, wenn anzunehmen ist, daß der Erblasser diese ohne die angefochtene nicht getroffen haben würde (§§ 2085, 2279). Bei zweiseitigen Verträgen gilt § 2298, wonach im Zweifel der gesamte Vertrag unwirksam wird. Die Anfechtung wegen Übergehung eines Pflichtteilsberechtigten vernichtet die Bindung unabhängig davon, ob der

Anfechtungsgrund vor dem Erbfall wieder wegfällt, ob also der Übergangene noch vor dem Erblasser stirbt. Der Erblasser erhält seine volle Verfügungsfreiheit zurück und braucht den Übergangenen im Rahmen seiner neuen Verfügungen nicht zu bedenken (BGH FamRZ 1970, 71). Nach § 140 läßt sich eine angefochtene Erklärung uU noch umdeuten und als testamentarische Verfügung aufrechterhalten (vgl Brox Die Einschränkung der Irrtumsanfechtung 1960 § 8 II 1b). Hat der Erblasser eine Verfügung selbst angefochten, dann haftet er dem Vertragspartner nach § 122 auf das negative Interesse, das in Beratungskosten und bereits erbrachten Leistungen bestehen kann (Mankowski ZEV 1998, 46; aM München NJW 1997, 2331; Veit NJW 1993, 1556; für Haftung aus cic MüKo/Musielak Rz 20).

2282 *Vertretung, Form der Anfechtung*

(1) Die Anfechtung kann nicht durch einen Vertreter des Erblassers erfolgen. Ist der Erblasser in der Geschäftsfähigkeit beschränkt, so bedarf er zur Anfechtung nicht der Zustimmung seines gesetzlichen Vertreters.
(2) Für einen geschäftsunfähigen Erblasser kann sein gesetzlicher Vertreter mit Genehmigung des Vormundschaftsgerichts den Erbvertrag anfechten.
(3) Die Anfechtungserklärung bedarf der notariellen Beurkundung.

1. Das Anfechtungsrecht ist ein **höchstpersönliches Recht** und entspricht insoweit den sonstigen erbrechtlichen Gestaltungsmöglichkeiten. Im Gegensatz dazu ist das Anfechtungsrecht nach §§ 119ff nicht höchstpersönlich.

2. Der **beschränkt Geschäftsfähige** ist ohne Zustimmung seines gesetzlichen Vertreters anfechtungsberechtigt, der Geschäftsunfähige nur durch seinen gesetzlichen Vertreter mit Zustimmung des Vormundschaftsgerichts. Die Anforderungen sind hier weniger streng als beim Vertragsschluß, der im Regelfall die unbeschränkte Geschäftsfähigkeit des Erblassers voraussetzt (§ 2275 I). Abgesehen von den Ausnahmen nach § 2275 II und III kommt die Anfechtung durch einen beschränkt Geschäftsfähigen nur bei nachträglicher Einschränkung oder beim Fortfall der Geschäftsfähigkeit in Frage, da der Erbvertrag sonst nicht hätte abgeschlossen werden können. Die Gründe, die das Herabsinken auf den Status der beschränkten Geschäftsfähigkeit des Erblassers herbeiführen können (§ 6; bis zum 31. 12. 1991 auch § 114 aF), wurden vom Gesetzgeber nicht für so schwer erachtet, daß der Erblasser nicht mehr die Erkenntnis für die Beseitigung seiner erbvertraglichen Bindung aufbringen könnte. So wird nicht verlangt, daß die Anfechtung rechtlich nur von Vorteil ist (MüKo/Musielak Rz 3; aM in Anlehnung an § 107 Staud/Kanzleiter Rz 2;). Bei dem nachträglich geschäftsunfähig gewordenen Erblasser kann ein verläßliches Abwägen aber nicht mehr erwartet werden. Hat der **Geschäftsunfähige** einen Betreuer (§ 1902), kann dieser den Erbvertrag mit Genehmigung des Vormundschaftsgerichts anfechten; nur so läßt sich ein Anfechtungsgrund im Interesse des Betreuten geltend machen. Erlangt der Erblasser die Geschäftsfähigkeit später zurück, steht ihm die Anfechtung auch bei Fristversäumnis durch den Vormund noch selbst zu (§ 2283 III).

3. Die Anfechtung kann nur durch **notariell beurkundete** Erklärung erfolgen. Die Möglichkeit gerichtlicher Beurkundung ist durch § 56 I BeurkG entfallen. Unter Lebenden ist die Anfechtung dem anderen Vertragsteil und nach dessen Tod dem Nachlaßgericht gegenüber zu erklären (§§ 143 II, 2281 II). Die Anfechtungserklärung muß dem Anfechtungsgegner in Urschrift oder Ausfertigung zugehen, eine beglaubigte Abschrift reicht zur Wirksamkeit nicht aus (BayObLG NJW 1964, 205; Rpfleger 1987, 358 auch zum Zugang bei mehrmonatigem Krankenhausaufenthalt und Zustellung unter der Anschrift der ehelichen Wohnung; aM Staud/Kanzleiter Rz 6; Veit Die Anfechtung von Erbverträgen 1991 S 27; s auch § 2296 Rz 2 zur gleichen Problematik bei der Rücktrittserklärung). Die Vorschrift ist auf die Anfechtung eines Ehegatten beim gemeinschaftlichen Testament entsprechend anwendbar, kommt insoweit allerdings erst nach dem ersten Erbfall in Betracht, da die Ehegatten ihre Verfügungen zu Lebzeiten widerrufen können.

2283 *Anfechtungsfrist*

(1) Die Anfechtung durch den Erblasser kann nur binnen Jahresfrist erfolgen.
(2) Die Frist beginnt im Falle der Anfechtbarkeit wegen Drohung mit dem Zeitpunkt, in welchem die Zwangslage aufhört, in den übrigen Fällen mit dem Zeitpunkt, in welchem der Erblasser von dem Anfechtungsgrund Kenntnis erlangt. Auf den Lauf der Frist finden die für die Verjährung geltenden Vorschriften der §§ 206, 210 entsprechende Anwendung.
(3) Hat im Falle des § 2282 Abs. 2 der gesetzliche Vertreter den Erbvertrag nicht rechtzeitig angefochten, so kann nach dem Wegfall der Geschäftsunfähigkeit der Erblasser selbst den Erbvertrag in gleicher Weise anfechten, wie wenn er ohne gesetzlichen Vertreter gewesen wäre.

1. Die **einjährige Ausschlußfrist** betrifft die Anfechtung durch den Vertragserblasser. Sie besteht auch, und das ist die Kehrseite des Anfechtungsrechts aus § 2281 I S 2, gegenüber dem beschränkt Geschäftsfähigen. Versäumt der gesetzliche Vertreter die Frist und wird dieser später (wieder) geschäftsfähig, ist allerdings eine Nachfrist von sechs Monaten (Abs III und II S 2 iVm § 210). Der Vertragsgegner, der keine eigenen vertragsmäßigen Verfügungen angeordnet hat, ist an die Fristen der §§ 121, 124 gebunden. Bei sonstigen Anfechtungsberechtigten (§§ 2080, 2285) richtet sich das Anfechtungsrecht ausschließlich nach den §§ 2078ff, die Frist nach § 2082. Ob rechtzeitig angefochten wurde, läßt sich erst entscheiden, wenn der Anfechtungsgrund klargestellt ist (BayObLG FamRZ 1990, 322; vgl § 2082 Rz 1).

2. **Fristbeginn** ist bei Anfechtung wegen Drohung die Beendigung der Zwangslage, bei den übrigen Anfechtungsfällen der Zeitpunkt, in dem der Erblasser vom Anfechtungsgrund Kenntnis erlangt (Abs II S 1). Voraussetzung ist die zuverlässige Kenntnis der das Anfechtungsrecht begründenden Tatsachen (RG 132, 1; BGH FamRZ

1970, 79; BayObLG FamRZ 1995, 1024; Frankfurt FamRZ 1998, 194). Die Verkennung der rechtlichen Tragweite der Verfügung von Todes wegen hindert den Fristablauf nicht. Die Frist läuft auch dann, wenn der Anfechtungsberechtigte den Erbvertrag wegen ihm bekannter, veränderter tatsächlicher Verhältnisse nicht mehr für bindend hält (BayObLG NJW-RR 1991, 454; Frankfurt NJWE-FER 2000, 37). Ein auf Unkenntnis der gesetzlichen Vorschriften beruhender sonstiger Rechtsirrtum kann die Kenntnis des Anfechtungsgrundes ausschließen, zB die rechtsirrige Beurteilung eines früheren Widerrufs oder eine für wirksam gehaltene frühere Anfechtung (Köln OLG 1967, 496; KG OLG 1968, 112), es sei denn, der Irrtum bezieht sich lediglich auf die gesetzlichen Anforderungen der Anfechtung (Hamm ZEV 1995, 109 mit Anm Rosemeier S 124; vgl § 2082 Rz 3). Beachtlich ist uU auch die fehlende Kenntnis des Erblassers von seiner eigenen, entsprechend § 2281 anfechtbaren Verfügung aus einem gemeinschaftlichen Testament, dessen Existenz dem Anfechtungsberechtigten nicht mehr erinnerlich ist (Kiel HEZ 2, 329; BayObLG FamRZ 1995, 1024; dazu Leipold ZEV 1995, 99); die fehlende Kenntnis muß aber bewiesen werden. Anders als nach §§ 124 III, 2082 III, 1954 IV besteht die zeitliche Schranke von 30 Jahren bei § 2282 nicht.

3   3. Die **Beweislast** für den Fristablauf trägt nach hM der Anfechtungsgegner (BayObLG NJW 1964, 205; aM MüKo/Musielak Rz 6; Johannsen WM 1972, 652). Den Anfechtungsgrund muß derjenige beweisen, der ihn geltend macht (Hamm OLG 1966, 497).

2284 *Bestätigung*
Die Bestätigung eines anfechtbaren Erbvertrags kann nur durch den Erblasser persönlich erfolgen. Ist der Erblasser in der Geschäftsfähigkeit beschränkt, so ist die Bestätigung ausgeschlossen.

1   1. Die **Bestätigung** einer anfechtbaren Verfügung beseitigt einen aktuellen Anfechtungsgrund. Dazu muß der Erblasser den Anfechtungsgrund kennen (Ischinger Rpfleger 1951, 160). Hat er eine vertragsmäßige Verfügung bestätigt, dann entfällt ein vorher bestehendes Anfechtungsrecht und Dritte erwerben keines (§§ 2285, 2080). Entgegen der Alternative, daß der Erblasser die Anfechtungsfrist ungenutzt verstreichen läßt, bekräftigt er seinen Willen durch die Bestätigung mit sofortiger Wirkung. Die Bestätigung erfolgt durch eine einseitige, nicht empfangsbedürftige Willenserklärung (BayObLG NJW 1954, 1039). Sie ist höchstpersönlicher Art und kann ihrerseits wieder angefochten werden. Satz 2 verlangt die unbeschränkte Geschäftsfähigkeit des Erblassers. Entsprechend § 2275 II und III ist für Erbverträge zwischen Ehegatten und Verlobten aber die Ausnahme zuzulassen, daß ein beschränkt Geschäftsfähiger seine Verfügungen mit Zustimmung des gesetzlichen Vertreters oder des Vormundschaftsgerichts bestätigen kann (ebenso MüKo/Musielak Rz 7; anders die überwiegende Meinung, Staud/Kanzleiter Rz 9; Schlüter Rz 295).

2   2. An eine **Form** ist die Bestätigung nicht gebunden; sie kann daher mündlich oder auch stillschweigend erfolgen. Das widerspricht nach Auffassung von Bengel (DNotZ 1984, 132) dem System der Formstrenge im Erbvertragsrecht, da auch die Anfechtung gemäß § 2282 III notariell beurkundet werden muß. Die Bestätigung ändert den geäußerten Willen aber nicht; sie beseitigt nur eine Möglichkeit der Änderung, während zB die Anfechtung eine wirksam getroffene Regelung vernichtet. Die Bestätigung ist auch keine neue Verfügung von Todes wegen, sie steht ihr nur in der Wirkung gleich.

2285 *Anfechtung durch Dritte*
Die in § 2080 bezeichneten Personen können den Erbvertrag auf Grund der §§ 2078, 2079 nicht mehr anfechten, wenn das Anfechtungsrecht des Erblassers zur Zeit des Erbfalls erloschen ist.

1   1. **Anfechtungsrecht Dritter.** Das höchstpersönliche Anfechtungsrecht des Vertragserblassers ist nicht vererblich. Statt dessen werden mit dessen Tod diejenigen Personen anfechtungsberechtigt, denen die Aufhebung der vertragsmäßigen Verfügung von Todes wegen unmittelbar zustatten kommen würde. Die Dritten sind insoweit nicht Rechtsnachfolger des Erblassers, erwerben ihr eigenes Recht dennoch nur, wenn das des Erblassers zur Zeit des Erbfalls nicht erloschen ist (Rz 2) und sie selbst nicht darauf verzichtet haben. Die Anfechtungsfrist bemißt sich nach § 2082 nicht nach § 2283. Die Anfechtungserklärung ist gegenüber dem Nachlaßgericht, bei Vermächtnisanordnungen entsprechend § 143 IV gegenüber dem Bedachten abzugeben (RG 143, 353; Rohlfing/Mittenzwei ZEV 2003, 51).

2   Die **Abhängigkeit vom Anfechtungsrecht des Erblassers** versagt dem Dritten die Anfechtung aus einem Grund, den der Erblasser bereits durch vertraglichen Verzicht, Bestätigung, Fristablauf (BayObLG NJW-RR 1989, 587) oder rechtsmißbräuchliche Herbeiführung verloren hat. Hat der Erblasser das Anfechtungsrecht ohne Erfolg ausgeübt, so ist es nicht erloschen (BGH 4, 91). Dritte können den Anfechtungsgrund geltend machen, ohne zusätzliche neue Gründe vorbringen zu müssen (v Lübtow I S 450; Staud/Kanzleiter Rz 5; aM Erman/Hense[7] Rz 2; Pal/Edenhofer Rz 2). Für eine entsprechende Anwendung des § 2285 fehlt es an dem gleichen Interessenlage, denn die Vorschrift verhindert das Entstehen eines Anfechtungsrechts gegen den Willen des Erblassers, der an der Verfügung aber gerade nicht festhalten wollte, wenn er sie (erfolglos) angefochten hat (MüKo/Musielak Rz 6).

3   2. **Beweislast.** Wer sich darauf beruft, das Anfechtungsrecht des Erblassers sei erloschen und das des Dritten nicht entstanden, muß dies nachweisen (Stuttgart OLG 1982, 315; BayObLG FamRZ 1995, 1024). Ebenso trifft den Anfechtungsgegner die Beweislast für ein Fristversäumnis des Dritten (aM MüKo/Musielak Rz 8).

2286 *Verfügungen unter Lebenden*
Durch den Erbvertrag wird das Recht des Erblassers, über sein Vermögen durch Rechtsgeschäft unter Lebenden zu verfügen, nicht beschränkt.

Schrifttum: *Brambring*, Abschied von der ehebedingten Zuwendung außerhalb des Scheidungsfalles und neue Lösungswege, ZEV 1996, 248; *Dilcher*, Die Grenzen erbrechtlicher Bindung zwischen Verfügungsfreiheit und Aushöhlungsnichtigkeit, Jura 1988, 72; *Holthöfer*, Sicherung des Vertragserben zu Lebzeiten des Erblassers, DRiZ 1954, 141; *Johannsen*, Der Schutz der durch gemeinschaftliches Testament oder Erbvertrag berufenen Erben, DNotZ 1977, Sonderheft, S 69; *Kohler*, Die schuldrechtlichen Ersatzansprüche wegen der Aushöhlung eines Nachlasses, NJW 1964, 1393; *Langenfeld*, Freiheit oder Bindung beim gemeinschaftlichen Testament oder Erbvertrag von Ehegatten? NJW 1987, 1577; *ders*, Die Bestandskraft ehebedingter Zuwendungen im Verhältnis zu Vertragserben und Pflichtteilsberechtigten, ZEV 1994, 129; *Loritz*, Freiheit des gebundenen Erblassers und Schutz des Vertrags- und Schlußerben vor Zweitverfügungen, 1992; *Stöcker*, Erbenschutz zu Lebzeiten des Erblassers bei der Betriebsnachfolge in Familienunternehmen und Höfe, WM 1980, 482; *Strobel*, Mittelbare Sicherung erbrechtlicher Erwerbsaussichten, 1982.

1. Freiheit zu Rechtsgeschäften unter Lebenden. Durch den Erbvertrag bindet sich der Erblasser an seine vertragsmäßigen Verfügungen, die er nicht mehr widerrufen kann; die Wirkung besteht darin, daß entgegenstehende Verfügungen von Todes wegen unwirksam sind (§ 2289). Rechtsgeschäfte unter Lebenden sind dem Vertragserblasser dagegen nicht verwehrt, auch wenn sie dem Ziel des Erbvertrages wirtschaftlich widersprechen (BGH NJW 1968, 2052). Mit Rechtsgeschäften sind Verfügungs- wie Verpflichtungsgeschäfte gemeint. Dazu gehören keine familienrechtlichen Akte wie Eheschließung, Adoption oder Ehelichkeitserklärung, mögen damit auch vermögensrechtliche Wirkungen verbunden sein. Ein Übergabevertrag ist ein Vertrag unter Lebenden und daher trotz erbvertraglicher Bindung möglich. Anders verhält es sich mit dem Hofübergabevertrag, der wie eine Verfügung von Todes wegen zu behandeln und bei bestehender Bindung unwirksam ist (§ 2289; vgl § 2289 Rz 5). Die Verfügungsfreiheit des Erblassers gilt in gleichem Maße für den Fall des gemeinschaftlichen Testaments, dessen wechselbezügliche Verfügungen nach dem ersten Erbfall bindend werden.

Mißbrauch. Ohne lebzeitige Eigeninteressen zu verfolgen (hM), soll der Erblasser den Bedachten zwar nicht mehr beeinträchtigen, indem er Vermögensgegenstände verschenkt (§ 2287) oder bei Anordnung eines Vermächtnisses den Gegenstand sonstwie im Wert vermindert (§ 2288). Die §§ 2287, 2288 entfalten aber keine dingliche Wirkung, sondern sie vermitteln dem Bedachten beim Erbfall einen Bereicherungsanspruch. Unwirksam kann ein Rechtsgeschäft unter Lebenden in diesem Zusammenhang nur nach § 138 sein. Vor dem Hintergrund der generalklauselartig verstandenen Mißbrauchstatbestände der §§ 2287, 2288 werden die Anforderungen an einen Sittenverstoß entgegen der früheren Rspr zur sog Aushöhlungsnichtigkeit (vgl dazu § 2271 Rz 19 und § 2287 Rz 4 mwN) verhältnismäßig hoch angesetzt. Danach müssen besondere Umstände hinzutreten, etwa ein anstößiges Zusammenwirken, das eine entgeltliche, ausgewogene Regelung hinterrücks auf den Kopf stellt (vgl BGH 59, 343; Dilcher Jura 1988, 77), oder ein Verleiten zum Vertragsbruch, wenn neben dem Erbvertrag eine zusätzliche Verpflichtung unter Lebenden (vgl Rz 4) besteht (BGH NJW 1991, 1952). Originäre Schadenersatzansprüche aus Deliktsrecht kommen für den Vertragserben daneben nicht in Betracht (s Rz 3).

2. Rechtsstellung des Bedachten. Der Erbvertrag bindet den Erblasser nur in bezug auf Verfügungen von Todes wegen. Keineswegs ist der Erblasser verpflichtet, sein Vermögen zugunsten des Nachlasses zu erhalten. Die Ansprüche des Bedachten richten sich auf das, was im Zeitpunkt des Erbfalls noch vorhanden ist, nur für den Fall einer mißbräuchlichen Verfügung auf Bereicherungsausgleich. Dergestalt vermittelt ihm der Erbvertrag eine tatsächliche Erwerbsaussicht, nicht aber ein Anwartschaftsrecht schon vor dem Erbfall (BGH 37, 319). Die Position kann weder übertragen noch gepfändet werden, sie wird in der Insolvenz des Bedachten nicht berücksichtigt und ist nicht ohne weiteres sicherungsfähig (Rz 4). Ebensowenig vermag sie dem Bedachten einen unmittelbaren deliktsrechtlichen Schutz zu gewähren, denn angesichts der Verfügungsfreiheit des Erblassers läßt sich die bloße Erwerbsaussicht des Bedachten nicht als schützenswert qualifizieren iSv § 823 (MüKo/Musielak Rz 5) oder § 826 (BGH 108, 73; NJW 1991, 1952; München OLGRp 1999, 107; aM Soergel/Wolf Rz 2 mwN). Neben dem Bereicherungsanspruch, der dem Bedachten unter den Voraussetzungen des § 2287 oder § 2288 zustehen kann, besteht für einen Anspruch aus § 826 auch bei kollusivem Zusammenwirken von Erblasser und Drittem kein Raum (BGH 108, 73 mit Anm Hohloch JuS 1989, 1017, Kohler FamRZ 1990, 464 und Schubert JR 1990, 159). Wird der Erblasser selbst durch den Dritten sittenwidrig geschädigt, können dem Erblasser die gesetzlichen Ansprüche gegen den Dritten zustehen und diese können auch auf die Erben übergehen (BGH 108, 73).

Sicherungsmöglichkeiten. Die aus dem Erbvertrag resultierende Erwerbsaussicht des Bedachten kann durch einstweilige Verfügung nicht gesichert werden; ebensowenig ist sie vormerkungsfähig (BGH 12, 115; Recker MittRhNotK 1978, 126; aM Schulte DNotZ 1953, 355). Mitunter werden daher sog **Verfügungsunterlassungsverträge** geschlossen, in denen sich der Erblasser schuldrechtlich verpflichtet, über einen bestimmten Gegenstand nicht unter Lebenden zu verfügen (BGH 31, 14). Eine besondere Form ist dazu nicht erforderlich. ZB die Verpflichtung, ein Grundstück nicht zu veräußern, stellt gerade den umgekehrten Fall des § 311b I dar (BGH FamRZ 1967, 470; WM 1974, 19). Die Einhaltung der erbvertraglichen Pflichten wird von der Rspr allerdings verlangt, wenn die Verträge eine rechtliche Einheit bilden (BGH FamRZ 1967, 470; aM Soergel/Wolf Rz 4; Kanzleiter NJW 1997, 220). In Verbindung mit dem Erbvertrag kann die Verpflichtung sogar stillschweigend übernommen werden (BGH NJW 1963, 1602; DNotZ 1969, 760; WM 1970, 1366). Die Beweisanforderungen an eine derartige Gestaltung sind indessen streng; in Anbetracht der notariellen Beratung wären markante Anhaltspunkte für eine Abweichung vom gesetzlichen Regelfall erforderlich (Köln FamRZ 1996, 251), denn eine über die erbrechtliche Bindung hinausgehende Vereinbarung bedarf eines zusätzlichen, außererbrechtlichen Motivs und entsprechender Anknüpfung in dem Vertrag. Verfügungsunterlassungsverträge begründen verschuldensunabhängige Erfüllungs- und Wiederherstellungspflichten, bei schuldhaften Verstößen außerdem die Verpflichtung zum Schadenersatz (BGH NJW 1964, 547; Lange NJW 1963, 1571; Kohler NJW 1964, 1393; Mattern DNotZ 1964, 196). Sie ließen sich noch ergänzen durch Vertragsstrafeversprechen oder Bürgschaften (vgl Baumgärtel MDR 1960, 296; Coing JZ 1960, 538) oder eine vertraglichen Verpflichtung des in Frage kommenden Dritten gegenüber dem Vertragserben, vom Erblasser keine lebzeitigen Zuwendungen anzunehmen und mit ihm keine der erbvertraglichen Regelung zuwiderlaufenden Verträge zu schließen (Köln FamRZ 1996, 251). Gleichwohl sind die Ansprüche aus Verfügungsunterlassungsverträgen nicht vormerkungsfähig und bieten dem Bedachten keinen unmittelbaren dinglichen Schutz (BGH NJW 1964, 547; Hamm DNotZ 1956, 151). Trotz § 137 wird jedoch eine Sicherung durch einstweilige Verfügung zugelassen (Stuttgart BWNotZ 1959, 70; aM Lange NJW 1963, 1576). Als zusätzliche Vereinbarung wird auch eine Sicherungsschenkung für möglich gehalten (BayObLG DNotZ 1979, 27; Holthöfer DRiZ 1954, 141 und JR 1955, 11; im einzelnen Strobel S 7ff); danach verpflichtet sich der Erblasser für den Fall der vertragswidrigen Verfügung über den Gegenstand zur sofortigen Übertragung auf den Bedachten. Handelt es sich um Grundbesitz, ist der bedingte Übereignungsanspruch vormerkungsfähig (BayObLG Rpfleger 1997, 59; aM MüKo/Mayer-Maly § 137 Rz 15 und 39). Der gleichen Beurteilung unterliegt die Vormerkungsfähigkeit eines schuldrechtlichen Vorkaufsrechts, das mit einem Vermächtnis in entsprechender Höhe kombiniert werden könnte. Bei zweiseitigen Erbverträgen kommt für die Zeit nach dem ersten Erbfall unter den gleichen Bedingungen ein Vermächtnis (Strobel S 77) sowie die Nacherbeinsetzung des Schlußerben (Mattern BWNotZ 1966, 1) in Betracht.

2287 Den Vertragserben beeinträchtigende Schenkungen

(1) Hat der Erblasser in der Absicht, den Vertragserben zu beeinträchtigen, eine Schenkung gemacht, so kann der Vertragserbe, nachdem ihm die Erbschaft angefallen ist, von dem Beschenkten die Herausgabe des Geschenks nach den Vorschriften über die Herausgabe einer ungerechtfertigten Bereicherung fordern.

(2) Der Anspruch verjährt in drei Jahren von dem Anfall der Erbschaft an.

Schrifttum: *Aunert/Micus*, Der Begriff der Beeinträchtigungsabsicht in § 2287 BGB beim Erbvertrag und beim gemeinschaftlichen Testament, Diss 1995; *Brambring*, Abschied von der ehebedingten Zuwendung außerhalb des Scheidungsfalles und neue Lösungswege, ZEV 1996, 248; *Finger/Füser/Hamm/Weber*, Aushöhlung letztwilliger Verfügungen – Ende der „Aushöhlungsnichtigkeit"?, FamRZ 1975, 251; *Hohmann*, Die Sicherung des Vertragserben zu Lebzeiten des Erblassers, ZEV 1994, 133; *Kanzleiter*, Bedarf die Zustimmung des bindend bedachten Erben zu einer ihn beeinträchtigenden Schenkung der notariellen Beurkundung?, DNotZ 1990, 776; *Keim*, § 2287 BGB und die Beeinträchtigung eines Vertragserben durch lebzeitige Zuwendungen an den anderen, ZEV 2002, 93; *Kollhosser*, Ehebezogene Zuwendungen und Schenkungen unter Ehegatten, NJW 1994, 2313; *Kuchinke*, Zur Sicherung des erbvertraglich oder letztwillig bindend Bedachten durch Feststellungsurteil, Vormerkung und Gewährung einstweiligen Rechtsschutzes, in FS Henckel 1995, S 475; *Langenfeld*, Die Bestandskraft ehebedingter Zuwendungen im Verhältnis zu Vertrags- und Pflichtteilsberechtigten, ZEV 1994, 129; *Lemcke*, Ansprüche des Vertragserben wegen beeinträchtigender Schenkungen, Diss 1998; *Loritz*, Freiheit des gebundenen Erblassers und Schutz des Vertrags- und Schlußerben vor Zweitverfügungen, Diss 1992; *Morhard*, Unbenannte Zuwendungen zwischen Ehegatten – Rechtsfolgen und Grenzen der Vertragsgestaltung, NJW 1987, 1734; *Muscheler*, Zur Frage der Nachlaßzugehörigkeit des Anspruchs aus § 2287 BGB, FamRZ 1994, 1361; *Remmele*, „Lebzeitiges Eigeninteresse" bei Schenkung zugunsten des zweiten Ehegatten? NJW 1981, 2290; *Sarres*, Kann der potenzielle Erbe lebzeitige Verfügungen des Erblassers verhindern?, ZEV 2003, 232; *Speckmann*, Aushöhlungsnichtigkeit und § 2287 BGB bei Erbverträgen und gemeinschaftlichen Testamenten, NJW 1974, 341; *ders*, Zur Frage der Beeinträchtigungsabsicht in § 2287 BGB, JZ 1974, 543; *Spellenberg*, Die sog Testamentsaushöhlung und die §§ 2287, 2288 BGB, FamRZ 1972, 349; *ders*, Verbotene Schenkungen gebundener Erblasser in der Rechtsprechung, NJW 1986, 2531; *Strunz*, Der Anspruch des Vertrags- oder Schlußerben wegen beeinträchtigender Schenkungen § 2287 BGB, 1989; *Stumpf*, Wirksamkeit und Formbedürftigkeit der Einwilligung des bedachten Erbvertragspartners in eine ihn beeinträchtigende letztwillige Verfügung, FamRZ 1990, 1057; *Winkler-v Mohrenfels*, Die Auskunfts- und Wertermittlungspflicht des vom Erblasser Beschenkten, NJW 1987, 2557.

1 **1. Schutz des Vertragserben.** § 2286 bekräftigt die Freiheit des Erblassers, Rechtsgeschäfte unter Lebenden zu tätigen. Damit korrespondiert § 2287, der den gezielten Mißbrauch dieser Freiheit sanktioniert, indem der durch eine Schenkung absichtlich beeinträchtigte Vertragserbe nach dem Erbfall einen Bereicherungsanspruch gegen den Beschenkten erhält. In gleicher Weise schützt § 2288 vertragsmäßige Vermächtnisnehmer. Dingliche Wirkung entfalten die Schutzvorschriften nicht. Zur Unwirksamkeit des Rechtsgeschäfts unter Lebenden müßten noch außergewöhnliche Umstände hinzukommen, die einen Sittenverstoß iSv § 138 begründen (s § 2286 Rz 2). Das Regelungsbedürfnis von Freiheits- und Schutzinteressen besteht in gleichem Umfang, wenn wechselbezügliche Verfügungen eines gemeinschaftlichen Testaments bindend werden; zugunsten des Schlußerben gilt dann § 2287 entsprechend (vgl § 2271 Rz 18).

2 **2. Beeinträchtigung.** § 2287 schützt die berechtigte Erberwartung des Vertrags- bzw Schlußerben. Die Vorschrift setzt deren objektive Beeinträchtigung durch mißbräuchliche Schenkung voraus (BGH WM 1988, 1759). Das Ausmaß der berechtigten Erberwartung und somit der möglichen Beeinträchtigung ergibt sich aus der Bindung durch die Verfügung von Todes wegen (BGH 83, 44). Hat sich der Erblasser zB vorbehalten, den Vertragserben mit einem Vermächtnis zu belasten, kann er dem Dritten den Gegenstand schon unter Lebenden zuwenden, ohne daß der Vertragserbe dadurch beeinträchtigt würde (BGH WM 1986, 1221). Anstelle einer vorbehaltenen Teilungsanordnung kann er auch eine lebzeitige Aufteilung unter den Vertragserben vornehmen (BGH 82, 274, in derselben Sache WM 1988, 1759). Konsequenterweise kommt es dann nicht darauf an, ob der Erblasser von dem Vorbehalt noch (in Form einer Verfügung von Todes wegen) Gebrauch macht. Erst recht ist der Vertragserbe nicht beeinträchtigt, wenn der Erblasser die Ausführung einer bindenden Verfügung von Todes wegen vorwegnimmt. In solchen Fällen ist der Rechtsgrund der Übertragung zu prüfen (zur Unterscheidung zwischen Vorauserfüllung und Schenkung Kuchinke JZ 1987, 253, krit zu BGH 97, 188). Der BGH (97, 188) begnügt sich hier mit der Feststellung, daß die berechtigte Erberwartung eines Vertrags- bzw Schlußerben im Hinblick auf eine bindend gewordene Vermächtnisanordnung ohnehin beschränkt ist. Der Vertragserbe muß im übrigen mit Pflichtteilsansprüchen rechnen, bis zu deren Höhe er nicht durch Zuwendungen beeinträchtigt ist, die der Erblasser dem Pflichtteilsberechtigten macht, der auf die Erbschaft und den Pflichtteil verzichtet hat (BGH 77, 264; 88, 269; Staud/Kanzleiter Rz 7). Bei der eingeschränkten Erberwartung bleibt es hier, weil der Verzicht nach § 2351 ohne weiteres wieder aufhebbar ist. Bei bestehendem Pflichtteilsanspruch entfällt die Beeinträchtigung allerdings nur, sofern die Zuwendung schon vereinbarungsgemäß mit dem Pflichtteil verrechnet werden soll (vgl zur Geltendmachung von Herausgabe- und Pflichtteilsanspruch Rz 7).

3. Schenkung. Die Zuwendung muß das Vermögen des Erblassers vermindern und das des Zuwendungsempfängers vermehren; dazu bedarf es der Einigung über die Unentgeltlichkeit (BGH WM 1988, 1759). Unentgeltlich ist eine Zuwendung, die nicht durch eine Gegenleistung abgegolten wird. Als Gegenleistung kommen ua die Pflege des Erblassers und eine frühere, verdienstvolle Tätigkeit des Zuwendungsempfängers in Betracht (vgl BGH NJW-RR 1986, 1135). Teilweise Unentgeltlichkeit reicht aus. Für zumindest teilweise Unentgeltlichkeit spricht eine Vermutung, wenn zwischen dem objektiven Wert von Leistung und Gegenleistung ein auffallendes, grobes Mißverhältnis besteht (BGH 82, 274). Um ein solches Mißverhältnis muß es sich bei der Aufnahme eines Gesellschafters zum Nominalwert nicht handeln, da es auf den tatsächlichen Wert des Anteils ankommt und dabei auch die mit der Gesellschafterstellung verbundenen Pflichten zu berücksichtigen sind (zu undifferenziert insoweit BGH 97, 192; krit Kuchinke JZ 1987, 253; vgl Rz 2). Ebenso stellt ein Kauf zum Freundschaftspreis nicht ohne weiteres eine gemischte Schenkung dar (BGH WM 1973, 680). Den Tatbestand erfüllen allerdings die verschleierte Schenkung (BGH FamRZ 1961, 72), das Schenkungsversprechen (§ 518) und die vollzogene Schenkung von Todes wegen (§ 2301 II). Wie eine Schenkung behandelt die neuere Rspr auch die sog ehebedingte Zuwendung, es sei denn, sie wird im Einzelfall unterhaltsrechtlich geschuldet (§ 1360) und trägt insoweit entgeltlichen Charakter (BGH 116, 167; ZEV 1996, 25; Brambring ZEV 1996, 248; für Entgeltlichkeit Morhard NJW 1987, 1734; Kues FamRZ 1992, 924); den anzuerkennenden Belangen der Eheleute wird man allerdings gerechter, nach Fallgruppen zu unterscheiden und eine hälftige Eigentumszuordnung am Familienheim und eine angemessene Altersvorsorge durch Vermögensbildung drittanspruchsfest auszugestalten (differenzierend idS Langenfeld ZEV 1994, 129; Kollhosser NJW 1994, 2313). In allen Fällen erfaßt § 2287 nur die nach Abschluß des Erbvertrages vorgenommene Schenkung (einschränkend Erman/Hense⁷ Rz 1). Andererseits ist das Schenkungsversprechen auf den Todesfall nach §§ 2301 I, 2289 I S 2 unwirksam.

4. Beeinträchtigungsabsicht. Nach früherer Rspr mußte die Beeinträchtigung des Vertragserben der bestimmende Beweggrund für die Schenkung des Erblassers gewesen sein. Daneben wurden erbvertragswidrige Umgehungsgeschäfte unter § 134 gefaßt, waren also von Anfang an unwirksam (vgl Spellenberg FamRZ 1972, 349). Der BGH (59, 343) hat seine Rechtsprechung zur sog Aushöhlungsnichtigkeit aufgegeben, gleichsam aber die Anforderungen an die Bereicherungsansprüche der Bedachten gelockert. Die §§ 2287, 2288 werden seither als Generalklausel zur Mißbrauchsverhinderung verstanden. Danach muß in der Beeinträchtigung des Vertragserben nicht das treibende Motiv der Schenkung liegen. Es reiche aus, wenn der Schenkung kein lebzeitiges Eigeninteresse des Erblassers zur Seite steht. Abgestellt wird darauf, ob die Schenkung billigenswert und gerechtfertigt ist, infolgedessen der erbvertragsmäßig Bedachte die Beeinträchtigung hinnehmen muß; dazu seien die berechtigten Erberwartungen des Vertragserben gegen die Beweggründe des Erblassers abzuwägen (BGH 77, 264; 83, 44; 88, 269; 116, 167; ZEV 1996, 25; Celle ZEV 2002, 22; München ZEV 2000, 104; abl Speckmann NJW 1974, 341; Finger/Füser/Hamm/Weber FamRZ 1975, 251; Loritz S 103ff; Aunert/Micus S 86; Lemcke S 54; Staud/Kanzleiter Rz 13). Mit der Gesetzesfassung und dem Willen des Gesetzgebers (Mugdan V Prot S 7279) stimmt das erweiterte Verständnis der Beeinträchtigungsabsicht nicht überein. Die Vorschrift verlangt eine zielgerichtete Beeinträchtigung. Die damit verbundenen Beweisschwierigkeiten und der enge Anwendungsbereich waren dem Gesetzgeber bekannt. Der Schutzbereich des Vertragserben ist insoweit definiert, eine Ausdehnung nicht veranlaßt. Die hM ersetzt einen unbestimmten Rechtsbegriff durch einen anderen, mag dieser auch objektiveren Inhalts sein. Ob der Erblasser eine Beeinträchtigung des Vertragserben bezweckte, hängt indessen nicht von seinem möglicherweise auch vorhandenen Eigeninteresse an der Schenkung ab.

Einzelfälle. Als Beweggrund wird ein bloßer Sinneswandel des Erblassers nicht anerkannt (BGH 77, 264). Hat er einen Angehörigen im Erbvertrag nur unzureichend bedacht, dann soll er die Verfügung von Todes wegen nicht durch lebzeitige Verfügung korrigieren können; es müßte sich vielmehr die Sachlage nach Abschluß des Erbvertrages geändert haben (BGH NJW 1984, 731; Frankfurt NJW-RR 1991, 1157). Allerdings kann das Interesse des Erblassers bereits vorher entstanden sein und der Erblasser mag es schon erkannt haben; besonders das Bedürfnis, im Alter versorgt und gepflegt zu werden, wird mit den Jahren dringender und gewichtiger (BGH 83, 44). Die (eigene) Alterssicherung ist daher ein grundsätzlich anerkennenswertes lebzeitiges Eigeninteresse (BGH 88, 269; NJW 1992, 2630). Soweit es sich in Verbindung mit Versorgungsleistungen überhaupt um eine (gemischte) Schenkung handelt (vgl Rz 2), kommt es auf die Möglichkeit, die Altersversorgung auf andere Weise kostengünstiger zu erlangen, in der Regel nicht an (BGH 82, 274). Von größter Bedeutung bleiben die individuellen Wünsche des Erblassers, zB in welchem Umfeld er sich aufhalten und die Betreuung in Anspruch nehmen will. Das gilt im Grundsatz auch für die Wahl der Pflegepersonen (einerseits Köln ZEV 2000, 317; andererseits Oldenburg FamRZ 1994, 1423). Ein lebzeitiges Eigeninteresse wird verneint, wenn die Schenkung außerhalb jedes Verhältnisses zu den Pflegeleistungen des Beschenkten und der Lebensposition des Schenkers steht und erklärtermaßen die Vertragserben treffen soll (Koblenz OLG 1991, 235). Gerechtfertigt ist eine Schenkung hingegen bei der Erfüllung einer sittlichen Pflicht (BGH 66, 8; 83, 44), etwa zur Unterstützung von Angehörigen, wobei das Ausmaß entscheidender ist als bei der eigenen Versorgung. Wie bei der Eigenversorgung kann aber auch hier das Interesse des Versorgung Dritter das Interesse schon vor Abschluß des Erbvertrages vorhanden gewesen sein. Nur gilt die rechtfertigende Kraft sittlicher Gründe als gering, wenn sich der Erblasser schon bei Abschluß des Erbvertrages über sie hinweggesetzt hat (BGH 83, 44). Annerkennenswert ist der Wunsch, wegen inzwischen eingetretener Verluste der Familienfirma für den Lebensabend des Ehegatten vorzusorgen (Köln FamRZ 1996, 251). Allein aus einer langjährigen personalen

§ 2287 Erbrecht Erbvertrag

Verbundenheit wird keine sittliche Pflicht erkannt, einen Bruchteil von weniger als ⅕ seines Vermögens zu verschenken (Köln NJW-RR 1992, 200). Anstandsschenkungen geschehen im Rahmen der allgemeinen Lebensführung des Erblassers und unterliegen jedenfalls dem lebzeitigen Eigeninteresse. Darunter fallen auch Schenkungen zu gemeinnützigen (kulturellen, wohltätigen) Zwecken. Ebenso kann ein ideellen Gesichtspunkten dienender, wirtschaftlich nicht notwendiger Verkauf unter Preis von lebzeitigem Eigeninteresse bestimmt sein (BGH 97, 188). Dem berechtigten Eigeninteresse zugeordnet wird auch eine der Gleichbehandlung der Vertragserben und dem Rechtsfrieden dienende Vermögensübertragung (Düsseldorf ZEV 2001, 110 mit Anm Kummer). Bezweckt der Erblasser mit der Schenkung gerade das Wohl des Vertrags- bzw Schlußerben, dessen Betreuung nach dem Tod des Erblassers sichergestellt werden soll, dann wird es nicht nur an der Beeinträchtigungsabsicht ieS fehlen (was die Schenkung nach hM nicht ohne weiteres rechtfertigt), sondern überhaupt an einem Mißbrauch der rechtsgeschäftlichen Verfügungsfreiheit (BGH DNotZ 1987, 115). Für gerechtfertigt wird eine Schenkung auch gehalten, wenn sich der Vertragserbe einer schweren Verfehlung gegenüber dem Erblasser schuldig gemacht hat (LG Gießen MDR 1981, 582; aM Spellenberg NJW 1986, 2537).

6 **5. Anfall der Erbschaft.** Der Herausgabeanspruch hat zur weiteren Voraussetzung, daß der Anspruchsgläubiger als vertragsmäßig Bedachter Erbe geworden ist. Im Fall der Ausschlagung fällt der Anspruch daher rückwirkend fort (§ 1953). Der Voraussetzung zufolge entsteht der Anspruch des Vertragserben mit dem Erbfall. Vorher hat er kein Anwartschaftsrecht auf die Erbschaft und ebensowenig einen bedingten Herausgabeanspruch nach § 2287 (aM Koblenz MDR 1987, 935), weil der vom Erbrecht abgeleitete Herausgabeanspruch ihm keine gesichertere Rechtsposition verschafft als das Erbrecht selbst. So besteht kein Anspruch, der durch Maßnahmen des einstweiligen Rechtsschutzes oder eine Vormerkung **sicherbar** wäre (aM Hohmann ZEV 1994, 136) eine Analogie zu § 2127 I ist nicht veranlaßt (erwogen von Sarres ZEV 2003, 233; vgl § 2127 Rz 3) und es besteht kein Rechtsverhältnis iSv § 256 ZPO, das bereits Grundlage einer Feststellungsklage sein könnte (Staud/Kanzleiter Rz 18; aM Koblenz MDR 1987, 935; Pal/Edenhofer Rz 17; Hohmann ZEV 1994, 136; Kuchinke in FS Henckel S 488; beschränkend auf Ausnahmefälle München FamRZ 1996, 253).

7 **6. Inhalt und Umfang des Bereicherungsanspruchs** ergeben sich aus den §§ 818–822. Grundsätzlich kann der Vertragserbe vom Beschenkten die Herausgabe des Geschenkes verlangen. Bei Unmöglichkeit hat der Beschenkte den Wert zu ersetzen. Hat der Erblasser das Schenkungsversprechen nicht mehr erfüllt, so besteht der Anspruch in der Befreiung von der Verbindlichkeit. Auch nach Verjährung dieses Anspruchs kann der Vertragserbe die Erfüllung des Schenkungsversprechens verweigern (§ 821). Der Beschenkte kann sich gemäß § 818 III auf den Wegfall der Bereicherung berufen, wenn er nicht nach § 818 IV oder § 819 verschärft haftet. Die verschärfte Haftung trifft ihn bei Kenntnis von der erbvertraglichen Bindung und dem Motiv der Schenkung. Ein höherer Anspruch als der Wert der Schenkung kommt nicht in Betracht (BGH WM 1988, 1759). Im Fall der **gemischten Schenkung** stellt sich die Frage, ob das Geschenk gegen Erstattung der Gegenleistung herausverlangt werden kann oder ob der Vertragserbe lediglich einen Geldanspruch im Wert der unentgeltlichen Leistung hat. Mit der hM ist auf den Charakter des Rechtsgeschäfts abzustellen: bei Überwiegen der Schenkung besteht ein Herausgabeanspruch, Zug um Zug gegen Ausgleichszahlung in Höhe der entgeltlich erbrachten Leistung, sonst ein Geldanspruch in Höhe des Mehrwerts (BGH 82, 274; NJW 1953, 501; Staud/Kanzleiter Rz 26; Keim ZEV 2002, 95; aM Erman/Hense[7] Rz 4; für ein Wahlrecht des Vertragserben bei überwiegender Schenkung MüKo/Musielak Rz 18; für Herausgabe Kipp/Coing § 38 IV 2a; für Herausgabe nur, wenn der Gegenstand entgeltlich überhaupt nicht übertragen worden wäre, OGH 1, 258; 2, 160). Im Fall der Pflichtteilsberechtigung des Beschenkten kann der Vertragserbe seinen Herausgabeanspruch ebenso nur Zug um Zug gegen Zahlung des Pflichtteilsbetrages geltend machen; einer Einrede des Beschenkten bedarf es dazu nicht (BGH 88, 269). Hatte der Beschenkte bereits auf seinen Pflichtteil verzichtet, kommt eine Verrechnung nicht in Betracht (Karlsruhe ZEV 2000, 108). Was der Vertragserbe und entsprechend der Schlußerbe eines Berliner Testaments (BFH ZEV 2000, 461; aM Kapp/Ebeling ErbStG § 3 Rz 148) aufgrund § 2287 erwirbt, unterliegt gem § 3 II Nr 7 ErbStG der Erbschaftsteuer.

8 **7. Gläubiger und Schuldner.** Der Anspruch steht dem Vertragserben unabhängig davon zu, ob er als Vertragspartei oder als Dritter bedacht ist. Mehrere Vertragserben besitzen den Anspruch im Gemeinschaftsverhältnis nach §§ 741ff, nicht in Gesamthandsgemeinschaft (BGH 78, 1; Koblenz MDR 1987, 935). So kann ein teilbare Leistung jeder Erbe einen Anteil in Höhe seiner Erbquote geltend machen (Celle ZEV 2002, 22); bei unteilbarer Leistung gilt § 432. Ausnahmsweise wird es aber zugelassen, die Herausgabe des Geschenkes an einen Miterben allein zu verlangen, wenn es diesem im Wege der Teilungsanordnung zugedacht war (Frankfurt NJW-RR 1991, 1157). Der Vertragsgegner als solcher besitzt keinen Anspruch aus § 2287. Da der Anspruch nicht in den Nachlaß fällt (dazu Muscheler FamRZ 1994, 1361), kann er grundsätzlich nicht vom Testamentsvollstrecker oder Nachlaßgläubiger erhoben werden. Rechtsfolgengerichtet bietet es sich an, nach § 2287 zurückgeholte Gegenstände der Testamentsvollstreckung zu unterwerfen, wenn sich dies ebenso ohne die lebzeitige Schenkung ergeben hätte (Muscheler FamRZ 1994, 1369; zust Pal/Edenhofer Rz 11; für ein Übernahmerecht des Testamentsvollstreckers, sofern der Erbe den Anspruch nach § 2287 geltend macht, Staud/Kanzleiter Rz 19). Dem Nachlaßgläubiger bleibt schließlich die Anfechtung gem §§ 129ff InsO und §§ 3ff AnfG. Der Anspruch des Vertragserben richtet sich (anders als im Fall des § 2288 II) gegen den Beschenkten.

9 **8. Ausschluß.** Nach hM sind die Schutzvorschriften der §§ 2287, 2288 dispositiv. Die Parteien können sich im Erbvertrag wirksam darauf einigen, den Anspruch aus § 2287 auszuschließen. Dafür spricht die Vertragsfreiheit der Parteien und im Vergleich mit der Rücktrittsmöglichkeit des § 2293 (Köln ZEV 2003, 76 mit Anm J. Mayer; Staud/Kanzleiter Rz 28; RGRK/Kregel Rz 2). Um die Aufhebung der vertragsmäßigen Bindung handelt es sich bei dem Ausschluß nicht (MüKo/Musielak Rz 24), wenn auch infolge der vertraglichen Vereinbarung praktisch keine berechtigten Erberwartungen mehr bestehen. In eine Prüfung der Voraussetzungen des § 138 ist dies einzubeziehen (im Ergebnis ebenso Soergel/Wolf Rz 1; Pal/Edenhofer Rz 11). Nach einer Mindermeinung ist der Aus-

schluß demgegenüber in jedem Fall sittenwidrig (Kipp/Coing § 38 IV 2c; Planck/Greiff⁴ Anm 8). In der vertragsmäßigen Einsetzung auf den Überrest ist nicht ohne weiteres ein Schenkungsvorbehalt enthalten, wie die ähnliche Regelung in den §§ 2137 I und 2113 II zeigt. Stimmt der Vertragserbe einer beeinträchtigenden Schenkung des Erblassers (formlos) zu, liegt darin uU ein Verzicht auf den Schutz des § 2287, da kaum noch von einem Mißbrauch der Verfügungsfreiheit die Rede sein kann (Lange/Kuchinke § 25 V 8; MüKo/Musielak Rz 24; RGRK/Kregel Rz 11; Kanzleiter ZEV 1997, 267; aM BGH 108, 252; Leipold Rz 391). In Analogie zum Erbverzicht verlangt die Gegenmeinung die Einhaltung der Form des § 2348. Bei einem Vergleich verbleiben immerhin Zweifel daran, ob der auf den Bereicherungsanspruch Verzichtende eines derartigen Schutzes bedarf (Kanzleiter DNotZ 1990, 776). Praktisch reduzieren die strengeren Anforderungen der höchstrichterlichen Rechtsprechung ihre Wirkung auf Fälle, in denen dem Bereicherungsanspruch des Verzichtenden nicht der Einwand der Arglist entgegensteht. Jedenfalls bedarf die Zustimmung des gesetzlichen Vertreters eines Minderjährigen der Genehmigung des Vormundschaftsgerichts (BGH 83, 44).

9. Beweiserleichterungen. Der Vertragserbe trägt die Beweislast für das Bestehen des Anspruchs, also für das Vorliegen der Anspruchsvoraussetzungen. Da der Vertragserbe an dem beeinträchtigenden Rechtsgeschäft regelmäßig nicht beteiligt war und der Erblasser nach Lage der Dinge keine Auskunft mehr geben kann, werden die Beweisanforderungen zugunsten des Vertragserben nach hM gelockert. Bei einem auffallenden, groben Mißverhältnis von Leistung und Gegenleistung wird die Vereinbarung der Unentgeltlichkeit vermutet (BGH 82, 274). Ist dem Vertragserben nicht bekannt und ist auch aus den Umständen nicht ersichtlich, welche Beweggründe den Erblasser zu dem Rechtsgeschäft veranlaßt haben, hat der Beschenkte die Umstände aus seiner Sicht darzulegen, ua also die Vermutung zu erschüttern (Köln ZEV 2000, 106). Kann aus dieser Darstellung nicht auf ein lebzeitiges Eigeninteresse des Erblassers geschlossen werden, dann gilt das Element des Mißbrauchs und somit der Anspruch aus § 2287 als begründet (BGH 66, 8). Entgegen der hM ist die Beeinträchtigungsabsicht ieS (vgl Rz 4) aber von dem Anspruchsteller nachzuweisen.

Auskunftsanspruch. An einer bloßen Ausforschung muß ein vermeintlich Beschenkter nicht selbst mitwirken. Der Vertragserbe kann aber einen auf § 242 gestützten, vorbereitenden Anspruch auf Auskunft erlangen, wenn es ihm unmöglich ist, die notwendigen Informationen über eine etwaige Schenkung anderweitig zu beschaffen, während dem Beschenkten entsprechende Angaben unschwer möglich sind. Dazu muß der Vertragserbe den Hauptanspruch schlüssig darlegen und in substantiierter Weise Tatsachen vortragen und beweisen, die greifbare Anhaltspunkte für eine sein Erbrecht beeinträchtigende Schenkung ergeben (BGH 97, 188 mit Anm Kuchinke JZ 1987, 252; Sarres ZEV 2001, 228; anders noch BGH 18, 67; Analogie zu § 2028 befürwortend Winkler v Mohrenfels NJW 1987, 2258; Loritz S 161). Den Umständen nach müssen Schenkung und Beeinträchtigungsabsicht (nach hM fehlendes lebzeitiges Eigeninteresse) naheliegen. Der Anspruch ist materiellrechtlicher Natur. Im Zuge dessen hat der vermeintlich Beschenkte Auskunft über den Erhalt der Zuwendung zu geben. Damit ist eine Verpflichtung zur Wertermittlung nicht verbunden. Die Auskunftspflicht bezieht sich allerdings auf die Angaben, denen der Vertragserbe zur Berechnung seines Bereicherungsanspruchs bedarf. So steht es dem Vertragserben frei, auf eigene Kosten einen Sachverständigen hinzuzuziehen, der die Wertermittlung vornimmt (Winkler v Mohrenfels NJW 1987, 2560). Zu Sicherungsmaßnahmen zu Lebzeiten des Erblassers siehe § 2286 Rz 4.

10. Verjährung. Abweichend von der dreißigjährigen Verjährungsfrist erbrechtlicher Ansprüche (§ 197 Abs I Nr 2) verjähren die Ansprüche des Vertragserben und des Vertragsvermächtnisnehmers nach § 2287 I bzw § 2288 II S 2 in drei Jahren. Abs II bestimmt auch den Verjährungsbeginn: ungeachtet der Kenntnis der Schenkung von dem Anfall der Erbschaft an.

2288 *Beeinträchtigung des Vermächtnisnehmers*

(1) Hat der Erblasser den Gegenstand eines vertragsmäßig angeordneten Vermächtnisses in der Absicht, den Bedachten zu beeinträchtigen, zerstört, beiseite geschafft oder beschädigt, so tritt, soweit der Erbe dadurch außerstande gesetzt ist, die Leistung zu bewirken, an die Stelle des Gegenstands der Wert.

(2) Hat der Erblasser den Gegenstand in der Absicht, den Bedachten zu beeinträchtigen, veräußert oder belastet, so ist der Erbe verpflichtet, dem Bedachten den Gegenstand zu verschaffen oder die Belastung zu beseitigen; auf diese Verpflichtung findet die Vorschrift des § 2170 Abs. 2 entsprechende Anwendung. Ist die Veräußerung oder die Belastung schenkweise erfolgt, so steht dem Bedachten, soweit er Ersatz nicht von dem Erben erlangen kann, der im § 2287 bestimmte Anspruch gegen den Beschenkten zu.

1. Schutz des vertragsmäßigen Vermächtnisnehmers. Gegen den Mißbrauch der lebzeitigen Verfügungsfreiheit des Erblassers bietet § 2288 dem vertragsmäßig eingesetzten Vermächtnisnehmer einen weitergehenden Schutz als § 2287 dem Vertragserben. § 2288 erfaßt sämtliche Handlungen, die den Wert des Vermächtnisgegenstandes im Vermögen des Erblassers beeinträchtigen, auch tatsächliche Handlungen und entgeltliche Verfügungen. Geschützt werden auch Geld- und sonstige Gattungsvermächtnisse (BGH 111, 138). Würde die Vorschrift fehlen, hätte der Vermächtnisnehmer infolge der Beeinträchtigung keinen Leistungsanspruch, da ein Vermächtnis (abgesehen vom Verschaffungsvermächtnis nach § 2169 I) unwirksam ist, wenn der Vermächtnisgegenstand zur Zeit des Erbfalls nicht mehr zur Erbschaft gehört. Ist ohnehin ein Verschaffungsvermächtnis angeordnet, bleibt noch die Anwendung von § 2288 I relevant, da der Begünstigte auf anderem Wege keinen Ersatzanspruch bekommt, wenn der Vermächtnisgegenstand beschädigt oder die Leistung (bei Zerstörung) objektiv unmöglich ist (§ 2171). Der Schutz des § 2288 kann grundsätzlich abbedungen werden (vgl § 2287 Rz 9). Bei bindend gewordenen Vermächtnisanordnungen in einem gemeinschaftlichen Testament gilt § 2288 entsprechend. Eine entsprechende Anwendung bei der Auflage kommt aber nicht in Betracht (aM Soergel/Wolf Rz 1), da der Auflagenbegünstigte schon keinen Erfüllungsanspruch hat.

M. Schmidt

§ 2288 Erbrecht Erbvertrag

2 **2. Tatsächliche Beeinträchtigung.** Die in Abs I genannten Handlungen (Zerstören, Beiseiteschaffen, Beschädigen) haben zur Folge, daß der Vermächtnisgegenstand aus dem Vermögen des Erblassers ausgeschieden oder im Wert gemindert ist. Entsprechendes gilt für den Untergang durch Verbrauch, Verarbeitung, Verbindung und Vermischung (MüKo/Musielak Rz 2). Handelte der Erblasser dabei in Benachteiligungsabsicht (Rz 4), ist anstelle des Gegenstandes Wertersatz zu leisten, soweit der Erbe außerstande ist, die Vermächtnisleistung zu bewirken.

3 **3. Rechtsgeschäftliche Beeinträchtigung.** Abs II betrifft die Veräußerung und Belastung des Vermächtnisgegenstandes, unabhängig davon, ob sie unentgeltlich oder entgeltlich erfolgt. Unter der Voraussetzung der Beeinträchtigungsabsicht (Rz 4) wird das Vermächtnis kraft Gesetzes zum Verschaffungsvermächtnis und bei Belastung des Vermächtnisgegenstandes besteht abweichend von § 2165 in jedem Fall ein Anspruch auf Beseitigung der Rechte. Außerdem geht der Vermächtnisanspruch entgegen § 2169 IV etwaigen Ansprüchen aus Verpflichtungsgeschäften vor.

4 **4. Beeinträchtigungsabsicht.** Die Voraussetzung wird in § 2288 wie in § 2287 verstanden (s § 2287 Rz 4 und 5), nach hM also unter dem Gesichtspunkt des Mißbrauchs der Freiheit zu Rechtsgeschäften unter Lebenden. In diesem Sinne wird ein die Beeinträchtigungsabsicht ausschließendes lebzeitiges Eigeninteresse des Erblassers an der Veräußerung eines vermachten Gegenstandes nur bejaht, wenn sich das Interesse gerade auf die Veräußerung dieses Gegenstandes richtete und der erstrebte Zweck durch andere wirtschaftliche Maßnahmen nicht zu erreichen gewesen wäre (BGH NJW 1984, 731; DNotZ 1998, 834; Köln ZEV 2003, 76; hinsichtlich der anderweitigen Zweckerreichung abweichend Köln FamRZ 1996, 251).

5 **5. Anspruchsschuldner** ist der Erbe bzw die Erbengemeinschaft (BGH 26, 280), unabhängig davon, ob der Erbe selbst beschwert ist (RGRK/Kregel Rz 4; Staud/Kanzleiter Rz 7, 10; MüKo/Musielak Rz 9). Bei unentgeltlicher Veräußerung oder Belastung richtet sich der Anspruch im Umfang von § 2287 hilfsweise gegen den Beschenkten (Abs II S 2).

2289 Wirkung des Erbvertrags auf letztwillige Verfügungen; Anwendung von § 2338

(1) Durch den Erbvertrag wird eine frühere letztwillige Verfügung des Erblassers aufgehoben, soweit sie das Recht des vertragsmäßig Bedachten beeinträchtigen würde. In dem gleichen Umfang ist eine spätere Verfügung von Todes wegen unwirksam, unbeschadet der Vorschrift des § 2297.

(2) Ist der Bedachte ein pflichtteilsberechtigter Abkömmling des Erblassers, so kann der Erblasser durch eine spätere letztwillige Verfügung die nach § 2338 zulässigen Anordnungen treffen.

Schrifttum: *Buchholz*, Zur bindenden Wirkung des Erbvertrags, FamRZ 1987, 440; *J. Bühler*, Zur Wechselbezüglichkeit und Bindung beim gemeinschaftlichen Testament und Erbvertrag, DNotZ 1962, 359; *Bund*, Die Bindungswirkung des Erbvertrages, JuS 1968, 268; *Coing*, Wie ist die bindende Wirkung von Erbverträgen zu ermitteln? NJW 1958, 689; *Dilcher*, Die Grenzen erbrechtlicher Bindung zwischen Verfügungsfreiheit und Aushöhlungsnichtigkeit, Jura 1988, 72; *Ivo*, Die Zustimmung zur erbvertragswidrigen Verfügung von Todes wegen, ZEV 2003, 58; *Kornexl*, Gibt es einen Nachtrag zum Erbvertrag?, ZEV 2003, 62; *ders*, Nochmals: Gibt es einen Nachtrag zum Erbvertrag?, ZEV 2003, 235; *Lehmann*, Der Änderungsvorbehalt beim Erbvertrag, BWNotZ 1999, 1; *ders*, Nochmals: Gibt es einen Nachtrag zum Erbvertrag?, ZEV 2003, 234; *J. Mayer*, Der Änderungsvorbehalt im Erbvertrag – erbrechtliche Gestaltung zwischen Bindung und Dynamik, DNotZ 1990, 755; *Meyding*, Erbvertrag und nachträgliche Ausschließung des Testamentsvollstreckers ZEV 1994, 98; *Nolting*, Inhalt, Ermittlung und Grenzen der Bindung beim Erbvertrag, 1985; *Siebert*, Die Bindungswirkung des Erbvertrages. Ein Beitrag zur Gesetzesauslegung im Erbrecht, vor allem zu § 2289 BGB, FS Hedemann, 1958, S 237; *Weiler*, Änderungsvorbehalt und Vertragsmäßigkeit der erbvertraglichen Verfügung, DNotZ 1994, 427.

1 **1. Bindungswirkung.** Vertragsmäßige Verfügungen in einem Erbvertrag sind bindend. Die Bindung richtet sich nach den Verhältnissen zur Zeit des Vertragsschlusses, und zwar in dem Umfang, den die Vertragsparteien im Rahmen der gesetzlichen Gestaltungsmöglichkeiten gewollt haben. Damit wird bezweckt, daß der Vertragsgegner (nicht der Bedachte) sich auf die vertragsmäßigen Verfügungen verlassen kann. § 2289 behandelt die Folgen dieser Bindung. Sie wirkt durch Aufhebung früherer Verfügungen in die Vergangenheit und durch Einengung der Testierfreiheit (nicht Testierfähigkeit, aM Brox ErbR Rz 157) in die Zukunft. Vor dem Erbfall erwirbt der Bedachte aber kein Anwartschaftsrecht, sondern lediglich eine tatsächliche Erwerbsaussicht. Auch Rechtsgeschäfte unter Lebenden bleiben dem Erblasser gestattet (§ 2286), und familienrechtliche Geschäfte betreffen § 2289 ebensowenig wie § 2286. So kann es im Fall der Wiederheirat des überlebenden Ehegatten durch den erhöhten Pflichtteilsanspruch (§ 1371 I) des zweiten Ehegatten zu einer tatsächlichen Beeinträchtigung des Vertragserben kommen; die Bedenken von Scholten (NJW 1958, 935) greifen nicht durch. Daran ändert sich nichts, wenn der Ehegattenerbvertrag bereits vor Inkrafttreten des Gleichberechtigungsgesetzes geschlossen wurde.

2 **2. Frühere letztwillige Verfügungen** werden durch den Erbvertrag aufgehoben, soweit sie das „Recht des vertragsmäßig Bedachten" beeinträchtigen (Abs I S 1). Mit dem Recht des vertragsmäßig Bedachten ist die Rechtsstellung gemeint, die der Bedachte aufgrund der vertragsmäßigen Verfügung im Zeitpunkt des Erbfalls erlangen soll. Beispielsweise beeinträchtigt die frühere Einsetzung eines Miterben die vertragsmäßige Alleinerbenstellung ebenso wie die Einsetzung eines Nacherben die Vollerbenstellung. Auf unvereinbare Verfügungen ist die Beeinträchtigung indessen nicht beschränkt. Es werden auch miteinander vereinbare Verfügungen erfaßt, die das vertragsmäßig vorgesehene beeinträchtigen. In diesem Sinne werden frühere Anordnungen von Testamentsvollstreckung und Vermächtnissen sowie Auflagen aufgehoben, wenn die vertragsmäßige Zuwendung frei von solchen Belastungen ist. Gleichgültig ist, wer durch die Verfügung bedacht ist; ein bloß ideeller Nachteil ist daher unerheblich (Lange/Kuchinke § 25 VI 2a). Ein wirtschaftlicher Nachteil ist mit der Beeinträchtigung der Rechtsstellung in aller Regel verbunden (vgl Hülsmeier NJW 1981, 2043). Nicht beseitigt werden kann eine bereits früher durch vertragsmäßige Verfügung oder durch bindend gewordene, wechselbezügliche Verfügung im gemeinschaftlichen Testament oder durch Hofübergabevertrag (BGH NJW 1988, 710) eingetretene Bindung (Abs I S 2). Desgleichen bleiben alle letztwilligen Verfügungen erhalten, deren Fortbestehen der Erblasser positiv bestimmt. Andererseits ist ein Aufhebungswille wie bei § 2258 nicht erforderlich.

Stellt die vertragsmäßige Verfügung den Bedachten im Verhältnis zur früheren letztwilligen Verfügung schlechter, ohne daß dadurch ein vertragsmäßig Bedachter beeinträchtigt wird, dann greift § 2289 nicht ein (unzutreffend insoweit BGH 26, 204). Gleichwohl kann die widersprochene letztwillige Verfügung nicht wirksam bleiben, denn der Vertragspartner soll sichergehen, daß die vertragsmäßige Verfügung zum Zuge kommt. Hier gilt § 2258 (über § 2279 I) entsprechend (Soergel/Wolf Rz 3), so daß die frühere Verfügung aufgehoben ist, wenn mit der vertragsmäßigen Verfügung eine umfassende Regelung getroffen werden soll. Die entsprechende Anwendung der Aufhebung bei Widerspruch (§ 2258) findet ihre Bestätigung in den Gesetzesmaterialien (Motive V S 331), die § 2289 I S 1 in diesem Sinne als Ergänzung des Testamentsrechts bezeichnen. Ein Widerruf (§ 2254) durch einseitige Verfügung braucht deshalb nicht verlangt zu werden (aM MüKo/Musielak Rz 11), der im übrigen nur mit bindender Wirkung sinnvoll und wie die vertragsmäßige Verfügung aus der Sicht des Erklärungsempfängers zu beurteilen wäre.

Wird der Erbvertrag durch Rücktritt oder durch Vereinbarung aufgehoben, wird er angefochten oder ist er aus sonstigem Grund nichtig, dann leben die früheren Verfügungen wieder auf bzw gelten als nicht aufgehoben. Wird die vertragsmäßige Verfügung durch späteren Wegfall des Bedachten (Tod oder Verzicht vor dem Erbfall, Ausschluß, Erbunwürdigkeit) gegenstandslos, so ist durch Auslegung zu ermitteln, ob die frühere Verfügung für alle Fälle aufgehoben wurde (Zweibrücken FGPrax 1999, 113).

3. Spätere Verfügungen von Todes wegen treffen von vornherein auf die Bestandskraft der Bindung. Soweit die Bindung reicht, sind sie unwirksam (Abs I S 2). Unabhängig davon, daß die **Bindung** gegenüber dem Vertragspartner besteht, betrifft sie die für den Bedachten vorgesehene Rechtsstellung. Beeinträchtigt werden kann nur die verbindlich vorgesehene Rechtsstellung. Hat sich der Erblasser eine Änderung der vertragsmäßigen Verfügung vorbehalten (§ 2278 Rz 4), dann ist er insoweit ungebunden und die vorbehaltene Verfügung von Todes wegen vermag die Rechtsstellung des Bedachten nicht zu beeinträchtigen. Im Zusammenhang mit einem **Änderungsvorbehalt** kommt es folglich darauf an, ob die im Erbvertrag betroffene Verfügung überhaupt vertragsmäßig ist (§ 2278 Rz 2–4), des weiteren, ob sich die spätere Änderungsverfügung im Rahmen des Vorbehalts bewegt. Um eine **Rechtsbeeinträchtigung** des vertragsmäßig Bedachten handelt es sich zB bei der nachträglichen Anordnung einer Nacherbschaft (Hamm NJW 1974, 1774; vgl Rz 2), bei der Anordnung eines Vorausvermächtnisses über den gesamten Nachlaß (Stuttgart ZEV 2003, 79), bei der Einsetzung eines Schiedsgerichts (Hamm NJW-RR 1991, 455) oder der späteren Anordnung einer Testamentsvollstreckung, sofern die Beschränkung der Verfügungsbefugnis vom Erbvertrag nicht gedeckt ist (BGH NJW 1962, 912; Hamm FGPrax 1995, 241). Ob die Ersetzung des Testamentsvollstreckers beeinträchtigend wirkt (grds bejahend Stuttgart OLG 1979, 49; Meyding ZEV 1994, 100; abl Düsseldorf ZEV 1994, 302; Hamm ZEV 2001, 271 mit Anm Reimann), ist eine Frage des Einzelfalls, zu bejahen etwa bei der Benennung mehrerer Personen, wenn jede einen Vergütungsanspruch erlangt (KG OLG 1977, 390). Wirksam ist trotz Bindung an einen Erbvertrag die Erklärung des Hofeigentümers iSv § 1 IV HöfeO, das Anwesen solle nicht mehr die Eigenschaft eines Hofes haben (BGH NJW 1976, 1635; 1988, 710 mit Anm Otte NJW 1988, 672 auch über die Rechtsstellung des bindend bestimmten Hofnachfolgers nach Aufhebung der Hofeigenschaft). Übergabeverträge sind Rechtsgeschäfte unter Lebenden und beeinträchtigen den vertragsmäßig Bedachten grundsätzlich nicht. Hofübergabeverträge entfalten durch die Bestimmung des Hoferben aber erbrechtliche Wirkung und stehen insoweit einer bindenden Verfügung von Todes wegen gleich, so daß sie bei Abweichung von einem früher geschlossenen Erbvertrag unwirksam sind (BGH NJW 1956, 152; 1988, 710). Verbessert der Erblasser die Rechtsstellung des vertragsmäßig Bedachten durch eine spätere Verfügung von Todes wegen und werden dadurch auch keine Rechte anderer vertragsmäßig Bedachter beeinträchtigt, besteht kein Grund, die spätere Verfügung für unwirksam zu halten (v Lübtow I S 426). Soweit die spätere Verfügung nicht wirksam getroffen wird, verbleibt es bei der Bindung im Umfang des Erbvertrages.

a) Die Zustimmung des Vertragspartners macht beeinträchtigende Verfügungen wirksam, wenn die für die Aufhebung des Erbvertrages erforderliche Form der §§ 2290ff eingehalten wird. Stimmt ein vertragsmäßig Bedachter, der nicht selbst Vertragspartner ist, einer seine Rechte beeinträchtigenden Verfügung noch vor dem Erbfall zu, bleibt die Verfügung gleichwohl unwirksam (BGH 108, 252; Köln MDR 1994, 71; Stumpf FamRZ 1990, 1057; aM RG 134, 325; Brox ErbR Rz 163; Lange/Kuchinke § 25 VI 3; offengelassen noch von BGH WM 1978, 171), sofern es sich nicht um einen formgerechten Erbverzicht iSv § 2352 handelt (Ivo ZEV 2003, 61; in bezug auf die zu unterscheidende Interessenlage bei der Zustimmung zu einer beeinträchtigenden Verfügung unter Lebenden vgl § 2287 Rz 9). Nach dem Erbfall muß es ausreichen, wenn der vertragsmäßig Bedachte die Zustimmung in der für die Ausschlagung vorgeschriebenen Form erklärt (Siebert in FS Hedemann 1958 S 262). Im übrigen kann dem vertragsmäßig Bedachten die Einrede der Arglist entgegenzuhalten sein, sollte er sich nach (wenn auch) formloser Zustimmung später auf die Unwirksamkeit der beeinträchtigenden Verfügung berufen (BGH 108, 252).

b) Die Enterbung in guter Absicht (§ 2338) ist in Abs II dem Erblasser gestattet, der einen pflichtteilsberechtigten Abkömmling vertragsmäßig bedacht hat. Damit wird die Möglichkeit eröffnet, den im Erbvertrag vermachten Gegenstand in der Familie zu halten, anstatt ihn dem Zugriff der Gläubiger des bedachten Abkömmlings auszusetzen. Voraussetzung ist die Verschwendung oder Überschuldung des Bedachten, die zur Zeit der Errichtung der beschränkenden Verfügung (§ 2336) bereits vorhanden sein muß (Köln MDR 1983, 318). Die Anordnung kann jederzeit getroffen werden, nicht nur hinsichtlich des Pflichtteils, sondern in bezug auf die gesamte Zuwendung.

§ 2290 Erbrecht Erbvertrag

Die Entziehung des Pflichtteils nach § 2333 ist erst nach Rücktritt oder Anfechtung möglich. Ein Verzicht auf die genannten Rechte ist nach § 138 I unwirksam, da die zukünftige Entwicklung bei Abschluß des Erbvertrages noch nicht genügend übersehen werden kann.

2290 Aufhebung durch Vertrag

(1) Ein Erbvertrag sowie eine einzelne vertragsmäßige Verfügung kann durch Vertrag von den Personen aufgehoben werden, die den Erbvertrag geschlossen haben. Nach dem Tode einer dieser Personen kann die Aufhebung nicht mehr erfolgen.

(2) Der Erblasser kann den Vertrag nur persönlich schließen. Ist er in der Geschäftsfähigkeit beschränkt, so bedarf er nicht der Zustimmung seines gesetzlichen Vertreters.

(3) Steht der andere Teil unter Vormundschaft oder wird die Aufhebung vom Aufgabenkreis eines Betreuers erfaßt, so ist die Genehmigung des Vormundschaftsgerichts erforderlich. Das Gleiche gilt, wenn er unter elterlicher Sorge steht, es sei denn, daß der Vertrag unter Ehegatten oder unter Verlobten geschlossen wird.

(4) Der Vertrag bedarf der in § 2276 für den Erbvertrag vorgeschriebenen Form.

1 **1. Aufhebung.** Die einvernehmliche Lösung von der Bindung des Erbvertrages erfolgt durch Aufhebung. Die Aufhebung ist den Vertragsparteien vorbehalten. Einer ausdrücklichen Aufhebung bedarf es nicht, wenn sie sich aus den Verfügungen eines späteren Erbvertrages ergibt (BayObLG FamRZ 1994, 190). Die Aufhebung kann sich auf alle Verfügungen eines Erbvertrages oder nur auf einzelne beziehen, gleichgültig, zu wessen Gunsten sie getroffen sind. Erbeinsetzungen können durch Vertrag aufgehoben werden (§ 2290). Vermächtnisse und Auflagen lassen sich mit der notariell beurkundeten Zustimmung des Vertragspartners auch durch einseitiges Testament aufheben (§ 2291); zwischen Ehegatten bzw eingetragenen Lebenspartnern ist deren Erbvertrag noch durch gemeinschaftliches Testament aufhebbar (§ 2292). Ein Erbvertrag, der nur Verfügungen von Todes wegen enthält, kann seit dem 1. 8. 2002 gem § 2300 II mit der aufhebenden Wirkung des § 2256 I aus der besonderen amtlichen oder notariellen Verwahrung zurückgenommen werden. Mit dem Bedachten, der nicht Vertragspartner ist, kann der Erblasser nur einen Erbverzichtsvertrag schließen (§ 2352), dessen Formanforderungen allerdings geringer sind. Ist der Bedachte zugleich Partner des Erbvertrages, kommt ein Erbverzichtsvertrag nicht in Betracht (Celle NJW 1959, 1923; Hamm DNotZ 1977, 751; Stuttgart DNotZ 1979, 105). Eine Ausnahme gilt für den Fall, daß mehr als zwei Personen am Erbvertrag beteiligt sind und die Beteiligung des Verzichtswilligen nur formalen Charakter trägt – noch Dritter iSv § 2352 (BayObLG 1965, 188; MüKo/Musielak Rz 5; Staud/Ferid/Cieslar § 2352 Rz 14; aM Celle NJW 1959, 1923; Erman/Hense[7] Rz 1).

2 **2. Abschluß des Aufhebungsvertrages.** Die Anforderungen an die Geschäftsfähigkeit und die Vertretungsmöglichkeit richten sich für die Vertragschließenden des Aufhebungsvertrages danach, ob sie in dem Erbvertrag selbst vertragsmäßige Verfügungen getroffen haben: Der Vertragserblasser (Abs II) kann den Aufhebungsvertrag nur persönlich schließen (unvererbliches Recht) und bedarf bei beschränkter Geschäftsfähigkeit nicht der Zustimmung seines gesetzlichen Vertreters. Der geschäftsunfähige Vertragserblasser kann keinen Aufhebungsvertrag schließen. Der Vertragspartner, der keine vertragsmäßigen Verfügungen von Todes wegen getroffen hat (Abs III), kann sich vertreten lassen (unvererbliches Recht). Ist er nur beschränkt geschäftsfähig, so bedarf er der Zustimmung seines gesetzlichen Vertreters und der Genehmigung des Vormundschaftsgerichts; eine Ausnahme gilt für Ehegatten und Verlobte. Der Geschäftsunfähige kann nur durch seinen gesetzlichen Vertreter handeln, der seinerseits der Genehmigung des Vormundschaftsgerichts bedarf. Wird die Aufhebung auf seiten des Vertragspartners, der keine vertragsmäßigen Verfügungen getroffen hat (Abs III), vom Aufgabenkreis eines Betreuers erfaßt, ist dieser jedenfalls an die richterliche Genehmigung gebunden.

3 **3. Form.** Abs IV zufolge bedarf der Aufhebungsvertrag der Form des § 2276, also der notariellen Beurkundung bei gleichzeitiger Anwesenheit beider Vertragschließender. Wie der Abschluß des Erbvertrages kann auch die Aufhebung in einem Prozeßvergleich erfolgen (s § 2274 Rz 2). Mit der Aufhebung können vertragsmäßige und einseitige Verfügungen von Todes wegen verbunden werden; ebenso mit einem Ehevertrag (vgl § 2276 Rz 5). Eine formlose Zustimmung des vertragsmäßig Bedachten zu der Aufhebungsverfügung des Erblassers genügt nicht (Hamm OLG 1974, 1774; BayObLG Rpfleger 1975, 26). Vereitelt der Bedachte den formgültigen Abschluß treuwidrig, muß er sich uU den Einwand der Arglist entgegenhalten lassen (BGH WM 1978, 171).

4 **4. Wirkung.** Die Aufhebung vernichtet die vertragsmäßigen Verfügungen des Erbvertrages und setzt im Zweifel auch die einseitigen (letztwilligen) Verfügungen außer Kraft (§ 2299 III). Etwas anderes kann vereinbart sein; insbesondere kann sich die Aufhebung darauf beschränken, die vertragsmäßige Bindung aufzuheben und die Verfügungen als einseitige weiterbestehen zu lassen, wodurch der Erblasser die volle Testierfreiheit zurückerhält.

5 **5. Anfechtung und Aufhebung des Aufhebungsvertrages.** Die Anfechtung kann durch den Vertragspartner, der in dem aufgehobenen Erbvertrag keine vertragsmäßigen Verfügungen getroffen hat, nur nach den §§ 119ff erfolgen; durch den Vertragserblasser in entsprechender Anwendung der §§ 2281ff (Schlüter Rz 309; MüKo/ Musielak Rz 9; aM Brox ErbR Rz 246; RGRK/Kregel Rz 9; Soergel/Wolf Rz 10). Zulässig ist auch die vertragsmäßige Aufhebung des Aufhebungsvertrages. Da sie den Erbvertrag wieder in Kraft setzt, sind die §§ 2274–2276 anzuwenden, nicht dagegen § 2290 II und III.

2291 Aufhebung durch Testament

(1) Eine vertragsmäßige Verfügung, durch die ein Vermächtnis oder eine Auflage angeordnet ist, kann von dem Erblasser durch Testament aufgehoben werden. Zur Wirksamkeit der Aufhebung ist die

Zustimmung des anderen Vertragschließenden erforderlich; die Vorschrift des § 2290 Abs. 3 findet Anwendung.

(2) **Die Zustimmungserklärung bedarf der notariellen Beurkundung; die Zustimmung ist unwiderruflich.**

1. Aufhebungstestament. Die Vorschrift erleichtert gegenüber § 2290 die Form der Aufhebung vertragsmäßiger Vermächtnisse und Auflagen (nicht Erbeinsetzungen). Dennoch setzt sie durch das Erfordernis der Zustimmung das Zusammenwirken beider Vertragspartner voraus. Erleichtert wird die Aufhebung, indem sie durch Privat- und Nottestament erfolgen kann und die Aufhebenden im Fall des öffentlichen Testaments nicht gleichzeitig anwesend sein müssen. Das Aufhebungstestament kann zeitlich vor oder nach der Zustimmungserklärung errichtet werden. Hat der Vertragsgegner vorher zugestimmt, dann kann die Aufhebung noch nach dessen Tod erfolgen.

2. Notariell beurkundete Zustimmungserklärung. Die Formvorschrift des Abs II dient der Rechtssicherheit. Der Vertragspartner kann die Zustimmung noch nach Errichtung des Aufhebungstestaments erteilen, jedoch nur zu Lebzeiten beider Vertragsparteien (Hamm NJW 1974, 1774; Kipp/Coing § 39 II). § 2290 III findet Anwendung. Umstritten ist, wie sich eine Zustimmung auswirkt, die schon im Erbvertrag enthalten ist. Mit einer bedingungslosen Zustimmung zur Aufhebung einer vertragsmäßigen Verfügung erklärt der Vertragspartner, daß er die (vertragsmäßige) Geltung der Verfügung nicht will. Erklärt er dies schon bei Abschluß des Erbvertrages, dann kommt insoweit gar keine vertragsmäßige Verfügung zustande, denn es fehlt an der Einigung über die Bindung. Die Parteien schließen folglich überhaupt keinen Erbvertrag, wenn sich die bedingungslose Erklärung auf sämtliche Verfügungen bezieht. Die Sachlage ist hier identisch mit dem Änderungsvorbehalt (§ 2278 Rz 4). Sie unterscheidet sich dagegen vom Rücktrittsvorbehalt (§ 2293 Rz 1), bei dem eine Einigung über die Bindung zustandekommt, dem Vertragserblasser allerdings die einseitige Lösungsmöglichkeit eingeräumt wird. Enthält der Erbvertrag also die unbedingte Zustimmungserklärung zur Aufhebung eines Vermächtnisses oder einer Auflage, dann ist das Vermächtnis bzw die Auflage im Umfang der Zustimmung nicht bindend, also nicht vertragsmäßig getroffen (Strohal I S 399; aM Erman/Hense[7] Rz 2).

3. Widerruf des Aufhebungstestaments. Bis zur Erteilung der Zustimmung kann der Erblasser das Aufhebungstestament nach Maßgabe der §§ 2253ff widerrufen. Widerruft der Erblasser das Aufhebungstestament nach erteilter Zustimmung, soll die Zustimmung gegenstandslos werden und der Erbvertrag ohne weiteres wiederaufleben (RGRK/Kregel Rz 1; v Lübtow I S 456; MüKo/Musielak Rz 6). Auf der Grundlage der einvernehmlichen Aufhebung bedarf es jedoch in gleicher Weise eines Konsenses, um in Analogie zu den §§ 2257, 2258 II den aufgehobenen Erbvertrag wieder in Kraft zu setzen (Staud/Kanzleiter Rz 10). Dem Widerruf muß daher in der Form des Abs II zugestimmt werden.

2292 *Aufhebung durch gemeinschaftliches Testament*
Ein zwischen Ehegatten oder Lebenspartnern geschlossener Erbvertrag kann auch durch ein gemeinschaftliches Testament der Ehegatten oder Lebenspartner aufgehoben werden; die Vorschrift des § 2290 Abs. 3 findet Anwendung.

1. Gemeinschaftliches Aufhebungstestament. Ehegatten können sich zur Aufhebung ihres Erbvertrages den formstrengen Vertragsschluß nach § 2290 sparen, da sie ihren gemeinsamen Willen auch durch Errichtung eines gemeinschaftlichen Testaments dokumentieren können. Der Wortlaut der Vorschrift läßt erwarten, daß die Aufhebungsmöglichkeit den Ehegatten vorbehalten ist, die schon bei Schließung des Erbvertrages verheiratet waren. Dem Sinn und Zweck nach kommt es aber nur darauf an, daß sie zur Zeit der Aufhebung Ehegatten sind (Köln FamRZ 1974, 51; BayObLG NJW-RR 1996, 457).

a) Errichtung. Abhängig von der Parteistellung im Erbvertrag werden an die Testierenden unterschiedliche Anforderungen gestellt. Der Erblasser des Erbvertrages muß testierfähig sein. Das Erfordernis trifft beide Ehegatten, wenn sie beide als Erblasser handelnd ihres vertragsmäßigen Verfügungen aufheben (BayObLG NJW-RR 1996, 457). Ist der Erblasser beschränkt geschäftsfähig, bedarf er nicht der Zustimmung seines gesetzlichen Vertreters, muß aber das 16. Lebensjahr vollendet haben (§ 2229 I und II). Für den Vertragschließenden, der nicht vertragsmäßig verfügt hat, gilt § 2290 III, also Vertragsrecht, jedoch nicht die Möglichkeit nachträglicher Genehmigung iSv § 108 III (RGRK/Kregel Rz 3; Staud/Kanzleiter Rz 10; aM MüKo/Musielak Rz 4; Soergel/Wolf Rz 5).

b) Form. Den Ehegatten steht jede mögliche Form des gemeinschaftlichen Testaments offen. An das Kriterium der Gemeinschaftlichkeit werden allerdings differenzierte Anforderungen gestellt (s vor § 2265 Rz 1). Wesentlich ist der gemeinsame Entschluß und die Deutlichkeit des Errichtungszusammenhangs, nicht notwendig eine gemeinsame Urkunde. Soll ein einseitiger Erbvertrag aufgehoben werden, erschöpft sich die Mitwirkung des anderen in der Zustimmung, die noch zu Lebzeiten des Erblassers erteilt werden muß (Hamm NJW 1974, 1774).

c) Inhalt. Der Erbvertrag kann durch gemeinschaftliches Testament in gleichem Umfang aufgehoben werden wie durch Vertrag nach § 2292. Aufhebbar sind vertragsmäßige Erbeinsetzungen, nach Belieben auch nur einzelne Verfügungen. So läßt sich die Aufhebung durch rechtsgeschäftliche Erklärung iSv § 2254 gestalten, während ebenso widersprechende Verfügungen iSv 2258 möglich sind. Darüber hinaus bietet § 2292 die Möglichkeit, den Erbvertrag durch ein gemeinschaftliches Testament zu ergänzen, so daß der Inhalt der beiden Verfügungen von Todes wegen eine einheitliche Gesamtregelung bildet (bei ausdrücklicher Bezugnahme BGH mit Anm Kanzleiter DNotZ 1987, 433; BayObLG FamRZ 1985, 839). Verfügungen dieser Art sind so auszulegen, als wären sie in einer einheitlichen Urkunde niedergelegt (BayObLG Rpfleger 1987, 249). Eine größere Zeitspanne (26 Jahre, BGH NJW 1987, 901) ist hier kein Hindernis, erfordert aber eine besonders sorgfältige Willenserforschung (krit idS Kanzleiter DNotZ 1987, 434). Sollen die früheren Verfügungen nur für den Fall der Wirksamkeit der neueren gelten und umgekehrt, dann stehen die vertraglichen Verfügungen mit den testamentarischen im Verhältnis der

§ 2292 Erbrecht Erbvertrag

Wechselbezüglichkeit (BayObLG FamRZ 1986, 392; Stuttgart OLG 1986, 261). Die vertragsmäßige Bindung ist grundsätzlich nur im Umfang eines Widerspruchs als aufgehoben anzusehen (BayObLG Rpfleger 1987, 249). In diesem Sinne hat der BGH (NJW 1987, 901) sogar eine ursprünglich inhaltsleere Freistellungsklausel (zugunsten des überlebenden Ehegatten, ohne daß die Erbfolge nach dem Überlebenden schon geregelt war) auf die spätere Schlußerbeinsetzung erstreckt.

5 **2. Widerruf.** Wird das aufhebende, gemeinschaftliche Testament widerrufen (§ 2271 Rz 2ff), kann der Erbvertrag nicht wieder in Kraft treten, wenn der Widerruf einseitig erfolgt (aM MüKo/Musielak Rz 6). Es fehlt an der Übereinstimmung der Vertragsparteien, die für eine Analogie der §§ 2257, 2258 II aber zu fordern ist, da hier ein Vertrag wiederaufleben soll. Der einseitige Widerruf kann allenfalls in ein Testament umgedeutet werden. Im übrigen kann die Übereinstimmung durch einen Erbvertrag oder ein gemeinschaftliches Testament herbeigeführt werden.

2293 *Rücktritt bei Vorbehalt*
Der Erblasser kann von dem Erbvertrag zurücktreten, wenn er sich den Rücktritt im Vertrag vorbehalten hat.

Schrifttum: *Höfer,* Der Rücktritt vom Erbvertrag, BWNotZ 1984, 113; *Knieper,* Die Verbindung des Erbvertrags mit anderen Verträgen, DNotZ 1968, 331; *Küster,* Grenzen des Rücktrittsvorbehalts im Erbvertrag, JZ 1958, 394; *Lüke,* Vertragliche Störungen beim „entgeltlichen" Erbvertrag, 1990; *Müller-Rottach,* Der Rücktritt vom Erbvertrag, BWNotZ 1987, 42; *Stürzebecher,* Der Rücktritt vom entgeltlichen Erbvertrag, 1987; *ders,* Zur Anwendbarkeit der §§ 320ff BGB auf den entgeltlichen Erbvertrag, NJW 1988, 2717; *van Venrooy,* § 2293 und die Theorie des Erbvertrages, JZ 1987, 10.

1 **1. Vertraglich vorbehaltenes Rücktrittsrecht.** Erbverträge werden idR frühzeitig abgeschlossen. Um die Möglichkeit zu behalten, auf künftige Entwicklungen zu reagieren, kann sich der Erblasser den Rücktritt vorbehalten. Beim Rücktritt handelt es sich um die einseitige Aufhebung einer vertragsmäßigen Verfügung. Der Vorbehalt berechtigt den Erblasser, das Rücktrittsrecht auszuüben. Solange der Rücktritt nicht erklärt ist, ändert der Vorbehalt nichts an der vertragsmäßigen Bindung der Verfügungen. Davon zu unterscheiden ist der Änderungsvorbehalt, der im Umfang des Vorbehalts von vornherein keine Bindung erzeugt (§ 2278 Rz 4); außerdem der bedingte Erbvertrag, dessen Bestand von dem Eintritt oder Nichteintritt eines bestimmten Ereignisses abhängt (abgrenzende Darstellung der Aufhebungsmöglichkeiten bei Höfer BWNotZ 1984, 115ff). Das Rücktrittsrecht läßt sich in beliebigem Umfang vorbehalten. Es kann sich auf einzelne Verfügungen beschränken und an Bedingungen geknüpft sein oder nur die vertragsmäßige Bindung betreffen (auf deren Aufhebung sich der Rücktritt ohnehin nur bezieht nach van Venrooy JZ 1987, 15 mit der Folge der Unwirksamkeit der Verfügung nach § 2299 III). Die ausdrückliche Bezeichnung als Rücktrittsvorbehalt ist nicht erforderlich (s BayObLG DNotZ 1990, 812). Entscheidend ist, daß der Wille auf ein Rücktrittsrecht gerichtet ist. IdR enthalten Wiederheiratsklauseln einen stillschweigenden Rücktrittsvorbehalt für den Fall, daß der überlebende Ehegatte erneut heiratet (Zweibrücken OLG 1972, 217). Enthält der Erbvertrag keinen Rücktrittsvorbehalt, wird ein solcher aber nachträglich vereinbart, dann liegt darin eine teilweise Aufhebung des Erbvertrages iSv § 2290, so daß ein beschränkt geschäftsfähiger Erblasser nach Abs II der Vorschrift nicht auf die Zustimmung seines gesetzlichen Vertreters angewiesen ist.

2 **a) Ausübung.** Der Vorbehalt, vom gesamten Vertrag zurückzutreten, ermöglicht den tatsächlichen Rücktritt von einzelnen Verfügungen, nicht aber umgekehrt. Inwieweit das Rücktrittsrecht geltend gemacht wird, ergibt sich aus der Rücktrittserklärung. Die zu beachtende Form der Rücktrittserklärung bestimmt § 2296, für die Zeit nach dem Tod des Vertragspartners § 2297. Ist das Rücktrittsrecht des Erblassers an die gehörige Erfüllung einer (nur allgemein umschriebenen) Verpflichtung geknüpft, die der Vertragspartner seinerseits übernommen hat (Alimentierung des Erblassers), dann kann die Ausübung mit Rücksicht auf den Grundsatz von Treu und Glauben erst nach erfolgter Abmahnung zulässig sein (BGH DNotZ 1968, 105). Eine vorherige Abmahnung ist indessen nicht erforderlich und auch eine Fristsetzung nicht geboten, wenn es sich um eine klar festgelegte Leistungspflicht handelt, die eindeutig nicht erfüllt ist (BGH NJW 1981, 2299).

3 **b) Wirkung.** Aufgrund des Rücktritts treten die vertragsmäßigen Verfügungen außer Kraft und, sofern nicht ein anderer Wille des Erblassers anzunehmen ist, auch die einseitigen (letztwilligen) Verfügungen, (§ 2299 III). Bezieht sich der Rücktritt nicht auf alle vertragsmäßigen Verfügungen des Erblassers, dann bleiben die übrigen nach Maßgabe der §§ 2085, 2279 wirksam. Im Falle eines zweiseitigen Erbvertrages werden die wechselbezüglichen Verfügungen unwirksam, nach § 2298 II und III im Zweifel alle (s § 2298 Rz 3). Andere, mit dem Erbvertrag zu einer rechtlichen Einheit verbundene Verpflichtungen unterfallen § 139. Die Weitergeltung einer durch Ehevertrag begründeten Gütergemeinschaft wird von dem Rücktritt aber nicht berührt (BGH 29, 129).

4 **2. Rücktritt des Vertragspartners.** Wer keine eigenen vertragsmäßigen Verfügungen von Todes wegen getroffen hat, kann sich den Rücktritt nicht iSv § 2293 vorbehalten (aM van Venrooy JZ 1987, 15), wohl aber nach §§ 346ff, wenn er selbst Leistungen erbracht oder Verpflichtungen übernommen hat, die mit dem Erbvertrag zusammenhängen. Ein solcher Rücktritt gibt dem Erblasser das Recht, seinerseits zurückzutreten (§ 2295).

2294 *Rücktritt bei Verfehlungen des Bedachten*
Der Erblasser kann von einer vertragsmäßigen Verfügung zurücktreten, wenn sich der Bedachte einer Verfehlung schuldig macht, die den Erblasser zur Entziehung des Pflichtteils berechtigt oder, falls der Bedachte nicht zu den Pflichtteilsberechtigten gehört, zu der Entziehung berechtigen würde, wenn der Bedachte ein Abkömmling des Erblassers wäre.

1. Gesetzliches Rücktrittsrecht bei Verfehlungen des Bedachten. Unter den Umständen der §§ 2333–2335, die zur Entziehung eines Pflichtteils berechtigen, soll dem Erblasser auch das Festhalten an seinen Verfügungen nicht zugemutet werden. Es kommt auf das Verhalten des Bedachten an, ob dieser am Vertrag beteiligt ist oder nicht. Etwaige Verfehlungen des nicht bedachten Vertragspartners sind unerheblich. Ein Rücktrittsrecht vermag auch eine vor dem Vertragsschluß liegende Verfehlung des Bedachten nicht zu begründen, selbst wenn sie dem Erblasser erst später bekannt wird. Hier kommt nur eine Anfechtung nach §§ 2281, 2278 in Betracht. Ein bestehendes Rücktrittsrecht erlischt durch Verzeihung (§ 2337 S 1). Der bereits erklärte Rücktritt wird durch Verzeihung aber nicht hinfällig.

a) Ausübung. Dem rücktrittsberechtigten Erblasser steht es frei, von seinem Recht nicht in vollem Umfang Gebrauch zu machen. Die Rücktrittserklärung erfolgt zu Lebzeiten des anderen Vertragschließenden in der Form des § 2296. Da anders als in § 2297 nicht auf § 2336 II und III verwiesen ist, muß zum einen der Grund des Rücktritts nicht miterklärt werden, zum anderen ist die Beweispflicht des Erblassers gelockert. Er muß zwar, wenn er den Rücktrittsgrund geltend macht, zB im Fall des § 2333 Nr 2 den Tatbestand einer vorsätzlichen körperlichen Mißhandlung durch den Bedachten beweisen; für etwaige Rechtfertigungs- oder Entschuldigungsgründe ist aber derjenige beweispflichtig, der sich auf die Entlastung beruft (BGH FamRZ 1985, 919; NJW 1952, 700). Erfolgt der Rücktritt nach dem Tod des anderen Vertragschließenden, dann gilt die Form des § 2297 mit § 2336 II und III.

b) Wirkung. Mit wirksamer Erklärung des Rücktritts treten die davon betroffenen Verfügungen außer Kraft. Die übrigen Verfügungen des Erblassers bleiben nach Maßgabe der §§ 2085, 2279 bestehen. Handelt es sich um einen zweiseitigen Erbvertrag mit wechselbezüglichen Verfügungen beider Parteien, dann bleibt der andere Vertragschließende gleichwohl an seine Verfügungen gebunden. Gerechtfertigt wird dieses Ergebnis durch die Nichtanwendbarkeit von § 2298 II und III auf das gesetzliche Rücktrittsrecht (argumentum ex contrario) sowie durch einen Vergleich mit der Rechtsfolge der Erbunwürdigkeit (Müller-Rottach BWNotZ 1987, 42); insofern ist weder die entsprechende Anwendung von § 2085 (so MüKo/Musielak § 2298 Rz 4 mwN) noch von § 2298 I und III (so Jauernig/Stürner § 2298 Rz 3) sachgerecht.

2. Sonstige Rechte. Die Enterbung in guter Absicht bleibt dem Erblasser nach § 2289 II möglich, um den Nachlaß im Fall der Verschwendung oder Verschuldung des Bedachten (durch Anordnung der Nacherbschaft oder Testamentsvollstreckung) vor dem Zugriff Dritter zu schützen. Das Rücktrittsrecht selbst ist nicht vererblich. Nach dem Erbfall des Rücktrittsberechtigten gelten aber die Bestimmungen der §§ 2339ff über die Erbunwürdigkeit.

2295 *Rücktritt bei Aufhebung der Gegenverpflichtung*

Der Erblasser kann von einer vertragsmäßigen Verfügung zurücktreten, wenn die Verfügung mit Rücksicht auf eine rechtsgeschäftliche Verpflichtung des Bedachten, dem Erblasser für dessen Lebenszeit wiederkehrende Leistungen zu entrichten, insbesondere Unterhalt zu gewähren, getroffen ist und die Verpflichtung vor dem Tode des Erblassers aufgehoben wird.

1. Gesetzliches Rücktrittsrecht bei Aufhebung der Gegenverpflichtung. Erbverträge werden häufig mit einer Versorgungsregelung zugunsten des Erblassers verbunden. Dabei besitzt zwar der eine noch der andere Vertrag gegenseitig verpflichtenden Charakter im Sinne des §§ 320ff. Trotzdem stehen Erbvertrag und Versorgungs- (Verpfründungs-)vertrag in einem engen wirtschaftlichen und ursächlichen Zusammenhang. Um den zu wahren, gewährt § 2295 dem Erblasser ein Rücktrittsrecht, wenn der Versorgungsvertrag aufgehoben wird. Die Voraussetzungen sind:

a) Rechtsgeschäftliche Verpflichtung. Die Verpflichtung aus dem Versorgungsvertrag muß auf wiederkehrende Leistungen gerichtet sein und auf einer rechtsgeschäftlichen Vereinbarung, nicht auf gesetzlicher Grundlage beruhen. Der rechtsgeschäftliche Charakter ist gewahrt, wenn die gesetzliche Unterhaltspflicht rechtsgeschäftlich geregelt ist, denn Grund, Höhe und Einzelheiten der Leistungen werden auf diese Weise verbindlich ausgestaltet.

b) Innerer Zusammenhang. Die vertragsmäßige Verfügung von Todes wegen muß mit Rücksicht auf den Versorgungsvertrag getroffen sein und der Bedachte muß die Zweckverbindung kennen.

c) Aufhebung der Verpflichtung. Die Verpflichtung des Bedachten aus dem Versorgungsvertrag muß vor dem Tod des Erblassers aufgehoben worden sein. Die Aufhebung kann durch Vereinbarung, Eintritt einer Bedingung, Unmöglichkeit der Leistung, Rücktritt oder Störung der Geschäftsgrundlage erfolgen. Leistungsstörungen in der Form von Nichterfüllung, Verzug und Schlechterfüllung heben die Leistungspflicht dagegen nicht in dem erforderlichen Sinn auf. Eine Aufhebung kann in diesen Fällen auch nicht darin gesehen werden, daß der Erblasser den Versorgungsvertrag selbst löst, etwa durch Kündigung aus wichtigem Grund (so aber LG Köln DNotZ 1978, 685; Karlsruhe FamRZ 1997, 1180; Soergel/Wolf Rz 3; MüKo/Musielak Rz 6) oder durch Anfechtung oder andere Fälle anfänglicher Nichtigkeit (MüKo/Musielak Rz 6; aM Ebenroth Rz 264; Soergel/Wolf Rz 3).

In den Fällen anfänglicher Nichtigkeit bedarf es keines Rücktritts nach § 2295, wenn Versorgungsvertrag und Erbvertrag eine rechtliche Einheit bilden und die Nichtigkeit schon nach **§ 139** auf den anderen Vertrag erstreckt; das ist idR der Fall (s § 2276 Rz 7; Knieper DNotZ 1968, 337). Die gleiche Wirkung hat eine Bedingung nach **§ 158 II**, wenn die Verfügung vom Bestehen der rechtsgeschäftlichen Verpflichtung abhängig gemacht wird. Unter der Bedingung der gehörigen Erfüllung kann die Verfügung sogar gegen Leistungsstörungen abgesichert werden, was stets zu prüfen ist, da Bedingungen dieser Art stillschweigend vereinbart sind (Hamm DNotZ 1977, 751).

2. Ausübung. Der Rücktritt ist in der Form der §§ 2296, 2297 zu erklären. In eine solche Rücktrittserklärung läßt sich uU ein formnichtiges Vertragsangebot zur Aufhebung des Erbvertrages umdeuten (Hamm DNotZ 1977, 752).

7 **3. Wirkung.** Aufgrund des Rücktritts treten die vertragsmäßigen Verfügungen außer Kraft, die der Erblasser mit Rücksicht auf die rechtsgeschäftliche Verpflichtung des Bedachten getroffen hat. Andere vertragsmäßige Verfügungen bleiben unter den Voraussetzungen der §§ 2085, 2279 I bestehen. Unabhängig davon kann der Bedachte aufgrund der Aufhebung seiner Verpflichtung die bereits erbrachten Versorgungsleistungen nach § 812 I S 2 zurückverlangen.

8 **4. Andere Lösungsmöglichkeiten.** Da ein Gegenseitigkeitsverhältnis iSd §§ 320ff nicht besteht, hat der Erblasser bei Nichtleistung und nicht vertragsgemäßer Leistung kein Rücktrittsrecht aus § 323 (aM Stürzebecher S 69ff; NJW 1988, 2717: §§ 325 aF, 326 aF, pVV). Ebensowenig handelt es sich bei der Verfügung von Todes wegen um eine Leistung iSv § 812 I S 2, so daß der Erblasser nach dieser Vorschrift nicht die Zustimmung zur Aufhebung der Verfügung verlangen kann, weil der mit der Verfügung bezweckte Erfolg nicht eingetreten wäre (aM RGRK/Kregel Rz 3; Staud/Kanzleiter Rz 8; Lüke Vertragliche Störungen beim „entgeltlichen" Erbvertrag 1990 S 28). Kommt es zu Leistungsstörungen auf seiten des rechtsgeschäftlich Verpflichteten oder ist der Versorgungsvertrag nichtig, kann der Erblasser den Erbvertrag jedoch anfechten. Voraussetzung ist nach §§ 2078 II, 2281, daß den Erblasser die irrige Erwartung, der Bedachte werde seiner vertraglichen Verpflichtung nachkommen, zum Abschluß des Erbvertrages bewogen hat (krit Stürzebecher S 69ff). Zu empfehlen ist dem Vertragserblasser indessen, die Verfügung von Todes wegen von vornherein an die Bedingung zu knüpfen, daß die Gegenverpflichtung bestehen bleibt und ordnungsgemäß erfüllt wird.

2296 *Vertretung, Form des Rücktritts*

(1) Der Rücktritt kann nicht durch einen Vertreter erfolgen. Ist der Erblasser in der Geschäftsfähigkeit beschränkt, so bedarf er nicht der Zustimmung seines gesetzlichen Vertreters.

(2) Der Rücktritt erfolgt durch Erklärung gegenüber dem anderen Vertragschließenden. Die Erklärung bedarf der notariellen Beurkundung.

Schrifttum: *Hieber,* Zustellung einer Ausfertigung oder einer beglaubigten Abschrift, DNotZ 1960, 240; *Kanzleiter,* Der Zugang beurkundungsbedürftiger Willenserklärungen, DNotZ 1996, 931; *Veit,* Die Anfechtung von Erbverträgen, 1991.

1 **1. Die Rücktrittserklärung** ähnelt der Anfechtungserklärung des § 2282. Sie kann nur vom Erblasser persönlich abgegeben werden. Ist er geschäftsunfähig, kann er nicht zurücktreten (BayObLG FamRZ 1996, 969). Hier bedarf die Interessenlage des Geschäftsunfähigen keiner Ausnahme von dem Vertretungsverbot, das nur bei Vorliegen eines Anfechtungsgrundes aufgehoben sein kann (vgl § 2282 Rz 2). Der Rücktritt kann als Gestaltungsrecht auch nicht unter einer Bedingung erklärt werden (Stuttgart DNotZ 1979, 107). Nach Abs II ist die Erklärung notariell zu beurkunden. Es handelt sich um eine einseitige empfangsbedürftige Willenserklärung, die gegenüber dem Vertragspartner, ggf gegenüber mehreren Vertragspartnern (BGH FamRZ 1985, 921) abgegeben werden muß, nicht etwa gegenüber dem Bedachten oder demjenigen, der Versorgungsleistungen versprochen hat.

2 Der **Zugang der Urschrift oder einer Ausfertigung** ist zwingend, da sich das Formerfordernis auf den Zugang erstreckt. Eine beglaubigte Abschrift genügt nicht (BGH 31, 5; 36, 203; 48, 374; NJW 1981, 2299; BayObLG Rpfleger 1987, 358; Hamm FamRZ 1991, 1486; Brox ErbR Rz 170; Schlüter Rz 300; aM Jansen NJW 1960, 475; Hieber DNotZ 1960, 240; Dilcher JZ 1968, 188; Veit S 27; Kanzleiter DNotZ 1996, 931; Soergel/Wolf Rz 4). Eine Zustellung ist zwar nicht erforderlich, zu Beweiszwecken aber ratsam. Daß der Zugang iSv § 130 genügt, bedeutet Gelangen in den Herrschaftsbereich des Erklärungsempfängers mit zu erwartender Kenntnisnahme (zum Fall eines längeren Krankenhausaufenthaltes und Zustellung unter der Anschrift der ehelichen Wohnung BayObLG Rpfleger 1987, 358). Individuelle Zugangsvoraussetzungen lassen sich vereinbaren (BGH NJW 1995, 2217). Der Erklärungsempfänger muß den Zugang freilich erleben, nach § 130 II dagegen nicht der Erklärende. Zu dessen Lebzeiten muß die Rücktrittserklärung auf den Weg zum Adressaten gegeben sein und alsbald zugehen. Der Zugang kann also nicht mehr bewirkt werden, wenn der Erklärungsempfänger damit nicht mehr zu rechnen braucht (BGH 48, 374; AG Blomberg FamRZ 1986, 1154). ZB kann der Notar eine formwidrige Zustellung nach dem Tod des Erklärenden nicht mehr mit heilender Wirkung nachholen. Entgegen der Entscheidung Celle NJW 1964, 53 (mit abl Anm Bärmann) kommt es insoweit nicht lediglich darauf an, daß der Erklärende vor seinem Tod alles in seiner Macht Stehende getan hat, um den Zugang zu bewirken. Im übrigen wäre es eine unzulässige Umgehung des § 130 II, würde der Erblasser den Notar anweisen, die Rücktrittserklärung erst nach seinem Tod dem anderen Vertragschließenden zu übermitteln (BGH 9, 233).

3 Den **Rücktrittsgrund** braucht die Erklärung nicht zu enthalten; eine entsprechende Angabe wird gleichwohl empfohlen, um die nötigen Feststellungen in einem Rechtsstreit noch nach dem Erbfall zu erleichtern (MüKo/Musielak Rz 7). Nach dem Tod der anderen Vertragspartei erfolgt der Rücktritt in der Form des § 2297.

4 **2. Aufhebung.** Der einmal erklärte Rücktritt ist unwiderruflich und kann einseitig nicht wieder außer Kraft gesetzt werden, auch nicht im Fall des § 2294 durch Verzeihung. Durch Vereinbarung mit dem Partner des Erbvertrages in der von § 2290 IV angeordneten Form kann der alte Zustand allerdings wiederhergestellt werden.

2297 *Rücktritt durch Testament*

Soweit der Erblasser zum Rücktritt berechtigt ist, kann er nach dem Tode des anderen Vertragschließenden die vertragsmäßige Verfügung durch Testament aufheben. In den Fällen des § 2294 findet die Vorschrift des § 2336 Abs. 2 bis 4 entsprechende Anwendung.

1 **1. Rücktrittstestament nach dem Tod des Vertragspartners.** Das Rücktrittsrecht erlischt zwar mit dem Tod des Erblassers, grundsätzlich aber nicht mit dem Tod des anderen Vertragschließenden (Ausnahme nach § 2298 II

S 2 und 3, III). Der Erblasser kann sein Rücktrittsrecht allerdings nicht mehr in der Form des § 2296 II, sondern nur noch in der Form eines Testaments ausüben, wenn er keinen lebenden Vertragspartner mehr hat; bei mehreren Vertragspartnern also erst, wenn alle verstorben sind (Reithmann DNotZ 1957, 530). Der Erblasser muß testierfähig sein. Er kann seine vertragsmäßigen Verfügungen dann im Rahmen des bestehenden Rücktrittsrechts ausdrücklich (§ 2254) oder durch widersprechende Verfügungen (§ 2258) aufheben. Der Rücktritt kann ohne weiteres auf Gründe gestützt werden, die noch vor dem Tod des anderen entstanden sind. Anders als die Rücktrittserklärung nach § 2296 II kann der Erblasser das Rücktrittstestament jederzeit wieder aufheben, und zwar nach §§ 2253ff.

2. § 2294. Für die Fälle des Rücktritts wegen Verfehlungen des Bedachten gelten die Besonderheiten von **2** § 2336 II bis IV. In diesem Sinne muß der Erblasser den Rücktrittsgrund im Testament ausdrücklich benennen (§ 2336 II) und im Streitfall beweisen (§ 2336 III; vgl dagegen die Beweiserleichterung zu Lebzeiten des Vertragsgegners, § 2294 Rz 2). Materiellrechtlich muß dieser Grund den Rücktritt im Zeitpunkt der Testamentserrichtung rechtfertigen. Das ist nicht der Fall, wenn der Erblasser dem Bedachten dessen Verfehlungen zuvor verziehen hat (§ 2337 S 1). Ein nachträgliches Verzeihen kann den Rücktritt aber nicht beseitigen. § 2337 S 2 muß nicht entsprechend angewendet werden, denn der Erblasser hat ohnehin die Möglichkeit, das den Rücktritt erklärende Testament wieder aufzuheben und neue Anordnungen zu treffen. Im Fall der Besserung kann ein Rücktritt gleichwohl unwirksam werden (§ 2336 IV), wenn der Rücktritt in einem ehrlosen und unsittlichen Lebenswandel des Bedachten begründet war und der Bedachte sich zur Zeit des Erbfalls dauernd davon abgewendet hat.

2298 *Gegenseitiger Erbvertrag*

(1) Sind in einem Erbvertrag von beiden Teilen vertragsmäßige Verfügungen getroffen, so hat die Nichtigkeit einer dieser Verfügungen die Unwirksamkeit des ganzen Vertrags zur Folge.
(2) Ist in einem solchen Vertrag der Rücktritt vorbehalten, so wird durch den Rücktritt eines der Vertragschließenden der ganze Vertrag aufgehoben. Das Rücktrittsrecht erlischt mit dem Tode des anderen Vertragschließenden. Der Überlebende kann jedoch, wenn er das ihm durch den Vertrag Zugewendete ausschlägt, seine Verfügung durch Testament aufheben.
(3) Die Vorschriften des Absatzes 1 und des Absatzes 2 Sätze 1 und 2 finden keine Anwendung, wenn ein anderer Wille der Vertragschließenden anzunehmen ist.

Schrifttum: *J. Bühler*, Zur Wechselbezüglichkeit und Bindung beim gemeinschaftlichen Testament und Erbvertrag, DNotZ 1962, 359.

1. Vermutung der Wechselbezüglichkeit. In einem zweiseitigen Erbvertrag sind im Zweifel alle vertragsmäßi- **1** gen Verfügungen voneinander abhängig: Sind nur einzelne vertragsmäßige Verfügungen nichtig oder durch vertraglich vorbehaltenen Rücktritt aufgehoben, dann sind nach Abs I und II auch die übrigen vertragsmäßigen Verfügungen unwirksam bzw außer Kraft. Aus Abs III ergibt sich, daß es sich hierbei um Auslegungsregeln handelt, daß es in erster Linie also auf den Willen der Vertragschließenden ankommt, die ohne weiteres abweichende Vereinbarungen treffen können. Beweisen muß sie, wer sich darauf beruft. Um eine Auslegungsregel handelt es sich auch bei Abs II S 3; der entgegenstehende Wortlaut des Abs III beruht insoweit auf einem Redaktionsversehen. Nicht erfaßt werden allerdings die vertragsmäßigen Verfügungen in einem einseitigen Erbvertrag; ebensowenig einseitige (letztwillige) Verfügungen, die ggf § 2299 III unterfallen. Erst wenn sich kein bestimmter Wille feststellen läßt, kommen die Auslegungsregeln zur Anwendung.

2. Nichtigkeit. Die vertragsmäßigen Verfügungen beider Parteien hängen in ihrer Gesamtheit dergestalt vonein- **2** ander ab, daß nach der Auslegungsregel des Abs I die Nichtigkeit der Verfügungen des einen die Unwirksamkeit der Verfügungen des anderen nach sich zieht. Dasselbe gilt, wenn nur eine von mehreren Verfügungen einer Partei nichtig ist. Ist eine Verfügung nur teilweise nichtig, richtet sich die Wirksamkeit dieser Verfügung zunächst nach § 2085; erst wenn sich aus dieser Beurteilung die Gesamtnichtigkeit der Verfügung ergibt, hängt die Rückwirkung auf die übrigen Verfügungen des Vertrages von Abs I ab. Auf den Grund der Nichtigkeit kommt es nicht an. Nichtig sind daher auch die mit Erfolg angefochtenen Verfügungen (§ 142) sowie die nach §§ 2077, 2279 II unwirksamen Verfügungen (§ 2279 Rz 3 und 4; MüKo/Musielak Rz 3; aM Staud/Kanzleiter Rz 7; Erman/Hense⁷ Rz 2). Anders verhält es sich mit den vertragsmäßigen Verfügungen, die nachträglich gegenstandslos werden, also bei Ausfall einer Bedingung, bei Verzicht, Ausschlagung, Vorversterben oder Erbunwürdigkeit des Bedachten. Hier handelt es sich nicht um nichtige Verfügungen iSv Abs I, so daß die übrigen vertragsmäßigen Verfügungen von deren Gegenstandslosigkeit unberührt bleiben. Auf den Bestand einseitiger (letztwilliger) Verfügungen hat selbst die Nichtigkeit einer oder sämtlicher vertragsmäßiger Verfügungen keinen Einfluß.

3. Rücktritt. Durch Ausübung des vertraglich vorbehaltenen Rücktritts (§ 2293) werden in einem zweiseitigen **3** Erbvertrag nach der Auslegungsregel des Abs II auch alle übrigen vertragsmäßigen Verfügungen aufgehoben. Demgegenüber macht ein Rücktrittsvorbehalt, der nicht sämtliche vertragsmäßige Verfügungen des Erblassers betrifft, den Willen der Vertragschließenden deutlich, den Erbvertrag uU mit begrenztem Inhalt zu akzeptieren. Hier steht fest, daß die übrigen vertragsmäßigen Verfügungen des Rücktrittsberechtigten unabhängig davon weiterbestehen können, nicht aber, welchen Einfluß der Rücktritt auf die vertragsmäßigen Verfügungen des Vertragsgegners haben soll. Gleichwohl ist die Vermutung eines umfassenden Abhängigkeitsverhältnisses widerlegt, so daß die Auslegungsregel nicht zur Anwendung kommt, die nicht aufgehobenen Verfügungen also einheitlich bestehen bleiben. Nur wenn die Wechselbezüglichkeit im einzelnen feststeht, erstreckt sich die Aufhebung entsprechend § 2085 auf die betreffende Verfügung. Die Ausübung des gesetzlichen Rücktrittsrechts (§§ 2294, 2295) wird von § 2298 nicht erfaßt; zu diesbezüglichen Rücktrittsfolgen s § 2294 Rz 3 und § 2295 Rz 4.

M. Schmidt

4 **4. Erlöschen des vorbehaltenen Rücktrittsrechts.** Auch Abs II S 2 ist eine Auslegungsregel für zweiseitige Erbverträge, wonach das Rücktrittsrecht iSv § 2293 (nicht iSd §§ 2294, 2295) mit dem Tod des anderen Vertragschließenden erlischt. Es erlischt im Zweifel nicht, wenn es nur einzelne Verfügungen betrifft. Nach Abs II S 3 erlischt es außerdem nicht, wenn der Überlebende von dem Verstorbenen vertragsmäßig bedacht worden ist und er die Zuwendung ausschlägt. Ist nur ein Dritter bedacht, reicht dessen Ausschlagung nicht aus (aM Soergel/Wolf Rz 5); ebensowenig die Ausschlagung einer letztwilligen Verfügung (aM Pal/Edenhofer Rz 4) oder die Teilausschlagung einer vertragsmäßigen Verfügung. Da es sich auch bei Abs II S 3 um eine Auslegungsregel handelt (Rz 1), kann der Rücktritt sogar über den Tod des anderen hinaus vorbehalten sein, ohne daß es einer Ausschlagung bedarf. Sofern der überlebende Vertragspartner sein Rücktrittsrecht behält, übt er es ggf durch Testament (§ 2297) aus.

2299 *Einseitige Verfügungen*

(1) Jeder der Vertragschließenden kann in dem Erbvertrag einseitig jede Verfügung treffen, die durch Testament getroffen werden kann.

(2) Für eine Verfügung dieser Art gilt das Gleiche, wie wenn sie durch Testament getroffen worden wäre. Die Verfügung kann auch in einem Vertrag aufgehoben werden, durch den eine vertragsmäßige Verfügung aufgehoben wird.

(3) Wird der Erbvertrag durch Ausübung des Rücktrittsrechts oder durch Vertrag aufgehoben, so tritt die Verfügung außer Kraft, sofern nicht ein anderer Wille des Erblassers anzunehmen ist.

1 **1. Einseitige (letztwillige) Verfügungen** sind unabhängig von dem typischen Gehalt des Erbvertrages. Sie können daher auch von dem Vertragspartner getroffen werden, der nicht selbst vertragsmäßig verfügt. Notwendig ist die Zulassung nichtvertragsmäßiger Verfügungen, weil andere Bestimmungen als Erbeinsetzungen, Vermächtnisse und Auflagen vertragsmäßig nicht möglich sind (§ 2278 II). Die Anordnung einer Testamentsvollstreckung kann zB nur einseitig erfolgen. Inhaltlich können sich einseitige Verfügungen darüber hinaus auf alles beziehen, was Gegenstand eines Testaments sein kann. Im Einzelfall ist nicht immer klar, ob eine Verfügung mit oder ohne vertragsmäßige Bindung getroffen ist; zu den Auslegungskriterien s § 2278 Rz 24.

2 **2. Wirksamkeitsvoraussetzungen.** Der Erbvertrag muß gültig sein, damit er letztwillige Verfügungen aufnehmen kann; zumindest eine Verfügung muß also Vertragscharakter haben. Folglich zieht auch die Nichtigkeit des Erbvertrages die Nichtigkeit der letztwilligen Verfügung nach sich. Das Formerfordernis richtet sich für beide Verfügungsarten nach § 2276. Im übrigen gilt für letztwillige Verfügungen im Erbvertrag aber Testamentsrecht. Der Erblasser muß testierfähig sein und § 2275 ist nicht anwendbar (Soergel/Wolf Rz 4; aM MüKo/Musielak Rz 4; Schlüter Rz 320).

3 **3. Aufhebung.** Der Erblasser kann seine einseitigen Verfügungen jederzeit durch Testament (§§ 2254, 2258) oder durch Vertrag (§ 2290) aufheben. Außerdem treten sie nach der Auslegungsregel des Abs III außer Kraft, wenn der ganze Erbvertrag durch Ausübung des Rücktrittsrechts oder Vertrag aufgehoben wird. Hier reicht die Aufhebung einzelner vertragsmäßiger Verfügungen nicht aus (aM van Venrooy JZ 1987, 15), obwohl dies nach dem begrifflichen Verständnis des § 2293 folgerichtig wäre. Weil die Parteien ihre vertragsmäßigen Verfügungen von Todes wegen im Zweifel nur zusammen zur Geltung bringen wollen (§ 2298) und die Einheitlichkeit nur bei Wirksamkeit bzw Unwirksamkeit aller vertragsmäßiger Verfügungen gewahrt bleibt, wird auch nur unter diesen Voraussetzungen die gewünschte Unwirksamkeit der nichtvertragsmäßigen Verfügungen vermutet. Bei Aufhebung einzelner vertragsmäßiger Verfügungen bleiben die letztwilligen Verfügungen nach Maßgabe des § 2085 bestehen. Einer abweichenden Parteivereinbarung steht nichts entgegen.

2300 *Amtliche Verwahrung; Eröffnung*

(1) Die für die amtliche Verwahrung und die Eröffnung eines Testaments geltenden Vorschriften der §§ 2258a bis 2263, 2273 sind auf den Erbvertrag entsprechend anzuwenden, die Vorschrift des § 2273 Abs. 2, 3 jedoch nur dann, wenn sich der Erbvertrag in besonderer amtlicher Verwahrung befindet.

(2) Ein Erbvertrag, der nur Verfügungen von Todes wegen enthält, kann aus der amtlichen oder notariellen Verwahrung zurückgenommen und den Vertragsschließenden zurückgegeben werden. Die Rückgabe kann nur an alle Vertragsschließenden gemeinschaftlich erfolgen; die Vorschrift des § 2290 Abs. 1 Satz 2, Abs. 2 und 3 findet Anwendung. Wird ein Erbvertrag nach den Sätzen 1 und 2 zurückgenommen, gilt § 2256 Abs. 1 entsprechend.

Schrifttum: v *Dickhuth-Harrach*, Die Rückgabe eines Erbvertrages aus der notariellen Verwahrung, RNotZ 2002, 384; *Keim*, Die Aufhebung von Erbverträgen durch Rücknahme aus amtlicher oder notarieller Verwahrung, ZEV 2003, 55; *Reimann*, Die Änderungen des Erbrechts durch das OLG-Vertretungsänderungsgesetz, FamRZ 2003, 1383; *Weirich*, Das Rücknahmeverbot beim Erbvertrag – Eine Fehlkonstruktion des Gesetzes, DNotZ 1997, 7.

1 **1.** Für die amtliche Verwahrung und Eröffnung von Erbverträgen gelten die genannten Testamentsvorschriften entsprechend, außerdem § 2277 und § 34 BeurkG (vgl die Erläuterungen dort [Anh § 2233]).

2 **2. Verwahrung und Ablieferung.** § 34 BeurkG erklärt die Verschließung und die besondere amtliche Verwahrung zum Regelfall. Die Zuständigkeit und das Verfahren bei der besonderen amtlichen Verwahrung betreffen die §§ 2258a, 2258b. Die Parteien können die besondere amtliche Verwahrung ausschließen, was bei Verbindung des Erbvertrags mit einem anderen Vertrag im Zweifel anzunehmen ist. Die Urschrift kommt dann in die gewöhnliche amtliche Verwahrung des Notars (vgl § 34 BeurkG Rz 6). Das verwahrende Gericht bzw der Notar benachrichtigt das zuständige Standesamt von der Hinterlegung der Verfügung von Todes wegen (vgl § 2258a Rz 4). Vom Eintritt des Erbfalls erhält die verwahrende Stelle Nachricht und liefert den Erbvertrag an das Nachlaßgericht ab (§ 2259).

3. Rücknahme. Nach Maßgabe des Abs II kann ein Erbvertrag seit dem 1. 8. 2002 idF des OLGVertrÄndG vom 23. 7. 2002 (BGBl I 2850) mit Aufhebungswirkung aus der besonderen amtlichen oder notariellen Verwahrung zurückgenommen werden. Bis dahin konnte den Vertragschließenden die Urschrift abgesehen vom Fall des § 45 BeurkG nicht ausgehändigt werden, so daß auch in anderer Form aufgehobene Erbverträge beim Erbfall noch eröffnet und den Beteiligten zur Kenntnis gebracht werden mußten (zur Kritik siehe Weirich DNotZ 1997, 7). Eine Rückholung aus der besonderen amtlichen Verwahrung führte zur Hinterlegung beim Notar und hatte keine Aufhebungswirkung. Die Neuregelung ermöglicht die Aufhebung und Rückgabe von Erbverträgen, die nur Verfügungen von Todes wegen enthalten. Ausgenommen sind daher sämtliche verbundenen Verträge, dh Erbverträge, verbunden mit einem Ehevertrag, einem Verfügungsunterlassungsvertrag oder einem Erb- oder Pflichtteilsverzicht. Getrenntes Beurkunden ist insoweit künftig zu prüfen, entsprechende Aufklärung angebracht. Hinsichtlich des für möglich gehaltenen stillschweigenden Pflichtteilsverzichts (BGH 22, 364; § 2348 Rz 1) ist besondere Achtsamkeit angeraten. Da die Rücknahme einer Verfügung von Todes wegen gleichkommt, muß zumindest der verfügende Vertragspartner bei Rücknahme geschäftsfähig sein (Reimann FamRZ 2002, 1385). Wie die vertragliche Aufhebung setzt auch die Rücknahme Geschäftsfähigkeit voraus. Die Rückgabe kann nur an alle Vertragschließenden gemeinschaftlich erfolgen. Bei auswärtigem Wohnsitz bietet § 2 FGG Erleichterungen im Wege der Rechtshilfe durch ein örtlich näheres Gericht. Für Fälle der Rückgabe aus der notariellen Verwahrung bleibt eine entsprechende Verfahrensweise unsicher (Keim ZEV 2003, 56; Reimann FamRZ 2002, 1385; ablehnend daher v Dickhuth-Harrach RNotZ 2002, 391; vgl § 34 BeurkG Rz 6). Die Belehrung über die Rückgabewirkung ist aktenkundig zu machen (v Dickhuth-Harrach RNotZ 2002, 395; Keim ZEV 2003, 57). Die mit der Rückgabe verbundene Aufhebung des Erbvertrags ist wie die Rücknahme eines Testaments grundsätzlich anfechtbar (vgl § 2256 Rz 4; v Dickhuth-Harrach RNotZ 2002, 393).

4. Eröffnung und Verkündung. Entsprechend § 2260 ist der Erbvertrag vom Nachlaßgericht bzw entsprechend § 2261 von einem anderen Verwahrungsgericht zu eröffnen, und zwar unabhängig davon, ob der Erbvertrag aufgehoben oder der Erblasser davon zurückgetreten ist (aM Böhmer DNotZ 1940, 192), es sei denn, er ist nach § 2300 II aus der amtlichen Verwahrung zurückgenommen. Der Inhalt ist den geladenen Beteiligten zu verkünden (§ 2260 II), anschließend sind die übrigen Beteiligten zu benachrichtigen (§ 2262). Ausschließen können die Parteien die Eröffnung nicht (§ 2263). Auch beim Erbvertrag nur den Erbfall betreffenden Verfügungen zu eröffnen, sofern sich die Verfügungen des überlebenden Vertragspartners von ihnen trennen lassen (Zweibrücken ZEV 2003, 82; vgl § 2273 Rz 1, 2 mwN). § 2273 gilt bei zweiseitigen und bei einseitigen Erbverträgen (MüKo/Musielak Rz 4). Die einseitigen Verfügungen des überlebenden Vertragspartners werden sich aber in den meisten Fällen sondern lassen und brauchen dann nicht verkündet zu werden. Zur Wahrung des Geheimhaltungsinteresses empfiehlt es sich, die Verfügungen gesondert zu formulieren (vgl § 2273 Rz 2).

5. Wiederverwahrung. Erbverträge, die sich vor der Eröffnung in der besonderen amtlichen Verwahrung befunden haben, gehören nach der Eröffnung in die besondere amtliche Verwahrung des Nachlaßgerichts und nicht des vorherigen Verwahrungsgerichts (str, vgl § 2273 Rz 4). Enthält der Erbvertrag allerdings nur Verfügungen in bezug auf den einen Erbfall, befand er sich vorher nicht in der besonderen amtlichen Verwahrung oder wünscht der Überlebende nur noch die einfache Verwahrung, dann verbleibt der Erbvertrag bei den Akten des Nachlaßgerichts. Eine Rückgabe an den Notar kommt auch dann nicht in Betracht, wenn der Erbvertrag mit einem anderen Vertrag verbunden ist. Einsichtnahme und Abschriften können nicht entsprechend § 2264, bei berechtigtem Interesse aber gemäß § 34 FGG (siehe dazu § 2264 Rz 2) beansprucht werden.

2300a *Eröffnungsfrist*
Befindet sich ein Erbvertrag seit mehr als 50 Jahren in amtlicher Verwahrung, so ist § 2263a entsprechend anzuwenden.

1. Die **Eröffnungsfrist** von 50 Jahren verpflichtet die verwahrende Stelle, nach diesem Zeitraum Ermittlungen darüber anzustellen, ob der Erblasser noch lebt. Kann das Fortleben des Erblassers nicht festgestellt werden, dann ist die Verfügung von Todes wegen zu eröffnen. Auf diese Weise soll verhindert werden, daß ein Erbvertrag auf Dauer uneröffnet und damit wirkungslos in Verwahrung bleibt, wenn der Erbfall eingetreten, die verwahrende Stelle aber nicht benachrichtigt worden ist (BayObLG 1983, 149). Die Eröffnungsfrist ist hier länger als bei Testamenten, weil Erbverträge in Verbindung mit Eheverträgen zumeist in jüngeren Jahren geschlossen werden. Die Vorschrift betrifft die besondere wie die einfache amtliche Verwahrungsstelle, so daß auch der Notar die Ermittlungen anstellen und den Erbvertrag ggf an das Nachlaßgericht abliefern muß. Die Pflicht besteht auch nach § 20 IV DONot, im übrigen auch für Erbverträge, die vor dem 1. 1. 1900 errichtet worden sind (vgl BGH DNotZ 1973, 379).

2. Für **Erbverzichtsverträge** gilt weder die Ablieferungspflicht aus §§ 2300, 2259 noch die Ermittlungspflicht nach der Frist des § 2300a entsprechend. Die Gefahr, daß die in einer Verfügung von Todes wegen Bedachten von dem Erbverzicht keine Kenntnis erlangen, besteht hier in weitaus geringerem Maße (BayObLG 1983, 149).

2301 *Schenkungsversprechen von Todes wegen*
(1) Auf ein Schenkungsversprechen, welches unter der Bedingung erteilt wird, daß der Beschenkte den Schenker überlebt, finden die Vorschriften über Verfügungen von Todes wegen Anwendung. Das gleiche gilt für ein schenkweise unter dieser Bedingung erteiltes Schuldversprechen oder Schuldanerkenntnis der in den §§ 780, 781 bezeichneten Art.
(2) Vollzieht der Schenker die Schenkung durch Leistung des zugewendeten Gegenstands, so finden die Vorschriften über Schenkungen unter Lebenden Anwendung.

§ 2301

Schrifttum: *Boehmer,* Schenkungen von Todes wegen und Schenkungen unter Lebenden, ZAkDR 1939, 610; *ders,* in RG-Festgabe III, 1929, S 289; *Bork,* Schenkungsvollzug mit Hilfe einer Vollmacht, JZ 1987, 1059; *M. Bühler,* Die Rechtsprechung des BGH zur Drittbegünstigung im Todesfall, NJW 1976, 1727; *Dänzer-Vanotti,* Unternehmensübertragung durch die aufschiebend auf den Tod bedingte Schenkung, JZ 1981, 432; *Damrau,* Zuwendungen unter Lebenden auf den Todesfall, Jura 1970, 716; *Finger,* Die Formfrage beim Vertrag zugunsten Dritter auf den Todesfall, WM 1970, 374; *ders,* Vollmacht auf den Todesfall über den Tod hinaus und Vertrag zugunsten Dritter auf den Todesfall (Eine Umfrage über die Praxis bei den deutschen Kreditinstituten), WRP 1981, 9; *ders,* Nochmals: Unternehmensübertragung durch aufschiebend auf den Tod bedingte Schenkung, JZ 1981, 827; *ders,* Der Vertrag zugunsten Dritter auf den Todesfall eine Umfrage bei den deutschen Lebensversicherungsgesellschaften, VersR 1986, 508; *Hager,* Neuere Tendenzen beim Vertrag zugunsten Dritter auf den Todesfall, FS v Caemmerer, 1977, S 127; *Harder,* Zuwendungen unter Lebenden auf den Todesfall, 1968; *ders,* Das Valutaverhältnis beim Vertrag zugunsten Dritter auf den Todesfall, FamRZ 1976, 418; *Harder/Welter,* Drittbegünstigung im Todesfall durch Insichgeschäft? NJW 1977, 1139; *Henrich,* Die Schenkung von Todes wegen in Fällen mit Auslandsbeziehung, FS Firsching, 1985, S 111; *Herrmann,* Vollzug von Schenkungen nach § 518 II BGB. Zugleich ein Beitrag zu § 2301 II BGB, MDR 1980, 883; *Hinz,* Bankverträge zugunsten Dritter auf den Todesfall, JuS 1965, 299; *Hoffmann,* Der Vertrag zugunsten Dritter von Todes wegen. Eine Erbeinsetzung im Valutaverhältnis, AcP 158 (1958), 178; *Käppler,* Die Steuerung der Gesellschaftserbfolge in der Satzung einer GmbH, ZGR 1978, 542; *Kegel,* Zur Schenkung von Todes wegen, 1972; *Kuchinke,* Das versprochene Bankguthaben auf den Todesfall und die zur Erfüllung des Versprechens erteilte Verfügungsvollmacht über den Tod hinaus, FamRZ 1984, 109; *Kümpel,* Konto und Depot zugunsten Dritter auf den Todesfall, WM 1977, 1186; *Langen,* Das (Wohnungs-)Leihversprechen von Todes wegen, ZMR 1986, 150; *Liessem,* Das Verhältnis von Schenkung von Todes wegen und Vertrag zugunsten Dritter zum Erbrecht, MittRhNotK 1988, 29; *Martinek/Röhrborn,* Der legendäre Bonifatius-Fall – Nachlese zu einer reichsgerichtlichen Fehlentscheidung, JuS 1994, 473, 564; *J. Mayer,* Ausgewählte erbrechtliche Fragen des Vertrages zugunsten Dritter, DNotZ 2000, 905; *Muscheler,* Vertrag zugunsten Dritter auf den Todesfall und Erbenwiderruf, WM 1994, 921; *Nehlsen-v Stryk,* Unentgeltliches schuldrechtliches Wohnrecht Zur Abgrenzungsproblematik von Leihe und Schenkung, AcP 187 (1987), 552; *Olzen,* Die vorweggenommene Erbfolge, 1984; *ders,* Lebzeitige und letztwillige Rechtsgeschäfte, Jura 1987, 16, 116; *Rötelmann,* Zuwendungen unter Lebenden auf den Todesfall, NJW 1959, 661; *Rüthers/Henssler,* Bürgerliches Recht: Die geplante Pflichtteilsumgehung, JuS 1984, 953; *Schreiber,* Unentgeltliche Zuwendungen auf den Todesfall, Jura 1995, 159; *G. Vollkommer,* Erbrechtliche Gestaltung des Valutaverhältnisses beim Vertrag zugunsten Dritter auf den Todesfall? ZEV 2000, 10; *Walter,* Übertragung des Bankguthabens an einen Dritten auf den Todesfall des Kontoinhabers, NJW 1972, 1356; *Wagner,* Die formlose Abtretung eines Postspargutsabens, NJW 1987, 928; *Werkmüller,* Zuwendungen auf den Todesfall: Die Bank im Spannungsfeld kollidierender Interessen nach dem Tod ihres Kunden, ZEV 2001, 97; *Wieacker,* Zur lebzeitigen Zuwendung auf den Todesfall, FS H. Lehmann, 1956, S 271; *M. Wolf,* Die Entbehrlichkeit des Valutaverhältnisses beim Vertrag zugunsten Dritter auf den Todesfall, FamRZ 2002, 147.

1 **I. Regelung von Zuwendungen auf den Todesfall. 1. Schnittstelle von Erbrecht und Schuldrecht.** Die Formen und Arten, in denen ein Erblasser seine Vermögensverhältnisse für den Fall seines Todes ordnen kann, sind im Erbrecht geregelt. Als geschlossene Institution drängt das Erbrecht zur Ausschließlichkeit. Sein wesentlicher Zweck liegt darin, zu gewährleisten, daß die Vermögensnachfolge beim Tod des Erblassers in einem gesetzlichen Rahmen verläuft. Hierzu gehört die gesetzliche Erbfolge mit ihren festgelegten Erbteilen, bei gewillkürter Erbfolge die Einhaltung der Formen, die nur in Ausnahmefällen mögliche Ausschließung von Pflichtteilsberechtigten, die Stellung ua der Nachlaßgläubiger. Daneben bietet das Schuldrecht Wege, Vermögenswerte erst für den Todesfall zu versprechen. Auf diesem Wege soll aber nicht das erbrechtliche Schutz- und Gestaltungssystem unterlaufen werden können; eine solche Umgehung zu verhindern, ist Sinn und Zweck des § 2301. Da Rechtsgeschäfte, die unter Lebenden vollendet werden, sich ausschließlich nach dem Schuldrecht richten, kann es sich um eine Umgehung nur bei solchen Rechtsgeschäften handeln, die auf den Tod des Erblassers und das Überleben des Bedachten abgestellt sind und für diesen Fall Vermögenszuwendungen in Aussicht stellen (Schenkungsversprechen von Todes wegen). Mit Zuwendungen dieser Art sind ihrer Natur nach nur unentgeltliche gemeint; anderenfalls fehlte ihnen der wesentliche erbrechtliche Gehalt.

2 **2. Inhalt des § 2301.** Schenkungsversprechen von Todes wegen sind durch den Tod des Schenkers befristet und stehen unter der Bedingung des Überlebens des Bedachten. Eine eigenständige Regelung gibt es nicht; sie werden den Verfügungen von Todes wegen gleichgestellt (Abs I). Bereits zu Lebzeiten vollzogene Schenkungen von Todes wegen werden als Schenkungen unter Lebenden behandelt (Abs II). Die Schwierigkeiten liegen a) bei der Abgrenzung des Schenkungsversprechens iSv Abs I von den Zuwendungen unter Lebenden sowie dem Vertrag zugunsten Dritter auf den Todesfall und b) beim Übergang vom Versprechen zum Vollzug einer Schenkung von Todes wegen.

3 **II. Schenkungsversprechen von Todes wegen (Abs I). 1. Voraussetzungen. a) Schenkungsversprechen.** Überwiegend wird eine vertraglich vereinbarte Schenkung verlangt (Soergel/Wolf Rz 2; Erman/Hense[7] Rz 5), was der Unterscheidung zum einseitigen Schenkungsversprechen in § 518 I aber nicht gerecht wird. Es genügt ein noch nicht angenommenes Schenkungsangebot. Das Angebot muß eine unentgeltliche Zuwendung betreffen, die sich auch in einer gemischten Schenkung realisieren kann. Daran fehlt es, wenn ein Schulderlaß, der mit dem Tod des Gläubigers eintreten soll, dazu bestimmt ist, den Verzicht auf die Geltendmachung einer Forderung auszugleichen (Ehlers JR 1950, 86 krit zu Stuttgart JR 1949, 383). Ebenso wird das Versprechen einer Geldsumme für geleistete oder noch zu leistende Dienste einer Hausangestellten als entgeltlich einzustufen sein (RG JW 1920, 139). Entgeltlich ist auch die Fortsetzungsklausel in einem Gesellschaftsvertrag, die erwerbenden Mitgesellschaftern der OHG auferlegt, den Erben des Erblassers abzufinden (BGH NJW 1959, 1433), ja sogar, wenn die Gesellschafter auf Abfindungsansprüche ihrer Erben von vornherein verzichtet haben (BGH 22, 194; vgl zu den Nachfolgeklauseln im Ganzen H.P. Westermann JuS 1979, 761; Käppler ZGR 1978, 542). Nicht um eine Schenkung, sondern um Leihe handelt es sich bei einem auf Lebenszeit eingeräumten unentgeltlichen Wohnrecht (BGH NJW 1985, 1553), wenn nicht das Kündigungsrecht des § 605 Nr 1 ausgeschlossen ist (Nehlsen-v Stryk AcP 187, 597; für eine analoge

Anwendung auf andere lebzeitig unentgeltliche Zuwendungsformen, sofern diese Geschäfte strukturell einer Verfügung von Todes wegen gleichkommen, Langen ZMR 1986, 150).

b) Befristung auf den Tod des Schenkers. Einer Verfügung von Todes wegen ähnlich ist das Schenkungsversprechen, das erst den Nachlaß des Schenkers verpflichten soll. Voraussetzung ist demnach eine aufschiebende Befristung iSv § 163 (Brox ErbR Rz 741; aM Olzen S 99, der ein betagtes, erst im Todeszeitpunkt fällig werdendes Schenkungsversprechen genügen läßt und § 2301 auf alle nicht vollzogenen Schenkungen analog anwenden will). Es gilt also das Recht der Schenkung unter Lebenden, wenn der Schenker nur zufällig vor Erfüllung seines Versprechens verstirbt.

c) Bedingung des Überlebens des Bedachten. Für die Behandlung als Verfügung von Todes wegen stellt Abs I darauf ab, ob das Schenkungsversprechen unter der Bedingung erteilt wird, daß der Beschenkte den Schenker überlebt. Die Bedingung kann eine aufschiebende oder eine auflösende sein (aM Langen ZMR 1986, 154) sein. Sie braucht nicht ausdrücklich erklärt zu werden. Es ist vielmehr durch Auslegung zu ermitteln, ob die bedachte Person nur persönlich beschenkt werden sollte oder ob für den Fall, daß der Bedachte vorversterben würde, dessen Erben in den Genuß der Schenkung kommen sollten. Verspricht der Erblasser für die Zeit nach seinem Tod (Befristung) einer bestimmten Person eine Zuwendung und liegen besondere Gründe dafür gerade in der Person des Versprechensempfängers, dann liegt die Annahme einer Überlebensbedingung nahe (BGH 99, 97 mit Anm Leipold JZ 1987, 362, Olzen JR 1987, 372). Der BGH betont in diesem Zusammenhang, daß der Tatrichter bei der Prüfung, ob es sich um ein Schenkungsversprechen von Todes wegen handelt, nicht engherzig verfahren dürfe; insbesondere dürfe die Anwendung der Vorschriften über die Verfügungen von Todes wegen nicht zu weit zurückgedrängt werden. Hiermit werden normzweckgemäß die Interessen der Pflichtteilsberechtigten und Nachlaßgläubiger in den Vordergrund gerückt. Damit läßt es sich (entgegen BGH NJW 1988, 2731) aber nicht vereinbaren, bei der Auslegung den Rechtsgedanken des § 2084 heranzuziehen und im Zweifel den Willen zu unterstellen, der ohne Rücksicht auf die rechtliche Einordnung des Geschäfts verwirklicht werden kann. Da § 518 II weiterreichende Vollzugsmöglichkeiten vorsieht als § 2301 II, verhilft der Auslegungsgrundsatz des § 2084 im Zweifel der Schenkung unter Lebenden zum Erfolg und unterläuft auf diese Weise den Schutzzweck des § 2301, die Umgehung erbrechtlicher Vorschriften zu verhindern (Bork JZ 1988, 1063). Andererseits geht der Schritt zu weit, in einem Schenkungsversprechen, das die wirtschaftlichen Folgen dem Nachlaß auferlegt, ohne weiteres einen auf eine Überlebensbedingung gerichteten Willen zu sehen (Leipold JZ 1987, 364; Bork JZ 1988, 1063). Wegen des unterschiedlichen Inhalts ist in derartiger Willen keineswegs zwingend. Im Zweifel ziehen läßt sich allerdings, ob an der Voraussetzung des Überlebens des Bedachten überhaupt festgehalten werden muß, denn angesichts der vermuteten Ersatzerbenberufung nach § 2069 hängt die Vergleichbarkeit zur Verfügung von Todes wegen nicht wesentlich davon ab. Auch ohne daß es auf das Überleben des Bedachten ankommt, wird daher die Anwendung des § 2301 vorgeschlagen von Olzen (S 94ff), erwogen von Leipold (JZ 1987, 364).

2. Rechtsfolge: Anwendung von Erbrecht. Auf das Schenkungsversprechen von Todes wegen sind die Vorschriften über Verfügungen von Todes wegen anzuwenden; das Versprechen muß also in der Form des Erbvertrags oder in der Form eines Testaments erfolgen (RG 87, 223; Kuchinke FamRZ 1984, 113; Damrau Jura 1970, 718; MüKo/Musielak Rz 13). Ob die Testamentsform ausreicht, ist umstritten (abl Kipp/Coing § 81 III 2a; Staud/Kanzleiter Rz 3 mwN). Unabhängig von dem Verständnis des Schenkungsversprechens als Angebot (Rz 3) unterscheiden sich aber auch der Schenkungsvertrag und der Erbvertrag so wesentlich voneinander, daß der Vertragscharakter nicht den Ausschluß der Testamentsform rechtfertigen würde. Inhaltlich ist die Schenkung idR als Vermächtnis zu behandeln (hierauf beschränkend Brox ErbR Rz 759), als Erbeinsetzung, wenn das ganze Vermögen oder Teile davon versprochen werden, § 2087 (Mugdan V Mot S 186; Damrau Jura 1970, 718). Der Bedachte hat bis zum Tod des Schenkers auch nur eine Erwerbsaussicht und noch kein Anwartschaftsrecht. Die Bindung des Versprechenden hängt dagegen von der Ausgestaltung des Versprechens ab. Frei widerruflich ist das Versprechen, das der Schenker in Testamentsform abgegeben oder in der Form des Erbvertrags mit einem Rücktrittsvorbehalt versehen hat.

III. Vollzogene Schenkung auf den Todesfall (Abs II). 1. Anwendung von Schenkungsrecht. Unabhängig von Abs I ist Abs II eine selbständige Regelung über den lebzeitigen Vollzug von Schenkungen, die unter der aufschiebenden oder auflösenden Bedingung des Überlebens des Bedachten stehen. Auf die vollzogene Schenkung von Todes wegen finden nicht die Vorschriften über Verfügungen von Todes wegen, sondern diejenigen über Schenkungen unter Lebenden Anwendung. Es handelt sich regelmäßig um eine formlos gültige Handschenkung iSv § 516 I oder für den Fall, daß ein Schenker, der sich wegen eines Schenkungsversprechens nach § 2301 I irrtümlich schon zu Lebzeiten für verpflichtet hält, das Geleistete kondizieren kann (Herrmann MDR 1980, 888; Harder S 116; Mugdan V Mot S 186). Demgegenüber sieht die hM das Verhältnis von Abs II zu Abs I in § 2301 wie in § 518 und faßt auch die lebzeitige Erfüllung des Schenkungsversprechens von Todes wegen als Vollzug iSv Abs II auf (Staud/Kanzleiter Rz 18; MüKo/Musielak Rz 17; Mugdan V Prot S 762). Schenkungen ohne Überlebensbedingung unterfallen ohnehin den §§ 516ff.

2. Vollzug. Die auflösend bedingte Schenkung ist mit dem Eintritt des dinglichen Leistungserfolgs vollzogen, die aufschiebend bedingte, sobald der Bedachte ein Anwartschaftsrecht erlangt hat (BGH WM 1971, 1338; Boehmer ZAkdR 1939, 610; Olzen S 110ff; MüKo/Musielak Rz 19). Schon die Einräumung des Anwartschaftsrechts mindert das Vermögen des Schenkers und das seiner Erben, während es das Vermögen des Anwartschaftsberechtigten gleichsam mehrt. Es müssen freilich alle übrigen Voraussetzungen erfüllt sein, die den endgültigen Rechtserwerb herbeizuführen geeignet sind. Der Schenker muß die Rechtsänderung nicht nur verheißen, sondern alles seinerseits Erforderliche getan haben, um das Vermögensopfer noch zu Lebzeiten zu erbringen, ohne daß es auf die Mitwirkung seiner Erben ankommt (BGH NJW 1970, 1638). Im Rahmen des § 2301 bildet der Tod des Schenkers eine prinzipielle Zäsur (BGH 99, 97). Es ist daher ausgeschlossen, daß der Begünstigte mit einer transmortalen oder postmortalen Vollmacht das Verfügungsgeschäft noch zu Lasten der vertretenen Erben tätigt (BGH 87, 19; einschränkend Erman/Hense[7] Rz 7). Das gleiche gilt für die Einschaltung eines Boten, der die notwendigen Willenserklärungen nicht anweisungsgemäß erst nach dem Ableben des Schenkers übermitteln kann (vgl den Bonifatiusfall: RG 83, 233; dazu Medicus Bürgerliches Recht Rz 392, 393; Martinek/Röhrborn JuS 1994, 473, 564). Die hM wendet allerdings die §§ 130 II, 153 an, um den Vollzug nicht von dem Zufall abhängig zu machen, ob der Schenker zwischen Abgabe und Zugang seiner Erklärungen verstirbt (Düsseldorf ZEV 1996, 423; Schreiber Jura 1995, 161; MüKo/Musielak Rz 23; nun auch Staud/Kanzleiter Rz 23); diese Meinung ist abzulehnen. Hier wird zu Lebzeiten kein Vollrecht oder Anwartschaftsrecht übertragen, und der Vollzugsbegriff des § 2301 II veranlaßt keine Ausnahme. Außerdem hat es der Schenkungswillige in der Hand, vor dem Zugang Abstand von seiner Erklärung zu nehmen (§ 130 I S 2). Unwiderruflich kann hingegen eine Vollmacht zur Vornahme des Rechtsgeschäfts erteilt werden, bewirkt aber für sich allein keine lebzeitige Rechtsänderung (BGH 87, 19); es kommt hinzu, daß die Verfügungsbefugnis des Vollmachtgebers durch die Vollmacht nicht beeinträchtigt wird, von einem Vermögensopfer also nicht die Rede sein kann (Olzen Jura 1987, 120). Im einzelnen haben die Anforderungen an das Anwartschaftsrecht mit dem jeweiligen Gegenstand der Übertragung zu tun:

9 a) Die bedingte Übereignung **beweglicher Sachen** verschafft dem Beschenkten mit der Einräumung des Besitzes bei auflösender Bedingung das Vollrecht, bei aufschiebender Bedingung ein Anwartschaftsrecht.

10 b) Die bedingte Übereignung von Grundstücken scheitert an § 925 II. Vollzogen werden kann aber die schenkweise Übertragung von **Grundstücksrechten** unter der Bedingung des Überlebens des Beschenkten. Erforderlich ist dazu die Einigung der Beteiligten über den Rechtsübergang sowie der Antrag des Erwerbers auf Eintragung (MüKo/Musielak Rz 26) bzw auf Eintragung einer darauf gerichteten Vormerkung (Hamm NJW 1975, 879), verbunden mit der Verpflichtung zur Unterlassung anderweitiger lebzeitiger Verfügungen über das Grundstück (Düsseldorf NJW-RR 2000, 1389).

11 c) Die überlebensbedingte Schenkung von **Forderungen** wird durch aufschiebend oder auflösend bedingte Abtretung gemäß § 398 vollzogen. Die Abtretung ist formlos gültig. Sie ist praktisch bedeutsam für die Schenkung von Kontoguthaben. Der Form nach eine Ausnahme bildet das Postspurguthaben, deren Abtretung nach § 23 IV S 3 PostG aF (in Kraft bis 31. 12. 1998) zu beurkunden ohne Wahrung der Form nach § 125 nichtig war (BGH NJW 1986, 2107; aM Wagner NJW 1987, 928). Einvernehmen besteht darüber, daß die überlebensbedingte Schenkung des Kontoguthabens nicht schon durch Erteilung einer (unwiderruflichen, transmortalen) Vollmacht vollzogen wird (BGH 87, 19). Darüber hinaus sind die Anforderungen umstritten. Der BGH läßt für den Vollzug die gemeinsame Errichtung eines Oder-Kontos genügen, wenn das Guthaben nach dem Tod des Schenkers „ohne großen Papierkrieg" allein dem Überlebenden zufallen sollte (BGH FamRZ 1986, 982). Zutreffend kann hier die Annahme eines Abtretungswillens sein, obwohl sich die Parteien der rechtlichen Konstruktion der Abtretung nicht bewußt waren. Problematisch ist aber die Annahme eines Vermögensopfers, solange der Schenker selbst die volle Verfügungsbefugnis behält. Krasser noch stellt sich die Annahme einer vollzogenen Schenkung dar, wenn eine postmortale Vollmacht zur Verfügung „über meine alsdann vorhandenen Kontoguthaben zu eigenen Gunsten und zugunsten Dritter" mit einem ausdrücklichen Widerrufsvorbehalt verbunden wird (so im Fall BGH FamRZ 1985, 693). Abgesehen davon, daß sich Abtretung und Bevollmächtigung widersprechen, hängt der endgültige Rechtserwerb hier nicht lediglich vom Eintritt der Überlebensbedingung ab. Eine lebzeitig vollzogene Schenkung läßt sich daher nicht bejahen, solange das Geschenk der fortdauernden Dispositionsbefugnis des Schenkers untersteht (v Lübtow II S 1229; Kipp/Coing § 81 III 1c). Daß nur der am Todestag noch vorhandene Betrag vermacht wird, weist überdies darauf hin, daß lediglich der Nachlaß belastet werden soll. Demgegenüber läßt die hM (BGH FamRZ 1985, 693; NJW-RR 1989, 1282) den lebzeitigen Vollzug nicht daran scheitern, daß sich der Erblasser vorbehält, selbst noch Beträge abheben und für sich verwenden zu können. Die gleichen Maßstäbe gelten für den bedingten Erlaß einer Forderung, der unter den Voraussetzungen des § 397 eine vollzogene Schenkung von Todes wegen darstellen kann (vgl Karlsruhe NJW-RR 1989, 367). Als Anzeichen dient die Übergabe des Schuldscheins.

12 **IV. Vertrag zugunsten Dritter auf den Todesfall. 1. HM.** Mit dem Vertrag zugunsten Dritter hat der Erblasser praktisch die Möglichkeit, Zuwendungen auf seinen Todesfall vorzunehmen (§ 331), ohne an erbrechtliche Vorschriften gebunden zu sein (§ 2301). Dies ist im einzelnen umstritten, aber gefestigte Rspr (BGH 41, 95; 46, 198; 66, 8; NJW 1984, 480; Düsseldorf FamRZ 1998, 774) und auch den bestehenden Vertragsgestaltungen zugrundegelegt. Von Bedeutung sind die Lebensversicherungs-, Bauspar- und Sparverträge. Vereinbart wird die Zuwendung in dem Deckungsverhältnis zwischen Versprechensempfänger (Erblasser) und Versprechendem (Versicherungsunternehmen, Bankinstitut) durch Rechtsgeschäft unter Lebenden. Der Dritte erhält demgemäß einen eigenen Anspruch gegen den Versprechenden, im Todesfall des Versprechensempfängers den Versicherungs- bzw Sparbetrag ausgezahlt zu bekommen. Der Anspruch entsteht nach der Vermutung des § 331 I erst mit dem Todesfall. Bis dahin kann der Vertrag geändert werden, so daß der Dritte noch kein Anwartschaftsrecht besitzt, sondern nur eine tatsächliche Erwerbsaussicht. Die Zuwendung ist für den Dritten zumeist unentgeltlich, bedarf allerdings eines Rechtsgrundes im Valutaverhältnis zwischen Versprechensempfänger und Drittem, damit dieser die Zuwendung auch behalten darf (BGH NJW 1975, 383; WM 1976, 1130). Rechtsgrund ist in aller Regel ein Schenkungsvertrag, den der Schenkende/Versprechensempfänger in den meisten Fällen nur nicht mehr zu seinen Lebzeiten abschließt. Hier wird in Anknüpfung an das Deckungsverhältnis auch die Einigung im Valutaverhältnis als Rechtsgeschäft unter Lebenden verstanden (BGH 54, 145) und damit die Möglichkeit eröffnet, den Schenkungsvertrag in Anwendung des § 518 II noch durch postmortalen Vollzug zustandezubringen. Das läßt sich nur so konstruieren, daß der Versprechende es übernimmt, das Angebot des Schenkenden/Versprechensempfängers an den Dritten weiterzuleiten (§ 130 II), wenn er ihn ohnehin über die Zuwendung unterrichtet. Nach §§ 153, 151 kann der Dritte dieses Angebot ohne Erklärung gegenüber den Erben annehmen (BGH 91, 288; 41, 97; Köln FamRZ 1996, 380), sofern

diese den Auftrag zur Weiterleitung und das Angebot selbst nicht rechtzeitig widerrufen. Das Widerrufsrecht steht den Erben in dem gleichen Umfang zu, wie es der Schenkende/Versprechensempfänger innehatte (BGH NJW 1975, 383; 84, 480). Kommen sie zu spät, dann bleibt ihnen unter den Voraussetzungen des § 2287 ggf ein Bereicherungsanspruch. Pflichtteilsberechtigte sind durch die Ansprüche aus §§ 2325, 2329 geschützt, Nachlaßgläubiger durch die Anfechtungsmöglichkeit nach Maßgabe der §§ 3ff AnfG, 139ff InsO.

2. Kritik. Daß § 2301 und damit erbrechtliche Vorschriften auf unentgeltliche Zuwendungen auf den Todesfall 13 keine Anwendung finden, schafft einen fragwürdigen Freiraum für formlose Schenkungen, der noch aufrechterhalten wird, wenn der Erblasser durch Verfügung von Todes wegen gebunden ist (BGH 66, 14). Gegen die postmortale Konstruktion als Vollzug der Schenkung nicht nur iSv § 518 II, sondern auch iSv § 2301 II spricht schon BGH 87, 19. Unbefriedigend ist es auch, daß der Wettlauf zwischen Erben und Begünstigten weitgehend Zufallsergebnisse ermöglicht; denn die Interessen des Erblassers unterscheiden sich erfahrungsgemäß von denen der zum Widerruf neigenden Erben. Eine verbreitete Meinung will deshalb § 2301 auf das Valutaverhältnis anwenden (Kipp/Coing § 81 V 2; Medicus Bürgerliches Recht Rz 396f; Olzen Jura 1987, 22). Daneben wird vertreten, das Valutaverhältnis könne gleichzeitig mit dem Deckungsverhältnis entstehen, und zwar durch Vereinbarung eines Schenkungsvertrages durch Insichgeschäft des Erblassers als Vertreter ohne Vertretungsmacht (M. Bühler NJW 1976, 1727; abl Harder/Welter NJW 1977, 1139). Anstelle einer Schenkung könne das Valutaverhältnis auch ein erbrechtliches Rechtsgeschäft sein (G. Vollkommer ZEV 2000, 13; zust Pal/Heinrichs § 331 Rz 5; aM J. Mayer DNotZ 2000, 918). Es wird auch die Fremdklausel als Zuwendung von Todes wegen besonderer Art angesehen, die formlos gültig sei, die causa in sich trage und im übrigen nach Vermächtnisrecht zu behandeln sei (v Lübtow II S 1235; Harder S 154; abl Hinz JuS 1965, 301). Oder die Fremdklausel schaffe als Sondererbfolge eine Miterbenstellung des Begünstigten (Finger WM 1970, 377). Nach aM genügt als Rechtsgrund der einseitige Zuwendungswille; der im Deckungsverhältnis vereinbarten Leistung müsse kein eigenständiges Valutaverhältnis zugrunde liegen. Die causa dieser Leistung liege in dem Deckungsverhältnis, dessen Beteiligten die Begünstigung nicht nach § 328 II bzw der Versprechensempfänger nicht nach § 332 widerrufen haben (Soergel/Wolf Rz 23; ders FamRZ 2002, 147). Ungeachtet dieser Lösungsvorschläge hat sich die Praxis jedoch auf die Grundsätze der Rspr eingestellt (Schreiber Jura 1995, 162), so daß man nicht umhin kann, die bestehenden Verträge danach zu beurteilen.

3. Einzelfälle. Für die Ansprüche aus den §§ 2287, 2329, 2325, § 143 InsO, § 5 AnfG sind nur die Leistungen 14 des Erblassers (Prämienzahlungen) zu berücksichtigen, nicht dagegen die Leistungen des Verpflichteten (Versicherungssumme). Das gilt für den **Bausparvertrag** (BGH NJW 1965, 1913) wie für den **Lebensversicherungsvertrag** (BGH FamRZ 1976, 616; aM Reinicke NJW 1956, 1053; Harder S 128). Ein **Sparbuch**, das der Erblasser auf den Namen eines Dritten angelegt hat, weist den Dritten noch nicht ohne weiteres als Inhaber der Forderung aus; hierin liegt allerdings ein Beweisanzeichen (BGH 21, 148). Von Bedeutung ist es auch, ob der Erblasser das Sparbuch bei sich behalten und, wie in diesem Fall anzunehmen ist, ob er sich die Verfügungsbefugnis vorbehalten hat (BGH 46, 301), so daß keine lebzeitige Übertragung gewollt ist. Der Dritte erlangt den Anspruch auf das Guthaben aber mit dem Tod des Sparers, wenn dieser es ihm zuwenden will und das Bankinstitut anweist, das Guthaben nach seinem Tod an den Dritten auszuzahlen, wenn auch nur der Vertragswille der Bank auf diese Erbfolge gerichtet ist, woran im übrigen keine strengen Anforderungen zu stellen ist (BGH NJW 1984, 480; zu Fragen der Beweislast siehe in diesem Zusammenhang § 331 Rz 9). Wie die Zuwendung von Sparguthaben behandelt die Rspr die Zuwendung von **Wertpapieren** aus dem Depot der Bank (BGH 41, 95; FamRZ 1985, 693). Soweit das Eigentum dem Erblasser zustand (§ 6 DepotG), fällt es mit dem Erbfall allerdings in den Einwirkungsbereich der Erben. Um das zu verhindern, lassen sich die Wertpapiere auf den Todeszeitpunkt treuhänderisch auf die Bank übereignen mit der Verpflichtung, sie auf den Bezeichneten weiterzuübertragen. In diesem Fall erlangt der Bedachte einen Anspruch auf Übereignung (Liessem MittRhNotK 1988, 33). Die Hingabe eines **Schecks** ist als Vertrag zugunsten Dritter erst mit der Einlösung vollzogen, die auch noch nach dem Tod des Ausstellers für wirksam gehalten wird (BGH WM 1978, 844).

2302 *Unbeschränkbare Testierfreiheit*
Ein Vertrag, durch den sich jemand verpflichtet, eine Verfügung von Todes wegen zu errichten oder nicht zu errichten, aufzuheben oder nicht aufzuheben, ist nichtig.

Schrifttum: *Battes*, Der erbrechtliche Verpflichtungsvertrag im System des Deutschen Zivilrechts, AcP 178 (1978), 337.

1. Zur Sicherung der Testierfreiheit (vor § 2064 Rz 4) verbietet die Vorschrift obligatorische Verträge des 1 Erblassers über seinen Nachlaß. Binden kann sich der Erblasser nur durch Erbvertrag oder gemeinschaftliches Testament.

a) Nichtig sind Verträge, die Verpflichtungen zur (Nicht-)Errichtung oder (Nicht-)Aufhebung einer Verfügung 2 von Todes wegen begründen. Dazu gehört der Verzicht auf Aufhebung eines Erbvertrages nach §§ 2290–2292 oder auf den Rücktritt nach §§ 2294, 2295; ebenso eine einseitige Beschränkung, die sich der Erblasser im Testament auferlegt (BayObLG NJW-FER 2001, 126), zB eine erschwerte Form für den Widerruf oder für die Abänderung. Unwirksam ist auch das Umgehen des Verbots durch das Vereinbaren (§ 344) oder einseitige Versprechen (BGH NJW 1980, 1623) einer Vertragsstrafe. Eine Pflicht zum Schadenersatz begründet die Unwirksamkeit nach § 2302 nicht (BGH NJW 1967, 1126). Die in einem Prozeßvergleich enthaltene Verpflichtung, einen Erbvertrag abzuschließen, kann nicht nach § 888 ZPO erzwungen werden (Frankfurt Rpfleger 1980, 117). Das Versprechen, eine inhaltlich bestimmte Verfügung von Todes wegen zu errichten, kann allerdings Geschäftsgrundlage eines Vertrages sein, deren Fortfall nach § 313 eine Anpassung erforderlich macht (unter Berufung auf die Grundsätze des § 242 seinerzeit BGH NJW 1977, 950; Nürnberg ZEV 2003, 514).

§ 2302

3   b) Zulässig ist dagegen die Verpflichtung zur Ausschlagung (aM Erman/Hense[7] Rz 1); sie ist als Erbverzichtsvertrag nur formbedürftig (§ 2348). § 2302 schließt auch nicht aus, Zuwendungen unter der Bedingung (§ 2074) zu machen, daß der Bedachte seinerseits eine bestimmte Verfügung von Todes wegen errichtet. Ob die Bedingung im Einzelfall wegen Gesetzesumgehung nach § 134 oder wegen Sittenverstoßes nach § 138 nichtig ist, bleibt eine andere Frage (BGH WM 1971, 1509; Johannsen WM 1973, 530).

4   2. Die **Umdeutung nichtiger Verträge** unterliegt den Voraussetzungen des § 140. Umdeuten läßt sich uU ein Vertrag mit den gesetzlichen Erben, überhaupt keine Verfügung von Todes wegen zu treffen, in einen Erbvertrag auf Einsetzung der gesetzlichen Erben. Ein Vertrag zugunsten Dritter kann eine Verpflichtung zum Abschluß eines Erbvertrages ersetzen (BGH WM 1961, 87). Ebenso kann die in einen Scheidungsvergleich aufgenommene Verpflichtung, ein Testament nicht zu ändern (Stuttgart NJW 1989, 2700), als Erbvertrag Wirksamkeit erlangen oder die in einem Ehevertrag für den Fall der scheidungsbedingten Unwirksamkeit eines gemeinschaftlichen Testaments übernommene Verpflichtung, erneut zugunsten der gemeinsamen Kinder zu testieren (Hamm FamRZ 1997, 581). Und die Verpflichtung des überlebenden Ehegatten, das gemeinsame Vermögen auf die Kinder zu übertragen, kann als Anordnung der Nacherbfolge aufrechterhalten werden (Hamm NJW 1974, 60), bei einzelnen Vermögensgegenständen als Nachvermächtnis (BGH DRiZ 1966, 398). Dem hypothetischen Willen der Beteiligten kann es auch entsprechen, die Verpflichtung zur Erbeinsetzung gegen eine Dienstleistung als Dienstvertrag aufzufassen (BGH FamRZ 1965, 318; vgl zur Umdeutung noch § 2084 Rz 10).

Abschnitt 5
Pflichtteil

Vorbemerkung

Schrifttum: *Baumann*, Die Pflichtteilsbeschränkung in guter Absicht, ZEV 1996, 121; *Baumgärtel*, Das Verhältnis der Beweislastverteilung im Pflichtteilsrecht zu den Auskunfts- und Wertermittlungsansprüchen in diesem Rechtsgebiet, in FS Hübner, 1984, S 395; *Bengel*, Die Pflichtteilsproblematik beim Tod des Nacherben vor Eintritt des Nacherbfalls; ZEV 2000, 388; *Boehmer*, Zur Rechtsform des Pflichtteilsrechts, AcP 144, 32; *ders*, Zur Reform des Pflichtteilsrechts, AcP 144, 249; *Bohnen*, Zugewinngemeinschaft und pflichtteilsgleiche Zuwendungen, NJW 1970, 1531; *Bowitz*, Zur Verfassungsmäßigkeit der Bestimmungen über die Pflichtteilsentziehung, JZ 1980, 304; *Braga*, Zur Rechtsnatur des Pflichtteils, AcP 153, 144; *Bratke*, Gesellschaftsvertragliche Abfindungsklauseln und Pflichtteilsansprüche, ZEV 2000, 16; *Brüggemann*, Beeinträchtigung von Erbanwartschaften durch den Erblasser, JA 1978, 209; *Brunk/Heinrich*, Nochmals: Pflichtteilsanspruch und Buchwertabfindung, DB 1973, 1003; *Coing*, Der Auskunftsanspruch des Pflichtteilsberechtigten im Fall der Pflichtteilsergänzung, NJW 1970, 729; *ders*, Empfiehlt es sich, das gesetzliche Erb- und Pflichtteilsrecht neu zu regeln?, Verhandlungen des 49. DJT 1972, Bd I A 1; *Damrau*, Der Minderjährige im Erbrecht, 2002; *Dauner-Lieb*, Das Pflichtteilsrecht: Ketzerische Fragen an ein altehrwürdiges Institut, Forum Familien- und Erbrecht, 2000, 110; *dies*, Bedarf es einer Reform des Pflichtteilsrechts? DNotZ 2001, 460; *Dieckmann*, Wertveränderungen des Nachlasses, Pflichtteil-/Pflichtteilsergänzung-Anfechtung, in FS Beitzke, 1979, S 399; *ders*, Teilhabe des Pflichtteilsberechtigten an Vorteilen der Erben nach dem Vermögensgesetz, ZEV 1994, 198 und in FS Hans Stoll, 2001, S 11; *Dittmann*, Die Pflichtteilsrechte bei der Zugewinngemeinschaft, DNotZ 1962, 173; *Donau*, Nochmals: Verjährung des „gegen den Nacherben gerichteten" Pflichtteilsanspruchs, MDR 1958, 124; *Dressler*, Grundbesitz in der ehemaligen DDR als Grundlage für nachträgliche Pflichtteilsansprüche aus BGB-Erbfällen, DtZ 1993, 229; *Dumoulin*, Gesetzliches Erbrecht und Pflichtteilsrecht, DNotZ 1973, Sonderheft 19, 84; *Ebeling*, Buchwertklausel und Pflichtteilsbemessungsgrundlage – Änderung der BGH-Rechtsprechung, GmbHR 1976, 153; *Ebenroth/Fuhrmann*, Konkurrenzen zwischen Vermächtnis- und Pflichtteilsansprüchen bei erbvertraglicher Unternehmensnachfolge, BB 1989, 2049; *Faßbender*, Zur pflichtteilsrechtlichen Privilegierung der Erbhöfe und Landgüter, AgrarR 1986, 131; *ders*, Das Pflichtteilsrecht nach der Vereinigung, DNotZ 1994, 359; *Ferid*, Zwei Gesichtspunkte zur „erbrechtlichen Lösung" des Zugewinnausgleichs bei Auflösung der Ehe durch den Tod eines Ehegatten, FamRZ 1957, 70; *ders*, Die Pflichtteilszuwendung, insbesondere auch beim Güterstand der Zugewinn„gemeinschaft", NJW 1960, 121; *Firsching*, Berechtigung zur Entziehung des Pflichtteils nach § 2333 Nr 2, 3 BGB, JR 1960, 129; *Flik*, Behandlung der Ausgleichsforderung aus der früheren Zugewinngemeinschaft bei der Pflichtteilsberechnung, BWNotZ 1978, 127; *Gerken*, Pflichtteilsrecht zwischen Testierfreiheit und Familienerbfolge, Rpfleger 1989, 45; *ders*, Pflichtteilsergänzungsanspruch, Rpfleger 1991, 443; *Goroncy*, Bewertung und Pflichtteilsberechnung bei gesellschaftsrechtlichen Abfindungsklauseln, NJW 1962, 1895; *Gottwald*, Pflichtteilsrecht, 2000; *Gruber*, Pflichtteilsrecht und Nachlassspaltung, ZEV 2001, 463; *Grziwotz*, Pflichtteilsverzicht und nachehelicher Unterhalt, FamRZ 1991, 1258; *Gudian*, § 2314 und der pflichtteilsberechtigte Miterbe, JZ 1967, 591; *Haas*, Ist das Pflichtteilsrecht verfassungswidrig? ZEV 2000, 249; *Hampel*, Zur Pflichtteilsregelung bei der Beendigung der Zugewinngemeinschaft durch den Tod eines Ehegatten, FamRZ 1958, 162; *ders*, Bemerkungen zur Pflichtteilsregelung, FamRZ 1961, 287; *Haß*, Zum Auskunftsanspruch eines nicht erbenden Pflichtteilsberechtigten, SchlHA 1977, 58; *Heckelmann*, Abfindungsklauseln im Gesellschaftsvertrag, 1973; *Herminghausen*, Pflichtteil bei späterer Veräußerung von Hofesgrundstücken, NJW 1962, 1380; *Hofstetter*, Zur Pflichtteilsklausel, ZEV 1995, 192; *Huber*, Das Pflichtteilsrecht aus positivrechtlicher, rechtsvergleichender und rechtspolitischer Sicht, 1999; *Johannsen*, Erbrechtliche Auswirkungen des § 1371 Abs I–III BGB, FamRZ 1961, 17; *Kanzleiter*, Verwirkungsklausel zu Lasten des Erben, dem ein belasteter Erbteil in Höhe des Pflichtteils zugewendet ist?, DNotZ 1993, 780; *Kegel*, Zum Pflichtteil vom Großgrundbesitz, in FS Cohn, 1975, S 85; *ders*, Die Zuständigkeit des Prozeß- und des Landwirtschaftsgerichts zur Entscheidung über Pflichtteilsansprüche nach BGB und HöfeO, in FS Alex Meyer, 1975, S 397; *Keller*, Die Problematik des § 2306 BGB bei der Sondererbfolge in Anteile an Personengesellschaften, ZEV 2001, 297; *ders*, Pflichtteilsberechtigung im Zeitpunkt der Schenkung als Voraussetzung eines Pflichtteilsergänzungsanspruchs, ZEV 2000, 268; *Klug*, Die Beschränkung in guter Absicht (§ 2338 BGB) und das Pflichtteilsrecht (§§ 2305–2307 BGB), MittRhNotK 1971, 169; *Kluge,* Pflichtteilsentziehung gegenüber Abkömmlingen, ZRP 1976, 285; *Kraker,* Pflichtteilsverletzung durch verbilligte Grundstücksabgabe, BWNotZ 1966, 37; *Kretschmar,* Die Berechnung des Ergänzungsanspruchs im Falle des § 2327, Recht 1912, 39; *Kuhla,* Testierfreiheit und Pflichtteil, in FS Gerold Bezzenberger, 2000, S 497; *Lange,* Zur Reform des Pflichtteilsrechts, AcP 144, 188; *ders,* Der BGH und die erb- und güterrechtliche Lösung des § 1371 BGB, NJW 1965, 369; *Lipp,* Finanzielle Solidarität zwischen Verwandten im Privat- und im Sozialrecht, NJW 2002, 2201; *Lübbert,* Verwirklichung der Schlußerbfolge durch Geltendmachung des Pflichtteils, NJW 1988, 2706; *v Lübtow,* Die Methode der Gesetzesanwendung. Erläutert an § 2325 BGB. Zugleich eine Kritik an dem Urteil des IV. Zivilsenats des BGH vom 21. 6. 1972, in FS Bosch, 1976, S 573; *Martiny,* Empfiehlt es sich, die rechtliche Ordnung finanzieller Solidarität zwischen Verwandten in den Bereichen des Unterhaltsrechts, des Pflichtteilsrechts, des Sozialhilferecht und des Sozialversicherungsrechts neu zu gestalten? Gutachten A zum 64. Deutschen Juristentag, Berlin 2002; *Mayer,* Ja zu „Jastrow"? – Pflichtteilsklausel auf dem Prüfstand, ZEV 1995, 136; *Meincke,* Das Recht der Nachlaßbewertung im BGB, 1973; *Mertens,* Die Entstehung der Vorschriften des BGB über die gesetzliche Erbfolge und das Pflichtteilsrecht, Diss Münster 1968; *ders,* Ist die eingeschränkte Befugnis des Kindes-Erblassers zur Pflichtteilsentziehung gemäß § 2334 BGB gerechtfertigt? FamRZ 1971, 353; *Miehle,* Gesellschaftsvertrag und Pflichtteil, BWNotZ 1966, 44; *Migsch,* Die sogenannte Pflichtschenkung, AcP 173, 46; *Müller-Feldhammer,* Das Ertragswertverfahren bei der Hofübergabe, ZEV 1995, 161; *Natter,* Zur Auslegung des § 2306 BGB, JZ 1955, 138; *Niederländer,* Die Pflichtteilsregelung in § 1371 BGB nF, NJW 1960, 1737; *Oechsler,* Pflichtteil und Unternehmensnachfolge, AcP 2000, 603; *v Ohlshausen,* Die Konkurrenz von Güterrecht und Erbrecht bei Auflösung der Zugewinngemeinschaft durch Tod eines Ehegatten, Diss Kiel 1968; *ders,* Zugewinnausgleich und Pflichtteil bei Erbschaftsausschlagung durch einen von mehreren Erbeserben des überlebenden Ehegatten, FamRZ 1976, 678; *ders,* Die Verteilung der Pflichtteilslast zwischen Erben und Vermächtnisnehmern, MDR 1986, 89; *Otte,* Pflichtteilsrecht bei Ausschlagung gesetzlicher Erbfolge in Personengesellschaften, BWNotZ 1973, 54; *Otte,* Um die Zukunft des Pflichtteilsrechts, ZEV 1994, 193; *ders,* Das Pflichtteilsrecht – Verfassungsrechtsprechung und Rechtspolitik, AcP 2002, 317; *Pakuscher,* Zur Problematik der Pflichtteilsentziehung, JR 1960, 51; *Peters,* Pflichtteilsergänzungsansprüche wegen Schenkungen des Erblassers an seinen Ehegatten, FamRZ 1973, 169; *Phillip,* Zur Berücksichtigung des Kaufkraftschwundes bei der Berechnung von Pflichtteilsansprüchen, DB 1976, 664; *Probst,* Konkurrenz zwischen Unterhaltsberechtigten und Pflichtteilsberechtigten, AcP 191, 138; *Raape,* Die Einrede der Erbunwürdigkeit aus § 2345 Abs 2 in Verbindung mit § 2083 mit Bezug auf § 2309 BGB, in FS Haff, 1950, S 317; *Reinicke,* Der Umfang der Pflichtteile im Güterstand der Zugewinngemeinschaft, DB 1960, 1445; *ders,* Die Voraussetzungen des Pflichtteilsergänzungsanspruchs, NJW 1973, 597; *Reuter,* Gesellschaftsvertragliche Nachfolgeregelungen und Pflichtteilsrecht, JuS 1971, 289; *Rötelmann,* Pflichtteil bei späterer Veräußerung von Hofgrundstücken, NJW 1962, 1712; *Ruppe,* Abfindung von Pflichtteilsansprüchen durch Hingabe von Grundstücken, ÖsterNotZ 1986, 217; *Schlüter,* Die Änderung der Rolle des Pflichtteilsrechts im sozialen Kontext, in 50 Jahre Bundesgerichtshof, 2000, Bd I, S 1047; *Schnur,* Die Pflichtteilsentziehung, Diss Köln 1982; *Schopp,* Die Pflichtteilsergänzung, Rpfleger 1956, 119; *ders,* Berechnung des Pflichtteilsanspruchs durch Ermittlung des Werts eines Grundstücks mit besonderer Gestaltung, ZMR 1994, 552; *Schramm,* Wie berücksichtigt § 2310 BGB denjenigen, der sowohl durch letztwillige Verfügung als auch durch Erbverzicht von der gesetzlichen Erbfolge ausgeschlossen ist?, BWNotZ 1977, 88; *Schröder,* Pflichtteilsrecht, DNotZ 2001, 465; *Schwab,* Ehegattenpflichtteil und Zugewinnausgleich, JuS 1965, 432; *Siebert,* Gesellschaftsvertragliche Abfindungsklauseln und Pflichtteilsrecht, NJW 1960, 1033; *Sostmann,* Grundstücksübertragungen an Abkömmlinge und ihre Auswirkungen auf das Pflichtteilsrecht, MittRhNotK 1976, 479; *Speckmann,* Der Beginn der Zehnjahresfrist bei der Berücksichtigung von Schenkungen beim Pflichtteilsergänzungsanspruch, NJW 1978, 358; *Staudenmeier,* Abzug des Voraus bei der Pflichtteilsberechnung, DNotZ 1965, 68; *Stötter,* Unternehmensnachfolge und Pflichtteilsanspruch, DB 1962, 264; *Strobel,* Nochmals: Pflichtteilsstrafklausel im Ehegatten-Testament, MDR 1980, 363; *Sturm,* Die Pflichtteilsregelung und § 1371 BGB nF, NJW 1961, 1435; *Sudhoff,* Unternehmensnachfolge und Pflichtteilsanspruch, DB 1961, 1573; *ders,* Vorweggenommene Erbfolge und Pflichtteilsanspruch, DB 1971, 225; *ders,* Pflichtteilsanspruch und Buchwertabfindung, DB 1973, 53; *Wegmann,* Eheverträgliche Gestaltungen zur Pflichtteilsreduzierung, ZEV 1996, 291; *Werner,* Werterhöhung als ausgleichspflichtiger Zugewinn und erbrechtlicher Voremfpang, DNotZ 1978, 66; *Zimmermann,* Pflichtteilsrecht und Zugewinnausgleich bei Unternehmer- und Gesellschafternachfolge, BB 1969, 965; weitere Nachweise bei §§ 2314, 2338a.

1. Geschichte. Das Pflichtteilsrecht schafft den Ausgleich zwischen den Prinzipien der gesetzlichen und gewillkürten Erbfolge. Es soll einerseits gewährleisten, daß das Vermögen des Erblassers seiner Familie in gewissem Umfang erhalten bleibt. Andererseits soll auch die Freiheit des Erblassers, über seinen Tod hinaus über sein Vermögen verfügen zu können, grundsätzlich erhalten bleiben. Bei grundsätzlicher Anerkennung der Testierfreiheit soll den nächsten Angehörigen auch gegen den Willen des Erblassers ein unentziehbarer **Mindestanteil** am Nachlaß verbleiben. Das Pflichtteilsrecht hat den Ausgleich zwischen den beiden miteinander streitenden Erbfolgeprinzipien in der geschichtlichen Entwicklung auf verschiedene Weise herbeigeführt.

a) Das **materielle Noterbrecht** macht den Ehegatten und bestimmte nahe Verwandte auch gegen den Willen des Erblassers zu Zwangserben, wenn sie sich nichts haben zuschulden kommen lassen, meist nicht für den ganzen Nachlaß, sondern nur für bestimmte Bruchteile, so daß der Noterbe mit eingesetzten Erben kraft Gesetzes in eine Miterbengemeinschaft tritt, § 2589 des Sächsischen BGB und heute im wesentlichen noch im romanischen und nordischen Rechtskreis, Art 913ff C c. Vgl im einzelnen Kipp/Coing § 8 III.

b) Das **formelle Noterbrecht** des älteren römischen Rechts machte **Hausangehörige** dadurch **zu gesetzlichen Zwangserben,** daß es ein Testament für nichtig erklärte, in dem hausangehörige gesetzliche Erben weder zu Erben eingesetzt noch ausdrücklich durch letztwillige Verfügung enterbt waren.

c) Der **Pflichtteilsanspruch** gibt dem **Noterben keine Erbenstellung,** sondern nur einen **Geldanspruch** gegen die eingesetzten oder gesetzlichen Erben in Höhe eines bestimmten Bruchteilswerts des **Nachlasses,** §§ 762ff ABGB, pr ALR II 2 § 392 in seiner späteren Auslegung, § 396 III ZGB der ehemaligen DDR und § 2303 I. An seine Stelle tritt unter dem Einfluß naturrechtlicher Ideen mitunter ein **Unterhaltsanspruch** enterbter Angehöriger gegen den Nachlaß, so für den Ehegatten nach § 796 ABGB.

d) Oft treten diese Systeme nicht rein, sondern in **Mischformen** auf. Vgl zum Entstehen der Systeme Mot V 386ff, Prot V 490ff, besonders 495. Zur neueren rechtspolitischen Diskussion vor allem Coing, Empfiehlt es sich, das gesetzliche Erbrecht und Pflichtteilsrecht neu zu regeln?, Verhandlungen des 49. DJT 1972, Bd I A 1 (12ff) und Papantoniou AcP 173, 385 (398) sowie Soergel/Stein Einl § 1922 Rz 74f mwN.

e) **Kein Pflichtteilsrecht** kennen die meisten Rechtsordnungen des anglo-amerikanischen Rechtskreises. Unterhalt aus dem Nachlaß, Güterrecht, Heiratsverträge und Familienstiftungen versuchen dort seine Ziele zu erreichen, vgl im einzelnen Bondzio, Zum internationalen Ehegüter- und Ehegattenerbrecht der Vereinigten Staaten von Amerika, 1964; Tzschurke, Das Pflichtteilsrecht in den Vereinigten Staaten von Amerika, 1969.

2. Das Pflichtteilsrecht des BGB. a) Es hat die **Aufgabe**, die **Testierfreiheit des Erblassers** zugunsten seiner Abkömmlinge, Eltern und seines Ehegatten **zu beschränken,** diesen einen Mindestwertanteil am Nachlaß zu sichern. Das Pflichtteilsrecht ist mit der Erbrechtsgarantie und der Testierfreiheit vereinbar, BVerfG FamRZ 2000, 1563.

b) Das **Pflichtteilsrecht erzeugt** in der Regel, wenn auch nicht immer (vgl §§ 2305–2307, 2316, 2319, 2326), einen **persönlichen Anspruch** gegen die Erben **auf Zahlung** einer bestimmten **Geldsumme** (RG 116, 5, 7), der mit dem Erbfall entsteht (§ 2317 I), wenn der Berechtigte durch Verfügung von Todes wegen ausdrücklich oder schlüssig von der Erbfolge ausgeschlossen ist, §§ 2303, 1938. Der Pflichtteilsberechtigte ist daher nicht Miterbe, nicht an der Substanz, sondern nur mit einer Forderung am Nachlaßwert beteiligt. Er wird nicht in den Erbschein aufgenommen, sondern ist Nachlaßgläubiger (§ 1967 II), und zwar ein Nachlaßgläubiger, der gegenüber den gewöhnlichen Nachlaßgläubigern zurückgesetzt ist. Er zählt zu den nachlaßbeteiligten Gläubigern, wie Vermächtnisnehmer und Auflagegläubiger, ist aber besser berechtigt als sie, vgl § 1972 Rz 3, § 1974 Rz 3, § 1991 Rz 4. Der Anspruch ist – anders als das Pflichtteilsrecht vor dem Erbfall – **vererblich und übertragbar** (§ 2317 II) und, wenn er durch Vertrag anerkannt oder rechtshängig geworden ist, **pfändbar,** § 852 I ZPO. Dann kann auch gegen ihn aufgerechnet werden, §§ 387, 394.

c) Das **Pflichtteilsrecht** braucht keinen Pflichtteils**anspruch** zu erzeugen. Es kann auch **als Einrede** wirken und dem pflichtteilsberechtigten Erben oder Miterben das Recht geben, Vermächtnisse, Auflagen oder fremde Pflichtteilsansprüche zur Wahrung seines eigenen Pflichtteilsrechts zu kürzen, §§ 2318, 2319.

d) **Pflichtteilsberechtigt** sind **Abkömmlinge, Eltern** und **Ehegatten des Erblassers** (§ 2303), Eltern und entferntere Abkömmlinge jedoch nicht unter den Voraussetzungen des § 2309, nie dagegen Geschwister (anders Art 470 SchwZGB) und Voreltern des Erblassers. Bis zum Inkrafttreten des NEhelG (§ 1924 Rz 3ff) waren nichteheliche Kinder mit ihrem Vater nicht verwandt (§ 1589 II aF) und damit nach ihm weder erb- noch pflichtteilsberechtigt. Nach der Streichung des § 1589 II aF durch das NEhelG sind nichteheliche Kinder mit ihrem Vater ebenso verwandt wie sie es bisher schon mit ihrer Mutter waren. Sie sind deshalb wie schon bisher nach ihrer Mutter auch nach ihrem Vater erb- und pflichtteilsberechtigt. Umgekehrt steht dem nichtehelichen Vater ebenso wie bereits vor Inkrafttreten des NEhelG der nichtehelichen Mutter ein Pflichtteilsrecht beim Tod des Kindes zu. Auch die letzten nach dem NEhelG noch verbliebenen Unterschiede (vgl §§ 1934a–1934e, 2338a) zwischen ehelichen und nichtehelichen Kindern sind durch das ErbGleichG vom 16. 12. 1997 (BGBl I 2968) beseitigt worden, vgl Einl § 1922 Rz 28 und § 1934a Rz 1ff. Damit ist § 2338a mit dem 1. 4. 1998 überflüssig und deshalb aufgehoben worden, Art 1 Nr 3 ErbGleichG, wonach der Erbensatzanspruch (§ 1934a aF) im Hinblick auf das Pflichtteilsrecht dem gesetzlichen Erbteil gleichstand. Für Erbfälle bis zum 1. 4. 1998 gilt § 2338a allerdings fort, Art 227 I Nr 1 EGBGB, zur Übergangsregelung im einzelnen vgl § 1934a Rz 3ff und Schlüter/Fegeler FamRZ 1998, 1337. Mit der Annahme eines minderjährigen Kindes nach dem AdoptionsG (§ 1924 Rz 3ff) wird eine Verwandtschaftsbeziehung des Kindes und seinen Abkömmlingen nicht nur zu dem Annehmenden, sondern auch zu dessen Familie hergestellt, § 1754. Das angenommene Kind ist nach dem Annehmenden und dessen Eltern und Voreltern erb- und pflichtteilsberechtigt. Umgekehrt ist auch der Annehmende nach dem angenommenen Kind erb- und pflichtteilsberechtigt. Zur Übergangsregelung, den Besonderheiten bei der Verwandtenadoption und den Einschränkungen bei der Volljährigenadoption § 1924 Rz 3ff und Dittmann Rpfleger 1978, 277; näher zu den erbrechtlichen Wirkungen der Adoption auch Dieckmann FamRZ 1979, 389 393ff. **Pflichtteilsberechtigt** ist nach § 10 VI S 1 LPartG auch der überlebende **Lebenspartner** des Erblassers. Auch ihm gebührt, wenn er durch Verfügung von Todes wegen von der gesetzlichen Erbfolge (§ 10 I, II LPartG) ausgeschlossen ist, die Hälfte des Werts des gesetzlichen Erbteils als Pflichtteil. Die Vorschriften des BGB über den Pflichtteil gelten mit der Maßgabe entsprechend, daß der Lebenspartner wie ein Ehegatte zu behandeln ist, § 10 VI S 2 LPartG. Wegen der Einzelheiten s § 2303 Rz 6ff und die Kommentierung zu § 10 LPartG sowie Bruns/Kemper § 10 LPartG Rz 85–151.

e) Der **Pflichtteilsanspruch** besteht in der **Hälfte des Werts des gesetzlichen Erbteils** des Berechtigten, § 2303 I S 2. Ist der Pflichtteilsberechtigte zwar als Erbe eingesetzt, aber auf weniger als seinen halben gesetzlichen Erbteil, oder ist sein zureichender Erbteil beschränkt oder beschwert oder ist er nur mit einem Vermächtnis bedacht, so gelten die §§ 2305–2307. Hat der Erblasser Schenkungen unter Lebenden gemacht, so kann der Pflichtteilsberechtigte **Erhöhung** seines **Pflichtteils** durch den Erben, mitunter durch den Beschenkten verlangen **(Pflichtteilsergänzung),** vgl §§ 2325–2331.

Der Pflichtteilsberechtigte kann jedoch nicht gegen den Willen der Erben an Stelle des Geldes bestimmte Nachlaßgegenstände verlangen (aA LG Berlin JR 1949, 51 für den Währungsverfall), auch nicht Familienerinnerungsstücke.

f) Der Erblasser kann dem Berechtigten aus schwerwiegenden Gründen durch letztwillige Verfügung den **Pflichtteil entziehen** (§§ 2333–2337) oder sein Recht in guter Absicht beschränken, § 2338. Unbeabsichtigte Übergehung des Pflichtteilsberechtigten macht die Verfügung von Todes wegen anfechtbar, §§ 2079, 2080, 2281.

g) **Kein Pflichtteilsrecht** hat, wer auf die Erbschaft oder den Erbteil ohne Vorbehalt des Pflichtteilsrechts oder allein auf sein Pflichtteilsrecht verzichtet hat (§§ 2346, 2349), wer für erbunwürdig erklärt worden ist (§§ 2344, 2345), wem der Erblasser den Pflichtteil wirksam entzogen hat (§§ 2333–2337), der Ehegatte, wenn der Erblasser einen begründeten Scheidungsantrag gestellt oder der Scheidung zugestimmt hatte oder eine begründete Eheaufhebungsklage erhoben hatte (§ 1933) und schließlich der Lebenspartner, wenn der Erblasser einen begründeten

Antrag auf Aufhebung der Lebenspartnerschaft beantragt oder ihr zugestimmt hatte (§ 10 III Nr 1 und 2 LPartG). Bei Erbfällen vor Inkrafttreten des ErbGleichG am 1. 4. 1998 besteht auch dann kein Pflichtteilsrecht, wenn eine wirksame Vereinbarung über den vorzeitigen Erbausgleich (§ 1934e) getroffen worden ist, Art 227 I Nr 2 EGBGB.

h) Vor dem Erbfall besteht bereits eine Aussicht auf den Pflichtteil, die mitunter als Pflichtteilsrecht bezeichnet wird, § 2346 II. Sie ist ebenso wie die Erbaussicht vor dem Erbfall ein **künftiges** und kein bedingtes **Recht, kein** gegenwärtiges **Anwartschaftsrecht**, obwohl sie nur aus besonderen Gründen entzogen werden kann. Das Recht ist allerdings davon abhängig, daß der Pflichtteilsberechtigte den Erblasser überlebt. Die Gründe aber, die gegen die Erbaussicht als Anwartschaft sprechen, gelten auch hier. Es kann vor dem Erbfall nicht übertragen, belastet, gepfändet, durch Arrest oder eine einstweilige Verfügung gesichert (§ 916 II ZPO) oder vererbt werden, vgl Einl § 1922 Rz 11; Staud/Haas Einl §§ 2303ff Rz 30; aA Siber, Erbrecht, S 76. Aber schon mit der Geburt oder Eheschließung entsteht zwischen dem Pflichtteilsberechtigten und dem Erblasser ein gegenwärtiges Rechtsverhältnis (RG 92, 1; 169, 98; BGH 28, 177), dessen Feststellung nach § 256 ZPO verlangt werden kann, BGH 109, 306. Dagegen fehlt nach Eintritt des Erbfalls erhobenen Klage des Erben auf Feststellung, daß der Erblasser zur Pflichtteilsentziehung berechtigt war, das erforderliche Feststellungsinteresse, BGH NJW-RR 1990, 130; vgl auch § 2317 Rz 2 und § 2333 Rz 1. Künftige gesetzliche Erben können über ihren Pflichtteil Verträge schließen, obwohl der Erblasser noch lebt, § 311b V. Aus §§ 1822 Nr 1, 1643 I ergibt sich, daß die sorgeberechtigten Eltern und der Vormund, allerdings mit Genehmigung des Familien- bzw Vormundschaftsgerichts, namens des Minderjährigen Rechtsgeschäfte schließen können, durch die er zur Verfügung über seinen künftigen Pflichtteil verpflichtet wird. Der Erblasser kann einen Erbvertrag oder ein gemeinschaftliches Testament anfechten, weil er einen Pflichtteilsberechtigten übergangen hat, § 2281. Zur Geltendmachung eines Pflichtteilsanspruchs durch einen Ergänzungspfleger (§ 1909) BayObLG FamRZ 1989, 540.

3. Weitere gesetzliche Regelungen enthalten §§ 311b IV, V, 1371, 1509, 1511 II, 1586b, 1967 II, 1974 II, 1991, 2079, 2188, 2213 I S 3, 2271 II, 2281, 2299 II, 2294, 2297, 2345 II, 2346 II; §§ 12 X, 16 II HöfeO; Art 137, 139 EGBGB; §§ 322, 327 InsO; § 5 Anfechtungsgesetz.

4. Der Pflichtteilsberechtigte ist für das **erbschaftsteuerpflichtig**, was er auf Grund des geltend gemachten Pflichtteilsanspruchs oder von einem Dritten als Abfindung für einen Verzicht auf den entstandenen Pflichtteilsanspruch erwirbt, § 1 I Nr 1, § 3 I Nr 1 ErbStG. Die Steuerschuld entsteht, sobald der Pflichtteilsanspruch geltend gemacht wird, § 9 I Nr 1 lit b ErbStG. Die Verbindlichkeiten aus geltend gemachten Pflichtteilen sind von dem Erwerb des Erben als Nachlaßverbindlichkeiten abzugsfähig, § 10 V Nr 2 ErbStG. Zur Haftung für die Erbschaftsteuer siehe § 20 I, III ErbStG. Zur Erbschaftsteuer bei Erwerb eines Grundstücks aufgrund eines Pflichtteilsanspruchs BFH FamRZ 1989, 1171.

5. Sicherung des vollen Pflichtteils. Der volle Pflichtteil ist die gesetzliche Mindestbeteiligung der pflichtteilsberechtigten Personen am Nachlaß des Erblassers. Das Gesetz bestimmt ihn mit der „Hälfte des Wertes des gesetzlichen Erbteils", § 2303 I S 2. Er setzt voraus, daß der Pflichtteilsberechtigte vollständig enterbt ist, § 2303 I S 1. Ist ihm ein Erbteil hinterlassen, der nicht die Hälfte des gesetzlichen Erbteils erreicht, so hat er neben diesem einen Pflichtteilsrestanspruch in der Höhe der fehlenden Wertdifferenz, § 2305. Das gilt, wenn der Pflichtteilserbteil weder beschränkt noch beschwert ist. Ist ihm ein Vermächtnis zugewandt, das ebenfalls nicht den vollen Wert des halben gesetzlichen Erbteils erreicht, so kann er sich seinen Mindestanteil wahlweise verschieden verschaffen: Er kann das Vermächtnis annehmen und zusätzlich einen Pflichtteilsrestanspruch in Höhe der fehlenden Wertdifferenz geltend machen (§ 2307 I S 2), oder er kann es ausschlagen (§ 2180) und sich dadurch den vollen Pflichtteil verschaffen, § 2307 I S 1. Ist der **Pflichtteilserbe** durch einen Nacherben, eine Testamentsvollstreckung oder eine Auseinandersetzungsanordnung **beschwert oder** ist er durch ein Vermächtnis oder eine Auflage beschwert, so kennt das Gesetz drei Möglichkeiten: Ist der hinterlassene **Erbteil** dem **Pflichtteil gleich**, so gilt die Beschränkung oder Beschwerung als nicht angeordnet (§ 2306 S 1), mag der Erbe es wollen oder nicht. Der Erbe erwirbt weder durch Annahme noch durch Ausschlagung des Erbteils den Pflichtteil, RG 93, 3 (9). Ist der **Erbteil kleiner als der Pflichtteil**, so gelten die Beschränkungen und Beschwerungen ebenfalls als nicht angeordnet, § 2306 I S 1. Der Erbe hat aber neben dem unbeschränkten und unbeschwerten Erbteil noch den Pflichtteilsrestanspruch nach § 2305, RG 93, 3 (9). Ist der **Erbteil größer als der Pflichtteil**, sei es auch nur zusammen mit einem angenommenen Vermächtnis (Neustadt NJW 1957, 1523), so hat der Pflichtteilserbe dasselbe Wahlrecht wie nach § 2307 I. Nimmt er den Erbteil an, so erwirbt er ihn endgültig, aber mit allen Beschränkungen und Beschwerungen. Schlägt er ihn aus, so erhält er dadurch den vollen Pflichtteil. Zum weitergehenden Wahlrecht des Ehegatten, dessen Zugewinngemeinschaft durch den Tod des Erblassers aufgelöst ist, vgl § 2303 Rz 6ff. Dort übernimmt das Pflichtteilsrecht neue, ihm ursprünglich wesensfremde Aufgaben des ehelichen Güterrechts.

Im weitesten Sinn sichern auch die Vorschriften über die Ergänzung des Pflichtteils wegen Schenkungen, die der Erblasser zu seinen Lebzeiten Dritten gemacht hat, dem Pflichtteilsberechtigten seinen Mindestanteil am Nachlaß. Verfügt der Erblasser schenkweise unter Lebenden über Gegenstände seines Vermögens, so mindert er damit den Nachlaßwert und über ihn den Pflichtteil seiner nächsten Angehörigen. Ihre Mindestrechte am Nachlaß werden dadurch ebenso verkürzt, wie wenn der Erblasser sie zu gering bedenkt. Näheres vgl vor § 2325 Rz 1ff. Zu den rechtlichen Möglichkeiten, bei einem Familienunternehmen die Pflichtteilsansprüche zu beschränken, siehe Sudhoff DB 1971, 225; vgl auch Damrau, Der Erbverzicht als Mittel zweckmäßiger Vorsorge für den Todesfall, 1966.

6. Auch die **Berechnung des Pflichtteils** ist überwiegend unabdingbar so geregelt, daß dem Pflichtteilsberechtigten der Mindestanteil am Nachlaß gesichert ist.

a) Die Vorschrift des § 2310 bestimmt, wie der für die Berechnung des Pflichtteils maßgebende Erbteil, die §§ 2311–2314, wie Bestand und Wert des Nachlasses festzustellen sind. § 2315 regelt, ob und wie Zuwendungen des Erblassers an den Pflichtteilsberechtigten durch Rechtsgeschäfte unter Lebenden auf den Pflichtteil anzurechnen sind, § 2316 bestimmt, wie bei dem Pflichtteilsanspruch eines von mehreren Abkömmlingen Zuwendungen an diese oder Leistungen der in § 2057a bezeichneten Art zu behandeln sind, wenn sie bei der gesetzlichen Erbfolge zur Ausgleichung zu bringen sein würden.

b) Im **Höferecht** wird der Pflichtteil teilweise nach den Bestimmungen der HöfeO berechnet, §§ 16 II, 12 X HöfeO. Zur Zuständigkeit des Landwirtschaftsgerichts s § 1 Nr 5 LwVG und näher Kegel in FS Alex Meyer, 1976, S 397, sowie Lange/Wulff/Lüdtke-Handjery, § 18; Hamm AgrarR 1989, 126.

7 7. Das **Pflichtteilsrecht** war in **der ehemaligen DDR** in den §§ 396–398 ZGB normiert, vgl dazu Einl § 1922 Rz 22.

8 8. Zur **Reform des Pflichtteilsrechts**, die in den letzten Jahren zunehmend gefordert wird, s Martiny und Eichenhofer, Empfiehlt es sich, die rechtliche Ordnung finanzieller Solidarität zwischen Verwandten in den Bereichen des Unterhaltsrechts, des Pflichtteilsrechts, des Sozialhilferechts und des Sozialversicherungsrechts neu zu gestalten? Gutachten A und B zum 64. Deutschen Juristentag 2002 mit zahlreichen Nachweisen; Otte AcP 2002, 317; Dauner-Lieb FF 2000, 110; Schlüter, 50 Jahre BGH, Bd I, 2000, S 1047.

2303 *Pflichtteilsberechtigte; Höhe des Pflichtteils*

(1) Ist ein Abkömmling des Erblassers durch Verfügung von Todes wegen von der Erbfolge ausgeschlossen, so kann er von dem Erben den Pflichtteil verlangen. Der Pflichtteil besteht in der Hälfte des Wertes des gesetzlichen Erbteils.

(2) Das gleiche Recht steht den Eltern und dem Ehegatten des Erblassers zu, wenn sie durch Verfügung von Todes wegen von der Erbfolge ausgeschlossen sind. Die Vorschrift des § 1371 bleibt unberührt.

1 I. **Die Pflichtteilsrechte ohne Berücksichtigung der Besonderheiten der Zugewinngemeinschaft**

Das Pflichtteilsrecht erzeugt in der Regel, aber nicht immer, den Pflichtteilsanspruch, vgl §§ 2305–2307, 2316, 2326 und vor § 2303 Rz 2. Voraussetzung für den ordentlichen Pflichtteilsanspruch ist nach § 2303, daß der Anspruchsteller pflichtteilsberechtigt und durch Verfügung von Todes wegen von der gesetzlichen Erbfolge ausgeschlossen ist.

2 1. **Pflichtteilsberechtigung.** Pflichtteilsberechtigt sind **Abkömmlinge**, **Eltern** und **Ehegatten** des Erblassers, § 2303 I, II, sowie der Lebenspartner, § 10 VI LPartG.

a) Zu den **Abkömmlingen** des Erblassers (vgl § 1924 Rz 1) gehören nicht nur seine ehelichen, sondern auch seine nichtehelichen Kinder, sofern die Vaterschaft anerkannt oder rechtskräftig festgestellt ist, §§ 1592 Nr 2 und 3, 1594, 1600e; BGH 85, 274. Die nichtehelichen Kinder sind durch das ErbGleichG vom 16. 12. 1997 (BGBl I 2968) seit dem 1. 4. 1998 den ehelichen Kindern erbrechtlich völlig gleichgestellt. Wegen der Übergangsregelungen s Art 227 I, 235 § 1 II EGBGB, vor allem zur erbrechtlichen Stellung der vor dem 1. 7. 1949 und in der ehemaligen DDR geborenen Kinder, § 1934a Rz 7ff; Schlüter/Fegeler FamRZ 1998, 1337. Pflichtteilsberechtigt sind auch die vom Erblasser als Kind Angenommenen (§ 1754), vgl § 1924 Rz 3. Zu den weiteren Abkömmlingen zählen auch diejenigen Personen, die von nichtehelichen oder nach dem AdoptionsG angenommenen Kindern des Erblassers abstammen. War jedoch der als Kind Angenommene volljährig, so gelten seine Abkömmlinge in der Regel nur als entferntere Abkömmlinge des/der Annehmenden, nicht aber der Eltern und Voreltern des/der Annehmenden, § 1770 I S 1. Gleiches gilt für die nach altem Recht Angenommenen, wenn sie im Zeitpunkt des Inkrafttretens des AdoptionsG (1. 1. 1977) volljährig waren (Art 12 § 1 AdoptionsG) oder zwar minderjährig, aber durch besondere, befristete Erklärung die Anwendung der Vorschriften über die Annahme Minderjähriger ausgeschlossen worden ist, Art 12 §§ 2, 3 I AdoptionsG; vgl aber auch Art 12 § I V AdoptionsG.

b) Zu den **Eltern** gehört auch der Vater eines nichtehelichen Kindes, wenn dieses nach dem 30. 6. 1949 geboren wurde (Art 12 § 10 II NEhelG), oder das vor dem 1. 7. 1949 geborene Kind mit seinem Vater vereinbart hat, daß Art 12 § 10 II NEhelG nicht gelten soll, Art 12 § 10a NEhelG idF des Art 14 § 14 KindRG vom 16. 12. 1997, BGBl I2942. Nicht pflichtteilsberechtigt ist hingegen ein nichtehelicher Vater, wenn sein Kind nur aufgrund von Art 235 § 1 II EGBGB idF von Art 2 Nr 2 ErbGleichG vom 16. 12. 1997 (BGBl I2968) erb- und pflichtteilsberechtigt ist, dazu § 1934a Rz 9. Art 235 § 1 II EGBGB bezweckt nur, den vor dem Beitritt (3. 10. 1990) geborenen nichtehelichen Kindern, die nach dem Erbrecht der DDR nach ihrem Vater stets voll erb- und pflichtteilsberechtigt waren, diese Rechtsstellung zu erhalten, nicht aber dem Vater eine Rechtsposition zu wahren, Soergel/Stein Einl §§ 1922–2385 Rz 91; aA Staud/Rauscher Art 235 § 1 EGBGB Rz 61; Pal/Edenhofer Art 235 § 1 EGBGB Rz 4. Die Annehmenden sind ohne Besonderheiten wie andere Eltern pflichtteilsberechtigt. Das gilt entgegen § 1759 aF auch, wenn die Annahme nach altem Recht erfolgt ist, § 1754 und Art 12 § 2 I S 1 AdoptionsG; §§ 1767 II, 1754 und Art 12 § 1 I oder 3 I AdoptionsG; vgl aber auch Art 12 § 1 V AdoptionsG. Zu besonderen Erbfolgefragen nach dem AdoptionsG Dieckmann FamRZ 1979, 389 (393ff); Roth, Erbrechtliche Probleme bei der Adoption, Diss Freiburg 1979; zum Übergangsrecht Dittmann Rpfleger 1978, 277 (284f).

Eltern und entfernte Abkömmlinge, die nach gesetzlicher Erbfolge zu Erben berufen wären, können unter den Ausnahmevoraussetzungen des § 2309 vom Pflichtteilsrecht ausgeschlossen sein. § 2309 gilt aber nicht für die Kinder des Erblassers. Wie jeder Stamm ohne Rücksicht auf die Zahl der Stammesangehörigen insgesamt nur den auf den Stammelternteil entfallenden Erbteil erhält, so erhält jeder Stamm nur einmal den Pflichtteil. Die Pflichtteilslast wird also nicht verdoppelt, wenn nähere gesetzliche Erben, denen der Pflichtteil zukommt, weggefallen sind; ihre Abkömmlinge erhalten mit dem Wegfall keinen Pflichtteilsanspruch. Eltern sind nicht pflichtteilsberechtigt, wenn ein Abkömmling sie als gesetzliche Erben ausschließt, eine zur Deckung des Pflichtteils ausreichende Hinterlassenschaft annimmt und den Pflichtteil verlangen kann. Unter denselben Voraussetzungen schließen nähere Abkömmlinge die entfernteren vom Pflichtteilsrecht aus. Enkel erwerben den Pflichtteilsanspruch nur, wenn der Elternteil, der sie durch Abstammung mit dem verstorbenen Großelternteil verbindet, als gesetzlicher Erbe und Pflichtteilsberechtigter weggefallen ist, § 1924 III.

c) Zum gesetzlichen Erbrecht des **Ehegatten** vgl §§ 1931–1933, vor allem § 1931 Rz 2ff, zu dem des Lebenspartners § 10 I, II LPartG. Hervorzuheben ist, daß der Ehegatte, dessen Erbrecht nach § 1933, und der Lebenspartner, dessen Erbrecht nach § 10 III LPartG ausgeschlossen ist (dazu Battes FamRZ 1977, 433 [437ff]), damit auch sein Pflichtteilsrecht verliert; s dann aber § 1586b I S 3, dazu Dieckmann FamRZ 1977, 161 (168ff), und § 16 LPartG, § 10 III S 2 LPartG. Zum Pflichtteilsrecht des Ehegatten im gesetzlichen Güterstand der Zugewinngemeinschaft und des Lebenspartners in der Ausgleichsgemeinschaft vgl Rz 6ff. Kein Pflichtteilsrecht haben Geschwister, Voreltern und andere Verwandte des Erblassers.

2. Voraussetzungen des Pflichtteilsanspruchs. Der Pflichtteilsanspruch (dazu § 2317 Rz 2) entsteht nur, wenn der Berechtigte durch Verfügung von Todes wegen ausdrücklich oder schlüssig **von jeder Erbfolge ausgeschlossen** ist oder ihm bei Anwendung der §§ 1934aff auf Altfälle (Art 227 I EGBGB) der Erbersatzanspruch entzogen wurde (§ 2338a aF) und der Erblasser ihm nicht unter den Voraussetzungen der §§ 2333–2337 wirksam den Pflichtteil entzogen hat (RG 93, 193 [195]), ohne ihm etwas zu vermachen, § 2307. Zum Ausschluß von der Erbfolge vgl Komm zu § 1938. Eine **schlüssige Enterbung** kann in bewußter Übergehung gesetzlicher Erben unter Zuwendung des ganzen Nachlasses an andere Personen liegen. Hat der Erblasser einen Pflichtteilsberechtigten **irrtümlich übergangen**, so kann dieser entweder den Pflichtteil verlangen oder sich durch Anfechtung der enterbenden Verfügung (§§ 2079, 2285) sein volles gesetzliches Erbteil verschaffen. Der Pflichtteilsberechtigte kann aber auch nach Geltendmachung des Pflichtteilsanspruchs das Testament noch anfechten, LG Heidelberg NJW-RR 1991, 969; Staud/Haas Rz 62. Derjenige, der sich selbst durch **Ausschlagung** um die Erbschaft bringt, ist nicht enterbt und hat daher keinen Pflichtteilsanspruch. Auch wenn dem Erben nicht mindestens ein Erbteil in Höhe des Pflichtteils hinterlassen wird, verbleibt ihm bei Ausschlagung nicht der ganze Pflichtteil, sondern nur der Pflichtteilsrestanspruch. Nur in den Fällen der §§ 2306 I S 2 und 2303 II S 2, 1371 III (vgl Rz 19) kann sich der Erbe durch Ausschlagung den Pflichtteil verschaffen. Schlägt dagegen der pflichtteilsberechtigte Vermächtnisnehmer das Vermächtnis aus, so behält er den Pflichtteilsanspruch, § 2307 I. **Kein Pflichtteilsanspruch** besteht ferner beim Erbverzicht ohne Vorbehalt des Pflichtteilsrechts, beim Verzicht allein auf das Pflichtteilsrecht (§§ 2346, 2349), für Erbfälle vor dem 1. 4. 1998 (Art 227 I Nr 1 EGBGB) bei wirksamer Vereinbarung eines vorzeitigen Erbausgleichs (§ 1934e aF), bei Erb- oder Pflichtteilsunwürdigkeit des Berechtigten (§§ 2344, 2345) und beim Ausschluß des Ehegattenerbrechts im Fall des begründet gestellten Scheidungsantrags oder des berechtigt erhobenen Eheaufhebungsantrags (§ 1933; vgl dazu Dieckmann FamRZ 1979, 389 [396]) sowie des berechtigt erhobenen Aufhebungsantrags bei der Lebenspartnerschaft (§ 10 III LPartG), weil der Verwandte oder Ehegatte oder Lebenspartner hier auch ohne Ausschließung von der Erbfolge nicht Erbe geworden wäre. Ein Pflichtteilsrecht entfällt auch in den Fällen des § 1318 V. Zum Pflichtteilsrecht beim Testament des § 2269 (Berliner Testament) vgl Dresden OLG 32, 69; Kiel OLG 44, 106; auch § 2269 Rz 12 und Schlüter Rz 350.

3. Verwirkungsklausel und Pflichtteilsrecht. Auch eine Verwirkungsklausel (vgl § 2074 Rz 3) kann in diesem Sinn zu einer Enterbung führen. Verfügt der Erblasser, daß der Bedachte die Zuwendung nicht erhalten oder sie verlieren solle oder daß er auf den Pflichtteil gesetzt werde, wenn er sich dem letzten Willen widersetze, so setzt er den Bedachten damit im allgemeinen nur unter die auflösende Bedingung aus, daß dieser das Testament in keinem wesentlichen Punkt angreift, RG WarnRsp 1917 Nr 181; JW 1916, 1193; BayObLG NJW 1962, 1060; vgl auch Stuttgart OLG 74, 67. Ob der Erbe bei jedem Angriff auf die Verfügung des Erblassers sein Erbrecht verlieren soll oder nur bei bestimmtem Vorgehen, ist Auslegungsfrage und hängt damit vom Erblasserwillen ab, RG LZ 1922, 197; SeuffA 76, 264; vgl auch Braunschweig OLG 77, 185 (189). Im Zweifel genügt die Geltendmachung eines Formmangels oder der Nichtigkeit wegen fehlender Geschäftsfähigkeit des Erblassers. Vorsichtiger wird man sein müssen, wenn der Bedachte die letztwillige Verfügung ganz oder teilweise wegen Willensmangels (§§ 2078ff) anficht, wenn er über ihre Auslegung oder über den Bestand des Nachlasses streitet, denn damit kann er gerade den wahren Erblasserwillen verwirklichen wollen. Ebensowenig wird er sein Recht verwirken, wenn er sachlich dem Erblasserwillen zuwiderhandelt oder die Echtheit der Verfügung bestreitet, vgl RG JW 1924, 1717 mit Anm Kipp. Macht ein als Schlußerbe eingesetztes Kind den Pflichtteil geltend, wird die Sanktionsfolge, nämlich der Verlust des Erbrechts, nur dann eintreten, wenn das Pflichtteilsverlangen eine strafwürdige Auflehnung gegen den Erblasserwillen enthält, BayObLG 1963, 271; Braunschweig OLG 77, 185 (188). Die Verwirkungsfolge soll nach Stuttgart (DNotZ 1979, 104) selbst dann eintreten, wenn der Schlußmiterbe den Pflichtteil auf den Tod des Erstverstorbenen erst nach dem Tod des überlebenden Ehegatten geltend macht; dazu näher und kritisch v Ohlshausen DNotZ 1979, 707. Auslegungsfrage bleibt schließlich, ob schon ein außergerichtlicher Angriff ohne Einleitung eines gerichtlichen Verfahrens genügt und ob die Verwirkungsfolge auch dann eintritt, wenn der Pflichtteil von einem Dritten, der Erbe des Pflichtteilsberechtigten geworden ist, geltend gemacht wird, BayObLG NJW-RR 1996, 262; vgl Schlüter Rz 210; Binz, Die erbrechtliche Verwirkungsklausel, Diss Mainz 1968.

4. Der **Umfang des Pflichtteilsanspruchs** wird vom Gesetz durch die Hälfte des Werts des gesetzlichen Erbteils des Pflichtteilsberechtigten im Augenblick des Erbfalls bestimmt, §§ 2303 I S 2, 2311 I S 1. War der Pflichtteilsberechtigte bei einem vor dem 1 4.1998 eingetretenen Erbfall (vgl Art 227 I Nr 1 EGBGB) nur erbersatzberechtigt (§ 1934a aF), so berechnet sich der Pflichtteilsanspruch nach der Hälfte des Erbersatzanspruchs, § 2338a aF. Die Höhe der Pflichtteilsansprüche hängt daher ebenso wie die Höhe der Erbteile von der Zahl der gesetzlichen Erben ab, die neben dem Pflichtteilsberechtigten zu berücksichtigen sind. Mitgezählt werden bei der Berechnung alle Personen, die zZt des Erbfalls Miterben gewesen wären, auch wenn sie konkret durch Enterbung, Erbunwürdigkeit oder Ausschlagung nicht Miterben geworden sind, § 2310 S 1. Der Pflichtteilsanspruch ist stets auf Geld gerichtet; auch bei Währungsverfall besteht kein Anspruch auf Zuteilung von Nachlaßgegenständen, aA LG Berlin JR 1949, 51 mit Anm Rüdel. Der Erblasser kann keine willkürlichen Bestimmungen über die Berechnung treffen, § 2311 II S 2; Pal/Edenhofer § 2311 Rz 9; vgl § 2311 Rz 3. Zahlungspflichtig ist der Erbe (§ 2317); bei Nacherbeneinsetzung vor Eintritt des Nacherbfalls nur der Vorerbe, RG 113, 45 (49f). Es handelt sich um eine Geld-

§ 2303 Erbrecht Pflichtteil

summenschuld, wenngleich sie sich nach dem Nachlaßwert bemißt, BGH 5, 18; 7, 134; RG 116, 7; 104, 196; vgl aber Braga AcP 153, 144, der den Pflichtteilsanspruch als Mindestbeteiligung nächster gesetzlicher Erben für einen Wertanspruch hält.

II. Die Pflichtteilsrechte unter Berücksichtigung der Besonderheiten der Zugewinngemeinschaft

6 **1. Erbrechtliche Lösung des Zugewinnausgleichs.** Bei der Beendigung der Zugewinngemeinschaft durch den Tod des Ehegatten verzichtet das Gesetz in der Regel auf eine Berechnung des Zugewinns nach der güterrechtlichen Lösung der §§ 1372–1390. Der Zugewinnausgleich wird vielmehr dadurch verwirklicht, daß der gesetzliche Erbteil des Ehegatten (§ 1931) um ein Viertel erhöht wird, § 1371 I. Mit dieser pauschalen Abgeltung sollen Schwierigkeiten bei der Ermittlung des Anfangs- und Endvermögens (§§ 1374, 1375) vermieden werden. Diese erbrechtliche Lösung („Bonner Quart") ersetzt den eigentlichen Zugewinnausgleich. Seine Erhöhung ist nach § 1371 I S 2 davon unabhängig, ob tatsächlich ein Zugewinn vorliegt. Sie kommt dem überlebenden Ehegatten selbst dann zugute, wenn nicht der verstorbene Ehegatte, sondern er selbst den Zugewinn erzielt hatte. Voraussetzung für diese erbrechtliche Lösung ist aber, daß die Zugewinngemeinschaft beim Tod des einen Ehegatten noch bestanden hat und nicht etwa durch Ehevertrag (§§ 1408, 1414) oder durch gerichtliche Entscheidung (§§ 1385, 1386, 1388) bereits aufgehoben war.

§ 1371 und die §§ 1372–1390 sind entsprechend anzuwenden, wenn **Lebenspartner** den **Vermögensstand der Ausgleichsgemeinschaft** gewählt haben, der inhaltlich der Zugewinngemeinschaft entspricht, § 6 II S 4 LPartG. Da das gesetzliche Erbrecht des Lebenspartners nahezu vollständig dem des Ehegatten angenähert ist, § 10 I–III LPartG, gelten die Ausführungen unter Rz 6–27 auch für den überlebenden Lebenspartner.

7 **2. Kleiner und großer Pflichtteil.** Die Erhöhung des gesetzlichen Erbteils aufgrund der durch das GleichBerG vom 18. 6. 1957 (BGBl I 609) eingeführten Sonderregelung des § 1371 I wirkt sich auch im Rahmen des Pflichtteilsrechts aus. Mit dem gesetzlichen Erbteil erhöht sich nach § 2303 I S 2 zugleich der Pflichtteil des Ehegatten (großer Pflichtteil), also der Pflichtteilsanspruch, der Pflichtteilsrestanspruch (§ 2305, 2307 I S 2), der Pflichtteilsergänzungsanspruch in allen seinen Formen (§§ 2325–2330), während sich auf der anderen Seite die Pflichtteilsansprüche der anderen Pflichtteilsberechtigten entsprechend mindern, BGH 37, 58; MüKo/Frank Rz 25; Reinicke DB 1960, 1445; aA Niederländer NJW 1960, 1737 (1740); Sturm NJW 1961, 1439, die § 1371 I jeden Einfluß auf die Höhe des Pflichtteils und die Rechte der anderen Pflichtteilsberechtigten absprechen. Auch die früher vertretene Auffassung, daß sich die Erhöhung des gesetzlichen Erbteils nach § 1371 I nur dann auf den Pflichtteil des Ehegatten und damit auf die Rechtsstellung der Pflichtteilsberechtigten auswirken soll, wenn der Ehegatte zur gesetzlichen, und nicht zur gewillkürten Erbfolge berufen ist (so Bärmann AcP 157, 209; Celle FamRZ 1961, 448 (aufgehoben durch BGH 37, 58); Rittner DNotZ 1957, 483 (487); Dölle, Familienrecht I, § 55 II 2 Fn 18), ist mit dem Zweck des § 1371 nicht zu vereinbaren. Nach heute einhelliger Auffassung sind die Pflichtteilsrechte der Abkömmlinge und der Eltern unter Berücksichtigung des erhöhten gesetzlichen Erbteils des Ehegatten (§§ 1931, 1371 I; großer Pflichtteil) zu bestimmen, falls nicht die Ausnahmetatbestände des § 1371 II, III vorliegen, BGH 37, 58; MüKo/Frank Rz 25; Soergel/Dieckmann Rz 38, 40; Lange/Kuchinke § 37 VI 1a. Zusammenfassend gilt daher:

8 Der **große Pflichtteil**, der auf der Grundlage der §§ 1931, 1371 I bestimmt ist, ist der **Regelfall**. Er ist maßgebend für die Bestimmung der Pflichtteilsansprüche der anderen Pflichtteilsberechtigten, für die Berechnung der Pflichtteilsrestansprüche (§§ 2305, 2307) und der Pflichtteilsergänzungsansprüche (§§ 2325ff) des Ehegatten und der übrigen Pflichtteilsberechtigten, ihrer Rechte aus § 2306, ihrer Anrechnungs- (§ 2315) und ihrer Ausgleichspflichten (§ 2316), für die Bestimmung des Betrags, bis zu dessen Höhe der miterbende Pflichtteilsberechtigte nach der Nachlaßteilung die Befriedigung eines anderen Pflichtteilsberechtigten verweigern darf, § 2319 S 1.

9 Der **kleine Pflichtteil**, der nach dem nicht erhöhten gesetzlichen Erbteil, also nur nach § 1931 bestimmt wird, ist hingegen nur in den Fällen des § 1371 II und III zugrundezulegen. Nur wenn der Ehegatte enterbt ist und ihm auch kein Vermächtnis zugewandt ist (§ 1371 II) oder er die Erbschaft oder das Vermächtnis ausschlägt (§ 1371 III), erhält er neben seinem etwaigen Zugewinnausgleichsanspruch (§ 1378) den kleinen Pflichtteil. Das hat zur Folge, daß die Pflichtteilsrechte der übrigen Pflichtteilsberechtigten entsprechend erhöht werden, BGH NJW 1982, 2479; MüKo/Frank, Rz 25.

10 **3. Erb- und pflichtteilsrechtliche Stellung des überlebenden Ehegatten im einzelnen**

11 **a) Der überlebende Ehegatte ist gesetzlicher Erbe. aa)** Hat der verstorbene Ehegatte keine Verfügungen von Todes wegen errichtet, so daß die gesetzliche Erbfolge eintritt, erhält der Ehegatte als gesetzlicher Erbe nach § 1931 I neben Verwandten der ersten Ordnung (§ 1924; zB neben Kindern) ein Viertel, neben Verwandten der zweiten Ordnung (§ 1925; zB neben Eltern und Geschwistern) und neben Großeltern die Hälfte des Nachlasses. Dieser gesetzliche Erbteil nach § 1931 wird nach § 1371 I zusätzlich um jeweils ein Viertel erhöht, so daß der überlebende Ehegatte, wenn er zB neben Kindern zur Erbfolge berufen ist, mit einer Erbquote mit ein Halb am Nachlaß beteiligt ist. Sind weder Erben der ersten oder zweiten Ordnung noch Großeltern vorhanden, so ist der überlebende Ehegatte schon nach § 1931 II Alleinerbe.

12 **bb)** Der überlebende Ehegatte kann nach § 1371 III anstelle des erhöhten gesetzlichen Erbteils einen Zugewinnausgleich nach der güterrechtlichen Lösung (§§ 1372–1390) verlangen, wenn er die Erbschaft ausschlägt. Neben der Zugewinnausgleichsforderung nach § 1378 I steht ihm in diesem Fall außerdem nach § 2303 I ein Pflichtteilsanspruch zu, der sich aber nach dem normalen (§ 1931), nicht erhöhten gesetzlichen Erbteil bemißt (kleiner Pflichtteil). Hierdurch hat er ein Wahlrecht zwischen der erbrechtlichen und der güterrechtlichen Lösung des Zugewinnausgleichs, § 1378 I.

cc) Er betätigt dieses Wahlrecht durch Annahme, Nichtausschlagung in der Frist des § 1944 oder durch Ausschlagung der Erbschaft und des zugewandten Vermächtnisses. Nur wenn er dem Erblasser gegenüber vertraglich auf sein gesetzliches Erbrecht und damit auf sein Pflichtteilsrecht (§ 2346 I) oder allein auf sein Pflichtteilsrecht (§ 2346 II) verzichtet hat, kann er sich auch durch Ausschlagung den Pflichtteil nicht verschaffen (§ 1371 III Hs 2), anders, wenn er zwar auf sein gesetzliches Erbrecht, aber unter Vorbehalt des Pflichtteilsrechts verzichtet hat (vgl § 2346 Rz 3), ein Fall, an den der Gesetzgeber in der Formulierung des § 1371 III Hs 2 nicht gedacht hat, aber der wegen des Pflichtteilsvorbehalts nicht anders entschieden werden kann, ebenso Staud/Schotten § 2346 Rz 34. Beschränkt sich der Verzicht auf einen Bruchteil des Erbrechts, so bleibt der Ehegatte im übrigen Erbe. Er ist damit vom Zugewinnausgleich ausgeschlossen, sofern er nicht auch den verbleibenden Erbteil ausschlägt.

Hat der Ehegatte auf die Zuwendungen aus einem bereits errichteten Testament oder Erbvertrag verzichtet (§ 2352), so fallen sie ihm nicht an. Da sich dieser Verzicht aber nicht auf das gesetzliche Erbrecht und auf das Pflichtteilsrecht bezieht (vgl § 2352 Rz 9), kann der Ehegatte die ihm kraft gesetzlicher Erbfolge zufallende Erbschaft ausschlagen, um den Zugewinnausgleich und kleinen Pflichtteil zu verlangen, Staud/Haas Rz 42; Lange NJW 1957, 1382 Fn 26. Unbilligkeiten, die sich aus der Verbindung des Verzichts mit einer Abfindung ergeben könnten, lassen sich durch Auslegung des Verzichtsvertrags vermeiden. Denn die Auslegung, die allerdings nicht § 2084 berücksichtigen darf, kann ergeben, daß sich der Verzicht auch auf das gesetzliche Erbrecht und das Pflichtteilsrecht erstreckt, wenn der Ehegatte mit Rücksicht auf eine Abfindung oder ein Abfindungsversprechen etwa auf die Rechte aus einer erbvertraglich bindend gewordenen Erbeinsetzung verzichtet hat, vgl § 2352 Rz 9; Staud/Schotten § 2352 Rz 53. Die Vorabfindung ist zudem nicht der einzige Grund für die Nichtgewährung des Pflichtteils beim Erbverzicht.

dd) Die **Ausschlagung** der Erbschaft oder des Erbteils ist regelmäßig auf sechs Wochen **befristet**, vgl § 1944. Die Frist kann nicht verlängert werden. Der Fristbeginn ist nicht ähnlich wie im Falle des § 2306 I S 2 Hs 2 besonders hinausgeschoben.

ee) Daß auch die **Ausschlagung** alles Hinterlassenen dem verwitweten Ehegatten nur den **kleinen Pflichtteil** verschaffen soll, ist gesetzestechnisch unklar ausgedrückt. Da die Ausschlagung auf den Erbfall zurückwirkt (§§ 1953 I, 2180 III), fällt sie so unter § 1371 II, daß Abs III nur ein Unterfall des Abs II sein kann. § 1371 III erwähnt die Erbschaftsausschlagung nicht etwa deshalb noch einmal, weil er sie nicht als durch den Abs II geregelt ansieht, sondern um dem Ausschlagenden im Gegensatz zur allgemeinen Regelung über den Sonderfall des § 2306 I S 2 Hs 1 hinaus den Pflichtteil des § 1371 II zu geben, wenn nicht die Ausnahme des § 1371 III Hs 2 vorliegt. Die Ausschlagung des Vermächtnisses brauchte er dabei in den Abs III Hs 1 nicht einzubeziehen, weil sie dem Pflichtteilsberechtigten schon sonst den vollen Pflichtteil anfallen ließ, § 2307 I S 1. Dann gehört allerdings der selbständige Abs III gesetzestechnisch richtiger als Satz 2 in den Abs II.

ff) § 1371 III gewährt dem überlebenden Ehegatten (ebenso wie § 2306 I S 2) ausnahmsweise auch dann einen Pflichtteil, wenn er die Erbschaft ausschlägt. Seine Bedeutung erschöpft sich darin, daß die Ausschlagung die Entstehung des Pflichtteilsrechts nicht hindert. Die Voraussetzungen für das Bestehen eines Pflichtteilsanspruchs bestimmen sich im übrigen nach den allgemeinen Vorschriften, vgl Staud/Haas Rz 99.

gg) Hat er sein gesetzliches Erbrecht ausgeschlagen und sich damit für die güterrechtliche Lösung entschieden, dann besteht innerhalb dieser güterrechtlichen Lösung **kein weiteres Wahlrecht** des Ehegatten **zwischen** dem **kleinen Pflichtteil mit Zugewinnausgleichsforderung** (§ 1378 I) **und dem großen Pflichtteil ohne Zugewinnausgleichsforderung**. Wird der Ehegatte weder Erbe noch Vermächtnisnehmer, so „verwirklicht" sich der Zugewinnausgleich nicht erbrechtlich. Damit entfällt der Grund dafür, ihn ebenso wie im Fall des § 1371 I vom güterrechtlichen Ausgleich des Zugewinns auszuschließen. Die Zugewinngemeinschaft würde sich für ihn schlecht auswirken und ihn nicht voll am Erwerb der Ehe beteiligen, wenn er nicht daneben sein Pflichtteilsrecht hätte, das ihm schon vor dem GleichBerG zugestanden hat, das ihm also auch jetzt ohne Rücksicht darauf zustehen muß, ob er in diesem konkreten Fall einen Anspruch auf einen güterrechtlichen Zugewinnausgleich hat, ob er ihn mangels Zugewinns des Erblassers und wegen eines eigenen Zugewinns nicht hat **oder ob er** eine **Forderung** auf Ausgleich des Zugewinns zwar hat, sie aber **nicht geltend macht**. Da sich der Zugewinnausgleich des Ehegatten aber nicht erbrechtlich verwirklicht, der Pflichtteil nicht die Aufgabe hat, einen Zugewinnausgleich zu „pauschalieren", kann der Pflichtteil in diesem Fall nie der große Pflichtteil sein, sondern der Pflichtteil, den der Ehegatte schon vor dem GleichBerG hatte, der also nach seinem nicht erhöhten gesetzlichen Erbteil zu berechnen ist **(Einheitstheorie)**, BGH 42, 182; BGH FamRZ 1982, 571; Stuttgart FamRZ 1964, 631; Oldenburg FamRZ 1964, 299; Braga FamRZ 1957, 339; Brox Rz 552; Bosch, FamRZ 1958, 297; Dölle, Familienrecht I, § 56 II 3; Gernhuber/Coester-Waltjen, Lehrbuch des Familienrechts, 4. Aufl 1994, § 37 III 4; MüKo/Koch § 1371 Rz 35; Johannsen FamRZ 1961, 18 und in RGRK § 2303 Rz 8; Kipp/Coing 5 IV 2 Fn 15; Maßfeller DB 1957, 623; 1958, 563; Reinicke NJW 1958, 122 und 933; DB 1965, 1351 (1354); Schwab JuS 1965, 432; Soergel/Dieckmann Rz 44, 45; Staud/Thiele § 1371 Rz 62f; Staud/Haas Rz 102.

Demgegenüber will Lange (NJW 1957, 1381; 1958, 288; 1965, 369) dem Ehegatten nicht nur ein Wahlrecht zwischen erb- und güterrechtlicher Lösung geben, das er durch frist- und formgebundene Ausschlagung betätigen kann, sondern auch dem Ausschlagenden, der sich durch die Ausschlagung den Weg zur güterrechtlichen Lösung eröffnet hat, das weitere Recht zugestehen, zwischen dem kleinen Pflichtteil mit güterrechtlicher Ausgleichsforderung und dem großen Pflichtteil ohne Ausgleichsforderung zu wählen **(Wahltheorie)**, ebenso Rittner DNotZ 1957, 483; 1958, 181 (183ff); Knur, Probleme der Zugewinngemeinschaft, 1959, S 37ff; Müller-Freienfels JZ 1957, 689, aber wohl nur im Falle des § 2306 I S 2; vgl auch Bärmann AcP 157, 188. Differenzierend will Boehmer (NJW 1958, 525ff) bei völliger Enterbung, bei Zuwendung des – erhöhten – Pflichtteils, bei der Berechnung der Pflichtteilsrestansprüche (§§ 2305, 2307 I S 2), beim Vergleich des hinterlassenen Erbteils mit der Hälfte des gesetzlichen Erbteils in den Fällen des § 2306 den erhöhten Erbteil zugrunde legen, dem Ehegatten aber das Aus-

§ 2303

schlagungsrecht zur Wahl des großen Pflichtteils nur dann geben, wenn dieser auch nach den allgemeinen Pflichtteilsbestimmungen trotz Ausschlagung den Pflichtteil fordern könnte, also in den Fällen der §§ 2306 I S 2, 2307 I S 1, während er bei der Ausschlagung nach § 1371 III nur den kleinen Pflichtteil neben dem Zugewinnausgleich erhalten soll.

18 b) **Der überlebende Ehegatte ist gewillkürter Erbe oder Vermächtnisnehmer.** Hat der verstorbene Ehegatte eine Verfügung von Todes wegen hinterlassen, kommt es für die Rechtsstellung des überlebenden Ehegatten darauf an, ob dieser zum Erben eingesetzt oder mit einem Vermächtnis bedacht ist.

19 aa) Ist der überlebende Ehegatte als **Allein- oder Miterbe** eingesetzt, kann er es bei dieser Erbenstellung belassen. Sofern der hinterlassene Erbteil aber geringer als die Hälfte des gesetzlichen Erbteils ist, kann er den Pflichtteilsrestanspruch nach § 2305 I, uU auch den Pflichtteilsergänzungsanspruch nach §§ 2325ff geltend machen. Bei der Berechnung dieser Ansprüche ist von dem großen Pflichtteil auszugehen, BGH 37, 58; MüKo/Frank, Rz 22, Soergel/Dieckmann, Rz 38. Wählt der Ehegatte diesen Weg, stehen ihm Zugewinnausgleichsansprüche nach der güterrechtlichen Lösung (§§ 1372–1390) nicht zu.

Der überlebende Ehegatte kann aber auch den ihm zugewandten Erbteil ausschlagen und dann nach § 1371 III neben dem kleinen Pflichtteil den Zugewinnausgleich nach der güterrechtlichen Lösung fordern. Das in Rz 12ff Ausgeführte gilt entsprechend.

Auch dann, wenn er unter den Voraussetzungen des § 2306 I S 2 ausschlägt, kann er nur den kleinen Pflichtteil und den Zugewinnausgleich und nicht den großen Pflichtteil verlangen, Reinicke NJW 1958, 123; Maßfeller DB 1957, 624; Braga FamRZ 1957, 339; Knur DNotZ 1957, 480; aA Lange NJW 1957, 1381; Müller-Freienfels, JZ 1957, 685 (689).

20 bb) Ist dem überlebenden Ehegatten ein **Vermächtnis** zugewandt, kann er, falls der Wert des Vermächtnisses den Pflichtteilsanspruch nicht erreicht, in Höhe der Differenz nach § 2307 I den Pflichtteilsrestanspruch geltend machen. Dieser Anspruch ist ebenfalls auf der Grundlage des großen Pflichtteils zu errechnen, BGH 37, 58. Nach diesem Vorgehen stehen ihm daneben keine Zugewinnausgleichsansprüche nach den §§ 1372–1390 zu.

Er hat auch hier die Möglichkeit, das Vermächtnis auszuschlagen (§ 2180) und nach § 1371 III neben dem kleinen Pflichtteil den Zugewinnausgleich nach der güterrechtlichen Lösung (§§ 1372–1990) zu fordern. Das Vermächtnis kann unbefristet ausgeschlagen werden, § 2180. Nur die Annahme schließt die Ausschlagung aus. Der Beschwerte kann dem Vermächtnisnehmer aber eine Frist zur Entscheidung setzen, § 2307 II. Im übrigen gilt für die Ausschlagung das in Rz 12ff Ausgeführte entsprechend.

Der Ehegatte hat auch hier kein Wahlrecht zwischen der güterrechtlichen Lösung und dem kleinen Pflichtteil einerseits und dem großen Pflichtteil andererseits, dazu Rz 17. Das gilt auch, wenn er nach § 2307 I S 1 ausschlägt.

21 c) **Ist der überlebende Ehegatte** durch Verfügung von Todes wegen **enterbt** (§ 1938) und ist ihm auch kein Vermächtnis zugewandt, erhält er nach § 1371 II neben dem kleinen Pflichtteil den Zugewinnausgleich nach der güterrechtlichen Lösung (§§ 1372–1390).

22 aa) Die mißverständliche Fassung des Abs II: „Wird der überlebende Ehegatte nicht Erbe und steht ihm auch kein Vermächtnis zu" ist nach dem Sinn und Zweck des § 1371 berichtigend wie folgt zu lesen: „Wird der überlebende Ehegatte weder Erbe noch Vermächtnisnehmer, ...". Der Gesetzgeber wollte dem überlebenden Ehegatten den güterrechtlichen Ausgleich (§ 1378) nur gewähren, wenn er **erbrechtlich nichts erwirbt**. Nach dem Gesetzeswortlaut würde der Ehegatte diesen güterrechtlichen Ausgleich aber nicht nur erhalten, wenn ihm kein Vermächtnis zugewandt ist oder er ein zugewandtes Vermächtnis mit rückwirkender Kraft ausgeschlagen hat (§§ 2180, 1953 I), sondern auch dann, wenn der Anspruch auf den vermachten Gegenstand etwa durch Erlaß (§ 397) oder durch Erfüllung (§ 362 I) erloschen ist. Auch im Fall eines nachträglichen Erlöschens des Vermächtnisanspruchs steht dem überlebenden Ehegatten kein Vermächtnisanspruch zu. Nach dem Sinn und Zweck des § 1371 kann der überlebende Ehegatte aber nur in folgenden Fällen auf den güterrechtlichen Ausgleich und den kleinen Pflichtteil zurückgreifen: Wenn er enterbt (§ 1938) und nicht mit einem Vermächtnis bedacht ist, wenn der Erblasser bei seinem Tod mit Recht die Scheidung der Ehe beantragt oder ihr zugestimmt oder einen begründeten Eheaufhebungsantrag gestellt hatte, – hier erwirbt er weder kraft Gesetzes noch kraft Verfügung von Todes wegen, im letzten Fall nur, wenn kein anderer irrealer Wille anzunehmen ist (§§ 1933, 2077 III, 2268, 2279 I) –, wenn er für erb- oder vermächtnisunwürdig erklärt worden ist (§§ 2339, 2345), wenn er die Erbschaft und alle zugewandten Vermächtnisse ausgeschlagen (§§ 1953 I, 2180) oder auf sie verzichtet hat (§§ 2346, 2352), nicht aber, wenn er dem Beschwerten die Annahme des Vermächtnisses die Vermächtnisschuld nach § 397 erlassen hat oder wenn die endgültig entstandene Vermächtnisschuld getilgt worden ist.

23 bb) Neben diesem Zugewinnausgleich nimmt der verwitwete Ehegatte ohne Rücksicht darauf, ob er im Einzelfall einen Anspruch auf einen güterrechtlichen Zugewinn hat und geltend macht, wie schon bisher als Ehegatte des Erblassers, an seinem Nachlaß durch seinen Pflichtteil teil, der aber nunmehr nicht die Aufgabe des pauschalierenden Ausgleichs hat und sich daher nicht nach der Erhöhung des gesetzlichen Erbteils bemißt, sondern nach den allgemeinen Vorschriften des BGB, also nach dem nicht erhöhten gesetzlichen Erbteil des Ehegatten, §§ 1931 I, II; 1371 II.

24 cc) Eine Enterbung nach § 1371 II liegt nicht vor, wenn der überlebende Ehegatte zum Vor- oder Nacherben eingesetzt ist. Jede noch so **geringfügige Erbeinsetzung oder Vermächtniszuwendung** schließt die güterrechtliche Lösung aus. Um den Zugewinnausgleich verlangen zu können, muß der Ehegatte auch in diesem Fall nach § 1371 III ausschlagen. Schlägt er als Nacherbe die Nacherbschaft schon vor dem Eintritt des Nacherbfalls aus (§ 2142 I), so eröffnet er sich schon vor dem Nacherbfall den Weg zur güterrechtlichen Lösung, Lange NJW 1957, 1381 Fn 13.

dd) Eine **Auflagebegünstigung** oder die **Ernennung zum Testamentsvollstrecker** können dem Ehegatten 25
zwar Vermögensvorteile bringen, führen aber nicht zum erbrechtlichen Erwerb, sind daher in § 1371 II nicht
genannt und **schließen** damit den **Ausgleich** des Zugewinns **nicht aus**, Lange NJW 1957, 1382 Fn 16; Staud/Haas
Rz 46; Soergel/Dieckmann Rz 42; MüKo/Koch § 1371 Rz 24.

ee) Die Rechte aus § 1371 II (Zugewinnausgleich nach § 1378 I und kleiner Pflichtteil) entfallen hingegen 26
nicht schon deshalb, weil dem überlebenden Ehegatten Ansprüche aus **gesetzlichen Vermächtnissen** zustehen.
Denn das gesetzliche Vermächtnis des Dreißigsten (§ 1969) fällt dem überlebenden Ehegatten nicht als Ehegatten,
sondern ohne Rücksicht auf einen bestimmten Güterstand als Mitglied der Haus- und Familiengemeinschaft an, zu
der auch andere Personen gehören, so daß es sich nicht um eine erbrechtliche Teilnahme am Erbgut handelt, auf
die es hier allein ankommt. Der Voraus (§ 1932) ist nie alleiniger erbrechtlicher Erwerb. Er kann dem Ehegatten
nur als gesetzlichem Erben anfallen. Schlägt er die Erbschaft als gesetzlicher Erbe aus, so verliert er damit ebenso
rückwirkend den Voraus. Das Recht der werdenden Mutter auf Unterhalt aus dem Nachlaß (§ 1963; vgl auch
§ 1615l I, II iVm III 5) läßt eine gewöhnliche Nachlaßschuld, kein gesetzliches Vermächtnis entstehen. Daher
bezieht sich § 1371 II ebenso wie § 2307 **nur auf das zugewandte Vermächtnis**, MüKo/Koch § 1371 Rz 29.

ff) § 1371 II wirkt sich zwar für den Ehegatten ungünstig aus, wenn er nur einen **geringfügigen Zugewinnaus-** 27
gleich beanspruchen kann. Er hat aber auch hier ein Wahlrecht zwischen dem kleinen Pflichtteil und dem Zugewinnausgleich einerseits und dem großen Pflichtteil andererseits, dazu Rz 17.

4. Erb- und pflichtteilsrechtliche Stellung der Abkömmlinge und der Eltern. Nach heute herrschender Mei- 28
nung hat die Erhöhung des gesetzlichen Erbteils des Ehegatten (§ 1371 I) nicht nur Auswirkungen auf das Pflichtteilsrecht des Ehegatten (großer Pflichtteil), sondern auch auf das der anderen Pflichtteilsberechtigten, dazu Rz 7–
9. Sofern nicht die Ausnahmefälle des § 1371 II oder III vorliegen, werden die Pflichtteilsrechte der Abkömmlinge
und der Eltern unter Berücksichtigung des erhöhten gesetzlichen Erbteils des Ehegatten (§§ 1931, 1371 I)
bestimmt. Nur wenn der Ehegatte enterbt und auch nicht mit einem Vermächtnis bedacht ist (§ 1371 II) oder die
Erbschaft ausschlägt (§ 1371 III), ist für die Berechnung der Pflichtteilsrechte aller Beteiligten von dem nicht
erhöhten gesetzlichen Erbteil (§ 1931) auszugehen. Die Verringerung der Pflichtteilsquote des Ehegatten in den
Fällen des § 1371 II und III (kleiner Pflichtteil) hat also unmittelbare Auswirkung auf die Erb- und Pflichtteils-
quote der Abkömmlinge bzw der Eltern. Durch sein Ausschlagungsrecht nach § 1371 III hat es der überlebende
Ehegatte in der Hand, auch die Höhe der Pflichtteilsquoten der anderen Pflichtteilsberechtigten zu beeinflussen.
Solange er noch ausschlagen kann, stehen auch die Pflichtteilsquoten der übrigen Pflichtteilsberechtigten noch
nicht endgültig fest, MüKo/Frank Rz 25; Soergel/Dieckmann Rz 43. Entscheidet er sich durch Ausübung seines
Ausschlagungsrechts nach § 1371 III für die güterrechtliche Lösung und den kleinen Pflichtteil, dann verändert er
dadurch zugleich den für die Berechnung der Pflichtteilsansprüche nach § 2311 maßgeblichen Nachlaßwert; denn
der Zugewinnausgleichsanspruch nach § 1378 I stellt eine vom Erblasser herrührende Schuld (§ 1967 II) und
damit eine Nachlaßverbindlichkeit dar, die den Nachlaßwert verringert.

5. Erb- und pflichtteilsrechtliche Stellung des überlebenden Ehegatten bei Tod während eines Schei- 29
dungs- oder Aufhebungsverfahrens und nach der Auflösung der Ehe

a) Verstirbt ein Ehegatte **während eines Scheidungs- oder Aufhebungsverfahrens**, dann ist unter den Voraus- 30
setzungen der §§ 1933, 1318 V sein gesetzliches Erbrecht und damit auch sein Pflichtteilsrecht ausgeschlossen.
Damit kommt auch eine Erhöhung des gesetzlichen Erbteils nach § 1371 nicht in Betracht, dazu § 1933 Rz 2ff. Ist
er durch Verfügung von Todes wegen von dem anderen Ehegatten zum Erben eingesetzt oder mit einem Vermächtnis bedacht, sind diese erbrechtlichen Zuwendungen unter den Voraussetzungen der §§ 2077 I S 2, 2268 I, 2279 II
ebenfalls unwirksam. Da der überlebende Ehegatte also nicht Erbe wird, steht ihm allenfalls nach § 1371 II ein
Zugewinnausgleichsanspruch, wegen Wegfalls des gesetzlichen Erbrechts, aber nicht der kleine Pflichtteil zu.
Auch den Zugewinnausgleich nach § 1378 I kann er nur verlangen, wenn der verstorbene Ehegatte den größeren
Zugewinn erzielt hat. Verstirbt der an sich ausgleichsberechtigte Ehegatte während des Scheidungs-
oder Aufhebungsverfahrens, dann hat der überlebende, an sich ausgleichspflichtige Ehegatte unter den Voraussetzungen der §§ 1933, 1318 V weder einen Anspruch auf den kleinen Pflichtteil noch auf den Zugewinnausgleich.
In diesem Fall können auch die Erben des an sich ausgleichsberechtigten Ehegatten von dem anderen Ehegatten
keinen Ausgleich des Zugewinns verlangen, weil der Zugewinnausgleichsanspruch noch nicht entstanden und
damit vererblich war. Nach § 1378 III entsteht die Ausgleichsforderung erst mit Beendigung des Güterstands, hier
also mit der Rechtskraft des Scheidungs- oder Aufhebungsurteils. Deshalb ist der Zugewinnausgleichsanspruch
nicht vererblich, wenn der an sich Ausgleichsberechtigte während des Scheidungs- oder Aufhebungsverfahrens
verstirbt, BGH NJW 1995, 1832.

Sind beide Ehegatten während eines Scheidungs- oder Aufhebungsverfahrens gleichzeitig, etwa bei einem Verkehrsunfall, verstorben, so entfällt ebenfalls jeglicher Zugewinnausgleichsanspruch, der auf die Erben übergehen
könnte, BGH 72, 85 mit Anm Werner DNotZ 1978, 732; ders FamRZ 1976, 249; Staud/Thiele § 1371 Rz 59;
Tiedtke JZ 1984, 1081; Soergel/Lange § 1371 Rz 26; aA Gernhuber/Coester-Waltjen, Lehrbuch des Familienrechts, § 37 IV 1; Pal/Brudermüller § 1371 Rz 4a.

b) Verstirbt der frühere Ehegatte **nach rechtskräftiger Scheidung** oder **Aufhebung** der Ehe, dann gehört der 31
überlebende nicht mehr zu seinen gesetzlichen Erben und ist damit auch nicht mehr pflichtteilsberechtigt. Zuwendungen aufgrund einer Verfügung von Todes wegen entfallen ebenfalls, §§ 2077 I S 1, 2268 I, 2279 I. Etwaige
Zugewinnausgleichsansprüche des Verstorbenen gehen auf dessen Erben über, weil sie mit der Auflösung des
Güterstands durch das rechtskräftige Scheidungs- oder Aufhebungsurteil entstanden und damit vererblich geworden sind, § 1378 III.

6. Zur **steuerlichen Behandlung** des Ehegatten im Güterstand der Zugewinngemeinschaft vgl § 1931 Rz 40. 32

§ 2304 *Auslegungsregelung*
Die Zuwendung des Pflichtteils ist im Zweifel nicht als Erbeinsetzung anzusehen.

1. **1.** Die Zuwendung des Pflichtteils kann Erbeinsetzung des Pflichtteilsberechtigten auf die Hälfte seines gesetzlichen Erbteils und damit Ausschluß des Pflichtteilsrechts (RG HRR 1928, 962; Braunschweig OLG 41, 83; 30, 233) oder auch Zuwendung eines Vermächtnisses sein. Näheres bei Ferid NJW 1960, 121. Nach § 2304 bedeutet sie aber im Zweifel Enterbung unter Anerkennung des gesetzlichen Pflichtteilsanspruchs (§§ 2303, 2317; RG 113, 234, 237; Braunschweig OLG 30, 233; OGH MDR 1950, 699). Für eine Auslegung (§§ 133, 2087) zur Widerlegung dieser Vermutung ist wesentlich, ob eine Verfügung von einem Rechtskundigen stammte, dem der rechtliche Unterschied zwischen Erbeinsetzung und Pflichtteilsgläubigerrecht bekannt war, vgl München JFG 14, 79. Die Auslegungsvorschrift wird bei den Verwirkungs- (§ 2303 Rz 4), aber auch bei den Wiederverheiratungsklauseln eingreifen. Sie hat auch dann Bedeutung, wenn ein wiederverheirateter Ehegatte die Kinder erster Ehe auf den Pflichtteil setzt, OGH MDR 1950, 669.

2. Ob in der Zuwendung des Pflichtteils die **Anordnung eines Vermächtnisses** (§ 1939) liegt, hängt davon ab, ob der Erblasser dem Pflichtteilsberechtigten nach dem Sinn seiner Verfügung etwas zuwenden oder ihn nur von allem ausschließen wollte, worauf er keinen unentziehbaren gesetzlichen Anspruch hat, RG 129, 239, 241; 113, 234, 237; RGRK/Johannsen Rz 3–5. Der praktische Unterschied zwischen bloßer Anerkennung des Pflichtteilsanspruchs und Vermächtnisanordnung zeigt sich in der Frage der Verjährung, §§ 2176, 2180. Der Pflichtteilsanspruch verjährt in drei, der Vermächtnisanspruch in dreißig Jahren (§§ 2332, 197 I Nr 2, 2176). Vermächtnis und Erbschaft können einseitig ausgeschlagen werden (§§ 2176, 2180), das Pflichtteilsrecht nicht. § 2307 bezieht sich nur auf den Pflichtteils-, nicht einen Vermächtnisanspruch. Auf das Pflichtteilsrecht kann nach dem Erbfall nur vertraglich – formlos und ohne Rückwirkung – (§ 397) verzichtet werden. Der Erlaß hat Schenkungscharakter, nicht die Ausschlagung, § 517. Vertraglichen Bestandteil des Erbvertrags kann zwar das Pflichtteilsvermächtnis, nicht aber die Pflichtteilszuweisung bilden, § 2278. Weitere Unterschiede bei Ferid NJW 1960, 121f. In der Pflichtteilszuwendung kann uU der Widerruf einer bereits verfügten Pflichtteilsentziehung liegen oder die Verzeihung eines Unwürdigkeitsgrundes, so daß der Pflichtteilsanspruch nicht mehr angefochten werden kann, § 2345 II.

3. Bei Erbfällen, für die nach Art 2 ErbGleichG vom 16. 12. 1997 (BGBl I 2968) die §§ 1934a–e, 2338a aF anzuwenden sind, muß die Auslegungsregel des § 2304 auch gelten, wenn der Pflichtteil einer Person zugewandt wird, der kraft Gesetzes nur ein Erbersatzanspruch zustände, § 2338a aF. Auch hier ist im Zweifel davon auszugehen, daß die Zuwendung des Pflichtteils keine Erbeinsetzung sein soll. Hat der Erblasser einem Erbersatzberechtigten nicht den Pflichtteil, sondern den Erbersatzanspruch zugewendet, so ist § 2304 zwar nicht unmittelbar, wohl aber entsprechend anwendbar, so daß in der Zuwendung des Erbersatzanspruchs im Zweifel keine Erbeinsetzung zu sehen ist, Pal/Edenhofer Rz 3; vgl auch MüKo/Frank Rz 6. Obwohl der Erblasser den Erbersatzanspruch auch als Vermächtnis zuwenden konnte, wollte er regelmäßig nur den gesetzlichen Anspruch aus den §§ 1934a–c aF anerkennen. Zu den Auslegungsmöglichkeiten einer sogenannten Pflichtteilsklausel für Stiefkinder, die nicht mit der Pflichtteilsverweisung im Sinne von § 2304 verwechselt werden darf, BGH WM 1991, 1313.

4. **2. Pflichtteilszuwendung** durch einen Erblasser, der mit seinem Ehegatten **im Güterstand der Zugewinngemeinschaft** gelebt hat. **a)** Hat der Erblasser seinem **überlebenden Ehegatten** den Pflichtteil zugewandt, ohne diesen in einem Bruchteil zu bestimmen, so hängt seine Höhe davon ab, ob die Pflichtteilszuwendung als Enterbung und Anerkennung des gesetzlichen Pflichtteils oder als Erbeinsetzung oder schließlich als Vermächtnisanordnung auszulegen ist. Unter Berücksichtigung des § 1371 I erhält der überlebende Ehegatte bei der Auslegung der Verfügung von Todes wegen als Erbeinsetzung oder Vermächtnisanordnung neben Kindern als Pflichtteil ein Viertel des Nachlaßwerts, was für die Berechnung des Pflichtteilsrestanspruchs (§§ 2305, 2307) von Bedeutung ist. Ist die Verfügung hingegen als Enterbung (§ 2304) aufzufassen, so erhält er nur ein Achtel, Lange NJW 1958, 289 Fn 14; Bärmann AcP 157, 192; Staud/Haas Rz 22.

Läßt die Auslegung, was in der Regel der Fall sein wird, erkennen, daß der Erblasser den großen Pflichtteil hat zuwenden wollen, so muß zusätzlich ermittelt werden, ob der Erblasser seinem Ehegatten auch das Recht zugestehen wollte, statt der erbrechtlichen die güterrechtliche Lösung mit dem Zugewinnausgleich nebst kleinem Pflichtteil zu wählen (§ 1371 II und III); aA Bohnen NJW 1970, 1531f, der eine Verweisung auf den großen Pflichtteil für unzulässig hält. Auch das wird in der Regel der Fall sein. Ist dieser Wille ermittelt, so ergibt sich, daß der Erblasser in praktischer Gesamtanschauung durch Parallelwertung in der Laiensphäre ein Vermächtnis angeordnet hat, denn den Zugewinnausgleich nach ehelichem Güterrecht kann der überlebende Ehegatte sich nur nach Ausschlagung verschaffen. Ausschlagen kann er aber, wenn die Erbeinsetzung ausscheidet, nur das Vermächtnis, § 2180; Staud/Haas Rz 22; vgl auch MüKo/Koch § 1371 Rz 30; Staud/Thiele § 1371 Rz 28. Bei Zuwendung des kleinen Pflichtteils gilt § 1371 II.

5. **b)** Bei **vor dem 1. 7. 1958 errichteten Verfügungen** kann der Erblasser von den Bestimmungen des alten Rechts ausgegangen sein, zumal dann, wenn er noch keine Kenntnis von der Erhöhung des gesetzlichen Ehegattenerbteils gehabt hat. Er kann die Veränderung später erfahren und doch die Änderung des Testaments abgelehnt haben. Berücksichtige man dieses allerdings, so gestattete man ihm formloses Testieren. Der Erblasser kann auch den Willen gehabt haben, seinen Ehegatten pflichtteilsmäßig nicht besser und nicht schlechter zu stellen, als er kraft Gesetzes beim Eintritt des Erbfalls stehen würde, wenn der Erblasser sich auf die Enterbung beschränkte.

Es ist schwer zu sagen, ob der Erblasser im Regelfall nur an den Rechtszustand bei der Errichtung seiner Verfügung oder an den jeweiligen Rechtszustand beim Eintritt des Erbfalls gedacht hat, für das erste Staud/Ferid/Cieslar, 12. Aufl Rz 77; RGRK/Johannsen Rz 9, der aber eine Anfechtung nach § 2078 II zuläßt; für das letzte KG FamRZ 1961, 447 mit ausführlichen Hinweisen.

Das RG hat in zwei Entscheidungen zu § 2066 (LZ 1917, 747; Recht 1923 Nr 53) die Auffassung vertreten, daß bei einer Änderung der gesetzlichen Erbfolge zwischen Errichtung der letztwilligen Verfügung und dem Erbfall grundsätzlich das neue Recht anzuwenden sei. Kann die Veränderung des Gesetzes auch mit der ergänzenden Auslegung erbrechtlicher Verfügungen berücksichtigt werden, die auf den mutmaßlichen oder irrealen Willen des Erblassers zurückgreift, so muß dieser Wille doch immer für den Augenblick der Testamentserrichtung ermittelt werden, RG 99, 82; 110, 306; 134, 280; OGHZ 1, 157; BGH LM § 242 Nr 7; KG DNotZ 1955, 413. Wie immer, so lassen sich auch hier keine starren allgemeinen Auslegungsregeln aufstellen. Die Auslegung hat sich individuell an den Umständen des Einzelfalls zu orientieren.

c) Wendet der Erblasser **Abkömmlingen oder Eltern** den **Pflichtteil zu**, so erhalten sie den Pflichtteil, der **6** durch die erhöhte Beteiligung des überlebenden Ehegatten nach § 1371 I herabgesetzt ist. Wählt dieser die güterrechtliche Lösung, so erhöht sich zwar ihr Pflichtteil dem Bruchteil nach. Aber sein Wert sinkt erheblich, weil die Ausgleichsforderung den Nachlaßbestand mindert und Vermächtnissen und Pflichtteilsrechten vorgeht, § 2311 Rz 5.

2305 *Zusatzpflichtteil*

Ist einem Pflichtteilsberechtigten ein Erbteil hinterlassen, der geringer ist als die Hälfte des gesetzlichen Erbteils, so kann der Pflichtteilsberechtigte von den Miterben als Pflichtteil den Wert des an der Hälfte fehlenden Teils verlangen.

1. Wenn der vom Erblasser zugewiesene Erbteil in seinem Wert geringer ist als der Wert des Pflichtteils, dann **1** hat der Pflichtteilsberechtigte neben seinem Erbteil einen Geldanspruch gegen den Erben (**Pflichtteilsrestanspruch**). Die bessere Bezeichnung als Pflichtteilsergänzungsanspruch ist hierfür nicht verwendbar, weil das Gesetz sie bereits für die Sonderfälle der §§ 2325ff benutzt. Die Höhe des Anspruchs bestimmt sich nach der Differenz zwischen dem Wert des Erbteils und dem Wert des Pflichtteils. Bei der Zugewinngemeinschaft wird der Pflichtteilsanspruch nach dem großen Pflichtteil berechnet (vgl § 2303 Rz 7). Schlägt der Erbe den Erbteil aus, erhält er damit aber nicht den ganzen Pflichtteilsanspruch, sondern bleibt auf den Pflichtteilrestanspruch beschränkt, während er den Erbteil verliert, RG 93, 3, 9; 113, 45, 48; BGH DNotZ 1974, 597, 599 (vgl § 2303 Rz 3). Anders ist es im Fall des § 2306, wenn der zugewandte Erbteil die Hälfte des gesetzlichen übersteigt und bei der Zugewinngemeinschaft, bei der der Ehegatte nach Ausschlagung neben dem Zugewinnausgleich und dem kleinen Pflichtteil erhält (vgl § 2303 Rz 3, 12ff). Nahm der Erbe irrtümlich an, nunmehr einen vollen Pflichtteilsanspruch zu erhalten, so kann er die Ausschlagung nicht anfechten, da er sich unerheblich über die rechtlichen Folgen seiner Erklärung geirrt hat. Beim Vergleich des Werts des zugewandten und des gesetzlichen Erbteils sind Anrechnungen und Ausgleichspflichten für die Berechnung des Pflichtteilsanspruchs nach §§ 2315, 2316 zu berücksichtigen, RG 93, 3ff. Auch der Pflichtteilsrestanspruch erzeugt eine Nachlaßschuld (§ 1967 II) und ist, wenn der Pflichtteilsberechtigte Miterbe ist, bei der Auseinandersetzung der Miterben zu erledigen, § 2046. Die übrigen Miterben haften auch für ihn nur beschränkt, § 2063 Rz 2.

2. Gelten die §§ 1934a–e, 2338a aF nach Art 2 ErbGleichG fort und hat der Erblasser einen Pflichtteilsberech- **2** tigten, dem kraft Gesetzes nur ein Erbersatzanspruch zusteht, auf einen Erbteil eingesetzt, der geringer ist als der Erbteil, der wertmäßig dem Erbersatzanspruch entspricht, so kann der Erbersatzberechtigte den Wert des an der Hälfte fehlenden Teils verlangen, so auch Odersky § 2338a Anm III 2a; Brüggemann, FamRZ 1975, 309, 315. Ebenso kann nach § 2338a S 2 aF iVm § 2305 ein Pflichtteilsberechtigter, dem wertmäßig mehr als die Hälfte des ihm kraft Gesetzes zustehenden Erbersatzanspruchs entzogen wurde, den Pflichtteilsrestanspruch geltend machen, vgl Pal/Edenhofer Rz 4; Odersky § 2338a Anm III 2a; Lange/Kuchinke § 37 V A 3c; vgl aber auch Brüggemann FamRZ 1975, 309, 317f.

2306 *Beschränkungen und Beschwerungen*

(1) Ist ein als Erbe berufener Pflichtteilsberechtigter durch die Einsetzung eines Nacherben, die Ernennung eines Testamentsvollstreckers oder eine Teilungsanordnung beschränkt oder ist er mit einem Vermächtnis oder einer Auflage beschwert, so gilt die Beschränkung oder die Beschwerung als nicht angeordnet, wenn der ihm hinterlassene Erbteil die Hälfte des gesetzlichen Erbteils nicht übersteigt. Ist der hinterlassene Erbteil größer, so kann der Pflichtteilsberechtigte den Pflichtteil verlangen, wenn er den Erbteil ausschlägt; die Ausschlagungsfrist beginnt erst, wenn der Pflichtteilsberechtigte von der Beschränkung oder der Beschwerung Kenntnis erlangt.

(2) Einer Beschränkung der Erbeinsetzung steht es gleich, wenn der Pflichtteilsberechtigte als Nacherbe eingesetzt ist.

1. **Mögliche Berufungen zum Erben. a)** Ist der Pflichtteilsberechtigte zur gesetzlichen Erbfolge berufen oder **1** ist ihm durch Verfügung von Todes wegen ein Erbteil zugewandt, so erwirbt er keinen Pflichtteilsanspruch, wenn der **Erbteil den Pflichtteil erreicht** oder übersteigt und unbeschränkt und unbeschwert ist, auch wenn der Erbteil ausschlägt. Es genügt dabei, wenn der Erbteil zusammen mit einem angenommenen Vermächtnis größer ist als der Pflichtteil, BGH 80, 263; Neustadt NJW 1957, 1523.

b) Ist der **Erbteil geringer als der Pflichtteil**, so erwirbt er den Pflichtteilsrestanspruch (§ 2305), mag er den Erbteil annehmen oder ausschlagen. Auch mit der Ausschlagung vergrößert sich der Pflichtteilsanspruch nicht auf den Wert des halben gesetzlichen Erbteils.

c) § 2306 behandelt die Fälle, in denen der hinterlassene **Erbteil durch Einsetzung eines Nacherben**, die **Anordnung einer Testamentsvollstreckung** oder durch eine benachteiligende **Teilungsanordnung** (BGH FamRZ 1990, 396, 398) **beschränkt, durch** ein **Vermächtnis** oder eine **Auflage** beschwert ist. In diesen Fällen gibt es **drei Möglichkeiten**: Der Erbteil ist gleich dem Pflichtteil, der Erbteil ist kleiner oder größer als der Pflichtteil. Das Größenverhältnis zwischen hinterlassenem Erb- und Pflichtteil wird grundsätzlich durch einen Vergleich

§ 2306

der **Quote**, also der **Bruchteilsgröße** des „hinterlassenen Erbteils" und des Pflichtteils als „Hälfte des gesetzlichen Erbteils" im Verhältnis zum Gesamtnachlaß bestimmt. Auf den **Wert** des Hinterlassenen oder des gesetzlichen Erbteils kommt es hingegen **nicht** an, sog Quotentheorie: BGH WM 1968, 543; NJW 1983, 2378; Köln ZEV 1997, 298; BayObLG NJW-RR 1987, 389; Stuttgart NJW 1959, 1735; MüKo/Frank Rz 3. Zu den Ausnahmen vgl unten. Bei der beschränkten Erbeinsetzung eines Pflichtteilsberechtigten als Nacherben nach § 2306 sind die erbrechtlichen Verhältnisse im Zeitpunkt des Erbfalls maßgeblich. Die Größe des hinterlassenen und des gesetzlichen Erbteils bestimmen sich bruchteils- und nicht wertmäßig. Verringert der Vorerbe nachträglich den Nachlaß, so hat das auf die Anwendung des § 2306 II keinen Einfluß, auch wenn dadurch der Wert des Nachlasses unter den Pflichtteil sinkt. Dadurch fällt die Beschränkung, die darin liegt, daß der Erbe nur als Nacherbe eingesetzt ist, nicht fort, Schleswig NJW 1961, 1929 mit Anm U.H. Lange.

Auf den **Wert des Hinterlassenen** kommt es dagegen an, wenn es sich um eine Erbeinsetzung auf eine Summe oder einen einzelnen Nachlaßgegenstand oder eine Sachgesamtheit des Nachlasses handelt. Bestritten ist, wie dieser mit dem hinterlassenen Erbteil zu vergleichende Pflichtteil bestimmt werden soll, wenn auch Anrechnungs- (§ 2315) oder Ausgleichungspflichten (§ 2316) oder beide zu berücksichtigen sind. Nach der einen Auffassung (Natter JZ 1955, 138; Schleswig NJW 1961, 1929 mit Anm U.H. Lange; Stuttgart NJW 1959, 1735) kommt es auch dann nur auf den Bruchteil ebenso wie bei der Bestimmung des hinterlassenen Erbteils an, nach der zutreffenden hM (Werttheorie) auf das „wirtschaftliche Quantum", das sich unter Berücksichtigung der Anrechnungs- und Ausgleichungspflichten ergibt, RG 93, 3; 113, 45, 48; BayObLG 59, 77; 68, 112; vgl Rz 5; ausführlich Staud/Haas Rz 8ff und MüKo/Frank Rz 3 mwN. Zur Anwendbarkeit des § 2306 I S 1 auf eine letztwillige Verfügung, durch die der Erblasser im Wege einer Teilungsanordnung einen von mehreren Miterben zur Nachfolge in seinen Anteil an einer Personengesellschaft beruft, vgl Hamm FamRZ 1992, 113 mit Anm Reimann.

2 2. Der **Erbteil** ist **gleich** dem **Pflichtteil**. Die Beschränkung oder Beschwerung gilt als nicht angeordnet, **Abs I S 1**; KG OLG 24, 106. Der Miterbe erwirbt weder durch Annahme noch durch Ausschlagung einen Pflichtteilsanspruch, RG 93, 3, 9; vgl aber Hamm Rpfleger 1981, 402 mit zutreffender ablehnender Anm Frohn Rpfleger 1982, 56. Bei einer Ausschlagung treffen die Beschränkungen und Beschwerungen den Erben, der infolge der Ausschlagung an seine Stelle tritt, Strohal Bd 1, § 49 II 3 Fn 18; RGRK/Johannsen Rz 21. Der Erblasser kann den Erben, dem er nicht mehr als die Hälfte des gesetzlichen Erbteils zugewendet hat, vor die Wahl stellen, entweder den ihm zugewendeten beschränkten Erbteil anzunehmen oder ihn auszuschlagen und den Pflichtteil zu verlangen (cautela Socini), RG WarnRsp 1913 Nr 250; Ebenroth Rz 968; Planck/Greiff § 2306 3c a; denn der Pflichtteilsberechtigte hat keinen Anspruch auf eine dingliche Beteiligung am Nachlaß. Durch die §§ 2303ff soll lediglich gewährleistet werden, daß ihm ein Geldanspruch in Höhe der Hälfte seines gesetzlichen Erbteils verbleibt. Demgegenüber vertritt der BGH im Anschluß an die wohl hM Auffassung, daß § 2306 I S 1 als zwingende, die Testierfreiheit des Erblassers begrenzende Norm dem pflichtteilsberechtigten Erben, der nicht mehr bedacht ist als die Hälfte seines gesetzlichen Erbteils, das ihm Zugewendete in jedem Fall ohne die Beschränkungen des § 2306 zugute kommen soll, BGH 120, 96 (100); RGRK/Johannsen Rz 15; Soergel/Dieckmann Rz 13; Lange/Kuchinke § 37 V 4b; einschränkend MüKo/Frank Rz 12.

3 3. Der **Erbteil** ist **kleiner als** der **Pflichtteil**. Hier treten dieselben Rechtsfolgen wie unter Rz 2 ein; der Miterbe hat außerdem den Pflichtteilsrestanspruch des § 2305, RG 93, 3, 9.

4 4. Der **Erbteil** ist **größer als** der **Pflichtteil**. Es genügt dabei, wenn der Erbteil zusammen mit einem angenommenen Vermächtnis größer als der Pflichtteil ist, Neustadt NJW 1957, 1523.

a) Nimmt der Pflichtteilserbe den Erbteil an, so erwirbt er ihn endgültig, aber mit allen Beschränkungen und Beschwerungen.

b) Schlägt der Pflichtteilserbe ihn aus, so erhält er den vollen Pflichtteilsanspruch. In diesem Fall muß der Nächstberufene seine Pflichtteilsforderung erfüllen (§§ 2161, 2192), er kann aber beschwerende Vermächtnisse und Auflagen soweit kürzen, daß ihm der Betrag verbleibt, der zur Deckung der Pflichtteilsschuld erforderlich ist, § 2322. Der Pflichtteilserbe verliert sein Ausschlagungsrecht durch Annahme der Erbschaft (§ 1943), weil die allgemeinen Vorschriften über die Annahme und Ausschlagung auch hier gelten. Die Annahmeerklärung kann nicht nachträglich mit der Begründung angefochten werden, der Pflichtteilsberechtigte habe die Ausschlagungsmöglichkeit und den mit der Annahme verbundenen Verlust des Pflichtteilsanspruchs nicht gekannt, denn hierin liegt ein unbeachtlicher Rechtsirrtum, BayObLG FamRZ 1996, 59; aA Düsseldorf FamRZ 2001, 946.

Die Vorschrift des § 2306 I S 2 ist über ihren Wortlaut hinaus auch anzuwenden, wenn der Pflichtteilsberechtigte zum Alleinerben berufen ist, BayObLG NJW 1959, 1734; aA Stuttgart NJW 1959, 1735. Durch Ausschlagung des Erbteils erhält der Pflichtteilsberechtigte den vollen Pflichtteilsanspruch. Nimmt er den Erbteil an, so kann er es nur mit allen Beschränkungen und Beschwerungen tun. Auf diese Weise sollte die bei einer Testamentsvollstreckung oder Vor- und Nacherbeneinsetzung kaum zu überwindende Bewertungs- und Herabsetzungsschwierigkeit vermieden werden.

5 5. Der Beginn der **Ausschlagungsfrist** ist durch **Abs I S 2 Hs 2** hinausgeschoben, KGJ 49, 68. Das gilt aber dann nicht, wenn der Pflichtteilserbe irrtümlich annimmt, Beschwerungen und Beschränkungen ausgesetzt zu sein, BGH NJW 1991, 169. Zum Fristbeginn vgl Natter JZ 1955, 138. Die Ausschlagungsfrist beginnt erst, wenn der Pflichtteilserbe den Erbfall und den Berufungsgrund kennt, und nicht vor der Verkündung der Verfügung von Todes wegen, durch die er zum Erben berufen ist, § 1944 II S 1, 2. § 2306 I S 2 Hs 2 verlangt zum Fristbeginn ferner, daß der Pflichtteilserbe die Beschränkung oder Beschwerung kennt. Da die Ausschlagungsfrist eine Überlegungs- und Entscheidungsfrist ist, kann sie auch nicht zu laufen beginnen, bevor der Pflichtteilserbe weiß, daß ihm mehr als die Hälfte seines gesetzlichen Erbteils hinterlassen ist.

Ist er auf einen Bruchteil der Erbschaft eingesetzt, so weiß er, sobald er diesen Bruchteil kennt, idR, ob der hinterlassene Erbteil die Hälfte des gesetzlichen Erbteils übersteigt, denn die Begriffe des „hinterlassenen Erbteils" und der „Hälfte des gesetzlichen Erbteils" sind „auf die Erbschaftsquote und nicht auf das Quantum" als wirtschaftlichen Wert zu beziehen, RG 113, 45, 49; BayObLG 59, 77.

Ist der Pflichtteil deshalb größer oder geringer als die Hälfte des gesetzlichen Erbteils, weil Vorempfänge nach § 2315 anzurechnen oder nach § 2316 auszugleichen sind, so ist das Verhältnis des rechnerischen Betrags des Pflichtteils „zu dem (ohne Abzug der Beschränkungen oder Beschwerungen des § 2306 zu berechnenden) Betrage des hinterlassenen Erbteils dafür maßgebend, ob der Pflichtteilserbe zur Wahrung seines Pflichtteilsrechts nach § 2306 ausschlagen muß oder nicht", RG 113, 45, 48; BayObLG 59, 77; 68, 112; Rz 1; aA Natter JZ 1955, 138, 139; Stuttgart NJW 1959, 1735. Er muß also wissen, ob der hinterlassene Erbteil wertmäßig den Betrag erreicht oder übersteigt, der ihm im konkreten Fall unter Berücksichtigung der Anrechnungen und Ausgleichungen als Pflichtteil noch zustehen würde.

Die **Ausschlagungsfrist beginnt** daher **erst**, wenn der Pflichtteilserbe weiß, ob sein Erbteil den Pflichtteilsbetrag unter Berücksichtigung aller anzurechnenden und auszugleichenden Vorempfänge wertmäßig übersteigt, MüKo/Frank Rz 18. Manche sehen darin eine bedenkliche Verlängerung des Schwebezustands, Natter JZ 1955, 138, 142.

6. Ist der **Pflichtteilsberechtigte** lediglich **als Nacherbe eingesetzt (Abs II)**, so ist seine Rechtslage ebenso, **6** wie wenn er mit einer Beschränkung zum Erben eingesetzt wäre, Abs I. Auch hier bestimmt sich die Größe des hinterlassenen und des gesetzlichen Erbteilsbruchteils nicht wertmäßig, Schleswig NJW 1961, 1929; vgl Rz 1.

a) Ist der Erbteil, den er als Nacherbe erhält, dem Pflichtteil gleich, so wird er in Höhe des Erbteils Vollerbe. Die Vorerbeneinsetzung gilt insoweit nicht als angeordnet. Schlägt der Pflichtteilsberechtigte den Nacherbteil aus, erwirbt er keinen Pflichtteilsanspruch. Der Vorerbe ist dann in Höhe des Erbteils Vollerbe, Kipp/Coing, § 10 I 4a.

b) Ist der Nacherbteil geringer als der Pflichtteil, so gilt dasselbe. Wiederum hat der Pflichtteilsberechtigte zum Ausgleich den Pflichtteilsrestanspruch, § 2305. Auch wenn er den Erbteil ausschlägt, erwirbt er keinen Pflichtteilsanspruch, während der Erbteil dem Vorerben zufällt, Kipp/Coing § 10 I 4a.

c) Bei größerem Erbteil hat er die Wahl nach Abs I. Maßgebender Zeitpunkt für die Berechnung ist der Zeitpunkt des Erbfalls auch dann, wenn der Vorerbe den Wert des Nachlasses unter den Wert des Pflichtteils vermindert, Schleswig NJW 1961, 1929. Die Ausschlagungsfrist beginnt hier nicht vor Eintritt der Nacherbfolge. Da die Verjährungsfrist für den Pflichtteilsanspruch unabhängig hiervon läuft (§ 2332 I, III), ist es zweckmäßig vorher auszuschlagen, § 2142; Pal/Edenhofer Rz 16; RGRK/Johannsen Rz 31. Verlangt der Nacherbe vom Vorerben den Pflichtteil, so liegt darin nicht ohne weiteres die Ausschlagung (§ 2142) der Nacherbschaft. Der Nacherbe muß sich allerdings das, was er vom Vorerben erhalten hat, beim Eintritt des Nacherbfalls auf seinen Erbteil anrechnen lassen, da er nunmehr den Pflichtteil zu Unrecht erhalten hat, BayObLG 73, 272, 275; Soergel/Dieckmann Rz 26. Breslau (DR 1943, 91) wollte hingegen die Geltendmachung des Rechts als Nacherbe nach § 242 ausschließen. Ein Pflichtteilsberechtigter, der unter einer aufschiebenden Bedingung zum Nacherben eingesetzt worden ist, kann den Pflichtteil verlangen, der allerdings beim Nacherbfall angerechnet wird, BayObLG FamRZ 1967, 695.

7. Ist ein **Pflichtteilsberechtigter** nur als **Ersatzerbe** eingesetzt, so kann er, ohne vorher ausgeschlagen zu **7** haben, den Pflichtteil verlangen.

8. § 2306 ist auch anzuwenden, wenn der Erblasser einen Pflichtteilsberechtigten zum Erben einsetzt, dem bei **8** Fortgeltung der §§ 1934a–e, 2338a aF (Art 2 ErbGleichG) nur ein Erbersatzanspruch zustehen würde, Brüggemann FamRZ 1975, 309, 315f; Pal/Edenhofer Rz 17. Da der Erbersatzanspruch nach § 2338a S 2 aF dem gesetzlichen Erbteil im Pflichtteilsrecht gleichsteht, ist § 2306 daher auch dann anzuwenden, wenn dieser Anspruch durch die Ernennung eines Verwaltungstestamentsvollstreckers beschränkt oder mit einem Vermächtnis oder einer Auflage beschwert ist, so auch Pal/Edenhofer Rz 17; Staud/Werner § 1934b Rz 20; Brüggemann FamRZ 1975, 309, 316 Fn 48; teilweise abweichend Soergel/Dieckmann Rz 27; Lutter, Das Erbrecht des nichtehelichen Kindes, S 309. Der Erbersatzanspruch ist auch beschränkt, wenn der Erblasser seine Fälligkeit über Verfügung von Todes wegen hinausschiebt, Odersky § 2338a Anm III 2c. Schlug der Erbersatzberechtigte dagegen einen unbeschränkten und unbeschwerten Erbersatzanspruch aus, so konnte er entgegen der Ansicht von Göppinger (JR 1969, 408) nicht den Pflichtteil verlangen, § 1934b II S 1; Pal/Edenhofer Rz 18; Bosch, FamRZ 1972, 177; Odersky § 2338a Anm III 2c. Im übrigen steht diese Vorschrift aber der Anwendung des § 2306 nicht entgegen, weil sie nicht die Frage regelt, was zu geschehen hat, wenn der Erbersatzanspruch ganz oder zum Teil entzogen wurde, BT-Drucks V/2370, 95.

2307 *Zuwendung eines Vermächtnisses*

(1) Ist ein Pflichtteilsberechtigter mit einem Vermächtnis bedacht, so kann er den Pflichtteil verlangen, wenn er das Vermächtnis ausschlägt. Schlägt er nicht aus, so steht ihm ein Recht auf den Pflichtteil nicht zu, soweit der Wert des Vermächtnisses reicht; bei der Berechnung des Wertes bleiben Beschränkungen und Beschwerungen der in § 2306 bezeichneten Art außer Betracht.

(2) Der mit dem Vermächtnis beschwerte Erbe kann den Pflichtteilsberechtigten unter Bestimmung einer angemessenen Frist zur Erklärung über die Annahme des Vermächtnisses auffordern. Mit dem Ablauf der Frist gilt das Vermächtnis als ausgeschlagen, wenn nicht vorher die Annahme erklärt wird.

1. Ist der **Pflichtteilsberechtigte** mit einem **Vermächtnis** bedacht, aber nicht zum Erben berufen, so erwirbt **1** er den Pflichtteilsanspruch nicht in voller Höhe, nämlich insoweit nicht, als der Wert des Vermächtnisses reicht, Abs I S 2 Hs 1. Das gilt auch dann, wenn das Vermächtnis aufschiebend bedingt ist, dem Pflichtteilsberechtigten also etwa ein Nachvermächtnis zugewandt ist, Soergel/Dieckmann Rz 2; Staud/Haas Rz 2; Oldenburg NJW 1991, 988; aA MüKo/Frank Rz 6; Schlitt NJW 1992, 28; Strecker ZEV 1996, 327, die wegen der Ungewißheit des Bedingungseintritts das bedingte Vermächtnis zunächst nicht, sondern erst dann berücksichtigen wollen, wenn es

§ 2307

wegen Bedingungseintritts endgültig angefallen ist. In jedem Fall ist ein Nachvermächtnis nur dann anzurechnen, wenn der Erbe, und nicht etwa der Rechtsnachfolger des Vorvermächtnisnehmers, den Vermächtnisanspruch zu erfüllen hat, BGH FamRZ 2001, 156.

Der Pflichtteilsberechtigte hat also einen **Vermächtnisanspruch** an **Pflichtteils Statt** und einen **Pflichtteilsrestanspruch**. Er kann aber den vollen Pflichtteilsanspruch dadurch erwerben, daß er das Vermächtnis ausschlägt, § 2180; BGH 80, 263; **Abs I S 1**. In der Geltendmachung des Pflichtteilsanspruchs liegt jedoch noch nicht notwendig die Ausschlagung des Vermächtnisses (Colmar OLG 12, 390), obwohl sie darin an sich gesehen werden könnte und in der Regel auch zu sehen ist, weil die Ausschlagung des Vermächtnisses keiner Form bedarf und als Erklärungsempfänger an die Stelle des Nachlaßgerichts der Beschwerte tritt. Maßgeblich sind aber stets die Umstände des Einzelfalls, Staud/Haas Rz 12. Nach der vorbehaltlosen Annahme des Vermächtnisses kann er aber den Pflichtteilsanspruch nicht mehr erwerben. Im allgemeinen empfiehlt sich die Ausschlagung, weil der Berechtigte dann weder beschränkt noch beschwert ist, die Beschränkungen und Beschwerungen aber bei der Wertermittlung des Pflichtteilsrestanspruchs nicht berücksichtigt werden, **Abs I S 2 Hs 2**. Hat sich der Pflichtteilsberechtigte über die Bedeutung vorbehaltloser Annahme des Vermächtnisses für den Pflichtteilsanspruch geirrt, so kann er, da es sich um einen unerheblichen Rechtsfolgenirrtum handelt, den in seiner Erklärung liegenden Verzicht auf den Pflichtteilsanspruch nicht anfechten, Colmar OLG 6, 329; vgl aber § 2308 Rz 2. Soweit dieser Vermächtnisanspruch an Pflichtteils Statt den Pflichtteil nicht übersteigt, steht er im Nachlaßinsolvenzverfahren den Pflichtteilsrechten im Rang gleich (§ 327 II Nr 1 InsO), verbessert er also seine Rangstelle im Verhältnis zu anderen Vermächtnisansprüchen, vgl im übrigen § 1972 Rz 3. Er unterliegt aber nicht der kurzen Verjährung (§ 2332), sondern verjährt nach § 197 I Nr 2. Verschlechtert sich nachträglich die Vermögenslage des Beschwerten, so kann er den Anspruch nicht kürzen, uU aber Stundung verlangen, RG ZAkDR 1998, 277.

2 2. Die **Begünstigung** des Pflichtteilsberechtigten **durch eine Auflage** steht dem **nicht gleich**, da die Auflage nicht ausgeschlagen werden kann. Zur Abgrenzung zwischen Auflage und Vermächtnis, vgl Düsseldorf FamRZ 1991, 1107, 1109.

3 3. Das **Recht des beschwerten Erben**, dem Pflichtteilsberechtigten eine **Frist für die Wahl zu setzen** (**Abs II**), ist notwendige Folge des zeitlich unbegrenzten Ausschlagungsrechts des Vermächtnisses. Der beschwerte Erbe muß Klarheit darüber haben, ob er einen Vermächtnis- oder einen Pflichtteilsanspruch zu erfüllen hat. Das Recht fehlt dem beschwerten Vermächtnisnehmer und dem nicht beschwerten Erben.

4 4. Zur Bedeutung der fiktiven Ausschlagungserklärung vgl Rz 1, zur fiktiven Erbschaftsannahme §§ 1943 Hs 2, 1956.

5 5. Hat der Erblasser einen Pflichtteilsberechtigten, dem bei Fortgeltung der §§ 1934a–e, 2338a aF (Art 2 Erb-GleichG) nur ein Erbersatzanspruch zusteht, mit einem Vermächtnis bedacht, so ist nach § 2338a S 2 aF auch § 2307 anwendbar, so Pal/Edenhofer Rz 1; Odersky § 2338a Anm III 5; Lutter, Das Erbrecht des nichtehelichen Kindes, S 149; Brüggemann ZBlJR 1969, 311 und FamRZ 1975, 309, 316 (unmittelbare Anwendung). Erhält der Pflichtteilsberechtigte dagegen kein Vermächtnis, sondern den Erbersatzanspruch, so ist § 2307 durch § 1934b I S 1 aF ausgeschlossen, vgl Johannsen WM 1970, Sonderbeilage 3, 12.

§ 2308 *Anfechtung der Ausschlagung*

(1) **Hat ein Pflichtteilsberechtigter, der als Erbe oder als Vermächtnisnehmer in der in § 2306 bezeichneten Art beschränkt oder beschwert ist, die Erbschaft oder das Vermächtnis ausgeschlagen, so kann er die Ausschlagung anfechten, wenn die Beschränkung oder die Beschwerung zur Zeit der Ausschlagung weggefallen und der Wegfall ihm nicht bekannt war.**

(2) **Auf die Anfechtung der Ausschlagung eines Vermächtnisses finden die für die Anfechtung der Ausschlagung einer Erbschaft geltenden Vorschriften entsprechende Anwendung. Die Anfechtung erfolgt durch Erklärung gegenüber dem Beschwerten.**

1 1. Ausnahmsweise genügt hier ein **Irrtum im Beweggrund**, um die Ausschlagung der Erbschaft oder des Vermächtnisses anfechten zu können (vgl hierzu § 1954 Rz 2–4), damit der Pflichtteilsberechtigte gegebenenfalls mehr erhalten kann als seinen Pflichtteil. Form, Frist und Wirkung der Anfechtung dieser Ausschlagungserklärung richten sich nach §§ 1954–1957. Die Anfechtung gilt daher zugleich als Annahme des Erbteils (§ 1957 I) und vernichtet den Pflichtteilsanspruch. Sie ist aber kein rechtsgeschäftlicher Verzicht auf diesen Anspruch und bedarf daher nicht der Genehmigung des Vormundschaftsgerichts nach § 1822 Nr 2.

2 2. Hat der **pflichtteilsberechtigte Erbe** oder Vermächtnisnehmer die **Erbschaft** oder das **Vermächtnis** angenommen, ohne vorhandene Beschränkungen oder Beschwerungen zu kennen, so kann er die Annahme nach § 119 II anfechten, um sich den vollen Pflichtteilsanspruch zu sichern, Pal/Edenhofer Rz 1; RGRK/Johannsen Rz 3; Soergel/Dieckmann Rz 9; Lange/Kuchinke § 37 V A 9b Fn 123. Frank (MüKo Rz 11) und Kipp/Coing (§ 10 III) lassen hier die Anfechtung schon analog § 2308 zu. Hat der Pflichtteilsberechtigte sich aber nur über die rechtliche Tragweite der Beschränkungen oder Beschwerungen oder über den wirtschaftlichen Wert der Zuwendung geirrt, so fehlt ihm in der Regel kein Anfechtungsgrund nach, RGRK/Johannsen Rz 3; Colmar OLG 6, 329; § 2307 Rz 1, vgl aber auch § 1954 Rz 4. Die Ausschlagung kann auch dann angefochten werden, wenn der Pflichtteilsberechtigte eine ihn belastende Beschränkung bereits durch Testamentsanfechtung (rückwirkend) beseitigt hat, BGH NJW 1991, 169, 171, der Wegfall der Belastung also nicht zwischen Erbfall und Ausschlagung liegt, aA MüKo/Frank Rz 4.

3 3. Die **Anfechtung der Vermächtnisausschlagung** ist formlos. An die Stelle des Nachlaßgerichts (§§ 1955, 1957 II) tritt der Beschwerte.

4. Erhält ein Pflichtteilsberechtigter, der wegen der Fortgeltung der §§ 1934a–e, 2338a aF (Art 2 ErbGleichG) 4
nur Gläubiger eines Erbersatzanspruchs ist, einen Erbteil, ein Vermächtnis oder einen Erbersatzanspruch mit
Beschränkungen oder Beschwerungen des § 2306, so gilt § 2308, wenn er den Erbteil, das Vermächtnis oder den
Erbersatzanspruch ausgeschlagen hat, vgl auch § 2306 Rz 8 und Pal/Edenhofer Rz 1.

2309 Pflichtteilsrecht der Eltern und entfernteren Abkömmlinge
Entferntere Abkömmlinge und die Eltern des Erblassers sind insoweit nicht pflichtteilsberechtigt, als ein Abkömmling, der sie im Falle der gesetzlichen Erbfolge ausschließen würde, den Pflichtteil verlangen kann oder das ihm Hinterlassene annimmt.

1. Das (an sich gegebene) Pflichtteilsrecht der entfernteren Berechtigten (Eltern und entfernteren Abkömm- 1
linge) entfällt nach § 2309, wenn entweder ein Abkömmling, der sie im Fall gesetzlicher Erbfolge nach § 1930
ausschließen würde, den Pflichtteil verlangen kann, oder dieser Abkömmling zwar nicht pflichtteilsberechtigt ist,
aber das ihm sonst Hinterlassene (etwa einem ihm vermachten Gegenstand) annimmt, das den Pflichtteil wertmäßig ganz oder teilweise abdeckt. § 2309 soll verhindern, daß demselben Stamm mehrfach ein Pflichtteil gewährt
wird (Mot V 401) und damit die Pflichtteilslast vervielfältigt wird, Pal/Edenhofer Rz 1; MüKo/Frank Rz 2; Bestelmeyer, FamRZ 1997, 1124. Da das Pflichtteilsrecht nur Ersatz des gesetzlichen Erbrechts ist und bei gesetzlicher
Erbfolge jeder Stamm nur einen gesetzlichen Erbteil ohne Rücksicht auf die Zahl der Stammesangehörigen erhält,
soll ihm auch nur ein Pflichtteil zukommen. Da 2309 für den entfernteren Berechtigten kein Pflichtteilsrecht
begründet, sondern voraussetzt, aber einschränkt, können entferntere Abkömmlinge nur unter zwei Voraussetzungen den Pflichtteil verlangen:
a) **Der nähere Abkömmling**, der sie vom gesetzlichen Erbrecht ausschließen würde (§§ 1924 II, III, 1930)
muß mit Wirkung auf den Erbfall dadurch **fortgefallen sein**, daß er die Erbschaft ausgeschlagen (§ 1953 II)
oder auf sie verzichtet hat (§ 2346 I S 2; s aber § 2349) oder daß ihm der Pflichtteil wirksam entzogen (§§ 2333ff)
oder für erbunwürdig erklärt worden ist, §§ 2344, 2345. Ist die Anfechtungsfrist versäumt, so hat der Nachstehende den Pflichtteilsanspruch, wenn der Pflichtteilsschuldner gegenüber dem Vorberechtigten erfolgreich die Einrede aus §§ 2083, 2345 I S 2, II erhebt; aA Strohal Bd 1, § 50 III 2 Fn 8.
Dagegen kommt es dem Erben, nicht den entfernteren Abkömmlingen zugute, wenn der enterbte Nächstberechtigte seinen Pflichtteilsanspruch nicht oder nicht in unverjährter Zeit geltend macht, Köln FamRZ 2000, 194. Fordert ein näherer Abkömmling, der nicht pflichtteilsberechtigt ist, vom Erben den Pflichtteil, so wird der Erbe
durch Leistung an ihn nicht gegenüber den entfernteren pflichtteilsberechtigten Abkömmlingen befreit, selbst
wenn er auf Grund eines rechtskräftigen Urteils leistet (RG 93, 193), da dieses nur zwischen den Streitteilen wirkt,
§ 325 I ZPO.
b) Außerdem muß der Erblasser **die entfernteren Abkömmlinge** von der Erbfolge so ausgeschlossen haben
(§ 2303; vgl § 2303 Rz 2, 3), daß sie **selbst pflichtteilsberechtigt** sind, sei es auch erst infolge Ausschlagung des
Erbteils oder des Vermächtnisses nach §§ 2306, 2307, oder wenigstens wegen der Zuwendung eines geringeren
Erbteils oder Vermächtnisses einen Pflichtteilsrestanspruch haben, § 2305 Rz 1; § 2307 I S 2 Hs 1.
Treten entferntere Abkömmlinge hingegen nach § 2069 als **Ersatzerben oder Ersatzvermächtnisnehmer** ein,
so haben sie kein Pflichtteilsrecht. Sie können es uU durch Ausschlagung erwerben, §§ 2306 I S 2, 2307.

2. **Eltern** haben ein Pflichtteilsrecht erst, wenn sämtliche Abkömmlinge durch Tod, Erbverzicht, wirksame Ent- 2
ziehung des Pflichtteils oder auch erst nach dem Erbfall, aber mit Rückwirkung auf ihn durch Ausschlagung,
Erklärung der Erbunwürdigkeit weggefallen sind, so daß die Angehörigen der zweiten Ordnung zur gesetzlichen
Erbfolge berufen sind, RGRK/Johannsen § 2310 Rz 3; Kipp/Coing § 9 I 1d. Ist auch nur ein Abkömmling des
Erblassers vorhanden, entfällt das Pflichtteilsrecht der Eltern.

3. **Eltern und entferntere Abkömmlinge** können **den vollen Pflichtteil verlangen**, wenn der Abkömmling 3
oder der Abkömmling danach überhaupt nicht pflichtteilsberechtigt ist. Ist er nur deshalb nicht berechtigt,
weil ihm ein beschränkter oder beschwerter Erbteil oder genau der Pflichtteil oder trotz seiner Entziehung nach
§§ 2333ff etwas hinterlassen ist, was er annimmt, dann haben die Nachstehenden ein Pflichtteilsrecht, soweit das
Hinterlassene sich nicht mit ihm deckt, Pal/Edenhofer Rz 2; MüKo/Frank Rz 13.

4. Ein Abkömmling schließt entferntere Abkömmlinge und die Eltern des Erblassers auch dann im Sinne von 4
§ 2309 von der Erbfolge aus, wenn ihm wegen Fortgeltung der §§ 1934a–e, 2338a aF (Art 2 ErbGleichG) nur ein
Erbersatzanspruch zusteht, vgl vor § 2303 Rz 2. Zu beachten ist jedoch, daß durch einen vorzeitigen Erbausgleich
im Sinne des § 1934d aF das Erb- und Pflichtteilsrecht sowohl des Vaters und dessen Verwandten beim Tod des
nichtehelichen Kindes als auch des Kindes und der Abkömmling beim Tod des nichtehelichen Vaters entfällt.

5. Zu den entfernteren Abkömmlingen des Erblassers gehören auch die **Abkömmlinge des** von ihm **angenom-** 5
menen Kindes; ebenso die der von seinen Abkömmlingen im Wege der Volladoption angenommenen Kinder,
§ 2303 Rz 1.

2310 Feststellung des Erbteils für die Berechnung des Pflichtteils
Bei der Feststellung des für die Berechnung des Pflichtteils maßgebenden Erbteils werden diejenigen mitgezählt, welche durch letztwillige Verfügung von der Erbfolge ausgeschlossen sind oder die Erbschaft ausgeschlagen haben oder für erbunwürdig erklärt sind. Wer durch Erbverzicht von der gesetzlichen Erbfolge ausgeschlossen ist, wird nicht mitgezählt.

1. Die §§ 2310–2316 regeln die **Berechnung des Pflichtteils**, von dem § 2303 I S 2 nur sagt, er bestehe in der 1
Hälfte des Wertes des gesetzlichen Erbteils. Es ist daher bei seiner Berechnung vom gesetzlichen Erbteil des

Pflichtteilsberechtigten auszugehen. Er ist zunächst für jeden Pflichtteilsberechtigten gesondert zu ermitteln, und zwar zunächst nur bruchteilsmäßig. Miterben sind mitzuzählen, auch wenn sie durch letztwillige Verfügungen von der Erbfolge ausgeschlossen sind (§ 1938; vgl § 2303 Rz 2, 3), die Erbschaft ausgeschlagen haben (§§ 1942ff) oder für erbunwürdig erklärt worden sind, §§ 2339ff. Ihr Fortfall vergrößert daher den Pflichtteil nicht. Er kommt vielmehr dem Erben zustatten. Beispiel: E, der mit seiner Frau F in Gütertrennung lebt, hat sie enterbt. Seine beiden Söhne S 1 und S 2 haben die ihnen angefallene Erbschaft ausgeschlagen. Ihr gesetzlicher Erbteil von je $1/3$ (§ 1931 IV) wird bei der Berechnung des Pflichtteils der F nach 2310 mitgezählt, so daß ihr gesetzlicher Erbteil ebenfalls $1/3$ und ihr Pflichtteil damit nach § 2303 I S 2, II S 1 $1/6$ beträgt.

Sind aber nach § 2309 an Stelle des Weggefallenen entferntere Abkömmlinge oder Eltern pflichtteilsberechtigt, dann werden, soweit es um den Pflichtteil der entfernteren Abkömmlinge oder der Eltern geht, der Weggefallene und seine bei gesetzlicher Erbfolge an seine Stelle tretenden Abkömmlinge nicht mitgezählt, Pal/Edenhofer Rz 1; Soergel/Dieckmann Rz 11; Lange/Kuchinke § 37 VII 2b. § 2309 enthält für die Pflichtteilsberechtigung von entfernteren Verwandten und Eltern, die hiernach ausnahmsweise pflichtteilsberechtigt sind, eine **Sonderregelung**, Aus dem Sinn und Zweck des § 2309 iVm §§ 1924 II, 1930 ergibt sich, daß der als Pflichtteilsberechtigter ausfallende nähere Berechtigte nicht zu Lasten der an seine Stelle getretenen entfernteren Berechtigten mitgezählt werden darf, MüKo/Frank Rz 6. Für die Berechnung des Pflichtteils des Ehegatten, der nicht über § 2309 pflichtteilsberechtigt ist, verbleibt es hingegen bei der allgemeinen Regelung des § 2310. Beispiel: E hat seine Frau F, mit der er in Gütertrennung lebt, und seine Eltern enterbt und seine beiden Töchter T 1 und T 2 zu gleichen Teilen zu Erben und seinen Freund F zum Ersatzerben eingesetzt. T 1 schlägt die Erbschaft aus, T 2 wird für erbunwürdig erklärt.

Bei der Berechnung des Pflichtteils der F sind nach § 2310 die gesetzlichen Erbteile von T 1 und T 2 mitzuzählen. Der gesetzliche Erbteil der F würde nach § 1931 IV $1/3$ betragen. Ihr Pflichtteil beläuft sich daher nach §§ 2303 I S 2, II S 1 auf $1/6$.

Bei der Berechnung des Pflichtteils der Eltern, die nur wegen Wegfalls von T 1 und T 2 nach § 2309 pflichtteilsberechtigt sind (vgl § 1930), bleiben die gesetzlichen Erbteile von T 1 und T 2 unberücksichtigt. Da ihr gesetzlicher Erbteil als Erben zweiter Ordnung neben F nach §§ 1931, 1925 II je $1/4$ betragen würde, beläuft sich ihr Pflichtteil auf je $1/8$.

F erhält also einen niedrigeren Pflichtteil ($1/6$) als die Eltern des E insgesamt (je $1/8$), ein überraschendes, rechtspolitisch wenig befriedigendes Ergebnis, weil sie als gesetzliche Erbin neben den Eltern als Erben zweiter Ordnung nach § 1931 I eine Erbquote von $1/2$ erhalten hätte. Dieses Ergebnis läßt sich aber de lege lata nicht vermeiden, MüKo/Frank Rz 7; Lange/Kuchinke § 37 VII 2. Vgl auch § 2309 Rz 2.

2 2. Hat ein **Erbe** auf seinen **Erbteil**, nicht nur auf seinen Pflichtteil, **verzichtet** (§§ 2346, 2348), so wird er bei der Feststellung des Erbteilsbruchteils nicht mitgezählt, **Satz 2**. Er erhöht daher unter Aufrechterhaltung des Grundsatzes des § 2346 (vgl § 2346 Rz 8) anders als die nach § 2310 Weggefallenen den Pflichtteil. Das gilt auch dann, wenn zu dem Verzicht ein Wegfallgrund nach Satz 1 hinzukommt, Staud/Haas Rz 16; Schramm, BWNotZ 1977, 88.

3 3. Ist zwischen einem nichtehelichen Kind und seinem Vater ein vorzeitiger Erbausgleich (§ 1934d aF) zustande gekommen, dann werden beim Tod des Vaters das nichteheliche Kind und seine Abkömmlinge sowie beim Tod des Kindes der nichteheliche Vater bei der Feststellung des Erbteils, der für die Berechnung des Pflichtteils maßgebend ist, nicht mitgezählt, weil nach § 1934e der nichteheliche Vater beim Tod des Kindes sowie das nichteheliche Kind und dessen Abkömmlinge beim Tod des Vaters nicht zu den gesetzlichen Erben zählen, ebenso Pal/Edenhofer Rz 2.

2311 *Wert des Nachlasses*

(1) Der Berechnung des Pflichtteils wird der Bestand und der Wert des Nachlasses zur Zeit des Erbfalls zugrunde gelegt. Bei der Berechnung des Pflichtteils eines Abkömmlings und der Eltern des Erblassers bleibt der dem überlebenden Ehegatten gebührende Voraus außer Ansatz.

(2) Der Wert ist, soweit erforderlich, durch Schätzung zu ermitteln. Eine vom Erblasser getroffene Wertbestimmung ist nicht maßgebend.

1 1. **Berechnung des Pflichtteils**. Knüpft die Berechnung des Pflichtteils an den gesetzlichen Erbteil des Pflichtteilsberechtigten an, ist der Wert seines gesetzlichen Erbteils zu halbieren (§ 2310 Rz 1). **Mittelbar** ist damit der **Nachlaßwert Berechnungsgrundlage**. a) Dazu ist zunächst der Geldwert aller Nachlaßgegenstände festzustellen, **Aktivbestand**. b) Von ihm ist die **Summe aller Passiven abzuziehen**. Die Differenz bildet den **Nachlaßbestand**, RG 129, 240, 242.

2 2. **Wert des Aktivbestands. a)** Bei der **Ermittlung des Aktivbestands** sind Ausgleichsleistungen nach dem LAG für einen Vertreibungsschaden als Surrogate für die geschädigten Nachlaßvermögensteile auch dann zu berücksichtigen, wenn der Schaden vor dem Erbfall eingetreten, der Ausgleichsanspruch aber erst in der Person des Erben (oder Vorerben) entstanden ist, BGH MDR 1972, 851; FamRZ 1977, 128f. Dauernde Nutzungsberechtigungen sind zu kapitalisieren, RG 72, 379, 382. Zum Aktivbestand zählt auch der Anspruch auf Rückübertragung von Grundstücken oder die Entschädigung für Grundstücke in der früheren DDR nach dem Vermögensgesetz, BGH 123, 76 mit kritischer Anm Dieckmann, ZEV 1994, 198; Casimir, DtZ 1993, 362; de Leve, DtZ 1994, 270; Faßbender DNotZ 1994, 359. Auch das einem Pflichtteilsberechtigten zugewandte Vermächtnis ist bei der Bewertung des Aktivbestands zu berücksichtigen, BGH WM 1970, 1520. Dem Aktivbestand werden auch zZt des Erbfalls noch nicht realisierte ("unfertige") vermögenswerte Rechtspositionen zugerechnet, die aus künftigen, noch werdenden oder schwebenden Rechtsbeziehungen stammen, die aber erst nach dem Tod des Erblassers vollendet

werden und dann erst zu endgültigen Rechtswirkungen führen. Vgl § 1922 Rz 7; Düsseldorf FamRZ 1996, 1440: Die Erblasserin hatte hier vor ihrem Tod bei einer Teilungsversteigerung ein Meistgebot abgegeben. Der Zuschlag wurde aber erst nach ihrem Tod erteilt. Das ersteigerte Grundstück mußte dem Aktivbestand zugerechnet werden. Vgl zum Nachlaßbestand im übrigen § 1922.

b) Wertermittlung. Eine bestimmte betriebswirtschaftliche Methode der Wertermittlung des Aktivbestands ist nicht vorgeschrieben, BGH NJW 1972, 1269. Einer Schätzung vorzuziehen ist eine Bewertung der Nachlaßgegenstände, die sich am tatsächlichen Verkauf des zu bewertenden Nachlaßgegenstands anlehnen kann, BGH NJW-RR 1993, 131. Liegt zwischen dem Erbfall und dem Verkauf ein längerer Zeitraum, ist das Ergebnis je nach der Preisentwicklung zu korrigieren, BGH NJW-RR 1993, 834, weil für die Wertermittlung der Zeitpunkt des Erbfalls maßgeblich ist, vgl Rz 6f. Hat ein Verkauf nicht stattgefunden, muß der Wert geschätzt werden, ggf durch einen Sachverständigen **(Abs II)**. Unter Wert ist dabei in der Regel (zu den Ausnahmen vgl weiter unten) der durch Verkehrsanschauung bestimmte gemeine Wert, der Verkehrswert, zu verstehen, BGH 14, 368, 376; BGH WM 1991, 1352, 1253; s auch Meincke, Das Recht der Nachlaßbewertung im BGB, 1973, S 187ff). Bei einem **Handelsgeschäft** und Beteiligungen an ihm ist auch der good will, Organisations-, Firmen- oder Geschäftswert (§ 153 V AktG) zu berücksichtigen, vgl RG 103, 128, 132; BGH NJW 1982, 1575; MüKo/Frank, Rz 23. Wollte man ihn nach § 2313 II S 1 absetzen, so würde das der allgemeinen Auffassung über die Bewertung von Handelsgeschäften widersprechen, RG WarnRsp 1918, 344; RG DR 1940, 1635. Wird also ein Handelsunternehmen nach dem Erbfall fortgeführt, so ist bei der Schätzung des Unternehmenswerts grundsätzlich nicht der Liquidationswert zugrunde zu legen, selbst wenn das Unternehmen zZ des Erbfalls ertraglos war, BGH NJW 1973, 509; dazu Breidenbach DB 1974, 104. Der Liquidationswert ist aber maßgebend, wenn das Unternehmen drei Jahre nach dem Erbfall liquidiert wird, BGH MDR 1982, 828. Ein gewerbliches Unternehmen ist nach Substanz- und Bruttoertragswert zu bewerten, BGH NJW 1982, 575. Der Vollwert eines **Gesellschafteranteils** ist nur zu berücksichtigen, wenn er beim Erbfall realisierbar ist, Siebert NJW 1960, 1033 entgegen Tiedau MDR 1959, 253, der Realisierbarkeit nicht voraussetzt; vgl auch BGH 13, 45ff; RGRK/Johannsen Rz 21; Eiselt NJW 1981, 2447; Sudhoff DB 1973, 53; dazu Heinrich/Brunk DB 1973, 1003ff. Bei **Wertpapieren** mit Kurswert ist dieser maßgebend, grundsätzlich ebenso der Stoppreis bei preisgebundenen Gegenständen, vgl aber Kohler, NJW 1951, 548. Nirk (NJW 1962, 2185) tritt für eine Schätzung des inneren Werts bei stark schwankenden Wertpapierkursen ein; zur Bewertung von Aktien, die zum Börsenhandel zugelassen sind, vgl auch Veith NJW 1963, 1521 und weitergehend Pal/Edenhofer Rz 11. Wird ein zum Nachlaß gehörendes **Grundstück** verkauft, so ist für die Berechnung des Pflichtteilsanspruchs auch hier grundsätzlich der gemeine Wert maßgebend, der in der Regel dem Veräußerungserlös entspricht. Nur bei außergewöhnlichen Preisverhältnissen unter Ausnahmebedingungen ist es angebracht, den „wahren inneren" Wert der Bewertung zugrundezulegen, BGH WM 1991, 1352. Ein solcher Ausnahmefall liegt beispielsweise vor, wenn der Grundstückspreis zwar beim Erbfall, nicht mehr bei der Erfüllung der Pflichtteilsschuld gebunden war. Hier ist der innere Wert, der schon beim Erbfall über den Stoppreis hinausging, zu berücksichtigen. Dasselbe ist bei fortgeltendem Stoppreis anzunehmen, wenn der Erbe die Pflichtteilsschuld aus der Versilberung nicht preisgebundener Gegenstände oder seinem Barvermögen zumutbar tilgen kann, BGH 13, 45. Ein erhöhter Grundstücksbedarf durch ein Großprojekt und damit einhergehende Preissteigerungen rechtfertigen dagegen keine Berechnung nach dem inneren Wert, BGH WM 1991, 1352. Zur Wertermittlung auch BGH DB 1956, 744 und Simon/Kleiber, Schätzung und Ermittlung von Grundstückswerten, 7. Aufl 1996. Vorübergehende starke Veränderungen in den Grundstückspreisen als Folge ungewöhnlicher (politischer) Ereignisse sind nur dann außer acht zu lassen, wenn sie sich bei nüchterner Betrachtung schon im Zeitpunkt des Erbfalls als vorübergehend erkennen lassen, BGH NJW 1965, 1589; zur Wertermittlung auch Keßler DRiZ 1966, 399; Johannsen WM 1970, 111; 77, 302; BGH WM 1970, 1520f; s auch die WertermittlungsVO vom 6. 12. 1988 (BGBl I 2209); dazu Mayer ZEV 1994, 331. Zur Berechnung des Werts einer Heimstätte BGH NJW 1972, 1669; RGRK/Johannsen Rz 17. Zur Pflichtteilsberechnung, wenn ein Landgut zum Nachlaß gehört, vgl auch § 2312. Zur Bewertung eines Miethauses, das im sozialen Wohnungsbau mit Landesmitteln gefördert ist, Köln NJW 1961, 785.

c) Wertbestimmungen des Erblassers sind nicht verbindlich, **Abs II S 2**, Ausnahmen enthält § 2312. Hat der Erblasser aber das Recht, den Pflichtteil zu entziehen (§§ 2333ff), so kann er sich statt der vollen Entziehung auch mit seiner Minderung begnügen, also auch niedrigere Bewertungen des Aktivbestands bindend vorsehen oder über das gesetzliche Maß hinaus Anrechnungspflichten bestimmen, Ausgleichungspflichten mindern oder ausschließen (§§ 2315, 2316), Pflichtteilsergänzungsansprüche mindern und ausschließen, §§ 2325ff. Vgl auch § 1511. Der Erblasser muß aber auch hierbei die Voraussetzungen des § 2326 beachten.

3. Passivbestand. Abzuziehen vom Wert des Aktivbestands sind die Erblasserschulden und Belastungen seiner Rechte, die schon vor seinem Tod bestanden, RG 90, 202, 205; BGH NJW 1975, 1123f (für den Unterhaltsanspruch seiner nichtehelichen Kinder nach § 1712 aF). Das gilt auch für solche Erbfalls- und Nachlaßkosten- und Erbschaftsverwaltungsschulden, deren Rechtsgrund und Notwendigkeit schon auf den Erbfall zurückzuführen sind, wie etwa die Kosten der Beerdigung, einer Inventaraufnahme, eines nicht mutwilligen Prozesses um eine Nachlaßforderung oder -schuld, der Feststellung und Sicherung des Nachlasses, einer Nachlaßpflegschaft oder Nachlaßverwaltung oder einer sonstigen Verwaltung der Erbschaft oder einzelner Erbschaftsgegenstände (§§ 1968, 1960, 1993, 2314 II; Hamburg OLG 12, 393; vgl auch Kiel OLG 40, 152; RG JW 1906, 114). Abzuziehen sind auch die Kosten einer Testamentsvollstreckung, soweit sie auch für den Pflichtteilsberechtigten von Vorteil war, bes besondere Kosten für Feststellung und Sicherung des Nachlasses erspart hat, BGH 95, 222, 228 mit Anm Kuchinke JZ 1986, 90; Hamburg SeuffA 62, 74; Pal/Edenhofer Rz 4; aA RGRK/Johannsen Rz 7. Zum Abzug von Ertragssteuern vgl BGH 98, 382, 389; NJW 1972, 1269; Sudhoff NJW 1963, 421, zum Abzug künftiger Steuern besonders Kröger BB 1971, 647. Durch Vereinigung erloschene Rechtsverhältnisse sind zu berücksichtigen, KG OLG 30, 233f; BGH 98, 382, 389; NJW 1975, 1123f; DNotZ 1978, 487, 489. Abzuziehen ist auch die Forderung

§ 2311

des überlebenden Ehegatten auf Ausgleich des Zugewinns, wenn dieser von vornherein weder Erbe noch Vermächtnisnehmer wird oder wenn er Erbschaft und zugewandtes Vermächtnis ausschlägt und die güterrechtliche Lösung wählt, § 1371 II, III. Schulden aus einem Zugewinnausgleich und aus einem Pflichtteilsrecht sind zwar beide Erbfallschulden, die mit dem Tod des Erblassers entstehen, § 1967 II. Aber der Pflichtteil soll dem Pflichtteilsberechtigten den Mindestanteil am Reinnachlaß sichern. Der Nachlaß des Erblassers ist aber schon dadurch gemindert, daß sein Vermögen vor seinem Tod den Vorschriften über die gesetzliche Zugewinngemeinschaft unterworfen ist, die zunächst dem überlebenden Ehegatten den errungenen Zugewinn sichern soll. Daher geht der Pflichtteilsanspruch dem Anspruch auf den Zugewinnausgleich im Rang nach; ebenso Finke MDR 1957, 578; Flik BWNotZ 1978, 127; Pal/Edenhofer Rz 5; RGRK/Johannsen Rz 5; Staud/Haas Rz 40; vgl auch BGH 37, 58, 64. Dadurch wird der Pflichtteil des Abkömmlings oder der Eltern zwar nicht in seinem Bruchteil, aber möglicherweise in seinem Wert erheblich herabgesetzt.

Nicht abzuziehen sind dagegen Vermächtnisse und Auflagen, die dem Pflichtteilsanspruch im Rang nachgehen (§ 1972 Rz 3), andere Pflichtteilsrechte und Erbschaftsteuern, die den Erben treffen, ebensowenig der Anteil des überlebenden Ehegatten an einer Innengesellschaft der Ehegatten, da diese Beteiligung kein Nachlaßgegenstand ist (Nürnberg FamRZ 1966, 512), sowie bei Fortgeltung der §§ 1934a–e, 2338a aF (Art 2 ErbGleichG) entstandene Verbindlichkeiten gegenüber Erbersatzberechtigten.

Übersteigt der Wert der abzuziehenden Passiva den Wert des Aktivbestands, ist der **Nachlaß** also **überschuldet**, entsteht kein Pflichtteilsanspruch, Stuttgart NJW-RR 1989, 1283.

6 4. **Stichtagsprinzip.** Maßgeblicher Zeitpunkt für die Wertfeststellungen und den Wertvergleich zwischen Aktiva und Passiva ist der Erbfall, BGH 7, 134, 138; Celle NJW 1952, 706; vgl auch Kohler, NJW 1963, 225. Daher sind nachträgliche Wertsteigerungen oder -minderungen unerheblich, aA Braga AcP 153, 144, von seiner besonderen Auffassung des Pflichtteilsanspruchs aus; vgl auch Dieckmann in FS Beitzke, 1979, S 399, 402; Kohler NJW 1963, 225; Nirk NJW 1962, 2185 und Veith NJW 1963, 1521. Zum Einfluß des Währungsverfalls auf den Pflichtteilsanspruch BGH 7, 134. Nachlaßschulden und -forderungen waren daher, wenn der Erbfall vor der Währungsreform eingetreten war, mit ihrem vollen RM-Betrag einzusetzen, ohne daß also berücksichtigt werden konnte, daß sie später nur im Verhältnis 10:1 erfüllt zu werden brauchten. Abhilfe geschaffen werden konnte allenfalls mit dem Vertragshilfegesetz vom 26. 3. 1952 (BGBl I 198), BGH 7, 134; Celle NJW 1952, 706; Oldenburg NdsRpfl 1952, 53; aA München NJW 1950, 73; Düsseldorf NJW 1950, 602; Koblenz NJW 1951, 720; KG JR 1952, 279. Dagegen ist eine Minderung der Passiven, die sich daraus ergibt, daß der Erbe seine vorläufig unbeschränkte, aber beschränkbare in eine endgültig beschränkte Haftung verwandelt, deshalb zu berücksichtigen, weil ihre innere Ursache im Erbfall selbst liegt.

7 5. **Einfluß gesellschaftsrechtlicher Abfindungsvereinbarungen des Erblassers auf die Pflichtteilsrechte.** Es ist anerkannt, daß Abfindungsansprüche, die kraft Gesetzes (§ 738) beim Ausscheiden eines Gesellschafters entstehen (RG 145, 289), ganz oder teilweise ausgeschlossen werden können. Ist nach § 736 I im Gesellschaftsvertrag oder nach der gesetzlichen Regelung des § 131 III Nr 1 HGB bestimmt, daß die Gesellschaft trotz des Todes eines Gesellschafters unter den anderen fortgesetzt werden soll, so kann für diesen Fall auch vereinbart werden, daß die gesetzlichen Abfindungsansprüche auch in diesem Fall ganz oder teilweise ausgeschlossen sein sollen. Stirbt ein Gesellschafter, so gehört dann kein Abfindungsanspruch oder nur ein erheblich geminderter Anspruch zu seinem Nachlaß; sein Nachlaß wird dadurch geschmälert; Huber, Vermögensanteil, Kapitalanteil und Gesellschaftsanteil an Personengesellschaften des Handelsrechts, 1970, S 342ff; Wiedemann, Die Übertragung und Veräußerung von Mitgliedschaftsrechten bei Handelsgesellschaften, 1985, S 213ff; aA MüKo/Frank Rz 26, der den Pflichtteilsanspruch ungeachtet der Abfindungsklausel aus dem Vollwert der Mitgliedschaft berechnen will. Entsprechendes gilt, wenn bei einer zweigliedrigen Gesellschaft vereinbart ist, daß beim Tod eines Gesellschafters der andere den Anteil entschädigungslos übernehmen kann, BGH WM 1971, 1338. Treffen alle Gesellschafter diese Vereinbarung gleichmäßig, so handelt es sich nicht um ein unentgeltliches Geschäft, da jeder der übrigen Gesellschafter die gleiche Erwerbsaussicht hat, BGH 22, 186, 194; Reinicke NJW 1957, 562; Buchholz JR 1955, 174; Staud/Haas Rz 32; gegen die nahezu einhellige Auffassung MüKo/Frank § 2325 Rz 16 und Heckelmann, Abfindungsklauseln in Gesellschaftsverträgen 1973, S 68ff, 84, der im Ausschluß einer Abfindung eine unentgeltliche Zuwendung erblickt, vgl auch Däubler ZRP 1975, 136, 146. Haben nicht alle Gesellschafter auf künftige Abfindungsansprüche verzichtet, so haben die Verzichtenden den übrigen, die nicht verzichtet haben, etwas unentgeltlich zugewandt, so daß gegen diese Pflichtteilsergänzungsansprüche nach §§ 2325ff ausgelöst werden können. Das kann auch bei einem allgemeinen Verzicht der Fall sein, wenn ein verschiedenes Lebensalter oder eine verschiedene Lebenserwartung schon beim Abschluß des Erbvertrags die ungleiche Behandlung mit Wahrscheinlichkeit erwarten läßt, so daß die Gesellschafter mit ihr gerechnet haben. Tiedau MDR 1959, 253; zur Zulässigkeit einer Abfindung zum Buchwert einschränkend BGH NJW 1979, 104 und P. Ulmer NJW 1979, 81. Gerade zur Vermeidung solcher überraschend geltend gemachter und sofort fälliger Ansprüche ist Vorsorge durch geeignete Erbverzichtsverträge in der Kombination mit Ausgleichsratenzahlungen oder Beteiligungen anzuregen, dazu eingehend Muscheler in Groll, Praxis-Hdb Erbrechtsberatung, 2001, B XV. Zur Berechnung des Pflichtteils, wenn der Gesellschaftsanteil in den Nachlaß fällt, Soergel/Dieckmann Rz 24ff; Lange/Kuchinke § 37 VII 3d; bei Auflösung einer Ehegatteninnengesellschaft durch den Erbfall, Nürnberg FamRZ 1966, 512.

8 6. Bei Berechnung des **Pflichtteils der Eltern** ist der Voraus (§ 1932) des überlebenden Gatten abzusetzen **(Abs I S 2)**, auch wenn er ausgeschlagen wird (Kassel Recht 1925 Nr 463), denn auch dann „gebührt" er ihm. Das gilt jedoch nicht, wenn er ihm entzogen (§ 1932 Rz 14) oder der Ehegatte auf den Pflichtteil beschränkt ist.

Durch § 1932 I S 2 ist dem überlebenden Ehegatten der Voraus zwar – und dabei ohne Rücksicht auf den Güterstand – auch zugebilligt, wenn er mit Abkömmlingen zusammentrifft, aber auf diejenigen Gegenstände beschränkt, die er „zur Fortführung eines angemessenen Hausstandes benötigt", vgl § 1932 Rz 9ff. Was der Ehegatte „zur Fortführung des angemessenen Hausstandes benötigt", ist nicht sicher zu entscheiden. Neben die große Häufigkeit der Fälle tritt die Unsicherheit der Berechnung, so daß sich der Pflichtteilsanspruch des Abkömmlings „nicht mehr eindeutig vorausbestimmen" läßt.

Ist der **Ehegatte zum Alleinerben eingesetzt**, und sind dadurch die Abkömmlinge oder Eltern von der Erbfolge ausgeschlossen, so ist der Pflichtteil vom ganzen Nachlaß, zu dem auch der Voraus gehört, zu berechnen. Hier erbt der Ehegatte zwar die Gegenstände des Voraus nach § 1922, aber sie gebühren ihm nicht im Sinne des § 2311 I S 2, da er keinen Anspruch auf sie als einen Voraus hat, BGH 73, 29; Staud/Haas Rz 42; Planck/Greif Anm 4; RGRK/Johannsen Rz 10; Lange/Kuchinke § 37 VII 4a Fn 252; Staudenmaier DNotZ 1965, 68. Gegenstände des Voraus sind also bei Alleinerbenstellung des Ehegatten dem Nachlaß zuzurechnen, wenn sein Wert für die Berechnung des Pflichtteils zu ermitteln ist, aA Kassel Recht 1925 Nr 463; MüKo/Frank Rz 28; vgl auch Schubert JR 1979, 245.

Ist der **Ehegatte** nach §§ 1931 I S 2, 1371 I oder nach § 1931 II **kraft Gesetzes zum Alleinerben berufen**, so wird der Pflichtteil der enterbten Abkömmlinge oder Eltern vom ganzen Nachlaß einschließlich des Voraus berechnet; denn in diesem Fall „gebührt" dem Ehegatten nicht, wie es § 2311 I S 2 voraussetzt, der Voraus; dem Ehegatten steht der Voraus nach § 1932 nur zu, wenn er **neben Verwandten**, also nicht allein gesetzlicher Erbe ist, Naumburg FamRZ 2001, 1406; aA Holzhauer, Erbrechtliche Untersuchungen, 1973, S 120f.

Besteht der Nachlaß im wesentlichen aus dem Voraus, so kann damit der Pflichtteilsanspruch gegenstandslos werden.

7. § 2311 gilt auch für Pflichtteilsberechtigte, denen bei Fortgeltung der §§ 1934a–e, 2338 aF (Art 2 Erb-GleichG) der **Erbersatzanspruch** durch letztwillige Verfügung entzogen worden ist, § 2338a aF. **9**

8. Zu den Besonderheiten der Pflichtteilsberechnung nach der **HöfeO** vgl § 12 X HöfeO; Kegel in FS Cohn, 1975, S 85 (116ff); Becker AgrarR 1976, 181; § 13 HöfeO und dazu Becker AgrarR 1978, 219. **10**

2312 *Wert eines Landguts*

(1) Hat der Erblasser angeordnet oder ist nach § 2049 anzunehmen, dass einer von mehreren Erben das Recht haben soll, ein zum Nachlass gehörendes Landgut zu dem Ertragswert zu übernehmen, so ist, wenn von dem Recht Gebrauch gemacht wird, der Ertragswert auch für die Berechnung des Pflichtteils maßgebend. Hat der Erblasser einen anderen Übernahmepreis bestimmt, so ist dieser maßgebend, wenn er den Ertragswert erreicht und den Schätzungswert nicht übersteigt.
(2) Hinterlässt der Erblasser nur einen Erben, so kann er anordnen, dass der Berechnung des Pflichtteils der Ertragswert oder ein nach Absatz 1 Satz 2 bestimmter Wert zugrunde gelegt werden soll.
(3) Diese Vorschriften finden nur Anwendung, wenn der Erbe, der das Landgut erwirbt, zu den in § 2303 bezeichneten pflichtteilsberechtigten Personen gehört.

1. Zum Begriff des **Landguts** § 98 Rz 4. Vgl auch EGBGB Art 137; KG HRR 1930, 1111; Hamm MDR 1965, **1** 488; BGH AgrarR 1977, 173; Johannsen WM 1977, 302, 303f; Becker AgrarR 1975, 57; Kegel in FS Cohn, 1975, S 85. Die Eigenschaft als Landgut kann für ein landwirtschaftliches Gebäude in Großstadtnähe, dessen Verkehrswert ein Vielfaches des landwirtschaftlichen Ertragswerts beträgt, zu verneinen sein, Stuttgart NJW 1967, 2410; einschränkend BGH MDR 1972, 496. Für die Einordnung als Landgut kommt es auf die Verhältnisse zur Zeit des Erbfalls an, BGH NJW 1995, 1352.

2. Abweichend vom Grundsatz, daß bei der Berechnung des Pflichtteilsanspruchs der Verkehrswert des Nach- **2** lasses maßgebend ist (vgl § 2311 Rz 3ff), kann ein Landgut auch mit dem für den Erben günstigen Ertragswert berechnet werden, wenn der Erblasser das angeordnet hat oder nach § 2049 anzunehmen ist, zur Berechnung des Ertragswerts vgl Müller-Feldhammer ZEV 1995, 162. Die **Übernahme zum Ertragswert** soll dem pflichtteilsberechtigten Erben die Übernahme des Gutes erleichtern und die Erhaltung eines leistungsfähigen landwirtschaftlichen Betriebs gewährleisten, vgl dazu § 1376, der auf ähnlichen Erwägungen beruht. Die Anordnung kann sich aus einer ergänzenden Auslegung der Verfügung von Todes wegen ergeben, BGH LM § 2325 Nr 5. Nicht der Ertragswert, sondern der Verkehrswert ist hingegen in der Regel zugrunde zu legen, wenn zum Nachlaß nur ein Miteigentumsanteil an einem Landgut gehört, der von einem Miterben übernommen wird (BGH NJW 1973, 995) oder wenn das Landgut mehreren Erben zu Bruchteilseigentum übergeben worden ist (BGH FamRZ 1977, 195) oder nach dem Erbfall nicht mehr landwirtschaftlich genutzt wird (BGH MDR 1984, 204) oder wenn es sich um praktisch baureife Grundstücke handelt, die ohne Gefahr für die dauernde Lebensfähigkeit aus dem Landgut herausgelöst werden können, BGH 98, 382, 389, im Anschluß an BVerfG 67, 348 zu § 1376, sowie BGH WM 1991, 2115. Der Ertragswert tritt nur ausnahmsweise an die Stelle des Schätzungswerts des § 2311 II, wenn der Erblasser nichts anderes bestimmt hat. Der so bestimmte Übernahmepreis ist aber nur maßgebend, wenn er den Ertragswert erreicht und den Schätzungswert nicht übersteigt, **Abs I S 2**. Ähnliches gilt für die Berechnung des Pflichtteilsergänzungsanspruchs bei einem geschenkten Landgut, BGH NJW 1964, 1414. Für die Frage, ob bei einer Hofübergabe der unentgeltliche Teil überwiegt, so daß eine Schenkung vorliegt, soll nach Nürnberg (RdL 1971, 38) der Ertragswert maßgebliche Berechnungsgrundlage sein. Eine unwirksame Entziehung des Pflichtteils aus persönlicher Verfeindung kann nicht ohne weiteres in die Anordnung umgedeutet werden, daß der Pflichtteil nach dem Ertragswert des Grundstücks zu berechnen sei, Stuttgart NJW 1967, 2410. Zur Anwendbarkeit des § 2312 bei einer landwirtschaftlichen Nebenerwerbsstelle (Stuttgart NJW-RR 1986, 822). Diese Vorschrift ist auch dann anzuwenden, wenn der Erbe den Betrieb nicht für sich selbst, sondern einem pflichtteilsberechtigten Familienangehörigen als Wirtschaftseinheit erhalten möchte, BayObLG FamRZ 1989, 540.

3. Die Übernahme erfolgt zum **Schätzungswert**, wenn der übernehmende Erbe nicht pflichtteilsberechtigt ist, **3** **Abs III**; Becker AgrarR 1975, 57, 59.

4. § 2312 gilt auch für einen Pflichtteilsanspruch, soweit § 2338a aF nach Art 2 ErbGleichG fortgilt. **4**

§ 2313 Ansatz bedingter, ungewisser oder unsicherer Rechte; Feststellungspflicht des Erben

(1) Bei der Feststellung des Wertes des Nachlasses bleiben Rechte und Verbindlichkeiten, die von einer aufschiebenden Bedingung abhängig sind, außer Ansatz. Rechte und Verbindlichkeiten, die von einer auflösenden Bedingung abhängig sind, kommen als unbedingte in Ansatz. Tritt die Bedingung ein, so hat die der veränderten Rechtslage entsprechende Ausgleichung zu erfolgen.

(2) Für ungewisse oder unsichere Rechte sowie für zweifelhafte Verbindlichkeiten gilt das Gleiche wie für Rechte und Verbindlichkeiten, die von einer aufschiebenden Bedingung abhängig sind. Der Erbe ist dem Pflichtteilsberechtigten gegenüber verpflichtet, für die Feststellung eines ungewissen und für die Verfolgung eines unsicheren Rechts zu sorgen, soweit es einer ordnungsmäßigen Verwaltung entspricht.

1 1. Bei dieser Vorschrift handelt es sich um eine erbrechtliche Sonderregelung, die das im Pflichtteilsrecht sonst maßgebende Stichtagsprinzip (vgl § 2311 I, Art 2 ErbGleichG) durchbricht, BGH 87, 367, 371f. Rechte und Verbindlichkeiten, die unter einer aufschiebenden Bedingung stehen **(Abs I S 1)** oder ungewiß, unsicher oder zweifelhaft sind **(Abs II)**, bleiben bei der Feststellung des Nachlaßwerts außer Ansatz, wenn die Bedingung bei der Geltendmachung des Pflichtteils noch nicht eingetreten ist, BGH 3, 394; KG JR 1952, 109. Bei auflösenden Bedingungen erfolgt hingegen ein unbedingter Ansatz **(Abs I S 2)**. Die auflösend bedingte Forderung wird in § 2313 I S 2 ähnlich wie im Insolvenzverfahren (§ 42 InsO) behandelt.

2 2. Zum Begriff der **aufschiebenden und auflösenden Bedingung** vgl § 158. Dabei steht die Rechtsbedingung der aufschiebenden Geschäftsbedingung gleich, weil vor Eintritt aller gesetzlichen Voraussetzungen das Recht oder die Schuld nicht entstanden ist, aA Meincke, Das Recht der Nachlaßbewertung im BGB, 1973, S 230. Der **Grad der Wahrscheinlichkeit**, mit der die Bedingung eintritt, ist **unerheblich**.

3 3. Abs II erfaßt Rechte und Verbindlichkeiten, die aufgrund anderer Umstände als der Unsicherheit des Bedingungseintritts (Abs I) **ungewiß bzw zweifelhaft** sind. Abs II betrifft daher Rechte, deren wirtschaftliche Verwertbarkeit unsicher ist, und Lasten und Schulden, deren Ablösung oder Erfüllung zweifelhaft ist. Der Zweifel kann gegenüber dem rechtlichen Bestand der Verbindlichkeit oder ihrer tatsächlichen Verwirklichung bestehen, BGH WM 1977, 1410f. Zweifelhafte Verbindlichkeiten sind etwa vor der Währungsumstellung Belastungen der von Kriegsschäden betroffenen Grundstücke und nach der Währungsumstellung Umstellungsschulden, solange noch nicht feststeht, in welcher Höhe auf sie verzichtet werden wird, BGH 3, 394; Beyer DRiZ 1952, 42, einschließlich der sich auf solche Rechte beziehenden Prozeßkosten, RG JW 1906, 114. Zweifelhaft sind auch Schulden des Erblassers gegenüber Dritten, mit denen er so in einer einheitlichen Geschäftsverbindung stand, daß die gegenseitigen Forderungen und Schulden von Zeit zu Zeit verrechnet werden, wenn auch nur möglicherweise eine verrechenbare Gegenforderung des Erblassers bestand, BGH 7, 142. Unter diese Bestimmung fallen auch der Erben vom Erblasser übergegangene Nacherbrechte (§ 2108 II; RG 83, 253), nicht dagegen befristete Rechte und Schulden, die nach § 2311 II geschätzt werden (BGH FamRZ 1979, 787), bei deren Bewertung aber der Zwischenzins zu berücksichtigen ist, vgl § 41 II InsO. Der Wert eines Handwerksbetriebs ist im Gegensatz zum Wert eines Handelsgeschäfts als ein unsicherer Wert im Sinne des § 2313 II zu behandeln, Nürnberg FamRZ 1966, 512; aA Pal/Edenhofer Rz 2. Auf den Anspruch nach dem VermögensG auf Rückübertragung eines Grundstücks des Erblassers in der ehemaligen DDR oder auf Entschädigung ist § 2313 II analog anwendbar, sofern diese Ansprüche erst in Person des Erben entstanden sind, BGH 123, 76 mit kritischer Anm Dieckmann ZEV 1994, 198; Frankfurt EWiR 1995, 1079; Faßbender DNotZ 1994, 359.

4 4. Tritt die Bedingung ein oder entfällt nachträglich die Ungewißheit, ist nach **Abs I S 3** eine Ausgleichung vorzunehmen, bei der der Pflichtteilsberechtigte so zu stellen ist, als hätte das Recht bzw die Verbindlichkeit schon zZt des Erbfalls bestanden, BGH NJW 1993, 2176. Werden aufschiebend bedingte oder unsichere Rechte bzw auflösend bedingte Pflichten unbedingt bzw sicher, so erhöht sich der Pflichtteilsanspruch. Er mindert sich, wenn bei aufschiebend bedingten oder unsicheren Pflichten oder auflösend bedingten Rechten die Bedingung oder Sicherheit eintritt. Entscheidender Zeitpunkt für die Wertermittlung ist der des Erbfalls, BGH 123, 76. Erhält der Erbe also ein Grundstück des Erblassers aus der ehemaligen DDR nach dem VermögensG zurück, ist der Wert zZt der Wiedererlangung zu schätzen und unter Berücksichtigung des Kaufkraftschwunds auf den Zeitpunkt des Erbfalls umzurechnen, BGH aaO; Frankfurt EWiR 1995, 1079; aA Dressler NJW 1993, 2519, der eine Rückrechnung auf den Erbfall ablehnt. Über die Anwendung des § 2313 bei der Berechnung des Erbersatzanspruchs bei Erbfällen bis zum 31. 3. 1998 (Art 2 ErbGleichG) vgl § 1934b Rz 10. § 2313 gilt auch für einen Pflichtteilsanspruch im Fall des § 2338a.

§ 2314 Auskunftspflicht des Erben

(1) Ist der Pflichtteilsberechtigte nicht Erbe, so hat ihm der Erbe auf Verlangen über den Bestand des Nachlasses Auskunft zu erteilen. Der Pflichtteilsberechtigte kann verlangen, dass er bei der Aufnahme des ihm nach § 260 vorzulegenden Verzeichnisses der Nachlassgegenstände zugezogen und dass der Wert der Nachlassgegenstände ermittelt wird. Er kann auch verlangen, dass das Verzeichnis durch die zuständige Behörde oder durch einen zuständigen Beamten oder Notar aufgenommen wird.

(2) Die Kosten fallen dem Nachlass zur Last.

Schrifttum: *Coing*, Der Auskunftsanspruch des Pflichtteilsberechtigten im Falle der Pflichtteilsergänzung, NJW 1970, 729; *ders*, Zur Auslegung des § 2314 BGB, NJW 1983, 1298; *Dieckmann*, Zum Auskunfts- und Wertermittlungsanspruch des Pflichtteilsberechtigten, NJW 1988, 1809; *Egner*, Der Auskunftsanspruch des Pflichtteilsberechtigten nach § 2314 BGB, Diss Freiburg 1987; *Gudian*, § 2314 und der pflichtteilsberechtigte Miterbe, JZ 1967, 591; *Haß*, Zum Auskunftsanspruch des nicht erbenden Pflichtteilsberechtigten, SchlHA 1977, 58; *Kempfler*, Nochmals: Der Auskunftsanspruch des Pflichtteilsberechtigten im Falle der Pflichtteilsergänzung, NJW 1970, 1533; *Kuchinke*, Klage des Pflichtteilsberechtigten gegen den Erben auf Auskunft und Leistung des Offenbarungseides, NJW 1957, 1175; *Sarres,* Erbrechtliche Auskunftsansprüche aus Treu und Glauben (§ 242 BGB); ZEV 2001, 225; *Speckmann,* Der Anspruch des Miterben auf Auskunft über den Bestand des Nachlasses, NJW 1973, 1869; *Winkler v Mohrenfels,* Die Auskunfts- und Wertermittlungspflicht des vom Erblasser Beschenkten, NJW 1987, 2557.

1. Ohne Kenntnis des Bestands bzw Werts des Nachlasses kann der Pflichtteilsberechtigte seine Pflichtteilsansprüche nicht geltend machen. Deshalb werden ihm Ansprüche auf Auskunft über den Bestand des Nachlasses (Abs I S 1) und auf Ermittlung des Werts der Nachlaßgegenstände (Abs I S 2 Hs 2) eingeräumt.

2. **Auskunftsberechtigter.** Der Auskunftsanspruch steht nur dem Pflichtteilsberechtigten zu, der nicht Erbe ist, sei es, daß er enterbt ist (§ 1938) oder im Falle des § 2306 I S 2 den Erbteil ausgeschlagen hat (BGH 108, 393, 395; 61, 180, 183f; RG 73, 372). Er steht den neuen Gläubigern zu, an die der Anspruch abgetreten ist, §§ 2317 II, 398. Der Auskunftsanspruch besteht unabhängig von einem Pflichtteilsanspruch, BGH NJW 1975, 258. Er dient dazu, dessen Geltendmachung vorzubereiten, aber auch der Erforschung der Frage, ob dieser überhaupt entstanden ist. Wenn aber feststeht, daß der Pflichtteilsberechtigte unter keinen Umständen einen Pflichtteilsanspruch geltend machen kann, so kann er auch keine Auskunft fordern, BGH 28, 177, 180; Kipp/Coing § 9 III Fn 36; Staud/Haas Rz 54. Ist der Pflichtteilsberechtigte mit einem Vermächtnis bedacht, so hängt sein Auskunftsanspruch nicht davon ab, daß er das Vermächtnis ausschlägt oder daß dieses den Wert des Pflichtteils übersteigt, BGH 28, 177, 179f; Düsseldorf FamRZ 1995, 1236. Ist der Pflichtteilsberechtigte gleichzeitig **Miterbe,** so hat er bereits die Rechte aus §§ 2027, 2028, 2038, 666, 681. Soweit diese nicht ausreichen, kann die Auskunft auf Grund des § 242 (so im Einzelfall auch BGH 108, 393; 61, 180; BGH WM 1976, 1089; FamRZ 1985, 1249; KG OLGZ 73, 214, 216; vgl auch Pal/Edenhofer Rz 3) oder in entsprechender Anwendung des § 2314 I verlangt werden, Gudian JZ 1967, 591; Coing NJW 1970, 729; MüKo/Frank Rz 18; v Lübtow I S 584f; gegen eine entsprechende Anwendung RG 61, 180; BGH WM 1975, 28f; NJW 1993, 2737; KG OLGZ 73, 214; Zweibrücken OLGZ 73, 217, 221f; LG Kleve NJW-RR 1987, 282; Brox Rz 565. Der Auskunftsanspruch steht auch dem pflichtteilsberechtigten Nacherben nicht zu, BGH WM 1981, 175. Zum Auskunftsanspruch nach der HöfeO, vgl Hamm RdL 1991, 180; Lange/Wulff/Lüdtke-Handjery § 13 Rz 82.

3. **Auskunftspflichtige.** Auskunftspflichtig sind die Miterben als Gesamtschuldner, auch während des Nachlaßinsolvenzverfahrens und der Nachlaßverwaltung, da die Auskunftspflicht eine persönliche, nicht aus dem Nachlaß erfüllbare Verpflichtung des Erben ist, Celle MDR 1960, 402. Dagegen ist der Testamentsvollstrecker nicht auskunftspflichtig, § 2213 I S 3. Erfüllt ein Miterbe die Pflicht im Auftrag der anderen, so müssen sich die übrigen seinen Mangel an Sorgfalt zurechnen lassen, § 278; vgl RG 129, 239, 246, wo zu Unrecht auf § 166 I verwiesen ist. Auskunftspflichtig sind auch nichterbende, pflichtteilsberechtigte Abkömmlinge über ausgleichungspflichtige Zuwendungen (§ 2050) entsprechend § 2057, Nürnberg NJW 1957, 1482. Der Auskunftspflicht unterliegen ferner die vom Erblasser in den letzten zehn Jahren Beschenkten, BGH 107, 200, 203 mit Anm Dieckmann FamRZ 1989, 857; 89, 24, 27; 55, 378; sie sind auch gegenüber dem pflichtteilsberechtigten Erben auskunftspflichtig entsprechend § 2314, denn was für den primären Ergänzungsanspruch gegen den Erben gilt, muß auch zur Verwirklichung des subsidiären Anspruchs gegen den Beschenkten zulässig sein, Celle NJW 1966, 1663; Zweibrücken FamRZ 1987, 1197; aA Soergel/Dieckmann Rz 26; RG 84, 204, 206f; BGH 108, 393; 61, 180, der eine Ausweitung des § 2314 über seinen Wortlaut generell ablehnt, aber den Auskunftsanspruch nach § 242 gewähren will, wenn sich der Erbe die erforderlichen Kenntnisse nicht auf andere ihm zumutbare Weise verschaffen kann und der Beschenkte die Auskunft unschwer zu geben vermag. Unter diesen Voraussetzungen besteht auch eine Auskunftspflicht des vom Vorerben Beschenkten gegenüber dem pflichtteilsberechtigten Nacherben, BGH 58, 237; vgl auch § 2329 Rz 2.

4. Der **Umfang der Auskunftspflicht** erstreckt sich auf alle **Tatsachen,** die der Schlußberechnung des Pflichtteilsanspruchs zugrunde liegen, RG 129, 239; Hamburg JW 1939, 155. Das sind nicht nur die beim Erbfall vorhandenen Nachlaßgegenstände und -verbindlichkeiten, sondern auch die für die Berechnung des fiktiven Nachlasses erforderlichen Tatsachen wie zB die ausgleichspflichtigen Zuwendungen des Erblassers (§§ 2052 I, 2055 I, 2057, 2316 I; BGH 89, 24, 27; 33, 373ff; BGH NJW 1962, 245; FamRZ 1965, 135) oder Schenkungen des Erblassers aus den letzten zehn Lebensjahren (BGH 61, 180 = LM § 2314 BGB Nr 8 mit Anm Johannsen; KG OLGZ 73, 214f; Karlsruhe FamRZ 2000, 917), selbst Anstandsschenkungen, wenn Pflichtteilsergänzung verlangt wird, BGH 33, 373ff; 89, 24, 27; Hamburg MDR 1956, 169; KG OLGZ 73, 214f. Auskunftspflicht ist auch über Schenkungen unter Geltung des DDR-ZGB zu erteilen, Dresden ZEV 1999, 272. Die Auskunftspflicht erstreckt sich ferner auf Vermögensübertragungen auf eine Stiftung, LG Baden-Baden ZEV 1999, 15; vgl § 2325 Rz 1. Sie besteht schon dann, wenn eine Veräußerung unter Umständen erfolgte, die eine Schenkung vermuten lassen, BGH FamRZ 1965, 135; NJW 1975, 258. Auch über Schulden und Lasten (vgl § 2311 Rz 4; BGH 33, 373ff) ist Auskunft zu erteilen. Der Berechtigte kann Unterlagen zur Berechnung des Anspruchs verlangen (BGH LM § 260 Nr 1), nicht aber Feststellungen (zB Schätzungsgutachten, die der Erblasser oder der Erbe selbst hatten erstellen lassen, BGH FamRZ 1965, 135; vgl auch Oldenburg NJW 1974, 2093. Wegen Ergänzung des Bestandsverzeichnisses vgl BGH LM § 260 Nr 1. Gehört ein Unternehmen oder eine Beteiligung zum Nachlaß, kann der Auskunftsberechtigte zur Ermittlung des Werts nicht nur die Vorlage von Bilanzen, Gewinn- und Verlustrechnung, sondern auch die Vorlage der diesen zugrundeliegenden Geschäftsbücher und Belege verlangen (BGH NJW 1975, 1774; Düsseldorf ZEV 1996, 431; Zweibrücken FamRZ 1987, 1197), wenn ihm die Wertermittlung ohne ihre Kenntnis nicht möglich ist, BGH NJW 1961, 602; 1975, 258, 1774, 1776. Der Auskunftspflichtige ist gehalten, sich die notwendigen Kenntnisse soweit möglich zu verschaffen, BGH 89, 24, 28. In diesem Rahmen ist er auch verpflichtet, ein ihm gegenüber einem Kreditinstitut zustehendes Auskunftsrecht auszuüben, BGH 107, 105, 108 mit Anm Kuchinke JZ 1990, 652. Nach § 242 (s BGH FamRZ 1985, 1249 mit Anm Dieckmann FamRZ 1986, 258) oder entsprechend § 2314 steht der Auskunftsanspruch auch einem pflichtteilsberechtigten Alleinerben zu, da andernfalls der

§ 2314 Erbrecht Pflichtteil

Anspruch nach § 2329 gegen den Beschenkten mangels Feststellung seiner Höhe nicht durchgeführt werden könnte, dazu Rz 3 und § 2329 Rz 2 sowie Coing NJW 1970, 729 und Kempfler NJW 1970, 1533 mwN.

5 5. Das **Verzeichnis des § 260 I** kann, braucht aber nicht ein Inventar (§ 2001) zu sein, KG OLG 4, 426; vgl auch Hamm OLGZ 77, 257. Der Erbe braucht es nicht zu unterzeichnen, Hamburg OLG 11, 264. Für die eidesstattliche Versicherung gilt § 260 II. Das Verfahren richtet sich nach § 889 ZPO. Auch wenn der Erbe auf ein Inventar Bezug genommen hat, führt die Verletzung seiner Pflicht zur Abgabe einer eidesstattlichen Versicherung nicht zum Verlust seines Rechts, die Haftungsbeschränkung auf den Nachlaß herbeizuführen, da das Inventar hier nicht seine eigentliche Funktion, sondern nur die eines Verzeichnisses nach § 260 I erfüllt. Vollstreckt wird das Urteil auf Abgabe einer Versicherung an Eides Statt nach § 888 ZPO. Gibt der Erbe die eidesstattliche Versicherung freiwillig ab, so geschieht es vor dem Nachlaßgericht im Verfahren der FG, § 163 FGG. Sie kann ergänzt werden, wenn der Erbe rechtsirrtümlich eine unbestimmte Anzahl Gegenstände nicht aufgenommen hat, BGH LM § 260 Nr 1.

6 6. Das **Auskunftsverfahren** kann der Pflichtteilsberechtigte im Rahmen der Wahlmöglichkeiten des Abs I bestimmen. Er kann sich mit einem privaten Verzeichnis des Erben begnügen **(Abs I S 1)**, aber auch verlangen, daß der Erbe ihn zur Anfertigung hinzuzieht **(Abs I S 2 Hs 1)** und daß der Wert der Geenstände, deren Zugehörigkeit zum Nachlaß bewiesen ist (BGH 89, 24, 27), ermittelt wird, **Abs I S 2 Hs 2**. Er kann schließlich die Aufnahme eines Verzeichnisses durch eine Amtsperson fordern, **Abs I S 3**; dazu Hamm OLGZ 77, 257. Auch hier kann er verlangen hinzugezogen zu werden, KG FamRZ 1996, 767. Jedes dieser qualifizierten Verzeichnisse hat entgegen dem Wortlaut des Abs I S 2, aber nach dem Sinn der Gesamtregelung dasselbe zu enthalten wie das private Verzeichnis des Erben (vgl Rz 3; BGH 33, 373ff), weil die stärkere Form sich nicht auf einen geringeren Inhalt beziehen kann, sondern die Rechte des Pflichtteilsberechtigten insgesamt stärken soll. Daher kann der Gläubiger ein amtliches Verzeichnis auch verlangen, nachdem ihm der Erbe durch ein privates Verzeichnis bereits Auskunft erteilt hat, mag er dabei auch hinzugezogen worden sein, RG 72, 379; BGH 33, 373ff; Oldenburg FamRZ 2000, 62. Das gilt aber dann nicht, wenn der dem amtlichen Verzeichnis innewohnenden Richtigkeitsgarantie keine besondere Bedeutung beigemessen werden kann, Köln MDR 1991, 871. Ist bereits privatschriftlich Auskunft erteilt worden, so braucht sich der Pflichtteilsberechtigte nicht auf das Verfahren zur Abgabe einer eidesstattlichen Versicherung verweisen zu lassen, Düsseldorf FamRZ 1995, 1236. Er kann auch verlangen, daß ein amtliches Verzeichnis aufgenommen wird.

7 7. Der Gläubiger des Auskunftsanspruchs nach Abs I S 1 hat ferner gegen den Schuldner einen selbständigen **Wertermittlungsanspruch, Abs I S 2 Hs 2**. Er kann verlangen, daß der Wert der Gegenstände, deren Zugehörigkeit zum Nachlaß bewiesen ist (BGH 89, 24, 27) sowie der Wert des fiktiven Nachlasses (vgl Rz 4) durch einen Sachverständigen auf Kosten des Nachlasses geschätzt wird, BGH NJW 1975, 258 für die Schätzung eines zum Nachlaß gehörenden Handelsgeschäfts; BGH NJW 1984, 487 mit Anm Dieckmann, FamRZ 1984, 880 und Anm Baumgärtel JR 1984, 202; BGH FamRZ 1985, 1249 mit Anm Dieckmann FamRZ 1986, 258; KG JR 1969, 104; Schleswig NJW 1972, 586; München NJW 1974, 2094; LG München FamRZ 1978, 364, 366; Pal/Edenhofer Rz 1, 13; RGRK/Johannsen Rz 16; Soergel/Dieckmann Rz 28; MüKo/Frank Rz 13; Kipp/Coing § 9 III 6c; aA Oldenburg NJW 1974, 2093; Hamm NJW 1969, 433; AG Düren NJW 1971, 103 mit ablehnender Anm Blunck NJW 1971, 516. Ein Anspruch auf Vorlage eines Gutachtens eines öffentlich vereidigten Sachverständigen besteht aber nicht, Düsseldorf ZEV 1996, 431. Ein Wertermittlungsanspruch kommt dagegen nicht in Betracht, wenn es bereits an einem Aktivnachlaß fehlt, BGH 107, 200, 202. Das gilt auch dann, wenn der Anspruch auf Wertermittlung gegen den Erben in seiner Eigenschaft als Beschenkten geltend gemacht wird, BGH 107, 200, 202; 108, 393, 396, es sei denn, es ist sichergestellt, daß der Pflichtteilsberechtigte die Kosten für das Gutachten trägt, BGH 108, 393, 397. Hat der Pflichtteilsberechtigte eigenmächtig ein Wertermittlungsgutachten erstellen lassen, so hat er keinen Anspruch gegen den Erben auf Erstattung der Gutachterkosten, Karlsruhe MDR 1990, 341. Der Auskunftsanspruch entfällt durch die Vorlage eines Wertermittlungsgutachtens, Köln ZEV 1999, 110.

8 8. **Prozessuale Geltendmachung.** Der Auskunftsanspruch kann ebenso wie der Anspruch auf Abgabe einer eidesstattlichen Versicherung (§ 260 II) eingeklagt werden, gegebenenfalls durch Stufenklage und Teilurteil, § 254 ZPO. Einer Klage aus §§ 2314, 260 II steht nicht entgegen, daß der Pflichtteilsberechtigte als Nachlaßgläubiger nach § 2006 von dem Erben die Abgabe einer eidesstattlichen Versicherung verlangen kann. Der Übergang von der Klage auf Auskunft zur Klage auf Abgabe einer eidesstattlichen Versicherung ist keine Klageänderung, § 264 Nr 2 ZPO; Kuchinke NJW 1957, 1176. Die **Zwangsvollstreckung** aus dem Auskunftsurteil erfolgt ebenso wie die Vollstreckung im Hinblick auf das Verfahren zur Wertermittlung durch einen Sachverständigen nach § 888 ZPO, München NJW 1969, 436; Frankfurt OLGZ 87, 480. Vgl zur vollstreckungsrechtlichen Behandlung des Auskunftstitels auch Blunck NJW 1965, 2191; Frankfurt Rpfleger 1977, 184; Hamburg FamRZ 1988, 1213.

9 9. Zu den **Kosten**, die dem Nachlaß zur Last fallen **(Abs II)**, gehören alle Ausgaben für ein ordnungsmäßiges Verzeichnis, also für die Ermittlung der Nachlaßgegenstände, Schulden und Lasten, für die Ermittlung ihres Werts und für eine amtliche Aufnahme, **Abs I S 2**. Auch die dem Auskunftsberechtigten durch seine Hinzuziehung (Abs I S 2) entstandenen Kosten sind nach Abs II Nachlaßverbindlichkeiten, MüKo/Frank Rz 23. Gutachterkosten für die Wertermittlung fallen dem Nachlaß dann nicht zur Last, wenn der Erbe, sondern der Auskunftsberechtigte das Gutachten hat erstellen lassen, dazu Rz 7. Für die Kosten iS von Abs II, die im Rahmen des Pflichtteilsergänzungsanspruchs Nachlaßerbenschulden sind, ist der Erbe vorschußpflichtig, München NJW 1969, 436; vgl auch München Rpfleger 1983, 486. Die Kosten der Abnahme einer eidesstattlichen Versicherung (§ 124 KostO) trägt jedoch der Antragsteller, § 261 III; KG OLG 11, 259.

10 10. **Hinzuziehung** zur Feststellung der Nachlaßschulden kann der Pflichtteilsberechtigte nicht verlangen, Hamburg OLG 14, 283. Zur Aufnahme des Aktivbestands kann er einen Beistand hinzuziehen oder sich vertreten lassen, KG JW 1926, 723.

11. Ein Verzicht auf das Auskunftsrecht durch den Pflichtteilsberechtigten dem Erblasser gegenüber ist nur durch einen Erbverzicht (§§ 2346 II, 2348) möglich. Dagegen kann dem Erben gegenüber formlos verzichtet werden. Ein Erlaß der Auskunftspflicht durch den Erblasser ist unwirksam.

12. Ist einem Pflichtteilsberechtigten bei Fortgeltung der §§ 1934a–e, 2338a aF (Art 2 ErbGleichG) der Erbersatzanspruch entzogen worden, so ist § 2314 über § 2338a S 2 aF anwendbar. Ferner ist § 2314 nach § 1934b II S 1 aF entsprechend auf das Verhältnis vom Gläubiger eines Ersatzanspruchs zum Erben anzuwenden, BGH FamRZ 1977, 388; AG Köln DAV 1974, 661; vgl hierzu auch § 1934b Rz 11.

13. Zur **Verjährung** des Auskunftsanspruchs s § 2332 Rz 1.

2315 Anrechnung von Zuwendungen auf den Pflichtteil

(1) Der Pflichtteilsberechtigte hat sich auf den Pflichtteil anrechnen zu lassen, was ihm von dem Erblasser durch Rechtsgeschäft unter Lebenden mit der Bestimmung zugewendet worden ist, dass es auf den Pflichtteil angerechnet werden soll.

(2) Der Wert der Zuwendung wird bei der Bestimmung des Pflichtteils dem Nachlass hinzugerechnet. Der Wert bestimmt sich nach der Zeit, zu welcher die Zuwendung erfolgt ist.

(3) Ist der Pflichtteilsberechtigte ein Abkömmling des Erblassers, so findet die Vorschrift des § 2051 Abs. 1 entsprechende Anwendung.

1. Durch die in § 2315 I geregelte **Anrechnungspflicht** wird der Pflichtteil verändert und der Erbe entlastet. Anrechnungspflicht (§ 2315) und **Ausgleichungspflicht** (§ 2316) sind voneinander zu unterscheiden, vgl dazu auch Sostmann, MittRhNotK 1976, 479, 493.

a) Die Anrechnungspflicht kann jeden Pflichtteilsberechtigten treffen, nicht nur Abkömmlinge, sondern auch Eltern und Ehegatten, die Ausgleichungspflicht nur Abkömmlinge. Nach Art 2 II ErbGleichG trifft das nichteheliche Kind eine Anrechnungspflicht, wenn ein vorzeitiger Erbausgleich nicht zustande gekommen ist, der Vater dem Kind aber im Hinblick auf den Erbausgleich Zahlungen geleistet und diese nicht zurückgefordert hat.

b) Anrechnungspflichtig kann ein Pflichtteilsberechtigter auch sein, wenn er bei gesetzlicher Erbfolge alleiniger Abkömmling gewesen wäre. Die Ausgleichspflicht setzt voraus, daß neben dem Pflichtteilsberechtigten mindestens noch ein Abkömmling zur gesetzlichen Erbfolge berufen wäre.

c) Gegenstand der Anrechnung ist, was sich der Pflichtteilsberechtigte auf seinen Pflichtteilsanspruch anrechnen lassen muß, während § 2316 bestimmt, wie sich der für die Berechnung des Pflichtteils nach § 2303 I S 2 zugrunde gelegte gesetzliche Erbteil des Abkömmlings unter Berücksichtigung der Ausgleichsrechte und Ausgleichungspflichten der §§ 2050ff berechnet.

2. Anrechnungspflichtig sind freigiebige Zuwendungen unter Lebenden, Schenkungen, Ausstattungen (§ 1624), soweit der Erblasser zu ihnen nicht verpflichtet war (vgl AG Mettmann DAV 1987, 713 mit Anm Schultz), etwa wie früher bei der Aussteuer (§ 1620 aF), doch müssen die Zuwendungen an den Pflichtteilsberechtigten selbst erfolgt sein. Es genügt nicht, daß sie seinem Ehegatten gewährt wurden, vgl BGH DNotZ 1963, 133; Staud/Haas Rz 15; Sostmann MittRhNotK 1976, 479, 489.

3. Die **Zuwendung** kann **durch jedes Rechtsgeschäft unter Lebenden** vermittelt sein, auch durch einen Vertrag zugunsten Dritter (§ 328), auch ohne Willen des Pflichtteilsberechtigten, etwa bei Bezahlung seiner Schulden, vgl RGRK/Johannsen Rz 5.

4. Die **Anrechnungsbestimmung durch den Erblasser** muß in einseitig empfangsbedürftiger Erklärung gegenüber dem Pflichtteilsberechtigten vor oder bei der Zuwendung getroffen werden; nach der Zuwendung ist eine Anrechnung nur durch einen Erbverzicht (§§ 2346 II, 2348), also nicht durch Verfügung von Todes wegen möglich (RG 67, 306f; JR 1927 Nr 1121), es sei denn, daß der Erblasser den Pflichtteil entziehen konnte, §§ 2333ff. Zugang der Erklärung nach § 130 genügt nicht, der **Empfänger der Zuwendung muß zustimmen**. Sie muß ihm wenigstens in ihrer künftigen Bedeutung zum Bewußtsein gebracht werden (Düsseldorf ZEV 1994, 173 mit Anm Baumann; Pal/Edenhofer Rz 2; RGRK/Johannsen Rz 6; aA MüKo/Frank Rz 8), kann dann aber **auch schlüssig** sein. Eine Anrechnungsbestimmung für den Erbteil genügt für sich allein nicht. Ob in ihr ein weitergehender Sinn für den Pflichtteil liegt, ist Auslegungsfrage, RG Recht 1904 Nr 1312; JW 1925, 2124. Die Absicht der Enterbung braucht noch nicht bestanden zu haben, es genügt, daß der Erblasser an ihre Möglichkeit gedacht hat, RG SeuffA 76, 90. Zu einer nur bedingt getroffenen Anrechnungsbestimmung vgl Sostmann MittRhNotK 1976, 479, 484.

5. Bei der **Berechnung des Pflichtteils** wird die Zuwendung mit dem Wert, den sie im Zeitpunkt des Empfangs hatte (**Abs II S 2**), gegebenenfalls unter der Wertbestimmung des Erblassers vor oder bei der Anrechnungsbestimmung, dem Nachlaß hinzugerechnet (**Abs II S 1**), und, nachdem der Pflichtteilsanspruch nach Berücksichtigung dieser Anrechnung ermittelt ist, vom Pflichtteilsanspruch als bereits empfangen abgezogen. Sind mehrere Pflichtteilsberechtigte vorhanden, so ist der fiktive Nachlaßwert für jeden gesondert festzustellen.

Beispiel: Der Erblasser E hat seinen Freund K zum Alleinerben eingesetzt. Der Wert des Nachlasses beträgt 300 000 Euro. Pflichtteilsberechtigt sind seine Ehefrau F, mit der er Gütertrennung vereinbart hatte, und seine Tochter T. E hatte F 20 000 Euro und T 60 000 Euro geschenkt und bestimmt, daß diese Zuwendungen auf den Pflichtteil angerechnet werden sollten.

Der Pflichtteilsanspruch der F errechnet sich wie folgt: Nach § 2315 II S 1 ist dem realen Nachlaßwert (300 000 Euro) der Wert der Zuwendung (20 000 Euro) hinzuzurechnen. Von dem sich so ergebenden fiktiven Nachlaßwert von 320 000 Euro hätte F ¼ (§§ 2303, 1931 IV) = 80 000 Euro zu beanspruchen. Hiervon sind nach § 2315 I die empfangenen 20 000 Euro abzuziehen, so daß F von dem Erben 60 000 Euro als Pflichtteil verlangen kann.

W. Schlüter

Der Pflichtteilsanspruch der T errechnet sich wie folgt: Dem realen Nachlaßwert (300 000 Euro) ist der Wert der Zuwendung (60 000 Euro) hinzuzurechnen. Von dem sich so ergebenden fiktiven Nachlaßwert (360 000 Euro) hätte T $^1/_4$ (§§ 2303, 1924 I) = 90 000 Euro zu beanspruchen. Hiervon sind die erhaltenen 60 000 Euro abzuziehen, so daß T gegenüber dem Erben K einen Pflichtteilsanspruch in Höhe von 30 000 Euro hat.

Das Gesetz geht bei der Ermittlung des Ausgleichswerts stillschweigend davon aus, daß der Geldwert zwischen den Zeitpunkten der Berechnung des Zuwendungswerts und dem der Anrechnung unverändert bleibt. Zwischenzeitliche inflationäre Währungsentwicklungen verfälschen jedoch den vom Gesetz gewollten wertmäßigen Anrechnungsausgleich in einen bloß nominalen. Der BGH (NJW 1975, 1831 mit Anm Löbbecke NJW 1975, 2292) hilft dem ab. Er berechnet den Wert der auszugleichenden Zuwendung auf den Zeitpunkt des § 2315 II S 2, allerdings unter Zugrundelegung des Betrags, der im Anrechnungszeitpunkt unter Berücksichtigung des **Kaufpreisschwunds** dem des Zuwendungszeitpunkts entspricht, vgl auch RGRK/Johannsen Rz 14; Sostmann MittRhNotK 1976, 479, 486f; kritisch dazu wegen der unterschiedslosen Behandlung von Geld- und Sachzuwendungen Phillip DB 1976, 664; Werner DNotZ 1978, 66, 80ff. Zur Umstellung der Voremfänge nach der Währungsreform vgl Däubler DRZ 1949, 6; RGRK/Johannsen Rz 16. Zur Berücksichtigung des Werts eines Hofs im Sinne der HöfeO, den ein Abkömmling im Weg der vorweggenommenen Erbfolge erhalten hat, siehe Schleswig AgrarR 1972, 362. Sind mehrere Pflichtteilsberechtigte mit verschieden hohen Zuwendungen vorhanden, so ist die Anrechnung für jeden besonders zu vollziehen, stets nur sein Vorempfang dem Nachlaß zuzurechnen, so daß sich für die Berechnung jedes Pflichtteils ein verschieden hoher Nachlaßbestand ergeben kann.

6 **6. Fällt ein Abkömmling**, der eine Zuwendung nach Abs I erhalten hat, vor oder nach dem Erbfall **fort**, so muß sich der Abkömmling des Erblassers, der an seine Stelle tritt, die Zuwendung anrechnen lassen, **Abs III**. Er kann aber beweisen, daß die Anrechnungspflicht nur für die Person des Empfängers gelten soll.

7 **7.** § 2315 gilt auch für einen Pflichtteilsberechtigten, dem der Erbersatzanspruch bei Fortgeltung der §§ 1934a–e, 2338a aF (Art 2 ErbGleichG) durch letztwillige Verfügung entzogen worden ist, § 2338a, dazu Brüggemann FamRZ 1975, 309. Nach § 1934d IV 3 aF gilt § 2315 entsprechend, wenn der Vater seinem nichtehelichen Kind im Rahmen eines nicht wirksamen vorzeitigen Erbausgleichs Zahlungen geleistet und diese nicht zurückgefordert hat, dazu Damrau FamRZ 1969, 587.

8 **8.** Hat der Erblasser, der im gesetzlichen Güterstand gelebt hat, seinem Ehegatten Zuwendungen gemacht und hierbei angeordnet, daß sie nach § 1380 I auf die Zugewinnausgleichsforderung und § 2315 I auf den Pflichtteil angerechnet werden sollen, dann stellt sich die Frage, in welcher Reihenfolge diese Zuwendungen jeweils anzurechnen sind. Um eine Doppelbelastung des Zuwendungsempfängers zu vermeiden, darf die Anrechnung allenfalls dazu führen, daß die Zuwendung insgesamt bis zu ihrem vollen Wert berücksichtigt wird. Bewirkt die Anrechnung nach § 1380 I, daß dadurch die Ausgleichforderung nur um einen Teilbetrag der Zuwendung vermindert wird, kann nur der Rest auf den Pflichtteil angerechnet werden, MüKo/Frank Rz 23. In welcher Reihenfolge anzurechnen ist, richtet sich nach dem Willen des Erblassers. Hat er keine Reihenfolge festgelegt, so dürfte nach dem Rechtsgedanken des § 366 II die Anrechnung auf § 2315 vorrangig sein, weil sie sich für den Zuwendungsempfänger als günstiger erweist; Soergel/Dieckmann Rz 21. Der Pflichtteilsanspruch hat im Falle der Insolvenz einen ungünstigeren Rang als der Zugewinnausgleichsanspruch (§ 327 I) und unterliegt zudem – anders als dieser – (§ 5 II Hs 2 ErbStG) der Erbschaftsteuer (§§ 1 I Nr 1, 3 I Nr 1 ErbStG), MüKo/Frank Rz 24.

2316 *Ausgleichungspflicht*

(1) Der Pflichtteil eines Abkömmlings bestimmt sich, wenn mehrere Abkömmlinge vorhanden sind und unter ihnen im Falle der gesetzlichen Erbfolge eine Zuwendung des Erblassers oder Leistungen der in § 2057a bezeichneten Art zur Ausgleichung zu bringen sein würden, nach demjenigen, was auf den gesetzlichen Erbteil unter Berücksichtigung der Ausgleichungspflichten bei der Teilung entfallen würde. Ein Abkömmling, der durch Erbverzicht von der gesetzlichen Erbfolge ausgeschlossen ist, bleibt bei der Berechnung außer Betracht.
(2) Ist der Pflichtteilsberechtigte Erbe und beträgt der Pflichtteil nach Absatz 1 mehr als der Wert des hinterlassenen Erbteils, so kann der Pflichtteilsberechtigte von den Miterben den Mehrbetrag als Pflichtteil verlangen, auch wenn der hinterlassene Erbteil die Hälfte des gesetzlichen Erbteils erreicht oder übersteigt.
(3) Eine Zuwendung der in § 2050 Abs. 1 bezeichneten Art kann der Erblasser nicht zum Nachteil eines Pflichtteilsberechtigten von der Berücksichtigung ausschließen.
(4) Ist eine nach Absatz 1 zu berücksichtigende Zuwendung zugleich nach § 2315 auf den Pflichtteil anzurechnen, so kommt sie auf diesen nur mit der Hälfte des Wertes zur Anrechnung.

1 **1.** Nach §§ 2050ff haben **Abkömmlinge** bei gesetzlicher Erbfolge bestimmte Zuwendungen, Ausstattungen, Zuschüsse) oder Leistungen iSv § 2057a auszugleichen. § 2316 I ordnet an, daß der nach §§ 2050ff ermittelte Erbteilswert auch für die Berechnung der Pflichtteilsansprüche der Abkömmlinge maßgebend ist. Sie erhalten nach § 2316 I als Pflichtteil den Betrag, der der Hälfte des nach §§ 2050ff ermittelten Erbteilswerts entspricht. Der Abkömmling, der keine Zuwendungen iSv § 2050 erhalten hat, erhält einen Pflichtteil in Höhe der Hälfte des so errechneten Erbteilswerts. Dem Abkömmling, der eine Zuwendung erhalten hat, wird ihr Wert von dem so bestimmten Erbteilswert abgezogen. Die Hälfte der Differenz steht ihm als Pflichtteilsanspruch zu.

Nach §§ 2316 I, 2057a sind unter Abkömmlingen auch besondere Leistungen eines Abkömmlings (zB Arbeit im Haushalt oder Unternehmen des Erblassers), die den Nachlaß erhalten oder vermehrt haben, bei der Ermittlung des für die Höhe des Pflichtteilsanspruchs maßgeblichen Erbteilswerts zu berücksichtigen. Wegen der Berechnung des Erbteilswerts in diesen Fällen vgl § 2057a Rz 10.

2. Da eine Ausgleichung nach §§ 2316 I, 2050ff nur unter Abkömmlingen in Betracht kommen kann, muß mindestens ein weiterer Abkömmling den Erblasser überlebt haben. Hierbei ist es gleichgültig, ob dieser Abkömmling selbst pflichtteilsberechtigt ist, weil er enterbt ist, ob er allein oder neben Dritten Erbe geworden ist, ob er die Erbschaft ausgeschlagen hat, ob ihm der Pflichtteil entzogen oder er für erbunwürdig erklärt worden ist, MüKo/Frank Rz 2, RGRK/Johannsen Rz 1. Bei der Berechnung der Erbteile und der Ausgleichung bleibt ein Abkömmling aber dann außer Betracht, wenn er durch Erbverzicht von der gesetzlichen Erbfolge ausgeschlossen ist, **Abs I S 2**.

3. Da nur Abkömmlinge nach §§ 2050ff einander ausgleichspflichtig sind, betrifft auch die Ausgleichspflicht nach § 2316 I nur deren Pflichtteilsansprüche und nicht die Pflichtteilsansprüche anderer Pflichtteilsberechtigter. Sie bezieht sich nur auf den Teil des Nachlasses, der den Abkömmlingen im Fall gesetzlicher Erbfolge zukommen würde (§§ 2316 I S 1, 2055).
Beispiel: Der Erblasser E hat seinen Freund K zu seinem Alleinerben eingesetzt. Der Wert des Nachlasses beträgt 400 000 Euro. Pflichtteilsberechtigt sind E's Ehefrau F, mit der er Gütertrennung vereinbart hatte, seine Tocher T und seine Söhne S 1 und S 2. T hat zur Einrichtung ihrer Wohnung 20 000 Euro und S 1 zur Existenzgründung 40 000 Euro von E erhalten.
Der Pflichtteilsanspruch der F wird von etwaigen Ausgleichungspflichten der Abkömmlinge T, S 1 und S 2 nicht berührt (§§ 2316 I, 2055 I S 2). Da ihr gesetzlicher Erbteil nach § 1931 I $\frac{1}{4}$ betragen würde, erhält sie nach § 2303 I S 1 als Pflichtteil $\frac{1}{8}$ des Nachlaßwerts, also 50 000 Euro. Auf die Kinder würden bei gesetzlicher Erbfolge $\frac{3}{4}$, also 300 000 Euro entfallen, § 1924 I. Da zwischen ihnen bei gesetzlicher Erbfolge eine Ausgleichung stattfinden würde, sind nach §§ 2316 I, 2050 I die Zuwendungen an T und S 1 (20 000 Euro + 40 000 Euro =) 60 000 Euro den 300 000 Euro hinzuzurechnen, so daß sich ein fiktiver Nachlaßwert von 360 000 Euro ergibt. Auf jedes Kind fällt nach §§ 1924 I, IV eine Quote von 120 000 Euro. T und S 1 müssen sich hierauf ihre ausgleichspflichtigen Zuwendungen anrechnen lassen. T erhielte bei gesetzlicher Erbfolge 100 000 Euro (120 000 Euro – 20 000 Euro), ihr Pflichtteilsanspruch beträgt davon die Hälfte (§§ 2316 I, 2303 I), also 50 000 Euro. Der Pflichtteilsanspruch des S 1 beträgt 40 000 Euro (120 000 Euro – 40 000 Euro : 2). Der nicht ausgleichspflichtige S 2 erhielte bei gesetzlicher Erbfolge die volle Quote von 120 000 Euro. Sein Pflichtteilsanspruch beträgt demnach 60 000 Euro.

4. Der Erbe kann sich gegenüber dem Pflichtteilsberechtigten auf § 2056 berufen, wenn lediglich rechnungsmäßig, nicht aber substanzmäßig, ein in ausgleichspflichtigen Zuwendungen bestehender Nachlaß vorhanden ist, RG 77, 282.

5. Der Ausgleichspflichtige ist nach §§ 2316 I, 2057 auch gegenüber dem Pflichtteilsberechtigten **auskunftspflichtig**, BGH 33, 373; RG 73, 372, 376; MüKo/Frank Rz 10.

6. Der Erblasser kann die Ausgleichungspflicht einer Ausstattung (§ 2050 I) nicht zum Nachteil des Pflichtteilsberechtigten ausschließen, **Abs III**. Dasselbe gilt auch für die Zuwendungen nach § 2050 II, da Abs II nur den Abs I ergänzt, RGRK/Johannsen Rz 16; Pal/Edenhofer Rz 2. Zuwendungen, die der Erblasser erst durch letztwillige Verfügung für ausgleichspflichtig erklärt hat, bleiben außer Betracht, soweit sie den Pflichtteil mindern, wenn er nach dem Bestand und Wert des Nachlasses zZt des Erbfalls zuzüglich der nach § 2050 I–III auszugleichenden Zuwendungen berechnet wird, RG 67, 306, 309. Zu der Frage, ob § 2316 I auch zugunsten des als Erben eingesetzten Abkömmlings anwendbar ist, vgl Stuttgart DNotZ 1989, 184 mit Anm Cieslar.

7. Hat der Erblasser den Pflichtteilsberechtigten auf einen Erbteil eingesetzt, der ohne Berücksichtigung von Ausgleichsrechten und -pflichten die Hälfte des gesetzlichen Erbteils erreicht, so hätte er an sich weder einen Pflichtteilsanspruch noch einen Pflichtteilsrestanspruch, §§ 2303, 2305. Gleichwohl kann er nach **Abs II** die durch die Hinzurechnung der ausgleichspflichtigen Zuwendung bewirkte Vergrößerung des Pflichtteils als **Pflichtteilsrestanspruch** fordern.

8. **Zusammentreffen von Ausgleichungs- und Anrechnungspflichten, Abs IV.** Hat der Erblasser bei einer Zuwendung, die nach Abs I ausgleichspflichtig ist, bestimmt, sie solle auf den Pflichtteil angerechnet werden (§ 2315 I), so ist zunächst der Erbteil des Pflichtteilsberechtigten nach Abs I zu berechnen. Von dem so errechneten Pflichtteil ist die Zuwendung mit der Hälfte des Wertes abzuziehen, hM, Kipp/Coing § 11 III und Fn 11; Staud/Haas Rz 49ff; Sostmann MittRhNotK 1976, 479, 494; aA Strohal Bd 2, § 56 IV; Erath AcP 127, 318ff. Zur Unterscheidung von Anrechnung und Ausgleichung vgl § 2315 Rz 1. § 2316 IV ist nicht anzuwenden, wenn Zuwendungen zusammentreffen, die entweder nur anrechnungs- oder nur ausgleichspflichtig sind. Hier ist die Berechnung entweder nach § 2315 oder § 2316 durchzuführen, MüKo/Frank Rz 22.

9. § 2316 ist nach § 2338a aF auch auf pflichtteilsberechtigte Abkömmlinge anzuwenden, denen wegen Fortgeltung der §§ 1934a–e, 2338a aF (Art 2 ErbGleichG) nur ein Erbersatzanspruch zugestanden hätte, vgl auch Brüggemann FamRZ 1975, 309, 320f.

2317 *Entstehung und Übertragbarkeit des Pflichtteilsanspruchs*
(1) **Der Anspruch auf den Pflichtteil entsteht mit dem Erbfall.**
(2) **Der Anspruch ist vererblich und übertragbar.**

1. Das **Pflichtteilsrecht** als **künftige Rechtsgrundlage einer künftigen Forderung** (vor dem Erbfall) ist zu **unterscheiden** von dem **Pflichtteilsanspruch**, der mit dem Erbfall entsteht. Zur Rechtsnatur des Pflichtteilsrechts vgl vor § 2303 Rz 2.
Auf das Pflichtteilsrecht beziehen sich §§ 311b IV, V, 1822 Nr 1, auf den Pflichtteilsanspruch trifft § 1822 Nr 2 zu, vgl Oertmann JherJb 65, 100. Auf das Pflichtteilsrecht kann der Pflichtteilsberechtigte nur nach §§ 2346, 2348 verzichten. Den Pflichtteilsanspruch kann er dem Erben oder den Miterben formlos erlassen, § 397; RG 93, 297;

§ 2317

KG OLGZ 76, 193. Der erste Verzichtsvertrag gehört dem Erbrecht, der zweite dem Vermögensrecht an, bezieht sich nur auf eine Forderung, die erbrechtlichen Ursprungs ist.

2 2. Der **Pflichtteilsanspruch entsteht** mit dem Erbfall (§ 1922 I), und zwar von selbst. Der Pflichtteilsberechtigte braucht keine auf Erwerb gerichtete Erklärung abzugeben und seine Beeinträchtigung nicht geltend zu machen, vgl Stuttgart DNotZ 1979, 104. In den Fällen der §§ 2306, 2307 entsteht der Anspruch erst mit der Ausschlagung des Erbteils oder Vermächtnisses durch den Pflichtteilsberechtigten, wird aber wegen der Rückwirkung der Ausschlagung (§ 1953 I) so behandelt, als wäre er mit dem Erbfall entstanden, woraus § 2332 III Folgerungen zieht, vgl aber RG JW 1931, 1354; auch v Lübtow, Probleme des Erbrechts, 1967, S 33ff und Erbrecht 1. Halbb S 580; RGRK/Johannsen Rz 4, der den Anspruch als mit dem Erbfall entstanden, die fehlende Ausschlagung nur als Hindernis für seine Geltendmachung ansieht. Der Anspruch entsteht nicht bei einem wirksamen vorzeitigen Erbausgleich (§§ 1934d, e aF; Art 2 ErbGleichG), bei einem Erbverzicht oder Pflichtteilsverzicht (§§ 2346, 2348), wohl aber bei einem Erbverzicht unter Vorbehalt des Pflichtteils. Der Anspruch ist nicht durchsetzbar bei von vornherein überschuldetem Nachlaß, Stuttgart NJW-RR 1989, 1283, weil der Erbe für ihn kraft Einrede vorläufig beschränkt haftet (§§ 1992, 1991 IV), es sei denn, daß er allen oder dem Pflichtteilsberechtigten gegenüber sein Recht zur Herbeiführung endgültiger Haftungsbeschränkung verloren hat, vgl auch §§ 1972, 1973 I S 2, 1974 II.

Schon vor dem Erbfall kann der potentielle Erblasser auf Feststellung des Bestehens oder Nichtbestehens des Pflichtteilsrechts oder des Rechts zur Entziehung des Pflichtteils (§§ 2333ff) klagen, BGH 109, 306, 309 mit Anm Leipold JZ 1990, 700; 28, 177, 178; NJW 1974, 1084; RG 92, 1; 169, 98. Ob das auch gilt, wenn der potentielle Pflichtteilsberechtigte die Feststellung begehrt, der noch lebende Elternteil sei nicht zur Pflichtteilsentziehung berechtigt, hat der BGH offengelassen, BGH 109, 306, 309. Ein Feststellungsinteresse für die Klage des Pflichtteilsberechtigten nach dem Erbfall ist aber dann nicht gegeben, wenn der Erbe die Feststellungsklage des Erblassers weiterverfolgt, BGH NJW-RR 1990, 130. Der Pflichtteil kann nicht durch Arrest oder einstweilige Verfügung gesichert werden, § 916 II ZPO.

Beim Pflichtteilsanspruch ist keine einseitige Ausschlagung wie beim Vermächtnis (§ 2176), sondern nur ein **formloser Erlaßvertrag** möglich (§ 397; RG JW 1928, 907; vgl auch KG OLGZ 76, 193), den auch der das Gesamtgut nicht verwaltende Ehegatte allein schließen kann (§ 1432 I), zu dem aber Eltern oder Vormund die Zustimmung des Familien- bzw Vormundschaftsgerichts benötigen, §§ 1822 Nr 2, 1643 II. Ein schlüssiger Erlaß kann in der Anerkennung des Testaments vor dem Nachlaßgericht liegen, RFH JW 1921, 646. Wird der Pflichtteilsanspruch vom Erben durch Übereignung eines Hausgrundstücks abgegolten, so haftet der Erbe für Sachmängel nach §§ 437, 434, BGH NJW 1974, 363.

Das Gesetz kennt hier keine besondere gesetzliche Verzinsung der Forderung, sie findet nur bei Verzug oder Rechtshängigkeit statt, vgl Kessler DRiZ 1969, 278, 281. Zum Verzugseintritt bei unbezifferten Zahlungsverlangen, vgl BGH NJW 1981, 1729, 1732. Wegen der Möglichkeit der Erben, Stundung zu verlangen, vgl § 2331a und RG ZAkDR 1938, 277. Der Pflichtteilsanspruch unterliegt einer besonderen Verjährung nach § 2332. Zum Rangverhältnis des Anspruchs gegenüber den Ansprüchen anderer Nachlaßgläubiger, Vermächtnisnehmer und Auflagegläubiger vgl § 1972 Rz 3.

3 3. **Schuldner des Anspruchs** sind immer nur der Alleinerbe oder die Miterben. Andere Personen können nur im Innenverhältnis ausgleichsweise zur Tragung der Pflichtteilslasten herangezogen werden, vgl §§ 2318ff. Gegen den Testamentsvollstrecker kann der Anspruch nicht erhoben werden, § 2213 I S 3. Zur Zwangsvollstreckung in den Nachlaß ist ein Zahlungstitel gegen den Erben und ein Duldungstitel gegen den Testamentsvollstrecker erforderlich, § 748 III ZPO. Der Gerichtsstand der Erbschaft richtet sich nach § 27 ZPO.

4 4. Der Pflichtteilsanspruch kann nach § 398 **formlos übertragen** werden. Der künftige Pflichtteilsanspruch ist im Fall des § 2306 zusammen mit dem Ausschlagungsrecht vererblich, möglicherweise auch übertragbar, nicht ohne das Ausschlagungsrecht übertragen werden könnte, dieses aber nicht übertragbar ist, § 1952 Rz 1. Der Anspruch ist erst dann uneingeschränkt **pfändbar**, wenn er durch Vertrag anerkannt oder rechtshängig geworden ist, § 852 I ZPO. Dann kann auch gegen ihn aufgerechnet werden, § 394. Dazu ist kein abstraktes Anerkenntnis notwendig, sondern es genügt jede Vereinbarung zwischen Erben und Pflichtteilsberechtigten, die den Willen der Beteiligten erkennen läßt, daß der Pflichtteilsanspruch bestehe und geltend gemacht werden soll, Karlsruhe HRR 1930, 1164. Nach neuerer Rspr ist auch ohne Erfüllung der Voraussetzungen des § 852 I ZPO eine (eingeschränkte) Pfändung des in seiner zwangsweisen Verwertbarkeit aufschiebend bedingten Pflichtteilsanspruch möglich. Werden die Voraussetzungen des § 852 I ZPO später erfüllt, entsteht ein vollwertiges Pfandrecht, BGH NJW 1993, 2876; Anm Kuchinke, NJW 1994, 1769; kritische Anm Schubert JR 1994, 419. Daher gehört der Pflichtteilsanspruch im Insolvenzverfahren des Pflichtteilsberechtigten auch von vornherein zur Insolvenzmasse (§ 35 InsO), nur seine Verwertbarkeit ist aufschiebend bedingt, Kuchinke aaO. Die Geltendmachung der Unpfändbarkeit ist nur nach § 766 ZPO möglich, RG 93, 74, 77. Nach der Abtretung besteht kein Pfändungsschutz.

5 5. Besteht wegen der Fortgeltung der §§ 1934a–e, 2338a aF (Art 2 ErbGleichG) ein Erbersatzanspruch, ist hierauf § 2317 nach § 1934b II S 1 aF entsprechend anzuwenden. § 2317 gilt ferner für den Pflichtteilsanspruch im Fall des § 2338a aF.

6 6. Zur Erbschaftssteuerpflicht vor § 2303 vgl Rz 4.

2318 *Pflichtteilslast bei Vermächtnissen und Auflagen*

(1) Der Erbe kann die Erfüllung eines ihm auferlegten Vermächtnisses soweit verweigern, dass die Pflichtteilslast von ihm und dem Vermächtnisnehmer verhältnismäßig getragen wird. Das Gleiche gilt von einer Auflage.

(2) Einem pflichtteilsberechtigten Vermächtnisnehmer gegenüber ist die Kürzung nur soweit zulässig, dass ihm der Pflichtteil verbleibt.
(3) Ist der Erbe selbst pflichtteilsberechtigt, so kann er wegen der Pflichtteilslast das Vermächtnis und die Auflage soweit kürzen, dass ihm sein eigener Pflichtteil verbleibt.

Schrifttum: Halm, Das Kürzungsrecht des pflichtteilsberechtigten Erben gegenüber Vermächtnisnehmern und Auflagebegünstigten: zugleich eine systematische Analyse der §§ 2318–2324 BGB, 2000.

1. **Pflichtteilsschuldner** des Pflichtteilsberechtigten sind **nur der Alleinerbe oder die gesamtschuldnerischen Miterben**, §§ 2058ff. Damit ist aber noch nicht gesagt, daß der Zahlende die Pflichtteilslast im Innenverhältnis nicht auf andere Personen abwälzen kann, die zu den nachlaßbeteiligten Gläubigern (§ 1972) oder Miterben gehören, indem er sie auf Ausgleichung in Anspruch nimmt. Bei der Berechnung des Pflichtteilsanspruchs kann der Erbe Schulden aus Vermächtnissen und Auflagen nicht abziehen, § 2311 Rz 5; vgl aber den Ausnahmefall des § 2311 I S 2. Zum Ausgleich dafür kann der Erbe die Auflagen und Vermächtnisse, auch die gesetzlichen, Voraus und Dreißigsten (§§ 1932, 1969), soweit er den Voraus nicht schon nach § 2311 I S 2 abziehen kann, im Innenverhältnis gegenüber dem Begünstigten das Vermächtnis oder die Auflage in der Weise kürzen und insoweit die Leistung verweigern (**Leistungsverweigerungsrecht;** peremptorische Einrede), daß die Pflichtteilslast von ihm und dem Vermächtnisnehmer bzw Auflagebegünstigten verhältnismäßig getragen wird. In das Verhältnis zu setzen sind hierbei der Nachlaßwert (nach Abzug der Verbindlichkeiten aus Vermächtnissen und Auflagen ohne Abzug des Pflichtteils) einerseits und der Wert des Vermächtnisses bzw der Auflage anderseits.

Beispiel: Der verwitwete Erblasser hat seinen einzigen Sohn S zu seinem Alleinerben eingesetzt. Außerdem hat er V ein Vermächtnis in Höhe von 20 000 Euro ausgesetzt. Der Nachlaß hat einen Wert von 100 000 Euro. Hier haben F und V die Pflichtteilslast in Höhe von 50 000 Euro im Verhältnis 80 000 Euro (100 000 Euro − Wert des Vermächtnisses = 20 000 Euro) : 20 000 Euro, also im Verhältnis 4:1 zu tragen. F kann den Vermächtnisanspruch des V um 1/5 der Pflichtteilslast von 50 000 Euro, also um 10 000 Euro kürzen und kann insoweit gegenüber V die Erfüllung des Vermächtnisanspruchs verweigern, braucht also nur 10 000 Euro an V zu zahlen.

Bei schwieriger Berechnung des Kürzungsbetrags infolge komplizierter Zahlen ist die von Martin (ZBlFG 14, 789) entwickelte Formel hilfreich. Sie beruht auf der Überlegung, daß der ungekürzte Nachlaß (Nachlaß einschließlich des zu kürzenden Vermächtnisses und der zu kürzenden Auflage) sich zum ungekürzten Vermächtnis wie die Pflichtteilslast zum Kürzungsbetrag verhält. Es ergibt sich hiernach folgende Gleichung (Staud/Haas, Rz 12; Soergel/Dieckmann Rz 3; KG FamRZ 1977, 267, 269):

$$K \text{ (Kürzungsbetrag)} = \frac{(\text{Pflichtteilslast}) \times V \text{ (Vermächtnis)}}{U.N \text{ (ungekürzter Nachlaß)}}$$

Im Beispielsfall ergibt sich folgende Rechnung:

$$\frac{50\,000 \text{ Euro (Pflichtteilslast)} \times 20\,000 \text{ Euro (Vermächtnis)}}{100\,000 \text{ Euro (ungekürzter Nachlaß)}} = 10\,000 \text{ Euro (Kürzungsbetrag)}$$

Dieses Leistungsverweigerungsrecht (Einrede) hat der Erbe auch dann, wenn der Pflichtteilsberechtigte dem Erben die Erfüllung des Pflichtteilsanspruchs schenkweise erlassen hat, LG München NJW-RR 1989, 8. Hat der Erbe in Unkenntnis über den Pflichtteilsberechtigten das Vermächtnis zunächst voll erfüllt, so kann er nach §§ 813 I, 2318 I den Betrag, um den er das Vermächtnis hätte kürzen können, zurückfordern, KG FamRZ 1977, 267; Soergel/Dieckmann Rz 18. Es empfiehlt sich, daß der Erbe in einem Rechtsstreit mit dem Pflichtteilsberechtigten den Vermächtnisnehmern oder Auflagegläubigern den Streit verkündet, §§ 72ff ZPO. Der Vermächtnisnehmer seinerseits kann Beschwerungen unter den Voraussetzungen der §§ 2188, 2189 kürzen. Durch Testament oder Erbvertrag kann der Erblasser etwas anderes bestimmen, § 2324.

2. **Vermächtnisforderungen an Pflichtteils Statt** (vgl § 2307 Rz 1) können nicht gekürzt werden, vgl **Abs II**. Dem pflichtteilsberechtigten Vermächtnisnehmer muß in jedem Fall der Pflichtteil verbleiben.

3. **Abs III** regelt die besondere Fallkonstellation, daß ein pflichtteilsberechtigter Erbe sowohl Vermächtnisansprüchen als auch Pflichtteilsansprüche Dritter ausgesetzt ist. Hiernach wird der Erbe über Abs I hinaus in die Lage versetzt, Vermächtnisansprüche zugunsten von Pflichtteilsansprüchen zu kürzen.

Die Regelung greift von vornherein nicht ein, wenn die einem pflichtteilsberechtigten Erben hinterlassene Erbquote die Hälfte des gesetzlichen Erbteils nicht übersteigt. Denn in diesem Fall gilt die Beschwerung mit Vermächtnissen und Auflagen als nicht erfolgt, § 2306 I S 1. Abs III kann nur eingreifen, wenn die Erbquote höher ist als die Pflichtteilsquote und der Erbe die dann nach § 2306 I S 2 bestehende Ausschlagungsmöglichkeit nicht genutzt hat. In diesem Fall ist er grundsätzlich auch dann zur vollständigen Erfüllung der Vermächtnisse verpflichtet, wenn ihm danach weniger verbleibt, als die Hälfte seines gesetzlichen Erbteils, KG OLG 14, 308; MüKo/Frank Rz 8; Pal/Edenhofer Rz 5; Soergel/Dieckmann Rz 15. Er muß den mit Beschwerungen angenommenen Nachlaß als vollen Ersatz des Pflichtteils gelten lassen, Planck/Greiff Anm 4.

Beispiel: Der verwitwete E hat seinen Sohn S zu seinem Alleinerben eingesetzt und seinem Freund F ein Geldvermächtnis in Höhe von 80 000 Euro ausgesetzt. Der Wert des Nachlasses beträgt 100 000 Euro. F kann, nachdem S die Erbschaft angenommen hat, von S Zahlung von 80 000 Euro verlangen, obwohl S damit von seiner Erbschaft weniger verbleibt als seinem Pflichtteil von 50 000 Euro entsprechen würde. Da er die Ausschlagungsmöglichkeit nach § 2306 I S 2 nicht genutzt hat, muß er das Vermächtnis in vollen Umfang erfüllen.

Daran, daß der mit Vermächtnissen beschwerte Erbe, der die nach § 2306 I S 2 mögliche Ausschlagung versäumt hat, aus dem Nachlaß weniger erhält, als seinem Pflichtteil entsprechen würde, ändert entgegen seinem mißverständlichen Wortlaut auch Abs III nichts. Auch bei einem Zusammentreffen von Vermächtnisansprüchen mit Pflichtteilsansprüchen Dritter ist keinesfalls immer gewährleistet, daß dem Erben von dem Nachlaß in jedem Fall soviel verbleibt, wie es seinem Pflichtteil entspricht, MüKo/Frank Rz 8.

Beispiel: Der verwitwete E hat seinen Sohn S zum Alleinerben eingesetzt und seinem Neffen V ein Vermächtnis in Höhe von 80 000 Euro ausgesetzt. Der Wert des Nachlasses beträgt 100 000 Euro. Seine Tochter T verlangt von S, nachdem dieser die Erbschaft angenommen hat, ihren Pflichtteil in Höhe von 25 000 Euro. Ohne die Regelung in Abs III hätte S den Vermächtnisanspruch nach Verlust seiner Ausschlagungsmöglichkeit in vollem Umfang erfüllen müssen, so daß ihm vom Nachlaß wertmäßig 20 000 Euro und damit weniger verblieben wäre als seinem Pflichtteil von 25 000 Euro entsprechen würde. Durch Abs III wird diese wertmäßige Beteiligung des S nicht erhöht. Er wird hierdurch nur in die Lage versetzt, diese unter dem Wert seines Pflichtteils liegende Beteiligung für sich zu behalten und den Vermächtnisanspruch des V (80 000 Euro) um den Betrag des Pflichtteils der T (25 000 Euro) zu kürzen, so daß der Pflichtteilsanspruch der T voll erfüllt und V nur 55 000 Euro erhält.

Hätte das Geldvermächtnis des V nur 60 000 Euro betragen, dann wäre ihm nach Erfüllung des Vermächtnisanspruchs eine Nachlaßbeteiligung im Wert von 40 000 Euro verblieben, die um 15 000 Euro höher ist als sein Pflichtteil (25 000 Euro). In diesem Fall kann S nach Abs III den Vermächtnisanspruch des V nur insoweit kürzen, daß ihm nach Erfüllung des Pflichtteilsanspruchs der T eine seinem Pflichtteil entsprechende Nachlaßbeteiligung (25 000 Euro) verbleibt, also um 10 000 Euro. Hier erhält T ihren Pflichtteil in vollem Umfang und V das Vermächtnis nur in Höhe von 50 000 Euro.

Diese Kürzung der Vermächtnisforderung ist selbst dann zulässig, wenn der Vermächtnisnehmer selbst pflichtteilsberechtigt ist. Im Verhältnis von Abs II und III ist das Pflichtteilsrecht des Erben vorrangig, vgl Prot V, 547; Pal/Edenhofer Rz 5; Lange/Kuchinke § 37 IX 3a; RGRK/Johannsen Rz 8; Soergel/Dieckmann Rz 17; Staud/Haas Rz 27; aA MüKo/Frank Rz 10.

Steht der pflichtteilsberechtigte Erbe in einer **Miterbengemeinschaft**, so gilt § 2319, wenn der eigene Pflichtteil des Erben durch Ansprüche anderer Pflichtteilsberechtigter gefährdet ist. Ist er zusätzlich mit einem Vermächtnis beschwert, so gilt § 2318 III, BGH 95, 222, 225 mit Anm von Olshausen FamRZ 1986, 524 und Kuchinke JZ 1986, 87.

4   4. Nach § 2338a aF (Art 2 ErbGleichG) gilt § 2318 auch für einen Pflichtteilsberechtigten, dem der Erbersatzanspruch durch letztwillige Verfügung entzogen wurde.

2319 *Pflichtteilsberechtigter Miterbe*
Ist einer von mehreren Erben selbst pflichtteilsberechtigt, so kann er nach der Teilung die Befriedigung eines anderen Pflichtteilsberechtigten soweit verweigern, dass ihm sein eigener Pflichtteil verbleibt. Für den Ausfall haften die übrigen Erben.

1   1. **Miterben schulden den Pflichtteil als Gesamtschuldner** (§ 2058), haften aber bis zur Teilung kraft Einrede vorläufig beschränkt, § 2059 I S 1. Selbst der Miterbe, der sein Recht zur Haftungsbeschränkung verloren hat, haftet nur für den seinem Erbteil entsprechenden Anteil der Schuld mit seinem Eigenvermögen, § 2059 I S 2. Aber diese Einrede verliert der Miterbe mit der Teilung. Dann schützt jedoch § 2319 selbst den unbeschränkbar haftenden pflichtteilsberechtigten Miterben vor dem Anspruch eines anderen Pflichtteilsberechtigten dadurch, daß er ihm das Recht gibt, die Leistung insoweit zu verweigern, als er ihr in seinen eigenen Pflichtteil angreifen müßte. Was der Pflichtteilsberechtigte unter diesen Umständen vom pflichtteilsberechtigten Miterben auch nach der Nachlaßteilung nicht erhalten kann, kann er von den anderen Miterben als Gesamtschuldnern verlangen, §§ 2058, 421, 426. In den Fällen der §§ 2060, 2061 schulden sie nur anteilig, wenn der Erblasser nichts anderes angeordnet hat, § 2324.

2   2. Nimmt ein nichtpflichtteilsberechtigter Miterbe einen pflichtteilsberechtigten Miterben nach § 426 auf den Ausgleich in Anspruch, so kann dieser sich sowohl gegenüber dem Anspruch aus § 426 II als auch aus § 426 I auf dieselbe Einrede berufen, Kipp/Coing § 12 I 4; RGRK/Johannsen Rz 4.

3   3. § 2319 ist nach § 1934b II S 1 aF auf den Erbersatzanspruch, der wegen der Fortgeltung der §§ 1934a–e, 2338a aF besteht (Art 2 ErbGleichG), entsprechend anzuwenden. Ebenso galt § 2319 für einen Pflichtteilsberechtigten, dem der Ersatzanspruch durch letztwillige Verfügung entzogen worden war, § 2338a aF.

2320 *Pflichtteilslast des an die Stelle des Pflichtteilsberechtigten getretenen Erben*
(1) Wer anstelle des Pflichtteilsberechtigten gesetzlicher Erbe wird, hat im Verhältnis zu Miterben die Pflichtteilslast und, wenn der Pflichtteilsberechtigte ein ihm zugewendetes Vermächtnis annimmt, das Vermächtnis in Höhe des erlangten Vorteils zu tragen.
(2) Das Gleiche gilt im Zweifel von demjenigen, welchem der Erblasser den Erbteil des Pflichtteilsberechtigten durch Verfügung von Todes wegen zugewendet hat.

1   1. Im Gegensatz zu § 2319 regelt diese Vorschrift nicht, wie der Pflichtteilsgläubiger mehrere Miterben in Anspruch nehmen kann, sondern die Frage, wen die Pflichtteilslast im **Innenverhältnis** zwischen den nach außen gesamtschuldnerisch haftenden Miterben (§§ 2058ff, 2319) trifft, wenn zu der Miterbengemeinschaft ein Miterbe gehört, der als pflichtteilsberechtigter Erbe einen Erbteil durch Enterbung (§ 1938), durch Ausschlagung des Pflichtteilsberechtigten nach § 2306, durch Erhöhung (§ 1935), durch Anwachsung (§ 2094; RG WarnRsp 1918, 77), durch Ersatzberufung (§ 2096) erworben hat (RG JW 1918, 768), mag er auch ohnehin schon Erbe gewesen sein, RG WarnRsp 1918, 77. Nach außen haften die übrigen Miterben neben dem einrückenden Miterben als Gesamtschuldner (§§ 2058ff), sie können den Pflichtteilsberechtigten nicht auf seinen Anspruch gegen den Einrückenden verweisen,

RG JW 1914, 594; 1938, 2144. Im Innenverhältnis, den anderen Miterben gegenüber, trägt er die Pflichtteilslast allein in Höhe des erlangten Vorteils, also zB auch in Höhe des Voraus (§ 1932), wenn der Ehegatte statt neben Abkömmlingen neben Eltern erbt, Pal/Edenhofer Rz 3; RGRK/Johannsen Rz 5; vgl aber auch Kipp/Coing § 12 III 1 Fn 11. Dabei sind aber Beschränkungen und Beschwerungen, die mit dieser Erbenstellung verbunden sind, als vorteilsmindernd abzuziehen. Eine abweichende Bestimmung ist auch für Abs I möglich, § 2324; RG JW 1928, 2143. § 2320 I, II regeln nur das Innenverhältnis zwischen einrückenden Erben und Miterben, nicht die Verteilung der Pflichtteilslasten zu anderen Nachlaßbeteiligten, wie Vermächtnisnehmern, und stellt daher keine Ausnahme zu § 2318 dar, Lange/Kuchinke § 37 IX 5b; MüKo/Frank Rz 8; von Olshausen, MDR 1986, 89, 91; aA Stuttgart BWNotZ 1985, 88.

2. **Für gewillkürte Erbfolge** gilt **derselbe Grundsatz, Abs II**; vgl hierzu BGH FamRZ 1983, 692 mit Anm Dieckmann FamRZ 1983, 1015.

3. Das **Vermächtnis** kann dem Pflichtteilsberechtigten sowohl zur Abfindung auf den Pflichtteil (§ 2307) als auch trotz wirksamer Entziehung des Pflichtteils (§ 2333) zugewandt sein, RGRK/Johannsen Rz 6; Lange/Kuchinke § 37 IX 5a Fn 416.

4. Gelten die §§ 1934a–e, 2338a fort (Art 2 ErbGleichG), so ist § 2320 nach § 1934b II S 1 entsprechend auf den Erbersatzanspruch anzuwenden. Er gilt ebenso für den Pflichtteilsanspruch im Falle des § 2338a, dazu Brüggemann FamRZ 1975, 309, 320.

2321 *Pflichtteilslast bei Vermächtnisausschlagung*
Schlägt der Pflichtteilsberechtigte ein ihm zugewendetes Vermächtnis aus, so hat im Verhältnis der Erben und der Vermächtnisnehmer zueinander derjenige, welchem die Ausschlagung zustatten kommt, die Pflichtteilslast in Höhe des erlangten Vorteils zu tragen.

1. Auch § 2321 regelt nicht, wer **Schuldner** des Pflichtteilsanspruchs ist; denn das ist der Vermächtnisnehmer nie. Diese Bestimmung regelt nur, gegen **wen** der **Leistende** einen **schuldrechtlichen Ausgleichsanspruch** in Höhe des durch die Ausschlagung erlangten Vorteils hat. Zur Errechnung des Vorteils nach der Zeit des Erbfalls vgl RG DR 1941, 441.

2. Schlägt der Pflichtteilsberechtigte ein ihm zugewandtes **Vermächtnis aus**, so kann er vom Erben den vollen Pflichtteil verlangen, § 2307 I S 1. Der Beschwerte wird durch die Ausschlagung von der Vermächtnisschuld frei oder das Vermächtnis fällt einem anderen als Ersatzbedachten (§ 2190) oder Anwachsungsberechtigten (§§ 2158, 2159) zu.

3. Die **Pflichtteilslast** (schuldrechtliche Ausgleichspflicht) **kann** im Innenverhältnis **treffen**:
a) Den **Erben** oder die **Miterben**, wenn das Vermächtnis fortfällt. Sind alle Miterben beschwert, so können sie die Pflichtteilslast nicht auf Vermächtnisnehmer und Auflagebegünstigte abwälzen, § 2318; RG JW 1914, 593. Ist ein Miterbe allein beschwert (Erbteilsschuld), so kann er die Last nicht auf die Miterben abwälzen.
b) Den **Vermächtnisnehmer**, wenn dieser mit einem Untervermächtnis zugunsten des Pflichtteilsberechtigten beschwert war oder wenn er in die Vermächtnisforderung einrückt, §§ 2158, 2190; oben Rz 2. Dann kann der Erbe, der den Pflichtteilsberechtigten befriedigt hat, die Pflichtteilslast von der Vermächtnisforderung des Vermächtnisnehmers abziehen. Vgl auch § 2307 II.

4. Nimmt der pflichtteilsberechtigte Erbe das ihm zugewandte Vermächtnis an, so gilt § 2320 I, vgl § 2320 Rz 3.

5. § 2321 ist nach § 1934b II S 1 aF, sofern die §§ 1934a–e, 2338a aF nach Art 2 ErbGleichG fortgelten, entsprechend auf den Erbersatzanspruch anzuwenden. Er gilt ferner für den Pflichtteilsanspruch im Fall des § 2338a aF.

2322 *Kürzung von Vermächtnissen und Auflagen*
Ist eine von dem Pflichtteilsberechtigten ausgeschlagene Erbschaft oder ein von ihm ausgeschlagenes Vermächtnis mit einem Vermächtnis oder einer Auflage beschwert, so kann derjenige, welchem die Ausschlagung zustatten kommt, das Vermächtnis oder die Auflage soweit kürzen, dass ihm der zur Deckung der Pflichtteilslast erforderliche Betrag verbleibt.

1. Schlägt der **Pflichtteilsberechtigte** die **Zuwendung** (Erbschaft oder Vermächtnis) **aus**, so trifft die Pflichtteilslast den nachrückenden Erben oder denjenigen, der aus der Ausschlagung des Vermächtnisses einen Vorteil hat, §§ 2320, 2321. Sind diese Zuwendungen selbst mit Vermächtnissen oder Auflagen beschwert, so trifft diese Personen nicht nur die Pflichtteilslast, sondern auch die Beschwerung, §§ 2161, 2192. Während der Erbe durch die §§ 1935, 2095, 1992 davor geschützt ist, auf mehr als den Betrag der Zuwendung in Anspruch genommen zu werden, bieten die §§ 2159, 2187 dem Vermächtnisnehmer denselben Schutz. Vermächtnisse und Auflagen dürfen nur soweit gekürzt werden, daß der zur Deckung der Pflichtteilslast erforderliche Betrag aus der Zuwendung erhalten bleibt. § 2322 geht dem Recht des Erben nach § 2318 vor, da dem Ersatzerben bzw -vermächtnisnehmer nicht auf Kosten des Vermächtnisnehmers Nachlaßwerte zukommen sollen, BGH FamRZ 1983, 692 mit Anm Dieckmann FamRZ 1983, 1015.

2. Ist der **Vermächtnisgegenstand unteilbar**, so ist das Vermächtnis dadurch zu kürzen, daß der Vermächtnisnehmer dem Nachbegünstigten einen Ausgleich zahlt, BGH 19, 309; RGRK/Johannsen Rz 6; aA Natter JZ 1956, 283.

3. § 2322 gilt auch für Pflichtteilsberechtigte, denen der Erbersatzanspruch durch letztwillige Verfügung entzogen worden ist, § 2338a aF, sofern diese Bestimmung nach Art 2 ErbGleichG fortwirkt.

W. Schlüter

§ 2323 *Nicht pflichtteilsbelasteter Erbe*
Der Erbe kann die Erfüllung eines Vermächtnisses oder einer Auflage auf Grund des § 2318 Abs. 1 insoweit nicht verweigern, als er die Pflichtteilslast nach den §§ 2320 bis 2322 nicht zu tragen hat.

1   1. Soweit der Erbe die **Pflichtteilslast** auf Miterben oder Vermächtnisnehmer **abwälzen oder mindern** kann (§§ 2320–2322), **kann er Vermächtnisse und Auflagen nicht** nach § 2318 **kürzen**. Dadurch soll er gezwungen werden, seine Rechte aus §§ 2320–2322 wahrzunehmen. Vgl aber § 2318 III und dazu Kipp/Coing § 12 II 2d gegen Staud/Haas Rz 3; Lange/Kuchinke § 37 IX 5d; Pal/Edenhofer Rz 1; RGRK/Johannsen § 2323; Soergel/Dieckmann Rz 2, die § 2323 gegen seinen Wortlaut auch auf § 2318 III anwenden wollen.

2   2. § 2323 gilt auch im Falle des § 2338a, sofern diese Bestimmung nach Art 2 ErbGleichG fortwirkt.

§ 2324 *Abweichende Anordnungen des Erblassers hinsichtlich der Pflichtteilslast*
Der Erblasser kann durch Verfügung von Todes wegen die Pflichtteilslast im Verhältnis der Erben zueinander einzelnen Erben auferlegen und von den Vorschriften des § 2318 Abs. 1 und der §§ 2320 bis 2323 abweichende Anordnungen treffen.

1   1. Dagegen **kann** der Erblasser nicht die **Schuld** der Zahlungspflichtigen **gegenüber** dem **Pflichtteilsberechtigten** (§§ 2303, 2058ff) oder die Ergänzungspflicht (§§ 2325ff) **ändern**, es sei denn, daß er dem Berechtigten den Pflichtteil ganz entziehen kann, §§ 2333ff. Ebensowenig kann er in das eigene Pflichtteilsrecht des Erben oder Vermächtnisnehmers eingreifen, §§ 2318 II, III; 2319 S 1. Jedoch kann er das Kürzungsrecht erweitern, beschränken oder ganz ausschließen, RG WarnRsp 1927 Nr 35; BGH MDR 1981, 474.

2   2. § 2324 gilt auch im Falle des § 2338a aF, wenn dieser nach Art 2 ErbGleichG fortwirkt. Für den Ersatzanspruch schließt § 1934b II S 1 aF die Anwendung des § 2324 aus. Trotzdem gibt die hM dem Erblasser die Möglichkeit, auch insoweit die Belastung der Erben im Innenverhältnis abweichend zu regeln, Odersky § 1934b Anm II 5; Damrau FamRZ 1969, 585; kritisch Staud/Werner § 1934b Rz 15.

Vorbemerkung §§ 2325–2331

Ergänzung des Pflichtteils wegen Schenkungen des Erblassers an Dritte

1   1. Der **Pflichtteilsergänzungsanspruch** ist nicht mit dem **Pflichtteilsrestanspruch** der §§ 2305, 2307 zu verwechseln, vgl § 2305 Rz 1, § 2307 Rz 1. Beide sollen den Pflichtteilsberechtigten vor Minderungen des Pflichtteilsanspruchs schützen. Der Pflichtteilsrestanspruch will hierbei Minderungen durch **Verfügungen von Todes wegen** verhindern, während der Pflichtteilsergänzungsanspruch Minderungen des Nachlasses durch **Schenkungen des Erblassers unter Lebenden** ausgleicht. Pflichtteilsergänzungs- und Pflichtteilsansprüche sind materiellrechtlich und prozessual selbständig. Deshalb entfaltet eine Entscheidung über den Grund des Pflichtteilsanspruchs keine Rechtskraftwirkung für einen Pflichtteilsergänzungsanspruch, BGH 139, 116f.

2   2. Verfügt der **Erblasser schenkweise unter Lebenden**, so mindert er damit den künftigen Nachlaßwert und über ihn den Pflichtteilsanspruch seiner nächsten Angehörigen. Deren Mindestrechte am Nachlaß werden dadurch ebenso verkürzt, wie wenn der Erblasser sie zu gering bedenkt, §§ 2306, 2307. Das Gesetz schränkt aber, um künftige Pflichtteilsansprüche zu sichern, nicht die Verfügungsfreiheit des Erblassers zu Lebzeiten ein, sondern gewährt dem Pflichtteilsberechtigten nach dem Erbfall gegen den Erben bzw den Beschenkten als außerordentlichen Pflichtteilsanspruch einen Pflichtteilsergänzungsanspruch (§§ 2325ff). Eine Nichtigkeit der Verfügung kann daher, nur wenn lediglich die Voraussetzungen der §§ 2325ff vorliegen, nicht hergeleitet werden, weil die §§ 2325ff sonst überflüssig wären, RGRK/Johannsen § 2325 Rz 7; BGH FamRZ 1972, 255. Nur in krassen Ausnahmefällen, wenn über die §§ 2325ff hinausgehende Umstände vorliegen, sind die Angehörigen über § 138 geschützt, vgl RG 111, 151.
Zur **Berechnung** des Pflichtteilsanspruchs wird der **Wert des** vom Erblasser **verschenkten Gegenstands** dem Nachlaß hinzugerechnet. Als Pflichtteilsergänzungsanspruch kann der Pflichtteilsberechtigte den Betrag verlangen, um den sich der Pflichtteil aufgrund dieses **fiktiven Nachlasses erhöht**, § 2325 I.
Der Pflichtteilsergänzungsanspruch wird ebenso wie der ordentliche Pflichtteilsanspruch behandelt, RG LZ 1925, 1071.

3   a) Daher findet keine Pflichtteilsergänzung statt, wenn der fiktive Nachlaß nicht aktiv ist, RG JR 1927, Nr 1655, nicht hingegen muß der tatsächliche Nachlaß, also ohne Hinzurechnung der Schenkungen aktiv sein, RG 77, 282, 284; vgl auch Dieckmann in FS Beitzke, 1979, 399 (401 und 405); Schaubecher ZEV 1997, 345f. Fehlt schon ein Bruttonachlaß und haftet der Erbe noch nicht unbeschränkt, so entfällt ein Pflichtteilergänzungsanspruch aus § 2325 gegen ihn. Der Pflichtteilsberechtigte kann dann nur einen Anspruch gegen den Beschenkten aus ungerechtfertigter Bereicherung (§ 2329) haben, BGH FamRZ 1968, 150; NJW 1974, 1327.

4   b) Auch das **Pflichtteilsergänzungsrecht** genießt **vor dem Erbfall keinen Schutz**. Es kann weder durch Arrest noch durch einstweilige Verfügung gesichert werden (§ 916 II ZPO), wohl aber wird man, wenn auch nur mit vorsichtiger Zurückhaltung unter Berücksichtigung seiner zeitlichen und inhaltlichen Grenzen (§§ 2325 III, 2329) die Klage auf Feststellung der Pflichtteilsergänzungsberechtigung zulassen können, vgl § 2317 Rz 2; aA MüKo/Frank § 2325 Rz 4; Lange/Kuchinke § 37 X 1b Fn 433; Staud/Olshausen vor zu §§ 2325ff Rz 20.

5   c) Auch der **Ergänzungsanspruch** ist entsprechend § 2317 II **übertragbar**, in den Grenzen des § 852 II ZPO **pfändbar**, § 2317 Rz 4. Der Erbe muß auch über die Zuwendung des Erblassers unter Lebenden, die den Anspruch

begründen, dem Berechtigten Auskunft geben (§ 2314; RG 79, 369; WarnRsp 1933 Nr 64), auch über die Pflicht- und Anstandsschenkungen, BGH NJW 1962, 245; Hamburg MDR 1956, 169; vgl auch § 2314 Rz 4; aA noch Hamburg OLG 43, 287, das die Voraussetzungen des § 2330 der eigenverantwortlichen Prüfung des Erben überläßt. Die Verjährung richtet sich nach § 2332 (vgl § 2332 Rz 2), die Entziehung nach §§ 2333ff, auch unter Beschränkung auf ihn allein, während der ordentliche Pflichtteilsanspruch dem Berechtigten belassen bleibt. Auch die Vorschriften über die Rechte des Erben oder der Miterben auf Ausgleichung der Pflichtteilslast sind anwendbar, §§ 2318ff.

3. Der **Anspruch entsteht**, ohne daß die Schenkung ähnlich wie nach dem Anfechtungsgesetz angefochten wird und unabhängig davon, ob der Erblasser eine Benachteiligungsabsicht wie in § 2287 gehabt hat. Dabei ist gleichgültig, ob der Berechtigte bei der Schenkung schon lebte oder erzeugt oder pflichtteilsberechtigt war. Demgegenüber sollen nach dem BGH (NJW 1997, 2676; BGH 59, 210) nur solche Schenkungen Pflichtteilsergänzungsansprüche auslösen, die zu einer Zeit gemacht worden sind, als das rechtliche Verhältnis, das den Pflichtteilsanspruch begründet oder aus dem der Pflichtteilsberechtigte hervorgegangen ist, schon bestand. Das bedeutet: Der Ehegatte kann keine Pflichtteilsergänzungsansprüche aus Schenkungen herleiten, die vor Eingehung der Ehe gemacht worden sind. Abkömmlinge stehen Pflichtteilsergänzungsansprüche nur zu, wenn die Schenkung erfolgte, nachdem sie schon erzeugt waren. Angenommene Kinder können Pflichtteilsergänzungsansprüche nur auf Schenkungen gründen, die der Elternteil nach ihrer Annahme als Kind gemacht hat. Mit diesen Entscheidungen setzt sich der BGH in Widerspruch zum Wortlaut und der Entstehungsgeschichte des § 2325 und zur nahezu einhelligen Auffassung im Schrifttum, Nachweise bei v Lübtow in FS Bosch, 1976, S 573 (576 Fn 19); Pentz MDR 1997, 717; Otte ZEV 1997, 375. Die Ansicht des BGH führt zudem zu zahlreichen Ungereimtheiten und zu Rechtsunsicherheit, dazu Bosch FamRZ 1973, 87, 90. Die Tatsache allein, daß sich die sozialen Verhältnisse seit dem Inkrafttreten des BGB geändert haben, rechtfertigt kein Abweichen von der gesetzgeberischen Entscheidung, Schlüter in 50 Jahre BGH, Bd I, S 1047 (1061f); ablehnend auch Reinicke NJW 1973, 597; Soergel/Dieckmann § 2325 Rz 3; Brox Rz 562; Lange/Kuchinke § 37 X 5a; zustimmend RGRK/Johannsen § 2325 Rz 5; Kühne JR 1973, 288; Keller ZEV 2000, 268.

Ohne Bedeutung für den Pflichtteilsergänzungsanspruch ist es, ob der Berechtigte am Nachlaß als pflichtteilsberechtigter Erbe oder nur als Pflichtteilsgläubiger beteiligt ist (RG 80, 135), ob der Erblasser überhaupt letztwillig verfügt hat, BGH NJW 1973, 995; RG 58, 124; Naumburg OLG 9, 429.

4. Der **Inhalt des Anspruchs** geht auf Ergänzung des Pflichtteils durch Zurechnung des Werts aller Schenkungen ohne Rücksicht auf ihre Höhe zum Nachlaß, sofern der Erblasser sie in den letzten zehn Jahren vor seinem Tod an Dritte gemacht hat. Ausgenommen sind nach § 2330 Pflicht- und Anstandsschenkungen (dazu Migsch AcP 173, 46; auch BGH WM 1978, 905), über die der Erbe gleichwohl Auskunft zu geben hat, § 2314; BGH NJW 1962, 245; Hamburg MDR 1956, 169. Schenkungen an Ehegatten sind ohne zeitliche Beschränkung anrechnungspflichtig, es sei denn, daß die Ehe beim Tod des Erblassers bereits zehn Jahre aufgelöst war, § 2325 III Hs 2; diese Regelung ist verfassungsgemäß und verstößt nicht gegen Art 3 I GG und Art 6 I GG, BVerfG NJW 1991, 217. Wegen der Auflösung der Ehe vgl §§ 1313ff und § 1564.

5. Er ist in der Regel **gegen den Erben** oder **die Miterben gerichtet**, nur ausnahmsweise gegen den Beschenkten, § 2329. War der Pflichtteilsberechtigte beschenkt, so gilt § 2327.

6. Zum Klageantrag siehe § 2329 Rz 2 und 3.

7. Nach § 2338a aF (Art 2 ErbGleichG) gelten die §§ 2325–2331 aF auch für Pflichtteilsberechtigte, denen der Erbersatzanspruch durch letztwillige Verfügung entzogen worden ist.

2325 *Pflichtteilsergänzungsanspruch bei Schenkungen*

(1) Hat der Erblasser einem Dritten eine Schenkung gemacht, so kann der Pflichtteilsberechtigte als Ergänzung des Pflichtteils den Betrag verlangen, um den sich der Pflichtteil erhöht, wenn der verschenkte Gegenstand dem Nachlass hinzugerechnet wird.

(2) Eine verbrauchbare Sache kommt mit dem Wert in Ansatz, den sie zur Zeit der Schenkung hatte. Ein anderer Gegenstand kommt mit dem Wert in Ansatz, den er zur Zeit des Erbfalls hat; hatte er zur Zeit der Schenkung einen geringeren Wert, so wird nur dieser in Ansatz gebracht.

(3) Die Schenkung bleibt unberücksichtigt, wenn zur Zeit des Erbfalls zehn Jahre seit der Leistung des verschenkten Gegenstands verstrichen sind; ist die Schenkung an den Ehegatten des Erblassers erfolgt, so beginnt die Frist nicht vor der Auflösung der Ehe.

1. **Schenkung. a)** Die Schenkung ist hier im Sinne der §§ 516, 517 zu verstehen, setzt also eine Zuwendung des Erblassers, die ihn entreichert, den Dritten bereichert, und Einigung beider über die Unentgeltlichkeit der Zuwendung voraus (RG 128, 187, 188f; BGH NJW 1961, 604; 72, 1709; FamRZ 1982, 571; KG DNotZ 1978, 109, 111), so daß auch die belohnende Schenkung (RG JW 1931, 1356; BGH WM 1977, 1410f; 1978, 905) hierunter fällt. Hat der Erblasser eine **Stiftung** errichtet und sie mit Vermögen ausgestattet, dann liegt zwar keine Schenkung vor, weil das Stiftungsgeschäft kein Vertrag, sondern ein einseitiges Rechtsgeschäft ist. Da aber die durch § 2325 geschützten Pflichtteilsberechtigten durch diese freigebige Transferleistung ohne Gegenleistung in gleicher Weise wie durch eine Schenkung beeinträchtigt werden, sind die §§ 2325ff analog anzuwenden, RG 54, 399; BGH ZEV 2003, 114; Hamburg OLG 38, 235, 237; LG Baden-Baden ZEV 1999; Staud/Ohlshausen Rz 39; Soergel/Dieckmann Rz 33; Kollhosser ZEV 2003, 206; aA Dresden FamRZ 2003, 62 m abl Anm Muscheler ZEV 2003, 417. §§ 2325ff sind unmittelbar anwendbar, wenn es sich um eine Zustiftung, dh um eine Zuwendung und Aufstockung einer bereits bestehenden Stiftung, oder um freie oder gebundene Spendung an die Stiftung handelt, Muscheler

ZEV 2003, 417. Schenkungen unter Ehegatten („**unbenannte oder ehebedingte Zuwendungen**") können ebenfalls Pflichtteilsergänzungsansprüche auslösen, BGH 116, 167, 170; allerdings muß im Einzelfall überprüft werden, ob nicht in Wahrheit eine entgeltliche Verfügung vorliegt, weil die Zuwendung der Unterhalts- oder Alterssicherung dient oder eine Vergütung für langjährige Dienste sein soll, BGH 116, 167; FamRZ 1989, 732. Gleiches gilt für Zuwendungen unter Partnern einer nichtehelichen Lebensgemeinschaft, BGH NJW-RR 1997, 1498; Köln FamRZ 1997, 1110. Eine Schenkung zugunsten des Nacherben liegt nicht vor, wenn die als Vorerbe eingesetzte Ehefrau des Erblassers ihr Pflichtteilsrecht nicht in Anspruch nimmt, § 2306 I S 2; BGH FamRZ 2002, 95. Zur Frage, ob die unentgeltliche Hingabe eines Geldbetrags zur Anschaffung eines Gegenstands durch den Empfänger die Schenkung der Geldsumme oder Schenkung der angeschafften Sache bedeutet, vgl BGH FamRZ 1970, 19.

Beim Leistungsaustauschvertrag können die Partner Leistung und Gegenleistung frei bewerten. Selbst wenn das so geschieht, daß objektiv ein grobes Mißverhältnis zwischen Leistung und Gegenleistung vorliegt, fehlt, wenn sie sich nicht gleichzeitig über die (teilweise) Unentgeltlichkeit einigen, eine Schenkung, es sei denn, daß sie willkürlich bewerten, BGH NJW 1961, 604. Die objektiv unentgeltlich zugewandte Wertdifferenz allein schafft keine gemischte Schenkung, wenn die Parteien nicht ihren Willen hervortreten lassen, daß dieser Mehrwert seinem Empfänger unentgeltlich zufließen soll, RG 163, 257, 259. Die Unentgeltlichkeit der Zuwendung muß der Pflichtteilsberechtigte beweisen, BGH ZEV 2002, 282; Koblenz FamRZ 2003, 193, Oldenburg FamRZ 2000, 638. Nach dem BGH (BGH 59, 132 = LM § 2325 Nr 7 mit Anm Johannsen) soll allerdings bei einem vom Berechtigten zu beweisenden (BGH NJW 1981, 2458; zur Beweislast für die Unentgeltlichkeit auch BGH WM 1996, 684) groben Mißverhältnis zwischen Leistung und Gegenleistung eine tatsächliche Vermutung dafür sprechen, daß sich die Vertragsschließenden über die Unentgeltlichkeit der dem anderen Teil zugewandten Bereicherung einig waren, ebenso KG OLGZ 74, 257, 259; Kipp/Coing § 13 II 2a; Lange/Kuchinke § 37 X 2b.

b) Gemischte Schenkungen behandelt der BGH nur dann vollständig als Schenkung, wenn der unentgeltliche Charakter des Geschäfts überwiegt, während er bei überwiegender Entgeltlichkeit nur den unentgeltlich zugewandten Mehrwert als Schenkung beurteilt (BGH 30, 120; BGH NJW 1953, 501; FamRZ 1974, 650; Schopp Rpfleger 1956, 119; Pentz FamRZ 1997, 724, 726; Voraussetzung für eine gemischte Schenkung ist, daß der Wert der Leistung des einen dem Wert der Leistung des anderen bei objektiver Betrachtung nur zum Teil entspricht, die Vertragsparteien dieses wissen und übereinstimmend wollen, daß der überschießende Wert unentgeltlich gegeben wird, BGH NJW-RR 1996, 754; Düsseldorf OLGRp 1999, 349; Koblenz FamRZ 2002, 772. Maßgebend sind die Wertverhältnisse zum Zeitpunkt des Vollzugs, BGH ZEV 2002, 282. Näheres zur Behandlung der gemischten Schenkung bei Schlüter Rz 264ff, so etwa die gezahlten Prämien bei der Lebensversicherung (RG 128, 187, 190; BGH FamRZ 1976, 616 mit Anm Haegele), uU auch die Vereinbarung der allgemeinen Gütergemeinschaft mit einem vermögenslosen Ehegatten, RG 87, 301; Haegele BWNotZ 1972, 71. Eine Schenkung liegt dagegen regelmäßig nicht vor, wenn ein persönlich haftender Gesellschafter in eine OHG aufgenommen wird, selbst wenn er keine Einlage zu erbringen hat, KG DNotZ 1978, 109, 111; MüKo/Frank Rz 16; s auch BGH NJW 1981, 1956. Wird hingegen der Beteiligungswert an einer Personengesellschaft durch Rechtsgeschäft des Erblassers unter Lebenden auf den Todesfall am Nachlaß vorbei zu dem Vermögen der Mitgesellschafter oder nur eines Miterben gelenkt, sei es ohne oder mit nur beschränkter Abfindungsklausel, so kann darin eine unentgeltliche Zuwendung liegen, die den Pflichtteilsergänzungsanspruch begründet, Düsseldorf MDR 1977, 932; KG DNotZ 1978, 109, 111f; vgl auch § 2311 Rz 3; Soergel/Dieckmann Rz 24ff; allgemein für das Ausscheiden eines Gesellschafters durch Tod Haegele, BWNotZ 1976, 25, 29. Das Ausstattungsversprechen an eine Stiftung ist keine Schenkung, aA RG 5, 138, 141. § 2325 kann hierauf aber analog angewendet werden, RG 54, 399; Rawert/Kaschinski ZEV 1996, 161.

c) Empfänger der Leistung muß ein **Dritter** sein. Dritter in diesem Sinn kann auch ein Miterbe sein, RG 80, 135. Was betrifft der Ausgleichspflicht unterliegt (§ 2316 II), ist nicht zur Ergänzung heranzuziehen, RG 77, 282, 283f; JW 1937, 2201; siehe auch Sostmann MittRhNotK 1976, 479, 507f; vgl aber BGH NJW 1965, 1526. Ein Ergänzungsanspruch im Sinne des § 2325 entsteht nicht, wenn ein nichteheliches Kind durch vorzeitigen Erbausgleich, § 1934d aF (Art 2 ErbGleichG), mehr erhält, als den anderen Pflichtteilsberechtigten als Pflichtteil verbleibt, wenn das als vorzeitiger Erbausgleich Geleistete dem Vermögen des Erblassers hinzugerechnet wird, vgl Damrau FamRZ 1969, 589; Pal/Edenhofer Rz 11; Johannsen WM 1970 Sonderbeilage 3, 17. Bestritten ist dagegen, ob eine Abfindung für einen Erb- und Pflichtteilsverzicht als unentgeltliche Leistung des Erblassers an den Verzichtenden angesehen werden kann, offengelassen in BGH NJW 1986, 127, 129 mit krit Anm Dieckmann FamRZ 1986, 258; bejahend Hamm ZEV 2000, 271 mit abl Anm Rheinbay; Speckmann NJW 1970, 117; MüKo/Frank Rz 14; Sostmann MittRhNotK 1976, 479, 496f; Staud/Olshausen Rz 7ff; dagegen zutreffend Lange in FS Nottarp, S 119 (121); Lange/Kuchinke § 37 X 3; Coing NJW 1967, 1778; Ebenroth, Erbrecht, Rz 973 unter Hinweis auf § 2310 S 2.

2. Berechnung des Pflichtteilsergänzungsanspruchs. a) Zunächst wird der Wert des Geschenks dem **Nachlaß hinzugerechnet**. Hierdurch erhöht sich der Wert des gesetzlichen Erbteils und damit der Wert des Pflichtteils, Schlüter Rz 994; BayObLG FamRZ 1985, 212. Der Wert des Geschenks bestimmt sich nach seinem Verkehrswert. Hierbei kann aber bei in der früheren DDR verschenkten Grundstücken nicht an damals ggf übliche, aber illegale Schwarzgeldzahlungen angeknüpft werden, BGH FamRZ 1995, 420. Bestanden zum maßgeblichen Bewertungsstichtag (vgl dazu Rz 3) erkennbar vorübergehende Preisbegrenzungen, kann dem Pflichtteilsberechtigten durch die Annahme eines höheren „inneren" Werts geholfen werden, BGH FamRZ 1995, 420; 93, 1048. Allerdings hat der BGH zunächst in Frage gestellt, ob Schenkungen in der früheren DDR bei einem Erbfall nach der Vereinigung überhaupt der Pflichtteilsergänzung unterliegen, da ein Pflichtteilsergänzungsanspruch im ZGB nicht vorgesehen war, BGH FamRZ 1995, 420. Das ist zu bejahen, da kein Vertrauensschutz zugunsten des Erblassers oder der Erben besteht, der das durch den Pflichtteilsergänzungsanspruch sichergestellte Interesse des Pflichtteilsberechtigten an einer Verhinderung der Minderung seiner Mindestbeteiligung am Erbe überwiegen könnte, Kummer ZEV 1995, 319f; so jetzt auch BGH 147, 95 mit zust Anm Edenfeld JR 2002, 155 und Klingelhöffer ZEV 2001, 239;

vgl auch Schubel/Wiedenmann JZ 1995, 858ff. Auch hier ist ein Landgut im Zweifel mit dem Ertragswert anzusetzen, BGH NJW 1964, 1323; 64, 1414. Beim Untergang der Sache erlischt der Ergänzungsanspruch ganz, nicht aber bei einer Veräußerung durch den Beschenkten. Von diesem am erhöhten fiktiven Nachlaß orientierten Pflichtteil wird der tatsächliche Pflichtteil (ohne Hinzurechnung der Schenkungen) abgezogen. Die Differenz ergibt den Wert des Pflichtteilsergänzungsanspruchs.

b) Bewertungsstichtag. Verbrauchbare Sachen (§ 92) sind mit ihrem Wert zur **Schenkungszeit** zu bewerten, Abs II S 1. Ihnen gleichzustellen ist der Erlaß einer Geldschuld, BGH 98, 226, 234; RG 80, 135, 137f. Bei **anderen Gegenständen** ist auf den Wert zZt des Erbfalls abzustellen, Abs II S 2 Hs 1. Bei echten Wertsteigerungen zwischen dem Schenkungszeitpunkt und dem Zeitpunkt des Erbfalls ist aber auch in diesem Fall auf den Zeitpunkt der Schenkung abzustellen, Abs II S 2 Hs 2, **Niederstwertprinzip**. Rein nominelle Wertsteigerungen durch Kaufpreisschwund des Geldes läßt der BGH hierbei außer acht, BGH 65, 75 = NJW 1975, 1831 mit kritischer Anm Löbbecke NJW 1975, 2292 = LM § 2325 Nr 12, 13 mit Anm Johannsen; BGH 85, 274. Der Wertvergleich wird daher inflationsbereinigt, indem der Wert des Gegenstands zZt der Schenkung oder mangels Vollzugs vor dem Erbfall der Schenkungsanspruch (BGH 85, 274, 283) unter Berücksichtigung des Kaufpreisschwunds auf den Zeitpunkt des Erbfalls umgerechnet wird, BGH NJW 1996, 186; vgl auch RGRK/Johannsen Rz 22; oben § 2315 Rz 5; kritisch Dingerdissen JZ 1993, 402; Pentz FamRZ 1997, 724; Werner DNotZ 1978, 66, 80ff; zur Berechnung im einzelnen BGH 61, 385; Werner DNotZ 1978, 66, 69f. Zur Frage der Währungsumstellung vgl KG OLGZ 74, 257, 262. Ist Gegenstand der Schenkung ein Grundstück unter Nießbrauchsvorbehalt des Erblassers, so ist der Wertvergleich zunächst ohne Berücksichtigung der vorbehaltenen Rechte vorzunehmen, BGH NJW 1992, 2888; ZEV 1994, 234. Ergibt ein inflationsbereinigter Wertvergleich, daß das Grundstück zZt der Schenkung mehr wert war als beim Erbfall, so ist nach dem Niederstwertprinzip der Wert zZt des Erbfalls zugrundezulegen, ohne daß das vorbehaltene Recht berücksichtigt wird, da dieses durch den Tod des Erblassers erloschen ist. Hat dagegen eine echte Wertsteigerung seit der Schenkung stattgefunden und ist so der niedrigere Wert zZt der Schenkung maßgeblich, so ist hiervon noch der Wert des vorbehaltenen Rechts zur Zeit der Umschreibung im Grundbuch abzuziehen. Denn nur in Höhe der Differenz hat der Erblasser das Grundstück durch die Schenkung aus seinem Vermögen wirtschaftlich ausgegliedert, BGH NJW 1992, 2887; NJW 1994, 1791 mit Anm Meyding ZEV 1994, 202; BGH NJW-RR 1996, 705; kritisch hierzu Dingerdissen JZ 1993, 402ff; Mayer FamRZ 1994, 739, 743; Reiff FamRZ 1991, 552; 1992, 363, 803; Soergel/Dieckmann Rz 35ff. Eine Wertminderung durch das vorbehaltene Recht findet allerdings nicht statt, wenn das vorbehaltene Recht bis zum Erbfall nur noch kurze Zeit ausgeübt wird und sein kapitalisierter Wert damit außer Verhältnis zur Nutzungsdauer steht, Oldenburg NJW-RR 1999, 734. **Stichtag für die Bewertung der Schenkung** ist der **ihres Vollzugs**, also etwa bei Grundstücksübereignungen der der Eintragung im Grundbuch, BGH 102, 289, 292 mit Anm Dieckmann FamRZ 1988, 107, 200, 202 und FamRZ 1989, 857; BGH NJW 1975, 1831, 1832f; insoweit zustimmend Löbbecke NJW 1975, 2292.

3. Zehnjahresfrist (Abs III). Nur **Schenkungen in den letzten zehn Jahren vor dem Erbfall** begründen den Ergänzungsanspruch. Der Lauf der Zehnjahresfrist beginnt nach der zutreffenden neueren Rspr des BGH (BGH 98, 226, 230ff) nicht bereits dann, wenn der Erblasser alles getan hat, was von seiner Seite für den Erwerb durch den Beschenkten erforderlich ist, so aber noch BGH NJW 1970, 1638; vgl auch Pal/Edenhofer Rz 22; RGRK/Johannsen Rz 24; Reuter JuS 1971, 289; Flume in FS Schilling, 1973, S 60; Brox Rz 562; Paulus Rpfleger 1986, 206; aA Behmer Rpfleger 1986, 422. Vielmehr ist erforderlich, daß der Erblasser einen Zustand geschaffen hat, dessen Folgen er selbst noch zehn Jahre lang zu tragen hat und ihn schon im Hinblick auf diese Folgen von einer „böslichen" Schenkung abhalten kann, BGH 98, 233; BGH NJW 1988, 139. Deshalb ist es erforderlich, daß der verschenkte Gegenstand aus dem Vermögen des Erblassers wirtschaftlich ausgegliedert ist, vgl Pal/Edenhofer Rz 22. Bei der Schenkung eines Grundstücks ist daher weder die Abgabe der Auflassungserklärung (so noch BGH NJW 1974, 2319 mit Anm Finger, NJW 1975, 535) noch die Stellung eines Eintragungsantrags beim Grundbuchamt Staud/Olshausen Rz 54 ausreichend. Erforderlich ist vielmehr die Eintragung im Grundbuch, BGH, 102, 289, 292 mit Anm Dieckmann FamRZ 1988, 712; Paulus Rpfleger 1986, 206; RGRK/Johannsen Rz 24. Erfolgt eine Grundstücksschenkung unter uneingeschränktem Nießbrauchsvorbehalt des Erblassers, so liegt noch keine den Fristbeginn auslösende Leistung im Sinne des Abs III Hs 1 vor, vgl dazu Kollhosser AcP 194, 231, 262f; Leipold JZ 1994, 1121. Eine Leistung in diesem Sinne ist nach der zutreffenden Auffassung des BGH erst gegeben, wenn der Erblasser nicht nur seine Rechtsstellung als Eigentümer endgültig aufgibt, sondern auch darauf verzichtet, den verschenkten Gegenstand – sei es aufgrund vorbehaltener dinglicher Rechte oder durch Vereinbarung schuldrechtlicher Ansprüche – im wesentlichen weiter zu nutzen, da er erst dann die Folgen seiner Schenkung spürbar selbst tragen muß, BGH NJW 1994, 1791 mit Anm Meyding ZEV 1994, 202; Draschka, Vorweggenommene Erbfolge, Diss Marburg 1991, S 92; Reif NJW 1995, 1136; kritisch MüKo/Frank Rz 24; Mayer, FamRZ 1994, 739. Das gilt auch beim Vorbehalt des freien Widerrufs der Schenkung, Draschka Rpfleger 1995, 71; 1992, 419, 437. Wird ein Gesellschaftsanteil aufschiebend bedingt durch den Tod des Schenkers übertragen, so beginnt der Lauf der Zehnjahresfrist erst mit dem Eintritt der Bedingung, nicht bereits mit dem Abschluß des bedingten Übertragungsgeschäfts, MüKo/Frank Rz 25; Lange/Kuchinke, § 37 X 4a; aA BGH NJW 1970, 1638; Dänzer-Vanotti, JZ 1981, 432. Bei Ehegatten beginnt die Zehnjahresfrist nicht vor der Auflösung der Ehe, **Abs III Hs 2**. Auf Schenkungen an den Ehegatten vor der Ehe ist Abs III Hs 2 nicht analog anzunehmen, Düsseldorf, NJW 1996, 3154; aA OLG Zweibrücken FamRZ 1994, 1492.

4. § 2325 gilt auch im Fall des § 2338a aF (Art 2 ErbGleichG). Die §§ 2325ff sind auch auf Schenkungen anzuwenden, die ein nach der Wiedervereinigung verstorbener Erblasser in der damaligen DDR unter Geltung des Zivilgesetzbuchs vorgenommen hatte, BGH 147, 95: BGH ZEV 2002, 283.

§ 2326 Ergänzung über die Hälfte des gesetzlichen Erbteils

Der Pflichtteilsberechtigte kann die Ergänzung des Pflichtteils auch dann verlangen, wenn ihm die Hälfte des gesetzlichen Erbteils hinterlassen ist. Ist dem Pflichtteilsberechtigten mehr als die Hälfte hinterlassen, so ist der Anspruch ausgeschlossen, soweit der Wert des mehr Hinterlassenen reicht.

1 1. § 2326 S 1 stellt klar, daß der Pflichtteilsergänzungsanspruch auch dann gegeben sein kann, wenn dem Pflichtteilsberechtigten kein ordentlicher Pflichtteilsanspruch zusteht, weil ihm etwa durch Erbeinsetzung oder Anordnung eines Vermächtnisses mindestens die Hälfte des gesetzlichen Erbteils hinterlassen ist, Mot V, 461. Der Pflichtteilsergänzungsanspruch setzt also keinen ordentlichen Pflichtteilsanspruch voraus, RG 80, 135, 137; BGH NJW 1973, 995; vgl auch Dieckmann in FS Beitzke, 1979, S 399 (405). Ist dem Pflichtteilsberechtigten mehr als die Hälfte des gesetzlichen Erbteils hinterlassen, so ist der Pflichtteilsergänzungsanspruch nach § 2326 S 2 allerdings insoweit ausgeschlossen, soweit der Wert des mehr Hinterlassenen reicht. Der Pflichtteilsberechtigte muß sich also den Mehrwert auf seinen Ergänzungsanspruch anrechnen lassen.

2 2. Ist der Pflichtteilsberechtigte zum Erben berufen und hat der Erblasser pflichtteilsergänzende Schenkungen iSv § 2325 gemacht, so sind folgende Fallgestaltungen zu unterscheiden:

3 a) **Der hinterlassene Erbteil ist geringer als die Hälfte des gesetzlichen Erbteils.** Hier steht dem Pflichtteilsberechtigten zum einen der Pflichtteilsrestanspruch (§ 2305) und daneben der Pflichtteilsergänzungsanspruch (§ 2325) zu. Etwaige Belastungen und Beschwerungen gelten als nicht angeordnet, § 2306 I S 1; dazu § 2306 Rz 3.

4 b) **Der hinterlassene Erbteil entspricht der Hälfte des gesetzlichen Erbteils.** Hier steht dem Pflichtteilsberechtigten kein ordentlicher Pflichtteilsanspruch und kein Pflichtteilsrestanspruch, wohl aber ein Pflichtteilsergänzungsanspruch zu. Etwaige Belastungen und Beschwerungen gelten als nicht angeordnet (§ 2306 I S 1; dazu § 2306 Rz 2).

5 c) **Der hinterlassene Erbteil ist größer als die Hälfte des gesetzlichen Erbteils.** Hier stehen den Pflichtteilsberechtigten weder ein ordentlicher Pflichtteilsanspruch noch ein Pflichtteilsrestanspruch, wohl aber uU ein Pflichtteilsergänzungsanspruch zu, wobei allerdings nach § 2326 S 2 nur der Wert des die Hälfte des gesetzlichen Erbteils übersteigenden Werts auf den Pflichtteilsergänzungsanspruch anzurechnen ist.

Ist bei dieser Fallgestaltung der pflichtteilsberechtigte Erbe durch die Anordnung von Beschränkungen oder Beschwerungen belastet, dann kann er nach § 2306 I S 2 die Erbschaft ausschlagen und danach den ordentlichen Pflichtteilsanspruch und den Pflichtteilsergänzungsanspruch geltend machen. Die Ausschlagungsfrist beginnt nach § 2306 I S 2 erst, wenn der pflichtteilsberechtigte Erbe von der die Pflichtteilsergänzung begründenden Schenkung erfahren hat, Endemann III 2, § 159 IVb 2; aA Planck/Greiff Anm 2; Staud/Olshausen Rz 14; Lange/Kuchinke § 37 X 5a Fn 504. Hat der Erbe von den Schenkungen des Erblassers erst nach der Annahme der beschränkten oder beschwerten Zuwendung erfahren, kann er die Annahme nach § 119 I anfechten und dann den ordentlichen Pflichtteilsanspruch und den Pflichtteilsergänzungsanspruch geltend machen, Strohal, Bd I, § 56 Fn 16; RGRK/Johannsen Rz 4; Staud/Olshausen Rz 14; Lange/Kuchinke, § 37 X 5a Fn 504; MüKo/Frank Rz 2, 3; Pal/Edenhofer Rz 3; aA Planck/Greiff Anm 4.

6 3. Ist der Pflichtteilsberechtigte mit einem **Vermächtnis** bedacht, so ist auch hier danach zu unterscheiden, ob der Wert des Vermächtnisses den Wert des ordentlichen Pflichtteils erreicht oder nicht.
a) Ist der Wert des Vermächtnisses geringer als der Wert des ordentlichen Pflichtteils, kann der Pflichtteilsberechtigte den Pflichtteilsrestanspruch (§ 2307 I S 2) und den vollen Pflichtteilsergänzungsanspruch (§ 2325) geltend machen. Etwaige Beschränkungen und Beschwerungen bleiben auch hier außer Betracht, § 2307 I S 2 Hs 2. Der Pflichtteilsberechtigte kann auch das Vermächtnis ausschlagen und dann den ordentlichen Pflichtteilsanspruch und den Pflichtteilsergänzungsanspruch geltend machen.
b) Übersteigt der Wert des Vermächtnisses den Wert des ordentlichen Pflichtteils und schlägt der Pflichtteilsberechtigte das Vermächtnis nicht aus, so gilt § 2326 S 2. Hat der Vermächtnisnehmer in Unkenntnis der Voraussetzungen für einen Pflichtteilsergänzungsanspruch das Vermächtnis trotz der Beschränkungen und Beschwerungen angenommen, kann er die Annahme nach § 119 I anfechten und dann den ordentlichen Pflichtteilsanspruch und den Pflichtteilsergänzungsanspruch verlangen, dazu Rz 5.

7 4. § 2326 gilt auch im Fall des § 2338a aF, sofern diese Bestimmung nach Art 2 ErbGleichG weitergilt, dazu Brüggemann FamRZ 1975, 309, 320f.

§ 2327 Beschenkter Pflichtteilsberechtigter

(1) Hat der Pflichtteilsberechtigte selbst ein Geschenk von dem Erblasser erhalten, so ist das Geschenk in gleicher Weise wie das dem Dritten gemachte Geschenk dem Nachlass hinzuzurechnen und zugleich dem Pflichtteilsberechtigten auf die Ergänzung anzurechnen. Ein nach § 2315 anzurechnendes Geschenk ist auf den Gesamtbetrag des Pflichtteils und der Ergänzung anzurechnen.
(2) Ist der Pflichtteilsberechtigte ein Abkömmling des Erblassers, so findet die Vorschrift des § 2051 Abs. 1 entsprechende Anwendung.

1 1. Da es unbillig wäre, dem Pflichtteilsberechtigten wegen eines Geschenks des Erblassers an einen Dritten einen Pflichtteilsergänzungsanspruch zu gewähren, Geschenke an ihn selbst aber unberücksichtigt zu lassen, ordnet § 2327 an, daß auch derartige Eigengeschenke ebenso wie die Fremdgeschenke bei der Ermittlung des Ergänzungspflichtteilsanspruchs zu berücksichtigen sind und auf ihn (nicht aber auf den ordentlichen Pflichtteil) anzurechnen sind.

2. Der Ergänzungsberechtigte muß sich die Schenkungen an ihn **ohne die zeitlichen Schranken** des § 2325 III **anrechnen lassen** (BGH 108, 393 (399); NJW 1964, 1414; MüKo/Frank Rz 2; RGRK/Johannsen Rz 2; Kipp/Coing § 13 IX Fn 42). Zuwendungen an seinen Ehegatten braucht sich der Ergänzungsberechtigte nicht entgegenhalten zu lassen, BGH DNotZ 1963, 113. Haben Ehegatten ein Berliner Testament (§ 2269) errichtet, so ist § 2327 nicht anwendbar, wenn der nur nach dem überlebenden Ehegatten Pflichtteilsberechtigte von dem vorverstorbenen Ehegatten ein Geschenk erhalten hatte, BGH 88, 102 mit Anm Dieckmann FamRZ 1983, 1104; Anm Kuchinke, JZ 1984, 96; Anm Damrau JR 1984, 112; Staud/Olshausen Rz 11; aA KG NJW 1974, 2131.

3. Ausgleichungspflichtige Zuwendungen (§ 2050), die bereits bei Berechnung des ordentlichen Pflichtteils eines Abkömmlings berücksichtigt sind (§ 2316), kommen nicht mehr für die Ergänzung in Frage, RG 77, 282, 284; Sostmann MittRhNotK 1976, 479, 508; vgl auch BGH 102, 289 mit Anm Dieckmann FamRZ 1988, 712. Soweit sie nicht ausgleichungspflichtig sind (§ 2056), wird ihr Wert dem gesamten Nachlaß zugerechnet, nach dem sich der ganze Pflichtteil bestimmt. Der Unterschied zum Betrag des ordentlichen Pflichtteils ist der Betrag der Ergänzung. Nur auf diese Ergänzung muß sich der Pflichtteilsberechtigte die selbstempfangene Schenkung anrechnen lassen, RG Recht 1915 Nr 1121; Pal/Edenhofer Rz 5. Soweit sie den Ergänzungsbetrag übersteigt, bleibt sie außer Betracht (RGRK/Johannsen Rz 3, 5), sofern nicht der Erblasser die Anrechnung angeordnet hat, **Abs I S 2**. Für diesen Fall ist umstritten, ob der Anrechnungswert zeitlich nach § 2315 II S 2 (Pal/Edenhofer Rz 4; RGRK/Johannsen Rz 5) oder nach § 2325 II (Staud/Olshausen Rz 25) zu bestimmen ist.

Beispiel: Der verwitwete E hinterläßt einen Nachlaß im Wert von 100 000 Euro. Seine einzige Tochter T hat er enterbt und seinen Freund F zu seinem Alleinerben eingesetzt. Zwei Jahre vor seinem Tod hatte er der T ein Wertpapierdepot im Wert von 20 000 Euro und seiner Nichte D ein solches von 10 000 Euro geschenkt. Hier erhält T einen ordentlichen Pflichtteil in Höhe von 50 000 Euro, da sie als einzige Erbin 1. Ordnung zur alleinigen gesetzlichen Erbin berufen wäre (§ 1924 I) und ihr Pflichtteil deshalb ½ beträgt (§ 2303 I S 2).

Der Ergänzungspflichtteil würde die Hälfte von 30 000 Euro (20 000 Euro + 10 000 Euro) und damit 15 000 Euro betragen. Hierauf ist aber das Eigengeschenk in Höhe von 20 000 Euro nach Abs I S 1 anzurechnen, so daß ihr keine Ergänzungspflichtteil zusteht.

4. Ist ein **pflichtteilsberechtigter Abkömmling** beschenkt und fällt er vor oder nach dem Erbfall fort, so muß sich der für ihn Eintretende die Schenkung ebenso anrechnen lassen, **Abs II**; § 2051 I. War kein Dritter beschenkt, so hat auch der Eintretende keinen Ergänzungsanspruch, vgl Rz 1.

5. § 2327 gilt auch im Fall des § 2338a aF (Art 2 ErbGleichG); vgl vor § 2325 Rz 10.

2328 *Selbst pflichtteilsberechtigter Erbe*
Ist der Erbe selbst pflichtteilsberechtigt, so kann er die Ergänzung des Pflichtteils soweit verweigern, dass ihm sein eigener Pflichtteil mit Einschluss dessen verbleibt, was ihm zur Ergänzung des Pflichtteils gebühren würde.

1. Diese **Einrede** hat der schuldende Erbe **nur gegenüber dem Ergänzungsanspruch**, nicht gegenüber dem ordentlichen Pflichtteilsanspruch einschließlich des Restanspruchs der §§ 2305, 2307. Daneben hat der Erbe das Recht aus § 1990, BGH WM 1989, 382, 384.

2. Erleidet der **Ergänzungsberechtigte** dadurch einen **Ausfall**, so kann er sich an den Beschenkten halten (§ 2329), mag dieser auch mit dem Erben identisch sein.

3. Der Schutz des schuldenden, selbst pflichtteilsberechtigten Erben gegenüber einem Vermächtnis richtet sich nach § 2318.

4. § 2328 gilt auch im Fall des § 2338a (Art 2 ErbGleichG); vgl vor § 2325 Rz 10.

2329 *Anspruch gegen den Beschenkten*
(1) Soweit der Erbe zur Ergänzung des Pflichtteils nicht verpflichtet ist, kann der Pflichtteilsberechtigte von dem Beschenkten die Herausgabe des Geschenks zum Zwecke der Befriedigung wegen des fehlenden Betrags nach den Vorschriften über die Herausgabe einer ungerechtfertigten Bereicherung fordern. Ist der Pflichtteilsberechtigte der alleinige Erbe, so steht ihm das gleiche Recht zu.
(2) Der Beschenkte kann die Herausgabe durch Zahlung des fehlenden Betrags abwenden.
(3) Unter mehreren Beschenkten haftet der früher Beschenkte nur insoweit, als der später Beschenkte nicht verpflichtet ist.

1. Der **Beschenkte** ist ausnahmsweise (subsidiär) **Schuldner des Ergänzungsanspruchs**, soweit es nicht der Erbe ist, sei es, daß der Nachlaß überschuldet oder nicht aktiv ist (vor § 2325 Rz 3), sei es, daß der Erbe die Einrede aus § 2328 erhoben hat oder den Anspruch nach §§ 1975ff, 1991, 1992, 2060 (beschränkte Haftung oder Teilschuld) nicht oder nur teilweise erfüllen muß oder sogar darf, RG 58, 127; BGH NJW 1961, 870. Dagegen schuldet der Beschenkte nicht, wenn der Erbe zwar zahlungspflichtig, aber zahlungsunfähig ist, RGRK/Johannsen Rz 2; Dieckmann in FS Beitzke, 1979, S 399 (419); Lange/Kuchinke § 37 X 7a Fn 528; MüKo/Frank Rz 2; v Lübtow Bd 1, S 597; Haegele BWNotZ 1972, 69, 73; aA Kipp/Coing § 13 VI 2; Pal/Edenhofer Rz 2; Staud/Olshausen Rz 10. Gleiches gilt, wenn der Erbe zwar das Verweigerungsrecht nach § 2328 hat, die Einrede jedoch nicht erhebt, Staud/Olshausen Rz 9; Lange/Kuchinke § 37 X 7a Fn 525; aA Kipp/Coing § 13 VI 1; RGRK/Johannsen Rz 3; Soergel/Dieckmann Rz 7. Der hiernach nicht zahlungspflichtige Erbe kann aber als Beschenkter in Anspruch genommen werden, RG JW 1912, 913; BGH FamRZ 1968, 150. Die Beweislast für die Nichtverpflichtung des Erben trifft den Pflichtteilsberechtigten, RG JW 1913, 96; Düsseldorf FamRZ 1996, 445. Stirbt der Beschenkte vor dem Erbfall, haften dessen Erben, BGH 80, 205.

§ 2329

Der Beschenkte **schuldet** die Ergänzung auch und von vornherein **dem** pflichtteilsberechtigten **Alleinerben**, soweit dieser sie nach § 2326 beanspruchen kann, Abs I S 2. Über den Wortlaut hinaus können auch pflichtteilsberechtigte **Miterben** direkt von dem beschenkten Dritten Ergänzung ihres Pflichtteils verlangen, wenn der Nachlaß wertlos ist oder zur Befriedigung von Pflichtteilsansprüchen nicht ausreicht. Nicht erforderlich ist, daß die anderen Miterben die Einrede des § 2328 erhoben haben, BGH 80, 205; Zweibrücken NJW 1977, 1825.

2 2. Die **Rechtsnatur des Anspruchs** wird **nicht** dadurch **verändert**, daß er sich **gegen den Beschenkten** richtet, BGH NJW 1964, 1323. Daher wird auch durch eine auf § 2325 gestützte Zahlungsklage die Verjährung des auf § 2329 gegründeten Duldungsanspruchs gegen denselben Verpflichteten gehemmt, § 204 I Nr 1; BGH 107, 200, 203 mit Anm Dieckmann, FamRZ 1989, 857; BGH NJW 1986, 1610; NJW 1974, 1327; vgl auch § 2332 Rz 6. Die zeitliche Grenze des § 2325 III ist zu beachten, RG 81, 204; BGH NJW 1974, 2319. Die Verjährung richtet sich nach § 2332 II (§ 2332 Rz 5). Der **Inhalt des Anspruchs** und der Klageantrag sind aus der unklaren Formulierung des § 2329 I S 1, II nur schwer zu bestimmen. Jedenfalls hat der Pflichtteilsberechtigte keinen Anspruch auf Übertragung des Geschenks an sich oder den Erben. Der Anspruch ist, wie in den Fällen der §§ 1973, 1990, **auf Duldung der Zwangsvollstreckung** in dem vom Erblasser verschenkten Gegenstand wegen eines bestimmten Geldbetrags gerichtet, BGH 17, 336, 339; 85, 274, 282; MüKo/Frank Rz 9; Pal/Edenhofer Rz 8; Soergel/Dieckmann Rz 18. Einer zusätzlichen Herausgabe bedarf es nicht, MüKo/Frank Rz 9. Weist der Beschenkte nach, daß er nicht mehr bereichert ist (**Abs I S 1**; § 818 III), so wird die Klage abgewiesen. Sonst wird er verurteilt, wegen des Anspruchs auf Zahlung der Pflichtteilsergänzung in Geld die Zwangsvollstreckung in die geschenkten Gegenstände zu dulden, BGH WM 1989, 382, 384; BGH 85, 274, 282. Der Beschenkte kann aber die Vollstreckung dadurch abwenden (Ersetzungsbefugnis), daß er den fehlenden Betrag zahlt, dh den Pflichtteil durch Geldzahlung ergänzt, **Abs II**; vgl § 2325 II. Es spielt nicht, daß er den Wert der vollstreckungsfähigen Gegenstände zahlt. Hat der Erblasser Geld geschenkt oder sind keine geschenkten Gegenstände mehr auffindbar, ohne daß die Bereicherung entfallen ist, so kann der Pflichtteilsberechtigte ausnahmsweise schlechthin Zahlung verlangen, § 818 II. Der Zahlungsanspruch kann auch als Hilfsanspruch erhoben werden.

Der Pflichtteilsberechtigte, der nicht zugleich Erbe ist, hat analog § 2314 gegen den Beschenkten einen **Auskunftsanspruch**, BGH 107, 200, 203 mit Anm Dieckmann, FamRZ 1989, 857; BGH 89, 24, 27; 55, 378, 380. Auch wenn er Alleinerbe ist, muß er analog § 2314 Auskunft von dem Beschenkten verlangen können, wenn er von ihm die Pflichtteilsergänzung nach Abs I S 2 begehrt, Celle NJW 1966, 1663; Soergel/Dieckmann Rz 17; v Lübtow Bd 1 S 603; Coing NJW 1970, 729, 734; Speckmann NJW 1973, 1869f; aA RG 84, 204, 206f; BGH 61, 180; 18, 67; BGH NJW 1981, 2051; Brox Rz 565; Lange/Kuchinke § 37 XII 6a. Nach dem BGH (BGH 108, 393; 61, 180; WM 1976, 1089) hat der pflichtteilsberechtigte Alleinerbe den Auskunftsanspruch nur, wenn er sich die erforderlichen Kenntnisse nicht auf andere ihm zumutbare Weise verschaffen kann und der Beschenkte die Auskunft unschwer zu geben vermag (§ 242), zustimmend Lange/Kuchinke § 37 XII 6b. Vgl auch § 2314 Rz 3; zum Umfang des Auskunftsanspruchs § 2314 Rz 4; § 2330 Rz 3. Umgekehrt ist auch der Erbe dem Beschenkten zur Auskunft über Geschenke verpflichtet, die er vom Erblasser empfangen hat, BGH NJW 1964, 1414, der eine Auskunftspflicht mit Rücksicht auf § 2327 aus § 242 herleitet.

3 3. Der **Umfang** – nicht die Voraussetzungen – **des Anspruchs** bestimmt sich nach den Vorschriften über die ungerechtfertigte Bereicherung, §§ 818–822. Dabei ist allerdings zu beachten, daß die Haftung des Beschenkten in doppelter Hinsicht begrenzt ist. Sie ist einmal auf das schenkweise Zugewendete oder das, was noch vorhanden ist, beschränkt. Das so umschriebene „Erlangte" ist aber – anders als im Bereicherungsrecht – nur zum Zweck der Befriedigung wegen eines anderweit errechneten, exakten Fehlbetrags herauszugeben, BGH 107, 200, 203 mit Anm Dieckmann, FamRZ 1989, 857. Zur Berechnung des Fehlbetrags vgl BGH 111, 138, wonach ein Anspruch aus § 2329 I ausscheidet, wenn der Fehlbetrag bereits durch §§ 2287, 2288 ausgeglichen ist. Die Kosten des Schenkungsgeschäfts mindern die Bereicherung, RG WarnRspr 1908 Nr 205. Sie kann durch wirksame Anfechtung im und außerhalb des Insolvenzverfahrens fortfallen, § 818 III; § 134 InsO; § 4 AnfG. Eine verschärfte Haftung nach § 819 I tritt ein, wenn der Beschenkte den Stand des Nachlasses und die Ergänzungsbedürftigkeit des Pflichtteils nach § 2325ff kannte. Die Haftung des weiteren Empfängers bestimmt sich nach § 822. Der selbst pflichtteilsberechtigte Beschenkte kann die Einrede des § 2328 erheben, BGH 85, 274, 284. Ihm steht darüber hinaus die Dürftigkeitseinrede nach § 1990 zu, BGH WM 1989, 382, 384.

4 4. **Unter mehreren Beschenkten** schuldet der zeitlich frühere nur soweit der letzte nicht verpflichtet ist, **Abs III**. Dabei wird der Zeitpunkt einer Schenkung durch ihren Vollzug, nicht durch Entstehung der schuldrechtlichen Pflicht bestimmt, Hamm NJW 1969, 2148; s aber BGH 85, 274, 283f. Ebenso wie im Verhältnis der Erben zu Beschenkten kommt es bei mehreren Schenkungen nicht auf die Zahlungsfähigkeit des früheren Beschenkten an, sondern auf seine Ergänzungspflicht, BGH 17, 336. Die Verpflichtung erlischt nach § 818 III; vgl aber §§ 818 IV, 819; hingegen wird vom Fristablauf (§ 2325 III; vgl Rz 2) bezüglich der letzten Schenkung zugleich die frühere Schenkung erfaßt, wenn der früher Beschenkte nicht ein Ehegatte ist, vor § 2325 Rz 7. Zum Verhältnis der Ansprüche und Klagen sowie zu den Klageanträgen gegen mehrere Beschwerte BGH 17, 336.

5 5. § 2329 gilt auch im Fall des § 2338a aF (Art 2 ErbGleichG), vgl vor § 2325 Rz 10; Brüggemann, FamRZ 1975, 309, 320f.

2330 Anstandsschenkungen

Die Vorschriften der §§ 2325 bis 2329 finden keine Anwendung auf Schenkungen, durch die einer sittlichen Pflicht oder einer auf den Anstand zu nehmenden Rücksicht entsprochen wird.

1 1. Zum **Begriff der Pflicht- und Anstandsschenkung** vgl § 534 Rz 1–3; Anstandsschenkungen sind kleinere Zuwendungen aus besonderem Anlaß, MüKo/Frank Rz 2. Schenkungen aufgrund einer sittlichen Pflicht können einen erheblichen Wert verkörpern und uU sogar den Nachlaß im wesentlichen erschöpfen, BGH NJW 1981, 2458; 84, 2939; WM 1978, 905; Karlsruhe OLGZ 90, 457; MüKo/Frank Rz 2. Wird das hierdurch gerechtfertigte Maß überschritten, so entsteht eine Ergänzungspflicht für das Übermaß. Ein betagter Gewerbetreibender, der sein Leben zugunsten seiner unversorgten Ehefrau versichert, erfüllt ihr gegenüber eine sittliche Pflicht, Braunschweig FamRZ 1963, 376. Die gezahlte Versicherungsprämie kann daher auch den Pflichtteil seiner Kinder schmälern, die bereits selbst ihren Unterhalt verdienen. Eine Schenkung, die über die sittliche Pflicht hinausgeht, kann nur mit ihrem Mehrwert zur Pflichtteilsergänzung herangezogen werden, BGH FamRZ 1967, 214; WM 1978, 905; BGH NJW 1981, 2458; Johannsen, WM 1979, 636; s auch Karlsruhe OLGZ 90, 457 zur Übertragung des Familienwohnheims auf die unversorgte Ehefrau.

2. Die Beweislast hat der Beschenkte, RG LZ 1918, 1076; RGRK/Johannsen Rz 3. **2**

3. Die **Auskunftspflicht** (§ 2314; vgl § 2314 Rz 4) erstreckt sich auch auf sie, Hamburg MDR 1956, 169. **3**

4. § 2330 gilt auch im Fall des § 2338a (Art 2 ErbGleichG); vgl vor § 2325 Rz 10. **4**

2331 *Zuwendungen aus dem Gesamtgut*

(1) Eine Zuwendung, die aus dem Gesamtgut der Gütergemeinschaft erfolgt, gilt als von jedem der Ehegatten zur Hälfte gemacht. Die Zuwendung gilt jedoch, wenn sie an einen Abkömmling, der nur von einem der Ehegatten abstammt, oder an eine Person, von der nur einer der Ehegatten abstammt, erfolgt, oder wenn einer der Ehegatten wegen der Zuwendung zu dem Gesamtgut Ersatz zu leisten hat, als von diesem Ehegatten gemacht.
(2) Diese Vorschriften sind auf eine Zuwendung aus dem Gesamtgut der fortgesetzten Gütergemeinschaft entsprechend anzuwenden.

1. Vgl hierzu § 2054 Rz 1; RG 94, 262ff. Die Vorschrift gilt für den ordentlichen Pflichtteilsanspruch und den Pflichtteilsergänzungsanspruch. **1**

2. § 2331 gilt auch im Fall des § 2338a aF (Art 2 ErbGleichG), vgl vor § 2325 Rz 10. **2**

2331a *Stundung*

(1) Ist der Erbe selbst pflichtteilsberechtigt, so kann er Stundung des Pflichtteilsanspruchs verlangen, wenn die sofortige Erfüllung des gesamten Anspruchs den Erben wegen der Art der Nachlassgegenstände ungewöhnlich hart treffen würde, insbesondere wenn sie ihn zur Aufgabe seiner Familienwohnung oder zur Veräußerung eines Wirtschaftsguts zwingen würde, das für den Erben und seine Familie die wirtschaftliche Lebensgrundlage bildet. Stundung kann nur verlangt werden, soweit sie dem Pflichtteilsberechtigten bei Abwägung der Interessen beider Teile zugemutet werden kann.
(2) Für die Entscheidung über eine Stundung ist, wenn der Anspruch nicht bestritten wird, das Nachlassgericht zuständig. § 1382 Abs. 2 bis 6 gilt entsprechend; an die Stelle des Familiengerichts tritt das Nachlassgericht.

1. **Vorbemerkung.** Durch Art 1 Nr 92 NEhelG ist § 2331a mit Wirkung vom 1. 7. 1970 eingefügt worden. In Abs II S 2 Hs 2 ist durch Art 1 Nr 46 1. EheRG mit Wirkung vom 1. 7. 1977 entsprechend der Zuständigkeitsänderung in § 1382 (Art 1 Nr 10 1. EheRG) das Wort „Vormundschaftsgericht" durch das Wort „Familiengericht" ersetzt worden. **1**

2. **Allgemeines.** Macht der Pflichtteilsberechtigte die Geldforderung, die mit dem Erbfall entstanden und sofort fällig geworden ist (§ 2317), rücksichtslos geltend, so kann er den oder die Erben dazu zwingen, bedeutende wirtschaftliche Werte zu verschleudern oder ein Wirtschaftsgut aufzugeben, das bisher die Lebensgrundlage des Erben und seiner Familie gewesen ist. Diesen Gefahren will § 2331a dadurch begegnen, daß Pflichtteilsansprüche unter bestimmten Voraussetzungen gestundet werden können. Soweit der Schutz des § 2331a nicht ausreicht, kann er durch Abschluß einer Pflichtteilsversicherung erreicht werden. Soweit die Vorschriften der §§ 1934a–e aF nach Art 2 ErbGleichG fortgelten, gilt § 2331a auch für den Erbersatzanspruch, § 1934b II S 1 aF. **2**

3. **Voraussetzungen der Stundung.** a) Nur der **Erbe, der** selbst nach den §§ 2303, 2309 **pflichtteilsberechtigt** ist, **kann** die **Stundung** von den ebenfalls Pflichtteilsberechtigten (§§ 2303, 2309, 2338a) **verlangen.** Ist von mehreren Miterben nur einer pflichtteilsberechtigt, so kann nur dieser Stundung beantragen. Eine Stundung kann auch grundsätzlich nur ihm und nicht den anderen nichtpflichtteilsberechtigten Miterben zugute kommen, vgl aber auch Rz 4. Ebensowenig kann ein Testamentsvollstrecker für den Erben sowie ein nicht pflichtteilsberechtigter Erbe für einen übergangenen Pflichtteilsberechtigten Stundung verlangen, wohl aber ein Insolvenz-, der Nachlaßverwalter (§ 1984) sowie ein Nachlaßpfleger (§§ 1960, 1961), vgl Odersky § 2331a Anm III 1; Pal/Edenhofer Rz 5. **3**

b) **Sachliche Voraussetzung für die Stundung** ist, daß die sofortige volle Erfüllung des Pflichtteilsanspruchs den Erben ungewöhnlich hart treffen würde. Das ist mehr als „besonders" hart in §§ 1382 I, 1934d V 2 aF. Diese ungewöhnliche Härte muß sich aus der „Art der Nachlaßgegenstände" ergeben, weil ihre Liquidierung besondere Schwierigkeiten bereiten oder zu besonders nachteiligen Folgen führen würde, wenn der Erbe etwa zur Aufgabe seiner Familienwohnung oder zur Veräußerung eines Wirtschaftsguts gezwungen wird, das für ihn und seine Familie die wirtschaftliche Lebensgrundlage bildet. Dazu kann von Erben und seiner Familie bewohntes Eigenheim, eine Eigentumswohnung, ein Geschäftsbetrieb, Geschäftsanteile oder ein Mietshaus gehören. Die im Gesetz erwähnten Beispiele für eine ungewöhnliche Härte sind nicht abschließend (Pal/Edenhofer Rz 2; RGRK/Johannsen Rz 3), sie zeigen aber, verbunden mit dem Tatbestandsmerkmal „wegen der Art der Nachlaßgegenstände", daß die ungewöhnliche Härte für den Erben nur in der Illiquidität des Nachlasses zu sehen ist. Das Stundungsbegehren **4** ist deshalb nicht gerechtfertigt, wenn der Nachlaß auch Gegenstände enthält, die ohne Existenzgefährdung veräußert werden können. So ist der Erbe gezwungen, Bankguthaben aufzulösen, unabhängig davon, ob er zur Zeit gerade besonders hohe Zinsen erhält. Auch kann er die Veräußerung von Wertpapieren nach der amtlichen Begründung zum Regierungsentwurf (BT-Drucks V/2370, 99) nicht wegen eines derzeitigen schlechten Kurses verweigern, es sei denn, daß es sich um eine ungewöhnliche, vorübergehende allgemeine Börsenbaisse handelt. Ferner ist es dem Erben zuzumuten, von mehreren Geschäftsbetrieben einen zu veräußern, wenn die ihm verbleibenden als Grundlage für den Lebensbedarf für ihn und seine Familie ausreichen, vgl Pal/Edenhofer Rz 2. Schließlich kann ein Stundungsverlangen auch daran scheitern, daß zwar nicht der Nachlaß, wohl aber der Erbe mit seinem Eigenvermögen so liquide ist, daß er die Pflichtteilsansprüche erfüllen kann. Hierbei ist allerdings zu beachten, daß bis zur Teilung des Nachlasses bei beschränkter Erbenhaftung nach § 2059 I keiner der Miterben den Pflichtteilsanspruch aus seinem Privatvermögen erfüllen muß und sich die Vollstreckung nur gegen den ungeteilten Nachlaß richten kann. Das kann dazu führen, daß der Stundungsantrag eines Miterben uU der nicht pflichtteilsberechtigten Miterben zugute kommen kann, vgl Pal/Edenhofer Rz 4; Damrau FamRZ 1969, 582.

5   c) Sind somit die Voraussetzungen für eine Stundung gegeben, so kann nach **Abs I S 2** das **Stundungsbegehren dennoch ausnahmsweise unbegründet** sein, wenn eine Abwägung der Interessen des Erben und des Pflichtteilsberechtigten ergibt, daß diesem eine Stundung nicht zugemutet werden kann. Das ist besonders der Fall, wenn der Pflichtteilsberechtigte durch den Erbfall seinen Unterhaltsanspruch verliert und nur durch sofortige Erfüllung des Pflichtteilsanspruchs in die Lage versetzt wird, seine Ausbildung fortzusetzen oder sich eine berufliche Existenz aufzubauen.

6   **4. Die Entscheidung über die Stundung. a)** Über die Stundung entscheidet nach **Abs II** das **Nachlaßgericht**, wenn Grund und Betrag des Pflichtteilsanspruchs **unstreitig** sind. Die örtliche Zuständigkeit richtet sich nach § 73 FGG. Nach § 3 Nr 2 lit c RpflG entscheidet der **Rechtspfleger**; dazu Bosch FamRZ 1972, 169, 174; vgl auch Odersky § 2331a Anm IV 3; Firsching Rpfleger 1970, 53. Das Verfahren, das durch einen jederzeit zurücknehmbaren Antrag eingeleitet wird, richtet sich nach den §§ 83a, 53a FGG. Hiernach soll mit den Beteiligten mündlich verhandelt und auf eine gütliche Einigung hingewirkt werden. Kommt eine Einigung zustande, so ist hierüber eine Niederschrift nach §§ 159ff ZPO aufzunehmen, §§ 53a I S 2 FGG; 160 III Nr 1 ZPO. Kommt kein Vergleich zustande, so hat das Nachlaßgericht von Amts wegen alle erheblichen Tatsachen zu ermitteln, § 12 FGG. Die Beteiligten haben bei der Aufklärung des Sachverhalts mitzuwirken. Ordnet das Gericht eine Stundung an, so muß es auch über die Höhe der Verzinsung der gestundeten Forderung entscheiden, § 1382 II, IV. Zur Zinshöhe vgl BayObLG FamRZ 1981, 392. Es kann ferner auf Antrag des Pflichtteilsberechtigten anordnen, daß der oder die Erben für die gestundete Forderung Sicherheit zu leisten haben, § 1382 III, IV. Ist der Pflichtteilsanspruch unstreitig, so kann das Gericht auf Antrag die Verpflichtung des Erben zur Zahlung des Pflichtteilsanspruchs mit in seine Verfügung aufnehmen und so dem Gläubiger einen vollstreckbaren Titel schaffen, § 53a II S 2, IV FGG. Gegen die Verfügung des Nachlaßgerichts ist sofortige Beschwerde, § 60 I Nr 6, 53a II S 1 FGG und gegen die Entscheidung des Beschwerdegerichts ebenfalls in der Frist des § 22 I FGG die sofortige weitere Beschwerde gegeben, § 29 II FGG. Eine einstweilige Anordnung ist nach § 53a III S 2 FGG nur mit der Endentscheidung anfechtbar. Die Gebühren richten sich nach § 106a KostO; dazu Mümmler JurBüro 1970, 296; siehe auch Odersky § 2331a Anm IV 8.

7   b) Das **Prozeßgericht** (Familiengericht) entscheidet über den Stundungsantrag durch Urteil, wenn der Pflichtteilsanspruch noch **streitig** ist, **Abs II** und § 1382 V. Beantragt der Schuldner in diesem Verfahren keine Stundung, so kann er mit Gründen, die er beim Prozeßgericht hätte vorbringen können, nicht Stundung beim Nachlaßgericht verlangen, Pal/Edenhofer Rz 7, 8; Odersky Anm V 1; vgl aber unten Rz 8. Zum Inhalt der Entscheidung des Prozeßgerichts vgl Rz 4, 5.

8   **5. Nach Abs II S 2** iVm § 1382 VI kann das Nachlaßgericht auf Antrag des Erben oder des Pflichtteilsberechtigten seine eigene rechtskräftige Entscheidung oder die des Prozeßgerichts sowie einen gerichtlichen Vergleich aufheben oder ändern, wenn sich die maßgebenden Verhältnisse nach der Entscheidung wesentlich verändert haben, vgl BT-Drucks V/2370, 108. Zum Verfahren siehe Rz 6.

9   **6.** Nach § 1934b II aF (Art 2 ErbGleichG) ist § 2331a entsprechend anwendbar, wenn gegen einen selbst pflichtteilsberechtigten Erben ein Erbersatzanspruch (§ 1934a aF) geltend gemacht wird.

10   **7.** Nach Art 12 § 10 I NEhelG ist § 2331a nur für Pflichtteilsansprüche anwendbar, die auf Erbfällen nach dem 30. 6. 1970 beruhen. Dagegen meinen Bosch (FamRZ 1972, 174) und RGRK/Johannsen (Rz 11), § 2331a werde von Art 12 § 10 I NEhelG nicht erfaßt und sei daher auch auf Altansprüche anwendbar.

2332 *Verjährung*

(1) Der Pflichtteilsanspruch verjährt in drei Jahren von dem Zeitpunkt an, in welchem der Pflichtteilsberechtigte von dem Eintritt des Erbfalls und von der ihn beeinträchtigenden Verfügung Kenntnis erlangt, ohne Rücksicht auf diese Kenntnis in 30 Jahren von dem Eintritte des Erbfalls an.
(2) Der nach § 2329 dem Pflichtteilsberechtigten gegen den Beschenkten zustehende Anspruch verjährt in drei Jahren von dem Eintritt des Erbfalls an.
(3) Die Verjährung wird nicht dadurch gehemmt, dass die Ansprüche erst nach der Ausschlagung der Erbschaft oder eines Vermächtnisses geltend gemacht werden können.

1   **1. Zweck der kurzen Verjährung** ist eine schnelle endgültige Abwicklung des Nachlasses, die keiner Berichtigung mehr bedarf, RG 135, 231, 235. **Ihr unterliegt** der gewöhnliche Pflichtteilsanspruch (§ 2303), der Pflichtteilsrest- (§§ 2305, 2307), der Pflichtteilsergänzungsanspruch gegen den Erben (§§ 2325ff), gegen den Beschenk-

ten (vgl §§ 2332 II, 2329), der Anspruch auf den Zugewinnausgleich nach dem Tod eines Ehegatten (§ 1378 IV 3), **nicht** dagegen der Erbauseinandersetzungs- oder Vermächtnisanspruch desjenigen, der auf einen dem Pflichtteil entsprechenden gesetzlichen Erbteil eingesetzt ist oder dem ein solches Vermächtnis zugewandt ist, der Vermächtnisanspruch an Pflichtteils Statt, RG 113, 234, 237; HRR 1932, 958. Sie verjähren in 30 Jahren, § 197 Nr 2. Das gilt auch vom Auskunftsanspruch (§ 2314), der aber wegen seiner unselbständigen Hilfsfunktion in der Regel nicht später verjährt als der Pflichtteilsanspruch selbst, BGH 33, 373; Soergel/Dieckmann, § 2314 Rz 22. Das gilt allerdings nicht, wenn der Pflichtteilsberechtigte die Auskünfte des Erben benötigt, um nach § 2329 gegen den Beschenkten (BGH FamRZ 1985, 178 mit Anm Dieckmann FamRZ 1985, 589) oder gegen seinen Prozeßbevollmächtigten vorzugehen, der es schuldhaft versäumt hat, die Verjährung des Pflichtteilsanspruchs zu unterbrechen (jetzt Hemmung herbeizuführen, § 204 Nr 1), BGH 108, 393, 399f.

2. Die **Verjährung beginnt** mit Kenntnis des Berechtigten oder seines gesetzlichen Vertreters (Hamburg MDR 1984, 54) von dem Erbfall und der beeinträchtigenden Verfügung, deren Verkündung nicht erforderlich ist, RG 66, 30. Beeinträchtigende Verfügung iSv Abs I kann sowohl eine Verfügung von Todes wegen als auch eine Verfügung unter Lebenden sein. Unkenntnis über den Umfang und den Wert des Nachlasses hindert nicht den Beginn der Verjährungsfrist, Koblenz FamRZ 2003, 193.

a) Für die **Pflichtteilsansprüche** (§§ 2303, 2305, 2306 I S 2, II, 2307, 2316 II) ist die beeinträchtigende Verfügung die **Verfügung von Todes wegen**, die in das Rechte des Berechtigten als gesetzlicher Erbe so eingreift, daß ein Pflichtteilsanspruch entsteht, BGH FamRZ 1985, 1021. Die Verjährung beginnt auch dann, wenn in der Verfügung die Rechte des Beeinträchtigten als Pflichtteilsberechtigter anerkannt werden, RG 113, 234, 236f. Kenntnis gerade der bestimmten Verfügung in allen Einzelheiten ist ebensowenig notwendig wie die ihrer rechtlichen Natur, BGH LM § 2332 Nr 1; NJW 1995, 1157; vgl hierzu das Entsprechende unter § 1944 Rz 4, 5. Der Pflichtteilsberechtigte muß aber wissen, daß er von der Erbfolge ausgeschlossen ist (RG 115, 27, 30), denn er muß gerade auch die Umstände, sei es auch nur durch mündliche Mitteilung zuverlässig kennen, die ihn beeinträchtigen, RG 135, 231, 236; BGH LM § 2332 Nr 1. Zweifel an der Wirksamkeit der letztwilligen Verfügung oder ein Irrtum über die Auslegung der letztwilligen Verfügung können die Kenntnis und damit den Fristbeginn zumindest bis zur Erbscheinerteilung ausschließen, sofern diese zumindest nicht von vornherein von der Hand zu weisen sind, RG 115, 27, 29; BGH 95, 76, 78; MDR 1984, 1020; NJW 1995, 1157; FamRZ 2000, 223; s aber BGH NJW 1995, 1157. Kennt der Berechtigte die ihn enterbende Verfügung von Todes wegen, erfährt er aber kurze Zeit später von einer weiteren Erklärung des Erblassers, durch die allein Anschein nach die frühere Enterbung wieder aufgehoben ist, so entfällt damit die Kenntnis von der ersten Verfügung, BGH 95, 76 mit Anm Dieckmann FamRZ 1985, 1124. Kenntnis des Nachlaßstands, vor allem des Nachlaßwerts ist dagegen nicht erforderlich, RG 104, 195, 197; BGH FamRZ 1977, 128. Die Verjährungsfrist beginnt daher auch, wenn die Höhe von Forderungen oder Verbindlichkeiten, die zum Nachlaß gehören, noch nicht feststeht. Allerdings beginnt die Verjährungsfrist erst mit Inkrafttreten des Vermögensgesetzes, wenn beim Nachlaßwert Ansprüche nach dem Vermögensgesetz auf Rückübertragung oder Entschädigung für Grundstücke des Erblassers in der früheren DDR zu berücksichtigen sind, BGH NJW 1993, 2176; ZEV 1996, 117; Casimir DtZ 1993, 234; Dressler DtZ 1993, 229. Auch wenn eine Nacherbfolge angeordnet ist, beginnt die Frist für Pflichtteilsansprüche gegen den Nachlaß des Vorerben schon mit der Kenntnis des Erbfalls und der beeinträchtigenden Verfügung, nicht erst oder erneut mit Kenntnis des Nacherbfalls, BGH NJW 1973, 1609 mit Anm Waltjen NJW 1973, 2061; LG Bochum DNotZ 1966, 617; RGRK/Johannsen Rz 3; Kipp/Coing § 9 III F Fn 39; Lange/Kuchinke § 37 XI 2e; Donau MDR 1958, 134, 135; aA Ottow, MDR 1957, 211.

b) Unter beeinträchtigender Verfügung ist aber auch die den **Pflichtteilsergänzungsanspruch** begründende **Schenkung des Erblassers unter Lebenden** zu verstehen, §§ 2325ff. Die Verjährung des Pflichtteilsergänzungsanspruchs beginnt also erst mit Kenntnis dieser Verfügung zu laufen (BGH 103, 333; BGH NJW 1964, 297; aA Schleswig MDR 1978, 757), nicht jedoch, solange der Berechtigte die ihn beeinträchtigende Schenkung rechtsirrig aus Gründen, die nicht von vornherein von der Hand zu weisen sind, für rechtsunwirksam hält, BGH NJW 1964, 297; Rpfleger 1968, 183. Kenntnis von der Beeinträchtigung im Sinne dieses Rechtsbegriffs ist auch hier nicht erforderlich; der Pflichtteilsberechtigte muß aus den ihm bekannten Umständen auf eigene Gefahr Schlüsse ziehen, RG 135, 231. Wurde der Berechtigte durch mehrere Schenkungen des Erblassers benachteiligt und erfährt er von den verschiedenen Schenkungen nacheinander, so ergeben sich hieraus verschiedene Ergänzungsansprüche mit unterschiedlich laufenden Verjährungsfristen, Düsseldorf FamRZ 1996, 569. Hat der Berechtigte neben dem Pflichtteilsergänzungsanspruch aufgrund benachteiligender Schenkung unter Lebenden einen Pflichtteilsanspruch wegen benachteiligender Verfügung von Todes wegen (§§ 2303ff), beginnt die Verjährungsfrist für beide Ansprüche einheitlich im Zeitpunkt der letzten Kenntnis zu laufen, wenn der Pflichtteilsberechtigte nach dem Erbfall zunächst nur von der Schenkung und erst später von der Verfügung von Todes wegen Kenntnis erlangt hat, BGH NJW 1972, 760; 1995, 76, 80; Düsseldorf aaO. Erlangt umgekehrt der Berechtigte zunächst Kenntnis von der Verfügung von Todes wegen, laufen die Fristen getrennt, BGH 103, 333, 336. Die Verjährung des Pflichtteilsanspruchs beginnt unabhängig von der Kenntnis der Schenkung schon mit der Kenntnis der letztwilligen Verfügung; dagegen setzt die Verjährungsfrist für den Pflichtteilsergänzungsanspruch erst ein, wenn der Berechtigte sowohl von der Verfügung von Todes wegen als auch der Schenkung unter Lebenden Kenntnis hat, BGH 103, 333 (336); NJW 1996, 1743; aA Soergel/Dieckmann Rz 12.

c) Die Verjährung des **Pflichtteilergänzungsanspruchs gegen den Beschenkten** (§ 2329) beginnt mit dem Eintritt des Erbfalls auch ohne Kenntnis der Schenkung, **Abs II**: BGH FamRZ 1968, 150. Der III. Zivilsenat (BGH LM § 2325 Nr 6) und der IVa. Zivilsenat des BGH (JR 1956, 110 mit Anm Sick) haben zutreffend für den Fall, daß der Beschenkte zugleich Miterbe ist, § 2332 II und nicht die für den Gläubiger günstigere Regelung des § 2332 I angewendet, vgl auch Hamm NJW-RR 1986, 166; aA Zweibrücken NJW 1977, 1855; Soergel/Dieckmann Rz 28; offen gelassen vom V. Zivilsenat des BGH NJW 1964, 297.

§ 2332

6 3. Eine **Hemmung der Verjährung** (§ 204 Nr 1) tritt nicht schon durch eine Klage auf Auskunftserteilung (§ 2314) ein, weil mit ihr nicht der Pflichtteilsanspruch rechtshängig wird; BayObLG NJW-RR 1991, 394; RG 115, 27; Köln JR 1958, 223. Die Verjährung wird aber durch Erhebung der Stufenklage (§ 254 ZPO) auf Auskunft und Zahlung der sich nach ihr ergebenden Summe gehemmt; BGH NJW 1975, 1409; FamRZ 1995, 797; RG 115, 27, 29. Eine Anerkennung, mit der die Verjährung erneut beginnt (§ 212 Nr 1) kann in der Erteilung der Auskunft (s hierzu BGH NJW-RR 1987, 1411; FamRZ 1990, 1107) oder in der Einreichung eines Inventars nach § 1994, in dem der Pflichtteilsanspruch als Nachlaßschuld verzeichnet ist (RG 113, 234, 239) oder in der Abgabe einer eidesstattlichen Versicherung nach §§ 260 oder 2006 liegen. Auslegungsfrage ist, ob damit der ganze Anspruch anerkannt ist (ablehnend Kipp/Coing § 9 III Fn 41) oder nur derjenige Pflichtteilsbetrag, der sich aus dem Verzeichnis ergibt, RG 113, 234, 239; vgl auch RG WarnRsp 1937 Nr 134. Eine Klage, die gegen den Testamentsvollstrecker gerichtet ist, hemmt die Verjährung nicht. Sie beginnt auch nicht erneut durch ein von diesem abgegebenes Anerkenntnis der Pflichtteilsforderung, BGH 51, 125; vgl auch Johannsen WM 1970, 110, 114. Eine Klage auf Feststellung des Pflichtteilsrechts hemmt nicht auch die Verjährung des auf § 2325 gestützten Ergänzungsanspruchs, wenn zur Schenkung nichts vorgetragen wird, BGH 132, 140 mit Anm Ebenroth/Koos ZEV 1996, 224. Allerdings hemmt die Klage auf Pflichtteilsergänzung gegen den beschenkten Erben in ihrem Umfang auch die Verjährung des Pflichtteilsanspruchs, wenn sie entsprechend umgestellt wird, dazu Johannsen WM 1977, 302, 308; s auch Pal/Edenhofer Rz 12; Schleswig MDR 1978, 757. Ebenso wird die Verjährung des auf § 2329 gegründeten Anspruchs durch eine gegen denselben Verpflichteten gerichtete Zahlungsklage gehemmt, die auf § 2325 gestützt ist, BGH 107, 200, 203 mit Anm Dieckmann FamRZ 1989, 857; BGH NJW 1974, 1327. Ist der Beschenkte hingegen nicht zugleich Erbe, kann die klageweise Geltendmachung des vorrangigen Ergänzungsanspruchs gegen den Erben die Verjährung des Anspruchs nach § 2329 nicht hemmen. Wegen der kurzen Verjährung ist es dem Pflichtteilsberechtigten im Hinblick auf seinen Anspruch aus § 2329 nicht zuzumuten, die Rechtskraft eines (präjudiziellen) Rechtsstreits gegen den Erben wegen eines vorrangigen (vgl hierzu § 2329 Rz 1) Anspruchs aus § 2325 abzuwarten. Zur Verjährungshemmung kann er daher im Hinblick auf § 2329 eine Feststellungsklage erheben, Düsseldorf FamRZ 1996, 445. Auch wenn der Anspruch erst mit der Ausschlagung entsteht, läuft die Verjährung wegen der Rückwirkung der Ausschlagung (§ 1953 I) von der Kenntnis ab, **Abs III**. Eine vor der Ausschlagung erhobene Klage hemmt die Verjährung nur, wenn diese bis zum Zeitpunkt der letzten mündlichen Verhandlung erfolgt, Pentz NJW 1966, 1647; RGRK/Johannsen Rz 22; Kipp/Coing § 9 III 3.

7 4. Zur Wirkung der Verjährung vgl § 214. Der verjährte Pflichtteilsanspruch bleibt daher bestehen, die Pflichtteilsrechte anderer Berechtigter werden nicht erhöht, Planck/Greiff Anm 7. Hat der Vorerbe den Pflichtteilsanspruch eines Abkömmlings nach Eintritt der Verjährung vertraglich anerkannt, so wirkt dieses Anerkenntnis auch gegen den Nacherben, BGH NJW 1973, 1690; vgl auch RGRK/Johannsen Rz 16; Lange/Kuchinski § 37 X 1 Fn 547; Soergel/Dieckmann Rz 20.

8 5. § 2332 gilt nach § 2338a aF (Art 2 ErbGleichG) auch dann, wenn einem Pflichtteilsberechtigten der Erbersatzanspruch durch letztwillige Verfügung entzogen worden ist.

2333 *Entziehung des Pflichtteils eines Abkömmlings*
Der Erblasser kann einem Abkömmling den Pflichtteil entziehen:
1. **wenn der Abkömmling dem Erblasser, dem Ehegatten oder einem anderen Abkömmling des Erblassers nach dem Leben trachtet,**
2. **wenn der Abkömmling sich einer vorsätzlichen körperlichen Misshandlung des Erblassers oder des Ehegatten des Erblassers schuldig macht, im Falle der Misshandlung des Ehegatten jedoch nur, wenn der Abkömmling von diesem abstammt,**
3. **wenn der Abkömmling sich eines Verbrechens oder eines schweren vorsätzlichen Vergehens gegen den Erblasser oder dessen Ehegatten schuldig macht,**
4. **wenn der Abkömmling die ihm dem Erblasser gegenüber gesetzlich obliegende Unterhaltspflicht böswillig verletzt,**
5. **wenn der Abkömmling einen ehrlosen oder unsittlichen Lebenswandel wider den Willen des Erblassers führt.**

Schrifttum: *Gotthardt*, Zur Entziehung des Pflichtteils eines Abkömmlings wegen Führung eines ehrlosen oder unsittlichen Lebenswandels (§ 2333 Nr 5 BGB), FamRZ 1987, 757; *Groß*, Das Pflichtteilsentziehungsrecht. Mängel der gegenwärtigen Regelung und Vorschlag für eine Reform, Diss Gießen 1986; *Leisner*, Pflichtteilsentziehungsgründe nach §§ 2333ff BGB verfassungswidrig. BVerfG lässt eine wichtige Frage offen, NJW 2001, 126; *Schlüter*, Die Änderung der Rolle des Pflichtteilsrechts, in 50 Jahre Bundesgerichtshof, 2000, S 1047.

1 1. Das **Recht zur Pflichtteilsentziehung** ist ein Gestaltungsrecht des Erblassers, das er nur durch letztwillige Verfügung (§ 2336 I), daher nur persönlich ausüben und auf das er nicht verzichten kann, § 2302. Es kann aber schon zu seinen Lebzeiten erlöschen, §§ 2336 IV, 2337. Es kann auf seine Feststellung geklagt werden, BGH 109, 306, 309; BGH NJW 1974, 1084; RG 169, 98; 92, 1; Hamburg FamRZ 1988, 107; Saarbrücken NJW 1986, 1182. Das gilt aber dann nicht, wenn der Erbe nach dem Tode des Erblassers dessen Klage weiterverfolgt, BGH NJW-RR 1990, 130. Zur Zulässigkeit der Klage eines möglichen Pflichtteilsberechtigten auf Feststellung, der noch lebende Erblasser habe kein Pflichtteilsentziehungsrecht vgl BGH 109, 306 mit Anm Leipold, JZ 1990, 700. Mit dem Tod des Erblassers entfällt aber das Feststellungsinteresse des Erben, weil dann die umfassendere Klage auf Feststellung des Pflichtteilsrechts möglich ist, BGH NJW-RR 1993, 391.

Kann der Erblasser dem Pflichtteilsberechtigten unter den hier aufgezählten Voraussetzungen den Pflichtteil ganz entziehen, so kann er unter denselben Voraussetzungen auch seine gesetzlichen Rechte durch Testament beliebig mindern, auch durch Beschränkungen und Beschwerungen, die sonst unzulässig sind, § 2306. Auch der Pflichtteil der Eltern und Ehegatten kann entzogen werden, §§ 2334, 2335.

2. Die **Entziehungsgründe** sind nach hM **erschöpfend** aufgezählt, so daß keine entsprechende Anwendung auf andere Fälle möglich sein soll (BGH NJW 1974, 1084; 1977, 339; RG 168, 39, 41; Hamburg FamRZ 1988, 107; Firsching JR 1960, 129; Soergel/Dieckmann vor § 2333 Rz 2), etwa auf andere Unterhaltspflichtverletzungen als die der Nr 4, RG 168, 39, 41. Ob diese durch die gesellschaftliche Entwicklung überholte Beschränkung der Entziehungsgründe in dem Katalog verfassungsgemäß ist, erscheint zweifelhaft, dazu Leisner NJW 2001, 126; dazu der Nichtzulassungsbeschluß des BVerfG NJW 2001, 141. Nicht alle sind zugleich strafrechtliche Tatbestände. Aber auch, soweit sie sich mit solchen decken, setzt die Entziehung keine Bestrafung des Pflichtteilsberechtigten voraus, auch keinen Antrag bei Strafantragsdelikten. Immerhin kommt in allen zum Ausdruck, daß diejenigen nächsten Angehörigen keinen Anteil am Nachlaß des Erblassers haben sollen, die sich ihm gegenüber etwas Schweres haben zuschulden kommen lassen. Deshalb setzen nach hM alle Entziehungsgründe Verschulden und damit Zurechnungsfähigkeit voraus, auch die Tatbestände der Nr 5, ebenso KG OLG 21, 345; Düsseldorf NJW 1968, 944; Planck/Greiff Anm 2; RGRK/Johannsen Rz 3; Pal/Edenhofer Rz 2; Kipp/Coing § 14 I 5; v Lübtow Bd 1 S 606; Fabricius FamRZ 1965, 462, der jedoch den Strafcharakter der Entziehungsgründe verneint; aA für Nr 5 v Stackelberg JW 1938, 2940. Das BVerfG wird demnächst darüber zu befinden haben, ob durch das von der hM geforderte Verschulden des Pflichtteilsberechtigten den Erblasser nicht in seinem Grundrecht auf Testierfreiheit unzulässig beschränkt, FamRZ 2001, 277; dazu Mayer ZEV 2000, 447.

3. Die **Lebensnachstellung (Nr 1)** verlangt, daß der Pflichtteilsberechtigte den ernsten Willen gehabt hat, den Erblasser zu töten, dh seinen Tod, sei es auch durch wissentliches Unterlassen der Verhinderung, zu verursachen, sofern er rechtlich oder sittlich zum Handeln verpflichtet war. Ob der Erblasser sich bedroht gefühlt hat, ist unerheblich. Alle Teilnahmeformen, Anstiftung, Beihilfe, auch Vorbereitung genügen.

4. Die **vorsätzliche körperliche Mißhandlung (Nr 2)** braucht keine grobe oder schwere zu sein, vgl RG JW 1913, 207. Eine seelische Mißhandlung soll nur dann hierunter fallen, wenn mit ihr auf die körperliche Gesundheit eingewirkt werden soll und auch wird, BGH NJW 1977, 339 mit Anm Bosch FamRZ 1977, 47; Pal/Edenhofer Rz 4; vgl auch Firsching JR 1960, 129f; Johannsen WM 1979, 635, 636. Diese einschränkende Auslegung der Nr 2 überzeugt nicht, Schlüter S 1047 (1052ff). Die Mißhandlung muß sich gegen den Erblasser, mag er zu den Eltern oder Voreltern gehören, oder seinen Ehegatten richten. Allerdings muß der Abkömmling auch von diesem Ehegatten abstammen. Notwehr (§ 227 BGB; § 32 StGB) und rechtfertigender Notstand (§ 34 StGB) schließen die Rechtswidrigkeit und damit das „sich schuldig machen" aus. Notstand (§ 35 StGB) entschuldigt den Täter. Notwehrüberschreitung, die unter den Voraussetzungen des § 33 StGB straflos bleibt, berechtigt ebenfalls nicht zur Pflichtteilsentziehung. Das Recht zur Entziehung des Pflichtteils besteht unabhängig von einer schweren Verletzung der dem Erblasser geschuldeten familiären Achtung („schwere Pietätsverletzung"), RGRK/Johannsen Rz 6; Leipold JZ 1990, 700; aA BGH 109, 306, 311; Stuttgart BWNotZ 1976, 92; Firsching JR 1960, 129; Staud/Olshausen Rz 6. Aus den Protokollen zum BGB (Prot V, 559ff) ergibt sich, daß der Gesetzgeber bewußt davon abgesehen hat, ein derartiges Tatbestandsmerkmal zu normieren. Nur eine besonders schwere Pflichtverletzung soll den Erblasser zur Entziehung des Pflichtteils berechtigen. Ob eine solche Pflichtverletzung vorliegt, ist aber durch Auslegung des § 2333 Nr 2 zu ermitteln. So wird in der Regel in einer tätlichen Beleidigung („Ohrfeige") ein Grund zur Entziehung des Pflichtteils zu sehen sein, vgl dazu BGH FamRZ 1961, 437.

5. Ein **Verbrechen oder schweres vorsätzliches Vergehen (Nr 3**; vgl § 12 StGB) berechtigt zur Pflichtteilsentziehung, wenn der Erblasser oder sein Ehegatte Verletzte im Sinne des strafrechtlichen Tatbestands sind, wobei der Abkömmling nicht vom Ehegatten des Erblassers abzustammen braucht. Die Schwere der Tat kann durch eigene verwerfliche Lebensführung oder Verhaltensweise des Erblassers gemildert werden, RG JW 1929, 2707. Eine einzelne, auch grobe Beleidigung, genügt nicht, RG JW 1929, 2707; WarnRsp 1917 Nr 26. Verfehlungen gegen das Eigentum und das Vermögen des Erblassers sind nur dann vorsätzliche Verfehlungen im Sinne des § 2333 Nr 3, wenn sie ihrer Natur nach und ihrer Begehungsweise nach eine grobe Mißachtung des Eltern-Kind-Verhältnisses zum Ausdruck bringen und deswegen eine besondere Kränkung des Erblassers bedeuten, BGH NJW 1974, 1084; s auch LG München I FamRZ 2000, 853. Vgl auch die Nr 3 nachgebildete Vorschrift des § 1579 I Nr 2 und zur Schuldvoraussetzung dort wie hier Bamberg FamRZ 1979, 505f.

6. Eine **böswillige Verletzung der gesetzlichen Unterhaltspflicht (Nr 4)** setzt Leistungsvermögen des Pflichtteilsberechtigten, Kenntnis der Bedürftigkeit des Erblassers und Verletzung der Pflicht aus verwerflicher Gesinnung voraus.

7. **Ehrloser und unsittlicher Lebenswandel (Nr 5)** ist nur dann Pflichtteilsentziehungsgrund, wenn er gegen den Willen des Erblassers geführt wird und der Abkömmling durch sein Verhalten in den Interessenkreis des Erblassers eingegriffen hat, BGH NJW 1980, 936, 938. Schutzgut ist insoweit die Familienehre, Prot V S 562; RGRK/Kregel Rz 11; aA Tiedtke JZ 1980, 717. Auch dieser Entziehungsgrund setzt Verschulden voraus, Düsseldorf NJW 1968, 944; aA v Stackelberg, JW 1938, 2940. Einzelne Handlungen genügen nicht, sie müssen Ausdruck eines charakteristischen Hangs sein, der die Persönlichkeit des Pflichtteilsberechtigten prägt (RG LZ 1923, 449), doch kann sich dieser Hang auch in einzelnen besonders schweren Verfehlungen zeigen, Pakuscher JR 1960, 51. Die Entziehung wird unwirksam, wenn sich der Abkömmling zur Zeit des Erbfalls von dem ehrlosen oder unsittlichen Lebenswandel dauernd abgewandt hat, § 2336 IV. Bei der Anwendung der Nr 5 kann der eigene verwerfliche Lebenswandel des Erblassers bedeutsam sein, RG JW 1929, 2707; abzulehnen ist dagegen die Ansicht von Pakuscher (JR 1960, 51), daß auch der besonders strenge Lebenswandel des Erblassers zu berücksichtigen sei. Es kommt auf die Gesamtumstände und den gesamten Lebenswandel an, vgl RG WarnRsp 1931, 199. Ehrloser oder unsittlicher Lebenswandel ist etwa anzunehmen bei gewerbsmäßiger Unzucht, gewerbsmäßigem Glücksspiel,

§ 2333   Erbrecht Pflichtteil

unverbesserlicher Rauschgift- und Trunksucht, soweit sie nicht auf krankhafter Veranlagung beruht, Soergel/ Dieckmann Rz 16.

8   8. Die Entziehungsgründe berechtigen zugleich zum Rücktritt vom Erbvertrag (§ 2294) und auch dazu, dem bei fortgesetzter Gütergemeinschaft (§ 1483) anteilsberechtigten Abkömmling den ihm nach ihrer Beendigung gebührenden Gesamtgutsanteil durch letztwillige Verfügung zu entziehen, § 1513 I.

9   9. Die §§ 2333, 2336–2338 über die Pflichtteilsentziehung gegenüber Abkömmlingen gelten nach § 2338a aF (Art 2 ErbGleichG) auch für das Pflichtteilsrecht, das bei Entziehung des Ersatzanspruchs durch eine letztwillige Verfügung entsteht. Liegen die Voraussetzungen des § 2333 vor, so konnte der Erblasser gegenüber seinem nichtehelichen Kind den vorzeitigen Erbausgleich (§ 1934d aF) einredeweise, also ohne ausdrückliche Pflichtteilsentziehung in den Formen des § 2336 verweigern, BGH NJW 1980, 936, 938; § 1934d Rz 14.

2334 *Entziehung des Elternpflichtteils*
Der Erblasser kann dem Vater den Pflichtteil entziehen, wenn dieser sich einer der in § 2333 Nr. 1, 3, 4 bezeichneten Verfehlungen schuldig macht. Das gleiche Recht steht dem Erblasser der Mutter gegenüber zu, wenn diese sich einer solchen Verfehlung schuldig macht.

1   1. Eine **Entziehung** kommt **nur gegenüber dem Elternteil** in Betracht, **der** sich eines hier aufgeführten Tatbestands **schuldig** gemacht hat. Die Unterhaltspflicht kann nicht nur durch Nichtzahlung erforderlicher Geldbeträge, sondern auch durch Vorenthaltung von Naturalunterhalt verletzt werden. Rechtspolitisch zu § 2334 vgl Mertens, FamRZ 1971, 353. Bowitz (JZ 1980, 304) hält §§ 2334, 2335 insoweit mit Art 3 GG nicht für vereinbar, als sie die Tatbestände des § 2333 nicht übernehmen.

2   2. Die §§ 2334, 2336, 2337 über die Entziehung des Pflichtteils gegenüber einem Elternteil finden nach § 2338a (Art 2 ErbGleichG) auch auf das Pflichtteilsrecht des nichtehelichen Vaters Anwendung, das bei Entziehung des Erbersatzanspruchs durch eine letztwillige Verfügung entsteht.

2335 *Entziehung des Ehegattenpflichtteils*
Der Erblasser kann dem Ehegatten den Pflichtteil entziehen:
1. wenn der Ehegatte dem Erblasser oder einem Abkömmling des Erblassers nach dem Leben trachtet,
2. wenn der Ehegatte sich einer vorsätzlichen körperlichen Misshandlung des Erblassers schuldig macht,
3. wenn der Ehegatte sich eines Verbrechens oder eines schweren vorsätzlichen Vergehens gegen den Erblasser schuldig macht,
4. wenn der Ehegatte die ihm dem Erblasser gegenüber gesetzlich obliegende Unterhaltspflicht böswillig verletzt.

1   1. **Vorbemerkung.** § 2335 ist neu gefaßt durch Art 1 Nr 47 1. EheRG v 14. 6. 1976 (BGBl I 1421) mit Wirkung vom 1. 7. 1977, Art 12 Nr 13a 1. EheRG; siehe auch Battes FamRZ 1977, 433. Die Wirksamkeit einer Pflichtteilsentziehung ist nach der Rechtslage im Zeitpunkt des Erbfalls zu beurteilen (vgl Art 213 EGBGB), BGH 111, 329; Düsseldorf FamRZ 1991, 1108; Karlsruhe NJW 1989, 109.

2   2. Für die Entziehung des Pflichtteils gegenüber einem Ehegatten gelten die dem § 2333 Nr 1–4 entsprechenden Entziehungsgründe.

3   3. Wie dort sind nach hM auch hier die **Entziehungsgründe erschöpfend** aufgezählt und daher nicht auf andere Fälle auszuweiten. Sie setzen Verschulden und Zurechnungsfähigkeit voraus, vgl § 2333 Rz 2.

4   4. Vgl für die einzelnen Entziehungstatbestände § 2333 Rz 3–6. Die gesetzliche Unterhaltspflicht des Ehegatten gegenüber dem Erblasser (Nr 4) bestimmt sich nach §§ 1360, 1360a, 1361.

5   5. Auch für die Pflichtteilsentziehung gegenüber dem Ehegatten gelten die §§ 2336 (ohne Abs IV), 2337.

6   6. Die Entziehungstatbestände berechtigen zugleich zum Rücktritt vom Erbvertrag (§ 2294) oder zur Aufhebung einer gegenseitigen letztwilligen Verfügung (§ 2271 II S 2), auch dazu, die Fortsetzung der Gütergemeinschaft durch letztwillige Verfügung auszuschließen, § 1509.

7   7. Der **Anspruch** des überlebenden Ehegatten auf den **Ausgleich des Zugewinns (§§ 1371 II, 1378) bleibt** von der Entziehung des Pflichtteils **unberührt**, vgl aber § 1381 I.

2336 *Form, Beweislast, Unwirksamwerden*
(1) Die Entziehung des Pflichtteils erfolgt durch letztwillige Verfügung.
(2) Der Grund der Entziehung muss zur Zeit der Errichtung bestehen und in der Verfügung angegeben werden.
(3) Der Beweis des Grundes liegt demjenigen ob, welcher die Entziehung geltend macht.
(4) Im Falle des § 2333 Nr. 5 ist die Entziehung unwirksam, wenn sich der Abkömmling zur Zeit des Erbfalls von dem ehrlosen oder unsittlichen Lebenswandel dauernd abgewendet hat.

1   1. Die **Entziehung des Pflichtteils** umfaßt **auch** den **Pflichtteilsrest-** (§§ 2305, 2307) **und Pflichtteilsergänzungsanspruch**, §§ 2325ff. Die Entziehung enthält eine schlüssige Enterbung (§ 1938), die also auch wirkt, wenn ein Entziehungsgrund fehlt; siehe aber Hamm OLGZ 73, 83. Eine andere Auslegung ist nur unter besonderen Umständen möglich, andernfalls kommt eine Anfechtung nach § 2078 II, nicht nach § 2079 in Betracht, weil der Pflichtteilsberechtigte nicht „übergangen" ist, RG 59, 60, 63. Die Ausschließung von der gesetzlichen Erbfolge enthält nicht ohne weiteres eine schlüssige Entziehung des Pflichtteils.

2. Die **Entziehung** kann durch **jede Testamentsform, auch** einseitig durch **Erbvertrag** (§§ 1937, 2299 I) **2** erfolgen, selbst wenn dieser ohne Wahrung der Testamentsform abgeschlossen wird, § 2276 II. Entgegen dem Wortlaut des § 2337 S 2 entfaltet die Entziehungserklärung mit ihrer formgerechten Abgabe noch keine Wirkung. Diese tritt erst im Zeitpunkt des Erbfalls ein, BGH FamRZ 1989, 609; BGH 109, 306, 308.

3. Der Entziehungsgrund muß bereits zur Zeit der Errichtung vorliegen (**Abs II**; RG 168, 34), vergangene, **3** unverziehene Tatsachen bilden aber einen gegenwärtigen Grund, vgl aber **Abs IV**. Die Entziehung kann nicht für den Fall künftiger (noch nicht vorliegender) Verfehlungen ausgesprochen werden. Der Erblasser kann aber eine an sich schon gerechtfertigte Entziehung von einer Bedingung abhängig machen, RGRK/Johannsen Rz 4; MüKo/Frank Rz 6. Der Grund muß so bezeichnet sein, daß der Richter weiß, auf welchen Tatbestand sich der Erblasser bei seiner Verfügung stützt, vgl dazu Nürnberg NJW 1976, 2020; Köln MDR 1983, 318; BGH 94, 36 mit Anm Kuchinke JZ 1985, 748 = JR 1986, 24 mit Anm Schubert. Es genügt die Anführung eines Sachverhaltskerns. Die Hinzufügung von (später nicht beweisbaren) Einzelumständen ist demgegenüber unschädlich, wenn sie für den Entziehungswillen des Erblassers ohne Bedeutung sind, BGH NJW 1964, 549. Bei § 2333 Nr 5 genügt der Gebrauch des Gesetzeswortlauts, RG 95, 24, 27; Kipp JW 1919, 503; Pal/Edenhofer Rz 2. Dagegen reicht es nicht aus, wenn der Erblasser in der letztwilligen Verfügung lediglich erklärt, er werde den Grund demnächst niederlegen, LG Köln DNotZ 1965, 108.

4. Die **Beweislast** trifft den Erben, auch für das Verschulden (Düsseldorf NJW 1968, 944) und gegenüber dem **4** Einwand des entschuldigenden Notstands oder der Notwehr (RG WarnRsp 1913, 481; Stuttgart BWNotZ 1976, 92; Staud/Olshausen Rz 18; vgl auch BGH NJW 1974, 696 und Göppinger, FamRZ 1963, 412, 413 zu § 2335 aF), bei § 2329 den Beschenkten, hinsichtlich der Verzeihung (§ 2337) oder Besserung (Abs IV) den Pflichtteilsberechtigten, RG 77, 162f. Die Besserung muß so lange und so nachhaltig gewährt haben, daß die Besorgnis künftigen Rückfalls ausgeschlossen ist. Da sich die Umstände, die den Pflichtteilsentzug rechtfertigen, vielfach im engsten persönlichen Kreis ereignen, kann der Erbe leicht in Beweisschwierigkeiten geraten. Pakuscher (JR 1960, 51) schlägt daher vor, daß der Erblasser außer der Angabe des Grunds auch ein Beweissicherungsverfahren nach § 485 ZPO betreiben sollte.

5. Zur Anwendung des § 2336 auf Pflichtteilsrechte, die nach § 2338a aF (Art 2 ErbGleichG) durch Entziehung **5** des Erbersatzanspruchs entstehen, vgl § 2333 Rz 9 und § 2334 Rz 2 sowie BGH NJW 1980, 936.

2337 *Verzeihung*

Das Recht zur Entziehung des Pflichtteils erlischt durch Verzeihung. Eine Verfügung, durch die der Erblasser die Entziehung angeordnet hat, wird durch die Verzeihung unwirksam.

1. Zur **Verzeihung** vgl dasselbe Merkmal in §§ 532, 2343. Sie ist der nach außen kundgemachte Entschluß des **1** Erblassers, aus den erfahrenen Kränkungen nichts mehr herleiten und über sie hinweggehen zu wollen (BGH NJW 1974, 1084; Stuttgart BWNotZ 1976, 92), der durch formlose, schlüssige Handlung, daneben auch durch Widerruf der Entziehung durch letztwillige Verfügung verlautbart werden kann. Auch mit formloser Verzeihung wird die Anordnung der Entziehung kraft Gesetzes wirkungslos. Die Herstellung einer dem Eltern-Kind-Verhältnis entsprechenden liebevollen Beziehung ist nicht erforderlich. Es genügt, daß die Kränkungsempfindung fortgefallen ist, BGH 91, 273, 280; BGH NJW 1961, 1718; BGH FamRZ 1965, 137; Stuttgart BWNotZ 1976, 92, 93.

2. Zur Anwendung des § 2337 auf Pflichtteilsrechte, die nach § 2338a (Art 2 ErbGleichG) durch Entziehung **2** des Erbersatzanspruchs entstehen, vgl § 2333 Rz 9 und § 2334 Rz 2.

2338 *Pflichtteilsbeschränkung*

(1) Hat sich ein Abkömmling in solchem Maße der Verschwendung ergeben oder ist er in solchem Maße überschuldet, dass sein späterer Erwerb erheblich gefährdet wird, so kann der Erblasser das Pflichtteilsrecht des Abkömmlings durch die Anordnung beschränken, dass nach dem Tode des Abkömmlings dessen gesetzliche Erben das ihm Hinterlassene oder den ihm gebührenden Pflichtteil als Nacherben oder als Nachvermächtnisnehmer nach dem Verhältnis ihrer gesetzlichen Erbteile erhalten sollen. Der Erblasser kann auch für die Lebenszeit des Abkömmlings die Verwaltung einem Testamentsvollstrecker übertragen; der Abkömmling hat in einem solchen Falle Anspruch auf den jährlichen Reinertrag.

(2) Auf Anordnungen dieser Art findet die Vorschrift des § 2336 Abs. 1 bis 3 entsprechende Anwendung. Die Anordnungen sind unwirksam, wenn zur Zeit des Erbfalls der Abkömmling sich dauernd von dem verschwenderischen Leben abgewendet hat oder die den Grund der Anordnung bildende Überschuldung nicht mehr besteht.

1. Die **Beschränkung des Pflichtteilsrechts**, auch des mehr Hinterlassenen (RG 85, 347, 349), **in guter** **1** **Absicht** durch letztwillige Verfügung ist keine Anordnung zur Strafe, sondern im wohlverstandenen Eigeninteresse des pflichtteilsberechtigten Abkömmlings oder seiner Familie, also auch gegenüber Eltern und Ehegatten möglich.

2. Die **Beschränkung** ist nur zugunsten der gesetzlichen oder der im Sinne des § 2052 eingesetzten Erben **2** des Abkömmlings zZt seines Todes und dabei nur zum Schutz der gesetzlichen Erbteile (§ 2066) zulässig und wirksam. Der Staat zählt hier ebensowenig zu den gesetzlichen Erben wie in §§ 2104, 2149.

3. Hat der **Erblasser** dem **Abkömmling mehr** als den **Wert** seines **gesetzlichen Erbteils zugewandt**, so wirkt **3** sich § 2338 nicht aus, da der Abkömmling nicht pflichtteilsberechtigt ist, so daß sein Pflichtteil auch nicht beschränkt werden kann (§§ 2306 I S 2, 2307), wohl aber wenn der Abkömmling das Zugewandte ausschlägt, vgl

§ 2338

§ 2306 Rz 4; KG RJA 15, 194; RG 85, 347; Bremen FamRZ 1984, 213. Dann werden aber die an seine Stelle tretenden Erben von den angeordneten Beschränkungen nicht betroffen, KGJ 40, 63. Ist der pflichtteilsberechtigte Abkömmling weder als Erbe noch als Vermächtnisnehmer bedacht, so sind seine gesetzlichen Erben wie Nachvermächtnisnehmer (§ 2191) zu behandeln. Auch hier ist das angeordnete Nacherbrecht nicht vererblich, RGRK/ Johannsen Rz 8.

4 4. Die **Beschränkungen**, die miteinander verbunden werden können (Soergel/Dieckmann Rz 8), ergeben sich aus den §§ 2100, 2112ff, 2197ff. Auch die Nutzungen des Pflichtteils sind unter den Voraussetzungen des § 863 ZPO der Pfändung entzogen, während der Pflichtteilsanspruch selbst schon durch die §§ 2115, 2214 vor dem Zugriff der Gläubiger der Pflichtteilsberechtigten geschützt ist. Andere beschränkende Anordnungen, besonders die Herabsetzung des Pflichtteils, braucht sich der Abkömmling nur unter den Voraussetzungen der §§ 2333–2335 gefallen zu lassen, RG Recht 1914 Nr 645. Man wird es aber für zulässig halten können, daß der Erblasser den Bedachten in der Verfügung über den Ertrag des Anspruchs (Abs I S 2 Hs 2) dadurch beschränkt, daß er in dem Sinne die Rechtsmacht des Testamentsvollstreckers erweiternd ausgestaltet, da hierin ein kraft Gesetzes eintretendes Veräußerungsverbot (§§ 135, 2211) und kein Verstoß gegen § 137 S 1 zu sehen ist, RG WarnRsp 1919 Nr 71; Bremen FamRZ 1984, 213; Pal/Edenhofer Rz 5; aA Soergel/Dieckmann Rz 11, 18; vgl auch RG 87, 432.

5 5. Die **Anordnung**, das Pflichtteilsrecht zu beschränken, kann nur unter Angabe des Grunds **durch letztwillige Verfügung** erfolgen, §§ 2338 II, 2336 I, II. Eine letztwillige Verfügung genügt auch, um den in einem gemeinschaftlichen Testament bindend oder den in einem Erbvertrag vertragsmäßig bedachten pflichtteilsberechtigten Abkömmling den Beschränkungen des § 2338 I zu unterwerfen, §§ 2271 III, 2289 II; Köln Rpfleger 1983, 113. Die Beschränkung des Pflichtteilsrechts wird unwirksam, wenn die Voraussetzungen des **Abs II S 2** zur Zeit **des Erbfalls** gegeben sind. Eine erst nach dem Erbfall eingetretene Besserung des Abkömmlings führt nur dann zum Wegfall der Beschränkung, wenn der Erblasser das vorgesehen hat, vgl aber KG DFG 1942, 86.

6 6. Liegen die Voraussetzungen des § 2338 vor, so kann auch der **Anteil** des Abkömmlings am Gesamtgut der **fortgesetzten Gütergemeinschaft entsprechend beschränkt** werden, § 1513 II.

7 7. Zur Anwendung des § 2338 auf Pflichtteilsrechte, die durch Entziehung des Erbersatzanspruchs bei Fortgeltung der §§ 1934a-e, 2338a aF (Art 2 ErbGleichG) entstehen, vgl § 2333 Rz 8.

2338 aF

Pflichtteilsberechtigt ist ein Abkömmling oder der Vater des Erblassers auch dann, wenn ihm der Erbersatzanspruch durch Verfügung von Todes wegen entzogen worden ist. Im Sinne der Vorschriften dieses Abschnitts steht der Erbersatzanspruch dem gesetzlichen Erbteil gleich.

1 1. § 2338a aF ist durch Art 1 Nr 3 des Gesetzes zur erbrechtlichen Gleichstellung nichtehelicher Kinder (Erbrechtsgleichstellungsgesetz – ErbGleichG) vom 16. 12. 1997 (BGBl I, 2968) mit Wirkung zum 1. 4. 1998 **gestrichen** worden. Nach Art 2 ErbGleichG, Art 227 EGBGB ist § 2338a weiter anzuwenden, wenn der Erblasser vor diesem Zeitpunkt gestorben ist oder über den Erbausgleich eine wirksame Vereinbarung getroffen oder der Erbausgleich durch rechtskräftiges Urteil zuerkannt worden ist. Zur Weitergeltung des § 2338a im einzelnen vgl § 1934a Rz 3ff.

2 2. **Allgemeines.** Für die in Art 2 ErbGleichG, Art 227 I EGBGB genannten **Altfälle** gilt folgendes: Vor dem ErbGleichG erhielten das nichteheliche Kind und sein Vater unter den in § 1934a aF genannten Voraussetzungen anstelle eines gesetzlichen Erbrechts nur einen Erbersatzanspruch. Da § 2303 für den Pflichtteilsanspruch aber voraussetzt, daß der Abkömmling bzw der Elternteil durch Verfügung von Todes wegen von der Erbfolge ausgeschlossen ist, hätte das nichteheliche Kind oder der nichteheliche Vater keinen Pflichtteilsanspruch gehabt, wenn sie nach § 1934a aF nur zu Gläubigern eines Erbersatzanspruchs berufen waren. Deshalb ordnete § 2338a S 1 aF in Ergänzung des § 2303 an, daß ein Abkömmling oder der Vater des Erblassers auch dann pflichtteilsberechtigt ist, wenn ihm lediglich der Erbersatzanspruch durch Verfügung von Todes wegen entzogen worden ist; BGH 80, 290, 293. Ferner bestimmte § 2338a S 2 aF, daß der Erbersatzanspruch im Sinne der Vorschriften des 5. Abschnitts dem gesetzlichen Erbteil gleichsteht. Hieraus folgt, daß die §§ 2303–2338 mit Ausnahme des § 2335, der die Entziehung des Ehegattenpflichtteils regelt, in gesetzlicher Analogie anzuwenden waren, wenn die Pflichtteilsberechtigung durch Entziehung des Erbersatzanspruchs entstanden war.

3 3. Zu den **Einzelfragen** wird auf die Kommentierung in der 10. Aufl § 2338a Rz 3 und 4 verwiesen.

Abschnitt 6
Erbunwürdigkeit

Vorbemerkung

Schrifttum: *Deubner,* Erbunwürdigkeit durch ehewidriges Verhalten – BGH 49, 155 –, JuS 1968, 449; *Ferid,* Bedeutung eines ausländischen Erbunwürdigkeitsurteils auf die Vererbung des Inlandsvermögens eines deutschen Staatsangehörigen, in FS Beitzke, 1979, S 479; *Hempel,* Erbunwürdigkeit – historische Entwicklung und geltendes Recht, Diss Köln 1969; *Müller-Freienfels,* Fahrlässige Tötung des Erblassers durch betrunkenen Erben: Ein Grund zur Testamentsanfechtung oder zur Erbausschließung?, in FS Schiedermaier, 1976, S 409; *Raape,* Die Einrede der Erbunwürdigkeit aus § 2345 II in Verbindung mit

Erbunwürdigkeit **§ 2339**

§ 2083 mit Bezug auf § 2309 BGB, in FS Haff, 1950, S 317; *Röwer*, Verschweigen der ehelichen Untreue als Fall der Erbunwürdigkeit, FamRZ 1960, 15; *Speckmann*, Erbunwürdigkeit bei Testamentsfälschung im Sinne des Erblasserwillens – BGH NJW 1970, 197 – JuS 1971, 235; *Weimar*, Die Erbunwürdigkeit, MDR 1962, 633.

1. Die Vorschriften über die **Erbunwürdigkeit** sollen verhindern, daß ein gesetzlicher oder eingesetzter Erbe sich dadurch das Vermögen seines Erblassers verschaffen kann, indem er den Tod des Erblassers (§ 1922 I) herbeiführt oder ihn daran hindert, von der gesetzlichen oder von der angeordneten Erbfolge durch Verfügung von Todes wegen abzuweichen. Deshalb kann außer einem Erben auch ein Vermächtnisnehmer oder ein Pflichtteilsberechtigter unwürdig werden (§ 2345), so daß er keinen Anspruch erwirbt.

2. Dieses Ziel wird nicht dadurch erreicht, daß ein Bedachter oder Pflichtteilsberechtigter, der unwürdig ist, kraft Gesetzes überhaupt keine Rechte erwirbt. Ihr Erwerb kann aber nach dem Erbfall mit Rückwirkung auf ihn dadurch beseitigt werden, daß der Berechtigte **durch eine rechtsgestaltende Anfechtung** bestimmter anfechtungsberechtigter Personen (§ 2341) für **unwürdig** erklärt wird, §§ 2340, 2342 II, 2345 I S 2. Der Anfechtungsberechtigte hat damit ein Wahlrecht. Er kann sich mit der ihn beeinträchtigenden erbrechtlichen Lage abfinden oder nicht. Gegen einen Erben muß eine Klage erhoben werden, auf die hin ein rechtsgestaltendes Urteil ergeht, das mit seiner Rechtskraft die Erbunwürdigkeit herbeiführt, § 2342 II. Die Feststellung der Erbunwürdigkeit ist nur im Rechtsstreit auf die Anfechtungsklage, nicht im Erbscheinsverfahren möglich, BayObLG 73, 257. Soll ein Vermächtnisnehmer oder Pflichtteilsberechtigter für erbunwürdig erklärt werden, so genügt die formlose Anfechtung ihm gegenüber, §§ 2345 I S 2, 143 IV.

3. Die **Erbunwürdigkeit** wirkt **nur relativ** gegenüber einem bestimmten Erblasser, dem gegenüber sich der Bedachte oder Pflichtteilsberechtigte vergangen hat. **Der Erbunwürdige** ist daher **nicht** schlechthin **erbunfähig**. Die durchgeführte **Anfechtung** dagegen **wirkt** infolge ihrer rechtsgestaltenden Kraft **gegenüber jedermann absolut**.

4. Das **Anfechtungsrecht erlischt durch Verzeihung**, § 2343.

5. Die Vorschriften über die Erbunwürdigkeit sind **bei fortgesetzter Gütergemeinschaft** entsprechend anwendbar, § 1506.

6. Zur Regelung der Erbunwürdigkeit in der ehemaligen DDR vgl §§ 406–408 ZGB.

2339 *Gründe für Erbunwürdigkeit*
(1) Erbunwürdig ist:
1. wer den Erblasser vorsätzlich und widerrechtlich getötet oder zu töten versucht oder in einen Zustand versetzt hat, infolge dessen der Erblasser bis zu seinem Tode unfähig war, eine Verfügung von Todes wegen zu errichten oder aufzuheben,
2. wer den Erblasser vorsätzlich und widerrechtlich verhindert hat, eine Verfügung von Todes wegen zu errichten oder aufzuheben,
3. wer den Erblasser durch arglistige Täuschung oder widerrechtlich durch Drohung bestimmt hat, eine Verfügung von Todes wegen zu errichten oder aufzuheben,
4. wer sich in Ansehung einer Verfügung des Erblassers von Todes wegen einer Straftat nach den §§ 267, 271 bis 274 des Strafgesetzbuchs schuldig gemacht hat.
(2) Die Erbunwürdigkeit tritt in den Fällen des Absatzes 1 Nr. 3, 4 nicht ein, wenn vor dem Eintritt des Erbfalls die Verfügung, zu deren Errichtung der Erblasser bestimmt oder in Ansehung deren die Straftat begangen worden ist, unwirksam geworden ist, oder die Verfügung, zu deren Aufhebung er bestimmt worden ist, unwirksam geworden sein würde.

1. Die **Erbunwürdigkeit** weist gegenüber der Pflichtteilsentziehung (§§ 2333ff) verschiedene Unterschiede auf. Der Pflichtteil wird durch letztwillige Verfügung des Erblassers vor seinem Tod entzogen. Die Unwürdigkeit wird durch Klage (§ 2342 I) oder formlose Erklärung nach dem Anfall der Erbschaft (§§ 2340 II S 1, 1942 I), also stets nach dem Tod des Erblassers (§ 1922 I) nicht von diesem, sondern von bestimmten anfechtungsberechtigten Personen (§ 2341) geltend gemacht. Die Pflichtteilsentziehung als solche bezieht sich nur auf den Pflichtteil, sie kann, wird aber auch in der Regel schlüssig eine Enterbung bedeuten, § 2336 Rz 1; die erfolgreiche Anfechtung wegen Unwürdigkeit nimmt dem pflichtteilsberechtigten Erben sowohl Erb- als Pflichtteilsrechte, §§ 2342, 2344, 2345 II.

2. **Gründe für die Erbunwürdigkeit.** Die Fälle der Erbunwürdigkeit sind **erschöpfend** aufgezählt. Sie vertragen daher keine entsprechende Anwendung, mag man ihren Grund in ihrem Strafcharakter oder in dem vermuteten Willen des Erblassers (so Fabricius FamRZ 1965, 462) sehen. Sie schließen alle Formen der Teilnahme, also Anstiftung und Beihilfe sowie Mittäterschaft ein, §§ 25ff StGB. Motiv und Zweck der Tat sind unerheblich.

a) **Nr 1.** Zur **vorsätzlichen Tötung** gehören die Tatbestände der §§ 211, 212 StGB, nicht aber die Tötung auf Verlangen (§ 216 StGB), weil das Verlangen ebenso zu bewerten ist wie die Verzeihung, § 2343. Notwehr (§ 227 BGB, § 32 StGB) und rechtfertigender Notstand (§ 34 StGB) schließen die Widerrechtlichkeit aus; bei entschuldigendem Notstand (§ 35 StGB) fehlt es an der Schuld. Für seine Unzurechnungsfähigkeit zur Tatzeit trägt der Täter die Beweislast, BGH FamRZ 1988, 282 mit Anm Hohloch JuS 1988, 819. Die Testierunfähigkeit braucht nicht verursacht, nicht bezweckt zu sein. Die Tötung des Vorerben durch den Nacherben gehört nicht hierher, da der Nacherbe den Erblasser, nicht den Vorerben beerbt, dieser also nicht der Erblasser ist. In entsprechender Anwendung des § 162 II kann sich der Nacherbe aber nicht auf den Eintritt des Nacherbfalls berufen, BGH NJW 1968, 2051. Zu den Folgen der Tötung des Ehegatten im Fall eines gemeinschaftlichen Testaments s Frankfurt NJW-RR 1996, 261

§ 2339

mit Anm Skibbe ZEV 1995, 459 und Hohloch JuS 1996, 557. **Nicht** hierher gehören die fahrlässige Tötung (§ 222 StGB) und die Körperverletzung mit Todesfolge (§ 227 StGB). Der Erfolg braucht nicht eingetreten zu sein; es genügt der Versuch des Tötungsdelikts (§ 22 StGB).

4 b) **Nr 2. Vorsätzliche und widerrechtliche Verhinderung** liegt auch in der arglistigen Herbeiführung formnichtiger oder aus anderen Gründen rechtsunwirksamer Verfügungen. Rechtswidrig verhindert kann ein testierwilliger Erblasser schon dadurch sein, daß seine Willensschwäche oder Zwangslage genutzt wird, um durch bloßen Widerspruch gegen die Errichtung einer Verfügung diese zu hindern, BGH FamRZ 1965, 495; aA Staud/Olshausen Rz 35. Eine Verhinderung kann darin zu sehen sein, daß der durch Verfügung von Todes wegen Bedachte dem Erblasser wahrheitswidrig erklärt, er habe das in seinem Besitz befindliche Testament vernichtet, BGH NJW-RR 1990, 515. Versuch und vorübergehende Willenseinwirkung, die die Möglichkeit zu einer späteren Verfügung nicht ausschließen, genügen nicht. Dagegen ist die etwaige Unwirksamkeit der beabsichtigten letztwilligen Verfügung bedeutungslos. Vorsatz und Widerrechtlichkeit im Sinne von § 2339 I Nr 2 sind so zu verstehen wie in § 123, BGH NJW-RR 1990, 515.

5 c) **Nr 3. Täuschung und Drohung** (§ 123), aber auch unmittelbare Gewaltanwendung sind Erbunwürdigkeitsgründe. Daneben ist eine Anfechtung nach § 2078 II möglich, RG 59, 33; BGH 49, 155. Die Täuschung kann auch hier durch Unterlassen begangen werden, wobei sich die Rechtspflicht zur Aufklärung schon aus § 242 ergeben kann, etwa Täuschung des bestimmenden Ehegatten über seine eheliche Treue, vgl RG JW 1912, 871; Nürnberg MDR 1958, 692 und BGH 49, 155 mit Anm Deubner JuS 1968, 449; einschränkend MüKo/Frank Rz 25. Eine Einschränkung der Aufklärungspflicht ergibt sich für zeitlich weit zurückliegende Eheverfehlungen, Röwer FamRZ 1960, 15. Erbunwürdig ist jedoch ein Ehegatte, der ein fortdauerndes ehewidriges Verhältnis verschweigt, obwohl er weiß, daß der andere Ehegatte im Vertrauen auf die Beteuerung seiner ehelichen Treue ein Testament zu seinen Gunsten errichtet hat, BGH 49, 155.

6 d) **Nr 4. Urkundenfälschung** kann nach dem klaren Wortlaut der Vorschrift auch nach dem Erbfall begangen werden. Der Tatbestand ist auch erfüllt, wenn der Fälscher damit den wahren Erblasserwillen verwirklichen wollte, BGH NJW 1970, 197; Celle NdsRpfl 1972, 238; Staud/Olshausen Rz 51; Pal/Edenhofer Rz 9; Kuchinke, ZEV 1999, 317; aA Speckmann, JuS 1971, 235; Brox Rz 272 und RG 72, 207; 81, 413. Die abweichende Meinung verführt zu Fälschungen, denn nach ihr geht der Fälscher kein Risiko ein. Selbst bei Entdeckung behält er den Pflichtteil. Die abgelehnte Auffassung überdehnt den Rechtsgedanken des § 2339 II, wenn sie die Erledigung der Verfügung dem hier behandelten Fall gleichstellt, vgl Speckmann JuS 1971, 235. Die nach Nr 3 oder 4 zustande gekommene Verfügung muß formgültig sein, Bartholomeyczik NJW 1955, 795; aA LG Ravensburg NJW 1955, 795.

7 3. **Ausnahmen** von der Erbunwürdigkeit enthält **Abs II**.

2340 *Geltendmachung der Erbunwürdigkeit durch Anfechtung*

(1) Die Erbunwürdigkeit wird durch Anfechtung des Erbschaftserwerbs geltend gemacht.
(2) Die Anfechtung ist erst nach dem Anfall der Erbschaft zulässig. Einem Nacherben gegenüber kann die Anfechtung erfolgen, sobald die Erbschaft dem Vorerben angefallen ist.
(3) Die Anfechtung kann nur innerhalb der in § 2082 bestimmten Fristen erfolgen.

1 1. Der Erbe wird **nicht kraft Gesetzes erbunwürdig**, sondern erst mit der Rechtskraft des rechtsgestaltenden Urteils (§ 2342 II), das auf die Anfechtungsklage eines Anfechtungsberechtigten hin ergeht, §§ 2342 I, 2341. Die Klage kann nur binnen Jahresfrist erhoben werden, **Abs III**. Die Frist beginnt mit der Kenntnis des Erbunwürdigkeitsgrunds (dazu Düsseldorf FamRZ 2000, 991), gegenüber einem erbunwürdigen Nacherben erst mit dem Anfall der Nacherbschaft, vgl im übrigen § 2082. Bei der Testamentsfälschung im Sinne von § 2339 I Nr 4 ist eine Kenntnis von dem Anfechtungsgrund erlangt, wenn der Anfechtende aufgrund eines graphologischen Gutachtens über die Tatsache der Fälschung sowie die Person des Fälschers informiert wird, BGH NJW 1989, 3214.

2 2. Die **Anfechtung ist in der Regel erst mit Erbschaftsanfall** (vgl § 1942 Rz 2) **möglich**, sie kann aber vor dem Nacherbfall (§ 2139) erfolgen und ist gegen den Erben des Erbunwürdigen möglich. Hängt der Anfall an den Erbunwürdigen davon ab, daß ein Vorberufener mit Wirkung auf den Erbfall fortfällt, so ist die Anfechtung erst nach dem Fortfall zulässig, RGRK/Kregel Rz 2. Das gilt auch, wenn die Vorberufenen sämtlich erbunwürdig sind, Planck/Greiff Anm 2; Staud/Olshausen Rz 8; aA MüKo/Frank Rz 2; RGRK/Kregel Rz 2 wegen der Rückwirkung der Erbunwürdigkeit. Zum Fristbeginn vgl Frankfurt NJW 1947/48, 228; München MDR 1957, 612.

2341 *Anfechtungsberechtigte*

Anfechtungsberechtigt ist jeder, dem der Wegfall des Erbunwürdigen, sei es auch nur bei dem Wegfall eines anderen, zustatten kommt.

1 1. **Anfechtungsberechtigt** ist anders als in § 2080 I auch der mittelbar am Wegfall des Erbunwürdigen Interessierte, so auch der Vorerbe gegenüber dem Nacherben und umgekehrt (§ 2102) und der Staat, § 1936. Es genügt die theoretische Möglichkeit, daß sich der Erbteil des Anfechtenden dadurch erhöhen kann, daß die an die Stelle des Anfechtungsgegners eintretenden Abkömmlinge die Erbschaft ausschlagen, BGH NJW 1989, 3214. Zur Anfechtung eines Vermächtnisses wegen Vermächtnisunwürdigkeit ist auch ein Vermächtnisnehmer berechtigt, wenn andernfalls die naheliegende Gefahr einer Kürzung seines Vermächtnisses besteht, Celle NdsRpfl 1972, 238. Das Anfechtungsrecht geht auf die Erben über (§ 1922 I). Es ist aber weder übertragbar noch pfändbar (Mot V 521; Prot V 645; Lange/Kuchinke § 6 III 3a), noch kann seine Ausübung einem anderen überlassen werden, da es sich hier nicht nur um die vermögensrechtliche Zuordnung des Nachlasses handelt, sondern um die Verschaffung der Erbenstellung. Ebenso richtet sich die Anfechtung gegen die Erben des Erbunwürdigen. Auch wer selbst erbunwürdig ist, behält sein Anfechtungsrecht, solange ihn noch nicht ein rechtskräftiges Urteil für erbunwürdig erklärt hat, § 2344 II.

2. Die Erbschaft fällt infolge der Anfechtung immer nur an den Nächstberufenen, § 2344 II. 2

2342 *Anfechtungsklage*
(1) Die Anfechtung erfolgt durch Erhebung der Anfechtungsklage. Die Klage ist darauf zu richten, dass der Erbe für erbunwürdig erklärt wird.
(2) Die Wirkung der Anfechtung tritt erst mit der Rechtskraft des Urteils ein.

1. Die **Anfechtung** kann **nur durch rechtsgestaltende Klage** (hM; KG FamRZ 1989, 675; Pal/Edenhofer 1 Rz 1; Hempel, Erbunwürdigkeit, Diss Köln, S 83ff; aA RGRK/Kregel Rz 2: Feststellungsklage des § 256 ZPO), also nicht durch Einrede oder durch Geltendmachung im Erbscheinsverfahren vorgenommen werden, BayObLG 73, 257; BayObLG FamRZ 2001, 319 (320). Nur die Anfechtung des Vermächtnisses oder Pflichtteilsrechts ist durch formlose Erklärung gegenüber dem Gläubiger dieser Ansprüche möglich (§ 2345), hier also in der Verteidigung auch durch zeitlich unbeschränkte Einrede, § 2083. Die Klage muß erkennbar die Erbunwürdigkeit geltend machen, RG JW 1910, 23. Die Anfechtungsklage ist auch dann noch zulässig, wenn der Erbunwürdige die Erbschaft ausgeschlagen hat, KG FamRZ 1989, 675. **Richtiger Beklagter** ist der erbunwürdige Erbe, seine Erben, nicht auch sein Erbschaftskäufer (§§ 2371, 2385) oder der Erbteilserwerber, § 2033. In dem Rechtsstreit über die Erklärung der Erbunwürdigkeit kann nach § 307 ZPO anerkannt werden, LG Köln MDR 1977, 322 mit kritischer Anm Blomeyer MDR 1977, 674; aA LG Aachen NJW-RR 1988, 263; v Lübtow 2. Halbb, S 741; MüKo/Frank Rz 8; nach KG FamRZ 1989, 675 sollen Anerkenntnis- und Versäumnisurteil nur dann möglich sein, wenn eine Benachteiligung Dritter ausgeschlossen ist. Die Klage durch den Nächstberufenen schließt noch nicht notwendig seine Erbschaftsannahme in sich, RGRK/Kregel Rz 1. Der **Gerichtsstand** richtet sich entweder nach dem allgemeinen Gerichtsstand des Beklagten oder aber nach dem Gerichtsstand der Erbschaft (§ 27 ZPO), weil die Gestaltungsklage materiell die Feststellung des Erbrechts zum Gegenstand hat, Staud/Olshausen Rz 5. Der Streitwert bestimmt sich bei einer Erbunwürdigkeitsklage nach der Beteiligung des Beklagten am Nachlaß, BGH NJW 1970, 197 unter Aufgabe von BGH LM Nr 16 zu § 3 ZPO; aA MüKo/Frank Rz 6.

2. Die **rechtsgestaltende Wirkung** der Anfechtung **tritt erst mit der Rechtskraft** des Urteils **ein (Abs II)**, 2 aber auch gegenüber allen Anfechtungsberechtigten, § 2341. Die Klageabweisung dagegen wirkt nur zwischen den Parteien, da ihr die Gestaltungswirkung fehlt, § 325 I ZPO. Eine vollstreckbare Urkunde (§ 794 Nr 5 ZPO) auf Anerkennung der Unwürdigkeitswirkung ist nicht möglich, Dresden RJA 7, 185. Die Unwürdigkeitsklage kann mit der Erbschaftsklage (§ 2018) verbunden werden, obwohl die Rückwirkung erst mit der Rechtskraft des Urteils eintritt. Aber die Verbindung der Klage mit dem rechtsbedingten Herausgabeanspruch beschwert den Beklagten nicht, ihre Ablehnung aber unsachgemäß den Kläger, Kipp/Coing § 85 IV Fn 21; RGRK/Kregel Rz 3; MüKo/Frank Rz 3; aA Planck/Greiff Anm 3. Im Fall des § 2339 I Nr 3 können die Rechtsbehelfe der Anfechtungsklage (§ 2342) und der Testamentsanfechtung (§§ 2078, 2081) in Verbindung mit einer entsprechenden Feststellungs- oder Leistungsklage nebeneinander stehen, BGH FamRZ 1968, 153.

2343 *Verzeihung*
Die Anfechtung ist ausgeschlossen, wenn der Erblasser dem Erbunwürdigen verziehen hat.

Eine **Verzeihung** ist auch gegenüber einem Vermächtnisnehmer und Pflichtteilsberechtigten möglich, § 2345; 1 zum Begriff s § 2337 Rz 1; BGH NJW 1984, 2089. Sie setzt Kenntnis des Unwürdigkeitsgrunds voraus, Stuttgart Rpfleger 1956, 160. Ein Verzicht zwischen einem Anfechtungsberechtigten und dem Anfechtungsgegner wirkt nur schuldrechtlich und daher nur unter den Beteiligten.

2344 *Wirkung der Erbunwürdigerklärung*
(1) Ist ein Erbe für erbunwürdig erklärt, so gilt der Anfall an ihn als nicht erfolgt.
(2) Die Erbschaft fällt demjenigen an, welcher berufen sein würde, wenn der Erbunwürdige zur Zeit des Erbfalls nicht gelebt hätte; der Anfall gilt als mit dem Eintritt des Erbfalls erfolgt.

Das rechtsgestaltende **Urteil** hat wie die Ausschlagung der Erbschaft **rückwirkende Kraft**, vgl daher § 1953 1 Rz 2, Ausnahme § 2310 I: Bei der Berechnung des Pflichtteils wird der Unwürdige mitgezählt, § 2310 I. Der siegreiche Kläger kann noch ausschlagen, wenn nicht in der Erhebung seiner Klage die schlüssige Erbschaftsannahme zu sehen ist, vgl § 1943 Rz 3. Die Erbschaft fällt, wenn der eingesetzte Erbe unwürdig ist, an die gesetzlichen Erben oder an die Anwachsungsberechtigten (§§ 2094, 2095, 2158, 2159), oder den Ersatzbedachten (§§ 2096, 2190), also möglicherweise auch an die Abkömmlinge des Erbunwürdigen, § 2069. Im Fall eines gemeinschaftlichen Testaments kann also ein Kind des Ehemannes aus früherer Ehe zum Ersatzerben berufen sein, wenn der Ehemann die Ehefrau getötet hat und deshalb für erbunwürdig erklärt worden ist, Frankfurt NJW-RR 1996, 261 mit Anm Skibbe ZEV 1995, 459 und Hohloch JuS 1996, 557. Ist der Nacherbe vor dem Nacherbfall für erbunwürdig erklärt, so wird der Vorerbe Vollerbe, es kann kein Nacherbfall mehr eintreten (§ 2139), das Nacherbrecht kann auch nicht auf die Erben des Nacherben übergehen. Rechtsgeschäfte, die der Erbunwürdige als Erbe bereits vorgenommen hat oder die ihm gegenüber vorgenommen worden sind, werden unwirksam, § 1959 II, III ist nicht entsprechend anwendbar. Der gute Glaube **Dritter** an das fehlende Eigentum und das fehlende Erbrecht werden aber nach den allgemeinen Vorschriften geschützt, §§ 932ff, 891ff, 1032, 1207, 2365ff; Art 16 II WG; § 365 HGB; vgl § 1953 Rz 2.

§ 2345

2345 *Vermächtnisunwürdigkeit; Pflichtteilsunwürdigkeit*
(1) **Hat sich ein Vermächtnisnehmer einer der in § 2339 Abs. 1 bezeichneten Verfehlungen schuldig gemacht, so ist der Anspruch aus dem Vermächtnis anfechtbar. Die Vorschriften der §§ 2082, 2083, 2339 Abs. 2 und der §§ 2341, 2343 finden Anwendung.**
(2) **Das Gleiche gilt für einen Pflichtteilsanspruch, wenn der Pflichtteilsberechtigte sich einer solchen Verfehlung schuldig gemacht hat.**

1 1. Der **Vermächtnis- oder Pflichtteilsgläubiger** wird zwar **ohne Klage, aber nicht ohne Anfechtungserklärung** (§ 143) **unwürdig.** Diese Erklärung kann formlos sein, sie muß aber von einem Anfechtungsberechtigten (§ 2341), in der Regel dem Erben oder sonst Beschwerten (§ 2147 S 1) in der Frist des § 2082 abgegeben werden. Anfechtungsgegner ist der Gläubiger, § 143 IV. Die Anfechtung hat rückwirkende Kraft, § 142 I. Zur Verteidigung kann der vom Gläubiger beanspruchte Erbe oder Vermächtnisnehmer die Leistung zeitlich unbeschränkt (§ 2083) durch Einrede verweigern, vgl dazu Raape in FS Haff S 317ff. Auch hier besteht unter den Voraussetzungen der §§ 2339 II, 2343 (Verzeihung) kein Anfechtungsrecht. Auch die gesetzlichen Vermächtnisse, Voraus und Dreißigster (§§ 1932, 1969) und das Schenkungsversprechen auf den Todesfall (§ 2301 I) fallen hierunter.

2 2. Der Pflichtteilsanspruch umfaßt **auch** den **Pflichtteilsrestanspruch** (§§ 2305, 2307) **und** den **Pflichtteilsergänzungsanspruch** (§§ 2325ff), der auch dem Beschenkten als Schuldner (§ 2329) ein Anfechtungsrecht gibt, das auch dem Dritten als mittelbar Interessierten (§ 2341) zusteht, der im Innenverhältnis zum Ausgleich der Pflichtteilslast beizutragen hat, §§ 2318ff.

Abschnitt 7
Erbverzicht

Vorbemerkung

Schrifttum: *Baumgärtel*, Die Wirkungen des Erbverzichts auf Abkömmlinge, DNotZ 1959, 63; *Coing*, Zur Lehre vom teilweisen Erbverzicht, JZ 1960, 209; *Cremer*, Zur Zulässigkeit des gegenständlich beschränkten Pflichtteilsverzichtsvertrags, MittRhNotK 1978, 169; *Damrau*, Der Erbverzicht als Mittel zweckmäßiger Vorsorge für den Todesfall, 1966; *Degenhart*, Erbverzicht und Abfindungsvereinbarung, Rpfleger 1969, 145; *Edenfeld*, Die Stellung weichender Erben beim Erbverzicht, ZEV 1997, 134; *Faßbender*, Erbverzicht, MittRhNotK 1962, 602; *Fette*, Zur Zulässigkeit eines gegenständlich beschränkten Pflichtteilsverzichts, NJW 1970, 743; *Habermann*, Stillschweigender Erb- und Pflichtteilsverzicht im notariellen gemeinschaftlichen Testament, JuS 1979, 169; *Häsemeyer*, Die Abhängigkeit erbrechtlicher Verträge von Verkehrsgeschäften, Diss Göttingen 1966; *Haegele*, Inhalt und wirtschaftliche Bedeutung des Erb(Pflichtteils)-verzichts, Rpfleger 1968, 247; *ders*, Rechtsfragen zum Erbverzicht, BWNotZ 1971, 36; *Harrer*, Zur Lehre vom Erbverzicht, ZblFG 1915, 1; *Heine*, Zur Lehre vom Erbverzicht, ZblFG 1919, 209; *Jackschath*, Der Zuwendungsverzichtsvertrag, MittRhNotK 1977, 117; *Jordan*, Der gegenständlich beschränkte Pflichtteilsverzicht, Rpfleger 1985, 7; *Kaempf*, Erbverzicht, in Lange, Erwerb, Sicherung und Abwicklung der Erbschaft, 4. Denkschrift des Erbrechtsausschusses der Akademie für Deutsches Recht, 1940, S 12; *Keim*, „Zuwendungsausgleich durch Erbverzicht", Diss Köln 1979; *Keim*, Der stillschweigende Erbverzicht: sachgerechte Auslegung oder unzulässige Unterstellung?, ZEV 2001, 1; *Kretzschmar*, Zulässiger Inhalt eines Erbverzichts, JW 1914, 1122; *Kuchinke*, Der Erbverzicht zugunsten eines Dritten, in FS Kralik, 1986, S 451; *ders*, Zur Aufhebung eines Erbverzichts mit Drittwirkung, ZEV 2000, 169; *Lange*, Der entgeltliche Erbverzicht, in FS Nottarp, S 119; *Larenz*, Der Erbverzicht als abstraktes Rechtsgeschäft, JherJb 1981, 1; *Mayer*, Erfaßt der Pflichtteilsverzicht auch Pflichtteilsvermächtnisse?, ZEV 1995, 41; *ders*, Der beschränkte Pflichtteilsverzicht, ZEV 2000, 263; *Meyer*, Zur Lehre von der rechtlichen Natur des Erbverzichts nach BGB, in FS Enneccerus, 1913; *Pühringer*, Erbverzicht und Pflichtteilsabfindung in der Nachfolgeplanung, BB 1989, Beil 6; *Quantius, Markus*, Die Aufhebung des Erbverzichts, 2001; *Regler*, Erbverzicht von Vorfahren oder Ehegatten mit Wirkung für deren Abkömmlinge, DNotZ 1970, 646; *Reul*, Erbverzicht, Pflichtteilsverzicht, Zuwendungsverzicht, MittRhNotK 1997, 373; *Rheinbay*; Erbverzicht – Abfindung – Pflichtteilsergänzung, 1983; *Schopp*, Der „gegenständliche" Pflichtteilsverzicht, Rpfleger 1984, 175; *Schotten*, Die Erstreckung eines Zuwendungsverzichts auf die Abkömmlinge des Verzichtenden, ZEV 1997, 1; *Schramm*, Abfindung für den Erbverzicht = Schenkung im Sinne von § 2325 BGB, BWNotZ 1971, 162; *Speckmann*, Der Erbverzicht als „Gegenleistung" in Abfindungsverträgen, NJW 1970, 117; *Walsmann*, Erbverzicht, 1912.

1 1. **Rechtsnatur.** Der Erbverzicht ist ein **vertragliches, erbrechtliches, selbständiges (abstraktes) Verfügungsgeschäft**, RG 169, 99; BGH 37, 319, 327; BayObLG NJW-RR 1995, 648. Er beseitigt die Erbaussicht des künftigen Erben, Pflichtteilsberechtigten oder Vermächtnisnehmers so, wie wenn sie beim Erbfall nicht mehr lebten, § 2346 I S 2. Damit ändert er unmittelbar die gesetzliche oder gewillkürte Erbfolge (München JFG 15, 366), mitunter nur zugunsten bestimmter Personen, § 2350. Er ist keine Schenkung (§ 516), fällt nicht unter die Gläubigeranfechtung (dazu BGH NJW 1991, 1610) und kann vom Schuldner im Insolvenzverfahren erklärt werden.

2 2. **Zweck und Bedeutung.** Durch den Erbverzicht können Erblasser und künftiger Erbe noch zu dessen Lebzeiten vertraglich den Anfall des Erbrechts (§ 1942 I) ausschließen. Der Erbe verzichtet auf seine Erbenstellung und damit zugleich auf sein Pflichtteilsrecht (§ 2346 I). Der Verzicht kann auch auf das Pflichtteilsrecht beschränkt werden (§ 2346 II). Letzteres bildet den Schwerpunkt des Erbverzichts, weil der Erblasser das Erbrecht ohnehin einseitig durch Verfügung von Todes wegen ausschließen kann. Der Erbverzicht ist deshalb ein geeignetes Mittel, um den **Familienbesitz** oder **größere Wirtschaftseinheiten zu erhalten**, die sonst durch die plötzliche Fälligkeit großer Pflichtteilsbeträge zerschlagen würden, Edenfeld ZEV 1997, 134f.

Häufig wird der Erbverzicht mit einer Abfindung der verzichtenden Erben verbunden. Sie lassen sich „auszahlen" und sichern sich so schon zu Lebzeiten des Erblassers ihren Anteil am künftigen Nachlaß. Die Verbindung von Erbverzicht und Abfindung dient damit der **Vorwegnahme der Erbfolge**, Frankfurt FamRZ 1994, 197f. Auf diese Weise werden etwa die Kinder des Erblassers in die Lage versetzt, sich noch zu Lebzeiten der Eltern eine eigene Existenz aufzubauen, ohne daß die anderen künftigen Miterben, die dieser Existenzhilfe nicht bedürfen, erbrechtlich benachteiligt werden. Der Erbverzicht kann daher die gesetzliche Erbfolge der Besonderheit des Einzelfalls anpassen und Streit zwischen künftigen Miterben nach dem Tod des Erblassers ausschließen, BGH 22, 364; Schlüter Rz 392.

3. Verhältnis von Erbverzicht und Abfindung. Erbverzicht und Abfindungsversprechen bilden wegen der **3** abstrakten Natur des Erbverzichts **keinen einheitlichen gegenseitigen Vertrag**, auf den die §§ 320ff anwendbar wären, sondern zwei selbständige Verträge, BayObLG NJW-RR 1995, 648f. Erbverzicht und Zuwendung der Abfindung können aber Leistungen sein, durch die ein einheitlicher gegenseitiger Vertrag vollzogen wird, durch den sich der künftige Erbe zum Verzicht, der Erblasser zur Abfindung verpflichtet haben. Das einheitliche verpflichtende Rechtsgrundgeschäft, das nicht gegen § 311b IV, V verstößt, wird durch zwei selbständige Leistungsvollzugsgeschäfte erfüllt, PrOVG 82, 2969; Larenz, JherJb 81, 9. Das Versprechen einer Abfindung ist dann keine Schenkung im Sinne des § 516, sondern Entgelt für den Erbverzicht. Zwar kann der Erblasser auch ohne Erbverzicht einen gesetzlichen Erben unter Belassung des Pflichtteils von der Erbfolge ausschließen und eine Anrechnung von Leistungen auf den Pflichtteil nach § 2315 I bestimmen. Das schließt aber nicht aus, daß er auf dem Wege des vertraglichen Verzichts das gleiche Ziel erreichen will, aA Speckmann NJW 1970, 117. Im Rahmen der Vertragsfreiheit steht es den Parteien frei, die Gegenseitigkeit von Verbindlichkeiten in der Weise zu begründen, daß die eine als das Entgelt für die andere bestimmt wird. Speckmann (NJW 1970, 117) berücksichtigt nicht, daß die Anrechnung nach § 2315 I nur die Höhe des Pflichtteilsanspruchs mindern, nicht aber seine Entstehung überhaupt ausschließen kann.

a) Ist der **verpflichtende Vertrag wirksam** und leistet ein Vertragsteil nicht, so kann der andere auf Erfüllung klagen, gegebenenfalls Zug um Zug gegen Austausch der eigenen Leistung. Bei nicht vertragsgemäßer Erfüllung der Verpflichtung kann er unter den Voraussetzungen der §§ 323, 326 V vom Vertrag zurücktreten und Rückgewähr seiner Leistung fordern, § 346 I. Der Rücktritt des Verzichtenden begründet allerdings nur die Pflicht zur Aufhebung des Verzichts nach § 2351, beseitigt ihn aber nicht unmittelbar.

Stirbt der Erblasser vor dem Abschluß des Verzichtsvertrags, so wird die Leistung des künftigen Erben oder Pflichtteilsberechtigten unmöglich, die Leistungspflicht erlischt, §§ 275 I, 2347 II; BGH 37, 326. Eine bereits gezahlte Abfindung können die Erben vom Vertragspartner des Erblassers nach §§ 326 IV, 346 zurückfordern. Lange/Kuchinke (§ 7 V 2d) und Damrau (S 128ff) wollen demgegenüber dem Erben die Pflicht zur Erbausschlagung, dem Pflichtteilsberechtigten die Pflicht zum Erlaß des Pflichtteilsanspruchs auferlegen.

b) Ist der **verpflichtende Vertrag nichtig**, der Erbverzicht aber wirksam geschlossen und die Abfindung noch nicht geleistet worden, so kann eine Rückabwicklung nach vertraglichen Grundsätzen nicht erfolgen. Durch erkennbaren Willen der Vertragsteile können Rechtsgrundgeschäft und Verzichtsvertrag durch Annahme einer **Bedingung** so miteinander verbunden werden, etwa schon durch Beurkundung in derselben Urkunde, daß die Wirksamkeit des einen von der Wirksamkeit des anderen abhängen soll, vgl § 2350; BGH 37, 319, 327; BayObLG NJW-RR 1995, 648; Larenz, JherJb 81, 1, 16; Kipp/Coing § 82 VIa; Enfeld ZEV 1997, 134, 138f; zurückhaltend in der Annahme einer schlüssigen Bedingung Damrau S 92ff; RGRK/Johannsen § 2346 Rz 5; Staud/Schotten § 2346 Rz 153f. Inhalt der dem Erbverzichtsvertrag beigefügten Bedingung kann die Wirksamkeit des Abfindungsversprechens oder sein Vollzug sein, vgl BGH 37, 319, 327. Sehr zweifelhaft erscheint es, ob auch § 139 auf die als wirtschaftliche Einheit angesehene Gesamtheit des Verpflichtungsgeschäfts und der beiden Leistungsgeschäfte (Erbverzicht, Zahlung der Abfindung) angesehen werden kann, bejahend Kipp/Coing § 82 VIb; v Lübtow 2. Halbb, S 535; Planck/Greiff vor § 2346 Anm 4; RGRK/Johannsen § 2346 Rz 5. Der Gesetzgeber hat den Erbverzicht als abstraktes Verfügungsgeschäft ausgestaltet, das in seiner Wirksamkeit vom zugrundeliegenden Verpflichtungsgeschäft gerade unabhängig sein soll, Schlüter Rz 411.

Läßt sich ein Parteiwille, Verpflichtungs- und Leistungsvollzugsgeschäft als Einheit zu behandeln, nicht feststellen und lehnt man richtigerweise den Weg über § 139 ab, so bleibt der Erbverzicht trotz Nichtigkeit des Abfindungsversprechens wirksam. Im Schrifttum werden **verschiedene Lösungswege** beschritten, um einen billigen Ausgleich zu erreichen.

aa) Ein Teil des Schrifttums will diesen Ausgleich mit den **Vorschriften über die ungerechtfertigte Bereiche- 4 rung** herbeiführen. Ist der Erbfall noch nicht eingetreten, so soll der Erblasser die empfangene Leistung, die Verzichtserklärung, dem Verzichtenden dadurch herausgeben, daß er einen Aufhebungsvertrag (§ 2351) schließt, Lange/Kuchinke § 7 V 2c; RGRK/Johannsen § 2346 Rz 6. Dem ist jedoch nicht zu folgen, weil der Erblasser durch den Verzicht nichts auf Kosten des Verzichtenden erlangt hat, sich vielmehr nur die Person des Erbanwärters geändert hat, v Lübtow 1. Halbb, S 538; Larenz, JherJb 81, 1, 13; Strohal Bd 1, § 59 V 1; eingehend Damrau S 99ff. Ist der Erbfall eingetreten, ist eine Aufhebung des Verzichts nach § 2351 ohnehin nicht mehr möglich. Lange/Kuchinke (§ 7 V 2d), Strobel (MüKo § 2346 Rz 23) und Johannsen (RGRK § 2346 Rz 3) wollen den Ausgleich in der Weise vollziehen, daß der Verzichtende das Abfindungsentgelt als Nachlaßverbindlichkeit geltend machen kann. Ein Anspruch auf Abfindung ist aber wegen der Unwirksamkeit des Verpflichtungsvertrags nicht entstanden, Damrau S 106. Johannsen (RGRK § 2346 Rz 3) will diesen Anspruch mit Hilfe des Arglisteinwands (§ 242) rechtfertigen. Ein Bereicherungsanspruch scheidet auch gegen diejenigen aus, die infolge des Verzichts zu Erben berufen sind, weil sie ihre Erbenstellung nicht kraft des Verzichts, sondern kraft gesetzlicher Erbfolge oder kraft Verfügung von Todes wegen erlangt haben, Damrau S 107 mwN.

bb) Nach einer anderen Ansicht kann der Verzichtende seine Erklärung **wegen Irrtums im Beweggrund** unter den Voraussetzungen der §§ 2281, 2078 **anfechten**, weil sie bei Nichtigkeit des Abfindungsversprechens nicht gewollt hat, Strohal Bd 1, § 59 V 1.

cc) Nach Larenz (JherJb 81, 17ff) soll der künftige Erbe seinen Verzicht entsprechend § 2295 unmittelbar und rückwirkend **durch Rücktritt** gegenüber dem Erblasser in der Form des § 2296 II, nach dessen Tode entsprechend § 1945 durch beglaubigte Erklärung gegenüber dem Nachlaßgericht beseitigen können, während nach Planck/Greiff (vor § 2346 Anm 4) die Gültigkeit des Erbverzichts unberührt bleiben soll, da der Verzichtende es in der Hand habe, die Abgabe seiner Verzichtserklärung von der vorhergehenden Zahlung der Abfindung abhängig zu machen. Nach BayObLG (NJW 1958, 344) soll Rücktritt wie beim Erbvertrag, aber ohne Rückwirkung möglich sein.

5 **dd)** Dem Verzichtenden kann bei einer Unwirksamkeit des Verpflichtungsgeschäfts am ehesten mit dem **Einwand der unzulässigen Rechtsausübung** (§ 242) geholfen werden. Die Erben, die dem Verzichtenden unter Hinweis auf den wirksamen Erbverzicht sein Erbrecht bestreiten, berufen sich damit in einer gegen Treu und Glauben verstoßenden Weise auf eine an sich gegebene formale Rechtsposition; denn mit dem unwirksamen Rechtsgrundgeschäft fehlt für den Verzicht die Geschäftsgrundlage, Damrau S 112ff; Schlüter Rz 412. Daß die Interessenausgleichsvorschrift des § 242 mit ihrer typischen Geltung für persönliche Rechtsbeziehungen damit auch in die Frage nach der Zuständigkeit des Erbrechts eingreift, ist bei Berücksichtigung der vom Gesetz anerkannten Fälle derartiger Einwirkungen durch Anfechtung, Rücktritt und Widerruf unbedenklich; vgl auch den Rücktritt vom Erbverzicht nach § 514 Schweizerisches ZGB wegen Nichtleistung der vereinbarten Abfindung, während der Verzichtende nach deutschem Recht auf die Erfüllungs- oder Schadensersatzklage angewiesen ist. Da sich mangels Bereicherung des Erblassers die Berufung auf das Fehlen der Geschäftsgrundlage nicht in der Entstehung eines schuldrechtlichen Bereicherungsanspruchs auswirken kann, muß dem Verzichtenden die Möglichkeit gegeben werden, gegenüber demjenigen, der den Verzicht auf das künftige Erbrecht geltend macht, den Einwand unzulässiger Rechtsausübung zu erheben. Zunächst wirkt dieser Einwand lediglich auf das Verhältnis zwischen Erblasser und künftigem Erben, aber mit dem Erbfall muß sich auch derjenige, der bei Berücksichtigung des Erbverzichts Erbe sein würde, diesen Einwand entgegenhalten lassen. Schließlich berücksichtigt auch § 2350 den Nichteintritt erwarteter Umstände unmittelbar für die Erbenstellung. Die Billigkeitsausgleichsvorschrift des § 242, die im allgemeinen nur im Rahmen eines persönlichen Beziehungsverhältnisses wirkt, wird hier also dazu verwendet festzulegen, wer mit Wirkung gegenüber dem künftigen Erbe geworden ist. Allerdings nimmt das Gesetz diesen unmittelbaren Eingriff in das Erbrecht zur Korrektur einer falsch motivierten erbrechtlichen Erklärung auch bei der Anfechtung und dem Widerruf erbrechtlicher Verfügungen sowie bei dem Rücktritt von ihnen in Kauf, weil es dem rechten Motiv des Erklärenden in diesen Fällen einen höheren rechtspolitischen Wert beimißt als dem Bedürfnis nach der Sicherheit des unentgeltlichen Erwerbs von Todes wegen. Der öffentliche Glaube des Erbscheins bietet den ausgleichenden Vertrauensschutz.

Besondere Probleme ergeben sich dann, wenn sich die bei Abschluß des Verpflichtungsgeschäfts von beiden Parteien vorausgesetzten Umstände (zB Wertlosigkeit des Grundbesitzes des Erblassers in der früheren DDR), nachträglich grundlegend (durch die Wiedervereinigung) verändert haben. Der BGH (134, 152) und Düsseldorf (ZEV 2000, 507) wollen in derartigen Fällen mit den Grundsätzen des Wegfalls der Geschäftsgrundlage (§ 313) die Abfindungsvereinbarung der neuen Situation anpassen, kritisch dazu Kuchinke ZEV 2000, 510.

6 4. Stirbt der Verzichtende vor dem Erblasser, so kann dieser die Abfindung nicht von den Erben des Verzichtenden zurückfordern.

7 5. Die **Wirksamkeit des Erbverzichts** ist **im Erbscheinsverfahren** von Amts wegen **zu prüfen**, BayObLG 1981, 30, 34, eine Verweisung auf den Rechtsweg ist unzulässig, München JFG 15, 364.

8 6. Zum Erbverzicht im IPR Raape DNotZ 1950, 195.

9 7. Die Abfindung ist in steuerrechtlicher Sicht als Schenkung im Sinne von § 7 I Nr 5 ErbStG zu qualifizieren, vgl dazu Oswald DStR 1978, 270.

10 8. Das ZGB der ehemaligen DDR enthielt keine Regelung über den Erbverzicht.

2346 *Wirkung des Erbverzichts, Beschränkungsmöglichkeit*

(1) Verwandte sowie der Ehegatte des Erblassers können durch Vertrag mit dem Erblasser auf ihr gesetzliches Erbrecht verzichten. Der Verzichtende ist von der gesetzlichen Erbfolge ausgeschlossen, wie wenn er zur Zeit des Erbfalls nicht mehr lebte; er hat kein Pflichtteilsrecht.

(2) Der Verzicht kann auf das Pflichtteilsrecht beschränkt werden.

1 1. Verzichten können **die gesetzlichen Erben** und auch der **künftige Ehegatte**, nicht jedoch der Staat, der Zwangserbe ist und auch nicht ausschlagen oder von der gesetzlichen Erbfolge ausgeschlossen werden kann, RGRK/Johannsen Rz 7.

2 2. **Vertragspartner** ist nur der Erblasser. Verträge zwischen künftigen gesetzlichen Erben haben nur verpflichtende Wirkung, § 311b V; RG 98, 330. Verzichtet der gesetzliche Erbe gegenüber dem Erblasser und einem anderen gesetzlichen Erben, so handelt es sich um einen Erbverzicht gegenüber dem Erblasser, aber gleichzeitig um einen verpflichtenden Vertrag gegenüber dem gesetzlichen Erben nach § 311b V, OGHZ 2, 175. Der Verzicht kann sich nur auf den Erbfall derjenigen Person beziehen, mit welcher der Verzichtende den Vertrag geschlossen hat. Ein allgemeiner Erbverzicht, auch zugunsten Dritter, ist dem Gesetz fremd, Celle RdL 1957, 322, 323; Frankfurt NJW-RR 1996, 838, 839. Der Erbverzichtsvertrag kann auch nur zu Lebzeiten des Erblassers geschlossen werden, weil mit dessen Tod die Erbfolgeregelung auf einer festen Grundlage stehen muß, BGH 37, 319, 329; 134, 60. Die §§ 130 II, 153 sind daher nicht uneingeschränkt anwendbar.

3 3) **Gegenstand des Erbverzichts. a)** Gegenstand des Erbverzichts ist das gesetzliche Erbrecht einschließlich des Pflichtteilsrechts oder das Pflichtteilsrecht allein einschließlich des Pflichtteilsrest- (§§ 2305, 2307) und

Pflichtteilsergänzungsanspruchs, § 2325, **Abs II**. Über den Wortlaut des Gesetzes hinaus kann sich der Verzicht allein auf das gesetzliche Erbrecht unter Vorbehalt des Pflichtteilsrechts beschränken, RGRK/Johannsen Rz 16; Staud/Schotten Rz 34. Der Verzicht kann sich auch auf eine zugewandte Erbschaft und ein zugewandtes Vermächtnis beziehen, § 2352. Ein Verzicht auf Erb- und Pflichtteilsansprüche für alle Zukunft bedeutet in der Regel den gänzlichen Wegfall der künftigen gesetzlichen oder gewillkürten Erbenstellung nach §§ 2346, 2352, BGH DNotZ 1972, 500; Karlsruhe FamRZ 2002, 1519. Der Verzicht auf das Pflichtteilsrecht bildet des Schwerpunkt des Verzichts, weil der Erblasser das Erbrecht ohnehin einseitig durch Verfügung von Todes wegen ausschließen kann, sofern er sich nicht durch Erbvertrag oder gemeinschaftliches Testament gebunden hat, vgl §§ 2289, 2271 II.

aa) Häufig ist eine **Beschränkung des Verzichts auf das Pflichtteilsrecht** angezeigt, weil der gleichzeitige 4 Verzicht auf das gesetzliche Erbrecht dazu führt, daß die gesetzlichen Erb- und damit auch die Pflichtteilsquoten anderer gesetzlicher Erben erhöht werden (vgl § 1935) oder aber, sofern nicht § 2349 entgegensteht, die Abkömmlinge des Verzichtenden kraft ihres Eintrittsrechts (vgl § 1924 III) als Erben und Pflichtteilsberechtigte an seine Stelle treten. Beim (isolierten) Pflichtteilsverzicht ist der Erbe keinem Pflichtteilsanspruch des Verzichtenden ausgesetzt. Außerdem führt er nicht dazu, daß sich die gesetzlichen Erbquoten und damit die Pflichtteilsquoten der übrigen Pflichtteilsberechtigten erhöhen. Hat der Erblasser beispielsweise mit einem seiner drei Kinder einen Pflichtteilsverzicht vereinbart und ihm hierfür eine Abfindung gezahlt und anschließend seine Ehefrau zur Alleinerbin eingesetzt, dann steht den beiden anderen Kindern ein Pflichtteilsanspruch in Höhe von je 1/12 des Nachlaßwerts zu (gesetzliche Erbquote der Ehefrau 1/2, §§ 1931 I, 1371 I, und der drei Kinder je 1/6, § 1924 I, IV). Hätte sich der Verzicht hingegen auch auf das gesetzliche Erbrecht des Kindes erstreckt, dann könnten die beiden anderen Kinder als Pflichtteil je 1/8 des Nachlaßwerts verlangen, weil sich ihre gesetzlichen Erbquoten wegen des Wegfalls des Verzichtenden als gesetzlichem Erben auf je 1/4 erhöht hätten. Ein Notar, der das übersieht, verletzt seine Amtspflicht, BGH DNotZ 1991, 539; Reul MittRhNotK 1997, 378.

bb) Ein **Verzicht auf das gesetzliche Erbrecht unter Vorbehalt des Pflichtteils** kann verschiedene Gründe 5 haben (dazu Strohal Bd 1, § 59 IV 3b): Dem Pflichtteilsberechtigten soll in jedem Falle nur der Pflichtteilsanspruch verbleiben. Der zweiseitige und an die öffentliche Form gebundene Verzicht hat damit die gleiche Wirkung wie die einseitige, auch privatschriftlich mögliche Enterbung. Der Verzicht kann aber auch, wenn der Erblasser ohne Verfügung von Todes wegen stirbt, den Sinn haben, daß dem gesetzlichen Erben als Erben der halbe gesetzliche Erbteil verbleiben soll, sofern ihn der Erblasser nicht durch eine spätere Verfügung von Todes wegen gänzlich von der Erbfolge ausschließt. Verfügt der Erblasser derart, so verbleibt dem Verzichtenden nur der auf Zahlung gerichtete Pflichtteilsanspruch. Andernfalls ist er Miterbe. Was im Einzelfall gewollt ist, muß durch Auslegung ermittelt werden.

cc) Der **Verzicht** kann sich anders als die Annahme und Ausschlagung (§ 1950) auch **auf einen Bruchteil des** 6 **Erbrechts**, auch bei einer Alleinerbschaft (Coing JZ 1960, 210), nicht aber auf einzelne Nachlaßgegenstände oder Anteile an solchen beschränken. Der Verzicht kann aber uU in einen Bruchteilsverzicht umgedeutet werden, KG JFG 15, 98. Zur Umdeutung eines gegenständlich beschränkten Verzichts in einen teilweisen Verzicht auf die Pflichtteilsforderung vgl Fette NJW 1970, 743. Zulässig ist auch ein **teilweiser Pflichtteilsverzicht** in der Weise, daß bestimmte Nachlaßgegenstände bei der Berechnung des Pflichtteilsanspruchs nicht berücksichtigt werden sollen, Fette NJW 1970, 743; Cremer MittRhNotK 1978, 169; Weirich DNotZ 1986, 5; Pal/Edenhofer Rz 5. Der Erbverzicht kann auch die Berücksichtigung nicht ausgleichspflichtiger Vorempfänge zum Gegenstand haben, RG 71, 131. Die Verbindung von Erbverzicht und Vermächtnis zugunsten des Verzichtenden in einem Vertrag spricht dafür, daß das Vermächtnis vertragsmäßig im Sinne von § 2278 I angeordnet ist, BGH 106, 359, 361.

dd) Obwohl das Gesetz nur vom Verzicht auf das gesetzliche Erbrecht, das Pflichtteilsrecht oder die Zuwen- 7 dung (§§ 2346, 2352) spricht, **kann** der Verzichtende erst recht **auf geringere Rechte** als diese verzichten. So kann er sich mit einer zeitlichen Beschränkung seiner Rechtsstellung, mit Beschränkungen und Beschwerungen einverstanden erklären, auch wenn diese die Mindestbeteiligungsgrenze, die durch das Pflichtteilsrecht gezogen ist (§ 2306), antasten, und dem Erblasser das Recht einräumen, eine Testamentsvollstreckung anzuordnen, mag sie auch gegen das Pflichtteilsrecht wirken, wenn der teilweise oder beschränkte Verzicht nur mit dem im Erbrecht geltenden Grundsatz des Typenzwangs vereinbar ist, Coing JZ 1960, 209; MüKo/Strobel Rz 16; RGRK/Johannsen Rz 23; Schopp Rpfleger 1984, 175. Ein teilweiser Erbverzicht kann vor allem die Bindungswirkungen eines gemeinschaftlichen Testaments oder eines Erbvertrags überwinden. Der Verzichtende kann sich auch der Auszahlung des Pflichtteils in Raten, der Anrechnung bestimmter Zuwendungen unterwerfen, RG 71, 133. Zum Verzicht auf die sofortige Geltendmachung des Pflichtteilsanspruchs vgl Damrau BB 1970, 469, 470.

ee) Ein **Verzicht auf den Dreißigsten** (§ 1969) oder beschränkt **auf den Voraus** (§ 1932) ist **unmöglich**, aA 8 Lange/Kuchinke § 7 II 2c Fn 52. Die §§ 2346, 2352 erwähnen gesetzliche Vermächtnisse nicht. Einem Verzicht auf sie steht deshalb der numerus clausus erbrechtlicher Rechtsgeschäfte entgegen, Damrau S 91. Verzichtet allerdings ein Ehegatte auf sein Erbrecht, so ist nach § 1932 auch ein Anspruch auf den Voraus ausgeschlossen, Staud/Schotten Rz 25.

ff) Dagegen kann der künftige **Hoferbe** in entsprechender Anwendung des § 11 HöfeO allein auf das Erbrecht 9 am Hof unter Vorbehalt des gesetzlichen Erbrechts im übrigen verzichten, da es sich um ein Sondererbrecht (vgl vor § 2032 Rz 7) handelt, BGH LM Nr 4 zu § 7 HöfeO; Soergel/Damrau Rz 13; RGRK/Johannsen Rz 26. Der Erbverzicht des künftigen Hoferben bezieht sich immer nur auf die Hoferbfolge nach dem derzeitigen Hofeigentümer, mit dem der Erbverzichtsvertrag geschlossen wird, Lange/Wulff/Lüdtke-Handjery § 11 HöfeO Rz 16. Ein allgemeiner Erbverzicht auf einen bestimmten Hof ist nach dem geltenden Recht fremd, Wöhrmann/Stöcker, Landwirtschaftserbrecht, § 11 HöfeO Rz 14. Der Erbverzicht kann auch auf das hoffreie Vermögen beschränkt werden, BGH LM Nr 4 zu § 7 HöfeO; MüKo/Strobel Rz 18; RGRK/Johannsen Rz 26. Er erfaßt auch Nachabfindungsansprüche nach § 13 HöfeO, BGH NJW 1997, 653 mit Anm Edenfeld ZEV 1997, 70.

§ 2346

10 gg) Der **Verzicht auf eine bereits angefallene Erbschaft** kann Ausschlagung oder Erbteilsübertragung (§ 2033) sein oder sich auf die schuldrechtliche Verpflichtung zur Übertragung der Erbschaft oder des Erbteils beschränken, §§ 2371, 1922 II. Der Verzicht auf einen bereits entstandenen Pflichtteilsanspruch ist kein Erbverzicht iS von § 2346, sondern ein Erlaßvertrag iS von § 397, der formlos abgeschlossen werden kann, RG JW 1938, 907; KG MDR 1975, 1020; vgl § 2317 Rz 2.

b) Die **Erbverzichtserklärung** muß ausdrücklich erfolgen und sich mit hinreichender Deutlichkeit aus dem ganzen Vertragsinhalt entnehmen lassen, BayObLG MDR 1981, 673; MDR 1984, 403; Hamm NJW-RR 1996, 906. So kann der Gesamtzusammenhang ergeben, daß sich der Verzicht auf das gesetzliche Erbrecht auch auf erbvertragliche Zuwendungen erstreckt, Frankfurt FamRZ 1994, 197 mit Anm Winkler, BayNotV 1994, 237. Der Verzicht ist nicht bedingungsfeindlich, Frankfurt DNotZ 1952, 488.

11 4. Die **Wirkung** ist die gleiche wie bei der Ausschlagung, vgl § 1953 Rz 1, 2. Eine Erhöhung des Erbteils tritt nicht ein, § 1935; Staud/Schotten Rz 22. Ein Erbverzicht schließt auch Nachabfindungsansprüche nach § 13 HöfeO aus, BGH 134, 152.

12 5. An die Stelle des Erbverzichts kann auch ein **Vertrag** treten, durch den sich ein künftiger Erbe zur Ausschlagung der Erbschaft verpflichtet. Dieser Vertrag bedarf ebenso wie die Vereinbarung, einen Pflichtteilsanspruch nicht geltend zu machen, der Form des § 2348, KG OLGZ 74, 263. Die Kosten dieses Vertragsschlusses sind höher, da neben der Beurkundung des verpflichtenden Vertrags auch die Beglaubigung der Ausschlagungserklärung Gebühren entstehen läßt. Außerdem muß im Prozeß notwendig werden, wenn der künftige Erbe seine Verpflichtungen nicht freiwillig erfüllt. Die Ausschlagung wirkt nicht für den ganzen Stamm. Stirbt der gesetzliche Erbe vorher, so trifft die Ausschlagungspflicht nicht seine Abkömmlinge. Dieses Verfahren hat danach wesentliche Nachteile gegenüber dem Erbverzichtsvertrag.

2347 *Persönliche Anforderungen, Vertretung*

(1) Zu dem Erbverzicht ist, wenn der Verzichtende unter Vormundschaft steht, die Genehmigung des Vormundschaftsgerichts erforderlich; steht er unter elterlicher Sorge, so gilt das Gleiche, sofern nicht der Vertrag unter Ehegatten oder unter Verlobten geschlossen wird. Die Genehmigung des Vormundschaftsgerichts ist auch für den Verzicht durch den Betreuer erforderlich.

(2) Der Erblasser kann den Vertrag nur persönlich schließen; ist er in der Geschäftsfähigkeit beschränkt, so bedarf er nicht der Zustimmung seines gesetzlichen Vertreters. Ist der Erblasser geschäftsunfähig, so kann der Vertrag durch den gesetzlichen Vertreter geschlossen werden; die Genehmigung des Vormundschaftsgerichts ist in gleichem Umfang wie nach Absatz 1 erforderlich.

Schrifttum: Hahn, Die Auswirkungen des Betreuungsrechts auf das Erbrecht, FamRZ 1991, 27.

1 1. Der **Verzichtende** kann nur unter denselben Voraussetzungen verzichten, unter denen der Vertragspartner des Erblassers einen Erbvertrag aufheben kann, § 2290 III; vgl § 2290 Rz 2.

2 2. Der **Erblasser** kann nur als Geschäftsunfähiger durch seinen gesetzlichen Vertreter vertreten werden. Ist er geschäftsfähig oder beschränkt geschäftsfähig (§ 107), so muß er persönlich auftreten, BGH NJW 1996, 1062, 1064; BayObLG FamRZ 2001, 941f. Hat ein Betreuer für einen beschränkt geschäftsfähigen Betreuten den Erbverzichtsvertrag abgeschlossen, handelt er als Vertreter ohne Vertretungsmacht. Das gilt auch für einen Erbverzichtsvertrag, der im Prozeßvergleich geschlossen ist. Bei Anwaltszwang muß der Erblasser hier die erforderlichen Erklärungen zusammen mit seinem Anwalt abgeben, BayObLG NJW 1965, 1276. Eine Bevollmächtigung ist anders als beim Verzichtenden unzulässig (Düsseldorf FamRZ 2002, 1147). Ein Ehegatte bedarf weder als Erblasser noch als Verzichtender der Zustimmung des anderen; vgl §§ 1432 I S 2, 1455 Nr 2 für die Gütergemeinschaft. Der mit dem Verzicht verbundene Abfindungsvertrag folgt jedoch den allgemeinen Vorschriften.

3 Durch das Gesetz zur Reform des Rechts der Vormundschaft und Pflegschaft für Volljährige – Betreuungsgesetz vom 12. 9. 1990 – (BGBl I 2002) ist S 2 im ersten Absatz angefügt worden. Danach bedarf der vom **Betreuer** erklärte Erbverzicht der vormundschaftsgerichtlichen Genehmigung. Das setzt voraus, daß der Betreuer insoweit Angelegenheiten des Betreuten wahrzunehmen hat, vgl § 1896 II.

2348 *Form*

Der Erbverzichtsvertrag bedarf der notariellen Beurkundung.

1 1. Die **Urkundsform** ist für die Erklärung beider Teile vorgeschrieben, RG 69, 230. Sie richtet sich nach §§ 1ff BeurkG. Eine gerichtliche Beurkundung ist nicht mehr möglich, doch genügt ein formgültig abgeschlossener Prozeßvergleich, § 127a; für die Erklärung des Erblassers ist § 2347 II zu beachten. Wird der Erbverzicht mit einem Erbvertrag oder einem Testament verbunden, so muß die strengere Form des § 2348 gewahrt bleiben. § 2276 II ist nicht analog anzuwenden. In einem Erbvertrag zwischen Ehegatten und einem ihrer Kinder, in dem dieses nach dem überlebenden Ehegatten zum Schlußerben eingesetzt ist, kann gleichzeitig ein Erbverzicht des Kindes nach dem zuerstversterbenden Ehegatten enthalten sein, BGH 22, 364; kritisch MüKo/Strobel Rz 8. Ein Verzicht kann auch stillschweigend in einem notariell beurkundeten gemeinschaftlichen Testament vereinbart sein, BGH NJW 1977, 1728; Johannsen WM 1979, 631; aA Habermann JuS 1979, 169, der einen Erbverzicht wegen fehlender vertraglicher Vereinbarung der Ehegatten ablehnt. Ist der Verzicht mit einem Hofübergabevertrag verbunden, so heilt die Übereignung des Grundstücks nur die Formfehler des verpflichtenden Grundstücksveräußerungsvertrags (§ 311b I S 2), nicht auch die des Erbverzichts, KG JFG 7, 133. Bei Verbindung mit anderen Rechtsgeschäften müssen die besonderen Formen für diese erfüllt werden. Ein Formverstoß kann nach §§ 125, 139 auch zur Nichtigkeit des Erbverzichts führen.

2. Gleichzeitige Anwesenheit beider Vertragsteile ist **nicht erforderlich**, §§ 128, 152.

3. Auch der zum Erbverzicht **verpflichtende Vertrag** kann nur in der Urkundsform des § 2348 geschlossen werden. Er verstößt, wenn er mit dem Erblasser geschlossen wird, weder gegen §§ 311b II, IV, V noch gegen das Verbot des § 2302, von dem der Erblasser schon durch die Zulässigkeit des Erbverzichts freigestellt worden ist, BGH 37, 319, 326. Ein Teil des Schrifttums hält das Grundgeschäft für formlos gültig, weil sich die Form des § 2348 auf den Erbverzicht beschränke (Gegenteilsschluß), so Lange/Kuchinke § 7 I 5b; Degenhart Rpfleger 1969, 146; Kuchinke NJW 1983, 2358. Dem ist gerade nicht zu folgen. Der Gesetzgeber ist davon ausgegangen, daß der Verzicht lediglich unmittelbar die spätere Erbfolge ändere und den Rechtsgrund in sich trage, also ausschließlich Verfügungscharakter habe und eines Grundgeschäfts nicht bedürfe. Er hat gerade nicht an die häufigen Fälle gedacht, in denen der Verzicht des künftigen Erben mit Leistungen des Erblassers zusammenhängt. Daher hat der Gesetzgeber mit der Beschränkung der Form auf den Erbverzicht selbst nicht die Form des Grundgeschäfts entschieden. Verlangte man jedoch die Form des § 2348 nicht auch für das Grundgeschäft, würden zwar die Rechtsverhältnisse für den künftigen Erbfall noch durch die Form des Erbverzichts klargestellt, die Warnfunktion jedoch ausgeschaltet werden, weil der Erblasser den Verzicht auf die Erbenstellung oder den Pflichtteil aus dem formlosen Grundgeschäft gegen den Verzichtenden einklagen könnte. § 2348 verlangt daher nach seinem rechtspolitischen Zweck auch für das ganze Rechtsgrundgeschäft dieselbe Form, Damrau NJW 1984, 1163; Schlüter Rz 403; v Lübtow 1. Halbb S 536; Pal/Edenhofer Rz 1; RGRK/Johannsen Rz 3; Soergel/Damrau Rz 5; KG OLGZ 74, 263; offen gelassen in BGH 37, 319, 328. Dabei kann allerdings Formheilung entsprechend §§ 311b I S 2, 518 II, 766 S 2, 2301 II; § 15 IV GmbHG angenommen werden, vgl LG Bonn ZEV 1999, 356; Näheres bei Bartholomeyczik, Die Kunst der Gesetzesauslegung, 3. Aufl 1965, S 120ff. Der Form des § 2348 bedarf auch eine schuldrechtliche Verpflichtung, einen Pflichtteilsanspruch nicht geltend zu machen, KG OLGZ 74, 263.

4. Stirbt der Erblasser vor dem Abschluß des Erbverzichtsvertrags, so wird die Verpflichtung hierzu unmöglich und damit unwirksam, BGH 37, 319, 326ff.

5. Zur Behandlung des Erbverzichts bei einem unwirksamen oder zwar wirksamen, aber nicht erfüllten Abfindungsversprechen vgl vor § 2346 Rz 3ff.

2349 *Erstreckung auf Abkömmlinge*
Verzichtet ein Abkömmling oder ein Seitenverwandter des Erblassers auf das gesetzliche Erbrecht, so erstreckt sich die Wirkung des Verzichts auf seine Abkömmlinge, sofern nicht ein anderes bestimmt wird.

1. Der Verzicht eines Abkömmlings oder Seitenverwandten, nicht der eines Vorfahren oder eines Ehegatten (Regler DNotZ 1970, 646), erstreckt sich **auf die gegenwärtigen und künftigen Abkömmlinge des Verzichtenden**, also den ganzen Stamm, auch wenn er nicht in ihrer Vertretung erklärt ist (§ 2347), und die Abkömmlinge nicht seine Erben werden. Der Verzicht **betrifft** aber nur ihr **gesetzliches Erbrecht und** über den Gesetzeswortlaut hinaus auch **das Pflichtteilsrecht**. Das gilt nach zutreffender Ansicht selbst dann, wenn der Verzicht auf das Pflichtteilsrecht beschränkt ist, RGRK/Johannsen Rz 2. Da § 2349 nicht in § 2352 S 3 erwähnt ist, erstreckt sich der Verzicht **nicht auf letztwillige Zuwendungen an Abkömmlinge**, Soergel/Damrau Rz 2; KGJ 34, 111; 53, 37; Stuttgart NJW 1958, 347; Hamm OLGZ 82, 272; BayObLG Rpfleger 1984, 65; 1988, 97; Köln FamRZ 1990, 99; Baumgärtel DNotZ 1959, 63; aA Schotten ZEV 1997, 1 (analoge Anwendung des § 2349). Der Erblasser kann die Abkömmlinge gleichwohl letztwillig bedenken, KG JFG 23, 255; s auch § 2352 Rz 3.

2. § 2349 enthält als Ergänzungsnorm keine **zwingende Regelung**, jedoch ist eine nachträgliche Beschränkung des Verzichts nur nach § 2351 möglich, Staud/Schotten Rz 16.

2350 *Verzicht zugunsten eines anderen*
(1) Verzichtet jemand zugunsten eines anderen auf das gesetzliche Erbrecht, so ist im Zweifel anzunehmen, dass der Verzicht nur für den Fall gelten soll, dass der andere Erbe wird.

(2) Verzichtet ein Abkömmling des Erblassers auf das gesetzliche Erbrecht, so ist im Zweifel anzunehmen, dass der Verzicht nur zugunsten der anderen Abkömmlinge und des Ehegatten des Erblassers gelten soll.

1. Der **Verzicht zugunsten eines anderen** wirkt sich für diesen nur aus, wenn er gesetzlicher (§§ 1930, 1935, 2346) oder eingesetzter Erbe ist, München JFG 15, 364; LG Lübeck SchlHA 1959, 211; Regler DNotZ 1970, 646. Die Einsetzung kann mit dem Erbverzicht verbunden werden, § 2348 Rz 1. Es genügt, wenn die Begünstigung sich aus der Auslegung der Verzichtserklärung ergibt, wenn diese zB erkennbar den Abkömmlingen des Verzichtenden zugute kommen soll, KG JFG 20, 160.

2. Bei einem **Verzicht zugunsten mehrerer** gilt die Auslegungsvorschrift erst, wenn alle nicht erben (RG LZ 1926, 1006), auch beim Verzicht nach Abs II. Die Erbquote der Nachbegünstigten bleibt von dem Verzicht unberührt, Oldenburg FamRZ 1992, 1226.

3. Der begünstigte Erbe erhält im allgemeinen den vollen Erbteil des Verzichtenden (KG JFG 23, 179; aA MüKo/Strobel Rz 8), jedoch kann die Auslegung etwas anderes ergeben (KG JFG 15, 364), daß etwa der Verzicht nur teilweise wirkt, RGRK/Johannsen Rz 2.

4. Ein **Verzicht allein auf** den **Pflichtteil** kann nicht andere Pflichtteilsberechtigte begünstigen, da der Verzichtende die anderen als gesetzliche Erben ausschließt und als eingesetzter Erbe mitgezählt wird, § 2310.

§ 2350

5 5. Der **Verzicht des Abkömmlings** gilt im Zweifel nur zugunsten Verwandter erster Ordnung und der Eltern, auch Stiefeltern, nicht zugunsten entfernterer Ordnungen und des Staates.

6 6. Die **Beweislast** für die Unwirksamkeit des Verzichts nach Abs I hat der Verzichtende. Wer aus einem unbedingten Verzicht oder einem solchen nach Abs II Rechte herleitet, muß den von der Auslegungsregel abweichenden Willen des Verzichtenden beweisen, RG LZ 1926, 1006; RGRK/Johannsen Rz 8.

7 7. § 2350 **gilt nicht für letztwillige Zuwendungen**, § 2352 S 3; aA Hamm OLGZ 82, 272: bedingter Erbverzicht. Aber die Berücksichtigung einer veränderten Geschäftsgrundlage kann über § 313 zum gleichen Ergebnis führen, vgl vor § 2346 Rz 4. Veränderte Umstände können auch im Erbscheinsverfahren zu berücksichtigen sein, München JFG 15, 364.

2351 *Aufhebung des Erbverzichts*

Auf einen Vertrag, durch den ein Erbverzicht aufgehoben wird, findet die Vorschrift des § 2348 und in Ansehung des Erblassers auch die Vorschrift des § 2347 Abs. 2 Satz 1 erster Halbsatz, Satz 2 Anwendung.

1 1. Durch den Aufhebungsvertrag gewinnt der Verzichtende seine aufgegebene erbrechtliche Aussicht unmittelbar wieder zurück. Die Aufhebung ist keine beeinträchtigende Verfügung iSv § 2287, BGH NJW 1980, 2307; LG Aachen FamRZ 1996, 61. Der Aufhebungsvertrag kann nur von dem Erblasser und dem Verzichtenden geschlossen werden. Ist der Erbfall bereits eingetreten oder der Verzichtende verstorben, ist ein Aufhebungsvertrag nicht mehr möglich, BGH 139, 116; MüKo/Strobel Rz 2; Pal/Edenhofer Rz 1; Kuchinke ZEV 2000, 169; aA hinsichtlich des Verzichtenden Staud/Schotten Rz 97; Muscheler ZEV 1999, 49.

2 2. Sowohl der Erblasser (§ 2347 II) als auch der Verzichtende (§ 107) kann beschränkt geschäftsfähig sein.

3 3. Ob die für den Erbverzicht gezahlte **Abfindung** zurückgefordert werden kann, hängt von dem Inhalt des der Aufhebung zugrunde liegenden Rechtsgeschäfts ab. Die Aufhebung des Verzichts ist von dem ihr zugrunde liegenden Rechtsgeschäft zu unterscheiden. Erfolgte die Aufhebung von seiten des Erblassers schenkweise (§ 516), dann braucht der Verzichtende die vom Erblasser empfangene Abfindung nicht zurückzuzahlen, Soergel/Damrau Rz 5; Kuchinke ZEV 2000, 169f; anders 10. Aufl Rz 3 und RGRK/Johannsen Rz 1.

2352 *Verzicht auf Zuwendungen*

Wer durch Testament als Erbe eingesetzt oder mit einem Vermächtnis bedacht ist, kann durch Vertrag mit dem Erblasser auf die Zuwendung verzichten. Das Gleiche gilt für eine Zuwendung, die in einem Erbvertrag einem Dritten gemacht ist. Die Vorschriften der §§ 2347, 2348 finden Anwendung.

Schrifttum: *Mayer,* Zweckloser Zuwendungsverzicht?, ZEV 1996, 127.

1 1. § 2352 betrifft nur den **Erbverzicht des** durch Testament oder Erbvertrag **eingesetzten Erben und des Vermächtnisnehmers**. Er ist bedeutsam, wenn der Erblasser an Verfügungen von Todes wegen gebunden oder testierunfähig geworden ist, so daß er seine Verfügungen nicht aufheben kann.

2 2. **Dritter** im Sinne des Satzes 2 ist nicht, wer Vertragsteil des Erbvertrags ist (Celle NJW 1959, 1923), mag auch der Zuwendungsempfänger, nicht aber der Vertragspartner gesetzlicher Erbe sein.

3 3. Die Auslegungsregel des § 2069 über die **Ersatzberufung der Abkömmlinge** wird durch einen Verzicht auf ein testamentarisches Erbrecht nicht berührt, RGRK/Johannsen Rz 7; KG HRR 1939, 1163; Hamm OLGZ 82, 272. Daher treten die Abkömmlinge des Verzichtenden an dessen Stelle, sofern sich kein entgegenstehender Wille des Erblassers feststellen läßt. Anders ist es, wenn die Ersatzerben ihrerseits auf ihr Ersatzrecht verzichtet haben oder der Verzichtende eine vollständige Abfindung erhalten hat. In diesem Fall spricht eine tatsächliche Vermutung gegen eine Ersatzberufung der Abkömmlinge des Verzichtenden, BGH NJW 1974, 43; KG JFG 20, 160; Hamm OLGZ 82, 272; MüKo/Strobel Rz 14. Auch bei einem Verzicht auf ein vertragliches Erbrecht erstrecken sich die Wirkungen in aller Regel nicht auf die zu Ersatzerben berufenen Abkömmlinge des Verzichtenden, Düsseldorf DNotZ 1974, 367. Hat der Erblasser die Abkömmlinge des Verzichtenden in einem Erbvertrag zu Ersatzerben berufen, so ist durch Auslegung des Vertrags zu ermitteln, ob nach dem Willen des Erblassers die Ersatzerbenberufung auch dann gewollt war, wenn der Erbberechtigte durch Erbverzicht gegen vollständige Abfindung aus dem Kreis der Erben ausscheidet, Köln FamRZ 1990, 99; vgl § 2349 Rz 1; s auch Lange/Kuchinke § 7 III 2b.

4 4. Solange ein Testament noch nicht errichtet ist, ist ein **Verzicht auf künftiges Testamentserbrecht nicht möglich**, KG HRR 1930, 713; BayObLG Rpfleger 1987, 374. Eine nach § 311b IV unwirksame Übertragung des in einem gemeinschaftlichen Testament einem Abkömmling zugewandten Erbteils an seine als Miterben berufenen Geschwister zu Lebzeiten des Erblassers soll nach BGH NJW 1974, 43 in einen Erbverzicht zugunsten dieser Geschwister umgedeutet werden können, wenn der Erblasser zugestimmt hat und die Form (§ 2348) gewahrt ist; s dazu Blomeyer FamRZ 1974, 421.

5 5. Auch dieser Verzicht kann nach § 2351 **aufgehoben** werden, RGRK/Johannsen Rz 9; Staud/Schotten Rz 54; Lange/Kuchinke § 7 III 2a; Brox Rz 298; aA Kipp/Coing § 82 V 2. Da auf § 2351 nicht verwiesen wird, sprechen zwar Wortlaut und systematische Stellung des § 2352 gegen diese Auffassung, doch wird sie vom rechtspolitischen Zweck der Vorschrift mit umfaßt. Wollte man eine Aufhebung des Verzichts nicht zulassen, so könnte die ursprüngliche Verfügung nicht mehr durch Neuvornahme begründet werden, wenn der Erblasser inzwischen testierunfähig geworden oder durch Erbvertrag gebunden ist. Da das gleiche rechtliche Bedürfnis für die Aufhe-

bung des Verzichts wie bei dem Verzicht auf die gesetzliche Erbaussicht besteht und ein Grund des Gesetzgebers für eine unterschiedliche Behandlung nicht ersichtlich ist, muß sie auch hier zugelassen werden.

6. Die **letztwillige Verfügung** bleibt **bestehen**, aber die Zuwendung fällt dem Erben oder Vermächtnisnehmer nicht an. Die Verfügung ist unwirksam. 6

7. Zuwendungen im Erbvertrag an den anderen Vertragsteil können **als vertragliche** nur nach §§ 2290–2292 7 aufgehoben werden, Stuttgart DNotZ 1979, 107; Hamm Rpfleger 1977, 208. **Als einseitige** stehen sie den testamentarischen gleich, §§ 2299; 2352 S 1. **Vertragliche Zuwendungen zugunsten Dritter** können entweder nach §§ 2290–2292 aufgehoben oder nach § 2352 S 2 wirkungslos gemacht werden, so auch im Falle des § 2280, KG RJA 15, 180; dazu ausführlich Staud/Schotten Rz 24. Eine Zustimmung des Erbvertragspartners ist nicht erforderlich, ein Verzichtsvertrag mit ihm ist auch nicht genügend.

8. Auch dieser Verzicht kann **auf** einen **Bruchteil der Erbschaft beschränkt** werden (KG JFG 15, 99; Köln 8 FamRZ 1983, 837 mit Anm Brems FamRZ 1983, 1278), aber nicht zugunsten eines anderen abgeschlossen werden.

9. Der **Verzicht** auf die Zuwendung **erstreckt sich** in der Regel **nicht auf das gesetzliche Erbrecht**, RG LZ 9 1919, 594; BGH DNotZ 1972, 500; Frankfurt FamRZ 1994, 197 mit Anm Winkler BayNotV 1994, 237. Die Auslegung, die § 2084 nicht zu berücksichtigen hat, kann ausnahmsweise das Gegenteil ergeben, Staud/Schotten Rz 4, 53. Mit dem gesetzlichen Erbrecht bleibt auch das Pflichtteilsrecht bestehen. § 2346 I S 2 Hs 2 gilt nur für den Verzicht auf das gesetzliche Erbrecht. § 1371 III Hs 2 setzt den Verzicht auf das gesetzliche Erbrecht voraus. Vgl § 2303 Rz 6.

Abschnitt 8

Erbschein

Vorbemerkung

Schrifttum: *Asbeck*, Testamentseröffnung und Erbscheinserteilung beim „Berliner Testament" mit Wiederverheiratungsklausel, MDR 1959, 897; *Bab*, Erbschein nach dem Erstverstorbenen zugunsten des überlebenden Ehegatten aufgrund eines gemeinschaftlichen Testaments, JR 1952, 468; *Backs*, Testamentarische Beschränkungen des Erbenden im Erbschein, DFG 1940, 49; 44, 54; *Bartholomeyczik*, Erbeinsetzung, andere Zuwendungen und Erbschein, 5. Denkschrift des Erbrechtsausschusses der Akademie für Deutsches Recht 1942, S 248; *Becher*, Zur Frage, ob beim Nacherbfall der dem Vorerben erteilte Erbschein iS des § 2361 BGB unrichtig ist, insbesondere wenn der Nacherbfall beim Tode des Vorerben eingetreten ist, Rpfleger 1978, 87; *Beck*, Gegenständlich beschränkter Erbschein, DNotZ 1951, 504; *Bonnet*, Zur Zulässigkeit und zum Gegenstand der auf Einziehung eines Erbscheins gerichteten Beschwerde, JR 1972, 229; *Buschmann*, Die Erbfolge im Grundbuchverfahren, BlGBW 1965, 169; *Clausen*, Zur Frage des öffentlichen Glaubens bei dem Erbschein, JW 1934, 1837; *Deubner*, Die Assessorklausur aus der freiwilligen Gerichtsbarkeit, 1973, §§ 1–4; *Dörner*, Zur Behandlung von deutschen Erbfällen mit interlokalem Bezug, DNotZ 1977, 324; *ders*, Fremdrechtszeugnis nach § 1507 BGB und Erbschein, DNotZ 1980, 662; *Edenfeld*, Der deutsche Erbschein nach ausländischem Recht, ZEV 2000, 482; *Esslinger*, Der Erbschein nach dem BGB, 1902; *Firsching*, Aktuelle Fragen des Erbscheinrechts, DNotZ 1960, 565, 640; *ders*, Vorbescheid im Erbscheinsverfahren, NJW 1955, 1540; *Firsching/Graf*, Nachlaßrecht, 8. Aufl 2000, S 243; *Giencke*, Zur Zulässigkeit der Erbscheineinziehung bei Anhängigkeit eines für die Erbberechtigung vorgreiflichen Prozesses, Rpfleger 1973, 52; *Greiser*, Der gemeinschaftliche Teilerbschein, DFG 1936, 190; *Guggumos*, Ersatznacherben und Erbschein, DFG 1937, 233; *Häußermann*, Zuständigkeit für Erbscheine an Heimatvertriebene, BWNotZ 1959, 273; *Hense*, Teilerbschein, gegenständlich beschränkter Erbschein und Erbschein, über nicht hofgebundenes Vermögen, DNotZ 1952, 205; *ders*, Erbschein über hoffreies Vermögen, DNotZ 1955, 370; 59, 493; *Herminghausen*, Auswirkung von einander inhaltlich widersprechenden Erbscheinen, NJW 1986, 571; *Herrmann*, Erbrecht und Nachlaßverfahren in der DDR, 1989; *Hoffmann*, Der unrichtige Erbschein, JuS 1968, 228; *Johannsen*, Die Rechtsprechung des Bundesgerichtshofs auf dem Gebiete des Erbrechts, 10. Teil, Erbschein, WM 1972, 1046; WM 1977, 309; *Kiefner*, Der Vorbescheid im Erbscheinsverfahren – ein Produkt prozessualen Gewohnheitsrechts, in FS Lukes 1989, S 701; *Kuchinke*, Zur interlokalen Zuständigkeit der Nachlaßgerichte in der Bundesrepublik Deutschland, in FS von der Heydte, II 1977, S 1005; *ders*, Grundfragen des Erbscheinsverfahrens und des Verkehrsschutzes bei Verfügungen des Scheinerben über Erbschaftsgegenstände, Jura 1981, 281; *Kumme*, Der Erbersatzanspruch im Erbscheinsverfahren, ZBlJugR 1972, 256; *Kuttener*, Erbschein und Erbschaftsprozeß, JherJb 59, 393; 61, 107; *Lindacher*, Vermutungswirkung und öffentlicher Glaube bei einander widersprechenden Erbscheinen, DNotZ 1970, 93; *ders*, Die vorläufige Erbscheinseinziehung, NJW 1974, 20; *Parodi*, Die Maßgeblichkeit der Kenntnis vom Erbschein für einen gutgläubigen Erwerb einer Erbschaft iS des § 2366 BGB, AcP 1985, 362; *Pehe*, Über Urkunden im Erbscheinsverfahren, JR 1955, 134; *Pernutz*, Das Erbscheinverfahren im interlokalen Privatrecht, MDR 1963, 713; *ders*, Die erbrechtlichen Bestimmungen im neuen Familiengesetzbuch der DDR, NJW 1966, 532; *Prior*, Erbscheinsklausur: Ein Brief an die Freundin, JuS 1978, 772; *Saupe*, Das Erbscheinsverfahren nach dem BGB, 1908; *Scheer*, Der Erbschein – Erteilung, Einziehung und Änderung, 1988; *Schmidt*, Die Nachfolge in das Anwartschaftsrecht des Nacherben und die Erteilung des Erbscheins nach dem Nacherbfolge, BWNotZ 1966, 139; *Scholz*, Die Ausweisfunktion des Erbscheins, Diss Köln 1967; *Schreiner*, Die Mitwirkung erbscheinberechtigter Scheinerben bei Gesellschafterbeschlüssen und Anteilsübertragungen, NJW 1978, 921; *Schwarzte*, Der Inhalt des Erbscheins, 1911; *Tröster*, Eheliches Güterrecht und Erbscheinverfahren, Rpfleger 1960, 38; *ders*, Das Güterrechtsstatut von Vertriebenen und Flüchtlingen und sein Nachweis im Erbscheinverfahren, Rpfleger 1962, 253; *Stählin*, Vergleiche im Erbscheinsverfahren, DFG 1942, 71; *Weimar*, Fragen aus dem Recht des Erbscheins, MDR 1958, 832; *ders*, Rechtsfragen zum Erbschein, MDR 1967, 556; *Weiß*, Zur Einziehung inkorrekt erteilter Erbscheine, Rpfleger 1984, 389; *ders*, Erbscheinsklausur, JuS 1988, 893; *Welskop*, Das Erbscheinverfahren, RhNotK 1965, 262; *Wenschwander*, Familienbuch und Familienregister als Grundlage für Grundbucheintragungen und Erbscheinverfahren, BWNotZ 1968, 24; *Werner*, Der Erbschein, 1904; *Wiegand*, Der öffentliche Glaube des Erbscheins, JuS 1975, 283; *Zimmermann*, Erbscheinsklausur: Ein unklares Testament, JuS 1987, 814; weiteres Schrifttum Einl § 1922 Rz 51.

1 1. Die **rechtspolitische Aufgabe des Erbscheins**. Die Erbfolge beruht entweder auf gesetzlicher Erbfolgeanordnung oder Verfügung von Todes wegen. In beiden Fällen steht der Erbe vor der **Schwierigkeit**, seine **Rechtsnachfolge zu beweisen**. Auch die Ehefrau und die nächsten Verwandten können als gesetzliche Erben durch Verfügung von Todes wegen ausgeschlossen sein, und diejenigen, die eine Verfügung von Todes wegen als Erben ausweist, brauchen keine Erben zu sein, weil die Verfügung nichtig, angefochten oder widerrufen worden ist. Viele andere Gründe können die Erbfolge gehindert haben, so eine Ausschlagung der Erbschaft, eine Erbunwürdigkeitserklärung, ein Erbverzicht.

Diese Beweisschwierigkeiten überwindet der Erbschein mit der **doppelten Vermutungswirkung** des § 2365. Es wird zuerst vermutet, daß das bezeugte Erbrecht besteht, daß die Anteile des Miterben die bezeugte Größe haben, sodann, daß das bezeugte Erbrecht durch nichtbezeugte Anordnungen eines Nacherbrechts oder einer Testamentsvollstreckung nicht beschränkt ist. Der Erbschein kann grundsätzlich nur über den gesamten Nachlaß erteilt werden und nicht auf einzelne zum Nachlaß gehörende Gegenstände beschränkt werden, Hamm NJW 1968, 1682. Eine Ausnahme hiervon bildet § 2369; s auch § 2353 Rz 5.

Als amtliches Zeugnis, dessen Ausfertigung im Rechtsverkehr vorgelegt werden kann, ist der Erbschein darüber hinaus mit einer **Gutglaubensschutzwirkung** zugunsten Dritter ausgestattet, die mit oder gegenüber dem zu Unrecht als Erben Ausgewiesenen Rechtsgeschäfte schließen oder vornehmen. Wegen dieser weitgehenden Wirkung muß der Erbschein über die Frage des Erbrechts und seiner Beschränkungen alle Angaben enthalten, die jemals im Rechtsverkehr mit Dritten erheblich werden können, also auch übersehbare Änderungen nach seiner Ausstellung, RG 142, 171.

2 2. **Geschichtlich** hat sich der Erbschein aus der Erbbescheinigung des preußischen Rechts entwickelt, preußisches Gesetz vom 12.3.1869 betreffend die gerichtlichen Erbbescheinigungen. Dieses Gesetz kodifizierte lediglich ein Richterrecht, das von den Bestimmungen des Preußischen ALR über die Erblegitimationsatteste ausgegangen ist (I 9 §§ 482–493 ALR). Vgl zur geschichtlichen Entwicklung und zur Rechtsvergleichung Bartholomeyczik S 251ff; Scheer S 18ff; Staud/Schilken vor §§ 2353ff Rz 50–56.

3 3. Die Erteilung des Erbscheins schafft **keine materielle Rechtskraft** für den Bestand des ausgewiesenen Erbrechts, vgl RG 124, 324; KG JFG 14, 286; 20, 203; NJW 1955, 1074; Staud/Schilken § 2353 Rz 9. Die Entscheidung des Nachlaßrichters bindet andere Behörden, vor allem den Prozeßrichter nicht. Gleiches gilt für das nach § 18 II HöfeO erteilte Hoffolgezeugnis, Lange/Wulff/Lüdtke-Handjery § 18 HöfeO Rz 35. Der Erbschein ist keine Urkunde, die für ein Wiederaufnahmeverfahren nach § 580 Nr 7 lit b ZPO bedeutsam wäre, BVerwG NJW 1965, 1292; Schleswig SchlHA 1952, 95. Aber das **Urteil des Prozeßgerichts bindet den Nachlaßrichter** in den Grenzen der §§ 322, 325 ZPO; dazu § 2359 Rz 5. Er kann deshalb in entsprechender Anwendung des § 148 ZPO das Erbscheinsverfahren bis zur rechtskräftigen Entscheidung eines zwischen den materiell Beteiligten schwebenden Rechtsstreits aussetzen, BayObLG FamRZ 1969, 676. Auch über folgende Fragen kann nur der Prozeßrichter rechtskräftig entscheiden: Zugehörigkeit der Nachlaßgegenstände zum Nachlaß, Bestand von Nachlaßverbindlichkeiten, Pflichtteilsansprüchen, Vermächtnissen, Auflagen, Ausgleichungspflichten, Ansprüchen der Miterben untereinander. Alle diese Rechtsverhältnisse bezeugt der Erbschein nicht. Entscheidet der Nachlaßrichter über sie, so entfaltet seine Entscheidung keine Rechtskraft.

2353 *Zuständigkeit des Nachlassgerichts, Antrag*
Das Nachlassgericht hat dem Erben auf Antrag ein Zeugnis über sein Erbrecht und, wenn er nur zu einem Teil der Erbschaft berufen ist, über die Größe des Erbteils zu erteilen (Erbschein).

1 1. **Zuständigkeit. a)** Als **Nachlaßgericht** ist **örtlich** in der Regel das Amtsgericht **zuständig** (§ 72 FGG), in dessen Bezirk der Erblasser beim Erbfall seinen Wohnsitz hatte, § 73 I FGG. Läßt sich dieser nicht feststellen, so kommt es auf den Aufenthalt des Erblassers im Zeitpunkt seines Todes an (BayObLG Rpfleger 1990, 73, dort auch zu der Frage, wie die örtliche Zuständigkeit des Nachlaßgerichts zu bestimmen ist, wenn nicht feststeht, ob der Erblasser seinen früheren Wohnsitz rechtswirksam aufgegeben hat). Hatte ein deutscher Erblasser zur Zeit des Erbfalls im Inland weder Wohnsitz noch Aufenthalt, so ist nach § 73 II FGG das Amtsgericht Schöneberg in Berlin-Schöneberg zuständig. Stirbt ein Ausländer, der im Inland weder einen Wohnsitz noch Aufenthalt hatte, so ist jedes Nachlaßgericht zur Erteilung eines gegenständlich beschränkten Erbscheins (§ 2369) zuständig, in dessen Bereich Nachlaßgegenstände gelegen sind, und zwar hinsichtlich aller Nachlaßgegenstände, die sich im Inland befinden, § 73 III FGG. Zur örtlichen Zuständigkeit des Nachlaßgerichts bei ererbten Ansprüchen nach dem Häftlingshilfegesetz vgl BayObLG NJW-RR 1991, 588; Rpfleger 1991, 355; sowie bei Ansprüchen nach dem LAG BayObLG FamRZ 1991, 992. Zur internationalen Zuständigkeit des Nachlaßgerichts bei in der Schweiz verstorbenem Erblasser vgl BayObLG NJW-RR 1991, 1098.

b) Die Erteilung gehört zum **Aufgabenbereich des Rechtspflegers** (§ 3 Nr 2 lit c RpflG), sofern die Erbfolge nicht auf letztwilliger Verfügung beruht oder ein gegenständlich beschränkter Erbschein erteilt werden soll, § 16 I Nr 6 RpflG. Wird im Rückerstattungsverfahren ein Erbschein benötigt, so erteilt ihn das Nachlaßgericht, das nach §§ 72, 73 FGG für zuständig erklärt worden ist, BGH NJW 1951, 151. Zur Ersatzzuständigkeit des Amtsgerichts Schöneberg in Berlin-Schöneberg für fortgefallene ostdeutsche Nachlaßgerichte nach § 1 des ZuständErgG vom 8. 8. 1952 (BGBl I, S 407) vgl § 1922 Rz 57.

c) Das Problem der **interlokalen Zuständigkeit**, dh die Frage nach der Zuständigkeit der Nachlaßgerichte der Bundesrepublik im Verhältnis zu den Nachlaßbehörden der ehemaligen DDR und gegebenenfalls die örtliche Zuständigkeit der westdeutschen Nachlaßgerichte, hat sich durch den wirksamen Beitritt der ehemaligen DDR zur Bundesrepublik erledigt. Nach der Herstellung der deutschen Einheit am 3. 10. 1990 bestimmt sich die Zuständigkeit des Nachlaßgerichts ausschließlich nach § 73 FGG, BayObLG Rpfleger 1991, 206; BezG Dresden DtZ 1991, 216. Erbscheinsverfahren, die bis zu diesem Zeitpunkt beim Staatlichen Notariat der früheren DDR anhängig waren, werden an das zuständige Nachlaßgericht weitergeleitet, vgl auch Einl § 1922 Rz 56. Zu der Frage, wie sich der Einigungsvertrag im einzelnen auf das Erbscheinsverfahren auswirkt, vgl Köster Rpfleger 1991, 97, 99; Rau DtZ 1991, 19; Adlerstein/Desch DtZ 1991, 193, 199; Schotten/Johnen DtZ 1991, 257; Böhringer Rpfleger 1991, 275; Graf DtZ 1991, 370; Wandel BWNotZ 1991, 1, 22ff; Müller-Rottach, BWNotZ 1991, 119.

d) Die **örtliche Unzuständigkeit** des Nachlaßgerichts macht zwar den erteilten Erbschein **nicht unwirksam** (§ 7 FGG), berechtigt aber zur Beschwerde auf Einziehung durch das unzuständige Gericht, § 2361; KGJ 53, 88; BayObLG Rpfleger 1981, 112. Rechtshilfe ist zwar nicht für Erteilung des Erbscheins, wohl aber für Ermittlungen und Aufnahme der eidesstattlichen Versicherungen nach § 2356 II möglich, RG 95, 286. Das Beschwerdegericht kann das Nachlaßgericht zur Erteilung des Erbscheins bindend anweisen, nicht aber selbst den Erbschein erteilen, BayObLG JFG 3, 151; Celle NdsRpfl 1964, 132; RGRK/Kregel Rz 2.

2. Landesrechtliche Ausführungsbestimmungen können eine funktionelle **Sonderzuständigkeit** begründen. In Baden-Württemberg ist nicht das Amtsgericht, sondern das **staatliche Notariat** das Nachlaßgericht, §§ 1, 38 Landesgesetz über die freiwillige Gerichtsbarkeit (LFGG) vom 12. 2. 1975 (BWGBl S 116).

3. Hoffolgezeugnis. a) Nach § 18 II S 3 HöfeO idF vom 26. 7. 1976 (BGBl I 1933), die in den Ländern Hamburg, Niedersachsen, Nordrhein-Westfalen und Schleswig-Holstein gilt, ist auf Antrag eines Beteiligten über die Sondererbfolge in einen Hof ein besonderer Erbschein (Hoffolgezeugnis) vom **Landwirtschaftsgericht**, nicht vom Nachlaßgericht, auszustellen. Das Landwirtschaftsgericht ist auch zur Ausstellung eines allgemeinen Erbscheins über die Erbfolge in den Hof und das hoffreie Vermögen ausschließlich zuständig, selbst wenn das freie Nachlaßvermögen wertvoller als der Hof ist, Firsching, DNotZ 1960, 566; Faßbender/Hötzel/v Jeinsen/Pikalo § 18 HöfeO Rz 3; Lange/Wulff/Lüdtke-Handjery § 18 HöfeO Rz 3. In einem allgemeinen Erbschein ist der Hoferbe besonders aufzuführen, § 18 II S 2 HöfeO. Für das Verfahren über die Erteilung und die Einziehung oder Kraftloserklärung des Erbscheins oder Hoffolgezeugnisses gelten die Vorschriften des LwVfG. Dem Nacherben kann ein Hoffolgezeugnis erst nach Eintritt des Nacherbfalls erteilt werden, BGH FamRZ 1980, 563.

b) Zulässig ist es nach zutreffender Meinung auch, einen Erbschein nur über das hoffreie Vermögen zu erteilen, KG JW 1938, 3171; Hense DNotZ 1952, 205; Düsseldorf NJW 1953, 1870; Hamburg NJW 1958, 554; Lange/Wulff/Lüdtke-Handjery, § 18 Rz 17; Soergel/Damrau Rz 20; Staud/Schilken vor §§ 2353ff Rz 18. Gerade der Erbe des hoffreien Vermögens, der neben dem Hoferben nach außen als Gesamtschuldner, im Innenverhältnis sogar vor ihm für die Nachlaßschulden haftet (§ 15 I, II HöfeO), benötigt schnellstens einen Ausweis über sein Erbrecht. Er muß über die Konten des Erblassers verfügen können und kann nicht solange warten, bis die schwierigen Voraussetzungen für die Ausstellung eines Hoffolgezeugnisses festgestellt sind. Der ausschließlich über das hoffreie Vermögen beantragte Erbschein wird vom Landwirtschaftsgericht und nicht vom Nachlaßgericht erteilt, BGH NJW 1988, 2739; RGRK/Kregel § 2353 Rz 19; Staud/Schilken vor §§ 2353ff Rz 18; Faßbender/Hötzel/v Jeinsen/Pikalo § 18 HöfeO Rz 3; Hermingshausen AgrarR 1985, 225; aA Scheer, S 49ff; Kipp/Coing § 128 V 3; Hamburg NJW 1958, 554; KG OLGZ 67, 360; 10. Aufl Rz 5.

4. Der Erbschein ist nur **dem Erben** nach der Annahme der Erbschaft zu erteilen, die schlüssig im Antrag liegt. **Nicht zu erteilen** ist ein Erbschein daher dem Pflichtteilsberechtigten, Vermächtnisnehmer, Auflagebegünstigten, einem anderen Nachlaßgläubiger, dem Erbteilserwerber (Düsseldorf MDR 1981, 143; NJW-RR 1991, 332) oder Erbschaftskäufer sowie dem Ersatzerben vor dem Erbanfall. Ebensowenig ist dem Vorerben nach (aA MüKo/Promberger Rz 9) und dem Nacherben vor dem Nacherbfall (BGH FamRZ 1980, 563) ein Erbschein zu erteilen. Für einen Verschollenen darf ein Erbschein nur erteilt werden, wenn bewiesen ist, daß dieser beim Erbfall noch gelebt hat, Karlsruhe DNotZ 1953, 427. Der Kreis der Antragsberechtigten ist größer, Rz 7. Der Erbe kann auch mehrere Ausfertigungen des Erbscheins verlangen, ohne hierfür ein besonderes Interesse glaubhaft zu machen, LG Köln Rpfleger 1969, 350.

5. Antragsrecht. a) Antragsberechtigt sind der endgültige Erbe oder Miterbe, der Vorerbe bis zum Eintritt des Nacherbfalls (Hamm NJW 1974, 1827), danach der Nacherbe, die Nachlaß- und Erbengläubiger, die einen Titel besitzen und des Erbscheins zur Zwangsvollstreckung bedürfen (§§ 792, 896 ZPO), oder die ihn zur Teilungsversteigerung benötigen, LG Essen Rpfleger 1986, 387. Zur analogen Anwendbarkeit des § 792 ZPO in steuerlichen Vollstreckungsverfahren nach §§ 249ff AO BayObLG FamRZ 2001, 1737. Antragsberechtigt sind ferner Abwesenheitspfleger (§ 1911; KGJ 32, 108) und Betreuer (§ 1896, 1902) eines testierenden Erben, die auch die Erbschaft annehmen können, ferner Auseinandersetzungspfleger (§ 88 FGG; KG RJA 16, 63; Staud/Schilken Rz 50), Testamentsvollstrecker (KGJ 22, 56; BayObLG 1913, 743; 19, 192; LG Kiel NJW 1976, 2351), Nachlaßverwalter und Nachlaßinsolvenzverwalter, Staud/Schilken Rz 48 mwN. Der Antrag kann durch Bevollmächtigte gestellt werden, KG RJA 17, 68. Ist der Erbschein bereits den Erben erteilt, so können andere Antragsberechtigte eine oder mehrere Ausfertigungen, Abschriften oder Einsicht verlangen (§§ 85, 78 FGG), ohne daß sie ein rechtliches Interesse glaubhaft machen müssen, Schleswig SchlHA 1960, 58. Der Notar ist nicht kraft Gesetzes ermächtigt, einen Erbscheinantrag im Namen des Antragstellers auch zurückzunehmen. Erklärt der Antragsteller jedoch im Antrag, daß eine Ausfertigung des beantragten Erbscheins an den Notar ausgehändigt werden soll, so soll er nach einer bedenklichen Ansicht des LG Düsseldorf (RhNotK 1961, 120) hiermit dem Notar auch die Vollmacht erteilen, den Antrag zurückzunehmen.

§ 2353

8 b) **Kein Antragsrecht** haben Nachlaßpfleger für den Nachlaß, für den die Pflegschaft angeordnet ist (KGJ 40, 37), wohl aber für einen anderen Nachlaß, gegen den sie als Nachlaßpfleger in Vertretung unbekannter Erben Ansprüche erheben (KGJ 41, 94), der Nacherbe vor dem Nacherbfall (BGH FamRZ 1980, 563) auch nicht für einen Erbschein des Vorerben (BayObLG NJW-RR 1999, 805), Vorerben nach dem Nacherbfall, der Käufer eines Nachlaßgrundstücks (LG München DNotZ 1950, 33), Vermächtnisnehmer (BayObLG FamRZ 2000, 1231), Pflichtteilsberechtigte (vgl Hamm Rpfleger 1984, 273), Auflagenbegünstigte, das Finanzamt, RG RJA 15, 14. Erbteilserwerber, Erbschaftskäufer und Erbeserben haben kein Antragsrecht für einen Erbschein, in dem sie selbst als Erben ausgewiesen werden. Sie können aber auf den Namen des Erben oder des ursprünglichen Erben einen Erbschein beantragen, RG 64, 173, 175; München JFG 14, 65; Scheer, Erbschein, S 57ff; aA Lange/Kuchinke § 39 II 3, Fn 58.

9 6. Der nicht formbedürftige **Antrag** ist meist in der Erbscheinsverhandlung enthalten und muß unter den Erfordernissen der §§ 2354–2356 den Inhalt des Erbscheins so genau bestimmen, daß das Nachlaßgericht ihn ohne sachliche Ergänzung oder Einschränkung nach Antrag erteilen kann, RG 156, 172, 180; KG HRR 1933, 1492; DNotZ 1955, 408; BayObLG 51, 690; 67, 1. Der formfreie Antrag auf Erteilung eines Erbscheins kann durch Vorlage einer beglaubigten Abschrift der von einem Notar beurkundeten Erbscheinsverhandlung gestellt werden, LG Wuppertal Rpfleger 1972, 100. Aus dem Antrag muß hervorgehen, ob der Erbschein unbeschränkt (§ 2353) oder gegenständlich beschränkt (§ 2369) sein soll, Hamm NJW 1968, 1682. Der Antragsteller kann seinen Inhalt nicht dem Nachlaßgericht überlassen, KGJ 42, 130; BayObLG 51, 690. Das Nachlaßgericht darf keinen anderen als den beantragten Erbschein erteilen. Der Erbe muß in dem Antrag nicht nur angeben, wie groß die beanspruchte Erbquote (notfalls unter Angabe der Berechnungsgrundlagen, Düsseldorf DNotZ 1978, 683) ist, sondern auch, ob das Erbrecht aufgrund Gesetzes oder Verfügung von Todes wegen beansprucht wird. Bestehen aber Zweifel über die Gültigkeit der Verfügung von Todes wegen und wäre der Erbe kraft Gesetzes in gleichem Umfang zum Erben berufen, so darf er ausnahmsweise den Berufungsgrund alternativ angeben, BayObLG 74, 460; Frankfurt MDR 1978, 228. Beantragt der Erbe aber ausdrücklich die Erteilung eines Erbscheins auf Grund einer Verfügung von Todes wegen, so darf das Gericht den Erbschein nicht kraft gesetzlicher Erbfolge erteilen, selbst wenn der Erbe in beiden Fällen zu gleicher Quote berufen ist, BayObLG 73, 28; BayObLG FamRZ 1996, 390. Haupt- und Hilfsanträge mit sachlich verschiedenem Inhalt können verbunden werden, wenn jeder Antrag für sich das mit ihm beanspruchte Erbrecht und die Reihenfolge bezeichnet, in der er zu prüfen ist, RG 156, 172, 180 gegen Dresden JFG 3, 155. Entspricht ein Erbschaftsantrag nicht diesen Erfordernissen, so hat das Nachlaßgericht, wenn mit der Behebung des Mangels gerechnet werden kann, dem Antragsteller durch eine Zwischenverfügung aufzugeben, die Mängel zu beseitigen, ehe es den Antrag zurückweist, KG DNotZ 1955, 408. Ein Erbscheinsantrag ist unzulässig, wenn der Erblasser vor dem 1. 1. 1900 verstorben ist, vgl Art 213 S 1 EGBGB, BayObLG FamRZ 1990, 101. Zu den Amtspflichten des Notars bei Einreichung eines Erbscheinantrags vgl Frankfurt MDR 1964, 844; bei Weiterleitung eines erkennbar unrichtigen Erbscheins vgl BGH FamRZ 1987, 1024 m Anm Bernhard DNotZ 1988, 385.

10 7. Zum **Inhalt des Erbscheins** gehören notwendig das Erbrecht des Erben oder das des Miterben in Bruchteilen, ein Vorausvermächtnis des Alleinvorerben (KG JFG 21, 122), Beschränkungen durch Nacherbschaft oder Testamentsvollstreckung (§§ 2363, 2364), die Verwaltung und Nutznießung des überlebenden Ehegatten im Sinne von § 14 I HöfeO (Celle MDR 1949, 165; Lange/Wulff/Lüdtke-Handjery § 18 HöfeO Rz 30), beim gemeinschaftlichen oder Teilerbschein ohne Berücksichtigung der Ausgleichung (§§ 2050ff) die Größe der Erbteile in Bruchteilen (§§ 2353, 2357 II), es sei denn, daß die Gesamtberechtigung der Erbengemeinschaft feststeht, die Beteiligung der einzelnen Miterben jedoch ungewiß ist. Dann kann ein Teilerbschein über den gewissen Mindesterbteil ausgestellt werden, KG JFG 13, 43; LG Aachen JR 1951, 733; vgl Brox Rz 615. Obgleich dieser nur vorläufiger Art ist, kann er nicht ergänzt, sondern nur eingezogen werden, wenn ein endgültiger Erbschein erteilt wird, Hamm Rpfleger 1969, 299; aA Scheer, Erbschein, S 101ff. Zum Inhalt des Hoffolgezeugnisses Lange/Wulff/Lüdtke-Handjery § 18 HöfeO Rz 19ff. Zur Erteilung eines Teilerbscheins für einen westdeutschen Erblasser, der in der Zeit vom 1. 1. 1976 bis zum 2. 10. 1990 gestorben ist, Immobilvermögen im Beitrittsgebiet hinterlassen hat (sog Nachlaßspaltung), LG Berlin Rpfleger 1991, 418 mit Anm Henrich, FamRZ 1991, 1362; LG München FamRZ 1991, 1489; LG Aachen Rpfleger 1991, 460; Schotten/Johnen DtZ 1991, 257, 264; Böhringer Rpfleger 1991, 275, 279; Köster Rpfleger 1991, 97, 100.

11 Der **Erbschein soll** möglichst Namen, Beruf, Todeszeit und letzten Wohnsitz des Erblassers, Namen, Geburtstag, Beruf und Wohnsitz der Erben **angeben**, er braucht dagegen nicht den Berufungsgrund (Gesetz, Testament oder Erbvertrag) oder die personenrechlichen Beziehungen des Erben zum Erblasser anzugeben, es sei denn, daß dadurch der Umfang des Erbrechts bestimmt wird, KG OLGZ 66, 612; BayObLG 73, 28.

Dagegen gehören **nicht in den Erbschein** Berufene, die nach dem Erbfall rückwirkend weggefallen sind (§§ 1953, 2344), Beschwerungen des Erben durch Pflichtteilsrechte und Vermächtnisse (vgl Köln OLGZ 71, 94), auch nicht durch ein Nießbrauchsvermächtnis (BayObLG 5, 651; Staud/Schilken Rz 81) oder Auflagen. Nicht in den Erbschein aufzunehmen sind ferner Teilungsanordnungen, die Zugehörigkeit bestimmter Gegenstände zum Nachlaß, auch nicht in den Erbschein des § 2369, Nachlaßverbindlichkeiten, der Voraus, Veränderungen in der Verfügungsmacht, die nach dem Erbfall eingetreten sind, wie Erbteilsveräußerungen oder -verpfändungen (RG 64, 173) und Ergebnisse der Auseinandersetzung. Die Eintragung von Verfügungsbeschränkungen, etwa durch Nießbrauch, wird von der hM mit Recht abgelehnt, RGRK/Kregel Rz 15; Staud/Schilken Rz 81; MüKo/Promberger Rz 33; Greiff MDR 1965, 447 für ausländische Nießbrauchsrechte beim gegenständlich beschränkten Erbschein nach § 2369; vgl dazu auch BayObLG 61, 4; § 14 HöfeO wird insoweit als Ausnahme angesehen.

12 8. **Erteilung des Erbscheins.** a) Erteilt ist der Erbschein noch nicht mit der Herstellung der Erbschaftsurkunde in den Nachlaßakten und der Anordnung der Erteilung, wie es BayObLG 24, 270 und KGJ 42, 128ff annahmen, sondern erst mit der Aushändigung einer Urschrift (BayObLG 60, 192; aA Stuttgart Die Justiz 1993, 146). Nicht ausreichend ist auch die Ausfertigung einer beglaubigten Abschrift an den Antragsteller oder die von ihm bezeichnete Person oder Behörde, Planck/Greiff Anm 11, RGRK/Kregel Rz 21. Erst mit der Aushändigung einer Urschrift kann der Erbschein den Rechtsverkehr beeinflussen. Seine Wirkung beginnt aber auch, wenn die Erbschaftsurkunde in den Nachlaßakten mit Willen des Antragstellers zum Gebrauch in einer bestimmten Angelegenheit des Rechtsverkehrs hinzugezogen wird, Planck/Greiff § 2365 Anm 5; KG OLG 9, 228; BayObLG MDR 1961, 415; Rpfleger 1961, 437 für den Fall, daß die Nachlaßakten mit der Urschrift des Erteilungsbeschlusses dem Grundbuchamt zur Berichtigung des Grundbuchs zugeleitet werden, allerdings nicht mit der Mitteilung seines Inhalts an das Finanzamt, § 34 II Nr 2 ErbStG.

b) Die **Kosten der Erbscheinserteilung** trägt der Antragsteller, § 2 Nr 1 KostO. Nichtantragstellende Miterben haften hierfür nicht. Die Kosten sind keine Nachlaßverbindlichkeiten, RGRK/Kregel Rz 22. Die Gebühr für die Erteilung bestimmt sich nach § 107 KostO. Erbscheine zur Vorlage im Rückerstattungsverfahren (§ 7a III BRüG), im Entschädigungsverfahren (§ 181 III BEG) und auch im LAG-Verfahren werden kostenfrei erteilt.

9. Vorbescheid. a) Das Nachlaßgericht kann nach hM zunächst einen Vorbescheid erteilen, indem es ankündigt, daß es binnen bestimmter Frist einen Erbschein mit einem näher bezeichneten Inhalt zu erteilen beabsichtigt, BGH 20, 255; Soergel/Zimmermann Rz 36 mwN; aA Kiefner in FS Lukes, 1989, S 701. Durch den (beschwerdefähigen) Vorbescheid sollen bei umstrittener Tatsachen- und Rechtslage, bei der zu erwarten ist, daß die höhere Instanz angerufen wird, die durch die Publizitätswirkung eines unrichtigen Erbscheins drohenden Gefahren für den Rechtsverkehr vermieden werden, Soergel/Damrau Rz 36. Ein Vorbescheid ist nur zulässig, wenn diese Vorklärung nach der Sach- und Rechtslage ausnahmsweise geboten ist, BGH 20, 255; BayObLG FamRZ 1987, 527; 91, 494; Köln NJW-RR 1991, 1412; Firsching NJW 1955, 1540 gegen KG NJW 1955, 1072 m Anm Baur NJW 1955, 1073. Können von der vom Nachlaßgericht beabsichtigten Entscheidung keine Gefahren für den Rechtsverkehr ausgehen (zB das Nachlaßgericht will einen Erbschein zurückweisen oder einen erteilten Erbschein einziehen), ist ein Vorbescheid unzulässig, Hamm NJW 1974, 1827 für die Zurückweisung; BayObLG 94, 176; Hamm FamRZ 1996, 312 für die Einziehung. Ein Vorbescheid, mit dem das Nachlaßgericht nur über bestimmte Einzelfragen entscheidet, ist unzulässig, Köln FamRZ 1991, 1358. Der Vorbescheid setzt einen wirksamen Erbscheinsantrag voraus (BayObLG FamRZ 1994, 1068; ZEV 1996, 432; NJW 1995, 3260; BayObLG 1995, 79 (87); Lange/Kuchinke § 39 II 7) und ist zu begründen, LG Mannheim NJW 1972, 1429. Fehlt ein Antrag, so kann er noch im Rechtsbeschwerdeverfahren nachgeholt werden, BayObLG ZEV 1995, 413; aA Pentz NJW 1996, 2559f.

b) Ein zulässiger Vorbescheid kann mit der **Beschwerde** (§ 19 FGG) angegriffen werden, RG 137, 226; BGH 20, 255; Hamm NJW 1974, 1827; Karlsruhe FamRZ 1970, 255; Zweibrücken OLGZ 84, 3; BayObLG NJW-RR 1991, 1287; Pentz, NJW 1996, 2559, 2561; Zimmermann JuS 1987, 817; aA KG JFG 12, 268. Erfüllt der als Vorbescheid bezeichnete Beschluß nicht die für den Erlaß eines Vorbescheids erforderlichen Voraussetzungen (es wird in dem Beschluß zB darauf hingewiesen, daß der Erbschein nicht – wie beantragt – erteilt werden kann oder daß ein Testamentsvollstrecker ernannt werden soll), dann ist hiergegen eine Beschwerde nicht zulässig, Hamm FamRZ 1996, 312; Pentz NJW 1996, 2559, 2561; aA BayObLG FamRZ 1994, 1066. Gegen die bloße Ankündigung einer späteren Entscheidung, durch die Publizitätsinteressen nicht beeinträchtigt werden können, ist eine Beschwerde selbst dann nicht statthaft, wenn das Nachlaßgericht in seinem Beschluß zu Unrecht auf die Beschwerdemöglichkeit hingewiesen hat, Pentz NJW 1996, 2559, 2561; aA BayObLG FamRZ 1994, 1066. Ist im Vorbescheid die Ankündigung enthalten, das Nachlaßgericht werde einen Erbschein ohne Nacherbenvermerk erteilen, kann dieser Vorbescheid mit der Beschwerde angegriffen werden, BayObLG FamRZ 1990, 1164. Das Beschwerdegericht kann den Vorbescheid nur aufheben, nicht aber einen Erbschein erteilen oder den Erbscheinsantrag endgültig zurückweisen, BayObLG 81, 69. Es kann das Nachlaßgericht zur Erteilung eines anders lautenden Erbscheins nur dann anweisen, wenn ein entsprechender Erbscheinsantrag bereits beim Nachlaßgericht gestellt oder diesem vor der Entscheidung des Beschwerdegerichts zur Stellungnahme vorgelegt worden ist, Hamm OLGZ 70, 117; BayObLG FamRZ 2000, 1231; 1991, 988f; BayObLG 91, 3; Soergel/Zimmermann Rz 56.

10. Rechtsmittel. a) Gegen die Erteilung eines Erbscheins und ihre **Ablehnung** ist die **Beschwerde** statthaft, § 19 FGG, auch wenn der Rechtspfleger entschieden hat, § 11 I RpflG. Beschwerdefähig sind auch Zwischenverfügungen, Vorbescheide (dazu Rz 14) und Einziehungsbeschlüsse, § 2361. Gegen die Entscheidung des Beschwerdegerichts ist die **weitere Beschwerde** zulässig, § 27 FGG. Zum Verfahrensgegenstand der weiteren Beschwerde, BayObLG FamRZ 1990, 320.

b) Hat das Nachlaßgericht die Erteilung des Erbscheins (oder Hoffolgezeugnisses) abgelehnt, kann das Beschwerdegericht ihn nicht selbst erteilen, sondern nur anordnen, daß das Nachlaßgericht den Erbschein mit einem bestimmten Inhalt zu erteilen hat, BayObLG 54, 71; Soergel/Zimmermann Rz 41. Es darf die Sache aber nicht zur erneuten Prüfung und Entscheidung an das Nachlaßgericht zurückverweisen, sondern muß in der Sache selbst entscheiden und dem Nachlaßgericht nur die Erteilung selbst überlassen, BayObLG 64, 6; Hamm OLGZ 68, 80. Auch wenn das Beschwerdegericht den Erbschein nicht selbst erteilen darf, sondern nur das Nachlaßgericht hierzu anweisen kann, ist die ursprüngliche Entscheidung des Nachlaßgerichts Gegenstand des Beschwerdeverfahrens. Der Erbscheinsantrag kann deshalb nicht mehr so geändert werden, daß über einen neuen Gegenstand entschieden werden müßte, Hamm OLGZ 68, 332; 70, 119; vgl zum Umfang der Prüfung des Beschwerdegerichts BayObLG NJW 1970, 1424 mit kritischer Anm Jansen.

c) Hat das Nachlaßgericht **den Erbschein erteilt**, dann kann mit der Beschwerde nicht erreicht werden, daß der Erteilungsbeschluß mit rückwirkender Kraft aufgehoben oder abgeändert wird (RG 61, 273; BayObLG 57, 292; Oldenburg DNotZ 1957, 21; Soergel/Zimmermann Rz 45), sondern nur, daß der Erbschein (mit Wirkung für die Zukunft) eingezogen wird, § 2361; Lange/Kuchinke § 39 II 8. Der Gutglaubensschutz, der an den erteilten Erb-

§ 2353　Erbrecht Erbschein

schein geknüpft ist (§§ 2366f), gestattet keine rückwirkende Aufhebung des Erteilungsbeschlusses. Nach Erteilung eines Erbscheins kann die Beschwerde also nur darauf gerichtet sein, den Erbschein einzuziehen oder für kraftlos zu erklären, RG 61, 273; Karlsruhe, FamRZ 1970, 255; BayObLG FamRZ 1991, 988f. Wird mit der Beschwerde eine Abänderung des Erteilungsbeschlusses begehrt, ist dieser Antrag in einen Antrag auf Einziehung des Erbscheins umzudeuten, BayObLG ZEV 1996, 271; Soergel/Zimmermann Rz 45. Auch das Nachlaßgericht selbst kann, nachdem der Erbschein erteilt ist, diesen in entsprechender Anwendung des § 319 ZPO nur wegen offenbarer Unrichtigkeit berichtigen, nicht aber inhaltlich abändern. Ein nach formell rechtskräftiger Zurückweisung eines Erbscheinsantrags gestellter inhaltsgleicher Antrag leitet auch bei unverändertem Sachverhalt ein neues Erbscheinsverfahren ein, in dem das Nachlaßgericht – mangels materieller Rechtskraft – nicht an die in dem früheren Erbscheinsverfahren ergangene Entscheidung gebunden ist, KG FamRZ 2000, 577.

18　d) **Beschwerdeberechtigt** ist bei Ablehnung des Erbscheinsantrags nicht nur der Antragsteller (§§ 19, 20, 27 FGG), sondern jeder Antragsberechtigte, BGH 30, 220; KG FamRZ 1990, 1265; Firsching DNotZ 1960, 646; Lange/Kuchinke § 39 II 8; Soergel/Zimmermann Rz 49. So ist bei Ablehnung eines gemeinschaftlichen Erbscheins nicht nur der Antragsteller, sondern jeder Miterbe, der einen Antrag auf Erteilung eines solchen Erbscheins hätte stellen können, beschwerdeberechtigt, BGH 30, 222. Beschwerdeberechtigt ist auch derjenige, der sich darauf beruft, nicht Erbe zu sein, BayObLG FamRZ 1984, 1268. Auch im Erbscheinsverfahren kann die Beschwerde nur aus dem Inhalt der Entscheidungsformel, nicht aus der Begründung der Entscheidung hergeleitet werden, KG OLGZ 66, 74. Zur Beschwerdeberechtigung bei einem Erbfall mit Auslandsbezug vgl BayObLG NJW 1988, 2745.

2354　*Angaben des gesetzlichen Erben im Antrag*
(1) Wer die Erteilung des Erbscheins als gesetzlicher Erbe beantragt, hat anzugeben:
1. die Zeit des Todes des Erblassers,
2. das Verhältnis, auf dem sein Erbrecht beruht,
3. ob und welche Personen vorhanden sind oder vorhanden waren, durch die er von der Erbfolge ausgeschlossen oder sein Erbteil gemindert werden würde,
4. ob und welche Verfügungen des Erblassers von Todes wegen vorhanden sind,
5. ob ein Rechtsstreit über sein Erbrecht anhängig ist.

(2) Ist eine Person weggefallen, durch die der Antragsteller von der Erbfolge ausgeschlossen oder sein Erbteil gemindert werden würde, so hat der Antragsteller anzugeben, in welcher Weise die Person weggefallen ist.

1　1. Erteilung des Erbscheins setzt **Annahme der Erbschaft** voraus (KGJ 30, 98), die in der Stellung des Antrags durch den Erben liegt. Andere Personen als der Erbe können den Erbschein erst beantragen, nachdem der Erbe oder die Miterben angenommen haben, vgl § 2357 III S 1. Die erforderlichen Angaben sind in der Erbscheinsverhandlung oder auf eine Zwischenverfügung hin zu machen.

2　2. Zu **Abs I Nr 3** und **Abs II** sind alle Personen anzugeben, auch wenn sie vor dem Erbfall (Celle NdsRpfl 1961, 224) oder nach dem Erbfall rückwirkend fortgefallen sind, §§ 1953, 2344; vgl LG Hamburg DNotZ 1958, 98. Entfernte Möglichkeiten einer Erbberechtigung dritter Personen können allerdings unberücksichtigt bleiben, zB § 2043 I oder die Möglichkeit, daß nichteheliche Kinder einer verheirateten Frau vorhanden sein könnten, KGJ 39, 92.

3　3. Nach **Abs I Nr 4** sind alle Verfügungen von Todes wegen, Testamente und Erbverträge, anzugeben. Auf ihre materielle oder formelle Gültigkeit kommt es nicht an. Sie zu beurteilen, ist Aufgabe des Gerichts. Auch offenbar formnichtige, durchstrichene, mit Ungültigkeitsvermerk versehene, widerrufene, aus der besonderen amtlichen Verwahrung zurückgenommene öffentliche (JFG 15, 92) oder sittenwidrige Testamente oder Erbverträge sind anzugeben, Staud/Schilken Rz 9; Soergel/Zimmermann Rz 5; einschränkend RGRK/Kregel Rz 5. Die Pflicht des Antragstellers, sie anzugeben, muß ebenso weit reichen wie die Pflicht des Besitzers, sie dem Nachlaßgericht nach § 2259 I abzuliefern. Vgl § 2259 Rz 1.

4　4. Zweckmäßig hört der Nachlaßrichter die Antragsteller und andere Beteiligte auch über die Frage, ob mit einem Rechtsstreit künftig zu rechnen ist.

2355　*Angaben des gewillkürten Erben im Antrag*
Wer die Erteilung des Erbscheins auf Grund einer Verfügung von Todes wegen beantragt, hat die Verfügung zu bezeichnen, auf der sein Erbrecht beruht, anzugeben, ob und welche sonstigen Verfügungen des Erblassers von Todes wegen vorhanden sind, und die in § 2354 Abs. 1 Nr. 1, 5, Abs. 2 vorgeschriebenen Angaben zu machen.

1　Der Antrag ist erst nach Eröffnung der letztwilligen Verfügung (§ 2260) zulässig.

2356　*Nachweis der Richtigkeit der Angaben*
(1) Der Antragsteller hat die Richtigkeit der in Gemäßheit des § 2354 Abs. 1 Nr. 1 und 2, Abs. 2 gemachten Angaben durch öffentliche Urkunden nachzuweisen und im Falle des § 2355 die Urkunde vorzulegen, auf der sein Erbrecht beruht. Sind die Urkunden nicht oder nur mit unverhältnismäßigen Schwierigkeiten zu beschaffen, so genügt die Angabe anderer Beweismittel.

Erbschein § 2356

(2) Zum Nachweis, dass der Erblasser zur Zeit seines Todes im Güterstand der Zugewinngemeinschaft gelebt hat, und in Ansehung der übrigen nach den §§ 2354, 2355 erforderlichen Angaben hat der Antragsteller vor Gericht oder vor einem Notar an Eides statt zu versichern, dass ihm nichts bekannt sei, was der Richtigkeit seiner Angaben entgegensteht. Das Nachlassgericht kann die Versicherung erlassen, wenn es sie für nicht erforderlich erachtet.
(3) Diese Vorschriften finden keine Anwendung, soweit die Tatsachen bei dem Nachlassgericht offenkundig sind.

1. Als **öffentliche Urkunden**, dh Urkunden, die von einer öffentlichen Behörde innerhalb der Grenzen ihrer Amtsbefugnisse oder von einer mit öffentlichem Glauben versehenen Person innerhalb des ihr zugewiesenen Geschäftskreises in der vorgeschriebenen Form aufgenommen sind (§ 415 I ZPO), kommen in Betracht: Geburts-, Heirats-, Sterbeurkunden (§§ 60ff PStG; §§ 3–6 PStG der ehemaligen DDR vom 16. 11. 1956 in der Neufassung vom 13. 10. 1966, GBl I, S 87; dazu BGH NJW 1979, 1506), der Beschluß über die Todeserklärung und die Feststellung des Todes und der Todeszeit (§§ 23, 39 VerschG; Hamburg NJW 1953, 628), der Auszug aus dem Buch für Todeserklärungen, § 40 PStG. Ausländische Urkunden stehen inländischen öffentlichen Urkunden gleich, wenn sie die Voraussetzungen des § 415 I ZPO erfüllen, KG HRR 1935, 1024; Staud/Schilken Rz 4. Heiratsurkunden sind nur erforderlich, wenn das Erbrecht auf der Ehe beruht, also beim Ehegattenerbrecht (KG DFG 1942, 100; BayObLG FamRZ 1990, 1284), nicht für den Erbfall einer inzwischen verheirateten Frau zum Nachweis ihrer Personengleichheit, München JFG 21, 120; Oldenburg NJW 1957, 144. Nach einer zu weitgehenden Entscheidung des KG (FamRZ 1977, 481) soll die Vorlage der Heiratsurkunde über die Eheschließung des Erblassers mit dem das gesetzliche Erbrecht begehrenden Ehegatten nicht ausreichen, um den Nachweis zu führen, daß eine frühere Ehe des Erblassers aufgelöst ist. Öffentliche Urkunden für den Nachweis der nichtehelichen Verwandtschaft sind Ausfertigungen oder beglaubigte Abschriften des Vaterschaftsanerkenntnisses (§§ 1592 Nr 2, 1594), über die Zustimmungserklärung (§§ 1595, 1596) und Urteile des Familiengerichts (§ 1600e). Ernste Zweifel an der Richtigkeit standesamtlicher Eintragungen hat das Nachlaßgericht aufzuklären, Hamm MDR 1953, 747; BayObLG MDR 1981, 846; BayObLG 81, 238. Für die Zeit vor 1876 genügen kirchliche oder sonstige Legitimationsurkunden, KGJ 36 A 97. Personenstandsbescheinigungen mit begrenztem Gültigkeitszweck, zB zur Taufe, reichen nicht aus (LG Göttingen NdsRpfl 1963, 187), können aber ebenso wie Benachrichtigungen von Militärdienststellen oder Zentralnachweisämtern über Kriegssterbefälle Beweismittel nach S 2 sein. Die sichergestellten Personenstandsregister der östlich der Oder-Neiße gelegenen deutschen Standesämter befinden sich beim Standesamt I Berlin-West. Zu den Anschriftenauskünften der Heimatortskarteien vgl Pehe JR 1955, 134. Vertriebene, denen die erforderlichen standesamtlichen Urkunden nicht zur Verfügung stehen, müssen in der Regel beantragen, ein Familienbuch nach § 15a PStG anzulegen, Bremen JR 1960, 422. Die Anlegung eines solchen Familienbuchs stellt auch keine unverhältnismäßige Schwierigkeit im Sinne des Abs I S 2 dar, KG MDR 1971, 853.

Die Geburts-, Heirats- und Todesscheine der §§ 15a–c PStG 1876 (idF vom 14. 2. 1924, RGBl 116) und die vor dem 1. 7. 1938 ausgestellten Familienstammbücher (§ 15a II PStG 1876; KG JFG 15, 52) beweisen nur die Beurkundung des Personenstandsvorgangs im Register, Todesscheine damit regelmäßig Tod und Todeszeiten (KG JR 1927 Nr 137a unter Aufgabe der Ansicht in KGJ 53, 86), Heiratsscheine die Ehe, Geburtsscheine dagegen für sich allein nicht das Abstammungsverhältnis (KG JR 1927 Nr 137b; LG Mainz Rpfleger 1988, 25), wohl aber im Zusammenhang mit Heiratsurkunden oder Heiratsscheinen, Vogels DJ 1937, 402 gegen KG JFG 20, 34; jedenfalls können sie Beweismittel nach Abs I S 2 sein, Pal/Edenhofer Rz 3.
Der Wegfall der eingeschlossenen Personen kann außerdem durch Erbverzichtsurkunde (§§ 2346, 2348), durch Ausschlagungserklärung (§ 1945), durch rechtskräftiges Urteil über die Erbunwürdigkeit (§ 2342), durch Scheidung oder Aufhebung einer Ehe nachgewiesen werden. Die Bezugnahme auf Urkunden genügt, wenn sie bereits beim Gericht vorhanden sind, sei es auch bei einer anderen Abteilung.

2. Verfügungen von Todes wegen, auf denen das Erbrecht beruht, müssen grundsätzlich in Urschrift vorgelegt werden. Sie befinden sich im Regelfall auf Grund ihrer Eröffnung bereits beim Nachlaßgericht, so daß die Bezugnahme genügt. Zur Beweiskraft der privatschriftlichen Abschrift eines eigenhändigen Testaments, wenn das Original nicht vorgelegt werden kann, Oldenburg Rpfleger 1967, 416.

3. Andere Beweismittel sind nach **Abs I S 2** subsidiär, dann aber unbeschränkt zulässig, so Zeugen, Sachverständige, Schriftvergleiche, wenn zB der Inhalt einer verlorenen, aber wirksamen Verfügung von Todes wegen ermittelt werden soll (BayObLG FamRZ 2001, 945 [946]; 1986, 1043f), oder die Beschaffung ausländischer Urkunden unverhältnismäßig schwierig oder teuer ist, KG JFG 1, 178. An diese Beweisführung sind aber strenge Anforderungen zu stellen, FamRZ 1995, 837. Bedenken bestehen dagegen, eidesstattliche Versicherungen Dritter zuzulassen, die nicht als Zeugen vernommen werden können, aA Düsseldorf MDR 1961, 242; Pal/Edenhofer Rz 10. Zum Nachweis der Abstammung eines vorehelich geborenen Abkömmlings vgl Hamm JMBl NRW 1964, 134.

4. Die eidesstattliche Versicherung kann vor dem Nachlaßgericht, dem Rechtspfleger (§ 3 Nr 1 lit f, Nr 2 lit c RpflG) oder dem Notar abgegeben werden. Das Verfahren richtet sich nach §§ 1 II, 38 BeurkG. Ist sie bei der notariellen Erbscheinsverhandlung abgegeben worden, so genügt gegenüber dem Nachlaßgericht eine beglaubigte Abschrift der Urkunde, LG Berlin DNotZ 1968, 51. Eine erneute eidesstattliche Versicherung ist nur in Ausnahmefällen erforderlich, wenn nach dem Wegfall der Testamentsvollstreckung ein neuer Erbschein ohne die Beschränkung beantragt wird. Das gilt auch, wenn der Antragsteller in diesem Verfahren ein anderer ist als der, dem der erste Erbschein erteilt wurde, KG OLGZ 67, 247. Zum Nachweis, daß der Erblasser bei seinem Tod im Güterstand der Zugewinngemeinschaft gelebt hat, braucht der Antragsteller vor Gericht oder Notar nur an Eides Statt zu versichern, daß ihm nichts bekannt sei, was der Richtigkeit seiner Angaben entgegensteht; denn der Güter-

W. Schlüter

§ 2356

stand, von dem die Höhe des gesetzlichen Ehegattenerbteils abhängt, läßt sich nicht durch Urkunden nachweisen, vgl Tröster Rpfleger 1960, 39. Der Antragsteller hat eine eidesstattliche Versicherung, daß eine Ehesache nicht anhängig ist (§ 1933), nur dann abzugeben, wenn hierfür ein konkreter Anlaß besteht, Promberger DNotZ 1991, 552; weitergehend Braunschweig Rpfleger 1990, 462. Die Zuständigkeit des Nachlaßgerichts für die Abnahme eidesstattlicher Versicherungen neben dem Notar ist durch § 56 III S 2 BeurkG ausdrücklich aufrechterhalten worden.

6 Das Nachlaßgericht kann der eidesstattlichen Versicherung einerseits über **Abs II S 1** hinaus eine den tatsächlichen Verhältnissen angepaßte Fassung geben, so daß der Antragsteller bestimmte Tatsachen ableugnen muß (§§ 2358, 2359; Planck/Greiff Anm III 4). Es kann nach seinem pflichtgemäßen Ermessen eine eidesstattliche Versicherung auch dazu verlangen, wenn für die behaupteten Tatsachen ein hoher Grund von Wahrscheinlichkeit spricht, Schleswig FamRZ 2001, 583. Andererseits kann es sie erlassen, wenn es sie für überflüssig hält, **Abs II S 2**. Gegen die Ablehnung des Erlasses ist die Beschwerde gegeben, KG JFG 12, 207; Staud/Schilken Rz 41; aA RGRK/Kregel Rz 15.

Der Antragsteller, auch der Gläubiger, muß sie selbst abgeben, KG JR 1953, 307; LG Berlin JR 1953, 265. Das gilt auch für die Parteien kraft Amtes, zB Testamentsvollstrecker, Insolvenz- und Nachlaßverwalter, KG JR 1953, 307; OLGZ 67, 249. Gesetzliche Vertreter haben, sofern der Vertretene selbst hierzu nicht fähig ist, die eidesstattliche Versicherung für ihn abzugeben, Staud/Schilken Rz 37. Anstelle des gesetzlichen Vertreters kann wahlweise auch der eidesmündige Erbe (§ 455 II ZPO) zur eidesstattlichen Versicherung zugelassen werden, RGRK/Kregel Rz 13; Staud/Schilken Rz 37; aA Colmar OLG 16, 65. Bei Verweigerung der eidesstattlichen Versicherung ist eine Zurückweisung des Erbscheinsantrags nur möglich, wenn eine weitere Aufklärung von Amts wegen unmöglich ist, § 12 FGG, Pal/Edenhofer Rz 12; Staud/Schilken Rz 42; aA Frankfurt FamRZ 1996, 4241; Soergel/Zimmermann Rz 26. Abs II ist Schutzgesetz im Sinne des § 823 II, Kiel OLG 11, 272.

7 5. **Offenkundig** (§ 291 ZPO) iSd **Abs III** sind Tatsachen, die erfahrungs- und denkgesetzlich feststehen oder dem Nachlaßgericht amtlich bekannt sind. Aus einer zweiten Eheschließung folgt nicht zwingend der Fortfall des ersten Gatten, KG JW 1935, 1885.

8 6. Die **Rückgabe** der überreichten Urkunde kann nach Erteilung des Erbscheins verlangt werden. In der Regel sind dann beglaubigte Abschriften vollständig oder auszugsweise zu den Akten zu nehmen, KG RJA 15, 283.

2357 *Gemeinschaftlicher Erbschein*

(1) Sind mehrere Erben vorhanden, so ist auf Antrag ein gemeinschaftlicher Erbschein zu erteilen. Der Antrag kann von jedem der Erben gestellt werden.

(2) In dem Antrag sind die Erben und ihre Erbteile anzugeben.

(3) Wird der Antrag nicht von allen Erben gestellt, so hat er die Angabe zu enthalten, dass die übrigen Erben die Erbschaft angenommen haben. Die Vorschrift des § 2356 gilt auch für die sich auf die übrigen Erben beziehenden Angaben des Antragstellers.

(4) Die Versicherung an Eides statt ist von allen Erben abzugeben, sofern nicht das Nachlassgericht die Versicherung eines oder einiger von ihnen für ausreichend erachtet.

1 1. Das Gesetz kennt verschiedene **Arten von Erbscheinen**, deren Kreis durch die Rspr noch erweitert worden ist: **a)** den **Alleinerbschein** des Alleinerben (§ 2353, 1. Fall, **b)** den **gemeinschaftlichen Erbschein** einer Miterbengemeinschaft auch auf Antrag eines einzelnen Miterben, § 2357, **c)** den **Teilerbschein** eines Miterben über seinen Erbteil (§ 2353, 2. Fall) auch auf Antrag eines anderen Miterben, München JFG 23, 334, **d)** den **Gruppenerbschein** als urkundliche Zusammenfassung mehrerer Teilerbscheine, KGJ 41, 90, **e)** den **gemeinschaftlichen Teilerbschein** über die Erbteile eines Teils der Erben auch auf Antrag eines einzelnen dieser Miterben, KG JFG 13, 41; aA Planck/Greiff Anm 1 und noch KGJ 41, 90, **f)** den **gegenständlich beschränkten Erbschein** nach § 2369, **g)** das **Hoffolgezeugnis** als Erbschein über die Sondererbfolge in einen Hof, § 18 HöfeO, **h)** den **Erbschein über das hoffreie Vermögen**, zu Unrecht vom KG (JW 38, 3171) als Teilerbschein bezeichnet, wohl aber entsprechend zu behandeln, **i)** den **zusammengefaßten Erbschein** als urkundliche Zusammenfassung mehrerer Erbscheine über mehrere Erbfolgen, KGJ 44, 99; zur Zweckmäßigkeit eines solchen Erbscheins MüKo/Promberger § 2353 Rz 34.

2 2. Der **gemeinschaftliche Erbschein** wird von sämtlichen Miterben oder von einem Miterben für den ganzen Nachlaß beantragt. Der einzelne Miterbe hat die Wahl, einen Teilerbschein oder einen gemeinschaftlichen Erbschein oder beides zu beantragen, selbst wenn alle Miterben bereits Teilerbscheine erhalten haben. An Stelle jedes Miterben kann eine andere für ihn antragsberechtigte Person treten, § 2353 Rz 7, 8. Entsprechendes gilt für den gemeinschaftlichen Teilerbschein über die Erbteile eines Teils der Miterben (KG JFG 13, 41), wobei sich aber das Antragsrecht auf die Angehörigen der betroffenen Stämme beschränkt. In jedem Fall müssen, abgesehen von den Besonderheiten des § 2357, für jeden Miterben die Erfordernisse der §§ 2354–2356 erfüllt werden. Wegen des Inhalts des Antrags vgl § 2353 Rz 9–11.

3 3. Die **Annahme der Erbschaft**, vor der kein Erbschein erteilt werden kann, liegt im Antrag jedes Miterben, aber nur für die Antragsteller. Die Annahme nicht beantragender Miterben, gegebenenfalls durch ihre Vertreter, auch durch Abwesenheitspfleger eines Verschollenen (KG OLG 21, 349; LG Aachen JR 1951, 733), muß behauptet und nach § 2356 nachgewiesen werden. Nachzuweisen ist notfalls auch, ob die Erben bei doppeltem Berufungsgrund als gesetzliche oder eingesetzte Erben angenommen haben, KGJ 30, 98, 100. Der Nachweis muß sich auf alle ausdrücklichen oder schlüssigen Annahmeerklärungen oder auf Beginn und Ablauf der Ausschlagungsfrist für jeden Miterben beziehen, § 1944; Firsching DNotZ 1960, 569. Dabei sind Lebensvermutungen (§§ 10, 11 VerschG) dafür zu berücksichtigen, ob ein Verschollener, der als Erbe in Frage kommt, den Erbfall erlebt hat.

4. Die eidesstattliche Versicherung (§ 2356 II) ist in der Regel von allen Miterben abzugeben, auch wenn sie **4** den Erbschein nicht beantragt haben, von mehr als dem oder den beantragenden Miterben aber nur dann, wenn Anhaltspunkte gegen die Richtigkeit der an sich erschöpfenden eidesstattlichen Versicherung des betreibenden Miterben gegeben sind, LG Koblenz Rpfleger 1970, 170. Stellt nicht ein Miterbe, sondern eine andere antragsberechtigte Person (§ 2353 Rz 7) den Antrag, so tritt ihre Versicherung an die Stelle der Versicherung des Miterben, aus dessen Rechtsstellung sie ihr Antragsrecht herleitet, nicht jedoch an die Stelle der Versicherungen der übrigen Miterben. Hat ein Miterbe die Erteilung beantragt, so kann er von den übrigen Miterben die Abgabe der Versicherung verlangen, § 2038 I S 2; Planck/Greiff Anm 6; RGRK/Kregel Rz 4; Staud/Schilken Rz 12; aA Prot V S 679; Strohal Bd 2, § 67 Fn 24. Das Nachlaßgericht kann einzelne Versicherungen erlassen, § 2356 II S 2.

5. Ein **gemeinschaftlicher Erbschein** ist **unzulässig**, wenn nicht alle Erbteile feststehen, § 2043 II. Hier kom- **5** men nur Teilerbscheine für die feststehenden Erbteile in Betracht, vgl § 2353 Rz 10. Zur Sperrung des Erbscheinsverfahrens für den Fall, daß der nichteheliche Vater vor Feststellung der Vaterschaft stirbt, vgl Knur DB 1970, 1072.

2358 *Ermittlungen des Nachlassgerichts*

(1) Das Nachlassgericht hat unter Benutzung der von dem Antragsteller angegebenen Beweismittel von Amts wegen die zur Feststellung der Tatsachen erforderlichen Ermittlungen zu veranstalten und die geeignet erscheinenden Beweise aufzunehmen.

(2) Das Nachlassgericht kann eine öffentliche Aufforderung zur Anmeldung der anderen Personen zustehenden Erbrechte erlassen; die Art der Bekanntmachung und die Dauer der Anmeldungsfrist bestimmen sich nach den für das Aufgebotsverfahren geltenden Vorschriften.

1. Das Erbscheinsverfahren ist ein **Antragsverfahren mit Ermittlungspflicht** des Nachlaßgerichts (§§ 12, 15 **1** FGG; RG 95, 286; BGH 40, 54, 57).Sie ist weder durch den Tatsachenvortrag noch durch die Beweismittelangabe des mitwirkungspflichtigen (Köln Rpfleger 1981, 65) Antragstellers begrenzt. Sie erstreckt sich auch auf das Vorhandensein, die Rechtswirksamkeit (zB Testierfähigkeit, BayObLG FamRZ 1994, 593; BayObLG 96, 1036) und Tragweite erheblicher Verfügungen von Todes wegen, auf Ausschlagungserklärungen und wegen § 18 II S 1 HöfeO (dazu § 2353 Rz 5) auch auf die Zuständigkeit des Nachlaßgerichts. Zur Klärung derartiger Streitpunkte oder auch wegen eines Streits über das ganze Erbrecht kann das Nachlaßgericht die Beteiligten nicht auf den Prozeß verweisen, Dresden OLG 46, 245; KG NJW 1963, 766. Es kann auch nicht die Prüfung, ob der Antragsteller unmittelbar Erbe geworden ist, mit der Feststellung umgehen, er sei jedenfalls wegen Eintritts der Nacherbfolge Erbe geworden, BayObLG NJW 1965, 1438. Auch die Frage, ob eine Testamentsanfechtung wirksam ist, kann im Erbscheinsverfahren entschieden werden (KG NJW 1963, 766), nicht aber, ob eine Erbunwürdigkeit vorliegt, BayObLG 73, 257 und vor § 2339 Rz 2. Jedes Beweismittel ist zulässig, auch zur Widerlegung eines Todeserklärungsbeschlusses, BayObLG 53, 120; LG Paderborn MDR 1955, 366, sowie für den Nachweis der Errichtung und den Inhalt eines nicht mehr vorhandenen Testaments, BayObLG FamRZ 1989, 1234; 1990, 1162; Köln NJW-RR 1993, 970. Ist aber bereits ein **Rechtsstreit über das Erbrecht anhängig**, und zwar auch bei einem ausländischen Gericht (KG OLGZ 67, 392), so kann das Nachlaßgericht das Erbscheinsverfahren bis zur rechtskräftigen Entscheidung des Prozesses aussetzen (RGRK/Kregel Rz 3; BayObLG FamRZ 1969, 676 auch für das Verfahren des Beschwerdegerichts, gegen BayObLG RJA 17, 72), muß es aber nicht, BayObLG Rpfleger 1975, 243. Wegen der Bindung des Nachlaßgerichts an rechtskräftige Urteile vgl § 2359 Rz 5. Die Beteiligten sind nach pflichtgemäßem Ermessen zu hören, § 2360. Sie können über das einmal entstandene Erbrecht nicht rechtsgeschäftlich verfügen (KG HRR 1932, 16), es vor allem nicht anerkennen und sich darüber vergleichen, KG JFG 6, 165; vgl auch Stuttgart OLGZ 84, 131. Gegen die Anordnung einer Beweisaufnahme, bei der es sich um eine verfahrensleitende Anordnung handelt, besteht kein Beschwerderecht aus § 19 FGG (Jena OLG 2, 139; Staud/Schilken Rz 23; vgl auch KG FamRZ 1969, 433), auch nicht gegen die Ablehnung einer öffentlichen Aufforderung (LG Frankfurt Rpfleger 1984, 192), wohl aber gegen die in Rechte der Beteiligten eingreifende Anordnung, Urkunden vorzulegen, Staud/Schilken Rz 23; KG DNotZ 1957, 167; Colmar KGJ 32, 296. Das Nachlaßgericht kann im Rechtshilfeweg ein anderes Amtsgericht um sachgemäße Ermittlungen und Aufnahme eidesstattlicher Versicherungen (§ 2356 II) ersuchen, RG 95, 286; Staud/Schilken Rz 26. Zu den Amtspflichten des Nachlaßrichters im Erbscheinsverfahren vgl BGH NJW-RR 1991, 515.

2. Das Nachlaßgericht kann, wenn es das im Einzelfall nach pflichtgemäßem Ermessen für angezeigt hält, eine **2** **öffentliche Aufforderung** zur Anmeldung der anderen Personen zustehenden (gesetzlichen oder testamentarischen) Erbrechte entsprechend §§ 948–950 ZPO erlassen, **Abs II**. Sie hat keine Ausschlußwirkung besser berechtigter Erben, sondern führt nur dazu, daß nicht angemeldete Rechte zunächst nicht berücksichtigt werden, Staud/Schilken Rz 30; v Lübtow 2. Halbb, S 1016; LG Berlin DNotZ 1951, 525. Eine öffentliche Aufforderung ist besonders bei Auslandserben zu empfehlen. Bei Verschollenheit kann der Antragsteller aufgefordert werden, einen Todeserklärungsbeschluß beizubringen, § 23 VerschG; Hamm FamRZ 2000, 124. Erbrechte, die trotz Aufforderung nicht angemeldet wurden, bleiben berücksichtigt, wenn sie im Erbscheinsverfahren erst berücksichtigt, nachträglich festgestellt sind, KG JFG 20, 389. Bleibt das Aufgebot erfolglos, so hat das Nachlaßgericht den bekannten Erben einen Erbschein zu erteilen, aber unter Nichtberücksichtigung der Erbrechte der nicht ermittelten Erben, LG Berlin DNotZ 1951, 525; Schleswig SchlHA 1965, 279. Zum Verhältnis der §§ 1965 und 2358 II vgl KG OLGZ 71, 89.

2359 *Voraussetzungen für die Erteilung des Erbscheins*

Der Erbschein ist nur zu erteilen, wenn das Nachlassgericht die zur Begründung des Antrags erforderlichen Tatsachen für festgestellt erachtet.

§ 2359

1 1. Das Nachlaßgericht darf den Erbschein nur erteilen, wenn es die Voraussetzungen der §§ 2354–2357 für festgestellt erachtet. Ein **Bedürfnis** des Antragstellers nach dem beantragten Erbschein ist in der Regel **nicht zu prüfen**, BayObLG Rpfleger 1990, 512, ausnahmsweise aber in den Fällen der §§ 792, 896 ZPO. Zu den zu prüfenden Voraussetzungen gehört auch die Staatsangehörigkeit, KG JR 1951, 762. Sie braucht aber nur erforscht zu werden, wenn der Sachverhalt auf die Möglichkeit einer Anwendung ausländischen Rechts hinweist, das die Entscheidung des Nachlaßgerichts beeinflussen könnte, BGH DNotZ 1963, 315; für generelle Prüfung Soergel/Zimmermann § 2354 Rz 1. Nachzuprüfen ist auch die Wirksamkeit einer durch den Erblasser erfolgten Adoption, BGH FamRZ 1974, 645. Das Nachlaßgericht kann nur den beantragten Erbschein und keinen anderen erteilen, § 2353 Rz 9.

2 2. Der **Erbschein ist nicht durch** das **Nachlaßgericht**, sondern durch das Landwirtschaftsgericht **zu erteilen**, wenn ein **Hof** zum Nachlaß gehört, § 18 II S 1 HöfeO; Einzelheiten § 2353 Rz 5.

3 3. Das Ermittlungsergebnis und die Rechtsfragen sind nach freier Überzeugung (vgl § 286 ZPO), ohne Bindung an Beweisregeln oder Vergleiche (KG JFG 6, 165) und Anerkenntnisse der Beteiligten zu würdigen. Selbst die übereinstimmende Auslegung einer letztwilligen Verfügung durch die Beteiligten ist für das Gericht nicht verbindlich, BayObLG FamRZ 1989, 99. Zum Zeugnisverweigerungsrecht eines Anwalts des Erblassers, BayObLG NJW 1966, 1664. Auch gegen die Todesvermutung eines Todeserklärungsbeschlusses ist der Gegenbeweis mit allen Mitteln zulässig, Hamburg NJW 1952, 147; RG 60, 196, 198. An den Todeszeitpunkt in einer Todeserklärung oder an die Feststellung der Todeszeit ist der Nachlaßrichter auch dann nicht gebunden, wenn die unrichtige Feststellung im Verfahren des VerschG (§ 33a VerschG und Art 2 § 3 VerschÄndG) berichtigt werden kann, LG Paderborn MDR 1955, 366; BayObLG 53, 120; Czapski NJW 1952, 770; Pal/Edenhofer § 2356 Rz 5; aA Arnold MDR 1951, 278. Ebenso hat er ernsthafte Zweifel an der Richtigkeit standesamtlicher Urkunden im Erbscheinsverfahren aufzuklären, ohne daß er die Beteiligten auf das Berichtigungsverfahren nach dem Personenstandsgesetz verweisen kann, Hamm JMBl NRW 1953, 18. Für Vermißte und Verschollene kann ein Erbschein nur erteilt werden, wenn bewiesen ist, daß sie den Erbfall noch erlebt haben, Karlsruhe NJW 1953, 1303; KG FamRZ 1967, 514. Zur Ermittlungspflicht bei Zweifeln an der Testierfähigkeit des Erblassers vgl Hamm JMBl NRW 1964, 196; BayObLG FamRZ 1988, 422; zur Ermittlungspflicht bei Zweifeln an eigenhändiger Errichtung eines Testaments vgl BayObLG Rpfleger 1988, 67.

4 4. Eine dem streitigen Verfahren vergleichbare **Beweislast** kennt das Erbscheinsverfahren grundsätzlich nicht, vgl aber die in §§ 2354, 2355, 2356 begründeten Ausnahmen. Der Antragsteller hat aber für die Zulässigkeit und Begründetheit seines Antrags, der Antragsgegner für die von ihm erhobenen Einwendungen die **Feststellungslast**, auch **materielle Beweislast** genannt, zu tragen, Habscheid JZ 1962, 418; NJW 1966, 769; BayObLG Rpfleger 1988, 68; Hamm OLGZ 66, 497; Schleswig SchlHA 1970, 138. Nach dieser materiellen Beweislast entscheidet sich die Frage, zu wessen Lasten die Nichterweislichkeit einer erheblichen Tatsache geht. Ähnlich wie bei der formellen Beweislast trifft den Antragsteller die Feststellungslast für die Echtheit und Eigenhändigkeit eines Testaments, BayObLG Rpfleger 1988, 68, für die Errichtung eines verlorengegangenen Testaments, auf das er sein Erbrecht stützt, BayObLG DNotZ 1984, 47; FamRZ 1989, 1234; FamRZ 2001, 945f, für die Testierfähigkeit des Erblassers, Hamm Rpfleger 1989, 24, nicht aber für das Nichtvorhandensein eines Ausnahmetatbestands, der sein an sich gegebenes Erbrecht ausschließen würde, Stuttgart Die Justiz 1967, 150. Zweifel, für deren Entstehen ein Beteiligter verantwortlich ist, wirken sich zu seinen Lasten aus, Hamm NJW 1967, 1138 (für die Ermittlung des Inhalts eines verlorenen Testaments) und NJW 1974, 1827 (für die Vernichtung eines nicht auffindbaren Testaments). Beruft sich der Antragsteller auf ein Testament des Erblassers, wird dessen Gültigkeit vom Antragsgegner aber wegen behaupteter Sittenwidrigkeit (§ 138) angezweifelt, so trifft jeden Beteiligten die Feststellungslast im Hinblick auf die Tatsachen, die zu seinen Gunsten bedeutsam sein können. Eine Testamentserbin, die mit dem Erblasser in eheähnlicher Gemeinschaft gelebt hat, muß deshalb nicht von vornherein den Nachweis erbringen, daß sittlich nicht zu mißbilligende Beweggründe für die Erbeinsetzung maßgebend waren, BGH 53, 379, anders noch BGH NJW 1964, 764; 68, 932 und Düsseldorf FamRZ 1970, 105.

5 5. **Rechtskräftige Urteile** binden den Nachlaßrichter, wenn im Erbscheinsverfahren keine anderen Erbanwärter als die Parteien des rechtskräftig abgeschlossenen Prozesses auftreten, vgl RG WarnRsp 1913, 300; 1916, 232; Bartholomeyczik, 5. Denkschrift des Erbrechtsausschusses der Akademie für Deutsches Recht, S 293ff; Kipp/Coing § 128 II 3; Lange/Kuchinke § 39 III; v Lübtow Bd 2, S 1017; Staud/Schilken § 2360 Rz 11ff. Der Nachlaßrichter muß dem Sieger und darf nicht dem Unterlegenen den Erbschein erteilen, da der Sieger sonst gegen den Unterlegenen auf Herausgabe des Erbscheins an das Nachlaßgericht klagen (§ 2362 I) und die Kraftlosigkeit des Erbscheins herbeiführen könnte, wobei das Nachlaßgericht an die rechtskräftige Feststellung gebunden wäre, §§ 322 I, 325 ZPO. Das gilt auch von Anerkenntnis-, Versäumnis- und Verzichtsurteilen, bei deren Erlaß der Prozeßrichter aber besonders zu prüfen haben wird, ob die Parteien die staatlichen Rechtseinrichtungen nicht mißbrauchen. Dagegen ist der Nachlaßrichter nicht gebunden, wenn der Unterlegene sich gegenüber der Ausnutzung des rechtskräftigen Urteils auf den Einwand unzulässiger Rechtsausübung berufen kann, weil der Sieger die Rechtskraft sittenwidrig herbeigeführt hat, RG 155, 55; Pal/Edenhofer Überbl v § 2353 Rz 7; nicht weitergehend Staud/Schilken § 2360 Rz 13, der schon bei ernsthaften Zweifeln an der Richtigkeit des Urteils eine abweichende Entscheidung des Nachlaßrichters zulassen will. Die Anfechtbarkeit einer noch nicht angefochtenen Verfügung von Todes wegen ist entweder nicht zu berücksichtigen oder aber das Erbscheinsverfahren kann, muß aber nicht bis zur Entscheidung des Prozesses über die Anfechtung ausgesetzt werden, § 2358 Rz 1. Der Feststellungsbeschluß über das Erbrecht des Fiskus (§ 1964) und die daraus folgende Vermutung für dessen Erbrecht kann im Erbscheinsverfahren widerlegt werden. Der Feststellungsbeschluß steht dem Erbscheinsverfahren nicht entgegen (BayObLG 83, 204; Staud/Marotzke § 1964 Rz 13; Soergel/Stein § 1964 Rz 6), weil Entscheidungen in der freiwilligen Gerichtsbarkeit keine materielle Rechtskraft haben, RG 124, 322, 324. Bei einem gemeinschaftlichen Testament darf bei der Erteilung des Erbscheins nach dem Längstlebenden überprüft werden, ob der nach dem vorverstorbenen Ehegatten erteilte Erbschein richtig ist, Frankfurt Rpfleger 1972, 56.

2360 Anhörung von Betroffenen

(1) Ist ein Rechtsstreit über das Erbrecht anhängig, so soll vor der Erteilung des Erbscheins der Gegner des Antragstellers gehört werden.

(2) Ist die Verfügung, auf der das Erbrecht beruht, nicht in einer dem Nachlassgericht vorliegenden öffentlichen Urkunde enthalten, so soll vor der Erteilung des Erbscheins derjenige über die Gültigkeit der Verfügung gehört werden, welcher im Falle der Unwirksamkeit der Verfügung Erbe sein würde.

(3) Die Anhörung ist nicht erforderlich, wenn sie untunlich ist.

1. Ein **Rechtsstreit über das Erbrecht** hindert das Nachlaßgericht nicht, den Erbschein zu erteilen, soll es aber zu besonders sorgfältiger Prüfung veranlassen. Es kann sein Verfahren bis zur rechtskräftigen Entscheidung des Prozesses aussetzen, § 2358 Rz 1. Nachlaßverwaltung oder -insolvenzverfahren hindern die Erteilung des Erbscheins nicht, da der Erbschein nur ein Zeugnis über das Erbrecht, nicht über die Verfügungsmacht über die Nachlaßgegenstände ist.

2. Der **Verfassungsgrundsatz des rechtlichen Gehörs** (Art 103 I GG) hat die Vorschriften des Abs I und II zwingend gemacht, so für Abs II BayObLG JR 1961, 100. Nach Art 103 I GG sind bei einem Erbvertrag oder öffentlichen Testament die gesetzlichen Erben zwingend anzuhören, BayObLG DNotZ 1961, 155; Köln NJW 1962, 1727; Pal/Edenhofer Rz 5; Kollhosser, Zur Stellung und zum Begriff der Verfahrensbeteiligten im Erkenntnisverfahren der freiwilligen Gerichtsbarkeit, 1970, § 4 V 5; Schlüter Rz 574; unentschieden BGH 40, 54; aA KG NJW 1963, 880. Vgl zur Möglichkeit nachträglichen rechtlichen Gehörs BVerfG 9, 89, 95.

2361 Einziehung oder Kraftloserklärung des unrichtigen Erbscheins

(1) Ergibt sich, dass der erteilte Erbschein unrichtig ist, so hat ihn das Nachlassgericht einzuziehen. Mit der Einziehung wird der Erbschein kraftlos.

(2) Kann der Erbschein nicht sofort erlangt werden, so hat ihn das Nachlassgericht durch Beschluss für kraftlos zu erklären. Der Beschluss ist nach den für die öffentliche Zustellung einer Ladung geltenden Vorschriften der Zivilprozessordnung bekannt zu machen. Mit dem Ablauf eines Monats nach der letzten Einrückung des Beschlusses in die öffentlichen Blätter wird die Kraftloserklärung wirksam.

(3) Das Nachlassgericht kann von Amts wegen über die Richtigkeit eines erteilten Erbscheins Ermittlungen veranstalten.

1. **Unrichtigkeit. a)** Die Unrichtigkeit des Erbscheins, die zu seiner Einziehung berechtigt, kann sich **auf seinen Inhalt** beziehen (**materielle Unrichtigkeit**). Der Erbschein enthält beispielsweise unrichtige Angaben über die Person des Erben oder Ersatzerben, über die Größe der Miterbenanteile, über erbrechtliche Beschränkungen der Nacherbschaft und Testamentsvollstreckung, oder es fehlt der Vermerk der beschränkten Geltung, KG Rpfleger 1984, 358. Der Nacherbfall ist zB nach Erteilung des Erbscheins an den Vorerben eingetreten (§ 2139, Köln Rpfleger 1984, 102), die Nacherbfolge hat sich durch Zeitablauf erledigt (§ 2109), ein Nacherbe ist fortgefallen, ohne daß sich sein Nacherbrecht vererbt hat. Die angeordnete Testamentsvollstreckung ist nicht im Erbschein vermerkt oder eine vermerkte Testamentsvollstreckung ist nach Erteilung des Erbscheins durch Amtsniederlegung beendet, KGJ 50, 104; Hamm MDR 1983, 318. Das Nachlaßgericht an einen formell rechtskräftigen Beschluß, durch den ein Testamentsvollstrecker ernannt wurde, im Einziehungsverfahren gebunden, Hamburg NJW 1965, 1968.

b) Die Rspr läßt darüberhinaus auch die Einziehung eines inhaltlich richtigen Erbscheins zu, **der unter Verletzung grundlegender verfahrensrechtlicher Vorschriften** erteilt worden ist (**formelle Unrichtigkeit**), etwa ohne den erforderlichen Antrag, auf Antrag einer nicht antragsberechtigten Person (BayObLG NJW 1953, 144; einschränkend KG NJW 1963, 880 abl Scheer, Erbschein, S 147ff), so bei Erteilung auf Antrag des Nacherben zugunsten des Vorerben mit Nacherbenvermerk vor dem Nacherbfall, BayObLG 50/51, 561. Gleiches gilt, wenn der Erbschein abweichend vom Antrag erteilt worden ist, KG OLGZ 71, 215; Pal/Edenhofer Rz 5; aA Scheer, Erbschein, S 247ff. Eine Einziehung ist in diesen Fällen nicht mehr möglich, wenn der oder einer von mehreren Antragsberechtigten die Erteilung genehmigt hat, BGH 30, 220, 223; BayObLG 71, 34, 45; RGRK/Kregel Rz 2; Staud/Schilken Rz 16, 17. In der Entgegennahme des Erbscheins durch den Antragsteller ist eine stillschweigende Genehmigung zu sehen, BayObLG FamRZ 1989, 1349. Um die Gefahr inhaltlich verschiedener Erbscheine über dieselbe Erbfolge zu vermeiden, ist auch der durch ein örtlich unzuständiges Nachlaßgericht (BayObLG Rpfleger 1975, 304; Rpfleger 1981, 112; Hamm OLGZ 72, 352; aA bei zu erwartender Abgabeverfügung des zuständigen Gerichts an das unzuständige, LG Frankenthal Rpfleger 1983, 315) oder durch den funktionell unzuständigen Rechtspfleger (BayObLG 50/51, 561; LG Koblenz DNotZ 1969, 431) erteilte Erbschein einzuziehen, auch wenn der Richter dem Rechtspfleger die Erteilung nach § 16 II RpflG hätte übertragen können, aA LG Frankfurt Rpfleger 1983, 486; Weiß Rpfleger 1984, 389. Eine falsche eidesstattliche Versicherung, die im Inhalt des Erbscheins keinen Ausdruck gefunden hat, macht ihn nicht unrichtig, Hamm NJW 1967, 1138; Scheer, Erbschein, S 165; ebensowenig allein die Verletzung rechtlichen Gehörs, BayObLG Rpfleger 1984, 141.

c) Der Erbschein kann **von vornherein unrichtig** sein, so bei Nichtigkeit, Anfechtung, Aufhebung einer Verfügung von Todes wegen oder Ausschlagung. Er kann aber auch **nach seiner Erteilung unrichtig** werden durch eine anders lautende rechtskräftige Entscheidung im Prozeß, durch den Eintritt des Nacherbfalls (KGJ 48, 112; BayObLG 31, 1394; aA Becher Rpfleger 1978, 87), durch den Tod des im Erbschein angeführten Nacherben vor Eintritt des Nacherbfalls (BayObLG FamRZ 1988, 542), durch Übertragung des Nacherbenrechts auf den Vorerben (KG JFG 18, 223, anders noch in DNotZ 1933, 290), nicht aber auf einen dritten Erwerber (Bartholomeyczik, Erbeinsetzung, S 37ff; § 2363 Rz 6f; RGRK/Kregel § 2363 Rz 8; Staud/Schilken § 2363 Rz 15; aA KG JFG 20, 17, 21), durch Fortfall einer Testamentsvollstreckung (Hamm OLGZ 83, 59; aA Scheer, Erbschein, S 144f), nicht dagegen durch Übertragung, Verpfändung oder Pfändung eines Miterbenanteils, RG 64, 173; vgl § 2033 Rz 5.

§ 2361

Unverständlichkeit und widerspruchsvoller Inhalt stehen der Unrichtigkeit gleich, KGJ 42, 220; RJA 17, 56; differenzierend Scheer, Erbschein, S 131f.

Wurde vor der Vereinigung Deutschlands in derselben Nachlaßsache ein Erbschein sowohl von einem westdeutschen Nachlaßgericht als auch von einem Staatlichen Notariat der früheren DDR erteilt, so stellt sich nun die Frage, ob in bestimmten Fällen (zB gegenständlich beschränkte Erbscheine bei Nachlaßspaltung) der eine oder der andere Erbschein einzuziehen ist, vgl dazu Schotten/Johnen, DtZ 1991, 257, 260ff; Adlerstein/Desch, DtZ 1991, 193, 199; Köster Rpfleger 1991, 97, 100; Rau DtZ 1991, 19, 20; Böhringer Rpfleger 1991, 275, 277; Graf DtZ 1991, 370, 372; Mümmler JurBüro 1991, 507; Schreiben des Bundesministeriums der Justiz vom 25. 9. 1990 – I A5–3804/I-131321/90.

3   2. Die **Ermittlungen** und die **Einziehung** zur Feststellung der Unrichtigkeit erfolgen **von Amts wegen** ohne Antrag, auf jede Anregung oder auf jeden Antrag des durch den Erbschein Beeinträchtigten, aber auch des Antragstellers, nach dessen Antrag der Erbschein erteilt ist, **Abs III**; BayObLG 31, 174; KG NJW 1960, 1158; zum Umfang der Amtsermittlungspflicht BayObLG ZEV 1994, 377. Lehnt das Nachlaßgericht einen solchen Antrag ab, so hat aber nur derjenige ein Beschwerderecht, dessen Recht durch die Vermutungs- und Schutzwirkungen der §§ 2365–2367 beeinträchtigt wird, zB der wirkliche Erbe (RG 61, 273), der Testamentsvollstrecker (BayObLG OLG 26, 362), die Rechtsnachfolger des Vorerben hinsichtlich des Antrags auf Einziehung des dem Nacherben erteilten Erbscheins, Hamm JMBl NRW 1962, 63. Da die Ermittlungen über die Richtigkeit, nicht über die Unrichtigkeit des Erbscheins anzustellen sind, ist zu seiner Einziehung nicht der Nachweis der Unrichtigkeit erforderlich, sondern genügend, daß die nach § 2359 nötige Überzeugung des Gerichts so erschüttert ist, daß es jetzt den Erbschein nicht mehr erteilen würde, BGH 40, 54; KG NJW 1963, 880; BayObLG 50/51, 412; BayObLG FamRZ 1989, 100, 551; Frankfurt NJW-RR 1996, 1159; MDR 1978, 671; Hamm Rpfleger 1989, 23; teilweise abweichend BayObLG NJW 1963, 158; vgl auch KG NJW 1963, 766; Celle NdsRpfl 1962, 203. Es braucht nicht erwiesen zu sein, daß das Erbrecht nicht besteht. Es genügt, daß kein schlüssiger Beweis mehr vorliegt (Frankfurt Rpfleger 1953, 36; vgl BayObLG 53, 144), doch darf die Einziehung nicht schon bei auftauchenden Zweifeln, sondern erst nach abschließender Aufklärung angeordnet werden, BGH 40, 54; BayObLG Rpfleger 1981, 238; Hamm Rpfleger 1989, 23; 83, 276; aA BayObLG NJW 1963, 158; siehe auch LG Berlin Rpfleger 1971, 149 (Einziehung bei Anhängigkeit eines für die Erbberechtigung vorgreiflichen Prozesses) mit Anm Bonnet JR 1972, 229; gegen Bonnet Giencke Rpfleger 1973, 52. Ein Erbschein, der unrichtig gewesen, aber jetzt richtig ist, darf nicht eingezogen werden, LG Koblenz DNotZ 1969, 430. Das gilt auch, wenn die letztwillige Verfügung, die dem Erbschein zugrunde liegt, sich als nichtig erweist, das bescheinigte Erbrecht sich aber in demselben Umfang aus einer anderen, wirksamen letztwilligen Verfügung ergibt, Hamm NJW 1967, 1138. Andererseits brauchen keine neuen Umstände eingetreten zu sein, auf die sich jetzt die Überzeugung des Gerichts von der Unrichtigkeit des Erbscheins stützen könnte. Der Erbschein kann vielmehr auch eingezogen werden, wenn ihn das Gericht nach langer Zeit bei erneuter Überprüfung für unrichtig hält, und zwar auch dann, wenn die ihm zugrunde liegende Testamentsauslegung an sich vertretbar war und von den Beteiligten widerspruchslos hingenommen wurde, BGH 47, 58; BayObLG Rpfleger 1976, 421; FamRZ 1989, 100; 1990, 320.

4   3. **Maßnahmen** gegen unrichtige Erbscheine: **a) Einziehung, Abs I.** Erst mit der tatsächlichen Einziehung wird der Erbschein kraftlos. **b) Kraftloserklärung** ohne Einziehung, **Abs II. c) Klage** des wirklichen Erben gegen den Besitzer eines unrichtigen Erbscheins **auf Herausgabe** an das Nachlaßgericht, § 2362 I. **d) Antrag auf Berichtigung** bloßer Schreib-, Rechenfehler oder ähnlicher offenbarer Unrichtigkeiten im Sinne von § 319 ZPO, Celle NdsRpfl 1955, 189; RGRK/Kregel Rz 2; Staud/Schilken Rz 22.

Eine **Wiederaufhebung** der Anordnung oder **Änderungen** und sachliche **Ergänzungen** des bereits erteilten Erbscheins dagegen sind wegen der Gefahren bereits eingetretenen Gutglaubensschutzes **unzulässig** (RG 61, 276), wohl aber Berichtigung und Ergänzung der Urschrift und der Ausfertigung entsprechend § 319 ZPO, etwa die Beseitigung unzulässiger oder die Aufnahme vorgeschriebener Zusätze, die den sachlichen Inhalt des Erbscheins unberührt lassen und am öffentlichen Glauben nicht teilnehmen, KG OLGZ 66, 612; BayObLG 24, 149; BayObLG FamRZ 1989, 1348. Scheer (Erbschein, S 175ff) hält es für zulässig, Erbscheine nach § 18 I FGG abzuändern, die nicht der Einziehung unterliegen und auch nicht offenbar unrichtig iSv § 319 ZPO sind.

5   Anträge auf Änderung, Ergänzung oder sachliche Berichtigung können in Anträge auf Einziehung und Erteilung des richtigen Erbscheins umgedeutet werden. Zu diesem Zweck kann der Antragsteller ein neues Verfahren beim Nachlaßgericht einleiten, er kann aber ebenso auf einfachere Weise sein Ziel der Einziehung oder Kraftloserklärung mit der Beschwerde oder weiteren Beschwerde gegen die Erteilung des unrichtigen Erbscheins erreichen, KG OLGZ 71, 215; vgl § 2353 Rz 17. Das Beschwerdegericht selbst kann weder den unrichtigen Erbschein einziehen noch einen neuen richtigen erteilen. Es kann nur das Nachlaßgericht hierzu bindend anweisen, RG 61, 273, 277; Celle NdsRpfl 55, 189. Das Beschwerdegericht darf aber anstelle des Nachlaßgerichts den erteilten Erbschein entsprechend § 319 ZPO berichtigen, BayObLG FamRZ 1989, 1350.

6   4. **Zuständig** für die Einziehung des Erbscheins ist das Nachlaßgericht, das den Erbschein erteilt hat (Hamm OLGZ 72, 352; Staud/Schilken Rz 24), sei es auch unter Verletzung der Zuständigkeit, KGJ 44, 104; BayObLG Rpfleger 1981, 112; Frankfurt Rpfleger 1981, 21; zur Einziehung eines nach § 2369 erteilten Erbscheins über ein Erbrecht nach fremdem Recht vgl Hamm NJW 1954, 554. Das nach § 73 I FGG örtlich zuständige Nachlaßgericht ist seit dem 3. 10. 1990 ausnahmsweise auch für die Einziehung eines Erbscheins zuständig, den ein westdeutsches Nachlaßgericht vor der Wiedervereinigung analog § 73 II, III FGG für einen in der früheren DDR lebenden Erblasser erteilt hatte, KG OLG 93, 15, oder den ein staatliches Notariat der DDR für einen in der Bundesrepublik verstorbenen Erblasser erteilt hat, KG ZEV 2000, 505. Die Entscheidung ist dem oder den Erbscheinserben zuzustellen. Gleichzeitig sind sie und alle, denen eine Ausfertigung erteilt ist, aufzufordern, die erteilte Reinschrift oder die Erbscheinsausfertigungen (§ 2353 Rz 12) an das Nachlaßgericht herauszugeben. Diese Anordnung kann durch

Ordnungsstrafen oder gewaltsame Wegnahme und eidesstattliche Versicherung erzwungen werden, § 33 FGG. Erst mit der Ablieferung sämtlicher Ausfertigungen, nicht nur der des Antragstellers, ist der Erbschein kraftlos, **Abs I S 2**; Oldenburg DNotZ 1958, 263 mit Anm Keidel; RGRK/Kregel Rz 6; Staud/Schilken Rz 26; aA Planck/Greiff Anm 5. Eine Veränderung an der Urschrift in den Gerichtsakten ist weder allein ausreichend noch neben der Ablieferung der Ausfertigungen erforderlich, Oldenburg DNotZ 1958, 263. Dem steht die freiwillige Rückgabe an das Nachlaßgericht gleich. Die Einziehung muß angeordnet werden, wenn sich keine Urschrift oder Ausfertigung des Erbscheins mehr im Verkehr befindet, damit weitere Ausfertigungen verweigert werden können, vgl BayObLG MDR 1961, 415. Eingezogene oder zurückgegebene Ausfertigungen sind zweckmäßigerweise unbrauchbar zu machen, aber nicht zu vernichten. Sobald die Einziehung angeordnet ist, kann ein neuer Erbschein erteilt werden, der Gutglaubensschutz genießt, § 2366; vgl RG 61, 273, 277.

Eine nur **vorläufige Einziehung** des Erbscheins bis zum Abschluß weiterer Ermittlungen oder eine einstweilige Anordnung auf Rückgabe des Erbscheins ist **unzulässig**, BGH 40, 54, 59; BayObLG FamRZ 1990, 1163; Soergel/Zimmermann Rz 2; Schopp Rpfleger 1983, 264; MüKo/Promberger Rz 39. Sie hat nicht die Wirkung einer Einziehung, so daß die Vermutung und der Verkehrsschutz der §§ 2365–2367 weiterbestehen würden, Pal/Edenhofer Rz 11; Staud/Schilken Rz 14; aA Lindacher NJW 1974, 20. Unzulässig ist auch ein Vorbescheid, in dem die Einziehung des Erbscheins nur angekündigt wird, BayObLG 94, 169; Hamm FamRZ 1996, 312; dazu § 2353 Rz 13. Das gilt auch, wenn in dem Vorbescheid gleichzeitig die Neuerteilung eines Erbscheins angekündigt wird, der eine Erbfolge ausweisen soll, die spiegelbildlich der Feststellung des früher erteilten Erbscheins entspricht, Hamm FamRZ 1996, 312.

5. Gegen die Anordnung der Einziehung und ihre Ablehnung ist die **Beschwerde** und die **weitere Beschwerde** 7 gegeben, §§ 19, 20, 27 FGG. Gegen die Anordnung der Einziehung kann nicht nur der Antragsteller, sondern auch der Erbe und jeder Antragsberechtigte beschweren (BGH 30, 220; KG DNotZ 1955, 156 und § 2353 Rz 18), aber ohne aufschiebende Wirkung, § 24 FGG. Beschwerdeberechtigt ist vielmehr jeder, der das für einen anderen bescheinigte Erbrecht selbst beansprucht, Hamm Rpfleger 1986, 138, 139; Köln FamRZ 1991, 1481, 1483. Das Rechtsschutzbedüfnis für eine Beschwerde entfällt noch nicht dadurch, daß der Beschwerdeführer sein Rechtsmittel gegen einen Vorbescheid zurückgenommen hat, weil er sich mit dem anderen Beteiligten durch Vergleich über eine bestimmte Auslegung eines Testaments geeinigt hat, BayObLG 91, 1, 5. Auch im Verfahren über die Einziehung eines Erbscheins kann die Beschwer nur aus dem Inhalt der Entscheidungsformel, nicht aus der Begründung der angefochtenen Entscheidung hergeleitet werden, KG OLGZ 66, 74. Ist der Antrag auf Einziehung zurückgewiesen, so ist der Antragsteller beschwerdeberechtigt, auch wenn sich seine Beschwerde gegen sein im Erbschein bezeugtes Erbrecht richtet, BGH 30, 261; BayObLG FamRZ 2000, 580. Auch das Beschwerdegericht hat in vollem Umfang alle Gesichtspunkte, die geeignet sind, die Unrichtigkeit des Erbscheins zu begründen, von Amts wegen zu prüfen, selbst wenn der Beschwerdeführer aufgrund dieser Unrichtigkeit insoweit nicht beschwert sein kann, BayObLG FamRZ 2000, 1610f; aA Brandenburg FamRZ 1999, 1619ff. Ist der Erbschein bereits an das Nachlaßgericht abgeliefert, so ist die Beschwerde mit dem Ziel, diesen Erbschein wieder zu erhalten oder in Kraft zu setzen, unzulässig (Hamm Rpfleger 1969, 299), ein anhängiges Beschwerdeverfahren wird durch Fortfall des Beschwerderechts gegenstandslos, wohl aber ist eine Beschwerde mit dem Ziel der Erteilung eines neuen Erbscheins zulässig, der inhaltlich dem früheren entspricht, BGH 30, 261; KGJ 36, 116; KG JFG 10, 77; BayObLG FamRZ 1989, 550; 1234; 94, 1422. Hat das Nachlaßgericht die Einziehung eines Erbscheins verfügt, der dem Vorerben erteilt und in dem die Anordnung einer Nacherbschaft angeordnet worden ist, so hat der Nacherbe hiergegen vor oder nach Eintritt der Nacherbfolge kein Beschwerderecht, da der Erbschein das Nacherbrecht nur als Beschränkung des Vorerben, nicht als Anwartschaftsrecht des Nacherben ausweist, vgl Oldenburg DNotZ 1958, 263; Köln Rpfleger 1984, 102. Zur Berechnung des Beschwerdewerts vgl KG NJW 1967, 1970; BayObLG Rpfleger 1984, 19; FamRZ 1989, 99, 102.

6. Die **Kraftloserklärung** erfolgt durch Beschluß des Nachlaßgerichts, wenn auch nur eine Ausfertigung nicht 8 zu erlangen oder die Fruchtlosigkeit des Versuchs feststeht, ohne daß die Einziehung versucht werden muß. Die Entscheidung ist unanfechtbar (§ 84 FGG). Zulässig ist wohl aber ist eine Beschwerde mit dem Ziel der Anweisung an das Nachlaßgericht zur Ausstellung eines Erbscheins gleichen Inhalts, KG JFG 10, 79.

2362 *Herausgabe- und Auskunftsanspruch des wirklichen Erben*
(1) Der wirkliche Erbe kann von dem Besitzer eines unrichtigen Erbscheins die Herausgabe an das Nachlassgericht verlangen.
(2) Derjenige, welchem ein unrichtiger Erbschein erteilt worden ist, hat dem wirklichen Erben über den Bestand der Erbschaft und über den Verbleib der Erbschaftsgegenstände Auskunft zu erteilen.

1. Der wahre Erbe, der sich dabei weder durch einen Erbschein noch durch ein rechtskräftiges Urteil auszu- 1 weisen braucht, hat neben den Rechten aus § 2361 (Einziehung und Kraftloserklärung) nach § 2362 I einen **sachlich-rechtlichen Anspruch auf Herausgabe** des unrichtigen Erbscheins (vgl hierzu § 2361 Rz 1) **an das Nachlaßgericht**, mag der Erbschein auch bereits für kraftlos erklärt sein. Dieser Anspruch steht auch dem Nacherben, dem Testamentsvollstrecker und dem gerichtlich für tot Erklärten zu, §§ 2363 II, 2364 II, 2370 II.

Der **Anspruch richtet sich gegen jeden** unmittelbaren oder mittelbaren **Besitzer** einer unrichtigen Erbscheins- 2 reinschrift oder -ausfertigung. Er ist durch Klage im Prozeß zu verfolgen und hat neben dem Verfahren der freiwilligen Gerichtsbarkeit nach § 2361 geringe Bedeutung. Erst die Herausgabe an das Nachlaßgericht, nicht schon an den Gerichtsvollzieher, wirkt als Durchführung der Einziehung, Planck/Greiff Anm 1; v Lübtow 2. Halbb, S 1036.

Der **Kläger** ist für sein Erbrecht, die Unrichtigkeit des Erbscheins und den Besitz des Beklagten **beweispflichtig** 3 (Staud/Schilken Rz 7). Gerichtsstand für die Klage ist **nicht der Gerichtsstand der Erbschaft** (§ 27 I ZPO), es sei denn, daß mit dieser Klage auch der Erbschaftsanspruch geltend gemacht wird, §§ 2018ff; Soergel/Zimmermann Rz 1. Die Zwangsvollstreckung findet nach § 883 ZPO statt.

§ 2362 Erbrecht Erbschein

4 2. **Auskunftspflichtig** ist nicht nur der gegenwärtige Besitzer des Erbscheins, sondern der Erbscheinserbe, beim gemeinschaftlichen Erbschein alle Miterben und die Personen, denen eine Ausfertigung des Erbscheins jemals erteilt worden ist, also auch der Gläubiger des falschen Erben. Die Auskunftspflicht hat den gleichen Inhalt und Umfang der Auskunftspflicht wie die nach §§ 2027, 260.

2363 *Inhalt des Erbscheins für den Vorerben*
(1) In dem Erbschein, der einem Vorerben erteilt wird, ist anzugeben, dass eine Nacherbfolge angeordnet ist, unter welchen Voraussetzungen sie eintritt und wer der Nacherbe ist. Hat der Erblasser den Nacherben auf dasjenige eingesetzt, was von der Erbschaft bei dem Eintritt der Nacherbfolge übrig sein wird, oder hat er bestimmt, dass der Vorerbe zur freien Verfügung über die Erbschaft berechtigt sein soll, so ist auch dies anzugeben.
(2) Dem Nacherben steht das in § 2362 Abs. 1 bestimmte Recht zu.

1 1. Der **Erbschein des Vorerben** muß gegenüber einem gewöhnlichen Erbschein zusätzlich **folgenden Inhalt** haben: a) Die **Anordnung der Nacherbfolge** einschließlich weiterer Nacherbenzuordnungen, sofern diese noch eintreten können (vgl § 2109), BayObLG FamRZ 1990, 320, b) die **Voraussetzungen, unter denen sie eintritt**, zB Tod oder Wiederverheiratung des Vorerben, c) die **Person des** oder der **Nacherben**, auch der ausdrücklich, schlüssig, stillschweigend oder unter Berücksichtigung gesetzlicher Auslegungsregeln berufenen **Ersatznacherben**, die von Amts wegen (§ 2358) zu ermitteln sind, Frankfurt NJW 1953, 507, d) **Befreiung von** einzelnen oder allen **Beschränkungen**, soweit diese gesetzlich zulässig sind, RGRK/Kregel Rz 10. Fehlen diese Angaben ganz oder teilweise, so ist er unrichtig und einzuziehen, BayObLG FamRZ 2001, 873. Maßgebender Zeitpunkt für diese erforderlichen Angaben ist nicht der Erbfall, sondern die Erteilung des Erbscheins, KG JFG 18, 223. Kann die angeordnete Erbfolge nicht mehr eintreten, so entfällt ihr Vermerk, Celle NdsRpfl 1955, 189.

2 2. **Antragsrecht. a) Vor dem Nacherbfall** hat **nur der Vorerbe** das Antragsrecht, nicht der Nacherbe (BayObLG 28, 598), denn die Nacherbschaft erscheint im Erbschein als Beschränkung des Vorerben, nicht als Ausweis des Nacherbenrechts, bedenklich daher KG DNotZ 1956, 195. Der Nacherbe kann aber Einziehung und Kraftloserklärung beantragen (§ 2361; BayObLG OLG 4, 132) und Schadensersatz schon vor Eintritt des Nacherbfalls wegen Amtspflichtverletzung des Nachlaßrichters verlangen, wenn er im Erbschein zu Unrecht nicht erwähnt ist, RG 139, 343. Soll nach der Rechtsauffassung des Beschwerdegerichts der Erbschein keinen Nacherbenvermerk enthalten, so kann der Nacherbe gegen die Entscheidung weitere Beschwerde einlegen, um zu verhindern, daß die Rechtsauffassung des Beschwerdegerichts für weitere Rechtsmittelzüge bindend wirkt, Hamm OLGZ 68, 80. **b) Ist der Nacherbfall** hingegen **eingetreten** (etwa durch den Tod des Vorerben), so kann ein Erbschein nur noch zugunsten des Nacherben erteilt werden. Das gilt hinsichtlich der eingetretenen Nacherbfolge auch dann, wenn nur einer von mehreren Vorerben verstorben ist, Hamm NJW 1974, 1827. Der Erbschein, der einem Nacherben erteilt wird, muß den Tag bezeichnen, an dem die Nacherbfolge eintritt, BayObLG FamRZ 1990, 320, 322.

3 3. Die **Person des Nacherben** ist, wenn sie namens- oder sogar persönlichkeitsmäßig nicht feststeht, möglichst genau zu bezeichnen, KGJ 42, 224; BayObLG DNotZ 1984, 502; Höver, DFG 1936, 30; im Fall des § 2104 beispielsweise durch die Umschreibung „die bei Eintritt der Nacherbfolge vorhandenen gesetzlichen Erben des Erblassers", BayObLG FamRZ 1991, 1114, 1116. Das Nachlaßgericht hat den Nacherben von Amts wegen zu ermitteln, Frankfurt NJW 1953, 507; BayObLG 82, 449. Steht der Name erst nach der Erteilung des Erbscheins fest, so muß der Erbschein von Amts wegen berichtigt werden, Planck/Greiff Anm 2c; Pal/Edenhofer Rz 3; aA Scheer, Erbschein, S 178f, 182: Abänderung auf Antrag nach § 18 I FGG.

4 4. Auch die **Person der Ersatznacherben** und **alle bedingt oder befristet eingesetzten Nacherben** sind aufzunehmen, mögen sie ausdrücklich, schlüssig, stillschweigend oder unter Beachtung gesetzlicher Auslegungsregeln (§ 2069) berufen sein, RG 142, 171; RG JFG 15, 211; KG JW 1937, 2045. Einem Dritten soll jede Gefahr unrichtiger Beurteilung des Erbverhältnisses erspart werden. Demgegenüber will ein Teil des Schrifttums bei nur schlüssiger, stillschweigender oder unter Berücksichtigung gesetzlicher Auslegungsregeln erfolgender Berufung davon absehen, den Ersatzerben im Erbschein mit seinem Namen zu bezeichnen (KGJ 42, 224; Bartholomeyczik, 5. Denkschrift des Erbrechtsausschusses der Akademie für Deutsches Recht, S 26f), und will sich damit begnügen, nur die Tatsache der Anordnung einer Ersatzerbfolge aufzunehmen, weil die Ersatznacherben noch kein Zustimmungsrecht zu Verfügungen des Vorerben haben.

5 5. **Sonstiger Inhalt.** Die **Größe der Anteile mehrerer Mitnacherben** ist **nicht aufzunehmen** (KG OLG 32, 81; Planck/Greiff Anm 2c), denn der Erbschein ist kein Zeugnis über das Nacherbrecht, sondern über die Beschränkung des Vorerben. Hat sich die Nacherbfolge bei Erteilung des Erbscheins schon erledigt, so gehört sie nicht in den Erbschein, Planck/Greiff Anm 2c; Staud/Schilken Rz 7; Celle NdsRpfl 1955, 189. Auf die Aufnahme kann der Nacherbe nicht verzichten, Planck/Greiff Anm 3. Hierin könnte nur die Übertragung des Nacherbrechts auf den Vorerben liegen. Sie bedarf aber der Form des § 2033. Auch die **Unvererblichkeit des Nacherbrechts** ist auszuweisen. Fehlt dieser Vermerk, so muß jeder mit der Vererblichkeit des Anwartschaft wegen § 2108 II rechnen, RG 154, 330; Staud/Schilken Rz 16; MüKo/Promberger Rz 10. Hat der Erblasser dem alleinigen Vorerben einen Nachlaßgegenstand als **Vorausvermächtnis** zugewendet, das der Nacherbfolge nicht unterliegen soll (§ 2110 II), so ist das ebenfalls im Erbschein anzugeben, KG JFG 21, 122; Staud/Schilken Rz 14; Scheer, Erbschein, S 34.

6 6. Wird das **Nacherb-** oder das **Mitnacherbrecht** nach § 2033 **auf den Vorerben übertragen**, so entfällt der Ausweis dieser Beschränkung im Erbschein. Ist das **ganze Nacherbrecht auf den Vorerben übergegangen, so gilt dieser im Erbschein als Vollerbe**, KG JFG 18, 223ff, anders noch KG DNotZ 1933, 290. Diese Übertragung wirkt als Fortfall der Beschränkung des Erbrechts des Vorerben, nicht so sehr als eine rechtsgeschäftliche Übertragung der Anwartschaft des Nacherben.

Überträgt der **Nacherbe** seine **Anwartschaft** aber **auf einen anderen** als den Vorerben, so kann der Erwerber vor dem Nacherbfall weder als Nacherbe noch nach dem Nacherbfall als Erbe ausgewiesen werden, Bartholomeyczik, 5. Denkschrift des Erbrechtsausschusses der Akademie für Deutsches Recht, S 38–40; Düsseldorf MDR 1981, 143; RGRK/Kregel Rz 8; aA KG DR 1939, 1085. Die Ansicht des KG führt dazu, daß auch sämtliche Mängel des Übertragungsgeschäfts unter Lebenden durch die §§ 2365–2367 geheilt werden können, während der Erbschein nur die Aufgabe hat, die Rechtsunsicherheit zu beseitigen, die der Todesfall wegen der Beweisschwierigkeit der Gesamtnachfolge kraft Gesetzes für den Rechtsverkehr mit sich bringt. Ist das **Nacherbrecht infolge Todes des Nacherben** auf seine Erben **übergegangen**, so sind diese als Erben nach dem Erblasser auszuweisen. Es ist aber zu vermerken, daß sie Erben auf Grund ihres Erbrechts nach dem Nacherben geworden sind, Bartholomeyczik, aaO, S 40.

7. Unrichtig ist der **Erbschein** des § 2363, wenn der Nacherbfall nach Erteilung des Erbscheins eingetreten ist (§ 2139), wenn sich die Nacherbfolge durch Zeitablauf erledigt hat (§ 2109) oder einzelne Nacherben ohne Vererbung ihres Anwartschaftsrechts weggefallen (aA Scheer, Erbschein, S 140f) oder von vornherein nicht erwähnt sind, wenn die Person des Nacherben zB wegen Vererbung des Nacherbrechts wechselt (BayObLG FamRZ 1988, 542), wenn er die Befreiung des Vorerben von gesetzlichen Verfügungsbeschränkungen nicht ausweist, aA Scheer, Erbschein, S 116f.

8. Der **Herausgabeanspruch** aus § 2362 I, der neben den Rechten aus § 2361 gegeben ist, steht dem Nacherben bei Unrichtigkeit des Erbscheins (Rz 8) auch gegen den Vorerben zu, und zwar auch vor dem Nacherbfall. Auskunftsberechtigt nach § 2362 II ist der Nacherbe, aber erst mit Eintritt des Nacherbfalls, Pal/Edenhofer Rz 9.

2364 *Angabe des Testamentsvollstreckers im Erbschein, Herausgabeanspruch des Testamentsvollstreckers*
(1) Hat der Erblasser einen Testamentsvollstrecker ernannt, so ist die Ernennung in dem Erbschein anzugeben.
(2) Dem Testamentsvollstrecker steht das in § 2362 Abs. 1 bestimmte Recht zu.

1. Nur die **Anordnung der Testamentsvollstreckung**, nicht der Name des ernannten Testamentsvollstreckers, ist in den Erbschein aufzunehmen, KG OLG 40, 155; Planck/Greiff Anm 2b; Bartholomeyczik, 5. Denkschrift des Erbrechtsausschusses der Akademie für Deutsches Recht, S 319f; RGRK/Kregel Rz 1; Staud/Schilken Rz 11; aA Kipp/Coing § 128 III 3b. Denn auch hier ist der Vermerk ebenso wie in § 2363 ein Ausweis der Beschränkung des Erben oder Erbeserben, nicht eine Bestimmung der Person des Testamentsvollstreckers, über die das Testamentsvollstreckerzeugnis des § 2368 Auskunft gibt. Ebensowenig ist die Annahme des Amts durch den ernannten Testamentsvollstrecker im Erbschein anzuführen; sie ist Voraussetzung für die Erteilung des Testamentsvollstreckerzeugnisses und wird daher durch dieses ausgewiesen, Bartholomeyczik, aaO, S 320; Staud/Schilken Rz 10; Soergel/Damrau Rz 4. In das Testamentsvollstreckerzeugnis, nicht in den Erbschein, gehören auch Vermerke über den Umfang der Rechtsmacht des Testamentsvollstreckers, KG OLG 40, 155; Planck/Greiff Anm 2b; Bartholomeyczik, aaO, S 320; RGRK/Kregel Rz 1; Kipp/Coing § 128 III 3b; aA Lange/Kuchinke § 39 V 2; v Lübtow 2. Halbb, S 1007; Soergel/Zimmermann Rz 1; für die Angabe gegenständlicher Beschränkungen des Testamentsvollstreckers MüKo/Promberger Rz 12; Staud/Schilken Rz 12.

2. Auch **angeordnete Testamentsvollstreckungen** sind **nicht** in den Erbschein **aufzunehmen**, wenn sie sich vor Erteilung des Erbscheins durch Ablehnung oder Niederlegung des Amts oder Eintritts einer auflösenden Bedingung erledigt haben oder wegen Nichteintritts einer aufschiebenden Bedingung noch nicht wirksam geworden sind (KGJ 48, 143; JFG 10, 72) oder den Erben in der Verfügung über Nachlaßgegenstände nicht beschränken, zB § 2208 II; KGJ 43, 92; BayObLG FamRZ 1991, 986, 988. Beschränken Testamentsvollstreckungen nur einen Erbteil, so ist dies in den Teilerbschein über die anderen Erbteile nicht aufzunehmen, KGJ 43, 94. Testamentsvollstreckungen, die zur Ausführung von Vermächtnissen und Auflagen angeordnet sind, mit denen ein Vermächtnisnehmer beschwert ist (§ 2223), erscheinen ebenfalls nicht im Erbschein, Bartholomeyczik, aaO, S 318; KGJ 43, 94. Wohl aber gehört eine Testamentsvollstreckung in den Erbschein, die nur für die Zeit nach dem Tod des Erben angeordnet ist, KGJ 46, 141. Dasselbe gilt für eine Testamentsvollstreckung, die erst den Nacherben beschränken soll, für den Erbteil des Vorerben, KG JW 1938, 1412; aA Soergel/Zimmermann Rz 1; MüKo/Promberger Rz 8. Hat der Testamentsvollstrecker bis zum Eintritt der Nacherbfolge die Rechte des Nacherben gegenüber dem Vorerben wahrzunehmen (§ 2222), dann ist die Testamentsvollstreckung mit diesem Inhalt in den Erbschein aufzunehmen, KGJ 43, 92; 46, 141; Bartholomeyczik, aaO, S 319.

3. Unrichtig und damit einzuziehen ist der **Erbschein**, wenn eine aufzunehmende Testamentsvollstreckung nicht aufgenommen ist und nach überwiegender Meinung auch, wenn die Testamentsvollstreckung nach Erteilung des Erbscheins fortfällt, KGJ 50, 104; BayObLG Rpfleger 1974, 345; Soergel/Zimmermann Rz 2; aA Scheer, Erbschein, S 144f. Doch in diesen Fällen sollte wegen der nur negativen Vermutung des Vermerks die Berichtigung auf Antrag des Erben möglich und die Einziehung überflüssig sein, Bartholomeyczik, aaO, S 321; Scheer, Erbschein, S 184; ähnlich Staud/Schilken Rz 14; Drewes JW 1926, 2428; aA Hamm OLGZ 83, 59; Köln, FamRZ 1993, 1124; MüKo/Promberger Rz 17. Keine Unrichtigkeit bewirkt ein Personenwechsel des Testamentsvollstreckers.

4. Der **Testamentsvollstrecker** kann jederzeit **Einziehung** oder **Kraftloserklärung** des unrichtigen Erbscheins **anregen** (BayObLG 13, 743) oder die **Herausgabe** vom Erben oder jedem dritten Besitzer **verlangen, Abs II**. Über den Wortlaut des Abs II hinaus steht dem Testamentsvollstrecker, soweit ihm die Verwaltung des Nachlasses oder einzelner Gegenstände obliegt, auch das in § 2362 II bestimmte Recht auf Auskunft zu, Planck/Greiff Anm 6; RGRK/Kregel Rz 4.

§ 2365 Vermutung der Richtigkeit des Erbscheins

2365 Es wird vermutet, dass demjenigen, welcher in dem Erbschein als Erbe bezeichnet ist, das in dem Erbschein angegebene Erbrecht zustehe und dass er nicht durch andere als die angegebenen Anordnungen beschränkt sei.

1. Der **öffentliche Glaube** des Erbscheins ist dem des Grundbuchs nachgebildet. § 2365 entspricht § 891, § 2366 dem § 892, § 2367 dem § 893. Entsprechend wirkt sich der gute Glaube des Testamentsvollstreckerzeugnisses (§ 2368) und des Zeugnisses über eine fortgesetzte Gütergemeinschaft aus, § 1507.

2. Die **Vermutung**, die jederzeit und in jeder Weise, auch durch alte Tatsachen, widerlegbar ist (RG 92, 68, 71), beginnt mit Erteilung der Ausfertigung (§ 2353; BayObLG NJW 1960, 1722), dauert bei ihrem Verlust fort und endet mit Einziehung, wirksamer Kraftloserklärung oder Herausgabe des Erbscheins (§§ 2361, 2362), der rechtsbezeugend, nicht rechtserzeugend wirkt. Der Erbschein ist kein ausschließliches Beweismittel für die Erbfolge. Der Erbe kann sein Erbrecht auch auf andere Art beweisen. Die Nachlaßschuldner können die Erfüllung nicht von der Vorlage eines Erbscheins abhängig machen (RG 54, 343), es sei denn, daß sich der Erblasser vertraglich an dieses Beweismittel gebunden hat, wie zB aufgrund der Allgemeinen Geschäftsbedingungen der Banken. Dadurch erhält der Erbschein besondere Bedeutung im Bankverkehr, namentlich falls der Erblasser dem künftigen Erben keine Vollmacht über den Tod hinaus erteilt hat.

Bei zwei einander widersprechenden Erbscheinen heben sich die Vermutungswirkungen gegenseitig auf, BGH 33, 314; 58, 105, 108; BGH FamRZ 1990, 1111; dazu § 2366 Rz 4.

3. Die **Vermutung erstreckt sich a) positiv** auf das bezeugte Erbrecht, bei Miterben auch auf die Größe der Erbteile,

b) **negativ** darauf, daß der Erbe durch nichtbezeugte Anordnungen nicht beschränkt ist. Zu ihnen gehören nur die Nacherbfolge, einschließlich die Ersatznacherbfolge, und die Anordnung einer Testamentsvollstreckung, §§ 2363, 2364.

c) Die Vermutung **erstreckt sich nicht** auf die Tatsachen, die das Erbrecht entstehen lassen (RG WarnRsp 1913, 300), also auf den Berufungsgrund (MüKo/Promberger Rz 7). Sie bezieht sich auch nicht auf die Freiheit von Beschwerungen, wie die Freiheit von Vermächtnissen, Auflagen, Auseinandersetzungsanordnungen. Die Vermutung bezieht sich auch nicht auf die Zugehörigkeit von Gegenständen zum Nachlaß, den Besitz an Nachlaßgegenständen, die Personengleichheit zwischen Erbscheinserben und Erbscheinsbesitzer sowie auf den Bestand einer bezeugten Testamentsvollstreckung oder eines bezeugten Nacherbrechts; Frankfurt WM 1993, 805; BayObLG JFG 6, 135; Pal/Edenhofer Rz 3; Staud/Schilken Rz 11f; MüKo/Promberger Rz 11ff; Kipp/Coing § 103 I; Planck/Greiff Anm 2b. Eine Vermutung für den Bestand der Testamentsvollstreckung wird nur durch das Testamentsvollstreckerzeugnis begründet, §§ 2368 III, 2365ff. Für die Nacherbfolge besteht eine solche Vermutung nicht. Erst mit dem Nacherbfall kann der Nacherbe ein Zeugnis über sein Erbrecht erhalten. Ein Zeugnis über das Nacherbrecht gibt es nicht, Frankfurt NJW 1957, 265; bedenklich KG DNotZ 1956, 195. Die Vermutung des § 2365 erstreckt sich auch nicht auf sonstige Tatsachen, die nicht in einen Erbschein gehören, wie die Veräußerung (RG 64, 173), das rechtsgeschäftliche oder Pfändungspfandrecht, den Nießbrauch an einem Miterbenanteil, ebensowenig auf die Nachlaßverwaltung, das Nachlaßinsolvenzverfahren, die Verwaltung nach § 2119 und auf Verfügungen, die Miterben untereinander treffen, da diese keine Verkehrsgeschäfte sind.

4. Die **Vermutung entfaltet Wirkung** für und gegen Erbscheinserben **im privaten Rechtsverkehr**, jedoch ohne Wirkung eines rechtskräftigen Urteils (RG RJA 15, 14ff) und gegenüber Behörden. **Im Streit mehrerer Erbanwärter** gewährt der Erbschein dem Erbscheinserben nur als Kläger Vorteile. Er braucht zur Begründung des Erbrechts nur auf den Erbschein zu verweisen. Erst wenn der Beklagte die Vermutung des § 2365 widerlegt hat, muß der Kläger sein Erbrecht mit anderen Beweismitteln nachweisen, RG WarnRsp 1913, 300; DR 1944/45, 399; Kipp/Coing § 103 I Fn 5. Wird der Erbscheinserbe verklagt, so ist seine Stellung durch die Vermutung nicht besser als sie ohnehin infolge der Beklagtenstellung ist, RG Gruchot 57, 1021; Kipp/Coing § 103 I Fn 5; Bartholomeyczik, aaO, S 267; vgl MüKo/Promberger Rz 24. Das gilt auch dann, wenn er aufgrund des Erbscheins als Eigentümer eingetragen worden ist und von den anderen Erbprätendenten aus § 894 auf Buchberichtigung verklagt wird, LG Hagen NJW 1966, 1660. Demgegenüber soll nach einem Teil des Schrifttums die Vermutungswirkung des § 2365 im Erbprätendentenstreit uneingeschränkt, unabhängig von der Parteirolle des Erbscheinserben gelten, Planck/Greiff Anm 4. Andere hingegen wollen dem Erbschein für den Nachweis des Erbrechts im Prätendentenstreit keine Vermutungswirkung beimessen, v Lübtow 2. Halbb, S 1024; Lange/Kuchinke § 39 VII 2e. **Im Rechtsstreit des Erbscheinserben mit einem Dritten**, der nicht Erbanwärter ist, entfaltet sich dagegen die volle Vermutungswirkung, vgl RG 92, 68.

5. Hat der Erblasser kein öffentliches Testament errichtet, so kann der Nachweis der Erbfolge **vor dem Grundbuchamt** nur durch einen Erbschein geführt werden (§ 35 I S 1 GBO), der von der sachlich zuständigen Behörde formgerecht erteilt sein muß (Demharter, GBO, 24. Aufl 2002, § 35 Anm 4), und an den der **Grundbuchrichter gebunden** ist, es sei denn, daß er neue Tatsachen erfährt, die den Erbschein unrichtig erscheinen lassen, KGJ 45, 252; KG JFG 18, 44; RG DR 1934, 339; BayObLG FamRZ 1990, 669f. Vgl aber auch die Lockerung dieser Beweisregel in § 35 III GBO. Der Grundbuchrichter ist aber nicht an Feststellungen gebunden, die das Nachlaßgericht von Amts wegen ermittelt hat, da diese Ermittlungen keine mit dem Erbschein vergleichbare Rechtsvermutung aufweisen, BayObLG 89, 8, 10f. Vgl Hamm NJW 1969, 798; Celle NJW 1961, 562 zur Frage, unter welchen Voraussetzungen das Grundbuchamt im Fall des § 35 I S 2 GBO die Vorlage eines Erbscheins verlangen kann, wenn das öffentliche Testament keinen Formfehler hat, sein Inhalt den Erben eindeutig ausweist, aber die Testierfähigkeit des Erblassers angezweifelt wird.

§ 2366 Öffentlicher Glaube des Erbscheins

Erwirbt jemand von demjenigen, welcher in einem Erbschein als Erbe bezeichnet ist, durch Rechtsgeschäft einen Erbschaftsgegenstand, ein Recht an einem solchen Gegenstand oder die Befreiung von einem zur Erbschaft gehörenden Recht, so gilt zu seinen Gunsten der Inhalt des Erbscheins, soweit die Vermutung des § 2365 reicht, als richtig, es sei denn, dass er die Unrichtigkeit kennt oder weiß, dass das Nachlassgericht die Rückgabe des Erbscheins wegen Unrichtigkeit verlangt hat.

1. Die **Vermutung** des § 2365 verstärkt sich im Gutglaubensschutz des § 2366 **zu** einer **Fiktion beim unmittelbaren**, nicht nur verpflichtenden, **rechtsgeschäftlichen Einzelerwerb von Erbschaftsgegenständen**. Die Schutzwirkung reicht weiter als die Vermutung des § 2365, vgl § 2365 Rz 3, 4.

2. Erbschaftsgegenstände. a) Zu den Erbschaftsgegenständen gehören: Grundstücke, grundstücksgleiche Rechte, Grundstücksrechte und Rechte an solchen, bewegliche Sachen, Forderungen, Mitgliedschafts- und sonstige Rechte und zwar auch dann, wenn diese außerhalb des § 2366 nicht gutgläubig erworben werden können – wie etwa der Geschäftsanteil an einer GmbH, vgl dazu im einzelnen Däubler GmbHR 1963, 181f – und erst durch dingliche Ersetzung Erbschaftsgegenstände geworden sind, §§ 2019, 2041, 2111.

b) Nicht hierzu gehört der Miterbenanteil, der nicht Erbschaftsgegenstand, sondern Gegenstand des Eigenvermögens des Miterben ist. Werden die ganze Erbschaft, ein Miterbenanteil oder alle Miterbenanteile auf Grund eines Vertrags erworben, so ist jeder gutgläubige Erwerb, also auch der nach § 2366 ausgeschlossen, §§ 2371, 2385 erworben, so ist jeder gutgläubige Erwerb, also auch der nach § 2366 ausgeschlossen, §§ 2371, 2385 erworben; § 2030; Bartholomeyczik, 5. Denkschrift des Erbrechtsausschusses der Akademie für Deutsches Recht, S 280f; Kipp/Coing § 103 II 1.

3. Die **Wirkung des Gutglaubensschutzes** erfaßt nur rechtsgeschäftliche **Verfügungen, nicht aber Schuldverträge**, ferner nicht den Erwerb in der Zwangsvollstreckung und den Erwerb kraft Gesetzes, zB den Erwerb durch weiteren Erbgang. Verpflichtungsgeschäfte des Erbscheinserben verpflichten und berechtigen nur diesen, falls nicht ausnahmsweise eine Ersetzung eintritt, § 2019. Prozesse des Erbscheinserben über einen Nachlaßanspruch machen diesen nicht rechtshängig. Die für und gegen den Erbscheinserben ergangenen Urteile wirken nicht gegenüber den wirklichen Erben. Auch der Besitz kann nicht nach § 2366 gutgläubig erworben werden, nach § 854 I nicht, weil es sich um einen Realakt handelt, aber auch nach § 854 II nicht, weil seine Rechtswirkungen sich nur an das tatsächliche Herrschaftsverhältnis oder an die mit der Einigung über den Besitzübergang verbundene Möglichkeit seiner unmittelbaren Erlangung knüpfen können.

4. Bösgläubigkeit ist nur gegeben, **wenn der Erwerber die Unrichtigkeit** des Erbscheins **kennt** oder weiß, daß das Nachlaßgericht die Rückgabe des Erbscheins wegen Unrichtigkeit, wenn auch ungerechtfertigt, verlangt hat, oder, was dem gleichzustellen ist, daß der Erbscheinserbe rechtskräftig zur Herausgabe verurteilt worden ist, § 2362 I. Bösgläubigkeit liegt auch vor, wenn der Erwerber weiß, daß das Testament anfechtbar ist, § 142 II. Einfache oder grobe **Fahrlässigkeit genügt nicht**. Nicht ausreichend ist auch die Kenntnis, daß die Klage auf Herausgabe des Erbscheins erhoben ist, weil diese Klage unbegründet und willkürlich sein kann, vgl Lange/Kuchinke § 39 VII 3e, Fn 258. Der gute Glaube muß – anders als im Fall des § 892 II – noch bei Vollendung des Rechtserwerbs bestehen. Umstritten ist, ob bei sich widersprechenden Erbscheinen die Schutzwirkung für den Dritten aufgehoben wird (so BGH 58, 105, 108; 33, 314; BGH FamRZ 1990, 1111; RGRK/Kregel Rz 9; Brox Rz 617; Planck/Greiff Anm VII; Pal/Edenhofer Rz 4; Soergel/Zimmermann Rz 4; Staud/Schilken § 2365 Rz 28; Kipp/Coing § 103 III) oder ob der erste Erwerber vom Nachlaßgegenstand dann erwerben kann, wenn er nichts wußte, daß noch ein anderer widersprechender Erbschein vorhanden ist, so Kretzschmar, Erbrecht, 2. Aufl 1913, § 65 II 3b; Lange/Kuchinke § 39 II 5b, Fn 96; vgl auch Lindacher DNotZ 1970, 93; Herminghausen NJW 1986, 571. Der erstgenannten Auffassung ist zu folgen, da der Schutz des öffentlichen Glaubens nicht weiter reicht als die Vermutung des § 2365 (vgl § 2365 Rz 2) und nicht davon abhängt, ob ein Erbschein vorgelegt wird, seine Existenz oder sein Inhalt bekannt ist und ein ursächlicher Zusammenhang zwischen dem Vertrauen auf die beurkundete Rechtslage und dem geschützten Geschäft besteht, BGH 33, 314.

5. Dem Dritten braucht der Erbschein nicht vorgelegt zu werden, er braucht ihn nicht zu kennen und sich auf ihn oder die durch ihn bezeugte Erbfolge nicht zu verlassen. Erforderlich ist nur, daß der Erbschein im Zeitpunkt des Rechtsübergangs vorliegt, BGH WM 1971, 54. Hat jemand, der zu Unrecht im Erbschein als Erbe ausgewiesen ist, einem gutgläubigen Dritten an einem Nachlaßgrundstück eine Auflassungsvormerkung bewilligt, so hat der Dritte mit ihrer Eintragung bereits eine Rechtsposition erlangt, die es ihm ermöglicht, später das Eigentum an dem Grundstück zu erwerben, auch wenn der unrichtige Erbschein im Zeitpunkt der Eintragung des Eigentums bereits eingezogen war, BGH 57, 341; Soergel/Zimmermann Rz 9.

6. Der **gute Glaube** bezieht sich jedoch **nicht auf die Zugehörigkeit des Gegenstands zum Nachlaß**, auch nicht beim gegenständlich beschränkten Erbschein des § 2369, und **nicht auf die Verfügungsmacht des Erben**, also etwa darauf, daß die ausgewiesenen Miterben ihre Anteile noch nicht veräußert haben (§ 2033 I) und noch über den Nachlaßgegenstand verfügen können, § 2040 I. Der gute Glaube bezieht sich ferner nicht auf die Nichteröffnung des Nachlaßinsolvenzverfahrens oder einer Nachlaßverwaltung, über die der Erbschein keine Auskunft geben darf, so daß § 81 InsO den gutgläubigen Erwerb von beweglichen Sachen, Forderungen und sonstigen Rechten von dem durch einen Erbschein ausgewiesenen Erben hindern kann.

7. Verhältnis zu anderen Gutglaubensschutzvorschriften. Daneben ist ein gutgläubiger Erwerb unter den Voraussetzungen der §§ 405, 891ff, 932–935, 1032 S 2, 1207, Art 16 II WG möglich, neben denen die §§ 2365, 2366 und die neben den §§ 2365, 2366 selbständige Bedeutung haben. Der Schutz des guten Glaubens nach §§ 2365, 2362 setzt voraus, daß das Rechtsgeschäft von oder gegenüber dem Erbscheinserben **als Erben** vorgenommen wird, v Lübtow 2. Halbb, S 2030. Tritt der durch den Erbschein zu Unrecht als Erbe Ausgewiesene aus der Sicht des Erwerbers nicht als Erbe, sondern allgemein als Berechtigter auf, kommt ein Gutglaubensschutz ausschließlich nach den allgemeinen Vorschriften in Betracht, vgl aber MüKo/Promberger Rz 13. Der gutgläubige Erwerb vom Erbscheinserben hat gegenüber dem sonstigen Schutz des öffentlichen Glaubens zwei Besonderheiten. Er erfaßt zunächst auch Forderungen und sonstige Rechte, die außerhalb des Wertpapierrechts und des § 405 sonst nicht gutgläubig erworben werden können. Zum anderen geht er über den Schutz der §§ 932ff hinaus, weil er den Besitz- und Eigentumsschutz des wahren Erben ausschaltet, der durch die §§ 857, 935 begründet ist. Ist eine bewegliche Nachlaßsache dem Erben abhanden gekommen, so kann sie auch im Gutgläubiger vom Erbscheinserben wegen §§ 857, 935 nicht nach §§ 932ff, wohl aber nach §§ 2366, 929 erwerben. § 2366 fingiert die Richtigkeit des Erbscheins mit der Wirkung, daß der Erbscheinserbe gegenüber dem gutgläubigen Erwerber nicht nur als Eigentümer, sondern auch als Besitzer der Nachlaßsachen behandelt wird, die im Eigentum oder nur im Besitz des Erblassers standen. Wer vom Erbscheinserben erwirbt, erwirbt über § 2366 nach denselben Vorschriften, nach denen er vom Erben erworben hätte. Gehört eine vom Erbscheinserben erworbene bewegliche Sache nicht zum Nachlaß, so scheidet, weil sie kein Nachlaßgegenstand ist, ein Gutglaubensschutz nach § 2366 aus. Sie kann allenfalls nach §§ 932ff erworben werden, sofern nicht § 935 entgegensteht, Kipp/Coing § 103 II 4; Staud/Schilken Rz 13. **Widersprechen sich Erbschein und Grundbucheintragung**, so geht die Eintragung wegen ihrer speziellen Wirkung dem Erbschein vor. Ist noch der Erblasser im Grundbuch als Eigentümer ausgewiesen, ist aber gegen sein Eigentum auch ein Widerspruch eingetragen, so kann ein Dritter das Grundstück auch vom Erbscheinserben nicht gutgläubig erwerben, da die Zugehörigkeit zum Nachlaß nicht durch den Erbschein gedeckt wird.

8 8. Der **Gutglaubensschutz erlischt**, sobald das Nachlaßgericht den Erbschein eingezogen, wirksam für kraftlos erklärt oder sobald ihn sein Besitzer auf Verlangen des wahren Erben an das Nachlaßgericht herausgegeben hat.

2367 *Leistung an Erbscheinserben*
Die Vorschrift des § 2366 findet entsprechende Anwendung, wenn an denjenigen, welcher in einem Erbschein als Erbe bezeichnet ist, auf Grund eines zur Erbschaft gehörenden Rechts eine Leistung bewirkt oder wenn zwischen ihm und einem anderen in Ansehung eines solchen Rechts ein nicht unter die Vorschrift des § 2366 fallendes Rechtsgeschäft vorgenommen wird, das eine Verfügung über das Recht enthält.

1 1. § 2367 erstreckt den **Gutglaubensschutz auf Leistungsgeschäfte** an den Erbscheinserben oder an den wahren Erben, dessen Verfügungsbeschränkungen durch Nacherbeneinsetzung oder die Anordnung einer Testamentsvollstreckung nicht im Erbschein ausgewiesen sind. § 2367 bezieht sich auch auf Verfügungsgeschäfte, die keine Erwerbs- und Befreiungsgeschäfte im Sinne des § 2366 sind, zB Vorrangeinräumung, Rangänderung, Bewilligung einer Vormerkung, BGH 57, 341. Der Leistung an den Erbscheinserben steht die berechtigte Hinterlegung gleich, §§ 372, 378. Die Leistung an den Erbscheinserben hat danach die gleiche Wirkung wie die an den wahren Erben, auch insoweit, als sich an sie kraft Gesetzes der Übergang von Rechten knüpft, §§ 268, 426 II, 774, 1143, 1163, 1177, 1225. Der Erbe kann vom Erbscheinserben **Ausgleich** nach § 816 II, meistens auch nach I, verlangen. Die Gegenleistung an den Erbscheinserben fällt durch dingliche Ersetzung in den Nachlaß, § 2019.

2 2. Unter den Begriff der Verfügung iSv § 2367 fallen nicht nur vertragsmäßige Verfügungen zwischen Erbscheinserben und Dritten, sondern auch einseitige Verfügungen, die gegenüber oder von dem Erbscheinserben vorgenommen werden, so die Kündigung (Hoffmann JuS 1968, 208), die Zustimmung zu Rangänderungen eingetragener Rechte (§ 880 II), die Aufrechnung, das Angebot der Leistung. Dagegen können den Nachlaß betreffende Prozesse und Verpflichtungsgeschäfte des Erbscheinserben nicht den wahren Erben belasten oder verpflichten, § 2366 Rz 3.

2368 *Testamentsvollstreckerzeugnis*
(1) Einem Testamentsvollstrecker hat das Nachlassgericht auf Antrag ein Zeugnis über die Ernennung zu erteilen. Ist der Testamentsvollstrecker in der Verwaltung des Nachlasses beschränkt oder hat der Erblasser angeordnet, dass der Testamentsvollstrecker in der Eingehung von Verbindlichkeiten für den Nachlass nicht beschränkt sein soll, so ist dies in dem Zeugnis anzugeben.
(2) Ist die Ernennung nicht in einer dem Nachlassgericht vorliegenden öffentlichen Urkunde enthalten, so soll vor der Erteilung des Zeugnisses der Erbe wenn tunlich über die Gültigkeit der Ernennung gehört werden.
(3) Die Vorschriften über den Erbschein finden auf das Zeugnis entsprechende Anwendung; mit der Beendigung des Amts des Testamentsvollstreckers wird das Zeugnis kraftlos.

1 1. **Erteilung des Testamentsvollstreckerzeugnisses. a) Antragsberechtigt** ist jeder Testamentsvollstrecker, auch wenn er zur Verfügung über Nachlaßgegenstände nicht befugt ist (§§ 2208, 2222, 2223), denn das Testamentsvollstreckerzeugnis soll auch außerhalb der Gutglaubensschutzwirkung eine selbständige Beweiswirkung haben. Die Vermutungswirkung gilt für alle Rechtsgeschäfte, zu deren Vornahme der Testamentsvollstrecker berechtigt ist, also auch für Verpflichtungsgeschäfte. Nach Beendigung seines Amts kann ihm das Zeugnis noch in der Weise erteilt werden, daß ein Beendigungsvermerk in den Inhalt der Urkunde aufgenommen wird, KG NJW 1964, 1905. Im Antrag liegt die Annahme des Amts. Auch der Nachlaßgläubiger hat ein Antragsrecht (§§ 792, 896 ZPO), nicht aber der Erbe, BayObLG MDR 1978, 142; Hamm NJW 1974, 505; Pal/Edenhofer Rz 3; Staud/Schilken Rz 4; aA MüKo/Promberger Rz 20; Brox Rz 626; Lange/Kuchinke § 39 VIII 2, Fn 272; v Lübtow 2. Halbb, S 976.

b) Zur Erteilung des Testamentsvollstreckerzeugnisses ist das **Nachlaßgericht**, und zwar der Richter, nicht der Rechtspfleger, zuständig, § 16 Nr 6, 7 RpflG. Ein Vorbescheid, ein Testamentsvollstreckerzeugnis nicht erteilen zu wollen, ist ebensowenig zulässig wie der Vorbescheid, einen Erbschein nicht erteilen zu wollen, Düsseldorf NJW-RR 1994, 906; vgl § 2353 Rz 13. Zur Erteilung des Testamentsvollstreckerzeugnisses, wenn ein Kommanditanteil zum Nachlaß gehört, vgl Stuttgart ZIP 1988, 1335; KG FamRZ 1991, 1109. Zum Recht auf Akteneinsicht und des Zeugnisses vgl §§ 78, 85 FGG.

c) Gegen die Entscheidung des Nachlaßgerichts findet die **Beschwerde** (§ 19 FGG) und weitere Beschwerde (§ 27 FGG) statt. Gegen die Ablehnung der Erteilung (ebenso wie gegen die Einziehung) des Testamentsvollstreckerzeugnisses steht nur dem Testamentsvollstrecker, nicht aber dem Erben die Beschwerdebefugnis zu, weil dieser kein Antragsrecht hat, Soergel/Zimmermann Rz 13. Der Erbe kann aber gegen die Erteilung des Zeugnisses mit dem Ziel der Einziehung des Zeugnisses Beschwerde erheben, weil durch die Erteilung seine Rechte (vgl § 2211 I) beeinträchtigt werden können, BayObLG FamRZ 1988, 1321; s auch KG FamRZ 2001, 658.

2. Arten des Testamentsvollstreckerzeugnisses. Auch hier ist ebenso wie beim Erbschein ein gemeinschaftliches Zeugnis, ein Teilzeugnis und ein gemeinschaftliches Teilzeugnis sowie ein Zeugnis über die Testamentsvollstreckung an einem Bruchteil des Nachlasses oder ein gegenständlich beschränktes Zeugnis möglich, Greiser DFG 1936, 248; KG JW 1936, 1154; BayObLG 65, 382; Jansen, FGG, § 73 Rz 29. Zum Zeugnis über die Annahme s Soergel/Zimmermann Rz 5.

3. Inhalt. Aufzunehmen sind neben dem **Namen des Erblassers** und **des Testamentsvollstreckers** die Angaben nach **Abs I S 2**, nicht notwendig jedoch die einzelnen Befugnisse des Testamentsvollstreckers, darüber hinaus im Interesse der Verkehrssicherheit **alle Abweichungen von der gewöhnlichen Rechtsmacht des Testamentsvollstreckers**, wie sie sich aus den §§ 2203 bis 2206 ergibt, soweit sie für den rechtsgeschäftlichen Verkehr mit Dritten erheblich sind, KGJ 31, 97; RGRK/Kregel Rz 3. Aufzunehmen sind demnach Beschränkungen nach § 2208 (BayObLG FamRZ 1991, 612), die Übertragung der Verwaltung nach § 2209 und ihre verlängerte Dauer nach § 2210 S 2 sowie ihre zeitliche Begrenzung (KG OLG 40, 158; BayObLG FamRZ 1991, 984), die Übertragung einzelner Sonderaufgaben nach §§ 2222, 2223 (KGJ 43, 92; BayObLG FamRZ 1986, 613; Rpfleger 1990, 365), eine abweichende Regelung der Befugnisse mehrerer Testamentsvollstrecker nach § 2224, KGJ 31, 94. Nicht anzugeben sind Beschränkungen der Befugnisse des Testamentsvollstreckers, die nicht auf einer Anordnung des Erblassers beruhen, wie zB gesellschaftsrechtliche Grenzen (BGH WM 1996, 681). Die Namen der Erben sollten zur Vermeidung einer Verwechslung mit dem Erbschein besser fortgelassen werden. Die Berufsbezeichnung des Testamentsvollstreckers (zB Steuerberater) kann, muß aber nicht angegeben werden, LG Berlin Rpfleger 1976, 182. Ebenso wie beim Erbschein gilt auch hier der Grundsatz, daß ein vom Antrag abweichendes Testamentsvollstreckerzeugnis nicht erteilt werden darf. Wird es trotzdem erteilt, ist es einzuziehen, Zweibrücken OLGZ 89, 153, 155. Im Grundbuchverfahren kann die Verfügungsbefugnis des Testamentsvollstreckers allein durch das Zeugnis nachgewiesen werden. Sind darin Angaben über etwaige Beschränkungen des Testamentsvollstreckers nicht enthalten, so wird vermutet, daß ihm die gesetzlich bestimmten Befugnisse zustehen, BayObLG FamRZ 1991, 984, 985. Wird der Erblasser nach ausländischem Recht beerbt, so kann ein auf den inländischen Nachlaß beschränktes Testamentsvollstreckerzeugnis erteilt werden, BayObLG 86, 470, 476; BayObLG FamRZ 1990, 669, 671 mit Anm Roth IPRax 1991, 322.

4. Mit der Beendigung des Amts wird das Testamentsvollstreckerzeugnis ohne weiteres kraftlos (**Abs III Hs 2**; Köln Rpfleger 1986, 261; München NJW 1951, 74), das Nachlaßgericht hat es aus Gründen der Verkehrssicherheit (BayObLG 53, 357) von Amts wegen zu den Akten einzufordern (KG JFG 16, 299; NJW 1964, 1905; Köln Rpfleger 1986, 261) oder die Kraftlosigkeit ebenso bekannt zu machen wie die öffentliche Zustellung einer Ladung, § 2361 II S 2; Planck/Greiff Anm 9. Ergibt sich nachträglich, daß der Testamentsvollstrecker noch Aufgaben zu erfüllen hat, so ist ihm das zu den Akten genommene Zeugnis wieder auszuhändigen. Auch Berichtigungsvermerke auf dem Zeugnis sind zulässig, KGJ 28, 201. Dagegen braucht es nach § 2361 weder eingezogen noch für kraftlos erklärt zu werden, vgl BayObLG 53, 357. Vorlegung des Zeugnisses schützt daher den gutgläubigen Dritten nicht unbedingt, wenn die Testamentsvollstreckung erloschen ist. Hat der Erblasser aber die Amtsdauer des Testamentsvollstreckers beschränkt und ist dieses im Zeugnis nicht vermerkt, dann wird der gutgläubige Erwerber entsprechend §§ 2365–2367 geschützt, RG 83, 348, 352. Wird der Entlassungsbeschluß vom Beschwerdegericht aufgehoben, so ist das Testamentsvollstreckerzeugnis nicht kraftlos, BayObLG NJW 1959, 1920. Ergeben sich Zweifel an der Richtigkeit eines Testamentsvollstreckerzeugnisses, so ist das Zeugnis nicht ohne weiteres einzuziehen, vielmehr ist über die Einziehung erst nach abschließender Aufklärung zu entscheiden, BGH 40, 54; teilweise abweichend BayObLG NJW 1963, 158; KG NJW 1963, 766.

5. Einziehung des Testamentsvollstreckerzeugnisses. a) Das Testamentsvollstreckerzeugnis ist bei wenn auch nur teilweise inhaltlich unrichtigen Angaben (vgl Rz 3) einzuziehen, Abs III, § 2361; BayObLG FamRZ 1992, 1354; Köln FamRZ 1993, 1124; Zweibrücken FamRZ 2000, 323.

b) Zur Einziehung des Testamentsvollstreckerzeugnisses ist das **Nachlaßgericht zuständig**, und zwar der Richter, nicht der Rechtspfleger, § 16 Nr 6, 7 RpflG. Das gilt selbst dann, wenn ein Hof zum Nachlaß gehört, BGH 58, 105; Lange/Wulff/Lüdtke-Handjery § 18 HöfeO Rz 57; aA Soergel/Damrau Rz 6; Hamm NJW 1953, 1759.

c) Gegen die Einziehung kann nur der Testamentsvollstrecker, nicht aber der Erbe Beschwerde einlegen, § 19 FGG, BayObLG FamRZ 1995, 124.

2369 *Gegenständlich beschränkter Erbschein*

(1) Gehören zu einer Erbschaft, für die es an einem zur Erteilung des Erbscheins zuständigen deutschen Nachlassgericht fehlt, Gegenstände, die sich im Inland befinden, so kann die Erteilung eines Erbscheins für diese Gegenstände verlangt werden.

§ 2369

(2) **Ein Gegenstand, für den von einer deutschen Behörde ein zur Eintragung des Berechtigten bestimmtes Buch oder Register geführt wird, gilt als im Inland befindlich. Ein Anspruch gilt als im Inland befindlich, wenn für die Klage ein deutsches Gericht zuständig ist.**

1. Voraussetzung für die Erteilung eines Fremdrechtserbscheins. Der Erbschein bezieht sich grundsätzlich auf den gesamten Nachlaß. § 2369 I läßt hiervon eine Ausnahme zu. Befinden sich im Inland Gegenstände aus dem Nachlaß eines Ausländers, der nach **ausländischem Erbrecht** beerbt worden ist, so kann für den im Inland befindlichen Nachlaß ein gegenständlich beschränkter Erbschein (Fremdrechtserbschein) erteilt werden, um den inländischen Rechtsverkehr nicht zu behindern, Verfügungen über die im Inland befindlichen Nachlaßgegenstände zu erleichtern, Grundbuchberichtigungen leichter zu ermöglichen, Pal/Edenhofer Rz 1. Während die internationale Zuständigkeit der deutschen Nachlaßgerichte normalerweise davon abhängt, daß deutsches materielles Erbrecht anzuwenden ist (Gleichlauf von materiellem und Verfahrensrecht; **Gleichlaufprinzip**; Köln IPRax 1994, 376; Dörner IPRax 1994, 362), begründet § 2369 I ausnahmsweise für die Erteilung von Fremdrechtserbscheinen eine internationale Zuständigkeit der deutschen Nachlaßgerichte, Leipold Rz 475. Ohne die Regelung des § 2369 I würde es „an einem zur Erteilung des Erbscheins (international) zuständigen deutschen Nachlassgerichts" fehlen. Die sachliche und örtliche Zuständigkeit des Nachlaßgerichts bestimmt sich nach §§ 72, 73 FGG.

Die Erteilung eines Fremdrechtserbscheins iSv § 2369 I ist nur möglich, wenn es um einen ausländischen Erblasser handelt und sich die Erbfolge nach ausländischem Recht richtet. Welches Recht anwendbar ist, bestimmt sich idR nach Art 25 I EGBGB, Staatsangehörigkeitsprinzip. Ist nach einem Staatsvertrag oder aufgrund Rückverweisung (Art 4 I S 2 EGBGB) deutsches Erbrecht anzuwenden, so ist für die Erteilung eines Fremdrechtserbscheins kein Raum. Im Fall einer Rechtswahl nach Art 25 II EGBGB wird ebenfalls ein Erbschein nach deutschem Recht (Eigenrechtserbschein) erteilt, in dem auf seine beschränkte Geltung hinzuweisen ist, Leipold Rz 475; MüKo/Promberger Rz 4; BayObLG NJW 1960, 775.

2. Zum Inhalt des Fremdrechtserbscheins iSv § 2369 I gehört **nicht die Angabe der einzelnen Gegenstände**, die sich im Inland befinden, RGRK/Kregel Rz 3; aA Planck/Greiff Anm 6. Sonst kann die irrige Vorstellung entstehen, der Erbschein bezeuge die Zugehörigkeit von Nachlaßgegenständen zum Nachlaß oder die Verfügungsmacht des Erben über sie, während tatsächlich auch der gegenständlich beschränkte Erbschein lediglich das Erbrecht bezeugt. Dagegen hat er den Vermerk zu enthalten, daß er sich **auf alle Gegenstände erstreckt, die sich im Inland befinden**. Außerdem muß er das für die Erbfolge maßgebliche Recht bezeichnen, KG Rpfleger 1977, 307. Die Gebühren richten sich nach dem Wert des Inlandsvermögens, § 107 II S 3 KostO. Der Antragsteller muß darlegen, daß solche Nachlaßgegenstände zum Nachlaß gehören, sonst hat er kein Interesse am Erbschein, RGRK/Kregel Rz 3; MüKo/Promberger Rz 9; KG OLGZ 75, 293.

3. Inlandserbschein über einzelne Gegenstände. a) Nur ausnahmsweise kann ein Erbschein über einzelne im Inland befindliche Gegenstände erteilt werden. Zu nennen ist einmal das **Hoffolgezeugnis** nach § 18 II HöfeO und der von den Entschädigungsorganen nach § 181 II BEG **für den Entschädigungsanspruch geforderte Erbschein**, wenn er unter Zugrundelegung der Todesvermutung nach § 180 I BEG oder der Feststellung nach § 180 II BEG erteilt wird. Dieser vom Gesetz ausdrücklich zugelassene Erbschein ist in seiner Wirkung auf Entschädigungsansprüche beschränkt. Materiell-rechtlich handelt es sich hierbei um einen besonders ausgestalteten gegenständlich beschränkten Erbschein, Schoenebeck NJW 1955, 741; Staud/Schilken Rz 2; Pehe JR 1954, 57; aA Henrichs, NJW 1954, 1715 („persönlich beschränkter Erbschein für ein bestimmtes Verfahren"); ebenso RGRK/Kregel vor § 2353 Rz 23. Dieser Erbschein kann nur für Zwecke des Entschädigungsverfahrens verwendet werden. Eine entsprechende gesetzliche Regelung enthält der durch das Dritte Gesetz zur Änderung des Bundesrückerstattungsgesetzes vom 2. 10. 1964 (BGBl I 810) eingefügte § 7a II BRüG für die **Rückerstattungssachen**. Auch hier kann ein auf den Rückerstattungsanspruch beschränkter Erbschein erteilt werden, anders mit Recht BGH 1, 9, 15 für das BRüG in seiner ursprünglichen Fassung vom 19. 7. 1957 (BGBl I 734). Für **Lastenausgleichsansprüche** kann hingegen mangels einer besonderen gesetzlichen Regelung nur ein allgemeiner Erbschein nach § 2353 erteilt werden, BGH 65, 311, 318; Hamm NJW 1968, 1682; Rpfleger 1971, 219; Soergel/Damrau 2353 Rz 10; vgl Staud/Schilken § 2353 Rz 79. Wird dieser allgemeine Erbschein nur für Zwecke des Lastenausgleichs verwendet, so ist er gebührenfrei, § 317 II LAG. Wird er auch für andere Zwecke verwendet, so werden die Gebühren nacherhoben, § 107a KostO. Eine Auslagen- und Gebührenfreiheit sehen auch §§ 7a III BRüG, 181 III BEG für die zum „beschränkten Gebrauch" erteilten Erbscheine für das Rückerstattungs- und Entschädigungsverfahren vor. **b)** Im übrigen kennt das Gesetz über § 2369 hinaus **keine weiteren Arten** des gegenständlich beschränkten Erbscheins, BGH 1, 9, 15; BGH NJW 1976, 480, 482; Brox Rz 615.

4. Vor dem wirksamen Beitritt der ehemaligen DDR zur Bundesrepublik konnten in entsprechender Anwendung des § 73 III FGG bundesdeutsche Nachlaßgerichte **Erbscheine nach Erblassern** erteilen, **die in der früheren DDR** ihren letzten Wohnsitz hatten, wenn sich Vermögensgegenstände in der Bundesrepublik befanden. Vgl im übrigen die Ausführungen in der 9. Aufl.

5. Zur Anwendung des § 2369 auf Erbfälle mit englischem oder amerikanischem Erbstatut vgl Schwenn NJW 1952, 1113; 53, 1580; Marx NJW 1953, 529; mit schwedischem Erbstatut Johansson SchlHA 1960, 332; zum österreichischen Recht vgl Firsching DNotZ 1963, 329; Zweibrücken Rpfleger 1990, 121; BayObLG 95, 47; Lorenz IPRax 1990, 206; zum niederländischen Erbrecht Jansen RhNotK 1963, 254, 318; zum jugoslawischen Erbrecht BayObLG FamRZ 1987, 526; zum italienischen Recht Hecker RhNotK 1956, 9; zum französischen Recht BayObLG NJW-RR 1990, 1033; zum italienischen Recht und zu der Frage, welche Erklärungen, die nach ausländischem Recht erforderlich sind, auch vor dem nach § 2369 I zuständigen Nachlaßgericht abgegeben werden können, vgl BayObLG NJW 1967, 447; zu ausländischen Erbrechtszeugnissen im Grundbuchverfahren s Krzywon BWNotZ 1989, 133; ausführliche Schrifttumsnachweise bei Soergel/Zimmermann Rz 17.

2370 *Öffentlicher Glaube bei Todeserklärung*
(1) Hat eine Person, die für tot erklärt oder deren Todeszeit nach den Vorschriften des Verschollenheitsgesetzes festgestellt ist, den Zeitpunkt überlebt, der als Zeitpunkt ihres Todes gilt, oder ist sie vor diesem Zeitpunkt gestorben, so gilt derjenige, welcher auf Grund der Todeserklärung oder der Feststellung der Todeszeit Erbe sein würde, in Ansehung der in den §§ 2366, 2367 bezeichneten Rechtsgeschäfte zugunsten des Dritten auch ohne Erteilung eines Erbscheins als Erbe, es sei denn, dass der Dritte die Unrichtigkeit der Todeserklärung oder der Feststellung der Todeszeit kennt oder weiß, dass sie aufgehoben worden sind.
(2) Ist ein Erbschein erteilt worden, so stehen demjenigen, der für tot erklärt oder dessen Todeszeit nach den Vorschriften des Verschollenheitsgesetzes festgestellt ist, wenn er noch lebt, die in § 2362 bestimmten Rechte zu. Die gleichen Rechte hat eine Person, deren Tod ohne Todeserklärung oder Feststellung der Todeszeit mit Unrecht angenommen worden ist.

1. Der **Rechtsschein der Todeserklärung** (§ 9 VerschG) oder der Feststellung der Todeszeit eines Verstorbenen (§ 44 II VerschG) erzeugt Gutglaubensschutzwirkungen nach §§ 2366, 2367 zugunsten gutgläubiger Dritter, auch wenn kein Erbschein erteilt worden ist.
2. An die Stelle der Anfechtungsklage ist der Antrag auf Aufhebung des Todeserklärungs- oder Feststellungsbeschlusses getreten, §§ 30, 40 VerschG. Vgl im übrigen §§ 2031, 2252 IV, 2263a, 2300a.

Abschnitt 9
Erbschaftskauf

Vorbemerkung

Schrifttum: *Bartholomeyczik*, Erbeinsetzung, andere Zuwendungen und Erbscheine, 5. Denkschrift des Erbrechtsausschusses der Akademie für Deutsches Recht, 1942, S 208; *Brocker*, Der Begriff der Erbschaft in den §§ 2371ff BGB. Zugl ein Beitrag zur Haftung des Erwerbers einer Erbschaft nach den §§ 2382, 2383 BGB, Diss Münster 1987; *Habscheid*, Zur Heilung formnichtiger Erbteilskaufverträge, FamRZ 1968, 13; *Haegele*, Rechtsfragen zu Erbschaftskauf und Erbteilsübertragung, BWNotZ 1971, 129; 72, 1; *Hügel*, Die Formbedürftigkeit von Vollmachten bei Erbteilsübertragungen, ZEV 1995, 121; *Johannsen*, Die Rechtsprechung des BGH auf dem Gebiete des Erbrechts, Erbschaftskauf, WM 1972, 1053; *Jonas*, Können Schuldtitel auch gegen Erbschaftskäufer umgeschrieben werden, JW 1935, 2540; *Keller*, Die Heilung eines formnichtigen Erbteilskaufvertrages oder ähnliche Verträge iSv § 2385 Abs 1 BGB, ZEV 1995, 427; *Lange*, Die Eindämmung von Nichtigkeit und Anfechtbarkeit, AcP 144, 149; *Moll*, Können Schuldtitel auch gegen Erbschaftskäufer umgeschrieben werden, JW 1935, 2539; *Neusser*, Probleme des Erbteilskaufes, MittRhNotK 1979, 143; *Patschke*, Erbteilsübernahme durch Miterben, NJW 1955, 444; *Pringsheim*, Die Rechtsstellung des Erwerbers eines Erbteils, 1910; *Rink*, Der Erbteilskauf, Diss Erlangen 1963; *Schlüter*, Durchbrechung des Abstraktionsprinzips über § 139 BGB und Heilung eines formnichtigen Erbteilskaufs durch Erfüllung, JuS 1969, 10; *Wiedemann*, Abfindungs- und Wertfestsetzungsvereinbarungen unter zukünftigen Erben, NJW 1968, 769; *Zarnekow*, Der Erbschaftskauf, MittRhNotK 1969, 620.

1. **Begriff und Rechtsnatur. a)** Der Erbschaftskauf ist ein Vertrag, durch den der Erbe die ihm angefallene Erbschaft verkauft (§ 2371). Nicht jeder Kaufvertrag über die ganze Erbschaft ist jedoch ein Erbschaftskauf. Dieser ist vielmehr dadurch gekennzeichnet, daß die Erbschaft als Ganzes **in Bausch und Bogen** verkauft wird. Der Erbschaftskauf ist daher stets ein **einheitlicher Schuldvertrag**, auch wenn er sich als Kauf in Bausch und Bogen auf die gesamte Erbschaft als Inbegriff von Sachen bezieht. Gleichzeitig muß dem Käufer die Abwicklung des Nachlasses auferlegt werden. Der Erbschaftskauf ist nämlich wesentlich durch das Motiv des Verkäufers geprägt, sich selbst die Abwicklung des Nachlasses zu ersparen und diese dem Käufer aufzubürden.

b) Der **Begriff Erbschaft** hat in den §§ 2371–2385 keine einheitliche Bedeutung. Soweit die Beziehungen zwischen den Kaufvertragsparteien geregelt sind (zB in §§ 2371, 2374, 2376 II, 2381) ist Erbschaft als Inbegriff und nicht als Summe aller Nachlaßgegenstände zu verstehen (vgl die ähnliche Regelung in § 311b III). Von einem Kauf einer Erbschaft, die ua dem Formzwang des § 2371 unterliegt, kann in diesem Zusammenhang nicht die Rede sein, wenn ein einzelner oder einzelne Nachlaßgegenstände veräußert werden, mögen sie auch den Wert des Nachlasses im wesentlichen erschöpfen. Anders ist der Begriff Erbschaft iS der §§ 2382, 2383 zu verstehen. Dort handelt es sich um die Haftung des Erbschaftskäufers gegenüber den Nachlaßgläubigern. Der mit diesen Regelungen bezweckte Schutz der Nachlaßgläubiger vor einem Verlust der im Nachlaß verkörperten Haftungsgrundlage gebietet es, sie bereits dann anzuwenden, wenn ein einzelner oder einzelne Erbschaftsgegenstände verkauft wurden, die den Nachlaß im wesentlichen erschöpfen, und wenn der Erbschaftskäufer das weiß, BGH FamRZ 1965, 267; vgl die ähnliche Regelung in dem früheren § 419. Anderenfalls hätten es die Parteien in der Hand, durch Vertragsgestaltung und Vertragsformulierung darüber zu entscheiden, ob die Nachlaßgläubiger wegen ihrer Forderungen auf den Nachlaß zurückgreifen können oder nicht, ein Ergebnis, das mit der Wertung des § 2382 II nicht zu vereinbaren wäre.

c) Der Erbschaftskauf ist als **obligatorischer Vertrag** von dem seiner Erfüllung dienenden Leistungsvollzugsgeschäft zu unterscheiden. Er verpflichtet den Verkäufer zur Übertragung des verkauften Gegenstands und zwar den Erben zur Übertragung aller Nachlaßgegenstände, den Miterben zur Übertragung seines Anteils (§ 1922 II), den Nacherben oder Mitnacherben zur Übertragung des Nacherb- oder Mitnacherbrechts, RG 101, 186. Er **wirkt**

also **nicht unmittelbar rechtsändernd** auf die Rechtsträgerschaft des Verkäufers ein und gibt dem Käufer keine Erben- oder Gesamthänderstellung, München JFG 14, 65.

Für das Leistungsvollzugsgeschäft gilt vielmehr folgendes: Miterben können es nach § 2033, Mitnacherben und der Alleinnacherbe können in entsprechender Anwendung des § 2033 durch einheitliches Übertragungsgeschäft vollziehen. Der oder die Verkäufer einer ganzen Erbschaft und Miterben nach Teilung (RG 134, 296, 299) müssen dagegen die einzelnen Nachlaßgegenstände oder beim Verkauf eines Bruchteils der Erbschaft Bruchteilsrechte an Nachlaßgegenständen oder Nachlaßgegenstände im Gesamtwert des verkauften Bruchteils (RG 134, 296, 298) **nach den Vorschriften übertragen, die** jeweils **für die einzelnen mitverkauften Gegenstände gelten**, LG Landau NJW 1954, 1647. Grundstücke sind daher nach §§ 873, 925, bewegliche Sachen nach §§ 929ff, Forderungen nach § 398, übertragbare Gestaltungsrechte nach § 413, GmbH-Geschäftsanteile nach § 15 III GmbHG zu übertragen. Ein Alleinerbe kann seine Erbschaft nicht als Ganzes übertragen, BGH JZ 1967, 607. Ein **gutgläubiger Erwerb von einem Scheinerben** auf Grund eines Gesamtkaufs **ist** jedoch selbst dann **ausgeschlossen**, wenn für ihn ein Erbschein erteilt oder wenn er als Berechtigter fälschlich im Grundbuch eingetragen ist, § 2030.

3   d) Die §§ 2371ff **gelten entsprechend für andere Verpflichtungsgeschäfte**, die **auf Veräußerung** einer Erbschaft eines Erbteils, eines Nacherb- oder Mitnacherbrechts **gerichtet** sind, § 2385. Gibt der Erbe den dürftigen Nachlaß zur Befriedigung der Gläubiger heraus (§ 1990), so sind die §§ 2371, 2385 nicht anwendbar, er duldet nur die Zwangsvollstreckung.

4   2. **Rechtliche Ausgestaltung. a)** Auf ihn sind die §§ 433ff und die Vorschriften über gegenseitige Verträge (§§ 320ff) anwendbar. Daher kann ein Wiederkaufsrecht (§ 456) vereinbart (RG 101, 185, 192) und der Rücktritt erklärt werden, §§ 323, 326 V; RG WarnRsp 1933, 163.

b) Die besondere rechtliche Regelung des Erbschaftskaufs in §§ 2371ff ist **teils schuldrechtlich, teils erbrechtlich** bedingt. **aa)** Seine **schuldrechtliche Eigenart** liegt in der **Vereinbarung eines Gesamtpreises** für den ganzen Vermögensinbegriff ohne Bestimmung für Teilpreise für die einzelnen Gegenstände, so daß der Einfluß des Fehlens, von Fehlern und Mängeln einzelner Gegenstände auf den Gesamtpreis nur sehr schwer errechnet werden könnte. Hieraus folgt: (1) Die Erbschaft ist so verkauft, wie sie beim Vertragsschluß steht und liegt, also **ohne Gewährleistung für** bereits vorhandene **Sachmängel** (§ 434) und unter Beschränkung der Haftung auf **Rechtsmängel** (§ 435) erbrechtlicher Natur im Sinne des § 2376. (2) Die **Gefahr des zufälligen Untergangs** und **einer zufälligen Verschlechterung** geht anders als in § 446 auf den Käufer mit Vertragsschluß über, der auch für die Verteilung der Nutzungen und Lasten maßgebend ist, §§ 2379, 2380. (3) Der Verkäufer hat dem Käufer die **Erbschaftsgegenstände zu übertragen, die beim Kauf vorhanden sind**, § 2374. (4) **Veränderungen des Nachlasses nach Vertragsschluß** kommen dem Käufer zustatten, § 2373.

bb) Der Erbschaftskauf wird **erbrechtlich durch das Motiv des Verkäufers beeinflußt**, mit der Erbschaft nichts mehr zu tun haben, **sich die Erbschaftsabwicklung ersparen** und daher dem Käufer, wenn auch nicht erbrechtlich, so doch schuldrechtlich und wirtschaftlich die ganze eigene Rechtsstellung verschaffen zu wollen. Hieraus folgt, daß nicht der Vertragsschluß, sondern **schon der Zeitpunkt des Erbfalls** für die Fragen maßgebend ist, (1) ob dingliche Ersetzung eintritt, § 2374, (2) ob Wertersatz für verbrauchte, veräußerte, belastete Nachlaßgegenstände zu leisten ist, § 2375, (3) ob auch der Käufer als Nachlaßgläubiger das Recht hat, sich aus dem Nachlaß zu befriedigen, § 2377, (4) ob der Verkäufer Ersatz von Verwendungen beanspruchen kann, die er zur Erfüllung von Nachlaßverbindlichkeiten gemacht hat (§ 2378 II), die notwendig waren (§ 2381 I) oder den Wert der Erbschaft erhöht haben, § 2381 II.

5   3. **Schuldenhaftung.** Da der Erbschaftskauf die Übertragung des ganzen Nachlasses auf einen Fremden vorbereitet und die Nachlaßgläubiger dadurch besonders gefährdet, daß anstelle der Nachlaßgegenstände leicht verschiebbares Geld tritt, haftet der Käufer vom Abschluß des Kaufs den Nachlaßgläubigern neben dem Verkäufer in gleicher Weise wie dieser für Nachlaßverbindlichkeiten (§ 2382); es tritt eine gesetzliche kumulative Schuldhaftung wie in ähnlichen Fällen, etwa dem des § 25 HGB ein.

6   Das ZGB der ehemaligen DDR kannte keine mit den §§ 2371ff vergleichbaren Bestimmungen.

2371 Form

Ein Vertrag, durch den der Erbe die ihm angefallene Erbschaft verkauft, bedarf der notariellen Beurkundung.

1   1. **Vorbemerkung.** Nach § 56 I BeurkG wurden mit Wirkung vom 1. 1. 1970 (§ 71 BeurkG) vor „notariellen Beurkundung" die Worte „gerichtlichen oder" gestrichen. Die Beurkundung eines Erbschaftskaufs ist daher nur noch in notarieller Form zulässig.

2   2. Die **Form** soll den Erben davor **warnen**, sich in Freude über den unentgeltlichen Vermögenszuwachs namentlich von gewerbsmäßigen Nachlaßaufkäufern übervorteilen zu lassen, Prot II S 114. Die Beurkundung erleichtert ferner dem Käufer den Nachweis seiner Rechtsstellung gegenüber Dritten und stellt den Zeitpunkt des Vertragsschlusses für Nachlaßgläubiger eindeutig klar, § 2382. Formbedürftig ist auch der Vertrag, durch den ein Miterben seinen Miterbenanteil verkauft (§ 1922 II, 2371) und durch den sich ein Erbteilskäufer, dem Erbteile übertragen sind, zu ihrer Rückübertragung verpflichtet, Schleswig SchlHA 1957, 181.

3   3. Die **Form** (§§ 125, 128, 152) **erstreckt sich** auf alle Abreden und auch Nebenabreden, ohne welche die Vertragsteile den Vertrag nicht geschlossen hätten, § 139. Das gilt auch für Änderungen, mögen sie die Verpflichtung des Verkäufers erschweren oder erleichtern. Dem Einwand der Formnichtigkeit kann uU mit der Gegeneinwendung unzulässiger Rechtsausübung begegnet werden, § 242; RG WarnRsp 1925, 162; RG 170, 203. Auch der Vertrag, durch den sich ein Miterbe verpflichtet, seinen Erbteil oder einen Bruchteil seines Erbteils zur Erbauseinan-

dersetzung auf einen anderen Miterben zu übertragen, bedarf der Form, § 2385 I. **Formlos** ist dagegen der verpflichtende **Erbauseinandersetzungsvertrag**, wenn weder der Bestand noch der Umfang des Erbrechts der Vertragsteile streitig ist und nur bestimmt wird, wie sich die Auseinandersetzung im einzelnen vollziehen soll, Staud/Olshausen Einl § 2371 Rz 78; RGRK/Kregel Rz 7. Celle (NJW 1951, 198) erstreckt die Formlosigkeit im Gegensatz zur Anmerkung von Rötelmann zu Unrecht auch auf das Vollzugsgeschäft der Erbteilsübertragung, die auch hier formbedürftig bleibt.

Der Verkauf des Erbteils ist auch formbedürftig, wenn er in gleicher Urkunde übertragen wird, § 2033 I; RG 137, 171. Ist der Vertrag nur als Kauf bezeichnet, so ist es eine Auslegungsfrage, ob darin gleichzeitig die Übertragung des Anteils liegt, RG WarnRsp 1915, 264. Gleiches gilt im umgekehrten Fall.

4. Formheilung. a) Beim **Verkauf** der **ganzen Erbschaft** ist eine entsprechende Anwendung des § 311b I S 2 4
nicht möglich, weil der Zeitpunkt der Heilung, nämlich die Übertragung des letzten Nachlaßgegenstands, nicht einwandfrei zu ermitteln ist, Staud/Olshausen Rz 23; aA Lange, AcP 144, 161; jedoch ist im Einzelfall zu prüfen, ob die formnichtige Gesamtverpflichtung nicht in eine formlos gültige Einzelverpflichtung über sämtliche Nachlaßgegenstände, besonders in eine Erbauseinandersetzung umgedeutet werden kann, § 140; vgl für Erbteilsverkauf RG 129, 122; für § 311 RG 76, 3.

b) Ist der **Verkauf eines Erbteils oder Nacherbrechts** formnichtig, etwa weil der Kaufpreis unrichtig oder 5
Nebenabreden unvollständig beurkundet sind, so soll die gültige formlose Vereinbarung nach st Rspr durch formgültige Übertragung (§ 2033 I) ebenfalls nicht geheilt werden können, RG 129, 122; 137, 171, 175; HRR 1934, 1035; Schleswig SchlHA 1954, 54; BGH NJW 1967, 1128; DNotZ 1971, 37; MüKo/Musielak Rz 7. Aber hier entfallen die Bedenken zu Rz 4, weil der Zeitpunkt der Formheilung durch die Beurkundung der Rechtsübertragung bestimmt wird. Außerdem würde man ihr Vorkaufsrecht und die Haftung des Käufers (§ 2382) bringen, weil beide einen gültigen Verpflichtungsvertrag voraussetzen, RG 60, 126, 131. Damit wären wesentliche Vorschriften zugunsten der anderen Miterben und der Nachlaßgläubiger umgangen. Anders als beim formnichtigen Erbschaftskauf ist daher mit der herrschenden Lehre beim Erbteilskauf eine Formheilung in entsprechender Anwendung des § 311b I S 2 möglich, ebenso Strohal Bd 2, § 97 II; Lange, AcP 144, 161; Bartholomeyczik, Die Kunst der Gesetzesauslegung, S 120ff; Habscheid, FamRZ 1968, 13; Schlüter, JuS 1969, 10; Keller, ZEV 1995, 427. Es sprechen Entstehungsgeschichte, der rechtspolitische Zweck des § 2371 und die erbrechtliche Gesamtregelung für die Formheilung, so daß § 2371 insoweit eine Gesetzeslücke enthält, die durch den Rechtsgedanken des § 311b I S 2 auszufüllen ist, ebenso Staud/Olshausen Rz 24ff.

c) Eine **Konversion** wegen Formnichtigkeit des Erbschaftskaufs in eine Erbauseinandersetzung oder eine 6
Abtretung der Auseinandersetzungsansprüche erwägen RG 129, 122; 137, 171, 176; vgl aber RG 60, 126, 131.

2372 *Dem Käufer zustehende Vorteile*
Die Vorteile, welche sich aus dem Wegfall eines Vermächtnisses oder einer Auflage oder aus der Ausgleichungspflicht eines Miterben ergeben, gebühren dem Käufer.

Abweichende Vereinbarungen sind auch schlüssig **möglich**, können sich vor allem schon aus der Höhe des 1
Kaufpreises und der Wahrscheinlichkeit des Fortfalls ergeben, die die Vertragsteile beim Abschluß zugrunde gelegt haben. Sind Auflagen und Vermächtnisse schon vor Vertragsschluß fortgefallen, so kann der Verkäufer unter den Voraussetzungen des § 119 II anfechten. Zur Ausgleichungspflicht vgl §§ 2050ff, 2376.

2373 *Dem Verkäufer verbleibende Teile*
Ein Erbteil, der dem Verkäufer nach dem Abschluss des Kaufs durch Nacherbfolge oder infolge des Wegfalls eines Miterben anfällt, sowie ein dem Verkäufer zugewendetes Vorausvermächtnis ist im Zweifel nicht als mitverkauft anzusehen. Das Gleiche gilt von Familienpapieren und Familienbildern.

1. Es handelt sich um eine **Auslegungsregel**, die davon ausgeht, daß sich der Kauf nur auf eine bestimmte Erb- 1
schaft oder bestimmte Erbteile und nicht auf alles bezieht, was der Verkäufer erbrechtlich erhält, vgl §§ 1935, 2094–2096, 2139, 2158, 2159. Ist ein weiterer Erbteil schon vor Kaufabschluß angefallen, so entscheidet freie Auslegung.

2. Ein gesetzliches Vorausvermächtnis ist auch der **Voraus**, § 1932. 2

3. Die **Familienbilder** können auch einen erheblichen Vermögenswert haben. Man kann jedoch aus ihrem Wert 3
und der Höhe des Kaufpreises eine schlüssige abweichende Vereinbarung folgern.

2374 *Herausgabepflicht*
Der Verkäufer ist verpflichtet, dem Käufer die zur Zeit des Verkaufs vorhandenen Erbschaftsgegenstände mit Einschluss dessen herauszugeben, was er vor dem Verkauf auf Grund eines zur Erbschaft gehörenden Rechts oder als Ersatz für die Zerstörung, Beschädigung oder Entziehung eines Erbschaftsgegenstandes oder durch ein Rechtsgeschäft erlangt hat, das sich auf die Erbschaft bezog.

1. Die **Verschaffungspflicht** bezieht sich nicht auf die Erbschaft als Ganzes wie die Herausgabepflicht nach 1
§ 2018, sondern auf die **einzelnen Gegenstände** zZt des Verkaufs und schließt die Pflicht aus § 260 ein. Die Verschaffungspflicht verwandelt sich unter den Voraussetzungen des § 2375 in eine Pflicht zum Wertersatz.

2. Die **dingliche Ersetzung** hat hier denselben Umfang wie in § 2041. 2

3. Sind bestimmte Ersatzstücke nicht vorhanden, so ist **Wertersatz** unter den Voraussetzungen des § 2375 I zu 3
leisten.

W. Schlüter

2375 *Ersatzpflicht*

(1) Hat der Verkäufer vor dem Verkauf einen Erbschaftsgegenstand verbraucht, unentgeltlich veräußert oder unentgeltlich belastet, so ist er verpflichtet, dem Käufer den Wert des verbrauchten oder veräußerten Gegenstands, im Falle der Belastung die Wertminderung zu ersetzen. Die Ersatzpflicht tritt nicht ein, wenn der Käufer den Verbrauch oder die unentgeltliche Verfügung bei dem Abschluss des Kaufs kennt.

(2) Im Übrigen kann der Käufer wegen Verschlechterung, Untergangs oder einer aus einem anderen Grunde eingetretenen Unmöglichkeit der Herausgabe eines Erbschaftsgegenstands nicht Ersatz verlangen.

1. Maßgebend ist der **Wert** des Erbschaftsgegenstands **im Augenblick des Verbrauchs** usw.

2. **Unentgeltliche** Veräußerungen und Belastungen sind nicht nur bei Schenkungen gegeben, sondern auch dann, wenn ein dafür empfangener Gegenwert nicht Surrogat des Nachlasses wird, RGRK/Kregel Rz 3.

3. Vom Vertragsschluß ab haftet der Verkäufer nach allgemeinen Vorschriften.

2376 *Haftung des Verkäufers*

(1) Die Verpflichtung des Verkäufers zur Gewährleistung wegen eines Mangels im Recht beschränkt sich auf die Haftung dafür, dass ihm das Erbrecht zusteht, dass es nicht durch das Recht eines Nacherben oder durch die Ernennung eines Testamentsvollstreckers beschränkt ist, dass nicht Vermächtnisse, Auflagen, Pflichtteilslasten, Ausgleichungspflichten oder Teilungsanordnungen bestehen und dass nicht unbeschränkte Haftung gegenüber den Nachlassgläubigern oder einzelnen von ihnen eingetreten ist.

(2) Sachmängel einer zur Erbschaft gehörenden Sache hat der Verkäufer nicht zu vertreten.

1. Die **Gewährleistungshaftung** des Erbschafts- bzw Erbteilverkäufers (§ 1922 II) ist gegenüber den allgemeinen für den Verkäufer geltenden Gewährleistungsregeln (§ 433 I S 2) **eingeschränkt**.

2. Für **Sachmängel** (§ 434) haftet er nach **Abs II** gar nicht. Durch das SchuldModG ist der Begriff Fehler durch den Begriff Sachmangel ersetzt worden. Etwas anderes gilt nur dann, wenn der Verkäufer den Mangel arglistig verschwiegen oder eine Garantie für die Beschaffenheit der Erbschaft übernommen hat (vgl § 444), Staud/Olshausen Rz 3; Pal/Edenhofer Rz 1; Lange/Kuchinke § 45 IV 1a.

3. Für **Rechtsmängel** (§ 435) haftet der Erbschafts- oder Erbteilskäufer nach **Abs I** nur insoweit, wie sie erbrechtlicher Natur sind. Die dortige Aufzählung ist aber zu ergänzen um den Zugewinnausgleichsanspruch in den Fällen des § 1371 II und III sowie um den Erbersatzanspruch (§ 1934a aF), soweit er nach den Übergangsregeln noch bestehen kann (dazu § 1934a Rz 1–9).

2377 *Wiederaufleben erloschener Rechtsverhältnisse*

Die infolge des Erbfalls durch Vereinigung von Recht und Verbindlichkeit oder von Recht und Belastung erloschenen Rechtsverhältnisse gelten im Verhältniss zwischen dem Käufer und dem Verkäufer als nicht erloschen. Erforderlichenfalls ist ein solches Rechtsverhältnis wiederherzustellen.

1. Nur im Verhältnis zwischen Verkäufer und Käufer gelten die durch Konfusion und Konsolidation erloschenen Rechte, Pflichten und Belastungen als weiterbestehend. Das gilt auch für erloschene Nebenrechte wie Bürgschaft, Pfand, Hypothek.

2. Erlischt ein Anspruch des Erben gegen den Erblasser mit dem Anfall, so tilgt der Erbe praktisch eine Nachlaßverbindlichkeit aus dem Eigenvermögen. Der Verkäufer kann vom Käufer nach § 2378 II Ersatz verlangen.

2378 *Nachlassverbindlichkeiten*

(1) Der Käufer ist dem Verkäufer gegenüber verpflichtet, die Nachlassverbindlichkeiten zu erfüllen, soweit nicht der Verkäufer nach § 2376 dafür haftet, dass sie nicht bestehen.

(2) Hat der Verkäufer vor dem Verkauf eine Nachlassverbindlichkeit erfüllt, so kann er von dem Käufer Ersatz verlangen.

1. Verkäufer und Käufer können diese **nur** ihr **Innenverhältnis** betreffende Regelung vertraglich abändern, nicht aber ihre Haftung gegenüber Nachlaßgläubigern ausschließen oder beschränken, siehe § 2382 II.

2. Der Verkäufer kann seine Leistung an den Käufer nicht davon abhängig machen (§ 320 I S 1), daß der Käufer ihn von der Haftung für die Nachlaßverbindlichkeiten befreit, auch wenn es sich um Wiederverkauf der Erbschaft vom Erbschaftskäufer an Erben handelt, RG 101, 185.

3. Vermächtnisse, Auflagen, Pflichtteilslasten treffen im Innenverhältnis den Verkäufer (§ 2376), bei ihrer Kenntnis den Käufer, § 442 I; RG HRR 1930, 2021. Ausgleichungspflichten sind keine Nachlaßverbindlichkeiten.

4. Der Verkäufer erfüllt im Sinne des Abs II auch durch Leistung an Zahlungs Statt (§ 364), durch Aufrechnung mit einer Forderung des Eigenvermögens (§ 389) und Hinterlegung, § 378. Gleichzustellen ist der Fall, in dem der Nachlaßgläubiger eine Forderung des Eigenvermögens des Erben durch Aufrechnung vernichtet. Keine Ersatzpflicht tritt ein, wenn der Verkäufer für die Verbindlichkeit einzustehen hat.

2379 *Nutzungen und Lasten vor Verkauf*

Dem Verkäufer verbleiben die auf die Zeit vor dem Verkauf fallenden Nutzungen. Er trägt für diese Zeit die Lasten, mit Einschluss der Zinsen der Nachlassverbindlichkeiten. Den Käufer treffen jedoch die von der Erbschaft zu entrichtenden Abgaben sowie die außerordentlichen Lasten, welche als auf den Stammwert der Erbschaftsgegenstände gelegt anzusehen sind.

1. Diese Bestimmung gilt nur beim Erbschafts-, **nicht beim Erbteilkauf**, § 2038 II. 1
2. Zu den Lasten gehören auch **Zinsen für Nachlaßschulden**. 2
3. **Erbschaftsteuern** und außerordentliche Lasten, die auf dem Stammwert des Nachlasses ruhen, treffen mangels anderer förmlicher Abreden den Käufer. 3

2380 *Gefahrübergang, Nutzungen und Lasten nach Verkauf*
Der Käufer trägt von dem Abschluss des Kaufs an die Gefahr des zufälligen Untergangs und einer zufälligen Verschlechterung der Erbschaftsgegenstände. Von diesem Zeitpunkt an gebühren ihm die Nutzungen und trägt er die Lasten.

§ 2380 weicht von § 446 nur hinsichtlich des Zeitpunkts ab. 1

2381 *Ersatz von Verwendungen und Aufwendungen*
(1) Der Käufer hat dem Verkäufer die notwendigen Verwendungen zu ersetzen, die der Verkäufer vor dem Verkauf auf die Erbschaft gemacht hat.
(2) Für andere vor dem Verkauf gemachte Aufwendungen hat der Käufer insoweit Ersatz zu leisten, als durch sie der Wert der Erbschaft zur Zeit des Verkaufs erhöht ist.

1. Zu ersetzen sind alle **Verwendungen**, die den Wert des **Nachlasses erhöht** oder seine **Minderung verhindert** haben, vgl §§ 670 und 994, 996, 2020. 1
2. Verwendungen nach dem Verkauf und nach der Übergabe sind dem Verkäufer nach den Grundsätzen der Geschäftsführung ohne Auftrag zu ersetzen, Staud/Olshausen Rz 4 aE. 2

2382 *Haftung des Käufers gegenüber Nachlassgläubigern*
(1) Der Käufer haftet von dem Abschluss des Kaufs an den Nachlassgläubigern, unbeschadet der Fortdauer der Haftung des Verkäufers. Dies gilt auch von den Verbindlichkeiten, zu deren Erfüllung der Käufer dem Verkäufer gegenüber nach den §§ 2378, 2379 nicht verpflichtet ist.
(2) Die Haftung des Käufers den Gläubigern gegenüber kann nicht durch Vereinbarung zwischen dem Käufer und dem Verkäufer ausgeschlossen oder beschränkt werden.

1. § 2382 begründet ebenso wie § 25 HGB eine **gesetzliche kumulative Schuldhaftung**. Der Käufer haftet, sofern keine befreiende Schuldübernahme vereinbart ist (§§ 414ff), neben dem Verkäufer den Nachlaßgläubigern **für alle Nachlaßverbindlichkeiten**, (§ 1967) und auch für Nachlaßeigenverbindlichkeiten des Erben, RG 112, 129; Staud/Olshausen Rz 6. Er **haftet nicht** nur für Schulden, die vom Erblasser herrühren, sondern auch für solche aus der ordnungsmäßigen Verwaltung des Nachlasses, BGH 38, 187, 193; 32, 60, 64, 66. Hierzu können Ansprüche eines anderen Miterben gegen die Erbengemeinschaft aus einem Erbauseinandersetzungsvertrag gehören, den die Miterben vor dem Erbteilkauf geschlossen haben. Der BGH (BGH 38, 193) will auf derartige Ansprüche § 2382 I S 1 mindestens entsprechend anwenden. Ob Verpflichtungen aus einem schuldrechtlichen Erbauseinandersetzungsvertrag sind, ist dort unentschieden geblieben. Der Käufer haftet den Nachlaßgläubigern aber auch für Vermächtnisse, Auflagen, Pflichtteilslasten und Zinsen der Nachlaßschulden (KGJ 52, 60), obwohl er im Verhältnis zum Verkäufer für diese Verbindlichkeiten nicht einzustehen hat, §§ 2378, 2376, 2379. Ist der Erbe mit Vermächtnissen oder Auflagen beschwert, die mit dem Nacherbfall fällig werden sollen, so beginnt die Haftung des Erben im Zweifel nicht schon, wenn dieser das Nacherbrecht durch Rechtsgeschäft erwirbt und so Vollerbe wird, LG Heilbronn NJW 1956, 513. Die Haftung des Erbteilskäufers ist nach § 2383 ebenso wie die Haftung des Erben beschränkt.
Zum Schutz der Nachlaßgläubiger tritt die Haftung auch ein, wenn der einzige Nachlaßgegenstand oder alle Nachlaßgegenstände einzeln verkauft werden (s vor § 2371 Rz 2). Allerdings muß der Erbschaftskäufer wissen, daß es sich um die ganze oder doch nahezu ganze Erbschaft handelt. Es genügt, daß er die Verhältnisse kennt, aus denen sich das ergibt, BGH FamRZ 1965, 267; Staud/Olshausen Rz 5; RGRK/Kregel Rz 1; Brocker S 42ff. Diese subjektive Theorie wird von der herrschenden Meinung auch zu den früheren § 419 (BGH 55, 107; § 419 Rz 11) und zu § 1365 vertreten, BGH 64, 246; Schlüter, FamR, 10. Aufl 2003, Rz 109. Nur unter diesen Voraussetzungen ist es möglich, die Veräußerung eines Nachlaßgegenstands, der den ganzen oder fast ganzen Nachlaß darstellt, als Erbschaftskauf mit der Haftungsfolge des § 2382 anzusehen, BGH FamRZ 1965, 267. Die Haftung tritt jedoch nicht ein, wenn die Erbschaft von einem Nachlaßverwalter, Nachlaßinsolvenzverwalter, von einem Sachwalter oder Treuhänder erworben wird, dazu eingehend Brocker S 51ff. Andererseits wird die Haftung begründet, wenn die Erbschaft von einem Testamentsvollstrecker erworben wird, weil hier nicht gewährleistet ist, daß der Nachlaß zunächst für die Befriedigung des Gläubigers verwendet wird, Brocker S 139ff. 1
2. Beim **Erbteilkauf** tritt der Käufer in die Gesamthaftung der Miterben nach §§ 2058–2063 ein, RG 60, 126, 131. Üben die übrigen Miterben ihr Vorkaufsrecht aus, so erlischt die Käuferhaftung nach § 2036 (Siber, Haftung für Nachlaßschulden, 1937, S 133ff), sofern er den Nachlaßgläubigern nicht nach §§ 1978, 1980 verantwortlich ist, Staud/Olshausen Rz 10. 2
3. **Abweichende Vereinbarungen** zwischen Verkäufer und Käufer, durch welche die Haftung gegenüber den Nachlaßgläubigern ausgeschlossen oder beschränkt werden soll, sind unwirksam. Zulässig sind dagegen Vereinbarungen zwischen Verkäufer oder Käufer einerseits und Nachlaßgläubigern andererseits. 3

§ 2383 Erbrecht Erbschaftskauf

2383 Umfang der Haftung des Käufers

(1) Für die Haftung des Käufers gelten die Vorschriften über die Beschränkung der Haftung des Erben. Er haftet unbeschränkt, soweit der Verkäufer zur Zeit des Verkaufs unbeschränkt haftet. Beschränkt sich die Haftung des Käufers auf die Erbschaft, so gelten seine Ansprüche aus dem Kauf als zur Erbschaft gehörend.

(2) Die Errichtung des Inventars durch den Verkäufer oder den Käufer kommt auch dem anderen Teil zustatten, es sei denn, dass dieser unbeschränkt haftet.

1   1. Hat der Verkäufer bei Vertragsschluß bereits das Recht zur **Haftungsbeschränkung** verloren, so hat es auch der Käufer nicht, selbst wenn er vom Rechtsverlust nichts wußte. Hiervon abgesehen können Verkäufer und Käufer jeder für sich und abgesehen von der Ausnahme des Abs II ohne Wirkung für und gegen den anderen die Haftungsbeschränkung geltend machen. Jeder kann das **Aufgebot** der Nachlaßgläubiger beantragen, § 1973; § 1000 ZPO. Das **Nachlaßinsolvenzverfahren** kann der Käufer wie ein Erbe, der Verkäufer wie ein Nachlaßgläubiger beantragen, wenn es sich um eine Nachlaßverbindlichkeit handelt, die er im Innenverhältnis zu berichtigen hat (§§ 2376, 2378), wegen der noch keine Nachlaßverwaltung angeordnet ist und für die er noch nicht endgültig unbeschränkt haftet, § 330 I, II InsO. Das gilt auch im Fall des Weiterverkaufs der Erbschaft, § 330 III InsO. Ein entsprechendes Antragsrecht besteht für die Nachlaßverwaltung, RGRK/Kregel Rz 6. Die **Einreden der beschränkten Erbenhaftung** (§§ 1990–1992) können beide geltend machen. Der Verkäufer braucht nur die bei ihm vorhandenen Nachlaßgegenstände, nicht auch den Kaufpreis herauszugeben, während der Käufer nicht den Kaufpreis abziehen kann, es sei denn, daß er nur in Höhe seiner Bereicherung schuldet, §§ 2373, 1989. Auf die **aufschiebenden Einreden** (§§ 2014, 2015; § 782 ZPO) können sich beide berufen.

2   2. Da der Käufer im Nachlaßinsolvenzverfahren Schuldner ist, gehören zur Masse nicht nur die Nachlaßgegenstände, die bereits in sein Vermögen übertragen sind, sondern auch seine Ansprüche aus dem Kaufvertrag gegen den Verkäufer, wenn der Käufer beschränkt haftet, **Abs I S 3**. Die noch im Vermögen des Verkäufers stehenden Nachlaßgegenstände kann der Käufer aussondern, Planck/Greiff Anm 2d.

2384 Anzeigepflicht des Verkäufers gegenüber Nachlassgläubigern, Einsichtsrecht

(1) Der Verkäufer ist den Nachlassgläubigern gegenüber verpflichtet, den Verkauf der Erbschaft und den Namen des Käufers unverzüglich dem Nachlassgericht anzuzeigen. Die Anzeige des Verkäufers wird durch die Anzeige des Käufers ersetzt.

(2) Das Nachlassgericht hat die Einsicht der Anzeige jedem zu gestatten, der ein rechtliches Interesse glaubhaft macht.

1   1. Nur der Verkäufer, nicht der Käufer, ist gegenüber den Nachlaßgläubigern zur Anzeige an das Nachlaßgericht verpflichtet. Diese sollen hierdurch auf die veränderte Schuldenhaftung hingewiesen werden, und zwar auch bei Ausübung des Vorkaufsrechts durch Miterben.

2   2. Die **Gebühr** bestimmt sich nach §§ 112 I Nr 7, 115 KostO.

2385 Anwendung auf ähnliche Verträge

(1) Die Vorschriften über den Erbschaftskauf finden entsprechende Anwendung auf den Kauf einer von dem Verkäufer durch Vertrag erworbenen Erbschaft sowie auf andere Verträge, die auf die Veräußerung einer dem Veräußerer angefallenen oder anderweit von ihm erworbenen Erbschaft gerichtet sind.

(2) Im Falle einer Schenkung ist der Schenker nicht verpflichtet, für die vor der Schenkung verbrauchten oder unentgeltlich veräußerten Erbschaftsgegenstände oder für eine vor der Schenkung unentgeltlich vorgenommene Belastung dieser Gegenstände Ersatz zu leisten. Die in § 2376 bestimmte Verpflichtung zur Gewährleistung wegen eines Mangels im Recht trifft den Schenker nicht; hat der Schenker den Mangel arglistig verschwiegen, so ist er verpflichtet, dem Beschenkten den daraus entstehenden Schaden zu ersetzen.

1   1. Die §§ 2371ff gelten entsprechend bei Weiterverkäufen durch den Käufer und Rückkäufen einer Erbschaft, eines Erbteils, eines Nacherben- oder Mitnacherbenrechts durch den Verkäufer (RG 101, 185), ferner bei anderen auf Veräußerung gerichteten Verträgen. Sie **gelten** jedoch **nicht** bei auf Sicherung gerichteten Verträgen, beim Tausch, bei Vergleichen (RG JW 1910, 998), bei Verträgen auf Hingabe einer Leistung an Zahlungs Statt (§ 364), auf Bestellung eines Nießbrauchs, auf Anerkennung nichtiger Testamente (RG 72, 209), auf Festlegung, wie ein Testament auszulegen ist, BGH NJW 1986, 1812, bei Schenkungen und bei vertraglicher Aufhebung von Erbschaftskäufen. Die §§ 2371ff sind auch nicht entsprechend auf einen auf Rückabwicklung eines Erbschaftskaufs gerichteten Vertrag anzuwenden, Lange/Kuchinke § 45 II 1; Zarnekow MittRhNotK 1969, 625; aA Schleswig SchlHA 1957, 181; Staud/Olshausen § 2371 Rz 10f.

2   2. Die besonderen Vorschriften über die **Erbschaftsschenkung** gleichen den auf Veräußerung gerichteten Vertrag den allgemeinen Grundsätzen des Schenkungsrechts an. Zu beurkunden ist anders als in § 518 I der ganze Vertrag, § 2371. Fordert der Schenker die Schenkung nach §§ 812, 531, 527, 528 zurück, so muß er den Beschenkten Zug um Zug von der Haftung für die Nachlaßverbindlichkeiten aus § 2382 befreien.

Gesetz über das Wohnungseigentum und das Dauerwohnrecht (Wohnungseigentumsgesetz)

vom 15. März 1953 (BGBl. I S. 175, 209),
zuletzt geändert durch das Gesetz Änderung des Rechts der Vertretung durch Rechtsanwälte
vor den Oberlandesgerichten (OLG-Vertretungsänderungsgesetz – OLGVertrÄndG)
vom 23. Juli 2002 (BGBl. I S. 2850)

Vorbemerkung

Schrifttum: **1. Kommentare zum WEG:** AK-BGB/*Finger* 1983; *Bärmann/Pick*, WEG, 15. Aufl 2001; *Bärmann/Pick/Merle*, WEG, 9. Aufl 2003; *Kahlen*, WEG, 2000; MüKo/*Röll*, 3. Aufl 1997; *Niedenführ/Schulze*, WEG, 6. Aufl 2002; *Palandt/Bassenge*, 61. Aufl 2002; RGRK/*Augustin*, 12. Aufl 1996; *Sauren*, WEG, 4. Aufl 2002; *Soergel/Stürner*, 12. Aufl 1989; *Staud/Bub/Kreuzer/Rapp*, 13. Aufl 1997; *Weitnauer*, WEG, 8. Aufl 1995.
2. Monografien und Handbücher: *Armbrüster*, Grundfälle zum Wohnungseigentumsrecht, JuS 2002, 141, 245, 368, 450, 564; *Bärmann*, Wohnungseigentum (Kurzlehrbuch) 1991; *Bärmann/Seuß*, Praxis des Wohnungseigentums, 4. Aufl 1997; *Bassenge*, Wohnungseigentum, 5. Aufl 1999; *Becker/Kümmel/Ott*, Wohnungseigentum, 2003; *Belz*, Handbuch des Wohnungseigentums, 2. Aufl 1996; *Bielefeld*, Der Wohnungseigentümer, 4. Aufl 1990; *Briesemeister/Drasdo*, Beschlußkompetenz der Wohnungseigentümer, 2001; *Bub*, Wohnungseigentum von A–Z, 6. Aufl 1991; *Bub*, Das Finanz- und Rechnungswesen der Wohnungseigentümergemeinschaft, 2. Aufl 1996; *Deckert/Stein*, Die Eigentumswohnung (Loseblattsammlung), 1988; *Drabek*, Das Wohnungseigentum, 2002; *Hügel/Scheel*, Rechtshandbuch Wohnungseigentum, 2003; *Jennissen*, Die Verwalterabrechnung nach dem WEG, 4. Aufl 1999; *Klaßen/Eiermann*, Das Mandat in WEG-Sachen, 2. Aufl 2002; *Köhler/Bassenge*, (Hrsg), Anwaltshandbuch Wohnungseigentumsrecht, 2004; *Müller*, Praktische Fragen des Wohnungseigentums, NJW-Schriftenr 43, 3. Aufl 1999 m Nachtr 2001; *Munzig*, Die Gemeinschaftsordnung im Wohnungseigentum, 1999; *Rapp* in Beck'sches Notarhandbuch, 3. Aufl 2000, A III Rz 1ff; *Riecke*, Die erfolgreiche Eigentümerversammlung, 1998; *Röll/Sauren*, Handbuch für Wohnungseigentümer und Verwalter, 8. Aufl 2002; *Sauren*, Verwaltervertrag und Verwaltervollmacht im Wohnungseigentum, 3. Aufl 2000; *Seuß*, Die Eigentumswohnung, 11. Aufl 2000; *Wangemann/Drasdo*, Die Wohnungseigentümerversammlung nach WEG, 2. Aufl 2001.

I. Entstehung und Reformbedarf. Das WEG konnte, als es am 20. 3. 1951 in Kraft trat (§ 64), an das frühere **1** Stockwerkseigentum anknüpfen. Ziel war es, auch einkommensschwächeren Bevölkerungskreisen die Möglichkeit zu eröffnen, Immobilieneigentum zu erwerben (vgl Weitnauer in PiG 19, 53, 61f u Merle vhw FW 2001, 15ff). Gleichzeitig sollten die **Unzulänglichkeiten des Stockwerkseigentums** alten Stils vermieden werden. Das Vereinbarungserfordernis unter Zustimmung aller Eigentümer hat Eigentümergemeinschaften bei einem querulatorischen Miteigentümer nahezu handlungsunfähig werden lassen. Andererseits dient das Erfordernis der Grundbucheintragung grundlegender Entscheidungen der Rechtssicherheit für Erwerber von Einheiten. Ein Ausgleich könnte dadurch erfolgen, daß Änderungen der Gemeinschaftsordnung mit einer ¾-Mehrheit beschlossen werden können, diese Beschlüsse aber dann stets in das Grundbuch einzutragen sind. Ähnlich wie bei einer Satzung einer GmbH könnte nach jeder Änderung eine aktuelle Neufassung der Gemeinschaftsordnung zu den Grundakten einzureichen sein. Zum Handlungsbedarf für eine Änderung des WEG s das sog Stiller-Papier NZM 2003, Heft 8 S V ff; Armbrüster DNotZ 2003, 493; Bielefeld GE 2002, 1418; Böttcher/Hintzen ZfIR 2003, 445; Kreuzer ZWE 2003, 145; Röll Rpfleger 2003, 277; Fischener Podiumsdiskussion NZM 2003, 632 u DAV NZM 2003, Heft 14, 5 V.

II. Wesen und Regelungstechnik. Das WEG läßt Vereinbarungen in weitem Umfang zu (vgl Weitnauer **2** DNotZ [Sonderheft] 1977, 41f; zur AGB-Problematik s §§ 7 Rz 6; 8 Rz 3). Damit kann im Rahmen der Vertragsgestaltung auch auf **Sonderformen** wie Doppel- und Reihenhäuser, Mehrhausanlagen mit Abrechnungseinheiten und der WEG-Bildung als Ersatz für eine untersagte Realteilung angemessen reagiert werden (krit aber noch Erman/Ganten⁹). Die **Regelungstechnik des WEG** betrifft die Frage, inwieweit **schuldrechtliche** oder **dingliche** Gestaltungsprinzipien die Möglichkeiten zur Formgebung im Gemeinschaftsrecht bestimmen (s dazu nur Ertl DNotZ 1979, 207ff). Das Gesetz geht von einer weitgehenden Gestaltungsfreiheit im Gemeinschaftsrecht aus, die in der Technik der §§ 5 IV; 10 II, III mit den Rechtsformen des Grundbuchrechts verbunden worden ist. Die Rspr spricht von spezifisch „verdinglichten" Rechten (vgl BGH 73, 211; eingehend Schnauder in FS Bärmann/Weitnauer 1991 S 567f).

I. Teil

Wohnungseigentum

1 *Begriffsbestimmungen*
(1) Nach Maßgabe dieses Gesetzes kann an Wohnungen das Wohnungseigentum, an nicht zu Wohnzwecken dienenden Räumen eines Gebäudes das Teileigentum begründet werden.
(2) Wohnungseigentum ist das Sondereigentum an der Wohnung in Verbindung mit dem Miteigentumsanteil an dem gemeinschaftlichen Eigentum, zu dem es gehört.
(3) Teileigentum ist das Sondereigentum an nicht zu Wohnzwecken dienenden Räumen eines Gebäudes in Verbindung mit dem Miteigentumsanteil an dem gemeinschaftlichen Eigentum, zu dem es gehört.

WEG § 1 Wohnungseigentum

(4) Wohnungseigentum und Teileigentum können nicht in der Weise begründet werden, daß das Sondereigentum mit Miteigentum an mehreren Grundstücken verbunden wird.
(5) Gemeinschaftliches Eigentum im Sinne dieses Gesetzes sind das Grundstück sowie die Teile, Anlagen und Einrichtungen des Gebäudes, die nicht im Sondereigentum oder im Eigentum eines Dritten stehen.
(6) Für das Teileigentum gelten die Vorschriften über das Wohnungseigentum entsprechend.

1 1. **Begriff des WE/TeilE** (Abs II, III). WE ist die unlösbare Zusammenfassung von SonderE an einer in sich abgeschlossenen Wohnung sowie dem MitE am Grundstück und den übrigen Bestandteilen des Gebäudes, soweit sie nicht vom SonderE erfaßt sind. Dies gilt entsprechend für TeilE, wobei allerdings die Räume – entgegen dem Gesetzeswortlaut – zwar Wohnzwecken dienen können, aber keine abgeschlossene Wohnung bilden. Das Wesen des WE und TeilE wird damit allerdings nicht vollständig erfaßt. Über die dinglichen Bestandteile hinaus prägt WE/TeilE zusätzlich ein mitgliedschaftliches Element. Dennoch ist entgegen Bärmann (PiG 22, 209ff; NJW 1989, 1057, 1060f) nicht von einer „dreigliedrigen Einheit" des MitE, SonderE und der Mitgliedschaftsrechte auszugehen (vgl zu Einzelaspekten auch BayObLG 65, 35; Hamm DNotZ 1976, 165; BGH NJW 1977, 1668; 1979, 548; 1981, 282; wie hier Weitnauer in FS Seuß 1987, S 295f; Schmidt PiG 21, 35ff). Allerdings ist auch die auf jederzeitige Auflösung angelegte Miteigentümergemeinschaft allein nicht ausreichend, die Besonderheiten des WE/TeilE zu charakterisieren (vgl Merle, Das Wohnungseigentum im System des bürgerlichen Rechts, 1979, S 142f; vgl auch Roth ZWE 2001, 238). Die gesellschaftlichen Komponenten der WEGemeinschaft bedürfen jedoch keiner dinglichen Weiterführung über das WEG hinaus.

2 Dingliche Komponenten des WE/TeilE sind das **SonderE** und das **MitE** (GemeinschaftsE), entgegen Bärmann (Rz 1) nicht auch das Mitgliedschaftsrecht. Umstritten ist, welcher Rechtsbestandteil systematisch **Vorrang** hat, das SonderE oder der MitEAnteil. Während zB Börner (in FS Dölle I 1962 S 201ff) davon ausgeht, daß das wirtschaftlich dominierende SonderE auch von der Rechtsform her im Vordergrund steht, fordert Bärmann, daß SonderE, MitE und Mitgliedschaft als „dreigliedrige Einheit" verstanden werden, innerhalb derer es keine Priorität gibt. Die hM (BGH 49, 250; Paulick AcP 152, 420f; Weitnauer vor § 1 Rz 34, 38; Soergel/Stürner Rz 2b) folgert dagegen aus § 3 I, wonach das SonderE (lediglich) als Beschränkung des MitE verstanden wird, daß dieses die Rechtszuordnung bestimmt. Der hM ist im Ausgangspunkt zuzustimmen; sie gliedert das WEG am ehesten zwanglos in das System des BGB ein.

3 2. Das WE/TeilE ist – ähnlich dem ErbbauR – ferner ein **grundstücksgleiches Recht** (teilw abw Düsseldorf NJW-RR 2001, 233; Sauren NJW 1985, 180). Aus der grundstücksgleichen Behandlung des WE/TeilE folgt: **a)** Es ist **veräußerlich**. Der schuldrechtliche Veräußerungs- und Erwerbsvertrag bedarf der notariellen Beurkundung (§ 311b I BGB). Der dingliche Vollzug erfordert eine Auflassung (§ 925 BGB) und die Eintragung im Grundbuch (§ 873 BGB). **b)** Es ist ferner wie ein Grundstück **belastbar** (mit Grundpfandrechten (vgl § 1114 BGB), Nießbrauchs-, Vorkaufsrecht und Vormerkungen (aber nicht hinsichtlich Anspruch auf GemeinschaftsE an einzelner WE, s BayObLG MittBayNot 2002, 189); auch Dienstbarkeiten (Wohnungsrecht) am WE sind zulässig (Umfang str, vgl KG MDR 1992, 52; KG NJWE-MietR 1996, 108, ausführlich § 6 Rz 6). Werden die Befugnisse eines WEers zugunsten anderer MitEer durch Einräumung einer Dienstbarkeit am WE beschränkt (zB BGH NJW 1989, 2391), so entsteht für die herrschenden WEe ein Sonderstatus, der allerdings, anders als das SondernutzungsR, nicht dem einzelnen WEer Zusatzrechte am GemeinschaftsE einräumt, sondern positiver Reflex der Einschränkung des dienenden WE ist. Das WE/TeilE kann herrschendes Grundstück iSd § 1018 BGB sein (Hamm Rpfleger 1980, 469). Es ist Gegenstand der Immobiliarvollstreckung, dh Zwangsversteigerung, Zwangsverwaltung und Zwangshypothek sind möglich (dagegen nicht Pfändung des Anteiles an der Gemeinschaft nach § 857 ZPO, vgl auch § 16 Rz 3).

4 3. Der **MitEAnteil** ist ferner **BruchteilsE** nach §§ 741ff, 1009ff BGB. Allerdings unterliegen GemeinschaftsE, WE und TeilE nach dem WEG zahlreichen eigenen Regeln (BayObLG NJW-RR 1988, 271). Das Bruchteilsverhältnis bestimmen die Beteiligten durch Vertrag (§ 3) oder der Eigentümer bei der Teilung (§ 8), ohne daß eine Anpassung der Bruchteilsverhältnisse an das Wertverhältnis der im SonderE stehenden Raumteile oder an die Flächengrößen der WE/TeilE vorgeschrieben ist (vgl Röll MittBayNot 1979, 4). Eine Entsprechung ist aber insbesondere für § 16 wünschenswert (BGH NJW 1976, 1976; Frankfurt Rpfleger 1978, 380; Hamm WEZ 1988, 27). Eine Anpassungspflicht besteht auch bei kraß abweichenden Anteilen nicht (nur im Rahmen von § 16 ist ein Anspruch auf Änderung der Kostenverteilung denkbar). Der MitEAnteil kann iVm dem SonderE einer Rechtsgemeinschaft (auch nach Bruchteilen, zB Ehegatten mit Miteigentum je zur Hälfte) zustehen; das ergibt sich gegenüber dem sonstigen Verbot der Bruchteilsgemeinschaft am MitEAnteil aus der Selbständigkeit des WE als grundstücksgleichem Recht.

5 4. **Gemeinschaftseigentum (Abs V).** Das Gesetz definiert das GemeinschaftsE positiv hinsichtlich des Grundstücks und negativ hinsichtlich des Gebäudes (nicht WE/TeilE und nicht Eigentum Dritter). Im übrigen ist str, worauf sich über den Wortlaut hinaus das GemeinschaftsE erstreckt und inwieweit die dingliche Rechtsform der Gemeinschaft eine Bruchteilsgemeinschaft (§§ 741ff BGB) ist (s dazu nur Bärmann PiG 21, 260ff; Schmidt PiG 21, 35ff; Weitnauer ZfBR 1985, 183f). Zweifelsfrei besteht am Grundeigentum und am GemeinschaftsE hinsichtlich der Gebäudeteile Miteigentum. Bei den übrigen Vermögenswerten aus der Verwaltung des GemeinschaftsEs ist sowohl bei der Beteiligten kraft Gesetzes als auch aus sonstigem Grund eine Bruchteilsgemeinschaft anzunehmen (vgl BayObLG ZMR 1976, 87 u BayObLG 1984, 198f; aA im zweiten Fall Merle, Das Wohnungseigentum im System des bürgerlichen Rechts, 1979, S 123f: gesamthänderische Bindung).

6 Davon zu unterscheiden sind die Frage der **Zweckbindung** des **Verwaltungsvermögens** und die sich daraus ergebenden Konsequenzen. Mitunter wird das Recht am VerwVermögen als unselbständiges (nicht abtretbares, unpfändbares) Nebenrecht des WE/TeilE angesehen. Zutreffender im Hinblick auf den tatsächlichen Bindungswillen der WEer ist die Auflassung (so Weitnauer JZ 1985, 928; 1986, 193), eine Bruchteilsgemeinschaft an gesamtem VerwVermögen anzunehmen und dies nur einer rechtsgeschäftlichen Zweckbindung zu unterwerfen, die insoweit Schutz vor Einzelverfügungen (§ 399 BGB) und einem Gläubigerzugriff gewährt (vgl auch Rapp ZWE 2002, 557; Roth ZWE 2001, 243). Probleme entstehen allenfalls beim **Rechtsübergang,** wo er nicht zwanglos als stillschweigend miterklärt angenommen werden kann. Eine unmittelbare Akzessorietät von Rechtsübergang am Grundstücks- und GebäudeGemeinschaftsE sowie am VerwVermögen ist abzulehnen (BayObLG DNotZ 1985, 416, vgl auch Weitnauer ZfBR 1985, 182). Eine solche „Automatik" kennt das Gesetz nicht, sie kann jedoch rechtsgeschäftl vereinbart werden (§§ 5 IV; 10 II). Generell ist allerdings die **Zweckbindung** des VerwVermögens zu beachten, die auch Beschränkungen hinsichtlich der Verwendung mit sich bringt (vgl inbes KG NJW-RR 1988, 844). Es ist davon auszugehen, daß bei einer Veräußerung des WE/TeilE im Zweifel auch der beiderseitige Wille besteht, die Anteile am VerwVermögen mitzuveräußern (Rechtsgedanke §§ 311c, 926 I S 2). Wird diese Vermutung ausnahmsweise wegen des ausdrücklichen entgegenstehenden Willens von Veräußerer und Erwerber widerlegt, wobei dieser zusätzlich nicht rechtsmißbräuchlich sein darf, besteht gleichwohl ein Abfindungsanspruch gegen die Gemeinschaft nur dann, wenn ein wichtiger Grund vorliegt, den aber die Veräußerung allein nicht schafft. Im übrigen haben die Kaufparteien den Ausgleich untereinander herbeizuführen; anders ggf in der Zwangsversteigerung.

5. Voraussetzungen von WE und TeilE. a) Voraussetzung für WE ist eine „**Wohnung**"; es genügt nicht, daß die Raumeinheit nur „Wohnzwecken dient" (wie etwa Toilette, Düsseldorf NJW 1976, 1458). Was unter „Wohnung" zu verstehen ist, ist in der DIN 283 (GemMBl 1951, 79) beschrieben. Erforderlich ist, daß Haushaltsführung (Kochgelegenheit) möglich ist und daß Wasserversorgung, Ausguß, Abort usw vorhanden sind (vgl Hamm Rpfleger 1986, 374). Ein Arbeitszimmer ist unschädlich. Auf Fortbestand dieser Voraussetzung kommt es nicht an, wenn WE wirksam geschaffen war, ebenso nicht auf eine Mindestzahl von Räumen oder eine Mindestgröße (zB Appartement mit Kochnische und Naßzelle). Zulässig ist WE auch an freistehendem Haus insgesamt zB an Einfamilienhaus (BGH 50, 56). Möglich ist eine WEG-Aufteilung auch, wenn ein Grundstück zusätzlich mit einem Erbbaurecht belastet ist, aufgrund dessen ein zweites Gebäude errichtet wurde (Hamm NJW-RR 1999, 234).

b) **TeilE** ist vom WE nur durch den Zweck der Räume unterschieden (BayObLG 73, 1). Ob Wohnnutzung möglich ist oder sogar vorliegt, ist unerheblich. Entscheidend ist, daß es sich um keine abgeschlossene Wohnung handelt. Deshalb liegt bei mehreren Räumen, die auch eine Küche sowie ein Bad mit WC enthalten, die aber nicht abgeschlossen sind, keine Wohnung, sondern ein Teileigentum vor. Das gilt auch für das sog Kellermodell (TeilE an Keller und SondernutzungsR an Wohnräumen, BayObLG NJW 1992, 700; Hamm MDR 1993, 866). Eine Falschbezeichnung im Grundbuch ist für die Entstehung unschädlich. Gemischtes WE und TeilE ist zulässig (BayObLG NJW 1960, 2100).

c) **Umwandlung** von WE in TeilE und umgekehrt ist Inhaltsänderung und nur auf Grund Vereinbarung (§ 10) möglich (Braunschweig MDR 1976, 1023; BayObLG NJW-RR 1986, 244; WE 1990, 65; MittBayNot 1996, 208; MittRhNotK 1997, 360). Anders nur, wenn tatsächlich von vornherein abweichende Zweckausrichtung bestand und nachträglich zutreffende Deklaration erfolgt („Berichtigung", vgl BGH 73, 150); Voraussetzung ist aber, daß die betreffenden Räume baulich objektiv auf den Nutzungszweck hin angelegt sind.

d) Ein Anspruch des einzelnen WEers auf Zustimmung zur Umwandlung ist grds nicht bei Umständen gegeben, die in seinen Risikobereich fallen (Hamm ZWE 2000, 44); allerdings sind dabei über § 242 BGB auch die grundrechtlichen Wertungen insbes der Schutz Behinderter zu berücksichtigen.

6. Einheitliches Grundstück (Abs IV). a) Das Gesetz fordert, daß WE und TeilE **nicht** mit MitEAnteilen **an mehreren Grundstücken** verbunden wird. Das war bis zur Novelle (G v 30. 7. 1973, BGBl I 910) umstritten (zum Stand der früheren Ansichten vgl BayObLG 70, 163; Hägele Rpfleger 1971, 283). Nach altem Recht ist weiterhin mit mehreren Grundstücken verbundenes WE/TeilE möglich. Wenn das Gebäude auf mehreren Grundstücken iSd § 890 BGB errichtet werden soll, muß nach geltender Rechtslage zunächst durch Vereinigung ein einziges Grundstück im Rechtssinn geschaffen werden; nur „baurechtliche" Einheit des Grundstückes, zB durch Baulast, und eine bloße Zusammenschreibung sind nicht ausreichend (vgl Brünger MittRhNotK 1987, 269). An selbständigem Gebäudeeigentum ist WE nicht begründbar (Jena DtZ 1996, 88).

b) Bei **Überbauten** kommt es auf die eigentumsrechtliche Zuordnung des über die Grenze hinausgehenden Gebäudeteils an: Beim nicht zu duldenden (nicht entschuldigt und keine Duldungsdienstbarkeit) Überbau entsteht kein WE/TeilE (Hamm MittBayNot 1984, 34); beim entschuldigten Überbau bleibt der Überbau wesentlicher Bestandteil des Stammgrundstücks, eine Aufteilung ist möglich (Karlsruhe DNotZ 1986, 753; LG Stade Rpfleger 1987, 63; LG Leipzig Rpfleger 1999, 272; Ludwig DNotZ 1983, 411; Demharter DNotZ 1986, 457; Röll MittBayNot 1982, 172; offen Hamm MittBayNot 1984, 34); der Nachweis des entschuldigten Überbaus kann in der Form des § 29 GBO durch nachträgliche Bestellung einer Dienstbarkeit geführt werden (Demharter Rpfleger 1983, 133 u DNotI-Report 2002, 9, 10). Aber auch eine entsprechende Erklärung des betroffenen Grundstückseigentümers in der Form des § 29 GBO dürfte ausreichen (ebenso Rastätter BWNotZ 1988, 134 I, 139). Beim „überhängenden Überbau", der lediglich in den Luftraum hineinragt (zB Erker), liegt Eigentum des Stammgrundstücks vor (LG Bautzen NJW-RR 2001, 591, aA LG Leipzig Rpfleger 1999, 72), der evtl Beseitigungsanspruch des Nachbarn bindet in Entstehung von WE/TeilE nicht (aber wohl Wud Rpfleger 1999, 73).

c) Von der unzulässigen Verbindung des WE mit MitEAnteilen an verschiedenen Grundstücken ist der Fall zu unterscheiden, daß mit **einem MitEAnteil** verschiedene **selbständige WERechte** (also abgeschlossene Wohnungen) bzw TeilERechte verbunden sind. Das ist materiell und formell (falls nicht Verwirrungen zu besorgen sind) zulässig (BayObLG 1971, 102); dabei muß zwar jedes SonderE für sich, aber nicht sämtliche als Ganzes abgeschlossen sein, aber jedes SonderE muß von GemeinschaftsE zugänglich sein (KG NJW-RR 1989, 1360, aA Hamburg NJW 1965, 1765). Die Zuordnung eines Raumeigentums (zB Tiefgarage) zu mehreren WEen als gemeinschaftlichen Sondereigentum ist nicht möglich (BayObLG MittBayNot 2000, 230). Eine dinglich **verselbständigte Untergemeinschaft** an einzelnen Räumen ist dem WEG fremd (BGH 130, 159, 168f).

14   d) Zur **Wohn- und Nutzflächenberechnung** stehen unterschiedliche Maßstäbe zur Verfügung (DIN 277, 283, früher die II. BV sowie nunmehr die WoFLV [VO aufgrund § 19 WoFG], vgl BGH MDR 1997, 2874; Hamburg BauR 1980, 469; München BauR 1980, 470). Beim Kauf vom Bauträger handelt es sich bei den Maßangaben in den Grundrißplänen des Aufteilungsplans um eine Beschaffenheitsvereinbarung, aber um keine Garantie (vgl zu § 634 BGB aF Hamm NJW-RR 2002, 415).

1. Abschnitt
Begründung des Wohnungseigentums

2 *Arten der Begründung*
Wohnungseigentum wird durch die vertragliche Einräumung von Sondereigentum (§ 3) oder durch Teilung (§ 8) begründet.

1   **1. Begründungsarten. a)** Vertrag (§ 3) und einseitige Teilung durch den Eigentümer (§ 8) sind gleichberechtigte Begründungsarten (zur Gestaltung der Teilungserklärung Schäfers NZM 2000, 998). Entstehung durch Vertrag setzt voraus, daß das Grundstück im MitE steht oder gleichzeitig MitE geschaffen wird. Aufteilung nach § 8 nicht nur bei Alleineigentum möglich. § 2 schafft numerus clausus, §§ 3 und 8 können aber kombiniert werden.

2   Die Wahl der Begründungsform hängt in der Praxis entgegen einer weit verbreiteten Ansicht (so zB nach Erman/Ganten[9]) nicht von der Art der Errichtung des WE/TeilE ab. Liegt die Begründung in einer Hand (zB eines Bauträgers), vor allem bei der Vorratsteilung, bei Sanierungsobjekten und bei bestehenden „Umwandlungsobjekten", aber auch bei der vorweggenommenen Erbfolge, wird regelmäßig der Weg nach § 8 beschritten werden, wobei die WEe nach vollwirksamer Entstehung (Gebäudeherstellung) oder bereits im Vorstadium (als Anwartschaften) veräußert werden. § 3 hat geringere wirtschaftliche Bedeutung als § 8; Anwendungsbereich insbesondere bei der gemeinsamen Errichtung durch den Umbau durch nahe Angehörige. Die Wahl wird meist durch die unterschiedliche Kostenfolge (§ 3: § 36 II KostO, § 8: § 36 I KostO) bestimmt.

3   **b)** Begründung von WE/TeilE liegt auch vor, wenn **bestehendes WE/TeilE unterteilt** wird; zu insoweit zulässigen Formen vgl § 6 Rz 2f. Bei Unterteilung müssen alle im Sondereigentum stehenden Räume mit einem MitE-Anteil verbunden werden. Sonst ist die Unterteilung nichtig (BayObLG 1999, 399).

4   **c)** Nicht jeder abgeschlossene Raum muß bei der Begründung von WE in abgeschlossene SonderE „überführt" werden, nur muß jeder nach dem Aufteilungsplan erkennbar SonderE sein oder im GemeinschaftsE stehen (BayObLG 1972, 349, Hausmeisterwohnung). MitE ohne SonderE („**isoliertes MitE**") gibt es nach dem WEG nicht (vgl § 6 Rz 9). Desgleichen kein SonderE ohne MitEAnteil (Hamm NJWE-MietR 1996, 61). Ein isolierter Miteigentumsanteil ist auf die übrigen Miteigentümer zu übertragen, falls er nicht anderweitig mit SonderE verbunden wird (BGH 130, 159 u Hamm NJW-RR 1991, 335); aber keine beschlußmäßige Ermächtigung des Verwalters zur Klage (KG NJW-RR 2001, 1453; ausführlich Demharter NZM 2000, 1196). Zu baulichen Abweichungen vom Aufteilungsplan vgl § 7 Rz 5.

5   **d) Dingliche Belastung** des Grundstücks oder gleichartige Belastung aller MitEAnteile hindert die Bildung von WE nicht. Das bisher einheitliche Grundpfandrecht wird wirtschaftlich gleichwertiges Gesamtpfandrecht an den WEen bzw TeilE-Rechten (vgl Soergel/Stürner Rz 8). Beteiligung der Realgläubiger nicht erforderlich; deren Zustimmung ist allerdings notwendig, wo MitE gem § 1008 BGB einzeln belastet ist (BayObLG Rpfleger 1986, 177 mwN; aA Bärmann/Pick § 1 Rz 84).

6   **2. Fehlerhafte Begründung. a)** Für die zur Begründung nötigen **Willenserklärungen** gelten §§ 104ff BGB ohne Besonderheit, also insbesondere Geschäftsfähigkeit aller Beteiligten erforderlich. Umdeutung nach § 140 BGB möglich (ausführlich Gaberdiel NJW 1972, 847). § 892 BGB hilft wie auch sonst gegenüber Willensmängeln nicht. Geschäftsunfähigkeit auch nur eines WEers oder Nichtigkeit seiner Erklärung nach § 142 BGB bewirkt Unwirksamkeit des Begründungsaktes (Soergel/Stürner § 3 Rz 9). Str sind die **Rechtsfolgen** eines unwirksamen Begründungsaktes. Teilweise wird unter Hinweis auf § 11 vertreten, daß die verdinglichte Verbindung die Geltendmachung ex tunc ausschließe und die Auflösung ex nunc wesentlich einschränke (Bärmann/Pick Einl Rz 12 u Gaberdiel NJW 1972, 894). Dagegen kann nach anderer Ansicht vom unwirksamen Grundgeschäft nicht einfach abgesehen werden (Däubler DNotZ 1964, 222; vgl auch BayObLG NJW 1980, 416 [LS]). Entsprechend den Grundsätzen bei fehlerhaften Gesellschaften dürfte der Minderjährigenschutz und der Schutz Geschäftsunfähiger eine rückwirkende Abwicklung erfordern; dagegen wird in den übrigen Fällen von Willensmängeln nur eine Berücksichtigung ex nunc zuzulassen sein. Ggf besteht zudem ein Anspruch auf ordentliche Neugründung, so daß einzelnem Abwicklungsanspruch mit Arglisteinwand begegnet werden kann (ähnl Soergel/Stürner § 3 Rz 9).

7   **b)** Bei **inhaltlichen Verstößen** gegen zwingende Vorschriften des **WEG** entsteht kein WE; auch die Eintragung heilt nicht. Bei sonstigen Verstößen gegen § 1 teilweise angenommen, wenn der Bestimmtheitsgrundsatz verletzt ist (Hamm OLGZ 1977, 264). Dem nicht zu folgen; ist beispielsweise ein Sondereigentum mit zwingendem GemeinschaftsE verbunden worden, wäre die Unwirksamkeit des gesamten Begründungsvorgangs bei erfolgter Eintragung unbillig (ähnlich Röll DNotZ 1977, 643 u LG Lüneburg Rpfleger 1979, 314). SonderE bei den nicht betroffenen Einheiten ist entstanden (ebenso MüKo/Röll § 3 Rz 33). Das Grundbuchamt muß jedoch nicht eintra-

gen, da die Eintragung unzulässig ist (anders bei Verstößen gegen Sollvorschriften, zB gegen § 3 II). Geht man von Nichtigkeit auch bei Eintragung aus, wäre auch kein gutgläubiger Erwerb eines Dritten möglich. Soweit ein Eintrag unzulässig ist, erfolgt Amtslöschung gem § 53 GBO (BGH NJW 1966, 1656; Düsseldorf Rpfleger 1986, 131).

c) Für den **gutgläubigen Erwerb** des zu Unrecht eingetragenen (nicht bei Unzulässigkeit der Eintragung) WEs **8** und der Rechte an ihm gelten §§ 892, 893 BGB. Bereits der gutgläubige Erwerb einer Einheit „heilt" den Begründungsmangel (BGH 109, 179). Für das Rechtsverhältnis des Erwerbers zu den übrigen WEern gilt der ersichtliche Inhalt der Eintragung. Wie gutgläubiger Erwerb eines Grundpfandrechtes an einem „Schein-WE" zu behandeln ist, ist zweifelhaft. Ein gutgläubiger Erwerb ist trotz Grundbucheintragung wohl abzulehnen (str; aA Demharter Rpfleger 1983, 133, 136). Zum Erwerb des „Schein-WE" in der Zwangsversteigerung vgl BGH 109, 179.

d) Ungeklärt ist der Fall, daß ein **„Scheinmiteigentümer"** durch Vertrag WE begründet. Der Scheinberechtigte **9** selbst kann das WE nicht gutgläubig erwerben; die sonstigen Beteiligten müssen entspr allgemeinen Grundsätzen (Erwerb v Nichtberechtigten) geschützt werden. Der Mangel des Gründungsaktes wird endgültig geheilt, sobald in der Person eines Beteiligten WE entstanden ist (so auch Weitnauer § 3 Rz 23).

3. Öffentlich-rechtliche Genehmigungen. a) Gemäß § 22 BauGB bedarf in **Gebieten mit Fremdenverkehrs- 10 funktionen** die Begründung oder Teilung von WE oder TeilE der Genehmigung (nicht jedoch eine Miteigentümervereinbarung nach § 1010 BGB, vgl Schleswig MDR 2000, 1185; Grziwotz ZfIR 2000, 569). Zuständig ist die Baugenehmigungsbehörde. Die Genehmigung darf nur versagt werden, wenn die Aufteilung die Zweckbestimmung des Gebiets für den Fremdenverkehr und dadurch die städtebauliche Entwicklung und Ordnung beeinträchtigt. **b)** Gemäß § 172 I S 4–6, IV BauGB bedarf in Gebieten mit **Milieuschutzsatzungen**, die durch RechtsVO der Länderregierung bezeichnet werden, die Aufteilung von Wohngebäuden die WE oder TeilE der Genehmigung durch die Gemeinde (§ 173 I BauGB). **c)** Die Eintragung darf erst erfolgen, wenn die **Genehmigung** oder ein entsprechendes **Negativzeugnis** vorliegt (§ 22 VI BauGB nF). Allerdings ist ein Zeugnis hinsichtlich der Genehmigung nach § 172 BauGB nicht erforderlich, wenn in dem betreffenden Land keine RechtsVO der Landesregierung existiert (str). Erfolgt die Eintragung ohne die erforderliche Genehmigung, kann auf Ersuchen der Gemeinde ein Widerspruch in das Grundbuch eingetragen werden (§ 22 VI BauGB nF); die Möglichkeit des Amtswiderspruchs (§ 53 I GBO) bleibt unberührt.

3 *Vertragliche Einräumung von Sondereigentum*
(1) Das Miteigentum (§ 1008 des Bürgerlichen Gesetzbuches) an einem Grundstück kann durch Vertrag der Miteigentümer in der Weise beschränkt werden, daß jedem der Miteigentümer abweichend von § 93 des Bürgerlichen Gesetzbuches das Sondereigentum an einer bestimmten Wohnung oder an nicht zu Wohnzwecken dienenden bestimmten Räumen in einem auf dem Grundstück errichteten oder zu errichtenden Gebäude eingeräumt wird.
(2) Sondereigentum soll nur eingeräumt werden, wenn die Wohnungen oder sonstigen Räume in sich abgeschlossen sind. Garagenstellplätze gelten als abgeschlossene Räume, wenn ihre Flächen durch dauerhafte Markierungen ersichtlich sind.
(3) Unbeschadet der im übrigen Bundesgebiet bestehenden Rechtslage wird die Abgeschlossenheit von Wohnungen oder sonstigen Räumen, die vor dem 3. Oktober 1990 bauordnungsrechtlich genehmigt worden sind, in dem in Artikel 3 des Einigungsvertrages bezeichneten Gebiet nicht dadurch ausgeschlossen, daß die Wohnungstrennwände und Wohnungstrenndecken oder die der entsprechenden Wände oder Decken bei sonstigen Räumen nicht den bauordnungsrechtlichen Anforderungen entsprechen, die im Zeitpunkt der Erteilung der Bescheinigung nach § 7 Abs. 4 Nr. 2 gelten. Diese Regelung gilt bis zum 31. Dezember 1996.

1. Teilungsvereinbarung (Abs I). Entspricht hinsichtlich der Anforderungen an die zu bildenden WE/TeilE **1** der geläufigeren Teilungserklärung nach § 8 (vgl ausführlich § 8 Rz 2f). Die vertragliche (ebenso sachlich die nach § 8 erklärte) Schaffung des Sondereigentums bezeichnet das Gesetz als Beschränkung des MitE (anders in § 1010 BGB, wo die Benutzungsregelung als Belastung des MitE erscheint). Im Grundbuch werden das MitE und das Vorhandensein weiterer WE-Rechte als Beschränkung eingetragen, § 7. Die dem Sondereigentum unterliegenden Räume müssen bestimmt bezeichnet sein (vgl § 2 Rz 7).

2. Miteigentum als Voraussetzung. Das Bestehen von MitE ist Voraussetzung der Teilungsvereinbarung. Aus- **2** reichend ist es jedoch, wenn der WEer im Augenblick der Einräumung des SonderE MitE erwirbt. Die Begründung von MitE und die Einräumung von SonderE können somit in einem Vertrag erfolgen (LG Bochum NJW-RR 1999, 887). Bestimmte Größe des MitE oder bestimmtes Verhältnis zum SonderE ist nicht vorgeschrieben (vgl § 1 Rz 4). Für WE kann MitE ohne gleichzeitiges SonderE rechtsgeschäftlich nicht begründet werden (Frankfurt OLGZ 96, 387); jedem Miteigentümer ist SonderE einzuräumen. Zur Verbindung eines SonderE mit mehreren MitEen und zur Vereinigung von mehreren WEen mit einem MitEAnteil vgl § 1 Rz 11 u 13. Sollen mehrere Miteigentümer ein WE/TeilE erhalten, müssen ihre Anteile zunächst nach § 890 BGB vereinigt werden.

Gesamthandseigentum steht dem Bruchteilseigentum nicht gleich, also vorher Schaffung von Bruchteilseigentum durch Auflassung und Eintragung erforderlich, sofern nicht – wie in der Praxis in diesem Fall üblich – Aufteilung nach § 8 erfolgt. Gleichwohl können auch Gesamthänder WE schaffen, wenn Gesamthand an MitEAnteilen besteht (zB Erbengemeinschaft oder Gütergemeinschaft; vgl Löffler NotBZ 1997, 27 zur Erbengemeinschaft). Nach Errichtung des WE stehen die einzelnen WERechte dann im Gesamthandseigentum.

3. SonderE an „Räumen". SonderE kann nur an Räumen begründet werden. Es handelt sich um allseits abge- **3** schlossene und zum Betreten geeignete Bauwerksteile, aber auch um selbständige Bauwerke (zB Garagen). Es muß sich nicht um bereits bestehende Räume handeln. **WE kann schon vor Errichtung des Gebäudes** begründet werden (vgl Abs I aE, ebenso § 8 I); es besteht dann aus einem MitEAnteil am Grundstück, verbunden mit dem **Anwartschaftsrecht** auf das SonderE und auf die MitEAnteile an den künftig im GemeinschaftsE stehenden Gebäudeteilen (Hamm NJW 1987, 843; BayObLG NJW-RR 1987, 1100). Das SonderE erstarkt schrittweise mit Herstellung der einzelnen Raumeinheiten zum Vollrecht, nicht erst mit Erstellung des Gesamtgebäudes (BGH NJW 1986, 2759; aA Düsseldorf Rpfleger 1986, 131). Beim **„steckengebliebenen Bau"** (Insolvenz des Bauträgers) gilt § 22 II entspr (Hamm NJW 1984, 2708).

4 **4. Abgeschlossenheit (Abs II). a)** Die Abgeschlossenheit ist anhand des Aufteilungsplanes zu beurteilen. Dem Grundbuchamt ist sie durch eine Bescheinigung der Baubehörde nachzuweisen (§ 7 IV Nr 2). Für das Grundbuchamt ist diese Bescheinigung nicht bindend (vgl Düsseldorf ZfIR 1997, 760 u § 7 Rz 7). Es handelt sich nur um ein Sollerfordernis; WE/TeilE entsteht deshalb bei Eintragung auch bei einem Verstoß gegen das Abgeschlossenheitserfordernis (Köln MDR 1994, 686). Rechtspolitisch sollte das Abgeschlossenheitserfordernis die Schwierigkeiten des alten Stockwerkseigentums verhindern. Darum bezieht sich Abgeschlossenheit auch nur auf das Verhältnis des SonderE zu anderen Räumen und Raumteilen desselben Grundstücks, nicht auf das Verhältnis zu benachbarten Grundstücken (BayObLG NJW-RR 1991, 593; Düsseldorf NJW-RR 1987, 333). Abgeschlossenheit erfordert Trennung von anderen WE-Einheiten, daher grundsätzlich einen eigenen abschließbaren Zugang vom GemeinschaftsE oder Nachbargrundstück (teilw abw LG Bielefeld Rpfleger 2000, 387). Funktionsfähigkeit einer Raumeinheit ohne Gemeinschaftseinrichtung soll erforderlich sein (so OVG Lüneburg BauR 1984, 278 für Hotelzimmer, Hotelappartement); dies kann jedoch nur als Grundsatz für Wohnungen nicht für TeilE gelten (ähnlich Düsseldorf ZfIR 1997, 760 u Kahlen BlGBW 1984, 127f); gemeinsames WC für mehrere TeilE-Rechte kann deshalb Abgeschlossenheit nicht ausschließen (aA BayObLG Rpfleger 1984, 407), dies dürfte in Ausnahmefällen (zB denkmalgeschütztes Gebäude im Außenbereich) auch für Wohnungen gelten. Eine als Fluchtweg offenzuhaltende Tür zwischen zwei TeilE-Rechten kann unschädlich sein (KG Rpfleger 1985, 107; LG Köln MittRhNotK 1993, 224; Bassenge Rz 20; aA Röll MittBayNot 1985, 63). Die sinngemäße Geltung des Abgeschlossenheitserfordernisses für TeilE muß nutzungsbedingte Unterschiede berücksichtigen. Wieso ein Hobbyraum eine TeilE sein kann, ein abschließbares WC dagegen nicht (so MüKo/Röll Rz 54), ist nicht zu begründen. Unstr können einzelne **Nebenräume** (Speicher, Garage, Kellerräume) außerhalb der Raumeinheit liegen und zum SonderE gehören (BayObLG NJW-RR 1989, 142).

5 Bei Erteilung der Abgeschlossenheitsbescheinigung sind die **bauordnungsrechtl Anforderungen** nicht zu überprüfen (ebenso GemSOGB NJW 1992, 3290, so bereits BGH NJW 1991, 1611 u BayObLG 1990, 168, aA BayVGH DNotZ 1990, 247; BVerwG NJW 1990, 848; vgl auch BVerfG NJW 1990, 825 sowie die Nachweise 9. Aufl Rz 4a; zur Zulässigkeit von Alternativmodellen BayObLG NJW 1992, 700 u Hamm MDR 1999, 866, abl LG Braunschweig Rpfleger 1991, 201). Gleiches gilt für bauplanungsrechtliche Anforderungen. Die baurechtlichen Zulässigkeitsvoraussetzungen bilden für die Baubehörde bei Erteilung der Abgeschlossenheitsbescheinigung deshalb keinen Prüfungsmaßstab. Auch ein „Schwarzbau" kann somit abgeschlossen sein. Abs III hatte für die neuen Bundesländer deshalb nur klarstellende Bedeutung; die Rechtslage hat sich nach dem 31. 12. 1996 nicht geändert (Bundschuh VIZ 1996, 374).

6 **5. Garagen und Einstellplätze. a)** Für **Stellplätze** ist SonderE auch möglich (Abs II S 2), wenn es sich um solche in Garagen handelt und die „Abgeschlossenheit" durch dauerhafte Markierungen ersichtlich ist. Es muß sich somit weiter um „Raum"(= Gebäude)Teile handeln (Frankfurt DNotZ 1977, 653), außerdem muß durch den Aufteilungsplan grundbuchmäßig (BayObLG NJW 1974, 152; Hamm DNotZ 1976, 308) und durch Fixierung am Bau dauerhaft sichtbar festgelegt sein, wo SonderE für den Garagenplatz bestehen soll. Zu den Mitteln der Fixierung vgl Allg VerwVorschrift v 19. 3. 1974, Ziffer 6 (BAnz 1974, Nr 58). Auch dauerhafte Farbmarkierungen iVm der maßstabsgetreuen Angabe im Aufteilungsplan sind ausreichend (aA Bärmann/Pick Rz 9 und 9. Aufl Rz 5) ebenso aus dauerhaftem Kunststoff u ein Markierungsnagel (BayObLG ZWE 2001, 372). Die Art der Abgrenzung muß in der Teilungserklärung nicht festgelegt sein (LG Nürnberg-Fürth MittBayNot 1997, 373 unter Aufgabe von DNotZ 1988, 321, ebenso bereits Röll DNotZ 1988, 325).

7 **b)** Umstr ist, ob § 3 II S 2 auch die **„Raum"-Eigenschaft** des SonderE ersetzt (vgl BayObLG NJW-RR 1986, 761; Köln DNotZ 1984, 703). Zu weitgehend ist die Ansicht, die neben der dauerhaften Markierung eine Zugangssperre für den einzelnen Stellplatz verlangt (so aber Celle NJW-RR 1991, 1489). Die Stellplätze brauchen sich auch nicht „in" einem Gebäude zu befinden. SonderEfähig ist deshalb auch ein nicht überdachtes Oberdeck eines Parkhauses oder einer Sammelgarage (Köln Rpfleger 1984, 464; Hamm DNotZ 1999, 216; Sauren/Höckelmann Rpfleger 1999, 14; ablehnend noch LG Aachen Rpfleger 1984, 184). Dagegen kann an einzelnen Stellplätzen einer Doppelstockgarage (Duplex-Stellplatz) oder Vierfachparkern SonderE nicht begründet werden (BayObLG 1974, 466, BayObLG 1995, 53; aA Jena OLG-NL 2000, 58; wohl auch Hamm Rpfleger 1983, 19; rechtspolitisch Basty Rpfleger 2001, 169). SonderEfähig ist aber gesamte **Doppelstockgarage** (vgl dazu Deckert DEW 3/40g, 26e). Kein SonderE ist an Einstellplätzen außerhalb eines Gebäudes (BayObLG 1985, 29, 33; WE 1988, 29) und an **„Carports"** (BayObLG NJW-RR 1986, 761; DWE 1986, 8) möglich. SonderEfähig sind KFZ-Stellplätze ggf auch in sich über mehrere Grundstücke erstreckender Tiefgarage (Frankfurt Rpfleger 1983, 84). § 3 II S 2 ist auf andere Flächen (zB isolierte Zufahrt, Holzlagerfläche) nicht anwendbar. Untergeordnete Flächen (zB Reifenablage) und die Zusammenfassung mehrerer Stellplätze ggf mit dazugehöriger Zufahrt zur einheitlichen „Stellplatzfläche" sind sonderEfähig.

8 **c) Gestaltungsmöglichkeiten.** Garagen und Stellplätze können den einzelnen MitEern auf verschiedene Weise zugeordnet werden (vgl Noack Rpfleger 1976, 193f): **aa)** Sie können bei Vorliegen der gesetzlichen Voraussetzungen mit eigenem MitEAnteil **gesondertes TeilE** sein; **bb)** als **unselbständiger Teil** (Nebenraum) zum SonderE eines WEs gehören (vgl Celle DNotZ 1975, 42); **cc)** als **SonderNutzR dinglich** gem §§ 5 IV, 10 II oder lediglich schuldrechtlich als Gemeinschaftsvereinbarung insbes dort begründet werden, wo SonderE nach § 3 II ausscheidet (Stellplätze im Freien, Carports, aber auch Tiefgarage oder Parkhaus im GemeinschaftsE); **dd)** im Wege der Miteigentümervereinbarung nach **§ 1010 BGB** geregelt werden. Auf **fremdem Grundstück** kommt ferner eine Dienstbarkeit (§ 1018 BGB) zugunsten aller begünstigten WEeinheiten in Betracht (Stuttgart WE 1990, 131; BayObLG NJW-RR 1990, 1043).

d) Die **Veräußerung** (auch Tausch) des Rechts am Einstellplatz richtet sich nach der Rechtsform der Begründung (zur Veräußerung nicht sondereigentumsfähiger Stellplätze Reinold MittBayNot 2001, 540): **aa) Gesondertes TeilE** am Einstellplatz kann auch auf Dritte übertragen werden, ein Genehmigungsvorbehalt gem § 12 ist ggf zu beachten. **bb)** Ist Garageneigentum nur **Teil des SonderEs**, kann es mit Teil des MitEAnteils auch an Dritte, ohne Anteil am Miteigentümer übertragen werden (BGH 73, 150, vgl Ganten BauR 1980, 117); Zustimmung dinglicher Gläubiger notwendig. Eine neue Abgeschlossenheitsbescheinigung ist nicht erforderlich (LG Chemnitz MittBayNot 1997, 294). **cc)** Ist **SondernutzungsR nur schuldrechtlich** bestellt, ist Abtretung (§ 398 BGB) möglich, jedoch ohne Zustimmung der WEer wohl nur an Miteigentümer, da sonst § 399 Alt 1 BGB (Merle DWE 1986, 37; Deckert DEW 3/26). **dd)** Die Übertragung **dinglich bestellter SondernutzungsR** ist ohne Zustimmung der nicht beteiligten WEer an einen WEer (nicht an außenstehenden Dritten) möglich (BGH 73, 145; vgl Ertl DNotZ 1979, 171). Der Anspruch auf Übertragung eines SondernutzungsR kann **vorgemerkt** werden (BayObLG Rpfleger 1979, 217). 9

e) Sind weniger Garagen/Stellplätze als Wohnungen vorhanden, kann – unabhängig von bauordnungsrechtlichen Anforderungen, die hinsichtlich der Angemessenheit von Bedeutung sind – Gebrauchsregelung stattfinden, die einen **wechselnden Gebrauch** zuläßt (zur Angemessenheit s KG NJW-RR 1990, 1495; BayObLG NJW-RR 1992, 599). Solche Regelung setzt grundsätzlich eine Vereinbarung voraus, zu deren Abschluß allerdings nach Treu und Glauben eine Verpflichtung bestehen kann. Spätere Modifikationen sind dagegen im Beschlußwege zulässig (BayObLG NJW-RR 1992, 599). In einer Mehrhausanlage und einem davon getrennt errichteten **Tiefgaragenbau** kann die Tiefgarage ein selbständiges TeilE bilden (ohne Abfahrtsrampe u seitliche Wände, BayObLG NJW-RR 1993, 1039; vgl Frankfurt ZMR 1995, 166). 10

4 *Formvorschriften*
(1) Zur Einräumung und zur Aufhebung des Sondereigentums ist die Einigung der Beteiligten über den Eintritt der Rechtsänderung und die Eintragung in das Grundbuch erforderlich.
(2) Die Einigung bedarf der für die Auflassung vorgeschriebenen Form. Sondereigentum kann nicht unter einer Bedingung oder Zeitbestimmung eingeräumt oder aufgehoben werden.
(3) Für einen Vertrag, durch den sich ein Teil verpflichtet, Sondereigentum einzuräumen, zu erwerben oder aufzuheben, gilt § 311b Abs. 1 des Bürgerlichen Gesetzbuchs entsprechend.

1. Auflassungsform (Abs I, II): § 4 unterstellt die Bestellung und Aufhebung sowie ferner die gegenständl Änderung (str, vgl Soergel/Stürner Rz 9, teilw abw Bärmann/Pick Rz 4 nur für Aufteilung bzw Umwandlung von GemeinschaftsE zu SonderE und umgekehrt) von SonderE am bestehenden MitE den für die Auflassung geltenden materiellen Vorschriften (§§ 873ff einschließlich §§ 876, 877, 878 BGB gelten, ebenso §§ 925a BGB, 20, 22 GBO, str, so aber zutr Soergel/Stürner Rz 2; Pick in Bärmann/Pick/Merle Rz 6, 43; aA Zweibrücken OLGZ 82, 263, 265; MüKo/Röll Rz 6). Die Umwandlung von GemeinschaftsE in SonderE bedarf deshalb der Zustimmung aller Miteigentümer und der an den einzelnen WEen dinglich Berechtigten (BayObLG WuM 1994, 97; BayObLG DNotZ 1995, 607; Düsseldorf NJWE-MietR 1996, 160). Dies gilt auch, wenn ein Raum oder ein Gebäude in Ausübung eines eingeräumten Sondernutzungsrechtes ausgebaut bzw errichtet wurde (BayObLG DNotZ 1993, 741; BayObLG 1997, 233; BayObLG DNotZ 2000, 970; MittBayNot 2000, 551; ZWE 2002, 124; vgl auch Hamburg ZMR 1996, 500; KG NZM 1998, 581). Auch bei Ablehnung einer **verdinglichten Umwandlungsermächtigung** (Düsseldorf DNotZ 1995, 82; Rapp MittBayNot 1998, 77; Röll ZWE 2000, 446; Häublein DNotZ 2000, 442) kann sich aus Treu und Glauben ein Anspruch auf Zustimmung zur Umwandlung ergeben (Hamburg ZMR 1996, 500; BayObLG ZfIR 1997, 98; NJW-RR 1998, 946; Düsseldorf ZfIR 2003, 344); dieser kann in Einzelfällen auch die Durchführung erforderlicher Baumaßnahmen umfassen (BayObLG WuM 1994, 97; einschränkend KG NZM 2003, 112). Ein Rechtsnachfolger ist an eine Zustimmung nur gebunden, wenn die bauliche Maßnahme zumindest teilweise durchgeführt wurde (Düsseldorf NZM 1998, 79). Anstelle eines Zustimmungsanspruchs auf Bildung von SonderE ist auch eine Umdeutung in ein SondernutzungsR denkbar (KG GE 1999, 1361). Besondere Bedeutung hat diese Rspr für die abschnittsweise Erstellung einer Mehrhausanlage (zur Gestaltung s S. Schmidt BWNotZ 1989, 49; Röll ZWE 2000, 446; Fr. Schmidt ZWE 2002, 118). Die Zustimmung der Grundpfandrechtsgläubiger zur Änderung der WEen beinhaltet regelmäßig eine Freigabe bzw Verpflichtung zur Pfandfreigabe bei Veränderung bestehender WEen (Hamm NZM 1999, 82; vgl auch BayObLG DNotZ 1995, 607; Hamm DNotZ 1995, 632; weitergehend LG Augsburg NZM 1999, 872, das eine Zustimmung der dinglich Berechtigten für nicht erforderlich hält). Der Form des § 4 bedarf auch eine **Rückführung von SonderE** in GemeinschaftsE (BGH 139, 352, aA noch BayObLG DNotZ 1999, 665; vgl auch Schäfer Rpfleger 2001, 67; zum Erfordernis eines Aufteilungsplans BayObLG 1997, 347), nicht jedoch die Änderung eines SondernutzungsR (BayObLG 2001, 73) u die Vereinigung zweier einem Eigentümer zustehender WE (BayObLG DNotZ 1999, 674; Hamm ZfIR 2000, 52; abweichend BayObLG MittBayNot 1997, 366 bei erheblichem Mauerdurchbruch; wiederum abweichend bei Zulassung in GO BayObLG MittBayNot 2000, 319). Auch die Umwandlung von WE in TeilE und umgekehrt bedarf der Zustimmung sämtlichen Eigentümer; allerdings kann diesbezüglich mit Bindung für den Sondernachfolger eine Ermächtigung in die GO aufgenommen werden (BayObLG ZfIR 2000, 297). Eine Verfügungsbeschränkung eines Miteigentümers hindert nach § 878 BGB den Vollzug der Teilungserklärung nicht, 1

WEG § 4 Wohnungseigentum

wenn im Zeitpunkt der Antragstellung die Verfügungsbefugnis noch bestand (LG Leipzig MittBayNot 2000, 324, str). Zur „werdenden" Gemeinschaft vgl § 10 Rz 10.

2 2. Für **schuldrechtl Vertrag** gilt § 311b I BGB (Abs III), und zwar auch für den Vorvertrag (BGH WM 1966, 89; BGH NJW 1973, 517, 518). Dem Formerfordernis ist genügt, wenn beim Kauf von noch zu begründendem WE die Erstellung der Teilungserklärung mit wesentlichen Regelungspunkten dem Verkäufer nach § 315 BGB überlassen bleibt (BGH NJW 1986, 845; BGHRp 2002, 183, 184; Ludwig DNotZ 1982, 356ff, aA Düsseldorf DNotZ 1981, 743); nach richtiger Ansicht handelt es sich um kein Problem des Formerfordernisses, sondern um eine Frage der Bestimmtheit des Inhalts des Vereinbarten (BGH BGHRp 2002, 183, 184; Wenzel ZWE 2003, 5, 7). Das gilt in gleicher Weise für die Auflassungsvormerkung (BayObLG DNotZ 1975, 36; eingehend Schmidt in FS Bärmann/Weitnauer S 545f, 554f). Zu beachten ist, daß auf eine nicht beurkundete Teilungserklärung beurkundungsrechtlich nicht verwiesen werden kann (§ 13a I BeurkG); ein Verstoß gegen dieses Verfahrenserfordernis führt zu einem Formmangel.

3 3. **Aufhebung.** Das SonderE wird durch Einigung und Eintragung aufgehoben, mit der Folge, daß sich das MitE nach dem bestehenden Bruchteilsverhältnis auf die bisher im SonderE stehenden Gegenstände erstreckt (ebenso BayObLG WE 1988, 102). Da MitE ohne SonderE nicht bestehen kann, ist auch WE/TeilE nicht mehr möglich; entgegen § 3 I gilt § 93 BGB wieder. Die Aufhebung von SonderE kann nur mit Zustimmung der an einzelnen WE/TeilE eingetragenen Gläubiger stattfinden (§ 9 II; §§ 877, 876 BGB). Ihr Recht erstreckt sich nach Aufhebung auf den Miteigentumsanteil. Kann ein Recht am MitE nicht mehr bestehen (zB Dienstbarkeit), muß es auf das ganze Grundstück ausgedehnt werden. Str ist, ob das kraft Gesetzes geschieht (so Weitnauer § 9 Rz 6) oder hierzu eine Pfandunterstellung erforderlich ist (so Demharter, GBO, 24 Aufl 2002, Anh § 3 Rz 73), da es sonst erlischt. Soll anschließend eine Realteilung bei Doppelhäusern durchgeführt werden, erfolgt die im Wege des Tauschens von Miteigentumsanteilen, die lastenfrei gestellt und den Belastungen an dem Miteigentumsanteil des Erwerbers unterstellt werden müssen; eine Erstreckung auf das ganze Grundstück ist nicht erforderlich (so aber Frankfurt DNotZ 2000, 778, wie hier Röll DNotZ 2000, 749, 751 u Vollmer ZfIR 2000, 285). Zur grundbuchmäßigen Behandlung der Rückgängigmachung der Aufteilung nach dem WEG vgl § 9 Nr 1 und zur Aufhebung der Gemeinschaft schlechthin § 17. – Zu sonstigen Beendigungsgründen vgl § 9 Rz 2. Ein **Verzicht gem § 928 BGB** ist bei WE/TeilE nicht möglich (LG Konstanz NJW-RR 1989, 1424; BayObLG WE 1992, 83).

4 4. **Bedingungs- und Befristungsfeindlichkeit (Abs IV S 2).** Wie die Auflassung sind auch die Einräumung, Aufhebung und Änderung von SonderE bedingungs- und befristungsfeindlich. Davon ausgenommen sind Rechtsbedingungen. Dies gilt nicht für Vereinbarungen und Beschlüsse.

5 Gegenstand und Inhalt des Sondereigentums

(1) Gegenstand des Sondereigentums sind die gemäß § 3 Abs. 1 bestimmten Räume sowie die zu diesen Räumen gehörenden Bestandteile des Gebäudes, die verändert, beseitigt oder eingefügt werden können, ohne daß dadurch das gemeinschaftliche Eigentum oder ein auf Sondereigentum beruhendes Recht eines anderen Wohnungseigentümers über das nach § 14 zulässige Maß hinaus beeinträchtigt oder die äußere Gestaltung des Gebäudes verändert wird.
(2) Teile des Gebäudes, die für dessen Bestand oder Sicherheit erforderlich sind, sowie Anlagen und Einrichtungen, die dem gemeinschaftlichen Gebrauch der Wohnungseigentümer dienen, sind nicht Gegenstand des Sondereigentums, selbst wenn sie sich im Bereich der im Sondereigentum stehenden Räume befinden.
(3) Die Wohnungseigentümer können vereinbaren, daß Bestandteile des Gebäudes, die Gegenstand des Sondereigentums sein können, zum gemeinschaftlichen Eigentum gehören.
(4) Vereinbarungen über das Verhältnis der Wohnungseigentümer untereinander können nach den Vorschriften des 2. und 3. Abschnittes zum Inhalt des Sondereigentums gemacht werden.

1 1. **Abgrenzung GemeinschaftsE/SonderE. a)** § 5 grenzt die Herrschaftssphären hinsichtlich des Gebäudes und seiner Bestandteile ab. Die Aufteilung zwischen SonderE und GemeinschaftsE ist grundsätzlich **zwingend** (Bremen DWE 1987, 56). Abs III läßt aber zu, daß an sich dem SonderE zugewiesene Gegenstände gemeinschaftlich bleiben (nicht umgekehrt; so Düsseldorf NJW-RR 1999, 94 für Versorgungsleitungen einer SonderE; vgl aber einschränkend Schmidt PiG 18, 37, 43). Soweit nicht das Gesetz die Abgrenzung GemeinschaftsE/SonderE zwingend regelt, ist der Grundbuchinhalt maßgebend (BayObLG NJW-RR 1991, 1356). Zum **„MitsonderE"** und **„abgesonderten MitE"** vgl § 6 Rz 7, 8.

2 b) Auf § 93 BGB wird für die Abgrenzung von SonderE und GemeinschaftsE nicht abgestellt (vgl § 3 I, aA wohl Düsseldorf NJW-RR 1995, 206), sondern auf die **Entgegensetzung von Individual- und Gemeinschaftsinteresse.** Im Vordergrund steht der SonderE, dessen notwendiger Gegenstand vor allem in Abs II bestimmt wird: konstruktiv wesentliche Teile des Gebäudes dienen immer dem gemeinschaftlichen Interesse, weil Bestand und Sicherheit jeder einzelnen Wohnung von ihnen abhängen. Das gleiche gilt, wenn auch oft schwerer abgrenzbar, von Bauteilen der äußeren Gestaltung (Abs I aE), deren Bewahrung ebenfalls gemeinschaftlicher Belang ist. Darüber hinaus ist das Gesamtinteresse bei Gegenständen des gemeinschaftlichen Gebrauchs betroffen sowie bei Bauteilen, in die nicht eingegriffen werden kann, ohne daß das Individualinteresse anderer SonderEer über das gemeinschaftspflichtige Maß (§ 14) hinaus tangiert wird. Soweit hiernach Raum für SonderE bleibt, kann es ungeachtet bautechnischer Zusammenhänge vereinbart werden. Rechtstheoretisch ist dabei zu beachten, daß SonderE vom GemeinschaftsE nicht in dem Sinne „greifbar" abgegrenzt sein muß, daß dem SonderE auch nur selbständige Bauteile zugeordnet sind. Die Absonderung des „Raumeigentums" im WERecht unterscheidet sich dogmatisch grundsätzlich vom System der §§ 93f BGB (vgl Schmidt PiG 18, 37, 42). GemeinschaftsE liegt überall dort vor, wo nicht SonderE vereinbart ist oder nach § 5 I gesetzlich angenommen werden kann; nur insoweit es zulässig, von einer „Vermutung" für GemeinschaftsE zu sprechen (vgl Pick in Bärmann/Pick/Merle § 1 u § 5 Rz 1a) Rz 37.

b) Für **Bestand und Sicherheit** erforderliche Teile sind technisch abzugrenzen. Dabei ist alles einzubeziehen, was aus gemeinschaftlichem Interesse erhaltungsbedürftig ist: neben Fundamenten, tragenden Mauern, Schornsteinen, allen sonstigen konstruktiv wesentlichen Elementen auch die schützenden Teile der Dachflächen (nicht Gehbelag; vgl Frankfurt DWE 1987, 62). Zur Balkonbodenplatte s Rz 10.

c) Elemente der **äußeren Gestaltung** überschneiden sich mit konstruktiven, gehen aber weiter und betreffen die Gesamtgestaltung der Gebäude; Bauteile, die das Gesamtbild nicht wesentlich beeinflussen, bleiben außer Betracht. Im gemeinschaftlichen MitE stehen: Fassaden (Deckert DEW 3/14), Balkonaußenwände und -abschlußgitter (vgl Rz 10); Außenputz (Düsseldorf BauR 1975, 62); Außenseite der Fenster und -verkleidungen (s Rz 10). Bei Rolläden und -kästen kommt es auf deren Anbringung an (str, vgl LG Memmingen Rpfleger 1978, 101; Müller NJW-Schriftenr 43 Rz 61, 65 – stets SonderE; KG ZMR 1985, 344).

d) Dem **gemeinschaftlichen Gebrauch** können auch Gegenstände dienen, die nicht wesentliche Bestandteile sind; maßgeblich ist das aus der Bauform und Teilungsvereinbarung objektivierbare Interesse, allerdings nicht notwendig sämtlicher MitEer, „Gruppeninteresse" genügt. Im gemeinschaftlichen MitE stehen zB: **aa)** Treppenhäuser (Hamm Rpfleger 1986, 374, 375); **bb)** Räumlichkeiten (wie Flure und Vorflure) und Treppen, die von anderen WEern zumindest gelegentlich als Zugang zu Teilen des GemeinschaftsEs oder des eigenen SonderEs benutzt werden müssen (BGH NJW 1991, 2909; Oldenburg Rpfleger 1989, 365; BayObLG NJW-RR 1992, 81f; BayObLG v 30. 10. 2003 – 2 Z BR 184/03; aA Röll DNotZ 1986, 707); allerdings ist die Rspr hier wenig einheitlich: Spitzboden in nicht ständigem Gebrauch der WEer bedarf keinen Zugangs über GemeinschaftsE (BayObLG DNotZ 1996, 27; BayObLG 2001, 25), ebenso unbebaute Grundstücksfläche (Hamm ZfIR 2001, 331; vgl auch Frankfurt ZMR 1995, 166), anders für Geräteraum (BayObLG DNotZ 1995, 631) und Heizungskeller (Naumburg ZMR 2000, 251; Düsseldorf NZM 1999, 772; BGH DNotZ 1992, 224; vgl auch Saarbrücken OLGRp 1999, 98 für Gas- und Wasseranschlüsse). Untergemeinschaften im Rahmen der WEG-Gemeinschaft und **„Mitsondereigentum"** einzelner WEer sind auch bei Eingangsfluren nicht zulässig (BGH 130, 159, 168; BayObLG 1987, 390, 396; BayObLG ZfIR 2000, 798, 800; vgl auch Staud/Rapp Rz 15a; Röll DNotZ 1998, 345 u Rz 8). **cc)** Wohnungsabschlußtüren (Düsseldorf NZM 2000, 193; vgl zur Schließanlage AG Böblingen NJW-RR 1996, 1297; Schmid DWE 1987, 37); Farbanstrich kann immer dem SonderE zugewiesen werden; zT wird vertikale Trennung befürwortet (BayObLG 1974, 269); **dd)** Zentrale Versorgungsleitungen, soweit nicht ausschließlich im Bereich des SonderE (Zweibrücken Rpfleger 1987, 106); **ee)** Isolierschicht an gemeinschaftlichen Wänden von Feucht- und Naßräumen (BGH NJW 1985, 1551; BayObLG Rpfleger 1982, 278; NJW-RR 1987, 331); Trittschallisolierung für eine Gewerbeeinheit, da allen WEen nützlich (Düsseldorf ZfIR 1999, 854); Isolierfolie in Zwischendecke (Hamm ZMR 1997, 193; Köln NZM 2002, 125, aber die Gebrauchsnotwendigkeit für eine SonderE); **ff)** Zur Gemeinschaftsantenne und zentraler Heizungsanlage vgl Rz 11.

e) Die **Abgrenzung nach dem Gebrauchsumfang (§ 14)** beurteilt sich nach dem konkreten Gemeinschaftsrecht. Regelmäßig werden zum SonderE gezählt (s nur Weitnauer Rz 8): Innenputz und -anstrich, Tapeten, Sanitärobjekte, Innentüren, Einbaumöbel, Fußbodenbeläge (anders darunter liegende Trittschalldämmung, BayObLG NJW-RR 1994, 598) uä. Schwierig ist die Abgrenzung bei Objekten, die den individuellen und gleichzeitig dem gemeinschaftlichen Gebrauch dienen; meist handelt es sich um GemeinschaftsE: Anlagenteile der Heizung; Versorgungseinrichtungen (Zweibrücken WEZ 1987, 155, anders Düsseldorf ZWE 2001, 223 für Abwasserhebeanlage, die nur einer Einheit dient); Fenster; Türen zum GemeinschaftsE; Bodenbeläge, die zugleich Isolierfunktion haben (München Rpfleger 1985, 437).

f) Schließlich stehen Grundstücksteile im GemeinschaftsE, die **mangels Abgeschlossenheit** nicht sonderrechtsfähig sind, insbesondere Freiflächen (Gärten, Parkraum) auf dem Grundstück (Karlsruhe ZMR 1972, 311), aber auch der Luftraum über einer Kehlbalkenlage (Düsseldorf DNotZ 1995, 82) u der Spitzboden (BayObLG DNotZ 1996, 27; BayObLG 2001, 25; vgl Fr. Schmidt MittBayNot 1997, 276). SonderE kann auch dann nicht an unbebauten Grundstücksflächen bestehen, wenn nach dem Aufteilungsplan darauf Räume oder Gebäudeteile künftig errichtet werden (Hamm NJW-RR 1987, 842; aA Frankfurt Rpfleger 1978, 381).

2. Einzelfälle. a) Bei einem **(freistehenden) Einfamilienhaus, Reihenhäusern** und **Mehrhausanlagen** sind alle tragenden Teile des Gebäudes (Fundamente, statisch wesentliche Mauern, Balken- und Trägerkonstruktion, Dach, Schornstein, Bodenplatten und Isolierung von Balkon) zwingend GemeinschaftsE (so BGH 50, 56; BGH BauR 2001, 798; Karlsruhe OLGZ 78, 175f; BayObLG DNotZ 1982, 250; BayObLG ZfIR 2000, 376; dagegen für frei stehende Häuser mit beachtlichen Argumenten Pick in Bärmann/Pick/Merle Rz 42).

b) **Nichtebenerdige Freisitze und Terrassenflächen** können im SonderE stehen, soweit sie entweder unmittelbar Bezug zur Wohnung haben oder ihr als abgeschlossene Räume zugeordnet sind. Das ist der Fall bei mehr oder weniger lichten „Ausweitungen" des Gebäudes in den Garten hinein, mit oder ohne Dach, stets aber mit besonderem Fußbodenbelag (nicht nur Rasen) und allseitig fest eingerichteter vertikaler Begrenzung, zB Pergola, Mauereinfriedung (geringe Höhe ausreichend); unmittelbarer Bezug zu nur einer Wohnung erforderlich (str vgl RGRK/Augustin Rz 28; MüKo/Röll Rz 8; BayVGH NZM 1999, 260 – nicht bei Außentreppe zum GemeinschaftsE ohne eindeutige Abgrenzung). **Dachterrassen** sind grundsätzlich SonderEfähig (BGH NJW 1985, 1551); praktisch aber beschränkt auf den Bodenbelag (BayObLG WuM 1994, 152). Die konstruktiven und gestaltenden Elemente (zB Bodenplatte, Isolierschicht gegen Durchfeuchtung, Dichtungsabschluß zum Gebäude, zur Abgrenzung von SondernutzungsR aufgestellte Pflanztröge) sind aber zwingend dem GemeinschaftsE zuzuordnen (BGH NJW 1985, 1551; BayObLG NJW-RR 1989, 1293; NJW-RR 1991, 976; NZM 1998, 818; ZWE 2001, 31; vgl auch Frankfurt

OLGZ 87, 23; Hamm ZMR 1989, 98). Auch **Balkone** sind nach hA (aA Staud/Rapp Rz 7) SonderEfähig; allerdings beschränkt auf den Bodenbelag und die nach innen gerichteten Flächen der Balkonrüstung (mit deren Putz, Anstrich und Verkleidung) (BayObLG WuM 1993, 488; enger Düsseldorf WE 1991, 331 – auch Innenseiten GemeinschaftsE), str für den Balkonraum (Düsseldorf NZM 1999, 507; vgl Frankfurt FGPrax 1997, 139 u Köln NZM 2001, 541). GemeinschaftsE sind Balkondecke, -gitter, -brüstung (außer der nach innen gerichteten Fläche), Bodenplatte und Feuchtigkeitsisolierung (BGH BauR 2001, 798, 799f; BayObLG ZfIR 1999, 197; vgl auch Düsseldorf NZM 1998, 269 u Hamburg ZMR 2001, 133). Vgl zum Ganzen Bielefeld DWE 1982, 72; ders DWE 1991, 124 u Fr. Schmidt MittBayNot 2001, 442.

10 c) **Fenster** aus Einfachglas, doppelverglaste Fenster mit Einfachrahmen, Verbundfenster und Isolierglasfenster (auch Dachflächenfenster) sind außen wie innen Gemeinschaftseigentum (Bremen DWE 1987, 59; BayObLG NJW-RR 1996, 140; ZWE 2000, 177; NZM 2001, 1081; Düsseldorf NJW-RR 1998, 515); SonderEfähig sind der Innenanstrich des Rahmens (LG Darmstadt DWE 1987, 31; ablehnend Deckert DEW 3/16b). Auch Schaufensterscheiben sind als Fassadenbestandteile GemeinschaftsE (Deckert DEW 3/16a). Fensterbänke und Fenstersimse sind GemeinschaftsE, soweit sie nach außen gerichtet sind (Deckert DEW 3/16e), ebenso sind Balkongeländer GemeinschaftsE (BayObLG ZMR 1997, 37).

11 d) **Heizungsanlagen** dienen idR der gemeinschaftlichen Versorgung, insoweit notwendig GemeinschaftsE. Das gilt auch, wenn sie von vornherein „in der Verfügung" eines MitE bleiben und von ihm gewerblich zur Gemeinschaftsversorgung genutzt werden sollen (BGH 73, 302; Zweibrücken ZMR 1984, 33) oder wenn Anlage im Raum des SonderE (KG ZfIR 2003, 264); ist die Anlage auch dafür bestimmt und ausgelegt, **weitere Gebäude** außerhalb der Anlage mit Energie zu versorgen, dann TeilE möglich (BGH NJW 1975, 688; BayObLG ZMR 1980, 185, 186; ZMR 1999, 50; Staud/Rapp Rz 40; str). Wird durch eine Anlage eines SonderE nur ein weiteres WE/TeilE versorgt, kann diese SonderE sein (BayObLG ZWE 2000, 213). Eine Kaminanlage, die nur für das WE im Erdgeschoß erforderlich ist, ist GemeinschaftsE (BayObLG ZMR 1999, 50). Heizungs- und Thermostatventile an Heizkörpern sind ebenfalls GemeinschaftsE (Hamm ZWE 2001, 393; vgl Bielefeld NZM 1998, 249). Die Abgrenzung hinsichtlich der Heizungsanlage gilt entsprechend für eine **Gemeinschaftsantenne** (BGH NJW 1975, 688).

12 e) Ein unwirksame Zuordnung eines zwingenden GemeinschaftsE in der Teilungserklärung zum SonderE, kann in eine Vereinbarung über die Tragung der **Instandsetzungskosten umgedeutet** werden (Hamm NJW-RR 1992, 148; ZMR 1997, 193; Düsseldorf NZM 1988, 269).

13 3. **Verdinglichte Vereinbarungen (Abs IV).** Nach der Struktur des WEG beschränkt sich das dingliche Sonderrecht nicht auf einen Teil des Grund- und Gebäudeeigentums, sondern schließt (nach Maßgabe insbesondere des § 10) weitere im übrigen schuldrechtliche Regeln der Gemeinschaft ein, die dann auch gegenüber Dritten wirken (s nur Ertl DNotZ 1979, 268f; Röll Rpfleger 1980, 90f). § 10 II, III bestimmen die Geltung gegenüber Sonderrechtsnachfolgern (vgl BayObLG MittBayNot 1984, 183). Unter Abweichung vom „Belastungs"-system des § 1010 BGB werden Gemeinschaftsregeln, die sowohl MitE als auch SonderE betreffen können, „verdinglicht" (BGH NJW 1979, 548; Weitnauer/Lüke Rz 35; weitergehend Pick in Bärmann/Pick/Merle Rz 81). Der prinzipiell schuldrechtliche Charakter von Gemeinschaftsregeln schließt aber gewisse sachenrechtliche Konsequenzen des § 10 II nicht aus: So gilt § 873 I BGB auch für die Rechtsübertragung (so wohl auch BGH NJW 1979, 548; aA Ertl DNotZ 1979, 267, 277f), ebenso §§ 873 II, 875 BGB, so daß eine Bindung unter den WEern bereits vor der Grundbucheintragung gegeben sein kann (Tasche DNotZ 1973, 453f). § 925 BGB gilt für Übertragung von Gemeinschaftsrechten. § 894 BGB ist sinngemäß anwendbar, zweifelhaft bei § 891, 892 BGB, die bei überwiegender Registerfunktion des Grundbuches wohl ausscheiden (ebenso Ertl DNotZ 1979, 268ff). Die Realberechtigten sind erst mit Eintragung an die Vereinbarung gebunden (s § 10 Rz 7). Gemeinschaftsrechte können als solche nicht belastet werden (BayObLG 1974, 396, Karlsruhe Rpfleger 1975, 356).

14 Die „Verdinglichung" betrifft Vereinbarungen unterschiedlichsten **Inhalts**, zB die Verwaltung des gemeinschaftlichen Vermögens, Aufträge gegenüber dem Verwalter, die Festlegung einer Nutzungsart (Bsp Hausmeisterwohnung; Düsseldorf NJW-RR 1997, 1306; vgl auch LG Koblenz NZM 1998, 676), bestimmte Dienstleistungen (vgl KG NZM 2002, 123) u ein Sonderstimmrecht (BayObLG 1997, 139).

6 *Unselbständigkeit des Sondereigentums*

(1) Das Sondereigentum kann ohne den Miteigentumsanteil, zu dem es gehört, nicht veräußert oder belastet werden.

(2) Rechte an dem Miteigentumsanteil erstrecken sich auf das zu ihm gehörende Sondereigentum.

1 1. **Einheit von MitE und SonderE. a)** Die Einheit von MitE und SonderE ist Wesensmerkmal des WE/TeilE. Übertragung von nur SonderE oder nur MitE und zwar jeweils insgesamt, ist deshalb unwirksam (BayObLG 1986, 86). Wird nur SonderE gem § 4 aufgehoben, muß MitEAnteil aufgeteilt werden; Anwachsung findet nicht statt. **Isoliertes MitE** ist deshalb grundsätzlich nicht möglich (s dazu Röll WE 1991, 340f; Ertl WE 1992, 219ff). Es entsteht aber, wenn gewolltes SonderE unwirksam ist (BGH NJW 1990, 447). MitEer sind dann verpflichtet, den nicht zugeordneten MitEAnteil durch Vereinbarung zuzuteilen, und zwar entweder durch Verbindung mit SonderE oder durch Verteilung auf die übrigen MitEAnteile (BGH 130, 159 u Hamm NJW-RR 1991, 335, vgl auch § 2 Rz 4). Insoweit ist der isolierte MitEAnteil verkehrsfähig. Entsprechend gilt das Einheitsprinzip für **isoliertes SonderE**: Bleibt zB bei Unterteilung einer Wohnung ein Raum nicht zugeordnet, ist diese weitere Aufteilung nichtig (BayObLG Rpfleger 1988, 102). Wird bei der ursprünglichen Aufteilung ein Raum vergessen, entsteht darauf hin kein SonderE; es verbleibt vielmehr im GemeinschaftsE. Im übrigen kann WE aber in seinen **Bestandteilen** verändert und auch **veräußert** werden, so einzelne Räume des SonderE und Anteile des MitE, und zwar jeweils auch isoliert (vgl § 3 Rz 9). Der schuldrechtliche Vertrag bedarf der notariellen Beurkundung (§ 4 III; § 311b I BGB). Bei Eigentumswechsel nach § 3 ist Auflassung und Zustimmung der dinglich Berechtigten an der veräußernden Einheit erforderlich (Frankfurt DNotZ 1991, 604; vgl Nieder BWNotZ 1984, 49/50).

b) **Reale Teilung** des WE ist ohne Veräußerung möglich, wenn neue in sich geschlossene Raumeinheiten entstehen. Aufteilungsplan und Abgeschlossenheitsbescheinigung sind erforderlich (BayObLG NJW-RR 1994, 716; Zweibrücken ZWE 2001, 395). Dingliche Berechtigte müssen nicht zustimmen. Zustimmung der Gemeinschaft grds nicht notwendig (BGH 49, 250). Auch ist Weiterveräußerung solcher Teile – abgesehen von § 12 – ohne Zustimmung zulässig (BGH NJW 1979, 870; BayObLG NJW-RR 1986, 244), wodurch sich aber die Stimmrechte im Ergebnis (analog § 25 II S 2) nicht vervielfältigen (aA KG NZM 2000, 671; Pal/Bassenge Rz 6; Weitnauer/Lüke § 25 Rz 13 bei Kopf- und Objektstimmrecht bei Veräußerung, wie hier Hamm RNotZ 2002, 575, Staud/Rapp § 6 Rz 7; vgl auch BGH 73, 150; KG FGPrax 1999, 90; Wedemeyer NZM 2000, 638). Bei Abstimmung nach MitEAnteilen unterteilen sich auch Stimmrechte entsprechend. Zustimmung der MitEer erforderlich, wenn sie in Teilungserklärung gefordert ist (BGH 73, 150; KG ZfIR 1999, 457; aA Hunger WE 1991, 66, 71: unzulässig; vgl Wedemeyer NZM 2000, 638; Briesemeister NZM 2000, 992). Teilweise wird bei Realteilung Stimmensplitting empfohlen (Düsseldorf NJW-RR 1990, 521; MüKo/Röll § 25 Rz 25a); dies ist nach dem Normzweck von § 25 II problematisch. Bei **zugleich baulichen Veränderungen** ist § 22 I zu beachten (BayObLG WE 1990, 101).

2

c) **Ideelle Teilung** des WE ist zulässig; WE kann in jeder Rechtsgemeinschaft begründet werden, also auch in Bruchteilsgemeinschaft. Aber SonderE kann nur mit einem MitEAnteil verbunden sein, an dem Unterberechtigungen bestehen (Neustadt NJW 1960, 1067; BGH 49, 250; Frankfurt ZMR 1974, 251). Die Verbindung eines MitEAnteiles mit mehreren SonderEen ist zulässig (vgl § 1 Rz 13); zum „NachbarE" Rz 8.

3

d) **Veränderung** der MitEAnteile **(Quoten)** ist auch ohne Änderung der SonderEe möglich (BGH NJW 1976, 1976; BayObLG 1958, 263). Eine Beteiligung der MitEer, deren Anteile keine Änderung erfahren, ist nicht erforderlich. Freigabe eines belasteten Anteils durch Berechtigte erforderlich. Übertragung erfordert Auflassung und Eintragung. Erweiterung von SonderE im Umfang ist aber auch ohne Änderung des MEAnteils möglich (BGH DNotZ 1987, 208); Veräußerung von SonderETeilen innerhalb der Gemeinschaft oder auch völliger Austausch der SonderEs untereinander ist ohne Veränderung der MitEQuote statthaft (Celle DNotZ 1975, 42; BayObLG DNotZ 1984, 381).

4

2. Vereinigung und Bestandteilszuschreibung. a) Vereinigung von WEen ist nach §§ 3 und 8 möglich (BGH Rpfleger 1983, 270); danach neu entstandene Räumlichkeit muß nach hM nicht abgeschlossen sein (BayObLG 1971, 102; KG NJW-RR 1989, 1360; aA Hamburg NJW 1965, 1765). Auch Vereinigung von WE und TeilE ist möglich. Grundpfandrechte müssen vereinheitlicht werden (Rangfolge!). Zustimmung der übrigen WEer ist nicht erforderlich, auch nicht, wenn in der WE-Versammlung eine Stimme entfällt (Stuttgart OLGZ 77, 431; vgl BayObLG Rpfleger 1984, 268; BayObLG 1974, 217 zur Stellung der Realgläubiger). Voraussetzung der Grundstücksvereinigung (§ 890 BGB) ist Identität der Eigentumsformen und der Rechtszuständigkeit (Zweibrücken NJW-RR 1990, 782). b) **Zuschreibung** von WE/TeilE zu anderem WE/TeilE ebenfalls zulässig (LG Ravensburg Rpfleger 1976, 303). Ein im GemeinschaftsE stehender Raum kann einem SonderE zugeschrieben werden, jedoch Auflassung notwendig (BayObLG DNotZ 1990, 37). c) Dem WEG-Grundstück können **Grundstücke** als Bestandteil zugeschrieben oder mit ihm vereinigt werden. Hierzu müssen identische Miteigentumsanteile wie am WEG-Grundstück bestehen (Frankfurt Rpfleger 1973, 394; Oldenburg Rpfleger 1977, 22). Hinsichtlich der Belastungen bestehen keine Besonderheiten gegenüber sonstigen Vereinigungen und Bestandteilszuschreibungen. Ein Grundstück kann auch einem WE/TeilE als Bestandteil zugeschrieben werden (Hamm NJW-RR 1996, 1100; vgl Weikart NotBZ 1997, 89).

5

3. Belastung. WE und TeilE sind wie Grundstücke belastbar (nicht wie bloßes Miteigentum, vgl § 1 Rz 3). Antrag auf Belastung eines WEs, das noch nicht gebildet ist, kann deshalb nicht in Antrag auf Belastung des MitEAnteils am Grundstück umgedeutet werden (Hamm OLGZ 83, 386). Das Gesamtgrundstück kann in der Form von Gesamtgrundpfandrechten an allen WEen belastet werden. **Dienstbarkeiten** dürfen nur mit Zustimmung aller WEer das gemeinschaftsE belasten (vgl KG OLGZ 76, 257). Das gilt auch, wenn das Recht auf realen Grundstücksteil beschränkt oder auf das SondernutzR des verpflichteten WEers gegenständlich begrenzt ist (BayObLG NJW 1975, 59; Karlsruhe Rpfleger 1975, 356, vgl auch § 15 Rz 13). Einzelnes WE/TeilE kann mit Dienstbarkeit belastet werden, die Nutzung dieser Einheit in einzelnen Berechnungen, die Duldung von Einwirkungen und den Ausschluß von Rechten betreffen, die nicht der Gemeinschaft in ihrer Gesamtheit zustehen (vgl BGH 107, 289). Bei Identität der Nutzungsbefugnis von Dienstbarkeit und SonderE können bei einer Aufteilung die übrigen SonderEen kostenfrei abgeschrieben werden (§ 1026 BGB; Hamm DNotZ 2001, 216, aber wohl auch kein SondernutzungsR für vom WohnR umfaßte Terrassen besteht). Keine Belastung des WE mit „UnterWE" (Köln Rpfleger 1984, 268). Ein **Vorkaufsrecht** am WE/TeilE ist zulässig; besteht es zunächst am ganzen Grundstück, erstreckt es sich nach Aufteilung auf sämtliche WE/TeilE (s nur Panz BWNotZ, 1995, 156, 158). Belastet ein Vorkaufsrecht nur einen ideellen Miteigentumsanteil, besteht es nach Aufteilung an WE/TeilE fort (vgl Bremen DNotZ 1978, 624; Schleswig FGPrax 2000, 5, LG Wuppertal Rpfleger 1987, 366; DNotI-Report 2002, 59).

6

4. Abgesondertes Miteigentum. Es betrifft – anders als „MitsonderE", vgl § 5 Rz 5 – eine gemeinschaftliche Berechtigung am GemeinschaftsE (vgl Hurst DNotZ 1968, 131). In der Lit (vgl Pick in Bärmann/Pick/Merle § 5 Rz 66) wird es teilweise dort für zulässig gehalten, wo GemeinschaftsE unter Ausschluß Dritter nur bestimmten SonderErn zugeordnet ist, zB Fahrstuhlanlagen zu bestimmten Wohneinheiten oder tragende Hausteile bei Mehrhausanlage. Dadurch entstehen jedoch relative MitEQuoten, die dem Konzept von §§ 1, 3, 6 widersprechen; deshalb ist „abgesondertes MitGemeinschaftsE" nicht zulässig (BGH 50, 56f; Düsseldorf Rpfleger 1975, 308; BayObLG 1981, 407; Köln DNotZ 1983, 106). Praktische Probleme (Verwaltung, Lastentragung, Stimmrechte) können durch entsprechende Regelungen in der Gemeinschaftsordnung gelöst werden.

7

8 Von dem Grundsatz, daß jedes SonderE nur mit einem MitEAnteil verbunden sein kann und dem daraus resultierenden Verbot von MitsonderE wird teilweise eine **Ausnahme** bei nichttragenden Zwischenwänden gemacht („**Nachbareigentum**"), weil dort ausschließlich und offenkundig die Mitberechtigung unmittelbarer Nachbarn in Frage steht und deshalb das Interesse anderer MitEer an der Rechtsgemeinschaft keine Rolle spielt (vgl Sauren DNotZ 1988, 667, 673; BGH NJW 1981, 455; Düsseldorf Rpfleger 1975, 308; Zweibrücken NJW-RR 1987, 332; BayObLG WE 1988, 102).

9 5. **Veräußerung von Grundstücksteilflächen.** Die Veräußerung unbebauter oder mit im GemeinschaftsE stehenden Gebäuden (zB Gerätehaus) bebauter Teilflächen ist durch alle WEer möglich (§§ 742 S 2 BGB; 10). Nicht ausreichend ist eine Verfügung einzelner MEer (Zweibrücken Rpfleger 1986, 289), aber bei sämtlichem Umdeutung möglich. Auflassung, Aufhebung WE/TeilE an weggemessener Fläche, Schließung der Wohnungsgrundbücher insoweit, Zustimmung und Freigabe durch dingliche Berechtigte (ausgenommen Gesamtberechtigte, wenn WEer Bruchteilseigentümer bleiben). Str ist, ob für Straßengrundabtretungen oder naturschutzrechtliche Ausgleichsflächen, die auch enteignet werden könnten, Regelung in Teilungserklärung mit Mehrheitsbeschluß möglich ist; dies ist abzulehnen (Stuttgart NJW-RR 1956, 815; Streblow MittRhNotK 1987, 141, 155; aA wohl Weitnauer § 1 Rz 27). Vormerkung kann nur gleichzeitig in allen Grundbüchern eingetragen werden (Staud/Gursky § 883 Rz 74; BayObLG MittBayNot 2002, 189; aA nur Hoffmann MittBayNot 2002, 155).

7 *Grundbuchvorschriften*
(1) Im Falle des § 3 Abs. 1 wird für jeden Miteigentumsanteil von Amts wegen ein besonderes Grundbuchblatt (Wohnungsgrundbuch, Teileigentumsgrundbuch) angelegt. Auf diesem ist das zu dem Miteigentumsanteil gehörende Sondereigentum und als Beschränkung des Miteigentums die Einräumung der zu den anderen Miteigentumsanteilen gehörenden Sondereigentumsrechte einzutragen. Das Grundbuchblatt des Grundstücks wird von Amts wegen geschlossen.
(2) Von der Anlegung besonderer Grundbuchblätter kann abgesehen werden, wenn hiervon Verwirrung nicht zu besorgen ist. In diesem Falle ist das Grundbuchblatt als gemeinschaftliches Wohnungsgrundbuch (Teileigentumsgrundbuch) zu bezeichnen.
(3) Zur näheren Bezeichnung des Gegenstandes und des Inhalts des Sondereigentums kann auf die Eintragungsbewilligung Bezug genommen werden.
(4) Der Eintragungsbewilligung sind als Anlagen beizufügen:
1. eine von der Baubehörde mit Unterschrift und Siegel oder Stempel versehene Bauzeichnung, aus der die Aufteilung des Gebäudes sowie die Lage und Größe der im Sondereigentum und der im gemeinschaftlichen Eigentum stehenden Gebäudeteile ersichtlich ist (Aufteilungsplan); alle zu demselben Wohnungseigentum gehörenden Einzelräume sind mit der jeweils gleichen Nummer zu kennzeichnen;
2. eine Bescheinigung der Baubehörde, daß die Voraussetzungen des § 3 Abs. 2 vorliegen.
Wenn in der Eintragungsbewilligung für die einzelnen Sondereigentumsrechte Nummern angegeben werden, sollen sie mit denen des Aufteilungsplanes übereinstimmen.
(5) Für Teileigentumsgrundbücher gelten die Vorschriften über Wohnungsgrundbücher entsprechend.

1 1. **Grundbucheintragung. a)** Das Wohnungs-/Teileigentumsgrundbuch entspricht bezüglich des materiellen und formellen Rechts dem allg Grundbuch, nur daß entgegen § 3 GBO grundsätzlich für jeden MitEAnteil ein **Grundbuchblatt** angelegt wird. In dieses hat jeder WEer ein Einsichtsrecht auch hinsichtlich des anderen WE/TeilEen (Düsseldorf NJW 1987, 1651). Bei gemeinschaftlichem Grundbuchblatt (Abs II S 1, gemeinschaftliches Wohnungs-/Teileigentumsgrundbuch), wird idR aus selbständiger Belastung der Teilrechte Verwirrung zu besorgen sein, so daß es anders das einheitliche Grundbuchblatt nach § 4 I GBO selten ist. Ob ein WE- oder TeilE-Grundbuch anzulegen ist, entscheidet das Grundbuchamt (LG Koblenz NZM 1998, 676). Ein Grundbuchblatt als Wohnungs- und Teileigentumsgrundbuch ist bei Verbindung eines WE u TeilE zulässig (§ 3 S 2 WGV). Das Grundbuchblatt des Grundstücks ist bei Anlegung der Wohnungs-/Teileigentumsgrundbücher zu schließen (Abs I S 3). Das aufgehobene Grundbuch besteht „im Rechtssinne" fort (Oldenburg Rpfleger 1977, 22 [str]).

2 b) Die Einzelheiten der grundbuchmäßigen Behandlung regelt die Wohnungsgrundbuchverfügung (**WGV**) v 24. 1. 1995 (BGBl I 134). Anzugeben sind im **Bestandsverzeichnis** das Grundstück, der MitEAnteil nach Bruchteilen (§ 47 GBO) und das SonderE durch Bezeichnung der Räume; Bezugnahme auf Eintragungsbewilligung und den als Anlage beigefügten Plan ist zulässig (Abs III; vgl Hamm ZfIR 1997, 303). Das Bestehen der anderen SonderERechte ist als Beschränkung entsprechend § 3 I (also nicht als Belastung) mit anzuführen. Beim gemeinschaftlichen Wohnungsgrundbuch ist das SonderE ebenfalls nicht als Belastung, sondern bei der Angabe des Gemeinschaftsverhältnisses aufzuführen (vgl Diester Rpfleger 1965, 193). Nach § 3 II WGV muß **Veräußerungsbeschränkung** (§ 12) ausdrücklich eingetragen werden. Bei **SondernutzungsR** genügt zur Eintragung die Bezugnahme auf die Eintragsbewilligung, die dann aber ein Mindestmaß an Genauigkeit und Abgrenzung in der Bestimmung des Rechts enthalten muß (vgl BayObLG 1985, 201, 206; KG NJW-RR 1997, 205; Frankfurt NJW-RR 1996, 1168) auf SondernutzungsR von nicht ganz unbedeutendem Wert sollte aber zur Klarstellung durch knappe Eintragungsvermerke ausdrücklich hingewiesen werden (Hamm OLGZ 85, 19; Frankfurt NJW-RR 1996, 1168; Ertl Rpfleger 1979, 81, 83; Röll MittBayNot 1979, 218).

3 2. **Aufteilungsplan. a)** Bezugnahme auf Eintragungsbewilligung erfaßt den Aufteilungsplan, soweit auf ihn Bezug genommen ist (vgl § 8 Rz 1). Dies gilt auch, wenn er bei Begründung von SonderE nicht vorgelegen hat (Karlsruhe NJW-RR 1993, 1294). Aufteilungsplan gibt die Lage des Gebäudes oder der mehreren Gebäude, die aufgeteilt werden, auf dem Grundstück (Hamm Rpfleger 1976, 317, 319; Bremen Rpfleger 1980, 68; BayObLG ZfIR 2002, 466, 467; str) sowie die Aufteilung, Lage und Größe der im SonderE und im GemeinschaftsE stehenden Gebäudeteile an (BayObLG MittBayNot 1997, 291), nicht notwendig dagegen die Detailgestaltung der Gebäude und Raumaufteilung innerhalb der Wohnungen (BayObLG DNotZ 1980, 747). In der Regel sind Grundrisse, Schnitte und Ansichten vorzulegen (BayObLG DNotZ 1998, 377). Dies gilt auch für baulich selbständige Garagen, an denen SonderE begründet werden soll (Düsseldorf NZM 2000, 666; zu weitgehend BayObLG MittBayNot 1997, 291, das für Spitzboden Schnitt nicht ausreichen läßt u Grundriß fordert); für Garage, die im GemeinschaftsE verbleibt, genügt ein Grundriß, Ansichten und Schnitte sind nicht erforderlich (BayObLG NJW-RR 1993, 1040). Kein Aufteilungsplan bei Umwandlung WE in TeilE und umgekehrt (Bremen ZWE 2002, 229). „Einzelräume" gem Abs IV Nr 1 aE sind alle gegeneinander gesonderten, zum WE gehörenden Räume (LG Heilbronn BWNotZ 1976, 125; enger LG Düsseldorf Rpfleger 1977, 30); sie sind mit einer eigenen Nummer zu versehen; eine zusätzliche farbliche Kennzeichnung (Umrandung) kann dagegen nicht gefordert werden. Hinsichtlich einzelner Kellerräume ist bei Änderung der Teilungserklärung vor Vollzug im Grundbuch nicht die gleiche Nummer wie für die Wohnräume erforderlich (aA BayObLG MittBayNot 1992, 134; Schöner/Stöber, Grundbuchrecht, 12. Aufl 2001, Rz 2852). SondernutzungsR sind ebenfalls hinsichtlich Lage und Größe erforderlich (KG ZMR 2000, 31); dies muß allerdings nicht im Aufteilungsplan erfolgen. Zur Vermeidung von Widersprüchen oder aufgrund geänderter Vorstellungen ist auch eine eingeschränkte Bezugnahme auf den Aufteilungsplan zulässig (zB best Wohnung bleibt als Hausmeisterwohnung GemeinschaftsE, Keller wird GemeinschaftsE, Garage wird kein TeilE; BGH 130, 159; MüKo/Röll Rz 10). Unschädlich ist es deshalb auch, wenn die Aufteilungspläne Gebäude umfassen, die nicht aufgeteilt werden sollen.

b) Bei einem **Widerspruch zwischen** der Begründung von SonderE in der **Teilungserklärung und der Plananlage** ist die gesamte Erklärung zunächst auszulegen (BGH NJW-RR 1990, 81; Stuttgart ZMR 1990, 190; Hamm FGPrax 1996, 176). Ein Vorrang der Planunterlagen gegenüber dem Text besteht auch für SondernutzungsR nicht (vgl BGH 130, 159; BayObLG WE 1992, 173; Düsseldorf MittRhNotK 1998, 132; KG ZMR 2000, 31; aA für SondernutzungsR Hamburg WE 1990, 204). Für die **Auslegung** gelten die allgemeinen für Grundbucheintragungen maßgebenden Grundsätze; abzustellen ist auf den objektiven Wortlaut und Sinn sowie auf sonstige für jedermann ohne weiteres erkennbare Umstände (BayObLG WuM 1993, 289; Hamburg MDR 1997, 816; Düsseldorf MittRhNotK 1998, 132; BayObLG ZWE 2000, 175; Köln ZMR 2001, 68). Das Rechtsbeschwerdegericht kann die TE selbst auslegen (Hamburg MDR 1997, 816; BayObLG NZM 1998, 775; ZfIR 2000, 135; Köln ZMR 2001, 68). Ist Garage oder Nebenraum im Plan mit Nummern wie WE/TeilE versehen, aber im Textteil nicht erwähnt, so ist regelmäßig SonderE gewollt (Zweibrücken ZMR 1996, 387; Frankfurt MDR 1997, 634). Bei nicht durch Auslegung nicht lösbarem Widerspruch fehlt Bestimmtheit. SonderE und damit auch WE/TeilE können nicht entstehen, im Zweifel liegt GemeinschaftsE vor (s nur Karlsruhe NJW-RR 1993, 1294; BayObLG ZWE 2000, 69; Stuttgart ZMR 2001, 732; Hamm ZfIR 2003, 912; LG Hamburg ZMR 2000, 628; ausführlich zu diesem „Fundament-Defekt" Ritzinger BWNotZ 1988, 56; zu Divergenzen zwischen Aufteilungs- und Verkaufsplan Düsseldorf NJW-RR 2000, 1006, 1007). Das Grundbuchamt ist aber befugt, die Anlegung von Wohnungsgrundbüchern abzulehnen (Köln NJW-RR 1993, 204). Allerdings besteht in diesen Fällen des „verunglückten Wohnungseigentums" regelmäßig ein Anspruch des betroffenen WEers gegen die übrigen auf Begründung von SonderE (BGH 130, 159, 169; BayObLG 2000, 243; ausführlich Ritzinger BWNotZ 1988, 5). Anspruchsgrundlage dieses schuldrechtlichen Anspruchs auf Änderung der dinglichen Rechtslage in der Form der Einräumung von SonderE ist § 242 BGB (BayObLG 1998, 111, 114; Köln ZMR 1999, 785). Angaben der Wohnfläche haben keine Folgen für die Entstehung von SonderE; Berichtigung auf Antrag ist möglich (LG Passau Rpfleger 1994, 500).

c) Abweichende Bauausführung. Der Bestimmtheitsgrundsatz fordert, daß sich der Rechtserwerb am Gebäude nach den Grundbuchunterlagen, insbesondere dem Aufteilungsplan, vollzieht. Abweichungen vom Bauplan können die Entstehung von SonderE verhindern: **aa)** Keine „Abweichung" liegt vor, wenn lediglich Nutzungsabweichung erfolgt oder wenn der Plan nicht eingehalten wird, die für Abgrenzung der SonderEe und den Umfang des MitE ohne Bedeutung sind, zB nichttragende Wände innerhalb der SonderE (vgl Köln Rpfleger 1982, 374; Hamm Rpfleger 1986, 374; s auch BayObLG ZMR 1986, 21; aA Soergel/Stürner Rz 10). **bb)** Bei geringfügigen Abweichungen entsteht das Recht nach zu vermutendem Willen der Beteiligten entsprechend dem tatsächlichen Bauzustand (Düsseldorf OLGZ 1977, 467; NJW-RR 1988, 590; Merle WE 1989, 116; Streblow MittRhNotK 1987, 141, 144; einschränkend Röll MittBayNot 1991, 240, 245; weitergehend Bärmann/Seuß/Schmidt A Rz 271ff). **cc)** Wo im übrigen baulich gewolltes SonderE vom Plan nicht gedeckt ist, dh eine wesentliche Abweichung gegeben ist (= Übereinstimmung von Plan und Ausführung nicht mehr feststellbar, vgl BayObLG DNotZ 1973, 611), ist zu unterscheiden: **(1)** Wird abweichend vom Teilungsplan SonderE baulich in das geplante GemeinschaftsE hinein erstreckt, so fehlt es für die Entstehung von SonderE am Rechtsbegründungsakt; der gewollte SonderE-Raum bleibt GemeinschaftsE (Celle OLGZ 1981, 106; Stuttgart OLGZ 1979, 21). Auch die Vorschriften über den Überbau sind nicht analog anzuwenden (BayObLG DNotZ 1993, 741, aA Röll MittBayNot 1991, 240, 245; Staud/Rapp § 3 Rz 78; vgl auch Abramenko ZMR 1998, 741, 743). **(2)** Wird aber abweichend vom Teilungsplan GemeinschaftsE baulich in das geplante SonderE hinein erstreckt (zB neuer Flurbereich), so ist das geplante SonderE im Bau nicht mehr nachvollziehbar. Mangels Bestimmtheit der Rechtsbegründung kann insoweit nur GemeinschaftsE entstehen (vgl Koblenz WE 1992, 19). **(3)** Wird geplantes SonderE überhaupt nicht geschaffen, kann dieses SonderE, weil tatsächlich nicht abgrenzbar, auch rechtl nicht entstehen (vgl Hamm Rpfleger 1986, 374; BayObLG 2001, 328). WE/TeilE nach Vertrag kann erst durch neue auf Wirklichkeit abgestellte Vereinbarung und Umplanung (oder aber Umbau) entstehen. Eine verbreitete Meinung läßt trotz anderer Bauausführung Anwartschaftsrecht gem Vertrag bestehen (vgl Pal/Bassenge § 2 Rz 6) und folgert daraus, daß das Grundbuch nicht unrichtig werde, aber Anpassungsforderung bestehe (vgl Hamm NJW-RR 1986, 1275; BayObLG 2001, 328). Zweifelhaft, da möglicher Anspruch auf Rechtsvollendung der Annahme einer Unrichtigkeit des Grundbuches nicht im Wege steht. **(4)** Die Grenze zwischen zwei SonderEen wird planabweichend ausgeführt (zB Wohnungstrennwand versetzt). Auch insoweit soll es auf die Geringfügigkeit der Veränderung ankommen. SonderE entsprechend der Ausführung entsteht, wenn der Grundriß des Gebäudes und Lage und Abgrenzung zwischen den WEen im übrigen unverändert bleibt (BayObLG DNotZ 1999, 212, vgl auch Abramenko ZMR 1998, 741). Eigentümerbeschluß über Anpassung an die tatsächliche Gegebenheit ist bei größeren Abweichungen nichtig (BayObLG DNotZ 1999, 212). Erforderlich sind insoweit rechtsbegründende Willenserklärungen und ihre Eintragung im Grundbuch (Hamm ZWE 2000, 44). Hierzu kann aufgrund der Treuepflicht der WEen im Anspruch bestehen (BayObLG ZfIR 2001, 745; KG ZWE 2001, 554), der einem Beseitigungsanspruch entgegensteht (vgl Hamburg BauR 2001, 1766; Bertram WEZ 1988, 240; Armbrüster ZWE 2002, 333, 339). dd) Kein SonderE entsteht, wenn gravierende Abweichung, so daß für das WE örtliche Identität fehlt (Düsseldorf DWE 1984, 93), und falls Aufteilungsplan in wesentlichen Beziehungen unklar ist (Frankfurt Rpfleger 1978, 380), wenn zB Einstellflächen (SonderE) nicht genügend bestimmt (BayObLG NJW 1974, 152) oder Garagenraum bezüglich seiner Lage auf dem Grundstück unbestimmt geblieben ist (Hamm Rpfleger 1976, 318; zT ablehnend Röll DNotZ 1977, 643). ee) Solange WE/TeilE nicht plangerecht vollendet und Vollendungswille nicht aufgegeben ist, besteht **Anspruch** auf **Planvollzug** bzw Anpassung (vgl auch BayObLG WE 1988, 26; NJW-RR 1990, 332; Hamburg NZM 2003, 109). **Gutgläubiger Erwerb** nach planwidriger Errichtung ist möglich (s BGH NJW 1990, 447; BayObLG DNotZ 1988, 316; Röll in FS Seuß S 233f; zum Neuerwerb bei baulicher Abweichung KG WE 1989, 170).

6 d) In begrenztem Rahmen ist das **Grundbuchamt** berechtigt, die materielle Wirksamkeit der Grundbucherklärungen **zu prüfen**. Die Abgrenzung der Befugnisse ist umstr. Funktion des Grundbuchverfahrens im materiellen Bereich ist vorrangig die sachenrechtliche Zulässigkeitsprüfung von Eintragungsanträgen. Die Aufgabe, inhaltlich unrichtige Einträge zu vermeiden, schließt auch Kontrolle nach §§ 134, 138 BGB ein. Demgegenüber ist eine AGB-Kontrolle (§§ 305ff BGB) problematisch, da bereits der Anwendungsbereich und damit die Kontrolltiefe nicht feststellbar sind (§ 310 BGB). Allerdings kann sie aber auch nicht mit dem Argument abgelehnt werden, es sei keine typische Konfliktsituation gegeben, da der AGB-Verwender nicht WEer bleiben möchte. In nicht seltenen Fällen übernimmt er oder ein Tochterunternehmen aber die Verwaltung. Insofern können AGB-widrige Klauseln nicht von vornherein einer Angemessenheits- und Transparenzkontrolle vollständig entzogen sein (vgl auch BayObLG DNotZ 2003, 51). Eine analoge Anwendung unter Beschränkung auf den Kontrollmaßstab des § 310 I BGB ist deshalb möglich (ähnlich Ulmer in FS Weitnauer 1980 S 205; weiter gehend Eickmann Rpfleger 1973, 341; ders Rpfleger 1978, 1; aA BayObLG NJW-RR 1992, 83; Frankfurt MittBayNot 1998, 345; Ertl DNotZ 1981, 149; Staud/Rapp Rz 35; Weitnauer Rz 25f; offen BGH 99, 99; vgl § 8 Rz 3).

7 3. **Abgeschlossenheitsbescheinigung (Abs IV Nr 2).** a) Die Bescheinigung über Abgeschlossenheit der Wohnung ist Sollerfordernis (vgl dazu Röll Rpfleger 1983, 380, zum Prüfungsumfang der Baubehörde s § 3 Rz 5). Zuständig ist Behörde, die nach Landesrecht die Bauerlaubnis erteilt. Die Abgeschlossenheitsbescheinigung soll dem Grundbuchamt die Prüfung bautechnischer Fragen erleichtern (BVerwG NJW-RR 1988, 649, 650; NJW 1997, 71; BayObLG NJW-RR 1990, 1356; 1994, 716). Es handelt sich um keinen Verwaltungsakt (so aber Becker NJW 1991, 2742), sondern um **schlicht-hoheitliches Handeln** (BVerwG DNotZ 1988, 702; VG Berlin NZM 1998, 732). Gegen Ablehnung ist Leistungsklage vor dem VerwG möglich. Behörde ist nicht befugt, Bescheinigung von der Erfüllung fremder Erfordernisse (zB Baugenehmigung) abhängig zu machen (BVerwG NJW-RR 1988, 649). Die Baubehörde kann eine von ihr erteilte Abgeschlossenheitsbescheinigung nachträglich für kraftlos erklären, wenn der Aufteilungsplan durch bauliche Veränderungen des Gebäudes unrichtig geworden ist (BVerwG 100, 83; vgl zur Verweigerung der Abgeschlossenheitsbescheinigung in diesem Fall BayVGH NZM 1999, 260). b) Bescheinigung des Bauamtes soll nach hM das **Grundbuchamt nicht binden** (BGH NJW 1991, 1611; Frankfurt Rpfleger 1977, 312; KG DNotZ 1985, 437; MüKo/Röll Rz 11; Staud/Rapp Rz 29); soweit spezifisch baurechtliche Beurteilung abgegeben wird, ist dies aber zweifelhaft; insoweit ist eine Bindungswirkung zu bejahen, wenn die Abgeschlossenheitsbescheinigung noch einen Sinn haben soll (vgl LG Frankfurt NJW 1971, 760). Fehlt es jedoch nach dem Aufteilungsplan offenkundig an Abgeschlossenheit, kann Eintragung trotz Bescheinigung grundbuchamtlich versagt werden (Karlsruhe DNotZ 1973, 235). Das Grundbuchamt kann selbst Abgeschlossenheit nicht attestieren. Erfaßt die Abgeschlossenheitsbescheinigung weitere Bauwerke oder Gebäudeteile, die nicht aufgeteilt werden sollen, oder Bauwerke auf Nachbargrundstücken, genügt sie dennoch den gesetzlichen Anforderungen. Vermerke über die Gültigkeit der Bescheinigung (zB nach Durchführung von Umbaumaßnahmen) sieht das Gesetz nicht vor; es geht vielmehr davon aus, daß auch für künftige Gebäude die Abgeschlossenheit bescheinigt werden kann, gleiches muß für geplante Umbaumaßnahmen gelten. c) Die Abgeschlossenheitsbescheinigung soll auch dem **Notar** die Prüfung der bautechnischen Fragen abnehmen. Deshalb kann es sich auf diese Bescheinigung verlassen. Eine Pflicht zur inhaltlichen Kontrolle der Richtigkeit trifft ihn nicht (Koblenz DNotZ 2002, 116, 117; LG Mainz MittRhNotK 2000, 394).

8 *Teilung durch den Eigentümer*

(1) Der Eigentümer eines Grundstücks kann durch Erklärung gegenüber dem Grundbuchamt das Eigentum an dem Grundstück in Miteigentumsanteile in der Weise teilen, daß mit jedem Anteil das Sondereigentum an einer bestimmten Wohnung oder an nicht zu Wohnzwecken dienenden bestimmten Räumen in einem auf dem Grundstück errichteten oder zu errichtenden Gebäude verbunden ist.

(2) Im Falle des Absatzes 1 gelten die Vorschriften des § 3 Abs. 2 und der §§ 5, 6, § 7 Abs. 1, 3 bis 5 entsprechend. Die Teilung wird mit der Anlegung der Wohnungsgrundbücher wirksam.

1 1. **Vorratsteilung.** Die wirtschaftliche Bedeutung liegt im städtischen Bereich vor allem im Bauträgergeschäft (vgl Mäule ZNotP 1998, 481), in ländlichen Gegenden dagegen in der Vorbereitung der Regelung der vorweggenommenen Erbfolge. Die Teilung durch den Eigentümer läßt selbständige Rechte in einer Hand entstehen, die für sich belastet werden können. Die Teilung ähnelt der Parzellierung eines Grundstücks. Erforderlich sind Erklärungen des Eigentümers, die materiell-rechtlich Willenserklärung sind. Die Teilungserklärung ist formfrei wirksam, aber dem Grundbuchamt unter Beachtung von § 29 GBO einzureichen. Die Aufteilung kann bereits vor Vorliegen der bestätigten Aufteilungspläne mit der Abgeschlossenheitsbescheinigung erfolgen. Ausreichend ist Aufteilung mit vorläufigem Plan und spätere Verdeutlichung der Zusammengehörigkeit von Bewilligung und Plan; Grundbuchamt muß aber Übereinstimmung prüfen, Identitätserklärung des Notars genügt bei Widerspruch nicht (BayObLG ZfIR 2003, 382; vgl Hügel NotBZ 2003, 147). Soll auf die Teilungserkärung in späteren Veräußerungsverträgen verwiesen werden, ist diese zu beurkunden (§ 13a I BeurkG). Im übrigen gelten hinsichtlich der Aufteilung § 7 I, III–V. § 8 II verweist nicht auf § 7 II, so daß ein gemeinschaftliches Grundbuchblatt nicht angelegt werden soll; Verstoß dagegen macht die Teilung aber nicht unwirksam.

2. Teilungserklärung. a) Entspricht als rechtsgeschäftliche Erklärung bei der Begründung von WE nach § 8 der Teilungsvereinbarung nach § 3. Sie richtet sich allerding als einseitige Erklärung an das Grundbuchamt, ist also grundbuchrechtlicher Natur. Sie ist **Eintragungsbewilligung** iSv § 19 GBO und bezieht sich auf die Aufteilung des Grundstücks in SonderE und zugeordnete MitEQuoten (Hamm Rpfleger 1985, 109). Das Grundstück ist dabei nach Maßgabe des § 28 GBO zu bezeichnen. Handelt es sich um eine zuvermessene Teilfläche eines Grundstücks ist ein Vollzug erst nach Vorliegen eines Veränderungsnachweises möglich (Saarbrücken NJW 1972, 691; Düsseldorf NJW 1975, 168); bei Identität der aufgeteilten und der vermessenen Fläche muß die Aufteilung nicht wiederholt werden, eine Identitätserklärung ist ausreichend. Notwendiger Inhalt der Teilungserklärung sind ferner der zugrunde gelegte Aufteilungsplan (§ 7 IV), der allerdings vorläufig, dh ohne Bestätigung der Baubehörde sein kann, sowie die Bestimmung der MitEAnteile. Das WE entsteht mit der Anlegung der entsprechenden Grundbücher aufgrund der Teilungserklärung; wenn das Grundstück noch nicht bebaut ist, zunächst als Anwartschaftsrecht. Der Bestand der künftigen WE hängt dann aber von der erkennbaren Bereitschaft ab, die einzelne WE-Einheit durch Bauerrichtung auch tatsächlich entstehen zu lassen (vgl Hamm NJW-RR 1987, 842, 843). **b)** Die Teilungserklärung umfaßt darüber hinaus in der Praxis regelmäßig auch die **MitE- oder Gemeinschaftsordnung**, deren Regeln als Vereinbarungen gem § 5 IV zum Inhalt des SonderE gemacht („verdinglicht") werden (vgl dazu § 10 Rz 1). **c)** Während die Teilungsvereinbarung nach § 3 notariell zu beurkunden ist (§ 4 III), genügt für die Teilungserklärung nach § 8 die Einhaltung der Erfordernisse des § 29 GBO (vgl Rz 1). Die Erklärung muß unbedingt und unbefristet sein.

d) Die **Gemeinschaftsordnung** bedarf keiner eigenen Regelung, da das WEG (§§ 10f; 20f) die notwendigen Bestimmungen selbst enthält; auf die Besonderheit der jeweiligen Gemeinschaft abgestellte Regeln sind jedoch meist zweckmäßig; § 15 I, II enthält für sie eine allgemeine materielle Ermächtigung, §§ 21, 23 enthalten Durchsetzungs- und Zuständigkeitsnormen. Teilweise gibt das Gesetz selbst Hinweise auf mögliche abweichende (ergänzende) Bestimmungen, so in §§ 5 III, 11 I S 3; 12 I, II S 2; 15 I, II; 21 I, III; 26 I S 3; 35; 36 I S 1, IV; 39; 40 II; 41 I, II. Auch in ihrem Rahmen sind Regelungen aber nicht beliebig möglich; sondern an **Gültigkeitsgrenzen** gebunden. Diese sind für Beschlüsse in § 23 IV normiert; für **Vereinbarungen** ist der Regelungsrahmen weiter, aber Verbotsnormen und die sachenrechtliche **„Dispositionsfeindlichkeit"** sind zu beachten. Ausdrückliche Verbotsnormen enthält das Gesetz in §§ 5 II; 6; 11 I S 1, 2; 12 I S 1; 18 IV, 20 II; 24 I; 26 I S 2, 4; 27 III; zwingend sind weiter grundsätzlich die §§ 43ff (vgl aber BayObLG DNotZ 1973, 691 zur Zulässigkeit eines Schiedsgerichts) und §§ 53ff WEG. Im übrigen sind die Grenzen von Vereinbarungen strittig (vgl Prüfer ZWE 2001, 398). Für die **Änderung** von Vereinbarungen und Ordnungsregeln mit „Beschluß"-Charakter gelten die Regeln der Begründung entsprechend. Von praktischer Bedeutung ist die Abgrenzung vor allem der Nutzung von WE/TeilEen einschränkende Zweckbestimmung mit Vereinbarungscharakter (vgl BayObLG MittBayNot 1997, 369; Düsseldorf ZWE 2000, 537). **d)** Umstr ist die **AGB-Kontrolle** von Teilungserklärungen (vgl BGH NJW 1987, 650; Frankfurt ZfIR 1998, 235; Bärmann/Seuß/Schmidt A Rz 224). Grundsätzlich erfordert der vor allem bei Bauträgerverträgen diskutierte Erwerberschutz keine Kontrolle der Grundbucherklärung (vgl Eickmann Rpfleger 1978, 1ff; Ulmer in FS Weitnauer 1980, 205ff), sondern der Einbeziehung in den Erwerbsvertrag (so zu Recht Ertl PiG 7, 120ff; Schippel/Brambring DNotZ 1977, 177; Röll DNotZ 1978, 721). Eine Ausnahme dürfte für das Transparenzgebot (§ 307 I S 2 BGB) gelten; unklare und widersprüchliche Erklärungen in Vorratsteilungen können demnach unwirksam sein. Zusätzlich kann eine entsprechende Anwendung des Kontrollmaßstabes gemäß § 310 I BGB möglich sein (vgl § 7 Rz 6). Die Prüfungsbefugnis hinsichtlich der Vollmacht des Bauträgers zur Änderung der Aufteilung ist auf offensichtliche Unwirksamkeitsgründe beschränkt (BayObLG ZfIR 2002, 141; 2003, 513 u 516).

e) Ein **Beschlußvorbehalt (Öffnungsklausel)**, der es erlaubt, die getroffene Vereinbarung mehrheitlich zu ändern ist zulässig, wenn hierfür ein sachlicher Grund (notwendige Modernisierung, Anpassung an geänderte Lebensgewohnheiten) besteht und für einzelne WEer keine unbillige Benachteiligung eintritt (BGH NJW 1985, 2832; Stuttgart NJW-RR 1986, 815; BayObLG ZfIR 2000, 292; KG NZM 2000, 348; 2003, 643; LG Lübeck NJW-RR 1990, 912). Für die dingliche Wirkung (§ 10 II, III) ist Eintragung notwendig (Ott ZWE 2001, 466; zum gerichtlichen Antrag auf Abgabe der Änderungserklärung BayObLG 2001, 99). Ein derartiger Vorbehalt muß die Grenzen möglicher Beschlüsse deutlich machen, also genau regeln, welche Gegenstände einer Beschlußfassung unterliegen sollen und welche sachlichen Gründe dafür vorliegen müssen, damit spätere Änderungen **generell voraussehbar** sind (vgl BayObLG NJW-RR 1990, 978; Röll Rpfleger 1986, 218; Reinelt NJW 1986, 826; Grebe DNotZ 1987, 8; Hügel ZWE 2001, 578 u 2002, 503; ders ZfIR 2003, 885; Becker ZWE 2002, 341 u 509; Schneider ZfIR 2002, 109, 112; Wenzel ZfIR 2002, 679; NZM 2003, 217, 220; zur Formulierung Wendel ZWE 2003, 545, 547). Ferner empfiehlt sich eine Regelung über das Wirksamwerden einer Änderung (i Zw Beschlußfassung) und Tragung der evtl anfallenden Kosten (i Zw Gemeinschaft) (vgl auch Drasdo BWNotZ 2002, 1, 5f).

3. Änderungsvorbehalt/-vollmacht. a) Dinglich wirkende **Änderungsvorbehalte** zugunsten des aufteilenden Eigentümers oder eines Dritten (zB des Verwalters) sind jedenfalls ohne Konkretisierung und mit einer Ermächtigung zur Überführung von GemeinschaftsE in SonderE unzulässig (vgl Rapp MittBayNot 1998, 770, zu weitgehend Krause NotBZ 2001, 433, 438ff). Auch die Einräumung von SondernutzungsRen bietet keinen Ausweg. Zwar kann ein SondernutzungsR auch das Recht umfassen, Bauwerke zu errichten; zur Überführung in SonderE bedarf es jedoch der Zustimmung der MEer und dinglich Berechtigten (vgl nur Düsseldorf ZWE 2001, 443; BayObLG 2000, 1). Lediglich die Zuordnung von SondernutzungsRen kann aufgrund eines entsprechenden Vorbehalts einseitig erfolgen (s nur BayObLG NJW-RR 1998, 1312; NZM 2001, 1131). **b) Vollmachten** zur Änderung der Teilungserklärung, die Erwerber insbesondere beim Kauf vom Bauträger diesem unmittelbar im Erwerbsvertrag oder durch Bezugnahme auf eine Vollmacht in einer „Verweisungsurkunde" erteilen, können nicht in der Form „verdinglicht" werden, daß sie auch Sonderrechtsnachfolger binden würden. Zudem machen sie die Zustimmung der dinglich Berechtigten nicht entbehrlich (BayObLG DNotZ 1996, 297); eine Rechtspflicht zur Erteilung ihrer Zustimmung besteht für sie nicht. Grundbuchrechtlich müssen die Vollmachten hinreichend bestimmt sein, dh den Umfang der Befugnis zweifelsfrei festlegen; die Maßnahmen zB die Veränderung der Miteigentumsanteile sollten deshalb ausdrücklich erwähnt werden (vgl Basty NotBZ 1999, 233; Krause NotBZ 2002, 11, 13; s ferner KG ZWE 2001, 612 zur entsprechenden Prozeßvollmacht). Im Innenverhältnis darf die Vollmacht allerdings nicht gegen § 308 Nr 4 BGB verstoßen und muß zudem die Maßnahmen unzweideutig bezeichnen (§ 307 I S 2 BGB; vgl bereits BGH NJW 1984, 725, 728; BayObLG DNotZ 2003, 51). Hinzukommen muß, daß die Änderung für den Erwerber zumutbar ist (LG Düsseldorf Rpfleger 1999, 217; vgl aber KG NJW-RR 1995, 1228); dies kann auch bei einer Neuberechnung der Miteigentumsanteile aufgrund eines festgelegten Berechnungsmodus bei einer abschnittsweisen Erstellung von Vorhaben oder für eine Änderung der Lage, aber nicht der Funktion der gemeinschaftlichen Hauswirtschaftsräume der Fall sein (vgl zu einer Formulierung Krause NotBZ 2002, 11, 14). Eine weitere Einschränkung ergibt sich aus dem Zweck von § 3 I S 1 Nr 2 MaBV, der ein Recht zur Verfügung über die Vormerkung ausschließt (deshalb zu weit BayObLG DNotZ 1996, 297). Ein Verstoß gegen die Bindungen im Innenverhältnis wirkt sich freilich gegenüber dem Grundbuchamt nur bei Erkennbarkeit auf die regelmäßig – auch ohne ausdrückliche Erklärung – unwiderrufliche Vollmacht aus (BayObLG 1998, 255; NotBZ 2001, 226; BayObLG 2001, 279). Wird schlüssig vorgetragen, daß die Vollmacht aus wichtigem Grund widerrufen ist, steht weder dem Grundbuchamt noch dem Notar insoweit eine Prüfungsbefugnis zu; von ihr darf nicht mehr Gebrauch gemacht werden (enger Demharter, GBO 24. Aufl 2002, § 19 Rz 83; Bauer/v Oefele/Schaub, GBO, 1999, AT VII Rz 178; vgl auch BayObLG 2001, 279; Ertl DNotZ 1978, 275). Eine Nichtigkeit der Vollmacht kann sich zudem aus einem Verstoß gegen Art 1 § 1 I S 1 RBerG ergeben (BayObLG NZM 2003, 903).

6 4. **Festlegung der Miteigentumsanteile. a)** Die Miteigentumsanteile können **ohne Bindung** an den Wert, die Größe und die Nutzungsmöglichkeit des WE/TeilE festgelegt werden (BayObLG ZWE 2000, 171; Düsseldorf ZWE 2001, 388; zur ausnahmsweise gegebenen Sittenwidrigkeit vgl BayObLG 1998, 199; s auch § 1 Rz 4). Kann nach der Teilungserklärung bei einer Änderung des Wertverhältnisse eine Anpassung der MitE-Anteile verlangt werden, ist dies auf deutlich ins Gewicht fallende Wertverschiebungen beschränkt (BayObLG 1998, 199; eine nur schuldrechtliche vereinbarte Anpassung der Kosten bindet Rechtsnachfolger nicht, Düsseldorf NJWE-MietR 1997, 177). **b)** Die Bestimmung eines **zweckmäßigen** Quotenverhältnisses im GemeinschaftsE hängt von den Konsequenzen ab, die mit der MitE-Quote nach der Teilungserklärung verbunden sind. Die gesetzliche Regelung (vgl insbes §§ 16, 17) kann abgeändert werden und wird es oft sein im Stimmrecht (§ 25 I S 1). Obwohl das Gesetz eine bestimmte Quotenrelation nicht vorschreibt, erfolgt in der Praxis meist eine Berechnung nach der Wohn- bzw Nutzfläche; datüber hinaus können der Rauminhalt und Lagevorteile berücksichtigt werden. Demgemäß kann eine **Berechnungsformel** für den Anteil lauten:

$$\frac{\text{Quotient (Q)} \times \text{WertEinzelWE (W)}}{\text{Summe W (S)}} = \text{Zähler, Anteil über Q (A)},$$

worin bedeutet: **Q** = Quotient, auf dessen Nenner die Anteile zu bringen sind (idR 1000 oder 10 000, kann bei kleineren Einheiten aber auch geringer sein); **W** = Produkt der Bewertungsfaktoren der Einzelwohnung, zB aus Raumfläche, Rauminhalt und weiteren Qualitätsmerkmalen; **S** = Summe W aus allen Wohnungen; **A** = Anteil der einzelnen Wohnung am gesamten MitE bzw Zähler über Q (vgl auch Röll, Teilungserklärung und die Entstehung von Wohneigentum, 1975, S 16; Bärmann/Seuß G Nr 13; MüKo/Röll Rz 3ff).

9 *Schließung der Wohnungsgrundbücher*
(1) Die Wohnungsgrundbücher werden abgeschlossen:
1. **von Amts wegen, wenn die Sondereigentumsrechte gemäß § 4 aufgehoben werden;**
2. **auf Antrag sämtlicher Wohnungseigentümer, wenn alle Sondereigentumsrechte durch völlige Zerstörung des Gebäudes gegenstandslos geworden sind und der Nachweis hierfür durch eine Bescheinigung der Baubehörde erbracht ist;**
3. **auf Antrag des Eigentümers, wenn sich sämtliche Wohnungseigentumsrechte in einer Person vereinigen.**

(2) Ist ein Wohnungseigentum selbständig mit dem Rechte eines Dritten belastet, so werden die allgemeinen Vorschriften, nach denen zur Aufhebung des Sondereigentums die Zustimmung des Dritten erforderlich ist, durch Absatz 1 nicht berührt.

(3) Werden die Wohnungsgrundbücher geschlossen, so wird für das Grundstück ein Grundbuchblatt nach den allgemeinen Vorschriften angelegt; die Sondereigentumsrechte erlöschen, soweit sie nicht bereits aufgehoben sind, mit der Anlegung des Grundbuchblatts.

1 1. **Verfahrensrecht. a)** § 9 enthält nur Regelung **formellen** Rechts. Liegen materielle Voraussetzungen für die Schließung nicht vor, wird das Grundbuch unrichtig (hL, Soergel/Stürner Rz 2; Weitnauer Rz 8; RGRK/Augustin Rz 13; aA, zT unklar Pick in Bärmann/Pick/Merle Rz 18f). Gutgläubige Erwerber sind nach § 892 BGB geschützt.

b) § 9 enthält **abschließende** Regelung. Keine Schließung des Grundbuches bei Divergenz von Plänen und Ausführung sowie bei endgültiger Nichtausführung eines gem §§ 3, 8 geplanten WE, solange nicht Aufhebung nach § 4 erfolgt ist (vgl Düsseldorf DNotZ 1970, 42).

2. Schließungsgründe. a) Vertragliche Aufhebung (Nr 1) gemäß § 4 führt zu Bruchteilsgemeinschaft. Schließungsvermerk in WE/TeilEGrundbuch und Anlegung von Grundbuchblatt für das Grundstück löst Rechtsfolge aus. Rücknahme der Teilungserklärung nach § 8 ist kein Fall der Nr 1, sondern der Nr 3 (aA Bärmann/Pick Rz 2). **b)** Ein **Verzicht** auf WE/TeilE ist nicht zulässig (BGH 115, 1; BayObLG NJW 1991, 1962; Düsseldorf NJW-RR 2001, 233). **Völlige Zerstörung des Gebäudes** läßt Wohnungseigentum nicht automatisch erlöschen, es bleiben Anwartschaft und Gemeinschaft iSd §§ 10ff bestehen. Zum Erlöschen führende Eintragung setzt Bewilligung aller Wohnungseigentümer in der Form des § 29 GBO (im Antrag enthalten) und Bescheinigung der Baubehörde über die Zerstörung voraus; Bescheinigung hat keine materielle Wirkung. Sie kann durch Offenkundigkeit der Zerstörung ersetzt werden. Ein Steckenbleiben steht der Zerstörung nicht gleich. Vom Erlöschen an steht das Grundstück in Bruchteilseigentum nach Maßgabe des eingetragenen Verhältnisses. **c)** Auch bei **Vereinigung** aller Wohnungseigentumsrechte **in einer Hand**, die auch bei (noch) bestehendem Alleineigentum bei Vorratsteilung nach § 8 gegeben ist, fällt das Wohnungseigentum erst fort, wenn neues Grundbuchblatt angelegt ist. Setzt wie Nr 2 nur Bewilligung (im Antrag enthalten) voraus.

3. Zustimmung Drittberechtigter (Abs II). Materielle Wirksamkeitsvoraussetzung, es sei denn, das Grundstück ist insgesamt belastet (str, Soergel/Stürner Rz 5; MüKo/Röll Rz 6).

4. Form der Schließung. Durchführung regelt § 34 GBV. Katasterfortführungsgebühren entstehen bei Schließung nicht (BayObLG 1979, 86).

2. Abschnitt
Gemeinschaft der Wohnungseigentümer

10 *Allgemeine Grundsätze*
(1) Das Verhältnis der Wohnungseigentümer untereinander bestimmt sich nach den Vorschriften dieses Gesetzes und, soweit dieses Gesetz keine besonderen Bestimmungen enthält, nach den Vorschriften des Bürgerlichen Gesetzbuches über die Gemeinschaft. Die Wohnungseigentümer können von den Vorschriften dieses Gesetzes abweichende Vereinbarungen treffen, soweit nicht etwas anderes ausdrücklich bestimmt ist.
(2) Vereinbarungen, durch die die Wohnungseigentümer ihr Verhältnis untereinander in Ergänzung oder Abweichung von Vorschriften dieses Gesetzes regeln, sowie die Abänderung oder Aufhebung solcher Vereinbarungen wirken gegen den Sondernachfolger eines Wohnungseigentümers nur, wenn sie als Inhalt des Sondereigentums im Grundbuch eingetragen sind.
(3) Beschlüsse der Wohnungseigentümer gemäß § 23 und Entscheidungen des Richters gemäß § 43 bedürfen zu ihrer Wirksamkeit gegen den Sondernachfolger eines Wohnungseigentümers nicht der Eintragung in das Grundbuch.
(4) Rechtshandlungen in Angelegenheiten, über die nach diesem Gesetz oder nach einer Vereinbarung der Wohnungseigentümer durch Stimmenmehrheit beschlossen werden kann, wirken, wenn sie auf Grund eines mit solcher Mehrheit gefaßten Beschlusses vorgenommen werden, auch für und gegen die Wohnungseigentümer, die gegen den Beschluß gestimmt oder an der Beschlußfassung nicht mitgewirkt haben.

1. Regelungssystem. a) § 10 ist die Grundnorm des mehrstufigen Regelungssystems, die das WEG für die Rechtsmaterien der WEer enthält: **aa)** An erster Stelle stehen die zwingenden Vorschriften des WEG und des BGB (**Gesetzesstatut**); von diesen kann weder durch Vereinbarung noch durch Beschluß abgewichen werden. Auch Öffnungsklauseln sind nicht möglich. Folge eines Verstoßes ist die Nichtigkeit der Vereinbarung oder des Beschlusses. **bb)** An zweiter Stelle folgen die Verträge sämtlicher WEer (**Vertragsstatut**); es handelt sich um Vereinbarungen, die von dispositiven Gesetzesvorschriften abweichen können. Sie können „verdinglicht", dh als Inhalt des Sondereigentums in das Grundbuch eingetragen werden und wirken dann auch gegenüber Rechtsnachfolgern (§§ 10 I S 2, II; 5 IV). Es gilt das Einstimmigkeitsprinzip. **cc)** Auf der dritten Stufe stehen die dispositiven Normen des WEG (**Auffangstatut**), sofern keine vorrangige Vereinbarung (§ 10 I S 2) erfolgt. **dd)** Beschlüsse wirken lediglich gesetzes- und vereinbarungsausfüllend (§ 23 I; **Beschlußstatut**), und zwar hinsichtlich des ordnungsgemäßen Gebrauches (§ 15 II) und der Verwaltung (§§ 21 III, 22 I S 1, 26 I, 28 V). Das Mehrheitsprinzip, das im Bereich des Beschlußstatuts gilt, bedarf der Legitimation durch gesetzliche oder vertragliche Kompetenzzuweisung (vgl Lüke ZWE 2002, 49, 50; Deckert ZMR 2002, 21, 22ff). Den Beschlüssen stehen richterliche Anordnungen (§ 43) gleich, nicht jedoch gerichtliche Vergleiche (vgl Zweibrücken ZWE 2001, 563):
b) Vom Standpunkt der Inhaltskontrolle sind Vereinbarungen/Beschlüsse (zu letzterem § 23 IV) am WEG als dem spezielleren und dann am allgemeinen Recht zu messen. Beschlüsse müssen sich zusätzlich im Rahmen getroffener Vereinbarungen halten (§§ 15 II, 21 III). Vereinbarungen dürfen nicht gegen zwingende Normen und inhaltliche Grundregeln (Konstitutionsprinzipien) des WEG verstoßen (vgl § 8 Rz 3); vom dispositiven WEG-Recht abweichende Vereinbarungen sind zulässig, sie müssen sich jedoch im Rahmen der allgemeinen Gültigkeitsgrenzen halten.

c) Vereinbarungen der WEer sind das rechtliche Grundstatut der Gemeinschaft. Im Gegensatz dazu stehen **Beschlüsse**, die Ordnungsfragen regeln (zur Abgrenzung Hügel DNotZ 2001, 176). Während letztere mehrheitlich getroffen werden können, sind Vereinbarungen nur einstimmig möglich; entsprechendes gilt für Änderungen und eine Aufhebung. Zu den Vereinbarungen zählen auch Aufteilungsvertrag nach § 3 I und Teilungserklärung (§ 8). Da nicht alle „Vereinbarungen" der WEer das Grundverhältnis der Gemeinschaft betreffen, wird zwischen **Vereinbarungen im formellen und im materiellen Sinne** unterschieden (vgl nur Müller in FS Bärmann/Weitnauer 1990 S 506). Einstimmige „Beschlüsse" unter Mitwirkung sämtlicher Eigentümer können Vereinbarungen im materiellen Sinn sein (s nur BayObLG 2001, 73; NJW-RR 2003, 9; Düsseldorf ZWE 2001, 383; LG Hannover NJWE-MietR 1997, 82; vgl aber Düsseldorf ZfIR 2000, 557 bei Vertretung durch den Verwalter), desgleichen gerichtliche Vergleiche (Köln NZM 2003, 400) u Regelungen bei einem Zusammentreffen (BayObLG NZM 2003, 199). Maßgeblich für die Abgrenzung ist nach bisher hM (vgl Kreuzer ZWE 2000, 325, 327; Lüke ZfIR 2000, 881, 883) nicht die Bezeichnung der Regelung, sondern deren materieller Inhalt. Dieser ist ggfs durch Auslegung zu ermitteln (Zweibrücken DNotZ 1993, 746; WE 1997, 234; ZWE 2001, 563; Weitnauer/Lüke Rz 28; Sauren Rz 20; vgl auch BayObLG WuM 1997, 340: Aufgabe des Tatrichters). (Materielle) Vereinbarung liegt vor, wenn die Grundordnung der Gemeinschaft in Ergänzung oder Abweichung von Vorschriften des WEG oder Vereinbarungen mit rechtsgestaltender Wirkung generell und auf Dauer geregelt werden soll (s nur BayObLG DNotZ 1984, 101; LG Hannover NJWE-MietR 1997, 82; Ertl DNotZ 1979, 276; teilw abw Müko/Röll Rz 7; Pick in Bärmann/Pick/Merle § 23 Rz 24). Demgegenüber will eine **neuere Ansicht** (Deckert PiG 54, 19 = WE 1999, 2; Wenzel NZM 2003, 217, 219) nach den Umständen und der **Form** der Entscheidungsfindung abgrenzen.

3 d) Bedeutung hat die Abgrenzung für die Gültigkeit von Beschlüssen, insbes sog **Pseudovereinbarungen (vereinbarungsersetzender Beschlüsse, Zitterbeschlüsse)**. Die Rspr (grundlegend BGH 54, 65 = MDR 1970, 753) hat Beschlüsse der Wohnungseigentümerversammlung, die Vereinbarungen abänderten, nicht für nichtig, sondern nur nach §§ 23 IV, 43 I Nr 4 für anfechtbar gehalten (so noch BGH 127, 99, 103; 129, 329, 332; 131, 346, 352; BayObLG 1989, 437, 438; 1991, 421, 422; 1996, 256, 257; BayObLG NJW 2000 3503, 3504; vgl auch BayObLG NZM 1998, 81; Becker ZWE 2000, 162; Demharter WuM 2000, 291; Fischer MittRhNotK 1999, 213; Kümmel/Schmack ZWE 2000, 433; Merle ZWE 2000, 502; Müller NZM 2000, 854; Riecke/Ormanschick ZMR 2000, 273; Röll ZWE 2000, 13; Schmidt NZM 2000, 902). Dementsprechend konnten „vereinbarungsersetzende" Beschlüsse durch bestandskräftige Beschlüsse abgeändert und aufgehoben werden (s nur KG ZfIR 1998, 423, 424; Karlsruhe NJW-RR 2000, 1614, 1615; NZM 2001, 103). Diese Rspr wurde aufgegeben (BGH 145, 158 = MDR 2000, 1367; vgl dazu nur Becker/Kümmel ZWE 201, 128; Bielefeld DWE 2000, 139; Casser NZM 2001, 514; Demharter NZM 2000, 1153; Drasdo BWNot 2002, 1; Häublein ZWE 2000, 569; ders ZWE 2001, 2; Hügel DNotZ 2001, 176; Kümmel ZWE 2001, 52; Lüke ZWE 2002, 49; Merle ZWE 2001, 49; ders ZWE 2001, 196; ders ZWE 2001, 342; ders DWE 2001, 45; Mersson NZM 2001, 933; Müller ZWE 2001, 191; Niedenführ NZM 2000, 465; Rau ZMR 2001, 241; Röll DNotZ 2000, 898; Sauren ZMR 2001, 80; Schneider ZfIR 2002, 108; Rpfleger 2002, 503; Schuschke NZM 2001, 497; Slomian ZWE 2000, 566; Volmer ZfIR 2000, 931; Wenzel ZWE 2001, 226; Wudy MittRhNotK 2000, 383). Begrifflich ist zu unterscheiden zwischen **vereinbarungsersetzenden Beschlüssen**, wenn eine Angelegenheit sowohl durch Beschluß als auch durch Vereinbarung geregelt werden kann (zB Gebrauchsregelungen gemäß § 15), **vereinbarungsändernden Beschlüssen**, die statt einer Vereinbarung ergehen oder eine solche abändern sollen (zB Kostenverteilungsbeschluß für Zukunft abweichend von § 16 II), sowie **vereinbarungswidrigen Beschlüssen**, durch die keine Vereinbarung ersetzt, sondern nur im Einzelfall verletzt wird (zB Kostenverteilungsbeschluß im Einzelfall abweichend von Gemeinschaftsordnung; grundlegend Wenzel in FS Hagen 1999 S 231, 235; ders ZWE 2000, 2, 5; ders NZM 2000, 257; vgl auch Hagen NZM 2000, 257; Buck WE 1998, 90, 92). Die vereinbarungsändernden Beschlüsse sind nichtig; in den beiden anderen Fallgruppen ist Rechtswidrigkeit, aber grds Gültigkeit gegeben (vgl auch Köln OLGRp 2001, 341; BayObLG OLGRp 2001, 25; 2001, 49; Düsseldorf ZWE 2001, 382; 2001, 444; KG ZWE 2001, 218; Stuttgart ZWE 2001, 454).

4 e) Hieraus ergibt sich als praktische Konsequenz eine **dreistufige Prüfung** (vgl Lüke ZWE 2002, 49, 53f): **aa)** Zuordnung der beabsichtigten Regelung zur Ermittlung des rechtlichen Rahmens. **bb)** Feststellung der Handlungsform (Beschluß oder Vereinbarung). **cc)** Ist eine Beschlußfassung denkbar, muß eine Zuordnung zu den drei Alternativen erfolgen.

f) Frühere sog Zitterbeschlüsse, die zwar nicht angefochten wurden, aber nichtig sind, können (insoweit nur klarstellend) durch einfachen Mehrheitsbeschluß wieder **aufgehoben** werden (Stuttgart ZWE 2001, 454, vgl Karlsruhe NZM 2000, 869; Hamm ZWE 2001, 273).

5 g) **Vereinbarungen** bedürfen hinsichtlich der dinglichen Einigung **keiner Form**; sie können auch stillschweigend getroffen werden (BGH DNotZ 1984, 238; BayObLG WuM 1994, 222; BayObLG 2001, 73). h) Weder für Vereinbarung noch für Beschluß ist **Eintragung** im Grundbuch Wirksamkeitsvoraussetzung; sie ist bei Vereinbarungen bedeutsam nur für Wirkung gegenüber Rechtsnachfolger (§ 10 II). Demgegenüber bedürfen Beschlüsse und richterliche Entscheidungen gemäß § 43 zur Wirksamkeit gegenüber Rechtsnachfolgern nicht der Eintragung (Abs III). Beschlüsse sind auch nicht eintragungsfähig (str, wie hier Frankfurt Rpfleger 1980, 231; BayObLG Rpfleger 1983, 348; Düsseldorf NJW-RR 1994, 1426, 1427; aA noch Erman/Ganten[9] Rz 3; offen Wenzel NZM 2003, 217, 221 für durch Öffnungsklauseln legitimierte Beschlüsse). Eintragung und Änderung von Vereinbarung nur nach allseitiger Bewilligung (so bereits Hamburg DWE 1984, 123; bestandskräftigen Beschluß ließ ausreichen Frankfurt DWE 1984, 62). Ggf sind an Beschlüssen nur die „**Betroffenen**" zu beteiligen (s dazu § 25 Rz 1), an Vereinbarungen sämtliche Eigentümer.

6 i) In Ausnahmefällen haben einzelne WEer das **Recht**, von den übrigen MitEern eine **Änderung einer Vereinbarung, insbes der GemO** zu fordern. Voraussetzung ist, daß außergewöhnliche Umstände ein Festhalten an einer Vereinbarung als grob unbillig und damit als gegen Teu und Glauben verstoßend erscheinen lassen (BayObLG NJW-RR 1994, 145; Karlsruhe ZMR 1999, 281; KG NJW-RR 1991, 1169; str, ob einredeweise gegen Zahlungsanspruch möglich, Celle NdsRPfl 1998, 87 u 1998, 271). Es gelten die allg Grundsätze zur Geschäftsgrundlage (jetzt § 313 BGB), jedoch strenger Maßstab; deshalb nur, wenn außergewöhnliche Umstände ein Festhalten an der bestehenden Regelung als grob unbillig und damit mit § 242 BGB unvereinbar erscheinen lassen (BayObLG NJW RR 1994, 1425; WuM 1997, 289; Hamburg MDR 1997, 816), deshalb nicht bereits bei Ungleichgewicht der Stimmrechte (KG NJW-RR 1994, 525), wohl aber hinsichtlich der tatsächlichen Ausführung von Sondernutzungs-Ren (Karlsruhe ZMR 1999, 281; Hamm ZfIR 2001, 61; Hamburg BauR 2001, 1766), der Kostenverteilung zur Einsparung von Energiekosten (Köln NZM 1998, 919: Zehnjahresvergleich von Installations- und Ablesekosten gegenüber Einsparung, vgl auch Schleswig MDR 1997, 33; FGPrax 1997, 14) und der Anpassung einer Zweckbestimmung (BayObLG 2001, 99). Auch gegenüber Realgläubiger kann insoweit ein Zustimmungsanspruch bestehen (vgl BGH 91, 343; Weitnauer JZ 1985, 932). Für Nachweis fehlender Beeinträchtigung ist analog Art 120 EGBGB Unschädlichkeitszeugnis möglich (LG München DWE 1984, 91; str). Soweit es sich danach um „Anpassung" der Vereinbarung handelt, ist auch Zustimmung der Realgläubiger nicht erforderlich (BayObLG NJW-RR 1987, 714). **Vollzug** des Änderungsanspruchs durch Vereinbarung, ggf gerichtliche Entscheidung (§ 894 ZPO; vgl aber BayObLG NJW-RR 1987, 714).

2. „Verdinglichung" der Vereinbarungen. a) Während wirksame Beschlüsse und Entscheidungen nach § 43 auch Sondernachfolger binden (Abs III, s nur KG ZfIR 1999, 539; insoweit für Gleichstellung mit gerichtlichem Vergleich Zweibrücken ZWE 2001, 563) tritt eine **quasidingliche Wirkung** für Vereinbarungen nur bei Grundbucheintragung ein. Sie ergibt sich nicht bereits aus § 746 BGB (so noch Pick in Bärmann/Pick/Merle 8. Aufl 2000 Rz 60); §§ 10, 15 gehen als speziellere Regeln vor (BGH ZfIR 2003, 518). Ist Eintragung erfolgt, so entfällt Bindungswirkung nicht, weil Vereinbarung nicht in Bestandsverzeichnis des neu angelegten Grundbuches übernommen wurde (Hamm NJW-RR 1993, 1295). **b)** Nicht eingetragene Vereinbarung muß ein Sondernachfolger **nicht gegen sich** gelten lassen (KG NZM 1999, 568; teilw abw Zweibrücken ZWE 2001, 563). Sie entfällt insgesamt, wenn auch nur eine WE/TeilE Sondernachfolge eingetreten ist (BayObLG NZM 2003, 321; Hamm MittBayNot 1997, 173; Köln NZM 2001, 1135; gilt dann auch bei Gesamtrechtsnachfolger LG Hannover NJWE-MietR 1997, 82). Anders ist dies nur bei einem Eintritt des Sondernachfolgers in die Vereinbarungen (Hamm MittBayNot 1997, 173; BayObLG ZfIR 2001, 390; vgl auch Kreuzer MittBayNot 1997, 136) und bei Einverständnis (Düsseldorf WuM 1997, 517). **c)** Ob eine formlose Vereinbarung auch ohne Eintragung **zugunsten** eines Sondernachfolgers gilt, ist fraglich (bejahend aber Hamm NZM 1998, 873; Düsseldorf ZWE 2001, 383). Sie wirkt sich faktisch als „Vertrag zugunsten Dritter wen es angeht" aus. Zutreffend dürfte es sein, auf die aktuelle Willensübereinstimmung bei einer Sondernachfolge abzustellen (vgl Hamm ZWE 2000, 80).

3. Mehrheitsprinzip (Abs IV). Gegenüber § 745 BGB Klarstellung, daß Mehrheitswille kraft Gesetzes die Minderheit mitvertritt, auch bei Verfügungen. Sämtliche WEer haften als Gesamtschuldner (§ 427 BGB; KG ZMR 1994, 579). Das Gesetz geht von einer Gesamtwirkung aus. Bestand und Kontinuität gültiger Beschlüsse und ihrer Vollzugshandlungen sollen auch gegenüber Rechtsnachfolgern der WEer im Umfang der Beschlußkompetenz gesichert werden.

4. Praktisch wichtige Materien. In der nachstehenden Gliederung bedeuten: (V) = Regelung ist nur aufgrund **Vereinbarung** der WEer möglich; (B) = Regelung kann aufgrund Mehrheits**beschlusses** getroffen werden; (V/B) = es kann **nur** im **Einzelfall** entschieden werden, ob nach dem Regelungsinhalt V oder B genügend ist.

- **Antennenanlage.** Zuordnung zu SonderE/GemeinschaftsE gemäß § 5 problematisch; entsprechend § 5 III durch **(V)** regelbar (vgl § 5 Rz 11). Verstärkung der Antenne ist keine Veränderung nach § 22 (AG Starnberg MDR 1970, 679), wohl aber Anbringen einer Amateurfunkantenne (BayObLG NJW-RR 1987, 202; Köln NJWE-MietR 1996, 110; Röll WE 1987, 74; Mehrings NJW 1997, 2273; Maaß/Hitpaß NZM 2000, 945). Hinsichtlich eines etwaigen Nachteils für die übrigen WEgter ist auch die Informationsfreiheit zu berücksichtigen (Stuttgart NJWE-MietR 1996, 131; Köln NJWE-MietR 1996, 110; 1996, 109; Hamm MDR 1998, 527; Karlsruhe NZM 2001, 758; BayObLG MDR 1995, 467; ZWE 2001, 102; ZWE 2002, 265; 2002, 358; Düsseldorf ZMR 2001, 648; Zweibrücken NZM 2002, 269; Schleswig NZM 2003, 558; abw Frankfurt MDR 1999, 1201; vgl auch BayObLG NZM 2002, 256). Nicht geduldet werden muß das Anbringen einer Mobilfunkantenne (Hamm MDR 2002, 755; vgl BayObLG ZWE 2002, 309 und Köln OLGRp 2003, 145). Anmietung von Satellitenanlage kann ordnungsgemäßer Verwaltung entsprechen (B); (Köln NZM 1998, 970).

- **Bauliche Veränderungen.** Für Gestattung im Einzelfall gilt § 22 I (B), der Einstimmigkeit bei über Instandhaltung/setzung hinaus fordert. Abgrenzung zur baulichen Veränderung str (vgl BayObLG ZWE 2001, 267; Köln NZM 2001, 2936; s auch KG ZfIR 2001, 303; BayObLG ZWE 2002, 358). Bei Einstimmigkeit kein Mehrheitsbeschluß zulässig (Wenzel ZWE 2000, 26; vgl BayObLG WuM 1997, 288; WuM 1997, 344; ZWE 2000, 175; ZWE 2001, 152; ZWE 2001, 424). Abweichend von § 22 I S 2 kann jede bauliche Veränderung durch (V) von Zustimmung aller WEer abhängig gemacht werden (BayObLG WuM 1997, 700). Zu baulichen Umgestaltungen s § 22 Rz 9.

- **Beirat.** Übertragung von Kompetenzen durch (V) nur eingeschränkt möglich (vgl Gottschalg ZWE 2000, 50), Beschluß über Bestellung eines Nichteigentümers und vom Gesetz abweichender Zahl der Beiratsmitglieder ist nichtig (ebenso wohl Lüke ZWE 2002, 49, 57, aA BayObLG ZfIR 1998, 481).

- **Berufliche (gewerbliche) Nutzung.** Nutzungseinschränkung für WEer ist wegen § 13 idR durch (V) regelbar; bei bloßer Ausübungsregelung (B) genügend. Umfang der Regelungsbefugnis (B/V) hängt vom Charakter der WEAnlage ab: **Freiberufliche Tätigkeit** (Arzt, Anwalt, usw) in WE im Zweifel zulässig; anders wenn unzumutbare Störungen entstehen (§ 14 Nr 1) (s nur LG Berlin ZMR 1994, 528; KG NJW-RR 1995, 333; Düsseldorf ZfIR 1998, 370; BayObLG NZM 1999, 130; Hamm ZfIR 1999, 855; str für „gleichstehende Betätigungen" wie Makler, Versicherungsvertreter, Wahrsager, vgl KG MDR 1994, 58). Für Art und Umfang der Nutzung kommt es auf

Gesamtwürdigung an (vgl KG NJW-RR 1989, 140; zum Nutzungszweck „Einfamilienhaus" s Hamm NJW-RR 1993, 786). Str, ob Bestandsschutz anzuerkennen ist (bejahend Hamm NJW-RR 1996, 971; verneinend Köln MDR 1995, 1211; entscheidend wohl Umfang der geduldeten abweichenden Nutzung). IdR ist in einem als **„Laden"** (ähnl „Geschäftsraum") bezeichneten TeilE wegen der Bindung an beschränkte Betriebszeiten (BayObLG NZM 1998, 335; NJW-RR 2000, 1465) nicht zu dulden: der Betrieb einer Sauna außerhalb der Ladenschlußzeiten (BayObLG NJW-RR 1986, 317); einer Pizzeria (Karlsruhe OLGZ 1985, 397; BayObLG ZWE 2003, 299); eines Salatrestaurants (KG MDR 1985, 675); eines Cafés mit Bierbar (BayObLG ZMR 1980, 251 [wohl aber eines Tagescafés, BayObLG DWE 1984, 126]); eines Billard-Cafés (Zweibrücken WEZ 1987, 164); eines bis in die Nacht geöffneten Speiserestaurants (BayObLG 1983, 73); einer Gaststätte (BayObLG WE 1991, 18); einer Sportvereinskantine (KG NJW-RR 1986, 1073); einer Spielothek (Hamm MDR 1990, 156; KG ZMR 1990, 307; BayObLG NJW-RR 1990, 594; Zweibrücken NJW-RR 1987, 464; 1988, 141; wohl aber einer Kindertagesstätte, Düsseldorf ZfIR 2003, 979); einer Eisdiele (Schleswig MDR 2000, 759); eines Sportstudios (Schleswig MDR 2003, 149). Kein Betrieb einer Gaststätte oder eines Kulturvereins mit Bewirtung in den Abendstunden in einem als „Eis-Café" und eines Speise- oder Pilslokals in mit „Kur-Café in UG als Weinstuben" deklarierten TeilE (Hamm NJW-RR 1986, 1336; BayObLG ZfIR 2001, 298, 300; 2003, 694). Der Betrieb einer Arztpraxis oder eines Ballettstudios in einem **„Büro"** ist unstatthaft (Stuttgart NJW 1987, 385; LG Bremen NJW-RR 1991, 1423; BayObLG ZWE 2000, 778; vgl auch BayObLG ZWE 2001, 112); ebenso Sex-Shops (LG Passau Rpfleger 1983, 147); in Räumen „für **gewerbliche Zwecke**" kann Café (Zweibrücken ZMR 1987, 229; BayObLG 1982, 111) und Zahnklinik (Düsseldorf ZfIR 2003, 531) betrieben werden, desgleichen bei „beliebigem" Gewerbe Methadon-Abgabestelle (Düsseldorf ZfIR 2002, 301), nicht aber Bordell (BayObLG DWE 1981, 51; s aber LG Nürnberg NJW-RR 1990, 1355 – „Callgirl"); in „Geschäftsräumen" ist Betrieb eines Speiserestaurants erlaubt (BayObLG 1982, 1); die Bezeichnung als **Gaststätte** erlaubt nicht Nutzung als Nachtlokal (BayObLG WE 1986, 72); **Hobbyraum** läßt Goldschmiedegewerbe nicht zu (BayObLG ZfIR 2002, 300). „**Supermarkt**" im Plan muß nicht Zweckbestimmung sein (Schleswig MDR 1999, 150); als „**Wohnung**" deklarierte Räume gestatten nur nutzungsgleiche Störung (BayObLG NJW-RR 1991, 849; so KG NZM 2001, 531 für „betreutes Wohnen"; offen, ob Vermietung an ständig wechselnde Feriengäste, BayObLG NJW-RR 2000, 1252, 1253). Zweckbestimmung „**Gewerbefläche**" wird aber nicht durch Bezeichnung als „**Lager**" im Plan eingeschränkt (Düsseldorf ZfIR 2000, 800). **Hinweisschilder** idR zulässig (KG NJW-RR 1995, 333; kritisch Knapp BlGBW 1972, 224); an sich zulässige, angemessene und ortsübliche **Werbung** ist durch (B) hinsichtlich der Einzelheiten regelbar, insbes zur Beschränkung auf nicht das äußere Bild beeinträchtigende Anlagen (LG Aurich NJW 1987, 448; München GewArch 1996, 439; BayObLG GE 2001, 857). Maßgeblich für die Zweckbestimmung ist die Grundbucheintragung, nicht sonstige Umstände wie zB ein Prospekt oder eine Grundlagenurkunde bei Errichtung der Anlage (BayObLG DNotZ 2003, 541).

• **Gartengestaltung/nutzung** (B/V). Errichtung einer Terrasse auf gemeinschaftl Fläche im Rahmen eines bestehenden SondernutzungsR von Zustimmung der MitEer unabhängig (BayObLG 1975, 201). Baumfällen wegen Lichtbehinderung str (vgl LG Freiburg ZMR 1987, 67; BayObLG Rpfleger 1982, 219, Rückschnitt vorrangig, vgl KG NJW-RR 1996, 464 u BayObLG ZfIR 1997, 663), ebenso Pflanzen eines stark wachsenden Baumes bei SondernutzungsR (KG NJW-RR 1987, 1360). Umbau einer Böschungsmauer ist idR Eingriff im § 22 (Karlsruhe OLGZ 1978, 287). Umstr ist Aufstellen von Gartenzwergen (Hamm NJW 1988, 2052; Hamburg NJW 1988, 2052; AG Recklinghausen NJW, RR 1996, 657; AG Essen-Borbeck MDR 2000, 762; Schmittmann MDR 2000, 753). Durch (V) kann turnusmäßige Nutzung von Freiflächen geregelt werden, wenn kein unzulässiger Eingriff in Kern des SonderE. Aufstellen von Wäschespinne im Garten gehört zu ordnungsgemäßem Gebrauch, wenn an nicht störender Stelle. **Grillen** auf dem Balkon umstr und wohl nach Grillart und Häufigkeit zu entscheiden: Elektrogrill (B), Holzofengrill (V), soweit nicht sogar störend (vgl BayObLG 1999, 82; AG Wuppertal, Rpfleger 1977, 445; LG Düsseldorf ZMR 1991, 234; LG Stuttgart ZMR 1996, 624; Deckert PiG 15, 126).

• **Gewährleistungsrechte/Rechte wegen Sachmängeln** (s Wendel ZWE 2002, 57). Hinsichtlich des **Sondereigentums** Recht des einzelnen Eigentümers; (V/B) unzulässig. Bezüglich **Gemeinschaftseigentum** hat jeder WE eigenen Erfüllungsanspruch auf (mangelfreie) Errichtung des GemeinschaftsE (str, ob Gesamtgläubiger [BGH 74, 258, 265] oder Mitgläubiger [§ 432 I BGB, so hL, Merle in Bärmann/Pick/Merle § 21 Rz 7; Staud/Bub § 21 Rz 255]). Auch Gewährleistungsrechte wegen Mängeln am GE können grds von jedem WE selbständig durchgesetzt werden, da sie auf dem Vertrag mit dem Veräußerer beruhen (BGH 110, 258, 261; 121, 22); ausnahmsweise kann der individuellen Geltendmachung die Gemeinschaftsbezogenheit des geltend gemachten Rechts entgegenstehen. Dies ist nicht bei Kostenvorschuß und Ersatz der Mängelbeseitigungskosten der Fall (BGH 74, 258). Anders bei Ausübung des Wahlrechts zwischen Minderung und Schadensersatz sowie die Entscheidung über die Verwendung der erlangten Mittel (BGH 110, 258), ebenso bei Entscheidung über Fristsetzung mit Ablehnungsandrohung (§ 634 I S 3 Hs 2 BGB aF; BGH 110, 258, 261; BauR 1998, 783). WEer kann deshalb grds nicht Schadensersatzanspruch wegen Mängeln an GemeinschaftsE geltend machen; Wahl des Gewährleistungsrechtes sollte nur gemeinschaftlich erfolgen (Dresden BauR 2001, 1276; BGH MDR 1998, 1023; Hamm MDR 2001, 1110). Dagegen kann jeder WE Renovierungspflichten sowie Schadensersatz wegen Nichterfüllung nach § 326 I S 2 BGB aF selbst geltend machen, wenn die zweckentsprechende Verwendung des Erlangten gesichert ist. Soweit gemeinschaftliches Recht Regelung durch (B), im übrigen (B/V) nicht zulässig (Pause NJW 1993, 553, 557; LG München I NJW-RR 1996, 333). Auch hinsichtlich der Rechte wegen Sachmängeln kann jeder WE die Nacherfüllung und Selbstvornahme sowie den Schadensersatz statt der ganzen Leistung (§§ 634 Nr 4, 281 V BGB) und das Rücktrittsrecht (§ 634 Nr 3 BGB) selbst geltend machen. Das Wahlrecht zwischen Minderung und („kleinem") Schadensersatz steht nur sämtlichen WE zu; hierüber kann (B) ergehen. Die Setzung einer Frist zur Nacherfüllung hat keine Gestaltungswirkung mehr, deshalb Regelung durch (B) nicht konsequent (so aber Wendel ZWE 2002, 57, 60).

- **Gebrauchsregelungen** (B/V). Für Gebrauchsregelungen sieht § 15 I, II Vereinbarung und Mehrheitsbeschluß als Handlungsformen vor. Regelungen, die über einen „ordnungsgemäßen" Gebrauch hinausgehen, bedürfen einer (V). Jedoch Abgrenzung „ordnungsgemäßer Gebrauch" und „darüber hinausgehender Gebrauch" im Einzelfall schwierig. Da keine abstrakte Abgrenzung möglich, sind nicht angefochtene Beschlüsse nicht nichtig (aA wohl Düsseldorf NZM 2003, 767); sie überschreiten nur die Grenze des rechtlichen „Dürfens", nicht dagegen die des rechtlichen „Könnens" (Wenzel ZWE 2000, 2, 5; ders ZWE 2001, 226, 230; vgl auch BayObLG NJW-RR 2002, 226; Buck WE 1998, 367; Becker/Kümmel ZWE 2001, 128, 135, aA Häublein ZWE 2001, 2, 6; MüKo/Röll § 23 Rz 21). Dies gilt allerdings nicht, wenn der Beschlußgegenstand bereits durch eine Vereinbarung geregelt ist (BayObLG NJW-RR 2002, 226) oder ein gesetzliches Verbot, die guten Sitten oder den wenig konkretisierten „dinglichen" Kernbereich des WE (BGH 127, 99, 105; 129, 329, 33) verletzt (Wenzel ZWE 2000, 2, 5).

- **Grunddienstbarkeit** (V/B). Besteht eine Benutzungsdienstbarkeit zugunsten des WEG-Grundstücks an einem Nachbargrundstück (zB Zufahrt, Garage), so setzt Benutzungsregelung im Verhältnis der WEer untereinander (V) voraus (Eintragung im Bestandsverzeichnis der WE/TeilEGrundbücher, so Köln NJW-RR 1993, 982). Aber fraglich, ob nicht auch (B), soweit nicht über ordnungsgemäßen Gebrauch hinausgehend (s Gebrauchsregelungen).

- **Hausordnung**. HausO ist im Rahmen von § 15 I durch (B) regelbar, soweit sie sich auf Bestimmung des „ordnungsgemäßen Gebrauchs" beschränkt, sonst (V) erforderlich (vgl Blank in FS Seuß 1982 S 53). Regelungspunkte sind vielfältig, zB **Abstellplatz** (BayObLG NJW 1962, 492; WE 1988, 143; WE 1991, 77; KG WE 1990, 208 – Benutzungsregelung bei zu geringer Zahl); **Automaten** (Getränke, BayObLG NJW-RR 1990, 1104); **Flurreinigung** (LG Mannheim MDR 1976, 582; Korff DWE 1986, 72); **Grillen** (Balkon, Garten) vgl Gartengestaltung/-nutzung; **Haustüröffnung** (LG Wuppertal Rpfleger 1972, 451; KG ZMR 1985, 345); Schließen der **Kellerfenster** (BayObLG 1972, 94; Karlsruhe MDR 1976, 758; BayObLG Rpfleger 1982, 218, 268); spielende **Kinder** (BayObLG DWE 1982, 98, aber keine unzumutbare Beschränkung); Betreten **Heizraum** (BayObLG 1972, 94); Ruhezeiten (Braunschweig NJW-RR 1987, 845, vgl Kinder); **Wäschetrocknen** (Oldenburg NdsRpfleger 1977, 213); **Waschküchenbenutzung** (BayObLG 1972, 109; KG ZMR 1985, 131; Frankfurt NZM 2001, 1136). Abänderung durch (B) auch, wenn Hausordnung in Teilungserklärung enthalten, aber keine Vereinbarung vorliegt, sondern nur äußerliche Verbindung, anders wenn (V). **Winterstreupflicht** der WEer durch (V) möglich (Hamm NJW 1982, 1108; Blank in FS Seuß 1982 S 53, 61; aA Stuttgart WEZ 1988, 41), muß aber wegen Zumutbarkeit (Senioren, Behinderte etc) „delegierbar" sein (weitergehend zu Schadensersatzanspruch BGH NJW 1985, 484; Hamm NJW 1988, 496).

- **Haustierhaltung**. (B/V) völliges Verbot nach hM durch (V) zulässig (Karlsruhe ZMR 1988, 184; Düsseldorf ZMR 1998, 45). Verbot (V) kann danach nicht durch (B) geändert werden (LG Wuppertal Rpfleger 1978, 23 – Katzen). HM läßt generelles Verbot der **Hundehaltung** auch durch (B) zu (BayObLG NZM 2001, 105; NJW-RR 2002, 226), so bereits BGH 129, 329; BayObLG 1995, 42, aA KG NJW 1999, 2577). Entgegen hM jedoch Tierhaltung nicht generell zu verbieten (zB Zierfische, Ziervögel) sondern nur durch konkretisierte Regelung (zB Kampfhunde, Frankfurt NJW-RR 1993, 981), die Ausnahmen (zB Blindenhund, Tier für verhaltensgestörte Kinder/Menschen mit Behinderung) enthalten muß. Dies gilt auch für Beschränkungen der Haustierhaltung (vgl Saarbrücken NZM 1999, 621; BayObLG, MDR 1994, 587; ZfIR 1998, 481; willkürlich KG MDR 1998, 1345: ein Hund oder drei Katzen).

- **Hauswarts-/Hausmeisterwohnung** (V). Liegt Zweckbestimmung mit Vereinbarungscharakter vor, was im Einzelfall fraglich sein kann (LG Hamburg ZMR 2000, 628), dann Nutzung zum einen auf Wohnen und zum anderen auf Nutzung durch Hauswart/-meister beschränkt (AG Berlin-Charlottenburg GE 2001, 208; LG Berlin GE 2001, 208; vgl zur „Verwalterwohnung" BayObLG NJW-RR 2000, 1252).

- **Heizkörper**. Verbot der Entfernung durch (B) im Interesse gleichmäßiger Messung des Wärmeverbrauchers zulässig (BayObLG DWE 1985, 61), desgleichen Regulierung der Heizkörperventile (BayObLG WE 1988, 70).

- **Hinweisschilder** (V/B). Zum Hinweis auf Beruf vgl „berufliche Nutzung". Namensschild gehört zum Kernbereich des SonderE, nur Einzelheiten regelbar (Oldenburg ZMR 1978, 245). Vgl auch „Werbung".

- **Immissionen**. Soweit Duldungspflicht der MitEer über § 14 Nr 3 hinaus gefordert wird, ist (V) notwendig; § 906 BGB gibt Anhaltspunkt für sachgemäße Regelung, (V) kann aber darüber hinausgehen, allerdings dann Angemessenheit prüfen (vgl auch den Rechtsgedanken in § 309 Nr 7 lit a BGB; s auch AG Wuppertal Rpfleger 1977, 445).

- **Jahresabrechnung** (s Kostenregelungen).

- **Kabelfernsehen** (B/V). Umrüstung der Wohnanlage auf Kabelnetz bei Beseitigung der Gemeinschaftsantenne ist bauliche Veränderung (§ 22 I S 1; Celle NJW-RR 1986, 1271; LG Würzburg NJW 1986, 66), daher bereits aus diesem Grund jedenfalls (V) erforderlich, auch bei nicht voll funktionsfähiger und instandsetzungsbedürftiger Antenne (Instandsetzungsanspruch!). (B) aber gültig, durch den über Kabelanschluß entschieden wird, bei nur teilweiser Stillegung der Gemeinschaftsantenne, so daß Empfangsmöglichkeit auch ohne Kabelanschluß bestehen bleibt. Art 5 GG erfordert zudem, daß Empfang ausländischer Sender u dazu Anbringen von Antenne oder „Satellitenschüssel" möglich sein muß (vgl BVerfG NJW 1995, 1665; Berl VerfGH NJW 2002, 2166 u Stichwort Antennenanlage). Wer den Kabelanschluß nutzt, ist selbstverständlich (nach allgem Vorschriften) an den Kosten zu beteiligen (Celle NJW-RR 1987, 465). Im übrigen kann jeder WEer Zustimmung zum Kabelanschluß mit den Folgen des § 16 III nach § 22 I S 2 verweigern.

- **Kellerverteilung**. Grundsatz, insbes Zuweisung an WEer durch (V); im Anschluß an (V) auch (B) gemäß § 15 II (BayObLG NJW-RR 1990, 155; 1991, 1117) zur Regelung des Gebrauchs im einzelnen.

- **Konkurrenzschutzklausel** (s Wettbewerbsverbot).

- **Kostenregelungen.** In (V) zulässig. Inhalt zB Instandsetzungslast für im GemeinschaftsE stehende Gebäudeteile für SonderEer der angrenzenden WEen (Düsseldorf ZMR 1997, 38), Werkleistung mit Hilfe von Fachkräften (BGH 141, 224), Versicherungsselbstbeteiligung für Wasserschäden (Köln NZM 203, 641) und getrennte Tragung der Instandhaltungskosten bei mehreren Häusern. Hierzu gehört auch die Kostenerstattung für angemietete Grundstücke (Hamburg FGPrax 1996, 132). Fraglich ist, bei einer abschnittsweisen Erstellung einer Mehrhausanlage nicht bezugsfertige WEen/TeilEen von der Kostentragungspflicht ausgenommen werden können, wenn keine Abschnittsbildung vorgesehen ist (BayObLG 1978, 270; Staud/Bub § 16 Rz 38). Instandhaltungs- und Instandsetzungskosten umfassen auch Sanierungskosten tragender Teile (BayObLG NZM 1998, 339). Eine generelle Änderung des **Kostenverteilungsschlüssel** durch (B) ist unwirksam (vgl BayObLGR 2001, 25; 2001, 49; Düsseldorf ZWE 2001, 382; Hamm ZfIR 2000, 638; LG Frankfurt NJW-RR 2001, 1380; vgl bereits BGH 130, 304; Köln ZfIR 1998, 486; anders noch BayObLG 1996, 256; 2000, 237; vgl Merle ZWE 2001, 342), anders bei Öffnungsklausel (KG ZWE 2002, 56, 57, str) und bei einmaliger Zahlung (BayObLG ZfIR 2003, 575 und 865). Ist ein Mehrheitsbeschluß nichtig, so kann durch (B) geregelt werden, den WEern aufgewendete Kosten zu erstatten (AG Neuss NZM 2002, 31); fraglich allerdings bei bereits eingetretener Verjährung. Ermächtigung zur Änderung der Kostenverteilung für Warmwasser durch (B) enthält § 3 HeizkV (BayObLG NJW-RR 1994, 145). Zwar grds Vertrauen der WEers, daß Kostenverteilungsschlüssel im Einzelfall richtig angewendet wird (Karlsruhe NZM 2001, 103), aber diesbezüglicher Beschluß (Sonderbelastung, **Jahresabrechnung**) nur anfechtbar, nicht nichtig (BayObLG 2001, 49; Düsseldorf ZWE 2001, 444; KG ZWE 2001, 218; Riecke WE 2001, 6; Rapp DNotZ 2000, 864, 866). Kostenregelungen im Zusammenhang mit baulichen Veränderungen und Instandsetzungsmaßnahmen können bei Nichtigkeit (Merle ZWE 2001, 342, 344; Wenzel ZWE 2001, 226, 235) auch zur Nichtigkeit des Beschlusses über die Maßnahme führen, da nicht davon ausgegangen werden kann, daß er auch bei abweichender Kostenverteilung gefaßt worden wäre (Lüke ZWE 2002, 49, 56).

- **Krankenfahrstuhl.** Aufstellen im Treppenhaus zulässig (B) (Düsseldorf ZMR 1984, 161).

- **Musizieren** (B/V). Beschränkung zulässig, um störungsfreies Zusammenleben zu gewährleisten (Hamm NJW-RR 1986, 500; Frankfurt; BayObLG NJW 1985, 2138; Frankfurt OLGZ 1988, 61; Zweibrücken MDR 1990, 1121); jedoch kann außerhalb des SonderEs nicht hörbares Musizieren nicht untersagt oder eingeschränkt werden (BayObLG 1985, 104, 109). Zeitliches Ausmaß des Musizierens im Rahmen des ordnungsgemäßen Gebrauchs (§ 15 II) muß sich an den generellen Rücksichtsbedürfnissen anpassen (BGH 139, 288; BayObLG DWE 1985, 6f); kein gänzliches Verbot an Sonn- und Feiertagen (BayObLG NJWE-MietR 1996, 12), keine generelle Beschränkung auf Zimmerlautstärke (BayObLG 2001, 232) und Ausnahme bei gewerblichen Einheiten für Berufsmusiker (BayObLG ZWE 2002, 312). Ruhezeiten sind möglich (BayObLG 1985, 104; Zweibrücken MDR 1990, 1121; weitergehend Hamburg ZMR 1998, 798; Stuttgart FGPrax 1998, 101). Zulässig ist stets Musizieren, sofern dies nicht mehr stört oder beeinträchtigt als Nutzung nach Zweckbestimmung (BayObLG ZWE 2001, 160; vgl auch BGH 139, 288 u Schmid ZMR 1999, 301). Zur Abgrenzung (B/V) vgl Gebrauchsregelungen.

- **Nutzungsänderung** liegt im Rechtssinne nur vor, wenn zulässige Nutzung nach Gemeinschaftsregeln verlassen wird. Die Grenzen bestimmen sich nach Auslegung der einschlägigen Statute. Je nach Regelungsherkunft ist für Nutzungsänderung bei Abweichung von Vereinbarung (§ 10 II) (V) und von Beschlußlage (§ 15 II) (B) erforderlich. **Keine Nutzungsänderung**, soweit Nutzung materiell konform zur Gemeinschaftsordnung ist; aber auch: Benutzung TeilE als Wohnung (BayObLG NJW-RR 1987, 717; aA BayObLG ZfIR 1999, 42); Leerstehenlassen der Wohnung, sofern nicht gerade darin Störung liegt (vgl BayObLG NJW-RR 1990, 854). **Nutzungsänderung bejaht**: Prostitution (Frankfurt OLGZ 1990, 149; differenzierend LG Nürnberg NJW-RR 1990, 1355); Kindertagesstätte (AG Hildesheim WuM 1986, 25); Friseur in Wohnung (BayObLG ZWE 2001, 118); KfZ-Parken (GemeinschaftsE) (KG WEZ 1988, 444); Spruchbänder (KG NJW-RR 1988, 846). Öffnungsklausel, dh Zustimmung Verwalter oder WEer/TeilEer, möglich (BayObLG ZfIR 2001, 922; Köln NZM 2002, 29). (V) kann Voraussetzungen zB für bestimmte Nutzungsart oder Versagung nur aus wichtigem Grund regeln (vgl BayObLG WuM 1993, 697). Wichtiger Grund bei Nutzung von Wohnung für freien Beruf oder Gewerbe bedeutet idR erhebliche Beeinträchtigung durch neue Nutzungsart (BayObLG NJW-RR 1996, 1358; NJWE-MietR 1997, 159; Zweibrücken NJWE-MietR 1997, 255). Entsprechend gilt dies für den Widerruf der Zustimmung (vgl BayObLG NZM 1998, 1007; formell: BayObLG ZWE 2001, 112); kein Widerruf, wenn genehmigungsfähig und nur Zustimmung fehlt (BayObLG ZMR 1996, 98). Wohnnutzung des **Dachbodens** im Einzelfall zu entscheiden (BayObLG WE 1990, 142; 1990, 70; KG NJW-RR 1991, 1359; Deckert in FS Bärmann/Weitnauer 1990 S 97f. Nutzungsänderung ist zu unterscheiden von rücksichtslosem Gebrauch (vgl § 14 Rz 2).

- **Öffnungsklausel** (vgl § 8 Rz 4).

- **Parkfläche.** Verbot des Abstellens eines Wohnmobils auf Parkfläche für PKW greift in Kernbereich des SonderE/SondernutzungsR ein, weder durch (B) noch (V) (aA BayObLG DWE 1985, 56). Verwendung einer Grünfläche als Parkplatz nur durch (V) (BayObLG DWE 1982, 66 und ZWE 2003, 185).

- **Sanktionen, Strafen.** Zur Ahndung gemeinschaftswidrigen Verhaltens können Sanktionen vereinbart (V) werden, insbes für Verzug mit Kostenbeiträgen (BGH 115, 151, 154); möglich sind Geldbußen; Ausschluß von WEversammlungen (BayObLG NJW 1965, 821) aber nur bei diesbezüglichen Verstößen; Stimmrechtsbeschränkung (LG München I DNotZ 1978, 630); Sperrung der Versorgungsleitungen (str, Celle WE 1991, 107; abweichend Hamm NJW 1984, 2708) und Verfallklausel für Zahlungen im Wirtschaftsjahr bei Verzug mit zwei Monatsraten (BGH ZfIR 2003, 991). Bei erheblichen Einbußen in der Rechtsstellung muß Sanktion verschuldensabhängig sein (vgl auch BayObLG NJW 1965, 821); sie muß zudem Sachzusammenhang wahren und darf Rechtsschutz nicht einschränken. Nicht durch (B), dieser wäre nichtig (vgl Wenzel ZWE 2000, 2, 6); gilt auch für Abänderung (vgl Düsseldorf NZM 2000, 666, anders noch BayObLG NJW-RR 1988, 847; Düsseldorf ZfIR 1998, 546; Köln

NJW-RR 2001, 87). Bei Schadenspauschalierung und Verzugszinsen richterliche Kontrolle der Angemessenheit (vgl BGH 115, 151; Maßstab kann § 288 BGB sein); bei Vertragsstrafe entspr Anwendung des § 343 BGB durch FG-Richter (BayObLG NJW 1960, 292).
- **Schadenspauschalierung** (s Sanktionen, Strafen).
- **Schiedsgericht** (s Verwaltungsmaßnahmen).
- **Sondernutzungsrecht.** Die Einräumung von SondernutzungsRen, auch von negativen, kann nur aufgrund (V) erfolgen (Köln OLGRp 2001, 361, vgl § 15 Rz 7f).
- **Spielplatz.** Auf GemeinschaftsE Grünfläche mit Spielgeräten ist – jedenfalls, soweit bauordnungsrechtlich zulässig oder sogar erforderlich (vgl § 8 II MBO) – Maßnahme im Rahmen v § 15 II (**B**); anders Umwandlung zum Garagenhof (vgl BayObLG WE 1991, 27) u für entgeltliche Kinderbetreuung in größerem Umfang (BayObLG FGPrax 1998, 16).
- **Umzugspauschale** zur Erstattung von Reinigungskosten und von Aufwendungen für Beschädigungen am GemeinschaftsE durch (V), nicht (B) (vgl Karst ZMR 1993, 255; Kohlndorfer ZMR 1993, 257). Wegen Verzicht auf Kausalität richterliche Kontrolle der Angemessenheit.
- **Untervermietung.** Grundsätzlich zulässig (§ 13 I). Beschränkung zulässig (V); vgl Vermietungsbeschränkungen u AG Karlsruhe Rpfleger 1969, 131 (Teilvermietung).
- **Veränderungsvorbehalt.** Die Einheitlichkeit einer WE-Anlage kann über § 5 I (aE) hinaus durch einen konkreten Zustimmungsvorbehalt für gestalterische Abweichungen weiter gesichert werden (V).
- **Vermietung/Vermietungsbeschränkungen.** Vermietung an gewerblichen Zwischenmieter und Vermietungspflicht für gewerblichem Objekt in (V) zulässig (BayObLG WuM 1994, 570; BayObLG DNotZ 1996, 37 zur Überlassung der Verwaltung). Umgekehrt kann in (V) Befugnis zur Vermietung von Zustimmung Verwalter/WEer abhängig gemacht werden; aber sachliche Rechtfertigung erforderlich und kein generelles Verbot zulässig (vgl BayObLG WE 1988, 73; BGH 37, 203). Vereinbarung, die Vermietung an Ausländer, Familien/Alleinstehende mit Kindern, Frauen oder Männer, Homosexuelle generell untersagt, ist unwirksam (§ 138 BGB, Art 3 III, 6 GG). Unwirksam ist Vermietungsverbot, wenn es Zweckbestimmung eines TeilE zuwider läuft (vgl Hamm ZfIR 1999, 855). Gültiges Vermietungsverbot wirkt entspr § 12 dinglich (BGH 37, 203), wirkt sich aber auf Mietverhältnis nicht aus. Zustimmung kann in vereinbartem Rahmen durch (B) von Erklärungen des Mieters abhängig gemacht werden. Bei Vermietung kann durch (B) „Wohngeld" erhöht werden.
- **Versammlungsorganisation** (V). Beschlüsse über die Einberufung (zB Eventualversammlung) und die Beschlußfähigkeit der Versammlung sowie das Stimmrecht weichen von gesetzlichen Regelungen oder Vereinbarungen ab und sind deshalb nichtig (Kremer Wohnung & Haus 2001, 38; Lüke ZWE 2002, 49, 57).
- **Versicherungspflicht.** (V) Es kann vereinbart werden, daß WEer verpflichtet sind, auch SonderE zu versichern, um insbes Erleichterungen im Rahmen des § 22 II zu schaffen (vgl dazu Bischof VersR 1958, 577; Bärmann/Pick § 21 Rz 95). Versicherung gehört dann insgesamt zur gemeinschaftlichen Verwaltung (KG MDR 1984, 584).
- **Verwaltungsmaßnahmen** (V). Kontrollrechte aus §§ 28 I, IV, 24 II, VI; Stimmrecht, Antragsrecht nach § 43 I Nr 1 u 4 durch (V) erweiterbar bzw regelbar, nicht durch (B). Deshalb Beschluß über Zuständigkeit von Schiedsgericht nichtig (ebenso Wenzel ZWE 2000, 2, 6).
- **Verzugszinsen** (s Sanktionen, Strafen).
- **Videoüberwachung** (V). Die Vorgaben des § 6b BDSG sind zu beachten (KG NJW 2002, 2798).
- **Vollmacht.** Vollmachtserteilung, automatische Bevollmächtigung und Kreis der Bevollmächtigten für Eigentümerversammlung (**V**; vgl im einzelnen § 25 Rz 4).
- **Vollstreckungsunterwerfung** (V). Für Verpflichtungen aus Gemeinschaftsordnung bzgl konkreter Geldbeträge zulässig (Celle NJW 1955, 953; KG MDR 1997, 1304; zur Gestaltung im einzelnen Wolfsteiner MittBayNot 1998, 48). Ein Schuldanerkenntnis (§ 780 BGB) und eine dingliche Unterwerfung (§ 800 ZPO) können nicht gefordert werden (vgl Ertl DNotZ 1979, 267, 275).
- **Vorkaufsrecht/Vormietrecht.** Zugunsten der WEer kann VorkaufsR vereinbart werden (V). Streitig, ob nur als Belastung (so zutreffend Celle NJW 1955, 953; Bremen Rpfleger 1977, 313f) oder als Inhalt des SonderE (§§ 5 IV, 10 II, so gegen die hL Pick in Bärmann/Pick/Merle § 12 Rz 62). Zu regeln ist, für welche Fälle das VorkaufsR bestehen soll. Auch ein Vormietrecht kann nicht Inhalt des SonderE sein, da es Rechte Dritter (Mieter) betrifft.
- **Werbung** am GemeinschaftsE bedarf regelmäßig der (V) der WEer, da meist mit baulichem Eingriff verbunden. Wenn allerdings durch Teilungserklärung (V) Berufsausübung gestattet, evtl für Gewerbebetrieb, ist adäquate Werbung im Rahmen von § 14 Nr 1, 3 zuzulassen (Stuttgart Rpfleger 1982, 64; BayObLG ZMR 1987, 389). Besonderheiten bei Leuchtreklame (vgl BayObLG NJW 1964, 47; Hamm OLGZ 1980, 274).
- **Wettbewerbsverbot** (V). Grundsätzlich zulässig, aber sachliche Rechtfertigung notwendig. Da über ordnungsgemäßen Gebrauch hinausgehend, nur durch (V) nicht durch (B) (vgl auch BayObLG 1982, 1, 7 u 1996, 97). Grenzen sind schwer zu bestimmen; auch Wertungen aus Gewerberecht (zB Verbot der Architektenbindung) und EU-Recht (zB Zeitgrenzen für Bezugsbindungen) sind zu beachten (vgl BayObLG MittBayNot 1997, 228, aber zu weit: „Pilsstube" schließt griechisches Lokal aus; vgl auch BayObLG ZfIR 2000, 135).
- **Wohngeldrückstände.** Haftung für Rückstände des Voreigentümers durch (V), ausgenommen Erwerb in Zwangsversteigerung (BGH MDR 1994, 580; Düsseldorf DNotZ 1973, 552; Köln OLGZ 1978, 151; Frankfurt Rpfleger 1980, 349; BayObLG ZfIR 2002, 389; aA noch KG ZMR 1993, 578), umfaßt auch fällige Sonderumlage

H. Grziwotz

(BayObLG Rpfleger 1997, 17). Die Haftung wird unmittelbar ausgelöst, keine schuldrechtliche Übernahme erforderlich. Haftung gegenüber außenstehenden Dritten nicht möglich (Düsseldorf BauR 1997, 334).

• **Wohnungsabschlußtür.** Dekorationen, im Rahmen von § 15 II wohl (B) (vgl LG Düsseldorf NJW-RR 1990, 785).

• **Zaun** (V/B). Kindersicherer Zaun zur Abgrenzung von Straße oder Bach kann ordnungsgemäßer Verwaltung entsprechen (BayObLG 2000, 43); Entfernung einer Absperrung kann dem widersprechen (LG Wuppertal ZMR 2001, 397; vgl auch BayObLG ZWE 2000, 173).

• **Zugang.** Regelung von Zugang zu WE/TeilE betrifft regelmäßig Kernbereich des SonderE, deshalb nicht zulässig (Düsseldorf NJWE-MietR 1997, 81).

• **Zustimmungsfiktion.** „Anerkennen" der Jahresabrechnung nach Fristablauf ist wegen Gesetzesverstoß stets unwirksam (vgl auch den Rechtsgedanken des § 308 Nr 5 BGB).

• **Zustimmungsvorbehalt.** ZB des Verwalters für bestimmte Nutzung nur aufgrund (V), soweit im Nutzungsrahmen Einzelheiten nicht durch Gebrauchsregelung beschlossen werden kann (dann/insoweit B; vgl BayObLG DNotZ 1989, 436; BayObLG 1987, 291; BayObLG WE 1990, 58 – Form der Zustimmung).

10 5. **Werdende/faktische Wohnungseigentümergemeinschaft.** Die Frage der Anwendung der WEG-Vorschriften betrifft zwei unterschiedliche Probleme: a) Die Vorwirkung des späteren Gemeinschaftsrechts in der **Entstehungsphase** des WE/TeilE. Voraussetzungen sind ein Aufteilung nach § 8 (nicht nach § 3, vgl BayObLG NJW-RR 1992, 597, 598; 2002, 1022; 2002, 1540; vgl auch KG ZWE 2001, 275), mindestens ein gültiger Erwerbsvertrag, die Besitzübergabe an den Erwerber und die Eintragung einer Eigentumsverschaffungsvormerkung am gebildeten WE/TeilE oder auf noch zu bildendes WE/TeilE am Grundstück (vgl BayObLG 1990, 101; 1991, 150, 151; ZfIR 1997, 605 [offen, ob Anlegung der Wohnungsgrundbücher erforderlich]; ZfIR 1999, 38, 39; ZfIR 1999, 40; ZfIR 2000, 298; ZfIR 2003, 342; Düsseldorf ZfIR 1998, 367; Frankfurt DWE 1998, 48; Hamm ZfIR 2000, 298; WuM 2000, 319; Jena WuM 2001, 504; KG NJW-RR 2003, 589; Köln ZfIR 1998, 41; ZfIR 1999, 601 u 605; aA Saarbrücken ZfIR 1998, 212; vgl Finck-Plücker ZfIR 2001, 862ff). Die Wohnung muß ferner bewohnbar sein (BayObLG NJW-RR 2003, 876). Mit Eigentumsumschreibung auf den ersten Erwerber entsteht eine „echte" WEgtegemeinschaft. Die faktische, auf die die §§ 10–29, 43ff entsprechend anzuwenden sind, bleibt „daneben" bestehen (LG Ellwangen NJW-RR 1996, 973). b) Keine Anwendung findet die Rechtsfigur der werdenden WEgtergemeinschaft auf den **Zweiterwerber** vor Eigentumsumschreibung. Die Zäsur bildet die Eintragung des ersten Erwerbers als Eigentümer im Grundbuch. Erwerber, die danach erwerben, werden nicht (mehr) Mitglied einer (noch) bestehenden faktischen Eigentümergemeinschaft (BGH NJW 1989, 2697; BayObLG ZWE 2001, 590; aA noch BayObLG WE 1986, 98; zu Konsequenzen für die Vertragsgestaltung Röll DNotZ 1993, 315, 320ff). c) Besteht vor Entstehung der WEgtergemeinschaft eine schlichte **Bruchteilsgemeinschaft** (§§ 1008ff BGB), so können auf sie im Rahmen des § 744 I BGB die Vorschriften aus dem WERecht entsprechend angewandt werden (vgl Celle MDR 1998, 397; BayObLG NJW-RR 2002, 1022; weitergehend AG Greifswald NZM 2001, 344). Mit Übertragung auf einen Miteigentümer wird WEgtergemeinschaft in Vollzug gesetzt (Frankfurt NZM 2003, 563). d) Die **vollendete WEgtergemeinschaft** entsteht bei einer Teilung nach § 8 mit Eintragung des ersten WE/TeilEgters neben dem aufteilenden Eigentümer im Grundbuch bei der Teilung nach § 3 mit Eintragung der Aufteilung. Die WEgtergemeinschaft kann auch lediglich aus zwei WEgten bestehen (Oldenburg NJW-RR 1997, 775). Dagegen ist eine BGB-Gesellschaft, die Eigentümerin sämtlicher WE/TeilEinheiten ist, keine WEgtergemeinschaft (Köln NJW-RR 1997, 1443).

11 6. **Rechtsfähigkeit der Wohnungseigentümergemeinschaft.** Unabhängig vom Streit über die Qualifikation der WEgtergemeinschaft (vgl Böhringer BWNotZ 1988, 1f; Raiser ZWE 2001, 173 u § 1 Rz 4) hat sie nach hM keine eigene Rechtspersönlichkeit (BayObLG ZWE 2001, 483; ZWE 2002, 265, 266; so bereits BGH MDR 1998, 1090; aA Raiser ZWE 2001, 173; vgl auch Ott ZMR 2002, 97; Bub ZWE 2002, 103; Maroldt ZWE 2002, 387; Pauly WuM 2002, 531). Ob damit auch eine **Teilrechtsfähigkeit** für Bereiche, in denen die Gemeinschaft durch den Verwalter repräsentiert wird, abzulehnen ist, ist fraglich (ähnlich Kreuzer ZWE 2002, 285, 286).

11 *Unauflöslichkeit der Gemeinschaft*
(1) Kein Wohnungseigentümer kann die Aufhebung der Gemeinschaft verlangen. Dies gilt auch für eine Aufhebung aus wichtigem Grund. Eine abweichende Vereinbarung ist nur für den Fall zulässig, daß das Gebäude ganz oder teilweise zerstört wird und eine Verpflichtung zum Wiederaufbau nicht besteht.
(2) Das Recht eines Pfändungsgläubigers (§ 751 des Bürgerlichen Gesetzbuchs) sowie das im Insolvenzverfahren bestehende Recht (§ 84 Abs. 2 der Insolvenzordnung), die Aufhebung der Gemeinschaft zu verlangen, ist ausgeschlossen.

1 1. **Ausschluß des Aufhebungsanspruchs.** Steht im Gegensatz zu § 749 BGB; er ist unabdingbar. Vertragliche Aufhebung durch Vereinbarung sämtlicher Eigentümer ist möglich (zur Folge vgl § 17). Deshalb kein Verstoß gegen § 11, wenn WEer von selbständigen Einfamilienhäusern oder von Reihen- bzw Doppelhäusern, die WEG-Aufteilung wegen gemäß § 19 BauGB versagter Realteilung vornehmen, sich für den Fall des Wegfalls das Genehmigungshindernisses zur Aufhebung der Gem und zur Realteilung der WEe verpflichten (BayObLG Rpfleger 1980, 110). § 11 betrifft nur Gemeinschaft iS des WEG, nicht Miteigentümergemeinschaft an einzelner WE/TeilE (BGH ZfIR 2001, 138, 139). Abs II verdeutlicht das Wesen des WE/TeilE als grundstücksgleiches Recht. Während dem Pfändungspfandgläubiger und dem Insolvenzverwalter bei einer Bruchteilsgemeinschaft ein unentziehbarer Anspruch auf Aufhebung der Gemeinschaft zusteht (vgl Staud/Langhein § 751 Rz 9; Braun/Kroth, InsO, 2002, § 84 Rz 8), ist dies wegen des WE/TeilE ausgeschlossen.

2. Ausnahme bei Zerstörung (Abs I S 3). Soll ermöglichen, gegenstandslos gewordene Gemeinschaft zu **2** beseitigen; sie läßt aber nur entsprechende Vereinbarung zu, wirkt nicht automatisch. Zur Aufbaupflicht vgl § 22. Der Anspruch auf Aufhebung ist pfändbar; Durchsetzung nach § 43; alsdann gelten §§ 752ff BGB. **Ohne Vereinbarung** besteht auch im Fall der Zerstörung kein Anspruch des einzelnen Wohnungseigentümers. Vorgehen nach § 9 I Nr 2 setzt Einverständnis aller voraus; entsprechende Vereinbarung ist daher zu empfehlen. Fehlt sie und wird Auflösung treuwidrig verhindert, kann nur in krassem Ausnahmefall unmittelbarer Aufhebungsanspruch bestehen, der gem §§ 43f zu verwirklichen ist (weitergehend, aber wg § 11 abzulehnen Pick in Bärmann/Pick/Merle Rz 33).

3. Verzicht. WE/TeilE kann nicht entsprechend § 928 I BGB durch Verzicht gegenüber dem Grundbuchamt **3** aufgegeben werden (BGH 115, 1; KG OLGZ 1988, 355, 358; BayObLG NJW 1991, 1962; Düsseldorf NJW-RR 2001, 233; Zweibücken ZWE 2002, 603; Celle MDR 2004, 29; Anwaltkomm/Grziwotz § 928 Rz 4; Staud/Pfeifer § 928 Rz 8, aA Kanzleiter NJW 1996, 905).

12 *Veräußerungsbeschränkung*

(1) Als Inhalt des Sondereigentums kann vereinbart werden, daß ein Wohnungseigentümer zur Veräußerung seines Wohnungseigentums der Zustimmung anderer Wohnungseigentümer oder eines Dritten bedarf.
(2) Die Zustimmung darf nur aus einem wichtigen Grunde versagt werden. Durch Vereinbarung gemäß Absatz 1 kann dem Wohnungseigentümer darüber hinaus für bestimmte Fälle ein Anspruch auf Erteilung der Zustimmung eingeräumt werden.
(3) Ist eine Vereinbarung gemäß Absatz 1 getroffen, so ist eine Veräußerung des Wohnungseigentums und ein Vertrag, durch den sich der Wohnungseigentümer zu einer solchen Veräußerung verpflichtet, unwirksam, solange nicht die erforderliche Zustimmung erteilt ist. Einer rechtsgeschäftlichen Veräußerung steht eine Veräußerung im Wege der Zwangsvollstreckung oder durch den Insolvenzverwalter gleich.

1. Regelungszweck. a) § 12 ist Ausnahme von § 137 S 1 BGB (vgl Abs III S 1) und soll der WEgem die Mög- **1** lichkeit geben, das Eindringen persönlich oder wirtschaftlich unzuverlässiger Mitglieder durch Vereinbarung einer Veräußerungsbeschränkung zu verhindern (BayObLG 1977, 40; Zweibrücken NJW-RR 1994, 1103; krit dazu Liessem NJW 1988, 1306). Veräußerungsfreiheit besteht nicht kraft Gesetzes, so daß WE/TeilE ohne entspr **Vereinbarung** frei veräußerlich ist. Verfügungsbeschränkung gilt auch in Zwangsvollstreckung und Insolvenz (Abs III S 2). Einengung auf Fall der rechtsgeschäftlichen Veräußerung ieS aber möglich; Empfehlung, dies wegen Kreditfähigkeit des WE/TeilE stets zu vereinbaren (so Müller Rz 83; Sohn PiG 12, 74), vernachlässigt Interessen der übrigen WEer und kann Beleihbarkeit wegen unzuverlässiger WEer sogar beeinträchtigen. **b) Abs II S 1** ist teilweise **zwingend**, so daß Verweigerung der Zustimmung nur aus wichtigen – nicht aus anderen – Gründen zulässig ist. Unzulässig daher Gebot, nur an bestimmte Personen zu veräußern (BayObLG Rpfleger 1984, 404) oder Veräußerungsverbot bzgl bestimmter Personen. Unzulässig ist auch Festlegung von Versagungsgründen, die Schwelle des wichtigen Grundes nicht erreichen; möglich dagegen Beschränkung des Kreises, wichtiger Gründe durch Ausschluß einzelner (zB Veräußerung an Ehegatten, Lebenspartner, Abkömmlinge, Erstveräußerung), soweit dadurch nicht rechtswidrige Differenzierung erreicht wird. Nicht möglich, Zustimmungsbedürftigkeit für Belastung (rechtspolitisch dazu Drasdo NZM 1999, 681). **c)** Ausweitung auf bloße **Nutzungsbeschränkungen** (etwa bzgl Vermietung und Verpachtung) nur schuldrechtl gültig (§ 137 S 2 BGB). Bei Verstoß nicht Wirkung von Abs III S 1; auch nicht, wenn Vereinbarung als Inhalt des SonderE im Grundbuch eingetragen ist. **d) Beweispflichtig** für Versagungsgründe ist Zustimmungsberechtigter. Daß Prognose über evtl Fehlverhalten von Erwerbern schwierig ist, macht Regelung nicht obsolet, kann aber Anlaß sein, „wichtige Gründe" in der Gemeinschaftsordnung zu umgrenzen; allerdings ist abschließende kasuistische Aufzählung praktisch nicht möglich, nur beispielhaft.

2. Zustimmungsgebot (Abs II). a) Was „**wichtiger Grund**" ist, kann nur aus dem Gesetzeszweck abgeleitet **2** werden (Sicherung des persönlichen und wirtschaftlichen Einvernehmens der WEer (KG OLGZ 1978, 296) nicht aus bloßen Zweckmäßigkeitsgesichtspunkten (BayObLG 1972, 348; DNotZ 1980, 751). Als wichtiger Grund sind ausschließlich Gründe anzuerkennen, die in Person des Erwerbers liegen (BayObLG NJW-RR 1990, 657; WE 1995, 375, 376; Zweibrücken Rpfleger 1994, 459). Sie müssen befürchten lassen, der Erwerber werde die Rechte der übrigen WEer nicht beachten (BayObLG NJW-RR 1999, 452, 453; NJW-RR 2002, 659; NJW-RR 2003, 950). Der wichtige Grund muß nicht die Voraussetzungen der Entziehung des WE (§ 18) erfüllen (BayObLG NJW-RR 2002, 659). Gründe in der Person können auch solche von Mitbewohnern des Erwerbers sein (BayObLG NJW-RR 2002, 659 „unflätiger Lebensgefährte"; BayObLG NZM 1998, 868 – geplante Nutzungsüberlassung an ausgeschlossenen früheren WEern). Allerdings sind die konkreten Bedürfnisse der Gemeinschaft im Einzelfall dem Rechtsgedanken des § 12 zuzuordnen. „Wichtiger Grund" kann nicht durch Vereinbarung geschaffen werden, aber konkretisierend nach den Umständen der Wohnanlage abgegrenzt werden (Verstoß gegen Zweckbestimmung der Anlage, Hamburg NJW-RR 1989, 974; Düsseldorf NJW-RR 1997, 268). Er kann daher auch in begründetem Ruhebedürfnis bestehen (str, vgl Karlsruhe OLGZ 1976, 145 – Arztpraxis). Mangelndes „standesgem Einordnen" (BayObLG DWE 1983, 26) wegen fehlender Objektivierbarkeit kein wichtiger Grund, wohl aber fehlende Sicherheit für Erfüllung der Lastenbeitrags- und Finanzierungsverpflichtungen (Frankfurt DWE 1978, 61; BayObLG DWE 1984, 60; Köln NJW-RR 1996, 1296; Düsseldorf ZfIR 1997, 415; LG Köln ZMR 2000, 704; vgl aber LG Frankfurt NJW-RR 1988, 598 u BayObLG NJW-RR 1988, 1425) und Weigerung, die Hausordnung zu befolgen (Düsseldorf ZMR 1998, 45). Wichtiger Grund auch bei nachgewiesener anstößiger Nutzung (vgl KG OLGZ 1978, 296, 301), nicht aber Beendigung langjährig geduldeter Nutzung (BayObLG NJW-RR 1990, 657; vgl LG Saarbrücken NZM 1998, 675). Verweigerung mit diskriminierender Begründung („Ausländer") unwirksam (BayObLG

WEM 1981, 56). Zustimmungspflicht nur bei „genehmen Erwerber" ist unwirksam (Köln ZfIR 2002, 144). Fehler im schuldrechtlichen Kaufvertrag geben ebenfalls keinen Grund für eine Zustimmungsverweigerung (KG NZM 2002, 29; vgl Frankfurt ZMR 1994, 124). Veräußernder Eigentümer muß Informationen über Person des Erwerbers liefern und ihn ggf zur Selbstauskunft veranlassen (KG WE 1990, 86; Köln NJW-RR 1996, 1296), aber Schufa-Auskunft im Normalfall nicht angemessen (zur Auskunftspflicht des Verwalters gegenüber WEern s Köln OLGZ 1984, 162). Verwalter trifft keine Pflicht, im Zustimmungsverfahren ungefragt auf noch nicht finanzierte Baumaßnahmen hinzuweisen (Köln ZfIR 1999, 689).

3   b) Bei **Verweigerung** der Zustimmung durch Gemeinschaftsmitglieder oder Verwalter Verfahren nach § 43 I Nr 1 (bei Verweigerung der Verwalterzustimmung Antragsgegner Verwalter, Beiladung der WEer, Zweibrücken NJW-RR 1994, 1103; BayObLG NJW-RR 1997, 1307), bei Verweigerung durch Dritte Überprüfung im ordentlichen Verfahren. Schuldhafte unberechtigte Zustimmungsverweigerung oder -verzögerung (angemessen ca 14 Tage für Unterschrift bei Notar ab Vorliegen der Informationen) begründet Schadensersatzanspruch (LG Frankfurt NJW-RR 1989, 15; BayObLG DWE 1984, 60; Karlsruhe OLGZ 1985, 133, 140; LG Essen ZMR 1994, 1729; zur Beweislast Köln NJW-RR 1996, 1296). Zurückbehaltungsrecht (§ 273 BGB) an Zustimmungserklärung nicht statthaft (BayObLG NJW-RR 1990, 657; Schleswig DWE 1983, 26; str, ob Treuhandauflage zulässig ist, nach richtiger Ansicht unzulässig, vgl BNotK DNotI-Report 1997, 202, 212; Wochner ZNotP 1998, 489). Aktivlegitimiert ist nur Veräußerer, nicht der Erwerber. Geschäftswert ist vorgesehener Kaufpreis (BayObLG 1981, 202; KG Rpfleger 1981, 325; Düsseldorf Rpfleger 1982, 248). Zustimmung kann trotz Anspruchs (Abs II) nicht gerichtlich ersetzt werden; Vollstreckung gem § 894 ZPO (s § 45 III, BayObLG Rpfleger 1977, 173). Rechtsanwaltskosten für Ersetzungsverfahren sind erstattungsfähig (LG Essen ZMR 1994, 172).

4   c) Der **Umfang des Zustimmungsgebotes** ist durch Auslegung festzustellen. Dabei hat Abwägung zwischen Sicherungszweck und Verkehrsbedürfnis stattzufinden. Im Zweifel ist Verfügungsbeschränkung als Ausnahmevorschrift restriktiv zugunsten des Veräußerers auszulegen (BayObLG Rpfleger 1983, 350; Schleswig DWE 1983, 26; LG Mannheim BB 1977, 319). **aa) Von vornherein nicht anwendbar** bei Gesamtrechtsnachfolge infolge Erbgangs; auch nicht bei Verfügung von Miterben über Erbteil, zu dem WE gehört; selbst dann nicht, wenn Erbanteil ausschließlich aus WE besteht (Hamm DNotZ 1980, 53); desgl nicht bei Verfügung aufgrund gesetzlicher Ansprüche (zB §§ 812, 440, 323, 326 V, 437 Nr 2 BGB), anders aber bei einvernehmlicher Vertragsaufhebung und Rückauflassung (BayObLG 1976, 328). **bb)** Im übrigen ist bei vereinbartem Zustimmungserfordernis **ohne nähere Bestimmung** von folgendem auszugehen: Verfügungsbeschränkung erstreckt sich auf Veräußerung von WE auch innerhalb der Gemeinschaft (BayObLG DB 1977, 2182; Rpfleger 1982, 177; DNotZ 1979, 31; NJW-RR 2002, 659), auf Übertragung ideellen Gesamtanteils am WE auf MitEer oder Dritten (vgl BGH MDR 1977, 41), auf Veräußerung realer Teile des WE (vgl BGH 49, 250; Röll Rpfleger 1976, 284); auch auf Übertragung eines WEs in Erfüllung eines Vermächtnisses oder einer Teilungsanordnung (BayObLG Rpfleger 1982, 177; aA, aber unrichtig, LG Nürnberg MittBayNot 1976, 27). Auch **Erstveräußerung** nach Teilung ist zustimmungspflichtig (BGH NJW 1991, 1613; BayObLG NJW-RR 1987, 270; krit Röll WE 1991, 240 u Schmidt WE 1991, 280). **cc) Zustimmungsfrei** interne Quotenänderung (BGH NJW 1976, 1976). Schutzzweck fehlt bei beiderseitiger Personenidentität (zB Erbengemeinschaft an personenidentische OHG), aber fraglich bei unterschiedlichen Haftungsverhältnissen (zB Erbengemeinschaft an personenidentische KG). Zustimmungsfreiheit durch Regelung in Vereinbarung möglich; „Ehegatte" oder „Lebenspartner" gilt auch für Auflassung nach Scheidung bzw Aufhebung, wenn wirksame schuldrechtliche Verpflichtung vorher begründet wurde (Schleswig NJW-RR 1993, 1103; KG NJW-RR 1997, 78). **dd)** Bei Zustimmungsanspruch (Abs II S 2) – anders als bei cc) – Zustimmung nicht entbehrlich; darf aber nicht verweigert werden. In Praxis nur noch Prüfung erforderlich.

5   **3. Kreis der Zustimmungsberechtigten** ist nicht beschränkt; in Praxis meist Verwalter, bei kleinen Anlagen meist auch WEer. Möglich, daß nur einzelne WEer (zB Nachbarn des Veräußerers) zustimmungsbefugt; wegen Zweck des § 1136 BGB nicht Grundpfandgläubiger (aA Erman/Ganten[9]; Pick in Bärmann/Pick/Merle/Pick Rz 23; wie hier Soergel/Stürner Rz 1; Weitnauer/Lüke Rz 14). Ist Verwalter zustimmungsbefugt, dann regelmäßig (nur) als mittelbarer (verdeckter) Stellvertreter der WEer (BGH 112, 240), so daß die WEer auch selbst entscheiden und Verwalter bindend anweisen können (BayObLG DWE 1982, 137; Zweibrücken NJW-RR 1987, 269; Saarbrücken MittRhNotK 1989, 58; LG Frankfurt NJW-RR 1996, 1080); Verwalter ist berechtigt, Weisung der WEer einzuholen (vgl BGH 131, 346; KG ZMR 1994, 124; Bub NZM 2001, 502). Möglich aber, daß Verwalter nicht mittelbarer Stellvertreter, sondern aus eigenem Recht als Dritter zustimmungsbefugt ist (BayObLG 1980, 29).

6   **4. Form.** Vereinbarung als Inhalt des SonderE (§ 10 II) und Eintragung im Wohnungsgrundbuch; Zustimmung der Grundpfandgläubiger am WE erforderlich (§ 877 BGB), nicht am ganzen Grundstück eingetragenen (Frankfurt NJW-RR 1996, 918). Bezugnahme auf Bewilligung grundsätzlich nicht zulässig (§ 3 II WGV), jedoch erstreckt sich Eintragungszwang nicht auf sämtliche Bedingungen des Zustimmungsgebotes (LG Kempten Rpfleger 1968, 58; Saarbrücken Rpfleger 1968, 57). Ohne Eintragung ggf Umdeutung in schuldrechtliche Verpflichtung. Str, ob Zustimmungserfordernis auf werdende WEgem anwendbar ist (abl Hamm MDR 1994, 1008). Wirksamwerden beeinträchtigt bereits vorliegende Eigentumsumschreibungsanträge gemäß § 878 BGB nicht (Hamm MDR 1994, 1008).

7   **5. Rechtsfolgen. a) Grundbuchamt prüft** Zustimmung **von Amts wegen** (BayObLG DNotZ 1984, 553; auch BayObLG 1981, 202; aA LG Frankenthal Rpfleger 1984, 183). Bis zur Zustimmung ist schuldrechtlicher und dinglicher Vertrag gegenüber jedermann schwebend unwirksam (Abs III S 1; BGH 33, 76; BayObLG 1981, 384; 1982, 46, 49; Hamm DNotZ 1992, 232; Köln NJW-RR 1996, 1296; vgl LG Frankfurt NJW-RR 1996, 1080 zur Auswirkung auf Vorkaufsrecht). Zustimmung ist bedingungsfeindlich, bis zum Abschluß des Veräußerungsvertrages aber widerruflich (§§ 182ff BGB sind anwendbar, BayObLG DNotZ 1984, 559); Widerruf nach § 183 BGB

bis zum Abschluß des Vertrages möglich (vgl BGH NJW 1963, 36), danach – entsprechend rechtsgestaltende Genehmigung – nicht mehr (ähnlich Schmidt MittBayNot 1999, 366). **Vormerkung** kann gleichwohl eingetragen werden (BayObLG DNotZ 1964, 722). **Form der Zustimmung:** § 29 GBO (vgl Hamm OLGZ 1967, 109; BayObLG DNotZ 1976, 162). Betrifft grds nur bestimmten Vertrag (vgl BayObLG DNotZ 1992, 229). Grundbuchamt kann auch Nachweis der Verwalterbestellung fordern, ggf auch Nachweis ihrer Fortdauer (BayObLG NJW-RR 1991, 978), deshalb trifft Verwalter Pflicht zur Prüfung, ob Nachweis vorliegt (AG Osterholz-Scharmbeck NZM 2001, 201). Kostentragungspflichtig ist Gemeinschaft, nicht Erwerber (KG ZfIR 1997, 553). Str ist, ob Verwalter Sonderentgelt fordern kann, jedenfalls nur Pauschale, nicht Prozentsatz aus Kaufpreis (KG ZfIR 1997, 553). **b)** Bei **Versagen** der Genehmigung wird Vertrag endgültig absolut unwirksam (s nur BayObLG Rpfleger 1983, 350), bei Verfahren nach § 43 erst mit dessen Abschluß (Hamm DNotZ 1992, 232; WuM 1997, 289). Bei Eintragung unter Verstoß ist auf Antrag des früheren WEers ein Amtswiderspruch einzutragen, nicht jedoch auf Antrag des Verwalters und der übrigen WEer (Hamm ZfIR 2001, 843). **c)** Erfolgt zur Verweigerung gar keine Äußerung, kann mangels entspr Regelung nicht analog §§ 108 II, 177 II, 1829 BGB verfahren werden, vielmehr muß Klarheit durch Klage geschaffen oder Abstand genommen werden (str, aA Soergel/Stürner Rz 12). Bei verspäteter Abgabe Schadensersatzanspruch des Veräußerers möglich (vgl Rz 3). Zustimmung wirkt **zurück** (§ 184 BGB; str, vgl LG Frankfurt NJW-RR 1996, 1080).

d) § 12 ist auf Zustimmungsvorbehalt bei **Gebrauchsüberlassung** (zB Vermietung und Verpachtung) und bei **Umbau**, soweit regelbar, gesetzlich nicht anwendbar; kann nur auf die §§ 15, 10 II gestützt und mit „dinglicher Wirkung" versehen werden, so daß gegen Beschränkung verstoßender Gebrauchsüberlassungsvertrag pflichtwidrig aber gültig ist (BayObLG DWE 1983, 61). Auch in diesen Fällen kann Zustimmung des Verwalters durch Weisung der WEer „ersetzt" werden (BGH 131, 346; KG ZMR 1994, 124; zum Verzögerungsrisiko KG ZMR 1994, 124). **e)** Auf **Belastungsbeschränkungen** ist § 12 auch nicht analog anzuwenden (ebenso LG Köln MittRhNotK 1983, 221). Dagegen gilt Zustimmungsvorbehalt für **Vorkaufsrecht**, sofern wirksam vereinbart, und zwar auch für das Mietervorkaufsrecht nach § 577 BGB (str, ebenso Nies NZM 1998, 179).

f) Im Rahmen der **Zwangsvollstreckung** (nur: Geldvollstreckung!) bzw Insolvenz bedarf es der Zustimmung erst beim Zuschlag (hL LG Berlin Rpfleger 1976, 149; Pick in Bärmann/Pick/Merle Rz 55; aA LG Frankfurt Rpfleger 1984, 183; Soergel/Stürner Rz 13). Ob Zustimmungsanspruch des WEers über Beschlagnahme hinaus noch eigens gepfändet werden muß (§ 857 ZPO), ist zweifelhaft (so aber hM, Soergel/Stürner Rz 13, wie hier Pick in Bärmann/Pick/Merle Rz 51). Rechtskräftiger Zuschlag in der Zwangsversteigerung heilt das Fehlen der Zustimmung (LG Frankenthal Rpfleger 1984, 183).

13 *Rechte des Wohnungseigentümers*

(1) Jeder Wohnungseigentümer kann, soweit nicht das Gesetz oder Rechte Dritter entgegenstehen, mit den im Sondereigentum stehenden Gebäudeteilen nach Belieben verfahren, insbesondere diese bewohnen, vermieten, verpachten oder in sonstiger Weise nutzen, und andere von Einwirkungen ausschließen.

(2) Jeder Wohnungseigentümer ist zum Mitgebrauch des gemeinschaftlichen Eigentums nach Maßgabe der §§ 14, 15 berechtigt. An den sonstigen Nutzungen des gemeinschaftlichen Eigentums gebührt jedem Wohnungseigentümer ein Anteil nach Maßgabe des § 16.

1. Spezielle Eigentumsform. a) WE/TeilE ist echtes Eigentum. Es ist jedoch **nicht Alleineigentum** mit den Befugnissen nach § 903 S 1 BGB. Dies ergibt sich bereits aus dem unterschiedlichen Wortlaut der Normen. Während nach § 903 S 1 BGB der Eigentümer andere von „jeder" Einwirkung auf sein Eigentum ausschließen kann, kann der WEer nach § 13 I bezüglich seines SonderE andere nur „von Einwirkungen" ausschließen. Der WEer muß soweit stärkere Beschränkungen hinnehmen als der Alleineigentümer eines Gebäudes (ebenso bereits Paulick AcP 152 [1952] 420, 423; Düsseldorf NJW-RR 2002, 81). Aus § 13 folgen deshalb positive wie negative Gemeinschaftsgrundrechte des einzelnen WEers, in die nur durch Vereinbarung eingegriffen werden kann (BayObLG ZMR 1973, 205). Allerdings können die Einzelheiten des ordnungsgemäßen Gebrauchs mehrheitlich konkretisiert werden, da der Beurteilungsrahmen insoweit der Beschlußregelung (§ 15 II) unterliegt. **b) Abwehrbefugnisse** bestehen nach allgemeinem Recht: §§ 1004, 906 BGB (vgl BayObLG NJW-RR 1988, 271), nicht nach § 910 BGB im Gemeinschaftsverhältnis (Düsseldorf NJW-RR 2002, 81). WE gibt auch **öffentlich-rechtlichen Nachbarschutz** (OVG Berlin BauR 1976, 191; OVG Münster NJW-RR 1992, 598; vgl aber VGH München ZfIR 2003, 660: Folgenbeseitigungsanspruch nur gemeinschaftlich), nicht aber innerhalb der Gemeinschaft (BVerwG NJW 1988, 3279, VGH Mannheim NVwZ 1995, 990; VG Düsseldorf NVwZ 2002, 116, 117); der einzelne WEer ist darauf verwiesen, in dem WEG-Verfahren geltend zu machen, die Eigentümergemeinschaft überschreite die ihr zustehenden Befugnisse. Allerdings kann die Einhaltung nicht drittschützender Normen (zB aus dem Bauordnungsrecht) auch insoweit nicht erzwungen werden. Dies schließt es jedoch nicht aus, daß bauordnungsrechtliche Vorschriften einen Rahmen für in Vereinbarungen der WEer nicht näher konkretisierte Nutzungsmöglichkeiten geben (Schleswig FGPrax 1996, 138). Besitzschutzansprüche bestehen, auch soweit nur GemeinschaftsE gestört wird (BayObLG 1990, 115); beim Herausgabeanspruch bzgl GemeinschaftsE ist § 1011 BGB zu beachten (BayObLG 1975, 177). MitEer haben unabhängig von Quoten gleichwertigen Mitbesitz und Mitgebrauch am GemeinschaftsE (BayObLG Rpfleger 1972, 260), insoweit ist § 866 BGB zu beachten (dazu BGH 62, 243). Am SonderE besteht Teilbesitz.

2. Individuelle Rechtsposition. a) Abs I regelt die Rechtsposition des WEers hinsichtlich seines SonderE, Abs II bezüglich des Mitgebrauchs des GemeinschaftsE. Die Individualrechte sind durch eine immanente Rechtsbeschränkung gekennzeichnet und zwar hinsichtlich des GemeinschaftsE stärker als hinsichtlich des SonderE. Gleichwohl ist von der **individuellen Rechtsposition** auszugehen. Es sind deshalb auch durch Vereinbarung oder Beschluß **nicht entziehbare Kernbereiche** des Eigentums anzuerkennen, auf die sich insbesondere auch ein Sondernachfolger berufen darf. Zum Kernbereich dieser individuellen Rechtsposition und damit zum unentziehbaren Bestandteil des WE gehören zB üblicher Kinderlärm, gelegentliches Feiern, die Körperhygiene (kein Duschverbot), Freizeitaktivitäten (Hören von Musik, Musizieren, Gesang, Basteln, Werken, Gymnastik, Sonnenbaden am Balkon etc), Hilfsmittel wegen Behinderungen, Haushaltstätigkeiten (Kochen, Putzen, Staubsaugen, Einsatz von Haushaltsmaschinen einschl Waschmaschine etc). Ein völliges Verbot einzelner dieser Aktivitäten ist deshalb unzulässig (vgl Frankfurt NJW-RR 2002, 82). In gleicher Weise gehören zur WE-Rechtsposition Handlungen, die allgemein zulässig sind, sich insbesondere im Rahmen der entsprechenden Vorschriften (bauimmissionsschutzrechtliche sowie DIN-Normen) halten, auch wenn sich dadurch Beeinträchtigungen der anderen Eigentümer ergeben (vgl BayObLG NJW-RR 1994, 598). **b)** Umgekehrt hat jeder WEer das SonderE der anderen zu respektieren, deshalb zB kein Schlüssel für WEer, der an TeilE Tiefgarage nicht mitberechtigt ist (vgl BayObLG ZMR 1996, 93). Für Immissionen und gefährliche Anlagen gelten §§ 908f BGB entsprechend. **Rücksichtspflichten** bestehen insbesondere auch bei Fremdnutzung der Wohnung, Mieter sind insoweit Erfüllungsgehilfen der WEer (BayObLG 1970, 76; Weimar JR 1975, 184). WEer stehen zueinander in gesetzlichem Schuldverhältnis, das bei schuldhafter Störung auch zu Schadensersatz verpflichten kann; in Betracht komm zB Haftung für Schäden am SonderE/GemeinschaftsE infolge unterlassener Instandhaltung des GemeinschaftsE/SonderE durch WEer; außerdem kann Deliktshaftung für Beeinträchtigung vom SonderE bzw GemeinschaftsE entstehen. **c)** Die **Kasuistik** der Inhaltsbestimmung läut parallel zu der Problematik, inwieweit Gestaltungen des WE/TeilE aa) ohne weiteres aufgrund der Eigentumsposition, bb) aufgrund von Beschlüssen oder cc) nur im Rahmen von Vereinbarungen möglich sind (s dazu § 10 Rz 9 u § 22 Rz 9).

3 **3. Rechtspositionen aus MitE. a)** Ein Recht zum **Mitgebrauch** des GemeinschaftsE steht den WEern ebenso als individuelle Rechtsposition und nicht nur kraft „Verleihung" aus vereinbarten oder beschlossenen Gebrauchsregelungen zu (abw Düsseldorf NJW-RR 1995, 528). Es setzt freilich die gleichzeitige Übernahme der damit verbundenen Pflichten, insbes die anteilige Lastentragung, voraus. Einschränkungen können sich ferner aus der Zweckbestimmung ergeben (Frankfurt FGPrax 1997, 215 für Mehrhausanlage; Hamm ZfIR 2001, 566 u BayObLG ZfIR 2001, 564, 565f Spitzboden, vgl auch BGH ZfIR 2001, 563, 564). **b)** Recht zur **Besitzübertragung auf Dritte** schließt Befugnis ein, Mitgebrauchsrecht auf diesen zur Ausübung zu übertragen (Düsseldorf ZMR 1996, 96), und zwar auch hinsichtlich Einrichtungen, die für Nutzung des SonderE nicht notwendig sind (BayObLG GE 1997, 1590). Begrenzt durch Nachteil über das bei einem geordneten Zusammenleben unvermeidliche Maß (BayObLG ZWE 2000, 215, vgl Fritz NZM 2000, 633) und Umfang des Rechts des WEers (KG GE 1998, 367). **c) Sonstige Nutzungen** sind die über den Mitgebrauch (Gebrauchsvorteile, § 100 BGB) hinausgehenden Nutzungen des GemeinschaftsE, wie zB Erzeugnisse oder Erträge aus Vermietung und Verpachtung (§ 99 BGB). Bei Ausschluß von Mitgebrauch kommt Anspruch auf finanziellen Ausgleich in Betracht (vgl Hamm DNotZ 1985, 12); Recht auf Mitgebrauch wandelt sich dann in „Anspruch auf Nutzungsvorteile".

14 *Pflichten des Wohnungseigentümers*
Jeder Wohnungseigentümer ist verpflichtet:
1. die im Sondereigentum stehenden Gebäudeteile so instand zu halten und von diesen sowie von dem gemeinschaftlichen Eigentum nur in solcher Weise Gebrauch zu machen, daß dadurch keinem der anderen Wohnungseigentümer über das bei einem geordneten Zusammenleben unvermeidliche Maß hinaus ein Nachteil erwächst;
2. für die Einhaltung der in Nummer 1 bezeichneten Pflichten durch Personen zu sorgen, die seinem Hausstand oder Geschäftsbetrieb angehören oder denen er sonst die Benutzung der in Sonder- oder Miteigentum stehenden Grundstücks- und Gebäudeteile überläßt;
3. Einwirkungen auf die im Sondereigentum stehenden Gebäudeteile und das gemeinschaftliche Eigentum zu dulden, soweit sie auf einem nach Nummer 1, 2 zulässigen Gebrauch beruhen;
4. das Betreten und die Benutzung der im Sondereigentum stehenden Gebäudeteile zu gestatten, soweit dies zur Instandhaltung und Instandsetzung des gemeinschaftlichen Eigentums erforderlich ist; der hierdurch entstehende Schaden ist zu ersetzen.

1 **1. Zweck.** Die Festlegung allgemeiner Pflichten der WEgter konkretisiert den Grundsatz von Treu und Glauben im Verhältnis der WEgter/TeilEgter. Daneben bestehen **Schutz- und Treuepflichten**, die über diejenigen hinausgehen, die bei der auf Auseinandersetzung angelegten Miteigentümergemeinschaft bestehen (ähnlich Armbrüster ZWE 2002, 333, 334ff). Pflichtenkatalog nach § 14 ist nicht abschließend (Zweibrücken ZWE 2001, 171).

2 **2. Instandhaltungs- und Rücksichtnahmepflicht (Nr 1). a)** Die Pflicht zur Instandhaltung des SonderE (vgl § 21 V Nr 2 für das GemeinschaftsE) ist als **Rücksichtspflicht** ausgestaltet, nicht als Pflicht zu Schönheitsreparaturen im SonderE oder als Pflicht zur ständigen Anpassung an moderne Standards. **Instandhaltung** ist die Erhaltung des bestehenden bzw die Wiederherstellung eines einmal vorhanden gewesenen ordnungsgemäßen Zustands. Bei von Anfang an vorhandenen Mängeln auch die Herstellung eines einwandfreien Zustandes; nicht dazu gehören Neuerungen oder Modernisierungsaufwendungen (vgl BayObLG NJW 1981, 690; keine turnusmäßige Überprüfung von Installation durch Fachmann, BayObLG NJW-RR 1994, 718). **b)** Kein ordnungsmäßiger **Gebrauch des GemeinschaftsE**, wenn anderen WEern Mitnutzung unmöglich ist; aber auch unterhalb dieser Schwelle bei Nachteilen. **Nachteil** idS ist jede nicht ganz unerhebliche Beeinträchtigung (vgl BayObLG NJW-RR 1990, 330); aber auch eine objektiv störende äußere Veränderung des Gebäudes (BayObLG NJW-RR 1992, 150), wobei nicht jede Veränderung des Erscheinungsbildes bereits eine Beeinträchtigung darstellt (BayObLG NJW-RR 2003, 952 [953]). Die Inhaltsbestimmung wird ausgefüllt durch eine auf den Einzelfall bezogene **Interessenabwägung**, die auf der einen Seite das Bewahrungsinteresse des WEers und auf der anderen den Anspruch der Gemeinschaft auf

Rücksicht, Abstimmung der Entfaltungsinteressen und auch auf eine Anpassung an die Erfordernisse der sich wandelnden Umgebung und der fortschreitenden Technik einzustellen hat (vgl BGH NJW 1992, 978; enger Hamburg MDR 1997, 816 – bereits Gefahr). Nutzung ist dann **rücksichtslos** und kann untersagt werden. Maßgeblich ist die Beurteilung des Tatrichters (BayObLG ZfIR 2003, 641). Beispiele: Kaminanschluß an gemeinsamen Schornstein (BayObLG DWE 1985, 60); Schmutz von Pflanzanlagen auf Balkon/Terrasse (BayObLG ZMR 1988, 345; Hamm 1990 NJWE-MietR 1997, 277; „Psychoterror" (KG NJW-RR 1988, 586); Gefährdung der Wasserleitung (Frost, BayObLG ZMR 1989, 349); Halten v Ratten u Schlangen u übermäßige Tierhaltung (Frankfurt NJW-RR 1990, 1430; Köln MDR 1996, 465: über 100 Kleintiere; KG MDR 2003, 150: Kampfhund); Nutzung einer Grünfläche als Trampelpfad (Stuttgart NJW-RR 1995, 527); Wasserdampfentwicklung aus Etagenheizung (Düsseldorf NJWE-MietR 1997, 250); Küchengerüche (Köln MDR 1998, 83; BayObLG NJW-RR 2001, 156) und Parfümversprühen im Treppenhaus (Düsseldorf ZfIR 2003, 610); Mülltüten im Eingangsbereich (Düsseldorf NJWE-MietR 1996, 250). Str für Sex-Shop, Erotik-Fachgeschäft und Prostitutionsausübung (Köln ZWE 2000, 228; BayObLG ZfIR 2001, 59; Düsseldorf ZfIR 2003, 642; BerlVerfGH NZM 2003, 112; LG Tübingen MDR 2000, 386; AG Wiesbaden NJWE-MietR 1996, 15; vgl auch Armbrüster NJW 2002, 2763, 2764) und bei Geräuschbeeinträchtigungen (Trittschall u Sanitärgeräusche), die nicht modernen DIN-Normen entsprechen (Stuttgart NJW-RR 1994, 1497; Köln NZM 1998, 673; Düsseldorf WuM 1998, 372; Hamm ZWE 2001, 389; Düsseldorf NZM 2001, 958; AG Köln NZM 2001, 1044; zu weitgehend BayObLG ZWE 2000, 174: Standard bei Umbau). Auch SondernutzungsR gibt keinen „Freibrief" gegenüber MitEern (BayObLG Rpfleger 1982, 15). Nr 1 hat gesetzliche **Schutzwirkung** auch gegenüber Mietern anderer WEer; str, ob Zuständigkeit des Streitgerichts oder Prozeßführung durch Vermieter gem § 43 (KG NJW-RR 1988, 586: beide Fälle Prozeßgericht).

3. Einwirkungs- und Vorgehenspflicht (Nr 2). Es handelt sich um **Eigenpflichten** des WEers; §§ 278, 831 **3** BGB bleiben unberührt (vgl Düsseldorf NJW-RR 1995, 1165). Vertragliche Bindung des WEers gegenüber Mieter befreit ihn nicht von Pflichten in der Gemeinschaft (vgl Kirchhoff ZMR 1989, 323). WEer kann sich seiner Verpflichtung gegenüber Gemeinschaft nicht durch langfristige Vermietung entziehen (Hamm OLGZ 1990, 35), andererseits kann das WEGericht MitEer nicht zur Mieträumung bestimmen (BayObLG NJW-RR 1991, 658); Anspruch richtet sich auf Unterlassung der Beeinträchtigungen (Köln ZMR 1997, 253). Bei einer Auseinandersetzung um Pflichteinhaltung ist ggf Mieter im FGVerf für den Streit zu verkünden (BayObLG NJW 1970, 1550). Gilt auch bei Überlassung an Käufer vor Eigentumsumschreibung (KG MDR 2000, 1311). Str, ob unmittelbarer Unterlassungs- und Beseitigungsanspruch gegen Mieter (vgl LG Düsseldorf NZM 2002, 131).

4. Duldungspflicht (Nr 3). Diese Vorschrift ist die **Kehrseite** zu Nr 1 und 2. Anwendungsbereich zB bei Hei- **4** zungsanlagen, Telefon, Fernsehen, Kabelfernsehanschluß, Parkplatzbenutzung (für Wohnmobil, BayObLG DWE 1985, 58, zusätzliche Stellplätze, Düsseldorf NJW-RR 1996, 1228), Krankenfahrstuhl (im Treppenhaus, Düsseldorf DWE 1984, 93), behindertengerechter Rollstuhlweg (AG Dortmund MDR 1996, 468), Einsetzen von Fenstern (Düsseldorf DWE 1982, 62) und Tür (BayObLG ZWE 2002, 525), aber auch bei größeren Reparaturen (vgl BayObLG WE 1991, 56); Außenwerbung von MitEern (LG Aurich NJW 1987, 448; Frankfurt Rpfleger 1982, 64).

5. Betretungsrecht und Schadensersatzpflicht (Nr 4). Betrifft Pflicht im Spannungsverhältnis der Gemein- **5** schaftsbezogenheit und der Unverletzlichkeit der Wohnung (BayObLG 1996, 146; vgl Stuttgart ZMR 2001, 730f Gartenfläche). „Erforderlichkeit" entspricht „Ordnungsmäßigkeit" iSd nach § 13 gebotenen Rücksichtspflicht; bei konkreten Anhaltspunkten Betreten bereits zur Kontrolle zulässig (BayObLG 1996, 146; ZfIR 1996, 927; Hamburg ZMR 2000, 479). Dagegen unzulässig Betretungsrecht ohne sachlichen Grund (Zweibrücken ZWE 2001, 171; vgl Derleder ZWE 2001, 149). Keine Verpflichtung zur Durchführung von Arbeiten (BayObLG NJWE-MietR 1996, 36: Versetzen von Blumentrögen). Duldungsanspruch steht der Gemeinschaft zu und kann nicht von einzelnen WEern geltend gemacht werden (KG NJW-RR 1986, 606). Der Anspruch auf **Schadensersatz** (richtiger: Aufopferung, Pick in Bärmann/Pick/Merle/Pick Rz 60; KG ZfIR 1998, 308) ist nicht vom Verschulden abhängig und von allen, auch vom Geschädigten (KG WuM 1994, 38), entspr § 16 IV zu tragen. Ersatzanspruch umfaßt Wiederherstellungskosten, aber auch Schaden, der durch Eigengebrauchsentzug für nicht unerhebliche Zeit entsteht (BayObLG 1987, 50 Terrasse; anders BayObLG DNotZ 1995, 66 bei Terrasse von TeilE; vgl auch KG ZfIR 1998, 308) sowie Mietausfall (KG WuM 1994, 38). Verdienstausfall nur im Einzelfall (KG ZWE 2000, 273). Nicht Kosten für Schadensbehebung am Sondereigentum (BayObLG ZWE 2003, 187). Keine pauschale Entschädigung (BayObLG DNotZ 1995, 66), außer im Einvernehmen mit den betroffenen WEgter/TeilEgter (LG Köln NJWE-MietR 1997, 280). Soweit erhebliche Schäden zu erwarten sind, kann pflichtiger WEer die Gestattung des Eingriffs von Sicherheitsleistung abhängig machen (KG NJW-RR 1986, 969).

Bei **Verstoß** besteht Erfüllungsanspruch, evtl Abwehranspruch aus Besitz und Eigentum (§§ 862, 1004 BGB; **6** Verfahren: § 43, Frankfurt MDR 1982, 151). Gegen Nutzungsanspruch beim Zurückbehaltungsrecht wegen Umbaus (BayObLG WuM 1998, 561). Anspruch auf Störfreiheit steht jedem WEer selbst zu, er muß aber betroffen sein (BayObLG 1975, 177; ZMR 1980, 381f; NJW-RR 1988, 588; WuM 1998, 561). Für die Duldungspflicht der WEer untereinander ist § 906 BGB Maßstab (BayObLG DWE 1980, 60; Hamm NJW-RR 2003, 230). Beseitigungspflicht aber immer nur soweit Störung reicht (BayObLG NJW-RR 1991, 140) u kein Rechtsmißbrauch (BayObLG NZM 2003, 120). Wiederholungsgefahr nicht ausgeschlossen, wenn keine Störungen während des Verfahrens (Düsseldorf ZMR 1996, 446). Ersatzvornahme mögl (Köln NZM 1998, 958). Bei Verschulden auch Schadensersatz (vgl BayObLG NJW-RR 1987, 331; MittBayNot 1997, 369; NZM 2002, 167; KG NJW-RR 2000, 1684; vgl auch Armbrüster ZMR 1997, 395); gilt auch für WEgter gegen Gemeinschaft (Köln NZM 1999, 83; Düsseldorf NJW-RR 1995, 587). Schadensersatzpflicht umfaßt auch Kosten der Rechtsverfolgung (Hamm NJW-RR 1996, 335). § 866 BGB schließt Haftung aus § 823 I BGB nicht aus (BGH NJW 1974, 1189). Gegenüber Dritten Haftung nach § 836 BGB (vgl Weimar JR 1973, 8). Bei wiederholtem gröblichen Verstoß gegen die nach § 14 bestehenden Pflichten ist auch Entziehungsklage möglich (§ 18 I Nr 1).

15 *Gebrauchsregelung*
(1) Die Wohnungseigentümer können den Gebrauch des Sondereigentums und des gemeinschaftlichen Eigentums durch Vereinbarung regeln.
(2) Soweit nicht eine Vereinbarung nach Absatz 1 entgegensteht, können die Wohnungseigentümer durch Stimmenmehrheit einen der Beschaffenheit der im Sondereigentum stehenden Gebäudeteile und des gemeinschaftlichen Eigentums entsprechenden ordnungsmäßigen Gebrauch beschließen.
(3) Jeder Wohnungseigentümer kann einen Gebrauch der im Sondereigentum stehenden Gebäudeteile und des gemeinschaftlichen Eigentums verlangen, der dem Gesetz, den Vereinbarungen und Beschlüssen und, soweit sich die Regelung hieraus nicht ergibt, dem Interesse der Gesamtheit der Wohnungseigentümer nach billigem Ermessen entspricht.

1 **1. Regelungsinhalt und -typen. a)** § 15 steht im systematischen Zusammenhang mit §§ 20ff u § 10: **Gebrauch** ist jede tatsächliche Verwendung von SonderE u MitE. Gebrauchsregelung ist die Koordination der Einzelinteressen durch Vereinbarung, durch Mehrheitsbeschluß oder durch richterliche Anordnung im Rahmen der Grundordnung, durch die der Charakter der Anlage oder ihre Zweckrichtung festgelegt sind. Verwaltung betrifft nur das gemeinschaftliche Eigentum und ist daher auf das Gemeinschaftsinteresse beschränkt. **b) Grundtypen** von Gebrauchsregelungen beinhalten Gebrauchsbeschränkungen, Gebrauchsrechte und Benutzungspflichten. Gebrauchsbeschränkungen, einschließlich der Abhängigkeit eines bestimmten Gebrauchs von Verwalterzustimmung oder Zustimmung der anderen Eigentümer, finden sich in Gebrauchsregelungen vornehmlich in bezug auf das SonderE (zB über Tierhaltung, Musizieren, Vermietung u Verpachtung). Baulastbestellung zu Lasten des WE ist unzulässige Verfügung (Hamm NJW-RR 1991, 338). Gebrauchsrechte betreffen vor allem das GemeinschaftsE und sind meist als Sondernutzungsrecht ausgestaltet. Benutzungspflichten können bezgl Gemeinschaftsanlagen (zB Fernwärme, Antennen) begründet werden.

2 **2. Vereinbarungen (Abs I). a)** Bedürfen grundsätzlich **Zustimmung aller WEer** und der Realrechtsgläubiger (aA für Nutzungserweiterung Hamm ZfIR 1997, 290). Eine Vereinbarung ist aber auch zwischen bestimmten WEern/TeilEern zB bei mehreren Gebäuden beschränkt auf das entsprechende Gebäude möglich; das gilt in gleicher Weise bei in Miteigentum stehenden TeilEgt (zB Mehrfachparker, vgl BayObLG 1994, 195; Saarbrücken OLGZ 1990, 51; Frankfurt MittBayNot 2000, 440; Jena ZWE 2000, 232; Böttcher ZfIR 1997, 321, 327; Frank MittBayNot 1994, 512; Schmid MittBayNot 1995, 115; aA Hügel NotBZ 2000, 349; ZWE 2001, 42; Schöner Rpfleger 1997, 416). WEer, die durch eine im Grundbuch eingetragene Gebrauchsregelung vom Mitgebrauch einer genau bestimmten Gemeinschaftsfläche ausgeschlossen sind, brauchen deshalb der Vereinbarung über SondernutzungsR zugunsten eines WEers nicht mitzuwirken (vgl Rz 7). Vereinbarung kann sich auf jede Gebrauchsregelung erstrecken; sie ist erforderlich, wenn die Regelung über einen „ordnungsmäßigen" Gebrauch hinausgeht (zB SondernutzungsR). Von der Vereinbarung abzugrenzen sind individuelle Absprachen zwischen einzelnen WEern (BayObLG NJW-RR 1988, 271). **b)** Vereinbarung bereits in **Teilungserklärung** möglich. Praktisch relevant insbes für **Zweckbestimmung**. Eine generelle Zweckbestimmung enthält die Festlegung als WE oder TeilE (BayObLG WuM 1994, 222; ZfIR 1999, 42). Hinsichtlich weiterer im Aufteilungsplan vermerkter Gebrauchszwecke (zB Garage, abgeschlossener Raum, Speicher, Keller, Lager, Laden, Kfz-Stellplatz, Garten) ist zu prüfen, ob es sich um einen verbindlichen Gebrauchszweck oder nur um einen Nutzungsvorschlag handelt (BayObLG ZMR 2000, 234; LG Hamburg ZMR 2000, 628; zu Widersprüchen in Teilungserklärung und Gemeinschaftsordnung s BayObLG ZMR 1998, 184). An eine konkludente Änderung des Gebrauchszwecks sind strenge Anforderungen zu stellen (BayObLG ZWE 2001, 35). Beispiele für eine Zweckbestimmung mit Vereinbarungscharakter (vgl auch § 10 Rz 9): Abgeschlossener Raum (BayOLG WuM 1983, 286); Ausstellungsraum (vgl Karlsruhe ZMR 2001, 385); Büro(räume) (Düsseldorf NJW-RR 1996, 267); Cafe (Zweibrücken MDR 1998, 212; Hamburg MDR 1998, 1156; BayObLG ZWE 2000, 572); chemische Reinigung (BayObLG DNotZ 1995, 64); Dachraum/Speicher (BayObLG DNotZ 1995, 624; Düsseldorf WuM 1997, 517; BayObLG 1997, 191; ZfIR 1999, 926; Hamm ZWE 2001, 122; Köln NJW-RR 2001, 1094; BayObLG NZM 2001, 1083; ZWE 2001, 432; vgl auch BayObLG NJW-RR 1994, 82; MDR 1993, 1200; MittBayNot 1998, 252; NZM 1999, 33); Einfamilienhaus (Hamm NJW-RR 1993, 786); Ferienhaus (BayObLG NZM 1998, 201 u 1007); Gaststätte (BayObLG NJW-RR 1994, 337); Hobbyraum (BayObLG FGPrax 1996, 57; Saarbrücken NZM 1999, 265; BayObLG WuM 1999, 178; ZWE 2001, 27; Zweibrücken ZWE 2002, 47); Keller(raum) (BayObLG NJW-RR 1996, 464; Düsseldorf NJW-RR 1997, 907; BayObLG MittBayNot 1998, 183; ZWE 2000, 122; vgl auch Karlsruhe WuM 1999, 51 zu Fahrradkeller u Köln NZM 2000, 191 zu Waschkeller); Laden (BayObLG GewArch 1994, 386; Karlsruhe WuM 1993, 290; BayObLG ZMR 1993, 427; WuM 1993, 697; Karlsruhe MDR 1994, 59; BayObLG NJW-RR 1994, 527; DNotZ 1995, 76; Düsseldorf NJW-RR 1996, 132; BayObLG MittBayNot 1997, 369; Frankfurt ZMR 1997, 667; BayObLG NZM 1998, 444; NZM 1998, 335; KG MDR 1999, 991; Köln NZM 2000, 390; BayObLG NZM 2000, 288; KG NZM 2000, 387; BayObLG ZWE 2000, 129; Schleswig MDR 2000, 759; BayObLG ZfIR 2000, 634; ZfIR 2000, 59; NZM 2001, 862); Lager (BayObLG WuM 1994, 292; vgl auch Düsseldorf ZWE 2000, 537); Sauna (BayObLG NJW-RR 1994, 1036; 2000, 1323); Turnhalle (BayObLG WuM 1993, 700). Keine Zweckbestimmung enthalten Abstellraum (Bremen WuM 1993, 696) u Trockenraum (BayObLG ZfIR 1999, 42).

3 **3. Mehrheitsbeschlüsse (Abs II). a)** Sie sind nur zur Regelung des Gebrauchs von SonderE und GemeinschaftsE zulässig, sofern nicht eine zwingende gesetzliche Regelung oder eine Vereinbarung nach Abs I entgegensteht. Die Entscheidung der Mehrheit bedarf der Kompetenzzuweisung; sie ist nicht die Regel, sondern die Ausnahme (Jena MDR 2002, 511). Beschluß, der Vereinbarung einschränkt, ist nichtig (Düsseldorf NZM 2003, 805). Eine Gebrauchsregelung muß sich im **Rahmen ordnungsgemäßer Nutzung** bewegen, dh innerhalb der bestehenden Grundordnung. Über diese Grundordnung selbst kann nur (einstimmig) durch Vereinbarung entschieden werden. Ermächtigung in der Gemeinschaftsordnung, im Beschlußwege (mehrheitlich) auch über Gegenstände der

Grundordnung zu befinden („Öffnungsklausel") nur konkret möglich (vgl § 8 Rz 4). Der Rahmen des ordnungsmäßigen Gebrauchs ist im Hinblick auf §§ 13, 14 eng zu sehen. Unter keinen Umständen fallen darunter Verfügungen (und Verpflichtungen hierzu), sofern sie auf eine dauerhafte Bestandsänderung abzielen, ebenso keine Änderungen der durch Vereinbarung (Abs I) festgelegten Zweckbestimmung, insbes keine Änderung von WE und TeilE. Bauliche Veränderungen gehen in der Regel über den ordnungsmäßigen Gebrauch hinaus, wenn es sich nicht um Maßnahmen der Instandhaltung handelt (vgl dazu § 22 I); sie müssen die bauliche Beschaffenheit beachten.

b) Mehrheitsbeschlüsse hinsichtlich des Gebrauchs betreffen im Regelfall die gesamte Gemeinschaft; ausnahmsweise kann es gerechtfertigt sein, die Beschlußwirkung auf einen abgegrenzten Kreis von MitEern zu beschränken, wenn andere vom Beschlußgegenstand offenkundig nicht betroffen sind. Beschlüsse müssen eindeutig sein (BayObLG WE 1988, 198, zur Auslegung BGH 139, 288; ZflR 2000, 877) und die Kompetenzen der WE-Verfassung beachten (vgl BayObLG NJW-RR 1988, 1168; entsprechend für gerichtliche Anordnungen BayObLG DWE 1981, 27; Frankfurt DWE 1984, 29 u für Vergleich LG Koblenz ZMR 2001, 228). Zustimmung der Realberechtigten ist nicht erforderlich. Dritten dürfen am GemeinschaftsE keine Rechte eingeräumt werden, die zum Ausschluß von Mitgebrauch führen (Zweibrücken OLGZ 1985, 418). Dagegen sind Vermietung/Verpachtung von GemeinschaftsE zulässig, falls ohne Nachteil für WEgter (Frankfurt OLGZ 1987, 50; Hamburg NZM 2001, 132; BGH 144, 386; BGH ZflR 2002, 648; vgl auch Armbrüster ZWE 2001, 20; Müller ZMR 2001, 506). **Beispiele** (vgl auch § 10 Rz 9): Einrichtung von Mülltonnenabstellplatz und Fahrradunterstand (LG Bremen NZM 1998, 725; Hamburg ZMR 2001, 651); Verbot von Blumenkästen (BayObLG ZMR 2001, 819); Pflanzbeete auf Dachterrasse (BayObLG WuM 1994, 152), nicht jedoch Stillegung von Müllschlucker (BayObLG DNotZ 2002, 888, aA noch BayObLG NJWE-MietR 1996, 159); Verbot von Klimageräten in Seniorenwohnanlage (BayObLG ZMR 2001, 818); Zuteilung von Stellplätzen nach bestimmten System (KG NJW-RR 1996, 779; vgl auch BayObLG NZM 1998, 239); Verbot des Abstellens fahruntauglicher Fahrzeuge (KG NJW-RR 1996, 586); Betrieb der Heizungsanlage in den Sommermonaten (BayObLG WuM 1993, 291); Versorgungssperre gegen wohngeldsäumigen Eigentümer (KG MDR 2001, 1346). Typisch gehört zur Regelung des ordnungsgemäßen Gebrauchs auch die **Hausordnung** (vgl auch Hamm OLGZ 1970, 399 zur gerichtl Verfügung einer HausO); zulässig auch Befugnis des Verwalters, eine HausO zu „erlassen" (Hamm OLGZ 1970, 399). Mögliche Inhalte sind u Einzelheiten der Tierhaltung (BayObLG MDR 1994, 582), Ruhezeiten (BGH 139, 288; Köln NZM 2000, 191; Düsseldorf ZWE 2002, 535); Zugang zu gemeinschaftlichen Räumen (Köln WuM 1997, 696; BayObLG NZM 2002, 256) u Kontrolle von Vermietung bei gewerblicher Zwischenvermietung (BayObLG WuM 1994, 156). Nicht ordnungsgem Gebrauch entsprechen die Zulassung eines „Sado/Maso-Studios" (KG ZWE 2002, 322), das Unterlassen der Schwimmbadsanierung (LG Kempten MDR 1998, 833), das ganztägige Versperren von Parkplätzen bei TeilE in Anlage (KG NJW-RR 1996, 587), die Öffnung einer Zufahrt bei Kindergefährdung (LG Wuppertal ZMR 2001, 397) u die Einschränkung der Aufzugsnutzung ab best Stockwerken (Köln NZM 2001, 1140).

4. Durchsetzbarkeit (Abs III). a) Doppelter Regelungsinhalt: **subjektive Rechtsposition** für jeden einzelnen WEer und mittelbar **Rangfolge** der Anspruchsgründe (vgl auch § 10 I). Es gelten nacheinander: zwingendes Recht des WEG, danach zwingende andere gesetzliche Normen, sodann Vereinbarungen, dispositives Gesetzesrecht und (Mehrheits-)Beschlüsse. An letzter Stelle steht der **Anspruch auf „billigen" Gebrauch** nach Maßgabe des Gemeinschaftsinteresses. Abs III korrespondiert unmittelbar mit § 21 IV und entspr (gegenbildlich) § 14 Nr 1–3: Wozu der WEer nach § 14 verpflichtet ist, kann er von der Gemeinschaft auch fordern. Gerichtliche Entscheidung durch Vereinbarung und, soweit Kompetenz besteht, durch Mehrheitsbeschluß abänderbar (vgl KG NJW-RR 1996, 779). **b) Beispiele** (vgl auch § 10 Rz 9): Berufstätiger WEer kann beanspruchen, gemeinschaftl Waschküche auch am späten Nachmittag zu benutzen (KG DWE 1985, 61); Ballettstudio in villenartiger Wohnanlage entspricht nicht Gemeinschaftsinteresse (BayObLG ZMR 1985, 107); keine Befugnis einzelner WEer, tagsüber kurzfristig den Schließmechanismus der Haustür außer Betrieb zu setzen (KG ZMR 1985, 345); keine Installation von Mobilfunkantenne (Hamm MDR 2002, 754; vgl BayObLG ZWE 2002, 309); Anspruch auf turnusmäßige Parkplatzvergabe bei Parkplatzmangel (KG NJW-RR 1994, 912); unzulässige Vermietung an Asylbewerber oder Aussiedler bei Überbelegung (Frankfurt ZMR 1994, 378; BayObLG NJW 1992, 917; MDR 1994, 582); unzulässig errichtete Holzterrasse u Bepflanzung (BayObLG ZflR 1997, 96; NZM 1998, 240); nicht erlaubte Wohnungsnutzung in Dachgeschoß (BayObLG NZM 1998, 966); unbeaufsichtigtes Betreten von Sonnenstudio außerhalb der Öffnungszeiten und des Treppenhauses durch Kunden (BayObLG ZMR 1996, 334); Ausübung von Prostitution (BayObLG MDR 1995, 1117); störendes Tennisspielen und Trampeln von Kindern in Wohnung (Saarbrücken ZMR 1996, 566; BayObLG NJW-RR 1994, 598); unzulässiger Deckendurchbruch zu Speicherraum (BayObLG NJW-RR 1993, 1295; WuM 1993, 752); Verpflichtung zur Eichung u zum Austausch von Verbrauchsmeßgeräten (LG Frankfurt ZMR 1997, 176). Zu dulden dagegen gelegentliches Spiel von Kindern auf Zufahrt (KG NZM 1998, 633); Lüftungsventilatoren mit nicht hörbarem Ton (LG Saarbrücken NZM 1998, 823) u allg nicht störende Nutzung, auch wenn abweichend von Zweckbestimmung (Karlsruhe ZMR 2001, 385). Strittig für Rauchverbot im Hausflur (bejahend AG Hannover NZM 2000, 520; zu Unrecht ablehnend BayObLG ZflR 1999, 531). Einhaltung öffentlich-rechtlicher Vorschriften insbes des Baurechts kann verlangt werden, aber nur, wenn es sich um drittschützende Normen handelt (BayObLG ZflR 1995, 392; BauR 1998, 997; ZWE 2000, 525; unklar BayObLG NJW-RR 1997, 269; vgl auch VGH Mannheim DÖV 1996, 426).

c) Individualanspruch auf **Unterlassung** u **Beseitigung** ohne Ermächtigung der übrigen WEer (BayObLG ZMR 1997, 374; MittBayNot 1997, 369). Für Unterlassungsanspruch genügt befürchtete Beeinträchtigung (Hamm NJW-RR 1993, 786). Beseitigung geht auf Wiederherstellung des früheren Zustandes (Düsseldorf NJW-RR 1994, 1167; BayObLG ZMR 1997, 374: nicht Feststellung der Unzulässigkeit). Bei Beeinträchtigung aus Nutzung, nicht aber aus baulicher Veränderung, nur Unterlassung (Karlsruhe NJW-RR 1998, 14; Vergleich möglich, BayObLG ZflR 1998, 718). Treu und Glauben kann ausnahmsweise (BayObLG ZWE 2000, 521) Geltendmachung entgegenstehen (BayObLG ZflR 1997, 738: nur Ausschalten von Konkurrenten); bei Verwirkung neben Zeitmoment weitere Umstände wie zB Berücksichtigung in Lastenverteilung u Mitwirkung bei Erlangung öffentlich-rechtlicher Genehmigung erforderlich (BayObLG WuM 1993, 558; NJW-RR 2001, 1383; Köln ZMR 1998, 111; Zweibrücken ZWE 2002, 47). Zeitraum der geduldeten Nutzung (entscheidend Nutzungsbeginn nicht Baugenehmigung, Stuttgart ZMR 2001, 732) umstr (Köln MDR 1995, 568: 3½ Jahre genügt, BayObLG NJW-RR 1993, 1165: 17 Jahre genügt, Düsseldorf ZflR 2000, 296: 6 Jahre nicht ausreichend, vgl BayObLG ZflR 1998, 614: viele Jahre). Bloße langjährige Übung führt nicht zur Verwirkung (Düsseldorf NJW-RR 1995, 528).

7   **5. Sondernutzungsrechte (SondernutzungsR). a)** SondernutzungsRe haben eine **negative Komponente**, indem sie diejenigen WEer/TeilEer, die nicht Berechtigte sind, vom Mitgebrauch ausschließen, und eine **positive Komponente**, indem sie dem oder den Berechtigten das ausschließliche Benutzungs- oder Benutzungszuweisungsrecht einräumen (vgl BGH 91, 343; 145, 158, 167; Hamm ZflR 1997, 290; Düsseldorf ZflR 2002, 146; vgl auch Bornemann, Der Erwerb von SondernutzungsR im Wohnungseigentumsrecht, Diss Bochum 2000, S 48ff; Drasdo WE 2000, 93; Ott, Das Sondernutzungsrecht im Wohnungseigentum, Diss Potsdam 53f; ders, ZWE 2001, 12; Schneider Rpfleger 1998, 9 u 53; Schuschke NZM 1999, 241 u 2001, 497; zur Unterscheidung zur SondernutzungsR, Sondergebrauchsrecht u Sonderbenutzungsrecht s Häublein, SondernutzungsRe und ihre Begründung nach dem WEG, Diss Berlin 2001, 54ff). Beschränkt sich die Regelung zunächst auf die negative Komponente („**negatives SondernutzungsR**"), bedarf die spätere Eintragung positiver SondernutzungsRe nicht der Zustimmung der ausgeschlossenen WEer/TeilEer und ihrer Realberechtigten (BayObLG NJW-RR 1997, 206; DNotZ 1999, 672; NZM 2001, 1131; Frankfurt MDR 1997, 1017; ZflR 1998, 235; Hamm ZWE 2000, 80; LG Köln RNotZ 2001, 393), aber der dinglich Berechtigten an der am teilenden Eigentümer verbliebenen Einheiten (BayObLG MittBayNot 1990, 108; str für bereits verkaufte Einheiten, vgl Blüggel Rpfleger 1996, 339).

8   **b)** Die Vereinbarung von SondernutzungsR ist **formfrei** möglich. Sie bedarf hinsichtlich des GemeinschaftsE der Zustimmung aller Eigentümer der dinglich Berechtigten an den einzelnen Einheiten (nicht am Grundstück Berechtigte); eine Begründung durch Mehrheitsbeschluß ist nicht möglich (Hamburg ZMR 1993, 425; Köln ZMR 1993, 428; NJW 1995, 202; MittRhNotK 1997, 132; ZMR 1998, 373; NZM 1998, 967; NZM 2001, 288; KG ZWE 2000, 221; BayObLG ZWE 2000, 261; Häublein ZMR 2000, 423). Dies gilt auch für **schuldrechtliche SondernutzungsR** (Hamm MittRhNotK 1997, 135; Köln NZM 1998, 979; BayObLG ZflR 2002, 645, vgl Köln WuM 1997, 637 u NZM 1998, 864 zu langjähriger Übung). Eine Bindungswirkung für Sondernachfolger tritt erst mit Grundbucheintragung ein (Hamm ZWE 2000, 80; vgl BayObLG ZflR 2002, 536 zur Bindung unter den Miteigentümern); andernfalls erlischt es mit Eintritt eines neuen WEer in die Gemeinschaft (Köln MDR 2001, 1404; BayObLG ZflR 2001, 390). Ein gutgläubiger Erwerb kommt nicht in Betracht (BayObLG DNotZ 1994, 244 für Zwangsvollstreckung; LG Köln MDR 2002, 1186; Demharter DNotZ 1991, 28, 34, aA BayObLG DNotZ 1990, 381; MittBayNot 1991, 168 für Rechtsgeschäft); auf den Erwerber des begünstigten WE/TeilE wird es jedoch, sofern kein gegenteiliger Wille anzunehmen ist, übergehen (vgl Schleswig FGPrax 1996, 56). Erwerber können erst ab Entstehung der faktischen Eigentümergemeinschaft SondernutzungsR begründen (BayObLG ZflR 2002, 53).

9   **c)** Beachtung des grundbuchrechtlichen **Bestimmtheitsgrundsatzes** erforderlich (BayObLG 1985, 204, 207; Hamm NZM 1998, 673; vgl auch BGHRp 2002, 667). Ausreichend ist Beschreibung unter Bezugnahme auf Merkmale in der Natur (vgl BayObLG DNotZ 1998, 386), auf Lageplan, der nicht der Aufteilungsplan sein muß (BayObLG DNotZ 1994, 244), oder auf beides. Erforderlich ist auch Abgrenzung verschiedener SondernutzungsR-Flächen (Hamm ZflR 2001, 61; vgl BayObLG ZWE 2003, 303). Bei Widerspruch zwischen Größenangaben und Einzeichnung gilt Darstellung im Plan (BayObLG ZWE 2000, 211). Bei Unbestimmtheit entsteht SondernutzungsR nicht (BayObLG DNotZ 1994, 244); str, ob Umdeutung in Vollmacht zur Begründung (Hamm NZM 1998, 673).

10   **d)** Ein bestimmter **Inhalt** ist nicht erforderlich. Eine Einräumung ohne Beschränkung auf eine bestimmte Nutzungsart ist möglich (BayObLG DNotZ 1999, 672) u bei Doppel- u Reihenhäusern häufig. Allerdings bestehen auch insoweit immanente Schranken (vgl LG Wuppertal MittRhNotK 1998, 327; ZMR 2001, 231; LG Hamburg ZMR 2001, 742; einzige Zugangsmöglichkeit zu Garten bzw Garage). Begründung in eingeschränktem Nutzungsumfang berechtigt nur zu gestatteten Nutzungen. Zulässig auch Gestattung bestimmter Nutzungsart und Nutzung im übrigen durch die anderen WEer (zB zeitliche Begrenzung; mißverständlich Jena Rpfleger 1999, 70). **Beispiele:** Nutzungsrecht an Spitzboden gibt kein Mauerdurchbruchsrecht (BayObLG NJW-RR 1993, 1295); Baurecht möglich, aber kein Recht zur Begründung von SE (Düsseldorf ZWE 2001, 443; BayObLG ZflR 2000, 970). Durchgangsrecht (BayObLG ZWE 2002, 124); Gartennutzungsrecht (BayObLG WuM 1993, 206: Pflanzenhöhe zur Vermeidung von Schäden durch Beschluß; Düsseldorf NJW-RR 1994, 1167: keine Entfernung älterer Bepflanzung; KG NJW-RR 1994, 526: kein Recht zur Errichtung von Einfassungsmauer; KG ZflR 1997, 477: kein Sichtschutzzaun; Hamm ZNotP 1997, 37: keine Pergola und kein Gartenhaus; BayObLG NZM 1998, 443: offene Pergola als Rankgitter zulässig; BayObLG NZM 1999, 261: kein Maschendrahtzaun mit Hecke; Hamm NZM 2000, 910: Recht zur Gartenplanung kann Inhalt sein; BayObLG ZWE 2001, 22: kein Baumfällrecht; BayObLG ZWE 2001, 606: Regelung von Biergartenbetrieb auf SondernutzungsRfläche durch Beschluß abweichend von öffentlich-rechtlichen Vorgaben, aber nicht richtig, da ordnungsgemäßer Gebrauch nur ausnahmsweise von den öffentlich-rechtlichen Vorschriften abweicht; vgl auch Schleswig FGPrax 2001, 138; zum Verlangen der Beseitigung von Bäumen KG NJW-RR 1996, 464 u Köln NJW-RR 1997, 14 sowie zur Anpflanzungspflicht BayObLG ZflR 1999, 47; s auch Schuschke NZM 1998, 737); Pkw-Stellplatz (KG NJW-RR 1995, 586: Beschluß, daß nur von WEer, Lebensgefährten oder Kinder zu nutzen, aber bedenklich wegen Ausschluß des Mieters und sonstiger Familienangehöriger; Köln NZM 1998, 962: bei Platzproblemen kein Beschluß über Anmerkung und Verlegung; BayObLG ZWE 2002, 523 u Anm Schmidt ZWE 2002, 514: Ausmaße bei Unklarheit nach öffentlich-rechtlichen Vorschriften; Hamm NZM 1998, 921: keine Errichtung einer Garage auf Stellplatz; BayObLG ZflR 2003, 174:

Zustimmungspflicht für Carporterrichtung; Köln NZM 1999, 322: keine Verpflichtung zur Stellplatzänderung, wenn ein Berechtigter Nutzungsprobleme hat; BayObLG ZWE 2000, 208: Besucher von TeilE darf Parkplatznutzung nicht untersagt werden; KG ZWE 2000, 189: Abstellen von Wohnmobil auf 60 qm-Stellplatz zulässig; Frankfurt NZM 2001, 527: Sammelverschiebeparkanlage; Düsseldorf RNotZ 2001, 280: Stellplatz auf Schuppendach entsteht nicht; BayObLG NZM 2002, 259: baurechtlich erforderliche Stellplätze muß SondernutzungsRBerechtigter ggf an Gemeinschaft vermieten; Hamm DNotZ 2000, 210: positives SondernutzungsR entsteht erst mit Zuordnungseintragung (vgl auch Schuschke NZM 1999, 1121); Terrasse (KG ZMR 1994, 426: kein Recht zum Anbringen von Vertikalmarkise); Waschküchenbenutzung (Naumburg OLG-NL 1998, 152: Aufstellen von Trockner); Mobilfunkanlage (Köln NJW-RR 2003, 371). Hinsichtlich der Abgrenzung kann Anspruch auf Vermessung bestehen (KG NZM 1999, 568); zwischen den Sondernutzungsbereichen gelten die nachbarrechtlichen Vorschriften entsprechend (BayObLG NJW-RR 1994, 781; NZM 1999, 848). Mangels entgegenstehender Vereinbarung hat der Inhaber eines SondernutzungsR die korrelierenden **Lasten** zu tragen, desgleichen trifft ihn die Verkehrssicherungspflicht für SondernutzungsRFläche. Ein SondernutzungsR besteht nicht bereits, wenn eine Fläche oder ein Gebäudeteil nur durch ein SonderE erreicht werden kann (BayObLG ZWE 2000, 78; Hamburg NZM 2001, 1082). Unwirksame Eintragung von SonderE kann in SondernutzungsR umgedeutet werden (BayObLG MDR 1981, 145; Abramenko Rpfleger 1998, 313).

e) **Änderung** eines SondernutzungsR bedarf der Einigung aller WEer/TeilEer (BayObLG 2001, 73). Zustimmung betroffener Realberechtigter erforderlich (Ausnahme bei Anspruch auf Änderung wegen grober Unbilligkeit nach Hamburg ZMR 1995, 170 besteht Anspruch auch gegen Realberechtigte); Unschädlichkeitszeugnis nach Landesrecht möglich (BayObLG MittBayNot 1999, 368; Reinel Rpfleger 1988, 140; aA Köln ZMR 1993, 428). **Übertragung** (eines Teils) bedarf nicht der Zustimmung der anderen WEer/TeilEer, wohl aber der Berechtigten am veräußernden WE/TeilE (BGH 73, 145), Zustimmungserfordernis nach § 12 möglich (BGH 73, 145, 150); nur auf WE/TeilE derselben Anlage. Zustimmung Realberechtigter am veräußernden WE/TeilE. Grunderwerbsteuerpflicht besteht (§ 2 II Nr 3 GrEStG). 11

f) **Aufhebung.** Einseitiger Verzicht nicht ausreichend, Vereinbarung materiellrechtlich erforderlich (BGH 145, 133; Düsseldorf NJW-RR 1996, 1418; Hamm MittRhNotK 1997, 135; Lüke/Becker DNotZ 1996, 674; Ott ZMR 2002, 7), für Löschung im Grundbuch genügt Bewilligung des Sondernutzungsberechtigten und dinglich Berechtigten an seinem WE/TeilE (BGH 145, 133; BayObLG MDR 2000, 757). Verwirkung nicht bereits durch längeres Nichtausüben (Köln NJW-RR 1996, 1419). Entzug nicht durch Mehrheitsbeschluß, wenn durch Vereinbarung eingeräumt (Düsseldorf ZfIR 2003, 911). Benötigt Gemeinschaft Sondernutzungsfläche, Entschädigungspflicht für Nutzungsverlust (BayObLG NZM 1998, 335; KG ZfIR 2001, 482). 12

g) **Verhältnis SondernutzungsR-Dienstbarkeit** ist umstr. Betrifft SondernutzungsR Ausübungsbereich von Dienstbarkeit, ist Zustimmung des Dienstbarkeitsberechtigten nicht erforderlich, da keine dingliche Belastung (MüKo/Röll § 10 Rz 16; LG Kassel MittBayNot 2003, 222; aA BayObLG ZfIR 2002, 465). Dienstbarkeit an SondernutzungsR erfordert Bewilligung sämtlicher WE/TeilEer, nicht nur des Sondernutzungsberechtigten (Hamburg ZMR 2001, 380). Dienstbarkeit an WE/TeilE mit Inhalt, daß Dritter das SondernutzungsR ausüben darf, unzulässig (BayObLG DNotZ 1998, 125; 1990, 496; aA nur Staud/Rapp § 1 Rz 61); aber Wohnungsrecht an WE umfaßt auch damit verbundenes Sondernutzungsrecht (Nürnberg NotBZ 2002, 69; BayObLG 1997, 282). Steht Wohnungseigentumsgrundstück Dienstbarkeit zu, kann SondernutzungsR daran begründet werden (BayObLG 1990, 124; Köln Rpfleger 1993, 335; aA Hamm ZfIR 1997, 303). 13

16 *Nutzungen, Lasten und Kosten*

(1) Jedem Wohnungseigentümer gebührt ein seinem Anteil entsprechender Bruchteil der Nutzungen des gemeinschaftlichen Eigentums. Der Anteil bestimmt sich nach dem gemäß § 47 der Grundbuchordnung im Grundbuch eingetragenen Verhältnis der Miteigentumsanteile.

(2) Jeder Wohnungseigentümer ist den anderen Wohnungseigentümern gegenüber verpflichtet, die Lasten des gemeinschaftlichen Eigentums sowie die Kosten der Instandhaltung, Instandsetzung, sonstigen Verwaltung und eines gemeinschaftlichen Gebrauchs des gemeinschaftlichen Eigentums nach dem Verhältnis seines Anteils (Absatz 1 Satz 2) zu tragen.

(3) Ein Wohnungseigentümer, der einer Maßnahme nach § 22 Abs. 1 nicht zugestimmt hat, ist nicht berechtigt, einen Anteil an Nutzungen, die auf einer solchen Maßnahme beruhen, zu beanspruchen; er ist nicht verpflichtet, Kosten, die durch eine solche Maßnahme verursacht sind, zu tragen.

(4) Zu den Kosten der Verwaltung im Sinne des Absatzes 2 gehören insbesondere Kosten eines Rechtsstreits gemäß § 18 und der Ersatz des Schadens im Falle des § 14 Nr. 4.

(5) Kosten eines Verfahrens nach § 43 gehören nicht zu den Kosten der Verwaltung im Sinne des Absatzes 2.

1. Verteilungsmaßstab. a) § 16 regelt (dispositiv) die Verteilung von Nutzen und Lasten aus dem Gemeinschaftsverhältnis zwischen den WEern, dh in ihrem Innenverhältnis; das Außenverhältnis folgt allgemeinen Grundsätzen (§§ 421, 432, 830 BGB; vgl auch BGH 67, 232; BGH NJW 1985, 484; s auch Frankfurt WEZ 1987, 144 u Hamm NJW-RR 1989, 655 zu Gesamtschuld WE als Verpflichtungsgrund). Maßstab für die Verteilung ist das **Verhältnis der ideellen Quoten (Miteigentumsanteile).** Auch im Hinblick auf die Lastentragung können die MEAnteile ohne Bindung an Wert, Größe und Nutzungsmöglichkeit des WE/TeilE festgelegt werden (Düsseldorf ZWE 2001, 388). Auf den Wert des WE/TeilE kommt es nicht an, ebenso nicht auf die tatsächliche Nutzung. **b)** Die gesetzliche Regelung enthält einen an der Praxis orientierten **Gerechtigkeitsmaßstab**, der pauschalisiert und deshalb nicht an den Nutzungsumfang im Einzelfall anknüpft (vgl Röll/Sauren Rz 82). Ein WEer hat deshalb 1 auch Kosten für solche Einrichtungen zu tragen, die er nicht unmittelbar mitnutzt (BGH 92, 18), so daß zB zu den Betriebs- und Instandhaltungskosten der Hebebühne in einer Doppelstockgarage auch der untere Stellplatzinhaber (Düsseldorf NZM 1999, 571), zu den Sanierungskosten der Tiefgarage auch die WEer (LG Nürnberg-Fürth ZMR 2001, 671; anders bei Regelung in Gemeinschaftsordnung BayObLG ZMR 1996, 43), zu den Kosten der Balkonteile auch WEer ohne Balkon und zu den mit dem Aufzug in einer Mehrhausanlage verbundenen Kosten auch WEer im „aufzuglosen Haus" beizutragen haben (BGH 92, 18; ebenso Hamm Rpfleger 1984, 179; BayObLG WuM 2001, 88). Entsprechendes gilt zB für Nichtbenutzung von Treppenhaus, Schwimmbad, Fahrradkeller, Kinderspielplatz, Garagenhaus, Waschmaschinen- oder Tennisraum usw. Umgekehrt auch kein Anspruch gegen solche MitEer, denen eine Leistung „besonders" zugute kommt (BayObLG MDR 1978, 936; anders bei SondernutzungsR, vgl § 15 Rz 10). „**Nichtbetroffene**" WEer können für Kostenverteilung ausnahmsweise **ausscheiden**, wenn Nutzungsinteresse und -möglichkeit fehlen und von stillschweigendem **Einverständnis** aller WEer auszugehen ist. Regelung in Teilungserklärung bei Mehrhausanlagen mit unterschiedlichem Alter, Doppel- und Reihenhäusern zweckmäßig (vgl Drasdo BTR 2003, 73 und Hügel DNotZ 2003, 517). Sollen danach Kosten unterschiedslos von allen MitEern getragen werden, ist richterlicher Eingriff nur in besonderen Ausnahmefällen zulässig (Frankfurt DWE 1983, 61; KG ZfIR 2003, 867). Gleiches gilt für eine Anlage, die aus einem Alt- und einem Neubau besteht (Hamm MittBayNot 2003, 296). Knüpft ein Kostenverteilungsschlüssel an die Zahl der Wohnungen an, so ist es nicht unbillig, wenn nach einer Realteilung jede neue Einheit mit Kosten belastet wird (BayObLG NZM 2001, 765). **c)** § 16 regelt die Nutzen- und Lastenverteilung, die sich aus Verwaltung/Gebrauch des GemeinschaftsE ergibt. Daneben kann es **andere Rechtsgründe** geben, die zu Erstattungsansprüchen der Gemeinschaft oder des einzelnen führen, zB § 683 BGB (zB Tilgung von Verbindlichkeiten, Beseitigung von Hausschwamm bei Umbau, vgl Köln ZMR 1995, 497; NZM 1999, 972; KG FGPrax 1998, 13; s auch KG NJW-RR 1995, 975 nicht mehr gegen anders zusammengesetzte WEgem), § 426 II (str, BayObLG WuM 1995, 55; LG Hamburg ZMR 2001, 395; aA BGH 104, 197, 202: § 16 II ist Sondervorschrift), § 812 BGB ua (vgl Pick in Bärmann/Pick/Merle Rz 68ff).

2 2. **Nutzungsanteil (Abs I).** Nutzungen (§ 100) sind Sach- und Rechtsfrüchte sowie Gebrauchsvorteile. Aktivlegitimiert für Fruchtziehung ist, soweit nicht § 27 eingreift, gem § 21 die WEer insgesamt. Erst der Gewinnanteil gebührt den einzelnen WEer. Entsprechend kann auch nur dieser Anspruch auf Reingewinn (nach Abzug von Kosten und Lasten) gepfändet werden (BGH NJW 1985, 912). Entsprechend § 953 BGB sind MitEer an Nutzungen (Früchten!) dinglich mitberechtigt (BGH NJW 1958, 1723f Mietertrag). Die dingliche Mitberechtigung bezieht sich auf den gesamten Ertrag; zu unterscheiden davon ist die Frage der **Abtretbarkeit** (Pfändbarkeit), die gem § 11 nur den Zuteilungserlös erfaßt. Bei tatsächlichem Gebrauch wegen § 13 II S 1 keine Zuteilung mit Ausgleich in Geld.

3 3. **Kostentragungspflicht (Abs II). a)** Regelung entspricht § 748 BGB. **Lasten** (§ 103) sind regelmäßig wiederkehrende und andere. Als Lasten kommen insbesondere öffentlich-rechtliche Lasten (zB Anliegerkosten; vgl Kirchhoff ZWE 2000, 562 u Greiner ZMR 2000, 717) und private wiederkehrende Verpflichtungen in Betracht, die das Gemeinschaftsobjekt betreffen (BayObLG NJW 1972, 1376; VGH München NJW-RR 1990, 718; NJW-RR 1991, 1171). Umlagefähige Lasten müssen notwendig sein; nur „nützlicher" Aufwand muß mindestens beschlossen werden, wenn Deckung im Gemeinschaftsvermögen gesucht werden soll. **Kosten** sind Aufwendungen für Erhaltung und Instandsetzung, nicht jedoch weitergehende wertsteigende Maßnahmen, sowie für die Verwaltung (nicht Umbaumaßnahmen) und Kosten der Benutzung. **Kosten** der Verwaltung sind weit zu fassen, zB Verwaltungskosten (vgl Drasdo NZM 2000, 468), Kosten für Verbrauchsmessungsgeräte (Hamm ZWE 2001, 393; vgl aber BGH NJW 2003, 3476), Verbrauchs- und Benutzungsentgelte für Energie und Versorgung. Auch die zur Beseitigung von Liquiditätsschwierigkeiten erforderlichen Mittel sind Kosten der Verwaltung (BayObLG DWE 1982, 136; Stuttgart OLGZ 1983, 172). Abgrenzung zwischen Lasten und Kosten sowie zwischen Verwaltungs- und Benutzungskosten zweifelhaft, aber ohne praktische Bedeutung (vgl Lingk RNotZ 2001, 421, 422). Oberbegriff ist **Haus- oder Wohngeld** (BGH 88, 302). Zu den Lasten und Kosten gehören nicht die privaten Kosten des einzelnen SonderE (BGH NJW 2003, 3476 für Kaltwasserzähler), auch soweit sie auf das Miteigentum am GemeinschaftsE entfallen; dies gilt insbesondere für Kosten eines gestatteten Ausbaus, nämlich die Umbau- und die Folgekosten an GemeinschaftsE (Düsseldorf ZMR 2001, 645; Armbrüster, ZWE 2001, 85; vgl auch Sandweg DNotZ 1983, 707). Anders ist dies hinsichtlich der Kosten der mangelfreien Fertigstellung (BayObLG ZWE 2000, 214; NJW 2003, 2323; KG ZfIR 2000, 972), notwendiger „Vorarbeiten" am SonderE (Düsseldorf NZM 1999, 507) und von GemeinschaftsE, auch wenn es im Zusammenhang mit einer WE/TeilE genutzt wird (Düsseldorf ZMR 1995, 84; ZfIR 1999, 852: Trittschallisolierung; vgl Gottschalg NZM 1998, 746). **b)** Kosten- u Lastenbeteiligung jedes WEers ergibt sich unmittelbar aus dem Gemeinschaftsverhältnis; der Eigentümerbeschluß (§ 28 V) bewirkt die **Fälligkeit** der Zahlung (BGH 104, 197; NJW 1989, 3018) und ist Voraussetzung für die Geltendmachung der Forderung gegenüber dem einzelnen (BayObLG NJW-RR 1988, 81; FGPrax 1997, 19; WuM 1997, 61; ZfIR 1999, 224; ZWE 2001, 593; ZWE 2003, 94). Fälligkeit setzt voraus, daß Beschluß über Gesamt- und Einzelkosten gefaßt ist (BayObLG WE 1990, 147). Wenn nur über Gesamtkosten, müssen Einzelkosten ohne weiteres „ablesbar" sein (BayObLG NJW-RR 1990, 720; Zweibrücken NJW-RR 1990, 912; NJW-RR 1991, 912). Beschluß über Jahresabrechnung bewirkt keine Novation (BGH 131, 228; Zweibrücken ZMR 1996, 340; Köln NJW-RR 1997, 1102). Zu leistender Beitrag besteht grundsätzlich in **Geldzahlung** (vgl BayObLG NJW-RR 1988, 847), in Dienstleistungen nur aufgrund Vereinbarung, nicht aufgrund Mehrheitsbeschlusses (Hamm OLGZ 1980, 261; MDR 1982, 150 Streupflicht; weitergehend Pick in Bärmann/Pick/Merle Rz 39; aA Staud/Bub Rn 99 u Bader WE 1994, 288).

4 **c) Schuldner** der Beitragsansprüche ist der jeweilige WEer. Der im Grundbuch in Abt I eingetragene Eigentümer hat also die aus seinem Eigentum erwachsenden Lasten und Kosten zu tragen. Der **Bucheigentümer**, dessen Auflassung nichtig ist, hat jedoch kein Eigentum erlangt; gegen ihn besteht kein Wohngeldanspruch (KG ZWE

2001, 440; ZfIR 2003, 27). Dies gilt ebenso für einen Grundstückskäufer, der nach § 123 BGB angefochten hat, wegen der Rückwirkung (BGH NJW 1989, 2697; NJW 1994, 3352; zur Anfechtung wg Wohngeldrückständen BGH ZfIR 2001, 193). Für **rückständige Kosten** ist der WEer ebenfalls nicht zuständig, sofern nicht durch den teilenden Eigentümer oder durch Vereinbarung als Inhalt des SonderE eine abweichende Regelung getroffen ist (BGH 88, 302; 99, 358; 104, 197; Hamm NJW-RR 1996, 911; Düsseldorf MDR 1997, 820; BayObLG 1984, 198; Rpfleger 1997, 17; vgl Eckebrecht ZMR 1994, 93; Stobbe WuM 1998, 585; Jennißen ZWE 2001, 461; Briesemeister ZWE 2002, 241; überholt BayObLG ZfIR 1999, 924: Haftung auch aufgrund Beschluß); dann aber Haftung in voller Höhe, auch wenn nur Insolvenzforderung der Gemeinschaft gegen Alteigentümer. Jedoch kann nicht vereinbart werden, daß auch der Erwerber in einer **Zwangsversteigerung** für rückständige Kosten zu haften habe (BGH 99, 358; 142, 290; Hamm NJW-RR 1996, 911; Düsseldorf ZWE 2001, 77; BayObLG 1984, 198; KG NZM 2003, 113; s auch Köhler ZMR 2000, 270 u Wenzel WuM 2000, 105); Haftung für „Nachtragshaushalt" bei Wohngeldrückständen (KG NZM 2003, 116). Der **Erbe** kann für Wohngeldschulden, die Nachlaßverbindlichkeiten sind, seine Haftung beschränken (BayObLG 1999, 323; vgl Niedenführ NZM 2000, 641 u Siegmann NZM 2000, 995). Der rechtsgeschäftliche **Erwerber** haftet auch nicht entspr § 16 II für Kosten, die vor seinem Eigentumserwerb begründet und fällig wurden, und deren Tragung durch Beschluß in einer Versammlung geregelt wurde, in der er noch kein Stimmrecht hatte (BGH 104, 197; 107, 285, 287; str, krit Sauren Rz 38). Demgegenüber ist auf den **Ersterwerber** in einer faktischen WEGem § 16 II anwendbar (str, vgl Zweibrücken NZM 1999, 322; Köln ZfIR 1999, 605). Die Kostentragungspflicht für den veräußernden WEer endet erst mit Eigentumsumschreibung im Grundbuch (BGH 87, 138; 107, 285; 131, 228; NJW 1994, 3352; Düsseldorf NZM 2001, 77; ZWE 2001, 77; Hamm NJW-RR 1996, 911; LG Lüneburg NZM 2000, 309; AG Augsburg ZMR 1999, 208 für Ausscheiden aus BGB-Gesellschaft, vgl Demharter ZWE 2001, 60; Jennißen ZWE 2000, 494; Rau ZMR 2000, 337). Dies gilt auch bei einer Umwandlung von WE/TeilE in GemeinschaftsE (BayObLG ZfIR 2000, 209).

Neben Eigentum ist **Fälligkeit** der Forderung entscheidend **(Fälligkeitstheorie)**. Hausgeldvorschußzahlungen 5 werden fällig entsprechend der Regelung in der Gemeinschaftsordnung oder im Beschluß, sonst nach Abruf durch den Verwalter. Beschluß über Fälligkeit von Beitragsvorschüssen zu konkretem Wirtschaftsplan zulässig (nicht generell); insoweit auch Verfallklausel möglich, wonach Fälligkeit insgesamt zu Jahresumfang eintritt und Zahlung in Monatsraten erlaubt wird, solange kein Rückstand mit zwei Teilbeträgen vorliegt (BGH ZfIR 2003, 991). Der Beschluß über die Jahresabrechnung schafft eine Forderung nur hinsichtlich etwaiger Nachschüsse (sog Abrechnungsspitze); die Fälligkeit regelt der Beschluß, sonst sofortige Fälligkeit. Sonderumlagen und Startgeld sind regelmäßig nach Beschlußfassung sofort bzw zum beschlossenen Zeitpunkt fällig. Diese Grundsätze gelten auch, wenn „alte" Kosten verspätet (gegenüber Erwerber) festgesetzt werden; es haftet aufgrund dieses Beschlusses der neue WEer. Insoweit kann eine Haftung für frühere Wirtschaftsjahre in Betracht kommen, wenn deren Abrechnung verspätet beschlossen wird. Ein derartiger Beschluß ist anfechtbar, wenn eine bewußte Verzögerung vorliegt oder Rückstände in die Beschlußfassung einbezogen werden, um eine Legitimation für ein nicht ordnungsgemäßes Zahlungsverlangen zu schaffen (vgl KG NJW-RR 1992, 84; Düsseldorf ZfIR 2001, 218). In der **Insolvenz** des WEers ist entscheidend, ob der Beschluß zur Kostenpflicht vor (dann Insolvenzforderung) oder nach Insolvenzeröffnung (dann Masseschuld) gefaßt wurde (Düsseldorf WuM 1996, 173; KG ZWE 2000, 532; vgl auch Rz 14). Im Rahmen der **Zwangsverwaltung** für einen WEer hat der Zwangsverwalter gem § 155 I ZVG die während der Beschlagnahme fällig werdenden Beiträge zu den Lasten gem § 16 II aus den Nutzungen des WE vorweg zu bestreiten (s nur BayObLG 1991, 93, 94; Niedenführ/Schulze Rz 35). Sind in einem Schuldsaldo einer Jahresabrechnung nicht bezahlte und vor Beschlagnahme fällig gewordene Vorschüsse aus einem Wirtschaftsplan oder Beträge aus einer vor Beschlagnahme beschlossenen Jahresabrechnung für frühere Wirtschaftsjahre enthalten, hat diese der Verwalter nicht zu bezahlen (BayObLG 1999, 99; vgl auch BayObLG NZM 1999, 74; aA noch BayObLG 1991, 93; Karlsruhe ZMR 1990, 189; Köln WuM 1993, 702; zur Teilungsversteigerung s Ebeling Rpfleger 1986, 125, 127).

d) Der **Kostenverteilungsschlüssel** kann in der Teilungserklärung oder durch Vereinbarung abweichend vom 6 Miteigentumsanteil festgelegt werden (vgl Merle ZWE 2001, 342). Hierzu ist allerdings eine eindeutige Regelung erforderlich (KG ZfIR 2003, 793). **aa) Verteilungsregelungen.** Praktisch bedeutsam ist dies bei Mehrhausanlagen, gegenständlich für bestimmte Bauwerksteile (zB Glasschäden, Fenster, Türen, Balkonumkleidungen, vgl BayObLG NJW-RR 1996, 140; NZM 2001, 1081; Düsseldorf ZfIR 1999, 380) oder allgemein für GemeinschaftsE in den Räumen der SonderE (Düsseldorf ZMR 2001, 214; LG Düsseldorf NZM 2000, 670; vgl auch Köln NZM 2002, 125), die Kosten der Verwaltung, die gleich hoch für alle WE/TeilE, nach dem Verursacherprinzip (BayObLG ZfIR 1999, 194) oder für Mehraufwendungen mit einem Pauschalbetrag veranschlagt werden, sowie für die gesonderte Abrechnung von Stellplätzen mit einem einheitlichen Pauschalbetrag (vgl BayObLG GE 1997, 813). Die Verkehrssicherungspflicht wird mitunter geregelt (BayObLG ZWE 2001, 423). Die Verteilung der Betriebskosten nach der Zahl der WE/TeilE ist möglich (BayObLG ZWE 2001, 369); eine Vereinigung oder Unterteilung wirkt sich bei Pauschalbeträgen aus, hinsichtlich der übrigen Kosten dürfte es auf die künftige Nutzung und ihre Auswirkungen ankommen, da sonst rechtliche Maßnahmen Kosteneinsparungen zu Lasten der anderen Eigentümer zulassen würden. Die Verteilung nach Wohnflächen bedeutet, daß bei einem TeilE die Nutzfläche maßgebend ist (BayObLG ZfIR 2000, 797), Wohn- und Nutzflächen „gemäß DIN" kann sich auf die II. BV (nunmehr VO gem § 19 WoFG) beziehen (Düsseldorf ZWE 2002, 88); inwieweit „Keller"- und Hobbyräume zu berücksichtigen sind, dürfte sich mangels Vereinbarung nach der Art der Nutzung bestimmen (BayObLG NJW-RR 1996, 12; vgl auch KG NZM 2002, 261 u BayObLG ZfIR 2000, 292 zu einer „geschlossenen Terrasse"). Die Kosten der Erneuerung der Tiefgarage (wie Fundamente, Mauern etc) umfassen auch die Erneuerung des Tores (BayObLG NZM 2003, 29). Die Kostentragung für Fensterscheiben erfaßt nicht den Austausch des gesamten Fensters (Düsseldorf ZfIR 2003, 531). Der Begriff „Betriebskosten" ist regelmäßig identisch mit Lasten und Kosten iSv § 16 II (KG FGPrax 1996, 53).

7 bb) Die **verbrauchsabhängigen Kosten** werden, sofern nicht besondere gesetzliche Regelungen bestehen, meist mit Meßgeräten erfaßt (zum Anspruch auf geeichte Geräte BayObLG 1998, 97). Betroffen sind Kaltwasser und teilweise auch Müll; allerdings ist auch eine durchführbare Aufteilung nach der Anzahl der Bewohner möglich (verneint von BayObLG NJWE-MietR 1996, 252 bei „polizeilich gemeldeten" Personen; vgl auch Zweibrücken ZMR 2000, 868). Auch eine gemischte Lösung (Miteigentumsanteile, sofern keine Meßgeräte vom betreffenden WEer/TeilEer eingebaut werden) ist möglich (BayObLG NJW-RR 1957, 715). Abweichend von § 16 II bestimmen §§ 7 I, 8 I HeizkostenVO, daß die Kosten der Versorgung mit **Wärme und Warmwasser** mindestens zu 50 %, aber höchstens zu 70 % nach dem tatsächlich erfaßten Verbrauch der einzelnen Nutzer umzulegen sind, die übrigen Kosten sind verbrauchsunabhängig entweder nach der Wohn- und Nutzfläche bzw umbauten Raum oder nach Wohn- und Nutzfläche bzw umbauten Raum der beheizbaren Räume umzulegen (§ 6 II, IV HeizkostenVO; vgl auch BayObLG ZWE 2003, 183). Diese VO mußte ab 1. 3. 1981 bzw ab Bezugsfertigkeit zum 1. 7. 1981 berücksichtigt werden. Umstr ist, ob eine mehr als 70 %ige verbrauchsabhängige Umlegung der Heizkosten zulässig ist (so Röll/Sauren Rz 131; vgl auch Staud/Bub Rz 233); für zum 1. 3. 1981 bestehende Regelungen läßt dies § 10 HeizkostenVO zu. Gem § 9 S 2 HeizkostenVO kann für bestehende Eigentümergemeinschaften eine der HeizkostenVO entsprechende Kostenverteilung mit Stimmenmehrheit beschlossen werden; eine Ausnahme gilt nur dann, wenn die Maßnahme mit unverhältnismäßigen Kosten verbunden wäre (§ 11 HeizkostenVO; vgl BayObLG ZfIR 2001, 57; Köln NZM 1998, 919 „Zehnjahresvergleich"; Wolf ZMR 1996, 531). Im übrigen bedarf eine Änderung des Verteilungsschlüssels einer einstimmigen Regelung (vgl AG München NJW-RR 1999, 886); dies gilt auch, wenn sich eine Regelung als nicht durchführbar erweist (Köln NJW-RR 2002, 1308). Werden nicht beheizbare Räume von Heizkosten freigestellt, bedeutet dies keine Freistellung von sonstigen Kosten nach § 16 II (BayObLG ZWE 2001, 597). Einzelner WEer/TeilEer hat Anspruch auf ordnungsgemäße Heizkostenabrechnung (BayObLG 1997, 278; NZM 1999, 857).

8 dd) Die **Änderung des Verteilerschlüssels** kann nur durch Vereinbarung, nicht durch Mehrheitsbeschluß erfolgen (BayObLG ZfIR 2001, 215; Düsseldorf ZWE 2001, 444; vgl auch Düsseldorf ZWE 2001, 383; anders noch BGH 127, 99; KG NJW-RR 1999, 1244; Naumburg NZM 2000, 194). Dies gilt auch für die Abänderung einer gerichtlichen Entscheidung über die Lastentragung (BayObLG NJW-RR 1994, 1425) sowie für eine von der Gemeinschaftsordnung oder dem Gesetz abweichende Sonderumlage (Düsseldorf ZfIR 2002, 302; AG Waiblingen WuM 1998, 369; anders noch BayObLG 2000, 135; zum Anspruch auf Erhebung Saarbrücken NZM 2000, 198). Über den Einbau von Wasserzählern kann durch Mehrheitsbeschluß entschieden werden, wenn hierüber keine Vereinbarung voliegt (BGH NJW 2003, 3476, ebenso Bub NZM 2001, 743; ZWE 2001, 457; KG ZfIR 2003, 422; anders noch Drasdo NZM 2001, 886; Düsseldorf ZWE 2001, 559; differenzierend Hogenschurz NZM 2001, 1122; vgl auch BayObLG ZMR 1997, 152 zu gesonderten Wasserkosten des SonderE einer Teilungserklärung). Aufgrund eines nichtigen Beschlusses entrichtete Kosten können beschlußmäßig aus der Rücklage erstattet werden (AG Neuss NZM 2002, 301). Nur bei Vorliegen außergewöhnlicher Umstände kann ein **Anspruch auf Anpassung** des Schlüssels bestehen. Ermächtigung zur Änderung des Verteilerschlüssels im Beschlußwege („Öffnungsklausel") zulässig, wenn ein sachlicher Grund vorliegt und einzelne WEer gegenüber dem früheren Rechtszustand nicht unbillig benachteiligt werden (BGH 95, 137; Zweibrücken ZWE 2000, 48; Hamm ZfIR 2000, 638; enger Frankfurt NZM 2001, 140: nur bei grober Unbilligkeit). Eine jahrelang praktizierte abweichende Abrechnungspraxis führt grds nicht zu einer Änderung des Verteilungsschlüssels (BayObLG ZWE 2001, 432). Voraussetzung ist, daß ein Festhalten an der Vereinbarung grob unbillig wäre und damit gegen Treu und Glauben verstoßen würde (BayObLG ZMR 1995, 41; WuM 1995, 217; WuM 1997, 61 u 289; ZWE 2000, 171; NZM 2001, 290; Düsseldorf ZWE 2001, 388 u 559; Köln ZfIR 2002, 58; LG Nürnberg-Fürth ZMR 2001, 671; vgl auch Naumburg WuM 2001, 38; Schleswig MDR 1997, 33; Düsseldorf ZWE 2001, 444 u Wendel ZWE 2001, 408; zur Zustimmung dinglicher Berechtigter Schmack ZWE 2001, 89). Eine grobe Unbilligkeit kann nur bei einem auffälligen Mißverhältnis finanzieller Art angenommen werden (Zweibrücken NZM 1999, 808) nicht jedoch, wenn die Regelung unzweckmäßig ist (aA Köln NZM 1998, 484; vgl auch LG Krefeld ZMR 2002, 745). Ein Abänderungsanspruch besteht auch nicht, wenn ein geplanter Ausbau unterbleibt oder bestehende Wohnungen noch nicht bezugsfertig sind (Düsseldorf ZMR 1998, 651; ZfIR 1998, 421; BayObLG 1978, 270; LG Berlin ZMR 2001, 666). Eine Ausnahme ist nur für die Instandhaltungsrücklage bei Mehrhausanlagen anzuerkennen. Eine abweichende Regelung ist möglich, nicht jedoch eine Beitragspflicht „ab Bezugsfertigkeit" (Staud/Bub Rz 38; Weitnauer/Hauger Rz 20). Eine einredeweise Geltendmachung des Abänderungsanspruchs im Verfahren auf Ungültigerklärung eines Beschlusses über die Jahresabrechnung ist nicht möglich (BayObLG ZWE 2001, 597).

9 ee) Eine **fehlgeschlagene Sondereigentumsbegründung** kann in eine Kostentragungsregelung umgedeutet werden, wonach die WEer/TeilEer, die die betreffenden Gebäudebestandteile nutzen, auch die entsprechenden Kosten zu tragen haben (LG Düsseldorf NZM 2002, 126; Niedenführ NZM 2002, 106; vgl auch Hamm FGPrax 1996, 176).

10 e) Auf **Einziehung** der Lasten und Kosten Anspruch aller WEer (§ 432 BGB); Ausübung dieses Rechts gem § 27 II Nr 1, 5 durch Verwalter. Kein Verzug bei vereinbarter Zahlung an Verwalter, wenn Verwalter nicht bestellt ist (BayObLG ZWE 2003, 272). Verfahren nach § 43, jedoch auch Mahnverfahren (vgl § 46a). Umstr ist, inwieweit auch **jeder einzelne WEer** Leistung an die Gemeinschaft fordern kann; nach hM sind Voraussetzungen ein Beschluß über den Gesamt- und Einzelwirtschaftsplan bzw die Gesamt- oder Einzeljahresabrechnung sowie eine Ermächtigung durch die Gemeinschaft (BGH NJW 1985, 29; BGH 111, 148; Köln NZM 2001, 429; Köln ZfIR 2003, 658; aA noch Köln NZM 1999, 714; Ehmann JZ 1991, 249). Eine Ausnahme ist für Zwei-Einheiten-WGem, bei der kein Verwalter bestellt wurde, anzuerkennen (Köln ZWE 2000, 485; enger BayObLG WuM 2002, 41; ZWE 2002, 357: nur bei Stimmrecht nach § 25 II; zu weit Düsseldorf ZfIR 1998, 95: ohne Beschluß Klage aller WEer gegen einen Zahlungspflichtigen). Sammelüberweisungen für mehrere WEen sollen beschlußmäßig untersagt werden können (Düsseldorf NZM 2000, 540; zweifelhaft bei Angabe der Einzelsummen auf Überweisung). Das Lastschriftverfahren kann beschlossen werden (Hamburg NZM 1998, 407, BayObLG NZM 1999, 426; aA LG Stuttgart WuM 1998, 370), nicht aber ein Mehraufwandsentgelt für nicht teilnehmende WEer (Düsseldorf ZfIR 1999, 286). **Aufrechnung** eines MitEers nur mit Gegenforderung unmittelbar aus dem Gemeinschaftsverhältnis, deshalb keine Aufrechnung mit Forderung gegen Verwalter (BayObLG MDR 1980, 57; ZWE 2001, 157) oder Sanierungs- bzw Herstellungskosten (BayObLG ZMR 1998, 179). **Aufrechnung** nur mit inhaltlich gleichartigen und rechtskräftig festgestellten oder anerkannten Gegenansprüchen und mit Ansprüchen aus Notgeschäftsführung möglich (§§ 21 II WEG, 683 BGB; BayObLG WE 1990, 214; 1991, 298; NZM 1998, 918; ZIP 1998, 1231; ZWE 2001, 418 u 593; ZWE 2003, 179; Oldenburg NZM 1999, 467; KG NJW-RR 1995, 719; ZfIR 2003, 949). Ein vereinbartes Aufrechnungsverbot gilt nicht für Ansprüche aus Notgeschäftsführung und rechtskräftig festgestellte Ansprüche (teilw abw Müller Rz 315). Eine Aufrechnungsbeschränkung gilt auch für den ausgeschiedenen Eigentümer (BayObLG NJW-RR 1996, 1039). Entsprechendes wie für die Aufrechnung gilt für **Zurückbehaltungsrecht** (vgl BayObLG DWE 1984, 62; ZWE 2001, 157; zur Regelung in der Gemeinschaftsordnung s BayObLG NZM 2001, 766). Für Aufwendungen eines WEers aufgrund Beschlusses der GemeinschaftsE besteht **Erstattungsanspruch** (BayObLG WE 1990, 146); der Anspruch kann ohne Beschlußermächtigung eingeklagt werden (KG OLGZ 1991, 172). **Verjährung** des wiederkehrenden „Hausgeld"-Vorschusses, der festgestellten Abrechnungsforderung und des Anspruchs auf Zahlung einer Sonderumlage gem §§ 195, 199 I, IV BGB (3 Jahre – zur Wissenszurechnung des Verwalters s Gaier NZM 2003, 90, 96 –, anders nach früherem Recht: Hausgeldvorschuß gem § 197 BGB aF, Abrechnungsforderung und Sonderumlage gem § 195 BGB aF, vgl BayObLG 1983, 289; BayObLG FGPrax 1997, 19). Zu **Verfallklauseln** vgl Rz. 5.

f) Passivlegitimiert bzgl Kosten und Lasten sind **MitEer** anteilig. Anders wenn ein WE mehreren anteilig **11** gehört; sie haften für die auf dieses WE entfallenden Kosten und Lasten als Gesamtschuldner (Stuttgart OLGZ 1969, 232). Fälligkeit der Forderungen gegen einzelne WEer erst nach Beschluß auch über Einzelabrechnungen. Davon zu unterscheiden ist die Frage, inwieweit MitEer im **Außenverhältnis** für Gemeinschaftsschulden als Gesamtschuldner haften. Für **Verwaltungsschulden** haften die WEer/TeilEer grundsätzlich als Gesamtschuldner (§ 427 BGB; BGH 67, 232; MDR 1978, 134; KG MDR 1984, 495; Zweibrücken OLGZ 1983, 339). Entstehen aufgrund Vertretung durch Verwalter und aus Handlungen der WEer/TeilEer. Für Schulden aus der Herstellungsphase („Aufbauschulden") besteht eine anteilige Haftung entsprechend MitEAnteil (BGH 67, 232; 75, 26; Frankfurt WuM 1994, 35); anders, wenn von vornherein kein WE/TeilE gebildet werden soll, dann Gesamtschuld (BGH NJW-RR 1989, 465). **Zwangsvollstreckung** findet nach allgem Regeln statt (§ 45 III); zur **Parteienbezeichnung** im Vollstreckungstitel vgl BayObLG NJW-RR 1986, 564 – Gläubiger; BayObLG WE 1991, 200 – Schuldner; BayObLG 1984, 239; KG OLGZ 1986, 47; Köln Rpfleger 1988, 526 – Zwangshypothek). **Sanktionen** bei Zahlungsverzug (vgl auch § 10 Rz 9) sind neben der Versorgungssperre (vgl KG NZM 2001, 761; 2002, 221; AG Berlin-Tempelhof GE 1997, 565; AG Penne NZM 2001, 534, wobei Jahresbetrag im Hinblick auf § 18 II Nr 2 zu hoch erscheint; Suilmann ZWE 2001, 476), auch Verzugszinsen möglich; für Verzugszinsregelung wegen §§ 286 II Nr 1, 288 BGB kaum noch Bedarf (s noch BayObLG ZWE 2000, 470; Düsseldorf ZWE 2000, 190; Köln NZM 2000, 909; KG ZWE 2000, 532; AG Hamburg-Altona WuM 1999, 589; für vor dem 1. 5. 2000 fällig gewordene Forderungen beträgt der gesetzliche Zins 4 %, BayObLG NZM 2003, 66). Schadenspauschale muß angemessen sein. Gebühr für erstmalige Mahnung auch in Teilungserklärung nicht zulässig. Ansprüche auf Zahlung gegen vor Rechtshängigkeit aus der Gemeinschaft ausgeschiedene WEer sind nicht mehr im Verfahren nach § 43, sondern im Zivilprozeß zu verfolgen (Hamm OLGZ 1982, 20; BGH 44, 43).

4. **Nichtzustimmung (Abs III)** ermöglicht bei Nichtzustimmung eine **abgetrennte Nutzen- und Lastenbetei-** **12** ligung, wenn Zustimmung erforderlich, weil bauliche Veränderungen und Aufwendungen beschlossen werden, die über die ordnungsmäßige Instandhaltung oder Instandsetzung hinausgehen (§ 22 I S 1) und den nicht zustimmenden WEer über das in § 14 bestimmte Maß hinaus beeinträchtigen (§ 22 I S 2); weitergehend Hamm ZfIR 1997, 419). Die Regelung ist dispositiv (BayObLG DWE 1984, 126; Hamm NJW-RR 1995, 909). Probleme ergeben sich bei **praktisch undurchführbarer** abgetrennter Beteiligung. In diesem Fall ist Anspruch aus ungerechtfertigter Bereicherung denkbar (BayObLG NJW 1981, 690; WEZ 1987, 84), ebenso eine zeitlich gestaffelte oder anteilige Kostenbeteiligung, „soweit" bauliche Veränderung (§ 22 I) teilweise oder nach Zeitablauf auch bloße Instandsetzung (§ 21 V Nr 2) ist. Bei Nichtzustimmung dürfen Kosten nicht aus der **Instandhaltungsrücklage** entnommen werden; geschieht dies dennoch aufgrund besonderer Beschlüsse oder mit Billigung der Eigentümerversammlung (zB Genehmigung der Jahresabrechnung, so ist der Beschluß aufzuheben (vgl AG Nürnberg ZMR 2001, 749).

5. **Kosten eines Rechtsstreits. a)** Bei einem Rechtsstreit wegen Entziehung des WE und wegen Schäden am **13** SonderE im Fall des § 14 Nr 4 **Abs IV**) trägt obsiegender WEer die Gemeinschaftskosten anteilig mit (str, vgl Düsseldorf NJW-RR 1997, 13); unberührt bleibt Kostenerstattungsanspruch nach §§ 91ff ZPO (ebenso Weitnauer/ Hauger Rz 58). Vorschrift gilt auch für eine aus zwei WEern bestehende Gemeinschaft (BayObLG 1983, 109). **b)** Die Kosten eines Verfahrens nach § 43 sind allein von den Streitparteien zu tragen (BayObLG 1976, 223); **Abs V** will verhindern, daß die WEer auf Kosten der Gemeinschaft prozessieren. Deshalb auch keine Entnahme aus gemeinschaftlichen Mitteln (BayObLG 1987, 86; Köln NZM 1998, 870). Strittig, ob in Abrechnung zu berücksichtigen; nach hM gilt nur allgemeiner Kostenverteilungsschlüssel nicht (BayObLG NJW-RR 1992, 1431; WuM 1993, 486; KG OLGZ 1992, 429; Düsseldorf ZfIR 2002, 1000; Köln ZfIR 2003, 683: zunächst Einstellen in Abrechnungen und später Korrektur nach gerichtlicher Kostenentscheidung, § 47; aA Düsseldorf WE 1995, 278; Sauren Rz 13; vgl auch BayObLG ZfIR 2001, 57). Durch Teilungserklärung oder Vereinbarung abdingbar. Auch Gericht kann die Kosten abweichend von Abs V verteilen (str, BayObLG Rpfleger 1973, 434); gleiches gilt bei Abs IV (Düsseldorf NJW-RR 1997, 13).

14 **6. Insolvenz des WEers. Alte** Schulden gegenüber der Gemeinschaft sind Insolvenzforderungen (vgl Beutler/Vogel ZMR 2002, 802). Sie können durch Eigentümerbeschluß, Ausfall umzulegen, in Bezug auf den im Insolvenz befindlichen WEer weder Massekosten noch Masseschulden werden; insoweit Beschluß unwirksam (Stuttgart MDR 1980, 142). Nach Eröffnung des Insolvenzverfahrens entstandene anteilige Kosten sind Masseverbindlichkeiten nach § 55 I Nr 1 InsO (früher § 58 Nr 2 KO; vgl BGH NJW 1994, 1866; BGH 108, 94; BayObLG KTS 1990, 331; KG NJW-RR 1994, 85; Nerlich/Römermann/Andres § 55 InsO Rz 78). Der Insolvenzverwalter kann die Bindungen des WEers an die Gemeinschaft nicht lösen; §§ 11, 12 ua weiter. Enthält die Gemeinschaftsordnung keine Regelung für den Fall, daß ein WEer mit der Zahlung der auf ihn entfallenden Bewirtschaftungskosten endgültig ausfällt, so sind die übrigen im Wege der **Nachschußpflicht** zur Deckung der entstandenen Lücke nach dem Verteilungsschlüssel des Abs II verpflichtet (Stuttgart OLGZ 1983, 172; zur Beteiligung des GemSchuldners am Ausfall BGH 108, 44; BayObLG KTS 1990, 331); Wahlmöglichkeit zwischen Sonderumlage und Erhöhung des Wohngeldes (KG ZfIR 2003, 439).

17 *Anteil bei Aufhebung der Gemeinschaft*
Im Falle der Aufhebung der Gemeinschaft bestimmt sich der Anteil der Miteigentümer nach dem Verhältnis des Wertes ihrer Wohnungseigentumsrechte zur Zeit der Aufhebung der Gemeinschaft. Hat sich der Wert eines Miteigentumsanteils durch Maßnahmen verändert, denen der Wohnungseigentümer gemäß § 22 Abs. 1 nicht zugestimmt hat, so bleibt eine solche Veränderung bei der Berechnung des Wertes dieses Anteils außer Betracht.

1 **1. Aufhebung.** § 17 gilt für die vertragliche Aufhebung, nicht für die Beseitigung der Gemeinschaft nach § 9 II Nr 2. Der für **Anteilsberechnung** maßgebende Wert des Wohnungseigentums ergibt sich aus der Summierung von Miteigentum am Grundstück und dem Sondereigentum, also nicht nach der im Wohnungsgrundbuch eingetragenen Quote des Miteigentumsanteils. Bei der Aufhebung sollen die **realen gegenwärtigen** Werte aller „Anteile" (ggf durch Schätzung) ermittelt und die WEe nach ihrem Verhältnis auseinandergesetzt werden. Wertveränderungen am GemeinschaftsE aufgrund von Maßnahmen nach § 22 bleiben bei Nichtzustimmung außer Betracht (vgl zu Einzelheiten u einem Ausgleichsvertrag Kreuzer WE 1996, 451 u NZM 2001, 123).

2 **2. Umwandlung in MitE.** Werden nur die SonderEe aufgehoben und bleibt MitEe nach den eingetragenen Quoten fortbestehen, liegt ein Anwendungsfall des § 17 vor, da die Gemeinschaft mit Fortfall des SonderE aufgelöst ist (aA Pal/Bassenge Rz 1: entspr Anwendung).

18 *Entziehung des Wohnungseigentums*
(1) Hat ein Wohnungseigentümer sich einer so schweren Verletzung der ihm gegenüber anderen Wohnungseigentümern obliegenden Verpflichtungen schuldig gemacht, daß diesen die Fortsetzung der Gemeinschaft mit ihm nicht mehr zugemutet werden kann, so können die anderen Wohnungseigentümer von ihm die Veräußerung seines Wohnungseigentums verlangen.
(2) Die Voraussetzungen des Absatz 1 liegen insbesondere vor, wenn
1. der Wohnungseigentümer trotz Abmahnung wiederholt gröblich gegen die ihm nach § 14 obliegenden Pflichten verstößt;
2. der Wohnungseigentümer sich mit der Erfüllung seiner Verpflichtungen zur Lasten- und Kostentragung (§ 16 Abs. 2) in Höhe eines Betrages, der drei vom Hundert des Einheitswertes seines Wohnungseigentums übersteigt, länger als drei Monate in Verzug befindet.
(3) Über das Verlangen nach Absatz 1 beschließen die Wohnungseigentümer durch Stimmenmehrheit. Der Beschluß bedarf einer Mehrheit von mehr als der Hälfte der stimmberechtigten Wohnungseigentümer. Die Vorschriften des § 25 Abs. 3, 4 sind in diesem Falle nicht anzuwenden.
(4) Der in Absatz 1 bestimmte Anspruch kann durch Vereinbarung der Wohnungseigentümer nicht eingeschränkt oder ausgeschlossen werden.

1 **1. Ausschlußklage. a)** Vermeidet Nachteil des früheren Stockwerkseigentums. Wegen der Unauflöslichkeit (§ 11) nur Ausschluß des Störers aus der Gemeinschaft denkbar. Als **ultima ratio** (LG Passau Rpfleger 1984, 412; LG Bonn MittRhNotK 1996, 271) für Eigentümergemeinschaft erforderlich und deshalb **unabdingbar** (Abs IV). Verletzt nicht Art 14 I GG (BVerfG WuM 1998, 45). **b)** Gilt bereits bei **faktischer Gemeinschaft** (str, aA noch Erman/Ganten[9] Rz 2 u wohl auch BGH 59, 104, 108), da Leistungsstörungsrecht nur im Verhältnis des aufteilenden Eigentümers und des Erwerbers gilt, nicht für weitere WE/TeilE; bei langdauernder Abwicklung dann keine Ausschlußmöglichkeit insbes des die Auflassung nicht erklärenden und kein Hausgeld entrichtenden Bauträgers. **c) Rückerwerb** durch ausgeschlossenen WE/TeilE später möglich, aber meist Grund zur Versagung einer Zustimmung nach § 12.

2 **2. Ausschlußgründe. a) Generalklausel** (Abs I) entspricht wichtiger Kündigung bei personenrechtlichem Dauerschuldverhältnis. Darum ist subjektiv Vorwerfbarkeit des Verhaltens (trotz „schuldig gemacht") nicht erforderlich (hM, so zB LG Tübingen NJW-RR 1995, 650; teilw abw Weitnauer/Lüke Rz 5, Pal/Bassenge Rz 2; wohl auch BayObLG NJW-RR 2002, 659); bei Unzumutbarkeit ohne Verschulden muß aber strenger Maßstab gelten. Hinsichtlich Unzumutbarkeit ist Abwägung zwischen Interesse der Gemeinschaft an Entfernung des Störers und dessen Interesse am Erhalt des Eigentums vorzunehmen (LG Stuttgart NJW-RR 1997, 589). Beispiele: tätliche Angriffe, Beleidigungen, ungerechtfertigte Anzeigen, Bereicherung als Beiratsmitglied, ständige Fäkalgerüche aus der Wohnung (vgl LG Tübingen NJW-RR 1995, 650). Jedenfalls genügt Verhalten eines WEer/TeilEer, das bei Veräußerung der WE/TeilE als Sachmangel offenbart werden muß (vgl KG NJW 1992, 1901). Klage darf nicht dazu führen, daß lediglich unbequemer WEer hinausgedrängt wird. Es genügt schwere Pflichtverletzung gegenüber einem Gemeinschaftsmitglied. **b) Pflichtverstoß** (Abs II Nr 1). Mindestzahl nicht geregelt, aber („wiederholt") zwei erforderlich; allerdings kann bei einem gravierenden Verstoß Abs I vorliegen. **Abmahnung** auch durch Verwalter, verletzten WEer und Beschluß möglich; persönlich nicht betroffener WEer kann ebenfalls abmahnen. **c) Zahlungsverzug** (Abs II Nr 2). Unabhängig vom Verschulden (arg § 279 BGB); es muß sich um fällige Zahlungsansprüche handeln. Abstellen auf den Einheitswert noch gerechtfertigt (Schmidt ZWE 2002, 113). Keine Subsidiarität gegenüber sonstigen Maßnahmen; wegen Kostentragung der übrigen WEer gerechtfertigt (teilw abw Sauren Rz 6). **d) Vereinbarungen.** Abs IV läßt lediglich den Ausschluß oder die Einschränkung des Entziehungsanspruches nach Abs I nicht zu. Modifizierungen und Erweiterungen sind zulässig (Düsseldorf ZfIR 2000, 558). Verwendung unbestimmter Rechtsbegriffe möglich, aber rechtliche Überprüfbarkeit muß möglich sein. Str bei nachbarrechtlichen Störungen, schweren persönlichen Mißhelligkeiten, anstößigem, rücksichtslosem, grob ungehörigem Verhalten und schwerer Zerrüttung (vgl Düsseldorf ZfIR 2000, 558). Die Festlegung eines Verfahrens einschließlich Mediation und Ausschlußfrist ist möglich (str; vgl Rz 3). Vorstehendes gilt auch für Abs II, da nur Beispiele zu Abs I; ausnahmsweise wird man Betragsfestlegung bei Abs II Nr 2 zulassen können, wenn Einheitswertmaßstab im Einzelfall unbillig ist. **e) Bei Mehrheit** von Eigentümern kann Veräußerungsanspruch nicht auf Beteiligung beschränkt werden. Bei Gesamthandseigentum ohnehin nicht möglich (§§ 719, 2040 BGB). Aber auch bei Miteigentum würde diesbezügliche Einschränkung Recht meist leerlaufen lassen (zB wegen § 1365 BGB, § 8 II LPartG; offen BayObLG 1999, 66; aA noch Erman/Ganten[9] Rz 3, der allerdings bei „Solidarisierung" und „nicht überwindbaren Hindernissen der Veräußerung" eine Ausnahme machen wollte, u Pal/Bassenge Rz 1). Bei mehreren SonderE des Störers regelmäßig sämtliche betroffenen; Ausnahme bei Mehrhausanlage, Störungen aus einer Einheit, Zahlungsverzug bei einer Einheit denkbar.

3. Mehrheitsbeschluß (Abs III) erforderlich (zum Verfahren Palder WuM 1998, 331 u Wenzel WuM 1998, **3** 454); entbehrlich nur bei zwei WEern. Stimmrecht nach Köpfen, auch wenn allg in Gemeinschaftsordnung Stimmrecht nach MEAnteilen (BayObLG 1999, 176). Störer ist nicht stimmberechtigt (§ 25 V). Tagesordnungspunkt muß in Ladung aufgenommen werden (Köln ZfIR 1997, 557: Antrag eines WEer genügt); unmißverständliche Formulierung nötig (Düsseldorf ZfIR 1998, 96; KG NJW-RR 1996, 526: „Abmeierungsklage" ausreichend). Bei Streit über Wirksamkeit des Beschlusses hat das Gericht der FG nicht zu prüfen, ob Entziehungsanspruch tatsächlich besteht (Frankfurt DWE 1984, 62, Köln ZMR 1998, 376; BayObLG 1999, 66) und Abmahnung berechtigt war (BayObLG NJW-RR NJW-RR 1996, 12; LG Düsseldorf ZMR 1991, 314; aA noch BayObLG 1985, 171, 177); hierüber entscheidet das Prozeßgericht (§ 41 I S 1). WE-Gericht prüft nur formelle Rechtmäßigkeit des Beschlusses (Hamm OLGZ 1990, 57; Köln ZMR 1998, 376; BayObLG 1999, 66). Mangels abweichender Vereinbarung kann für das Stimmrecht wegen Formstrenge des Abs II nicht auf „Betroffene" abgestellt werden (Mehrhausanlage!, BayObLG Rpfleger 1972, 144). Weiter Beurteilungsspielraum der WEer; bei Ablehnung nur zu prüfen, ob Grundsätzen ordnungsgemäßer Verwaltung widersprechend (KG FGPrax 1996, 94). Abweichende **Regelungen** sind möglich (str, ebenso Soergel/Stürner Rz 4), zB qualifizierte Mehrheit (Celle NJW 1955, 953), Einstimmigkeit oder Abstimmung nach MEAnteilen (offen BayObLG 1999, 176); darf aber nicht faktisch zu Ausschluß des Rechts führen.

4. Durchsetzung. Der **Anspruch** ist von der Mehrheit zu erheben und ggf gerichtlich **zu verfolgen.** Ermächti- **4** gung eines WEers ist zulässig; Verwalter bedarf für Geltendmachung besonderer Vollmacht. Bei besonderem Interesse auch actio pro socio entspr § 432 BGB (str, vgl MüKo/Röll § 19 Rz 2). Verwirklichung des Ausschlußanspruches kann bei rechtzeitiger dinglicher Überlastung des Grundstückes (WE) **erschwert** werden; Vormerkung zugunsten Dritter (so KG MDR 1979, 674), § 826 BGB (Soergel/Stürner Rz 10) und Belastungsverbot können als Sicherung dienen. Zum **Klageverfahren** vgl § 51. Aussetzen bei Hoffnung auf Wohlverhalten zulässig (BayObLG 1975, 57). Mit vorl vollstreckbarer Verurteilung ist entspr § 895 ZPO eine Vormerkung zur Sicherung des Entäußerungsanspruches zugunsten der Titelgläubiger bewilligt. **Streitwert** der Entziehungsklage ist der Verkehrswert des WE ohne Berücksichtigung von Belastungen (§ 3 ZPO, Karlsruhe Rpfleger 1980, 308; LG Hamburg WuM 1998, 374; LG Köln WuM 1998, 120). Kosten des Rechtsstreits gehören zu den Verwaltungskosten (§ 16 IV). Geschäftswert für die Anfechtung des Entziehungsbeschlusses sind 20 % des SonderE (Köln ZMR 1998, 376), für Abmahnung Bruchteil von Wert des Entziehungsbeschlusses ($1/3$ von 20 %, vgl LG Bremen WuM 1999, 598).

19 *Wirkung des Urteils*

(1) Das Urteil, durch das ein Wohnungseigentümer zur Veräußerung seines Wohnungseigentums verurteilt wird, ersetzt die für die freiwillige Versteigerung des Wohnungseigentums und für die Übertragung des Wohnungseigentums auf den Ersteher erforderlichen Erklärungen. Aus dem Urteil findet zugunsten des Erstehers die Zwangsvollstreckung auf Räumung und Herausgabe statt. Die Vorschriften des § 93 Abs. 1 Satz 2 und 3 des Gesetzes über die Zwangsversteigerung und die Zwangsverwaltung gelten entsprechend.

(2) Der Wohnungseigentümer kann in dem Falle des § 18 Abs. 2 Nr. 2 bis zur Erteilung des Zuschlags die in Absatz 1 bezeichnete Wirkung des Urteils dadurch abwenden, daß er die Verpflichtungen, wegen deren Nichterfüllung er verurteilt ist, einschließlich der Verpflichtung zum Ersatz der durch den Rechtsstreit und das Versteigerungsverfahren entstandenen Kosten sowie der fälligen weiteren Verpflichtungen zur Lasten- und Kostentragung erfüllt.

(3) Ein gerichtlicher oder vor einer Gütestelle geschlossener Vergleich, durch den sich der Wohnungseigentümer zur Veräußerung seines Wohnungseigentums verpflichtet, steht in dem Absatz 1 bezeichneten Urteil gleich.

1. Anspruchsverwirklichung. Das Urteil ermöglicht eine der Form nach freiwillige, der Sache nach zwangs- **1** weise Veräußerung, Einzelheiten §§ 53–58. Vom ZVG gilt § 93 I S 2, 3, damit auch dem besitzenden Dritten Klage nach § 771 ZPO ermöglicht wird. Urteil ist Räumungstitel gegen Beklagten (nicht Besitzer); Gewährung von Räumungsfrist nicht erforderlich (LG Tübingen NJW-RR 1995, 650). Der Zuschlag bedeutet nur Kaufabschluß; § 471 BGB gilt nicht. Das **Urteil** ersetzt die für den Abschluß des Kaufvertrages und die Auflassung nötige Erklärung der Verurteilten; das Urteil ist zugleich Vollstreckungstitel gegen den „abgemeierten" WEer. Rechtsgeschäftliche Erklärung des Erwerbers und Eintragung sind dagegen zusätzlich erforderlich. Eine Auswirkung auf das Stimmrecht des Zwangsverwalters ergibt sich nicht (BayObLG 1998, 288).

2 2. Problematisch sind die Möglichkeiten der Gemeinschaft, wenn Erwerber und verurteilter WEer arglistig zusammenarbeiten und der **Erwerber** das Eigentum dinglich **nicht übernimmt**. Es besteht keine Möglichkeit, den Erwerber zur Abgabe entsprechender Erklärungen zu zwingen (s nur Friese MDR 1951, 593). Denkbar ist es, § 18 analog auf das fehlgeleitete Erwerbsverhältnis anzuwenden (so Soergel/Stürner Rz 1); Nichtigkeitsfolge des § 56 II S 2 kann ferner auf Erwerb erstreckt werden; Zusammenwirken führt schließlich zur Anwendung von § 826 BGB (vgl RGRK/Augustin Rz 5).

3 3. **Belastungen.** Schwierigkeiten können durch die **Belastung des WE** entstehen, falls ihre Höhe es ausschließt, daß sich ein Erwerber findet. Eine Möglichkeit für den Notar, die Belastung zu beseitigen, besteht nicht. Belastung nach Erlaß des Urteils kann mit Verbot weiterer Belastung durch vorläufige Anordnung nach § 44 III verhindert werden (Pick in Bärmann/Pick/Merle § 18 Rz 54; KG MDR 1979, 675, abw MüKo/Röll Rz 7).

4 4. Öffentlich-rechtliche **Genehmigungen** müssen eingeholt werden, ebenso evtl Zustimmung nach § 12, die nicht in Entziehungsbeschluß liegt. Insoweit dürfte der Notar ermächtigt sein, die Genehmigung zu beantragen. Die Pfändung des Zustimmungsanspruches und die Überweisung auf den Erwerber ist zulässig (Friese MDR 1951, 592; Weitnauer/Lüke Rz 7).

3. Abschnitt

Verwaltung

20 *Gliederung der Verwaltung*
(1) **Die Verwaltung des gemeinschaftlichen Eigentums obliegt den Wohnungseigentümern nach Maßgabe der §§ 21 bis 25 und dem Verwalter nach Maßgabe der §§ 26 bis 28, im Falle der Bestellung eines Verwaltungsbeirats auch diesem nach Maßgabe des § 29.**
(2) **Die Bestellung eines Verwalters kann nicht ausgeschlossen werden.**

1 1. **Verwaltung** iSd §§ 20ff korrespondiert mit „Gebrauch" des GemeinschaftsE (§ 15). „Verwaltung" ist einmal die Koordination des Mitgebrauchs, zum anderen erfaßt sie alle Maßnahmen, die der Bestandserhaltung, Sicherung, Pflege usw des gemeinschaftlichen Interesses, insbesondere des GemeinschaftsE, dienen. Außerdem sichert Verwaltung im mitgliedschaftlichen Teil der Gemeinschaft das störungsfreie Zusammenleben der WEer. Begrifflich halten sich Verwaltung und „Gebrauch" im Zweckrahmen der Teilungserklärung und schließen deshalb bauliche Eingriffe (§ 22 I) und Veränderungen der rechtlichen Substanz des WE/TeilE aus. „Verfügungen" sind nur in eng begrenzten Ausnahmefällen Verwaltung (vgl Hamm NJW-RR 1991, 338). Verwaltung ist materiell zwingend (KG MDR 1994, 372: Fixierung Honorar auf „ewig" unwirksam); formell ist ein (bestimmter) „Verwalter" nicht vorgeschrieben. Ist jedoch eine Person als Verwalter bestellt, können die ihm zugedachten Mindestrechte nicht entzogen werden (§ 27 III). Solange Verwalter fehlt, gilt § 21 mit umfassender Zuständigkeit der Gemeinschaft, aber mit sachlicher Bindung an §§ 15, 21; Bevollmächtigung einzelner WE ist zulässig (KG NJW-RR 1993, 470). Verwaltungsbeirat ist fakultativ (vgl § 29).

2 2. **Verwaltungsbefugnisse** der Organe sind formal und inhaltlich **abgestuft. a)** Formal steht, insbes bei großen Gemeinschaften, die Verwaltung durch einen berufenen Verwalter ganz im Vordergrund. Seine Aufgaben sind regelmäßig durch besonderen Vertrag geregelt, im übrigen gelten §§ 26–28. Vom Standpunkt der Sachbefugnis ist die Verwaltung durch die WEer vorrangig: es gehört zum Wesen des WE, daß den Mitgliedern der Gemeinschaft das Recht zur Selbstverwaltung (§ 21 I) nicht völlig genommen werden darf. Abgesehen von der unentziehbaren Möglichkeit, den Verwalter nach § 26 durch Beschluß abzurufen (BayObLG NJW-RR 1986, 445), können sich die MitEer sich nicht durch Vertrag mit ihrem Gemeinschaftsgrundrecht begeben, zB den Verwalter generell ermächtigten, die Verwaltung ohne Mitspracherecht der WEer auf einen Dritten zu übertragen (vgl BayObLG 1975, 327). Entsprechende **Ermächtigungen** des Verwalters sind deshalb **eng auszulegen** (Düsseldorf ZfIR 1997, 667 zu Instandhaltungsarbeiten). Auch ein Mindestmaß an **Kontrollrechten** kann nicht aufgegeben werden. **b)** Inhaltlich erstreckt sich die Verwaltung nicht nur auf eine „ordnungsgemäße" Verwaltung, sondern auf die gesamte Geschäftsführung, soweit sie das Gemeinschaftsinteresse betrifft. Nur erstere ist aber Mehrheitsbeschlüssen offen (vgl §§ 21 III; 15 II); im übrigen gilt Einstimmigkeit (§ 22 I S 1).

3 3. **Außenhaftung der WEer** gegenüber Dritten aus Verwaltungshandeln kann Delikts-, Gefährdungs- und Vertragshaftung sein. **a)** Eine **Delikthaftung** der WEer kommt bei Verletzung der Pflicht zur Verkehrssicherung in Betracht (vgl dazu Hamm MDR 1982, 150; Frankfurt OLGZ 1982, 16; Celle WEZ 1987, 177 – Kinderspielplatz; BGH NJW 1985, 484 – Streupflicht; NJW-RR 1989, 394 – Übertragung der Wegereinigung; vgl auch BayObLG ZWE 2000, 580; Weitnauer/Hauger § 27 Rz 41); es liegt Gesamtschuld (§ 840 BGB) der WEer vor. Eine Haftungsbegrenzung auf das Verwaltungsvermögen entsprechend § 54 BGB ist nicht möglich. Verwalter ist nicht „Organ" gem § 31 BGB, sondern Verrichtungsgehilfe (§ 831 BGB, str; aA Weitnauer/Hauger § 27 Rz 45). **Gefährdungshaftung** (zB nach § 22 WHG). **b)** Eine **vertragliche Außenhaftung der WEer** kommt für die Gemeinschaft in Betracht, wenn ein WEer gem § 278 BGB im Rahmen eines Schuldverhältnisses für die Gemeinschaft handelt und (zB durch Verzug) Schaden verursacht. Die WEer haften wie für Verwalter ggf als Gesamtschuldner. Bei Vollmachtsüberschreitung treten Anscheinsprobleme auf (zB Außenwirkung der Beschlußermächtigung), im übrigen Haftung des Handelnden gem § 179 BGB.

21 *Verwaltung durch die Wohnungseigentümer*
(1) Soweit nicht in diesem Gesetz oder durch Vereinbarung der Wohnungseigentümer etwas anderes bestimmt ist, steht die Verwaltung des gemeinschaftlichen Eigentums den Wohnungseigentümern gemeinschaftlich zu.
(2) Jeder Wohnungseigentümer ist berechtigt, ohne Zustimmung der anderen Wohnungseigentümer die Maßnahmen zu treffen, die zur Abwendung eines dem gemeinschaftlichen Eigentum unmittelbar drohenden Schadens notwendig sind.
(3) Soweit die Verwaltung des gemeinschaftlichen Eigentums nicht durch Vereinbarung der Wohnungseigentümer geregelt ist, können die Wohnungseigentümer eine der Beschaffenheit des gemeinschaftlichen Eigentums entsprechende ordnungsmäßige Verwaltung durch Stimmenmehrheit beschließen.
(4) Jeder Wohnungseigentümer kann eine Verwaltung verlangen, die den Vereinbarungen und Beschlüssen und, soweit solche nicht bestehen, dem Interesse der Gesamtheit der Wohnungseigentümer nach billigem Ermessen entspricht.
(5) Zu einer ordnungsmäßigen, dem Interesse der Gesamtheit der Wohnungseigentümer entsprechenden Verwaltung gehört insbesondere:
1. die Aufstellung einer Hausordnung;
2. die ordnungsmäßige Instandhaltung und Instandsetzung des gemeinschaftlichen Eigentums;
3. die Feuerversicherung des gemeinschaftlichen Eigentums zum Neuwert sowie die angemessene Versicherung der Wohnungseigentümer gegen Haus- und Grundbesitzerhaftpflicht;
4. die Ansammlung einer angemessenen Instandhaltungsrückstellung;
5. die Aufstellung eines Wirtschaftsplans (§ 28);
6. die Duldung aller Maßnahmen, die zur Herstellung einer Fernsprechteilnehmereinrichtung, einer Rundfunkempfangsanlage oder eines Energieversorgungsanschlusses zugunsten eines Wohnungseigentümers erforderlich sind.
(6) Der Wohnungseigentümer, zu dessen Gunsten eine Maßnahme der in Absatz 5 Nr. 6 bezeichneten Art getroffen wird, ist zum Ersatz des hierdurch entstehenden Schadens verpflichtet.

1. Verwaltung GemeinschaftsE. Regelung entspr § 744 I BGB. Einschränkung der Autonomie der WEer im WEG durch § 27 III: Der **Verw hat Mindestbefugnisse**, seine Bestellung kann jederzeit erzwungen werden (§ 26). Durch Vereinbarung können die Befugnisse des Verwalters über § 27 hinaus erstreckt werden; aber Kernbereich der Mitgliedschaftsrechte der WEer/TeilEer muß unangetastet bleiben (vgl § 20 Rz 2). Unzulässig deshalb zB Ermächtigung des Verwalters, SonderE in GemeinschaftsE (oder umgekehrt) umzuwandeln (BayObLG Rpfleger 1987, 64). Die **Herrschaft der MitEer** über die Art der Verwaltung entspr § 15 II. Alle grundlegenden Entscheidungen sind durch Vereinbarung, also einstimmig zu treffen. Nur im Rahmen der gesetzlich zugelassenen Ausnahmen unterliegt die Verwaltung Mehrheitsbeschlüssen (vgl Bub ZWE 2000, 194).

2. Notgeschäftsführung (Abs II). **a)** Enger als Erhaltungsbefugnis nach § 744 II BGB, um Eigenmächtigkeiten zurückzudrängen und Abstimmung zu erreichen. Gilt auch, wenn kein Verwalter bestellt ist. Nur subsidiäre Befugnis; Schaden muß unmittelbar bevorstehen, so daß er bei längerem Zuwarten nicht mehr verhindert werden könnte. Deshalb nicht Kostenerstattung für selbständiges Beweisverfahren (BayObLG NJWE-MietR 1996, 36). Ausnahmsweise Ansprüche aus §§ 677ff und 812ff BGB (BayObLG ZfIR 2000, 379). Ein Erstattungsanspruch steht dem geschäftsführenden WEer gem § 16, § 683 BGB zu. Der Erstattungsanspruch richtet sich gegen die übrigen WEer als Teilschuldner (Hamm OLGZ 1994, 134); Anspruch kann auch gegen Gemeinschaft geltend gemacht werden (vgl Köln NZM 1999, 972; Hamm OLGZ 1994, 134; s auch BayObLG 1986, 322; Oldenburg WEZ 1988, 175). Eine Aufrechnung gegen Wohngeldforderungen ist dem handelnden WEer gestattet (BayObLG ZfIR 1998, 420; KG NJW-RR 1995, 719; vgl auch BayObLG ZWE 2001, 418).

b) Einzelklage wegen Aufwendungsersatz möglich. Im übrigen hinsichtlich Einzelklage zu unterscheiden (vgl auch BGH 106, 222; 115, 253; Hamm NJW-RR 1997, 908; Hauger ZMR 1996, 57; krit Ehmann in FS Bärmann/Weitnauer 1990 S 145ff; JZ 1991, 222f; JZ 1991, 251; Weitnauer WE 1989, 186; ders JZ 1992, 1054): **aa)** Bei **Einzelklagen gegen MitEer** (sofern Ansprüche auf dem Gemeinschaftsverhältnis beruhen) ist zu differenzieren: **(1)** Gemeinschaftsansprüche auf Leistung an die Gemeinschaft (zB **Wohngeld**, Schadensersatz gegen Verwalter) sind dem einzelnen WEer entzogen; Einzelklage nur nach Beschlußermächtigg (BGH 111, 148; BayObLG WuM 1989, 526; WE 1995, 96). **(2)** Soweit **Unterlassungs- und Schadensersatzansprüche** der WEer zueinander aus dem Gemeinschaftsverhältnis bestehen, ist Einzelklage zulässig (hM, KG ZMR 1992, 351; Soergel/Stürner § 13 Rz 6). Gilt auch bei Beseitigung unzulässiger **baulicher Änderungen** (BGH NJW 1992, 978; Düsseldorf NJW-RR 1994, 1167; Köln ZfIR 2003, 610; Klaßen/Eiermann Rz 190). **(3)** Unstr kann der einzelne WEer **Aufwendungsersatz** mit Einzelklage verfolgen (KG NJW-RR 1991, 402; BayObLG NJW-RR 1986, 1463. **bb) Einzelklagen gegen Dritte** sind stets zustimmungsfrei, wenn sie nicht auf dem Gemeinschaftsverhältnis beruhen (zB Abwehransprüche, §§ 1004, 859 BGB); anders, wenn die Anspruchsverfolgung materiell Verwaltungssache ist, zB bei Forderungen aus Versorgungs- oder Instandhaltungsverträgen oder Schadensersatzansprüche (BGH NJW 1993, 583; Düsseldorf NJW-RR 1989, 978), jedoch vieles unklar. Wird **Einzelermächtigung von der Gemeinschaft abgelehnt**, ist MitEer ggf darauf verwiesen, die Zustimmung der Gemeinschaft über die Stationen: Versammlung, Tagesordnung, Ermächtigungsbeschluß zu erstreiten.

3. Ordnungsgemäße Verwaltung (Abs III). Generalklauselartige Ermächtigung für die Gemeinschaft, ihre Ordnung durch Beschluß mehrheitlich zu regeln, soweit nicht das Gesetz oder Vereinbarungen entgegenstehen (vgl § 15 II). Keine enumerative Erfassung; Abs V nennt nur Beispiele (vgl ausführlich mit Beispielen § 10 Rz 9, s auch Becker MDR 2003, 616). Die in Abs V genannten Beispiele betreffen:

5 **a) Hausordnung** (Abs V Nr 1) ist Inbegriff aller Regeln über laufenden Gebrauch und Verwaltung des MitE und SonderE (vgl § 15 Rz 4). Sie kann beschlußfähige (§§ 15 II, 21 III, Zweibrücken NZM 2002, 269) und weitergehende Fragen regeln, jedoch besteht nach Abs IV nur Anspruch auf Regelung der mehrheitlich entscheidbaren Fragen. Nur im letzten Umfang kann im Verfahren nach § 43 I S 1 auch der Richter Regeln zur Hausordnung erlassen (Hamm NJW 1969, 884). Auf Grund Ermächtigung von Verwalter aufgestellte HausO kann von Gemeinschaft und Gericht geändert werden (BayObLG 2001, 232). HausO muß inhaltlich bestimmt sein (Hamm NZM 2001, 1084: bejaht für vorübergehendes Abstellen; BayObLG NZM 2002, 171: verneint für „grobe Verstöße") und grundlegende Rechtsgrundsätze beachten (BayObLG NZM 2002, 171: keine Haftung ohne Verschulden).

6 **b) Instandhaltung und Instandsetzung** (Abs V Nr 2). Darunter fallen alle Arbeiten am GemeinschaftsE des Hauses, die der Bestanderhaltung und Bestandsicherung dienen, insbesondere Reparaturen und Ersatzbeschaffung (BayObLG NJW 1975, 2296; ZMR 1980, 38; NJW 1981, 690; WuM 1993, 562; Düsseldorf ZMR 1997, 38; vgl Becker/Strecher ZWE 2001, 569). Die „Aufrechterhaltung des ursprünglichen Zustandes" umfaßt auch pflegende, erhaltende und vorsorgende Maßnahmen (Hamm DWE 1987, 54; KG ZMR 1993, 478). Modernisierende Instandhaltung ist beschlußmäßig möglich (Braunschweig WuM 1994, 501; KG NJW-RR 1994, 528; Schleswig ZfIR 1999, 378); hierzu gehören auch Arbeiten, die aus öffentlichem Baurecht geboten sind (vgl aber BayObLG NZM 1999, 275); die Grenze bildet die Schaffung eines neuartigen Zustandes (Düsseldorf ZMR 1997, 44; FGPrax 1995, 102). Maßstab, wonach zu Instandhaltungsarbeiten alles gehört, was ein „verantwortungsbewußter HausE vernünftigerweise" aufwendet, um den Wert seines Eigentums zu erhalten (Schleswig SchlHA 1968, 70), ist unscharf; gilt auch für die Formel „Mindestsanierung und Plus" (vgl Düsseldorf ZfIR 1999, 285). Grundsätzlich ist Ermessensspielraum anzuerkennen (Hamm FGPrax 1996, 47; vgl BayObLG NJW-MietR 1996, 179; Düsseldorf ZWE 2001, 37 für mehrere Maßnahmen). Zur „Bestandspflege" kann auch Beschluß gehören, die baulichen Anlagen technisch und konstruktiv dauerhaft sowie sinnvoll (umweltschonend!) auszurüsten. Maßgeblich sind auch der Kostenaufwand der Maßnahme (Düsseldorf ZWE 2000, 589; ZfIR 2003, 384; KG FGPrax 1996, 95) und der Zeitraum der Durchführung (BayObLG NZM 2002, 75). Die Gemeinschaft kann sich auch für ein schrittweises Vorgehen entscheiden (KG NZM 2001, 759). Eine Übertragung der Entscheidung über Art und Umfang der Arbeiten auf den Verw ist grds nicht zulässig (Düsseldorf ZfIR 1997, 667). Sieht Gemeinschaftsordnung Entscheidung einer Hausgemeinschaft vor, kann Gesamteigentümergemeinschaft nicht abweichend beschließen (Köln NZM 1998, 820; 2000, 1019; Hamm ZfIR 1999, 294; BayObLG ZWE 2000, 529). **Verfahrensmäßig** muß Instandhaltung ordnungsgemäß erfolgen; dies erfolgt durch sachverständige Feststellung des Handlungsbedarfs und die Einholung von Alternativangeboten (BayObLG NJW-RR 1989, 1293; ZMR 1994, 431; NZM 1999, 280; 1999, 767; 1999, 910; ZWE 2000, 37; Köln ZMR 2000, 862; KG FGPrax 2001, 100). Bei der Beauftragung ist der preisweiteste Anbieter auszuwählen (teilw abw Hamburg ZMR 2000, 478); auch eine Beauftragung eines WEers ist zulässig (BayObLG GE 1997, 1405; vgl aber KG ZMR 1993, 383). Eine Ermächtigung an den Verwalter zur Auftragsvergabe unabhängig von konkreten Maßnahmen ist unwirksam (Düsseldorf NJW-RR 2001, 660). Die Durchführung der Maßnahme muß technisch einwandfrei (BayObLG WE 1991, 23) und entsprechend dem Beschluß erfolgen; leichte Abweichungen dürfen die WEer nicht belasten (Köln NZM 1999, 973, vgl auch BayObLG NZM 1999, 910). **Kosten** der Bestandserhaltung sind Gemeinschaftskosten (§ 16 II). Die Angaben hierüber müssen bei Beschlußfassung vorliegen und zutreffend sein (KG FGPrax 1996, 95). Über die Art der Finanzierung (Sonderumlage, Rücklage) ergeht Entscheidung (Köln NZM 1998, 878; BayObLG ZfIR 2003, 610); aber keine erneute Abrechnung aufgrund Mehrheitsbeschluß ohne Grundlage in Teilungserklärung (Köln ZfIR 1998, 486). Zur Verwaltung gehört auch die Geltendmachung von **Rechten wegen Sachmängeln**, und zwar auch von ursprünglichen Herstellungsmängeln (vgl Habscheid NZI 2000, 568). Dies soll auch gelten, wenn WEer mit Preisnachlaß das SonderE erworben hat (vgl BayObLG ZWE 2001, 31; Köln NZM 2002, 125; s auch KG ZfIR 2000, 972). Jedenfalls muß Gemeinschaft den WEer zunächst auf seine vertraglichen Ansprüche verweisen können (ähnlich Auktor NZM 2002, 239, str). Verwalter muß auf Verjährung der Rechte wegen Sachmängeln hinweisen (BayObLG NJW-RR 2001, 731); dies gilt allerdings nicht bei Kenntnis des betroffenen WEers (Hamm NJW-RR 1997, 908).

7 **c) Versicherungspflicht** (Abs V Nr 3). Maßgeblich ist der Neuwert hinsichtlich des GemeinschaftsE. Zweckmäßig wird aber SonderE in die Versicherung einbezogen, um angesichts der problematischen Unterscheidung zum MitE Risiken auszuschließen; auch dann bleibt Versicherung Verwalteraufgabe (KG MDR 1984, 584). Im Einzelfall kann der Abschluß weiterer Versicherungen (zB Überschwemmungsrisiko) Bestandteil ordnungsgemäßer Verwaltung sein (zu den Konsequenzen Saarbrücken ZMR 2002, 980 u Köhler ZMR 2002, 891). Verursacht WEer besondere Gefährdung, kann Anspruch der Gemeinschaft auf Risikodeckung (zB bei Ölschäden, vgl Braunschweig OLGZ 1966, 571 u Röll DWE 1980, 6f) gegeben sein.

8 **d) Instandhaltungsrücklage** (Abs V Nr 4). Bildung nur zu Instandhaltung, nicht zu anderen Zwecken (Hamm ZWE 2001, 446). In diesem Rahmen Ermessensspielraum, auch hinsichtlich Höhe (KG FGPrax 1997, 56; BayObLG ZfIR 1998, 616). Aber keine Anlage als Bausparvertrag (Düsseldorf FGPrax 1996, 51). Obligatorisch lediglich nach Abs IV; sie kann deshalb durch Beschluß aufgelöst werden (str, vgl BayObLG Rpfleger 1981, 284; Röll NJW 1976, 937). Auflösung muß aber ordentlicher Verwaltung entsprechen, zB auch für Beitragsrückstände, sofern nicht die „eiserne Reserve" angegriffen wird (Saarbrücken NZM 2000, 198; LG Saarbrücken NZM 1999, 870, aA Hamm NJW-RR 1991, 212), ferner für Reparaturmaßnahmen, wenn Bestand ausreichend. Bei Veräußerung der WE wird Rücklageanteil im Zweifel stillschweigend mitübertragen (Düsseldorf NJW-RR 1994, 1038; keine Grunderwerbsteuerpflicht, BFH 165, 548; Horlemann DStZ 1987, 467); kein ungefragter Hinweis auf Fehlen einer Instandhaltungsrücklage (Saarbrücken NJW-RR 2001, 9).

9 **e) Wirtschaftsplan** (Abs V Nr 5). Vgl § 28. Nach Maßgabe des Abs IV ebenfalls obligatorisch. Getrennte Wirtschaftspläne bei Mehrhausanlagen aufgrund Vereinbarung oder Teilungserklärung möglich, nicht jedoch Mehrheitsbeschluß oder Übung (so aber LG Köln WuM 1997, 393).

f) Duldung von Maßnahmen (Abs V Nr 6) gegenüber gemeinschaftlichem Eigentum (!), die erforderlich sind, **10** die notwendige oder übliche Versorgung zu gewährleisten. Der Katalog ist unter diesem Aspekt sinngemäß zu ergänzen, zB fallen darunter auch Fernsehantenne, Fernschreiber ua; str für Kabelanschluß. Wird durch Maßnahmen das SonderE berührt, ist entspr § 14 Nr 4 die Zustimmung des betroffenen WEers erforderlich.

4. Ansprüche und Haftung (Abs IV). **a)** Anspruch der WEer **gegen die Gemeinschaft** auf eine vertragsge- **11** mäße, den Beschlüssen entsprechende Verwaltung (AG Ratingen NZM 1999, 1106; vgl Niedenführ ZMR 1991, 121). Der Anspruch richtet sich idR gegen den Verwalter (zB Aufnahme von Tagesordnungspunkt, Düsseldorf ZMR 1994, 520) und ist gem § 43 I Nr 1, 2 durchsetzbar; Zurückbehaltungsrecht des Verwalters (§ 273 BGB) ist aus der Natur der Rechtsbeziehung ausgeschlossen (BayObLG MDR 1972, 145). Keine Einleitung von selbständigem Beweisverfahren durch WEer (LG Stuttgart Die Justiz 2000, 88). **b)** Ferner kann Anspruch **gegenüber dem einzelnen Gemeinschaftsmitglied** bestehen, wenn gerade dessen mangelnde Mitwirkung eine ordnungsgemäße Verwaltung hindert oder seine Mitwirkung ausreichend ist (Frankfurt ZMR 1997, 609; BayObLG NJWE-MietR 1999, 248; WuM 1997, 189; ZWE 2001, 72; ggf ist Verpflichtung über § 43 I Nr 1 zu erzwingen. **c)** Die **Schadensverantwortung** des einzelnen WEers gilt auch bei Sachbeschädigung am GemeinschaftsE; aber keine Einstandspflicht des WEers für Verschulden der von der Gemeinschaft oder dem WEer beauftragten Handwerker (BayObLG 1992, 146; WE 1995, 189; Düsseldorf NJW-RR 1995, 1165, 1166; BGH 62, 243, 247; 141, 224, aA Hamm ZflR 1999, 294). Haftung für **Schäden am GemeinschaftsE** aus Mängeln des SonderE nur bei Verschulden des WEers (Frankfurt OLGZ 1985, 144; KG NJW-RR 1986, 1078). Bei **Schädigung eines SonderE** aus dem Bereich des GemeinschaftsE ebenfalls Haftung grds nur für Verschulden (Hamburg ZMR 2000, 480); kann bei nicht rechtzeitiger Durchführung der Sanierungsmaßnahmen zu bejahen sein (vgl BayObLG ZWE 2001, 366; Becher ZWE 2000, 56). **d)** Zur Haftung der WEer im **Außenverhältnis** s § 20 Rz 3.

22 *Besondere Aufwendungen, Wiederaufbau*
(1) Bauliche Veränderungen und Aufwendungen, die über die ordnungsmäßige Instandhaltung oder Instandsetzung des gemeinschaftlichen Eigentums hinausgehen, können nicht gemäß § 21 Abs. 3 beschlossen oder gemäß § 21 Abs. 4 verlangt werden. Die Zustimmung eines Wohnungseigentümers zu solchen Maßnahmen ist insoweit nicht erforderlich, als durch die Veränderung dessen Rechte nicht über das in § 14 bestimmte Maß hinaus beeinträchtigt werden.
(2) Ist das Gebäude zu mehr als die Hälfte seines Wertes zerstört und ist der Schaden nicht durch eine Versicherung oder in anderer Weise gedeckt, so kann der Wiederaufbau nicht gemäß § 21 Abs. 3 beschlossen oder gemäß § 21 Abs. 4 verlangt werden.

1. Regelungssystematik. § 22 betr wie § 21 GemeinschaftsE. **Ausgleich** zwischen dem Interesse des Einzel- **1** nen, nicht über „Verwaltung" hinaus beansprucht zu werden, und dem Interesse der Gemeinschaft, bestimmte bauliche Maßnahmen durchführen und Aufwendungen tätigen zu können. Abs I S 1 steht im Zusammenhang mit §§ 15, 21 III. Abs I S 2 erweitert die Möglichkeit zu baulichen Veränderungen und Aufwendungen, soweit kein entgegenstehendes Eigeninteresse besteht. Im übrigen kann sich der einzelne MitEer der **Kostenbelastung** regelmäßig durch Zustimmungsverweigerung entziehen (§ 16 III).

2. Bauliche Veränderungen. a) Gegenüber **unzulässigen** baulichen Veränderungen (Einstimmigkeitsprinzip!) **2** besteht für die Gemeinschaft ein Abwehr- und **Beseitigungsanspruch** (Stuttgart NJW 1970, 102; BayObLG NJW-RR 1986, 178; WuM 1993, 294 – Unterlassungsanspruch; Klaßen/Eiermann NZM 1999, 1130; zur Verjährung s Hogenschurz ZWE 2002, 512), ggf auf Auskunft (Düsseldorf ZMR 1997, 149) und ausgleichende Maßnahmen (BayObLG WEM 1982, 109; ZflR 2003, 288). Keine „Aufrechnung" mit Anspruch wegen baulicher Veränderungen anderer WEer/TeilEer (Frankfurt NZM 1998, 201). Beseitigungsanspruch kann ohne Beschluß von jedem (str, ob nur betroffenen) WEer geltend gemacht werden (Hamm NJW-RR 1991, 910; BGH NJW 1992, 978; BayObLG WE 1992, 195; ZMR 1995, 495; NZM 2000, 678; ZflR 2003, 288; Düsseldorf ZMR 1996, 396). **Schranken der Abwehrbefugnis** aus § 242 BGB bei Unzumutbarkeit (BayObLG NJW-RR 1988, 589; NJW-RR 1990, 1169; FGPrax 1996, 220; NZM 1998, 980; NZM 1999, 1150; ZWE 2000, 175; Düsseldorf ZMR 1996, 396; ZflR 2003, 598; KG WuM 1994, 38); § 226 BGB (BayObLG NJW-RR 1987, 1492; 1998, 875; ZWE 2000, 216 NZM 2003, 120); ggf über Einrede, daß ein auf die Veränderung gerichteter Instandsetzungsanspruch bestehe (BayObLG NJW-RR 1988, 1169; KG NJW 1991, 1299). Längere Duldung des Umbaues durch WEer schließt Beseitigungsverlangen grds nicht aus (vgl BGH NJW 1990, 2555; Hamm DB 1990, 273; WuM 1995, 220; Köln MDR 1997, 1020; NZM 1999, 263; BayObLG ZWE 2001, 65 u 102; abw LG Wuppertal ZMR 2001, 399; Karlsruhe WuM 1999, 594). Keine Schutzwürdigkeit bei Kenntnis von Zustimmungspflicht (BayObLG NZM 1999, 1150). Hinsichtlich Zumutbarkeit der Beseitigung sind auch der Grad des Verschuldens und die Eigenmacht zu berücksichtigen (Frankfurt FGPrax 1997, 54; vgl auch Köln MDR 2000, 577). An erteilte Zustimmung ist auch Rechtsnachfolger gebunden (Hamm NJW 1991, 910; NJW-RR 1996, 971; Stuttgart ZMR 1998, 802; BayObLG ZMR 2001, 468); andererseits ist Rechtsnachfolger des Störers nicht mehr zur Beseitigung verpflichtet (KG NJW-RR 1991, 1421), nur Duldungspflicht (BayObLG WuM 1998, 117; NJW-RR 2002, 660; Schleswig MDR 2000, 634). Für den Anspruch auf Beseitigung gilt die regelmäßige Verjährung gem § 195 (Röll ZWE 2002, 353).

b) Ausnahme vom Einstimmigkeitserfordernis des § 10 I enthält Abs I S 2, wonach auch bei Substanzeingrif- **3** fen die Nichtbetroffenen an der Abstimmung nicht zu beteiligen sind (BGH NJW 1979, 817; Soergel/Stürner § 22 Rz 3h) (**eingeschränktes Einstimmigkeitsprinzip**). Bei grundlegenden Eingriffen in Statik u Substanz ist jedoch **Zustimmung aller** WEer erforderlich (BayObLG NJW-RR 1992, 272). Die Zustimmung bedarf keiner Form, insbes nicht eines Eigentümerbeschlusses (BayObLG NZM 1999, 809; NZM 1999, 1009; GE 2001, 1136; vgl auch BayObLG NJW-RR 1995, 653 zur Bindung an Zustimmung vor Entstehen einer faktischen Eigentümergemeinschaft). Sie ist auch konkludent möglich (Zweibrücken ZWE 2000, 95); liegt aber nicht in bloßer Duldung (BayObLG 1998, 947) und Umstand der Erreichbarkeit nur über ein WE (Köln NZM 2001, 385). Sie kann aber in Unterschrift auf baurechtlicher Eingabeplanung zu sehen sein (Karlsruhe NZM 1998, 526; KG ZfIR 1998, 724; zurückhaltend BayObLG NJW-RR 1994, 82). Zustimmung unter Auflagen und Bedingungen ist möglich, insbes hinsichtlich der Folgekosten (BayObLG NZM 1998, 1014; ZWE 2001, 424). **Mehrheitsbeschlüsse** über bauliche Maßnahmen sind nichtig, wenn sie in den Kernbereich des SonderE eingreifen (Köln ZfIR 2001, 749); im Normalfall bei Überschreiten des Maßes von § 14 nur anfechtbar (BayObLG ZWE 2001, 267; vgl auch Köln NZM 2001, 293).

4   Problematisch ist Umfang der **Duldungspflicht (§ 14)**: Die Formel der Rspr (zB BGH NJW 1979, 817), es komme darauf an, ob WEer „in vermeidbarer Weise tatsächlich benachteiligt" bzw „nicht ganz unerheblich beeinträchtigt" (BayObLG NZM 1998, 775) werden, läßt offen, wann Eingriff vermeidbar ist. Der Maßstab ist gem § 14 I von der Notwendigkeit eines geordneten Zusammenlebens aus zu bestimmen. Der einzelne WEer hat zu dulden, was ihn weder wirtschaftlich belastet noch die Substanz seines Erhaltungs- oder Nutzungsinteresses berührt. Duldungspflicht setzt nicht voraus, daß Maßnahme zwingend erforderlich ist (Karlsruhe MDR 1978, 495). Umgekehrt muß Verstoß gegen öffentlich-rechtliche Vorschriften nie geduldet werden (BayObLG ZMR 2000, 38). Kriterium sind der optische Gesamteindruck der Anlage (Köln MDR 2000, 760), die Geräusch- und Geruchsentwicklung (BayObLG NZM 2001, 895; Köln MDR 1999, 539) und statische Probleme (Zweibrücken ZMR 1999, 429). Nicht allein der mit Baumaßnahmen verbundene Eingriff in GemeinschaftsE (Zweibrücken ZMR 1999, 429); str hinsichtlich der Kostenbelastung (BGH NJW 1992, 978: allein nicht, kann aber ein Kriterium sein; vgl auch Armbrüster ZfIR 1998, 395 u Sandweg DNotZ 1993, 707). Im übrigen gibt es keine Garantie für unverändertem Bestand der GemeinschaftsE; dies gilt insbes bei Anpassungen des Gebäudes an technische Entwicklungen („Modernisierung"); außerdem bei ordnungsbehördlichen Forderungen (BayObLG ZMR 1980, 381f – Spielplatz; NJW 1981, 690 – Energieeinsparung; Düsseldorf MDR 1983, 320). Ohnehin gilt § 22 nicht, wo bauliche Anlage lediglich fertiggestellt wird oder Baumängel beseitigt werden (**erstmalige Herstellung** eines ordnungsgemäßen Zustands, KG Rpfleger 1982, 22; Düsseldorf MDR 1983, 320; NZM 2000, 390; BayObLG NJW-RR 1986, 954; DNotZ 1994, 239; ZMR 1995, 87; ZfIR 2003, 66; ZfIR 2003, 160; ZfIR 2003, 246; DNotZ 2003, 539; Celle NZM 2000, 911; Köln ZfIR 2000, 802; Hamm WEZ 1987, 101; Frankfurt OLGZ 1984, 129; BayObLG NJWE-MietR 1996, 181; ZMR 2000, 38). Die Abgrenzung zwischen baulicher Veränderung und erstmaliger Herstellung bestimmt sich allein nach der Teilungserklärung, nicht nach dem jeweiligen Kaufvertrag, Prospekten oder Grundlageverbunden (ähnlich Köln ZfIR 2000, 802).

5   Auch bei **Mehrhausanlagen** ist bei baulichen Maßnahmen an einem Gebäude nach hM Zustimmung aller WEer/TeilEer erforderlich (Düsseldorf NJWE-MietR 1997, 111; Köln NZM 1999, 178; MDR 2000, 577; Schleswig NZM 2000, 385; Soergel/Stürner Rz 3h). Allerdings muß sorgfältig geprüft werden, inwieweit andere „Hauseigentümer" wirklich nachteilig betroffen sind (vgl für Reihenhäuser Stuttgart ZMR 1999, 284). Hier wird es insbes darauf ankommen, welches Gemeinschaftsverständnis der Teilungserklärung überhaupt noch zugrundeliegt. Soweit **Sondernutzungsrechte** bestehen, können im Einzelfall die MitEer von baulichen Veränderungen nicht betroffen sein. Zustimmungspflicht hängt hier davon ab, inwieweit der Eingriff über das Nutzungsinteresse hinaus auch Konstruktion, Optik und Zweckbestimmung des Gebäudes mitergreift.

6   **3. Aufbauverpflichtung (Abs II).** Die Bedeutung dieser Regelung liegt im Umkehrschluß. Bei Vorliegen der entspr Voraussetzungen bestehen Ansprüche nach § 21 III, IV und gehört Wiederaufbau, zur ordnungsgemäßen Verwaltung, so daß § 16 II anwendbar ist. Andernfalls gelten §§ 9 I S 2, 11 I S 3. Bei der Wertbemessung bleiben Grund und Boden unberücksichtigt. Maßgebend ist der Wert des zerstörten Gebäudes, nicht nur des GemeinschaftsE (str, wie hier Merle in Bärmann/Pick/Merle Rz 293; Niedenführ/Schulze Rz 12, aA Weitnauer/Lüke Rz 25; Staud/Bub Rz 260). Bei Zerstörung zur Hälfte und von weniger als der Hälfte besteht Wiederaufbauverpflichtung (keine Abweichung durch Mehrheitsbeschluß, BayObLG ZMR 1996, 98), bei höherem Grad der Zerstörung nur bei Deckung durch Versicherung oder in sonstiger Weise. Sanierungsbedürftigkeit ist Zerstörung gleichzustellen (BayObLG ZWE 2001, 366). Bei Nebenraum Wertbemessung mit Gebäude (Schleswig NJW-RR 1998, 15). Regelung in Teilungserklärung ist möglich, aber restriktiv auszulegen (KG ZMR 1997, 534).

7   Bei „**steckengebliebenen Bauten**" Analogie zu § 22 II (BayObLG ZWE 2000, 214; NZM 2003, 66; Röll NJW 1978, 1507, str). §§ 21 III, IV, 16 werden aber durch Verpflichtung aus Erwerbsvertrag modifiziert. Zahlungsstand der Einzelerwerber ist deshalb zu berücksichtigen (BayObLG DWE 1983, 60; Karlsruhe NJW 1981, 466; Hamburg WE 1990, 204). Gegenüber MitEer, der sich Wiederaufbau verweigert, können Versorgungsleistungen nicht zurückbehalten werden (Hamm NJW 1984, 2708). Wer Bau auf eigene Kosten fertigstellt, hat ggf Anspruch aus § 683 BGB (BayObLG DWE 1982, 137). Entspr Anwendung auf Vereinbarung über nachträglichen Lifteinbau möglich (Köln WE 1990, 26). Keine Anwendung hingegen bei Mehrhausanlage, wenn ein Gebäude bereits errichtet wurde, für diese WEer/TeilEer hinsichtlich weiterer „steckengebliebener" Gebäude (Röll NJW 1978, 1507, 1509).

8   **4. Abweichende Regelung.** § 22 ist **abdingbar** (Frankfurt OLGZ 1984, 60; BayObLG NJW-RR 1986, 762; 1997, 269; WuM 1997, 700; ZWE 2000, 175; ZfIR 2001, 484). Die „Öffnungsklausel" muß hinreichend konkret sein, sonst verbleibt es bei der Einstimmigkeit (Oldenburg NZM 1998, 39). Eine Auslegeng ist allerdings möglich (BayObLG ZWE 2000, 1758; vgl auch Zweibrücken ZWE 2000, 90); idR wird Mehrheitsbeschluß als ausreichend gewollt sein (KG ZWE 2000, 534; BayObLG ZWE 2001, 424; vgl auch Düsseldorf ZfIR 1999, 286). Das Erfordernis der Zustimmung des Verwalters kann die Entscheidung der WEer/TeilEer ersetzen (so KG ZfIR 1998, 724), neben einen Mehrheitsbeschluß treten (so Düsseldorf NJW-RR 1997, 1103) oder als zusätzliches Erfordernis neben die Zustimmung der beeinträchtigten WEer/TeilEer treten (so BayObLG ZfIR 2000, 717). Eine Erleichte-

rung gegenüber den gesetzlichen Voraussetzungen bedarf eines sachlichen Grundes (KG ZWE 2000, 220). Ist § 22 I abbedungen, so bleiben gleichwohl die Vorschriften des Privatrechts und öffentlichen Rechts insbes des Nachbarrechts hinsichtlich baulicher Maßnahmen anwendbar (BayObLG NJW-RR 1997, 269; ZWE 2000, 175; 2001, 152; ZfIR 2001, 484; BayObLG 2001, 41); allerdings kann nur die Einhaltung drittschützender Normen verlangt werden (BayObLG NJW-RR 1997, 269). Zur Abbedingung von Abs II s Rz 6.

Beispiele, wobei „ja" bedeutet, daß Zustimmungspflicht gem § 22 I S 1 angenommen wird (dh Einstimmigkeitserfordernis), bei „nein" wird sie abgelehnt (§ 22 I S 2; vgl auch Riecke/Schütt MDR 1999, 837; Niedenführ NZM 2001, 1105; Schuschke ZWE 2000, 146): **Absperrpfähle** für Einstellplätze **(ja)** (BayObLG DWE 1982, 133); **Antenne** für Amateurfunk **(ja)** (Celle DWE 1983, 33; BayObLG NJW-RR 1987, 202), für Mobilfunknetz **(ja)** (Saarbrücken ZMR 1998, 310; Schleswig NZM 2001, 1035; Hamm NJW 2002, 1730), anders für Fernsehempfang ausländ Programme (vgl § 10 Rz 9); **Aufstockung** eines Gebäudes (BayObLG GE 2001, 856) **(ja)**; **Balkonverglasung** (Zweibrücken NJW-RR 1987, 1358; BayObLG NJW-RR 1987, 1357; NJW 1995, 202; Köln OLGRp 2003, 147; Frankfurt ZMR 1994, 381; vgl auch BayObLG WE 1990, 71 – Loggia) **(ja)**; bei nur farblicher Abweichung, wenn im übrigen zugelassen (Frankfurt OLGZ 1985, 48) **(nein)**; **Balkonabtrennung** Beseitigung (BayObLG GE 2001, 775) **(ja)**; Baulastübernahme (Hamm MittRhNotK 1991, 11) **(ja)**; **Baumfällen** bei Veränderung des optischen Gesamteindrucks **(ja)**, sonst nicht (Düsseldorf NZM 2003, 980); **Boden/Dachgeschoß/Speicherausbau** (BayObLG WE 1990, 70; NJW-RR 1994, 82; ZMR 1997, 89; ZWE 2000, 467, vgl auch Armbrüster ZWE 2001, 85 u § 10 Rz 9) **(ja)**; **Dachfenster** (BayObLG ZMR 1983, 35; Köln ZWE 2000, 546) wegen mögl Zweckänderung **(ja)** (abw Frankfurt NZM 1998, 962; LG Bremen WuM 1998, 116), ebenso bei Sonnenkollektoren (BayObLG NJW-RR 2000, 1179; Düsseldorf ZWE 2002, 88); **Dachgarten** (Köln NZM 1999, 1103) **(ja)**; **Einbruchschutzgitter** (KG OLGZ 1994, 391; ZfIR 2001, 303; Zweibrücken ZWE 2000, 283) **(nein)**; **Enthärtungsanlagen** (BayObLG MDR 1984, 406) **(ja)**; **Entlüftungsanlage** (Köln NZM 2000, 297) **(ja)**; **Garagensprechanlage** (BayObLG NZM 1998, 522) **(ja)**; **Garagentor** (Rolltor) (Köln NZM 1999, 865) **(ja)**; **Garderobe im Treppenhaus** (BayObLG NZM 1998, 336) **(ja)**; **Gartenumgestaltung** (soweit nicht lediglich Fertigstellung der Baumaßnahme): Balkonanbau mit Stützen (Düsseldorf ZWE 2001, 224; Köln ZWE 2000, 486) **(ja)**; Baumanpflanzungen bei starkem Wuchs (KG NJW-RR 1987, 1369) **(ja)**; Gartentor (BGH NJW 1979, 817) **(ja)**; Gartenhaus (Köln NZM 1997, 1020; 1998, 864; BayObLG NZM 2001, 956; offen nach BayObLG ZMR 2000, 117) **(ja)**; Geräteschuppen (KG Rpfleger 1977, 314; Frankfurt DWE 1986, 60; BayObLG NJW-RR 1988, 591; WE 1990, 177) **(ja)**; Grenzzaun (bei großer Anlage) (BayObLG Rpfleger 1982, 219; NJW-RR 1991, 1362) **(nein)**; Pergola (BayObLG ZWE 2001, 270) (Einzelfall); Platten (Garten) (BayObLG WEZ 1988, 425; Stuttgart WEM 1980, 75) **(ja)**, differenzierend und **(nein)**, wenn erforderlich zur Gartennutzung (BayObLG NJW-RR 1990, 82); Sandkasten (LG Paderborn WuM 1994, 104) **(ja)**; Sichtschutzmatte (BayObLG NZM 2000, 678) **(ja)**; Schwimmbecken (BayObLG ZMR 1999, 580) **(ja)**; Spielplatz (LG Mannheim ZMR 1976, 51) **(ja)**; Steingarten bei Hang (BayObLG ZWE 2001, 109) **(ja)**; Terrasse (KG OLGZ 1971, 492); Treppe (Karlsruhe NJW-RR 1999, 36); Überdachung (Köln WE 1990, 172) **(ja)**, Baumfällen ohne Ersatzpflanzung oder mit Änderung des Erscheinungsbildes der Anlage **(ja)** (LG Frankfurt NJW-RR 1990, 24; Düsseldorf ZMR 1994, 376); anders bei fehlender Standsicherheit (Köln NZM 1999, 623; NZM 2000, 1021; weitergehend BayObLG WuM 2001, 299 auch bei Vielzahl von Bäumen); **Instandhaltung/Instandsetzung** gem § 21 V Nr 2 grds keine „bauliche Veränderung" gem § 22 I S 1, sofern nicht Eingriff über §§ 21 V Nr 2, 15 II hinausgeht, wie insbes bei „modernisierenden" Maßnahmen zu prüfen (vgl § 21 Rz 6 u Drabeck ZWE 2001, 470; Gottschalg NZM 2001, 729). Möglich ist, daß sich eine Sanierungsmaßnahme zwar einerseits als – auch nach § 14 belastende – bauliche Veränderung darstellt, sie andererseits aber zum Erhalt des Gebäudes notwendig ist und die Wertgrenze des Abs II nicht überschreitet; in diesem Falle ist zwar kein Mehrheitsbeschluß möglich, es kann aber ein Zustimmungsanspruch gegen die Betroffenen MitEer bestehen (vgl KG NJW-RR 1989, 463; BayObLG 1990, 28f; für Vorsorgemaßnahmen (BayObLG NJW-RR 1991, 976). Einzelfälle: Balkonsanierung (Frankfurt OLGZ 1984, 148) **(nein)**; Baumängelbeseitigung (BayObLG NJW-RR 1989, 1293) **(ja)**; Farbanstrich (KG NJW-RR 1993, 1104) **(nein)**; Fensteraustausch (Köln OLGRp 2003, 163; vgl auch Köln ZfIR 2003, 485) **(ja)**; Flachdachsanierung (BayObLG NZM 1998, 338; KG NJW-RR 1994, 528) **(nein)**; Heizungserneuerung (Hamm OLGZ 1982, 266; BayObLG NJW 1981, 690 – Rauchgasklappe; KG NJW-RR 1994, 278) **(nein)**, anders bei Energieumstellung (BayObLG WEZ 1987, 84; Düsseldorf FGPrax 1998, 49; offen BayObLG WuM 2000, 148 – Gaszentralheizung statt Einzelöfen); Thermohaus (BayObLG DWE 1984, 89) **(nein)**; verbesserter Schallschutz (BayObLG NJW 1981, 251) **(nein)**; Wärmedämmung (Frankfurt OLGZ 1984, 129) **(nein)**; Fensteränderung (Sprossen) (Frankfurt Rpfleger 1983, 62) u Einzelfenster in Fenster-Tür-Kombination (BayObLG WuM 1994, 564) **(ja)**; Kunststofffenster (BayObLG DWE 1991, 33; Köln NZM 1998, 821; ZMR 1998, 49) **(nein)**; Drehkippfenster (Köln NZM 1999, 263) **(ja)**; Fenster statt Glasbausteine (BayObLG NZM 1998, 399) **(ja)**; Terrassentür statt Fenster (Düsseldorf ZfIR 1999, 382) **(nein)**; Tür statt Fenster (BayObLG ZMR 1993, 534) **(ja)**; **Gestaltungsänderung** (insbes Fassade): str ist, ob jede wesentliche optische Veränderung der Zustimmung bedarf (Zweibrücken NJW-RR 1987, 1358), nur nachteilig Änderungen (Schleswig ZfIR 1999, 765; BayObLG ZMR 1987, 1360; NJW-RR 1988, 588; WuM 1994, 565) oder nur solche, die die Bausubstanz berühren (abl Köln ZMR 2000, 58); entscheidend wohl optischer Gesamteindruck der Anlage (vgl BGH NJW 1979, 817; BGH 117, 392; Düsseldorf ZMR 1999, 582; Hamburg ZMR 1998, 797; Zweibrücken NZM 1998, 376; ZWE 2000, 93; BayObLG ZfIR 1999, 283 – nicht sichtbarer Schuppen; Zweibrücken ZfIR 2003, 42); **Kabelfernsehen**: Der einzelne WEer ist nicht gem § 14 belastet, wenn die alte Anlage erhalten bleibt und kein Anschlußzwang an das Breitbandkabel besteht **(nein)** (vgl Celle NJW-RR 1986, 1271; KG WE 1992, 109). Besteht Anschlußzwang, ergibt sich Betroffenheit aus zusätzl interner Kostenpflicht des WEers **(ja)** (Oldenburg MDR 1989, 823; BayObLG NJW-RR 1990, 330; ZfIR 1999, 198). Allerdings müssen auch Mehrkosten ggf hingenommen werden, wenn die alte Anlage erneuerungsbedürftig ist und sich Breitbandanschluß nach Interessenabwägung als gerechtfertigte „modernisierende Instandsetzung" darstellt (Karlsruhe NJW-RR 1989, 1041; Hamburg NJW-RR 1991, 1119;

BayObLG WE 1991, 161) **(nein)**, aber evtl Einschränkung wegen Informationsfreiheit (vgl § 10 Rz 9). Soweit die Zustimmung zum Kabelanschluß verweigert werden darf, gilt § 16 III. Gleiches gilt für Ersetzung des Kabels durch eine Satelitenempfangsanlage (BayObLG NZM 2000, 679); baurechtlich vorgeschriebener Kinderspielplatz (BayObLG NZM 1998, 817) **(nein)**; Markise am Laden (KG NJW-RR 1995, 587) **(ja)**; **Katzennetz (ja**, offen BayObLG ZfIR 2003, 959); **Markise** wegen Gesamteindruckes (Frankfurt OLGZ 1986, 42; offen BayObLG NJW-RR 1996, 266) **(ja)**; **Müllbehälter u Verlegung** (Hamburg MDR 1977, 230; Karlsruhe WEM 1978, 120) **(ja)**; Veränderung von Grünflächen (Zweibrücken NJW-RR 1987, 1359) **(ja)**; **Parkplatz** bei Neuanlge in GemeinschaftsE (Köln OLGZ 1978, 287; Frankfurt OLGZ 1980, 78; vgl auch Frankfurt WEZ 1987, 40) **(ja)**, str für Sperrbügel (Frankfurt OLGZ 1992, 437; Schleswig ZfIR 1997, 100; LG Hamburg ZMR 2001, 394); Grenzzaun zwischen Stellflächen bei Doppelgarage (BayObLG NJW-RR 1991, 722) **(ja)**, lediglich Markierungen (Karlsruhe MDR 1978, 495) **(nein)**; **Pflasterung** statt Grünfläche (Hamburg ZMR 2001, 382 und wohl auch KG ZfIR 2003, 792, aA LG Wuppertal ZMR 2001, 483) **(ja)**; **Photovoltaikanlage** (BayObLG MDR 2002, 148) (Einzelfall); **Rollädenkästen** (Düsseldorf NJW-RR 1995, 1418; ZWE 2000, 279; 2001, 34) **(ja)**; **Umbauten/Zubauten** fallen regelmäßig unter § 22 I S 1 **(ja)**, insbes Spitzbodenausbau (vgl BGH ZfIR 2001, 563; ZfIR 2001, 1016; BayObLG Rpfleger 1984, 409; Hamburg MDR 1985, 501; BayObLG NJW-RR 1987, 204; NJW 2002, 71; bei Mauerdurchbruch von GemeinschaftsE grds **(ja)**, Ausnahme, wenn kein wesentlicher Eingriff in Substanz (Stabilität und Brandsicherheit, vgl BGH DNotZ 2002, 127; BayObLG 2000, 252; ZfIR 2001, 142; Celle ZWE 2002, 533); **Stillegung** zB Gasleitung (BayObLG Rpfleger 1976, 291); Fahrstuhl (AG München ZMR 1976, 32); Plattenweg (BayObLG ZMR 1995, 495); Grillplatz (BayObLG ZWE 2001, 545) **(ja)**; **Videoüberwachung** (AG Frankfurt NJW-RR 2003, 158; Huff NZM 2002, 89, 91) **(ja)**; **Wäschespinne** (Zweibrücken ZWE 2000, 95, aA BayObLGR 1993, 43) **(nein)**; **Wintergarten** (Köln MDR 1996, 1235; BayObLG ZWE 2002, 127; Karlsruhe ZMR 2001, 224; vgl auch Düsseldorf FGPrax 1995, 102) **(ja)**; **Werbung** (vgl BayObLG ZWE 2001, 67 u § 10 Rz 9).

23 *Wohnungseigentümerversammlung*
(1) Angelegenheiten, über die nach diesem Gesetz oder nach einer Vereinbarung der Wohnungseigentümer die Wohnungseigentümer durch Beschluß entscheiden können, werden durch Beschlußfassung in einer Versammlung der Wohnungseigentümer geordnet.
(2) Zur Gültigkeit eines Beschlusses ist erforderlich, daß der Gegenstand bei der Einberufung bezeichnet ist.
(3) Auch ohne Versammlung ist ein Beschluß gültig, wenn alle Wohnungseigentümer ihre Zustimmung zu diesem Beschluß schriftlich erklären.
(4) Ein Beschluß ist nur ungültig, wenn er gemäß § 43 Abs. 1 Nr. 4 für ungültig erklärt ist. Der Antrag auf eine solche Entscheidung kann nur binnen eines Monats seit der Beschlußfassung gestellt werden, es sei denn, daß der Beschluß gegen eine Rechtsvorschrift verstößt, auf deren Einhaltung rechtswirksam nicht verzichtet werden kann.

1 1. **Regelungssystematik.** Die formale Behandlung der WEerVersammlung (§§ 23–25) entspricht dem Recht des eingetragenen Vereins. Mehrheitsbeschluß ist nur in einer Versammlung der WEer möglich; mündliche, schriftliche oder konkludente Zustimmung außerhalb einer Versammlung genügt dafür nicht. Beschluß außer Versammlung verlangt demgegenüber (grundsätzlich) schriftlich erklärte Einstimmigkeit. Abs I und III meinen die Gesamtheit der stimmberechtigten (!) WEer. Abs I ist nicht abdingbar. **Einmann-Beschluß** bei Abwesenheit eines WEer/TeilEer (anders bei Alleineigentümer) ist möglich; Stimmabgabe dann keine empfangsbedürftige Willenserklärung, aber Kundgabe erforderlich (Frankfurt ZMR 1986, 40; LG Frankfurt ZMR 1989, 351; BayObLG 1995, 407). Aber kein „Ein-Mann-Beschluß" vor Entstehen der Eigentümergemeinschaft (BayObLG NZM 2003, 317). Auslegung von Beschlüssen ist Sache des Tatrichters (BayObLG WE 1990, 28; NJWE-MietR 1997, 13); sie erfolgt „aus sich heraus" objektiv (BayObLG WuM 1994, 562; ZMR 2000, 115). Umstände außerhalb des Protokolles dürfen nur ausnahmsweise herangezogen werden, wenn sie für jedermann erkennbar sind (LG Hamburg ZMR 2001, 480, teilw abw BayObLG NJW-RR 1990, 210). Ein Beschluß muß ferner ein Mindesmaß an inhaltlicher Bestimmtheit einhalten (BayObLG WuM 1993, 707; 1999, 179; Hamburg ZMR 2001, 725).

2 2. **Beschlußfassung. a)** Eigentümerbeschluß setzt gleich gerichtete Willenserklärungen in Form eines **Gesamtaktes** voraus (BayObLG ZfIR 2000, 45, vgl zu Müller ZWE 2000, 237). Er unterliegt allgemeinen rechtsgeschäftlichen Regeln (Zugang, Anfechtbarkeit usw; vgl BayObLG ZfIR 2002, 213). Widerruf der Einzelerklärung jedenfalls bis Abgabe der letzten Stimme möglich (BayObLG 1971, 313), da bis dahin Abstimmungsvorgang noch nicht beendet ist (str, BayObLG NJW-RR 2000, 1036: bis zum Abschluß der Auszählung). Beschlußfeststellung und Bekanntgabe sind Voraussetzung für das Zustandekommen (BGH 148, 335 = ZfIR 2001, 835; KG ZWE 2002, 471; Deckert in FS Seuß 1985 S 101, 105; ders ZMR 2003, 153; Hadding ZWE 2001, 179, 184; Rau ZMR 2000, 119, 120; Wenzel ZWE 2000, 382, 384, aA noch BayObLG NZM 1999, 917; 1999, 712; ZWE 2001, 267; ZMR 2001, 365; Becker/Gregor ZWE 2001, 245; vgl Armbrüster ZWE 2001, 527; Müller NZM 2003, 222; Schmidt ZfIR 2001, 791; vgl § 25 Rz 10). **Nichtbeschluß** (auch: „Scheinbeschluß") ist bes Form des nichtigen Beschlusses; er liegt vor, wenn elementare formale Beschlußvoraussetzungen fehlen, zB Beschluß außerhalb Versammlung („Spontanversammlung"), Mehrheitseigentümer entscheidet ohne Versammlung, nicht ausreichende Stimmzahl (BayObLG WuM 1997, 344), Beschlußfassung vor Entstehen der Eigentümergemeinschaft (BayObLG NZM 2003, 317), fehlender Rechtsfolgewille (BayObLG NJW-RR 1987, 1364; NJW-RR 1987, 402). Abgrenzungsprobleme bestehen bei „absoluter Unzuständigkeit" (vgl Hamm WE 1990, 99). Davon zu unterscheiden ist Ablehnung eines Beschlußantrags **(Negativbeschluß)**; diese hat Beschlußqualität (BGH 148, 335 = ZWE 2001, 530; BayObLG ZfIR 2002, 390; aA BayObLG ZfIR 1997, 36 u 2001, 1006). Kein Nichtbeschluß (sondern anfechtbar) bei fehlerhafter Beschlußfeststellung des Versammlungsleiters, zB Beschluß gefaßt (LG Köln NJW-RR 1991, 214) oder Ablehnung statt Annahme (Köln ZfIR 2001, 663), sofern im übrigen ordnungsgem Beschlußablauf (vgl auch KG NJW-RR 1991, 213).

b) Abs II u III enthalten **formale Voraussetzungen** für Beschlußfassung. Der inhaltliche Rahmen ist durch Abs I, § 15 II vorgegeben. Insgesamt sind damit die Kriterien der Anfechtbarkeit (Abs IV) bestimmt. Anfechtung entfällt nur dann, wenn **gar kein Beschluß** vorliegt oder ein Beschluß **nichtig** ist; Berufung darauf unbefristet zulässig. Ob Beschluß (nur) anfechtbar („ungültig") oder nichtig, ist Frage des materiellen Rechts und abhängig vom Schutzzweck der Norm, gegen die verstoßen worden ist (Abs IV 2; vgl Rz 5. **aa) Tagesordnung** der Versammlung ist erforderlich, damit WEer/TeilEer über Teilnahme entscheiden und sich ggf vorbereiten kann (BayObLG MDR 1982, 939; WE 1988, 67). Aus berechtigtem Informationsbedürfnis ergibt sich der Grad der erforderlichen Konkretisierung des Gegenstandes der Beschlußfassung. Der Beschlußgegenstand muß bestimmt bezeichnet werden. Für den einzelnen WEer muß aufgrund der Bezeichnung des Gegenstandes bei der Einberufung erkennbar sein, welche Folgen sein Nichterscheinen haben kann (BayObLG MDR 1985, 412; Düsseldorf NZM 2001, 540). Dies gilt insbesondere bei einer Entziehung eines WE/TeilE (Düsseldorf ZfIR 1998, 96). Nicht erforderlich ist, daß das Einladungsschreiben bereits alle Einzelheiten enthält; insbesondere kann nicht verlangt werden, daß sich daraus das mögliche Beratungsergebnis und dessen Rechtsfolgen entnehmen lassen müssen (Stuttgart NJW 1974, 2137). Bei der Beschlußfassung über einen Verwalterwechsel („Wahl eines Verwalters") muß zB Name des Bewerbers nicht genannt werden (Celle ZWE 2002, 476) und muß jeder WEer ohne weiteres damit rechnen, daß auch über die Bedingungen des Vertrages mit dem neuen Verwalter und damit auch über Änderungen des bisherigen Verwaltervertrages beraten und entschieden werden kann (BayObLG 1981, 220, 226; ZMR 2000, 858; auch BayObLG MDR 1982, 939). „Wirtschaftsplan" deckt auch Beschluß über Instandhaltungsrücklage (BayObLG ZWE 2001, 68), nicht jedoch über Wohngeldfälligkeit bei Zahlungsverzug (Köln NZM 2002, 169). Vorlage und Genehmigung der Hausgeldabrechnung umfaßt auch die Entlastung des Verwalters (BayObLG ZMR 1995, 41; vgl aber § 28 Rz 7). Haftung eines WEer für Schäden beinhaltet auch die Ermächtigung zur Geltendmachung (BayObLG GE 1997, 121). „Erklärungen zum Verwaltervertrag (Haftung)" genügt für Beschluß über Einschränkung der Verwalterhaftung (BayObLG ZfIR 2003, 218). Da die WEer zu jedem Tagesordnungspunkt mit einer Beschlußfassung rechnen müssen, ist ein dahingehender Hinweis nicht erforderlich (Frankfurt OLGZ 1980, 418; BayObLG NZM 1999, 175; Köln ZfIR 2003, 484). Unter „Verschiedenes" dürfen nur untergeordnete (Ordnungs-)Fragen behandelt und auch beschlossen werden (BayObLG NJW-RR 1990, 784; Düsseldorf NJWE 1997, 85; Köln ZMR 1998, 372); die Rechtsstellung der WEer (§§ 13, 14) darf nicht tangiert werden; anders ist dies nur, wenn ein best Gegenstand genannt wird (BayObLG NZM 1998, 978). Auf Geschäftsordnungsfragen (zB Wahl des Versammlungsleiters (BayObLG NJW 1965, 821; vgl Bub WE 1987, 68) bezieht sich Abs II nicht. Verwalter muß rechtzeitig gestellte Anträge in die Tagesordnung aufnehmen; Information unter Beachtung der Ladungsfrist muß möglich sein (LG Bremen WuM 1998, 239; vgl Düsseldorf WuM 1994, 717). Abs II ist **dispositiv** (BGH WM 1983, 1412; BayObLG WE 1988, 67; Hamm Rpfleger 1979, 342); Verstoß begründet (nur) Anfechtbarkeit (BayObLG Rpfleger 1982, 100).

bb) Die Möglichkeit der **schriftlichen Abstimmung (Abs III)** entspricht § 32 BGB (Schmidt ZWE 2000, 155 u 254). Schriftform wird ersetzt durch notarielle Beurkundung (§ 126 IV BGB), gerichtlichen Vergleich (§ 127a BGB) und die elektronische Form (§ 126a BGB). Telegrafische Zustimmung und per Telefax genügen (str, Müller Rz 405). Aus Gesichtspunkt des Minderheitenschutzes (vgl Soergel/Stürner Rz 5a) ist Zustimmung aller WEer auch insoweit notwendig, als eine Versammlung mit Mehrheit beschließen könnte; zwingend, soweit die Abstimmung aller stimmberechtigten WEer gefordert wird (BayObLGZ 1981, 384; auch Hamm Rpfleger 1978, 319; aA Kümmel ZWE 2000, 62), abdingbar in bezug auf den Modus der schriftlichen Abstimmung (ebenso Müller Rz 407). Statthaft ist teils in der WEer-Versammlung, teils gem Abs III abzustimmen (ebenso KG WEZ 1988, 452). Ein Formkonflikt ergibt sich daraus, daß Vereinbarung (§ 10 II) auch formlos gültig ist; es ist darauf abzustellen, was inhaltlich gewollt ist (Beschluß/Vereinbarung). Weiter besteht die Möglichkeit, durch allseitiges Einvernehmen auf Fehlerfolge zu verzichten. **Zweitbeschluß** kann Fehler heilen (vgl § 43 Rz 7). Beschluß nach Abs III ist gefaßt mit Eingang der letzten Stimme beim Verwalter. **Nachweis** allseitiger Zustimmung bei Verwalterbestellung nicht nach § 26 IV, sondern durch Nachweis sämtlicher Einzelerklärungen entspr § 29 I GBO (BayObLG NJW-RR 1986, 565).

3. Ungültigerklärung/Nichtigkeit (Abs IV). a) Abs IV S 1 enthält für **fehlerhafte** Beschlüsse einen generellen **Feststellungsvorbehalt** durch das **WE-Gericht** (§ 43 I Nr 4). Die Regelung ist entgegen der hM im Kern zwingend (aA Merle in Bärmann/Pick/Merle Rz 215; Weitnauer/Lüke Rz 23; Soergel/Stürner Rz 1; RGRK/Augustin Rz 1), dispositiv sind nach der hier vertretenen Auffassung nur Form- und Verfahrensfragen, nicht jedoch der gerichtliche (auch schiedsgerichtliche) Feststellungsvorbehalt, die Anfechtbarkeit und ihre Ersetzung durch eine automatische Nichtigkeit und die Anfechtungsfrist. Die Vorschrift dient der Rechtssicherheit unter den WEern (Hamm OLGZ 1985, 147; BayObLG 1984, 213). Fehler sollen grundsätzlich alsbald (Monatsfrist!) geltend gemacht und vom Gericht festgestellt werden (vgl § 43 I Nr 4); geschieht dies nicht, kann auf die Gültigkeit des Beschlusses vertraut werden (BayObLG Rpfleger 1984, 428).

b) Nichtige Beschlüsse. Anders ist dies bei einem Verstoß gegen zwingende Rechtsnormen oder die guten Sitten (Köln NZM 1999, 273; ZfIR 1999, 932; vgl auch Düsseldorf NJW-RR 1996, 210), der den **Beschluß nichtig** macht (Abs IV S 2). Nichtige Beschlüsse sind einerseits von Nichtbeschlüssen (Rz 1) u andererseits von (nur) fehlerhaften zu unterscheiden. Nichtigkeit bedeutet, daß der Beschluß von Anfang an keine Rechtswirksamkeit erlangt; einer Ungültigkeitserklärung bedarf es nicht. Sie ist aber zur Vermeidung des Rechtsscheins (deklaratorisch) möglich (Hamm OLGZ 1979, 296). Berufung auf Nichtigkeit in anderen Verfahren erfordert keine Feststellung nach § 43 (BGH JZ 1989, 797; BayObLG NJW-RR 1989, 526). Ist Gültigkeit rechtskräftig bejaht oder verneint, so findet § 45 II Anwendung (BayObLG 1980, 29). **Nichtigkeit** gegeben, wenn Vertrauen auf Beschluß nicht schutzwert erscheint. Der Grund kann in Verstoß gegen formelle und materielle Vorschriften liegen: Beschluß ist nicht vollziehbar, da zu unbestimmt u widersprüchlich (BayObLG WE 1991, 50; LG Hamburg ZMR 2001, 480); mangelnde Regelungskompetenz (BGH 145, 158; BayObLG NJW-RR 1987, 329; Köln NZM 1999, 846; ZfIR 2001, 749; Frankfurt NZM 2001, 1136; Düsseldorf NZM 2001, 238); Sittenverstoß (§ 138 BGB, zB Düsseldorf ZMR 1984, 161); völliges Übermaß (Hamm NJW 1981, 465); Fehlen jeglicher Beschlußgrundlage (Hamm WE 1991, 108; BayObLG NJW-RR 1991, 402). Ob verletzte **Norm „zwingend"** ist, ist nach dem Schutzinteresse der WEer zu beurteilen. Mehrheitsbeschlüsse über bauliche Veränderungen, die das in § 14 Nr 1 WEG bestimmte Maß überschreiten, sowie in Angelegenheiten, welche die Regelung des Gebrauchs (§ 15), der Verwaltung (§ 21) und der Instandhaltung oder Instandsetzung des gem Eigentums (§ 22) betreffen, aber nicht mehr eine „ordnungsgemäße" Maßnahme zum Inhalt haben, sind nur anfechtbar, nicht nichtig (BGH 145, 158; BayObLG ZWE 2001, 267; 2001, 370). Dies gilt auch bei einer rechtsmißbräuchlichen Ausnutzung der Stimmenmehrheit (BayObLG WuM 1994, 570; Düsseldorf NJW-RR 1995, 464) u bei Beschlußunfähigkeit (BayObLG WuM 1993, 488; Düsseldorf NJW-RR 1995, 464). Maßgeblich für die Prüfung der Nichtigkeit ist der Zeitpunkt der Beschlußfassung (BayObLG NZM 1999, 1012).

7 c) **Anfechtbarkeit** bei Verstoß gegen nicht zwingende Vorschriften. Beispiele: Einberufungsmängel (BayObLG NZM 1998, 634; ZWE 2001, 593; LG Wuppertal ZMR 2001, 150; Fischer ZfIR 2000, 325; Gottschalg NZM 1999, 825; Habetha DZWiR 1996, 447), zB Verstoß gegen § 23 II (BayObLG Rpfleger 1982, 100), Einberufung durch Nichtberechtigten (Frankfurt OLGZ 1985, 142; BayObLG WEM 1981, 36; WuM 1994, 227 u 229; ZfIR 1999, 200; AG Hamburg ZMR 2001, 486); fehlende Datumsangabe (AG Hamburg ZMR 2001, 486); fehlende Einladung (BGH 142, 290; BayObLG ZMR 1998, 508; Düsseldorf NJW-RR 1995, 464; KG ZfIR 1997, 223); Abweichung des Protokolls vom Beschlußinhalt (Frankfurt OLGZ 1984, 257; Hamm OLGZ 1985, 147); Ausschluß eines WEer/TeilEer (Köln WuM 1998, 176); § 25 (Fehler bei Stimmenzählung, Hamm OLGZ 1979, 296) oder gegen vereinbarte Form (Hamm OLGZ 1985, 147; Oldenburg ZMR 1985, 30; BayObLG DWE 1984, 125; KG ZMR 1993, 532). **Beschlußaufhebung** hat über Rechtsverletzung hinaus zur Voraussetzung daß Fehler für Rechtsverletzung ursächlich ist (vgl Düsseldorf ZfIR 1998, 96; Hamm NZM 1998, 875; KG NJW-RR 1997, 1171). Einberufungsmangel nicht kausal, wenn sämtliche WEer/TeilEer anwesend sind und mitabstimmen (BayObLG ZMR 1997, 93; teilw abw LG Berlin ZMR 2001, 738). Ebenso, wenn feststeht, daß Beschlüsse ohne den Einberufungsmangel ebenso gefaßt worden wären (BayObLG NZM 1990, 130; ZfIR 1999, 762; NZM 1999, 865; Düsseldorf ZMR 1997, 91; Karlsruhe NZM 1998, 768; LG Berlin ZMR 2001, 146); bei unterbliebener Einladung nur dann, wenn Beschlüsse unter Berücksichtigung von Einwänden nicht anders gefaßt worden wären, da ordnungsgemäßer Verwaltung entsprechend (Köln NZM 2001, 1141; BayObLG ZMR 1998, 508; zu weitgehend Köln NZM 1998, 920 bei Einberufung durch zurückgetretenen Verwalter). Die Anfechtung eines **Negativbeschlusses**, durch den ein Antrag abgelehnt wird (dh keine Mehrheit findet), ist möglich (BGH 148, 335 = ZfIR 2001, 835; Düsseldorf ZfIR 2002, 393; Hadding ZWE 2001, 179; anders noch BayObLG NZM 1998, 917; NZM 2000, 115; NZM 2001, 1040; Düsseldorf ZWE 2000, 279; Hamm ZMR 1995, 173); eine Umdeutung in einem Verpflichtungsantrag ist daher nicht notwendig (anders noch Zweibrücken NZM 1999, 849; Schleswig ZfIR 1999, 378). Ein Beschluß über reine **Verfahrensfragen** („GeschäftsO") kann nicht selbständig angefochten werden (BayObLG NJW-RR 1987, 1363; ZWE 2002, 463, 465; Wangemann/Drasdo Rz 165).

8 e) Eine „überholende" Kontrollproblematik ergibt sich, wenn ein inhaltlich „überlagernder Beschluß" (**Zweitbeschluß**) gefaßt wird, jedoch nur, soweit wirklich gleichen Inhaltes. Zweitbeschluß kann lediglich verstärkend, dh bestätigend auch einen eigenen Regelungsinhalt wirken (BayObLG ZfIR 2002, 51, 52), aber auch novatorisch; dann hebt Zweitbeschluß stillschweigend den Erstbeschluß auf (BayObLG 1988, 54). Im Zweifel genießt Zweitbeschluß Vorrang (BayObLG NJW 1981, 690; BayObLG 1988, 54, 57); Stuttgart ZWE 2001, 454). Das gilt für anfechtbare und nichtige Beschlüsse gleichermaßen. Die mehrheitliche „Bestätigung" eines angefochtenen Beschlusses durch die WE-Versammlung berührt das Anfechtungsverfahren jedoch solange nicht, als auch der bestätigende Beschluß angefochten und darüber nicht entschieden ist (BayObLG WE 1990, 174; Düsseldorf ZfIR 1998, 96). Wird der bestätigende Beschluß bestandskräftig, ist das Verfahren über den Erstbeschluß in der Hauptsache erledigt (Düsseldorf NZM 1999, 579). Anfechtung eines novatorischen Zweitbeschlusses läßt auch Aufhebung des Erstbeschlusses entfallen (BGH 127, 99). Verfahren auch bei nichtigem Beschluß nach § 43 möglich (vgl Frankfurt NJW-RR 1988, 139).

9 f) Die **Frist zur Anfechtung** (1 Monat) beginnt mit der Beschlußfassung (BayObLG DWE 1983, 126; vgl Riecke/v Rechenberg MDR 1997, 518), dh mit Bekanntgabe des Abstimmungsergebnisses in der WEer-Versammlung bzw bei Abs III mit dem Eingang der letzten Zustimmungserklärung beim Verwalter. Änderung durch Vereinbarung möglich, nach hM ist Frist jedoch nicht verlängerbar (BayObLG 1981, 21). Fristberechnung nach §§ 187 I, 188 II, 193 BGB (vgl BayObLG DWE 1982, 103). Bei Zweitbeschluß, der Erstbeschluß ersetzt oder bestätigt, beginnt neue Anfechtungsfrist zu laufen (BayObLG 1975, 284). Antrag nach Abs IV hat keinen Suspensiveffekt (BayObLG 1977, 226), bis zur rechtskräftigen Ungültigerklärung ist der Beschluß als wirksam zu behandeln und verbindlich (BayObLG ZWE 2000, 77); uU kann einstweilige Anordnung getroffen werden (§ 44 III). **Fristbeginn** wirkt objektiv, dh auch bei Nichtteilnahme an Versammlung und bei Unkenntnis des Beschlusses, auch gegenüber Rechtsnachfolger. Daher Pflicht des Verwalters, in Versammlung nicht erschienene bzw im Falle von Abs III alle WEer vom Inhalt gefaßter Beschlüsse unverzüglich zu unterrichten (vgl BayObLG NJW-RR 1989, 656; nach BayObLG 1972, 246 u KG ZfIR 1997, 157: mindestens eine Woche vor Fristablauf; aA Hamm NZM 1998, 971: keine Pflicht des Verwalters zur rechtzeitigen Übersendung der Protokolle). Frist ist durch Einreichung des Antrags gewahrt, auf Zustellung kommt es nicht an (str, vgl BGH NZM 1998, 954; Schleswig NJW-RR 2003, 951; Zweibrücken ZWE 2003, 279; Gottschalg NZM 2000, 273; Nies NZM 2000, 274). Bei schuldloser Fristversäumung aber **Wiedereinsetzung** (§ 22 II FGG) möglich (Hamm OLGZ 1985, 147; NZM 1998, 971; vgl Assmann ZWE

2001, 294). Beispiele sind unrichtige Auskünfte des Verwalters über einen Beschluß (BayObLG ZWE 2001, 267; BayObLG 2001, 196), Nichtübersendung des Protokolls trotz Ersuchens (Karlsruhe ZMR 1999, 512), nicht rechtzeitige Übersendung des Protokolls (KG ZfIR 1997, 157; NZM 2002, 168; aA aber unrichtig Düsseldorf NJW-RR 1995, 464, da Erkundigungen Protokoll nicht ersetzen) sowie keine Kenntnis von Versammlung und Beschlußinhalt (LG Berlin ZMR 2001, 738). Wiedereinsetzung kommt ferner in Betracht, wenn über einen Gegenstand beschlossen wurde, der in der Tagesordnung nicht angekündigt war (BayObLG NJW-RR 1989, 656). Im übrigen handelt es sich um eine materielle Ausschlußfrist (BayObLG NJW-RR 1990, 210, NJW-RR 1991, 976, NZM 1999, 36), und zwar für jeden selbständigen Beschlußpunkt und jeden WEer (KG OLGZ 1991, 306). Keine Wiedereinsetzung nach Ablauf der Jahresfrist des § 22 II S 3 FGG (BayObLG NZM 1999, 36; KG NZM 1999, 569). Nichtzahlung von Kostenvorschuß führt nicht zur Fristversäumung (Düsseldorf ZfIR 1998, 96; Köln ZMR 2001, 661; BayObLG NJW-RR 2001, 1233; jedenfalls nicht ohne Hinweis Schleswig NJW-RR 2003, 951 [952]). Anfechtungsantrag nach Fristablauf unbegründet. Nicht angefochtener Wiedereinsetzungsbeschluß kann vom Beschwerdegericht im Hauptsacheverfahren nur auf Rechtsfehler überprüft werden (BayObLG ZWE 2001, 211 u 267).

g) Die **Anfechtung** erfordert **ausdrückliche Erklärung** gegenüber dem Gericht (Celle WE 1989, 139); sie kann aber auch während eines schwebenden Verfahrens durch Prozeßantrag erklärt werden, wenn ein unmittelbarer Sachzusammenhang mit dem Streitgegenstand gegeben ist (KG WM 1972, 710). Teilanfechtung bzgl eines Beschlusses ist bei selbständigem Teil zulässig (BayObLG NZM 2000, 679); bei Anfechtung einzelner Beschlüsse kann sich aus beigefügtem Protokoll mit Randnotizen ergeben, worauf sich Anfechtung bezieht (Köln ZMR 1999, 727). Antrag muß nicht unterschrieben sein (BayObLG ZMR 1999, 349). Anfechtung von Beschlüssen einer nicht stattgefundenen Eigentümerversammlung ist gegenstandslos (BayObLG ZfIR 2001, 659). Antrag hinsichtlich eines nur scheinbar gefaßten Beschlusses kann auf Feststellung gerichtet sein, daß Beschluß mit bestimmten Inhalt nicht zustande gekommen ist (BayObLG 1999, 149). Mit Anfechtung kann Antrag auf Feststellung des wirklich gefaßten Beschlußinhalts verbunden werden (BayObLG NZM 2003, 444). **Vorratsanfechtung** aller Beschlüsse einer Versammlung und Beschränkung auf einzelne nach Übersendung des Protokolls ist zulässig (BayObLG NJW-RR 1995, 1166; ZWE 2001, 213; LG Mainz NZM 2000, 519; aA Köln NJW-RR 1996, 1481; NZM 1998, 970). Dagegen ist bei Vorliegen des Protokolls nach Ablauf der Monatsfrist eine „Antragsberichtigung" bei einem unbestimmten Antrag nicht mehr möglich (BayObLG WuM 1997, 700). Für Fristwahrung ist Antrag bei unzulässigem Gericht ausreichend (BGH 139, 305, so bereits BayObLG 1968, 233; 1998, 94; Hilbrandt NJW 1999, 3594). Verfahrensstandschaft bei Beschlußanfechtung ist innerhalb der Frist nachzuweisen (BayObLG DWE 1983, 30; Celle ZWE 2001, 34; KG NJW-RR 1995, 147). 10

h) Die **Anfechtungsbefugnis** steht jedem WEer zu. Sie besteht auch, wenn der Antragsteller dem Beschluß zugestimmt hat (KG MDR 1981, 407; Celle MDR 1985, 145; aA Stuttgart OLGZ 1976, 8). Ein an einem WE/TeilE in Bruchteilsgemeinschaft beteiligter WEer ist berechtigt, einen Eigentümerbeschluß allein anzufechten (BayObLG DWE 1982, 99; KG-NJW-RR 1994, 278). Fraglich, ob bei WEern in BGB-Gesellschaft grds nur Gesamtberechtigung und Ausnahme nur im Notfall (vgl BGH NJW 1989, 2996; BayObLG ZMR 1991, 74; Sauren WE 1992, 40); richtig wohl, jeder Gesellschafter allein; ebenso bei Erbengemeinschaft (BayObLG 1998, 127). Für den Antrag ist der Nachweis eines besonderen Rechtsschutzinteresses nicht erforderlich. Deshalb auch Beschlußanfechtung zulässig, wenn Antrag gegen „vernünftigen" Beschluß gerichtet (Köln NZM 2001, 288). Aber im Einzelfall kann Einwand des **Rechtsmißbrauchs** entgegenstehen, wenn WEer langen Zeitraum als Verwalter selbst gegen Gemeinschaftsordnung in gleicher Weise wie neuer Verwalter verstoßen hat (so BayObLG NJW-RR 1994, 338); aber wohl nur dann zutreffend, wenn WEer in Vergangenheit Vorteile aus nunmehr angegriffener Beschlußfassung gezogen hat. Verwirkung des Anfechtungsrechts bei jahrelanger Nichteinzahlung des Kostenvorschusses (Düsseldorf ZfIR 1997, 739; vgl AG Neuss MDR 1999, 220) oder jahrelangem Nichtbetreiben trotz Einzahlung des Kostenvorschusses (KG ZfIR 1997, 413; Düsseldorf ZWE 2001, 163). 11

i) Gerichtsbeschluß gem § 43 I Nr 4 hat **Kassationswirkung ex tunc**; die Rechtswirkungen werden durch die Anfechtung nichtig, so daß der anfechtbare Beschluß einem von Anfang an nichtigen durch die Gerichtsentscheidung gleichgestellt wird (vgl Frankfurt NJW-RR 1988, 139). Beschlußänderung setzt entsprechenden Antrag auf Regelung nach §§ 15 III, 21 IV voraus. Die Entscheidung wird mit Rechtskraft wirksam (§ 45 II). Rechtskraft wirkt auch gegenüber geschäftsunfähigem WEer (Stuttgart OLGZ 1985, 259). Bei teilweiser Ungültigkeit ist § 139 BGB entspr anzuwenden (BGH 139, 288; BayObLG DWE 1982, 31; BayObLG 1985, 171; ZMR 1999, 185). 12

24 *Einberufung, Vorsitz, Niederschrift*
(1) Die Versammlung der Wohnungseigentümer wird von dem Verwalter mindestens einmal im Jahre einberufen.
(2) Die Versammlung der Wohnungseigentümer muß von dem Verwalter in den durch Vereinbarung der Wohnungseigentümer bestimmten Fällen, im übrigen dann einberufen werden, wenn dies schriftlich unter Angabe des Zweckes und der Gründe von mehr als einem Viertel der Wohnungseigentümer verlangt wird.
(3) Fehlt ein Verwalter oder weigert er sich pflichtwidrig, die Versammlung der Wohnungseigentümer einzuberufen, so kann die Versammlung auch, falls ein Verwaltungsbeirat bestellt ist, von dessen Vorsitzenden oder seinem Vertreter einberufen werden.
(4) Die Einberufung erfolgt in Textform. Die Frist der Einberufung soll, sofern nicht ein Fall besonderer Dringlichkeit vorliegt, mindestens eine Woche betragen.
(5) Den Vorsitz in der Wohnungseigentümerversammlung führt, sofern diese nichts anderes beschließt, der Verwalter.

(6) Über die in der Versammlung gefaßten Beschlüsse ist eine Niederschrift aufzunehmen. Die Niederschrift ist von dem Vorsitzenden und einem Wohnungseigentümer und, falls ein Verwaltungsbeirat bestellt ist, auch von dessen Vorsitzenden oder seinem Vertreter zu unterschreiben. Jeder Wohnungseigentümer ist berechtigt, die Niederschriften einzusehen.

1 **1. Formalitäten der Versammlung.** § 24 regelt die Abwicklung der Versammlung. Es handelt sich grds um eine dispositive **Ordnungsvorschrift**, soweit nicht unabdingbar wie Abs II Alt 2, der dem Minderheitenschutz dient (vgl BayObLG 1972, 318; AG München Rpfleger 1975, 254). Abdingbarkeit unstr bei Abs III (vgl Häublein ZMR 2003, 233 [235]).

2 **2. Einberufung.** Grundsätzlich sind Versammlungen der WEer immer einzuberufen, wenn es eine ordnungsmäßige Verwaltung erfordert (Frankfurt OLGZ 1983, 29). Eine Pflicht zur Einberufung soll aber mindestens einmal im Jahr bestehen (Abs I; **ordentliche Versammlung**). Weitergehende Verpflichtung kann durch Vereinbarung/Teilungserklärung begründet werden (Abs II Alt 1); möglich ist auch ein kürzerer Turnus (zB halbjährlich, monatlich). Ein längerer Zeitraum als ein Jahr dürfte kaum einer ordnungsgemäßen Verwaltung entsprechen. Außerdem besteht gesetzliche Pflicht zur Einberufung, wenn dies schriftlich von mehr als einem Viertel der WEer verlangt wird (Abs II Alt 2). **Minderheitenquorum** berechnet sich nach hM nach Köpfen (entspr § 25 II S 1), auch wenn durch Vereinbarung ein anderes Stimmenverhältnis festgelegt wird (so zB Hamm MDR 1974, 138). Dem ist nicht uneingeschränkt zu folgen; bestimmt sich das Stimmrecht nach Miteigentumsanteilen, so muß zusätzlich zum Viertel nach Köpfen auch ein Viertel nach MitEAnteilen ein Einberufungsrecht haben. Dem gleichen Quorum steht auch das Recht zu, bestimmte Tagesordnungspunkte durchzusetzen (BayObLG DB 1988, 2454; LG Hamburg NJW 1962, 1876; abw Düsseldorf NJW-RR 1986, 96). Abbedingung und Erschwerung des Minderheitenschutzes (Erhöhung des Quorums) sind unzulässig (BayObLG NJW 1973, 151; RGRK/Augustin Rz 1; abw Soergel/Stürner Rz 3: Hälfte möglich); Erleichterung (zB ein Achtel, ein WEer/TeilEer etc) dagegen möglich. Verwalter muß bei formell zulässigem Verlangen einberufen; ein materielles Prüfungsrecht steht ihm nicht zu (Hamm WuM 2001, 461). Weigerung stellt wichtigen Grund für Abberufung dar (Düsseldorf ZfIR 1998, (367).

3 **3. Zuständigkeit** für die Einberufung der WEerVersammlung prinzipiell beim Verwalter (Abs I, II, III; vgl BayObLG WE 1988, 205; Celle MDR 2000, 1428; zur Einberufung durch abberufen Verwalter s BayObLG ZWE 2003, 95). Der Verwalter darf auch durch einen Bevollmächtigten handeln (LG Flensburg NJW-RR 1999, 596; vgl Bielefeld NZM 1999, 836). Fehlt Verwalter oder weigert dieser sich pflichtwidrig, schafft Abs III Erleichterung für den Fall, daß ein Beirat besteht; weil sich dann das Verfahren nach § 43 I Nr 2 (Verpflichtung des Verwalters zur Einberufung) bzw § 37 II BGB analog (Ermächtigung zur Einberufung) erübrigt. Ist kein Verwaltungsbeiratsvorsitzender bestellt worden, können alle Mitglieder des Beirats die Versammlung einberufen (Zweibrücken NZM 1999, 858; Köln ZWE 2000, 488). Weigerung des Verwalters ist nicht schon anzunehmen, wenn er Versammlung auf anderen Zeitpunkt verlegt (Hamm OLGZ 1981, 24). Eine spätere Ungültigkeitserklärung der Verwalterbestellung bleibt auf vorher vorgenommene Einberufung ohne Wirkung (BayObLG NJW-RR 1991, 531; Köln NZM 2001, 1141). Verwalter kann über § 43 I Nr 2 zur Einberufung angehalten werden, unbeschadet des praktikablen Weges über eine **analoge** Anwendung von **§ 37 II BGB** einen WEer ermächtigen zu lassen, die Versammlung einzuberufen (hM, vgl zB BayObLG WuM 1990, 320; Celle MDR 2000, 1428). Alternativ zu diesen Möglichkeiten kann Gericht auf Antrag **Notverwalter** bestellen (§ 26 III) und für WE-Versammlung gleichzeitig Vorsitzfrage regeln. Einzelne WEer sind nicht befugt, die Versammlung einzuberufen oder Tagesordnungspunkte anzukündigen (vgl KG NJW 1987, 386); Verstoß führt aber nicht zur Nichtigkeit eines gefaßten Beschlusses, sondern zur Anfechtbarkeit (BayObLG MDR 1982, 323; ZWE 2002, 360; Frankfurt OLGZ 1985, 142). Einberufung durch sämtliche WEer/TeilEer ist stets zulässig; Unterschrift aller auf den Einladungsschreiben ist in diesem Fall entbehrlich (Celle MDR 2000, 1428, 1429). Was für Einberufung der Versammlung überhaupt gilt, ist auch auf Festlegung der **Tagesordnung** und einzelner **Tagesordnungspunkte** anzuwenden. Im Rahmen des § 21 IV kann auch bestimmte Tagesordnung bzw die Aufnahme einzelner Tagesordnungspunkte erzwungen werden; Anspruch richtet sich gegen den Verwalter bzw Ladenden (vgl BayObLG WE 1998, 1; ZWE 2001, 538).

4 **4. Einberufungsschreiben/-frist. Einzuladen** sind grundsätzlich alle WEer bzw deren Vertreter bei der Stimmrechtsausübung. Nicht einzuladen sind die generell nicht stimmberechtigten WEer, dh diejenigen, die mangels Betroffenheit kein Stimmrecht haben (BayObLG DNotZ 1985, 414); einzuladen dagegen die WEer, deren Stimmrecht wegen Interessenkollision entfällt. Bei einer Mehrheit von Berechtigten sind alle einzuladen (BGH NJW 1973, 235); dies gilt auch bei Ehegatten u Lebenspartnern. Form der Einberufung ist **Textform** (§ 126b BGB); anders als bei der Schriftform (vgl noch Schleswig MDR 1997, 821) handelt es sich um eine unterschriftslose Erklärung. Ausreichend ist, wenn die Person des Erklärenden und der Abschluß der Erklärung erkennbar werden. Schriftform ersetzt Textform. In beiden Fällen ist Zugang (§ 130 BGB) erforderlich. **Ankündigung der Tagesordnung** dient dem Schutz der WEer/TeilEer; hinreichende Konkretisierung deshalb nötig (vgl § 23 Rz 3). Auch **Einberufungsfrist** (Abs IV S 2) hat Schutzfunktion; sie soll, wenn kein Fall bes Dringlichkeit vorliegt (zB drohender Verjährungseintritt, Schadensgefahr), mindestens eine Woche betragen. Sie muß im Einzelfall hinsichtlich des Beschlußgegenstandes und der sonstigen Umstände objektiv angemessen sein. Für alles sind durch Vereinbarung/Teilungserklärung abweichende bzw speziellere Regelungen zulässig. So kann eine Absendung der Einladung an die dem Verwalter zuletzt genannte Anschrift zulässig sein (BayObLG WE 1991, 295; LG Magdeburg Rpfleger 1997, 306; Röll Rpfleger 1997, 108; aA noch LG Magdeburg Rpfleger 1997, 108). Auch ein Einberufungsrecht von WEern/TeilEern ist möglich. Bei Schutzvorschriften (zB Ladungsfrist) muß Abweichung von der gesetzlichen Regelung angemessen sein, dh die Schutzfunktionen nicht unterlaufen. Verstöße gegen gesetzliche oder vereinbarte Form führen nicht zur Nichtigkeit, sondern zur Anfechtbarkeit (§ 23 IV; vgl § 23 Rz 7).

5 Bestimmung von **Zeitpunkt** und **Ort** der Eigentümerversammlung liegt im pflichtgemäßen Ermessen der für die Einberufung zuständigen Person (Frankfurt NJW 1983, 398; Hamm NJW-RR 2001, 516). Ermessensgrenzen

ergeben sich insbes aus der Funktion der Versammlung, die der gemeinsamen Willensbildung dient. Zeit und Ort müssen deshalb verkehrsüblich und zumutbar sein, so daß allen WEern/TeilEern die Teilnahme möglich ist (BayObLG 1987, 219; Hamm WE 1992, 136; Zweibrücken WE 1994, 146; Huff WE 1988, 51). So entspricht es keiner ordnungsgemäßen Verwaltung, die Versammlung zu unüblichen und für jedenfalls einzelne WEer unzumutbaren Zeiten einzuberufen, etwa am Karfreitag, Sonntag vor 11.00 Uhr oder zwischen Weihnachten und Neujahr (Schleswig NJW-RR 1987, 1362; WE 1988, 59; BayObLG WE 1988, 32; Hamm NJW-RR 2001, 297). Allerdings muß die Eigentümerversammlung nicht zwingend in der politischen Gemeinde durchgeführt werden, in der sich die Wohnanlage befindet (Köln NJW-RR 1991, 725; Celle NZM 1998, 822). Allerdings darf hindernde Teilnahme nicht unzumutbar erschwert werden; dies ist fraglich, wenn Versammlungsort der Sitz des Verwalters ist und fast alle WEer/TeilEer deshalb Reise auf sich nehmen müssen. Unzulässig ist ad hoc **Eventualeinberufung** zur Wiederholungsversammlung (§ 25 IV) zu einem kurze Zeit (zB 1 Stunde; LG Offenburg WuM 1993, 710; ½ Stunde ist zu kurz) später liegenden Zeitpunkt für den Fall, daß in der (ersten) Versammlung keine Beschlußfähigkeit erreicht wird (vgl § 25 III, IV, sowie Köln NJW-RR 1990, 26). Regelung in Teilungserklärung/Vereinbarung über gleichzeitige Eventualeinberufung ist dagegen möglich (Köln NJW-RR 1990, 26; NZM 1999, 378; BayObLG WE 1990, 140; WE 1991, 49; NZM 1999, 865; vgl Drasdo WuM 1995, 255 und Munzig § 13). Beschluß über Eventualeinberufung ist nichtig (LG Mönchengladbach NZG 2003, 725). Hinweis in einzelner Ladung aber wohl unverzichtbar.

5. Den **Vorsitz** in der Eigentümerversammlung führt in der Regel der Verwalter (KG Rpfleger 1985, 412; ZfIR 2001, 301); die Leitung der Versammlung gehört zu seinen originären Aufgaben. Die Versammlung kann jedoch mit Stimmenmehrheit etwas anderes beschließen (Abs V; vgl KG ZWE 2003, 204: kein unbegrenztes Verbot für WEgter, Versammlung zu leiten). Aufgabe des Versammlungsleiters ist es, für einen geordneten, gesetzmäßigen, reibungslosen und zügigen Versammlungsablauf zu sorgen. Hinsichtlich der Erledigung dieser Aufgabe im einzelnen steht ihm ein Ermessen zu. Deshalb darf er sich hierzu einer Hilfskraft bedienen (Düsseldorf WE 1972, 73; Schleswig WE 1977, 388; BayObLG ZWE 2001, 490; KG ZfIR 2001, 3018; vgl Bielefeld NZM 1999, 836). Bei einer jur Person als Verwalter muß nicht ein Vertretungsorgan handeln, auch ein Prokurist oder sonstiger Bevollmächtigter kann Versammlungsleiter sein (Schleswig MDR 1997, 821). Mehrheitsbeschluß und Wahl nur möglich, wenn in Teilungserklärung/Vereinbarung keine Bestimmung. Aber bei Befangenheit der dort bestimmten Person wiederum Mehrheitsbeschluß möglich (AG Bielefeld ZMR 1996, 154). Die Wahl des Versammlungsleiters ist nicht selbst anfechtbar (BayObLG 1965, 45). 6

6. **Protokoll (Abs VI).** Pflicht zur Niederschrift besteht im Interesse der Beteiligten und deren Rechtsnachfolger. Deshalb gehört **Aufbewahrungspflicht** zur ordnungsmäßigen Verwaltung; sie erstreckt sich auch auf Teilnehmerliste und Einberufungsunterlagen. Form der Niederschrift und Aufbewahrung können durch Beschluß festgelegt werden. Weitergehende Anforderungen sind in Teilungserklärung/Vereinbarung möglich; Abs VI ist nur Sollvorschrift (Hamm DNotZ 1967, 38). Die gesetzliche Regelung verlangt nur ein Ergebnisprotokoll; weitergehende Anforderungen zB Protokollierung mit mehreren Unterschriften sind möglich (vgl BGH 136, 187). Teilnehmer der Versammlung müssen nicht aufgeführt sein (AG Ratingen NZM 1999, 1012). Nicht protokollierte Beschlüsse sind trotz dieses Formverstoßes wirksam (BayObLG 1973, 68); erst recht wenn nur Abstimmungsergebnis nicht festgehalten ist (BayObLG MDR 1984, 495; ZWE 2001, 538). Verstöße machen Beschlüsse regelmäßig nur anfechtbar (BGH 136, 187; KG ZMR 1993, 532). Anspruch auf Berichtigung des Protokolls besteht nur ausnahmsweise bei groben Unrichtigkeiten und erkennbarem Rechtsschutzinteresse (vgl Hamm WE 1989, 174; KG WE 1989, 139; LG Hildesheim ZMR 1986, 21; AG Krefeld WuM 2001, 151; s aber bei bloßer unzutreffender Darstellung BayObLG WE 1992, 86; vgl Abramenko ZMR 2003, 245). Unterbliebene Unterzeichnung kann bis zum gerichtlichen Beschluß nachgeholt werden (DT Schied WE-Sachen ZWE 2001, 323); Protokoll ist Privaturkunde ohne besondere Beweiskraft (BayObLG WE 1991, 53; ZWE 2002, 469). Im Hinblick auf § 29 GBO genügt Beglaubigung der nach Abs VI notwendigen Unterschriften. Der Verwalter ist aus § 21 IV und aus Verwaltervertrag verpflichtet, **Beschlüsse** unverzüglich **weiterzuleiten**. Das **Recht auf Einsicht** (Abs VI S 3) enthält die Befugnis, rechtlich Interessierten (zB Kaufwilligen) die Einsicht zu gestatten; idR kein Anspruch auf Einsicht in Notizen des Verwalters (KG NJW 1989, 532). Protokollabschriften können angefertigt werden; Verwalter ist zu deren Herstellung jedoch nicht verpflichtet (Karlsruhe DJ 1976, 301). Anspruch auf Protokoll-**Übersendung** folgt idR aus § 21 IV, mit Rücksicht auf Anfechtungsfrist (§ 23 IV; vgl § 23 Rz 9); besteht auch bei Bevollmächtigung des Verwalters (vgl Hamm NJW-RR 2003, 590). 7

25 *Mehrheitbeschluß*
(1) Für die Beschlußfassung in Angelegenheiten, über die die Wohnungseigentümer durch Stimmenmehrheit beschließen, gelten die Vorschriften der Absätze 2 bis 5.
(2) Jeder Wohnungseigentümer hat eine Stimme. Steht ein Wohnungseigentum mehreren gemeinschaftlich zu, so können sie das Stimmrecht nur einheitlich ausüben.
(3) Die Versammlung ist nur beschlußfähig, wenn die erschienenen stimmberechtigten Wohnungseigentümer mehr als die Hälfte der Miteigentumsanteile, berechnet nach der im Grundbuch eingetragenen Größe dieser Anteile, vertreten.
(4) Ist eine Versammlung nicht gemäß Absatz 3 beschlußfähig, so beruft der Verwalter eine neue Versammlung mit dem gleichen Gegenstand ein. Diese Versammlung ist ohne Rücksicht auf die Höhe der vertretenen Anteile beschlußfähig; hierauf ist bei der Einberufung hinzuweisen.
(5) Ein Wohnungseigentümer ist nicht stimmberechtigt, wenn die Beschlußfassung die Vornahme eines auf die Verwaltung des gemeinschaftlichen Eigentums bezüglichen Rechtsgeschäfts mit ihm oder die Einleitung oder Erledigung eines Rechtsstreits der anderen Wohnungseigentümer gegen ihn betrifft oder wenn er nach § 18 rechtskräftig verurteilt ist.

WEG § 25

1. Beschlußfassung. a) Formvorschrift für **Mehrheitsentscheidung** (Abs I), dh für Fälle, in denen nicht durch Gesetz oder Vereinbarung anderes Stimmverhältnis vorgeschrieben ist. Gemeint ist Mehrheit aller WEer. Ausnahmsweise kommt nur „Betroffenen"-Mehrheit in Betracht, wenn weitere MitEer von Beschlußgegenstand nicht betroffen sein können (Köln WuM 1998, 177) oder wenn Teilungserklärung/Vereinbarung getrennte Beschlußfassung (zB bei Mehrhausanlage) vorsieht. Andernfalls bilden auch die Eigentümer eines Wohnblocks keine rechtlich verselbständigte Untergemeinschaft (Köln WuM 1998, 178; Schleswig NZM 2000, 385). Ein Beschluß einer derartigen „Unterversammlung" ist nichtig (AG Dresden NZM 2001, 149, aA noch Stuttgart FGPrax 1997, 17). Ebenso sind Beschlüsse einer „Verwaltungseinheit" für eine andere nichtig, wenn die Teilungserklärung getrennte Beschlußfassung vorsieht (Schleswig NZM 2000, 385; vgl auch BayObLG ZWE 2001, 213; NJW-RR 2001, 659). § 25 ist grds dispositiv (KG ZMR 1986, 174; ZfIR 1998, 485; BayObLG NJW-RR 1986, 566), deshalb zB Drei-Viertel-Mehrheit möglich; aber genaue Abgrenzung erforderlich (vgl KG ZfIR 1998, 485: Angelegenheit „ohne erhebliche Bedeutung" zu unbestimmt).

b) „**Stimmenmehrheit**" ist die tatsächliche Mehrheit der berechtigt anwesenden Stimmen. Ohne Auswirkung auf die Beschlußfähigkeit ist, ob anwesende WEer erklären, sich der Stimme enthalten oder an der Abstimmung nicht teilnehmen zu wollen; das künftige Abstimmungsverhalten ist für die Frage der Beschlußfähigkeit ohne Bedeutung (Müller Rz 369). Anders ist dies bei der Feststellung der Stimmenmehrheit. Bei ihr sind nur „Ja"- und „Nein"-Stimmen zu berücksichtigen. **Enthaltungen** sind nicht mitzuzählen (BGH 106, 179; Köln ZfIR 2001, 663, 664; BayObLG ZWE 2001, 599, aA noch BayObLG DWE 1982, 104; Köln NJW-RR 1986, 698). Anders ist dies nur, wenn im Gesetz qualifizierte Mehrheit ausdrücklich geregelt ist, (zB § 18 III; str, vgl Celle NJW-RR 1992, 86) oder abweichende Vereinbarung besteht (BayObLG NJW-RR 1992, 83). **Stimmgleichheit** ist Ablehnung, keine Mehrheit. Bedarf ein Beschluß der Zustimmung sämtlicher Eigentümer, verhindern Stimmenthaltungen oder nichtige Stimmen das Wirksamwerden (BayObLG MDR 1995, 769). Zu beachten ist, daß bedingte Stimmabgaben unwirksam sind (BayObLG MDR 1995, 569) und eine Anfechtung der Stimmabgabe nach den §§ 119, 123 BGB möglich ist (Frankfurt OLGZ 1979, 194; Celle DWE 1984, 125; BayObLG 2001, 196; vgl auch BayObLG 2000, 66 u krit Armbrüster ZWE 2000, 455).

2. Stimmabgabe. a) „**Kopfprinzip**" (Abs II) beruht auf Genossenschaftsdenken; unerheblich Größe des MitEAnteils, Wert des WE/TeilE und Anzahl der WEEinheiten, die einem Gemeinschaftsmitglied gehören. Nach der gesetzlichen Bestimmung zählt jeder WEer nur einmal, auch wenn er Eigentümer mehrerer Wohnungen ist (BGH 49, 250; BayObLG WEM 1979, 38; KG WE 1988, 166), so daß bei zwei WEern Beschlußfassung nur bei Einstimmigkeit möglich ist (Köln Rpfleger 1980, 349). Ist Alleineigentümer einer Einheit an anderer Einheit mitberechtigt, bleibt Stimmrecht wegen Mitberechtigung zusätzlich bestehen (Frankfurt ZMR 1997, 156). Kopfstimmrecht bleibt maßgeblich, wenn in Teilungserklärung bestimmt ist, daß jeder „Eigentümer eine Stimme" oder „gleiches Stimmrecht" hat (BayObLG DNotZ 1999, 215). Regelung der Stimmkraft ist dispositiv, mögliches Stimmrecht nach MitEAnteilen (Wertprinzip, BayObLG Rpfleger 1982, 143; BayObLGZ 1999, 176), Zahl der WE/TeilEEinheiten (Objekt- bzw Realprinzip, BayObLG WEM 1983, 71), aber auch nach bestimmten Anteilsverhältnissen, die zB nach dem Wert festgelegt sein können (unklar dagegen Düsseldorf ZMR 2001, 836: nach MitEA u Köpfen). **Abs II S 2** sichert, daß die reale **Raumeinheit** die kleinste Größe für eine Stimme ist; deshalb kann ideelle Teilung der Einheit nicht mehr Stimmen schaffen (vgl BGH 59, 250, 256; BGH NJW 1979, 870). Mehrere Berechtigte können ihr Stimmrecht nur einheitlich ausüben (Köln NZM 1999, 1105). Stimmen mehrere anwesende Teilhaber verschieden, gilt die Stimme als „Enthaltung" (Köln NJW-RR 1986, 698). Einer der Teilhaber kann für alle MitEer grundsätzlich nur in Vollmacht stimmen. Bei Ehepaaren und eingetragenen Lebenspartnern ist Vollmacht zu vermuten, muß aber nur einer erscheinen. Verwalter muß, sofern nichts Abweichendes geregelt ist (zB schriftliche Vollmacht), Ermächtigung nicht überprüfen (BayObLG MDR 1994, 581). Mehrheitsbeschluß kann Bestellung eines gemeinschaftlichen Vertreters anordnen (BayObLG ZfIR 1999, 685). Strittig ist, ob sich bei einer **realen Unterteilung** einer Einheit die Stimmrechte vermehren (vgl § 6 Rz 2). Der **künftige Eigentümer** einer faktischen Wohnungseigentümergemeinschaft ist stimmberechtigt und verliert sein Stimmrecht nicht durch Entstehen der Eigentümergemeinschaft (BayObLG ZfIR 1998, 32). Dagegen hat der Erwerber bei einer in Vollzug gesetzten Gemeinschaft kein Stimmrecht (BGH NJW 1989, 1087; Celle ZWE 2002, 474); eine Ermächtigung des Erwerbers durch den Veräußerer ist – vorbehaltlich abweichender Regelung in der Teilungserklärung – möglich, aber nicht bereits in allg Klausel über Eintritt in Rechte und Pflichten der Gemeinschaft zu sehen (BayObLG ZfIR 2001, 1007; aA KG NJW-RR 1995, 147).

b) Übertragung des Stimmrechts ist nicht zulässig; das Mitgliedschaftsrecht ist grundsätzlich personengebunden und nur im Wege der **Vertretung** durch Dritte auszuüben (BGH 99, 90; Braunschweig WE 1991, 107). Beschränkung der Vertretungsmöglichkeit ist zulässig, solange gewährleistet ist, daß der WEer sein Recht ordnungsgemäß wahrnehmen kann (Karlsruhe MDR 1976, 758; Frankfurt Rpfleger 1979, 218). Durch Vereinbarung/Teilungserklärung (nicht durch Mehrheitsbeschluß) kann die Vertretung eines WEers zB auf bestimmten Personenkreis beschränkt werden (BGH 99, 90; Düsseldorf NJW-RR 1995, 1294; BayObLG ZfIR 2001, 57; zB auf Ehegatten, andere WEer/TeilEer und Verwalter; dann ist Vertretung durch nichtehelichen Lebensgefährten nicht zulässig (BayObLG 1996, 297). Jedoch dürfte bei vor dem 1. 8. 2001 errichteten Teilungserklärung der eingetragene Lebenspartner einem Ehegatten gleichzustellen sein; bei danach errichteten Frage der Interessenlage. Nach Treu und Glauben kann Personenkreis auf weitere Personen zu erweitern sein (LG Wuppertal ZMR 1995, 423: Vater; vgl auch BayObLG 1996, 297; Düsseldorf NZM 1999, 271). Vollmacht schließt regelmäßig Recht zur Unterbevollmächtigung für den bestimmten Personenkreis ein (vgl BayObLG NJW-RR 1990, 784; ZfIR 1998, 357); Weisungen binden auch Unterbevollmächtigten (BayObLG ZfIR 2003, 218). Verwaltungsvollmacht enthält regelmäßig Stimmrechtsvollmacht (Hamm ZfIR 2003, 400). Ohne schriftlichen Nachweis der Vertretungsmacht in der einzelnen Versammlung kann Vertreter zurückgewiesen werden; Verlangen des Nachweises kann aber im Einzelfall mißbräuchlich sein (BayObLG 1984, 15; desgleichen Zurückweisung des Vertreters der jahrelang unbeanstandet akzeptiert wurde (Hamm NJW-RR 1997, 846). Wird der Vertreter nicht zurückgewiesen, so ist seine Abstimmung nicht deswegen unwirksam, weil kein schriftlicher Nachweis der Vertretungsmacht vorlag oder Vertretungsbeschränkung nicht eingehalten war (BayObLG 1984, 15; KG NJW-RR 1995, 147). Erfolgt Ausschluß zu Unrecht kann dies Anfechtung und Ungültigerklärung der gefaßten Beschlüsse rechtfertigen (BayObLG ZWE 2001, 490; ZWE 2002, 469). **Ermächtigung** eines Dritten, Stimmrecht im eigenen Namen auszuüben, ist zulässig, wenn Bedürfnis besteht, aufgrund der Rechtsstellung des Wohnungsinhabers im eigenen Namen für WEer aufzutreten (zB bei durch Anwartschaftsrecht gesichertem Erwerber). Verdrängende Vollmacht (Vollmachtgeber darf selbst nicht mehr handeln) ist unzulässig, desgleichen ein **gespaltenes Stimmrecht**. Deshalb hat der Nießbrauchsberechtigte an einem WE/TeilE kein Stimmrecht (BGH ZWE 2002, 260; Hamm ZWE 2001, 560; BayObLG 1998, 145; aA KG OLGZ 1987, 417; Hamburg NJW-RR 1988, 267; Prüfer ZWE 2002, 258), ebenso der Wohnungsberechtigte (aA noch BGH LM § 1093 BGB Nr 8). Vertretungseinschränkung betrifft nicht nur die Stimmabgabe, sondern jede aktive Beteiligung (zB Abgabe von Stellungnahmen; BGH MDR 1993, 442). Dem Testamentsvollstrecker steht dagegen das Stimm- und Teilnahmerecht zu (AG Essen NJW-RR 1996, 76); offen ist dies für den Zwangsverwalter hinsichtlich des Stimmrechtsumfangs (BayObLG 1998, 288).

c) Die Versammlung ist **nicht öffentlich** (BGH 121, 136; BayObLG WuM 1997, 568; ZWE 2002, 463; Düsseldorf NJW-RR 1995, 1294; AG Bielefeld ZMR 1996, 154; Frankfurt NJW 1995, 3395). Deshalb kann Dritten, die nicht Vertreter sind, die Teilnahme an der Versammlung untersagt werden (Düsseldorf NJW-RR 1995, 1294; vgl Wangemann/Drasdo Rz 220). Anders ist dies, wenn der WEer/TeilEer einen Berater beiziehen darf; dies ist bei einem berechtigten Interesse (zB persönliche Gründe, Schwierigkeitsgrad) der Fall (BGH 121, 236; LG Hamburg NZM 2001, 547; vgl Düsseldorf NJW-RR 1995, 1294). Rechtsbeistände können im Hinblick auf die Schwierigkeit der Rechtsfragen nur ausnahmsweise zurückgewiesen werden (str; teilw abw BayObLG ZWE 2002, 463 u Wangemann/Drasdo Rz 278). Demgegenüber besteht eine Duldung vom sonstigen Begleitpersonen als Gästen nur ausnahmsweise (vgl Karlsruhe ZMR 1997, 195; Hamm ZMR 1996, 677; KG ZWE 2001, 75).

3. **Beschlußfähigkeit** (Abs III). a) Sie richtet sich nicht nach dem „Kopfprinzip", sondern ist bei der „Erstversammlung" davon abhängig, ob die erschienenen und stimmberechtigten (vgl Abs V) WEer/TeilEer bzw ihre Vertreter **mehr als die Hälfte der MitEAnteile** repräsentieren. Bei „Teilversammlungen" ist auf die Miteigentumsanteile der betroffenen WEer/TeilEer abzustellen. Die Regelung ist **abdingbar**, so daß bei Verstoß nur Anfechtbarkeit nach § 23 IV in Betracht kommt (BayObLG 1981, 50; 1982, 203, 206; ZfIR 2002, 298). Bei der Beschlußfähigkeit kommt es nicht auf die materielle Stimmrechtslage, sondern auf einen Stimmrechtsanschluß – abgesehen von Abs V oder einer Regelung in der Teilungserklärung – im Einzelfall an (str, KG NJW-RR 1986, 643; 1989, 17; Düsseldorf NZM 1999, 269; aA BayObLG NJW-RR 1987, 595; Frankfurt OLGZ 1989, 429; Düsseldorf WE 1992, 81). Ist mehr als die Hälfte der WEer/TeilEer gem Abs III von der Ausübung des Stimmrechts ausgeschlossen, findet Abs III keine Anwendung; die Einberufung einer „Zweitversammlung" ist nicht erforderlich (BayObLG WuM 1992, 709; ZfIR 2002, 296, 298; KG MDR 1994, 274; Düsseldorf NZM 1999, 269; teilw abw Düsseldorf NZM 1999, 270).

b) Zweitversammlung (Abs IV) regelt (dispositiv) die **Wiederholungsversammlung**, die der Verwalter einberuft, wenn eine Versammlung nicht beschlußfähig ist. Betrifft die Wiederholungsversammlung den **gleichen Gegenstand** (vgl § 23 II), dann ist sie ohne Rücksicht auf die Voraussetzungen des Abs III beschlußfähig, sofern hierauf bei der Einberufung hingewiesen wird. Beschlüsse dann auch in Ein-Mann-Versammlungen möglich (LG Wuppertal ZMR 2001, 150). Unterbleibt der letztgenannte Hinweis oder wird die Tagesordnung um weitere Punkte ergänzt, so liegt dann kein auf Anfechtung zur Ungültigkeit (§ 23 IV) führender Einberufungsmangel vor, wenn bei der Wiederholungsversammlung die Beschlußfähigkeit für eine Erstversammlung erreicht wird (Frankfurt OLGZ 1989, 429). Einberufung nach Erstversammlung. Die Wiederholungsversammlung kann schon vorsorglich mit der Einladung zur ersten für einen kurze Zeit später liegenden Zeitpunkt (zB eine Stunde) einberufen werden (**Eventualeinberufung**), wenn entspr Regelung in der Gemeinschaftsordnung enthalten ist (Köln MDR 1999, 799; vgl § 24 Rz 5); ohne Regelung oder nur aufgrund eines Mehrheitsbeschlusses dagegen unzulässig (hM; vgl Köln NJW-RR 1990, 26; LG Mönchengladbach NZG 2003, 725; Wenzel ZWE 2001, 226, 236; aA noch KG FGPrax 2000, 183; Deckert NJW 1979, 2291). Läßt die Gemeinschaftsordnung eine Eventualversammlung zu, so ist der Übergang in diese zweite Versammlung förmlich festzustellen (BayObLG NZM 1999, 865).

4. **Stimmrechtsausschluß** (Ruhen des Stimmrechts, Abs V) besteht in Fällen evidenter Interessenkollision. Der Stimmrechtsausschluß beruht darauf, daß niemand Richter in eigener Sache sein soll (insoweit auch Sondervorschrift gegenüber § 181 BGB; vgl Karlsruhe OLGZ 1976, 145) und Stimmrecht entspr § 47 IV GmbHG bei der Entscheidung über best Rechtspositionen nicht besteht (vgl nur Düsseldorf NJW-RR 2001, 1668). Betroffen sein muß Rechtsgeschäft (auch einseitiges), ein Rechtsstreit und die Entziehung des WE. Das Ruhen des Stimmrechts in diesen Fällen umfaßt zugleich auch eine Abstimmung als Vertreter eines anderen WEers (BayObLG Rpfleger 1983, 15; WE 1991, 226; ZfIR 2002, 296; Düsseldorf ZfIR 1999, 49; NJW-RR 2001, 992; Zweibrücken WE 1991, 357; NZM 1998, 671; Wangemann/Drasdo Rz 435), als Vollmachtgeber oder als Verwalter (BGH MDR 1989, 436). Fraglich, ob Ruhen des Stimmrechts im Falle gemeinschaftlicher Stimmrechts (Abs II S 2) notwendigerweise gegen alle wirkt (so AG Emmendingen ZMR 1984, 101; BayObLG NJW-RR 1993, 206; aA Pal/Bassenge Rz 17: nur, wenn Betroffener zu mehr als 50 % beteiligt ist, andernfalls Anwachsung bei den übrigen). Durch gerichtliche Anordnung kann das künftige Stimmrecht eines WEers nicht beschränkt werden (KG WE 1988, 167; aA Düsseldorf OLGZ 1984, 289).

Abs V betrifft unmittelbar die Drittbeziehung des WEers, insbesondere Insidegeschäfte und Fälle der Mehrfachvertretung (§ 181 BGB). Die Rspr wendet die Vorschrift entsprechend dem Grundgedanken auch in den Fällen **wirtschaftlicher Verflochtenheit** an; Beispiele: WEer ist zugleich Bauträger (BayObLG NZM 1998, 161); bildet mit Dritten eine GbR (BayObLG DNotZ 1995, 617); WEer wird mit Drittem verklagt (BayObLG NZM 1998, 161); WEer ist Organ einer jur Person, die Vertragspartner ist (LG Berlin ZMR 2001, 310); WEer ist Verwalter, betroffen ist Kündigung des Verwaltervertrages (Düsseldorf ZfIR 1999, 49) bzw Abberufung aus wichtigem Grund (Düsseldorf ZWE 2001, 557); Rechtsgeschäft mit GmbH, an der WEer zu 49 % neben seiner Ehefrau beteiligt ist (Oldenburg NZM 1998, 39); str bei enger Verbundenheit wegen Eheschließung (ablehnend Saarbrücken FGPrax 1998, 18; bejahend BayObLG NJW-RR 1993, 206) und eingetragener Lebenspartnerschaft, in beiden Fällen wohl Frage der Ordnungsgemäßheit des Beschlusses und nicht des Stimmrechtsausschlusses. **Mitgliedschaftliche** Fragen fallen grds nicht unter das Stimmrechtsverbot (BayObLG WE 1991, 220; KG NJW-RR 1994, 855). Allerdings gibt es hiervon Ausnahmen: Bei seiner **Entlastung** ist Verwalter verhindert, weil er mit Stimmabgabe sein eigenes Verhalten bewerten und die Vertrauensfrage der Gemeinschaft ihm gegenüber mitentscheiden würde (KG NJW-RR 1987, 973; BayObLG NJW-RR 1987, 595). Deshalb kann Verwalter bei Beschlußfassung über seine Entlastung weder unmittelbar noch in Vollmacht eines WEers mitstimmen (BayObLG NJW-RR 1987, 595; LG Lübeck DWE 1985, 93; aA Zweibrücken NZM 1998, 671). Bei Beschluß gem § 28 V ist Verw hinsichtlich Entlastungswirkung verhindert. An eigener **Mitwahl zum Verwalter** ist WEer dagegen nicht gehindert (KG ZMR 1979, 54; NJW-RR 1987, 268; Hamburg ZMR 2001, 997; Düsseldorf ZfIR 1999, 538; Celle ZWE 2002, 474). Mitwirkungsbefugnis bei der **Abberufung als Verwalter** besteht nicht (BGH MDR 2002, 1424; Zweibrücken ZMR 1986, 369); anders bei Abberufung aus wichtigem Grund (BayObLG WE 1987, 45; Düsseldorf NJW-RR 2001, 1668), und zwar auch bei gleichzeitiger Beschlußfassung über Verwaltervertrag (BGH MDR 2002, 1424). Bei **Vertragsregelungen mit dem Verwalter** ist dieser bereits nach dem Gesetzeswortlaut ausgeschlossen: Abschluß, Änderung, Kündigung, Vergütungsregelung, (BayObLG NJW-RR 1987, 79; 1993, 206; KG NJW-RR 1986, 642; Düsseldorf ZfIR 1999, 49); anders dagegen bei Beschluß über Bestellung, der mit Beschlußfassung über den Verwaltervertrag verbunden ist (BGH MDR 2002, 1424). **Kein Ausschluß** eines WEer/TeilEer bei Beschluß über bauliche Maßnahme (BayObLG NZM 2000, 291), Nutzungsänderung (BayObLG ZMR 1998, 173; NZM 1999, 130), Unterlassung von bestimmter Nutzung (BayObLG NZM 1998, 442), die Zuordnung von Sanierungskosten (Düsseldorf NZM 1998, 523) und die Erteilung einer Klagebefugnis an ihn (KG MDR 1994, 687). Auf das eventuelle Stimmrecht des Zwangsverwalters soll sich der Stimmrechtsausschluß des WEer/TeilEers nicht auswirken (BayObLG 1998, 288). Ein genereller Ausschluß vom Stimmrecht wegen Rechtsmißbrauchs ist nicht zulässig (BayObLG 1998, 288). Der Mißbrauch einer **Stimmenmehrheit** führt ebenfalls nicht zum Ausschluß vom Stimmrecht (vgl aber AG Celle NZM 2002, 268; Düsseldorf ZfIR 1999, 538), sondern nur zur Anfechtbarkeit des Beschlusses (Düsseldorf ZfIR 1997, 221; vgl BayObLG NJWE-MietR 1997, 16; ZWE 2001, 492; KG OLGZ 1994, 389). In Vereinbarung/Teilungserklärung kann von Abs V **abweichende Regelung** getroffen werden (BayObLG DWE 1984, 125). Bei **Verstößen** gegen Abs V ist keine Nichtigkeit, sondern nur Anfechtbarkeit (§ 23 IV) von Beschlüssen anzunehmen (Düsseldorf FGPrax 1998, 91); die Ungültigerklärung erfolgt nur bei Ursächlichkeit. Der WEer/TeilEer der zu Recht von Stimmrecht ausgeschlossen ist, kann den betreffenden Beschluß auch nicht gerichtlich anfechten (AG Stuttgart WuM 1997, 700). Erfolgt Ausschluß zu Unrecht, dann Anfechtungsmöglichkeit (vgl Köln MDR 2001, 326). Ursächlichkeit allerdings nicht gegeben, wenn keine Auswirkungen auf Abstimmungsergebnis und wegen Teilnahme an Versammlung und Diskussion auch nicht auf Willensbildung (vgl Köln OLGRp 1998, 311; BayObLG NJW 1993, 603; NZM 1999, 33; ZWE 2002, 469).

10   **5. Geschäftsordnungsfragen.** Das **Beschlußergebnis** ist vom Verwalter nach Abstimmung über die einzelnen Beschlußpunkte **festzustellen** und in das Protokoll aufzunehmen. Diese Feststellung hat konstitutive Bedeutung (BGH 148, 335 = ZfIR 2001, 835, vgl § 23 Rz 2), nicht die in das Protokoll aufgenommenen Hinweise und Neuberechnungen der Mehrheitsverhältnisse (KG ZWE 2002, 471). Bei Unrichtigkeit muß deshalb eine Anfechtung erfolgen (aA aber überholt, noch Köln ZfIR 2001, 663, wonach das zutreffende Ergebnis gilt). Die Feststellung des Zustandekommens eines Mehrheitsbeschlusses setzt voraus, daß die Zahl der Ja-Stimmen ermittelt wird; nicht ausreichend ist die Feststellung der Nein-Stimmen und Enthaltungen (sog Substraktionsmethode Düsseldorf NZM 2000, 763; Becker BGHRp 2003, 8; aA BGH BGHRp 2003, 62 und Wenzel ZWE 2003, 5 [11]; vgl Niedenführ NZM 2002, 854). Der Versammlungsleiter hat sämtliche Tagesordnungspunkte grds in der Reihenfolge der Einladung zu behandeln (BayObLG ZfIR 1999, 763). Über Anträge hat er förmlich abstimmen zu lassen (vgl Köln ZWE 2000, 488). Die Versammlung ist nach Erledigung der Tagesordnung zu schließen (vgl BayObLG ZfIR 1999, 47; ggf konkludente Beendigung mit Verlassen der Versammlung). Maßnahmen der Versammlungsleitung zur Geschäftsordnung sind grds nicht selbständig anfechtbar (Köln OLGRp 1996, 209; 1998, 311; NJW-RR 2001, 88; BayObLG OLGRp 1993, 2; Düsseldorf OLGRp 1997, 59; Celle OLGRp 1996, 265; KGRp 1993, 17).

26 *Bestellung und Abberufung des Verwalters*
(1) Über die Bestellung und Abberufung des Verwalters beschließen die Wohnungseigentümer mit Stimmenmehrheit. Die Bestellung darf auf höchstens fünf Jahre vorgenommen werden. Die Abberufung des Verwalters kann auf das Vorliegen eines wichtigen Grundes beschränkt werden. Andere Beschränkungen der Bestellung oder Abberufung des Verwalters sind nicht zulässig.
(2) Die wiederholte Bestellung ist zulässig; sie bedarf eines erneuten Beschlusses der Wohnungseigentümer, der frühestens ein Jahr vor Ablauf der Bestellungszeit gefaßt werden kann.
(3) Fehlt ein Verwalter, so ist ein solcher in dringenden Fällen bis zur Behebung des Mangels auf Antrag eines Wohnungseigentümers oder eines Dritten, der ein berechtigtes Interesse an der Bestellung eines Verwalters hat, durch den Richter zu bestellen.
(4) Soweit die Verwaltereigenschaft durch eine öffentlich beglaubigte Urkunde nachgewiesen werden muß, genügt die Vorlage einer Niederschrift über den Bestellungsbeschluß, bei der die Unterschriften der in § 24 Abs. 6 bezeichneten Personen öffentlich beglaubigt sind.

§ 26 WEG

1. Stellung des Verwalters. Ist nicht generell gesetzlicher Vertreter der WEer/TeilEer, sondern hat eine **organ-** 1 **ähnliche Stellung** und ist aufgrund Kompetenzzuweisung zur beschränkten gesetzlichen Vertretung berechtigt (§ 27 II; KG OLGZ 1976, 226; vgl auch LG Wuppertal ZMR 2001, 217). Trotz weitreichender Befugnisse (§§ 27, 28) bleibt der Verwalter **weisungsabhängig** (BayObLG ZMR 1976, 315). Nach überwiegender Ansicht hat er wegen seiner besonderen **Vertrauensstellung** seine Aufgaben grundsätzlich höchstpersönlich wahrzunehmen. Es ist ihm nach dieser Ansicht nicht gestattet, die gesamte tatsächliche Ausübung auf einen Dritten zu übertragen (Köln MittRhNotK 2000, 393; Hamm NJW-RR 1997, 143), soll allerdings gestattet werden können (BayObLG WE 1981, 34). Desgleichen soll die Übertragung von Aufgaben auf Hilfspersonen zulässig sein (Düsseldorf ZWE 201, 219; Bielefeld NZM 1999, 836). Bei einer jur Person als Verwalter handeln ohnehin ihre Organe oder rechtsgeschäftlich bestellten Vertreter (LG Flensburg NZM 1998, 776). Eine Befugnis des ersten Verwalters, seine Stellung auf ein anderes Unternehmen zu übertragen, wird dagegen für nichtig erachtet (Schleswig MDR 1997, 821). Spezielle **Eignungsvoraussetzungen** werden nicht gefordert. Verwalter kann auch ein WEer sein (BayObLG ZWE 2001, 22; aber bes gerichtl Prüfung, Düsseldorf ZWE 1995, 604), der Ehegatte/Lebenspartner eines WEer/TeilEer (vgl Saarbrücken FGPrax 1998, 18; BayObLG ZWE 2001, 550) und der Eigentümer bei Vorratsteilung (BayObLG 1974, 305; MDR 1994, 798; OVG Bremen NJW 1981, 414; Düsseldorf ZWE 2001, 386). Grenze bildet nur die offensichtliche Ungeeignetheit zB bei fehlender Neutralität (Hamm NZM 2001, 297), früherem Fehlverhalten als Verwalter (AG Köln, NZM 2001, 677; vgl Köln ZfIR 2003, 439) und Vorstrafen wegen Vermögensdelikten (vgl Schleswig ZfIR 2003, 290; LG Berlin ZMR 2001, 143; s ferner Schleswig ZfIR 2003, 877: erst nach Tilgung nach § 51 BZRG kein Bestellungshindernis mehr), aber wohl nicht wegen Maklertätigkeit bei Verwalterzustimmung (vgl BGH NJW 2003, 1249; NJW 2003, 1393 zur Wohnungsvermittlung; abw BGH 112, 240; BayObLG 1997, 148; Köln NJW-RR 2003, 516). Amt ist bei natürlicher Person nicht vererblich (BayObLG ZMR 1987, 230; BayObLG 1990, 176; Düsseldorf NJW-RR 1990, 1299; Staud/Bub Rz 374); endet bei jur Person mit deren Erlöschen (BayObLG 1990, 176; Staud/Bub Rz 378). **Personenmehrheit** darf nach hM nur Verwalter sein, wenn Funktionszuständigkeit jeweils klar bestimmt ist, zB durch zeitliche Aufeinanderfolge (vgl Soergel/Stürner Rz 4), nicht Ehepaar gemeinsam (BGH WE 1990, 84), dagegen jedoch Handelsgesellschaft (OHG; KG; Hamburg WE 1988, 173). Strittig, aber zu bejahen für GbR (Frankfurt NZM 2003, 981; Drasdo NZM 2001, 258; aA BGH 107, 268; AG Hamburg ZMR 2001, 486). Da es nicht auf die besonderen Fähigkeiten des Verwalters ankommt, was im Rahmen des § 613 S 1 BGB Voraussetzung für die Höchstpersönlichkeit ist, dürfen Hilfspersonen herangezogen werden, fremde Personen bzgl einzelner Aufgaben bevollmächtigt werden und insbes bei jur Personen eine Delegation auch auf andere Personen als Organe stattfinden. Deshalb kann bei **Umwandlungsvorgängen** nicht pauschal auf die höchstpersönliche Amtsausübung abgestellt werden (so aber BayObLG ZWE 2002, 214). Jedenfalls bei einer Ausgliederung eines Einzelkaufmanns auf eine GmbH gehen die Befugnisse über (AG Viechtach ZfIR 2001, 752; Rapp ZfIR 2001, 754; Lüke ZfIR 2002, 469, 470; aA BayObLG ZWE 2002, 214). Verwalter kann grundsätzlich nicht mit eigenen (anders: nur verwalteten) Forderungen an Gemeinschaft gegen Forderungen **aufrechnen**, die seiner Verwaltung unterliegen (vgl BayObLG MDR 1980, 57; str wenn Verwalter abberufen ist, vgl BayObLG MDR 1976, 730). Zur **Prozeßvertretung** des Verwalters vgl § 27 II Nr 5. Der Verwalter ist im Verhältnis zu den WEer/TeilEer befugt seiner Verwaltung unterliegende Wohnungen zu **vermakeln** (vgl BGH NJW 2003, 1249 für Vertrag zugunsten Dritter; s aber noch BGH 112, 240 – keine Provision bei Zustimmungspflicht nach § 12; s ferner § 2 II Nr 2 WoVermittG sowie dazu nunmehr BGH NJW 2003, 1393; s ferner Löhlein NZM 2000, 119).

Die treuhänderische Funktion wirkt auf die Stellung des Verwalters im **Haftungsrisiko**: Verwalter ist nicht 2 „Organ", deshalb § 31 BGB unanwendbar (str, Frankfurt DWE 1985, 121; Weimar JR 1973 8f; MüKo/Röll § 27 Rz 17; Niedenführ/Schulze § 27 Rz 43; Drasdo DWE 1988, 5; aA Soergel/Stürner § 27 Rz 8; Weitnauer/Hauger § 27 Rz 45). Die WEer haften für Verwalter ggf nach § 831 BGB; dann solidarisch (§ 840 BGB, BGH NJW 1985, 484), dies setzt aber tatbestandlich §§ 830, 823 BGB voraus. Verwalter ist in seinem Aufgabenkreis **Erfüllungshilfe** (§ 278 BGB) der WEer gegenüber Dritten, nicht aber im Rechtsbereich der WEer untereinander, weil Verwalter für gemeinschaftliche Aufgaben bestellt ist und nicht einseitig den Risikokreis eines WEers zugunsten eines anderen erweitert (vgl KG NJW-RR 1986, 1078; Hamburg WE 1991, 18). **Eigenhaftung** des Verwalters kann aus Vertrag oder unerlaubter Handlung folgen. Haftung gegenüber WEer/TeilEer kann auf Vorsatz und grobe Fahrlässigkeit beschränkt werden, aber § 309 Nr 7 lit a BGB ist ggf zu beachten (vgl Frankfurt ZMR 1997, 609; Köln NZM 1999, 128; aA LG Berlin GE 1999, 381; s auch Gottschalg ZWE 2003, 137).

2. Bestellung (Abs I–III). **a)** Verwalterbestellung ist bei „professionellen" Verwalter ein unternehmensbezoge- 3 nes und nicht ein personenbezogenes Rechtsgeschäft (Hamburg ZMR 2001, 132). Kann (§ 20 II) **nicht ausgeschlossen** werden; auch nicht durch Vereinbarung und bei kleinen Gemeinschaften; auch Erschwernisse der Bestellung sind nichtig (§ 134 BGB, § 28 I S 4), zB Zustimmungserfordernis (BayObLG 1975, 327; Frankfurt Rpfleger 1976, 253; zur Bestellung unter aufschiebender Bedingung s KG OLGZ 1976, 266), Eingrenzung der Wahlbewerber in Vereinbarung zB auf WEer (BayObLG MDR 1995, 144; Bremen Rpfleger 1981, 68) u Wahl mit bes Mehrheit (BayObLG WuM 1994, 230). Wahl des Verwalters nach **„Wertprinzip"** (entgegen § 25 II S 1) ist aber zulässig (BGH MDR 2002, 1424; Hamm OLGZ 1978, 182; KG Rpfleger 1978, 24; Frankfurt Rpfleger 1978, 415). Erleichterungen der Bestellung sind möglich. Bestellung durch aufteilenden Eigentümer unter Beachtung des § 26 I S 2–4 ist zulässig (s BGH MDR 2002, 1427). **Wiederwahl** ist zulässig (Abs II; vgl Düsseldorf ZMR 1997, 96; Hamburg ZMR 2001, 997; BayObLG ZWE 2001, 105; 2001, 377; 2001, 432; Elzer ZMR 2001, 418); jedoch Beschluß nicht früher als ein Jahr vor Ablauf des Bestellungszeitraums (Abs II). Früherer Beschluß, durch den Bindung über fünf Jahre hinaus eintritt, ist nichtig (KG FGPrax 2001, 218); dagegen soll durch Bestellung mit sofortiger Wirkung während des Bestellungszeitraums wirksam sein (BGH NJW 1995, 780, 781). Wiederwahl nicht unwirksam, wenn Jahresabrechnung verspätet erstellt (Drasdo NZM 2000, 643, aA nur LG Dortmund NZM 2000, 684). **Begrenzung auf 5 Jahre** (Abs I S 2) ist stets zu beachten (vgl Hamm WE 1990, 104 – bei

WEG § 26

vorzeitiger Wahl). Andersfristige Wahl endet stets nach fünf Jahren, allerdings frühestens ab Anlegung der Grundbücher (KG ZMR 1987, 277; LG Bremen Rpfleger 1987, 199). Eine Verlängerungsklausel ist unwirksam (AG Kerpen WuM 1998, 507), ebenso eine turnusmäßige Verwalterbestellung über fünf Jahre hinaus (LG Freiburg WuM 1994, 406).

4 b) Die **Rechtsnatur** des **Bestellungsaktes** ist umstritten. Verwalterstellung wird nach richtiger Ansicht mit Bestellungsakt und Annahme des Amtes erlangt (ebenso Bogen ZWE 2002, 289, 290; Striewski, ZWE 2001, 8; Wenzel, ZWE 2001, 510; aA Weitnauer/Hauger Rz 10; Niedenführ NZM 2001, 517; Staud/Bub Rz 215). Verwalterbestellung auch dann keine „Vereinbarung", wenn in Teilungserklärung enthalten. Abberufung deshalb durch Beschluß möglich (BayObLG Rpfleger 1974, 360; vgl aber KG Rpfleger 1975, 28). Bei Beschluß über Verwalterbestellung kann zu wählender WEer **mitwirken** (Hamm OLGZ 1978, 185; Hamburg ZMR 2001, 997; vgl auch § 25 Rz 9). Beschlußfassung erfolgt mit einfacher Stimmenmehrheit, relative genügt auch bei mehreren Bewerbern nicht (BGH NZM 2003, 445).

5 c) „**Notverwalter**" (Abs III) wird durch **Gerichtsbeschluß** (§ 43 I Nr 3) bestellt (BayObLG NJW-RR 1989, 461; Seuß WE 1991, 3). Gem § 44 III ist einstweilige Regelung möglich (zur Abgrenzung zur einstweiligen Anordnung „Verwalterbestellung" s LG Wuppertal ZMR 2001, 485). Gerichtliche Bestellung bei Fehlen, gerichtlicher Abberufung und sachlicher Verhinderung des Verwalters (Düsseldorf ZMR 1997, 96), nicht bei Spannungen innerhalb der Gemeinschaft (Köln NZM 2003, 810). Wirksamkeit – ausgenommen bei einer einstweiligen Anordnung – erst mit Rechtskraft (BayObLG ZMR 1997, 93). Gericht hat bei Bestellung Auswahlermessen; zu berücksichtigen sind Eignung und Kosten (Düsseldorf MDR 2000, 1126). Bestellung nicht auf bestimmte Zeit (str, wie hier LG Berlin ZMR 2001, 143; aA KG NZM 2003, 808). Amtszeit **endet** mit Abberufung durch Mehrheitsbeschl (Abs I S 2), spätestens fünf Jahre nach Bestellung. Gerichtsbeschluß enthält insbes keine Sperre für Neuwahlen (vgl BayObLG NJW-RR 1989, 461; KG MDR 1990, 1018; aA wohl KG NZM 2003, 808), wohl aber für Abberufung des gem § 44 III für die Dauer des gerichtlichen Verfahrens bestellten Verwalters (Düsseldorf ZfIR 2002, 471). Inhaltlich kann das Gericht Gestaltungen vornehmen, auch Vergütung regeln (BGH NJW 1980, 2466; BayObLG NJW-RR 1989, 461; AG Homburg ZMR 2001, 401; vgl auch Düsseldorf ZMR 1995, 216). Neben Abs III bleibt § 21 IV Anspruchsgrund für gerichtliche Verwalterbestellung.

6 3. **Verwaltervertrag**. Regelmäßig Geschäftsbesorgungsvertrag mit überwiegend dienstvertraglichem Charakter mit werksvertraglichen Elementen (§§ 675 BGB, 611ff BGB); ausnahmsweise bei Unentgeltlichkeit Auftrag (vgl BGH MDR 2002, 1051; Rapp ZfIR 2001, 755; Pfeuffer NJW 1970, 2233; Furmans NZM 2000, 985). Neben WEG-Recht deshalb ergänzend Auftragsrecht anwendbar. Bei entgeltlichem Vertrag gelten für Kündigung die Vorschriften des Dienstvertragsrechts (§§ 620, 621 [idR Nr 4], 626 I, 628 BGB), sofern nicht § 626 Sonderregelungen getroffen sind. Verwaltervertrag ist von Verwalterbestellung zu unterscheiden (BGH MDR 2002, 1424 und 1427; vgl auch Häublein ZMR 2003, 233 [235]). Durch Aufnahme der Verwaltertätigkeit nach Bestellungsbeschluß kommt befristeter Geschäftsbesorgungsvertrag zustande (Hamm ZMR 1997, 94), und zwar auch, wenn schriftlicher Abschluß vorgesehen war (BayObLG GE 1997, 695). Die Laufzeit des Verwaltervertrages beträgt höchstens 5 Jahre (BGH MDR 2002, 1427; vgl auch Armbrüster ZfIR 2003, 9). Bevollmächtigung eines WEer/TeilEer oder des Beirats ist zulässig, aber nicht durch Mehrheitsbeschluß (aA Köln NZM 2001, 991; NJW-RR 2003, 8). Für die Dauer der Bestellung ist Verlängerungsklausel zulässig, jedoch ist Abs II zu beachten. **Vergütungsanspruch** folgt aus §§ 675, 612 BGB (BGH NJW 1980, 2466, 2468; Drasdo ZMR 1995, 386; Gottschalg NZM 2000, 473), bei gerichtlicher Bestellung (Abs III) aus der Regelung des Gerichts oder dem Bestellungsakt allerdings erst mit dessen Rechtskraft (vgl Hamm NJW 1973, 2301; Soergel/Stürner Rz 12a. Bei einer Zweiergemeinschaft ist bei Bestellung eines WEer zum Verwalter nicht von einer konkludenten Vergütungsvereinbarung auszugehen (BayObLG ZMR 200, 850). Eine Vergütungshöhe von 50 Euro pro Einheit im Monat entspricht nicht ordnungsgemäßer Verwaltung (BayObLG ZWE 2001, 22 für Zweiergem), 50 Euro pro Stunde zzgl Auslagen und MwSt ausnahmsweise schon (BayObLG ZMR 2000, 858). Beim Zusammenlegen von zwei Wohnungen kann Vergütung, die sich pro Wohnung bemißt, unverändert bleiben (AG Duisburg NZM 2001, 1143). Eine Sondervergütung ist nicht bereits wegen einer außerordentlichen Versammlung und geringfügigen Instandsetzungsarbeiten geschuldet (Düsseldorf ZfIR 1999, 286; LG Itzehoe ZMR 2001, 919; vgl Hamm ZWE 2001, 81). Der Vergütungsanspruch **verjährt** in 3 Jahren (§§ 195, 199 I BGB, früher 2 Jahre, § 196 I Nr 7 BGB; vgl Frankfurt OLGZ 1980, 413; BayObLG DWE 1984, 124; str für Aufwendungsersatzanspruch, BayObLG NZM 1998, 4; zur Verwirkung s Düsseldorf ZfIR 2003, 1058). Bei konkludentem Verwaltervertrag sind nach Beendigung Einzelabrechnungen gem § 667 BGB vorzunehmen.

7 4. **Abberufung** des Verwalters. a) Sie kann nur gem Abs I S 3 auf Abberufung aus wichtigem Grund beschränkt werden (KG OLGZ 1978, 178; vgl Drasdo NZM 2001, 923). „Abberufung" ist **gemeinschaftlicher Akt** und von Beendigung des Verwaltervertrages zu unterscheiden (BGH ZfIR 2002, 731; BayObLG NJW-RR 1987, 78; NJW-RR 1999, 1390). Der Beschluß über die Kündigung des Verwaltervertrages enthält regelmäßig auch die Abberufung als Verwalter (BayObLG NJW-RR 1999, 1390), desgleichen Bestellung eines neuen Verwalters mit sofortiger Wirkung (BayObLG NJW-RR 2003, 517). Mitteilung des Abberufungsbeschlusses an Verwalter führt unabhängig vom Inhalt des Anstellungsvertrages des Verwalters zur Beendigung des Verwalteramtes. In Mitteilung liegt regelmäßig Kündigungserklärung (BayObLG Rpfleger 1974, 360); eines Vollmachtsnachweises bedarf es nicht (LG Düsseldorf ZWE 2001, 501). Die Kündigung kann allerdings dienstvertraglich nicht wirksam sein, wenn zB wichtiger Kündigungsgrund nicht vorliegt. In diesem Falle enden zwar Amt und Vollmacht des Verwalters; jedoch kann sein Vergütungsanspruch bestehen bleiben, außerdem können ihm Schadensersatzansprüche wegen Vertragsverletzung zustehen (Hamm NJW-RR 1997, 523). Der Abschluß eines befristeten Verwaltervertrages enthält nicht konkludent das Recht zur ordentlichen Kündigung (Hamm ZMR 1997, 94). Die Vertretungsbefugnis ist gem § 168 BGB ohnehin selbständig widerruflich, sofern nicht § 27 III, was zweifelhaft ist, entgegensteht. Der Verwalter ist zur **Anfechtung** des Abberufungsbeschlusses befugt, auch wenn er nicht zugleich WEer ist (BGH NJW 1989, 1087, 1089; vgl dazu Wangemann WuM 1990, 53; Suilmann ZWE 2000, 106; Wenzel ZWE 2001, 510; zum Geschäftswert BayObLG ZWE 2002, 81). Das Rechtsschutzbedürfnis entfällt, wenn die Amtszeit abgelaufen ist (KG FGPrax 1997, 218; Hamm ZfIR 1999, 451), ferner bei Wiederwahl (Köln NZM 1998, 959) u Aufhebung des Abberufungsbeschlusses (Naumburg ZWE 2000, 143; WuM 2001, 44). Der Verwalter kann, auch wenn er seine Abberufung nicht anficht, gegen die Kündigung des Verwaltervertrages vorgehen (Köln NZM 2001, 429).

b) Ein **wichtiger Grund** für die Abberufung und Kündigung liegt vor, wenn den WEern unter Berücksichtigung aller Umstände nach Treu und Glauben eine Fortsetzung der Zusammenarbeit mit dem Verwalter nicht mehr zugemutet werden kann und das erforderliche Vertrauensverhältnis zerstört ist (BayObLG ZMR 1986, 21; Karlsruhe NZM 1998, 768; Gerauer ZMR 1987, 247). Diese Voraussetzungen können insbes vorliegen, wenn die Qualifikation des Verwalters nachhaltig in Frage steht (BayObLG 1965, 34), kein Vertrauen mehr in seine Redlichkeit oder Leistungsbereitschaft besteht (BayObLG WEM 80, 125; Frankfurt OLGZ 88, 43), er wegen eines Vermögensdelikts bestraft wurde (BayObLG ZfIR 1998, 305; Köln ZMR 2002, 152), er den Erhalt von Provisionen für eine Vertragsvermittlung verschweigt (Düsseldorf ZfIR 1998, 218), er Vergütung für 4 Jahre aus gemeinschaftlichen Geldern im voraus entnimmt (Zweibrücken ZfIR 2003, 219), es trotz Abmahnung an Neutralität und Objektivität gegenüber den MitEer-Interessen fehlt, insbesondere wenn er einseitig im Interesse eines Eigentümers oder des Bauträgers tätig wird (Köln NZM 1999, 126; LG Bremen ZMR 2001, 148; LG Düsseldorf ZWE 2001, 501; Köln NZM 2001, 677; AG Solingen NZM 2001, 149), er wiederholt die Jahresabrechnung nicht rechtzeitig aufstellt (BayObLG ZWE 2000, 38; ZWE 2002, 477; Brandenburg NZM 2002, 131; Köln NZM 1998, 960; ZfIR 1999, 377), er Schulden der Gemeinschaft nicht rechtzeitig tilgt (Köln ZMR 1999, 789), er keine Eigentümerversammlung einberuft (BayObLG NZM 1999, 844; Düsseldorf ZfIR 1998, 367; aA BGH ZfIR 2002, 731), er sich nicht über die Eigentumsverhältnisse erkundigt (LG Düsseldorf ZWE 2001, 501), eine Zusammenarbeit mit dem Verwaltungsbeirat nicht mehr möglich ist (BayObLG 1998, 310; ZWE 2000, 77), er seine Aufgaben an Dritte überträgt (BayObLG ZfIR 1997, 605) oder in Vermögensverfall gerät (Stuttgart OLGZ 1977, 433). Die Fortsetzung des Rechtsverhältnisses bis zur ordentlichen Beendigung kann im Einzelfall bei beiderseits verursachtem Zerwürfnis zumutbar sein (BayObLG 1998, 310). Abberufung eines wiederbestellten Verwalters kann nur auf neuen, nach Wiederwahl eingetretenen Grund gestützt werden (Celle NZM 1999, 841; Düsseldorf ZMR 1997, 96; ZWE 2000, 473; Köln ZfIR 2003, 439). Ist Wirksamkeit einer Abberufung/Kündigung str, kann erneute wirksame Abberufung/Kündigung erfolgen (Köln NZM 1998, 960). Abberufung und Kündigung müssen innerhalb angemessener **Frist** nach Entstehen und Kenntnis des Grundes erfolgen (BayObLG NZM 1999, 844); die Zwei-Wochen-Frist des § 626 II BGB findet keine Anwendung (BayObLG ZWE 2000, 185), aber Verwirkung möglich (Frankfurt NJW-RR 1988, 1169; Hamm WuM 1991, 218; BayObLG ZWE 2000, 185: jedenfalls nach mehr als zwei Monaten). Gerichtliche **Zwangsabberufung** ist möglich (BayObLG NJW-RR 1986, 445; KG WE 1988, 168; Köln WuM 1997, 696). Allerdings müssen einzelne WEer/TeilEer zunächst versuchen, einen Mehrheitsbeschluß hierüber herbeizuführen (BayObLG ZfIR 1997, 605). Nur wenn dies gescheitert ist oder das ablehnende Abstimmungsergebnis von vornherein feststeht, ist die gerichtliche Durchsetzung der Abberufung möglich (Düsseldorf ZMR 1994, 520; ZfIR 1998, 367). Im Hinblick auf das Entscheidungsrecht der Mehrheit muß der Abberufungsgrund so schwerwiegend sein, daß die Nichtabberufung nicht mehr vertretbar ist (Celle NZM 1999, 841), also ordnungsgemäßer Verwaltung widerspricht (Celle ZWE 2002, 475). Verwalter muß bei Interessengegensätzen auch Kritik hinnehmen (BayObLG ZWE 2001, 319). c) Nach Abberufung besteht noch **Pflicht**, unerledigte Aufgaben zu erfüllen und die bisherige Tätigkeit abzuwickeln (Frankfurt WuM 1999, 61; Hamm OLGZ 1975, 157; Merle ZWE 2000, 9, 10; vgl Frohne NZM 2002, 242; Reichert ZWE 2001, 92). Hierzu gehören die Aufbewahrung, Herausgabe und Rechtschaftspflicht bzgl Unterlagen (Frankfurt OLGZ 1994, 538; WuM 1999, 61; Hamburg OLGZ 1994, 147; BayObLG ZWE 2001, 431; AG Königstein NZM 2000, 876) und die Herausgabe von Geldern (BayObLG ZWE 2000, 187; NJW-RR 2001, 1018), ferner ua die Abrechnung für vorausgegangene Wirtschaftsjahre einschließlich desjenigen, zu dessen Ende die Abberufung erfolgt (insoweit aA BayObLG WE 1995, 374; Hamm NJW-RR 1993, 847; vgl Nies NZM 1999, 832) und die Beglaubigung der Unterschrift auf dem letzten Protokoll. Führt Verwalter Tätigkeit nach Ablauf des Bestellungszeitraums fort, so treffen ihn die Verwalterpflichten sowie die nachvertragliche Pflicht zur Aufklärung der WEer/TeilEer über die eingetretene Situation (KG NZM 1999, 255). Ihm stehen umgekehrt Aufwendungsersatzansprüche nach §§ 677ff BGB zu (BayObLG ZfIR 1997, 220; Düsseldorf NJW-RR 1996, 913).

5. Verwalternachweis (Abs IV). Gesetzliche Regelung stellt Erleichterung dar. Ausreichend ist Vorlage einer Niederschrift über Bestellungsbeschluß, bei der nur die Unterschriften der in § 24 VI bezeichneten Personen öffentlich beglaubigt sein müssen. Beglaubigung von mind zwei Unterschriften erforderlich (Kahlen § 24 Rz 84). Ist Beiratsvorsitzender Versammlungsleiter, ist nur Unterschrift eines weiteren WEer erforderlich (LG Lübeck Rpfleger 1991, 309); dagegen können Versammlungsleiter und Beiratsvorsitzender nicht zugleich in Doppelfunktion auch als WEer unterzeichnen (str). Abs IV stellt keine abschließende Regelung dar; andere Nachweismöglichkeiten bleiben unberührt. **Legitimation** kann auch durch beurkundete oder beglaubigte Teilungserklärung erfolgen. Ferner Bezugnahme auf Urkunden zu anderen Grundakten möglich (§ 34 GBO). Schließlich bleibt stets die Bestellung bzw Bestätigung der Bestellung durch sämtliche WEer/TeilEer mit Beglaubigung ihrer Unterschriften möglich. Weigert sich ehemaliger Verwalter und Vorsitzender der Versammlung zu unterschreiben bzw Unterschrift beglaubigen zu lassen, liegt darin Pflichtverletzung, die zum Schadensersatz verpflichtet; diese Pflicht besteht weiter, auch wenn Verwalterstellung nicht mehr besteht. Abs IV gilt aber nur für Nachweis der Verwaltereigenschaft, keine analoge Ausweitung zB auf Bevollmächtigung des Verwalters (BayObLG 1978, 377). Fortbestand der Bestellung wird vermutet (Oldenburg Rpfleger 1979, 266). Bei Verwalterbestellung nach § 23 III müssen Einzelerklärungen gem § 29 GBO beglaubigt vorliegen (BayObLG NJW-RR 1986, 565). Kostentragung trifft Gemeinschaft.

27 Aufgaben und Befugnisse des Verwalters

(1) Der Verwalter ist berechtigt und verpflichtet:
1. Beschlüsse der Wohnungseigentümer durchzuführen und für die Durchführung der Hausordnung zu sorgen;
2. der für die ordnungsmäßige Instandhaltung und Instandsetzung des gemeinschaftlichen Eigentums erforderlichen Maßnahmen zu treffen;
3. in dringenden Fällen sonstige zur Erhaltung des gemeinschaftlichen Eigentums erforderliche Maßnahmen zu treffen;
4. gemeinschaftliche Gelder zu verwalten.

(2) Der Verwalter ist berechtigt, im Namen aller Wohnungseigentümer mit Wirkung für und gegen sie:
1. Lasten- und Kostenbeiträge, Tilgungsbeträge und Hypothekenzinsen anzufordern, in Empfang zu nehmen und abzuführen, soweit es sich um gemeinschaftliche Angelegenheiten der Wohnungseigentümer handelt;
2. alle Zahlungen und Leistungen zu bewirken und entgegenzunehmen, die mit der laufenden Verwaltung des gemeinschaftlichen Eigentums zusammenhängen;
3. Willenserklärungen und Zustellungen entgegenzunehmen, soweit sie an alle Wohnungseigentümer in dieser Eigenschaft gerichetet sind;
4. Maßnahmen zu treffen, die zur Wahrung einer Frist oder zur Abwendung eines sonstigen Rechtsnachteils erforderlich sind;
5. Ansprüche gerichtlich und außergerichtlich geltend zu machen, sofern er hierzu durch Beschluß der Wohnungseigentümer ermächtigt ist;
6. Die Erklärungen abzugeben, die zur Vornahme der in § 21 Abs. 5 Nr. 6 bezeichneten Maßnahmen erforderlich sind.

(3) Die dem Verwalter nach den Absätzen 1, 2 zustehenden Aufgaben und Befugnisse können durch Vereinbarung der Wohnungseigentümer nicht eingeschränkt werden.

(4) Der Verwalter ist verpflichtet, Gelder der Wohnungseigentümer von seinem Vermögen gesondert zu halten. Die Verfügung über solche Gelder kann von der Zustimmung eines Wohnungseigentümers oder eines Dritten abhängig gemacht werden.

(5) Der Verwalter kann von den Wohnungseigentümern die Ausstellung einer Vollmachtsurkunde verlangen, aus der der Umfang seiner Vertretungsmacht ersichtlich ist.

1. Rechtsmacht des Verwalters. Festlegung sowohl hinsichtlich der Geschäftsführungsbefugnis (Abs I) als auch der Legitimation nach außen (Abs II, str). Regelung des Aufgabenkerns (vgl Abs III); darüber hinaus können sich weitere Rechte und Pflichten aus der Teilungserklärung ausdrücklich, aber auch im Wege der Auslegung ergeben, da es Aufgabe des Verwalters ist, in Ergänzung zur Verwaltung durch die Gemeinschaft (§ 21) die Effizienz und Vollständigkeit der Verwaltung zu gewährleisten (vgl Armbrüster ZWE 2002, 548). Aufgabenzuweisung an den Verw über § 27 hinaus durch WEer möglich. Abs II ist zum Schutz der WEer/TeilEer eng auszulegen. **Abs I** enthält, soweit nicht gleichzeitig Voraussetzungen des Abs II erfüllt sind, **keine Vertretungsmacht** für den Verwalter hM, so Augustin/Hauger Rz 9; Merle in Bärmann/Pick/Merle Rz 8ff; vgl auch BGH 1967, 232; aA Müller Rz 474, unklar MüKo (Röll Rz 2). Im Rahmen des **Abs II** ist von einer beschränkten gesetzlichen **Vertretungsbefugnis** auszugehen (str, vgl Schmidt ZWE 2000, 506; für Kombination rechtsgeschäftlicher und gesetzlicher Vertretung Merle ZWE 2001, 145; allg s Gruber NZM 2000, 263). **Stillschweigende Vollmacht** zur persönlichen Verpflichtung der einzelnen WEer kommt nur in Betracht, wenn bei speziellem Auftrag erkennbar, daß gemeinschaftliches Vermögen nicht vorhanden oder nicht ausreichend (vgl Düsseldorf BauR 1997, 334). Im Regelfall ist von gegenständlich (auf Verwaltungsvermögen) beschränkter Vollmacht bei best Ausführungsbeschluß auszugehen (vgl Hamm ZflR 1997, 347).

2. Regelverwaltung (Abs I). a) Beschlußdurchführung (Nr 1). Verwalter muß grds Beschlüsse unverzüglich ausführen, und zwar unabhängig von Anfechtbarkeit (vgl Soergel/Stürner Rz 1; BayObLG WE 1991, 198, aA Ganten WE 1992, 122); ggf muß er gerichtliche Überprüfung beantragen. Eine Ausnahme gilt nur bei erkennbar wichtigen Beschlüssen sowie, wenn Anfechtung durch WEer erfolgt ist und Maßnahme nicht unaufschiebbar ist; ggf ist auch Ermächtigung durch Gericht zum Sofortvollzug möglich. Handelt Verwalter in Vollzug eines Beschlusses, so ist er wegen Beeinträchtigungen, die sich daraus für einzelne ergeben, nicht Anspruchsgegner (BayObLG FGPrax 1995, 231). Nichtdurchführung eines Beschlusses kann Verletzung des Verwaltervertrages sein und zum Schadensersatz verpflichten (BayObLG ZflR 1997, 552; ZWE 2000, 179).

b) Instandhaltung/Instandsetzung des GemeinschaftsE **(Nr 2). aa)** Die Bestandspflege (Gebäudeunterhaltung) ist vom Verwalter regelmäßig durchzuführen; Kontrollen müssen nicht persönlich erfolgen (BayObLG ZMR 1990, 65; NZM 1999, 840; vgl Köln NZM 2001, 470 zur Sondervergütung bei aus aufwendiger Bauüberwachung). Pflicht zur Einholung von Konkurrenzangeboten auch bei kleinen Folgeaufträgen (BayObLG ZWE 2002, 466). **bb)** Bauliche Veränderungen liegen außerhalb der „Verwaltung"; sie sind gem § 22 I zu behandeln. **cc)** Bauliche Unfertigkeiten/Baumängelbeseitigung bzgl GemeinschaftsE ist hinsichtlich Feststellung der Mängel und der Überwachung von Verjährungsfristen für Baumängelansprüche Verwalteraufgabe insoweit, als er die WEer/TeilEer unterrichten und eine Entscheidung herbeiführen muß (Hamm NJW-RR 1997, 143; NJW-RR 1997, 908; vgl Bub NZM 1999, 530 und Fritsch BauRB 2003, 27). Einrichtung eines „Bauausschusses" führt nicht zur Entbindung des Verwalters von seinen Pflichten gem Nr 2 (LG Düsseldorf ZWE 2001; vgl Celle NZM 2002, 169; Bertram WE 1988, 350). Verwalter trifft keine Pflicht zur regelmäßigen Wartung sämtlicher Bestandteile des Hauses, nur wo üblich (KG NZM 1999, 131). Dagegen bei Schadenseintritt Verpflichtung, erforderliche Maßnahmen zu unternehmen, um Ursache festzustellen (BayObLG NZM 1998, 583). Ausgenommen bei Eilbedürftigkeit (Nr 3) muß sodann Entscheidung der WEer/TeilEer herbeigeführt werden (Düsseldorf ZfIR 1997, 667; vgl Celle NZM 2002, 169). Dies gilt auch bei Abweichung von beschlossener Sanierung (Celle NZM 2002, 169). Zur Geltendmachung von Versicherungsansprüchen nur Befugnis, soweit zur Instandhaltung erforderlich (BayObLG NZM 1998, 583). Bei Pflichtverletzung insbes Verzögerungen oder Bezahlung von Werkleistungen trotz Mängeln Schadensersatzanspruch gg Verwalter möglich (BayObLG FGPrax 1996 20; Celle NZM 2002, 169; Düsseldorf ZfIR 1997, 345; ZfIR 1998, 547; Köln WuM 1997, 68).

c) Dringende Erhaltungsmaßnahmen (Nr 3). In dringenden Fällen ist der Verwalter an den „Normalablauf" 4 (insbes Beschlußfassung) wegen Eilbedürftigkeit nicht gebunden. „Dringend" ist das nach objektiver Einschätzung Unaufschiebbare. Eilbedürftigkeit darf vorherige Versammlungseinberufung nicht zulassen (BayObLG ZfIR 1997, 472). Hinsichtlich Annahme einer Vollmacht ist Zurückhaltung geboten (vgl KG ZWE 2001, 278). Grundsätzlich gilt für Vertretungsmacht auch hier Rz 1.

Gemeinschaftsgelder (Nr 4; vgl §§ 16 II, 21 V S 4, 28 II) stehen in Bruchteilungseigentum der WEer/TeilEer, 5 sie sind nicht TreuhandE des Verwalters, dieser verwaltet nur treuhänderisch (Hamburg MDR 1970, 1008). Aus Treuhandstellung des Verwalters folgt Pflicht zur Beachtung der Zweckbindung der Gelder (Düsseldorf ZfIR 1997, 554) und **Auskunftspflicht** gegenüber der Gemeinschaft, aber auch gegenüber einzelnem WEer (Celle OLGZ 1993, 177; vgl Dürr ZMR 1987, 121f; WE 1987, 299; Seuß WE 1989, 38). Auskunftspflicht entfällt, soweit Entlastung erteilt ist (Celle DWE 1984, 126). Die Verwaltung gemeinschaftlicher Gelder erschöpft sich nicht in deren Ansammlung, Anlage und geordneter Ausgabe, sondern schließt eine vorausschauende Geschäftsführung ein. Gelder sind verzinslich anzulegen (AG Köln ZMR 2001, 748); riskante Anlageformen sind allerdings nicht erlaubt (BayObLG NJW-RR 1995, 530). **Konten** sind als Anderkonten (soweit Verwalter hierzu berechtigt ist), Fremdkonten der Eigentümer mit Vollmacht oder Treuhandkonten zu führen. Eine Kreditaufnahme ist ohne speziellen Beschluß und Vollmacht nicht gestattet. Bei **ungeklärten Abhebungen** vom Konto besteht Herausgabepflicht des Verwalters, der auch die Darlegungslast für die Berechtigung der Abbuchung trägt (BayObLG ZWE 2000, 262; NZM 2000, 245; NJW-RR 2001, 1018; vgl BGH MDR 1997, 537; Niedenführ NZM 2000, 270).

3. Befugnisse (Abs II) beinhalten unmittelbare Legitimation gegenüber Dritten. Bezeichnen Tätigkeit des Ver- 6 walters, die zur ordnungsgemäßen Verwaltung erforderlich ist. Die **Vollmacht** des Verwalters ist gesetzlich kaum ausgestaltet (BGH NJW 1977, 44; BGH 78, 166). Dem praktischen Bedürfnis kann nur durch entspr Vereinbarung in der Gemeinschaftsordnung mit Festlegung des Umfangs entsprochen werden (vgl Gruber NZM 2000, 263). Im übrigen ist im Rahmen der laufenden Verwaltungsmaßnahmen gesetzliche Vertretungsbefugnis gegeben.

a) Lasten und Kosten (Nr 1). Ermächtigt den Verwalter, für die WEer den genannten gemeinschaftlichen Zah- 7 lungsverkehr zu regeln. Inwieweit „gemeinschaftliche Angelegenheit" vorliegt, ist bei Gesamtfinanzierung durch WEer strittig (vgl KG NJW 1975, 318; BayObLG Rpfleger 1978, 256). Bei Wohngeldansprüchen vertritt Verwalter die Gemeinschaft mit Ausnahme der Betroffenen (BayObLG MDR 1998, 1090; vgl Düsseldorf ZWE 2000, 190); anwaltliche Hilfe setzt Ermächtigung voraus (KG NJW-RR 1996, 526). Vollmacht kann auf Befugnis zu dingl Belastungen erstreckt werden (BayObLG Rpfleger 1978, 256). Liste mit Namen säumiger WEer ist zulässig (Drasdo NZM 1999, 542). Sondervergütungsanspruch gegen säumigen Eigentümer ist im Formularverwaltervertrag unwirksam (Düsseldorf NZM 2003, 119).

b) Zahlungen und Leistungen (Nr 2). Ergänzung zu **Abs I**, der dem Verwalter die Abwicklung der laufenden 8 Verwaltung überträgt. Verwalter ist selbstverständlich an Beschlüsse, vor allem Wirtschaftsplan (§ 28 I), gebunden. Verwalter muß öffentl Abgaben bezahlen und gegen Bescheide ggf Beschluß über Rechtsbehelfe herbeiführen (AG Köln NZM 2001, 677). Zahlungen dürfen nur für Zeitraum der Verwaltung erfolgen (Hamburg ZMR 1995, 222).

c) Zustellungsbevollmächtigung (Nr 3). Verhinderung wegen Interessenkollision (vgl MüKo-ZPO/Wenzel 9 § 170 Rz 2; § 178 II ZPO findet aber keine Anwendung), wenn Verwalter selbst Verfahrensgegner der WEer ist oder Beschluß nach § 43 I Nr 2 zugestellt werden sollen (Stuttgart OLGZ 1976; BayObLG WE 1981, 37; KG ZfIR 1997, 741; Düsseldorf ZMR 1994, 520; enger Köln WuM 1999, 301; LG Bremen WuM 1998, 118). Im übrigen ist Verwalter im Rechtsstreit Zustellungsvertreter nach 170 ZPO (BGH 78, 166), so daß (für die gesamte Gemeinschaft) nur einmal an Verwalter zugestellt zu werden braucht, auch dann, wenn im WE-Verfahren wegen deren Verfahrensbeteiligung einzelnen nicht zuzustellen ist (BayObLG NJW-RR 1989, 1168; NZM 1998, 81; Frankfurt OLGZ 1989, 433; LG Göttingen NZM 2001, 1141); anders, wenn WEer eigenen Antrag stellt (KG NZM 2001, 105). Eine Ausfertigung oder Abschrift genügt (§ 170 III ZPO). Die Zustellung muß Gemeinschaftsangelegenheit betreffen; dann gilt sie hinsichtlich anstehender Abwicklungsfragen auch für ausgeschiedene WEer (Drasdo NZM 2003, 793). Verwalter muß als Vertreter bezeichnet sein (BayObLG 1983, 14); Zustellung muß an Verwalter in dieser Eigenschaft erfolgen (BayObLG WuM 1995, 65; WuM 2001, 88; vgl Müller WE 1992, 62). Bekanntgabe von Abgabenbescheid an Verwalter kann aufgrund Rechtsscheinsvollmacht wirksam sein (BVerwG MDR 1994, 1114). Aber keine Kenntnisvermittlung für einzelnen WEer/TeilEer bei behördlicher Aufforderung an Verwalter (BGH ZfIR 2003, 203).

c) Fristwahrung/Nachteilsabwendung (Nr 4). Betrifft etwa Widerspruch im Mahnverfahren; sofortige Pro- 10 zeßführung insbes Rechtsmitteleinlegung, nur in Eilfällen (vgl BayObLG NJW-RR 1997, 396; Düsseldorf ZMR 1994, 520). Wichtig für Mängelrüge nach § 13 Nr 5 VOB/B. Gilt für Beweissicherungsverfahren nur, soweit es zur Verjährungsunterbrechung erforderlich ist (vgl BayObLG 1976, 211; BGH DB 1980, 204).

d) Verfahrensermächtigung (Nr 5). Setzt Beschluß der WEer/TeilEer voraus (BayObLG NJW-RR 1997, 396; 11 Düsseldorf ZWE 2001, 117; BAG NZM 1999, 25). Einfache Mehrheit ausreichend, falls nicht in Gemeinschaftsordnung abweichende Regelung (BayObLG ZWE 2001, 599). Auch Notverwalter bedarf der Ermächtigung zur Verfahrensvertretung (KG ZWE 2001, 496). Ausnahme gilt nur für Eilfälle nach § 27 II Nr 4 WEG (BayObLG

NJW-RR 1997, 396; vgl auch Schnauder WE 1991, 179; Müller WE 1992, 62). Aus Zweck der Ermächtigung können sich Schranken der Geschäftsführung und Vollmacht ergeben, insbes bei Interessenkollision (so KG ZWE 2003, 291 für Antrag eines Wohnungseigentümers gegen Gemeinschaft auf Abberufung des Verwalters). Ermächtigung zur Prozeßführung schließt nicht automatische Ermächtigung zur Beauftragung eines Anwalts ein; anders nur bei ausdrücklicher Ermächtigung sowie bei komplizierten Rechtsfragen und mangelnder Kompetenz des Verwalters, auf die dieser hingewiesen hat (Düsseldorf ZWE 2001, 117; BayObLG GE 1998, 365; aA Schnauder WE 1991, 179). Die „Ermächtigung" enthält zugleich gesetzliche Vertretungsmacht (vgl Düsseldorf BauR 1991, 362) sowie im Zweifel rechtsgeschäftliche Verfahrensstandschaft, so daß es dem Verwalter idR freisteht, ob er im eigenen Namen oder im Wege der Verfahrensstandschaft auftreten will (vgl BayObLG 1988, 212; FGPrax 1997, 19; ZWE 2001, 155; Köln NZM 1998, 865; Koblenz NZM 2000, 518; teilw abw LG Berlin ZMR 2001, 477; vgl auch BayObLG ZWE 2001, 418 bei kleiner Anlage). Darüber hinaus kann Verfahrensermächtigung nach allgemeinen Grundsätzen erteilt werden, und zwar auch dem Verwaltungsbeirat u dem Verwalter ferner für Eigenansprüche des WEers (Celle WEZ 1987, 97; BGH NJW-RR 1986, 755). Im Passivprozeß ist Verwalter nur zustellungsbevollmächtigt (Abs II Nr 3); Verfahrensermächtigung bedarf hier besonderen Beschlusses (BGH NJW 1981, 282), ansonsten ist Klage gegen alle WEer zu erheben. Verwalter kann in Verfahren gg einzelne WEer ermächtigt werden (Köln WuM 1997, 696; BayObLG GE 1997, 695); gilt auch bei Veräußerung ohne gem § 12 erforderliche Zustimmung (Hamm ZWE 2002, 42), nicht jedoch bei Individualansprüchen der WEer zB Unterlassung von Nutzungsänderung (vgl BayObLG NJW-RR 1994, 527; KG NZM 2001, 528, s aber auch BayObLG FGPrax 1996, 142; BayObLG 2000, 43). Verfahrensermächtigung eines Verwalters gilt auch zugunsten seines Rechtsnachfolgers (KG NJW-RR 1989, 657; BayObLG FGPrax 1997, 19; vgl BayObLG ZWE 2000, 470). Abberufener Verwalter kann Wohngeldansprüche in Verfahrensstandschaft weiter geltend machen, außer Ermächtigung wird widerrufen (BayObLG ZfIR 1997, 156; GE 1999, 781). Verwalter kann auch ermächtigt werden, Ansprüche gg den früheren Verw geltend zu machen (BayObLG ZMR 1994, 428; NJW-RR 1998, 519; LG Berlin ZMR 2001, 739), ebenso gegen den Bauträger (München NJW-RR 2002, 1454; zum Beschlußinhalt Fritsch BauR 2003, 27). Ohne besondere Ermächtigung ist der Verwalter nicht befugt, Ansprüche anzuerkennen oder unstreitig zu stellen oder auf sie zu verzichten (BayObLG ZfIR 1997, 472; BayObLG 1998, 284; ZWE 2001, 593; Düsseldorf ZfIR 1999, 768). Umstr ist, ob Verwalter befugt ist, als Verfahrensbevollmächtigter **vor Gericht aufzutreten**. Dies ist im Bereich der in unmittelbarem Zusammenhang mit den Aufgaben und Befugnissen des Verwalters stehenden Angelegenheiten gem Art 1 § 5 Nr 3 RBerG zu bejahen (vgl BayObLG NJW-RR 1992, 81; Schnauder WE 1991, 179; aA KG WE 1991, 191; WE 1992, 112). § 157 I ZPO verbietet nicht Auftreten in der mündlichen Verhandlung (MüKo-ZPO/Peters § 157 Rz 12, aA Rennen/Caliebe RBerG Art 1 § 5 Rz 92). Verwalter kann zunächst ohne Ermächtigung Rechtsmittel einlegen, wenn Antrag wegen Fehlens der Ermächtigung nicht stattgegeben wurde (BayObLG NJW-RR 1995, 652).

12 e) **Erklärungen (Nr 6).** Abgabe von Erklärungen (zB Antrag für Hausanschluß) bzgl Telefon, Rundfunkempfang und Energieversorgungsanlage (zB Strom, Gas). Beschluß im Regelfall nicht erforderlich. Betrifft nur GemeinschaftsE. Keine entsprechende Anwendung auf weitere Gebrauchszulassungen (zB Nutzungsänderungen, Durchleitungsrechte, Abstandsflächenübernahme, Baulast; vgl BayObLG MittBayNot 1998, 183).

13 4. **Unabdingbarkeit (Abs III).** Aufgaben und Befugnisse des Verwalters gem Abs I und II können durch Teilungserklärung/Vereinbarung nicht generell eingeschränkt werden. Zulässig ist jedoch Beschlußfassung über Aufgabenerledigung im Einzelfall (Weisung). Möglich ist es auch, best Verwalter bei Vorliegen gewichtiger Gründe einzelne Aufgaben zu entziehen (str, aA Sauren Rz 96, der Entziehung einzelner Aufgaben allg zuläßt). Erweiterung der Befugnisse des Verwalters allg und im Einzelfall stets möglich.

14 5. Pflicht zur **Vermögenssonderung (Abs IV S 1)** ist zwingend (str, Pick JR 1972, 101; Merle in Bärmann/Pick/Merle; aA hM, Niedenführ/Schulze Rz 32; RGRK/Augustin Rz 25; vgl Bub WE 1994, 151). Ein Grund, dem Verwalter eine gemeinsame Vermögensverwaltung zu gestatten, ist nicht ersichtlich. Wesentlich ist, daß das verwaltete Vermögen nicht dem Zugriff persönlicher Gläubiger des Verwalters unterliegt (vgl BGH DB 1973, 2041); erforderlich ist deshalb offenes Fremdkonto (Frankfurt OLGZ 1980, 413) oder Treuhandkonto (KG NJW-RR 1987, 1160; BayObLG Rpfleger 1979, 266), jedoch ohne Verpflichtung des Verwalters, selbständige Unterkonten zu führen (KG NJW-RR 1987, 1160) Wohngelder können befreiend auch auf „Privatkonto" des Verwalters gezahlt werden (Saarbrücken OLGZ 1988, 45). Für unterschiedliche Anlagen hat Verwalter auf jeden Fall eigene Konten zu führen (Röll/Sauren Rz 342). Verwalter muß auch bei Treuhandkonto Zweckbindung beachten (Düsseldorf ZfIR 1997, 554). Bei Pfändung ist bei Treuhandkonto Drittwiderspruchsklage erforderlich u bei Insolvenz Nachweis der Gelder der Gemeinschaft (Hamm ZIP 1999, 765). Verletzt Verwalter Pflicht zur Vermögenssondern kann daraus gewerberechtliche Unzuverlässigkeit resultieren (BVerwG DÖV 1995, 643), außerdem liegt Untreue (§ 266 StGB) vor (BGH St 41, 224; LG Krefeld NZM 2000, 200; Zieschang NZM 1999, 393). Bei Treuhandkonto trifft Verwalter keine Pflicht, Schuldsaldo aus eigenen Mitteln nach Ablauf seiner Tätigkeit auszugleichen (BayObLG GE 1998, 363). **Einschränkung der Verfügungsbefugnis (Abs IV S 2)** über Konto aufgrund Vereinbarung (Weitnauer/Hauger Rz 33; Niedenführ/Schulze Rz 33, aA Soergel/Stürner Rz 6: Mehrheitsbeschluß). Häufig ab bestimmtem Betrag Zustimmung von Verwaltungsbeiratsmitglied erforderlich. Grob fahrlässig, wenn Verwaltungsbeirat entgegen Weisung kein Zustimmungserfordernis vorsieht (Düsseldorf MDR 1998, 35).

15 6. **Vollmachtsurkunde (Abs V)** dient der vereinfachten Legitimation des Verwalters. Statt Aufzählung der einzelnen Befugnisse genügt Vertretungsberechtigung nach § 27 II. Vollmacht kann sich auf die konkreten Befugnisse beschränken. Denkbar ist auch „Blankovollmacht" nach außen mit Beschränkung nach innen; Anspruch hierauf hat Verwalter jedoch nicht. Konkrete Ermächtigung nach Abs II Nr 5 kann durch Beschluß der WE-Versammlung nachgewiesen werden (BayObLG NJW 1964, 1962). Notverwalter kann Nachweis der Vertretung durch Gerichtsbeschluß führen.

§ 28 WEG Wirtschaftsplan, Rechnungslegung

28 (1) Der Verwalter hat jeweils für ein Kalenderjahr einen Wirtschaftsplan aufzustellen. Der Wirtschaftsplan enthält:
1. die voraussichtlichen Einnahmen und Ausgaben bei der Verwaltung des gemeinschaftlichen Eigentums;
2. die anteilmäßige Verpflichtung der Wohnungseigentümer zur Lasten- und Kostentragung;
3. die Beitragsleistung der Wohnungseigentümer zu der in § 21 Abs. 5 Nr. 4 vorgesehenen Instandhaltungsrückstellung.

(2) Die Wohnungseigentümer sind verpflichtet, nach Abruf durch den Verwalter dem beschlossenen Wirtschaftsplan entsprechende Vorschüsse zu leisten.

(3) Der Verwalter hat nach Ablauf des Kalenderjahres eine Abrechnung aufzustellen.

(4) Die Wohnungseigentümer können durch Mehrheitsbeschluss jederzeit von dem Verwalter Rechnungslegung verlangen.

(5) Über den Wirtschaftsplan, die Abrechnung und die Rechnungslegung des Verwalters beschließen die Wohnungseigentümer durch Stimmenmehrheit.

1. **Dreistufige Haushaltsführung:** Aufstellung eines Wirtschaftsplans (Abs I–III), ordnungsgemäße Haushaltsführung (§§ 21 V, 27) und Rechenschaftspflicht. Hinzu kommen die permanente Kontrollmöglichkeit der WEer (Abs IV) und die Legitimation der Verwaltertätigkeit durch Mehrheitsbeschlüsse der WEer auf den genannten drei Stufen. Gesetzliche Verwalterpflichten können im Verfahren nach § 43 I Nr 2 – ggf auch vom einzelnen WEer/TeilEer (vgl BayObLG NJW-RR 1990, 659) – erzwungen werden; Vollziehung, da vertretbare Handlung, nach § 45 III, § 887 ZPO (str, vgl BayObLG WE 1989, 220; Düsseldorf ZfIR 1999, 874; nimmt man unvertretbare Handlung an, gilt § 888 ZPO, so LG Köln WuM 1997, 126).

2. Der **Wirtschaftsplan** (Abs I) ist keine „Eröffnungsbilanz", sondern eine Einnahmen- und Ausgabenübersicht (BayObLG NJW-RR 1989, 840; 1991, 15; vgl BayObLG NJW-RR 1988, 81). Der **Mindestinhalt** wird vom Gesetz vorgegeben (Abs I S 2). Darüber hinausgehende Anforderungen an den Inhalt des Wirtschaftsplanes können auch durch Mehrheitsbeschluß angeordnet werden. Die Herabsetzung der Mindestanforderungen bis zur Grenze der bloßen Nennung des monatlichen Wohngeldvorschusses ist durch Vereinbarung möglich (aA noch BayObLG NZM 1999, 1058: Mehrheitsbeschluß). Zeitliche und sachliche Grenzen bilden das Wirtschaftsjahr (BayObLG 1999, 176) und die Angelegenheiten der Gemeinschaft (BayObLG ZWE 2001, 546). Der Wirtschaftsplan stellt eine Entwicklungsprognose dar. Wegen dieser planerischen Komponente besteht ein Ermessensspielraum (KG NJW-RR 1991, 725); allerdings müssen die Grundsätze einer sicheren und ggf zurückhaltenden Bewertung beachtet werden (vgl auch BayObLG WuM 1988, 329; Düsseldorf WuM 1997, 345; BayObLG NJW-RR 1995, 530). Für den einzelnen WEer muß erkennbar sein, welche Belastung – seinem MitE-Anteil entsprechend (§ 16 II) – auf ihn zukommt (BayObLG NJW-RR 1991, 1360). IdR wird das über einen **Einzelplan** geschehen; dies ist jedoch nicht zwingend, wenn die Einzeldaten dem **Gesamtplan** zu entnehmen sind (BayObLG NJW-RR 1990, 720; vgl zu den Plänen LG Berlin ZMR 2001, 1009). Der Wirtschaftsplan ist bei ordentlicher Verwaltung zu Jahresbeginn aufzustellen (BayObLG NJW-RR 1990, 660). Ein vom Kalenderjahr abweichendes **Wirtschaftsjahr** kann in Teilungserklärung/Vereinbarung geregelt werden (aA LG Berlin ZMR 2001, 477: Beschluß). Eine Sonderumlage ist ein Nachtrag zum Wirtschaftsplan (Köln ZMR 2001, 574), der einen unrichtigen Ansatz korrigiert oder auf einen Sonderbedarf reagiert. Es kann beschlossen werden, daß der Wirtschaftsplan in den Folgejahren **fortgilt**, solange nicht ein neuer Plan beschlossen wird (KG NJW-RR 1990, 1298; Hamm WE 1990, 25; Köln WuM 1995, 733; Düsseldorf ZfIR 2003, 959; LG Berlin GE 2001, 1200; Gottschalg NZM 2001, 950), auch konkludent möglich (Hamburg NZM 2003, 203). Entstehen bei dieser Verfahrensweise in den Folgejahren erhebliche Abweichungen von einer sachgerechten Prognose, besteht Anspruch der WEer auf Anpassung des Wirtschaftsplans. Im Wege einstweiliger Anordnung kann auch das WEGericht einen **vorläufigen** Wirtschaftsplan aufstellen (KG NJW-RR 1991, 463). Gerichtliche Gestaltung ist aber erst statthaft, wenn ordentliche Beschlußfassung durch WEer nicht zu erreichen ist (KG NJW-RR 1991, 1424: vgl auch KG NJW-RR 1991, 725).

3. **Wohngeldvorschuß** (Abs II). WEer hat entsprechend Wirtschaftsplan **Vorschüsse auf die Jahreskosten** zu leisten (vgl BayObLG NJW-RR 1988, 272; KG WE 1988, 167). Voraussetzung ist ein beschlossener Wirtschaftsplan (BayObLG WE 1990, 111). Strittig ist, inwieweit für Vorschußanforderungen der Belastungsplan für die einzelnen WEer notwendig ist (so BayObLG NJW-RR 1989, 1163; WE 1991, 24) oder Gesamtplan genügt (so KG WE 1990, 92f). Ausreichend ist, daß Einzelbelastung aus dem Gesamtplan erkennbar ist. Vorschußpflicht erlischt nicht, wenn Jahresabrechnung beschlossen ist, Zahlungsanspruch wird jedoch durch das Ergebnis der Jahresabrechnung begrenzt (BayObLG ZWE 2000, 470; ZfIR 2000, 797; aA Zweibrücken NZM 1999, 322: keine Begrenzung; Stuttgart OLGZ 1990, 175: Erlöschen). Ist Vorschuß zu Unrecht bezahlt worden, steht dem WEer kein Rückforderungsrecht, wenn WEer-Konto negativen Schuldsaldo aufweist (KG MDR 1989, 742). **Zahlungsklage** bei ausbleibendem Wohngeld kann nur aufgrund Beschluß erhoben werden (BGH 111, 148). Verzugszinsen und Zahlung des gesamten Wohngeld für das Jahr bei Rückstand von zwei monatlichen Teilbeträgen (Fälligkeitsregelung für das gesamte Jahr mit Verfallklausel) sind möglich (BGH ZfIR 2003, 991; KG NZM 2003, 557; Schmidt ZWE 2000, 448; aA noch Zweibrücken ZMR 2003, 136 und Drasdo NZM 2003, 588; vgl AG Kerpen ZMR 1999, 126). Zum Mahnverfahren s § 46a.

4. **Jahresabrechnung** (Abs III) als Hauptleistungspflicht des Verwalters (BayObLG ZfIR 1997, 220) enthält korrespondierend zum Wirtschaftsplan die nachträgliche Rechenschaft über den wirtschaftlichen Verlauf des Jahres (vgl Bühler ZMR 1997, 111). Einnahmen und Ausgaben sind hier konkret gegenüberzustellen (BayObLG NJW-RR 1987, 595; WuM 1994, 230; WuM 1994, 498; Karlsruhe NZM 1998, 768; Zweibrücken NZM 1999, 276); es kommt für die formelle Übersicht nicht darauf an, ob die Ausgaben in der Sache berechtigt waren (BayObLG WE 1990, 182; 1991, 75; ZMR 2001, 561 u 907; Demharter ZWE 2001, 585). Fehlt es daran, ergeben sich ggf Konse-

quenzen aus ordnungswidriger Verwaltung. Da es sich um eine Einnahmen- und Ausgabenrechnung handelt, sind Forderungen und Verbindlichkeiten grds nicht aufzunehmen; Ausnahmen bestehen für die Heizkosten, die Instandhaltungsrückstellung und wegen Nichtentrichtung von Vorschüssen offene Posten (Hamm ZWE 2001, 446; BayObLG ZWE 2000, 135; AG Köln ZMR 1998, 724; vgl auch Brandenburg NZM 2002, 131; Karlsruhe WuM 2001, 458; KG NJW-RR 1994, 1105; Happ ZMR 2001, 260; Jennißen ZWE 2002, 19). In die Jahresabrechnung gehören Ausgaben von Gemeinschaftskonto (BayObLG ZMR 1996, 43), eine Darstellung des Kontos der Gemeinschaft (AG Köln ZMR 1998, 724), gezahlte Versicherungsprämien (BayObLG ZfIR 1998, 545). Einnahmen, aufgelistet nach ihrer Art u die Entwicklung der Rücklage, nicht jedoch Vorjahresrückstände (BayObLG ZWE 2001, 375; Köln ZMR 2001, 573; KG ZWE 2001, 381; teilw abw Köln NZM 2000, 909). Die Jahresabrechnung hat das Kalenderjahr zu erfassen (Zweibrücken ZMR 2000, 868). Durch den Umsatz der Einnahmen und Ausgaben ergibt sich ein Vermögensstatus (Hamm ZWE 2001, 446; Zweibrücken NZM 1999, 276). Die Abrechnung ist in einer übersichtlichen Form vorzulegen (Hamm ZWE 2001, 446). Für den einzelnen WEer muß klar ersichtlich sein, welche Belastungen aus dem Gesamtvolumen des Wirtschaftsplans auf ihn persönlich zukommen (BayObLG WE 1990, 147), und zwar ohne Zuziehung eines Buchprüfers oder sonstigen Sachverständigen (Hamm ZMR 1995, 251; Köln NZM 1999, 506; vgl Düsseldorf ZMR 1999, 275). Da **Einzelabrechnung** aus der Gesamtabrechnung abgeleitet ist, darf sie auch nur deren Daten auswerten (BayObLG NJW-RR 1990, 1107); die Einzelabrechnungen müssen aus der Gesamtabrechnung abgeleitet werden, dh das Ergebnis der Gesamtabrechnung muß auf die einzelnen Eigentümer aufgeteilt werden (Köln NJW-RR 1995, 1295; KG ZfIR 1997, 741; NZM 2001, 294; ZfIR 2003, 439; BayObLG WuM 1994, 568; NJW-RR 1997, 79; NZM 1999, 865; ZfIR 2001, 57; ZWE 2001, 492; AG Kerpen ZMR 1998, 376; Schuschke NZM 1998, 423; Drasdo NZM 1998, 425; ZWE 2000, 248; zur Abrechnung bei einem Eigentümerwechsel s Demharter ZWE 2002, 294; Slomian ZWE 2002, 206; Syring ZWE 2002, 565). Ausgabe, die nur einen WEigentümer betrifft, kann in Geasamtabrechnung eingestellt und in Einzelabrechnung übernommen werden (KG ZfIR 2003, 439). Der **Anspruch des einzelnen WEers** auf Erteilung der Jahresabrechnung ist erfüllt, wenn den formalen Anforderungen an Klarheit und Vollständigkeit der Übersicht genügt ist (KG NJW-RR 1987, 1160). Die Verpflichtung des Verwalters entspricht insoweit grundsätzlich der Darlegungspflicht gem § 259 BGB. Bei Unvollständigkeit besteht jedoch entsprechend § 21 IV Ergänzungsanspruch, ggf bei sonstigen Fehlern Anspruch auf Nacherfüllung (vgl §§ 280, 281 BGB; vgl BayObLG ZMR 1999, 185; Hamm NZM 1998, 923).

5   **5. Rechnungslegung** (Abs IV). Setzt grundsätzlich Mehrheitsbeschluß der Gemeinschaft voraus; dazu korrespondieren für den einzelnen WEer der **Auskunftsanspruch** und das **Einsichtsrecht** zur Erlangung einer hinreichenden Kontrolle.

a) Die **Rechnungslegung** ist ein Sicherungsmittel der Gemeinschaft, das während des laufenden Wirtschaftsjahres (KG WE 1988, 17) eine Zwischenabrechnung ermöglicht. Die Verpflichtung besteht gegenüber den WEern/TeilEern in ihrer Gesamtheit, nicht ggüb dem einzelnen Eigentümer (BayObLG ZWE 2000, 135). Die Rechnungslegung erfolgt ggüb der WEversammlung (BayObLG WE 1989, 145). Grds kann in diesem Rahmen eine Einzelabrechnung nicht gefordert werden (BayObLG 1979, 30; KG MDR 1981, 407); sie wird aber zuzulassen sein, wenn aus besonderen Gründen schutzwertes Interesse besteht (vgl BayObLG NJW 1972, 1377). Mit Erteilung der Jahresabrechnung erledigt sich der Kontrollanspruch (KG NJW-RR 1986, 644). Leistungsort ist der Ort der Wohnanlage (str, vgl Weitnauer/Hauger: Sitz des Verwalters); bei unvollständiger Abrechnung besteht Anspruch auf Ergänzung (BGH MDR 1984, 34; Oldenburg NJW-RR 1992, 778). Eine zusätzliche Vergütung erhält der Verwalter nicht. Es handelt sich um eine nicht vertretbare Handlung (str, BayObLG ZWE 2002, 585). Der Anspruch steht dem einzelnen WEer zu (dann: individueller Auskunftsanspruch), wenn WEer wegen Weigerung der Gemeinschaft sonst keine zumutbare Kontrollmöglichkeit hat (str, KG NJW-RR 1987, 1160; WE 1988, 17; BayObLG WE 1991, 253; WuM 1994, 567, die Ermächtigung durch Beschluß fordern; wie hier Weitnauer/Hauger Rz 34). Namen und Anschriften der WEer können den MitEern auch im Hinblick auf Datenschutz bekanntgegeben werden (Frankfurt OLGZ 1984, 258; AG Köln ZMR 1999, 67; AG Trier WuM 1999, 482). b) **Einsichtsrecht** unterstützt Anspruch auf Abrechnung/Rechnungslegung/Auskunft; dient der Überprüfung der Verwaltertätigkeit, unabdingbares Kontrollrecht (Hamm OLGZ 1988, 37; Köln WuM 1998, 50; ZMR 2001, 851; NZM 2001, 1142; BayObLG NZM 2000, 873). Richtet sich gg Verwalter und Gemeinschaft (KG ZWE 2000, 226; aA BayObLG NZM 2000, 556: nur gg Verwalter). Im Rahmen der Einsichtnahme besteht auch ein Anspruch auf Fertigung von Fotokopien gegen Kostenerstattung (Hamm NZM 1998, 724; BayObLG NZM 2000, 873; teilw abw BayObLG ZWE 2001, 487: Kostenerstattung nach Verwaltervertrag). Grds ist die Einsichtnahme in den Räumen der Verwaltung durchzuführen, bei Gefahr oder großer Entfernung von der Wohnanlage auch an einem zumutbaren Ort (Köln ZMR 2001, 851; Hamm ZMR 1998, 587). Recht steht auch ausgeschiedenen WEer bei anhängigen Anspruch zu (KG ZWE 2000, 226); richtet sich auch gegen abberufenen Verwalter (BayObLG NJWE-MietR 1997, 14; vgl BayObLG ZWE 2002, 585). Beschränkung auf bestimmte Zeiträume ist unzulässig (BayObLG NJWE-MietR 1997, 14). Rechtsanwalt oder sonstige zur Berufsverschwiegenheit verpflichtete Person kann Recht ausüben (AG Berlin-Schöneberg GE 1999, 1295). Grenze bildet das Schikane- und Mißbrauchsverbot (§§ 226, 242 BGB; vgl Hamm NZM 1998, 724). Strittig, ob Einsichtnahme in Einzelabrechnungen vor Beschlußfassung in Jahresabrechnung möglich sein muß (verneinend Köln WuM 1997, 62; AG Kerpen WuM 1997, 124; aA noch Köln WM 1995, 450). Keine Pflicht des Verwalters zum Hinweis auf Einsichtnahmemöglichkeit (AG Bergheim ZMR 1998, 723).

6   **6. Genehmigungskompetenz (Abs V). a)** Zur Beschlußfassung über Wirtschaftsplan, Abrechnung und Rechnungslegung (Mehrheitsquorum). Die Verwaltervorlagen sind deshalb erst nach Beschlußfassung verbindlich, allerdings auch, wenn sie inhaltlich fehlerhaft, aber nicht aufgehoben (§ 23 IV) sind (Köln NZM 2003, 806). Genehmigung „für den Fall der Richtigkeit" ist nicht statthaft (BayObLG WE 1990, 138), wohl aber Genehmigung „vorbehaltlich Prüfung durch den Verwaltungsbeirat" (BayObLG ZMR 1996, 680). Genehmigung des Wirtschaftsplans ist überholt, wenn Jahresabrechnung vorliegt (Stuttgart WE 1990, 106). Der Genehmigungsanspruch der

WEer ist Individualanspruch, steht dem einzelnen WEer/TeilEer zu (BGH NJW 1985, 912). Versammlung kann auch nicht unterschriebene Jahresabrechnung Beschlußfassung zugrunde legen (KG NJW-RR 1996, 526). Bei erheblichen Mängeln der Abrechnung liegt kein vorbehaltloser Genehmigungsbeschluß vor (Düsseldorf ZfIR 1999, 455), ausgenommen, wenn diese keinen Einfluß auf das Rechnungswerk als solches haben (Hamm NZM 1998, 923). Einzelne Elemente der Abrechnung können selbständiger Gegenstand der Beschlußfassung sein (BayObLG ZWE 2001, 432). Stellt sich nachträglich ein Irrtum oder eine unrichtige Erfassung heraus, ist ein korrigierender Zweitbeschluß möglich (Düsseldorf ZWE 2000, 475; NZM 2000, 875; KG ZWE 2000, 274; Drabek ZWE 2000, 257). Bei einer Mehrhausanlage haben über die Jahresabrechnung alle WEer/TeilEer abzustimmen (BayObLG WuM 1994, 567; ZWE 2001, 269; teilw abw BayObLG ZWE 2000, 268; s auch Düsseldorf ZfIR 2003, 484), anders bezüglich „Unterabrechnung" des einzelnen Häuserblocks. **Anfechtung** (§ 43 I Nr 4) kann auf Einzelposten und Einzelabrechnung beschränkt werden (BayObLG ZWE 2000, 461; ZfIR 1999, 536; 2003, 610), desgleichen kombinierter Beschluß über Genehmigung der Abrechnung und Entlastung auf Genehmigung (BayObLG ZfIR 2001, 57). Bei Fehlen Teilungültigerklärung, wenn selbständiger Abrechnungsposten ohne Einfluß auf Gesamtkosten (BayObLG NJW-RR 1991, 15; ZMR 1999, 185), im übrigen Ermessen des Tatrichters, ob wg Schwere Billigung insgesamt ungültig oder nur Teilungültigerklärung (KG ZWE 2001, 334; vgl auch BayObLG WuM 1994, 568). Vollungültigkeit bei unwirksamem Verteilungsschlüssel (KG ZMR 1996, 335; anders bei falscher Umlegung KG ZWE 2001, 218; vgl Niedenführ NZM 1999, 640; Köhler ZMR 1998, 327). Verwalter kann zu Ergänzungen verpflichtet werden (BayObLG WE 1990, 180, 182). Gerichtliche Ersetzung von Beschluß nicht möglich, aber bei Behebung von Mangel erneute Beschlußfassung der Gemeinschaft denkbar (KG ZWE 2000, 40). Bei Ungültigerklärung von Jahresabrechnung bleibt Vollstreckung aus Titel, der auf Abrechnung basiert, in Höhe des Wirtschaftsplanes zulässig (Düsseldorf ZfIR 1997, 484). **Genehmigungsfiktion** (vgl Schnauder WE 1991, 144) unwirksam. Ggf kann in Zustimmungsaufforderung in Teilungserklärung „Umlaufverfahren" gem § 23 III liegen (vgl dazu BGH WE 1990, 132).

b) Im Mehrheitsbeschluß liegt nach bisher hM idR zugleich **Entlastung** des Verwalters im Umfange des 7 Beschlußgegenstandes (BayObLG WE 1988, 141), jedenfalls dann, wenn Entlastung nicht zumindest schlüssig vorbehalten wurde (Düsseldorf ZWE 2001, 270; ZWE 2002, 82; Demharter ZWE 2001, 256; aA Köhler ZMR 1999, 293). Umgekehrt stellt die Entlastung des Verwalters ohne Bezugnahme auf die Abrechnung jedoch noch keinen Abrechnungsbeschluß dar (KG NJW-RR 1986, 1337; vgl Düsseldorf ZfIR 2000, 212), ausgenommen wenn Abrechnung in der Versammlung zuvor erörtert worden ist. Beschluß über die Entlastung beinhaltet als Folge der Vertrauenskundgabe in der Regel ein negatives Schuldanerkenntnis hinsichtlich solcher Vorgänge, die bei der Beschlußfassung bekannt oder bei zumutbarer Sorgfalt erkennbar waren (vgl Celle OLGZ 1983, 177; BayObLG NJW-RR 1987, 1363; WE 1988, 31; ZfIR 1997, 605; ZWE 2000, 71; ZWE 2000, 183; Karlsruhe NZM 2000, 298; vgl Düsseldorf ZWE 2001, 270 zur Erkennbarkeit durch den Beirat). Soweit den WEern gegen den Verwalter Ansprüche zustehen, widerspricht vorbehaltlose Entlastung dem Gebot ordnungsgemäßer Geschäftsführung; Entlastungsbeschluß wäre in solchem Fall für ungültig zu erklären (§§ 23 IV, 43 I Nr 4, 21 III; KG NJW-RR 1987, 79; BayObLG WE 1988, 33; Hamm NJW-RR 1997, 908). Dies gilt auch bei fehlerhafter Jahresabrechnung (BayObLG ZMR 1999, 185; AG Köln ZMR 1998, 724; vgl BayObLG NZM 2001, 537). Zeitlicher und gegenständlicher Umfang der Entlastung ist im Wege der Auslegung zu ermitteln (BayObLG NZM 2000, 911; ZWE 2001, 263). Entlastung grenzt künftige Auskunftspflicht des Verwalters ein (BayObLG WE 1975, 161; BayObLG Rpfleger 1979, 66), enthält im übrigen aber keinen Verzicht auf spätere Rechnungslegung und sonstige Kontrollen (BayObLG Rpfleger 1979, 266). Str, ob **Anspruch** auf Entlastung besteht. Dies ist entgegen einer im Vordringen begriffenen Ansicht (vgl BayObLG Rpfleger 1980, 192; ZWE 2000, 183; NZM 2001, 537; Demharter ZWE 2001, 256; NZM 2003, 154; Köhler WE 2003, 31; Düsseldorf NJW-RR 1997, 525) zu bejahen (ebenso BGH NZM 2003, 764; NZM 2003, 950; KG NJW-RR 1987, 79; Düsseldorf NZM 2001, 537; Schleswig ZMR 2002, 382; vgl Gottschalg NJW 2003, 1293); Entlastung kann deshalb nicht für unwirksam erklärt werden, weil kein Anspruch bestünde (so aber BayObLG NZM 2003, 155; ZfIR 2003, 777 und 1001; AG Kerpen ZMR 1998, 376). Bei ordentlicher Amtsführung kann Verw verlangen, daß er auch formell von weiterer Verantwortung freigestellt („entlastet") wird (str, vgl dazu Ganten WE 1992, 122, 128).

29 *Verwaltungsbeirat*

(1) Die Wohnungseigentümer können durch Stimmenmehrheit die Bestellung eines Verwaltungsbeirats beschließen. Der Verwaltungsbeirat besteht aus einem Wohnungseigentümer als Vorsitzenden und zwei weiteren Wohnungseigentümern als Beisitzern.
(2) Der Verwaltungsbeirat unterstützt den Verwalter bei der Durchführung seiner Aufgaben.
(3) Der Wirtschaftsplan, die Abrechnung über den Wirtschaftsplan, Rechnungslegungen und Kostenanschläge sollen, bevor über sie die Wohnungseigentümerversammlung beschließt, vom Verwaltungsbeirat geprüft und mit dessen Stellungnahme versehen werden.
(4) Der Verwaltungsbeirat wird von dem Vorsitzenden nach Bedarf einberufen.

1. Bestellung. a) Der Beirat ist **fakultatives Verwaltungsorgan** (vgl Bub ZWE 2002, 7; Gerauer ZMR 1995, 1 293). Zwischen Einrichtung, Bestellungsakt (Wahl) und schuldrechtlichem Beiratsvertrag ist zu differenzieren (vgl Armbrüster ZWE 2001, 355). Etablierung ist Gesamtakt. Kann in Teilungserklärung oder durch Vereinbarung ausgeschlossen werden. Trotz Streichung der Passage „Beirat" in Formular den Teilungserklärungen behalten WEer/TeilEer das Recht, Beirat zu bestellen (Köln Rpfleger 1972, 261); aber kein Anspruch des einzelnen WEer/TeilEer auf Bestellung (Düsseldorf NJW-RR 1991, 594, 595). Wahl von Beiratsmitgliedern enthält (konkludenten) Einrichtungsakt (BayObLG ZfIR 1999, 375). **b)** Bestellung und **Mitgliedschaft** können in Teilungserklärung und Vereinbarung geregelt werden. Ist dort Zustimmung aller WEer/TeilEer vorgesehen, ist Mehrheitsbeschluß gleichwohl nicht nichtig (BayObLG NJW-RR 2002, 1092). Dauer der Bestellung kann geregelt werden (Köln NZM 2000, 193), desgleichen Wahlverfahren (LG Schweinfurt WuM 1997, 641 läßt ohne Regelung Blockwahl zu) sowie Zahl (Düsseldorf NJW-RR 1991, 594) und Qualifikation der Mitglieder (vgl AG Bielefeld ZMR 1996, 154 zu Nichtwahl von vorgeschriebenem TeilEer). Bestellung von Mitgliedern muß sich im Rahmen ordnungsgem Verwaltung halten (BayObLG WE 1991, 226, 227); allerdings gelten nicht gleich strenge Anforderungen wie bei Verwalter (Köln NZM 1999, 1155). Nur bei wichtigem Grund (zB Vorstrafe wg Vermögensdelikts) ist Vertrauensverhältnis nicht zu erwarten bzw Zusammenarbeit unzumutbar (Frankfurt NJW-RR 2001, 1669). Verkaufsabsicht steht Wahl nicht entgegen (BayObLG ZWE 2002, 32). Externe Person kann in Vereinbarung/Teilungserklärung zugelassen werden, sonst nicht (KG NJW-RR 1989, 460; BayObLG NJW-RR 1992, 210; NZM 1998, 961); bei Verstoß Anspruch auf Neuwahl gegen die übrigen Wohnungseigentümer. Umstr ist, ob jur Personen generell vom Amt des Beirats ausgeschlossen sind; dies ist entgegen der hM (so Armbrüster ZWE 2001, 355 [356]; Drasdo, Verwaltungsbeirat, 3. Aufl 2001, S 46) zu bejahen (ebenso Häublein ZMR 2003, 233 [238]). Gesetzlicher Vertreter/Organ von Gesellschaft/jur Person ist jedenfalls kein Außenstehender (Frankfurt OLGZ 1986, 432). Verwalter kann nicht Beiratsmitglied sein (Zweibrücken OLGZ 1983, 438, 440; Sauren ZMR 1984, 325); Bestellung ist nichtig. Auch Vertreter/Organ des Verwalters ist ausgeschlossen. Gleiches gilt für einen Mehrheitsgesellschafter des Verwalters, da sonst effektive Kontrolle (vgl BayObLG 1972, 161) nicht möglich wäre. Früherer Bauträger kann dagegen zum Beirat bestellt werden. Vorsitzenden wählen der WEer/TeilEer, sonst das Gremium selbst (vgl Köln NZM 2000, 675). Amt **endet** durch Amtsniederlegung (vgl Armbrüster ZWE 2001, 412), gerichtliche Entscheidung über Ungültigkeit der Wahl, Ablauf der Amtsdauer, Veräußerung der WE/TeilE (BayObLG 1992, 336, str) und Abberufung. Bestellung eines neuen Beirats enthält schlüssig die Abberufung des bisherigen (LG Nürnberg-Fürth ZMR 2001, 746). Auch ein Beiratsmitglied kann abberufen werden; dies ist bei unentgeltlicher Tätigkeit jederzeit ohne Angabe von Gründen nach freiem Ermessen (analog § 671 I BGB) möglich (Hamm ZfIR 1999, 451). Bis zur Neubestellung eines Ersatzmitglieds besteht „Rumpfbeirat" fort (vgl Wolicki/Dippel NZM 1999, 603). **Entlastung** des Beirats folgt allgemeinen Grundsätzen (BayObLG NJW-RR 1991, 1360). Wird der Entlastungsbeschluß des Verwalters für unwirksam erklärt, gilt auch für die Entlastung des Beirats (KG ZWE 2000, 274). Der Beirat hat kein Recht zur Entlastung des Verwalters (BayObLG WE 1988, 207).

2 2. **Aufgaben(erfüllung).** Der Beirat ist **Mittler** zwischen WEGemeinschaft und Verwalter. a) Aufgaben ergeben sich aus Abs II u III sowie § 24 VI. Seine **Kompetenzen** können allerdings durch Teilungserklärung/Vereinbarung erweitert werden, insbes können ihm eigene Entscheidungs- und Verwaltungsbefugnisse übertragen werden (Schmidt ZWE 2001, 137; Zweibrücken ZMR 1988, 24). Grenzen bilden die Zuständigkeiten des Verwalters gem § 27 III und der Kernbereich der Mitgliedschaftsrechte der WEer/TeilEer. Übertragen werden kann zB die Genehmigung des Wirtschaftsplanes (Naumburg WuM 2001, 38) und die Vorauswahl zwischen Bewerbern um das Amt des Verwalters (Düsseldorf NZM 2002, 266). Regelungen, die das Gemeinschaftsverhältnis betreffen (zB die gesamten Einzelheiten des Verwaltervertrages), können dem Beirat nicht übertragen werden (Hamm ZWE 2001, 81; Niedernführ NZM 2001, 517). b) Beirat ist nicht Organ iSv § 31 BGB, idR auch nicht Gehilfe gem § 831 BGB, da auch den WEern nicht weisungsgebunden (BayObLG ZWE 2000, 72; krit Drasdo ZWE 2001, 522) letzteres str; zur Zurechnung der Kenntnis des Beirats (Düsseldorf ZWE 2002, 82). Der Beirat ist **nicht Vertreter** der Gemeinschaft ggüb dem Verwalter. Der Beirat ist den WEern rechenschafts- und auskunftspflichtig (BayObLG NJW 1972, 1377). Anspruch steht nur den WEern insgesamt zu; Geltendmachung durch einzelnen nur aufgrund Ermächtigung (BayObLG ZMR 1994, 575). Bei Versagen des Organs ist Neuwahl angezeigt (KG FGPrax 1997, 173). **Beiratsvertrag** ist Geschäftsbesorgungsvertrag (LG Nürnberg-Fürth ZMR 2001, 746). Auslagenpauschale und Vergütung können geregelt werden (BayObLG NZM 1999, 862; Drasdo ZMR 1998, 130). Nach Beendigung der Tätigkeit Herausgabepflicht insbes bezgl Unterlagen (§§ 681, 667 BGB; Hamm NJW-RR 1997, 1232). Die Beiratsmitglieder haften für die pflichtgemäße Aufgabenerfüllung nach Auftragsrecht, bei entgeltlicher Tätigkeit für die Sorgfalt eines ordentlichen Kaufmanns (Zweibrücken ZMR 1988, 24, 25; Düsseldorf MDR 1998, 35; Drasdo NZM 1998, 15; Gottschalg ZWE 2001, 185; Häublein ZfIR 2001, 939). Beschluß über Abschluß von Haftpflichtversicherung für Beiratsmitglieder entspricht ordnungsgemäßer Verwaltung (Armbrüster ZMR 2003, 154 und Häublein ZMR 2003, 233 [240]; aA Köhler ZMR 2002, 891 [892]). Auseinandersetzung mit Beiratsmitglied fällt unter §§ 43f (BayObLG NJW 1972, 1377).

3 3. **Beschlußfassung im Verwaltungsbeirat.** Einberufung durch Vorsitzenden (Abs III). Durchführung von Beiratssitzungen nach Geschäftsordnung, die sich Beirat gibt, sofern kein Eigentümerbeschluß vorliegt (vgl Armbrüster ZWE 2001, 463). Bei Erfordernis der Zustimmung des Verwaltungsbeirats zu bestimmter Maßnahme muß Gremium, nicht nur Vorsitzender zustimmen (BayObLG NJW-RR 2002, 1092).

4. Abschnitt

Wohnungserbbaurecht

30 (1) Steht ein Erbbaurecht mehreren gemeinschaftlich nach Bruchteilen zu, so können die Anteile in der Weise beschränkt werden, daß jedem der Mitberechtigten das Sondereigentum an einer bestimmten Wohnung oder an nicht zu Wohnzwecken dienenden bestimmten Räumen in einem auf Grund des Erbbaurechts errichteten oder zu errichtenden Gebäude eingeräumt wird (Wohnungserbbaurecht, Teilerbbaurecht).

(2) Ein Erbbauberechtigter kann das Erbbaurecht in entsprechender Anwendung des § 8 teilen.

(3) Für jeden Anteil wird von Amts wegen ein besonderes Erbbaugrundbuchblatt angelegt (Wohnungserbbaugrundbuch, Teilerbbaugrundbuch). Im übrigen gelten für das Wohnungserbbaurecht (Teilerbbaurecht) die Vorschriften über das Wohnungseigentum (Teileigentum) entsprechend.

1. Begründung. § 30 stellt klar, daß Wohnungs- bzw Teileigentum auch auf **Erbbaurechtsgrundlage** möglich 1 ist; an der rechtlichen Behandlung ändert sich nichts. Für die Begründung durch Vertrag ist nach § 4 II Einigung in der Form der Auflassung erforderlich; § 11 I ErbbauVO gilt insoweit nicht (Pal/Bassenge Rz 1; MüKo/Röll Rz 2; aA Rethmeier MittRhNotK 1993, 145, 158). Teilung eines Erbbaurechts nach § 8 ist zulässig (BayObLG 1978, 157). Begründung auch an Gesamterbbaurecht – nicht jedoch an mehreren Erbbaurechten – möglich (str, BayObLG 1989, 354; Demharter DNotZ 1986, 457; krit Weitnauer Rz 21). Die Schaffung des Wohnungserbbaurechts ist nicht von Zustimmung des Grundstückseigentümers abhängig; die bloße Teilung (im Gegensatz zur Veräußerung) fällt nicht unter § 5 ErbbauVO (BayObLG Rpfleger 1978, 157; LG Augsburg MittBayNot 1979, 68); auch die dinglich Berechtigten müssen nicht zustimmen. §§ 5, 7 ErbbauVO gelten aber entspr, wenn sie beim Erbbaurecht vereinbart sind (Celle Rpfleger 1981, 22; Frankfurt Rpfleger 1979, 24). Die Verfügungsbeschränkung nach §§ 5, 7 ErbbauVO und § 12 WEG können nebeneinander Geltung beanspruchen. Das Wohnungserbbaurecht besteht aus einem Bruchteil des Erbbaurechts und dem mit ihm unlöslich verbundenen Sondereigentum am Gebäudeteil (vgl § 12 ErbbauVO). Das Erbbaugrundbuch für das Erbbaurecht wird geschlossen; jeder Anteil ist selbständig einzutragen. Das Grundstück bleibt im Grundbuch eingetragen. Wohnungserbbaurechte auf einem Untererbbaurecht sind möglich (MüKo/Röll Rz 4). Vereinigen sich alle Wohnungserbbaurechte in einer Hand, so kann der Berechtigte Antrag auf (nicht von Amts wegen vorzunehmende) Schließung des Wohnungserbbaurechts-Grundbuchs stellen.

2. Rechtsbeziehungen zwischen Grundstückseigentümer und Wohnungserbbauberechtigten. Insofern gilt 2 die ErbbauVO, insbesondere das Erlöschen durch Zeitablauf; die nach §§ 27ff ErbbauVO zu zahlende Entschädigung steht den Wohnungseigentümern gemeinschaftlich zu; sie ist nach § 17 WEG zu verteilen. Der Heimfallsanspruch kann bezüglich des ganzen Erbbaurechts (Folge des § 9 Nr 3) oder bezüglich eines Anteils ausgeübt werden. Der Erbbauzins bleibt, sofern er nicht aufgeteilt wird, bei Aufteilung als Gesamtbelastung bestehen (vgl Düsseldorf DNotZ 1977, 305). Die Verfügungsbeschränkungen gem §§ 5, 7 ErbbauVO können zwischen Wohnungserbbauberechtigtem und Grundstückseigentümer unabhängig von der Zustimmung der übrigen Berechtigten geändert werden (BayObLG 1989, 354).

II. Teil

Dauerwohnrecht

Vorbemerkung

Das Dauerwohnrecht (DWR) kann eine Art verdinglichte Miete darstellen (Abwohnen eines Baukostenzuschus- 1 ses) oder auch ein Eigentumsersatz sein (etwa bei überwiegender Finanzierung des Baues durch den Berechtigten, Spiegelberger Vermögensnachfolge 1994 Rz 185). Seine Bedeutung in der Praxis ist eher gering. Im Rahmen der Eigenheimzulagenförderung wird das DWR als „wirtschaftliches Eigentum" angesehen, das zur Eigenheimzulage führt (Wacker EigZulG 3. Aufl 2001 § 2 Rz 66); allerdings genügt hierfür auch ein Ausgleichsanspruch (BFH 196, 151; DB 2002, 1696). Mitunter dient es bei gewerblichen Investitionen als Schutz vor den Risiken einer Zwangsversteigerung.

31 *Begriffsbestimmungen*
(1) Ein Grundstück kann in der Weise belastet werden, daß derjenige, zu dessen Gunsten die Belastung erfolgt, berechtigt ist, unter Ausschluß des Eigentümers eine bestimmte Wohnung in einem auf dem Grundstück errichteten oder zu errichtenden Gebäude zu bewohnen oder in anderer Weise zu nutzen (Dauerwohnrecht). Das Dauerwohnrecht kann auf einen außerhalb des Gebäudes liegenden Teil des Grundstücks erstreckt werden, sofern die Wohnung wirtschaftlich die Hauptsache bleibt.
(2) Ein Grundstück kann in der Weise belastet werden, daß derjenige, zu dessen Gunsten die Belastung erfolgt, berechtigt ist, unter Ausschluß des Eigentümers nicht zu Wohnzwecken dienende bestimmte Räume in einem auf dem Grundstück errichteten oder zu errichtenden Gebäude zu nutzen (Dauernutzungsrecht).
(3) Für das Dauernutzungsrecht gelten die Vorschriften über das Dauerwohnrecht entsprechend.

1. Dauerwohnrecht (DWR) und **Dauernutzungsrecht (DNR)**. **a)** Beide Arten sind bis auf die unterschiedliche 1 Raumnutzung identisch; Umwandlung durch Inhaltsänderung (§ 877 BGB). Bei Vermischung beider Formen Eintragungen als „DWR und DNR" (BayObLG 1960, 237). Bestellung auch für das ganze Gebäude auf einem Grundstück möglich (BGH 27, 158, 161; vgl LG Münster DNotZ 1953, 148 – Tankstelle und LG Frankfurt NJW 1971, 759 – U-Bahnhof). DWR ist ein beschränktes dingliches Nutzungsrecht, dem Wohnrecht des § 1093 BGB gleicht, aber **vererblich** und **veräußerlich** ist (vgl Dammertz MittRhNotK 1970, 108; Lotter MittBayNot 1999, 354). Es kann befristet sein, jedoch darf ihm das Merkmal der Dauer nicht gänzlich fehlen (str, vgl Stuttgart DNotZ 1987, 631). Für das „time-sharing" kann es als dingliche Berechtigung verwendet werden (BGH 130, 150; vgl Gralka NJW 1987, 1987; Hoffmann MittBayNot 1987, 177; Schmidt WE 1987, 119; Tonner/Tonner WM 1998, 313). Belastung, insbes mit Grundpfandrechten und Dienstbarkeiten, nicht möglich, da das DWR **kein**

grundstücksgleiches Recht ist. Wohl aber kann das Recht ver- und gepfändet werden; aber selbst kein Verwertungsrecht, aus dem Zwangsvollstreckung betrieben werden kann (BayObLG 1957, 102, 111). Nießbrauch am DWR ist möglich. DWR kann nicht an MitE-Anteil begründet werden. Wirtschaftlich kann das DWR dem Eigentum oder der Miete nahestehen (zB Bestellung auf kurze Zeit). Bestimmte Vereinbarungen können zum Inhalt des Rechts gemacht werden (§ 33 IV); Heimfall kann geregelt werden (§ 36). Deshalb erbbaurechtsähnliches Recht (MüKo/Röll Rz 4).

2 b) Zwischen Eigentümer und Berechtigten besteht **kein Gemeinschaftsverhältnis** wie zwischen den WEern/TeilEern beim Wohnungseigentum. Rechtsstreitigkeiten gehören zum Verfahren der streitigen Gerichtsbarkeit, zur örtlichen Zuständigkeit vgl § 52. Zwischen Eigentümer und Berechtigtem besteht ein gesetzliches Schuldverhältnis nach Maßgabe der §§ 33 II, III, 34, 41, das aber durch die Parteien weitgehend abänderbar ist. Von diesem gesetzlichen Schuldverhältnis ist das der **Bestellung zugrunde liegende Schuldrechtsverhältnis** zu unterscheiden. Bei einem entgeltlichen Erwerb handelt es sich um einen Rechtskauf (BGH 52, 243, 248); die Geldzahlungsverpflichtung des Dauerwohnberechtigten ist Kaufpreis für die Einräumung, auch wenn daneben ein laufendes Entgelt für die Zeitabschnitte des Bestehens des DWR zu zahlen ist. Bei unentgeltlicher Einräumung liegt Schenkung oder Ausstattung vor. Bei wiederkehrendem Entgelt kann mietähnliches Rechtsverhältnis vorliegen (vgl Weitnauer/Hauger Rz 8).

3 2. **Dingliches Recht**, daher grundsätzlich §§ 873ff BGB anwendbar. Die Bestellung erfolgt durch Einigung und Eintragung (§ 873 BGB). Die Einigung bedarf keiner Form; Bewilligung des Eigentümers in öffentlicher Beglaubigung (§ 29 GBO). Schuldrechtliche Verpflichtung zur Bestellung ist, sofern nicht die Art des Rechtsgeschäfts die Einhaltung von Formvorschriften erfordert, formlos gültig; daher uU Umdeutung formnichtiger Verpflichtung zur Einräumung von Wohnungseigentum in Verpflichtung zur Einräumung von DWR (BGH NJW 1963, 339); jedoch nicht nach Rechtes nach § 1093 BGB in DWR (Hamm Rpfleger 1957, 251; vgl auch LG Münster DNotZ 1953, 148). Das DWR ist auch als Recht an der eigenen Sache möglich, deshalb Bestellung als Eigenrecht zulässig (BayObLG 1997, 163; Weitnauer DNotZ 1958, 352). Bestellung auch am Erbbaurecht oder am Wohnungserbbaurecht zulässig (Weitnauer DNotZ 1953, 124). Das DWR kann auch für eine Mehrheit von **Berechtigten** bestellt werden; dies ist unstr für das Bruchteilseigentum (BGH 130, 150) und das Gesamthandseigentum, str und abzulehnen für Gesamtgläubiger (§ 428 BGB; Pal/Bassenge Rz 5).

4 Das Recht kann als Nebenzweck auf **nicht bebaute Grundstücksteile** erstreckt werden (Abs I S 2; vgl § 1 II ErbbauVO). Es enthält insoweit auch Elemente des Nießbrauchs; § 954 BGB gilt deshalb. Auch die Gesamtbelastung mehrerer Grundstücke oder Erbbaurechte ist zulässig, wenn sich die Einheit bildenden Räume, die der Ausübung des Rechts unterliegen, auf den mehreren Grundstücken befinden (LG Hildesheim NJW 1960, 49). Dagegen kann es nicht an Gebäuden bestellt werden, die eine bewegliche Sache und Grundstücksbestandteil sind (Schöner/Stöber Grundbuchrecht 12. Aufl 2001, Rz 3003). Aufgabe des Rechts ist möglich (§ 875 BGB), aber nicht bereits bei unterlassener Nutzung und gleichzeitiger Weiterzahlung des Entgelts (LG Frankfurt NZM 2000, 877). § 1028 BGB ist entsprechend anwendbar (BayObLG NJW-RR 1996, 397). Auf das dingliche DWR/DNR sind die Vorschriften des Mietrechts nicht anwendbar (BGH 52, 243; LG Frankfurt NZM 2000, 877).

32 *Voraussetzungen der Eintragung*

(1) Das Dauerwohnrecht soll nur bestellt werden, wenn die Wohnung in sich abgeschlossen ist. § 3 Abs. 3 gilt entsprechend.

(2) Zur näheren Bezeichnung des Gegenstandes und des Inhalts des Dauerwohnrechts kann auf die Eintragungsbewilligung Bezug genommen werden. Der Eintragungsbewilligung sind als Anlagen beizufügen:
1. eine von der Baubehörde mit Unterschrift und Siegel oder Stempel versehene Bauzeichnung, aus der die Aufteilung des Gebäudes sowie die Lage und Größe der dem Dauerwohnrecht unterliegenden Gebäude- und Grundstücksteile ersichtlich ist (Aufteilungsplan); alle zu demselben Dauerwohnrecht gehörenden Einzelräume sind mit der jeweils gleichen Nummer zu kennzeichnen;
2. eine Bescheinigung der Baubehörde, daß die Voraussetzungen des Absatzes 1 vorliegen.

Wenn in der Eintragungsbewilligung für die einzelnen Dauerwohnrechte Nummern angegeben werden, sollen sie mit denen des Aufteilungsplans übereinstimmen.

(3) Das Grundbuch soll die Eintragung des Dauerwohnrechts ablehnen, wenn über die in § 33 Abs. 4 Nr. 1 bis 4 bezeichneten Angelegenheiten, über die Voraussetzungen des Heimfallanspruchs (§ 36 Abs. 1) und über die Entschädigung beim Heimfall (§ 36 Abs. 4) keine Vereinbarungen getroffen sind.

1 1. **Abgeschlossenheitsbescheinigung** (Abs I, II). § 32 ist eine **Sollvorschrift**; sie entspricht §§ 3 II, 7 III, IV (BayObLG 1997, 163; aA Lotter MittBayNot 1999, 354, 356f Zugang durch fremde Wohnung bei „Dachbodenfällen"). Einheitliche Nutzung mit Raumteilen des Nachbargrundstücks hindert die Abgeschlossenheit nicht (LG München DNotZ 1973, 417). Keine Abgeschlossenheitsbescheinigung notwendig, wenn sich DWR/DNR auf das gesamte Gebäude bezieht (LG Münster DNotZ 1953, 148). Bezugnahme auf die Eintragungsbewilligung erfaßt auch Aufteilungsplan; ob Bezugnahme auch hinsichtlich Veräußerungsbeschränkung (§ 35) ausreicht, ist zweifelhaft.

2 2. **Prüfung durch Grundbuchamt** (Abs III). Die wenigen gesetzlichen Vorschriften sollen durch Parteiabreden ergänzt werden. Es genügt Erklärung in der Eintragungsbewilligung; Einigung wird nicht nachgeprüft (teilw abw Düsseldorf DNotZ 1978, 354). Nur Sollvorschrift; ist DWR eingetragen, obwohl die notwendigen Vereinbarungen nicht getroffen wurden, ist es gleichwohl entstanden. Die Eintragung ist vorzunehmen, wenn die Auslegung der Bewilligung ergibt, daß die Mindestforderungen im gesetzlichen Rahmen bewilligt sein sollen (BayObLG NJW 1954, 959). Keine Prüfung der Höhe der Entschädigung beim Heimfall auf Angemessenheit.

33 *Inhalt des Dauerwohnrechts*
(1) Das Dauerwohnrecht ist veräußerlich und vererblich. Es kann nicht unter einer Bedingung bestellt werden.
(2) Auf das Dauerwohnrecht sind, soweit nicht etwas anderes vereinbart ist, die Vorschriften des § 14 entsprechend anzuwenden.
(3) Der Berechtigte kann die zum gemeinschaftlichen Gebrauch bestimmten Teile, Anlagen und Einrichtungen des Gebäudes und Grundstücks mitbenutzen, soweit nichts anderes vereinbart ist.
(4) Als Inhalt des Dauerwohnrechts können Vereinbarungen getroffen werden über:
1. Art und Umfang der Nutzungen;
2. Instandhaltung und Instandsetzung der dem Dauerwohnrecht unterliegenden Gebäudeteile;
3. die Pflicht des Berechtigten zur Tragung öffentlicher oder privatrechtlicher Lasten des Grundstücks;
4. die Versicherung des Gebäudes und seinen Wiederaufbau im Falle der Zerstörung;
5. das Recht des Eigentümers, bei Vorliegen bestimmter Voraussetzungen Sicherheitsleistung zu verlangen.

1. **Inhaltsbestimmung.** Nur Abs I zwingend, im übrigen Vereinbarung maßgebend; vgl auch den Zwang zur 1 Vereinbarung nach § 32 III.
2. **Veräußerung** nach § 873 BGB (anders als § 1093 BGB). Schuldrechtliches Grundgeschäft ist Rechtserwerb. 2 Dem Schutz des Eigentümers dienen Vereinbarungen nach §§ 35, 36. Der Berechtigte kann die Räume vermieten (vgl § 37).
3. Verstoß gegen **Bedingungsverbot** (Abs I S 2) bei Bestellung führt zu Nichtigkeit der Vereinbarung; auch 3 Gültigkeit des Grundgeschäfts kann nicht zur Bedingung gemacht werden. Betrifft aufschiebende und auflösende Bedingung. Gilt nicht für Veräußerung oder Verpfändung. **Befristung** ist zulässig (vgl § 41 I), jedoch nicht auf die Dauer eines von den Beteiligten über die Räume abgeschlossenen Mietvertrags (vgl Hoche DNotZ 1953, 154). Befristung auf Lebenszeit des Berechtigten ist zulässig (BGH 52, 269; vgl Diester NJW 1963, 183; Marshall DNotZ 1962, 381). Die Zulässigkeit scheitert nicht daran, daß § 33 I die Vererblichkeit zwingend vorschreibt, da Befristung zulässig ist. Das umfaßt auch eine Befristung auf unbestimmte Zeit.
4. **Pflichtenkatalog.** Verweisung auf § 14 regelt Rechtsverhältnis zwischen Eigentümer und Berechtigtem. 4 Beschränkte Instandhaltungspflicht des Berechtigten und Pflicht zur Rücksichtnahme und zur Duldung wie beim WE sind die Folge; Verpflichtung besteht nur dem Eigentümer gegenüber. § 14 Nr 4 gilt mit der Maßgabe, daß die Schadenshöhe durch den Zeitraum des Nutzungsrechts beeinflußt wird. Rechtslage bei Zerstörung des Gebäudes mangels Regelung im Gesetz bei Fehlen vertraglicher Vereinbarung zweifelhaft. Ohne besondere Anspruchsgrundlage ist der Eigentümer zum Wiederaufbau nicht verpflichtet, soweit nicht die Versicherung Kosten deckt (RGRK/Augustin Rz 19; Soergel/Stürner § 31 Rz 8; aA Pick in Bärmann/Pick/Merle § 31 Rz 91).
5. Beim **Mitbenutzungsrecht** (Abs III) ist nicht das Eigentum, sondern der Gebrauch gemeinschaftlich; die 5 objektive Beschaffenheit des Grundstücks ist entscheidend. Entspricht der Regelung in § 1093 III.
6. Der **Inhalt** des DWR ist durch Vereinbarung mit dinglicher Wirkung weiter ausgestaltbar (Abs IV; vgl 6 BayObLG 1959, 530). Die **Entgeltvereinbarung** kann im Gegensatz zum Erbbaurecht nicht zum Inhalt des DWR werden. Unter Nr 1 fällt auch Vereinbarung, wonach Vermietung der Wohnung nur mit Zustimmung des Vermieters zulässig ist (BayObLG 1960, 239), Nr 2: Pflicht zur Instandsetzung des gesamten Gebäudes nur, wenn sich auch DWR darauf bezieht (BayObLG NJW 1960, 540). Berechtigter hat Lasten (Nr 3) nur zu tragen, wenn Vereinbarung vorliegt. Wiederaufbauverpflicht (Nr 4) grds nur bei Regelung. Ohne Vereinbarung gem Abs IV Nr 5 auch keine entsprechende Anwendung von § 1051 BGB.

34 *Ansprüche des Eigentümers und der Dauerwohnberechtigten*
(1) Auf die Ersatzansprüche des Eigentümers wegen Veränderungen oder Verschlechterungen sowie auf die Ansprüche des Dauerwohnberechtigten auf Ersatz von Verwendungen oder auf Gestattung der Wegnahme einer Einrichtung sind die §§ 1049, 1057 des Bürgerlichen Gesetzbuches entsprechend anzuwenden.
(2) Wird das Dauerwohnrecht beeinträchtigt, so sind auf die Ansprüche des Berechtigten die für die Ansprüche aus dem Eigentum geltenden Vorschriften entsprechend anzuwenden.

1. Für die **Verwendungsansprüche** bedeutet die Verweisung auf das Nießbrauchsrecht, daß der Berechtigte als 1 Geschäftsführer ohne Auftrag handelt (vgl §§ 683, 684, 812 BGB; vgl dazu Baur JZ 1970, 72). Er hat ferner ein Wegnahmerecht. Verjährung der Ansprüche 6 Monate nach Beendigung des DWR/DNR (vgl §§ 1057, 548 I S 2 u 3, II BGB).
2. **Verschlechterungen** des Grundstücks hat der Berechtigte nicht zu vertreten, soweit sie Folge des vertragsge- 2 mäßen Gebrauchs sind. Andere Verschlechterungen stellen, falls sie schuldhaft sind (§ 278 BGB gilt), Vertragsverletzungen dar. § 823 BGB ist nur im Rahmen des § 992 BGB anwendbar. Verjährung 6 Monate, nachdem der Eigentümer die Räume zurückerhalten hat, §§ 1057, 548 II BGB.
3. **Beeinträchtigung** (Abs II) verweist auf den Eigentumsschutz (vgl § 1065), also auf §§ 985, 1004. §§ 861ff 3 gelten auch ohne Verweisung.

35 *Veräußerungsbeschränkung*
Als Inhalt des Dauerwohnrechts kann vereinbart werden, daß der Berechtigte zur Veräußerung des Dauerwohnrechts der Zustimmung des Eigentümers oder eines Dritten bedarf. Die Vorschriften des § 12 gelten in diesem Falle entsprechend.

WEG § 35 Dauerwohnrecht

1 **1. Veräußerungszustimmung** entspricht § 12. Völlige Unveräußerlichkeit kann nicht vereinbart werden. Str ist Heimfallanspruch für den Fall der Veräußerung an bestimmte Erwerber. Vereinbarung eines Heimfallanspruchs für jeden Fall der Veräußerung jedenfalls unwirksam, nicht auch allg bei Heimfallanspruch bei best Fällen der Veräußerung (ebenso Weitnauer/Hauger § 36 Rz 8; Staud/Spiegelberger § 36 Rz 8). Ob **Eintragung** erforderlich oder Bezugnahme auf die Eintragungsbewilligung ausreicht, ist streitig (vgl Weitnauer/Hauger Rz 2); entspr § 2 II WGV wohl geboten, jedenfalls aber Eintragung empfehlenswert. Ebenso umstr, ob auch die **Vermietung** der dem DWR unterliegenden Räume von einer Zustimmung des Eigentümers abhängig gemacht werden kann (vgl BayObLG 1960, 239). Entspr § 12 II besteht Anspruch auf Zustimmung, wenn kein wichtiger Grund vorliegt.

2 **2. Rechtsweg.** Verfahrensrechtlich gilt § 52, auch wegen Zustimmung (str, vgl RGRK/Augustin Rz 4; Soergel/Stürner Rz 3, aA Weitnauer/Hauger Rz 3).

36 Heimfallanspruch

(1) Als Inhalt des Dauerwohnrechts kann vereinbart werden, daß der Berechtigte verpflichtet ist, das Dauerwohnrecht beim Eintritt bestimmter Voraussetzungen auf den Grundstückseigentümer oder einen von diesem zu bezeichnenden Dritten zu übertragen (Heimfallanspruch). Der Heimfallanspruch kann nicht von dem Eigentum an dem Grundstück getrennt werden.

(2) Bezieht sich das Dauerwohnrecht auf Räume, die dem Mieterschutz unterliegen, so kann der Eigentümer von dem Heimfallanspruch nur Gebrauch machen, wenn ein Grund vorliegt, aus dem ein Vermieter die Aufhebung des Mietverhältnisses verlangen oder kündigen kann.

(3) Der Heimfallanspruch verjährt in sechs Monaten von dem Zeitpunkt an, in dem der Eigentümer von dem Eintritt der Voraussetzungen Kenntnis erlangt, ohne Rücksicht auf diese Kenntnis in zwei Jahren von dem Eintritt der Voraussetzungen an.

(4) Als Inhalt des Dauerwohnrechts kann vereinbart werden, daß der Eigentümer dem Berechtigten eine Entschädigung zu gewähren hat, wenn er von dem Heimfallanspruch Gebrauch macht. Als Inhalt des Dauerwohnrechts können Vereinbarungen über die Berechnung oder Höhe der Entschädigung oder die Art ihrer Zahlung getroffen werden.

1 **1. Heimfallanspruch** dient dem Eigentümerschutz; vertragliche Regelung notwendig. Fälle sind das Ableben des Eigentümers und des Berechtigten, Verzug mit Zahlungspflichten, Pflichtverletzungen sowie die bei § 2 Nr 4 ErbbauVO anerkannten Fälle. Str, ob auch für den Fall der Veräußerung und Vermietung (vgl § 35 Rz 1). Ohne Heimfallregelung kann sich in Ausnahmefällen ein Heimfallanspruch aus dem Gesichtspunkt des § 242 BGB ergeben (Pick in Bärmann/Pick/Merle Rz 77; aA MüKo/Röll Rz 2). Rechte und Pflichten sind subjektiv dinglich (vgl auch BGH NJW 1959, 1289). Ohne Eintragung schuldrechtliche Wirkung (vgl BGH 27, 161). Ausübung verpflichtet Inhaber des DWR/DNR zur Übertragung des Rechts, das als Recht des Eigentümers fortbesteht. Regelungsgrenze ergibt sich aus Abs II. Mieterschutz hemmt Geltendmachung des Heimfallanspruchs; §§ 573ff BGB gelten sinngemäß. Weitergehende Beschränkungen sind zulässig (vgl Dammherz MittRhNotK 1970, 123; RGRK/Augustin Rz 16).

2 **2. Verjährung** (Abs III) schließt § 902 BGB aus.

3 **3. Entschädigungsanspruch.** Beim langfristigen Dauerwohnrecht zwingende Entschädigungspflicht (§ 41 III). Im übrigen Vereinbarung maßgeblich, die nur schuldrechtlich oder dinglich als Inhalt des DWR vereinbart werden kann (BGH 27, 161). Mangels Vereinbarung ist eine angemessene Entschädigung geschuldet (so auch Schöner/Stöber Grundbuchrecht 12. Aufl 2001, Rz 3008).

37 Vermietung

(1) Hat der Dauerwohnberechtigte die dem Dauerwohnrecht unterliegenden Gebäude- oder Grundstücksteile vermietet oder verpachtet, so erlischt das Miet- oder Pachtverhältnis, wenn das Dauerwohnrecht erlischt.

(2) Macht der Eigentümer von seinem Heimfallanspruch Gebrauch, so tritt er oder derjenige, auf den das Dauerwohnrecht zu übertragen ist, in das Miet- oder Pachtverhältnis ein; die Vorschriften der §§ 566 bis 566e des Bürgerlichen Gesetzbuches gelten entsprechend.

(3) Absatz 2 gilt entsprechend, wenn das Dauerwohnrecht veräußert wird. Wird das Dauerwohnrecht im Wege der Zwangsvollstreckung veräußert, so steht dem Erwerber ein Kündigungsrecht in entsprechender Anwendung des § 57a des Gesetzes über die Zwangsversteigerung und Zwangsverwaltung zu.

1 **1. Bei Erlöschen des DWR**/DNR (Abs I), gleichgültig aus welchem Grund, erlischt das Miet- und Pachtverhältnis. Dies gilt auch bei Aufhebung eines EigentümerDWR/DNR (Weitnauer/Hauger Rz 4; aA Soergel/Stürner Rz 3; Constantin NJW 1969, 1417). Für Beziehungen zwischen Mieter und Vermieter (= Dauerwohnberechtigter) ist Erlöschen als Rechtsmangel im Sinne des § 536 III BGB zu behandeln. Die Einräumung einer DWR/DNR an vermieteten Räumen regelt § 567 BGB.

2 **2.** Alle Fälle der **Übertragung des DWR** einschließlich des Heimfalls (Abs II, III) wirken wie die Grundstücksveräußerung bei der Miete; auch § 57a ZVG und der Mieterschutz gelten. Veräußerung des Grundstücks ist für das DWR/DNR und damit für die Miete bezüglich der Räume gleichgültig (vgl § 38 II).

38 Eintritt in das Rechtsverhältnis

(1) Wird das Dauerwohnrecht veräußert, so tritt der Erwerber an Stelle des Veräußerers in die sich während der Dauer seiner Berechtigung aus dem Rechtsverhältnis zu dem Eigentümer ergebenden Verpflichtungen ein.

(2) Wird das Grundstück veräußert, so tritt der Erwerber an Stelle des Veräußerers in die sich während der Dauer seines Eigentums aus dem Rechtsverhältnis zu dem Dauerwohnberechtigten ergebenden Rechte ein. Das gleiche gilt für den Erwerb auf Grund Zuschlages in der Zwangsversteigerung, wenn das Dauerwohnrecht durch den Zuschlag nicht erlischt.

1. **Rechtsverhältnis** ist alles, was zwischen dem Eigentümer und dem Berechtigten bezüglich des DWR/DNR vereinbart ist. Vereinbarung und Abänderungen sind formfrei möglich, also auch mündlich. Wegen der Wirkung gegen den Rechtsnachfolger empfiehlt es sich dringend, Vereinbarungen beweiskräftig, dh schriftlich zu schließen oder notariell zu beurkunden.

2. **Eintritt in das Schuldverhältnis.** § 38 bezieht sich nur auf **nicht verdinglichte** Rechte und Pflichten, dh solche, die nicht im Grundbuch eingetragen sind. Die verdinglichten wirken für und gegen Rechtsnachfolger bereits aufgrund der Eintragung. Nicht verdinglichte Rechte und Pflichten, die dinglich zum Gegenstand des DWR/DNR hätten gemacht werden können, werden von § 38 nicht erfaßt (str, Weitnauer/Hauger Rz 5; Pick in Bärmann/Pick/Merle Rz 17; aA Soergel/Stürner Rz 4). Rechte und Pflichten aus dem schuldrechtlichen Vertrag werden durch § 38 zu subjektiv dinglichen. Der Ausscheidende wird frei, und der neue Berechtigte tritt in die nach dem Erwerb entstehenden Verpflichtungen ein; er haftet nicht für Rückstände. Sicherheiten erlöschen nach § 418 BGB (Weitnauer/Hauger Rz 8). § 566 BGB gilt nicht. Veräußerung ist auch Zuschlag in der Zwangsversteigerung des Grundstücks und wohl auch die Versteigerung des Dauerwohnrechts. § 57a ZVG findet keine entsprechende Anwendung.

3. § 38 stellt Form der **Verknüpfung des dinglichen Rechts mit der schuldrechtlichen Kausa** dar. Das Recht wird zwar nicht zum kausalen in dem Sinne, daß es mit dem Kausalvertrag erlischt; wohl aber wirken alle Pflichten aus dem Kausalvertrag gegen jeden Erwerber. § 38 gilt aber nicht für die Pflicht aus § 812 BGB bei rechtsgrundloser Bestellung. Möglichkeit des gutgläubigen Erwerbs wird durch § 38 erheblich eingeschränkt.

39 Zwangsversteigerung

(1) Als Inhalt des Dauerwohnrechts kann vereinbart werden, daß das Dauerwohnrecht im Falle der Zwangsversteigerung des Grundstücks abweichend von § 44 des Gesetzes über die Zwangsversteigerung und Zwangsverwaltung auch dann bestehen bleiben soll, wenn der Gläubiger einer dem Dauerwohnrecht im Range vorgehenden oder gleichstehenden Hypothek, Grundschuld, Rentenschuld oder Reallast die Zwangsversteigerung in das Grundstück betreibt.

(2) Eine Vereinbarung gemäß Absatz 1 bedarf zu ihrer Wirksamkeit der Zustimmung derjenigen, denen eine dem Dauerwohnrecht im Range vorgehende oder gleichstehende Hypothek, Grundschuld, Rentenschuld oder Reallast zusteht.

(3) Eine Vereinbarung gemäß Absatz 1 ist nur wirksam für den Fall, daß der Dauerwohnberechtigte im Zeitpunkt der Feststellung der Versteigerungsbedingungen seine fälligen Zahlungsverpflichtungen gegenüber dem Eigentümer erfüllt hat; in Ergänzung einer Vereinbarung nach Absatz 1 kann vereinbart werden, dass das Fortbestehen des Dauerwohnrechts vom Vorliegen weiterer Voraussetzungen abhängig ist.

1. **Bestehenbleiben.** Als beschränktes dingliches Recht hat das DWR/DNR einen bestimmten Rang. § 39 bezweckt, es vor Untergang in der Zwangsversteigerung des Grundstücks (§ 91 ZVG) zu schützen (vgl auch § 9 III S 1 Nr 1 ErbbauVO).

2. **Erforderlich** sind Einigung und Eintragung (Bezugnahme ausreichend, str), und zwar Eintragung auch beim Grundpfandrecht bzw bei Reallast entsprechend einer Rangänderung (LG Hildesheim Rpfleger 1976, 116) und Zustimmung des Inhabers der vor- und gleichstehenden Grundpfandrechte bzw Reallasten und der ihr Recht belastenden Rechte (§ 876 BGB). Gegen andere Rechte wirkt die Vereinbarung auch ohne Zustimmung des Rechtsinhabers, keine Verwertungsrechte. Die Vereinbarung kann auch schon vor Erteilung der Zustimmung eines vorrangigen Gläubigers im Grundbuch eingetragen werden (Schleswig SchlHA 1962, 146).

3. **Wirkung.** Nach den Versteigerungsbedingungen bleibt das DWR/DNR bestehen, aber wegen Abs III als bedingtes Recht (vgl §§ 50, 51 ZVG). Die Vereinbarung **wirkt nicht**, falls die Versteigerung aus einem der unter § 10 Nr 1–3 ZVG fallenden Rechte betrieben wird. Haben nicht alle Berechtigten zugestimmt, so ist das DWR nur dann als bestehenbleibend in das geringste Gebot aufzunehmen, wenn das Recht des nicht zustimmenden Gläubigers bestehen bleibt, andernfalls ist doppeltes Ausgebot nötig (vgl § 59 ZVG).

4. In Abs III Hs 1 sind **Mindestbestimmungen** der Vereinbarung nach Abs I genannt; weitere Voraussetzungen sind vertraglich möglich. Hat der DWBerechtigte seine Zahlungsverpflichtung nur zu einem ganz unerheblichen Teil nicht erfüllt, kann das außer Betracht bleiben. Aus dem DWR kann der Berechtigte nicht selbst die Zwangsvollstreckung betreiben (BayObLG 1957, 102, 111).

40 Haftung des Entgelts

(1) Hypotheken, Grundschulden, Rentenschulden und Reallasten, die dem Dauerwohnrecht im Range vorgehen oder gleichstehen, sowie öffentliche Lasten, die in wiederkehrenden Leistungen bestehen, erstrecken sich auf den Anspruch auf das Entgelt für das Dauerwohnrecht in gleicher Weise wie auf eine Mietforderung, soweit nicht in Absatz 2 etwas Abweichendes bestimmt ist. Im übrigen sind die für Mietforderungen geltenden Vorschriften entsprechend anzuwenden.

(2) Als Inhalt des Dauerwohnrechts kann vereinbart werden, daß Verfügungen über den Anspruch auf das Entgelt, wenn es in wiederkehrenden Leistungen ausbedungen ist, gegenüber dem Gläubiger einer dem Dauerwohnrecht im Range vorgehenden oder gleichstehenden Hypothek, Grundschuld, Rentenschuld oder Reallast wirksam sind. Für eine solche Vereinbarung gilt § 39 Abs. 2 entsprechend.

WEG § 40   Verfahrensvorschriften

1   **1. Die Haftung** des wiederkehrenden Entgelts für alle vorgehenden und gleichstehenden, auf Geld gerichteten Ansprüche entspricht der Haftung der Miete (§§ 1123, 1124 BGB); § 1126 BGB ist unanwendbar. Die Miete aus einer Vermietung der Räume durch den Inhaber des DWR haftet nicht. Da im übrigen die für die Miete geltenden Vorschriften nicht anwendbar sind (Abs I S 2), erfassen die Rechte anderer Gläubiger das Entgelt nicht und gelten auch §§ 566b u c BGB für den rechtsgeschäftlichen Erwerber des Grundstücks nicht.

2   **2. Vorausverfügungen** über das Entgelt sind nur im Rahmen des § 1124 BGB gegenüber den Grundpfandgläubigern wirksam. Die sich für Erwerber dadurch ergebenden Schwierigkeiten will Abs II lösen: gegenüber vor- und gleichstehenden Grundpfandrechten und Reallasten (nicht gegenüber öffentlichen Lasten) können Einigung, Eintragung und Zustimmung gemäß § 39 weitgehende Befreiung, dh Wirksamkeit von Verfügungen ermöglichen.

41   *Besondere Vorschriften für langfristige Dauerwohnrechte*

(1) Für Dauerwohnrechte, die zeitlich unbegrenzt oder für einen Zeitraum von mehr als zehn Jahren eingeräumt sind, gelten die besonderen Vorschriften der Absätze 2 und 3.

(2) Der Eigentümer ist, sofern nicht etwas anderes vereinbart ist, dem Dauerwohnberechtigten gegenüber verpflichtet, eine dem Dauerwohnrecht im Range vorgehende oder gleichstehende Hypothek löschen zu lassen für den Fall, daß sie sich mit dem Eigentum in einer Person vereinigt, und die Eintragung einer entsprechenden Löschungsvormerkung in das Grundbuch zu bewilligen.

(3) Der Eigentümer ist verpflichtet, dem Dauerwohnberechtigten eine angemessene Entschädigung zu gewähren, wenn er von dem Heimfallanspruch Gebrauch macht.

1   **1. Das DWR/DNR ist als langfristiges Recht** (ohne zeitliche Begrenzung oder für mehr als zehn Jahre) als eigentumsähnliches Recht ausgestaltet (Abs II). Es besteht ein gesetzlicher Löschungsanspruch gegenüber vorgehenden Eigentümergrundpfandrechten, da die Tilgung in der Regel Folge der Leistungen des Inhabers des DWR/DNR ist. Gilt nicht nur für Hypotheken, sondern auch für Grund- und Rentenschulden (Weitnauer/Hauger Rz 2). Die Regelung ist abdingbar. Streitig, ob dann abweichende Bestimmung im Grundbuch eintragungsfähig; wohl zu bejahen (ebenso Niedenführ/Schulze Rz 11). Nur schuldrechtliche Pflicht, die nicht automatisch durch § 1179 BGB geschützt ist; Wirksamkeit gegen Dritte nur mit Eintragung einer Löschungsvormerkung. Auf den Erwerber des Grundstücks geht die Pflicht nach § 38 II nicht über.

2   **2. Zwingende Entschädigungspflicht.** Über **Angemessenheit** enthält das Gesetz keine Aussage. Das gezahlte Entgelt und ein etwaiger Baukostenzuschuß abzüglich eines Betrages für die Gebrauchsvorteile und Abnutzung ist Ausgangspunkt. Festsetzung durch das ordentliche Gericht; § 52 gilt nicht. Regelung der Entschädigungspflicht in angemessenem Rahmen zulässig, nicht aber vollständiger Ausschluß von vornherein (BGH 27, 158; BGH NJW 1960, 1621, aA nur Celle NJW 1960, 2293). Auch in diesem Fall kann richterliche Angemessenheitskontrolle nicht ausgeschlossen werden.

42   *Belastung eines Erbbaurechts*

(1) Die Vorschriften der §§ 31 bis 41 gelten für die Belastung eines Erbbaurechts mit einem Dauerwohnrecht entsprechend.

(2) Beim Heimfall des Erbbaurechts bleibt das Dauerwohnrecht bestehen.

1   **Belastungsgegenstand** auch Erbbaurecht (Abs I); hat nur klarstellende Bedeutung. Zu unterscheiden ist Heimfall des Erbbaurechts, bei dem das DWR bestehen bleibt (Abs II; entgegen § 33 I S 3 ErbbauVO) und Erlöschen, bei dem auch das Wohnrecht erlischt. Hier aber zu beachten, ob bei Begründung des DWR wie für Grundpfandrechte und Reallasten (vgl § 5 II ErbbauVO) Zustimmung des Grundstückseigentümers erforderlich ist; für entsprechende Anwendung Stuttgart NJW 1952, 979 (str).

III. Teil

Verfahrensvorschriften

1. Abschnitt

Verfahren der freiwilligen Gerichtsbarkeit in Wohnungseigentumssachen

43   *Entscheidung durch den Richter*

(1) Das Amtsgericht, in dessen Bezirk das Grundstück liegt, entscheidet im Verfahren der freiwilligen Gerichtsbarkeit:
1. auf Antrag eines Wohnungseigentümers über die sich aus der Gemeinschaft der Wohnungseigentümer und aus der Verwaltung des gemeinschaftlichen Eigentums ergebenden Rechte und Pflichten der Wohnungseigentümer untereinander mit Ausnahme der Ansprüche im Falle der Aufhebung der Gemeinschaft (§ 17) und auf Entziehung des Wohnungseigentums (§§ 18, 19);
2. auf Antrag eines Wohnungseigentümers oder des Verwalters über die Rechte und Pflichten des Verwalters bei der Verwaltung des gemeinschaftlichen Eigentums;
3. auf Antrag eines Wohnungseigentümers oder Dritten über die Bestellung eines Verwalters im Falle des § 26 Abs. 3;

4. auf Antrag eines Wohnungseigentümers oder des Verwalters über die Gültigkeit von Beschlüssen der Wohnungseigentümer.

(2) Der Richter entscheidet, soweit sich die Regelung nicht aus dem Gesetz, einer Vereinbarung oder einem Beschluß der Wohnungseigentümer ergibt, nach billigem Ermessen.

(3) Für das Verfahren gelten die besonderen Vorschriften der §§ 44 bis 50.

(4) An dem Verfahren Beteiligte sind:
1. in den Fällen des Absatzes 1 Nr. 1 sämtlich Wohnungseigentümer;
2. in den Fällen des Absatzes 1 Nr. 2 und 4 die Wohnungseigentümer und der Verwalter;
3. im Falle des Absatzes 1 Nr. 3 die Wohnungseigentümer und der Dritte.

1. Rechtsweg/Zuständigkeit (Abs I). a) Für „WE-Sachen" gilt statt der ZPO das FGG-Verfahren, weil hier **1** gegenüber der streitentscheidenden Aufgabe des Zivilprozesses der mehr ordnende Charakter des Amtsverfahrens im Vordergrund steht (zu Reformvorschlägen Ganten WE 1992, 122; Drasdo ZRP 2000, 290; ders NZM 1999, 246; vgl ferner Demharter NZM 2002, 233). Formal handelt es sich bei Abs I hinsichtlich der örtlichen und sachlichen Zuständigkeit um eine **Rechtswegverweisung**; sie ist zwingend (BGH 68, 233) und auch in der Revisionsinstanz noch zu beachten (BGH 59, 58). Über die Zulässigkeit des Rechtsweges zum WEG-Gericht oder zum Zivilverfahren kann auch im FGG-Verfahren durch **Zwischenbescheid** entschieden werden (NJW-RR 1989, 143). Zur **Abgabe** zwischen den Rechtswegen vgl § 46. Grundsätzlich kommt es für die Zuständigkeit des Verfahrens nach § 43 I Nr 1–4 darauf an, ob über Rechte und Pflichten gestritten wird, die ihren Grund im Gemeinschaftsverhältnis der Beteiligten haben; auf die materielle Anspruchsgrundlage (Vertrag, unerlaubte Handlung, Gesetz) kommt es dabei nicht an (BGH 59, 58f; NJW-RR 1991, 907; NJW 2002, 3709). Für die Beurteilung des Streitgegenstandes gilt der zweigliedrige Streitgegenstandsbegriff des Zivilprozeßrechts (Köln ZMR 1998, 374). Die Grenzen des WEG-Verfahrens liegen dort, wo das Außenverhältnis zu Dritten (zB zum Bauträger, anders für Mehrkosten wegen Baurückstands BayObLG ZflR 2003, 88) oder das Entstehen von WE/TeilE Streitpunkt sind. Vor dem Prozeßgericht sind Streitigkeiten aus Bauverträgen, über den Gegenstand, den Inhalt und den Umfang des SonderE (BGH 130, 159; vgl KG NZM 2002, 29), insbesondere über die Abgrenzung von SonderE und GemeinschaftsE (Bremen WE 1987, 162; BayObLG NJW-RR 1996, 912), über die Verwaltung des SonderE eines WEers durch den Verwalter (BayObLG DNotZ 1996, 37); aus einem zwischen einzelnen WEern vereinbartem Wettbewerbsverbot (BGH NJW-RR 1986, 1335), zwischen WEern und Mietern (Karlsruhe OLGZ 1986, 129) sowie zwischen Mitgliedern einer Bruchteilsgemeinschaft und BGB-Gesellschaft (BayObLG NJW-RR 1995, 588; Köln NJW-RR 1997, 1443) auszutragen. Dagegen gehören in das WEG-Verfahren Schadensersatzansprüche eines WEers gegen einen anderen wegen der Auswechslung tragender Teile (Köln NJW-RR 1995, 910), der Anspruch auf Aufhebung der WEGemeinschaft (BayObLG ZflR 1999, 225), der Streit über die Nutzungsbedingungen des fremden SonderE (Köln ZflR 1998, 98) und die Abgrenzung von SonderE und GemeinschaftsE als Vorfrage für Ansprüche aus dem Gemeinschaftsverhältnis (Düsseldorf NJW-RR 1995, 206). In das WEG-Verfahren gehören auch Ansprüche aus dem Gemeinschaftsverhältnis, wenn WEer bereits vor Rechtshängigkeit das WE/TeilE veräußert oder es als Insolvenzverwalter freigegeben hat (BGH NJW 2002, 3709, 3710; anders noch BGH NJW 1994, 1866).

Die §§ 43ff sind bereits auf die **werdende WE-Gemeinschaft** anzuwenden (vgl Hamm WuM 2000, 319 u § 10 **2** Rz 10). Dagegen gilt für den schon vor Rechthängigkeit aus der Gemeinschaft **ausgeschiedenen WEer** das FGG-Verfahren nicht mehr (BGH 44, 43; 106, 34; aA AG Kerpen ZMR 1999, 124). Bei Veräußerung von WE/TeilE während des Verfahrens Fortführung in Verfahrensstandschaft für den Erwerber (BGH ZflR 2001, 835; BayObLG MDR 1995, 144; NJW-RR 1991, 531; ZflR 2002, 648; vgl auch BayObLG ZflR 2001, 659; KG ZWE 2000, 226). Beschlußanfechtung durch ausgeschiedenen WEgter, wenn nachteilige Auswirkungen möglich (Düsseldorf FGPrax 1997, 181; 1998, 11); aber keine Abgabe an WEGericht, wenn bereits beim Prozeßgericht rechtshängig (BayObLG ZflR 1998, 751).

b) Einzelne Verfahren. aa) Zu Abs I Nr 1 gehören alle Streitigkeiten über **Rechte und Pflichten der WEer 3** untereinander „aus der Gemeinschaft" und „aus der Verwaltung des gemeinschaftlichen Eigentums" (ausgenommen: §§ 17, 18 und 19), dh auch wenn sie aus anderen zivilrechtlichen Regelungen hergeleitet werden, zB aus §§ 985f, 1004, 1007, 859f BGB (Frankfurt OLGZ 1984, 120; BGH NJW-RR 1991, 907; anders AG Dortmund WuM 1998, 626 für §§ 987ff); Anspruch auf Beseitigung baulicher Änderungen (Stuttgart NJW 1970, 102); auf Einräumung des Mitbesitzes (BayObLG MDR 1971, 301); auf Schadensersatz (München NJW 1968, 994; BayObLG 1970, 65; BGH 59, 58); aus deliktischem Verhalten der WEer zueinander, sofern innerer Zusammenhang mit Gemeinschaftspflichten (BGH NJW-RR 1991, 907); auf Lasten- und Kostenverteilung (Koblenz ZMR 1977, 87; Jena FGPrax 2002, 12; BGH 142, 290); auf Unterlassung gemeinschaftswidrigen Gebrauches (Frankfurt OLGZ 1984, 120; Bestehen und Inhalt eines SondernutzungsR (Frankfurt OLGZ 1980, 418; BGH NJW 1990, 1112; aA Saarbrücken ZflR 1998, 366); Ausgleichsansprüche nach § 426 BGB (München MDR 1972, 239). Nicht dagegen: Gegenstand und Inhalt des WE/TeilE ist keine Auseinandersetzung um Gemeinschaftsfragen, deshalb Zivilprozeß (vgl Karlsruhe OLGZ 1976, 11; BGH 73, 302; anders, wenn bloße Vorfrage, Frankfurt OLGZ 1984, 148; Hamm OLGZ 1991, 56 – Herausgabe; BayObLG NJW 1991, 186 – Abgrenzung SonderE/GemeinschaftsE); ebenso Umwandlung GemeinschaftsE in SonderE (KG NZM 1998, 581) und Anspruch auf Einräumung von SonderE (BayObLG 1985, 47; 1998, 111). Zuständig ist Streitgericht auch für Ansprüche aus anwaltlicher Tätigkeit eines Eigentümers (BayObLG NZM 1998, 515).

bb) Zu **Abs I Nr 2** gehören Streitigkeiten über **Rechte und Pflichten des Verwalters** (auch Beirat, BayObLG **4** NJW 1972, 1277) gegenüber der Gemeinschaft. Ebenso Streit über Zustimmung (§ 12), Ausführung von Eigentümerbeschlüssen und Schadensersatzansprüche (KG ZflR 2003, 926), Gebrauch, Erstellung einer Jahresabrechnung (BayObLG GE 1997, 253; Hamm NZM 1998, 875), nicht jedoch Feststellung, daß nicht zu best Kosten heranzuziehen (BayObLG WuM 1999, 129) u Wiederherstellungsanspruch (BayObLG WuM 1999, 129; KG NZM 2000, 677). FG-Gericht auch, wenn Einwände gegen wirksame Bestellung oder gegen Fortdauer des Amtes des Verwalters geltend gemacht werden (KG OLGZ 1976, 266), ebenso hinsichtlich des Geschäftsbesorgungsvertrages (Hamm ZWE 2001, 81). Verwalter ist auch befugt, die eigene Abberufung anzufechten (BGH NJW 1989, 1087, vgl Rz 6). Nicht vor das WE-Gericht gehören alle Streitigkeiten, in denen der Verwalter außerhalb seiner spezifischen Verwalterpflichten angesprochen wird, zB als Baubetreuer (BGH 65, 264), als Mietverwalter (BayObLG NJW-RR 1989, 1167); als Persönlichkeit bei Ehrverletzung (BayObLG 1989, 67); wohl auch Rechtsstreit gegen Haftpflichtversicherer des Verwalters (BayObLG NJW-RR 1987, 1099). FGG-Verfahren nicht anzuwenden, wenn Verwaltung dem Verwalter noch nicht übertragen ist (BGH NJW 1976, 239); Im FG-Verfahren sind aber Auseinandersetzungen mit **abberufenen Verwaltern** zu führen (BGH NJW 1989, 714; BGH 44, 43; BayObLG NJW-RR 1987, 20; NJWE-MietR 1996, 276; anders bei Anspruch gegen Geschäftsführer von VerwaltungsGmbH, LG Mainz ZMR 2000, 405), ebenso Herausgeberanspruch gegen früheren Verwalter (Hamm NJW-RR 1988, 268; BayObLG WE 1988, 143). Auch Ansprüche aus dem Verwaltervertrag gehören in das FGG-Verfahren (BGH 59, 58). Verwalter kann seinerseits einzelne oder Bündel von Pflichten (HausO!, KG NJW 1956, 1679; Hamm OLGZ 1970, 399) der WEer feststellen lassen.

5   cc) **Abs I Nr 3** betrifft die durch richterlichen Beschluß angeordnete **Notverwaltung** (§ 26 III). Antragsberechtigt sind WEer/TeilEer und Dritter; Dritter, der an Verwalterbestellung objektiv interessiert ist, kann zB Mieter oder Hypothekengläubiger sein. Feststellungsantrag bzgl Verwalterwahl kann in Bestellungsantrag umgedeutet werden (BayObLG ZfIR 2000, 49).

6   dd) **Abs I Nr 4** regelt die formelle und materielle **Gültigkeitskontrolle der WEer-Beschlüsse** (vgl Kümmel ZWE 2001, 516). Für Beschlüsse nach § 18 III gilt das Streitverfahren. **Antragsberechtigt** ist neben dem Verwalter (Wenzel ZWE 2001, 510; zu seiner Zustellungsvollmacht s Abramenko ZMR 2002, 885) jeder betroffene WEer; Aktivlegitimation ist dagegen Frage des sachlichen Rechts (vgl BGH NJW 1989, 1091). Zwischenentscheidung über Zulässigkeit eines Antrages möglich (Celle NJW-RR 1989, 143). „Vorratsanfechtung" aller Beschlüsse und spätere Beschränkung ist möglich (BayObLG NJW-RR 2001, 1233; LG Mainz NZM 2000, 519; teilw abw Zweibrücken NJW-RR 1995, 397). Unter § 43 I S 4 fällt auch Feststellung der Beschlußnichtigkeit bzw des „Nichtbeschlusses" (vgl BayObLG 1995, 407; AG München NJW 1997, 326; Suilmann ZWE 2001, 402). Auf **Stimmverhalten** in der WE-Versammlung kommt es für Antragsrecht nicht an (BayObLG NJW-RR 1988, 1168; Kümmel ZWE 2001, 516), ebenso soll Antragsbefugnis ungeachtet des § 25 V bestehen (str, KG NJW-RR 1986, 642; AG Stuttgart ZMR 1997, 260). Stets ist Rechtsschutzbedürfnis zu prüfen; entfällt nicht solange Baumaßnahme rückgängig gemacht werden kann (Düsseldorf ZWE 2000, 589). **Antragsrecht des Verwalters** besteht für alle Beschlüsse, die seinen Aufgabenbereich berühren (Saarbrücken ZMR 1998, 310; Reuter ZWE 2001, 286; vgl AG Kerpen ZMR 1999, 126 für Zwangsverw), gilt auch für Beschluß über Abberufung (BGH 106, 113; BGH ZfIR 2002, 731; Hamm NJW-RR 1997, 523; aA Suilmann ZWE 2000, 106 und Becker ZWE 2003, 162 [167]).

7   Die Anfechtung „**abgelehnter Anträge**" (sog **Negativbeschluß**) wurde als nicht zulässig angesehen (Düsseldorf NJW-RR 1995, 206), jedoch ggf umgedeutet in das Verlangen bestimmter Verwaltungsmaßnahmen; dies war aber nur erfolgreich, wenn Anspruch darauf bestand (vgl BayObLG 1974, 172; vgl auch BayObLG ZfIR 2000, 49). Negativbeschluß nach neuerer Ansicht anfechtbar (BGH 148, 335 = ZWE 2001, 530; vgl auch BayObLG NZM 2003, 317). Häufig wird aber **Rechtsschutzinteresse** fehlen, weil Negativbeschluß den Antragsteller nicht in seinen Rechten beeinträchtigt, da er für eine erneute Beschlußfassung über denselben Gegenstand keine Sperrwirkung entfaltet (Wenzel ZWE 2000, 382, 386). Anders aber, wenn Anfechtung des Negativbeschlusses mit der Feststellung eines positiven Beschlußergebnisses verbunden werden kann (BGH 148, 335). Rechtsschutzinteresse besteht auch, wenn ein anderer WEer einen identischen Antrag gestellt hat. Aber keine Entscheidung über Beschlußanfechtung, wenn Antrag eines and WEers erfolgreich war (LG Berlin ZMR 2001, 146). Im Fall eines in der Gemeinschaftsordnung vorgesehenen „**Vorschaltverfahrens**" (Pflicht vorheriger Anrufung der WEversammlung, Schlichtungsverfahren), fehlt bei Nichtbeachtung Verfahrensvoraussetzung (BayObLG NJW-RR 1989, 1168; Zweibrücken ZMR 1986, 63; LG Stralsund NZM 2003, 327). Das Rechtsschutzbedürfnis ist durch einen bestätigenden **Zweitbeschluß** nicht ohne weiteres beseitigt, vielmehr nur, wenn der folgende den ersten rückwirkend ersetzen soll, und dann erst mit Unanfechtbarkeit des Zweitbeschlusses (BGH 113, 197; BayObLG NJW-RR 1987, 9; ZfIR 1999, 786; Zweibrücken ZMR 1986, 63; KG NZM 2000, 552; teilw abw Hamburg ZMR 1998, 798). Ein **Wiederholungsbeschluß**, der nur einen angefochtenen Beschluß inhaltsgleich wiederholt, ist schon deshalb für ungültig zu erklären (KG MDR 1994, 1206). Im übrigen muß geprüft werden, ob Bestätigung oder Ersetzung vorliegt (KG ZWE 2000, 274; Drasdo ZWE 2000, 257; Lüke ZWE 2000, 98). Wird Anfechtung eines Wohnungseigentümers rechtskräftig zurückgewiesen, tritt für Anfechtungsverfahren anderer Eigentümer bei formeller Beteiligung am Verfahren ohne Verbindung Erledigung der Hauptsache ein (BayObLG NZM 2003, 644). Bei Antrag nach § 43 I Nr 4 hat auch der **ausgeschiedene WEer** noch Antragsrecht, wenn die Ungültigkeitserklärung sich noch auf ihn auswirkt, weil diese vom Prozeßgericht nicht vorgenommen werden kann (BayObLG NJW-RR 1987, 270; Düsseldorf FGPrax 1997, 181; KG ZWE 2000, 274; vgl auch BayObLG ZfIR 1998, 304; ZWE 2002, 465), anders hinsichtlich Beschluß über Jahresabschluß (KG ZWE 2000, 274).

8   **2. Entscheidungsgrundlagen (Abs II).** Auch der Richter ist an die Ordnungsgrundlagen der Gemeinschaft (Gesetz, Vereinbarung, Beschlüsse) gebunden. Darüber hinaus soll das Gericht Streit unter den WEern **nach billigem Ermessen** ordnen können. Kein Raum für Zweckmäßigkeitserwägungen, sondern nur Ermächtigung für den Richter, die vorgegebene Ordnung situationsadäquat weiterzudenken. Materielle Freiheit zur **Umgestaltung** der gegebenen Gemeinschaftsordnung besteht nur insoweit, als ein Abweichen von der Formal-Ordnung etwa gemäß §§ 242, 315 BGB sachlich-rechtlich vorgegeben ist und nur nachvollzogen wird (vgl BayObLG 1984, 50). Insbes

in den Fällen des **Abs I Nr 1, 2** sind Ordnungsmaßnahmen möglich, soweit Anträge wegen einer ungeregelten Situation der Gemeinschaft dies erfordern (§ 21 IV!). Insoweit können zB Verwaltervergütung festgesetzt, Benutzungsregelungen festgelegt, HausO umgestaltet und sonstige Regelungen getroffen werden. Im Rahmen des **Abs I Nr 4** darf in Beschlüsse regelmäßig nicht ändernd eingegriffen werden (str, vgl Soergel/Stürner Rz 13). Aber bei Vielzahl von Fehlern der Jahresabrechnung kann Billigungsbeschluß insgesamt für ungültig erklärt werden (KG ZWE 2001, 334). Im übrigen ermächtigt „billiges Ermessen" auch zu schöpferischer Ausformung der **Rücksichtspflichten in der Gemeinschaft**, wobei neben den Rahmenbedingungen der §§ 15 I, II; 10 I die Maßstäbe der §§ 13, 14 zu beachten sind.

3. Verfahrensvorschriften/-grundsätze (Abs III). Für das Verfahren gelten die besonderen Vorschriften der 9 §§ 44 bis 50, im übrigen die der §§ 2 bis 34 FGG. Ergänzend sind, da echtes Streitverfahren, ZPO-Regelungen heranzuziehen, sofern nicht Prinzipien der FG (zB § 12 FGG) entgegenstehen (BayObLG 1973, 5); „**Amtsverfahren**" (§ 12 FGG), bei dem Umfang der Ermittlungen beim Gericht liegt (Düsseldorf ZMR 1996, 616; BayObLG ZfIR 1997, 350; 1999, 224; 1999, 596; ZWE 2000, 187; Karlsruhe WuM 1999, 718). Einleitung jedoch nur auf Parteiantrag. Die Offizialmaxime ist aber vielfach durchbrochen (BGH 146, 241). **Anhängigkeit** eines Antrages (entspr „Rechtshängigkeit") tritt ein mit Antragseingang; Zustellung an Gegner nicht Voraussetzung (KG WuM 1991, 369). **Antragsänderung/Antragserweiterung:** Für Änderung gilt **ZPO** entspr (str, BayObLG WE 1989, 59; aA Frankfurt OLGZ 1990, 419), ebenso Erweiterung. Parteiwechsel ist möglich. **Antragsberechtigung** (§ 43 I Nr 1–4). Zur Zulässigkeit eines Antrages gehört die Frage, ob ein Antrag isoliert vom einzelnen WEer erhoben werden kann oder Gemeinschaftsbeschluß den Anspruch „freigeben" muß (BGH NJW 1989, 1091). Kein Antragsrecht für Nießbraucher (BGH MDR 2002, 1003, 1004; BayObLG 1998, 145; Armbrüster DNotZ 1999, 562). Ausschluß des Antragsrechtes in Teilungserklärung nicht statthaft (vgl AG Mannheim DWE 1984, 29), wohl aber ist Verwirkung möglich (Celle DWE 1984, 126; Düsseldorf ZfIR 1998, 722). **Antragsbindung** gilt entspr § 308 ZPO (str). Das Gericht ist ohne Antrag nicht befugt, gestaltend in das Gemeinschaftsverhältnis einzugreifen, etwa mehr als beantragt oder ein aliud zuzusprechen (vgl BayObLG 1974, 172); aber Ermittlung des wirklichen Willens des Antragstellers, ausgenommen bei Beschlußanfechtung (Köln NZM 1998, 970). Antragsminus ist möglich (vgl Karlsruhe NZM 1999, 274). **Antragsschrift** (vgl § 11 FGG) ist nicht an bestimmte Form gebunden (Riecke/Rechenberg MDR 2002, 309). Antragsteller bestimmt sich nach Antragsrecht (BayObLG ZMR 1998, 102). Ladungsfähige Anschrift kann fehlen (KG NJW-RR 1991, 596); für „WE-Gemeinschaft" genügt Kurzbezeichnung (BGH NJW 1977, 1686; Frankfurt WE 1990, 56; Köln NZM 2002, 267). An Bestimmtheit sind keine etwaigen Anforderungen zu stellen (BayObLG ZWE 2000, 472). **Antragsrücknahme** ist bis rechtskräftiger Entscheidung statthaft (str, KG NJW 1971, 2270; BayObLG WE 1992, 147). **Aufrechnung** ist nach materiellem Recht möglich. Prozeßforderung ist im WE-Verfahren und WE-Forderung im Prozeß-Verfahren bei der Entscheidung zu berücksichtigen (vgl BGH NJW 1980, 2466; LG Berlin ZMR 2001, 667). **Befangenheit** von Richtern und Sachverständigen (§§ 42ff ZPO entspr, BayObLG MDR 1988, 1063). Hinweis auf Verjährung begründet nicht Besorgnis der Befangenheit (BayObLG NZM 1999, 509). **Berichtigung** einer Entscheidung § 319 ZPO entspr (BayObLG WE 1988, 36; BGH NJW 1989, 1281); auch das Rechtsbeschwerdegericht kann offenbare Unrichtigkeit noch berichtigen (BayObLG NJW-RR 1989, 720). **Besetzung:** Entscheidung von anderen Richtern als denen, die an mündlicher Verhandlung teilgenommen haben, zulässig (BayObLG ZWE 2001, 552; Düsseldorf ZWE 2002, 92; Köln NZM 2001, 150). **Beweisführung:** keine Beweislast, jedoch im Rahmen der Förderungspflicht Last zu substantiierten Darlegung. Beweiserhebung § 15 FGG. Selbständiges Beweisverfahren (analog §§ 485ff ZPO) ist möglich (BayObLG MDR 1996, 144). **Einstweilige Regelung** ergeht gem § 44 III als Einstweilige Anordnung. „Einstweilige Verfügungen" sowie Arrest gem §§ 916f ZPO nicht entspr anwendbar (vgl Schuschke ZfIR 1999, 885). **Entscheidung** ergeht im FG-Verfahren durch **Beschluß** (nicht Urteil; Unterschrift nicht erforderlich, BayObLG ZWE 2001, 594; Vorschriften der ZPO über Tatbestand gelten nicht, Köln NJW-RR 2000, 969), soweit nicht andere Erledigung stattfindet. Bei Anerkenntnis oder Verzicht kann Beschluß entspr § 306, 307 ZPO ergehen (str). Beschluß entscheidet gleichzeitig über Gerichtskosten, ggf Erstattung außergerichtlicher Kosten und Festsetzung des Geschäftswertes. Teilentscheidung ist zulässig (BayObLG WE 1988, 140; NZM 1999, 85; Zweibrücken NZM 1999, 858). Zwischenentscheidung (analog §§ 303, 304 ZPO) über Zulässigkeit des Verfahrens (zB vor WE-Gericht) statthaft (Celle NJW-RR 1989, 143; Köln NZM 1999, 858). **Erledigung der Hauptsache** ist möglich (BayObLG NJWE-MietR 1996, 39; GE 1997, 371; WuM 2000, 148; ZWE 2001, 419 u 492; NZM 2003, 644; Düsseldorf ZfIR 1997, 221; Hamm NZM 2003, 486; Koss JR 1996, 359). Im WE-Verfahren „Erledigung" auch bei von vornherein unbegründeten Anträgen (BayObLG WE 1991, 55). Noch nicht bestandskräftige spätere Beschlüsse führen nicht zur Erledigung der Anfechtung eines früheren Beschlusses (BayObLG ZWE 2001, 492; Düsseldorf NZM 1999, 579). Im Rechtsmittelverfahren führt Hauptsacheerledigung zur Unzulässigkeit des Rechtsmittels, sofern keine Beschränkung auf die Kostenfrage (BGH NJW 1982, 2505; BayObLG NZM 1999, 320). Die Grundsätze gelten auch, wenn Erledigung erst im Verfahren der weiteren Beschwerde eintritt (BayObLG WE 1991, 55; ZWE 2000, 217; ZMR 2001, 993). **Feststellungsantrag** ist entspr § 256 ZPO zulässig (vgl BayObLG NJW-RR 1988, 17; 1990, 210; Köln NZM 2000, 305). Ein rechtliches Interesse an Feststellungen besteht zB darin, ob ein bestimmter WEer/TeilEer gem § 22 I zustimmen muß (KG OLGZ 1967, 479). Keine Umdeutung von Feststellungsantrag zu Verwaltervertrag in Antrag auf Ungültigerklärung von Beschluß über Verwalterwahl (LG Berlin ZMR 2001, 668). **Gegenantrag** (entspr „Widerklage") ist zulässig (§ 33 I ZPO analog; Zweibrücken Rpfleger 1977, 141; KG OLGZ 1991, 190). Für den Gegenanspruch muß jedoch Verfahren nach § 43 eröffnet sein (BGH 53, 168). Im Rahmen der Rechtsbeschwerde unzulässig (BayObLG WuM 1985, 31). Gegenantrag kann auch gegen Verwalter erhoben werden, wenn er in Verfahrensstandschaft für WEer auftritt (vgl KG OLGZ 1991, 190; BayObLG 1971, 313). **Kostenvorschuß** nicht zulässig in Beschlußanfechtungsverfahren (BayObLG ZWE 2001, 213, teilw abw Köln ZMR 1998, 110). **Mahnverfahren** vgl § 46a. **Öffentlichkeit** der mündlichen Verhandlung besteht gem § 169 GVG (BayObLG NJW-RR 1989, 1293). **Ordnungsstrafe** gegen nicht erschienene Zeugen und Sachverständige kann gem §§ 380, 409 ZPO angeordnet werden. **Postulationsfähigkeit** ist für jeden prozeßfähigen Beteiligten gegeben. Auch in Beschwerdeinstanzen ist Anwaltsvertretung nicht vorgeschrieben. **Protokollierung:** §§ 159f ZPO gelten nicht (KG DWE 1989, 139); ihre Anwendung ist aber üblich. **Prozeßkostenhilfe** kann entsprechend § 114ff ZPO auch im WE-Verfahren gewährt werden (vgl § 14 FGG). Entsprechendes gilt für „Beratungshilfe". **Rechtliches Gehör** (Art 103 I GG) ist allen materiell Beteiligten zu gewähren. Benachrichtigung der WEer von Verfahrenseinleitung und Verfahrensschritten kann jedoch gegenüber dem Verwalter geschehen; dies gilt auch für Zustellungen von Entscheidungen (BGH 78, 166; BayObLG 1983, 14). **Rechtskraft** tritt in WE-Sachen ein (materiell vgl § 45 II; vgl BayObLG ZWE 2001, 603): Bindung der Beteiligten an unanfechtbare Entscheidung, jedoch kein Verbot eines Zweitbeschlusses mit gleichem Inhalt (BayObLG WE 1990, 72). Durchbrechung der formellen Rechtskraft gem § 45 IV. **Rechtsmittelbelehrung** erforderlich (BGHRp 2002, 617; BayObLG MDR 2001, 1187; BayObLG 2001, 297; Demharter WuM 2000, 43; aA noch Celle NZM 1999, 287; BayObLG ZWE 2000, 131). **Rechtsschutzinteresse** ist auch im WE-Verfahren zu prüfen (vgl BayObLG DNotZ 1985, 414; Hamburg ZMR 2001, 724; Müller ZWE 2000, 557). Entfällt bei Aufhebung des angefochtenen Beschlusses (Naumburg ZWE 2000, 143; WuM 2001, 44). Nach Fortfall des Rechtsschutzinteresses ist Antrag unzulässig. **Ruhen des Verfahrens** (§ 251 ZPO entspr, BayObLG NJW-RR 1988, 16). **Schiedsvertrag** ist im WE-Verfahren zulässig. Nicht mit Mehrheitsbeschluß (Dt Schied WE-Sachen ZWE 2001, 323); Form gem § 1031 ZPO. Ferner Schiedsgutachtervertrag zu Sachfragen zulässig (BGH NJW 1955, 665). Ebenso ist Schlichtungs- bzw Mediationsvereinbarung statthaft (vgl Zweibrücken ZMR 1986, 63). **Stufenantrag** ist entspr § 254 ZPO zulässig (Düsseldorf NJW-RR 1987, 163). Die Reihenfolge der Antragsprüfung richtet sich nach dem Sachinteresse. **Streitverkündung/Nebenintervention** im WE-Verfahren zulässig (vgl BayObLG NJW 1974, 1147; Hamm NJW-RR 1996, 335). **Unterbrechung** des Verfahrens; **Verfahrensaussetzung** möglich (vgl BayObLG 1987, 381; NJW 1974, 706; Köln DWE 1989, 30). **Veräußerung des Streitgegenstandes** (insbes: Eigentümerwechsel) ist auf laufendes Verfahren ohne Einfluß, §§ 265, 325 ZPO gelten entspr (vgl BayObLG MDR 1980, 142; Oldenburg ZMR 1980, 63). Bei **Verwalterwechsel** gilt im Zweifel die Ermächtigung gem § 27 II Nr 5 auch für den neuen Verwalter (vgl KG NJW-RR 1989, 657, zur Ablehnung der Prozeßübernahme s KG NJW-RR 1991, 1363). **Verfahrensfähigkeit** ist von Amts wg zu prüfen (BayObLG ZWE 2001, 71). Zwischenbeschluß über Gutachtensvorlage ist unanfechtbar (BayObLG NZM 2001, 1144); anders Beweisbeschluß über Untersuchung (BayObLG MDR 2000, 1372). **Verfahrensstandschaft** auf Aktivseite zugelassen. Sie kommt gem § 27 II Nr 5 insbes für Verwalter in Betracht, wenn er ausdrücklich ermächtigt ist (BGH 81, 35) und nicht als Vertreter für die WEer auftritt; bei Beschlußanfechtung Nachweis in Frist des § 23 IV (Celle ZWE 2001, 34). Auf Passivseite ist Verfahrensstandschaft unzulässig (BayObLG 1975, 233). **Verfahrensverbindung/Verfahrenstrennung** gem § 145 ZPO (BayObLG DWE 1982, 136) und § 147 ZPO (Hamm Rpfleger 1979, 342) statthaft. **Vergleichsschluß** möglich; Wirkung nur inter partes, wenn nicht allseitige Vereinbarung und Eintragung gem § 10 II (BayObLG NZM 1999, 861). Widerrufsvorbehalt gibt jedem WEer Widerrufsrecht (KG ZWE 2001, 612). **Verkündung (Bekanntmachung)** der Entscheidung erfolgt gem § 16 FGG nach Zustellvorschriften der ZPO: Zustellung von Amts wegen. Das zugestellte Schriftstück muß lesbar sein (BayObLG 1982, 90). **Versäumnisentscheidung** wegen „Amtsverfahrens" nicht, dann Entscheidung nach Lage der Akten. **Vertretung** im Verfahren ist zulässig, insbesondere durch Anwälte (§ 13 FGG, BayObLG ZWE 2000, 528). Zur Vollmachtsvorlage vgl § 13 S 3 FGG, § 80 ZPO nicht anwendbar. Anwaltszwang (§ 78 ZPO) besteht nicht. **Verweisung**, im Verhältnis zum Prozeßgericht gilt § 17a GVG entsprechend (BayObLG 1998, 110, 113; NJW-RR 2000, 1540). **Wechsel** der **Beteiligten** entsprechend § 265 ZPO (BayObLG NJW-RR 1991, 531). Zum Verwalterwechsel vgl „Veräußerung". **Wiederaufnahme des Verfahrens** ist zulässig (entspr §§ 578ff ZPO, BayObLG Rpfleger 1974, 1999, 52; WuM 1995, 453); aber nicht hinsichtlich Wohngeldanspruch, insbes wenn zugrunde liegender Beschluß später aufgehoben wird (BayObLG WE 1993, 171; KG ZMR 1996, 227). **Wiedereinsetzung in den vorigen Stand** ist möglich bei Versäumung von Rechtsmittelfristen (§ 22 II FGG) und zB von Frist des § 23 IV (BGH 54, 65; BayObLG WE 1992, 229; WuM 1995, 65; Zweibrücken MDR 1996, 741). Wiedereinsetzung auch gegenüber Versäumung der Wiedereinsetzungsfrist (BayObLG ZMR 1980, 160). **Zurückweisung** verspäteten Vorbringens (entspr § 296 ZPO) sinngemäß anwendbar (str, BayObLG ZWE 2001, 603). **Zustellung** (Bekanntmachung) von Entscheidungen erfolgt gem § 16 FGG. **Zwangsmaßnahmen** des Gerichts zur Durchsetzung von Anordnungen erfolgen gem § 33 FGG.

10 **4. Beteiligtengemeinschaft (Abs IV). a)** Der **Begriff** der Beteiligten ist weit gefaßt und vom Amts wegen festzustellen. Im Regelfall sind sämtliche WEer beteiligt (Zweibrücken WE 1988, 60; Vollkommer ZMR 2000, 7), auch wenn nur Nr 1 das Wort „sämtliche" enthält. Regelmäßig sind die rechtlich geschützten Interessen aller Mit-Eer berührt, ebenso erstreckt sich die Rechtskraft auf sämtliche Beteiligten. Das gilt insbes bei kostenwirksamen Beschlüssen (BayObLG ZMR 1989, 103), beim Streit über bauliche Veränderungen (BayObLG ZMR 1989, 347), bei der Bewertung von Verhaltenspflichten des Verwalters (BayObLG WE 1990, 136). Zweifelhaft allerdings, ob Beteiligung aller MitEer auch, wenn tatsächlich nur einzelne tangiert sind (vgl BayObLG WE 1991, 56; Naumburg NZM 2000, 194). Beteiligung jedenfalls verzichtbar, wenn Rechte nicht betroffen sind (Hamburg ZWE 2001, 167), also „typischer Nachbarstreit" (BayObLG WuM 1987, 91) oder konkreter Streit über Konkurrenzschutzklausel (BayObLG MittBayNot 1997, 228). Dies gilt auch beim Streit um die Verwaltung (BayObLG DNotZ 1996, 37; NJWE-MietR 1996, 183; ZWE 2000, 179; aA Hamm ZWE 2000, 140). Aber Beiladung, wenn Eingriffe in GemeinschaftsE strittig sind. Der Verwalter ist immer zu beteiligen, wenn seine Stellung, Aufgaben und Befugnisse tangiert sind, zB bei Wahrung der HausO (BayObLG MDR 1972, 516), ggf auch nach Ausscheiden (BGH NJW 1972, 1318; NJW 1980, 2466; BayObLG DWE 1982, 136; ZWE 2002, 32). Bei Zwangsversteigerung ist der betreibende Gläubiger, bei Zwangsverwaltung der Zwangsverwalter beteiligt. **Ausgeschiedene WEer** sind nicht nur beteiligt, wenn über ihre Rechte und Pflichten aus der Gemeinschaft gestritten wird (so noch BGH 44, 43; 106, 34), sondern allgemein, wenn Ansprüche aus dem Gemeinschaftsverhältnis gegen einen oder von einem WEer geltend gemacht werden (BGH NJW 2002, 3709).

b) Wirkungen materieller Beteiligung. Ladung der Beteiligten durch Zustellung an Verwalter möglich (sofern nicht Anwaltsvertretung (KG WuM 1990, 363). Strittig, ob Gericht „Beteiligtenliste" vom Verwalter zwangsweise anfordern kann (Zweibrücken NJW-RR 1987, 1367), aber im Verfahrensinteresse zu bejahen. **Nichtbeteiligung** kann zur Aufhebung der Entscheidung und ggf zur Zurückweisung führen (§§ 27 FGG, 546, 547 Nr 4 ZPO, BayObLG 1973, 145; NJW-RR 1992, 150; Düsseldorf ZMR 1994, 520; Frankfurt ZMR 1997, 667), wenn Fehler nicht durch Genehmigung geheilt ist, Antrag nicht unzulässig ist oder keine weitere Sachaufklärung nötig ist und rechtliches Gehör im Rechtsbeschwerdegericht gewährt wird (BGH ZfIR 1997, 736; BayObLG ZWE 2000, 124; ZMR 2000, 115). Aufhebungsgrund besteht aber nur bei völliger Übergehung des Beteiligten; nicht, wenn er zB Terminnachricht bekommen hat (BayObLG NJW-RR 92, 150).

44 *Allgemeine Verfahrensgrundsätze*
(1) Der Richter soll mit den Beteiligten in der Regel mündlich verhandeln und hierbei darauf hinwirken, daß sie sich gütlich einigen.
(2) Kommt eine Einigung zustande, so ist hierüber eine Niederschrift aufzunehmen, und zwar nach den Vorschriften, die für die Niederschrift über einen Vergleich im bürgerlichen Rechtsstreit gelten.
(3) Der Richter kann für die Dauer des Verfahrens einstweilige Anordnungen treffen. Diese können selbständig nicht angefochten werden.
(4) In der Entscheidung soll der Richter die Anordnungen treffen, die zu ihrer Durchführung erforderlich sind. Die Entscheidung ist zu begründen.

1. Mündliche Verhandlung (Abs I) dient **gütlicher Einigung** (BayObLG NJW 1973, 152; Hamm Rpfleger 1978, 60), aber auch der Sachaufklärung (§ 12 FGG). Gilt auch im Beschwerdeverfahren (Düsseldorf MDR 1994, 1245; Hamm NZM 1998, 769; BayObLG NJW-RR 1995, 1166; NJWE-MietR 1996, 183; ZfIR 1999, 224; ZMR 1999, 349; WuM 2000, 148; ZWE 2001, 215; Zweibrücken NZM 2002, 269) und im Schiedsverfahren (Dt SchiedWE-Sachen ZWE 2001, 323) nicht jedoch im Zwangsvollstreckungsverfahren (BayObLG NJW-RR 1996, 780), bei Anordnung nach Abs III, Verweisung an Prozeßgericht oder bloßer Kostenentscheidung (Hamburg WE 1991, 18). Deshalb darf von der mündlichen Verhandlung nur ausnahmsweise abgesehen werden (Hamm NZM 1998, 769; Karlsruhe WuM 1999, 718), wenn keine weitergehende Sachaufklärung erforderlich ist, keine Aussicht auf eine gütliche Einigung besteht (BayObLG NJW-RR 1986, 317; WE 1990, 140; Celle WE 1988, 170) oder allseitig auf mündliche Verhandlung verzichtet wurde (BayObLG WE 1990, 62 u 181), dagegen nicht schon beim Scheitern außergerichtl Vergleichsverhandlungen (KG Rpfleger 1972, 62; Zweibrücken Rpfleger 1977, 141; Frankfurt NZM 2000, 878). Das Gericht kann nach § 13 FGG das persönliche Erscheinen von Beteiligten anordnen (BayObLG WEM 1980, 125). **Verletzung** führt zur Aufhebung und ggf Zurückverweisung. Die mündliche Verhandlung ist **öffentlich** (vgl BayObLG WE 1988, 66, Hamm NJW-RR 1988, 849).

2. Einigung/Vergleich (Abs II). Kommt eine Einigung zustande, ist sie ordnungsgemäß zu protokollieren. Aus diesem gerichtlichen Vergleich findet die Zwangsvollstreckung statt (§ 45 III). Streit über Wirksamkeit eines Prozeßvergleichs erfolgt durch feststellenden Beschluß (Stuttgart NZM 2000, 624). Vergleich kann als Gebrauchsregelung auszulegen sein (LG Koblenz ZMR 2001, 228; AG Mayen ZMR 2001, 228; Häublein ZMR 2001, 165).

Der Erlaß einer **einstweiligen Anordnung (Abs III)** ist bei anhängigem Hauptverfahren auch ohne ausdrücklichen Antrag in jeder Instanz zulässig. Voraussetzung ist ein Bedürfnis für ein sofortiges Einschreiten, das ein Abwarten bis zur endgültigen Entscheidung nicht gestattet (BayObLG 1961, 262, vgl BVerfG FGPrax 1998, 90). Der Beschluß ist nicht selbständig anfechtbar, es sei denn, es liegt ausnahmsweise eine „greifbare Gesetzwidrigkeit" vor (Hamm OLGZ 1978, 16; BayObLG DWE 1984, 92). Entsprechendes gilt für die Ablehnung des Gerichts, einstweilige Regelung zu treffen (vgl Frankfurt OLGZ 1978, 301; BayobLG DB 1977, 2182). Anders, wenn der Beschluß mit der Hauptsache angefochten wird oder wenn er außerhalb der Hauptversammlung ergangen ist (BayObLG 1977, 44). Mit Verfahrensabschluß, nicht jedoch bereits mit Erlaß der Hauptsacheentscheidung (Düsseldorf ZMR 1995, 216), wird die Anordnung ohne weiteres gegenstandslos. **Einwendungen** gegen die angeordnete Regelung können nicht im Vollstreckungsverfahren geltend gemacht werden (KG WE 1989, 25). Eine **einstweilige Verfügung** und ein dinglicher Arrest sind nicht zulässig (BayObLG Rpfleger 1975, 245; Hamburg MDR 1999, 1220; vgl Hees ZMR 2001, 14). Strittig ist, ob **§ 945 ZPO** entsprechend anwendbar ist (vgl dazu BGH NJW 1990, 2386 [wohl ja], KG NJW-RR 1991, 211 [nein]); Anwendbarkeit zu bejahen, wenn Antrag eines Beteiligten, anders, wenn von Amts wegen. **Durchführungsanordnungen (Abs IV)** sollen die Durchsetzung des materiellen Anspruchs ermöglichen.

45 *Rechtsmittel, Rechtskraft*
**(1) Gegen die Entscheidung des Amtsgerichts ist die sofortige Beschwerde, gegen die Entscheidung des Beschwerdegerichts die sofortige weitere Beschwerde zulässig, wenn der Wert des Gegenstandes der Beschwerde oder der weiteren Beschwerde 750 Euro übersteigt.
(2) Die Entscheidung wird mit der Rechtskraft wirksam. Sie ist für alle Beteiligten bindend.
(3) Aus rechtskräftigen Entscheidungen, gerichtlichen Vergleichen und einstweiligen Anordnungen findet die Zwangsvollstreckung nach den Vorschriften der Zivilprozeßordnung statt.
(4) Haben sich die tatsächlichen Verhältnisse wesentlich geändert, so kann der Richter auf Antrag eines Beteiligten seine Entscheidung oder einen gerichtlichen Vergleich ändern, soweit dies zur Vermeidung einer unbilligen Härte notwendig ist.**

1. Beschwerde. a) Gegen **Entscheidungen** der WE-Gerichte ist befristete sofortige bzw sofortige weitere Beschwerde zulässig. Sie gilt für Entscheidungen in der Hauptsache (einschl Antragsnachweisung nach Erledigt-

WEG § 45 — Verfahrensvorschriften

erklärung, BayObLG ZMR 1999, 119; ZfIR 1999, 786; NZM 2000, 556; Hamm ZfIR 1999, 606; KG ZWE 2000, 226) und ihnen gleichgestellte Zwischenentscheidungen (BayObLG 1982, 136); andere Zwischenentscheidungen sind gem § 19 FGG mit der einfachen Beschwerde anfechtbar (KG OLGZ 1984, 62). Dies gilt auch für einen negativen Kompetenzkonflikt zwischen einem Prozeßgericht und einem WEG-Gericht (BayObLG MDR 1996, 915).

b) Der **Beschwerdewert** und der Geschäftswert der Beschwerde müssen nicht identisch sein (Köln NZM 2000, 686; BayObLG ZWE 2000, 211; 2000, 461). Der Beschwerdewert richtet sich nach dem Interesse an der Änderung der angefochtenen Entscheidung (Oldenburg NZM 1999, 466; BayObLG ZWE 2000, 120). Wert, mit dem der einzelne Beschwerdeführer betroffen ist (BayObLG ZMR 1998, 796; 1999, 847; 2000, 556; ZWE 2000, 211; NZM 2000, 685; ZWE 2000, 461; ZWE 2001, 162; 2001, 157; 2001, 377; 2001, 438; Düsseldorf NZM 2000, 1239; Karlsruhe ZMR 1998, 107; KG ZWE 2001, 32). Bei späterer Entziehung Beschwer gegeben (Düsseldorf NZM 2000, 878; vgl auch BayObLG NZM 1999, 321 – Strafanzeige; BayObLG NZM 2000, 199 – Verwalterbestellung; BayObLG ZfIR 1999, 375 – Verwaltungsbeirat; BayObLG ZMR 2000, 624 – baul Veränderung; KG ZMR 1995, 178 – Farbe Terrassenplatten; KG ZfIR 1997, 159 – Jahresabrechnung). Die Bedeutung einer Rechtsfrage kann eine höhere Beschwer nicht begründen (BayObLG NZM 2001, 1144). Bei Rücknahme des Zahlungsantrags kann Rechtsmittel unzulässig werden (BayObLG MDR 1994, 1148; vgl BayObLG ZWE 2001, 106).

c) Frist: zwei Wochen, beginnt gem § 16 FGG mit Bekanntmachung (BayObLG ZWE 2001, 421). Nicht genügend ist Verkündung in Abwesenheit der Beteiligten, dann Zustellung erforderlich (BayObLG NJW 2000, 536); auch formlose Mitteilung ist nicht ausreichend (BayObLG NJW 1970, 1550). **Rechtsmittelbelehrung** über Form- und Fristerfordernisse sowie die Gerichte, bei denen das Rechtsmittel einzulegen ist, erforderlich (BGHR 2002, 617; BayObLG 2001, 297, aA noch Celle NJW-RR 1999, 811; BayObLG ZWE 2000, 131); unterbleibt sie, ist **Wiedereinsetzung** zu gewähren (BayObLG MDR 2001, 1187).

d) Form der Beschwerde (§ 21 FGG). Formulierung muß die Ernsthaftigkeit erkennen lassen (Köln NZM 2002, 268; LG Hamburg ZMR 2001, 315; zur Unterschrift BayObLG ZfIR 2001, 57). Einreichung setzt Gewahrsamsbegründung voraus (BayObLG ZMR 1998, 181). Gericht muß bei der Form entsprechendem Rechtsmittel keine bes Maßnahmen ergreifen (BayObLG WuM 1995, 505). Das AG kann nicht abändern. Verbot der reformatio in peius gilt im Beschwerdeverfahren (BGH 19, 196; BayObLG MDR 1973, 416; NJW-RR 1994, 1036), jedoch nicht für die Kostenentscheidung. Das Beschwerdegericht entscheidet selbst; nur ausnahmsweise Zurückverweisung (BayObLG ZMR 2001, 468).

2 **e) Sofortige weitere Beschwerde** zum OLG/BayObLG gem §§ 27f FGG zulässig. Gilt auch für Verweisung von WEG an Prozeßgegner (BayObLG MDR 1996, 95). Voraussetzungen sind ohne Rücksicht auf Zulässigkeit der Erstbeschwerde zu prüfen. Beschwerdewert (nicht Geschäftswert) muß 750 Euro übersteigen; anders, wenn Erstbeschwerde als unzulässig verworfen wurde (BayObLG ZWE 2001, 312; vgl KG ZWE 2001, 32). Beschwerde gegen Kostenentscheidung nach Hauptsacheerledigung ist an keine Beschwerdesumme gebunden (BayObLG ZMR 1979, 214). Rechtsbeschwerde zum BGH nicht statthaft (BGH NJW-RR 1992, 383); nur Vorlage gem § 28 II FGG (vgl BGH NJW 1990, 1794). Rechtsbeschwerdegericht prüft nur Rechtsfragen; deshalb keine Auslegung von Beschlüssen (BayObLG DNotZ 1995, 66). Gericht der Rechtsbeschwerde kann jedoch **neue Tatsachen** berücksichtigen, wenn Feststellung ohne weitere Ermittlungen möglich (BayObLG WE 1991, 284). Zulässigkeit einer **Anschlußbeschwerde** ist str (von hM bejaht, BayObLG NJW 1973, 1), ebenso unselbständige Anschlußbeschwerde (BGH 71, 314; BGH Rpfleger 1985, 409); keine Sprung-Rechtsbeschwerde.

3 **f)** Sachliche **Beschwerdebefugnis** hängt von unmittelbarer rechtlicher Betroffenheit ab (Frankfurt OLGZ 1982, 420; BayObLG WE 1988, 28), die möglich sein (BGH MDR 1963, 39; KG NJW-RR 1998, 1021; WEer nicht bei Ungültigkeit von Beschluß über Verwalterentlastung, teilw abw Köln NZM 1998, 877) und bis zur Entscheidung fortbestehen muß (vgl auch BayObLG WE 1988, 36). Bei Antragsabweisung gilt formelle Beschwer nach § 20 II FGG. Bei weiterer Beschwerde besteht Befugnis stets für Erstbeschwerdeführer, wenn Erstbeschwerde erfolglos war, für weitere Beteiligte, soweit sie durch Beschwerdeentscheidung erstmalig beschwert sind (BGH NJW 1984, 2414). Erstmalige (selbständige) Beschwer muß aber in der Sache bestehen; Begründungsabweichung genügt nicht (BayObLG WE 1992, 56).

4 **2. Rechtskraft (Abs II). a)** Tritt **formell** bei Rechtsmittelverlust oder -verzicht ein. Die **materielle** Rechtskraft (Abs II S 2) betrifft Sachentscheidungen (vgl BayObLG ZWE 2002, 37); sie bindet nur nach Maßgabe des Entscheidungstenors, nicht der Gründe (BayObLG ZMR 1980, 381, 383). Sie ist durch Abs IV relativiert. Materielle Rechtskraft auch bei unterbliebener formeller Beteiligung, sofern Entscheidung den materiell Beteiligten zugestellt wurde (Hamm NJW-RR 1987, 842, 845). Materielle Rechtskraft bewirkt Bindung aller Beteiligten (Hamm OLGZ 1971, 101; NJW-RR 1987, 842), deshalb bei Beseitigungsanordnung Duldung der übrigen (BayObLG ZWE 2001, 612); ggf Bindung auch an Teilpunkte (BayObLG Rpfleger 1979, 266; Frankfurt OLGZ 1980, 76). Von Amts wegen zu berücksichtigen. Schließt weitere Entscheidungen über Verfahrensgegenstand aus (vgl BayObLG ZfIR 2002, 51 zu bestätigendem Zweitbeschluß). Ist Nichtigkeit eines Beschlusses nur Vorfrage, dann späteres Verfahren über Rechtswirksamkeit möglich (Düsseldorf ZWE 2001, 382). Bindungen im Rahmen des Verfahrensgegenstandes (vgl BayObLG DNotZ 1999, 212). Entscheidet ein Prozeßgericht nach der materiell unrichtigen aber bindenden Abgabe einer WE-Sache, so tritt Rechtskraft nur inter partes (§ 325 ZPO) ein, nicht gegenüber allen WEern, die im Verfahren nach § 43 beteiligt gewesen wären (BGH NJW 1980, 2466). Ungültigkeit bereits durchgeführter Beschlüsse hat keine Auswirkungen auf Dritte, aber keine Verbindlichkeit und keine Kostentragung für überstimmte WEer/TEer (Sauren ZWE 2000, 113). **b) Abänderung (Abs IV)** als Durchbrechung der Rechtskraft nur bei wesentlicher Sachverhaltsänderung, auch aufgrund Rechtsgeschäfts (Celle NJW 1964, 1861), aber nicht wegen Wandels der Rechtsauffassung. Zuständig ist immer das AG, auch nach sachlicher Beschwerdeentscheidung (Frankfurt OLGZ 1988, 61). Wiederaufnahme analog §§ 578ff ZPO möglich.

3. Zwangsvollstreckung (Abs III). Sie findet aus den genannten Titeln nach Maßgabe der ZPO statt (vgl 5
BayObLG KTS 1997, 687; WuM 1999, 358). Vollstreckbare Ausfertigung nach § 724 ZPO notwendig (BayObLG
NJW-RR 1986, 564). Vollstreckungsklausel ist auch bei einstweiliger Anordnung erforderlich (Stuttgart Rpfleger
1973, 311). Bei unvertretbaren Handlungen gilt § 888 ZPO (Frankfurt NJW 1961, 324). In Androhung von Ordnungsmitteln liegt Beginn der Vollstreckung (BayObLG NJW-RR 1996, 780). Bei Abgabe von Willenserklärungen
gilt § 894 ZPO entspr (BayObLG Rpfleger 1977, 173), zB Antrag auf Zustimmung (vgl Hamburg MDR 1997,
816). Sicherungshypothek ist für Verwalter einzutragen, wenn er im Titel als Gläubiger angewiesen ist (BGH
MDR 2002, 24). Zu Wohngeldansprüchen in der Zwangsverwaltung s § 16 Rz 5 (vgl auch Karlsruhe ZMR 1990,
189; BayObLG NJW-RR 1991, 723; Sonderumlage s Düsseldorf NJW-RR 1991, 724). **Sachlich zuständig** ist das
nach WERecht im ersten Rechtszug zuständige Gericht, sofern die ZPO für das Vollstreckungsverfahren die
Zuständigkeit des Prozeßgerichts bestimmt (etwa §§ 887, 888 ZPO). Rechtsmittel richten sich nach der ZPO
(Köln NJW 1976, 1322; ZfIR 2000, 482; BayObLG NJW-RR 1988, 640). Im Verfahren nach § 767 ZPO gilt aber
FGG-Verfahren (BayObLG NJW-RR 1990, 26; NZM 1999, 422; Düsseldorf ZfIR 1997, 484); die Einschränkung
gem § 767 II ZPO findet bei Kostenfestsetzungsbeschlüssen keine Anwendung (BayObLG ZfIR 2000, 403).

46 *Verhältnis zu Rechtsstreitigkeiten*
(1) Werden in einem Rechsstreit Angelegenheiten anhängig gemacht, über die nach § 43 Abs. 1 im
Verfahren der freiwilligen Gerichtsbarkeit zu entscheiden ist, so hat das Prozeßgericht die Sache insoweit an
das nach § 43 Abs. 1 zuständige Amtsgericht zur Erledigung im Verfahren der freiwilligen Gerichtsbarkeit
abzugeben. Der Abgabebeschluß kann nach Anhörung der Parteien ohne mündliche Verhandlung ergehen.
Er ist für das in ihm bezeichnete Gericht bindend.
(2) Hängt die Entscheidung eines Rechtsstreits vom Ausgang eines in § 43 Abs. 1 bezeichneten Verfahrens
ab, so kann das Prozeßgericht anordnen, daß die Verhandlung bis zur Erledigung dieses Verfahrens ausgesetzt wird.

1. Abgabe an das WE-Gericht (Abs I). Abgabe erfolgt im ersten Rechtszug von Amts wegen (BGH 106, 34, 1
40) durch Beschluß. Vermerk des Vorsitzenden einer Zivilkammer und formlose Weiterleitung stellen keine Verweisung dar (BayObLG NJW-RR 1994, 1428). Verweisung ist für bestimmtes Gericht bindend, Ausnahme nur bei
offensichtlicher Unrichtigkeit (BayObLG NJW-RR 1991, 977; ZfIR 1999, 225; Köln MDR 1996, 144; LG Berlin
WuM 1994, 409; vgl auch Stuttgart Die Justiz 1997, 213). Abgabebeschluß bindet auch abgebendes Gericht
(BayObLG NZM 1999, 971). Gem § 17a IV GVG ist gegen Abgabebeschluß sofortige Beschwerde gegeben (BGH
130, 159; BayObLG NJW-RR 1991, 1356, 1358; Köln NZM 1999, 319; Naumburg NZM 2000, 194). Gem
§ 17a V GVG prüft das in der Hauptsache angerufene Rechtsmittelgericht den Rechtsweg nicht erneut (BGH 130,
159; BayObLG NJW-RR 1991, 1356; KG WE 1992, 108). Bei negativem Kompetenzkonflikt gilt § 36 Nr 6 ZPO
(str; BayObLG WuM 1999, 231).

2. Abgabe vom WEG-Gericht an das Streitgericht. Erfolgt analog Abs I von Amts wegen (BGH 106, 34, 2
40). Bindungswirkung mit formeller Rechtskraft des Beschlusses ausgenommen bei offensichtlicher Unrichtigkeit
(BayObLG NZM 2000, 388). Nach Verweigerung der Übernahme durch Prozeßgericht, keine Abgabe an anderes
Prozeßgericht (BayObLG NJW-RR 1994, 1428). Anfechtbarkeit entspr Anfechtung von Hauptsachenentscheidung
(BayObLG NJW-RR 1990, 431; NZM 1998, 515). Das angerufene Gericht entscheidet nach seiner Prozeßordnung
(Verfahrensregeln), auch wenn Verweisung fehlerhaft war (vgl Gummer DNotZ 1991, 689).

3. Aussetzung des Zivilprozesses (Abs II). Entspr § 148 ZPO bei Vorgreiflichkeit des WEG-Verfahrens zuläs- 3
sig; zB bei Klage des Verwalters auf Vergütung und Streit über Wirksamkeit des Abberufungsbeschlusses (Köln
NJW-RR 1988, 1172), str dagegen bei Zahlungspflicht von WEer und Beschlußanfechtung (zu Recht für Anwendbarkeit BayObLG 1987, 381, aA Karlsruhe NJW-RR 1992, 1492, 1495). Der abgewartete Beschluß des WEGerichtes ist für das Prozeßgericht stets nur bindend, sofern die Beteiligten des Verfahrens identisch sind.

46a *Mahnverfahren*
(1) Zahlungansprüche, über die nach § 43 Abs. 1 zu entscheiden ist, können nach den Vorschriften der Zivilprozeßordnung im Mahnverfahren geltend gemacht werden. Ausschließlich zuständig im Sinne
des § 689 Abs. 2 der Zivilprozeßordnung ist das Amtsgericht, in dessen Bezirk das Grundstück liegt. § 690
Abs. 1 Nr. 5 der Zivilprozeßordnung gilt mit der Maßgabe, daß das nach § 43 Abs. 1 zuständige Gericht der
freiwilligen Gerichtsbarkeit zu bezeichnen ist. Mit Eingang der Akten bei diesem Gericht nach § 696 Abs. 1
Satz 4 oder § 700 Abs. 3 Satz 2 der Zivilprozeßordnung gilt der Antrag auf Erlaß des Mahnbescheids als
Antrag nach § 43 Abs. 1.
(2) Im Falle des Widerspruchs setzt das Gericht der freiwilligen Gerichtsbarkeit dem Antragsteller eine
Frist für die Begründung des Antrages. Vor Eingang der Begründung wird das Verfahren nicht fortgeführt.
Der Widerspruch kann bis zum Ablauf einer Frist von zwei Wochen seit Zustellung der Begründung
zurückgenommen werden; § 699 Abs. 1 Satz 3 der Zivilprozeßordnung ist anzuwenden.
(3) Im Falle des Einspruchs setzt das Gericht der freiwilligen Gerichtsbarkeit dem Antragsteller eine
Frist für die Begründung des Antrags, wenn der Einspruch nicht als unzulässig verworfen wird. §§ 339, 340
Abs. 1, 2, § 341 der Zivilprozeßordnung sind anzuwenden. Vor Eingang der Begründung wird das Verfahren
vorbehaltlich einer Maßnahme nach § 44 Abs. 3 nicht fortgeführt. Geht die Begründung bis zum Ablauf der
Frist nicht ein, wird die Zwangsvollstreckung auf Antrag des Antragsgegners eingestellt. Bereits getroffene
Vollstreckungsmaßregeln können aufgehoben werden. Für die Zurücknahme des Einspruchs gelten Abs. 2
Satz 3 erster Halbsatz und § 346 der Zivilprozeßordnung entsprechend. Entscheidet das Gericht in der

WEG § 46a Verfahrensvorschriften

Sache, ist § 343 der Zivilprozeßordnung anzuwenden. Das Gericht der freiwilligen Gerichtsbarkeit entscheidet über die Zulässigkeit des Einspruchs und in der Sache durch Beschluß, gegen den die sofortige Beschwerde nach § 45 Abs. 1 stattfindet.

1   **1. Mahnverfahren nach ZPO** (§§ 688ff ZPO) für Zahlungsansprüche innerhalb der Gemeinschaft (zB Wohngeld, Verwaltervergütung). Im Falle des Widerspruchs bzw Einspruchs Überleitung in WE-Verfahren, das auch unmittelbar gem § 43 Abs 1 gewählt werden kann. Für Mahnverfahren gelten Regeln der ZPO mit Besonderheiten des § 46a I S 2 u 3. Ausschließliche Zuständigkeit des Belegenheits-AG. Das gem § 690 I Nr 5 ZPO zuständige Gericht ist „Als WE-Gericht" oä zu bezeichnen. Mahnbescheid wird Antragsgegner zugestellt.

2   **2. Verfahren. a)** Nach **Widerspruch (Abs II)** gegen Mahnbescheid (§§ 694, 702 ZPO) erfolgt **unanfechtbare Abgabe** an das WE-Gericht (§ 690 I Nr 5 ZPO); Abgabe ist den Beteiligten mitzuteilen (§ 696 I S 3 ZPO). Mit Abgabe beginnt **WE-Verfahren**. Für die Fristsetzung zur Antragsbegründung gem Abs II S 1 gilt § 16 FGG. Beteiligung gem § 43 IV erst nach Eingang der Begründung nicht mehr nach Fristablauf. **Rücknahme des Widerspruchs** bis Fristablauf möglich (Abs II S 3), bei fehlender Begründung bis Erlaß der Entscheidung; § 697 IV gilt nicht (str). Nach Rücknahme wieder ZPO-Mahnverfahren: Rechtspfleger (§ 20 I Nr 1 RpflegerG) erläßt Vollstreckungsbescheid; wird Antragsgegner zugestellt (§ 699 IV ZPO).

3   b) Nach **Einspruch** gegen Vollstreckungsbescheid (Abs III; §§ 339, 340, 694 II, 702 ZPO) wiederholt sich das vorstehend dargestellte Verfahren. Nach Abgabe erfolgt Prüfung des Einspruchs gem § 341 ZPO. Entscheidung über Zulässigkeit durch Beschluß; dagegen sofortige Beschwerde möglich (Abs III S 8). Vor Begründungseingang kann einstweilige Anordnung nach § 44 III ergehen, um Vollstreckungsnachteile abzuwehren. **Einspruchsrücknahme** bis zum Ablauf von zwei Wochen nach Zustellung einer Begründung (Abs III S 6) und bei fehlender Begründung bis zum Beginn der mündlichen Verhandlung (§§ 346, 515 I ZPO); danach mit Zustimmung des Antragstellers möglich (Staud/Wenzel Rz 18). Bei abschließender Entscheidung ist § 343 ZPO zu beachten; in ihr erfolgt auch Entscheidung über die gesamten Verfahrenskosten (§ 47).

47 Kostenentscheidung

Welche Beteiligten die Gerichtskosten zu tragen haben, bestimmt der Richter nach billigem Ermessen. Er kann dabei auch bestimmen, daß die außergerichtlichen Kosten ganz oder teilweise zu erstatten sind.

1   **1. Gerichtskosten (S 1). a)** Ermessensentscheidung in Anlehnung an § 20 HausratsVO. Stellt Richter von den §§ 91f ZPO frei (ähnlich § 27 des Statuts des SchiedG in WE-Sachen, vgl ZWE 2000, 234). Erfolgt von Amts wg mit Hauptsacheentscheidung (unselbständige Kostenentscheidung), ohne solche als selbständige Kostenentscheidung; unterbleibt sie, erfolgt entsprechend § 321 ZPO Nachholung (Hamm JurBüro 1975, 963). „Billiges" Ermessen ermächtigt dazu, neben prozessualen auch materielle Verantwortungsfaktoren für entstandene Kosten zu berücksichtigen (BGH 111, 148; BayObLG WE 1990, 28; MDR 2003, 212; Zweibrücken NZM 1999, 1154; Düsseldorf WE 1988, 253), also umfassend nach Verursachung zu entscheiden. Deshalb kann ggf auch der Obsiegende kostenbelastet werden (BayObLG 1975, 286), insbes wenn er die Gemeinschaft wiederholt mit Kosten belastet hat und nur wg Verfahrensfehlern obsiegt. Beispiele sind Ansprüche gg den Verwalter auf Protokollberichtigung (AG Krefeld WuM 2001, 151), verspätete Protokollherstellung (BayObLG WE 1991, 204; ZWE 2001, 432) und Herausgabe von Unterlagen, Beschlußanfechtung durch NichtWEer (KG ZWE 2000, 42), Antrags-/Rechtsmittelrücknahme (str, BayObLG ZMR 1998, 41; NZM 1999, 506; NZM 1999, 852; ZWE 2001, 322: grds Zurücknehmender, außer vor Gericht vermittelte Einsicht in Aussichtslosigkeit; Erfolgsaussicht ist nur nach Aktenlage, nicht ohne weiteres zu beurteilen, BayObLG ZWE 2000, 127, vgl BayObLG NZM 1999, 509 zu teilw Rücknahme), „verspätete" Aufrechnung (BayObLG ZWE 2001, 419) u Rücknahme der Beschwerde nach Zurückweisung von Wiedereinsetzung (Düsseldorf ZMR 1998, 246). Entsprechend dem Rechtsgedanken der §§ 91ff ZPO jedoch Grundsatz, daß Unterlegener die Gerichtskosten trägt (str, BGH 111, 148); dies gilt insbes hinsichtlich voraussichtlichem Verfahrensausgang bei Erledigterklärung (BayObLG NZM 2000, 53). § 47 ist auch im Zwangsvollstreckungsverfahren anwendbar (str, BayObLG Rpfleger 1982, 15; KG NJW-RR 1987, 840; aA KG Rpfleger 1989, 19). Ermessensentscheidung gilt auch, wenn in Vergleich Kostenentscheidung Gericht vorbehalten wurde (BayObLG ZMR 1999, 782), ferner bei Richterablehnung (BayObLG WuM 1997, 69). **b) „Beteiligte"** können nur Verfahrensbeteiligte sein (BayObLG 1975, 233, 238), somit neben dem Verwalter (BayObLG 1975, 369; ZMR 1980, 382; AG Krefeld WuM 2000, 151; vgl auch Rau ZMR 1998, 1; zur Freistellung s BayObLG NZM 2000, 964) auch alle beteiligten WEer (BayObLG WE 1988, 74), ebenso Verfahrensbevollmächtigter persönlich bei fehlender Vollmacht (BayObLG ZfIR 1999, 699; ZWE 2000, 121).

2   **2. Außergerichtliche Kosten (S 2).** Erstattung nur ausnahmsweise; **grds trägt jeder** Beteiligte seine außergerichtlichen Kosten **selbst**. Ausnahme nicht bereits bei Unterliegen, sondern nur, wenn Verantwortung für Kosten eines Beteiligten eindeutig anderen Beteiligten zugewiesen werden kann (BayObLG ZMR 1987, 191; WE 1990, 27; Düsseldorf ZMR 1996, 446; Köln NZM 1999, 855), insbesondere in Fällen des Zahlungsverzuges und eindeutig verschuldeter Prozeßveranlassung. Gericht muß Gesichtspunkte und Erwägungen für Ermessensausübung angeben; formelhafte Begründung genügt nicht (Hamburg ZMR 2000, 483). Beispiele sind Pflichtverletzung Verwalter (BayObLG ZMR 1985, 131), unberechtigte Inanspruchnahme eines WEer (BayObLG MDR 1986, 761), Verzug mit Wohngeld/Sonderumlagezahlungen (BayObLG ZMR 2001, 561; Köln NZM 1999, 1155; NZM 2001, 714; LG Berlin NZM 2001, 773; AG Hamburg-Altona WuM 1998, 374), unterbliebene Erledigterklärung (Düsseldorf ZWE 2001, 272), offensichtlich aussichtsloser Antrag oder Rechtsmittel (Celle NdsRPfl 1998, 272; NZM 1999, 841; Düsseldorf NZM 1998, 867; Hamburg NZM 2000, 766; Hamm WuM 1995, 220; NZM 2000, 715; BayObLG WuM 1997, 341; NZM 1998, 977; ZWE 2001, 155; KG ZfIR 2003, 959), und zwar auch, wenn

zunächst nur zur Fristwahrung eingelegt (BayObLG ZMR 2000, 396; vgl aber auch BayObLG NZM 2000, 300; ZWE 2000, 187), bei Einsicht in Aussichtslosigkeit aufgrund Verhandlung (aA BayObLG WuM 1999, 483; NZM 2003, 521 Ausnahme, wenn Erfolglosigkeit offensichtlich) und bei Rücknahme von Rechtsmittel in Wohngeldverfahren (BayObLG NJW-RR 2003, 518) sowie unzulässiges WEG-Verfahren (Köln NJWE-MietR 1996, 158). Kein Ermessensfehler, wenn Rechtsfrage für Rechtskundigen eindeutig (BayObLG NZM 1999, 855). Durch Beauftragung eines Rechtsanwalts entstandene Kosten sind erstattungsfähig (Sauren, Rpfleger 1987, 306; LG Lübeck, WEZ 1988, 108; LG Bremen WuM 1999, 598), desgleichen Sondervergütung für Verwalter (LG Stuttgart NZM 2003, 721). Entscheidung betrifft auch Kosten des Streithelfers (BayObLG ZWE 2001, 210; LG Hamburg ZMR 2001, 1014). Bei der Kostenentscheidung kann materieller Kostenerstattungsanspruch berücksichtigt werden (BGH MDR 1998, 29; Zweibrücken NZM 1999, 1154). Rechtskraftwirkung der Kostenentscheidung schließt die Geltendmachung weiterer materiell-rechtlicher Ansprüche auf Kostenerstattung in einem neuen Verfahren aus (KG MDR 1985, 502; AG Waiblingen NZM 1998, 983).

3. Für die **Anfechtung** von Kostenentscheidungen gelten die Regeln des FGG-Verfahrens (§ 20a FGG; keine außerordentliche Beschwerde mehr, BayObLG NJW-RR 2003, 518). Selbständige Anfechtung nur bei isolierter Kostenentscheidung, zB nach Hauptsacheerledigung entspr § 91a ZPO (BayObLG ZMR 1986, 251; WE 1988, 198, vgl § 20a II FGG). Selbständige Kostenbeschwerde ist davon abhängig, daß nicht nur Beschwerdewert nach § 20a II FGG (100 Euro), sondern auch Wertgrenze der Hauptsache nach § 45 (750 Euro) erreicht ist (BayObLG 1991, 203; NZM 1998, 486). Das **Festsetzungsverfahren** erfolgt nach § 13a FGG gem §§ 103ff ZPO; Festsetzung erfolgt durch Rechtspfleger (§ 21 RpflG) und ist erst ab Rechtskraft der Kostenentscheidung zulässig (LG Düsseldorf Rpfleger 1981, 204); keine Festsetzung von Verwaltervergütung nach BRAGO bei Vergleich, wenn der Rechtsanwalt ist (LG Berlin JurBüro 2001, 648). Nach Zurücknahme der Beschwerde kann Beschwerdegegner Kostenentscheidung der Vorinstanz ändern (BayObLG 1997, 148; ZWE 2000, 127, aA nach BayObLG 1975, 284). Rechtsbeschwerdegegner kann Kostenentscheidung nur auf Rechtsfehler prüfen (Köln NZM 2001, 714; BayObLG NZM 1989, 852).

48 *Kosten des Verfahrens*

(1) Für das gerichtliche Verfahren wird die volle Gebühr erhoben. Kommt es zur gerichtlichen Entscheidung, so erhöht sich die Gebühr auf das Dreifache der vollen Gebühr. Wird der Antrag zurückgenommen, bevor es zu einer Entscheidung oder einem vom Gericht vermittelten Einigung gekommen ist, so ermäßigt sich die Gebühr auf die Hälfte der vollen Gebühr. Ist ein Mahnverfahren vorausgegangen (§ 46a), wird die nach dem Gerichtskostengesetz zu erhebende Gebühr für das Verfahren über den Antrag auf Erlaß eines Mahnbescheids auf die Gebühr für das gerichtliche Verfahren angerechnet; die Anmerkung zu Nummer 1210 des Kostenverzeichnisses zum Gerichtskostengesetz gilt entsprechend. § 65 Abs. 1 Satz 2 des Gerichtskostengesetzes ist nicht anzuwenden.
(2) Sind für Teile des Gegenstands verschiedene Gebührensätze anzuwenden, so sind die Gebühren für die Teile gesondert zu berechnen; die aus dem Gesamtbetrag der Werteile nach dem höchsten Gebührensatz berechnete Gebühr darf jedoch nicht überschritten werden.
(3) Der Richter setzt den Geschäftswert nach dem Interesse der Beteiligten an der Entscheidung von Amts wegen fest. Der Geschäftswert ist niedriger festzusetzen, wenn die nach Satz 1 berechneten Kosten des Verfahrens zu dem Interesse eines Beteiligten nicht in einem angemessenen Verhältnis stehen.
(4) Im Verfahren über die Beschwerde gegen eine den Rechtsweg beendende Entscheidung werden die gleichen Gebühren wie im ersten Rechtszug erhoben.

1. **Gerichtskosten.** Für a) Gerichtsgebühren und Auslagen des Hauptsacheverfahrens (zum Nebenverfahren BayObLG WE 1991, 79) gilt KostO, soweit nicht § 48 abschließende Regelung enthält. **Gebührenhöhe** richtet sich nach § 32 KostO. Bis zur Entscheidung (Abs I S 1) volle Gebühr; gilt auch bei isolierter Kostenentscheidung (BayObLG WuM 1994, 168). Halbe Gebühr bei Antragsrücknahme vor Entscheidung oder Einigung im Verfahren (Abs I S 3). Bei Entscheidung (Abs I S 2), auch Zwischenentscheidung (str, aA Weitnauer/Hauger Rz 1; nur hier Pal/Bassenge Rz 6) drei volle Gebühren; ebenso bei einseitiger Erledigterklärung, der Gegner widerspricht. Bei vorausgehendem Mahnverfahren Anrechnung auf Gebühr nach Satz 1, beschränkt auf Wert des übergegangenen Streitgegenstandes (Abs I S 4, vgl Staud/Wenzel Rz 12). Gilt entsprechend für Beschwerdeverfahren (Abs IV); kostenfrei jedoch Beschwerde gegen Geschäftswertfestsetzung (§ 31 III S 2 KostO). Mischfälle regelt Abs II.

b) § 136 KostO (Auslagen) gilt nicht für Schriftsatzabschriften und Ladungen für Beteiligte zur Wahrung des rechtlichen Gehörs (BayObLG 1989, 264); Zustellkosten und Auslagen für Zeugen und Sachverständige richten sich nach § 137 KostO. **Kostenvorschuß** gemäß § 8 KostO; BayObLG 1971, 289, 291) grds möglich; im Beschlußanfechtungsverfahren (§ 43 I Nr 4) dagegen nicht (BayObLG NZM 2001, 143; Staud/Wenzel Rz 6). Einzelne Beweiserhebungen dürfen wegen § 12 FGG nicht von Vorschuß abhängig gemacht werden (BayObLG WE 1990, 137). **Reformatio in peius** bei Kostenentscheidung zulässig (BayObLG WE 1990, 72). Zum Anspruch auf **Prozeßkostenhilfe** vgl § 14 FGG. **Kostenschuldner** ist derjenige, dem gem § 47 die Kosten durch Entscheidung auferlegt werden oder der diese im Vergleich übernimmt (§ 3). Kostenhaftung des Antragstellers bzw Beschwerdeführers gem § 2 Nr 1 KostO bleibt (BayObLG ZMR 1994, 528). Im Außenverhältnis Haftung als Gesamtschuldner (§ 5 I KostO, zum Innenverhältnis s BayObLG NZM 2000, 964).

2. Der **Geschäftswert** richtet sich über die Einzelvorschriften der KostO hinaus allein nach § 48 II. Festsetzung erfolgt abweichend von § 31 I S 1 KostO von Amts wegen. Sie hat sich an dem materiellen Interesse der Beteiligten zu orientieren (BayObLG ZMR 1987, 382; WE 1994, 152). Abs III S 2 stellt verfassungsrechtlichen Verhältnismäßigkeitsgrundsatz lediglich klar (vgl KG ZMR 1997, 492, aber auch BayObLG ZWE 2000, 170); aber nicht

WEG § 48 — Verfahrensvorschriften

generelle Festsetzung auf fünffachen Wert des Eigeninteresses des Antragstellers (BayObLG ZWE 2001, 154; aA Hamm ZWE 2000, 482). Geschäftswertfestsetzung vor Endentscheidung möglich (BayObLG WuM 1998, 688). Dagegen Beschwerde, sofern Beschwerdegegenstand 50 Euro übersteigt (§ 31 III S 1 KostO); Verböserung möglich (BayObLG 1979, 223; vgl aber Karlsruhe ZMR 1998, 248 für Festsetzung von Beschwerdewert). Weitere Beschwerde gegen Entscheidung des LG bei Zulassung wg grds Bedeutung oder wenn Beschwerdegegenstand 50 Euro übersteigt (§§ 31 III S 1, 14 III S 2 KostO). Erstbeschwerde gegen Festsetzung im Beschwerdeverfahren unabhängig von Zulassung (Düsseldorf MDR 1987, 244; BayObLG WE 1990, 94; KG WE 1990, 94; NJWE-MietR 1996, 206; ZWE 2000, 189; Zweibrücken ZWE 2001, 283, 295, aA Köln ZMR 1995, 326),

4 **Einzelfälle:** Recht zur Abstimmung (BayObLG 1965, 290); Beseitigung baulicher Veränderungen (BayObLG 1967, 25; WuM 1998, 688; Celle NdsRPfl 1998, 272; Düsseldorf ZWE 2001, 80; Karlsruhe WuM 1999, 594); Beschlußanfechtung (BayObLG WuM 1999, 185); einseitige Erledigung (Köln ZWE 2000, 487); teilweise Erledigung (Zweibrücken ZWE 2001, 283); einstweilige Anordnung (BayObLG NZM 1999, 1059); Entziehungsbeschluß (BayObLG WuM 1990, 95; Köln ZMR 1998, 376; vgl LG Köln ZMR 1998, 522 zum Entziehungsverfahren; LG Bremen WuM 1999, 598 zur Abmahnung); Heizkostenvorschuß (KG Rpfleger 1969, 404); Instandhaltungs/Sanierungsbeschlüsse (BayObLG WuM 1998, 313; ZWE 2001, 107; Hamburg ZMR 2001, 379; Köln MDR 1994, 1153; LG Wuppertal NZM 2000, 881); Beschluß über Jahresabrechnung (BayObLG Rpfleger 1979, 427; JurBüro 1987, 579; WE 1988, 430; JurBüro 1995, 368; JurBüro 1997, 420; GE 1997, 371; WuM 1997, 341; NZM 2001, 713; ZMR 2002, 66; Hamm ZWE 2000, 482; KG OLGZ 1986, 184; LG Stade ZMR 2001, 483); Beschluß über Lastschrifteinzug (BayObLG WuM 1997, 459); Nutzungsregelungen (BayObLG NZM 1998, 39; NZM 2001, 150; ZfIR 2001, 51; Schleswig MDR 1996, 749; KG Rpfleger 1978, 445; vgl zum Nutzungsentgelt BayObLG Rpfleger 1979, 265); Ordnungsgeld (BayObLG NZM 2000, 307); Parabolantenne (LG Bremen WuM 1997, 70); Sondernutzungsfläche (BayObLG ZWE 2001, 552); Sonderumlage (KG ZMR 1997, 492); Umwandlung WE in TeilE (BayObLG JurBüro 1987, 1541); Unterlassungsansprüche (BayObLG ZMR 2001, 556; Karlsruhe NZM 2000, 194); Vergleich (LG Stuttgart WuM 1997, 128); Verwalterbestellung (BayObLG WE 1988, 40; WuM 1997, 245; NZM 1998, 119; ZfIR 1999, 357; KG NJWE-MietR 1996, 206), -abberufung (BayObLG Rpfleger 1979, 386; JurBüro 2001, 644; Köln NZM 1998, 959; Schleswig NJW-RR 1990, 1045), -entlastung (BayObLG WuM 1999, 185; Köln NZM 2003, 125; Zweibrücken ZMR 1999, 663); Ansprüche gg Verwalter (BayObLG JurBüro 1998, 649 – Auskunft; LG Erfurt NZM 2000, 519 – Eigentümerliste; LG Stade ZMR 2001, 483 – Herausgabe; KG ZWE 2001, 32 – Rechnungslegung); Bestellung VerwBeirat (Köln Rpfleger 1972, 261); Abänderung Verteilungsschlüssel (BayObLG JurBüro 1998, 649); Zustimmung gem § 12 (Hamm DNotZ 1980, 772; KG ZMR 1990, 68; BayObLG 1990, 24); Zutrittsrecht (BayObLG JurBüro 1987, 1540; LG Bad Kreuznach NJWE-MietR 1996, 204); Zulässigkeit des Rechtswegs (BayObLG 1998, 111).

49 Rechtsanwaltsgebühren (aufgehoben)

1 Durch Gesetz v 26. 7. 1957 (BGBl I 86) aufgehoben. Der Rechtsanwalt erhält nach § 63 I Nr 2 BRAGO die Gebühren gem §§ 31ff BRAGO. Im Beschwerdeverfahren entstehen nach § 63 II die gleichen Gebühren. Wird in Tatsacheninstanz von mündlicher Verhandlung abgesehen, fällt Verhandlungsgebühr (§ 35 BRAGO) dennoch an (BGH MDR 2003, 1317). Vertritt der Rechtsanwalt die WEerGemeinschaft, so hat er mehrere Auftraggeber (§ 6 BRAGO), auch wenn Verwalter die WEer vertritt (BGH NJW 1987, 2240; München MDR 1985, 857; Drasdo WEZ 1988, 151; aA Koblenz MDR 1985, 857; anders aber bei Vertretung des in Verfahrensstandschaft handelnden Verwalters (BGH NJW 1987, 2240, 2241; BayObLG NJW 1999, 79; Hamm MDR 1983, 501; Düsseldorf NJW-RR 1988, 16; Drasdo MDR 2003, 1385); Hinweispflicht des Rechtsanwalts ist zu bejahen (vgl LG Braunschweig NZM 2001, 775). Bei Anerkennung der Rechtsfähigkeit der WEGemeinschaft könnte sich Änderung ergeben (dann keine mehreren Auftraggeber).

50 Kosten des Verfahrens vor dem Prozeßgericht

Gibt das Prozeßgericht die Sache nach § 46 an das Amtsgericht ab, so ist das bisherige Verfahren vor dem Prozeßgericht für die Erhebung der Gerichtskosten als Teil des Verfahrens vor dem übernehmenden Gericht zu behandeln.

1 Gebühren entstehen trotz Abgabe von Prozeßgericht an WEG-Gericht nur einmal; **Gerichtskosten** bei Prozeßgericht, werden nicht erhoben. Gilt auch bei Verweisung wegen örtlicher Unzuständigkeit (Zweibrücken ZMR 1984, 33; Soergel/Stürner Rz 2). Bei Abgabe von FGGericht an Prozeßgericht entsprechende Anwendung von § 50 (RGRK/Augustin Rz 2; aA hM, zB BayObLG WE 1990, 60; Weitnauer/Hauger Rz 3: § 281 III ZPO analog). Vorschrift gilt nur für die Gerichtsgebühren; für die Rechtsanwaltskosten: §§ 63, 14 BRAGO.

2. Abschnitt

Zuständigkeit für Rechtsstreitigkeiten

51 Zuständigkeit für die Klage auf Entziehung des Wohnungseigentums

Das Amtsgericht, in dessen Bezirk das Grundstück liegt, ist ohne Rücksicht auf den Wert des Streitgegenstandes für Rechtsstreitigkeiten zwischen Wohnungseigentümern wegen Entziehung des Wohnungseigentums (§ 18) zuständig.

Wohnungseigentumsgesetz **§ 54 WEG**

1. Zuständigkeit. Die **sachliche** Zuständigkeit des **Prozeßgerichts** ist keine ausschließliche (BGH 59, 104; **1** BayObLG MDR 1973, 416). Für die **örtliche** Zuständigkeit gilt § 24 ZPO. Für die Streitigkeiten aus Aufhebung der Gemeinschaft (§ 17) besteht keine besondere Zuständigkeit. § 51 gilt auch für einstweilige Anordnung im Verfahren nach § 18 (Weitnauer/Hauger Rz 1; Merle in Bärmann/Pick/Merle Rz 4. **Streitwert** bemißt sich nach dem Interesse der Beteiligten am Behalten bzw Entzug des WEgtums (Köln ZMR 1999, 284, aA Köln ZMR 1998, 522).

2. Anfechtung des Entstehungsbeschlusses. Streitgericht ist nach § 51 nicht zur Überprüfung des **Beschlusses** **2** **nach § 18 III** zuständig (vgl KG NJW 1967, 2268; BayObLG Rpfleger 1975, 711). Entscheidung erfolgt nach § 43 I Nr 4 durch WEG-Gericht.

52 *Zuständigkeit für Rechtsstreitigkeiten über das Dauerwohnrecht*
Das Amtsgericht, in dessen Bezirk das Grundstück liegt, ist ohne Rücksicht auf den Wert des Streitgegenstandes zuständig für Streitigkeiten zwischen dem Eigentümer und dem Dauerwohnberechtigten über den in § 33 bezeichneten Inhalt und den Heimfall (§ 36 Abs. 1 bis 3) des Dauerwohnrechts.

Streitigkeiten aus Dauerwohnrecht richten sich nach allgemeinen ZPO-Zuständigkeitsregeln (zB Streit über Ent- **1** stehen). § 52 enthält hiervon **Ausnahme** bzgl örtlicher und sachlicher Zuständigkeit bei Streit über Inhalt des Dauerwohnrechts/Dauernutzungsrechts und Heimfall (nicht jedoch über Heimfallentschädigung). Sonderregel gilt auch für Belastung gem § 42 (Soergel/Stürner Rz 1) und Streit über Zuständigkeit zur Veräußerung gem § 35 (str, Soergel/Stürner § 35 Rz 3; RGRK/Augustin Rz 4; aA Weitnauer/Hauger Rz 3).

3. Abschnitt
Verfahren bei der Versteigerung des Wohnungseigentums

53 *Zuständigkeit, Verfahren*
(1) Für die freiwillige Versteigerung des Wohnungseigentums im Falle des § 19 ist jeder Notar zuständig, in dessen Amtsbezirk das Grundstück liegt.
(2) Das Verfahren bestimmt sich nach den Vorschriften der §§ 54 bis 58. Für die durch die Versteigerung veranlaßten Beurkundungen gelten die allgemeinen Vorschriften.

1. Verfahren. Da das ZVG nicht gilt und das Versteigerungsverfahren auch sonst nicht bundesrechtlich geregelt **1** ist, hat das Gesetz ein eigenes Verfahren unter Anlehnung an §§ 68 Preuß FGG entwickelt. Eigentumsübertragung erfolgt jedoch nicht durch Zuschlag, sondern nach §§ 873, 925 BGB (vgl Friese MDR 1951, 593). Die Auflassungserklärung des Wohnungseigentümers gilt mit Rechtskraft des Urteils nach § 18 als abgegeben. Für Mietverhältnisse gilt § 566 BGB, nicht §§ 57a, 57b ZVG. Beschlagnahme und Grundbuchsperre erfolgen nicht; aber einstweilige Regelung gem § 44 III durch Eintragung eines Belastungsverbotes möglich (Merle in Bärmann/Pick/Merle vor § 53 Rz 15; aA MüKo/Röll Rz 2: einstweilige Verfügung nach § 935 ZPO durch ordentliches Gericht).

2. Zuständigkeit. Örtlich zuständig ist jeder Notar, in dessen Amtsbezirk (OLG-Bezirk, § 11 BNotO) das **2** Grundstück liegt. Nach §§ 10a II, 20 II BNotO soll der Notar seine Tätigkeit auf den engeren Amtsbezirk (idR Amtsgerichtsbezirk, vgl § 10a I BNotO) beschränken; Verstoß begründet aber nicht örtliche Unzuständigkeit. Versteigerung muß auch nicht im engeren Amtsbezirk stattfinden (Merle in Bärmann/Pick/Merle Rz 3; aA Röll Mitt-BayNot 1981, 64, 65). Auswahl des Notars durch die Antragsteller. Bei Meinungsverschiedenheiten über Notar gilt § 4 FGG entsprechend. Der Notar wird als Urkunds- und Amtsperson tätig; er kann Beurkundung nach Zuschlag selbst vornehmen. § 6 I Nr 1 BeurkG findet keine Anwendung.

3. Kosten. Bestimmen sich nach §§ 53, 131, 141ff KostO. **3**

54 *Antrag, Versteigerungsbedingungen*
(1) Die Versteigerung erfolgt auf Antrag eines jeden der Wohnungseigentümer, die das Urteil gemäß § 19 erwirkt haben
(2) In dem Antrag sollen das Grundstück, das zu versteigernde Wohnungseigentum und das Urteil, auf Grund dessen die Versteigerung erfolgt, bezeichnet sein. Dem Antrag soll eine beglaubigte Abschrift des Wohnungsgrundbuches und ein Auszug aus dem amtlichen Verzeichnis der Grundstücke beigefügt werden.
(3) Die Versteigerungsbedingungen stellt der Notar nach billigem Ermessen fest; die Antragsteller und der verurteilte Wohnungseigentümer sind vor der Feststellung zu hören.

1. Antrag (Abs I, II). Einzelantragsrecht jedes Wohnungseigentümers, der Entziehungsurteil erwirkt hat, selbst **1** wenn er dem Entziehungsbeschluß nicht zugestimmt hat; auch des Verwalters, wenn er die Klage für die WEer erhoben hat. Antrag kann bis Zuschlag zurückgenommen werden. Antragsinhalt kann ergänzt werden; amtl Verhindernis ist Katasterverzeichnis (§ 2 II GBO).

2. Versteigerungsbedingungen (Abs III) sind vor dem Termin festzusetzen (vgl § 55 I Nr 5), aber Frist nicht **2** vorgeschrieben. Inhalt: Klärung der Belastung, Fälligkeit des Entgelts, Feststellung des Höchstgebots usw. Aber keine Bindung an §§ 44ff ZVG, sondern Festlegung nach billigem Ermessen (LG Mainz Rpfleger 1999, 342). Im Hinblick auf durch Zuschlag zustande kommenden Kauf kann notarieller ETW-Musterkauf zugrunde gelegt werden (vgl Götte BWNotZ 1992, 105; Heil MittRhNotK 1999, 73, 98 mit Muster). Keine Möglichkeit zum Eingriff in **dingliche Rechte**. Hier besondere Schwierigkeiten, falls dingliche Rechte höher als Kaufpreis sind (zB Eintragung, um Versteigerung zu erschweren). Notar kann Erlöschen des Rechts nicht anordnen, Recht bleibt also bestehen. Einstweilig Anordnung nach § 44 III oder vorbeugende Vereinbarung eines Belastungsverbotes nach § 10 möglich (Merle in Bärmann/Pick/Merle vor § 53 Rz 15; str); aber kein hinreichender Schutz. Die einstweilige Anordnung kann nicht die bereits bestehenden Belastungen beseitigen; das Belastungsverbot hat wegen § 137 BGB keine Wirkung gegen Dritte. § 12 läßt als Ausnahme zu § 137 BGB nur Veräußerungs-, keine Belastungsbeschränkungen zu.

55 *Terminsbestimmungen*

(1) Der Zeitraum zwischen der Anberaumung des Termins und dem Termin soll nicht mehr als drei Monate betragen. Zwischen der Bekanntmachung der Terminsbestimmung und dem Termin soll in der Regel ein Zeitraum von sechs Wochen liegen.

(2) Die Terminsbestimmung soll enthalten:
1. die Bezeichnung des Grundstücks und des zu versteigernden Wohnungseigentums;
2. Zeit und Ort der Versteigerung;
3. die Angabe, daß die Versteigerung eine freiwillige ist;
4. die Bezeichnung des verurteilten Wohnungseigentümers sowie die Angabe des Wohnungsgrundbuchblattes und
5. die Angabe des Ortes, wo die festgestellten Versteigerungsbedingungen eingesehen werden können.

(3) Die Terminsbestimmung ist öffentlich bekanntzugeben:
1. durch einmalige, auf Verlangen des verurteilten Wohnungseigentümers mehrmalige Einrückung in das Blatt, das für Bekanntmachungen des nach § 43 zuständigen Amtgerichts bestimmt ist;
2. durch Anschlag der Terminsbestimmung in der Gemeinde, in deren Bezirk das Grundstück liegt, an die für amtliche Bekanntmachungen bestimmte Stelle;
3. durch Anschlag an die Gerichtstafel des nach § 43 zuständigen Amtgerichts.

(4) Die Terminsbestimmung ist dem Antragsteller und dem verurteilten Wohnungseigentümer mitzuteilen.

(5) Die Einsicht der Versteigerungsbedingungen und der in § 54 Abs. 2 bezeichneten Urkunden ist jedem gestattet.

1 **1. Terminsvorbereitung.** Abs I und II sind Soll-Vorschriften. Abs III, IV und V enthalten zwingendes Verfahrensrecht; bei Verstoß Aufhebung des Termins bzw nach Durchführung Aufhebung des Zuschlags durch Beschwerdegericht (§ 58). Die Terminsbestimmung gehört dagegen nicht zu den in § 58 aufgeführten Handlungen des Notars, ist daher nicht anfechtbar.

2 **2. Informationsmöglichkeiten.** Einsichtsrecht (Abs V) soll der Aufklärung dienen und zugleich die Veräußerbarkeit gewährleisten; bezieht sich auf Antrag, Versteigerungsbedingungen und alle Rechtsverhältnisse des WE (Vereinbarungen, Beschlüsse), sowie auch auf Urteilstenor von Entziehungsurteil (ebenso RGRK/Augustin Rz 3, aA noch Erman/Ganten[9] Rz 2). Die Besichtigung des zur Versteigerung stehenden SonderE kann ohne Einwilligung des Besitzers nur auf Anordnung des Gerichtes erfolgen (Merle in Bärmann/Pick/Merle Rz 19; Staud/Kreuzer Rz 6).

56 *Versteigerungstermin*

(1) In dem Versteigerungstermin werden nach dem Aufruf der Sache die Versteigerungsbedingungen und die das zu versteigernde Wohnungseigentum betreffenden Nachweisungen bekanntgemacht. Hierauf fordert der Notar zur Abgabe von Geboten auf.

(2) Der verurteilte Wohnungseigentümer ist zur Abgabe von Geboten weder persönlich noch durch einen Stellvertreter berechtigt. Ein gleichwohl erfolgtes Gebot gilt als nicht abgegeben. Die Abtretung des Rechtes aus dem Meistgebot an den verurteilten Wohnungseigentümer ist nichtig.

(3) Hat nach den Versteigerungsbedingungen ein Bieter durch Hinterlegung von Geld oder Wertpapieren Sicherheit zu leisten, so gilt in dem Verhältnis zwischen den Beteiligten die Übergabe an den Notar als Hinterlegung.

1 **1. Terminsablauf (Abs I).** Zum **Ablauf** der Versteigerung gehören der Aufruf der Sache, die Feststellung der Anwesenheit, die Bekanntgabe der Versteigerung durch Verlesen, Bekanntgabe der Nachweisungen (Grundbuch-, Katasterauszug) und die Festsetzungen des Mindestgebots, Hinweis des verurteilten WEer auf Recht, die Versagung des Zuschlags zu verlangen, Aufforderung zur Abgabe von Geboten (mit Uhrzeit), Entgegennahme und Prüfung der Gebote sowie ggf der Sicherheitsleistungen, Schließung der Versteigerung frühestens nach Ablauf der Bieterstunde (mit Uhrzeit), Verkündung des Meistgebots mittels dreimaligen Aufrufs, Anhörungen und Zuschlagserteilung bzw -versagung. Der gesamte Ablauf ist zu protokollieren (vgl auch Niedenführ/Schulze Rz 1 u Heil MittRhNotK 1999, 73, 95). Die **Niederschrift** ist Tatsachenbeurkundung (§ 36 BeurkG) hinsichtlich Terminsbekanntmachung, Mitteilung der Bedingungen, Aufforderung zur Abgabe von Geboten und Feststellung des Meistbietenden; im übrigen handelt es sich um die Beurkundung von Willenserklärungen (§§ 9ff BeurkG; vgl § 15 BeurkG, wenn sich Bieter vor Schluß der Verhandlung entfernt; s auch Keidel/Winkler BeurkG § 15 Rz 9ff).

2 **2. Ausschluß vom Gebot (Abs II). a)** Umgehung der Urteilswirkung (§ 19) soll verhindert werden. Verurteilter WEer von Gebot ausgeschlossen, desgleichen offener Stellvertreter. Darum Zuschlag an Verurteilten nichtig; mangels Gebotes (Abs II S 2) fehlt es an Mindesterfordernissen des Rechtserwerbs (vgl Merle in Bärmann/Pick/Merle Rz 25; aA Soergel/Stürner Rz 3: anfechtbarer, aber wirksamer Erwerb). **b)** Problematisch sind **mittelbare Stellvertretung** beim Erwerb (Herausgabeanspruch des Verurteilten nach § 667) und **Rückerwerb**. Wegen Unterschiedlichkeit der Sachverhalte ist eine generelle Nichtigkeitssanktion nicht möglich, Rückauflastung also wirksam (str, Soergel/Stürner Rz 3, aA zB Merle in Bärmann/Pick/Merle Rz 26; zweifelnd Weitnauer/Hauger Rz 2). Schutz der Gemeinschaft durch erneute Anwendung des § 18 aufgrund des vorliegenden Titels (Staud/Kreuzer Rz 8), im übrigen durch § 12, möglich. Bei offenkundig kollusivem Zusammenwirken zwischen Verurteiltem und Strohmann ist aber nach dem Normzweck die Nichtigkeit des Gebots und des Zuschlags auf dieses Geschäft zu erstrecken; nur in diesem Fall darf Notar Zuschlag verweigern. c) **Vermietung** an den bisherigen Eigentümer zulässig, wenn Entziehungsgründe nicht entgegenstehen: Entziehung wegen Zahlungsverzugs hindert Vermietung nicht (Weitnauer/Hauger Rz 2; RGRK/Augustin Rz 6). Anders bei Entziehung aus anderen Gründen (Staud/Kreuzer Rz 9; Soergel/Stürner Rz 4). Mietvertrag nicht nichtig (aA Fries NJW 1991, 510); aber Entziehungsklage gg Erwerber möglich (Bärmann/Pick Rz 5). Entsprechend bei sonstiger Überlassung an verurteilten WEer (BayObLG NZM 1998, 868, 870).

3. Sicherheitsleistung (Abs III). Sicherheitsleistung bleibt in Eigentum des Bieters, aber Pfandrecht des 3 WEers (§ 233 BGB). Hinterlegte Sicherheiten sind an erfolglose Bieter zurückzugeben.

57 *Zuschlag*

(1) Zwischen der Aufforderung zur Abgabe von Geboten und dem Zeitpunkt, in welchem die Versteigerung geschlossen wird, soll mindestens eine Stunde liegen. Die Versteigerung soll solange fortgesetzt werden, bis ungeachtet der Aufforderung des Notars ein Gebot nicht mehr abgegeben wird.

(2) Der Notar hat das letzte Gebot mittels dreimaligen Aufrufs zu verkünden und, soweit tunlich, den Antragsteller und den verurteilten Wohnungseigentümer über den Zuschlag zu hören.

(3) Bleibt das abgegebene Meistgebot hinter sieben Zehnteln des Einheitswertes des versteigerten Wohnungseigentums zurück, so kann der verurteilte Wohnungseigentümer bis zum Schluß der Verhandlung über den Zuschlag (Absatz 2) die Versagung des Zuschlags verlangen.

(4) Wird der Zuschlag nach Absatz 3 versagt, so hat der Notar von Amts wegen einen neuen Versteigerungstermin zu bestimmen. Der Zeitraum zwischen den beiden Terminen soll sechs Wochen nicht übersteigen, sofern die Antragsteller nicht einer längeren Frist zustimmen.

(5) In dem neuen Termin kann der Zuschlag nicht nach Absatz 3 versagt werden.

1. Bieterstunde/Meistgebot. Bieterstunde trotz Verkürzung in § 73 ZVG zwingend; Verletzung begründet 1 Anfechtungsrecht (§ 58). Auch nach Zeitablauf kann hinderndes Recht (§§ 771 ZPO, 47 InsO, 28 ZVG) noch geltend gemacht werden (Soergel/Stürner Rz 1). Keine Gebote mehr möglich, wenn Notar Schließung der Versteigerung erklärt; falls erst nach dreimaligem Aufruf, ist weiteres Gebot noch zulässig (str, ebenso RGRK/Augustin Rz 1). Schutz vor Verschleuderung (Abs III) stellt auf Einheitswert, nicht auf Verkehrswert ab (anders § 74a I ZVG); dies ist verfassungsrechtlich bedenklich (Art 14 I GG; ähnlich Staud/Kreuzer Rz 8; aA Merle in Bärmann/Pick/Merle Rz 32, der verkennt, daß es nicht auf die Gleichbehandlung, sondern den Eigentumsschutz ankommt). Bei noch nicht fertiggestelltem Bauwerk soll der Einheitswert unter Berücksichtigung des Bauzustandes zu schätzen sein (Merle in Bärmann/Pick/Merle Rz 32; Soergel/Stürner Rz 5).

2. Zuschlag wird vom Notar an den Meistbietenden erteilt und bringt Kaufvertrag (nicht Auflassung) zustande, 2 sobald mit Unterzeichnung des notariellen Protokolls Form des § 311b I BGB gewahrt ist. Gefahrübergang bestimmt sich nach Versteigerungsbedingungen, sonst gem § 446 BGB mit Übergabe. Evtl Genehmigung nach § 12 ist nicht Voraussetzung für Zuschlag, Vertrag aber bis zur Zustimmung schwebend unwirksam; ebenso bei sonstigen öffentlich-rechtl Genehmigungen. Zuschlagserteilung erfolgt im Versteigerungs- oder in anberaumten Verkündungstermin. Keine dingliche Wirkung. Die Auflassungserklärung des Verurteilten wird durch Urteil (§ 19) ersetzt. Zum gutgläubigen Erwerb vgl § 898 ZPO. Zuschlag ist mit sofortiger Beschwerde anfechtbar (§ 58).

58 *Rechtsmittel*

(1) Gegen die Verfügung des Notars, durch die die Versteigerungsbedingungen festgesetzt werden, sowie gegen die Entscheidung des Notars über den Zuschlag findet das Rechtsmittel der sofortigen Beschwerde mit aufschiebender Wirkung statt. Über die sofortige Beschwerde entscheidet das Landgericht, in dessen Bezirk das Grundstück liegt. Eine weitere Beschwerde ist nicht zulässig.

(2) Für die sofortige Beschwerde und das Verfahren des Beschwerdegerichts gelten die Vorschriften des Reichsgesetzes über die Angelegenheiten der freiwilligen Gerichtsbarkeit.

1. Sofortige Beschwerde nur gg Festsetzung der Versteigerungsbedingungen und Endentscheidung (Zuschlag 1 bzw Versagung). Beschwerderecht richtet sich nach § 20 FGG; Verwalter hat kein Beschwerderecht, da nicht betroffen (Soergel/Stürner Rz 1; MüKo/Röll Rz 2; aA Merle in Bärmann/Pick/Merle Rz 5; unklar RGRK/Augustin Rz 1). Weitere Beschwerde ist ausgeschlossen. Entgegen § 24 FGG hat Beschwerde aufschiebende Wirkung. Beschwerdegericht ist Landgericht (Belegenheit); nicht „Aufsichtsgericht" des Notars.

2. Weitere Rechtsbehelfe. In Abs I nicht genannte Entscheidungen des Notars sind gem § 15 BNotO mit 2 Beschwerde angreifbar (LG des Amtssitzes des Notars) und gem §§ 92f BNotO dienstaufsichtlich zu beanstanden (Soergel/Stürner Rz 1; Merle in Bärmann/Pick/Merle Rz 2; Niedenführ/Schulze Rz 1; aA RGRK/Augustin Rz 1; Pal/Bassenge Rz 1; MüKo/Röll Rz 1). Aus verfassungsrechtlichen Gründen (Art 19 IV GG) ist Rechtsbehelf gg Verfahrenshandlungen über § 58 hinaus nicht erforderlich (aA Soergel/Stürner Rz 1).

IV. Teil
Ergänzende Bestimmungen

59 *Ausführungsbestimmungen für die Baubehörden*
Das Bundesministerium für Verkehr, Bau- und Wohnungswesen erläßt im Einvernehmen mit dem Bundesministerium der Justiz Richtlinien für die Baubehörden über die Bescheinigung gemäß § 7 Abs. 4 Nr. 2, § 32 Abs. 2 Nr. 2.

1 Vgl Allg Verwaltungsvorschrift für die Ausstellung von Bescheinigungen gem § 7 IV Nr 2 und § 32 II Nr 2 des Wohnungseigentumsgesetzes vom 19. 3. 1974 (BAnz Nr 58). Es handelt sich um allgemeine Verwaltungsvorschriften (Art 84 II GG), nicht um eine RechtsVO.

60 *Ehewohnung*
Die Vorschriften der Verordnung über die Behandlung der Ehewohnung und des Hausrats (Sechste Durchführungsverordnung zum Ehegesetz) vom 21. Oktober 1944 (Reichsgesetzbl I S 256) gelten entsprechend, wenn die Ehewohnung im Wohnungseigentum eines oder beider Ehegatten steht oder wenn einem oder beiden Ehegatten das Dauerwohnrecht an der Ehewohnung zusteht.

1 Die sog HausratsVO über die Ehewohnungen ermöglicht dem Richter nur, die Benutzung zu regeln; Eigentumsänderungen nicht möglich. Sie gilt nur für Ehegatten (§ 1 HausratsVO) und gem § 18 III LPartG auch für eingetragene Lebenspartner. Obwohl in § 14 LPartG bei Getrenntleben von Lebenspartnern nicht in Bezug genommen, entsprechend anwendbar.

61 *Heilung fehlender Zustimmung bei Erstveräußerung*
Fehlt eine nach § 12 erforderliche Zustimmung, so sind die Veräußerung und das zugrundeliegende Verpflichtungsgeschäft unbeschadet der sonstigen Voraussetzungen wirksam, wenn die Eintragung der Veräußerung oder einer Auflassungsvormerkung in das Grundbuch vor dem 15. Januar 1994 erfolgt ist und es sich um die erstmalige Veräußerung dieses Wohnungseigentums nach seiner Begründung handelt, es sei denn, daß eine rechtskräftige gerichtliche Entscheidung entgegensteht. Das Fehlen der Zustimmung steht in diesen Fällen dem Eintritt der Rechtsfolgen des § 878 des Bürgerlichen Gesetzbuchs nicht entgegen. Die Sätze 1 und 2 gelten entsprechend in den Fällen der §§ 30 und 35 des Wohnungseigentumsgesetzes.

1 Frühere Regelung der **Einheitsbewertung** aufgehoben durch Art 28 des Steuerbereinigungsgesetzes v 14. 12. 1984 (BGBl I 1493).

2 **Heilungsvorschrift** für fehlende Zustimmung nach § 12 bei Erstveräußerung durch gem § 8 aufteilenden Eigentümer. Erforderlich wg BGH-Entscheidung vom 21. 2. 1991 (BGH 113, 374), die entgegen der bisherigen hM (vgl Pause NJW 1994, 501; BayObLG DNotZ 1988, 312) eine Zustimmungsbedürftigkeit annahm. Schwebende Unwirksamkeit wird, ausgenommen bei rechtskräftiger Entscheidung, rückwirkend geheilt.

62 *Gleichstellung mit Eigenheim*
(aufgehoben).

63 *Überleitung bestehender Rechtsverhältnisse*
(1) Werden Rechtsverhältnisse, mit denen ein Rechtserfolg bezweckt wird, der den durch dieses Gesetz geschaffenen Rechtsformen entspricht, in solche Rechtsformen umgewandelt, so ist als Geschäftswert für die Berechnung der hierdurch veranlaßten Gebühren der Gerichte und Notare im Fall des Wohnungseigentums ein Fünfundzwanzigstel des Einheitswertes des Grundstückes, im Falle des Dauerwohnrechtes ein Fünfundzwanzigstel des Wertes des Rechtes anzunehmen.
(2) Erfolgt die Umwandlung gemäß Absatz 1 binnen zweier Jahre seit dem Inkrafttreten dieses Gesetzes, so ermäßigen sich die Gebühren auf die Hälfte. Die Frist gilt als gewahrt, wenn der Antrag auf Eintragung in das Grundbuch rechtzeitig gestellt wird.
(3) Durch Landesgesetz können Vorschriften zur Überleitung bestehender, auf Landesrecht beruhender Rechtsverhältnisse in die durch dieses Gesetz geschaffenen Rechtsformen getroffen werden.

1 **Umwandlung** (Abs I) bestehender Rechtsverhältnisse soll auch gebührenrechtlich erleichtert werden. Gilt deshalb auch für Umbildung von langfristigen Mietverhältnis in Dauerwohnrecht (str, Hamburg MDR 1955, 42; aA Soergel/Stürner Rz 1), ebenso für Miteigentum in WE (Soergel/Stürner Rz 1; aA BayObLG 1957, 172; Merle in Bärmann/Pick/Merle Rz 8). Wohnungsrecht gem § 1093 BGB kann in Ausnahmefall in Dauerwohnrecht umgewandelt werden (vgl BGH NJW 1958, 1289).

2 Abs II hat aufgrund Zeitablaufes keine praktische Bedeutung mehr. Von Ermächtigung in Abs III hat nur Hessen Gebrauch gemacht (Gesetz zur Überleitung des Stockwerkeigentums v 6. 1. 1962, GVBl 1962, 17).

64 *In-Kraft-Treten*
Dieses Gesetz tritt am Tage nach seiner Verkündung in Kraft.

1 Tag der Verkündung: 19. 3. 1951. Inkrafttreten somit am 20. 3. 1951.

Einführungsgesetz zum Bürgerlichen Gesetzbuch (EGBGB)

vom 18. August 1896 (RGBl. S. 604),
in der Fassung der Bekanntmachung vom 21. September 1994 (BGBl. I S. 2494),
zuletzt geändert durch das Gesetz zur Umsetzung familienrechtlicher Entscheidungen
des Bundesverfassungsgerichts vom 13. Dezember 2003 (BGBl. I S. 2547)

(Kommentiert: Art. 3–46, 220, 236)

Erster Teil
Allgemeine Vorschriften

Erstes Kapitel
Inkrafttreten. Vorbehalt für Landesrecht. Gesetzesbegriff

1 *[Inkrafttreten. Vorbehalte zugunsten von Landesrecht]*
(1) Das Bürgerliche Gesetzbuch tritt am 1. Januar 1900 gleichzeitig mit einem Gesetze, betreffend Änderungen des Gerichtsverfassungsgesetzes, der Zivilprozeßordnung und der Konkursordnung, einem Gesetz über die Zwangsversteigerung und die Zwangsverwaltung, einer Grundbuchordnung und einem Gesetz über die Angelegenheiten der freiwilligen Gerichtsbarkeit in Kraft.
(2) Soweit in dem Bürgerlichen Gesetzbuch oder in diesem Gesetz die Regelung den Landesgesetzen vorbehalten oder bestimmt ist, daß landesgesetzliche Vorschriften unberührt bleiben oder erlassen werden können, bleiben die bestehenden landesgesetzlichen Vorschriften in Kraft und können neue landesgesetzliche Vorschriften erlassen werden.

2 *[Gesetzesbegriff]*
Gesetz im Sinne des Bürgerlichen Gesetzbuchs und dieses Gesetzes ist jede Rechtsnorm.

Zweites Kapitel[1]
Internationales Privatrecht

Einleitung Art 3–46

I. Begriff und Gegenstand des IPR	
1. Internationales Privatrecht (IPR)	1
2. Kollisionsnormen und Anknüpfung	3
3. Nachbargebiete, Abgrenzungen	5
a) Völkerrecht, internationales Strafrecht, internationales Verwaltungsrecht	5
b) Internationales Zivilverfahrensrecht	6
c) Internationales Einheitsrecht	7
d) Interlokales Privatrecht	8
II. Quellen des deutschen IPR	
1. Autonomes IPR	9
2. Staatsvertragliches IPR	10
3. Gewohnheitsrechtliches IPR	15
4. Nationaler Charakter des IPR	16
5. IPR und Verfassung	17
III. Entstehungsgeschichte des IPR	
1. Allgemeines	19
2. Neuregelung des IPR	
a) Überblick	20
b) Reformvorschläge	21
c) Gesetzgebungsverfahren	22
d) Grundzüge und Würdigung der Reform	24
IV. Grundzüge des geltenden IPR	
1. Anknüpfungsgrundregeln	29
2. Anknüpfungszeitpunkte, Wandelbarkeit und Unwandelbarkeit des Statuts, Statutenwechsel . .	32
3. Verweisung	35
4. Qualifikation	
a) Grundzüge	38
b) Einzelheiten	40
5. Vorfragen	41
a) Grundsatz	42
b) Ausnahmen	43
c) Besonderheiten für staatsvertragliches Kollisionsrecht	44
6. Gesetzesumgehung (fraus legis, fraudulöse Anknüpfung)	45
7. Angleichung, Anpassung, Substitution	46

---

1 Zweites Kapitel (Art 3–38) novelliert und eingefügt durch Art 1 Nr 7 IPR-G vom 25. 7. 1986 (BGBl I S 1142). Art 220 eingefügt durch Art 1 Nr 11 IPR-G vom 25. 7. 1986 aaO, Art 236 eingefügt gemäß Art 8 Einigungsvertrag. Art 38 neugefaßt und Art 39–46 eingefügt durch das Gesetz zum IPR für außervertragl Schuldverhältnisse und Sachen v 21. 5. 1999 (BGBl I S 1096); Art 17a eingefügt durch Gesetz v 11. 12. 2001 (BGBl I S 3513); Art 17b eingefügt durch Art 3 § 25 Lebenspartnerschaftsgesetz v 16. 2. 2001 (BGBl I S 266) und geändert durch Gesetz v 11. 12. 2001 (BGBl I S 3513).

V. IPR und Anwendung ausländischen Rechts
1. Verfahrensrecht der lex fori 48
2. Zwingende Natur des IPR 49
3. Ermittlung ausländischen Rechts 51
4. Prozessuale Behandlung ausländischen Rechts . 57

VI. IPR für das Gebiet der neuen Bundesländer (ehemalige DDR) 58

VII. IPR und Europäisches Gemeinschaftsrecht

1. Überblick 59
2. Kollisionsnormen des Gemeinschaftsrechts ... 60
3. Rechtsvereinheitlichung und -angleichung im materiellen Privatrecht 61
4. Einflüsse der Grundregeln und Grundfreiheiten des Gemeinschaftsrechts 62
5. Europäisierung von Kollisionsrecht und Internationalem Verfahrensrecht, Rechtsgrundlagen und Entwicklung 63

Schrifttum: A. Kommentare: Vgl zunächst die in Bd I aufgeführten Kommentare zum BGB – Vorauflagen sind in dieser Kommentierung gesondert gekennzeichnet; ferner *Maunz/Dürig*, Grundgesetz, Bd II, Loseblatt, Stand Februar 2003 (zit: Bearbeiter in Maunz/Dürig GG Art Rz).

B. Lehr- und Handbücher zum IPR: *v Bar/Mankowski*, Internat Privatrecht, Bd I 2. Aufl 2003 (zit: v Bar/Mankowski[2] I S XV); *v Bar*, Internat Privatrecht, Bd 2 1991 (zit: v Bar IPR I Rz); *Ferid*, Internat Privatrecht, 3. Aufl 1986 (zit: Ferid/Bearbeiter IPR §); *v Hoffmann*, Internat Privatrecht, 7. Aufl 2002 (zit: v Hoffmann IPR[7]); *Junker*, Internat Privatrecht. Grundriß 1999; *Kegel/Schurig*, Internat Privatrecht, 8. Aufl 2000, Nachtrag 2001 (zit: Kegel/Schurig IPR § [S]) (Voraufl gesondert gekennzeichnet); *Kropholler*, Internat Privatrecht, 4. Aufl 2001 (zit: Kropholler IPR §); *ders*, Internat Einheitsrecht, 1975 (zit: Kropholler, Internat Einheitsrecht §); *Lüderitz*, Internat Privatrecht, 2. Aufl 1992 (zit: Lüderitz IPR Rz); *Neuhaus*, Internat Privatrecht, 2. Aufl 1977 (zit: Neuhaus IPR §); *Raape/Sturm*, Internat Privatrecht, Bd 2, 6. Aufl 1977 (zit: Raape/Sturm[6] IPR §); *Rauscher*, Internat Privatrecht. Grundriß 2. Aufl 2002; *Siehr*, Das Internationale Privatrecht der Schweiz (2002).

C. Werke zum IZPR: *Coester-Waltjen*, Internat Beweisrecht, 1983 (zit: Coester-Waltjen Rz); *Geimer*, Internat Zivilprozeßrecht, 4. Aufl 2001 (zit: Geimer IZPR Rz); *Keidel/Kuntze/Winkler*, Freiwillige Gerichtsbarkeit, Teil A, 15. Aufl 2003 (zit: Keidel/Bearb Gesetz § Rz); *Schack*, Internat Zivilverfahrensrecht, 3. Aufl 2002 (zit: Schack[2] IZVR Rz); *Schütze*, Internat Zivilprozeßrecht, 1985 (zit: Schütze IZPR §); *Stein/Jonas*, ZPO, 21. Aufl, Bd 4/1 (1998), Bd 4/2 (1999) (zit: Stein/Jonas/Bearbeiter Gesetz § Rz); *Wieczorek*, ZPO, Bd V, 3. Aufl 1995 (zit: Wieczorek/Bearbeiter Gesetz §); *Zöller*, ZPO, 24. Aufl 2004 (zit: Zöller/Bearbeiter Gesetz § Rz).

D. Werke zu besonderen Sachgebieten: *Bergmann/Ferid*, Intern Ehe- und Kindschaftsrecht, Loseblatt, 6. Aufl 2003 (zit: Bergmann/Ferid/Bearbeiter Land S); *Böhmer/Siehr*, Das gesamte Familienrecht, Bd 2, Loseblatt, 3. Aufl, 17. Erg-Lief Stand September 1997 (zit: Böhmer/Siehr FamR II); *Ferid/Firsching*, Intern Erbrecht, Loseblatt, 4. Aufl, Stand: 52. Erg-Lief September 2003 (zit: Ferid/Firsching/Bearbeiter Land S); *Henrich*, Intern Familienrecht, 1989 (zit: Henrich Intern FamR S); *Hepting/Gaaz*, Personenstandsrecht, Loseblatt, Stand 2003 (zit: Hepting/Gaaz PStR Gesetz Rz [Bearbeiter]); *Hohloch*, Internationales Scheidungs- und Scheidungsfolgenrecht, 1998; *Hohloch* (Hrsg), EU-Handbuch Gesellschaftsrecht (1997ff) (zit: Hohloch/Bearbeiter, Hdb EU-Gesellschaftsrecht); *Johannsen/Henrich*, Eherecht, 4. Aufl 2003 (zit: Johannsen/Henrich/Bearbeiter EheR Gesetz Rz); *Rahm/Künkel*, Handbuch des Familiengerichtsverfahrens, Loseblatt, 4. Aufl, Stand: 44. Erg-Lief September 2003 (zit: Rahm/Künkel/Bearbeiter Kap [zB VIII] Rz); *Reithmann/Martiny*, Intern Vertragsrecht, 5. Aufl 1996 (zit: Reithmann/Martiny/Bearbeiter IVR Rz); *Sandrock/Steinschulte*, Handbuch der Intern Vertragsgestaltung, 2 Bde, 1980 (zit: Sandrock/Steinschulte Hdb der Int Vertragsgestaltung Bd I Rz); *Schlechtriem* (Hrsg), CISG-Kommentar 3. Aufl 2000 (zit: Schlechtriem/Bearbeiter[3] CISG Art Rz).

E. Materialien: I. Zur IPR-Reform 1986: Begründung RegE BT-Drucks 10/504 mit Stellungnahmen des Bundesrats und Gegenäußerung der Bundesregierung; Bericht des Rechtsausschusses BT-Drucks 10/5632; *Kühne*, IPR-Gesetzentwurf 1980 (zit: Kühne Entwurf S); *Pirrung*, Intern Privat- und Verfahrensrecht, 1987 (mit Zusammenstellung u Abdruck der Materialien unter Einschluß von Materialien zum Röm Übereinkommen über das auf vertragliche Schuldverhältnisse anzuwendende Recht vom 16. 5. 1980); **II. für Gesetze und Abkommenregelungen** s *Jayme/Hausmann*, Intern Privat- und Verfahrensrecht, 11. Aufl 2002 (zit: Jayme/Hausmann Nr [S]).

II. Zum EGBGB 1896: *Hartwieg/Korkisch*, Die geheimen Materialien zur Kodifikation des dt Intern Privatrechts 1881–1896, 1973; *Jakobs/Schubert* (Hrsg), Materialien zur Entstehungsgeschichte des BGB, 1978ff; *Mugdan*, Die gesammelten Materialien zum Bürgerlichen Gesetzbuch für das Dt Reich, I. Bd 1899; *Schubert* (Hrsg), Die Vorlagen der Redaktoren für die erste Kommission zur Ausarbeitung des Entwurfs eines Bürgerlichen Gesetzbuchs: Einführungsgesetz zum Bürgerlichen Gesetzbuche, 1986.

F. Ältere Darstellungen: Vgl insoweit *Erman/Arndt*[7] vor Art 7 Rz 2, 3.

I. Begriff und Gegenstand des IPR

1 **1. Das Internationale Privatrecht (IPR)** bestimmt als Teil des deutschen Privatrechts bei „Sachverhalten mit Auslandsberührung" über die Anwendung des deutschen oder eines ausländischen Rechts. Hauptrechtsquelle ist das **EGBGB** (heute Art 3–46). Da das IPR der Regelung privatrechtlicher Sachverhalte dient, deckt es mit seinem positivrechtlichen oder gewohnheitsrechtlichen Normenbestand die gesamte Breite des Privatrechts ab. Mit seinen „Kollisionsnormen" bzw „Kollisionsregeln" „begleitet" es das Privatrecht in dessen **gesamtem** Anwendungsbereich. Indes steht im Mittelpunkt der Bereich, der im deutschen Privatrecht zum bürgerlichen Recht im engeren Sinne rechnet und seine hauptsächliche Regelung durch das BGB und dessen Nebengesetze erfährt. Begleitend zum dortigen Regelbestand und zur dortigen Regelungsgebiete wird auch das Internationale Privatrecht in einen Allgemeinen Teil einerseits (= Allgemeine Lehren des IPR) und einen Besonderen Teil andererseits eingeteilt, der dann wiederum in Einzelgebiete des IPR zerfällt, die systematisch zu den Einzelgebieten des Zivilrechts gehören (zB IPR des Allgemeinen Teils, Internationales Schuldrecht, Internationales Sachenrecht, Internationales Familienrecht, Internationales Erbrecht). Ergänzt wird letzterer durch besondere Gebiete wie zB die kolli-

sionsrechtlich geprägten Teile des Internationalen Wirtschaftsrechts oder das Internationale Enteignungsrecht. Neben dem IPR steht das Internationale Zivilverfahrensrecht (IZVR).

„Auslandsberührung" im vorgenannten Sinne des Begriffs kann ein privatrechtlicher Sachverhalt auf vielfältige 2 Weise bekommen; im Vordergrund stehen insofern die ausländische Staatsangehörigkeit oder der auswärtige Wohnsitz bzw Aufenthaltsort eines Beteiligten, der ausländische Abschlußort eines Rechtsgeschäfts, die ausländische Belegenheit einer Sache bzw eines Vermögens oder der im Ausland liegende Tatort einer unerlaubten Handlung. Bei solcher Auslandsberührung ist aus der Sicht der heute herrschenden IPR-Doktrin, die in Art 3 I S 1 EGBGB auch zur Grundlage der heute geltenden deutschen IPR-Gesetzgebung geworden ist, die Anwendung deutschen **materiellen** Privatrechts von dessen **kollisionsrechtlicher** Anwendbarkeit abhängig.

2. Kollisionsnormen und Anknüpfung. Das IPR besteht zur Regelung solcher Rechtsanwendungskonflikte 3 deshalb aus **Kollisionsnormen**. Diese Normen des deutschen IPR und des deutschen Privatrechts ergeben allein noch keine materiellrechtliche Lösung der zu regelnden Frage, sondern sprechen eine **Verweisung** auf das anwendbare Recht aus. Das geltende deutsche IPR faßt eine derartige Verweisung heute grundsätzlich als **Gesamtverweisung**, nur im Ausnahmefall als **Sachnormverweisung** auf. Liegt bloße Sachnormverweisung vor, dann führt die Verweisung der deutschen Kollisionsnorm unmittelbar und abschließend zum anwendbaren materiellen Recht (= **Sachrecht**), auf dessen Grundlage sich die Lösung der zu klärenden Rechtsfrage dann ergeben muß. Liegt indes Gesamtverweisung auf ein fremdes Recht vor, dann ist durch diesen Rechtsanwendungsbefehl das **fremde Recht mitsamt dessen Kollisionsrecht** berufen. Aus dem Standpunkt des fremden Kollisionsrechts ergibt sich dann, ob die vom deutschen IPR ausgesprochene Verweisung „angenommen" wird, oder ob das fremde Recht seinerseits eine **Rückverweisung** oder **Weiterverweisung (Renvoi)** ausspricht. Solcher Renvoi wird vom deutschen Recht ggf beachtet. Führt er zum deutschen Recht zurück, wird er im Interesse materiellrechtlicher Lösung „abgebrochen", mit der Folge, daß deutsches materielles Recht zur Anwendung gelangt (Art 4 I).

Kollisionsnormen befolgen zur Erzielung solcher Verweisung die Technik der **Anknüpfung**. Durch Anknüpfung an einen **Anknüpfungspunkt** des Sachverhalts (= **Anknüpfungsmoment**) wird das von der Kollisionsnorm dann auf der Rechtsfolgenseite für anwendbar erklärte, **maßgebliche Recht** gewonnen. Dieses Anknüpfungsergebnis des anwendbaren, maßgeblichen Rechts wird auch als **„Statut"** bezeichnet (zB Erbstatut, Deliktsstatut, Vertragsstatut usw). Der Begriff des Statuts schillert jedoch. Der aus der Geschichte des IPR (Statutentheorie) überkommene Begriff wird nicht selten auch zur Bezeichnung eines abgegrenzten Gebiets schon der Kollisionsnormen verwandt (zB Sachstatut = Anwendungsbereich der lex rei sitae = internationales Sachenrecht).

Kollisionsnormen können als **einseitige Kollisionsnormen** und als **allseitige Kollisionsnormen** ausgebildet 4 sein. Am Beginn der grundsätzlich erst mit der Schaffung des BGB und EGBGB einsetzenden deutschen Gesetzgebungsgeschichte auf dem Gebiete des IPR stehen Kollisionsnormen, die mehrheitlich einseitigen Charakter hatten. Der deutsche Gesetzgeber des BGB wollte aus zT diplomatischen Rücksichten seine Regelung für den Fall des Sachverhalts mit Auslandsberührung auf den Fall oder gar Teilaspekt des Falles beschränken, daß ein Deutscher in den Fall einbezogen ist. Die Gerichtspraxis hat unter dem Zwang, Regelungen auch für den umgekehrten Fall der Involvierung des „Ausländers" haben zu müssen, diese einseitigen Kollisionsnormen des EGBGB der Fassung von 1896/1900 jedoch alsbald zu allseitigen Kollisionsregeln ausgebaut, die als Gewohnheitsrecht praktiziert wurden und bis zur IPR-Reform von 1986 in Anwendung waren. Das heute vorhandene Kollisionsrecht der Art 3–46 besteht im wesentlichen aus allseitigen Kollisionsnormen.

3. Nachbargebiete, Abgrenzungen. a) Völkerrecht, internationales Strafrecht, internationales Verwal- 5 **tungsrecht.** Das IPR ist von seinen Nachbargebieten abzugrenzen. Benachbart ist dem IPR das **Völkerrecht**. Während IPR die Anwendung nationalen Rechts auf einen vom Privatrecht geregelten Sachverhalt regelt, regelt Völkerrecht die Rechtsbeziehungen zwischen Staaten und sonstigen Völkerrechtssubjekten. Bedeutsam ist das Völkerrecht für das IPR, weil auf völkerrechtlicher Grundlage Normen des IPR entstehen können. Völkerrechtlich verbindlicher Charakter ist allerdings den Normen des nationalen, autonomen IPR nicht eigen, auch nicht den traditionellen Grundregeln (zB der lex rei sitae im internationalen Sachenrecht). Mittelbare Rechtsquelle des staatlichen IPR ist Völkerrecht indes im Bereich des auf staatsvertraglicher Grundlage beruhenden, durch Ratifikation und Transformation zum Gesetz gewordenen Kollisionsrechtsbestands des „Abkommens-IPR".

Weitere Nachbargebiete stellen das über die Strafbarkeit von Auslandstaten und Ausländertaten bestimmende **internationale Strafrecht** (§§ 3ff StGB) und das **internationale öffentliche Recht** bzw dessen Kernbereich des **internationalen Verwaltungsrechts** dar. Beide Nachbargebiete unterscheiden sich in der Art der Konfliktsregelung vom IPR grundsätzlich. Während das IPR mit seinen Kollisionsregeln deutsches oder fremdes Recht zur Anwendung berufen kann, regelt internationales Strafrecht den Zuständigkeitsbereich des deutschen Strafrichters, der bei Bejahung seiner Zuständigkeit generell deutsches Strafrecht zur Anwendung bringt und fremdes Strafrecht nur für besondere Sachlagen berücksichtigt. Ähnlich ist im internationalen Verwaltungsrecht die Geltungskraft des Verwaltungshandelns ganz grundsätzlich territorial auf das Hoheitsgebiet des Staates des Verwaltungsorganes begrenzt.

Zwischen internationalem Verwaltungsrecht und IPR angesiedelt ist das **Fremdenrecht**. Dieses erfaßt die Gesamtheit von Sondervorschriften des inländischen Rechts für Ausländer. Neben dem Ausländergesetz vom 9. 1. 1990 (BGBl I 1354 idF des Terrorismusbekämpfungsgesetzes vom 9. 1. 2002, BGBl I 361) gehören hierzu etwaige Sonderregeln für Ausländer auf dem Gebiet des Privatrechts (zB Art 86, 88, Rechtserwerb durch ausländische juristische Personen, Grundstückserwerb durch Ausländer), deren Bedeutung jedoch im Verschwinden ist, sowie die Sonderregeln der Verfahrensordnungen bei Prozessen von und mit Ausländern (zB §§ 110–113 ZPO, Sicherheitsleistung durch Ausländer).

b) Neben dem IPR steht als für den Fall mit Auslandsberührung geltendes Verfahrensrecht das **internationale** 6 **Zivilverfahrensrecht (IZVR)**. Es enthält die besonderen Regeln, die bei gerichtlicher oder behördlicher Befassung mit einem der streitigen wie der freiwilligen Gerichtsbarkeit zugehörenden Gerichtsfall zu beachten sind. Besondere Regeln auf zT gesetzlicher Grundlage (zB § 606a ZPO, §§ 35a ff FGG), auf staatsvertraglicher Grundlage (Art 1ff EuGVÜ/LGVÜ, Art 1 MSA) und neuerdings auch auf der Grundlage von mit unmittelbarer Geltung in den Mitgliedstaaten ausgestatteten **Rechtsakten der Europäischen Union/Europäischen Gemeinschaft** (EuGVO, EheVO, s Rz 16) sowie auf der Grundlage gewohnheitsrechtlicher Analogien zur örtlichen Zuständigkeit (§§ 12ff ZPO) regeln als sog **Befolgungsregeln** die **internationale Zuständigkeit** deutscher Gerichte zur Entscheidung von Fällen mit Auslandsberührung. Ebensolche Regeln des Abkommensrechts, des deutschen Gesetzesrechts und des deutschen Gewohnheitsrechts gelten als **Beurteilungsregeln** für die **Anerkennung** (und Vollstreckung bzw Vollstreckbarerklärung) ausländischer Entscheidungen (zB Art 25ff EuGVÜ/LGVÜ iVm §§ 1ff AVAG, § 328 ZPO, Art 7 § 1 FamRÄndG, § 16a Nr 1 FGG und wiederum das Anerkennungs- und Vollstreckungsrecht von EuGVO/EheVO). Hinzu kommen Regelungen anderer Gebiete des Zivilverfahrens mit Auslandsberührung, zB des Beweisrechts oder des Zustellungsrechts, die durch Abkommensregelungen und neuerdings wiederum durch **EG-Recht** geprägt sind, dessen Rechtsakte unmittelbare Anwendung finden. Erhebliche praktische Bedeutung hat daneben heute für das Teilgebiet des internationalen Schuld- und Handelsvertragsrechts das **internationale Schiedsverfahrensrecht** gewonnen.

7 c) IPR wird bedeutungslos dort, wo **internationales Einheitsrecht** (loi uniforme, uniform law) besteht, dh dort, wo – regelmäßig in Vollzug eines entsprechenden Übereinkommens – zwei oder mehr Staaten ihr materielles Privatrecht in Teilgebieten vereinheitlichen. Wichtige Gebiete solchen Einheitsrechts sind – in Teilen – das Wechsel- und Scheckrecht und insbesondere das für den internationalen Warenkauf vereinbarte Einheitsrecht des „Wiener Kaufrechts" (UNCITRAL-Übereinkommen, CISG), auch das vereinheitlichte internationale Transportrecht (CMR, COTIF, WA). Obwohl solches Einheitsrecht auf der Grundlage von jeweils nationalen (in Umsetzung der Abkommen erlassenen) Gesetzen gilt, wird die Rechtsanwendungsfrage wegen der inhaltlichen Übereinstimmung dieser Rechte im Anwendungsbereich des Einheitsrechts bedeutungslos, die Anwendung der Kollisionsregeln des IPR mithin bis auf die Funktion der Lückenfüllung entbehrlich (zum Einheitskaufrecht s Schlechtriem CISG[3] Einl I).

8 d) Dem IPR nahe verwandt ist das **interlokale Privatrecht** (ILR). Es regelt innerhalb eines **Mehrrechtsstaates**, dh eines Staates mit **territorialer Rechtsspaltung** und folglich mehreren **Teilrechtsordnungen**, die Anwendbarkeit der Teilrechtsordnungen im Verhältnis zueinander. Die Kollisionsregeln des ILR haben eine den Kollisionsregeln des IPR ähnliche Funktionsweise. Staaten mit territorialer Spaltung des Privatrechts oder von Teilen des Privatrechts sind verbreitet. Mehrrechtsstaaten sind vorzugsweise Bundesstaaten, bei denen die Rechtssetzungskompetenz für Privatrecht im wesentlichen bei den Gliedstaaten liegt (zB früheres Jugoslawien, frühere UdSSR, USA, Kanada, Mexiko, Australien), bei anderen Staaten beruht die Rechtsspaltung auf historischen Entwicklungen (Großbritannien, Spanien). Aus deutscher Sicht ist solche Rechtsspaltung zu beachten. Gilt aufgrund der Verweisung des deutschen IPR das Recht eines Mehrrechtsstaates, ist die maßgebliche Teilrechtsordnung grundsätzlich mit den Regeln des ILR des Mehrrechtsstaates zu finden (Art 4 III). Vergleichbar ist die Lage dort, wo **personale Rechtsspaltung** herrscht, wie in den Staaten zB des Nahen Ostens, wo Familienrecht und Erbrecht auf religiöser Grundlage verschieden für die Angehörigen der einzelnen dort vertretenen Religionen gelten.

ILR hat traditionell gewisse Bedeutung auch im deutschen Recht. ILR, dessen Regeln mangels Bestehens positivierten Rechts grundsätzlich durch Analogie zu den Regeln des IPR gewonnen werden, kommt seit es zu praktischer Anwendung auf nicht bundesrechtlich vereinheitlichten Nebengebieten des bürgerlichen Rechts (landesgesetzliches Nachbarrecht, landesrechtliches Medien-, insbesondere Gegendarstellungsrecht); ILR galt aus der Sicht der früheren BRepD im Verhältnis zu der nicht als Ausland betrachteten früheren DDR. ILR bestimmt heute – ggf zusammen mit Normen des intertemporalen Übergangsrechts (Art 236) – die Rechtsanwendung im Verhältnis zwischen den alten Bundesländern und dem Beitrittsgebiet, soweit hier Rechtsunterschiede bestehen (Darstellung in Erl zu Art 3 Rz 24ff sowie in der Kommentierung der nachfolgenden Artikel, jeweils in der Rubrik „Innerdeutsches Kollisionsrecht").

II. Quellen des deutschen IPR

9 **1. Autonomes IPR.** Den Kernbestand des heute geltenden IPR enthält die Teilkodifikation der durch das Gesetz zur Neuregelung des deutschen internationalen Privatrechts vom 24.7. 1986 (BGBl I 1142) reformierten, seit 1. 9. 1986 in Kraft befindlichen Art 3–37, die seit 1. 6. 1999 durch die Art 38–46 (idF des Gesetzes zum Internationalen Privatrecht für außervertragliche Schuldverhältnisse und für Sachen v 21. 5. 1999, BGBl I 1026) zu einer „Kodifikation" des IPR geworden ist. Die jetzige Gesetzesfassung betrifft neben einigen allgemeinen Regeln (Art 3–6, 11, 12) und Regeln des internationalen Personenrechts (Art 7–10) das internationale Familienrecht (Art 13–24), das internationale Erbrecht (Art 25, 26) und das internationale Schuldvertragsrecht (Art 27–37). Internationales Deliktsrecht war im alten EGBGB in Art 38 aF lediglich bruchstückhaft erfaßt, es galt im übrigen ebenso wie das internationale Sachenrecht auf gewohnheitsrechtlicher, zT auch nur richterrechtlicher Grundlage. Seit 1. 6. 1999 gelten insoweit ebenfalls gesetzliche Regeln (Art 38–46 nF). Mit der Namensrechtsreform (1994) und der Kindschaftsrechtsreform (1998) sind neue Art 10, 19–21 an die Stelle der 1986 geschaffenen Vorschriften getreten (s jeweils Erl bei den genannten Artikeln). Intertemporales Übergangsrecht für das Verhältnis zwischen altem IPR (Art 7–31 der bis zum 31. 8. 1986 geltenden Fassung) und den neuen Regeln der Art 3–37 (und 38–46 nF) enthält Art 220, dem darüber hinaus die Bedeutung einer Grundregel für das Intertemporale Recht im Zusammenhang des IPR zukommt. Intertemporales Übergangsrecht (für die (interlokalrechtliche) Anwendung des IPR der ehemaligen DDR enthält Art 236 idF des Einigungsvertrages. Positivrechtlich normierte Kollisionsregeln fanden sich darüber hinaus für den Bereich des internationalen Deliktsrechts in der VO über die Rechtsanwendung bei Schädigungen deutscher Staatsangehöriger außerhalb des Reichsgebiets vom 7. 12. 1942 (RGBl I 706, BGBl III – 400-1-1) (seit 1. 6. 1999 außer Kraft, s Art 40–42 nF), für Spezialgebiete in den diese Gebiete regeln-

Internationales Privatrecht **Einl Art 3 EGBGB**

den Gesetzen (zB § 12 AGBG; § 8 TzWrG [Time-Sharing]; §§ 91ff WG; §§ 60ff ScheckG, § 61 BörsenG). § 12 ABGB und § 8 TzWrG sind inzwischen in Art 29a (eingefügt durch Art 2 II Nr 1 des Gesetzes über Fernabsatzverträge v 27. 6. 2000, BGBl 2000 I 897, ber 1139) aufgegangen, der am 30. 6. 2000 in Kraft getreten ist; § 61 BörsG ist seit 2002 teilweise durch § 37d VI WpHG ersetzt, seine ehedem vertrauensschützende Wirkung wird ansonsten teilweise jetzt durch Art 29 mit wahrgenommen (s Erl Art 28 Rz 57). Neu im IPR des EGBGB sind Art 17a, der als unvollständige Kollisionsnorm die Maßgeblichkeit des deutschen Rechts für die Zuweisung von Ehewohnung und Hausrat bei Trennung oder Scheidung von Eheleuten regelt (eingefügt durch Art 10 des Gewaltschutzgesetzes v 11. 12. 2001, BGBl 2001 I 3513, in Kraft seit 1. 1. 2002) und Art 17b jetziger Fassung, der die kollisionsrechtliche Behandlung der Eingetragenen Lebenspartnerschaft enthält (eingefügt ursprünglich als Art 17a durch Art 3 § 25 des Gesetzes zur Beendigung der Diskriminierung gleichgeschlechtlicher Gemeinschaften: Lebenspartnerschaften v 16. 2. 2001, BGBl 2001 I 266; mit Einfügung des jetzigen Art 17a [s vorstehend] ist die Norm auf ihren jetzigen Platz gerückt worden). Sondergesetzliches Kollisionsrecht enthält für die „Gläubigeranfechtung" außerhalb des Insolvenzverfahrens („actio Pauliana"), die sich mit Abweichungen im Detail in vielen Rechtsordnungen außerhalb Deutschlands auch findet, § 19 AnfG (G über die Anfechtung von Rechtshandlungen eines Schuldners außerhalb des Insolvenzverfahrens [AnfechtungsG] v 5. 10. 1994, BGBl I 2911). Auf der Grenze zum internationalen Verfahrensrecht liegen die Regeln des „Internationalen Insolvenzrechts" der heutigen §§ 335–358 InSO (eingefügt durch Art 2 des G zur Neuregelung des Internationalen Insolvenzrechts v 14. 3. 2003, BGBl I 345, 346ff), die mit Wirkung ab 20. 3. 2003 den Art 102 EG InsO bisheriger Fassung ersetzt haben. Die §§ 335ff InsO nF regeln Zuständigkeit, anwendbares Recht und Verfahren bei „internationalen Insolvenzen", soweit nicht die vorrangige EU-InsVO (VO [EG] Nr 1346/2000 über Insolvenzverfahren) als in Deutschland unmittelbar geltendes Gemeinschaftsrecht eingreift.

2. Staatsvertragliches IPR und Europäisches IPR. Das autonome IPR der Art 3–46 ist in erheblichem **10** Umfang durch staatsvertraglich geschaffene Kollisionsnormen überlagert. Als **leges speciales** gehen diese Kollisionsregeln dem allgemeinen Regelbestand der Art 3–46 grundsätzlich vor. Wichtige Teilregeln der Art 3–46 nF sind indes heute entweder inhaltsgleich mit Abkommensrecht (zB Art 18 und Haager Unterhaltsabkommen 1973; Art 21 nF und Art 3 MSA; auch Art 26 und Art 1ff HTestFAbk) oder stellen „inkorporierte" Inhalte internationaler Abkommen dar (Art 27–37 und EG-Übereinkommen über das auf internationale Schuldverträge anwendbare Recht vom 19. 6. 1980), so daß in ihrem Anwendungsbereich die in der Praxis vorkommende rechtstechnisch fehlerhafte Anwendung der eigentlich verdrängten lex generalis jedenfalls nicht zu fehlerhaften Rechtsanwendungsergebnissen führen muß.

Staatsvertraglich geschaffene Kollisionsnormen beruhen zu einem großen Teil auf **multilateralen Abkommen**. **11** Mehrseitige Abkommen dieser Art sind vor allem die „**Haager Übereinkommen**", die seit Beginn des Jahrhunderts für Deutschland verbindlich geworden sind (Übersicht über den wesentlichen Stand in IPRax 1987, 65; s für Aktualisierungen seitdem „Fundstellenverzeichnis B 2002 zum BGBl II"; Gesamtübersicht mit aktuellem internationalen Zeichnungs- und Ratifikationsstand Netherlands Int Law Rev 2003, 159–192). Praktisch in Anwendung (gegenüber einzelnen oder mehreren Vertragsstaaten) sind davon das Eheschließungsabkommen vom 12. 6. 1902, das Vormundschaftsabkommen vom 12. 6. 1902, vor allem aber das Minderjährigenschutzabkommen vom 5. 10. 1961, die Unterhaltsabkommen vom 24. 10. 1956 und vom 2. 10. 1973 und das Testamentsformabkommen vom 5. 10. 1961. Weitere multilaterale Abkommen mit IPR-Inhalt, die für Deutschland in Kraft sind, sind zB die Genfer Flüchtlingskonvention vom 28. 7. 1951 und das UN-Übereinkommen über die Rechtsstellung der Staatenlosen vom 28. 9. 1954, auf denen die grundsätzliche kollisionsrechtliche „Inländerbehandlung" des geschützten Personenkreises in persönlichen Angelegenheiten beruht. Eine zunehmende Rolle spielte seit Ende der Sechzigerjahre die **Kollisionsrechtsvereinheitlichung** durch staatsvertragliche Übereinkünfte **zwischen den EG-Staaten**, denen sich zT andere europäische Staaten anschlossen. Kollisionsrechtsvereinheitlichung trifft auf dem Gebiet des internationalen Schuldvertragsrechts durch das EG-Schuldvertragsübereinkommen (Römisches Übereinkommen) vom 19. 6. 1980 erzielt, dessen Erweiterung zu einem IPR des gesamten Schuldrechts für die EU wieder in Arbeit ist („Rom II"). Ergänzende Rechtsvereinheitlichung wurde auf dem Gebiet der internationalen Zuständigkeit, Anerkennung und Vollstreckung durch das Brüsseler Übereinkommen (EuGVÜ) erzielt; als „Parallelabkommen" ist das seinen Anwendungsbereich auf die EFTA-Staaten erstreckende Übereinkommen von Lugano in Kraft (BGBl 1994 II 2660; 1995 II 221). Diese Vereinheitlichung von Teilen des Kollisionsrechts wie des zugehörigen internationalen Verfahrensrechts hat, zT auf der Grundlage besonderer Aktionspläne, kompetenzmäßig auf **Art 65 EGV** (nF) gestützt, inzwischen eine neue Qualität dadurch erlangt, daß die EU vom Mittel der staatlichen Übereinkünfte zur Vereinheitlichung durch unmittelbar anwendbare EG-Rechtsakte übergeht. Für den Bereich der Zuständigkeit und der Anerkennung und Vollstreckung sowie des Beweisaufnahme- und Zustellungsrechts ist dies in **EuGVO, EheVO, EuBVO** und **EuZVO** bereits geschehen, für das Kollisionsrecht (internationales Vertragsrecht, internationales Deliktsrecht, Teile des internationalen Eherechts) laufen in „Rom II" und „Rom III" die diesbezüglichen Arbeiten (s Rz 16).

Einen geringeren Anteil an der Schaffung staatsvertraglicher Kollisionsnormen haben **bilaterale Abkommen**, **12** Staatsverträge Deutschlands mit einzelnen Staaten. Sie sind vereinzelt (noch) auf Einzelgebieten wie dem internationalen Ehe- und Familienrecht oder internationalen Erbrecht in Kraft (Deutsch-Iranisches Niederlassungsabkommen vom 17. 2. 1929; Deutsch-Türkischer Konsularvertrag vom 28. 5. 1929) und finden in den Erläuterungen zu den einschlägigen Artikeln des EGBGB Berücksichtigung.

Staatsvertragliche Kollisionsnormen, die als innerstaatliches deutsches Recht in Kraft gesetzt sind und noch **13** Geltung haben, gehen gemäß Art 3 II den entsprechenden Regeln des allgemeinen IPR (Art 3–46) vor. Bei ihrer Handhabung und Auslegung gelten zT Besonderheiten und Abweichungen im Verhältnis zu den Kollisionsnormen des autonomen IPR. So kann für die Handhabung und Auslegung des in einer Abkommensregel verwandten

Begriffes auch bei Übereinstimmung des Wortlauts der Begriffsinhalt des in der autonomen Regel (der Art 3ff) verwandten Begriffes nicht ohne weiteres zugrundegelegt werden (BGH 52, 216; BGH NJW 1976, 1583). Die Auslegung hat sich vielmehr vom Ziel der einheitlichen Auslegung und Anwendung der Abkommensregel in den Vertragsstaaten leiten zu lassen; die deutsche Praxis hat deshalb für die Auslegung neben dem deutschen Wortlaut ggf den Wortlaut des Abkommens in den offiziellen bzw Originalsprachen, ferner die Materialien des Abkommens sowie vorhandene Rechtspraxis aus anderen Vertragsstaaten heranzuziehen. Anzustreben ist regelmäßig „abkommensautonome" Qualifikation der Anknüpfungs- und Verweisungsbegriffe. Hilfsmittel ist insofern Rechtsvergleichung unter Einbezug von Entstehung und Zwecken des jeweiligen Abkommens (Kropholler Internationales Einheitsrecht § 22 I; Meyer-Sparenberg, Staatsvertragliche Kollisionsnormen [1990]; aus der Rspr BGH 52, 216; 60, 68; EuGH NJW 1988, 3088 mit Anm Gottwald IPRax 1989, 272). Besonderheiten der staatsvertraglichen Kollisionsregeln sind ferner, daß sie grundsätzlich **Sachnormverweisungen** enthalten, Rück- und Weiterverweisung also ausgeschlossen ist, und daß Vorfragen unselbständig angeknüpft werden (s die ausführl Darstellungen insoweit zB bei v Bar/Mankowski² I S 142ff, 680; v Hoffmann⁷ S 10ff; Kropholler⁴ § 32 VI S 224; Siehr S 554).

Kollisionsnormen auf der Grundlage von Staatsverträgen, an denen Deutschland nicht beteiligt ist, oder die für Deutschland (noch) nicht (mehr) in Kraft sind, sind aus deutscher Sicht zu beachten, wenn auf sie als Bestandteil fremden Rechts durch Rück- oder Weiterverweisung verwiesen ist (Jayme FS Beitzke [1979] 541; Kropholler in Völkerrechtlicher Vertrag und Drittstaaten [1988] 105, 109).

14 Die oben erläuterten Grundsätze der abkommensbezogenen Anwendung und Auslegung der Kollisionsnormen gelten auch dort, wo der deutsche Gesetzgeber der Art 3–46 nF Staatsvertragsrecht zur besseren Übersichtlichkeit und im Interesse der leichteren Handhabung des gesamten für Deutschland geltenden Kollisionsrechts in die Kodifikation eingestellt („inkorporiert") hat (Art 18, auch 21 nF, 26, 27–37, s oben Rz 10). Die Streitfrage, ob deshalb diejenigen Artikel, die teils staatsvertraglichen Charakter, teils autonome Herkunft haben (Art 4 III, 6, 12), je nach Anwendungsgebiet unterschiedlich (Pal/Heldrich Einl vor Art 3 Rz 8) oder einheitlich (Pirrung IPVR 110) auszulegen sind, ist iS einheitlicher, an den Abkommenszielen orientierter Auslegung zu entscheiden, um Kollisionsrechtsvereinheitlichung zukünftig näherrücken zu lassen.

15 **3. Gewohnheitsrechtliches IPR.** Soweit – auf staatsvertraglicher oder autonomer Grundlage entstandenes – Gesetzesrecht nicht vorhanden ist, gilt gewohnheitsrechtlich entwickeltes IPR. Dessen Geltungsbereich ist mit der Teilkodifikation und ihrem Ausbau zur heutigen Fassung der Art 3–46 eingeengt worden. Gewohnheitsrecht beherrschte nach 1986 zunächst vor allem noch das Kollisionsrecht der außervertraglichen Schuldverhältnisse, insbesondere den Bereich des internationalen Deliktsrechts sowie das Gesamtgebiet des internationalen Sachenrechts; beide Gebiete sind (seit 1. 6. 1999) jetzt auch kodifiziert worden (Art 38–46 nF). Nicht Gewohnheitsrecht, aber **richterrechtlich geschaffene ungeschriebene Kollisionsregeln** haben in der Zeit ab Ende 1982, als BGH und BVerfG die verfassungswidrigen Kollisionsregeln der Art 17 und 15 aF von weiterer Anwendbarkeit ausgeschlossen hatten (BGH 86, 57; BVerfG 63, 181; 68, 384), wichtige Teilgebiete des internationalen Familienrechts beherrscht. Mit der IPR-Reform von 1986 sind derartige ungeschriebene Regeln in ihrer Bedeutung gesunken. Sie haben aber dort noch Bedeutung, wo über Art 220 das vor dem 1. 9. 1986 geltende IPR zur Anwendung kommt. Gewohnheitsrechtliche Regeln haben (auf der Grundlage der „Sitztheorie") lange Zeit unverändert das besondere und schwierige Teilgebiet **Internationales Gesellschaftsrecht** beherrscht. Dieses Gebiet ist im Umbruch; wesentliche Ursache ist seine Überlagerung durch EG-Recht, dessen Grundfreiheiten der Niederlassungsfreiheit und der Wettbewerbsfreiheit durch den **EuGH** umgesetzt werden; Ergebnis ist zZt die Verdrängung oder auch Eingrenzung überkommenen Gewohnheitsrechtsbestandes und die nur sukzessive Schaffung von Richterrecht, an dessen Stelle in näherer Zukunft ggf auch Verordnungs- oder Richtlinienrecht der EU treten wird (s Rz 16 und Rz 59ff).

16 **4. Nationaler Charakter des IPR.** Das IPR ist trotz seines Namens und trotz der für seine Anwendung vorausgesetzten Auslandsberührung der Sachverhalte bislang im wesentlichen nationales, deutsches Recht. Dem deutschen IPR entsprechen so inhaltlich zT übereinstimmende, zT abweichende Kollisionsrechte ausländischer Staaten (ausführliche Zusammenstellung mit Literatur bei Kegel/Schurig § 5; v Bar/Mankowski² I S 99, 549). Bilaterale und multilaterale **Kollisionsrechtsvereinheitlichung** ist im Anwendungsbereich der Haager und anderen Übereinkommen, dh in Teilbereichen und für wechselnde räumliche Bereiche erfolgt (Rz 10–12). Zu den Vor- und Nachteilen von Kollisionsrechtsvereinheitlichung näher Neuhaus/Kropholler RabelsZ 45 (1981) 85; Kropholler FS Müller-Freienfels (1986) 409; Kötz RabelsZ 50 (1986) 1. **Supranationales Kollisionsrecht**, zB auf der Ebene des europäischen Gemeinschaftsrechts, besteht im Anwendungsbereich des deutschen IPR derzeit (s aber die Vereinheitlichung des Kollisionsrechts der Versicherungsverträge, dazu Art 37 Rz 8 und 9 mwN) nicht. Diese Rechtslage ist indes in stürmischer Wandlung begriffen. Zwar bestehen eigentliche Kollisionsnormen des EG/EU-Rechts, die mit denen des EGBGB kollidieren könnten und dann im Sinne von Art 3 II S 2 Vorrang hätten, derzeit nicht, doch ist mit Art 65 EGV nF die gemeinschaftsrechtliche Zuständigkeit für „justitielle Zusammenarbeit" geschaffen, die sich auch auf die Vereinheitlichung der in den Mitgliedstaaten bestehenden Kollisionsnormen erstreckt. Bedeutung äußert Gemeinschaftsrecht sodann durch seinen Zwang zu gemeinschaftskonformer Auslegung des staatlichen IPR (insbes bei Art 6 – Ordre public –) und durch die insofern wirkende Verbindlichkeit seiner Grundfreiheiten und Grundgebote wie Grundverbote. Festzuhalten ist insofern, daß die zZt geltenden Kollisionsregeln des dt IPR (Art 3–46) nicht im Widerspruch zu diesen „Grundpositionen" des Gemeinschaftsrechts stehen. Vorrangiges Gemeinschaftskollisionsrecht iS von Art 3 II S 2 besteht im heutigen Anwendungsbereich von Art 3–46 nicht. Zum Ganzen s unten Abschnitt VII Rz 59ff. Durch Vereinheitlichung des materiellen Rechts („Einheitsrecht") wird IPR auf dem jeweiligen vereinheitlichten Sektor grundsätzlich entbehrlich (Rz 7) (zu den Grenzen Kropholler RabelsZ 38 [1974] 372, Hartwieg ZHR 138 [1974] 457; Mann FS Vischer [1983] 207), seine Bedeutung erhöht sich dort aber zugleich dadurch, daß nur mit seiner Hilfe Lücken des Einheitsrechts aus dem ansonsten anwendbaren Sachrecht geschlossen werden können (vgl Art 7 II CISG). Seine praktische Bedeutung verliert IPR dort, wo transnational beachtete ungeschriebene Kaufmanns- und Handelsregeln („lex mercatoria") zur Anwendung gebracht werden (vgl Siehr in Internationales Privatrecht, internationales Wirtschaftsrecht [1985] 103).

5. IPR und Verfassung. Als deutsches Recht sind die Kollisionsnormen des deutschen IPR an den Kontroll- 17 maßstäben des GG, insbesondere an den Grundrechten zu messen. Zu diesem heute einheitlich eingenommenen Standpunkt ist das IPR von seiner früher entgegengesetzten Einstellung aus unter dem Eindruck von BVerfG 31, 58ff („Spanierentscheidung") gelangt. Der Verfassungskontrolle zugänglich ist so vor allem die **Auswahl der Anknüpfungspunkte** (BVerfG 31, 58, 73). Gleiches gilt für die innerstaatliche Anwendung staatsvertraglicher Kollisionsnormen (BGH FamRZ 1986, 1200; 1987, 679; s auch Jayme/Meessen, Staatsverträge zum IPR [1975]). **Eingeschränkterer Kontrolle** ist im Einzelfall auch die **Anwendung** des durch die Kollisionsnormen berufenen **ausländischen Rechts** zugänglich (BVerfG 31, 58, 70ff, 72, 77). Sie geschieht nach heute hM durch Anwendung der Vorbehaltsklausel des Art 6 S 2 (ordre public), mit der „stoßende" Ergebnisse vermieden werden können. Über Art 6 S 2 kann insbesondere nach dem Überwiegen des Auslands- bzw Inlandsbezuges des Sachverhalts differenziert werden; bei der Handhabung des Kontrollmaßstabes der Grundrechts gilt, daß seine Reichweite für den Sachverhalt mit Auslandsberührung aus der Verfassung selbst zu entwickeln ist (BVerfG 31, 58, 77; BGH 60, 68, 78).

Die ab 1982 durch die Rspr für verfassungswidrig erklärten Kollisionsnormen des EGBGB aF sind positivrechtlich durch das am 1. 9. 1986 in Kraft getretene IPR-Gesetz (s Rz 9) ersetzt worden. Dessen im Hinblick auf Art 3 II, III GG besonders geprüften Kollisionsnormen werden allgemein als verfassungskonform angesehen; Verfassungsbedenken wurden aber zu Art 220 III geltend gemacht (s Erl Art 15 Rz 51ff) und haben in der Entscheidung des BVerfG v 18. 12. 2002 – 1 BvR 108/96 –, FamRZ 2003, 361 m Anm Henrich S 362 die notwendige Resonanz gefunden (s Art 15 Rz 51ff). Das Problem der Verfassungsmäßigkeit des geltenden deutschen IPR stellt sich hiervon abgesehen heute in der Praxis nicht.

Ein besonderer Aspekt stellt sich, was die Konformität des IPR mit Kontrollmaßstäben angeht, hinsichtlich des 18 Einflusses der EMRK (vgl Engel RabelsZ 53 [1989] 3). Aus den Vorgaben der als einfaches Bundesrecht geltenden EMRK folgen indes für das heute verfassungskonforme dt IPR keine Änderungsnotwendigkeiten.

III. Entstehungsgeschichte des IPR

1. Allgemeines. Die Geschichte des IPR setzt mit den Glossatoren und Kommentatoren (Postglossatoren) im 19 Oberitalien des 13./14. Jhs und der durch sie begründeten **Statutentheorie** ein. Sie hat sich alsbald von Italien über Europa verbreitet und – regelmäßig als nicht unmittelbar geschriebene – Geltung bis in die erste Hälfte des 19. Jhs gehabt. **Savigny's** Lehre vom „Sitz des Rechtsverhältnisses" als dem die Rechtsanwendung bestimmenden Punkt hat die Statutentheorie dann zu ersetzen vermocht. Auf der Grundlage der neuen Lehre und unter Einsatz des jetzt in den Vordergrund gelangten **Staatsangehörigkeitsprinzips** (Mancini) sind dann an der Wende vom 19. zum 20. Jh Kodifikationen des IPR entstanden, in Deutschland die im wesentlichen auf internationales Personen-, Familien- und Erbrecht beschränkte Teilkodifikation des EGBGB idF von 1896/1900. Das deutsche IPR ist auf der Grundlage des EGBGB aF durch Rspr und Rechtswissenschaft kontinuierlich ausgebaut worden. Ergänzend ist das staatsvertragliche IPR hinzugetreten (s Rz 10).

2. Neuregelung des IPR. a) Überblick. Das IPR des EGBGB aF ist bis 1982 auf den beim Inkrafttreten des 20 BGB geschaffenen Grundlagen gehalten und entwickelt worden. Dringend reformbedürftig wurde das EGBGB, als die Verfassungswidrigkeit seiner auf dem Vorrang des Mannesrechts beruhenden Kollisionsnormen (Art 15, 17 aF) erkannt und von der Rspr ausgesprochen wurde (BVerfG 63, 181 zu Art 15 I aF, BVerfG 68, 384 zu Art 17 I aF). Die Notwendigkeit gleichheitssatzkonformer Neuregelung bewirkte dann gesetzgeberisches Tätigwerden, bei dem bereits vorhandene Gesetzgebungsvorschläge aufgegriffen und schließlich im Gesetz zur Neuregelung des internationalen Privatrechts vom 24. 7. 1986 (BGBl I 1142) die Art 3–38 EGBGB damaliger Fassung neu gefaßt wurden.

b) Reformvorschläge. Seit 1962 wurden vom **Deutschen Rat für IPR** sukzessive Reformvorschläge für die 21 einzelnen Teilgebiete des IPR erarbeitet: vgl die Vorschläge und Gutachten zur Reform des deutschen internationalen Eherechts (1962), des deutschen internationalen Kindschafts-, Vormundschafts- und Pflegschaftsrechts (1966), des deutschen internationalen Erbrechts (1969) und des deutschen internationalen Personen- und Sachenrechts (1972). Eine zweite, überarbeitete Serie hat sich mit den Vorschlägen und Gutachten zur Reform des deutschen internationalen Personen-, Familien- und Erbrechts (1981) und den Vorschlägen und Gutachten zur Reform des deutschen IPR der außervertraglichen Schuldverhältnisse (1983) angeschlossen. Zu den Grundmaterialien gehören außerdem der von Kühne im Auftrag des BMJ erarbeitete IPR-Gesetzentwurf von 1980 (dazu Baer ZBlJugR 1980, 676; FamRZ 1981, 117; Wengler JR 1981, 268; E Lorenz ZRP 1982, 148; s ferner Stellungnahme des Dt Instituts für Vormundschaftswesen DAVorm 1980, 585; Stellungnahme des Bundesverbandes der Dt Standesbeamten StAZ 1981, 165) und der „Gegenentwurf" des Max-Planck-Instituts für ausl und int Privatrecht RabelsZ 44 (1980) 326; s ferner Dopffel/Drobnig/Siehr, Reform des dt IPR (1980). Kritische Würdigung bei Flessner, Interessenjurisprudenz im IPR (1990) 36.

c) Gesetzgebungsverfahren. Ein auf der Grundlage der eben genannten Materialien erarbeiteter **Entwurf** 22 **eines Gesetzes zur Neuregelung des IPR** wurde von der **Bundesregierung** am 20. 10. 1983 zusammen mit einer Stellungnahme des Bundesrats und einer Gegenäußerung der Bundesregierung am 20. 10. 1983 dem Bundestag zugeleitet (BT-Drucks 10/504). Unter dem Eindruck der Diskussion und Kritik in der Fachöffentlichkeit (vgl Stellungnahme des Max-Planck-Instituts für ausl und int Privatrecht RabelsZ 47 [1983] 595; Beitzke DAVorm 1983, 163; Stellungnahme des BV der dt Standesbeamten StAZ 1984, 744; Lausanner Kolloquium über den dt und den schweiz Gesetzentwurf zur Neuregelung des IPR [1984]; Geimer Sonderheft DNotZ 1985, 102; Grasmann FS Neumayer [1985] 249; Henrich in Internationales Privatrecht, internationales Wirtschaftsrecht [1985] 339; Kühne

StAZ 1984, 3; Otto StAZ 1984, 29; Schwimann JuS 1984, 14; Sturm FamRZ 1984, 744) erfolgten im Rahmen der Beratungen des Bundestags-Rechtsausschusses beträchtliche Abänderungen (s Beschlußempfehlung im Bericht vom 9. 6. 1986, BT-Drucks 10/5632). Die vom Rechtsausschuß formulierte Fassung wurde dann vom Bundestag am 25. 7. 1986 verabschiedet und zum 1. 9. 1986 in Kraft gesetzt (zur Gesetzgebung Pirrung IPVR 82; Böhmer RabelsZ 50 [1986] 647). Diese Art 3–38 sind in der Folgezeit verschiedenen Veränderungen unterzogen worden, die sich aus der Reform von Teilgebieten insbesondere des Familienrechts ergeben haben (Art 10, 19–21, dazu schon oben Rz 9). Die Ergänzung der Teilkodifikation um die zum 1. 6. 1999 in Kraft gesetzten Art 38–46 nF (IPR der außervertraglichen Schuldverhältnisse, internationales Sachenrecht, s Rz 9) entspricht weit zurückreichender, immer wieder zurückgestellter und 1999 schließlich umgesetzter Gesetzgebungsplanung (dazu Wagner IPRax 1999, 210; Spickhoff IPRax 2000, 1ff). Zur Ergänzung des Regelbestandes um Art 17a, 17b und 29a s oben Rz 9 aE.

23 Zum Gesetzeswerk der IPR-Reform von 1986 gehören ebenfalls die auch am 25. 7. 1986 verabschiedeten **Vertragsgesetze** zum EG-Schuldvertragsübereinkommen vom 19. 6. 1980 (BGBl 1986 II 809; dazu BT-Drucks 10/503) und zu dem Haager Übereinkommen über die Anerkennung und Vollstreckung von Unterhaltsentscheidungen vom 2. 10. 1973 sowie zu dem Haager Übereinkommen über das auf Unterhaltspflichten anzuwendende Recht vom 2. 10. 1973 (BGBl 1986 II 825; dazu BT-Drucks 10/258) sowie das Ausführungsgesetz zum Unterhaltsvollstreckungsübereinkommen (BGBl 1986 I 1156). Der materielle Inhalt des EG-Schuldvertragsübereinkommens ist abweichend von einer Empfehlung der EG-Kommission vom 15. 1. 1985 (IPRax 1985, 178) nicht auf dem üblichen Weg zu innerstaatlichem Recht transformiert, sondern in die Art 3–38 damaliger Fassung „inkorporiert" worden (s Rz 14); zur Problematik dieser Inkorporation vgl Max-Planck-Institut für ausl und int Privatrecht RabelsZ 47 (1983) 595, 602; v Hoffmann IPRax 1984, 10; Beitzke RabelsZ 48 (1984) 623, 637; Kohler EuR 1984, 155; Nolte IPRax 1985, 71; Matscher/Siehr/Delbrück Multilaterale Staatsverträge erga omnes und deren Inkorporation in nationale IPR-Kodifikationen (1986).

d) Grundzüge und Würdigung der Reform

Schrifttum: *Basedow*, NJW 1986, 2971; *Bernhardt*, DB 1986, 2009; *Dörner*, StAZ 1990, 1; *Hohloch*, JuS 1989, 81; *Kegel*, Rpfleger 1987, 1; *Koch*, JZ 1986, 1102; *Lichtenberger*, DNotZ 1986, 644; *Lüderitz*, FS Kegel (1987) 343; *ders*, FS Rechtswiss Fakultät Köln (1988) 271, 272; *Siehr*, FS v Overbeck (1990) 205; *Wengler*, RabelsZ 53 (1989) 409.

24 Das seit 1986 geltende reformierte IPR zunächst der Art 3–38, dann der Art 3–46 steht in mehrerer Hinsicht in der Tradition des überlieferten deutschen Kollisionsrechts. Wie das EGBGB aF enthielten auch die 1986 neugefaßten Art 3–38 lediglich eine **Teilkodifikation** des IPR. Die allgemeinen Anknüpfungsregeln sind nur vereinzelt kodifiziert, es fehlte die Aufnahme von Regelungen für Vorfragen, Qualifikation und Angleichung. Der Besondere Teil war ebenfalls unvollständig. Es fehlte das internationale Sachenrecht und weithin (bis auf Art 38) das IPR der außervertraglichen Schuldverhältnisse, es fehlt nach wie vor außerdem eine Regelung des internationalen Gesellschafts- und Konzernrechts (krit Stoll IPRax 1984, 1, 4). Die Lücke im Bereich von Schuld- und Sachenrecht ist am 1. 6. 1999 (Art 38–46 nF) geschlossen worden (s Rz 15), ein gesetzliches IPR des Gesellschafts- und Konzernrechts wird es aber allenfalls als EU-IPR geben (s Rz 16 und Rz 59ff). Die Tradition ist auch durch den **Standort** weitergeführt, die Neuregelung entspricht in der Artikelfolge weithin dem alten Recht. **Systematisch** verwirklicht das neue Recht auf der Grundlage der vor der Reform schon geltenden Praxis (zum EGBGB aF s Rz 4) das Prinzip des auf **allseitigen Kollisionsnormen** beruhenden, die Anwendbarkeit jedes beliebigen Rechts regelnden IPR. Zur **Inkorporation** allseits anwendbarer staatsvertraglicher Kollisionsnormen s schon Rz 23. Im Einklang mit der im deutschen Recht zuvor schon geltenden Dogmatik sind die von den Kollisionsnormen ausgesprochenen Verweisungen grundsätzlich **Gesamtnormverweisungen**; Sachnormverweisungen finden sich vor allem bei den inkorporierten und den Abkommensrecht angegliederten Kollisionsregeln, ansonsten dort, wo qualifizierte oder alternative Anknüpfungen zugrunde liegen (zB Art 40 I S 2; dazu Erl Art 4 Rz 11ff). Die Anknüpfungen haben die überkommenen Anknüpfungsprinzipien grundsätzlich bewahrt.

25 Im Bereich des Personalstatuts wirkt so in erster Linie das **Staatsangehörigkeitsprinzip**. In der Auseinandersetzung mit dem **Domizilprinzip** während des Gesetzgebungsverfahrens (s den „Gegenentwurf" des Max-Planck-Instituts, oben Rz 21) ist dem Staatsangehörigkeitsprinzip grundsätzlich der Vorzug gegeben worden. Dem Staatsangehörigkeitsprinzip gebührt dieser grundsätzliche Vorzug bislang jedenfalls, weil damit der Bereich der persönlichen Sphäre und Existenz dem Recht des Staates zugeordnet wird, dem eine Person regelmäßig am engsten und auf größtmögliche Dauer verbunden ist („Heimatrecht"). Ein Anwendungsvorteil dieses **Heimatrechts** ist seine in der Regel leichte Feststellbarkeit. Nachteile ergeben sich hingegen in der Praxis aus der häufigen Schwierigkeit, die Inhalte des fremden Rechts verläßlich genug festzustellen. Bei Personen, die kraft der darüber entscheidenden nationalen Staatsangehörigkeitsrechte zwei oder mehr Staatsangehörigkeiten aufweisen (eine nach der Reform des dt Staatsangehörigkeitsrechts – §§ 3, 4, 7 StAG nF – demnächst deutlich steigende Zahl), entscheidet internationalprivatrechtlich die **effektive** Staatsangehörigkeit (Art 5 I S 1). Im Interesse der Durchsetzung der deutschen Staatsangehörigkeit **und des Heimatschutzprinzips** setzt sich bei Zusammentreffen der deutschen mit anderen Staatsangehörigkeiten die deutsche Staatsangehörigkeit stets durch (Art 5 I S 2 Vorrangprinzip).

26 Im internationalen Eherecht ist das Staatsangehörigkeitsprinzip durch die Gleichheitsanforderungen von Art 3 GG auf die Anknüpfung an die **gemeinsame** Staatsangehörigkeit eingeschränkt. Versagt es, wie vor allem bei Rechtsverhältnissen der Fall ist, an denen mehrere Personen mit verschiedener Staatsangehörigkeit gleichgewichtig beteiligt sind, dann tritt an seine Stelle die Anknüpfung an den **gewöhnlichen Aufenthalt**. Der gewöhnliche Aufenthalt wirkt in Fällen solcher Art als „Anknüpfung zweiter Stufe", als Auffanganknüpfung. Das EGBGB nF hat dieses Prinzip der gestuften bzw gestaffelten Anknüpfung dann als sog **„Leiterprinzip"** weiter ausgebaut; es beherzigt im insofern als Grundsatznorm wirkenden Art 14 I auf den ersten Stufen die Staatsangehörigkeit, auf höheren Stufen den gewöhnlichen und schlichten Aufenthalt, um dann bei der „Auffangklausel" der Maßgeblichkeit des Rechts der engsten Beziehung zu enden. Als erstrangiger Anknüpfungspunkt wirkt der gewöhnliche Aufenthalt hingegen dort, wo der Maßgeblichkeit des „Umweltrechts" einer Person der Vorzug gegeben wird. Dies ist bei den Wirkungen familienrechtlicher Verhältnisse der Fall, hat seine Bedeutung aber auch bei der Anknüpfung von Verträgen (Art 29) oder der Regulierung von Unfallschäden (s Art 40 II nF). Als Ergänzung des Staatsangehörigkeitsprinzips wie des Aufenthaltsprinzips wirkt vor allem im **Kindschaftsrecht**, aber auch zB in Art 40 I S 1 u 2 nF das **Günstigkeitsprinzip**. Im Kindesinteresse wie im generellen Interesse an der Erzielung eines bestimmten, günstiger eingeschätzten Ergebnisses ist **alternative Anknüpfung** an verschiedene in Betracht kommende Rechtsordnungen vorgesehen (vgl Art 19 I, 20 nF).

Gegenüber der Vergangenheit gewonnen hat im EGBGB nF schließlich die Anknüpfung an den **Parteiwillen**, 27 die **parteiautonome Rechtswahl**. Nach wie vor ist sie Primäranknüpfung im Schuldvertragsrecht, eingeschränkte Zulassung hat sie als Neuerung aber auch für die Bildung des **Familienstatuts** (Art 14 III) und des **Erbstatuts** (Art 25 II) sowie (in Art 42, 46 nF) auch für die Bildung des Delikts- und Sachstatuts erhalten.

Die inzwischen mehrjährige Praxis zum neuen IPR zeigt, daß die Regeln des neuen Rechts ihre Bewährungsprobe 28 bestanden haben (vgl Hohloch JuS 1989, 81). Sie haben einmal die Verfassungsbedenken gegen das alte IPR ausräumen können, in der Anwendung des verbreitet eingeführten **Leiterprinzips** lassen sich zudem praktikable und den Interessen materialer Gerechtigkeit Rechnung tragende Ergebnisse erzielen. Einwände lassen sich freilich nach wie vor aus der Notwendigkeit begründen, wegen der Geltung des Staatsangehörigkeitsprinzips und des Zustroms von Angehörigen fremder Staaten in der gerichtlichen und standesamtlichen Praxis in hohem Umfang fremdes, häufig wenig bekanntes Recht zur Anwendung bringen zu müssen. Diese Einwände werden sich in der Zukunft noch verstärken. Es müssen deshalb – zumindest im Verhältnis zwischen den eine Staatengemeinschaft besonderer Prägung bildenden **Mitgliedstaaten der EU** – Kollisionsregeln bedacht und in Kraft gesetzt werden, die die Staatsangehörigkeitsanknüpfung in den Hintergrund treten und **Rechtswahl** wie **gewöhnlichen Aufenthalt** die ersten Plätze einnehmen lassen (s Vorüberlegungen zB bei Hohloch, FS Stoll [2001] 533ff; Henrich, ebenda S 437ff).

IV. Grundzüge des geltenden IPR

1. Anknüpfungsgrundregeln

Die dem „neuen" IPR der Art 3–46 zugrundeliegenden Anknüpfungen sind weithin Anknüpfungen, die im frü- 29 heren IPR schon ausgeformt worden sind. Die Anknüpfung an die Staatsangehörigkeit, den gewöhnlichen Aufenthalt, den Tatort oder Belegenheitsort wie auch die Anerkennung der parteiautonomen Rechtswahl sind spätestens im 19. Jh auf der Grundlage des Savigny'schen Kollisionsrechtsverständnisses praktisch benutzt und dann Grundlage des EGBGB aF geworden. Verändert hat sich durch die Reform insoweit im Verhältnis zum früheren Recht nur die Gewichtung der einzelnen Anknüpfungspunkte und damit der Umfang des jeweiligen **Anknüpfungsgegenstandes**, dh des Anwendungsbereichs der auf dem jeweiligen **Anknüpfungspunkt** bzw **-moment** beruhenden Kollisionsnormen. Mit der Auswahl der Anknüpfungspunkte (Staatsangehörigkeit, Tatort . . .) ist in der Linie der klassischen IPR-Tradition bezweckt, das der Eigenart des Anknüpfungsgegenstandes generell am besten **räumlich entsprechende nationale Recht** zuzuordnen. Anknüpfungsgrundregel, die in den Ausweich- bzw Auffangklauseln des neuen Rechts durchscheint, ist so die Maßgeblichkeit des **Rechts der engsten Beziehungen** des Sachverhalts. Dort, wo solche „engsten Beziehungen" zu einer einzigen Rechtsordnung vom Gesetz oder der zu Gewohnheitsrecht gewordenen Gerichtspraxis nicht eindeutig festgelegt werden können, beruhen die Kollisionsnormen auch gerne auf dem Prinzip „alternativer Anknüpfung", das zur Auswahl unter mehreren sich anbietenden Rechtsordnungen führt. Die Auswahl wird dann (jedenfalls im deutschen IPR) nach dem sog „Günstigkeitsprinzip" getroffen (so zB in Art 11 I, 19 I nF, 20 S 1 nF, 26 I oder bei der Abwägung zwischen dem Handlungsort und dem Erfolgsort innerhalb der Tatortregel, Art 40 I nF). Alternative Anknüpfung nach dem Günstigkeitsprinzip ist nicht zu verwechseln mit dem in der Neukodifikation verstärkt und bevorzugt zur Geltung gekommenen „Leiterprinzip". Letzteres bringt verschiedene Rechtsordnungen nur in ein Stufenverhältnis und ändert am grundsätzlichen Vorrang der Primäranknüpfung vor den nachrangigen Sekundär-, Tertiär- und sonstigen Anknüpfungen nichts (vgl Art 14 I Nr 1–3: „Kegelsche Leiter").

Mit der gewählten Anknüpfungstechnik, den grundsätzlich konkret bestimmten Anknüpfungspunkten und den 30 fest umrissenen Anknüpfungsgegenständen liegt dem IPR der Neukodifikation eine gemäßigt moderne Konzeption zugrunde. Leiterprinzip und Alternativanknüpfung lassen das Anknüpfungssystem beweglicher erscheinen, als es das System der abgelösten Gesetzesfassung war. Dies gilt gewiß für den gesetzlich geregelten Bereich, insbesondere das internationale Familien- und Schuldvertragsrecht. Zu ähnlicher Beweglichkeit ist das internationale Deliktsrecht mit der jetzt Gesetz gewordenen „Auflockerung" bzw Aufgliederung des Deliktsstatuts (Art 40 II, 41, 42 nF) gelangt. Insgesamt betrachtet folgt das Gesetz damit dem Bestreben, das Recht der räumlich **engsten Beziehungen**, das Recht der **bezeichnendsten Kontakte** zur Anwendung zu bringen. Damit steht es einerseits in der Tradition des kontinentaleuropäischen IPR, andererseits hat es damit auch den Bezug zur gemäßigt modernen IPR-Theorie der USA nicht abgelehnt. Nur versteckte Teilaufnahme haben hingegen jene ab ca 1950 in den USA entwickelten und ab ca 1960 auch in der europäischen IPR-Dogmatik virulent gewordenen wissenschaftlichen Strömungen gefunden, die als „better-law-doctrine" oder „Interessenanalyse" im Kern der Befürwortung stärkerer Berücksichtigung der lex fori enthielten. Das Gesetz hat im Interesse **rechtssicherer** Anknüpfung die **Atomisierung** der Anknüpfung **vermieden**; grundsätzlich ist auch nicht das „inhaltlich bessere" Recht, sondern nur das räumlich bessere Recht berufen. Gewisse Bevorzugung des für den Verletzten, Anspruchsteller oder sonst zu Schützenden „günstigeren Rechts" im Anwendungsbereich der Alternativanknüpfung und des Verbraucherschutzes (Art 29, 29a) weist aber doch in jene Richtung und gibt dem sonst eher „technischen" Kollisionsrecht die Möglichkeit zur Aufnahme und Berücksichtigung sozialer Komponenten.

31 Die auch das neue IPR kennzeichnende Vorherrschaft des Staatsangehörigkeitsprinzips im Bereich des Personalstatuts bildet eine weitere Brücke zum überkommenen Kollisionsrecht. Das Recht der Staatsangehörigkeit ist sicherlich auch in der heutigen Zeit und im heutigen Kontinentaleuropa noch eine passende und durch EU-Gemeinschaftsrecht nicht verbotene Anknüpfungsgrundlage für den Gesamtbereich der langdauernden persönlichen Beziehungen, doch erzwingt es in der Praxis eine von den Praxis nicht immer zu bewältigende umfangreiche Ermittlungstätigkeit hinsichtlich des zur Anwendung berufenen fremden Rechts. Versuche, den Gesetzgeber im Verlauf der Reformarbeiten zu bemerkenswerter Einschränkung des Staatsangehörigkeitsprinzips und zur Bevorzugung einer Domizilanknüpfung zu veranlassen, sind nicht immer von Erfolg gekrönt worden. Durchbrochen worden ist die Vorherrschaft des Staatsangehörigkeitsprinzips jedoch trotzdem in einem für die Rechtsanwendungspraxis wesentlichen Umfang überall dort, wo das Staatsangehörigkeitsprinzip wegen der unterschiedlichen Nationalität der „Anknüpfungsbetroffenen" und der Notwendigkeit verfassungskonformer (Art 3 II, III GG) Anknüpfung unter Einwirkung des Leiterprinzips der einfacheren, an sich nur subsidiär vorhandenen Domizilanknüpfung weichen muß (vgl Art 14 I Nr 2), ebenso dort, wo es um die Maßgeblichkeit des „Umweltrechts" einer Person geht (zB Art 18, 21, 24, 40 II).

2. Anknüpfungszeitpunkte, Wandelbarkeit und Unwandelbarkeit des Statuts, Statutenwechsel

32 Die für die Anknüpfung maßgeblichen Anknüpfungspunkte sind bei zeitlich festgelegten Ereignissen (zB Unfall, Vertragsschluß, Eheschließung) ohne weiteres fixiert. Es gilt das im Zeitpunkt des Ereignisses bestehende Statut (zB Art 13 I, die im Zeitpunkt der Eheschließung vorhandene Staatsangehörigkeit), bzw das durch das Ereignis bewirkte Statut (Tatortrecht als Deliktsstatut). In vielen anderen Fällen können die Anknüpfungspunkte einem Wechsel unterworfen sein; wechselt dann auch die internationalprivatrechtliche Anknüpfung, ist die Anknüpfung und das Statut „wandelbar". Wandelbarkeit des Statuts besteht so dort, wo mit der Wandlung des Anknüpfungsmomentes auch das anwendbare Recht wechselt. Regelmäßig ergibt sich das bei Wechsel der Staatsangehörigkeit, des gewöhnlichen Aufenthaltsortes bzw des Verwaltungssitzes einer juristischen Person und bei der Verbringung einer Sache aus einer Rechtsordnung in eine andere. Führt der Wechsel im Anknüpfungspunkt zu einer Änderung der maßgeblichen Rechtsordnung, liegt sog „Statutenwechsel" vor (zB Art 21 nF: Aufenthaltswechsel des Kindes). Der **Statutenwechsel** hat zur grundsätzlichen Folge, daß nunmehr (ex nunc) das neue Recht über den fraglichen Anknüpfungsgegenstand befindet (zB Art 21 nF: das neue Recht befindet ex nunc über den Inhalt der Eltern-Kind-Beziehung). Im Zweifel aber nicht berührt werden durch den Statutenwechsel sog im Zeitpunkt des Wechsels bereits „wohlerworbene Rechte", bereits feststehende subjektive Rechte und Rechtsbildungen. In ihrem Inhalt sind sie ab dem Statutenwechsel indes grundsätzlich durch das neue Recht geprägt (vgl Art 43 nF). Um den Grundsatz des Bestandsschutzes herum gruppieren sich jedoch eine Fülle von abweichenden Einzellösungen für Einzelaspekte. Die Schwerpunkte liegen im internationalen Sachenrecht (Fälle des einfachen Statutenwechsels, res in transitu) und im internationalen Familienrecht, doch findet sich der Statutenwechsel mit seinen Folgeproblemen ebenso im Personen-, Vertrags-, Delikts- und Erbrecht. Für seine Auswirkungen ist deshalb auf die Erläuterungen zu den einzelnen Artikeln des Besonderen Teils und die den einzelnen Sachgebieten gewidmeten Abschnitte zu verweisen.

33 In der Minderzahl der Anknüpfungsprobleme ist die Anknüpfung und das Statut hingegen **unwandelbar** (zB Art 15 I, Güterstatut bestimmt durch Familienstatut im Zeitpunkt der Eingehung der Ehe). Unwandelbar ist das Statut dann, wenn ein stabiles, durch Änderungen in der Frage der Anwendbarkeit des Rechts nach Möglichkeit nicht zu störendes Dauerverhältnis in Rede steht, bei dem eine Statutenänderung zu tiefgreifenden und unerwünschten Umschichtungen der Rechtsbeziehung führen könnte. Unwandelbarkeit bedeutet freilich nur, daß das Statut definitiv festgelegt ist. Alle Wandlungen des Inhalts des damit als anwendbar feststehenden Rechts sind nach Maßgabe der intertemporalen Regeln des berufenen Rechts zu beachten. Bei Gesamtverweisungen gilt das insbesondere auch für Rechtsänderungen im IPR des aus deutscher Sicht anwendbaren Rechts. Das Prinzip „unwandelbarer Anknüpfung" ist kein unerschütterliches Dogma des deutschen IPR. Es steht auf dem Prüfstand der Gemeinschaftsverträglichkeit in der EU; bei wachsender internationaler Mobilität erheblicher Teile der Bevölkerung kann es auch im Güterrecht weichen. Andere Rechtsordnungen innerhalb der EU und des sonstigen Europas kennen es zT allenfalls eingeschränkt, so daß es eine Rechtsvereinheitlichung nicht unbeeinträchtigt überdauern dürfte.

34 Zu trennen von der bloßen „Unwandelbarkeit" des Statuts ist dann die **Versteinerung** des Statuts. Ein versteinertes Statut kommt zur Anwendung, wenn es in seinem Ursprungsland nicht mehr, auch nicht auf sog Altfälle, angewandt wird, also totes Recht ist, außerhalb seines Herkunftslandes aber über eine Kollisionsregel noch zur Regelung aktueller Fälle ausnahmsweise herangezogen wird. Die Versteinerungslehre hat im deutschen IPR Bedeutung im ehelichen Güterrecht der Nachkriegszeit erhalten. In ihrer Anwendung hat die Rspr bei Ehegatten aus Ostländern mit inländischem Aufenthalt und uU inzwischen deutschem Personalstatut den Güterstand und seine rechtliche Regelung im Lichte des Art 15 I aF nach Maßgabe des im Ursprungsland inzwischen überrollten alten Rechtszustandes betrachtet (vgl BGH 40, 32, 35 – interlokal; Bamberg IPRspr 1962/63 Nr 90 – Polen; LG Ulm IPRsp 1964/65 Nr 104 – Ungarn; Hamm IPRsp 1976 Nr 42 – Rumänien; s ferner Staud/v Bar[10/11] Art 15 Rz 42; Silberberg RabelsZ 36 [1972] 526, 540), um den dem Güterstatut unwandelbar Unterworfenen unliebsame, vor dem Hintergrund des deutschen ordre public uU bedenkliche Veränderungen ihres Güterrechts zu ersparen. Die Versteinerungslehre ist in einer Ausnahmesituation entwickelt worden und muß als Ausnahme betrachtet werden. Sie paßt dogmatisch in den Zusammenhang des ordre public (s Art 6 Rz 36 und Art 15 Rz 4; grundsätzlich ebenso v Bar IPR I Rz 319; zur Bedeutung bei zeitgenössischen Fällen von Staatsverfall, Bürgerkrieg und innerem Chaos Hohloch BerDGesVR 34 [1996] 87–133).

3. Verweisung

35 Die Kollisionsnormen des IPR sprechen nach Maßgabe der jeweils angenommenen Anknüpfung Verweisungen auf das als maßgeblich erachtete Recht aus. Solche Verweisungen können sich als **„Gesamtverweisung"** oder

"Kollisionsrechtsverweisung" auf das gesamte für anwendbar erklärte (fremde) Recht darstellen (Art 4 I S 1). Da wegen der „Auslandsberührung" des Sachverhalts, die auch aus der Sicht des fremden Rechts vorliegt, dann auch dessen IPR von der Verweisung ergriffen wird, ist zunächst dessen kollisionsrechtliche Entscheidung über den Sachverhalt abzuwarten. Entspricht die Anknüpfung des fremden IPR inhaltlich der des deutschen IPR, dann wird die Verweisung regelmäßig **angenommen**, so daß das anwendbare materielle Recht (Sachrecht) grundsätzlich feststeht. Weicht indes die Anknüpfung des fremden IPR von der Anknüpfung der verweisenden deutschen Kollisionsnorm inhaltlich ab, so kann ein **Renvoi** in der Form der **Rückverweisung** auf das deutsche Recht oder der **Weiterverweisung** auf ein drittes Recht die Folge sein. Da das neue deutsche IPR die von ihm ausgesprochene Verweisung **grundsätzlich** als **Gesamtverweisung** betrachtet (Art 4 I S 1), ist der Renvoi in der Form der Rück- wie der Weiterverweisung grundsätzlich zu beachten. Führt der Renvoi zum deutschen Recht zurück, direkt oder über den Umweg der Weiterverweisung, wird an dieser Stelle **abgebrochen** und deutsches Sachrecht angewandt. Bezweckt wird mit diesem System ein grundsätzlicher „internationaler Entscheidungseinklang". Formal eine Ausnahme zur Gesamtverweisung bildet heute die **Sachnormverweisung** (Art 3 I S 2, 4 I S 1 Hs 2). Praktisch ist sie gleichwohl durchaus verbreitet, da das EGBGB die ausgesprochenen Verweisungen mehrfach als Sachnormverweisungen ausgeformt hat (Art 18, 26, 35) und Verweisungen in staatsvertraglichen Kollisionsnormen in der Regel nur auf die Sachvorschriften der berufenen Rechtsordnung verweisen. Sachnormverweisungen liegen ferner dann vor, wenn die deutsche Kollisionsnorm ausdrücklich auf deutsches Recht (vgl Art 8, 9 S 2, 10 II Nr 2, 13 III, III S 1, 17 I S 2, III S 2, 18 II, V, 23 S 2, 25 II) oder unmittelbar auf Sacherfordernisse des maßgeblichen Rechts verweist (Art 11 II, 14 IV, 15 III, 23 S 1, 24 III).

Das Verweisungssystem des deutschen IPR und sein Prinzip der Gesamtverweisung ist auf das kontinentaleuropäisch geprägte, systematisch entsprechende IPR anderer Rechtsordnungen zugeschnitten. Vor allem die Rechte des angloamerikanischen Rechtskreises (Großbritannien, USA, Kanada, Südafrika, Australien, Neuseeland ua) gehen demgegenüber zT andere Wege. Sie halten für Teilgebiete des Privatrechts, insbesondere das praktisch bedeutsame Ehe- und Kindschaftsrecht, uU keine eigentlichen Kollisionsregeln vorrätig, sondern regeln sie Rechtsanwendung über die Zuständigkeit. Wird eigene Zuständigkeit („jurisdiction") bejaht, wird die lex fori auch in der Sache angewandt. Wird eigene Zuständigkeit verneint, fehlt konsequent eine Rechtsanwendungsregel. Im Zusammenspiel des deutschen IPR mit solchen Rechtsordnungen wird die Bejahung der Zuständigkeit durch das Recht des Staates, auf das die deutsche Kollisionsnorm verweist, als Annahme der Verweisung ausgedeutet, so daß das fremde Sachrecht zur Anwendung kommen kann. Verneint hingegen das Recht, auf das aus deutscher Sicht verwiesen wird, seine Zuständigkeit völlig, um den Fall einer fremden „jurisdiction" zu überlassen, so liegt iS der hier hM eine **versteckte Rückverweisung** oder **versteckte Weiterverweisung** vor, die ebenso wie der echte Renvoi beachtet wird (s Erl Art 4 Rz 6; für die Scheidung als praktisch bedeutsamsten Vorkommensbereich s Erl Art 17 Rz 6). 36

Zu beachten ist bei der Handhabung der deutschen Verweisungsregeln schließlich, daß das Prinzip der Gesamtverweisung und des Renvoi nicht in allen Nachbarstaaten, mit denen sich große Teile des IPR-Verkehrs abspielen, gleichermaßen anerkannt ist. Das IPR Italiens lehnte zB bis zu seiner 1995/96 erfolgten Neuregelung Gesamtverweisung und Renvoi grundsätzlich ab. Bedeutsam sind diese Unterschiede der Verweisungsregeln insbesondere bei der **Weiterverweisung**. Versteht sich die Weiterverweisung einer Rechtsordnung, in die vom deutschen oder von einem anderen Recht, auf das die deutsche Verweisung gezeigt hatte, verwiesen worden ist, als Sachnormverweisung, so ist dem auch dann zu folgen, wenn eine solche Verweisung aus der Sicht des deutschen IPR Gesamtverweisung ist (s näher Erl Art 4 Rz 9). 37

4. Qualifikation

Schrifttum: Heyn, Die „Doppel"- und „Mehrfachqualifikation" im IPR (1986); *Mistelis,* Charakterisierungen und Qualifikation im internationalen Privatrecht (1999); *Weber,* Die Theorie der Qualifikation (1986).

a) **Grundsätze.** Als Teil des deutschen Rechts definieren die deutschen Kollisionsnormen ihren Anwendungsbereich mit Begriffen, die auch im deutschen materiellen Privatrecht verwendet werden (s zB Rechts- und Geschäftsfähigkeit, Name, Eheschließung, Scheidung, Unterhalt). Anwendungsbereich und Abgrenzung der Kollisionsnormen untereinander sind bedingt durch Bedeutung und begriffliches Verständnis sowohl dieser Anknüpfungsgegenstände als auch der in den Kollisionsnormen verwandten Anknüpfungsmomente. Da die deutschen Kollisionsnormen Teil der deutschen Rechtsordnung sind, sind für die Definition ihres Inhaltes und Anwendungsbereiches grundsätzlich das deutsche Recht, seine Begriffswelt und seine Auslegungsmittel maßgeblich. Daraus rechtfertigt sich der Lehrsatz der hM, daß **die Qualifikation nach der lex fori erfolgt** (vgl aus der Rspr BGH 29, 137, 139; 44, 121, 124; 47, 324; aus neuerer Zeit – mit unveränderter Aussage zB BGH NJW 1993, 2305, 2306; NJW 1996, 1411, 1412; aus der Lit zB v Bar/Mankowski[2] I S 636ff; Kropholler[4] § 16 I; Siehr, Das IPR der Schweiz [2002] 522ff). 38

Dieser lex fori-Qualifikation durch die hM werden gemeinhin als abweichende Auffassungen die Theorie der **Qualifikation** nach der **lex causae** (Martin Wolff, Internationales Privatrecht 3 [1954] 54ff) und die Theorie der „**autonomen rechtsvergleichenden Qualifikation**" (E Rabel RabelsZ 5 [1931] 241) gegenübergestellt. Eine scharfe Unterscheidung dieser „Theorien" wird heute nicht mehr angebracht, da die hM bei der praktischen Handhabung der Qualifikation nach der lex fori eine weithin und gerade im kritischen Fall autonome, IPR-gemäße Qualifikation vornimmt, in der zwar die Begriffswelt der lex fori notwendig und richtigerweise dominiert, Elemente der in Betracht kommenden ausländischen Sachnormen aber Einbeziehung und Verwertung finden und fremde Rechtsinstitute durch Rechtsvergleichung ihre adäquate Zuordnung zur passenden deutschen Kollisionsnorm finden. Von Qualifikation auf dem Boden der lex fori ist deshalb mit verschiedenen Maßgaben auszugehen: Die kollisionsrechtlich verwandten Begriffe sind entsprechend ihrer kollisionsrechtlichen Funktion, auch ausländi- 39 sche Regeln zu erfassen, in der Regel von weiterem Bedeutungsgehalt als die wortgleichen Begriffe des deutschen Sachrechts (BGH 47, 324, 336). Sind Rechtsinstitute des fremden Rechts zu qualifizieren, dh den deutschen Kollisionsnormen zuzuordnen, so ist der materiellrechtliche Gehalt der das Rechtsinstitut bildenden ausländischen Normen mit dem Ziel zu würdigen, den Bezug zu funktionell entsprechenden Vorschriften des deutschen Sachrechts herzustellen, um damit dann die kollisionsrechtliche Einordnung bewirken zu können (BGH 29, 137, 139). Da das Ziel einer Qualifikation die Klassifikation der Rechtsfiguren ist, muß der Verweisungsbegriff und -gehalt der deutschen Kollisionsnorm im Vordergrund stehen; an ihnen wird gemessen, ob und inwieweit sich das fremde Rechtsinsitut funktionell dieser Kollisionsnorm zuordnen läßt. Die lex fori kann hierbei mit ihrer Systematik Hinweise geben (Schwimann ÖJZ 1980, 7). Hingegen kommt es auf die Systematik des ausländischen Rechts insofern gar nicht an. Auch wenn das ausländische Recht zB Verjährung als prozessuales Institut begreift (s angloamerikanisches Recht), ist sie aus deutscher Sicht materiellrechtlich zu qualifizieren und dem Anspruch, um dessen Verjährung es geht, zuzuordnen (RG 145, 121, 126; BGH NJW 1960, 1720); der Verlöbnisbruch bleibt mit seinen schadensrechtlichen Folgen aus deutscher Sicht dem Personalstatut (analog Art 13 I) zugeordnet, auch wenn das fremde Recht ihn als Delikt iS außervertraglicher unerlaubter Handlung betrachtet. Hat das fremde Recht ein dem deutschen Recht fremdes Institut (zB Morgengabe) ausgebildet, das in seinem Ursprungsrecht verschiedene Funktionen erfüllen kann, so kommt es für die Qualifikation jeweils auf den konkreten Funktionszusammenhang an. Gibt es für das fremde Rechtsinstitut gar keine Entsprechung, so ist es mit Hilfe vorhandener Entsprechungen oder nach dem Gesamtzusammenhang, in den es gehört, zu qualifizieren (BGH 55, 188, Anerkennung von Verwandtschaftsverhältnissen; BGH NJW 1999, 574 = JuS 1999, 707 Nr 7 [Hohloch]).

40 **b) Einzelheiten.** Die oben zusammengefaßten Grundsätze sind dort, wo für besondere Kollisionsrechtslagen vordergründig abweichende Regeln entwickelt sind, im eigentlichen Sinne nicht durchbrochen. Wenn die Voraussetzungen und der Umfang einer Rück- oder Weiterverweisung durch ein fremdes Kollisionsrecht sich aus deutscher Sicht nach dieser fremden Rechtsordnung richten und deshalb im Rahmen des **Renvoi** die **Qualifikation** grundsätzlich nach dieser Rechtsordnung vorzunehmen ist (BGH FamRZ 1980, 673; NJW 1996, 1411, 1412), dann wird damit nur konsequent dem Umstand Rechnung getragen, daß das Kollisionsrecht die Qualifikation bestimmt. Diesem Kollisionsrecht steht es dann freilich auch frei, im Einzelzusammenhang für die Qualifikation auf ein anderes Recht zu verweisen (sog Qualifikationsverweisung, vgl zB den Verweis des amerikanischen Kollisionsrechts auf die Ausfüllung der Immobiliareigenschaft bei unbeweglichem Vermögen durch die lex rei sitae, dazu Kropholler IPR § 16 II; v Bar/Mankowski[2] I S 640f).

Eine echte Durchbrechung des lex fori-Prinzips liegt auch nicht bei der konventionsbezogenen, rechtsvergleichend die Entstehungsgeschichte und den Konventionszweck berücksichtigenden Beurteilung von Qualifikationsproblemen bei staatsvertraglichen Kollisionsnormen vor. Solche Kollisionsnormen bedürfen im Interesse ihrer einheitlichen, abkommensgemäßen Anwendung in den Vertragsstaaten der autonomen, konventionsbezogenen Anwendung. Hierzu gehört auch die Beurteilung von Qualifikationsproblemen. Wie bei den Rechtsregeln des Einheitsrechts hat auch hier die lex fori ihre besondere, transnationale Färbung (s etwa Kropholler, Internationales Einheitsrecht § 22 I).

5. Vorfragen

Schrifttum: *Samtleben*, RabelsZ 52 (1988) 466; *Schurig*, FS Kegel (1987) 549; *Winkler v Mohrenfels*, RabelsZ 51 (1987) 20.

41 Unter dem Begriff der **Vorfrage** wird die Abgrenzung der von der Kollisionsnorm beantworteten Hauptfrage von zuvor, bzw für die Erreichung des vollen Anknüpfungsergebnisses zu beantwortenden Fragen verstanden. ZB: Wird über Art 25 das Erbrecht des Ehegatten ermittelt, so ist das Vorliegen gültiger Ehe Vorfrage im Verhältnis zur Hauptfrage des Ehegattenerbrechts. Das zu lösende Problem besteht dann darin, ob das für die Hauptfrage maßgebliche Recht (im Beispiel das Erbstatut) mit seinen IPR-Regeln auch die Vorfrage beantwortet (sog „unselbständige Anknüpfung der Vorfrage") oder ob die Vorfrage getrennt (im Beispiel mit Hilfe der für das Bestehen gültiger Ehe maßgeblichen Kollisionsnormen der lex fori) zu behandeln ist (sog „selbständige Anknüpfung"). Eine allgemeine Regel ist hierfür im deutschen IPR weder gesetzlich noch gewohnheitsrechtlich entwickelt. Der Gesetzgeber der IPR-Reform hat sich der Frage entzogen und die Lösung nach wie vor Rspr und Lehre überantwortet. Diese haben auch unter der Geltung des neuen IPR die zuvor entwickelten Grundsätze fortgeschrieben. Es gelten demnach die folgenden **Grundregeln:**

42 **a) Grundsätzlich** ist das für die Vorfrage maßgebende Recht gesondert zu bestimmen. Es gelten insoweit wiederum die Kollisionsnormen des für den Fall zunächst anzuwendenden IPR, dh idR das Kollisionsrecht der lex fori **(Grundsatz der selbständigen Anknüpfung)**. Diese der hM entsprechende Ansicht führt zu einer Beurteilung der Vorfrage, die der regelmäßigen Beantwortung dieser Frage aus der Sicht der lex fori entspricht. Sie wahrt damit den sog „**inneren Entscheidungseinklang**". Die **Mindermeinung** hingegen befürwortet als Grundsatz die **unselbständige Anknüpfung**, dh die stete Beurteilung auch der Vorfrage nach dem für die Hauptfrage maßgeblichen Kollisionsrecht (vgl MüKo/Sonnenberger Einl IPR Rz 499ff mwN). Diese Auffassung kann damit zwar den **äußeren Entscheidungseinklang** eher wahren, muß aber das gerade im Anwendungsbereich des Personalstatuts bedeutsamen inneren Entscheidungseinklang in zu großem Umfange preisgeben. Unrichtig ist schließlich die vereinzelt in der Praxis zu findende unmittelbare Beantwortung der Vorfrage aus den einschlägigen Sachnormen des Statuts der Hauptfrage (München IPRax 1988, 354, 356 mit Anm Winkler v Mohrenfels 341); eingrenzend auf materiellrechtliche Lösungen bei hinkenden Rechtsverhältnissen Winkler v Mohrenfels aaO 20 und IPRax 1988, 341.

43 **b)** Im Interesse sachgerechter Lösung der Problematik sind von dem geschilderten Grundsatz selbständiger Anknüpfung jedoch eine Reihe von **Ausnahmen** zugunsten **unselbständiger Anknüpfung** von Vorfragen zu

machen. Die Vorfrage ist nach dem IPR des für die Hauptfrage anwendbaren Rechts anzuknüpfen, wenn der äußere Entscheidungseinklang mit diesem Recht aus besonderen Gründen dem Interesse am inneren Entscheidungseinklang vorgeht. Einheitliche Behandlung von Haupt- und Vorfrage ist so bei der Bildung des Personalstatuts vorrangig. Über die Staatsangehörigkeit einer Person entscheidet der Staat und das Recht des Staates, um dessen Staatsangehörigkeit es geht. Demgemäß sind nach dem IPR dieses Staates auch die Voraussetzungen des Erwerbs und des Verlustes der Staatsangehörigkeit zu beurteilen, die zum Beurteilungsbereich des Privatrechts gehören; unselbständig anzuknüpfen sind deshalb bei der Prüfung der Staatsangehörigkeit die Vorfragen der Eheschließung, der ehelichen oder unehelichen Abstammung, der Adoption oder Legitimation. Ähnliches gilt im **Namensrecht**; im Interesse des Entscheidungseinklangs mit dem nach Art 10 I berufenen Recht sind im Bereich des **Namensbildungsrechts** auch Vorfragen (zB Eheschließung, eheliche Abstammung) unselbständig anzuknüpfen (BGH 90, 129, 140; Pal/Heldrich Einl vor Art 3 Rz 30; aA BGH FamRZ 1986, 984). Dies sind freilich nur Beispiele aus dem Gesamtkomplex. Die jeweilige Handhabung der Vorfragenproblematik ist in der nachfolgenden Kommentierung bei den einzelnen Artikeln dargestellt (jeweils bei „Geltung allgem Regeln" bzw bei „Vorfragen").

c) **Besonderheiten** gelten für den Bereich des **staatsvertraglichen** Kollisionsrechts. Da dort im Interesse des internationalen Entscheidungseinklangs grundsätzlich Auslegung der einzelnen Normen aus der Konvention und ihrem Geist heraus erfolgt, hat auch die Vorfragenentscheidung grundsätzlich auf dem Boden der Konvention zu erfolgen. Demgemäß ist, soweit die Vorfrage zum sachlichen Anwendungsbereich der Konvention zählt, grundsätzlich unselbständige Anknüpfung der Vorfragen geboten. Gleiches gilt auch für inkorporiertes Kollisionsrecht (oben Rz 23). Zur Behandlung der Vorfragenproblematik im internationalen öffentlichen Recht, insbesondere im Sozialrecht Behn Vierteljahresschrift für Sozialrecht 79, 315; Samtleben aaO 466.

6. Gesetzesumgehung (fraus legis, fraudulöse Anknüpfung)

Die Verschiedenheit der nationalen Rechtsordnungen eröffnet dem Kundigen durch Wahl des Forums, soweit zulässig, oder durch Wahl der anwendbaren Rechtsordnung, soweit Rechtswahl zulässig, die Möglichkeit, auf das anwendbare Recht Einfluß zu nehmen („forum shopping", „law shopping"). Weitere Einflußmöglichkeiten geben die Manipulierung des Anknüpfungspunktes (Wechsel des Aufenthalts bzw des gewöhnlichen Aufenthalts, gesteuerte Bestimmung des Abschluß- oder Lageortes). Einerseits wird damit von den Möglichkeiten Gebrauch gemacht, die sich aus der Verschiedenheit von Rechtsordnungen objektiv ergeben, andererseits kann uU auch Anstoß an derartigem Verhalten genommen werden. Eine gesetzliche Regelung der Problematik ist vom Reformgesetzgeber nicht getroffen worden (anders das schweizerische IPR-Gesetz). Eine allgemeine Regelung und Bewältigung der Problematik mit Hilfe etwa der Vorbehaltsklausel des ordre public (Art 6 I) ist angesichts der Komplexität des Gesamtgebiets versagt.

Mit den Grundsätzen, die von Rspr und Lehre schon vor der Reform entwickelt worden sind und die nach wie vor Geltung beanspruchen können, ist davon auszugehen, daß auch die gesteuerte Konstruktion von Anknüpfungszusammenhängen grundsätzlich internationalprivatrechtlich wirksam und beachtlich ist. Dies gilt sowohl für die Steuerung durch Wahl bestimmter Zuständigkeiten („forum shopping") als auch für die Steuerung durch Inanspruchnahme bestimmter Anknüpfungsmomente. Parteien, die sich dieser Möglichkeiten bedienen, nehmen zunächst nur die Verschiedenheit der verschiedenen Legalordnungen wahr, handeln demgemäß grundsätzlich legal und legitim. Wo die Grenze zur Unbeachtlichkeit bzw Rechtsmißbräuchlichkeit solch zweckorientierter Herstellung der Anknüpfungszusammenhänge ist, ist zunächst von den einzelnen Zuständigkeits- und Kollisionsnormen zu beantworten. Demgemäß ist der Wechsel der Staatsangehörigkeit internationalprivatrechtlich zu respektieren. Zu mißbilligende Motive sind ggf schon bei der Prüfung des Staatsangehörigkeitserwerbs zu berücksichtigen. Dieser Respekt schließt freilich nicht aus, an die Staatsangehörigkeit gleichwohl nach Maßgabe der jeweiligen Kollisionsnorm weiterhin anzuknüpfen. Ebenso ist die Verlegung des Abschlußortes eines Rechtsgeschäfts ins Ausland zu respektieren, da Art 11 I von der Gleichwertigkeit der Ortsform ausgeht. Wegen der Rechtswahlfreiheit der Parteien im Schuldvertragsrecht ist schließlich auch die Wahl eines beliebigen Vertragsstatuts grundsätzlich anzuerkennen. Für Grenzfälle, in denen das Verkehrsschutzinteresse oder andere von der deutschen Rechtsordnung mit vorrangigem Schutz ausgestattete Interessen eine Eingrenzung der freien Gestaltung der Anknüpfung und ihrer Rechtsfolgen verlangen, haben heute häufig schon die einzelnen Kollisionsnormen Begrenzungen aufgerichtet. So können durch Wahl eines anderen Rechts im Schuldvertragsrecht die zwingenden oder verbraucher- bzw arbeitnehmerschützenden Vorschriften des deutschen Rechts oder des Rechts der europäischen Gemeinschaft nicht vermieden werden (Art 27 III, 29 I, 29a, 30 I). Der Wechsel des gewöhnlichen Aufenthalts ist im Falle des Art 5 III, geschieht er in fraudulöser Absicht (legal kidnapping), zunächst unbeachtlich. Dort, wo die einzelne Kollisionsnorm in solche Begrenzung nicht enthält, kann die fraudulöse Anknüpfung durch Prüfung des Schutzzweckes der umgangenen Sachnormen ausgeschaltet werden. Die Rspr geht so vor, wenn ein Erwerbsvorgang nur zum Zweck der Umgehung der deutschen Anfechtungsvorschriften ins Ausland verlegt wird (BGH 78, 318 = ZIP 1981, 31 mit krit Anm Hanisch ZIP 1981, 569).

7. Angleichung, Anpassung, Substitution

Da IPR Verweisungen ausspricht, die an isolierten Momenten des einheitlichen Sachverhalts (Anknüpfungspunkte) ansetzen, der einheitliche Sachverhalt mithin für die einzelnen Anknüpfungen in Einzelbestandteile zerlegt wird, können im einzelnen Fall Anknüpfungsergebnisse herauskommen, die nicht miteinander harmonieren oder gar zu einer Art Rechtsverweigerung führen. Derartige Disharmonie tritt als **Normenmangel** oder **Normenhäufung** auf, vor allem im Nebeneinander von Erbstatut und Güterstatut (zB das über Art 25 gefundene Erbstatut findet den Ehegatten nicht erbrechtlich, sondern nur güterrechtlich ab, das über Art 15 berufene Güterstatut aber gibt nur eine erbrechtliche Beteiligung am Erblasservermögen: Fall des Normenmangels). In solchen Fällen ist

Harmonisierung, dh Auflösung des Widerspruchs auf materiellrechtlichem (Anpassung der Sachnormen) oder kollisionsrechtlichem Weg (Angleichung durch Einschränkung oder Erweiterung des Verweisungsumfanges) erforderlich (vgl Kropholler FS Ferid [1978] 279). Den **Vorzug** verdient die **kollisionsrechtliche Angleichung** (s Einzelheiten bei Art 15 Rz 37; Art 25 Rz 21, 35).

47 **Substitution** bedeutet hingegen die Ersetzung eines Fachbegriffes der lex fori durch ein gleichwertiges Geschäft oder Tatbestandsmerkmal aus der Begriffswelt des zur Anwendung berufenen Rechts. Das Problem taucht dort auf, wo im Tatbestand einer anzuwendenden Sachnorm Rechtsbegriffe verwandt werden, zB Auflassung oder notarielle Beurkundung, die im Sachrecht mit ganz bestimmten Begriffsinhalten versehen sind, und bei denen sich die Frage stellt, ob sie dann auch im Ausland erfüllt werden können (zB notarielle Beurkundung der Übertragung von GmbH-Anteilen, § 15 III GmbHG). Wird im Ausland der dem Begriff der lex fori funktionell entsprechende Vorgang vorgenommen (zB Beurkundung durch den ausländischen Notar), dann liegt ein Fall der Substitution vor. Über ihre Wirksamkeit ist durch Auslegung der jeweiligen Sachnormen der lex fori und des angewandten Rechts zu entscheiden; entscheidende Bedeutung hat dabei der Gesichtspunkt der **Gleichwertigkeit** (s Art 11 Rz 20, 21). Schrifttum: Hug, Die Substitution im IPR (1983); Rehm RabelsZ 64 [2000] 104ff; v Bar/Mankowski[2] I S 699ff).

V. IPR und Anwendung ausländischen Rechts
1. Verfahrensrecht der lex fori

48 Deutsche Gerichte und Behörden haben bei der Behandlung von Fällen mit Auslandsbezug grundsätzlich ihr eigenes, dh deutsches Verfahrensrecht anzuwenden (**Grundsatz der lex fori**); allg M, zB BGH 78, 108; BGH NJW 1985, 552; NJW 1988, 647; NJW 1992, 438; zB auch BayObLG StAZ 1999, 274; im Schrifttum finden sich heute auch Meinungen, die zu einer Einschränkung dieses Grundsatzes tendieren, Grunsky ZZP 89 (1976) 241; Geimer IZPR Rz 320ff; Coester-Waltjen Rz 102ff. Ausführl Überblick bei v Bar/Mankowski[2] S 398ff. Die Grundregel der Maßgeblichkeit der lex fori hat, verstanden als Anwendung des nationalen Verfahrensrechts, indes an Bedeutung eingebüßt, seit in Teilen des Verfahrensrechts zumindest europäische Verfahrensrechtsvereinheitlichung eingekehrt ist (vgl die Vereinheitlichung des Zuständigkeitsrechts zunächst durch **EuGVÜ/LGVÜ**, jetzt durch **EuGVO** und **EheVO**, ebenso die dort erfolgte Vereinheitlichung des Anerkennungs- und Vollstreckungsrechts, s ferner die Vereinheitlichung zB des Rechts der internationalen Zustellung durch HZÜ oder EuZVO). Der Grundsatz der Maßgeblichkeit der lex fori ist nicht beeinträchtigt, wo wegen des Auslandsbezuges besondere fremdenrechtliche Vorschriften des Verfahrensrechts angewandt werden, zB §§ 111ff ZPO. Er gilt im gesamten Anwendungsbereich des Verfahrensrechts, dh auch bei der Verfahrensgestaltung. Demgemäß beherrscht er auch das Beweisverfahren (BGH WM 1977, 793 zu § 286 ZPO; KG IPRspr 1977 Nr 19; Neumeyer RabelsZ 43 [1979] 225; zum Zeugnisverweigerungsrecht Nagel DRiZ 1977, 33). Die Geltung des Grundsatzes schließt nicht aus, daß im Einzelfall fremdes Verfahrensrecht angewandt wird, um den Anforderungen eines späteren Anerkennungsstaates besser gerecht werden zu können.

Nicht zum Verfahrensrecht iS der strikten Anwendung der lex fori gehören die Regeln über die Verteilung der **Darlegungs- und Beweislast**. Sie sind regelmäßig dem in der Sache anwendbaren Recht zu entnehmen (BGH 3, 342, BGH WM 1977, 793, 794; s auch Art 32 III S 1 und Erl dort). Subsidiär kann auf die Regeln der lex fori zurückgegriffen werden (zu weitgehend iS alternativer Maßgeblichkeit von lex fori und lex causae Coester-Waltjen Rz 371f, 376ff).

Eine andere Frage ist die Anwendung von Regeln eines fremden Verfahrensrechts, die aus der Sicht der deutschen lex fori materiellrechtlich zu **qualifizieren** sind. Hierbei handelt es sich um ein Qualifikationsproblem; hat die Qualifikation die Einordnung beim materiellen Recht zum Ergebnis, so sind die fremden Vorschriften anzuwenden, soweit sie durch die geltende Anknüpfung und Verweisung zur Anwendung berufen sind (s Rz 35; für den insofern wichtigen Unterhaltsauskunftsanspruch Hohloch FS Jatridou-Kokkini (1994) 213, 220–231; für die Verjährung Art 32 Rz 13).

2. Zwingende Natur des IPR

49 Die Anwendung ausländischen Rechts ist Ergebnis der Anwendung von IPR. Die Regeln des IPR sind bei Gerichten und Behörden **von Amts wegen** anzuwenden. „Fakultatives Kollisionsrecht" ist dem deutschen Recht fremd. Die schon zum alten Recht vorgetragenen Theorien von der lediglich fakultativen Anwendung des Kollisionsrechts haben, wiewohl sie für die Praxis zu nicht unerheblicher Vereinfachung der Handhabung von Sachverhalten mit Auslandsbezug hätten führen können, in der Reform keine Billigung oder gar Ermutigung finden können. Der Grundsatz der amtswegigen Beachtung des Auslandsbezugs verpflichtet demgemäß wie vor zur Anwendung der IPR-Regeln und dann ggf zur Anwendung ausländischen Rechts (zuletzt BGH NJW 1996, 54 = JuS 1996, 267 Nr 10 [Anm Hohloch]). Durch das Gebot seiner Anwendung wird das ausländische Recht aber nicht etwa inländisches Recht, wenn es auch Recht und nicht Tatsache iSd Beweisrechts ist (grundlegend Müller, Die Anwendung ausländischen Rechts im IPR, Materialien zum ausländischen und internationalen Privatrecht Bd 10 [1968]; Schnyder, Die Anwendung des zuständigen fremden Sachrechts im IPR [1981]).

50 Von der grundsätzlichen Frage nach der Pflicht zur Anwendung fremden Rechts ist die Frage zu trennen, ob die Anwendung eines ausländischen Rechts dahingestellt bleiben kann, wenn das ohne die in Betracht kommenden ausländischen Rechte zum gleichen Recht wie das deutsche Recht kommen. Die Frage ist freilich zu einem guten Teil theoretischer Natur; ob die Ergebnisse der Anwendung fremden und des deutschen Rechts übereinstimmen, steht idR erst nach Befassung mit beiden oder gar mehreren Rechten fest. Dann aber kann die Entscheidung für das eine oder andere Recht in Befolgung der Regeln des deutschen IPR auch getroffen werden, so daß eine Alternativbegründung auf der Grundlage zweier in Betracht kommender Rechtsordnungen sich erübrigt. Grundsätzlich ist deshalb der ablehnenden Haltung der Rspr, die ihre Grundlage in den Entscheidungen des RG hat, zuzustimmen

(RG 100, 79, 81; RG IPRsp 1932 Nr 38). Der Entscheidung für **ein Recht** in den Tatsacheninstanzen bedarf es jedenfalls idR, weil es wegen der grundsätzlichen Nichtrevisibilität ausländischen Rechts (Rz 57) für das Revisionsgericht feststehen muß, inwieweit das Urteil der Vorinstanz vom deutschen Recht getragen ist (RG 100, 79, 81 und Freiburg JZ 1951, 223). Aus diesem so formulierten Grundsatz ergeben sich aber auch die möglichen Abweichungen. Offenbleiben kann die Entscheidung der Rechtsanwendungsfrage in der **Revisionsinstanz** (RG 167, 274, 280; BGH LM Art 7ff EGBGB Nr 2) sowie dann, wenn **nur** die **Anwendung nichtdeutschen** Rechts in Betracht kommt (RG 113, 38, 42; BGH NJW 1965, 487, 489). Offenbleiben kann die Entscheidung ferner aus Gründen der Verfahrensökonomie in den summarischen Verfahren der einstweiligen Verfügung und – wenn ansonsten übertriebener Aufwand erforderlich wäre – auch der Prozeßkostenhilfe (zu letzterer Hamm NJW 1991, 3101; Köln FamRZ 1997, 1087). Zu den summarischen Verfahren (Arrest, einstw Vfg) s auch Koblenz RIW 1993, 939; Köln IPRspr 1993 Nr 3; s ferner Schack JPRax 1995, 160.

3. Ermittlung ausländischen Rechts

Wie ausländisches Recht im inländischen Verfahren zu ermitteln ist, richtet sich nach den einschlägigen Verfahrensvorschriften, insbesondere nach § 293 ZPO, § 12 FGG. Danach hat der deutsche Richter die für die Entscheidung maßgebenden ausländischen Rechtsvorschriften **von Amts wegen** festzustellen. Daß in anderen Rechtsordnungen insoweit zT andere Maßstäbe gelten, hat für ein deutsches Gericht, das an sein Verfahrensrecht gebunden ist, außer Betracht zu bleiben. Diese Pflicht des Gerichts ist in langer Rspr entwickelt und begründet worden (s etwa BGH 36, 348, 353; 77, 32, 38; NJW 1981, 1006; 1987, 591; 1988, 647 und 648; 1992, 2096, 3106; FamRZ 1994, 434; NJW 1997, 324; 1998, 1321, 1396). Hinsichtlich der Ermittlung des fremden Rechts gelten die **Beweislastvorschriften nicht** (BGH NJW 1961, 410; 1982, 1215, 1216). Ebenso gilt nicht der Satz, daß Unstreitiges nicht des Beweises bedarf. Aus übereinstimmendem Parteivortrag kann das Gericht nicht ohne weiteres seine Überzeugung bilden (zu großzügig BAG NJW 1979, 1119, 1120 = SAE 1979, 120 und schon AWD 1975, 521; zu beiden krit Anm Birk SAE 1979, 125). Die Verletzung der Pflicht, sich Kenntnis des ausländischen Rechts zu verschaffen, ist Gesetzesverletzung (KG JFG K, 250). Bei der Ermittlung des ausländischen Rechts ist der wirkliche Rechtszustand, wie er in dem für die Entscheidung des deutschen Gerichts maßgeblichen Zeitpunkt besteht, zu ermitteln und zu beachten (BGH IPRsp 1974 Nr 4; BGH NJW 1988, 648). Es genügt im Einzelfall nicht die Anwendung nur des Wortlauts von Rechtsvorschriften, vielmehr ist das Recht so, wie es im Ausland von Rspr und Lehre entwickelt worden ist, zur Anwendung zu bringen (BGH RIW 1990, 581, 582). Das Gericht hat demgemäß eine Kasuistik aufzunehmen, die in der ausländischen Gerichtspraxis entstanden ist (BGH NJW 1988, 648 für den Fall des Schmerzensgeldes). Dies gilt nicht nur für Rechtsordnungen, in denen obergerichtliche Entscheidungen Bindungswirkung äußern können, sondern generell. Bestehen Präjudizien, an denen sich das deutsche Gericht orientieren könnte, nicht, dann ist es gleichwohl einer Interpretation oder Fortbildung des fremden Rechts in Richtung auf die Entscheidung eines solchen Falles unter Beachtung der für das fremde Recht geltenden Kunstregeln nicht enthoben (vgl AG Charlottenburg IPRax 1983, 128 mit Anm Rumpf 114; Hamm IPRax 1988, 108 mit Anm Jayme/Bissias 94).

Die Pflicht zur Feststellung des ausländischen Rechts gilt grundsätzlich für alle Verfahrensarten, in denen ausländisches Recht zur Anwendung gelangen kann. Sie gilt auch für die Schlüssigkeitsprüfung im Versäumnisverfahren (Küppers NJW 1976, 489; aA München dort 489). Im Verfahren der einstweiligen Verfügung kann das Gericht (muß aber nicht) sein Erkenntnis auf die präsenten Erkenntnisquellen stützen (Frankfurt NJW 1969, 991; Schütze WM 1980, 1438).

Für die **Ermittlung** des Inhalts des anwendbaren ausländischen Rechts kann das Gericht **alle** in Betracht kommenden **Erkenntnisquellen** benutzen. Es kann und muß sein eigenes Rechtswissen nutzen und dieses ggf mit Hilfe der verfügbaren Hilfsmittel, die Informationen über ausländisches Recht vermitteln, erwerben und vertiefen (zu den in erster Linie in Betracht kommenden Nachschlagewerken s vor Rz 1 Schrifttum D). Im **Streitverfahren** haben die Parteien das Gericht nach Kräften zu unterstützen (BGH NJW 1976, 1581 und dazu Fastrich ZZP 97 [1984] 423, 426); im FGG-Verfahren gehört im Anwendungsbereich von § 12 FGG die Ermittlung des fremden Rechts und die Ausnutzung der verfügbaren Quellen zum Grundsatz der **Amtsermittlung** (Köln WM 1988, 1749), die Beteiligten sind aber nicht gehindert und ggf – bei Vorhandensein der Quellen in ihrem Besitz – auch verpflichtet, an der Ermittlung mitzuwirken (s allgemein und insbesondere zur Zulässigkeit von Auflagenbeschlüssen Huzel IPRax 1990, 77, 80).

Nach eingebürgerter und richtiger deutscher Rechtspraxis haben sich Gerichte und andere zur Anwendung bzw Berücksichtigung fremden Rechts verpflichtete Stellen (Staatsanwaltschaften, Notare, Standesbehörden, Finanz- und auch Verwaltungsbehörden) bei Sachverhalten mit Auslandsberührung, deren Lösung mit Hilfe der in ihrer Verläßlichkeit abschätzbaren Erkenntnisquellen nicht zu bewältigen ist, insbesondere der **Sachverständigen** zu bedienen (BGH NJW 1975, 2142; BGH NJW 1987, 591). Der Praxis entspricht insbesondere die Einholung schriftlicher Rechtsgutachten bei dazu befähigten wissenschaftlichen Einrichtungen (Universitätslehrstühle, -institute, Max-Planck-Institute); Übersicht über derartige Sachverständige s Hetger RIW 2003, 444; Bendref MDR 1983, 892; zur Erörterung der Problematik dieser Praxis, die (relativ selten) in der Verfahrensverlängerung, zum anderen in der Dominanz des Sachverständigen liegt, s Simitis StAZ 1976, 6; Jayme StAZ 1979, 358; Heldrich FS Ferid (1978) 209, 213; Sturm RabelsZ 47 (1983) 386; Kegel FS Hübner (1984) 505, 515; Otto FS Firsching (1985) 209, 219; Hüßtege IPRax 2002, 292. Ggf ist der Sachverständige zur Erläuterung des Gutachtens zur mündlichen Verhandlung zu laden (BGH NJW 1975, 2142; NJW 1991, 1419; 1994, 2959; Arens FS Zajtay [1982] 7). Zur notwendigen Befähigung des Sachverständigen BGH NJW 1987, 591; BayObLG NJW 1986, 2892; zur Absicherungspflicht des beurkundenden Notars Sturm FS Ferid (1978) 428. Zur kostenrechtlichen Seite solcher Gutachten und Rechtsauskünfte s BGH IPRsp 1974 Nr 1b; Schleswig SchlHA 1984, 16; SG Münster WGO 1984/85, 187 (zum ZSEG); Köln RIW 1985, 330; Frankfurt IPRsp 1986 Nr 196; Huzel IPRax 1990, 77, 80 (alle zur Erstattungsfähigkeit der Kosten von Privatgutachten).

55 Praktisch steigende Bedeutung kommt – allerdings nur in einfacher gelagerten Sachverhalten und Rechtsfragen – der Auskunftspraxis auf der Grundlage des **Europäischen Übereinkommens betreffend Auskünfte über ausländisches Recht** vom 7. 6. 1968, BGBl 1974 II 937, mit Zusatzprotokoll vom 15. 3. 1978, BGBl 1987 II 60 und 593 (Erstreckung auf Strafrecht, dazu Geimer NJW 1987, 2131) zu. Zum Übereinkommen ist das deutsche AusführungsG vom 5. 7. 1974, BGBl I S 1433 ergangen (geändert durch Gesetz vom 21. 1. 1987, BGBl II 58). Für die BRepD ist das Übereinkommen seit dem 19. 3. 1975 in Kraft (Bekanntmachung vom 4. 3. 1975, BGBl II 300). Es gilt zZt im Verhältnis zu: Albanien, Aserbaidschan, Belarus (Weißrußland), Belgien, Bulgarien, Costa Rica, Dänemark, Estland, Finnland, Frankreich (einschl der überseeischen Gebiete), Georgien, Griechenland, Großbritannien (mit Jersey), Island, Italien, Lettland, Liechtenstein, Litauen, Luxemburg, Malta, Moldau, Niederlande (einschl Aruba), Norwegen, Österreich, Polen, Portugal, Rumänien, Russ Föderation, Schweden, Schweiz, Slowakei, Slowenien, Spanien, Tschechien, Türkei, Ukraine, Ungarn, Weißrußland, Zypern, vgl FundstellenVerz B 2002 S 507 u Bek v 6. 9. 2002, BGBl 2002 II 2535. Zum Standpunkt zur Nutzung dieser Auskunftsmöglichkeiten BGH RIW 1983, 615, 617. Auskünfte sind als „Auskunftsersuchen", deren Inhalt Art 4 des Übereinkommens ergibt, zu formulieren; mit Sachverhaltsdarstellungen und Übersetzung in die Amtssprache des ersuchten Staates sind sie der deutschen „Übermittlungsstelle" vorzulegen, die sie unmittelbar der „ausländischen Empfangsstelle" zuleitet. Für die Gerichte des Bundes ist Übermittlungsstelle der BMJ, für die Gerichte der Länder sind die Übermittlungsstellen durch die Landesregierungen bestimmt, § 9 II AusfG. Zu Einzelheiten vgl Wolf NJW 1975, 1583; Otto FS Firsching (1985) 209, 220; ders JbItalR 1994, 233 (auch zur Praxis); s ferner Wieczorek/Schütze ZPO² Bd V IZPR Cv; zur praktischen Nutzung Hüßtege IPRax 2002, 292. Für Auskünfte im Verhältnis zu **Marokko** ist der Vertrag v 29. 10. 1985 (BGBl 1988 II 1054; BGBl 1994 II 1192) seit 23. 6. 1994 Rechtsgrundlage.

56 Keine einheitliche Auffassung besteht für den Fall, daß der Inhalt des zur Anwendung berufenen ausländischen Rechts nicht nachweisbar bzw nicht genügend exakt zu ermitteln ist. Die im älteren Schrifttum vertretene Auffassung, die auf ausl Recht gestützte Klagen dann abweisen (Zitelmann) will, ist abzulehnen, da hierin unzulässige Benutzung des „non-liquet-Prinzips" läge. Erstes Ziel des mit der Sache befaßten Gerichts muß in solchen Fällen die größtmögliche Annäherung an den unbekannten Rechtszustand sein (Heldrich FS Ferid [1978] 209, 216; Wohlgemuth StAZ 1981, 41; Ebke RabelsZ 48 [1984] 319, 337); geben die verfügbaren Rechtsquellen für das Recht selbst nicht genügend her, ist der Weg der Annäherung an das wahrscheinliche Rechtszustand ggf mit Hilfe der Lösungen verwandter Rechte, insbesondere der sog „Mutterrechte" zu erschließen (zB für türkisches Recht bislang noch, aber mit Vorsicht angesichts zunehmender Eigenständigkeit, aus den Lösungen des schweizerischen Rechts, für Tochterrechte des französischen Rechts aus den Lösungen des Code civil), vgl LG Hamburg IPRsp 1976 Nr 160; Schütze IZPR IV 9 c cc. Erst in letzter Linie kann „ersatzweise", dh als Ersatzrecht, das als solches kenntlich zu machen ist, die deutsche lex fori herangezogen werden; s BGH 69, 387; BGH NJW 1982, 1215. S dazu Heldrich FS Ferid (1978) 209; Dilger StAZ 1979, 37; Wengler JR 1983, 221; Siehr in Albert A Ehrenzweig und das IPR (1986) 118; diese klare Lösung der Anwendung der lex fori bei Unaufklärbarkeit der eigentlich anwendbaren Rechtsordnung verdient im Zweifel den Vorzug vor der Anwendung sonstigen Ersatzrechts, zB des nächstverwandten Rechts (dazu Stuttgart DAVorm 1984, 423; Sturm StAZ 1978, 318, 323), oder auch der Anwendung internationalen Einheitsrechts (dafür Kreuzer NJW 1983, 1943); hierzu ausführl Hohloch, BerDGesVR 34 (1996) 87–133.

4. Prozessuale Behandlung ausländischen Rechts

57 Durch § 545 I ZPO ist ausgeschlossen, die Revision auf Verletzung ausländischen Rechts zu stützen; das gilt auch dann, wenn das ausländische Recht mit dem deutschen inhaltlich übereinstimmt (RG 159, 33, 50; BGH NJW 1959, 1873; IPRsp 1980 Nr 3; st Rspr, s zB BGH IPRsp 1998 Nr 3; RIW 1996, 426). Auch eine Verletzung des § 826 ZPO kann auf dem Gebiet der Anwendung nichtrevisiblen Rechts nicht gerügt werden (RG 150, 283, 286). S insgesamt RG 95, 268, 272; BGH 45, 351; BGH RIW 1981, 184; NJW 1988, 647; RIW 1990, 581 und dazu Gottwald IPRax 1988, 210. Zur fehlenden Revisibilität ausländischer AGB BGH WM 1986, 461; NJW 1992, 1033; 1994, 1409. Zur fehlenden Revisibilität früheren DDR-Rechts früher BGH NJW-RR 1987, 43; seit dem Beitritt ist DDR-Recht als partielles Bundesrecht nach allgemeinen Regeln revisibel, BGH NJW 1993, 260, 1858; 1994, 260, 2685; DtZ 1994, 154. Unzulässig ist deshalb eine Vorlage an den BGH gem § 28 II FGG, wenn die Abweichung ausschließlich auf der Anwendung ausländischen Rechts beruht, BGH FamRZ 1979, 474. **Revisibel** ist Auslandsrecht hingegen im Verfahren nach dem ArbGG, BAG AWD 1975, 521; zum Gesamtbereich Adamczyk, Die Überprüfung der Anwendung ausländ Rechts durch den BGH und das schweiz BG im Zivilprozeß (1999) 103ff.

Revisibel ist dagegen die Anwendung deutscher IPR-Normen, in deren Anwendung auf fremdes Recht verwiesen worden ist; gleiches gilt für Anwendung von Regeln des interlokalen Rechts, BGH 45, 351. Ebenso ist ausländisches Recht revisibel, soweit es sich um eine Voraussetzung für die Anwendung deutschen Rechts wie im Falle der Rückverweisung handelt, RG 136, 361, 362; BGH LM EGBGB Art 27 Nr 3; BGH FamRZ 1979, 474 (krit dazu Buchholz FS Hauß [1978] 15, 30), **nicht** hingegen im Falle der **Weiterverweisung**, BGH 45, 351 (sehr zweifelhaft) oder der Verbürgung der Gegenseitigkeit, BGH 42, 194; 49, 50. Schwierig ist die Grenzziehung im Fall nicht geschehener oder nicht vollständiger Ermittlung des anwendbaren ausländischen Rechts. Eindeutig ist der Fall, daß der Inhalt des anwendbaren fremden Rechts gar nicht ermittelt wurde, BGH NJW 1988, 647 und dazu Gottwald IPRax 1988, 210, 212; BGH 122, 378; BGH IPRax 1995, 38; NJW 1997, 325; hier wird in der Regel schon Verletzung der deutschen IPR-Norm vorliegen. Andererseits kann auf die nicht vollständige Anwendung ausländischen Rechts die Revision nicht gestützt werden, BGH NJW 1963, 252; IPRsp 1974 Nr 2, doch ist hier stets noch Verletzung der Aufklärungspflicht zu prüfen.

Davon zu trennen ist die Anwendung von Auslandsrecht in der Revisionsinstanz, das im Zeitpunkt der Entscheidung des Berufungsgerichts noch nicht erlassen oder bekannt war. Es ist grundsätzlich anzuwenden, BGH 36, 348; 40, 197. Schließlich bedeutet überraschende Anwendung von Auslandsrecht in der Berufungsinstanz Verletzung des rechtlichen Gehörs BGH NJW 1976, 474. Zur Feststellung des ausländ Rechts durch das Revisionsgericht bei Fehlen der Feststellung durch das Berufungsgericht BGH NJW 1997, 2234.

VI. IPR für das Gebiet der neuen Bundesländer (ehemalige DDR)

58 Bis zum Wirksamwerden des Beitritts zur BRepD am 3. 10. 1990 galt im Gebiet der ehemaligen DDR als Regelung des IPR das **Rechtsanwendungsgesetz (RAG)** vom 5. 12. 1975, GBl I S 748, zuletzt geändert durch Gesetz vom 11. 1. 1990, GBl I S 10 (dazu Kommentar zum RAG, 1989; Lübchen/Posch, Zivilrechtsverhältnisse mit Auslandsberührung (1979); Rudolph/Strohbach, Die rechtliche Regelung der intersystemaren Wirtschaftsbeziehungen der DDR (1982); hierzu ferner Mampel NJW 1976, 1521; Wehser JZ 1977, 449; Kittke JbOstR 1976 II 7; Seiffert RabelsZ 41 [1977] 515; Maskow/Rudolph RIW 1980, 19). Dieses hatte zum 1. 1. 1976 die Kollisionsregeln des EGBGB aF und der §§ 15–25 EGFGB (DDR) vom 20. 12. 1965 abgelöst. Es galt aus der Sicht der ehemaligen DDR auch im Verhältnis zur BRepD.

Heute gilt im Beitrittsgebiet gemäß Art 8 EinigungsV und Art 236 grundsätzlich das IPR des EGBGB. Für „Altfälle" gilt uU altes Kollisionsrecht nach Maßgabe von Art 236 (dazu Erläuterungen zu Art 236 Rz 2, 7ff). Die von der DDR seinerzeit abgeschlossenen Staatsverträge auf dem Gebiet des IPR gelten nach dem Beitritt für die BRepD nicht mehr, auch nicht für das Gebiet der ehemaligen DDR (vgl Art 236 Rz 4). Ebenfalls außer Kraft ist das Gesetz über internationale Wirtschaftsverträge (GIW) vom 5. 12. 1976, GBl I S 61, das ab 1. 7. 1990 gemäß Gesetz vom 28. 6. 1990, GBl I S 483, als „Gesetz über Wirtschaftsverträge" noch kurzfristig an die Stelle des außer Kraft gesetzten „Vertragsgesetzes" vom 25. 3. 1982 getreten war (zum GIW Lieser-Triebnigg JbOstR 1985 I 9; wN Pal/Heldrich Einl v Art 3 Rz 10).

Zum interlokalen Recht im Verhältnis zwischen den alten und den neuen Bundesländern s Erl zu Art 3 Rz 27 und Art 236 Rz 5ff.

VII. IPR und Europäisches Gemeinschaftsrecht

59 **1. Überblick.** Das IPR ist bislang nationales Recht, in Deutschland ebenso wie in den anderen Staaten, in der EU und außerhalb. Es dient als Kollisionsrecht der Lösung von Rechtsanwendungskollisionen (s Rz 1ff) und bewältigt diese Aufgabe durch Kollisionsnormen, die vom Prinzip der Anknüpfung und der Anknüpfungsfolge ausgehen. Diese Aufgabe bislang einzelstaatlichen Rechts kann in einer Gemeinschaft von Staaten, die sich wie die EU heute wesentlich auch als Rechtsgemeinschaft versteht, die supranationales Gemeinschaftsrecht produziert, auch von diesem Gemeinschaftsrecht wahrgenommen werden, wenn letzteres solche einheitlichen oder innerhalb der Gemeinschaft übereinstimmenden Kollisionsregeln geschaffen hat. Besteht solches Kollisionsrecht auf Gemeinschaftsebene, hat dieses Recht als Gemeinschaftsrecht Vorrang vor bestehendem nationalen Kollisionsrecht. Diese Regel wird im deutschen IPR durch Art 2 II S 2 mit lediglich deklaratorischer Bedeutung verlautbart (s Erl Art 3 Rz 11). Solches gemeinschaftsrechtliches Kollisionsrecht besteht bislang allerdings nur in Ansätzen, sporadisch oder ist erst in der Entwicklung begriffen (dazu Rz 60). IPR als Kollisionsrecht wird innerhalb der Gemeinschaft dort erübrigt, wo die Gemeinschaft kraft der ihr zukommenden Rechtssetzungskompetenzen einheitliches Recht auf dem Gebiet des Privatrechts schafft, indem sie über den Rechtsakt der unmittelbar in allen Staaten der Union geltenden Verordnung Rechtsvereinheitlichung auf der Ebene des materiellen Privatrechts schafft. Solches Einheitsrecht besteht im Kernbereich des Privatrechts, das für den Fall der Rechtsanwendungskollision durch das bislang national geregelte IPR (im Inland der Art 3–46) begleitet wird, allerdings bislang wiederum nur in schmaleren Teilgebieten. Größer ist heute der Bereich der Rechtsangleichung über die gemeinschaftsrechtliche Richtlinie, die ins nationale Recht der Mitgliedstaaten umgesetzt wird. Kollisionsrecht wird insoweit grundsätzlich nicht erübrigt, da die Richtlinienumsetzung auf dem Anwendungsgebiet der Richtlinie zu nationalem Recht führt, über dessen Anwendung bei „Auslandsberührung" das entsprechende IPR zu befinden ist. Nicht zu verkennen ist indes, daß dessen materielle Bedeutung dort, wo die Rechtsangleichung zu inhaltlich übereinstimmender Regelung der für die Anwendung in Betracht kommenden Rechte geführt hat, deutlich geschrumpft ist (dazu Rz 61). Das Gemeinschaftsrecht äußert weitere unmittelbare Wirkung auf das vorhandene Kollisionsrecht der Mitgliedstaaten dadurch, daß seine Grundregeln und Grundfreiheiten, die derzeit im EGV vorhanden sind und in der Zukunft in der derzeit in der Entwicklung befindlichen Europäischen Verfassung in weiterem Umfang geregelt sein werden, materielle Einwirkung auf Gestalt und Inhalt der nationalen Kollisionsnormen nehmen, indem sie zur Modifizierung von Anknüpfungsregeln zwingen, die mit diesen vorrangigen Regeln und Geboten nicht vereinbar sind. Insofern besteht eine umfangreiche Diskussion, die nicht immer von Klarheit gezeichnet ist (dazu Rz 62). Schließlich hat das IPR Kenntnis davon zu nehmen, daß die Weiterentwicklung seiner Kollisionsregeln und Anwendungspraxis in der Gegenwart und mehr noch in der unmittelbar bevorstehenden Zukunft keine Angelegenheit nur noch des nationalen Gesetzgebers ist und sein wird. Art 61 lit c und Art 65 lit a und b EGV haben auf der Basis des Vertrages von Amsterdam Zuständigkeiten der Gemeinschaft geschaffen, die in der Zukunft eher extensiv ausgelegt werden dürften und in weiten Gebieten des Internationalen Privatrechts wie des zugehörigen Internationalen Verfahrensrechts Rechtsakte des Gemeinschaftsrechts an die Stelle der nationalen und ggf unterschiedlichen Regelungen treten lassen werden (dazu Rz 63f). Die hier eintretende Veränderung des Bildes hat bereits begonnen und wird sich intensivieren. Die nachfolgenden Abschnitte der Erläuterungen dazu können jeweils nur einen einführenden Überblick geben.

60 **2. Kollisionsnormen des Gemeinschaftsrechts.** Kollisionsnormen auf gemeinschaftsrechtlicher Grundlage bestehen bislang **nur ganz vereinzelt**. Das primäre Gemeinschaftsrecht (EGV) enthält solche Normen nicht, es beschränkt sich auf die Bejahung der Kompetenz zu solcher Rechtssetzung (in Art 65 lit b EGV) mit den dortigen

Einschränkungen der Erforderlichkeit für den freien Personenverkehr und das reibungslose Funktionieren des Binnenmarktes. Die bislang auf der Grundlage von Art 65 EGV geschaffenen unmittelbar geltenden Rechtsakte wie die EuGVO oder die EheVO (s Rz 64) enthalten Kollisionsrecht nicht, das zu ihnen passende Kollisionsrecht ist erst in Vorbereitung. Gleich steht es mit den Regeln des Römischen Übereinkommens über das auf vertragliche Schuldverhältnisse anzuwendende Recht von 1980. Sie sind derzeit auf der Grundlage von Art 220 EGV geschlossen und damit staatsvertragliches Kollisionsrecht iSv Art 3 II S 1 EGBGB, nicht Gemeinschaftsrecht. Zu solchem werden sie, wenn „Rom II" als Verordnung für das Kollisionsrecht der vertraglichen wie außervertraglichen Schuldverhältnisse das EVÜ ersetzt haben wird. Demgemäß besteht bislang gemeinschaftsrechtliches Kollisionsrecht nur **in Randbereichen** (s Sonnenberger ZVglRWiss 95 [1996] 3, 10) wie Art 2 EWIV-VO (VO EWG Nr 2137/1985; dazu Basedow NJW 1996, 1921, 1926) oder Art 1 der VO EWG Nr 295/1991 (LG Frankfurt am Main NJW-RR 1998, 1589). Andere Verordnungen der EWG können **„versteckte Kollisionsnormen"** enthalten, die ihrerseits dann den nationalen Normen vorgehen, nicht unbedingt aber in andere Anknüpfungsrichtung führen als der davon hauptbetroffene Bereich der Art 29, 30 EGBGB. S dazu Art 93 der VO EWG Nr 1408/1971 zur Anwendung der Systeme der sozialen Sicherheit auf Arbeitnehmer und Selbständige idF der VO EWG Nr 2001/1983 (dazu Brödermann/Iversen, Europäisches Gemeinschaftsrecht und IPR [1994] Rz 308ff; wie hier auch Pal/Heldrich Art 3 Rz 10). Das hier gezeichnete Bild ist indes die Momentaufnahme des Jahres 2003. Gemeinschaftsrechtliches Kollisionsrecht wird in beträchtlichem Umfang vorhanden sein, wenn die EU von der ihr in Art 65 lit b EGV eingeräumten Rechtssetzungskompetenz auf dem Gebiet des IPR Gebrauch gemacht hat. Für die Zeit ab 2005 ist mit solchem Recht zu rechnen.

61 **3. Rechtsvereinheitlichung und -angleichung im materiellen Privatrecht.** Von Rechtsvereinheitlichung, die unmittelbares Gemeinschaftsrecht an die Stelle von materiellem Privatrecht der Mitgliedstaaten im Anwendungsbereich der Art 3ff gesetzt hat, kann vom Blickpunkt der das Kerngebiet des Privatrechts betreffenden Kollisionsregeln der genannten deutschen Normierung bislang nicht gesprochen werden. Ohne Anspruch auf Vollständigkeit sei indes hier die verabschiedete und ab Juli 2004 zu praktizierende gemeinschaftsrechtliche Regelung der „**Europäischen Aktiengesellschaft**" („Societas Europaea") genannt (dazu Hohloch, Einheitliche Rechtsgrundlagen durch Rechtsangleichung der Gesellschaftsformen: Bemerkungen zur Entwicklung des „internationalen Gesellschaftsrechts" und zur „Europäischen Aktiengesellschaft" in Schwarze [Hrsg] Wirtschaftsverfassungsrechtliche Garantien für Unternehmen im europäischen Binnenmarkt [2001] 121ff). Soweit die Einheitsregelung des dazu vorhandenen Gemeinschaftsrechts reicht, ist Kollisionsrecht erübrigt, gilt gemeinschaftsweit das Gemeinschaftsrecht und ist für das Außenverhältnis der Gemeinschaft zu Drittstaaten ggf gemeinschaftsrechtliches Kollisionsrecht zu entwickeln. Besteht es noch nicht, gilt nach allgemeinen Regeln das Kollisionsrecht des befaßten Mitgliedstaats. Umfangreicher und bedeutsamer ist in der Gegenwart wie der näheren Zukunft der Bereich der **Rechtsangleichung** zwischen den Mitgliedstaaten der Union über die **Richtlinie** und deren Umsetzung. Umgesetztes Richtlinienrecht ist nationales Recht, das als solches über das Kollisionsrecht zur Anwendung berufen wird, ungeachtet dessen, ob die Angleichung, die zu unterschiedlichen förmlichen Regeln geführt hat, inhaltlich übereinstimmende Regelung bewirkt (zB im Bereich der Produkthaftung, angeglichen in Umsetzung der Produkthaftungsrichtlinie, s Erl Art 40 Rz 52). Die Richtlinien können zur Schaffung neuer Kollisionsnormen veranlassen oder zwingen, diese bleiben aber förmlich Kollisionsregeln des nationalen Rechts, wenngleich sie inhaltlich wiederum angeglichen sein werden (Beisp: Art 29a und seine Vorläuferregelungen, s Erl Art 29a Rz 1ff). Eine Sonderproblematik für das IPR tut sich richtiger Ansicht nach insofern nicht auf. Welche Kollisionsregel bei Handhabung umgesetzten Richtlinienrechts anzuwenden ist, ist eine Frage des Verhältnisses zwischen allgemeiner und besonderer Regel (lex specialis) oder zwischen früherer und späterer Regel (lex posterior) (ebenso Pal/Heldrich Art 3 Rz 11). Da nicht umgesetztes Richtlinienrecht nicht durch nationale unmittelbare Direktwirkung zwischen Privaten zur Geltung kommen kann (EuGH NJW 1994, 2473; 1996,1402; BGH 135, 124, 138; s auch Erl Art 6 Rz 22, 23), ist Kollisionsrecht insoweit nicht ersetzt (abw Staudinger NJW 2001, 1976). Ob und inwieweit nationales Recht früheren Ursprungs bei noch nicht vollzogener Umsetzung von Richtlinien im Lichte dieser Richtlinien – gemeinschaftskonform – auszulegen und anzuwenden ist, ist schließlich keine Frage der Anwendung oder Weiterbildung von Kollisionsrecht, sondern eine Frage der Weiterentwicklung des materiellen Rechts durch den dafür grundsätzlich, aber in den Grenzen seines Amtes berufenen Richter.

62 **4. Einflüsse der Grundregeln und Grundfreiheiten des Gemeinschaftsrechts.** Das primäre Gemeinschaftsrecht enthält Grundregeln und Grundfreiheiten, die innerhalb der Gemeinschaft/Union gemeinschaftsfreundliche und gemeinschaftskonforme Rechtsanwendung, aber auch Rechtssetzung erfordern (allgemein dazu s Brödermann/Iversen, Europäisches Gemeinschaftsrecht und IPR [1994]; Hohloch, Kollisionsrecht in der Staatengemeinschaft. Zu den Strukturen eines internationalen Privat- und Verfahrensrechts in der Europäischen Union, FS Stoll [2001] 533ff; ders, Probleme und Zukunft des „Fremdrechtserbscheins", FS Schlechtriem [2003] 377ff; auch Grundmann RabelsZ 64 [2000] 457; Mankowski, FS MPI Hamburg [2001] 595; s die ausführ Schrifttums-Zusammenstellung vor Art 27 Rz 7). Allgemeine Rechtsquelle ist insoweit Art 10 EGV, hinzu treten die Diskriminierungsverbote, insbesondere Art 12 I EGV, Bedeutung haben auch die Grundfreiheiten (Freiheit des Warenverkehrs, Dienstleistungsverkehrs, Zahlungsverkehrs, Kapitalverkehrs, die Wettbewerbsfreiheit allgemein, die Niederlassungsfreiheit, die Freizügigkeit). Die geltenden Kollisionsregeln der Mitgliedstaaten haben sich an diesen übergeordneten Normierungen des Gemeinschaftsrechts messen zu lassen und können bei Unvereinbarkeit jedenfalls innerhalb der Gemeinschaft unanwendbar werden. In Betracht kommt insofern insbesondere die offene oder auch versteckte Inländerprivilegierung durch Kollisionsrecht; Art 38 aF mit der in ihm steckenden Inländerprivilegierung bzw Nichtgleichachtung ausländischen Schadensersatzrechts wäre heute wohl nicht mehr zu halten angesichts Art 12 I EGV. **Hingegen erfordert der EGV mit seinen genannten Grundregeln und Grundfreiheiten nicht einen Verzicht des deutschen Kollisionsrechts auf die von ihm weithin beherzigte Staatsangehörigkeits-**

anknüpfung. Diese ist als solche nicht gemeinschaftsrechtswidrig, nicht im Gebiet des internationalen Eherechts, nicht des internationalen Erbrechts und auch nicht in ihren anderen heutigen Anwendungsgebieten (s EuGH FamRZ 2000, 84 zur Unanwendbarkeit von Art 12 I auf Scheidungsstatut und Statut des Versorgungsausgleichs; s insofern auch Sonnenberger aaO 15; Rigaux IPRax 2000, 287, 288; Pirrung, FS Henrich [2000] 467; ebenso Pal/Heldrich Art 3 Rz 12). Das Schrifttum geht zT und ungestüm in andere Richtung (der Unvereinbarkeit) s zB Ultsch MittBayNot 1995, 6, 13 (Nachlaßverfahren); Roth RabelsZ 53 (1991) 623, 644; ders, Gedächtnisschrift Lüderitz (2000) 635, 647. **Inlandsbezogene Anknüpfung** kann indes **dann gemeinschaftswidrig** sein, **wenn sie** als solche **die Freizügigkeit oder die Niederlassungsfreiheit hindert oder sich als Verstoß gegen die genannten Beschränkungsverbote für den Wirtschaftsverkehr äußert** (vgl die notwendige Einschränkung der grundsätzlich nicht gemeinschaftswidrigen „Sitztheorie" im deutschen internationalen Gesellschaftsrecht durch den EuGH in der Sache „Überseering", dazu s Erl Anh II zu Art 37 Rz 25ff, auch zu den Folgen).Von dem eben genannten Beispiel abgesehen erscheinen indes die vorhandenen Anknüpfungen gemeinschaftskonform (s dazu jeweils Erl zu den einzelnen Artikeln unter „Geltung allgemeiner Regeln" oder „Gemeinschaftsrecht"), auch unter Berücksichtigung dessen, daß das Gemeinschaftsrecht in Art 65 lit b EGV nicht nur für die Gegenwart, sondern auch für die Zukunft vom Vorhandensein des Kollisionsrechts ausgeht. Diese Feststellung darf aber nicht davon entheben, im Lichte von Art 65 lit b EGV Überlegungen und Vorbereitungen für ein „Kollisionsrecht in der Gemeinschaft" anzustellen. Dieses wird in näherer Zukunft indes auf die Staatsangehörigkeit als primäre Anknüpfung bisheriger Prägung eher zu verzichten haben, nicht so sehr wegen gemeinschaftswidriger Ergebnissen als vielmehr wegen schwindender Zeitgemäßheit in einer durch Unionsbürgerschaft, Freizügigkeit und Niederlassungsfreiheit geprägten Gemeinschaft. Einem solchen Umfeld mehr angemessen ist dann eine Anknüpfung an den gewöhnlichen Aufenthalt, der sich freilich in den einzelnen Gebieten (zB Erbrecht) unterschiedlich ausgeprägt (zB qualifizierter gewöhnlicher Aufenthalt von bereits mehrjähriger Residenz im Lande) darstellen kann, soweit nicht weitere Liberalisierung im Sinne weiterer Zulassung von Rechtswahl möglich erscheint.

5. Europäisierung von Kollisionsrecht und Internationalem Verfahrensrecht, Rechtsgrundlagen und Entwicklung. Bereits für die Gegenwart ist von einer sehr weitgehenden Rechtssetzungskompetenz der EU für das Kollisionsrecht und das Internationale Zivilverfahrensrecht auszugehen. Die auf der Grundlage des Vertrages von Amsterdam v 2. 10. 1997 (BGBl 1998 II 387, 1999 II 296) geschaffenen, seit 1. 5. 1999 in Kraft befindlichen und heute in Art 61, 65 EGV stehenden Kompetenznormen haben eine Gemeinschaftszuständigkeit für die justitielle Zusammenarbeit in Zivilsachen geschaffen. Diese ergreift gemäß Art 65 lit a EGV das internationale Zivilverfahrensrecht, soweit es um Anerkennung und Vollstreckung gerichtlicher Entscheidungen in Zivil- und Handelssachen geht; Art 65 lit b EGV ermächtigt zu Maßnahmen zur Förderung der Vereinbarkeit der in den Mitgliedstaaten geltenden Kollisionsnormen. Die seit 1997 zu beobachtende Entwicklung der Aktivitäten von Gemeinschaft und Mitgliedstaaten macht deutlich, daß im Rahmen eines ersten Aktionsplanes von Rat und Kommission v 3. 12. 1998, auf den weitere folgen werden, eine weitgehende Vereinheitlichung des Kollisionsrechts erfolgen wird, die unter Überspielung von Bedenken gegen eine solche Zuständigkeit der Gemeinschaft (s Pal/Heldrich Art 3 Rz 13) die in Art 61, 65 EGV vorhandenen Beschränkungen der Erforderlichkeit für den freien Personenverkehr und für das reibungslose Funktionieren des Binnenmarktes weitestgehend beiseite schieben und somit auch zu vereinheitlichtem Kollisionsrecht auf den – bei einfacher Betrachtungsweise – für den freien Wirtschaftsverkehr nicht unmittelbar erheblichen Gebieten des Güter- und auch Scheidungsrechts kommen wird (s dazu den Aktionsplan, zB in IPRax 1999, 288; Jayme IPRax 2000, 165, 166; Wagner IPRax 2000, 512, 519; Sonnenberger ZVglRWiss 100 [2001] 107, 121; Hohloch FS Stoll [2001] 533; ders, FS Schlechtriem [2003] 377). Hiergegen mögen Bedenken angebracht sein, die Prognose wird aber sein müssen, daß sie über die Jahre die Entwicklung nicht aufhalten werden, so daß ab ca 2006 Teilgebiete des Kollisionsrechts gemeinschaftsrechtlich geregelt sein werden. Es gilt dann der Gefahr entgegenzuwirken, daß diese Teilgebiete „Inselrecht" darstellen, das einem Gesamtsystem nicht folgt (s Hohloch, FS Stoll [2001] 533ff); die Gefahr besteht, wenn lediglich sukzessive dort, wo ein erstes Bedürfnis vorhanden zu sein scheint, eine erste Regelung getroffen wird (zB für das Scheidungsstatut), die auf Kohärenz angewiesenen weiteren Regelungen (zB zu den Güterrecht) aber zunächst nicht folgen, weil zB zu viel politischer Widerstand aus einem Gemeinschaftsstaat sich rührt.

Geltendes Recht besteht insoweit auf dem Gebiet des Kollisionsrechts noch nicht, hingegen aber auf dem Gebiet des Internationalen Verfahrensrechts. Von unmittelbarer Bedeutung für das IPR der Vertragsschuldverhältnisse, der außervertraglichen Schuldverhältnisse, des Sachenrechts und des Unterhaltsrechts ist die an die Stelle des bisherigen EuGVÜ getretene **EuGVO (Verordnung EG Nr 44/2001 v 22. 12. 2000 über die gerichtliche Zuständigkeit und die Anerkennung und Vollstreckung von Entscheidungen in Zivil- und Handelssachen** – ABl EG Nr L 12, S 1 v 16. 1. 2001 – „**Brüssel I**"; dazu zB Heß JZ 2001, 573, 577; Piltz NJW 2002, 789; Geimer IPRax 2002, 69; Wagner IPRax 2002, 75; s auch vor Art 27 Rz 2, 3). Sie regelt in vom EuGVÜ nicht sehr abweichender Form die internationale Zuständigkeit, Anerkennung und Vollstreckung als in allen Mitgliedstaaten (außer Dänemark) unmittelbar geltendes Gemeinschaftsrecht mit Vorrang vor dem autonomen Prozeßrecht. Vergleichbar ist die **EheVO** gebaut (**Verordnung EG Nr 1347/2000 v 29. 5. 2000 betreffend die Zuständigkeit und die Anerkennung und Vollstreckung von Entscheidungen in Ehesachen und in Verfahren betreffend die elterliche Verantwortung für die gemeinsamen Kinder der Ehegatten** – ABl EG Nr L 160, S 19 v 30. 6. 2000 – „**Brüssel II**"; dazu Helms FamRZ 2001, 257; Wagner IPRax 2001, 73; Kohler NJW 2001, 10; Heß JZ 2001, 573, 575; Hub NJW 2001, 3145; Boele-Woelki ZfRV 2001, 121; Schack RabelsZ 65 [2001] 615; Hohloch FF 2001, 45; ders FPR 2001, 195; Hohloch/Mauch FF 2001, 147; s dazu Erl Art 17 Rz 64ff mwN). Die EheVO regelt als unmittelbar geltendes Gemeinschaftsrecht für die Mitgliedstaaten (außer Dänemark) die internationale Zuständigkeit für Ehesachen und damit im Zusammenhang stehende Verfahren betreffend die elterliche Verantwortung (Sorgerecht, Umgangsrecht etc). Sie geht damit zB § 606a ZPO vor und hat im Verhältnis zu den genannten Mitgliedstaaten zB das Anerkennungsverfahren gem Art 7 § 1 FamRÄndG abgelöst. Die EheVO wird ab 1. 8. 2004 durch die **Verordnung EG Nr 2201/2003 des Rates über die Zuständigkeit und die Anerkennung und Vollstreckung von Entscheidungen in Ehesachen und in Verfahren betreffend die elterliche Verantwortung und zur Aufhebung der Verordnung (EG) Nr 1347/2000 v 27. 11. 2003** (ABl EG 2003 Nr L 338 S 1) abgelöst („Brüssel II-GesamtVO"). Unmittelbar geltende Rechtsakte sind auch **EuZVO (Verordnung EG Nr 1348/2000 des Rates über die Zustellung gerichtlicher und außergerichtlicher Schriftstücke in Zivil- oder Handelssachen in den Mitgliedstaaten v 29. 5. 2000** – ABl EG 2000 Nr L 160 S 37), die zum 1. 1. 2004 für die Mitgliedstaaten mit Ausnahme von Dänemark in Kraft tretende **EuBVO (Verordnung EG Nr 1206/2001 des Rates über die Zusammenarbeit zwischen den Gerichten der Mitgliedstaaten auf dem Gebiet der Beweisaufnahme in Zivil- oder Handelssachen v 28. 5. 2001** – ABl EG 2001 Nr L 174 S 1), die am 31. 5. 2002 für die Mitgliedstaaten mit Ausnahme von Dänemark in Kraft getretene **EuInsVO (Verordnung EG Nr 1346/2000 des Rates über Insolvenzverfahren v 29. 5. 2000** – ABl EG Nr L 160 S 1).

Erster Abschnitt
Verweisung

3 *Allgemeine Verweisungsvorschriften*
(1) Bei Sachverhalten mit einer Verbindung zum Recht eines ausländischen Staates bestimmen die folgenden Vorschriften, welche Rechtsordnungen anzuwenden sind (Internationales Privatrecht). Verweisungen auf Sachvorschriften beziehen sich auf die Rechtsnormen der maßgebenden Rechtsordnung unter Ausschluß derjenigen des Internationalen Privatrechts.
(2) Regelungen in völkerrechtlichen Vereinbarungen gehen, soweit sie unmittelbar anwendbares innerstaatliches Recht geworden sind, den Vorschriften dieses Gesetzes vor. Regelungen in Rechtsakten der Europäischen Gemeinschaften bleiben unberührt.
(3) Soweit Verweisungen im Dritten und Vierten Abschnitt das Vermögen einer Person dem Recht eines Staates unterstellen, beziehen sie sich nicht auf Gegenstände, die sich nicht in diesem Staat befinden und nach dem Recht des Staates, in dem sie sich befinden, besonderen Vorschriften unterliegen.

Schrifttum: s Einl Art 3 vor Rz 1.

I. Allgemeines

1   Art 3, mit dem das neugefaßte IPR des EGBGB einsetzt, ist durch das IPR-Neuregelungsgesetz 1986 insgesamt neu konzipiert worden. Die Norm stellt mit dem verschiedenartigen Inhalt ihrer Abs I–III auch eine Neuheit in der Konzeption der gesetzlichen Erfassung des deutschen IPR dar. Abs I ist **Definitionsnorm** (Pal/Heldrich Art 3 Rz 1); er definiert die Aufgabe des IPR und bringt in S 1 die Notwendigkeit des Vorliegens von **Auslandsberührung** für das Eingreifen der Kollisionsnormen zum Ausdruck. Nicht voll geglückt ist die Einbettung der Definitionsnorm für die Sachnormverweisung in S 2 im Verhältnis zu Art 4 I, II, dem gesetzlichen Sitz der Gesamtverweisung und des Renvoi (Rz 4 und Art 4 Rz 1ff). Abs II regelt das Verhältnis des – im wesentlichen – autonomen IPR der Art 3–46 zu staatsvertraglichem IPR auf der Grundlage des **Spezialitätsgrundsatzes**. Gemeinschaftsrecht der EG geht gemäß S 2 den Vorschriften der Art 3ff vor. Abs III normiert den kollisionsrechtlichen Grundsatz der „Näherberechtigung" („Einzelstatut bricht Gesamtstatut"). Die Vorschrift ist von ihrem früheren Standort beim internationalen Erbrecht (Art 28 aF) bei der Neukonzeption des IPR-Kapitels des EGBGB zum Zwecke möglichst weitgehender Zusammenfassung der für eine Normierung vorgesehenen allgemeinen Regeln jetzt richtig in den Ersten Abschnitt eingestellt worden, der an seinem Beginn die Verweisungslehre in den Grundelementen als Gesetzesnormen enthält.

II. Anwendungsbereich und Funktion des IPR (Abs I)

2   1. **Aufgabe** des IPR ist (vgl Einl Rz 1–3), bei Sachverhalten mit Auslandsberührung durch seine Kollisionsnormen das anwendbare Recht zu bestimmen. Diese bereits traditionelle Funktion hat Abs I jetzt in gesetzliche Form gegossen. **Auslandsberührung** haben Sachverhalte mit einer Verbindung zum Recht eines ausländischen Staates. Auf welche Weise die Verbindung zum Auslandsrecht im Sachverhalt hergestellt wird, sagt Abs I nicht. Es genügt demgemäß jedwede **Auslandsbeziehung**. Sie kann sich durch Vorhandensein eines der vielfältig vorhandenen **Anknüpfungspunkte** ergeben (Staatsangehörigkeit, Aufenthalt, Abschlußort, Belegenheitsort, Tatort usw), es genügt bei Verträgen und anderen Rechtsgeschäften jedoch auch, daß die Parteien ihren Parteiwillen dahingehend betätigt haben, daß sie eine Rechtswahl zugunsten des Auslandsrechts getroffen oder das Rechtsgeschäft einer fremden Rechtsordnung unterstellt haben (s Art 27 I, III; hM s ebenso Pal/Heldrich Art 3 Rz 2; aM Kindler RIW 1987, 660, 661). Auf die Wirksamkeit solcher Rechtswahl kommt es ebensowenig an wie darauf, ob ein sonstiger Anknüpfungspunkt schließlich zur Anwendbarkeit fremden Rechts führt. Eine irgendwie geartete Verbindung zu einem anderen Staat genügt, die Anforderungen dürfen – bezogen auf das Gesamtstatut, das Art 3 I abzudecken hat, auch gering sein (ebenso Pal/Heldrich Art 3 Rz 2; die Rspr formuliert, ohne daß das Ergebnis idR darunter litte, zT strenger, zB Düsseldorf RIW 1995, 1025; Hamm FamRZ 1999, 1426, 1427).

3   2. Aus der von Abs I geforderten Auslandsbeziehung folgt umgekehrt, daß bei **reinen Inlandssachverhalten** die von Art 3 I geforderte Rechtsanwendungsfrage **nicht** zu stellen ist. Die Anwendung deutschen Rechts bedarf hier keiner besonderen Begründung; sie folgt aus der Rechtssetzungskompetenz des inländischen Gesetzgebers für ausschließlich inlandsbezogene Sachverhalte (krit dazu Jahr RabelsZ 54 [1990], 481, 500). Mangels der geforder-

ten Auslandsbeziehung sind die **Art 3ff** auch **bei interlokalen, dh innerdeutschen Kollisionsrechtsfällen nicht (unmittelbar) anwendbar**. Zum interlokalen Recht im allgemeinen und zum interlokalen Recht zwischen den alten und neuen Bundesländern s unten Anm VI, VII (Rz 21, 24ff).

3. Art 3 I S 1 läßt die Vorschriften des IPR darüber bestimmen, welche „Rechtsordnung" auf den Sachverhalt **4** mit Auslandsberührung anwendbar ist. Die von den nachfolgenden Vorschriften ausgesprochenen Verweisungen sind deshalb, wie dann – im Verhältnis zu Art 3 I gesetzessystematisch nicht voll geglückt – in Art 4 I S 1 konkret geregelt wird, regelmäßig **Gesamtverweisungen** auf das gesamte Privatrecht des ausländischen wie des eigenen Staates (im letzteren Falle mit Ausnahme des IPR). Über das Vorliegen einer bloßen **Sachnormverweisung** will das Gesetz im einzelnen, als Ausnahmefall gedachten Fall bestimmen. Die Definition der **Sachnormverweisung** ist – gesetzessystematisch wiederum nicht voll geglückt – in Art 3 I S 2 enthalten, während über das Vorliegen von Sachnormverweisungen dann in Art 4 I S 2 und II bestimmt ist. Da im Rahmen von Art 3 I S 1 auf die „Rechtsordnung" als solche verwiesen wird, ist die Verweisung nicht auf das „Privatrecht" begrenzt. Zwar ist das IPR Kollisionsrecht des Privatrechts, doch kann von der Verweisung auch **ausländisches öffentliches Recht** erfaßt sein, wenn dies nach dem Verweisungsumfang der deutschen Verweisungsnorm Sinn gibt. Dies kann in verschiedener Hinsicht der Fall sein; zum einen dort, wo aus der Sicht des zur Qualifikation berufenen deutschen Rechts (Einl Art 3 Rz 38, 39) ein dem Privatrecht unterfallender Sachverhalt zu regeln ist, zB im Falle des Heimfallrechts des ausländischen Staates bei jenem ausländischen Erbstatut unterfallendem erbenlosen Nachlaß (s Art 25 Rz 23), oder wo bei der Prüfung von Schadensersatzansprüchen Verkehrsregeln des fremden Tatortrechts zu prüfen sind (s Art 40 Rz 43, 45). Die Prüfung der Staatsangehörigkeit einer Person erfordert ggf die Prüfung nach ausländischem Staatsangehörigkeitsrecht (s Art 5 Rz 2). Bei Geltung eines ausländischen Schuldstatuts können uU Eingriffsnormen des fremden Rechts zur Anwendung zu bringen sein (s Art 34 Rz 17ff). Insgesamt folgt daraus, daß ein allg Grundsatz der Nichtanwendung ausländischen öffentlichen Rechts im deutschen IPR nicht besteht (Zweigert FS Kieler Institut für internationales Recht [1965] 124; Linder ZHR 142 [1978], 342, 360; Siehr RabelsZ 52 [1988], 41, 75; Schulze, Das öffentliche Recht im IPR [1972] 206; Kegel/Seidl-Hohenveldern FS Ferid [1978] 233, 239; Pal/Heldrich Art 3 Rz 4; aA BGH 31, 367; 64, 183; Sandrock/Steinschulte Hdb der int Vertragsgestaltung Bd 1 Rz 184).

4. Die in Abs I S 2 als **Ausnahme** vorgesehenen **Sachnormverweisungen** (vgl Art 4 II, 12, 18 I, III, 35 I) **5** beschränken die von der Kollisionsnorm ausgesprochene Verweisung auf die Sachnormen des betreffenden Rechts. Von der Verweisung sind dann („unter Ausschluß derjenigen des Internationalen Privatrechts") die Kollisionsnormen des Rechts, in das verwiesen ist, ausgespart, so daß die Verweisung unmittelbar und ausschließlich zu den Vorschriften des **materiellen Rechts** (= Sachrechts) führt. Sachnormverweisungen sind dort angebracht, wo aus deutscher Sicht die von der deutschen Kollisionsnorm ausgesprochene Verweisung dem Auslandsbezug des Sachverhaltes hinreichend Rechnung trägt und die (bei der Sachnormverweisung ausgeschlossene) Rück- oder Weiterverweisung den Zweck der Verweisung durchkreuzen würde. Dies gilt insbesondere in den Fällen zulässiger Rechtswahl, s Art 4 II, zB Art 10 III S 1, 14 II, III, 15 II, 25 II, 35 I, 42, 46; ebenso sind Sachnormverweisungen idR die von staatsvertraglichen Kollisionsnormen ausgesprochenen Verweisungen, zB Art 18 I, III, 26, 27ff; Sachnormverweisungen sind ferner dort gegeben, wo die Kollisionsregeln ausdrücklich **deutsches** Recht berufen (Art 8, 9 S 2, 10 II Nr 2, 13 III, III S 1, 17 I S 2, III S 2, 18 II, V, 23 S 2, 24 I S 2, 25 II) oder unmittelbar auf Sacherfordernisse des maßgebenden Rechts verweisen (Art 11 I, II, IV, V, 14 IV, 15 III, 19, 23 S 1, 24 III). Vgl iü Art 4 Rz 2, 3, 6ff sowie die bei den einzelnen Art der Art 7–46 idR bei Anmerkung I 3 stehenden Erläuterungen.

III. Vorrang staatsvertraglicher Kollisionsnormen (Abs II)

1. Funktion des Abs II. Das deutsche IPR beruht zu einem erheblichen Teil auf außerhalb des EGBGB stehen- **6** den Normen, die einen zweiseitigen oder mehrseitigen Staatsvertrag als Grundlage haben (vgl Einl Rz 10–14). Als **leges speciales** gehen solche Kollisionsnormen den allgemeinen Kollisionsnormen des EGBGB schon nach allgemeinen Grundsätzen vor. Das reformierte IPR hat hieran nicht gerührt, gibt insbesondere nicht als späteres Gesetz (lex posterior) den vor seinem Inkrafttreten abgeschlossenen Staatsverträgen vor. Art 3 II stellt dieses Verhältnis ausdrücklich klar und hat, soweit es nicht der bloßen Klarstellung allgemeiner Grundsätze bedarf, darüber hinaus regelnden Charakter.

2. Vorrangsvoraussetzungen. a) Grundsatz. Voraussetzung des Vorrangs und der Anwendung der staatsver- **7** traglichen Kollisionsnorm ist, daß das zugrundeliegende Abkommen **völkerrechtlich** für Deutschland **in Kraft** getreten und in Kraft befindlich ist und seine Kollisionsnormen in **innerstaatliches** Recht **transformiert** worden sind. Bei mehrseitigen Abkommen ist einerseits die Ratifikation durch Deutschland, andererseits die Hinterlegung der Abkommensregelung genügenden Zahl von Ratifikationsurkunden bei der hierfür im Abkommen bestimmten Hinterlegungsstelle erforderlich (von besonderer praktischer Bedeutung im Verhältnis zu den Art 3–46 bei den Haager Abkommen sowie den auf Vereinheitlichung des materiellen Rechts gerichteten Abkommen, zB UNCITRAL-Übereinkommen („Wiener Kaufrecht"). Über den aktuellen **Stand** der Zeichnung, Ratifikation und der **Geltung** von Abkommen gibt Auskunft der jährliche „Fundstellennachweis B zum BGBl". Auf dem Gebiet des IPR ist das völkerrechtlich inzwischen (1. 4. 1991) in Kraft getretene EG-Schuldvertragsübereinkommen v 19. 6. 1980 (s Einl Rz 23 und vor Art 27 Rz 2, 3) in innerstaatlich anwendbares Recht **nicht transformiert** worden; sein Inhalt ist in die Regelung der Art 27–37 eingeflossen (vgl Einl Rz 23 und vor Art 27 Rz 2, 3).

b) Einzelheiten. Vorrang vor dem autonomen IPR haben lediglich solche staatsvertraglichen Kollisionsnor- **8** men, die verfassungsmäßig sind. Sie stehen der **Überprüfung** an den **Wertmaßstäben** des GG ebenso offen wie die Kollisionsnormen des autonomen Rechts und werden innerstaatlich ebenso unanwendbar wie letztere, wenn sie der Überprüfung nicht standhalten (vgl BVerfG NJW 1999, 631, 632; Coester-Waltjen JZ 1999, 462, 463; BGH FamRZ 1986, 1200; 1987, 679; KG IPRax 1987, 117; Karlsruhe IPRax 1990, 122; Rauscher NJW 1987, 531). Sie gehören zum „einfachen", im Rang unter dem GG stehenden Bundesrecht, wenn sie transformiert sind (Jayme/

Meessen, Staatsverträge zum IPR [1975] 25; Hannappel, Staatsangehörigkeit und Völkerrecht [1986] 22). Höherrangiges Völkerrecht iSv Art 25 GG oder nach allgemeinen Regeln des Völkerrechts sind sie nicht (vgl Maunz/Dürig Art 25 GG Rz 29); dies gilt für alle in Gebrauch befindlichen Kollisionsnormen auf staatsvertraglicher Grundlage (ebenso wie für die gewohnheitsrechtlich geltenden oder auf früherem Gewohnheitsrecht beruhenden, heute positivierten Grundstatuten des autonomen IPR), vgl Einl Rz 5 und BVerfG NJW 1999, 632 sowie Coester-Waltjen JZ 1999, 463 (zur verfassungskonformen Auslegung).

9 Wegen des Charakters als einfaches Bundesrecht ergibt sich ihr Verhältnis zum autonomen (geschriebenen wie ungeschriebenen) IPR nach den Regeln über den **Vorrang des spezielleren Gesetzes**. Insoweit hat Art 3 II lediglich klarstellenden Charakter. Zweifelhaft ist, ob die Wirkung der staatsvertraglichen Kollisionsnormen ohne die Regelung des Art 3 II von dem Inkrafttreten des reformierten EGBGB (IPR-Gesetz) nicht berührt worden wäre (verneinend Begründung BT-Drucks 10/504, 36; bejahend Meyer-Sparenberg, Staatsvertragliche Kollisionsnormen [1986] 68; auch Pal/Heldrich Art 3 Rz 7; s auch Ellger RabelsZ 63 [1999] 625, 633). Als späteres Gesetz hätten Art 3–38 (Fassung 1986) sowie Art 38–46 (Fassung 1999) den Abkommensnormen wohl vorgehen können, nicht aber als allgemeineres. So kommt es auf die Streitfrage nicht entscheidend an. Zweifelhaft ist schließlich, ob Art 3 II den staatsvertraglichen Normen lediglich gegenüber den Art 4–38 („Vorschriften dieses Gesetzes") Vorrang einräumt, nicht aber gegenüber den gewohnheitsrechtlich entwickelten Regeln des Delikts- und Sachstatuts (so Pal/Heldrich Art 3 Rz 7), wie sie bis zur Schaffung der Art 38–46 nF (Fassung 1999) praktiziert worden sind. Richtig dürfte sein, Art 3 II insoweit die Bedeutung einer (ohnehin hinter ihm stehenden) allgemeinen Regel zu geben, so daß Staatsvertragsrecht auch insoweit den notwendigen Vorrang hatte und hat.

10 Die Streitfrage, ob Art 3 II auch die vorrangige Anwendung der staatsvertraglichen Kollisionsnormen gegenüber den vom Bundesgesetzgeber in das EGBGB **inkorporierten** Abkommensinhalten (zB Art 18, 26, vgl Einl Rz 23) gebietet (bejahend Jayme IPRax 1986, 265, 266; Basedow NJW 1986, 2971, 2975; Mansel StAZ 1986, 315, 316; Hohloch JuS 1989, 81, 87; Meyer-Sparenberg, Staatsvertragliche Kollisionsnormen [1990] 72; verneinend v Bar IPR[1] I Rz 203; Schurig JZ 1987, 764; Pirrung IPVR 110; Pal/Heldrich Art 3 Rz 8f), ist wegen der inhaltlichen Übereinstimmung ohne größere praktische Bedeutung. Die Rspr läßt demgemäß die Frage regelmäßig dahinstehen (vgl BGH NJW 1991, 2212 = FamRZ 1991, 925; Braunschweig NJW-RR 1989, 1097; Bamberg NJW-RR 1990, 198; Hamm FamRZ 1989, 1095; 1331, 1332; aA jedoch [für Art 18] Hamm FamRZ 1987, 1307; 1989, 1084, 1085; 1333, 1334; KG FamRZ 1988, 167, 169; Hamburg FamRZ 1990, 794); wegen der **Nichterheblichkeit** der Frage liegt in der von anderen Entscheidungen bevorzugten Anwendung der inhaltsgleichen Kodifikationsnorm auch keine zur Revision führende **Verletzung** des Art 3 II iSd § 545 nF ZPO. Übereinstimmung besteht ohnehin darin, daß die inkorporierten Kollisionsnormen wegen ihrer Herkunft aus mehrseitigen staatsvertraglichen Ursprüngen **autonom** aus dem Inhalt und Geist der im Hintergrund stehenden Konventionen **auszulegen** sind (vgl Einl Rz 13). Wird dieses Prinzip auf die Dauer beachtet, kann es bei der heute gehandhabten Praxis ungeachtet des eigentlichen Vorrangs der Staatsvertragsnorm bleiben.

IV. Vorrang des Gemeinschaftsrechts (Abs II S 2)

11 Nach Abs II S 2 bleiben Regelungen in Rechtsakten der **Europäischen Gemeinschaften** unberührt, gehen also den Art 3ff vor (vgl Junker RIW 1998, 743; LG Frankfurt am Main NJW-RR 1998, 1589). Die Norm hat lediglich deklaratorische, insbesondere aber hinweisende Bedeutung. Mit dieser Zweckbestimmung ist sie auch vom Rechtsausschuß des BT in das Gesetz eingefügt worden (BT-Drucks 10/5632, 39; vgl das Vorbild des Art 20 EG-Schuldvertragsübereinkommen). Satz 2 bezieht sich lediglich auf **Gemeinschaftsrecht**, nicht auf harmonisiertes nationales Recht, das auf Rechtsangleichungsrichtlinien der EG beruht (ebenso Pal/Heldrich Art 3 Rz 9). Der Formulierung nach gibt Art 3 II S 2 allem Gemeinschaftsrecht diesen Vorrang, was aber ohnehin eine – in Art 3 II nicht eigens zu regelnde – Selbstverständlichkeit ist. Bedeutsamer ist, daß Art 3 II S 2 auch Kollisionsrecht auf gemeinschaftsrechtlicher Grundlage im Auge hat; da gemeinschaftsrechtlich fundiertes Kollisionsrecht inzwischen im Entstehen ist, kommt der – auch insofern nur deklaratorisch wirkenden – Norm steigende Bedeutung zu (vgl die ausführl Darstellung des Gesamtkomplexes in Einl vor Art 3 Rz 16). Vorgehendes Gemeinschaftsrecht stellt zB das EG-Recht über die Rechtsanwendung bei Versicherungsverträgen (vgl Art 37 Rz 8, 9) dar.

V. Konventionskonflikte

12 Art 3 II enthält keine Regelung für die Kollision mehrerer Staatsverträge. Nicht selten ist der Konflikt im später in Kraft getretenen der mehreren Staatsverträge geregelt (zB Art 21 EG-Schuldvertragsübereinkommen v 19. 6. 1980: Vorrang anderer nationaler Übereinkommen; Art 18 Haager Unterhaltsabkommen v 2. 10. 1973, BGBl 1986 II 837: Vorrang des Unterhaltsabkommens 1973 vor dem Haager Unterhaltsabkommen 1956). Soweit dies nicht der Fall ist, ist der Konflikt nach allgemeinen Regeln zu lösen (vgl allg Volken, Konventionskonflikte im IPR [1977]; Majoros RabelsZ 1982, 84): das speziellere Abkommen verdrängt danach in seinem Anwendungsbereich das generellere Abkommen; das spätere Abkommen geht dem früheren Abkommen vor. Beide Regeln gelten uneingeschränkt nur für Abkommen mit übereinstimmenden Partnern, vgl iü Art 30 III und IV des Wiener Übereinkommens über das Recht der Verträge v 23. 5. 1969, BGBl 1985 II 926.

VI. Einzelstatut bricht Gesamtstatut (Abs III)

Schrifttum: *Reichelt*, Gesamtstatut und Einzelstatut im IPR (1985); *Stöcker*, WM 1980, 1134; *Wochner*, FS Wahl (1973) 161.

13 **1. Gesamtstatut und Problematik.** Die Kollisionsnormen des Dritten und Vierten Abschnitts (Art 13–26) unterstellen die das Vermögen betreffenden Rechtsverhältnisse einer Person für den jeweiligen Anknüpfungsgegenstand (zB Güterstand, Beerbung) grundsätzlich einer einzigen Rechtsordnung, die dann als „Gesamtstatut" ungeachtet des Lageortes der einzelnen Vermögensgegenstände über deren rechtliche Behandlung entscheiden soll. Dieser Geltungsanspruch des Gesamtstatuts läßt sich dort nicht realisieren, wo das am Lageort des Vermögensgegenstandes geltende Recht für diesen einzelnen Vermögensteil „mit besonderen Vorschriften" die Regelung als „Einzelstatut" selbst zu treffen entschlossen ist. Aus Gründen des äußeren Entscheidungseinklanges und in realistischer Einschätzung der fehlenden Durchsetzungsfähigkeit läßt Art 3 III im Anschluß an und in Übereinstimmung mit Art 28 aF das Gesamtstatut dann dem Einzelstatut weichen, im Spiel ist dabei zT auch der Gedanke, daß damit das sachnähere Recht zur Anwendung gelangt (BGH 131, 29; BayObLG 1998, 247); zB regelt sich gemäß Art 3 III die Vererbung des in Frankreich belegenen Grundstückes eines deutschen Erblassers dann nicht gemäß dem von Art 25 I berufenen deutschen Erbrecht („Erbstatut als Gesamtstatut"), sondern gemäß Art 25 I iVm Art 3 III nach französischem Erbrecht (als „Einzelstatut" des in Frankreich belegenen Grundstückes). Die Folge ist dann rechtliche Spaltung des betroffenen Gesamtvermögens, zB sog „Nachlaßspaltung".

2. Anwendungsbereich. Art 3 III bezieht sich auf alle Verweisungen im 3. und 4. Abschnitt, die das **Vermögen** 14 einer Person einem bestimmten Recht unterstellen. Dies kann beim Ehewirkungsstatut (Art 14), in besonderem Maße beim Güterstatut (Art 15), aber auch beim Scheidungsstatut (Art 17 I als Scheidungsfolgenstatut, zB Hausrat), beim Kindschaftsstatut (Art 21 nF), beim Vormundschaftsstatut (Art 24) und dann vor allem beim Erbstatut (Art 25) der Fall sein. Art 3 III bezieht sich auf **Vermögensgegenstände aller Art**; da nicht nur Grundstücke und bewegliche Sachen, sondern auch Rechte und Forderungen einen Lageort haben (Piltz FamRZ 1979, 991; Kropholler IPR § 26 II), sind „besondere Vorschriften" des Lageortes in jeder Vermögenshinsicht zu beachten. Für die Form von Grundstücksverträgen enthält Art 11 IV eine Art 3 III entsprechende Vorschrift (vgl Art 11 Rz 31).

3. Besondere Vorschriften. a) Allgemeines. Welche Normen des Belegenheitsstaats als „besondere Vorschrif- 15 ten" Einzelstatutwirkung iSv Art 3 III haben, ist im einzelnen umstritten. Auszugehen ist davon, daß es sich um besondere Vorschriften handeln muß, die sich aus der Sicht des Belegenheitsstatuts auf einzelne oder besondere Vermögensteile der Person beziehen, in deren Interesse die Anknüpfung erfolgt. Nicht genügt demnach, daß der Belegenheitsstaat seinerseits im Bereich der im deutschen IPR von Art 13–25 geregelten Anknüpfungsgegenstände andere, vom deutschen Recht abweichende Gesamtanknüpfungen vorhält.

b) Einzelne Vorschriften. Besondere Vorschriften sind deshalb einmal **materiellrechtliche Vorschriften** des 16 Belegenheitsstaats über die Absonderung von Vermögensteilen als Sondervermögen aus dem Gesamtvermögen (ausführlich zur Entstehung insoweit Staud/Graue[12] Art 28 aF Rz 2, 7ff; s ferner Staud/Hausmann[13] Art 3 Rz 40ff). Das deutsche Recht selbst bildet solches Sondervermögen hinsichtlich der Vererbung des Gesellschaftsanteils eines persönlich haftenden Gesellschafters einer Personengesellschaft (OHG, KG), hinsichtlich der Sondernachfolge des Hoferben bei dem Anerbenrecht unterliegenden landwirtschaftlichen Anwesen (BGH MDR 1965, 818; Oldenburg IPRsp 1979 Nr 135), ebenfalls Sondervermögen in dieser Art liegen in den Fideikommissen und Lehen des früheren Rechts vor (ausführlich und differenzierend zwischen Bundes- und Landesrecht MüKo/Sonnenberger Art 3 Rz 19ff, 36). Mangels Absonderungsfunktion genügen *nicht* den an „besondere Vorschriften" dieser Art zu stellenden Anforderungen die Vorschriften über Versorgungsanwartschaften iSd §§ 1587ff BGB (ebenso Pal/Heldrich Art 3 Rz 13; aA AG Charlottenburg NJW 1984, 2042, 2043; Piltz FamRZ 1979, 991), auch nicht die Genehmigungserfordernisse beim Verkehr mit landwirtschaftlichen Grundstücken nach dem GrundstückverkehrsG (BGH NJW 1969, 369) oder für Rechtsgeschäfte betreffend Hausrat und Ehewohnung bei Getrenntleben (aM KG JPRspr 1996 Nr 67), auch nicht der Grundsatz des numerus clausus der dinglichen Rechte im Sachenrecht (Pal/Heldrich Art 3 Rz 13; Staud/Graue[12] Art 28 aF Rz 23; aA BayObLG 1961, 4, 19). Zu „besonderen Vorschriften" ausländischer Sachrechte vgl Übersicht bei Staud/Hausmann[13] Art 3 Rz 99ff und Soergel/Kegel[12] Art 3 Rz 15–17 mwN.

Besondere Vorschriften sind dann auch die **Kollisionsnormen des Belegenheitsstaats**, die für einzelne Vermö- 17 gensbestandteile (insbesondere **Immobilien**) eine andere Anknüpfung vornehmen als die zum Gesamtstatut führenden Kollisionsnormen des deutschen Rechts. Während das deutsche IPR in den Art 14–25 einheitlich das Personalstatut (in der Form des Rechts der Staatsangehörigkeit oder des gewöhnlichen Aufenthalts) gelten läßt, berufen zahlreiche andere Staaten insbesondere für die Vererbung von Immobilien die lex rei sitae. Das führt zu **Nachlaßspaltung**, wenn die Berufung der lex rei sitae durch den Belegenheitsstaat aus deutscher Sicht beachtlich ist. Die Frage entsteht einmal dort, wo die deutsche Verweisungsnorm, die eine **Gesamtverweisung** enthält, zu einem Recht führt, das erbrechtlich oder ehevermögensrechtlich die Vermögensspaltung kennt (zB französischer Erblasser mit Grundvermögen in Deutschland, Italien und Frankreich: Rückverweisung bezüglich des deutschen Grundstücks auf deutsches Erbrecht, Art 4 I, Weiterverweisung bezüglich des italienischen Grundstückes auf italienisches Recht, Vererbung des französischen Grundstücks nach französischem Recht, Art 25 I, Erbstatut iü gem Art 25 I, 4 I und franz IPR Recht des Wohnsitzes). Die Frage entsteht ferner allgemein, ungeachtet des Renvoi, dann, wenn Grundstücke in einem Staat liegen, der insofern die lex rei sitae beruft, und diese lex rei sitae nicht zugleich das Gesamtstatut ist (zB deutscher Erblasser mit Inlandsvermögen und Grundvermögen in Frankreich: Erbstatut deutsches Recht, Art 25 I, Einzelstatut für das Grundvermögen in Frankreich franz Recht). Beispiele: BGH NJW 1993, 1921 – USA; Köln FamRZ 1992, 860 – Belgien; s noch Rz 18. Weitere Beisp aus der jüngeren Rspr: Celle OLGRp 2002, 246 – Florida; BayObLG NJW 2003, 216; FamRZ 2002, 1293; BGH 146, 310; KG ZEV 2000, 505; BayObLG VIZ 1999, 299; 2003, 254; 2003, 259 = NJW 2003, 216 m Anm Malte S 185–187 (allesamt „DDR-Grundstücke" betreffend, s Erl Art 25 Rz 62, 63, daselbst auch Lit zur „Nachlaßspaltung").

In der Zeit der Geltung des früheren IPR (Art 28 aF) war die Einbeziehung derartiger zu **kollisionsrechtlicher** 18 **Rechtsspaltung** führender Kollisionsnormen in die „besonderen Vorschriften" der bedeutendste Streitpunkt zu Art 28 aF gewesen (dafür BGH 45, 351ff und wesentliche Teile der Literatur; Übersicht über den Streit bei MüKo/ Sonnenberger[1] Art 28 aF Rz 6ff). Die Streitfrage ist für das seit 1986 geltende Recht (Art 3 III) iSd Rspr und hM gelöst worden, indem Art 3 III Art 28 aF inhaltlich unverändert reproduziert hat (vgl BR-Drucks 222/83; BT-Drucks 10/504 jeweils S 3f; s Hanisch ZIP 1990, 1241, 1246; nicht durchgreifende Bedenken bei Solomon IPRax 1997, 81). **Kollisionsrechtliche Rechtsspaltung** ist demgemäß im Sinne des Art 3 III **zu beachten**. Demgemäß kommt es zur Güterstandsspaltung und vor allem zur **Nachlaßspaltung** immer dort, wo nach der lex rei sitae für Grundstücke eine andere Rechtsordnung gilt als für das übrige Vermögen (s schon Rz 17, weiter vgl zB BayObLG NJW-RR 1990, 1033; LG München Rpfleger 1990, 167 mit Anm St. Lorenz; ausführlich Art 15 Rz 13; Art 25 Rz 36–38).

19 Keine „besonderen Vorschriften" iSv Art 3 III sind hingegen gegeben, wenn der Belegenheitsstaat eine andere Anknüpfung für das als Gesamtheit betrachtete Vermögen, zB den Nachlaß vorsieht, für das Erbstatut zB an das Domizil anstatt an die Staatsangehörigkeit anknüpft (zB Dänemark). Dies gilt auch, wenn ein Teil des Nachlasses ohne Rücksicht auf seine Belegenheit einem eigenen Erbstatut unterstellt wird, zB in Frankreich alle bewegliche Habe dem letzten Wohnorts- oder Domizilrecht (Ebenroth/Eyles IPRax 1989, 1, 4; Lüderitz IPR Rz 168; MüKo/Sonnenberger Art 3 Rz 22). Daß gleichwohl Nachlaß- oder Vermögensspaltung entstehen kann, ist nicht Folge solcher unterschiedlicher Gesamtanknüpfung, die einen Renvoi zur Folge haben kann, sondern ggf Konsequenz eines aus mobiler und immobiler Habe bestehenden Gesamtvermögens.

20 c) **Reichweite**. Art 3 III führt zur **Verdrängung** der auf ein einheitliches Vermögensstatut verweisenden Kollisionsnormen nur insoweit, als es um Regelungen des Belegenheitsstaates **hinsichtlich eines Gegenstandes selbst** geht. Art 3 III unterwirft **Vorfragen** der Sonderanknüpfung des Belegenheitsrechts **grundsätzlich nicht** (Stoll IPRax 1984, 1f). Soweit Vorfragen selbständig anzuknüpfen sind (Einl Rz 41ff), greift Art 3 III nicht erneut ein. Da Art 3 III aber für den abgespaltenen Vermögensteil zu dessen mit grundsätzlich umfassendem Wirkungsanspruch ausgestatteten Statut führt, bestimmt dieses Statut in seinem Anwendungsbereich auch über die unselbständig anzuknüpfenden Teil- und Vorfragen (zB Beurteilung besonderer erbrechtlicher Geschäftsfähigkeit, § 2229 I BGB; s Art 25 Rz 21ff; ebenso MüKo/Sonnenberger Art 3 Rz 27).

VII. Geltung des IPR im Beitrittsgebiet

21 1. **Grundsatz der Anwendbarkeit**. Mit der Öffnung der innerdeutschen Grenze am 9. 11. 1989 sind die Vorbedingungen für die **Wiederherstellung der** nach 1945 und ab 1949 (Schaffung der Bundesrepublik Deutschland und der Deutschen Demokratischen Republik) zunehmend verlorengegangenen **deutschen Rechtseinheit** auf dem Gebiet des **Privatrechts** geschaffen worden. Den ersten Schritt bildete die zum 1. 7. 1990 wirksam gewordene teilweise Vereinheitlichung des Handels-, Gesellschafts-, Wettbewerbs-, Arbeits- und Verbraucherschutzrechts noch durch die DDR-Gesetzgebung v 21. 6. 1990, DDR-GBl I 357, die in Umsetzung des Staatsvertrages v 18. 5. 1990 über die Schaffung einer Währungs-, Wirtschafts- und Sozialunion (BGBl II 517) erfolgt war (dazu Engelhard DtZ 1990, 129; Scholz RIW 1990 Supplement DDR Folge 9, 1; Brandt/Ziegler NJ 1990, 270). **Grundsätzliche Rechtseinheit** auf dem Gebiet des **Privatrechts** wurde dann mit Inkrafttreten des **Einigungsvertrages** v 31. 8. 1990 (BGBl II 885) erzielt. Gem Art 8 ist mit der staatlichen Vereinigung am 3. 10. 1990 im Beitrittsgebiet das **Bundesrecht** in Kraft getreten. Dies gilt insbesondere für das **BGB**, vgl Art 230 II. Zu weiterbestehenden oder seit dem 3. 10. 1990 nach und nach abgebauten Ausnahmen und Überleitungsvorschriften Art 231–236. Erläuterungen dazu jeweils in den Abschnitten „Innerdeutsches Kollisionsrecht" bei Art 7–46 (idR im jeweiligen Abschnitt I 5 oder 6).

22 Mit dem Bundesrecht ist zum 3. 10. 1990 **im Beitrittsgebiet** auch das **IPR des EGBGB in Kraft** getreten (ausführlich Pirrung RabelsZ 55 [1991] 211, 215, 223ff). Grundsätzlich **in Kraft** getreten sind **auch** die zuvor in der alten Bundesrepublik in Geltung befindlich gewesenen **staatsvertraglichen Kollisionsnormen** (Art 11 EinigungsV). Bei Sachverhalten mit Auslandsberührung ist seither im gesamten Rechtsgebiet die kollisionsrechtliche Frage nach der Anwendbarkeit deutschen oder ausländischen Rechts **einheitlich** auf der Grundlage des **IPR des Bundesrechts**, dh gem Art 3ff (einschließlich Art 220) und der staatsvertraglichen Kollisionsnormen zu beantworten. Ist danach deutsches Recht anzuwenden und kommt ein innerdeutscher Rechtskonflikt in Betracht, ist dieser iS einer Unteranknüpfung nach den Regeln des innerdeutschen Kollisionsrechts zu lösen (vgl Rz 24ff).

23 2. **Anwendbarkeit von DDR-IPR in Altfällen**. Das RAG der früheren DDR (s Einl Rz 58) ist mit dem 3. 10. 1990 **außer Kraft** getreten. **Nicht mehr in Anwendung** sind auch die für die frühere DDR in Geltung befindlich gewesenen Kollisionsnormen der **Rechtshilfeverträge** der DDR; bis zur endgültigen Klärung der Haltung des vereinten Deutschland waren sie „in der Schwebe" (Art 12 EinigungsV), inzwischen steht seit längerem als Ergebnis fest, daß die Bundesrepublik diese Verträge jeweils nicht für sich in Geltung überführt hat. Dieses Kollisionsrecht der ehemaligen DDR behält begrenzte **Bedeutung** lediglich im Rahmen der für „**Altfälle**" (abgeschlossene Vorgänge) eingeführten **Übergangsregelung** des **Art 236 § 1**: Nur wenn der Sachverhalt nach innerdeutschem Kollisionsrecht durch seine auf die ehemalige DDR hinweisenden überwiegenden Bezüge („interlokal") nach dem Recht der DDR zu beurteilen ist, kommt es im Rahmen der intertemporalen Rechtsanwendungsvorschriften zur Anwendung des RAG und dann zur Entscheidung über die Anwendung des Rechts der ehemaligen DDR oder eines ausländischen Rechts (Einzelheiten vgl bei Art 236 Rz 5ff).

VIII. Innerdeutsches Kollisionsrecht

24 1. **Art 3ff und interlokales Recht**. Keine Geltung haben die Art 3ff mangels Auslandsbezuges des Falles bei **interlokalen Sachverhalten**. Soweit die grundsätzlich bundesrechtliche und einheitliche Geltung des Privatrechts Randgebiete, die lediglich landesrechtlich geregelt sind, übrig gelassen hat (zB privates Nachbarrecht der Landesnachbarrechtsgesetze, Gegendarstellungsrecht der Landespresse- und Mediengesetze, dazu Hohloch in Beiträge zum Medienprozeßrecht, Festgabe Ule [1988] 71, 76ff), und bei Fällen interlokaler Prägung (wie regelmäßig), eine besondere interlokalrechtliche Kollisionsnorm nicht vorhanden ist, können zur Bildung interlokalrechtlicher Kollisionsnormen die Art 3ff entsprechend herangezogen werden. Vgl Einl Rz 8.

2. Kollisionsrecht im Verhältnis alte – neue Bundesländer („innerdeutsches Kollisionsrecht"). a) Termi- 25 nologie. Die Wiedererlangung der staatlichen Einheit hat einerseits zur Entkrampfung in der Wahl der Begriffe, andererseits nicht unbedingt zu begrifflicher Klarheit geführt. Wurde von 1945 bis 1989 die Rechtsanwendungsproblematik im Verhältnis zwischen den Teilrechtsgebieten zunächst der Besatzungszonen als „interzonales Recht" bezeichnet, kennzeichnete später aus westdeutscher Sicht der bewußt gewählte Begriff „interlokales Recht" auch die Rechtsanwendungsproblematik zwischen den sich immer weiter voneinander entfernenden Rechtsgebieten der BRepD und der DDR, während dieses Feld für die DDR immer mehr und immer eindeutiger zu einem Anwendungsfeld des IPR geriet. Im Zuge der erneuten Schaffung der Rechtseinheit auf dem Gebiete des Privatrechts ist die deutsch-deutsche Kollisionsrechtslage immer mehr als „innerdeutsches Kollisionsrecht" gekennzeichnet worden. Der Begriff hat insofern seine Berechtigung, als die schlichte interlokalrechtliche Rechtsanwendungsproblematik nur vergleichsweise geringe Dimensionen aufweist. Mit der Schaffung der Rechtseinheit auf dem Gebiete des Privatrechts (Rz 21) ist für rein interlokalrechtliche Konflikte nur dort Raum, wo das **geltende** Recht des **Beitrittsgebiets** vom geltenden Recht der **alten Bundesländer** nach Maßgabe der Art 230–235 weiterhin, aber in nach und nach schwindendem Maße abweicht (zB Art 230 I, 231 § 5, Art 232 § 2 II–VII, Art 233 §§ 3–5, Art 235 § 1 II). Die hierdurch verursachte räumliche Rechtsspaltung betrifft nur begrenzte Sachverhalte und ist seit dem 3. 10. 1990 auch schon in beträchtlichem Umfang abgebaut worden (zB Rechtsvereinheitlichung auf dem Gebiet des zunächst uneinheitlichen Erbrechts nichtehelicher Kinder durch ErbGleichG v 16. 12. 1997 mit Wirkung ab 1. 4. 1998, vgl Art 235 § 1 II aF und jetziger Fassung). Erheblich größere Bedeutung kommt hingegen den bei Altfällen nach Maßgabe der Übergangsvorschriften zu beachtenden Rechtsunterschieden zwischen den alten und den neuen Bundesländern zu (vgl die insoweit in Art 230–236 angeordnete partielle Weitergeltung von Recht der ehemaligen DDR). Hierbei handelt es sich um Rechtsspaltung sowohl **temporaler** als auch **räumlicher** (begrenzt auf das Teilrechtsgebiet der früheren DDR) **Art**; da sämtliche Gebiete des bürgerlichen Rechts von diesen Vorbehalten für das Recht der ehemaligen DDR betroffen sind, kommt diesen Abweichungen erhebliche praktische Bedeutung zu. Ihre Bewältigung ist eine Frage nicht nur des interlokalen, sondern vor allem des intertemporalen Rechts. Als dritte Komponente des „innerdeutschen Kollisionsrechts" tritt schließlich die dem Kollisionsrecht gestellte Aufgabe hinzu, die Verschiedenheit der Kollisionsrechte der alten Bundesrepublik und der ehemaligen DDR bei der Schaffung des zur Handhabung der Rechtsspaltung erforderlichen Binnenkollisionsrechts zu bewältigen. Aus allem rechtfertigt sich der – zumindest vorübergehend sinnvolle – Gebrauch des besonderen Begriffs des „innerdeutschen Kollisionsrechts".

b) Früherer Rechtszustand. aa) Vor dem Zeitpunkt der Schaffung der staatlichen Einheit wies aus der **Sicht** 26 **des Rechts der ehemaligen DDR** die Kollisionsrechtslage im Verhältnis zur BRepD keine Besonderheiten auf. Da die BRepD aus der Sicht der ehemaligen DDR Ausland war, galten uneingeschränkt die Regeln des Internationalen Privatrechts der DDR, dh das **RAG**, sowie ggf Regeln des Außenprivat- und Wirtschaftsrechts des GIW (vgl Einl Rz 58).

bb) Aus der **Sicht** des Rechts der **BRepD**, für die die ehemalige DDR auch in der Zeit nach dem Abschluß des Grundlagenvertrages v 21. 12. 1972 (BGBl 1973 II 423) **kein Ausland** war, war die Rechtsanwendung im Verhältnis zur DDR mit Hilfe der Regeln des **interlokalen Rechts** zu regeln (für die hM BGH 40, 32; 85, 16; ausführliche Nachweise Pal/Heldrich[49] Anh Art 3). Da eine gesetzliche Regelung dieser interlokalen Kollisionsnormen seit jeher fehlt, hat die hM (s Rz 24 und Einl Rz 8) die Normen des IPR, nach der Neuregelung des IPR die Art 3ff, entsprechend herangezogen (zu Abweichungen im Scheidungsfolgenrecht BGH 85, 16, 22).

c) Heutiger Rechtszustand. aa) Ein solches, heute zur Klärung der vielfältigen offenen Fragen wünschenswer- 27 tes (Mansel IPRax 1990, 285; Pal/Heldrich Anh Art 3 Rz 3) „Gesetz über das deutsche interlokale Privatrecht" liegt bislang und auch für die nähere oder weitere Zukunft nicht vor. Zur Bewältigung der durch Art 8, 12 EinigungsV und Art 230–236 geschaffenen bzw temporär aufrechterhaltenen Rechtsspaltung waren demgemäß Kollisionsregeln von Rspr und Wissenschaft zu bilden. Basis dieses so zu schaffenden „innerdeutschen Kollisionsrechts", das für das gesamte jetzige Rechtsgebiet aus einheitlichen Quellen zu fließen und einheitliche Gestalt zu haben hat, sind und werden ein weiteres die **Bundesrecht darstellenden** und **im Gesamtrechtsgebiet geltenden** Kollisionsregeln des IPR **(Art 3ff)** geworden.

bb) Kein Raum war bei der Bildung der Kollisionsregeln des „Binnenkollisionsrechts" **für die Heranziehung** 28 des außer Kraft getretenen **Kollisionsrechts** der ehemaligen **DDR**. Das RAG ist seit dem 3. 10. 1990 nicht mehr in Kraft. Es ist auf der Ebene des IPR durch Art 3ff verdrängt und ersetzt worden, die nunmehr allein die auf gesetzlicher Grundlage existierenden „räumlichen" Kollisionsregeln des deutschen Rechts darstellen. Nach lange überlieferter deutscher Rechtspraxis sind sie, wenn im interlokalen Recht keine geschriebenen Regeln vorhanden sind, Vorbilder der dann für das ILR per Analogie zu schaffenden Kollisionsregeln. Derartige Schaffung innerdeutschen, dh interlokalen Kollisionsrechts auf der Grundlage bundeseinheitlicher Regeln garantiert allein die Bundeseinheitlichkeit des ILR. Dieser Grundforderung (s 9. Aufl Art 3 Rz 28) entspricht die seit dem 3. 10. 1990 vollzogene Entwicklung; s für die Rspr BGH 124, 270; 127, 370; 128, 43; 131, 26, die die im folgenden dargestellten Anknüpfungspunkte beherzigt (s dazu und zur Bedeutung für „Altfälle" und laufende Sachverhalte die Erläuterungen zu Art 7–46 im jeweiligen Abschnitt „Innerdeutsches Kollisionsrecht").

cc) Bildung innerdeutscher Kollisionsregeln auf der Basis der Art 3ff und des bisherigen interlokalen Rechts 29 der alten BRepD bedeutet der Zugrundelegung der zum Rechtszustand vor dem 3. 10. 1990 hM, im Geltungsbereich des **Personalstatuts** statt auf die Staatsangehörigkeit auf den gewöhnlichen Aufenthalt des oder der Betroffenen abzustellen ist (so zum alten ILR BGH 40, 32; FamRZ 1976, 612, 613; BGH 91, 186, 196; Zusammenstellung der Rspr bei Soergel/Kegel[11] vor Art 7 Rz 191 mwN; für das „Innerdeutsche Kollisionsrecht" die Rz 28 aE zitierte BGH-Rspr als Ergebnis der seit 1990 abgelaufenen Grundsatzentwicklung). Bei den anderen Statuten ergeben sich Abweichungen zu den Regeln des IPR grundsätzlich nicht. Die hM hatte mit ihrer Ersetzung der Staatsangehörigkeit durch den gewöhnlichen Aufenthalt jedoch Schwierigkeiten, den Belangen von in einem **Drittland** lebenden Deutschen gerecht zu werden. Im Schrifttum wurden zur Lösung dieses Kernproblems die verschiedensten Lösungen angeboten (für Ermittlung des Rechts der engsten Beziehung im konkreten Fall Heldrich FamRZ 1959, 46; Geimer DNotZ 1970, 682; Blumenwitz JbOstR 1967, 175, 196; Wähler in Zieger [Hrsg], Das Familienrecht in beiden deutschen Staaten [1983] 181; v Bar IPR I Rz 292; für Anwendung des Rechts der BRepD Raape/Sturm IPR § 20 A II 4a; für das Recht des letzten gewöhnlichen Aufenthalts in Deutschland Erman/Marquordt[7] vor Art 7 Rz 42; Kegel IPR § 13 II 8; Ferid IPR § 2–39). Als jüngster, freilich bis zuletzt heftigst umstrittener Vorschlag wurde schließlich vertreten, entsprechend den für das IPR geltenden Regeln auf das Recht der effektiven Staatsangehörigkeit abzustellen. Bei Deutschen, die (aus der Sicht der früheren BRepD) zusätzlich zu der einheitlichen deutschen Staatsangehörigkeit gem Art 16 und 116 I GG die Staatsbürgerschaft der ehemaligen DDR besaßen (vgl Art 5 Rz 26), sollte kollisionsrechtlich diejenige der beiden Staatsangehörigkeiten maßgeblich sein, welcher der Betroffene objektiv und subjektiv enger verbunden war (Heldrich NJW 1978, 2169, 2172; ebenso dann Knoke, Deutsches Internationales Privat- und Verfahrensrecht nach dem Grundvertrag [1980] 89; Rahm/Künkel/Breuer VIII Rz 126; MüKo/Sonnenberger[2] Einl IPR Rz 139f; Staud/Firsching[10/11] Art 24 aF Rz 95; Zusammenstellung bei Mansel DtZ 1990, 225; ders IPRax 1990, 283; aA Wassermann FamRZ 1990, 333; aus der Rspr Schleswig 1989, 49; SchlHA 1983, 13; KG IPRspr 1979 Nr 13 A; KG ROW 1986, 379).

30 Nach der Vereinigung und der Erlangung der grundsätzlichen Rechtseinheit konnte dieser Streit ohne die Aufladungen der Vergangenheit betrachtet und entschieden werden. Wegen der seit dem 3. 10. 1990 entweder schon bestehenden oder in Teilgebieten sukzessive erfolgten oder noch erfolgenden Rechtseinheit ist die Bedeutung der innerdeutschen Anknüpfung immer mehr geschrumpft; zum Anwendungsbereich vgl Rz 25. Für diesen Restbereich ist auf die regelmäßig durch den gewöhnlichen, ggf den letzten gewöhnlichen Aufenthalt vermittelte „Gebietszugehörigkeit", dh die Zugehörigkeit zu einem der beiden Teilrechtsgebiete, abzustellen (ähnlich schon Drobnig RabelsZ 37 [1973], 485, 495; jetzt Kropholler IPR § 29 III, auch Beitzke StAZ 1990, 150; jetzt auch MüKo/Sonnenberger[3] Einl IPR Rz 228, 229). Der Unterschied zur Auffassung, die weiterhin von der Staatsangehörigkeit ausgehen wollte (Mansel DtZ 1990, 225, 227; Pal/Heldrich[50] Anh Art 3 Rz 5) ist im Ergebnis gering, da hier wie dort der gewöhnlichen Aufenthalt die Entscheidung maßgeblich bestimmt und andere Faktoren (Willensrichtung, sonstige familiäre und berufliche Bindungen) allenfalls am Rande mitbestimmen können (ähnlich Pirrung RabelsZ 55 [1991], 211, 234). Die Betonung der „Gebietszugehörigkeit" stellt aber eindeutig klar, daß die untergegangene Staatsbürgerschaft der ehemaligen DDR auch heute lediglich mit dem faktischen Element der Einbeziehung der Betroffenen in das Teilrechtsgebiet der ehemaligen DDR Bedeutung verlangen kann.

31 dd) Für Einzelheiten vgl die Darstellungen des ILR bei den einzelnen Art des EGBGB.

4 Rück- und Weiterverweisung; Rechtsspaltung
**(1) Wird auf das Recht eines anderen Staates verwiesen, so ist auch dessen Internationales Privatrecht anzuwenden, sofern dies nicht dem Sinn der Verweisung widerspricht. Verweist das Recht des anderen Staates auf deutsches Recht zurück, so sind die deutschen Sachvorschriften anzuwenden.
(2) Soweit die Parteien das Recht eines Staates wählen können, können sie nur auf die Sachvorschriften verweisen.
(3) Wird auf das Recht eines Staates mit mehreren Teilrechtsordnungen verwiesen, ohne die maßgebende zu bezeichnen, so bestimmt das Recht dieses Staates, welche Teilrechtsordnung anzuwenden ist. Fehlt eine solche Regelung, so ist die Teilrechtsordnung anzuwenden, mit welcher der Sachverhalt am engsten verbunden ist.**

Schrifttum: *Ebenroth/Eyles,* Der Renvoi nach der Novellierung des deutschen IPR, IPRax 1989, 1ff; *Mansel,* Personalstatut, Staatsangehörigkeit und Effektivität (1988); *Schnitzer,* Der Renvoi. Rück- und Weiterverweisung im Internationalen Privatrecht, SJZ 1973, 213ff; *Schwander,* Einige Gedanken zum Renvoi, Liber Amicorum Schnitzer (Genf 1979) 411ff; *Sonnentag,* Der Renvoi im Internationalen Privatrecht (2001); *Stoll,* Bemerkungen zu den Vorschriften über den „Allg Teil" im Gesetzentwurf der Bundesregierung zur Neuregelung des IPR (Art 3–9, 11–12), IPRax 1984, 1ff.

I. Allgemeines

1 1. Das deutsche IPR folgt in **Art 4 I S 1** dem Prinzip der **Gesamtverweisung.** Grundsätzlich wird auf „die Rechtsordnung" eines Staates verwiesen, einschließlich der Vorschriften des IPR jener Rechtsordnung. So definiert schon Art 3 I die Funktion der Kollisionsnormen des deutschen IPR (vgl Art 3 Rz 2). Kollisionsnormen des IPR müssen nicht notwendig auf dem Bauprinzip der Gesamtverweisung beruhen, sie können auch direkt das materielle Recht (Sachrecht) einer Rechtsordnung für anwendbar erklären. Bei den als Ausnahme verstandenen **Sachnormverweisungen** des deutschen IPR ist dies im – freilich insgesamt gesehen nicht seltenen – Fall so (vgl Art 3 Rz 4, 5 und unten Rz 11). Andere nationale Rechte beruhen gänzlich auf dem Prinzip der Sachnormverweisung und führen dann immer unmittelbar zum Sachrecht des für anwendbar gehaltenen Rechts (so exemplarisch früher das italienische IPR, seit Art 30 des Codice civile von 1942 die Verweisung als Sachnormverweisung definiert hat, vgl näher v Bar IPR I Rz 481, 619ff; dies gilt in dieser Einheitlichkeit nicht mehr für das 1995/1996 novellierte IPR; auf dem Prinzip der Sachnormverweisung beruht nach wie vor das IPR zB von Brasilien). Die meisten nationalen Kollisionsrechte befolgen jedoch so, wie es das heutige deutsche IPR kraft Anordnung des Gesetzgebers tut, ebenfalls das Bauprinzip der Gesamtverweisung (vgl Begründung RegE, BT-Drucks 10/504, 38f; zur Grundsatzfrage und zu den Standpunkten anderer Kollisionsrechte Raape/Sturm IPR § 11 V). Das deutsche IPR, das beide Arten von Verweisung kennt und einsetzt, muß heute in seinen Kollisionsnormen zu erkennen geben, wann Gesamt- und wann Sachnormverweisung vorliegt. An mehreren Stellen ist dies im Gesetz durch deutliche Kennzeichnung („gelten die Sachvorschriften..." Art 18 I) geschehen. Eine weitere Gruppe bilden die Rechtswahl-Sachnormverweisungen des Abs II. Für die Fälle der im neuen Recht gegenüber früher in erheblich größerem Umfang zugelassenen Rechtswahl (Art 25 II, 14 III, 15 II, III, auch Art 10 II, III nF) ordnet **Abs II** das Verbot der Kollisionsrechtswahl an; gleiches bewirkt Art 35 I für die aus dem RömÜbk sachlich übernommenen („inkorporierten") Art 27ff. Gewählt werden kann danach lediglich das Sachrecht (s aber Rz 14). Fehlt die Kennzeichnung, dann ist für die einzelne Kollisionsnorm gem der Auslegungsregel des Abs I S 1 Hs 3 zu prüfen, ob anstatt des Regelfalles der Gesamtverweisung der Ausnahmefall der Sachnormverweisung gegeben ist (s Rz 16).

Enthält die deutsche Kollisionsnorm eine Gesamtverweisung, kann es durch die von der ausländischen Kollisionsnorm ihrerseits ausgesprochene Verweisung dann, wenn die dortige Anknüpfung von der der deutschen Norm zugrundeliegenden Anknüpfung abweicht (zB Anknüpfung an den gewöhnlichen Aufenthalt anstatt an die Staatsangehörigkeit, s Bucher, Staatsangehörigkeits- und Wohnsitzprinzip, SchwJbIntR 1972, 76ff) zum sog **Renvoi** in der Form der **Rückverweisung** (auf das deutsche Recht) oder der **Weiterverweisung** (auf ein drittes Recht) kommen. Konsequenz des Bauprinzips der Gesamtverweisung ist für das deutsche IPR die **Billigung** des Renvoi. Im alten EGBGB waren der Renvoi und seine Befolgung in Art 27 aF enthalten (vgl dazu und zur Vorgeschichte Erman/Arndt[7] Art 27 aF Rz 1ff), das neue Recht hat die Regelung zweckmäßig nach Art 4 I verlagert und damit die Allgemeingültigkeit des Prinzips zum Ausdruck gebracht (vgl Begr RegE, BT-Drucks 10/504, 39). Innerer Grund der Gesamtverweisung ist das Streben nach äußerem Entscheidungseinklang. Da bei Rückverweisung (auf das deutsche Recht) das Spiel nicht endlos weitergehen kann, ist dann in Abs I S 2 der „Abbruch" der Rückverweisung, die Entscheidung nach eigenem materiellen Recht angeordnet. Auch diese Regel ist lediglich Wiederholung und Neunormierung des seit der Entdeckung des Renvoi geltenden Prinzips der **Annahme** der Rückverweisung (vgl Art 27 aF und zur Geschichte Erman/Arndt[7] Art 27 aF Rz 1–3).

2. Abs III regelt im formalen Anschluß an die Gesamt- und Rückverweisungsregelung der Abs I–II die damit im Zusammenhang stehende Problematik der **Unteranknüpfung bei Mehrrechtsstaaten**. Führt die kollisionsrechtliche Verweisung zum Recht eines der in beträchtlicher Anzahl vorhandenen Staaten ohne einheitliche Privatrechtsordnung (Mehrrechtsstaat), vgl Einl Rz 7, ist die maßgebliche Teilrechtsordnung durch eine **Unteranknüpfung** zu bestimmen. Diese ergibt sich entweder schon aus der vom deutschen IPR ausgesprochenen Verweisung (Ausgangsregelung des Abs III S 1) oder aus dem interlokalen oder interpersonalen Kollisionsrecht des betreffenden ausländischen Staates (Abs III S 1 Hs 2, so zB vorhanden in Restjugoslawien). Besteht in dem ausländischen Staat, in dessen Rechtsordnung verwiesen ist, kein einheitliches Binnenkollisionsrecht (so in USA, Kanada), dann ist gemäß Abs III S 2 die Teilrechtsordnung der engsten Beziehung anwendbar.

II. Gesamtverweisung, Rückverweisung, Weiterverweisung (Abs I S 1, 2)

1. Die dem deutschen IPR zugrundeliegenden Gesamtverweisungen führen, wenn die von der Kollisionsnorm ausgesprochene Verweisung zum fremden Recht führt, zunächst zu dessen IPR. Dessen Normen und deren Standpunkte sind auf der Grundlage und aus der Sicht der fremden Rechtsordnung zu betrachten und auszulegen, ihre Qualifikation erfolgt also nicht aus der Sicht der (deutschen) lex fori, sondern aus der Sicht der betreffenden ausländischen Rechtsordnung (RG 145, 85, 86; BGH 24, 352; NJW 1980, 2016, 2017; s auch v Bar/Mankowski[2] I S 689ff; MüKo/Sonnenberger[3] Art 4 Rz 36ff), sofern diese nicht eine Qualifikationsverweisung auf ein anderes Recht enthält (vgl Einl Rz 40; zur Qualifikationsverweisung Jayme ZfRV 1976, 93ff). Nicht selten unterscheidet sich der gewonnene Stand- und Anknüpfungspunkt der ausländischen Rechtsordnung vom Anknüpfungspunkt der deutschen Kollisionsnorm (vor allem im Bereich des Personalstatuts durch Bevorzugung des Domizils bzw gewöhnlichen Aufenthalts gegenüber der Staatsangehörigkeit; insbesondere im Verhältnis zu Frankreich, Schweiz, Dänemark, Staaten des anglo-amerikanischen Rechtskreises zu beachten!). Will das ausländische Recht seinerseits das deutsche Recht angewandt wissen, so wird diese **Rückverweisung** befolgt; will das fremde Recht eine dritte Rechtsordnung angewandt sehen, so wird vom deutschen IPR auch eine solche **Weiterverweisung** befolgt. Letztere führt je nach dem einschlägigen Standpunkt des weiterverweisenden ausländischen IPR wiederum als Gesamt- oder Sachnormverweisung in das Recht des Drittstaates, aus dessen Sicht dann über das Schicksal der Verweisung iS einer Annahme, einer weiteren Rückverweisung oder erneuten Weiterverweisung zu befinden ist (hM; s LG Bochum IPRspr 1958/59 Nr 147; LG Augsburg IPRspr 1972 Nr 89; BayObLG IPRspr 1972 Nr 128; LG Frankfurt am Main IPRspr 1975 Nr 53; Köln NJW 1980, 2646 m Anm Kropholler; für Abbruch der ersten Weiterverweisung hingegen RG 64, 389, 394; AG Kaufbeuren IPRax 1984, 221; aM teilw Michaels RabelsZ 63 [1997] 685).

Grundsätzlich ist durch deutsche Stellen das ausländische IPR (des Staates, in den verwiesen wird, des Staates, in den die Weiterverweisung führt und ggf eines vierten und weiteren Staates) so zu handhaben, wie es in dem zuständigen Staat gehandhabt wird; die Schranke des Art 6 S 1 und 2 bleibt vorbehalten, indes ist dabei der „Inlandsbezug" stets mit besonderer Sorgfalt abzuwägen (vgl Einl Rz 51; Art 6 Rz 16, 17).

2. Befolgt wird vom deutschen Recht auch die sog **unechte** oder **versteckte Rückverweisung**, die im Verhältnis vor allem zu den Rechten des anglo-amerikanischen Rechtskreises auftritt (vgl schon Einl Rz 36; ausführlich und nach Fallgruppen differenzierend MüKo/Sonnenberger Art 4 Rz 40ff). Das System der Gesamtverweisungen, das die Möglichkeit des Renvoi inkludiert, ist auf das kontinentale, in seinen Systemzusammenhängen im wesentlichen übereinstimmende IPR Europas abgestellt. Wird durch die Kollisionsnorm des deutschen Rechts in ein solches Recht verwiesen, findet die Verweisung ihre Entsprechung in einer ähnlich gebauten Kollisionsnorm, die die Verweisung entweder annimmt oder zurück- bzw weiterverweist. Das deutsche IPR kann dann innerhalb eines einheitlichen Systems das im Endergebnis anwendbare Sachrecht feststellen.

Dieses Verweisungssystem funktioniert demgemäß überall dort, wo das fremde Recht „ähnlich denkt", dh in Kontinentaleuropa, den Staaten des früheren sozialistischen Rechtskreises, in Lateinamerika, Ostasien und – mit gewissen Einschränkungen – in den Staaten des islamischen Rechtskreises. Auf Schwierigkeiten stößt die Verweisungstechnik bei Sachverhalten mit Berührung zu Rechten des anglo-amerikanischen Rechtskreises. In diesen Rechten besteht ein vollständiges System von echten Kollisionsnormen (Normen mit Verweisungen auf Rechtsordnungen) nicht. Soweit dort heute für wesentliche Teilgebiete (Vertrag, Delikt) ebenfalls Kollisionsnormen der in Kontinentaleuropa bekannten und benutzten Art vorhanden sind, können Sachverhalte mit Bezug dorthin vom deutschen IPR grundsätzlich wie jeder andere Sachverhalt mit Auslandsberührung behandelt werden. Anwendungsgebiet der „versteckten" bzw „unechten" Rückverweisung ist dagegen jenes Teilgebiet des Privatrechts (Teile des internationalen Familienrechts und Erbrechts), für dessen Sachverhalte mit Auslandsbezug die genannten Rechtsordnungen keine Kollisionsnormen entwickelt haben, sondern sich mit einem „zuständigkeitsrechtlichen" Ansatz begnügen und demgemäß bei Bejahung eigener Zuständigkeit („jurisdiction") auf der Grundlage von Domizil oder Aufenthalt Sachentscheidungen treffen bzw bei Verneinung solcher Zuständigkeit Sachentscheidungen konsequent nicht treffen. Führt nun die Verweisung durch die deutsche Kollisionsnorm in ein solches Recht, so ist, wenn die Prüfung dieses Rechts ergibt das Fehlen einer echten Kollisionsordnung, die Zuständigkeitsordnung zu prüfen. Ergibt die Prüfung, daß eine Zuständigkeit, sei es auch nur iSv konkurrierender Zuständigkeit, bejaht wird, wird dieser Umstand als „Annahme" der von der heimischen Kollisionsnorm ausgesprochenen Verweisung gedeutet, mit der Folge, daß dann auch das materielle Recht des seine Zuständigkeit bejahenden Staates angewandt wird. Wie die Verneinung einer Zuständigkeit durch die Rechtsordnung, in die verwiesen worden ist, kollisionsrechtlich zu deuten ist, ist im einzelnen umstritten (ausführliche Darstellung des Meinungsstandes bei Neuhaus IPR § 37 I; MüKo/Sonnenberger Art 4 Rz 40ff). Der Gesetzgeber der IPR-Reform hat sich angesicht der Meinungslage einer eigenen Stellungnahme enthalten (BT-Drucks 10/504, 38). Für die meisten Fälle mag auch als Kernaussage genügen, daß die Verweisung sozusagen „ins Leere" gegangen ist (so noch im wesentlichen übereinstimmend die Lit; s Dölle RabelsZ 27 [1962/63] 201, 227; Gündisch FamRZ 1961, 352ff; Beitzke NJW 1960, 248, 249; ders RabelsZ 37 [1973] 380ff, 384, 390ff; ders RabelsZ 48 [1984] 623, 627ff, 646f; Hanisch NJW 1966, 2085, 2091; Kegel IPR § 10 VI; Schwimann NJW 1976, 1000ff; ders FS Bosch [1976] 909ff). Da die Verneinung der Zuständigkeit aber zugleich ergibt, daß eine Rechtsordnung sich auch zu einer Sachentscheidung auf der Grundlage ihres Rechts nicht berufen sieht, ist die Zuständigkeitsverneinung auch gleichsam als „Rückverweisung" durch die nicht interessierte Rechtsordnung an das deutsche Recht zu werten (ähnlich Kegel/Schurig IPR § 10 VI; s auch v Bar/Mankowski I S 687f; zu den Folgerungen der übrigen Lit s MüKo/Sonnenberger Art 4[2] Rz 43–54). Die deutsche IPR-Doktrin benutzt dafür den sachlich zwar schiefen, aber immerhin bildhaften Begriff der **„versteckten"** oder **„unechten"** Rückverweisung. Genau betrachtet liegt weder eine „unechte" noch eine „versteckte" Rückverweisung vor (ebenso MüKo/Sonnenberger[3] Art 4 Rz 40, 42). Deutsches Recht wird vielmehr angewandt, weil die Verweisung in das fremde Recht ohne Erfolg geblieben ist, allenfalls deshalb, weil sich das zuständigkeitsrechtliche System des anderen Rechts so fortdenken läßt, daß aus der Sicht jenes Rechts das deutsche Recht zuständig sein müßte (Rspr hierzu: BayObLG NJW 1957, 952; KG NJW 1960, 248ff; BayObLG NJW 1962, 1013f; LG Stuttgart NJW 1970, 1512; KG IPRax 1983, 246; Stuttgart IPRax 1987, 121, 122; Hamm NJW 1991, 3101; Zweibrücken NJW-RR 1999, 948 = JuS 1999, Anm 1233 Nr 10 [Hohloch]; AG Hannover FamRZ 2000, 1576; Hamburg FamRZ 2001, 916, 917; wN bei Kegel/Schurig IPR § 10 VI).

7 **3. Abbruch der Rückverweisung.** Aus ihrer Konstruktion heraus bewirkt die Rückverweisung an sich ein endloses Hin und Her zwischen den Rechtsordnungen. Abs I S 2 statuiert deshalb wie schon das bisherige Recht (Art 27 aF) den Abbruch der Verweisung, wenn das Recht des anderen Staates auf das deutsche Recht zurückverweist. Die Rückverweisung ist, da gemäß Abs I S 2 die **Sachvorschriften des deutschen Rechts** anzuwenden sind, also in der Sicht des deutschen IPR **Sachnormverweisung**, selbst wenn die vom anderen Recht ausgesprochene Verweisung dort als Gesamtverweisung angelegt ist. Dessen Erwartung, vom deutschen Recht seinerseits eine Rückverweisung zu erhalten, wird also nicht entsprochen. „Heimwärtsstreben" überwiegt dann das Interesse an „äußerem Entscheidungseinklang" (krit deshalb, ohne daß damit aber die – einzig praktikable – Lösung in Frage gestellt würde, Kegel/Schurig IPR § 10 III 3; MüKo/Sonnenberger[3] Art 4 Rz 27).

8 Ob aufgrund der Rückverweisung das Recht der alten Bundesländer oder evtl das nur im Teilrechtsgebiet des Beitrittsgebietes geltende bzw noch geltende Recht anzuwenden ist, ist primär der in der Rückverweisung liegenden Verweisung des anderen Rechts zu entnehmen, sekundär entsprechend Art 4 III S 1 Alt 2 in Befolgung der Regeln des innerdeutschen Kollisionsrechts (Art 3 Rz 21ff, 29, 30) zu ermitteln.

9 **4. Weiterverweisung.** Die vom anderen Recht ausgesprochene **Weiterverweisung** in das Recht eines dritten Staates ist nach dem Verständnis des die Weiterverweisung aussprechenden Rechts zu behandeln. Ist sie nach dessen Auffassung keine Gesamtverweisung, bleibt es gemäß den für die Sachnormverweisung geltenden Regeln bei der Anwendung des materiellen Rechts (Sachrechts) des dritten Staates. Ist sie nach Auffassung des die Verweisung aussprechenden Rechts aber Gesamtverweisung, sind im Recht des dritten Staates dessen Kollisionsregeln primär zu beachten (so die überwiegende Rspr, LG Bochum IPRsp 1958/59 Nr 147; LG Augsburg IPRsp 1972 Nr 89; BayObLG IPRsp 1972 Nr 128; aA AG Kaufbeuren IPRax 1984, 221). Nimmt das „Drittrecht" danach die Verweisung an, bleibt es wiederum bei der Anwendung seiner Sachvorschriften; verweist das Drittrecht zurück, wird die Rückverweisung im „anderen" Recht wieder abgebrochen. Verweist das „Drittrecht" *weiter*, wird die Verweisungskette *nicht* abgebrochen, sondern ggf solange befolgt, bis die Weiterverweisung angenommen oder nach weiterer Rückverweisung oder nach zum deutschen Recht führender Weiterverweisung abgebrochen werden kann (entspr Abs I S 2) (str, wie hier Michaels RabelsZ 61 [1997] 685; aA – Abbruch – Pal/Heldrich Art 4 Rz 3).

10 **5. Innerdeutsches (interlokales) Kollisionsrecht und Renvoi.** Im interlokalen, auf die ehemalige DDR bezogenen Kollisionsrecht der Zeit vor dem 3. 10. 1990 waren Rück- und Weiterverweisung, die bei Gesamtverweisungen auf das Recht der ehemaligen DDR aufgrund abweichender Anknüpfungsstandpunkte des RAG möglich waren, grundsätzlich zu beachten (BGH FamRZ 1979, 793; IPRax 1985, 37ff; 40; KG FamRZ 1968, 91; ROW 1986, 379; Stuttgart IPRsp 1985 Nr 63; Wohlgemuth ROW 1985, 162; Mansel DtZ 1990, 225, 232). Hierin lag eine Abweichung vom sonstigen interlokalen Recht der BRepD, da das in bezug auf die ehemalige DDR entwickelte ILR letztlich das ILR eines Teilrechtsgebietes (BRepD) und nicht das ILR der Gesamtrechtsordnung war, das den Renvoi nicht kennen kann. Heutiges innerdeutsches Kollisionsrecht, das auf der Grundlage der Art 3ff analog einheitlich im Gesamtstaat gilt (vgl Art 3 Rz 29, 30), kommt wieder ohne Rück- und Weiterverweisung aus (ebenso Pal/Heldrich Art 4 Rz 4).

III. Sachnormverweisung

1. Ausnahmeregelung. Das das deutsche IPR beherrschende Prinzip der **Gesamtverweisung** ist von einer 11 erheblichen Zahl von **Ausnahmen** zugunsten der unmittelbar die Sachvorschriften berufenden Sachnormverweisung durchbrochen (vgl Rz 1 und Art 3 Rz 5 sowie Einl Rz 3).

a) Sachnormverweisungen durch Rechtswahl. Art 4 II, der die durch **Rechtswahl** ausgesprochene Verwei- 12 sung als Sachnormverweisung festlegt, enthält nur einen Anwendungsfall der als Ausnahme gedachten Sachnormverweisung. Der Standort dieser Einzelregel in Abs II ist wenig glücklich gewählt (vgl Art 3 Rz 1).

aa) Vorkommen. Die in Abs II geregelte Sachnormverweisung durch Rechtswahl findet sich im EGBGB heute 13 in Art 10 II, III, 14 II und III, 15 II und III, 17 I S 1 iVm 14 II, III, 25 II sowie in den 1999 eingefügten Art 42 und 46, s Erl jeweils dort (jeweils in Abschnitt I 3 „Geltung allgemeiner Regeln"). Sachlich gehört hierher auch die in Art 27ff ermöglichte Rechtswahl, wenngleich ihr Sachnormverweisungscharakter wegen des dortigen Hintergrundes des EG-Schuldvertragsübereinkommens (RömÜbk) in Art 35 I eine gesonderte Erwähnung gefunden hat (vgl Rz 16 und Art 35 Rz 1).

bb) Bedeutung des Art 4 II. Nach hM läßt Art 4 II keinen Raum für die Wahl einer Rechtsordnung samt 14 ihrem Kollisionsrecht (Pal/Heldrich Art 4 Rz 11; MüKo/Sonnenberger Art 4 Rz 71–73). Indes ist diese Auslegung der Norm, für die sicher die Entstehungsgeschichte spricht, nicht zwingend. Der Wortlaut von Art 4 II spricht zwar für die hA; ebenso ist regelmäßig die Rechtswahl aus Sachgründen (Rechtsklarheit der Wahl) als auf die Wahl des Sachrechts beschränkt anzusehen (so in Art 10 II, III, 14 II, III, 15 II, 25 II). ME steht jedoch jedenfalls im Anwendungsbereich des Art 35 nichts entgegen, einer von den Parteien eines Schuldvertrages getroffenen Rechtswahlvereinbarung den Charakter einer erlaubten Gesamtverweisung zu belassen, wenn die Rechtswahlvereinbarung in ihrem Wortlaut oder in ihrem durch Auslegung erschlossenen Inhalt als solche darstellt (zur Vorgeschichte des Art 4 II Kühne IPRax 1987, 69, 70ff; Rauscher NJW 1988, 2151, 2152). Es besteht dann kein Anlaß, dem von der Parteiautonomie getragenen Willen der Parteien die Achtung zu versagen. Auszugehen ist dann davon, daß die Vertragsparteien ihre Gründe (Kompromißklausel!) gehabt haben mögen, die grundsätzlich zu respektieren sind, ebenso wie auch sonst im Bereich des Vertragsstatuts der Rechtswille in weitestem Umfange respektiert wird (ie ebenso Schröder IPRax 1987, 90, 92). Gleiches gilt bei Vereinbarungen über die Rechtswahl bei Deliktsansprüchen oder anderen Ansprüchen aus außervertraglichen Schuldverhältnissen oder auf sachenrechtlicher Grundlage (Art 42, 46 nF), für die systematisch Art 4 II Geltung hat (s Erl zu Art 42 Rz 4 und Art 46 Rz 4). Dort, wo die Rechtswahl kraft ihrer „anziehenden" Wirkung die Rechtsanwendung auch für andere „akzessorische" Sachgebiete und Ansprüche bestimmt, wirkt sie ebenfalls nur als Sachnormverweisung (soweit nicht die oben geschilderten Ausnahmefälle der Gesamtverweisung vorliegen), vgl Kartzke IPRax 1988, 8, 10; teilw abw Kühne FS Ferid (1988) 251, 263.

b) Weitere Sachnormverweisungen kraft gesetzlicher Anordnung. aa) Sachnormverweisungen liegen ferner 15 vor, wo das deutsche IPR auf **deutsches Recht** verweist, zB Art 8, 9 S 2, 10 II Nr 2, III Nr 2, 13 II, III S 1, 16, 17 I S 2, III S 2, 18 II, V, 24 I S 2; eine weitere kollisionsrechtliche Prüfung wäre hier ohne Sinn.

bb) Ebenso liegen Sachnormverweisungen vor, wo die deutsche Kollisionsnorm ausdrücklich die **Sachvorschriften einer anderen Rechtsordnung** beruft, zB Art 11, 12, 18. Vgl näher Art 3 Rz 5.

cc) Auch bei **staatsvertraglichen** Kollisionsnormen ist Rück- und Weiterverweisung **grundsätzlich** nicht vor- 16 gesehen (s Kropholler, FS Henrich [2000] 393), dies gilt auch bei „inkorporierten Kollisionsnormen" (Art 27ff, 35, s aber oben Rz 14; Art 18, 26, s oben Erläuterungen dort). Sachnormverweisungen liegen so überall dort vor, wo in den Haager Konventionen auf die Anwendung des innerstaatlichen Rechts eines Staates („loi interne") abgestellt wird, zB Art 2–4 MSA (vgl Anh Art 24 Rz 11), Art 1–4 Haager Unterhaltsabkommen 1973 (vgl Anh Art 18 Rz 47 und Art 18 Rz 9). Ebenso liegen Sachnormverweisungen bei zweiseitigen Staatsverträgen vor (zB Deutsch-Türkisches Konsularabkommen 1929, Anlage zu Art 20, s dazu Art 25 Rz 4, 56, 57). Ausnahmsweise aber können auch in (mehrseitigen) Abkommen Gesamtverweisungen enthalten sein, grundsätzlich sind sie dann aber ausdrücklich angeordnet, vgl Art 1 Haager Eheschließungsabkommen (vgl Anh Art 13 Rz 64). Zu Sonderfragen der Verweisung auf in Deutschland nicht in Kraft befindliche Staatsverträge (zB Haager Übereinkommen über das auf Straßenverkehrsunfälle anwendbare Recht, abgedruckt bei Erl zu Art 40 aE, vgl Jayme FS Beitzke [1979] 541ff; Ahrens NJW 1978, 467, 468).

c) Sachnormverweisungen gem Abs I S 1 Alt 2. Nicht Gesamtverweisungen, sondern Sachnormverweisungen 17 liegen gem der Generalnorm des Abs I S 1 schließlich dann vor, wenn die Einbeziehung des IPR der anderen Rechtsordnung **dem Sinn der Verweisung widerspricht**. Die Norm ist erst im Spätstadium des Gesetzgebungsverfahrens im Rechtsausschuß als grundsätzliche Einschränkung des Prinzips der Gesamtverweisung eingefügt worden (BT-Drucks 10/5632, 39; s zuvor Stoll aaO 2). Als Ausnahmevorschrift vom grundsätzlich bewährten Prinzip der Gesamtverweisung ist Abs I S 1 eng auszulegen (hM, Pal/Heldrich Art 4 Rz 6; MüKo/Sonnenberger[3] Art 4 Rz 22; Ebenroth/Eyles aaO 10; s auch BGH FamRZ 1987, 679, 681); aA Flessner, Interessenjurisprudenz im IPR [1990] 139; Mäsch RabelsZ 63 [1997] 307). Bei der Auslegung der Kollisionsnormen des EGBGB iSd Vorschrift ist auf die vom Gesetzgeber den einzelnen Vorschriften beigegebene Zielrichtung abzustellen (ebenso Stoll aaO 2).

18 Praktische Bedeutung hat Abs I S 1 nach gegenwärtigem Diskussionsstand in zwei Fallgruppen.

aa) In Fällen, in denen das Gesetz ohne weitere Typisierung iS einer Auffangklausel das **Recht der engsten Beziehung** zur Anwendung beruft (zB Art 14 I Nr 3, 28 V, 41 I Nr 1), soll nach einer verbreiteten Auffassung im Schrifttum eine Sachnormverweisung vorliegen (Böhmer/Siehr FamR II 1.8.1.3; Siehr FS Ferid [1988] 433, 441, Piltz, Internat Scheidungsrecht [1988] 58; Johannsen/Henrich, EheR Art 17 Rz 17; grundsätzlich Stoll FS Keller [1989] 521; auch Dopffel FamRZ 1987, 1205, 1212; hier seit 9. Aufl Art 4 Rz 18; Pal/Heldrich Art 4 Rz 8; Sonnentag, Der Renvoi im IPR [2001] 171 mwN). Die Auffassung ist freilich nach wie vor heftig bestritten (v Bar/Mankowski[2] I S 694; Pirrung IPVR 110; MüKo/Sonnenberger[3] Art 4 Rz 28; Kropholler IPR § 24 II 3a; Kartzke IPRax 1988, 8, 9; Kühne FS Ferid [1988] 251, 262f; Ebenroth/Eyles aaO 11; Hepting/Gaaz PStR EheG vor § 11 Rz 24 [Hepting]; aus der Rspr AG Hannover FamRZ 2000, 1576), für Einzelfallprüfung tritt Rahm/Künkel/Breuer, Hdb des FamGVerf VIII Rz 76, ein. Indes kann hier nicht von Fall zu Fall entschieden werden, da ansonsten die Entscheidung für die „engste Beziehung" nicht richtig getroffen wäre. Richtig ist vielmehr die erstgenannte Auffassung. Die bei der Anwendung der Kollisionsnorm, die Auffangklausel ist, getroffene Rechtsanwendungsentscheidung ist stets am konkreten Einzelfall auszurichten. Sie sucht unter Überwindung der typisierenden und im konkreten Fall als nicht passend empfundenen „benannten" Anknüpfungspunkte (Staatsangehörigkeit, Aufenthalt, Abschlußort etc) das aus deutscher Sicht dem Fall schon im Ergebnis am besten gerecht werdende Rechtsanwendungsergebnis zu finden. Bei solcher Herleitung dieses auf den konkreten Fall abstellenden Ergebnisses wäre ein Wiederaufrollen der Kollisionsfrage über die Regeln des „anderen Rechts" unangemessen und im Widerspruch zur benutzten Verweisungsregel. Deshalb liegen in den geprüften Fällen Sachnormverweisungen vor. Anders liegt es jedoch in den Fällen, in denen durch Verweisung auf Art 14 I Nr 3 zB in Art 15 II, 17 XI oder 19 XIII das anwendbare Recht gewonnen werden soll. Hier liegt Gesamtverweisung vor, da ein anderes Statut gewonnen werden soll (s jeweils Erl zu den genannten Art bei jeweils I 3 „Geltung allgemeiner Regeln").

19 **bb)** Von Fall zu Fall ist hingegen dort zu entscheiden, wo das EGBGB **alternative Anknüpfungen** auf der Basis des **Günstigkeitsprinzips** vorhält (vgl Art 19 I, 20). Maßgebend für die Ausdeutung dieser Verweisungsregeln ist in erster Linie das mit der Zulassung alternativer Anknüpfung bezweckte „günstige" Ergebnis (zB Abstammung Art 19 I nF, auch 20 nF, s Erl dort jeweils bei I 3). Der Gesetzgeber trifft hier ersichtlich eine andere Entscheidung, wie er es im IPR ansonsten eher nicht tut. Demgemäß ist sowohl die Mittel der Sachnormverweisung als auch das Mittel der Rück- bzw Weiterverweisung diesem Ziel dienstbar zu machen. Das bedeutet, daß über die Sachnormverweisung der „materielle" Standpunkt des aus deutscher Sicht anwendbaren Rechts und sodann mit Hilfe der Gesamtverweisung das ansonsten (über die dann uU erfolgende Rück- oder Weiterverweisung) zu erreichende materielle Ergebnis (im eigenen oder Drittrecht) abzuklären ist. Ist das „materielle" Ergebnis des „anderen" Rechts günstiger iSd der jeweiligen Kollisionsnorm zugrundeliegenden Günstigkeitsprinzips, hat die Gesamtverweisung gegenüber der Sachnormverweisung im konkreten Fall zurückzutreten, ein nicht auf Rechtsklarheit beruhendes, aber bei den Intentionen des Abs I S 2 zwingend gebotenes Ergebnis (ebenso Kartzke IPRax 1988, 8, 9; MüKo/Sonnenberger[3] Art 4 Rz 22; Kropholler IPR § 24 II 3c; Pal/Heldrich Art 4 Rz 7; aA Kühne FS Ferid [1988] 251, 258; Rauscher NJW 1988, 2151, 2153).

20 Da Abs I S 1 eine zu den allgemeinen Lehren des kodifizierten IPR zählende Regel aufstellt, konnte die Regel Geltung bislang auch für die 1986 noch nicht kodifizierten Teile des Besonderen IPR beanspruchen. Auch für die einzelnen Kollisionsregeln des „aufgelockerten" internationalen Deliktsrechts war so jeweils die Entscheidung für die Einordnung als Gesamt- oder Sachnormverweisung zu treffen. Gesamtverweisungen liegen dort prinzipiell, aber nicht stets bei der Tatortanknüpfung vor, nicht aber bei Anwendung des „gemeinsamen Umweltrechts" (vgl dazu 9. Aufl Art 38 Rz 8–10; zur Änderung mit Art 40 II s noch unten). Problematisch waren dann die Fälle, in denen der Tatort in Handlungs- und Erfolgsort (vgl 9. Aufl Art 38 Rz 17ff) zerfällt und die Rechtsanwendung nach dem Günstigkeitsprinzip zu erfolgen hatte (vgl 9. Aufl Art 38 Rz 10, 20). In diesen Fällen war wie in den oben Rz 18ff erörterten anderen Fällen alternativer Anknüpfung (zur Bedeutung alternativer Anknüpfung bei der Tatortregel Hohloch, Deliktsstatut [1984] 202ff) durch Vergleich der mit Sachnorm- und Gesamtverweisung erzielbaren alternativen Ergebnisse das dem Verletzten günstigere Ergebnis zu ermitteln. Das günstigere Ergebnis prägte dann „ex post" die Art der konkret geltenden Verweisung. Die Kodifizierung auch dieses Bereichs in den seit 1. 6. 1999 in Kraft befindlichen Art 40, 41 nF hat hierzu im Hinblick auf die **Tatortanknüpfung Änderungen nicht** erbracht (s Erl Art 40 Rz 11ff); die aus Art 40 II folgende Verweisung auf die „gemeinsame Rechtsumwelt" ist jetzt jedoch, anders als in der „unkodifizierten Zeit" vor dem 1. 6. 1999, als Gesamtverweisung zu betrachten, so der erkennbare Wille des Gesetzgebers, s Erl zu Art 40 Rz 13, 14.

IV. Unteranknüpfung bei Mehrrechtsstaaten (Abs III)

21 **1. Erforderlichkeit.** Wie oben Rz 3 ausgeführt, sind eine große Anzahl von Staaten „Mehrrechtsstaaten" ohne einheitliches Privatrecht. Die Bestimmung des auf den Sachverhalt mit Auslandsbezug anwendbaren Teilrechts bei Verweisung auf einen Mehrrechtsstaat geschieht gem Abs III, der insofern Regeln des Gewohnheitsrechts und Abkommensregeln kodifiziert, durch eine „Unteranknüpfung" (Begr RegE, BT-Drucks 10/504, 39; krit hierzu MüKo/Sonnenberger Art 4 Rz 74). Zweck der Vorschrift ist, eine Rangordnung in die verschiedenen zur Verfügung stehenden Unteranknüpfungsmöglichkeiten zu bringen. Art 35 II ist im Verhältnis zu Abs III Sonderregel. Ebenso gehen Abs III staatsvertragliche Sonderregeln vor.

22 **2. Rangfolge der Unteranknüpfung. a) Unmittelbare Verweisung auf eine maßgebliche Teilrechtsordnung.** In erster Linie beansprucht Abs III Unteranknüpfung für das deutsche IPR selbst (Abs III S 1 HS 1 „ohne die maßgebende zu bezeichnen"). Bezeichnet die deutsche Verweisung im Gegensatz zu der negativen Formulierung im HS 1 durch ihre Genauigkeit die innerhalb des Mehrrechtsstaates anzuwendende Teilrechtsordnung selbst, ist für eine eigentliche Unteranknüpfung weder Platz noch Bedarf. „Binnenkollisionsrecht" (idR das Interlokale

Privatrecht) des Staates, in den die Verweisung erfolgt ist, ist in diesem Fall zur Lösung der Verweisungsfrage nicht mehr heranzuziehen (ebenso Ferid IPR § 2–38; Ebenroth/Eyles aaO 6; Stoll FS Keller [1989] 515). Entgegen Rauscher IPRax 1987, 206, der dies nur für Sachnormverweisungen, nicht für Gesamtverweisungen des deutschen Rechts gelten lassen will, kann das ILR des Mehrrechtsstaates bei jeder Art von Verweisung ausgeschaltet bleiben, soweit nur das deutsche IPR eine unmittelbar in die Teilrechtsordnung führende Verweisung ausspricht. Beispiele solcher unmittelbarer Verweisung sind die vom Anknüpfungspunkt Tatort, Abschlußort, Aufenthalt ausgehenden Verweisungen (abw Jayme IPRax 1989, 287, 288 und v Bar IPR I Rz 281, der so nur im Rahmen von Abs III S 2 vorgehen will). Rauschers Differenzierung hat ihren richtigen Kern darin, daß die vom deutschen Recht ausgesprochene „präzise" Verweisung, die keine Sachnormverweisung zu sein braucht (zB Tatortregel), nicht hindern kann, daß das Teilrecht des „anderen" Staates mit seinen Kollisionsregeln (des IPR wie des ILR) zu einer Rück- oder Weiterverweisung gelangen kann. Die Differenzierung erfolgt dann aber gleichsam erst auf dem „Rückweg".

b) Unteranknüpfung gem einheitlichem ILR des ausländischen Staates. In zweiter Linie entscheidet über 23 die anwendbare Teilrechtsordnung des Rechts des Staates, in den verwiesen worden ist (Abs III S 1 HS 2), das „Binnenkollisionsrecht" des Staates, in den verwiesen worden ist. Zum Tragen kommt diese zweite Variante des Abs III bei Verweisungen des deutschen IPR, die eine Präzisierung gem Rz 22 nicht ermöglichen (zB deutscherseits Anknüpfung an Staatsangehörigkeit, aber Recht dieses Staates räumlich, zB ehem Jugoslawien, oder personal, zB Israel, religiöse Rechtsspaltung, gespalten). Voraussetzung, daß die zweite Variante von Abs III Platz greift, ist, daß ein über die Maßgeblichkeit der Teilrechtsordnungen bestimmendes Binnenkollisionsrecht des Staates, in den verwiesen worden ist, existiert. Das ist ohne weiteres bei jenen Mehrrechtsstaaten der Fall, die ein für den Gesamtstaat geltendes einheitliches interlokales oder interpersonales Recht entwickelt haben (so ehem Jugoslawien: ILR-Gesetz v 27. 2. 1979; s dazu Düsseldorf FamRZ 1995, 1203; Frankfurt am Main IPRax 2001, 140f; zu Mexiko v Sachsen Gessaphe IPRax 1989, 111, 112f und ders, Das mexikanische internationale Erbrecht [1987]; Israel, andere Staaten mit religiöser Rechtsspaltung; s für den Nahen Osten Elwan/Ost IPRax 1996, 389; vgl Auflistung mwN bei MüKo/Sonnenberger³ Art 4 Rz 72, 73, 78ff; ausführl Rspr bei v Bar/Mankowski² I S 312ff). Zweifelhaft ist, ob S 1 HS 2 auch bei jenen Mehrrechtsstaaten einschlägig ist, die einheitliches Binnenkollisionsrecht nicht entwickelt haben (USA, Kanada, Australien; zu den USA Droop Jura 1993, 293; Bungert IPRax 1993, 10) und die Entscheidung über die Rechtsanwendung den Teilrechtsordnungen überlassen (die hM Pal/Heldrich Art 4 Rz 14; MüKo/Sonnenberger Art 4 Rz 74, 89, 90) weist diese Fälle bereits Abs III S 2 zu, wogegen Hay IPRax 1988, 265, 266, aus der Sicht des amerikanischen Rechts beachtliche Einwände erhebt. Eine Lösung über Abs III S 1 HS 2 schiene hier durchaus möglich, da sich mit Hilfe einer Zuständigkeitsprüfung das über die Rechtsanwendung entscheidende Kollisionsrecht des in Betracht kommenden Einzelstaates erschließen läßt (s Rz 22).

c) Partikularrechtsordnung der engsten Verbindung. Indes ist mit der hM hierfür der Weg über die in Abs III 24 S 2 enthaltene dritte Variante zu bevorzugen, die der Gesetzgeber gerade für Fälle dieser Art entwickelt hat, in denen einheitliches Binnenkollisionsrecht des Mehrrechtsstaates nicht gegeben ist (vgl BT-Drucks 10/504, 39; zur terminologischen Kritik Stoll aaO 3; ders FS Keller [1989] 521). Die engste Verbindung ergibt sich für die hM in dem hierfür besonders in Betracht zu ziehenden Bereich des Personen-, Familien- und Erbrechts regelmäßig aus dem gewöhnlichen bzw letzten **gewöhnlichen Aufenthalt** derjenigen Person in ihrem Heimatstaat, auf welche die deutsche Kollisionsnorm abstellt. Entsprechend heranzuziehen ist demgemäß Art 5 I und die dortige Bewertung eben des gewöhnlichen Aufenthaltes (vgl Art 5 Rz 46). Überholt dürfte damit sein, bei der Prüfung der engsten Beziehung anstatt auf den deutschen IPR entnommenen Begriff des gewöhnlichen Aufenthalts auf die sich aus dem Heimatrecht der Person ergebende Regelung dieser ergeht abzustellen. Bei Sachverhalten mit Bezug zu den USA, zu Großbritannien oder anderen Mehrrechtsstaaten des anglo-amerikanischen Rechtskreises bedarf es so regelmäßig der schwierigen Prüfung des „domicile" nicht mehr (auf die dadurch bezeichnete Teilstaatszugehörigkeit ist indes bislang häufig abgestellt worden, auch wenn der Sprachgebrauch häufig den Begriff des gewöhnlichen Aufenthaltes bevorzugte, s zB Neuhaus IPR § 41 III 1; Raape/Sturm IPR § 20 A I 3b; aus der Rspr BayObLG IPRspr 1971 Nr 164 – Ohio; Frankfurt IPRspr 1972 Nr 125 – Kalifornien; AG Münster IPRspr 1972 Nr 119 – Ohio = StAZ 1973, 17 mit Anm Rohlff-Strümpell 18; wie hier neuerdings MüKo/Sonnenberger³ Art 4 Rz 91; Rauscher IPRax 1987, 206; Stoll FS Keller [1989] 520; Hamm NJW 1991, 3101; ältere Rspr [vor 1986] bei MüKo/Sonnenberger³ Art 4 Rz 101 Fn 221); s auch Frankfurt am Main IPRax 2001, 140, 141 m Anm Henrich S 113; Zweibrücken NJW-RR 1999, 948 = JuS 1999, 1233 [Hohloch].

Kommt es, wie in Art 13 I und 14 I, auf nicht nur eine Person an (zB AG Freiburg FamRZ 2002, 888 = Iprax 25 2002, 223 m Aufs Jayme S 209 = JuS 2002, 1231 [Hohloch]), dann entscheiden die Verhältnisse beider Betroffener (vgl näher Stoll FS Keller [1989] 526). Bei Bestimmung des anwendbaren Rechts durch Rechtswahl (idR Sachnormverweisung, s Rz 14) folgt die Unteranknüpfung aus dem Parteiwillen (s Stoll FS Keller [1989] 526).

3. Einzelfragen. a) Rück- und Weiterverweisung (auch in der Form der „versteckten Verweisung", vgl Rz 6) 26 sind durch die Unteranknüpfung nicht ausgeschlossen (vgl Rz 8). Sie können bei einheitlichem IPR des Mehrrechtsstaates schon von diesem ausgesprochen werden (zB durch Rückverweisung auf gemeinsames Umweltrecht bei Unfallort in Portugal, München VersR 1984, 745f mit Anm Mansel 746; vgl Art 38 Rz 10, 37) und werden bei gespaltenem Kollisionsrecht des Mehrrechtsstaates ggf vom Kollisionsrecht der Teilrechtsordnung ausgesprochen, in die (gem allen Varianten des Abs III, s Stoll FS Keller [1989] 521) verwiesen worden ist (zB BGH NJW 1960, 1720, 1722 – Louisiana; Zweibrücken NJW-RR 1999, 948 = JuS 1999, 1233 Nr 10 [Anm Hohloch] – USA; ebenso MüKo/Sonnenberger³ Art 4 Rz 92; Pal/Heldrich Art 4 Rz 15; Staud/Hausmann¹³ Art 3 Rz 333ff).

b) Unteranknüpfung in staatsvertraglichen Kollisionsnormen ist vielfach und grundsätzlich der in Abs III 27 gebrauchten Regel entsprechend geregelt. Für vertragliche Schuldverhältnisse trifft Art 35 II eine Abs III entsprechende Sonderregelung (vgl Art 35 Rz 3). Nur Formulierungsunterschiede bestehen zwischen Abs III und den Unteranknüpfungsnormen der meisten Haager Abkommen (zB Art 14 MSA, vgl Anh Art 24 Rz 41, Art 1 II Haager Testamentsformabkommen, vgl Art 26 Rz 14, 34). Die Abweichungen ergeben sich insoweit, ohne daß sachliche Unterschiede zu folgern wären, aus der Anknüpfung an die Staatsangehörigkeit, bei der eine unmittelbare Bezeichnung der Teilrechtsordnung nicht in Betracht kommt (vgl Stoll FS Keller [1989] 518; s hierzu ferner Rauscher IPRax 1987, 206, 207; Ferid IPR § 2–35,5). Sachlich unterschiedlich ist hingegen die Unteranknüpfungsregel des Art 16 Haager Unterhaltsabkommen 1973 gefaßt (vgl Anh Art 18 Rz 47 und Stoll FS Keller [1989] 518). Da die Norm gem Art 3 II dem Art 4 III vorgeht, ist die Unteranknüpfung im Anwendungsbereich des Haager Unterhaltsabkommens 1973 allein nach dessen Art 16 und damit nach dem interlokalen Recht des Mehrrechtsstaates oder nach der engsten Beziehung zu bestimmen. Zu den Auswirkungen auf die Unteranknüpfung bei Art 18 vgl Art 18 Rz 47.

5 *Personalstatut*

(1) Wird auf das Recht des Staates verwiesen, dem eine Person angehört, und gehört sie mehreren Staaten an, so ist das Recht desjenigen dieser Staaten anzuwenden, mit dem die Person am engsten verbunden ist, insbesondere durch ihren gewöhnlichen Aufenthalt oder durch den Verlauf ihres Lebens. Ist die Person auch Deutscher, so geht diese Rechtsstellung vor.

(2) Ist eine Person staatenlos oder kann ihre Staatsangehörigkeit nicht festgestellt werden, so ist das Recht des Staates anzuwenden, in dem sie ihren gewöhnlichen Aufenthalt oder, mangels eines solchen, ihren Aufenthalt hat.

(3) Wird auf das Recht des Staates verwiesen, in dem eine Person ihren Aufenthalt oder ihren gewöhnlichen Aufenthalt hat, und ändert eine nicht voll geschäftsfähige Person den Aufenthalt ohne den Willen des gesetzlichen Vertreters, so führt diese Änderung allein nicht zur Anwendung eines anderen Rechts.

I. Allgemeines 1
II. Reichweite des Staatsangehörigkeitsprinzips ... 3
III. Maßgebliche Staatsangehörigkeit bei Doppel- und Mehrstaatern (Abs I)
 1. Mehrfache Staatsangehörigkeit ohne Beteiligung deutscher Staatsangehörigkeit (Abs I S 1) 4
 2. Mehrfache Staatsangehörigkeit mit Beteiligung deutscher Staatsangehörigkeit (Abs I S 2) 6
 3. Ausnahmebereiche 7
IV. Staatenlose Personen mit nicht feststellbarer Staatsangehörigkeit (Abs II)
 1. Begriff 10
 2. Anknüpfung an den Aufenthaltsort 12
 3. Reichweite der Aufenthaltsanknüpfung 13
 4. Anwendungsbereich des Abs II 16
V. Funktion des Abs III 18
VI. Erwerb und Verlust der deutschen Staatsangehörigkeit und kollisionsrechtliche Auswirkungen
 1. Staatsangehörigkeitsrecht des StAG 22
 2. Einheitliche deutsche Staatsangehörigkeit (Verhältnis zur Staatsbürgerschaft der ehemaligen DDR) 26
 3. Reichweite der deutschen Staatsangehörigkeit ... 27
 4. Ansprüche auf Erwerb der deutschen Staatsangehörigkeit durch Einbürgerung 35
 5. Kollisionsrechtliche Gleichstellung volksdeutscher Flüchtlinge, Vertriebener und Spätaussiedler (Statusdeutsche iSv Art 116 I GG) 39
VII. Gewöhnlicher und schlichter Aufenthalt, Wohnsitz, Domizil als Anknüpfungsbegriffe ... 43
VIII. Abkommensrecht zur Staatenlosigkeit
IX. Internationales Flüchtlingsrecht „Flüchtlingsstatut"
 1. Anlaß 66
 2. Rechtsquellen 68
 3. Die Regelungen im einzelnen
  a) AHKGesetz Nr 23 über die Rechtsverhältnisse verschleppter Personen und Flüchtlinge 69
  b) Gesetz über die Rechtsstellung heimatloser Ausländer im Bundesgebiet 73
  c) Abkommen über die Rechtsstellung der Flüchtlinge (Genfer Flüchtlingskonvention) mit Protokoll über die Rechtsstellung der Flüchtlinge 75
  d) Gesetz über Maßnahmen für im Rahmen humanitärer Hilfsaktionen aufgenommene Flüchtlinge („Kontingentgesetz") 90
  e) Asylverfahrensgesetz 92

Schrifttum: *Baetge*, Der gewöhnliche Aufenthalt im IPR (1994); *Hellwig*, Die Staatsangehörigkeit als Anknüpfung im deutschen IPR (2001); *Henrich*, Abschied vom Staatsangehörigkeitsprinzip?, FS Stoll (2001) 437; *Mansel*, Personalstatut, Staatsangehörigkeit und Effektivität (1988); *Sonnenberger/v Mangoldt*, Anerkennung der Staatsangehörigkeit und effektive Staatsangehörigkeit natürlicher Personen im Völkerrecht und im IPR, BerDGesVR, Heft 29 (1988).

I. Allgemeines

1   Das IPR der Art 3–46 beruht maßgeblich auf dem Staatsangehörigkeitsprinzip (vgl Einl Rz 19, 25). Eine Grundsatznorm dieses Inhalts enthält das EGBGB nF freilich nicht. Auch Art 5 hat den Charakter einer solchen Norm nicht; die amtliche Überschrift „Personalstatut" ist insofern weiter als der eigentliche Inhalt der Vorschrift. Ihr konkret-normativer Inhalt beschränkt sich in Abs I auf die Bestimmung der aus deutscher Sicht maßgeblichen Staatsangehörigkeit von Personen mit zwei oder mehr Staatsangehörigkeiten (Doppelstaater, Mehrstaater). **Abs I S 1** läßt iS einer allgemein geltenden Grundregel im Zuge kommen, die aus den überwiegenden Bindungen der Person zu einem der mehreren Staaten konkret erschlossen werden muß. **Abs I S 2** ist als Ausnahmeregel für Doppel- und Mehrstaater mit auch deutscher Staatsangehörigkeit zum ausnahmslosen **Vorrang der deutschen Staatsangehörigkeit** bei dieser Gruppe zurückgekehrt. In Abkehr von einem knappen Jahrzehnt liberaler Rspr hat der Reformgesetzgeber damit den Vorrang eigener Staatsangehörigkeit wieder fest-

gelegt, der die Kollisionsrechte der meisten anderen Staaten ebenfalls seit jeher kennzeichnet und bis 1978 auch im deutschen IPR stets Grundlage der gewohnheitsrechtlich fundierten Praxis (zum alten Recht) war. Das Gesetz zur Reform des Staatsangehörigkeitsrechts v 15. 7. 1999 (BGBl 1999 I 1618), das die Möglichkeiten zur mehrfachen Staatsangehörigkeit deutlich vergrößert hat, hat Konsequenzen für die Handhabung der Staatsangehörigkeitsanknüpfung gem Art 5 I seinerseits nicht angeordnet und ist so auf die Diskussion der sich für das IPR ergebenden Folgen (s zB Nomer JZ 1993, 1142; Martiny JZ 1993, 1145; Kilic StAZ 1994, 77; Dethloff JZ 1995, 64) in seinen Regelungen nicht eingegangen. Ebenso wenig, wie Art 5 als Grundsatznorm der Staatsangehörigkeitsanknüpfung im IPR ausgebildet ist, enthält Art 5 einen Bezug zur Bedeutung der Staatsangehörigkeit als Anknüpfungspunkt im Rahmen des grundsätzlich vorrangigen **europäischen Gemeinschaftsrechts**. Dieses verbietet mit seinen Grundfreiheiten und mit dem Diskriminierungsverbot des **Art 12 EGV** eine Anknüpfung an die Staatsangehörigkeit durch die nationalen Kollisionsrechte, die ihm gemäß Art 65 EGV vorgegeben sind, nicht grundsätzlich, schränkt die Benutzbarkeit des Staatsangehörigkeitsprinzips aber doch ein, de lege lata dort schon dort, wo seine Handhabung zu Diskriminierung führt, de lege ferenda grundsätzlich, wenn seine Bedeutung innerhalb einer durch Freizügigkeit und Niederlassungsfreiheit gekennzeichneten Union geschwunden ist (s Hohloch, FS Stoll [2001] 533ff; s iü Erl Art 3 Rz 11 und Einl Art 3 Rz 16).

Abs II ersetzt in Fortsetzung der im alten Recht von Art 29 aF geprägten Tradition bei Staatenlosen und bei Personen, deren Staatsangehörigkeit sich nicht gesichert feststellen läßt, das dann versagende Anknüpfungsmoment der Staatsangehörigkeit im Anwendungsbereich des Personalstatuts durch die **Anknüpfung an den gewöhnlichen Aufenthalt**, bei Fehlen eines solchen an den schlichten Aufenthalt der Person. Abs II hat heute nur begrenzte praktische Bedeutung, da er regelmäßig durch vorgehende staatsvertragliche, allerdings inhaltsgleiche Kollisionsnormen verdrängt wird (vgl Rz 10, 16).

Abs III enthält für den Bereich der Maßgeblichkeit des gewöhnlichen Aufenthalts eine Sondervorschrift, die dem Gesetzgeber zur Eindämmung der Fälle des **sog legal kidnapping** erforderlich schien. Um sorgeberechtigte Elternteile gegen vorschnelle Änderungen der elterlichen Sorge im Falle der einseitigen Verbringung der Kinder in eine andere Rechtsordnung durch den nicht sorgeberechtigten Elternteil oder einen Dritten schützen zu können, sollte das Faktum des Verbringens alleine den primär faktisch orientierten Anknüpfungspunkt des gewöhnlichen Aufenthaltes nicht verändern können. Die Norm ist inzwischen durch das Haager Kindesentführungsübereinkommen – HKÜ – weithin überlagert (s Rz 21 und Anh nach Art 24 Rz 48ff); weitere Einschränkung ihrer Bedeutung wird das Inkrafttreten der „Brüssel II-GesamtVO" (Einl vor Art 3 Rz 64) mit sich bringen.

Bei der Anknüpfung an die Staatsangehörigkeit, wie sie Abs I und Abs II zugrundeliegt, ist in der Praxis zwischen dem Geltungsumfang des Personalstatuts einerseits, der durch die Einzelvorschriften des Art 7ff festgelegt ist, und dem Personenkreis andererseits, auf den das Recht eines durch die Staatsangehörigkeit festgelegten Bezugsstaates Anwendung findet, zu trennen. Für den letztgenannten Fragenkreis ist das Staatsangehörigkeitsrecht des in Betracht kommenden jeweiligen Staates ausschlaggebend. Welche Staatsangehörigkeit eine Person besitzt, entscheidet allein das Staatsangehörigkeitsrecht des betroffenen Staates (vgl Einl Rz 43). Zum geltenden deutschen Staatsangehörigkeitsrecht siehe die Ausführungen Rz 22ff. Zu ausländischen Staatsangehörigkeitsrechten siehe die Übersichten zu Beginn der Länderberichte bei Bergmann/Ferid, Internationales Ehe- und Kindschaftsrecht; s ferner Staud/Blumenwitz Art 5 Rz 220ff; Hecker, Die Staatsangehörigkeitsregelungen in Europa (1974); Leske/Loewenfeld, Die Rechtsverfolgung im internationalen Verkehr VII: Das Recht der Staatsangehörigkeit der europäischen und außereuropäischen Staaten; Sammlung geltender Staatsangehörigkeitsgesetze (SGS); Schleser, Das ausländische Staatsangehörigkeitsrecht StAZ 1979, 234.

II. Reichweite des Staatsangehörigkeitsprinzips

1. Das Staatsangehörigkeitsprinzip ist für das deutsche IPR die Grundlage des Personalstatuts, dh des auf die persönlichen Lebensverhältnisse im Personen-, Familien- und Erbrecht abstellenden Rechts (vgl Art 7, 8, 10, 13–26). Seine bedingt vergleichbare Bedeutung in der früheren Ausprägung als „gemeinsames Umweltrecht" auch für die Regulierung von Schäden aus unerlaubter Handlung (vgl 9. Aufl Art 38 Rz 21ff) hat es dort inzwischen an den gemeinsamen gewöhnlichen Aufenthalt verloren, vgl Art 40 II nF und dazu Erl Art 40 Rz 32ff.

2. Welche Staatsangehörigkeit eine Person besitzt, entscheidet allein das Recht des betreffenden Staates. Wenn das Staatsangehörigkeitsrecht Erwerb oder Verlust der Staatsangehörigkeit von privatrechtlich zu beurteilenden Vorgängen (zB Eheschließung, Adoption, eheliche bzw nichteheliche Abstammung) abhängen läßt, ist über die Wirksamkeit des entscheidenden Vorgangs nach dem IPR des Staates zu befinden, um dessen Staatsangehörigkeit es geht (vgl Einl Rz 43, unselbständige Anknüpfung einer Vorfrage).

III. Maßgebliche Staatsangehörigkeit bei Doppel- und Mehrstaatern (Abs I)

1. **Mehrfache Staatsangehörigkeit ohne Beteiligung deutscher Staatsangehörigkeit (Abs I S 1).** Bei Personen mit doppelter oder mehrfacher Staatsangehörigkeit (zu deren Begründung s Rz 22f) vermag die Staatsangehörigkeit alleine nicht mehr ohne weiteres das Personalstatut zu bestimmen. Abs I S 1 gibt diese Kraft bei Personen mit mehreren Staatsangehörigkeiten, **unter denen die deutsche nicht vertreten ist**, dh bei Ausländern iSd Staatsangehörigkeitsrechts, der sog effektiven Staatsangehörigkeit; maßgebend ist als solche **effektive Staatsangehörigkeit** die Zugehörigkeit zu dem Staat, dem die Person „unter den in Betracht kommenden" am engsten verbunden ist. Nur beispielhaft nennt das Gesetz hierfür den gewöhnlichen Aufenthalt (vgl Einzelheiten Rz 43ff). Auch wenn diesem Merkmal insbesondere bei Übereinstimmung mit einem der Heimatstaaten häufig die ausschlaggebende Kraft für die Feststellung der effektiven Staatsangehörigkeit zukommt, so gilt doch als Grundsatz, daß die effektive, dh überwiegende Staatsangehörigkeit durch eine umfassende Erfassung und Abwägung aller in Betracht kommenden Anknüpfungspunkte zu bestimmen ist. Neben dem gewöhnlichen Aufenthalt kommt so der bisherige und für die Zukunft geplante Vorlauf des Lebens der Person in Betracht, darüber hinaus die Sprache, die kulturelle

Prägung und Zuordnung, die Inanspruchnahme und Betätigung von staatsbürgerlichen Rechten und Pflichten, wirtschaftliche, berufliche, schulische, familiäre und sonstige private Bindungen, schließlich der deutlich erklärte Wille, dessen Bedeutung dann freilich relativiert wird, wenn er ersichtlich gegen die Umstände steht (s zB München FamRZ 1994, 634; ausführlich Mansel Personalstatut, Staatsangehörigkeit und Effektivität [1988] § 7 Rz 304ff). Für eine praxisbezogene Prüfung kann wie folgt vorgegangen werden:

5 (1) Fällt der gewöhnliche Aufenthalt mit einem der durch eine Staatsangehörigkeit gekennzeichneten Heimatstaaten zusammen, wird häufig dessen Staatsangehörigkeit die effektive sein (s schon BGH 75, 32, 39; BayObLG 1966, 115; 1984, 162; LG Essen DAVorm 1978, 693; aus der neueren Rspr etwa AG Freiburg FamRZ 2002, 888 = JuS 2002, 1231 [Hohloch] = IPRax 2002, 223 m Aufs Jayme S 209). (2) Sie muß es freilich nicht sein, wenn sich aus einzelnen der oben angeführten sonstigen Einzelaspekte eine andere Präferenz ergibt. Im Wege einer Gesamtprüfung kann dann die Staatsangehörigkeit eines anderen „Heimatstaates" zur effektiven werden (Gesichtspunkte sind zB Wohnsitz, berufliche Verbindung, s BGH NJW 1980, 2016f, Übernahme von staatsbürgerl Rechten u Pflichten, s BayObLG Rpfleger 1983, 27, zB Wahlrecht, Militärdienst, Namensführung, s Hamm OLGZ 1985, 151, Vermögensbelegenheit, Sprache, Schulausbildung, Wille und Neigungen der betroffenen Person). (3) Im Wege solcher Individualerhebung von Anfang an ist die effektive Staatsangehörigkeit dann festzustellen, wenn der gewöhnliche Aufenthalt nicht in einem Heimatstaat, sondern in einem Drittstaat genommen ist. Ergibt sich aus der Abwägung der Einzelaspekte kein klares Bild, kann im Einzelfall die persönliche Präferenz der betroffenen Person den Ausschlag geben (BayObLG 1984, 162, 164; krit dazu Mansel IPRax 1985, 209, 212; einschränkend Frankfurt FamRZ 1994, 716), herangezogen werden können insofern auch Gesichtspunkte, wie sie bei der Feststellung einer sonstigen „engsten Verbindung" iSv Art 14 I Nr 3 (s Erl dort) gewertet werden können. Bei nicht zu beseitigenden Zweifeln hinsichtlich effektiver Staatsangehörigkeit sollte jedoch vor einer künstlichen Zuordnung eher der Weg über die analoge Anwendung von Abs II gegangen (so Frankfurt aaO) und die Staatsangehörigkeitsanknüpfung durch ersatzweise Anknüpfung an den gewöhnlichen Aufenthalt ersetzt werden.

6 **2. Mehrfache Staatsangehörigkeit mit Beteiligung deutscher Staatsangehörigkeit (Abs I S 2).** Abs I S 2 findet Anwendung auf Personen mit deutscher Staatsangehörigkeit und auf Deutsche iSv Art 116 GG. Zu beiden Voraussetzungen s Rz 22ff. Bei Personen, die sich so zuordnen lassen, gilt gem S 2 Vorrang der deutschen Staatsangehörigkeit. Das Gesetz hat mit dieser Rückkehr zum Standpunkt des RG und langjähriger BGH-Rspr die mit BGH 75, 32 begonnene zeitweilige Judikatur des BGH (s auch BGH NJW 1980, 2016; 1981, 520), die effektiv stets jene Staatsangehörigkeit hat sein lassen wollte, die der Person in konkreter Einzelabwägung am meisten verbunden war, nicht übernommen. Die auf BGH 75, 32 fußende Rspr ist demgemäß heute insoweit nicht mehr verwertbar (zur Erheblichkeit in „Altfällen" BayObLG 2000, 18, 22). **Die deutsche Staatsangehörigkeit geht** nach der geltenden Gesetzeslage im Interesse von Rechtsklarheit und Praktikabilität, aber auch im sachgemäßen Interesse des Staates an der Durchsetzung seiner eigenen Staatsangehörigkeit **stets vor**. Für eine Einzelabwägung, die zur Korrektur im Einzelfall führen kann, ist bei der Stringenz von Abs I S 2 kein Platz (aA Sonnenberger aaO 21; wie hier Pal/Heldrich Art 5 Rz 3; Pitschas in Jayme/Mansel, Nation und Staat im IPR [1990] 93, 97; v Mangoldt StAZ 1990, 245). Diese Rechtslage ist auch nach Inkrafttreten der durch das Gesetz zur Reform des Staatsangehörigkeitsrechts v 15. 7. 1999 (Rz 1) geänderten Vorschriften über den Erwerb der dt Staatsangehörigkeit durch Geburt (§ 4 III und IV StAG) nicht anders (ebenso Pal/Heldrich Art 5 Rz 3; aA LG Karlsruhe StAZ 2001, 111 u dazu auch Gruber IPRax 1999, 428; Fuchs NJW 2000, 491; Benicke IPRax 2000, 177). Für das IPR bleibt es beim Vorrang der dt Eigenstaatsangehörigkeit. Man mag diese Gesetzeslage, die sich in den meisten ausländischen IPR-Gesetzen wiederfindet, bedauern, weil sie schematisch wirkt (s mwN auf die frühere Diskussion v Bar/Mankowski[2] I S 622ff); sie ist geltendes Recht und verstößt zZt auch **nicht** gegen das **Diskriminierungsverbot** des **Art 12 EGV** innerhalb der EU. Für die Zukunft ist die erneute Reform indes im Blick zu halten; diese sollte ggf zu den Ergebnissen der Reformrspr des BGH (BGH 75, 32, s oben) zurückkehren, soweit die Staatsangehörigkeitsanknüpfung noch Zukunft behält.

7 **3. Ausnahmebereiche.** Durchbrochen ist die von Abs I S 1 und 2 gegebene Regelung über den Vorrang der effektiven Staatsangehörigkeit im EGBGB jedenfalls dort, wo das Gesetz den Vorrang aufhebt. Das ist der Fall bei der Eröffnung der Rechtswahlmöglichkeit in Art 10 II, III und 14 II, da hier auch die Wahl der nicht effektiven bzw nicht deutschen Rechtsordnung gestattet ist. Die in Art 10 II, III und 14 II bestehende Rechtswahlmöglichkeit kann analog bei Art 15 II bedacht werden (vgl Art 15 Rz 31). Strittig ist, ob gleiches bei den im Gesetz zur Erreichung günstiger Ergebnisse vorgesehenen alternativen Anknüpfungen der Art 19 I, 20 I, 21 I aF gelten soll (dafür Pal/Heldrich Art 5 Rz 4; dagegen Pirrung IPVR 121; Mansel aaO Rz 416); mE ist Analogie hier abzulehnen, da die Statusfrage nur nach dem effektiv zur Anwendung berufenen Recht angemessen beurteilt werden kann. Für Art 19–21 ist das Problem entfallen, s Erl zu Art 19 Rz 10.

8 Soweit im staatsvertraglichen Kollisionsrecht auf die Staatsangehörigkeit abgestellt wird (zB Art 4, 5 MSA, vgl Anh Art 24 Rz 11) und das entsprechende Abkommen keine eigenen Regeln ausgebildet hat, gelten die zu Art 5 I S 1 und 2 gebildeten Einzelregeln entsprechend; der Grundsatz der abkommensautonomen Auslegung von Abkommensnormen steht dem nicht entgegen, da sowohl die zu Art 5 I S 1 entwickelten Regeln als auch die Regel des S 2 ihre weitestgehenden Entsprechungen in den Kollisionsrechten der Nachbarstaaten finden (zT abweichend, aber ohne nähere Begrenzung v Bar/Mankowski[2] I S 624).

9 **Keine Anwendung** findet Art 5 I (S 1 und 2) im deutschen **internationalen Verfahrensrecht**, da die Zuständigkeitsnormen, die Inlandszuständigkeit von der Stellung als Deutscher abhängig machen, eine daneben ggf bestehende andere Staatsangehörigkeit ohne Rücksicht auf etwaige Effektivität der deutschen oder anderen Staatsangehörigkeit außer Betracht lassen, so §§ 606a I, 640a II, 648 II, 648a I ZPO, §§ 35a I, 36 II, 43b I, III, IV FGG; BGH 118, 328; vgl BayObLG 1982, 32; FamRZ 1997, 959; Karlsruhe FamRZ 1984, 819; abw KG FamRZ 1998,

440 [dazu Henrich IPRax 1998, 248]). Die Reform des Staatsangehörigkeitsrechts (s Rz 1, 6) hat insofern keine Auswirkungen gezeigt, hingegen die heute vorrangige Regelung der **EheVO** (VO EG Nr 1347/2000), die die Staatsangehörigkeit als Zuständigkeitskriterium für den Eheprozeß dem gewöhnlichen Aufenthalt nachordnet (Art 3 I lit b EheVO, Art 8); allerdings geht auch die **EheVO** insoweit noch von der Staatsangehörigkeitssicht des jeweiligen Forumstaats aus, so daß insoweit im Inland die obige Bestimmung der effektiven Staatsangehörigkeit bestimmend bleibt.

IV. Staatenlose und Personen mit nicht feststellbarer Staatsangehörigkeit (Abs II)

1. Begriff. Staatenlos ist eine Person, die nach den für sie in Betracht kommenden Staatsangehörigkeitsrechten (zB Geburtsland, Aufenthaltsländer, Heimatstaat des Ehegatten, Heimatstaat der Eltern) eine Staatsangehörigkeit nie besessen hat oder nicht mehr besitzt. Ob eine Person eine Staatsangehörigkeit besitzt, ist vom Gericht im Rahmen seiner Pflicht zur Feststellung des anwendbaren Rechts von Amts wegen zu ermitteln (ebenso Pal/Heldrich Art 5 Rz 6; einschränkend BGH WM 1987, 218; Erman/Arndt[7] Art 29 aF Rz 8). An Feststellungen ausländischer Behörden und Gerichte ist das Gericht insoweit nicht gebunden (BGH IPRsp 1977 Nr 110). 10

Gleichgestellt sind von Art 5 II Personen, deren Staatsangehörigkeit nicht festgestellt werden kann. Fälle dieser Art können zB bei Asylbewerbern vorkommen, die zwecks Verhinderung der Rückführung ihre Dokumente vernichtet haben, oder bei Insassen der in den Jahren nach 1947 eingerichteten Palästinenserlager in den Staaten des Nahen Ostens (vgl zB AG Neumünster Rpfleger 1987, 311 mit Anm Deumeland; BVerwG InfAuslR 1987, 278; VG Berlin InfAuslR 1987, 118; 1988, 174; OVG Münster ZAR 1988, 38 [LS]; VGH Mannheim NJW 1987, 3094; BVerwG StAZ 1994, 82; Hamm StAZ 1995, 238; FamRZ 1995, 1603; KG FamRZ 1996, 546; Zweibrücken StAZ 1996, 269; s auch Mühl-Jäckel FS Berge [1989] 43). Abs II ermächtigt die Gerichte jedoch nicht zu vorschnellem Verzicht auf die Ermittlung der Staatsangehörigkeit in Fällen, in denen insoweit Schwierigkeiten entstehen. Hinsichtlich der Ermittlungspflicht gelten die oben Rz 10 gemachten Ausführungen. 11

2. Anknüpfung an den Aufenthaltsort. Bei Sachverhalten, die Abs II zuzuordnen sind, tritt an die Stelle der Staatsangehörigkeit als Anknüpfungsmoment der gewöhnliche, bei dessen Fehlen der schlichte Aufenthalt der Person. Hierzu vgl Rz 43ff. 12

3. Reichweite der Aufenthaltsanknüpfung. a) Da die Aufenthaltsanknüpfung an die Stelle der Staatsangehörigkeitsanknüpfung tritt, entfaltet sie für das Personalstatut der von Abs II erfaßten Personen grundsätzlich die sonst durch die Staatsangehörigkeit vermittelten Rechtswirkungen. **Personalstatut** ist demgemäß grundsätzlich das **Recht des Landes des gewöhnlichen Aufenthaltes**. Ebenso wie dort, wo das Personalstatut aus der Sicht des dt IPR durch das Recht des Heimatstaates bestimmt wird, sind auch im Anwendungsbereich des Art 5 II die durch das Aufenthaltsrecht ausgesprochenen Rück- und Weiterverweisungen zu beachten (Beispiel: KG IPRax 1986, 41). 13

b) Bei Staatenlosen mit gewöhnlichem Aufenthalt im Inland, die Art 5 II unterfallen, bildet demnach das deutsche Recht das Personalstatut. Indes folgt daraus nicht, daß auf sie ungeprüft all jene Normen der Art 3ff angewandt werden können, die an die Rechtsstellung eines Deutschen anknüpfen (zB Art 7 II, 13 II, III, 17 I S 2, 18 V). Da von Art 5 II eine völlige Gleichstellung mit den Deutschen nicht bezweckt ist, ist hinsichtlich der Anwendbarkeit jeder einzelnen Norm zu differenzieren: Wo das Heimatrecht als einfaches Personalstatut berufen ist, gilt für Staatenlose auch ein weiteres deutsches Recht als Personalstatut iSv Abs II. Wo deutsches Recht durch das Günstigkeitsprinzip zur Anwendung berufen wird, gilt es auch für Staatenlose. Wo die Kollisionsnorm deutsches Recht hingegen ausschließlich als „**Exklusivnorm**" zum Schutz oder zugunsten von Deutschen beruft, sind Personen gem Abs II den Deutschen grundsätzlich **nicht gleichgestellt** (zur Problematik s zB Art 17 I S 2 und dazu Art 17 Rz 23; im int Deliktsrecht ist das Problem durch die Ersetzung von Art 38 aF durch den neutral gefaßten Art 40 III nF entfallen, s Erl zu Art 40 nF Rz 71ff; zu Altfällen s noch 9. Aufl Art 38 Rz 54). Ggf ist dann allerdings noch eine Ergebniskontrolle über Art 6 (Ordre public) möglich. 14

c) Die Aufenthaltsanknüpfung gem Abs II kommt entsprechend dort in Betracht, wo die effektive Staatsangehörigkeit eines Doppel- bzw Mehrstaaters nicht festgestellt werden kann (vgl Rz 11). 15

4. Anwendungsbereich des Abs II. Der Anwendungsbereich des Abs II ist in zweifacher Hinsicht eingegrenzt. **a) Abs II kommt nicht zur Anwendung**, soweit er durch vorgehende, das Personalstatut von Staatenlosen regelnde Kollisionsregeln auf **staatsvertraglicher Grundlage** verdrängt ist. Vorrang hat insoweit das New Yorker UN-Übereinkommen über die Rechtsstellung der Staatenlosen v 28. 9. 1954, BGBl 1976 II 473, vgl Rz 60. Nur für den Bereich der in Art 1 II des Abkommens erfaßten Anwendungsausnahmen kann die autonome Regelung des Abs II heute noch zur Anwendung gelangen. Da das Abkommen in Art 12 an den Wohnsitz anknüpft und der Wohnsitzbegriff des Abkommens iSd Begriffs des gewöhnlichen Aufenthaltes auszulegen ist (vgl Rz 43ff), entsteht bei systematisch unrichtiger Handhabung der Kollisionsrechtsquellen nicht zwangsläufig auch Fehler in der Ermittlung des anwendbaren Rechts. Zu beachten ist freilich, daß im Rahmen von Art 12 der Konvention (Sachnormverweisung) Rück- und Weiterverweisung nicht vorkommt, anders als im Rahmen von Art 5 II (ebenso Staud/Blumenwitz Art 5 Rz 467; aA Raape/Sturm IPR § 9 A VI; MüKo/Sonnenberger Art 5 Anh I Rz 7, 10). Aus der Konvention ist kein Grund ersichtlich, vom allgemeinen Auslegungsprinzip staatsvertraglicher Kollisionsnormen (Sachnormverweisungen) abzugehen. 16

b) Abs II kommt ferner auch insoweit **nicht zur Anwendung**, als der von der Norm erfaßte Personenkreis der Staatenlosen zusätzlich durch anders qualifizierende Kollisionsregeln erfaßt ist. Vorrang haben deshalb die Sonderregelungen, die auf autonom-gesetzlicher Basis oder auf der Grundlage von völkerrechtlichen Übereinkommen in Kraft gesetzt sind. Zu beachten sind insoweit die Kollisionsregeln, die Vertriebenen, Flüchtlingen und Verschleppten für das IPR sog **Flüchtlingsstatut** verschaffen, dh regelmäßig die Anwendung des Rechts am Ort ihres gewöhnlichen Aufenthalts gewähren. Hierzu vgl Rz 66ff. 17

Da das Flüchtlingsstatut an eine besondere Sachverhaltsgestaltung anknüpft und nicht das bloße Fehlen der Grundanknüpfung ersetzt, geht es als lex specialis der für Staatenlose geltenden Grundregelung vor. Unterschiede in der Rechtsanwendung ergeben sich aber auch insofern nur selten, da hier wie dort die Aufenthaltsanknüpfung dominiert, vgl Rz 43, 64, 66.

V. Funktion des Abs III

18 Abs III stellt, wie eingangs schon dargestellt, eine **Ausnahmenorm** dar. Sie hat mit den in den Abs I und II enthaltenen Regelungen keinen inhaltlichen Zusammenhang, weder betrifft sie in irgendeiner spezifischen Weise Mehr- und Doppelstaater, noch hat sie für Staatenlose besondere Bedeutung. Ebensowenig wie Abs I eine generelle Aussage zum Staatsangehörigkeitsprinzip macht, stellt Abs III eine Definitionsnorm für den gewöhnlichen Aufenthalt dar. Ähnlich aber wie Abs I für das Staatsangehörigkeitsprinzip gewisse konkretisierende Bedeutung zukommt, kann Abs III derartige Bedeutung bzgl der Aufenthaltsanknüpfung für sich beanspruchen. Die Anknüpfung an den gewöhnlichen, ersatzweise den schlichten Aufenthalt einer Person hat im Geltungsbereich des Personalstatuts prinzipiell subsidiäre Bedeutung. Sie kommt zum Zuge, wenn die Anknüpfung an die Staatsangehörigkeit versagt (Einl Rz 26). Abs III beansprucht für diesen Bereich der Aufenthaltsanknüpfung keine Bedeutung. Die Norm ist wichtig in dem Bereich des Kindschaftsrechts, der sich durch primäre Maßgeblichkeit des Aufenthaltsrechts des minderjährigen Kindes auszeichnet (Maßnahmen der elterlichen Sorge, Unterhaltsansprüche). Da der gewöhnliche Aufenthalt einer Person sich als ihr faktischer Lebensmittelpunkt definiert (vgl Rz 43, 46), kann er einem nicht schwer zu bewerkstelligenden Wechsel unterzogen werden. Für die Begründung neuen gewöhnlichen Aufenthalts kann genügen, daß ein neuer Lebensmittelpunkt begründet wird mit dem Willen, diesen neuen Ort eben zum Lebensmittelpunkt zu machen. Ohne größere Verweildauer kann dann schon vom Anbeginn der neuen Aufenthaltsnahme an der neue Aufenthalt zum gewöhnlichen Aufenthalt werden (BGH NJW 1981, 520; LJVerw BW FamRZ 1990, 1015, 1017; Hamm FamRZ 1991, 1466, 1467). Da die Festlegung des gewöhnlichen Aufenthaltes sowohl für die Zuständigkeitsordnung als auch für die Bestimmung des anzuwendenden Rechts entscheidend ist, kann der Aufenthaltswechsel sowohl zu Zuständigkeitswechsel als auch zu Statutenwechsel führen. Der Eindämmung solcher Wechsel durch einseitig ohne den Willen des gesetzlichen Vertreters herbeigeführten Ortswechsel des minderjährigen Kindes dient Abs III mit der Anordnung, daß durch solchen Ortswechsel alleine eine Änderung des anzuwendenden Rechts nicht bewirkt werde. Anlaß der Einfügung der in ihrer Wirkungsweise wie in ihrem Anwendungsbereich eng begrenzten Norm waren denn auch Fälle des sog legal kidnapping, Fälle der Kindesverbringung aus einer Rechtsordnung in eine andere durch einen nicht (allein) sorgeberechtigten Elternteil ohne den Willen des (allein oder wenigstens mit) sorgeberechtigten Elternteiles (zB Stuttgart NJW 1976, 483, 484; Karlsruhe NJW 1976, 485f; s Begr RegE BT-Drucks 10/504, 42).

19 Für seine **Anwendung** setzt Abs III fehlende volle Geschäftsfähigkeit der den Aufenthalt wechselnden Person voraus. Ob die Geschäftsfähigkeit fehlt, ist nach dem nach Art 7 berufenen Recht zu beurteilen (selbständige Anknüpfung). Wer der gesetzliche Vertreter ist, regelt sich nach den maßgeblichen familienrechtlichen Kollisionsnormen, dh heute Art 21 nF. Ist die Bestimmung des gesetzlichen Vertreters danach dem Recht des gewöhnlichen Aufenthalts des Kindes zugewiesen, sind insoweit die Verhältnisse vor dem Aufenthaltswechsel maßgebend (vgl Begr RegE, BT-Drucks 10/504, 42). Für das Eintreten von Abs III ist ferner erforderlich, daß die Aufenthaltsveränderung bei der minderjährigen Person ohne (nicht notwendig gegen) den Willen des gesetzlichen Vertreters erfolgt ist. Obliegt die gesetzliche Vertretung mehr als einer Person (zB beiden Elternteilen), ist auf den Willen des Trägers der Vertretungsmacht im Rechtssinne abzustellen, dh es ist auf der Grundlage des insoweit maßgeblichen Rechts (s oben) zu ermitteln, wie der maßgebliche Wille gebildet wird (zB dt Recht: §§ 1626, 1627: elterlicher Wille ist grundsätzlich der einvernehmlich gefundene, gemeinschaftliche Wille).

Abs III besagt nur, daß die ohne Willen des gesetzlichen Vertreters herbeigeführte **Aufenthaltsänderung alleine keinen Statutenwechsel herbeiführt**. Abs III hindert aber die Annahme einer Begründung neuen gewöhnlichen Aufenthaltes dann nicht, wenn zum Ortswechsel weitere Umstände hinzutreten, die für eine feste und dauerhafte Eingliederung in die neue soziale Umgebung sprechen (bereits längere, mehrmonatige Verweildauer am neuen Aufenthaltsort, Einschulung und Eingliederung in der Schule, Aufnahme eines Ausbildungs- oder Arbeitsverhältnisses, Absinken des Widerstandes bzw des Rückholwillens des gesetzlichen Vertreters, zB Hamm FamRZ 1991, 1466, 1467; auch Düsseldorf FamRZ 1994, 644; Stuttgart FamRZ 1997, 52). Mit Rücksicht auf Abs III kommt aber auch bei derartiger Verfestigung des neuen Aufenthaltes dem entgegenstehenden Willen des gesetzlichen Vertreters noch Bedeutung zu, ihm aber, wie es die Rspr tut, „Indizwirkung" gegen einen neuen gewöhnlichen Aufenthalt beizulegen (so BGH NJW 1981, 520; Düsseldorf FamRZ 1984, 194, 195; Hamm FamRZ 1989, 1109, 1110; 1990, 781, 782; NJW-RR 1997, 6; Bamberg NJW-RR 1990, 774), besteht kein Anlaß. Wird der entgegenstehende Wille durch den gesetzlichen Vertreter nicht rechtzeitig in geeigneter Weise, zB durch gerichtliche oder behördliche Anträge, manifestiert und ins Werk gesetzt, so tritt er in seiner Wirkung gegenüber den geschaffenen oder sich nach und nach bildenden Fakten der neuen örtlichen Situation des Kindes zurück.

20 Der **Anwendungsbereich** von Abs III ist auf jene Verhältnisse beschränkt, für die das Kollisionsrecht sich aus der Regelung des EGBGB ergibt. Soweit dessen Regeln (zB Art 21) durch staatsvertragliches Kollisionsrecht verdrängt sind, kommt Abs III nicht unmittelbar zur Anwendung. **Abs III ist deshalb im Anwendungsbereich des MSA nicht anwendbar.** Dort gelten jedoch die inhaltlich vergleichbaren Regeln zu Art 1, 3 MSA (vgl Anh Art 24 Rz 18). Soweit das MSA auf Minderjährige jedoch sachlich oder räumlich nicht anwendbar ist und soweit es um den Aufenthalt eines nicht voll geschäftsfähigen Volljährigen geht, kommt Abs III zum Zuge.

21 Zum **Haager Übereinkommen über die zivilrechtlichen Aspekte internationaler Kindesentführung** v 25. 10. 1980, BGBl 1990 II 206, in Kraft seit 1. 12. 1990, Bek v 11. 12. 1990, BGBl 1991 II 329, das ein Rechtshilfeabkommen mit einheitlichen Verfahrens- und Sachvorschriften über die Rückführung von Kindern darstellt, und zum Europäischen Übereinkommen über die Anerkennung und Vollstreckung von Entscheidungen über das Sorgerecht für Kinder und die Wiederherstellung des Sorgeverhältnisses v 20. 5. 1980, BGBl 1990 II 220, für Deutschland in Kraft seit 1. 2. 1991, vgl Bek v 19. 12. 1990, BGBl 1991 II 392, s Rz 56 und Anh Art 24 Rz 48ff. Art 12, 13 des Haager Übereinkommens suchen die Wirkungen eines Wechsels des gewöhnlichen Aufenthalts ohne den Willen des Sorgerechtsinhabers in ähnlicher Weise zu begrenzen. Tritt am 1. 8. 2004 die „Brüssel II-GesamtVO" (s Erl Einl vor Art 3 Rz 64) in Kraft, gehen deren „Entführungsregeln", soweit sie den gew Aufenthalt betreffen, Abs III ebenfalls vor.

VI. Erwerb und Verlust der deutschen Staatsangehörigkeit und kollisionsrechtliche Auswirkungen

Schrifttum: *Fuchs,* Neues Staatsangehörigkeitsgesetz und IPR NJW 1999, 489–492; *Hailbronner/Renner,* Staatsangehörigkeitsrecht 2. Aufl 1998; *Huber/Butzke,* Das neue Staatsangehörigkeitsrecht und sein verfassungsrechtliches Fundament NJW 1999, 2769–2775; *Makarov/v Mangoldt,* Deutsches Staatsangehörigkeitsrecht, 3. Aufl 1987ff; *Marx,* Kommentar zum Staatsangehörigkeitsrecht 1997; *Meyer,* Die deutsche Staatsangehörigkeit in der Rspr des BVerwG, NVwZ 1987, 15; *Schleser,* Die deutsche Staatsangehörigkeit, 4. Aufl 1980.

1. Staatsangehörigkeitsrecht des StAG

Das deutsche Staatsangehörigkeitsrecht beruht heute auf dem „Staatsangehörigkeitsgesetz" (StAG), dh dem früheren Reichs- und Staatsangehörigkeitsgesetz (RuStAG) v 22. 7. 1913 (RGBl 583), das mehrfach geändert wurde und schließlich in der Reform von 1999 (Rz 1 und 6) die neue Überschrift „Staatsangehörigkeitsgesetz" (StAG) erhalten hat. Zu seinen Neuregelungen (zuletzt durch den – nicht in Kraft befindlichen – Art 5 des Zuwanderungsgesetzes v 20. 6. 2002 [§§ 10–12b jener Fassung sind nicht in Kraft]) und ihren Auswirkungen auf die Staatsangehörigkeitsanknüpfung im IPR s Gruber IPRax 1999, 426; Fuchs NJW 2000, 489; Benicke IPRax 2000, 171; Zimmermann IPRax 2000, 180; Meireis StAZ 2000, 65; Renner ZAR 2002, 265. **22**

a) Nach § 3 StAG wird die deutsche Staatsangehörigkeit erworben durch **Geburt, Legitimation, Annahme als Kind und Einbürgerung**, aber nicht mehr durch Erklärung bei der Eheschließung. Sie geht verloren (§ 17 StAG) durch Entlassung, durch Verzicht und Annahme als Kind durch einen Ausländer, mit Ausnahmen beim Erwerb einer ausländischen Staatsangehörigkeit, nicht mehr durch Eheschließung oder Legitimation, aber auch durch Wehrdienst bei einer auswärtigen Macht (§§ 28, 29 StAG). Über Erwerb und Verlust der Staatsangehörigkeit entscheidet grundsätzlich der Rechtszustand zur Zeit der Erfüllung des jeweiligen für die Staatsangehörigkeit erheblichen Tatbestandes (zB Geburt, Heirat). Wegen der häufigen Änderung des Staatsangehörigkeitsrechts sind für die Beurteilung von Erwerb und Verlust nicht selten frühere Rechtslagen maßgeblich. Da die heute geltende Regelung grundsätzlich Rückwirkung auf „Altfälle" nicht hat, ist bei der Beurteilung der deutschen Staatsangehörigkeit einer Person sorgsam das für den fraglichen Zeitraum, insbesondere der Geburt, in Kraft gesetzte Gesetzesrecht zu prüfen. Hierfür wird vorab auf die Schilderung der Zeit von 1949–1977 bei Erman/Marquordt[7] vor Art 7 Rz 10ff, verwiesen. **23**

Für den **Erwerb der deutschen Staatsangehörigkeit** gilt heute unter Berücksichtigung der durch das KindRG 1998 und der durch das Gesetz zur Reform des Staatsangehörigkeitsrechts 1999 bewirkten Änderungen, soweit für die Belange des IPR erheblich, folgendes: (1) Durch Geburt wird die deutsche Staatsangehörigkeit von Kindern erworben, wenn ein Elternteil Deutscher ist (§ 4 I StAG); ist bei der Geburt nur der Vater Deutscher und ist zur Begründung der Abstammung nach § 1592 BGB die Anerkennung bzw Feststellung der Vaterschaft erforderlich (dh bei Kindern nicht miteinander verheirateter Eltern), so ist für den Erwerb der dt Staatsangehörigkeit Anerkennung oder Feststellung der Vaterschaft notwendig (§ 4 I S 2 StAG). (2) Die dt Staatsangehörigkeit wird gem § 6 StAG ferner durch Adoption eines minderjährigen Kindes durch einen Deutschen erworben; das Adoptionsstatut gem Art 22 I muß nicht notwendig das deutsche Recht sein (s Erl Art 22 Rz 27), erforderlich ist aber „starke Adoption", die das Eltern-Kind-Verhältnis zu den leiblichen Eltern beendet (s Erl Art 22 Rz 27); ggf kann solche starke Adoption auch durch „Umwandlung" ursprünglich „schwacher" Adoption gem §§ 3, 4 AdWirkG erreicht werden (s Erl Art 22 Rz 22ff, 29). (3) § 4 III und IV idF vom 15. 7. 1999 regeln (ab dem 1. 1. 2000) den Erwerb der dt Staatsangehörigkeit bei **Geburt im Inland und Abstammung von ausländischen Eltern** (Abs III S 1 Nr 1 und 2: bei achtjährigem rechtmäßigen gewöhnlichen Inlandsaufenthalt eines Elternteils, der Aufenthaltsberechtigung oder seit drei Jahren eine unbefristete Aufenthaltserlaubnis besitzt) sowie bei Geburt im Ausland, aber Abstammung von einem dt Elternteil (Abs IV). Bei dadurch bewirkter Doppelstaatigkeit ist (§ 29 StAG) nach Erreichen der Volljährigkeit Option für eine Staatsangehörigkeit erforderlich, die bei Option für die ausländische Staatsangehörigkeit „Statutenwechsel" zur Folge haben kann, s Gruber IPRax 1999, 428; Fuchs NJW 2000, 429. (4) Eheschließung mit einem oder einer Deutschen hat heute als solche kein Erwerbsgrund mehr, hat aber Erleichterung der Einbürgerung zur Folge, § 9 StAG. (5) Für den Erwerb der deutschen Staatsangehörigkeit durch Einbürgerung gelten die §§ 7ff StAG sowie Vorschriften ergänzender, sukzessive in Kraft gesetzter Gesetze und Verordnungen, insbes §§ 85ff AusländerG idF des G v 15. 7. 1999. Sie sind, soweit im vorliegenden Zusammenhang des IPR erheblich, in der Folge unter 2. und 3. berücksichtigt. Die vielfachen Änderungen des Staatsangehörigkeitsrechts haben die Rechtslage seit der 9. Aufl (1992/93) mehrfach geändert. Die zeitlich maßgebliche Rechtslage bleibt für „Altfälle" von Bedeutung, hierzu 9. Aufl Art 5 Rz 24 und – für die Zeit vor dem Inkrafttreten der Regelungen des § 4 III, IV StAG idF vom 15. 7. 1999 (1. 1. 2000) – Pal/Heldrich[59] Anh Art 5 Rz 6, 7. Entsteht durch Einbürgerung wie auch in den Fällen des § 4 III nF Mehrfachstaatsangehörigkeit, so gilt auch insofern der Vorrang der dt Staatsangehörigkeit für das IPR nach Maßgabe von Art 5 I S 2 (s Rz 6). **24**

b) Der **Verlust der deutschen Staatsangehörigkeit** tritt ein durch Entlassung, §§ 18ff StAG, und durch Erwerb einer ausländischen Staatsangehörigkeit auf Antrag durch Deutsche ohne inländischen Wohnsitz (zur Begründung BVerwG 71, 309; als Inland gilt das Gebiet des Deutschen Reiches in den Grenzen vom 31. 12. 1937, vgl Schleser **25**

StAZ 1979, 192, 198 und 254, 256, also einschließlich der früheren DDR (KG NJW 1983, 2324, 2325), soweit keine Genehmigung zur Beibehaltung erteilt wird, § 25 StAG (zur Verfassungsmäßigkeit BVerfG NJW 1990, 2193; zur Erstreckung auf minderjährige Kinder BVerwG NJW 1987, 1157). Verlustgrund bei Mehrstaatern ist Verzicht, § 26 StAG, Entscheidung gemäß § 29 StAG für die nichtdeutsche Staatsangehörigkeit nach Volljährigkeit, bei minderjährigen Kindern auch Adoption durch einen Ausländer. Die **Eheschließung** mit einem ausländischen Staatsangehörigen ist als solche **kein Verlustgrund**, auch dann nicht, wenn nach dem fremden Staatsangehörigkeitsrecht die Eheschließung kraft Gesetzes die fremde Staatsangehörigkeit vermittelt. Wird aus Anlaß der Eheschließung die fremde Staatsangehörigkeit durch Antrag oder Erklärung erworben, führt dies nur unter den weiteren Voraussetzungen des § 25 StAG zum Verlust der deutschen Staatsangehörigkeit. Insbesondere bei im Inland mit ausländischen Staatsangehörigen verheirateten Deutschen ist daher grundsätzlich vom Weiterbestehen der deutschen Staatsangehörigkeit auszugehen (zum Vorrang dieser deutschen Staatsangehörigkeit vgl Art 5 I S 2 und dazu oben Rz 6).

2. Einheitliche deutsche Staatsangehörigkeit (Verhältnis zur Staatsbürgerschaft der ehemaligen DDR)

26   Die einheitliche deutsche Staatsangehörigkeit nach dem bisherigen RuStAG war aus der Sicht der früheren BRepD durch die Staatsbürgerschaftsgesetzgebung der ehemaligen DDR (Staatsbürgerschaftsgesetz der DDR v 20. 2. 1967, GBl 1967 I 3 mit DVO v 3. 8. 1967, GBl II 681; ferner Gesetz zur Regelung von Fragen der Staatsbürgerschaft v 16. 10. 1972, GBl I 265, sowie VO zu Fragen der Staatsbürgerschaft v 21. 6. 1982, GBl I 418, beide zur Ausbürgerung von „Republikflüchtigen", zuletzt Änderungsgesetz v 29. 1. 1990, GBl I 31) nicht untergegangen, sondern hatte stets auch die Bürger der DDR mitumfaßt (BVerfG 36, 1, 31; 40, 141, 163). Durch den Erwerb der Staatsbürgerschaft der DDR wurde grundsätzlich auch die einheitliche deutsche Staatsangehörigkeit erworben (BVerfG NJW 1988, 1313, 1314; zu den Grenzen des Ordre public BVerwG NJW 1986, 1506); durch den Verlust der Staatsbürgerschaft der DDR wurde hingegen die einheitliche deutsche Staatsangehörigkeit grundsätzlich nicht berührt (KG NJW 1983, 2324; VGH BW ROW 1987, 373). Durch den Beitritt der DDR zum Bundesgebiet gemäß dem Einigungsvertrag ist die Staatsbürgerschaft der DDR mit Wirkung vom 3. 10. 1990 untergegangen. Von Bedeutung für das Gegenwartsrecht ist sie nur insofern, als sie bis zum 3. 10. 1990 nach Maßgabe der obigen Ausführungen die einheitliche deutsche Staatsangehörigkeit vermitteln konnte. Als Anknüpfungspunkt für das innerdeutsche Kollisionsrecht ist sie nach wie vor ungeeignet (vgl Art 3 Rz 29 und 30).

3. Reichweite der deutschen Staatsangehörigkeit

27   Durch die Ereignisse des Zweiten Weltkrieges und die im Gefolge des Krieges für das Deutsche Reich entstandenen Gebietsverluste sowie durch die Bevölkerungsverschiebungen nach dem Zweiten Weltkrieg ist der Kreis der deutschen Staatsangehörigen nicht immer übersichtlich geblieben. Auswirkungen sind trotz verschiedener gesetzlicher Regelungen auch heute noch vorhanden, insbesondere weil das Prinzip des Erwerbs der deutschen Staatsangehörigkeit durch Geburt bzw Abstammung von Deutschen (§§ 3, 4 StAG) nach wie vor (allerdings nunmehr in den Grenzen von § 4 IV StAG) auch dort wirkt, wo die Geburt außerhalb der heutigen Staatsgrenzen der Bundesrepublik Deutschland stattgefunden hat. Im Hinblick auf die Regelungen des bisherigen RuStAG gilt deshalb für den Kreis der deutschen Staatsangehörigen heute folgendes:

28   a) Auszugehen ist davon, daß die deutsche Staatsangehörigkeit derjenigen Deutschen, die im Deutschen Reich mit den Grenzen vom 31. 12. 1937 die deutsche Staatsangehörigkeit besessen haben, durch die Kriegsereignisse und die Kriegsfolgeereignisse nicht betroffen worden ist. Ihre deutsche Staatsangehörigkeit ist auch durch die völkerrechtlichen Verträge, die im Rahmen der Wiedererlangung der deutschen Einheit abgeschlossen (2 + 4-Vertrag) oder danach vereinbart worden sind (Deutsch-Sowjetischer Vertrag; Deutsch-Polnischer Nachbarschaftsvertrag, BT-Drucks 12/1103 und 1104; ZRP 1991, 448), nicht negativ betroffen worden. Demgemäß gilt für den Personenkreis derjenigen, die am 31. 12. 1937 deutsche Staatsangehörige waren, daß ihre deutsche Staatsangehörigkeit allein nach Maßgabe des bisherigen RuStAG verlorengegangen oder weitervermittelt worden ist.

29   b) Die nach Kriegsende ostwärts der ehemaligen **Oder-Neiße-Linie** wohnhaft gebliebenen deutschen Staatsangehörigen haben demgemäß die deutsche Staatsangehörigkeit in der Folgezeit grundsätzlich nicht verloren. Der Verlust der deutschen Staatsangehörigkeit ist auch nicht durch die Verleihung der polnischen Staatsangehörigkeit durch die gesetzlichen und sonstigen Maßnahmen der Volksrepublik Polen eingetreten (ausführlich Staud/Blumenwitz Art 5 Rz 118ff; vgl Celle NJW 1952, 475; OVG Hamburg DÖV 1955, 735; KG MDR 1958, 692; teilweise abweichend Seeler StAZ 1958, 185). Gleiches gilt auch für die im nördlichen Teil Ostpreußens (Oblast Kaliningrad) verbliebenen deutschen Staatsangehörigen. Demgemäß ist auf sie grundsätzlich deutsches Recht anzuwenden (BGH FamRZ 1957, 86). Durch den deutsch-polnischen Vertrag vom 7. 12. 1970 und den deutsch-polnischen Nachbarschaftsvertrag vom 17. 6. 1991 (G v 16. 12. 1991, BGBl II 1314), die beide keine Aussagen zur Frage der Staatsangehörigkeit enthalten (vgl Art 20), ist kein Anlaß geboten, von der bisher beobachteten Praxis abzugehen, s dazu BVerfG NJW 1994, 1402 (ie heute ebenso Pal/Heldrich Anh Art 5 Rz 10; s auch BVerfG 40, 141, 163; BayObLG 1983, 26, 29; BayVGH StAZ 1987, 22; Alexy NJW 1989, 2850, 2851; Klein DVBl 1978, 876; s ferner Hamm FamRZ 1992, 338; 1994, 575; BayObLG 2000, 18, 21; BVerwG StAZ 2000, 111, 113; Kritik übt Nürnberg NJW-RR 1998, 2, doch ist die Rechtslage eben so und damit für Gerichte verbindlich). Zum Fortbestand der poln Staatsangehörigkeit bei deutschstämmigen Aussiedlern Stoll JbOstR 1978 II 183.

30   c) Deutsche Staatsangehörige sind ferner jene vor 1938 deutschen **Volksangehörigen**, deren in den Folgejahren bis 1945 verliehene deutsche Staatsangehörigkeit gemäß § 1 des Gesetzes zur Regelung von Fragen der Staatsangehörigkeit v 22. 2. 1955 (BGBl I 65) – StaatsangehörigkeitsregelungsG – festgestellt worden ist (nicht: diejenigen, denen ein Anspruch auf Einbürgerung gem §§ 6, 8 dieses Gesetzes zuerkannt ist, vgl hierzu sogleich unten Rz 37, 38). Nach § 1 gilt dies für diejenigen deutschen Volkszugehörigen, denen die deutsche Staatsangehörigkeit verliehen ist durch

- Vertrag mit der Tschechoslowakei v 20. 11. 1938 (RGBl II 895) – Sudetendeutsche; dazu BGH 75, 32 und BayObLG 1980, 72; durch den Deutsch-Tschechoslowakischen Vertrag v 11. 12. 1973, BGBl II 989, sind Fragen der Staatsangehörigkeit nicht berührt worden (Art 2 II); die Sudetendeutschen sind daher weiterhin deutsche Staatsangehörige (BVerfG 43, 203, 210; BGH 75, 32, 38; BayObLG 1980, 72); an ihrer deutschen Staatsangehörigkeit hat auch der Deutsch-Tschechoslowakische Nachbarschaftsvertrag v 27. 2. 1992, G v 9. 7. 1992 BGBl II 462 nicht gerührt (vgl Art 20);
- Vertrag mit Litauen v 8. 7. 1939 (RGBl II 999) – Memelländer;
- VO über den Erwerb der deutschen Staatsangehörigkeit durch frühere tschechoslowakische Staatsangehörige deutscher Volkszugehörigkeit v 20. 4. 1939 (RGBl I 815) – früheres Protektorat Böhmen, Mähren;
- VO über die deutsche Volksliste in den eingegliederten Ostgebieten v 4. 3. 1941 (RGBl I 118) idF der Zweiten VO v 31. 1. 1942 (RGBl I 51) – Polen, Danzig;
- VO über den Erwerb der deutschen Staatsangehörigkeit in Gebieten der Untersteiermark, Kärntens und Krains v 14. 10. 1941 (RGBl I 648), dazu Reuscher StAZ 1964, 262;
- VO über die Verleihung der deutschen Staatsangehörigkeit an die in die deutsche Volksliste der Ukraine eingetragenen Personen v 19. 5. 1943 (RGBl I 321).

d) Auch die zwischen **Deutschland** und **Österreich** nach 1945 entstandenen Staatsangehörigkeitsprobleme **31** sind durch den Gesetzgeber – Zweites Gesetz zur Regelung von Fragen der Staatsangehörigkeit vom 17. 5. 1956 (BGBl I 431, dazu Makarov JZ 1956, 744, Schätzel DÖV 1956, 517) – geordnet. Nach § 1 des Gesetzes ist die auf Grund der Verordnungen v 3. 7. 1938 (RGBl I 790) und 30. 6. 1939 (RGBl I 1072) erworbene deutsche Staatsangehörigkeit am 26. 4. 1945 erloschen. Zum „automatischen" Erwerb österreich Staatsangehörigkeit am 27. 4. 1945 zB BVerwG NJW 1990, 2215. Die „reichsdeutsche Frau", die in den Jahren 1938–1945 einen Österreicher geheiratet hat, ist nach § 4 seit dem 26. 4. 1945 nicht mehr deutsche Staatsangehörige, wenn sie damals ihren dauernden Aufenthalt außerhalb Deutschlands hatte oder ihn vor dem 1. 5. 1952 ins Ausland verlegte (anders noch BGH 3, 178, wonach die deutsche Staatsangehörigkeit in jedem Falle erhalten geblieben war). Doch hat die (früher deutsche) Frau das Recht, eine Erklärung nach § 3 abzugeben, wenn sie seit 1. 1. 1955 ihren dauernden Aufenthalt in Deutschland hat. Dagegen ist die „Österreicherin", die in den Jahren 1938–1945 einen „Reichsdeutschen" geheiratet hat, deutsche Staatsangehörige, ebenso das von einem „Reichsdeutschen" legitimierte Kind (§ 2).

e) Ununterbrochen deutsche Staatsangehörige geblieben sind die Einwohner des **Saargebietes** (BMI v 9. 11. **32** 1950 StAZ 1951, 2; näher Braga FamRZ 1957, 37, 39).

f) Die deutsche Staatsangehörigkeit besitzen nicht die Einwohner von **Eupen**, **Malmedy** und **Moresnet** **33** (Bekanntmachung des Auswärtigen Amtes v 21. 4. 1954 – BAnz v 4. 5. 1954). Die VO über die Staatsangehörigkeit im Elsaß, in Lothringen und Luxemburg v 23. 8. 1942 (RGBl I 533) ist nach AHKG Nr 12 (ABl AHK 36) von Anfang an nichtig und rechtsunwirksam gewesen. Zur Staatsangehörigkeit von **Namibia-Deutschen** s Steinmann MDR 1994, 1066.

g) Ununterbrochen deutsche Staatsangehörige geblieben sind gem **Art 116 II GG** jene früheren deutschen **34** Staatsangehörigen, denen zwischen dem 30. 1. 1933 und dem 8. 5. 1945 die Staatsangehörigkeit aus politischen, rassischen oder religiösen Gründen entzogen worden ist, sofern sie nach dem 8. 5. 1945 ihren Wohnsitz in Deutschland genommen und nicht einen entgegengesetzten Willen zum Ausdruck gebracht haben (Text v Art 116 II GG s Rz 39). Erfaßt von Art 116 II GG sind insbesondere die durch die – von Anfang an nichtige (BVerfG 23, 98, 106) – Ausbürgerung durch die 11. VO zum Reichsbürgergesetz v 25. 11. 1941 (RGBl I 772) betroffenen deutschen Juden (zu dem betroffenen Personenkreis iü Staud/Blumenwitz Art 5 Rz 51, 81ff) (Fälle der „einfachen Wiederinanspruchnahme der deutschen Staatsangehörigkeit durch heimgekehrte Verfolgte des NS-Regimes"). Der Erwerb einer ausländischen Staatsangehörigkeit auf Antrag vor Inkrafttreten des Art 116 II GG (24. 5. 1949) bedeutet nicht notwendig den der Wiederaufnahme entgegenstehenden Willen (BVerfG 8, 81, 87; BSG VersR 1985, 1065). Da Art 116 II GG den Verfolgten die Wiederaufnahme der dt Staatsangehörigkeit anheimstellt, werden sie (trotz grundsätzlich ex tunc bestehender Anspruchsberechtigung) als deutsche Staatsangehörige solange nicht betrachtet, als sie sich nicht durch Wohnsitzbegründung auf ihre deutsche Staatsangehörigkeit berufen. Die Regelung des Art 116 II GG gilt auch für Abkömmlinge, nicht nur Kinder, sondern auch Enkel (BVerwG StAZ 1994, 153; BayVGH StAZ 1994, 48) (nicht: nichteheliche Kinder eines ehemaligen deutschen Vaters, BVerwG StAZ 1984, 160; nicht: vor dem 1. 4. 1953 geborene eheliche Kinder einer ausgebürgerten deutschen Mutter, BVerwG NJW 1990, 2213, aA VG Berlin StAZ 1987, 142). Die Wiederaufnahme der deutschen Staatsangehörigkeit ist **kollisionsrechtlich** allerdings nur **eingeschränkt beachtlich**. Mit der Wiederaufnahme der deutschen Staatsangehörigkeit hat die jeweilige Person deutsches Personalstatut. Trotz der Rückwirkung des Art 116 II GG wirkt das deutsche Personalstatut aber nur bedingt zurück. Statut einer vor der Wiederaufnahme der deutschen Staatsangehörigkeit geschehenen Eheschließung bleibt das im Zeitpunkt der Heirat anwendbar gewesene Recht (BGH 27, 375), Güterstatut bleibt nach wie vor das im Zeitpunkt der Eheschließung maßgebliche Recht (Düsseldorf IPRax 1981, 219). Kritisch zur Handhabung des Art 116 II Renck JZ 1979, 752; Mann FS Coing II (1982) 323.

4. Ansprüche auf Erwerb der deutschen Staatsangehörigkeit durch Einbürgerung

a) Allgemeines. Das StAG regelt die Einbürgerung allgemein in §§ 8ff. Einen uneingeschränkten Anspruch auf **35** Einbürgerung gewährte § 10 RuStAG nichtehelichen Kindern deutscher Väter bei Vorliegen der Voraussetzungen des § 10 RuStAG. Die Vorschrift ist aufgehoben. Vor dem 1. 7. 1993 geborene Kinder einer ausl Mutter und eines dt Vaters konnten gem § 5 RuStAG aF durch Erklärung bis zum 23. Lebensjahr die dt Staatsangehörigkeit erwerben. Seit 1. 7. 1998 gilt die oben Rz 24 dargelegte Rechtslage. Bei allen anderen Einbürgerungsfällen sind lediglich Ansprüche auf fehlerfreie Entwicklung des Ermessens der Einbürgerungsverwaltung gegeben (Makarov/ v Mangoldt § 8 RuStAG Rz 7ff).

36 **Kollisionsrechtliche Bedeutung** hat die mit der Einbürgerung gewonnene deutsche Staatsangehörigkeit nur **ex nunc**, dh ab dem Zeitpunkt des Erwerbs. Es tritt somit grundsätzlich **Statutenwechsel** ein; wo, wie bei Art 15 I, grundsätzlich Unwandelbarkeit des Statuts gilt, führt der Erwerb der deutschen Staatsangehörigkeit nicht zu einem Wandel des Statuts, s aber die in Art 15 IV geregelte Ausnahme für Flüchtlinge, Vertriebene, Aussiedler (s Erl zu Art 15 Rz 51ff und unten Rz 41).

37 b) **Einbürgerungsansprüche der volksdeutschen Vertriebenen, Flüchtlinge und Spätaussiedler.** Einen uneingeschränkten Anspruch auf Einbürgerung haben gem §§ 6, 8 Staatsangehörigkeitsregelungsgesetz 1955 (s Rz 30) alle Personen, die Deutsche sind, ohne die deutsche Staatsangehörigkeit zu besitzen, sowie alle deutschen Volkszugehörigen, die nicht die Voraussetzungen des Art 116 I GG erfüllen, die aber in Deutschland ihren dauernden Aufenthalt haben und denen die Rückkehr in ihre Heimat nicht zugemutet werden kann. In Betracht kommen bei §§ 6 und 8 in erster Linie Ungarndeutsche (zu ihrer Staatsangehörigkeit Seeler StAZ 1959, 215), Siebenbürger Sachsen (zur Staatsangehörigkeit der Rumäniendeutschen Seeler StAZ 1958, 158), Jugoslawiendeutsche (Donauschwaben, Banatdeutsche etc), Baltendeutsche und Rußlanddeutsche, soweit nicht auf sie § 1 zutrifft. Ein uneingeschränkter Anspruch auf Rückeinbürgerung steht ferner jenen Ausgebürgerten iSv § 116 II GG zu, die nicht schon durch bloße Wiederaufnahme der deutschen Staatsangehörigkeit über die deutsche Staatsangehörigkeit verfügen.

38 Hinsichtlich der kollisionsrechtlichen Auswirkungen solchen Staatsangehörigkeitserwerbs ist sorgsam zu differenzieren. Bei Rückeinbürgerung iSv Art 116 II GG kommt es – grundsätzlich mit dem Zeitpunkt der Rückeinbürgerung – zum Statutenwechsel (Einzelheiten s Rz 34). Bei dem Personenkreis des Art 116 I GG und gleichgestellten Personen ist zeitlich anders zu differenzieren. Ist die Einbürgerung vorgenommen, so besteht ab diesem Zeitpunkt deutsches Personalstatut für die Zukunft uneingeschränkt. Deutsches Personalstatut besteht – ungeachtet des Formalaktes der Einbürgerung – für diesen Personenkreis aber schon ab dem Zeitpunkt der „Aufnahme" in Deutschland iSv Art 116 I GG iVm Art 9 Abschnitt II Nr 5 FamRÄndG v 11. 8. 1961. Zu Einzelheiten s Rz 40, 41.

39 5. **Kollisionsrechtliche Gleichstellung volksdeutscher Flüchtlinge, Vertriebener und Spätaussiedler (Statusdeutsche iSv Art 116 I GG)**

Schrifttum: Alexy, NJW 1989, 2850; *Gaaz,* StAZ 1989, 165; *Häußer,* DÖV 1990, 918; *Maunz,* in Maunz/Dürig, Komm zum GG Art 116 Rz 24ff; *Silagi,* ROW 1986, 160; *ders,* ZAR 2000, 3.

Artikel 116 GG

(1) Deutscher im Sinne dieses Grundgesetzes ist vorbehaltlich anderweitiger gesetzlicher Regelung, wer die deutsche Staatsangehörigkeit besitzt oder als Flüchtling oder Vertriebener deutscher Volkszugehörigkeit oder als dessen Ehegatte oder Abkömmling in dem Gebiete des Deutschen Reiches nach dem Stande vom 31. Dezember 1937 Aufnahme gefunden hat.

(2) Frühere deutsche Staatsangehörige, denen zwischen dem 30. Januar 1933 und dem 8. Mai 1945 die Staatsangehörigkeit aus politischen, rassischen oder religiösen Gründen entzogen worden ist, und ihre Abkömmlinge sind auf Antrag wieder einzubürgern. Sie gelten als nicht ausgebürgert, sofern sie nach dem 8. Mai 1945 ihren Wohnsitz in Deutschland genommen haben und nicht einen entgegengesetzten Willen zum Ausdruck gebracht haben.

Artikel 9 Abschnitt II Nr 5 FamRÄndG

Soweit im deutschen bürgerlichen Recht oder im deutschen Verfahrensrecht die Staatsangehörigkeit einer Person maßgebend ist, stehen den deutschen Staatsangehörigen die Personen gleich, die, ohne die deutsche Staatsangehörigkeit zu besitzen, Deutsche im Sinne des Artikels 116 Abs. 1 des Grundgesetzes sind. Rechtskräftige gerichtliche Entscheidungen bleiben unberührt.

40 a) **Erfaßter Personenkreis.** Art 116 I GG stellt den deutschen Staatsangehörigen als „Deutsche iSd GG" oder „Statusdeutsche" die Flüchtlinge oder Vertriebenen deutscher Volkszugehörigkeit, gleich die im Gebiet des Deutschen Reiches nach dem Stand vom 31. 12. 1937 Aufnahme gefunden haben, ohne die deutsche Staatsangehörigkeit zu besitzen. Zum **Kreis der Statusdeutschen** iSv Art 116 I GG gehören der Flüchtling oder Vertriebene (§ 1 BVFG, dazu BVerwG 9, 231) deutscher Volkszugehörigkeit (§ 6 BVFG, BVerwG NJW 1989, 2904; 1990, 1127; BVerwG NJW 1993, 2257; VGH Mannheim StAZ 1990, 367) und Abkömmlinge (zum Begriff BVerwG StAZ 1984, 160; NJW 1990, 2213, 2215; s ferner Schleser StAZ 1997, 254). Weiter zählen hierzu auch die **Aussiedler**, die ihren Wohnsitz in die Bundesrepublik Deutschland verlegen (§ 1 II Nr 3 BVFG iVm § 4 I, II und § 5 BVFG), vgl LG Berlin StAZ 1983, 348; VGH BW IPrax 1991, 51 mit Anm Jayme 36; Schleser StAZ 1979, 254; Staud/ Blumenwitz[13] Art 5 Rz 126ff; einschränkend Alexy aaO 2854 und Pal/Heldrich Anh Art 5 Rz 11, auch Ehegatten (s Hamm NJW-RR 1993, 1353; BVerwG FamRZ 1993, 51 mit Einschränkungen). Durch das AussiedlerAufnahmeG v 28. 6. 1990 sind für die „**Spätaussiedler**", die seither (1. 7. 1990) ein Aufnahmeverfahren durchlaufen, Änderungen insofern bewirkt (s BayObLG FamRZ 1993, 555), als hinsichtlich der Ehegatten der Kreis der „Statusdeutschen" unter den Spätaussiedlern in der Fassung des §§ 2ff BVFG id Bekanntmachung v 2. 6. 1993 (BGBl 1993 I 829) gefunden hat (iVm §§ 1, 6, 8 StaatsangehörigkeitsregelungsG 1955), in der (§ 4 BVFG) der Ehegatte des „Statusdeutschen" nicht mehr uneingeschränkt an der „Deutscheneigenschaft" partizipiert. Zu den str Konsequenzen im Güterrecht der Spätaussiedler s Erl Art 15 Rz 52. Zum Erwerb der deutschen Staatsangehörigkeit durch Ausstellung und Erhalt der Bescheinigung gemäß § 15 BVFG jetzt §§ 7, 40a StAG. Notwendig ist in jedem Fall, daß Aufnahme gefunden worden ist. Hierbei ist zu differenzieren. Da Art 116 I GG vom Reichsgebiet in den Grenzen vom 31. 12. 1937 ausgeht, konnte ein Volksdeutscher Statusdeutscher durch Aufnahme in Ostpreußen, in den Oder-Neiße-Gebieten oder in einem anderen Teil des Reichsgebietes werden; soweit die genannten Gebiete „Vertreibungsgebiete" iSd BVFG (vgl BVerwG 38, 224) geworden sind (Ostpreußen, Oder-Neiße-Gebiet), genügt der spätere Verbleib dort nicht für die „Aufnahme" (BayObLG IPRsp 1975 Nr 184; MüKo/Sonnenberger[3] Art 5 Anh II B Rz 25; Staud/Blumenwitz[13] Art 5 Rz 127; Pal/Heldrich Anh Art 5 Rz 11).

b) Kollisionsrechtliche Gleichstellung. Die aus Art 116 I GG zu ziehenden kollisionsrechtlichen Folgerungen waren ursprünglich umstritten. Aufgrund der Klarstellung durch **Art 9 Abschnitt II Nr 5 FamRÄndG 1961** gilt heute, daß der von Art 116 I GG erfaßte Kreis der Statusdeutschen mit dem Zeitpunkt der Aufnahme im Gebiet gemäß Art 116 I GG (s Rz 40 aE) frühestens aber mit dem Zeitpunkt des Inkrafttretens des GG (24. 5. 1949) das deutsche Personalstatut erwirbt. Auf das Vorliegen der deutschen Staatsangehörigkeit schon zu diesem Zeitpunkt kommt es nicht an (s Rz 40; s jetzt § 7 StAG nF). Art 116 I GG kommt also kollisionsrechtliche Rückwirkung nicht zu, die **Gleichstellung** geschieht ex nunc (s BGH 121, 314; BayObLG 1994, 298). Eine zeitliche Sonderregelung gilt für den Güterstand gemäß §§ 1ff des Gesetzes über den ehelichen Güterstand von Vertriebenen und Flüchtlingen v 4. 8. 1969, BGBl I 1067 (vgl Art 15 Rz 51, 52). Die kollisionsrechtliche Gleichstellung erfaßt iü sämtliche Kollisionsnormen, die auf die Rechtsstellung als Deutscher abstellen, dh auch Exklusivnormen zum Schutz oder zur Begünstigung von Deutschen (Art 17 I S 2, Art 38 aF [für Art 40 III nF ohne Bedeutung], s oben Rz 14).

41

Art 116 I GG enthält für das Kollisionsrecht (vgl Art 9 II Nr 5 FamRÄndG 1961) eine vorrangige Sonderregelung zugunsten der Statusdeutschen. Auf Statusdeutsche sind somit die Regelungen für das allgemeine Flüchtlingsstatut nicht anwendbar, auch wenn diese auf staatsvertraglicher Grundlage bestehen (s Rz 60ff).

c) Statutenwechsel. Rechtsverhältnisse aus der Zeit vor der Aufnahme gem Art 116 I GG oder vor dem Zeitpunkt des Inkrafttretens des GG (24. 5. 1949, s Rz 40) unterstehen, soweit ihr Statut nicht wandelbar ist (vgl Rz 34), weiterhin dem früher maßgeblich gewesenen Statut (Recht der früheren, nichtdeutschen Staatsangehörigkeit, bei Staatenlosen Recht des gewöhnlichen Aufenthalts). Zu Folgerungen für das Namensrecht Gaaz aaO 167 und Erl zu Art 10 Rz 15.

42

d) Doppel- und Mehrstaater. Soweit die frühere Staatsangehörigkeit Fortbestand hat (für die Rechtslage bei Spätaussiedlern aus Polen Stoll JbOstR 1978 II 183), hat gem Art 5 I S 2 die deutsche Staatsangehörigkeit Vorrang, soweit sie durch Einbürgerung (vgl Rz 37, 38) schon erlangt ist. In entsprechender Anwendung von Art 5 I S 2 überwiegt das deutsche Personalstatut aber schon ab dem Zeitpunkt der Aufnahme; Art 116 I GG und sein Ziel der auch kollisionsrechtlichen Gleichstellung gebieten das zwingend. Für die Zeit ab dem 1. 8. 1999 folgt der Vorrang der deutschen Staatsangehörigkeit im Anwendungsbereich des § 40a S 1 StAG aus unmittelbarer Anwendung des Art 5 I S 2, für den Bereich der Spätaussiedler bleibt es im Hinblick auf § 40a S 2 StAG bei entsprechender Anwendung von Art 5 I S 2.

VII. Gewöhnlicher und schlichter Aufenthalt, Wohnsitz, Domizil als Anknüpfungsbegriffe

Schrifttum: Baetge, Der gewöhnliche Aufenthalt im IPR (1994); *Mann*, JZ 1956, 466; *Nagel*, RabelsZ 22 (1957), 183; *Papenfuß*, Der gewöhnliche Aufenthalt im internationalen und interlokalen Privatrecht (Diss Köln 1963); *Schwind*, FS Ferid (1988) 423; *Siep*, Der gewöhnliche Aufenthalt im deutschen internationalen Privatrecht (Diss Köln 1981); *Stoll*, RabelsZ 22 (1957), 187; **zum Domizilbegriff des anglo-amerikanischen Rechtskreises:** *Grasmann*, FamRZ 1964, 345; *Henrich*, RabelsZ 25 (1960), 456; IPG 1965/66 Nr 24.

43

1. Gewöhnlicher Aufenthalt. a) Entstehung, Vorkommen, Funktion: Der gewöhnliche Aufenthalt hat in das autonome deutsche Kollisionsrecht im Zuge der Novellierung des Art 29 aF durch das FamRÄndG von 1938 (§ 32) Eingang gefunden (vgl näher Erman/Arndt[7] Art 29 aF Rz 3; Begr DJ 1938, 624). Bei Art 29 aF hatte er wegen des Versagens der Staatsangehörigkeitsanknüpfung bei Staatenlosigkeit die Funktion der Ersatzanknüpfung übernommen: Kann mangels (feststellbarer) Staatsangehörigkeit auf dem Boden des das deutsche IPR beherrschenden Staatsangehörigkeitsprinzips der für die Anknüpfung benötigte Heimatbezug nicht hergestellt werden, dann ergibt stellvertretend bzw subsidiär der Aufenthalt in seiner internationalprivatrechtlichen Ausprägung den benötigten Heimatbezug. In dieser traditionellen Funktion tritt der gewöhnliche, ersatzweise auch der schlichte Aufenthalt auch im IPR der 1986 reformierten Fassung auf. Er gibt im Anwendungsbereich des Personalstatuts als stellvertretende oder **sekundäre Anknüpfung** den benötigten Heimatbezug. Er ist maßgebliches Anknüpfungsmoment zur Bestimmung der effektiven Staatsangehörigkeit im Falle des Art 5 I S 1, er tritt bei Art 5 II (Staatenlosigkeit) an die Stelle der (nicht vorhandenen) Staatsangehörigkeit. Gesteigerte Bedeutung hat er in den Art 13–26 für die Fälle gewonnen, daß die Staatsangehörigkeit der Betroffenen wegen gleichheitswidriger Diskriminierung eines Betroffenen in der Anknüpfung (Art 3 II GG) versagt; das in Art 14 I grundsätzlich eingefügte „Leiterprinzip" führt dann zur zweiten Anknüpfungsstufe des „gemeinsamen Aufenthalts" (s Einl Rz 17, 26). In dieser Erscheinungsform vermag die Aufenthaltsanknüpfung auch außerhalb des internationalen Familienrechts mit der Wirkung der Verdrängung der Grundsatzanknüpfung in Erscheinung zu treten – als die Tatortanknüpfung verdrängendes „gemeinsames Umweltrecht" im Gebiet des internationalen Deliktsrechts (vgl Art 40 nF Rz 32ff).

44

Unter dem Einfluß von Abkommens-IPR ist dem gewöhnlichen und dem schlichten Aufenthalt nach und nach ein zweiter Einflußsektor zugewachsen, in dem ihm die Funktion der **Primäranknüpfung** zukommt: Wo aus Anpassungs- oder Fürsorgegründen oder aus Gründen besserer Praktikabilität die Anwendung des Aufenthaltsrechts den Vorzug zu verdienen scheint, hat heute die Aufenthaltsanknüpfung die Anknüpfung an die Staatsangehörigkeit verdrängt (vgl Einl Rz 26). Die in neueren Haager Abkommen bevorzugte Aufenthaltsanknüpfung (Art 1, 3 MSA, Art 1ff Haager Unterhaltsabkommen 1973) hat im Zuge der IPR-Reform auch zum Zwecke des Gleichklangs autonomen und staatsvertraglichen IPRs auch Eingang in das EGBGB gefunden (Art 19 II, III aF, heute 21 nF, 30 III). Schutz- und Fürsorgefunktion kommt der Aufenthaltsanknüpfung schließlich in den Teilgebie-

45

ten des Vertragsstatuts zu, in denen der Gesetzgeber dem Gedanken des „Schutzes der schwächeren Vertragspartei" Raum gegeben hat (Art 29, 30, vgl dort Erl jew Rz 1). Die Bedeutung des gewöhnl Aufenthalts als Primäranknüpfung im Bereich des internationalen Familienrechts wird im Rahmen einer **europäischen Vereinheitlichung** des Kollisionsrechts gem **Art 65 EGV** mutmaßlich weiter wachsen (s Hohloch FS Stoll [2001] 455ff), da die Staatsangehörigkeit in einem „Binnenkollisionsrecht" in der EU zum Hauptanknüpfungsprinzip nicht mehr taugen wird u der gewöhnl Aufenthalt die Gefahr eines Verstoßes der Rechtsanwendung gegen Art 12 EGV (Diskriminierungsverbot) eher als die Staatsangehörigkeit vermeidet. Im **internationalen Familienverfahrensrecht** ist das Gewicht des gewöhnlichen Aufenthaltes bereits gewachsen, da das vereinheitlichte **Recht der internationalen Zuständigkeit in Ehesachen** auf der Grundlage der **Art 2, 3 EheVO** (VO EG Nr 1347/2000, s Erl Einl Art 3 Rz 16) den gemeinsamen oder auch einzelnen gewöhnlichen Aufenthalt von Ehegatten (Art 2) und dem gemeinsamen Kind (Art 3) zur **Primäranknüpfung** der internat Zuständigkeit gemacht hat.

46 **b) Einheitlicher internationalprivatrechtlicher Begriff des gewöhnlichen Aufenthalts.** Der Begriff des gewöhnlichen Aufenthalts ist im deutschen Recht auch außerhalb des IPR vielfach benutzt (zB Sozialrecht, Verfahrensrecht, Steuerrecht). Auf Begriffsbedeutungen außerhalb des IPR kann jedoch für die Auslegung des kollisionsrechtlichen Begriffes, der durch seinen internationalprivatrechtlichen Zweck geprägt ist, nicht ohne weiteres zurückgegriffen werden (s im Ansatz schon Begr RegE BT-Drucks 10/504, 31; MüKo/Sonnenberger[3] Einl IPR Rz 659, 663). Hingegen hat der Begriff innerhalb des IPR **einheitliche Bedeutung**. Ob sein Einsatz im Kollisionsrecht (wie bei Art 5 II nF bzw Art 29 aF) auf autonome Entscheidung des Gesetzgebers zurückgeht oder Folge der Geltung von Abkommens-IPR ist (zB Art 1, 3 MSA), ist für die Begriffsauslegung ohne Belang (s etwa BGH NJW 1975, 1068; Kropholler NJW 1971, 1721, 1724; Pal/Heldrich Anh Art 24 Rz 10). Allerdings ist bei Verweisung und Rückverweisung zu beachten, daß ein ausländisches kollisionsrechtliches Begriff anders verstehen mag (ebenso MüKo/Sonnenberger[3] Einl IPR Rz 662 und Art 4 Rz 56ff). Im **internationalen Verfahrensrecht** kommt dem gewöhnl Aufenthalt übereinstimmender Begriffsinhalt zu. Das gilt für das **autonome deutsche Verfahrensrecht** (§ 606a I Nr 3 ZPO, § 35b FGG) und für das **staatsvertragliche Zuständigkeitsrecht** (Art 1 MSA, s Erl Anh Art 24 Rz 9ff) wie jetzt auch für das **europäische Zuständigkeitsrecht** (Art 2, 3 EheVO, s Rz 45 aE).

47 **c) Definition.** Nach dem Willen des Gesetzgebers des Art 29 (Fassung 1938, Rz 44) sollte der gewöhnliche Aufenthalt der Mittelpunkt wirtschaftlicher und persönlicher Beziehungen sein (Begr DJ 1938, 624). Demgemäß ist **gewöhnlicher Aufenthalt** heute regelmäßig definiert als der „**Schwerpunkt aller sozialen, kulturellen und wirtschaftlichen Beziehungen**". Er ist der Daseinsmittelpunkt oder Lebensmittelpunkt einer Person, der Ort eines nicht nur vorübergehenden Verweilens, an dem der Schwerpunkt der Bindungen einer Person insbesondere in familiärer und beruflicher Hinsicht liegt (BGH NJW 1975, 1068; 1981, 520; IPRax 1984, 328 [LS mit Anm v Hoffmann]; NJW 1993, 2048; FamRZ 2001, 412 u st Rspr, s noch BGH 151, 63 = NJW 2002, 2955 = JuS 2003, 185 [Hohloch]; Düsseldorf FamRZ 1980, 728, 729; Stuttgart NJW 1983, 1981; Hamm FamRZ 1989, 1331, 1332; Hamm FamRZ 1991, 1466, 1467; allg M im Schrifttum, s Rz 43 sowie etwa MüKo/Sonnenberger[3] Einl Rz 665; Pal/Heldrich Art 5 Rz 10; Soergel/Kegel[12] Art 5 Rz 44; Staud/Blumenwitz[13] Art 5 Rz 464; Kegel/Schurig IPR § 13 III 3a); v Hoffmann IPR 182).

48 In erster Linie wird der gewöhnliche Aufenthalt demgemäß durch **objektive Merkmale** bestimmt (BT-Drucks 10/504, 41: „nach außen zutage getretene, objektive Merkmale eines längeren Aufenthaltes"), zB Dauer und Beständigkeit des Aufenthalts. Eine Mindestdauer läßt sich allerdings nicht festlegen. Regelmäßig wird ein bereits 6–12monatiger Aufenthalt in einem Land (nicht notwendig an einem Ort innerhalb des Landes, da nur der Bezug zur Rechtsordnung des Aufenthaltslandes herzustellen ist, ebenso MüKo/Sonnenberger[3] Einl Rz 665) genügen (vgl BGH NJW 1981, 520; zurückhaltender, aber nicht ablehnend FamRZ 1997, 1070; im Sinne der Faustregel Düsseldorf FamRZ 1984, 194, 195; Hamm FamRZ 1989, 1109, 1110; 1990, 781, 782; 1991, 1466, 1467; NJW 1991, 3101; Bamberg NJW-RR 1990, 774; auch Hamm NJW 1974, 1053; Frankfurt IPRspr 1974 Nr 93; Stuttgart NJW 1978, 1746; München FamRZ 1981, 389, 390, jeweils zu Art 1 MSA; ferner etwa Düsseldorf FamRZ 1995, 38; Frankfurt FamRZ 1996, 1479; Schleswig FamRZ 2003, 781 = JuS 2003, 713 [Hohloch]; AG Frankfurt am Main NJW-RR 2003, 641; Hamm RIW 2003, 305, 306).

49 Wesentlicher als die bloße Zeitdauer ist indes die am Aufenthaltsort bzw -staat feststellbare **soziale Integration**; demgemäß wird gewöhnlicher Aufenthalt nicht bewirkt, wenn der Aufenthalt zwangsweise begründet ist und die Bewegungsfreiheit fehlt (hM, aA Raape/Sturm IPR § 9 A III 4). Zwangsverschleppung, Wehrdienst, Kriegsgefangenschaft, Arbeitseinsatz, Strafhaft begründen deshalb idR keinen gewöhnlichen Aufenthalt (Köln FamRZ 1996, 946; auch Hamm FamRZ 1993, 69; aA Koblenz FamRZ 1998, 756 = JuS 1998, 848 [Hohloch]; aber auch differenzierend Zweibrücken NJW-RR 1999, 948 = JuS 1999, 1237 Nr 10 [Anm Hohloch]; s ferner Mann aaO 466, 467; Nagel aaO 186; Stoll aaO 191; Kegel/Schurig IPR § 13 III 3a; MüKo/Sonnenberger[3] Einl IPR Rz 664f; Staud/Blumenwitz[13] Art 5 Rz 466).

50 Ist soziale Integration feststellbar, kann gewöhnlicher Aufenthalt auch angenommen werden, wenn der Aufenthalt vom Aufenthaltsstaat – wie bei Asylbewerbern – nur unter Vorbehalt gewährt wird, ungeachtet des Ausgangs des Asylverfahrens aus LG Kassel StAZ 1990, 169, 170; Hamm NJW 1990, 651; Nürnberg FamRZ 1989, 1304; Koblenz FamRZ 1990, 536; LG Stuttgart DAVorm 1990, 887; einschränkend bei offenbar aussichtslosem Asylantrag LG Berlin DAVorm 1978, 679; Karlsruhe FamRZ 1990, 1351, 1352 und dazu Spickhoff IPRax 1990, 225, 227; LG Rottweil NJW-RR 1995, 967; Köln FamRZ 1996, 946; Koblenz FamRZ 1998, 756; Nürnberg FamRZ 2002, 324). Richtig liegt indes gewöhnlicher Aufenthalt auch hier – trotz Ablehnung eines Antrags – vor, wenn – zB bei mehrjährigem Aufenthalt – soziale Integration vorliegt. Fakten gehen hier vor Recht.

51 Zum gew Aufenthalt bei gescheiterter Familienzusammenführung Karlsruhe FamRZ 1992, 316. Zeitweilige, vorübergehende Abwesenheit hindert Entstehung gewöhnlichen Aufenthalts nicht (Karlsruhe FamRZ 2003, 955) und beendet den gewöhnlichen Aufenthalt auch nicht (so bei auswärtiger Internatsunterbringung BGH NJW 1975, 1068; bei auswärtigem Studienort Hamm FamRZ 1989, 1331 und dazu krit Henrich IPRax 1990, 59; Celle FamRZ 1991, 598, 599); dies gilt nicht mehr, wenn die Abwesenheit die Bindungen gelockert hat und ein Rückkehrwille nicht mehr feststellbar ist.

Da sich der gewöhnliche Aufenthalt aus objektiv feststellbaren Merkmalen ergeben muß, kommt es bei Vorliegen solcher Merkmale auf einen entsprechenden Willen, den Ort zum Lebensmittelpunkt zu machen (**„animus manendi"**) regelmäßig nicht an (hM, BGH NJW 1981, 520; aA Raape/Sturm IPR § 9 A III 4). Allerdings bedarf es in der Praxis immer wieder der Differenzierung dieses Standpunktes (Stoll aaO 192; Kegel/Schurig IPR § 13 III 3a; BGH IPRax 1984, 328 [LS]; auch Hohloch JR 1984, 63, 64). Ist der Aufenthalt von vornherein auf längere Dauer angelegt, so kann er wegen der Willensrichtung, die sich in entsprechender „Einrichtung" am Aufenthaltsort manifestiert, schon mit Anbeginn als gewöhnlicher Aufenthalt angesehen werden (BGH NJW 1981, 520; Hamburg IPRax 1987, 319; LJVerw BW FamRZ 1990, 1015, 1017; Hamm FamRZ 1991, 1466, 1467; BayObLG FamRZ 2001, 1543, 1544; Karlsruhe FamRZ 2003, 956, 957 – Perspektive des Kindes bei „Kindesentführung"), auch wenn soziale Integration erst beginnt. **52**

Maßgeblicher Zeitpunkt für die Beurteilung des Vorliegens gewöhnlichen Aufenthalts ist grundsätzlich der nach der Anknüpfungsnorm maßgebliche Zeitpunkt, so daß es auf die in diesem Zeitpunkt maßgeblichen Verhältnisse ankommt (ebenso Pal/Heldrich Art 5 Rz 10 aE); bei Schutzmaßnahmen nach Art 1 MSA ist der Zeitpunkt der tatrichterlichen Entscheidung maßgeblich (BGH NJW 1981, 520, 521), dh ggf der Zeitpunkt der Entscheidung in der Berufungs- bzw Beschwerdeinstanz (Hamm FamRZ 1991, 1466, 1467). **53**

Der gewöhnliche Aufenthalt ist als faktischer Wohnsitz immer für jede Person einzeln zu ermitteln. Einen abgeleiteten gewöhnlichen Aufenthalt, zB für minderjährige Kinder, gibt es nicht (s LG Kassel StAZ 1996, 118; KG FamRZ 1998, 441), auch wenn minderjährige Kinder regelmäßig den Aufenthalt der Eltern als faktischen Wohnsitz teilen werden (s aber zu auswärtigem Schulbesuch Rz 51). Bezüglich der Unbeachtlichkeit des Aufenthaltswillens und der Veränderung des Aufenthalts im Sonderfall des Art 5 III s Rz 19. **54**

Regelmäßig hat eine Person nur einen, nicht teilbaren gewöhnlichen Aufenthalt (hM, s KG WM 1957, 819; Stoll aaO 190; Kropholler NJW 1971, 1721, 1724; MüKo/Sonnenberger[3] Einl IPR Rz 663, 667; Pal/Heldrich Art 5 Rz 10); im Ausnahmefall, bei gleichmäßiger Verankerung in zwei Rechtsordnungen ist aber auch ein **mehrfacher gewöhnlicher Aufenthalt** denkbar (Raape/Sturm IPR § 9 A III 7; Soergel/Kegel[12] Art 5 Rz 75; Staud/Blumenwitz[13] Art 5 Rz 469; BayObLG 1980, 52; KG FamRZ 1987, 603, 604; Hohloch JR 1984, 63, 64; Spickhoff IPRax 1995, 185, 189 zum Beispiel „Grenzpendler"; AG Stuttgart v 8. 11. 2002 – 20 F 1830/02 – „Kindesentführung"; dazu Stuttgart FamRZ 2003, 959). Entsprechend Art 5 I S 1 (nicht auch S 2!) ist in diesen Fällen dann der für den zu behandelnden Einzelfall effektivere gewöhnliche Aufenthalt zu ermitteln (ebenso Staud/Blumenwitz Art 5 Rz 443). **55**

Das Haager Übereinkommen über die zivilrechtlichen Aspekte internationaler Kindesentführung v 25. 10. 1980, BGBl 1990 II 206 (s Rz 21) und das Europäische Übereinkommen über die Anerkennung und Vollstreckung von Entscheidungen über das Sorgerecht für Kinder und die Wiederherstellung des Sorgeverhältnisses v 20. 5. 1980, BGBl 1990 II 220 (s Rz 21), sowie das zu ihrer Ausführung ergangene Ausführungsgesetz v 5. 4. 1990, BGBl I 701, enthalten verbindliche abweichende Regelungen für die Definition des gewöhnlichen Aufenthalts. Beide Abkommen gehen – in grundsätzlicher Übereinstimmung mit der auch im deutschen Recht gehandhabten Begriffsbestimmung – davon aus, daß ein neuer Aufenthaltsort nach einer Aufenthaltsdauer von wenigstens 6 Monaten (Art 8 I Europ Übereinkommen) bzw 12 Monaten (Art 12 Haager Abk) sich soweit zum neuen gewöhnlichen Aufenthalt verfestigt hat, daß die von den Abkommen bezweckten vereinfachten Rückführungsmechanismen nicht mehr ohne weiteres greifen. Einzelheiten vgl Art 24 Anh Rz 48ff. **56**

2. Schlichter (einfacher) Aufenthalt. Aufenthalt ohne die verfestigenden Elemente des gewöhnlichen Aufenthaltes ist „einfacher" oder „schlichter" Aufenthalt; die Gesetze begnügen sich mit der attributslosen Bezeichnung „Aufenthalt" (zB Art 5 II). Da schlichter Aufenthalt auch einen von Heimatbezug, wie sie im gewöhnlichen Aufenthalt zum Ausdruck kommt, nicht beinhaltet, kommt er nur als subsidiärer **Anknüpfungspunkt letzter Linie** in Betracht (vgl Art 5 II, s ferner die im Abschnitt IX unten Rz 66, 68 aufgeführten Flüchtlingskonventionen), wenn andere Anknüpfungspunkte, die Heimatbezug geben könnten, nicht vorhanden sind. „Aufenthalt" bezeichnet eine tatsächliche Beziehung einer Person zu einem Ort, ohne daß an diesem Ort der Lebensmittelpunkt begründet ist. Begrifflich erfordert Aufenthalt eine gewisse Verweildauer, so daß die bloße Durchreise ausscheidet (ebenso Staud/Blumenwitz[13] Art 5 Rz 468; Soergel/Kegel[12] Art 5 aF Rz 60; MüKo/Sonnenberger[3] Einl IPR Rz 669; enger Raape/Sturm IPR § 9 A III 5; aA v Bar IPR I Rz 531). Rspr: KG FamRZ 1968, 489 (Fundort einer Leiche als letzter Aufenthalt, zweifelhaft); Braunschweig OLGZ 20, 285 (Aufenthalt, wo Möglichkeit der Klagezustellung; bedenklich, da prozessualer Gesichtspunkt zu stark in den Vordergrund rückt). **57**

3. Wohnsitz. Das heutige deutsche autonome IPR verwendet den Wohnsitz als Anknüpfungsmoment nicht mehr. Lediglich Art 26 I Nr 3, dessen Grundlage das Haager Testamentsformabkommen v 5. 10. 1961 ist, und dem damit die Sonderqualität „inkorporierten" Abkommensrechts zukommt, benützt ihn noch (neben dem gewöhnlichen Aufenthalt, s Erl zu Art 26 Rz 16). Einer allgemeinen Definition für die Zwecke des IPR bedarf es deshalb nicht mehr. Einige wenige Abkommen benützen ihn allerdings (Genfer Flüchtlingskonvention Art 12; Genfer Flüchtlingsprotokoll v 31. 1. 1957, New Yorker UN-Staatenlosenübereinkommen v 28. 9. 1954, jeweils Art 12; s unten Abschnitte VIII und IX, Rz 60ff, 66ff sowie das Haager Testamentsformabkommen, Art 1 lit c, s Art 26 Rz 34). In diesen Abkommen ist der jeweilige Wohnsitzbegriff **abkommensautonom auszulegen** (ebenso MüKo/Sonnenberger[3] Einl Rz 660–662); soweit die Abkommen keine Auslegungshinweise enthalten, ist der Rückgriff **58**

auf die nationalen Rechte der Vertragsstaaten regelmäßig wertlos, da der Wohnsitzbegriff der einzelnen materiellen Rechte unterschiedlich aufgeladen ist (zu den – gescheiterten – Harmonisierungsbestrebungen des Europarats s Rev crit dr int pr 62 [1973] 847ff und Loewe ÖstJZ 1974, 144). Regelmäßig wird so erlaubt sein, den in den Konventionen verwandten Wohnsitzbegriff innerhalb des IPR mit dem gewöhnlichen Aufenthalt der betroffenen Person gleichzusetzen, um damit zu abkommenseinheitlicher und gleichzeitig der Tendenz des nationalen IPR entsprechender Wertung zu gelangen (ähnlich MüKo/Sonnenberger[3] Einl IPR Rz 661).

59 **4. Domizil.** Soweit im deutschen IPR der Ausdruck „Domizil" oder „lex domicilii" benutzt wird, ist zu unterscheiden. Die Gesetzessprache verwendet den Begriff nicht, er war früher Synonym des „Wohnsitzes" und bezeichnet im Sprachgebrauch der Autoren heute allemal das „gewöhnlichen Aufenthalt" bzw das Recht des gewöhnlichen Aufenthaltes (s zB MüKo/Kreuzer[3] Art 38 [aF] Rz 90 und öfters). Von diesem Begriffsinhalt ist der im englischen und US-amerikanischen IPR sowie in den Tochterrechten des englischen IPR im Mittelpunkt stehende Domizilbegriff („domicile" bzw „domicil") zu unterscheiden. **„Domicile"** bedeutet dort den dauerhaftesten **Heimatbezug einer Person**, er hat mehr oder weniger den Stellenwert der dort für das Kollisionsrecht nicht im Mittelpunkt stehenden, aber im kontinentalen IPR dominierenden Staatsangehörigkeit. Von Bedeutung für die hiesige IPR-Praxis wird dieser letztere Domizilbegriff bei Sachverhalten mit Bezug zu Rechten des angloamerikanischen Rechtskreises und Verweisungen mit Gesamtverweisungscharakter, die wegen des im Vergleich zur Staatsangehörigkeitsanknüpfung andersartigen Heimatbezuges des „domicile" nicht selten zur Rückverweisung bzw „versteckten Rückverweisung" führen (s Art 4 Rz 6). Zu den Anforderungen des „Ursprungsdomizils" („domicile of origine"), und des „Wahldomizils" („domicile of choice"), die in den einzelnen Rechten unterschiedlich nuanciert sein können, s zunächst Henrich RabelsZ aaO; IPG 1965/66 Nr 24; Staud/v Bar Vorbem 211 zu Art 13 aF mwN; Grasmann aaO; wN bei MüKo/Sonnenberger[3] Einl IPR Rz 659 Fn 1748; s auch Zweibrücken NJW-RR 1999, 948 = JuS 1999, 1237 Nr 10 [Anm Hohloch]). Zusätzliche und für das Inland aktuelle Bedeutung hat der Begriff des „domicile" jetzt im **internationalen Verfahrensrecht** der **Art 2ff EheVO** (VO EG Nr 1347/2000, s Erl Einl Art 3 Rz 16) bekommen, da dort für das **Vereinigte Königreich** und **Irland** dem „domicile" die der Staatsangehörigkeit in den übrigen Mitgliedstaaten (mit Ausnahme von Dänemark) zugewiesene Bedeutung für die Begründung (ggf konkurrierender) Zuständigkeit zugewiesen ist (Art 3 II). Bei der Entscheidung eines Zuständigkeitsstreits iSv **Art 11 EheVO** ist der Begriff dann auch durch inländische Instanzen in diesem Sinne zu benutzen.

VIII. Abkommensrecht zur Staatenlosigkeit

60 **1. Kollisionsnormen.** Art 5 II wird weitgehend verdrängt durch das **New Yorker UN-Übereinkommen über die Rechtsstellung der Staatenlosen** v 28. 9. 1954, BGBl 1976 II 474, für die BRepD in Kraft getreten am 24. 1. 1977, Bek v 10. 2. 1977, BGBl II 235; zum Kreis der Vertragsstaaten vgl Fundstellennachweis B 2003 S 360 u Bek v 2. 7. 2003, BGBl 2003 II 1725. Kollisionsrechtliche Bedeutung haben von den Regelungen des Abkommens Art 1, der den Begriff des Staatenlosen definiert, und Art 12, der das Personalstatut des Staatenlosen nach dessen Wohnsitz bestimmt. Die genannten Vorschriften haben folgenden deutschen Wortlaut:

Artikel 1
(Definition des Begriffs „Staatenloser")

(1) Im Sinne des Übereinkommens ist ein „Staatenloser" eine Person, die kein Staat auf Grund seines Rechtes als Staatsangehörigen ansieht.

(2) Dieses Übereinkommen findet keine Anwendung

i) auf Personen, denen gegenwärtig ein Organ oder eine Organisation der Vereinten Nationen mit Ausnahme des Hohen Flüchtlingskommissars der Vereinten Nationen Schutz oder Beistand gewährt, solange sie diesen Schutz oder Beistand genießen;

ii) auf Personen, denen die zuständigen Behörden des Landes, in dem sie ihren Aufenthalt genommen haben, die Rechte und Pflichten zuerkennen, die mit dem Besitz der Staatsangehörigkeit dieses Landes verknüpft sind;

iii) auf Personen, bei denen aus schwerwiegenden Gründen die Annahme gerechtfertigt ist,

   a) daß sie ein Verbrechen gegen den Frieden, ein Kriegsverbrechen oder ein Verbrechen gegen die Menschlichkeit im Sinne der internationalen Übereinkünfte begangen haben, die abgefaßt wurden, um Bestimmungen hinsichtlich derartiger Verbrechen zu treffen;

   b) daß sie ein schweres nichtpolitisches Verbrechen außerhalb ihres Aufenthaltslandes begangen haben, bevor sie dort Aufnahme fanden;

   c) daß sie sich Handlungen zuschulden kommen ließen, die den Zielen und Grundsätzen der Vereinten Nationen zuwiderlaufen.

Artikel 12
(Personalstatut)

(1) Das Personalstatut eines Staatenlosen bestimmt sich nach den Gesetzen des Landes seines Wohnsitzes oder, wenn er keinen Wohnsitz hat, nach den Gesetzen seines Aufenthaltslands.

(2) Die von einem Staatenlosen früher erworbenen, sich aus seinem Personalstatut ergebenden Rechte, insbesondere die aus der Eheschließung, werden von jedem Vertragsstatut vorbehaltlich der nach seinen Gesetzen gegebenenfalls zu erfüllenden Förmlichkeiten geachtet; hierbei wird vorausgesetzt, daß es sich um ein Recht handelt, das nach den Gesetzen dieses Staates anerkannt worden wäre, wenn der Berechtigte nicht staatenlos geworden wäre.

61 **2. Anwendungsbereich. a)** In persönlicher Hinsicht ist das Abkommen gemäß seinem Art 1 anzuwenden auf alle Staatenlosen, soweit nicht die Ausnahmen des Art 1 II des Abkommens einschlägig sind. Die Definition des

Staatenlosen in Art 1 I des Abkommens deckt sich mit dem von Art 5 II zugrundegelegten Begriff der Staatenlosigkeit (vgl Rz 10, 11). Von den von Art 1 II des Abkommens gemachten Ausnahmen ist für die deutsche Rechtspraxis zunächst die Ausnahme gem Unterabs ii von Bedeutung. Staatenlose Volksdeutsche iSv Art 116 I GG fallen demgemäß nicht in den Anwendungsbereich des Abkommens (allg M, vgl MüKo/Sonnenberger[3] Art 5 Anh I Rz 2). Als zahlenmäßig bedeutsame Gruppe von Staatenlosen fallen auch die Palästinaflüchtlinge, soweit sie staatenlos sind, im Hinblick auf Unterabs i nicht in den Anwendungsbereich des Abkommens (BVerwG StAZ 1994, 82; OVG Münster NVwZ 1989, 790; OVG Berlin InfAuslR 1990, 76, 80; Börner IPRax 1997, 52; s auch Rz 11, 16). Auf sie findet deshalb, soweit ihnen nicht Flüchtlingsstatus iSv Abschnitt IX (s unten Rz 66ff) zuzubilligen ist, Art 5 II Anwendung (dazu zB KG InfAuslR 2000, 299, 301; Börner IPRax 1997, 52).

Häufig werden Personen, die in persönlicher Hinsicht in den Anwendungsbereich des Abkommens fallen, gleichzeitig als „Flüchtlinge" in den Genuß des „Flüchtlingsstatuts" auf der Grundlage einer der unten in Abschnitt IX erfaßten Rechtsgrundlagen kommen. Da der Flüchtlingsstatus an sich spezieller ist als der Status des Staatenlosen, kommt bei korrekter Rechtsanwendung dann das Flüchtlingsstatut als lex specialis zur Anwendung (ebenso Raape/Sturm IPR § 9 A VII 1; Kimminich, Der internationale Rechtsstatus des Flüchtlings [1962] 336ff). Häufig bleibt wegen ihrer Nichterheblichkeit im Ergebnis der Rechtsanwendung die Frage jedoch dahingestellt (so Pal/Heldrich Anh Art 5 Rz 2; MüKo/Sonnenberger[3] Art 5 Anh I Rz 3). Zu Bedenken gegenüber den Unterabs iii lit a–c vgl Erman/Arndt[7] Anh Art 29 aF Rz 20; MüKo/Sonnenberger[3] Art 5 Anh I Rz 2. **62**

b) In zeitlicher Hinsicht gilt, daß dem Abkommen mangels einer entsprechenden Norm und mangels Anhaltspunkten in den Materialien keine Rückwirkung zukommt (s näher MüKo/Sonnenberger[3] Art 5 Anh I Rz 6). **63**

c) In sachlicher Hinsicht gibt das Abkommen in Art 12 I eine Kollisionsnorm für das „Personalstatut". Bei Anwendung des Abkommens in Deutschland kommt die in Art 12 I enthaltene Wohnsitzanknüpfung überall dort zum Zuge, wo das deutsche IPR in erster Linie an die Staatsangehörigkeit anknüpft. Die Reichweite des Personalstatuts ist dann so bestimmt, wie sie nach der hier vertretenen Auffassung auch im Anwendungsbereich des Art 5 II bemessen ist (s Rz 14). **64**

3. Wohnsitz- und Aufenthaltsanknüpfung. Art 12 I des Abkommens knüpft regelmäßig an den Wohnsitz an und läßt gemäß seinem Abs II die nach dem früheren Personalstatut erworbenen Rechte bestehen. Der Begriff des Wohnsitzes ist iSd im deutschen IPR heute insoweit allein gebräuchlichen Begriffes des gewöhnlichen Aufenthaltes zu verstehen (zur Gleichsetzung s Rz 58; allg M, vgl MüKo/Sonnenberger[3] Art 5 Anh I Rz 7; Pal/Heldrich Anh Art 5 Rz 2; Staud/Blumenwitz[13] Art 5 Rz 488, 489; auch BT-Drucks 10/504, 41). Zur Bestimmung des gewöhnlichen Aufenthaltes (der auch in einem Nichtvertragsstaat liegen kann, s Kegel/Schurig IPR § 13 II 6 aE) vgl Rz 44ff. Da Art 12 I des Abkommens eine Sachnormverweisung enthält (str, s Rz 16), sind Rück- und Weiterverweisung nicht zu beachten. **65**

IX. Internationales Flüchtlingsrecht („Flüchtlingsstatut")

1. Anlaß. Das 20. Jhdt hat in der Folge von politischen Umwälzungen, von Kriegsereignissen und von wirtschaftlichen Schwierigkeiten in Teilen der Welt zu Flüchtlingsströmen, Vertreibungen und Verschleppungen und zu Wanderungsbewegungen geführt. Schon nach dem Ersten Weltkrieg sind zur Erleichterung der Lebensumstände der betroffenen Personen rechtliche Maßnahmen ergriffen worden, die den Entwurzelten gewisse Rechtssicherheit in Aufnahmeländern bringen sollten (zB Nansenpaß, näher Makarov ZaöRV 1951/52, 452ff). Nach dem Zweiten Weltkrieg wurden auf internationaler Ebene in Abkommensregelungen, in Deutschland durch Gesetze und kollisionsrechtliche Sonderregelungen getroffen, die – sich zT überschneidend – die Neuordnung des Personalstatuts des betroffenen Personenkreises zum Ziel hatten. In ihrem Anwendungsbereich vermitteln sie dem betroffenen Personenkreis ein allemal generalisierend als Flüchtlingsstatut gekennzeichnetes Personalstatut, das ungeachtet ihrer Staatsangehörigkeit oder Staatenlosigkeit an ihren neuen Wohnsitz bzw neuen gewöhnlichen Aufenthalt anknüpft und ab dem Geltungszeitpunkt (idR Zeitpunkt der Aufnahme im Gastland, frühestens aber Zeitpunkt des Inkrafttretens der anzuwendenden Kollisionsregel; str, ähnlich hier Raape/Sturm IPR § 10 A I; grundsätzlich für den Zeitpunkt des Inkrafttretens offenbar Pal/Heldrich Anh II zu Art 5 Rz 3; Soergel/Kegel[12] Anh Art 5 Rz 12, 13, 54) als neues Personalstatut mit Statutenwechsel und Bewahrung erworbener Rechte den persönlichen Lebensbereich bestimmt. **66**

Das durch die id Folge aufgeführten Sonderregeln gewährte Flüchtlingsstatut kommt lediglich den Personen zugute, die in den persönlichen Anwendungsbereich dieser Regeln fallen. Andere Flüchtlinge wie Wirtschaftsflüchtlinge und illegale Einwanderer, auf die die Sonderregeln keine Anwendung finden, werden von den allgemeinen Regeln des IPR erfaßt. Ihr Heimatrecht ist demnach grundsätzlich das Recht ihrer Staatsangehörigkeit; ist eine solche nicht hinreichend feststellbar, kommt ggf das für Staatenlose maßgebliche Recht zur Anwendung. **67**

2. Rechtsquellen des für Deutschland in Kraft befindlichen internationalen Flüchtlingsrechts liefert einerseits aus der Frühzeit der Bundesrepublik stammendes Gesetzesrecht, andererseits internationales Abkommensrecht, drittens späteres deutsches Gesetzesrecht aus dem Sektor des Ausländer- und Asylrechts. Im einzelnen sind – sich zT überschneidend – die folgenden, kollisionsrechtliche Regelungen enthaltenden Rechtsgrundlagen zu beachten: **68**

– Art 1, 2, 10 des AHKGesetzes Nr 23 über die Rechtsverhältnisse verschleppter Personen und Flüchtlinge v 17. 3. 1950, AHK ABl 140 (SaBl 256) idF des ÄndG 48 v 1. 3. 1951, AHK ABl 808 (SaBl 322); s dazu Rz 69ff;

– § 8 des Gesetzes über die Rechtsstellung heimatloser Ausländer im Bundesgebiet v 25. 4. 1951, BGBl 269 (für West-Berlin vgl Gesetz v 28. 2. 1952, GVBl 126 heute idF des AusländerG v 9. 7. 1990, BGBl I 1383 [Art 4]); s dazu Rz 73f;

- Art 1, 12 des Abkommens über die Rechtsstellung der Flüchtlinge (Genfer Flüchtlingskonvention) v 28. 7. 1951, BGBl 1953 II 559, für die BRepD innerstaatlich in Kraft seit 24. 12. 1953, durch Gesetz v 1. 9. 1953, BGBl II 559 (Art 2), völkerrechtlich in Kraft seit 22. 4. 1954, Bek v 25. 5. 1954, BGBl II 619; ergänzt durch Protokoll über die Rechtsstellung der Flüchtlinge v 31. 1. 1967, BGBl 1969 II 1294, in Kraft seit 5. 11. 1969, Bek v 14. 4. 1970, BGBl II 194; s dazu Rz 75ff;
- § 1 des Gesetzes über Maßnahmen für im Rahmen humanitärer Hilfsaktionen aufgenommene Flüchtlinge v 22. 7. 1980, BGBl I 1057; s dazu Rz 90f;
- §§ 1, 2, 3 des Asylverfahrensgesetzes idF der Bek v 27. 7. 1993, BGBl 1993 I 1361 mit späteren Änderungen, zuletzt v 26. 6. 1997, BGBl 1997 I 1690 und – insoweit wegen dessen Nichtigkeit nicht in Kraft – durch Art 3 Zuwanderungsgesetz v 20. 6. 2002 (BGBl 2002 I 1946); s Rz 92ff.

3. Die Regelungen im einzelnen

69   a) **AKHGesetz Nr 23 über die Rechtsverhältnisse verschleppter Personen und Flüchtlinge** (s Rz 68).

aa) Kollisionsrechtliche Vorschriften enthalten Art 1, 2, 10:

Artikel 1
Soweit das Einführungsgesetz zum Bürgerlichen Gesetzbuch bestimmt, daß die Gesetze des Staates, dem eine Person angehört, maßgebend sind, werden die Rechtsverhältnisse einer verschleppten Person oder eines Flüchtlings nach dem Recht des Staates beurteilt, in welchem die Person oder der Flüchtling zu der maßgebenden Zeit den gewöhnlichen Aufenthalt hat oder gehabt hat, oder falls ein gewöhnlicher Aufenthalt fehlt, nach dem Recht des Staates, in welchem die Person oder der Flüchtling sich zu der maßgebenden Zeit befindet oder befunden hat.

Artikel 2
Artikel 1 findet keine Anwendung auf die in den Artikeln 24 und 25 des Einführungsgesetzes zum Bürgerlichen Gesetzbuch geregelten Gegenstände.

Artikel 10
Im Sinne dieses Gesetzes bedeutet:

a) der Ausdruck „verschleppte Personen und Flüchtlinge" Personen, die nicht die deutsche Staatsangehörigkeit besitzen oder deren Staatsangehörigkeit nicht festgestellt werden kann, sofern sie ihren Aufenthalt im Gebiete der Bundesrepublik haben und eine amtliche Bescheinigung darüber besitzen, daß sie der Obhut der internationalen Organisation unterstehen, die von den Vereinten Nationen mit der Betreuung der verschleppten Personen und Flüchtlinge beauftragt ist.

...

Schrifttum: *Dölle*, StAZ 1950, 106; *Lass*, Der Flüchtling im deutschen IPR 1995; *Makarov*, DRZ 1950, 318; *MüKo/Sonnenberger*[3], Art 5 Anh II D Rz 51ff; *Reithmann*, DNotZ 1958, 512; *Schwenn*, SJZ 1950, 652; *Soergel/Kegel*[12], Anh Art 5 Rz 1ff.

70   bb) Wesentliche Bedeutung: Zielrichtung des Gesetzes war, Verschleppten und Flüchtlingen die Ordnung ihrer Familienverhältnisse auf der Grundlage der Maßgeblichkeit des Rechts des (idR gewöhnlichen) Aufenthalts zu ermöglichen (Art 1 AHKG 23). Art 3 und 4 AHKG 23 (hier nicht abgedruckt) haben prozessuale Gleichstellung mit Inländern und Befreiung von der Beibringung der Ehefähigkeitszeugnisses (gem § 10 EheG) bewirkt. Das Gesetz hatte nach hM keine Rückwirkung und bewirkte bezogen auf sein Inkrafttreten am 31. 3. 1950 einen Statutenwechsel (BayObLG 1990, 1, 3; Neustadt StAZ 1960, 289; s ferner Pal/Heldrich Anh Art 5 Rz 14 mwN). Der persönliche Anwendungsbereich des Gesetzes bestimmt sich nach Art 10 AHKG 23; erfaßt werden nur Personen, die nicht die deutsche Staatsangehörigkeit besitzen oder deren Staatsangehörigkeit rechtlich oder tatsächlich (ohne übermäßige Schwierigkeiten) nicht feststellbar ist, Soergel/Kegel[12] Anh Art 5 Rz 5. Die Flüchtlings- oder Verschleppteneigenschaft muß durch die amtliche Bescheinigung der zuständigen UN-Hilfsorganisation (früher IRO, dann UN-Hochkommissar für das Flüchtlingswesen) nachgewiesen sein (dazu Hamburg IPRspr 1979 Nr 53). Die heutige praktische Bedeutung liegt id Anwendbarkeit des Gesetzes auf Personen, die ihren Status von einer Art 10 lit a AHKG 23) unterfallenden Person ableiten, s Maßfeller StAZ 1951, 130, 133; BayObLG 1983, 1, 4). Der gegenständliche Anwendungsbereich erfaßt in berichtigender Auslegung des Art 1 AHKG 23 jenen Bereich des Personalstatuts, für den heute Art 5 II bei dem dort erfaßten Personenkreis die Staatsangehörigkeitsanknüpfung durch die Aufenthaltsanknüpfung ersetzt (s dazu Rz 14; ausführlich MüKo/Sonnenberger[2] Art 5 Anh II Rz 55). **Nicht erfaßt ist das Erbstatut** (Art 2 AHKG 23 mit Verweisung auf heute Art 25, 26 nF).

71   Nicht erfaßt durch das Gesetz sind volksdeutsche Flüchtlinge und Verschleppte; für sie gilt ausschließlich Art 116 I GG (s dazu Rz 39ff). Der Anwendungsbereich des AHKG 23 überschneidet sich in wesentlichen Teilen mit dem der Genfer Flüchtlingskonvention; letztere geht als später erlassenes Gesetz dann vor, allerdings ohne Abweichungen in der Rechtsanwendung (mit Ausnahme des Erbrechts), Einzelheiten hierzu bei Beitzke, Staatenlose, Flüchtlinge und Mehrstaater, in Lauterbach, Vorschläge und Gutachten zur Reform des deutschen internationalen Personen- und Sachenrechts (1972) 142, 153, 160 (s auch unten Rz 75ff).

72   Als anwendbares Recht vermittelt Art 1 im persönlichen und gegenständlichen Anwendungsbereich das Recht des gewöhnlichen, ggf schlichten Aufenthalts, im Inland ansässige Personen haben also insoweit deutsches Personalstatut (s zur Aufenthaltsbestimmung Rz 47–57).

73   b) **Gesetz über die Rechtsstellung heimatloser Ausländer im Bundesgebiet** (s Rz 68).

aa) Kollisionsrecht enthält § 8:

§ 8

Hat ein heimatloser Ausländer vor Inkrafttreten dieses Gesetzes nach anderen als den deutschen Vorschriften Rechte erworben, so behält er diese, sofern die Gesetze des Ortes beobachtet sind, an dem das Rechtsgeschäft vorgenommen ist. Dies gilt insbesondere für eine vor Inkrafttreten dieses Gesetzes geschlossene Ehe.

Schrifttum: *Beitzke,* Der Personenstand heimatloser Ausländer in Deutschland (1952); *Jahn,* JZ 1951, 326; *Makarov,* ZaöRV 1951/52, 431; *Maßfeller,* StAZ 1951, 130, 155.

bb) Wesentliche Bedeutung: Das seit 28. 4. 1951 in Kraft befindliche, zuletzt durch das AuslG v 9. 7. 1990, BGBl I 1354, geänderte Gesetz hat in Ergänzung des AHKG 23 den Status sog heimatloser Ausländer (vor allem durch Gleichbehandlung im prozessualen Bereich) der Stellung der deutschen Staatsangehörigen angenähert. Kollisionsrecht enthält nur die abgedruckte Norm des § 8. Die schlecht formulierte (ebenso Pal/Heldrich Anh Art 5 Rz 18) Vorschrift stellt nur klar, daß der für heimatlose Ausländer iS der Norm (und damit iSv Art 10a) AHKG 23, s Rz 70) angeordnete Statutenwechsel erst im Zeitpunkt des Inkrafttretens des Gesetzes (s oben) eingetreten ist (s auch BayObLG 1983, 1, 3; Soergel/Kegel[12] Anh Art 5 Rz 19; aM Brintzinger FamRZ 1968, 1, 6ff). Entgegen AG Aachen NJW 1970, 392 und Celle FamRZ 1987, 837, 838, bietet das Gesetz keinen Anhalt für die Begründung deutschen Personalstatuts der heimatlosen Ausländer; hierfür ist auf Art 1 AHKG 23 oder Art 12 Genfer Flüchtlingskonvention abzustellen (ebenso Pal/Heldrich Anh Art 5 Rz 17). 74

c) Abkommen über die Rechtsstellung der Flüchtlinge (Genfer Flüchtlingskonvention) mit Protokoll über die Rechtsstellung der Flüchtlinge v 31. 1. 1967, s Rz 68. 75

aa) Kollisionsrecht enthält Art 12 iVm den den Anwendungsbereich festlegenden Vorschriften des Art 1 und des Art I des Protokolls:

Artikel 1
Definition des Begriffs „Flüchtling"

A. Im Sinne dieses Abkommens findet der Ausdruck „Flüchtling" auf jede Person Anwendung:

1. Die in Anwendung der Vereinbarungen vom 12. Mai 1926 und 30. Juni 1928 oder in Anwendung der Abkommen vom 28. Oktober 1933 und 10. Februar 1938 und des Protokolls vom 14. September 1939 oder in Anwendung der Verfassung der Internationalen Flüchtlingsorganisation als Flüchtling gilt.

Die von der Internationalen Flüchtlingsorganisation während der Dauer ihrer Tätigkeit getroffenen Entscheidungen darüber, daß jemand nicht als Flüchtling im Sinne ihres Statuts anzusehen ist, stehen dem Umstand nicht entgegen, daß die Flüchtlingseigenschaft Personen zuerkannt wird, die die Voraussetzungen der Ziffer 2 dieses Artikels erfüllen.

2. Die infolge von Ereignissen, die vor dem 1. Januar 1951 eingetreten sind, und aus der begründeten Furcht vor Verfolgung wegen ihrer Rasse, Religion, Nationalität, Zugehörigkeit zu einer bestimmten sozialen Gruppe oder wegen ihrer politischen Überzeugung sich außerhalb des Landes befindet, dessen Staatsangehörigkeit sie besitzt, und den Schutz dieses Landes nicht in Anspruch nehmen kann oder wegen dieser Befürchtungen nicht in Anspruch nehmen will; oder die sich als staatenlose infolge solcher Ereignisse außerhalb des Landes befindet, in welchem sie ihren gewöhnlichen Aufenthalt hatte, und nicht dorthin zurückkehren kann oder wegen der erwähnten Befürchtungen nicht dorthin zurückkehren will.

Für den Fall, daß eine Person mehr als eine Staatsangehörigkeit hat, bezieht sich der Ausdruck „das Land, dessen Staatsangehörigkeit sie besitzt" auf jedes der Länder, dessen Staatsangehörigkeit diese Person hat. Als des Schutzes des Landes, dessen Staatsangehörigkeit sie hat, beraubt gilt nicht eine Person, die ohne einen stichhaltigen, auf eine begründete Befürchtung gestützten Grund den Schutz eines der Länder nicht in Anspruch genommen hat, deren Staatsangehörigkeit sie besitzt.

B. 1. Im Sinne dieses Abkommens können die im Artikel 1 Abschnitt A enthaltenen Worte „Ereignisse, die vor dem 1. Januar 1951 eingetreten sind" in dem Sinne verstanden werden, daß es sich entweder um

a) „Ereignisse, die vor dem 1. Januar 1951 in Europa eingetreten sind" oder
b) „Ereignisse, die vor dem 1. Januar 1951 in Europa oder anderswo eingetreten sind"

handelt. Jeder vertragschließende Staat wird zugleich mit der Unterzeichnung, der Ratifikation oder dem Beitritt eine Erklärung abgeben, welche Bedeutung er diesem Ausdruck vom Standpunkt der von ihm auf dieses Abkommen übernommenen Verpflichtungen zu geben beabsichtigt.

2. Jeder vertragschließende Staat, der die Formulierung zu a) angenommen hat, kann jederzeit durch eine an den Generalsekretär der Vereinten Nationen gerichtete Notifikation seine Verpflichtungen durch Annahme der Formulierung b) erweitern.

C. Eine Person, auf die die Bestimmungen des Absatzes A zutreffen, fällt nicht mehr unter dieses Abkommen,

1. wenn sie sich freiwillig erneut dem Schutz des Landes, dessen Staatsangehörigkeit sie besitzt, unterstellt; oder
2. wenn sie nach dem Verlust ihrer Staatsangehörigkeit diese freiwillig wiedererlangt hat; oder
3. wenn sie eine neue Staatsangehörigkeit erworben hat und den Schutz des Landes, dessen Staatsangehörigkeit sie erworben hat, genießt; oder
4. wenn sie sich freiwillig in das Land, das sie aus Furcht vor Verfolgung verlassen hat oder außerhalb dessen sie sich befindet, zurückgekehrt ist und sich dort niedergelassen hat; oder
5. wenn sie nach Wegfall der Umstände, auf Grund deren sie als Flüchtling anerkannt worden ist, es nicht mehr ablehnen kann, den Schutz des Landes in Anspruch zu nehmen, dessen Staatsangehörigkeit sie besitzt.

Hierbei wird jedoch unterstellt, daß die Bestimmung dieser Ziffer auf keinen Flüchtling im Sinne der Ziffer 1 des Abschnittes A dieses Artikels Anwendung findet, der sich auf zwingende, auf früheren Verfolgungen beruhende Gründe berufen kann, um die Inanspruchnahme des Schutzes des Landes abzulehnen, dessen Staatsangehörigkeit er besitzt;

6. wenn es sich um eine Person handelt, die keine Staatsangehörigkeit besitzt, falls sie nach Wegfall der Umstände, auf Grund deren sie als Flüchtling anerkannt worden ist, in der Lage ist, in das Land zurückzukehren, in dem sie ihren gewöhnlichen Wohnsitz hat. Dabei wird jedoch unterstellt, daß die Bestimmung dieser Ziffer auf keinen Flüchtling im Sinne der Ziffer 1 des Abschnittes A dieses Artikels Anwendung findet, der sich auf zwingende, auf früheren Verfolgungen beruhende Gründe berufen kann, um die Rückkehr in das Land abzulehnen, in dem er seinen gewöhnlichen Aufenthalt hatte.

D. Dieses Abkommen findet keine Anwendung auf Personen, die zur Zeit den Schutz oder Beistand einer Organisation oder einer Institution der Vereinten Nationen mit Ausnahme des Hohen Kommissars der Vereinten Nationen für Flüchtlinge genießen.

Ist dieser Schutz oder diese Unterstützung aus irgendeinem Grunde weggefallen, ohne daß das Schicksal dieser Personen endgültig gemäß den hierauf bezüglichen Entschließungen der Generalversammlung der Vereinten Nationen geregelt worden ist, so fallen diese Personen ipso facto unter die Bestimmungen dieses Abkommens.

E. Dieses Abkommen findet keine Anwendung auf eine Person, die von den zuständigen Behörden des Landes, in dem sie ihren Aufenthalt genommen hat, als eine Person anerkannt wird, welche die Rechte und Pflichten hat, die mit dem Besitz der Staatsangehörigkeit dieses Landes verknüpft sind.

F. Die Bestimmungen dieses Abkommens finden keine Anwendung auf Personen, in bezug auf die aus schwerwiegenden Gründen die Annahme gerechtfertigt ist,

a) daß sie ein Verbrechen gegen den Frieden, ein Kriegsverbrechen oder ein Verbrechen gegen die Menschlichkeit im Sinne der internationalen Vertragswerke begangen haben, die ausgearbeitet worden sind, um Bestimmungen bezüglich dieser Verbrechen zu treffen;

b) daß sie ein schweres nichtpolitisches Verbrechen außerhalb des Aufnahmelandes begangen haben, bevor sie dort als Flüchtling aufgenommen wurden;

c) daß sie sich Handlungen zuschulden kommen ließen, die den Zielen und Grundsätzen der Vereinten Nationen zuwiderlaufen.

Artikel I
des Protokolls über die Rechtsstellung der Flüchtlinge v 31. 1. 1967

(1) Die Vertragsstaaten dieses Protokolls verpflichten sich, die Artikel 2 bis 34 des Abkommens auf Flüchtlinge im Sinne der nachstehenden Begriffsbestimmung anzuwenden.

(2) Außer für die Anwendung des Absatzes 3 dieses Artikels bezeichnet der Ausdruck „Flüchtling" im Sinne dieses Protokolls jede unter die Begriffsbestimmung des Artikels 1 des Abkommens fallende Person, als seien die Worte „infolge von Ereignissen, die vor dem 1. Januar 1951 eingetreten sind, und ..." sowie die Worte „... infolge solcher Ereignisse" in Artikel I Abschnitt A Absatz 2 nicht enthalten.

(3) Dieses Protokoll wird von seinen Vertragsstaaten ohne jede geographische Begrenzung angewendet; jedoch finden die bereits nach Artikel 1 Abschnitt B Absatz 1 Buchstabe a) des Abkommens abgegebenen Erklärungen von Staaten, die schon Vertragsstaaten des Abkommens sind, auch auf Grund dieses Protokolls Anwendung, sofern nicht die Verpflichtungen des betreffenden Staates nach Artikel 1 Abschnitt B Absatz 2 des Abkommens erweitert worden sind.

76 Schrifttum: *Beitz/Wollenschläger*, Hdb des Asylrechts Bd II (1981), 552ff; *Beitzke*, FS Fragistas (1966) 377; *Bode*, BAnz 1952 Nr 175; *Brintzinger*, FamRZ 1968, 1; *Ferid*, DNotZ 1954, 350; *Hailbronner*, Die Rechtsstellung der de-facto-Flüchtlinge in den EG-Staaten (1993); *Hirschberg*, NJW 1972, 361; *Kimminich*, Der internationale Rechtsstatus des Flüchtlings (1962) 285; *ders*, FS Menzel (1975) 307; *Lass*, Der Flüchtling im deutschen IPR (1995); *Marx*, ZRP 1980, 192; *Mezger*, JZ 1954, 663; *MüKo/Sonnenberger*, Art 5 Anh II D II Rz 60ff; *Pal/Heldrich*, Anh Art 5 Rz 19ff; *Roth*, ZAR 1988, 164; *Seidl-Hohenveldern*, FS Schätzel (1960) 441; *Soergel/Kegel*[12], Anh Art 5 Rz 22ff; *Staud/Blumenwitz*[13], Anh Art 5 Rz 8ff; *Weis*, JbIntR 1954 (Bd 4), 53.

77 **bb) Wesentliche Bedeutung:** Die Genfer Flüchtlingskonvention enthält in ihren hier nicht relevanten, aber ihren Charakter ausmachenden Teilen Fremdenrecht, das die Flüchtlinge in verschiedener Hinsicht den Bewohnern des Gastlandes gleichstellt. **Kollisionsrechtliche Bedeutung hat nur Art 12, der das Personalstatut der Flüchtlinge nach ihrem Wohnsitz bestimmt.** Für den persönlichen Anwendungsbereich der Konvention ist Art 1 entscheidend, der den Begriff des Flüchtlings (Konventionsflüchtling) definiert. Erweiterung hat der persönliche, gegenständliche und zeitliche Anwendungsbereich des Art 1 durch Art 1 des Protokolls v 31. 1. 1967 gefunden. Ob sich ein Flüchtling im Inland oder Ausland aufhält, ist für die Anwendbarkeit von Art 12 ohne Bedeutung. Die nachfolgende Kommentierung beschränkt sich auf die Erläuterungen zu Art 1 und Art 12. Zum Kreis der Vertragsstaaten s Erman/Arndt[7] Anh Art 29 aF Rz 17; Soergel/Kegel[12] Anh Art 5 Rz 26–30; letzter Stand s im Fundstellennachweis B 2002 S 340f.

78 **cc) Persönlicher Anwendungsbereich.** Der persönliche Geltungsbereich der Konvention ergibt sich zunächst aus Art 1 A (dazu Gutachten des Flüchtlingskommissars der UN in RzW 1968, 150). Ziff 1 betrifft die sog Nansen-Flüchtlinge (Inhaber des Nansen-Passes) und die sog IRO-Flüchtlinge (Inhaber des IRO-Ausweises), s näher MüKo/Sonnenberger Art 5 Anh II Rz 63. Zentrale Bedeutung hat heute Ziff 2, ergänzt durch Art 1 II des Protokolls v 1967. Nach Wegfall der in Ziff 2 enthaltenen zeitlichen Grenze (1. 1. 1951) können grundsätzlich alle Flüchtlinge aus grundsätzlich jeder Fluchtbewegung in den Geltungsbereich der Konvention fallen (zu derartiger Ausdeutung in Deutschland schon vor der Verabschiedung des Protokolls, zB in bezug auf die Ungarnflüchtlinge, Stuttgart FamRZ 1962, 160; JM NRW FamRZ 1966, 637; BayObLG 1974, 95), so daß Flüchtlinge aus den Flüchtlingsbewegungen der jüngeren Vergangenheit und der Gegenwart (Afghanistan, Iran, Indochina, Balkan) sowie der Zukunft von der Konvention erfaßt werden können (ebenso Pal/Heldrich Anh Art 5 Rz 21; zum Verhältnis der Konvention zum Deutsch-Iranischen Niederlassungsabkommen v 17. 2. 1929 BGH FamRZ 1990, 32; BayObLG

2000, 335, 338; BVerwG InfAuslR 1984, 312; LG München I FamRZ 1997, 1354; Schotten/Wittkowski FamRZ 1995, 261, 268 – Vorrang der Konvention!).

Ausgeschlossen von der Anwendung der Konvention sind die unter Art 1 D–F fallenden Personen. Art 1 D hat praktische Bedeutung heute bei den von der UNRWA betreuten Palästinaflüchtlingen mit Aufenthalt im Nahen Osten (s oben Rz 11, 61 und VG Berlin InfAuslR 1990, 81; Nicolaus-Saramo ZAR 1989, 67). Art 1 E betrifft im Hinblick auf Deutschland die volksdeutschen Flüchtlinge, die gemäß Art 116 I GG Statusdeutsche sind (s Rz 39ff). 79

Art 1 F läßt bei Schwerverbrechern die Anwendbarkeit der Konvention entfallen; für sie bleibt es bei der Geltung des allgemeinen IPR. Beendet wird die Anwendbarkeit der Konvention gemäß Art 1 C mit freiwilliger Unterstellung unter den Schutz des Heimatstaats, (s zB BGH RzW 1966, 140 – Ausstellung oder Verlängerung eines Ausweisdokuments), mit Wiedererlangen der früheren oder mit Erwerb neuer Staatsangehörigkeit (Ziff 2 und 3; Stuttgart FamRZ 1998, 1322), mit Rückkehr oder Niederlassung im Verfolgungsstaat (Ziff 4) und mit dem Wegfall der Voraussetzungen für die Anerkennung als Flüchtling (s dazu Rz 82, 83). 80

Sachlich setzt die Konvention in Art 1 B iVm Art 1 II und III des Protokolls für die Anerkennung als Flüchtling voraus, daß Grund der Flucht bzw des Exils stets die begründete Furcht vor Verfolgungen, insbesondere aus rassischen, ethnischen, religiösen oder politischen Gründen, gewesen ist. Bloße Unzufriedenheit mit den Entwicklungen im Heimatland, subjektives Furchtempfinden genügen ebensowenig wie Unzufriedenheit mit den (durch Naturkatastrophe oder Mißwirtschaft veranlaßten) wirtschaftlichen Verhältnissen im Heimatland (s dazu BVerfG 74, 51, 66; 80, 315, 345; ebenso Pal/Heldrich Anh Art 5 Rz 22; MüKo/Sonnenberger[3] Art 5 Anh II Rz 65). Nicht notwendig ist, daß die Verfolgung von staatlichen Organen ausgeht, liegt es anders (Untergrundorganisationen, Volksgruppenkämpfe), ist genaue Abwägung erforderlich (s dazu noch BGH MDR 1965, 985; RzW 1966, 367; 1967, 325; 1968, 571). Flucht im eigentlichen Sinne ist nicht erforderlich, es genügt, daß aus den oa Gründen auf Heimkehr verzichtet und Exil gewählt wird (s Bamberg FamRZ 1982, 505). 81

dd) **Prüfungskompetenz der deutschen Gerichte.** Die Voraussetzungen der Anwendung von Art 12 sind durch die entscheidenden Gerichte in eigener Zuständigkeit zu prüfen; eine Bindung an Verwaltungsakte besteht nicht (Stuttgart FamRZ 1962, 160, 161; Hamm FamRZ 1993, 113; BVerwG StAZ 1993, 219; öst OGH IPRax 1999, 260 m Aufsatz Wendehorst S 277), mit Ausnahme der Bindung an die bestandskräftige Anerkennung als Asylberechtigter (hierzu s Rz 96). Nansen- und IRO-Flüchtlinge sind jedoch durch Vorlage des jeweiligen Dokuments legitimiert. Auch die Anerkennung als politischer Flüchtling durch einen anderen Vertragsstaat bindet nicht, hat jedoch Indizwirkung für das Vorliegen der Flüchtlingseigenschaft (BVerfG NJW 1980, 516; BVerwG NVwZ 1987, 507). 82

ee) Die Frage des **abgeleiteten Flüchtlingsstatus** ist in Konvention und Protokoll offengelassen. Ob Familienangehörige eines Flüchtlings, die die Anforderungen des Flüchtlingsbegriffs (s Rz 78–81) selbst nicht erfüllen, abgeleiteten Flüchtlingsstatus haben (dazu Jayme IPRax 1981, 73, 74), ist für das Kollisionsrecht und Art 12 wie folgt zu beantworten: Minderjährige Kinder ohne eigenen Flüchtlingsstatus, die die Staatsangehörigkeit oder Staatenlosigkeit des Flüchtlings teilen, haben abgeleiteten Flüchtlingsstatus (vgl BayObLG 1974, 95, 100; NJW 1975, 2146; LG Bochum IPRsp 1976 Nr 61; AG Schöneberg StAZ 1996, 209; Henrich StAZ 1989, 159, 160; MüKo/Sonnenberger Art 5 Anh II Rz 69; Pal/Heldrich Anh Art 5 Rz 25; aA Düsseldorf, StAZ 1989, 281, 282). Bei Ehegatten ist hingegen zu differenzieren. Abgeleiteter Flüchtlingsstatus kommt nur in Betracht, wenn eigener Flüchtlingsstatus nicht gegeben ist. Endet eigener Flüchtlingsstatus zB gem Art 1 C (s Rz 80), dann kann abgeleiteter Status nicht beansprucht werden (ebenso MüKo/Sonnenberger[3] Art 5 Anh II Rz 69). Abgeleiteter Flüchtlingsstatus kommt iü nur dort in Betracht, wo der Ehegatte Staatsangehörigkeit oder Staatenlosigkeit des Flüchtlings kraft Gesetzes teilt (ebenso Pal/Heldrich Anh Art 5 Rz 25). 83

ff) Das **Personalstatut** des Flüchtlings (und der Inhaber von abgeleitetem Flüchtlingsstatus) bestimmt sich gemäß **Art 12 I** nach dem **Wohnsitz**, ersatzweise dem **Aufenthalt**. 84

Artikel 12
Personalstatut

1. Das Personalstatut jedes Flüchtlings bestimmt sich nach dem Recht des Landes seines Wohnsitzes oder, in Ermangelung eines Wohnsitzes, nach dem Recht seines Aufenthaltslandes.

2. Die von einem Flüchtling vorher erworbenen und sich aus seinem Personalstatut ergebenden Rechte, insbesondere die aus der Eheschließung, werden von jedem vertragsschließenden Staat geachtet, gegebenenfalls vorbehaltlich der Formalitäten, die nach dem in diesem Staat geltenden Recht vorgesehen sind. Hierbei wird jedoch unterstellt, daß das betreffende Recht zu demjenigen gehört, das nach den Gesetzen dieses Staates anerkannt worden wäre, wenn die in Betracht kommende Person kein Flüchtling geworden wäre.

Da die Konvention den Wohnsitzbegriff nicht definiert und Anhaltspunkte für einen abkommensautonomen Wohnsitzbegriff nicht gegeben sind, obliegt die Definition der jeweiligen lex fori. Mit der allg M ist wegen der unterschiedlichen materiellrechtlichen Aufladung des Wohnsitzbegriffes in den Rechten der Vertragsstaaten der Begriff des Wohnsitzes iSv Art 12 I als „gewöhnlicher Aufenthalt" zu lesen (s Rz 58), dh anzuknüpfen ist an den wie auch sonst heute im deutschen IPR zu ermittelnden faktischen Lebensmittelpunkt (s Rz 47ff) des Flüchtlings, bzw des Inhabers des abgeleiteten Status (ebenso Kropholler IPR § 37 II 2; v Bar IPR I Rz 186; MüKo/Sonnenberger[3] Art 5 Anh II Rz 75; Pal/Heldrich Anh Art 5 Rz 27; teilweise abweichend Raape/Sturm IPR § 10 A I 3; Soergel/Kegel[12] Anh Art 5 Rz 61).

An den gewöhnlichen Aufenthalt, hilfsweise den schlichten Aufenthalt (s Rz 57) werden alle Rechtsverhältnisse angeknüpft, die nach deutschem IPR grundsätzlich dem Recht der Staatsangehörigkeit einer Person unterstellt sind. Dies gilt auch für das Erbrecht, so daß dieser in AHKG 23 ausgesparte Bereich (s Rz 70) hier miterfaßt ist. 85

Flüchtlinge mit gewöhnlichem Aufenthalt im Inland besitzen deutsches Personalstatut (zum Status von Kindern BayObLG 1999, 27, 30 = JuS 2000, 297 m krit Anm Hohloch). Ob sie damit auch Deutsche iSd Schutz- und Exklusivnormen gleichstehen, ist von Fall zu Fall zu entscheiden (s dazu Hasselmann MDR 1986, 891; v Bar IPRax 1985, 272f, s die Erl hier zu den jeweiligen Artikeln des EGBGB). Es werden hier die Differenzierungen zu Art 5 II EGBGB (s Rz 14) ebenfalls zu gelten haben. Für internationale Zuständigkeit gilt Vergleichbares (ebenso Pal/Heldrich Anh Art 5 Rz 27; s ferner abl München IPRax 1989, 238, 239 zu § 606a ZPO; s ferner zur Entbehrlichkeit der Urteilsanerkennung bei Ehescheidung nach § 606b aF BGH NJW 1982, 2732; 1985, 1283).

86 Zeitlich maßgeblich ist der gewöhnliche Aufenthalt, den die einzelne Kollisionsnorm zeitlich beruft, zB der gewöhnliche Aufenthalt im Zeitpunkt der Eheschließung, Art 13 I, oder des Scheidungsantrags, Art 17 I S 1.

87 Da Art 12 I als staatsvertragliche Kollisionsnorm, für die Besonderheiten nicht durchschlagen, eine **Sachnormverweisung** enthält, sind Rück- und Weiterverweisung durch das Kollisionsrecht des Aufenthaltslandes grundsätzlich unbeachtlich (hM, Hamm StAZ 1993, 79; Pal/Heldrich Anh Art 5 Rz 28; Soergel/Kegel[12] Anh Art 5 Rz 74; aA Staud/Blumenwitz Anh Art 5 Rz 51; MüKo/Sonnenberger[3] Art 5 Anh II Rz 82). Soweit jedoch im Aufenthaltsland bestimmte Rechtsverhältnisse abweichend vom deutschen IPR nicht dem Personalstatut, sondern (zB Erbrecht bei Grundstücken) einem anderen Statut (Sachstatut) zugeordnet sind, ist dies im Interesse der Integration des Flüchtlings in das Recht seines Aufenthaltsstaates zu beachten (ebenso Pal/Heldrich Anh Art 5 Rz 28; Raape/Sturm IPR § 10 A I 3).

88 gg) **Statutenwechsel.** Nach deutschem IPR ergibt die Zuerkennung des Flüchtlingsstatus einen Statutenwechsel. Abs II S 1 läßt erworbene Rechte jedoch im Rahmen des ordre public (Abs II S 2) weiterbestehen (zu Auswirkungen auf Namensführung BayObLG 1968, 7; 1971, 204; Hamm OLGZ 1983, 46, 55). Dies gilt, da die Konvention keine Rückwirkung hat (Bamberg FamRZ 1982, 505, 506; BayObLG 1990, 1, 3; Pal/Heldrich Anh Art 5 Rz 29; Soergel/Kegel[12] Anh Art 5 Rz 73; MüKo/Sonnenberger[3] Art 5 Anh II Rz 74, 79; aA Erman/Arndt[7] Anh Art 29 aF Rz 19), auch für die vor Inkrafttreten erworbenen Rechte.

89 hh) Das **Verhältnis der Konvention zu anderen Rechtsquellen** des Flüchtlingsrechts regelt sich, soweit Überschneidungen vorliegen, nach den üblichen Grundsätzen (lex posterior); in der Sache ergeben sich Unterschiede freilich regelmäßig nicht, da im internationalen Flüchtlingsrecht nahezu einheitlich an den gewöhnlichen oder einfachen Aufenthalt angeknüpft wird (s Rz 70, 74, 84, Rz 91, 94). Zum Verhältnis zu anderen Abkommen s Rz 78, 79.

90 d) **Gesetz über Maßnahmen für im Rahmen humanitärer Hilfsaktionen aufgenommene Flüchtlinge („Kontingentgesetz")**, s Rz 68.

aa) Kollisionsrecht enthält § 1:

§ 1 Rechtsstellung

(1) Wer als Ausländer im Rahmen humanitärer Hilfsaktionen der Bundesrepublik Deutschland auf Grund der Erteilung einer Aufenthaltserlaubnis vor der Einreise in der Form des Sichtvermerks oder auf Grund einer Übernahmeerklärung nach § 33 Abs. 1 des Ausländergesetzes im Geltungsbereich dieses Gesetzes aufgenommen worden ist, genießt im Geltungsbereich dieses Gesetzes die Rechtsstellung nach den Artikeln 2 bis 34 des Abkommens über die Rechtsstellung der Flüchtlinge vom 28. Juli 1951 (BGBl. 1953 II S. 559).

(2) Auch ohne Aufenthaltserlaubnis oder Übernahmeerklärung genießt die Rechtsstellung nach Absatz 1, wer als Ausländer vor Vollendung des 16. Lebensjahres und vor Inkrafttreten des Gesetzes zur Neuregelung des Ausländerrechts im Rahmen humanitärer Hilfsaktionen der Bundesrepublik Deutschland im Geltungsbereich dieses Gesetzes aufgenommen worden ist.

(3) Dem Ausländer wird eine unbefristete Aufenthaltserlaubnis erteilt.

Schrifttum: *Jayme*, IPRax 1981, 73; *Lass*, Der Flüchtling im deutschen IPR 1995.

91 bb) **Wesentliche Bedeutung:** Die Bundesrepublik Deutschland hat seit den 70er Jahren in größerem Umfang Personengruppen aufgenommen, die ihre Heimatländer als Flüchtlinge, Vertriebene oder politisch Verfolgte verlassen haben. Diese Praxis ist auch heute aktuell und wird ggf in die Zukunft weiterwirken. Eine Anerkennung als Asylberechtigte ist bei diesen Personen grundsätzlich nicht erfolgt. Ebenso ist die Anerkennung als „Konventionsflüchtling" iSv Rz 75ff nicht zweifelsfrei. Da aber die Interessenlage im wesentlichen der Konventionsflüchtlinge entspricht, stellt § 1 I, II sie kollisionsrechtlich als Kontingentsflüchtlinge den Konventionsflüchtlingen gleich. Zum Nachweis ihrer Rechtsstellung erhalten die betroffenen Personen gemäß § 2 eine amtliche Bescheinigung, deren Vorlage eine Überprüfung ihres Status erübrigt (vgl zu deren konstitutivem Charakter VG München InfAuslR 1997, 476). Die Rechtsstellung erfolgt gemäß § 2a zB durch Annahme oder Erneuerung des Nationalpasses. Das Gesetz ist am 1. 8. 1980 (§ 6) ohne Rückwirkung in Kraft getreten (früher eingetroffene Flüchtlinge fallen jedoch idR in den Anwendungsbereich der Genfer Flüchtlingskonvention). Die Aufnahme iSv § 1 führt bei dem betroffenen Personenkreis (zu Inhabern abgeleiteten Status s Jayme aaO 74) zu Statutenwechsel. Hinsichtlich der für das neue Personalstatut und den Schutz erworbener Rechte geltenden Regeln s die Darlegungen Rz 84ff (bei gewöhnlichem Aufenthalt im Inland deutsches Personalstatut). **Das Gesetz ist durch Art 15 III Nr 3 des Zuwanderungsgesetzes v 20. 6. 2002, BGBl 2002 I 1946 außer Kraft gesetzt worden (zum 1. 3. 2003); im Hinblick auf die Aufhebung des ZuwanderungsG durch das BVerfG ist indes bis auf weiteres vom bisherigen Rechtszustand auszugehen.** Die einstweilige Weitergeltung ist in der Entscheidung des BVerfG zum ZuwanderungsG zwar nicht angeordnet worden, entspricht aber der Rechtslage bei Nichtigerklärung eines Gesetzes (s BVerfG 102, 197, 208 und 222), da nicht von einer unbedingten Aufhebung der Altregelung auszugehen ist.

e) **Asylverfahrensgesetz**, s Rz 68. **92**

aa) Kollisionsrechtlich erhebliche Vorschriften:

Erster Abschnitt Grundsätze
§ 1 Geltungsbereich

(1) Dieses Gesetz gilt für Ausländer, die Schutz als politisch Verfolgte nach Artikel 16a Abs. 1 des Grundgesetzes oder Schutz vor Abschiebung oder einer sonstigen Rückführung in einen Staat beantragen, in dem ihnen die in § 51 Abs. 1 des Ausländergesetzes bezeichneten Verfahren drohen.

(2) Dieses Gesetz gilt nicht
1. für heimatlose Ausländer im Sinne des Gesetzes über die Rechtsstellung heimatloser Ausländer im Bundesgebiet in der im Bundesgesetzblatt Teil III, Gliederungsnummer 243–1, veröffentlichten bereinigten Fassung, zuletzt geändert durch Artikel 4 Nr. 1 des Gesetzes vom 13. Juli 1990 (BGBl. I S. 1354),
2. für Ausländer im Sinne des Gesetzes über Maßnahmen für im Rahmen humanitärer Hilfsaktionen aufgenommene Flüchtlinge vom 22. Juli 1980 (BGBl. I S. 1057), zuletzt geändert durch Artikel 5 des Gesetzes vom 9. Juli 1990 (BGBl. I S. 1354).

§ 2 Rechtsstellung

(1) Asylberechtigte genießen im Geltungsbereich dieses Gesetzes die Rechtsstellung nach dem Abkommen über die Rechtsstellung der Flüchtlinge vom 28. Juli 1951 (BGBl. 1953 II S. 559).

(2) Unberührt bleiben die Vorschriften, die den Asylberechtigten eine günstigere Rechtsstellung einräumen.

(3) Ausländer, denen bis zum Wirksamwerden des Beitritts in dem in Artikel 3 des Einigungsvertrages genannten Gebiet Asyl gewährt worden ist, gelten als Asylberechtigte.

Schrifttum: *Hailbronner*, Ausländerrecht Kommentar (3. Aufl 1992ff); *Jayme*, Neue Bestimmungen zum Personalstatut der Asylberechtigten IPRax 1984, 114; *Marx/Strate/Pfaff*, Asylverfahrensgesetz (4. Aufl 1999).

bb) Wesentliche kollisionsrechtliche Bedeutung: § 2 AsylVfG, der auch auf Asylberechtigte aus dem Gebiet **93** der ehemaligen DDR Anwendung findet (§ 2 III), erweitert in kollisionsrechtlicher Hinsicht den Anwendungsbereich des von Art 12 der Genfer Flüchtlingskonvention (s Rz 75ff) vermittelten „Flüchtlingsstatuts". Asylberechtigte iSv Art 16a GG (Ausländer, die politisch verfolgt sind, vgl zum Begriff BVerfG 74, 51; 80, 315; Wollenschläger/Schraml JZ 1994, 61), die als solche gem § 4 AsylVfG durch unanfechtbare Feststellung des Bundesamts oder eines Gerichts anerkannt sind (allg M, vgl Marx/Strate/Pfaff aaO § 3 Rz 3; Jayme aaO 115; Pal/Heldrich Anh Art 5 Rz 31), sind begrifflich in § 1 AsylVfG erfaßt und haben gem § 2 I AsylVfG die Rechtsstellung von Flüchtlingen gem der Genfer Flüchtlingskonvention, dh sie haben bei gewöhnlichem Aufenthalt im Inland grundsätzlich deutsches Personalstatut (s zB vor das Namensrecht, Art 10, Frankfurt am Main OLGRp 2002, 138 = StAZ 2003, 301). Insofern kann auf die dortigen Erläuterungen, s Rz 84–89, verwiesen werden. Nach § 3 geltender Fassung kommt sonstigen politisch Verfolgten die Flüchtlingseigenschaft auch zu. Daraus folgt im vorliegenden Zusammenhang des Kollisionsrechts Inländerbehandlung im Rahmen von Art 12 Genfer Flüchtlingskonvention.

Entgegen Jayme aaO 115; Düsseldorf StAZ 1989, 282; Pal/Heldrich Anh Art 5 Rz 32, enthält § 2 II AsylVfG nicht **94** die Möglichkeit der alternativen Maßgeblichkeit von günstigeren Regelungen des ehemaligen Heimatrechts. § 2 II AsylVfG hat § 44 IV AuslG ersetzt und ist damit auf seine fremdenrechtliche Funktion beschränkt; kollisionsrechtliche Bedeutung kommt ihm nicht zu (so auch MüKo/Sonnenberger[3] Art 5 Anh II Rz 89; Soergel/Kegel[12] Anh Art 5 Rz 103).

§ 2 AsylVfG vermittelt wie Art 12 I der Genfer Flüchtlingskonvention auch einen abgeleiteten Asylstatus, **95** jedenfalls für die Zwecke des Kollisionsrechts (eigener Asylanspruch iSv § 26 AsylVfG ist damit nicht verbunden, BVerwG NVwZ 1983, 38; JZ 1987, 508; BVerfG NVwZ 1985, 260; HessVGH InfAuslR 1992, 179; Kemper ZAR 1986, 3, 9), vgl ebenso Pal/Heldrich Anh Art 5 Rz 32; MüKo/Sonnenberger[3] Art 5 Anh II Rz 84 mwN.

§ 2 AsylVfG erleichtert iVm § 3 nF in seinem Anwendungsbereich die kollisionsrechtliche Prüfung, da bei Vor- **96** liegen der Asylberechtigung die zum Flüchtlingsstatut führende Flüchtlingseigenschaft nicht gesondert geprüft werden muß. § 3 nF AsylVfG wirkt bei Ablehnung der Asylberechtigung durch die zuständige Verwaltungsbehörde aber nicht als Sperre für die Prüfung des Flüchtlingsstatuts. Dieses kann dann durch das Gericht bzw die zuständige Behörde auf einer der anderen verfügbaren Rechtsgrundlagen (insbesondere unmittelbare Heranziehung von Art 12 I Genfer Flüchtlingskonvention) geprüft und bejaht werden (str, wie hier Marx/Strate/Pfaff aaO § 3 Rz 26; Pal/Heldrich Anh Art 5 Rz 31; aM Raape/Sturm IPR § 10 A I 3). Für Kontingentflüchtlinge (s Rz 90, 91) gilt § 2 AsylVfG gem § 1 II Nr 2 nicht.

6 *Öffentliche Ordnung (ordre public)*
Eine Rechtsnorm eines anderen Staates ist nicht anzuwenden, wenn ihre Anwendung zu einem Ergebnis führt, das mit wesentlichen Grundsätzen des deutschen Rechts offensichtlich unvereinbar ist. Sie ist insbesondere nicht anzuwenden, wenn die Anwendung mit den Grundrechten unvereinbar ist.

I. Allgemeines	**II. Voraussetzungen der Vorbehaltsklausel**
1. Gegenstand und Begriff 1	1. Eng auszulegende Ausnahmevorschrift 11
2. Wirkungsweise 2	2. Offensichtliche Unvereinbarkeit 12
3. Differenzierung der Vorbehaltsklausel je nach Anwendungsbereich 5	3. Unvereinbarkeit des konkreten Ergebnisses 14
4. Spezielle Vorbehaltsklauseln im EGBGB 8	4. Grundrechte und Ordre public 18
	5. Maßgeblichkeit eines ausländischen und eines „europäischen" Ordre public 22

III. Anwendungsbereich 24	(1) Ehefähigkeit 34
IV. Auswirkungen der Vorbehaltsklausel (Lücken, Lückenschließung, Ersatzrechtsanwendung, Durchsetzung der lex fori) 26	(2) Recht der persönlichen Ehewirkungen . 35
	(3) Ehegüterrecht 36
	(4) Ehescheidung mit Scheidungsfolgen . . 37
V. Anwendungspraxis	cc) Kindschaftsrecht
1. Überblick 27	(1) Adoption 38
2. Einzelgebiete	(2) Sorgerecht 40
a) Internationales Personenrecht und IPR des Allgemeinen Teils des Bürgerlichen Rechts	dd) Unterhaltsrecht 43
	c) Internationales Erbrecht 46
aa) Internationales Personenrecht 28	d) Internationales Schuldrecht
bb) Allgemeine Bestimmungen der Rechtsgeschäftslehre 29	aa) Allgemeines 51
	bb) Vertragsstatut und Ordre public 52
cc) Ehename, Vorname und Ordre public 30	cc) Deliktsstatut und Ordre public 56
b) Internationales Familienrecht (Art 13–24)	e) Internationales Sachenrecht 57
aa) Verlöbnisrecht 32	f) Sonstige Gebiete 59
bb) Eherecht 33	VI. Ordre public und Retorsion 60

Schrifttum: *Burst,* Pönale Momente im ausländischen Privatrecht und deutscher ordre public (1994); *Henrich,* Elterliche Sorge in den islamischen Rechten und ordre public, IPRax 1993, 81f; *Jayme,* Methoden der Konkretisierung des ordre public im Internationalen Privatrecht (Jur Studiengesellschaft Karlsruhe H 183, 1989); *ders,* Nationaler ordre public und europäische Integration (Wien 2000); *Kokott,* Grund- und Menschenrechte als Inhalt eines internationalen ordre public, BerDGesVR 38 (1998) 71; *Kropholler/v Hein,* Spezielle Vorbehaltsklauseln im Internationalen Privat- und Verfahrensrecht der unerlaubten Handlungen, FS Stoll (2001) 553; *Lagarde,* Public Policy, Int Encycl of Comp Law III/11 (1994) 1–61; *Looschelders,* Die Ausstrahlung der Grund- und Menschenrechte auf das Internationale Privatrecht, RabelsZ 65 (2001) 463; *Pauli,* Islamisches Familien- und Erbrecht mit ordre public (Diss München 1994); *Spickhoff,* Der ordre public im internationalen Privatrecht. Entwicklung – Struktur – Konkretisierung (1989); *Voltz,* Menschenrechte und ordre public im Internationalen Privatrecht (2002).

I. Allgemeines

1 1. Gegenstand und Begriff. Wenn das IPR mittels Kollisionsnormen das anwendbare Recht ermittelt, zwingt es den Rechtsanwender zu einem „Sprung ins Dunkle" (Raape/Sturm IPR § 13 I 1). Im Interesse internationalprivatrechtlicher Gerechtigkeit wird mit der gesetzlichen Niederlegung dieser Methode (Art 3 I) bewußt auch ein Ergebnis in Kauf genommen, das von den bei Anwendung des heimischen Rechts erzielten Ergebnissen abweicht. Von der grundsätzlichen Anwendbarkeit ausländischen Rechts bei Sachverhalten mit Auslandsberührung muß das IPR aber dann eine Ausnahme vorsehen, wenn das von der Kollisionsnorm zur Anwendung berufene ausländische Recht zu einem Rechtsanwendungsergebnis führt, das in untragbarem, krassem Widerspruch zur Rechtsanwendung des deutschen Rechts steht. Der Ermöglichung solcher Ausnahmen dient die Vorbehaltsklausel (Zitelmann, Internationales Privatrecht, I [1914] 317ff) des heutigen Art 6, die sachlich Art 30 aF entspricht (BT-Drucks 10/ 504, 42; BGH 104, 240, 243) und Rechtsnormen eines anderen Staates die Anwendbarkeit versagt, wenn deren Anwendung zu einem Ergebnis führt, das mit wesentlichen Grundsätzen des deutschen Rechts offensichtlich unvereinbar ist. Derartige Klauseln zum Schutz der eigenen öffentlichen Ordnung (Ordre public, ordine pubblico, public policy) finden sich im IPR auch den anderen Staaten, ebenso auch in den neueren Staatsverträgen. Die Ordre-public-Klausel bezweckt, das durch eine Kollisionsnorm berufene fremde Recht dann abzuwehren, wenn dessen Anwendung im Einzelfall zu Ergebnissen führen würde, „die den Kernbestand der inländischen Rechtsordnung antasten" (s Begr RegE, BT-Drucks 10/504, 42). **Als „Ordre public" geschützt sind also die materiellen Grundwerte der eigenen Rechtsordnung** (aus der neueren Rspr etwa BGH 123, 268, 270; WM 2000, 1507, 1508; s auch schon BVerfG 31, 58, 73; beispielhaft aus dem Lehrbuchschrifttum zum IPR v Bar/Mankoswki[2] I S 714f). Sie treten auch im Fall mit Auslandsberührung gegenüber dem durch die Kollisionsnorm grundsätzlich berufenen ausländischen Recht nicht zurück, sondern hindern dessen Anwendung im konkreten Falle. In der Gesamtgeschichte eher neueren Datums ist insofern die Betonung der **Grundrechte** der Verfassung und ihres objektiven Wertgehaltes, die in der „Spanierentscheidung" des BVerfG v 1971 (BVerfG 31, 58) richtig einsetzt und in der IPR-Reform von 1986 zur Formulierung von Satz 2 des Art 6 nF führt; nur zeitlich versetzt ist als parallele Entwicklung die Betonung von **Menschenrechten** in **UN-Rechtssetzung** und **EMRK** (Europ Menschenrechtskonvention) und zuletzt der **Grundfreiheiten** und **Diskriminierungsverbote** des **Europäischen Gemeinschaftsrechts** (EGV) zu sehen (s Rz 18ff).

2 2. Wirkungsweise. Eine dem Schutze des Ordre public dienende Vorbehaltsklausel kann diesen Schutz auf zweierlei Weise zu verwirklichen suchen: werden im Hinblick auf den Ordre public ausländische Rechtsnormen von der Anwendung im Inland ausgeschlossen, äußert die Vorbehaltsklausel eine negative Wirkung **(negativer Ordre public)**. Sucht die Vorbehaltsklausel zum Zwecke des Erhalts des inländischen Ordre public einen inländischen Rechtssatz gegen oder neben dem anwendbaren fremden Recht durchzusetzen, mißt sie sich positive Wirkung zu **(positiver Ordre public)**. Funktion und Inhalt der Vorbehaltsklausel im Spannungsfeld zwischen negativem und positivem Ordre public sind im deutschen und im fremden IPR umstritten gewesen, seit Savigny und Mancini in der Zeit der Begründung des modernen IPR die Ordre-public-Klausel einerseits negativ, andererseits positiv ausgedeutet hatten. Heute herrschende und mE richtige Meinung zu dieser Frage dürfte indes sein, die negative oder positive Funktion nicht als strikte Alternative zu sehen; vielmehr sind positive und negative Funktion nur die „beiden Seiten derselben Medaille". Bei der Anwendung der Vorbehaltsklausel, die als unselbständige (heimliche) Kollisionsnorm in jeder anderen Kollisionsnorm steckt, wird effektiv einer ausländischen Rechtsnorm die Anwendung versagt. Damit kommt die negative Funktion des Ordre public zum Tragen; dafür aber, daß sie diese Tragweite entwickelt, bedarf es zuvor stets der Prüfung der fremden Norm an den zunächst als Vergleichsmaßstab und dann als Kontrollmaßstab heranzuziehenden inländischen Parallelnormen. Damit entwickelt die Vorbehaltsklausel – jedenfalls im Vorfeld ihrer Anwendung – stets auch eine unverzichtbare positive Funktion.

Aus diesem Bekenntnis zum Vorliegen auch einer positiven Funktion folgen jedoch nicht zwingend auch jene **3** Lehren, die den Ordre public und die seiner Wahrung dienende Vorbehaltsklausel zum Boden der Anwendung der lois d'application immédiate und der Sonderanknüpfung inländischer und ausländischer Eingriffsnormen machen. Sachnormen, die unabhängig von einer Verweisung durch eine Kollisionsnorm direkt angewandt werden (lois d'application immédiate) (Hauptbeispiel § 92c HGB, BGH MDR 1961, 496; bei dem anderen bisherigen Hauptbeispiel, § 98 II GWB aF, BGH 35, 329, handelt es sich in Wahrheit um eine sondergesetzliche Kollisionsnorm, ebenso bei § 130 II GWB nF), sind Spezialnormen mit zwingender Geltungskraft, die eben wegen ihrer speziellen Ausformung als Regeln des materiellen Rechts oder des Besonderen Internationalen Privatrechts der Einfügung in den Bereich des als Generalklausel gefaßten Ordre-public-Vorbehalts nicht bedürfen.

Ebenso gehört das Problem der Sonderanknüpfung nicht in den Bereich des Ordre public. Ist die Sonderanknüpfung eines Teilsachverhaltes und damit die Anwendung eines Rechtssatzes geboten, der den entsprechenden Rechtssätzen des für den Hauptsachverhalt berufenen Rechts damit vorgezogen wird bzw vorgeht, dann bedarf es der zusätzlichen Begründung seiner Anwendung auf der Grundlage des Ordre public nicht.

Entsprechend ist demgemäß die Behandlung von **„Eingriffsnormen"** einzuordnen. Inländische Eingriffsnormen, die ihre zwingende Geltung unabhängig von einer noch kollisionsrechtlich gefundenen Lösung beanspruchen, bedürfen für ihre Anwendung nicht der Rechtfertigung aus Art 6. Daß sie zur Anwendung gelangen, folgt ungeachtet der insofern eher deklaratorischen Natur von Art 34 eben aus ihrem für die deutsche Rechtsordnung zwingenden Geltungsanspruch. Soweit ausländische Eingriffsnormen als Teil der von der deutschen Kollisionsnorm prinzipiell in toto zur Anwendung berufenen Rechtsordnung auch Anwendung finden sollen, unterliegen sie als fremdes Recht „selbstverständlich" der Kontrolle durch Art 6 (s hierzu ie Rz 23).

3. Differenzierung der Vorbehaltsklausel je nach Anwendungsbereich. Art 6 hat heute Geltung für den **5** Gesamtanwendungsbereich der Art 3–46, 220, 236. Als **unselbständige, überall enthaltene Kollisionsnorm** begrenzt sie die Rechtsanwendungswirkung der einzelnen Kollisionsnormen des Einführungsgesetzes. Sie gilt auch für die Kollisionsnormen des in das EGBGB „inkorporierten" staatsvertraglichen IPR und macht demgemäß im Anwendungsbereich dieser inkorporierten Kollisionsnormen die expresse Anwendung der in den Konventionen enthaltenen Ordre-public-Vorschriften entbehrlich (s für Art 18 den Art 11 I des Haager Unterhaltsabkommens 1973; für Art 26 den Art 7 des Haager Testamentsformabkommens v 1961; für Art 27ff den Art 16 des EG-Schuldvertragsübereinkommens 1980). Wo jedoch das jeweilige Abkommen mit seinen innerstaatlich in Kraft gesetzten Kollisionsregeln (mit Vorrang vor dem EGBGB) zur Anwendung kommt, ist als Vorbehaltsklausel dann auch die – soweit vorhanden – jeweils im Abkommen enthaltene Ordre-public-Klausel und erst im anderen Falle Art 6 heranzuziehen.

Demgemäß gehen im Anwendungsbereich von **Staatsverträgen** die darin vereinbarten Vorbehaltsklauseln Art 6 **6** grundsätzlich vor. Art 6 kann aber auch im Bereich des staatsvertraglichen IPR zum Zuge kommen; als allgemeine Kollisionsregel von grundsätzlicher Bedeutung für das gesamte Kollisionsrecht begrenzt Art 6 auch die Kollisionsnormen jener Staatsverträge, in denen eine eigene Vorbehaltsklausel nicht Bestandteil geworden sein sollte. Keine einheitliche Auffassung besteht jedoch über die Handhabung solcher aus Staatsverträgen stammender oder auf staatsvertragliche Kollisionsnormen einwirkender Kollisionsnormen. Da es bei der Verschiedenheit der nationalen Rechtsordnungen auch für Vertragsstaaten von Kollisionsrechtskonventionen keinen rechtsordnungsübergreifenden Ordre public geben kann, der sich aus der Konvention heraus entwickeln könnte (so indes Anklänge bei Pal/ Heldrich Art 6 Rz 2), steht eine bei der Handhabung von staatsvertraglichem IPR in Betracht zu ziehende Vorbehaltsklausel immer in Bezug zur nationalen Rechtsordnung des Gerichts bzw der Behörde, die den Staatsvertrag im konkreten Fall handhabt. Maßgeblicher Ordre public, der Kontroll- und Vergleichsmaßstab ist, ist der Ordre public des Forums. Besonderer Auslegungsregeln bedarf es deshalb nicht. Das generell geltende Gebot der zurückhaltenden Anwendung von Vorbehaltsklauseln bedarf im staatsvertraglichen Kollisionsrecht keiner Verschärfung oder sonstigen Modifizierung. Das Gebot einheitlicher Auslegung von Kollisionsnormen in den Vertragsstaaten (zB Art 36 EGBGB in Umsetzung des EVÜ) steht dieser Auffassung nicht entgegen. Einheitlich auszulegen ist gewiß die Kollisionsregel, ihr Rechtsanwendungsergebnis steht freilich unter der Kontrolle des Ordre public.

Als kollisionsrechtliche Vorbehaltsklausel findet Art 6 **unmittelbare Anwendung nur im IPR**. Im internationa- **7** len **Verfahrensrecht** gelten für einzelne Verfahrensabschnitte besondere Vorbehaltsklauseln, zB §§ 328 I Nr 4, § 16a Nr 4 FGG, Art 27 Nr 1 EuGVÜ/LGVÜ, jetzt Art 34 Nr 1 EuGVO (Verordnung EG Nr 44/2001), Art 15 I lit a, II lit a EheVO (Verordnung EG Nr 1347/2000) die strukturell Art 6 entsprechen. Die für die Anerkennung und Vollstreckung **ausländischer Schiedssprüche** bis Ende 1997 geltenden Ordre-public-Regeln der §§ 1041 I Nr 2 und 1044 II Nr 2 ZPO aF sind jetzt – ohne wesentliche inhaltliche Veränderung – durch § 1061 I und II ZPO nF und Art V Abs II lit b des New Yorker UN-Übereinkommens über die Anerkennung und Vollstreckung ausländischer Schiedssprüche v 10. 6. 1958, BGBl 1961 II 122, ersetzt. Darüber hinaus ist für das internationale Verfahrensrecht in Ansätzen ein **„verfahrensrechtlicher Ordre public"** entwickelt. Bedeutung kommt ihm insbesondere bei der Anerkennung und Vollstreckung ausländischer Entscheidungen zu, die in grob verfahrensfehlerhafter Weise, uU auch in illegitimer Ausnutzung der Möglichkeiten des „forum shopping" erlangt worden sind. Die Berufung auf den Ordre public gegenüber der Durchsetzung solcher Entscheidungen ist nicht ausgeschlossen, indes gilt hier das Gebot der zurückhaltenden Anwendung der Vorbehaltsklausel in besonderem Maße. Art 6 kommt hier als Ausdruck auch eines Grundgedankens des eigenen Verfahrensrechts allenfalls dann zum Zuge, wenn die verfahrensrechtlichen (zB Art 27 EuGVÜ/LGVÜ bzw Art 34 EuGVO oder § 328 I Nr 4 ZPO) Ausprägungen oder auch Art 40 III (auch als Nachfolgenorm von Art 38 aF) ein Ergebnis im Sinne eines Ordre-public-Verstoßes noch nicht produzieren, s hierzu Erl zu Art 40 Rz 71ff.

8 **4. Spezielle Vorbehaltsklauseln im EGBGB.** Neben der allgemeinen Vorbehaltsklausel des Art 6 enthält das EGBGB eine Reihe besonderer Vorbehaltsklauseln, die in einzelnen Anknüpfungsbeziehungen konkret bestimmen, wann deutsches Recht anstatt oder ergänzend zu fremdem Recht anzuwenden ist. Zweck der Einfügung solcher spezieller Vorschriften in das System der Kollisionsnormen des Besonderen IPR ist, die Rechtsanwendung in diesen Fällen besser berechenbar zu machen.

Im geltenden EGBGB enthalten solche speziellen Vorbehaltsklauseln die Art 13 II Nr 3, 13 III S 1, 17 I S 2, 17 II, 17 III S 2, 18 II, 18 V, 18 VII, 23 S 3, 27 III, 29 I–III, IV S 2, 30 I und 40 III (anstatt 38 aF).

9 Die Zusammenstellung dieser Vorbehalte zugunsten des deutschen Rechts zeigt den unterschiedlichen Charakter der einzelnen Klauseln. Das deutsche Recht wird zT zur Anwendung gebracht, wenn fremdes Recht unergiebig ist (zB Art 18 II, 17 III S 2); es geht dann im ursprünglichen Sinne der allgemeinen Vorbehaltsklausel nicht um die Beseitigung eines ordre-public-widrigen Zustandes, sondern um die Ersetzung des eigentlich anwendbaren Rechts durch „qualitativ besseres" bzw ergiebigeres Recht. In anderen Fällen (Musterbeispiel: Art 13 III S 1) dient die zum deutschen Recht führende Sonderregel ganz ersichtlich der Durchsetzung des eigenen, inländischen Ordre public gegenüber abweichenden ausländischen Regelungen. Die positive Funktion des Ordre public überwiegt hier seine negative Funktion ganz eindeutig. Der allgemeinen Vorbehaltsklausel ähneln wegen ihrer im Vordergrund stehenden negativen Funktionen am ehesten Sperrklauseln wie Art 38 aF oder Art 40 III nF, die überschießende Tendenzen ausländischer Rechte nicht zum Tragen kommen lassen und sich insofern auf eine „Kappungsfunktion" beschränken (insofern tw anders Kropholler/v Hein, FS Stoll [2001] 553ff).

10 Die übliche Bezeichnung „spezielle Vorbehaltsklauseln" darf deshalb nicht zu der Annahme verleiten, sie schlössen als lex specialis in ihrem jeweiligen Bereich die generelle Vorbehaltsklausel schlechthin aus (so BGH 42, 7, 10f; Hamburg IPRsp 1934 Nr 6). Ein derartiges Verhältnis vom spezielleren zum allgemeineren Rechtssatz besteht insoweit nicht (so im Ergebnis auch BGH 42, 7, 12; 99, 105). Generalisierend läßt sich freilich auch nicht sagen, die besonderen Vorbehaltsklauseln erzwängen lediglich ein Minimum an anwendbaren deutschen Rechtsnormen und ließen daneben Raum für Art 6 (so Ferid IPR § 3–30). Diese Aussage gilt nur dort, wo die besondere Vorbehaltsklausel der allgemeinen funktionell ähnelt, wie früher Art 38 aF und jetzt – ohne den „Deutschenvorbehalt" – Art 40 III nF. Diese Sperrklausel, die begrenzte Wirkungsbreite hat, steht der Anwendung von Art 6 nicht grundsätzlich entgegen (s Art 40 Rz 73ff). Überall dort aber, wo die spezielle Vorbehaltsklausel aus den obengenannten unterschiedlichen Gründen zur Anwendung von deutschem Recht führt, bleibt kein Raum für eine sinnvolle Anwendung von Art 6: Deutsches Recht, zu dessen Anwendung im Interesse des Ordre public Art 6 bei Versagen oder Mißliebigkeit fremden Rechts nur führen kann, gilt wegen der spezielleren Klausel ohnehin schon uneingeschränkt (s 9. Aufl Art 38 Rz 53ff). Zum jeweiligen Verhältnis zu Art 6 und zum für Art 6 ggf offenbleibenden Anwendungsraum s die jeweiligen Erl bei den einzelnen genannten speziellen Bestimmungen (jeweils unter dem Stichwort „Ordre public").

II. Voraussetzungen der Vorbehaltsklausel

11 **1. Eng auszulegende Ausnahmevorschrift.** Mit der Neufassung der in Art 30 aF überkommenen Vorbehaltsklausel durch Art 6 ist eine sachliche Veränderung der Ordre-public-Vorschrift nicht bezweckt worden. Die Neufassung der Norm trägt im S 1 lediglich der „internationalen Rechtslage unter Berücksichtigung der Erfordernisse der Rechtsklarheit" Rechnung (s Begr RegE BT-Drucks 10/504, 42). Zu den in Bezug genommenen internationalen Übereinkommen ie Staud/Blumenwitz[13] Art 6 Rz 8, 49. Demgemäß ist auch Art 6 als eng auszulegende Sondervorschrift aufzufassen, die nur im Ausnahmefall die durch die einzelnen Kollisionsnormen bewirkte Anwendung ausländischen Rechts stoppt. Der Anwendungsbereich ist, da heutiges IPR den Respekt vor auch andersartigem fremdem Recht tunlichst hochhält, auf den Bereich zu beschränken, wo die in der fremden, zur Anwendung berufenen Rechtsnorm steckende Wertung sich mit materiellen Grundwerten und -wertungen der hiesigen Rechtsordnungen nicht verträgt („den Kernbestand der inländischen Rechtsordnung antasten", BT-Drucks 10/504, 42).

12 **2. Offensichtliche Unvereinbarkeit.** Eine Norm des fremden Rechts ist mit wesentlichen Grundsätzen des deutschen Rechts offensichtlich unvereinbar iSv Art 6 S 1, wenn der Widerspruch zu dem Kernbestand des deutschen Rechts eklatant ist. Die Aufnahme des Merkmals „offensichtlich" bedeutet sachlich keine Neuerung im Verhältnis zur überwiegend zu Art 30 aF geübten Praxis. Die Wortwahl entspricht dem „offensichtlich" („manifestly", „manifestement") in neueren Abkommensrecht.

13 Die Unvereinbarkeit mit wesentlichen Grundsätzen des deutschen Rechts stellt eine verbesserte Neufassung des für Art 30 aF vorausgesetzten „Verstoßes gegen die guten Sitten und den Zweck eines deutschen Gesetzes" dar, eine sachliche Neubewertung im Verhältnis zu Art 30 aF liegt auch insoweit nicht vor (zur Problematik der Neufassung ausführlich Staud/Blumenwitz Art 6 Rz 9 mwN). Demgemäß ist maßgebend für den Verstoß gegen den deutschen Ordre public nach wie vor die von Rspr und Schrifttum zum alten Recht gefundene Linie, die entscheiden läßt, **„ob das Ergebnis der Anwendung des ausländischen Rechts zu den Grundgedanken der deutschen Regelung und der in ihnen liegenden Gerechtigkeitsvorstellungen in so starkem Widerspruch steht, daß es von uns für untragbar gehalten wird"** (Rspr: BGH 50, 370, 376; 75, 32, 43; 104, 240, 243; NJW 1991, 1418, 1420; großzügiger und abzulehnen BGH NJW 1979, 488, 489 = JZ 1978, 802, 804, wo „die Durchsetzung von Wertvorstellungen des Gesetzgebers über die innerstaatliche Sozialordnung" für ausreichend gehalten wird, vgl die Kritik von Lüer JZ 1979, 171, 174 und Wengler JZ 1979, 175, 177; in der herkömmlichen Linie in letzter Zeit BGH 123, 268, 270; WM 2000, 1507f).

3. Unvereinbarkeit des konkreten Ergebnisses. Nach wie vor gilt auch, daß nicht der fremde Rechtssatz als 14 solcher, sondern das von ihm im konkreten Fall bewirkte **Rechtsanwendungsergebnis auf dem Prüfstand der inländischen öffentlichen Ordnung** steht. Demgemäß stehen nicht nur positiv vorhandene fremde Rechtssätze und die durch sie bewirkten Ergebnisse zur Prüfung an, sondern ebenso Rechtsanwendungsergebnisse, die wegen des Fehlens von Regelungen, die vom deutschen Recht für wesentlich iS der öffentlichen Ordnung gehalten werden, im fremden Recht dem deutschen Recht als anstößig erscheinen bzw erschienen sind (zB Fehlen von Vorschriften über die Legitimation von nichtehelichen Kindern, s dazu Hamm FamRZ 1959, 28, 29 einerseits, LG Hannover FamRZ 1969, 668, 669 andererseits).

Ob das Rechtsanwendungsergebnis offensichtlich unvereinbar ist, richtet sich jeweils nach den **Rechtsanschau-** 15 **ungen im Zeitpunkt der richterlichen Entscheidung** (RG 114, 171, 172; BGH 51, 290, 293). Ältere Entscheidungen aus der reichhaltigen Kasuistik zu Art 30 aF (s Rz 27ff) können deshalb heutigen Anwendungsproblemen bei Art 6 ungeprüft nicht zugrundegelegt werden. Dies gilt sowohl für Entscheidungen, die früher einen Verstoß bejaht haben, als auch für solche, die zum verneinenden Ergebnis gekommen sind (vgl Einzelheiten bei Jayme aaO 33). Stets gilt insoweit, daß die bloße Abweichung des unter dem fremden Recht erzielten Ergebnisses von dem im deutschen Recht erzielten Ergebnis die Anwendung der Ordre-public-Klausel noch nicht rechtfertigt, gleichviel ob die Vorschrift des deutschen Rechts zwingenden oder nicht zwingenden Charakter hat.

Ob das Rechtsanwendungsergebnis in diesem Sinne offensichtlich unvereinbar ist, ist im konkreten Fall nach 16 dem Motto „andere Länder, andere Sitten" nur mit gebotener **Zurückhaltung** festzustellen. Entscheidend ist primär **Intensität und Stärke des Inlandsbezuges** des Tatbestandes. Inwieweit solcher Inlandsbezug vorliegt, ist unter Heranziehung aller Momente des Tatbestandes, insbesondere aber der für das IPR bedeutsamen Anknüpfungspunkte zu beurteilen. Maßgeblich ist insofern zB der gewöhnliche Inlandsaufenthalt von Beteiligten, die deutsche Staatsangehörigkeit von Beteiligten oder Betroffenen, ggf auch der inländische Abschluß- oder Tatort.

Generalisierende Aussagen lassen sich aber letztlich nicht treffen, immer wird es darauf ankommen, welche 17 Wirkungen der Tatbestand, das Rechtsanwendungsergebnis im Inland entfaltet. Zur Inlandsbeziehung ist dann die Abweichung des fremden Rechtsanwendungsergebnisses von den Resultaten und Anschauungen des deutschen Rechts in Bezug zu setzen. Bei krassem Verstoß gegen die inländischen Wertvorstellungen kann ein geringer Inlandsbezug genügen; ist die Abweichung weniger kraß, muß für die Anwendung von Art 6 S 1 der Inlandsbezug um so stärker sein. Das Zusammenspiel von Inlandsbezug und Normabweichung kann allerdings dann nicht auch so verstanden werden, daß bei überwältigender Inlandsbeziehung eine nicht mehr kraß zu nennende Abweichung auch genügen kann. **Unverzichtbar ist immer die Abweichung von Regelungen, die zum Kernbestand der deutschen Rechtsordnung gezählt werden können** (s BGH 118, 331; 123, 268, 270; 147, 178, 187; Saarbrücken FamRZ 1992, 849; Zweibrücken FamRZ 1997, 95; zu Einzelfragen s Rz 27ff). Einen feststehenden, durch die Zeiten unveränderlichen Katalog gibt es insofern nicht und kann es nicht geben. Die inländische Anschauung von der Bedeutung von Werten und Sitten und Gesetzesregeln ist wandelbar und durch vielerlei Einflüsse determiniert, zB durch Vordringen von Gleichstellungsgedanken, die die Handhabung von Art 3 II, III GG schärfen, oder von Kindeswohlgesichtspunkten, die abweichende Vorstellungen fremder Rechte heute schneller als früher als Verstoß gegen Art 6 S 1 und S 2 inkriminieren, um bei Inlandsbezug eigene Regeln ersatzweise zur Anwendung zu bringen. Demgemäß ist die mit Auslandsrecht befaßte Gerichtspraxis ebenso berechtigt wie verpflichtet, die vorhandene Kasuistik, die zeitlich weit zurückreichen kann, stets von neuem auf ihre (ohnehin im strengen Sinne nicht vorhandene) „Verbindlichkeit" für den konkret zu entscheidenden Fall zu prüfen, um dann eine ggf so oder so differenzierende konkrete Entscheidung zu treffen und diese als solche auch kenntlich zu machen.

4. Grundrechte und Ordre public. Die deutsche öffentliche Ordnung ist wesentlich durch die Grundrechte des 18 Grundrechtskatalogs des GG geprägt. Art 6 S 2 zieht die Konsequenz aus der von BVerfG 31, 58 begonnenen Praxis, die Grundrechte auf dem Weg über die Ordre-public-Klausel zum Ordnungsmaßstab auch des IPR zu machen. Art 6 S 2 betrifft dabei nicht den Fall der verfassungswidrigen inländischen Kollisionsnorm, sondern den Tatbestand des grundrechtswidrigen Ergebnisses der Anwendung ausländischen Rechts (dazu BGH 42, 7, 12ff; 54, 123, 129f; 54, 132, 140; 60, 68, 78ff mit Anm Dilger FamRZ 1973, 530 u Firsching JZ 1974, 181; 63, 219, 226; Sonnenberger, Die Bedeutung des GG für das deutsche IPR [1962]; Henrich RabelsZ 36 [1972] 2; Stoll IPRax 1984, 1, 4).

Bei der **Prüfung** am Maßstab der Grundrechte ist jedoch **differenzierend** vorzugehen. Was bei einem reinen 19 Inlandsfall ohne Auslandsbezug als Grundrechtsverstoß gilt, muß beim Fall mit Auslandsberührung nicht so gesehen werden (BT-Drucks 10/504, 44). Demgemäß ist für einen Fall mit ausländischer Staatsangehörigkeit aller Beteiligten die Durchsetzung gleichberechtigungskonformer (Art 3 II GG) Rechtsanwendung nach wie vor unbedingt zu erzwingen, BGH 60, 68, BVerfG 31, 58, 77. Eine uneingeschränkte Durchsetzung der Grundrechte in ganz oder überwiegend auslandsbezogenen Sachverhalten würde den Sinn des Grundrechtsschutzes verfehlen. Maßgebend ist deshalb, ob das in Betracht kommende **Grundrecht** für den konkreten Sachverhalt **Geltung beansprucht**. Hierfür kommt es wiederum entscheidend auf das Maß der Inlandsbeziehung an (BGH 63, 219, 226; auch Henrich IPRax 1993, 81). Auch insoweit der Geltungsanspruch des Grundrechts reicht, hängt die Eliminierung des ausländischen Rechts dann aber davon ab, daß das Rechtsanwendungsergebnis in der Sicht der Grundrechtsnorm verfassungswidrig erschiene (BVerfG NJW 1989, 1275; BGH FamRZ 1993, 317; Hamm FamRZ 1993, 114 m ablehnendem Aufsatz Lorenz IPRax 1993, 148; ausführlich Coester-Waltjen BerDGesVR 38 [1998] 9ff; Kronke ebenda 33; jüngst ebenso Looschelders RabelsZ 65 [2001] 463, 481; v Bar/Mankowski[2] I S 718).

Nichts Besonderes gilt bei der **Rückverweisung**. Verweist eine ausländische Kollisionsnorm, die eine aus deut- 20 scher Sicht verfassungswidrige Anknüpfung (zB einseitige Bevorzugung des Mannesrechts, Art 3 II GG) zugrundelegt, auf deutsches Recht zurück, dann hängt die Anwendung von Art 6 S 2 davon ab, ob das auf der Grundlage des deutschen Rechts erzielte Rechtsanwendungsergebnis den von der Rechtsanwendung betroffenen (zB die Ehefrau) benachteiligt. Ist das, wie im heutigen Familien- und Erbrecht zunächst anzunehmen, nicht der Fall, dann ist kein Platz für die Anwendung von Art 6 S 2 (ebenso Pal/Heldrich Art 6 Rz 7; S Lorenz FS Sturm [1999] II 1559, 1568).

21 **Grundrechte iSv Art 6 S 2** sind neben den Grundrechten des GG auch die Grundrechte der Länderverfassungen. Als Grundrechte in diesem Sinne können auch Grundrechte aus internationalen Menschenrechtskonventionen in Betracht kommen, doch benötigen sie dafür immer Verfassungsrang iS des deutschen Verfassungsrechts. Dies ist bei den Grundrechten der **EMRK**, die im Inland als „einfaches Bundesrecht" gilt, nicht der Fall (ohne diese Differenzierung Staud/Blumenwitz[13] Art 6 Rz 105, 113; Stöcker StAZ 1981, 16; v Bar IPR I Rz 635; ders BerDGesVR 33 [1994] 207; Pal/Heldrich Art 6 Rz 7). Liegt solcher Verfassungsrang nicht vor, kommt als Kontrollmaßstab aber Art 6 S 1 gleichwohl in Betracht. Entscheidend ist die materielle Bedeutung einer solchen Rechtsverbürgung. Kommt ihr, wie den Grundrechten und -freiheiten der EMRK, dank der diese Rechtsquelle kennzeichnenden „dynamischen" Auslegung ein jedenfalls faktischer Vorrang und die Qualität eines Kontrollmaßstabes zu, dann ist sie geeignet als Wertmaßstab des Ordre public iSv Art 6 S 1.

22 **5. Maßgeblichkeit eines ausländischen und eines „europäischen" Ordre public.** Art 6 äußert Wirkung zum Schutze des inländischen Ordre public. Lediglich ausnahmsweise kommt für das deutsche Gericht oder die deutsche Behörde auch die Wahrung des Ordre public einer ausländischen Rechtsordnung in Betracht (Soergel/Kegel[11] Art 30 aF Rz 26; MüKo/Sonnenberger[3] Art 6 Rz 62, 67, 72, 73; Pal/Heldrich Art 6 Rz 8). Die Ausnahme betrifft einmal den Fall des Renvoi (Art 4 I). Wenn bei Gesamtverweisung auf ausländisches IPR verwiesen wird, ist auch auf den Ordre public des ausländischen Rechts zu achten, RG 132, 416, 418; Raape/Sturm IPR § 13 IX 2; Staud/ Blumenwitz Art 6 Rz 71; s ferner AG Duisburg StAZ 1980, 335; dazu S Lorenz, FS Geimer (2002) 555; zu weitgehend Brüning, Die Beachtlichkeit des fremden Ordre public (1997). Eine zweite Ausnahme gilt ferner im Falle des § 606a I Nr 4 ZPO; näher dazu Staud/Blumenwitz[13] Art 6 Rz 75ff und (zum verfahrensrechtlichen ordre public) Rz 76ff. Indes ist die Problematik heute in beträchtlichem Umfang durch die Überlagerung durch Art 2 I, 3 I EheVO (VO EG Nr 1347/2000) verringert. Nicht ein ausländischer, sondern der inländische Ordre public wird dort geschützt, wo der transformierte **Inhalt von Staatsverträgen** zum schützenswerten Kernbestand der inländischen Rechtsordnung zählt, zB AG Heidenheim IPRspr 1996 Nr 111 (betr EuropAdoptionsÜbk). Keine Frage des Ordre public im unmittelbaren Sinne ist so auch die ggf notwendige Beachtung ausländ zwingender Normen im Anwendungsbereich von Art 34 (s Erl Art 34 Rz 19ff, 23, 24).

23 Ob Art 6 auch einen **europäischen Ordre public** schützt, ist zZt noch strittig. Vgl ursprünglich Steindorff EuR 1981, 426; Martiny in: v Bar, Europäisches Gemeinschaftsrecht und IPR (1991) 211. Am ehesten wird zZt ein gemeinsamer europäischer Ordre public im Bereich des vereinheitlichten Wirtschaftsrechts anzunehmen sein (vgl dazu Horn RabelsZ 44 [1980] 423; Meessen NJW 1981, 1131; Jayme aaO 51; einschränkend und teilweise ablehnend, aber inzwischen auch großenteils überholt Simitis. Zur Kodifikation der Vorbehaltsklausel, in Beitzke [Hrsg] Vorschläge und Gutachten zur Reform des deutschen internationalen Personen-, Familien- und Erbrechts [1981] 267, 282). Aufgenommen als Schutzfunktion wird er dann aber dort, wo Gemeinschaftsrecht als solches gilt oder deutsches Recht die Ordnungsvorgaben des EU/EG-Rechts durch Umsetzung, uU auch Umsetzungsverpflichtung beobachtet hat oder beobachten muß (s grundlegend BGH 123, 28; Martiny in v Bar, Europäisches Gemeinschaftsrecht und IPR [1991] 211; Sonnenberger ZVglRWiss 1996, 42; Michaels/Kamann JZ 1997, 607; Bruns JZ 1999, 279). **Aus heutiger Sicht sind so die grundlegenden Integrationsnormen des EG-Rechts Bestandteil des dt ordre public, ebenso grundlegende Umsetzungsergebnisse**, nicht aber schon das noch nicht umgesetzte Richtlinienprogramm (s BGH 123, 268, 278; Sonnenberger ZVglRWiss 95 [1996] 3, 42; Michaels/Kamann JZ 1997, 601, 607; Bruns JZ 1999, 279; Hohloch FS Stoll [2001] 533ff; v Bar/Mankowski[2] I S 722; Jayme, Nationaler Ordre public und europäischen Integration [2000]). Der nationale deutsche Ordre public, der Schutzgegenstand von Art 6 ist, ist um diese Normenkomplexe und Werte des europäischen Rechts, das im Inland Geltung hat, „angereichert", ggf inzwischen auch verändert, so daß ältere Judikate der dtsch Rspr ggf den heutigen Wertestand und damit den Ordre public der Jetztzeit und der europäischen Zukunft nicht mehr repräsentieren (s dazu Rz 17).

III. Anwendungsbereich

24 Art 6 findet als Ausdruck des allgemein geltenden Grundsatzes, daß ausländisches Recht nur in den Grenzen des inländischen Ordre public zur Anwendung gelangen kann, im Gesamtbereich des IPR Anwendung, soweit nicht spezielle Vorbehaltsklauseln die Generalklausel verdrängen (Rz 8, 9) oder Vorbehaltsklauseln auf staatsvertraglicher Grundlage vorgehen (Rz 6). Der durch die Vorbehaltsklausel ausgeübten Kontrolle unterliegt sowohl **fremdes Kollisionsrecht**, das ein untragbares Rechtsanwendungsergebnis bewirkt (s Rz 21, 22 und Kartzke IPRax 1988, 8, 11), als auch **fremdes materielles Recht** (s Rz 10ff), sofern auch hier das Rechtsanwendungsergebnis untragbar ist.

25 Im **interlokalen Kollisionsrecht** im Verhältnis zur ehemaligen DDR war die Vorbehaltsklausel ebenfalls (analog, vgl Art 3 Rz 25ff) anwendbar (BGH NJW 1989, 1352; KG FamRZ 1975, 54, 55). Seit dem 3. 10. 1990 ist für das heute noch erforderliche innerdeutsche Kollisionsrecht die Ordre-public-Klausel grundsätzlich entbehrlich, da bei dem im Einigungsvertrag zur Weitergeltung vorgesehenen Recht der ehemaligen DDR nicht von Untragbarkeit iSv Art 6 auszugehen ist. So BGH 127, 204, 309, insoweit strittig; vgl dazu abw oder differenzierend Dresden DtZ 1993, 345; KG FGPrax 1995, 158; DtZ 1996, 151; BAG DB 1996, 1831. Der Einigungsvertrag „überlagert" Art 6 als vorrangiges Recht (Art 3 II) insoweit, ohne allerdings den Wertekatalog des GG für das übernommene DDR-Recht außer Kraft setzen zu können oder zu wollen (s dazu BGH NJW 1993, 2523; BGH 124, 277; 126, 91; 127, 204). Gute Sitten, Treu und Glauben gelten samt ihren Ausprägungen auch dort, wo DDR-Recht noch zur Anwendung kommt, so daß im Ergebnis Resultate erreicht werden (s Zusammenstellung bei Pal/Heldrich Art 6 Rz 12), die sich auch im Rahmen von Art 6 (entsprechend angewandt) halten würden.

IV. Auswirkungen der Vorbehaltsklausel (Lücken, Lückenschließung, Ersatzrechtsanwendung, Durchsetzung der lex fori)

Art 6 schließt, wenn die Untragbarkeit des Rechtsanwendungsergebnisses im Einzelfall bejaht wird, die dafür ursächliche Rechtsnorm von der Anwendung aus. Andere anzuwendende ausländische Normen bleiben aber anwendbar. Wie die aus der Unanwendbarkeit der gegen Art 6 verstoßenden Norm resultierende Lücke zu schließen ist, bestimmt die Ordre-public-Klausel nicht. Grundsätzlich gilt, daß die **Lücke** nach Möglichkeit **aus dem anwendbaren ausländischen Recht zu schließen** ist (sog „kollisionsrechtliche Lösung", s RG 106, 82, 85f; BGH FamRZ 1993, 318; Hamm FamRZ 1993, 115; Düsseldorf FamRZ 1998, 114; Staud/Blumenwitz[13] Art 6 Rz 134). Häufig werden aber passende, zur Lückenausfüllung heranzuziehende Vorschriften des ausländischen Rechts nicht ersatzweise vorhanden sein. In diesen Fällen, in der bisherigen Praxis der ganz überwiegenden Mehrheit, ist dann ersatzweise, **als Ersatzrecht, die lex fori** einzusetzen (sog „materiellrechtliche Lösung", RG 106, 82, 86; BGH 28, 375, 387; KG NJW 1968, 361, 362). Nur in Einzelfällen ist durch die **Modifikation** von Normen der lex fori eine neue, eigenständige „Sachnorm" zu gewinnen, mit der künstliches Recht geschaffen und angewandt wird (BGH 44, 183, 190f, Herabsetzung des nach inländischem Recht unzulässigen Erfolgshonorars; allg Kegel/Schurig IPR § 16 IX; Soergel/Kegel[11] Art 30 aF Rz 23). Als allg Lösung kommt dieser Versuch indes nicht in Betracht (s die Gesamtkritik insoweit bei v Bar/Mankowski[2] I S 730ff; Siehr, Das IPR der Schweiz [2002] 684f). Nüchtern ist bei der Heranziehung von Ersatzrecht stets zu konstatieren, daß es eine „Ersatzlösung" produziert, die voll nicht befriedigen kann und muß. Ebenso nüchtern sollte dann eine Ersatzlösung gesucht werden, die angesichts des ohnehin notwendig vorhandenen Inlandsbezuges eben vorzugsweise das Inland befriedigt (und im Verhältnis zum Land des nicht angewandten Rechts ggf eine „hinkende" Lösung produziert, die dort nicht anerkannt werden mag). Darauf darf dann aber auch nicht mehr das Gewicht gelegt werden. Damit wird hier der notwendigen „Methodenehrlichkeit" Rechnung getragen.

V. Anwendungspraxis

1. Überblick. Da die Vorbehaltsklausel zur Ermittlung der offensichtlichen Unvereinbarkeit stets eine auf den konkreten Einzelfall abgestellte Gesamtabwägung erfordert (s Rz 14), hat sie im Laufe der Geltung von Art 30 aF und dann Art 6 eine umfangreiche und gewiß nicht immer einheitliche Abwägungsgrundsätze und -ergebnisse verratende **Kasuistik** gezeigt. Diese wird in der Folge in modifizierter Fortführung der in der 7. Aufl des Kommentars von Arndt zusammengestellten Rspr-Sammlung, die meinerseits in der 9. Aufl fortgeschrieben worden ist, vorgestellt. Der Übersichtlichkeit und besseren Auffindbarkeit wegen wird nicht mehr die Gliederung in zur Prüfung gestellte Gesetzesvorschriften beobachtet; die Darstellung erfolgt nach Sachgebieten zusammengefaßt, die Abfolge der Zusammenstellung ist an der Gliederung des EGBGB orientiert, da das Problem der Vereinbarkeit ausländischen Rechts mit der inländischen Rechtsordnung in aller Regel bei der Handhabung der zum ausländischen Recht führenden Kollisionsnormen der Art 7ff nF in Erscheinung tritt. Vorangestellt sind jeweils Entscheidungen, die Unvereinbarkeit bejaht haben (Anwendung von Art 6 = ja), Entscheidungen, die bei Prüfung an Hand von Art 30 aF/6 nF zur Vereinbarkeit gelangt sind, folgen (Ablehnung von Art 6 = nein).

2. Einzelgebiete

a) Internationales Personenrecht und IPR des Allgemeinen Teils des Bürgerlichen Rechts

aa) Internationales Personenrecht. Unvereinbar mit dem Ordre public war Fortführung des alten Firmennamens durch DDR-Betrieb, wenn enteignetes Unternehmen in BRepD vom bisherigen Inhaber mit bisherigem Namen fortgeführt würde (Carl-Zeiss-Stiftung, BGH LM BGB § 12 Nr 18, Verstoß gegen § 12 BGB); vereinbar schien Beseitigung der Adelsprädikate nach ausländischem Recht, auch wenn im wesentlichen gegen deutsche Minderheit gerichtet, BVerwG NJW 1960, 452; BayObLG 1960, 418 – Baltendeutsche; BVerwG StAZ 1981, 277, 278; BayVGH StAZ 1989, 77, 78; Rspr und Gesetzgeber halfen allerdings im Gesetzeswege, s hierzu Ergänzungsgesetz zum NamÄndG v 29. 8. 1961, BGBl I S 1621 (s auch Art 10 Rz 14 und dort Rspr); strittig Annahme ausländischer Adelsprädikate, LG Heidelberg IPRax 1989, 52 (nein) mit Anm Henrich; BayObLG StAZ 1991, 43, 44 (ja). Zur Namensgebung bzw -änderung durch bloße Erklärung LG Stuttgart StAZ 1992, 348 und Jena StAZ 1996, 174. Eingeschränkte Rechtsfähigkeit einer jur Person (ultra-vires-Lehre) BGH NJW 1998, 2452: nein; Eintritt der Volljährigkeit bei 9 Jahren Köln NJWE-FER 1997, 55: ja; Führung ungewöhnl Vornamens, s LG Bremen StAZ 1996, 46 (ja) und – aA – Bremen StAZ 1996, 86 (nein).

bb) Allgemeine Bestimmungen der Rechtsgeschäftslehre. Unvereinbar **Verjährungsregelung**, nach der bestimmte Forderungen unverjährbar sind (RG 106, 82, 85 – schweiz Recht – mE eng zu handhaben; s auch S. Lorenz IPRax 1999, 429; Siehr (oben Rz 26) 684f); vereinbar grundsätzlich Abweichungen der Verjährungsfristen (RG 151, 193, 201). Unvereinbar (mit § 242 BGB) Vollmachtsmißbrauch im ausländischen Scheidungsverfahren (BayObLG 1977, 180; s ferner Hamburg IPRspr 1928 Nr 17). Vereinbar erschwerte Anfechtung wegen Täuschung (RG IPRspr 1933 Nr 16 [§ 123 BGB]; enger bei Versagung der Anfechtung wegen Drohung RG IPRspr 1928 Nr 10). Vereinbar erweitertes Selbstkontrahierungsrecht (RG JW 1928, 2013 [§ 181 BGB]). Vereinbar auch Aufrechterhaltung von Rechtsscheinhaft trotz Teilnichtigkeit, Hamm NJW-RR 1994, 1542.

cc) Ehename, Vorname und Ordre public. Vereinbar, wenn die Ehefrau nach maßgebendem Heimatrecht durch Heirat nicht den Namen des Mannes erwerben kann (KG NJW 1963, 51, 52; Hamburg StAZ 1970, 53; Frankfurt OLGZ 1976, 286, 288; Hamm StAZ 1979, 170, 172; unterschiedliche Namensführung von Ehegatten Hamm OLGZ 1981, 187, 193) – angesichts der internen Rechtsentwicklung kein Problem mehr. Unvereinbar im Kindesnamensrecht Koppelung von Vornamensgebung mit Taufe (LG Köln StAZ 1976, 82); vereinbar alleiniges Recht des Vaters, den Vornamen des Kindes zu bestimmen (LG Wuppertal StAZ 1973, 305, 306; AG Essen IPRax

1998, 213; Krüger StAZ 1982, 33, 39; bedenklich); Statthaftigkeit geschlechtsneutralen Vornamens (Düsseldorf StAZ 1989, 280, 281); zwangsweise Änderung des Familiennamens bei ethnischer Minderheit VG Augsburg FamRZ 2003, 1013. S hierzu allg Dörner IPRax 1983, 287.

31 b) Internationales Familienrecht (Art 13–24)

Schrifttum: *v Bar*, JZ 1987, 755; *Ehringfeld*, KJ 1996, 271; *Ehringfeld*, Eltern-Kind-Konflikt in Ausländerfamilien, 1997; *Griesbeck*, FamRZ 1983, 961; *Jayme*, StAZ 1980, 301; insbes im Blick auf islamisches Recht; *Jones* DRiZ 1996, 322; *Rohe*, StAZ 2000, 161; *Scholz*, StAZ 2002, 321; *Spickhoff*, JZ 1991, 323; *Stumpf*, ZPR 1999, 207; *Weitz*, Inlandsbeziehung und ordre public in der deutschen Rspr zum internationalen Familienrecht (1981).

32 aa) Verlöbnisrecht. Die in früherer Rspr bejahte Unvereinbarkeit der Versagung des Kranzgeldes (§ 1300 BGB aF) durch BGH 28, 375, 387 ist seit längerem zu Recht aufgegeben (BGH 62, 282, 283 obiter und heute kein Rechtsproblem mehr; Düsseldorf OLGZ 1967, 2121; s schon KG DR 1939, 1012 und v Bar aaO 760). Unvereinbar ist die Vereinbarung einer Vertragsstrafe für den Fall des Scheiterns der Eheschließung (LG Bochum FamRZ 1990, 882, 883). Zu Unrecht hatte Köln LZ 1926, 602 auch § 1298 BGB zum Bestandteil des Ordre public erklärt; das Problem besteht so nicht mehr.

33 bb) Eherecht. Die 7. Aufl (Erman/Arndt Art 30 aF Rz 7) hat im Anschluß an KG IPRsp 1932 Nr 70 den Ausgangspunkt aufgestellt, nicht Ordre-public-widrig seien im allgemeinen alle familienrechtlichen Bestimmungen ausländischer Rechte, soweit nur die Anwendung des ausländischen Rechts auf Ausländer in Frage stehe. Hieran kann jedenfalls mit der Einschränkung festgehalten werden, daß durch die Einzelnormen des internationalen Familienrechts, die bei mißliebigem Auslandsrecht stellvertretend oder ergänzend deutsches Recht zur Anwendung berufen (s Rz 8–10), der sonst nur über Art 6 zu lösende Konflikt von Auslandsrecht mit dem deutschen Ordre public schon entschärft ist. In den darum übrig bleibenden Fällen der Anwendung von Auslandsrecht auf Ausländer ist bei erheblichem Inlandsbezug, vermittelt zB durch gewöhnlichen Inlandsaufenthalt oder auch andere Berührung von Inlandsinteressen, die Anwendung der allgemeinen Vorbehaltsklausel nicht ausgeschlossen. Vor diesem so allgemein beschriebenen Hintergrund ergibt die Judikatur zu den Einzelgebieten des internationalen Eherechts das folgende Bild:

34 (1) Ist im Eheschließungsrecht die Ehefähigkeit abweichend geregelt, ist zu differenzieren (vgl KG FamRZ 1990, 45, 46 Ehemündigkeit der Frau mit 15 Jahren, nein; ebenso AG Tübingen ZfJ 1992, 48 Anm Coester S 141; AG Bad Wildungen StAZ 1990, 169 mit Anm Kremer 171, Genehmigungserfordernis für Ehe mit Ausländer, ja). Unvereinbar ist – jedenfalls bei genügender Inlandsbeziehung – Ehehindernis der Religionsverschiedenheit (BGH 56, 180, 191f – Israel; Hamm NJW 1977, 1596; Koblenz NJW-RR 1994, 647; anders noch, allerdings bei geringerer Inlandsbeziehung RG 132, 416, 418 und 148, 383), Eheverbot nach vollzogener Geschlechtsumwandlung des malaysischen Rechts (AG Hamburg StAZ 1984, 42, dazu v Bar aaO 760); Eheverbot der höheren Weihen Hamm OLGZ 1974, 103; Eheverbot der Schwägerschaft nein Stuttgart FamRZ 2000, 821; Formabweichung der Eheschließung (Stammesehe) nein, München StAZ 1993, 151; VG Koblenz IPRsp 1993 Nr 55; auch Köln StAZ 1998, 148. Unvereinbar indes "Stellvertretung in der Eheschließung" mit Auswahlrecht, AG Gießen StAZ 2001, 39. Unvereinbar mit dem inländischen Ordre public ist wegen des Verbots durch früher §§ 5, 20 EheG, jetzt § 1306 BGB die Eingehung einer **Doppel- bzw Mehrehe** im Inland, auch wenn die Personalstatuten aller Beteiligten Mehrehe kennen, BVerwG JZ 1985, 740 mit Anm Kimminich 742; Hohloch JuS 1977, 677, 679). Hingegen verstößt die im Ausland geschlossene, nach dem Heimatrecht gestattete Mehrehe nicht gegen den Ordre public (VG Gelsenkirchen FamRZ 1975, 338, 340 mit Anm Jayme 340 u Cullmann FamRZ 1976, 313; LG Frankfurt FamRZ 1976, 217; BVerwG 71, 228, 230; JZ 1985, 740; BFH DB 1986, 1262, 1263; Hamm StAZ 1986, 352; Düsseldorf FamRZ 1993, 189; zum ganzen Cullmann aaO; Hohloch JuS 1977, 677, 679; Spickhoff aaO 326); Gaaz StAZ 1997, 142 vereinbar mit Ordre public Behandlung der Doppelehe als Nichtehe im Recht von Ghana (BGH NJW 1991, 3088, 3091). Vereinbar ist engere Regelung der **Eheanfechtung** bzw -aufhebung (RG HRR 1930, 1736). Für vereinbar hält Celle NJW 1963, 2235 (abzulehnen, s auch Pal/Heldrich Art 6 Rz 20) Nichtigerklärung einer langjährig bestehenden Ehe wegen Unzuständigkeit des Standesbeamten; abwegig hält LG Köln IPRsp 1980 Nr 83 Vertrag über Morgengabe nach iranischem Recht für unvereinbar, s jetzt BGH FamRZ 1999, 208 = JuS 1999, 707 Nr 7 (Anm Hohloch). Das **Scheidungsverbot** im Recht des ausländischen Partners (früher: Spanien, Italien, Portugal, Irland; jetzt noch Chile, Philippinen [nicht ingesamt], Malta, Andorra, Vatikanstadt) hat die Rspr im Zusammenhang einer im Inland geplanten erneuten Eheschließung des nach Heimatrecht nicht wirksam Geschiedenen oder wegen seiner „Doppelwirkung" (bei Scheidung des Partners der neuen Eheschließung) für nicht Ordre-public-widrig gehalten (BGH 41, 136, 147; 42, 7, 11ff; Karlsruhe NJW 1973, 425; Hamm FamRZ 1975, 630, 631; s auch BGH NJW 1972, 161; 1977, 1014, 1015); das Problem ist heute ggf über Art 13 II modifiziert zu betrachten, wenn der ausländische Partner eine „hinkende Scheidung" erlangt hat (s dazu Art 13 Rz 47). Hinsichtlich der Eheschließungsform ist Art 6 nicht einsatzfähig, da Art 13 III S 1 für Inlandsehen zwingend die Ortsform (obligatorische Zivilehe, früher §§ 11, 13 EheG, jetzt § 1310 BGB) vorschreibt und Art 11 I für Auslandsehen die Ortsform genügen läßt (Celle MDR 1958, 101), s schon die Einzelbelege oben; für Einzelheiten s Art 13 Rz 46, 47.

35 (2) Recht der persönlichen Ehewirkungen. Läßt das Ehewirkungsstatut die von § 1353 II BGB vorgesehene Herstellungsklage nicht zu, verstößt dies nicht notwendig gegen Art 6 (dazu RG IPRsp 1926/27 Nr 68; RG 150, 283, 285; KG JW 1936, 2470, 2472 mit Anm Maßfeller). Einen Verstoß würde jedoch die Erzwingbarkeit der Herstellungsverpflichtung bedeuten (vgl § 888 II ZPO, ebenso Pal/Heldrich Art 14 Rz 18). Die von den zitierten Entscheidungen behandelten Probleme der Pflichten innerhalb der ehelichen Gemeinschaft sind gemildert, seit gemäß BGH 47, 324 im Inland Entscheidungen über Trennung von Tisch und Bett (romanische Rechte) gefällt werden können (s Celle IPRsp 1952/53 Nr 127; s auch BGH FamRZ 1987, 793; Hamm FamRZ 1990, 61; Stuttgart NJW-RR 1989, 261; Karlsruhe IPRax 1982, 75. Einzelheiten bei Art 17 Rz 34). Bei gleichheitswidriger Ausgestaltung der Eingriffs- und Entscheidungsrechte kann Art 6 eingreifen, ebenfalls bei Beschränkungen der Geschäftsfähigkeit eines Ehegatten als Ehewirkung (ebenso Pal/Heldrich Art 7 Rz 3). Sieht das Ehewirkungsstatut eine Legalhypothek am Vermögen des Ehegatten vor, kann Art 6 wegen Unverträglichkeit mit den Regelungen des deutschen Sachenrechts eingreifen.

(3) **Ehegüterrecht.** Verstöße sind denkbar, wenn ausländisches IPR im Rahmen eines Renvoi (Art 15, 14, 4 I) **36** bei objektiver Bestimmung des Güterstatuts (s Art 15 Rz 17, 18) gleichberechtigungswidrig anknüpft (s Rz 19). Entscheidungen zu Ordre-public-widrigem Güterrecht (bei ausländischem Güterstatut) liegen veröffentlicht nicht vor. Denkbar ist Verstoß gegen Art 6 bei gleichberechtigungswidriger Ausgestaltung des fremden Güterstandes und starkem Inlandsbezug (vgl MüKo/Siehr Art 15 Rz 128).

(4) **Ehescheidung mit Scheidungsfolgen.** Grundsätzlich vereinbar mit Art 6 sind abweichende Scheidungsvor- **37** aussetzungen (zB Bamberg FamRZ 1979, 514 Antrag auf gerichtliche Ehetrennung ohne Einhaltung eines Trennungsjahres; BGH NJW 1982, 1940, 1942; Oldenburg FamRZ 1990, 632 Scheidungsrecht auf der Grundlage des Verschuldensgrundsatzes). Vereinbar ist auch die gänzliche Ablehnung der Scheidung durch das Heimatrecht; die Grenzen der Durchsetzung des Inlandsbezugs zeigt Art 17 I S 2; zur Unvereinbarkeit des Scheidungsverbots nach dem Heimatrecht bei Inlandsscheidung und erneuter Eheschließung s Rz 34 aE. Unvereinbar ist grundsätzlich Scheidungsrecht, das Scheidungsgründe nicht geschlechtsneutral faßt (Verstoß gegen Art 3 II GG, zB einseitig Ehebruch der Frau, nicht des Mannes als Scheidungsgrund), sofern der gleichberechtigungswidrig benachteiligte Ehepartner dann aus seinem Verhalten Nutzen ziehen kann (s MüKo/Winkler v Mohrenfels Art 17 Rz 100; s unten Art 17 Rz 9). Verstoß gegen Art 6 würde bei Privatscheidung durch Verstoßung seitens des Mannes im Inland vorliegen, doch bedarf es insoweit wegen Art 17 II des Einsatzes von Art 6 grundsätzlich nicht. Wird bei islamischem Scheidungsstatut, das auf der Talaq-Scheidung beruht, im Inland gerichtliche Scheidung beantragt, ist **Scheidung durch einseitige Verstoßung** wegen Art 6 nicht möglich, vgl AG München IPRax 1982, 250 (aM Jayme ebenda); AG Frankfurt IPRax 1989, 237; Stuttgart FamRZ 1997, 882; Düsseldorf FamRZ 1998, 1114; anderes kann gelten, wenn Ehefrau einverstanden ist, Frankfurt NJW 1985, 1293, 1294; anderes gilt nach manchen Entscheidungen, wenn Ehefrau einverstanden und Ehe iSd deutschen Rechts zerrüttet ist, München IPRax 1989, 238, 241 (zust Jayme aaO 223; in diese Richtung auch BayObLG 1998, 103, 109; Zweibrücken NJW-RR 2002, 581; Rauscher IPRax 2000, 391, 394; offen AG Freiburg FamRZ 2002, 888 = JuS 2002, 1231 [Hohloch]). Richtig ist in solchen Fällen aber eigentlich die Scheidung nach der als Ersatzrecht eingreifenden lex fori, die ihrerseits wegen Art 17 II (spezielle Ordre-public-Klausel) die Form der Privatscheidung nicht dulden kann, s Hamm IPRax 1995, 175 u dazu Henrich S 166. Verstoß gegen den Ordre public liegt bei Privatscheidungen im Inland ansonsten grundsätzlich vor, s Erl Art 17 Rz 46. Davon zu trennen ist der Einsatz von Art 6 bei der Anerkennung ausländischer Scheidungen mit Einschluß ausländischer Privatscheidungen, s dazu unten Art 17 Rz 29ff. Unvereinbare **Scheidungsfolgen** stellen die kraft Gesetzes erfolgende Zuweisung der Ehewohnung an den geschiedenen Ehemann dar (KG FamRZ 1989, 74, 75; AG Recklinghausen FamRZ 1995, 677); heute idR über Art 17a und deutsches Recht zu regeln; ebenso der Einsatz von Scheidungsstrafen (KG JW 1938, 2750; aA Frankfurt am Main FamRZ 1992, 1182, 1183 – Ersatz von Immaterialschaden), unbedenklich ist hingegen das Fehlen einer Regelung über den Versorgungsausgleich (Frankfurt FamRZ 1983, 728, 729), was über Art 17 III S 2 bei Inlandsbezug aufgefangen wird.

cc) **Kindschaftsrecht. (1)** Erheblichen Umfang hat im Kindschaftsrecht die Kasuistik zum Statusrecht **38** (Abstammung, Ehelichkeit...) gewonnen. Die unterschiedliche Einstellung ausländischer Rechte zur **Adoption** ist im Hinblick auf Art 6 differenzierend zu würdigen. Unvereinbar mit dem Ordre public ist die generelle Nichtzulassung der Adoption (AG Hagen IPRax 1984, 279; Karlsruhe FamRZ 1998, 56); nicht generell unvereinbar ist die Adoption mit schwacher Wirkung (s dazu AG St. Ingbert StAZ 1983, 317, dazu zust Jayme IPRax 1984, 43; mit Recht krit Pal/Heldrich Art 6 Rz 22; Wohlgemuth ROW 1988, 75, 90f; auch BayVGH StAZ 1989, 287, 289 zu § 16a FGG); ebenso unvereinbar Verlust der elterlichen Sorge durch leibliche Mutter bei Adoption des Kindes durch Stiefvater (AG Wolfsburg IPRax 1984, 44 mit Anm Jayme). Vereinbar hingegen die Unzulässigkeit der Volladoption (LG Göttingen FamRZ 1981, 207), fraglich die Voraussetzung Kinderlosigkeit für Adoption (AG Weilheim IPRax 1982, 161 mit Anm Jayme; aA AG Recklinghausen IPRax 1982, 205 mit Anm Jayme; Schleswig NJW-RR 2001, 1372 = FamRZ 2002, 698 = JuS 2002, 924 [Hohloch]). Zur Mehrfachadoption LG Stuttgart StAZ 2000, 47, 48; zur Entbehrlichkeit der Ehegattenzustimmung Nürnberg OLGRp 2002, 79 – Rumänien). Versagte das Ehelichkeitsstatut dem Kind einer verheirateten Mutter den Status der Ehelichkeit in Abweichung von §§ 1591, 1593 BGB aF aufgrund der tatsächlichen Verhältnisse, lag nicht schon Unvereinbarkeit vor (BGH FamRZ 1986, 984, 985 – Frankreich; auch Hamm StAZ 1982, 136, 139). Das deutsche Recht hat sich jüngst diesem Standpunkt zugewandt, §§ 1591ff nF. Gleiches gilt deshalb heute in dem Fall, daß das Abstammungsstatut die Ehelichkeit bzw die Abstammung vom Ehemann der Mutter anders regelt als §§ 1592, 1593 BGB nF. Verstoß ist Hindernis der Religionsverschiedenheit, Otto StAZ 1993, 45; Karlsruhe FamRZ 1998, 56; ebenso Nichtberücksichtigung des Kindeswohls, HessVGH FamRZ 1994, 956. – Vereinbar ist auch die Begründung ehelichen Status durch Registrierung (BGH NJW-RR 1987, 147). Das früher strittige Problem, wie weit abweichende Regelungen zur Geltendmachung der Ehelichkeitsanfechtung durch das Kind vereinbar seien (für Vereinbarkeit bei Geltendmachung ohne Verfahren AG Bielefeld FamRZ 1963, 458, 459; bei erheblicher Einschränkung bzw Versagung bzw bei Fristabweichungen BGH 75, 32, 43; Düsseldorf FamRZ 1973, 311, 312; AG Regensburg DAVorm 1976, 143, KG DAVorm 1977, 525, 528; OLGZ 1977, 452, 455; Düsseldorf DAVorm 1977, 142, 143; Frankfurt StAZ 1981, 112; München DAVorm 1984, 328; AG Waldkirch IPRspr 1985 Nr 81; Karlsruhe IPRspr 1986 Nr 72; AG Mannheim IPRax 1989, 311 mit Anm Jayme; Karlsruhe FamRZ 2002, 899; gegen Vereinbarkeit zB LG Stuttgart DAVorm 1976, 146; München DAVorm 1979, 859f; AG Hamburg DAVorm 1985, 423; Nürnberg NJW-RR 1986, 301; AG Spandau FamRZ 1998, 1132), ist seit der Geltung von Art 19 I S 4 aF (und dann Art 20 S 2 nF) jedenfalls für Neufälle erledigt. Zur Vereinbarkeit kürzerer Frist noch Karlsruhe FamRZ 2002, 899; Hamm DAVorm 1997, 809. Vereinbar ist das Fehlen einer Regelung über die Einbenennung eines Kindes (AG Hamburg FamRZ 1971, 48; ebenso vereinbar die Unzulässigkeit der **Legitimanerkennung** für ein scheineheliches Kind bei Geltung eines islamischen Rechts (AG Flensburg StAZ 1981, 199, 202).

39 Zu differenzieren ist wieder bei der Handhabung bzw Versagung der Legitimation durch ausländische Rechte. Die Abschaffung der Legitimation im inländischen Recht hat der Anwendung von Art 6 auf legitimationsfeindliche Lösungen fremder Rechte die Grundlage entzogen, doch gilt Art 6 nach wie vor dann, wenn Unmöglichkeit der Legitimation Abstammungsklärung verhindert, so in folgenden Fällen: Unvereinbar ist, wenn ausländisches Recht, wie Rechte des islamischen Rechtskreises, nachfolgender Ehe Legitimationswirkung überhaupt versagt (BGH 69, 387, 392; zu Ehebruchskindern BGH 50, 370; s ferner Karlsruhe FamRZ 1970, 251; LG Hannover StAZ 1974, 273, 274; Köln StAZ 1977, 106; 1978, 244; 1979, 241; AG Bochum DAVorm 1978, 815; AG Freiburg StAZ 1981, 149; AG Hannover StAZ 1982, 72; Zweibrücken IPRax 1983, 43 mit Anm Wengler 28). Einzelfallprüfung ist angesagt, wenn zu besorgen ist, daß Legitimation im Einzelfall nicht dem Kindeswohl entspricht (Frankfurt OLGZ 1984, 138, 141; OLGZ 1985, 5, 6), oder wenn auf anderem Wege Legitimationswirkung, dh Ehelichkeit erreicht werden kann (BGH 55, 188, 193; LG Bielefeld StAZ 1979, 16, 17 mit Anm Drewello; KG NJW 1982, 528; BayObLG 1987, 203, 210; AG Hamburg DAVorm 1987, 286, 287 mit Anm Klinkhardt 289). Unvereinbar ist grundsätzlich die Ablehnung der Legitimation von Ehebruchskindern bei nachfolgender Ehe, wenn genügend starke Inlandsbeziehung gegeben ist (BGH 50, 370 mit Anm Simitis StAZ 1969, 12; Hamburg StAZ 1973, 72; Karlsruhe FamRZ 1972, 651, 652; Celle NJW 1972, 397; Karlsruhe FamRZ 1970, 251; LG Aachen StAZ 1983, 347; LG Bonn StAZ 1977, 314; StAZ 1978, 245; AG Hannover StAZ 1982, 72; AG Freiburg StAZ 1981, 149; s hierzu Beitzke FS Kegel [1977] 99, 100); unvereinbar ist ferner Regelungen, die die Legitimation sogar bei bewußt falschem Vaterschaftsanerkenntnis und dann nachfolgender Eheschließung geschehen lassen und ein Zustimmungserfordernis des Kindes nicht vorsehen (BGH 64, 19; Frankfurt FamRZ 1973, 468, 470 mit Anm Siehr; Düsseldorf FamRZ 1973, 213; Celle NJW 1971, 2132; aA die ältere Rspr, LG Freiburg JZ 1956, 253; FamRZ 1965, 622, 623); ebenso ist unvereinbar der Ausschluß der Legitimation bei Offenlegung der illegitimen Abstammung (LG Freiburg Justiz 1982, 294; Frankfurt IPRax 1984, 220 mit Anm Henrich). Hingegen ist Fehlen einer Regelung entsprechend der in §§ 1740ff BGB aF vorgesehenen Ehelicherklärung auf Antrag des Kindes nicht offensichtlich unvereinbar (KG FamRZ 1987, 859 mit Anm Dörner IPRax 1988, 222).

40 (2) Unvereinbarkeit kennzeichnet zT die abweichenden Regelungen über das **Sorgerecht**, die im islamischen Rechtskreis zu finden sind und früher in den romanischen Rechten zu finden waren (gleichberechtigungswidrige Verteilung der elterlichen Sorge, Ungleichbehandlung von Söhnen und Töchtern). Die früher mit der Anwendung der Vorbehaltsklausel eher zurückhaltende Rspr (BGH 54, 123; 54, 132; BayObLG NJW 1969, 988 = IPRsp 1968/69 Nr 106; Hamm FamRZ 1970, 85 = IPRsp 1968/69 Nr 113; Frankfurt FamRZ 1980, 79) greift in jüngerer Zeit unter Berufung auf Art 3 II und 6 I GG sowie auf den das deutsche Sorgerecht prägenden Begriff des Kindeswohls grundsätzlich mit Recht häufiger zum Mittel des Vorbehalts des Ordre public (so aus der älteren Judikatur München NJW 1960, 1771, 1772; KG NJW 1968, 361; Frankfurt IPRsp 1981 Nr 110). Als Einzelbeispiele aus der Rspr sind herauszustellen: Unvereinbar ist die schematische Belassung der elterlichen Sorge beim Vater nach der Scheidung (Frankfurt IPRsp 1981 Nr 110; AG Korbach FamRZ 2002, 633; überholt Saarbrücken NJW 1966, 308); unvereinbar ist Verknüpfung von Sorgerechtsregelung mit Religionszugehörigkeit (Hamm FamRZ 1990, 781 und dazu Klinkhardt IPRax 1991, 174); unvereinbar ist im Inland Stichentscheid des Vaters (zB nach – altem – türk Recht, s BGH DAVorm 1992, 354; AG Eschwege FamRZ 1995, 565; Hamm FamRZ 1997, 6; Karlsruhe NJW-RR 1998, 583; AG Pankow FamRZ 1998, 1593; s auch KG FamRZ 1999, 1518). Uneinheitlich werden Regelungen des islamischen Rechts eingeschätzt, die das Sorgerecht für Knaben und für Mädchen ab dem 3. bzw 8. Lebensjahr allein dem Vater zustehen lassen; einen Verstoß gegen den Ordre public sehen hierin Neustadt FamRZ 1963, 51 – Iran; KG NJW 1968, 361 – Irak; LG Hannover NJW 1972, 1625 – Syrien; keinen Verstoß sehen BGH 54, 132 – Ägypten; AG Solingen FamRZ 1982, 738 – Ägypten; Frankfurt FamRZ 1980, 79; FamRZ 1991, 730 – Iran; Celle IPRax 1989, 390 – Iran –, wenn alle Beteiligten die iran Staatsangehörigkeit haben; FamRZ 1990, 656, 657 – Iran – mit krit Anm Coester IPRax 1991, 236; Stuttgart DAVorm 1986, 556. Vor Übernahme der zitierten Rspr ist heute stets die Vereinbarkeit mit dem Kindeswohl zu prüfen und daran bei hinreichendem Inlandsbezug ggfs die Entscheidung im Hinblick auf Art 6 auszurichten (ebenso BGH FamRZ 1993, 316, 1054; dazu Henrich IPRax 1993, 83; Spickhoff JZ 1993, 210; Wolf FamRZ 1993, 874; Düsseldorf FamRZ 1994, 644; AG Kerpen FamRZ 1997, 106; AG Eschwege FamRZ 1995, 565; Karlsruhe NJW-RR 1998, 583; Frankfurt NJW 1998, 3207; Bremen FamRZ 1992, 343; Saarbrücken FamRZ 1992, 848, 850; enger Karlsruhe FamRZ 1992, 1465; s auch Düsseldorf FamRZ 2003, 379).

41 Gleiches gilt für das **Kindesherausgabeverlangen** eines Elternteils. Strikte Herausgaberegelungen des anwendbaren Rechts sind unter diesem Gesichtspunkt zu modifizieren: Der Rspr, die für Herausgaberegelungen die Vereinbarkeit bejaht (BGH 54, 123; 88, 113, 126ff; BayObLG 1969, 70), ist nur mit dieser Maßgabe zuzustimmen (Hamm FamRZ 1992, 208).

42 Zur Unverzichtbarkeit des Umgangsrechts s KG DJZ 1931, 365; zur Unvereinbarkeit nur dem Staatsanwalt übertragener Anfechtung der Vaterschaftsfeststellung KG FamRZ 1975, 54 – DDR; Zur Problematik der bloßen Zahlvaterschaft AG Hamburg-Wandsbek DAVorm 1982, 706, 708; zur Vaterschaftsfeststellung ferner BGH 63, 219, 225 – Pakistan. Zur Unvereinbarkeit des nur dem Vater zustehenden Namensgebungsrechts AG Essen IPRax 1998, 213.

43 **dd) Unterhaltsrecht.** Abweichungen im Unterhaltsrecht verstoßen grundsätzlich nicht gegen den deutschen Ordre public. Dies gilt sowohl hinsichtlich der Unterhaltsberechtigung und -verpflichtung als auch hinsichtlich des Maßes des zu leistenden Unterhalts. Für den Trennungsunterhalt zwischen Ehegatten sind so Abweichungen vereinbar, wenn sie den Unterhalt nicht grundsätzlich in Frage stellen (vereinbar zB Fehlen von Prozeßkostenvorschußpflicht, Düsseldorf FamRZ 1978, 908; AG Düsseldorf IPRsp 1979 Nr 41), doch ist die Problematik insofern durch Art 18 I S 1 entschärft (s noch Oldenburg IPRax 1981, 136; AG Altena IPRax 1981, 182; Bremen FamRZ 1980, 570, 571).

Beim Nachscheidungsunterhalt verstößt das Fehlen von Unterhaltsansprüchen im anwendbaren Recht im Hinblick auf den in § 1569 BGB beherzigten Grundsatz der Eigenverantwortung grundsätzlich nicht gegen den Ordre public (Bremen FamRZ 1980, 570, 571; Frankfurt FamRZ 1981, 1191; Karlsruhe IPRsp 1985 Nr 69b; FamRZ 1989, 748; 1310), ebenso nicht die zeitliche Befristung (Braunschweig NJW-RR 1989, 1097; AG Kerpen FamRZ 2001, 1526 [s noch unten]). Siehe dazu zusf Griesbeck aaO 961; Henrich IPRax 1987, 123. Doch kann diese Rspr nur die grundsätzliche Linie vorgeben. Im besonders gelagerten Einzelfall ist bei starkem Inlandsbezug die Anwendung von Art 6 durchaus naheliegend, da §§ 1569ff BGB durch den Grundsatz der nachwirkenden Eheverantwortung mindestens ebenso stark geprägt sind (s Hamm FamRZ 1992, 673, 675; s ferner Zweibrücken FamRZ 1997, 95 (bei Notwendigkeit der Kindesbetreuung; auch noch FamRZ 2000, 32); FamRZ 1997, 1404 (bei Erwerbsunfähigkeit); Hamm NJW-RR 1999, 950 = JuS 1999, 918 Nr 10 Anm Hohloch (bei Unterhaltsverzicht nach türk Recht). Nicht Ordre-public-widrig bei Kompensation durch „Morgengabe", AG Kerpen FamRZ 2001, 1526 = JuS 2002, 193 (Hohloch). 44

Ordre-public-widrig ist hingegen die Zulässigkeit des Verzichts auf Kindesunterhalt nach türkischem Recht (Koblenz IPRax 1986, 40; Celle FamRZ 1991, 598, 599); gleiches gilt für die Möglichkeit, Unterhaltsansprüche pauschal durch Hinterlegung eines Geldbetrages abzugelten (Koblenz NJW-RR 1990, 264); so auch für den Abfindungsvertrag zwischen Vater u nichtehelichem Kind AG Paderborn DAVorm 1993, 99 – heute bedenklich; überholt ist durch Art 6 V GG frühere Rspr, die Fehlen eines Unterhaltsanspruchs des nichtehelichen Kindes für unbedenklich hielt (LG Stuttgart JW 1932, 1415; LG Düsseldorf MDR 1954, 615). Nicht unvereinbar ist die Unterhaltspflicht des Stiefvaters nach zB englischem Recht (dazu LG Düsseldorf FamRZ 1991, 581 mit Anm Gottwald); im Schutzinteresse des Verpflichteten ist Unterhaltspflicht ohne Möglichkeit des Selbstbehalts unvereinbar (AG Hamburg IPRax 1986, 178 mit Anm Henrich). 45

c) Internationales Erbrecht

Wiewohl die Erbrechte der einzelnen nationalen Rechtsordnungen Unterschiede in vielfacher Hinsicht aufweisen, findet die Vorbehaltsklausel auf diesem Teilgebiet der Anwendung des IPR doch nur in geringem Umfang praktische Erprobung. Die auftretenden **Unterschiede sind im Erbrecht regelmäßig Ausdruck gewachsener Traditionen**; sie verdienen deshalb auch vor dem Hintergrund des deutschen Ordre public grundsätzliche Beachtung, zumal da die erbrechtliche Kollisionsregel des deutschen IPR ganz bewußt das Heimatrecht zum Erbstatut gemacht hat. Als zweites für sehr zurückhaltende Anwendung des Art 6 sprechendes Moment mag gelten, daß das Erbrecht aus deutscher Sicht durch die Testierfreiheit des Erblassers maßgeblich geprägt, der Vertrauensschutzgedanke mithin eher weniger entwickelt ist. Dem Erblasser steht so weithin frei, durch Ausübung seines Erblasserwillens die verschiedenartigsten erbrechtlichen Konstellationen zu schaffen. Gegenüber vom deutschen Standard abweichenden Regelungen fremden Erbrechts kann demgemäß der Vorbehalt des Ordre public allenfalls dort wirken, wo gravierende Abweichungen von den Grundlagen der deutschen Erbrechtsordnung zutage treten. 46

Derart massive Abweichungen sind indes in der veröffentlichten Rspr, die zur Anwendung der Vorbehaltsklausel nur ganz selten gegriffen hat, kaum praktisch geworden. Einen Verstoß gegen Art 6 könnte so unter dem Gesichtspunkt, daß das deutsche Recht in Art 14 GG auch eine Erbrechtsgarantie ausspricht, bei hinreichender Inlandsbeziehung eine Rechtsordnung begehen, die das Erbrecht gänzlich abgeschafft oder doch so kanalisiert hat, daß der Erbgang zur gänzlichen Aushöhlung des Erbrechts führt (Beispiel: generelle Ablehnung des Erbrechts bzw Ersetzung durch Staatserbrecht im Frühstadium der Rechtsordnungen des „sozialistischen Rechtskreises", MüKo/Birk[3] Art 25 Rz 115 Fn 144 mwN; Beschränkung der Testierfreiheit auf Zuwendungen an Organisationen der Staatspartei gem Art 14 I, II Erbgesetz Bulgarien 1949; s auch BVerwG 42, 265 = IPRsp 1973 Nr 106: kein Verstoß bei „Heimfallrecht" des ungarischen Staates). 47

Denkbar ist der Verstoß gegen Art 6 weiter bei radikaler **Beschränkung** des aus deutscher Sicht durch das Pflichtteilsrecht verwirklichten und Verfassungsschutz genießenden **Familienerbrechts**. Enthält eine Rechtsordnung weder Pflichtteilsrecht noch materielles Noterbrecht und räumt es dem engsten Kreis der Familienangehörigen (jedenfalls Ehegatte, Kinder) auch keine unterhaltssichernden Ansprüche gegen den Erben ein, kommt Art 6 S 1 jedenfalls dann in Betracht, wenn der hier ausgehaltene Familienangehörige im Inland aus öffentlichen Mitteln alimentiert werden müßte (MüKo/Birk[3] Art 25 Rz 113; Lüderitz IPR Rz 208). Vereinbar ist hingegen die bloße Verneinung eines Pflichtteils- oder Noterbrechts (RG JW 1912, 22; Köln FamRZ 1976, 170; auch Hamm NJW 1954, 1731, 1732); kritisch insofern Pentz ZEV 1998, 449. Vereinbar ist auch eine Erbrechtsregelung, die den Erben erst in einem langwierigeren Verfahren in das Erbe einweist (BFH NJW 1958, 766, 768) oder ihn auch bei Verpflichtungsgeschäften von der Zustimmung eines Testamentsvollstreckers oder eines vergleichbaren Verwaltungsorgans abhängig macht (BGH NJW 1963, 46); ohne weiteres vereinbar Versagung des Erbrechts bei nichtiger Doppelehe, Frankfurt am Main FamRZ 2002, 705. 48

Vereinbar sind so auch Regelungen, die den **Kreis der gesetzlichen Erben** weiter als das deutsche Recht ziehen (BayObLG NJW 1976, 2076 – Israel, gesetzl Erbrecht der Lebensgefährtin). Nicht gegen den Ordre public verstößt das Angehörigenerbrecht, das eine die Mehrehe akzeptierende Rechtsordnung den Abkömmlingen aus solcher Mehrehe und ggf den überlebenden Ehefrauen zuerkennt (s Rz 34; für das Erbrecht MüKo/Birk Art 25 Rz 115). Ordnet eine Rechtsordnung bei Einführung neuen Erbrechts Rückwirkung an, stellt dies für einen in seinem Erbrecht negativ Betroffenen grundsätzlich keine zu Art 6 führende Vertrauensenttäuschung dar (dazu 49

BayObLG 1981, 145; AG München IPRsp 1960/61 Nr 149). Weitere Rspr: Celle ROW 1989, 442 mit Anm Wohlgemuth 418 (Genehmigungserfordernis bei Vermächtniserwerb, nein; auch KG FamRZ 1996, 974); Hamm NJW 1954, 1731 (unterschiedliches Erbstatut im Rückerstattungsfall, nein).

50 Über die genannten Fälle und Konstellationen hinaus sind Verstöße gegen die inländische öffentliche Ordnung iSv Art 6 trotz der Flexibilität des deutschen Erbrechts auch dort heute praktisch vorstellbar, wo eine ausländische Rechtsordnung gleichheitswidriges gesetzliches Erbrecht enthält (zB Bevorzugung männlicher Erben durch höhere Quote). Zu berücksichtigen ist hier zwar, daß das deutsche Erbrecht dem Erblasser Testierfreiheit gewährt und das Pflichtteilsrecht seinerseits in seiner durch das BGB gewährleisteten Form keinen vollen Verfassungsschutz genießt (s Rz 48; in IPG 1983 Nr 32 [Göttingen]), doch läßt sich die Anwendung von Art 6 heute durch den besonderen Inlandsbezug bei der als Erbin wegen ihres Geschlechts benachteiligten deutschen Ehefrau oder Tochter des ausländ Erblassers rechtfertigen; dazu auch Hamm FamRZ 1993, 111; LG Hamburg IPRsp 1991 Nr 142; Lorenz IPRax 1993, 148; Dörner IPRax 1994, 35). Die in der 10. Aufl vertretene „auslandsgünstigere" Auffassung wird für diese Fälle starken Inlandsbezugs, der wesentlich durch den gewöhnl Aufenthalt von Erblasser und Erben und Inlandsbelegenheit des (wesentlichen) Nachlasses geprägt wird, und auch eine ausländische Staatsangehörigkeit der leiblichen Erben vernachlässigen läßt, aufgegeben. Art 3 GG muß sich insoweit durchsetzen, ggf mit der Folge einer gleichheitsverträglichen „Anpassung" der Erbquoten männlicher und weiblicher Erben. Auch der Erbausschließungsgrund der Religionsverschiedenheit (s Riering ZEV 1998, 456) verstößt nicht zwingend gegen Art 6. In beiden Konstellationen muß ganz überwiegender Inlandsbezug gegeben sein, damit Art 6 eingreifen kann. Schließlich dürften auch die von ausländischen Rechtsordnungen vorrätig gehaltenen Bindungsmöglichkeiten für Erben (zB Treuhandbindungen im anglo-amerikanischen Rechtskreis) angesichts der funktionell vergleichbaren Möglichkeiten des deutschen Rechts (Testamentsvollstreckung, Nacherbschaft) kaum gegen Art 6 S 1 verstoßen. Vereinbar sind angesichts der Möglichkeiten zur vorgezogenen Regelung der Erbfolge auch – trotz § 2302 BGB – Testierbindungen, die ein Erblasser bei ausländischem Erbstatut eingeht (dazu van Venrooy JZ 1985, 609ff).

d) Internationales Schuldrecht

51 **aa) Allgemeines.** Art 6 ist sowohl im internationalen Schuldvertragsrecht als auch im Bereich des außervertraglichen internationalen Schuldrechts anwendbar. Die in Art 34 für den Vertragsbereich vorgesehene Sonderanknüpfung zugunsten inländischer Eingriffsnormen hindert die Anwendbarkeit von Art 6 im übrigen Bereich nicht (s Rz 3 und Art 34 Rz 1, 7, 11ff). Daß die Kollisionsnormen der Art 27–37 als „inkorporierte" Normen auf dem EG-Schuldvertragsübereinkommen beruhen (vgl Einl Rz 10), hindert die Anwendung der allgemeinen Vorbehaltsklausel nicht. Eine eigene Vorbehaltsklausel ist aus dem Abkommen (dort Art 16) nicht in die Art 27–37 übertragen worden, so daß **Art 16 EG-Abkommen als in Art 6 S 1 inkorporiert zu betrachten ist** (Rz 5). Für den Bereich des Deliktsstatuts war Art 6 weithin durch die als Sperrklausel wirkende spezielle Vorbehaltsklausel des Art 38 aF überlagert. Innerhalb ihres Anwendungsbereichs verdrängte Art 38 aF (MüKo/Kreuzer Art 38 Rz 319), außerhalb der Reichweite von Art 38 aF blieb indes Art 6 wirksam (s Rz 56 und 9. Aufl Art 38 Rz 53ff; MüKo/Kreuzer Art 38 Rz 319 mwN). Mit der Ersetzung von Art 38 aF durch Art 40 III nF hat sich eine grundsätzliche Änderung nicht vollzogen (s Erl zu Art 40 Rz 72ff). Die Eingrenzung der Wirkung von Art 6 durch Art 40 III nF einerseits, die Wirkung der Sonderanknüpfung andererseits trägt schon zur Begrenzung der Tragweite von Art 6 im internationalen Schuldrecht bei. Daß Art 6 seiner Grundfunktion durchaus entsprechend im internationalen Schuldrecht nur ausnahmsweise eingesetzt werden muß, beruht ferner auf dem das internationale Schuldvertragsrecht tragenden Prinzip der Parteiautonomie und der für das internationale Deliktsrecht notwendigen Toleranz gegenüber abweichenden Schadensregulierungssystemen.

52 **bb) Vertragsstatut und Ordre public.** Da die **Verjährungsregelung** aus der Sicht des deutschen IPR bei Schuldverträgen ebenfalls dem Vertragsstatut zu entnehmen ist (s Art 32 Rz 13), sind damit zur Anwendung berufene Verjährungsnormen des für den Vertrag maßgebenden Rechts der Kontrolle des Art 6 unterworfen. Zur Ausschaltung ungewöhnlicher Verjährungsregelungen schon oben a) Rz 29. Außerhalb des Verjährungsrechts ist Art 6 (bzw früher Art 30 aF) bislang vorzugsweise dort eingesetzt worden, wo das Vertragsstatut mit seiner Lösung gegenüber den im Verbraucherschutzinteresse erlassenen Regelungen des deutschen Rechts zurückblieb (für den Fall der Abweichung von Schutzbestimmungen des früheren AbzG zB RG JW 1932, 591 mit Anm Stulz; AG Lichtenfels IPRax 1990, 235 mit abl Anm Lüderitz 216, 218; LG Karlsruhe IPRax 2002, 532; bei Abweichungen von der Regelung des Haustürwiderrufsgesetzes LG Bamberg NJW-RR 1990, 694; Celle RIW 1991, 421, 423; aA Hamm NJW-RR 1989, 496, 497; LG Düsseldorf NJW 1991, 2220; dazu Taupitz BB 1990, 642, 650). Indes ist diese zT vor 1986 ergangene Rspr heute jeweils daraufhin zu prüfen, ob dem Anliegen der Korrektur des vom Vertragsstatut angebotenen Ergebnisses nicht primär durch Anwendung von Art 29 I, II oder über Art 34 (v Hoffmann IPRax 1989, 261, 268) zu entsprechen ist. Ähnlich liegt es bei der vereinzelten Rspr zu § 34c GewO (Hamm NJW 1977, 1594, 1595 mit krit Anm Ahrens RIW 1977, 782 sowie Dörner NJW 1977, 2032 und Lichtenberger MittBayNot 1977, 182; Reithmann FS Ferid [1988] 363, 368, richtigerweise wird hier und in vergleichbaren Fällen der Weg über Art 34 (Sonderanknüpfung) gewählt (Reithmann FS Ferid [1988] 363, 368, s auch Art 34 Rz 14). Dorthin gehört auch die Rspr zur Sittenwidrigkeit von Geschäften zur Bestechung ausländ Amtsträger (Hamburg NJW 1992, 635f).

53 Im Hinblick auf Art 11 I sind mit Art 6 grundsätzlich vereinbar ausländische Formregeln, die zu Abweichungen von den strengeren Formvorschriften des deutschen Rechts für Schuldverträge (insbesondere § 313 aF bzw jetzt § 311b BGB) führen (seit RG 63, 18, 19f und 121, 154, 157; s ferner Stuttgart OLGZ 1982, 257, 259f = IPRsp 1981 Nr 12). Der Kernbestand mit der Folge der Unvereinbarkeit ist hingegen berührt, wenn nach dem ausländischen Recht der Einwand des Rechtsmißbrauchs nicht zugelassen ist (LG Frankfurt NJW 1981, 56, 58); andererseits führt das Fehlen einer § 817 S 2 BGB (Sperre des Bereicherungsausgleichs) vergleichbaren Norm im anwendbaren Recht noch nicht zum Eingreifen von Art 6 (BGH NJW 1966, 730). Keine Anwendung finden aber ausländische Vorschriften, die zur Diskriminierung oder Schädigung von Deutschen erlassen worden sind (RG 93, 182, 183f; JW 1936, 2058, 2060; s dazu auch Art 34 Rz 17). Im allgemeinen Vertragsrecht sind bisher vor allem Bestimmungen, die der Herabsetzung übermäßiger **Vertragsstrafen** entgegenstehen, Gegenstand der Anwendung von Art 6 gewesen (Hamburg OLGE 6 [1903] 231; aA Rau RIW 1978, 23, 26; zur Vertragsstrafe bei Verlöbnis und Eheschließung oben Rz 32 und LG Waldshut-Tiengen IPRsp 1979 Nr 17). Schadensersatzpauschalierung als solche widerstreitet Art 6 nicht (BGH 75, 167 für den Fall gerichtlicher Schadensschätzung). Zur Behandlung von ausländischen Devisenbestimmungen s BGH NJW 1990, 2198; Celle FamRZ 1981, 200 (nein) und Art 34 Rz 17ff.

Zu differenzieren ist bei der Anwendung von **Verzinsungsvorschriften** für Verbindlichkeiten, die aus dem aus- 54
ländischen Vertragsstatut folgen. Auch höhere Verzinsungsregelungen verstoßen nicht grundsätzlich gegen den inländischen Ordre public (Hamburg RIW 1991, 152, 154f); selbst eklatant abweichende, auf Inflation im Staate des Vertragsstatuts beruhende Hochzinsregelungen sind nur dann unvereinbar, wenn Inlandsbeziehung dominiert.

Innerhalb des besonderen Vertragsrechts waren als Art 6 (bzw Art 30 aF) widerstreitend bislang klagbare Ver- 55
bindlichkeiten aus **Börsentermin- und Differenzgeschäften** (entgegen § 764 BGB aF) angesehen worden (BGH NJW 1979, 488 mit Anm Lüer JZ 1979, 171 u Wengler 175; 1981, 1898; NJW 1987, 3193 mit Anm Samtleben IPRax 1989, 149; Köln IPRsp 1974 Nr 12; Frankfurt WM 1986, 701; anders dann BGH RIW 1991, 420; s ferner Düsseldorf RIW 1990, 401, 402), Die nur teilweise Ersetzung des aufgehobenen § 61 BörsG aF durch § 37d WpHG (dazu Erl Art 28 Rz 57) hat die Notwendigkeit zur Anwendung von Art 6 nicht mehr verringert; die Schadensersatzberechtigung des „Verbrauchers" gem § 37d IV, VI WpHG gibt regelmäßig den notwendigen Schutz, der weitergehenden Einsatz der ordre-public-Klausel erübrigt; s dazu Erl Art 28 Rz 57. Für klagbare Schulden aus Spiel, Wette und Ehemakelei sollte die bisherige Auffassung (Verstoß gegen Art 6) aufrechterhalten bleiben (s dazu Roquette/Nordemann/Schiffel, ZVglRWiss 99 [2000] 444; Martiny FS Lorenz [2000] 375, 389). Im Bereich der Dienstleistungsverträge kann Verstoß vorliegen bei vertraglichem **Verzicht auf Kündigungsschutz** (BAG NJW 1979, 1119, 1120; s schon LAG Berlin IPRsp 1932 Nr 37), doch ist auch insofern von Art 6 Art 30 zu prüfen. Hingegen verstößt fristlose Kündigung ohne wichtigen Grund nicht schlechthin gegen Art 6 (s dazu BAG RIW 1975, 521). Zum nachvertragl Wettbewerbsverbot bei GmbH-Geschäftsführer Celle NZG 2001, 131. Intensität des Inlandsbezuges entscheidet bei Vereinbarung von Erfolgshonorar im Anwaltsvertrag unter ausländischem Recht über Unvereinbarkeit (s BGH 22, 162; Zweibrücken IPRsp 1977 Nr 174; BGH 44, 183, 187ff; 51, 290). Dem **Bürgen**, der nach entschädigungsloser Enteignung seiner Anteile am ausländischen Hauptschuldner durch den vom Enteignungsstaat beherrschten Gläubiger auf Zahlung für den Hauptschuldner in Anspruch genommen wird, steht Art 6 zur Seite (BGH 104, 240 = JuS 1988, 990 Nr 7 [Hohloch]; krit dazu aber Sonnenberger EWiR 1988, 675; Behrens IPRax 1989, 217; Schwung RIW 1989, 482).

cc) **Deliktsstatut und Ordre public.** Da Art 6 außerhalb des Anwendungsbereichs von Art 40 III nF anwend- 56
bar bleibt (Rz 51; s ferner Erl zu Art 40 Rz 72ff), bleibt der allgemeinen Vorbehaltsklausel hier nur beschränkter Eingriffsbereich. Da Art 40 III nF nicht mehr „Deutschenschutz" anpeilt, ist Art 6 auf diesem Teilgebiet heute noch eingeschränkter benutzbar als unter der Geltung von Art 38 aF. Zum wesentlichsten Teilproblem des Strafschadenersatzes s Art 40 Rz 72ff, s insbes noch BGH NJW-RR 2000, 1372, 1373; zur class action Heß JZ 2000, 379; s auch zur Rechtsschutzverweigerung für Strafschadensersatzklage durch Gewerkschaft BGH NJW-RR 2000, 1372 = IPRax 2001, 586.

e) **Internationales Sachenrecht**

aa) **Allgemeines.** Die Anwendung des nach internationalem Sachenrecht (Art 43–46) anzuwendenden ausländi- 57
schen Rechts (Sachstatut) steht unter dem Vorbehalt der Anwendungsregeln von Art 6 (MüKo/Kreuzer Nach Art 38 Anh I Rz 22; Staud/Stoll Int SachR Rz 71; Hanisch FS Müller-Freienfels [1986] 193, 212). Art 6 wirkt insbesondere als Maßstab für die Anerkennung der von einem ausländischen Vermögens- oder Sachstatut angeordneten dinglichen Rechtsfolgen. Maßgebliche Bedeutung hat er ferner für die **Beurteilung entschädigungsloser oder entschädigender Enteignung** durch ausländische Hoheitsgewalt (dazu BGH 104, 240, 244 und Anm dazu oben Rz 55; BVerfG NJW 1991, 1597, 1600; Einzelheiten Nach Art 38 Anh 32).

bb) **Einzelne Anwendungsfälle.** Rspr hat sich mit der Anwendbarkeit der Vorbehaltsklausel außerhalb der Ent- 58
eignungsfälle (Rz 57) nur in wenigen Fällen befaßt, auch in der Zeit gewohnheitsrechtlicher Geltung der Situsregeln vor Inkrafttreten der Art 43–46. Vereinbarkeit einer sachenrechtlichen Regelung des Auslandsrechts mit Art 6 ist insbesondere beim **Statutenwechsel** problematisiert, wenn die Anerkennung eines nicht in die deutsche Sachenrechtsordnung passenden, daher nicht transformations- und anerkennungsfähigen fremden dinglichen Rechts in Rede steht (s Lüderitz, Die Beurteilung beweglicher Sachen im IPR in: Lauterbach, Vorschläge und Gutachten zur Reform des deutschen internationalen Personen- und Sachenrechts [1972] 185, 210). Art 6 gibt hier die Grenze für die Anerkennung von dinglichen Rechten, die nach kraft deutschen IPRs maßgebenden ausländischen Sachrecht wirksam entstanden sind (BGH 45, 95, 97; auch BGH 39, 173, 176f; 100, 321, 324 = JuS 1988, 157 Nr 9 [Hohloch] mit Anm Stoll IPRax 1987, 357 u Schütze EWiR 1987, 833; IPRsp 1984 Nr 121 mit Anm Kötz IPRax 1985, 205; s ausführlich MüKo/Kreuzer Nach Art 38 Anh I Rz 63). Demgemäß ist eine **ausländische Mobiliarsicherheit** nach Transposition in die am ehesten entsprechende Sicherheit nach deutschem Sachenrecht anzuerkennen (BGH aaO), sofern damit die inländische Gläubigerordnung nicht gestört wird (s Nach Art 38 Rz 7, 32; diff Staud/Stoll Int SachR¹² Rz 300ff, 302). Auch besitzlose Mobiliarsicherheiten können so respektiert werden, da weder die Besitzpublizität noch der bestehende numerus clausus des deutschen Sachenrechts zum Ordre public gehören (BGH 39, 173, 177 – franz Registerpfandrecht mit Anm Mormann LM EGBGB Art 7ff – Dt Int PrivatR Nr 20; BGH NJW 1991, 1415, 1416 = JuS 1991, 779 Nr 10 [Hohloch] – ital Autohypothek; Schleswig NJW 1989, 3105f – Schatzregal ausl Staates). Abzulehnen ist deshalb die Auffassung von LG Düsseldorf IPRsp 1956/57 Nr 76 (niederl Veräußerungsverbot), wonach der Schutz des gutgläubigen Erwerbs von Inhaberpapieren nach § 935 II BGB

zum Kernbestand des deutschen Privatrechts gehören soll. In Entsprechung zur Handhabung bei den besitzlosen Mobiliarsicherheiten sind auch ausländische Schiffspfandrechte (Schiffshypotheken) anzuerkennen, grundsätzlich auch dann, wenn ihre Publizität den Publizitätsanforderungen des deutschen Rechts nicht entspricht (so RG 45, 276, 278f; RG 77, 1; für nicht registerpflichtige Schiffshypotheken ROHGE 6 [1872] 80; Oldenburg SeuffA 17 [1864] Nr 111; Staud/Stoll Int SachR Rz 324; MüKo/Kreuzer Nach Art 38 Anh I Rz 146; aA RG 80, 129, 132f).

f) Sonstige Gebiete

59 Art 6 kann Anwendung finden auch für die Kollisionsrechtsgebiete, die Privatrechtsanwendung jenseits des bürgerlichen Rechts ieS regeln. Auch insoweit gilt jedoch das Gebot der zurückhaltenden Anwendung. Demgemäß ist Rspr, die hier Anwendung der Vorbehaltsklausel fordert, nur in wenigen Fällen zu finden. Auf dem Gebiet des Handels- und Gesellschaftsrechts ist Art 6 (bzw Art 30 aF) wegen der Flexibilität der deutschen Regeln kaum praktisch. Die Rspr rechnet demgemäß den Ausgleichsanspruch des Handelsvertreters gem § 89b HGB nicht zum Ordre public (BGH NJW 1961, 1061, 1062; LG Frankfurt IPRax 1981, 134 mit Anm Martiny 118; dazu noch Hepting/Detzer RIW 1989, 337, 341f; Spickhoff aaO 188). Ebenso werden abweichende Mindestkapitalvorschriften bei Handelsgesellschaften nicht als Verstoß gegen den Kernbestand gerechnet (Hamburg RIW 1988, 816f; aA LG Hamburg IPRsp 1986 Nr 17). Selbst die Errichtung einer juristischen Person nach liechtensteinischem Recht zum Zwecke der Steuerhinterziehung soll nicht dem Ordre public widerstreiten (BGH WM 1979, 692, 693). Nach den sich abzeichnenden Einschränkungen der „Sitztheorie" im Gefolge von EuGH-Rspr bleibt Art 6 insofern noch weniger Anwendungsraum, selbst bei starkem Inlandsbezug einer ausländischem Recht unterlegten Gesellschaftsgründung. Dazu vgl Anh Art 37 Rz 27. Im Recht der Handelsgeschäfte sind abweichende Regelungen der Haftung des Verfrachters und der zwingenden Verpflichtungen des Verfrachters als vereinbar angesehen worden (Hamburg IPRsp 1978 Nr 36 A; VersR 1982, 1097f), ebensowenig die Verpflichtung zu Schmiergeldzahlungen zwecks Erhalt eines Hafenplatzes (Hamburg IPRsp 1979 Nr 2 A). Auf dem Gebiet des Arbeitsrechts und Arbeitsschutzrechts ist Frauenbeschäftigungsverbot (LAG Köln IPRsp 1982 Nr 40), Fehlen von Kündigungsschutz zu Beginn des Arbeitsverhältnisses (BAG DB 1990, 1666) und Fehlen von Mitbestimmungsregelung (BGH RIW 1982, 353) nicht als Verstoß gewertet worden, ebenso nicht Fehlen von dem deutschen Standard entsprechenden Arbeitsschutzvorschriften (BGH NJW 1980, 2018, 2019 mit Anm Knieper/Fromm 2020 u Katzenberger IPRax 1981,7 = JuS 1981, 691 Nr 9 [Hohloch] [zu § 1 UWG]) oder auch das Fehlen einer § 613a BGB entsprechenden Bestandsschutzregelung, BAG IPRax 1994, 129; LAG Köln RIW 1992, 935; diese Rspr ist heute bei hinreichendem Inlandsbezug in ihrer Vorbildfunktion fraglich und neu zu prüfen. Anwendung von Art 6 (bzw Art 30 aF) findet sich hingegen im Wettbewerbsrecht (LG Frankfurt AWD 1974, 629 zur Preisbindung als Abweichung vom GWB; BGH 100, 26 zur Bindung des Warenzeichens an den Geschäftsbetrieb; s auch LG Düsseldorf WuW/E DE-R 999-1002 (ordre-public-Verletzung von Franchising-Vertrag nach US-Recht, aber ggf Rechtfertigung durch EG-GruppenfreistellungsVO 4087/88), die Anwendbarkeit mildernder Wettbewerbsvorschriften soll hingegen grundsätzlich nicht verstoßen (BGH 35, 329, 337f). Insoweit ist heute aber stets primär zu prüfen, ob nicht Art 34 mit Vorrang vor Art 6 zur Anwendung gelangen muß (vgl Art 34 Rz 11ff).

VI. Ordre public und Retorsion

60 **1. Ersatzloser Wegfall von Art 31 aF.** Die IPR-Reform hat Art 31 aF (Wortlaut: „Unter Zustimmung des Bundesrates kann durch Anordnung des Reichskanzlers bestimmt werden, daß gegen einen ausländischen Staat sowie dessen Angehörige und ihre Rechtsnachfolger ein Vergeltungsrecht zur Anwendung gebracht wird.") ersatzlos gestrichen (zu Art 31 aF Erman/Arndt[7] Art 31 aF; zur Vorgeschichte und Entstehung Hartwieg/Korkisch, Die geheimen Materialien zur Kodifikation des deutschen Internationalen Privatrechts 1881–1896 [1973] 156ff). Gründe waren für den Gesetzgeber der IPR-Reform die fehlende praktische Bedeutung der in ihrer Geltungszeit nie aktivierten Vorschrift (BT-Drucks 10/504, 35; Zur fehlerhaften Handhabung von Art 31 durch AG Nürnberg IPRsp 1952/53 Nr 227 = JZ 1954, 159 s die Anm Ferid 160 sowie LG Nürnberg-Fürth IPRsp 1954/55 Nr 3 und Staud/Blumenwitz Anh Art 6 Rz 40, 41). Im übrigen waren und sind Zweifel angebracht, ob Vergeltung durch Nichtanwendung von Privatrecht, wie sie Art 31 aF als Möglichkeit vorsah, ein taugliches Mittel zur Verhinderung und Vergeltung ausländischer Normsetzung sein kann (Staud/Blumenwitz Anh Art 6 Rz 18). Richtiger ist die Einschätzung, ausländische Eingriffe in Privatrechtsverhältnisse von Deutschen nicht durch Nichtanwendung fremden Privatrechts, sondern ggf durch hoheitliche Einwirkung auf einzelne Rechtsverhältnisse auf der Grundlage vorhandener oder zu schaffender Eingriffsnormen (zB § 27 AWG) zu beantworten (zur zurückhaltenden deutschen Tradition sogar in Kriegszeiten vgl die Darstellung bei Staud/Blumenwitz Anh Art 6 Rz 46ff).

61 **2. Geltende Rechtslage.** Die Streichung von Art 31 aF, die keine Kollisionsnorm und keine Vorschrift des Völkerrechts, sondern eine schlichte Norm des internen öffentlichen Rechts war (ebenso Staud/Blumenwitz Anh Art 6 Rz 24; zum Meinungsstreit insofern Soergel/Kegel[11] Art 31 aF Rz 2; Erman/Arndt[7] Art 31 aF; Raape/Sturm IPR § 13 XIII 3), hat nichts daran geändert, daß das Retorsionsrecht des Völkerrechts für die Bundesrepublik Deutschland weiterhin anerkannt ist und besteht (vgl Tomuschat ZaöRV 33 [1973] 179, 184f). Wie der Staat sein Retorsionsrecht durch innerstaatliches Recht ausfüllt, steht grundsätzlich in seinem freien Belieben. Demgemäß war die Art 31 aF entsprechende Retorsionsnorm § 24 EGZPO bis zu ihrer Aufhebung (1998) geltendes Recht. § 5 II KO hat in der InsO keine Nachfolgenorm mehr gefunden. Auch Art 86 S 2 derzeitiger Fassung kann aktiviert werden. Im übrigen ist die Rechtslage nicht präjudiziert, so daß im Einzelfall jede weiter bestehende Ermächtigungs- und Eingriffsnorm (s oben Rz 60: § 27 AWG) angewandt werden kann. Richtig bleibt freilich die Erwägung des Gesetzgebers der IPR-Reform, daß die Nichtanwendung einer ausländischen Rechtsordnung in ihren Kollisions- und Sachnormen kein taugliches Vergeltungsmittel ist.

Zweiter Abschnitt
Recht der natürlichen Personen und der Rechtsgeschäfte

Vorbemerkung Art 7–12

Die den Zweiten Abschnitt des dem IPR gewidmeten Kapitels des EGBGB bildenden Art 7–12 enthalten die in der IPR-Reform für eine gesetzliche Regelung ausgewählten Kollisionsregeln zum Recht des Allgemeinen Teils des BGB. Die Regelung ist lückenhaft und enthält Vermischtes. Art 7, 9 und 10 regeln mit der Rechts- und Geschäftsfähigkeit der natürlichen Person, der Todeserklärung und dem Namensrecht Fragen des internationalen Personenrechts. Art 8, der die Rechtsanwendung bei der Entmündigung regelte, ist durch das BetreuungsG mit Wirkung vom 1. 1. 1992 aufgehoben worden (s Art 8 Rz 1). Eine Regelung des IPR der juristischen Personen und der Personenvereinigungen ohne eigene Rechtspersönlichkeit ist in diesem Abschnitt nicht enthalten (s dazu Art 37 und Anh II zu Art 37). Zum Kollisionsrecht der Rechtsgeschäftslehre enthält der Abschnitt nur Einzelregelungen; neben der in Art 7 behandelten Geschäftsfähigkeit ist Art 11 gesetzlicher Sitz des Formstatuts. In Art 12 ist heute der früher teilweise in Art 7 aF angesiedelte Schutz des Inlandsgeschäftsverkehrs gesetzgeberisch grundsätzlich sinnvoll verselbständigt worden. Andere im BGB im AT geregelten Sachgebiete haben in den Art 7–12 entweder gar keine Regelung gefunden (Vollmachtsstatut, Statut der Stellvertretung) oder sind in das internationale Schuldvertragsrecht verlagert (Vertragsschluß, Willensmängel, Verjährung, vgl Art 31, 32 und dortige Erläuterungen).

7 *Rechtsfähigkeit und Geschäftsfähigkeit.*
(1) **Die Rechtsfähigkeit und die Geschäftsfähigkeit einer Person unterliegen dem Recht des Staates, dem die Person angehört. Dies gilt auch, soweit die Geschäftsfähigkeit durch Eheschließung erweitert wird.**
(2) **Eine einmal erlangte Rechtsfähigkeit oder Geschäftsfähigkeit wird durch Erwerb oder Verlust der Rechtsstellung als Deutscher nicht beeinträchtigt.**

Schrifttum: *Baetge*, Anknüpfung der Folgen bei fehlender Geschäftsfähigkeit, IPRax 1996, 185; *Furtak*, Die Parteifähigkeit in Zivilverfahren mit Auslandsberührung (1995); *E. Hofmann*, Die Minderjährigkeit im internationalen Privatrecht auf rechtsvergleichender Grundlage (Diss Hamburg 1937); *Knauber*, Zur Reichweite des Art 7 EGBGB (Diss München 1960); *Kühne*, Das internationale Personen- und Eherecht im Regierungsentwurf des Gesetzes zur Neuregelung des IPR, StAZ 1984, 3; *Lipp*, Verkehrsschutz und Geschäftsfähigkeit im IPR, RabelsZ 63 (1999) 107; *Lüderitz*, Rechtsfähigkeit, Geschäftsfähigkeit und Entmündigung natürlicher Personen, in Lauterbach, Vorschläge und Gutachten zur Reform des deutschen internationalen Personen- und Sachenrechts (1972) 32; *Marquordt*, Bemerkungen zur Rechtsfähigkeit, Geschäftsfähigkeit, Entmündigung, Todeserklärung, in Beitzke, Vorschläge und Gutachten zur Reform des deutschen internationalen Familien- und Erbrechts (1981) 73.

I. Allgemeines

1. Vorgeschichte und altes Recht. Art 7 ist an die Stelle von Art 7 aF getreten, der lediglich die Anknüpfung 1 der Geschäfts-, nicht aber der Rechtsfähigkeit geregelt hatte. Rechts- und Geschäftsfähigkeit beurteilen sich nach Art 7, der die Tradition des alten Rechts fortführt (dazu vgl Erman/Arndt[7] Art 7 aF), nach dem Personalstatut, dh nach dem Heimatrecht der natürlichen Person. Es gilt insoweit also nicht die Wirkungsstatut, nach dem das konkrete Rechtsverhältnis, für das es der Prüfung von Rechts- und Geschäftsfähigkeit bedarf (zB Vertragsstatut), beurteilt wird. Rechts- und Geschäftsfähigkeit sind, wenn sie im Rahmen eines solchen anderen Rechtsverhältnisses zu beurteilen sind, also Vorfragen, die selbständig angeknüpft werden. Anderes gilt zT für die qualifizierte (besondere) Rechts- und Geschäftsfähigkeit besonderer Sach- und Tätigkeitsbereiche (zB Erbfähigkeit, Heiratsfähigkeit, Deliktsfähigkeit, Religionsmündigkeit). Diese ist regelmäßig nach dem Wirkungsstatut zu beurteilen (zu Einzelheiten vgl die Erläuterungen zu Art 13, 25, 40–42). Die praktische Bedeutung von Art 7 ist nicht unbeträchtlich; auch wenn die heutigen Rechtsordnungen Rechtsfähigkeit einzelnen Menschen kaum mehr absprechen (zur Bedeutung von Art 6 UNO-Menschenrechtserklärung 1948 und Art 16 des Internationalen Paktes über bürgerliche und politische Rechte v 1966 vgl MüKo/Birk Art 7 Rz 3; Staud/Hausmann [2000] Art 7 Rz 2, 28ff), ist doch insbesondere der Beginn der Rechtsfähigkeit und vor allem die Altersstufenregelung bei der Geschäftsfähigkeit in den einzelnen Rechtsordnungen durchaus unterschiedlich geregelt. **Nicht geregelt ist in Art 7 das Statut von Gesellschaften und juristischen Personen.** Vgl dazu die Erl im Anhang II zu Art 37. Die im alten Recht in Art 7 III aF enthalten gewesene Verkehrsschutzregel ist jetzt für den Bereich des Vertragsschlusses nach Art 12 nF verlegt (krit dazu Goldschmidt FS Kegel [1987] 163; s Erl zu Art 12). Die schon früher in Art 7 II aF für die Geschäftsfähigkeit enthaltene Regelung des Statutenwechsels „semel maior, semper maior" ist in Art 7 II nF und damit an ihrem ihr zukommenden Standort verblieben sowie um eine praktisch kaum bedeutsame Regelung für die Rechtsfähigkeit ergänzt worden (s Rz 17).

2. Geltung allgemeiner Regeln. a) Art 7 geht von der Geltung des durch die Staatsangehörigkeit bestimmten 2 Heimatrechts („Personalstatut") aus. Das maßgebliche Recht bestimmt sich bei **Doppel- und Mehrstaatern** demgemäß nach den Regeln des Art 5 I; es gilt die effektive Staatsangehörigkeit (Art 5 I S 1), bei Konkurrenz der deutschen Staatsangehörigkeit mit einer anderen geht aus deutscher Sicht gem Art 5 I S 2 die deutsche, weil eigene Staatsangehörigkeit vor. Bei **Staatenlosen** und **Flüchtlingen** im Rechtssinne führen die Ersatzanknüpfungen des Art 5 II bzw die Grundsätze der Inländerbehandlung, wenn sie nach den maßgeblichen besonderen Regeln (s Erl Art 5 Rz 61ff) zum Zuge kommen, weiter. **b)** Art 7 enthält sowohl für die Rechtsfähigkeit als auch für die Geschäftsfähigkeit **Gesamtverweisung** iSv Art 4 I, so daß **Rück- und Weiterverweisung** in Betracht kommen und zu beachten sind. Praktische Bedeutung kommt dieser Möglichkeit des Renvoi insbes bei durch Art 7 folgender Verweisung auf ein Recht zu, das im Bereich des Personalstatuts auf dem Domizilprinzip fußt (vgl Erl Art 5 Rz 58, 59; s die Beispiele bei Staud/Hausmann [2000] Art 7 Rz 16ff). **c)** Die **Vorfragenproblematik** ist bei Art 7 vielfach so erheblich, daß die Frage der Rechts- und mehr noch der Geschäftsfähigkeit ihrerseits selbständig anzuknüpfende Vorfrage ist, wenn dem Wirkungsstatut unterliegende Verträge oder sonstige Rechtsgeschäfte kollisionsrechtlich einzuordnen sind (s schon Rz 1; ausführl Darstellung bei Staud/Hausmann [2000] Art 78 Rz 40ff). **d) Staatsvertragliche Regelungen** haben auch bei Art 7 Vorrang gemäß Art 3 II. Staatsvertragliche Regelungen sind indes kaum vorhanden. Die oben Rz 1 erwähnten multilateralen UN-Übereinkünfte und Pakte haben kollisionsrechtliche Bedeutung nicht unmittelbar. Zu beachten ist als bilaterale Sonderregelung mit Vorrang vor Art 7 das **Deutsch-Iranische Niederlassungsabkommen** von 1929 (RGBl 1930 II 1006); nach Art 8 III des Abkommens bleiben die Angehörigen jedes der vertragsschließenden Staaten im Gebiet des anderen Staates in Bezug auf das Personenrecht den Vorschriften ihrer heimischen Gesetze unterworfen. Hierunter fallen nach dem Schlußprotokoll zu Art 8 „Geschäftsfähigkeit, Volljährigkeit, Vormundschaft und Pflegschaft, Entmündigung". Der beachtlichste Unterschied insofern ist bei grundsätzlich gleichlaufender Anknüpfung an die Staatsangehörigkeit, daß Art 8 III als staatsvertragliche Kollisionsnorm Sachnormverweisung enthält. Nach seiner – freilich noch ausstehenden – Ratifikation durch Deutschland wird das **Haager Erwachsenenschutzabkommen** v 2. 10. 2000 – **ESÜ** – (näher Erl Art 24 Rz 4) Art 7 insoweit einschränken, als sich die Wirkungen zum Schutz von Erwachsenen getroffener Maßnahmen, auch soweit sie die Geschäftsfähigkeit beschränken oder aufheben, nicht nach dem Heimatrecht des Betroffenen, sondern nach dem Recht des für die maßnahme zuständigen Gerichts, dh nach der lex fori bestimmen (Art 13 ESÜ). Vergleichbare Wirkung kann indes schon heute Art 24 bei der Anordnung von Betreuung im Inland haben (s Erl Art 24 Rz 17). **EU-Gemeinschaftsrecht** mit Vorrang von Art 7 I besteht nicht. Rechtsfähigkeit des Menschen ist vom EGV vorausgesetzt; die auf die Staatsangehörigkeit bezogene Anknüpfung der Geschäftsfähigkeit ist per se kein Verstoß gegen Art 12 EGV (Diskriminierungsverbot). **e)** Ausländische Regelungen der Rechts- oder Geschäftsfähigkeit sind bei Abweichungen vom inländischen Standard im Extremfall der Korrektur über den inländischen **Ordre public** (Art 6) zugänglich, insbesondere bei Verstoß gegen eine der oben (Rz 1) genannten Völkerrechtsregelungen (zB Köln FamRZ 1997, 1240: Volljährigkeit eines 9jährigen Mädchens; weitere Beisp bei Staud/Hausmann [2000] Art 7 Rz 23). **f) Intertemporale Regelung** zu Art 7 ist Art 220 I und II. Praktische Bedeutung kommt dem Übergangsrecht zum alten Recht vor dem 1. 9. 1986 indes kaum zu, da die Anknüpfung mit der IPR-Reform bei Art 7 nicht gewechselt hat. **g)** Im heutigen **innerdeutschen Kollisionsrecht** gilt Art 7 entsprechend (vgl Köln DtZ 1991, 27, 28; Karlsruhe NJW-RR 1995, 1349; Pal/Heldrich Art 7 Rz 1; s ferner Erl Art 236 Rz 5.

II. Anknüpfungsregel („Maßgeblichkeit des Personalstatuts" Abs I)

3   Rechts- und Geschäftsfähigkeit einer natürlichen Person, dh eines Menschen bestimmen sich gem Art 7 I nach dem Recht des Staates, dem die Person angehört. Diese Anknüpfung, die zur Maßgeblichkeit des „Heimatrechts" führt, geht bis auf die Anfänge der IPR in der Statutentheorie zurück und ist weit verbreitet, wie das Staatsangehörigkeitsprinzip im IPR der Staaten Geltung ist. Maßgeblich ist die Rechtsordnung, welche – Rechtsfähigkeit vorausgesetzt – Personalstatut wäre (s dazu Staud/Hausmann [2000] Art 7 Rz 11; Soergel/Kegel[12] Art 7 Rz 1). Rechtsfähigkeit wie Geschäftsfähigkeit werden damit als je einheitliche Rechtskomplexe begriffen und je für sich angeknüpft; bei der Geschäftsfähigkeit kann es so (s Rz 2 bei e) zur Abkoppelung der Geschäftsfähigkeit als selbständig angeknüpfter Vorfrage vom Wirkungsstatut des getätigten Rechtsgeschäfts kommen. Vermeiden läßt sich ein solches Ergebnis grundsätzlich nicht, jedenfalls nicht über eine für die Geschäftsfähigkeit gedachte Rechtswahl. Letztere scheitert an der zwingenden Natur der objektiven Anknüpfung des Art 7 I (MüKo/Birk Art 7 Rz 20). Zur Staatsangehörigkeitsanknüpfung, die den Regeln des Art 5 folgt, s Rz 2 bei a.

III. Rechtsfähigkeit (Anknüpfung und Reichweite)

4   **1. Beginn und Ende. a)** Nach Art 7 beurteilen sich Beginn und Ende der Rechtsfähigkeit. Bedeutsam ist die Maßgeblichkeit des Heimatrechts (mit der Möglichkeit der Rückverweisung, s Rz 2) zunächst für den Beginn, da die materiellen Privatrechte hier unterschiedliche Regelungen treffen (zB § 1 BGB, Vollendung der Geburt; Art 725 Code civil Frankreich, Lebensfähigkeit; Art 35 Codigo civil Spanien, 24stündiges Leben); Heimatrecht bestimmt auch über das Ende. Soweit dieses durch den Tod bestimmt wird, gelten hinsichtlich des Todeszeitpunktes aber (bei Tod im Inland) die Feststellungen, die im Inland nach den hier geltenden medizinischen Erkenntnissen getroffen worden sind; diese richten sich nach den für die Sachverhaltsermittlung allgemein geltenden Regeln, dh nach der das Verfahren beherrschenden lex fori (str; aA [für Ortsrecht] Staud/Hausmann [2000] Art 7 Rz 30 mwN).
b) Grundsätzlich fällt unter Art 7 auch der „bürgerliche Tod" oder „Klostertod" (schon RG 32, 173; Soergel/Kegel[12] Art 7 Rz 2; aA Erman/Arndt[7] Art 7 aF Rz 8), doch greift bei Inlandsbeziehung dann stets Art 6 ein (allg M, s Rz 3, vgl MüKo/Birk Art 7 Rz 10 mwN). Dem Personalstatut unterfallen grundsätzlich auch Lebens- und Todesvermutungen, doch gilt für sie die Art 7 vorgehende besondere Anknüpfungsnorm des Art 9 (s dortige Erl).

5   **2. Rechtsstellung Verstorbener.** Zum Personalstatut könnte, obwohl Art 7 ausdrücklich nur die Rechtsfähigkeit regelt, auch die Frage rechnen, ob ein Verstorbener noch Zurechnungssubjekt für subjektive Rechte sein kann. Praktisch bedeutsam ist dies bei der Frage des **postmortalen Persönlichkeitsschutzes** geworden. Ob unter diesem Gesichtspunkt Rechtsverletzungen begangen werden können, die privatrechtliche Ansprüche (Schadensersatz, Unterlassung, Beseitigung) entstehen lassen, ist allerdings eine Frage, die gleichförmig mit der Anknüpfung der Persönlichkeitsrechtsverletzung zu entscheiden ist; demgemäß ist insofern das **Deliktstatut** (Art 40), nicht das Personalstatut maßgeblich. Freilich kann im einzelnen Falle das Personalstatut als Statut der Persönlichkeitsrechtsverletzung und damit als Deliktstatut berufen sein (str, aA, für Maßgeblichkeit des Personalstatuts, MüKo/

Birk Art 7 Rz 15; s näher Art 40 Rz 53). Das so bestimmte Statut der Persönlichkeitsrechtsverletzung bestimmt dann auch über die Befugnis zur Wahrnehmung der Rechte (aA wiederum MüKo/Birk Art 7 Rz 15; näher Art 40 Rz 53, 57f).

3. Entsprechend Art 7 ist auch die **Geschlechtszugehörigkeit** nach dem Heimatrecht zu beurteilen (AG Hamburg StAZ 1984, 42; LG Stuttgart StAZ 1999, 15; MüKo/Birk Art 7 Rz 16; Pal/Heldrich Art 7 Rz 6). Vgl dazu § 1 I Nr 1 des Gesetzes über die Änderung der Vornamen und die Festlegung der Geschlechtszugehörigkeit v 10. 9. 1980 – Transsexuellengesetz – (BGBl 1980 I S 1654), das durch die Beschränkung solcher Anerkennung auf Deutsche und Ausländer mit deutschem Personalstatut diese Anknüpfung mittelbar anerkennt (näher Vecchi, Der Transsexualismus im dt und ital Recht [1991] 73). 6

4. Nicht nach dem Personalstatut des Art 7, sondern nach dem jeweiligen Wirkungsstatut beurteilen sich hingegen die **besonderen Rechtsfähigkeiten**, dh die jeweilige Fähigkeit, Träger einzelner Rechte und Pflichten sein zu können. Praktisch bedeutsam ist insoweit die Erbfähigkeit des nasciturus, für die das Erbstatut gilt (MüKo/Birk Art 7 Rz 17; Pal/Heldrich Art 7 Rz 2; s unten Art 25 Rz 23) und der Deliktsschutz des Ungeborenen, der sich nach dem Deliktsstatut richtet (Lüderitz aaO 37; MüKo/Birk Art 7 Rz 18). Keine echte Frage des Wirkungsstatuts der lex rei sitae (so MüKo/Birk Art 7 Rz 18; Pal/Heldrich Art 7 Rz 2), sondern Folge fremdenrechtlicher Beschränkungen des Belegenheitsstaates, die die Rechtsfähigkeit auch nicht partiell beschneiden, ist der in verschiedenen Rechtsordnungen anzutreffende Ausschluß von Ausländern vom Erwerb von Grundstücken innerhalb des Belegenheitsstaates. Zur Parteifähigkeit s Rz 24ff. 7

IV. Geschäftsfähigkeit

1. Maßgeblichkeit des Personalstatuts. Die Fähigkeit, Rechtsgeschäfte abzuschließen, wird nach dem Personalstatut, dh nach dem Heimatrecht (mit der Möglichkeit der Rückverweisung, Rz 2; BayObLG 1963, 35, 39) beurteilt. Das familienrechtliche, sachenrechtliche oder vertragsrechtliche Wirkungsstatut bleibt deshalb insoweit unberücksichtigt (s schon BayObLG IPRsp 1929 Nr 75). Bei Wechsel des Heimatrechts (Statutenwechsel, s auch unten Abs II Rz 17) kommt es auf den Zeitpunkt an, für den die Prüfung des betreffenden Rechtsgeschäfts vorzunehmen ist. Die Qualifikation der Geschäftsfähigkeit richtet sich prinzipiell nach deutschem Recht. Da es um die Beurteilung der Fähigkeit einer Person geht, durch Rechtsgeschäfte oder Rechtshandlungen Rechtswirkungen herbeizuführen, werden alle auswärtigen Rechtslösungen mit gleichartigem Ordnungszweck ohne Rücksicht auf Benennung (zB schweizerisches und österreichisches Recht: Handlungsfähigkeit) und exakte rechtstechnische Entsprechung erfaßt (allg M; s zB MüKo/Birk Art 7 Rz 21; Staud/Beitzke Art 7 aF Rz 19; Staud/Hausmann [2000] Art 7 Rz 34). 8

2. „Geschäftsfähigkeit" (Anwendungsbereich). a) Art 7 I regelt die Voraussetzungen der vollen wie der beschränkten Geschäftsfähigkeit, aber auch die Geschäftsunfähigkeit. Zwar lassen die meisten Rechtsordnungen jedenfalls volle Geschäftsfähigkeit mit der Vollendung des 18. Lebensjahres eintreten, doch besteht Einheitlichkeit nicht, bislang nicht einmal in Europa, so daß der Anknüpfung Bedeutung zukommt. Das Personalstatut bestimmt so über die Altersstufen (Zusammenstellung der Altersstufen ua bei Staud/Hausmann [2000] Anh Art 7 S 62ff; tw schon wieder überholt, jeweils Einzelüberprüfung der Rechtslage erforderlich, wo höheres Volljährigkeitsalter als 18 Jahre angegeben wird; G. Fischer, Verkehrsschutz im internationalen Vertragsrecht [1990] § 1 1) und über geistige und sonstige Gebrechen und Behinderungen, die die Geschäftsfähigkeit einschränken oder ausschließen. Art 7 I bestimmt über die allgemeine Geschäftsfähigkeit insgesamt, so daß auch die vorzeitige Erweiterung der beschränkten Geschäftsfähigkeit zu partieller Geschäftsfähigkeit iS der §§ 112, 113 BGB von Art 7 bestimmt wird (ebenso v Bar IPR II Rz 35 mwN; AG Moers IPRsp 1997 Nr 5), ebenso die Geltung eines „Taschengeldparagraphen" nach dem Muster des § 110 BGB. Gem Abs I S 2 bestimmt das Personalstatut auch über die Erweiterung der Geschäftsfähigkeit durch Eheschließung („Heirat macht mündig"). 9

b) Nicht zum Anwendungsbereich von Art 7 gehören hingegen Beschränkungen der Geschäftsfähigkeit durch Heirat, sie sind nach Art 14 und 15 zu beurteilen und unterliegen ggf der Schranke des Art 6 (s Art 14 Rz 30; Art 15 Rz 34, 36). **Nicht nach Art 7**, sondern nach dem jeweiligen Wirkungsstatut bestimmen sich dann die **besonderen Geschäftsfähigkeiten** (zum Begriff allg v Bar IPR II Rz 36), die die rechtliche und sonstige Handlungsfähigkeit auf bestimmten Teilrechtsgebieten betreffen. Die Deliktsfähigkeit richtet sich nach dem Deliktsstatut (s Art 40 Rz 57), die Ehefähigkeit nach dem Eheschließungsstatut (s Art 13 Rz 24), die Testierfähigkeit, soweit sie an Alter, nicht Geschäftsfähigkeit anknüpft, nach dem Erbstatut (s Art 25 Rz 29). Familienrechtliche Handlungsbefugnisse (gesetzliche Vertretung von Kindern und Mündeln) richten sich nach Art 21 (mit 19, 20), 24; ebenso richten sich nach dem Ehewirkungsstatut (Art 14) Beschränkungen von Ehegatten zur Eingehung bestimmter Rechtsgeschäfte (soweit sie nicht güterrechtlichen Charakter haben und Art 15 unterliegen, s Art 14 Rz 30 und Art 15 Rz 34, 36) und Interzessionsbeschränkungen, zB Zustimmungserfordernisse bei Bürgschaft (BGH NJW 1977, 1011 mit Anm Jochem; Kühne JZ 1977, 439; zur Rechtslage im Ausland insoweit Staud/Hausmann [2000] Art 7 Rz 57, 59). Nicht hierher, sondern zu Art 22 bzw Art 19 I nF gehören die Fähigkeit, ein Kind zu adoptieren (v Bar IPR II Rz 36) oder die Vaterschaft anzuerkennen (AG Hildesheim IPRsp 1973 Nr 94; aA Siehr StAZ 1976, 356). 10

c) Besondere Kollisionsnormen bestehen in Art 91 WG bzw Art 60 ScheckG für die (passive) Wechsel- bzw Scheckfähigkeit. Str ist die **Anknüpfung der Kaufmannseigenschaft**. Das Meinungsspektrum (vgl Hagenguth, Die Anknüpfung der Kaufmannseigenschaft im IPR [Diss München 1981]; van Venrooy, Die Anknüpfung der Kaufmannseigenschaft im dt int Privatrecht [1985] 1–3) reicht von der früher gelegentlich vertretenen Maßgeblichkeit des Personalstatuts über die vereinzelt vertretene Maßgeblichkeit des Rechts der Unternehmensgründung (Gierke/Sandrock, Handels- und Wirtschaftsrecht I [1975] § 5 A I 2) bis zu den hauptsächlich vertretenen Auffas- 11 sungen der Anknüpfung an die gewerbliche Niederlassung (so Ebenroth JZ 1988, 18, 19; Pal/Heldrich Art 7 Rz 7; LG Hamburg IPRsp 1958/59 Nr 22) oder der Maßgeblichkeit des Wirkungsstatuts, dh des Rechtsgeschäfts, innerhalb dessen die Kaufmannseigenschaft (zB für Kaufmannszinsen § 351 HGB) von Bedeutung ist (so MüKo/Birk Art 7 Rz 44; Staud/Beitzke Art 7 aF Rz 27). Den Vorzug verdient die letztgenannte Auffassung, die das Wirkungsstatut maßgeblich sein läßt. Bei rechtsvergleichender Umschau ist der subjektive Kaufmannsbegriff Eigenheit des HGB bzw ADHGB und damit im wesentlichen für das deutsche (und österreichische) Recht von Interesse. Ist er so Anwendungsvoraussetzung des HGB, dann wird er für die Anwendung eines Teils der Rechtsordnung benötigt, die für das Rechtsgeschäft und seine Folgen und Wirkungen maßgeblich ist. Das spricht für die Maßgeblichkeit eben dieses **Wirkungsstatuts** (ebenso MüKo/Birk Art 7 Rz 44; Staud/Beitzke Art 7 aF Rz 27; jetzt auch Staud/Hausmann [2000] Art 7 Rz 60, 62; mit Differenzierungen van Venrooy, Die Anknüpfung der Kaufmannseigenschaft im dt int Privatrecht [1985] 27ff), so daß **Art 7 insoweit nicht einschlägig** ist.

12 3. **Reichweite (Abgrenzung Geschäftsfähigkeitsstatut – Wirkungsstatut).** Schwierig vorzunehmen ist in einzelnen Bereichen die Abgrenzung der Anwendungsbereiche des Geschäftsfähigkeitsstatuts und der im Lebenssachverhalt auch angesprochenen Statuten, insbesondere des Wirkungsstatuts. Die Schwierigkeit rührt daher, daß mit der Verselbständigung der Anknüpfung der Geschäftsfähigkeit in Art 7 I (ebenso andere kontinentale Kollisionsrechte, vgl zB § 12 österr IPRG, Art 35 schweiz IPRG, anders im anglo-amerikanischen Rechte, s Staud/Beitzke Art 7 aF Rz 36) das Rechtsgeschäft selbst (zB nach Art 27ff) und die Grundvoraussetzung für das rechtsgeschäftlich relevante Verhalten (über Art 7 I) zertrennt werden und somit verschiedenen Statuten unterliegen können. Bei dieser grundsätzlichen Lage ist die Abgrenzung der Anwendungsbereiche dann so vorzunehmen, daß rechtlich Zusammenhängendes und einheitlich konzipierter rechtlicher Lösung Bedürftiges nicht durch Grenzziehung an der falschen Stelle auseinandergerissen wird. Aus dieser grundsätzlichen Vorgabe ergibt sich ie folgendes:

13 a) Die **Notwendigkeit des Vorliegens von (voller oder beschränkter) Geschäftsfähigkeit** für ein Rechtsgeschäft oder eine Rechtshandlung ist dem Wirkungsstatut zu entnehmen, während das Personalstatut gem Art 7 I dann über das Vorliegen der sonach erforderlichen Geschäftsfähigkeit bestimmt (allg M, zB AG Hildesheim IPRsp 1973 Nr 94; v Bar IPR II Rz 38; MüKo/Birk Art 7 Rz 27; Pal/Heldrich Art 7 Rz 5; Soergel/Kegel[12] Art 7 Rz 8; Staud/Beitzke Art 7 aF Rz 36). Was Wirkungsstatut ist, bestimmt sich (lex causae) nach dem zu behandelnden Tatbestand (zB Vertragsstatut bei Schenkung, Sachstatut bei Eigentums- oder Besitzerwerb bzw -verlust).

14 b) Umstritten ist die **Anknüpfung der Auswirkungen mangelnder Geschäftsfähigkeit** (zB Nichtigkeit, schwebende Unwirksamkeit, bloße Vernichtbarkeit des am Geschäftsfähigkeitsmangel leidenden Geschäfts). Da die einzelnen Rechtsordnungen insoweit zT abweichende Lösungen entwickelt haben (vgl für anglo-amerikanische Rechte Wilhelm ZfRV 13 [1972] 161), kommt der Frage praktische Bedeutung zu, wenn das Geschäftsstatut (Wirkungsstatut) und das über Art 7 I berufene Personalstatut verschiedene Rechte mit verschiedenen Lösungen berufen. Vordergründig erscheint hier unter dem Gesichtspunkt der Geltung einheitlichen Rechts für das gesamte Geschäft die Maßgeblichkeit des Wirkungsstatuts angezeigt (so RG 170, 198 [interlokal] und die früher überwiegende Lehre, zit bei Staud/Beitzke Art 7 aF Rz 47, heute MüKo/Birk Art 7 Rz 35; auch Düsseldorf NJW-RR 1995, 755); den Vorzug verdient jedoch das über die Geschäftsfähigkeit bestimmende Personalstatut (KG IPRsp 1929 Nr 88 obiter; Pal/Heldrich Art 7 Rz 5; Soergel/Kegel[12] Art 7 Rz 7; Staud/Hausmann [2000] Art 7 Rz 71), da das über die Geschäftsfähigkeit bestimmende Recht auch deren Komponente Minderjährigenschutz regeln muß und die Art und Weise dieses Minderjährigenschutzes wesentlich durch die Regelung der Folgen des Handelns des Minderjährigen geprägt wird (ähnlich jetzt mit Einzelabgrenzung v Bar IPR II Rz 43, 44; Baetge IPRax 1996, 185).

15 Dem Wirkungsstatut hingegen (Vertragsstatut, Statut der Rückabwicklung, zB Bereicherungsstatut, Art 32 I Nr 5 oder Art 38 I nF) muß dann indes die Rückabwicklung eines mangels ausreichender Geschäftsfähigkeit fehlerhaft gebliebenen Geschäfts unterliegen (BGH 73, 391, 393; Düsseldorf NJW-RR 1995, 755 = IPRax 1996, 199, das indes weitergehend auch die Auswirkungen auf das Geschäft schon dem Wirkungsstatut unterstellt [Rz 14]; hM, zB Staud/Beitzke Art 7 aF Rz 55 mwN; W Lorenz FS Zweigert [1981] 199, 206). Auch diese Sachverhaltsteile, bei denen Abwicklung sich der Schutz des nicht voll Geschäftsfähigen erst realisiert, noch Art 7 I zuzuordnen (vgl v Bar IPR II Rz 44; Bydlinski ZfRV 2 [1961] 29ff; Degner RIW 1983, 825, 829), mag zunächst schlüssig erscheinen, läßt sich aber mit der in Art 31 I, 32 I Nr 5 zum Ausdruck kommenden gesetzlichen Wertung, die dem Wirkungsstatut den Vorzug gibt, nicht vereinbaren (s Art 31 Rz 7, Art 32 Rz 15, Art 38 nF Rz 13).

16 c) **Nicht nach Art 7** richtet sich aber die Frage, wer der gesetzliche Vertreter des nicht voll Geschäftsfähigen ist und welche Rechtsmacht der gesetzliche Vertreter hat. Das **Statut der gesetzlichen Vertretung** bestimmt sich nach Art 21, 22, 24 oder nach vorgehendem Staatsvertragsrecht (zB Art 1, 2 MSA), allg M, zB LG Hannover FamRZ 1960, 170 mit Anm Beitzke (interlokal); MüKo/Birk Art 7 Rz 36–38; Pal/Heldrich Art 7 Rz 5; Soergel/Kegel[12] Art 7 Rz 7; Staud/Beitzke Art 7 aF Rz 49–51. Nicht nach Art 7 und nicht nach dem Statut der gesetzlichen Vertretung richtet sich jedoch die Frage, ob Stellvertretung zulässig oder wegen der (zB höchstpersönlichen) Natur des Geschäfts ausgeschlossen ist. Hierfür gilt das Statut des jeweiligen Geschäfts als Wirkungsstatut (ebenso Staud/Beitzke Art 7 aF Rz 54; BGH NW 1992, 618 = JuS 1992, 612 [Hohloch] = JZ 1992, 579 Anm v Bar 581).

V. Statutenwechsel (Abs II)

17 1. **Statutenwechsel bei Rechtsfähigkeit.** Art 7 II nF hat den im aR für die Geschäftsfähigkeit geregelten Fall des Statutenwechsels auch auf die Rechtsfähigkeit erstreckt. Praktische Bedeutung dürfte dieser Erweiterung kaum zukommen, da er in den interessanten Fällen des Beginns und des Endes der Rechtsfähigkeit (Geburt und Tod) nicht erheblich wird (ebenso MüKo/Birk Art 7 Rz 69) und in den sonstigen denkbaren Fällen eines Statutenwechsels (Statutenwechsel der Leibesfrucht mit der Mutter) in praktisch relevanter Weise nicht das Personalstatut, sondern andere Anknüpfungen (s Rz 1, 2) betroffen sind.

2. Statutenwechsel bei Geschäftsfähigkeit. Bedeutsam ist Abs II wegen der unterschiedlichen Regelung der Altersstufen und sonstigen Voraussetzungen in den einzelnen Rechtsordnungen (s Rz 9) hingegen für den Wechsel des Geschäftsfähigkeitsstatuts. 18

a) Art 7 II ist eine **unvollkommen allseitige Kollisionsnorm** und regelt ausdrücklich nur den Fall des Erwerbs oder Verlusts der deutschen Staatsangehörigkeit und der sich daraus für eine bereits vorhandene Geschäftsfähigkeit ergebenden Konsequenzen. 19

aa) Geregelt ist zunächst der **Eingangsstatutenwechsel**, dh der Wechsel eines voll geschäftsfähigen Nichtdeutschen (s dazu oben Art 5 und Erl) in die Rechtsstellung eines Deutschen. Abs II läßt in diesem Falle (Grundsatz „semel maior, semper maior") die volle Geschäftsfähigkeit auch dann weiterbestehen, wenn der nunmehr deutsche Staatsangehörige nach deutschem Recht die hierfür aufgestellten Anforderungen (Volljährigkeitsalter) nicht erfüllt. Die **praktische Bedeutung** dieser Variante des Statutenwechsels ist seit der Absenkung des Volljährigkeitsalters auf 18 Jahre in Deutschland **gering**, da nur wenige Länder die volle Geschäftsfähigkeit früher einsetzen lassen (Jordanien 17 J für Frauen; Sambia 16 J, s Überblick Staud/Hausmann [2000] Anh nach Art 7 S 62ff).

Zwar nicht nach dem Wortlaut, aber nach dem Sinn der Bestimmung gilt die Regel auch für Statutenwechsel kraft Rückverweisung einer an das Domizil anknüpfenden Rechtsordnung bei Domizilwechsel des Angehörigen einer solchen Rechtsordnung (vgl Art 5 Rz 57, 59) nach Deutschland und für das Fortbestehen einer nach dem alten Statut begründeten partiellen Geschäftsfähigkeit (Rz 9). Zeitlich gesehen wirkt sich Abs II nur auf nach dem Statutenwechsel abgeschlossene Rechtsgeschäfte aus. 20

bb) Größere praktische Bedeutung kann die zweite in Abs II geregelte Variante haben, der **Ausgangsstatutenwechsel**. Der Grundsatz des Fortbestehens einer einmal erlangten Geschäftsfähigkeit hat danach auch in dem Fall Geltung, daß ein geschäftsfähiger Deutscher die deutsche Staatsangehörigkeit verliert. Erwarb so vor dem 1. 7. 2001 ein zB 18jähriger Deutscher unter Verlust der deutschen Staatsangehörigkeit (dazu vgl Art 5 Rz 25) die Staatsangehörigkeit Österreichs, das die Geschäftsfähigkeit bis dahin erst mit 19 Jahren eintreten ließ, dann war er für das deutsche IPR nach wie vor als voll geschäftsfähig zu betrachten. Welchen Standpunkt das neue Personalstatut seinerseits einnimmt, hängt von dessen Kollisionsnorm für den Fall des „Eingangsstatutenwechsels" ab (zB §§ 7, 11 öst IPRG: übereinstimmende Regelung; seit 1. 7. 2001 ist das Volljährigkeitsalter in Österreich auf 18 Jahre abgesenkt [§ 21 II ABGB nF], ältere Darstellungen [10. Aufl Art 7 Rz 21; Staud/Hausmann 2000 Art 7 Rz 84] sind überholt). Die oben (Rz 20) erläuterten Einzelregeln gelten für den Ausgangsstatutenwechsel entsprechend. 21

b) **Nicht geregelt** ist in Abs II der „**neutrale Statutenwechsel**". Ob Art 7 II beim Wechsel eines geschäftsfähigen Ausländers vom einen zum anderen Personalstatut entsprechend anzuwenden ist, ist eine praktisch nicht allzu bedeutsame Frage. Enthält das den Ausländer aufnehmende neue Personalstatut selbst eine Art 7 II entsprechende Regel, ist die Frage für das deutsche Recht schon gem Art 7 S I (iVm Art 4 I S 1) gelöst; Art 7 II bedarf es dann nicht. Gewährt das aufnehmende Recht solchen Bestandsschutz mit seinem IPR nicht, dann ist Abs II entsprechend anzuwenden (für analoge Anwendung generell die hM; s BT-Drucks 10/504, 45; MüKo/Birk Art 7 Rz 77; Pal/Heldrich Art 7 Rz 8; Staud/Hausmann [2000] Art 7 Rz 81, 83 zum früheren Recht s Staud/Beitzke Art 7 aF Rz 69 mwN; ähnlich differenzierend wie hier v Bar IPR II Rz 33). 22

c) Ebenfalls nicht geregelt ist in Abs II die Frage, ob der Erwerb der Rechtsstellung eines Deutschen dem zuvor noch nicht voll geschäftsfähigen Ausländer die Geschäftsfähigkeit vermittelt, wenn nach deutschem Recht die Voraussetzungen vorliegen. Regelung findet ein solcher Fall indes schon über Art 7 I. Mit dem Erwerb des Status eines Deutschen besteht deutsches Personalstatut. Ex nunc besteht dann volle Geschäftsfähigkeit. 23

VI. Parteifähigkeit, Prozeßfähigkeit. Internationales Verfahrensrecht

1. Allgemeines. Mit Rechts- und Geschäftsfähigkeit, deren Kollisionsrecht in Art 7 geregelt ist, sind in den einzelnen Rechten regelmäßig die verfahrensrechtlichen Pendants der Partei- und Prozeßfähigkeit verknüpft. Über das Vorgehen bei der Bestimmung der Partei- und Prozeßfähigkeit bei Ausländern besteht keine Einigkeit. Seit Pagenstecher (ZZP 64 [1951] 249ff, 251) das Vorhandensein „echter zivilprozessualer Kollisionsnormen" für Partei- und Prozeßfähigkeit behauptet hat, ist deren Existenz str (dafür etwa näherungsweise MüKo/Sonnenberger[3] IPR Einl Rz 411ff; Pal/Heldrich Art 7 Rz 2, 4; Staud/Beitzke Art 7 aF Rz 32 und Vorbem zu Art 7 Rz 19; offen hinsichtlich der Parteifähigkeit – Staud/Hausmann [2000] Art 7 Rz 95; Soergel/Kegel[12] Art 7 Rz 3, 9; aA Soergel/Lüderitz[12] Art 10 Anh Rz 28, 29; v Bar IPR I Rz 367, 370; auch BGH NJW 1965, 1666 = IPRspr 1964/65 Nr 4; mwN zur Rspr Soergel/Lüderitz[12] Art 10 Anh Rz 28 Fn 42 und Rz 29 i Erg setzt die heutige Rspr Parteifähigkeit mit Rechtsfähigkeit nach Heimatrecht gleich, s zB BGH NJW 1999, 1871; Hamm RIW 1997, 236, 237; Zweibrücken RIW 2001, 373; zur Sonderproblematik der Sitzverlegung bei jur Personen s Rz 25 aE). ME bedarf es solcher besonderer Kollisionsnormen nicht. **Partei- und Prozeßfähigkeit** sind nur für das Verfahren im Inland zu ermitteln; deshalb ist insofern von der **lex fori**, dh den §§ 50–55 ZPO auszugehen, die als Sachnormen innerhalb der Verfahrensordnung über Partei- und Prozeßfähigkeit im deutschen Zivilverfahren bestimmen. Wenn diese dann auf das Heimatrecht abstellen, wie § 55 ZPO in der ersten Alternative ausdrücklich und § 50 I ZPO (parteifähig ist, wer rechtsfähig ist) mittelbar, oder subsidiär (§ 55 Alt 2 ZPO) deutsches Sachrecht anwenden, liegt darin noch kein besonderes ZPO-Kollisionsrecht. Vielmehr geht es um die Sachaussage, was nach der lex fori Partei- und Prozeßfähigkeit ergibt. 24

2. Für die Ermittlung der **Parteifähigkeit natürlicher Personen** im deutschen Zivilverfahren sind diese Meinungsunterschiede freilich nicht erheblich. Da § 50 I ZPO für die Parteifähigkeit auf die Rechtsfähigkeit verweist und diese stets gem Art 7 zu bestimmen ist, beurteilt sich die Parteifähigkeit der natürlichen Personen jedenfalls mittelbar für das deutsche Verfahrensrecht nach dem Heimatrecht (allg erzieltes Ergebnis, s vorgenanntes Schrift- 25 tum und Rspr). Knüpft das Heimatrecht nicht an die Staatsangehörigkeit an, ist eine sich dann uU ergebende **Rück- und Weiterverweisung zu beachten** (Rz 1, 2). Für die Beteiligtenfähigkeit im FGG-Verfahren gilt Entsprechendes. Diese Regeln gelten nach bislang hM („Sitztheorie") auch für die Parteifähigkeit von organisierten Personenvereinigungen und jur Personen BGH JZ 1997, 568; NJW 1999, 1871; Düsseldorf NJW-RR 1993, 999; IPRax 1996, 423; Hamm RIW 1997, 237, vgl Anh II nach Art 37 Rz 34ff, daselbst auch zur Behandlung der **Sitzverlegung** von jur Personen und der Reaktion des Int Gesellschaftsrechts und des **europ Gemeinschaftsrechts** auf der Grundlage der Rspr des **EuGH** („Centros", „Überseering", „Inspire Art").

26   3. Für die **Prozeßfähigkeit** gilt auf der Grundlage der oben gemachten Erläuterungen (Rz 24) Entsprechendes, da ausschließlich bei den einschlägigen Normen der §§ 52, 55 ZPO (bzw anderer Verfahrensordnungen) anzusetzen ist. Dies wird – im Ergebnis meist unschädlich – verkannt, wenn insoweit auf Art 7 abgestellt wird (so aus der Rspr BGH JZ 1956, 535; BayObLG 1963, 35; wN bei Soergel/Kegel[12] Art 7 Rz 9). Abzustellen ist vielmehr vom dafür allein maßgeblichen Ausgangspunkt des § 55 ZPO aus auf die Prozeßfähigkeit des Ausländers „nach dem Recht seines Landes". Mit der in § 52 ZPO zugrundegelegten und in Art 7 erfaßten Geschäftsfähigkeit ist die Prozeßfähigkeit des § 55 ZPO nicht gleichzusetzen. Gleich ist nur die Unterstellung unter das Heimatrecht (dessen Standpunkt zum Renvoi zu prüfen ist, Rz 1, 2, 25). Ob der Ausländer iSv Art 7 I geschäftsfähig ist, besagt über seine nach Heimatrecht bestehende Prozeßfähigkeit, dh die Fähigkeit, eine Verpflichtung selbst im Rechtsstreit zu vertreten, noch nichts Abschließendes (vgl v Bar IPR I Rz 370; Soergel/Kegel[12] Art 7 Rz 9; zur prozeßrechtlichen Qualifikation der Prozeßführungsbefugnis BGH 118, 315; 125, 199; LG Hamburg RiW 1998, 894; zur Befähigung zur Abgabe eidesstattlicher Versicherung LG Zwickau BB 1995, 1664). Keine kollisionsrechtliche Prüfung ist für die von § 55 ZPO vorgesehene subsidiäre Maßgeblichkeit des „Rechts des Prozeßgerichts" erforderlich. Zu ermitteln ist hier gemäß § 52 ZPO, ob das deutsche Sachrecht (§§ 104ff BGB) Geschäftsfähigkeit und damit Prozeßfähigkeit iSv § 52 ZPO gibt. Zur Prozeßfähigkeit von Personenvereinigungen und jur Personen s Anh II zu Art 37 Rz 34.

27   **4. Verfahrensrecht im Zusammenhang mit der Geschäftsfähigkeit. a) Gegenstand.** Dem deutschen Recht ist seit der Herabsetzung des Volljährigkeitsalters auf 18 Jahre die **Volljährigkeitserklärung eines Minderjährigen** durch das Vormundschaftsgericht fremd geworden (dazu Hepting FamRZ 1975, 451; ZBlJugR 1976, 145). Andere Rechte kennen sie; ebenso kennen romanische Rechte die **Emanzipation des Minderjährigen**, die Volljährigkeit nicht bewirkt, aber die rechtlichen Wirkungen der Minderjährigkeit mildert (Übersicht bei Staud/Hausmann [2000] Art 7 Rz 109). Überwiegend bedarf es hierfür der Mitwirkung von Gerichten oder Behörden. Das deutsche Recht ist insoweit betroffen einmal bei Anträgen, im Inland für einen Ausländer Volljährigkeitserklärung oder Emanzipation zu bewirken, zum anderen bei der Prüfung der Anerkennung eines Volljährigkeitserklärung oder Emanzipation bewirkenden ausländischen Rechtsaktes.

28   b) Für Emanzipation oder Volljährigkeitserklärung im Inland kann die internationale Zuständigkeit nicht aus dem MSA, sondern entsprechend § 36 I FGG aus dem inländischen Wohnsitz des Minderjährigen folgen (AG Hamburg StAZ 1967, 301; zur Ablehnung der Vornahme Hepting FamRZ 1975, 451, 453; weiter MüKo/Birk Art 7 Rz 53; zu Anpassungsfragen nach wie vor Staud/Beitzke[11] Art 7 aF Rz 98). Anwendbares Recht ist das Heimatrecht des Minderjährigen (AG Hamburg StAZ 1967, 301; AG Fürth ZBlJugR 1976, 169; AG Moers DAVorm 1997, 925; unzutreffend AG Hochheim StAZ 1966, 208). Rechtsgeschäftliche Emanzipation (zB franz und griech Recht) kann im Inland vorgenommen werden, für die Form gilt in Ermangelung besonderer Formkollisionsregel des dt Rechts Art 11.

29   c) Bei Emanzipation oder Volljährigkeitserklärung im Ausland ist hinsichtlich der **Beachtlichkeit im Inland** zu unterscheiden. Beruht die Emanzipation nur auf Rechtsgeschäft (zB franz und griech Recht), ist die Anerkennungsproblematik nicht berührt. Nach Maßgabe von Art 7 I können sie auch im Inland Beachtung fordern. Erfolgen sie durch gerichtlichen Rechtsakt des Heimatstaates, gilt § 16a FGG. Bedenken gem Art 6 (Ordre public) bestehen grundsätzlich nicht. Sind sie im Drittstaat geschehen, ist anzuerkennen, wenn sie nach dem Personalstatut vorgesehen sind und der Drittstaat aus deutscher Sicht internationale Zuständigkeit hatte. Betreffen Emanzipation oder Volljährigkeitserklärung einen Deutschen einschließlich eines Mehrstaaters (Art 5 I S 2), so ist die Anerkennung zu versagen, da im Ausland eine Zuständigkeit angemaßt worden ist, die im Inland ein deutsches Gericht gegenüber einem Deutschen mangels Existenz der Rechtsfigur nicht gehabt hätte (ebenso MüKo/Birk Art 7 Rz 58; großzügiger jetzt Staud/Hausmann [2000] Art 7 Rz 116).

8 Entmündigung
Ein Angehöriger eines fremden Staates, der seinen gewöhnlichen Aufenthalt oder, mangels eines solchen, seinen Aufenthalt im Inland hat, kann nach deutschem Recht entmündigt werden.

1   1. Art 8 wurde aufgehoben mit Wirkung v 1. 1. 1992 durch Art 7 § 29 Nr 1 BetreuungsG v 12. 9. 1990, BGBl I S 2002.

2   **2. Auswirkungen der Aufhebung von Art 8.** Art 8, der für die Entmündigung von Ausländern mit Inlandsaufenthalt die Anwendbarkeit des deutschen Rechts anordnete, ist durch das BetreuungsG, das die Entmündigung abgeschafft und an ihre Stelle die Betreuung gem §§ 1896ff BGB nF gesetzt hat, aufgehoben worden. **Mit der Entfernung des Rechtsinstituts der Entmündigung aus dem deutschen Recht besteht im Inland die Möglichkeit der Entmündigung nicht mehr.** Da Art 8 die Entmündigung von Ausländern im Inland bei Vorliegen internationaler Zuständigkeit (gem § 648a I S 1 Nr 2 ZPO aF) ebenfalls auf der Grundlage des deutschen Rechts vorsah, ist durch die Änderung des materiellen Rechts auch eine Entmündigung von Ausländern im Inland nicht mehr möglich. Eine Entmündigung eines Ausländers auf der Grundlage des gem Art 7 I S 1 zur Anwendung berufenen

Heimatrechts, die in der Geltungszeit des Art 8 für möglich erachtet worden ist (MüKo/Birk Art 8 Rz 16), scheidet seit dem 1. 1. 1992 ebenfalls aus. Wegen des starken Inlandsbezuges der Inlandsentmündigung steht unter dem Gesichtspunkt, daß das deutsche Recht zum besseren Schutz der Würde und der allgemeinen Handlungsfreiheit (Art 2 GG) des Betreuten von der Entmündigung zur Betreuung übergegangen ist, jedenfalls Art 6 S 1 und 2 entgegen.

In Art 8 nicht geregelt war die Anerkennung der im Ausland erfolgten Entmündigung von Deutschen. Mit der **3** Abschaffung der Entmündigung im deutschen Sachrecht ist solchen Entmündigungen im Inland die Anerkennung zu versagen; ob § 328 ZPO oder – richtiger – § 16a FGG der systematische Ansatzpunkt ist, kann offenbleiben. Immer wird die Anerkennung daran scheitern, daß das deutsche Recht den für die Anerkennungsfähigkeit vorauszusetzenden Entmündigungsgrund (BGH 19, 240 und allg M) nicht mehr zu liefern vermag (str; s Staud/Hausmann [2000] Art 7 Rz 122).

Für vor dem 1. 1. 1992 im Inland erfolgte Ausländerentmündigungen gilt das Übergangsrecht des BetreuungsG **4** (Art 9 § 1 I–IV). Danach ist eine nach altem Recht eingerichtete Vormundschaft in das Rechtsinstitut der Betreuung übergeführt (Einzelheiten bei Pal/Diederichsen[54] Einf vor § 1896 Rz 20). Das Kollisionsrecht der Betreuung findet sich jetzt im mit Wirkung zum 1. 1. 1992 neugefaßten Art 24 I und III. Vgl Erl zu Art 24 Rz 7, 11.

3. Fortgeltung von Abkommensrecht. Durch die Aufhebung von Art 8 war die Fortgeltung des Haager **5** Abkommens über die Entmündigung und gleichartige Fürsorgemaßnahmen v 17. 7. 1905 (RGBl 1912 S 463) zunächst nicht berührt worden. **Das Haager Entmündigungsabkommen galt 1992 aber nurmehr im Verhältnis zu Italien** (Bek v 14. 2. 1955, BGBl II S 188). Mit seiner **Kündigung** (Wirkungszeitpunkt 23. 8. 1992, Bek v 23. 3. 1992, BGBl II 5272) ist es dann gänzlich entfallen.

Bedeutsam war das Abkommen als im Verhältnis zu Italien spezielleres Kollisionsrecht vorübergehend für die **6** Betreuung gem §§ 1896ff BGB. Da Art 13 in den sachlichen Geltungsbereich des Abkommens auch „alle anderen Maßregeln gleicher Art, soweit sie eine Beschränkung der Geschäftsfähigkeit zur Folge haben", einbezog und § 1903 BGB mit der Einführung des Einwilligungsvorbehalts eine solche Regelung vorsieht, hatte das Abkommen insofern eine vorübergehende, sachlich und zeitlich begrenzte Bedeutung. Abdruck des Abkommenstextes bei Erman/Arndt Anh Art 8 aF. Das Haager Erwachsenenschutzübereinkommen – ESÜ – v 10. 12. 2000 (noch nicht in Kraft) soll in Zukunft an die Stelle des alten Entmündigungsabkommens treten, s Siehr RabelsZ 64 (2000) 715 (Textabdruck ebenda 752). S dazu Art 24 Rz 4 mwN und Anh Art 24 vor Rz 1 und vor Rz 9.

9 Todeserklärung

Die Todeserklärung, die Feststellung des Todes und des Todeszeitpunkts sowie Lebens- und Todesvermutungen unterliegen dem Recht des Staates, dem der Verschollene in dem letzten Zeitpunkt angehörte, in dem er nach den vorhandenen Nachrichten noch gelebt hat. War der Verschollene in diesem Zeitpunkt Angehöriger eines fremden Staates, so kann er nach deutschem Recht für tot erklärt werden, wenn hierfür ein berechtigtes Interesse besteht.

Schrifttum: *Fragistas*, Die Kommorientenvermutungen im Internationalen Privatrecht FS Laun (1953) 693; *Jayme/Haack*, Die Kommorientenvermutungen im internationalen Erbrecht bei verschiedener Staatsangehörigkeit der Verstorbenen ZVglRWiss 84 (1985) 80; *Kühne*, Das internationale Personen- und Eherecht im Regierungsentwurf des Gesetzes zur Neuregelung des IPR StAZ 1984, 3; *Nitsche*, Das internationale Privatrecht der Todeserklärung (Diss München 1971); *Vékas*, Zur Bindung an die Todesfeststellung durch ein ausländisches Gericht IPRax 1982, 142.

I. Allgemeines

1. Inhalt, Zweck, Vorgeschichte. Art 9 bestimmt das anwendbare Recht für die Regelung der Ungewißheit, ob **1** ein Mensch noch lebt oder ob er bereits tot ist. Da das deutsche materielle Recht diese Frage, deren Beantwortung für eine Vielzahl von einzelnen Rechtsgebieten (zB Familienrecht, Erbrecht, Sozialrecht) von Bedeutung ist, im Verschollenheitsrecht (Verschollenheitsgesetz idF v 15. 1. 1951 BGBl S 63) mit einer grundsätzlich einheitlich und umfassend wirkenden Todesvermutung einheitlich regelt, erklärt sich auch die Aufnahme einer eigenständigen Kollisionsnorm in das EGBGB. Die IPR-Reform hat für das Kollisionsrecht der Todeserklärung wesentliche Änderungen erbracht, so daß die zum früheren Kollisionsrecht (bis 1939 Art 9 aF; seither § 12 VerschG 1939 idF von 1951) entstandene Literatur und Praxis heute nur noch für Teilaspekte verwertbar ist (zum aR vgl Erman/Arndt[7] VerschG § 12 [Art 9]). In ausländischen Rechtsordnungen finden sich zT ähnliche Einheitslösungen (Österreich, Italien, Spanien), Mischlösungen (Frankreich) sowie die einfache „7-Jahre-Lösung" der anglo-amerikanischen Rechte, bei der die Voraussetzungen der Todesvermutung in jedem einzelnen Anwendungsfall bewiesen werden müssen (s Staud/Coing/Weick[12] § 12 VerschG [Art 9] Rz 11ff). Kernregel des deutschen IPR der Todeserklärung und der damit zusammen zu sehenden Fragen ist heute wieder Art 9, der in S 1 in Abweichung vom bisherigen Recht das Heimatrecht beruft, in S 2 aber für ausländische Verschollene und Verstorbene bei Vorliegen eines berechtigten Interesses alternativ die Anwendung deutschen Rechts ermöglicht (insoweit Fortführung bisheriger Anknüpfung, § 12 II VerschG aF). Eine ergänzende besondere Kollisionsregel, die freilich weitgehend ins Leere geht (Staud/Weick/Habermann[13] § 12 VerschG Rz 2), enthält Art 2 § 1 IV S 1 VerschÄndG (Abdruck s Rz 15). Die internationale Zuständigkeit deutscher Gerichte richtet sich nach § 12 I, II VerschG nF (Abdruck s Rz 15).

2. Staatsvertragliche Regeln. Mehrseitige **Staatsverträge**, aus denen sich Kollisionsnormen und Regeln zur **2** Bestimmung der internationalen Zuständigkeit ergeben, sind für Deutschland nicht in Kraft. Die für die BRepD seit 29. 2. 1956 in Kraft gewesene UN-Konvention über die Todeserklärung Verschollener (BGBl 1955 II 706) ist am 24. 1. 1967 für Deutschland außer Kraft getreten. Das CIEC-Übereinkommen Nr 10 über die Feststellung gewisser Todesfälle vom 18. 9. 1966 ist für Deutschland bislang nicht in Kraft getreten. Das Deutsch-Iranische Niederlassungsabkommen hat als **zweiseitiger Staatsvertrag** mit seinem Art 8 III Vorrang; vgl dazu Erl zu Art 14 Rz 35.

3. Geltung allgemeiner Regeln. Soweit Art 9 S 1 auf nichtdeutsches Heimatrecht verweist, liegt **Gesamtverweisung** iSv Art 4 I vor. Es gelten deshalb die allgemeinen Verweisungsregeln, **Rück- und Weiterverweisung** iSv Art 4 I durch das Kollisionsrecht des Heimatstaates sind **zu beachten**. Bei Doppel- und Mehrstaatern gilt Art 5 I, ist der Verschollene auch deutscher Staatsangehöriger, greift insofern Art 5 I S 2 (Vorrang der deutschen Staatsangehörigkeit) ein. Für Staatenlose und Flüchtlinge gelten die insoweit entwickelten Ersatzanknüpfungen, s Erl zu Art 5 Rz 37ff und 61ff. In Art 9 ist die Anknüpfung der Todeserklärung usw verselbständigt. Das gem Art 9 maßgebliche Recht betrifft nur die Regelung der Todeserklärung und die unmittelbar für die Person eintretenden Wirkungen (zB Todesvermutung). Rechtsbeziehungen, an denen der für tot Erklärte beteiligt ist (zB Ehe, Verträge), unterstehen demgegenüber dem Wirkungsstatut. Ebenso regelt sich die Erbfolge nach einem für tot Erklärten gem dem über Art 25 zu ermittelnden Erbstatut (ebenso Pal/Heldrich Art 9 Rz 2; aA – Maßgeblichkeit des Verschollenheitsstatuts – MüKo/Birk Art 9 Rz 24). Eben wegen der Verselbständigung der Todeserklärung und Todesvermutung in Art 9 empfiehlt es sich, deren Auswirkungen jeweils dem insoweit nach der einschlägigen Kollisionsregel ermittelten Statut zu überlassen.

4. Innerdeutsches Kollisionsrecht. Im innerdeutschen Kollisionsrecht ist eine Art 9 nachzubildende Kollisionsnorm (Art 3 Rz 27ff) ohne praktischen Belang. Für Altfälle s wegen der abweichenden Regeln des Rechts der ehemaligen DDR (dazu MüKo/Birk Art 9 Rz 53ff; ausführlich Soergel/Kegel[12] Art 9 Rz 44ff) Art 236 Rz 5, 10.

II. Todeserklärung

1. Allgemeines. Art 9 beruht auf der Regelung, die das deutsche materielle Recht den ungewissen Todesfällen im Verschollenheitsrecht gibt. Gleichwohl aber ist Todeserklärung in Art 9 nicht formal unter strikter Begrenzung auf die Anschauung der deutschen lex fori zu qualifizieren; vielmehr erfaßt Art 9 alle Regelungen aller Rechte, die ihrer Funktion nach eine rechtliche Aussage über die Verschollenheit und ihre allgemeine Behandlung machen. Erfaßt werden also auch Verschollenheits- oder Abwesenheitserklärungen, wie sie fremden Rechten geläufig sind. Ausgenommen sind die Sonderregeln des deutschen Wiedergutmachungs-, Entschädigungs-, Versorgungs- und Sozialversicherungsrechts (§ 180 BEG, § 52 BVG, §§ 597, 1271 RVO aF, § 48 AVG aF bzw Neuregelung in SGB VI). Deren räumlicher Anwendungsbereich ist aus dem Geltungswillen des jeweiligen Gesetzes und Rechtsgebietes zu erschließen (ebenso MüKo/Birk Art 9 Rz 10).

Mit der in Art 9 und 13 VerschG nF Gesetz gewordenen Regelung ist das deutsche IPR endgültig von dem früher vertretenen Gleichlauf von internationaler Zuständigkeit und anwendbarem Recht (vgl Soergel/Kegel[11] Art 9 aF Rz 32 mwN) abgerückt. Internationale Zuständigkeit deutscher Gerichte besteht gem § 12 VerschG iVm Art 9 auch dann, wenn die Todeserklärung auf der Grundlage fremden Rechts zu geschehen hat (BGH FamRZ 1994, 498).

2. Internationale Zuständigkeit. Art 9 regelt die Rechtsanwendung für eine im Inland erfolgende Todeserklärung. Die gem § 14 VerschG sachlich zuständigen Amtsgerichte (§ 3 Nr 1 lit g RPflG, Rechtspflegerzuständigkeit) sind gem § 12 VerschG nF (Text Rz 15) international zuständig, wenn (§ 12 I Nr 1 VerschG) eine Person mit der Rechtsstellung eines Deutschen für tot zu erklären ist, auch wenn deren letzter bekannter Wohnsitz oder gewöhnlicher Aufenthalt sich nicht im Inland befand (**Heimatzuständigkeit**). Auf konkurrierende Zuständigkeit eines fremden Staates kommt es dabei nicht an (vgl § 12 III VerschG). Internationale Zuständigkeit besteht als Aufenthaltszuständigkeit gem § 12 I Nr 2 VerschG weiter für die Todeserklärung oder vergleichbare Erklärungen für einen Ausländer mit letztem gewöhnlichen Aufenthalt im Inland (nicht ausreichend: schlichter Aufenthalt, dazu Kegel IPR § 17 I 2). § 12 II VerschG sieht als dritte Zuständigkeitsregel internationale Zuständigkeit kraft berechtigten Interesses vor. Wann solches berechtigtes Interesse vorliegt, wird nicht einheitlich beantwortet (s Kegel IPR § 17 I 3, Fürsorgezuständigkeit; Pirrung IPVR 214, regelmäßiger Gleichlauf; Pal/Heldrich Art 9 Rz 3, Einzelfallumstände; MüKo/Birk Art 9 Rz 21, Interessen des inländischen Rechtsverkehrs). Da die Todeserklärung bei Deutschen durch § 12 I Nr 1 VerschG umfassend für deutsche Gerichte gesichert ist, bei Ausländern, Flüchtlingen und Staatenlosen hingegen § 12 I Nr 2 VerschG lediglich partiell Zuständigkeit gibt, dient § 12 II VerschG zur Füllung von hier entstehenden Lücken. Berechtigtes Interesse liegt demgemäß dann vor, wenn der deutsche Rechtsverkehr im Interesse der Rechtssicherheit oder zur Regelung von offenen Rechtsfragen einzelner Betroffener (zB Nachlaß-, Ehe- und Personenstandsfragen) ein Interesse an der rechtlichen Lösung der Frage der Ungewißheit des Todes einer Person hat. Ob das Interesse verneint werden soll, wenn im Heimatstaat oder einem näher berechtigten Drittstaat eine Todeserklärung erreichbar ist, ist für den Einzelfall zu entscheiden. Häufig wird sich berechtigtes Interesse iSv § 12 II VerschG und von Art 9 S 2 decken, doch ist solcher Gleichlauf keine Voraussetzung des Zuständigkeitsinteresses (s Rz 9).

3. Maßgeblichkeit des Heimatrechts (Satz 1). Art 9 S 1 führt zur Anwendbarkeit des letzten bekannten Heimatrechtes des Verschollenen. Maßgeblich ist das Recht des Staates, dem nach den dafür vorhandenen Nachrichten die Person zuletzt angehört hat. Für Deutsche gilt damit deutsches Recht, ohne daß es auf ihren Wohnsitz oder Aufenthalt ankommt. Für die Bestimmung des Personalstatuts gelten die allgemeinen Regeln (Rz 3). Da S 1 „Nachrichten" fordert, müssen zur Staatsangehörigkeit vorliegende Beweismittel den Schluß auf das spätere Vorliegen dieser Staatsangehörigkeit ergeben, im anderen Fall ist auf ein früheres, aber gewisses Personalstatut abzustellen, sofern nicht S 2 zur Anwendung kommen kann. Kommt bei Ausländern ein Recht zur Anwendung, das nicht die Todeserklärung kennt, sondern die Verschollenheits- oder Abwesenheitserklärung regelt, ist diese auch durch das deutsche Gericht auszusprechen.

4. Maßgeblichkeit des deutschen Rechts für Ausländer (Satz 2). Art 9 S 2 läßt in Abweichung von der in S 1 **9** vorgesehenen Regelanknüpfung die Anwendung deutschen Rechts auf die Todeserklärung für einen Ausländer zu. Da Art 9 S 1 die im alten Recht aus § 12 I VerschG entwickelte allseitige Kollisionsnorm der Maßgeblichkeit des Heimatrechts (BGH 43, 80, 84; BGH IPRax 1982, 155; Staud/Coing/Weick[12] § 12 VerschG [Art 9] Rz 84 mwN) kodifizieren wollte (BT-Drucks 10/504, 45, 46; Pirrung IPVR 127; mit abw Betonung MüKo/Birk Art 9 Rz 25, 26), kann über die Anwendung von S 2 nicht zur durchgängigen Anwendung des deutschen Rechts gelangt werden, auch wenn sich dabei Rechtsanwendungsvorteile bieten. Das von S 2 für die Anwendung des deutschen Rechts geforderte berechtigte Interesse kann deshalb nicht im Interesse internen Entscheidungseinklangs schematisch bejaht werden. Abzustellen ist auf die **Umstände des Einzelfalles**, wobei sich Anhaltspunkte für die Beurteilung schon aus der Beurteilung des hier uU vorgängig bejahten berechtigten Interesses iSv § 12 II VerschG (Rz 7) ergeben können. Völligen Gleichlauf anzustreben, wäre indes verfehlt (eher dafür MüKo/Birk Art 9 Rz 25, 26; ähnlich hier Pal/Heldrich Art 9 Rz 3). Enthält das Heimatrecht kein der Todeserklärung vergleichbares Rechtsinstitut, wird das berechtigte Interesse regelmäßig zu bejahen sein; im umgekehrten Fall wird es regelmäßig zu verneinen sein. Da Art 9 S 2 nichts dazu sagt, ob das berechtigte Interesse ein Interesse von Betroffenen oder Begünstigten sein kann oder für das Gericht gegeben sein muß, sollte es aber auch in solchen Fällen insbesondere dann bejaht werden, wenn der Sachverhalt so überwiegenden Inlandsbezug (Inlandsaufenthalt oder deutsche Staatsangehörigkeit von Angehörigen, Inlandsvermögen) hat, daß die Anwendung deutschen Rechts angebracht erscheint (ausführlich mit Einzelbeispielen Staud/Weick [2000] Art 9 Rz 64, 65).

5. Art 2 § 1 IV 1 VerschÄndG. Die Norm durchbricht als Kriegsfolgensonderregelung für Ausländer und Staa- **10** tenlose, bei denen die aus dem unten (Rz 15) abgedruckten Wortlaut ersichtlichen Voraussetzungen vorliegen, ebenfalls die Maßgeblichkeit des Heimatrechts. Bezweckt ist durch die Vorschrift eine Erleichterung der Todeserklärung für diesen Personenkreis. Die Vorschrift ist weiterhin in Geltung.

6. Anerkennung ausländischer Todeserklärungen. Im Ausland ausgesprochene Todeserklärungen oder son- **11** stige Rechtsakte vergleichbaren Inhalts sind aus deutscher Sicht Akte der freiwilligen Gerichtsbarkeit (§ 13 I VerschG). Ihre Anerkennung richtet sich deshalb nach § 16a FGG. Zu differenzieren ist dabei hinsichtlich der Deutsche und Nichtdeutsche betreffenden Todeserklärungen.

a) Die **Todeserklärung eines Deutschen im Ausland** ist, wie aus § 12 III VerschG hervorgeht, anerkennungsfähig (vorausgesetzt in BGH FamRZ 1994, 498; ausführlich Bosch in Anm dazu S 500f). Die Anerkennungsvoraussetzungen ergeben sich aus § 16a FGG. Keine Voraussetzung der Anerkennung ist, daß der zur Anerkennung gestellte fremde Rechtsakt ein anderes als das deutsche Recht angewandt hat. Hatte der ausländische Staat aus deutscher Sicht (nach Maßgabe von § 12 I, II VerschG) internationale Zuständigkeit, steht seine Entscheidung nicht im Widerspruch zu einer inländischen oder früheren ausländischen, ebenfalls anzuerkennenden Entscheidung, und ist sie mit dem inländischen Ordre public vereinbar, sind die Anerkennungsvoraussetzungen gegeben. Ein Widerspruch zum internen Ordre public wird sich kaum ergeben, da die ausländischen Sachrechte ähnlich beschaffen sind und andere als unmittelbare Wirkungen der Todeserklärung nach der hier vertretenen Auffassung ohnehin nicht dem Statut der Todeserklärung, sondern dem Wirkungsstatut unterliegen (s Rz 3).

b) Bei Todeserklärungen für Ausländer ist die internationale Zuständigkeit des Entscheidungsstaates nach Maßgabe von § 12 I und II Nr 1 und 2 VerschG zu beurteilen, iü ergeben sich keine Änderungen gegenüber a.

7. Konkurrenz inländischer und ausländischer Entscheidungen. Todeserklärungsentscheidungen können **12** konkurrierend im In- und Ausland getroffen werden. Gem § 16a Nr 3 FGG geht dann die inländische der ausländischen vor, unter mehreren ausländischen hat gem § 16a Nr 3 FGG die zeitlich früher ergangene für die Anerkennung den Vorrang (ausführl MüKo/Birk Art 9 Rz 39, 40). Die Anerkennung läßt die Möglichkeit späterer Abänderung entspr §§ 30, 33a VerschG durch eine inländische Entscheidung unberührt (ebenso MüKo/Birk Art 9 Rz 41).

III. Feststellung des Todes und des Todeszeitpunktes

Bei Todeserklärung wird gem § 9 VerschG auch der Zeitpunkt des in der Entscheidung festgestellten Todes **13** bestimmt. Gem §§ 39ff VerschG kann bei gewissem Tod, aber ungewissem Todeszeitpunkt auch eine isolierte Feststellung des Todeszeitpunktes durch Beschluß getroffen werden. Bei Auslandsberührung ergibt sich die internationale Zuständigkeit aus § 12 I, II VerschG (vgl dazu BGH Rpfleger 1981, 141 = IPRax 1982, 155). Das anwendbare Recht ist dann gem Art 9 S 1 das letzte Heimatrecht (s Rz 3). In Art 9 S 2 ist hingegen für die Anwendung deutschen Rechts nur die Todeserklärung vorgesehen. Aus den Materialien (Pirrung IPVR 127f) ist indes nichts dafür zu entnehmen, daß diese Einschränkung bewußt getroffen worden ist. Praktischem Bedürfnis entspricht deshalb die analoge Anwendung von S 2 auch für die Feststellung des Todeszeitpunktes (ebenso MüKo/Birk Art 9 Rz 43).

IV. Lebens- und Todesvermutungen

Art 9 S 1 läßt das Personalstatut (Rz 8, 3) auch über Lebens- und Todesvermutungen bestimmen. Lebensvermu- **14** tungen ordnen bei Unsicherheit darüber, ob ein Mensch noch am Leben oder schon verstorben ist, bis zu ihrer Entkräftung die Sicht an, ihn als noch lebend zu behandeln. Lebensvermutungen enthalten für Inhaber deutschen Personalstatuts §§ 9 I 1, 10 VerschG. Todesvermutungen enthält die Todeserklärung gem § 9 I S 1 VerschG. Das gem Art 9 S 1 maßgebliche Recht bestimmt, ob das Leben oder der Tod der Person vermutet wird. Welche weiteren Wirkungen jedoch der Lebens- oder Todesvermutung zu entnehmen sind, bestimmt auch hier nicht das Personal-, sondern das Wirkungsstatut (s Rz 3). Nach Art 9 S 1 bestimmen sie auch die sog **Kommorientenvermutungen**, wie sie für das deutsche Recht in **§ 11 VerschG** enthalten sind. Demgemäß wird bei deutschem Personalstatut zweier oder mehrerer für tot Erklärter oder bei einem Ereignis ums Leben Gekommener gleichzeitiges Versterben vermutet (zum früheren Recht zB Hamburg IPRspr 1966/67 Nr 172). Die weiteren Wirkungen (zB auf die Erbfolge) bestimmen sich dann aber auch hier nach dem Wirkungsstatut (zB Erbstatut). Schwierig ist der Fall zu lösen, daß die Kommorienten unterschiedliche Personalstatuten hatten und die Lösungen der Heimatrechte sachlich divergieren (abw zB das franz Recht, Art 720–722 CC: der Ältere vor dem Jüngeren). Vorgeschlagen werden sowohl kollisions- als auch materiellrechtliche Angleichungslösungen (vgl Fragistas aaO 693ff; Jayme/Haack aaO 80ff). Den Vorzug verdient eine Lösung auf der Ebene des Kollisionsrechts, indem das Recht ermittelt wird, zu dem die Kommorienten eine gemeinsame enge Beziehung aufweisen (zB gemeinsamer gewöhnlicher Aufenthalt, gemeinsamer Aufenthalt). Führt dieser Weg nicht zu einer Lösung, ist die Lösung im materiellen Recht durch Anpassung an die natürlichen Sicht, dh durch Annahme gleichzeitigen Versterbens iSv § 11 VerschG vorzunehmen (Fragistas aaO 704; Soergel/Schurig[12] Art 25 Rz 27; s ferner MüKo/Birk Art 25 Rz 194 mwN).

V. Gesetzestexte

15 1. Art 2 § 1 IV 1 des Gesetzes zur Änderung von Vorschriften auf dem Gebiet des Verschollenheitsrechts (**VerschÄndG**) v 15. 1. 1951 (BGBl I S 59 idF von Art 14 § 12 KindRG v 16. 12. 1997, BGBl I 2942, 2965):

(1) Wer vor dem 1. Juli 1948 im Zusammenhang mit Ereignissen oder Zuständen des letzten Krieges vermißt worden und seitdem unter Umständen, die ernstliche Zweifel an seinem Fortleben begründen, verschollen ist, kann für tot erklärt werden.

(2) Wer in dem letzten Zeitpunkt, in dem er nach den vorhandenen Nachrichten noch gelebt hat, infolge Gefangennahme oder infolge einer gegen ihn gerichteten Zwangsmaßnahme seinen Aufenthalt nicht frei bestimmen konnte und seit diesem Zeitpunkt unter Umständen, die ernstliche Zweifel an seinem Fortleben begründen, verschollen ist, kann jedoch erst für tot erklärt werden, wenn nach dem Ende des Jahres, in dem er noch gelebt hat, fünf Jahre verstrichen sind. War der Verschollene in dem bezeichneten Zeitpunkt in Lebensgefahr, so tritt an die Stelle der Frist von fünf Jahren eine solche von einem Jahr.

(3) §§ 4 bis 8 des Verschollenheitsgesetzes sind nicht anzuwenden.

(4) Die Absätze 1 bis 3 gelten auch für einen Verschollenen, der in dem letzten Zeitpunkt, in dem er nach den vorhandenen Nachrichten noch gelebt hat, Angehöriger eines fremden Staates oder staatenlos war,
a) wenn er in diesem Zeitpunkt seinen Wohnsitz oder seinen Aufenthalt im Geltungsbereich dieses Gesetzes hatte oder als Angehöriger der ehemaligen deutschen Wehrmacht am letzten Krieg teilgenommen hat, oder
b) wenn der Ehegatte, ein Abkömmling oder ein anderer nach § 16 des Verschollenheitsgesetzes antragsberechtigter Verwandter des Verschollenen seinen Wohnsitz oder seinen gewöhnlichen Aufenthalt im Geltungsbereich dieses Gesetzes hat und die Todeserklärung beantragt.
§ 12 Abs. 2 und 3 des Verschollenheitsgesetzes bleiben unberührt.

2. § 12 Verschollenheitsgesetz v 15. 1. 1951 (BGBl I S 63) idF des Gesetzes zur Neuregelung des IPR v 25. 7. 1986 (BGBl I S 1142):

(1) Für Todeserklärungen und Verfahren bei Feststellung der Todeszeit sind die deutschen Gerichte zuständig, wenn der Verschollene oder der Verstorbene in dem letzten Zeitpunkt, in dem er nach den vorhandenen Nachrichten noch gelebt hat,
1. Deutscher war oder
2. seinen gewöhnlichen Aufenthalt im Inland hatte.

(2) Die deutschen Gerichte sind auch dann zuständig, wenn ein berechtigtes Interesse an einer Todeserklärung oder Feststellung der Todeszeit durch sie besteht.

(3) Die Zuständigkeit nach den Absätzen 1 und 2 ist nicht ausschließlich.

10 Name

(1) Der Name einer Person unterliegt dem Recht des Staates, dem die Person angehört.

(2) Ehegatten können bei oder nach der Eheschließung gegenüber dem Standesbeamten ihren künftig zu führenden Namen wählen
1. nach dem Recht eines Staates, dem einer der Ehegatten angehört, ungeachtet des Artikels 5 Abs. 1, oder
2. nach deutschem Recht, wenn einer von ihnen seinen gewöhnlichen Aufenthalt im Inland hat.
Nach der Eheschließung abgegebene Erklärungen müssen öffentlich beglaubigt werden. Für die Auswirkungen der Wahl auf den Namen eines Kindes ist § 1617c des Bürgerlichen Gesetzbuchs sinngemäß anzuwenden.

(3) Der Inhaber der Sorge kann gegenüber dem Standesbeamten bestimmen, daß ein Kind den Familiennamen erhalten soll
1. nach dem Recht eines Staates, dem ein Elternteil angehört, ungeachtet des Artikels 5 Abs. 1,
2. nach deutschem Recht, wenn ein Elternteil seinen gewöhnlichen Aufenthalt im Inland hat, oder
3. nach dem Recht des Staates, dem ein den Namen Erteilender angehört.
Nach der Beurkundung der Geburt abgegebene Erklärungen müssen öffentlich beglaubigt werden.

(4) (aufgehoben).

Schrifttum: *Dörner*, Die Wahl des Vornamens im deutschen IPR, IPRax 1983, 287; *Edlbacher*, Das Recht des Namens (1978); *Henrich*, Die Namensführung von Ehegatten nach dem IPR-Gesetz oder: Was deutsche Gründlichkeit vermag, IPRax 1986, 333; *ders*, Die Rechtswahl im internationalen Namensrecht und ihre Folgen, StAZ 1996, 129; *ders*, Kollisionsrechtliche Fragen der eingetragenen Lebenspartnerschaft, FamRZ 2002, 137; *ders*, Wie soll unser Kind heißen? Ein Blick auf die Spielwiese des internationalen Namensrechts, Gedächtnisschrift Lüderitz (2000) 273; *Hitschmann*, Der zivilrechtliche Schutz des Vornamens (2000); *Jessurun d'Oliveira*, Transsexualität im internationalen Personenrecht, IPRax 1987, 189; *Pintens*, Name und Menschenrechtskonvention, FS Henrich (2000) 451; *Raschauer*, Namensrecht (1978); *Sturm*, Europäisches Namensrecht im dritten Jahrtausend, FS Henrich (2000) 611; (umfassende Literaturzusammenstellung bei MüKo/Birk Art 10).

I. Allgemeines

1. Inhalt und Zweck, Vorgeschichte. In Art 10 ist erstmalig für das deutsche IPR eine **kodifizierte Regelung** **1** **des internationalen Namensrechts** geschaffen worden. Der Gesetzgeber der IPR-Reform zeigte damit Übereinstimmung mit der Tendenz neuerer IPR-Kodifikationen des Auslandes, die ebenfalls das Namensstatut besonderer Normierung für wert erachtet haben (zB § 13 öst IPRG; Art 37–40 schweiz IPRG). **Kernregel** des neuen internationalen Namensrechts ist die Anknüpfung an die Staatsangehörigkeit, grundsätzlich maßgeblich ist das **Personalstatut des Namensträgers** (Abs I). Die Reform führt damit die gewohnheitsrechtlich fundierte Grundposition des ungeschriebenen Namenskollisionsrechts der Zeit vor dem 1. 9. 1986 fort, die nach Schwankungen schließlich die Position der Rspr auch zur Frage des Namenserwerbs bei der Eheschließung geworden war (BGH 56, 193, 195; 63, 107, 109 in Abweichung von der früheren Judikatur, BGH 44, 121, 124). Der Gesetzgeber hat sich damit namentlich auch gegen die im Vorfeld gemachten Vorschläge gewandt, Namenserwerb aufgrund familienrechtlicher Vorgänge nicht dem Personalstatut des Namensträgers, sondern dem Statut des zugrundeliegenden familienrechtlichen Verhältnisses zu unterstellen (so Entwurf Kühne § 11 II; ferner Beitzke [Hrsg], Vorschläge und Gutachten des Deutschen Rats für IPR zur Reform des deutschen internationalen Personen-, Familien- und Erbrechts [1981] 3f; beide in Fortführung der älteren Rspr, s BGH 44, 121, 124 – Name der Ehefrau; BGH FamRZ 1960, 229, 231 – Name des adoptierten Kindes). Die Anknüpfung an die Staatsangehörigkeit des Namensträgers rechtfertigt sich in zweierlei Hinsicht. Die damit erzielte Zuordnung zum Personalstatut berücksichtigt den im materiellen deutschen Recht ausgeprägten Bezug des Namens zur Persönlichkeit und seinen im deutschen Recht anerkannten persönlichkeitsrechtlichen Charakter (s BT-Drucks 10/504, 46f). Diese Zuordnung ermöglicht ferner weitgehenden Gleichlauf des privaten Namensrechts und der Behandlung von Namensfragen im öffentlichen Namensrecht, angefangen bei der Ausstellung von Personaldokumenten bis zur Maßgabe des NamensÄndG. Die Maßgeblichkeit des Personalstatuts kann so dem Anliegen des Gesetzgebers, im internationalen Namensrecht Rechtssicherheit und Rechtsklarheit zu gewährleisten, jedenfalls im Grundsatz Rechnung tragen (vgl BT-Drucks 10/504, 46f; Rechtsausschuß BT-Drucks 10/5632, 40).

Mit der Ablehnung, den Namen und die Namensführung dort, wo er sich aufgrund familienrechtlicher Vorgänge **2** bildet oder verändern kann (Kindesname, Ehename), dem Statut dieses Vorganges unterfallen zu lassen, hatte der Gesetzgeber freilich auch der Rechtsunklarheit und Sozialunterschieden Raum gegeben. Da die nationalen Rechte zum Namen, zur Namensbildung und -veränderung zT sehr unterschiedliche Regelungen entwickelt haben, war mit der Anknüpfung an die Staatsangehörigkeit des Namensträgers die Gefahr entstanden, daß seine „Umweltbezogenheit", dh seine Funktion, den Träger sowohl als Individuum als auch als Mitglied einer Familie oder Gruppe zu identifizieren, schwindet. Um dieser Gefahr zu begegnen, hatte die IPR-Reform 1986 das Grundprinzip des Art 10 I um die variierenden Regeln der damaligen Abs II–VI sowie um die weiteren Namensrechtsregeln des Art 220 IV und V damaliger Fassung angereichert. Mit diesen teils kollisionsrechtlichen, teils sachlich-rechtlichen, teils übergangsrechtlichen Sonderregeln für den Namen von Ehegatten sowie ehelichen und nichtehelichen Kindern sollte auf der Basis von Wahl- und Optionsrechten eine sowohl umweltangepaßte als auch individuellen Wünschen gerecht werdende Namensbildung und -führung in gemischtnationalen und rein ausländischen Ehen und Familien erzielbar gemacht werden. Die Ergebnisse ließen zu wünschen übrig; Art 10 bot (zusammen mit Art 220 IV, V) im Vergleich mit den Regelungen der beiden anderen IPR-Gesetze des deutschen Rechtskreises (s Rz 1) kein Bild wohlgelungener Gesetzgebung. Art 10 wurde deshalb schon durch das FamNamRG v 16. 12. 1993 (BGBl I 2054) neu gefaßt (s insoweit Hepting StAZ 1994, 1; Coester FuR 1994 1; Henrich IPRax 1994, 174; Bornhofen StAZ 1994, 141); die Abs III und IV von Art 10 (Fassung 1986) wurden zusammen mit Abs IV und V von Art 220 (Fassung 1986) gestrichen. Art 12 KindRG v 16. 12. 1997 (BGBl I 2942) hat dann mit Wirkung zum 1. 7. 1998 (Inkrafttreten der Kindschaftsrechtsreform) Art 10 erneut geändert und die vorherige Differenzierung zwischen der Namensgebung für eheliche und nichteheliche Kinder entfallen lassen (s dazu Henrich StAZ 1996, 357; Sturm in FS Lüke [1997] 824; Hepting StAZ 1998, 133). In Art 17b II S 1 nF ist entsprechende Anwendung von Art 10 II auf die Namensbildung bei der Eingetragenen Lebenspartnerschaft angeordnet.

2. Die **Reichweite** von Art 10 ist auf den **Namen der natürlichen Person** begrenzt. Daß Art 10 I allgemein **3** von „Person" spricht, kann für eine Erweiterung auf den Namen der jur Person allenfalls im Wege der Analogie (vgl Köln DtZ 1991, 27, 28; s ferner Anh Art 37 Rz 34), da die Norm im Zweiten Abschnitt (Recht der natürlichen Personen) und der Rechtsgeschäfte steht. Zur Anknüpfung der Firma des Kaufmanns (Sitz des Unternehmens bzw der Zweigniederlassung, s Kegel/Schurig IPR § 17 IV 3 und oben Art 7 Rz 11). Zum Namen der natürlichen Person gehört sowohl der Ehe- und Familienname als auch der Vorname; ebenso gehört hierher der in verschiedenen Rechtsordnungen vorgesehene Zwischenname (dazu Rz 4, 7, 10ff).

3. Geltung allgemeiner Regeln. Im Anwendungsbereich des Art 10 sind die allgemeinen Regeln des IPR diffe- **4** renziert anzuwenden. **Staatsvertragliches Kollisionsrecht** mit Vorrang vor Art 10 besteht nicht. Zu dem die Schreibweise von Namen betreffenden CIEC-Übereinkommen v 13. 9. 1973 s unten Rz 18. Das (Istanbuler) CIEC-Übereinkommen über die Änderung von Namen und Vornamen v 4. 9. 1958 (BGBl 1961 II S 1076) enthält kein Kollisionsrecht, sondern Zuständigkeits- und Anerkennungsnormen; das (Münchener) CIEC-Übereinkommen über das auf Namen und Vornamen anzuwendende Recht v 5. 9. 1980 ist von Deutschland zwar gezeichnet, aber immer noch nicht ratifiziert. **a) Vorfrage.** Erhebliche Bedeutung hat wegen der namensrechtlich bedeutsamen familienrechtlichen Vorgänge (Eingehen und Bestehen einer Ehe, eheliche Abstammung, Adoption, Legitimation – soweit vom Personalstatut der Person noch vorgesehen –) die Problematik der **Vorfrage**. Nachdem das Gesetz ersichtlich dem Personalstatut den Vorzug gibt und diesen mit der persönlichkeitsrechtlichen Struktur des Namens begründet sieht, ist dem Personalstatut grundsätzlich auch der Vorrang bei der kollisionsrechtlichen Beurteilung dieser Vorfragen zu geben. Das bedeutet die **grundsätzlich unselbständige Anknüpfung von Vorfragen im Namensrecht.** Über Vorfragen im Namensrecht sollte daher das Kollisionsrecht des Namensstatuts und nicht das der lex fori befinden. Die Rspr des BGH und der Instanzgerichte teilt diesen Standpunkt indes nur bedingt. Grundsätzlich befolgt sie heute im Namensrecht das Prinzip unselbständiger Anknüpfung (grundlegend BGH 90, 129, 140; ebenso BayObLG 1986, 155, 162; BayObLG FamRZ 1990, 93, 94 [offengelassen für Rechtswahl]; StAZ 1991, 191, 192; FamRZ 2000, 700; KG StAZ 1988, 325 mit Anm Hepting 327; Hepting StAZ 1998, 142; ausführl Nachw bei Staud/Hepting [2000] Art 10 Rz 85; abw Düsseldorf FamRZ 1999, 328). Eine Ausnahme zugunsten selbständiger Anknüpfung wird indes mit BGH NJW 1986, 3022, 3023 = FamRZ 1986, 984, 985 für den wichtigen Bereich der ehelichen Abstammung gemacht. Die Ausnahme ist hinzunehmen, da sie der richtigen Tendenz entspricht, den Status einer Person für alle familienrechtlichen Fragen durch einheitliche Anknüpfung einheitlich festzulegen. Im übrigen aber ist die Zustimmung zu unselbständiger Anknüpfung gewachsen (s – Bindungswirkung des Adoptionsbeschlusses – Karlsruhe FGPrax 1997, 144; Henrich IPRax 1998, 96; Hepting StAZ 1998, 142; s noch Karlsruhe FamRZ 1999, 252, 253). Die Gegenmeinung ist aber weiterhin stark vertreten, s Kegel/Schurig IPR § 9 II 2; Heldrich, FS BGH (2000) II 733, 747; jetzt auch Pal/Heldrich[62] Art 10 Rz 2.

5 b) Für **Rück- und Weiterverweisung** gelten die allgemeinen Regeln gem Art 4. Rück- und Weiterverweisung sind zu beachten, wenn für den Namen gem der Grundkollisionsnorm **Art 10 I** unmittelbar auf das Heimatrecht der Person verwiesen ist (BGH FamRZ 1999, 570; Hamm StAZ 1991, 138, 141; BayObLG 1996, 10; Heinrich StAZ 1997, 225). Eine **Sachnormverweisung** unmittelbar auf die sachlichrechtlichen Vorschriften des ausländischen Rechts unter Ausschluß des IPR liegt gem Art 4 II jedoch in den Rechtswahl- und Optionsfällen des **Abs II S 1 Nr 1** vor; Sachnormverweisung ist auch die Verweisung auf das dt Recht gem **Abs II S 1 Nr 2. Abs II S 3** enthält keine echte Kollisionsnorm, sondern eine dt **Sachnorm**. Die Verweisungen von **Abs III S 1 Nr 1** und **Nr 3** sind Sachnormverweisungen, da hier Optionen normiert sind, was „dem Sinn der Verweisung nach" (Art 4 I) zu **Sachnormverweisung** führt. Sachnormverweisung ist dann auch in Abs III S 1 Nr 2 (Maßgeblichkeit deutschen Rechts) enthalten.

6 c) Für Auswirkungen eines **Statutenwechsels** (durch Wechsel der Staatsangehörigkeit) lassen sich wegen der unterschiedlichen Einstellung der nationalen Rechte zur Anerkennung bisheriger Namensführung und -bildung allgemeine Aussagen nicht machen. Der Wechsel zum deutschen Personalstatut läßt wegen des im deutschen Namensrecht geltenden Prinzips der grundsätzlichen Unveränderlichkeit des Namens (**„Namenskontinuität"**) als Identifikationsmerkmal der Person die bisherige Namensführung unberührt, so jedenfalls der Grundsatz (s zB BGH 63, 107, 147, 159, 168; BayObLG 1989, 147, 150; KG StAZ 1996, 301f; Hamm StAZ 1995, 239; FGPrax 1999, 56). Ausnahmen gelten indes für die Wiederherstellung ehemals deutscher Namensschreibweise und für die Ablegung des Frauennamens beim Wechsel von Volksdeutschen („Statusdeutschen", s Erl zu Art 5 Rz 61ff) aus slawischen Staaten nach Deutschland (s dazu Rz 13, 15).

7 d) Für ein Eingreifen der Vorbehaltsklausel des Art 6 **(Ordre public)** besteht im Namensrecht wegen des hier in besonderem Maße zu beobachtenden Respekts vor anderen Rechtsregeln und Sitten und der für das deutsche Recht prägenden Grundidee der persönlichkeitsrechtlichen Natur des Namens nur wenig Bedarf; demgemäß nimmt – freilich zweifelhaft – die Rspr sogar den „Mannesvorrang" in der Namensgebung noch hin (s AG Essen u LG Essen IPRax 1998, 213 u 1999, 50 m Anm EJ). Art 6 kann ggf bei abnormer Vornamensbildung (s dazu Art 6 Rz 30 und unten Rz 12, 43) und dann eingreifen, wenn die – zB in Rechten des anglo-amerikanischen Rechtskreises erlaubte – nahezu beliebige Bildung und Veränderung des Nachnamens wegen stark überwiegenden Inlandsbezuges nicht hinnehmbar erscheint.

II. Grundregel: „Maßgeblichkeit des Heimatrechts" (Abs I)

8 1. **Heimatrecht.** Gem Abs I unterliegt der Name grundsätzlich dem Heimatrecht der Person. Maßgeblich ist das Recht des Staates, dem die Person angehört; Unvereinbarkeit mit EG-Recht und den Regelungen der EMRK besteht nunmehr nicht (ebenso Pal/Heldrich Art 10 Rz 1; teilw abw Benicke/Zimmermann IPRax 1995, 141; aA de Groot ZEuP 2001, 617). Es gelten insoweit die allgemeinen Regeln der Art 3–6 (oben Rz 4–7). Bei Doppel- und Mehrstaatern ist gem Art 5 I die effektive oder deutsche Staatsangehörigkeit entscheidend. Bei Staatenlosen gilt Art 5 II, bei Flüchtlingen gilt nach Maßgabe der oben Art 5 gemachten Erläuterungen das Recht am Ort des gewöhnlichen Aufenthalts. Rück- und Weiterverweisung sind bei Anwendung von Abs I zu beachten (s Rz 5). Für die durch den Vorbehalt des Ordre public geschaffenen Grenzen der Anwendung ausländischen Rechts s Rz 7.

9 2. **Anwendungsbereich. a) Erwerb, Führung und Verlust.** Art 10 I gibt die Anknüpfung für den Namen einer natürlichen Person (Rz 3). Erfaßt ist damit der gesamte Name, wie er nach den Regeln und Anschauungen des jeweiligen Rechts gebildet wird. Das Heimatrecht bestimmt demgemäß über Erwerb und Verlust des Namens. Art 10 I läßt keinen Raum mehr für die Inbeziehung des Namenserwerbs oder -verlusts in das Recht, das über einen für den Namen uU erheblichen familienrechtlichen Vorgang bestimmt (Ehewirkungsstatut, Kindschaftsstatut, Legitimationsstatut, Adoptionsstatut). Der Gesetzgeber des Art 10 hat sich gegen die ältere Anschauung und für die Fortführung der vor der Reform entstandenen jüngeren Rspr entschieden (s Rz 2). Derartigen Vorgängen tragen aber nach dem jeweiligen Willen des Namensträgers die **Sonderregeln der Abs II und III** Rechnung (s Rz 19ff).

10 b) Das Heimatrecht bestimmt gemäß Abs I auch über **Namensbildung und -führung.**
  aa) Es ist so maßgeblich für das Vorliegen eines Nachnamens bzw **Familiennamens**, gleichviel ob dieser als Geburtsname besteht oder als Ehename oder aufgrund eines familienrechtlichen Vorganges (s Rz 9) geführt wird. Wie sich der Familienname zusammensetzt, wird demgemäß durch das Personalstatut bestimmt (BGH 121, 311; BGH FamRZ 1999, 570 in Fortführung der oben Rz 1 zit Rspr; Rostock, StAZ 1994, 288; KG StAZ 1996, 302); ihm unterfällt die Statthaftigkeit privater Namenszusätze (AG Trier StAZ 1977, 169), es bestimmt über die Führung des aus deutscher Sicht lediglich einen Namensbestandteil darstellenden (Art 109 III

S 2 WRV, weitergeltend als einf Bundesrecht) Adelsprädikates (BayObLG 1971, 90ff und 204ff; 1989, 147, 149, 151; BayObLG StAZ 1991, 43). Bei **Adelsprädikaten** wie den Namen im allgemeinen regelt es die Führung und Bildung weiblicher Sonderformen des Familiennamens (Hamm OLGZ 1982, 34; einschränkend Hamm StAZ 1986, 10, 11). Demgemäß richtet sich auch die Abschaffung des Adels als Namensbestandteil (zB in Österreich) nach dem Heimatrecht (BVerwG StAZ 1981, 277, 278; BayVGH StAZ 1989, 77, 78; die von Kegel/Schurig IPR § 17 IV 2 angeführte Gegenauffassung – analoge Anwendung der Regeln des internationalen Enteignungsrechts – führt zur Beschränkung der Abschaffung auf den Heimatstaat, berücksichtigt aber zu wenig, daß die Regelung des Namensrechts – nur hierum geht es für Art 10 – grenzüberschreitende Wirkung haben muß, wenn sie dem Personalstatut zugeordnet wird).

bb) Das Heimatrecht ist maßgeblich für Bestehen und Führung eines **Zwischennamens** (Vatersname gemäß **11** russ Recht, middle name gem dem in den USA verbreiteten Brauch, Zwischennamen gem arabischen Rechten), zB BGH NJW 1971, 1521; NJW 1993, 2245; BayObLG StAZ 1987, 168, 169; Hamm StAZ 1978, 65, 66; Köln StAZ 1980, 92, 93; Köln NJW 1993, 336; BayObLG 1994, 298; BayObLG StAZ 1996, 41, 42; BayObLG 1998, 292; BayOLG StAZ 2000, 235, 236; Hamm StAZ 1998, 258, 260; Frankfurt am Main FGPRax 2000, 106. Zur Behandlung in den Standesregistern s Rz 17ff. Grundsätzlich gilt das Heimatrecht auch für die Anfügung von Zusätzen, die als echte Namensbestandteile nicht gewertet werden können, doch gelten hier ggf Einschränkungen zumindest hinsichtlich der Eintragungsfähigkeit in die Standesregister (für den Zusatz „jr" ablehnend AG Coburg StAZ 1990, 106; AG Bad Kreuznach StAZ 1990, 107; s auch AG Trier StAZ 1977, 169; zum faktisch geführten Pseudonym BVerfG NJW-FER 2001, 193). Zur Behandlung in den Standesregistern LG Rostock FamRZ 2002, 669 („Singh").

cc) Dem Heimatrecht unterliegt auch die Bildung von **Vornamen** (allg dazu Dörner aaO 287), es grenzt grund- **12** sätzlich auch die mögliche Auswahl ein (vgl für türk Recht Frankfurt OLGZ 1978, 411; 1990, 139; AG Duisburg StAZ 1987, 283; AG Berlin-Schöneberg StAZ 1988, 297; Düsseldorf StAZ 1989, 281; s ferner Krüger StAZ 1982, 33; für tunes Recht AG Lübeck StAZ 1981, 146; Celle FamRZ 1999, 46 – liban Recht; KG FamRZ 2000, 53 – US-Recht), doch ist in Anwendung des Rechtsgedankens von Abs III Nr 2 (beschränkte Rechtswahl zugunsten des deutschen Rechts) daneben auch eine Auswahl nach Grundsätzen des deutschen Rechts möglich. Dabei kommt es nicht darauf an, ob das ausländische Recht die Vornamensbildung gesetzlich geregelt oder dem Brauchtum überlassen hat (zur Angleichung bei fehlender Regelung Hepting StAZ 2001, 257). Zur Erteilung des Kindesnamens und zur Erteilungsbefugnis Rz 43; Zur Auswirkung des Statutenwechsels auf den Vornamen s Rz 6, auch 10, 11, 15.

c) Bei der **Namensänderung** (sowohl Änderung des Vornamens als auch des Nachnamens iSv Rz 10–12 ist **13** zwischen **privater Namensänderung** (Namensänderung durch Entscheidung des Namensträgers) und **administrativer Namensänderung** (Änderung des Vornamens oder Nachnamens) kraft auf Antrag ergehender behördlicher Entscheidung zu unterscheiden. Änderungen des Familiennamens kraft familienrechtlicher Vorgänge fallen hierunter nicht (dazu s Rz 2 und 9). Jedenfalls dem Grundsatz nach gilt auch für die Namensänderung das von Abs I berufene Heimatrecht (s Hamm OLGZ 1975, 275, 277f; AG Augsburg IPRspr 1977 Nr 180). Demgemäß bestimmt bei einer Geschlechtsumwandlung das Heimatrecht die bzw der Betroffenen über die Zulassung der Anpassung des Vornamens. Für Deutsche und Personen mit deutschem Personalstatut (Staatenlose, Flüchtlinge, Asylbewerber iS der Erl zu Art 5 Rz 66ff) und gewöhnlichem Aufenthalt im Inland ist diese Regelung in § 1 I Nr 1 des Gesetzes über die Änderung der Vornamen und die Festlegung der Geschlechtszugehörigkeit (Transsexuellen G) v 10. 9. 1980 (BGBl I S 1654) enthalten; der Vorschrift steht nicht entgegen, Art 10 I die Maßgeblichkeit des Personalstatuts generell zu entnehmen (ebenso Kegel/Schurig IPR § 17 I 3; MüKo/Birk Art 10 Rz 27; s auch Jessurun d'Oliveira aaO 189ff). Zu differenzieren ist bei Namensänderung durch Erklärung des Namensträgers (dazu Luther StAZ 1980, 161ff). Gestattet das maßgebliche Recht der Witwe die Wiederannahme des Geburtsnamens nach Verwitwung, so ist dem im Inland Rechnung zu tragen. Das Heimatrecht ist maßgeblich wie auch sonst bei Namenserwerb und -verlust kraft familienrechtlicher Vorgänge (s dazu LG Berlin StAZ 1990, 20; KG StAZ 1997, 175). Sonstigen, ggf grundlosen Namenswechsel, wie er nach englischem Recht und Rechten der USA möglich ist (vgl Luther StAZ 1980, 61ff), will die Rspr zT im Inland geschehen lassen (Hamburg StAZ 1980, 285, 286; LG Bonn StAZ 1984, 343; LG Heidelberg IPRax 1989, 52; BayObLG FamRZ 2000, 55), doch steht insoweit uU bei starkem Inlandsbezug (gewöhnlichem Aufenthalt) der Vorbehalt des Ordre public entgegen, da das deutsche Recht die Identifikationsfunktion des Namens stark betont (BVerfG 78, 38, 49) und seinerseits eine ins Belieben gestellte Änderung jedenfalls nicht kennt.

Bei **behördlicher Namensänderung** beurteilen sich nach Art 10 I und damit nach dem Heimatrecht die Voraus- **14** setzungen einer Abänderung von Vornamen und Familiennamen (Hamm OLGZ 1975, 275; AG Augsburg IPRspr 1977 Nr 180; VGH BW StAZ 1985, 254, 255; HessVGH NJW-RR 1991, 70; OVG NRW StAZ 1994, 195 Anm Gaaz S 386). Für die internationale Zuständigkeit zu behördlicher Namensänderung sowie für die Anerkennung ausländischer behördlicher Namensänderungen gilt im Verhältnis zu anderen Vertragsstaaten das CIEC-Abkommen über die Änderung von Namen und Vornamen v 4. 9. 1958 (BGBl 1961 II 1055), für die BRepD in Kraft seit 24. 12. 1961 (BGBl 1962 II 45; zu den Vertragsstaaten s Fundstellennachweis B 2002 S 433. Darstellung des Abkommens-Inhalts bei MüKo/Birk Art 10 Rz 25–28). Das Abkommen hat bislang nur geringe Bedeutung erlangt. Im übrigen gelten die allgemeinen Regeln. In Deutschland kann so eine behördliche Namensänderung für einen Ausländer dann erfolgen und Anerkennung im Heimatstaat erwarten, wenn sie auf Antrag oder Anregung des Betroffenen erfolgt. Dies gilt insbesondere dann, wenn es um die behördliche Änderung des nach deutschem Recht gebildeten Familiennamens eines ausländischen Ehegatten geht (dazu Henrich FamRZ 1986, 844; OVG Hamburg StAZ 1985, 45ff; BVerwG NJW 1986, 601). Namensänderungen durch die Behörden des Heimatstaates sind grundsätzlich anzuerkennen (Bremen StAZ 1986, 9), die Abänderung des Namens eines Deutschen im Ausland ist für Deutschland grundsätzlich unwirksam, da grundsätzlich keine internationale Zuständigkeit des abän-

15 3. Bei **Statutenwechsel** (s schon Rz 6) ist **zwischen Namenserwerb und Namensführung zu unterscheiden.** Der unter dem alten Statut erworbene Name bleibt regelmäßig bestehen (BGH 63, 107; BGH FamRZ 1983, 878, 881; BGH 121, 305, 313; Celle StAZ 1981, 57; Hamm OLGZ 1982, 34ff; StAZ 1985, 205; 1990, 260, 261; 1995, 239; BayObLG 1983, 168; 1989, 147 u st Rspr, zB BayObLG 1994, 300; 1998, 296; 1999, 157; aA hinsichtlich Eindeutschung ungar Adelsbezeichnung Hamburg OLGZ 1990, 29 (mit Anm Beitzke StAZ 1990, 138); 1994, 300; LG Krefeld StAZ 1983, 281; LG Berlin StAZ 1983, 348, 349; BayVGH StAZ 1987, 22, 24; VG Berlin NJW-RR 1991, 262). Mit Anpassung und Eindeutschung ist die deutsche Praxis zurückhaltend, wobei allemal zuviel Gewicht auf die Beibehaltung und Erhaltung des bei Einbürgerung oder Zuwanderung bislang im Inland nur begrenzt benutzten Familien- und Vornamens gelegt wird. Richtiger wäre es, bei seitens des Namensträgers bewußt und gewollt betriebener Anpassung an die Inlandsverhältnisse sowohl bei den Nach- als auch bei den Vornamen großzügiger zu verfahren. Im einzelnen verhält sich die Gerichtspraxis zZt und zT in Abweichung von der vorstehenden Grundauffassung zur Namensführung bei Erwerb deutschen Personalstatuts aufgrund Statutenwechsels wie folgt: Bei **Aussiedlern**, deren Name im Ursprungsland nach 1945 slawisiert worden ist, gilt § 94 BVFG (idF der Bek v 2. 6. 1993, BGBl I 829), wonach Anpassung an die dt Namensführung möglich ist (Ablegung von Namensbestandteilen, Führung der männl Namensform, Führung deutschsprachiger Form, Änderung des Vornamens), dazu BGH 121, 317; NJW 1993, 2245; BayObLG 1994, 290, 395; 1999, 153; BayObLG StAZ 2000, 265; Stuttgart FGPrax 1999, 57; Frankfurt am Main StAZ 2000, 210; Karlsruhe StAZ 2002, 203; LG München I StAZ 2000, 219; Silagi StAZ 1999, 263; Gaaz IPRax 2000, 115; zur Rechtswahlmöglichkeit gemäß Abs II Nr 1 bei verheirateten Aussiedlern (§ 1355 II) s BGH 147, 159; BGH FamRZ 2001, 1291; Stuttgart FGPrax 1999, 54 u 57; s auch die vorgenannten Entsch; LG Saarbrücken StAZ 1997, 306; LG Stuttgart FGPrax 1999, 54 u 57; BayObLG 1999, 159 (Vorlagebeschluß) und Hamm FGPrax 1999, 56; zur **Nichtrückwirkung** BGH 121, 305; NJW 1993, 2244, 2245; Hamm StAZ 1994, 79; FGPrax 1999, 55, 56; Celle StAZ 1994, 220; BayObLG StAZ 1995, 169, 214; 1KG StAZ 1998, 285; Bornhofen StAZ 1993, 101. Zu unterscheiden ist davon die Führung eines im Ursprungsland abgeschafften Adelsprädikats. Der Verlust des Adelsprädikats nach dem bisherigen Heimatrecht bleibt auch nach Erwerb des deutschen Personalstatuts rechtswirksam, selbst wenn die Abschaffung im Ursprungsland speziell die deutsche Volksgruppe betroffen hat; ein Verstoß gegen Art 6 wird darin regelmäßig nicht gesehen (BayObLG 1964, 377ff; 1971, 204ff; BVerwG StAZ 1984, 103; OVG Rh-Pf StAZ 1984, 105; auch Bungert StAZ 1991, 273, 277). Allerdings kommt insofern gem § 3a NamÄndG behördliche Namensänderung in Betracht (vgl BayVGH StAZ 1989, 77; BVerwG StAZ 1994, 118 u Bungert IPRax 1994, 109). Strittig ist die Eindeutschung ausländischer Vornamen (abl LG Berlin StAZ 1983, 348, 349: keine automatische Eindeutschung bei Einbürgerung, dazu s oben) und die Eindeutschung ausländischer Adelsbezeichnungen (BayObLG 1989, 147; BayObLG StAZ 1991, 43 nein; aA Hamburg OLGZ 1990, 26, 29 = StAZ 1990, 135ff mit zust Anm Beitzke 138), für den letzteren Fall ist der Weg der behördlichen Namensänderung vorzuziehen (zur Eingrenzung BayVGH StAZ 1994, 13). Gleiches gilt für die Hervorhebung des Adelsprädikats bei Namen aus anderen Rechtsordnungen, die einen dem „von" vergleichbaren Namensbestandteil nicht vorsehen (für russ untitulierten Adel LG Verden StAZ 1990, 143ff); s ansonsten Bremen OLGZ 1967, 229.

16 4. Welchem Statut der **Namensschutz** obliegt, wird nicht einheitlich beantwortet. Im wesentlichen wird er entweder dem Personalstatut (so die ältere Auffassung der Rspr, RG 100, 182, 185; 117, 215, 218; BGH 8, 318ff) oder – heute überwiegend – dem Deliktsstatut überantwortet (BVerfG DtZ 1991, 27; Köln ebenda; Stuttgart IPRsp 1988 Nr 14; einheitl das neuere Schrifttum). Der letzteren Auffassung ist zuzustimmen, da die Wirkung des Angriffs auf den Namen bekämpft wird, was für die Maßgeblichkeit des Wirkungsstatuts spricht und mit der Anwendung des Deliktsstatuts eine einheitliche Anknüpfung der Persönlichkeitsrechtsverletzung erzielt wird. **Dem Deliktsstatut unterfällt der gesamte Namensschutz**, sowohl Ansprüche auf Schadensersatz als auch negatorische Ansprüche (auf Unterlassung und Beseitigung). Zur Anknüpfung ist vgl Erl zu Art 40 Rz 57, 58.

17 5. **Handhabung in den Standesregistern.** Die Vornahme von Eintragungen in die deutschen Personenstandsbücher hat unter Beachtung der oben Rz 8–16 erfaßten Regeln zu erfolgen. Die Eintragung geschieht demgemäß nach Maßgabe des Heimatrechts, soweit nicht der Vorbehalt des Ordre public durchschlägt. Rspr besteht zu den folgenden Einzelfragen:
a) Bildet das ausländische Personalstatut für **weibliche Namensträger** eine gesonderte Form des Familiennamens aus, dann ist dieser besonderen Namensform auch bei den Eintragungen in den deutschen Standesregistern Rechnung zu tragen, vgl dazu KG IPRsp 1988 Nr 105; Hamm OLGZ 1982, 34, 38; LG Oldenburg StAZ 1990, 196; LG Berlin StAZ 2000, 109; Gaaz StAZ 1989, 165, 171. Zu den Möglichkeiten gem § 94 BVFG s Rz 15; s ferner Bungert StAZ 1990, 126.
b) Auf die Eintragung von **Namenszusätzen**, die kein eigentlicher Namensbestandteil sind (zB „Jr" = Junior oder „II.") besteht ein Anspruch nicht, da sie Bestandteile des bürgerlichen Namens auch nach dem Heimatrecht nicht sind; s dazu AG Coburg StAZ 1990, 106; AG Bad Kreuznach StAZ 1990, 107; s auch LG Rostock FamRZ 2002, 669 (zur Berichtigung bei dem Zusatz „Singh").
c) Strittig ist die **Zuordnung des Zwischennamens** zum Vornamen (so AG Köln StAZ 1981, 275) oder zum Familiennamen (BGH NJW 1971, 275). Regelmäßig kann dahinstehen, wo eingetragen wird (Hamm StAZ 1981, 190, 193 – Bulgarien). Sachlich richtig ist die Zuordnung zum Vornamen, da der Zwischenname eine persönliche, an Ehegatten und Kinder nicht weitergegebene Namenskennzeichnung darstellt (iE ebenso Hamm StAZ 1978, 65, 67; Köln StAZ 1980, 92; AG Bochum StAZ 1981, 197; LG Bonn StAZ 1984, 38; Karlsruhe StAZ 1990, 72; Oldenburg StAZ 1991, 254; LG Cottbus StAZ 1994, 194; Hamm StAZ 1998, 259; s ferner Rostock StAZ 1994, 288; Will StAZ 1974, 291, 295f).

d) Die **Schreibweise** von Vornamen, Zwischennamen und Nachnamen in den Standesregistern richtet sich im Rahmen seines Anwendungsbereiches nach dem **CIEC-Übereinkommen über die Angabe von Familiennamen und Vornamen in den Personenstandsbüchern Nr 14 v 13. 9. 1973** (BGBl 1976 II 1473; Bek des Inkrafttretens am 16. 2. 1977 BGBl 1977 II 254), das für nicht in lateinischer Schrift geschriebene Namen die Transliteration gemäß den ISO-Normen vorsieht. Zur Handhabung s BGH FamRZ 1994, 225; BayObLG 1990, 221; 1994, 290 (bei statusdeutschen Aussiedlern Eintragung in der ursprüngl dt Form); Hamm FamRZ 1992, 1172; StAZ 1994, 81; StAZ 2002, 124; Karlsruhe StAZ 1993, 114; KG StAZ 1996, 301; Frankfurt StAZ 1996, 330; LG Bremen StAZ 2001, 176; AG Hagen FamRZ 2003, 1015. Allerdings ist die Transliteration nach den ISO-Normen dann nicht tunlich, wenn sie zu einem von der Aussprache und der ersichtlichen Wortbedeutung völlig abweichenden Schriftbild des Namens führt (so AG Tübingen FamRZ 1991, 1430, 1431; AG Rottweil StAZ 2002, 125; KG FamRZ 2001, 1148 = StAZ 2000, 216; uU Verstoß gegen das Diskriminierungsverbot von Art 52 EGV aF [= Art 43 EGV nF], s EuGH StAZ 1993, 256 mit Aufs Streinz S 243; Böhmer IPRax 1994, 80; Pintens ZEuP 1995, 92; Benicke/Zimmermann IPRax 1995, 141; ausführl Staud/Hepting [2000] Art 10 Rz 43ff; s auch de Groot ZEuP 2001, 617, 619). Das CIEC-Übereinkommen über das auf Namen und Vornamen anzuwendende Recht v 5. 9. 1980 ist für Deutschland bislang nicht in Kraft, s Rz 4 und Nachw bei Jayme/Hausmann S 66 Fn 1.

III. Namensführung von Ehegatten (Abs II)

1. Übersicht. Da Art 10 I die Namensbildung und -führung von Ehegatten nicht mehr nach dem Ehewirkungsstatut (so frühere Auffassung, vgl noch BGH 44, 121, 124, s Rz 1) regelt, sondern mit der jüngeren Rspr vor der Reform (BGH 56, 193, 195 u st Rspr, s Rz 1) dem Personalstatut jedes Ehegatten als des betroffenen Namensträgers entnimmt, ist die Bestimmung des in der Ehe geführten Namens der beiden Ehegatten schwieriger geworden. Ursache der Schwierigkeit ist die in dieser Beziehung beträchtliche Unterschiedlichkeit der nationalen Rechtsordnungen. Während das deutsche Recht und benachbarte Rechte herkömmlich dem (in neuester Zeit indes Einschränkungen unterworfenen) Prinzip des einheitlichen Familiennamens folgen (§ 1355 I BGB), folgen viele andere Rechte (romanische Rechte, skandinavische Rechte, fernöstliche Rechte, islamisch beeinflußte Rechte) dem gegenteiligen Prinzip, daß Eheschließung keine rechtlich geregelte Auswirkung auf den persönlichen Namen hat. Freilich wird diese Namensverschiedenheit der Ehegatten gerade in den westlichen Rechten, soweit sie diesem Prinzip folgen, im sozialen und täglichen Leben wiederum wenig ersichtlich. Der persönliche Name bleibt dem Gebrauch im Rechtsverkehr mit Behörden, Gerichten und Justizorganen (Notare) vorbehalten und ist ansonsten doch vielfach und nach wie vor durch einen im gesellschaftlichen und alltäglichen Gebrauch stehenden gemeinsamen Familiennamen (Ehenamen) überlagert, der überwiegend der Mannesname ist und für den anderen Eheteil dann eine Art „Pseudonym" darstellt.

Bei Ehegatten mit gemeinsamem Personalstatut unterliegt gem **Abs I** Bildung und Führung des Ehenamens diesem gemeinsamen Heimatrecht, dessen Namensregelung dann zu einheitlichem Familiennamen, zu unveränderter Fortführung der im Zeitpunkt der Eheschließung geführten Namen, zu Namenshäufung (Doppelname) oder zu Namenserweiterung bei einem Ehegatten führen kann. Bei Ehegatten mit unterschiedlichem Personalstatut (gemischtnationale Ehen) folgt demgemäß aus der Grundregelung des Abs I die jeweilige Maßgeblichkeit des Personalstatuts jedes Ehegatten über Namensbildung und -führung. Diese kollisionsrechtliche Grundsatzregel kann für jeden Ehegatten zu unterschiedlichen Folgen in der Namensführung und damit zu entsprechend verschiedenen Namen der Ehegatten in der Ehe führen (s. bei Eheschließung zB AG Berlin-Schöneberg StAZ 1997, 39; auch KG StAZ 1997, 101). Zwecks Abmilderung dieses den Ehegatten vor der Eheschließung nicht stets in voller Tragweite ersichtlichen Problems und vor dem Hintergrund, daß im Inland das Prinzip des gemeinsamen, einheitlichen Familiennamens jedenfalls gesellschaftlich noch akzeptiert und mit dem Institut der Ehe traditionell verbunden wird, hat der Gesetzgeber 1986 die Grundsatzregel des Abs I dann in Abs II–IV aF und der ergänzend dazutretenden Sachnorm des damaligen Art 220 IV durch verschiedene Sonderregeln überlagert, in denen durch Rechtswahl und Option für ein den Ehegatten nahestehendes Recht die Folgen der Herrschaft des Heimatrechts modifiziert bzw aufgehoben werden konnten. Die rechtliche Tragweite dieser die Maßgeblichkeit des Personalstatuts beschränkenden Sonderregeln und der Ausübung der von ihnen eingeräumten Rechte wurde nicht ganz einheitlich beurteilt. ZT klingt an, die durch Wahl einer der von Abs II–IV angebotenen Möglichkeiten ausgeübte Option stelle eine kollisionsrechtliche Option zugunsten des gewählten Rechts insgesamt dar (Henrich IPRax 1986, 333, 336; abgeschwächt Lüderitz IPRax 1987, 74, 77). Herauszustellen ist demgegenüber, daß die in Abs IIff (damaliger Fassung) Gesetz gewordenen Sonderregeln lediglich die Bildung und Führung des bzw der Ehenamen betrifft. Demgemäß unterliegt dem gewählten Recht lediglich die Namensführungsbefugnis sowie die damit zusammenhängenden Fragen wie Weiterführungsbefugnis nach Auflösung bzw bei Nichtigkeit der Ehe (ähnlich Pal/Heldrich Art 10 Rz 12). Hieran hat sich durch die zu Art 10 1994 und 1998 erfolgten Änderungen (s Rz 1) nichts geändert.

Abs II heutiger Fassung gibt so eine Sonderregelung der **Rechtswahl** für den Fall der Eheschließung. In den Genuß der Sonderregel kommen Ehegatten aus allen Ehen, bei denen die Ehegatten nicht gemeinsames deutsches Personalstatut haben. Die zur Wahl stehenden Rechte sind neben den Rechten, denen die Ehegatten durch eine (auch nicht effektive) Staatsangehörigkeit verbunden sind **(S 1 Nr 1)**, im Interesse der Umweltbezogenheit des Ehenamens auch das deutsche Recht, soweit durch gewöhnlichen Aufenthalt eines Ehegatten die erforderliche Nähebeziehung hergestellt ist **(S 1 Nr 2)**.

2. Rechtswahl durch beide Ehegatten

a) Inhalt und Zweck der Sonderregel des Abs II ist, Partnern einer Ehe mit Auslandsberührung bei oder nach der Eheschließung die Wahl eines gemeinsamen Namensstatuts zu ermöglichen, so daß über Bildung und Führung der Namen der Ehepartner nur ein – beiden gemeinsames – Recht bestimmt. Abs II eröffnet den Eheleuten damit eine kollisionsrechtliche Option, die nur gemeinsam ausgeübt werden kann (s Henrich StAZ 1996, 129 und Hepting StAZ 1996, 5).

b) Eheschließung im Inland oder Ausland. Anders als das frühere Recht trennt **Abs II nF** nicht zwischen Eheschließung im Inland oder Ausland. Rechtswahl ist bei beiden Konstellationen zulässig, bei oder nach der Eheschließung (im In- oder Ausland, S 1). Erforderlich ist **gemeinsame** Rechtswahl und Abgabe der Erklärung gegenüber dem **Standesbeamten**; bei **nachträglicher** Rechtswahl enthält **S 2** eine Art 11 vorgehende Formregel (aM zum Vorrang Hepting StAZ 1996, 7).

23   **c) Durchführung.** Zur Abgabe einer Erklärung gem Abs II befugt sind Eheschließende bzw Ehegatten, sofern nur in der Person eines Partners eine auch nicht effektive deutsche Staatsangehörigkeit (sei es auch als nicht effektive iSv Art 5 I S 2, vgl **S 1 Nr 1**) gegeben ist. Die Partner können also übereinstimmende fremde oder verschiedene Staatsangehörigkeit haben. Mangels Auslandsbeziehung kann und braucht Abs II nicht angewandt zu werden, wenn beide nur über die deutsche Staatsangehörigkeit verfügen. Die Rechtswahlerklärung muß bei der Eheschließung durch beide Ehegatten gegenüber dem **Standesbeamten** abgegeben werden. Da bei der Inlandstrauung beide Verlobten gleichzeitig in Person anwesend sein müssen, ist die Erörterung, ob sie die Erklärung getrennt abgeben können, müßig. Einer besonderen Form bedarf die Rechtswahlerklärung **bei der Eheschließung** nicht (anders als in Art 14 IV und 15 III), so daß die Rechtswahl auch dann wirksam erfolgt ist, wenn der Standesbeamte sie nach Abgabe zu beurkunden unterläßt. Beurkundung ist jedoch zweckmäßig, ebenso Belehrung vor der Abgabe.

Die Rechtswahlerklärung stellt ein **einseitiges Rechtsgeschäft** beider Ehegatten gegenüber dem Standesbeamten dar. Da es vom deutschen Recht (EGBGB) geregelt wird, richten sich auch seine Widerrufbarkeit und Anfechtbarkeit nach deutschem materiellen Recht und Verfahrensrecht (aA MüKo/Birk Art 10 Rz 49). Zulässig ist auch die Rechtswahl **nach** der Eheschließung (Abs II S 1 Alt 2). Diese ist den Ehegatten, die eine Rechtswahl bei der Eheschließung **nicht** getroffen haben, **unbefristet** möglich; sie bedarf im Inland der in § 129 BGB geregelten Form der **öffentlichen Beglaubigung**. Wird, was von Abs II nicht ausgeschlossen ist, die nachträgliche Rechtswahl im Ausland vorgenommen, ist **Gleichwertigkeit** der dortigen Amtsperson und Form zum deutschen Standesbeamten und zur Form inländischer öffentlicher Beglaubigung erforderlich, Ortsform läßt Abs II offensichtlich nicht genügen (ebenso Pal/Heldrich Art 10 Rz 14), was unpraktisch und imprakitkabel, aber Gesetz ist.

24   **d) Wahlgegenstand.** Den Eheschließenden stehen gem S 1 Nr 1 alle Rechte, denen sie einzeln durch ihre Staatsangehörigkeit verbunden sind, zur Wahl. Da Abs II S 1 Nr 1 die Beachtlichkeit von Art 5 I ausschließt, sind bei Doppel- und Mehrstaatern auch die Rechte nicht effektiver Staatsangehörigkeiten (Art 5 I S 1) in das Wahlspektrum einbezogen. Da auf Art 5 I insgesamt verwiesen ist, ist auch Art 5 I S 2 außer Kraft gesetzt, so daß auch das Recht der nachrangigen Zweit- oder Drittstaatsangehörigkeit eines deutschen Doppel- oder Mehrstaaters gewählt werden kann. Genügend ist, daß ein Partner die geforderte Staatsangehörigkeitsbeziehung aufweist. Die Einbeziehung auch der nichteffektiven Rechte gibt den Partnern im Interesse der Einbettung der Namensgewohnheit in die Eheumwelt die Möglichkeit, auch ein Recht zu wählen, das erst für die Zukunft zu prägendem Heimatrecht eines Ehegatten werden soll. Ob auch das Recht einer Staatsangehörigkeit zur Wahl steht, die von einem Ehegatten erst mit der Eheschließung erworben wird, kann dahinstehen, da dieses Recht dann schon wegen der Staatsangehörigkeit des Partners zur Wahl steht. Indes brauchen die Ehegatten keinen stichhaltigen Grund für die Wahl anzugeben, sie sind vielmehr in ihrer Wahl im Rahmen der Nr 1 nur dadurch beschränkt, daß sie die **Wahl gemeinsam** ausüben müssen. Einen Sachgrund dieser Art enthält dagegen die in Nr 2 vorgesehene Wahlmöglichkeit zugunsten des deutschen Rechts. Vorausgesetzt ist, daß ein Ehegatte im Zeitpunkt der Eheschließung den gewöhnlichen Aufenthalt im Inland hat (dazu Art 5 Rz 43ff). Nr 2 will den Ehegatten die Wahl eines dem Recht ihrer zukünftigen inländischen Umwelt angepaßten Namens ermöglichen. Bei jeder Rechtswahl bedarf es also vorheriger Abstimmung zwischen den Partnern (zu Fehlern und ihren Konsequenzen s Rz 23).

25   **e) Rechtswahlergebnis.** Die von den Ehegatten wirksam getroffene Wahl soll nach dem Wortlaut von Abs II den „künftig zu führenden Namen" betreffen, der nach dem gewählten Recht zu bilden ist. Die Formulierung gibt nach wie vor (zum alten Recht s 9. Aufl Art 10 Rz 25) in mehrerer Hinsicht zu Zweifeln und Mißverständnissen Anlaß. Da die Norm die Namenswahl, nicht die Rechtswahl in den Vordergrund stellt, kann der Charakter der von Abs II ausgesprochenen Verweisung zweifelhaft sein. Richtigerweise wird man Abs II so deuten müssen, daß den Ehegatten kollisionsrechtlich **Wahlfreiheit** zugunsten eines zur Wahl stehenden Rechtes eingeräumt ist. Abs II verbürgt damit nicht Namenswahl, sondern Rechtswahl. Damit ist Art 10 insoweit (s Rz 5) als Sachnormverweisung iSv Art 4 II zu deuten (ebenso MüKo/Birk Art 10 Rz 61). Zweifel können sich aus der Formulierung „ihren ... Namen" auch hinsichtlich der Wählbarkeit eines Rechts ergeben. Indes ist dadurch die Wahl nicht auf solche Rechte eingeschränkt, die dann einen einheitlichen Familiennamen nach dem Muster des § 1355 I BGB ergeben. Vielmehr können die Ehegatten jedes der verfügbaren Rechte wählen, auch ein solches, das dann zur Namensverschiedenheit der Ehegatten führt (ebenso Pal/Heldrich Art 10 Rz 16; zur Verfassungsmäßigkeit – zum alten Recht – BVerfG NJW 1988, 1577f; Henrich StAZ 1989, 159, 161; Hamm FGPrax 1999, 56; FamRZ 1999, 1426; BayObLG 1999, 158 = FamRZ 1999, 326; AG Rottweil FamRZ 2002, 391 zu Abs II aF). Bei der Handhabung des Abs II sollte jedoch stets beachten bleiben, daß Eheschließende, die mit der Möglichkeit der Namenswahl konfrontiert werden, ihre Wahl regelmäßig vom Ergebnis her treffen werden. Insofern mag dann das auf die Namenswahl abgestimmte Recht Gegenstand der gegenüber dem Standesbeamten erklärten Rechtswahl werden, so daß die im Ergebnis bezweckte Namenswahl häufig im Vordergrund stehen wird. Bei umgekehrtem praktischen Vorgehen hingegen hat die getroffene Rechtswahl zu allen Namensbildungsmöglichkeiten des gewählten Rechts (s BayObLG FamRZ 2000, 55). Kennt das gewählte Recht nur eine Art der Namensbildung, hat es dabei sein Bewenden. Kennt das Recht indes Wahlmöglichkeiten oder andere Wege der Namensbildung, sind diese durch die Ehegatten so wahrzunehmen, wie dies das gewählte Recht vorsieht (zur Wahl unter mehreren gleichwertigen Eigennamen eines Pakistani Köln StAZ 1988, 296f; s ferner Köln FamRZ 1997, 942).

f) Eingrenzung der Rechtswahlfolgen. Die Rechtswahl führt zur Bildung eines auf den Ehenamen bzw. die **26** Namen der Ehegatten begrenzten Ehenamensstatuts, dessen **Anwendungsbereich auf den Ehenamen begrenzt** ist (s Rz 3) und das allgemeine Namensstatut jedes Ehegatten sowie die für sonstige Fragen anwendbaren Rechte (zB Namensschutzstatut, s Rz 16) unberührt läßt. Als Ehenamensstatut erfaßt es indes alle Fragen der Bildung, der Führung und des Verlusts des Ehenamens (Begrenzung bei Doppelnamen ausländ Ehepartner, Karlsruhe FamRZ 1999, 160 – Spanier). Demgemäß richtet sich die Führung eines Begleitnamens durch einen Ehegatten (zB § 1355 IV BGB) nach dem gewählten Statut (AG Berlin-Schöneberg StAZ 2002, 81 – Ortsform in Schweden abgegebenen Erklärung gem § 1355 IV S 5). Ebenso bestimmt das Ehenamensstatut über die namensrechtlichen Folgen einer Eheauflösung (s Rz 13). Zur behördlichen Namensänderung s Rz 14.

g) Rechtswahlfolgen für den Namen eines Kindes der Eheschließenden/Ehegatten (Abs II S 3). Die durch **27** Ehepartner gem Abs II S 1 und 2 getroffene Rechts- und Namenswahl erstreckt sich nicht von selbst und im Sinne einer automatischen Namensfolge auch auf ein Kind der Eheschließenden. Der Kindesname folgt im Grundsatz aus Abs I und damit aus dem Personalstatut des Kindes (Rz 8ff, 28ff). **Abs II S 3** stellt, ohne weiter zur Namensbildung des Kindes Stellung zu nehmen, aus der Sicht des deutschen Inlandsrechts eine Begrenzung der Rechts- und Namenswahl, die durch Eltern (für sich selbst) getroffen wird, für das Kind auf. Aus S 3 folgt, da auf sinngemäße Anwendung von § 1617c BGB verwiesen wird, daß eine nach Abs II durch Eltern getroffene Rechts- und Namenswahl für das Kind nur unter den von jener Vorschrift geregelten Voraussetzungen Wirkung erlangt. Automatik läßt die Verweisung also nur bei Kindern walten, die im Zeitpunkt der **Rechtswahl** das fünfte Lebensjahr noch nicht vollendet haben oder noch nicht geboren sind. Ansonsten wirkt sich die Rechtswahl mit ihren Auswirkungen auf die Namensführung der Ehegatten auf Namen und Namensführung des Kindes nur aus, wenn diese sich im Sinne von § 1617c BGB anschließt (s BayObLG StAZ 1998, 284; Sturm StAZ 1994, 372). § 1617c BGB greift ungeachtet der Staatsangehörigkeit und eines ggf vom deutschen Recht abweichenden Personal- und Namensstatuts des Kindes ein, so daß es stets der Anschlußerklärung, ggf auch der Mitwirkung des gesetzlichen Vertreters, des Ehegatten und des VormG bedarf.

IV. Namensbildung bei Kindern (Abs I, III, II S 3)

1. Grundsatzregel, Maßgeblichkeit des Kindesrechts (Abs I). Die in Abs I niedergelegte Grundregel erfaßt **28** auch den Namenserwerb eines Kindes. Maßgeblich ist also für den Namen des Kindes das (effektive) Heimatrecht iSv Art 5 I; der Name eines Kindes mit deutscher Staatsangehörigkeit bestimmt sich gem Art 5 I 2 nach deutschem Recht (LG München I StAZ 1999, 174); zur Bildung des Nachnamens eines deutschen Kindes, wenn Mutter und Vater nach ihrem jeweiligen Heimatrecht (Indien, Sri Lanka) nur Eigennamen führen LG Frankfurt StAZ 2003, 113; AG Hagen FamRZ 2003, 1688 (Anpassungslösung unter Berücksichtigung von „Funktionsadäquanz" der Einzelnamen der Elternteile!). Zur Geltung der allg Regeln für die Bestimmung des anwendbaren Sachrechts s Rz 4ff. Bei in diesem Sinne deutscher Staatsangehörigkeit gelten für die Vornamen (s Rz 3ff) und Familiennamen geltenden Vorschriften des deutschen Rechts in ihrer durch die Entscheidung des BVerfG (NJW 1991, 1602, 1604) geprägten und dann 1994 (FamNamRG) und 1998 (KindRG) Gesetz gewordenen Gestalt. Der Name des Kindes bestimmt sich demgemäß heute nach den §§ 1616–1618 BGB nF. Zu Übergangsregelungen des inländischen Rechts s Art 224 § 3 und Art 234 § 10 (innerdeutsche Übergangsregelung). Einschränkende Abweichung von Art 5 I S 2 ist bei der Vornamensgebung im Vordringen, s Frankfurt am Main NJW-RR 2000, 1171 = StAZ 2000, 267 (Mädchenname der Mutter als weiterer Vorname; weitergehend auch für den Nachnamen AG Tübingen StAZ 2001, 112).

Ist das Kind Ausländer, entscheidet über den Familiennamen und auch über den Vornamen (hierzu s Rz 12) wie- **29** derum (einschließlich einer ggf ausgesprochenen Rück- oder Weiterverweisung, s Rz 5) das (effektive) Heimatrecht des Kindes (Stuttgart FamRZ 1992, 102). Zum Familiennamen des Kindes nach ausländischem Recht s zB RdSchr BMI StAZ 1984, 356ff; Bek des Innenministeriums BW StAZ 1985, 57ff. Es regelt auch die Berechtigung zur Erteilung eines Vornamens und die Wirksamkeit der Erteilung (s Frankfurt NJW 1990, 1423 = JuS 1990, 848 [Hohloch] = IPRax 1992, 51 Anm Henrich; Stuttgart StAZ 2003, 82). Richtig wird in Rspr und Lit überwiegend auf die Unzweckmäßigkeit einer „dépecage" der Art abgestellt, Vornamen und Erteilungsbefugnis dazu verschiedenen Rechtsordnungen (zB Kindesrecht – Vaterrecht) zuzuweisen (zB Hamm OLGZ 1983, 42ff; StAZ 1985, 131; Düsseldorf StAZ 1989, 281, 282; AG Berlin-Schöneberg StAZ 1997, 17, 39; BayObLG StAZ 1995, 107; LG Frankenthal StAZ 1990, 298; Dörner aaO 287; Gaaz StAZ 1989, 165, 168; aA [Anwendung von Art 19 aF] AG Duisburg StAZ 1987, 283; MüKo/Birk Art 10 Rz 26). Weist das sonach maßgebliche Recht die Erteilungsbefugnis einseitig, mit völligem Ausschluß des anderen Elternteils, unter Berücksichtigung des Geschlechts dem einen Elternteil zu, kann bei starkem Inlandsbezug nach Art 6 zum Zuge kommen (zur Erteilung nach Heimatrecht zwingend vorgeschriebener Vornamen der eigenen Tradition zB Frankfurt OLGZ 1978, 411; 1990, 139; IPRax 1992, 51 – türk Recht; AG Lübeck StAZ 1981, 146 – tunes Recht; zur Abänderung HessVGH FamRZ 1992, 1100). Zur Maßgeblichkeit des Kindesrechts für die Beurteilung der Bedeutung familienrechtlicher Vorgänge wie der Elternscheidung Düsseldorf FamRZ 1999, 328 – Türkei, der Kindesanerkennung AG Rottweil FamRZ 2000, 57 – Rumänien.

2. Bestimmung des Kindesnamens durch Rechtswahl (Abs III). a) Inhalt und Zweck. Abs III nF hat ähnli- **30** che Funktion wie Abs II und gibt in Fortführung, Vereinfachung und Zusammenfassung der 1986 in den damaligen Abs IV–VI enthaltenen, 1994 durch das FamNamRG veränderten Rechtswahlangebote jetzt dem Sorgerechtsinhaber **Bestimmungsrechte** hinsichtlich des Namens (= Familiennamen des Kindes) anzuwendenden Rechts nach Maßgabe der Nr 1–3 von Satz 1 des Abs. Vereinfachung wie Zusammenfassung ist dadurch erreicht, daß Abs III gem den Intentionen der Kindschaftsrechtsreform jetzt – anders als das bisherige Recht – nicht mehr zwischen ehelichen Kindern und nichtehelichen Kindern für die Namensgebung unterscheidet (s zu den Entwürfen zu Art 12 Nr 1 KindRG BR-Drucks 180/96 v 22. 3. 1996 und BT-Drucks 13/4899 v 13. 6. 1996).

31 **b) Voraussetzungen.** Die in Abs III ermöglichte Rechtswahl steht nach der seit 1. 7. 1998 in Kraft befindlichen Fassung dem **Inhaber der elterlichen Sorge** zu. Wer Inhaber der elterlichen Sorge ist, entscheidet Art 21 nF bzw Abkommensrecht (Düsseldorf FamRZ 1999, 328, 329); ist das Recht der Eltern-Kind-Beziehung noch der Differenzierung zwischen ehelicher und nichtehelicher Kindschaft verpflichtet, ist dem zu folgen. Für den Einsatz von Art 6 besteht angesichts der dt Tradition kein Anlaß; über die Rechtswahl iSv Abs III bestimmen dann zB beide Elternteile zusammen (zB BayObLG 1997, 167). Abs III setzt **Auslandsbezug** des Sachverhaltes iSv Art 3 I voraus, ein besonderer **Inlandsbezug** ist **nicht** erforderlich (ebenso Pal/Heldrich Art 10 Rz 20; abw Hepting StAZ 1998, 14). Kritisch zur Wortwahl „Inhaber des Sorgerechts" MüKo/Birk Art 10 Rz 120, 122, 123; die Wortwahl erscheint vor dem Hintergrund des KindRG, das die Bestimmung eingeführt hat, indes unvermeidlich.

32 **c) Wahlgegenstand.** Als Rechte, nach denen der Familienname des Kindes gebildet werden kann, stellt Abs III in Nr 1 alle Heimatrechte des Elternteils oder der Elternteile mit Einschluß der iSv Art 5 I S 1 nicht effektiven (s dazu Art 5 Rz 27ff) Heimatrechte wahlweise und zusätzlich in Nr 2 bei gewöhnlichem Inlandsaufenthalt (s Art 5 Rz 43ff) eines Elternteils noch das deutsche Recht zur Verfügung. Nr 3 erlaubt im Fall einer Namenserteilung auch die Wahl des Heimatrechts des den Namen Erteilenden. Auch insofern kommt es auf Effektivität iSv Art 5 I nicht an, so daß auch das iSv Art 5 I S 1 oder 2 nicht effektive Recht gewählt werden kann. Die Wahl des ausländ Heimatrechts des Kindes ist bei deutscher Staatsangehörigkeit beider Elternteile nicht möglich (BayObLG FamRZ 2000, 56). Entsprechend Art 4 II bewirkt die Wahl eine Sachnormverweisung (s Rz 25, 5) auf das Namensrecht des gewählten Rechts. Welches Recht gewählt wird, ist gleichgültig. Es muß nicht ein Recht sein, das dem Prinzip des einheitlichen Familiennamens folgt und es muß (s Rz 30) auch nicht das Recht sein, das Eltern bzw Elternteile vielleicht schon gem Abs II für die Bildung ihres Familiennamens gewählt haben. Der Wahlkatalog ist so – jedenfalls auf dem Papier – vielfältig sortiert. Der Familienname des Kindes kann – ohne jede Wahl – sich aus seinem gem Abs I objektiv und zuerst maßgeblichen Personalstatut ergeben. Er kann dann nach Maßgabe von Abs II Satz 3 aus einer Rechtswahl für den Elternnamen folgen. Er kann dann – unabhängig und alternativ dazu – aus der gem Abs III getätigten Rechtswahl des Sorgerechtsinhabers folgen. Bestimmt sich das in Satz 3 Nr 1 oder 3 genannte Personalstatut des Sorgerechtsinhabers bzw Namenserteilenden nicht nach dessen Staatsangehörigkeit, sondern gem Art 5 II (bei Staatenlosigkeit) oder nach den Regeln des Flüchtlingsstatuts (Art 5 Rz 61ff), sind die hier herauskommenden Rechte Wahlgegenstand im vorgenannten Sinne.

33 **d) Durchführung der Rechtswahl.** Die von Abs III ermöglichte Bestimmung des für den Kindesnamen maßgeblichen Rechts steht dem **Inhaber der Sorge zu** (dazu Rz 31). Das Bestimmungsrecht steht ihm **ohne Frist** bis zur Erreichung der Volljährigkeit des Kindes bzw bis zum Ende der Sorgerechtsinhaberschaft zu. Eine besondere **Form** schreibt Abs III grundsätzlich nicht vor. Wird die Rechtswahl bei der Geburt, dh bis zum Eintrag der Geburt in das zuständige Register ausgeübt, ist sie nach Satz 1 eben gegenüber dem Standesbeamten auszuüben. Ob dies nur ein dt Standesbeamter sein kann, ist str (s MüKo/Birk Art 10 Rz 96 mit der Praxis verpflichteten Gründen); es besteht indes kein Grund, nicht auch eine Erklärung gegenüber einem ausländischen Standesbeamten ausreichen zu lassen (Pal/Heldrich Art 10 Rz 21), jedenfalls dann, wenn dieser die Erklärung entgegennimmt und entsprechend einträgt. Gem **S 2** ist bei Abgabe der Erklärung **nach** der Beurkundung der Geburt die Form öffentlicher Beglaubigung (§ 129 BGB) erforderlich (s dazu BayObLG FamRZ 2000, 55 und Rz 23). Die Wahl darf nur eines der oben Rz 32 aufgezählten Rechte zum Gegenstand haben. Ist das Bestimmungsrecht ausgeübt, ist das Wahlrecht verbraucht; unberührt bleiben Berichtigungs- und Änderungsmöglichkeiten nach dem jeweiligen Verfahrensrecht (im Inland: PStG, s schon 9. Aufl Rz 47 aE).

34 **e) Folgen.** Die von Abs III ermöglichte Wahl bewirkt Rechtswahl im Hinblick auf den Familiennamen des Kindes. Der Familienname des Kindes richtet sich also nach den Vorschriften und Regeln des gewählten Rechts (dazu für Namensfolgen gem Möglichkeiten des bestimmten Rechts BayObLG 1997, 167; FamRZ 2000, 55; Köln StAZ 1995, 42; Hepting StAZ 1998, 139; Henrich StAZ 1998, 5). Zu den praktischen Beziehungen zwischen der Entscheidung über den Namen und der von Abs III nur ermöglichten Rechtswahl s auch Rz 25. Auf den Vornamen des Kindes bezieht sich die gem Abs III ausgeübte Rechtswahl ebensowenig wie sie das Personalstatut des Kindes und die iü für den Namen erheblichen Rechte (zB Namensschutzstatut, s Rz 26) verändert, KG StAZ 1999, 172. Nichtausübung und Verfristung führen zur weiteren Maßgeblichkeit des Personalstatuts iSv Abs I.

V. Intertemporales Recht

35 Art 10 ist (s Rz 1) seit 1986 mehrfach geändert worden; zugleich hat sich – im Gefolge von Rsp-Tätigkeit des BVerfG und von Gesetzgebung (FamNamRG 1994, KindRG 1998) auch das materielle deutsche Ehe-, Familien- und Kindesnamensrecht wiederholt geändert. **Kollisionsrechtlich** sind folgende Übergangsregeln zu beachten:

1. Das **Übergangsrecht** zwischen der am **1. 9. 1986** mit der Inkraftsetzung von Art 10 damaliger Fassung bewirkten damaligen neuen Rechtslage und dem (ohne gesetzliche Grundlage bestandenen) alten Recht ergibt sich aus Art 220 I (Rz 1 und 9. Aufl Erl zu Art 220 Rz 9). Soweit die Namensbildung vor dem 1. 9. 1986 abgeschlossen war, blieb es im Grundsatz angesichts des Vorliegens eines „**abgeschlossenen Tatbestandes**" bei dem zuvor maßgeblichen Kollisionsrecht. Für **Rechtswahlmöglichkeiten** dabei s 9. Aufl Erl zu Art 220 Rz 9 und BGH NJW 1991, 1417 = IPRax 1991, 421 Anm D. H.

2. Das **Übergangsrecht** zur Geltung der am 17. 4. 1994 durch das **FamNamRG** bewirkten geänderten Fassung von Art 10 (s Rz 1) ist – unvollständig – in **Art 7 § 5 II FamNamRG** enthalten. Diese Übergangsregelung hat sich auf **Gestaltungsmöglichkeiten** für Ehepaare und Eltern durch Rechtswahl beschränkt und zwar **innerhalb einer am 17. 4. 1996 ausgelaufenen Zweijahresfrist** (dazu Henrich IPRax 1994, 176; Bornhofen StAZ 1994, 149; Coester FuR 1994, 8; Köln FamRZ 1997, 942). Im übrigen blieb es bei dem aus Art 220 I und II zu entnehmenden Grundsatz, daß am 17. 4. 1994 „abgeschlossene Vorgänge" nach der am 16. 4. 1994 außer Kraft gesetzten Fassung von Art 10, 220 IV–V, andere Vorgänge nach der am 17. 4. 1996 in Kraft getretenen Fassung zu regeln waren.

3. Das Übergangsrecht zur Geltung der am 1. 7. 1998 in Kraft getretenen jetzigen Fassung von Art 10 bestimmt sich nach **Art 224 § 3**. Danach bleibt es bei vor dem 1. 7. 1998 geborenen **Kindern**, die zu diesem Zeitpunkt einen Geburtsnamen geführt haben, bei der Maßgeblichkeit von Art 10 der Fassungen vor dem 1. 7. 1998. Andere Kinder erhalten ihren Namen nach der am 1. 7. 1998 in Kraft gesetzten Fassung. Die Regelung des Art 224 § 3 I bezieht sich indes nicht auf die in Art 10 II und III nF Gesetz gewordenen Rechtswahlmöglichkeiten. Art 224 § 3 IV und V haben nur mittelbar Auswirkungen, indem sie für Geschwister Namensgleichklang ermöglichen wollen. Für **Art 10 II** ergibt sich übergangsrechtlich, daß die Ehegatten, die am 1. 7. 1998 schon miteinander verheiratet waren, zu den Rechtswahl- und Namenswahlmöglichkeiten greifen können, und zwar **ohne Frist**. Ob sie die Frist nach Art 7 § 5 II FamNamRG (s oben 2.) haben verstreichen lassen, nimmt ihnen die Wahlmöglichkeit nach Art 10 II nF nicht (ebenso Pal/Heldrich Art 10 Rz 14, 15). Ehegatten, die ihr Wahlrecht nach oben 2. am 17. 4. 1996 schon verbraucht haben, können jedoch auch unter der Geltung von Art 10 II jetziger Fassung nicht mehr erneut wählen. Für **Art 10 III** ergibt sich übergangsrechtlich, daß die in der neuen Norm enthaltenen Rechtswahlmöglichkeiten nicht auf ab dem 1. 7. 1998 geborene Kinder beschränkt sind. Sie stehen den in Abs III genannten Wahlberechtigten unbefristet (s Rz 33) zu und können Kinder betreffen, die am 1. 7. 1998 noch unter elterlicher Sorge gestanden haben, sofern nicht schon vor dem 1. 7. 1998 eine jetzt auch von Abs III vorgesehene Rechtswahlmöglichkeit in Gebrauch genommen worden ist. Unberührt von dieser kollisionsrechtlichen Übergangslage bleibt die Übergangsregelung von Art 224 § 3 IV und V, die dann eingreifen kann, wenn das – übergangsrechtlich wie kollisionsrechtlich maßgebliche – Recht sie erlaubt.

VI. Innerdeutsches Kollisionsrecht

Im innerdeutschen ILR wurde bei der Beurkundung von Namensfragen vor dem 3. 10. 1990 an den gewöhnlichen Aufenthalt des Namensträgers angeknüpft (s AG Ulm StAZ 1977, 50). Nach dem ab dem 3. 10. 1990 praktizierten einheitlichen innerdeutschen Kollisionsrecht kommt es insofern auf den gewöhnlichen Aufenthalt im Zeitpunkt des 3. 10. 1990 an. Ist danach das Übergangsrecht für das Beitrittsgebiet einschlägig, gelten für namensrechtliche Fragen Art 234 § 3 und § 10. Da mit dem 3. 10. 1990 Rechtseinheit auf dem Gebiet des Namensrechts eingetreten ist, ist für „Neufälle" ILR nicht mehr erforderlich.

11 *Form von Rechtsgeschäften.*
(1) Ein Rechtsgeschäft ist formgültig, wenn es die Formerfordernisse des Rechts, das auf das seinen Gegenstand bildende Rechtsverhältnis anzuwenden ist, oder des Rechts des Staates erfüllt, in dem es vorgenommen wird.
(2) Wird ein Vertrag zwischen Personen geschlossen, die sich in verschiedenen Staaten befinden, so ist er formgültig, wenn er die Formerfordernisse des Rechts, das auf das seinen Gegenstand bildende Rechtsverhältnis anzuwenden ist, oder des Rechts eines dieser Staaten erfüllt.
(3) Wird der Vertrag durch einen Vertreter geschlossen, so ist bei Anwendung der Absätze 1 und 2 der Staat maßgebend, in dem sich der Vertreter befindet.
(4) Verträge, die ein dingliches Recht an einem Grundstück oder ein Recht zur Nutzung eines Grundstücks zum Gegenstand haben, unterliegen den zwingenden Formvorschriften des Staates, in dem das Grundstück belegen ist, sofern diese nach dem Recht dieses Staates ohne Rücksicht auf den Ort des Abschlusses des Vertrages und auf das Recht, dem er unterliegt, anzuwenden sind.
(5) Ein Rechtsgeschäft, durch das ein Recht an einer Sache begründet oder über ein solches Recht verfügt wird, ist nur formgültig, wenn es die Formerfordernisse des Rechts erfüllt, das auf das seinen Gegenstand bildende Rechtsverhältnis anzuwenden ist.

Schrifttum: *Adamski*, Form der Rechtsgeschäfte und materielle Interessen im internationalen Privatrecht, Diss Mainz 1979; *Bindseil*, Konsularisches Beurkundungswesen, DNotZ 1993, 5; *Coester-Waltjen*, Internationales Beweisrecht (1983); *Goette*, Auslandsbeurkundungen im Kapitalgesellschaftsrecht, Boujong (1996) 131; *Heckschen*, Auslandsbeurkundung und Richtigkeitsgewähr, DB 1990, 161; *Kröll*, Beurkundung gesellschaftsrechtlicher Vorgänge durch einen ausländischen Notar ZGR 2000, 111; *Stauch*, Die Geltung ausländischer notarieller Urkunden in der Bundesrepublik Deutschland (1983); *Sturm*, Eheschließungsformen im Ausland, ihre Gültigkeit und Nachweisbarkeit im Inland, StAZ 1995, 343–350; ausführl Zusammenstellung bei Staud/Winkler v Mohrenfels (2000) Art 11 vor Rz 1 (S 255ff).

I. Allgemeines

1. Vorgeschichte und altes Recht, Inhalt und Zweck. Für die Form der Rechtsgeschäfte gilt seit alters der Satz „locus regit actum" (genauer: „locus regit formam actus"). Er stammt aus der Zeit der Statutentheorie; seit längerer Zeit bestimmt sich die Form des Rechtsgeschäfts aber alternativ auch nach der lex causae, so daß sich die Formregel auf das knappe Kürzel **„Ortsform oder Geschäftsform"** hat bringen lassen. Mit Schaffung des kodifizierten IPR im EGBGB hat die Regel Eingang in Art 11 I aF gefunden, das Geschäftsrecht in S 1 an die Spitze stellte („Die Form eines Rechtsgeschäfts bestimmt sich nach den Gesetzen, welche für das für den Gegenstand des Rechtsgeschäfts bildende Rechtsverhältnis maßgebend sind"), um dann in S 2 auch die Einhaltung der Ortsform genügen zu lassen („Es genügt jedoch die Beobachtung der Gesetze des Ortes, an dem das Rechtsgeschäft vorgenommen wird"). Sachgrund der alternativen Maßgeblichkeit der nach dem Geschäftsrecht und nach dem Ortsrecht für das Rechtsgeschäft geltenden Formregeln sind die Interessen des Rechtsverkehrs an der Wirksamkeit eines Rechtsgeschäfts (favor negotii) (s BGH 57, 337, 340f; zur Geschichte Furgler, Die Anknüpfung der Vertragsform im IPR, Diss Freiburg iÜ 1985, S 87ff). Diesem Interesse dient zunächst die Maßgeblichkeit des Geschäftsrechts; das für das Geschäft maßgebliche Recht muß selbst am besten wissen, welche Form dem Geschäft zukommt. Da die vom Geschäftsrecht vorgesehene Form aber nicht überall gleich gut eingehalten werden kann, bedarf es der alternativen Geltung der Ortsform, deren Einzelregeln am Abschlußort grundsätzlich am ehesten bekannt oder in Erfahrung zu bringen und zu praktizieren sind (zur internationalen Verbreitung der Orts- und Geschäftsformregel Staud/Firsching[10/11] Art 11 aF Rz 12, 13). Eine Ausnahme hiervon machte Art 11 II aF für sachenrechtliche Geschäfte; im Interesse von Rechtssicherheit und Rechtsklarheit war für derartige Geschäfte die Ortsformregel des Abs I S 2 aF ausgeschlossen und die Formregel somit auf die Maßgeblichkeit des Geschäftsrechts reduziert.

2 Die IPR-Reform hat an den Grundregeln des alten Rechts und am Standort des Formstatuts keine Änderungen vorgenommen (Begr RegE BT-Drucks 10/504, 48f; s ferner Pirrung IPVR 132f). Art 11 I entspricht mit leichten textlichen Änderungen, die die Gleichberechtigung von Geschäfts- und Ortsform besser ausdrücken als der alte Text, dem Art 11 I aF Die insgesamt umfänglicher und differenzierter gewordene Regelung des Art 11 beruht auf der Einarbeitung („Inkorporierung") des EG-Schuldvertragsabkommens (s Einl Rz 10 und vor Art 27 Rz 2) und entspricht inhaltlich weitgehend dessen Art 9. Abs I entspricht sachlich Art 9 I und IV des Abkommens, Abs II–IV entsprechen Art 9 II, III, VI (Art 9 V des Abkommens ist im EGBGB in Art 29 III verlagert, s Art 29 Rz 21). Art 11 V führt als autonomes, nicht durch Inkorporation geprägtes Recht (da das EG-Schuldvertragsabkommen dingliche Rechtsgeschäfte nicht betrifft) die von Art 11 II aF begründete Tradition fort.

3 2. **Anwendungsbereich, Spezialvorschriften, Gewohnheitsrechtsregeln.** Art 11 enthält die allgemeinen Formkollisionsregeln. Sondervorschriften für die Anknüpfung der Form bestimmter Rechtsgeschäfte bestehen innerhalb und außerhalb des EGBGB. Art 13 III S 1 unterwirft die im Inland zu schließende Ehe zwingend der inländischen Ortsform, dh sieht grundsätzlich die obligatorische Zivilehe vor dem Standesbeamten vor (s Art 13 Rz 42). Die Bestimmung des Ehewirkungsstatuts oder des Güterstatuts zwischen den Ehegatten unterliegt den (Art 11 I inhaltlich entsprechenden) Sonderregeln der Art 14 IV und 15 III (s Art 14 Rz 23 und Art 15 Rz 31). Für Verfügungen von Todes wegen regelt Art 26 die Formanknüpfung auf der Grundlage des Haager Testamentsformabkommens (s Art 26 Rz 1ff). Art 26 greift inhaltlich Art 11 I auf, führt jedoch durch weitere Anknüpfungsmöglichkeiten darüber hinaus. Bei Schuldverträgen ist Art 27 IV für die Rechtswahlvereinbarung einschlägig, Art 29 III schließt Art 11 bei Verbraucherverträgen ausdrücklich im Interesse des Verbrauchers aus (s Art 27 Rz 29 und Art 29 Rz 21); gleiches galt im Hinblick auf § 8 TzWrG für den Time-Sharing-Vertrag. Maßgeblich ist insofern jetzt Art 29a (Erl Art 29a Rz 1ff); für Form bestimmt sich indes auch insofern nach Art 11 (s auch Pal/Heldrich Art 29a Rz 7). Str ist, ob Art 11 nF auf die Form von Rechtsvorgängen anwendbar ist, die sich auf die Gründung und Verfassung von Personenvereinigungen und jur Personen beziehen. Die Begründung zum RegE (BT-Drucks 10/504, 49) wollte entsprechend der in Art 37 Nr 2 Gesetz gewordenen Tendenz, die Rechtsverhältnisse von Gesellschaften etc noch nicht zu regeln, Art 11 als Regelung der Form solcher Vorgänge nicht sehen. Hieraus wird zT auf die Unanwendbarkeit von Art 11 nF geschlossen (Lichtenberger DNotZ 1986, 653; Heckschen aaO 161; Goette MittRhNotK 1997, 3; ders FS Boujong [1996] 131; Knoche FS Rhein Notariat [1998] 297, 301; Kröll ZGR 2000, 111, 115), zT für Fortsetzung der zu Art 11 aF entstandenen Praxis plädiert (Pal/Heldrich Art 11 Rz 1). Da Art 37 Nr 2 lediglich die Vorschriften der Art 27ff für unanwendbar erklärt, die Vorschriften der Art 3ff (zB Art 6) andererseits auch auf die sonstigen 1986 noch nicht gesetzlich geregelten Bereiche (internationales Sachenrecht, internationales Deliktsrecht) erstreckt worden sind, wie sie jetzt auch für Art 38–46 nF gelten, steht einer Anwendung des neuen Art 11, für eine Einschränkung aus dem Gesetz gewordenen Text nicht hervorgeht, im Bereich des internationalen Gesellschaftsrechts nichts entgegen (so Pal/Heldrich Art 11 Rz 1; Soergel/Kegel[12] Art 11 Rz 4; Reuter BB 1998, 118; Bauer NZG 2001, 742, 746).

4 Außerhalb des EGBGB enthalten Art 11 verdrängende, an den Vornahmeort anknüpfende Formkollisionsregeln, denen **Staatsverträge** zugrunde liegen, die Art 92 I WG und Art 62 I S 1 ScheckG für Wechsel- und Scheckerklärungen, Art 97 WG und Art 66 ScheckG für den Protest und andere Handlungen. Durch Abkommensrecht ist Art 11 im Bereich des international vereinheitlichten Transportrechts (CMR, COTIF, Internationales Abkommen zur Vereinheitlichung von Regeln über Konnossemente v 28. 5. 1924, RGBl 1939 II 1052) verdrängt. Vorrang vor Art 11 hat für die **Schriftform von Schiedsklauseln** Art II II des New Yorker UN-Übereinkommens über die Anerkennung und Vollstreckung ausländischer Schiedssprüche v 10. 6. 1958, BGBl 1961 II 122; dazu BGH NJW-RR 1993, 1519 = WM 1993, 2121. **Europäisches Gemeinschaftsrecht** betrifft Art 11 und seinen Anwendungsbereich bislang nur partiell. Vorgaben des EU-Rechts für die Formanknüpfung bestehen nicht. Das Formerfordernis öffentlicher Beurkundung nach nationalem Recht ist als **Bereichsausnahme** iSv **Art 45 EGV** (Ausübung öffentlicher Gewalt) gemeinschaftsfest, s dazu Kröll ZGR 2000, 111, 117; Pal/Heldrich Art 11 Rz 1. Nach EuGH ZIP 2002, 663 und Karlsruhe GmbHR 2002, 1248 können die Beurkundungsgebühren der beamteten Notare (im ehem Baden in BaWü), soweit sie den tatsächlichen Verwaltungsaufwand übersteigen, gegen EG-Recht (EWG-GesellschaftssteuerRL 69/335 v 17. 7. 1969) verstoßen. Zum Formerfordernis von Gerichtsstandsklauseln vgl. Art 23 I EuGVO (Verordnung [EG] Nr 44/2001 über die gerichtliche Zuständigkeit und die Anerkennung und Vollstreckung von Entscheidungen in Zivil- und Handelssachen vom 22. 12. 2000).

5 3. **Geltung allgemeiner Regeln. a) Rück- und Weiterverweisung.** Die Beachtlichkeit eines Renvoi im Anwendungsbereich von Art 11 ist umstritten. Zum alten Recht wurde verbreitet die Auffassung vertreten, Rück- und Weiterverweisung durch das Ortsrecht seien nur dann beachtlich, wenn sie zur Formgültigkeit des Geschäfts führten (s zB Soergel/Kegel[11] Art 11 aF Rz 7, 36; Staud/Firsching[10/11] Art 11 aF Rz 61; undeutlich KG IPRspr 1972 Nr 6; offen Stuttgart OLGZ 1982, 257 = IPRspr 1981 Nr 12); zum neuen Recht wird die Auffassung von MüKo/Spellenberg Art 11 Rz 57, 58 mit den alten Argumenten weitervertreten. Indes dürften von Art 11 ausgesprochenen Verweisungen **Sachnormverweisungen** iSv Art 4 I 1 sein, da eine **Alternativanknüpfung** vorliegt (s Art 4 Rz 19; im Ergebnis ebenso BT-Drucks 10/504, 48 und Pal/Heldrich Art 11 Rz 1; differenzierend – Sachnormverweisung wie bei der Form von Schuldverträgen [im Hinblick auf Art 9 RömÜbk] – Soergel/Kegel[12] Art 11 Rz 41). Lediglich mittelbar ist ein Renvoi dann beachtlich, wenn das als Geschäftsstatut zur Anwendung kommende Recht durch Rückverweisung bestimmt wird (grundsätzlich nicht möglich bei Schuldverträgen, s Art 35, zu Ausnahmen s Art 35 Rz 2).

b) Ordre public. Die Anwendung von Art 6 ist theoretisch möglich, kommt aber praktisch nicht in Betracht, **6** wenn Art 11 wahlweise Geschäfts- und (auch fremdes) Ortsrecht beruft (ebenso Frankfurt DB 1981, 1456, 1457; Pal/Heldrich Art 11 Rz 1; Soergel/Kegel[12] Art 11 Rz 42 mwN; s ferner Stauch aaO 67; anders, aber nicht zutreffend, für formlose Eheschließung im Ausland Staud/Firsching[10/11] Art 11 aF Rz 45). Im übrigen ist für die dinglichen Rechtsgeschäfte, bei denen hohes Interesse an der Wahrung der Inlandsform besteht, durch die Sonderregelung des Abs V in hinreichendem Umfang die Anwendung des Belegenheitsrechts sichergestellt (zur Formgültigkeit im Ausland abgeschlossener Kaufverträge usw über im Inland belegene Grundstücke s Rz 18).

4. Innerdeutsches Kollisionsrecht. Art 11 galt in vollem Umfang entsprechend im innerdeutschen Kollisions- **7** recht (s dazu BGH DB 1997, 773; LG Göttingen StAZ 1995, 216; Trunk MittBayNot 1990, 215; Steiner DtZ 1991, 372 und oben Art 3 Rz 27ff). Seit der Herstellung der Rechtseinheit auf dem Gebiet der Form und des Beurkundungswesens besteht im innerdeutschen ILR ein Bedürfnis für eine – dann Art 11 entsprechende – ILR-Regel nicht mehr. Für Altfälle auf dem Gebiet der Beurkundung von Grundstückskaufverträgen hat Art 231 § 7 idF des 2. VermRÄndG v 14. 7. 1992, BGBl 1992 I 1257, das Problem des Genügens der Beurkundung vor westdeutschen Notaren in eben diesem Sinne gelöst, s BGH DtZ 1993, 210; auch Schotten/Schmellenkamp DNotZ 1992, 203; Pal/Heldrich Art 11 Rz 1, so daß die vorher vertretene Gegenauffassung (Andrae WR 1992, 177; BezG Leipzig DtZ 1992, 58) hinfällig geworden ist.

II. Grundsatzregel „Geschäftsform oder Ortsform" (Abs I)

1. Regelungsinhalt

a) Alternativanknüpfung. Geschäftsrechtsform und Ortsform gelten gem Abs I alternativ. Daß die historisch **8** ältere Ortsformregel (s Rz 1) am zweiten Platz steht, beeinträchtigt ihre Gleichwertigkeit nicht, gibt indes der Tatsache Ausdruck, daß das Geschäftsstatut als Wirkungsstatut die eigentliche Basis auch für die Beurteilung der formellen Wirksamkeit eines Geschäfts ist (s BGH 57, 337, 340f; Erman/Arndt[7] Art 11 aF Rz 1). Abs I enthält so eine Alternativanknüpfung (dazu allg s Einl Rz 35 und Art 4 Rz 19); maßgeblich ist das sog Geschäftsrecht, dh „das auf das seinen Gegenstand bildende Rechtsverhältnis" anzuwendende Recht, oder das Ortsrecht, dh das am Ort der Vornahme des Rechtsgeschäfts anzuwendende Recht. Beide Verweisungen sind Sachnormverweisungen (s Rz 5), doch können sich im Rahmen der Geschäftsformregel ein mittelbarer Renvoi (Rz 5) und bei Distanzgeschäften mehrere maßgebliche Ortsrechte ergeben. Den letzteren Fall regelt Abs II wiederum iSd alternativen Geltung der mehreren Ortsrechte (Rz 26, 30).

b) Abdingbarkeit. Die Alternativregel des Abs I ist **kein zwingendes Recht**. Soweit das Rechtsgeschäft der **9** Rechtswahl zugänglich ist, können die am Rechtsgeschäft Beteiligten die Regel abbedingen bzw einengen. Parteien eines Schuldvertrags können so grundsätzlich die ausschließliche Geltung der Formvorschriften eines dritten Rechts vereinbaren oder die Alternativregel auf die Maßgeblichkeit des Orts- oder des Geschäftsrechts reduzieren (BGH 57, 337; MüKo/Spellenberg Art 11 Rz 31; Pal/Heldrich Art 11 Rz 2). Nur für den Einzelfall ist jeweils zu beurteilen, ob aus der Vereinbarung des deutschen Geschäftsstatuts konkludent die Abdingung der Ortsformregel folgt (vgl BGH NJW 1971, 320 = IPRsp 1970 Nr 17; BGH 57, 337, 339 = NJW 1972, 385 mit abl Anm Jayme 1618; Stuttgart Justiz 1965, 272f; München OLGZ 1974, 19, 20; Braunschweig OLGE 16, 362; ausf MüKo/Spellenberg Art 11 Rz 32, 33). Zu beachten bei der Frage der Abdingbarkeit sind die zwingenden, den Anwendungsbereich von Art 11 einschränkenden Sonderregeln (zB Art 13 III, 29 III, auch Art 30 I, s ferner oben Rz 3, 4).

c) Aufrechterhaltung des Geschäfts (favor validitatis). Aufgrund der alternativen Maßgeblichkeit von **10** Geschäfts- und Ortsrecht ist das Geschäft formgültig, solange es den Formanforderungen wenigstens eines der zur Anwendung berufenen Rechte entspricht. Entspricht es den Anforderungen keines zur Anwendung berufenen Rechts, beurteilen sich die Folgen des Formverstoßes zunächst nach der verletzten Rechtsordnung (Celle NJW 1963, 2235; RG 133, 161, 165f). Sind die Folgen des Formverstoßes in den einzelnen, nach Art 11 anzuwendenden Rechten unterschiedlich geregelt, gelten die **Folgen des milderen bzw mildesten Rechts** (hM, s vorige Rspr; aA Staud/Firsching[10/11] Art 11 aF Rz 140: Geltung der Folgen des Geschäftsrechts). Dies ergibt sich aus der Konstruktion des Art 11 als alternativ anknüpfender Kollisionsnorm (ebenso MüKo/Spellenberg Art 11 Rz 37; differenzierend Staud/Winkler v Mohrenfels [2000] Art 11 Rz 37, 38).

2. Anwendungsbereich (Qualifikation)

a) Rechtsgeschäfte. Abs I erfaßt nach den allgemeinen Qualifikationsregeln **Rechtsgeschäfte aller Art** im **11** Verständnis der deutschen lex fori. Erfaßt sind damit aus dem Gesamtbereich des bürgerlichen Rechts einseitige Rechtsgeschäfte ebenso wie Verträge, soweit nicht die in Rz 3, 4 aufgeführten Sondervorschriften Art 11 I unanwendbar machen. Der Begriff des Rechtsgeschäfts ist dabei weit zu fassen, so daß auch Einzelakte wie Zustimmungserklärungen oder geschäftsähnliche Handlungen (zB Mahnung) darunter fallen.

b) Formerfordernisse (Qualifikationsfragen). aa) Art 11 betrifft die Form eines Rechtsgeschäfts, nicht seinen **12** Inhalt und nicht das Verfahren; die sich aus Art 11 ergebenden Verweisungen betreffen die Formerfordernisse, die Geschäfts- oder Ortsrecht für ein Rechtsgeschäft aufstellen. Die Abgrenzung der von Art 11 erfaßten bloßen Form von der – anders anzuknüpfenden – inhaltlichen und verfahrensrechtlichen Seite des Rechtsgeschäfts ist nicht immer einfach durchzuführen. Sie erfolgt wiederum nach den für die Qualifikation entwickelten allgemeinen Regeln; Ausgangspunkt der Abgrenzung ist demgemäß die großzügige Anschauung der lex fori, dh des deutschen Rechts (s Einl Rz 38, 39). Soweit Art 11 auf dem EG-Schuldvertragsübereinkommen beruht (s Rz 2), dh auch im Anwendungsbereich der Grundsatzregel des Abs I, ist jedoch die autonome, Rechtsvergleichung berücksichti-

EGBGB Art 11   Internationales Privatrecht

gende Komponente der Qualifikation stärker zu beachten. Betroffen ist davon die Form von Schuldvertragserklärungen.

13   bb) Für die **Abgrenzung der Form vom Inhalt** des Rechtsgeschäfts gibt es keine allwirksame Formel. Das vom BGH (BGH 29, 137 – Handschuhehe) bevorzugte funktionale Vorgehen gibt nur einen brauchbaren Ausgangspunkt. Durch funktionellen Vergleich der fraglichen ausländischen Norm mit einer deutschen Regelung läßt sich aber immerhin ermitteln, ob die fremde Vorschrift aus deutscher Sicht typische Formzwecke verfolgt. Aus der Sicht des deutschen Rechts, das intern eine klare Sonderung naturgemäß nicht benötigt, liegt „**Form**" vor, wenn die **Art und Weise der Äußerung einer Willenserklärung** geregelt ist (Mündlichkeit, Schriftlichkeit, Handschriftlichkeit, Eigenhändigkeit, öffentliche Beglaubigung, Beurkundung, Siegelung, Beiziehung von Zeugen, Mitwirkung von Amtspersonen). Nicht zur Form, sondern zur inhaltlichen Seite gehören hingegen alle Fragen des Zustandekommens des Rechtsgeschäfts (Vollendung der Willenserklärung, Zugangsfragen, Empfangsbedürftigkeit einschließlich Amtsempfangsbedürftigkeit, Vertragssprache, dazu Downes/Heiss ZVglRWiss 1999, 41; Freitag IPRax 1999, 146), des wirksamen Zustandekommens (Zustimmungsbedürftigkeit), aber auch die Fragen der Begrenzung der Privatautonomie, zB durch Art 29 im Bereich des Verbraucherschutzes, s Downes/Heiss IPRax 1999, 137. Demgemäß lassen sich **wichtige Einzelfälle** wie folgt zuordnen: **(1)** Im Bereich des Allgemeinen Teils und des **Vertragsrechts** ist keine Formfrage die sog Befähigungsform, dh die Frage, ob für das Rechtsgeschäft einer nicht (voll) geschäftsfähigen Person die Zustimmung einer dritten Person, eines Gerichts oder einer Amtsstelle erforderlich ist (s Art 7 Rz 12ff). Nicht unter Art 11 fallen auch Fiskalformen (zB Anbringung von Stempelmarken, Benutzung von Stempelpapier) sowie Genehmigungserfordernisse aus öffentlichem Interesse (zB Grundstücksverkehrsgenehmigungen), s näher MüKo/Spellenberg Art 11 Rz 25. Nicht unter Art 11, sondern in den Bereich des Geschäftsstatuts als Wirkungsstatut fällt die Eintragungsbedürftigkeit in ein Register oder dergleichen, wenn sie für das Wirksamwerden des Geschäfts konstitutive Bedeutung hat (vgl BGH 80, 76). **(2)** Im Bereich des **Familienrechts** ist keine Formfrage die Frage, ob Zustimmungen zu familienrechtlichen Vorgängen (zB Adoption, Legitimation, Einbenennung) erforderlich sind, Formfrage iSv Abs I jedoch die Art und Weise, in der Zustimmung gegeben werden muß (zB Schriftlichkeit, Formlosigkeit, öffentliche Beglaubigung; Vorrang vor Art 11 haben hier indes die Formkollisionsregeln des Familien- oder Personenrechts, zB Art 10 II, III nF, soweit es um die dort geregelte Rechtswahl geht, s Erl zu Art 10 Rz 22 s zur Beendigung des Güterstands FG Köln DStRE 2002, 1248 = EFG 2002, 1258). Formfrage ist die Mitwirkung von Trauungspersonen (Standesbeamte, Geistliche), so daß bei der Eheschließung im Ausland Art 11 I voll greift (s auch Art 13 Rz 56). Bei der Inlandseheschließung geht indes Art 13 III vor (s Rz 3 und Art 13 Rz 42ff). Zur Form wird im Eheschließungsrecht die Eheschließung durch Boten, die nach einigen Rechten möglich ist (vgl Staud/v Bar/Mankowski Art 13 Rz 657ff) gerechnet, so daß bei Vorliegen der Voraussetzungen iü Deutsche im Ausland in solcher Ortsform die Ehe („Handschuhehe") eingehen können (BGH 29, 137; BGH NJW 1962, 1152f; KG OLGZ 1953, 435; Bremen FamRZ 1975, 209 = IPRsp 1974 Nr 51; Hamm StAZ 1986, 134; LG Stuttgart StAZ 1992, 379; s ferner Dieckmann StAZ 1976, 33; näher Art 13 Rz 59). **(3)** Im **Erbrecht** sind schwierige Differenzierungsfragen aufgeworfen. Art 11 gilt, soweit nicht Art 26 vorgeht (s Rz 3), also bei sonstigen erbrechtlichen Geschäften wie Erbverzicht und Ausschlagung hinsichtlich der Form, in der das Rechtsgeschäft zu tätigen ist. Schwierig ist die Abgrenzung bei gemeinschaftlichen Testamenten und Erbverträgen, die in vielen fremden Rechten nicht bekannt oder gar verpönt sind. Hier ist der Verbotsgrund aus dem fremden Recht zu ermitteln. Will das fremde Recht mit seinem Verbot lediglich die richtige Niederlegung und Wiedergabe des Erblasserwillens erreichen, ist eine Formfrage betroffen, so daß Art 11 I eingreift (so für das Verbot des Rechts von Portugal Jayme IPRax 1982, 210, für das Recht Frankreichs Erl Art 25 Rz 31, 32), bezweckt das fremde Recht die uneingeschränkte Erhaltung der Testierfreiheit bis zum Tode des Erblassers, liegt eine – materiellrechtlich einzuordnende – Frage des Erbstatuts vor (so für Italien Frankfurt IPRax 1986, 111 und Niederlande Düsseldorf NJW 1963, 2227; s näher Art 25 Rz 31, 32). Zur Form wird man die begrenzte Gültigkeitsdauer von Nottestamenten (zB § 2252 BGB, Art 508 ZGB Schweiz) rechnen dürfen.

14   cc) Bei der **Abgrenzung von Form (Art 11) und Verfahren (lex fori)** ergeben sich ebenfalls Schwierigkeiten. Die Frage hat Bedeutung zunächst für den **Beweis eines Rechtsgeschäfts** im Prozeß. Ausgangspunkt ist hier stets die Maßgeblichkeit der lex fori (BGH LM EGBGB Art 11 aF Nr 2). Im Anwendungsbereich von Art 32 III S 2, dh bei Schuldverträgen kann der Beweis eines Rechtsgeschäfts innerhalb der Grenzen der (deutschen) lex fori auch durch die Beweismittel des Formstatuts angetreten werden (s näher Art 32 Rz 18). Von dieser Problematik und der Frage der Beweisführung ist jedoch die Frage zu trennen (zumindest unklar insofern MüKo/Spellenberg Art 11 Rz 15, der dies auch als Fall des Art 32 III S 2 einordnet), ob eine im fremden Recht im Kleid des Beweisrechts auftretende Regelung beweisrechtlich zu qualifizieren ist, so daß sie von einem deutschen Gericht vernachlässigt werden kann (mit der Folge des Freibeweises nach deutschem Verfahrensrecht), oder ob eine bei Art 11 einzuordnende und in dessen Rahmen zu respektierende Formfrage oder gar eine Frage des Inhalts des Rechtsgeschäfts gegeben ist. Die **Grenzziehung** hat auch hier (s schon Rz 13) unter Beachtung der Funktion der Regelung im fremden Recht zu erfolgen. Will das fremde Recht zB durch die – dort prozessuale – Anordnung des Ausschlusses des Zeugenbeweises mittelbar die Einhaltung bestimmter qualifizierter Formen oder sofortige Bewirkung einer Gegenleistung erzwingen, haben die Regelungen aus der Sicht des deutschen Rechts, das im regulären Streitverfahren die Beweismittel grundsätzlich frei zur Verfügung stellt, keinen verfahrensrechtlichen, sondern Formcharakter. Sie sind dann im Rahmen des Art 11 für das deutsche Gericht als anwendbare Formvorschriften beachtlich (dazu Marschall v Bieberstein FS Beitzke [1979] 625, 629f) und führen zur Formunwirksamkeit. Ihre Wirkung im konkreten Fall beurteilt sich nach den Ausführungen oben Rz 10. Einzelfälle, die so über Art 11 zu lösen sind (Einordnung als Formregeln), bieten die Regelungen über die Unklagbarkeit von Kaufpreisforderungen über mehr als 500 US-$ bei mangelnder Beurkundung und Nichtvorliegen einer Teilleistung (consideration) nach US-Recht (vgl Coester-Waltjen aaO Rz 446ff; aA Donath IPRax 1994, 333; s ferner Oldenburg RIW 1996, 66), die ehrwürdige Vorschrift des Art 1341 CC (Frankreich) iVm dem Dekret Nr 80–533 v 15. 7. 1980 über den Ausschluß des Zeugenbeweises bei Geschäften von mehr als – nach altem Recht und alter Währung – 5000ffrs (jetzt 800 Euro gem Änderungsdekret Nr 2001–476 v 30. 5. 2001) (so Soergel/Kegel[12] Art 11 Rz 31 mwN; Pal/Heldrich Art 11 Rz 4; aA BGH JZ 1955, 702 mit abl Anm Gamillscheg; dazu Marschall v Bieberstein FS Beitzke [1979] 625ff), entsprechende Regeln anderer Rechte (zB LG Mannheim NJW 1971, 2129 – Italien). Die Währungsumstellung auf Euro in den zu dessen Währungsgebiet gehörenden Staaten und Rechten hat sachliche Änderungen nicht erbracht. **Keine Formvorschriften**, sondern unanwendbare Regeln des fremden Verfahrensrechts sind hingegen Vorschriften, die bestimmte Personen aus persönlichen Gründen als Zeugen untauglich machen (KG IPRsp 1977 Nr 19). Zur Form iSv Art 11 gehört schließlich die Zuständigkeit bestimmter Behörden oder Urkundspersonen (insbes Notare, Rechtsanwälte) zur Vornahme einer zur Form zu rechnenden Beurkundung (s dazu Zweibrücken StAZ 1979, 242; Stuttgart FamRZ 1990, 559, 560) und das dabei zu beachtende Verfahren (Soergel/Kegel[12] Art 11 Rz 34). Zur Beschränkung der Hoheitsbefugnisse des dtsch Notars auf das dtsche Staatsgebiet BGH 138, 359, 361 = NJW 1998, 2830 u. dazu Riering IPRax 2000, 16, 17; Biehler NJW 2000, 1243, 1245; Rehm RabelsZ 64 (2000) 104 (Zur Wirksamkeit der Beurkundung durch ausländ Urkundsperson im Inland).

3. Maßgeblichkeit des Geschäftsrechts (Abs I Alt 1)

a) Geschäftsstatut. Wenn das Geschäftsrecht gem Abs I Alt 1 auch über die Form des Geschäfts bestimmt (zu den Ausnahmen Rz 13), erübrigt sich die oben Rz 13 dargelegte Abgrenzung zwischen Formfrage und Fragen des Inhalts des Rechtsgeschäfts. Welches Recht Geschäftsrecht ist, regelt sich nach den für die Ermittlung des Geschäftsstatuts geltenden Kollisionsregeln (s Rz 1). Berufen die Kollisionsregeln, – wie zB bei gemischtnationalem Verlöbnis oder gemischtnationaler Eheschließung – zwei Geschäftsrechte (vgl Art 13 I s dazu Art 13 Rz 5 und Art 13 Rz 14, 15), die in sachlicher Hinsicht nur kumulativ die Geschäftsvoraussetzungen ergeben (zB Eheschließung nur bei Ehefähigkeit jedes Verlobten), genügt hinsichtlich der Form (iSd Geschäftsform, nicht der Ortsform!) das Vorliegen des jeweiligen Formerfordernisses für jeden einzelnen Beteiligten (zB KG IPRsp 1932 Nr 19; KG JW 1938, 1715). Bestimmen die Parteien durch Rechtswahl das Geschäftsrecht, erstreckt sich die Wahl auch auf die Form (zur Frage, ob damit konkludent die Ortsform ausgeschlossen ist, s Rz 9). **15**

b) Einzelgebiete und Einzelfragen. aa) Kommt es für die Formgültigkeit oder -ungültigkeit eines Rechtsgeschäfts auf das Geschäftsrecht an – zB weil eine dahinführende Formvereinbarung vorliegt (s Rz 9) oder weil die Ortsform nicht eingehalten oder ausgeschlossen (Abs IV, V) ist, so beantwortet das Geschäftsrecht als lex causae allein und aus sich heraus die Formfrage wie jede andere in seinem Anwendungsbereich zu behandelnde Sachfrage. Regelmäßig läßt sich die Erfüllung der Formanforderungen auf der Grundlage des Geschäftsrechts auch unschwer bewirken oder überprüfen. Uneingeschränkt gilt dies für die Erfüllung „einfacher Formen" wie der Schriftlichkeit, der Eigenhändigkeit und im wesentlichen auch der öffentlichen Beglaubigung. Als problembeladeneres Teilgebiet hat sich der **Teilbereich der zu beurkundenden Rechtsgeschäfte** herausgestellt. Aus der Sicht des deutschen Rechts und des Art 11 ergeben sich dabei vor allem zwei – zT ineinanderübergehende – Fragenkomplexe. Der erste betrifft die Grundfrage, ob das deutsche Recht die Erfüllung seiner Formanforderungen bei Vornahme des Geschäfts im Ausland überhaupt konzediert. Die Antwort hierauf ist ein grundsätzliches, jedoch mit Einschränkungen zu versehendes ‚Ja'. Der zweite Fragenkomplex schließt sich an dieses grundsätzliche ‚Ja' an und betrifft die Problematik, ob die vom deutschen Recht aufgestellten Formanforderungen bei einem im Ausland vorgenommenen Rechtsgeschäft überhaupt erfüllt werden können. Die Antwort gehört in den Problembereich der **Substitution** (s Einl Rz 46). Die Formanforderungen können erfüllt werden, wenn das am ausländischen Vornahmeort geltende Recht eine Form und ein zur Herbeiführung der Form dienendes Verfahren zur Verfügung stellen kann, das vom deutschen Geschäftsrecht unter dem Gesichtspunkt der Gleichwertigkeit so akzeptiert wird, als hätte die Form im Inland ihre Erfüllung gefunden. **16**

bb) Vor diesem Hintergrund können folgende praktisch wesentlich gewordenen oder werdenden **Einzelfälle**, die die deutsche Judikatur maßgeblich ausmachen, unterschieden werden: **(1)** Werden bei Vornahme im Inland Verträge über die Veräußerung im Ausland belegener Gegenstände per Vereinbarung dem deutschen Recht als Geschäftsrecht unterstellt, so gelten die Formvorschriften des deutschen Rechts insgesamt, mit Einschluß ihrer Folgeregelungen. Bei Verträgen über den **Kauf oder Verkauf eines ausländischen Grundstücks** und **Vereinbarung deutschen Rechts** kommt demgemäß § 313 BGB aF bzw 311b BGB nF zur Anwendung (st Rspr u hM, zB BGH 52, 239; 53, 189, 194; 57, 337; 73, 391; NJW 1972, 715; Düsseldorf NJW 1981, 529; München NJW-RR 1989, 663, 665; Spellenberg IPRax 1990, 295, 298; früher aM Wengler NJW 1969, 2237), so daß bei Nichtbeachtung der Form des § 313 S 1 BGB aF Heilungsmöglichkeit über § 313 S 2 BGB aF gegeben war. Das gilt jetzt auch für § 311b nF. Letztere Heilung wird durch Eigentumsübertragung nach dem Recht des Lageorts (Anwendungsbereich nicht der Form- und Vertragsregel, sondern des Sachstatuts!) bewirkt, so daß insofern allein andere Regeln gelten und Beurkundung eines „dinglichen" Geschäfts, sofern es eines solchen wegen der andersartigen Eigentumsübertragungsregeln überhaupt bedarf, oder Registereintragung von der Regelung des Lageortsrechts abhängen (zB München OLGZ 1974, 19 – Italien; BGH 73, 391 = NJW 1979, 1773 – Spanien mit krit Anm Löber NJW 1980, 496; LG Hamburg IPRsp 1978 Nr 14; Düsseldorf NJW 1981, 529 – Spanien: keine Heilung mangels vollständiger Erfüllung). In Fällen dieser Art ist seit Einführung des Art 11 IV nF indes bei der Prüfung der Anwendbarkeit deutschen Geschäftsformrechts zusätzlich zu prüfen, ob das am Lageort geltende Recht dem deutschen Recht soviel Geltungskraft für schuldrechtlich zu qualifizierende Verträge überhaupt einräumt (dazu Rz 32). **17**

(2) Entsprechend den Ausführungen zu Rz 17 kann demgemäß bei Abschluß im Ausland über ein im Inland belegenes Grundstück ein schuldrechtlicher Veräußerungsvertrag nach Maßgabe der Formvorschriften des nicht deutschen Geschäftsrechts wirksam abgeschlossen werden. § 313 BGB aF bzw § 311b nF erhebt den in Art 11 IV vorausgesetzten zwingenden Geltungsanspruch dann nicht (s zB KG OLGE 44, 152; Braunschweig IPRsp 1971 **18**

Nr 13 [österr Vertragsstatut] formlos formgerecht). S dazu Rz 27, 32. Nach hM ist hingegen die – unter Abs V fallende – Auflassung eines inländischen Grundstücks nur vor einem deutschen Notar möglich, so daß sie (§ 2 BeurkG) im Ausland nicht vorgenommen werden kann (Ausn: vor deutschen Konsularbeamten, § 12 Nr 1 KonsularG; dazu Bindseil DNotZ 1993, 5). Dazu s Rz 34.

19 (3) Neben den Grundstücksgeschäften haben zu Judikatur führende Probleme die **gesellschaftsrechtlichen Geschäfte**, insbes Geschäfte zur Übertragung von Gesellschaftsanteilen gem § 15 III und IV GmbHG, aber auch Fusionen und Umwandlungen geführt. Soll bei Geschäften der genannten Art, die aus Kostengründen (vgl § 39 IV KostO) und anderen praktischen Gründen vielfach im Ausland vorgenommen werden und aus deutscher Sicht auch im Ausland vorgenommen werden können (so Gesellschafter- und Hauptversammlungen deutscher Kapitalgesellschaften, s Stuttgart Justiz 1981, 19 = IPRsp 1981 Nr 10a und BGH 80, 76 u hM; aA Staud/Großfeld IntGesR[13] Rz 452ff, 490 mwN), dessen Recht wegen Unkenntnis derartiger Geschäfte eine ohne weiteres heranzuziehende Ortsform (Abs I Alt 2) nicht kennt, die Form des (deutschen) Geschäftsrechts gewahrt werden, treten die oben (Rz 16) grundsätzlich angesprochenen Probleme auf. Dem deutschen Notar ist durch § 2 BeurkG Beurkundungstätigkeit im Ausland verwehrt, so daß eine gem deutschem Geschäftsrecht erforderliche Beurkundung des Rechtsgeschäfts oder Vorgangs auf diesem Weg nicht erfolgen kann (Eder BWNotZ 1982, 75; Huhn/v Schuckmann BeurkG 3. Aufl 1995 § 2 Rz 29 [EU-Ausland] u 31 [übriges Ausland]). Zu verneinen ist auch die Vornahme der Beurkundung nach Rückkehr ins Inland (MüKo/Spellenberg Art 11 Rz 46; Bärmann AcP 159 [1960/61] 6), möglich ist im Hinblick auf den Sollvorschriftscharakter von § 40 I BeurkG die spätere Vornahme von Beglaubigungen im Inland (MüKo/Spellenberg Art 11 Rz 46; Winkler DNotZ 1971, 140, 146). Wird nicht die Beurkundung durch einen Konsularbeamten gem §§ 8, 19 KonsularG vorgenommen, muß demgemäß eine **ausländische Urkundsperson** die Beurkundung im Wege der **Substitution** bei Wahrung der **Gleichwertigkeit** vornehmen. Ist diese Möglichkeit gegeben, erfüllt nach richtiger hM die Auslandsbeurkundung die Formanforderungen des deutschen Geschäftsrechts (BGH 80, 76; Stuttgart IPRsp 1981 Nr 10a; Düsseldorf RIW 1989, 225; München RIW 1998, 148; MüKo/Spellenberg Art 11 Rz 47; Pal/Heldrich Art 11 Rz 7; Wolfsteiner DNotZ 1978, 532; Kropholler ZHR 140 [1976] 394, 410; Bokelmann NJW 1975, 1625; Mann ZHR 138 [1974] 448, 453ff). Demgemäß können bei Vorliegen der vorgenannten Voraussetzungen gesellschaftsrechtliche Geschäfte auf der rechtlichen Grundlage des Wirkungsstatuts, dh des deutschen Gesellschaftsstatuts im Ausland beurkundet und damit wirksam vorgenommen werden (zB Verfügungen über Gesellschaftsanteile gem § 15 III, IV GmbHG, Satzungsänderungsbeschlüsse einer GmbH mit Sitz in Deutschland, Hauptversammlungen von AG, Gesellschafterversammlungen von GmbH und dergl). Die vor BGH 80, 76 und dann BGH RIW 1989, 649 entstandene Rspr und Lit, die die Möglichkeit gleichwertiger Beurkundung oder der Vornahme überhaupt verneint hatte oder nach Geschäften differenzieren wollte (so zB LG München DNotZ 1976, 501; Hamm NJW 1974, 1057; Karlsruhe RIW 1979, 567; AG Köln RIW 1989, 990; Winkler NJW 1974, 1032; Kuntze NJW 1974, 2167; Hommelhoff DNotZ 1989 Sonderheft 110; Hamburg NJW-RR 1993, 1317 und dazu v Bar/Grothe IPRax 1994, 270), ist nach wie vor und auch im Lichte neuerer Stellungnahmen (Goette MittRhNotK 1997, 4; ders FS Boujong [1996] 139; Staud/Großfeld[13] IntGesR Rz 463ff), die sich zT auf den in BGH 105, 324 enthaltenen, eher selbstverständlichen Hinweis auf die Beurkundungspflicht einer Gesellschaftsvertragsänderung beziehen, nur von bedingtem Aussagewert.

20 **Der wesentliche Punkt ist auf der Grundlage der heute hM die Beobachtung der Gleichwertigkeit der Urkundsperson und des Beurkundungsvorgangs** (BGH 80, 76 mit Kritik v Geimer DNotZ 1981, 406 und Firsching IPRax 1983, 79; BGH RIW 1989, 649; LG Kiel DB 1997, 1223; Bungert AG 1995, 29; Kallmeyer GmbHR 1996, 911 (Verschmelzungsvertrag), Reuter BB 1998, 116; Sick/Schwarz NZG 1998, 540; Kröll ZGR 2000, 111, 125; Heldrich FS BGH (2000) II 733, 774). Die ausländische Urkundsperson muß nach Vorbildung und Stellung im Rechtsleben, nicht auch im Hinblick auf ihre Haftung (so Schervier NJW 1992, 595) und ihre Kenntnisse des deutschen Rechts, einem deutschem Notar entsprechen. Das ist beim österreichischen und englischen Notar der Fall (BayObLG 1977, 242, 244 = NJW 1978, 500; Mann NJW 1955, 1177; Stauch aaO 124ff; LG Augsburg NJW-RR 1997, 420), ebenso im Bereich des „latein Notariats" der romanischen Länder (MüKo/Spellenberg Art 11 Rz 48 Fn 124 mwN) und der Niederlande (Lijtens DNotZ 1965, 12ff) sowie Israels (Schefetowitz DNotZ 1978, 145ff). Besondere praktische Bedeutung hat die Gleichwertigkeit des Notare der Schweiz, die pro Kanton zu prüfen ist. Anerkannt sie ist für Zürich (RG 88, 227; 160, 225, 231; BGH 80, 76; Frankfurt WM 1981, 946 = IPRsp 1981 Nr 11; Stuttgart IPRax 1983, 79; krit Bredthauer BB 1986, 1864; Geimer DNotZ 1981, 406ff), Bern (Hamburg IPRsp 1979 Nr 9 – allerdings Ehevertrag –, Zug (LG Stuttgart IPRsp 1976 Nr 5 A), Basel (LG Nürnberg-Fürth RIW 1992, 314) und Luzern (LG Koblenz IPRsp 1970 Nr 144). Anzuerkennen dürfte sie auch sein für die Kantone der Westschweiz wegen der strukturellen Nähe zum franz Notar. Keine Gleichwertigkeit besteht beim notary public der USA (AG Karlsruhe DAVorm 1990, 391; Stuttgart DB 2000, 1218; Biehler NJW 2000, 1243, 1245; ebenso für Kanada Zweibrücken FGPrax 1999, 86 (anders in Quebec); doch ist dieser in gesellschaftsrechtliche Vorgänge mit deutschem Gesellschaftsstatut auch praktisch nicht eingeschaltet. Bei der Prüfung der Gleichwertigkeit des Beurkundungsverfahrens ist **nicht kleinlich** zu verfahren (Hamburg IPRsp 1979 Nr 9; Hamm NJW 1974, 1057 = IPRsp 1974 Nr 11; MüKo/Spellenberg Art 11 Rz 50 mwN Fn 139).

21 Insbesondere scheitert die Gleichwertigkeit regelmäßig nicht daran, daß der ausländische Notar zu sachkundiger Prüfung, Belehrung und Beratung iSv § 17 BeurkG nicht stets in der Lage sein wird (BGH 80, 76, 79); ihn aufsuchende inländische Parteien pflegen darum zu wissen und sich anders abzusichern. So wird allenfalls zu prüfen sein, ob der ausl Notar als deutscher Notar von der Beurkundungstätigkeit gem §§ 6, 7, 27 BeurkG ausgeschlossen gewesen wäre. Hingegen ist für die Gleichwertigkeit unerheblich, ob der ausl Notar alle Vorschriften seines Amtsrechts benutzt hat. Es geht nicht um Beobachtung der Ortsform, sondern um Beurkundungstätigkeit, die den Anforderungen des deutschen Rechts gleichwertig und deshalb inhaltlich an diesen zu messen ist (eingehend MüKo/Spellenberg Art 11 Rz 50–53).

(4) Ob Gleichwertigkeit der im Ausland unter der Herrschaft des Geschäftsrechts errichteten Form erzielt worden ist, ist **bei anderen Geschäften und mitwirkenden Stellen** vergleichbar zu prüfen. Handelt es sich um ein einfacheres Geschäft, kann auch der Kreis der gleichwertigen Urkundspersonen weiter gezogen werden. So werden auch der amerikanische notary public und Urkundsstellen anderer Staaten Beglaubigungen iSd deutschen Rechts vornehmen können (dazu LG Mainz NJW 1958, 1496 [LS] = RzW 1958, 334; LG Berlin IPRsp 1960/61 Nr 144). S insofern die neue Rspr zur Beglaubigung für Handelsregistereintragung (§ 12 HGB) durch ausländischen Notar, die lediglich Identitätsfeststellung bezweckt, Naumburg NJW-RR 2001, 1183 u Reithmann NJW 2003, 386. Familienrechtliche Erklärungen wie ein Vaterschaftsanerkenntnis können vor Amtsstellen, deren Funktion denen des deutschen Standesamts oder Jugendamts vergleichbar ist, abgegeben werden (s CIEC-Abk v 14. 9. 1961, BGBl 1965 II 19 und dazu Art 20 Rz 3). Ein schärferer Maßstab ist wiederum bei der Beurkundung eines Erbvertrages von Deutschen im Ausland anzulegen. Hier gelten entsprechend die oben Rz 19–21 genannten Ausführungen (vgl auch Staud/Firsching[10/11] Art 11 aF Rz 24, 25; s auch unten Art 26 Rz 19). Entsprechendes gilt bei erbrechtlichen Rechtsgeschäften unter der Geltung deutschen Erbstatuts, wenn im Ausland mangels einer Entsprechung nicht auf die Ortsform, sondern nur auf die Geschäftsrechtsform abgestellt werden kann (s dazu auch LG Berlin IPRsp 1960/61 Nr 144 – Erbschaftskauf; dort allerdings Problem der Ortsform im Vordergrund, s dazu Rz 27).

4. Maßgeblichkeit des Ortsrechts (Abs I Alt 2)

a) Grundsatz. Art 11 I Alt 2 läßt das am Vornahmeort geltende Recht hinsichtlich der Form gleichberechtigt neben das Geschäftsrecht treten. Die Norm enthält damit für die Form eine Teilverweisung, die zu einem vom Geschäftsrecht unabhängigen Recht für die Formfrage führt, das neben dem Geschäftsrecht gilt. Ob das Ortsrecht für die Form überhaupt zum Tragen kommen kann, sprich die Geltung der Ortsformregel abbedingen können (oben Rz 9). Ortsrecht sind, da Abs I Alt 2 insofern eine Sachnormverweisung ausspricht, die Sachvorschriften am Ort der Vornahme des Rechtsgeschäfts. Eine Rück- oder Weiterverweisung scheidet so aus (oben Rz 5). Das Ortsformprinzip gilt grundsätzlich immer, Ausnahmen bzw Einschränkungen enthalten Abs IV und V. Aus deutscher Sicht genügt die Ortsform ansonsten selbst dann, wenn das Wirkungsstatut selbst sie nicht genügen lassen will (RG 88, 191; BGH NJW 1967, 1177).

b) Versagen des Ortsrechts. Die Ortsformregel des Abs I Alt 2 geht ins Leere, wenn das Ortsrecht das Geschäft nicht kennt und deshalb keine Formregelung bereithält (so der Grundsatz der hM, RG 160, 225; Düsseldorf RIW 1988, 226; KG FamRZ 1993, 1363; Bokelmann NJW 1972, 1729, 1731 und 1975, 1625; Lorenz IPRax 1994, 196). Allerdings sollte diese Antwort nicht vorschnell gegeben werden. Identität von Rechtsinstituten der deutschen und anderer Rechte kann nicht verlangt werden; kennt das Ortsrecht ein Rechtsinstitut, das Ähnlichkeit in den typischen Funktionen, der typischen Ausgestaltung und der praktischen Anwendung hat, dann kann auf die dafür im Ortsrecht bereitgehaltene Form zugegriffen werden (s Begr RegE BT-Drucks 10/504, 49; MüKo/Spellenberg Art 11 Rz 69; Pal/Heldrich Art 11 Rz 11). Bedeutung kommt diesen Kriterien weniger bei den Geschäften des Verkehrsrechts (Verträge . . .) zu, die sich international vielfach entsprechen, als den Rechtsgeschäften des Familien- und Erbrechts, bei denen erhebliche nationale Unterschiede bestehen können oder gar kein Pendant für das Geschäft im Ortsrecht gegeben ist. Nur im letzten Falle geht die Ortsformregel wirklich ins Leere, so daß nur die Geschäftsform möglich und bei Vornahme des Geschäfts im Ausland durch Substitution gleichwertige Formerfüllung zu erreichen ist (s Rz 19, 20). Keine Ortsform, wie sie an sich gem Art 26 I Nr 2 genügen würde, besteht so in Italien und Frankreich für den deutschen Erbvertrag (ebenso Staud/Firsching[10/11] Art 11 aF Rz 24f, 129), bei anderen erbrechtlichen Geschäften findet sich jedoch eine adäquate und mit ihrer Form heranzuziehende Entsprechung (Erbschafts- und Erbteilskauf USA s einerseits LG Berlin IPRsp 1960/61 Nr 144 und KG IPRsp 1972 Nr 6; Erbvertrag England, Dopffel DNotZ 1976, 335; Erbverzicht USA IPG 1965/66 Nr 68 [München]).

c) Erschleichung des Ortsrechts? Unterschiedliche Formanforderungen der Ortsrechte können zur bewußten Ausnützung der Formunterschiede führen. Ob schon bewußte Formerzielung oder gar -erschleichung mit Sanktionen zu begegnen sein soll, wird uneinheitlich gesehen. Den Versuchen im Schrifttum, hier (mit unterschiedlicher, von Art 6 bis zur Gesetzesumgehung reichenden theoretischen Begründung) zur Unbeachtlichkeit der Ortsform zu gelangen (s Stauch aaO 51ff; Kropholler ZHR 140 [1976] 394, 397; Wolfsteiner DNotZ 1978, 532, 536; Geimer DNotZ 1981, 406, 410; auch Winkler NJW 1972, 981, 984 und NJW 1974, 1032, 1033; Reithmann DNotZ 1956, 469, 476), ist angesichts der uneingeschränkten Zulassung der Ortsformgeltung in Abs I Alt 2 kein Erfolg beschieden. Auch das Motiv, Kosten zu sparen oder sich der heimischen Form zu entziehen, ist in aller Regel kein Grund, den Zugang zur Ortsform zu sperren (ganz hM, zB RG 62, 379, 381; Frankfurt OLGZ 1967, 374, 377; Stuttgart Rpfleger 1982, 137; Düsseldorf RIW 1989, 225; BayObLG IPRsp 1982 Nr 99; Hamm StAZ 1986, 134; LG München I ZEV 1999, 489 = JuS 2000, 191 Nr 11 [Anm Hohloch] – mündliche Testierung in Österreich; ebenso Jayme StAZ 1982, 208f – Nevadaehen, MüKo/Spellenberg Art 11 Rz 61; Pal/Heldrich Art 11 Rz 16; Soergel/ Kegel[12] Art 11 Rz 35, 38; Raape/Sturm IPR § 18 IV 2; Schurig FS Ferid [1988] 375, 386, 402). Art 11 I läßt die Ortsform grundsätzlich bei allen Geschäftstypen zu, so daß es nicht angeht, sie – zB mit dem Argument fehlender Gleichwertigkeit zur inländ Form oder zur Geschäftsform – für einzelne Typen von Geschäften für unabwendbar zu erklären (s zur Kontroverse, die sich insoweit hier wiederholt, die Darstellung oben Rz 19–21 und 23, 25 bis hierher). Auszuscheiden ist die fremde Ortsform als genügende Form deshalb nur dort, wo entweder das „Geschäft" nicht im Ausland vorgenommen werden darf (so die Auflassung, uU die Hauptversammlung einer AG, s Hamburg NJW-RR 1993, 1317 mit Kritik v Bar/Grothe IPRax 1994, 269; Bungert AG 1995, 26; zur Gesellschafterversammlung der GmbH Düsseldorf RIW 1989, 226), oder die Formregel auf Inlands- und Geschäftsform verengt worden ist. Bei gesellschaftsrechtlichen Vorgängen einschließlich eintragungspflichtiger Verfassungsakte besteht eine solche Einengung der Formregel des Art 11 I bislang nicht (str, s die obigen Nachweise und nochmals Rz 27). Die grundsätzliche Gestattung der Benutzung der Ortsform schließt freilich in krassen Einzelfällen, die

26 **d) Bestimmung des Ortsrechts.** Ortsrecht iSv Abs I Alt 2 ist das Recht des Staates, in dem das Rechtsgeschäft „vorgenommen wird". Hinzuzunehmen sind auch Abs II und III, die das Recht der Staaten berufen, in denen sich die Parteien des Rechtsgeschäfts und ihre Vertreter zur Zeit der Vornahme des Geschäftes befinden. Insgesamt entscheidend ist damit der **Vornahmeort**, der auf das Rechtsgeschäft, nicht etwa auf einen Aufenthalt oder gar gewöhnlichen Aufenthalt der Parteien bezogen ist (vgl Begr RegE BT-Drucks 10/504, 48). Vornahmeort ist in diesem Sinne bei einseitigen Rechtsgeschäften und in einem Land abgeschlossenen Verträgen der Ort der Abgabe der Willenserklärung, nicht der des Zugangs (KG IPRsp 1931 Nr 21; Stuttgart OLGZ 1981, 164 zur Vollmacht; hM, s auch MüKo/Spellenberg Art 11 Rz 64; Pal/Heldrich Art 11 Rz 15; Soergel/Kegel[12] Art 11 Rz 8–10; aA – für alternativ Abgabe- und Zugangsort – Lando RabelsZ 38 [1974] 6, 51f). Bei Abgabe der Erklärung vor einer diplomatischen oder konsularischen Vertretung eines fremden Staates im Inland bleibt der Abgabeort gleichwohl im Inland (Zweibrücken StAZ 1979, 242). Bei **Distanzverträgen** über die Staatsgrenzen hinweg gilt heute gem Abs II alternativ die Formregelung beider Staaten für den ganzen Vertrag. Die Neuregelung bringt sowohl die Günstigkeitsregel, als auch umgekehrt eine Verschärfung der Formregel, da für die Gegenpartei ein Recht zur Anwendung kommt, dessen Kenntnis nicht für sie vorausgesetzt werden kann, da es nicht ihr Ortsrecht ist (s dazu und zur Abhilfe über genaueste Prüfung der rechtlichen Bindung bei Erklärungen, die im Gegensatz zur internen Formbindung [zB § 313 BGB aF bzw § 311b nF] formlos gemacht worden sind, BGH 53, 189 = NJW 1970, 999 und BGH 73, 391ff = NJW 1979, 1773 sowie MüKo/Spellenberg Art 11 Rz 67). Bei Vertragsschluß durch einen Stellvertreter ist Vornahmeort gem Abs III der Staat, in dem der Vertreter die Erklärung abgibt (s BGH NJW 1993, 1128 – Bürgschaft – und Rz 31).

27 **e) Anwendungsbereich der Ortsform.** Die Ortsformregel gilt grundsätzlich für alle Rechtsgeschäfte (zu den Ausnahmen s Rz 9, 23, 24). Sie kann somit für vertragsrechtliche Geschäfte wie für familienrechtliche oder erbrechtliche (mit Vorrang ihrer Anordnung durch Art 26 I Nr 2) oder sonstige Geschäfte Benutzung finden. Im Bereich der Verkehrsgeschäfte können nach Ortsform so im Ausland (oder per Distanzvertrag, vgl Abs II) schuldrechtliche Verträge über Grundstücksveräußerung geschlossen, die strengere Inlandsform des § 311b (bislang § 313) BGB also uU vermieden werden (s Rz 18 und zur Begrenzung Rz 26). Zur dinglichen Seite Rz 33, 34. Der Ortsform sind auch gesellschaftsrechtliche Vorgänge zugänglich, sofern sie im Ausland stattfinden können (Rz 19ff) und das Ortsrecht eine passende Form bereithält (dazu Rz 24). Die Auffassung, die konsequent zur Vollziehung der Geschäftsform im Ausland entwickelt ist, dürfte inzwischen herrschend sein (vgl etwa BGH 80, 76; BayObLG NJW 1978, 500; Frankfurt DB 1981, 1456 – Übertragung von Gesellschaftsanteilen; Stuttgart NJW 1981, 1176 [LS] u DB 2000, 1218; Düsseldorf RIW 1989, 225; ebenso Bokelmann NJW 1972, 1729; Mann ZHR 138 [1974] 448, 452; Bernstein ZHR 140 [1976] 414; MüKo/Spellenberg Art 11 Rz 92 mit eingehender Begründung; Pal/Heldrich Art 11 Rz 13). Die Gegenmeinung, die neuerdings zT Abs V entsprechend heranzieht, kann nicht verfangen, wenn Abs I Alt 2 großzügig die Ortsform zuläßt (s für die abw Meinung zB Hamm NJW 1974, 1057; Karlsruhe RIW 1979, 567; AG Köln RIW 1989, 990, 991; DB 1990, 171; AG Fürth MittBayNot 1991, 36; LG Augsburg GmbHR 1996, 941 = NJW-RR 1997, 420; LG Kiel DB 1997, 1223; LG Mannheim IPrsp 1999 Nr 23; Staud/Großfeld[13] IntGesR Art 452, 463ff; Bredthauer BB 1986, 1864; Heckschen aaO 161 mwN; Geyrhalter ZIP 1999, 647, 652; ders RIW 2002, 386, 389; Kröll ZGR 2000, 111, 122; durchweg, aber ohne die nötige Sicht auf die Bedeutung der Ortsform, das gesellschaftsrechtl Schrifttum, s Nachw bei Pal/Heldrich Art 11 Rz 13; differenzierend Rothoeft FS Esser [1975] 113). Kann nach der vorstehenden Grundsätzen die Ortsform eingreifen bzw benutzt werden, kommt es auf ihre Gleichwertigkeit nicht an, da die Ortsform als Alternative zur Geschäftsform, die ihrerseits der Gleichwertigkeit der herangezogenen Form bedarf, autonom ist (ebenso Pal/Heldrich Art 11 Rz 14; teilw abw Rothoeft FS Esser [1975] 113 und AG Hamburg IPRsp 1980 Nr 193; s ferner Rz 25 aE und die Nachw Rz 19–21 und 23, 25).

28 Der Ortsform sind ferner zugänglich familienrechtliche Rechtsgeschäfte, wie die Eheschließung im Ausland (für das Inland s den teilweisen Ausschluß der Geschäftsform in Art 13 III S 1, 2), Eheverträge, Erklärungen über familienrechtliche Vorgänge (zum Vaterschaftsanerkenntnis AG Karlsruhe DAVorm 1990, 391). Nach Ortsform kann die Eheschließung so durch Stellvertreter oder Boten („Handschuhehe") geschehen (s Rz 13); zum Namensrecht s den Vorrang von Art 10 II, III vor Art 11 I, dazu Rz 13. Für erbrechtliche Rechtsgeschäfte gilt entsprechendes, doch ist Art 11 weithin durch Art 26 I Nr 2 ersetzt; sofern Art 11 und nicht Art 26 anwendbar ist (s Rz 13), greift die Ortsform, soweit das Ortsrecht ein funktionell vergleichbares Rechtsinstitut hat (s Rz 24). Ebenso wirksam die Ortsform für den beurk Verkauf von Geschäftsanteilen an ausländ GmbH, s Gärtner/Rosenbauer DB 2002, 1871.

III. Sonder- und Zusatzregeln (Abs II–V)

29 **1. Rechtsquelle und Zweck.** Die Sonderregeln der Abs II–IV beruhen im wesentlichen auf dem inkorporierten Art 9 EG-Schuldvertragsübereinkommen (s Rz 2). Sie haben einige Streitfragen beilegen können, indes nicht immer so, wie es interessegemäß gewesen wäre (s Rz 26).

30 **2. Ortsform bei Distanzverträgen (Abs II).** Hierzu vgl schon Rz 26. Die aus Art 9 II EG-Schuldvertragsübereinkommen entstandene Norm bewirkt, daß bei Distanzverträgen die Formregelungen der beiden Staaten alternativ jeweils für den ganzen Vertrag gelten. Zu den Konsequenzen s Rz 26 und – ausführlich und kritisch – MüKo/Spellenberg Art 11 Rz 65, 66.

31 **3. Ortsform bei Vertreterhandeln (Abs III).** Gem Abs III ist für die Form Vornahmeort eines Vertrages, der durch einen Vertreter geschlossen wird, der Ort, an dem der Vertreter seine Erklärung abgibt (ebenso MüKo/Spellenberg Art 11 Rz 70; unscharf – Aufenthaltsort – Pal/Heldrich Art 11 Rz 19; für Bürgschaft BGH NJW 1993, 1128). Ob jemand Vertreter ist, entscheidet das Vollmachtstatut (dazu s Art 37 Rz 11), ob seine Bevollmächtigung formgültig erfolgt ist, richtet sich nach dem Ort der Erteilung der Vollmacht (Art 37 Rz 20). Abs III gilt für von Vertretern abgeschlossene Verträge, ist jedoch entsprechend anzuwenden bei von Vertretern erklärten einseitigen Rechtsgeschäften (ebenso MüKo/Spellenberg Art 11 Rz 71). Nicht von Abs III erfaßt ist die Übermittlung einer Willenserklärung durch Boten. Vornahmeort ist hier der Ort, wo dem Boten (zB Post, internationaler Kurier) die Erklärung von der Partei übergeben worden ist (ebenso Soergel/Kegel[12] Art 11 Rz 8; MüKo/Spellenberg Art 11 Rz 72). Dies hat beim Distanzgeschäft gem Abs II erhebliche Bedeutung, da damit die Form des Abgabeortes Wirkung auf den gesamten Vertrag äußern kann (Wirksamkeit privatschriftlichen Grundstückskaufs bzgl deutschen Grundstücks bei Kauferklärung aus Italien, s schon Rz 27). Zur Eheschließung durch Boten s Rz 13 und Art 13 Rz 59.

4. Eingrenzung und Beschränkung der Ortsform bei schuldrechtlichen Grundstücksverträgen (Abs IV). 32
Abs IV, der auf Art 9 VI EG-Schuldvertragsübereinkommen beruht, trägt der Tatsache Rechnung, daß sich ein ausländisches Recht gegen den Geltungswillen der lex rei sitae bei Geschäften über Grundstücke kaum durchsetzen kann. Das davon verschiedene Geschäftsrecht eines obligatorischen Grundstücksvertrages und das gem Abs I als Formstatut grundsätzlich einschlägige Recht des Vornahmeortes müssen dann weichen. Von Abs IV werden nur obligatorische Verträge, dh Schuldverträge iSd deutschen Rechts, erfaßt (Kaufverträge, Miete, Pacht usw). **Ob sich der Vertrag auf eine unbewegliche Sache bezieht, entscheidet die lex rei sitae.** Ob die Formvorschriften des Belegenheitsrechts zwingend sind, entscheidet die lex rei sitae ebenfalls; ebenso entscheidet die lex rei sitae, ob sie ihre zwingenden Vorschriften auch dann angewandt wissen will, wenn der Abschlußort im Ausland (aus der Sicht der lex rei sitae) liegt oder ein von der lex rei sitae verschiedenes Geschäftsrecht angewandt ist. Bei Fehlen zwingender Formvorschriften des Belegenheitsrechts tritt Abs I wieder in Kraft (s Mankowski RIW 1995, 1035). Hinsichtlich seiner den Grundstücksveräußerungsvertrag betreffenden Formvorschriften (§ 311b BGB) erhebt das deutsche Recht diesen Anspruch nicht (ebenso Begr RegE BT-Drucks 10/504, 49; MüKo/Spellenberg Art 11 Rz 91; Pal/Heldrich Art 11 Rz 20). Zwingenden Charakter können hingegen mieter- und pächterschützende Formvorschriften äußern. Ob sie auch bei Geltung fremden Formstatuts und/oder fremden Geschäftsrechts Anwendung verlangen, ist entsprechend Art 34 zu entscheiden (s Art 34 Rz 17ff mwN; zu weitgehend und pauschal MüKo/Spellenberg Art 11 Rz 91).

5. Formregeln für sachenrechtliche Rechtsgeschäfte (Abs V). Abs V hat inhaltlich unverändert, aber mit ver- 33
änderter Formulierung Art 11 II aF ersetzt. Über die Formgültigkeit von Verfügungsgeschäften bzgl Sachen entscheidet allein das Geschäftsrecht, dh die lex rei sitae. Die Ortsform ist hier ausgeschlossen, wenn sie nicht zugleich Geschäfts- und damit Belegenheitsrecht ist. Abs V gilt für bewegliche Sachen wie für Grundstücke (dazu und zu Plänen einer Abänderung de lege ferenda BT-Drucks 10/504, 49). **Abs V betrifft nur dingliche Rechtsgeschäfte**, dh Verfügungen; schuldrechtliche, obligatorische Rechtsgeschäfte (an Grundstücken!) unterfallen Abs IV (s Rz 32). Abs V entfällt mangels eines geeigneten Substrats, wenn ein ausländisches Recht (zB Frankreich, Italien) für die Bewirkung des Eigentumsübergangs ein vom schuldrechtlichen Geschäft zu sonderndes „dingliches" Rechtsgeschäft gar nicht kennt und fordert (dazu Köln OLGZ 1977, 201 und BGH 73, 391; Küppers DNotZ 1973, 645, 666). Es ist dann zu differenzieren. Ist das Geschäftsrecht zugleich das Recht des Belegenheitsortes der Sache, kommt es auf die von Abs I, II, V vorgenommene Differenzierung nicht an. Die lex rei sitae entscheidet umfassend über den Eigentumsübergang. Entspricht die Form des Veräußerungsvertrages jedoch nicht der Form der lex rei sitae, ist die im schuldrechtlichen Vertrag liegende sachenrechtliche Wirkung gem Abs V zu betrachten, dh die Formgültigkeit des Geschäfts auf der Grundlage der lex rei sitae zu beurteilen.

Ein bei Abs V nur im Ansatz einzuordnendes Sonderproblem stellt die umstrittene Frage dar, ob die **Auflassung** 34
deutscher Grundstücke nur vor deutschen Notaren möglich ist. Die dies bejahende hM (BGH WM 1968, 1170, 1171; Köln OLGZ 1972, 321; BayObLG 1977, 211 = DNotZ 1978, 58; KG DNotZ 1987, 44; Kropholler ZHR 140 [1976] 394, 410; Riedel DNotZ 1955, 521) kann sich auf die historische Tradition stützen (s dazu Riedel DNotZ 1955, 521), sachlich gerechtfertigt ist sie jedoch angesichts der Möglichkeit, im Ausland gleichwertige Beurkundung bei der gem Abs V zwingenden Geltung der Geschäftsform zu erlangen, nicht (in diesem Sinne ebenfalls Mann NJW 1955, 1177, 1178 und ZHR 138 [1974] 448, 456; Stauch aaO 119; krit auch Küppers DNotZ 1973, 645, 677; MüKo/Spellenberg Art 11 Rz 45; Soergel/Kegel[11] Art 11 aF Rz 31). Allenfalls spricht noch für die hM, daß der Verkehr mit dem für die Eintragung zuständigen Grundbuchamt Inlands- und Ortserfahrung bedingt, die die ausländische Urkundsperson so nicht haben kann s auch Hamm NJW-RR 1999, 77; Köln FGPrax 2002, 88; zur Befugnis der deutschen Konsularbeamten § 12 KonsularG.

Zur Ablehnung der analogen Anwendung von Abs V auf gesellschaftsrechtliche Vorgänge s Rz 27. Auch auf die 35 Übertragung eines Erbteils ist Abs V nicht entsprechend anzuwenden (ebenso Pal/Heldrich Art 11 Rz 22; aA Ludwig NJW 1983, 495, 496).

12 *Schutz des anderen Vertragsteils*
Wird ein Vertrag zwischen Personen geschlossen, die sich in demselben Staat befinden, so kann sich eine natürliche Person, die nach den Sachvorschriften des Rechts dieses Staates rechts-, geschäfts- und handlungsfähig wäre, nur dann auf ihre aus den Sachvorschriften des Rechts eines anderen Staates abgeleitete Rechts-, Geschäfts- und Handlungsunfähigkeit berufen, wenn der andere Vertragsteil bei Vertragsabschluß diese Rechts-, Geschäfts- und Handlungsunfähigkeit kannte oder kennen mußte. Dies gilt nicht für familienrechtliche und erbrechtliche Rechtsgeschäfte sowie für Verfügungen über ein in einem anderen Staat belegenes Grundstück.

Schrifttum: *G. Fischer,* Verkehrsschutz im internationalen Vertragsrecht (1990); *Jobard-Bachellier,* L'apparence en droit international privé (1984) 114ff; *Lichtenberger,* Zum Gesetz zur Neuregelung des Internationalen Privatrechts DNotZ 1986, 644; *Lipp,* Verkehrsschutz und Geschäftsfähigkeit im IPR RabelsZ 63 (1999) 107; *Schotten,* Der Schutz des Rechtsverkehrs im internationalen Privatrecht DNotZ 1994, 670.

I. Allgemeines

1 **1. Vorgeschichte und altes Recht.** Das deutsche IPR enthält für die Beurteilung der Rechts- und Geschäftsfähigkeit in Art 7 I eine Sonderanknüpfung. Es gilt für diesen Kernbereich der Rechtsträgerschaft und des rechtsgeschäftlichen Handelns einer natürlichen Person das Recht ihrer Staatsangehörigkeit, dh das Personalstatut (s Art 7 Rz 1). Da die einzelnen Rechtsordnungen sich hinsichtlich der Rechtsfähigkeit zwar kaum, hinsichtlich des Eintritts der vollen Geschäftsfähigkeit aber doch noch unterscheiden (zu den Altersstufen s Art 7 Rz 20 mN), wächst dem Schutz des inländischen Verkehrs bei Rechtsgeschäften mit Personen, die nach ihrem Heimatrecht insbes nicht voll geschäftsfähig sind, nicht ganz unbeträchtliche Bedeutung zu. Das EGBGB aF hatte diesem Schutzinteresse des inländischen Rechtsverkehrs in Art 7 III aF durch die Fiktion der Geschäftsfähigkeit solcher Personen bei Teilnahme am Inlandsrechtsverkehr Rechnung getragen und in diesen Schutz grundsätzlich alle inländischen Rechtsgeschäfte einbezogen (s zu den Einzelheiten und den dann entstandenen Streitfragen um Gutgläubigkeitsschutz und Kenntnis Erman/Arndt[7] Art 7 Rz 5). Die IPR-Reform hat diesen Verkehrsschutz in verschiedener Hinsicht verändert. Der Standort hat von Art 7 aF zu Art 12 nF gewechselt, aus dem Verkehrsschutz bei Rechtsgeschäften allgemein ist eine Art Gutgläubigkeitsschutz bei Verträgen geworden (s v Bar IPR II Rz 53).

Ursache dieser Änderungen ist, daß Art 12 S 1 nF im wesentlichen den Art 11 des Römischen Schuldvertragsübereinkommens v 19. 6. 1980 (dazu vor Art 27 Rz 2, 3) übernommen hat, der seinerseits ganz maßgeblich durch die franz IPR-Doktrin beeinflußt ist, welche die im Streit um den „Arrêt Lizardi" des franz Kassationshofs von 1861 geprägte Rspr Frankreichs beeinflußt ist (vgl Kegel IPR § 17 I 2d; Jobard-Bachellier aaO 114ff). Angesichts der zu Art 7 III aF aufgekommenen und bis zuletzt nicht gelösten Streitfragen (vgl rückblickend v Bar IPR II Rz 55) schien dem Gesetzgeber der Übergang zur andersartigen Regel des Art 11 des Schuldvertragsübereinkommens wohl vorzugswürdig (s Begr RegE, BT-Drucks 10/504, 49f). Nicht voll durchdacht worden ist bei der Ausformung des neuen Art 12 (und ebenso von Art 11 Schuldvertragsübereinkommen) jedoch die Gesetz gewordene Ausformung der früher stets einseitigen, auf Schutz des inländischen Verkehrs begrenzten Kollisionsregel (des Art 7 III aF wie des franz Gewohnheitsrechts) zur allseitigen Kollisionsregel, die Verkehrsschutz jetzt auch dem im Ausland geschlossenen Vertrag mit einem nach seinem Heimatrecht nicht voll Geschäftsfähigen gewährt. Die Reform hätte wohl auch ohne solche schematische und inhaltlich bedenkliche Erweiterung des Verkehrsschutzes auskommen können (ähnlich v Bar IPR II Rz 56, 57).

2 Art 12 S 2 übernimmt die früher in Art 7 III S 2 aF enthaltene Herausnahme familien-, erb- und liegenschaftsrechtlicher Geschäfte aus dem allgemeinen Verkehrsschutz. Die in Art 12 II des RegE vorgesehene entsprechende Anwendung auf die fehlende Vertretungsmacht eines Elternteils, Vormunds oder Pflegers ist im Rechtsausschuß gestrichen worden (s Pirrung IPVR S 133f). Der in Art 12 S 1 enthaltene Grundsatz ist aber gleichwohl auf familienrechtliche Handlungsbeschränkungen anzuwenden (s Rz 11).

3 **2. Speziellere Vorschriften.** Eine Art 12 ergänzende Sonderregelung für das Recht der allgemeinen Ehewirkungen und des Ehegüterrechts enthält Art 16 (vgl Art 16 Rz 14ff, zum Verhältnis zwischen Art 12 und 16 Liessem NJW 1989, 497, 500). Da Art 12 auch bei im Ausland geschehener und ggf anzuerkennender Entmündigung (dazu Art 8 Rz 1) Platz greift (s Rz 10), war die Vorschrift im noch verbliebenen Anwendungsbereich des Haager Entmündigungsabkommens v 17. 1. 1905 (im Verhältnis zu Italien) durch die dortige Sonderregelung des Art 9 I verdrängt; nach der Kündigung des Übk mit Wirkung zum 23. 8. 1992 durch Deutschland (s Art 8 Rz 5) ist Art 12 jetzt auch insoweit eingreifend.

4 **3. Geltung allgemeiner Regeln.** Das Fehlen oder die Beschränkung der Rechts- oder Geschäftsfähigkeit einer Person gem deren Personalstatut kann im Einzelfall anstößig iSv Art 6 (Ordre public) sein. Die Frage, ob die fehlende Rechts- oder (eher) Geschäftsfähigkeit mit Art 6 überwunden oder mit Art 12 überspielt werden soll, ist für den Anwendungsbereich von Art 12 zugunsten dieser Vorschrift zu entscheiden. Soweit sie Inlandsschutz verwirklicht, berücksichtigt sie den überwiegenden Inlandsbezug wie Art 6, hat aber dessen „inkriminierende" Wirkung nicht. Das ist vorzugswürdig. Außerhalb ihres Anwendungsbereichs bleibt Art 6 anwendbar. Entsprechende Anwendung findet Art 12 auf Abwehr satzungsmäßig oder nach fremdem Recht bestehender Handlungs- und Verpflichtungsfähigkeit von jur Personen (zB ultra-vires-Lehre), s BGH NJW 1998, 2452; Bausback DNotZ 1996, 259. Zu beachten sind insofern auch die neuen für die Sitzverlegung von jur Personen in der EU geltenden Regeln über den Erhalt der Rechtsfähigkeit (im Gefolge der EuGH-Rsp [„Centros", „Überseering", „Inspire Art"] s Erl Anh II zu Art 37 Rz 25ff).

5 **4. Im innerdeutschen Kollisionsrecht** ist Art 12 grundsätzlich entsprechend anwendbar (s Art 3 Rz 27). Anwendungsfälle sind jedoch kaum denkbar, da bei Altfällen Rechts- und Geschäftsfähigkeit entsprechend geregelt waren und Fälle von im Beitrittsgebiet geschehenen Entmündigungen gem Art 231 § 1 EGBGB und Art 9 § 1 BetreuungsG durch doppelte Überleitung in Betreuungen gem §§ 1896ff BGB umgewandelt worden sind.

II. Grundsatzregel „Vertrauensschutz bei inländischen Verkehrsgeschäften" (S 1)

6 **1. Inhalt und Zweck.** Art 12 S 1 bezweckt den Schutz des in einem Staat (= Abschlußstaat), nicht nur im Inland stattfindenden Geschäftsverkehrs vor der Rechtsunsicherheit, die durch Teilnahme von Ausländern mit abweichendem Personalstatut an Verkehrsgeschäften entstehen kann. Geschützt werden soll – Neuerung gegenüber dem alten Recht (s Rz 1) – lediglich der, der Schutz verdient, weil er in unverschuldeter Unkenntnis von inlands-

entsprechender Rechts- und Geschäftsfähigkeit des darüber nicht (voll) verfügenden Vertragspartners ausgegangen ist (s dazu den für Art 11 EG-Schuldvertragsübereinkommen wesentlichen Bericht zum EG-Übereinkommen, ABl EG 31. 10. 1980 C 282 S 34).

2. Anwendungsbereich und -voraussetzungen. a) Persönlicher Anwendungsbereich. Art 12 S 1 gewährt, da **7** die Norm zum Zweiten Abschnitt des IPR-Kapitels des EGBGB gehört, Schutz nur vor der eingeschränkten Rechts-, Geschäfts- und Handlungsfähigkeit natürlicher Personen (mit abweichendem Personalstatut). Zur Anwendbarkeit auf Personenvereinigungen und jur Personen s Rz 4 und Art 37 Anh II Rz 34. Als „anderer Vertragsteil" geschützte Partei kann hingegen jeder Rechtsträger (natürliche Person, jur Person usw) in Betracht kommen; auch auf die Staatsangehörigkeit des Staates oder Wohnsitz oder Aufenthalt kommt es für Art 12 S 1 insoweit nicht an.

b) Sachlicher Anwendungsbereich. Art 12 S 1 ergreift seinem Wortlaut nach nur Verträge. Wegen des weite- **8** ren Wortlauts von S 2 („Rechtsgeschäfte") und des insofern ebenfalls weiteren Art 7 III aF (ebenfalls „Rechtsgeschäfte") wird strittig beurteilt, ob Art 12 S 1 auch einseitige Rechtsgeschäfte erfaßt (abl Pal/Heldrich Art 12 Rz 2; für Einbeziehung v Bar IPR II Rz 60; MüKo/Spellenberg Art 12 Rz 18; Lichtenberger aaO 644, 652; Staud/Hausmann [2000] Art 12 Rz 25). Richtig ist entsprechende Anwendung auf einseitige Rechtsgeschäfte, die empfangsbedürftig sind (zB Kündigung); daß Art 12 S 1 seinen Wortlaut aus dem für „Schuldverträge" konzipierten EG-Übereinkommen entliehen hat, rechtfertigt kein Zurückgehen hinter den alten Rechtszustand. Zum Ausschluß der Anwendung der Rechtsgeschäfte des Familien- und Erbrechts und des Liegenschaftsrechts s Rz 15, 16. Diese Eingrenzung begrenzt den sachlichen Anwendungsbereich von S 1 auf Rechtsgeschäfte des allgemeinen und besonderen Vertragsrechts und des Mobiliarsachenrechts sowie der im deutschen Recht zum Allgemeinen Teil gerechneten Rechtsgeschäfte.

c) Räumlicher Anwendungsbereich. Art 12 S 1 verlangt Vertragsschluß (bzw Vornahme des einseitigen, emp- **9** fangsbedürftigen Rechtsgeschäfts) zwischen Personen, die sich im selben Staat befinden. Der Inlandsschutz des alten Rechts ist damit verlassen (s Rz 1). Nicht erforderlich ist freilich ein Vertrag unter an einem Ort Anwesenden. Ausgeschlossen ist nur der „Distanzvertrag", der grenzüberschreitend zustandekommt. Deshalb kommt es bei Abschluß durch Stellvertreter (seitens der geschützten Partei) auf die Anwesenheit des oder der Stellvertreter im Abschlußstaat an (str, wie hier Liessem NJW 1989, 497, 501; abw MüKo/Spellenberg Art 12 Rz 37; Schotten DNotZ 1994, 671).

d) Fehlende Rechts-, Geschäfts- oder Handlungsfähigkeit. Voraussetzung des Eingreifens von Art 12 S 1 ist **10** ferner, daß die den Vertrag bzw das Rechtsgeschäft iSv Rz 8 schließende „Person" (s Rz 7) nach ihrem Personalstatut rechts-, geschäfts- oder handlungsunfähig ist. Sinn erhält diese Formulierung nur, wenn sie nach dem Vorbild von Art 7 III aF so gelesen wird, daß der Person nach den in bezug auf ihre Handlungs-, Rechts- und Geschäftsfähigkeit geltenden Vorschriften ihres Heimatrechts die nötige Befähigung für einen wirksamen Abschluß von Geschäften in dem Abschlußstaat getätigten Art fehlt. Die Qualifikation dieser Rechts-, Geschäfts- oder Handlungsfähigkeit bzw -unfähigkeit erfolgt entsprechend zu den für Art 7 entwickelten Qualifikationsregeln, dh der Begriff erfaßt über die Regelung der §§ 104ff BGB hinaus auch funktional vergleichbare Regelungen fremder Rechte. Für die hier im wesentlichen praktisch bedeutsame Geschäftsfähigkeit s Art 7 Rz 8, 9. Art 12 S 1 greift deshalb jedenfalls für das Inland auch im Falle einer im Ausland erfolgten Entmündigung ein, da im Inland vergleichbare Einwirkungen auf die Geschäftsfähigkeit nur bis zur Grenze des § 1903 BGB noch erzielt werden können (ähnlich auch Pal/Heldrich Art 12 Rz 4). Die Erwähnung der Rechtsfähigkeit in Art 12 S 1 ist praktisch bedeutungslos, da Verträge schließenden natürlichen Personen nach dem heutigen Stand der Rechtsordnungen die Rechtsfähigkeit nicht fehlen wird (vgl Art 7 Rz 1, 4). Gleiches gilt für den Begriff der **Handlungsfähigkeit.** In bezug auf natürliche Personen ist der Begriff weder der deutschen Rechtsgeschäftslehre noch dem deutschen IPR geläufig. Im bürgerlichen Recht bezeichnet er als Oberbegriff Delikts- und Geschäftsfähigkeit, doch ist die Deliktsfähigkeit keine Frage des Schutzes bei Verkehrsgeschäften. Dies gilt auch für Haftung aus culpa in contrahendo (bei Qualifikation nach Maßgabe von § 311 II BGB als jetziger Rechtsquelle in der deutschen lex fori). Soweit derartige Haftung als rechtsgeschäftliche Haftung einzuordnen ist, kommt es auf Geschäftsfähigkeit an (s dazu Art 32 Rz 20, 21); soweit die Haftung nach Grundsätzen der culpa in contrahendo deliktisch zu qualifizieren ist, bedarf es der Deliktsfähigkeit, die dem Deliktsstatut unterfällt (vgl Art 32 Rz 21; Art 40 nF Rz 57, 58). Die Erläuterungen zeigen, daß Art 12 insofern eine ungeprüfte und nicht sehr sinnvolle Übernahme des durch die franz Terminologie („capacité") und franz Vertragsdogmatik beherrschten EG-Schuldvertragsübereinkommens ist (in gleiche Richtung gehend die Kritik von MüKo/Spellenberg Art 12 Rz 21, 22, 30, 32; zT abw Staud/Hausmann [2000] Art 12 Rz 30).

Sinn erhält der Begriff der Handlungsfähigkeit nur dann, wenn er – den Intentionen des Rechtsausschusses fol- **11** gend, der Abs II des RegE gestrichen, damit aber eine sachliche Einschränkung des Anwendungsbereichs nicht bezweckt hat – in der Norm der nationalen IPR-Kodifikation EGBGB als Oberbegriff für die aus familienrechtlicher Vertretungsmacht (von Eltern, Vormündern und Pflegern) folgende Handlungsfähigkeit für die Vertretenen begriffen wird (so Pal/Heldrich Art 12 Rz 5; anders – für nur analoge Anwendung von S 1 auf diese Fälle – MüKo/Spellenberg Art 12 Rz 27, 30). Das läßt sich im Interesse der Füllung des Begriffs mit Inhalt vertreten, so daß die „Handlungsunfähigkeit" in S 1 als „familienrechtliche Handlungsbeschränkungen" zu lesen ist. Es fallen darunter Beschränkungen der Vertretungsmacht der Eltern, des Vormunds, des Pflegers und sonstiger Beistände, wie sie das deutsche Recht zB in §§ 1629, 1643, 1795, 1822 BGB enthält. Keine, auch keine entsprechende Anwendung findet Art 12 auf Verpflichtungs- und Verfügungsbeschränkungen von Ehegatten (so aber LG Aurich FamRZ 1990, 776, 777), ebenfalls nicht auf Interzessionsbeschränkungen (so jedoch Hanisch IPRax 1987, 47, 50f; Pal/Heldrich Art 12 Rz 5); näherliegend und richtiger ist hier, da Ehewirkungen angesprochen sind, Anwendung oder entsprechende Anwendung des in jenen Sachzusammenhang gehörenden Art 16 (ebenso – zögernd – MüKo/Spellenberg Art 12 Rz 34).

Die sonach in ihrer Rechts-, Handlungs- und Geschäftsfähigkeit eingeschränkte Person müßte schließlich nach den Sachvorschriften, dh dem materiellen Recht des Abschlußstaates, würde ihr Personalstatut das Recht dieses Staates sein, die für das Geschäft erforderliche Fähigkeit gehabt haben (Beispiel: 18jähriger Österreicher, nach seinem bis 30. 6. 2001 in Kraft befindlichen Heimatrecht noch nicht volljährig (s dazu Art 7 Rz 21), wäre bei Abschluß eines Kaufvertrages in Deutschland, hätte er deutsches Personalstatut, voll geschäftsfähig). Art 12 kann somit zB den Minderjährigenschutz und andere Beschränkungsregeln des Abschlußstaates nicht überspielen, wohl aber, im Interesse des Verkehrsschutzes, solche des Heimatstaates (Beispiel: 17jähriger Österreicher ist auch in Deutschland durch den Minderjährigenschutz geschützt).

12 **e) Unkenntnis der fehlenden Rechts-, Handlungs-, Geschäftsfähigkeit.** Art 12 S 1 verlangt schließlich, daß der den Vertrag schließenden Person (iSv Rz 7) für das getätigte Geschäft die (vom Geschäftsstatut = Wirkungsstatut geforderte) Rechts-, Handlungs- oder Geschäftsfähigkeit (die ihrerseits nach dem Personalstatut iSv Art 7 I zu beurteilen ist, s Rz 1) fehlt und daß die geschützte Partei iSv Rz 8 (= Vertrags- bzw Geschäftsgegner) diesen Umstand nicht kannte und nicht kennen mußte. Worauf die Unkenntnis beruht und beruhen darf, ist in Art 12 nicht definiert; es genügt fehlende Kenntnis schlechthin. Ob die Unkenntnis vorwerfbar in dem Sinne ist, daß der Vertrags- bzw Geschäftsgegner sie zu seinem Schutz nicht mehr geltend machen kann, hängt von der Auslegung des „Kennenmüssens" ab. Die Wendung ist § 122 II BGB nachempfunden, so daß Fahrlässigkeit iSv § 276 BGB schadet (ebenso Liessem NJW 1989, 497, 501; MüKo/Spellenberg Art 12 Rz 50; Pal/Heldrich Art 12 Rz 2; für autonome Bestimmung Staud/Hausmann [2000] Art 12 Rz 64). Indes ist kein allzu strenger Maßstab anzulegen; Wissen um die Ausländereigenschaft der Person bedeutet noch nicht Fahrlässigkeit (ebenso vorige Stimmen und jetzt auch BGH NJW 1998, 2453 = IPRax 1999, 104 m Anm Schütze S 87), bei Heranwachsenden ist zumindest der Versuch der Erkundigung über ihre Geschäftsfähigkeit zuzumuten. Zur Beweislast s Wolfsteiner DNotZ 1987, 67, 82.

13 **3. Wirkungsweise und Rechtsfolgen.** Erfüllt der Sachverhalt die oben 2a–d (Rz 7–11) erfaßten Voraussetzungen, kann sich der nach den Regeln seines Personalstatuts nicht (voll) Rechts-, Handlungs-, Geschäftsfähige nicht auf die daraus sich ergebenden Folgen für die Wirksamkeit des Geschäfts berufen. Das Geschäft ist also wirksam, wenn es bei Vornahme mit einem Angehörigen des Abschlußstaates wirksam wäre. Das ist nach den dafür geltenden Vorschriften des Abschlußstaates, ggf des für das Geschäft geltenden Wirkungsstatuts zu beurteilen. Bei Kenntnis oder iSv Rz 12 vorwerfbarer Unkenntnis der von Art 12 S 1 geschützten Partei von der mangelnden Rechts-, Handlungs-, Geschäftsfähigkeit des Geschäftsgegners regelt sich die Wirksamkeit oder Unwirksamkeit des Geschäfts hingegen nach dem nach allgemeinen Regeln maßgebenden Recht (str, wie hier Pal/Heldrich Art 12 Rz 3; aA Liessem NJW 1989, 497, 501). Ob die fehlende Fähigkeit im obigen Sinne durch Einrede geltend zu machen oder von Amtswegen zu berücksichtigen ist, läßt sich aus dem Wortlaut von Art 12 S 1 nicht abschließend entnehmen. Die Lösung ist dem Personalstatut des Rechts-, Handlungs-, Geschäftsunfähigen zu entnehmen, da dieses über deren Wirkungsweise zu befinden hat.

III. Ausnahmebereich der familien-, erb- und liegenschaftsrechtlichen Geschäfte (S 2)

14 **1. Inhalt und Zweck.** S 2 nimmt wie schon Art 7 III 2 aF erb- und familienrechtliche Geschäfte vom Anwendungsbereich der Grundregel aus, da sie typischerweise keine Verkehrsschutzfähig sind und Verkehrsschutzinteressen deshalb nicht zu wahren sind (s Begr RegE BT-Drucks 10/504, 50; s ferner Staud/Hausmann [2000] Art 12 Rz 46: besondere Bedeutung dieser Geschäfte). Bei Verfügungen über ein in einem anderen Staat belegenes Grundstück gilt der Verkehrsschutz des S 1 aus der Sicht des Gesetzgebers wegen des insofern schwächeren Bedürfnisses nicht (Begr RegE BT-Drucks 10/504, 50).

15 **2. Erb- und familienrechtliche Geschäfte.** Als erb- und familienrechtliche Rechtsgeschäfte sind die Rechtsgeschäfte zu qualifizieren, die so auch von Art 13–26 eingeordnet werden, zB als familienrechtliche Rechtsgeschäfte Verlöbnis, Ehevertrag, Kindesannahme, Zustimmungserklärungen, als erbrechtliche Rechtsgeschäfte Errichtung und Aufhebung letztwilliger Verfügungen, Erbausschlagung, Erbschaftsannahme, Erbverzicht, Erbschaftskauf, Erbauseinandersetzungsvertrag, auch Schenkung von Todes wegen. Insofern kann auf die Erläuterungen zu Art 13–26 verwiesen werden.

16 **3. Verfügungen über Grundstücke in einem anderen Staat.** Der Begriff der Verfügung über ein Grundstück ist nach allg M nach den Anschauungen der deutschen lex fori zu qualifizieren, der des Grundstückes (und der einzubeziehenden grundstücksgleichen Rechte) dagegen nach der lex rei sitae (zB MüKo/Spellenberg Art 12 Rz 66; Pal/Heldrich Art 12 Rz 6). Nicht unter den Verfügungsbegriff fallen demgemäß Verpflichtungsgeschäfte in bezug auf ein Grundstück, zB Kauf, Miete, Pacht.

17 **4. Rechtsfolge.** Im oben beschriebenen Ausnahmebereich des S 2 gilt die Regel des S 1 nicht. Das bedeutet, daß die Vorfrage der Rechts-, Handlungs- und Geschäftsfähigkeit dann iSd dafür maßgebenden Anknüpfung allein nach Art 7 oder der sonst maßgeblichen (zB familienrechtlichen, s Rz 10, 11 und Art 7 Rz 10, 11) Kollisionsnormen zu beurteilen ist.

Dritter Abschnitt
Familienrecht

Vorbemerkung Art 13–24

I. Einführung in den Dritten Abschnitt

Die Notwendigkeit der Erneuerung des in weiten Teilen (Güterrecht, Scheidungsrecht, Kindschaftsrecht) wegen 1
Verfassungswidrigkeit oder -bedenklichkeit nicht mehr haltbaren internationalen Familienrechts des EGBGB aF
war der eigentliche Auslöser der 1986 im wesentlichen abgeschlossenen Reformtätigkeit des Gesetzgebers gewesen (s Hohloch JuS 1989, 81ff). Das internationale Familienrecht der heutigen Art 13–24 stellt demgemäß ein
Kernstück der Gesetz gewordenen Teilreform von 1986 dar. Die gesetzliche Anordnung ist im wesentlichen gleich
geblieben, so daß das internationale Eherecht nach wie vor am Beginn steht (Art 13 Eheschließung, Art 14 allgemeine Ehewirkungen, Art 15 Ehegüterrecht, Art 16 Schutz des Inlandsverkehrs, Art 17 Scheidung und Scheidungsfolgen). Den Mittelpunkt des neuen Ehekollisionsrechts bildet Art 14, der durch das Verweisungssystem der
Art 15 I, 17 I, 19 I S 3 nF, 21, 22 über seine unmittelbare Bedeutung für das Ehewirkungsstatut hinaus das von der
Reform geschaffene **Familienstatut** enthält, das – mit Änderungen bei den einzelnen Anwendungsfällen – die einheitliche Basis des Ehewirkungs-, Güter- und Scheidungsstatuts sowie des Statuts der ehelichen Kindschaft bildet.

Die Art 13ff beherzigen bislang in erster Linie die **Anknüpfung an die Staatsangehörigkeit**, was im Lichte 2
von Art 3 II GG zumeist gemeinsame übereinstimmende Staatsangehörigkeit der Ehegatten bedeutet. Bei verschiedener Staatsangehörigkeit kommt so dem „**Leiterprinzip**" der Art 14ff und dabei insbes der mit der Funktion der
Sekundäranknüpfung ausgestatteten Anknüpfung an den **gemeinsamen gewöhnlichen Aufenthaltsort** besondere
Bedeutung zu. Grundsätzlich **neu** ist für das internationale Familienrecht die 1986 eingeführte Zulassung einer
sachlich beschränkten **Rechtswahl** durch die Ehegatten für den Bereich des Ehewirkungsstatuts und des Güterstatuts (Art 14 II, III, 15 II), die wegen der Bezugnahme von Art 17 I auf Art 14 ggf auch Wirkung für das Scheidungsstatut äußern kann. Zweck der Einführung der Rechtswahl in das internationale Eherecht ist, den Ehegatten
eine interessengemäße und auf ihre spezifische Situation zugeschnittene Lösung zu ermöglichen, nachdem in der
Reform die ungerechte, aber klare Lösung des grundsätzlichen Vorranges des Mannesrechts verabschiedet worden
war. Zahlenmäßig große Bedeutung ist dem Angebot des Gesetzgebers bislang freilich nicht zugewachsen. Regelmäßig belassen es Ehegatten, die von Art 13ff berührt werden, bei der sich aus Art 14, 15 ergebenden objektiven
Anknüpfung; ein Grund dafür mag das Haftungsrisiko des die Rechtswahl beurkundenden (Art 14 IV, 15 III)
Notars sein, der angeratenes fremdes Ehewirkungs- und Güterstatut überblicken müßte.
Zwischen den eherechtlichen und den kindschaftsrechtlichen Bestimmungen der Art 19ff füllt eine Art Klammerfunktion Art 18 aus, der – 1986 wiederum neu – eine einheitlich konzipierte Regelung des Unterhaltsstatuts
enthält und seinerseits staatsvertraglichen Hintergrund (Haager Unterhaltsabkommen 1973) hat. Staatsvertraglicher Hintergrund (Haager Minderjährigenschutzabkommen) prägt zT auch die Regelungen des internationalen
Kindschaftsrechts. Auch ansonsten ist hier – unter Verdrängung des früher im Recht der ehelichen Kindschaft
dominierenden Vaterrechts – das Kind und sein Recht mehr in den Vordergrund gerückt worden. Das galt schon
für die 1986 in Kraft gesetzten Art 19–21, dann aber gilt dies insbesondere für deren Novellierung in der Kindschaftsrechtsreform (G v 16. 12. 1997), die seit 1. 7. 1998 in Geltung befindlichen Art 19–21 nF mit sich
gebracht hat (s vor Art 19–21 nF). Art 22–24 beschließen wie bisher schon mit Regelungen für Adoption, Kindeszustimmung und Vormundschaft das internationale Familienrecht. Bei Art 24 ist die seit 1. 1. 1992 geänderte, auf
dem BetreuungsG und der dadurch bewirkten Abschaffung von Art 8 beruhende Fassung zu berücksichtigen, die
nunmehr die Anknüpfung für Betreuungsverhältnisse iSv §§ 1896ff BGB bietet.
Die zZt letzten gesetzlichen Ergänzungen des Dritten Abschnittes stellen Art 17a und 17b dar. Der heutige
Art 17b, der eine selbständige Kollisionsregelung für die „eingetragene Lebenspartnerschaft" mit Auslandsberührung enthält, ist zunächst als Art 17a durch das Gesetz zur Beendigung der Diskriminierung gleichgeschlechtlicher
Gemeinschaften v 16. 2. 2001, BGBl 2001 I 266, eingeführt worden. Mit Einführung einer die Zuordnung des
inländischen Hausrats regelnden Teilkollisionsnorm in dem jetzigen Art 17a (eingeführt durch Art 10 des Gewaltschutzgesetzes v 11. 12. 2001, BGBl 2001 I 3513) ist die Norm an ihren jetzigen Platz als Art 17b gerückt worden.
Die Art 13–18 sind als Kern des deutschen internat Familienrechts Regelungen autonomer Qualität. Das kollisionsrechtliche **Regelungsprogramm** der EU (Art 65 EGV) hat sie bislang noch nicht erreicht. Vorbereitungen zur
Schaffung vereinheitlichter europäischer Kollisionsnormen – insbesondere für das Güterrecht und das Scheidungsrecht – sind indes angelaufen (s mwN Hohloch, FS Stoll [2001] 533ff). Für die Praxis schon bedeutsamer ist indes
die **Vereinheitlichung des Zuständigkeits- und Anerkennungsrechts** für **Ehesachen** und eheauflösende Entscheidungen durch die **EheVO** (VO [EG] Nr 1347/2000 des Rates über die Zuständigkeit und die Anerkennung
und Vollstreckung von Entscheidungen in Ehesachen und in Verfahren betreffend die elterliche Verantwortung für
die gemeinsamen Kinder der Ehegatten v 29. 5. 2000 (ABl EG 2000 Nr L 160 S 19). Einzelheiten hierzu bei
Art 17 Rz 64ff. Mit entsprechender Vereinheitlichung des Scheidungs- und Güterkollisionsrechts ist bis 2006/07
zu rechnen.

Das auf Ehe-, Kindschafts-, Vormundschafts- und Betreuungsrecht begrenzte Familienrecht hat auf gesetzliche 3
Regelung des Verlöbniskollisionsrechts verzichtet. Als „Familienrecht" enthält der Dritte Abschnitt naturgemäß
keine Kollisionsnormen für die Rechtsverhältnisse einer „nichtehelichen Lebensgemeinschaft" bzw „eheähnlichen
Gemeinschaft". Kollisionsnormen für das letztere Phänomen sind auch ansonsten nicht besonders ausgewiesen.
Art 17b betrifft lediglich das besondere Segment der „Eingetragenen Lebenspartnerschaft". Das Kollisionsrecht

des Verlöbnisses wird demgemäß im folgenden dargestellt. Im Anschluß wird dann die – zum Familienrecht nach wie vor nicht zwingend gehörende – kollisionsrechtliche Behandlung der nichtehelichen Lebensgemeinschaft zusammengefaßt.

II. Verlöbnis

Schrifttum: *Fudickar*, Ansprüche des Brautvaters bei Auflösung des Verlöbnisses türkischer Verlobter, IPRax 1984, 253; *Gamillscheg*, Das Verlöbnis im deutschen IPR, RabelsZ 32 (1968) 473; *Langenberg*, Das Verlöbnis im IPR (Diss Köln 1958); *Luther*, Ersatz immaterieller Schäden bei Verlöbnisbruch im IPR und in Auslandsrechten, FamRZ 1959, 475.

4 **1. Allgemeines.** Auch für das IPR bedeutet „Verlöbnis" das wechselseitige Eheversprechen und das durch ein solches Versprechen begründete personenrechtliche Verhältnis (s Staud/Mankowski [2003] Anh Art 13 Rz 1–8). Seine rechtliche wie praktische Bedeutung ist rückläufig; viele ausländische Rechtsordnungen kennen eine besondere rechtliche Regelung weder in ihrem materiellen Recht noch in ihrem IPR. Kein Verlöbnis stellen alle jene Verbindungen von Mann und Frau dar, denen das Ziel der späteren Eingehung der Ehe mangelt. **Demgemäß scheiden insbesondere alle Arten von nichtehelichen Verbindungen und Gemeinschaften aus.** Trotz der schwindenden zahlenmäßigen Bedeutung werden aber auch in neuester Zeit, wie die Gerichtspraxis zeigt, Sachverhalte mit Auslandsberührung justitiabel, so daß ein Überblick über die kollisionsrechtliche Behandlung des Verlöbnisses angezeigt ist.

5 **2.** Die **Eingehung des Verlöbnisses** wird nach heute wohl einhelliger Auffassung entsprechend der Eingehung der Ehe behandelt. Demgemäß gilt für die sachlichen Voraussetzungen des Verlöbnisses **entsprechend Art 13 I das Heimatrecht (Personalstatut) der beiden Verlobten** (BGH 28, 375 und st Rspr, s zB LG Bochum FamRZ 1990, 882; LG Essen FamRZ 1990, 884; LG Krefeld StAZ 1990, 336 mit Anm Krüger 313, 314; LG Berlin FamRZ 1993, 198; aus der Lit MüKo/Coester vor Art 13 Rz 2 mwN; Pal/Heldrich Art 13 Rz 30); Art 5 gilt hinsichtlich der Bestimmung des Personalstatuts in vollem Umfang (s Erl zu Art 5). Wie auch sonst bei Art 13 I ist Rück- und Weiterverweisung zu beachten (s Art 13 Rz 7). Bei unterschiedlichem Heimatrecht muß das Verlöbnis nach jedem Recht zustandegekommen sein (Kumulierung). Das andere Recht setzt sich durch, wenn ein Recht das Verlöbnis als Rechtsinstitut nicht (mehr) kennt (Bsp Polen: Zweibrücken FamRZ 1986, 354 = IPRspr 1985 Nr 59 = JuS 1987, 144 Nr 5 [Hohloch]). Zu den sachlichen Voraussetzungen rechnen Zulässigkeit, Verlöbnisfähigkeit (Ledigsein), Zustimmungserfordernisse, Sittenwidrigkeit usw, das jeweilige Heimatrecht entscheidet ferner über die Folge des Fehlens einer Sachvoraussetzung. Wird Geschäftsfähigkeit verlangt, so bestimmt hierüber das Personalstatut iSv Art 7. In Entsprechung zum Eheschließungsrecht richtet sich die **Form nach Art 11 I**, so daß sowohl Ortsform als auch die sich aus Art 13 I entsprechend ergebende Geschäftsrechtsform möglich ist. Art 13 III ist nicht entsprechend anzuwenden (BGH 28, 375, 377 und allg M, s MüKo/Coester vor Art 13 Rz 2).

6 **3. Unklagbarkeit des Eheversprechens. Ordre public.** Rechtlich erhebliche Erfüllungswirkung kann das Verlöbnis in der Sicht des deutschen Rechts (§ 1297 BGB) aufgrund der Unklagbarkeit des Eheversprechens nicht äußern. Da § 1297 BGB die Freiheit der Eheschließung schützt und dieses Gut zum Kernbestand der deutschen Rechtsordnung zu rechnen ist, greift bei Regelungen fremder Rechte, die unmittelbar oder mittelbar einen Zwang oder Sanktionen zum Eheschluß regeln, Art 6 (Ordre public) ein (s zB Soergel/Schurig[12] vor Art 13 Rz 15, 19; Pal/Heldrich Art 13 Rz 30).

7 **4. Folgen des Scheiterns des Verlöbnisses. a) Anknüpfungen.** Im Mittelpunkt der Spruchpraxis stehen so Entscheidungen zu den Folgen des Scheiterns des Verlöbnisses, insbes Rückforderungs- und Ersatzansprüche bei Verlöbnisbruch und -rücktritt. Die Rspr nimmt dies zusammen mit der im Schrifttum hM überwiegend zur Anwendbarkeit des Rechts des Verpflichteten bzw Inanspruchgenommenen (BGH 28, 375, 378ff; FamRZ 1996, 604 mit Anm Gottwald JZ 1997, 93 und Mankowski IPRax 1997, 178; LG Düsseldorf NJW 1967, 2121 = IPRspr 1967 Nr 56 [Italien]; LG Frankfurt IPRspr 1978 Nr 43; Düsseldorf IPRspr 1983 Nr 49 – unrichtig türk Brautvaterrecht –, dazu Fudickar aaO; Zweibrücken FamRZ 1986, 354 = IPRspr 1985 Nr 59 = JuS 1987, 144 Nr 5 Anm Hohloch; KG FamRZ 1990, 45; ebenso IPG 1976 Nr 23 [München]; Pal/Heldrich Art 13 Rz 30; Henrich FS Beitzke [1979] 507, 519). Kumulation beider Heimatrechte hingegen LG Hamburg NJW 1955, 548 = IPRspr 1954 Nr 76 verlangt (ähnlich Soergel/Kegel[11] vor Art 13 aF Rz 16). Vereinzelt werden andere Anknüpfungen vertreten, s die Zusammenstellung bei Staud/Mankowski [2003] Anh Art 13 Rz 22–24. Die Kritik an der hM hebt zu Recht vor allem die unbefriedigende Spaltung des anwendbaren Rechts je nach Zielrichtung des Anspruchs auf den einen oder anderen Partner hervor (Staud/Mankowski [2003] Anh Art 13 Rz 25ff mwN; MüKo/Coester vor Art 13 Rz 4 mwN). Dies wird vermieden, wenn mit der letztgenannten Auffassung das Recht des Verpflichteten durch das beiden Parteien gemeinsame „Umweltrecht" ersetzt wird, das dem Verlöbnis gelebt worden ist und die Rückabwicklung bzw Entschädigung vorzunehmen ist. Diese „faktenbezogene", entsprechend Art 14 I Nr 2 und ggf 3 vorgenommene Anknüpfung verdient heute den Vorzug vor analog Anwendung von Art 14 I Nr 1 bei vorhandener gemeinsamer Staatsangehörigkeit. Insofern mag, auch wenn die Ansprüche grundsätzlich nicht deliktsrechtlich zu qualifizieren sind (s unten), eine Anleihe bei der neueren Entwicklung des internationalen Deliktsrechts nützlich sein, das seinerseits „Folgenbeseitigung" zu prästieren hat (Hohloch JuS 1980, 18, 21ff) und diese innerhalb eines gemeinsamen Umweltrechts vornimmt (BGH 87, 95, 98; 90, 294; 93, 214; s dazu Art 40 Rz 32ff; aA insoweit Staud/Mankowski [2003] Anh Art 13 Rz 26). Dieses Umweltrecht ist regelmäßig durch den gemeinsamen oder letzten gemeinsamen gewöhnlichen Aufenthalt bestimmt, fehlte ein solcher stets, ist das Schwerpunktrecht des Verlöbnisses zu ermitteln (entspr Art 14 I). Zu weiteren Vorschlägen MüKo/Coester vor Art 13 Rz 4; Mankowski IPRax 1997, 178; Rumpf FamRZ 1994, 571 (türk Recht).

8 Ist auf diese Weise das anwendbare Recht ermittelt, kommt es nach den für die Qualifikation geltenden Regeln nicht mehr darauf an, ob das aus deutscher Sicht anwendbare Recht den Anspruch nicht familienrechtlich, sondern zB deliktsrechtlich einordnet. Folgt daraus eine Rück- oder Weiterverweisung, ist diese zu beachten (str, wie hier MüKo/Coester vor Art 13 Rz 5; jetzt wohl auch Staud/Mankowski [2003] Anh Art 13 aF Rz 37). Der Anwendungsbereich des Verlöbniskollisionsrechts ist indes verlassen, wenn ein Verlobter gegen den anderen Ansprüche erhebt, die deliktsrechtlich oder konditionsrechtlich zu qualifizieren sind. Hier gilt das jeweils einschlägige Statut (vgl Art 40 Rz 57 und Art 38 Rz 15).

b) Grundsätzlich kann der Vorbehalt des **Ordre public** auch bei den Auflösungsfolgeansprüchen eingreifen. **9** Anwendungsbedarf für Art 6 kann bestehen, wenn das „Folgestatut" Vertragsstrafen vorsieht, die als **Eheerzwingungssanktion** erscheinen können (dazu Schwimann ZfRV 15 [1974], 198, 203, 205). Zurückhaltung ist hingegen vor dem Hintergrund der verfehlten Ergebnisse der „Kranzgeldentscheidung" BGH 28, 375 zu beobachten, wenn das Folgestatut geringere oder höhere Schadensersatzfolgen vorsieht als sie in §§ 1298–1301 BGB geregelt sind (heute allg M, s BGH 62, 282, 283 obiter, LG Düsseldorf NJW 1967, 2121 = IPRsp 1967 Nr 56; MüKo/Coester vor Art 13 Rz 6 mwN in Fn 34).

III. Nichteheliche Gemeinschaft

Schrifttum: *Hausmann*, Überlegungen zum Kollisionsrecht registrierter Partnerschaften, FS Henrich (2000) 241; *Hausmann/Hohloch(/Martiny)*, Das Recht der nichtehelichen Lebensgemeinschaft 1999, 567ff; *Henrich*, Kollisionsrechtliche Probleme bei der Auflösung eheähnlicher Gemeinschaften, FS Beitzke (1979) 507; *ders*, Internationales Familienrecht (1989); *ders*, Kollisionsrechtliche Fragen der eingetragenen Lebenspartnerschaft, FamRZ 2002, 137; *Sarcevic*, Zur nichtehelichen Lebensgemeinschaft im IPR, StAZ 1981, 176; *ders*, Paare ohne Trauschein – eine Herausforderung für das internationale Privatrecht?, ZVglRWiss 1985, 274; *Striewe*, Zum Internationalen Privatrecht der nichtehelichen Lebensgemeinschaft, IPRax 1983, 248; *ders*, Ausländisches und Internationales Privatrecht der nichtehelichen Lebensgemeinschaft (1986); *Wagner*, Das neue Internationale Privat- und Verfahrensrecht zur eingetragenen Lebenspartnerschaft, IPRax 2001, 281; *Weber*, Die eheähnliche Gemeinschaft (Konkubinat) im schweizerischen Recht (1984).

1. Allgemeines. Die in Inlandsfällen die Gerichte wegen der inzwischen starken Verbreitung bereits in steigen- **10** dem Maße beschäftigenden nichtehelichen Lebensgemeinschaften (dazu Hausmann, Nichteheliche Lebensgemeinschaften und Vermögensausgleich [1989] mwN) haben im Inland zu publizierten Kollisionsrechtsentscheidungen noch nicht geführt (für Österreich s OGH FamRZ 1982, 1010). Das Schrifttum befaßt sich indes seit längerem mit der kollisionsrechtlichen Behandlung dieses Phänomens. Wiewohl auch insoweit die Grundproblematik besteht, daß Verbindungen von Mann und Frau, die unter dem Namen der nichtehelichen Lebensgemeinschaft oder ähnlichen Bezeichnungen (freie Partnerschaft, eheähnliche Gemeinschaft . . .) laufen, sich ihrer Natur nach (Verzicht auf rechtliche Bindung für das Zusammenleben) einer einheitlichen faktischen und rechtlichen Gestaltung entziehen, trägt die kollisionsrechtliche Diskussion doch noch einen anderen Zug: Sie sucht bei der Bestimmung der vom deutschen Gesetzgeber bislang wegen der grundsätzlichen rechtlichen Negierung dieser Lebensform nicht gesetzlich vorgegebenen Kollisionsregeln zunehmend der Tatsache Rechnung zu tragen, daß andere Rechtsordnungen materiellrechtliche (so Dänemark, Schweden, s ausführl Striewe aaO 27ff; Niederlande) oder kollisionsrechtliche (Jugoslawien, s Sarcevic StAZ 1981, 176, 177ff) Sonderregelungen gesetzlich geschaffen haben. **Der heutige Meinungsstand ist demgemäß uneinheitlich.** Das Meinungsspektrum reicht von der herkömmlichen Auffassung, sämtliche Anknüpfungen seien im Bereich des vertraglichen und außervertraglichen Schuldrechts zu suchen und zu finden (so Pal/Heldrich Art 13 Rz 3, Art 17 Rz 14; ebenso grundsätzlich Weber aaO 185ff; österr OGH FamRZ 1982, 1010) über Aufenthaltsanknüpfungen (Ferid/Böhmer IPR § 8–197, 1) bis zur grundsätzlichen Unterstellung unter das in Analogie zu Art 13 EG zu findende Heimatrecht (Personalstatut) des Partner der nichtehelichen Gemeinschaft (v Bar IPR II Rz 119, 122 mwN; Striewe IPRax 1983, 248; ders aaO 357ff; Firsching IPR § 29 2; Kegel/Schurig IPR § 20 III; Hausmann/Hohloch/Martiny 567ff). Aktueller Gesamtüberblick bei Staud/Mankowski [2003] Anh Art 13 Rz 61ff. Richtig wird übereinstimmend heute auch gesehen, daß es mit dem Auffinden einer „Grundsatzanknüpfung" (zB Geltung des „Heimatrechts") nicht getan ist. Notwendig ist vielmehr die Entscheidung für einzelne Kollisionsregeln, die für die Fragen der Begründung der nichtehelichen Gemeinschaft, des Lebens in einer solchen Gemeinschaft und der vermögensmäßigen Auflösung Lösungen ergeben (s insoweit MüKo/Coester Art 13 Rz 6 mwN). Demgemäß ergibt sich aus Art 17b nF, der Kollisionsregelung für die „Eingetragene Lebenspartnerschaft", keine unmittelbar für die – nicht vergleichbare – nichteheliche Lebensgemeinschaft (von Frau und Mann) abzuleitende Kollisionsregelung (s Erl zu Art 17b Rz 19).

2. Einsatz bestehender Kollisionsregeln. Bei derartiger Vorgehensweise wird deutlich, daß es für wesentliche **11** Tatbestände neu zu schaffender oder neu zu bedenkender Kollisionsregeln nach wie vor aus Sachgründen nicht zwingend bedarf. Das für den gesetzlichen **Unterhalt** maßgebende Recht ergibt sich aus Art 18, so daß die Problematik insoweit auf die grundsätzlich unselbständig anzuknüpfende (s Art 18 Rz 11) Vorfrage verlagert ist, ob eine mit Unterhaltsregelungen gesetzlicher Art ausgerüstete nichteheliche Lebensgemeinschaft besteht. Kindschaftsrechtliche Regelungen sind demgemäß durch Art 19, 20, 21, ggf Art 19, 20 aF bestimmt (s Erl Art 19, 20, 21 und Anh zu Art 21), über das Erbrecht der Partner bestimmt das gem Art 25 aufzufindende Erbstatut (dazu BayObLG DAVorm 1983, 757; BayObLG IPRsp 1964/65 Nr 173), bei dessen Handhabung die Frage der Erbfähigkeit eines Partners nach den im Rahmen von Art 25 geltenden Grundsätzen anders als die Ehe und die eheliche Kindschaft unselbständig anzuknüpfen ist (s Art 25 Rz 9 und unten Rz 12).

3. Anknüpfung anderer Beziehungen. Wichtigstes Anknüpfungsproblem, für das eine spezielle Kollisionsre- **12** gel nicht besteht, ist demgemäß die **Anknüpfung der Begründung einer nichtehelichen Lebensgemeinschaft.** Hier wird sich das deutsche IPR von den engeren Anschauungen des deutschen materiellen Rechts, das die nichteheliche Lebensgemeinschaft familienrechtlich nicht einordnet, nicht grundsätzlich zu lösen brauchen. Solange der deutsche Gesetzgeber die nichteheliche Lebensgemeinschaft, deren Spielarten sich einer einheitlichen Typisierung zZt durchaus entziehen, nicht gesetzlich anerkannt und – als familienrechtliche Lebensform minderen Zuschnitts –

ausgestaltet hat, kann eine – auch nur entsprechende – Anwendung des Art 13 I entgegen der inzwischen hM (s Rz 10) nicht befürwortet werden. Es fehlt insofern bislang der essentielle Aspekt der eindeutigen Zuordnung als dem Recht unterstellte Personengemeinschaft zum Familienrecht. Die Ablehnung der entsprechenden Heranziehung von Art 13 I muß aus deutscher Sicht aber nicht ohne weiteres zur kollisionsrechtlichen Negierung der nichtehelichen Lebensgemeinschaft führen. Auszugehen ist mit der hM davon, daß die nichteheliche Lebensgemeinschaft heute als „personale Ganzheitsbeziehung" jedenfalls in Betracht kommen kann (weitergehend v Bar IPR II Rz 122). Da sie aber aus deutscher Sicht (noch) keine Statusbeziehung ist und auch vergleichbaren Charakter ihrer beliebigen Gestaltung und jederzeitigen beliebigen Auflösbarkeit wegen nicht hat, kommt mE die Heranziehung der Staatsangehörigkeit als des stärksten, kollisionsrechtlich gewichtigsten und demgemäß für Dauerbeziehungen eingesetzten und einzusetzenden Anknüpfungsmoments nicht in Betracht. Würdigung kann der personale Gehalt demgemäß nur im Rahmen des „Umweltrechts" finden, in dessen Rahmen die Beziehung begründet, gelebt und beendet wird (s auch Rz 7, 8). Berufen ist damit der dem Statutenwechsel zugängliche **gemeinsame oder letzte gemeinsame gewöhnliche Aufenthalt der Partner**. Weiterer Hilfsanknüpfungen bedarf es nicht, da ohne solchen gemeinsamen gewöhnlichen Aufenthalt von einer Lebensgemeinschaft nicht gesprochen werden kann.

13 Konsequenz dieser grundsätzlichen Anknüpfung an den gemeinsamen gewöhnlichen Aufenthalt, ggf letzten gewöhnlichen Aufenthalt ist, daß bei Begründung im Inland die formlose Begründung, die das deutsche Recht ermöglicht, gilt. Für die in anderer Weise im Ausland erfolgte Begründung gilt, daß sie bei Verlagerung des gemeinsamen Lebensmittelpunktes ins Inland hier Achtung verlangen kann. Indes richten sich die allgemeinen Wirkungen dann nicht nach den entsprechenden Vorgaben des Art 14, sondern stets nach den Vorstellungen des inländischen Umweltrechts. Eine entsprechende Anwendung von Art 14 verbietet sich solange, als das deutsche Recht eine Sonderordnung für die nichteheliche Lebensgemeinschaft nicht bereithält. Solange ist die Lage der im internationalen Eherecht gegebenen nicht vergleichbar; wird im Rahmen von Art 14 unterschiedlichen Eheausgestaltungen Respekt bezeugt, kann dies für die nichteheliche Lebensgemeinschaft „fremden Rechts" nicht gelten, da eine deutsche rechtliche Ordnung nicht gegenübersteht. Gleiches gilt grundsätzlich auch für die Vermögensordnung. Für sie gilt bei gewöhnlichem Aufenthalt im Inland grundsätzlich das Sach- und Schuldstatut, so daß für eine Auflösung die Kollisionsregeln des Schuld-, Delikts- und ggf Gesellschaftsstatuts gelten (zB Bereicherungsanknüpfung Art 38 Rz 1ff, Deliktsanknüpfung Art 40 Rz 57, Vertragsstatut Art 27, 28, insbes Schenkungsstatut, vgl Pal/Heldrich Art 17 Rz 14; auch Nürnberg IPRsp 1978 Nr 16 gesellschaftsrechtliche Lösung; sehr str, s Soergel/Schurig[12] vor Art 13 Rz 30 mwN; Rspr: Zweibrücken NJW-RR 1993, 1478 – offenbleibend hinsichtlich der Lösung). Eine **Ausnahme** kann für jene nichtehelichen **Lebensgemeinschaften** gemacht werden, die bereits **im Ausland begründet** worden sind. Hält jenes frühere gemeinsame Umweltrecht Sonderregelungen für die Vermögensordnung und -auflösung bereit, so kann diesen mit einer Art „unwandelbarer Anknüpfung" wegen des den Partnern insofern einzuräumenden Vertrauensschutzes Rechnung getragen werden, so daß sich dann auch im Inland die Abwicklung nach diesen Sonderregeln ergibt. Damit kann auch der Entwicklung Rechnung getragen werden, daß ausländische Rechte (zB Frankreich, Niederlande) inzwischen gesetzliche Regelungen für „registrierte" heterosexuelle Partnerschaften bereithalten (s dazu und zur kollisionsrechtl Behandlung Erl zu Art 17b Rz 19).

14 **4. Geltung allgemeiner Regeln.** Bei der hier vertretenen Lösung kommt es zu einem Renvoi allenfalls, wenn das ausnahmsweise für die Abwicklung des Vermögens heranzuziehende fremde Recht rück- oder weiterverweist (anderes gilt für die an die Staatsangehörigkeit anknüpfende hM, s v Bar IPR II Rz 122 mwN). Stets kann, soweit fremdes Recht überhaupt zur Anwendung kommen kann, Art 6 (Ordre public) eingreifen; bedeutsam wird der Vorbehalt ggf bei im Ausland anerkannten homosexuellen Partnerschaften (Dänemark, Schweden, s dazu Wacke FamRZ 1990, 347 und Jayme IPRax 1990, 197).

13 Eheschließung

(1) Die Voraussetzungen der Eheschließung unterliegen für jeden Verlobten dem Recht des Staates, dem er angehört.

(2) Fehlt danach eine Voraussetzung, so ist insoweit deutsches Recht anzuwenden, wenn
1. **ein Verlobter seinen gewöhnlichen Aufenthalt im Inland hat oder Deutscher ist,**
2. **die Verlobten die zumutbaren Schritte zur Erfüllung der Voraussetzung unternommen haben und**
3. **es mit der Eheschließungsfreiheit unvereinbar ist, die Eheschließung zu versagen; insbesondere steht die frühere Ehe eines Verlobten nicht entgegen, wenn ihr Bestand durch eine hier erlassene oder anerkannte Entscheidung beseitigt oder der Ehegatte des Verlobten für tot erklärt ist.**

(3) Eine Ehe kann im Inland nur in der hier vorgeschriebenen Form geschlossen werden. Eine Ehe zwischen Verlobten, von denen keiner Deutscher ist, kann jedoch vor einer von der Regierung des Staates, dem einer der Verlobten angehört, ordnungsgemäß ermächtigten Person in der nach dem Recht dieses Staates vorgeschriebenen Form geschlossen werden; eine beglaubigte Abschrift der Eintragung der so geschlossenen Ehe in das Standesregister, das von der dazu ordnungsgemäß ermächtigten Person geführt wird, erbringt vollen Beweis der Eheschließung.

I. Allgemeines	5. Innerdeutsches Kollisionsrecht 11
1. Inhalt und Zweck 1	
2. Vorgeschichte und altes Recht 3	**II. Sachliche Eheschließungsvoraussetzungen**
3. Staatsvertragliche Sonderregelungen 4	1. Grundsatzregel „Maßgeblichkeit des Personalstatuts
4. Geltung allgemeiner Regeln	der Verlobten" (Abs I)
a) Rück- und Weiterverweisung 7	a) Personalstatut 12
b) Staatsangehörigkeit und Sekundäranknüpfung . . 8	b) Ehe und Eheschließung 13
c) Ordre public und Gesetzesumgehung 9	c) Personalstatut jedes Verlobten 14

d) Kumulationsprinzip 15	**III. Form der Eheschließung**
2. Auffangregel „Maßgeblichkeit deutschen Eherechts"	1. Inlandseheschließung (Abs III) 42
(Abs II) 16	2. Form der Auslandseheschließung (Art 11 I iVm
3. Geltungsumfang (Anwendungsbereich und Reichweite) des Eheschließungsstatuts (Abs I und II)	Art 13 I) 56
a) Überblick 23	3. Konsularische Eheschließung Deutscher 60
b) Voraussetzungen der Eheschließung	**IV. Verfahrensfragen** 61
aa) Willensbildung 24	**V. Abkommensrecht**
bb) Ehehindernisse und -verbote 25	1. Haager Eheschließungsabkommen von 1902 64
cc) Morgengabe 33	2. CIEC-Übereinkommen Nr 7 zur Erleichterung der
c) Folgen des Nichtvorliegens von Voraussetzungen	Eheschließung im Ausland 65
und des Bestehens von Hindernissen 34	3. Konsularverträge 66
4. Verfahrensrecht 39	

Schrifttum: *Böhmer*, Heilung formfehlerhafter Ehen durch Statutenwechsel?, FS Firsching (1985) 41; *Dieckmann*, Zur international-privatrechtlichen Problematik der Handschuhehe eines deutschen Staatsangehörigen, StAZ 1976, 33; *Hausmann/ Hausmann*, Zur Nichtigerklärung einer „Tondern-Ehe" von italienischen Staatsangehörigen wegen Bigamie trotz Inlandsscheidung der Vorehe, JbItalR 2 (1989), 17; *Heldrich*, Das juristische Kuckucksei aus dem Morgenland, IPRax 1983, 64; *Henrich*, Das internationale Eherecht nach der Reform, FamRZ 1986, 841; *ders*, Scheinehen im Internationalen Privatrecht, FS Rolland (1999) 167; *Hepting*, Die „ordnungsgemäße Ermächtigung" in Art 13 III S 2 EGBGB nF, StAZ 1987, 154; *Krzywon*, Die Anerkennung ausländischer Entscheidungen in Ehesachen, StAZ 1989, 93; *Otte*, „Wenn der Schein trügt" – zum zivil-, verfahrens- und kollisionsrechtlichen Umgang mit der sog „Aufenthaltsehe" in Deutschland und Europa, JuS 2000, 148; *ders*, Ehe- und Familiensachen mit Ausländerbeteiligung und nach ausländischem Recht, 3. Aufl 1984; *Pirrung*, Das Familienrecht im internationalen Privatrecht, in Pirrung/Reinhart/Henrich/Beitzke/Schnabel, Die Familie im Internationalen Privatrecht (1985); *Schwimann*, Der rätselhafte Art 13 II nF EGBGB, StAZ 1988, 35; *Siehr*, Spezielle Kollisionsnormen für die Heilung einer unwirksamen Eheschließung durch „Statutenwechsel", IPRax 1987, 19; *Spellenberg*, Scheinehen, StAZ 1989, 33; *ders*, Die Neuregelung der internationalen Zuständigkeit in Ehesachen, IPRax 1988, 1; *Steding*, Der rechtliche Schutz nicht standesamtlich geschlossener Ehen (1985); *Voit*, „Heilung durch Statutenwechsel" im internat Eheschließungsrecht (1997); *Winkler v Mohrenfels*, Hinkende Doppelehe, Vorfrageanknüpfung und Gestaltungswirkung inländischer Scheidungsurteile, IPRax 1988, 341.

I. Allgemeines

1. Inhalt und Zweck. Art 13 regelt die Eheschließung im IPR. Die traditionell an die Staatsangehörigkeit der 1 Eheschließenden („Verlobten") anknüpfende Grundsatzregel des Abs I gilt für die sachlichen Voraussetzungen einer Eheschließung einschließlich der Folgen des Fehlens solcher Voraussetzungen. Maßgeblich ist das Personalstatut jedes Verlobten im Zeitpunkt unmittelbar vor der Eheschließung; Abs I folgt dem **Kumulationsprinzip**, so daß grundsätzlich aus der Sicht jedes beteiligten Personalstatuts Voraussetzungen und Wirksamkeit vorliegen müssen. Die Hilfs- bzw Auffangregel des Abs II läßt unter den dort genannten Voraussetzungen des überwältigenden Inlandsbezuges im Interesse der verfassungsmäßig gewährleisteten (Art 6 I GG) Eheschließungsfreiheit das deutsche Eherecht zum Zuge kommen, wenn die Verlobten trotz der ihnen zumutbaren und von ihnen auch vorgenommenen Anstrengungen ansonsten bei ausschließlicher Beachtung ihrer Heimatrechte an der Eheschließung gehindert wären. Abs III gibt dann die Formregel lediglich für die Form der Inlandseheschließung; Abs III S 1 läßt – wiederum traditionell – im Inland nur die strenge Inlandsform der obligatorischen Ziviltrauung vor dem Standesbeamten zu. Abs III S 2 durchbricht mit einer besonderen Sachnorm diese Grundsatzregel in Fortführung der mit § 15a EheG (1946) begonnenen Ausnahme für gewisse reine Ausländerehen. Das Bestehen dieser Ausnahmeregel ändert jedoch nichts am grundsätzlichen Ausschluß der Geschäftsform des Art 11 I Alt 1. Liegt nicht ein Sachverhalt gem Abs III S 2 vor, ist eine Eheschließung nach den von den Heimatrechten der Verlobten gem Art 13 I, 11 I Alt 1 berufenen ausländischen Geschäftsrechten (Geschäftsform) nicht möglich.

Keine Regelung enthält Art 13 für die Form der Eheschließung Deutscher im Ausland (Form der Auslandsehe- 2 schließung). Sie regelt sich ohne weiteres nach Art 11 I (Karlsruhe StAZ 1994, 286). Danach können Deutsche im Ausland die Ehe in der Form des oder der maßgebenden Geschäftsrechte eingehen, bei Geltung deutschen Geschäftsrechts (zB beide Eheschließende sind Deutsche, Art 11 I Alt 1, 13 I) also in der Form des § 1310 BGB, wenn der Staat des Orts der Eheschließung diese Form bereithält (Eheschließung in der Geschäftsform). Nach Art 11 I Alt 2 ist genügend aber auch die ausländische Ortsform.

Bei der Inlandseheschließung mit Auslandsbezug ist ergänzend § 1309 BGB (Beibringung des Ehefähigkeitszeugnisses bzw Befreiung von der Beibringung) heranzuziehen. § 1309 BGB gilt iVm § 69b PStG auch für die Ausstellung eines Ehefähigkeitszeugnisses, das jedenfalls zur Eheschließung außerhalb des Geltungsbereichs der deutschen Gesetze bedarf. Für konsularische Eheschließungen Deutscher im Ausland gilt § 8 KonsularG vom 11. 9. 1974 (BGBl I S 2317), für konsularische Eheschließungen im Inland sind die bilateral abgeschlossenen Konsularverträge maßgeblich (s Rz 6). Zu Eheschließungsabkommen s Rz 4, 5 und unten Abschnitt V Rz 64.

2. Vorgeschichte und altes Recht. Art 13 führt inhaltlich im wesentlichen das vor der Reform bestehende 3 Gesetzesrecht und das zuletzt praktizierte Recht fort (vgl Begr RegE, BT-Drucks 10/504, 50–52; Pirrung IPVR 135–139). Abs I entspricht Art 13 I aF, der bereits als allseitige Kollisionsnorm gefaßt war (BT-Drucks aaO 52) und die sachlichen Voraussetzungen der Eheschließung dem Heimatrecht jedes Verlobten unterstellt hatte. Abs II schränkt aus Erwägungen des Ordre public, die ihren Hintergrund in der „Spanierentscheidung" des BVerfG (BVerfG 31, 58) und der dort betonten Bindung der Anwendung von Auslandsrecht an die Grundrechte (Eheschließungsfreiheit) haben, die Grundsatzregel des Abs I sehr viel stärker ein, als dies im alten Gesetzesrecht (Abs II aF für den Fall der Todeserklärung) der Fall war. Abs III S 1 hat die Regelung des Abs III aF (Inlandseheschließung nur in der Ortsform) beibehalten. Die im Gesetzgebungsverfahren genannten Gegenvorschläge (Vorschläge und Gutachten des Deutschen Rats für Internationales Privatrecht: Vorschläge und Gutachten zur Reform des deutschen internationalen Eherechts [1962] S 10ff, und Entwurf Kühne § 13) sind nicht berücksichtigt worden, so daß im Inland nach wie vor nur die Ortsform gilt. Abs III S 2 hat den wesentlichen Inhalt des früheren § 15a EheG (idF v KRG Nr 52 v 21. 4. 1947) in das EGBGB eingefügt. § 15a EheG, der vom 1. 9. 1986 bis zum 3. 10. 1990 im Lande Berlin noch in Kraft war, ist seither auch dort durch Art 13 III S 2 nF ersetzt (Gesetz zur Überleitung v Bundesrecht nach Berlin [West] – Sechstes Überleitungsgesetz v 25. 9. 1990 [BGBl I 2106], bekgem am 3. 10. 1990 [BGBl II S 2153]). Soweit § 15a II S 2 EheG nicht in Art 13 III S 2 übernommen worden ist, gilt jetzt § 15a I S 2 Nr 2 PStG idF v Art 6 § 7 IPRG 1986 (BGBl I 1142).

4 **3. Staatsvertragliche Sonderregelungen.** Staatsvertragliches Kollisionsrecht, das den Kollisionsnormen des Art 13 gem Art 3 II vorgeht, besteht im Haager Eheschließungsabkommen v 1902, im CIEC-Übereinkommen zur Erleichterung der Eheschließung im Ausland v 1964 sowie in und aufgrund von Konsularverträgen.

a) **Das Haager Abkommen zur Regelung des Geltungsbereichs der Gesetze auf dem Gebiet der Eheschließung (Haager Eheschließungsabkommen) v 12. 6. 1902**, RGBl 1904 221, gilt seit der von Luxemburg mit Wirkung zum 1. 6. 1989 (Bek v 23. 12. 1988, BGBl 1989 II 69) ausgesprochenen Kündigung zZt nur noch im Verhältnis zu **Italien** (Bek v 14. 2. 1955, BGBl 1955 II 188; dazu Jayme JbItalR 2 [1989] 13 und KG FamRZ 1999, 1130). Siehe Abdruck und Kurzerläuterungen Abschnitt V (Rz 64). Das neue Haager Abkommen über die Eheschließung und Anerkennung der Gültigkeit von Ehen v 14. 3. 1978, das das von den meisten Vertragsstaaten gekündigte Abkommen von 1902 ersetzen soll, ist für Deutschland noch nicht in Kraft getreten (dazu Böhmer StAZ 1977, 185; Text aaO 202; dazu Kegel/Schurig IPR § 20 IV 5b; zu den Vertragsstaaten und seiner Geltung Jayme/Hausmann Nr 30 Fn 2). Das Abkommen von 1902 verdrängt im Verhältnis zu Italien Art 13 und 11 I. Zu den wesentlichen Inhalten des Abk s Abschnitt V Rz 64. Als zweiseitiger Staatsvertrag, der gegenüber Art 13 I vorrangiges Kollisionsrecht der Eheschließungsvoraussetzungen enthält, besteht im Verhältnis zum **Iran** das Niederlassungsabkommen zwischen dem Deutschen Reich und dem Kaiserreich Persien (Dtsch-Iran Niederlassungsabkommen) v 17. 2. 1929; Art 8 III regelt die Maßgeblichkeit des Personalstatuts; zum persönl Anwendungsbereich s Erl Art 14 Rz 5; Wortlaut Art 8 III aaO Rz 35.

5 b) **Das CIEC-Übereinkommen Nr 7 über Erleichterung der Eheschließung im Ausland v 10. 9. 1964**, (BGBl 1969 II 451) ist für die BRepD seit 25. 7. 1969 in Kraft (Bek v 22. 9. 1969, BGBl II 2054). Weitere Vertragsstaaten sind zZt die Niederlande, die Türkei, Spanien und Griechenland. Textabdruck s bei Jayme/Hausmann Nr 31. Zum wesentlichen Inhalt s Abschnitt V Rz 65. In Kraft ist auch das (Münchener) CIEC-Übereinkommen Nr 20 über die Ausstellung von [mehrsprachigen] Ehefähigkeitszeugnissen v 5. 9. 1980 (BGBl 1997 II 1087; in Kraft für Deutschland seit 1. 11. 1997). Es will Form und Inhalt von Ehefähigkeitszeugnissen vereinheitlichen, Kollisionsnormen enthält es nicht. Text und Zahl der Vertragsstaaten bei Jayme/Hausmann, Internat Privat- u Verfahrensrecht Nr 32.

6 c) **Konsularverträge** enthalten besondere, Art 13 in ihrem Anwendungsbereich vorgehende Vorschriften für die Eheschließung im Verhältnis zur **Türkei** (Art 18 Konsularvertrag v 28. 5. 1929, RGBl 1930 II 748, wieder in Kraft gem Bek v 29. 5. 1952, BGBl 1952 II 608; dazu BayObLG 1988, 86), zu **Japan** (Abk betr Erteilung standesamtlicher Befugnisse v 27. 6. 1957, BAnz v 11. 9. 1957, StAZ 1957, 314; dazu Sakurada StAZ 1975, 85ff) und zu **Rußland** (Art 23 des Konsularvertrages v 25. 4. 1958 mit der ehem UdSSR, BGBl 1959 II 232, 469 sowie anderen **Nachfolgestaaten** der ehem **UdSSR** (Stand bei Jayme/Hausmann Nr 33). Das mit **Schweden** geschlossene Abkommen v 26. 7. 1933, RGBl 1933 II 530, ist mangels Gegenseitigkeit ohne Belang (Böhmer StAZ 1969, 230). Konsularverträge mit anderen Staaten, die eine Meistbegünstigungsklausel für konsularische Befugnisse enthalten (Jemen, Thailand u andere), ergeben an sich auch Trauungsbefugnisse der Konsuln (für Eheschließungen unter Angehörigen des Entsendestaates), doch geht heute Art 13 III S 2 weiter (Erfordernis der Staatsangehörigkeit des Entsendestaates bei *eines* der Eheschließungswilligen), so daß der vertraglichen Regelung ungeachtet ihres grundsätzlichen Vorrangs vor Abs III S 2 keine praktische Bedeutung mehr zukommt (s Überblick über die Verträge bei Staud/Mankowski [2003] Art 13 Rz 29ff, 651–653; zum praktisch bedeutsamen Beispiel der konsularischen Eheschließung von Vietnamesen in der ehem DDR Illner StAZ 1992, 49. Zu beachten ist freilich, daß diese vertraglich begründeten Trauungsbefugnisse angesichts der weitergehenden Regelung von Art 5ff des Wiener Übereinkommens über konsularische Beziehungen vom 24. 4. 1963 **obsolet** geworden sind. Die konsularische Trauung ist indes praktisch weniger verbreitet, als die rechtliche Besprechung vermuten läßt. Regelmäßig hängt sie von der Ermächtigung des Konsuls durch das Recht seines Entsendestaats ab, die sich auf die Trauung von Angehörigen des Entsendestaats beschränkt, s Einzelheiten bei MüKo/Coester Art 13 Rz 107, 108. Zur Eheschließungsbefugnis deutscher Konsuln im Ausland aufgrund § 8 KonsularG s Rz 60.

7 **4. Geltung allgemeiner Regeln.** Das Eheschließungsstatut des Art 13 ist den allgemeinen Regeln weitgehend zugänglich. Einschränkungen ergeben sich für Abs II und III, in denen bereits spezielle, allgemeine Regeln zT aufgreifende Wertungen getroffen sind.

a) **Rück- und Weiterverweisung** sind im Anwendungsbereich von Abs I, der Gesamtverweisung iSv Art 4 I enthält, zu beachten (bedeutsam insbesondere zu den Rechtsordnungen mit Domizilanknüpfung auf dem Gebiet des Eherechts, zB Dänemark, Norwegen, Großbritannien und USA, s Hamm StAZ 1991, 317; VGH Bad-Württ IPRspr 1997 Nr 62).

8 b) **Staatsangehörigkeit und Sekundäranknüpfung.** Die für Abs I maßgebliche Staatsangehörigkeit ist bei Doppel- und Mehrstaatern gem Art 5 I zu ermitteln (s Erl zu Art 5 Rz 4ff). Anknüpfungspunkt iSv Art 13 ist die Staatsangehörigkeit der Verlobten im Zeitpunkt unmittelbar vor der Eheschließung (sog „Antrittsrecht", st Rspr, RG 151, 313, 314; BGH 27, 375, 380 und öfter; s auch Begr RegE BT-Drucks 10/504, 52), so daß Staatsangehörigkeitserwerb kraft Eheschließung, wie er nach dem Recht noch mancher Länder (insbes für Frauen) vorgesehen ist, für die Bestimmung des Eheschließungsstatuts außer Betracht bleibt (zu den Ausnahmen bei anfänglichen Mängeln s Rz 35, 36). Für das bei Staatenlosen und Flüchtlingen geltende Personalstatut und dessen Funktion als Eheschließungsstatut s Erl zu Art 5 Rz 10ff, 60ff, 66ff. Für die Bestimmung des Eheschließungsstatuts bei Angehörigen von Mehrrechtsstaaten s Erl zu Art 4 Rz 21ff.

c) Ordre public und Gesetzesumgehung. Den Ordre-public-Wertungen des Art 6 ist Art 13 voll zugänglich (s Art 6 Rz 33, 34), doch ist eine Anwendung der allgemeinen Vorbehaltsklausel immer dann entbehrlich, wenn zur Ermöglichung der Inlandseheschließung Abs II eingreift (dazu s unten). Ältere Rspr, die etwa beim Ehehindernis der Religionsverschiedenheit (BGH 56, 180; Hamm FamRZ 1977, 323), beim Eheverbot des noch nicht geleisteten Wehrdienstes (Düsseldorf StAZ 1980, 308) oder beim Eheverbot der höheren Weihen (Hamm StAZ 1974, 66) zur Ermöglichung der Eheschließung Art 30 aF (entspr Art 6 nF) eingreifen ließ, ist mit solcher Absicht heute zunächst für Art 13 II heranzuziehen. Raum für Art 6 wird, soweit durch Regelungen fremder Rechte die sachlichen Voraussetzungen der Eheschließung negativ betroffen sind, dann nicht mehr bestehen (ebenso MüKo/Coester Art 13 Rz 23a; Henrich aaO 842; Kegel/Schurig IPR § 20 IV 1b bb; weniger deutlich Pal/Heldrich Art 13 Rz 2). Soweit Art 13 II jedoch wegen seiner eingegrenzten Zielrichtung (Sicherung der Eheschließungsfreiheit, s Rz 3) nicht eingreifen kann, kommt Art 6 als allgemeine Vorbehaltsklausel voll zum Tragen (Bsp: keine Eingehung polygamer Ehe im Inland, auch wenn die Heimatrechte der Verlobten das gestatten würden). Zu Einzelfällen s unten bei der Darlegung des Anwendungsbereichs von Art 13 I (Rz 20, 21 und 31). Ähnlich ist die Wirkungsweise des Ordre-public-Vorbehalts bei der Eheschließungsform. Daß im Inland durch Abs III S 1 nur die Ortsform zugelassen ist, ist spezielle Ausformung des inländischen Ordre public. Art 6 ist insoweit verdrängt. Im Anwendungsbereich von Abs III S 2 ist Art 6 durch die ausdrückliche Zulassung der fremden Form ausgeschlossen. Grundsätzlich keinen Anwendungsbereich hat Art 6 auch gegenüber der im Ausland unter Beachtung der von der Inlandsform abweichenden Ortsform geschlossenen Ehe. Auch die reine Konsensehe oder die „Handschuhehe" scheitert grundsätzlich nicht an Art 6 (RG 138, 214, 216 – common-law-Ehe; RG 157, 257, 259 – fakt Sowjetehe; BGH 29, 137, 147 – Handschuhehe; KG OLGZ 1973, 435 – beiders dt-iran Handschuhehe; s ferner zur „Ehe durch Stellvertretung" BayObLG StAZ 2001, 66; Verstoß gegen Art 6 indes bei „Stellvertretung in der Auswahl" (Iran), s AG Gießen StAZ 2001, 39; allg M, s MüKo/Coester Art 13 Rz 99, 112 mwN), da Art 11 I Alt 2 die Ortsform allgemein ohne Einschränkung genügen läßt (s Art 11 Rz 6).

Ähnliches gilt für die **Gesetzesumgehung** (Einl Rz 45). Wird im Sinne echter Gesetzesumgehung Eheschließung durch Änderung des Personalstatuts erreicht, hat dies Erfolg (zur Bedeutung des Statutenwechsel für die Heilung von Eheschließungsmangel BGH FamRZ 1997, 543). Für Art 6, der der Eheschließung ehemündiger und lediger Personen nicht entgegenstehen will, ist insoweit kein Platz. Unechte Gesetzesumgehung durch Verlagerung des Trauungsortes in das Ausland (zum Zwecke der Umgehung von § 1309 BGB) hat ebenfalls begrenzten Erfolg, trennende Ehehindernisse der Heimatrechte können jedoch auf diesem Wege nicht endgültig ausgeschaltet werden (zB LG Hamburg IPRsp 1974 Nr 50, s ferner Rz 34, 36).

5. Innerdeutsches Kollisionsrecht. Im früheren innerdeutschen Kollisionsrecht galt Art 13 entsprechend (s Soergel/Kegel[11] Art 13 aF Rz 155ff; Wähler in Zieger, Das Familienrecht in beiden deutschen Staaten [1983] 169–189). Seit dem 3. 10. 1990 bedarf es im Hinblick auf die Beseitigung der Rechtsunterschiede durch Art 234 § 1 der praktischen Anwendung einer interlokalrechtlichen Eheschließungsnorm, die entsprechend Art 13 an den gewöhnlichen Aufenthalt der/des Verlobten im Beitrittsgebiet anknüpfen würde (Art 3 Rz 27, 30), nicht mehr. Bedeutung kann die so gebildete innerdeutsche Kollisionsnorm indes für die Beurteilung von Mängeln einer Ehe haben, die vor dem Beitritt mit interlokalrechtlichem Bezug geschlossen worden ist; entspr Art 13 ist dann zu prüfen, ob auf eine solche Ehe die „Überleitungsbestimmungen zum EheG" (gem den besonderen Bestimmungen zur Überleitung von Bundesrecht gem Art 8 und 11 des EinigungsV Anl I Kap III Sachgebiet B Abschnitt III Nr 11) zur Anwendung kommen. Dazu Brudermüller/Wagenitz FamRZ 1990, 1294; Schwab/Reichel(/Orth), Familienrecht und deutsche Einigung (1991) 163; Bosch FamRZ 1991, 755.

II. Sachliche Eheschließungsvoraussetzungen

1. Grundsatzregel „Maßgeblichkeit des Personalstatuts der Verlobten" (Abs I)

a) Personalstatut. Gemäß Abs I unterstehen die sachlichen, dh die materiellen Voraussetzungen einer Eheschließung für jeden Verlobten dem Recht des Staates, dem er angehört. **aa) Verlobter** iSv Abs I ist derjenige, der sich unmittelbar zur Eheschließung anschickt, dh jeder der beiden eheschließungswilligen Partner. Nicht meint der aus dem alten Recht entnommene Begriff das Vorliegen eines förmlichen, nach dem jeweiligen Verlöbnisstatut zu beurteilenden Verlöbnisses (dazu vor Art 13 Rz 3). **bb)** Das Eheschließungsstatut ist für jeden Verlobten nach den oben Rz 8 erläuterten allgemeinen Regeln zu bestimmen. Die grundsätzliche Ausgangsposition für dieses „**Eheschließungsstatut**" ist dabei die Staatsangehörigkeit jedes Partners; als Antrittsrecht ist grundsätzlich entscheidend die Staatsangehörigkeit im Zeitpunkt unmittelbar vor der Eheschließung (s Rz 8). Das so bestimmte Eheschließungsstatut ist unwandelbar (ganz hM, zB MüKo/Coester Art 13 Rz 12; Pal/Heldrich Art 13 Rz 4; Koblenz IPRsp 1988 Nr 62; offengelassen von BGH IPRsp 1971 Nr 123; auch BGH NJW-RR 2003, 850, 851 = JuS 2003, 921, 922 [Anm Hohloch]), so daß ein späterer Statutenwechsel jedenfalls die Wirksamkeit einer unter dem im Zeitpunkt der Eingehung geltenden Statut wirksam geschlossenen Ehe nicht beeinträchtigen kann („matrimonium semel validum semper validum", BGH 27, 375, 380 u allg M). Eine andere Frage ist, ob eine ursprünglich mangelhafte Ehe nach Statutenwechsel unter dem neuen Statut geheilt werden kann (dazu Rz 35).

b) Ehe und Eheschließung. Abs I bestimmt das für die Eingehung einer Ehe maßgebliche Recht. Der von Abs I vorausgesetzte Begriff der Ehe ist angesichts der kulturbedingten Strukturunterschiede, die bei den als Ehe verstandenen Lebensgemeinschaften zwischen Mann und Frau weltweit zu verzeichnen sind, weiter als der an der Einehe orientierte Ehebegriff des deutschen materiellen Rechts. Kein unabdingbares Eheerfordernis ist der Formalakt im Zeitpunkt der Eingehung, so daß auch formlos eingegangene Verbindungen (common-law-Ehe, zB RG 138, 214; AG Mainz IPRsp 1954/55 Nr 83; faktische Sowjetehe, zB RG 157, 257; AG München IPRsp 1952/53 Nr 106; LG Heilbronn IPRsp 1952/53 Nr 165; BayObLG IPRsp 1977 Nr 161) zum Ehebegriff des Art 13 rechnen. Ebenso ist Ehe auch die nach dem jeweiligen Heimatrecht zulässige Mehrehe (LG Hamburg IPRsp 1974 Nr 50; LG Frankfurt IPRsp 1976 Nr 53). Wesentliches Merkmal ist aber nach wie vor die Geschlechtsverschiedenheit der Partner; „Ehen" zwischen Partnern des gleichen Geschlechts fallen nicht unter Art 13 I, auch wenn ein fremdes Recht (zB Niederlande) sie der Ehe gleichordnet. Nicht Ehe iSv Art 13 ist auch die nichteheliche Lebensgemeinschaft jeder Art (s vor Art 13 Rz 7ff). Jenseits dieser heuristischen Beispiele ist für den Ehebegriff des Art 13 neben der Geschlechtsverschiedenheit der Partner und der beabsichtigten Dauerhaftigkeit (lebenslange Bindung) der Charakter umfassender, alle Lebensbereiche erfassender Bindung wesentlich. Eine als Ehe zu bezeichnende Gemeinschaft muß, an den genannten Vorgaben orientiert, in ihrer jeweiligen Rechtsordnung als die herausgehobene Lebensgemeinschaft erscheinen (so mit Nuancen Kegel/Schurig IPR § 20 IV 1 b); Henrich FS Beitzke [1979] 507, 510ff; Schwimann FS Gschnitzer [1969] 375ff und MüKo/Schwimann² Art 13 Rz 4). Zur registrierten Lebenspartnerschaft (Eingetragene Lebenspartnerschaft gem §§ 1ff LPartG und registrierte Partnerschaften ausländ Rechts s Erl zu Art 17b).

14 c) **Personalstatut jedes Verlobten.** Abs I verlangt zunächst, daß für jeden Verlobten nach seinem Personalstatut die sachlichen Voraussetzungen einer Eheschließung gegeben sind. Jeder Eheschließende muß danach zunächst nach seinem Personalstatut in der rechtlichen Lage sein, eine vollwirksame Ehe einzugehen, mit anderen Worten, er muß den Eheschließungsvorschriften des für ihn gem Abs I maßgebenden Eherechts in vollem Umfang genügen. Umgekehrt gewendet dürfen in seiner Person nach dem für ihn maßgeblichen Eherecht Ehehindernisse nicht bestehen. Sein Personalstatut darf aber weitergehend auch Ausstrahlungswirkung auf die in der Person des Partners vorliegenden oder zu fordernden sachlichen Ehevoraussetzungen bzw Ehehindernisse haben. Es erfaßt so auch die in der Person des Partners vorhandenen zweiseitigen Ehehindernisse. Ob ein Ehehindernis vorliegt und ob es als zweiseitig zu betrachten ist, entscheidet das darüber befindende Personalstatut des einen Partners (zB Doppelehe ist aus deutscher Sicht – § 1306 BGB – zweiseitiges Ehehindernis, so daß ledige Deutsche keinen bereits verheirateten muslimischen Jordanier heiraten kann, auch wenn jenem sein Personalstatut die Mehrehe gestattet). Als zweiseitige Ehehindernisse verstand das deutsche Recht § 5 EheG (zB AG Paderborn StAZ 1986, 45), § 7 EheG (OLG Hamburg StAZ 1988, 132), § 18 I EheG (KG JW 1937, 2039 zu § 1325 aF), nicht § 8 EheG (aA Scholl StAZ 1974, 169, 171ff), so daß jetzt zweiseitige Ehehindernisse enthalten §§ 1306, 1307 und § 1319 BGB. Dazu s noch Rz 25.

15 d) **Kumulationsprinzip.** Wenn gem Rz 14 für jeden Eheschließenden die sachlichen Voraussetzungen einer Eheschließung nach dem auf ihn zutreffenden Eherecht gegeben sein müssen, kann es zu vollwirksamer Ehe gem Abs I nur durch **Kumulation der beteiligten Personalstatuten** kommen (zur insofern sich im Ergebnis nicht auswirkenden Differenzierung zwischen „Kumulationsprinzip" und „distributiver Anknüpfung" für jeden Eheschließungswilligen s mwN Staud/Mankowski [2003] Art 13 Rz 49, 50). In Abweichung hiervon kann es, wenn dem einen Recht größeres Gewicht als dem anderen Recht eingeräumt wird, zu hinkenden Ehen, dh nicht überall wirksamen Ehen kommen (dazu s Rz 45–47). Bei der Beurteilung der Folgen, die sich aus dem Fehlen von sachlichen Ehevoraussetzungen bzw dem Bestehen ergeben können, ist das Kumulationsprinzip ggf zugunsten des Grundsatzes der Maßgeblichkeit des ärgeren Rechts zu verlassen (dazu s Rz 45).

2. Auffangregel „Maßgeblichkeit deutschen Eherechts" (Abs II)

16 a) **Inhalt und Zweck.** Fehlt bei einem Verlobten nach dem iSd Abs I anwendbaren Eheschließungsstatut eine Voraussetzung der beabsichtigten Eheschließung, kann sie bei Vorliegen der sämtlichen in Abs II genannten Voraussetzungen dem dann insoweit partiell anzuwendenden deutschen Recht entnommen werden. Abs II beruht (vgl Rz 3) auf der Ausstrahlungskraft des Grundrechts der Eheschließungsfreiheit (Art 6 I GG) auf die IPR-Normen und die Anwendung des durch sie berufenen Auslandsrechts (BVerfG 31, 58 – „Spanierentscheidung") und stellt nach hM eine spezielle, auf Erwägungen des Ordre public beruhende Vorbehaltsklausel dar (s dazu Hausmann/Hausmann aaO 27; s ferner Einl Rz 17 und Art 6 Rz 8).

17 b) **Voraussetzungen des Abs II.** Die Anwendung des Abs II setzt das kumulative Vorliegen der im Anschluß sub aa)–dd) zusammengestellten Voraussetzungen voraus. **aa) Erste Voraussetzung** der Anwendung von Abs II ist das Fehlen einer Eheschließungsvoraussetzung nach wenigstens einem der beteiligten Personalstatuten. Grundsätzlich kommt jedes Ehehindernis, das das beteiligte Personalstatut aufstellt, und jede fehlende Ehevoraussetzung in Betracht, doch zeigt die von Abs II vorgehaltene Rechtsfolge (dann „insoweit" Anwendung deutschen Rechts), daß lediglich solche Ehehindernisse und fehlende Ehevoraussetzungen über Abs II überwunden werden können, die im deutschen Recht als einer Eheschließung nicht entgegenstehend betrachtet werden (also zB überwindbar: Ehehindernis der Religionsverschiedenheit; nicht überwindbar: fehlende Ehemündigkeit bei auch nach deutschem Recht fehlender Ehemündigkeit).

18 bb) **Zweite Voraussetzung** ist, daß **Inlandsbezug** gem Nr 2 vorliegt. Wenigstens ein Verlobter muß zZt der beabsichtigten Eheschließung seinen gewöhnlichen Aufenthalt (dazu Erl zu Art 5 Rz 43ff) im Inland haben oder Deutscher sein. Der Deutschenbegriff ist der des Art 116 I GG (dazu s Art 5 Rz 27ff). Da Abs II, wie sich aus der Begünstigung aller Gebietseingesessenen in Nr 1 (gewöhnlicher Inlandsaufenthalt eines Verlobten, der nicht Deutscher zu sein braucht) ergibt, **nicht Exklusivnorm** zugunsten von Deutschen ist, ist die entsprechende Anwendung von Nr 2 auf Staatenlose und Flüchtlinge mit deutschem Personalstatut (dazu Art 5 Rz 60, 66ff) unbedenklich (ebenso Schwimann aaO 36; Pal/Heldrich Art 13 Rz 16).

cc) Dritte Voraussetzung ist gem Nr 2, daß die Verlobten das ihnen Zumutbare zur Erfüllung der fehlenden **19** Voraussetzungen bzw zur Beseitigung des Ehehindernisses getan haben. Zu denken ist bei Nr 2 an Eheschließungsvoraussetzungen, die durch rechtlich relevante Aktivitäten der Eheschließungswilligen geschaffen werden können. Bedeutung hat hier das Betreiben der Anerkennung einer Inlands- oder Drittstaatscheidung im Heimatstaat des zunächst mangels Ledigkeit aus der Sicht des Heimatrechts (noch) nicht Ehefähigen. Zumutbar ist im Einzelfall auch das Betreiben einer Zweitscheidung im Heimatstaat. Regelmäßig zumutbar wird die Behebung aufschiebender Ehehindernisse sein, zB die Beibringung eines Ehefähigkeitszeugnisses oder die Bemühung um Befreiung von Ehehindernissen, BGH FamRZ 1997, 344, soweit sie nicht als ordre-public-widrig eingeschätzt werden können (dazu s Rz 28, 29). Die Zumutbarkeitsgrenze ist überschritten, wenn Schritte dieser Art nach den Rechtsvorschriften oder der Praxis des Heimatstaates von vornherein aussichtslos sind (dazu BGH FamRZ 1997, 544; Celle StAZ 1988, 261; Köln StAZ 1989, 260, 261; KG FamRZ 1994, 1414).

dd) Vierte Voraussetzung ist gem Nr 3, daß die Versagung der Eheschließung mit dem von Art 6 I GG ver- **20** bürgten Grundrecht der Eheschließungsfreiheit unvereinbar wäre. Der hauptsächliche Anwendungsbereich der Nr 3 und damit des ganzen Abs II ergibt sich aus dem „Insbesondere" des zweiten Halbsatzes. Nr 3 Hs 2 gibt den Anlaß der „Spanierentscheidung" (BVerfG 31, 58) wieder, die „hinkende Inlandsbeseitigung der Vorehe eines Verlobten" (MüKo/Coester Art 13 Rz 23f). Im Lichte des Art 6 I GG ist eine Inlandseheschließung nicht gehindert, wenn das nichtdeutsche Personalstatut des einen Verlobten die Auflösung einer Vorehe des anderen Verlobten, die im Inland ausgesprochen oder anerkannt worden ist, für sich nach seinen Rechtsvorschriften nicht akzeptiert (Bsp: andorranisches Recht des einen Verlobten betrachtet die geschiedene Ehe des anderen Verlobten wegen Unauflöslichkeit der Ehe aus der Sicht von Andorra als der Eheschließung entgegenstehendes zweiseitiges Ehehindernis, gem Nr 3 Hs 2 überwindbar). Ebenso ist mit Nr 3 Hs 2 überwindbar, wenn eine ausländ Ehescheidung, die im Inland gem Art 13ff EheVO (s vor Art 13 Rz 2) oder im Verfahren gem Art 7 § 1 FamRÄndG anerkannt wird, im Heimatstaat eines eine neue Ehe anstrebenden „Verlobten" nicht anerkannt wird. Die Inlandssicht geht in diesem Fall vor. Entsprechendes gilt für den Fall der „hinkenden", für das Personalstatut des ausländischen Verlobten nicht wirksamen, im Inland wirksamen Todeserklärung eines früheren Ehegatten des anderen Verlobten (näher MüKo/Coester[3] Art 13 Rz 55f; Hepting/Gaaz III 379, 464 [Hepting]).

Der Anwendungsbereich des ersten Halbsatzes von Nr 3, den der Gesetzgeber nicht näher umrissen hat, ist **21** hieran orientiert eng und unter Bezug auf die von Nr 3 bezweckte Wahrung der Eheschließungsfreiheit zu definieren. Diese gewährleistet keinen Schutz gegen jedes vom deutschen Recht abweichende Ehehindernis, sondern greift im Fall mit Auslandsbezug nicht schon bei dem von Nr 1 geregelten Inlandsbezug, vielmehr erst dann ein, wenn das Scheitern einer Eheschließung im Inland als unangemessen betrachtet werden kann (s Stuttgart FamRZ 2000, 821 – ausländ Eheverbot der Schwägerschaft). Mit dieser Maßgabe kann Abs II Nr 3 Hs 1 als spezielle Ausprägung des inländischen Ordre public gegen jede Art ausländischen Ehehindernisses eingreifen (zu den Ehehindernissen s Rz 25; wie hier wohl grundsätzlich Pal/Heldrich Art 13 Rz 16, 17; enger Schwimann StAZ 1988, 35, 37ff und MüKo/Coester Art 13 Rz 23g). Gegen die Eheschließungsfreiheit verstößt so nicht, wenn deutsches Recht nicht zur Ermöglichung einer Scheinehe im Inland eingesetzt wird (Celle StAZ 1988, 261, 262).

c) Folge des Eingreifens von Abs II. Liegen (Kumulationserfordernis) die Voraussetzungen der Abs II insge- **22** samt vor (Rz 17–21), kann die fehlende sachliche Ehevoraussetzung durch partielle Anwendung des deutschen Rechts erfüllt werden. **Nach deutschem Recht beurteilt sich dann nur, ob die Ehevoraussetzung gegeben ist, iü gilt das fremde Personalstatut als Eheschließungsstatut in vollem Umfang weiter.**

3. Geltungsumfang (Anwendungsbereich und Reichweite) des Eheschließungsstatuts (Abs I und II)

a) Überblick. Der Geltungsumfang des Eheschließungsstatuts der Abs I und II ist einerseits umfassend, ande- **23** rerseits enger, als der Wortlaut des Abs I zunächst verlautbart. Wegen der gesonderten Anknüpfung der Eheschließungsform gem Abs III und Art 11 I (s Rz 2, 42, 56) verengt sich der Anwendungsbereich auf die **sachliche Seite der Eheschließung** (Begr RegE BT-Drucks 10/504, 52). Hierzu gehört dann alles, was nicht als Eheschließungsform zu qualifizieren ist (dazu unten III). Insofern freilich ist der Anwendungsbereich weiter als der Wortlaut unmittelbar nahelegt. Nicht nur die sachlichrechtlichen „**Voraussetzungen**" der Eheschließung sind gem Abs I, II anzuknüpfen, das Eheschließungsstatut beherrscht ebenfalls die Auswirkungen des Fehlens bzw der Verletzung der Voraussetzungen, es ist insofern auch **Folgenstatut**. Nicht zum Eheschließungsstatut gehört dann jedoch der Gesamtbereich der gelebten Ehe („Ehewirkungen", Art 14, 15) und der Eheauflösung (Scheidungsstatut, Art 17). An der genannten Differenzierung zwischen Voraussetzungen einerseits, Folgen nicht vorhandener Voraussetzungen andererseits orientiert sich auch die Gliederung der nachfolgenden Darstellung.

b) Zu den **Voraussetzungen der Eheschließung** gehört der Gesamtkomplex der für die Eheschließung erfor- **24** derlichen Willensbildung und der Komplex der Ehehindernisse bzw -verbote.

aa) Willensbildung. (1) Das Eheschließungsstatut beherrscht so zunächst die **Ehefähigkeit** und damit die dafür in erster Linie erforderliche **Ehemündigkeit** (Mindestalter für die Eheschließung) (allg M, s zB LG Berlin IPRsp 1962/63 Nr 73; 1972 Nr 42; LG Mannheim IPRsp 1964/65 Nr 87; AG Hannover FamRZ 2002, 1116). Bei Ansetzung der Ehemündigkeit im Kindesalter (unter 14 Jahren) ist bei genügender Inlandsbeziehung Verstoß gegen Art 6 naheliegend (Luther FamRZ 1962, 346). Befreiung von der Altersgrenze unterliegt dem Eheschließungsstatut ebenfalls. Wird vom Eheschließungsstatut zusätzlich Geschäftsfähigkeit verlangt, bestimmt hierüber das von Art 7 I bestimmte Personalstatut (hM, zB KG JW 1937, 2039; Köln NJWE-FER 1999, 140; Kegel/Schurig IPR § 20 IV bb; MüKo/Coester Art 13 Rz 28; Pal/Heldrich Art 13 Rz 6). **(2)** Ebenfalls unter das Eheschließungsstatut fallen erforderliche **Zustimmungen Dritter** (dazu BGH IPRsp 1964/65 Nr 88; Frankfurt MDR 1951, 299 = IPRsp 1950/51 Nr 126; KG FamRZ 1968, 466; LG Kassel StAZ 1990, 169 Zustimmung des Vaters bei volljTochter [Iran]) und die ggf mögliche und erforderliche Ersetzung der Zustimmung, zB durch ein Gericht (Hamm

OLGZ 1968, 351). Nach Art 13 I, II richtet sich auch, ob nachträgliche Eheschließung mit einem Verstorbenen möglich ist, da insofern Eheschlußvoraussetzung im Statut des Vorverstorbenen angesprochen ist (str, wie hier Karlsruhe StAZ 1990, 335; aA Beitzke IPRax 1991, 228; s ferner MüKo/Coester Art 13 Rz 31 mwN). **(3)** Das Eheschließungsstatut bestimmt auch über den **Ehewillen**. Das Statut des Verlobten, bei dem ein Willensmangel bei der Eheschließung vorliegt (zB Irrtum, Drohung, Täuschung, Gewalt, fehlende Ernstlichkeit, geheimer Vorbehalt), bestimmt so über Beachtlichkeit, Geltendmachung und Folgen des Mangels (allg M, Rspr: RG IPRspr 1930 Nr 64 und 65 u st Rspr; München IPRspr 1950/51 Nr 132; Frankfurt IPRspr 1962/63 Nr 96; LG Hamburg FamRZ 1974, 96 mit Anm Oberloskamp; Frankfurt FamRZ 1987, 155; AG Lüdenscheid NJW-RR 1998, 866). Abweichungen des fremden Sachrechts von der Regelung des deutschen Rechts über Aufhebung der Ehe sind, soweit die Geltendmachung gravierender Willensmängel nicht gänzlich ausgeschlossen ist, mit Art 6 (Ordre public) verträglich (allg M, Rspr dazu: RG IPRspr 1928 Nr 22; München IPRspr 1931 Nr 60; BayObLG 1932, 176). **(4)** Dem Eheschließungsstatut untersteht so auch die Behandlung der **Eheschließung unter falschem Namen** (dazu IPG 1972 Nr 12 [Köln]). **(5)** Ob bei der Eheschließung **Stellvertretung im Willen** möglich ist (Partnerwahl durch den gesetzlichen oder bevollmächtigten Vertreter und Abschluß des Formalakts durch den Vertreter, zT in islamischen Rechten, Iran), ist Angelegenheit des Eheschließungsstatuts gem Art 13 I (BGH 29, 137, 140 obiter; KG OLGZ 1973, 435, 439 obiter; allg M, s v Bar IPR II Rz 163) und widerspricht ohne überwiegenden Inlandsbezug grundsätzlich nicht dem Ordre public (Celle FamRZ 1958, 30; Soergel/Kegel[11] Art 13 aF Rz 62; str, s Deuchler FS Raape [1948] 83, 88; für Verstoß AG Gießen StAZ 2001, 39; die Entscheidung muß wesentlich auf den Inlandsbezug, durch Eheschließungsort (bei Art 13 III S 2), Staatsangehörigkeit, uU auch durch Eheplanung für das Inland geprägt, abgestellt werden, da deutscher Eheschluß in der „Heimat" das Inland nicht schon ordre-public-widrig berührt, i Erg wohl auch Staud/Mankowski [2003] Art 13 Rz 218–220). Für das deutsche Recht, das persönliche und gleichzeitige Anwesenheit der Verlobten verlangt (und ebenso für viele ausländische westliche und sonstige Rechte) liegt in persönlicher Abwesenheit des Verlobten jedoch „zweiseitiges Ehehindernis" vor (s Rz 14), so daß Eheschließung hieran scheitert (ebenso Rauscher StAZ 1985, 101, 102; Soergel/Schurig[12] Art 13 Rz 80; MüKo/Coester[3] Art 13 Rz 32). **Formfrage** ist demgegenüber **Stellvertretung in der Erklärung** oder Erklärung durch Boten, so daß „**Handschuhehe**" und deren Gültigkeit aus deutscher Sicht von Formanknüpfung bestimmt ist (BGH 29, 137, dazu Rz 59).

25 **bb) Ehehindernisse und -verbote. (1)** Ehehindernisse, Ehe- und Trauungsverbote unterfallen richtiger Ansicht nach insgesamt – ohne Rücksicht auf die Motivation, die ihren Gesetzgeber zu ihrer Statuierung geführt hat – dem Anwendungsbereich von Art 13 I. Bei solcher Grundannahme kann die Entscheidung über die Respektierung oder Hintansetzung des fremdrechtlichen Ehehindernisses dann bei Prüfung der speziellen und allgemeinen Vorbehaltsklauseln des Art 13 II und des Art 6 fallen (ebenso MüKo/Coester Art 13 Rz 35). Haben die Verlobten übereinstimmendes Eheschließungsstatut, bestimmt dieses – vorbehaltlich etwaiger Vorbehalte des Ordre public – über Vorliegen und Behandlung eines Ehehindernisses.

26 Gehören die Verlobten verschiedenen Staaten an, so ist zu unterscheiden, ob der Hindernisgrund nur für die Person des betroffenen Verlobten selbst (**einseitiges Hindernis**) oder für beide Partner gilt bzw nur in der Person des anderen Verlobten vorzuliegen braucht (**zweiseitiges Hindernis**). Das einseitige Hindernis bestimmt somit, „wer nicht heiraten darf", das zweiseitige hingegen, „wen man nicht heiraten darf". Ob ein Ehehindernis ein- oder zweiseitig ist, ist durch Auslegung des jeweiligen Sachrechtes, die den Zweck des Hindernisses ergründet, zu ermitteln (s dazu Rz 14). Bei Verlobten mit identischem Eheschließungsstatut erübrigt sich eine Differenzierung (s oben).

27 **(2) Einzelne Ehehindernisse.** Da Ehevoraussetzungen aus der Sicht nicht nur des deutschen Rechts die Geschlechtsverschiedenheit der Verlobten ist, kann eine Ehe zwischen Personen des gleichen Geschlechts nicht zustandekommen. Art 6 steht der Beachtung einer solchen Verbindung selbst dann nicht entgegen, wenn das Personalstatut der Partner sie zuläßt und sie im Inland begründet worden ist (dazu OLG-Präsident Hamm IPRspr 1973 Nr 39). Ehekollisionsrechtlich relevant wird die Frage der Geschlechtsverschiedenheit bei Geschlechtsumwandlung. Die Vorfrage der Statusqualität unterliegt dem Personalstatut des Art 7 I (s Art 7 Rz 6), die Frage der Ehefähigkeit gegenüber Angehörigen des früheren Geschlechts beurteilt das Eheschließungsstatut des Verlobten, dessen Geschlecht umgewandelt worden ist (AG Hamburg StAZ 1984, 42, 43). Gegen Art 6 verstößt dies nicht, vgl § 1 I Nr 1 TranssexuellenG v 10. 9. 1980 (BGBl 1980 I S 1654) – dazu Art 7 Rz 6.

28 Die **Ehehindernisse der Verwandtschaft und Schwägerschaft** sind nach Maßgabe der Personalstatuten der Verlobten zu beachten; legen die Heimatrechte der Verlobten einen strengeren oder einen ähnlich möglich) weniger strengen Maßstab als das deutsche Recht an, ist das unter dem Blickwinkel von Art 6 und 13 II grundsätzlich hinzunehmen (Düsseldorf FamRZ 1969, 654 – Niederlande; allg A, vgl Kegel/Schurig IPR § 20 IV 1b bb; MüKo/Coester Art 13 Rz 40). Indes greift Art 6 gegenüber Ehen von Blutsverwandten in den Grenzen des § 1307; Art 13 II Hs 1 kann zugunsten einer Eheschließung eingreifen, wenn das Eheschließungsstatut noch weit entfernte Verwandtschaft oder Schwägerschaft als Ehehindernis wertet (s BT-Drucks 10/504, 53, zu Art 13 II oben Rz 21). In islamischen Rechten noch zT bestehende Ehehindernisse der Milchverwandtschaft (dazu Hepting/Gaaz III – 426ff [Hepting]) und der Geschlechtsgemeinschaft (wie § 4 II EheG aF) beurteilen sich nach Abs I, doch ist hier ggf das Eingreifen von Abs II Hs 1 in Erwägung zu ziehen (s Rz 21).

29 Ebenfalls entscheidet das Eheschließungsstatut darüber, ob und wie das Adoptionsverhältnis als Ehehindernis wirkt (allg A, zB Soergel/Schurig[12] Art 13 Rz 12ff). Zum Streit um die nach hM richtigerweise selbständige, nach aA unselbständige Anknüpfung der Vorfrage nach dem Bestand der Adoption s MüKo/Coester Art 13 Rz 41 mwN.

30 Das Eheschließungsstatut gilt ferner – in jeder Hinsicht (Bestehen, Auswirkungen, Befreiung) – für die folgenden, im Einzelfall praktische Bedeutung erlangenden Ehehindernisse: Pflicht zur **Beibringung eines Auseinan-**

dersetzungszeugnisses nach in Gütergemeinschaft oder ähnlichem Güterstand erlebter Vorehe (vgl zum alten Recht § 9 EheG; Rspr: LG Dresden IPRsp. 1934 Nr 42; LG Berlin StAZ 1956, 194; KG FamRZ 1961, 477 = IPRsp 1960/61 Nr 112; AG Moers JA Vorm 1991, 955; s ferner MüKo/Coester Art 13 Rz 42); **Ehehindernis des vorherigen Ehebruchs** zwischen den Verlobten (Rsp: Frankfurt NJW 1956, 672, 673; allg A), allerdings ist hier Art 13 II Hs 1 und Art 6 stets zu prüfen; Ehehindernis der Wartefrist nach Scheidung (Scheidungsstrafe; idR Verstoß gegen Art 6, str); Wartezeit der Frau (entspr dem außer Kraft gesetzten § 8 EheG; LG-Präsident Regensburg IPRsp 1945 – 49 Nr 14; vereinbar mit Art 6, ebenso vereinbar sind abw Regelungen); **Ehehindernisse der körperlichen oder geistigen Mängel** (ansteckende Krankheiten, Erbkrankheiten, Impotenz . . . s MüKo/Coester Art 13 Rz 61); Ehehindernis der **Religionsverschiedenheit** (s Staud/Mankowski [2003] Art 13 Rz 387ff, 397; Kotzur, Kollisionsrechtliche Probleme christlich-islamischer Ehen [1988] 103ff; Kropp StAZ 1984, 216; Krüger StAZ 1984, 336; Elwan IPRax 1986, 124; Rspr: Hamm StAZ 1971, 86 und BGH 56, 180, 187ff; Hamburg FamRZ 2001, 916 – Indien. Bei hinreichender Inlandsbeziehung allerdings Verstoß gegen Ordre public, Art 6, s BGH 56, 180; Hamm OLGZ 1977, 133 = IPRsp 1976 Nr 33 und heute allg M, s zuletzt Scholz StAZ 2002, 321, 327); Ehehindernis der höheren Weihen (Hamm OLGZ 1974, 103 = IPRsp 1973 Nr 38 [spanisches Recht], dort heute nicht mehr bestehend: Verstoß gegen Ordre public; abzuwehren jetzt über Art 6, nicht über Art 13 II; str, wie hier MüKo/Coester Art 13 Rz 63 mwN); **Ehehindernis** der Rasseverschiedenheit und **der ausländischen Staatsangehörigkeit** (ersteres verstößt gegen Art 6, letzteres ist beachtlich und ggf über Art 6 oder 13 II abwehrbar; Rspr zum letzteren: KG NJW 1961, 2209, 2011 = IPRsp 1960/61 Nr 91; KG FamRZ 1968, 466; Frankfurt IPRsp 1966/67 Nr 264; Oldenburg IPRsp 1966/67 Nr 68; LG Augsburg IPRsp 1952/53 Nr 151; LG Stuttgart IPRsp 1964/65 Nr 80); Ehehindernis der fehlenden staatlichen Genehmigung bei Militärpersonen, Beamten und Wehrpflichtigen vor Ableistung des Wehrdienstes (grundsätzlich beachtlich, bei unzumutbar langer Verzögerung abwehrbar über Art 13 II; Rspr: abwehrbar über Art 30 aF Köln FamRZ 1969, 335; Düsseldorf StAZ 1980, 308 = IPRsp 1980 Nr 54 beiläufig).

Besondere praktische Bedeutung kommt im Bereich der Ehehindernisse dem **Eheverbot der Doppel- oder** 31 **Mehrehe** zu. IdR verbietet das Hindernis der Doppelehe nicht nur die Eheschließung eines Verheirateten, sondern auch jene mit einem Verheirateten (zweiseitiges Ehehindernis, vgl für das deutsche Recht § 1306 BGB). Unterliegen die Verlobten einem monogamen Ehestatut, ist zu prüfen, ob eine frühere Ehe wirksam geschlossen wurde, also nicht nur eine Nichtehe oder ein Verlöbnis vorliegt und ob diese Ehe später für nichtig erklärt bzw aufgelöst wurde, insbesondere durch Scheidung. Diese Vorfrage des gültigen Bestehens einer anderen Ehe ist mit der hM selbständig anzuknüpfen (BGH FamRZ 1976, 336, 338; FamRZ 1997, 543; Koblenz IPRax 1996, 278; Nürnberg NJW-RR 1998, 4; BayObLG 1998, 253; Kegel IPR § 20 IV 1b bb; v Bar IPR I Rz 618, II Rz 143; Pal/Heldrich Art 13 Rz 6; aA München IPRax 1988, 354, 356 mit Kritik daselbst 341 Winkler v Mohrenfels; Schwimann StAZ 1988, 35, 37; MüKo/Coester Art 13 Rz 44, 46ff). Steht die Scheidung oder sonstige Auflösung der Vorehe unter Lebenden in Rede, ist wie folgt zu differenzieren: Ist die Scheidung durch rechtskräftiges deutsches Scheidungsurteil erfolgt, ist eine Vorehe, die aus deutscher Sicht der erneuten Eheschließung entgegenstehen könnte, in keinem Fall mehr vorhanden. Dies gilt unter den Voraussetzungen des Abs II auch dann, wenn das deutsche Scheidungsurteil vom Scheidungsrecht eines der beiden Verlobten nicht anerkannt wird (Rz 21). Befreiung von der Pflicht zur Vorlage eines Ehefähigkeitszeugnisses gem § 1309 II BGB ist gleichwohl nur möglich, wenn die Verlobten sich zuvor um Anerkennung eines deutschen Scheidungsurteils in ihrem Heimatland bemüht haben (Hamm StAZ 2003, 298). Ist die Scheidung durch ein ausländisches Scheidungsurteil erfolgt, so kommt es auf dessen Anerkennung im Inland nach Art 13ff EheVO oder Art 7 § 1 FamRÄndG bzw § 328 I Nr 3 ZPO an (BGH FamRZ 2001, 991; auch AG Flensburg StAZ 1982, 47 mit Anm Zimmermann; Nürnberg NJW-RR 1998, 4). Erfolgt Anerkennung „automatisch" gem Art 14 EheVO oder wird im Anerkennungsverfahren die Feststellung des Vorliegens der Anerkennungsvoraussetzungen getroffen, steht das fremde Urteil in seinen Rechtswirkungen dem deutschen gleich; von der Scheidung der Vorehe ist mit Bindungswirkung auch auszugehen, wenn im Verfahren nach Art 7 § 1 FamRÄndG die Feststellung des Vorliegens der Anerkennungsvoraussetzungen einer im Ausland erfolgten **Privatscheidung** getroffen worden sind (Hamm FamRZ 1992, 673). Wird hingegen gem Art 15 I EheVO oder im Anerkennungsverfahren die Anerkennung abgelehnt oder (bei schlichter Privatscheidung) im Feststellungsprozeß das Nichtvorliegen der Anerkennungsvoraussetzungen festgestellt, hat die Auslandsscheidung im Inland keine Wirkung. Damit ist vom Vorliegen einer Vorehe auszugehen, die erneuter Eheschließung entgegensteht.

Nicht anders sind die für das Inland bei Verlobten mit polygamem Ehestatut (Übersicht bei Staud/v Bar/Mankowski Art 13 Rz 238; Cullmann, Die Behandlung polygamer Ehen im IPR [1976]) zu erzielenden Ergebnisse. 32 Auch wenn der im Ausland zwischen Partnern mit polygamem Statut geschlossene Mehrehe im Inland als Ehe anerkannt wird (VG Gelsenkirchen FamRZ 1975, 338 mit Anm Jayme; LG Frankfurt FamRZ 1976, 217; Hamm StAZ 1986, 352; s auch SozG Stuttgart FamRZ 1992, 234 keine Rentenabzweigung für ausl Doppelehe; Henrich aaO 841; Hohloch JuS 1977, 677, 679; Übersicht bei MüKo/Coester Art 13 Rz 45), kann im Inland eine Mehrehe auch von Partnern mit polygamem Ehestatut nicht geschlossen werden (allg M bei unterschiedlicher Begründung, s Stand bei MüKo/Coester Art 13 Rz 45). Demgemäß steht eine schon bestehende Ehe sowohl für die Frau als auch für den Mann einer weiteren Inlandseheschließung entgegen.

cc) **Morgengabe.** In den Zusammenhang des Eheschließungsstatuts gehört, **soweit von ihr die Zulässigkeit** 33 **oder Gültigkeit der Eheschließung abhängt**, auch die Brautgabe oder Morgengabe („mahr") des Rechts einiger islamisch geprägter Rechtsordnungen (s Krüger FamRZ 1977, 114; Dilger StAZ 1981, 231f). Die Qualifikation dieses vor der Eheschließung vereinbarten, der Frau vom Mann zT zur Eheschließung, zT bei der Auflösung der Ehe zu zahlenden „Heiratsgeldes" ist nicht einheitlich, da sie eheschließungsrechtliche, unterhaltsrechtliche, güterrechtliche und erbrechtliche Funktion haben kann (dazu BGH NJW 1987, 2161 = FamRZ 1987, 463 = JuS 1987,

825 Nr 6 [Hohloch], mit Anm Heßler IPRax 1988, 95; ebenso BGH FamRZ 1999, 217 = JuS 1999, 707 Nr 7 [Anm Hohloch] – Qualifikation offenlassend; auch Heldrich aaO 64; für einheitl Qualifikation Rauscher DEuFamR 1999, 194). Soweit sie (bei Verlobten mit durch den malekitischen Ritus geprägtem Eheschließungsstatut) die Zulässigkeit oder Gültigkeit der Eheschließung berührt (Köln IPRsp 1982 Nr 43; Düsseldorf FamRZ 1993, 187, 188; AG Würzburg FamRZ 1998, 1591), ist sie gemäß Art 13 I als zweiseitiges Erfordernis gültiger Eheschließung zu berücksichtigen (s zB Heldrich aaO 64; Hepting/Gaaz III – 417ff [Hepting]; MüKo/Coester Art 13 Rz 60).

34 c) **Folgen des Nichtvorliegens von Voraussetzungen und des Bestehens von Hindernissen.** Nur als Richtwerte können die Grundsatzregeln gelten, daß bei Fehlen von sachlichen Eheschließungsvoraussetzungen, die das Eheschließungsstatut fordert, die Verlobten zur Heirat nicht zugelassen werden dürfen (Kegel/Schurig IPR § 20 IV 3) und daß sich bei erfolgter Eheschließung die Folgen des Fehlens von Voraussetzungen wie des Vorliegens von Ehehindernissen aus dem jeweiligen Eheschließungsstatut ergeben (BGH FamRZ 2001, 992; NJW 2002, 1268; Karlsruhe NJW-RR 2000, 737). Im einzelnen ist insoweit wie folgt zu differenzieren:

35 aa) **Heilung von Mängeln der Eheschließung** unterliegt wegen der Maßgeblichkeit des Eheschließungsstatuts für die Folgen von Verletzungen dem von Art 13 I, II berufenen „verletzten Recht". Hierunter fällt zB Heilung durch Zeitablauf oder Bestätigung (allg A, Rspr: KG JW 1937, 2039; LG Frankfurt IPRsp 1958/59 Nr 116; LG Mannheim IPRsp 1964/65 Nr 87; LG Hamburg IPRsp 1976 Nr 32; zuletzt – für den Fall einer „hinkenden" Nichtehe – BGH NJW-RR 2003, 850 = JuS 2003, 921 [Hohloch]; s auch Oldenburg IPRax 2001, 143 – Rußland, Heilung der zweiten Ehe nach Scheidung der ersten Ehe. Bei Verletzung beider Rechte muß Heilung nach beiden Rechten erfolgt sein. Nur im Ansatz ist hiervon die Problematik der **Heilung** durch mit oder nach der Eheschließung eingetretenen **Statutenwechsel** zu unterscheiden: Hat ein Ehegatte durch die Eheschließung ein anderes Heimatrecht erworben (zB Erwerb der Staatsangehörigkeit des Ehemannes durch Ehefrau kraft Eheschließung unter Verlust oder Majorisierung – Art 5 I – der alten Staatsangehörigkeit), oder haben beide Ehegatten nach der Eheschließung die Staatsangehörigkeit gewechselt und kennt das neue Heimatrecht den Mangel nicht, unter dem die Ehe während der Geltung des Eheschließungsstatuts gelitten hat, so soll es nach einer verbreiteten, allerdings heftig bestrittenen Auffassung zu Heilung durch Statutenwechsel kommen können (dafür Beitzke JZ 1959, 123, 124ff; Pal/Heldrich Art 13 Rz 4; Staud/Mankowski [2003] Art 13 Rz 90–98 [differenzierend]; dagegen Soergel/Kegel[11] Art 13 aF Rz 41; grundsätzlich auch Soergel/Schurig[12] Art 13 Rz 34; Böhmer aaO 41; diff und ausf MüKo/Coester Art 13 Rz 14ff; die **Rsp bejaht grundsätzlich die Heilung**, ihre Entscheidungen sind aber im Detail kaum aussagekräftig: RG 132, 416; KG FamRZ 1986, 680 = IPRax 1987, 33; auch Koblenz IPRsp 1988 Nr 62; München StAZ 1993, 151, 152; ferner BGH 27, 375, 382; KG JW 1938, 855 und IPRsp 1970 Nr 57; s dazu noch Siehr IPRax 1987, 19, 21; Henrich FamRZ 1987, 950; Siehr Gedächtnisschrift Ehrenzweig [1976] 131, 163f). Um den berechtigten Grundsatz der Herrschaft des ursprünglichen und an sich unwandelbaren Eheschließungsstatuts nicht in Frage zu stellen und unerwünschte Ergebnisse (Überspielung durchschlagender Ehehindernisse) möglichst zu vermeiden, ist solche Wirkung des Statutenwechsels freilich auf Sachverhalte zu beschränken, in denen Statutenwechsel auch zu effektivem Leben der Ehepartner unter dem neuen Statut, dh zu dortigem gemeinsamen gewöhnl Aufenthalt geführt hat (ähnlich MüKo/Coester Art 13 Rz 17).

36 bb) **Verletzungsfolgen für die Ehe.** Ist Heilung nicht eingetreten oder unmöglich, so bestimmt wiederum das „verletzte Recht" über die Folgen des Mangels für das Eheband (allg M). Das verletzte Recht bestimmt so über die rechtliche Bewertung des Mangels, über seine „materiellrechtliche Auswirkung". Jeder Mangel und jede Mangelfolge wird erfaßt, sofern es sich nur um Eheschließungsmangel und -mangelfolge und nicht um den Bereich der Eheführung handelt. Es bestimmt darüber, ob der Mangel die Gültigkeit der Ehe nicht berührt (zB bei Verletzung von „Sollvorschriften"), ob er zu Aufhebbarkeit, zu Nichtigkeit (= rückwirkende Vernichtbarkeit) oder gar zu Nichtexistenz einer Ehe (= Nichtehe) führt (aus der zahlreichen Rspr zB BGH NJW 1991, 3088 = FamRZ 1991, 300 = JuS 1992, 261 [Hohloch]; Hamburg StAZ 1988, 132 = IPRsp 1987 Nr 46; s ferner zB München IPRax 1988, 354; Karlsruhe StAZ 1994, 287; LG Berlin IPRsp 1972 Nr 42; LG Hamburg IPRsp 1973 Nr 34, 35, 37; LG Hamburg IPRsp 1974 Nr 50; IPRsp 1975 Nr 38; IPRsp 1976 Nr 32; ebenso Begr RegE BT-Drucks 10/504, 52; allg M; w Rspr bei Johannsen/Henrich EheR Rz 6, 9–13; Soergel/Schurig[12] Art 13 Rz 33ff; Staud/Mankowski [2003] Art 13 Rz 438ff). Das verletzte Recht bestimmt als „Folgenstatut" auch über Wirkung und Geltendmachung des Mangels (Nichtehe, nichtige Ehe, aufhebbare Ehe BGH NJW-RR 2003, 850, 851 = JuS 2003, 921 [Hohloch]). Ob die Wirkung von selbst (ipso iure) eintritt (zB Nichtehe) oder gerichtliche Entscheidung verlangt, ist zunächst dem verletzten Recht zu entnehmen (allg M, BGH u vorgen Rspr). Dieses entscheidet auch über die **Klagebefugnis zur Geltendmachung des Mangels** durch die Ehepartner, durch andere Personen (früherer bzw dritter Ehegatte bei bigamischer Ehe, Eltern, Erben, s zB RG 136, 142; LG Hamburg IPRsp 1973 Nr 35 und 37; 1974 Nr 50; Begr RegE BT-Drucks 10/504, 52; Johannsen/Henrich EheR Rz 21; Henrich Int FamR 17) und durch die Staatsanwaltschaft bzw die zuständige Verwaltungsbehörde (aus der jüngeren Rspr AG Heidelberg IPRax 1986, 165; Karlsruhe IPRax 1986, 166 mit Anm Heßler 146; wN zu älterer Judikatur bei MüKo/Schwimann[2] Art 13 Rz 79 Fn 279). Das verletzte Recht bestimmt über die Verteilung des Klagerechts und über die einzuhaltenden Fristen (Einzelheiten bei MüKo/Coester Art 13 Rz 79). Die deutsche lex fori kann aber bei Fällen nicht offensichtlicher Nichtehe (als solche wären nur Verbindungen geschlechtsgleicher Partner oder im Inland ohne Standesbeamten „geschlossener" Ehen zu bezeichnen) eine Feststellungsklage auf Feststellung der Unwirksamkeit gewähren (ebenso MüKo/Coester Art 13 Rz 79).

37 cc) **Maßgeblichkeit des ärgeren Rechts.** Bei Ehegatten mit verschiedenem Eheschließungsstatut ist die Ehe mangelhaft, auch wenn nur das Personalstatut eines Partners verletzt ist (allg M; Rspr: RG 136, 142; München StAZ 1971, 84; Köln IPRsp 1971 Nr 63; LG Hamburg IPRsp 1976 Nr 32). Reagieren die beteiligten Personalstatuten, wenn sie sich beide verletzt sehen (zB im Fall zweiseitiger Ehehindernisse, früher § 5 EheG jetzt § 1306 BGB, zB BGH NJW 1991, 3088, s Rz 36), mit unterschiedlicher Intensität auf die Verletzung (zB Nichtehe – nichtige

Ehe, BGH NJW 1991, 3088), gibt nach dem **Grundsatz des „ärgeren Rechts"** jene Rechtsordnung den Ausschlag, die die schwereren Rechtsfolgen verhängt (im Grundsatz allg M, zu regelmäßig praktisch nicht in Wirksamkeit tretenden Differenzierungen MüKo/Coester Art 13 Rz 80 mwN; Rspr: BGH NJW 1991, 3088; Düsseldorf FamRZ 1992, 815 mit Aufs Henrich IPRax 1993, 236 (krit); BayObLG 1993, 224; Nürnberg NJW-RR 1998, 5; AG Hamburg IPRsp 1966/67 Nr 144; LG Hamburg IPRsp 1973 Nr 34; Hamburg StAZ 1987, 311; 1988, 131, 134; 1989, 195; Oldenburg IPRax 2001, 143). Verhängen beide Rechte gleiche Sanktionen, entscheidet jedes Recht für „seinen Partner" (hM, MüKo/Coester Art 13 Rz 80; Pal/Heldrich Art 13 Rz 14; aA – Recht des verletzten Ehegatten – LG Hamburg IPRsp 1975 Nr 38; zur Angabe des maßgebl Rechts im Urteil Düsseldorf FamRZ 1992, 815).

d) Folgewirkungen. Als „Folgestatut" ergreift das mit Abs I, II ermittelte Statut als „verletztes Recht" (s **38** Rz 35ff) auch die Folgewirkungen einer wegen Eheschließungsmängeln nicht zustandegekommenen bzw wieder rückgängig gemachten Ehe. Sind beide beteiligten Rechte verletzt, so gilt auch insofern das „ärgere Recht" (s Rz 37); (so allg M, s Köln IPRsp 1971 Nr 63; wN bei MüKo/Coester Art 13 Rz 82). Es bestimmt so über die Unterhaltsansprüche der Scheinehegatten, s Art 18 IV S 2 und über die vermögensrechtlichen Wirkungen der aufgehobenen Ehe und der Nichtehe (güterrechtlicher Ausgleich und andere vermögensrechtlichen Ansprüche bei Ehebeseitigung, Versorgungsausgleich; s zB AG Düsseldorf IPRspr 1995 Nr 64). Das Recht, nach dem die Ehe aufgehoben oder sonst beseitigt worden ist, entscheidet auch über die Auswirkungen der Beseitigung der Ehe auf den Status der Kinder (Nichtehelichkeit oder fortwirkende Ehelichkeit, s Rspr: BayObLG FamRZ 1964, 45; AG Hamburg StAZ 1964, 74; Köln IPRsp 1971 Nr 63; auch LG Bonn IPRax 1985, 353). Die Kindschaftsrechtsreform (1998) hat hieran nichts geändert, da ausländ Rechte den nur für das Inland beseitigten Statusunterschied noch kennen; Abstammung und deren Anfechtung ergeben sich aber auch hier aus Art 19, 20. Andere, fernere Folgen wie namensrechtliche Folgen oder Eltern-Kind-Beziehungen richten sich hingegen nach den dafür einschlägigen Kollisionsregeln (Art 10, 21 nF, 20 II).

4. Verfahrensrecht

a) Feststellungen über das Vorliegen oder Nichtvorliegen von Ehevoraussetzungen iSd Abs I, II werden von **39** deutschen Gerichten und Behörden im Rahmen ihrer Zuständigkeiten nach den für sie geltenden Verfahrensvorschriften getroffen. Gerichte haben heute nach Inkrafttreten der Art 13ff EheVO am 1. 3. 2001, die für Scheidungsentscheidungen aus EU-Staaten das zentrale Anerkennungsverfahren verdrängt haben, in der Regel incidenter bei Beurteilung einer auf Feststellung des Bestehens oder Nichtbestehens einer Ehe gerichteten Feststellungsklage, soweit eine solche zulässig ist (§ 632 ZPO nF), über die Erfüllung oder Nichterfüllung der Eheschließungsvoraussetzungen zu entscheiden. Für die Landesjustizverwaltung gilt entsprechendes im Rahmen ihrer verbliebenen Zuständigkeit gem Art 7 § 1 FamRÄndG zur Feststellung des Vorliegens oder Nichtvorliegens der Anerkennungsvoraussetzungen. Durch den Standesbeamten, seine Aufsichtsbehörde und die gem §§ 47ff PStG zuständigen Gerichte sind Inzidententscheidungen bei der Entscheidung für die Vornahme oder Ablehnung einer Amtshandlung des Standesbeamten zu treffen (zB Anlegung eines Familienbuches). Zur verfahrensrechtlichen Erleichterung der Prüfung der sachlichen Eheschließungsvoraussetzungen ist die Inlandstrauung durch den StB in § 1309 BGB (altes Recht: § 10 I EheG iVm § 15 der 1. DVOEheG) (und entspr die Trauung durch einen deutschen Konsularbeamten) grundsätzlich von der **Beibringung eines Ehefähigkeitszeugnisses** durch den oder die nichtdeutschen Verlobten abhängig gemacht. Dazu Erl zu § 1309 BGB. Zum Kreis der ausländischen Staaten, die zZt Ehefähigkeitszeugnisse iSv § 1309 BGB ausstellen, s § 166 IV DA (idF der Neubek v 27. 7. 2000, BAnz 2000 Nr 154a); Pal/Brudermüller § 1309 Rz 9; Staud/Mankowski [2003] Art 13 Rz 599, 600. Besonderes Verfahren zur Beschaffung von Ehefähigkeitszeugnissen unter Mitwirkung des deutschen Standesbeamten gilt im Verhältnis zu Luxemburg, Österreich und der Schweiz aufgrund besonderer Abkommen, s Einzelheiten in §§ 168ff DA. Die Inkraftsetzung des CIEC-Abk v 5. 9. 1980 (1. 11. 1997) hat den Kreis der Staaten, die ein Zeugnis ausstellen, noch nicht spürbar erweitert.

Der verfahrensrechtlichen Zentralisierung der Befreiung von der Beibringung eines Ehefähgkeitszeugnisses gem § 1309 II BGB (für Staatenlose und Angehörige von Staaten, die ausnahmslos keine Ehefähigkeitszeugnisse ausstellen, sowie in den in Abs II S 3 genannten „besonderen Fällen", s Aufstellung bei Hepting/Gaaz § 5a PStG Rz 82) dient die in § 1309 II BGB vorgenommene Zuweisung an den Präsidenten des zust OLG (dazu Erl zu § 1309 BGB Rz 10ff).

Fehlendes Ehefähigkeitszeugnis oder fehlende Befreiung stellen schlichte **Eheverbote mit aufschiebender 40 Wirkung** dar. Eine gleichwohl geschlossene Ehe wird davon aber nicht berührt (eine andere Frage ist, ob nicht andere, nach dem Eheschließungsstatut zu beurteilende Eheschließungsmängel bzw -hindernisse bestehen). (Siehe dazu Erman/Roth § 1309 Rz 4; Staud/Mankowski [2003] Art 13 Rz 143). Vorlage eines Ehefähigkeitszeugnisses oder Vorliegen einer Befreiung gem § 1309 II BGB hindern den Trauungsbeamten aber bei Zweifeln an der Richtigkeit nicht an der selbständigen Prüfung der gem Art 13 I, II notwendigen Eheschließungsvoraussetzungen und einer etwaigen Verweigerung von Anmeldung und Trauung (vgl § 172 DA; s dazu BGH NJW 1991, 3088 oben Rz 36; KG InfAuslR 2002, 95; KG NJW-RR 2001, 1373 = StAZ 2001, 298; auch AG Heilbronn FamRZ 2000, 1364). Hat einer Eheschließung ein Ehefähigkeitszeugnis oder eine Befreiung zugrundegelegen und fehlen gleichwohl sachliche Eheschließungsvoraussetzungen, so ändert dies an der Fehlerhaftigkeit der geschlossenen Ehe nichts, da beide verfahrenserleichternden Bescheinigungen die materielle Rechtslage nicht beeinflussen können (allg M, s zB MüKo/Coester Art 13 Rz 73; Staud/Mankowski [2003] Art 13 Rz 590ff).

b) Befreiung von Ehehindernissen. Ehefähigkeitszeugnis und Befreiung von dessen Beibringung gem **41** § 1309 II BGB bescheinigen die Ehefähigkeit und das Fehlen von Ehehindernissen. Für die Befreiung von Ehehindernissen, die in der Person des einen oder beider Verlobten vorliegen, vermögen sie nichts zu verrichten; insbesondere kann im Verfahren gem § 1309 II BGB, das nur auf die Befreiung von der Beibringung des Ehefähigkeitszeugzeugnisses gerichtet ist und das Fehlen bzw die Unbeachtlichkeit von Ehehindernissen voraussetzt, keine Befreiung von vorliegenden Hindernissen erreicht werden (Hamm OLGZ 1969, 238 = IPRsp 1968/69 Nr 271; OLGZ 1974, 370 = NJW 1974, 1626 = IPRsp 1974 Nr 49). Demgemäß gilt insofern verfahrensmäßig anderes. Da über Befreiung von Ehehindernissen das Eheschließungsstatut mit seiner Kompetenz zur Entscheidung der materiellrechtlichen Seite befindet (s Rz 22), ist im Grundsatz auch die internationale Zuständigkeit zur Erteilung einer solchen Befreiung dem Staat zugewiesen, dessen materielles Recht über die für einen Verlobten geltenden Eheschließungsvoraussetzungen befindet. Demgemäß ist in der Regel der **Heimatstaat international zuständig** (allg A, zB Hamm OLGZ 1974, 370 = NJW 1974, 1626 = IPRsp 1974 Nr 49; MüKo/Coester Art 13 Rz 68; Pal/Heldrich Art 13 Rz 12); international zuständig ist nach diesem Gleichlaufprinzip bei Rückverweisung auf das inländische Recht auch das Inland (s AG Hamburg IPRsp 1966/67 Nr 66; auch Karlsruhe IPRsp 1968/69 Nr 69) sowie der Staat, dessen Befreiungsentscheidungen im Heimatstaat anerkannt werden (MüKo/Coester Art 13 Rz 68 „Sachstatutsstaat"). Ist nicht auf diese Weise deutsche internationale Zuständigkeit geschaffen, folgt eine allgemeine inländische internationale Zuständigkeit nicht aus §§ 43 I, 35a FGG (so aber wohl AG Bad Wildungen StAZ 1990, 169, aufgehoben durch LG Kassel ebd; wohl auch Pal/Heldrich Art 13 Rz 12). Vielmehr ist die Inlandszuständigkeit im Interesse der Berücksichtigung der grundsätzlichen Heimatzuständigkeit auf Fälle der **Not- und Fürsorgezuständigkeit** bei idR gewöhnlichem, ggf auch schlichtem Inlandsaufenthalt (dazu Art 5 Rz 43ff) des um Befreiung nachsuchenden Verlobten zu beschränken (ähnlich MüKo/Coester Art 13 Rz 68; Ferid IPR § 8–72, 73). Derartige Fälle liegen vor bei ordre-public-widriger (Karlsruhe StAZ 2003, 193 – [keine] Befreiung nach einer Geschlechtsumwandlung), schikanöser oder grundsätzlicher Verweigerung der Erteilung von Befreiung im Heimatstaat bzw im Staat des Eheschließungsstatuts (dazu Beitzke FamRZ 1967, 592, 596) und bei Vorliegen eines dringenden Fürsorgebedürfnisses (zB Erkrankung, bevorstehende Kindesgeburt, dazu Hamm OLGZ 1969, 238 = NJW 1969, 373 = IPRsp 1968/69 Nr 271; KG NJW 1961, 2209 = IPRsp 1960/61 Nr 91; auch Kremer StAZ 1990, 171). Im Inland sachlich zuständig ist grundsätzlich das Vormundschaftsgericht (zu Zuständigkeiten des Standesbeamten MüKo/Coester Art 13 Rz 69 aE).

III. Form der Eheschließung

1. Inlandseheschließung (Abs III)

42 **a) Grundsatzregel „Inlandsform" Abs III S 1.** Nach der Grundsatzregel des Abs III S 1 kann eine Ehe im Inland nur in der hier vorgeschriebenen Form geschlossen werden. Unabhängig von Staatsangehörigkeit und gewöhnlichem Aufenthalt der Verlobten gilt deshalb, daß im Inland die Ehe nur in der Form der obligatorischen, vor dem Standesbeamten geschlossenen Zivilehe zustandekommt. Gänzlich außer Betracht bleibt für die Grundsatzregel das Heimatrecht ausländischer Verlobter, und außer Betracht bleiben so auch, soweit nicht gesetzliche oder staatsvertragliche Ausnahmen eingreifen, alle in sonstigen Formen denkbaren Eheschließungen (formlose, geistliche, religiöse, diplomatische, militärische Eheschließungen).

43 **aa) Reichweite der Inlandsform.** Zur von Abs III S 1 vorgeschriebenen Inlandsform gehören neben dem Erfordernis der Mitwirkung des Standesbeamten (§§ 1310, 1311 BGB) die Regelung der sachlichen und örtlichen Zuständigkeit des Standesbeamten und der Delegationsmöglichkeiten an Standesbeamte anderer Standesamtsbezirke (zum alten Recht s zB RG 133, 161; BGH 29, 137, 140). Formbestandteil ist auch die persönliche und gleichzeitige Anwesenheit der Verlobten im Trauungstermin, so daß im Inland die Eingehung der Ehe als „Handschuhehe" (durch Stellvertretung in der Erklärung oder Botenschaft bei der Erklärung) ausscheidet. Da Verletzung der Zuständigkeitsregeln des PStG die Wirksamkeit der Eheschließung nicht beeinträchtigt, bleiben als essentielle Formerfordernisse, die das deutsche Recht für die Inlandseheschließung aufstellt, die Mitwirkung des Standesbeamten und die persönliche Abgabe der Eheschließungserklärungen der Verlobten vor dem Standesbeamten.

44 **bb) Nichtbeachtung der Inlandsform und Folgen.** Die Nichteinhaltung der bei Rz 43 beschriebenen Inlandsform führt je nach der Art des Formverstoßes zu **Nichtehe oder aufhebbarer Ehe**. Grundsätzlich Nichtehe ist so auch die nicht vor dem deutschen Standesbeamten, aber in einer vom Heimatrecht bzw von den Heimatrechten vorgesehenen oder anerkannten Form (zB religiös oder diplomatisch) geschlossene und damit im Heimatstaat bzw den Heimatstaaten voll wirksame Ehe (zB religiöse Eheschließung von Israeli und Muslimen, früher auch von Griechen und Spaniern, ferner Militärpersonen und Trauungen mit Militärpersonen). In diesem Ausgangspunkt sind sich Rspr und Lit gänzlich einig (Rsp: BSGE 45, 180 = NJW 1978, 2472 = IPRsp 1977 Nr 55 – kirchliche Trauung von Polen mit Registrierung in Polen; BSG NJW 1981, 2655 = IPRsp 1981 Nr 46 – brit Militärtrauung in Deutschland, dazu BVerfG 62, 323, s unten; AG Pinneberg FamRZ 1978, 893 – Trauung durch brit Militärgeistlichen; AG Bonn StAZ 1982, 249 – muslimische Trauung; Karlsruhe FamRZ 1983, 757 – religiöse Trauung von Griechen; zuletzt zur „hinkenden Griechenehe" BGH NJW-RR 2003, 850 = JuS 2003, 921 [Hohloch]; allg Auff im Schrifttum, s zB Kegel IPR § 20 IV 2b; Soergel/Schurig[12] Art 13 Rz 84 mit Rspr; MüKo/Coester Art 13 Rz 101; Pal/Heldrich Art 13 Rz 21). Da eine solche Trauung zu einer außerhalb Deutschlands weithin gültigen und damit nur im Inland und uU noch in Staaten, die eine Art 13 III S 1 vergleichbare Regelung haben (zB Österreich, § 16 I öst IPRG), hinkenden Ehe führt, wird dabei durchaus gesehen. Indes darf diese Konsequenz angesichts der Vorteile des Art 13 III S 1 nicht schrecken.

45 Zu beachten ist freilich, daß die strenge Regel, aus Nichtbeachtung der Ortsform Nichtehe folgen zu lassen, aufgeweicht ist. Versuche des Schrifttums, die Folge „Nichtehe" durch die nach altem Recht mildere Folge „Nichtige Ehe" zu ersetzen oder in anderer Weise (zB selbständige Vorfragenanknüpfung bei Ehewirkungen, Heilung) zu einer Ehe mit rechtlichen Ehewirkungen zu gelangen (vor allem Henrich FamRZ 1958, 122, 123; StAZ 1966, 219; RabelsZ 37 [1973] 230; auch LG Stuttgart FamRZ 1969, 542; Soergel/Kegel[11] Art 13 aF Rz 66) haben zunächst zu Erfolgen nicht geführt (s aus der Rspr BGH NJW 1981, 1900; BGH NJW-RR 2003, 850, 851 = JuS

Familienrecht **Art 13 EGBGB**

2003, 921 [Hohloch]; BayObLG 1980, 72; Hamm FamRZ 1982, 166; Schrifttum: Bayer/Knörzer/Wandt FamRZ 1983, 770; MüKo/Coester Art 13 Rz 101 Fn 368b; Pal/Heldrich Art 13 Rz 21; anders indes Böhmer aaO 48ff). Allerdings soll nach BVerfG 62, 323 = IPRsp 1982 Nr 44 und darauf aufbauender sozialgerichtlicher Rspr anderes im **Sozialrecht** gelten: im Inland wegen Abs III S 1 nicht gültig zustandegekommene Ehen sollen bei Gültigkeit nach dem Heimatrecht gleichwohl dem „Schutz des Art 6 I GG" unterstehen und damit die überlebende Frau zum Bezug von Witwenrente berechtigen (dazu SG Hamburg IPRsp 1983 Nr 51; LSG Hamburg FamRZ 1986, 994; auch Karlsruhe FamRZ 1983, 757 – ehelicher Kindesunterhalt; überw krit das Schrifttum, s Behn ZfJugR 1982, 177; v Bar NJW 1983, 1929, 1930ff; Müller-Freienfels JZ 1983, 230; umfassende Nachweise bei MüKo/Schwimann[2] Art 13 Rz 101 Fn 369, 369a; s ferner Steding aaO). **§ 1310 III BGB** ermöglicht nunmehr die **Heilung** einer formungültigen Ehe unter den dortigen Voraussetzungen (s Bosch FamRZ 1997, 139; Hepting IPRax 1994, 355; StAZ 1996, 261), kommt aber als Vorschrift des **sachlichen** Eherechts nur zur Anwendung, wenn die Eheleute **übereinstimmend dt Eheschließungsstatut** haben (s Bosch aaO 139 und BGH NJW-RR 2003, 850 = JuS 2003, 921 [Hohloch]; tw abw Sturm StAZ 1999, 293; s auch Pfeiffer LMK 2003, 123). Andere Heilungsmöglichkeiten hält das deutsche IPR nicht bereit, Heilungsmöglichkeiten durch das gem Art 13 I maßgebliche Eheschließungsstatut sind nicht versperrt (s Oldenburg IPRax 2001, 143). In Betracht kommt „Heilung" auch durch spätere „Wiederholung" der Trauung im Ausland in der dortigen Ortsform (s Hamm FamRZ 2000, 823).

Strittig ist, inwieweit ausländische Entscheidungen anerkannt werden können, die entgegen der deutschen Kolli- **46** sionsnorm Abs III S 1 entweder das Bestehen einer Ehe feststellen, die im Inland unter Verletzung der Inlandsform geschlossen worden ist (dazu Bayer/Knörzer/Wandt FamRZ 1983, 774) oder eine im Inland gültig zustandegekommene Ehe wegen Verletzung der „Heimatform" für nichtig erklären (für Anerkennung Görgens StAZ 1977, 79; Pal/Heldrich Art 13 Rz 21; zu Recht dagegen KG FamRZ 1976, 353; derartige Entscheidungen, die die zum Kernbestand der deutschen IPR-Ordnung gehörende Norm des Abs III S 1 nicht beachten, sind regelmäßig nicht anerkennungsfähig).

cc) **Beachtung der Inlandsform und Auslandsfolgen.** Umgekehrt zur oben Rz 44 dargelegten Rechtslage ist **47** die Lage bei Ehen, die im Inland unter Beachtung der im Heimatstaat der Verlobten nicht anerkannten Inlandsform des Abs III S 1 geschlossen sind. Fordert das **Eheschließungsstatut** (Abs I) eines Verlobten als **Eheschließungsform** ausschließlich die **religiöse Trauung** und ist im Inland nach der standesamtlichen Trauung eine Trauung in religiöser Form nicht erfolgt, liegt eine **Ehe mit beschränktem Wirkungskreis (hinkende Ehe, matrimonium claudicans)** vor. Die früher insbesondere bei standesamtlichen Eheschließungen von katholischen Spaniern und orthodoxen Griechen aktuell werdende Problematik (dazu zB BGH FamRZ 1979, 467; BayObLG 1963, 265 = IPRsp 1962/63 Nr 100; Stuttgart FamRZ 1980, 783; umf N bei MüKo/Coester Art 13 Rz 86, 101; Soergel/Kegel[11] Art 13 aF Rz 66) ist heute durch die Einführung der Ziviltrauung in Griechenland (dazu Chiotellis IPRax 1982, 169) und Spanien (dazu Rau IPRax 1981, 189f) weitgehend entschärft. Geblieben ist die Problematik bislang im Verhältnis zu Israel (für Ehen zwischen Juden), Jordanien (Ehen zwischen Nichtmuslimen), Zypern und Marokko (dazu AG Düsseldorf IPRsp 1981 Nr 76). Hier ist Hinweis des StB auf Beibringung schriftlicher Trauberechtschaftserklärung der zuständigen Geistlichen gem § 173 DA angebracht. Die nur in der Inlandsform geschlossene Ehe ist gleichwohl (im Inland und überall, wo sich die Auffassung des Heimatrechts nicht durchsetzt) vollgültige Ehe (RG 105, 363, 365 und allg Auff). Sie ist nach den Regeln des PStG in die deutschen Personenstandsbücher einzutragen (BayObLG 1963, 269). Aufhebung und Nichtigerklärung richten sich bei solchen Ehen allerdings nicht nach dem von Abs I bestimmten Eheschließungsstatut (für das eine Ehe nicht vorliegt), sondern nach deutschem Recht, wenn dieses „verletzt" (s Rz 35ff) ist (München IPRsp 1950/51 Nr 59). Heute läßt sich die Maßgeblichkeit deutschen Rechts auf entsprechende Anwendung von Abs II stützen. Nach deutschem Recht richtet sich bei solchen Ehen, sofern das Heimatrecht nicht zwischenzeitlich Ziviltrauung und Scheidungsrecht (mit ggf rückwirkender Kraft, so für Griechenland – Chiotellis IPRax 1982, 169 – und wohl auch für Spanien) eingeführt hat, auch die Scheidung, wenn sie nicht schon gem dem von Art 17 I S 1 bestimmten Recht (Ehewirkungsstatut) erfolgen kann (KG FamRZ 1976, 353 und RG JW 1926, 375). Zur Begründung kann dann heute Art 17 I S 2 entsprechend herangezogen werden.

b) **Sondernorm für Eheschließung von Ausländern Abs III S 2. aa) Inhalt, Zweck und Vorgeschichte.** Die **48** bis 1947 ausnahmslos geltende „Inlandsformregel" des heutigen Abs III S 1 ist 1947 durch Kontrollratsrecht durch die besondere Sachnorm des § 15a EheG aF ergänzt worden (s Rz 1). Sie sollte zunächst nur Besatzungsangehörigen und deren Partnern eine Eheschließung nach Heimatrecht, dh in der „Geschäftsform" ermöglichen, hat in der Folgezeit aber aufgrund des breiten Zustroms von Ausländern mit anderen Eheschließungsgewohnheiten (religiöse Trauung, allenfalls fakultative Zivilehe) breitere Bedeutung erlangt. Wegen dieser Bedeutung ist der Inhalt des ehemaligen § 15a EheG im Rahmen der IPR-Reform im wesentlichen in die Sondernorm des Abs III S 2 überführt worden (dazu Rz 2), so daß im Inland in begrenztem Umfang für Ausländer vor dazu „ordnungsgemäß ermächtigten" Personen eine Eheschließung in der Form des Heimatrechts möglich ist.

bb) **Voraussetzungen des Abs III S 2.** (1) Die Sondernorm setzt zunächst voraus, daß **keiner der Verlobten** **49** **Deutscher ist.** Der Deutschenbegriff ist der des Art 5 I S 2 (dazu Art 5 Rz 22ff) und des Art 116 I GG (dazu Art 5 Rz 39), so daß die Vorschrift schon dann nicht in Betracht kommt, wenn ein Verlobter Doppel- und Mehrstaater mit auch deutscher Staatsangehörigkeit ist (ganz hM, Schleswig IPRsp 1974 Nr 46; Bornhofen StAZ 1981, 269, 270). Abs III S 2 greift nur, wenn beide Verlobten Ausländer sind oder einer Ausländer und der andere Staatenloser ist; die Vorschrift kann nicht eingreifen, wenn beide Verlobten staatenlos sind, weil dann der in der Norm geregelte Bezug wenigstens eines Verlobten zur Trauungsperson des Heimatstaates nicht gewährt sein kann (allg M, s Pal/Heldrich Art 13 Rz 27). Ist an der in der Form des Abs III S 2 geschlossenen Ehe ein Deutscher beteiligt (oder zwei Staatenlose), ist der Anwendungsbereich der Sonderregel überschritten mit der Folge, daß wegen Nichtbeachtung der Inlandsform Nichtehe vorliegt (allg M, s Celle FamRZ 1965, 43; Kegel IPR § 20 IV 2b; MüKo/Coester

Art 13 Rz 103; Pal/Heldrich Art 13 Rz 27; zu Einschränkungen dieser Sanktion oben Rz 45 und LG Kleve FamRZ 1964, 365).

50 (2) Abs III S 2 verlangt ferner die Eheschließung vor einer von der Regierung des Heimatstaates eines Verlobten ordnungsgemäß ermächtigten **Trauungsperson** (dazu ausf Hepting aaO 154; Hepting/Gaaz PStR III – 485ff [Hepting]). Hinsichtlich der Trauungsperson sind folgende Einzelelemente von Bedeutung: Die Trauungsperson, die dem Heimatstaat des einen Verlobten nicht angehören muß und Deutscher sein kann (allg A, Bornhofen StAZ 1981, 269, 271; Pal/Heldrich Art 13 Rz 28), bedarf der Abs III S 2 genügenden **Trauungsermächtigung**. Es muß ihr eine nach dem Recht des ermächtigenden Staates wirksame Trauungsbefugnis für das (aus der Sicht des fremden Staates) Ausland mit Einschluß Deutschlands zustehen (BGH 43, 213, 222ff). Notwendig ist demnach die Bestellung durch den fremden Staat für eine Position, mit der nach dem Recht des betreffenden fremden Staates, das auf Gesetze jenes Staates oder auf einem Staatsvertrag jenes Staates mit Deutschland fußen kann, die Trauungsbefugnis im Ausland (aus der Sicht des fremden Staates) verbunden ist. In der Praxis bedeutet dies die naheliegende Möglichkeit des Vorliegens einer Ermächtigung bei diplomatischen Vertretern und Konsuln, in der durch die Stationierungsverträge geprägten deutschen Situation auch bei Militärgeistlichen und Offizieren mit Standesbeamtenfunktion (Rsp dazu: KG NJW 1976, 1034 = FamRZ 1976, 375 – jug Militärmission; Hamm OLGZ 1986, 135 = IPRsp 1985 Nr 60 – belg Nato-Truppenoffizier, dazu Henrich FamRZ 1986, 841, 842; v Bar JZ 1987, 814, 816; Beitzke FS Kegel [1987] 33, 54; IPRax 1987, 17; s ferner Zinke StAZ 1982, 181 – Ägypten, Wipperfürth StAZ 1982, 283 – Jugoslawien); die bisher hM hält, woran jedoch hinsichtlich der Militärpersonen Zweifel anzumelden sind, eine individuelle Benennung der Traupersonen gegenüber der BRepD nicht für erforderlich (Hamm OLGZ 1986, 135 = IPRsp 1985 Nr 60).

51 Bei **Geistlichen**, die nicht zugleich staatliche Funktionäre im obigen Sinne sind, gilt anderes: Geistliche der römisch-katholischen Kirche, der griechisch-orthodoxen Kirche und muslimische Geistliche, denen nach dem Verständnis ihrer Religion und nach Kirchenrecht eine Trauungsbefugnis zukommt, haben im Inland nicht schon auf der Grundlage dieses Grundverständnisses Trauungsbefugnis iSv Abs III S 2, so daß vor derartigen Personen geschlossene Ehen iSd deutschen Rechts Nichtehen sind (BGH 43, 213; Celle FamRZ 1964, 209; BayObLG FamRZ 1966, 147; LG Bremen StAZ 1976, 172; Frankfurt OLGZ 1978, 2; BayObLG 1994, 230; dazu Jayme FS Ferid [1988] 197, 203). Anderes gilt bei Geistlichen, die nach dem Recht des ausländischen Staates mit der religiösen Trauung Ehen iSd dortigen Eherechts schließen können (Spanien, Griechenland), nur, wenn sie gegenüber der BRepD durch den ausländischen Staat individuell „benannt" worden sind (heutiges Verfahren: **Benennung durch Verbalnote** der ausländischen Botschaft gegenüber dem Auswärtigen Amt, das Eintragung in die beim Bundesverwaltungsamt in Köln geführte Sammelliste veranlaßt; s dazu Hepting/Gaaz PStR § 11 EheG Rz 62f [Hepting]; für Spanien und Griechenland praktiziert seit 1964, vgl StAZ 1964, 184, 213; StAZ 1965, 15). Die so erfolgten Ermächtigungen griechisch-orthodoxer Geistlicher gelten nur für Eheschließungen von Verlobten, die beide griechische Staatsangehörige und Angehörige des griechisch-orthodoxen Bekenntnisses sind (LG Bremen IPRsp 1975 Nr 35). Zu Eheschließungen vor muslimischen Geistlichen s Köln StAZ 1981, 326 und AG Bonn StAZ 1982, 249; zur Trauungsbefugnis des Pastors der schwed Seemannskirche AG Hamburg FamRZ 2000, 821 = JuS 2000, 1023 [Hohloch]. S zur grundsätzlich nicht vorliegenden Befugnis von Geistlichen der verschiedenen Religionen Staud/Mankowski [2003] Art 13 Rz 639.

52 Rückwirkung ist derartigen Benennungen nicht beigelegt (BGH 43, 213, 226 u st Rspr, zB LG Bonn StAZ 1985, 135 = IPRsp 1985 Nr 54; wN bei MüKo/Coester Art 13 Rz 104), so daß vorher durchgeführte Trauungen zu Nichtehen geführt haben (BGH 43, 213, 222ff u st Rspr), die für das Inland weder durch Registrierung im Heimatstaat noch im Inland Heilung gefunden haben (st Rspr seit BGH 43, 213, vgl N bei MüKo/Coester Art 13 Rz 104 Fn 378f; zuletzt BGH NJW-RR 2003, 850 = JuS 2003, 921 [Hohloch]; zur Behandlung im Sozialrecht s Rz 45).

53 Der **Trauungsvorgang** muß vor der Trauungsperson „in der nach dem Recht" des ausländischen Staates „vorgeschriebenen Form" ablaufen. Persönliche gleichzeitige Anwesenheit iSv §§ 1311 BGB ist damit nicht gefordert, so daß auch die Konsenseheanmeldungen koreanischen oder japanischen Rechts oder die jedenfalls beurkundeten Konsenseheschließungen ägyptischen Rechts den Anforderungen von Abs III S 2 genügen (str, wie hier Sakurada StAZ 1975, 85; Otto StAZ 1973, 129, 131; Hepting § 11 EheG Rz 94; MüKo/Coester Art 13 Rz 105; aA Schurig StAZ 1971, 94). Im übrigen aber sind die Formanforderungen des Rechts des Ermächtigungsstaates zu erfüllen; bei Formverletzungen bestimmen sich die Folgen nach diesem Recht als dem verletzten Recht.

54 **cc) Beweis und Eintragung in deutsche Personenstandsbücher.** Gem Abs III S 2 2. Hs kann der Beweis einer solchen Eheschließung durch eine beglaubigte Abschrift der Eintragung der Ehe in das von der dazu ermächtigten Person geführte Standesregister (idR bei den Konsulaten, s MüKo/Coester Art 13 Rz 104) erbracht werden. Es muß sich dabei um das nach staatlichem Recht geführte zuständige Standesregister handeln. Damit stellt das deutsche Recht für die Betrachtung derartiger Eheschließungen im Inland eine zusätzliche Formvoraussetzung iSv Abs III S 2 auf, da ohne Vorlage des Eintragungsnachweises im Inland nicht von wirksamer Eheschließung ausgegangen werden kann (BGH 43, 213, 226 u hM; aA wohl BayObLG 1988, 91 = StAZ 1988, 259). Die Vornahme der Eintragung kann jedoch allenfalls dann, wenn sie nach dem Recht des ermächtigenden Staates die entsprechende Wirkung hat, Formfehler bei der zuvor durchgeführten Eheschließung heilen. Fehler bei der Handhabung des Art 13 III S 2 Hs 1 vermag sie nicht zu heilen (Köln StAZ 1981, 326; der Sache nach auch BGH NJW-RR 2003, 850, 851 = JuS 2003, 921 [Hohloch]).

55 Gemäß § 15a I Nr 2 PStG kann auf Antrag Übertragung in die deutschen Personenstandsbücher und Anlegung eines deutschen Familienbuchs erfolgen. Hierbei ist der deutsche Standesbeamte durch die Vorlage einer beglaubigten Abschrift iSv Abs III S 2 Hs 2 an der Einleitung eigener Ermittlungen nicht gehindert (so BGH NJW 1991, 3099, oben Rz 36; aA früher BayObLG 1988, 91 oben Rz 54).

2. Form der Auslandseheschließung (Art 11 I iVm Art 13 I)

a) Formregeln. Für die Form der Auslandseheschließung kehrt das deutsche Recht zu den allgemeinen Regeln der alternativen Maßgeblichkeit des Geschäftsrechts (Wirkungsstatut) oder des Ortsrechts (Art 11 I) zurück (Rz 1). Für die Auslandseheschließung Deutscher besteht daneben die Möglichkeit der konsularischen Eheschließung (Rz 60). Form des Geschäftsrechts bedeutet, daß die Eheschließung den Formerfordernissen der Eheschließungsstatuten beider Verlobten, bei unterschiedlichen Statuten also kumulativ den Erfordernissen zweier Rechte entsprechen muß (Art 11 I Alt 1 iVm Art 13 I). Erfüllung der Ortsform bedeutet, daß die Form des Eheschließungsortes gewahrt ist (Art 11 I Alt 2). Ortsform- oder Geschäftsformerfüllung genügt; ist die eine erfüllt, die andere nicht, ist das ohne Belang (s aus der Rspr: RG 88, 191; Frankfurt FamRZ 1971, 179; Bremen IPRspr 1974 Nr 51; LG Bonn StAZ 1980, 154 = IPRspr 1979 Nr 38; allg A). Ohne Belang ist auch, ob dem Recht am Trauungsort genügt worden ist, wenn auch nur dem Geschäftsrecht genüge getan ist (zB religiöse Eheschließung gem Heimatrecht der Verlobten in Staat, der obligatorische Zivilehe fordert: Ortsform verfehlt, aber Geschäftsform erfüllt). Ist hingegen die Ortsform erfüllt, die Geschäftsform (dh die Form gem Heimatrecht) nicht, genügt auch dies im Hinblick auf die Formwirksamkeit der Eheschließung (s Hamm StAZ 1991, 315 = FamRZ 1992, 551 zur Ortsform kraft Weiterverweisung – Pakistan). 56

b) „Ortsform genügt". Für das deutsche IPR steht bei Eheschließungen Deutscher die Beobachtung der Ortsform bei der Auslandseheschließung durchaus im Vordergrund, da nur insofern bemerkbare Abweichungen von der zwingenden Einheitsform des Heimatrechts (obligatorische Zivilehe, § 1310 BGB) stattfinden können. Die Maßgeblichkeit der Ortsform gibt so volle förmliche Wirksamkeit Eheschließungen, bei denen Anmeldung und Zuständigkeitsregeln gar nicht oder großzügigst beachtet werden (zB „Nevada-Ehen", Jayme StAZ 1982, 208); Deutsche können im Ausland so kirchliche Eheschließung begehen, wenn diese der Ortsform entspricht (zB Hamm NJW 1988, 3097; AG Bremen StAZ 1991, 232; AG Kassel StAZ 1998, 181 – nein für Belgien, oblig Zivitrauung); genügend ist fakultative Zulässigkeit der religiösen Eheschließung (allg M). Ebenso sind für Deutsche Ehen im Ausland in reine Konsensehen schließbar, wenn die Ortsform solche Eheschließungsform anbietet (zB RG 138, 214; RG JW 1931, 1334; Celle MDR 1958, 101; Düsseldorf FamRZ 1992, 1078 – Libanon; FamRZ 1993, 187 und 1083 – Marokko [dazu Kotzur IPRax 1993, 305]; Bremen FamRZ 1992, 1083 – Ghana; München StAZ 1993, 151 – Nigeria, Stammesehe [dazu Bungert 140]; BayObLG StAZ 1998, 252 – Zaire); freilich ist in solchen Fällen jeweils mit besonderer Sorgfalt zu prüfen, ob eine „Ehe" iSd Anknüpfungsnorm vorliegt oder vorgelegen hat (dazu Rz 13). Vom Recht der Flagge schließlich hängt ab, ob Trauungen vor dem Kapitän oder gar Flugkapitän möglich sind (dazu Figert RabelsZ 28 [1964] 78; Marcks StAZ 1983, 169, 170; StAZ 1978, 26). Förmlich wirksam ist die nach Ortsrecht geschlossene Ehe nur bei Beobachtung der für die Formerfüllung erforderlichen Formvorschriften. Hierzu rechnen etwa Zuständigkeitsregeln für den Standesbeamten oder Geistlichen (Celle NJW 1963, 2235; RG 133, 161) und die Folgen einer Formverletzung (Bremen FamRZ 1975, 209), auch die Notwendigkeit einer Registrierung (AG Hannover FamRZ 2002, 1116; auch BayObLG StAZ 2000, 146). 57

c) Eheschließungsort. Für die „Ortsform" maßgeblich ist der Eheschließungsort. Einfach zu bestimmen ist dieser dort, wo nach Ortsrecht eine förmliche Trauungszeremonie gefordert ist. Eheschließungsort ist dann der Ort bzw Staat, wo in Anwesenheit der Trauungsperson (Standesbeamter, Geistlicher, Friedensrichter…) die Zeremonie stattfindet. Außer Betracht bleibt, ob die Trauungsperson nur kraft Delegation amtiert und ob die Verlobten persönlich anwesend sind (zur Handschuhehe s Rz 59) (hM, zB BGH 29, 137; MüKo/Coester Art 13 Rz 92 mwN). Eheschließungsort für Rechtsordnungen, für die Registrierung des Ehekonsenses ehekonstitutiv ist (Thailand, Japan, Südkorea, s dazu IPG 1969 Nr 12 [Köln]; LG Hamburg IPRspr 1977 Nr 51; Schurig StAZ 1971, 94; Sakurada StAZ 1975, 85; Staud/Mankowski [2003] Art 13 Rz 482, 483), liegt der Eheschließungsort am Amtssitz des Registerbeamten (LG Frankental FamRZ 1975, 698; LG Hamburg IPRspr 1977 Nr 51). Genügt schlichter Konsens, ist Eheschließungsort der Aufenthaltsort der Verlobten bei Herstellung des Konsenses; wird die Ehe so auf Distanz geschlossen, muß gem Art 11 II genügen, wenn ein Ortsrecht diese Form vorsieht (ebenso MüKo/Coester Art 13 Rz 92; s auch AG Tübingen IPRax 1989, 397; Köln IPRspr 1971 Nr 63; auch schon LG Hamburg IPRspr 1934 Nr 18). Allerdings ist in solchen Fällen stets die Anwendbarkeit von Art 6 zu prüfen, insbesondere in Fällen, bei denen Scheinehecharakter in Betracht kommt. 58

d) Handschuhehe. Als Formfrage wird zu Recht auch die Eheschließung mit Vertretung in der Erklärung (sog „Handschuhehe" gem Recht Italiens, Mexikos, der Niederlande, Libyens, des Irans (BayObLG 2000, 335 = StAZ 2001, 66), Kolumbiens und anderer Länder, s Nachweise bei Staud/Mankowski [2003] Art 13 Rz 745ff; Soergel/Schurig Art 13 Rz 80; Rauscher StAZ 1985, 101; grundlegend Dieckmann, Die Handschuhehe deutscher Staatsangehöriger nach deutschem IPR [1959]; Jacobs StAZ 1992, 5) eingeordnet, bei der die Eheschließungserklärung eines oder beider Verlobten durch einen Vertreter mit gebundener Marschroute oder Boten abgegeben wird. Eheschließungsort ist hier gem Art 11 III der **Ort, an dem der Vertreter die Erklärung gegenüber dem Partner oder der Trauungsperson abgibt**, so daß, wenn dieser Ort in einem Staat liegt, der die Handschuhehe in seinem Recht vorsieht, auch Deutsche auf diesem Wege die Ehe eingehen können (heute allg M, s BGH 29, 137; BGH NJW 1962, 1152; KG OLGZ 1973, 435; Bremen IPRspr 1974 Nr 51; Hamm StAZ 1986, 134; neuere Rspr noch AG Tübingen StAZ 1999, 301; BayObLG 2000, 335; ordre-public-widrig hingegen Stellvertretung im Willen nach Ortsrecht – Iran –, AG Gießen StAZ 2001, 39; zum Schrifttum s oben). 59

3. Konsularische Eheschließung Deutscher

Deutsche Konsularbeamte sind gem § 8 I KonsularG v 11. 9. 1974 (BGBl 1974 I S 2317) im Ausland in bestimmten vom Auswärtigen Amt bezeichneten Konsularbezirken zur Trauung befugt, wenn wenigstens ein Verlobter Deutscher und kein Verlobter Angehöriger des Empfangsstaates ist (nähere Bestimmung der Konsularbe- 60 zirke, der Trauungsbefugnisse und der Abgrenzung der Trauung Deutscher und der Trauung mit Drittstaatsangehörigen in den Ausführungsvorschriften zu § 8 KonsularG v 11. 12. 1974 StAZ 1975, 109, zuletzt neugefaßt durch Ausführungsvorschrift v 4. 12. 1998, StAZ 1999, 213. Derzeitiger Stand der bezeichneten Konsularbezirke in RdErl AA v 14. 4. 1993, StAZ 1993, 231). Der deutsche Konsularbeamte hat dann die Funktion des deutschen Standesbeamten, so daß hinsichtlich der Eheschließung die Verfahrensvorschriften des PStG zur Anwendung kommen. Die konsularische Trauung Deutscher erfüllt danach die Heimatrechtsform des Art 11 I Alt 1 (= Art 13 III S 1), für einen beteiligten Drittstaatsangehörigen ist die Trauung in der deutschen Ortsform erfolgt. Konsularverträge grenzen zT die Trauungsbefugnis ein, s Rz 66 und 6.

IV. Verfahrensfragen

61 **1. Anlegung deutscher Personenstandsbücher und Eintragungen.** Hinsichtlich der Anlegung des Familienbuches und der Eintragung einer Eheschließung ins Heiratsbuch ist für die oben behandelten Eheschließungen zu unterscheiden. **a)** Erfolgt die Eheschließung gem Art 13 III S 1 vor dem deutschen Standesbeamten, so erfolgt die Eintragung in das Heiratsbuch gem §§ 9, 11 PStG. Ebenso erfolgt die Anlegung des Familienbuches im Anschluß an die Eheschließung durch den Standesbeamten, vor dem die Ehe geschlossen worden ist. Hat keiner der Ehegatten im Inland Wohnsitz oder gewöhnlichen Aufenthalt, gilt für die Fortführung des Familienbuches § 13 III PStG (Fortführung durch den Standesbeamten des Standesamtes Berlin I). **b)** Erfolgt die Eheschließung gemäß Art 13 III S 2 vor einer „ordnungsgemäß ermächtigten Trauungsperson", so erfolgt nach Art 15a I Nr 2 PStG geltender Fassung die Anlegung eines deutschen Familienbuches nur auf Antrag, wobei antragsbefugt jede eintragungsfähige Person ist. Zur Zuständigkeit s § 13 PStG. **c)** Ist die Eheschließung im Ausland erfolgt, so kann die Anlegung eines deutschen Familienbuches auf Antrag gem § 15a PStG erfolgen. Die Zuständigkeit richtet sich auch dann nach §§ 12, 13, 15a PStG. **d)** Bei konsularischen Eheschließungen Deutscher im Ausland gilt hinsichtlich der Behandlung des im Konsulat errichteten Heiratseintrages § 8 II KonsularG (Übersendung an den Standesbeamten des Standesamts I in Berlin. Dieser gilt gem § 8 II S 2 KonsularG nach Zugang des Heiratseintrages als der Standesbeamte, vor dem die Ehe geschlossen worden ist.

62 **2. Anerkennung von Auslandseheschließungen.** Ob im Ausland eine Ehe wirksam geschlossen worden ist, ist keine Frage eigentlicher „Anerkennung" iSd internationalverfahrensrechtlichen Begriffsverständnisses, das für ausländische Entscheidungen in Ehesachen, mit denen „Ehe" aufgelöst wird, Bedeutung hat, sei es iS automatischer Anerkennung (Art 14 EheVO) oder im Rahmen eines Verfahrens. Die im Inland unter Auslandsberührung geschlossene Ehe und die im Ausland geschlossene Ehe ist als solche – ohne daß eine Eheentscheidung zur Überprüfung steht – im inländischen Verfahren nur im Wege der Feststellungsklage gem §§ 256, 632 ZPO nF auf ihr Bestehen oder Nichtbestehen überprüfbar. Es müssen dann die besonderen Zulässigkeitsvoraussetzungen der Feststellungsklage vorliegen. Ob „Ehe" besteht, ist ansonsten – ggf als Vorfrage in selbständiger Anknüpfung (vgl BGH NJW-RR 2003, 850 = JuS 2003, 921 [Hohloch]) – incidenter in jedem Verfahren zu prüfen, in dem Anlaß dazu besteht.

63 **3. Scheinehe mit Auslandsberührung.** Auf verfahrensrechtlichem Wege wird in jüngerer Zeit die Schließung von Scheinehen abzuwehren gesucht, die zum Zwecke des Erwerbs der Aufenthaltserlaubnis von Ausländern mit deutschen Staatsangehörigen einzugehen versucht werden. Zur Frage, wann Standesbeamte in Fällen, bei denen derartige Eheschließung begehrt wird, das Aufgebot und die Eheschließung ablehnen oder die Erteilung eines Ehefähigkeitszeugnisses verweigern können, war reichhaltige Rspr und Lit entstanden: Rspr: zB AG Kempten StAZ 1981, 298; AG Lübeck IPRax 1982, 29 mit abl Anm Jayme; BayObLG 1982, 179; StAZ 1984, 200; 341; 1985, 70; Celle StAZ 1982, 308; Hamm StAZ 1982, 309; LG Nürnberg IPRax 1982, 251; Hamburg StAZ 1983, 130; Karlsruhe StAZ 1983, 14; LG Kiel StAZ 1990, 141; AG Bonn IPRax 1984, 42 zur Verweigerung der Erteilung eines Ehefähigkeitszeugnisses bei im Ausland geplanter Scheinehe; Schrifttum: Finger StAZ 1984, 89; Spellenberg StAZ 1987, 33, 41; Kartzke, Scheinehen zur Erlangung aufenthaltsrechtlicher Vorteile (1990). Aus neuerer Zeit dann zB LG Limburg StAZ 1994, 10; LG München NJW-RR 1994, 835; Düsseldorf StAZ 1996, 138; Hamburg StAZ 1996, 139; Celle StAZ 1996, 366; FamRZ 1998, 1108; Jena StAZ 1998, 177. Seit 1. 7. 1998 enthält **§ 1314 II Nr 5 BGB nF** für Scheinehen zum Zwecke der Erlangung der Aufenthaltserlaubnis einen Aufhebungsgrund; **§ 1310 I S 2 BGB** regelt, daß der Standesbeamte bei offenkundig beabsichtigter Scheinehe einem Partner, der dt Eheschließungsstatut hat, seine Mitwirkung verweigern muß (dazu Hepting FamRZ 1998, 721); dazu Düsseldorf FamRZ 1999, 225 und 791; s ferner KG NJW-RR 2001, 1373 = StAZ 2001, 298; AG Heilbronn StAZ 2000, 176 = FamRZ 2000, 1364; Jena StAZ 2000, 175; Dresden NJW-RR 2001, 1; Schleswig StAZ 2001, 362; Naumburg FamRZ 2002, 1115. Gleiches gilt bei Rückverweisung auf das Eheschließungsstatut. Zur Ablehnung der Eheschließung gem Art 6 (Ordre public) bei „tolerantem" ausländ Eheschließungsstatut KG OLG-NL 2001, 135.

V. Abkommensrecht

64 **1. Haager Eheschließungsabkommen von 1902.** Siehe zunächst Rz 4. Das seit dem 1. 6. 1989 nur noch im Verhältnis zu Italien anwendbare Abkommen ist anwendbar nur auf Ehen, die zeitlich nach dem Inkrafttreten (RG JW 1912, 642), räumlich im (europäischen) Gebiet der Vertragsstaaten (Art 9 des Abk) und persönlich unter Beteiligung mindestens eines Angehörigen eines Vertragsstaates geschlossen werden oder wurden (Art 8 I des Abk); es genügt demgemäß grundsätzlich, daß ein Verlobter Deutscher ist; der andere braucht dann nicht Italiener zu sein (s AG Memmingen IPRax 1983, 300 in Verbindung mit konsularischen Ehen). Das Haager Abk v 14. 3. 1978 (Rz 4) ist für Deutschland nicht in Kraft. Zum anwendbaren Recht s Art 8 II des Abk.

Ist das Abk anwendbar, verdrängt es Art 13 I und 11 I; Art 13 III ist durch das Abk nicht berührt. Art 1 des Abk entspricht im wesentlichen Art 13 I; es gilt Heimatrecht, der Renvoi ist aber nur zulässig, wenn das Heimatrecht ausdrücklich auf ein anderes Recht verweist und nur in Ansehung des „Rechts zur Eingehung der Ehe". Art 6 EGBGB ist im Bereich des Abk nur im Rahmen der Zulassung durch Art 2, 3 II des Abk anwendbar, vgl Hamm FamRZ 1974, 457. Danach können nur Ehehindernisse religiöser Natur im Heimatrecht des Verlobten durch die Gesetzgebung oder den Ordre public des Staates der Eheschließung als unbeachtlich behandelt werden. Das Eheschließungsstatut bestimmt auch über die Folgen einer fehlerhaften Ehe, KG JW 1936, 1949. Art 4 des Abk befaßt sich mit dem Ehefähigkeitszeugnis, Art 5–7 des Abk enthalten die Vorschriften über die Form der Eheschließung (zu Art 5 II des Abk Stuttgart FamRZ 1976, 359). Art 6 des Abk erleichtert die konsularische Eheschließung. Zum Abk im einzelnen s noch Jayme NJW 1965, 13.

Text des Abkommens in deutscher Übersetzung (offizieller Text franz):

Artikel 1

Das Recht zur Eingehung der Ehe bestimmt sich in Ansehung eines jeden der Verlobten nach dem Gesetz des Staates, dem er angehört (Gesetz des Heimatstaats), soweit nicht eine Vorschrift dieses Gesetzes ausdrücklich auf ein anderes Gesetz verweist.

Artikel 2

(1) Das Gesetz des Ortes der Eheschließung kann die Ehe von Ausländern untersagen, wenn sie verstoßen würde gegen seine Vorschriften über
1. die Grade der Verwandtschaft und Schwägerschaft, für die ein absolutes Eheverbot besteht;
2. das absolute Verbot der Eheschließung zwischen den des Ehebruchs Schuldigen, wenn auf Grund dieses Ehebruchs die Ehe eines von ihnen aufgelöst worden ist;
3. das absolute Verbot der Eheschließung zwischen Personen, die wegen gemeinsamer Nachstellung nach dem Leben des Ehegatten eines von ihnen verurteilt worden sind.

(2) Ist die Ehe ungeachtet eines der vorstehend aufgeführten Verbote geschlossen, so kann sie nicht als nichtig behandelt werden, falls sie nach dem im Artikel 1 bezeichneten Gesetz gültig ist.

(3) Unbeschadet der Bestimmungen des Artikel 6 Abs. 1, dieses Abkommens ist kein Vertragsstaat verpflichtet, eine Ehe schließen zu lassen, die mit Rücksicht auf eine vormalige Ehe oder auf ein Hindernis religiöser Natur gegen seine Gesetze verstoßen würde. Die Verletzung eines derartigen Ehehindernisses kann jedoch die Nichtigkeit der Ehe in einem anderen Lande als in dem, wo die Ehe geschlossen wurde, nicht zur Folge haben.

Artikel 3

(1) Das Gesetz des Ortes der Eheschließung kann, ungeachtet der Verbote des im Artikel 1 bezeichneten Gesetzes, die Ehe von Ausländern gestatten, wenn diese Verbote ausschließlich auf Gründen religiöser Natur beruhen.

(2) Die anderen Staaten sind berechtigt, einer unter solchen Umständen geschlossenen Ehe die Anerkennung als einer gültigen Ehe zu versagen.

Artikel 4

(1) Die Ausländer müssen zum Zwecke ihrer Eheschließung nachweisen, daß sie den Bedingungen genügen, die nach dem im Artikel 1 bezeichneten Gesetz erforderlich sind.

(2) Dieser Nachweis kann durch ein Zeugnis der diplomatischen oder konsularischen Vertreter des Staates, dem die Verlobten angehören, oder durch irgendein anderes Beweismittel geführt werden, je nachdem die Staatsverträge oder die Behörden des Landes, in welchem die Ehe geschlossen wird, den Nachweis als genügend anerkennen.

Artikel 5

(1) In Ansehung der Form ist die Ehe überall als gültig anzuerkennen, wenn die Eheschließung dem Gesetz des Landes, in welchem sie erfolgt ist, entspricht.

(2) Doch brauchen die Länder, deren Gesetzgebung eine religiöse Trauung vorschreibt, die von ihren Angehörigen unter Nichtbeachtung dieser Vorschrift im Ausland eingegangenen Ehen nicht als gültig anerkennen.

(3) Die Vorschriften des Gesetzes des Heimatstaats über das Aufgebot müssen beachtet werden; doch kann das Unterlassen dieses Aufgebots die Nichtigkeit der Ehe nur in dem Lande zur Folge haben, dessen Gesetz übertreten worden ist.

(4) Eine beglaubigte Abschrift der Eheschließungsurkunde ist den Behörden des Heimatlandes eines jeden der Ehegatten zu übersenden.

Artikel 6

(1) In Ansehung der Form ist die Ehe überall als gültig anzuerkennen, wenn sie vor einem diplomatischen oder konsularischen Vertreter gemäß seiner Gesetzgebung geschlossen wird, vorausgesetzt, daß keiner der Verlobten dem Staat, wo die Ehe geschlossen wird, angehört und dieser Staat der Eheschließung nicht widerspricht. Ein solcher Widerspruch kann nicht erhoben werden, wenn es sich um eine Ehe handelt, die mit Rücksicht auf eine vormalige Ehe oder ein Hindernis religiöser Natur gegen seine Gesetze verstoßen würde.

(2) Der Vorbehalt des Artikel 5 Abs. 2, findet auf die diplomatischen oder konsularischen Eheschließungen Anwendung.

Artikel 7

Eine Ehe, die in dem Land, in welchem sie geschlossen wurde, in Ansehung der Form nichtig ist, kann gleichwohl in den anderen Ländern als gültig anerkannt werden, wenn die durch das Gesetz des Heimatstaats eines jeden der Verlobten vorgeschriebene Form beobachtet worden ist.

Artikel 8

(1) Dieses Abkommen findet nur auf solche Ehen Anwendung, welche im Gebiet der Vertragsstaaten zwischen Personen geschlossen sind, von denen mindestens eine Angehöriger eines dieser Staaten ist.

(2) Kein Staat verpflichtet sich durch dieses Abkommen zur Anwendung eines Gesetzes, welches nicht dasjenige eines Vertragsstaats ist.

Artikel 9–12
(nicht abgedruckt)

65   **2. CIEC-Übereinkommen Nr 7 zur Erleichterung der Eheschließung im Ausland.** Siehe zunächst Rz 50. Titel I des Abk ist von der BRepD von der Geltung ausgeschlossen worden. Das Abkommen hat praktische Bedeutung nicht erlangt, da die Vertragsstaaten Spanien und Griechenland im Zeitpunkt ihres Beitritts und des Inkrafttretens des Abk von der religiösen Eheschließung zur fakultativen Zivilehe übergegangen waren. Die zentrale Abkommensregelung des Art 5, die bei Geltung religiöser Eheschließung in einem Vertragsstaat die konsularische oder diplomatische Eheschließung für Angehörige der anderen Vertragsstaaten erleichtert hatte, ist so gegenstandslos geblieben. Abdruck des Abk bei Jayme/Hausmann Nr 31.

66   **3.** Die oben Rz 6 verzeichneten **Konsularverträge** mit ausländischen Staaten führen in unterschiedlichem Umfang zu Inlandstrauungen, die nicht vor dem deutschen Standesbeamten stattfinden. Gemäß Art 23 des Konsularvertrages mit der ehem UdSSR kann der (russische) Konsul bzw der Konsul eines anderen Nachfolge- und Eintrittsstaates Trauungen nach dem Recht von (jetzt) GUS-Staaten nur vornehmen, wenn beide Verlobte Angehörige des Entsendestaates sind. Entsprechendes gilt gem Art 18, 27 für die erheblich umfangreicher gewordene Praxis der Konsuln der Türkei (s BayObLG StAZ 1988, 259). Bei Trauungen im beschriebenen staatsvertraglichen Rahmen gilt Art 13 III S 2 EGBGB (ebenso Nied StAZ 1981, 32 und MüKo/Coester Art 13 Rz 107). Soweit solche staatsvertraglich fundierte Trauungsbefugnis nicht vorliegt, sind Konsuln im Inland gemäß Art 5ff des Wiener Übereinkommens über konsularische Beziehungen vom 24. 4. 1963 zu Trauungen befugt (Standpunkt des Auswärt Amtes, s Rz 50; in den Einzelheiten str, s MüKo/Coester Art 13 Rz 108 mwN). Zur Trauungsbefugnis deutscher Konsuln s noch Rz 6.

14   *Allgemeine Ehewirkungen*

(1) Die allgemeinen Wirkungen der Ehe unterliegen
1. dem Recht des Staates, dem beide Ehegatten angehören oder während der Ehe zuletzt angehörten, wenn einer von ihnen diesem Staat noch angehört, sonst
2. dem Recht des Staates, in dem beide Ehegatten ihren gewöhnlichen Aufenthalt haben oder während der Ehe zuletzt hatten, wenn einer von ihnen dort noch seinen gewöhnlichen Aufenthalt hat, hilfsweise
3. dem Recht des Staates, mit dem die Ehegatten auf andere Weise gemeinsam am engsten verbunden sind.

(2) Gehört ein Ehegatte mehreren Staaten an, so können die Ehegatten ungeachtet des Artikels 5 Abs. 1 das Recht eines dieser Staaten wählen, falls ihm auch der andere Ehegatte angehört.

(3) Ehegatten können das Recht des Staates wählen, dem ein Ehegatte angehört, wenn die Voraussetzungen des Absatzes 1 Nr. 1 nicht vorliegen und
1. kein Ehegatte dem Staat angehört, in dem beide Ehegatten ihren gewöhnlichen Aufenthalt haben, oder
2. die Ehegatten ihren gewöhnlichen Aufenthalt nicht in demselben Staat haben.

Die Wirkungen der Rechtswahl enden, wenn die Ehegatten eine gemeinsame Staatsangehörigkeit erlangen.

(4) Die Rechtswahl muß notariell beurkundet werden. Wird sie nicht im Inland vorgenommen, so genügt es, wenn sie den Formerfordernissen für einen Ehevertrag nach dem gewählten Recht oder am Ort der Rechtswahl entspricht.

Schrifttum: *v Bar*, Nachträglicher Versorgungsausgleich und Ehewirkungsstatut in einer deutsch-niederländischen Ehe, IPRax 1994, 100; *Dopffel*, Rechtswahl für persönliche Ehewirkungen, in: Reform des deutschen IPR (1980) 43; *Henrich*, Das internationale Eherecht nach der Reform, FamRZ 1986, 841; *Hohloch*, Kollisionsrecht in der Staatengemeinschaft. Zu den Strukturen eines internationalen Privat- und Verfahrensrechts in der Europäischen Union, FS Stoll (2001) 533; *Kegel*, Zur Reform des deutschen internationalen Rechts der persönlichen Ehewirkungen, in Lauterbach (Hrsg), Vorschläge und Gutachten zur Reform des deutschen internationalen Eherechts (1962) 75; *ders*, Zur Reform des internationalen Rechts der persönlichen Ehewirkungen und des internationalen Scheidungsrechts der BRepD, FS Schwind (1978) 145; *ders*, (Gleicher Titel, gleicher Inhalt) in Beitzke (Hrsg), Vorschläge und Gutachten zur Reform des deutschen internationalen Personen-, Familien- und Erbrechts (1981) 114; *Kühne*, IPR-Gesetzentwurf (1980) 89; *ders*, Welche rechtlichen Vorkehrungen empfehlen sich, um die Rechtsstellung von Ausländern in der BRepD angemessen zu gestalten, in Verhdl des 53. DJT Bd I (1980) C 70.

I. Allgemeines

1   **1. Inhalt und Zweck.** Art 14 bestimmt das **Statut der allgemeinen Ehewirkungen**. Da der deutsche Gesetzgeber auch im IPR zwischen der Herstellung des Ehebandes, den Wirkungen der Ehe und der Auflösung der Ehe unterscheidet (Art 13–17, 18), bedarf es einer Regelung des Ehewirkungsstatuts. Dem Ehewirkungsstatut unterfallen alle die Ehewirkungen, für die in Art 15, 16 und 18 keine besondere kollisionsrechtliche Regelung getroffen ist. Das Ehewirkungsstatut des reformierten IPR wird in Art 14 I **primär** durch **objektive Anknüpfung** bestimmt. Erste Stufe des hier verwirklichten „Leiterprinzips" (s vor Art 13 Rz 1ff), ist die Anknüpfung an die gemeinsame Staatsangehörigkeit der Ehegatten, für gemischtnationale Ehen tritt an die Stelle der Staatsangehörigkeit der gemeinsame gewöhnliche Aufenthalt oder das ansonsten gegebene Recht der engsten gemeinsamen Beziehung

(Art 14 I Nr 1–3). Um den Ehegatten die Anpassung an die rechtliche Umwelt zu erleichtern, in der sie ihre Ehe leben oder zu leben gedenken, hat Art 14 II, III erstmals das **Rechtswahlprinzip** ins internationale Eherecht eingefügt und damit eine subjektive Anknüpfung der Ehewirkungen ermöglicht. Mit förmlicher Beurkundung können die Ehegatten bei Vorliegen der Voraussetzungen der Abs II und III in beschränktem Umfang ihr Ehewirkungsstatut durch Rechtswahl festlegen.

Art 14 legt über den Bereich der allgemeinen Ehewirkungen hinaus auch das sog **Familienstatut** fest; das gemäß Art 14 für die Ehegatten geltende Recht der allgemeinen Ehewirkungen ist durch die Verweisungstechnik der Art 15 und 17 mit gewissen, unterschiedlichen Modifikationen auch Güterstatut und Scheidungsstatut. Es gibt auch für das Kindschaftsrecht der Art 19ff in beschränktem und seit 1. 7. 1998 nochmals reduziertem (s Art 19 I S 3 nF) Umfang das anwendbare Recht vor und steht so gemäß dem Willen des Reformgesetzgebers im Mittelpunkt des internationalen Ehe- und zT auch des Kindschaftsrechts. Für die „Eingetragene Lebenspartnerschaft" regelt Art 17b I die allgem Partnerschaftswirkungen, zu nichtehelichen Lebensgemeinschaften s vor Art 13 Rz 12.

2. Vorgeschichte und altes Recht. Art 14 nF ersetzt Art 14 aF. Im Gegensatz zu seinem Vorläufer, der einseitige (von der Praxis zu allseitiger entwickelte) Kollisionsnorm war, stellt Art 14 nF eine allseitige Verweisungsnorm dar, die nicht mehr danach unterscheidet, ob die Ehegatten Deutsche sind oder nicht. Die Neufassung hat ferner den Vorrang des Mannesrechts abgeschafft, der zwar nicht den Wortlaut des Art 14 aF, aber das gemischtnationalen Ehen zT noch die praktische Anwendung der Norm geprägt hatte (dazu Erman/Marquordt[7] Art 14 aF Rz 2, 6ff mwN). Vor dem Hintergrund der Notwendigkeit gleichberechtigungskonformer Regelung des Ehewirkungsstatuts war die Ausrichtung des Kollisionsrechts der Ehewirkungen am Prinzip der Geltung des gemeinsamen Heimatrechts (bestimmt primär über die gemeinsame Staatsangehörigkeit, sekundär über den gemeinsamen gewöhnlichen Aufenthalt) in der Endphase der Reform letztlich keine umstrittene Frage mehr. Die „Auffangklausel" des Abs I Nr 3 hingegen hat ihre geltende Fassung erst in den abschließenden Beratungen des Rechtsausschusses erhalten (s Begr RegE BT-Drucks 10/504, 54–56 und Bericht Rechtsausschuß BT-Drucks 10/5632, 41; auch Pirrung IPVR S 139–142). Die Abs II–IV haben ihre endgültige Fassung ebenfalls erst in den Beratungen des Rechtsausschusses erhalten (BT-Drucks 10/5632, 41), die Einführung subjektiver, durch Rechtswahl bestimmter Anknüpfung in das Ehewirkungs- und Familienstatut war jedoch schon maßgeblicher Inhalt des RegE (BT-Drucks 10/504, 56–57) und geht auf Vorschläge in der Vorgeschichte des Gesetzgebungsverfahrens zurück (Entwurf Kühne § 14; Vorschläge des MPI RabelsZ 47 [1983] 595, 627, 628). Die Bestimmung des Ehewirkungsstatuts zum Familienstatut mit der Folge, daß Art 14 heute Zentralnorm der Regelung jedenfalls des internationalen Eherechts ist, geht ebenfalls auf Vorschläge am Beginn des Gesetzgebungsverfahrens zurück (Entwurf Kühne §§ 14ff; Übersicht über die einzelnen Reformvorschläge bei Staud/Mankowski [2003] Art 14 Rz 7ff; zur Kritik an dem durch die Fassung des Art 14 vorgegebenen Familienstatut Jayme IPRax 1986, 265, 266).

Für Rechtsfragen, die nach der Übergangsregelung des Art 220 I weiterhin nach altem Recht anzuknüpfen sind, ist verfassungsgemäß interpretiertes altes Recht weiterhin maßgebend (dazu Art 220 Rz 11, 7).

3. Staatsvertragliche Regelungen und EU-Recht. Als multilateraler, in der Geltungszeit des neuen IPR indes nur noch im Verhältnis zu Italien anwendbarer Staatsvertrag galt bis zum 23. 8. 1987 das Haager Abkommen betreffend den Geltungsbereich der Gesetze in Ansehung der Wirkungen der Ehe auf die Rechte und Pflichten der Ehegatten in ihren persönlichen Beziehungen und auf das Vermögen der Ehegatten (**Haager Ehewirkungsabkommen**) v 17. 7. 1905 (RGBl 1912 S 453). Das Abkommen ist von Deutschland mit Wirkung zum 23. 8. 1987 **gekündigt** worden (BGBl 1986 II 505). Soweit das Abkommen entsprechend Art 220 I und II EGBGB auf Altsachverhalte noch anzuwenden ist, die vor dem Außerkrafttreten entstanden sind (zB Ehegattenunterhalt, Verpflichtungsbefugnisse), ist die Verfassungswidrigkeit der Regelung des Art 2 I des Abkommens (BGH NJW 1987, 583 = JuS 1987, 317 Nr 2 [Hohloch]; BGH FamRZ 1987, 679; 1988, 40) zu beachten. Siehe im übrigen unten V. und Erman/Marquordt[7] Anh Art 15 aF Rz 1–6. Ein neues Haager Abkommen besteht im unmittelbaren Anwendungsbereich von Art 14 nicht. Zum Haager Übk über das auf Ehegüterstände anzuwendende Recht v 14. 3. 1978 s Erl Art 15 Rz 5. **EU-Recht** prägt das Ehewirkungsstatut bislang nicht. Die primäre Staatsangehörigkeitsanknüpfung des Abs I Nr 1 ist kein Verstoß gegen das Diskriminierungsverbot des Art 12 EGV. Eine europabezogene Vereinheitlichung des Kollisionsrechts der allgem Ehewirkungen steht noch nicht unmittelbar an, s aber vor Art 13 Rz 2.

Als zweiseitiger Staatsvertrag ist für den Anwendungsbereich des Art 14 nur das Niederlassungsabkommen zwischen dem Deutschen Reich und dem Kaiserreich Persien (**Deutsch-Iranisches Niederlassungsabkommen** v 17. 2. 1929, RGBl 1930 II 1006; 1931 II 9; Bek der Weitergeltung BGBl 1955 II 829) von Bedeutung. Das Abkommen gilt nur für Ehen zwischen Ehegatten gemeinsamer deutscher Staatsangehörigkeit im Iran und gemeinsamer iranischer Staatsangehörigkeit in Deutschland (Rsp: Köln FamRZ 1956, 235; Oldenburg IPRax 1981, 136 mit abl Anm Beitzke 122; Zweibrücken IPRspr 1983 Nr 53; Celle FamRZ 1990, 656 – Wohnungsverteilung; s dazu Coester IPRax 1991, 236). Bei **gemischtnationalen deutsch-iranischen Ehen ist das Abkommen nicht anwendbar** (Rsp: BGH NJW-RR 1986, 1005; Bremen IPRspr 1984 Nr 92; LG Krefeld IPRspr 1977 Nr 63; s auch nIPG 1967/68 Nr 24 [Köln], **ebenso nicht bei „Flüchtlingen"** aus dem Iran, für die – zT aus Art 12 Genfer Flüchtlingskonvention – „Inländerbehandlung" bejaht wird, s mwN Schotten/Wittkowski FamRZ 1995, 264; Finger FuR 1999, 58, 158, 215). Gemäß Art 8 III des Abkommens ist für den Bereich der Ehewirkungen das gemeinsame Heimatrecht der Ehegatten maßgeblich (dazu s Rz 35 Abdruck des Art 8 III und des Schlußprotokolls).

4. Geltung allgemeiner Regeln. Das Ehewirkungsstatut ist den allgemeinen Regeln weitestgehend zugänglich. Einschränkungen ergeben sich für Abs I Nr 3 sowie für Abs II–IV, soweit dort die Anknüpfung durch Rechtswahl erfolgt.

a) Rück- und Weiterverweisung sind im Rahmen von Art 14 gemäß Art 4 I grundsätzlich zu beachten. Die von Abs I Nr 1 und 2 ausgesprochenen Verweisungen auf gemeinsames Heimatrecht bzw gemeinsames Domizilrecht sind, da sie auf objektiven Anknüpfungen beruhen, **Gesamtverweisungen.** Die von Abs I Nr 3 ausgesprochene Verweisung auf das Recht der engsten gemeinsamen Beziehung ist ihrem Sinn entsprechend (Art 4 I S 1 letzter Hs) **Sachnormverweisung,** da nur so das Recht der engsten Beziehung sachgemäß festgestellt werden kann (hM, zB Henrich IntScheidungsR 30; Pal/Heldrich Art 14 Rz 3; Johannsen/Henrich Art 17 Rz 17; Siehr FS Ferid [1988] 433; aber str, abweichend Staud/Mankowski [2003] Art 14 Rz 96ff mwN; Rspr in diesem Sinn AG Leverkusen FamRZ 2002, 1484, 1485f; s ferner so MüKo/Sonnenberger[3] Art 4 Rz 28; Soergel/Schurig[12] Art 14 Rz 70). **Sachnormverweisungen** liegen auch bei Abs II und III vor, da das anwendbare Recht durch Rechtswahl bestimmt wird, Art 4 II. **Sachnormverweisung** ist auch die Formregel des Abs IV S 2.

7   b) **Staatsangehörigkeit und Sekundäranknüpfung.** Die Hauptanknüpfung des Art 14 ist die gemeinsame Staatsangehörigkeit. Bei Doppel- und Mehrstaatern ist die maßgebliche Staatsangehörigkeit gem Art 5 I zu ermitteln (s Erl zu Art 5 Rz 4ff). Für das bei Staatenlosen und Flüchtlingen geltende Personalstatut und dessen Funktion als Ehewirkungsstatut s Köln FamRZ 1999, 1517 und Erl zu Art 5 Rz 10ff, 60ff, 66ff. Für die Bestimmung des Ehewirkungsstatuts bei Angehörigen von Mehrrechtsstaaten s Erl zu Art 4 Rz 21ff. Zur Ausübung einer Rechtswahl durch Angehörige eines Mehrrechtsstaates s unten Rz 20. Zur Sekundäranknüpfung des gemeinsamen gewöhnlichen Aufenthalts s Erl zu Art 5 Rz 43ff. Zum Recht der engsten Beziehung s Einl Rz 29. Zur Rechtswahl s Einl Rz 27.

8   c) **Ordre public.** Den Wertungen des Art 6 ist Art 14 voll zugänglich. Soweit Art 14 Gesamtverweisung ausspricht (s Rz 6), ist Art 6 zB Schranke für die Anwendung gleichberechtigungswidriger ausländischer Kollisionsnormen. Auch ausländisches Sachrecht kann an der Schranke des Ordre public scheitern (vgl BGH 47, 324 = NJW 1967, 2109 zur Pflichtenregelung in der Ehegemeinschaft bei Anordnung des Getrenntlebens; dazu früher RG 150, 283; KG JW 1936, 2470 mit Anm Maßfeller). Praktische Bedeutung bekommt Art 6 am ehesten dort, wo ausländisches Sachrecht Entscheidungsrechte und Eingriffsrechte in der Ehe (zB Wohnsitzbestimmung, Kündigungsrecht des Ehemannes) gleichberechtigungswidrig regelt (s Erl Art 6 Rz 35).

9   d) Die **Vorfrage nach dem Bestehen einer Ehe** ist **selbständig,** dh nach den für Eheschließung und -auflösung maßgeblichen Kollisionsnormen und Anerkennungsregeln des deutschen Rechts (Art 13, 17; Art 13ff EheVO; Art 7 § 1 FamRÄndG; § 328 ZPO) **anzuknüpfen** bzw zu entscheiden (RG 157, 257 = JW 1938, 1716; Hamm FamRZ 1982, 166 mit Anm Rau; MüKo/Siehr Art 14 Rz 115; Pal/Heldrich Art 14 Rz 17; abweichend, aber insoweit dann nicht richtig Karlsruhe NJW-RR 2000, 737). Eine gültige Ehe liegt also auch bei Eheschließung gem Art 13 III S 1 vor, wenn das Heimatrecht der Eheleute wegen Nichtanerkennung der Ziviltrauung von ungültiger Ehe bzw Nichtehe ausgeht (LG Düsseldorf MDR 1952, 623; KG NJW 1963, 51). Die Ehewirkungen bestimmen sich aber auch in einem solchen Fall nach hM nach dem sich aus Art 14 ergebenden Recht (KG NJW 1963, 51; MüKo/Siehr Art 14 Rz 115; Pal/Heldrich Art 14 Rz 17; Soergel/Schurig[12] Art 14 Rz 69; Staud/Mankowski [2003] Art 14 Rz 52; offengeblieben in BGH 78, 288). Liegt im Inland wegen Formverstoßes (Art 13 III) Nichtehe vor (s Art 13 Rz 43), können Ehewirkungen, für die ein Statut zu finden ist, grundsätzlich beurteilt werden. Es gilt dann insoweit das über die Wirkungen einer nichtehelichen Lebensgemeinschaft bestimmende Recht (dazu vor Art 13 Rz 10, 12, 13). Ist durch Statutenwechsel Heilung eingetreten (dazu Art 13, Rz 45), ist auch die Vorfrage iS des Bestehens der Ehe zu beantworten. Ob eine Ehe bereits aufgelöst ist mit der Folge, daß Ehewirkungen nicht mehr auftreten, ist bei Inlandsscheidung nach deutschem Verfahrensrecht (Rechtskraft des Scheidungsurteils), bei Auslandsscheidung entweder gemäß Art 13-15 EheVO ohne besonderes Verfahren (für Scheidungen aus EU-Mitgliedstaaten) oder im Verfahren gem Art 7 § 1 FamRÄndG oder (bei Heimatsstaatsentscheidung sowie reiner Auslandsprivatscheidung) incidenter im Verfahren über die geltendgemachte Ehewirkung zu entscheiden.

10   e) **Wandelbarkeit des Ehewirkungsstatuts (Statutenwechsel).** Das Ehewirkungsstatut ist wandelbar. Das Dauerrechtsverhältnis Ehe soll sich hinsichtlich seiner allgemeinen Wirkungen (nicht Güterrecht, Art 15 I !) nach dem Recht richten, dem beide Eheleute im jeweiligen Zeitpunkt am engsten verbunden sind. Demgemäß ist jeweils maßgeblich das im jeweiligen Zeitpunkt für die jeweilige Ehewirkung maßgebliche Ehewirkungsstatut. Der Statutenwechsel ist allerdings bei der Anknüpfung gem Abs I Nr 1 und 2 gebremst durch das Erfordernis des gemeinsamen Wechsels. Solange nur ein Ehegatte Heimatrecht oder gewöhnlichen Aufenthaltsort wechselt und nicht beide Ehegatten in verschiedene neue Rechte wechseln, bleibt das Recht der letzten gemeinsamen Staatsangehörigkeit oder des letzten gewöhnlichen Aufenthalts weiterhin maßgeblich. Ist das Ehewirkungsstatut nur gemäß Abs I Nr 3 zu bestimmen, kommt es stets auf die im jeweiligen Zeitpunkt bestehende engste Beziehung an. Bei Bestimmung durch Rechtswahl bleibt das gewählte Ehewirkungsstatut bis zur rechtsgeschäftlichen Aufhebung oder Abänderung der getroffenen Rechtswahl maßgeblich; kraft Gesetzes tritt Statutenwechsel gem Abs III S 2 bei Erlangung effektiv gemeinsamer Staatsangehörigkeit ein. Ob der Wechsel des Ehewirkungsstatuts auch Bedeutung für die vom Familienstatut abgeleiteten anderen Statuten (Güterstatut, Scheidungsstatut, Abstammungstatut) hat, bestimmt sich nach den jeweils dafür einschlägigen Bestimmungen. Diese folgen dem Prinzip der Wandelbarkeit nur zT (s Art 17 I S 1 einerseits, Art 15 I und Art 19 I S 3 nF andererseits – Unwandelbarkeit des Güterstatuts und des fakultativen Abstammungstatuts ehelicher Kinder).

11   5. **Innerdeutsches Kollisionsrecht.** Art 14 und ebenso zuvor Art 14 aF galten im deutschen interlokalen Recht im Verhältnis zur ehemaligen DDR entsprechend; das Anknüpfungsmoment der Staatsangehörigkeit war durch den Anknüpfungspunkt des gemeinsamen gewöhnlichen Aufenthalts (BGH FamRZ 1964, 261), ggf des letzten gemeinsamen gewöhnlichen Aufenthalts (KG FamRZ 1958, 464; BSG FamRZ 1977, 251) ersetzt. Da mit dem 3. 10. 1990 sich das Recht der Ehewirkungen ab diesem Stichtag im gesamten Bundesgebiet nach dem BGB richtet (Art 234 § 1), ist für seit diesem Stichtag eingetretene Ehewirkungen innerdeutsches Kollisionsrecht entbehrlich. Soweit Altwirkungen zu beurteilen sind und in kollisionsrechtlicher Hinsicht eine Berührung zum Beitrittsgebiet vorliegt, ist das anwendbare Recht in entsprechender Anwendung von Art 14 zu bestimmen. Das Kollisionsrecht des ehemaligen RAG der DDR bleibt dabei außer Betracht. Zur Sonderüberleitung des Ehenamensrechts s Art 234 § 3. Siehe auch Jayme IPRax 1991, 11. Vgl insges Erl Art 3 Rz 27ff und Art 236.

II. Grundsatzregel „Objektive Anknüpfung" (Abs I)

1. Anknüpfungsleiter. Art 14 bestimmt in Abs I das Ehewirkungsstatut in erster Linie und grundsätzlich durch objektive Anknüpfung. Das maßgebliche Recht ist durch Benutzung einer insgesamt fünfstufigen Anknüpfungsleiter aufzufinden. Es gilt nach Nr 1 primär das Recht der bestehenden gemeinsamen Staatsangehörigkeit der Ehegatten, fehlt es hieran, gilt das Recht letzter gemeinsamer Staatsangehörigkeit, sofern ein Ehegatte noch diesem Staat angehört; fehlt es hieran überhaupt, gilt gemäß Nr 2 mit gleicher Maßgabe das Recht gemeinsamen gewöhnlichen Aufenthalts; fehlt es auch hieran, gilt gemäß der Auffangklausel der Nr 3 das Recht des Staates, mit dem die Ehegatten auf andere Weise gemeinsam am engsten verbunden sind.   12

2. Primäre Anknüpfung: Gemeinsame Staatsangehörigkeit (Nr 1). a) Bestehende gemeinsame Staatsangehörigkeit. Wenn und solange Ehegatten eine gemeinsame Staatsangehörigkeit besitzen, ist Statut der allgemeinen Ehewirkungen das durch diese gemeinsame Staatsangehörigkeit bestimmte Recht (zur Beachtlichkeit des Renvoi, praktisch bedeutsam bei Staaten mit Geltung des Domizilprinzips, insbesondere Dänemark, Norwegen, anglo-amerikanischer Rechtskreis, s Rz 6). Welche Staatsangehörigkeit ein Ehegatte hat, bestimmt sich nach dem Staatsangehörigkeitsrecht des Staates, zu dem die Staatsangehörigkeit in Frage steht. Ist ein Ehegatte oder sind beide Ehegatten Doppel- bzw Mehrstaater, ist das iS Abs I Nr 1 maßgebliche Recht das Recht ihrer jeweils effektiven Staatsangehörigkeit (zB München FamRZ 1994, 634f; auch Zweibrücken NJW-RR 2002, 581 = JuS 2002, 1025 [Hohloch]), das sich über Art 5 I S 1 und 2 bestimmt (s Erl zu Art 5 Rz 4ff). Übereinstimmendes Personalstatut der Ehegatten liegt demgemäß nur vor, wenn die jeweilige effektive Staatsangehörigkeit zum selben Personalstatut führt (s AG Freiburg FamRZ 2002, 888 = JuS 2002, 1231 [Hohloch] = IPRax 2002, 223 m Aufs Jayme 209). Auf dieser Grundlage ist auch der Fall zu entscheiden, daß **ein Ehegatte kraft Eheschließung oder durch Verleihung im Zusammenhang der Eheschließung die Staatsangehörigkeit des Partners erwirbt**. Geht damit der Verlust der früheren Staatsangehörigkeit einher, bestimmt die mit der Staatsangehörigkeit des Partners übereinstimmende neue Staatsangehörigkeit das Ehewirkungsstatut. Die zu Art 13 bestehende Problematik des „Antrittsrechts" ist für Art 14 ohne Belang. Wird das Antrittsrecht und die ursprüngliche Staatsangehörigkeit jedoch beibehalten, so gilt für das Bestehen gemeinsamer Staatsangehörigkeit wiederum Art 5 I. Ist die deutsche Staatsangehörigkeit für den Doppelstaater gewordenen Ehegatten im Spiel, liegt bei deutscher Staatsangehörigkeit des anderen Ehegatten gemäß Art 5 I S 2 stets übereinstimmend deutsche Staatsangehörigkeit iS von Nr 1 vor; hat der andere Ehegatte nicht die deutsche Staatsangehörigkeit, kann wegen der nach Art 5 I S 2 steten Effektivität der deutschen Staatsangehörigkeit eine gemeinsame Staatsangehörigkeit iS der Nr 1 nie vorliegen (s Hamm FamRZ 1990, 54). Das Ehewirkungsstatut ist dann über Nr 2 oder Nr 3 oder durch Rechtswahl zu bestimmen (ebenso Pal/Heldrich Art 14 Rz 7; krit hierzu, allerdings zu Unrecht Verfassungswidrigkeit möglicher Einzellösungen annehmend, MüKo/Siehr Art 14 Rz 22). Ist hingegen für den Doppelstaater gewordenen Ehegatten die deutsche Staatsangehörigkeit nicht im Spiel, gilt Art 5 I S 1. Die hinzuerworbene Staatsangehörigkeit wird zu Beginn der Ehe dann regelmäßig noch nicht „effektiv" sein, doch kommt es hier sehr auf den Einzelfall und die sorgsame Anwendung der zur Bestimmung der effektiven Staatsangehörigkeit herausgebildeten Grundsätze an (dazu Art 5 Rz 4ff).   13

b) Letzte gemeinsame Staatsangehörigkeit in der Ehezeit. Das Recht einer iS der Ausführungen zu Rz 13 und im Lichte von Art 5 I beachtlichen gemeinsamen Staatsangehörigkeit bestimmt im Interesse der Kontinuität (Begr RegE BT-Drucks 10/504, 55) und der Wahrung einer gleichberechtigungskonformen Anknüpfung das Ehewirkungsstatut auch dann, wenn ein Ehegatte die ehemals gemeinsame Staatsangehörigkeit (als seine effektive Staatsangehörigkeit!) behalten, der andere Ehegatte sie jedoch aufgegeben, durch eine neue effektive Staatsangehörigkeit ersetzt oder überhaupt verloren hat (krit dazu MüKo/Siehr Art 14 Rz 17). Notwendig für die Anwendung der Nr 1 ist stets, daß **in der Ehezeit** eine gemeinsame Staatsangehörigkeit iSd Ausführungen zu Rz 13 irgendwann bestanden hat. Abs I Nr 1 kommt demnach nicht zur Anwendung, wenn die Ehegatten oder auch nur ein Ehegatte zu Beginn der Ehezeit staatenlos sind und in der Ehezeit keine gemeinsame Staatsangehörigkeit erwerben. Das Ehewirkungsstatut bestimmt sich in solchen Fällen über Abs I Nr 2, 3 bzw über die Rechtswahlmöglichkeiten. Ebenfalls nicht zur Anwendung kommt Abs I Nr 1, wenn ein oder beide Ehegatten zu Beginn der Ehezeit „Flüchtlingsstatus" und damit auch „Flüchtlingsstatut" iSd bei Erl zu Art 5 Rz 60, 66ff gemachten Ausführungen haben. Daß ihnen ihr Flüchtlingsstatut idR inländisches Personalstatut gewährt, braucht bei Art 14 I nicht zur Anwendung von Nr 1 zu führen; über Nr 2 sind adäquate Ergebnisse zu erreichen (ebenso MüKo/Siehr Art 14 Rz 26; auch Hamm StAZ 1993, 78; s auch BayObLG NJW-RR 1999, 1452 = JuS 2000, 296 Nr 10 [Anm Hohloch], auch zur Bedeutung für den Status von Kindern; auch Köln FamRZ 1999, 1517).   14

3. Sekundäre Anknüpfung: Gemeinsamer gewöhnlicher Aufenthalt (Nr 2). a) Sekundäranknüpfung. Die in Nr 2 geregelte Anknüpfung kommt nur zum Tragen, wenn die von Nr 1 angebotene Primäranknüpfung versagt („Leiterprinzip"). Auf Nr 2 ist demgemäß nur einzugehen, wenn die Ehegatten in der Ehezeit eine gemeinsame Staatsangehörigkeit nie hatten oder wenn die gemeinsame Staatsangehörigkeit von beiden zugunsten verschiedener Staatsangehörigkeiten oder auch Staatenlosigkeit aufgegeben worden ist. **Keinesfalls darf Nr 2 als Alternative zu Nr 1 verstanden werden.**   15

b) Gemeinsamer gegenwärtiger gewöhnlicher Aufenthalt. Regelvoraussetzung der Nr 2 ist gegenwärtiger gewöhnlicher Aufenthalt beider Ehegatten im selben Staat. Ob gewöhnlicher Aufenthalt besteht, ist nach den allgemein für den Begriff des gewöhnlichen Aufenthalts entwickelten Kriterien (s Art 5 Rz 43ff) zu entscheiden. Es müssen die Eheleute demgemäß im selben Staat, keineswegs am selben Ort innerhalb des Staates den faktischen Lebensmittelpunkt haben. Soweit im Ausnahmefall mehrfacher gewöhnlicher Aufenthalt möglich ist (s dazu Erl zu Art 5 Rz 55), genügt es, wenn jeweils ein gewöhnlicher Aufenthalt eines Ehegatten mit dem des anderen Ehe-   16 gatten zusammenfällt. Da es nach dem Begriffsverständnis des deutschen IPR „abhängigen gewöhnlichen Aufenthalt" eines Ehegatten nicht gibt, ist der gewöhnliche Aufenthalt für jeden Ehegatten getrennt zu prüfen.

17 c) **Letzter gemeinsamer gewöhnlicher Aufenthalt in der Ehezeit.** Hatten die Ehegatten in der Ehezeit irgendwann gemeinsamen gewöhnlichen Aufenthalt und besteht dieser gewöhnliche Aufenthalt noch für einen Ehegatten, so richten sich die Ehewirkungen nach dem dadurch bestimmten Recht auch dann, wenn inzwischen ein Ehegatte seinen gewöhnlichen Aufenthalt in einen anderen Staat verlegt hat. Nr 2 kann mit der Variante „letzter gewöhnlicher Aufenthalt" nach dem Wortlaut und Sinn der Regel („noch") nur eingreifen, wenn der letzte gemeinsame gewöhnliche Aufenthalt von einem Ehegatten ohne Unterbrechung beibehalten worden ist. Die Rückkehr eines Ehegatten an den früheren gemeinsamen Wohnsitz reicht demgemäß nicht aus (BGH NJW 1993, 2048 = JuS 1993, 1016 [Hohloch]; ebenso MüKo/Siehr Art 14 Rz 30); der Sinn der Regelung liegt wiederum einerseits in der Suche nach Wahrung der Kontinuität der Geltung eines Ehewirkungsstatuts, zum anderen in der Sorge, bei Verlust der Anknüpfung an einen beiden Ehegatten gemeinsamen Anknüpfungspunkt in Konflikt mit den von Art 3 II GG protegierten Gleichberechtigungsinteressen zu geraten. Nr 2 bietet demgemäß dann keine Anknüpfungsmöglichkeit mehr, wenn beide Ehegatten ihren gemeinsamen gewöhnlichen Aufenthaltsort in verschiedene Richtungen oder auch die zunächst gleiche Richtung, die dann aber bei einem Ehegatten keinen neuen (übereinstimmenden) gewöhnlichen Aufenthalt erbracht hat (s BGH aaO), verlassen haben. In diesem Fall bleibt, abgesehen von der Rechtswahl gemäß Abs II, III, nur die Anknüpfung gemäß Abs I Nr 3.

Primäranknüpfung ist Nr 2 hingegen bei Staatenlosen und Flüchtlingen, wenn bei diesem Personenkreis – wie regelmäßig der Fall – Nr 1 nicht eingreifen kann (s Rz 14).

18 4. **Auffangklausel „Maßgeblichkeit engster Beziehung" (Nr 3). a) Anknüpfung letzter Stufe.** Die in Nr 3 geregelte Anknüpfung kommt als Auffangnorm nur zum Zuge, wenn weder über Nr 1 noch über Nr 2 ein Ehewirkungsstatut gebildet werden kann. Nr 3 enthält für diese Fälle, dh für Ehen, bei denen weder gemeinsame Staatsangehörigkeit noch gemeinsamer gewöhnlicher Aufenthalt vorliegt und auch nicht mehr in der Person eines Ehegatten noch vorliegt, die Auffangklausel, daß dann jenes Recht Ehewirkungsstatut ist, zu dem die Ehegatten die engste gemeinsame Beziehung aufgebaut haben. Nr 3 ist Sachnormverweisung, Rück- und Weiterverweisung finden nicht statt (s Rz 6).

b) **Recht gemeinsamer engster Beziehung.** Die im Rechtsausschuß gebildete generalklauselartige Fassung der Auffangklausel gibt im Gegensatz zur Fassung des Regierungsentwurfs keinen Hinweis mehr, welche einzelnen Anknüpfungspunkte (RegE beispielhaft: Heiratsort, Verlauf der ehelichen Lebensgemeinschaft) Bedeutung für die Festlegung des Rechts der engsten Beziehung in Betracht kommen können. Da gemeinsame Staatsangehörigkeit und gemeinsamer gewöhnlicher Aufenthalt gemäß Nr 1 und 2 ausscheiden, da sie bei Inbetrachtkommen von Nr 3 schon ausgeschieden sind, kommen diese Anknüpfungspunkte nur dann in Betracht, wenn sie in der Vergangenheit von beiden Ehegatten aufgegeben worden sind; sie stehen dann jedoch in Abwägungskonkurrenz zu allen anderen in Betracht kommenden Anknüpfungspunkten (zB Ort der Eheschließung, gemeinsame künftige Anknüpfungspunkte, zB geplanter Lebensmittelpunkt, gemeinsam bestehende sonstige Anknüpfungspunkte, zB religionsbedingte Anknüpfung an trotz staatlicher Verschiedenheit inhaltlich übereinstimmendes religiöses Eherecht), bei deren Vorhandensein durch auf den Einzelfall ausgerichtete Abwägung das Ehewirkungsstatut gefunden werden muß. Die **praktische Bedeutung** der Auffangklausel für das Ehewirkungsstatut selbst ist **eher gering**, wie die nach wie vor spärliche Judikatur zu Abs I Nr 3 deutlich macht. Bei fehlendem gemeinsamen gewöhnlichen Aufenthalt der Ehegatten kommt es zu Ehewirkungen, um die gerichtlich gestritten werden kann, eher nicht. Die Hauptbedeutung von Nr 3 liegt demgemäß im Bereich der Verweisungstechnik des Eherechts. Sowohl für das Güterstatut des Art 15 I, das unwandelbar auf den Zeitpunkt der Eheschließung Bezug nimmt, als auch für das Scheidungsstatut einer nur zunächst, aber nicht gemeinsam gelebten Ehe ist bei fehlender gemeinsamer Staatsangehörigkeit und fehlendem gemeinsamen gewöhnlichen Aufenthalt die Festlegung des Ehewirkungsstatuts als „Familienstatut" (s Rz 2) bedeutsam. In solchen Fällen wird zunächst gemeinsamen Berührungspunkten im Zeitpunkt der Eheschließung, dann aber auch dem Ort der Eheschließung bei längerdauernder Ehe und folgender Trennung mit Auseinanderdriften der Ehegatten in verschiedene Rechtsordnungen und auch der gemeinsamen „Vergangenheit" Bedeutung für das „Ehewirkungsstatut" zuwachsen (vgl BT-Drucks 10/504, 55; 10/5632, 41; s ferner MüKo/Siehr Art 14 Rz 36, Beispiele insofern BGH NJW 1993, 2048, 2049; Celle FamRZ 1998, 686; auch Köln FamRZ 1998, 1590; KG FamRZ 2002, 840; s auch Spickhoff JZ 1993, 341), auch – nicht realisierte – gemeinsame Pläne (s Köln aaO 1590) können herangezogen werden, s zu Plänen (Wohnsitz) noch AG Hannover FamRZ 2000, 1576, in letzter Linie kann auch die lex fori, sei es als Recht, zu dem mit der Wahl des Gerichtsplatzes eine gemeinsame Beziehung besteht (s KG aaO 840), sei es als Ersatzrecht, die Funktion des Ehewirkungs- und Familienstatuts einnehmen.

III. Ehewirkungsstatut kraft Rechtswahl (Abs II–IV)

19 1. **Grundsätze.** Die in Abs II–IV erstmals eröffneten beschränkten Rechtswahlmöglichkeiten sollen nach der Intention des Gesetzgebers Unzulänglichkeiten der objektiven Anknüpfungen des Abs I abhelfen, die in einzelnen Ehen bei Partnern ohne effektiv gemeinsame Staatsangehörigkeit oder ohne gemeinsamen gewöhnlichen Aufenthalt auftreten können. Hoffnung des Gesetzgebers war wohl auch, daß Ehegatten bei zweifelhaften Ergebnissen objektiver Anknüpfung auf dem Weg der Rechtswahl für sich selbst und für ihre Umwelt ein eindeutig feststellbares bzw festliegendes Ehewirkungs- und Familienstatut erzielen können. Die Praxis zeigt freilich, daß die in Abs II–IV angebotene Rechtswahlmöglichkeit eher selten in Anspruch genommen wird. Weder im eigentlichen Anwendungsbereich des Art 14 noch im Verweisungsbereich des Familienstatuts, in dem die Rechtswahl wirken kann (Güterstatut, Scheidungsstatut), sind bislang in größerer Zahl praktische Fälle aufgetaucht, in denen im Rahmen eines durch Rechtswahl festgelegten Statuts eine Entscheidung zu treffen war (s aber Düsseldorf FamRZ

1995, 932 und BayObLG 1998, 108). Soweit die dem Autor bekannte Praxis Rechtswahl nutzt (und die Notare sich im Hinblick auf ihre Kenntnis eines zu wählenden Rechts eine Wahlempfehlung zutrauen!), wird freilich idR auch Streit vermieden.

2. Wahl gemeinsamen Heimatrechts bei Mehrstaatern (Abs II). Innerhalb der von Abs II und III für die 20 Rechtswahl gezogenen Grenzen können Ehegatten gem Abs II ein ihnen gemeinsames Recht wählen, soweit wenigstens ein Ehegatte Doppel- bzw Mehrstaater ist. Voraussetzung ist, daß die Ehegatten eine gemeinsame Staatsangehörigkeit haben. Vorausgesetzt ist demgemäß, daß keiner der Ehegatten staatenlos ist; als gemeinsame Staatsangehörigkeit genügt, da Abs II („ungeachtet") Art 5 I beiseite schiebt, auch eine nicht effektive Staatsangehörigkeit eines Partners, die aber beiden gemeinsam ist (zB Ehemann Grieche, Ehefrau Deutsche und – zB durch Heirat oder Geburt – auch Griechin; gewählt werden kann griechisches Recht als Ehewirkungsstatut). Gewählt werden kann dann das Recht, das nicht schon gemäß Abs I Nr 1 das Ehewirkungsstatut ergibt. Strittig ist, ob per Rechtswahl auch ein effektiv gemeinsames Heimatrecht, das schon über die objektive Anknüpfung des Abs I Nr 1 das Ehewirkungsstatut ergibt, zum Ehewirkungsstatut bestimmt werden kann (zB Ehemann dänisch/französischer Doppelstaater, Ehefrau Dänin; Wahl dänischen Rechts, um über die Rechtswahl gemäß Art 4 II Rückverweisung des dänischen Rechts auf das deutsche Wohnsitzrechts des Ehepaares zu vermeiden; dafür Kühne IPRax 1987, 69, 70; abl Lichtenberger FS Ferid [1988] 269, 273; Pal/Heldrich Art 14 Rz 12; v Bar IPR II Rz 199 Fn 459). Für derartige Rechtswahl besteht freilich kein Anlaß, da das Ehewirkungsstatut durch objektive Anknüpfung bereitgestellt ist; der Wunsch nach Abschneiden eines Renvoi legitimiert nicht zu einer Ausweitung der in Abs II und III nur in engen Grenzen zugelassenen Rechtswahl.

3. Wahl des Rechts eines Ehegatten (Abs III). Die zweite Rechtswahlmöglichkeit eröffnet Abs III für den 21 Fall, daß das Ehewirkungsstatut nicht bereits kraft Gesetzes (Abs I Nr 1) durch das gemeinsame bzw letzte gemeinsame Heimatrecht bestimmt ist. Im Interesse der Vermeidung unangemessener Ergebnisse, die sich aus dem Eingreifen von Abs I Nr 2 und Nr 3 bei sog „Gefällekonstellation" ergeben könnten (dazu BT-Drucks 10/504, 56, 57; näher Gamillscheg RabelsZ 33 [1969] 654, 680f; Kegel FS aaO 153), kann dann unter Verdrängung eines ansonsten zur Anwendung berufenen gemeinsamen Aufenthaltsrechts, dem der Partner nur in geringem Maße verbunden sind, das Heimatrecht eines Ehegatten gewählt werden.

a) Die **Voraussetzungen der Rechtswahl** nach Abs III sind im einzelnen: **aa)** Ein gemeinsames Heimatrecht iSv Abs I Nr 1 darf nicht vorliegen, und ferner dürfen die von Abs III S Nr 1 und 2 alternativ aufgestellten Voraussetzungen nicht gegeben sein. Das bedeutet, daß **bb)** kein Ehegatte dem Staat angehören darf, in dem beide Ehegatten ihren gewöhnlichen Aufenthalt haben (zB Ehemann Deutscher, Ehefrau Österreicherin, gewöhnlicher Aufenthalt USA: die Wahl des deutschen oder österreichischen Rechts wird als angemessener empfunden als die Geltung des inhaltlich fremderen US-Rechts, da der Konnex zum benachbarten Heimatrecht des Partners enger scheint als die Verbindung zum Recht des anglo-amerikanischen Rechtskreises) oder daß **cc)** die Ehegatten ihren gewöhnlichen Aufenthalt nicht in demselben Staat haben dürfen (zB Deutscher und Österreicherin leben nach früherem gemeinsamen Aufenthalt in Deutschland, Österreich oder Drittland nun mit unterschiedlichem gewöhnlichem Aufenthalt zB in Deutschland und Österreich. Selbstverständlich ist möglich, da vergangener gemeinsamer gewöhnlicher Aufenthalt iSv Abs I Nr 2 die Rechtswahlmöglichkeit gemäß Abs III nach dem klaren Wortlaut von Abs III Nr 2 – „gewöhnlicher Aufenthalt . . . haben" – nicht beeinträchtigt.

b) **Rechtswahlmöglichkeit** besteht dann **für das Heimatrecht** des einen oder des anderen Ehegatten. Keine 22 ausdrückliche Regelung hat in Abs III die Frage gefunden, welches Recht bei mehrfacher Staatsangehörigkeit eines Ehegatten gewählt werden kann. Daß Abs III die Wendung „ungeachtet Art 5 I" des Abs II nicht wieder aufnimmt, muß angesichts der auf die Auswahl unter den mehreren Heimatrechten zugeschnittenen Funktion des Abs II nicht bedeuten, daß für Abs III nur das jeweilige effektive Heimatrecht wählbar ist. Indes verweist Abs III unmittelbar auf Abs I Nr 1, so daß hier die gleichen Grundsätze wie dort gelten sollten. Das bedeutet, daß das jeweilige effektive Heimatrecht gewählt werden kann (str, iE wie hier v Bar IPR II Rz 200; Kühne IPRax 1987, 69, 71; Pirrung IPVR S 143; Wegmann NJW 1987, 1740, 1741; aA Pal/Heldrich Art 14 Rz 13; Lichtenberger FS Ferid [1988] 269, 273).

4. Durchführung, Form und Wirkung der Rechtswahl. a) Über den **Zeitpunkt** der Rechtswahl sagt Art 14 23 nichts. Im Hinblick auf den Grundsatz der Wandelbarkeit des Ehewirkungsstatuts kann die Rechtswahl aber zu jeder Zeit getroffen werden, wenn nur die Voraussetzungen der Abs II und III vorliegen. Die **Rechtswahl** kann zwecks Anpassung an veränderte sachliche Gegebenheiten auch **mehrfach erfolgen**. Zuzulassen sein dürfte die Rechtswahl bei erwartbaren Vorliegen der von Abs II und III aufgestellten Voraussetzungen auch schon vor der Eheschließung für Verlobte, ebenso wie diese im Vorgriff auf Eheschließung Ehevertrag abschließen können (ebenso Pal/Heldrich Art 14 Rz 11).

b) **Gemeinsame Rechtswahl.** Die Rechtswahl ist Ehegatten und Verlobten nur gemeinsam, dh in Einigkeit möglich. Ob eine solche Einigung vorliegt und nach welchem Recht sie sich richtet, beurteilt sich nach den für einen familienrechtlichen Vertrag insoweit maßgeblichen Kollisionsregeln. Entsprechend heranzuziehen sind, da ausdrückliche Kollisionsnormen nicht bestehen, die Kollisionsregeln des Schuld- und Erbvertragsrechts, dh Art 31 und 26 V S 1 (ebenso MüKo/Siehr Art 14 Rz 57). Maßgeblich ist demgemäß das mit der Wahl als Ehewirkungsstatut vorgesehene Recht.

c) **Form der Rechtswahl (Abs IV).** Im Interesse der Erzielung von Rechtsklarheit und im Hinblick auf die Not- 24 wendigkeit möglichst sachkundiger rechtlicher Beratung bei der Rechtswahlentscheidung ist in Abs IV S 1 eine Sachnorm eingestellt, die bei Rechtswahl im Inland in Entsprechung zu § 1410 BGB (Ehevertrag) das Erfordernis notarieller Beurkundung aufstellt. Wird diese Form nicht eingehalten, ist die Rechtswahl unwirksam (s auch Wegmann NJW 1987, 1740, 1741). Bei Vornahme der Rechtswahl im Ausland gelten gem Abs IV S 2 (entsprechend

EGBGB Art 14   Internationales Privatrecht

Art 11 I) alternativ die Formerfordernisse des gewählten Geschäftsrechts für einen Ehevertrag oder die für einen Ehevertrag vom Ortsrecht aufgestellten Formerfordernisse (s BayObLG 1998, 108; Düsseldorf FamRZ 1995, 932). S 2 enthält Sachnormverweisungen auf das Geschäfts- oder Ortsrecht (zu Abs IV s auch Lichtenberger FS Ferid [1988] 269, 271).

25   d) **Wirkung der Rechtswahl.** Die Rechtswahl wirkt grundsätzlich mit Abschluß der wirksamen Vereinbarung, dh **ex nunc.** Eine Rückwirkung kann hier nicht beigelegt werden. Sie kann im Vorgriff auf das Eintreten der Voraussetzungen der Abs II, III getroffen werden. Wirkung erhält sie dann mit Vorliegen dieser Voraussetzungen. Bedeutung hat diese Einschränkung insbes im Hinblick auf Art 17 I S 1 und die dort ermöglichte Bestimmung des Scheidungsstatuts gem Art 14 II, III. Die Rechtshängigkeit sperrt spätere Rechtswahl auch dann, wenn die Parteien ihr (wie es ggf bei Art 15 II möglich ist) zwecks Erleichterung der Scheidung unter „neuem" Statut Rückwirkung beilegen wollen (ebenso Staud/Mankowski [2003] Art 14 Rz 155).

26   e) Hinsichtlich des **Erlöschens einer Rechtswahl** ist zwischen Abs II und Abs III zu differenzieren. Eine gem Abs II getroffene Rechtswahl besteht mit ihrer Wirkung für das Statut der allgemeinen Ehewirkungen solange, als sie nicht durch erneute formgerechte Rechtswahlvereinbarung aufgehoben oder abgeändert worden ist (teilw abw Kühne IPRax 1987, 69, 72; daß der Rechtsausschuß Abs V des RegE gestrichen hat, BT-Drucks 10/5632, 41, steht der Möglichkeit der Aufhebung nicht entgegen; Pal/Heldrich Art 14 Rz 16; Kühne IPRax 1987, 69, 72; Wegmann NJW 1987, 1740, 1742). Eine gem Abs III getroffene Rechtswahl hingegen verliert gem Abs III S 2 kraft Gesetzes ihre Wirkung, wenn die Ehegatten eine gemeinsame Staatsangehörigkeit erlangen. Die gemeinsame Staatsangehörigkeit muß, wenn sie bei einem Ehegatten mit anderer Staatsangehörigkeit zusammentrifft, gem Art 5 I S 1 oder S 2 effektiv sein; vereint die Ehegatten lediglich eine für einen oder beide Ehegatten nicht effektive Staatsangehörigkeit, besteht noch kein Anlaß, die getroffene Rechtswahl erlöschen zu lassen, da ansonsten über Abs I Nr 2 und 3 allemal nur weniger befriedigende Anknüpfungsergebnisse erreicht werden können (aA Pal/Heldrich Art 14 Rz 15; iE wie hier Kühne IPRax 1987, 69, 72; MüKo/Siehr Art 14 Rz 49).

IV. Geltungsumfang (Anwendungsbereich und Reichweite)

27   1. **Anwendungsbereich und Qualifikation.** Der Begriff der allgemeinen Ehewirkungen, für die Art 14 als Kollisionsregel fungiert, ist im EGBGB nicht näher definiert. Seine Begrenzung ergibt sich einerseits aus dem Vorhandensein anderer Kollisionsnormen, die besondere Ehewirkungen regeln, den Normen für das Güterrecht (Art 15, 16), das Unterhaltsrecht (Art 18) und auch für das Ehenamensrecht (Art 10 II–III) und das Scheidungsrecht, andererseits daraus, daß lediglich Ehewirkungen, nicht aber Wirkungen anderer Lebensgemeinschaften geregelt werden (str, dazu s vor Art 13 Rz 10, 12, 13). Was zum so begrenzten Geltungsbereich des Ehewirkungsstatuts gehört, ist durch Qualifikation zu ermitteln. Hierfür gelten die allgemeinen Regeln (s Einl Rz 38ff); auszugehen ist vom Begriffsverständnis „Ehewirkungen" des deutschen Rechts. Erfaßt ist also der ungefähre Bereich, der im deutschen Recht von §§ 1353–1362 BGB geregelt ist; herauszunehmen ist jedenfalls das Ehenamensrecht (Art 10) und das Ehegatten- und Familienunterhaltsrecht (Art 18, Staatsverträge). Allgemeiner gefaßt werden von Art 14 alle die mit besonderer Kollisionsregelung unterworfenen Sachbereiche und Rechtsbeziehungen beherrscht, die „auf der Ehe als solcher" (Pal/Heldrich Art 14 Rz 17) beruhen. Die Qualifikation ist also funktional; bei der kollisionsrechtlichen Einordnung ausländischer Vorschriften ist vom Begriffsverständnis des deutschen Rechts auszugehen, dann aber auch dem Selbstverständnis der fremden Regelung Rechnung zu tragen (ebenso MüKo/Siehr Art 14 Rz 76). Bedeutsam wird dieses Qualifikationsverständnis insbesondere bei der Frage der Zuordnung einer fremden Regelung zum Ehewirkungs- oder Güterstatut. Hier ist auf dem Boden der sog „Doppelqualifikation" dann der konkrete Funktionszusammenhang entscheidend, der ins Ehewirkungsstatut oder in ein anderes Statut weisen kann. Die für Ehewirkungen stets wesentliche Vorfrage des Bestehens gültiger Ehe ist selbständig anzuknüpfen (s Rz 9).

28   2. **Einzelne Sachgebiete. a) Übersicht.** Der Bereich der allgemeinen Ehewirkungen hat trotz der Begrenzung durch die sonstigen Ehewirkungskollisionsnormen (s vorige Rz) noch vielfältigen Charakter. Als einzelne Anwendungsgebiete werden heute nicht selten das Recht der ehelichen Lebensgemeinschaft, der Bereich personenrechtlicher Folgen, der Bereich der Eheführung und ihrer Außenwirkungen, mit Eingrenzungen (jetzt insbes im Hinblick auf Art 17a nF, s Erl Art 17a Rz 6ff) auch der Bereich des Hausrats und der Ehewohnung, uU auch Teilbereiche des Unterhalts und jedenfalls der Bereich der Auswirkungen der Ehe auf die Teilhabe der Ehegatten am Rechtsverkehr verstanden (zum geltenden Recht ähnlich MüKo/Siehr Art 14 Rz 77; Pal/Heldrich Art 14 Rz 18, 19; Soergel/Schurig Art 14 Rz 36, 39). Dieser Einteilung folgt grundsätzlich auch die nachfolgende Darstellung der Einzelgebiete. Zur Frage, wann Art 6 zur Abwehr ausländischen Ehewirkungsrechts führen kann, s Erl zu Art 6 Rz 35.

29   b) **Recht der ehelichen Lebensgemeinschaft. aa)** In den Anwendungsbereich des Art 14 fällt so grundsätzlich das Recht der ehelichen Lebensgemeinschaft. Allgemeine Ehewirkung sind die den Ehegatten obliegenden **Pflichten zur ehelichen Lebensgemeinschaft,** einschließlich der Frage, ob und unter welchen Bedingungen die Ehegatten zur Lebensgemeinschaft, zur Herstellung der Lebensgemeinschaft und zur Respektierung eines Rechts auf Getrenntleben verpflichtet sind (BGH NJW 1976, 1028 = IPRspr 1976 Nr 34). Ebenfalls nach Art 14 ist zu beurteilen, welche Rechtsfolgen sich für die Ehegatten aus der Verletzung ehelicher Pflichten aus dem Zusammenhang der Lebensgemeinschaft ergeben (allg M MüKo/Siehr Art 14 Rz 79; Pal/Heldrich Art 14 Rz 18; v Bar IPR II Rz 188ff). Art 14 unterliegt so die Herstellungsklage (RGWarnR 6 [1913] 521; KG JW 1936, 2470 mit Anm Maßfeller; LG Berlin IPRspr 1960/61 Nr 182), auch wenn sie der Vorbereitung einer Scheidungsklage dient (RG 147, 385; aA München FamRZ 1986, 807; Hamm FamRZ 1989, 1084), ebenso zur Klagbarkeit und Unklagbarkeit des Herstellungsverlangens (MüKo/Siehr Art 14 Rz 79 mwN). Die lex fori bestimmt hingegen über das Verfahren, in dem Herstellungs- oder Getrenntlebensklage geltend zu machen sind (KG JW 1936, 2473 mit Anm Süß). **bb) Nicht** in den Anwendungsbereich von Art 14 fällt hingegen die **Klage auf Trennung von Tisch und Bett.** Sie ist Scheidungsersatz oder Vorstufe der Scheidung und gehört damit in den Anwendungsbereich von

Familienrecht **Art 14 EGBGB**

Art 17 (BT-Drucks 10/504, 60; grundlegend BGH 47, 324, 333; zum geltenden Recht BGH NJW 1988, 636f). S bei Art 17 Rz 34. cc) Zu unterscheiden ist bei der Ehestörungsklage (auf Unterlassung oder Schadensersatz; zum deutschen Recht str, s Erl zu §§ 1353, 1356 BGB). Art 14 unterfällt die Klage gegen den Ehegatten, soweit das Ehewirkungsstatut solche Klage bzw Ansprüche kennt (str, wie hier Hamm NJW-RR 1998, 1542;MüKo/Siehr Art 14 Rz 83; aA – Deliktsstatut – v Bar IPR II Rz 192 Fn 428). Dem Deliktsstatut hingegen unterfallen Ansprüche gegen den Drittstörer (insoweit allg Auff; Rspr: Schweiz BG BGE 43 II 309).

c) Bereich personenrechtlicher Folgen. Personenrechtliche, zB statusverändernde Folgen der Eheschließung **30** stellen heute zumeist keine allg Ehewirkung iSv Art 14 dar. Nicht zu Art 14 gehört so die Frage des Staatsangehörigkeitserwerbs kraft Eheschließung (Maßgeblichkeit des Rechts des Staates, dessen Staatsangehörigkeit in Frage steht) und die von Art 7 beherrschte Frage der Rechts- und Geschäftsfähigkeit im allgemeinen. Art 7 und nicht Art 14 bestimmt darüber, ob Heirat mündig macht; dem Ehewirkungsstatut unterliegen hingegen Beschränkungen der Geschäfts- und Handlungsfähigkeit eines Ehegatten aufgrund der Ehe, sofern sie nicht spezifisch güterrechtlichen Charakter haben. Zu Art 14 gehören demgemäß auch Interzessionsverbote und Zustimmungserfordernisse des anderen Ehegatten zu bestimmten Rechtsgeschäften, zB der Bürgschaft (s Art 28 Rz 51; wie hier MüKo/Siehr Art 14 Rz 90; Pal/Heldrich Art 14 Rz 18; v Bar IPR II Rz 189; aA BGH NJW 1977, 1011 mit Anm Jochem = JZ 1977, 438 mit Anm Kühne: Bürgschaftsstatut). Stets zu prüfen ist hierbei Art 6 (Ordre public); der inländische Verkehr bleibt geschützt durch unmittelbare oder jedenfalls entsprechende Anwendung von Art 16 (s Art 16 Rz 24). Allg Ehewirkung ist schließlich, welcher Ehepartner den ehelichen Wohnsitz bzw Aufenthalt bestimmt (KG JW 1936, 2470 mit Anm Maßfeller; KG JW 1936, 2473; KG FamRZ 1958, 464; OVG Berlin DVBl 1972, 872); bei gleichberechtigungswidriger Anknüpfung kann Art 6 eingreifen.

d) Recht der Eheführung und der Außenwirkungen der Ehe. Zum Ehewirkungsstatut gehören auch die Ehe- **31** führung (Rollenverteilung, Haushaltsführung, Recht und Pflicht zur Erwerbstätigkeit, gegenseitige Hilfspflicht, dazu BGH NJW 1976, 1588) und Entscheidungsrechte bei Meinungsverschiedenheiten der Ehegatten über Fragen der Eheführung. Bei hinreichender Inlandsbeziehung dürften einseitig verteilte Entscheidungsrechte indes an Art 6 scheitern (s Art 6 Rz 35). Zu Ehewirkungen zählen auch Auskunftsverpflichtungen zwischen den Ehegatten, soweit sie nicht spezifisch güterrechtlichen Charakter haben, selbst dann, wenn sie nach Auflösung der Ehe geltend gemacht werden (BGH FamRZ 1984, 465; s zB – auf der Grenze zwischen Art 14 und 15 liegend – AG Karlsruhe FamRZ 1999, 1507 – Griechenland). Art 14 unterfällt ferner die Frage der gegenseitigen Vertretungsbefugnis der Ehegatten („Schlüsselgewalt") (BGH = NJW 1992, 909 = LM § 1357 Nr 7 mit Anm Hohloch = JuS 1992, 345 Nr 7 [Hohloch]; Celle IPRax 1993, 96 mit Aufs Jayme S 80); im Außenverhältnis ist hierbei auch der Verkehrsschutz gem Art 16 II zu beachten (s Art 16 Rz 19). Art 14 unterliegen auch Sorgfaltspflichten und der anzulegende Maßstab (vgl § 1359 BGB), doch ist das Ehewirkungsstatut bei Teilnahme der Ehegatten am allg Verkehr durch das Deliktsstatut verdrängt (das uU bei gemeinsamem „Umweltrecht" zu gleichen Anknüpfungsergebnissen zu gelangen vermag, s BGH 90, 294; teilw aA MüKo/Siehr Art 14 Rz 100; s auch Erl zu Art 41 Rz 11).

e) Auswirkungen der Ehe auf Teilhabe am Rechtsverkehr. Zum Ehewirkungsstatut gehört, ob Ehegatten wie **32** sonstige Geschäftspartner Rechtsgeschäfte untereinander abschließen können (KG DR 1939, 938 mit Anm Reu; LG Berlin RabelsZ 17 [1952] 130 mit Anm Neumayer; Stuttgart NJW 1958, 1972; BGH NJW 1969, 369; Kühne FamRZ 1969, 371, 375 zur Schenkung). Ehegattengesellschaften und Ehegattenarbeitsverträge sind dagegen hinsichtlich ihrer Zulässigkeit Fragen des Güterstatuts (RG 163, 367, 376; FG Düsseldorf RIW 1987, 644), im übrigen Angelegenheit des Vertragsstatuts bzw Gesellschaftsstatuts. Ebenfalls Angelegenheit von Art 14 sind Sicherungsrechte der Ehegatten am Vermögen des Partners (Legalhypotheken); im Inland scheitern sie indes an den Erfordernissen der sich hier (entspr Art 3 III) durchsetzenden, auf Eintragung beharrenden lex rei sitae (allg M). Dem Ehewirkungsstatut sind bestehende, „friedenssichernde" Vollstreckungsverbote zu entnehmen, auch wenn das Vollstreckungsrecht der lex fori untersteht (ebenso MüKo/Siehr Art 14 Rz 111). Ebenfalls in den Anwendungsbereich von Art 14 fallen nicht spezifisch güterrechtliche Eigentums- und Besitzvermutungen nach dem Muster von § 1362 BGB, doch gilt insofern wiederum Verkehrsschutz gemäß Art 16 (s Art 16 Rz 20).

f) Hausrat und Ehewohnung. Durchaus strittig war die Anknüpfung der Verteilung von Hausrat und Ehewoh- **33** nung zwischen den Ehegatten. Rspr und Lit bekannten sich hier sowohl zur Maßgeblichkeit des Art 14 (so bislang wohl überwiegend: Hamm FamRZ 1981, 875; AG Gelsenkirchen IPRspr 1983 Nr 55; AG München IPRax 1981, 60; Frankfurt FamRZ 1989, 84; Hamm FamRZ 1990, 54; Stuttgart FamRZ 1990, 1354; KG FamRZ 1991, 1190; Celle FamRZ 1999, 443; Karlsruhe IPRax 2001, 51; ebenso MüKo/Siehr Art 14 Rz 104; Pal/Heldrich Art 14 Rz 18; Jayme IPRax 1981, 49; v Bar IPR II Rz 190; Lüderitz IPRax 1987, 74, 77); vertreten wurde aber auch Maßgeblichkeit der lex rei sitae (Stuttgart FamRZ 1978, 686; Hamm FamRZ 1981, 875), Maßgeblichkeit der lex fori bei Eilbedürftigkeit (Karlsruhe IPRax 1985, 106; KG IPRspr 1996 Nr 67), sowie Maßgeblichkeit des Unterhaltsstatuts (so Hamm FamRZ 1989, 621; IPRax 1990, 186; Düsseldorf NJW 1990, 3091; Koblenz NJW-RR 1991, 522; AG Kerpen FamRZ 1997, 893; ebenso Henrich FS Ferid [1988] 152; Weber IPRax 1990, 95; Brudermüller FamRZ 1999, 204); offengeblieben ist die Anknüpfung in Celle FamRZ 1991, 440. Die **Neuregelung** in **Art 17a nF** hat im Rahmen seines Anwendungsbereichs **für inlandsbelegenen Hausrat** diesen Streit durch die Anwendung der Maßgeblichkeit der inländischen Sachvorschriften, dh der §§ 1361a und 8ff HausrVO erübrigt (s dazu Erl zu Art 17a Rz 1ff). Außerhalb des Anwendungsbereichs von Art 17a nF aber, dh insbesondere für auslandsbelegenen Hausrat, ist weiterhin nach den überkommenen Regeln anzuknüpfen. Richtig wird eine **Differenzierung nach dem Zeitpunkt der Geltendmachung** sein. Während bestehender, getrennt gelebter Ehe unterliegt die Hausrats- und Ehewohnungszuteilung stets Art 14, da der Zugriff auf Wohnung und Hausrat essentielle Ehewirkung ist. Das Vorliegen des Aspekts der Unterhaltssicherung kann hiergegen vernachlässigt werden (ebenso iE Stuttgart FamRZ 1990, 1354, 1356; ebenso Frankfurt FamRZ 1989, 84; 1994, 633 – Anpassung über die lex fori; Hamm FamRZ 1990, 54; KG FamRZ 1991, 1190; aA MüKo/Siehr Art 14 Rz 103). Dem Scheidungsstatut sollte hingegen die im Rahmen des Scheidungsverfahrens als Scheidungsfolge betriebene Verteilung von Hausrat und Ehewohnung vorbehalten bleiben (dazu s Art 17 Rz 39). Zur zeit- und funktionsdifferenzierten Anknüpfung der „Morgengabe" s Rz 34 u Erl Art 13 Rz 33.

34 **3. Anwendungsgrenzen.** Durch die Schaffung von Art 18 bzw das Inkrafttreten des Haager Unterhaltsabkommens v 1973 ist hingegen der Ehegatten- und Familienunterhalt sowohl bei intakter wie bei getrennt gelebter Ehe heute aus dem Anwendungsbereich des Art 14 herausgenommen (zum Eingreifen des Haager Ehewirkungsabkommens v 1905 s Rz 4). Die Schaffung eigenständiger Unterhaltskollisionsregelungen hat demgemäß auch besondere Unterhaltsansprüche (**Sonderbedarf**) und insbesondere den unterhaltsrechtlich zu qualifizierenden Anspruch auf **Prozeßkostenvorschuß** dem Anwendungsbereich des Art 14 entzogen und nach Art 18 verlagert (ebenso MüKo/ Siehr Art 14 Rz 102; Pal/Heldrich Art 14 Rz 19; s ferner Art 18 Rz 30). Wenn innerhalb bestehender Ehe geltend gemacht, ist auch die (noch nicht geleistete) **Morgengabe** ehewirkungsrechtlich zu qualifizieren (s Art 13 Rz 33; ebenso Pal/Heldrich Art 14 Rz 18; v Bar IPR II Rz 192; Überblick bei BGH NJW 1987, 2161 = JuS 1987, 825 Nr 6 [Hohloch]; Nürnberg FamRZ 2001, 1613). Keine, auch keine analoge Anwendung findet Art 14, sofern der Gesetzgeber nicht eine solche Anordnung trifft, schließlich für die Beurteilung der allgemeinen Wirkungen einer nichtehelichen Lebensgemeinschaft (dazu vor Art 13 Rz 10ff).

V. Texte staatsvertraglicher Regelungen

35 **1. Haager Ehewirkungsabkommen von 1905.** S Rz 4; vom Abdruck wird angesichts der geschwundenen Bedeutung abgesehen, s dazu den Abdruck bei Erman/Marquordt[7] Anh Art 15 Rz 2.

2. Deutsch-Iranisches Niederlassungsabkommen von 1929. S Rz 5.

Art 8 III

In bezug auf das Personen-, Familien- und Erbrecht bleiben die Angehörigen jedes der vertragschließenden Staaten im Gebiet des anderen Staates jedoch den Vorschriften ihrer heimischen Gesetze unterworfen. Die Anwendung dieser Gesetze kann von dem anderen vertragschließenden Staat nur ausnahmsweise und nur insoweit ausgeschlossen werden, als ein solcher Ausschluß allgemein gegenüber jedem anderen fremden Staat erfolgt.

Siehe zum Geltungsbereich des Art 8 III die Teil des Abkommens gewordene Erklärung (Schlußprotokoll, RGBl 1930 II 1012):

„Die vertragschließenden Staaten sind sich darüber einig, daß das Personen-, Familien- und Erbrecht, das heißt das Personalstatut, die folgenden Angelegenheiten umfaßt: Ehe, eheliche Abstammung, Annahme an Kindes Statt, Geschäftsfähigkeit, Volljährigkeit, Vormundschaft und Pflegschaft, Entmündigung, testamentarische und gesetzliche Erbfolge, Nachlaßabwicklungen und Erbauseinandersetzungen, ferner alle anderen Angelegenheiten des Familienrechts unter Einschluß aller den Personenstand betreffenden Fragen."

15 *Güterstand*
(1) Die güterrechtlichen Wirkungen der Ehe unterliegen dem bei der Eheschließung für die allgemeinen Wirkungen der Ehe maßgebenden Recht.
(2) Die Ehegatten können für die güterrechtlichen Wirkungen ihrer Ehe wählen
1. das Recht des Staates, dem einer von ihnen angehört,
2. das Recht des Staates, in dem einer von ihnen seinen gewöhnlichen Aufenthalt hat, oder
3. für unbewegliches Vermögen das Recht des Lageorts.
(3) Artikel 14 Abs. 4 gilt entsprechend.
(4) Die Vorschriften des Gesetzes über den ehelichen Güterstand von Vertriebenen und Flüchtlingen bleiben unberührt.

I. Allgemeines	
1. Inhalt und Zweck	1
2. Vorgeschichte und altes Recht	2
3. Ergänzende Sondervorschriften, staatsvertragliche Regelungen	4
4. Geltung allgemeiner Regeln	
a) Rück- und Weiterverweisung	7
b) Primäranknüpfung	8
c) Ordre public	9
d) Vorfrage bestehender und aufgelöster Ehe	10
e) Unwandelbarkeit des Güterstatuts	11
f) Versteinerung des Güterstatuts	12
g) Einheitlichkeit des Güterstatuts	13
h) Intertemporales Recht	14
5. Innerdeutsches Kollisionsrecht	15
II. Grundsatzregel „Güterrechtsbestimmung durch das Familienstatut" (Abs I)	
1. Verweisungsinhalt des Abs I	17
2. Umsetzung des Abs I im einzelnen	
a) Gemeinsames Heimatrecht (Abs I iVm Art 14 I Nr 1)	18
b) Gemeinsamer gewöhnlicher Aufenthalt (Abs I iVm Art 14 I Nr 2)	19
c) Recht gemeinsamer engster Verbindung (Abs I iVm Art 14 I Nr 3)	20
d) Verweisung auf durch Rechtswahl bestimmter Ehewirkungsstatut (Abs I iVm Art 14 II–IV)	21
III. Zusatzregel „Güterstatutbestimmung durch autonome Rechtswahl" (Abs II und III)	
1. Voraussetzungslosigkeit der Rechtswahl	22
2. Zeitpunktlosigkeit der Rechtswahl	23
3. Wiederholung (Abänderung) der Rechtswahl	24
4. Rückwirkung der Rechtswahl, Spaltung des Güterstatuts	25
5. Wählbares Recht	26
6. Sachnormverweisung durch Rechtswahl	30
7. Durchführung und Form	31
IV. Geltungsumfang	
1. Anwendungsbereich und Qualifikation	32
2. Einzelne Sachgebiete	
a) Entstehen und Inhalt des Güterstandes	33

b) Wirkungen des Güterstandes 34	b) Eheschließung vor dem 1. 4. 1953 bis zum
c) Beendigung des Güterstandes 35	8. 4. 1983 (Abs III S 1–4) 42
3. Abgrenzungen (Eherecht, Schuld- und Sachenrecht, Erbrecht) 36	c) Eheschließung nach dem 8. 4. 1983 (Abs III S 5) 50
V. Übergangsrecht (Art 15, 220 III)	VI. Ergänzende Sonderregelung für deutsche Flüchtlinge, Vertriebene, Aus- und Übersiedler (Gesetz über den ehelichen Güterstand von Vertriebenen und Flüchtlingen) 51
1. Überblick 40	
2. Die einzelnen Übergangsregelungen (Art 220 III S 1–6)	
a) Eheschließung vor dem 1. 4. 1953 (Abs II S 6) 41	VII. Staatsverträge 54

Schrifttum: *Beitzke*, Zur Reform des Kollisionsrechts des Ehegüterrechts, in Beitzke (Hrsg), Vorschläge und Gutachten zur Reform des deutschen internationalen Personen-, Familien- und Erbrechts (1981) 146; *Braga*, Zum IPR des § 1371 BGB, in Lauterbach (Hrsg), Vorschläge und Gutachten zur Reform des deutschen internationalen Eherechts (1962) 61; *Derstadt*, Der Zugewinnausgleich nach § 1371 BGB bei Geltung des französischen Erbrechts, IPRax 2001, 84; *Dopffel*, Internationales Ehegüterrecht und Erbrecht, in: Reform des deutschen IPR (1980) 45; *Gamillscheg*, Die Unwandelbarkeit im internationalen Ehegüterrecht, FS Bötticher (1969) 143; *Henrich*, Das internationale Eherecht nach der Reform, FamRZ 1986, 841; *ders*, Zur Auslegung des Art 220 III EGBGB, IPRax 1987, 93; *Jayme*, Auflassungsvormerkung und ausländischer Güterstand, IPRax 1986, 290; *ders*, Intertemporales und internationales Ehegüterrecht – Einige vorläufige Betrachtungen, IPRax 1987, 95; *Kühne*, Die außerschuldrechtliche Parteiautonomie im neuen Internationalen Privatrecht, IPRax 1987, 69; *Langenfeld*, Hinweise zur Rechtswahl nach Art 15 II EGBGB, BWNotZ 1986, 153; *Lichtenberger*, Zum Gesetz zur Neuregelung des IPR, DNotZ 1986, 644; *ders*, Zu einigen Problemen des Internationalen Familien- und Erbrechts, FS Ferid (1988) 269; *S. Lorenz*, Das intertemporale internationale Ehegüterrecht nach Art 220 III EGBGB und die Folgen eines Statutenwechsels (1991); *ders*, Unbenannte Zuwendung und internationales Ehegüterrecht, FamRZ 1993, 393; *Ludwig*, Zur Anwendbarkeit des Art 3 III EGBGB im Internationalen Ehegüterrecht bei der Berechnung des Zugewinnausgleichs nach deutschem Recht, DNotZ 2000, 663; *Müller-Freienfels*, Zur kollisionsrechtlichen Abgrenzung von Ehegüterrecht und Erbrecht, in Lauterbach (Hrsg), Vorschläge . . . 42; *Otto*, Güterrecht und IPR, IPRax 1981, 11; *Pakuscher*, Die Unwandelbarkeit des Ehegüterrechtsstatuts im Lichte des Internationalen Privatrechts (1987); *Schurig*, Internationales Ehegüterrecht im Übergang: Ist Art 220 III EGBGB verfassungsrechtlich zu halten?, IPRax 1988, 88; *Vékas*, Zur Konkurrenz zwischen Erbstatut und Güterrechtsstatut, IPRax 1985, 24; *Vomberg*, Rechtswahlvereinbarungen bei Auslandsberührungen, FPR 2001, 115; *Wegmann*, Rechtswahlmöglichkeiten im internationalen Familienrecht, NJW 1987, 1740. **Rechtsvergleichend:** *Henrich*, Zur Zukunft des Güterrechts in Europa, FamRZ 2002, 1521; *Pintens*, Grundgedanken einer Europäisierung des Familien- und Erbrechts, FamRZ 2003, 329.

I. Allgemeines

1. Inhalt und Zweck. Art 15 enthält die Regelung des **Güterstatuts**. Ergänzend tritt zum Zwecke des Schutzes 1 des inländischen Rechtsverkehrs Art 16 hinzu. Dem Güterstatut unterfallen die güterrechtlichen Beziehungen zwischen den Ehegatten (zu Qualifikation und Anwendungsbereich s unten V.). Güterstatut ist gemäß der Grundsatzregel des Abs I das Ehewirkungsstatut des Art 14 in seiner Funktion als Familienstatut (s vor Art 13 Rz 1). Abs I beherzigt insofern eine objektive Anknüpfung nur bedingt; soweit die Ehegatten im Zeitpunkt der Eheschließung ihr Ehewirkungsstatut gem Art 14 II, III durch Rechtswahl festgelegt haben, ergreift diese Rechtswahl dann auch den Güterstand. Ehegatten können im Interesse der Anpassung des Güterstands an den Ehegatten passend erscheinendes Recht aber auch gemäß Abs II durch Rechtswahl das Güterstatut iS subjektiver Anknüpfung festlegen. Die wählbaren Rechte sind ähnlich den Wahlbeschränkungen des Art 14 II, III unter den Gesichtspunkten des Staatsangehörigkeitsprinzips und des gewöhnlichen Aufenthalts eingegrenzt (Abs II Nr 1, 2); hinzu tritt als wählbares Recht im Hinblick auf die Situationsgebundenheit des Grundvermögens die lex rei sitae (Abs II Nr 3). Wird die Wahl in letzterer Hinsicht ausgeübt, kann Spaltung des Güterstandes die Folge sein. Abgesehen von der Variante der erst im Verlaufe der Ehe getroffenen Rechtswahl gilt als Güterstatut das im Zeitpunkt des Eingehung der Ehe gemäß Abs I oder II bestehende Güterstatut (Grundsatz der Unwandelbarkeit des Güterstatuts). Die durch das Gesetz über den ehelichen Güterstand von Vertriebenen und Flüchtlingen v 4. 8. 1969 im Interesse der Integration deutscher Vertriebener und Flüchtlinge angeordnete Durchbrechung dieses Prinzips ist in Abs IV aufrechterhalten geblieben. Abs III verweist hinsichtlich Durchführung und Form der Wahl des Güterstatuts auf die Regelung des Art 14 IV (s dort Rz 23).

2. Vorgeschichte und altes Recht. Art 15 ersetzt den 1983 vom BVerfG (BVerfG 63, 181) für in Abs I, II Hs 1 2 nichtig erklärten Art 15 aF. Dessen Mannesrechtsvorrang hatte zunehmend Anstoß erregt und war maßgeblicher Beweggrund der Reform des internationalen Familienrechts gewesen (s Begr RegE BT-Drucks 10/504, 57; Bericht Rechtsausschuß BT-Drucks 10/5632, 42). Vor dem Hintergrund gleichberechtigungskonformer Regelung des Güterstatuts war die Ausrichtung des neuen Art 15 am Prinzip der Geltung des den Ehegatten gemeinsamen Heimatrechts (bestimmt primär über die gemeinsame Staatsangehörigkeit, sekundär über den gemeinsamen gewöhnlichen Aufenthalt) in der Endphase der Reform letztlich keine umstrittene Frage mehr. Erst in der Schlußphase der gesetzgeberischen Arbeit hat hingegen Abs II und das Ausmaß der dort zugelassenen Rechtswahl den dann Gesetz gewordenen Stand erreicht (s Überblick bei Pirrung IPVR 144–146). Mit der Gesetz gewordenen Fassung des Art 15 hat der Gesetzgeber grundsätzlich an der Unwandelbarkeit des Güterstatuts festgehalten (zur Kritik Schurig JZ 1985, 559, 563). Ferner hat der Gesetzgeber der Rechtswahl erheblichen, im Vergleich zur Regelung des Art 14 größeren Spielraum gegeben. Gesetzgeberisches Anliegen war insofern die Schaffung von Möglichkeiten der Anpassung des Güterstands an veränderte tatsächliche Umstände (insbesondere Abs II Nr 2) sowie die Berücksichtigung des Belegenheitsrechts bei Grundstücken, dem ohnehin erhebliche Durchsetzungskraft gegenüber einem starren Güterstatut eigen ist (Art 3 III „Einzelstatut bricht Gesamtstatut", s Art 3 Rz 13 und unten Rz 13).

3 Das alte Recht hat im Anwendungsbereich des Güterstatuts wegen des Dauercharakters der güterrechtlichen Beziehungen und der Grundsätze der Einheitlichkeit und Unwandelbarkeit des Ehegüterstatuts auch nach der Reform noch beträchtliche Bedeutung behalten. Die intertemporale **Übergangsregelung** enthält im Grundsatz **Art 220 III**. Wegen des unmittelbaren sachlichen Zusammenhangs ist dessen Regelung zusammen mit der Darstellung der zu Art 220 III zu beachtenden übergangsrechtlichen Einzelfragen und den zeitlich unterschiedlich zu sehenden Kollisionsrechtslagen **hier bei Art 15 mitkommentiert** (s Abschnitt V, Rz 40ff).

4 **3. Ergänzende Sondervorschriften, staatsvertragliche Regelungen. a) Gesetz über den ehelichen Güterstand von Vertriebenen und Flüchtlingen.** Der Grundsatz der Unwandelbarkeit des Güterstatuts wurde von den Gerichten der früheren BRepD nach 1949 auch auf Vertriebene und Flüchtlinge mit Einschluß der Flüchtlinge aus der früheren Sowjetzone bzw späteren DDR angewandt. Dies führte zur Anwendung des Rechts der Staatsangehörigkeit zu Ländern, die dieser Personenkreis idR zwangsweise verlassen hatte. Ergänzt wurde dieser Grundsatz zT durch die Anwendung des Grundsatzes der „Versteinerung" des Güterstatuts (s Einl Rz 34). Soweit dadurch Deutsche iSv Art 116 GG betroffen wurden, stand diese Rspr im Widerspruch zu berechtigten Integrationserwartungen des betroffenen Personenkreises. Der Gesetzgeber der früheren BRepD suchte den Widerspruch durch das Gesetz über den ehelichen Güterstand von Vertriebenen und Flüchtlingen v 4. 8. 1969 (BGBl I S 1067) zu beseitigen. Als einmalige Ausnahme vom Grundsatz der Unwandelbarkeit wurde in § 1 die Überleitung des Güterstandes dieses Personenkreises in den gesetzlichen Güterstand des deutschen Rechts (Zugewinngemeinschaft) angeordnet. Das Gesetz ist gemäß ausdrücklicher Regelung in Art 15 IV durch die Neuregelung des IPR 1986 unberührt geblieben. Auch durch den Einigungsvertrag ist seine Geltung nicht beeinträchtigt worden. Es ist demgemäß heute noch für den genannten Personenkreis in Geltung, für den es in § 1 auch durch dessen Verweisungen anwendbar gemacht ist. Zusammen mit der Handhabung von §§ 3ff BVFG hat es **bei Spätaussiedlern** deutscher Volkszugehörigkeit auch heute noch eine – wenngleich geminderte – aktuelle Bedeutung. Zur Geltung im innerdeutschen Kollisionsrecht s Rz 15; zu bedeutsamen Einzelregelungen s Abschnitt VI Rz 51, 52.

5 **b) Staatsvertragliche Regelungen und EU-Recht.** Als mehrseitige (multilaterale) staatsvertragliche Regelung auf dem Gebiet des Güterrechts wurde bis in die Zeit des Inkrafttretens des neuen IPR das zuletzt nur noch im Verhältnis zu Italien anwendbare Haager Abkommen betreffend den Geltungsbereich der Gesetze in Ansehung der Wirkungen der Ehe auf die Rechte und Pflichten der Ehegatten in ihren persönlichen Beziehungen und auf das Vermögen der Ehegatten v 17. 7. 1905 **(Haager Ehewirkungsabkommen)** (RGBl 1912 S 453 und 475, Bek v 14. 1. 1955, BGBl 1955 II 188) praktiziert. Das Abkommen ist seitens der BRepD mit Wirkung zum 23. 8. 1987 gekündigt worden (Bek vom 26. 2. 1986, BGBl 1986 II 505); seine güterrechtliche Kollisionsnorm (Art 2 I) war wegen Verstoßes gegen Art 3 II GG zuletzt nicht mehr anzuwenden gewesen (BGH FamRZ 1986, 1200; FamRZ 1987, 679; FamRZ 1988, 40; st Rspr, s Karlsruhe IPRax 1990, 122). Sind im Verhältnis zu Italien intertemporale Fragen zu regeln, für die wegen Wegfalls von Art 2 I eine Abkommensregelung fehlt, wird die insofern maßgebliche Kollisionsrechtslage durch entsprechende Anwendung von Art 220 III EGBGB ermittelt (s Bericht Rechtsausschuß BT-Drucks 10/5632, 46); dazu vgl unten VI Rz 54. Das Haager Übereinkommen über das auf Ehegüterstände anwendbare Recht v 14. 3. 1978 (Text RabelsZ 41 [1977] 554 und dazu Beitzke 457ff) ist seitens Deutschlands noch nicht gezeichnet (Vertragsstaaten zZt: Frankreich, Luxemburg, Niederlande, s dazu v Bar RabelsZ 57 [1993] 63, 107ff). Bedeutung für die inländische Praxis hat es demgemäß heute dort, wo die – als Gesamtverweisung ausgebildete – Verweisung aus Art 15 I (s Rz 7) auf das Recht eines Vertragsstaats führt, in dem es allseitige Anwendung („loi uniforme") findet (Beisp Düsseldorf FGPrax 2000, 5). Im **Recht der EU** ist das Güterrecht noch nicht der Kollisionsrechtsvereinheitlichung zugeführt. Die EheVO (VO EG Nr 1347/2000, s Art 14 Rz 4 und vor Art 13 Rz 2, 3) erfaßt die Zuständigkeit für Klagen auf güterrechtlichen Ausgleich nicht; Bestrebungen dazu sind in Ausfüllung der „Aktionspläne" zu Art 65 EGV indes vorhanden (näher Hohloch, FS Stoll [2001] 533ff). Dies gilt auch für das Güterstatut. In Betracht zu ziehen sind Regelungen, die denen des Haager Abkommens v 1978 ähneln (gewöhnlicher Aufenthalt, Wandelbarkeit, erweitert zugelassene Rechtswahl).

6 In zweiseitigen Abkommen ist Kollisionsrecht für den Güterstand nur im **Deutsch-Iranischen Niederlassungsabkommen** v 17. 2. 1929 (vgl Art 14 Rz 5, 35) enthalten. Maßgebende Abkommensnorm ist Art 8 III (Wortlaut bei Art 14 Rz 35 abgedruckt). Das Abkommen beherrscht das Güterkollisionsrecht nur dann, wenn in Deutschland beide Ehegatten die iranische Staatsangehörigkeit und daneben keine andere (s ie Erl Art 14 Rz 5) und im Iran beide Ehegatten die deutsche Staatsangehörigkeit haben (zB Köln FamRZ 1956, 235; Oldenburg IPRax 1981, 136 mit abl Anm Beitzke IPRax 1981, 122; s ferner Celle FamRZ 1990, 656 und dazu Coester IPRax 1991, 236 – zu Art 14 EGBGB! – s ferner Hamm IPRax 1994, 49 mit Aufs Dörner S 33; zu weiteren Anwendungsschranken s ferner Erl Art 14 Rz 5).

7 **4. Geltung allgemeiner Regeln.** Das Güterstatut ist den allgemeinen Regeln weitestgehend zugänglich; Einschränkungen ergeben sich für Abs I dort, wo im Rahmen der Bestimmung des Familienstatuts Rechtswahl getroffen worden ist, für Abs II durch die dort stattfindende Rechtswahl.

a) Rück- und Weiterverweisung sind im Rahmen von Art 15 gemäß Art 4 I grundsätzlich zu beachten. Soweit sich das Güterstatut gemäß Abs I bestimmt und das demgemäß als Güterstatut wirkende Familienstatut des Art 14 objektiv bestimmt worden ist (Art 14 I Nr 1 und 2), liegt **Gesamtverweisung** vor. Zu Rück- und Weiterverweisung kann es dann vor allem bei Maßgeblichkeit eines gemeinsamen Heimatrechts (Art 14 I Nr 1) aus dem Geltungsbereich des Domizilprinzips (anglo-amerikanischer Rechtskreis, Dänemark, Norwegen) kommen (s zB Hamm IPRspr 1974 Nr 62 – Israel; LG Frankfurt IPRspr 1975 Nr 53 – Pakistan; Karlsruhe IPRax 1990, 122, 124 – Italien; auch Koblenz NJW-RR 1994, 648; Hamburg FamRZ 2001, 916 – versteckte Rückverweisung, Indien; s ferner IPG 1978 Nr 25 – München, Libanon; Prinz v Sachsen Gessaphe IPRax 1989, 188). Zur Möglichkeit **partieller** Rückverweisung bei Maßgeblichkeit der lex rei sitae im Recht, in das die Verweisung führt, Rz 13 und Staud/v Bar/Mankowski Art 15 Rz 40. Im Wege der Verweisung auf fremdes IPR ist ggf das Haager Übk v 14. 3. 1978 (Rz 5) zu beach-

b) Wirkungen des Güterstandes 34	b) Eheschließung vor dem 1. 4. 1953 bis zum
c) Beendigung des Güterstandes 35	8. 4. 1983 (Abs III S 1–4) 42
3. Abgrenzungen (Eherecht, Schuld- und Sachenrecht, Erbrecht) 36	c) Eheschließung nach dem 8. 4. 1983 (Abs III S 5) 50
V. Übergangsrecht (Art 15, 220 III)	VI. Ergänzende Sonderregelung für deutsche Flüchtlinge, Vertriebene, Aus- und Übersiedler (Gesetz über den ehelichen Güterstand von Vertriebenen und Flüchtlingen) 51
1. Überblick 40	
2. Die einzelnen Übergangsregelungen (Art 220 III S 1–6)	
a) Eheschließung vor dem 1. 4. 1953 (Abs II S 6) 41	VII. Staatsverträge 54

Schrifttum: *Beitzke*, Zur Reform des Kollisionsrechts des Ehegüterrechts, in Beitzke (Hrsg), Vorschläge und Gutachten zur Reform des deutschen internationalen Personen-, Familien- und Erbrechts (1981) 146; *Braga*, Zum IPR des § 1371 BGB, in Lauterbach (Hrsg), Vorschläge und Gutachten zur Reform des deutschen internationalen Eherechts (1962) 61; *Derstadt*, Der Zugewinnausgleich nach § 1371 BGB bei Geltung des französischen Erbrechts, IPRax 2001, 84; *Dopffel*, Internationales Ehegüterrecht und Erbrecht, in: Reform des deutschen IPR (1980) 45; *Gamillscheg*, Die Unwandelbarkeit im internationalen Ehegüterrecht, FS Bötticher (1969) 143; *Henrich*, Das internationale Eherecht nach der Reform, FamRZ 1986, 841; *ders*, Zur Auslegung des Art 220 III EGBGB, IPRax 1987, 93; *Jayme*, Auflassungsvormerkung und ausländischer Güterstand, IPRax 1986, 290; *ders*, Intertemporales und internationales Ehegüterrecht – Einige vorläufige Betrachtungen, IPRax 1987, 95; *Kühne*, Die außerschuldrechtliche Parteiautonomie im neuen Internationalen Privatrecht, IPRax 1987, 69; *Langenfeld*, Hinweise zur Rechtswahl nach Art 15 II EGBGB, BWNotZ 1986, 153; *Lichtenberger*, Zum Gesetz zur Neuregelung des IPR, DNotZ 1986, 644; *ders*, Zu einigen Problemen des Internationalen Familien- und Erbrechts, FS Ferid (1988) 269; *S. Lorenz*, Das intertemporale internationale Ehegüterrecht nach Art 220 III EGBGB und die Folgen eines Statutenwechsels (1991); *ders*, Unbenannte Zuwendung und internationales Ehegüterrecht, FamRZ 1993, 393; *Ludwig*, Zur Anwendbarkeit des Art 3 III EGBGB im Internationalen Ehegüterrecht bei der Berechnung des Zugewinnausgleichs nach deutschem Recht, DNotZ 2000, 663; *Müller-Freienfels*, Zur kollisionsrechtlichen Abgrenzung von Ehegüterrecht und Erbrecht, in Lauterbach (Hrsg), Vorschläge ... 42; *Otto*, Güterrecht und IPR, IPRax 1981, 11; *Pakuscher*, Die Unwandelbarkeit des Ehegüterrechtsstatuts im Lichte der Reform des Internationalen Privatrechts (1987); *Schurig*, Internationales Ehegüterrecht im Übergang: Ist Art 220 III EGBGB verfassungsrechtlich zu halten?, IPRax 1988, 88; *Vékas*, Zur Konkurrenz zwischen Erbstatut und Güterrechtsstatut, IPRax 1985, 24; *Vomberg*, Rechtswahlvereinbarungen bei Auslandsberührungen, FPR 2001, 115; *Wegmann*, Rechtswahlmöglichkeiten im internationalen Familienrecht, NJW 1987, 1740. **Rechtsvergleichend:** *Henrich*, Zur Zukunft des Güterrechts in Europa, FamRZ 2002, 1521; *Pintens*, Grundgedanken einer Europäisierung des Familien- und Erbrechts, FamRZ 2003, 329.

I. Allgemeines

1. Inhalt und Zweck. Art 15 enthält die Regelung des **Güterstatuts**. Ergänzend tritt zum Zwecke des Schutzes 1 des inländischen Rechtsverkehrs Art 16 hinzu. Dem Güterstatut unterfallen die güterrechtlichen Beziehungen zwischen den Ehegatten (zu Qualifikation und Anwendungsbereich s unten V.). Güterstatut ist gemäß der Grundsatzregel des Abs I das Ehewirkungsstatut des Art 14 in seiner Funktion als Familienstatut (s vor Art 13 Rz 1). Abs I beherzigt insofern eine objektive Anknüpfung nur bedingt; soweit die Ehegatten im Zeitpunkt der Eheschließung ihr Ehewirkungsstatut gem Art 14 II, III durch Rechtswahl festgelegt haben, ergreift diese Rechtswahl dann auch den Güterstand. Ehegatten können im Interesse der Anpassung des Güterstands an ein im Ehegatten passend erscheinendes Recht aber auch gemäß Abs II durch Rechtswahl das Güterstatut iS subjektiver Anknüpfung festlegen. Die wählbaren Rechte sind ähnlich den Wahlbeschränkungen des Art 14 II, III unter den Gesichtspunkten des Staatsangehörigkeitsprinzips und des gewöhnlichen Aufenthalts eingegrenzt (Abs II Nr 1, 2); hinzu tritt als wählbares Recht im Hinblick auf die Situationsgebundenheit des Grundvermögens die lex rei sitae (Abs II Nr 3). Wird die Wahl in letzterer Hinsicht ausgeübt, kann Spaltung des Güterstandes die Folge sein. Abgesehen von der Variante der erst im Verlaufe der Ehe getroffenen Rechtswahl gilt das Güterstatut in dem Zeitpunkt der Eingehung der Ehe gemäß Abs I oder II bestehende Güterstatut (Grundsatz der Unwandelbarkeit des Güterstatuts). Die durch das Gesetz über den ehelichen Güterstand von Vertriebenen und Flüchtlingen v 4. 8. 1969 im Interesse der Integration deutscher Vertriebener und Flüchtlinge angeordnete Durchbrechung dieses Prinzips ist in Abs IV aufrechterhalten geblieben. Abs III verweist hinsichtlich Durchführung und Form der Wahl des Güterstatuts auf die Regelung des Art 14 IV (s dort Rz 23).

2. Vorgeschichte und altes Recht. Art 15 ersetzt den 1983 vom BVerfG (BVerfG 63, 181) für in Abs I, II Hs 1 2 nichtig erklärten Art 15 aF. Dessen Mannesrechtsvorrang hatte zunehmend Anstoß erregt und war maßgeblicher Beweggrund der Reform des internationalen Familienrechts gewesen (s Begr RegE BT-Drucks 10/504, 57; Bericht Rechtsausschuß BT-Drucks 10/5632, 42). Vor dem Hintergrund gleichberechtigungskonformer Regelung des Güterstatuts war die Ausrichtung im neuen Art 15 am Prinzip der Geltung des den Ehegatten gemeinsamen Heimatrechts (bestimmt primär über die gemeinsame Staatsangehörigkeit, sekundär über den gemeinsamen gewöhnlichen Aufenthalt) in der Endphase der Reform letztlich keine umstrittene Frage mehr. Erst in der Schlußphase der gesetzgeberischen Arbeit hat hingegen Abs II und das Ausmaß der dort zugelassenen Rechtswahl den dann Gesetz gewordenen Stand erreicht (s Überblick bei Pirrung IPVR 144–146). Mit der Gesetz gewordenen Fassung des Art 15 hat der Gesetzgeber grundsätzlich an der Unwandelbarkeit des Güterstatuts festgehalten (zur Kritik Schurig JZ 1985, 559, 563). Ferner hat der Gesetzgeber Rechtswahlen erheblichen, im Vergleich zur Regelung des Art 14 größeren Spielraum gegeben. Gesetzgeberisches Anliegen war insofern die Schaffung von Möglichkeiten der Anpassung des Güterstands an veränderte tatsächliche Umstände (insbesondere Abs II Nr 2) sowie die Berücksichtigung des Belegenheitsrechts bei Grundstücken, dem ohnehin erhebliche Durchsetzungskraft gegenüber einem starren Güterstatut eigen ist (Art 3 III „Einzelstatut bricht Gesamtstatut", s Art 3 Rz 13 und unten Rz 13).

3 Das alte Recht hat im Anwendungsbereich des Güterstatuts wegen des Dauercharakters der güterrechtlichen Beziehungen und der Grundsätze der Einheitlichkeit und Unwandelbarkeit des Ehegüterstatuts auch nach der Reform noch beträchtliche Bedeutung behalten. Die intertemporale **Übergangsregelung** enthält im Grundsatz **Art 220 III**. Wegen des unmittelbaren sachlichen Zusammenhangs ist dessen Regelung zusammen mit der Darstellung der zu Art 220 III zu beachtenden übergangsrechtlichen Einzelfragen und den zeitlich unterschiedlich zu sehenden Kollisionsrechtslagen **hier bei Art 15 mitkommentiert** (s Abschnitt V, Rz 40ff).

4 3. **Ergänzende Sondervorschriften, staatsvertragliche Regelungen. a) Gesetz über den ehelichen Güterstand von Vertriebenen und Flüchtlingen.** Der Grundsatz der Unwandelbarkeit des Güterstatuts wurde von den Gerichten der früheren BRepD nach 1949 auch auf Vertriebene und Flüchtlinge mit Einschluß der Flüchtlinge aus der früheren Sowjetzone bzw späteren DDR angewandt. Dies führte zur Anwendung des Rechts der Staatsangehörigkeit zu Ländern, die dieser Personenkreis idR zwangsweise verlassen hatte. Ergänzt wurde dieser Grundsatz zT durch die Anwendung des Grundsatzes der „Versteinerung" des Güterstatuts (s Einl Rz 34). Soweit dadurch Deutsche iSv Art 116 GG betroffen wurden, stand diese Rspr im Widerspruch zu berechtigten Integrationserwartungen des betroffenen Personenkreises. Der Gesetzgeber der früheren BRepD suchte den Widerspruch durch das Gesetz über den ehelichen Güterstand von Vertriebenen und Flüchtlingen v 4. 8. 1969 (BGBl I S 1067) zu beseitigen. Als einmalige Ausnahme vom Grundsatz der Unwandelbarkeit wurde in § 1 die Überleitung des Güterstandes dieses Personenkreises in den gesetzlichen Güterstand des deutschen Rechts (Zugewinngemeinschaft) angeordnet. Das Gesetz ist gemäß ausdrücklicher Regelung in Art 15 IV durch die Neuregelung des IPR 1986 unberührt geblieben. Auch durch den Einigungsvertrag ist seine Geltung nicht beeinträchtigt worden. Es ist demgemäß heute noch für den genannten Personenkreis in Geltung, für den es in § 1 und durch dessen Verweisungen anwendbar gemacht ist. Zusammen mit der Handhabung von §§ 3ff BVFG hat es **bei Spätaussiedlern** deutscher Volkszugehörigkeit auch heute noch eine – wenngleich geminderte – aktuelle Bedeutung. Zur Geltung im innerdeutschen Kollisionsrecht s Rz 15; zu bedeutsamen Einzelregelungen s Abschnitt VI Rz 51, 52.

5 b) **Staatsvertragliche Regelungen und EU-Recht.** Als mehrseitige (multilaterale) staatsvertragliche Regelung auf dem Gebiet des Güterrechts wurde bis in die Zeit des Inkrafttretens des neuen IPR das zuletzt nur noch im Verhältnis zu Italien anwendbare Haager Abkommen betreffend den Geltungsbereich der Gesetze in Ansehung der Wirkungen der Ehe auf die Rechte und Pflichten der Ehegatten in ihren persönlichen Beziehungen und auf das Vermögen der Ehegatten v 17. 7. 1905 **(Haager Ehewirkungsabkommen)** (RGBl 1912 S 453 und 475, Bek v 14. 1. 1955, BGBl 1955 II 188) praktiziert. Das Abkommen ist seitens der BRepD mit Wirkung zum 23. 8. 1987 gekündigt worden (Bek vom 26. 2. 1986, BGBl 1986 II 505); seine güterrechtliche Kollisionsnorm (Art 2 I) war wegen Verstoßes gegen Art 3 II GG zuletzt nicht mehr anzuwenden gewesen (BGH FamRZ 1986, 1200; FamRZ 1987, 679; FamRZ 1988, 40; st Rspr, s Karlsruhe IPRax 1990, 122). Sind im Verhältnis zu Italien intertemporale Fragen zu regeln, für die wegen Wegfalls von Art 2 I eine Abkommensregelung fehlt, wird die insofern maßgebliche Kollisionsrechtslage durch entsprechende Anwendung von Art 220 III EGBGB ermittelt (s Bericht Rechtsausschuß BT-Drucks 10/5632, 46); dazu vgl unten VI Rz 54. Das Haager Übereinkommen über das auf Ehegüterstände anwendbare Recht v 14. 3. 1978 (Text RabelsZ 41 [1977] 554 und dazu Beitzke 457ff) ist seitens Deutschlands noch nicht gezeichnet (Vertragsstaaten zZt: Frankreich, Luxemburg, Niederlande, s dazu v Bar RabelsZ 57 [1993] 63, 107ff). Bedeutung für die inländische Praxis hat es demgemäß heute dort, wo die – als Gesamtverweisung ausgebildete – Verweisung aus Art 15 I (s Rz 7) auf das Recht eines Vertragsstaats führt, in dem es allseitige Anwendung („loi uniforme") findet (Beisp Düsseldorf FGPrax 1990, 5). Im **Recht der EU** ist das Güterrecht noch nicht der Kollisionsrechtsvereinheitlichung zugeführt. Die EheVO (VO EG Nr 1347/2000, s Art 14 Rz 4 und vor Art 13 Rz 2, 3) erfaßt die Zuständigkeit für Klagen auf güterrechtlichen Ausgleich nicht; Bestrebungen dazu sind in Ausfüllung der „Aktionspläne" zu Art 65 EGV indes vorhanden (näher Hohloch, FS Stoll [2001] 533ff). Dies gilt auch für das Güterstatut. In Betracht zu ziehen sind Regelungen, die denen des Haager Abkommens v 1978 ähneln (gewöhnlicher Aufenthalt, Wandelbarkeit, erweitert zugelassene Rechtswahl).

6 In zweiseitigen Abkommen ist Kollisionsrecht für den Güterstand nur im **Deutsch-Iranischen Niederlassungsabkommen** v 17. 2. 1929 (vgl Art 14 Rz 5, 35) enthalten. Maßgebende Abkommensnorm ist Art 8 III (Wortlaut bei Art 14 Rz 35 abgedruckt). Das Abkommen beherrscht das Güterkollisionsrecht nur dann, wenn in Deutschland beide Ehegatten die iranische Staatsangehörigkeit und daneben keine andere (s ie Erl Art 14 Rz 5) und im Iran beide Ehegatten die deutsche Staatsangehörigkeit haben (zB Köln FamRZ 1956, 235; Oldenburg IPRax 1981, 136 mit abl Anm Beitzke IPRax 1981, 122; s ferner Celle FamRZ 1990, 656 und dazu Coester IPRax 1991, 236 – zu Art 14 EGBGB! – s ferner Hamm IPRax 1994, 49 mit Aufs Dörner S 33; zu weiteren Anwendungsschranken s ferner Erl Art 14 Rz 5).

7 4. **Geltung allgemeiner Regeln.** Das Güterstatut ist den allgemeinen Regeln weitestgehend zugänglich; Einschränkungen ergeben sich für Abs I dort, wo im Rahmen der Bestimmung des Familienstatuts Rechtswahl getroffen worden ist, für Abs II durch die dort relativierte Rechtswahl.

a) **Rück- und Weiterverweisung** sind im Rahmen von Art 15 gemäß Art 4 I grundsätzlich zu beachten. Soweit sich das Güterstatut gemäß Abs I bestimmt und das demgemäß als Güterstatut wirkende Familienstatut des Art 14 objektiv bestimmt worden ist (Art 14 I Nr 1 und 2), liegt **Gesamtverweisung** vor. Zu Rück- und Weiterverweisung kann es dann vor allem bei Maßgeblichkeit eines gemeinsamen Heimatrechts (Art 14 I Nr 1) aus dem Geltungsbereich des Domizilprinzips (anglo-amerikanischer Rechtskreis, Dänemark, Norwegen) kommen (s zB Hamm IPRspr 1974 Nr 62 – Israel; LG Frankfurt IPRspr 1975 Nr 53 – Pakistan; Karlsruhe IPRax 1990, 124 – Italien; auch Koblenz NJW-RR 1994, 648; Hamburg FamRZ 2001, 916 – versteckte Rückverweisung, Indien; s ferner IPG 1978 Nr 25 – München, Libanon; Prinz v Sachsen Gessaphe IPRax 1989, 188). Zur Möglichkeit **partieller** Rückverweisung bei Maßgeblichkeit der lex rei sitae im Recht, in das die Verweisung führt, Rz 13 und Staud/v Bar/Mankowski Art 15 Rz 40. Im Wege der Verweisung auf fremdes IPR ist ggf das Haager Übk v 14. 3. 1978 (Rz 5) zu beachten, wenn es in dem betreffenden Staat (zB Frankreich, Niederlande) schon in Kraft ist (zB Düsseldorf FGPRax 2000, 5, 7). Soweit Abs I als Güterstatut das über **Art 14 I Nr 3** bestimmte Familienstatut (Recht engster gemeinsamer Beziehung) beruft, liegt – für die Bestimmung des Güterstatuts – nicht mehr Sachnormverweisung (Art 14 Rz 6), sondern Gesamtverweisung vor (s Rz 20). Auch für das Güterstatut sind **Sachnormverweisungen** die sich aus Abs I iVm Art 14 II und III ergebenden Verweisungen (Art 14 Rz 6). Ebenso liegt eine **Sachnormverweisung** vor, wenn sich das Güterstatut gem Abs II unabhängig vom Ehewirkungsstatut des Art 14 durch Rechtswahl gem Nr 1, 2 oder 3 bestimmt, Art 4 II. Sachnormverweisung ist auch die gemäß Abs III geltende **Formregel** des Art 14 IV S 2 (Art 14 Rz 6). Wie hier auch MüKo/Siehr Art 15 Rz 116; Pal/Heldrich Art 15 Rz 2; Kartzke IPRax 1988, 8, 10; teilw abw Kühne aaO 73; ders FS Ferid [1988] 251, 264; Rauscher NJW 1988, 2151, 2154. Zur Spaltung des Güterstatuts bei Maßgeblichkeit der lex rei sitae s Rz 25, 29.

b) **Primäranknüpfung.** Da Art 15 in Abs I primär auf das Güterstatut des aus Art 14 zu entnehmenden Familienstatuts verweist, wird auch für das Güterstatut grundsätzlich an die Staatsangehörigkeit in der Erscheinungsform der gemeinsamen Staatsangehörigkeit der Eheleute angeknüpft. Zur grundsätzlichen Bestimmung dieser Staatsangehörigkeit, zur Anknüpfung bei Doppel- und Mehrstaatern, bei Staatenlosen und Flüchtlingen und bei Angehörigen von Mehrrechtsstaaten s oben Erl zu Art 14 Rz 7. 8

c) **Ordre public.** Art 15 ist den Wertungen des Art 6 voll zugänglich. Soweit Abs I Gesamtverweisung ausspricht (s Rz 7), ist Art 6 Schranke für die Anwendung gleichberechtigungswidriger ausländischer Kollisionsnormen. Auch ausländisches sachliches Güterrecht kann an den Schranken des Ordre public scheitern, sei es dort, wo güterrechtliche Regelungen gar nicht entwickelt sind oder wo sie Vermögenszuordnung und -verteilung gleichberechtigungswidrig regeln. Aber auch bei Art 15 gilt das Gebot der zurückhaltenden Anwendung von Art 6 und die Notwendigkeit genügenden Inlandsbezugs. Zu Einzelfällen, in denen Anwendung der Vorbehaltsklausel im Anwendungsbereich von Art 15 denkbar ist, s Erl zu Art 6 Rz 36. Entscheidungen, die Anwendung von Art 6 bzw Art 30 aF bejaht haben, liegen, soweit ersichtlich, nicht vor. 9

d) **Vorfrage bestehender und aufgelöster Ehe.** Die Vorfrage nach dem Bestehen einer Ehe ist bei Art 15 **selbständig**, dh nach den für Eheschließung und Eheauflösung maßgeblichen Kollisionsnormen und Anerkennungsregeln des deutschen Rechts (Art 13, 17; Art 7 § 1 FamRÄndG; § 328 ZPO; staatsvertragliche Regeln) anzuknüpfen (BayObLG 1960, 370; hinsichtlich der Inlandsform des Art 13 III S 1 s Stuttgart FamRZ 1978, 507 = IPRsp 1978 Nr 54; s ferner MüKo/Siehr Art 15 Rz 119–122; Pal/Heldrich Art 15 Rz 24; v Bar IPR II Rz 237). Gültige Ehe liegt also auch vor, wenn sie im Inland formgültig gem Art 13 III S 1 geschlossen, vom Heimatrecht der Eheleute aber die Ziviltrauung nicht anerkannt ist (s Art 14 Rz 9). Die güterrechtlichen Wirkungen einer solchen „hinkenden Ehe" bestimmen sich aber gleichwohl nach den allgemeinen Regeln, sind also nicht primär dem deutschen Eheschließungsrecht, sondern den sich aus Art 15 ergebenden Anknüpfungsregeln zu entnehmen (Düsseldorf StAZ 1965, 18; Frankfurt StAZ 1969, 154 mit Anm Lüderitz; Stuttgart FamRZ 1978, 507; Soergel/Schurig[12] Art 15 Rz 62; aA LG Düsseldorf MDR 1952, 623; LG Wuppertal StAZ 1964, 52; s ferner wie hier IPG 1974 Nr 30 [München]; Serick RabelsZ 21 [1956] 207, 237; zur selbständigen Anknüpfung der Auflösung der Ehe s zB LG Berlin IPRsp 1966/67 Nr 299). Liegt für das Inland hingegen Nichtehe vor (zB wegen Nichteinhaltung der Eheschließungsform, s Art 13 Rz 43), können güterrechtliche Wirkungen iSv Art 15 nicht beurteilt werden (s Art 14 Rz 9). Auf die **Lebenspartnerschaft** findet Art 15 keine Anwendung; es gilt insofern Art 17b I S 1, s Erl dort. 10

e) **Unwandelbarkeit des Güterstatuts.** Im Interesse von Rechtssicherheit und Rechtsklarheit (Begr RegE BT-Drucks 10/504, 58) und zum Schutz wohlerworbener Rechtspositionen (LG Kempten IPRax 1983, 130; LG Stuttgart BWNotZ 1981, 136; Oldenburg Rpfleger 1989, 188f; FG Düsseldorf IPRsp 1986 Nr 59) beherzigt Art 15 nF wiederum (zu Art 15 aF Gamillscheg aaO 143ff) den Grundsatz der Unwandelbarkeit des Güterstatuts. Das im Zeitpunkt der Eheschließung, dh unmittelbar bei Eingehung der Ehe bestehende Güterstatut beherrscht grundsätzlich den Güterstand der Ehegatten während der ganzen Zeit des Bestehens der Ehe. Es wird also durch einen späteren Wandel der Anknüpfungspunkte Staatsangehörigkeit, gewöhnlicher Aufenthalt, engste Beziehung nicht betroffen – anders als das „wandelbare" Ehewirkungsstatut des Art 14 (s zB LG Wuppertal MittRhNotK 1988, 46; LG Memmingen IPRax 1985, 41; auch BGH NJW 1988, 638ff). Der Grundsatz ist freilich in zweierlei Hinsicht praktisch und rechtlich modifiziert. Das Güterstatut kann sich wandeln, wenn das aus der Sicht von Art 15 maßgebliche Recht seinerseits rück- oder weiterverweist und dafür eine sich wandelnde Anknüpfung kennt (Hamm IPRsp 1974 Nr 62 – Israel; LG Memmingen IPRax 1985, 41 – Ungarn; zu weitgehend insofern AG Dortmund FamRZ 1999, 1507); das Güterstatut kann sich gewillkürt wandeln, wenn gem Abs II (nicht Abs I iVm Art 14 II, III!!) im Verlauf der Ehe Rechtswahl für das Güterstatut vorgenommen wird (zur Rückwirkung derartiger Rechtswahl s Rz 25, 29). Zur Wandlung des Güterstatuts bei Vertriebenen und Flüchtlingen s Rz 5 und 16. Unwandelbarkeit des Güterstatuts heißt ferner nicht Unwandelbarkeit des Güterstandes. Das für eine Ehe gemäß Art 15 geltende Güterrecht gilt jeweils in dem Zustand, den es seinerseits während der Ehezeit erreicht; inbegriffen sind auch Änderungen des IPR und des intertemporalen Rechts des Rechts, in das verwiesen ist (Stuttgart NJW 1958, 1972; Karlsruhe IPRax 1990, 122); insofern ist „unwandelbar" lediglich die in Art 15 I als Bezugspunkt genommene Anknüpfung des dtn IPR (s Henrich IPRax 2001, 114). Zur Bestimmung des Güterstatuts bei Staatszerfall (zB Ex-Jugoslawien) nach der Eheschließung durch die Parteien im Weg der Rechtsnachfolge und der Unteranknüpfung (Art 4 III) Frankfurt aM IPRax 2001, 140; Hohloch BDGesVölkR 36 (1996) 131ff; Grosserichter/Baue RabelsZ 63 (2001) 211. 11

f) **Versteinerung des Güterstatuts.** Die Rspr hat auch in Fällen, in denen die Ehepartner durch Flucht, Emigration oder Vertreibung die Verbindung zum alten Heimatstaat als Quelle des Güterstatuts verloren hatten, am Grundsatz der Unwandelbarkeit festgehalten, dann aber Neuerungen im anwendbaren Güterrecht nicht nachvollzogen, wenn diese Ausdruck der politischen Strömung waren, die Ursache von Flucht, Emigration, Vertreibung war, sondern ehemaliges („totes", „versteinertes") Recht des Heimatstaates angewandt (zB BGH 40, 32; BGH 12

FamRZ 1976, 612; BayObLG 1959, 89; 1961, 123; Hamm NJW 1977, 1591; LG Wuppertal MittRhNotK 1988, 46 = IPRsp 1987 Nr 54; wN bei Staud/Mankowski [2003] Art 15 Rz 58). Zur Bedenklichkeit derartiger Rechtsanwendung, die mehr als Notbehelf für Sondersituationen nicht sein kann, s Einl Rz 34 mwN; zu den sich hieraus für Staatskrisen und Bürgerkriegsbetroffene ergebenden Notlösungen Hohloch Ber DGesVölkR 36 (1996) 131ff.

13 g) **Einheitlichkeit des Güterstatuts.** Das Güterstatut ist Gesamtstatut. Es gilt nach seinem Selbstverständnis für alle Vermögensgegenstände der Ehegatten, ungeachtet ihrer jeweiligen Belegenheit, und unterwirft sie grundsätzlich einem einheitlichen Güterrecht. Der Grundsatz der Einheitlichkeit ist im Anwendungsbereich des Art 15 jedoch in mehrfacher Hinsicht durchbrochen. Zur Spaltung des Güterstandes kann es dort kommen, wo ein Einzelstatut gem Art 3 III Vorrang beansprucht („Einzelstatut bricht Gesamtstatut", dazu Art 3 Rz 13ff), dh vor allem dann, wenn das von Art 15 berufene Recht seinerseits für bewegliches und unbewegliches Vermögen unterschiedliche Anknüpfungen vornimmt (s zB zur Anwendung der lex rei sitae bei Immobilien BayObLG 1971, 34; LG Wiesbaden FamRZ 1973, 657 – USA; Hamm IPRspr 1974 Nr 62 – Israel; AG Wolfratshausen IPRax 1982, 23 – Rumänien; s ferner KG NJW 1973, 428). Güterstandsspaltung kann ferner aus Rechtswahl gem Abs II Nr 3 (Wahl der lex rei sitae für unbewegliches Vermögen) resultieren, dazu Rz 29. Zur Auswirkung sonstiger Rechtswahl iSv Abs II Nr 1, 2 auf den Grundsatz der Einheitlichkeit s Rz 25.

14 h) **Intertemporales Recht.** Besondere Bedeutung hat im Bereich des Güterstatuts als einer Langzeitbeziehung das intertemporale Kollisionsrecht, das die Überleitung des Güterstatuts bei Altehen regelt, die vor dem Inkrafttreten des neuen IPR am 1. 9. 1986 geschlossen worden sind. Die Neuordnung des Art 15 mit der Ersetzung für gleichberechtigungswidrig erachteter Anknüpfung (Mannesrecht) durch gleichberechtigungskonforme Anknüpfung (gemeinsames Heimatrecht, Rechtswahl) hat erhebliche Überleitungsschwierigkeiten bewirkt; grundsätzlich sind sie durch die hierfür mit der Reform in Kraft gesetzte Überleitungsregelung des Art 220 III gemeistert. Die umfangreiche Problematik ist unten in Abschnitt V im Zusammenhang dargestellt (Rz 40ff).

15 5. **Innerdeutsches Kollisionsrecht.** Im bis zur Herstellung der deutschen Einheit am 3. 10. 1991 in Gebrauch gewesenen Interlokalen Privatrecht galt Art 15 aF und später Art 15 nF entsprechend (BGH 40, 32; Bremen FamRZ 1960, 158). Anstatt auf die seit der Nichtigerklärung von Art 15 aF gemeinsame Staatsangehörigkeit der Ehegatten wurde auf den gemeinsamen gewöhnlichen Aufenthalt im Zeitpunkt der Eheschließung abgestellt (BGH 40, 32; eine wandelbare Anknüpfung an den jeweiligen gewöhnlichen Aufenthalt hatte sich nicht durchgesetzt, dafür Hamm FamRZ 1963, 253; zuletzt Schurig JZ 1985, 559, 562 mwN). Im seit 3. 10. 1990 in Gebrauch befindlichen innerdeutschen Kollisionsrecht, das wegen der Überleitungsregelung des Art 234 § 4 und der dadurch eingegrenzten Weitergeltung des FGB (s dazu Brudermüller/Wagenitz FamRZ 1990, 1294, 1296; Smid/Schöpf NJ 1991, 21; Rauscher DNotZ 1991, 209; Böhringer DNotZ 1991, 223; ausführl Kommentierung bei Soergel/Hohloch Nachträge 12. Auflage 1995 Vor § 1363 BGB Rz 14ff) einer Güterrechtskollisionsregel bedarf, gilt Art 15 nF entsprechend, so daß nach dessen Regelung (unter Aussparung der Staatsangehörigkeitsanknüpfung, s Art 3 Rz 29ff) über die Geltung des Güterrechts des BGB oder des FGB in einer vor dem 3. 10. 1991 geschlossenen Ehe zu befinden ist (zuletzt BGH NJW 1999, 2520). Die Güterrechtskollisionsregel des RAG der ehem DDR ist wegen dessen Außerkraftsetzung zum 3. 10. 1990 hierfür nicht heranzuziehen, ebenfalls ist Art 236 insofern nicht einschlägig (ebenso Rauscher DNotZ 1991, 212; Wassermann FamRZ 1990, 333, 335; Bosch FamRZ 1991, 1001, 1002; teilw abw Henrich IPRax 1991, 14, 15), s Art 236 Rz 10.

16 **Vorrang** vor den beschriebenen Regeln hat die **Regelung des Gesetzes über den Güterstand von Vertriebenen und Flüchtlingen** im innerdeutschen Rechtsverkehr, wenn der durch das Gesetz erfaßte Personenkreis bis zum Ablauf des 2. 10. 1990 in gültiger Ehe aus der ehem DDR in das Gebiet der ehem BRepD einschl Westberlin übergesiedelt war. Dieser Personenkreis ist im gesamten heutigen Geltungsgebiet des Gesetzes nach dessen Regeln, die über Art 15 IV Teil des einheitlichen innerdeutschen Kollisionsrechts geworden sind, zu behandeln (ebenso v Bar IPR II Rz 218; Pal/Heldrich Art 15 Rz 2; Wassermann FamRZ 1990, 333ff). Zum persönlichen, zeitlichen und sachlichen Anwendungsbereich des Gesetzes s Rz 51, 52.

II. Grundsatzregel „Güterrechtsbestimmung durch das Familienstatut" (Abs I)

17 1. **Verweisungsinhalt des Abs I.** Nach Abs I unterliegt das eheliche Güterrecht grundsätzlich dem Güterrecht, das durch das als allgemeines Ehewirkungsstatut (Familienstatut, Art 14 Rz 1) im Zeitpunkt der Eheschließung geltende Recht bestimmt wird. Über die von Abs I auf Art 14 ausgesprochene Verweisung kann jedes gem Art 14 geltende Ehewirkungsstatut (sowohl die objektiv angeknüpften Rechte, Art 14 I Nr 1–3, als auch durch Rechtswahl bestimmte Rechte) über das maßgebende Güterrecht bestimmen, wenn es nur **Ehewirkungsstatut im Zeitpunkt der Eingehung der Ehe** war oder ist (s Rechtsausschuß BT-Drucks 10/5632, 41). Nicht für Art 15 und dessen Güterstatut kommen also nach der Eheschließung erst zum („gewandelten") Ehewirkungsstatut gewordene Rechte (s Art 14 Rz 10) und vor, aber nicht mehr im Zeitpunkt der Eheschließung vorhandene gemeinsame Heimatrechte, Aufenthaltsrechte und Rechte sonstiger engster Beziehung in Betracht. Aus der Verweisung des Abs I darf ferner nicht vorschnell auf Identität von Ehewirkungsstatut und Güterstatut geschlossen werden. Da Abs I grundsätzlich Gesamtverweisung enthält (Rz 7) ist bei objektiver Anknüpfung des Ehewirkungsstatuts das von Art 14 I berufene Ehewirkungsrecht seinerseits in der Lage, für Ehewirkungsstatut und Güterstatut durch seine Kollisionsnormen unterschiedlich zu reagieren, so daß die für Ehewirkungen und den Güterstand maßgeblichen Sachrechte trotz des von Art 15 I angestrebten Gleichklangs auseinanderfallen können (ebenso v Bar IPR II Rz 213; Bsp s oben Rz 7, 13).

18 2. **Umsetzung des Abs I im einzelnen. a) Gemeinsames Heimatrecht (Abs I iVm Art 14 I Nr 1).** Inhalt der Verweisung des Abs I auf Art 14 ist in erster Linie die Verweisung auf das durch die übereinstimmende Staatsangehörigkeit bestimmte gemeinsame Heimatrecht im Zeitpunkt der Eheschließung. Frühere oder später erworbene gemeinsame Staatsangehörigkeit bleibt wegen der Beziehung auf den Eheschließungszeitpunkt und der Unwandel-

barkeit außer Betracht. Zur Bestimmung des so geprägten Heimatrechts eines Ehegatten bei Doppel- und Mehrstaatsangehörigkeit, Staatenlosigkeit, bei Zugehörigkeit zu einem Mehrrechtsstaat und bei Innehabung des „Flüchtlingsstatuts" s Rz 8 und Erl zu Art 14 Rz 13 und 14 (abw zur Behandlung des Flüchtlingsstatuts Pal/Heldrich Art 15 Rz 17). Abweichend von Art 14 ist für den Anwendungsbereich von Art 15 die durch Eheschließung erworbene gemeinsame Staatsangehörigkeit zu beurteilen. Zu gemeinsamer Staatsangehörigkeit führt sie nur, wenn mit dem Erwerb „kraft Eheschließung", dh im Zeitpunkt der Eheschließung, der Verlust der früheren Staatsangehörigkeit kraft Gesetzes einhergeht oder wenn sie – was nur im Ausnahmefall gegeben sein wird (etwa durch vorherigen Lebensmittelpunkt im Staat der neuen Staatsangehörigkeit, dazu BayObLG 1986, 1 = NJW-RR 1986, 1023; AG Wuppertal IPRax 1984, 156; Düsseldorf IPRax 1984, 156; auch Karlsruhe NJW 1984, 570 = IPRax 1984, 155 mit Anm Heldrich 143; Jayme IPRax 1987, 95f; aA KG IPRax 1987, 117, 119) – schon im Zeitpunkt der Eheschließung und des mit ihr einhergehenden Erwerbs „effektive" Staatsangehörigkeit des erwerbenden Ehegatten iSv Art 5 I ist. Eine „großzügigere" Lösung würde wegen der dann gegebenen „Aufdrängung" des Rechts des einen Ehegatten gegen die Notwendigkeit gleichberechtigungskonformer Anknüpfung verstoßen (ähnlich MüKo/Siehr Art 15 Rz 11, 12). Beim Erwerb zusätzlicher Staatsangehörigkeit durch deutsche Ehegatten kraft Eheschließung ist Effektivität der hinzuerworbenen gemäß Art 5 I S 2 stets ausgeschlossen.

b) Gemeinsamer gewöhnlicher Aufenthalt (Abs I iVm Art 14 I Nr 2). Fehlt den Ehegatten eine gem oben 19 Rz 18 zu berücksichtigende gemeinsame Staatsangehörigkeit, führt die Verweisung des Abs I zum Recht des gemeinsamen gewöhnlichen Aufenthalts des Art 14 I Nr 2. Zum Begriff des gewöhnlichen Aufenthalts s Erl zu Art 14 Rz 15, 16 und Art 5 Rz 43ff. Erforderlich ist auch für Art 15 nur gewöhnlicher Aufenthalt im selben Staat, nicht am selben Ort. Anknüpfungspunkt iSv Abs I ist nur der gemeinsame gewöhnliche Aufenthalt beider Ehegatten im Zeitpunkt der Eheschließung. Fehlt es hieran, versagt die Verweisung auf Art 14 I Nr 2; **weder früherer noch späterer gemeinsamer gewöhnlicher Aufenthalt kann zum Güterstatut führen** (Begr RegE BT-Drucks 10/504, 58 und allg M). Wechsel des gewöhnlichen Aufenthalts eines oder beider Ehegatten nach der Eheschließung berührt („Unwandelbarkeit") das durch den im Zeitpunkt der Eheschließung innegehabten gemeinsamen gewöhnlichen Aufenthalt bestimmte Güterstatut nicht mehr, es sei denn, das aus deutscher Sicht maßgebliche Aufenthaltsrecht praktiziert seinerseits eine im Rahmen einer Rück- oder Weiterverweisung zu beachtende „wandelbare Anknüpfung" (oben Rz 7, 11).

c) Recht gemeinsamer engster Verbindung (Abs I iVm Art 14 I Nr 3). Fehlt es auch an gemeinsamem 20 gewöhnlichem Aufenthalt im Zeitpunkt der Eheschließung, führt die Verweisung des Abs I zu Art 14 I Nr 3. Zur Bestimmung des Rechts der gemeinsamen engsten Beziehung s zunächst Erl zu Art 14 Rz 18. Art 14 I Nr 3 hat für den Anwendungsbereich des Art 15 I größere Bedeutung als für das Ehewirkungsstatut selbst, da für die Bestimmung des Güterstatuts die nach der Eheschließung gemeinsame Staatsangehörigkeit ebenso außer Betracht bleibt wie ein späterer gemeinsamer gewöhnlicher Aufenthalt. Insbesondere letzterer aber läßt sich, wenn seine Planung im Zeitpunkt der Eheschließung ex post objektiv belegbar ist, für die Anknüpfung iSv Art 15 I iVm Art 14 I Nr 3 häufig nutzbar machen (ebenso zB obiter BGH NJW 1988, 638, 640; v Bar IPR II Rz 212; MüKo/Siehr Art 15 Rz 20). Anders als im Anwendungsbereich des Art 14 selbst (allg Ehewirkungen) wirkt Art 14 I Nr 3 im Rahmen der Verweisung aus Art 15 I **nicht** als **Sachnormverweisung** (dazu Art 14 Rz 18, str, vgl aA v Bar IPR II Rz 208 mwN), sondern als **Gesamtverweisung** (ebenso, allerdings von anderem Ausgangspunkt Pirrung IPVR 110; Kartzke IPRax 1988, 8f; Rauscher NJW 1988, 2151; v Bar IPR II Rz 208; Staud/Mankowski [2003] Art 15 Rz 40). Hierin liegt kein unzulässiger Widerspruch, da Art 15 I die güterrechtlichen Wirkungen der Ehe nicht dem Ehewirkungsstatut schlechthin unterstellt, sondern diesem der Grundregel von Art 4 I S 1 entsprechend durch Gesamtverweisung überantwortet. Für die Verweisung auf Nr 3 ist dann vom Gesamtverweisungscharakter des Art 15 I keine Ausnahme zu machen.

d) Verweisung auf durch Rechtswahl bestimmtes Ehewirkungsstatut (Abs I iVm Art 14 II–IV). Den objek- 21 tiven Anknüpfungen des Art 14 I Nr 1–3 geht im Rahmen der von Abs I ausgesprochenen Verweisung ein **im Zeitpunkt der Eheschließung** durch Rechtswahl der Verlobten subjektiv bestimmtes Ehewirkungsstatut als Ehegüterstatut vor. Zu Voraussetzungen, Durchführung und Form der Rechtswahl s Erl zu Art 14 Rz 19ff; zur Zulässigkeit der Rechtswahl vor und im Zeitpunkt der Eheschließung, die nur das Güterstatut ergeben kann, Art 14 Rz 23. Das über Art 14 II–IV gewählte Ehewirkungsstatut ist, wenn diese Voraussetzungen vorliegen, selbst in jedem Fall auch Güterstatut. Die in der Rechtswahl gem Art 4 II liegende Sachnormverweisung wirkt für Art 15 I nicht zur Gesamtverweisung, da dies sinnwidrige Konsequenz einer vom Gesetzgeber nicht hinreichend durchdachten Verweisungstechnik innerhalb der Art 14, 15 wäre (ebenso im Ergebnis mwN zur str Meinungslage MüKo/Siehr Art 15 Rz 115–119). Eheschließenden, die bei der Eheschließung eine Rechtswahl nach Art 14 II–IV treffen, ist zwecks Erreichung von Rechtssicherheit im Inland die ausdrückliche Erstreckung der Rechtswahl auf das Güterrecht anzuraten.

III. Zusatzregel „Güterstatutbestimmung durch autonome Rechtswahl" (Abs II und III)

1. Voraussetzungslosigkeit der Rechtswahl. Art 15 II und III erlauben den Ehegatten eine gezielte, vom Ehe- 22 wirkungsstatut unabhängige Bestimmung des Güterstatuts durch Rechtswahl (s allgemein Schotten DNotZ 1999, 326; Mankowski/Osthaus DNotZ 1997, 10; Vomberg FPR 2001, 115). Die Einführung des Rechtswahlprinzips in das internationale Güterrecht sollte den Ehegatten eine flexible, ihren Interessen und ihren ggf sich mit oder nach der Eheschließung ändernden Verhältnissen angepaßte Ausrichtung des Güterstatuts ermöglichen; auch im IPR anderer Staaten hat derartige Bestimmung des Güterstatuts Eingang gefunden (s Begr RegE BT-Drucks 10/504, 57–58: zB § 19 öst IPRG, auch Frankreich, Belgien, Luxemburg, England, Art 14 türk IPRG). Dieser Intention entsprechend sind besondere Voraussetzungen für die Ausübung der Rechtswahl nicht aufgestellt. Die von Abs II angebotenen Rechtswahlmöglichkeiten stehen Ehegatten jeder Nationalität und Staatenlosen zu, soweit für sie nur eine Rechtswahl auf der Grundlage des deutschen IPR rechtlich in Betracht kommt; auch deutsche Ehegatten können demgemäß eine Rechtswahl ausüben, soweit sie vom deutschen Recht weg in eines der von Abs II zur Wahl gestellten Rechte führen kann (ebenso Pal/Heldrich Art 15 Rz 21). Wird Rechtswahl vorgenommen, ist neben der grundsätzlich sich für die Eheleute wie den (beratenden/beurkundenden) Notar (Abs III) stellenden Frage nach Ziel und Ergebnissen der Rechtswahl indes zu bedenken, daß Rechtswahl im Güterrecht nicht Gemeingut des IPR aller Rechtsordnungen ist; bei Vornahme einer Rechtswahl im Inland sollte im Interesse der Erreichung von Rechtssicherheit deshalb zB bedacht werden, wo die Ehe zukünftig gelebt wird.

23 **2. Zeitpunktlosigkeit der Rechtswahl.** Die von Abs II eingeräumte Rechtswahl ist an keinen Zeitpunkt gebunden. Sie kann bereits von den Verlobten getroffen werden und erhält dann Wirkung mit der Eheschließung; sie kann aber auch erst nach der Eheschließung durchgeführt werden und ersetzt dann das bis zum Zeitpunkt der Rechtswahl bestehende, aus Art 15 I sich ergebende oder – bei vor dem 1. 9. 1986 geschlossenen Ehen – aus Art 220 III folgende Ehegüterstatut (zur Frage der Rückwirkung oder zeitlichen Spaltung des Güterstatuts bei nachträglicher Rechtswahl s Rz 29).

24 **3. Wiederholung (Abänderung) der Rechtswahl.** Da die Rechtswahl jederzeit durchgeführt werden kann, kann sie auch wiederholt erfolgen und damit der Veränderung der tatsächlichen Verhältnisse Rechnung tragen. Einer solchen Veränderung bedarf es indes nicht zwingend. Ehegatten, die in früherer Rechtswahl das Heimatrecht des einen Ehegatten (Nr 1) gewählt haben, sind zB frei, später statt dessen das Heimatrecht des anderen oder das Aufenthaltsrecht oder das Belegenheitsrecht der Nr 3 zu wählen. Ebenso können sie die einmal getroffene Rechtswahl ersatzlos aufheben mit der Folge der Geltung des aus Abs I sich ergebenden Güterstatuts. Eine Kontrolle des Sinns und der Zweckmäßigkeit derartiger Rechtswahl überhaupt und insbesondere einer erneuten Rechtswahl findet angesichts der vom Gesetzgeber gewollten Voraussetzungslosigkeit der Rechtswahl nicht statt.

25 **4. Rückwirkung der Rechtswahl, Spaltung des Güterstatuts.** Treffen die Ehegatten eine Rechtswahl gemäß Abs II erst im Verlauf der Ehe, ist die zeitliche Wirkung dieser Rechtswahl auf den bis zur Rechtswahl geltenden Güterstand zu klären. Eindeutig klar ist, daß das gewählte Güterrecht ab dem Zeitpunkt des Wirksamwerdens der Wahl den Güterstand beherrscht. Mit Wirkung zwischen ihnen selbst können die Ehegatten auch vor der Wahl vorhandenes Ehevermögen dem neuen Güterstatut unterstellen (BT-Drucks 10/504, 58 und allg M; s mwN Staud/Mankowski [2003] Art 15 Rz 115, 116; abw zT Schotten DNotZ 1999, 327; Pal/Heldrich Art 15 Rz 22). **Rechtspositionen Dritter können dadurch aber nicht beeinträchtigt werden**; Art 16 und der darin verbürgte Schutz des inländischen Rechtsverkehrs bleibt ohnehin unberührt. Klärungsbedürftig ist aber der Fall, daß die Ehegatten eine Rückwirkung inter partes vertraglich nicht angeordnet haben. In diesem Fall bewirkt die Rechtswahl eine Änderung des Güterstatuts ex nunc (s oben; ebenso MüKo/Siehr Art 15 Rz 47). Strittig ist, nach welchem Recht die Überleitung des zuvor geltenden Güterstandes zu erfolgen hat (für Überleitung nach den Regeln des alten Rechts MüKo/Siehr Art 15 Rz 47; Böhringer BWNotZ 1987, 104, 110; Wegmann aaO 1744; für Maßgeblichkeit der Überleitungsregeln des neuen Rechts BT-Drucks 10/504, 58; Pal/Heldrich Art 15 Rz 21; v Bar IPR II Rz 227). Die letztgenannte Ansicht trifft zu, da nur das neue Statut die Frage beantworten kann, wie die Zuordnung des Anfangsvermögens zu geschehen hat.

26 **5. Wählbares Recht.** Abs II beschränkt die Wahlmöglichkeiten der Ehegatten auf die in Nr 1–3 genannten Rechte (ihre jeweiligen Heimatrechte Nr 1, das Recht des Staates des gewöhnlichen Aufenthaltsortes eines Ehegatten Nr 2, das Recht des Lageortes ihres unbeweglichen Vermögens Nr 3).

a) Wahl eines Heimatrechts, Abs II Nr 1. Abs II Nr 1 stellt das Recht des Staates, dem ein Ehegatte angehört, zur Wahl. Nicht notwendig ist übereinstimmende Staatsangehörigkeit der Ehegatten, die der Regel im Hinblick auf Abs I weitgehend den Sinn nehmen würde. Da Nr 1 das Recht des Staates, nicht eines Staates, dem ein Ehegatte angehört, zur Wahl stellt, wird zT die Wählbarkeit nur des „effektiven" Heimatrechts iSv Art 5 I S 1 bzw 2 vertreten (so Lichtenberger DNotZ 1986, 659; Henrich Int FamR 65f; v Bar IPR II Rz 222). Auch wenn diese Ansicht den Wortlaut eher für sich hat, sollte Abs II Nr 1 doch erweiternd so ausgelegt werden, daß auch die nicht effektiven Rechte zur Wahl stehen (ebenso Pal/Heldrich Art 15 Rz 22 und – mit ausf Begr, MüKo/Siehr Art 15 Rz 24, 25). Nr 1 eröffnet nur eine einheitliche Wahl, die die gesamten güterrechtlichen Beziehungen der Ehegatten betrifft (anders bei Nr 3, s Rz 29).

27 **b) Wahl des Rechts des gewöhnlichen Aufenthalts, Abs II Nr 2.** Abs II Nr 2 stellt weiter alle Rechte zur Wahl, denen die Ehegatten durch den gewöhnlichen Aufenthalt mindestens eines Ehegatten verbunden sind. Beide Ehegatten können ihren gewöhnlichen Aufenthalt im selben Staat haben (BT-Drucks 10/504, 58), verschiedener gewöhnlicher Aufenthalt ist nicht erforderlich, Nr 2 ist insofern nur schlecht formuliert (vgl MüKo/Siehr Art 15 Rz 26). Abs II Nr 2 ermöglicht so insbesondere Ausländern mit gemeinsamer effektiver Staatsangehörigkeit, deren Güterstatut ansonsten nach Abs I iVm Art 14 I Nr 1 durch ihr Heimatrecht bestimmt wird, die Einpassung in die inländische Umwelt durch Rechtswahl. Zum Begriff des gewöhnlichen Aufenthalts s Erl zu Art 5 Rz 43ff. Auch Nr 2 eröffnet nur eine ganzheitliche Wahl, die die gesamten Güterrechtsbeziehungen der Ehegatten betrifft (s Rz 26).

28 **c) Wahl der lex rei sitae, Abs II Nr 3.** Den Ehegatten steht für ihr unbewegliches Vermögen ferner das Recht des Lageortes zur Verfügung. **aa)** Der dem deutschen IPR ansonsten nicht geläufige Begriff des **„unbeweglichen Vermögens"**, der erst in den Beratungen des Rechtsausschlusses in Abs II Nr 3 (und in Art 25 II) Eingang fand (BT-Drucks 10/5632, 42, 44), sollte die beim Erwerb inländischer Grundstücke durch ausländische Ehegatten auftretenden grundbuchrechtlichen Probleme vermeiden helfen (Beispiel insofern BayObLG FamRZ 1992, 1204 = NJW-RR 1992, 1235 zur nur eingeschränkten Prüfungspflicht des Grundbuchamts hinsichtlich ausl Güterstands; s auch BayObLG NJW-RR 2001, 879 = DNotZ 2001, 391; LG Bremen DNotZ-Report 2000, 195 – Die Grundbuchpraxis wird sich der Bedeutung des Güterstatuts für die Eintragung des Eigentums von Eheleuten [speziell gestal-

Familienrecht   Art 15 EGBGB

tete „Ehevermerke"] indes immer mehr bewußt –). Der Begriff ist auf der Grundlage des Begriffsverständnisses des deutschen Rechts, angepaßt an die Zwecke des IPR, auszulegen (ebenso MüKo/Siehr Art 15 Rz 27; Pal/Heldrich Art 15 Rz 22; Böhringer BWNotZ 1987, 104, 109; Lichtenberger DNotZ 1986, 659; aA – Auslegung nach dem Recht des Lageortes – Kühne aaO 73; Henrich Int FamR 66f) und erlaubt so, den Anwendungsbereich durch entsprechende Qualifikation über den Bereich der Grundstücke im engeren Sinne hinaus auszudehnen. **bb)** Zum unbeweglichen Vermögen rechnen so Grundstücke nebst ihren Bestandteilen und ihrem Zubehör (vgl §§ 864–871 ZPO), unbedenklich auch Wohnungs- und Stockwerkseigentum sowie Erbbaurechte und die sonstigen beschränkten dinglichen Rechte an Grundstücken und grundstücksgleiche Rechte (ebenso die oa Werke sowie Jayme IPRax 1986, 265, 270), wohl auch der Miterbenanteil an aus Grundvermögen bestehendem Nachlaß (Krzywon BWNotZ 1986, 154, 159f – allerdings für Art 25 II). Forderungen (so Wegmann aaO 1743), Gesellschaftsanteile (so Röll MittBayNotK 1989, 3), Registerrechte (zB Schiffsrechte, Rechte an Kfz nach ital oder franz Recht) hingegen dürften regelmäßig nicht mehr zum unbeweglichen Vermögen in diesem Sinne zählen (ebenso MüKo/Siehr Art 15 Rz 28; Pal/Heldrich Art 15 Rz 22). **cc)** Die von Nr 3 eröffnete Rechtswahl steht allen Ehegatten ohne Rücksicht auf ihre Heimatrechte und ihr aus Abs I oder II Nr 1, 2 folgendes sonstiges Güterstatut (ebenso LG Mainz NJW-RR 1994, 73 = FamRZ 1994, 1457 Anm Mankowski = DNotZ 1994, 564 Anm Schotten). **Auch deutsche Eheleute können hinsichtlich ihres ausländischen unbeweglichen Vermögens das Güterstatut des Lageortes wählen.**

dd) Die von Nr 3 eröffnete Rechtswahlmöglichkeit erlaubt Begründung unterschiedlicher Güterstatuten für verschiedenes, in verschiedenen Rechtsordnungen belegenes unbewegliches Vermögen und führt bei Ausübung der Rechtswahl zu – ggf mehrfacher – **Spaltung des Güterstatuts**, da anderes als unbewegliches Vermögen durch die Rechtswahl nicht erfaßt wird (ebenso MüKo/Siehr Art 15 Rz 29, 42). Nach überwiegender und zutreffender Meinung kann sogar die Rechtswahl auf einzelne Gegenstände des in einem Staat belegenen Grundvermögens begrenzt werden, so daß dann für das übrige in diesem Staat belegene Grundvermögen sonstiges Güterstatut gem Abs I oder II gilt (s schon Rz 28 aE, ebenso Henrich FamRZ 1986, 841, 847; Lichtenberger DNotZ 1986, 659; 1987, 300; ders FS Ferid [1988] 275; Böhringer BWNotZ 1987, 109; Röll MittBayNot 1989, 3; Pal/Heldrich Art 15 Rz 22; MüKo/Siehr Art 15 Rz 43; Soergel/Schurig Art 15 Rz 21; Staud/Mankowski [2003] Art 15 Rz 154, 218 mwN; v Bar IPR II Rz 225; aA Kühne aaO 73; Langenfeld FamRZ 1987, 9, 13; Wegmann aaO 1743). 29

6. Sachnormverweisung durch Rechtswahl. Mit der Wahl des Güterstatuts gem Abs II wählen die Ehegatten das Sachrecht des gewählten Statuts, Art 4 II. Eine IPR-Wahl ist gemäß Abs II nicht möglich und nicht nötig; die in Nr 1–3 eröffnete Palette deckt aktuell bestehende Bedürfnisse ab. Späteren Veränderungen der tatsächlichen Situation kann durch spätere erneute Rechtswahl, ggf auch durch antezipierte Rechtswahl Rechnung getragen werden (ähnlich MüKo/Siehr Art 15 Rz 118). 30

7. Durchführung und Form. Die Zulässigkeit der Rechtswahl ergibt sich allein aus Art 15 II. Ob die Ehegatten einem anderen als dem deutschen Ehewirkungs- oder Güterstatut unterliegen, ist ohne Belang, da eine Frage des deutschen Kollisionsrechts angesprochen ist. Für die Durchführung der Rechtswahl gelten zunächst die zu Art 14 gemachten Erläuterungen (dort Rz 23). Für die Form gilt gemäß Abs III die **Formregel des Art 14 IV entsprechend** (s Art 14 Rz 24; zur Notwendigkeit ausdrücklicher Rechtswahl, der es in aller Regel bedarf, s Hamm FamRZ 2002, 459, LG Augsburg MittBayNot 1995, 233). Rechtswahl für den Kaufvertrag oder eine Scheidungsfolgenvereinbarung bedeutet allein noch nicht Rechtswahl iS insofern mitvereinbarten Güterstatuts; s auch Frankfurt am Main FamRZ 1996, 1478 – Morgengabevereinbarung. Allerdings sind gewisse Formerleichterungen angebracht; soweit die Rechtswahl im Ausland stattfindet (entsprechend Art 14 IV S 2), bedarf es dann nicht der der Ehevertragsform gleichwertigen Form, wenn das Ortsrecht oder Geschäftsrecht die güterrechtliche Rechtswahl kennt und dafür eine weniger strenge Form als für den Ehevertrag aufstellt (zB schweiz Recht, Art 53 I S 1 schweiz IPRG, s MüKo/Siehr Art 15 Rz 35, 36). 31

IV. Geltungsumfang

1. Anwendungsbereich und Qualifikation. Art 15 erfaßt als Anknüpfungsgegenstand die „güterrechtlichen Wirkungen der Ehe"; die Norm bestimmt damit über das Entstehen einer Sonderordnung des Vermögens der Ehegatten mit der Ehe, über die Beschaffenheit einer solchen Sonderordnung einschließlich aller dazu gehörigen Rechte und Pflichten der Ehegatten und ebenso über die Beendigung und die im Rahmen der Beendigung entstehenden und entstandenen Rechte und Pflichten. Für die so umrissene güterrechtliche Qualifikation gelten die allgemeinen Regeln. Einordnungs- und Abgrenzungsprobleme bestehen vor allem im Verhältnis zum Ehewirkungsstatut (Art 14), Scheidungsfolgenstatut (Art 17) und Erbstatut (Art 25). Die Vorfrage des Bestehens einer Ehe ist selbständig anzuknüpfen (Rz 10). Art 15 gilt für andere Personenverbindungen als die „Ehe" nicht, nicht also für die eingetragene Partnerschaft (s Art 17b I S 1) oder für nichteheliche Lebensgemeinschaften (s Erl vor Art 13 Rz 10ff). Die „hinkende Ehe" äußert Wirkungen iS von Art 15, wenn sie in der Sicht des Inlands wirksame Ehe ist, nicht im umgekehrten Fall (zur „hinkenden" Nichtehe und zur Behandlung von Scheidungsfolgen zuletzt BGH NJW-RR 2003, 850 = JuS 2003, 921 [Hohloch]). 32

2. Einzelne Sachgebiete

a) Entstehen und Inhalt des Güterstandes. Das von Art 15 bestimmte Recht gibt zunächst die Antwort darauf, ob und wie sich durch Eheschließung die güterrechtlichen Verhältnisse der Ehegatten verändern (Hamm FamRZ 1992, 963, 965). **aa)** Das Güterstatut gibt damit Auskunft über das Entstehen des gesetzlichen Güterstandes. Zu den gesetzlichen Güterständen der einzelnen Rechtsordnungen s jeweils die Überblicke und Gesetzestexte bei Bergmann/Ferid, Int Ehe- und Kindschaftsrecht; s ferner Verwilghen, Régimes Matrimoniaux (1979) – teilw überholt; Staud/Mankowski [2003] Art 15 Rz 235ff; für die wichtigsten Nachbarstaaten s auch Hohloch (Hrsg), Int Scheidungs- und Scheidungsfolgenrecht 1998; Rspr zB Köln DNotZ 1972, 182; LG Köln IPRsp 1978 Nr 56; AG 33

Nettetal IPRax 1984, 103; Oldenburg Rpfleger 1985, 188 – alle Niederlande; Hamm NJW-RR 1987, 1476; Karlsruhe IPRax 1988, 294 – Griechenland; LG Stuttgart IPRsp 1981 Nr 66 – Jugoslawien; LG Memmingen IPRax 1985, 41 – Ungarn; Karlsruhe IPRax 1990, 122 – Italien. **bb)** Das Güterstatut unterscheidet auch, ob alle Voraussetzungen für das Entstehen eines vertragsmäßigen Güterstandes vorliegen (zur alternativen Maßgeblichkeit der Ortsform für den Ehevertrag Art 11 I und zB AG Wedel IPRsp 1972 Nr 54 – Niederlande). Es bestimmt darüber, ob Ehegatten einen Ehevertrag abschließen (Jayme FS Zajtay 261, 263), ändern und aufheben können; (zur Wirksamkeit unter dem Aspekt der Gesetzesumgehung bei einem zur Umgehung des Erbrechts abgeschlossenen Ehevertrag LG München I FamRZ 1978, 364 mit Anm Jayme). Das Güterstatut unterscheidet ferner über die zur Auswahl stehenden Güterstände (Karlsruhe IPRax 1988, 294; Frankfurt NJW-RR 1994, 72), den notwendigen Inhalt des Ehevertrages (s § 1409 BGB, Verbot des Stichwortvertrags, RG JW 1938, 1718; LG München I IPRsp 1977 Nr 64; FamRZ 1978, 364 mit Anm Jayme; s ferner IPG 1977 Nr 17 – Hamburg, Italien) und die Möglichkeiten zur Gestaltung der güterrechtlichen Situation (Frankfurt IPRax 1986 239, 241). Zu den Prüfungsrechten und -pflichten von Grundbuchämtern BayObLG 1992 Nr 19 = Rpfleger 1992, 341 = FamRZ 1992, 1204; Hamm NJW-RR 1996, 530; BayObLG NJW-RR 2001, 879 = JuS 2001, 1025f (Hohloch), s ferner Fn 28. Heutiger Stand ist, daß Prüfungspflicht bei Anlaß besteht u daß dann auf güterstatus- und güterstandskonformen Eigentumsvermerk (mit „Ehevermerk" und Bezugnahme auf die Eigentumsprägung, zB gemeinschaftliches Eigentum bei Errungenschaftsgemeinschaft ausländischen Rechts) hinzuwirken ist. Hierzu gehört aber auch die Einbeziehung der Prüfung, ob das berufene Güterrecht Abweichungen iS der Bildung von Alleineigentum oder hälftigem Bruchteilseigentum ermöglicht. S auch Riering MittBayNot 2001, 222.

34 **b) Wirkungen des Güterstandes.** Auch die Wirkungen des gesetzlichen wie des vertragsmäßigen Güterstandes richten sich nach dem Güterstatut (BayObLG 1986, 81; Düsseldorf IPRsp 1978 Nr 55; LG Köln IPRsp 1978 Nr 56). Nach dem Güterstatut entscheidet sich, welche Gütermassen vorhanden sind und welche Vermögensgegenstände welcher Gütermasse zuzuordnen sind (BayObLG DNotZ 1986, 487 und dazu Amann Rpfleger 1986, 117 und Rauscher 119; Oldenburg Rpfleger 1991, 412; s ferner Staud/Mankowski Art 15 Rz 231ff; Lüderitz IPR 171); ebenso die Verwaltung durch einen oder beide Ehegatten und Kontroll- und Zustimmungsrechte des nichtverwaltenden Ehegatten (BGH IPRsp 1976 Nr 41; Düsseldorf IPRsp 1978 Nr 55; KG IPRsp 1964/65 Nr 103; Hamm OLGZ 1965, 342, 345; Köln DNotZ 1972, 182; Hamm FamRZ 1994, 1259; Köln FamRZ 1999, 298 – Rechenschaftsanspruch der türk Ehefrau; Celle IPRax 1999, 113 – Bankkonto); auch **Verfügungsbeschränkungen**, soweit sie güterrechtlich zu qualifizieren sind (s Art 14 Rz 32, 33; ausf v Bar IPR II Rz 241; dazu BayObLG JZ 1954, 441 mit Anm Neuhaus; Düsseldorf IPRsp 1978 Nr 55), sowie etwa erforderliche gerichtliche Genehmigungen und ebenfalls das Recht zur Geltendmachung von Rechten des anderen Ehegatten (KG IPRsp 1964/65 Nr 103). Ferner unterstehen dem Güterstatut güterstandsabhängige Sorgfaltspflichten und auf ihre Verletzung gegründete Haftung zwischen den Ehegatten (BGH FamRZ 1998, 906; LG Hamburg IPRsp 1977 Nr 65); ebenso Auskunftsansprüche und -pflichten bzgl Vermögensverwaltung und -bestand (BGH NJW 1980, 2643; FamRZ 1979, 690; FamRZ 1986, 1200; Düsseldorf FamRZ 1981, 50; Bamberg FamRZ 1983, 1233; Hamm NJW-RR 1987, 1476 = IPRax 1988, 108 mit Anm Jayme/Bissias 94; Stuttgart FamRZ 1989, 622; IPRax 1990, 250 mit Anm Kerameus 228; LG Krefeld IPRsp 1977 Nr 63; Hamm FamRZ 1999, 299; AG Dortmund FamRZ 1999, 1507; AG Karlsruhe FamRZ 1999, 1507), die bei Fehlen im maßgeblichen Güterstatut ggf durch Anpassung auf der Grundlage des deutschen Rechts nachzuformen sind (LG Ulm IPRsp 1964/65 Nr 104; AG Böblingen IPRax 1989, 52; Frankfurt NJW-RR 1991, 583); zum Ganzen s Hohloch in FS Kokkini-Iatridou (1994) 126ff; auch Schuldenhaftung der Ehegatten kraft Güterstandes (BGH FamRZ 1998, 905, 906 – zu unterscheiden von „Schlüsselgewalt", dazu Art 14 Rz 31) und Ansprüche auf Sicherheitsleistung ergeben sich aus dem Güterstatut (LG Hamburg IPRsp 1977 Nr 65; LG Wuppertal IPRsp 1952/53 Nr 117; KG JW 1938, 1244). Schließlich sagt das Güterstatut, ob zwischen Ehegatten eine Gesellschaft bestehen kann (s Art 14 Rz 32).

35 **c)** Dem Güterstatut unterliegt dann die Regelung der **Beendigung des Güterstandes**. Das insofern maßgebliche Güterrecht regelt vorzeitige Aufhebung des Güterstandes (KG JW 1938, 1244; RG SeuffArch 75 [1919] Nr 32); es regelt die Beendigung (s BGH FamRZ 1998, 905, 906 – Zwangsvollstreckung in Gütergemeinschaft niederl Rechts) und die dabei für die Ehegatten entstehenden Ansprüche auch bei jeder Art der Auflösung der Ehe unter Lebenden, so im Falle der Scheidung (BGH FamRZ 1982, 358; NJW 1988, 638 u st Rspr; Hamm NJW-RR 1987, 1476; Bamberg IPRsp 1983 Nr 59; Stuttgart IPRsp 1978, Nr 54; Frankfurt FamRZ 1987, 1147; Karlsruhe IPRax 1988, 294 und dazu Jayme/Bissias 280; Frankfurt FamRZ 1988, 74f; Düsseldorf FamRZ 1995, 1203; LG Frankfurt IPRsp 1975 Nr 53). Das Güterstatut ergibt so auch Ansprüche auf Auskunft und Rechnungslegung (s Hamm und Bamberg oben; s ferner Frankfurt IPRax 1992, 49 Anm Jayme; Köln NJW-RR 1998, 865; Hamburg FamRZ 2001, 916, 917; Stuttgart FamRZ 2002, 1032 – Kroatien). Das Güterstatut befindet über Art und Weise der Beendigung des Güterstandes auch im Falle der Nichtigerklärung und Aufhebung der Ehe (Nürnberg IPRsp 1978 Nr 16) und der Trennung der Ehegatten von Tisch und Bett (Hamm NJW 1981, 2648; Frankfurt IPRax 1986, 239 und dazu Jayme 227; auch LG Frankfurt IPRsp 1975 Nr 53).

3. Abgrenzungen

36 **a) Eherecht.** Abgrenzungen innerhalb des Eherechts sind durch Qualifikation vorzunehmen. Abgrenzungsschwierigkeiten treten insbesondere gegenüber dem Ehewirkungsstatut auf (Verfügungsbeschränkungen, s Rz 34, Art 14 Rz 32, 33) und sind hier durch Qualifikation nach der Funktion der Verfügungsbeschränkung zu lösen (bei typisch güterrechtlicher Funktion Art 15, bei allgemein ehebezogener Funktion Art 14). Gegenüber dem Scheidungsstatut ist so abzugrenzen, daß das Güterstatut und nicht das Scheidungsfolgenstatut über die Auflösung des Güterstandes (einschl vertraglicher Auseinandersetzung KG JW 1936, 2466 mit Anm Maßfeller) bestimmt; zur idR nicht güterrechtlichen Einordnung der erst *in* der Ehe bewirkten Morgengabe s Art 14 Rz 34 und BGH FamRZ 1999, 217. Zur Abgrenzung zum Versorgungsausgleich BGH NJW 1993, 2049.

b) Schuld- und Sachenrecht. Abgrenzungen zum Statut einer schuld- oder gesellschaftsrechtlichen Beziehung sind so zu treffen, daß das Güterstatut über Vorschriften bestimmt, die bestimmte Rechtsgeschäfte zwischen Ehegatten Einschränkungen unterwerfen (zur Ehegattengesellschaft RG 163, 367; Stuttgart NJW 1958, 1972; zur Schenkung, wenn güterrechtliches, nicht allg Verbot besteht BGH NJW 1969, 369, s Art 14 Rz 34). Im übrigen aber unterliegen schuldrechtlich einzuordnende Rechtsgeschäfte zwischen Ehegatten und auch ihre Rückabwicklung grundsätzlich dem aus Art 27ff zu entnehmenden Schuldstatut (s zu Schenkung und „unbenannter Zuwendung" BGH FamRZ 1993, 520; aM insoweit Winkler v Mohrenfels IPRax 1995, 379); die Vornahme zwischen Ehegatten führt zum Güterstatut in aller Regel auch nicht über Art 28 V oder Art 41 II Nr 1 nF (s Erl dort Rz 17). Gegenüber Regeln der lex rei sitae, die auch bei Gegenständen, die Ehegattenvermögen ausmachen, über Eigentumserwerb, Besitz und Entstehung beschränkter dinglicher Rechte entscheiden (soweit richtig Köln NJW-RR 1994, 200, zu pauschal in Abw davon LG Berlin FamRZ 1993, 198 – Hochzeitsgeschenke) kann sich das Güterstatut nur in dem Umfang durchsetzen, den das Belegenheitsrecht konzediert (zur Unwirksamkeit der Begründung eines „trust" an einer inländischen Forderung BGH IPRax 1985, 221, 223; zur Unwirksamkeit von Legalhypotheken und gesetzlichem Ehegattennießbrauch kraft Güterrechts Frankfurt IPRax 1986, 239, 241; zur Begr „ausländischen" Gesamthandseigentums an inländischen Grundstücken BayObLG DNotZ 1986, 487, 489; LG Heilbronn BWNotZ 1981, 137, 140; s auch KG FamRZ 1973, 307, 309; s auch Rz 33 für den grundbuchlichen Eigentumsvermerk; zur dingl Berechtigung an Gesellschaftsanteilen Riering IPRax 1998, 322).

c) Erbrecht. Bei Beendigung des Güterstandes durch Tod eines Ehegatten hat das Güterrecht grundsätzlich Anwendungsvorrang vor dem Erbrecht. Zum Nachlaß kann nur rechnen, was nicht vorweg auf güterrechtlichem Wege dem überlebenden Ehegatten zufällt (LG Memmingen IPRax 1985, 41); der Anwendungsvorrang besteht auch dann, wenn – wie bei § 1371 II BGB – die Ausgleichsforderung erst mit dem Tod eines Ehegatten entsteht (BayObLG 1978, 276, 284). Besondere praktische Bedeutung kommt dieser Frage bei der Einordnung der Regeln der §§ 1371, 1931 BGB und hierbei vor allem des Zugewinnausgleichs durch pauschalierte Erhöhung des gesetzlichen Erbteils gemäß § 1371 I BGB zu. Der Streit um die erbrechtliche oder güterrechtliche Qualifikation des § 1371 I BGB (ausf Darst bei Clausnitzer IPRax 1987, 102ff) ist mit der inzwischen überwiegenden Auff in Rspr und Lehre iS güterrechtlicher Qualifikation zu entscheiden (ebenso Rspr: BayObLG FamRZ 1975, 416; BayObLG IPRax 1983, 100f; LG Wuppertal MittRhNotK 1988, 46, 47; LG Memmingen IPRax 1985, 41, 42; Karlsruhe NJW 1990, 1421; Hamm IPRspr 1995 Nr 119; LG Mosbach ZEV 1998, 489; Schrifttum: Clausnitzer MittRhNotK 1987, 15; ders IPRax 1987, 102; v Bar IPR II Rz 244; Pal/Heldrich Art 15 Rz 26; Schurig IPRax 1990, 389, 391; Soergel/Schurig[12] Art 15 Rz 38–41; Dörner IPRax 1994, 34; zuletzt Derstadt IPRax 2001, 84). **Die pauschalierte Regelung des § 1371 I BGB kommt für den überlebenden Ehegatten also nur zum Zuge, wenn in der Ehe deutsches Güterstatut und auf dieser Grundlage der gesetzliche Güterstand der Zugewinngemeinschaft bestand.** Die weitere Streitfrage, ob § 1371 I BGB nur dann zum Zuge kommen kann, wenn auch deutsches Recht Erbstatut ist, ist zu verneinen. **§ 1371 I kann ebenso mit fremdem Erbstatut zusammentreffen** (LG Bonn MittRhNotK 1985, 106 = IPRsp 1984 Nr 115; Soergel/Kegel[11] Art 15 aF Rz 11; Pal/Heldrich Art 15 Rz 26; v Bar IPR II Rz 244); nicht notwendig ist, daß dieses Recht dem deutschen Erbrecht vergleichbare Quoten festlegt (aA für wenigstens Vergleichbarkeit MüKo/Siehr Art 15 Rz 103; Schotten MittRhNotK 1987, 15, 19; abl auch Düsseldorf IPRsp 1987 Nr 105; MüKo/Birk Art 25 Rz 156; Vékas aaO 24; Schotten/Johnen DtZ 1991, 259; wN bei Erman/Marquordt[7] Art 15 aF Rz 13). Zu hohe oder zu niedrige Beteiligung des überlebenden Ehegatten im Verhältnis zu Miterben am Nachlaß ist durch **Anpassung** so zu korrigieren, daß er mindestens bzw höchstens das erhält, was ihm bei isolierter Anordnung des einen oder anderen Statuts zufließen würde (ebenso v Bar IPR II Rz 244; Pal/Heldrich Art 15 Rz 26; Schurig IPRax 1990, 389, 391; aA Kropholler IPR § 34 IV). Bsp: Bei ital Erbstatut und dt Güterstatut kann neben 2 ehelichen Kindern der Ehegatte nicht $1/3 + 1/4 = 7/12$, sondern nur $1/2$ bekommen, da die ital Erbquote von $1/3$ im Zuge der ital Familienrechtsreform als Ablösung früherer güterrechtlicher Abfindung des überlebenden Ehegatten konzipiert worden ist.

Güterrechtlich zu qualifizieren sind aus dem Vorschriftenkomplex des § 1371 BGB ferner § 1371 II Hs 1 BGB (BayObLG 1978, 276, 284) und § 1371 IV (Staud/v Bar Art 15 aF Rz 105; v Bar IPR II Rz 244). Erbrechtlichen Charakter haben § 1371 II Hs 2 BGB und III (Pal/Heldrich Art 15 Rz 27). Erbrechtlich einzuordnen ist auch § 1931 IV BGB (v Bar IPR II Rz 244; mit Modifikationen Jayme FS Ferid [1978] 221, 225; Pal/Heldrich Art 15 Rz 28; aA – güterrechtlich – Soergel/Schurig[12] Art 15 Rz 41; s auch Henrich, FS Schippel [1999] 905).

Bei Koppelung von Ehe- und Erbvertrag ist getrennt Güter- und Erbstatut maßgeblich (BayObLG 1981, 178; Pal/Heldrich Art 15 Rz 29).

V. Übergangsrecht (Art 15, 220 III)

1. Überblick. Das Güterstatut ist wegen seiner Langzeitwirkung und wegen des Grundsatzes der Unwandelbarkeit von Änderungen im IPR besonders betroffen; entsprechende große praktische Bedeutung haben deshalb gerade hier die Übergangsregelungen des intertemporalen Rechts. Die Reform des deutschen IPR suchte diesem Anliegen Rechnung zu tragen. Da der altrechtliche Grundsatz der Maßgeblichkeit des Mannesrechts (Art 15 aF) in den letzten Jahren seiner Anwendung im wesentlichen nur noch aus Gründen der Rechtssicherheit und des Vertrauensschutzes praktiziert worden war (BGH NJW 1980, 2643; NJW 1982, 1937), war nach der Umstellung der Anknüpfung auf eine gleichberechtigungskonforme Anknüpfung (BVerfG v 22. 2. 1983, BVerfG 63, 181 = BGBl 1983 I 525), die dann in Art 15 nF positivrechtlichen Ausdruck fand, das Bedürfnis nach einer einerseits der Gleichberechtigung (Art 3 II GG), anderseits dem verfassungserheblichen Vertrauensschutzgrundsatz Rechnung tragenden Übergangsregelung besonders entwickelt. Der Gesetzgeber ist dem Anliegen mit der zeitlich abstufenden Regelung des Art 220 III nachgekommen (Materialien: Begr RegE BT-Drucks 10/504, 85; Stellungnahme BR aaO 101; Gegenäußerung BReg aaO 106f; Bericht Rechtsausschuß aaO Nr 5632 S 45–46; s auch Pirrung IPVR

188–192; s ferner S. Lorenz aaO). Art 220 III läßt bei „Altehen", die vor dem 1. 4. 1953 geschlossen worden sind, die alte Anknüpfung (Art 15 aF) fortbestehen, räumt aber eine Rechtswahl-Möglichkeit ein (Abs III S 6). Für vom 1. 4. 1953 bis zum 8. 4. 1983 geschlossene Ehen gilt die Kernregelung der Übergangsnorm (Abs III S 1–4), die Gleichberechtigung und Vertrauensschutz durch Schaffung gestaffelter Kollisionsregeln und evtl Statutenwechsel zu erreichen sucht. Für nach dem 8. 4. 1983 geschlossene Ehen schließlich ist Rückwirkung des Art 15 nF angeordnet (Abs III S 5). Die von der Übergangsregelung angeordneten Zeitpunkte erklären sich wie folgt: Der 1. 4. 1953 ist gemäß Art 117 I GG der Stichtag, zu dem gleichberechtigungswidriges Güterrecht nach der Anordnung des Verfassungsgesetzgebers außer Kraft getreten ist. Art 15 aF war mit der Nichtigerklärung durch das BVerfG v 22. 2. 1983 (BGBl I 525) mit Wirkung zum 1. 4. 1953 rückwirkend außer Kraft. Der 9. 4. 1983 ist der Tag nach dem Bekanntwerden der zu Art 15 aF getroffenen Entscheidung des BVerfG v 22. 2. 1983 (s oben). Ab diesem Tag war neue, gleichberechtigungskonforme Anknüpfung, die in der Übergangszeit bis zur Neuregelung des IPR richterlich zu finden war, zu praktizieren (BGH 86, 57, 66). Für die Zeit vom 1. 4. 1953 bis zum 8. 4. 1983 war eine Gleichberechtigung und Vertrauensschutz zufriedenstellende Übergangsregelung, die rückwirkend zu praktizieren ist, zu finden.

41 **2. Die einzelnen Übergangsregelungen (Art 220 III 1–6). a) Eheschließung vor dem 1. 4. 1953 (Abs III S 6).** Altehen, die vor dem 1. 4. 1953 geschlossen worden sind (im Inland oder Ausland), bleiben gemäß Abs III S 6 von der Reform des Art 15 grundsätzlich unberührt. Ihr Güterstatut bestimmt sich nach der aus Art 15 aF entwickelten, gewohnheitsrechtlich geltenden allseitigen Kollisionsregel der Maßgeblichkeit des grundsätzlich durch die Staatsangehörigkeit bestimmten Heimatrechts des Ehemannes im Zeitpunkt der Eheschließung (unwandelbare Anknüpfung); s dazu Erman/Marquordt[7] Art 15 aF Rz 1–3. Wegen der Unwandelbarkeit des Güterstatuts bleiben die ab dem 1. 4. 1953 (s Rz 40) im gesamten deutschen Güterrecht geltenden Gleichberechtigungsregeln für diese Ehen ohne Wirkung (dazu BayObLG StAZ 1998, 208). Abs III S 6 ist im Hinblick auf Art 117 I GG mit Art 3 II GG vereinbar (ebenso MüKo/Siehr Art 15 Rz 145; Pal/Heldrich Art 15 Rz 6; v Bar IPR II Rz 228 Fn 571; s auch BVerfG FamRZ 1988, 920; BGH NJW 1988, 638f; zweifelnd Schurig IPRax 1988, 88f; Rauscher NJW 1987, 531; BVerfG Beschl v 18. 12. 2002, NJW 2003, 1656 = FamRZ 2003, 361 m Anm Henrich S 362 ist zu S 6 nicht einschlägig). Die Mannesrechtsanknüpfung kann durch die Ehegatten im Wege der Rechtswahl (S 6 Hs 2 iVm Art 15 II, III) durch die in Art 15 II zur Wahl gestellten Anknüpfungen ersetzt werden (dazu Rz 22ff).

42 **b) Eheschließung vom 1. 4. 1953 bis zum 8. 4. 1983 (Abs III S 1–4). aa)** Die Übergangsregelung der S 1–4 ist durch die Entscheidung des BVerfG v 22. 2. 1983 bedingt, die die Fortgeltung des Art 15 aF für die Zeit ab dem 1. 4. 1953 (so die überwiegende Rspr und Lehre in der Zeit vor der BVerfG-Entscheidung, s Rz 40; wN bei Erman/Marquordt[7] Art 15 aF Rz 2 mwN) abgelehnt und damit die rückwirkende Schaffung einer Übergangsregelung ab dem 1. 4. 1953 erforderlich gemacht hatte. Die als Reaktion hierauf Gesetz gewordene Übergangsregelung ist kompliziert und nicht in jeder Hinsicht frei von Verfassungsbedenken (S 3). Sie spaltet die Anknüpfung für den Güterstand in dieser Zeit geschlossener Ehen, indem sie aus Gründen des Vertrauensschutzes bis zum 9. 4. 1983 die von der deutschen Rspr praktizierte Anknüpfungsregelung grundsätzlich aufrecht zu erhalten sucht (S 1) und für die Zeit ab dem 9. 4. 1983 grundsätzlich Art 15 nF anwendet (S 2 und 3) und damit ggf Statutenwechsel mit der Notwendigkeit der Überleitung des einen in den anderen Güterstand eintreten läßt.

43 **bb)** Bis zum 9. 4. 1983 unterliegt der Güterstand dieser Ehen gem S 1 **in erster Linie** (S 1 Nr 1) dem gemeinsamen Heimatrecht der Ehegatten im Zeitpunkt der Eheschließung. (1) Für die Ermittlung des gemeinsamen Heimatrechts gelten die oben Rz 8, 18 dargelegten Gesichtspunkte. Bei Doppel- und Mehrstaatern bestimmt sich die iSd Nr 1 maßgebliche Staatsangehörigkeit demgemäß für jeden Ehegatten nach Art 5 I S 1 und 2 (BGH FamRZ 1986, 1200, 1203; FamRZ 1987, 679, 681; Karlsruhe IPRax 1990, 123; Pal/Heldrich Art 15 Rz 8, 9; aA Jayme IPRax 1987, 95, 96; IPRax 1990, 103; Schurig aaO 90; Soergel/Schurig[12] Art 220 Rz 41; zT abw MüKo/Siehr Art 15 Rz 158). Da S 1 hinsichtlich der Bestimmung der effektiven Staatsangehörigkeit keine Verweisung auf die vor dem 1. 9. 1986 in der Rspr praktizierten Regeln (BGH 75, 32 u st Rspr) enthält, ist insoweit von der jetzigen Regelung auszugehen. Aus Art 220 I und II folgt Gegenteiliges nicht. Für die Beachtlichkeit einer kraft Eheschließung erworbenen Staatsangehörigkeit s oben Rz 18; eine nach Eheschließung erworbene Staatsangehörigkeit, die dann gemeinsame Staatsangehörigkeit der Ehegatten bewirkt, genügt für Nr 1 nicht (BGH FamRZ 1987, 679, 681; aA Schurig aaO 90), kann jedoch für Nr 2 erheblich sein. Da S 1 Nr 1 Gesamtverweisung enthält, gelten die allgemeinen Regeln für Rück- und Weiterverweisung (Rz 7).

44 (2) Fehlt gemeinsames Heimatrecht gem Nr 1, kommt **in zweiter Linie** gem S 1 Nr 2 das Recht zum Zuge, dem beide Ehegatten durch formfreie ausdrückliche oder stillschweigende Rechtswahl sich unterstellt haben oder von dessen Anwendung sie tatsächlich und gemeinsam ausgegangen sind, insbesondere durch Abschluß eines Ehevertrages. Nr 2 enthält gem Art 4 I und II eine Sachnormverweisung, so daß Rück- und Weiterverweisung ausscheiden. Die Regelung der Nr 2 ist trotz ihrer Rückwirkung auf die Zeit bis zum 1. 4. 1953 mit den Erfordernissen der Verfassung an rückwirkende Regelungen (Vertrauensschutz) vereinbar, da sie gemeinsame, ggf mit dem seit 1. 4. 1953 praktizierten Recht nicht übereinstimmende rechtliche Vorstellungen der Parteien nachträglich legalisiert (BVerfG FamRZ 1988, 920; BGH FamRZ 1987, 680; Stuttgart FamRZ 1991, 709; Pal/Heldrich Art 15 Rz 9; aM Rauscher NJW 1987, 531, 533; IPRax 1988, 343, 348). Die von Nr 2 aufgestellten Anwendungsvoraussetzungen sind nur schwer in den Griff zu bekommen. Eine strenge Abgrenzung zwischen den Alternativen der gemeinsamen Unterstellung unter ein Recht und dem gemeinsamen Ausgehen von der Maßgeblichkeit eines Rechts ist nicht möglich (s BGH FamRZ 1988, 41), aber auch nicht erforderlich, da das jeweils erzielbare Ergebnis übereinstimmen wird. Die gemeinsame Unterstellung erfordert eine ausdrückliche oder stillschweigende (konkludente) Rechtswahl, die formfrei erfolgt sein kann. Zu „ausdrücklicher" Rechtswahl wird es vor dem 9. 4. 1983 angesichts der Praktizierung des Art 15 aF im Inland kaum gekommen sein; für eine konkludente Rechtswahl sind im Interesse weiter Anwendung der Nr 2 (BGH FamRZ 1986, 1200, 1202; NJW 1988, 638, 640) alle Umstände des Einzelfalls heranzuziehen (BGH FamRZ 1988, 41). Vor einer gekünstelt wirkenden Konstruktion stillschweigender Rechtswahl verdient jedoch die sorgfältige und großzügige Prüfung des gemeinsamen Ausgehens von der Geltung einer Rechtsordnung den Vorzug. Hierfür sind die gemeinsamen Vorstellungen der Ehepartner an Hand aller Umstände des Einzelfalles zu ermitteln (s zB BGH aaO und BGH FamRZ 1993, 291; 1998, 906; auch 1999, 217; Frankfurt FamRZ 1987, 1147; KG IPRax 1988, 106; Karlsruhe IPRax 1990, 122, 123; Düsseldorf FamRZ 1995, 1588; FG Düsseldorf RIW 1987, 644; Hamburg FamRZ 2001, 916, 918; Henrich IPRax 1987, 93, 94; Böhringer BWJZ 1987, 106). Als Anhaltspunkte können insbesondere der gewöhnliche Aufenthalt der Ehegatten, der Ort der Eheschließung, Erwerbstätigkeit, Grunderwerb, Verhalten bei der Bewirkung von Grundbucheintragungen, Mitgliedschaft in der Sozialversicherung, Befolgung der früheren – sich erst im Nachhinein als verfassungswidrig herausstellenden – Rechtspraxis zu Art 15 aF dienen. Es wäre wenig sinnvoll, das Faktum 30jähriger Praxis zu Art 15 aF hinweginterpretieren zu wollen (s auch BGH FamRZ 1993, 292; Köln FamRZ 1996, 1480 m Anm Henrich); gerade bei im Inland geführten Ehen aber kann durch solche Anwendung der Nr 2, die sich vom Prinzip der Geltung des für die konkrete Ehe maßgeblichen Rechts in der engsten Beziehung leiten läßt, häufig zu gleichberechtigungskonformer Geltung des deutschen gesetzlichen Güterrechts und damit zu verfassungsmäßig hergeleitetem Güterstand in der jeweiligen Ehe gelangt werden. Es genügt deshalb, daß die Ehegatten unbewußt und wie selbstverständlich von der Maßgeblichkeit der ihnen für ihre Ehe und deren Güterordnung nächstliegenden Rechtsordnung ausgegangen sind (Frankfurt FamRZ 1987, 1147; KG IPRax 1988, 107; Karlsruhe IPRax 1990, 123; Düsseldorf FamRZ 1995, 1588; s auch Henrich IPRax 1987, 93, 94; Puttfarken RIW 1987, 834, 840; Bedenken hiergegen bei Schurig aaO 91; MüKo/Siehr Art 15 Rz 152; Dörr NJW 1989, 1953, 1964). **Entscheidender Zeitpunkt** ist der letzte vor dem 9. 4. 1983 liegende Zeitpunkt, zu dem solche gemeinsamen Vorstellungen zu ermitteln sind; haben sich die gemeinsamen Vorstellungen im Laufe der Ehezeit bis zum 9. 4. 1983 geändert, bleiben die früheren Vorstellungen für die Bestimmung des Güterstatuts außer Betracht (BGH FamRZ 1988, 41; Karlsruhe IPRax 1990, 122, 123 m Anm Jayme 102). Das maßgebliche Güterstatut bestimmt sich dann nur nach den **zuletzt feststellbaren** gemeinsamen Vorstellungen. An dieser Handhabung von Nr 2 muß sich auch im Licht der Entscheidung des BVerfG v 18. 12. 2002 (Rz 41) nichts grundsätzliches ändern; indes ist die „unbewußte" Unterstellung, die auf faktische Weitergeltung von Art 15 aF (Mannesrechtsvorrang) hinausläuft, von S 1 Nr 2 nicht mehr gedeckt. Folge ist in diesen Fällen wiederum faktische Rückwirkung von Art 15 I nF in die Zeit nach dem 8. 4. 1983, s auch Henrich (Anm FamRZ 2003, 362).

(3) Läßt sich trotz des für Nr 2 geltenden großzügigen Maßstabes im Einzelfall keine gemeinsame Vorstellung 45
der Ehegatten iSd Nr 2 erschließen, soll gem **S 1 Nr 3 in letzter Linie** das Heimatrecht des Ehemannes zZt der Eheschließung gelten. Nr 3 erhält so als Übergangsregelung die als Regelkollisionsnorm verfassungswidrige Anknüpfung des Art 15 aF aufrecht. Als objektive Anknüpfung enthält Nr 3 Gesamtverweisung, bei der Rück- und Weiterverweisung zu beachten sind. Die Verfassungsmäßigkeit des S 1 Nr 3 ist demgemäß auch heftig umstritten (für Verfassungsmäßigkeit: BGH FamRZ 1986, 1200, 1202 unter der Voraussetzung der weiten Auslegung von Nr 2; BGH FamRZ 1987, 649, 680; Pal/Heldrich Art 15 Rz 10; Lichtenberger DNotZ 1987, 297; Sonnenberger FS Ferid [1988] 460; v Bar IPR II Rz 231 Fn 591; aA: MüKo/Siehr Art 15 Rz 173; Basedow NJW 1986, 2971, 2974; Rauscher NJW 1987, 532, 534; Puttfarken RIW 1987, 834; Schurig aaO 93; Henrich IPRax 1987, 94; Winkler v Mohrenfels IPRax 1995, 384; offengelassen von Karlsruhe IPRax 1990, 122, 124; s auch Lüderitz FS Rechtswiss Fakultät Köln [1988] 275). Auch im Lichte neuerer Rspr des BVerfG zur Verfassungslage bei subsidiärer Heranziehung der Mannesposition (§ 1355 II S 1 BGB, BVerfG v 5. 3. 1991, BGBl I 807) hätte Art 220 III S 1 Nr 3 Bestand haben können, da seine Regelung von dem 8. 4. 1983 nicht hinauswirkt und lediglich die bis dahin bestehende ganz herrschende Gerichtspraxis für Notfälle sanktioniert, in denen Nr 1 und Nr 2 versagen (zu solchen Fällen Zweibrücken FamRZ 1988, 623f; Karlsruhe IPRax 1990, 122, 124; krit zu beiden im Hinblick auf die Nichtanwendung von Nr 2 zu Recht v Bar IPR II Rz 231 Fn 590). Allerdings sieht das BVerfG in seinem Beschluß der 3. Kammer v 18. 12. 2002 (Rz 41 und 44) dies jetzt anders. Danach ist die in S 1 Nr 2 bei weiter Auslegung versteckte Mannesrechtsanknüpfung, wenn sie erheblich wird, nicht verfassungsgemäß. Diese Befolgung der Entscheidung läuft i Erg auf Rückwirkung von Art 15 nF in die Zeit vor dem 9. 4. 1983 (bis frühestens 1. 4. 1953) hinaus.

cc) Ab dem 9. 4. 1983 unterliegt der Güterstand dieser Ehen gem **S 2 Art 15 nF**. Die von S 1 und 2 getroffene 46
zeitliche Differenzierung ist verfassungsgemäß (BVerfG FamRZ 1988, 920; BGH FamRZ 1987, 680; Karlsruhe IPRax 1990, 124; Stuttgart FamRZ 1991, 709). Ermöglicht ist durch das Zusammenwirken von S 1 und S 2 zwar ein **Statutenwechsel**, doch kommt es bei Handhabung des S 1 iSd oben Rz 43–45 gemachten Erl nur in seltenen Fällen dazu. **(1) Kein Statutenwechsel** wird in den Fällen bewirkt, in denen sich gem S 1 Nr 1 das Güterstatut für die Zeit vor dem 9. 4. 1983 nach dem gemeinsamen Heimatrecht der Ehegatten bestimmt, da auch Art 15 nF iVm Art 14 I Nr 1 in erster Linie das gemeinsame Heimatrecht beruft und letzteres für die Zeit vor und nach dem 9. 4. 1983 gleich zu bestimmen ist (s Rz 43; abw MüKo/Siehr Art 15 Rz 158, 175). **(2) Kein Statutenwechsel** wird regelmäßig auch in den Fällen bewirkt, in denen sich Ehegatten vor dem 9. 4. 1983 gem S 1 Nr 2 einer Rechtsordnung unterstellt haben oder von ihrer Maßgeblichkeit ausgegangen sind, da derartige Vorstellungsbildung der Ehegatten durch großzügige Anwendung des über S 2 ab dem 9. 4. 1983 auch zur Anwendung berufen Art 15 II auch in die Zeit ab dem 9. 4. 1983 im Interesse der Vermeidung eines Statutenwechsels und eines damit ggf verbundenen Güterstandswechsels hinübergerettet werden können. Hatten die Ehegatten durch konkludente oder fingierte Rechtswahl gem S 1 Nr 2 ein neues Recht oder gemäß Art 15 I iVm Art 14 II, III oder gemäß Art 15 II Nr 1–3 wählbares Recht „gewählt", so bleibt diese Bestimmung des Güterstatuts durch „Wahl" auch für die Zeit ab dem 9. 4. 1983 in Wirksamkeit, ohne daß sie nunmehr der in Art 15 III, 14 IV vorgesehenen strengeren Form bedürfte (s Rechtsausschuß BT-Drucks 10/5632, 46; BGH FamRZ 1986, 1200, 1202; Karlsruhe IPRax 1990, 122, 123; Pal/Heldrich Art 15 Rz 11). Gleiches gilt für den Fall, daß die Ehegatten von der Geltung eines Güterrechts

„ausgegangen waren". Auch wenn hierbei und damit wohl in den meisten Fällen keine eigentliche Rechtswahl geschehen ist, liegt doch eine – wenngleich zumeist nur aus Anhaltspunkten erschließbare – Willensbildung der Ehegatten vor, die im Interesse grundsätzlicher Unwandelbarkeit und Einheitlichkeit des Güterstatuts und wegen des bei der Schaffung einer Übergangsregelung gewichtigen Gesichtspunkts des Vertrauensschutzes fortwährenden Bestand haben soll (ebenso für Gleichbehandlung mit dem Fall der formlosen Rechtswahl BGH FamRZ 1987, 681; 1988, 41; 1993, 291; 1998, 906; BFH NJW-RR 1998, 1040, 1041; Lichtenberger MittBayNot 1987, 258; Pal/Heldrich Art 15 Rz 11; Henrich Art FamR 80; aA MüKo/Siehr Art 15 Rz 179). Wird bei der Prüfung zu Nr 2 eine **gemeinsame** Vorstellung der Eheleute ermittelt (s Rz 44; KG IPRax 1988, 107; Karlsruhe IPRax 1990, 122, 124), dann können Verfassungsbedenken, die sich auf die Tradierung des Mannesrechts über den 8. 4. 1983 hinaus stützen (Henrich IPRax 1987, 93, 95; MüKo/Siehr Art 15 Rz 179; Schurig aaO 92; Siehr FS Ferid [1988] 440), nicht durchgreifen, weil durch die gemeinsame Praktizierung des Güterstandes die verfassungswidrige Ausgangslage überholt worden ist (ähnl Pal/Heldrich Art 15 Rz 11; s auch Mansel, FS Geimer [2002] 625, 636).

47   (3) Zum **Statutenwechsel** kommt es dort, wo die Ehegatten vor dem 9. 4. 1983 sich einem nach Art 15 I, II nicht mehr wählbaren Recht unterstellt haben (praktisch nicht vorkommend) oder wo das Güterstatut vor dem 9. 4. 1983 gemäß S 1 Nr 3 dem Mannesrecht zu entnehmen ist. Der Statutenwechsel führt gem **Abs III S 2** zu dem gem Art 15 I iVm Art 14 I Nr 1–3 maßgeblichen Güterstatut; gemäß **S 3** ist in zeitlicher Hinsicht nicht an den Zeitpunkt der Eheschließung, sondern an den 9. 4. 1983 anzuknüpfen. Neues Güterstatut ist das für diesen Zeitpunkt sich aus Art 15 I ergebende Statut (BGH FamRZ 1993, 291; BFH NJW-RR 1998, 1041).

48   (4) Bewirkt die in S 1–3 getroffene Regelung im Einzelfall einen Statutenwechsel, so ist hinsichtlich der **Folgen des Statutenwechsels** zu unterscheiden. Für den Güterstand und die güterrechtlichen Beziehungen der Ehegatten erhebliche Vorgänge (Tod, Scheidung, sonstige Eheauflösung), die vor dem 9. 4. 1983 eingetreten sind, beurteilen sich in ihren güterrechtlichen Folgen nach dem bis zum 8. 4. 1983 geltenden Güterstatut. Vorgänge, die ab dem 9. 4. 1983 eintreten, bewirken güterrechtliche Folgen allein nach dem neuen, seit dem 9. 4. 1983 für die Ehe geltenden Güterstatut. Der Statutenwechsel hat demgemäß **keine Aufspaltung** des Vermögens der Ehegatten in zwei historisch getrennte Vermögensmassen zu Folge (BGH FamRZ 1986, 1200, 1202; 1987, 679, 680; Karlsruhe IPRax 1990, 122, 123; krit insofern Dörner IPRax 1994, 34) und bedingt nicht notwendig die Auseinandersetzung des am Stichtag 9. 4. 1983 vorhandenen Vermögens (BGH FamRZ 1987, 679, 680; str, aM Rauscher NJW 1987, 532; IPRax 1988, 343, 347; Lichtenberger DNotZ 1987, 302; Schurig aaO 93). Das ab dem 9. 4. 1983 bestehende Güterstatut und die danach eingetretene Güterstand bestimmen deshalb hinsichtlich des gesamten Vermögens über die güterrechtliche Lage des Ehegattenvermögens (zB Ersetzung der Gütertrennung fremden Rechts durch Zugewinngemeinschaft deutschen Rechts: Bei Scheidung oder Tod Zugewinnausgleich hinsichtlich des Ehegattenvermögens; bei Ersetzung der Zugewinngemeinschaft durch zB Gütertrennung fremden Rechts Ausgleichsregelung nur nach dem neuen Güterstand; bei Ersetzung von Gütergemeinschaft durch Zugewinngemeinschaft Änderung der dinglichen Rechtslage, bei Grundstücken ggf wegen Änderung von Gesamthandseigentum in Bruchteilseigentum GB-Berichtigung erforderlich). Wie die Überleitung des alten in den neuen Güterstand hinsichtlich des Schicksals des Ehegattenvermögens (zB Berechnung des Anfangsvermögens) zu geschehen hat, ist strittig (s Lichtenberger MittBayNot 1987, 258; Rauscher IPRax 1988, 343, 348; v Bar IPR II Rz 231). Maßgeblich hierfür sind die Überleitungsregeln des neuen Güterstandes (s Rz 25, 29). In den praktisch ggf bedeutsam werdenden Fällen mit erheblichem Inlandsbezug können Härten uU durch Anwendung besonderer familienrechtlicher Ausgleichsansprüche, wie sie für Gütertrennung und für den Ausgleich von Zuwendungen zwischen Ehegatten vor Eingehung der in Zugewinngemeinschaft gelebten Ehe entwickelt worden sind (BGH 84, 361; 111, 8; NJW 1991, 2553; NJW 1992, 427), ausgeglichen werden.

49   (5) Ansprüche der eben genannten Art und sonstige Ansprüche des einen gegen den anderen Ehegatten, die wegen der durch den Statutenwechsel bedingten Beendigung des alten Güterstandes in einer Ehe folgen konnten, für die vor der Neuregelung die Maßgeblichkeit anderen, weniger ergiebigen Güterrechts zugrunde zu legen war, wurden von **Abs III S 4** für die Zeit vom 9. 4. 1983 bis zum 1. 9. 1986 für in dieser Zeit eingegangene Ehen **gestundet**. Die Regelung sollte sicherstellen, daß derartige Ansprüche nicht bereits verjährt waren, bevor sie bei Inkrafttreten des neuen IPR und des Art 220 III den betroffenen Ehegatten überhaupt ersichtlich geworden waren (s zu dieser Begrenzung BGH FamRZ 1987, 679, 680 m abl Aufs Rauscher IPRax 1988, 343, 347).

50   c) **Eheschließung nach dem 8. 4. 1983 (Abs III S 5)**. Auf Ehen, die ab dem 9. 4. 1983 geschlossen worden sind, ist gemäß Abs III S 5 das neue Güterkollisionsrecht des Art 15 nF uneingeschränkt anwendbar. Auch bei Ehen, die zwischen dem 9. 4. 1983 und dem Inkrafttreten der IPR-Reform am 1. 9. 1986 geschlossen worden sind, bestimmt sich das Güterstatut also einheitlich nach Art 15 nF. Art 15 nF gilt insoweit auch für güterrechtsrelevante Vorgänge, die in dieser Zeit geschehen sind und nach dem Inkrafttreten der IPR-Reform justitiabel werden. Für die Anwendung des Art 15 auf Vorgänge in und aus der genannten Zeitspanne gelten die allgemeinen Regeln; Staatsangehörigkeit und gemeinsame Staatsangehörigkeit bestimmen sich insofern schon nach Art 5 I (s Rz 18; aA Schurig aaO 89).

VI. Ergänzende Sonderregelung für deutsche Flüchtlinge, Vertriebene, Aus- und Übersiedler (Gesetz über den ehelichen Güterstand von Vertriebenen und Flüchtlingen v 4. 8. 1969, BGBl I 1067)

51   **1. Grundsätze und Anknüpfungsinhalte des Gesetzes. a) Gesetzgebungsgrund.** Durch das Gesetz v 4. 8. 1969 (Schrifttum dazu: Herz DNotZ 1970, 134; Firsching FamRZ 1970, 452; Silagi IPRax 1982, 100; Henrich IPRax 1983, 25; Wassermann FamRZ 1990, 333) hat der deutsche Gesetzgeber im Interesse der güterrechtlichen Integration deutscher Flüchtlinge und Vertriebener unter Beiseiteschiebung des Grundsatzes der Unwandelbarkeit des Güterstatuts korrigierend eingegriffen und diesem Personenkreis das Güterrecht des BGB vermittelt. Das Gesetz ist durch die IPR-Reform in seiner Geltung nicht berührt worden; gemäß **Art 15 IV** gilt es nach wie vor. Es

gilt damit heute im gesamten räumlichen Geltungsbereich des deutschen IPR, dh auch im Beitrittsgebiet gemäß Einigungsvertrag (s Rz 4, 16).
b) Zeitliche Geltung. Das Gesetz ist gemäß § 7 seit dem 1. 10. 1969 in Kraft. **Rückwirkung** ist ihm **nicht** beigelegt worden (Hamm NJW 1977, 1591; aA Sonnenberger FS Ferid [1988] 447, 458). Eine ändernde Ergänzung ist im Hinblick auf die unten c erörterte Anwendung auf „Spätaussiedler" in Erwägung, aber noch nicht Gesetz geworden, s Finger FuR 2002, 342, 344; Staud/Mankowski [2003] Art 15 Rz 442.
c) Persönlicher Geltungsbereich. Das Gesetz erfaßt die Güterstandsregelung für **Vertriebene** und **„Sowjetzonenflüchtlinge"** iSd §§ 1, 3, 4 BVFG. Gem der Regelung des § 1 II Nr 3 BVFG aF (vor 1993) waren deshalb auch **Spätaussiedler**, sofern sie deutsche Staats- oder Volkszugehörigkeit hatten, durch das Gesetz erfaßt. Seit der Rechtsänderung v 1993 für das BVFG bedarf es für Spätaussiedler iSv § 4 BVFG, die nach dem 31. 12. 1992 ausgesiedelt sind, uU analoger Heranziehung von § 1 I 1 (im Hinblick auf die Änderungen in §§ 3, 4ff BVFG für die Deutscheneigenschaft von Spätaussiedlern u ihren Ehegatten, für die ggf Deutscheneigenschaft in Person nicht herzuleiten ist. Solche analoge Anwendung ist dann möglich (aA Pal/Heldrich[62] Anh Art 15 Rz 2), s auch Scheugenpflug MittRhNotK 1999, 375, 376; wie hier wohl Staud/Mankowski [2003] Art 15 Rz 439, 441, 442. Gemäß § 1 I S 2 sind auch Deutsche aus der ehemaligen DDR und dem ehemaligen Ost-Berlin erfaßt, die aus diesen Gebieten in die ehem. BRepD „zugezogen" sind. Eben deswegen erfaßt das Gesetz auch noch den Personenkreis, der bis zur Erlangung der staatlichen Einheit Deutschlands am 3. 10. 1990 als **„Übersiedler"** seinen gewöhnlichen Aufenthalt in das ehem Gebiet der BRepD verlegt hatte (Wassermann FamRZ 1990, 333, 341).

d) Kollisionsrechtliche Wirkung. aa) Das Gesetz vermittelt gem **§ 1 I S 1, § 3** dem oben c genannten Personenkreis unter bestimmten Voraussetzungen die gesetzliche Geltung des BGB. Es bewirkt also kollisionsrechtlich **Statutenwechsel** und sachlichrechtlich **Güterstandswechsel. bb)** Erste Voraussetzung dafür ist, daß (1) entweder beide Ehegatten am 1. 10. 1969 ihren gemeinsamen gewöhnlichen Aufenthalt im damaligen Geltungsbereich des Gesetzes hatten (§ 1 I S 1) oder (2) daß sie solchen gemeinsamen Aufenthalt nach dem 1. 10. 1969 (gleichzeitig oder nacheinander) begründet haben (§ 3 S 1) (zur Vermögensspaltung bei sukzessiver Übersiedlung aus der DDR gem § 3 I s Brandenburg DtZ 1997, 204: Altvermögen fällt weiter unter DDR-Güterrecht, s dazu Soergel/Hohloch[13] Einl vor § 1363 Rz 14ff). **cc) Weitere Voraussetzung** ist, daß die Ehegatten nicht vor dem 1. 10. 1969 ihren vorher innegehabten Güterstand ins Güterrechtsregister hatten eintragen lassen (§ 1 II) und daß nicht gemäß §§ 2, 4 Fortgeltung des bisherigen Güterstandes beantragt worden ist. **dd) Dritte Voraussetzung** ist, daß die Ehegatten im Zeitpunkt, in dem für sie das Gesetz anwendbar geworden ist, in einem gesetzlichen Güterstand eines Rechts gelebt haben, das nicht als Bundesrecht erfaßt werden kann (keine Anwendung auf Sudetendeutsche, deren früherer partikularrechtlicher Güterstand nach östABGB gem Art 117 I GG ab 1. 4. 1953 in den Güterstand der Gütertrennung nach deutschem Recht übergeleitet war, BGH FamRZ 1976, 612; keine Anwendung auf Deutsche aus der ehem DDR mit kraft Rückverweisung durch das RAG Güterstand gem BGB, Pal/Heldrich Anh Art 15 Rz 2; aA Wassermann FamRZ 1990, 333, 337).

2. Gesetzestext

§ 1

(1) Für Ehegatten, die Vertriebene oder Sowjetzonenflüchtlinge sind (§§ 1, 3 und 4 des Bundesvertriebenengesetzes), beide ihren gewöhnlichen Aufenthalt im Geltungsbereich dieses Gesetzes haben und im gesetzlichen Güterstand eines außerhalb des Geltungsbereichs dieses Gesetzes maßgebenden Rechts leben, gilt vom Inkrafttreten dieses Gesetzes an das eheliche Güterrecht des Bürgerlichen Gesetzbuchs. Das gleiche gilt für Ehegatten, die aus der sowjetischen Besatzungszone Deutschlands oder dem sowjetisch besetzten Sektor von Berlin zugezogen sind, sofern sie im Zeitpunkt des Zuzugs deutsche Staatsangehörige waren oder, ohne die deutsche Staatsangehörigkeit zu besitzen, als Deutsche im Sinne des Artikels 116 Abs. 1 des Grundgesetzes Aufnahme gefunden haben.

(2) Die Vorschriften des Absatzes 1 gelten nicht, wenn im Zeitpunkt des Inkrafttretens der bisherige Güterstand im Güterrechtsregister eines Amtsgerichts im Geltungsbereich dieses Gesetzes eingetragen ist.

(3) Für die Berechnung des Zugewinns gilt, wenn die in Absatz 1 genannten Voraussetzungen für die Überleitung des gesetzlichen Güterstandes in das Güterrecht des Bürgerlichen Gesetzbuchs bereits damals vorlagen, als Anfangsvermögen das Vermögen, das einem Ehegatten am 1. Juli 1958 gehörte. Liegen die Voraussetzungen erst seit einem späteren Zeitpunkt vor, so gilt als Anfangsvermögen das Vermögen, das einem Ehegatten in diesem Zeitpunkt gehörte. Soweit es in den §§ 1374, 1376 des Bürgerlichen Gesetzbuchs auf den Zeitpunkt des Eintritts des Güterstandes ankommt, sind diese Vorschriften sinngemäß anzuwenden.

§ 2

(1) Jeder Ehegatte kann, sofern nicht vorher ein Ehevertrag geschlossen worden oder die Ehe aufgelöst ist, bis zum 31. Dezember 1970 dem Amtsgericht gegenüber erklären, daß für die Ehe der bisherige gesetzliche Güterstand fortgelten solle. § 1411 des Bürgerlichen Gesetzbuchs gilt entsprechend.

(2) Wird die Erklärung vor dem für die Überleitung in das Güterrecht des Bürgerlichen Gesetzbuchs vorgesehenen Zeitpunkt abgegeben, so findet die Überleitung nicht statt.

(3) Wird die Erklärung nach dem Zeitpunkt der Überleitung des Güterstandes abgegeben, so gilt die Überleitung als nicht erfolgt. Aus der Wiederherstellung des ursprünglichen Güterstandes können die Ehegatten untereinander und gegenüber einem Dritten Einwendungen gegen ein Rechtsgeschäft, das nach der Überleitung zwischen den Ehegatten oder zwischen einem von ihnen und dem Dritten vorgenommen worden ist, nicht herleiten.

§ 3

Tritt von den in § 1 Abs. 1 genannten Voraussetzungen für die Überleitung des Güterstandes die Voraussetzung, daß beide Ehegatten ihren gewöhnlichen Aufenthalt im Geltungsbereich dieses Gesetzes haben, erst nach dem Inkrafttreten des Gesetzes ein, so gilt für sie das Güterrecht des Bürgerlichen Gesetzbuchs vom Anfang des nach Eintritt dieser Voraussetzung folgenden vierten Monats an. § 1 Abs. 2, 3 Satz 2, 3 ist entsprechend anzuwenden. Die Vorschriften des § 2 gelten mit der Maßgabe, daß die Erklärung binnen Jahresfrist nach dem Zeitpunkt der Überleitung abgegeben werden kann.

§ 4

(1) Für die Entgegennahme der in den §§ 2, 3 vorgesehenen Erklärung ist jedes Amtsgericht zuständig. Die Erklärung muß notariell beurkundet werden.

(2) Haben die Ehegatten die Erklärung nicht gemeinsam abgegeben, so hat das Amtsgericht sie dem anderen Ehegatten nach den für Zustellungen von Amts wegen geltenden Vorschriften der Zivilprozeßordnung bekanntzumachen. Für die Zustellung werden Auslagen nach § 137 Nr. 2 der Kostenordnung nicht erhoben.

(3) Wird mit der Erklärung ein Antrag auf Eintragung in das Güterrechtsregister verbunden, so hat das Amtsgericht den Antrag mit der Erklärung an das Registergericht weiterzuleiten.

(4) Der auf Grund der Erklärung fortgeltende gesetzliche Güterstand ist, wenn einer der Ehegatten dies beantragt, in das Güterrechtsregister einzutragen. Wird der Antrag nur von einem der Ehegatten gestellt, so soll das Registergericht vor der Eintragung den anderen Ehegatten hören. Besteht nach Lage des Falles begründeter Anlaß zu Zweifeln an der Richtigkeit der Angaben über den bestehenden Güterstand, so hat das Registergericht die erforderlichen Ermittlungen vorzunehmen.

§ 5

Für die Beurkundung der Erklärung nach § 2 Abs. 1, für die Aufnahme der Anmeldung zum Güterrechtsregister und für die Eintragung in das Güterrechtsregister beträgt der Geschäftswert 3000 Deutsche Mark.

§ 6

Dieses Gesetz gilt nach Maßgabe des § 13 des Dritten Überleitungsgesetzes vom 4. Januar 1952 (Bundesgesetzbl. I S. 1) auch im Land Berlin.

§ 7

Dieses Gesetz tritt am 1. Oktober 1969 in Kraft; die §§ 2, 4 und 5 treten jedoch am Tage nach der Verkündung* in Kraft.

VII. Staatsverträge

54 Zum Wortlaut des nach der Kündigung (Wirkung zum 23. 8. 1987) nicht mehr anwendbaren **Haager Ehewirkungsabkommens** von 1905 s den Abdruck bei Erman/Marquordt[7] Anh Art 15 aF. Daselbst auch Kurzkommentierung. Für Übergangsfragen, für die wegen der Verfassungswidrigkeit von Art 2 I des Abkommens keine Abkommensnorm besteht, gilt Art 220 III entsprechend (s Rz 5 und BGH FamRZ 1986, 1200). Siehe zu Staatsverträgen iü Rz 6.

16 *Schutz Dritter*

(1) Unterliegen die güterrechtlichen Wirkungen einer Ehe dem Recht eines anderen Staates und hat einer der Ehegatten seinen gewöhnlichen Aufenthalt im Inland oder betreibt er hier ein Gewerbe, so ist § 1412 des Bürgerlichen Gesetzbuchs entsprechend anzuwenden; der fremde gesetzliche Güterstand steht einem vertragsmäßigen gleich.

(2) Auf im Inland vorgenommene Rechtsgeschäfte ist § 1357, auf hier befindliche bewegliche Sachen § 1362, auf ein hier betriebenes Erwerbsgeschäft sind die §§ 1431 und 1456 des Bürgerlichen Gesetzbuchs sinngemäß anzuwenden, soweit diese Vorschriften für gutgläubige Dritte günstiger sind als das fremde Recht.

Schrifttum: *Amann*, Eigentumserwerb unabhängig von ausländischem Güterrecht?, MittBayNot 1986, 222; *Dästner*, Der Verkehrsschutz im deutschen internationalen Eherecht (Art 16 EGBGB), Diss Göttingen 1970; *Liessem*, Guter Glaube beim Grundstückserwerb von einem durch seinen Güterstand verfügungsbeschränkten Ehegatten?, NJW 1989, 497; *Reithmann*, Schutz des Rechtsverkehrs bei Geschäften mit verheirateten Personen, DNotZ 1961, 3; *Reithmann/Martiny/Hausmann*, Internationales Vertragsrecht (5. Aufl 1996) Rz 1085–1092; *Schotten*, Der Schutz des Rechtsverkehrs im IPR, DNotZ 1994, 670; *Christian Schröder*, Das Günstigkeitsprinzip im IPR (1996).

I. Allgemeines

1 **1. Vorgeschichte und altes Recht.** Aufgrund der gem Art 14, 15 für die allgemeinen und güterrechtlichen Wirkungen der Ehe geltenden Primäranknüpfung an die gemeinsame Staatsangehörigkeit und wegen der in Art 14 II–IV und in Art 15 I und II eröffneten Möglichkeit der Wahl des Ehewirkungs- oder des Güterstatuts ist bei einem beträchtlichen Anteil der im Inland lebenden Ausländer die Möglichkeit der Geltung fremden Ehewirkungs- und Güterrechts gegeben. Bei lediglich vorübergehend sich im Inland aufhaltenden Personen gilt Gleiches. Da die vielfachen Abweichungen, die nationalen Güterrechte voneinander trennen, im inländischen Rechtsverkehr keineswegs als bekannt vorausgesetzt werden können, ist der Inlandsverkehr schutzbedürftig. Schon das alte Recht verwirklicht solchen Schutz im Art 16 aF. Die IPR-Reform hat den von Art 16 aF gewährten Verkehrsschutz in der Sache im wesentlichen aufrechterhalten, ähnlich den bei Art 12 vorgenommenen Änderungen (s Art 12 Rz 1, 2) ist

---
* Verkündung: 5. 8. 1969

jedoch der objektiv formulierte Verkehrsschutz des alten Rechts auf einen Gutglaubensschutz umgestellt worden (dazu Begr RegE BT-Drucks 10/504, 59; Bericht Rechtsausschuß, BT-Drucks 10/5632, 42). Verkehrsschutz gegen Abweichungen des Güterrechts sucht Abs I dadurch zu verwirklichen, daß sie Dritten gegenüber nur entgegengehalten werden können, wenn sie diesen bekannt oder im Inland in ein Güterrechtsregister eingetragen sind. Verkehrsschutz gegenüber abweichenden allgemeinen Ehewirkungen wird gem Abs II dadurch bewirkt, daß bei Inlandsgeschäften im Rahmen eines Gutglaubensschutzes die Geltung der insofern wichtigsten Regeln des deutschen Eherechts angeordnet ist; das fremde, funktionell vergleichbare Recht kommt nur zur Anwendung, wenn es dem Dritten günstiger als das deutsche Recht ist.

2. Spezielleres Abkommensrecht. Auch für Art 16 gilt Art 3 II S 1. Soweit Staatsverträge unmittelbar anwendbares Recht geworden sind, gehen sie vor. ZZt ist das Problem allerdings kaum aktuell. Für den Bereich der Ehewirkungen insgesamt gilt derzeit für Deutschland nur ein Abkommen, das Deutsch-Iranische Niederlassungsabkommen v 17. 2. 1929 (RGBl 1930 II 1006; 1931 II 9; BGBl 1955 II 829; abgedr bei Jayme/Hausmann); in dessen Anwendungsbereich ist Art 16 wegen seiner allgemeinen Begrenzungswirkung gem Art 8 III S 2 des Abk anwendbar. Das zuletzt nur noch gegenüber Italien in Kraft befindliche Haager Ehewirkungsabkommen v 1905 (s Art 14 Rz 4, 35), dessen Art 8 I früher gegenüber Art 16 speziell war, ist am 23. 8. 1987 außer Kraft getreten (BGBl 1986 II 505). Das Haager Übereinkommen über das auf Ehegüterstände anwendbare Recht v 14. 3. 1978, das in Art 9 II–IV eine Drittschutzregelung enthält, ist für Deutschland noch nicht in Kraft.

3. Geltung allgemeiner Regeln. Art 16 verdrängt in seinem Anwendungsbereich die Ordre-public-Regel des Art 6 S 1 (vgl auch Art 12 Rz 4). Zur Anwendbarkeit von Art 6 im Anknüpfungsbereich der Art 14, 15 s Erl dort und bei Art 6 Rz 35, 36.

4. Eine entsprechende Anwendung von Art 16 I im Bereich des **innerdeutschen Kollisionsrechts** ist möglich (so praktiziert vor dem 3. 10. 1990, s München NJW 1953, 628; MüKo/Siehr Art 16 Rz 44); für den Bereich des Ehegüterrechts kommt sie dort in Betracht, wo Ehegatten im Beitrittsgebiet gem Art 234 § 4 II S 1 für die Beibehaltung des bisherigen gesetzlichen Güterstandes optiert haben, da die dort in Abs II S 2 enthaltene Einwendungsausschlußregel lediglich frühere Geschäfte schützt (s dazu die Erl zu Art 234 § 4 oben Rz 15 und Rauscher DNotZ 1991, 209). Eine entsprechende Anwendung von Abs II ist entbehrlich, da im Bereich der allgemeinen Ehewirkungen Rechtsverschiedenheit gem Art 234 §§ 1, 3 nicht gegeben ist.

5. Die **praktische Bedeutung** von Art 16 ist unter Berücksichtigung des oben Rz 1 Gesagten groß. Die Regelung bewirkt gem Abs I in der Praxis die Durchsetzung der in §§ 1363ff BGB Gesetz gewordenen Anschauungen auch im Verkehr mit Eheleuten mit abweichendem Güterstand, da Eintragungen in deutsche Güterrechtsregister nur in Ausnahmefällen bewirkt werden. Ebenso hat Abs II zur praktischen Folge die Handhabung der dort genannten Vorschriften des deutschen Rechts auch in faktisch allen Rechtsgeschäften mit Partnern einer Ehe mit ausl Ehewirkungsstatut. Die von Abs II ermöglichte Günstigkeitsprüfung kann bei entsprechender stillschweigender Rechtswahl für das Rechtsgeschäft uU durch wahlmäßige Festlegung auf §§ 1357, 1362 BGB usw unterlaufen bzw ausgeschlossen werden (s BGH NJW 1992, 909 = LM BGB § 1357 Nr 7 mit Anm Hohloch; BGH NJW 1988, 1592). Die von Art 16 bewirkte Regelung scheint so selbstverständlich betrachtet zu werden (s LG Aurich FamRZ 1990, 776 und dazu Roth IPRax 1991, 320), Rechtsstreitigkeiten, die zu publizierten Entscheidungen führen, sind kaum vorhanden (s noch Celle IPRax 1993, 96 Anm Jayme S 80; Frankfurt am Main IPRax 2001, 140 m Aufs Henrich S 113). Das Vorhandensein der Schutzregel des Art 16 enthebt aber beurkundende Notare und Grundbuchämter beim Erwerb von Grundstücken durch Ehegatten mit abweichendem Güterstatut (und ggf gesetzlich angeordnetem Gemeinschaftserwerb bei Errungenschafts- oder Gütergemeinschaft) nicht von der Pflicht zur Beachtung dieser güterrechtlichen Situation. Zur dann erforderlichen Eintragung der Eigentumsqualität (Miteigentum, Gesamthandseigentum) s Erl Anm 15 Rz 33 aE und dortige Rspr.

II. Ausländisches Güterrecht und Inlandsverkehr (Abs I)

1. Inhalt und Zweck. Abs I schränkt im Interesse der Sicherheit des inländischen Rechtsverkehrs die Maßgeblichkeit von gem Art 15 geltendem ausl Güterrecht bei Teilnahme der Eheleute am inländischen Rechtsverkehr ein. Bei gem Art 15 grundsätzlich für sie geltendem ausländischen Güterrecht können sich die Ehegatten entsprechend § 1412 BGB gegenüber Dritten bei einem Rechtsgeschäft oder Rechtsstreit auf ihr ausländisches Güterrecht nur dann berufen, wenn dieser Güterstand im deutschen Güterrechtsregister eingetragen ist oder der Dritte diesen Güterstand kennt. Analoge Anwendbarkeit auf die eingetragene Lebenspartnerschaft oder sonstige registrierte Gemeinschaften ist nicht gegeben. Insoweit gilt Art 17b IV oder ist dessen analoge Anwendbarkeit zu prüfen (s Erl Art 17b Rz 19).

2. Anwendungsvoraussetzungen. a) Ausländischer Güterstand. Erste Voraussetzung des Eingreifens von Abs I ist, daß die güterrechtlichen Wirkungen einer Ehe dem Recht eines anderen Staates unterliegen. Dies ist iSv Abs I dann der Fall, wenn für eine Ehe gem den von Art 15 ausgesprochenen Verweisungen im Ergebnis fremdes materielles Recht den Güterstand der Eheleute ergibt (s Art 15 Rz 7). Ob sich die Geltung fremden Güterrechts aus einer objektiven Anknüpfung iSv Art 15 I ergibt (dazu Art 15 Rz 17) oder aus Rechtswahl gem Art 15 II folgt (dazu Art 15 Rz 22), ist für Art 16 I unerheblich. Unerheblich ist Art 16 ist auch die Staatsangehörigkeit der Eheleute, unerheblich ist ferner, ob die Ehegatten bei im Inland getroffener Rechtswahl vom Notar über den Sinn einer Eintragung in das deutsche Güterrechtsregister belehrt worden sind (dazu s MüKo/Siehr Art 16 Rz 7). Unerheblich ist schließlich, ob der ausländische Güterstand gesetzlicher oder ein vertragsmäßiger Güterstand des fremden Rechts ist. Abs I letzter Hs erwähnt beide Arten, differenziert lediglich im Hinblick auf die Eintragbarkeit in das deutsche Register (s Rz 12).

8 **b) Inlandsbeziehung.** Der Schutz des Abs I zugunsten des inländischen Rechtsverkehrs spricht nur an, wenn die Ehegatten mit dem ausländischen Güterstand hinreichende Inlandsbeziehungen haben.

aa) Genügender Inlandsbezug ist gegeben, wenn mindestens ein Ehegatte seinen gewöhnlichen Aufenthalt im Inland hat. Abs I weicht damit von Art 16 aF ab, nach dem beide Ehegatten ihren Wohnsitz im Inland haben mußten. Die sinnvolle Weiterentwicklung steht im Einklang mit Art 9 II des (noch nicht für Deutschland in Kraft befindlichen) Haager Übereinkommens v 14. 3. 1978 (s Rz 2). Zum Begriff des gewöhnlichen Aufenthalts s Art 5 Rz 43ff. Ob der Ehegatte, mit dem der Dritte in rechtsgeschäftlichen Kontakt getreten ist, seinen gewöhnlichen Aufenthalt im Inland haben muß, sagt Art 16 I nicht. Im Interesse des inländischen Rechtsverkehrs, der Schutz zB gegen güterrechtliche Verfügungsbeschränkungen verlangt, muß genügen, daß irgendeiner der Ehegatten gewöhnlichen Inlandsaufenthalt hat. Denn regelmäßig erheben bei Maßgeblichkeit fremden Güterrechts dessen Verfügungsbeschränkungen Geltungsanspruch ohne Rücksicht auf Inlandsaufenthalt gerade des am Rechtsgeschäft mit dem Dritten beteiligten Ehegatten (ebenso MüKo/Siehr Art 16 Rz 10, 11).

9 **bb)** Genügender Inlandsbezug ist ferner gegeben, **wenn ein Ehegatte im Inland ein Gewerbe betreibt**. Solch inländischer Gewerbebetrieb besteht dann, wenn eine auf Gewinn gerichtete selbständige Tätigkeit von einem inländischen Mittelpunkt dieser Tätigkeit aus über eine gewisse Dauer verfolgt wird. Daß der inländische Mittelpunkt einziger oder überwiegender Ausgangspunkt ist, ist nicht erforderlich (zB inländische Filiale), ausgeschlossen werden durch die von Abs II gewählte Formulierung indes zB bloßes Erscheinen oder Vertretensein auf einer inländischen Messe oder dergleichen (ebenso MüKo/Siehr Art 16 Rz 12). Welcher Ehegatte das Gewerbe betreibt, ist entsprechend zu Rz 7 gleichgültig.

10 **cc) Keine genügende Inlandsbeziehung** liegt demgemäß vor, wenn keiner der beiden Ehegatten gewöhnlichen Aufenthalt im Inland hat oder ein Gewerbe iSv Rz 9 betreibt. Abs I greift also nicht ein, wenn lediglich schlichter Aufenthalt oder Durchreise oder Geschäftsbesuch gegeben ist. Ein Bedürfnis für den Schutz des inländischen Verkehrs besteht dann nicht. Wer mit ausländischen Partnern, bei denen Inlandsbeziehung das andere Güterrecht nicht in die Ferne rückt, über Gegenstände kontrahiert, bei denen das Eingreifen von güterrechtlichen Beschränkungen naheliegt, ist ggf zur Erkundigung verpflichtet. Für die von Abs I vorgenommene Eingrenzung spricht iü, daß den ausländischen Ehegatten eine den Verkehrsschutz ausschaltende Publizierung ihres Güterstandes mangels eines zuständigen Registergerichts nicht möglich wäre (s zum alten Recht KG NJW 1973, 428; Köln OLGZ 1972, 171; Hamm OLGZ 1965, 342).

11 **dd) Inlandsbezug des Rechtsgeschäfts und des Dritten.** Hinsichtlich des Inlandsbezugs des mit einem der Ehegatten abgeschlossenen Rechtsgeschäfts und des Geschäftspartners sagt Abs I ebenso nichts wie schon Art 16 aF. Gleichwohl wird Abs I nur dann eingreifen können, wenn sowohl der Geschäftspartner als auch das abgeschlossene Geschäft hinreichende Inlandsbeziehung hat. Notwendig für die Anwendung des Abs I ist, daß der Dritte von der Geltung deutschen Güterrechts ausgehen konnte. Dafür bedarf es zwar keines inländischen Abschlußortes und auch nicht der Maßgeblichkeit des deutschen Rechts für das abgeschlossene Rechtsgeschäft (als Wirkungsstatut), aber doch des Bezuges zum inländischen Rechtsverkehr. Bei ausländischem Abschlußort (zB Auslandsmesse) dürfte dieser nur gegeben sein, wenn auch der Dritte gewöhnlichen Inlandsaufenthalt hat (str, s abw MüKo/Siehr Art 16 Rz 13; Staud/Mankowski [2003] Art 16 Rz 20, 29).

12 **c) Fehlende Eintragung.** Der von Abs I eröffnete Verkehrsschutz erfordert durch den Verweis auf die entsprechende Anwendung von § 1412 BGB zunächst, daß die Eheleute ihren ausländischen Güterstand im deutschen Güterrechtsregister nicht haben eintragen lassen. Eine Eintragungspflicht besteht für das deutsche Güterrechtsregister nicht. Die Ehegatten haben es also in der Hand, ob sie eine Eintragung gem § 1560 BGB bewirken wollen. **aa)** Zuständiges Registergericht ist gem § 1558 I BGB nF jedes Gericht, in dessen Bezirk auch nur einer der Ehegatten seinen gewöhnlichen Aufenthalt hat. Wird im Inland nur ein Gewerbe iSv Rz 9 betrieben, besteht Eintragungsmöglichkeit am Ort des Gewerbebetriebs (§ 1558 I BGB iVm Art 4 I EGHGB). Bei Veränderung des gewöhnlichen Aufenthalts oder des Gewerbebetriebs in den Sprengel eines anderen Registergerichts ist dort die Eintragung zu wiederholen (§ 1559 I 1 BGB nF). **bb)** Ehegatten mit ausländischem Güterstatut ist durch Abs I letzter Hs die Eintragungsmöglichkeit sowohl für gesetzliche wie vertragliche Güterstände des ausländischen Rechts eröffnet (s schon Rz 7). Der Halbs ist erforderlich, da § 1412 BGB innerhalb des Systems des BGB lediglich vertragsmäßige Güterstände sowie deren Aufhebung und Beschränkung für eine Registereintragung vorsieht. Weitere Bedeutung hat er nicht. **cc)** Der Verkehrsschutz für den Dritten bedingt, daß eine solche Eintragung in das zuständige Register nicht bewirkt ist. Für die derzeitige Praxis gilt, daß Ehegatten mit ausländischem Güterstatut nahezu ausnahmslos eine Eintragung in das Register nicht bewirken. Das bedeutet, daß sie sich gegenüber unwissenden Dritten als unter dem deutschen gesetzlichen Güterstand befindlich behandeln lassen müssen (LG Aurich FamRZ 1990, 776).

13 **d) Unkenntnis des Dritten.** Alternativ zur Situation des Fehlens einer Eintragung iSv Rz 12 tritt der Verkehrsschutz des Abs I auch dann ein, wenn das Bestehen ausländischen Güterstandes bei den Ehegatten dem Dritten im gemäß § 1412 I BGB maßgeblichen Zeitpunkt nicht bekannt war. Die fehlende Eintragung schadet den Ehegatten also nicht, wenn der Dritte wußte, daß die güterrechtlichen Wirkungen ihrer Ehe sich nach fremdem Recht richten. Den von Abs I vermittelten Schutz des Dritten vernichtet aber nur positive Kenntnis. Die positive Kenntnis muß sich nicht auf die Ausgestaltung des fremden Güterrechts erstrecken, es genügt aber auch nicht, daß der Dritte die Ausländereigenschaft der oder eines Ehegatten kennt, da die zu § 1412 BGB entwickelte Anschauung (dazu Erman/Heckelmann § 1412 BGB Rz 7) auf die andere Situation des Falles mit Auslandsbezug nicht schematisch übertragen werden kann. Erforderlich ist demgemäß, daß der Dritte nicht nur um die Ausländereigenschaft, sondern auch um Umstände weiß, aus denen sich eine Abweichung der güterrechtlichen Situation der Eheleute von der inländischen Rechtslage aufdrängt. Leicht oder auch grob fahrlässige Unkenntnis von Tatsachen, die auf ausländisches Güterrecht hindeuten, lassen den von Abs I iVm § 1412 BGB vermittelten Schutz nicht entfallen (ebenso AG Wedel IPRsp 1972 Nr 54; MüKo/Siehr Art 16 Rz 21; Staud/Mankowski [2003] Art 16 Rz 41–43). Die Beweislast trifft insofern den Ehegatten, der Prozeßgegner des Dritten ist.

3. Anwendungsbereich und Wirkungsweise. a) Durch die Verweisung auf § 1412 BGB erfaßt Art 16 I **Rechtsgeschäfte**, die zwischen einem der Ehegatten und einem Dritten vorgenommen worden sind. Gemäß den für das Vertrauen auf Publizitätswirkungen allgemein entwickelten Regeln werden lediglich Verkehrsgeschäfte erfaßt, nicht etwa auch Ansprüche aus unerlaubter Handlung oder Gesetz (vgl Erl § 1412 BGB Rz 5; Breslau JW 1930, 1880). **14**

b) Rechtskräftige Urteile. Durch die Verweisung auf § 1412 I Hs 2 BGB gewährt Abs I Verkehrsschutz auch bei Prozessen. Einwendungen gegen ein rechtskräftiges Urteil, das zwischen einem Ehegatten und dem Dritten ergangen ist, sind entsprechend § 1412 I Hs 2 BGB nur zulässig, wenn der ausländische Güterstand eingetragen oder dem Dritten bekannt war, als der Rechtsstreit anhängig wurde. Geltung hat dies nur für inländische Prozesse (hM; zu Zweifeln und Differenzierungsvorschlägen MüKo/Siehr Art 16 Rz 19; Soergel/Schurig[12] Art 16 Rz 6; Staud/Mankowski [2003] Art 16 Rz 34–36). Dem Prozeß steht die inländische Zwangsvollstreckung gleich (AG Wedel IPRsp 1972 Nr 54).

c) Für die **Wirkungsweise** des Abs I ist zu unterscheiden: **aa)** Ist die Eintragung des ausländischen Güterstandes gem Rz 12 und zum richtigen Zeitpunkt, dh vor Geschäftsabschluß bzw im Zeitpunkt der Rechtshängigkeit des inländischen Verfahrens erfolgt, können die Ehegatten Einwendungen aus dem eingetragenen Güterstand gegen das Rechtsgeschäft herleiten. Einwendungen dieser Art können zB Verfügungsbeschränkungen des einen Ehegatten kraft Güterrechts bzw Zustimmungserfordernisse sein. Ist die Eintragung vorhanden, hilft dem Dritten seine Unkenntnis nur in dem Maße, wie sie von dem fremden Güterrecht berücksichtigt wird. Gegenüber einem rechtskräftigen Urteil sind Einwendungen in diesem Sinne nur insofern möglich, als die Ehegatten gegen dessen Vollstreckung Einwendungen vorbringen können, die auf der Ausgestaltung ihres Güterstandes beruhen. Berufen können sie sich dabei auf den konkreten eingetragenen Güterstand (zB Gütertrennung als ausländischer Vertragsgüterstand). Umgekehrt gibt die Eintragung auch dem Dritten die Möglichkeit, sich auf ihm günstige Gesichtspunkte des ausländischen Güterrechts zu berufen. Doch wird hierbei grundsätzlich nicht Art 16 I wirksam, vielmehr handelt es sich um eine Folge der Geltung von Art 15 für den Gesamtbereich des Güterstatuts (vgl Art 15 Rz 34). **15**

bb) Ist eine Eintragung hingegen nicht bewirkt (Rz 12) und liegt bei dem Dritten auch nicht Kenntnis iSv Rz 13 vor, dann wirkt der Schutz des § 1412 BGB für den Dritten. Den Ehegatten ist also die Erhebung von Einwendungen aus ihrem ausländischem Güterrecht versperrt. Gegenüber dem Dritten sind sie so zu behandeln, als gelte für sie deutsches Güterrecht. Demgemäß stehen ihnen dann Einwendungen auf der Grundlage der §§ 1363ff BGB zu Gebote. Art 16 I kann im Zusammenhang mit § 1412 BGB nur so gelesen werden; nicht etwa können die Ehegatten Einwendungen aus dem Güterrecht gar nicht mehr erheben. Dem Dritten ist deshalb unter Heranziehung des in Art 16 nur für Abs II zur Anwendung bestimmten Günstigkeitsprinzips auch freizustellen, ob er sich auf die von Abs I bewirkte Geltung deutschen gesetzlichen Güterrechts einläßt oder sich der ihm günstigeren wahren Rechtslage bedient. **16**

III. Schutz des Inlandsverkehrs bei fremdem Ehewirkungs- oder Güterstatut (Abs II)

1. Inhalt und Zweck. Der Zweck des Abs II unterscheidet sich kaum von dem des Abs I. Da bei Geltung ausländischen Ehewirkungsstatuts und Güterstatuts einige verkehrswichtige Regeln des deutschen Rechts der Ehewirkungen (§§ 1357, 1362 BGB) und des Rechts der Gütergemeinschaft (§§ 1431, 1456, 1362 BGB) und des Rechts der Gütergemeinschaft (§§ 1431, 1456 BGB wegen Art 14, 15 bei entsprechender staatsvertraglicher Normen) nicht zur Anwendung kommen könnten, ordnet Abs II ihre sinngemäße Anwendung an, „soweit diese Vorschriften für gutgläubige Dritte günstiger sind als das fremde Recht". Die IPR-Reform hat das Gutglaubenserfordernis für den Dritten eingefügt (s Rz 1). **17**

2. Anwendungsbereich und -voraussetzungen. a) Grundsätzliche Maßgeblichkeit ausländischen Rechts. Allgemeine Anwendungsvoraussetzung von Abs II ist, daß für den Geschäftsgegner des Dritten ausländisches Ehewirkungsrecht iSv Art 14 bei im Inland vorgenommenen Rechtsgeschäften (Hs 1) und bei im Inland befindlichen Sachen (Hs 2), ausländisches Güterstatut (Gütergemeinschaft ausl Rechts) beim Betrieb eines Erwerbsgeschäftes (Hs 3) gilt. Ob dies der Fall ist, ist gem Art 14 und 15 zu beurteilen. Ob im Falle des 1. Hs das Rechtsgeschäft deutschem oder ausländischem Geschäftsrecht (Vertragsstatut) untersteht, ist insofern unerheblich, Auswirkungen hat dies indes ggf für die Frage des Gutglaubensschutzes (s Rz 22). **18**

b) Anwendung von § 1357 BGB auf im Inland vorgenommene Rechtsgeschäfte (Hs 1). Da § 1357 BGB und die danach für die Qualifikation auszurichtende Schlüsselgewalt von Ehegatten allgemeine Ehewirkung ist (Art 14 Rz 34), kommt die Norm bei ausländischem Ehewirkungsstatut von Ehegatten nicht zur Anwendung. Abs II beruft sie auf der Grundlage des Günstigkeitsprinzips zur Anwendung auf im Inland vorgenommene Rechtsgeschäfte. Inlandsgeschäfte dieser Art liegen bei Verkehrsgeschäften (s Rz 14) vor, bei denen beide Partner entsprechend der bei Art 12 S 1 geltenden Auslegung (s Art 12 Rz 9) sich im Inland befinden. Grenzüberschreitende Distanzgeschäfte scheiden demgemäß aus (vgl Art 12 Rz 9; ebenso MüKo/Siehr Art 16 Rz 33; aA Pal/Heldrich Art 16 Rz 3). § 1357 BGB ist in solchen Fällen so zur Anwendung berufen, wie er im konkreten Sachverhalt bei Geltung deutschen Ehewirkungsstatuts für und gegen die Ehegatten zur Anwendung kommen würde, dh mit allen Absätzen und unter Heranziehung der deutschen Praxis (s BGH NJW 1992, 909 = LM § 1357 Nr 7 [Hohloch]). Zur Handhabung des Günstigkeitsprinzips s Rz 23. **19**

c) Eigentumsvermutungen gem § 1362 BGB bei im Inland belegenen Sachen (Hs 2). Da die Eigentumsvermutungsregeln des § 1362 BGB ebenfalls Ehewirkung iSv Art 14 sind, greifen sie bei ausländischem Ehewir- **20**

kungsstatut nicht. Abs II beruft sie auf der Grundlage des Günstigkeitsprinzips zur Anwendung bei im Inland belegenen beweglichen Sachen. Ist die in § 1362 BGB enthaltene Eigentumsvermutung dem Gläubiger eines Ehegatten günstiger, gilt die Norm „sinngemäß", dh sie ist in der für Inlandsfälle bereits entwickelten Art und Weise zur Anwendung zu bringen. Demgemäß kann sie im Normalfall des § 1362 I S 1 BGB für den Gläubiger des einen Ehegatten zu Lasten des anderen Ehegatten wirken (vgl AG Frankfurt IPRax 1985, 168), wirkt sie bei Getrenntleben nur eingeschränkt und bei Sachen des persönlichen Gebrauchs nur iSv § 1362 II BGB.

21 **d) Zustimmungserfordernisse bei selbständigem Erwerbsgeschäft gem §§ 1431, 1456 BGB (Hs 3).** Leben Ehegatten im Güterstand einer ausländischen Gütergemeinschaft und betreibt ein Ehegatte im Inland ein Erwerbsgeschäft (dazu vgl Erl zu §§ 1431, 1456 BGB), so kommt es für die Anwendbarkeit von Abs II zunächst auf die Eintragung des ausländischen Güterstandes ins deutsche Register an. Ist sie nicht erfolgt, gelten für die Ehegatten bei Unkenntnis des Dritten gem Abs I, § 1412 BGB lediglich die Regeln des deutschen gesetzlichen Güterrechts. Eines Schutzes durch Abs II bedarf der Dritte dann nicht (ebenso Pal/Heldrich Art 16 Rz 3). Ist jedoch die Eintragung bewirkt und stattet die fremde Güterrecht im Falle, daß ein Ehegatte im selbständiges Erwerbsgeschäft betreibt (dazu MüKo/Siehr Art 16 Rz 41), den anderen Ehegatten mit Zustimmungsrechten zu einzelnen auf das Erwerbsgeschäft bezogenen Rechtsgeschäften des Betreibers aus, so gelten zugunsten des Geschäftspartners des Betreibers die §§ 1431, 1456 BGB mit ihren Zustimmungsfiktionen. Der Betreiber und sein Ehegatte kann dann ggf nicht die Unwirksamkeit eines Rechtsgeschäftes geltend machen.

22 **e) Guter Glaube.** Abs II nF läßt inländisches Recht nur zugunsten eines gutgläubigen Dritten eingreifen. Der Dritte muß zunächst im Hinblick auf die allgemeinen Anwendungsvoraussetzungen der in Abs II genannten Vorschriften gutgläubig sein, dh seine Unkenntnis von der Geltung fremden Rechts (s dazu zunächst Rz 13) darf nicht auf grober Fahrlässigkeit beruhen (BT-Drucks 10/504, 59). Es sollte jedoch wegen der Schwierigkeiten bei der Beurteilung der Geltung ausländischen Ehewirkungsrechts der Grad der Fahrlässigkeit stets vorsichtig und eher großzügig beurteilt werden (s auch Lüderitz IPR S 171). Sind im Güterrechtsregister Eintragungen zB in Entsprechung zu §§ 1357 II S 2, 1431 III, 1456 III BGB vorhanden, so hat der Dritte sie gegen sich gelten zu lassen.

23 **3. Wirkungsweise (Günstigkeitsprinzip).** Bei der von Abs II angeordneten Günstigkeitsprüfung (die deutschen Vorschriften sind anzuwenden, soweit sie dem Dritten günstiger sind als das fremde Recht), ist wie folgt vorzugehen:
a) Günstiger iSv Abs II ist das Recht, das für den Dritten im Einzelfall günstiger ist, ihm bei „Schlüsselgewaltgeschäften" zB je nach dem zur Mithaftung oder Nichtmitberechtigung des anderen Ehegatten, ansonsten zur Gültigkeit eines Rechtsgeschäfts oder zur Zulässigkeit und zum Erfolg einer Vollstreckungshandlung verhilft (im Grundsatz so, aber ohne die notwendige konkrete Günstigkeitsprüfung Celle IPRax 1993, 96 Anm Jayme S 80; s dann MüKo/Siehr Art 16 Rz 26; ähnlich wie hier Pal/Heldrich Art 16 Rz 3).
b) Günstiger ist das Recht, das im konkreten Einzelfall in konkreter Anwendung zu dem für den Dritten günstigeren konkreten Ergebnis führt.
c) Die Entscheidung über das in diesem Sinne anzuwendende Recht trifft der Richter. Der Dritte hat ein Entscheidungsrecht lediglich dann, wenn sich im Einzelfall das günstigere Recht nicht objektiv ermitteln läßt. Dann kann der Dritte das ihm günstiger erscheinende (hinsichtlich der Rechtsfolge) wählen. Ein allgemeines Wahlrecht gibt Abs II aber nicht.

24 **4. Entsprechend** kann Abs II **zur Anwendung** kommen bei Interzessionsbeschränkungen von Ehegatten nach dem an sich zur Anwendung berufenen Recht (vgl BT-Drucks 10/504, 59 und Art 12 Rz 11).

IV. Ausbau zur allseitigen Anwendung auch auf den Schutz ausländischen Rechtsverkehrs?

25 Art 16 I und II sind einseitig zum Schutze des inländischen Rechtsverkehrs konzipiert worden (vgl BT-Drucks 10/504, 59; Amann aaO 222). Denkbar ist eine Erweiterung zu einer allseitigen Konzeption (vgl so Art 12 und die dort unter Rz 2 angemeldeten Bedenken), die weithin vorgedacht wird (vgl MüKo/Siehr Art 16 Rz 42, 43 mwN insbesondere zum alten Recht), deren Erforderlichkeit aber bislang nicht hinreichend deutlich sichtbar ist. Ein evtl vorhandenes Bedürfnis wird schwinden, wenn im für die Praxis bedeutsamsten Bereich, im **EU-Raum**, eine gemeinschaftsrechtlich verankerte Kollisionsnorm für das Güterrecht geschaffen ist, die dann mutmaßlich nicht mehr primär auf der Staatsangehörigkeit beruhen und auch das Prinzip der Unwandelbarkeit einschränken wird, s Erl Art 15 Rz 5 aE mwN.

17 *Scheidung*

(1) Die Scheidung unterliegt dem Recht, das im Zeitpunkt des Eintritts der Rechtshängigkeit des Scheidungsantrags für die allgemeinen Wirkungen der Ehe maßgebend ist. Kann die Ehe hiernach nicht geschieden werden, so unterliegt die Scheidung dem deutschen Recht, wenn der die Scheidung begehrende Ehegatte in diesem Zeitpunkt Deutscher ist oder dies bei der Eheschließung war.

(2) Eine Ehe kann im Inland nur durch ein Gericht geschieden werden.

**(3) Der Versorgungsausgleich unterliegt dem nach Absatz 1 Satz 1 anzuwendenden Recht; er ist nur durchzuführen, wenn ihn das Recht eines der Staaten kennt, denen die Ehegatten im Zeitpunkt des Eintritts der Rechtshängigkeit des Scheidungsantrags angehören. Kann ein Versorgungsausgleich danach nicht stattfinden, so ist er auf Antrag eines Ehegatten nach deutschem Recht durchzuführen,
1. wenn der andere Ehegatte in der Ehezeit eine inländische Versorgungsanwartschaft erworben hat oder
2. wenn die allgemeinen Wirkungen der Ehe während eines Teils der Ehezeit einem Recht unterlagen, das den Versorgungsausgleich kennt,
soweit seine Durchführung im Hinblick auf die beiderseitigen wirtschaftlichen Verhältnisse auch während der nicht im Inland verbrachten Zeit der Billigkeit nicht widerspricht.**

Art 17 EGBGB

I. Allgemeines
1. Inhalt und Zweck 1
2. Vorgeschichte und altes Recht 4
3. Staatsvertragliche Regelungen und EU-Recht ... 5
4. Geltung allgemeiner Regeln
   a) Rück- und Weiterverweisung 6
   b) Primäranknüpfung 8
   c) Ordre public 9
   d) Vorfrage bestehender Ehe 10
   e) Unwandelbarkeit des Scheidungsstatuts 11
   f) Scheidungsstatut und Belegenheitsstatut 12
5. Intertemporales Recht 13
6. Innerdeutsches Kollisionsrecht 15

II. Grundsatzregel „Scheidungsstatut folgt Familienstatut" (Abs I S 1) 16

III. Zusatzregel „Scheidung in regelwidriger Anwendung deutschen Rechts" (Abs I S 2) ... 22

IV. Scheidungsmonopol der deutschen Gerichte (Abs II) 27

V. Geltungsumfang
1. Anwendungsbereich und Qualifikation 33
2. Scheidbarkeit und Scheidungsgründe 34
3. Scheidungsfolgen 36
4. Scheidungsausspruch 41
5. Durchführung der Inlandsscheidung bei ausländischem Scheidungsstatut 43

VI. Versorgungsausgleich – VersA – (Abs III)
1. Grundregel: Maßgeblichkeit des Scheidungsstatuts (Abs III S 1) 49
2. Ausnahmeregel: Regelwidrige Durchführung des VersA nach deutschem Recht (S 2) 54
3. Durchführung des VersA bei Auslandsberührung 59
4. Isolierte (nachträgliche) Durchführung des VersA im Inland nach Anerkennung der Auslandsscheidung 63

VII. Internationales Verfahrensrecht der Inlandsscheidung
1. Internationale Zuständigkeit – Deutsches Recht und EU-Recht 64
2. Staatsvertragliche Regelungen 67
3. Verbundprinzip und Folgesachen 68
4. Trennung von Tisch und Bett, Ungültigkeitserklärung der Ehe 69

VIII. Anerkennung ausländischer Scheidungen
1. Grundregel und Grundsätze 70
2. Anerkennungsverfahren gem Art 7 § 1 FamRÄndG
   a) Reichweite des Verfahrens 72
   b) Ausgestaltung des Verfahrens 74
   c) Entscheidung und Rechtsbehelfe 75
3. Anerkennungsvoraussetzungen 77
4. Wirksamkeit der Auslandsprivatscheidung 80

IX. Innerdeutsches Kollisionsrecht 84

Schrifttum: *Adam,* Zur Anwendbarkeit des deutschen Versorgungsausgleichs aufgrund versteckter Rückverweisung durch das englische Recht, IPRax 1987, 98; *Dopffel,* Die Voraussetzungen der Ehescheidung im neuen Internationalen Privat- und Verfahrensrecht, FamRZ 1987, 1205; *Eichenhofer,* Art 17 III S 2 EGBGB: Billigkeit als Anknüpfung?, IPRax 2001, 110; *Hausmann,* Kollisionsrechtliche Schranken von Scheidungsurteilen (1980); *Hay,* Die Anwendung US-amerikanischer jurisdiction-Regeln als Verweisungsnorm bei Scheidung von in Deutschland wohnhaften Amerikanern, IPRax 1988, 265; *Henrich,* Das internationale Eherecht nach der Reform, FamRZ 1986, 841; *Hepting,* Intertemporale Fragen des internationalen Ehescheidungsrechts: Wann sind Scheidung und Versorgungsausgleich „abgeschlossen"?, IPRax 1988, 153; *Herfarth,* Scheidung nach religiösem Recht durch deutsche Gerichte, IPRax 2000, 101; *Hohloch,* Internationales Scheidungs- und Scheidungsfolgenrecht (1998); *Jayme,* Fragen der internationalen Verbundzuständigkeit, IPRax 1984, 121; *ders,* Scheidung gemischtnationaler Ehen und Auslegung des Art 17 I Satz 2 EGBGB, IPRax 1987, 167; *Kartzke,* Abänderung von Unterhaltsentscheidungen und neues Internationales Unterhaltsrecht, NJW 1988, 104; *Kleinrahm/Partikel,* Die Anerkennung ausländischer Entscheidungen in Ehesachen (2. Aufl 1970); *Lüderitz,* Die Ehescheidung nach dem Gesetz zur Neuregelung des Internationalen Privatrechts, IPRax 1987, 74; *ders,* „Talâq" vor deutschen Gerichten, FS Baumgärtel (1990) 333; *Odendahl,* Die Zerrüttungsscheidung nach Art 134 des Türk ZGB und des deutschen Familiengerichte, FamRZ 2000, 462; *Pauli,* Islamisches Familien- und Erbrecht und ordre public (Diss München 1994); *Rauscher,* Qualifikations- und Übergangsfragen im Kollisionsrecht der Scheidungsfolgen, IPRax 1988, 343; *Wagner,* Scheidung von EU-Auslandsdeutschen nach Inlandsrecht – europarechtswidrig?, IPRax 2000, 512; *Winkler v Mohrenfels,* Hinkende Doppelehe, Vorfragenanknüpfung und Gestaltungswirkung inländischer Scheidungsurteile, IPRax 1988, 341; *Zacher* (Hrsg), Der Versorgungsausgleich im internationalen Vergleich und in der zwischenstaatlichen Praxis (1985).

I. Allgemeines

1. Inhalt und Zweck. Art 17 enthält das Kollisionsrecht der Scheidung und wesentlicher Bereiche der Scheidungsfolgen, insbesondere des Versorgungsausgleichs (Abs III). Für die Scheidungsfolge Unterhalt gilt heute Art 18 IV. Die güterrechtliche Auseinandersetzung bei Auflösung der Ehe durch Scheidung unterfällt Art 15, die Verteilung der elterlichen Sorge gehört in den Bereich von Art 21 nF bzw der staatsvertraglichen Regeln des MSA. Für die genannten Scheidungsfolgen sind die Regeln des autonomen deutschen Kollisionsrechts zT auch durch weitere staatsvertragliche Kollisionsnormen verdrängt. 1

Inhaltlich betrachtet unterstellt Art 17 I S 1 die Ehescheidung (und in entsprechender Anwendung auch die in ausländischen Rechten vorgesehene Trennung von Tisch und Bett bei Aufrechterhaltung des Ehebandes) primär dem **Familienstatut** des Art 14 im Zeitpunkt der Rechtshängigkeit des Scheidungsantrags (**unwandelbare Anknüpfung** im Gegensatz zur Wandelbarkeit des Familienstatuts selbst) (dazu unten II). Abs I S 2 enthält eine **Exklusivnorm,** die im Interesse des deutschen Ehegatten die Scheidung auf der Grundlage des deutschen Scheidungsrechts auch dann ermöglicht, wenn das von S 1 berufene Familienstatut die Scheidung verwehrt (dazu unten III). Abs II bringt das Prinzip des gerichtlichen Scheidungsmonopols des deutschen materiellen und formellen Scheidungsrechts (§ 1564 BGB) auch für das deutsche internationale Scheidungsrecht zum Ausdruck (dazu unten Abschnitt IV Rz 27ff. Im Inland nicht gerichtlich durchgeführte „Scheidungen" bleiben demgemäß für das Inland ohne Rechtswirkung. Abs III gibt dem Versorgungsausgleich eine eigene Kollisionsrechtsregelung (dazu unten Abschnitt VI Rz 49ff). Bei grundsätzlicher Maßgeblichkeit des von Abs I S 1 berufenen Scheidungs- 2 statuts (Abs III S 1 Hs 1) können die Ausnahmeregeln von S 1 Hs 2 und S 2 Modifikationen bewirken. S 1 Hs 2 trägt der Tatsache Rechnung, daß sich auch heute noch nur in wenigen ausländischen Rechten Entsprechungen zum Versorgungsausgleich des deutschen Rechts finden. In solchen Fällen ist auch bei Geltung deutschen Familienstatuts der Versorgungsausgleich nur dann durchzuführen, wenn er wenigstens dem Heimatrecht eines Ehegatten ebenfalls geläufig ist. Dies reduziert einerseits die Fälle, in denen ein Versorgungsausgleich durchzuführen ist; andererseits setzt S 2 das deutsche Versorgungsausgleichsrecht vor allem dann durch, wenn durch Erwerbstätigkeit im Inland während der Ehezeit ausgleichsfähige Versorgungsanwartschaften im Inland erworben worden sind. Hier kann es dann, wenn die „Billigkeitsklausel" des S 2 Hs 2 nicht zur Ablehnung führt, zu „regelwidriger Durchführung" des Versorgungsausgleichs auf der Grundlage des deutschen Versorgungsausgleichsrechts kommen.

3   Art 17 enthält nur das Kollisionsrecht der Scheidung. Internationales Verfahrensrecht ist hinsichtlich der Zuständigkeit deutscher Gerichte in § 606a ZPO geregelt und – mit Vorrang – in **Art 1ff EheVO** (Verordnung [EG] Nr 1347/2000, s Erl vor Art 13 Rz 2, 3 und Art 14 Rz 4) (dazu unten Abschnitt VII Rz 64ff); für die Anerkennung ausländischer Entscheidungen sind § 328 ZPO, § 16a FGG und Art 7 § 1 FamRÄndG sowie ggf staatsvertragliche Anerkennungsregeln zu beachten und – mit Vorrang im Verhältnis zu den Mitgliedstaaten der EU [mit Ausnahme von Dänemark] – **Art 13ff EheVO** [s soeben] (dazu unten Abschnitt VIII Rz 70ff).

4   **2. Vorgeschichte und altes Recht.** Art 17 schließt die Lücke, die die Nichtigkeit des gleichberechtigungswidrig das Mannesrecht bevorzugenden Art 17 I aF (BVerfG 68, 384; BGH 86, 57) im Gesetzesrecht des EGBGB aF verursacht hatte und die in der Folgezeit durch Richterrecht auf der Basis der Maßgeblichkeit des gemeinsamen Heimatrechts oder des Rechts des gemeinsamen gewöhnlichen Aufenthaltsortes vorübergehend gefüllt worden war (BGH 86, 57; 87, 359; 89, 325, 326; 91, 186; NJW 1985, 1283). Der das Scheidungsstatut enthaltende Abs I S 1 beruft in Anknüpfung an im Gesetzgebungsverfahren und schon früher gebildete Vorschläge und Entwürfe das Ehewirkungsstatut des Art 14 als Familienstatut (dazu Erl vor Art 13 Rz 1, Art 14 Rz 2) im Zeitpunkt der Rechtshängigkeit des Scheidungsantrags auch als Scheidungsstatut (so Lauterbach /Hrsg/, Vorschläge und Gutachten zur Reform des deutschen internationalen Eherechts, [1962] S 25f; teilw abw Entwurf Kühne § 17), s dazu Begr RegE BT-Drucks 10/504, 59–62; s ferner Lüderitz IPRax 1987, 74ff). Abs I S 2 hat den Rechtsgedanken der Regelung des Abs III aF (Scheidungsbegehren der deutschen oder ehemals deutschen Ehefrau unterliegt deutschem Recht) aufgegriffen und wirkt zugunsten des deutschen oder ehemals deutschen Ehegatten als Exklusivnorm (dazu BT-Drucks 10/504, 60f; dazu auch Jayme IPRax 1987, 167f). Abs II hat die in der Rspr seit langem herrschende Auffassung der im Inland nur gerichtlich möglichen (§ 1564 S 1 BGB) Scheidung (RG 113, 40, 41; BGH 82, 34, 45ff und st Rspr) zum Inhalt des gesetzlich geregelten IPR gemacht, so daß klargestellt ist, daß „Privatscheidungen" auf der Grundlage fremden Scheidungsstatuts im Inland ohne Wirkung sind (dazu BT-Drucks 10/504, 61). Abs III hat seine Gesetz gewordene Gestalt erst im Verlaufe des Gesetzgebungsverfahrens gefunden (Begr RegE BT-Drucks 10/504, 61f; Stellungnahme Bundesrat aaO 10/504, 99f; Gegenäußerung Bundesregierung aaO 105; Bericht Rechtsausschuß BT-Drucks 10/5632, 42–43; s ferner Pirrung IPVR 150–154). Im Grundsatz beruft Abs III S 1 in Übernahme der zum alten Recht herrschend gewordenen Auffassung (BGH 75, 241) das Scheidungsstatut auch als Statut des Versorgungsausgleichs. Mit den Korrekturvorschriften von Abs III S 1 Hs 2 und S 2 hat der Gesetzgeber Unzuträglichkeiten zu steuern versucht, die sich aus der Seltenheit des deutschen materiellen Versorgungsausgleichsrechts im internationalen Vergleich für die einzelne Ehe ansonsten regelmäßig ergeben könnten.

5   **3. Staatsvertragliche Regelungen und EU-Recht.** An **multilateralen** (mehrseitigen) Staatsverträgen auf dem Gebiet des internationalen Scheidungsrechts ist die **BRepD nicht** beteiligt. Das Haager Abkommen zur Regelung des Geltungsbereichs der Gesetze und der Gerichtsbarkeit auf dem Gebiete der Ehescheidung und der Trennung von Tisch und Bett vom 12. 6. 1902 (RGBl 1904 S 231, 249) ist von Deutschland schon zum 1. 6. 1934 (RGBl II 26) gekündigt worden. Das CIEC-Übereinkommen über die Anerkennung von Entscheidungen in Ehesachen vom 8. 9. 1967 ist zwar gezeichnet, aber nicht ratifiziert (dt Text bei Jayme/Hausmann Nr 182); das Haager Übereinkommen über die Anerkennung von Ehescheidungen und Ehetrennungen vom 1. 6. 1970 ist bislang ebenfalls nicht gezeichnet (dt Text und Geltungsbereich bei Jayme/Hausmann Nr 183). Das zum 1. 3. 2002 außer Kraft getretene und durch die **EuGVO** (VO [EG] Nr 44/2001, s vor Art 13 Rz 2, 3) ersetzte Europäische (Brüsseler) Übereinkommen über die Zuständigkeit der Gerichte und die Vollstreckung gerichtlicher Entscheidungen in Zivil- oder Handelssachen – **EuGVÜ** – und sein Parallelabkommen, das Luganer Übereinkommen über die Zuständigkeit der Gerichte und die Vollstreckung gerichtlicher Entscheidungen in Zivil- oder Handelssachen – **LGVÜ** – betreffen bzw betrafen gem ihrem Art 1 II Nr 1 Ehescheidungsverfahren nicht; die seit 1. 3. 2001 in Kraft befindliche **EheVO** (Rz 3 und vor Art 13 Rz 2, 3) enthält Kollisionsrecht nicht, ergibt aber als unmittelbar geltendes Gemeinschaftsrecht die – § 606a ZPO idR verdrängende – Regelung internationaler Scheidungszuständigkeit (s Rz 64ff). **EU-einheitliches Kollisionsrecht** der Scheidung ist auf der Grundlage von **Art 65 EGV** in Vorbereitung; mutmaßlich wird in seinen Kollisionsregeln das Prinzip des gewöhnlichen Aufenthalts und einer begrenzten Rechtswahl in den Vordergrund rücken und die Anknüpfung an die Staatsangehörigkeit von ihrem derzeitigen Spitzenplatz verdrängen (s Hohloch, FS Stoll [2001] 533ff).

Als **bilateraler** (zweiseitiger) Vertrag auf dem Gebiete des Scheidungskollisionsrechts ist das **Deutsch-Iranische Niederlassungsabkommen** v 17. 2. 1929 (RGBl 1930 II 1006; Bek der Weitergeltung BGBl 1955 II 829) von Bedeutung. Sein Art 8 III (Abdruck s Art 14 Rz 35) verdrängt bei rein iranischen Ehen im Inland (zur Unanwendbarkeit bei Doppelstaatern und „Flüchtlingen" s Erl vor Art 14 Rz 35; s ferner Schotten/Wittkowski FamRZ 1995, 261ff) und bei rein deutschen Ehen im Iran die allgemeine Kollisionsregelung des Art 17 EGBGB durch eine **Sachnormverweisung** auf das Heimatrecht, führt jedoch wegen der Berufung des deutschen bzw iranischen Heimatrechts jedenfalls grundsätzlich nicht zu sachlichen Abweichungen (s dazu BGH FamRZ 1990, 33; Hamm FamRZ 1976, 29; BayObLG FamRZ 1978, 243, 245; München IPRax 1989, 240; Frankfurt OLGZ 1989, 283; KG NJW-RR 1994, 199; Düsseldorf FamRZ 1998, 1114; Oldenburg FamRZ 1995, 1590; KG IPRax 2000, 126; zur

Familienrecht **Art 17 EGBGB**

Frage der Geltung auch für den – folgerichtigen – Ausschluß des Versorgungsausgleichs Jayme IPRax 1988, 367; Köln FamRZ 2002, 613; Düsseldorf FamRZ 2003, 379 – Konventionalscheidung). Zu den zweiseitigen Anerkennungs- und Vollstreckungsabkommen s unten Abschnitt VIII Rz 78).

4. Geltung allgemeiner Regeln. Das Scheidungsstatut wie das Scheidungsfolgenstatut sind den allgemeinen **6** Regeln weitestgehend zugänglich. Einschränkungen ergeben sich dort, wo das Scheidungsstatut des Abs I S 1 durch die Verweisung auf das Familienstatut mittelbar durch Rechtswahl bestimmt wird. Weitere Besonderheiten ergeben sich durch die im internationalen Scheidungsrecht im Vergleich zum Anwendungsbereich der Art 14, 15 stärkere Bedeutung des Verfahrensrechts.

a) **Rück- und Weiterverweisung** sind im Rahmen von Art 17 gem Art 4 I grundsätzlich zu beachten. Soweit sich das **Scheidungsstatut** gem Abs I S 1 nach dem Familienstatut des Art 14 bestimmt und dieses durch Anknüpfung an gemeinsame Staatsangehörigkeit oder gemeinsamen gewöhnlichen Aufenthalt (Art 14 I Nr 1 und 2) objektiv gewonnen wird, liegt Gesamtverweisung iSv Art 4 I vor, so daß zunächst die Scheidungskollisionsnorm des Rechts zu beachten ist, in das von Abs I S 1 verwiesen wird (ganz überwiegende Meinung, zB Karlsruhe NJW-RR 1990, 777; Hamm NJW 1991, 3099; Pal/Heldrich Art 17 Rz 2; Ebenroth/Eyles IPRax 1989, 1, 12; teilw abw Kartzke IPRax 1988, 8, 10). Zu Rück- und Weiterverweisung (zT in der Form „unechter" bzw „versteckter" Rück- und Weiterverweisung, s dazu Art 4 Rz 6) kann es insbesondere bei der von Art 17 I S 1 ausgesprochenen Verweisung auf gemeinsames Heimatrecht von Staaten aus dem Geltungsbereich des Domizilprinzips (im internationalen Scheidungsrecht neben den Staaten des anglo-amerikanischen Rechtskreises, Dänemark und Norwegen auch Länder Südamerikas und – jedenfalls bei gemischtnationalen Ehen – Polen, Frankreich, Österreich) kommen (zB LG Frankfurt FamRZ 1976, 640 – England; Köln IPRax 1989, 297 mit Anm Coester-Waltjen 282 – Irland; Bamberg FamRZ 1979, 930; AG Heidelberg IPRax 1988, 113; dazu Hay 265; AG Heidelberg IPRax 1990, 126; Zweibrücken NJW-RR 1999, 948 = JuS 1999, 1233 Nr 10 Anm Hohloch [alle USA]; Schleswig SchlHA 1982, 27 – Dänemark, Island; Celle JW 1926, 388 – Norwegen; AG Hamburg NJW-RR 1986, 374 – Peru; AG Freiburg IPRax 1989, 108; AG Bonn IPRax 1989, 108; AG Detmold IPRax 1990, 415 [alle Argentinien]; Stuttgart FamRZ 1979, 1022 – Polen; BGH NJW 1982, 1940 – Frankreich; München FamRZ 1986, 807 – Österreich); Schleswig FamRZ 2001, 1460 – Argentinien; Hamburg FamRZ 2001, 916 – Indien; AG Hannover FamRZ 2000, 1576 – Gambia; AG Hannover NJW-FER 2001, 279 – Nigeria; Stuttgart FamRZ 2003, 1669 – Ghana; s auch Andrae/Essebier IPRax 2002, 294. Soweit Abs I S 1 als Scheidungsstatut das gem Art 14 I Nr 3 (Recht engster Beziehung) bestimmte Familienstatut beruft, liegt für das Scheidungsstatut nicht mehr Sachnormverweisung (Art 14 Rz 6), sondern ebenfalls Gesamtverweisung vor (s Rz 20 und Art 14 Rz 20). Sachnormverweisungen auch für das Scheidungskollisionsrecht sind die sich aus Abs I S 1 iVm Art 14 II, III ergebenden Verweisungen auf ein durch Rechtswahl zustandegekommenes Familienstatut (s Art 14 Rz 6). Sachnormverweisung ergibt auch Abs I S 2 (Anwendung deutschen Scheidungsrechts, s Art 4 Rz 15).

Gleiches gilt grundsätzlich auch für das **Statut der Scheidungsfolgen**, soweit dieses durch Art 17 bestimmt **7** wird (dazu unten Abschnitt VI Rz 49ff), sowie insbesondere für das Statut des Versorgungsausgleichs. Soweit sich letzteres gem Abs III S 1 Hs 1 nach der Grundsatzregel des Abs I S 1 bestimmt, liegt je nach der Bildung des Familien- und Scheidungsstatuts (Art 14 I–III, s Rz 6) Gesamt- oder Sachnormverweisung auch für die Anknüpfung des Versorgungsausgleichs vor. Spricht das Recht, in das so durch Art 17 S 1, III S 1 verwiesen ist, seinerseits für die Scheidung selbst eine Rück- oder Weiterverweisung, auch als „unechte" Verweisung aus (Rz 6), dann gilt ein solcher „Renvoi" auch für die Scheidungsfolge Versorgungsausgleich (Pal/Heldrich Art 17 Rz 2; Stuttgart FamRZ 1986, 687; Hamm IPRax 1991, 197). Strittig ist, ob eine solche Rückverweisung durch das gem Abs I S 1, Abs III S 1 Hs 1 maßgebliche Recht für den Versorgungsausgleich auch dann gilt, wenn letzterer dem rückverweisenden Recht als Rechtsinstitut gar nicht geläufig ist (für Rückverweisung Stuttgart FamRZ 1986, 687; Hamm IPRax 1991, 197; Pal/Heldrich Art 17 Rz 2; grds auch MüKo/Winkler v Mohrenfels Art 17 Rz 190ff; Soergel/Schurig[12] Art 17 Rz 162; Samtleben IPRax 1987, 96, 98; Lüderitz IPRax 1987, 74, 80; Jayme, Lardschneider, Hering in Zacher aaO 105, 116, 531ff; dagegen – noch zum alten Recht – Bamberg FamRZ 1979, 930f; Oldenburg FamRZ 1984, 715; AG München IPRsp 1978 Nr 62; AG Pforzheim IPRax 1983, 81; AG Hamburg NJW-RR 1986, 374). Mit der erstgenannten Auffassung ist grundsätzlich von Rückverweisung auszugehen, doch ist dafür das fremde IPR und Sachrecht sorgsam auf seinen Inhalt und seine Qualifikationsergebnisse zu untersuchen (s Henrich FamRZ 1986, 841, 852; Lüderitz IPRax 1987, 74, 79). Weichen letztere von der Auffassung des deutschen Rechts ab, setzen sie sich durch und führen ggf zu Spaltung von Scheidungs- und Versorgungsausgleichsstatut.

b) **Primäranknüpfung.** Da Art 17 I S 1 primär auf das Familienstatut des Art 14 verweist, kommt es für **8** Art 17 I S 1 in erster Linie zur Anwendung des Rechts gemeinsamer Staatsangehörigkeit, in zweiter Linie (praktisch bedeutsam bei gemischtnationalen Ehen) zur Anwendung des Rechts des gemeinsamen gewöhnlichen Aufenthalts. Zur grundsätzlichen Bestimmung dieser Staatsangehörigkeit, zur Anknüpfung bei Doppel- und Mehrstaatern, bei Staatenlosen und Flüchtlingen und bei Angehörigen von Mehrrechtsstaaten s zunächst Erl zu Art 14 Rz 7; s ferner unten Rz 18; zur Bestimmung des gemeinsamen gewöhnlichen Aufenthalts s zunächst Erl zu Art 5 Rz 43ff.

c) **Ordre public.** Art 17 ist den Wertungen des Art 6 voll zugänglich. Soweit Abs I S 1 und Abs III Gesamtverweisung aussprechen (Rz 6, 7), ist Art 6 Schranke für die Anwendung gleichberechtigungswidriger ausländischer Kollisionsnormen. Auch ausländisches Sachrecht kann an den Schranken des Ordre public scheitern (s Dopffel FamRZ 1987, 1205, 1213; Bolz NJW 1990, 620), doch führt man nach dem Wegfall von Art 17 IV aF die Abweichung in den Voraussetzungen der Scheidung nicht schon zur Anwendung von Art 6, primär kommt (bei deutschem Ehegatten als Antragsteller) Abs I S 2 (s Rz 23) in Betracht. Ansonsten gilt auch bei der Scheidung, daß nicht unerträgliche Abweichungen des ausländischen vom deutschen Scheidungsrecht hinzunehmen sind. Das gilt für Abweichungen in den Trennungsfristen und ebenso für verschuldensbezogenes Scheidungsrecht. Auch Unscheidbarkeit nach Heimatrecht verstößt nicht gegen Art 6 (s Art 6 Rz 37). Art 6 hat steigende Bedeutung bei der Inlandsscheidung kraft Verstoßung oder auf Antrag der nach dem gemeinsamen Heimatrecht islam Prägung minderberechtigten Ehefrau (s zuletzt AG Meißen FamRZ 2002, 123; KGR Berlin 2002, 23 – keine Anerkennung marokkan Privatscheidung; Köln FamRZ 2002, 166; Zweibrücken NJW-RR 2002, 581. Vor vorschneller Anwendung von Art 6 ist in solchen Scheidungsfällen zu warnen. Genaue Prüfung des berufenen Rechts islamischer Prägung ergibt nicht selten genügendes Antragsrecht für die Frau, so daß Diskriminierung iSv Art 3 II GG dann im konkreten Fall nicht mehr zu bejahen und die Scheidung auf der Basis des berufenen Rechts durchzuführen ist (s zB Frankfurt am Main OLGRp 2001, 252 – Marokko; Bamberg Streit 2001, 85 – Iran; Schleswig OLGRp 2001, 183; Schleswig OLGRp 2001, 182); s zu den Einzelaspekten die Übersicht bei Art 6 Rz 37. Entlastung erfährt die allgemeine Vorbehaltsklausel durch die zur Anwendung deutschen Scheidungsrechts führende Exklusivnorm des Abs I S 2 (Rz 23) und die zu „regelwidriger" Anwendung deutschen Versorgungsausgleichsrechts führende Regelung des Abs III S 2. Deutsches Recht kommt zur Anwendung als „Ersatzrecht", wenn sich der Inhalt des anzuwendenden Scheidungsrechts im Ausnahmefall nicht ermitteln läßt, so KG FamRZ 202, 166 (solche Fälle sind indes nur als ganz besondere Ausnahmefälle zu tolerieren).

10   **d) Vorfrage bestehender Ehe.** Scheidung setzt das Bestehen einer Ehe voraus. Diese Vorfrage nach dem Bestehen der zu scheidenden Ehe ist für Art 17 **selbständig**, dh nach den für Eheschließung und Eheauflösung maßgeblichen Kollisionsnormen und Anerkennungsregeln des deutschen Rechts (Art 13, 11, Art 7 § 1 FamRÄndG; § 328 ZPO; staatsvertraglichen Regeln) anzuknüpfen (BGH NJW-RR 2003, 850 = JuS 2003, 921 [Hohloch]; MüKo/Winkler v Mohrenfels Art 17 Rz 59; Pal/Heldrich Art 17 Rz 13; Lüderitz IPRax 1987, 74, 76; aA München IPRax 1988, 354, 356; Scheidung trotz fehlender Heiratsurkunde Düsseldorf FamRZ 1992, 1078 – Libyen; Scheidbarkeit einer „amnestierten" Imamehe türk Ehegatten s Zweibrücken NJW-RR 1997, 1227 = JuS 1998, 271 Nr 11 [Anm Hohloch]). Ob eine Ehe durch ausländische Scheidung schon für das Inland als geschieden anzusehen ist, richtet sich seit 1. 3. 2001 im Verhältnis zwischen den EU-Staaten (mit Ausnahme von Dänemark) nach **Art 13ff EheVO**, die von grundsätzlicher Anerkennung und ggf erfolgender Inzidentprüfung gem Art 15 EheVO ausgehen, im Verhältnis zu Drittstaaten ist nach wie vor grundsätzlich im Anerkennungsverfahren gem. Art 7 § 1 FamRÄndG zu prüfen (BGH NJW 1983, 514 = IPRax 1983, 292 mit Anm Basedow 278 und Bürgle 281; BayObLG NJW 1974, 1628f; Schleswig SchlHA 1978, 54) (s Rz 70ff). Ein inländisches Scheidungsverfahren ist zur Klärung dieser Frage und zur Herbeiführung einer Entscheidung der Landesjustizverwaltung auszusetzen (zur Fortführung bei offensichtlich nicht anerkennungsfähiger ausländischer Scheidung BGH aaO 514). Liegt „hinkende Ehe" vor, die aus deutscher Sicht **Nichtehe** ist, bedarf es im Inland der Scheidung nicht (s BGH NJW-RR 2003, 850 = JuS 2003, 921 [Hohloch]), allenfalls der sog Feststellungsklage gem § 632 ZPO nF. Zur Scheidung einer Ehe mit auf Deutschland beschränktem Wirkungskreis s Rz 26; ist im Ausland zum Zeitpunkt der Anbringung des inländischen Scheidungsantrages schon ein Scheidungsverfahren rechtshängig, ist dessen Rechtshängigkeit grundsätzlich zu beachten und das Verfahren gem § 148 ZPO auszusetzen, sofern durch die Rücksichtnahme auf das ausländische Verfahren die inländische Partei nicht eine unzumutbare Beeinträchtigung ihres Rechtsschutzes erfährt (BGH NJW 1983, 1269; Karlsruhe IPRax 1985, 36; Sonnenberger IPRax 1992, 154; Safferling, Rechtshängigkeit in dt-franz Scheidungsverfahren [1994]). Im **Verhältnis zu EU-Staaten** (mit Ausnahme von Dänemark) ist diese Regelung verdrängt und die zit Praxis sachlich überholt; Geltung haben **Art 11, 12 EheVO** (s Rz 5), die eine vorrangige Regelung des Problems konkurrierender Rechtshängigkeit enthalten, s Rz 67ff.

11   **e) Unwandelbarkeit des Scheidungsstatuts.** Nach Art 17 I S 1 ist das Scheidungsstatut **unwandelbar zum Zeitpunkt der Rechtshängigkeit des Scheidungsantrages** anzuknüpfen. Danach eintretende Änderungen der Anknüpfungsmomente bleiben für die Anknüpfung außer Betracht. Aus Gründen der Verfahrensökonomie (BT-Drucks 10/504, 60) hat der Gesetzgeber sich mit dieser Lösung gegen die in der Zeit des „Interim" zwischen Nichtigerklärung des Art 17 I aF und Inkrafttreten des neuen Rechts praktizierte und im Schrifttum zumeist befürwortete Lösung gewandt (BGH NJW 1982, 1940, 1942; Staud/v Bar[12] Art 17 aF Rz 56, 57; Winkler v Mohrenfels NJW 1985, 1264f; MüKo/Winkler v Mohrenfels Art 17 Rz 33, 34 mwN), die überwiegend auf den Zeitpunkt der letzten mündlichen Verhandlung abgestellt hatte. Die Lösung des Gesetzes ist hinzunehmen, auch wenn sie nicht voll zu befriedigen vermag (s Lüderitz IPRax 1987, 74, 75; s dazu auch Staud/Mankowski [2003] Art 17 Rz 140, 148–150). Wandlungen des Ehewirkungsstatuts nach dem maßgebenden Zeitpunkt bleiben deshalb für das Scheidungsstatut außer Ansatz (Hamm FamRZ 1995, 932, 933). Der Grundsatz der Unwandelbarkeit gem Abs I S 1 kann freilich dort durchbrochen werden, wo das aus der Sicht von Art 17 I S 1 maßgebliche Recht seinerseits rück- oder weiterverweist und dafür eine sich wandelnde Anknüpfung kennt (s zu ähnlicher Wandelbarkeit des Güterstatuts Erl zu Art 15 Rz 11 mwN). Ansonsten kann bei Wandlung des Ehewirkungsstatuts nach Rechtshängigkeit des Scheidungsantrags dessen Rücknahme und Wiederanbringung helfen (zB Scheidungsantrag für iran Ehe wird nach Erlangung von Asylberechtigung während des Verfahrens zurückgenommen und wieder angebracht: jetzt Scheidung nach dt Recht [Flüchtlingsstatut] möglich).

12   **f) Scheidungsstatut und Belegenheitsstatut.** Als Scheidungsfolgenstatut regelt das von Art 17 I berufene Recht auch die Behandlung von Vermögen der Ehegatten nach der Scheidung. Hausrat und Ehewohnung unterliegen nicht dem Güterstatut des Art 15, ihre Verteilung regelt sich im Scheidungsfall vielmehr nach Art 17 (s Rz 39) und Art 17a nF (s Erl dort). Wird so für im Ausland belegenen Hausrat oder die Ehewohnung auf eine Rechtsordnung verwiesen, die insoweit das Belegenheitsrecht zur Anwendung bringt, setzt sich der Situs-Regel gem Art 3 III durch (ebenso Pal/Heldrich Art 3 Rz 12). Das führt bei Belegenheit der zum Hausrat zu rechnenden Sachen in unterschiedlichen Rechtsordnungen zur Maßgeblichkeit unterschiedlicher Statuten und damit zu Vermögensspaltung iSv „Hausratsspaltung".

13   **5. Intertemporales Recht.** Gewisse, aber schwindende Bedeutung hat für das Scheidungsstatut zZt noch die Übergangsregelung des **Art 220 I**. Das neue Scheidungskollisionsrecht findet danach Anwendung nur auf Scheidungsverfahren, die erst ab dem 1. 9. 1986 rechtshängig geworden sind. Auf die zu diesem Zeitpunkt bereits rechtshängigen Verfahren kommt das neue Scheidungskollisionsrecht gem Art 220 I nicht zur Anwendung, da insoweit in kollisionsrechtlicher Sicht „abgeschlossene Vorgänge" vorliegen, die aus der Sicht und Funktionsweise des Kollisionsrechts zu bewerten sind (Hohloch JuS 1989, 81, 84; Pal/Heldrich Art 220 Rz 2, 3; str, s näher Erl zu Art 220 Rz 5, 6), und deshalb die Anwendung der im Zeitpunkt der Rechtshängigkeit geltenden Kollisionsregel notwendig machen (s BGH FamRZ 1987, 793; 1990, 32, 34; NJW 1990, 638; FamRZ 1990, 386; FamRZ 1991, 421; IPRax 1991, 196; FamRZ 1993, 177; 1994, 884; Hamm IPRax 1991, 197; Celle FamRZ 1991, 714, 715; aA Celle FamRZ 1987, 159, 160; Karlsruhe FamRZ 1988, 296, 297; 70, 71; München IPRax 1989, 238). Praktisch bedeutet dies, daß in Fällen, in denen der Scheidungsantrag vor dem 1. 9. 1986 zugestellt worden ist, das Scheidungsstatut mit den vor 1986 aus den Restbeständen der früheren Gesetzesregelung entwickelten richterrechtlichen Ersatzkollisionsnormen (BGH FamRZ 1987, 793, 794; 1990, 386, s ferner Rz 2, 3 und MüKo/Winkler v Mohrenfels Art 17 Rz 13–17) **wandelbar** bezogen auf den Zeitpunkt der letzten mündlichen Verhandlung (Rz 11) zu ermitteln ist.

Soweit das Scheidungsstatut als Scheidungsfolgenstatut wirkt (Rz 37–40), gelten diese Grundsätze entsprechend. Besondere Bedeutung haben diese Grundsätze für die Durchführung des Versorgungsausgleichs (BGH NJW 1990, 638; FamRZ 1990, 386; aA München IPRax 1989, 242); ist gem Art 220 I für ein rechtshängiges Verfahren altes Scheidungsfolgenkollisionsrecht maßgeblich, kann es zu „regelwidriger" Durchführung des Versorgungsausgleichs gem Art 17 III S 2 an sich nicht kommen (zur Anwendung von § 10a VAHRG s Hamm, FamRZ 1992, 826; aA BGH FamRZ 1996, 282 = LM Nr 45 zu VAHRG Anm Hohloch). Ist die Ehe vor dem 1. 9. 1986 rechtskräftig geschieden, kann nicht gem Art 17 III S 2 nachträgliche Durchführung des Versorgungsausgleichs begehrt werden (BGH NJW 1990, 638; NJW 1991, 3087 = JuS 1992, 156 Nr 8 [Hohloch]; FamRZ 1993, 416; 1994, 885; AG Heidelberg IPRax 1987, 251; Karlsruhe FamRZ 1988, 296; Hepting IPRax 1988, 153, 159; aA Frankfurt IPRax 1988, 175; offengelassen in Hamm FamRZ 1992, 826, 827; wie hier zuletzt Stuttgart FamRZ 2002, 614). Ggf ist der Weg über § 10a VAHRG offen (Hamm aaO). 14

6. Art 17 gilt entsprechend im **innerdeutschen Kollisionsrecht**. Zur Regelung im einzelnen einschließlich des Überleitungsrechts und des Verfahrensrechts s unten Abschnitt IX (Rz 84–87). 15

II. Grundsatzregel „Scheidungsstatut folgt Familienstatut" (Abs I S 1)

1. Überblick. Abs I S 1 enthält die regelmäßige Anknüpfung der Scheidung. Die Scheidung unterliegt danach unwandelbar dem Recht, das im Zeitpunkt der Rechtshängigkeit des Scheidungsantrags gem Art 14 das **Ehewirkungsstatut** der Ehe darstellt. Das so gefundene Scheidungsstatut beherrscht die **Voraussetzungen** der Scheidung, mit Modifikationen zugunsten der das Verfahren gebenden lex fori auch die **Durchführung** der Scheidung sowie die **Scheidungsfolgen**, soweit diese nicht nach anderen, außerhalb des Art 17 angesiedelten Kollisionsnormen angeknüpft werden (dazu unten Abschnitt V Rz 37, 40). 16

2. Die Anknüpfung im einzelnen. a) Unwandelbarkeit des Scheidungsstatuts. Scheidungsstatut gem Abs I S 1 ist das Ehewirkungsstatut, das **im Zeitpunkt der Rechtshängigkeit** für die Ehe gilt. Bei inländischen Scheidungsverfahren ist demgemäß der Zeitpunkt der **Zustellung der Antragsschrift** maßgebend (§§ 608, 261, 253 I ZPO). Eine nach diesem Zeitpunkt eintretende Änderung des Ehewirkungsstatuts bleibt nach neuem Recht unbeachtlich (s zu Gestaltungsmöglichkeiten Rz 11; abweichend nur Köln FamRZ 1996, 947; zu Altfällen Rz 13). Bei Durchführung ausländischen Scheidungsverfahrens kommt es, soweit die Scheidung in einem gerichtlichen Verfahren durchgeführt wird, in erster Linie auf Rechtshängigkeit nach Maßgabe der fremden lex fori, in zweiter Linie auf den Zeitpunkt an, der funktionell dem Zeitpunkt entspricht, in dem aus der Sicht des deutschen Rechts Rechtshängigkeit eintritt. Im Verhältnis zu den anderen **EU-Staaten** (mit Ausnahme v Dänemark) gelten Art 11, 12 **EheVO** (s Rz 5, 10) mit einheitlicher Lösung des Problems konkurrierender Litispendenz. Bedarf es bei Durchführung der Scheidung im Ausland keines gerichtlichen oder behördlichen Verfahrens („Privatscheidung", s Rz 29, 80ff), ist der Zeitpunkt maßgebend, in dem der Gegner des Scheidungsbegehrens erstmals förmlich mit der Sache befaßt wird (BT-Drucks 10/504, 60; BGH NJW 1990, 2194, 2195; s ferner Stuttgart NJW-RR 1989, 261; Frankfurt OLGZ 1984, 320; BayObLG StAZ 1985, 11; München IPRax 1989, 238; BayObLG NJW-RR 1994, 772; Celle FamRZ 1998, 686; AG Frankfurt NJW 1989, 1434; LG Hamburg IPRspr 1977 Nr 66; JM BW FamRZ 1980, 147). 17

b) Maßgeblichkeit des Familienstatuts. Durch die von Abs I S 1 ausgesprochene Verweisung richtet sich das Scheidungsstatut nach dem Familienstatut des Art 14 (zur Rück- und Weiterverweisung und zu den dabei zu beachtenden Differenzierungen Rz 6, 7). 18

aa) Gem Abs I S 1 iVm Art 14 I Nr 1 ist in erster Linie maßgeblich das Recht der gemeinsamen Staatsangehörigkeit **(gemeinsames Heimatrecht)** der Ehegatten zum Zeitpunkt gem Rz 17. Für die gemeinsame Staatsangehörigkeit gelten die einzelnen bei Erl zu Art 5 Rz 7, 13, 14 gemachten Ausführungen. Als gemeinsame Staatsangehörigkeit kann so also nur die **effektive Staatsangehörigkeit** eines Ehegatten iSv Art 5 I S 1 und 2 herangezogen werden (Erl Art 14 Rz 13; BGH FamRZ 1994, 435; Stuttgart FamRZ 1989, 760, 761; Hamm NJW-RR 1993, 1352, 1353; FamRZ 1997, 1229; Düsseldorf FamRZ 1994, 1262; BayObLG NJW-RR 1994, 772; Jayme IPRax 2002, 209; aA Düsseldorf FamRZ 1987, 195, 196 mit Anm Henrich). Bei Staatenlosen tritt gem Art 5 II der gewöhnliche Aufenthalt an die Stelle der Staatsangehörigkeit, s Karlsruhe FamRZ 1996, 1147; Celle FamRZ 1998, 757; AG Weilburg NJW-RR 1999, 1383 und Erl zu Art 14 Rz 14 aE; bei deutschen Flüchtlingen und Vertriebenen und gleichgestellten Personen gelten die oben Art 5 Rz 39ff dargelegten Regeln, bei Inhabern eines „Flüchtlingsstatus" und gleichgestellten Personen wird für Art 17 I S 1 an den gewöhnlichen Aufenthalt angeknüpft (s Erl zu Art 14 Rz 14, Art 5 Rz 66ff und Karlsruhe FamRZ 1991, 83; FamRZ 1996, 1147; Hamm FamRZ 1992, 1181; Celle FamRZ 1998, 757). Bei Angehörigen von **Mehrrechtsstaaten** ist das maßgebliche Heimatrecht für jeden

Ehegatten durch **Unteranknüpfung** gem Art 4 III zu bestimmen (s Erl zu Art 4 Rz 21ff; BGH NJW 1980, 1221; Perles FamRZ 1980, 978; zu den USA Hay IPRax 1988, 265ff, dessen Vorschlag, das maßgebliche Recht durch Wahl zu bestimmen, indes mit Art 4 III nicht harmoniert). Fehlt im Zeitpunkt der Rechtshängigkeit des Scheidungsantrags gem Rz 17 gemeinsames Heimatrecht, so ist gem Art 14 I Nr 1 auf das **letzte gemeinsame Heimatrecht** aus der Ehezeit abzustellen, sofern ein Ehegatte dieses noch (ohne Unterbrechung) besitzt (BGH FamRZ 1994, 435; Karlsruhe FamRZ 1996, 1147, s insofern auch Art 5 Rz 39ff). Für die Bestimmung gelten die vorstehenden Regeln entsprechend (abweichend und insofern nicht zutreffend AG Hamburg FamRZ 2000, 958).

19 bb) Ist ein gem Rz 18 für die Anknüpfung heranzuziehendes gemeinsames oder letztes gemeinsames Heimatrecht nicht vorhanden, kommt gem Art 14 I Nr 2 die Sekundäranknüpfung an den **gemeinsamen gewöhnlichen Aufenthaltsort** der Ehegatten im Zeitpunkt der Rechtshängigkeit des Scheidungsantrags (Rz 17) zum Zuge. Für dessen Bestimmung gelten die allg Regeln (s Rz 8 und Erl zu Art 5 Rz 43ff). Haben die Ehegatten zum maßgebenden Zeitpunkt (s Rz 17) keinen gemeinsamen gewöhnlichen Aufenthalt mehr, ist ihr **letzter gemeinsamer gewöhnlicher Aufenthalt** maßgeblich, sofern er von einem Ehegatten beibehalten worden ist (s Erl zu Art 14 Rz 17 und insbes BGH NJW 1993, 2048, 2049; dazu v Bar IPRax 1994, 102; s auch AG Freiburg FamRZ 2002, 888 = JuS 2002, 1231 [Hohloch] und Jayme IPRax 2002, 209). Auf eine damit übereinstimmende Staatsangehörigkeit eines Ehegatten kommt es dabei nicht an (s Erl zu Art 14 Rz 16, 17).

20 cc) Fehlt es auch an einem gem Rz 19 zu berücksichtigenden gemeinsamen gewöhnlichen Aufenthalt, ist das **Recht der gemeinsamen engsten Beziehung** iSv Art 14 I Nr 3 maßgebend. Für dessen Ermittlung – bezogen auf den maßgebenden Zeitpunkt der Rechtshängigkeit des Scheidungsantrags – gelten die in Erl zu Art 14 Rz 18 gemachten Ausführungen; Bedeutung kann so auch ein gemeinsamer Entschluß zur Scheidung im Inland bekommen, mit Indizwirkung für die Anwendbarkeit des inländ Rechts. Enthält das Kollisionsrecht der so gefundenen Rechtsordnung eine Rück- oder Weiterverweisung, ist diese für den Anwendungsbereich des Art 17 zu beachten (s Rz 6 aE).

21 dd) **Rechtswahl** der Ehegatten, die den Erfordernissen des Art 14 II–IV und des dazu praktizierten Übergangsrechts (bei Altehen) entspricht (s Erl zu Art 14 Rz 19ff; Art 220 Rz 11; auch BayObLG NJW-RR 1994, 772) und von den Ehegatten bis zum Zeitpunkt der Rechtshängigkeit iSv Rz 17 wirksam ausgeübt worden ist (s noch Rz 11 aE), **verdrängt** auch für den Anwendungsbereich des Art 17 die objektiven Anknüpfungen des **Art 14 I**. In den Grenzen der Gesetzesumgehung ist so die Steuerung des Scheidungsstatuts und der Scheidung durch Wahl eines der von Art 14 II, III zur Verfügung gestellten Rechte möglich (s Art 15 Rz 24). Erforderlich ist Rechtswahl nach Maßgabe von Art 14 II–IV, so daß eine isolierte Wahl des Scheidungsstatuts unzulässig und unbeachtlich ist (KG IPRax 2000, 544; aA, aber für das geltende Recht nicht zu befolgen Wagner IPRax 2000, 512, 514).

III. Zusatzregel „Scheidung in regelwidriger Anwendung deutschen Rechts" (Abs I S 2)

22 **1. Überblick.** Abs I S 2 ermöglicht in modifizierter Fortführung des früheren Art 17 III aF die Scheidung auf der Grundlage des deutschen Rechts, wenn nach dem gem der Grundregel des Abs I S 1 berufenen Recht eine Scheidung zumindest derzeit nicht möglich und der in S 2 vorausgesetzte Inlandsbezug durch das Scheidungsbegehren des deutschen oder ehemals deutschen Ehegatten gegeben ist. S 2 gewährt so eine Scheidungserleichterung für die Ehe eines deutschen Ehegatten. Geschieht insoweit die Anwendung deutschen Rechts subsidiär (dazu unten II), kommt es in analoger Anwendung von S 2 zur „stellvertretenden" Maßgeblichkeit des deutschen Rechts ferner dort, wo eine („hinkende") Ehe mit nur auf das Inland beschränktem Wirkungskreis geschieden werden soll (dazu unten 3).

23 **2. Subsidiäre Anwendung deutschen Rechts (Abs I S 2). a) Beteiligung eines deutschen Ehegatten.** Voraussetzung der Anwendbarkeit von Abs I S 2 ist zunächst, daß die Scheidung durch **aa)** den im Zeitpunkt der Rechtshängigkeit (s Rz 17) „deutschen" Ehegatten begehrt wird. Wer „Deutscher" iS der Norm ist, bestimmt sich nach den allgemeinen Regeln (Art 5 I S 2; Art 9 II Nr 5 FamRÄndG; Art 116 GG, §§ 1ff BVFG, s dazu Rz 18 und Erl zu Art 5 Rz 39ff). Für die Anwendung von S 2 genügt bei Verlust der deutschen Staatsangehörigkeit in der Ehe auch das Vorliegen der deutschen Staatsangehörigkeit im Zeitpunkt der Eingehung der Ehe, so daß insbesondere der Personenkreis in den Genuß der Anwendung deutschen Sachrechts gelangen kann, der im Gefolge des Erwerbs fremder Staatsangehörigkeit kraft Eheschließung oder nach Eheschließung die deutsche Staatsangehörigkeit aufgegeben oder verloren hat. Entsprechende Anwendung findet Abs I S 2 auf Staatenlose und Flüchtlinge mit deutschem Personalstatut (Erl zu Art 5 Rz 60ff); die Norm ist zwar Exklusivnorm für Deutsche, ihrem Sinn und Zweck entsprechend aber nicht strikt auf Deutsche iSv Art 116 GG beschränkt (s dazu Erl zu Art 5 Rz 14; offengeblieben in BGH IPRax 1983, 292f; wie hier Köln FamRZ 1996, 947). Abs I S 2 **verstößt** aus heutiger Sicht **nicht gegen** das Diskriminierungsverbot des **Art 12 EGV**, da keine unzulässige Privilegierung vorliegt; i Erg ebenso KG IPRax 2000, 544, 545 und Wagner, ebenda S 518. **bb)** Deutsche Staatsangehörigkeit bzw deutsches Personalstatut müssen **im Zeitpunkt der Rechtshängigkeit** des Scheidungsbegehrens gegeben sein (abw Lüderitz IPRax 1987, 76; Kersting FamRZ 1992, 275) bzw bei Verlust in der Ehezeit im Zeitpunkt der Eheschließung vorgelegen haben, die Unwandelbarkeit des Scheidungsstatuts (Rz 11) gilt auch für S 2 (zum Übergangsrecht bei „Altscheidungen" s Rz 13). **cc)** Wenn S 2 deutsche Staatsangehörigkeit des die **Scheidung begehrenden** Ehegatten verlangt, ist dieses Merkmal weit auszulegen. Es genügt bei einvernehmlicher Scheidung, daß der deutsche Ehegatte der Scheidung **zustimmt**, da er auch dann die Scheidung „begehrt" (ebenso v Bar IPR II Rz 254). Auf die deutsche Staatsangehörigkeit des **Antragstellers** kommt es nur bei streitigem Verfahren an, in dem der eine Ehegatte an der Ehe festhält (zur Problematik des S 2 krit, allerdings ohne Konsequenzen für die Rechtsanwendung, v Bar IPR II Rz 254).

24 **b) Derzeitige Unscheidbarkeit der Ehe gem Familienstatut.** Anwendung des deutschen Rechts gem S 2 setzt **neben der Beteiligung eines Deutschen** iS von Rz 23 ferner voraus, daß die Scheidung der Ehe nach dem an sich (gem S 1) maßgebenden Scheidungsstatut **wenigstens derzeit** nicht möglich ist. S 2 kann demgemäß dort eingreifen, wo das von S 1 berufene Familien- und Scheidungsstatut auf dem Standpunkt der **Unscheidbarkeit** der Ehe steht (heute noch: Andorra, Dopffel FamRZ 1987, 1205; Chile, Malta, Otto StAZ 1974, 306f; Philippinen, Celle StAZ 1988, 261f; Frankfurt NJW 1989, 3101ff; Burmester/Beer StAZ 1989, 249ff; Dominikanische Republik – für Katholiken –, Vatikanstadt, vgl Übersicht bei Staud/Mankowski [2003] Art 17 Rz 20–25 mwN auf islam Staaten mit religiösem Eherecht für Katholiken; zur früheren Rechtslage s 9. Aufl Rz 24). S 2 greift aber darüber hinaus **auch** dort ein, **wo** die jeweilige Ehe auf der Grundlage des deutschen lex fori geschieden, auf der Grundlage des eigentlichen Scheidungsstatuts aber nicht, **noch nicht oder nicht mehr** geschieden werden kann (ganz hM; Rspr: Celle FamRZ 1987, 159, 160 Wartefrist ital Rechts noch nicht erfüllt; AG Mainz NJW-RR 1990, 779; Köln FamRZ 1996, 947; AG Mannheim IPRspr 1997 Nr 75; KG IPRax 2000, 544, 545; Lit: Henrich FamRZ 1986, 841, 850; Jayme IPRax 1986, 265, 267; 1987, 167, 168; Lüderitz IPRax 1987, 74, 75; aA – unrichtig – AG Bergisch Gladbach und Köln IPRax 1989, 310). S 2 ersetzt S 1 aber nicht in jedem Scheidungsfall mit einem scheidungswilligen dt Ehepartner; S 2 und deutsches Recht kommt nur zum Einsatz, wenn im Zeitpunkt der letzten mündl Verhandlung festgestellt wird, daß eine Scheidung nach dem gem S 1 maßgeblichen Recht nicht, noch nicht, nicht mehr ausgesprochen werden kann (zutr Pal/Heldrich Art 17 Rz 9; abw Kersting FamRZ 1992, 274 – Zeitpunkt der Rechtshängigkeit). Umgekehrt wirkt S 2 aber **nicht als Scheidungssperre** gegenüber einer auf der Grundlage des Scheidungsstatuts (S 1) möglichen, vom deutschen Recht nicht vorgesehenen Scheidung. Ob sich dann das Scheidungsstatut durchsetzt, ist nach Wegfall von Art 17 IV aF unter Heranziehung von Art 6 zu prüfen (dazu Rz 9). S 2 ist demgemäß dann heranzuziehen, wenn im inländischen Verfahren das Ergebnis erzielt ist, daß das gem S 1 anwendbare Recht eine Scheidung nicht ermöglicht. Es genügt – schon wegen der ggf andersartigen Scheidungsfolgen – nicht die Feststellung, die Ehe sei „jedenfalls" auf der Grundlage des deutschen Rechts in Anwendung von S 2 scheidbar (Lüderitz IPRax 1987, 74f).

c) **Reichweite der Geltung deutschen Rechts.** Soll sich in Anwendung von S 2 die Scheidung nach deutschem **25** Recht richten, bestimmt das deutsche Recht über die **Scheidungsgründe** und die in den Anwendungsbereich des Art 17 fallenden **Scheidungsfolgen** (aA hinsichtlich des Hausrats Piltz, Internationales Scheidungsrecht [1988] Rz 101). Keine automatische Erstreckung findet das gem S 2 zur Anwendung kommende deutsche Recht auf die Scheidungsfolge **Versorgungsausgleich** (AG Mainz NJW-RR 1990, 780; Jayme IPRax 1987, 167, 168; Lüderitz IPRax 1987, 74, 78; aA – unzutreffend – Karlsruhe IPRax 1990, 52, 53 mit Anm Jayme 33ff). Das Statut des Versorgungsausgleichs bestimmt sich auch bei Scheidung gem S 2 stets primär nach Abs III S 1 und damit in erster Linie nach dem Scheidungsstatut des Abs I S 1.

3. **„Stellvertretende" Anwendung deutschen Rechts bei „hinkender Inlandsehe" (entsprechend Abs I S 2). 26** Besteht die im Inland oder auch im Ausland dort formgerecht (Art 13 III S 1; 11 I S 1) geschlossene Ehe nur für das Inland (und ggf weitere Drittländer), nicht aber für das Heimatrecht, das die von Art 13 III S 1 oder vergleichbaren Ortsformvorschriften vorgeschriebene Ziviltrauung nicht akzeptiert (s Erl zu Art 13 Rz 47), so ist deutsches Recht **stellvertretend** und ohne das Erfordernis der Beteiligung eines deutschen Ehegatten (iSv Rz 23) in entsprechender Anwendung von S 2 für die Scheidung der Ehe heranzuziehen, wenn und soweit das gem S 1 ermittelte Scheidungsstatut die für das Inland gültige Ehe (zur Vorfragenproblematik s Rz 10) nicht als Ehe ansieht (str, wie hier Rspr: RG 105, 363, 365; s ferner Düsseldorf FamRZ 1966, 451; Stuttgart IPRspr 1980 Nr 78; AG Hamburg NJW-RR 1986, 374; Stuttgart IPRax 1988, 172ff; Karlsruhe IPRax 1990, 52; Hamm StAZ 1994, 221; Koblenz NJW-RR 1994, 647; Zweibrücken FamRZ 2001, 920, 921; ebenso Pal/Heldrich Art 17 Rz 10; MüKo/Winkler v Mohrenfels Art 17 Rz 76; v Bar IPR II Rz 259; Samtleben IPRax 1987, 96; differenzierend Soergel/Schurig[12] Art 17 Rz 34; – Ersatzanknüpfung nach Maßgabe von Art 14 I – Galster StAZ 1988, 160ff). Kommt das Scheidungsstatut aufgrund des langen Bestehens der Ehe selbst auch zur Wirksamkeit der Ehe (Ehe durch Zeitablauf!), dann bleibt es freilich bei der Anwendung des von S 1 berufenen Scheidungsstatuts (AG Hamburg-Altona IPRspr 1982 Nr 72); bei Beteiligung eines deutschen Ehegatten ist dann allerdings auch hier Anwendung von S 2 möglich.

IV. Scheidungsmonopol der deutschen Gerichte (Abs II)

1. **Überblick.** Gem Abs II kann eine Ehe im Inland nur durch ein Gericht geschieden werden. Die Vorschrift **27** enthält das sog „Scheidungsmonopol" der deutschen Gerichte, das im alten Recht aus Art 17 IV aF abgeleitet wurde (s dazu BGH 82, 34). Gem Abs II lassen andere Auflösungen der Ehe als die gerichtliche Scheidung, sofern sie im Inland vorgenommen werden (zB „Privatscheidung", „behördliche Scheidung", Scheidung durch Kirchengericht oder sonstige geistliche Instanz), den Bestand der Ehe für das Inland unberührt. Abs II regelt nicht das bei der Scheidung einer Ehe mit Auslandsbezug und mit ggf ausländischem Scheidungsstatut zu beobachtende gerichtliche Scheidungsverfahren; dieses regelt sich nach §§ 606ff ZPO, in deren Rahmen es stets des **Scheidungsantrags** bedarf, der im von §§ 606ff ZPO gezogenen Rahmen auf der Grundlage des deutschen Verfahrensrechts und der Regeln des (von Abs I S 1, 2 berufenen) Scheidungsstatuts auf seine Zulässigkeit und Begründetheit hin zu untersuchen ist (s Henrich, FS Bosch [1976] 413ff). Abs II regelt auch nicht das auf eine Scheidung durch das Gericht anzuwendende Recht. Dieses ergibt sich aus Abs I; wenn es seinerseits – zB als religiös bestimmtes Recht – die gerichtliche Scheidung nicht vorsieht, bleibt das gemäß Abs II im Inland unbeachtlich. Das zwecks Scheidung anzurufende deutsche Gericht hat dann – in den Grenzen von Abs I S 2 und Art 6 – über die Scheidung auf der Grundlage dieses Rechts, auch eines religiös bestimmten Rechts zu befinden (zutreffend Herfarth IPRax 2000, 101).

2. **Folgen des Scheidungsmonopols der staatlichen Gerichte. a) Unbeachtlichkeit von Scheidungen durch 28 nichtstaatliche Gerichte.** Aus dem Scheidungsmonopol des Abs II folgt zunächst, daß von kirchlichen Gerichten oder sonstigen geistlichen Instanzen ausgesprochene Scheidungen keine Wirksamkeit haben (zur Tätigkeit kirchlicher Gerichte München StAZ 1950, 130; AG Hamburg StAZ 1981, 83; JM BW IPRax 1990, 51 mit Anm Jayme 32; KG IPRax 2000, 127 m Aufs Herfarth 102; s auch Krzywon StAZ 1989, 93, 105; zur Scheidung durch den

Distriktsrabbiner RG 102, 118, 126); unwirksam waren auch Scheidungen durch Besatzungsgerichte (BGH NJW 1957, 222).

29 b) **Unbeachtlichkeit von Inlandsprivatscheidungen.** Erheblich größere praktische Bedeutung kommt Abs II heute gegenüber den sog „Privatscheidungen" aufgrund ausländischer Scheidungsrechte zu, die für die Auflösung der Ehe den Aufhebungsvertrag, die einseitige Verstoßung, die Überreichung des Scheidebriefes entweder ausschließlich oder als Alternative zur gerichtlichen Scheidung vorsehen. **aa)** Derartige „Privatscheidungen" sind gem Abs II, wenn sie **im Inland** durchgeführt werden, **ohne Wirkung auf das Eheband und die aus der Ehe für die Ehegatten folgenden Verpflichtungen.** Die Ehegatten sind weiterhin verheiratet, eine erneute Eheschließung ist – auch unter Beachtung des Eheschließungsstatuts – nicht möglich, die Unterhaltspflicht ist eheliche, nicht nacheheliche Unterhaltspflicht, die elterliche Sorge für Kinder folgt der Regelung in der Ehe. Ob die von den Ehegatten im Inland getätigte „Privatscheidung" außerhalb Deutschlands in den Staaten des jeweiligen Heimatrechts oder in Drittländern Wirkung zeitigen kann, hat die jeweilige Rechtsordnung zu entscheiden. Werden derartige „Privatscheidungen" hingegen **nicht im Inland** getätigt, ist über ihre Wirksamkeit für das Inland nach den Regeln über die „Anerkennung" einer Auslandsprivatscheidung zu befinden (dazu unten Abschnitt VIII 4. Rz 80–83). Keine Frage des Abs II ist schließlich, ob nach im Inland getätigter „Privatscheidung", die den Regeln des nach Abs II S 1 maßgeblichen Scheidungsstatuts entspricht, aber gem Abs II für das Inland unbeachtlich ist, die Ehe für das Inland noch (in entsprechender Anwendung von Abs I S 2) auf der Grundlage des deutschen Rechts (so v Bar IPR II Rz 257) oder auf der Grundlage des gem Abs I S 1 berufenen Scheidungsstatuts gerichtlich geschieden werden kann. Dies ist eine Frage der Anwendbarkeit des Scheidungsstatuts, die im Zusammenhang des Anwendungsbereichs des Scheidungsstatuts darzustellen ist (unten Abschnitt V Rz 46–48).

30 **bb)** Das im Zusammenhang des Abs II zu klärende praktische Problem ist bei der heutigen Praxis der Privatscheidungen, ob und unter welchen Umständen eine gem Abs II unwirksame **Inlands**privatscheidung vorliegt. Im Interesse der Durchsetzung des Gesetzeszwecks des Abs II, der die gerichtliche Scheidung für das Inland vor allem im Interesse der Rechtsklarheit und des Schutzes auch der mittelbar Beteiligten bzw Betroffenen wie der Kinder verbindlich macht, ist hier eine weite Ausdehnung des Anwendungsbereichs angebracht. Eine Inlandsprivatscheidung, die gem Abs II unbeachtlich ist, liegt daher nicht nur dann vor, wenn der nach dem maßgebenden Scheidungsrecht juristisch relevante, dh konstitutive Rechtsakt im Inland vorgenommen wird (Beule IPRax 1988, 150f; LJVerw BW IPRax 1988, 170f; Stuttgart IPRax 1988, 172f), sondern **immer dann, wenn auch nur einzelne Bestandteile des Scheidungsverfahrens im Inland durchgeführt werden** (Rsp: LJVerw BW IPRax 1988, 170f; Stuttgart IPRax 1988, 172f; BayObLG StAZ 1985, 11f; AG Hamburg FamRZ 1980, 453f; LG München I FamRZ 1977, 332ff).

31 Im einzelnen bedeutet diese Formel folgendes: **(1)** Zum **Inland** rechnet iSv Abs II auch das Gebäude einer **Botschaft** oder eines **Konsulats**, so daß dort abgegebene oder registrierte Scheidungserklärungen stets im **Inland** geschehen sind und damit Abs II auf den Plan rufen (BGH 82, 34ff u st Rspr); **(2)** Wird der „konstitutive Rechtsakt" (zB Verstoßung, Versendung des Scheidungsbriefs, Abgabe der Erklärung) im Inland vorgenommen, greift wiederum Abs II ein (BGH FamRZ 1994, 435; KG FamRZ 1994, 839; Stuttgart IPRax 1988, 172f; KG JW 1938, 2402; Herfarth IPRax 2002, 17); **(3)** Abs II greift aber auch dann ein, wenn die Verstoßung im Inland ausgesprochen wird, die Scheidung für die Wirksamkeit aber der Registrierung im Heimatstaat bedarf (BayObLG FamRZ 1985, 75; Düsseldorf IPRax 1986, 305; Stuttgart IPRax 1988, 172 mit krit Anm Beule 150, 151); **(4)** Abs II greift schließlich auch dann noch ein, wenn nur die Abgabe der Verstoßungserklärung oder der für andere Formen der Privatscheidung notwendige Erklärungsakt im Inland geschieht (zB Stuttgart IPRax 1988, 172f; BayObLG StAZ 1985, 11; AG Hamburg FamRZ 1980, 453f; auch Düsseldorf IPRax 1986, 305; LG Hamburg IPRsp 1977 Nr 66; erneut Präsidentin Frankfurt aM StAZ 2001, 37 – Japan). Eine bloße Vorbereitungshandlung, die die Privatscheidung ins Ausland verlagert, liegt dabei nicht vor (so aber KG StAZ 1984, 309). **(5)** Umgekehrt liegt eine gegen Abs II verstoßende **Inlands**privatscheidung **nicht** schon dann vor, wenn die auf Scheidung gerichtete Willenserklärung aus dem Ausland im Inland nur zugeht (so BayObLG IPRax 1982, 104, 105; Frankfurt OLGZ 1989, 280ff). Ihre Wirksamkeit für das Inland richtet sich allein nach den für die Anerkennung einer **Auslands**privatscheidung entwickelten Regeln (Art 17 I S 1 iVm Art 6, s unten Abschnitt VIII Rz 80–83).

32 **cc)** Abs II verlangt für sein Eingreifen nicht die Beteiligung eines Ehegatten mit deutschem Personalstatut. Eine nach Rz 31 im Inland getätigte Privatscheidung ist nach Abs II auch dann für das Inland unwirksam, wenn sie zwischen Ausländern geschieht, deren Heimatrecht die Privatscheidung vorsieht (BGH 82, 34). Sie steht einer späteren gerichtlichen Inlandsscheidung demgemäß auch keineswegs entgegen (LG Hamburg IPRsp 1977 Nr 66). Erkennt das auf der Privatscheidung fußende Heimatrecht seinerseits die gerichtliche Scheidung durch das deutsche Gericht nicht an, steht dieser Umstand der Annahme deutscher internationaler Zuständigkeit trotz § 606a I Nr 4 ZPO nicht entgegen (BGH 82, 34, 50; Stuttgart IPRax 1988, 172), soweit es (im Rahmen von Art 8 EheVO) auf die Norm überhaupt noch ankommt. Folgt die Zuständigkeit schon aus dem vorrangigen Art 2 I EheVO, ist die Anerkennungsfähigkeit schon keine Voraussetzung der Bejahung internationaler Zuständigkeit. Die Unwirksamkeit der ganz im Inland vollzogenen Privatscheidung kann durch Feststellungsklage nach § 632 ZPO nF geltend gemacht, im übrigen incidenter im Rahmen eines sonstigen den Bestand einer Ehe als Vorfrage voraussetzenden Verfahrens festgestellt werden. Zur Anerkennung bzw Feststellung des Nichtvorliegens der Anerkennungsvoraussetzungen bei einer ganz oder teilweise im Ausland geschehenen Privatscheidung s unten Abschnitt VIII Rz 81, 82.

V. Geltungsumfang

1. Anwendungsbereich und Qualifikation

33 Anknüpfungsgegenstand des in Art 17 I, II normierten Scheidungskollisionsrechts ist die „Scheidung" der Ehe (Abs I S 1). Der Begriff der „Scheidung" ist kollisionsrechtlich weit zu verstehen; er erfaßt jede Art der Auflösung der Ehe, die nicht in der Fehlerhaftigkeit der Eheschließung selbst angelegt ist (zum IPR der Aufhebungsklage und einer – heute nur noch aus fremdem Recht folgenden – Nichtigkeits- bzw. Annullierungsklage s Art 13 Rz 36). Art 17 erfaßt nach heute allg Ansicht auch die bloße Trennung der Ehe bei Aufrechterhaltung des Ehebandes (s Rz 35). Art 17 gibt das maßgebliche Recht für die Frage, ob die Ehe überhaupt geschieden werden kann (**Scheidbarkeit – Unscheidbarkeit**, s Rz 24) und läßt dieses Recht auch über die Voraussetzungen der Scheidung (**Scheidungsgründe**) befinden (s dazu Rz 34, 35). Ausländisches Scheidungsstatut kann dann in begrenztem Umfang Einfluß auf die Gestaltung des der deutschen lex fori unterstehenden **Scheidungsverfahrens** erhalten (Rz 44). Nach dem Scheidungsstatut richtet sich ferner grundsätzlich der **Scheidungsausspruch** der Entscheidung des deutschen Gerichts (s unten Rz 41, 42). Im Grundsatz beherrscht das Scheidungsstatut auch die **Scheidungsfolgen**, doch gelten im IPR von 1986/1998 für die meisten Folgen der Scheidung eigenständige Kollisionsnormen (s Rz 36–40).

2. Scheidbarkeit und Scheidungsgründe

a) Scheidung und Trennung. Nach Art 17 I richtet sich die **Scheidbarkeit** der Ehe. Kennt das gem Art 17 I **34** S 1 maßgebliche Scheidungsstatut die Auflösung der Ehe dem Bande nach gar nicht („scheidungsfeindliches Statut", s Überblick Rz 24), ist dies jedenfalls dann hinzunehmen und nicht über Art 6 zu korrigieren zu versuchen, wenn das Scheidungsstatut als gemeinsames Heimatrecht der Ehegatten berufen ist (ebenso Rspr, früher zB Karlsruhe NJW 1973, 425; Hamm NJW 1975, 2145 – früheres span Recht; s ferner heute v Bar IPR II Rz 255; zu Art 6 bei Geltung als Recht des gewöhnlichen Aufenthalts AG Berlin-Charlottenburg IPRax 1985, 162 mit Anm Coester-Waltjen 148). „Ersatzweise" Scheidung nach inländischem Aufenthaltsrecht ist solange in Deutschland nicht möglich, als Art 17 I S 1 mit Art 14 I Nr 1 primär das gemeinsame Heimatrecht beruft. Staaten, die bei Inlandswohnsitz bzw -residenz ungeachtet der Staatsangehörigkeit nach ihrem Scheidungsrecht scheiden, kann im Inland nicht nachgeeifert werden. Der Weg zur Scheidung führt in diesen Fällen über den Rat, die – in der Regel nicht schwer zu schaffenden – Voraussetzungen für eine Scheidung in einem solchen Staat in Angriff zu nehmen (zB Wohnsitzbegründung in Dänemark). Zur Scheidung nach deutschem Recht gem Abs I S 2 s Rz 25. Art 17 I bestimmt ferner darüber, ob anstelle der Auflösung des Ehebandes durch Scheidung oder als Vorstufe derartiger Eheauflösung **Trennung von Tisch und Bett** erfolgen kann (BGH 47, 324 und seither st Rspr, zB BGH IPRsp 1976 Nr 34; BGH NJW 1988, 636f; s ferner Frankfurt FamRZ 1975, 632; FamRZ 1983, 618; FamRZ 1984, 59; Celle FamRZ 1984, 280; Stuttgart FamRZ 1997, 879; AG Altena IPRax 1981, 61f; AG Lüdenscheid FamRZ 2002, 1486; zum Verfahren s Rz 44 aE). Hingegen ist die Klage auf Berechtigung zum Getrenntleben als negative Herstellungsklage gem Art 14 zu beurteilen (s Art 14 Rz 29).

b) Nach Art 17 I beurteilen sich die **Scheidungs- und Trennungsgründe** als **Voraussetzungen** der Scheidung **35** bzw der Trennung von Tisch und Bett (BGH NJW 1982, 1940; FamRZ 1994, 825 = NJW-RR 1994, 962). Regelt das Scheidungsstatut die Scheidung iS einer Verschuldensscheidung oder auf der Grundlage eines gegenüber dem deutschen Scheidungsrecht modifizierten Zerrüttungsprinzips, ist dies im Rahmen von Abs I S 1 zu beachten (s zB Hamm NJW 1989, 2203f; FamRZ 1989, 1191; NJW 1991, 3099; FamRZ 1999, 1352 – alle Türkei; s auch Stuttgart NJW 1991, 2217; FamRZ 1992, 945; Oldenburg NJW 1991, 1430; Frankfurt am Main FamRZ 2001, 293 – Kroatien; Schleswig OLGRp 2001, 182 – Iran; Schleswig OLGRp 2001, 183; wN bei Staud/Mankowski [2003] Art 17 Rz 214ff). Neben dem Entstehen des Scheidungsgrundes (zu den Wartefristen bei Zerrüttungsscheidung zB Stuttgart FamRZ 1989, 760f; AG Stuttgart-Bad Cannstatt IPRax 1986, 248f; Hamm NJW 1991, 3099 – auch zum Widerspruchsrecht nach türkischem Recht; dazu auch Oldenburg FamRZ 1990, 632 und Hamm IPRax 1990, 247f sowie Köln FamRZ 1999, 1352 sowie Düsseldorf FamRZ 1992, 946; ferner Oldenburg NJW-RR 1994, 1222; Frankfurt FamRZ 1993, 329; Hamm FamRZ 1992, 1436; Hamm NJW-RR 1995, 1095; auch noch Nürnberg Streit 2001, 33; zur Zerrüttung nach griech Recht Stuttgart FamRZ 1994, 383) unterliegt dem Scheidungsstatut auch das Erlöschen des Scheidungsgrundes durch Versöhnung (LG Hamburg StAZ 1977, 339), Einwilligung (KG StAZ 1976, 16), Mitverschulden (BGH FamRZ 1982, 795; Frankfurt IPRax 1982, 22), Fristverstreichung (Karlsruhe FamRZ 1990, 168f). Hingegen beurteilt sich die Notwendigkeit des gerichtlichen **Versöhnungsversuchs** regelmäßig **nicht** nach dem Scheidungsstatut, sondern als verfahrensrechtlich zu qualifizierende Regelung nach der (deutschen) **lex fori** (Düsseldorf FamRZ 1974, 132; Bamberg IPRsp 1979 Nr 61; Bremen IPRax 1985, 47; München IPRax 1989, 238, 241, so daß es der Durchführung eines Versöhnungsversuchs im Inland selbst bei seiner Anordnung durch das ausländische Scheidungsstatut nicht zwingend bedarf, s dazu Frankfurt am Main FamRZ 2001, 293; abw Karlsruhe FamRZ 1990, 168f; LG Hamburg StAZ 1977, 339f; auch Hamburg FamRZ 2001, 1007 – Afghanistan, Pflicht zur Einschaltung eines Verwandten als Vermittlers im Scheidungsverfahren. Der abw Auffassung ist immerhin zuzugeben, daß derartige Verfahren die Anerkennung in einem Heimatstaat fördern kann, zwingend ist solches Verfahren freilich nicht). Zu materiellrechtlicher Qualifikation von § 630 ZPO aF vgl AG Hamburg IPRax 1983, 74. Zum Eingreifen von Art 6 gegenüber geschlechtsdiskriminierenden, rassischen, religiösen und politischen Scheidungsgründen s Erl Art 6 Rz 37 und oben Rz 9.

3. Scheidungsfolgen

a) Das Scheidungsstatut bestimmt über die **Wirkungen** der „Scheidung" bzw „Trennung". Es entscheidet **36** damit über die Lösung des Ehebandes im Falle echter Scheidung und über die Lockerung des Bandes im Falle der Trennung von Tisch und Bett, sowie über die Möglichkeit und die Voraussetzungen der Umwandlung der Trennung in eine Scheidung (zB bei Erfüllung der Trennungsfristen, s Frankfurt FamRZ 1975, 632; LG Hamburg IPRsp 1976 Nr 47; AG Altena IPRax 1981, 61f). **Nicht** Art 17, sondern Art 13 bestimmt hingegen – in den Grenzen des Art 6 – über die Fähigkeit zu Wiederverheiratung (Wartefristen, Eheschließung mit dem Partner des Ehebruchs), s Art 13 Rz 30; Art 6 Rz 34.

37 b) Art 17 bestimmt ferner über die **Scheidungsnebenfolgen**, soweit sie scheidungsrechtlich qualifiziert werden und nicht spezielle Kollisionsregeln eingreifen. aa) Letzteres ist der Fall beim **nachehelichen Unterhalt**, dessen Anknüpfung in **Art 18 IV** zwar speziell geregelt ist, aber gem dieser Kollisionsregel grundsätzlich zu dem tatsächlich angewandten Scheidungsstatut führt (zur Reichweite s Art 18 Rz 28ff; zur grundsätzlichen Geltung auch für Auskunftsansprüche s Düsseldorf FamRZ 1981, 42; KG NJW-RR 1986, 306; Hamburg FamRZ 2001, 916). Das Scheidungsstatut und nicht das Deliktsstatut (Art 40–42 nF) bestimmt ferner über die Nebenfolge einer **Schadensersatzpflicht** des an der Scheidung **schuldigen** Ehegatten (AG Karlsruhe FamRZ 1988, 837, 838; Karlsruhe NJW-RR 2003, 725 – beide Türkei; Rumpf ZfRV 1988, 272ff) und über die Nebenfolge des mit der Scheidung sich ergebenden Rechts zum **Widerruf von Schenkungen** (dazu Kühne FamRZ 1969, 371, 378ff). Es bestimmt schließlich die Auslegung nicht güter- und unterhaltsrechtlicher **Scheidungsvereinbarungen** (Reinhart ZvglRW 1988, 92, 98; Schneider MittRhNotK 1989, 33, 43) und über Herausgabepflichten bezüglich von Gegenständen, die einem güterrechtlichen Ausgleich nicht unterliegen (s Hamm FamRZ 1992, 963; 1994, 1259; 1993, 212; ie str, insbes hinsichtlich des konkurrierenden Eingreifens der lex rei sitae, die im Zuge kommt, wenn eine güterrechtliche Bindung nicht gegeben ist, s noch Köln FamRZ 1994, 1476; NJW-RR 1994, 200).

38 bb) Richtiger Auffassung nach unterliegt dem Scheidungsstatut **nur über Art 18 IV S 2** auch – im Hinblick auf die dann vornehmlich unterhaltssichernde Funktion – der Anspruch auf Erhalt am Eheende noch nicht geleisteter **Morgengabe** (str, offengelassen von BGH FamRZ 1999, 217; wie hier KG FamRZ 1988, 296; AG Hamburg IPRax 1983, 74; AG Memmingen IPRax 1985, 230; Heldrich IPRax 1983, 64; Heßler IPRax 1988, 95, 97; Pal/Heldrich Art 13 Rz 9; s ferner Hamm FamRZ 1981, 875; FamRZ 1992, 673, 675; aA – für güterrechtliche Qualifikation auch am Eheende – Bremen FamRZ 1980, 606; Köln IPRax 1983, 73, 74; auch MüKo/Siehr Art 15 Rz 91; aA – für unmittelbares Eingreifen von Art 17 I – v Bar IPR II Rz 192, 269, 297; Celle FamRZ 1998, 374; offengeblieben in BGH FamRZ 1987, 463f; LG Köln IPRspr 1980 Nr 83; Hamburg IPRax 1983, 76; Zweibrücken IPRax 1984, 329; Hamm FamRZ 1988, 516; München IPRspr 1985 Nr 67; Düsseldorf FamRZ 1998, 623 Anm Öztan; differenzierend hingegen Nürnberg FamRZ 2001, 1613; zur Anknüpfung am Ehebeginn und in der Ehe s Erl Art 13 Rz 33; Art 14 Rz 34).

39 cc) Richtiger Auffassung nach unterliegt, **soweit nicht** die vorrangige Anknüpfung des **Art 17a nF** im Rahmen ihres Anwendungsbereichs **eingreift** (s Erl zu Art 17a Rz 1ff), als Scheidungsnebenfolge auch die **Zuteilung von Hausrat und Ehewohnung** am Eheende **Art 17 I** (str, wie hier Hamm FamRZ 1974, 25; 1980, 901; 1981, 875; Frankfurt FamRZ 1989, 75, 77; Köln NJW-RR 1989, 646; KG FamRZ 1989, 74; Stuttgart FamRZ 1990, 1354, 1355; FamRZ 1997, 1086; Karlsruhe FamRZ 1997, 33; Lüderitz IPRax 1987, 74, 77; MüKo/Winkler v Mohrenfels Art 17 Rz 175; Pal/Heldrich Art 17 Rz 17; v Bar IPR II Rz 269; aA – für Anwendung von Art 18 – Hamm FamRZ 1989, 621; Henrich, FS Ferid [1988] 147, 158; für Anwendung des Belegenheitsrechts zT KG FamRZ 1989, 74; Stuttgart FamRZ 1978, 686; offengelassen in Karlsruhe NJW-RR 1999, 730; für Anwendung der lex fori Staud/Gamillscheg Art 17 aF Rz 612; Ferid/Böhmer IPR § 8 Rz 159); enthält das Scheidungsstatut keine eigene Verteilungsregelung für Hausrat und Ehewohnung, (die auch im Güterrecht oder Unterhaltsrecht ihren Platz haben kann), könnte ersatzweise die lex fori zum Einsatz kommen (offengeblieben in Köln NJW-RR 1989, 646). Soweit Art 17a eingreift, gilt für inländischen Hausrat deutsches Recht schon nach dieser Regel, allerdings nur im Rahmen seines die „Nutzung", nicht notwendig auch die „dingliche Verteilung" umfassenden Anwendungsbereichs (s ebenso Staud/Mankowski [2003] Art 17 Rz 267, Art 17a Rz 15, 16; s auch unten Art 17a Rz 8, 9 mwN). Die Verteilung ausländischen Hausrats wird vor deutschen Gerichten eher selten zu erstreiten gesucht. Das Recht des Lageorts bestimmt hingegen über den Eigentumserwerb, insbes bei richterlicher Zuteilung (Jayme IPRax 1981, 49, 50). Eilfälle, die Frankfurt FamRZ 1980, 174 der lex fori (§ 13 IV HausRVO) unterstellen will, werden idR während bestehender Ehe vorkommen und sind dann nach Art 17a zu beurteilen. Der Erlaß einer einstweiligen Anordnung nach deutschem Verfahrensrecht ist dadurch nicht beeinträchtigt.

40 dd) Nicht das Scheidungsstatut, sondern das Kindschaftsstatut des Art 21 nF ergibt das für die Verteilung des Sorgerechts über gemeinsame Kinder am Eheende bestimmende Recht (str, wie hier – noch zu Art 19 II aF bzw Art 1, 2 MSA – Düsseldorf FamRZ 1994, 644; Stuttgart FamRZ 1997, 958; AG Einbeck FamRZ 1991, 590; Dörner IPRax 1991, 173; MüKo/Winkler v Mohrenfels Art 17 Rz 177; Pal/Heldrich, Art 17 Rz 17 aE; v Bar IPR II Rz 269; Pirrung, IPVR 149; die Gegenauffassung – für Anwendung von Art 17 – so Begr RegE BT-Drucks 10/504, 60; Frankfurt FamRZ 1990, 783 mit Anm Henrich; Hamm FamRZ 1990, 781; Piltz Int Scheidungsrecht [1988] 108; offengelassen in Hamm FamRZ 1992, 208) hat sich inzwischen erledigt.

ee) Gesonderte Anknüpfung findet die Scheidungsfolge **Versorgungsausgleich** in Abs III (unten Abschnitt VI Rz 49ff); **namensrechtliche Folgen** der Scheidung beurteilen sich nach Art 10 (s Erl Art 10 Rz 1, 10 und AG Duisburg StAZ 1991, 256; so auch BayObLG 2002, 299), die **güterrechtlichen Folgen** bestimmen sich nach Art 15 (s Erl Art 15 Rz 35). Erbrechtliche Wirkungen der Scheidung, zB das Erlöschen des Ehegattenerbrechts, regelt das Erbstatut (Art 25). Über andere Wirkungen der Scheidung (zB auf Schwägerschaft) befindet das Statut der fraglichen Beziehung.

4. Scheidungsausspruch

41 Da das Scheidungsstatut über die Voraussetzungen der Scheidung befindet (s Rz 34), kann sein diesbezüglicher Inhalt auch den Scheidungsausspruch durch deutsche Gerichte beeinflussen.

a) Schuldausspruch im deutschen Scheidungsurteil. Im Scheidungs- oder Trennungsurteil des deutschen Gerichts kann demgemäß dann, wenn das Scheidungsstatut auf dem Verschuldensprinzip fußt oder die Scheidung aus Verschulden neben der Konventional- bzw der Zerrüttungsscheidung kennt, auch ein Schuldausspruch und die Feststellung eines Mitverschuldens getroffen werden, da insoweit Fragen des sachlichen Scheidungsrechts angesprochen sind, die nach dem Scheidungsstatut zu behandeln sind (ganz überw Meinung, Rspr: BGH NJW 1982,

1940; FamRZ 1987, 793; NJW 1988, 636, 638; Köln NJW 1975, 497; Karlsruhe NJW-RR 1990, 778; Düsseldorf FamRZ 1994, 1261; Zweibrücken FamRZ 1997, 431; Hamm IPRax 2000, 308; AG Münster FamRZ 2001, 1459 – Österreich; Lit: v Bar IPR II Rz 268; Henrich, Internationales Familienrecht 106; Pal/Heldrich Art 17 Rz 18; ausführlich u mwN Staud/Mankowski [2003] Art 17 Rz 236, 237, 238; aA – verfahrensrechtlich – Soergel/Kegel[11] Art 17 aF Rz 65; wohl auch LG München I FamRZ 1977, 332). Eben deswegen ist die Umstellung des deutschen Scheidungsrechts auf das Zerrüttungsprinzip seit 1976/77 kein Hinderungsgrund, im Urteil nach Maßgabe des andersartigen Scheidungsstatuts zu verfahren (neben den vorgenannten Entscheidungen zB Düsseldorf FamRZ 1978, 418; München NJW 1978, 1117; Hamm NJW 1978, 2452; Frankfurt FamRZ 1979, 587; Karlsruhe FamRZ 1980, 682).

b) Tenorierung des deutschen Scheidungsurteils. Richtig und konsequent nehmen die Gerichte deshalb auch **42** die Schuld- und Mitschuldfeststellung bei entsprechendem Scheidungsstatut in den Tenor des deutschen Scheidungsurteils auf. So – nach Überwindung von BGH NJW 1982, 1940 (verfahrensrechtliche, der lex fori unterstehende Frage) – BGH FamRZ 1987, 793; NJW 1988, 636, 638; Hamm NJW 1978, 2452; Bamberg FamRZ 1979, 514; München NJW 1978, 1117; Frankfurt IPRax 1982, 22; Schleswig SchlHA 1982, 74; Hamm FamRZ 1989, 625; Celle FamRZ 1989, 623; Karlsruhe FamRZ 1990, 168f = NJW-RR 1990, 778; AG Münster FamRZ 2001, 1459; Hamm IPRax 2000, 308 (unter vertretbarer Ablehnung einer Urteilsergänzung insoweit; krit dazu Roth IPRax 2000, 292; s ferner, wie hier, Staud/Mankowski [2003] Art 17 Rz 239). Ebenso das Schrifttum, zB Pal/Heldrich Art 17 Rz 18; v Bar IPR II Rz 268; Henrich, Internationales Familienrecht 106f. Erforderlich ist die Aufnahme des Schuldausspruchs in den Tenor insbesondere dort, wo das maßgebende Recht daraus Konsequenzen für die Scheidungs- bzw Trennungsfolgenregelung herleitet (zB Unterhalt, dazu BGH FamRZ 1987, 793 – Italien; München IPRspr 1979 Nr 50; Frankfurt IPRax 1982, 22 – Griechenland) oder wo die Anerkennungsfähigkeit beeinflußt wird (Hamm FamRZ 1989, 625; Celle FamRZ 1989, 623 – Polen; Karlsruhe FamRZ 1990, 168f = NJW-RR 1990, 778 – Portugal); auch Karlsruhe FamRZ 1995, 738; Zweibrücken FamRZ 1997, 431.

5. Durchführung der Inlandsscheidung bei ausländischem Scheidungsstatut

a) Grundsatz: Geltung deutschen Verfahrensrechts. Auch bei Maßgeblichkeit ausländischen Scheidungsstatuts **43** gem Abs I S 1 gilt für die gem Abs II nur gerichtlich durchzuführende Inlandsscheidung das Verfahrensrecht der §§ 606ff ZPO, so daß die Ehe nur auf Antrag eines oder beider Ehegatten durch gerichtliches Urteil geschieden werden kann (s oben Abschnitt IV Rz 27). Aufgelöst ist die Ehe demgemäß mit der Rechtskraft des Urteils. Insofern wirkt über Abs II § 1564 BGB kraft seiner Doppelnatur auch in die ausländischem Scheidungsrecht unterstehende Ehe hinein. Diese Regelungsgrundsätze gelten auch für die Scheidung von Ehen, die nach dem maßgeblichen Scheidungsstatut an sich nicht gerichtlich, sondern durch behördlichen Akt (Dänemark, Norwegen) oder rechtsgeschäftlich (Übergabe des Scheidebriefes – jüdisches Recht Israels; Verstoßung – „talaq" islamische Rechte, Aufhebungsvertrag mit und ohne Registrierung – Korea, Japan, Thailand) geschieden werden.

b) Beachtung ausländischer Verfahrensregeln im deutschen Verfahren. Im Hinblick auf den Grundsatz der **44** Herrschaft der lex fori über das Verfahren brauchen abweichende Verfahrensregeln des ausländischen Scheidungsstatuts bei Durchführung der Inlandsscheidung nicht beachtet zu werden. Problematisch sind Verfahrensregeln des fremden Scheidungsstatuts, die zugleich materiellrechtliche Komponenten haben, wie insbesondere die **Mitwirkung des Staatsanwalts** im Scheidungsverfahren (sog „sachbezogene Verfahrensvorschriften", Bremen IPRax 1985, 47). Derlei fremde Verfahrensregeln müssen trotz ihres Bezuges zum Sachrecht nicht, können aber angewandt werden, wenn das deutsche Verfahrensrecht dafür Spielraum gewährt und durch die „Berücksichtigung" des fremden Scheidungsstatuts die (heute bei Vorrang des Art 2, 8 EheVO nur noch im seltensten Fall im Hinblick auf § 606a I Nr 4 ZPO ggf zu beachtende) Anerkennungsfähigkeit gewährleistet wird (ebenso Bremen aaO 47; Düsseldorf FamRZ 1981, 146; Hamm NJW 1981, 2648; Frankfurt IPRax 1983, 193; Köln FamRZ 1983, 922; Hohloch, Int Scheidungs- und Scheidungsfolgenrecht (1998) S 39, 40 (sowie mit Erl zu den wichtigsten Rechten der Nachbarstaaten); MüKo/Winkler v Mohrenfels Art 17 Rz 111, 112; im Verhältnis zu **Italien**, dem wichtigsten Anwendungsfall, bedarf es der Mitwirkung der Staatsanwaltschaft nicht, da Italien den mit der Eherechtsreform bewirkten Rückzug der Staatsanwaltschaft aus dem deutschen Eheverfahren respektiert, s Frankfurt FamRZ 1984, 59; Celle FamRZ 1984, 280; Karlsruhe FamRZ 1984, 184 = IPRspr 1983 Nr 156; Frankfurt FamRZ 1998, 917; Jayme JblItalR 2, 1989, 155f; Tortorici IPRax 1983, 252). Zum **Versöhnungsversuch** (Verfahrensrecht) s Rz 35. Zur Beachtlichkeit der Pflicht zur Vorlage von **Vereinbarungen über die Scheidungsfolgen** (Frankreich, Spanien) oder **Vereinbarungen über die Regelung des Umgangs- und Sorgerechts** bei der **einverständlichen Scheidung** (Belgien, Frankreich, Japan, Jugoslawien und Nachfolgestaaten, Südkorea, Österreich), die materiellrechtlich einzuordnen und damit dem Scheidungsstatut zuzuordnen sind, s Rz 35 (Rsp: AG Hamburg IPRax 1983, 74; AG Stadthagen IPRspr 1984 Nr 56; ausführl MüKo/Winkler v Mohrenfels Art 17 Rz 119 mwN). Wird vor deutschen Gerichten **Trennung von Tisch und Bett** begehrt, finden die für das Scheidungsverfahren geltenden Vorschriften samt der noch vorhandenen Verbundregelung **entsprechende Anwendung** (Rsp: Frankfurt FamRZ 1984, 59; AG Rüsselsheim IPRax 1986, 115; Düsseldorf FamRZ 1981, 146; Bremen IPRax 1985, 47; Karlsruhe FamRZ 1991, 1309; Frankfurt FamRZ 1994, 715; zum Schuldausspruch s Rz 42 aE; teilw abw Bremen IPRax 1985, 46; Koblenz FamRZ 1980, 13; Stuttgart IPRax 1985, 46 mit Anm Jayme). Ein Versorgungsausgleich kann, da insoweit Scheidung dem Bande nach erforderlich ist, **nicht** durchgeführt werden (BGH FamRZ 1994, 826).

c) Unbeachtlichkeit zusätzlicher Rechtskrafterfordernisse. Für das Inland unbeachtlich sind angesichts der **45** auch verfahrensrechtlichen Natur von § 1564 BGB zusätzliche Wirksamkeitserfordernisse wie die Registereintragung der Scheidung im Heimatland bzw Aufenthaltsland (Belgien, Italien, Niederlande), da es sich hierbei um Verfahrensrecht handelt, auf dessen Handhabung im Ausland die inländischen Gerichte keinen Einfluß haben (Kegel/Schurig IPR § 20 VII 3b; Staud/Spellenberg, Internationales Verfahrensrecht in Ehesachen §§ 606ff ZPO

Rz 417–419; s auch LG Darmstadt FamRZ 1974, 192 mit Anm Jayme). Die Folge dieser Auffassung ist das Entstehen „hinkender Scheidungen" (Wirkung für das Inland) und „hinkender Ehen" (Wirkung nur noch für das Heimatland); im Interesse von deren Vermeidung kann in den Gründen der deutschen Entscheidung auf die Notwendigkeit der Registrierung aus der Sicht des Scheidungsstatuts hingewiesen werden (ebenso Henrich Internationales Familienrecht 107; Hohloch, Internationales Scheidungs- und Scheidungsfolgenrecht Rz 5 A 47).

46 **d) Inlandsscheidung von Ehen mit „Privatscheidungsstatut".** Umstritten und schwer zu lösen ist die Problematik der im Inland durchzuführenden Scheidung von Ehen mit Scheidungsstatut, das nur die Privatscheidung kennt oder bei denen im Inland bereits eine „Privatscheidung" nach Maßgabe dieses Statuts durchgeführt worden ist. Nicht im Ergebnis, aber in der Darstellung dieser Fälle und für sie zu gebenden Lösungen ist zu differenzieren. **aa)** Ist im Inland eine „Privatscheidung" bereits erfolgt (dazu Rz 30, 31), mag diese Privatscheidung für den Staat des Scheidungsstatuts und auch für sonstige Drittländer bereits Wirkung haben, wenn die vom Scheidungsstatut für das Rechtsgeschäft der Scheidung und eine uU notwendige Registrierung aufgestellten Voraussetzungen erfüllt worden sind (dazu Rz 29). Für das Inland aber hat solche Scheidung wegen Abs II nicht nur keine Wirkung (so v Bar IPR II Rz 259 unter Berufung auf die dazu nicht unmittelbar einschlägige Entscheidung BGH 82, 34, 50 – erg zu § 606b ZPO aF –), sie ist vielmehr für eine gerichtliche Inlandsscheidung nicht zu beachten, so daß sie für sich genommen jedenfalls keine Auswirkungen auf das im gerichtlichen Verfahren anzuwendende Scheidungsrecht haben und nicht – in entsprechender Anwendung von Abs I S 1 – zur „stellvertretenden" Anwendung deutschen Rechts führen kann (so aber v Bar aaO Rz 259, 260; wohl auch Stuttgart FamRZ 1980, 783f; ähnl wie hier LG Mönchengladbach NJW 1971, 1526f Syrien; LG Hamburg IPRsp 1977 Nr 66 Japan; Soergel/Kegel Art 17 aF Rz 6, 22; iE auch MüKo/Winkler v Mohrenfels Art 17 Rz 81). Vielmehr richtet sich die im Inland beantragte gerichtliche Scheidung auch in solchen Fällen in sachlichrechtlicher Hinsicht nach dem als Scheidungsstatut berufenen Recht (zutr mit Hinweis auf den notwendigen Gleichlauf von Scheidung und Nebenfolgen der Scheidung MüKo/Winkler v Mohrenfels Art 17 Rz 81; Beitzke IPRax 1981, 202ff). Soweit dessen Regeln mit Art 6 verträglich sind (zB einverständliche Scheidung, Japan, Korea, Taiwan, Thailand), steht der Anwendung des Scheidungsstatuts im deutschen Verfahren nichts entgegen (LG Hamburg IPRsp 1977 Nr 66 – Japan; LG Berlin IPRsp 1945–1949 Nr 68 – Bulgarien; s auch die obigen Nachweise). Indessen hat die Scheidung auch in Fällen dieser Art durch Gestaltungsurteil, nicht durch Feststellungsurteil zu erfolgen (aA Kegel IPR § 20 VII 3b). Soweit der Inhalt des Scheidungsstatuts aber Art 6 wegen der dem inländischen Gericht nicht zumutbarer Art der Scheidungsbewirkung widerstreitet (einseitige „Verstoßung" durch den Ehemann, „talaq", ggf vor Zeugen des Ehemannes, zB iran Recht; s dazu Jayme IPRax 1989, 223; Bolz NJW 1990, 620ff; Staud/Mankowski [2003] Art 17 Rz 207, 211–213), kann die Scheidung nicht in Anwendung des (islamisch) beeinflußten Scheidungsstatuts erfolgen (ebenso wohl MüKo/Winkler v Mohrenfels Art 17 Rz 124; v Bar IPR II Rz 265). Hier ist – auch bei Einverständnis der Ehefrau – auch keine Umdeutung der Verstoßung in eine „schlichte" Konventionalscheidung angebracht, auf deren Grundlage dann das Gericht scheiden könnte. Das wird von der Rspr, soweit sie dem „talaq" durch Scheidung nach dem Heimatrecht gerecht zu werden versucht, verkannt (abzulehnen deshalb München IPRax 1989, 238, 241 mit Anm Jayme 223f; auch AG Bonn IPRax 1985, 165 und AG Frankfurt NJW 1989, 1434 = IPRax 1989, 237, das entgegen Art 17 II gar die Ehe im Inland durch einverständlichen „talaq" aufgelöst sieht). Art 6 hindert die Anwendung derartiger Privatscheidungsregeln darüber hinaus unter dem Gesichtspunkt der Geschlechtsdiskriminierung, da jedenfalls das Scheidungsstatut nicht in Richtung auf ein gleich ausgeformtes Verstoßungsrecht der Frau fortentwickelt werden kann und die Einräumung eines Scheidungsrechts für die Frau auf der Basis der lex fori die Ungleichheit nicht aus der Welt schafft (Hamm IPRax 1995, 175 und dazu Henrich IPRax 1995, 166; Zweibrücken NJW-RR 2002, 581 = OLGRp 2002, 196; ähnlich bei Unaufklärbarkeit des – afghanischen – Scheidungsstatuts KG FamRZ 2002, 166; aA v Bar IPR II Rz 265; zT auch MüKo/Winkler v Mohrenfels Art 17 Rz 124). Art 6 steht schließlich auch einem Scheidungsstatut entgegen, das in Negierung der Scheidungsgewalt ziviler Gerichte die Scheidung durch ein religiöses Gericht zu seinem sachlichen Inhalt zählt (jüdisches Recht, Scheidung in Israel, Scheidung vor Rabbinatgericht, dazu Bergmann/Ferid/Scheftelowitz, Int EheR „Israel" 27; dazu auch Falk FS Bosch 1976, 153, 158).

47 **bb)** Die Ehe ist in diesen Fällen auf der Grundlage des im Hinblick auf Art 6 – nicht gem Art 17 I S 2 – als **Ersatzrecht** berufenen deutschen Rechts bei Vorliegen der erforderlichen Voraussetzungen zu scheiden. Hinsichtlich der **Nebenfolgen** ist in gleicher Weise zu differenzieren. Da deutsches Recht nur als Ersatzrecht für die Scheidung selbst angewandt ist, sind die dem Scheidungsstatut zuzuordnenden Scheidungswirkungen und Scheidungsfolgen (s Rz 37–39) dem eigentlichen Scheidungsstatut (wiederum unter dem Vorbehalt des Art 6) zu entnehmen.

48 **cc)** Soll die Ehe ohne vorgängige „Inlandsprivatscheidung" im Inland gerichtlich geschieden werden, gelten die vorstehenden Regeln in gleicher Weise. Ob die im Inland geschehene gerichtliche Scheidung im Staat des Scheidungsstatuts Anerkennung findet oder ob es insofern einer zusätzlichen Privatscheidung auf der Basis des Scheidungsstatuts bedarf, ist vom Recht des Scheidungsstatutstaates zu entscheiden. Zur Frage der internationalen Zuständigkeit der deutschen Gerichte bei Scheidung von Ehen von Ehegatten aus Nicht-EU-Staaten, bei denen nur ein Ehegatte sich im Inland aufhält, s im Hinblick auf Art 8 I EheVO iVm § 606a I Nr 4 ZPO, aus dem insoweit noch inländische Zuständigkeit folgen kann, unten Abschnitt VII Rz 65.

VI. Versorgungsausgleich – VersA – (Abs III)

1. Grundregel: Maßgeblichkeit des Scheidungsstatuts (Abs III S 1)

49 **a) Anwendbares Recht (S 1 Hs 1).** Das IPR betrachtet den VersA in Übernahme der zum alten Recht herrschend gewordenen Auffassung (BGH 75, 241) als Scheidungsfolge (BT-Drucks 10/504, 61; s Rz 4); seiner praktischen Bedeutung wegen und aufgrund seiner Inlandsbezogenheit, die sich auch daraus ergibt, daß vergleichbare

Rechtsinstitute in anderen Rechtsordnungen nur sehr vereinzelt vorhanden sind, war indes eine eigenständige Anknüpfung auf der Grundlage der Maßgeblichkeit des Scheidungsstatuts in Abs III zu entwickeln. **aa)** Grundregel dieser Anknüpfung ist gem S 1 Hs 1 die **Maßgeblichkeit** des sich aus Abs I S 1 ergebenden **Scheidungsstatuts**. Über den VersA bestimmt also gem der sich aus Abs I S 1 ergebenden Verweisung auf Art 14 das als Familienstatut wirkende Ehewirkungsstatut im Zeitpunkt der Rechtshängigkeit des Scheidungsantrags. Hierfür gelten die Ausführungen Rz 17–21. Es ist also für den VersA von dem sich aus Art 14 für die konkrete Ehe ergebenden Ehewirkungs- und Scheidungsstatut auszugehen (zB AG Gütersloh IPRax 1984, 214 mit Anm Piltz 193; zum isolierten und nachträglichen VersA s Rz 63, zu Vereinbarungen über den VersA s Rz 53). Das ist gemäß dem „Leiterprinzip" des Art 14 I die gemeinsame Staatsangehörigkeit, sekundär der gemeinsame gewöhnliche Aufenthalt, in dritter Linie das Recht der engsten gemeinsamen sonstigen Beziehung. Bei gemeinsamer deutscher Staatsangehörigkeit, aber Auslandswohnsitz der Ehegatten in der **EU** hat sich dann („Fall Johannes") die Frage nach einer **Diskriminierung** einer auslandsdeutschen Ehe iSv Art 12 EGV gegenüber anderen Ehen in ihrer Umwelt ergeben. Solche Diskriminierung mit w Folge der Unvereinbarkeit von Art 17 III S 1 Hs 1 insoweit mit **EU-Recht** liegt aber nicht vor; aus der kollisionsrechtlichen Anordnung des VersA ergibt sich keine diskriminierende Ungleichbehandlung (s EuGH FamRZ 2000, 83; Rigaux IPRax 2000, 287; Pirrung, Gedächtnisschrift Lüderitz [2000] 543; ders, FS Henrich [2000] 461). Eine Abweichung zwischen dem auf die Scheidung selbst angewandten Recht und dem Statut des VersA ergibt sich deshalb bei „regelwidriger" Scheidung in Anwendung deutschen Rechts gem Abs I S 2 (Rz 22, 25; AG Mainz NJW-RR 1990, 780; Jayme IPRax 1987, 167, 168; Lüderitz IPRax 1987, 78; aA und unzutr Karlsruhe IPRax 1990, 52 mit Anm Jayme 53), ebenso dann, wenn die Anwendung deutschen Rechts „stellvertretend" zur Scheidung einer „hinkenden Inlandsehe" (Stuttgart FamRZ 1980, 783, str, s Rz 26) oder als Folge der Anwendung von Art 6 (s Rz 9, 46, 83) geschieht, außerdem dann, wenn im Falle „nachträglichen Versorgungsausgleichs" die rechtskräftige Scheidung in Anwendung eines unzutreffend herangezogenen Rechts erfolgt ist (s Zweibrücken NJW 2000, 2432). **bb)** Ob in Sachverhalten der vorgenannten Art ein Versorgungsausgleich stattfindet, bestimmt sich für die Grundregel des S 1 deshalb zunächst nach dem Scheidungsstatut des Abs I S 1. Ist Scheidungsstatut danach deutsches Recht, folgt der Versorgungsausgleich den Regeln des deutschen Versorgungsausgleichsrechts, soweit sich für dessen Anwendung nicht aus S 1 Hs 2 noch eine Schranke ergibt. Ist fremdes Recht Scheidungsstatut und greifen die Schranken von S 1 Hs 2 auch insoweit nicht ein, gelten für die Durchführung eines diesem Recht bekannten Versorgungsausgleichs die Regeln dieses Rechts. Kennt das fremde Scheidungsstatut hingegen den Versorgungsausgleich als Rechtsinstitut nicht, kann der Versorgungsausgleich „regelwidrig" bei Vorliegen der Voraussetzungen des deutschen Rechts gem S 2 durchgeführt werden.

b) Zusatzerfordernis: Versorgungsausgleich nur, wenn ein Heimatrecht den VersA kennt (S 1 Hs 2). Das **50** der überwiegenden Zahl der Rechtsordnungen nicht geläufige Rechtsinstitut des VersA soll den Ehegatten nicht im Wege schematischer Anwendung des mit ihren Heimatrechten ggf nicht harmonierenden Scheidungsstatuts aufgedrängt werden (BT-Drucks 10/504, 62). Zur „Durchführung" gelangt der VersA deshalb gem Hs 2 der Grundregel des S 1 nur dann, wenn ihn das Recht eines der Staaten kennt, denen die Ehegatten im Zeitpunkt des Eintritts der Rechtshängigkeit des Scheidungsantrags angehören. Aus diesem Hs 2 folgen die nachstehenden Anwendungsvoraussetzungen für den nach S 1 durchzuführenden VersA: **aa)** Der VersA kommt gem S 1 nur in Betracht, wenn ihn das **Heimatrecht** wenigstens eines der Ehegatten kennt. Das Heimatrecht bestimmt sich insofern aus Art 5 I S 1 und 2; abzustellen ist bei Doppel- und Mehrstaatern demgemäß auf das **effektive** Heimatrecht iSv S 1, bei auch Deutschen gem S 2 auf das deutsche Recht (ebenso Stuttgart FamRZ 1989, 760f; unzutr Düsseldorf FamRZ 1987, 195f). **bb)** Hs 2 enthält insofern eine **Sachnormverweisung** iSv Art 4 I, die auf das Sachrecht des Heimatrechts, nicht auf dessen Kollisionsnormen verweist (AG Heidelberg IPRax 1990, 126 und hM, zB Samtleben IPRax 1987, 96, 98; Kartzke IPRax 1988, 8, 13; aA Lüderitz IPRax 1987, 74, 80).

cc) Ein demgemäß bestimmtes Heimatrecht muß den VersA „kennen". Insofern genügt, daß das Heimatrecht **51** einen VersA wenigstens „im Grundsatz" kennt (Lüderitz IPRax 1987, 74, 79; Rausch NJW 1994, 2124). Ist Heimatrecht ein ausländisches Recht, so ist entscheidend, daß sich eine vorhandene Regelung aus der Sicht des deutschen Rechts als VersA qualifizieren läßt. Entscheidend ist deshalb, daß die fremde Regelung einen **echten Ausgleich** von Versorgungsanrechten **im Zeitpunkt der Scheidung** bewirkt. Ein VersA fremden Rechts liegt deshalb dann nicht vor, wenn das fremde Recht lediglich Regelungen für Geschiedenenrenten und Geschiedenenwitwenrenten vorhält oder eine allgemeine Volksrente entwickelt hat (str, so die wohl hM, s v Bar IPR II Rz 276; Eichenhofer, Internationales Sozialrecht und IPR S 174ff; Adam, Internationaler VersA 58ff; Zacher, in Zacher, VersA im int Vergleich S 674; im Ansatz, wohl aber nicht in den Ergebnissen großzügiger E Lorenz FamRZ 1987, 645, 650; Jayme, in Zacher, aaO 311; Rahm/Künkel/Paetzold, Hdb des FamGVerf VIII Rz 903; ausführliche Übersicht bei Staud/v Bar/Mankowski Art 17 Rz 278ff; auch Wagner, Versorgungsausgleich mit Auslandsberührung [1996]; Klattenhoff, Das Internationale Privatrecht und der Versorgungsausgleich, FuR 2000, 108). Für die Praxis ergibt sich hieraus, daß mangels Vorliegens von als VersA zu qualifizierenden Regelungen im Auslandsrecht der VersA gem S 1 nur dann, dh nur bei Berührung zu einigen ausgewählten, dem deutschen Standard in etwa entsprechenden Rechten, deren Zahl freilich zu steigen beginnt, stattfinden kann (s zur Praxis unten bei 3., Rz 60). **dd)** Ist die von Hs 2 aufgestellte Voraussetzung erfüllt (s aa–cc), so bestimmt sich die Durchführung eines Versorgungsausgleichs gem S 1 gleichwohl ausschließlich nach dem sich gem S 1 Hs 1 ergebenden Scheidungsstatut iS des Abs I S 1 (s dazu Rz 49); das Heimatrecht, das einen Versorgungsausgleich iSv Hs 2 „kennt", bleibt, wenn es nicht zugleich Statut des VersA ist, für den VersA außer Betracht (hM, aA Lüderitz IPRax 1987, 74, 79, der Hs 1 und 2 kumulativ anwenden will). Bedeutsam wird die Einerseits-Andererseits-Regelung des S 1 (Übersicht über die berechtigte Kritik an der „Konzeption" des Abs III bei v Bar IPR II Rz 273 mwN) bei gemischtnationalen Ausländerehen mit gewöhnlichem Inlandsaufenthalt; bei deutsch-ausl Ehen mit Inlandsaufenthalt ist hingegen idR zur Durchführung des VersA gem S 1 zu gelangen (Stuttgart FamRZ 1989, 760f; AG Berlin-Charlottenburg FamRZ 1989, 514f).

52 ee) Zum VersA in „Altehen" Rz 14 und 59; zum isolierten nachträglichen VersA bei Auslandsscheidung Rz 63.

53 c) **Anwendungsbereich.** Das gem S 1 anwendbare Recht bestimmt als „Statut des VersA" über **Voraussetzungen** und **Durchführung insgesamt.** Gilt so zB deutsches Recht, ergibt sich die Berechnung der Ehezeit aus § 1587 II BGB, gelten die übrigen Voraussetzungen der §§ 1587ff BGB für den VersA. Es bestimmt demgemäß auch über die inhaltliche (zur Form Art 11) Wirksamkeit einer den VersA ausschließenden Vereinbarung zwischen den Ehegatten (Pal/Heldrich Art 17 Rz 19). Hat sich das Scheidungsstatut zwischen dem Zeitpunkt des Abschlusses der Vereinbarung und dem gem Abs III S 1 iVm Abs I S 1 maßgebenden Zeitpunkt der Rechtshängigkeit des Scheidungsantrages gewandelt, genügt auch inhaltliche Wirksamkeit nach dem früheren Statut (ebenso Pal/Heldrich Art 17 Rz 19; aA Soergel/Schurig[12] Art 17 Rz 131).

2. Ausnahmeregel: Regelwidrige Durchführung des VersA nach deutschem Recht (S 2)

54 a) **Inhalt und Zweck.** Aus der Grundregel des S 1 und dem Fehlen einer als VersA anzusprechenden Ausgleichsregelung in den meisten ausländischen Rechten folgt vielfach das Scheitern eines VersA nach dem gem S 1 berufenen Recht. Im Interesse von Ehegatten, die ihre Ehe wenigstens zT im Inland gelebt und dabei wenigstens zeitweise Eingliederung in das deutsche Alterssicherungssystem gefunden haben, bietet Abs III S 2 bei Vorliegen bestimmter negativer und positiver Voraussetzungen „regelwidrig" die Maßgeblichkeit des deutschen VersA-Rechts für die Durchführung eines VersA an. Erreicht wird damit die insoweit notwendige Gleichbehandlung von Ausländerehen, in denen ausgleichsfähige Anrechte im deutschen Alterssicherungssystem erbracht worden sind. Systematisch betrachtet, setzt sich insofern das deutsche Recht mit seinem Standpunkt durch, so daß die Norm als spezialisierte Vorbehaltsklausel nicht (Oldenburg FamRZ 1995, 1590; Pal/Heldrich Art 17 Rz 21) die auch im staatsvertraglich geregelten Bereich der Scheidung Geltung hat (allg Regelung iSv Art 8 III Dtsch-Iran Abkommen, s Rz 5; ebenso Pal/Heldrich Art 17 Rz 21; abw und unrichtig insoweit Köln FamRZ 2002, 613). Ergebnis der Anwendung des S 2 ist, daß die Ehe für die dann gem §§ 1587ff BGB erfolgende Durchführung des VersA im wesentlichen einer reinen Inlandsehe gleichgestellt wird (dazu Ber Rechtsausschuß BT-Drucks 10/5632, 42–43); zur Verfassungsmäßigkeit BVerfG IPRsp 1990 Nr 93; Düsseldorf FamRZ 1993, 434.

55 b) **Voraussetzungen. aa)** Als **negative Voraussetzung** verlangt S 2 zunächst, daß nach der Grundsatzregelung des S 1 ein VersA (auf der Grundlage des deutschen oder ausländischen Scheidungsstatuts) mangels Erfüllung der von S 1 aufgestellten Voraussetzungen (s Rz 49–51) nicht durchgeführt werden kann. Unklar ist die Meinungslage hier wiederum hinsichtlich der aus Sicht des S 2 an den ausl Scheidungsstatut und den Heimatrechten iSv S 1 „bekannten" VersA zu stellenden Anforderungen. Es gelten insoweit die Qualifikationsmaßstäbe, die für S 1 Hs 2 oben (Rz 51) aufgestellt worden sind. S 2 kann deshalb erst dann zur Anwendung gelangen, wenn geprüft ist, daß (1) aus der Anwendung von S 1 eine VersA-Regelung überhaupt nicht folgt (s Rz 61) oder (2) aus S 1 lediglich nacheheliche Versorgungsrechte folgen (Geschiedenenrenten, Rz 51), die als VersA iS des deutschen Qualifikationsverständnisses nicht einzuordnen sind. Daß die Regelung des fremden Rechts dem deutschen VersA-Recht in allem gleichkommt, ist nicht erforderlich; es genügt nach den allg Qualifikationsregeln, daß die fremde Regelung sich im Funktionsverständnis des S 1 und 2 als „VersA" darstellt (ähnlich Pal/Heldrich Art 17 Rz 22; MüKo/Winkler/v Mohrenfels Art 17 Rz 197; Henrich IntFamR 121; Staud/Mankowski [2003] Art 17 Rz 305; wohl nur begrifflich enger Lüderitz IPRax 1987, 74, 79).

56 bb) Als **positive Voraussetzung** verlangt S 2 zunächst die **Beantragung** der Durchführung des VersA durch einen Ehegatten (dazu Hamm FamRZ 1989, 1191; 1991, 204; München FamRZ 1990, 186; FamRZ 2000, 165), die **nicht notwendig im Verbundverfahren** geschehen muß (Schleswig FamRZ 1991, 96; Schulze FamRZ 1991, 98). cc) Die **weiteren** Voraussetzungen ergeben sich **alternativ** aus **Nr 1** und **Nr 2** von S 2. (1) Nr 1 verlangt, daß der **andere** Ehegatte in der **Ehezeit** (BGH FamRZ 1994, 825 bis zur Zustellung des Scheidungsantrags, vorherige Trennung schadet nicht, Koblenz FamRZ 1991, 1324) eine **inländische Versorgungsanwartschaft** erlangt hat. Vertretbar erscheint, Nr 1 entsprechend auch so anzuwenden, daß eine in der Ehezeit in einer ausländischen Rechtsordnung, die den VersA „kennt" (s Rz 51), erworbene Versorgungsanwartschaft genügt (so E. Lorenz FamRZ 1987, 653). (2) Nr 2 verlangt alternativ zum Vorliegen der in Nr 1 aufgestellten Voraussetzung, daß Ehewirkungsstatut iSv Familienstatut (bestimmt über Art 14) während wenigstens eines Teils der Ehezeit eine Rechtsordnung war, die den VersA ihrerseits kennt (iS der Ausführungen von Rz 51). dd) Liegen die Voraussetzungen aa) und bb) **kumulativ und eines** der in Nr 1 und 2 aufgestellten Erfordernisse vor, dann kann ein VersA **beschränkt** auf die inländischen Versorgungsanwartschaften bzw die während der Geltung des in Nr 2 genannten Statuts erworbenen Anwartschaften durchgeführt werden, wenn zusätzlich die gem S 2 Hs 2 erforderliche Billigkeitsprüfung nicht negativ ausfällt.

57 ee) Die **Billigkeitsklausel** des S 2 Hs 2 schränkt den nach S 1 ansonsten möglichen VersA dann ein oder schließt ihn aus, soweit seine Durchführung im Hinblick auf die beiderseitigen wirtschaftlichen Verhältnisse auch während der zeit im Inland verbrachten Zeit der Billigkeit nicht widerspricht. (1) Zu Recht faßt die Rspr ihre Kompetenz zur Beurteilung der Billigkeit heute weiter auf als nach dem Wortlaut der Norm gegeben. Die Billigkeit kann unter Heranziehung aller in Betracht kommenden Umstände beurteilt werden (Celle FamRZ 1991, 205), allerdings sollen Verschuldensgesichtspunkte hier keine zentrale Bedeutung haben. Abzustellen ist demgemäß insbesondere auf Dauer von Inlands- und Auslandsaufenthalt, auf Bestehen sonstiger Alterssicherung oder sonstigen Vermögens des einen oder anderen Ehegatten und auf Belegenheit und Verwertbarkeit dieser Vermögenswerte. (2) Da die Billigkeitsklausel negativ formuliert ist („soweit nicht widerspricht"), kann sie nur als **Ausnahme**regel fungieren. Grundsätzlich ist bei Vorliegen der og Voraussetzungen deshalb ein Versorgungsausgleich durchzuführen, es sei denn, seine Durchführung stellte sich wegen der Umstände des Einzelfalles nach Erhebung der Billigkeitsprüfung als **unbillig** dar; die Bewertung der Billigkeit ist indes weitgehend Aufgabe des Tatrichters (BGH FuR 2000, 86, 88; aus der Rspr iü BGH FamRZ 1981, 756, 757; BGHR BGB § 1587c Nr 1 [grobe Unbilligkeit 3];

(sf BGH FamRZ 1994, 825; Karlsruhe FamRZ 1989, 399; Frankfurt FamRZ 1990, 417; Celle FamRZ 1991, 205; Hamm FamRZ 1992, 826, 828; Düsseldorf FamRZ 1993, 434; Hamm FamRZ 1994, 825; Koblenz NJW-RR 1998, 170), der insoweit nicht auf die ausdrücklich genannten Gesichtspunkte – wirtschaftliche Verhältnisse, Aufenthaltsdauer im Inland – beschränkt ist, BGH FamRZ 2000, 418, 419. Zu berücksichtigen ist deshalb zB der einseitige Aufbau inländischer Versorgung, die Unterschiedlichkeit der Lebenshaltungskosten im In- und Ausland (BGH aaO 419) oder auch die Möglichkeit von Kürzungen ggü Berechtigten mit Wohnsitz im Ausland (Frankfurt am Main FamRZ 2000, 163, 164 u dazu Eichenhofer IPRax 2001, 110).

c) Durchführung. Bei Vorliegen der in Rz 54–57 ausgeführten Voraussetzungen wird der VersA beschränkt auf die oben Rz 56 zu dd aufgeführten Versorgungsanwartschaften nach deutschem Recht (§§ 1587ff BGB) durchgeführt (zur Möglichkeit der Berücksichtigung der materiellrechtlichen Billigkeitsklausel des § 1587c BGB BGH FamRZ 1994, 827; E. Lorenz FamRZ 1987, 650). **58**

3. Durchführung des VersA bei Auslandsberührung

a) Allgemeines. Der gem Abs III stattfindende VersA kann Auslandsberührung, die bei der praktischen Durchführung zu berücksichtigen ist, in verschiedener Hinsicht haben. Wird VersA gem S 1 oder S 2 begehrt, schließt **Auslandswohnsitz** des Ausgleichsberechtigten die Durchführung nicht aus (BGH FamRZ 1983, 264; NJW 1986, 1932; Karlsruhe FamRZ 1998, 1029; zur Vereinbarkeit der Regelung mit Art 12 EGV [Diskriminierungsverbot] s Rz 49 bei aa). Findet der VersA nach S 1 oder S 2 auf der Grundlage des deutschen Versorgungsausgleichsrechts (§§ 1587ff BGB) statt und bestehen für die Ehegatten auch **ausländische Versorgungsanwartschaften**, so können diese nicht im Wege des Splitting oder Quasisplitting (§ 1587b I, II BGB) oder durch Realteilung (§ 1 II VAHRG), analoges Quasisplitting (§ 1 III VAHRG), durch erweiterten Ausgleich, insbesondere Supersplitting (§ 3b I Nr 1 VAHRG) und Beitragsentrichtung nach § 3b I Nr 2 VAHRG von den mit dem VersA befaßten deutschen Gerichten aufgeteilt werden (BGH 75, 241, 246f; NJW 1989, 1997; FamRZ 2001, 284; Auflistung der Rspr zu einzelnen Ländern s Rz 62; Henrich IntFamR S 127; s ü die Spezialwerke zum VersA; zum VersA mit Auslandsberührung insbesondere Rahm/Künkel/Paetzold, Hdb des FamGVerf VIII Rz 850ff mit umf Dokumentation). Auslandswohnsitz des Berechtigten oder Vorhandensein ausl Versorgungsanwartschaften führt auch **nicht** zu „Spaltung des VersA" iS einer durch Art 3 III bewirkten „Vermögensspaltung", da Art 17 III kein „Gesamtvermögen" betrifft (so im Ansatz aber AG Berlin-Charlottenburg NJW 1984, 2043; wie hier Art 3 Rz 16 mwN). Es bleibt in den vorstehend erörterten Fällen regelmäßig nur die **Verweisung** gem § 2 und §§ 3a ff VAHRG **in den schuldrechtlichen Versorgungsausgleich** (BGH NJW 1989, 1997; Bergner IPRax 1988, 281, 283); zu möglichen Ausnahmen und Durchführung des öfftlrechtl VersA, so im Fall höherer inländ Anwartschaften des einen Ehegatten ggü den ausländ Anwartschaften des anderen Ehegatten, mit der Folge ihrer Berücksichtigung als „bloße Rechnungsposten" s Wagner IPRax 1999, 96. Ob dieser dann durchführbar oder „zur Zeit undurchführbar" ist oder durch Benutzung der in § 1587a V BGB eingerichteten Schätzungsmöglichkeit vorangetrieben werden kann, ist Frage des Einzelfalles (s Bergner IPRax 1988, 281, 284). Dem gem Art III S 1, 2 ermittelten Versorgungsausgleichsstatut unterliegen neben der eigentlichen Durchführung des VersA auch Randfragen, die versorgungsausgleichsrechtlich zu qualifizieren sind, wie **Auskunftsansprüche** (Bamberg FamRZ 1979, 239). **59**

b) VersA auf der Grundlage von Auslandsrecht („Ergiebigkeit des fremden Scheidungsstatuts", S 1). Das von S 1 aufgestellte Erfordernis eines sowohl dem Versorgungsausgleichsstatut als auch einem Heimatrecht „bekannten" Ausgleichssystems, das sich als „VersA" qualifizieren läßt, führt dazu, daß zZt nur wenige Auslandsrechte iSv S 1 ergiebig sind. Da es sich, wie im folgenden erhellt, um „Domizilstaaten" handelt, die dann mutmaßlich für den VersA auf den gewöhnlichen Aufenthalt als Wahldomizil zurückverweisen (zum Renvoi beim VersA s Rz 7), liegen Gerichtsentscheidungen, die einen VersA auf der Grundlage von ausländischem Versorgungsausgleichsrecht vorgenommen haben, nicht vor. AG Gütersloh (IPRax 1984, 214 – Spanien) hat zwar – irrig – VersA für spanisches Recht angenommen, dann aber wegen Verzichtsvereinbarung nicht durchzuführen gehabt. Ein als „VersA" anzusprechendes Ausgleichssystem kennt so **Kanada**, mit unterschiedlichen Rechtsgrundlagen für die einzelnen Provinzen (ebenso v Bar IPR II Rz 276; Steinmeyer FamRZ 1982, 335; Rauscher IPRax 1988, 343, 345; Rahm/Künkel/Paetzold aaO Rz 987; daselbst Rz 973–987 ausführl Darst mwN; ebenfalls ausführl Darstellung bei Staud/Mankowski [2003] Art 17 Rz 278ff). Einen „VersA" iSv S 1 kennen ferner noch **Einzelstaaten und Territorien der USA**; gesichert anzunehmen ist dies für diejenigen Jurisdiktionen, die des Güterrecht auf dem Boden der „community property" (entspr Errungenschaftsgemeinschaft) stehen (Arizona, Kalifornien, Idaho, Louisiana, Nevada, Neu Mexiko, Texas, Washington, Puerto Rico). Einzeldarstellung dazu bei Rahm/Künkel/Paetzold aaO Rz 998–1005; zu weiteren Staaten der USA, in denen uU ein „VersA"-System besteht, s Henrich, Internationales Familienrecht S 122; zu den USA s ferner Adam, Int Versorgungsausgleichsrecht (1985) 14, 16ff; Reinhard FamRZ 1990, 1194; Gümpel FamRZ 1991, 138 und 1990, 226; Steinmeyer ZvglRWiss 1984, 329; Staud/v Bar/Mankowski Art 17 Rz 312. Einen VersA iS der deutschen Qualifikationsvorstellung haben 1994 mit Wirkung ab 1. 5. 1995 die **Niederlande** eingeführt, vgl Reinhard, Rechtsordnungen mit VersA iSd Art 17 III (1995); Staud/v Bar/Mankowski Art 17 Rz 315; ebenso gilt ab 1. 1. 2000 in der **Schweiz** ein als VersA anzusprechendes System (Art 142ff ZGB nF), dazu Reusser DEuFamR 1999, 141ff. Als VersA-System kann auch das 1966 in **Irland** im Rahmen der Scheidungsreform eingeführte Rentenausgleichssystem eingeordnet werden. Rspr zur Durchführung eines solchen „ausländischen VersA" im Inland besteht nach wie vor nicht. Gilt gemäß S 1 ein solches grundsätzlich ergiebiges ausländisches „VersA-Statut", ist der VersA nach seinen Regeln durchzuführen. Dies wird vielfach Schwierigkeiten bereiten und zur Abtrennung des VersA-Verfahrens führen. Keinen eigentlichen Ausweg bietet die Verweisung in den „schuldrechtlichen VersA", da §§ 2, 3a ff VAHRG als deutsches Recht nicht anwendbar sind. Folge kann in solchen Fällen ein in zwei bis drei Verfahren durchgeführter VersA sein: Auf den Ausgleich im Inland ermittelbarer und ausgleichsfähiger Anrechte im deutschen Verfahren (1) folgt (2) das Ausgleichsverfahren **60**

im Staat des VersA-Statuts, (3) kann es ggf zu einem Korrekturverfahren gemäß § 10a VAHRG im Inland kommen.

61 **c) Unergiebigkeit des Auslandsrechts (kein VersA gem S 1).** Für alle übrigen Rechtsordnungen ergibt sich so zZt Unergiebigkeit für einen VersA. Ein VersA ist dann nur gem S 2 auf Antrag und auf der Grundlage des deutschen Versorgungsausgleichsrechts möglich. Rspr, die solche Unergiebigkeit festgestellt hat, besteht, soweit ersichtlich, zu folgenden Ländern: Dänemark (Frankfurt NJW-RR 1987, 1478f); England (Oldenburg FamRZ 1984, 715); Iran (München IPRax 1988, 238, 241); Italien (BGH NJW-RR 1994, 962 = LM 7/1994 § 1587 BGB Nr 70 Anm Hohloch); Jugoslawien (München IPRax 1989, 242); Mongolei (AG Wunsiedel FAmRZ 1996, 350); Slowenien (BGH FamRZ 1990, 386); Österreich (BGH 86, 57, 70; BGH NJW 1994, 322); Polen (Karlsruhe FamRZ 1989, 399); Türkei (BGH FamRZ 1990, 142f; andere Gerichte); UdSSR (BGH FamRZ 1990, 386); weitere Übersicht bei Rahm/Künkel/Paetzold aaO Rz 962ff und Staud/Mankowski [2003] Art 17 Rz 334.

62 **d) Rspr zur Einbeziehung ausländischer Anwartschaften und zur Verweisung auf den schuldrechtlichen VersA.** Ohne Anspruch auf Vollständigkeit besteht Rspr zu ausländischen Versorgungsanwartschaften für folgende Rechtsordnungen: Schweden (Bamberg FamRZ 1980, 62); Österreich (AG Kaufbeuren FamRZ 1982, 76); Frankreich (BGH FamRZ 2001, 284; Stuttgart FamRZ 1989, 760; Karlsruhe FamRZ 2002, 962); Schweiz (Karlsruhe IPRax 1982, 245; KG FamRZ 1990, 1257; zur jetzigen Rechtslage in der Schweiz Reusser DEuFamR 1999, 141; FamRZ 2001, 595, 599); Italien (Köln FamRZ 1986, 689); USA (AG Heidelberg IPRax 1990, 126; AG Landstuhl FamRZ 1994, 837; NJW-RR 1998, 1541; Zweibrücken NJW-FER 2001, 91; Dresden FamRZ 2003, 1297); Polen (BGH FamRZ 1983, 263; NJW 1989, 1997; Karlsruhe FamRZ 1989, 399; Hamm FamRZ 1994, 578; Frankfurt am Main FamRZ 2000, 163; Karlsruhe FamRZ 2000, 963); zu Großbritannien Karlsruhe FPR 2002, 299; zu den Niederlanden Celle FamRZ 1994, 1463; Hamm FamRZ 2001, 31; Köln FamRZ 2001, 31, 1460, 1461; Düsseldorf FamRZ 2001, 1461; Oldenburg FamRZ 2001, 961; Bamberg FamRZ 2003, 1567. Zu Rußland bzw ehem SU Celle FamRZ 2001, 1462. Zu Kasachstan BGH v 23. 7. 2003 – XII ZB 188/99 – noch nicht veröffentlicht. Weitere Nachweise bei Soergel/Hohloch[13] § 1587b IV Nr 4d Rz 8ff; Staud/Mankowski [2003] Art 17 Rz 306ff.

4. Isolierte (nachträgliche) Durchführung des VersA im Inland nach Anerkennung der Auslandsscheidung

63 Ist die Ehe im Ausland geschieden und enthält die ausländische Entscheidung (wie in aller Regel, s v Bar IPR II Rz 271 Fn 827) keine Regelung des VersA, so kann bei Anerkennung der ausländischen Scheidung der VersA im Inland als „isolierter VersA" nachträglich im Verfahren des § 621 I Nr 6 ZPO in Anwendung des gem Art 17 III maßgeblichen Rechts auf der Grundlage des deutschen Rechts durchgeführt werden, wenn das deutsche Recht aus der Sicht der deutschen Gerichte als Statut des VersA berufen ist (einhellige M in Rspr und Schrifttum, s zB BGH NJW 1983, 1269 1270; NJW 1993, 2047; FamRZ 1993, 176; NJW-RR 1994, 322; KG NJW 1979, 1107; Düsseldorf FamRZ 1980, 698; 1984, 714; Karlsruhe IPRax 1985, 36; AG Berlin-Charlottenburg FamRZ 1989, 514; Stuttgart FamRZ 1991, 1068; Hamm FamRZ 1992, 826; Pal/Heldrich Art 17 Rz 26 mwN; Bürgle in Zacher, VersA im internationalen Vergleich 391ff, 402; Jayme FamRZ 1979, 557). Zu Unrecht nimmt Frankfurt FamRZ 1982, 77 Bindungswirkung der ausländischen Entscheidung, das ausländisches Scheidungsstatut zugrundegelegt hat, für das deutsche Gericht hinsichtlich des Scheidungsfolgen- und Versorgungsausgleichsstatut an (dagegen Hamm FamRZ 1992, 826, 827; **das deutsche Gericht bestimmt das Statut selbständig gem Art 17 III**, da – anders als bei Art 18 IV – das nach Abs I S 1 „anzuwendende Recht" den VersA ergibt). Die Streitfrage, ob der isolierte VersA auf Antrag oder von Amts wegen zu erfolgen hat (so AG Berlin-Charlottenburg FamRZ 1989, 514 mwN) ist iS der erstgenannten Auffassung (auf Antrag) zu beantworten; das deutsche Gericht wird von der Auslandsscheidung stets nur bei Anbringung einer sonstigen Scheidungsfolgesache (zB Unterhalt, elterliche Sorge) Kenntnis erhalten und kann dann nicht von Amts wegen den Streitgegenstand erweitern. Eine „Negativentscheidung" über den VersA, die kollisionsrechtlich fehlerhaft zustandegekommen ist, kann, wenn dt Recht aus dt Sicht VersA-Statut ist, in der Sicht des BGH grundsätzlich nicht gem § 10a VAHRG abgeändert werden, BGH FamRZ 1997, 326 = LM Nr 45 zu VAHRG Anm Hohloch; aA und zutreffend Hamm FamRZ 1992, 826, 827; auch Pal/Heldrich, Art 17 Rz 26.

VII. Internationales Verfahrensrecht der Inlandsscheidung

Schrifttum: zum bisherigen Rechtszustand (vor 1. 3. 2001): Staud/Spellenberg (13. Bearb 1997) EGBGB Internationales Verfahrensrecht in Ehesachen (§§ 606ff ZPO); s iü die 10. Aufl Art 17 vor Rz 64.

Zum neuen Recht (ab 1. 3. 2001): *Basedow,* The communitarization of the conflict of laws under the treaty of Amsterdam, CML Rev 2000, 687; *Berger,* Die EG-Verordnung über die Zusammenarbeit der Gerichte auf dem Gebiet der Beweisaufnahme in Zivil- und Handelssachen (EuBVO), IPRax 2001, 522; *Besse,* Die justitielle Zusammenarbeit in Zivilsachen nach dem Vertrag von Amsterdam und das EuGVÜ, ZEuP 1999, 107; *Boele-Woelki,* Brüssel II: Die Verordnung über die Zuständigkeit und die Anerkennung von Entscheidungen in Ehesachen, ZfRV 2001, 121; *Bruns,* Der anerkennungsrechtliche Ordre public in Europa und den USA, JZ 1999, 278; *Eidenmüller,* Europäische Verordnung über Insolvenzverfahren und zukünftiges deutsches internationales Insolvenzrecht, IPRax 2001, 2; *Geimer,* Salut für die Verordnung (EG) Nr 44/2001 (Brüssel I–VO) ..., IPRax 2002, 69; *Gottwald,* Schließt sich die „Abseitsfalle"? Rechtliches Gehör, Treu und Glauben im Prozeß um Urteilsanerkennung, FS Schumann (2001) 149; *Gruber,* Die neue „europäische Rechtshängigkeit" bei Scheidungsverfahren. Zur EG-Verordnung ..., FamRZ 2000, 1129; *Hau,* Das System der internationalen Entscheidungszuständigkeit im europäischen Eheverfahrensrecht, FamRZ 2000, 1333; *Hausmann,* Die Revision des Brüsseler Übereinkommens, EuLF 2000/01 D 40; *Heitmann,* Aufbruch in einen europäischen Rechtsraum, NJW 2001, 124; *Heß,* Der Verordnungsvorschlag der französischen Ratspräsidentschaft über einen „europäischen Besuchstitel", IPRax 2000, 361; *ders,* Die Integrationsfunktion des Europäischen Zivilverfahrensrechts, IPRax 2001, 389; *ders,* Aktuelle Perspektiven der europäischen Prozeßangleichung, JZ 2001, 573; *ders,* Die Europäisierung des internationalen Zivilprozesses durch den Amsterdamer Vertrag – Chancen und Gefahren, NJW 2000, 23; *Hohloch/*

Mauch, Die Vollstreckung umgangsrechtlicher Entscheidungen vor dem Hintergrund europäischer Rechtsvereinheitlichung und des HKÜ, FÜR 2001, 195; *Jayme*, Zum Jahrtausendwechsel: Kollisionsrecht zwischen Postmoderne und Futurismus, IPRax 2000, 165; *Jayme/Kohler*, Europäisches Kollisionsrecht 1999 – Die Abendstunde der Staatsverträge, IPRax 1999, 401; *dies*, Europäisches Kollisionsrecht 2001 – Anerkennungsprinzip statt IPR?, IPRax 2001, 501; *dies*, Europäisches Kollisionsrecht 2001: Interlokales Privatrecht oder universelles Gemeinschaftsrecht?, IPRax 2000, 454; *Kohler*, Auf dem Weg zu einem europäischen Justizraum für das Familien- und Erbrecht, FamRZ 2002, 709; *ders*, Internationales Verfahrensrecht für Ehesachen in der Europäischen Union: Die Verordnung „Brüssel II", NJW 2001, 10; *Leipold*, Neuere Erkenntnisse des EuGH und des BGH zum anerkennungsrechtlichen Ordre public, FS Stoll (2001) 625; *Mansel*, Systemwechsel im Europäischen Kollisionsrecht (2002); *Micklitz/Rott*, Vergemeinschaftung des EuGVÜ in der VO (EG) Nr 44/2001, EuZW 2001, 325; *Pirrung*, Europäische justizielle Zusammenarbeit in Zivilsachen – insbesondere das neue Scheidungsübereinkommen, ZEuP 1999, 834; *ders*, Zur Zukunft der europäischen Gerichtsbarkeit in Zivilsachen, FS Stoll (2001) 647; *Schack*, Das Internationale Eheverfahrensrecht in Europa, RabelsZ 65 (2001) 615; *Wagner*, Die Bemühungen der Haager Konferenz für Internationales Privatrecht um ein Übereinkommen über die gerichtliche Zuständigkeit und ausländische Entscheidungen in Zivil- und Handelssachen, IPRax 2001, 533; *ders*, Vom Brüsseler Übereinkommen über die Brüssel I-Verordnung zum Europäischen Vollstreckungstitel, IPRax 2002, 75.

1. Internationale Zuständigkeit – Deutsches Recht und EU-Recht. a) Rechtsänderung durch Europäisierung zum 1. 3. 2001. Sitz der Regelung der internationalen Zuständigkeit deutscher Gerichte für Ehesachen und damit insbesondere für die im Inland angestrebte Scheidung einer Ehe war bis zum 1. 3. 2001 § 606a ZPO. Mit Wirkung ab dem 1. 3. 2001 ist die Regelung der Scheidungszuständigkeit in der EU durch die EheVO (Verordnung (EG) Nr 1347/2000 des Rates über die Zuständigkeit und die Anerkennung und Vollstreckung von Entscheidungen in Ehesachen und in Verfahren betreffend die elterliche Verantwortung für die gemeinsamen Kinder der Ehegatten v 29. 5. 2000, ABl EG 2000 Nr L 160 S 19 für alle Mitgliedstaaten der Union mit Ausnahme von Dänemark vereinheitlicht worden. Die EheVO gilt in allen EU-Staaten mit Ausnahme von Dänemark unmittelbar und geht als Gemeinschaftsrecht dem jeweiligen nationalen Recht vor, soweit ihr Geltungsumfang reicht. Die in Art 2 EheVO stehende Zuständigkeitsregelung ist umfassend und läßt für das autonome nationale Recht nur noch im Rahmen von Art 8 EheVO Raum. In Kraft ist die Zuständigkeitsregelung der EheVO als unmittelbar anwendbares Recht seit dem 1. 3. 2001 (Art 46 EheVO). Rückwirkung ist ihr nicht beigelegt; sie erfaßt gem Art 42 I EheVO nur gerichtliche Verfahren, die nach dem Inkrafttreten am 1. 3. 2001 eingeleitet worden sind. Der Begriff der Einleitung ist iSv Rechtshängigkeitsbegründung zu verstehen. Folge der Übergangsregelung ist, daß in laufenden oder zZt ruhenden Verfahren, die vor dem 1. 3. 2001 rechtshängig geworden sind, die internationale Zuständigkeit weiterhin nach den vorher uneingeschränkt maßgeblichen Regelungen, dh insbesondere nach § 606a ZPO zu beurteilen ist. Deren Zahl ist nach wie vor nicht unbeträchtlich, so daß in dieser Auflage die Zuständigkeitsregelung der deutschen ZPO nochmals wiedergegeben wird (s Rz 66).

b) Internationale Scheidungszuständigkeit gemäß Art 2 EheVO. Die Zuständigkeit deutscher Gerichte für eine Ehesache im Sinne von Art 1 I lit a EheVO (Ehescheidung, Ehetrennung ohne Auflösung des Ehebandes, Ungültigerklärung einer Ehe) wird in Art 2 I lit a katalogmäßig an den gewöhnlichen Aufenthalt der Ehegatten oder eines Ehegatten in einem Mitgliedstaat angeknüpft. An der Spitze steht der gemeinsame gewöhnliche Aufenthalt beider Ehegatten, die Regelungen der nachfolgenden Spiegelstriche 2, 3, 4, 5, 6 lassen früheren gemeinsamen gewöhnlichen Aufenthalt, den durch einen Ehegatten ununterbrochen beibehalten wird, sowie in Abstufungen den gewöhnlichen Aufenthalt des Antragsgegners (SpiegStr 3), bei gemeinsamem Antrag den gewöhnlichen Aufenthalt eines Ehegatten (SpiegStr 4), einen im Sinne eines mindestens einjährigen Aufenthaltes verfestigten Aufenthalt des Antragstellers (SpiegStr 5) und sechsmonatigen ununterbrochenen Aufenthalt des Antragstellers vor Antragstellung bei Staatsangehörigkeit zum Aufenthaltsstaat (SpiegStr 6) genügen. Der in diesen Bestimmungen verwandte Begriff des gewöhnlichen Aufenthaltes ist der übliche (s Art 5 Rz 43ff), so daß im Grundsatz auf Vorliegen des faktischen Lebensmittelpunktes abzuheben ist (unter Beachtung der zusätzlichen Zeiterfordernisse der jeweiligen SpiegStr). Abs1 lit b ergibt ferner eine Zuständigkeit Deutschlands für den Fall, daß beide Ehegatten die deutsche Staatsangehörigkeit haben; es genügt insofern bei Doppel- und Mehrstaatern das Vorliegen auch deutscher Staatsangehörigkeit, womit man sich bei § 606a I Nr 1 ZPO auch begnügt hatte (ebenso Pal/Heldrich Art 17 Rz 27; aA Hau FamRZ 2000, 1337). Die Regelung der Zuständigkeit in Art 2 I lit a und b folgt nicht einem „Leiterprinzip", sondern ist als Katalog nebeneinanderstehender Zuständigkeiten zu begreifen. Deutsche Zuständigkeit besteht somit, wenn nur eine der mehreren Zuständigkeitsbestimmungen nach lit a und/oder lit b eine hiesige Zuständigkeit ergibt. Insofern ist die Zuständigkeit der deutschen Gerichte nicht ausschließlich, sie konkurriert vielmehr mit der Zuständigkeit eines oder mehrerer Mitgliedstaaten der Union, für den/die sich aus dem Katalog auch eine solche Zuständigkeit ergibt (unklar insoweit die Bejahung ausschließlicher Zuständigkeit bei Pal/Heldrich Art 17 Rz 27). **Ehegatten können** demgemäß je nach Fallgestaltung den **Gerichtsstand aus einer gemäß Art 2 I EheVO sich bietenden Auswahl auswählen oder** – bei wechselseitiger Antragstellung – **um den Gerichtsstand konkurrieren**. Im letzteren Fall greift die Regelung der **Art 9, 10, 11 EheVO** ein; Art 11 EheVO enthält die Regelung für die Entscheidung bei konkurrierender Antragstellung in verschiedenen Mitgliedstaaten. Die Regelung folgt grundsätzlich dem Prinzip des Vorranges des Gerichts, bei dem Rechtshängigkeit bei übereinstimmendem Streitgegenstand zuerst eingetreten ist (Art 11 I und II EheVO); der mit der Rechtsvereinheitlichung in Art 11 EheVO erzielte Fortschritt liegt darin, daß Abs IV für den Begriff der „Anrufung" des Gerichts, mit dem der Begriff der „Rechtshängigmachung" in der EheVO ersetzt ist, eine verordnungsautonome Definition und Interpretation vornimmt. „Angerufen" gilt insoweit ein Gericht gemäß Abs IV lit a, zu dem Zeitpunkt, zu dem das verfahrenseinleitende Schriftstück oder ein gleichwertiges Schriftstück bei Gericht eingereicht worden ist, vorausgesetzt, daß der Antragsteller es in der Folge nicht versäumt hat, die ihm obliegenden Maßnahmen zu treffen, um die Zustellung des Schriftstücks an den Antragsgegner zu bewirken. Die verordnungsautonome Regelung kann wenigstens grundsätzlich den früheren Wettlauf um die Rechtshängigkeit eindämmen, bei dem Deutschland als Forumstaat wegen des Rechtshängigkeitserfordernisses der Zustellung gegenüber Nachbarstaaten (zB Frankreich) im Nachteil war (s dazu Rz 10 mwN). Verfahrensmäßig wird die Entscheidung über das endgültig zuständige Gericht im Wege der Aussetzung des Verfahrens und der Entscheidung über die Unzuständigkeit (zugunsten des zuständigen Gerichts) gem der Regelung in Art 9, 10 und 11 I und III EheVO erzielt. Mit der Zuständigkeitsregelung des Art 2 I lit a EheVO ergeben sich für die deutschen Gerichte Zuständigkeitsergebnisse, die in der Masse der Fälle nicht von denen abweichen, die in Handhabung von § 606a I Nr 1–3 ZPO erreicht worden sind. Umgekehrt ist indes jetzt der Zugriff auf die Kriterien der Anknüpfung, da lit a den gewöhnlichen Aufenthalt als gemeinschaftsverträgliches Anknüpfungskriterium gegenüber der Staatsangehörigkeit, die nach lit a SpiegStr 6 nur als übereinstimmende Staatsangehörigkeit im Staat dieser Staatsangehörigkeit eine Zuständigkeit noch begründet, in den Vordergrund gerückt hat. Folge daraus ist, daß die bisher gegebene deutsche Zuständigkeit bei vorhandener oder verloren gegangener deutscher Staatsangehörigkeit nur eines Ehegatten (§ 606a I Nr 1 ZPO) nach jetzt geltender Rechtslage die deutsche Zuständigkeit nicht mehr in jedem Fall begründet. Eine Zuständigkeit auf solcher Voraussetzung ist in Art 2 I lit a EheVO nicht aufgenommen, mit der Folge, daß bei gemischtnationaler Ehe der deutsche oder deutsch gewesene Ehegatte nicht ohne weiteres deutsche „Heimatzuständigkeit" mehr in Anspruch nehmen kann. Auch für solche Antragsteller ergibt sich deutsche Zuständigkeit grundsätzlich nur bei Vorliegen eines einem Spiegelstrich des Katalogs genügenden Zuständigkeitsmerkmals, am ehesten also gemäß SpiegStr 6. Für den Bereich der EU (mit Ausnahme von Dänemark) bleibt es ansonsten bei der Zuständigkeit auch des Staates, in dem die gemischtnationale Ehe zuletzt gelebt worden ist. Seit Geltung der EheVO ist für das nationale Zuständigkeitsrecht, im Falle Deutschlands also die Zuständigkeitsregelung des § 606a ZPO, Anwendungsraum nur noch im Rahmen der von Art 8 EheVO bedachten „Restzuständigkeit" gegeben.

65a Da die **Regelungen der EheVO hinsichtlich der Zuständigkeit nicht an eine Unionszugehörigkeit oder** – mit Ausnahme von Art 2 I lit a SpiegStr 6 EheVO – **die Staatsangehörigkeit zu einem EU-Mitgliedstaat anknüpfen, sind in die Zuständigkeitsregelung alle Personen einbezogen, die gewöhnlichen Aufenthalt im Sinne der Katalogregelung in einem Mitgliedstaat der EU (mit Ausnahme von Dänemark) haben**, ungeachtet einer Staatsangehörigkeit zu einem Nichtmitgliedstaat der EU; auch für diesen Personenkreis verdrängt Art 2 EheVO die bisherigen nationalen Regelungen. Folge ist, daß die „Restzuständigkeit", die Art 8 I EheVO beläßt, angesichts der in § 606a ZPO gegebenen Regelung praktische Bedeutung nur für den Fall haben kann, daß eine iSv § 606a I Nr 1 deutsche oder vormals deutsche Partei Antragsteller ist und keinen gewöhnlichen Aufenthalt in einem Mitgliedstaat (außer Dänemark) hat oder bei Antragstellung im Inland aufgegeben hat (Beisp: Zuständigkeit gemäß Art 8 I EheVO iVm § 606a I Nr 1 ZPO ja, wenn die – ggf ehemals – deutsche Ehefrau eines Libanesen den Libanon verläßt und sofort die Scheidung in Deutschland betreibt; Zuständigkeit hingegen nein, wenn sie als Ehefrau eines Griechen Griechenland verläßt und im Inland sofort die Scheidung betreibt. Sie hat dann letzten gemeinsamen gewöhnlichen Aufenthalt in Griechenland und – noch – keinen gewöhnlichen Aufenthalt im Inland, so daß eine Zuständigkeit in Griechenland besteht, nicht aber zZt im Inland, weder gemäß Art 2 I lit a noch gemäß Art 8 I EheVO iVm § 606a I Nr 1 ZPO, da der in Griechenland bestehende gewöhnliche Aufenthalt gem Art 8 I EheVO den Zugriff auf die „Restzuständigkeit" gemäß ZPO sperrt.

65b Soweit sich aus der EheVO eine **Zuständigkeit für eine Ehesache in einem Mitgliedstaat** ergibt, ist diese Zuständigkeit **nicht ausschließlich**, soweit wenigstens eine Partei der Ehesache eine Staatsangehörigkeit zu einem Nicht-EU-Staat aufweist. Mit der EheVO ist kein Zugriff auf die Ehescheidungszuständigkeit von Nicht-EU-Staaten unternommen worden. Wird solche Zuständigkeit in Anspruch genommen, stellt sich allenfalls die Frage nach der Anerkennung einer solchen Scheidungsentscheidung (unklar insoweit Pal/Heldrich Art 17 Rz 27; s dazu unten Rz 70ff). **Die sich aus Art 2 EheVO ergebende Zuständigkeit ist auch, soweit sie die Scheidung selbst betrifft, selbst begrenzt.** Die EheVO enthält eine **Annexzuständigkeit lediglich für den Bereich der „elterlichen Verantwortung"**, dh Sorgerechtsentscheidungen und Umgangsrechtsentscheidungen in Art 3; die Zuständigkeit ist – derzeit – begrenzt auf die ehegemeinschaftlichen Kinder mit gewöhnlichem Aufenthalt im Mitgliedstaat des Gerichts der Ehesache. Sie besteht nach Art 3 nur für den Zeitraum der Anhängigkeit der Ehesache. **Für andere Scheidungsfolgesachen**, insbesondere Versorgungsausgleich und güterrechtlichen Ausgleich, **ergibt sich die Zuständigkeit international nicht aus der EheVO**. Für **Unterhaltssachen** gilt auch im Zusammenhang der Scheidung hinsichtlich der Zuständigkeit primär die Regelung von **Art 2, 5 Nr 3 EuGVO**, für güterrechtliche Sachen und andere Folgesachen, auch den **Versorgungsausgleich**, folgt internationale Zuständigkeit entweder aus Verbundzuständigkeit oder aus entsprechender Anwendung der Regelungen über die örtliche Zuständigkeit.

66 c) **Bisherige Rechtslage (§ 606a ZPO).** Die bisherige Rechtslage folgte aus § 606a ZPO (zu ihren Grundlagen s 10. Aufl Art 17 Rz 64 mwN). § 606a ZPO ist durch die EheVO nicht außer Kraft gesetzt, sondern eben im Rahmen des Anwendungsbereichs der Art 2, 8 EheVO durch deren vorrangige Regelung weitestgehend verdrängt. Der im Inland verbliebene Anwendungsbereich gemäß Art 8 I EheVO ist oben (Rz 65b) dargelegt. Bedeutsam bleibt § 606a ZPO und die aus dieser Norm folgende Regelung der deutschen internationalen Zuständigkeit für **Altfälle**, die vor dem 1. 3. 2001 rechtshängig geworden sind. Deren Zahl ist noch beträchtlich. Mit Blick darauf folgt im Anschluß Darstellung der sich gemäß § 606a ZPO ergebenden Zuständigkeitslage für das Inland. Die Regelung enthält in Abs I S 1 Nr 1–4 einen Katalog von Zuständigkeiten, die an die deutsche Staatsangehörigkeit oder an gewöhnlichen Inlandsaufenthalt anknüpfen.

Die in Abs I S 1 Nr 1–4 aufgestellten Zuständigkeitsregeln stehen nebeneinander und stellen keine ausschließliche Scheidungszuständigkeit der deutschen Gerichte auf (Abs I S 2), so daß eine danach gegebene Inlandszuständigkeit als solche der Anerkennung einer im Ausland ergangenen Scheidung nicht entgegensteht (s Rz 70ff).
aa) Nr 1 enthält als **Staatsangehörigkeitszuständigkeit** die Zuständigkeit für die Ehesache Scheidung eines deutschen Staatsangehörigen. Es genügt, daß **ein Ehegatte Deutscher** ist oder bei der Eheschließung war. Dieser muß nicht den Antrag auf Scheidung erhoben haben (AG Mainz IPRax 1991, 422 Anm Jayme). Wer **Deutscher iS** der

Vorschrift ist, bestimmt sich nach den allgemeinen Regeln (Art 116 GG, Art 9 II Nr 5 FamRÄndG, s Art 5 Rz 22ff). Auf effektive deutsche Staatsangehörigkeit kommt es nicht an, unabhängig von Art 5 I S 2 (Celle FamRZ 1987, 159; Stuttgart FamRZ 1989, 760; teilw abw Spellenberg IPRax 1988, 1, 4) kommt auch derjenige in den Genuß der Zuständigkeit der Nr 1, der neben der deutschen eine ausländische Staatsangehörigkeit besitzt. Die Eröffnung der Zuständigkeit auch für Ehegatten, die ihre deutsche Staatsangehörigkeit mit oder nach der Eheschließung aufgegeben oder verloren haben (s Rz 23), wahrt unter dem Gesichtspunkt der Heimatzuständigkeit insbesondere das Schutzinteresse deutscher Ehefrauen, die mit der Eheschließung durch Erwerb fremder Staatsangehörigkeit der deutschen Staatsangehörigkeit verlustig gegangen sind (§§ 22ff StAG, s Art 5 Rz 10ff). Deutschen Staatsangehörigen müssen Staatenlose und Flüchtlinge mit deutschem Personalstatut (dazu Art 5 Rz 60ff) für Nr 1 nicht gleichgestellt werden, näher liegt insofern die gesammelte Subsumtion unter Nr 3 1(offengelassen in BGH FamRZ 1990, 33 und in KG NJW-RR 1994, 199; wie hier München IPRax 1989, 238f; Pal/Heldrich, Art 17 Rz 27; Staud/Spellenberg aaO Rz 155; aA – Nr 1 – Celle FamRZ 1989, 623; MüKo/Winkler v Mohrenfels Art 17 Rz 254; zur Auswirkung ausl Rechtshängigkeit BGH FamRZ 1992, 1058). **bb)** Nr 2 enthält eine eingeschränkte Zuständigkeit deutscher Gerichte für den Fall, daß **beide Ehegatten** bei Eintritt der Rechtshängigkeit (§ 261 III ZPO) ihren **gemeinsamen gewöhnlichen Aufenthalt im Inland** haben oder solchen bis zum Zeitpunkt der letzten mündlichen Verhandlung begründen (MüKo/Winkler v Mohrenfels Art 17 Rz 255; Zöller/Geimer § 606a ZPO Rz 47). Nicht erforderlich ist Zusammenleben an einem Ort, es genügt beiderseitiger Inlandsaufenthalt, zur Bestimmung des Begriffs iü vgl Erl zu Art 5 Rz 43ff. **cc)** Nr 3 begründet eine Zuständigkeit für die Ehescheidung, wenn **ein Ehegatte Staatenloser mit gewöhnlichem Aufenthalt** im Zeitpunkt der Rechtshängigkeit **im Inland** ist. Der staatenlose Ehegatte muß nicht in der Position des Antragstellers im Verfahren stehen. Auf Staatsangehörigkeit und Aufenthalt des anderen Ehegatten kommt es nicht an. Nr 3 begründet in entsprechender Anwendung auch eine Zuständigkeit, wenn ein Ehegatte mit Flüchtlingsstatus oder dem gleichkommenden Status (s Art 5 Rz 60ff) und gewöhnlichem Aufenthalt im Inland beteiligt ist (s oben bei aa E). **dd)** Nr 4 enthält schließlich eine Zuständigkeit für die Scheidung einer Ehe, bei der kein Ehegatte Deutscher, Staatenloser oder Flüchtling ist und nur ein Ehegatte seinen gewöhnlichen Aufenthalt im Inland hat. Die Zuständigkeit gem Nr 4 scheidet aus, falls die Ehescheidung offensichtlich von dem Recht keines der Staaten anerkannt würde, denen einer der Ehegatten angehört. Diese „offensichtliche negative Anerkennungsprognose" stellt den berechtigten Rest der nach altem Recht (§ 606b aF) erforderlichen Anerkennungsprognose dar. Die Anerkennungsprognose ist nach den beteiligten fremden Heimatrechten zu stellen. Sind Doppel- oder Mehrstaater beteiligt, kommt es nach dem Sinn der Regelung, hinkende Ehen und Scheidungen wenigstens in offensichtlichen Fällen zu vermeiden (s Ber Rechtsausschuß BT-Drucks 10/5632, 47), auf das iSv Art 5 I **effektive Heimatrecht** an (ebenso Henrich FamRZ 1986, 841, 849; Spellenberg IPRax 1988, 1, 5; MüKo/Winkler Art 17 Rz 257; aA Pal/Heldrich Art 17 Rz 27). Soll eine bereits „hinkende" Inlandsehe (s Rz 26) geschieden werden, bedarf es der Anerkennungsprognose dann nicht, wenn der ausländische Scheidungsstatutsstaat, in dem die Ehe nicht besteht, zugleich Heimatstaat eines Ehegatten ist (hM zu § 606b aF; zB BGH 82, 34, 50; wN bei MüKo/Winkler v Mohrenfels Art 17 Rz 257 Fn 451). Die bei Nr 4 für die Verneinung der Zuständigkeit erforderliche offensichtliche Nichtanerkennungsprognose bedeutet, daß eine Zuständigkeit nur dann zu verneinen ist, wenn nur intensive Nachforschungen die Gewißheit der Nichtanerkennung in den beteiligten Heimatrechten ergeben würden. Das bedeutet einerseits, daß die Gerichte nicht gezwungen sein sollen, zu dieser Frage ggf ein Rechtsgutachten einzuholen. Nr 4 verbietet dies aber auch nicht. Andererseits sind die Gerichte durch die Formulierung von Nr 4 nicht der Pflicht enthoben, aus den **ihnen** – nicht jedermann (so Hamm IPRax 1987, 250) – **zugänglichen Quellen**, dh Rspr und Literatur, im Interesse der Vermeidung der Produktion hinkender Rechtsverhältnisse die gehörige und mögliche Erkenntnis zu schöpfen. Es sei deswegen ausdrücklich auf die Zusammenstellung der Anerkennungsfähigkeit deutscher Scheidungsentscheidungen zB bei Staud/Spellenberg aaO Rz 249 oder Rahm/Künkel/Breuer Hdb FamGVerf VIII Rz 154 verwiesen.

2. Staatsvertragliche Regelungen. Multilaterale oder bilaterale Abkommen, die eine **Entscheidungszuständigkeit** regeln, bestehen auf dem Gebiet des Scheidungs- und Scheidungsverfahrensrechts für Deutschland **nicht**. Lediglich für Entscheidungen über Nebenfolgen sind Abkommen (MSA für Kindschaftssachen, LGVÜ für Unterhaltsanordnungen, s dazu Rz 68) zu beachten. An die Stelle des bislang (bis 1. 3. 2002) für Unterhaltssachen maßgeblich gewesenen EuGVÜ (Art 5 Nr 2) ist die **EuGVO** (VO EG Nr 44/2001, Art 5 Nr 2) getreten, inhaltliche Änderung ist mit dieser Änderung der Rechtsquelle nicht verbunden. **67**

3. Verbundprinzip und Folgesachen. a) Grundsatz. Die internationale Zuständigkeit deutscher Gerichte für Scheidungsfolgesachen kann in erster Linie aus EU-Gemeinschaftsrecht und staatsvertraglichen Regelungen, bei ehemaliger oder bestehender Anhängigkeit einer Scheidungssache aus der internationalen Verbundzuständigkeit (§§ 606a I, 623 ZPO), iü aus den sonstigen Zuständigkeitsregelungen der ZPO, des FGG und anderer Rechtsnormen folgen. S dazu Jayme IPRax 1984, 121ff; Graf, Die internationale Verbundzuständigkeit (1984). **68**
b) Staatsvertragliche Regelungen und EU-Recht. aa) EU-Gemeinschaftsrecht enthält Zuständigkeitsregeln heute für die Scheidungsfolgesachen, die sich als „elterliche Verantwortung" definieren lassen, in Art 3 EheVO (s Rz 65, 65a und 65b), dh für **Regelung der elterlichen Sorge und des Umgangsrechts** über die gemeinsamen Kinder der Ehegatten, aber nur für die Konstellation, daß die Ehesache, in deren Zusammenhang die Regelung zu treffen ist, anhängig ist. In dieser Konstellation ist das gemäß Art 2 EheVO zuständige bzw befaßte Gericht der Ehesache auch für die Regelung bezügl des Kindes/der Kinder zuständig. Weitere Zuständigkeit besteht insoweit nach Art 3 EheVO nicht, sie endet bei Ende der Rechtshängigkeit der Ehesache und gilt nicht für Kinder von miteinander verheirateter Eltern (s dazu und zu weiteren Fragen des Anwendungsbereichs BGH NJW 2002, 2955 = JuS 2003, 185 [Hohloch]; Nürnberg NJW-RR 2002, 1515 = JuS 2003, 406 [Hohloch]). In Vorbereitung ist eine Erweiterung der Zuständigkeit gemäß Art 3 EheVO (durch die kommende „GesamtVO", s Einl Art 3 Rz 64). EU-Gemeinschaftsrecht ist heute (seit 1. 3. 2002) Rechtsquelle für die Zuständigkeit für nachehelichen Unterhalt wie

für den Kindesunterhalt, wenn im Zusammenhang der Scheidung darüber zu befinden ist. Es gelten insoweit Art 2, 5 Nr 2 EuGVO (s Rz 67), die im Fall, daß Antragsteller und Antragsgegner in verschiedenen EU-Mitgliedstaaten ihren Wohnsitz haben, neben der Zuständigkeit am Wohnsitz des Unterhaltspflichtigen (Art 2 I EuGVO) auch die Zuständigkeit am Wohnsitz des Unterhaltsberechtigten (dh Klägers) ergeben (Art 5 Nr 2 EuGVO). Der Regelung der EuGVO, die die sachgleiche Regelung des EuGVÜ ersetzt (s Rz 67), entspricht inhaltlich die im Verhältnis zu Norwegen, Polen und der Schweiz einschlägige Regelung von Art 2 I, 5 Nr 2 LGVÜ (s Rz 67). **bb)** Das MSA gibt in Art 1 eine Zuständigkeit für die Verteilung der elterlichen Sorge nach Scheidung oder Trennung, ausgerichtet am gewöhnlichen Aufenthalt des Minderjährigen, soweit dieser in einem Vertragsstaat liegt (Art 13 MSA); dazu Hamm FamRZ 1992, 208. Die Zuständigkeitsregelung des MSA hat Vorrang vor der der §§ 606a, 621ff ZPO.

c) Die **Verbundzuständigkeit** gem § 623 ZPO erfaßt Folgesachen über § 606a I ZPO auch für die internationale Zuständigkeit, falls eine Scheidungssache anhängig war oder ist, soweit nicht vorgängige oder entgegenstehende Regelung des EU-Rechts oder eines Abkommens besteht (s Rz 67 und oben b). Das gilt gem § 621 Nr 6 für den Versorgungsausgleich (BGH 75, 241, 243; 91, 186f = NJW 1984, 2361f interlokal; München FamRZ 1979, 153), gem § 621 I Nr 1 für die elterliche Sorge, soweit §§ 623 II und III ZPO nF noch den Verbund belassen und soweit nicht das MSA eingreift (BGH 89, 325, 336; AG St Wendel FamRZ 1989, 1317). Verbundzuständigkeit gilt auch für das Hausratsverfahren (München FRES 1980 Nr 0413) und die anderen Folgesachen des § 621 ZPO. Anhängigkeit des Scheidungsverfahrens im Ausland hindert Zuständigkeit deutscher Gerichte für Folgesachen nicht (Düsseldorf IPRax 1983, 129; Frankfurt FamRZ 1990, 747f – „keine Verbundsunzuständigkeit"), soweit nicht deutsche Zuständigkeit durch die Anhängigkeit im Ausland ausgeschlossen ist (zB über Art 2 I, 3 I, 11 EheVO).

d) **Sonstige Zuständigkeit.** Ist oder war eine Ehesache nicht anhängig, folgt die internationale Zuständigkeit für sonstige Familiensachen, die Verbund- oder Folgesachen sein könnten, den allg Vorschriften über internationale und örtliche Zuständigkeit (EU-Recht, Abkommensrecht, ZPO, FGG, AG SorgerechtsÜbK), s Erl zu Art 18, 19, Anh 24.

69 4. **Trennung von Tisch und Bett, Ungültigerklärung der Ehe.** Da die dem geltenden deutschen Sachrecht unbekannte Trennung von Tisch und Bett in entsprechender Anwendung des deutschen Scheidungsverfahrensrechts vollzogen wurde, richtete sich auch die internationale Zuständigkeit deutscher Gerichte nach den entsprechend anzuwendenden Regeln für das Scheidungsverfahren (BGH 47, 324 u st Rspr, zum alten Recht ausführl Zusammenstellung bei Staud/Spellenberg aaO Rz 37). Auch hier war Verbundzuständigkeit gem Rz 68 sub c möglich (str; Koblenz FamRZ 1980, 713; Bremen IPRax 1985, 46; wie hier AG Rüsselsheim IPRax 1986, 115; AG Köln IPRax 1988, 115). Diese Regeln über die Begründung internationaler Zuständigkeit im Inland gelten seit Inkrafttreten der **EheVO** nur noch in dem Bereich, den Art 2, 8 EheVO der nationalen Regelung übrig lassen. Für Trennung von Tisch und Bett, Aufhebung der Ehe und Annullierung, dh Nichtigerklärung der Ehe, die in Art 1 I lit a EheVO als **Ehesachen** erfaßt sind, gilt primär die Zuständigkeitsregelung der EheVO. Entsprechende Anwendung kann die Zuständigkeitsregelung und -verteilung der EheVO auch für die internationale Zuständigkeit der Klage auf Feststellung des Nichtbestehens einer Ehe („Nichtehe") finden.

VIII. Anerkennung ausländischer Scheidungen

Schrifttum: *Basedow*, Die Anerkennung von Auslandsscheidungen (1980); *Böhmer*, FS Ferid (1988) 49; *Haecker*, Die Anerkennung von Entscheidungen in Ehesachen (1989); *Krzywon*, StAZ 1989, 93; *Lüderitz*, FS Baumgärtel (1990) 333; *Rahm/Künkel/Breuer*, Hdb FamGVerf VII Rz 169ff; *Richter*, JR 1987, 98; *Staud/Spellenberg*, EGBGB Int Verfahrensrecht in Ehesachen (§§ 606f ZPO), 13. Bearb 1997, Rz 328ff. **Zum neuen Recht** s die Nachweise vor Rz 64.

1. Grundregel und Grundsätze

70 a) **Überkommene Rechtslage in Deutschland.** Eine ausländische Entscheidung in einer Scheidungssache und in Scheidungsfolgesachen hat nach überkommener Anschauung im Inland Wirkung, wenn sie **anerkannt** ist. Hat die ausländische Entscheidung Anerkennung gefunden, gelten hinsichtlich ihrer Rechtskraft- und Bindungswirkungen grundsätzlich die gleichen Regeln wie für inländische Entscheidungen. Die anerkannte Entscheidung steht einer erneuten Klage bzw einem erneuten Verfahren mit demselben Gegenstand unter denselben Parteien grundsätzlich entgegen. Die Begrenzung der Rechtskraftwirkung auf den Streitgegenstand bewirkt grundsätzlich, daß trotz Scheidung im Ausland im Inland die Aufhebungsklage zulässig ist (zB Karlsruhe IPRax 1985, 36f mit Anm Schlosser 16ff; Düsseldorf IPRax 1986, 29 = IPRspr 1985 Nr 164; s auch Hamm FamRZ 1993, 215). Bei gerichtlicher Anordnung der Trennung von Tisch und Bett im Ausland ist ebenso Scheidung im Inland nicht gehindert (KG NJW 1983, 2324, 2326 = IPRspr 1983 Nr 167). Umgekehrt ist nach Anerkennung einer Auslandsscheidung oder Auflösung wegen Nichtigkeit im Ausland eine erneute Scheidung im Inland nicht mehr möglich (BGH FamRZ 1982, 1203 = NJW 1983, 514 = IPRax 1983, 292 mit Anm Basedow 278ff, Bürgle 281ff). Hingegen kann die anerkannte ausländische Scheidung im Inland gem § 323 ZPO abgeändert werden (BGH FamRZ 1983, 806; Frankfurt IPRax 1981, 136 mit Anm Schlosser 120ff).

Die Anerkennung der ausländischen Scheidung regelte sich bislang in Abweichung von der in § 328 ZPO angesiedelten grundsätzlichen Regelung dem Grundsatz nach in dem besonderen, zentral bei den **Landesjustizverwaltungen** angesiedelten **Anerkennungsverfahren gem Art 7 § 1 FamRÄndG** (verfassungsrechtlich unbedenklich, BGH 82, 34, 39ff), das nach den folgenden Grundregeln zu praktizieren war: Die dort für die Anerkennung der Scheidung im Inland geforderten Anerkennungsvoraussetzungen ergeben sich vorrangig (BayObLG FamRZ 1990, 897) aus staatsvertraglichen Abmachungen. Ist eine staatsvertragliche Regelung nicht einschlägig, ergeben sie sich aus §§ 328, 606a ZPO. Ist das autonome Recht der §§ 328, 606a ZPO und des EGBGB anerkennungsfreundlicher als das bestehende Abkommensrecht, steht das Abkommensrecht der Anwendung des autonomen Rechts nicht im Wege, soweit es das autonome Recht nicht ausdrücklich ausschließt (Grundsatz der Geltung des anerkennungsfreundlicheren Rechts, BGH NJW 1987, 3083f; NJW 1986, 662 = JuS 1986, 481 Nr 6 [Hohloch]). Für die Anerkennungsfähigkeit der ausländischen Scheidung gelten die im Zeitpunkt des Erlasses der ausl Entscheidung bzw des Ausspruchs der ausl Scheidung geltenden Anerkennungsregeln des deutschen Rechts (BGH NJW 1990, 2194, 2195; KG OLGZ 1988, 172; KG NJW 1988, 649 mit Anm Geimer 651f). Ändern sich die Anerkennungsregeln nach diesem Zeitpunkt zugunsten der Anerkennungsfähigkeit der Scheidung, gelten diese günstigeren neuen Vorschriften (BayObLG 1987, 439; krit Geimer NJW 1988, 2180; auch Krzywon StAZ 1989, 93, 102; JMBW FamRZ 1995, 1412).

b) Heutige Rechtslage auf der Basis von EU-Gemeinschaftsrecht. b) Heutige Rechtslage auf der Basis der Einführung von Anerkennungsrecht der EU. Die oben Rz 70 dargelegten Grundregeln der Anerkennung von Eheentscheidungen ausländischer Provenienz im Inland haben heute nur noch eingeschränkte Bedeutung. Für die Anerkennung von Eheentscheidungen aus den Mitgliedstaaten der EU (mit Ausnahme von Dänemark) gilt seit dem 1. 3. 2001 das Anerkennungsrecht der Art 13ff der EheVO (Verordnung EG Nr 1347/2000 v 21. 5. 2000, s Rz 4, 5), das in seinem Geltungsbereich das bisherige deutsche Anerkennungsrecht (Rz 70) verdrängt hat. Art 13 ff EheVO haben als sekundäres Gemeinschaftsrecht im Inland unmittelbare Geltung (Art 46 EheVO), die notwendigen Ausführungsvorschriften des deutschen Rechts stehen in §§ 1ff, 50ff AVAG (Gesetz zur Ausführung zwischenstaatlicher Verträge und zur Durchführung von Verordnungen der Europäischen Gemeinschaft auf dem Gebiet der Anerkennung und Vollstreckung in Zivil- und Handelssachen – Anerkennungs- und Vollstreckungsausführungsgesetz) v 19. 2. 2001 (BGBl 2001 I 288, ber S 436) idF des Gesetzes v 30. 1. 2002 (BGBl 2002 I 564). Art 13, 14 gehen von der Grundregel aus, daß es für die Anerkennung von Entscheidungen in Ehesachen aus einem anderen Mitgliedstaat der Union eines besonderen Verfahrens nicht bedarf, daß sie vielmehr im Grundsatz in allen Staaten der Union und damit auch in dem Staat, in dem es der Anerkennung bedarf, ohne weiteres Anerkennung haben und damit Wirkung zu äußern vermögen. Auf die Staatsangehörigkeit der Parteien der Eheentscheidung kommt es insoweit nicht an, das Vorliegen einer Staatsangehörigkeit zu einem Mitgliedstaat ist nicht gefordert, ebenso wenig ändert die Staatsangehörigkeit der oder eines Ehegatten zu einem Drittstaat etwas an dem Prinzip der automatischen Anerkennung gemäß Art 14 EheVO. Die in Art 15 I lit a–d EheVO aufgeführten Anerkennungshindernisse werden somit nicht in einem besonderen Anerkennungsverfahren zur Geltung gebracht, sondern grundsätzlich incidenter in dem jeweiligen im Inland erforderlichen gerichtlichen oder behördlichen Verfahren (zu der Folgen für die standesamtliche Praxis gem Art 14 II EheVO Sturm StAZ 2002, 193). Da in der Art 12ff ein isoliertes Anerkennungsverfahren bzw Verfahren mit dem Ziel der Nichtanerkennung nicht geregelt ist, kommt im Fall, daß ein sonstiges Verfahren nicht zu betreiben ist, die Feststellungsklage gemäß § 632 ZPO nF in Betracht, bei deren Bescheidung dann die Feststellung des Verstoßes gegen ein Anerkennungshindernis zu treffen ist. Der Katalog des Art 15 ist enger als der des § 328 ZPO, auf Fehlen von internationaler Zuständigkeit des Gerichts des Ursprungsstaats kommt es, wenn die Entscheidung da ist, nicht mehr an, ebenso nicht (naturgemäß) auf Verbürgung der Gegenseitigkeit; einen offensichtlichen Widerspruch der anzuerkennenden Entscheidung zum inländischen Ordre public darf man nur in wirklich eklatanten und unverträglichen Abweichungen sehen.

2. Anerkennungsverfahren gem Art 7 § 1 FamRÄndG

a) Reichweite des Verfahrens. aa) Dem in Art 7 § 1 FamRÄndG idF des 1. EheRG v 14. 6. 1976 (BGBl I 1421) (mit späteren Änderungen, zuletzt durch G v 24. 6. 1994 [BGBl I 1374 – Einfügung von Abs IIa in § 1], durch Art 10 EheschlRG v 4. 5. 1998 [BGBl I 833] und BtÄndG v 25. 6. 1998 [BGBl I 1580]) geregelten Anerkennungsverfahren (zur praktischen Bedeutung s Beule StAZ 1982, 154f) vor den Landesjustizverwaltungen (zur Verfassungsmäßigkeit dieser Zuweisung BGH 82, 34, 39ff) unterliegen heute angesichts der vorrangigen Regelung der **Art 13ff EheVO** nur noch **Entscheidungen** eines fremden Staates außerhalb der EU und von Dänemark (s vorige Rz), durch die nach dem Recht des Entscheidungsstaates eine Ehe **aufgelöst** worden ist. Für „Privatscheidungen" s Rz 80–83. Auch Entscheidungen, die nicht das Eheband lösen, sondern Trennung von Tisch und Bett anordnen, sind im Verfahren gem Art 7 § 1 FamRÄndG als Anordnung der Trennung, nicht der Scheidung (Hamburg IPRspr 1983 Nr 184) anerkennungsfähig (BayObLG FamRZ 1990, 897). Anerkannt werden können im Verfahren gem Art 7 § 1 FamRÄndG nur Entscheidungen, die nach dem Recht des Entscheidungsstaates **formell rechtskräftig** sind (BayObLG 1977, 71; BayObLG FamRZ 1990, 897, 898; Düsseldorf FamRZ 1976, 355, 356).

bb) In persönlicher Hinsicht unterliegen dem Verfahren alle ausl (iSv Rz 72) Entscheidungen über die Auflösung einer **Ehe** (im vorgenannten Sinne) mit der Ausnahme der sog „Heimatstaatsentscheidungen" (Art 7 § 1 I S 3), bei denen beide Ehegatten dem Staat des Gerichts der Scheidungsentscheidung (nicht auch bei verwaltungsbehördlicher Scheidung, Richter JR 1987, 99) angehören. Diese – rechtspolitisch verfehlte (ebenso Zöller/Geimer § 328 ZPO Rz 245) – Ausnahme ist eng auszulegen (zu den Konsequenzen s sogleich). Aus dieser Regelung des sachlichen und persönlichen Anwendungsbereichs folgt, daß das Verfahren nach Art 7 § 1 FamRÄndG in folgenden Konstellationen eingreift: **(1) Auslandsscheidungen einer Ehe mit Beteiligung wenigstens eines deutschen Ehepartners.** Das Vorliegen auch anderer Staatsangehörigkeit neben der deutschen ist gem Art 5 I S 2 EGBGB unerheblich. Das Anerkennungsverfahren greift immer Platz, wenn deutsche Staatsangehörigkeit im Spiel ist (BGH NJW 1990, 3090; JM NRW IPRspr 1984 Nr 184, 185; BayObLG FamRZ 1990, 897, 898; überholt Bremen IPRax 1985, 296 = IPRspr 1984 Nr 92; offengelassen in BGH NJW 1983, 514 = IPRax 1983, 292), deshalb auch, wenn Ehefrau die deutsche Staatsangehörigkeit nach Eheschließung beibehalten hat (BayObLG 1977, 180 = IPRspr 1977 Nr 163). Zweckmäßigerweise greift es auch ein, wenn Anerkennung der Scheidung eines Ehegatten betrieben wird, der seine ehemals deutsche Staatsangehörigkeit durch Eheschließung verloren hat. **(2) Auslandsscheidung von Ausländern außerhalb des gemeinsamen Heimatstaats.** Auch insoweit greift das Anerkennungsverfahren nach Art 7 § 1 FamRÄndG Platz (zB BayObLG 1973, 251). Eine Entscheidung des gemeinsamen Heimatstaats iSv Art 7 § 1 I S 3 liegt dann nicht mehr vor, wenn ein Ehegatte neben der gemeinsamen Staatsangehörigkeit noch eine weitere Staatsangehörigkeit hat, auf Effektivität der Staatsangehörigkeit kommt es hier nicht an (str, wie hier JM BW IPRax 1990, 52; MüKo/Winkler v Mohrenfels Art 17 Rz 270; Zöller/Geimer § 328 ZPO Rz 245; aA Stein/Jonas/Schumann § 328 ZPO Rz 446 – effektive Staatsangehörigkeit maßgeblich –). **(3) Auslandsscheidung von Staatenlosen und Flüchtlingen mit deutschem Personalstatut** (Art 5 II und Erl zu Art 5 Rz 10ff und 60ff). Auch insoweit greift mangels Vorliegens der in Art 7 § 1 I S 3 FamRÄndG enthaltenen Ausnahme das Anerkennungsverfahren ein. **(4) Scheidung von Ausländern im Heimatstaat.** Bei Scheidung der Ehe von Ausländern durch ein Gericht des gemeinsamen Heimatstaats (**"Heimatstaatsentscheidung"**) bedarf es gem Art 7 § 1 S 3 FamRÄndG des dort geregelten Anerkennungsverfahrens **nicht**. Die Ausnahme greift nur dann, wenn **gerichtliche** Scheidung vorliegt (Rz 72) und wenn die Scheidung im Heimatstaat ausgesprochen worden ist, dh schon dann nicht mehr, wenn neben der gemeinsamen eine weitere, auch nicht effektive Staatsangehörigkeit gegeben ist (oben [2]). Desgleichen ist das Anerkennungsverfahren gegeben, wenn Zweifel bestehen, ob beide Ehegatten zum Zeitpunkt der Entscheidung die Staatsangehörigkeit des Entscheidungsstaates besessen haben (Hamburg IPRspr 1982 Nr 181; Frankfurt aM IPRax 2000, 124 und Aufsatz Hohloch ebenda S 124 – zur Frage statl Gerichtsbarkeit in Bosnien-Herzegowina). Aber auch bei Vorliegen solcher Heimatstaatsentscheidung ist ein von einem Antragsberechtigten (Rz 74) gleichwohl beantragtes **fakultatives Verfahren** nach Art 7 § 1 I FamRÄndG **zulässig** (hM; BGH 112, 127 = NJW 1990, 3081 = JuS 1991, 333 Nr 7 [Hohloch]; LJV NRW IPRax 1986, 167, 169; aA Frankfurt NJW 1971, 1528f; Zöller/Geimer § 328 ZPO Rz 245 mwN). Zur Zulässigkeit des Verfahrens gem Art 7 § 1 FamRÄndG bei der Prüfung der Anerkennung von Delibationsentscheidungen des Heimatstaats zu Urteilen kirchlicher Gerichte Jayme IPRax 1990, 32.

74 **b) Ausgestaltung des Verfahrens.** Das Verfahren gem Art 7 § 1 FamRÄndG ist **Antragsverfahren** (§ 1 III). Antragsberechtigt ist, wer ein rechtliches Interesse an der Feststellung des Vorliegens oder Nichtvorliegens der Anerkennungsvoraussetzungen hat, dh die Ehegatten (auch der im ausl Verfahren siegreiche Scheidungskläger, LJV IPRax 1986, 167f), der Partner einer weiteren Ehe eines Ehegatten, Kinder, deren Status durch die Entscheidung berührt werden kann, Erben eines verstorbenen Ehegatten (Richter JR 1987, 100), inländische Behörden (SV-Träger KG NJW 1970, 2169); Finanzamt; Staatsanwaltschaft im Fall von § 24 EheG aF (Zöller/Geimer § 328 ZPO Rz 252). Nicht antragsberechtigt ist der Standesbeamte oder das Gericht, bei dem die Anerkennungsfähigkeit der ausländischen Entscheidung als Vorfrage entscheidungserheblich ist (zur Aussetzung des dortigen Verfahrens gem § 148 ZPO BGH FamRZ 1982, 1203 und Zöller/Geimer § 328 ZPO Rz 227). Zeitablauf steht der Antragsberechtigung nicht entgegen (s ie BayObLG NJW 1968, 363; FamRZ 1979, 1014; teilw abw Düsseldorf FamRZ 1988, 198 = IPRspr 1987 Nr 165; s auch JM BW FamRZ 1979, 811 – Wiederaufnahme der Ehe). Unzulässig ist der Antrag, wenn die zur Anerkennung gestellte Entscheidung aus deutscher Sicht Nichtehe geschieden hat (BayObLG IPRax 1982, 250). Zur Überprüfung gestellt werden können nur die Ehe auflösende (oder lockernde, s Rz 72) **Sachentscheidungen**; abweisende Entscheidungen und Prozeßurteile sind nicht anerkennungsfähig (Karlsruhe IPRsp 1960/61 Nr 104; BGH NJW 1985, 552f).

75 **c) Entscheidung und Rechtsbehelfe.** Die für den Antrag örtlich zuständige (Art 7 § 1 II) LJVerw bzw der Präs OLG oder das OLG, an den gem Abs IIa landesrechtlich delegiert worden ist (so Nordrhein-Westfalen, Niedersachsen, Sachsen-Anhalt, Hessen und inzwischen weitere Bundesländer, vgl Hohloch, Int Scheidungs- und Scheidungsfolgenrecht [1998] Rz 1 A 122 und Hohloch, Internat Familien- und Familienverfahrensrecht, in Rotax [Hrsg] Praxis des FamR [2. Aufl 2003] 1768 Rz 224) stellt durch Bescheid das Vorliegen oder Nichtvorliegen der Voraussetzung für die Anerkennung fest oder weist den Antrag zurück (Art 7 § 1 IV, V); die Anerkennung erfaßt auch einen Schuldausspruch (BGH FamRZ 1976, 614; aA Krzywon StAZ 1989, 93, 96). Gegen den Bescheid der LJVerw ist Antrag auf gerichtliche Entscheidung durch das **OLG** gem Art 7 § 1 IV, VI gegeben. Der Antrag auf gerichtliche Entscheidung ist nicht fristgebunden, sofern die Entscheidungsbehörde nicht eine Frist verfügt hat. Das Verfahren vor dem OLG richtet sich nach Maßgabe von Abs VI nach FGG. Die Entscheidung der LJVerw/des Präs OLG/des OLG und die dazu auf Antrag (s Rz 74) ergehende gerichtliche Entscheidung des OLG **binden** gem Abs VIII mit der Feststellung des Vorliegens oder Nichtvorliegens der Voraussetzungen der Anerkennung **Gerichte und Verwaltungsbehörden** (dazu BGH 82, 34, 39; FamRZ 1983, 385; München NJW 1962, 2013). Bindungswirkung kommt auch der fakultativ beantragten Entscheidung zu (s BGH 112, 127 Rz 73 aE, str). Die Feststellung des Vorliegens oder Nichtvorliegens der Anerkennungsvoraussetzungen wirkt auf den Zeitpunkt zurück, zu dem die Wirkungen der Entscheidung des Urteilsstaats dort eingetreten sind. Die Ehe gilt bei Feststellung des Vorliegens der Anerkennungsvoraussetzungen als zu dem Zeitpunkt geschieden, zu dem diese Wirkung der Entscheidung des Entscheidungsstaats eingetreten ist (BGH FamRZ 1961, 427 = IPRspr 1960/61 Nr 197; Hamm FamRZ 1992, 673, 674f mwN, auch zum maßgeblichen Zeitpunkt bei ausl Privatscheidung).

76 Die **Anerkennung von Entscheidungen über Nebenfolgen** der Eheauflösung, die in der zur Anerkennung der anstehenden ausländischen Entscheidung getroffen sind, erfolgen **im Anwendungsbereich der EheVO** (Rz 71) incidenter, dh gemäß Art 14, 21ff EheVO. Bedeutung hat diese Regelung nur für die Prüfung der Voraussetzungen einer Vollstreckung einer Herausgabeentscheidung oder Umgangsrechtsentscheidung (durch das dafür zuständige FamG am Sitz des OLG des Aufenthalts des Kindes). Im übrigen erfolgt sie nicht im Verfahren des Art 7 I FamRÄndG, sondern incidenter durch das zur Entscheidung über eine Folgesache angerufene deutsche Gericht (BGH 64, 19, 22), nachdem zuvor die Anerkennung der ausländischen Scheidung stattgefunden hat (BGH aaO; Hamm FamRZ 1976, 528f; FamRZ 1989, 785; Frankfurt OLGZ 1977, 141f; Karlsruhe DAVorm 1981, 165; München DAVorm 1982, 490; Koblenz FamRZ 1991, 459; Baumann IPRax 1990, 29; Geimer ZZP 1990, 486; aA bei Anerkennung aufgrund von Staatsvertrag KG FamRZ 1974, 146, 148; Hausmann IPRax 1981, 5f; Celle FamRZ 1990, 1390). Für Unterhaltsentscheidungen s Art 18 Rz 42ff; für Sorgerechtsentscheidungen s Hamm NJW 1992, 636 und Art 19 Rz 24; für Kinder betreffende Entscheidungen im Anwendungsbereich von **Art 3 EheVO** s oben am Beginn dieses Absatzes.

3. Anerkennungsvoraussetzungen

a) Umgestaltung der Rechtslage durch Einführung der EheVO. Vor Einführung der Anerkennungsregelung 77
der EheVO für die EU-Staaten mit Ausnahme von Dänemark konnte als Regel gelten, daß die Voraussetzungen
der Anerkennung einer ausländischen Ehescheidungsentscheidung (oder sonstigen eheauflösenden oder -lockernden Entscheidung) sich für die zur Verfügung stehenden Anerkennungsverfahren zentraler oder inzidentieller Art entweder aus
staatsvertraglichen Regelungen oder aus dem autonomen Recht der §§ 328, 606a ZPO ergaben. Es galt ferner der
Satz, daß die jeweils anerkennungsfreundlichere Regelung heranzuziehen war; dies war seit der IPR-Reform 1986
und der damit bewirkten Neufassung der §§ 328, 606a ZPO regelmäßig die Regelung des autonom gesetzten deutschen Verfahrensrechts. Nicht konnte diese Präferenz gelten, wenn Abkommen oder eigenes Recht hinsichtlich der
Anerkennungsfrage Ausschließlichkeitsanspruch erhoben (so BGH NJW 1987,3083f = FamRZ 1987, 580, 582;
IPRax 1989,104,106; s die 10. Aufl Art 17 Rz 77, 78). Mit Einführung der Anerkennungsregelung der EheVO
(Art 13ff) gilt diese Aussage nur noch beschränkt. Die EheVO hat gem ihrem Art 36 I im Verhältnis zwischen den
Mitgliedstaaten (mit Ausnahme von Dänemark) die Anerkennungs- und Vollstreckungsabkommen bilateraler wie
multilateraler Art durch die Anerkennungs- und Vollstreckungsregelung ihrer Art 13ff, 27ff EheVO ersetzt.
Art 13ff EheVO enthalten die grundsätzliche Aussage der „automatischen Anerkennung" einer Scheidungsentscheidung aus einem EU-Staat in den anderen EU-Staaten, vorbehaltlich einer im Einzelfall angebrachten Prüfung
der Nichtanerkennungsfähigkeit wegen Vorliegens eines Anerkennungshindernisses (Art 15 EheVO; s Rz 71). In
diesem durch die EheVO abgedeckten Bereich kommt es auf die Anerkennungsregelungen in zwei- oder mehrseitigen Abkommen, die für Deutschland geschlossen worden sind, seither ebenso wenig mehr an wie auf die Anerkennungsregelung der §§ 328, 606a ZPO. Sie haben Bedeutung nurmehr für den übrigen Bereich, in dem die Anerkennungsregelung der EheVO keine Anwendbarkeit hat.

b) Heutige Bedeutung staatsvertraglicher Anerkennungsregelungen. Mit Inkrafttreten der EheVO sind 78
demgemäß für den Bereich der Ehescheidung die bislang insoweit noch bedeutsam gewesenen zweiseitigen **Anerkennungs- und Vollstreckungsabkommen mit den EU-Mitgliedstaaten Belgien, Griechenland, Großbritannien, Italien, Österreich und Spanien** nach Maßgabe der Übergangsregelung des Art 42 II EheVO **nicht mehr
anwendbar** (s zu diesen Abkommen, die für Altfälle noch Bedeutung behalten, die Erl in der 10. Aufl Art 17
Rz 78). Weiter **in Geltung** sind hingegen die Abkommen mit **Israel** (Art 2, 4 II des Abkommens v 20. 7. 1977,
BGBl 1980 II 926, in Kraft seit 1. 1. 1981, bedeutsam für Unterhaltssachen, Art 4 II), mit **Norwegen** (Art 4 II des
Abkommens v 17. 6. 1977, BGBl 1981 II 342, in Kraft seit 3. 10. 1981, für Unterhaltssachen abgelöst durch die
Anerkennungsregelung des LGVÜ), mit der **Schweiz** (Art 3 des Abkommens v 2. 11. 1929, RGBl 1930 II 1066, in
Kraft seit 1. 12. 1930; für Unterhaltstitel überholt durch die Anerkennungsregelung des LGVÜ), mit **Tunesien**
(Art 32 des Abkommens v 19. 7. 1966, BGBl 1969 II 889, in Kraft seit 3. 3. 1970, dazu Jayme IPRax 1981, 9, 10;
1984, 101). Die Abkommen gehen insgesamt vom Grundsatz der Anerkennungsfreundlichkeit aus, die Zahl der
Anerkennungshindernisse und ihre Gestaltung entspricht im großen und ganzen der aus § 328 ZPO bekannten
Regelung. **Mehrseitige Abkommen** mit Bedeutung für die Anerkennung ausländischer Ehescheidung sind für
Deutschland **nicht in Kraft.** Das CIEC-Abkommen über die Anerkennung von Entscheidungen in Ehesachen v
8. 9. 1967 (Text StAZ 1967, 320 und Jayme/Hausmann, Internationales Privat- und Verfahrensrecht, Nr 182 ist für
Deutschland nicht in Kraft; ebenso steht es mit dem Haager Übereinkommen über die Anerkennung von Ehescheidungen und Ehetrennungen v 1. 6. 1970 (Text bei Jayme/Hausmann aaO, Nr 183). Weitere Abkommen sind nicht
gegeben, zum Recht der EU s oben und Rz 71.

c) Autonomes Recht, §§ 328, 606a ZPO, § 16a FGG. Im Verhältnis zu Staaten, mit denen Deutschland nicht 79
durch die Mitgliedschaft in der EU (mit Ausnahme von Dänemark) oder durch einen Staatsvertrag verbunden ist,
gelten die Anerkennungsregeln, die sich aus § 328 ZPO ergeben. Letztere setzen sich Abkommensrecht gegenüber
auch durch, wenn sie die anerkennungsfreundlichere Regelung darstellen. Für Nebenentscheidungen in der Scheidungsentscheidung, die dem Bereich der freiwilligen Gerichtsbarkeit zuzurechnen sind, gilt insoweit der im
wesentlichen inhaltsgleiche § 16a FGG (Roth IPRax 1988, 75, 77; Geimer, FS Ferid [1988] 89, 95f). § 328 ZPO
nF beruht auf dem Grundsatz der Anerkennungsfähigkeit fremder Entscheidungen und versagt die Anerkennung
bei Vorliegen eines der in Abs I Nr 1–5 und Abs II genannten Versagungsgründe. Wichtigste Anerkennungsvoraussetzung ist dann, **Nr 1** die nach deutschen Beurteilungsregeln (spiegelbildliche Anwendung des § 606a I S 1, II
ZPO) zu beurteilende internationale Zuständigkeit des Entscheidungsstaats im Zeitpunkt des Erlasses der anzuerkennenden Entscheidung (dazu BayObLG FamRZ 1990, 650, 1265; Mansel StAZ 1986, 315ff; Lüderitz IPRax
1987, 81). **Nr 2** versagt die Anerkennung bei nicht ordnungsgemäßer Zustellung (dazu MüKo/Winkler v Mohrenfels Art 17 Rz 281, 282); **Nr 3** versagt sie bei Nichtbeachtung vorrangiger inländischer Rechtskraft oder Rechtshängigkeit; **Nr 4** versagt sie bei Verstoß gegen den deutschen Ordre public (iSv Art 6 EGBGB). Ordre-public-widrig muß das Ergebnis einer Anerkennung sein, so daß die **kollisionsrechtliche Abweichung** von Art 17 zum
Nachteil einer deutschen Partei im Gegensatz zu früher als solche **kein Anerkennungshindernis mehr** darstellt
(zur Anerkennung von Scheinscheidungen LJV NRW IPRax 1986, 167 mit Anm Schmidt-Räntsch 148). Auf das
Erfordernis der **Verbürgung der Gegenseitigkeit** (Nr 5) kommt es bei Scheidungsurteilen gem der ausdrücklichen
Bestimmung des Art 7 § 1 I S 2 FamRÄndG) **nicht** an. Zum ganzen s die ausführl Darst in den Kommentaren zu
§ 328 ZPO und den Werken zum Internationalen Zivilprozeßrecht.

4. Wirksamkeit der Auslandsprivatscheidung

a) Tatbestand der Auslandsprivatscheidung. „Auslandsprivatscheidungen" sind alle jene Privatscheidungen, 80
die nach der oben Rz 31 getroffenen Eingrenzung nicht als Inlandsprivatscheidung einzuordnen sind. Sie unterliegen, da sie im Ausland erfolgen, der Schranke des Art 17 II, die Inlandsprivatscheidungen unbeachtlich und
unwirksam sein läßt, nicht. Auslands**privat**scheidungen sind danach jene Scheidungen, die aus deutscher Sicht im

Ausland nicht durch gerichtliche oder behördliche Entscheidung, sondern in sonstiger Weise, zB durch privates Rechtsgeschäft (Aufhebungsvertrag, Übergabe des Scheidebriefes, Verstoßung) oder durch geistliche Instanz (Rabbiner) vollzogen werden (s schon Rz 29, 30; s ferner Scheftelowitz FamRZ 1995, 593; BGH FamRZ 1994, 435; KG FamRZ 1994, 839; Henrich IPRax 1995, 86). **Im Ausland** sind sie vollzogen, wenn der gesamte Rechtsakt sich im Ausland abgespielt hat oder dann, wenn im Inland lediglich eine Vorbereitungshandlung oder der die Privatscheidung abschließende letzte Teil des Rechtsgeschäfts (Zugang der Scheidungsnachricht) stattfindet (s Rz 31). Ist das Inland stärker als durch die genannten Vorbereitungs- und Schlußakte betroffen, liegt Inlandsprivatscheidung vor, deren Unwirksamkeit sich schon aus Art 17 II ergibt (Rz 29). Die Rechtsvereinheitlichung in der EU durch die **EheVO** (Rz 77) hat auf die Behandlung von „Auslandsprivatscheidungen" in Deutschland **keine Auswirkungen**. Kein derzeitiger EU-Staat kennt die Privatscheidung (iS von oben am Beginn des Absatzes), iü fällt die „Privatscheidung" nicht in den auf gerichtliche/behördliche Scheidungentscheidung begrenzten Anwendungsbereich der **EheVO** (s Art 12, 13 EheVO); s Jayme IPRax 2000, 169.

81 b) **Anerkennungsgrundsätze für die Auslandsprivatscheidung.** Da Privatscheidungen einschließlich der gerichtlich oder behördlich registrierten Privatscheidungen keine durch Urteil vollzogenen Scheidungen darstellen können, richtet sich ihre **Anerkennung** im Inland **nicht nach § 328 ZPO**; vielmehr ist ihnen Wirksamkeit auch für das Inland zuzuerkennen, wenn sie auf der Grundlage des aus deutscher Sicht **gem Art 17 I** berufenen Scheidungsstatuts als Privatscheidung wirksam vollzogen werden konnten (allg M, zB BGH 82, 34, 45 = JuS 1982, 624 Nr 7 [Hohloch]; BGH NJW 1990, 2194 = JuS 1990, 762 Nr 9 [Hohloch]; BGH FamRZ 1994, 435; Frankfurt OLGZ 1989, 282; NJW-RR 1990, 778; BayObLG IPRax 1982, 104, 105; BayObLG 1998, 106; Düsseldorf FamRZ 1976, 277f; AG Hamburg JuS 1980, 913 Nr 10 [Hohloch]; Beule StAZ 1979, 29, 35; Richter JR 1987, 98, 102; Krzywon StAZ 1989, 93, 102f; v Bar IPR II Rz 266; Pal/Heldrich Art 17 Rz 35; Herfarth IPRax 2002, 17). Im einzelnen bedeutet das folgendes: **aa) Keine Wirksamkeit** äußert die Privatscheidung im Inland, wenn gem Art 17 auf die Scheidung **deutsches Recht** als Scheidungsstatut anzuwenden war, da § 1564 S 1 BGB auch materiellrechtlichen Charakter (Doppelnatur des § 1564 S 1 BGB) hat und nur die gerichtliche Scheidung zuläßt (BGH NJW 1990, 2194 = FamRZ 1990, 607 = JuS 1990, 762 Nr 9 [Hohloch]; BayObLG NJW-RR 1994, 771; StAZ 2003, 108; Celle FamRZ 1998, 686 und 757; Braunschweig FamRZ 2001, 561; JM BaWü FamRZ 2001, 1018; KG FamRZ 2002, 840; zuvor schon Düsseldorf IPRsp 1981 Nr 190 b; JM NRW IPRax 1982, 25; BayObLG 1982, 394; Krzywon StAZ 1989, 103; aA LJV BW IPRax 1988, 170; zweifelnd Henrich IPRax 1984, 186). **bb)** Art 6 kann der Wirksamkeit entgegenstehen, wenn zwar nicht deutsches, sondern fremdes Recht gem Art 17 Scheidungsstatut ist, aber ein **deutscher Ehegatte** beteiligt ist (BayObLG 1977, 180; BayObLG IPRax 1982, 104; JM NRW IPRax 1982, 25; Frankfurt NJW 1985, 1293 = IPRax 1985, 48 – wirksam, wenn deutsche Ehefrau einverstanden; auch Düsseldorf FamRZ 2003, 381). **cc)** Regelmäßig **wirksam** ist die Privatscheidung hingegen, wenn sie **von Ausländern im Heimatstaat** vollzogen worden ist (JM NRW IPRsp 1983 Nr 2); zu Art 6 bei starkem Inlandsbezug durch gewöhnl Inlandsaufenthalt s JM NRW v 23. 7. 1991 zZt unveröffentl, zit in Hamm FamRZ 1992, 673f. S auch Stuttgart FamRZ 2000, 171.

82 c) **Anerkennungsverfahren. Anwendung von Art 7 § 1 FamRÄndG.** Zu differenzieren ist hingegen hinsichtlich des Anerkennungsverfahrens. (1) Auslandsprivatscheidungen, bei denen eine Behörde oder ein Gericht registrierend oder in sonstiger Weise mitgewirkt hat, unterliegen nach heute allg Auffassung im Interesse sachkundiger und einheitlicher Abklärung der Angelegenheit ebenfalls den zentralisierten Anerkennungsverfahren gem Art 7 § 1 FamRÄndG (BGH 82, 34, 43; BGH NJW 1990, 2194f; BayObLG FamRZ 1985, 75; Frankfurt NJW 1985, 1293; JM BW IPRax 1988, 170f; Hamm IPRax 1989, 107; JM BaWü FamRZ 2001, 1018; KG FamRZ 2002, 840; Nishitani IPRax 2002, 49 [japan. Privatscheidung]). (2) Strittig ist das bei Anerkennung einer reinen, ohne jede behördliche Mitwirkung im Ausland vollzogenen Privatscheidung zu beobachtende Verfahren. Sie kann, worüber Einigkeit besteht, **incidenter** im Rahmen des anstehenden inländischen Verfahrens nach den oben Rz 81 dargelegten Grundsätzen auf ihre Anerkennungsfähigkeit geprüft werden (Hamm IPRax 1989, 107; Pal/Heldrich Art 17 Rz 36; Rahm/Künkel/Breuer Hdb FamGVerf VIII Rz 171). Auch eine **Feststellungsklage** gem § 632 ZPO nF ist **zulässig** (AG Hamburg IPRsp 1982 Nr 66 A [zu §§ 638, 256 ZPO aF]). Umstritten ist die Zulässigkeit eines Verfahrens gem Art 7 § 1 FamRÄndG. Während die vorgenannte Rspr dieses Verfahren auf registrierte Privatscheidungen eingrenzt, findet sich im Schrifttum eine zunehmende Auffassung, die für die – fakultative – Anwendung eintritt (Otto FamRZ 1976, 279 Anm; Lüderitz IPRax 1987, 74, 76; ders FS Baumgärtel 1990, 333, 340; Richter JR 1987, 102; Krzywon StAZ 1989, 94). Im Interesse sachgemäßer Abklärung der Anerkennungsfähigkeit ist dieser Auffassung zuzustimmen, auch Bindungswirkung iSv Art 7 § 1 VIII FamRÄndG ist den fakultativ beantragten Anerkennungsentscheidung zuzubilligen, wenn sie erfolgt sind. Allerdings besteht gem Art 7 § 1 FamRÄndG keine Handhabe, den Antrag zu erzwingen. Wird er nicht gestellt, ist ein gerichtliches Verfahren ohne Aussetzung fortzuführen. Abzulehnen ist der Ausweg von AG Hamburg FamRZ 2000, 958 m abl Anm Henrich, das Scheidungsurteil im Inland zu wiederholen, ebenso wie hier Pal/Heldrich Art 17 Rz 36 aE.

83 d) **Entscheidungen in Folgesachen.** Dieselben Regeln gelten, wenn nach einer im Ausland erfolgten Privatscheidung im Inland Entscheidungen in Folgesachen begehrt werden (Versorgungsausgleich, Unterhalt, elterl Sorge, Hausrat . . .). Das Verfahren ist auf Antrag oder von Amts wegen (§ 148 ZPO, s Rz 74) bis zum Erlaß der beantragten Entscheidung der LJVerw auszusetzen; bedarf es des Verfahrens gem Art 7 § 1 FamRÄndG nicht zwingend (s Rz 73, 82) und wird es auch nicht gleichwohl beantragt (s Rz 82), dann hat das Gericht nach den Regeln Rz 81 über die Wirksamkeit incidenter zu befinden.

IX. Innerdeutsches Kollisionsrecht

84 1. **Altes Recht und Altfälle. a) Grundsätze.** In der Zeit vor dem Inkrafttreten der Art 3–38 nF war für das im Verhältnis zur damaligen DDR angewandte Interlokale Recht die entsprechende Anwendung des Art 17 aF wegen des sog „Paritätsproblems" (keine vollständige Parität des ostdeutschen Scheidungsrechts wegen dessen teilw Unvereinbarkeit mit Art 6 I GG, BGH 34, 134, 142; 42, 99, 103ff) und des Staatsangehörigkeitsproblems (keine Anerkennung einer Staatsbürgerschaft der DDR, BGH 85, 16; 91, 186) nicht durchgängig möglich (dazu Heldrich NJW 1978, 2169; v Bar IPRax 1985, 18; Drobnig ROW 1985, 53; Knoke, Deutsches interlokales Privat- und Privatverfahrensrecht nach dem Grundvertrag, 1980; s ferner Erman/Marquordt[7] Art 17 aF Rz 53ff). Die Reform der Art 3–38 durch das IPRG v 24. 7. 1986 hat an dieser Problematik nichts wesentliches geändert. Nach wie vor werden die für das Scheidungsrecht bedeutsamen internationalprivatrechtlichen Kollisionsnormen (Art 17, 18 IV) nicht schlicht entsprechend, sondern nur mit inhaltlichen Modifikationen (Wandelbarkeit des Scheidungsfolgenstatuts, Anknüpfung an den jeweiligen gemeinsamen gewöhnlichen Aufenthalt, ersatzweise an den letzten gemeinsamen gewöhnlichen und von einem Ehegatten beibehaltenen Aufenthalt, BGH 85, 16, 25; FamRZ 1991, 421; Düsseldorf FamRZ 1981, 270; Frankfurt FamRZ 1983, 188 = IPRax 1983, 245 mit Anm Henrich; Drobnig aaO 55; v Bar aaO 22; zuletzt Zweibrücken NJW 2000, 2432) angewandt.

b) Abwicklung von Altfällen. Die genannten Grundsätze sind für interlokalrechtliche Altfälle noch von Bedeutung, bei denen vor dem 3. 10. 1990 die Ehe **rechtskräftig** geschieden worden ist (vgl § 234 § 1, keine Fortgeltung des Scheidungsrechts der DDR über den Stichtag hinaus), und bei denen **Scheidungsfolgen** zu regeln sind. Für die praktisch bedeutsamen Fälle des **nachehelichen Unterhalts** und des **Versorgungsausgleichs** gilt insofern folgendes: **aa)** Der **nacheheliche Unterhalt** ist seit dem Inkrafttreten der Art 3–38 nF entsprechend Art 220 I, II und 18 IV für vor und nach diesem Zeitpunkt geschiedene Ehen auf der Grundlage des tatsächlich angewandten Scheidungsstatuts zu bestimmen. Entsprechend Art 18 V gilt das Recht der früheren BRepD dann, wenn der Verpflichtete vor dem 3. 10. 1990 seinen gewöhnlichen Aufenthalt im früheren Gebiet der BRepD hatte oder nahm (zB BGH FamRZ 1994, 160, 563, 824; FamRZ 1995, 1346; Hamm FamRZ 1994, 707; aA KG FamRZ 1993, 568; Siehr IPRax 1994, 360). Der Einigungsvertrag und Art 234 § 1, § 5 haben daran nichts geändert, da das in Art 234 § 5 genannte „bisherige Recht" nur dann zur Anwendung kommt, wenn die innerdeutsch vorgeschaltete Kollisionsnorm (entsprechend Art 18 IV, V) zur Anwendung des Art 234 § 5 führt (Art 3 Rz 27ff; BGH FamRZ 1993, 44; 1994, 161, 824, 1583; KG FamRZ 1993, 568; Karlsruhe FamRZ 1997, 370). Demgemäß gilt für bisher nach dem Recht der früheren BRepD bestimmte Unterhaltsansprüche weiterhin das Recht des BGB. Da seit dem 3. 10. 1990 Art 18 V im innerdeutschen Kollisionsrecht nicht mehr sinnvoll angewandt werden kann, bleibt es bei Verlegung des gewöhnlichen Aufenthalts des Verpflichteten ins Inland nach diesem Zeitpunkt bei der entsprechenden Anwendung von Art 18 IV (ohne Abs V) (BGH FamRZ 1994, 161), so daß es bei entsprechender Anwendung von Art 18 IV dann bei der Maßgeblichkeit des tatsächlich angewandten Scheidungsstatuts bleibt. Zur Abänderung von Urteilen von DDR-Gerichten über Unterhalt s BGH FamRZ 1993, 43; 1994, 562; 1995, 544; KG FamRZ 1993, 567; Brudermüller FamRZ 1994, 1025; 1995, 915; Leipold JZ 1995, 833.

bb) Ob ein **Versorgungsausgleich** durchzuführen ist, bestimmt sich in entsprechender Anwendung von Art 17 III, 220 I (dazu Rz 13) bei **Scheidungen**, die **vor dem 1. 9. 1986 rechtshängig** waren, nach den **alten Kollisionsregeln** (entspr **Art 17 aF**, s Rz 84; BGH FamRZ 1991, 421; dazu krit Jayme IPRax 1991, 230), so daß bei Übersiedlung beider Ehegatten in das Gebiet der alten BRepD vor dem 3. 10. 1990 ein nachträglicher Versorgungsausgleich mit Wirkung für die Zukunft weiterhin möglich ist (BGH FamRZ 1991, 421; 1992, 295; 1994, 884; dazu Jayme IPRax 1991, 252). Bei **Rechtshängigkeit** des Scheidungsantrags **ab dem 1. 9. 1986** gilt **Art 17 III nF entsprechend**, so daß bei Maßgeblichkeit des Rechts der DDR der Versorgungsausgleich nur unter den Voraussetzungen des Art 17 III S 2, aber antraglos (AG Berlin-Charlottenburg FamRZ 1991, 1069 = JuS 1992, 78 Nr 7 [Hohloch]) in Betracht kommt (AG Berlin-Charlottenburg FamRZ 1991, 335; Celle FamRZ 1991, 714; München FamRZ 1990, 186, nachträglicher Versorgungsausgleich; auch Zweibrücken FamRZ 2000, 2432; Brandenburg FamRZ 2002, 1190; Mansel DtZ 1990, 228; Adlerstein/Wagenitz FamRZ 1990, 1300, 1306; Henrich FamRZ 1991, 877; Meyer-Sparenberg DtZ 1991, 1; Mansel DtZ 1991, 124). Die vorstehenden Ausführungen stehen nicht im Widerspruch zu Art 234 § 6, der für Scheidungsurteile, die im Gebiet der früheren DDR vor dem 1. 1. 1992 ergangen sind oder ergehen, das Recht des Versorgungsausgleichs ausschließt und für die Zeit ab dem 1. 1. 1992 die Durchführung des Versorgungsausgleichs einschränkt. Denn Art 234 § 6 kommt nur in Betracht, wenn die vorgeschaltete innerdeutsche Kollisionsregel (s oben) zum Gebietsrecht der ehemaligen DDR und damit zu Art 234 § 6 führt (BGH FamRZ 1991, 421; Celle FamRZ 1991, 714; AG Berlin-Charlottenburg FamRZ 1991, 713). Ist danach nicht Gebietsrecht der ehem DDR, sondern BGB anzuwenden, ist der Versorgungsausgleich durchführbar, BGH FamRZ 1992, 295; 1994, 884. Ist das Recht der ehem DDR Scheidungsstatut, müssen in einem Bundesland der alten BRepD rentenrechtlich erhebliche Zeiten absolviert worden sein oder müssen nach den Grundsätzen des Fremdrentenrechts abzugeltende Zeiten im Beitrittsgebiet vorhanden sein (s Zweibrücken, aaO 2432); s ferner die oben genannten Gerichtsentscheidungen.

2. Rechtszustand ab dem 3. 10. 1990. Auch nach dem 3. 10. 1990 gelten die Kollisionsnormen der Art 17, 18 IV entsprechend als Kollisionsregeln des innerdeutschen Scheidungsrechts. Art 236 ist hierfür nicht heranzuziehen (s Erl Art 3 Rz 27ff und Art 236 Rz 5–10). Mit ihrer Hilfe ist zu bestimmen, ob das gemeindeutsche Scheidungs- und Scheidungsfolgenrecht des BGB zur Anwendung kommt, oder die partiellen Sonderregeln des in Art 234 §§ 5, 6 (samt den Anhangsregelungen zu § 6) geregelten Scheidungsfolgenüberleitungsrechts gelten.

3. Anerkennung von Scheidungsurteilen der ehem DDR. Scheidungsurteile der ehem DDR waren angesichts der Ablehnung des Standpunktes, daß die DDR „Ausland" war, ohne Anerkennung auch in der BRepD wirksam (s BGH 85, 16, 18). Zu den Auswirkungen des Einigungsvertrages auf die Anerkennung von DDR-Scheidungsurteilen BGH NJW 1999, 493; Hamm FamRZ 1997, 1215; AG Bautzen FamRZ 1994, 1388 m Anm Bosch; Schurig, FS Henrich (2000) 497.

EGBGB Art 17a Internationales Privatrecht

17a *Ehewohnung und Hausrat*
Die Nutzungsbefugnis für die im Inland belegene Ehewohnung und den im Inland befindlichen Hausrat sowie damit zusammenhängende Betretungs-, Näherungs- und Kontaktverbote unterliegen den deutschen Sachvorschriften.

Schrifttum: *Borrás*, Erläuternder Bericht zu dem Übereinkommen aufgrund von Art K 3 des Vertrages über die Europäische Union über die Zuständigkeit und die Anerkennung und Vollstreckung von Entscheidungen in Ehesachen, ABl EG 1998, C 221; *Finger*, Rechtsverhältnisse an Ehewohnung und Hausrat bei Auslandsbezug, Art 17a EGBGB, FuR 2002, 196; *ders*, Dt internationales Familienrecht (IPR), ausl/internat und Europarecht (mit dt Ausführungsbestimmungen) – ein Überblick für 2000 bis 2002, 1. Teil, FuR 2002, 342; *ders*, Zuweisung von Ehewohnung und Hausrat bei Trennungs- und Scheidungsverfahren mit Auslandsbezug, FuR 2000, 1 und 64; *Fuchs/Tölg*, Die einstweiligen Maßnahmen nach der EheVO (EuGVVO II), ZfRV 2002, 95; *Geimer*, Annerkennung und Vollstreckbarerklärung von ex parte-Unterhaltsentscheidungen aus EuGVÜ-Vertragsstaaten, IPRax 1992, 5; *MüKo-ZPO/Gottwald*, B 3, §§ 808–1066, EGZPO, GVG, EGGVG, Internationales Zivilprozeßrecht, 2. Aufl 2001; *Klein*, Opferschutz – Alternative zur Flucht ins Frauenhaus, FuR 2002, 1; *Rausch*, Neue internationale Zuständigkeiten in Familiensachen – VO (EG) Nr 1347/2000, FuR 2001, 151; *Schumacher*, Mehr Schutz bei Gewalt in der Familie, FamRZ 2002, 645.

1 **I. Allgemeines. 1. Inhalt und Zweck.** Die Norm ist durch Art 10 des Gesetzes zur Verbesserung des zivilgerichtlichen Schutzes bei Gewalttaten und Nachstellungen sowie zur Erleichterung der Überlassung der Ehewohnung bei Trennung v 11. 12. 2001 (BGBl I 3513) in das EGBGB eingefügt worden und am 1. 1. **2002 in Kraft** getreten (Materialien: BT-Drucks 14/5429, BR-Drucks 11/01 – Gesetzentwurf der Bundesregierung; BT-Drucks 12/7279 – Bericht Rechtsausschuß, BR-Drucks 904/01 – Beschlüsse Bundestag und Bundesrat). Der vorherige Art 17a, der erst durch Art 3 § 25 des Gesetzes zur Beendigung der Diskriminierung gleichgeschlechtlicher Gemeinschaften: Lebenspartnerschaften v 16. 2. 2001 (BGBl I 276) eingeführt worden war, ist dadurch zu Art 17b geworden.

Die Neuregelung soll eine gesicherte und eindeutige Rechtsgrundlage für die kollisionsrechtliche Behandlung der Zuweisung der Nutzung von Ehewohnung und Hausrat im Inland aus Anlaß der Trennung oder Scheidung der Ehegatten und damit zusammenhängende Schutzanordnungen schaffen und den Gerichten zügiges Handeln ermöglichen. Dieses Ziel wird mit Anwendung deutschen Sachrechts erleichtert erreichbar (vgl Begründung RegE, BT-Drucks 14/5429, 16, 37). Art 17a enthält freilich keine umfassend über das Schicksal von Ehewohnung und Hausrat bestimmende Kollisionsregel zugunsten der Anwendung dt Rechts. Seine Hauptfunktion hat Art 17a in der Zeit des Getrenntlebens; bei endgültiger Verteilung von Hausrat und Wohnung ist der Anwendungsbereich des Art 17a vom Geltungsbereich des Scheidungsfolgenstatuts (Art 17 I S 1 u 2) abzugrenzen (s Rz 6ff).

2 **2. Vorgeschichte und altes Recht.** Vor der Einführung des Art 17a kannte das EGBGB keine speziell positivierte Kollisionsnorm für die Hausratsverteilung und die Zuweisung der ehelichen Wohnung vor und nach der Scheidung. Die Anknüpfung insoweit war umstritten (s 10. Aufl Art 6 Rz 37, Art 14 Rz 33, Art 17 Rz 39, Art 18 Rz 26). Besonders problematisch waren Fälle, in denen die Anwendung solchen ausländischen Sachrechts in Betracht kam, das keine Regelung über diese Fragen enthielt oder aber zB die Züchtigung von Ehefrauen gestattete. Hintergrund der Neuregelung ist daher auch der Umstand, daß die Gerichte in solchen Fällen vielfach „heimwärtsstrebend" zur Anwendung des deutschen Sachrechts zu gelangen suchten und eine entsprechende klare Rechtsgrundlage fehlte. Durch die Verweisung auf deutsches Sachrecht in Art 17a wird nunmehr auch die uU zeit- und kostenintensive Ermittlung ausländischen Sachrechts gerade in den eiligen Fällen der Zuweisung der Nutzung der Ehewohnung und des Hausrats vor der Scheidung vermieden (vgl BT-Drucks 14/5429, 14, 16; dazu auch Karlsruhe JuS 2001, 399, 400 [Hohloch]).

3 **3.** Nach Art 3 II vorrangig geltende **staatsvertragliche Regelungen** liegen **nicht** vor (zum Haager Ehewirkungsabkommen und zum Deutsch-Iranischen Niederlassungsabkommen s Erl bei Art 14 Rz 4).

4 **4. Geltung allgemeiner Regeln. a) Rück- und Weiterverweisung.** Art 17a enthält eine einseitige ausdrückliche Verweisung auf die deutschen Sachvorschriften; Rück- und Weiterverweisung sind damit gemäß Art 4 I S 1 ausgeschlossen (ebenso Finger FuR 2002, 197). **b)** Die **Vorfrage** nach dem Bestehen einer Ehe ist selbständig, dh nach den für Eheschließung und -auflösung maßgeblichen Kollisionsnormen und Anerkennungsregeln des deutschen Rechts (Art 13, 17; Art 13ff EheVO; Art 7 § 1 FamRÄndG; § 328 ZPO) anzuknüpfen. S dazu auch Erl bei Art 14 Rz 9. **c) Ordre public.** Die Notwendigkeit einer Kontrolle der Rechtsanwendung gem Art 6 stellt sich nicht, da Art 17a lediglich auf die deutschen Sachvorschriften verweist.

5 **5. Intertemporales Recht.** Das Gesetz v 11. 12. 2001 und die Gesetzesmaterialien enthalten keine eigene Übergangsregelung. Wie bei anderen Ergänzungen in den Art 3ff gilt Art 220 II entsprechend, so daß die Neuregelung für familienrechtliche Auseinandersetzungen, die ab dem 1. 1. 2002 entstanden sind, anzuwenden ist. Für Fälle, die als „abgeschlossener Vorgang" (zB Trennung vor dem 1. 1. 2002) einzustufen sind, bleibt es bei den alten Anknüpfungsregeln. Ersichtlich ist, daß rückwirkende Anwendung praxiserleichternde Wirkung haben könnte. Solche Erleichterung läßt sich indes auch unter Benutzung von Regeln aR (lex fori als Ersatzlösung) erzielen.

6 **II. Anwendungsbereich und anwendbares Recht. 1. Reichweite.** Art 17a regelt ausschnittsweise einen Teil der Rechtsverhältnisse an einer inländischen Ehewohnung und inländischem Hausrat bei Auslandsbezug. Anknüpfungspunkt der Vorschrift ist allein die inländische Belegenheit des Hausrats bzw der Ehewohnung. Die Anknüpfung ist nicht auf das GewaltschutzG und seinen Gegenstandsbereich beschränkt (Finger FuR 2002, 197); sie erfaßt **a)** die Nutzungsbefugnis, dh die ggf durch richterliche Entscheidung (einstweilige Anordnung und Endentscheidung) getragene Nutzungsbefugnis bzw -zuweisung bezüglich der inlandsbelegenen Ehewohnung (nicht zB Ferienwohnung) und des inlandsbelegenen Hausrats. Art 17a erlaubt so die Heranziehung von §§ 1361–1361b und

der in ihrem Rahmen anwendbaren Vorschriften der HausratsVO (insbes §§ 6, 8, 9 HausratsVO). Die Definition von Ehewohnung wie Hausrat ist bei der von Art 17a vorgenommenen Verweisung auf das deutsche Sachrecht §§ 1361a und 1361b BGB zu entnehmen. **b)** Aus der ersichtlichen Bezugnahme auf die Nutzungsregelungen der §§ 1361a–1361b BGB folgt weiter, daß Art 17a auf solche „Nutzung", dh auf die Regelung der Nutzungsverteilung für die Zeit des Getrenntlebens beschränkt ist, in der eine endgültige „dingliche" Verteilung von Hausrat und Wohnung, zB durch Eigentumsänderung, regelmäßig nicht erfolgt, es vielmehr bei der Eigentumslage zunächst verbleibt. **c)** Hieraus folgt weiter, daß Art 17a in der Scheidung die Scheidungsfolgen „Hausratverteilung" und „Wohnungszuweisung" keineswegs zweifelsfrei erfaßt (s Rz 9). **d)** Der Anwendungsbereich umfaßt auch mit der Zuweisung von Hausrat und Ehewohnung zusammenhängende Betretungs-, Näherungs- und Kontaktverbote, wie sie in § 1361b II, III BGB geregelt sind. Diese sind deshalb nicht deliktsrechtlich (Art 40) anzuknüpfen (ebenso Pal/Heldrich Art 17a Rz 2; abw und nicht zutreffend Schumacher FamR 2002, 657). Der „Zusammenhang" iSd Vorschrift bezieht sich also auf die Wohnung und den Hausrat, nicht etwa zum Beispiel auf den Ort der Gewalthandlung (auch Bamberger/Roth/Otte Art 17a Rz 18, 19).

2. Anwendbares Recht. Art 17a verweist im Sinne einer einseitigen Kollisionsnorm auf die deutschen Sachvorschriften, dh das deutsche materielle Recht und somit insbesondere auf §§ 1361a, 1361b BGB, die Regeln der HausratsVO und die Regeln des GewaltschutzG. Dies gilt jedenfalls für die Dauer des Getrenntlebens. Die Regelungstechnik ist nach der Gesetzesbegründung gerechtfertigt, weil die Gerichte im Hinblick auf die Eilbedürftigkeit der Fälle auf „eine klare, nicht erst ermittlungs- und klärungsbedürftige Rechtsgrundlage angewiesen sind" (BT-Drucks 14/5429, 37). 7

III. Entsprechende und erweiternde Anwendung? 1. Auslandsbelegenheit von Hausrat und Wohnung. Die Neuregelung betrifft dem Wortlaut nach nicht eine im **Ausland** belegene Ehewohnung und den im Ausland befindlichen Hausrat. **Analoge Anwendung** auf diese Fälle durch Ausbau von Art 17a zu einer „allseitigen" Kollisionsnorm kommt im Hinblick auf die bewußte Entscheidung des Gesetzgebers **nicht** in Betracht; es fehlt bereits eine planwidrige Lücke (anders für allseitigen Ausbau v Hoffmann S 298). Insoweit finden die bisherigen Anknüpfungen weiterhin Anwendung (so auch Pal/Heldrich Art 17a Rz 2; wohl auch Bamberger/Roth/Otte Art 17a Rz 11 aE). Es gilt insofern also die bisherige, durch Auffassungsunterschiede geprägte Rechtslage (vgl 10. Aufl Art 14 Rz 33, Art 17 Rz 39, Art 18 Rz 26 aE). Rspr und Lit bekennen sich sowohl zur **Maßgeblichkeit des Art 14** (so heute wohl überwiegend: Hamm FamRZ 1981, 875; AG Gelsenkirchen IPRsp 1983 Nr 55; AG München IPRax 1981, 60; Frankfurt FamRZ 1989, 84; Hamm FamRZ 1990, 54; Stuttgart FamRZ 1990, 1354; KG FamRZ 1991, 1190; Celle FamRZ 1999, 443; ebenso Staud/v Bar/Mankowski Art 14 Rz 272; MüKo/Siehr Art 14 Rz 104; Pal/Heldrich Art 14 Rz 18; Jayme IPRax 1981, 49; v Bar IPR II Rz 190; Finger FuR 2000, 1, 2, 64, 67; Lüderitz IPRax 1987, 74, 77); vertreten wird aber auch Maßgeblichkeit der lex rei sitae (Stuttgart FamRZ 1978, 686; Hamm FamRZ 1981, 875), Maßgeblichkeit der lex fori bei Eilbedürftigkeit (Karlsruhe IPRax 1985, 106; KG IPRspr 1996 Nr 67), sowie Maßgeblichkeit des Unterhaltsstatuts (so Hamm FamRZ 1989, 621; IPRax 1990, 186; Düsseldorf NJW 1990, 3091; Koblenz NJW-RR 1991, 522; AG Kerpen FamRZ 1997, 893; ebenso Henrich FS Ferid [1988] 152; Weber IPRax 1990, 95; Brudermüller FamRZ 1999, 193, 204); offengeblieben ist die Anknüpfung in Celle FamRZ 1991, 439, 440. Richtig wird die Differenzierung nach dem Zeitpunkt der Geltendmachung sein. Während bestehender, getrennt gelebter Ehe unterliegt die Hausrats- und Ehewohnungszuteilung stets Art 14, da der Zugriff auf Wohnung und Hausrat essentielle Ehewirkung ist. Das Vorliegen des Aspekts der Unterhaltssicherung kann hiergegen vernachlässigt werden (ebenso iE Stuttgart FamRZ 1990, 1354, 1356; ebenso Frankfurt FamRZ 1989, 84; 1994, 633 – Anpassung über die lex fori; Hamm FamRZ 1990, 54; KG FamRZ 1991, 1190; aA MüKo/Siehr Art 14 Rz 103). Dem **Scheidungsstatut** sollte hingegen die **im Rahmen des Scheidungsverfahrens** als Scheidungsfolge betriebene Verteilung von Hausrat und Ehewohnung vorbehalten bleiben (str, wie hier Hamm FamRZ 1974, 25; 1980, 901; 1981, 875; Frankfurt FamRZ 1989, 75, 77; Köln NJW-RR 1989, 646; KG FamRZ 1989, 74; Stuttgart FamRZ 1990, 1354, 1355; FamRZ 1997, 1085, 1086; Karlsruhe FamRZ 1997, 33; Lüderitz IPRax 1987, 74, 77; MüKo/Winkler v Mohrenfels Art 17 Rz 175; Pal/Heldrich Art 17 Rz 17; Staud/v Bar/Mankowski Art 14 Rz 292; v Bar IPR II Rz 269; aA – für Anwendung von Art 18 – Hamm FamRZ 1989, 621; Henrich, FS Ferid [1988] 146, 158; für Anwendung des Belegenheitsrechts zT KG FamRZ 1989, 74; Stuttgart FamRZ 1978, 686; offengelassen in Karlsruhe NJW-RR 1999, 730 und Karlsruhe JuS 2001, 399 [Hohloch]; für Anwendung der lex fori Staud/Gamillscheg Art 17 aF Rz 612; Ferid/Böhmer IPR § 8 159); enthält das Scheidungsstatut keine eigene Verteilungsregelung für Hausrat und Ehewohnung, (die auch im Güterrecht oder Unterhaltsrecht ihren Platz haben kann), kommt **ersatzweise** auch ein Einsatz (offengeblieben in Köln NJW-RR 1989, 646). Das Recht des Lageorts bestimmt hingegen über den Eigentumserwerb, insbes bei richterlicher Zuteilung (Jayme IPRax 1981, 49, 50). Eilfälle, die Frankfurt FamRZ 1980, 174 der lex fori (§ 13 IV HausratsVO) unterstellen wollte, werden idR während bestehender Ehe vorkommen und sind dann heute nach Art 17a zu beurteilen. Der Erlaß einer einstweiligen Anordnung nach deutschem Verfahrensrecht ist dadurch nicht beeinträchtigt (s zum Verfahrensrecht Rz 13). 8

2. Verteilung von Hausrat und Ehewohnung mit Inlandsbelegenheit in der Scheidung? Der Gesetzgeber des Art 17a nF hat keine Klarheit dazu geschaffen, ob die Norm auch die Verteilung inländischen Hausrats und der inlandsbelegenen Ehewohnung in und nach der Scheidung als „einseitiges Statut" einer solchen Scheidungsfolge erfassen soll. Dafür spricht die systematische Stellung im Gesetz unmittelbar nach Art 17 (so Staud/Mankowski Art 17a Rz 15), weiterhin mag dafür die Praktikabilität der Anwendung deutschen Rechts (§§ 1ff, 6, 8, 9 HausratsVO) sprechen, außerdem der Gleichklang in der Rechtsanwendung im Verhältnis zur Zeit eines Getrenntlebens (Rz 6). Dagegen spricht der auf „Nutzung" beschränkte Wortlaut, in dem endgültige Verteilung, um die es bei der Scheidungsfolgenregelung geht, nicht inbegriffen ist. Dagegen spricht weiter, daß dem Gesetzgeber Problematik wie Meinungsvielfalt (s Rz 8) bekannt waren, außerdem, daß Art 17a Ergebnis eines Gesetzgebungsverfahrens ist, daß auf Aspekte der „Trennung", nicht Scheidung von Ehegatten ausgerichtet war (vgl Entwurfstitel in 9

BT-Drucks 14/5429, 37). Für die Scheidungsfolgenregelung ist deshalb Art 17 I, nicht Art 17a heranzuziehen (ebenso Staud/Mankowski [2003] Art 17a Rz 16; auch Rauscher IPR² 167; offenbleibend bei Pal/Heldrich Art 17a Rz 1, 2), so daß sich die Rechtsanwendung dann wie oben Rz 8 bemißt.

10 **3. Lebenspartnerschaften.** Nach der Verweisung in Art 17b II S 1 gilt die Vorschrift entsprechend für die Zuweisung von Hausrat und Ehewohnungen sowie damit zusammenhängende Betretungs-, Näherungs- und Kontaktverbote zwischen Lebenspartnern iSd LPartG.

11 **4.** Bei der Trennung **nichtehelicher Lebensgemeinschaften** bleibt Art 17a ohne Bedeutung. Die Vorschrift erfaßt nur die Ehewohnung und ehelichen Hausrat (s Rz 6; ebenso Finger FuR 2001, 197, 198, ders FuR 2002, 342, 343; kritisch Bamberger/Roth/Otte Art 17a Rz 14). Entsprechende Anwendung kommt nicht in Betracht.

12 **5. Sonstige Rechte.** Störungen außerhalb der Ehewohnung wie zB am Arbeitsplatz sind nicht vom Schutzbereich der Norm erfaßt (für analoge Anwendung auf solche Fälle v Hoffmann S 298). Für solche im Inland begangenen Belästigungen oder dort wirkende Gewalt ist deutsches Recht ggf nach Art 40 als Deliktsstatut maßgeblich. Deliktsrechtliche Ansprüche auf Wohnungsüberlassung einschließlich etwaiger Unterlassungsansprüche ergeben sich gem Art 17a aus deutschem Recht. Etwaige weitere Deliktsansprüche wären gemäß Art 41 I, II „akzessorisch" dazu anzuknüpfen, so daß es auf die Feststellung des eigentlichen Deliktsstatuts (Art 40 I, II) im Ergebnis nicht ankäme (abweichend Begründung RegE, BT-Drucks 14/5429, 14, 22; Schumacher FamRZ 2002, 645, 657; Bamberger/Roth/Otte Art 17a Rz 10). Nicht erfaßt von der Vorschrift sind die Rechte betroffener Kinder und Jugendlicher der beteiligten Ehegatten; maßgeblich sind insoweit die kollisionsrechtlichen Regelungen zum Sorgerecht und Vormundschafts- und Pflegschaftsrecht (s Erl bei Art 21 und 24; ebenso Bamberger/Roth/Otte Art 17a Rz 20).

13 **IV. Verfahrensrecht/Verfahrensfragen.** Die internationale Zuständigkeit der deutschen Gerichte für die Wohnungszuweisung und die Hausratsaufteilung ist **nicht** nach der **EheVO** (VO[EG] Nr 1347/2000 des Rates über die Zuständigkeit und die Anerkennung und Vollstreckung von Entscheidungen in Ehesachen und in Verfahren betreffend die elterliche Verantwortung für die gemeinsamen Kinder der Ehegatten v 29. 5. 2000, ABl EG 2000 Nr L 160 S 19) zu beurteilen. Der sachliche Anwendungsbereich der EheVO erstreckt sich nur auf Verfahren, die den ehelichen Status als solchen betreffen; nicht erfaßt werden hingegen Verfahren, die sich nur auf vermögensrechtliche Aspekte im Zusammenhang mit der Eheauflösung beziehen wie etwa die Hausratsteilung, die Ehewohnung, Unterhalts- und Güterstandsfragen (ebenso Rausch FuR 2001, 151; s auch Borrás ABl EG 1998 C 221 S 35, Nr 22; anders für entsprechende einstweilige Maßnahmen iSv Art 12 EheVO, sofern ein Zusammenhang mit einem eheauflösenden Verfahren besteht Fuchs/Tölg ZfRV 2002, 95, 102). Auch die VO Nr 44/2001 über die gerichtliche Zuständigkeit und die Anerkennung und Vollstreckung von Entscheidungen in Zivil- und Handelssachen (**EuGVO**) v 22. 12. 2000, ABl EG 2001 L 12, S 1, in Kraft seit 1. 3. 2002, ist nicht anwendbar. Nach Art 1 II lit a EuGVO ist sie nicht anzuwenden auf die „ehelichen Güterstände". Dieser Begriff umfaßt nach der Rspr des EuGH auch „alle vermögensrechtlichen Beziehungen, die sich unmittelbar aus der Ehe oder ihrer Auflösung ergeben" (EuGHE 1979, 1055, 1066 Rz 7 – De Cavel, s dazu näher Kropholler Art 1 EuGVO Rz 27). Gerichtliche Entscheidungen über die Zuweisung einer Ehewohnung und von Hausrat fallen, ebenso wie nach der bisher geltenden Regelung des EuGVÜ (s Staud/v Bar/Mankowski Art 14 Rz 285; MüKo/Gottwald Art 1 EuGVÜ Rz 13; Geimer IPRax 1992, 5, 6), nicht in den Anwendungsbereich der EuGVO.

14 Maßgeblich ist also das autonome deutsche Recht. Danach folgt die internationale Zuständigkeit des Familiengerichts für die Verteilung der Hausratsgegenstände bzw die Wohnungszuweisung aus den Regelungen über die örtliche Zuständigkeit: §§ 18a, 11 HausratsVO analog. Ist eine Ehesache anhängig, ergibt sich die internationale Zuständigkeit des Familiengerichts aus §§ 18a, 11 I HausratsVO analog. Ist keine Ehesache anhängig, ist das Familiengericht international zuständig, in dessen Bezirk die Ehewohnung liegt, §§ 18a, 11 II S 1 HausratsVO analog. Liegt die Wohnung im Ausland, richtet sich die internationale Zuständigkeit nach §§ 11 II S 2 HausratsVO, 606 II, III ZPO (s zum Ganzen auch Finger FuR 2000, 64, 66; Soergel/Schurig Art 14, Rz 51ff; Staud/v Bar/Mankowski Art 14 Rz 284ff). Maßgebliches Verfahrensrecht ist die lex fori (so auch Finger FuR 2002, 343). Bei Verfahren nach dem Gewaltschutzgesetz (§ 621 Nr 13 ZPO) und bei Regelungen nach der HausratsVO (§ 11 I HausratsVO iVm § 621 Nr 7 ZPO) ist nunmehr ein einheitliches Verfahren nach dem FGG vor dem Familiengericht vorgesehen. Die Durchsetzung der Zuweisung von Ehewohnung und Hausrat sowie von damit zusammenhängenden Schutzanordnungen im Inland beurteilt sich ebenso nach der lex fori, §§ 888, 890 ZPO.

17b *Eingetragene Lebenspartnerschaft*

(1) Die Begründung, die allgemeinen und die güterrechtlichen Wirkungen sowie die Auflösung einer eingetragenen Lebenspartnerschaft unterliegen den Sachvorschriften des Register führenden Staates. Auf die unterhaltsrechtlichen und die erbrechtlichen Folgen der Lebenspartnerschaft ist das nach den allgemeinen Vorschriften maßgebende Recht anzuwenden; begründet die Lebenspartnerschaft danach keine gesetzliche Unterhaltsberechtigung oder kein gesetzliches Erbrecht, so findet insoweit Satz 1 entsprechende Anwendung.

(2) Artikel 10 Abs. 2 und Artikel 17a gelten entsprechend. Unterliegen die allgemeinen Wirkungen der Lebenspartnerschaft dem Recht eines anderen Staates, so ist auf im Inland befindliche bewegliche Sachen § 8 Abs. 1 des Lebenspartnerschaftsgesetzes und auf im Inland vorgenommene Rechtsgeschäfte § 8 Abs. 2 des Lebenspartnerschaftsgesetzes in Verbindung mit § 1357 des Bürgerlichen Gesetzbuchs anzuwenden, soweit diese Vorschriften für gutgläubige Dritte günstiger sind als das fremde Recht.

(3) Bestehen zwischen denselben Personen eingetragene Lebenspartnerschaften in verschiedenen Staaten, so ist die zuletzt begründete Lebenspartnerschaft vom Zeitpunkt ihrer Begründung an für die in Absatz 1 umschriebenen Wirkungen und Folgen maßgebend.

Familienrecht **Art 17b EGBGB**

(4) Die Wirkungen einer im Ausland eingetragenen Lebenspartnerschaft gehen nicht weiter als nach den Vorschriften des Bürgerlichen Gesetzbuchs und des Lebenspartnerschaftsgesetzes vorgesehen.

Schrifttum: *Basedow/Hopt/Kötz/Dopffel* (Hrsg), Die Rechtsstellung gleichgeschlechtlicher Lebensgemeinschaften (2000); *Bruns/Kemper* (Hrsg), LPartG – Handkommentar (2001); *Frank*, Die eingetragene Lebenspartnerschaft unter Beteiligung von Ausländern, MittBayNot Sonderheft November 2001, 35; *Gebauer/Staudinger*, Registrierte Lebenspartnerschaften und die Kappungsregel des Art 17b IV EGBGB, IPRax 2002, 275; *Hausmann*, Überlegungen zum Kollisionsrecht registrierter Partnerschaften, FS Henrich (2000), S 241; *Henrich*, Kollisionsrechtliche Fragen der eingetragenen Lebenspartnerschaft, FamRZ 2002, 137; *Hoffmann, v.*, Internationales Privatrecht, 7. Aufl 2002; *Hohloch/Kjelland*, The New German Conflicts Rules for Registered Partnerships, Yb.P.I.L. 3 (2001), 223; *Meyer/Mittelstädt*, Das Lebenspartnerschaftsgesetz: Materialiensammlung mit Anmerkungen (2001); *Muscheler*, Das Recht der Eingetragenen Lebenspartnerschaft (2001); *Röthel*, Registrierte Partnerschaften im internationalen Privatrecht, IPRax 2000, 74; *Röthel*, Gleichgeschlechtliche Ehe und ordre public, IPRax 2002, 496; *Schotten*, Lebenspartnerschaft im internationalen Privatrecht, FPR 2001, 458; *Süß*, Notarieller Gestaltungsbedarf bei Eingetragenen Lebenspartnerschaften mit Ausländern, DNotZ 2001, 168; *Wagner*, Das neue Internationale Privat- und Verfahrensrecht zur eingetragenen Lebenspartnerschaft, IPRax 2001, 281.

I. Allgemeines. 1. Inhalt und Zweck. Mit Art 17b hat der Gesetzgeber für die internationalen Fragestellungen, 1 die sich aus dem durch das „Lebenspartnerschaftsgesetz" neu geschaffenen Institut der „Eingetragenen Lebenspartnerschaft" ergeben können, eine kollisionsrechtliche Norm geschaffen. Die Vorschrift ist als allseitige Kollisionsnorm ausgestaltet (s Begr Entwurf, BT-Drucks 14/3751, 60) und bestimmt somit auch über die Anwendung ausländischen Rechts, zT iS einer Sachnormverweisung, zT als Gesamtverweisung iSv Art 4 I S 1.

Die Regelung führt als Neuerung in den Abschnitt über das Internationale FamR ein, daß Abs I die Begründung, die allgemeinen und die güterrechtlichen Wirkungen sowie die Auflösung einer eingetragenen Lebenspartnerschaft grundsätzlich den Sachvorschriften des registerführenden Staates unterwirft (lex loci celebrationis bzw lex libri). Auf die unterhaltsrechtlichen und die erbrechtlichen Folgen der Lebenspartnerschaft ist hingegen das nach den allgemeinen Vorschriften maßgebende Recht anzuwenden (Abs I S 2). Begründet die Lebenspartnerschaft danach keine gesetzliche Unterhaltsberechtigung oder kein gesetzliches Erbrecht, so finden wiederum die Sachvorschriften des registerführenden Staates Anwendung. Mit der Regelung in Abs I bricht das deutsche Kollisionsrecht mit der Tradition, durch prinzipielle Berufung des Heimatrechts familienrechtliche Vorstellungen der Rechtsordnung des Staates, dem ein Ausländer angehört, zu respektieren. Diese neue „territoriale" Anknüpfung soll berücksichtigen, daß bislang nur eine kleine Zahl von Staaten das Rechtsinstitut der „Eingetragenen Lebenspartnerschaft" kennt; damit sollen die Probleme umgangen bzw vermieden werden, die sich aus einer vorrangig an das Heimatrecht der Lebenspartner anknüpfenden Regelung ergeben würden. So würde zB ausländischen Staatsangehörigen auch nach langjährigem Inlandsaufenthalt die Begründung einer Lebenspartnerschaft versagt werden, wenn ihr Heimatrecht (noch) kein entsprechendes Rechtsinstitut kennt (BT-Drucks 14/3751, 60). Auch auf die Alternative der Anknüpfung an den gewöhnlichen Aufenthalt der Lebenspartnerinnen oder Lebenspartner wurde bewußt verzichtet, da dieses solche Paare von der Eingehung einer Lebenspartnerschaft ausschließen würde, in denen eine Lebenspartnerin oder ein Lebenspartner aus dem Ausland kommt (BT-Drucks 14/3751, 60; kritisch dazu Kropholler IPR § 44 V). Das Problem „hinkender" Partnerschaften, das durch einfache Berufung der betroffenen ausländischen Rechtsordnung hätte vermieden werden können, wurde also vom Gesetzgeber im Interesse möglichst umfassender Durchsetzung seiner derzeitigen rechtspolitischen Vorstellungen in Kauf genommen (vgl Süß DNotZ 2001, 168, 169, 176; ausführlich Staud/Mankowski [2003] Art 17b Rz 1–6).

2. Vorgeschichte und altes Recht. Der jetzige Art 17b ist „umnumerierte", nicht veränderte Fassung der 2 zunächst als Art 17a ins EGBGB eingestellten Kollisionsrechtsvorschrift. Durch Art 10 des „Gesetzes zur Verbesserung des zivilgerichtlichen Schutzes bei Gewalttaten und Nachstellungen sowie zur Erleichterung der Überlassung der Ehewohnung bei Trennung" vom 11. 12. 2001, BGBl I 3513, ist der durch Art 3 § 25 des Gesetzes zur Beendigung der Diskriminierung gleichgeschlechtlicher Gemeinschaften: Lebenspartnerschaften vom 16. 2. 2001, BGBl I 266, gerade erst in das EGBGB eingefügte Art 17a zum heutigen Art 17b geworden. Gesetz und Kollisionsregel sind zum 1. 8. 2002 in Kraft getreten. Der Antrag auf Erlaß einer einstweiligen Anordnung gegen das In-Kraft-Treten des Lebenspartnerschaftsgesetzes ist durch das BVerfG mit Urt v 18. 7. 2001 (1 BvQ 23/01, NJW 2001, 2457) abgelehnt worden. Dieses Urteil und damit die Verfassungsmäßigkeit des Lebenspartnerschaftsgesetzes wurden bestätigt durch das im Hauptverfahren ergangene Urteil v 17. 7. 2002 (1 BvF 1/01, 1 BvF 2/02, NJW 2002, 2543). Bis zum Inkrafttreten des Lebenspartnerschaftsgesetzes war in Deutschland die gleichgeschlechtliche Lebenspartnerschaft als Rechtsinstitut nicht anerkannt. Wie das Phänomen kollisionsrechtlich zu behandeln war, war umstritten (zum Meinungsstreit vor allem über die entsprechende Anwendung der Art 13ff auf die gleichgeschlechtliche Lebensgemeinschaft vgl Röthel IPRax 2000, 74ff; Wagner IPRax 2001, 281, 283ff).

3. Staatsvertragliche Regelungen mit Vorrang vor Art 17b bestehen nicht. Von dem – für die BRepDeutsch- 3 land nicht in Kraft befindlichen – Haager Übereinkommen über die Eheschließung und die Anerkennung der Gültigkeit von Ehen v 14. 3. 1978 werden Lebenspartnerschaften nicht erfaßt (Wagner IPRax 2001, 281, 282, s dort auch zu den Perspektiven einer solchen Regelung im Rahmen der Haager Konferenz). Weitere Abkommen bestehen nicht. Das für Deutschland nur noch im Verhältnis zu Italien in Kraft befindliche alte „Haager Abkommen zur Regelung des Geltungsbereichs der Gesetze auf dem Gebiete der Eheschließung" v 12. 6. 1902 (RGBl 1904 S 221) ergreift die eingetragene Lebenspartnerschaft ersichtlich nicht.

4. Geltung allgemeiner Regeln. a) Rück- und Weiterverweisung (renvoi). Die Grundsatzkollisionsnorm des 4 Abs I S 1 beruft ausdrücklich die Sachvorschriften des Registrierungsstaates. Dadurch wird eine Rück- oder Weiterverweisung ausgeschlossen. Dies vermeidet zwar die zur Zeit angesichts unzureichender kollisionsrechtlicher Regelung aufwendige Suche nach Kollisionsnormen, behindert jedoch einen eventuellen Entscheidungseinklang zwischen Registrierungsstaat und Herkunftsstaat (so auch v Hoffmann IPR § 8 Rz 73f). Rück- und Weiterverweisung kommen im Anwendungsbereich von **Abs I S 2** in Betracht, die Kappungsgrenze des Abs IV kann insoweit indes wirksam werden. **b) Ordre public.** Abs IV enthält eine spezielle ordre-public-Klausel (s Rz 10), durch die allerdings die Anwendung von Art 6 nicht gesperrt wird (so auch Handkomm-LPartG/Kiel Art 17a Rz 67). Zur Vereinbarkeit von im Ausland registrierten Partnerschaften mit dem Vorbehalt des deutschen ordre public siehe Röthel IPRax 2000, 74, 78. **c) Vorfragen** für die Entstehung einer Eingetragenen Lebenspartnerschaft – so insbesondere die Frage nach dem Bestehen bzw Nichtbestehen einer Ehe oder Lebenspartnerschaft oder eines Verwandtschaftsverhältnisses – werden grundsätzlich selbständig angeknüpft (BT-Drucks 14/3751, 60; Handkomm-LPartG/Kiel Art 17a Rz 18; Henrich FamRZ 2002, 137).

5 5. **Intertemporales Recht.** Eine Übergangsregelung fehlt; Art 220 I und II finden wie auch im übrigen Bereich der Ergänzung der Art 3ff durch neue Kollisionsregelungen, denen eine gesonderte Übergangsregelung nicht beigegeben worden ist, entsprechende Anwendung (Pal/Heldrich Art 17a Rz 1; aA v Hoffmann IPR § 8 Rz 73d, der aufgrund des bewußten Abweichens von kollisionsrechtlichen Grundsätzen Art 220 nicht analog anwenden will und damit zur Anwendung von Art 17b auch auf vor dem 1. 8. 2000 im Ausland registrierte Partnerschaften kommt).

6 II. **Voraussetzungen und Anknüpfungen. 1. Überblick.** Nach dem Wortlaut beschränkt sich der Anwendungsbereich von Art 17b auf die „eingetragene Lebenspartnerschaft". Damit verwendet die Norm einen Rechtsbegriff, der mit dem Lebenspartnerschaftsgesetz (Gesetz zur Beendigung der Diskriminierung gleichgeschlechtlicher Gemeinschaften: Lebenspartnerschaften [LPartG], BGBl 2001 I 266ff) in das deutsche Sachrecht eingeführt worden ist. Gem § 1 LPartG können nur zwei Personen gleichen Geschlechts eine solche Lebenspartnerschaft begründen, so daß Art 17b direkt nur auf **eingetragene gleichgeschlechtliche Partnerschaften** Anwendung finden kann (so auch Pal/Heldrich Art 17b Rz 1, 11; Frank MittBayNot 2001, 35, 36). Es bedarf wie auch sonst im Rahmen kollisionsrechtlicher Qualifikation einer weiten Auslegung des Begriffs, so daß alle Rechtsinstitute, die mit der Lebenspartnerschaft des neuen deutschen Rechts vergleichbar sind, von Art 17b erfaßt werden (so auch v Hoffmann IPR § 8 Rz 73b; Wagner IPRax 2001, 281, 288). Maßgebliches Kriterium ist die „Rechtsförmlichkeit" registrierter Partnerschaften (s Bamberger/Roth/Otte Art 17b Rz 6). Für nicht registrierte Partnerschaften, auf die Art 17b bereits mangels eines „Rechts des registerführenden Staates" keine Anwendung finden kann (so auch Bamberger/Roth/Otte Art 17b Rz 28; Wagner IPRax 2001, 281, 292), gelten weiterhin die bisher zu diesem Problem vertretenen Ansichten (vgl dazu vor Art 13 Rz 17). Auf registrierte heterosexuelle Partnerschaften findet Art 17b allenfalls analoge Anwendung (so auch Wagner IPRax 2001, 281, 292; Bamberger/Roth/Otte Art 17b Rz 28; wie hier aA Pal/Heldrich Art 17b Rz 1, 11). Auf diese Lebensgemeinschaften, so zB auf den französischen „pacte civil de solidarité" (PACS) sind demgemäß Art 13–17 nicht, auch nicht entsprechend anzuwenden; Art 17b liegt für die hier erforderliche Qualifikation näher und verdient so den Vorzug der Anwendung, auch wenn damit die Anwendungsunterschiede gering werden (so i Erg auch Staud/Mankowski [2003] Art 17b Rz 25). Art 6 bleibt als Korrekturmaßstab insoweit stets vorbehalten. Zu entsprechender Heranziehung von Art 13ff kommt es auch für die in den Niederlanden seit dem 1. 4. 2001 vorgesehene standesamtliche Ehe für gleichgeschlechtliche Paare nicht. Eine direkte Anwendung der Art 13ff verbietet sich schon angesichts des inländischen, an Art 6 GG ausgerichteten Ehebegriffs (str; aA die Vertreter „funktionaler Qualifikation über Art 13ff", so Gebauer/Staudinger IPRax 2002, 275, 277; Röthel IPRax 2002, 497, 498; wie hier Henrich FamRZ 2002, 137, 138, der Art 17b anwenden will; wohl auch Wagner aaO 292).

7 2. **Grundsatzanknüpfung (Abs I S 1).** Abs I S 1 enthält zum einen die Grundregel für die Bestimmung des sog Partnerschaftsstatuts, also die Bestimmung des anwendbaren Rechts. Zum anderen wird in dieser Vorschrift der sachliche Anwendungsbereich geregelt. Die Hauptaspekte (Begründung, allgemeine und güterrechtliche Wirkungen, Auflösung) der Eingetragenen Lebenspartnerschaft werden dabei ausdrücklich dem **Sachrecht des Registrierungsortes** unterstellt. Durch dieses Partnerschaftsstatut wird eine grundsätzlich unwandelbare Anknüpfung geschaffen, die der sachrechtlichen Regelungsvielfalt der Bestimmungen in den einzelnen Staaten Rechnung trägt und dem Vertrauensschutz der Beteiligten, die sich im Zweifel auf das am Eintragungsort geltende Recht verlassen werden, dient (s BT-Drucks 14/3751, 60). Durch die Anknüpfung an den Registrierungsort wird den Lebenspartnern eine **indirekte Rechtswahl** ermöglicht, indem sie den Ort der Eintragung ihrer Lebenspartnerschaft im Rahmen der international vorhandenen Rechtsmöglichkeiten und Zuständigkeiten frei wählen können (so auch Handkomm-LPartG/Kiel Art 17a Rz 9).

8 3. **Besondere Regelungen. a) Namensrecht (Abs II S 1).** Durch die Verweisung auf **Art 10 II** werden den Lebenspartnern weitreichende Rechts- und damit Namenswahlmöglichkeiten eröffnet. So können die Lebenspartner wählen, ob sie ihren Namen nach dem Recht des Staates, dem einer der Lebenspartner angehört, oder nach deutschem Recht bestimmen, wenn einer von ihnen seinen gewöhnlichen Aufenthalt im Inland hat (s Erl Art 10 Rz 19ff). **b) Hausrat (Abs II S 1).** Durch den ausdrücklichen Verweis in Abs II S 1 findet Art 17a auch auf Lebenspartnerschaften Anwendung (s Erl Art 17a Rz 4ff). **c) Geltung der Schutzvorschriften für Dritte (Abs II S 2).** Abs II S 2 ist **Art 16 II** nachgebildet, ebenfalls als einseitige Kollisionsnorm ausgestaltet und regelt Fragen des Verkehrsschutzes. So finden auf im Inland befindliche bewegliche Sachen und auf im Inland vorgenommene Rechtsgeschäfte sowohl die Bestimmung über die zivilrechtlichen Eigentumsvermutungen des § 1362 BGB als auch die Bestimmungen des § 1357 (Schlüsselgewalt) und §§ 1365–1370 BGB entsprechende Anwendung, soweit diese Vorschriften für gutgläubige Dritte günstiger sind als das fremde Recht. Einer Regelung, die Art 16 I entspricht, bedarf es im Hinblick auf die Bestimmungen in Abs IV nicht (vgl dazu Rz 10).

9 4. **Registrierung in verschiedenen Staaten (Abs III).** Nach Abs III wird das Partnerschaftsstatut bei Bestehen mehrerer Partnerschaften zwischen denselben Personen durch die zuletzt erfolgte Eintragung bestimmt. Es kommt also durch eine zweite bzw weitere Registrierung zu einem **Statutenwechsel**. Die Regelung ermöglicht es den Lebenspartnern im Ergebnis, das grundsätzlich unwandelbare Partnerschaftsstatut (s Rz 7) durch eine nachträgliche Rechtswahl auszuschalten und so ihnen möglicherweise unliebsame Rechtsfolgen zu umgehen. So besteht uU die Möglichkeit einer gegenüber dem ursprünglichen Partnerschaftsstatut wesentlich erleichterten Auflösung einer Lebenspartnerschaft (Süß DNotZ 2001, 168, 170 Fn 9).

5. Abs IV beschränkt die **Wirkungen einer im Ausland eingetragenen Lebenspartnerschaft** auf das nach 10 deutschem Sachrecht vorgesehene Maß. Diese Regelung ist rechtspolitisch fragwürdig (so zB Kegel Nachtrag zu IPR 2001, S 6) bzw über ihr Ziel hinausschießend (Siehr IPR § 14 V). Gemäß Abs IV können die Wirkungen einer im Ausland eingetragenen Lebenspartnerschaft nicht weiter gehen, als nach den Vorschriften des BGB und des LPartG vorgesehen. Es gilt somit der **Grundsatz des schwächeren Rechts** „als Kompromiß zwischen Vertrauensschutz für die Beteiligten einerseits und Sicherheit und Leichtigkeit des Rechtsverkehrs im Inland andererseits" (BT-Drucks 14/3751, 61). Diese „**Kappungsregel**" bestimmt also die Höchstgrenze der möglichen Rechtswirkungen. Es handelt sich um eine spezielle ordre-public-Klausel, die über den in Art 6 geregelten ordre-public-Vorbehalt hinausgeht, weil es bei ihrer Anwendung nicht auf den Grad des Inlandsbezugs ankommt (Wagner IPRax 2001, 281, 292; Bamberger/Roth/Otte Art 17b Rz 25). Die Regelung zwingt zu einem komplizierten Vergleich zwischen den Wirkungen des ausländischen und des deutschen Rechts (Wagner IPRax 2001, 281, 292; Süß DNotZ 2001, 170; Bamberger/Roth/Otte Art 17b Rz 25). Zur Vermeidung von Härten für ausländische Lebenspartner wird vorgeschlagen, den in dieser Regelung zugrundeliegenden Territorialismus durch eine Analogie zu Art 15 zu begrenzen. So soll die Sperrklausel in Fällen, in denen die Lebenspartner nach dem gem Abs I S 1 wie auch nach dem gem Art 15 bestimmten Recht in einem gesetzlichen Güterstand leben, der bei Eheleuten anerkannt würde, keine Anwendung finden (so Süß DNotZ 2001,168, 171f). Mit Henrich FamRZ 2002, 137, 140 (Fn 15) ist die Möglichkeit einer solchen Analogie angesichts des eindeutigen Gesetzeswortlauts als wenigstens zweifelhaft zu bezeichnen. Der einfachere Weg der Herstellung von Inlandskonformität ist demgegenüber der der erneuten Registrierung der Lebenspartnerschaft im Inland (s Pal/Heldrich Art 17b Rz 4 aE).

III. Geltungsumfang. 1. Anwendungsbereich. a) Das Partnerschaftsstatut legt die **Voraussetzungen der** 11 **Begründung** einer Lebenspartnerschaft fest. Somit bestimmt das Sachrecht des Registrierungsortes darüber, welche Registrierungsvoraussetzungen (so etwa bezüglich der Staatsangehörigkeit, des Wohnsitzes, des Alters, des Geschlechts) gegeben sein müssen, welche Registrierungshindernisse (so zB Verwandtschaft, bereits bestehende Ehe oder Lebenspartnerschaft) beachtet werden müssen und wie die Durchführung des Registrierungsverfahrens erfolgen soll. Auch die Fragen, die die Form der von den Lebenspartnern abzugebenden Erklärungen betreffen, unterfallen dem Partnerschaftsstatut (BT-Drucks 14/3751, 60). Art 11 findet hier keine Anwendung (Handkomm-LPartG/Kiel Art 17a Rz 17); Wagner IPRax 2001, 281, 289; Pal/Heldrich Art 17b Rz 4; rechtsvergl Hinweise zur Lage im Ausland in der Gegenwart bei Hausmann, FS Henrich [2000] 241, 242; s auch Wasmuth, FS Kegel [2002] 237 zur gleichgeschlechtlichen „Ehe" in den Niederlanden).

b) Des weiteren unterliegen **die allgemeinen Wirkungen** einer eingetragenen Lebenspartnerschaft dem Part- 12 nerschaftsstatut. Hier wird derselbe Begriff wie in Art 14 verwendet, wo von den „allgemeinen Wirkungen der Ehe" gesprochen wird, so daß für die Frage, was unter diesen „allgemeinen Wirkungen" zu verstehen ist, auf die dortigen Ausführungen verwiesen werden muß (Art 14 Rz 27).Weiterer Anhaltspunkt sind die im LPartG unter der Überschrift „Wirkungen der Lebenspartnerschaft" geregelten Sachverhalte. So fallen in den Anwendungsbereich des Personalstatuts der Anspruch auf Fürsorge und Unterstützung sowie die Verpflichtung zur Lebensgemeinschaft (§ 2 LPartG), der Sorgfaltsmaßstab (§ 4 LPartG), die Gestaltung der vermögensrechtlichen Beziehungen, insbesondere die **Regelung des Vermögensstandes**, der Schlüsselgewalt und der Eigentumsvermutungen (§§ 6–8 LPartG) und die sorgerechtlichen Befugnisse des Lebenspartners (§ 9 LPartG). Ausdrücklich ausgenommen vom sachlichen Anwendungsbereich des Partnerschaftsstatuts werden die Materien Namensrecht (Rz 8), Unterhaltsrecht (Rz 15) und Erbrecht (Rz 16).

Das Partnerschaftsstatut regelt außerdem die Auflösung einer registrierten Lebenspartnerschaft und zwar sowohl 13 die Voraussetzungen als auch die Folgen (mit Ausnahme der Unterhaltspflichten, s dazu Rz 15).

2. Abgrenzungen. a) Güterrecht. Für die güterrechtlichen Verhältnisse von Lebenspartnern gilt ausschließlich 14 Art 17b und nicht Art 15. So können die Lebenspartner in einem Partnerschaftsvertrag keine Rechtswahl treffen (Süß DNotZ 2001, 168, 169; Schotten FPR 2001, 458; zur möglichen indirekten Rechtswahl durch Wahl des Eintragungsortes vgl Rz 9).

b) Unterhaltsrecht. Das nach den allgemeinen Vorschriften berufene Unterhaltsstatut bleibt gem Abs I S 2 15 grundsätzlich unberührt, was insbesondere im Interesse dritter, außerhalb der Lebenspartnerschaft stehender Personen, angezeigt zu sein scheint. Für Unterhaltsberechtigung und -verpflichtung und ihr Ausmaß auf der Grundlage gesetzlicher Unterhaltsregelung gilt somit Art 18. Zu klären ist jedoch, ob diese Verweisung auch die scheidungsspezifische Regelung in Art 8 des Haager Unterhaltsübereinkommens bzw Art 18 IV mitumfaßt (bejahend Henrich FamRZ 2002, 138, 141; Bamberger/Roth/Otte Art 17b Rz 15; zurückhaltender Wagner IPRax 2001, 281, 290). Da eine Besserstellung der Partner einer eingetragenen Lebenspartnerschaft und deren Auflösung gegenüber der Ehe nicht gerade bezweckt worden sein kann, ist zZt von der Heranziehung auch von Art 18 IV auszugehen. Kennt ein ausländisches Recht keine entsprechenden Regelungen für gleichgeschlechtliche Paare und finden auch die allgemeinen für die Ehe geltenden unterhaltsrechtlichen Regelungen keine analoge Anwendung, so verweist Abs I S 2 Hs 2 hilfsweise auf die Sachvorschriften des Registrierungsstaates. Dabei soll allerdings auch insoweit das nach den allgemeinen Grundsätzen berufene Unterhaltsstatut nicht ausgeschaltet, sondern dessen Vorschriften nur teilweise durch das Recht des Eintragungsortes überlagert und an die Gegebenheiten der eingetragenen Lebenspartnerschaft angepaßt werden (BT-Drucks 14/3751, 60). Voraussetzung ist insoweit das Fehlen *jeder*

Unterhaltspflicht ggü dem Partner (Wagner IPRax 2001, 281, 290), schwächere Regelungen allein genügen insoweit nicht.

16 **c) Erbrecht.** Das nach den allgemeinen Vorschriften (Art 25, 26) berufene Erbstatut bleibt gem Abs I S 2 grundsätzlich unberührt. Auf die erbrechtlichen Folgen einer eingetragenen Lebenspartnerschaft ist gem Art 25 I das Recht des Staates, dem der Erblasser im Zeitpunkt seines Todes angehörte, anzuwenden. Mangels ausdrücklicher gesetzlicher Regelung ist jedoch zweifelhaft, ob mit dem gesetzlichen Erbrecht zugleich das Pflichtteilsrecht erfaßt ist (zur Verneinung neigend Leipold ZEV 2001, 218, 221f); man wird dies angesichts der grundsätzlichen Abhängigkeit des Pflichtteilsrechts vom gesetzlichen Erbrecht bejahen können. Kennt ein ausländisches Recht keine entsprechenden Regelungen für gleichgeschlechtliche Paare und finden auch die allgemeinen für die Ehe geltenden erbrechtlichen Regelungen keine analoge Anwendung, so verweist Abs I S 2 Hs 2 hilfsweise und vorbehaltlich der Kappungsregel des Abs IV auf die Sachvorschriften des Registrierungsstaates. Die Vorschriften des nach den allgemeinen Grundsätzen berufenen Erbstatuts werden jedoch nicht ausgeschaltet, sondern nur teilweise durch das Recht des Eintragungsortes überlagert und an die Gegebenheiten der eingetragenen Lebenspartnerschaft angepaßt (BT-Drucks 14/3751, 60). Hierfür genügt indes nicht die Versagung eines Pflichtteilsrechts (ebenso Leipold aaO 221; Henrich FamRZ 2002, 144). Als **Vorfrage** des Erbrechts ist das Bestehen der Partnerschaft selbständig anzuknüpfen (s Art 25 Rz 9; Pal/Heldrich Art 17b Rz 9; aA Henrich aaO 143).

17 **d) Sonstige Abgrenzungen.** Kindschaftsrechtliche Fragen unterfallen nicht Art 17b, sondern den allgemeinen Kollisionsnormen (Art 19–22). Schuldrechtliche Fragen wie insbesondere die Frage nach **den Wirkungen der Lebenspartnerschaft** auf dem Gebiet des Wohnraummietrechts (Eintritt in das Mietverhältnis etc) unterliegen nicht dem Lebenspartnerschaftsstatut, sondern dem Statut der Miete (Art 27, 28 III, V, s Erl dort), vgl dazu BT-Drucks 14/3751, 60; Wagner IPRax 2001, 281, 291.

18 **IV. Internationales Verfahrensrecht. 1. Internationale Zuständigkeit.** Die EheVO findet auf Lebenspartnerschaftssachen **keine Anwendung** (Pal/Heldrich Art 17a Rz 10; Wagner IPRax 2001, 281, 282), so daß sich die internationale Zuständigkeit deutscher Gerichte für Lebenspartnerschaftssachen nach § 661 Abs III ZPO in analoger Anwendung richtet. Für Unterhaltssachen ist der sachliche Anwendungsbereich der EuGVO eröffnet (Art 5 Nr 2; ebenso v Hoffmann IPR § 8 Rz 73k). Durch die Ausweitung der Zuständigkeitsgründe in § 661 Abs III ZPO gegenüber denjenigen in Ehesachen (§ 606a ZPO) ist für die **Auflösung** sichergestellt, daß jede im Inland begründete Eingetragene Lebenspartnerschaft von einem deutschen Gericht aufgelöst werden kann. Außerdem ist damit für alle mit der Auflösung verbundenen vermögensrechtlichen Ansprüche ein Gerichtsstand eröffnet (so v Hoffmann IPR § 8 Rz 73m). Für ausländische registrierte heterosexuelle und nicht registrierte ausländische Partnerschaften besteht eine Gesetzesregelung zZt nicht (zur Meinungslage Wagner IPRax 2001, 281, 292, der dieses Problem der Rspr überlassen will; Bamberger/Roth/Otte Art 17b Rz 29 verneint die Möglichkeit der Analogie, was insoweit das zutreffende Ergebnis sein sollte; aus dem Vorschlag analoger Anwendung von Art 17b für das Kollisionsrecht (Rz 6) folgt keine Notwendigkeit zu entsprechender Analogie für das Prozeßrecht).

19 **2.** Auch auf die **Anerkennung** einer im Ausland ergangenen gerichtlichen Entscheidung über die Auflösung einer Eingetragenen Lebenspartnerschaft findet die EheVO keine Anwendung (so auch Henrich FamRZ 2002, 137, 141; anders Bamberger/Roth/Otte Art 17b Rz 32, für entspr Anwendung der EheVO). Die Anerkennung beurteilt sich deshalb nach § 328 ZPO, soweit kein bilateraler Staatsvertrag (der insoweit zZt nicht besteht) eingreift (Pal/Heldrich Art 17b Rz 10; Wagner IPRax 2001, 281, 283; s § 328 II ZPO). Jedoch kann eine im Ausland ohne gerichtliches Urteil oder behördlichen Akt erfolgte Auflösung einer im Inland registrierten Lebenspartnerschaft nicht auf diesem Weg anerkannt werden (s Henrich FamRZ 2002, 137, 141). Diese Form der Auflösung entspräche dem Fall einer Privatscheidung der Ehe, deren Anerkennung sich nicht nach § 328 ZPO richtet (vgl dazu Art 17 Rz 80–83). Anderes gilt für eine im Ausland begründete Lebenspartnerschaft, da eine Regelung entsprechend Art 17 II fehlt (so auch Henrich FamRZ 2002, 137, 141).

18 Unterhalt

(1) Auf Unterhaltspflichten sind die Sachvorschriften des am jeweiligen gewöhnlichen Aufenthalt des Unterhaltsberechtigten geltenden Rechts anzuwenden. Kann der Berechtigte nach diesem Recht vom Verpflichteten keinen Unterhalt erhalten, so sind die Sachvorschriften des Rechts des Staates anzuwenden, dem sie gemeinsam angehören.

(2) Kann der Berechtigte nach dem gemäß Absatz 1 Satz 1 oder 2 anzuwendenden Recht vom Verpflichteten keinen Unterhalt erhalten, so ist deutsches Recht anzuwenden.

(3) Bei Unterhaltspflichten zwischen Verwandten in der Seitenlinie oder Verschwägerten kann der Verpflichtete dem Anspruch des Berechtigten entgegenhalten, daß nach den Sachvorschriften des Rechts des Staates, dem sie gemeinsam angehören, oder, mangels einer gemeinsamen Staatsangehörigkeit, des am gewöhnlichen Aufenthalt des Verpflichteten geltenden Rechts eine solche Pflicht nicht besteht.

(4) Wenn eine Ehescheidung hier ausgesprochen oder anerkannt worden ist, so ist für die Unterhaltspflichten zwischen den geschiedenen Ehegatten und die Änderung von Entscheidungen über diese Pflichten das auf die Ehescheidung angewandte Recht maßgebend. Dies gilt auch im Fall einer Trennung ohne Auflösung des Ehebandes und im Fall einer für nichtig oder als ungültig erklärten Ehe.

(5) Deutsches Recht ist anzuwenden, wenn sowohl der Berechtigte als auch der Verpflichtete Deutsche sind und der Verpflichtete seinen gewöhnlichen Aufenthalt im Inland hat.

(6) Das auf eine Unterhaltspflicht anzuwendende Recht bestimmt insbesondere,
1. ob, in welchem Ausmaß und von wem der Berechtigte Unterhalt verlangen kann,
2. wer zur Einleitung des Unterhaltsverfahrens berechtigt ist und welche Fristen für die Einleitung gelten,

3. das Ausmaß der Erstattungspflicht des Unterhaltsverpflichteten, wenn eine öffentliche Aufgabe wahrnehmende Einrichtung den ihr nach dem Recht, dem sie untersteht, zustehenden Erstattungsanspruch für die Leistungen geltend macht, die sie dem Berechtigten erbracht hat.

(7) Bei der Bemessung des Unterhaltsbetrags sind die Bedürfnisse des Berechtigten und die wirtschaftlichen Verhältnisse des Unterhaltsverpflichteten zu berücksichtigen, selbst wenn das anzuwendende Recht etwas anderes bestimmt.

I. Allgemeines	
1. Inhalt und Zweck	1
2. Vorgeschichte und altes Recht	3
3. Staatsvertragliche Regeln	4
4. Geltung allgemeiner Regeln	8
a) Rück- und Weiterverweisung	9
b) Ordre public	10
c) Vorfrage	11
5. Intertemporales Recht	12
6. Innerdeutsches Kollisionsrecht	13
II. Grundregel „Aufenthaltsrecht oder gemeinsames Heimatrecht" (Abs I)	14
III. Subsidiäre Geltung deutschen Rechts (Abs II) .	18
IV. Unterhaltsstatut bei entfernterer Beziehung (Abs III)	19
V. Statut des nachehelichen Unterhalts (Abs IV) .	20
VI. Deutsches Unterhaltsstatut bei starkem Inlandsbezug (Abs V)	24
VII. Geltungsbereich (Abs VI)	
1. Qualifikation	25
2. Anwendungsbereich	28
a) Sachliche Reichweite (Nr 1)	29
b) Einleitungsberechtigung und Frist (Nr 2) . . .	37
c) Erstattungspflichten gegenüber öffentlichrechtlichen Versorgungsträgern (Nr 3)	38
VIII. Unterhaltsbemessung (Abs VII)	39
IX. Internationales Verfahrensrecht	
1. Internationale Zuständigkeit in Unterhaltssachen	40
2. Internationale Durchsetzung von Unterhaltsansprüchen	41
3. Anerkennung und Vollstreckung von Entscheidungen in Unterhaltssachen	42
4. Abänderung von Unterhaltsentscheidungen . . .	45
X. Innerdeutsches Kollisionsrecht	46
Anhang:	
I. Haager Übereinkommen über das auf Unterhaltspflichten anwendbare Recht	47
II. Haager Übereinkommen über das auf Unterhaltsverpflichtungen gegenüber Kindern anzuwendende Recht	48

Schrifttum: *v Bar*, Prozeßkostenvorschuß und Haager Unterhaltsabkommen, IPRax 1988, 220; *Brückner*, Unterhaltsregreß im internationalen Privat- und Verfahrensrecht (1994); *Dopffel/Buchhofer* (Hrsg), Unterhaltsrecht in Europa (1983); *Henrich*, Zur Anerkennung und Abänderung ausländischer Unterhaltsurteile, die unter Nichtbeachtung früherer deutscher Unterhaltsurteile ergangen sind, IPRax 1988, 21; *ders*, zu Unterhaltsklagen im Verhältnis zwischen Deutschland und Italien, FamRZ 2001, 1612; *Hohloch*, Rechtswahl im Unterhaltsstatut, FS Sonnenberger (2004); *Klinkhardt*, Neues IPR und neue Unterhaltsabkommen, DAVorm 1986, 675; *Martiny*, Maintenance Obligations in the Conflict of Laws, Rec des Cours 247 (1994 III) 131; *Müller-Freienfels*, Zweistaatliche Unterhaltsprozesse, FS Kegel (1987), 389; *Spellenberg*, Abänderung ausländischer Unterhaltsurteile und Statut der Rechtskraft, IPRax 1984, 304; *Steinbach*, Zur Bestimmung des Unterhaltsstatuts bei nachehelichem Unterhalt, FamRZ 2001, 1525; *Sturm*, Das neue internationale Kindschaftsrecht – Was bleibt von der Rspr des Bundesgerichtshofs?, IPRax 1987, 1.

I. Allgemeines

1. Inhalt und Zweck

Art 18 enthält eine umfassende Kollisionsnorm für familienrechtliche Unterhaltspflichten; die Norm ergibt das 1 „Unterhaltsstatut" für gesetzliche Unterhaltsansprüche aller Art und für alle familienrechtlich ausgestalteten Sachlagen. Erreicht wird die umfassende Regelung der familienrechtlichen Unterhaltspflichten durch die Aufstellung von Grundregeln in den Abs I und II, denen das Prinzip zugrunde liegt, dem potentiell Unterhaltsbedürftigen das Recht seiner Umwelt (Recht des gewöhnlichen Aufenthalts) und darüber hinaus eine seiner Unterhaltsberechtigung günstige Rechtsordnung zur Verfügung zu stellen; für besondere Unterhaltslagen (Unterhalt zwischen entfernteren Verwandten, Nachscheidungsunterhalt) gehen den Grundregeln die in den Abs III und IV erfaßten speziellen Kollisionsregeln vor. Abs V wahrt den Geltungsanspruch des Inlandsrechts bei starker Inlandsbeziehung, Abs VI und VII regeln den Anwendungsbereich des Unterhaltsstatuts und die Grundsätze der Bemessung des dem Unterhaltsberechtigten aufgrund des Unterhaltsstatuts zustehenden Unterhalts.

Die in Art 18 Gesetz gewordene Regelung entspricht den Regelungen des **Haager Übereinkommens über das** 2 **auf Unterhaltspflichten anwendbare Recht** vom 2. 10. 1973, das gemeinsam mit dem IPR-Gesetz am 25. 7. 1986 verabschiedet worden und am 1. 4. 1987 für die BRepD in Kraft getreten ist (BGBl II 825; Bek v 26. 3. 1987, BGBl II 225); Text des Abkommens und Nachweise in Anhang Rz 47, 48. Da das Abkommen gem seinem Art 3 ungeachtet der Gegenseitigkeit Anwendung findet, gilt es für Deutschland auch dann, wenn der gewöhnliche Aufenthalt des Unterhaltsberechtigten (Art 1) nicht in einem Vertragsstaat liegt und somit stets (Geltung als **Einheitskollisionsrecht**, uniform law). Ein eigenständiger und von dem des Abkommens abgrenzbarer Anwendungsbereich des im Hinblick auf die Übersichtlichkeit des nationalen IPR ins EGBGB aufgenommenen Art 18 besteht so seit dem 1. 4. 1987 (Zeitpunkt des Inkrafttretens des Abkommens) nicht mehr. Streng genommen wäre demgemäß wegen des Vorrangs der staatsvertraglichen Regelung (Art 3 II S 1) zur Bestimmung des Unterhaltsstatuts stets die der einzelnen Regel des Art 18 entsprechende Kollisionsnorm des Abkommens heranzuziehen (so schon Hohloch JuS 1989, 81; ebenso Pal/Heldrich Art 18 Rz 2; BT-Drucks 10/258, 27), doch bedarf es dessen wegen des Gleichklanges der Normen in der Praxis grundsätzlich nicht. Ob man mit der einen Auffassung den Rückgriff auf die Abkommensnormen für überflüssig und entbehrlich hält (so Pal/Heldrich Art 18 Rz 2; Kartzke NJW 1988, 105; Henrich, Internationales Familienrecht 130; aus der Rspr: Braunschweig NJW-RR 1989, 1097; Hamm FamRZ 1989, 1095, 1332; FamRZ 1996, 952; Bamberg NJW-RR 1990, 198) oder der unmittelbaren Anwendung des Abkommensrechts den Vorzug gibt (so Hohloch JuS 1989, 81; Böhmer JA 1986, 235, 238; Jayme IPRax 1986, 265, 266; Mansel StAZ 1986, 315, 316; Basedow NJW 1986, 2971, 2975; Rauscher StAZ 1987, 121, 129 und IPRax 1988, 343, 349; MüKo/Siehr Art 18 Rz 1; aus der Rspr: Hamm FamRZ 1987, 1307; 1988, 517; 1989, 1085, 1334; FamRZ 1998, 25 KG FamRZ 1988, 167, 169; 1991, 808; Hamburg FamRZ 1990, 794; Karlsruhe FamRZ 1990, 1351; Koblenz FamRZ 1995, 1439; Saarbrücken FamRZ 1994, 579) oder mit der Rspr des BGH die Entscheidung über die Anwendung offenhält (BGH DAVorm 1991, 671; BGH NJW 1991, 2212 = FamRZ 1991, 925 = JuS 1991, 1061 Nr 8 [Hohloch]; auch BGH FamRZ 2001, 412 = JuS 2001, 610 [Hohloch]; auch Hamm FamRZ 1992, 673f), wirkt sich im Ergebnis nicht aus. Für die Zukunft empfehlenswert wird die unmittelbare Anwendung – sprich Zitierung – des Art 18 sein, hinter dessen Wortlaut und Inhalt eben das Abkommen steht. Bei der Anwendung des Art 18 ist dann aber seinem materiell staatsvertraglichen Charakter Rechnung zu tragen. Das hat Auswirkungen für die Auslegung, die nach den für die Auslegung staatsvertraglicher Kollisionsnormen geltenden Regeln zu erfolgen hat, und für die Handhabung einer bei Angehörigen von Mehrrechtsstaaten ggf erforderlich werdenden Unteranknüpfung; wegen des staatsvertraglichen Hintergrundes von Art 18 ist dann Art 4 III durch Art 16 des Abkommens verdrängt (s dazu Art 4 Rz 21, 27 und unten Rz 47).

2. Vorgeschichte und altes Recht

3 Die Neuregelung des Art 18 ersetzt die im alten Recht aus den verschiedenen Kollisionsnormen des Ehe- und Kindschaftsrechts (Art 14, 17, 19, 21 aF) entnommenen Unterhaltskollisionsregeln sowie – wegen der Ersetzung durch das Haager Unterhaltsübereinkommen v 1973 – weitgehend die staatsvertraglichen Regelungen des alten Haager Unterhaltsabkommens von 1956 (dazu Rz 5). Inhaltlich ist in Art 18 die Grundregel der Maßgeblichkeit des Rechts des gewöhnlichen Aufenthalts an die Stelle früherer Anknüpfungen an die Staatsangehörigkeit getreten. Die Zusammenfassung der früher verstreuten Unterhaltskollisionsregeln bot sich vor dem Hintergrund der die Praxis schon weithin beherrschenden Anwendung des alten Haager Unterhaltsabkommens von 1956 und wegen der in der Zeit der IPR-Reform anstehenden Ratifikation des neuen Haager Unterhaltsabkommens von 1973 an.

3. Staatsvertragliche Regeln

4 **Vorrang** iSv Art 3 II S 1 vor Art 18 hat das oben bereits genannte **Haager Übereinkommen über das auf Unterhaltspflichten anwendbare Recht** vom 2. 10. 1973, für die BRepD in Kraft seit 1. 4. 1987 (dazu s Rz 2 mwN; s ferner Pirrung IPVR 155; Denkschrift BT-Drucks 10/258, 24). Das Abkommen ist innerstaatlich in Kraft gesetzt (transformiert). Zur Anwendung des Abkommens im Verhältnis zu den deckungsgleichen Regeln des das Abkommen kopierenden Art 18 s Rz 2. Das Abkommen gilt heute auch für Frankreich, Portugal und die Schweiz (seit 1. 10. 1977), für die Niederlande (seit 1. 3. 1981 samt Antillen, Fortgeltung in Aruba seit 1. 1. 1986), für Italien und Luxemburg (seit 1. 1. 1982), für die Türkei (seit 1. 11. 1983), für Japan (seit 1. 9. 1986), für Spanien (seit 1. 10. 1986, vgl Bek v 26. 3. 1987, BGBl 1987 II 225) und für Polen (seit 1. 5. 1996, BGBl 1996 II 664), für Estland (seit 1. 1. 2002) und Litauen (seit 1. 9. 2001), s Fundstellennachweis B 2002 S 567 u Bek v 8. 3. 2002, BGBl 2002 II 957. Im Verhältnis zwischen den Vertragsstaaten ersetzt das Abkommen das Abkommen von 1956 (dazu sogleich), doch bringt die Anwendung des deckungsgleichen Art 18 auch im Verhältnis zu den Vertragsstaaten keine Abweichung in den erzielbaren Ergebnissen (s Rz 2).

5 Soweit das Abkommen nicht gem Art 18 des Haager Abkommens v 1973 im Verhältnis zu dessen Vertragsstaaten durch das neue Abkommen ersetzt worden ist, gilt für Deutschland weiterhin auch das **Haager Übereinkommen über das auf Unterhaltsverpflichtungen gegenüber Kindern anzuwendende Recht** vom 24. 10. 1956 (BGBl 1961 II 1012) nebst Ergänzungsgesetz vom 2. 6. 1972 (BGBl II 589, s Art 1a). **Vertragsstaaten**, in deren Gebiet oder Teilgebiet das Abkommen gilt bzw galt, sind neben der BRepD Italien, Luxemburg und Österreich (seit 1. 1. 1962, Bek v 27. 12. 1961, BGBl 1962 II 16), die Niederlande (seit 14. 12. 1962, mit Aruba, Bek v 11. 12. 1962, BGBl 1963 II 42 und Bek v 6. 4. 1987, BGBl II 249), Frankreich (seit 1. 7. 1963, Bek v 1. 1963, BGBl II 911, seit 1. 12. 1966 für das gesamte Hoheitsgebiet, Bek v 14. 6. 1967, BGBl II 2001), die Schweiz (seit 17. 1. 1965 Bek v 6. 1. 1965, BGBl II 40), Portugal (seit 3. 2. 1969, für die – ehemaligen – Überseeprovinzen seit 3. 9. 1969, Bek v 19. 4. 1970, BGBl II 205; für *Macau* ist das Übk auch nach dem Übergang der Hoheitsrechte auf die VR China am 20. 12. 1999 anwendbar geblieben), Belgien (seit 25. 10. 1970, Bek v 14. 10. 1970, BGBl 1971 II 23), die Türkei (seit 28. 4. 1972, Bek v 15. 9. 1972 BGBl II 1460), Liechtenstein (seit 18. 2. 1973, Bek v 6. 6. 1973, BGBl II 716), Spanien (seit 25. 5. 1974, Bek v 1. 8. 1974, BGBl II 1109), Japan (seit 19. 9. 1977, Bek v 23. 9. 1977, BGBl II 1157). Da es im Verhältnis zu den Vertragspartnern des Abkommens v 1973 (s oben) durch dessen Regeln ersetzt ist, gilt es derzeit noch im Verhältnis zu Belgien, Liechtenstein und Österreich, die dem Abkommen v 1973 nicht beigetreten sind, sowie teilweise im Verhältnis zu Frankreich und den Niederlanden (Stand FundstellenVerz B 2002 S 365). Inhaltlich steht das Abkommen mit Art 18 in Einklang, so daß die Frage der Anwendung des Abkommensrechts oder der in Art 18 normierten Regeln des kodifizierten IPR seit Inkrafttreten der IPR-Reform im Ergebnis ohne Belang ist. Abkommenstext und Hinweise s Anhang Rz 48.

6 Beiden Haager Abkommen geht für seinen Anwendungsbereich das bilaterale **Niederlassungsabkommen zwischen dem Deutschen Reich und dem Kaiserreich Persien** vom 17. 2. 1929 (Deutsch-Iranisches Niederlassungsabkommen, RGBl 1930 II 1002, 1006; 1931 II 9; BGBl 1955 II 829) vor (s Art 19 Abkommen 1973). Das Abkommen erfaßt gem seinem Art 8 III S 1 iVm Nr 1 III des Schlußprotokolls (s den Abdruck bei Erl zu Art 14 Rz 35) neben den Statusangelegenheiten auch „alle anderen Angelegenheiten des Familienrechts" und damit auch den Unterhalt. Das Abkommen findet nur Anwendung, wenn die Beteiligten des Unterhaltsbegehrens sämtlich dieselbe Staatsangehörigkeit besitzen (allg M, s schon Erl Art 14 Rz 35 und BGH NJW-RR 1986, 1005 = FamRZ 1986, 345 Anm Nolting = IPRax 1986, 382 Anm Böhmer 362; KG OLGZ 1979, 187; FamRZ 1988, 296). Es gilt demnach für Unterhaltsbegehren zwischen Iranern ungeachtet des gewöhnlichen Aufenthalts des Unterhaltsgläubigers und für die Beurteilung von Unterhaltsansprüchen zwischen Deutschen, wenn wenigstens ein Beteiligter gewöhnlichen Aufenthalt im Iran hat. Wegen des Erfordernisses der übereinstimmenden Staatsangehörigkeit kommt das Abkommen nicht zur Anwendung, wenn die Beteiligten verschiedene Staatsangehörigkeit haben (BGH aaO; BGH FamRZ 1990, 33; BayObLG FamRZ 1978, 243; LG Karlsruhe FamRZ 1982, 536). Sind die Beteiligten oder ist auch nur ein Beteiligter Doppelstaater, so entscheidet die iSv Art 5 I effektive Staatsangehörigkeit (Bremen IPRsp 1984 Nr 92 = IPRax 1985, 296). Ist die deutsche neben iranischer Staatsangehörigkeit vorhanden, kommt das Abkommen nicht zur Anwendung, weil dann gem Art 5 I S 2 die deutsche Staatsangehörigkeit den Vorrang hat (so wohl auch MüKo/Siehr Art 18 Anh I Rz 17), zur Unanwendbarkeit des Abkommens bei Asylberechtigten s Erl Art 14 Rz 35 und Schotten/Wittkowski FamRZ 1995, 261ff, 268. Kommt das Abkommen sonach zur Anwendung, dann unterliegen Unterhaltsansprüche zwischen Iranern dem iranischen Recht, Unterhaltsansprüche zwischen Deutschen dem deutschen Recht (s AG Kerpen FamRZ 2001, 1526; auch Zweibrücken FamRZ 2001, 920, 921 – ohne Erwähnung des Abk). Auf den Aufenthalt des Berechtigten kommt es nach dem Abkommen nicht an, doch ist diesem in entsprechender Anwendung von Art 18 VII bei der Bemessung des Unterhaltsbedarfs des Berechtigten Rechnung zu tragen. Zu bedenken ist bei nachehelichem Unterhalt die nicht stets gegebene Vereinbarkeit der Dreimonatsregelung für den Unterhalt der Frau mit Art 6 (anwendbar gemäß Art 8 III des Abk), s die vergleichbare Rspr zu Art 18 IV unten Rz 10.

Weitere mehrseitige oder zweiseitige Abkommen mit kollisionsrechtlichem Inhalt sind seit dem Außerkrafttreten des Haager Ehewirkungsabkommens v 17. 7. 1905 am 23. 8. 1987 (BGBl 1986 II 505, s Erl zu Art 14 Rz 4, Art 15 Rz 5; zur Bedeutung des Abkommens für Altfälle s dort und Erman/Marquordt[7] Anh Art 15) für die BRepD nicht mehr in Kraft. Ausschließlich verfahrensrechtliche Bedeutung für die **Durchsetzung, Anerkennung und Vollstreckung von Unterhaltsansprüchen** kommt dem **Auslandsunterhaltsgesetz** v 19. 12. 1986 (BGBl 1987 I 2563) sowie den verschiedenen für die BRepD in Kraft befindlichen multilateralen Abkommen zu: UN-Übereinkommen über die Geltendmachung von Unterhaltsansprüchen im Ausland v 20. 6. 1956 (BGBl 1959 II 149); Haager Übereinkommen über die Anerkennung und Vollstreckung von Entscheidungen auf dem Gebiet der Unterhaltspflicht gegenüber Kindern v 15. 4. 1958 (BGBl 1961 II 1005); Haager Übereinkommen über die Anerkennung und Vollstreckung von Unterhaltsentscheidungen v 2. 10. 1973 (BGBl 1986 II 826); Übereinkommen über die Erweiterung der Zuständigkeit der Behörden, vor denen nichteheliche Kinder anerkannt werden können v 14. 9. 1961 (BGBl 1965 II 17); bisheriges EG-Übereinkommen über die gerichtliche Zuständigkeit und die Vollstreckung gerichtlicher Entscheidungen in Zivil- und Handelssachen v 27. 9. 1968 – EuGVÜ – (BGBl 1972 II 774) mit späteren Änderungen und Ergänzungen (seit 1. 3. 2002 ersetzt durch die **EuGVO** (Verordnung EG Nr 44/2001) und ebenso das Luganer Übereinkommen – LGVÜ – als Parallelabkommen zum EuGVÜ, jeweils Art 5 Nr 2 für die Zuständigkeit und Art 25ff bzw 38 ff (EuGVO) für Anerkennung und Vollstreckung. Hierzu s unten Abschnitt IX Rz 40; zu den für Unterhaltssachen noch einschlägigen zweiseitigen Anerkennungs- und Vollstreckungsabkommen s die Aufstellung in Erl zu Art 17 Rz 78.

4. Geltung allgemeiner Regeln

Art 18 ist als Regelung mit staatsvertraglichem Hintergrund den allgemeinen Regeln nur eingeschränkt zugänglich. Einschränkungen ergeben sich für die **Auslegung**, die den für staatsvertragliche Kollisionsnormen geltenden Auslegungsregeln zu folgen hat (s Rz 2). Rück- und Weiterverweisung scheidet gemäß Art 4 I S 2 weitgehend aus. Die Verträglichkeit mit dem Ordre public bestimmt sich nach den Maßstäben, die Art 11 des Abkommens v 1973 aufstellt. Für die inhaltliche Ausgestaltung und Bemessung von Unterhaltsansprüchen kommt der Regel von Art 18 VII entscheidende praktische Bedeutung zu.

a) Im Rahmen des Art 18 scheidet die Beachtung einer **Rück- und Weiterverweisung** durch das IPR des zur Anwendung berufenen Rechts grundsätzlich aus; Art 18 I beruft als Kollisionsnorm mit staatsvertraglichem Hintergrund die **Sachvorschriften** des anwendbaren Rechts. Mittelbare Beachtung für die Ermittlung des Unterhaltsstatuts findet die Beachtung des Renvoi aber bei der Bestimmung des Statuts des nachehelichen Unterhalts (Nachscheidungsunterhalt) durch Abs IV, wenn das dadurch als Unterhaltsstatut berufene Scheidungsstatut seinerseits gem Art 17 mittels Renvoi bestimmt worden ist (s dazu Erl Art 17 Rz 7). Aber auch bei Abs IV bleibt die Beachtlichkeit des Renvoi auf die Bestimmung des Scheidungsstatuts selbst begrenzt. Unterhaltsstatut sind dann die unterhaltsrechtlichen Sachvorschriften des Rechts, nach dem die Ehe geschieden worden ist; eine etwaige Rück- oder Weiterverweisung für das Unterhaltsrecht durch die unterhaltsrechtlichen Kollisionsnormen des als Scheidungsstatut angewandten Rechts wird nicht beachtet (BGH NJW 1991, 439; ebenso Pal/Heldrich Art 18 Rz 3; näher Henrich, Internationales Familienrecht 137; Hohloch, Int Scheidungs- und Scheidungsfolgenrecht 1 A Rz 152; s auch Stuttgart OLGRp 2003, 235).

b) Art 18 ist den Wertungen des **Ordre public** voll zugänglich. Der staatsvertragliche Hintergrund steht insoweit nicht entgegen, da das Haager Unterhaltsabkommen v 1973 wie auch schon das Haager Unterhaltsabkommen von 1956 jeweils eigene und in ihren Wertungen von Art 6 nicht abweichende Vorbehaltsklauseln enthalten (Art 11 I Unterhaltsabkommen v 1973; Art 4 Unterhaltsabkommen v 1956). Die in Erl zu Art 6 Rz 43–45 gegebene Übersicht über die zum Ordre public im Unterhaltsrecht vorhandene Rspr zeigt freilich, daß die praktische Bedeutung bislang eher gering gewesen ist. Soweit das Unterhaltsstatut hinsichtlich des **Unterhaltsmaßes** vom inländischen Standard abweicht, ist dem ohnehin – ohne Rückgriff auf Art 6 – durch Anwendung der speziellen Korrekturklausel des Abs VII (entspricht Art 11 II Haager Unterhaltsabkommen v 1973) zu begegnen. Soweit das Unterhaltsstatut Unterhaltsansprüche in Abweichung vom inländischen Recht schlechthin nicht vorsieht und dem nicht durch Anwendung des inländischen Rechts gem Abs I, II ohnehin auszuweichen ist, führt das nicht schon für sich genommen zu einem Verstoß gegen Art 6. Bedeutsam ist das insbesondere dort, wo das gem Abs IV zur Regelung des Nachscheidungsunterhalts berufene Scheidungsstatut Geschiedenenunterhalt versagt oder gar nicht kennt (islamische Rechte, s Karlsruhe FamRZ 1989, 748). Indes ist hier stets sorgsam zu prüfen. Von der Rspr sind solche Lösungen fremder Rechte bislang im Grundsatz akzeptiert worden (zB Köln FamRZ 1999, 860 – türk Recht); mit einer neuerdings stärker werdenden Tendenz (BGH NJW 1991, 2212 = FamRZ 1991, 925 = JuS 1991, 1061 Nr 8 [Hohloch]; auch Hamm FamRZ 1992, 673, 675 – Trennungsunterhalt) ist der Einzelfall und seine Inlandsbeziehung sorgsam abzuwägen. Für die Anwendung von Art 6 kann zB sprechen, wenn die Berechtigte ansonsten der Fürsorge der öffentlichen Hand anheimfällt und der mit Leistungsfähigkeit ausgestattete „Pflichtige" sich nach wie vor im Inland aufhält (so Hamm NJW-RR 1999, 950 = JuS 1999, 918 Nr 10 [Anm Hohloch] – Unbeachtlichkeit eines Unterhaltsverzichts nach türk Recht) oder wenn fehlende Unterhaltsberechtigung zu iSv Art 6 II GG nicht akzeptabler Hinderung elterlicher Kindesbetreuung führen würde (Zweibrücken FamRZ 1997, 95 = JuS 1997, 374 Nr 9 [Anm Hohloch]; Hamm FamRZ 1999, 1142 – Nachscheidungsunterhalt marokk Parteien im Härtefall; Zweibrücken FamRZ 2000, 32 – Algerien, ordre public nur bei Härtefall; Zweibrücken FamRZ 2001, 920, 921 – Iran, s Rz 6), s iü die Zusammenstellung bei Art 6 Rz 43–45.

11 c) **Vorfrage.** Ist über Unterhaltspflicht und -berechtigung zu entscheiden, ist regelmäßig über familienrechtliche Vorfragen zu befinden (Bestehen oder Gültigkeit der Ehe, eheliche Kindschaft, nichteheliche Abstammung, Bestehen eines Adoptionsverhältnisses). Für die Anknüpfung dieser Vorfragen kann keine einheitliche, allgemeingültige Regel iS entweder selbständiger oder unselbständiger Anknüpfung gegeben werden, da die Anknüpfungsprobleme zu verschieden sind (s die differenzierenden Systeme von Henrich, Internationales Familienrecht 137ff; MüKo/Siehr Art 18 Anh I Rz 241ff). Allerdings ist die Tendenz, Vorfragen hier **ausnahmsweise unselbständig** anzuknüpfen, wegen der staatsvertraglichen Einbettung von Art 18 grundsätzlich richtig (s Pal/Heldrich Art 18 Rz 14; LG Dortmund NJW-RR 1990, 12; Strunck FamRZ 1991, 653, 654; zur Vorfrage der Volljährigkeit des Berechtigten Hamm FamRZ 1999, 888). Hierfür spricht, daß Art 10 Nr 1 des Abkommens v 1973 in der Nachfolge von Art 1 I des Abkommens von 1956 das auf die Unterhaltspflicht anzuwendende Recht auch bestimmen läßt, „von wem der Berechtigte Unterhalt verlangen kann" (ausf Henrich aaO 138f). Vor diesem Hintergrund gilt folgendes: **aa)** Die **Vorfrage gültig eingegangener Ehe** ist für den **Ehegattenunterhalt unselbständig**, dh nach den Kollisionsnormen des Unterhaltsstatuts anzuknüpfen. Der strengen Regel des Art 13 III S 1, die nur die standesamtlich geschlossene Inlandsehe als Ehe betrachtet, kann bei Fällen mit Inlandsbezug sowohl über Art 18 I, II und durch unselbständige Anknüpfung Genüge getan werden, da dann deutsches Recht Unterhaltsstatut ist. Da der Status im Inland Vorrang hat, ist er ggf auch selbständig anzuknüpfen. Ist das Heimatrecht des in hinkender Ehe Verheirateten Unterhaltsstatut, kann im Interesse des äußeren Entscheidungseinklangs auf die Durchsetzung der Inlandsform durch selbständige Anknüpfung verzichtet werden, wenn das Heimatrecht und das Aufenthaltsrecht übereinstimmen (iE ebenso Henrich, Internationales Familienrecht 138f; teilw abw MüKo/Siehr Art 18 Anh I Rz 252f; s auch LG Augsburg FamRZ 1980, 493). **bb)** Für den **Nachscheidungsunterhalt** ist hingegen **selbständig** anzuknüpfen, dh es ist nach Art 17 und ggf Art 14ff **EheVO** (s Erl Art 17 Rz 70ff) bzw **bei Unanwendbarkeit** der **EheVO** gemäß § 328 ZPO und Art 7 § 1 FamRÄndG vorweg zu prüfen, ob die Ehe noch besteht (s Erl zu Art 17 Rz 70ff), da der Nachscheidungsunterhalt gem Abs IV – ggf mit Statutenwechsel im Verhältnis zu Abs I, II – dem Scheidungsstatut zu entnehmen ist (Hamm FamRZ 1993, 75; ebenso Henrich aaO 139f; MüKo/Siehr aaO Rz 254f; teilw abw Müller StAZ 1989, 301, 304). **cc)** Für den **Kindesunterhalt** ist die Vorfrage nach der Abstammung und auch nach dem Bestand einer Ehe der Kindeseltern **alternativ** – selbständig oder unselbständig – im Interesse der Gewährung ehelichen Kindesunterhalts (arg Art 4, 5 Unterhaltsabkommen von 1973) **anzuknüpfen** (s zum alten Recht schon Karlsruhe FamRZ 1983, 757). Das Inkrafttreten von Art 19 I und 20 nF hat insofern im Ergebnis nichts geändert. Art 18 veranlaßt im Ergebnis nicht zur Abweichung von der früheren, zur Inanspruchnahme des nichtehelichen Vaters ergangenen Rspr (BGH 60, 247; 64, 129; 90, 129, 141; IPRax 1987, 22, 24). Ist deutsches Recht Unterhaltsstatut, sind also die von Art 19 I nF bezeichneten Rechte maßgeblich (ebenso Pal/Heldrich Art 18 Rz 14). Ist fremdes Recht Unterhaltsstatut, führt die von Art 18 I–II aufgebaute Anknüpfungsleiter zum selben Ergebnis. **dd)** Für Adoption und Verwandtschaft gelten die oben dargelegten Prinzipien.

5. Intertemporales Recht

12 Die Anknüpfungsregeln des Art 18 gelten gem Art 220 II für alle nach dem 1. 9. 1986 fällig gewordenen Unterhaltsansprüche, da diese Wirkungen familienrechtlicher Verhältnisse darstellen (BGH FamRZ 1987, 682; NJW 1991, 2212; FamRZ 1993, 178; Karlsruhe FamRZ 1987, 1149; KG FamRZ 1988, 167; Oldenburg FamRZ 1988, 170; Hamm FamRZ 1989, 1085; Braunschweig NJW-RR 1989, 1097; Düsseldorf FamRZ 1992, 573). Soweit das Unterhaltsstatut vor dem 1. 9. 1986 aus dem alten Unterhaltsabkommen von 1956 (s Rz 5) folgte, ist wegen Art 3 II S 1 und wegen des Inkrafttretens des neuen Abkommens v 1973 (s Rz 4) am 1. 4. 1987 die Änderung in der Geltung des anzuwendenden Kollisionsrechts an sich auf diesem Zeitpunkt festzusetzen, doch wirkt sich dieser Unterschied wegen der Übereinstimmung in der Anknüpfung und in der intertemporalen Regelung (Art 12 Abk v 1973) im Ergebnis nicht aus (Rz 5 aE). Art 18, 220 II gelten auch für die Abänderung eines vor dem 1. 9. 1986 erlassener Unterhaltstitel (Kartzke NJW 1988, 104, 107) und für den Scheidungsunterhalt (BGH NJW 1991, 2212; FamRZ 1993, 178); allerdings folgt bei letzterem wegen Abs IV regelmäßig keine Anknüpfungsänderung (BGH aaO; s aber auch Zweibrücken FamRZ 1988, 624).

13 **6. Innerdeutsches Kollisionsrecht.** Mit dem Inkrafttreten des Art 234 §§ 5, 8, 9 am 3. 10. 1990 haben sich die früheren unterhaltskollisionsrechtlichen Fragen im wesentlichen erledigt. Zu den für das geltende Recht zu beachtenden Kollisionsrechtsproblemen s unten Abschnitt X (Rz 46).

II. Grundsatzregel „Aufenthaltsrecht oder gemeinsames Heimatrecht" (Abs I)

1. Allgemeines. Die Grundregel des Unterhaltsstatuts enthält Abs I. Danach gilt in Übernahme von Art 4 des Abkommens v 1973 für den Unterhalt in erster Linie das Recht des gewöhnlichen Aufenthalts des Berechtigten. Da das Haager Abkommen v 1973 das Ziel verfolgt, dem Unterhalt Fordernden eine ihm günstige Rechtsordnung zur Verfügung zu stellen, begnügt sich die Regelung des Abkommens und damit auch die des Art 18 nicht mit der Berufung des als Recht der täglichen Umwelt und damit der täglichen Bedürfnisse primär in Betracht kommenden Rechts des gewöhnlichen Aufenthalts des Unterhaltsberechtigten (**S 1**); subsidiär wird vielmehr (analog Art 5 des Abkommen v 1973) bei Versagen des Umweltrechts das gemeinsame Heimatrecht von Verpflichteten und Berechtigten berufen (**S 2**). Die im Interesse des Unterhaltsberechtigten aufgestellte und das Günstigkeitsprinzip beherzigende (s zB Henrich, Internationales Familienrecht 131) Subsidiaritätsreihe führt dann in Abs II noch zur Berufung deutschen Rechts (entspr Art 6 des Abkommens – fürsorgliche Anwendung der lex fori). Die damit in Art 18 Gesetz gewordene Anknüpfungsreihe kann im Grundsatz auch auf die Regelung des Unterhaltsabkommens v 1956 (Art 1, 2, 3) zurückblicken und verdient im Interesse des bezweckten Schutzes von unterhaltsbedürftigen und -berechtigten Personen Beifall. 14

2. Maßgeblichkeit des Rechts am gewöhnlichen Aufenthalt des Unterhaltsberechtigten (S 1). a) Voraussetzungen. In erster Linie maßgeblich ist gem **S 1** (entspricht Art 5 des Abkommens v 1973) das materielle Unterhaltsrecht am gewöhnlichen Aufenthalt des Berechtigten (= Anspruchsteller). S 1 beruft iS einer **Sachnormverweisung** (Rz 6) die Sachvorschriften, dh diejenigen Regeln des Aufenthaltsrechts, die ungeachtet ihres Standorts in diesem Recht für Unterhaltsansprüche iS des Familienrechts Bestimmung treffen (zur Qualifikation s Rz 25). Für die Bestimmung des Begriffs des gewöhnlichen Aufenthalts iSv Abs I S 1 gelten die allgemeinen Regeln (Erl zu Art 5 Rz 43ff). Da der Begriff des gewöhnlichen Aufenthalts im kodifizierten und autonomen Kollisionsrecht seit langem auch durch das Begriffsverständnis der Haager Abkommen mitgeprägt ist, ist insofern nicht im Hinblick auf die staatsvertragliche Einbettung des Art 18 zu differenzieren. Demgemäß ist der gewöhnliche Aufenthalt dort, wo der Berechtigte seinen faktischen Lebensmittelpunkt hat (zB Hamm FamRZ 1989, 621; Zweibrücken FamRZ 1988, 623f; Hamm FamRZ 1997, 95; Oldenburg FamRZ 1988, 170; zum Weiterbestehen des gew Inlandsaufenthalts des Kindes bei vorübergehendem Auslandsstudium Hamm FamRZ 2002, 54). Da das am **jeweiligen gewöhnlichen Aufenthalt** geltende Recht Unterhaltsstatut ist und der gewöhnliche Aufenthalt des Berechtigten durch Verlegung des faktischen Lebensmittelpunktes verändert werden kann (hierzu BGH IPRax 1983, 71f; kein Wechsel des gewöhnlichen Aufenthalts bei vorübergehender Rückkehr aus Not an den Wohnsitz der Familie), ist das Unterhaltsstatut iSv Satz 1 **wandelbar** (zB Hamm FamRZ 1989, 1084; Karlsruhe FamRZ 1990, 313; Koblenz FamRZ 1990, 426, 428); bei Verlegung des gewöhnlichen Aufenthalts tritt **Statutenwechsel** ein, mit der Folge, daß ab dem Zeitpunkt der Begründung neuen gewöhnlichen Aufenthalts das neue Statut im Rahmen seines Anwendungsbereichs (s Rz 25ff) über den Unterhalt befindet (BGH FamRZ 2001, 412 = IPRax 2001, 454 = JuS 2001, 610 [Hohloch]; Koblenz IPRax 1986, 40; Düsseldorf FamRZ 1995, 37). Allerdings bleibt ein rechtskräftiger Titel, der unter dem alten Statut erstritten worden ist, bis zur rechtskräftigen Abänderung bestandskräftig (ebenso v Bar IPR II Rz 287). Gleiches gilt für Unterhaltsvereinbarungen; sind sie unter dem einen Statut wirksam eingegangen worden, bleiben sie grundsätzlich auch bei Statutenwechsel gültig (Hamm FamRZ 1998, 1532; AG Wolfsburg IPRspr 1995 Nr 89a; s ferner Staud/Mankowski [2003] Art 18 Rz 373a); differenziert ist dazu die Vereinbarung nachehelichen Unterhalts zu sehen, die den Erfordernissen des mit Rechtshängigkeit des Scheidungsantrags „unwandelbaren" Scheidungsstatuts (Abs IV) entsprechen muß (zuletzt Düsseldorf FamRZ 2002, 1118 – Ehevertrag jüd Rechts). Statutenwechsel läßt aber rechtliche Wirkungen des alten Statuts, die schon eingetreten sind (zB Verjährung, Verwirkung), unberührt. 15

b) Schranken. S 1 gilt nach seinem Wortlaut und seiner Intention für **familienrechtliche Unterhaltspflichten aller Art** (zwischen Ehegatten, Verwandten, Verschwägerten und sonstigen gesetzlich Berechtigten [zB der Schwangeren, des alleinerziehenden Elternteils gem § 1615l BGB, ggf auch eines Partners einer nichtehelichen Lebensgemeinschaft], sofern das gemäß S 1 anwendbare Recht solche kraft Gesetzes vorsieht (s zB Koblenz FamRZ 1991, 459; auch Düsseldorf FamRZ 1989, 97; AG Siegen IPRax 1987, 38; Karlsruhe FamRZ 1990, 313f), doch sind **Einschränkungen** der Anwendbarkeit zu beachten: **aa)** bei entfernteren Verwandten und Verschwägerten ist S 1 durch Abs III modifiziert; **bb)** bei geschiedenen und gerichtlich getrennten Ehegatten ist S 1 durch Abs IV verdrängt; **cc)** bei überwiegendem Inlandsbezug iSv Abs V ist ohne Rücksicht auf die aus Abs I S 1 folgende Rechtsanwendungsregel deutsches Recht Unterhaltsstatut. **dd)** Gemäß der Verweisung in Art 17b I richtet sich auch der gesetzliche Unterhalt von Partnern einer Eingetragenen Lebenspartnerschaft nach Art 18 (s Art 17b Rz 15). Unter Aufgabe der noch in 10. Auflage Art 18 Rz 15 aE vertretenen Auffassung hat Art 18 dann mit nicht geringerer Berechtigung in entspr Anwendung auch über **gesetzliche** Unterhaltsansprüche in nichtehelichen Lebensgemeinschaften (und registrierten heterosexuellen Partnerschaften) zu bestimmen (s auch Henrich FamRZ 1986, 843).

3. Subsidiäre Maßgeblichkeit des gemeinsamen Heimatrechts (S 2). a) Voraussetzungen. Dem gemeinsamen Heimatrecht des Unterhaltsberechtigten und des Unterhaltspflichtigen (Verpflichteten) ist ein Unterhaltsanspruch dann zu entnehmen, wenn das Recht am Ort des gewöhnlichen Aufenthalts des Berechtigten einen Anspruch auf Unterhalt nicht ergibt. **aa)** Das **gemeinsame Heimatrecht** ist das Recht des Staates, dem Berechtigter und Verpflichteter gemeinsam angehören; welche Staatsangehörigkeit vorliegt, richtet sich zunächst nach dem Staatsangehörigkeitsrecht des Staates, um dessen Staatsangehörigkeit es geht. Bei mehrfacher oder doppelter Staatsangehörigkeit richtet sich die gemeinsame Staatsangehörigkeit iSv S 2 nach Art 5 I; heranzuziehen für die Bestimmung des gemeinsamen Heimatrechts ist nur die iSv Art 5 I S 1 oder 2 effektive Staatsangehörigkeit des Berechtigten oder Verpflichteten (ebenso Pal/Heldrich Art 18 Rz 9; aA Staud/Mankowski [2003] Art 18 Anh I Rz 192). Bei Staatenlosen führt S 2 nicht über S 1 hinaus, da die Aufenthaltsanknüpfung (Art 5 II) schon durch 16

EGBGB Art 18 Internationales Privatrecht

S 1 – wenn auch nicht iS gemeinsamen Aufenthalts – verwirklicht ist. Hier kann ggf Abs II oder Abs V weiterführen. Bei Personen mit gemeinsamem Flüchtlingsstatut (Erl zu Art 5 Rz 60ff) kann S 2 entsprechend angewandt werden.

17 bb) S 2 **setzt** für die Anwendung des gemeinsamen Heimatrechts **voraus**, daß der Berechtigte nach dem an seinem gewöhnlichen Aufenthalt iSv S 1 geltenden Recht **keinen Unterhalt** erhält. Zur Anwendung des gemeinsamen Heimatrechts kann es dabei nur kommen, wenn das aus S 1 zur Anwendung gelangende Recht dem Berechtigten grundsätzlich (so zB das dt Recht: kein Unterhaltsanspruch des Stiefkinds, anders das britische Recht, oder: kein Anspruch zwischen Geschwistern, anders zT das schweizerische Recht) oder für die Zeit, für die Unterhalt verlangt wird, **überhaupt keinen** Unterhaltsanspruch gegen den Verpflichteten gewährt (Hamm FamRZ 1999, 889). Es genügt im Hinblick auf die Regelung in Abs VI Nr 1, 2 für die Anwendung von S 2 und des gemeinsamen Heimatrechts nicht, daß das Aufenthaltsrecht nur Ansprüche in geringerer Höhe oder nur von eingeschränktem Zuschnitt gibt (s Hamm FamRZ 1998, 25; Karlsruhe FamRZ 1990, 1352; zB keine Zubilligung von Prozeßkostenvorschuß KG FamRZ 1988, 167, 169 = IPRax 1988, 234, 236 mit Anm v Bar 220, 222) oder daß der Anspruch nicht zu realisieren ist (Oldenburg IPRax 1997, 46). Hingegen kann das gemeinsame Heimatrecht zur Anwendung kommen, wenn nach dem Aufenthaltsrecht die Geltendmachung von Ansprüchen verfristet ist (Karlsruhe DAVorm 1979, 537) oder wenn das Heimatrecht Ansprüche für einen weitergehenden Zeitraum gewährt (teilw abw Karlsruhe FamRZ 1990, 1352; Pal/Heldrich Art 18 Rz 9; wie hier Henrich, Internationales Familienrecht 133); nicht gehindert ist die Anwendung des gemeinsamen Heimatrechts auch, wenn nach dem Aufenthaltsrecht zwar Ansprüche gegen andere Verpflichtete, aber nicht gegen den für die Anspruchnahme ausersehenen Verpflichteten bestehen (Pal/Heldrich Art 18 Rz 9).

b) Die oben Rz 15 für S 1 erläuterten **Schranken** gelten sinngemäß auch für S 2. Abs V wird durch Abs I S 2 bei gemeinsamer deutscher Staatsangehörigkeit nicht eingeschränkt; bei gewöhnlichem Aufenthalt des deutschen Verpflichteten in einem Drittstaat ist somit auch dann deutsches Recht als subsidiäres Unterhaltsrecht vorhanden.

III. Subsidiäre Geltung deutschen Rechts (Abs II)

18 Abs II sieht bei Unergiebigkeit der aus Abs I folgenden Anknüpfungen als Ersatzanknüpfung dritter Linie die Berufung der deutschen lex fori vor. Die Berufung des deutschen Rechts entspricht funktionell der ersatzweisen Heranziehung der lex fori in Art 6 des Unterhaltsabkommens v 1973. Abs II ist anzuwenden, wenn (1) das Recht am gewöhnlichen Aufenthalt des Berechtigten keinen Unterhaltsanspruch gewährt und (2) gemeinsames Heimatrecht iSv Abs I S 2 entweder nicht vorhanden ist oder ebenfalls einen Unterhaltsanspruch nicht gewährt. Nicht genügt auch für die Anwendung des deutschen Rechts, daß die oben Abs I vorrangig anwendbaren Rechte nur im Ausmaß geringeren Unterhalt gewähren (Hamm NJW-RR 1992, 711; Oldenburg IPRax 1997, 46 = NdsRpfl 1996, 176). Die Einzelabgrenzung ist entsprechend der oben Rz 17 dargestellten Abgrenzung vorzunehmen, sodaß S 2 keine allgemeine Auffangfunktion hat (s BGH FamRZ 2001, 412, 413 zu den Erfordernissen poln Rechts für Getrenntlebensunterhalt; s auch Hamm FamRZ 2000, 29; krit Henrich IPRax 2001, 437). **Zur Korrektur eines unergiebigen Nachscheidungsunterhaltsergebnisses gem Art 18 IV ist Abs II nicht einsetzbar; Abs IV hat Vorrang** (allg M; zB BGH NJW 1991, 2212, 2213; Zweibrücken FamRZ 1997, 1404; Boele-Woelki IPRax 1998, 492, 494). Ist deutsches Recht gem S 2 anzuwenden, bestimmt es auch über Höhe, Umfang, Zeitdauer.

IV. Unterhaltsstatut bei entfernterer Beziehung (Abs III)

19 1. **Inhalt und Zweck.** Unterhaltpflichten zwischen Ehegatten und zwischen Verwandten auf- und absteigender Linie gehören zur Norm der Sachrechtsordnungen. Abweichungen finden sich hier regelmäßig nur hinsichtlich des Umfangs, des Ausmaßes und der Zeitdauer von Verpflichtung und Berechtigung. Unterhaltspflichten zwischen und gegenüber Verwandten in der Seitenlinie (Geschwister, zB Schweiz, Türkei, Italien) oder Verschwägerten (zB gegenüber Stiefkindern, England) finden sich hingegen nur in einer geringeren Anzahl von Rechtsordnungen. Um Manipulationen durch passende Wahl des gewöhnlichen Aufenthaltes durch den Berechtigten auszuschließen, sieht Abs III (in Entsprechung zu Art 7 des Abk v 1973) die einredeweise Abwehr der Inanspruchnahme durch den Verpflichteten vor, wenn seine Verpflichtung nur nach dem Aufenthaltsrecht des Berechtigten gegeben ist. Im Ergebnis bewirkt Abs III hier die Einschränkung der Maßgeblichkeit des Aufenthaltsrechts durch kumulierendes Hinzutreten des Rechts der gemeinsamen Staatsangehörigkeit oder des Aufenthalts des Verpflichteten.

2. **Voraussetzungen der Einrede. a) Bestehen eines Unterhaltsanspruchs nach dem Aufenthaltsrecht.** Die Anwendung der in Abs III enthaltenen Regelung setzt zunächst voraus, daß dem Berechtigten, der Verwandter in der Seitenlinie oder Verschwägerter des Verpflichteten ist, nach dem sich aus Abs I und II ergebenden Unterhaltsstatut ein gesetzlicher, familienrechtlich zu qualifizierender (s Rz 25) Unterhaltsanspruch gegen den Verpflichteten zusteht. Die Vorfrage der Verwandtschaft oder Schwägerschaft iSv Abs III bestimmt sich gem Abs VI Nr 1 durch grundsätzlich unselbständige Anknüpfung (s Rz 11). Gegenüber dem deutschen Recht weitere Unterhaltspflichten (einschließlich von Verpflichtungen zur Notalimentation), auf das Abs III abgestellt ist, kennen insbesondere das schweizerische, türkische, englische, schottische, irische und italienische Recht.

b) **Nichtbestehen des Unterhaltsanspruchs nach gemeinsamem Heimatrecht.** Der Verpflichtete kann sich gegen die Inanspruchnahme auf der Grundlage des Rechts, das gem oben a einen solchen Anspruch eröffnet, wehren, wenn ihn mit dem Berechtigten gemeinsames Heimatrecht verbindet und nach diesem gemeinsamen Heimatrecht eine solche Unterhaltsverpflichtung nicht besteht. Ob gemeinsames Heimatrecht besteht, bestimmt sich nach den allgemeinen Regeln, s schon Rz 16. Macht der Berechtigte den Anspruch des Rechts seines gewöhnlichen Aufenthalts geltend (zB Schweiz), kennt aber das (zB türkische) gemeinsame Heimatrecht den Anspruch nur in geringerem Ausmaß, so wirkt das Heimatrecht als Sperre gegen weitergehende Inanspruchnahme (str, für alleinige Maßgeblichkeit des Unterhaltsstatuts MüKo/Siehr Art 18 Anh I Rz 149f).

c) Nichtbestehen der Verpflichtung nach dem Aufenthaltsrecht des Verpflichteten. Fehlt gemeinsames Heimatrecht iSv oben b, kann die geltend gemachte Verpflichtung abgewehrt werden, wenn das Recht am gewöhnlichen Aufenthaltsort des Inanspruchgenommenen eine solche Verpflichtung nicht kennt. Für den Begriff des gewöhnlichen Aufenthaltes gilt das allgemeine Verständnis, s Rz 15. Bei Abweichungen hinsichtlich der Art und des Ausmaßes ist entsprechend zu den oben b gemachten Ausführungen zu verfahren.

d) Einredeweise Abwehr. Abs III gibt dem Verpflichteten eine echte **Einrede**. Seine Nichtverpflichtung wird nicht von Amts wegen, sondern nur dann berücksichtigt, wenn sie nach den Verfahrensregeln der lex fori in beachtlicher Weise erklärt worden ist.

V. Statut des nachehelichen Unterhalts (Abs IV)

1. Inhalt und Zweck. Abs IV sieht in der Nachfolge von Art 8 des Unterhaltsabkommens v 1973 eine von der Grundsatzanknüpfung des Abs I erheblich abweichende Anknüpfung des Unterhalts von Ehegatten nach Scheidung, Trennung oder Nichtigerklärung bzw Ungültigerklärung vor. Ihre innere Rechtfertigung erhält diese besondere kollisionsrechtliche Behandlung des nachehelichen Unterhalts durch die Verknüpfung des Unterhaltstatbestandes mit der Eheauflösung; die Verknüpfung rechtfertigt die Unterstellung der Unterhaltsfolgen unter das Scheidungsstatut, das insofern als Scheidungsfolgenstatut wirkt; diese Funktion gebietet dann auch die **Unwandelbarkeit** des Statuts des nachehelichen Unterhalts im Gegensatz zur Wandelbarkeit des Unterhaltsstatuts im allgemeinen. 20

2. Maßgeblichkeit des tatsächlich angewandten Eheauflösungsstatuts. a) Scheidungsstatut als Scheidungsfolgenstatut (S 1). Die Unterhaltspflicht zwischen geschiedenen Ehegatten bestimmt sich gemäß Abs IV S 1 nach demjenigen Recht, nach welchem die Ehegatten **tatsächlich** geschieden worden sind (BGH FamRZ 1987, 682; BGH NJW 1991, 2212 = JuS 1991, 1061 Nr 7 [Hohloch]; FamRZ 1993, 790; Hamm NJW-RR 1992, 711). Das führt nicht selten zu Wechsel im anwendbaren Recht gegenüber dem Getrenntlebensunterhalt wegen der unterschiedlichen Anknüpfung von Unterhalt (Art 18 I) und Scheidung (Art 17 I iVm Art 14), s zB Oldenburg FamRZ 1988, 170; Karlsruhe FamRZ 1989, 1310; Hamburg FamRZ 1991, 811. **aa)** Bei Scheidung der Ehe im Inland ist Scheidungsunterhaltsstatut also das der Scheidung im Urteil in Anwendung der Scheidungskollisionsnormen zugrundegelegte Recht (s zB Zweibrücken FamRZ 2001, 921; Düsseldorf FamRZ 2002, 1118). Ob das im Scheidungsausspruch rechtskräftige Urteil das Scheidungsstatut rechtsfehlerhaft gewonnen hat, ist grundsätzlich unerheblich (BGH FamRZ 1987, 682; Karlsruhe FamRZ 1987, 1149; Hamm FamRZ 1989, 1095). Das der Scheidung zugrundegelegte Recht ist für die Folgezeit („auf Gedeih und Verderb", v Bar IPR II Rz 293 – allerdings eingeschränkt durch den ordre public, Art 6, s unten dd) Statut des Geschiedenenunterhalts. **bb)** Bei Scheidung der Ehe im Ausland, die für das Inland anzuerkennen ist (s Erl Art 17 Rz 70ff), ist Statut des Nachscheidungsunterhalts ebenso das Recht, nach dem die Ehe geschieden worden ist (BGH NJW 1991, 2212; NJW 2002, 145; Oldenburg FamRZ 1988, 170; Köln FamRZ 1988, 1177; Hamm FamRZ 1994, 582; 1995, 886; Saarbrücken FamRZ 1994, 579; Düsseldorf FamRZ 1995, 885; Zweibrücken FamRZ 1997, 94; hM; abw und unrichtig Köln FamRZ 1998, 396). Mit dem sich aus Art 17 ergebenden Scheidungsstatut braucht sich das tatsächlich angewandte Statut nicht zu decken (ebenso Hamm FamRZ 1988, 968; MüKo/Siehr Art 18 Anh I Rz 171; Pal/Heldrich Art 18 Rz 12; Staud/Mankowski [2003] Art 18 Anh I Rz 234–237). Fehlen die Voraussetzungen der Anerkennung (zu Anerkennung u Anerkennungsverfahren Erl Art 17 Rz 70ff), dann kommt nur die Verpflichtung zu Getrenntlebensunterhalt gem Abs I, II in Betracht (Hamm IPRax 1989, 107 mit Anm Henrich; FamRZ 1995, 886 – zur Entbehrlichkeit des förmlichen Anerkennungsverfahrens gem Art 7 § 1 FamRÄndG). **cc)** In Abweichung der sonst für die Abänderung von Unterhaltsentscheidungen geltenden Regel der Maßgeblichkeit des aktuell geltenden Unterhaltsstatuts (s Rz 15) gilt die Unwandelbarkeit des Nachscheidungsunterhaltsstatuts auch für die **spätere Abänderung** einer solchen Unterhaltsentscheidung **(S 1)**. Das unwandelbare Statut ist dafür maßgebend, ob und in welcher Weise die ursprüngliche Unterhaltsentscheidung geändert werden darf (MüKo/Siehr Art 18 Anh I Rz 169). Auch ausländische Scheidungsunterhaltsentscheidungen sind im Inland abänderbar (zur völkerrechtlichen Zulässigkeit und zu den Voraussetzungen BGH FamRZ 1983, 806; Hamburg DAVorm 1985, 509); ihre inhaltliche Abänderbarkeit richtet sich nach den Regeln des vom Erstgericht angewandten Scheidungsstatuts; das Scheidungsstatut befindet auch über Zulässigkeit, Bestand, Abänderbarkeit einer Unterhaltsvereinbarung (Düsseldorf FamRZ 2002, 1118). **dd)** Untragbare Ergebnisse des tatsächlich angewandten Scheidungsstatuts können bei Vorliegen der Anwendungsvoraussetzungen mit Hilfe der Vorbehaltsklausel des Art 6 (vgl Art 11 I des Abkommens v 1973, s Rz 10) korrigiert werden; ebenso im besonderen Einzelfalle durch Erfüllen der strengen Voraussetzungen des ordrepublic-Verstoßes fehler in der Bestimmung des Statuts. **Abs II** (subsidiäre Anwendung deutschen Rechts) ist **nicht einsetzbar** (s Rz 18 und 23). **ee)** Zur Anwendbarkeit von Abs V auf den Geschiedenenunterhalt s Rz 24 aE. 21

b) Ehetrennung, Nichtigerklärung, Ungültigerklärung (S 2). Die bei Rz 21) gemachten Ausführungen gelten entsprechend bei Trennung der Ehe von Tisch und Bett ohne Auflösung des Ehebandes, dh nur bei der als Vorstufe der Scheidung oder als Scheidungsersatz bestimmten ausländischen Rechten bekannten gerichtlichen Ehetrennung (s Erl zu Art 17 Rz 34). Der Unterhalt der Ehegatten nach gerichtlicher Trennung richtet sich demgemäß unwandelbar nach dem Statut der Ehetrennung (Düsseldorf IPRspr 1993 Nr 84; Karlsruhe FamRZ 1999, 605, 606). Entsprechend richtet sich das Statut von Unterhaltsansprüchen nach Nichtigerklärung und Aufhebung nach dem Recht, das über derartige Auflösung bestimmt (s Erl zu Art 13 Rz 36ff). 22

3. Unanwendbarkeit von Abs II. Gewährt das Eheauflösungsstatut als Unterhaltsstatut den Ehegatten nach Auflösung der Ehe keinen Unterhalt oder nur Unterhalt in geringerem Umfang als das deutsche Recht, kann zur Lückenfüllung oder Kompensation auf die Subsidiaritätsregel des Abs II nicht zurückgegriffen werden, da Abs IV eine abschließend gemeinte Sonderregel enthält (BGH NJW 1991, 2212; Karlsruhe FamRZ 1989, 748; München IPRspr 1993 Nr 88; Zweibrücken FamRZ 1997, 95 und 1404; Stuttgart OLGR 2003, 235). Zur Anwendbarkeit 23 deutschen Rechts über Abs V s Rz 24 aE. Nicht versperrt ist der Weg zu Art 6 (Ordre public, s Rz 10, 21 und BGH NJW 1991, 2212f sowie Boele-Woelki IPRax 1998, 494).

VI. Deutsches Unterhaltsstatut bei starkem Inlandsbezug (Abs V)

24 **1. Inhalt und Zweck.** In Entsprechung zu Art 15 des Unterhaltsabkommens v 1973, zu dem die BRepD bei Ratifizierung den Vorbehalt erklärt hat (Bek v 26. 3. 1987, BGBl II 225), sieht Abs V bei durch übereinstimmende deutsche Nationalität von Berechtigtem und Verpflichtetem ausgewiesenem starken Inlandsbezug „regelwidrig" die Maßgeblichkeit deutschen Rechts als Unterhaltsstatut vor (BGH NJW 1991, 2212, 2213; zur Vereinbarkeit mit dem alten Abkommen von 1956 s Pal/Heldrich Art 18 Rz 13).

2. Anwendungsvoraussetzungen. Deutsches Recht ist „regelwidrig" anzuwenden, wenn (1) Berechtigter und Verpflichteter Deutsche iSv Art 116 I GG sind (s Erl zu Art 5 Rz 22ff; s zu Aussiedlern Hamm FamRZ 1994, 575 und NJW-RR 1994, 331, FamRZ 2001, 918 u Steinbach FamRZ 2001, 1525; auch Düsseldorf FamRZ 1994, 112; München FamRZ 1998, 503). Staatenlose mit gewöhnlichem Inlandsaufenthalt stehen gem Art 5 II gleich, da Abs V keinen Schutznormcharakter nur für Deutsche im staatsangehörigkeitsrechtlichen Sinne hat; ebenso können Flüchtlinge mit deutschem Flüchtlingsstatut (Erl zu Art 5 Rz 60ff) gleichgestellt werden. (2) Hinzukommen muß gewöhnlicher Inlandsaufenthalt des Verpflichteten, nicht notwendig des Berechtigten (s Hamm NJW-RR 1994, 331). Der Begriff des gewöhnlichen Aufenthalts bestimmt sich nach den allgemeinen Regeln (Erl zu Art 5 Rz 43ff); Einzelfälle: Stuttgart IPRsp 1987 Nr 76; LG Dortmund NJW-RR 1990, 12; Bremen FamRZ 1999, 1429; BSozG IPRsp 1999 Nr 67.

3. Anwendungsgrenzen. Abs V kann das gem Abs I und IV maßgebliche Statut verdrängen (zum Kindesunterhalt Hamm FamRZ 1989, 785). **Im Anwendungsbereich von Abs IV (nachehelicher Unterhalt) ist Abs V auch anwendbar** (str, wie hier v Bar IPR II Rz 282; Hamm FamRZ 1994, 575; Düsseldorf FamRZ 1992, 953; Hamm FamRZ 2001, 918; aA MüKo/Siehr Art 18 Anh I Rz 366). Hierfür spricht der dem deutschen Recht bei überwiegendem Inlandsbezug in den Reformberatungen zugebilligte Vorrang (BT-Drucks 10/258, 785); der im Ratifikationsverfahren gemachte Vorbehalt (s oben) ist nicht im Sinne einer Unanwendbarkeit von Art 15 des Unterhaltsabkommens auf den Nachscheidungsunterhalt modifiziert worden (s Pirrung IPVR 156).

VII. Geltungsbereich (Abs VI)

1. Qualifikation

25 **a) Grundsatz.** Art 18 bestimmt, vorgeprägt durch Art 1 des Unterhaltsabkommens von 1973, das auf Unterhaltspflichten anwendbare Recht. Der Anwendungsbereich des Unterhaltsstatuts ist in Art 18 nicht exakt bestimmt, doch geben Abs VI und VII hinreichende Anhaltspunkte für die Grenzziehung. Erfaßt sind vor dem Hintergrund der Konvention Unterhaltspflichten, die sich aus Beziehungen der **Familie, Verwandtschaft, Ehe und Schwägerschaft** ergeben; der Gesetzgeber hat in Art 17b I angeordnet, daß auch Unterhaltsverpflichtungen auf der Grundlage eingetragener gleichgeschlechtlicher Lebenspartnerschaft hierher rechnen. Die Begriffe Familie und Verwandtschaft sind weit zu verstehen; die Qualifikation hat unter Beachtung des staatsvertraglichen Hintergrundes zu geschehen, so daß unterhaltsrechtlich zu qualifizieren sind **alle Unterhaltspflichten kraft Gesetzes**, soweit sie den genannten Begriffen zuzurechnen sind und Verpflichtungen darstellen, die nicht erst als Folge eines „besonderen Geltungsgrundes" (Vertrag, Delikt, Ehegüterrecht, Erbrecht) entstanden sind. Die dogmatische Konstruktion des einzelnen Anspruchs selbst (zB Schadensersatzanspruch, Art 143, 144, türk ZGB aF) ist dann nicht entscheidend (zur Qualifikation bei Art 18 insgesamt Hausmann IPRax 1990, 382; Jayme FS v Overbeck (1990) 529; s ferner Übersicht bei Henrich, Internationales Familienrecht 141f). Entscheidend ist vielmehr, daß der fragliche Anspruch auf die Befriedigung regelmäßigen oder einmaligen **Lebensbedarfs** zugeschnitten ist. Ob zusätzlich auch eine Abwägung unter Berücksichtigung von Leistungsfähigkeit und Bedürftigkeit nach dem Muster des deutschen Rechts stattfindet, ist hingegen von allenfalls zweitrangiger Bedeutung, kann aber im Einzelfall für die Einordnung bei Art 18 von Bedeutung sein (s EuGH IPRax 1981, 19 m Anm Hausmann 5).

26 **b) Einzelabgrenzung.** Im abgrenzungsbedürftigen Randbereich des Art 18 liegen die folgenden Einzelkomplexe: **aa)** Aus der Beziehung **Ehe** folgen auch Unterhaltsansprüche nach aufgelöster Ehe, s Abs IV; aus der Beziehung **Familie** folgen Unterhaltsansprüche kraft Abstammung ohne Rücksicht auf eheliche oder nichteheliche Geburt bzw solchen Status, ebenso des Pflegekindes gegen die Pflegeeltern (Henrich, Internationales Familienrecht 143; s auch AG Paderborn IPRax 1989, 248 – Syrien). Ebenso rechnen gesetzliche Ansprüche auf Unterhalt zwischen nicht verheirateten Eltern eines gemeinschaftlichen Kindes hierher, da sie vom Familienbegriff getragen werden (zB § 1615l nF), keine Unterhaltsverpflichtungen sind dagegen sonstige Verpflichtungen des nichtehelichen Vaters gegenüber der nichtehelichen Mutter aufgrund deren Schwangerschaft und Niederkunft (zB § 1615, m, n BGB) (Anwendbarkeit von Art 19 I nF, s Erl dort Rz 17ff; § 1615o BGB enthält Verfahrensrecht und gilt im Inland, soweit § 1615l nach Art 18 anwendbar ist bzw eine entsprechende Unterhaltsregel des ansonsten anwendbaren Rechts besteht). Die Abgrenzung des Familienbegriffs und der insofern enge Hintergrund des Art 1 Unterhaltsabkommen 1973 haben bislang auch zur Ausscheidung von Unterhaltsansprüchen geführt, die manche Rechtsordnungen bei Beendigung einer nichtehelichen Lebensgemeinschaft gewähren (str, s vor Art 13 Rz 12ff; Jayme FS v Overbeck 1990, 535; Pal/Heldrich Art 18 Rz 15; aA – Art 18 – Henrich, Internationales Familienrecht 143 und FamRZ 1986, 841, 843, jedoch nicht für vertraglich vereinbarte Regelungen; v Bar IPR II Rz 296 – entspr Art 18 –). Zum Unterhalt zwischen Partnern eingetragener Lebenspartnerschaften s Rz 25. Hat der Gesetzgeber in Art 17b I Unterhaltsansprüche gesetzlicher Art der Partner einer Eingetragenen Lebensgemeinschaft Art 18 zugeschlagen, kann Art 18 der – heterosexuellen – nichtehelichen Lebensgemeinschaft, die „Familie" nicht weniger ist, nicht mehr vorenthalten werden. Bestehen – was nach deutschem Recht nicht der Fall ist – gesetzliche Unterhaltsansprüche, regeln sie sich nach Art 18 (ohne Abs IV). Für vertraglich begründete Ansprüche gilt nach wie vor das

Vertragsstatut (Art 27ff). **bb)** Da aus besonderem Geltungsgrund herrührend, scheiden als Rente zu erbringende **Schadensersatzleistungen** eines Drittschädigers deliktischen Ursprungs aus dem Anwendungsbereich von Art 18 aus (Muster: § 844 BGB, Deliktsstatut, allg M). Allerdings ist hier abzugrenzen; die Vorfrage der Unterhaltsberechtigung für einen solchen Anspruch ist selbständig, dh nach Art 18 zu beurteilen (s zB Hamm NZV 1989, 271 Anm Küppersbusch; Pal/Heldrich Art 18 Rz 15; s ferner Art 38 Rz 12); hat eine Rechtsordnung den Getrenntlebens- oder Nachscheidungsunterhalt als (ggf fakultativen) Anspruch auf Ersatz der trennungs- und scheidungsbedingten Nachteile ausgestaltet (zB Art 151, 152 SchweizZGB, Art 143, 144 TürkZGB aF, prestations compensatoires Art 270ff CC, Frankreich), ist der Anspruch unterhaltsrechtlich zu qualifizieren und Art 18 zuzuordnen (EuGH IPRax 1981, 19 Anm Hausmann 5; Hein, Das Recht der Scheidungsfolgen in Frankreich..., Diss Regensburg 1985, s Stuttgart FamRZ 1993, 975). Hingegen hat der Anspruch auf Genugtuung (Art 145 TürkZGB aF) keine Unterhaltsfunktion, sondern typische Schadensersatzfunktion (Kompensation der Ehestörung), so daß er als deliktische Scheidungsfolge außerhalb von Art 18 bleibt (s Art 17 Rz 37). **cc)** Bei **vertraglichen** Unterhaltsleistungen ist zu differenzieren: vertragliche Konkretisierung einer im Gesetz angelegten Unterhaltspflicht bleibt im Rahmen von Art 18, ebenso der Verzicht auf solche Unterhaltspflicht (Zweibrücken FamRZ 1988, 623f); das Unterhaltsstatut bestimmt über Zulässigkeit und Wirkung des Verzichts (Hamm FamRZ 1999, 950 = JuS 1999, 918 [Hohloch], allerdings Vorbehalt des ordre public, Art 6), der Abfindung, der Konkretisierung, der Erforderlichkeit von behördlichen und gerichtlichen Genehmigungen; bei Statutenwechsel befindet das neue Statut über Fortgeltung; über die Fortwirkung eines Verzichts oder einer Abfindung ist nach den für Gesetzesumgehung und Schutz wohlerworbener Rechte im Statutenwechsel geltenden Grundsätzen zu entscheiden. Vertragliche Unterhaltsregelungen ohne familienrechtlichen Gesetzeshintergrund sind hingegen nach den Regeln des Vertragsstatuts zu beurteilen (zB nichteheliche Lebensgemeinschaft, Stiefkindunterhalt – soweit das Unterhaltsstatut nicht Ansprüche vorsieht –, Leibrentenversprechen). **dd) Erbrechtlich** zu qualifizierende Ansprüche unter Lebenden, zB vorzeitiger Erbausgleich des nichtehelichen Kindes (BGH 96, 262), Ausbildungsansprüche des Stiefkindes (§ 1371 IV), Unterhaltsverpflichtungen des Erben gegenüber den Angehörigen des Erblassers bleiben außerhalb von Art 18 und gehören zu Art 25. **ee)** Die **Morgengabe** hat unterhaltsrechtlichen Charakter, wenn ihre Zahlung bis die Ehefrau auf den Zeitpunkt der Eheauflösung hinausgeschoben ist (s Erl zu Art 13 Rz 33; Art 14 Rz 34; Art 17 Rz 38) und wenn sie ihrer Höhe nach keinen Vermögensausgleich bewirken will (BGH FamRZ 1999, 208 = JuS 1999, 707 Nr 7 [Anm Hohloch]). Da sie dann als Scheidungsfolge nach dem Scheidungs- und Scheidungsfolgenstatut unterhaltssichernde Funktion für eine gewisse Zeit nach der Ehe hat, untersteht sie nach richtiger (aber bestrittener, s Erl zu Art 17 Rz 38) Ansicht dem über **Art 18 IV** zu ermittelnden Statut des nachehelichen Unterhalts (s Erl zu Art 17 Rz 38). **ff)** Nicht dem **Unterhaltsstatut**, sondern dem Ehewirkungsstatut (Art 14) oder Scheidungsfolgenstatut (Art 17 I) zuzuordnen ist nach hier vertretener Auffassung (Erl zu Art 14 Rz 33; Art 17 Rz 39, str) die Zuweisung von **Ehewohnung und Hausrat** im Trennungs- und Scheidungsfall, soweit nicht für inländischen Hausrat und die Ehewohnung Art 17a nF mit der Folge der Maßgeblichkeit deutschen Rechts eingreift (s Erl Art 17a Rz 6–9 mwN).

gg) Nach dem **Unterhaltsstatut** ist auch **in Eilfällen** bei **Erlaß einstweiliger Anordnungen und Verfügungen** **27** zu befinden. Das Verfahrensrecht der §§ 127a, 620 ZPO enthält keine materiellrechtliche Rechtsgrundlage, auf die im Verfahren des einstweiligen Rechtsschutzes der Unterhaltsanspruch gestützt werden könnte (Düsseldorf NJW 1977, 234; FamRZ 1981, 146f; München FamRZ 1980, 448; Oldenburg FamRZ 1981, 1176; Hamm FamRZ 1989, 621); ein Grundsatz, daß hier die lex fori gelte (so Stuttgart Justiz 1979, 229; Karlsruhe IPRax 1987, 38), besteht nicht, aber im Hinblick auf Art 18 II ist bei unangemessen großen Schwierigkeiten sofortiger Ermittlung des anwendbaren Rechts und seiner Unterhaltsregeln im Eilverfahren die Anwendung des subsidiär zu beachtenden deutschen Rechts vertretbar (Düsseldorf FamRZ 1974, 456; 1975, 634; Oldenburg FamRZ 1981, 1176; Henrich, Internationales Familienrecht 149f); allerdings sollte im Hinblick auf das nur subsidiäre Eingreifen dann der Rahmen des deutschen Unterhaltsrechts vorsorglich nicht voll ausgeschöpft werden (zB kein Prozeßkostenvorschuß).

2. Anwendungsbereich

Der Anwendungsbereich des Unterhaltsstatuts ist durch Abs VI (entspr Art 10 des Abk v 1973) umrissen. Gem **28** **Nr 1** bestimmt das Unterhaltsstatut über das Ob und das Ausmaß des Unterhalts sowie über die Person dessen, von dem der Berechtigte Unterhalt verlangen kann (Rz 29). Gem **Nr 2** richtet sich die Berechtigung zur Einleitung des Unterhaltsverfahrens und die Geltung von Fristen nach dem Unterhaltsstatut (Rz 37). Gem **Nr 3** bestimmt es als „Erstattungsstatut" auch über das Ausmaß von Erstattungsansprüchen öffentlichrechtlicher Versorgungsträger (Rz 38).

a) Sachliche Reichweite (Abs VI Nr 1). Gem Nr 1 bestimmt das Unterhaltsstatut über das Bestehen, die **29** Bemessung und den Gegner eines Unterhaltsanspruchs. **aa)** Es bestimmt so über das **Entstehen und Bestehen des Anspruchs**, dh über die Voraussetzungen des Anspruchs (Hamm FamRZ 1990, 1137; Hamm FamRZ 1989, 1084 – Trennungsunterhalt; AG Hamburg FamRZ 1989, 479 und 752; AG Münster FamRZ 2001, 1459 – Verschulden und Unterhalt bei Trennung und Scheidung; Stuttgart FamRZ 1987, 700; Karlsruhe FamRZ 1989, 748 – Nachscheidungsunterhalt; Hamm FamRZ 1989, 1095; FamRZ 1979, 581 – eheliche Lebensgemeinschaft; Oldenburg FamRZ 1988, 170; Karlsruhe FamRZ 1990, 313; Hamm FamRZ 1992, 673, 675f; Karlsruhe OLGRp 2001, 327 –. Leistungsfähigkeit und Bedürftigkeit; LG Essen DAVorm 1987, 1005; AG Hamburg FamRZ 2001, 1612 m Anm Henrich Rangfolge von Berechtigten und Verpflichteten; unterstützend auch über den Zeitraum, die Verjährung, Verwirkung und sonstige Beendigungsgründe (Hamm FamRZ 1990, 1137; zB Zusammenleben mit neuem Partner, Zulässigkeit und Wirkung eines Unterhaltsverzichts (Karlsruhe FamRZ 1992, 316, auch zur Unbeachtlichkeit eines Unterhaltsverzichts, s Rz 26). Zur Ersatzhaftung anderer nachrangiger Verpflichteter AG Leverkusen FamRZ 2003, 627 m Anm Henrich S 629.

30 **bb)** Es bestimmt ferner über das **Ausmaß** des dem Berechtigten geschuldeten Unterhalts, dh über **Art und Höhe** der Unterhaltsleistungen (vgl BGH NJW 1992, 974). Die vielfältigen Fragen und Einzelprobleme, die insoweit auftauchen, lassen sich wie folgt ordnen: **(1)** Das Unterhaltsstatut bestimmt über den Inhalt des allgemeinen Unterhalts, über Natural- und Barunterhalt, über die Art der Gewährung (regelmäßige Zahlungen, Abfindung, Zulässigkeit von Abfindungen) und über besondere Ausprägungen des Unterhaltsanspruchs, zB Sonderbedarf und so auch über den Anspruch auf **Prozeßkostenvorschuß** (heute hM; s BGH FamRZ 1994, 558; KG FamRZ 1988, 167 = IPRax 1988, 234; Düsseldorf DAVorm 1983, 964 gegenüber Kind; s ferner Köln FamRZ 1995, 680; Karlsruhe Justiz 1986, 48 – im Anordnungsverfahren lex fori; zustimmend ebenfalls v Bar IPRax 1988, 220; Jayme IPRax 1986, 268; Henrich, Internationales Familienrecht S 145; wN bei Pal/Heldrich Art 18 Rz 17). **(2)** Das Unterhaltsstatut bestimmt über das Vorhandensein und die Ausgestaltung vorbereitender Ansprüche, insbesondere des **Auskunftsanspruchs**, da dieser grundsätzlich nach demselben Statut wie der Unterhaltsanspruch selbst zu beurteilen ist (BGH IPRax 1983, 184; Stuttgart IPRax 1986, 180; Frankfurt IPRax 1983, 245). Fehlen im Unterhaltsstatut Regelungen für einen materiellrechtlichen Auskunftsanspruch oder für funktionell vergleichbare prozeßrechtliche Verpflichtungen des Unterhaltsschuldners oder lassen sich derartige Rechtsgrundlagen nicht mit hinreichender Sicherheit feststellen, ist der Auskunftsanspruch jedenfalls dann im Wege der Anpassung auf der Grundlage der deutschen lex fori zu geben, wenn Unterhaltsberechtigung und -verpflichtung auf der Grundlage des Unterhaltsstatuts schlüssig vorgetragen sind (ähnl Stuttgart IPRsp 1988 Nr 89 = IPRax 1990, 113; zur Abgrenzung auch IPRsp 1989 Nr 86 = IPRax 1990, 250 m Anm Kerameus 228; Einzelheiten bei Hohloch in FS Kokkini-Iatridou (1994) 126ff und Mingers, Auskunftsansprüche im internat Unterhaltsrecht (1998).

31 **(3)** Das Unterhaltsstatut bestimmt ferner über die **Höhe** des geschuldeten Unterhalts (BGH FamRZ 1987, 682; Hamm FamRZ 1989, 1084 und 1095; Köln IPRax 1988, 30). Unterschieden werden können hier vier praktisch bedeutsame Kategorien: Ist **deutsches Recht** als Aufenthaltsrecht des Berechtigten (Abs I) Unterhaltsstatut, gelten, wenn der Unterhalt nicht individuell ermittelt wird, seine Regeln zur Bedarfsbemessung (Regel-UnterhaltsVO; Unterhaltstabellen und -leitlinien). Lebt der Verpflichtete im Ausland, ist für die **Bedarfsberechnung** sein Einkommen gem dem Wechselkurs umzurechnen. Für seine **Leistungsfähigkeit** hingegen ist auf die **Verbrauchergeldparitäten** des Statistischen Bundesamts (Statistisches Bundesamt Fachserie 17 in Reihe 10) abzustellen, die ihrer größeren Realitätsnähe wegen den Vorzug vor die auf die Besteuerung abgestellten Länderübersichten des BMF verdienen (vgl Tabellen bei Rahm/Künkel/Breuer, Hdb des Familiengerichtsverfahrens VIII Rz 322ff). Grundsätzlich Gleiches gilt, wenn deutsches Recht gem Abs I S 2, Abs II, IV oder V berufen ist (Verzerrungen ist aber auch hier nach Maßgabe der im folgenden gemachten Erläuterungen abzuhelfen).

32 Ist **ausländisches** Recht Unterhaltsstatut und kennt dieses Bedarfsregelungen gesetzlicher Art oder Tabellen oder Leitlinien nicht, sondern verlangt es individuelle „angemessene" Festsetzung (wie überwiegend), ist grundsätzlich individuelle Festsetzung des Unterhalts geboten (BGH FamRZ 1987, 682; Karlsruhe FamRZ 1992, 58 Frankreich). Läßt sich diese so mangels hinreichender Angaben nicht durchführen, können als Ausgangspunkte wiederum die Werte und Tabellen des deutschen Rechts gewählt werden, jedoch sind dann zur Erzielung eines brauchbaren und Art 18 VII gerecht werdenden Ergebnisses, das sich am wirklichen Bedarf des Berechtigten am Aufenthaltsort orientiert, ggf Zu- und Abschläge vorzunehmen, mit denen Imparitäten Rechnung getragen werden kann (nicht nötig bei Ländern mit vergleichbarem Lebensstandard, so zB Niederlande, BGH NJW 1985, 552, 554; Italien, AG Siegen IPRax 1987, 38 – Regelunterhalt). Auch nach der Einführung des Euro ist in den Ländern der Währungsunion noch nicht von dem Verschwinden von Kaufkraftunterschieden auszugehen, s Krause FamRZ 2002, 145. Insofern folgt folgendes: Leben der Berechtigte und der Verpflichtete in Ländern mit unterschiedlichem Lebensstandard, so ist der Unterhaltsbedarf grundsätzlich nach den tatsächlichen Verhältnissen am Aufenthaltsort des Berechtigten zu bestimmen (BGH FamRZ 1987, 683; Hamm FamRZ 1989, 626; Stuttgart OLGRp 2001, 380 Österreich; München FamRZ 2002, 55 – Türkei, Abschlag $1/3$); zwecks **Teilhabe** am höheren Lebensstandard des Verpflichteten hat der Berechtigte dann aber, soweit das Unterhaltsstatut das zuläßt, Anspruch auf einen Aufschlag (heute st Rspr, s zB Düsseldorf FamRZ 1989, 98; DAVorm 1991, 198; Hamm FamRZ 1989, 1334; 1991, 105 und 718; Hamburg DAVorm 1989, 334; Bamberg NJW-RR 1990, 198; Karlsruhe FamRZ 1991, 602; Celle FamRZ 1991, 600), der aber nicht so hoch bemessen sein darf, daß der Unterhalt das später von dem Berechtigten in seinem Land erzielbare Nettoeinkommen oder das durch einen Erwachsenen derzeit erzielbare Nettodurchschnittserwerbseinkommen übersteigen würde (Düsseldorf FamRZ 1987, 1183; IPRax 1986, 388; Hamm FamRZ 1987, 1302, 1307).

33 Für die Unterhaltsverpflichtung zwischen Ehegatten und **geschiedenen Ehegatten** gilt zusätzlich: Haben die Ehegatten die eheliche Lebensgemeinschaft bereits zu einem Zeitpunkt aufgehoben, als beide noch im Ausland lebten, wird veränderten Einkommen einigen Ehegatten, der nach der Trennung in die BRepD übergesiedelt ist, als unerwartete, vom normalen Verlauf erheblich abweichende Entwicklung regelmäßig außer Betracht bleiben müssen (Hamm FamRZ 1989, 625; Koblenz FamRZ 1993, 1428 und 1442; insoweit unrichtig Düsseldorf FamRZ 1987, 511). Ferner gilt insofern, daß der Halbteilungsgrundsatz hier eingeschränkt gilt, wenn der ins Ausland zurückgekehrte Ehegatte wegen des dort geringeren Lebensstandards geringere Lebenshaltungskosten hat (Karlsruhe FamRZ 1987, 1149; auch zur Ermittlung der ehelichen Lebensverhältnisse). Entsprechendes gilt im umgekehrten Fall, wenn der ins Ausland zurückgekehrte unterhaltspflichtige Ehegatte über inländische Einkünfte verfügt (Hamm FamRZ 1992, 673, 675f).

34 Praktisch überragende Bedeutung hatten insoweit in den zurückliegenden Jahren insbes die **Mittelost-, Ost- und Südosteuropa** betreffenden Fälle des Ehegatten- und Kindesunterhalts von dort lebenden Angehörigen des in Deutschland befindlichen Schuldners gewonnen. Die zahlenmäßig und praktisch bedeutsamsten Fälle haben **Polen** betroffen. Rspr und Schrifttum mußten im Hinblick auf die steigenden Kosten und die Erhöhung der Ansprüche und des Standards allmählich die früheren 1/3–Sätze in den Bereich von höher als 50 % (mit steigender Tendenz)

anheben (s schon BGH FamRZ 1992, 1060, 1063). Die nachfolgend zusammengestellte Rspr aus den zurückliegenden Jahren ist so aktuell nur noch bedingt verwertbar bzw ihre Ergebnisse müssen bei Heranziehung zur Lösung aktueller Fälle nach oben (in einem Bereich bis 60 %) korrigiert werden. S insbes: Stuttgart IPRax 1990, 186; Celle FamRZ 1990, 1390; Bamberg NJW-RR 1990, 198; Hamm IPRax 1990, 186; FamRZ 1991, 718; Hamburg FamRZ 1990, 794; KG FamRZ 1990, 437; Düsseldorf FamRZ 1990, 556; DAVorm 1991, 118; Karlsruhe FamRZ 1991, 600; Celle FamRZ 1993, 103; Hamm FamRZ 1994, 763, 773, 774; Nürnberg FamRZ 1997, 264; AG Kerpen FamRZ 1997, 436; Hamm FamRZ 2000, 908; KG FamRZ 2002, 1057; BGH FamRZ 2001, 412 = JuS 2001, 690 [Hohloch]; Düsseldorf FamRZ 2000, 827; Hamm FamRZ 2000, 29; Henrich IPRax 2001, 437, 438; Niclas DAVorm 2000, 455; für Ansprüche des in Polen lebenden Vaters gegenüber dem in Deutschland lebenden Kind Hamm FamRZ 1990, 1137. Vergleichbare Fragen tauchen im Verhältnis zu **Slowenien** (AG Hannover FamRZ 1998, 858), **Tschechien** (München FamRZ 1998, 857; Karlsruhe FamRZ 1998, 1531), **Bulgarien** (Koblenz FamRZ 1998, 1532; Buseva FamRZ 1997, 264); **Ungarn** (AG Stuttgart IPRspr 1990 Nr 98) und anderen Anrainerstaaten der EU auf (zB Stuttgart FamRZ 1999, 887, 888 – Serbien; Zweibrücken FamRZ 1999, 33 – Türkei). Zu **Rußland** s Koblenz FamRZ 2002, 56 – Kindesunterhalt ⅓; Hamm FamRZ 2001, 918 – Rußlanddeutsche.

(4) Das Unterhaltsstatut bestimmt schließlich auch über die **Währung**, in der zu leisten ist. Demgemäß ist 35 grundsätzlich in der Währung des gewöhnlichen Aufenthaltsortes des Berechtigten zu erfüllen, soweit dem Verpflichteten Leistung in dieser Währung nicht unmöglich oder dem Berechtigten wegen der Instabilität der örtlichen Währungsverhältnisse (Inflation, LG Rottweil DAVorm 1988, 195) oder wegen der örtlich geltenden Devisenvorschriften unzumutbar ist (BGH FamRZ 1987, 370; 1990, 992); zum **Wegfall** der Devisenbeschränkungen für **Polen** Bytomski FamRZ 1991, 783; s zu – zZt meist überholten – Devisenproblemen 10. Aufl Art 18 Rz 35; zur Morgengabe nach **iranischem** Recht und zur Erfüllung in DM Hamm FamRZ 1991, 1319f (entspr für Euro verwertbar).

cc) Dem Unterhaltsstatut unterliegt nach **Nr 1** schließlich auch die **Bestimmung des Anspruchsgegners**. Allerdings ist hier wiederum zu differenzieren. Das Unterhaltsstatut gibt allein vor, gegen wen sich Unterhaltsansprüche richten können (zB Eltern, Ehegatten usw); die damit angeschnittene Vorfrage, wer die für den Anspruchsgegner erforderliche Eigenschaft aufweist (gültige Ehe, eheliches Kind usw), ist für die verschiedenen Fallgestaltungen iS unselbständiger, selbständiger oder alternativer Anknüpfung zu lösen, s Rz 11.

b) **Einleitungsberechtigung und Frist (Nr 2).** Nach Abs VI Nr 2 bestimmt das Unterhaltsstatut auch über die 37 Berechtigung zur Geltendmachung von Unterhaltsansprüchen. Unproblematisch ist das, soweit der Berechtigte selbst den Anspruch erhebt. Nach richtiger Auffassung bestimmt das Unterhaltsstatut aber auch über die gesetzliche Vertretung des unterhaltsberechtigten Kindes im Prozeß gegen einen Elternteil (zB § 1629 II S 2, III BGB; hM, s BGH FamRZ 1986, 345; 1990, 1103, 1107; KG FamRZ 1980, 370; Hamm IPRax 1982, 30; Bremen IPRax 1985, 296; Karlsruhe FamRZ 1986, 1226; KG FamRZ 1990, 437; Stuttgart FamRZ 1991, 595; Hamm FamRZ 1996, 952; KG FamRZ 1998, 378; auch Rauscher StAZ 1987, 130; Heldrich IPRax 1989, 347 zur Unanwendbarkeit von Art 3 MSA; für alternative Anknüpfung hingegen LG Berlin FamRZ 1991, 104; Beitzke IPRax 1990, 172; MüKo/Siehr Art 18 Anh I Rz 291; Kropholler IPR § 47 II 5c). Das Unterhaltsstatut ist auch für die Bestimmung der Klagefristen zuständig (zur Maßgeblichkeit für die Verjährung s schon Rz 26).

c) **Erstattungspflichten gegenüber öffentlichrechtlichen Versorgungsträgern (Nr 3).** Als „Erstattungsstatut" 38 bestimmt das Unterhaltsstatut schließlich über die den Unterhaltspflichtigen gegenüber einer öffentlichen Einrichtung (zB Sozialbehörde, JugA, Unterhaltsvorschußkasse, aber auch privatrechtlicher Verein) für erbrachte Unterhaltsvorleistungen treffende Erstattungspflicht. Hier ist zu unterscheiden. Über das Bestehen eines Erstattungsanspruchs der Einrichtung (durch Überleitung, Legalzession usw) bestimmt immer das Recht, unter dem die Einrichtung handelt (s Art 33 III nF und Erl dort Rz 8ff). Das Unterhaltsstatut bestimmt lediglich über das Ausmaß, in dem der Regreß gegen den Pflichtigen ausgeübt werden kann, s Hamm FamRZ 2001, 918, 919. Die Regelung ist konsequent zur allgemeinen Regelung, daß der Anspruchsübergang die Rechtsstellung des Schuldners nicht verschlechtern kann. Demgemäß untersteht der übergegangene Anspruch in vollem Umfang, einschließlich aller in den Anwendungsbereich fallenden Einzelfragen (zB Verjährung), dem Unterhaltsstatut (insofern abw Wandt ZVerglRW 1987, 296; allg dazu v Bar RabelsZ 53 [1989] 462, 479f).

VIII. Unterhaltsbemessung (Abs VII)

1. **Inhalt und Zweck.** Grundsätzlich bestimmt das Unterhaltsstatut Ausmaß und Höhe der Unterhaltsverpflich- 39 tung (s Rz 28ff). Zur Sicherung der steten Berücksichtigung der Bedürfnisse des Berechtigten und der wirtschaftlichen Verhältnisse (Leistungsfähigkeit) des Verpflichteten, auch bei insofern abweichender, ggf stark schematisierender Regelung des Unterhaltsstatuts, ordnet Abs VII, der Art 11 II des Unterhaltsabkommens v 1973 entspricht und mit Art 4 des Abkommens v 1956 in Einklang steht, als **Sachnorm**, in der sich der Vorbehalt des Ordre public konkretisiert (Celle FamRZ 1990, 1391; Beitzke ZBlJugR 1986, 480), die Anwendung der genannten Bemessungsgrundsätze an. Die Norm durchbricht die Maßgeblichkeit des Unterhaltsstatuts nicht grundsätzlich; berücksichtigt dieses Bedürftigkeit und Leistungsfähigkeit auf seine, von den Maßstäben der lex fori ggf abweichende Weise, bleibt es gleichwohl allein zuständig; Abs VII ist demgemäß nach wie vor mit Zurückhaltung anzuwenden (zutreffend AG Paderborn IPRax 1989, 248; s auch Hamm FamRZ 1989, 1084, 1086; Köln FamRZ 1995, 1582; 1996, 490; Karlsruhe FamRZ 1999, 310) und nicht vorschnell zur Überspielung des eigentlichen Unterhaltsstatuts einzusetzen, wenngleich eine solche Versuchung nahe liegt (wie weitgehend deshalb BGH NJW 1991, 2112, 2114 und Hamm NJW-RR 1992, 711; Karlsruhe FamRZ 1990, 313; Hamm FamRZ 2001, 918, 919 s ferner SozG Stuttgart FamRZ 1992, 235; Hamm OLGRp 2003, 170; Henrich IPRax 1992, 86; krit auch Kropholler FS Bosch 1976, 531).

2. **Anwendung.** Vorauszusetzen ist, daß das Unterhaltsstatut die Berücksichtigung der Bedürfnisse des Berechtigten und der wirtschaftlichen Verhältnisse des Unterhaltsverpflichteten nicht vorsieht. Ist die Regelung des

Unterhaltsstatut so geartet, sind die Kriterien der wirtschaftlichen Verhältnisse und der Bedürfnisse jeweils nach dem Aufenthaltsrecht der betroffenen Seite zu definieren. Die oben Rz 28ff gemachten Ausführungen können hier entsprechend herangezogen werden.

IX. Internationales Verfahrensrecht

40 **1. Internationale Zuständigkeit in Unterhaltssachen. a) Zuständigkeit gem europäischem Recht.** Zunächst zu prüfende Rechtsquelle für die internationale Zuständigkeit in Unterhaltssachen sind heute die an die Stelle des Brüsseler Übereinkommens über die gerichtliche Zuständigkeit und die Vollstreckung gerichtlicher Entscheidungen in Zivil- und Handelssachen vom 27. 9. 1968, BGBl 1972 II 774 – EuGVÜ – getretene **EuGVO** (Verordnung EG Nr 44/2001, s Rz 7 und – allgemein – vor Art 13 Rz 2, 3), sowie das Luganer Übereinkommen – LGVÜ – als Parallelabkommen des ehem EuGVÜ. Die EuGVO hat ab 1. 3. 2002 das EuGVÜ ersetzt.

EuGVÜ/LGVÜ und jetzt die **EuGVO** geben eine **internationale Zuständigkeit für Unterhaltssachen** insbesondere in Art 5 Nr 2 (Wohnsitz des Unterhaltsberechtigten) sowie am allgemeinen Wohnsitzgerichtsstand des Schuldners (Art 2 I); hierzu s Karlsruhe FamRZ 1986, 1226; zu weiteren Zuständigkeiten s im einzelnen Henrich Internationales Familienrecht S 158f; ders IPRax 1985, 207. Zur Bedeutung für die Abänderungsklage Hamm IPRax 1988, 307.

b) Nationales Zuständigkeitsrecht. Außerhalb des EuGVÜ kommen bei dessen Unanwendbarkeit wegen fehlenden Wohnsitzes des Unterhaltsschuldners in einem Vertragsstaat Zuständigkeit gem § 23a ZPO und Verbundzuständigkeit in Betracht. Bilaterale Zuständigkeitsabkommen sind nicht vorhanden.

41 **2. Internationale Durchsetzung von Unterhaltsansprüchen.** Der Durchsetzung von Unterhaltsansprüchen im Ausland im Wege der **Rechtshilfe** dient das **UN-Übereinkommen über die Geltendmachung von Unterhaltsansprüchen im Ausland** vom 20. 6. 1956 (BGBl 1959 II 149), in Kraft für die BRepD seit 19. 8. 1959. Das Abkommen erleichtert die Durchsetzung von Ansprüchen, auch titulierten Ansprüchen (Art 5), durch Inanspruchnahme von Verwaltungsstellen. Durch die „Übermittlungsstelle" im Staate des Aufenthalts des Berechtigten wird der Anspruch an die „Empfangsstelle" im Aufenthaltsstaat des Verpflichteten weitergeleitet, die ihn geltend macht (Art 3 I). Das Abkommen ist auf Ansprüche minderjähriger Kinder nicht beschränkt. Prozeßkostenhilfe wird für das Verfahren nicht gewährt (Frankfurt FamRZ 1987, 302). Abdruck und Kurzerläuterung bei Baumbach/Lauterbach, ZPO Anhang II zu § 168 GVG. Daselbst (und bei Jayme/Hausmann Nr 112 Fn 1) auch Übersicht über die Vertragsstaaten (Beisp AG München FamRZ 2003, 463 – Bosnien). Gegenüber den USA, Kanada oder Südafrika ist das Abkommen nicht anwendbar. Insofern liegt dem Rechtshilfeweg das **Auslandsunterhaltsgesetz** vom 19. 12. 1986 (BGBl II 2563), in Kraft seit 1. 1. 1987, zugrunde (dazu Böhmer IPRax 1987, 139; Uhlig/Berard NJW 1987, 1521). Deutsche „Zentralbehörde" ist jeweils der Generalbundesanwalt, bei dem das Gesuch, ggf der vollstreckbare Titel, anzubringen ist. Das Verfahren setzt Verbürgung der Gegenseitigkeit voraus; Übersicht über die Staaten und die Einzelstaaten der USA, zu denen Gegenseitigkeit verbürgt ist und das Gesetz deshalb anwendbar ist, s FamRZ 1990, 1329 und Bek v 23. 7. 1991 BGBl I 1789.

42 **3. Anerkennung und Vollstreckung von Entscheidungen in Unterhaltssachen. a) Bisherige Rechtslage zu EuGVÜ/LGVÜ.** Nach EuGVÜ/LGVÜ (Rz 40) richtete bzw richtet sich die Anerkennung und Vollstreckung von Entscheidungen in Unterhaltssachen, ohne daß es auf deren Bezeichnung (Urteil, Beschluß, Vollstreckungsbefehl, Kostenfestsetzungsbeschluß), Art 25 EuGVÜ, ankäme, wenn Entscheidungen des einen Vertragsstaats in einem anderen Vertragsstaat anzuerkennen und zu vollstrecken sind. Ohne besonderes Anerkennungsverfahren kann sofort Erteilung der Vollstreckungsklausel beantragt werden (Art 26 I, 31 EuGVÜ iVm §§ 1ff AVAG). Räumlicher Anwendungsbereich ist bzw war der Raum der EU und – für LGVÜ – der EFTA (Norwegen und Schweiz) sowie Polens. Im Inland gilt das Beschlußverfahren vor dem Vorsitzenden einer Zivilkammer des gem § 3 AVAG zuständigen LG. Das EuGVÜ hat seit 1. 3. 2002 – außer im Verhältnis zu Dänemark – Bedeutung nur noch für „Altfälle", s Rz 44.

43 **b) Multilaterale Haager Übereinkommen. aa)** Zeitlich zusammen mit dem Haager Unterhaltsabkommen v 1973 (Rz 2 und Anh Rz 47) ist seit 1. 4. 1987 für die BRepD das **Haager Übereinkommen über die Anerkennung und Vollstreckung von Unterhaltsentscheidungen** vom 2. 10. 1973 (BGBl 1986 II 826; dazu Ausführungsgesetz v 25. 7. 1986 BGBl I 1156) in Kraft getreten. Dazu BGH NJW 1989, 1356; Beitzke ZBlJugR 1986, 480; Galster IPRax 1990, 146; Baumann, Die Anerkennung und Vollstreckung ausländischer Entscheidungen in Unterhaltssachen (1989). Das Abkommen ist in Kraft seit 1. 8. 1976 für Portugal, Schweiz, Tschechoslowakei, seit 1. 5. 1977 für Schweden, seit 1. 10. 1977 für Frankreich, seit 1. 7. 1978 für Norwegen, seit 1. 3. 1980 für Großbritannien, seit 1. 3. 1981 für die Niederlande, seit 1. 6. 1981 für Luxemburg, seit 1. 1. 1982 für Italien, seit 1. 7. 1983 für Finnland, seit 1. 11. 1983 für die Türkei, seit 1. 9. 1987 für Spanien, seit 1. 1. 1988 für Dänemark, seit 1. 1. 1993 für Tschechien und die Slowakei, seit 1. 7. 1996 für Polen, inzwischen auch für Australien, Estland, vgl Fundstellenverzeichnis: B 2002 S 567 u Bek v 19. 2. 2002, BGBl 2002 II 751. Das Abkommen betrifft Unterhaltsentscheidungen von Gerichten und Verwaltungsbehörden einschließlich von Vergleichen **aufgrund familienrechtlicher Unterhaltspflicht**. Die Vollstreckbarerklärung und Vollstreckung erfolgt im Inland im „vereinfachten Verfahren" gem §§ 1ff AVAG (s Rz 42). **bb)** Im Verhältnis zwischen den Vertragsstaaten ersetzt es das **Haager Übereinkommen über die Anerkennung und Vollstreckung von Entscheidungen auf dem Gebiet der Unterhaltspflicht gegenüber Kindern** v 15. 4. 1958 (BGBl 1961 II 1005), das für die BRepD am 1. 1. 1962 in Kraft getreten ist (AusfG v 18. 7. 1961 BGBl I 1033). Text und Erläuterungen bei Baumbach/Lauterbach ZPO Schlußanhang V A 2. Dieses Abkommen ist von Seiten Deutschlands nicht gekündigt und gilt zZt noch im Verhältnis zu Belgien, Liechtenstein, Österreich, Surinam und Ungarn. Es regelt die Vollstreckung von Entscheidungen, die den Unterhaltsanspruch eines ehelichen, nichtehelichen oder an Kindes Statt angenommenen Kindes betreffen, sofern es unverheiratet ist und das 21. Lebensjahr noch nicht vollendet hat (Parallelregelung zum Haager Unterhaltsabkommen von 1956, Rz 5 und Anhang Rz 48), nicht die Entscheidungszuständigkeit, s Henrich IPRax 1985, 207; s ferner dazu Rostock IPRax 2000, 214 m Anm Mankowski S 188. Die heutige praktische Bedeutung ist nicht mehr groß, s zB München FamRZ 2003, 462.

Zu **bilateralen Übereinkommen**, die den Haager Übereinkommen vorgehen oder Entscheidungen außerhalb deren Anwendungsbereichs betreffen, s Erl zu Art 17 Rz 78.

c) **Rechtsänderung durch Inkrafttreten der EuGVO.** Das Inkrafttreten der EuGVO (Verordnung EG Nr 44/ 2001 = „Brüssel I revidiert", s Rz 4 und – allgemein vor Art 13 Rz 2, 3) zum 1. 3. 2002 hat für die Anerkennung und Vollstreckung von Unterhaltstiteln gewisse Veränderungen im Verhältnis zwischen den Staaten der EU (mit Ausnahme von Dänemark) erbracht. Die **EuGVO gilt auch für den Komplex der Anerkennung und Vollstreckung von Unterhaltstiteln** (Urteile, Beschlüsse, gerichtliche Vergleiche und gerichtlich bestätigte Unterhaltsvereinbarungen etc, auch vollstreckbare öffentliche Urkunden s Art 32, 57, 58 EuGVO) und hat insoweit ab dem 1. 3. 2002 die Regelung des EuGVÜ im Verhältnis zu dessen Vertragsstaaten (mit Ausnahme von Dänemark) ersetzt. Das Verfahren der Anerkennung und Vollstreckung ist i wesentlichen unverändert geblieben, es gelten insofern die Art 32, 38ff EuGVO iVm den deutschen **Ausführungsnormen des AVAG** (Gesetz zur Ausführung zwischenstaatlicher Verträge und zur Durchführung von Verordnungen der Europäischen Gemeinschaft auf dem Gebiet der Anerkennung und Vollstreckung in Zivil- und Handelssachen (Anerkennungs- und Vollstreckungsausführungsgesetz – AVAG) v 19. 2. 2001 (BGBl 2001 I 288, ber 436) geändert durch G v 30. 1. 2002 (BGBl 2002 I 654). Die Vollstreckungsvoraussetzungen für Unterhaltstitel aus den EU-Staaten (mit Ausnahme von Dänemark) werden im Inland im **Beschlußverfahren** vor dem Vorsitzenden einer Zivilkammer des gem § 3 AVAG örtlich zuständigen Landgerichts (Schuldnerwohnsitz oder Vermögensbelegenheit) mit dem Ziel der Vollstreckbarerklärung und Klauselerteilung geprüft. Insofern hat sich die Rechtslage im Verhältnis zur Rechtslage unter der Geltung des EuGVÜ in praktischen Auswirkungen nicht geändert. Das inländische Vollstreckbarerklärungsverfahren nach den Art 38ff EuGVO greift in zeitlicher Hinsicht nach näherer Maßgabe des Art 66 II EuGVO für Unterhaltstitel ein, die nach dem Inkrafttreten der EuGVO, dh ab dem 1. 3. 2002 geschaffen worden sind; für andere Unterhaltstitel bleibt es gemäß der Übergangsvorschrift bei der Vollstreckung nach dem EuGVÜ. Die beiden oben Rz 43 erläuterten **Haager Übereinkommen** sind mit dem Inkrafttreten der EuGVO im Verhältnis zwischen den EU-Mitgliedstaaten, in denen die EuGVO in Kraft ist, nicht bedeutungslos geworden. Es gilt insoweit Art 71 II lit b EuGVO, wonach für die Vollstreckung im Anwendungsbereich der Haager Übereinkommen deren Voraussetzungen gelten, das Verfahren aber stets das der EuGVO sein kann (s München FamRZ 2003, 462 – noch zu Art 57 II lit b EuGVÜ). Bedeutung hat die Regelung insofern, als die Anerkennungs- und Vollstreckungsvoraussetzungen nach den Haager Abkommen geringfügig abweichen, zB hinsichtlich der Vorlegungspflicht für Dokumente. Im übrigen kommen Auswirkungen auf die Praxis nicht zum Tragen, da auch die Vollstreckung gemäß den beiden Haager Abkommen nach den Regeln des AVAG (§ 1 I Nr 1 lit c) im Inland abläuft. In den anderen Mitgliedstaaten ist die Ausführung der Art 38 EuGVO nicht einheitlich geregelt, zT gelten wie im Inland besondere Regelungen, zT geschieht die Vollstreckbarerklärung nach Maßgabe der Vollstreckungsregelungen der nationalen Vollstreckungsordnungen. Änderungen können sich in Zukunft dann ergeben, wenn der geplante „Einheitliche europäische Vollstreckungstitel" geschaffen ist (dazu Wagner IPRax 2002,75).

Die EuGVO hat das **Luganer Übereinkommen (LGVÜ)** nicht berührt. Dieses findet wie bislang Anwendung im Verhältnis zu Norwegen, der Schweiz und Polen (insofern seit 1. 2. 2002 in Kraft), ggf zu Mitgliedstaaten der EU für den Zeitraum, in dem diese Mitgliedstaaten der EU noch nicht beigetreten, aber Vertragsstaaten des LGVÜ waren (zB Österreich zwischen 1. 9. 1996 und 1. 1. 1998). Die **EheVO** (Verordnung EG Nr 1347/2000 – Brüssel II –, s vor Art 13 Rz 2, 3 und Art 17 Rz 70ff) hat für die Vollstreckung von Unterhaltstiteln **keine Bedeutung**. Sie betrifft gemäß ihrem Art 1 I „Ehesachen", wozu der Unterhalt, auch zwischen Ehegatten, nicht rechnet. Als europäischer Rechtsakt besteht insofern nur die EuGVO. Ursprünglich zwar geplant, die EheVO um die Unterhaltssachen zu erweitern und zu einer Rechtsakt „Brüssel II-GesamtVO" zu verändern. Die am 27. 11. 2003 verabschiedete **Verordnung EG Nr 2201/2003 des Rates über die Zuständigkeit und die Anerkennung und Vollstreckung von Entscheidungen in Ehesachen und in Verfahren betreffend die elterliche Verantwortung und zur Aufhebung der Verordnung (EG) Nr 1347/2000** (ABl EG 2003 Nr L 338 S 1), die am 1. 8. 2004 in Kraft treten wird („Brüssel II-GesamtVO"), erfaßt Unterhaltspflichten gemäß Art 1 III lit e ausdrücklich nicht. Das weltweit gedachte **„Haager Übereinkommen über die gerichtliche Zuständigkeit und ausländische Entscheidungen in Zivil- und Handelssachen"** ist erst in Vorbereitung und wird in absehbarer Zeit im vorliegenden Kontext keine praktische Rolle spielen (dazu s Grabau/Hennecka RIW 2001, 569; Wagner IPRax 2001, 533).

4. **Abänderung von Unterhaltsentscheidungen.** Für das Verfahren zur Abänderung einer aufgrund von Veränderungen in der Lage des Berechtigten oder Verpflichteten abzuändernden ausländischen Unterhaltsentscheidung gilt die lex fori (Hamm FamRZ 1991, 718; Bamberg NJW-RR 1998, 363, 364). Das Unterhaltsstatut befindet über die sachlichrechtlichen Voraussetzungen einer Abänderung, s Denkschrift BT-Drucksache 10/258, 65 und st Rspr. Im einzelnen gilt insofern folgendes: (1) Die Abänderung eines ausländischen Titels im Wege des Abänderungsverfahrens der lex fori ist völkerrechtlich zulässig (BGH IPRax 1984, 320; s dazu auch Henrich IPRax 1982, 140 und Spellenberg IPRax 1984, 304), sie setzt die Anerkennung der Entscheidung im Inland (inzident im Verfahren der Abänderung) voraus (Hamm FamRZ 1993, 189). (2) Ausländische Unterhaltsentscheidungen, die zu periodischen Unterhaltszahlungen verurteilt haben, sind auf dem Boden des Unterhaltsstatuts abänderbar (str, zB Nürnberg IPRax 1984, 162; Köln IPRax 1988, 30; Koblenz NJW 1987, 2167; NJW 1990, 426; Karlsruhe FamRZ 1990, 314; offengelassen in BGH FamRZ 1992, 1060, 1062); das Unterhaltsstatut, das der abzuändernden Entscheidung zugrundeliegt, bestimmt über die Maßstäbe der Abänderbarkeit (BGH IPRax 1984, 320; KG FamRZ 1993, 978; Hamm FamRZ 1995, 883); typisch verfahrensrechtliche Regelungen hingegen (zB Abänderungszeitpunkt) sind der lex fori zu entnehmen; das Unterhaltsstatut – ggf ein durch Aufenthaltswechsel neues Unterhaltsstatut (nicht bei Art 18 IV, s Rz 21, aber auch Rz 24 aE) bestimmt über den neuen Inhalt. (3) Im einzelnen ist hier auch manches strittig, s Rspr: Karlsruhe FamRZ 1989, 1210; Saarbrücken IPRax 1989, 396; Düsseldorf FamRZ 1989, 1335;

X. Innerdeutsches Kollisionsrecht

46 Bis zum 3. 10. 1990 galten im Verhältnis zur ehemaligen DDR in entsprechender Anwendung Art 18, das Unterhaltsabkommen v 1973 und das Unterhaltsabkommen v 1956 (s schon Rz 2, 5; s zB Hamm FamRZ 1994, 656; Jena OLG-NL 1996, 138), so daß in der Regel der gewöhnliche Aufenthalt des Berechtigten den Anknüpfungspunkt ergab (s Strunk FamRZ 1991, 653, 655). Im heutigen innerdeutschen Kollisionsrecht ist von entsprechender Anwendung von Art 18 I auszugehen, doch sind durch die Ausgestaltung der Überleitungsbestimmungen des Art 234 die kollisionsrechtlichen Probleme weitgehend eliminiert. Insbesondere sind die Unterhaltsbeträge für im Gebiet der früheren DDR lebende Kinder nicht mehr in Abweichung zu den im alten Bundesgebiet anzuwendenden Sätzen zu bemessen (s AG Berlin-Charlottenburg DAVorm 1990, 715; Hamm FamRZ 1991, 1078; Frankfurt NJW 1991, 2777 = JuS 1991, 1060 Nr 7 [Hohloch]; s ferner München DtZ 1991, 298; Gräf FamRZ 1990, 475; BMFJG DAVorm 1990, 517); zur Abänderung von DDR-Unterhaltsurteilen Vogel DtZ 1991, 338.

S ferner die Einzelregeln für die Anpassung von Unterhaltsrenten für Minderjährige im Beitrittsgebiet in Art 234 § 8, zum Regelbedarf nichtehelicher Kinder s Art 234 § 9; zur Übergangsregelung der Vaterschaftsfeststellung s Art 234 § 7. Zum nachehelichen Unterhalt s Erl Art 17 Rz 85.

Anhang

47 **I. Haager Übereinkommen über das auf Unterhaltspflichten anwendbare Recht vom 2. 10. 1973 (BGBl 1986 II 837)**

1. Zum Geltungsbereich und Inhalt s allg Rz 2, 4. Die Regeln des Abkommens, das Art 18 streng genommen vorgeht (Rz 2), liegen den Einzelregeln des Art 18 zugrunde. Es kann demgemäß auf die dortige Kommentierung verwiesen werden. Die einschlägigen Randzahlen sind unten vermerkt.

2. Wortlaut der amtlichen deutschen Übersetzung im Auszug:

Kapitel I. Anwendungsbereich des Übereinkommens

Artikel 1

Dieses Übereinkommen ist auf Unterhaltspflichten anzuwenden, die sich aus Beziehungen der Familie, Verwandtschaft, Ehe oder Schwägerschaft ergeben, einschließlich der Unterhaltspflicht gegenüber einem nichtehelichen Kind.

Vgl Rz 25, 26

Artikel 2

(1) Dieses Übereinkommen regelt das Kollisionsrecht nur auf dem Gebiet der Unterhaltspflicht.

(2) Die in Anwendung dieses Übereinkommens ergangenen Entscheidungen greifen dem Bestehen einer der in Artikel 1 genannten Beziehungen nicht vor.

Vgl Rz 11

Artikel 3

Das von diesem Übereinkommen bestimmte Recht ist unabhängig vom Erfordernis der Gegenseitigkeit anzuwenden, auch wenn es das Recht eines Nichtvertragsstaates ist.

Vgl Rz 2

Kapitel II. Anzuwendendes Recht

Artikel 4

(1) Für die in Artikel 1 genannten Unterhaltspflichten ist das am gewöhnlichen Aufenthalt des Unterhaltsberechtigten geltende innerstaatliche Recht maßgebend.

(2) Wechselt der Unterhaltsberechtigte seinen gewöhnlichen Aufenthalt, so ist vom Zeitpunkt des Aufenthaltswechsels an das innerstaatliche Recht des neuen gewöhnlichen Aufenthalts anzuwenden.

Vgl Rz 14–15

Artikel 5

Kann der Berechtigte nach dem in Artikel 4 vorgesehenen Recht vom Verpflichteten keinen Unterhalt erhalten, ist das Recht des Staates, dem sie gemeinsam angehören, anzuwenden.

Vgl Rz 16–17

Artikel 6

Kann der Berechtigte nach den in den Artikeln 4 und 5 vorgesehenen Rechten vom Verpflichteten keinen Unterhalt erhalten, so ist das innerstaatliche Recht der angerufenen Behörde anzuwenden.

Vgl Rz 18

Familienrecht Anh Art 18 EGBGB

Artikel 7

Bei Unterhaltspflichten zwischen Verwandten in der Seitenlinie oder Verschwägerten kann der Verpflichtete dem Anspruch des Berechtigten entgegenhalten, daß nach dem Recht des Staates, dem sie gemeinsam angehören, oder, mangels einer gemeinsamen Staatsangehörigkeit, nach dem innerstaatlichen Recht am gewöhnlichen Aufenthalt des Verpflichteten eine solche Pflicht nicht besteht.

Vgl Rz 19

Artikel 8

(1) Abweichend von den Artikeln 4 bis 6 ist in einem Vertragsstaat, in dem eine Ehescheidung ausgesprochen oder anerkannt worden ist, für die Unterhaltspflichten zwischen den geschiedenen Ehegatten und die Änderung von Entscheidungen über diese Pflichten das auf die Ehescheidung angewandte Recht maßgebend.

(2) Absatz 1 ist auch im Fall einer Trennung ohne Auflösung des Ehebandes und im Fall einer für nichtig oder als ungültig erklärten Ehe anzuwenden.

Vgl Rz 20–23

Artikel 9

Für das Recht einer öffentliche Aufgaben wahrnehmenden Einrichtung auf Erstattung der dem Unterhaltsberechtigten erbrachten Leistungen ist das Recht maßgebend, dem die Einrichtung untersteht.

Vgl Rz 24

Artikel 10

Das auf eine Unterhaltspflicht anzuwendende Recht bestimmt insbesondere,
1. ob, in welchem Ausmaß und von wem der Berechtigte Unterhalt verlangen kann;
2. wer zu Einleitung des Unterhaltsverfahrens berechtigt ist und welche Fristen für die Einleitung gelten;
3. das Ausmaß der Erstattungspflicht des Unterhaltsverpflichteten, wenn eine öffentliche Aufgaben wahrnehmende Einrichtung die Erstattung der dem Berechtigten erbrachten Leistungen verlangt.

Vgl Rz 28–38

Artikel 11

(1) Von der Anwendung des durch dieses Übereinkommen bestimmten Rechtes darf nur abgesehen werden, wenn sie mit der öffentlichen Ordnung offensichtlich unvereinbar ist.

(2) Jedoch sind bei der Bemessung des Unterhaltsbetrages die Bedürfnisse des Berechtigten und die wirtschaftlichen Verhältnisse des Unterhaltsverpflichteten zu berücksichtigen, selbst wenn das anzuwendende Recht etwas anderes bestimmt.

Vgl Rz 10, 39

Kapitel III. Verschiedene Bestimmungen

Artikel 12

Dieses Übereinkommen ist nicht auf Unterhalt anzuwenden, der in einem Vertragsstaat für eine vor dem Inkrafttreten des Übereinkommens in diesem Staat liegende Zeit verlangt wird.

Artikel 13, 14 *vom Abdruck abgesehen*

II. Haager Übereinkommen über das auf Unterhaltsverpflichtungen gegenüber Kindern anzuwendende Recht vom 24. 10. 1956 (BGBl 1961 II 1012) nebst Ergänzungsgesetz v 2. 6. 1972 (BGBl II 589, Art 1a) 48

1. Zum Geltungsbereich s allg oben Rz 5. Das Abkommen gilt derzeit noch im Verhältnis zu Belgien, Liechtenstein und Österreich, s oben Rz 5; s ferner auch Rz 43, 44; s iü Erman/Marquordt[7] Anh vor Art 13 Rz 2ff.

2. Wortlaut der amtlichen deutschen Übersetzung im Auszug:

Artikel 1

(1) Ob, in welchem Ausmaß und von wem ein Kind Unterhalt verlangen kann, bestimmt sich nach dem Recht des Staates, in dem das Kind seinen gewöhnlichen Aufenthalt hat.

(2) Wechselt das Kind seinen gewöhnlichen Aufenthalt, so wird vom Zeitpunkt des Aufenthaltswechsels an das Recht des Staates angewendet, in dem das Kind seinen neuen gewöhnlichen Aufenthalt hat.

(3) Das in den Absätzen 1 und 2 bezeichnete Recht gilt auch für die Frage, wer die Unterhaltsklage erheben kann und welche Fristen für die Klageerhebung gelten.

(4) „Kind" im Sinne dieses Übereinkommens ist jedes eheliche, uneheliche oder an Kindes Statt angenommene Kind, das unverheiratet ist und das 21. Lebensjahr noch nicht vollendet hat.

Artikel 2

Abweichend von den Bestimmungen des Artikels 1 kann jeder Vertragsstaat sein eigenes Recht für anwendbar erklären,
a) wenn der Unterhaltsanspruch vor einer Behörde dieses Staates erhoben wird,
b) wenn die Person, gegen die der Anspruch erhoben wird, und das Kind die Staatsangehörigkeit dieses Staates besitzen und
c) wenn die Person, gegen die der Anspruch erhoben wird, ihren gewöhnlichen Aufenthalt in diesem Staat hat.

Artikel 3
Versagt das Recht des Staates, in dem das Kind seinen gewöhnlichen Aufenthalt hat, ihm jeden Anspruch auf Unterhalt, so findet entgegen den vorstehenden Bestimmungen das Recht Anwendung, das nach den innerstaatlichen Kollisionsnormen der angerufenen Behörde maßgebend ist.

Artikel 4
Von der Anwendung des in diesem Übereinkommen für anwendbar erklärten Rechts kann nur abgesehen werden, wenn seine Anwendung mit der öffentlichen Ordnung des Staates, dem die angerufene Behörde angehört, offensichtlich unvereinbar ist.

Artikel 5
(1) Dieses Übereinkommen findet auf die unterhaltsrechtlichen Beziehungen zwischen Verwandten in der Seitenlinie keine Anwendung.

(2) Das Übereinkommen regelt das Kollisionsrecht nur auf dem Gebiet der Unterhaltspflicht. Der Frage der sonstigen familienrechtlichen Beziehungen zwischen Schuldner und Gläubiger und der Frage der Abstammung kann durch Entscheidungen, die auf Grund dieses Übereinkommens ergehen, nicht vorgegriffen werden.

Artikel 6–11 *vom Abdruck abgesehen.*

3. Deutsches Zustimmungsgesetz v 24. 10. 1956 idF des Ergänzungsgesetzes v 2. 6. 1972 BGBl II 589

Artikel 1a
Auf Unterhaltsansprüche deutscher Kinder findet deutsches Recht Anwendung, wenn die Voraussetzungen des Artikels 2 des Übereinkommens vorliegen.

Vorbemerkung Art 19–24

1   Art 19–24 haben von Art 13–17 wie Art 18 deutlich getrennte Anwendungsbereiche. Traditionell sind hier das internationale Kindschaftsrecht und die Anknüpfungsregeln für Vormundschaft, Pflegschaft und Betreuung normiert. Änderungen im materiellen Recht haben so auch die Veränderung dieser Regeln und Normen zur Folge. Für Art 19, 20 und 21 hat zuletzt die Kindschaftsrechtsreform von 1997/98 in beträchtlichem Umfang Änderungen erbracht; die jetzt im EGBGB als geltendes Recht (in Kraft seit 1. 7. 1998) stehenden Art 19–21 regeln nunmehr Abstammung eines Kindes (Art 19), Anfechtung der Abstammung (Art 20) und die Rechtswirkungen des Eltern-Kind-Verhältnisses (Art 21). Die Abschaffung des Statusunterschieds eheliche Kindschaft – nichteheliche Kindschaft im materiellen Recht hat damit auch das EGBGB ergriffen. Die bisherigen Art 19 (eheliche Kindschaft), 20 (nichteheliche Kindschaft) sind aus diesem Grund der grundsätzlichen Abschaffung des Statusunterschieds außer Kraft gesetzt worden, für Art 21 bisheriger Fassung, in dem die Anknüpfung der Legitimation enthalten war, ist nach der Entbehrlichkeit der Legitimation für das deutsche materielle Recht der Bedarf zukünftiger Weitergeltung ebenfalls verneint worden. Die Art 22–24 hingegen haben solche Änderungen nicht erfahren; durch die Kindschaftsrechtsreform sich für das materielle Adoptionsrecht ergebende Änderungen haben die Sicht der kollisionsrechtlichen Behandlung der Adoption (Art 22) nicht verändert, gleich verhält es sich mit der Anknüpfung von Zustimmungen nach Art 23 und schließlich auch mit der Erwähnung von Vormundschaft, Pflegschaft und Betreuung in Art 24. Abkommensrecht hat indes nicht unerhebliche Veränderungen in der Behandlung der Auslandsadoption erbracht.

2   Soweit kollisionsrechtlich Unterschiede hinsichtlich der ehelichen oder nichtehelichen Abstammung zu machen sind oder Legitimation zu beurteilen ist, was bei nichtdeutschen Staatsangehörigkeit eines Kindes nach wie vor der Fall sein kann, ist sonach auf die sich aus Art 19 bis 21 ergebenden neuen und allgemeinen Regeln abzustellen, uU kann auch Art 22 oder 23 insofern Bedeutung haben. Für „Altfälle" im Sinne der Übergangsvorschrift Art 224 hingegen wird es angesichts des Langzeitcharakters eines Abstammungs- und Kindschaftsverhältnisses noch längere Zeit, dh wenigstens bis zur Erreichung der Volljährigkeit von 1998 geborenen Kindern, bei der Maßgeblichkeit der bisherigen Art 19 und 20 aF bleiben. Sie sind deshalb in der Neuauflage wie schon in der 10. Auflage nicht nur in der Rubrik „Intertemporales Recht" berücksichtigt, sondern, soweit im Hinblick auf diese praktische Weiterbenützung erforderlich, nochmals mit Kommentierung als Anhang zu den Art 19–21 nF aufgenommen.

Schrifttum: Materialien und Schrifttum zu Art 19–21 nF: *Henrich,* Änderungen der internationalprivatrechtlichen Vorschriften im Regierungsentwurf zur Reform des Kindschaftsrechts StAZ 1996, 353i, **Dokumentation:** Gesetz zur Reform des Kindschaftsrechts (KindRG) vom 16. 12. 1997, IPRax 1998, 307–308. **Materialien und Schrifttum zu Art 19–21 aF:** S üAnhang und Art 19–21 nF bei Art 19 aF und Art 20 aF, s ferner 9. Aufl bei Art 19, 20, 21 aF.

19 *Abstammung*
(1) Die Abstammung eines Kindes unterliegt dem Recht des Staates, in dem das Kind seinen gewöhnlichen Aufenthalt hat. Sie kann im Verhältnis zu jedem Elternteil auch nach dem Recht des Staates bestimmt werden, dem dieser Elternteil angehört. Ist die Mutter verheiratet, so kann die Abstammung ferner nach dem Recht bestimmt werden, dem die allgemeinen Wirkungen ihrer Ehe bei der Geburt nach Artikel 14 Abs. 1 unterliegen; ist die Ehe vorher durch Tod aufgelöst worden, so ist der Zeitpunkt der Auflösung maßgebend.

(2) Sind die Eltern nicht miteinander verheiratet, so unterliegen Verpflichtungen des Vaters gegenüber der Mutter auf Grund der Schwangerschaft dem Recht des Staates, in dem die Mutter ihren gewöhnlichen Aufenthalt hat.

Schrifttum: S vor Art 19–24; *Hepting*, Konkurrierende Vaterschaften in Auslandsfällen, StAZ 2000, 33; *Oprach*, Das Abstammungsstatut nach Art 19 EGBGB alter und neuer Fassung im deutsch-italienischem Rechtsverkehr, IPRax 2001, 325.

I. Allgemeines

1. Inhalt und Zweck. Art 19 nF ist Ergebnis der Reform des Kindschaftsrechts und des internationalen Kindschaftsrechts durch das KindRG v 16. 12. 1997 (BGBl 1997 I 2942). Die Kindschaftsrechtsreform hat im materiellen deutschen Recht die Unterschiede zwischen ehelicher und nichtehelicher Kindschaft entfallen lassen und hebt einheitlich auf die Abstammung ab. Art 19 nF enthält in Konsequenz dieser Sicht nurmehr eine einheitlich gefaßte Kollisionsnorm für die „Abstammung des Kindes" (dazu Henrich StAZ 1998, 1; FamRZ 1998, 1401). Grundsätzlich bestimmt sich die Abstammung nun nach dem Recht des gewöhnlichen Aufenthalts des Kindes, das damit sachgemäß im Mittelpunkt der das Kind maßgeblich betreffenden Anknüpfung steht (**Abs I S 1**). **Abs I S 2** und **3** enthalten dann Zusatzanknüpfungen, nach denen die Abstammung ebenfalls festgestellt werden kann; es handelt sich freilich um Alternativen, die ihrem Sinn nach nur zum Zuge kommen, wenn die Abstammung sich nicht schon aus der Grundregel des Satz 1 ergibt. Aus Satz 2 und 3 folgt nicht, daß die Abstammung zu verneinen ist, wenn sie sich aus dem nach Satz 1 maßgeblichen Recht ergibt, aus den nach Satz 2 und 3 maßgeblichen Rechten hingegen nicht ergeben würde. **Abs II** betrifft den Status des Kindes nicht, sondern regelt das im Falle nichtehelicher Kindschaft für Verpflichtungen des Vaters gegenüber der Mutter maßgebliche Recht im Sinne der Anordnung der Maßgeblichkeit des Rechts des gewöhnlichen Aufenthalts der Mutter, dh im Sinne der Maßgeblichkeit des Rechts ihrer gewöhnlichen Umwelt. Das ist jedenfalls im Ergebnis sachgerecht, die Regelung im Zusammenhang des Abstammungskollisionsrechts zu treffen, erscheint nicht zwingend, da die Verpflichtungen des Vaters weitgehend unterhaltsrechtlicher Natur sind. Angesichts des unmittelbaren Zusammenhangs von Art 18 mit seiner staatsvertraglichen Grundlage (Erl zu Art 18 Rz 2, 4), die nicht den Gesamtbereich von Abs II abdeckt, ist die Ansiedlung bei Art 19 aber jedenfalls vertretbar.

2. Vorgeschichte und altes Recht. Art 19 nF ist an den Platz des bisherigen, die eheliche Abstammung und deren Wirkungen regelnden Art 19 aF (Fassung 1986) getreten. Anders als Art 19 aF erfaßt Art 19 nF aber nur die Begründung der Abstammung, nicht mehr deren Wirkungen. Diese richten sich bei Geltung der Art 19–21 nF nunmehr nach Art 21 nF. Da Art 19 nF die Begründung der Abstammung insgesamt erfaßt und nicht mehr zwischen ehelicher und nichtehelicher Abstammung für die Anknüpfung getrennt wird, ist insoweit jetzt auch der Anwendungsbereich des bisherigen Art 20 I aF erfaßt. Die jetzige Fassung der Norm beruht auf Vorarbeiten des Deutschen Rats für Internationales Privatrecht und hat das Gesetzgebungsverfahren im wesentlichen in der Fassung des RegE bis zur Verabschiedung durchlaufen. Zur Vorgeschichte von Art 19 aF (Fassung 1986) s 9. Aufl Erl Art 19 Rz 2 und unten Rz 7.

3. Als staatsvertragliche Regelungen haben gem Art 3 II Vorrang die Kollisionsnormen des **Brüsseler CIEC-Übereinkommens über die Feststellung der mütterlichen Abstammung nichtehelicher Kinder** v 12. 9. 1962 (BGBl 1965 1123). Dieses Übk ist für Deutschland seit dem 24. 7. 1965 im Verhältnis zu den Niederlanden und zur Schweiz in Kraft. Es gilt heute ferner für das Verhältnis zur Türkei (seit 12. 1. 1966, Bek BGBl II 105), zu Griechenland (seit 22. 7. 1979, Bek BGBl II 1024), zu Luxemburg (seit 28. 6. 1981, Bek BGBl II 457) und zu Spanien (seit 16. 3. 1984, Bek BGBl II 229). Das Übk geht gem dem Inhalt seiner Regelung (Art 1–5) dem Art 19 I nur begrenzt vor. Vorrang betrifft der Abkommensregelung nur insoweit zu, als gem S 1 I des Übk die mütterliche Abstammung eines nichtehelichen Kindes als festgestellt gilt, wenn im Geburtseintrag eines solchen Kindes (im Staat des Registers) eine Frau als Mutter des Kindes bezeichnet ist. Da die Abstammung jedoch bestritten werden kann und insoweit eine Kollisionsregel im Übk nicht enthalten ist, bleibt es dann insoweit bei der Maßgeblichkeit der von Art 19 nF berufenen Rechte. Diese bestimmen auch über die Rechtswirksamkeit der Anerkennung der Mutterschaft (Art 4 des Übk). Zu den **CIEC-Übereinkommen vom 14. 9. 1961 über die Erweiterung der Zuständigkeit der Behörden, vor denen nichteheliche Kinder anerkannt werden können** und **vom 12. 9. 1962 über die Feststellung der mütterlichen Abstammung** s Erl zu Art 20 aF Rz 3 mwN. Als **zweiseitiges Abkommen** verdrängt das **Niederlassungsabkommen zwischen dem Deutschen Reich und dem Kaiserreich Persien** (Deutsch-Iranisches Niederlassungsabkommen) vom 17. 2. 1929 (RGBl 1910 II 1002, 1006; 1931 II 9; BGBl 1955 II 829) Art 19 I wie II; das Abkommen kommt zur Anwendung, wenn alle Beteiligten (Kind wie Elternteil oder Eltern) iranische Staatsangehörige sind, das Abkommen beruft dann iranisches Recht (Art 8 III; s Textabdruck bei Erl zu Art 14 Rz 35, vgl BayObLG StAZ 1989, 48ff). Hinsichtlich Art 19 II nF ist der grundsätzliche Vorrang des Haager Übereinkommens über das auf Unterhaltspflichten anwendbare Recht vom 2. 10. 1973 (BGBl 1986 II 825) zu beachten, das allseitig gilt und hinter der Regelung des Art 18 steht (s Erl zu Art 18 Rz 2, 4). Art 19 II nF hat demgemäß dort, wo es um Unterhalt geht, keine eigene Bedeutung.

4. Geltung allgemeiner Regeln. Art 20 ist den allg Verweisungsregeln grundsätzlich zugänglich. **a) Rück- und Weiterverweisung** sind, da Art 4 I uneingeschränkte Geltung beanspruchen kann, dort in Betracht zu ziehen, wo Art 19 nF Gesamtverweisungen enthält. Gesamtverweisung liegt vor bei Abs I S 1; die Verweisung auf das Recht des gewöhnlichen Aufenthaltes des Kindes ist nach allgemeinen Regeln wie auch in den anderen Fällen, in denen das EGBGB auf den gewöhnlichen Aufenthalt abstellt, Gesamtverweisung, eine Verengung des staatsvertraglicher Art wie bei Art 1, 2 MSA oder Art 18 EGBGB ist nicht ersichtlich (im Erg ebenso Pal/Heldrich Art 19 Rz 2; Staud/Henrich, Art 19 [2002] Rz 25, 27; aA MüKo/Klinkhardt Art 19 nF Rz 18 und 61). Ebenfalls Gesamtverweisung enthält so Abs II, was sich aber dort nicht auswirken kann, wo Abs II mit dem vorrangigen Art 18 konkurriert (s Rz 1, 25, 26). Hingegen ist das Prinzip des möglichen Renvoi eingeschränkt bei den aus Abs I S 2 und 3 folgenden Verweisungen, eine durch die Anknüpfung an die Staatsangehörigkeit eines Elternteils nach S 2 erfolgende Verweisung ist im Grundsatz ebenfalls Gesamtverweisung, führt sie jedoch auf das Recht eines Staats mit

Domizilprinzip, bleibt es im Interesse einer alternativ zu ermöglichenden Abstammungslösung bei der Verweisung auf das Sachrecht des Staats der Staatsangehörigkeit, die Begründung folgt aus Art 4 I („Sinn der Verweisung", s Erl Art 4 Rz 17–19). Sachnormverweisung oder Gesamtverweisung liegt nach denselben Gesichtspunkten ferner dort vor, wo sich das von S 3 berufene Familienstatut der Elternehe erst über Art 14 I Nr 3 ergibt (s Erl Art 14 Rz 6).

5   **b) Ordre public.** Gegenüber Art 19 I wie Abs II ist die Vorbehaltsklausel des Art 6 grundsätzlich einsetzbar, s die Übersicht bei Erl Art 6 Rz 38ff sowie die hier zum Anwendungsbereich von Art 19 und 20 nF gemachten Erl (Rz 19 und Art 20 Rz 5).

6   **c) Vorfrage.** Die nach altem Recht für Art 19 I aF bedeutsame Vorfrage des Bestehens einer wirksamen Ehe der Mutter hat für Art 19 I nF an Bedeutung eingebüßt, da Abs I einhellig nur nach der Abstammung fragt. Soweit S 3 aber das Familienstatut der Mutterehe zum Abstammungsstatut macht, ist dessen Herleitung gem Art 14 I in S 3 schon vorgegeben. Selbständig anzuknüpfen ist dann in diesem Rahmen die Frage, ob wirksame Ehe besteht, nicht anders als im Rahmen von Art 14 I selbst (s Erl Art 14 Rz 9; auch Staud/Henrich, Art 19 [2002] Rz 34).

7   **5. Intertemporales Recht.** Die bei Art 19 nF zu beachtende gesetzliche Übergangsregel ergibt sich nicht unmittelbar aus Art 220, der die 1986 eingetretenen Rechtsänderungen betrifft (Erl zu Art 19 aF Rz 11), sondern aus Art 224 § 1 (ebenso MüKo/Klinkhardt Art 19 nF Rz 49 mit irriger Verweisung auf Art 223 § 1; Pal/Heldrich Art 19 nF Rz 3). Danach richtet sich die Vaterschaft eines vor dem 1. 7. 1998 geborenen Kindes nach den bisherigen Vorschriften, einschließlich dem bisherigen Kollisionsrecht, so daß insoweit weiterhin nach Art 19 und 20 aF das maßgebliche Recht zu bestimmen ist (ebenso Stuttgart FamRZ 2001, 247; Pal/Heldrich Art 19 Rz 3; aA Dörner, FS Henrich [2000] 119, 128). Entweder in entsprechender Anwendung von Art 224 § 1 oder nach den aus Art 220 I und II zu entnehmenden Grundgedanken gilt dasselbe auch für andere Fragen der Begründung der Abstammung, dh für Abstammung aus Geburt, aus Anerkennung oder Urteil. Art 19 I nF (ebenso MüKo/Klinkhardt Art 19 nF Rz 49; unklar und das Problem nicht voll erfassend BT-Drucks 13/4899, 138). Folge dieser Übergangsregelung ist, daß Art 19 I nF nur bei Kindern anzuwenden ist, die am 1. 7. 1998 oder später geboren worden sind. In anderen Fällen regelt sich die Abstammungsfrage nach wie vor nach altem IPR, dh nach Art 19, 20 aF und nach den insofern im Hinblick auf die 1986 eingetretene Rechtsänderung geltenden Übergangsregeln (dazu Anhang I u II zu Art 21, Erl Art 19 aF Rz 11, Art 20 aF Rz 8). Hinsichtlich **Abs II** gilt übergangsrechtlich anderes, soweit Abs II unterhaltsrechtliche Fragen erfaßt, besteht hinsichtlich der Anknüpfung an den gewöhnlichen Aufenthalt grundsätzlicher Gleichklang mit dem wie gegenüber Art 18 als vorrangig dem Haager Übereinkommen über das auf Unterhaltspflichten anwendbare Recht vom 2. 10. 1973 (Rz 1 und Erl zu Art 18 Rz 2, 4). Im Rahmen dieses Vorrangs kommt das Inkrafttreten von Abs II am 1. 7. 1998 nicht zum Tragen, da insgesamt gem Art 18 oder der zugrunde liegenden Abkommensregel anzuknüpfen ist. Im weiteren Anwendungsbereich (zB Ersatz der Kosten von Schwangerschaft und Geburt ist Art 220 I und II entsprechend heranzuziehen, da eine spezielle positivierte Regel in Art 224 nicht enthalten ist. Abs II gilt so für Geburten vom 1. 7. 1998 an, bei Geburtsfällen vor diesem Zeitpunkt bleibt es bei den Regeln des alten IPR (Art 20 I S 2, vgl Erl Art 20 aF Rz 16).

8   **6. Innerdeutsches Kollisionsrecht.** Die Kindschaftsrechtsreformgesetzgebung von 1997/1998 hat Rechtsunterschiede, die aus Art 234 für das Gebiet der alten und der neuen Länder noch folgten (s BGH NJW 1999, 1862), auf dem Gebiet des Familienrechts beseitigt. Innerdeutsches Kollisionsrecht auf der Basis von Art 19 nF ist somit entbehrlich. Soweit „Altfälle" aus der Zeit vor dem 3. 10. 1990 zu beurteilen sind, gelten die insoweit in der Geltungszeit von Art 19, 20 aF entwickelten Regeln (Erl zu Art 19 aF Rz 12, Art 20 Rz 9 und 10) weiter.

II. Das für die Abstammung maßgebliche Recht (Abstammungsstatut Abs I)

9   **1. Primär- und Grundsatzanknüpfung.** Nach S 1 unterliegt die Abstammung eines Kindes primär und grundsätzlich dem Recht seines gewöhnlichen Aufenthaltes, das Gesetz rückt damit in Umkehrung der Reihenfolge des bisherigen Rechts (Art 19 I aF) den Kindesaufenthalt an die erste Stelle, Folge des Verzichts auf den Statutenunterschied zwischen ehelichen und nichtehelichen Kindern. Der in S 1 benutzte Begriff des gewöhnlichen Aufenthaltes ist der für IPR wie IZPR allgemeingültige, dh er liegt dort, wo das Kind seinen faktischen Lebensmittelpunkt hat, ohne daß dieser mit dem gewöhnlichen Aufenthalt eines oder beider Elternteile übereinstimmen oder durch diese bestimmt sein muß. Für Einzelheiten s die ausführliche Erläuterung des Begriffs bei Art 5 Rz 43ff. Folge der in S 1 getroffenen Regelung ist, daß bei gewöhnlichem Inlandsaufenthalt des Kindes ungeachtet seiner Staatsangehörigkeit und ungeachtet der Staatsangehörigkeit von Elternteilen oder Eltern deutsches Recht (§§ 1591f) für die Bestimmung der Abstammung zum Zuge kommt. Weitere Folge der Gesetz gewordenen Regelung ist, daß Statutenwechsel eintreten kann und dann auch beachtlich ist. Bei Verlegung des gewöhnlichen Aufenthaltes kann sich das Anknüpfungsergebnis ändern („wandelbares Statut"), mit der Folge, daß – jedenfalls im Hinblick auf die aus S 1 folgende Anknüpfung – eine Abstammung festgestellt werden kann, die bislang so nicht festgestellt war, oder auch eine Abstammung entfällt, die bislang so gegeben war (vgl mit Beispielen für insofern erhebliche Aufenthaltsländer, insbesondere des islamischen Rechtskreises Henrich StAZ 1998, 1, 2; s ferner Looschelders IPRax 1999, 420ff; Dörner, FS Henrich [2000] 119, 126). Diese Folgen können hingenommen werden, da S 1 nicht isoliert zu sehen ist, sondern um die Anknüpfungen von S 2 und S 3 ergänzt wird, zumindest die für Kinder einer verheirateten Mutter in S 3 enthaltene Anknüpfung an das Familienstatut der Mutterehe im Zeitpunkt der Geburt, ist sowohl unwandelbar als auch stabil und auf Richtigkeit des Abstammungsergebnisses angelegt, s Rz 11.

10   **2. Zusatzanknüpfungen (Abs I S 2 und 3). a)** Die Primäranknüpfung von S 1 ist durch die Zusatzanknüpfungen von S 2 und S 3 ergänzt, mit denen ebenfalls in Betracht kommende Rechte zum Zuge kommen. S 2 erlaubt, im Verhältnis zu jedem Elternteil die Abstammung des Kindes auch nach dem Recht des Staates zu bestimmen,

Familienrecht **Art 19 EGBGB**

dem dieser Elternteil angehört. Insoweit ist Art 5 I zu beachten, so daß lediglich die effektive, nicht auch eine andere Staatsangehörigkeit das Statut dieser Abstammung ergibt. Bei konkurrierender deutscher Staatsangehörigkeit hat diese gem Art 5 I S 2 den Vorrang, ansonsten gilt Art 5 I S 1 (dazu s Erl Art 5 Rz 6). Es gilt für S 2 dann die aktuelle Staatsangehörigkeit, so daß auch insoweit Statutenwechsel zu beachten ist (s schon Rz 9). Bei fehlender Staatsangehörigkeit (Staatenlosigkeit und unaufgeklärte Staatsangehörigkeit) gilt Art 5 II, bei Asylberechtigten und Flüchtlingen bestimmt sich die Abstammung nach dem insoweit vermittelten „Flüchtlingsstatut" (dazu Erl Art 5 Rz 10ff).

b) Nach S 3 kann die Abstammung, wenn die Mutter verheiratet ist, ferner nach dem Recht bestimmt werden, 11 dem die allgemeinen Wirkungen ihrer Ehe bei der Geburt nach Art 14 I unterliegen; ist die Ehe vor der Geburt des Kindes durch Tod aufgelöst worden, ist das Statut der allgemeinen Ehewirkungen des Zeitpunkts dieser Auflösung maßgebend. **aa)** S 3 erhält damit die Grundsatzanknüpfung des bisherigen Rechts (Art 19 I S 1 aF mit Art 14 I) aufrecht, allerdings nur als Zusatzanknüpfung, die aber für Kinder aus einer Ehe praktische Bedeutung haben kann. Anders als die sich aus S 1 und S 2 ergebenden Statuten ist das sich aus S 3 ergebende Statut nicht wandelbar, da es unwandelbar auf den Zeitpunkt von Geburt oder Eheauflösung durch Tod festgeschrieben ist. Notwendige Voraussetzung der Anwendung von S 3 Hs 1 ist zunächst, daß die Mutter im Zeitpunkt der Geburt verheiratet ist. Ob Ehe vorliegt, ist selbständig nach Art 13 anzuknüpfen (Rz 6). Erforderlich ist Ehe im Sinne des deutschen Qualifikationsverständnisses, so daß zwar auch die vom Heimatrecht erlaubte polygame Ehe, nicht aber eine nichteheliche Partnerschaft für die Anwendung von S 3 genügt (ebenso Pal/Heldrich Art 19 Rz 5; abw MüKo/Klinkhardt Art 19 nF Rz 41). Notwendig ist rechtsgültige Ehe im Zeitpunkt der Geburt, ob Vernichtbarkeit, Aufhebbarkeit oder Scheidbarkeit Einfluß auf die Abstammung haben, regelt das über die Frage der Gültigkeit der Ehe bestimmende Recht nach Maßgabe des im Hinblick auf die Abstammung einzusetzenden Günstigkeitsprinzips (s Erl zu Art 19 aF Rz 9).

Keine rechtsgültige Ehe in diesem Sinne liegt vor, wenn die Ehe im Zeitpunkt der Geburt entweder im Inland 12 bereits rechtskräftig geschieden war oder die im Ausland geschehene Scheidung im Inland anerkannt ist (Art 13ff EheVO oder Art 7 § 1 FamRÄndG, s Erl zu Art 17 Rz 70ff). Ob „hinkende Scheidung" vorliegt, ist insofern unbeachtlich, s AG und LG Bonn StAZ 1988, 354.

Liegt Ehe im Zeitpunkt der Geburt vor, bestimmt das Abstammungsstatut sich nach Art 14 I, unwandelbar bezo- 13 gen auf den Geburtszeitpunkt. In erster Linie ist so gem Art 14 I Nr 1 Recht gemeinsamer Staatsangehörigkeit der Mutter und des Ehepartners berufen, wobei wiederum gemeinsame effektive Staatsangehörigkeit im Sinne von Art 5 I S 1 und 2 maßgeblich ist; fehlt es an aktueller gemeinsamer Staatsangehörigkeit, gilt, soweit noch bei einem Ehegatten vorhanden, die letzte gemeinsame Staatsangehörigkeit.

Bei gemischtnationaler Ehe kommt in zweiter Linie gem Art 14 I Nr 2 das Recht gemeinsamen gewöhnlichen 14 Aufenthaltes, ggf das Recht des letzten gemeinsamen Aufenthaltes zum Zuge, wenn der gemeinsame gewöhnliche Aufenthalt von einem Partner unterbrechungslos fortgesetzt worden ist.

In dritter Linie gilt das nach Art 14 I Nr 3 festzustellende Recht sonstiger gemeinsamer engster Beziehung 15 (dazu Erl zu Art 14 Rz 18). Zu Rück- und Weiterverweisung s Rz 4. Da S 3 nur auf das objektiv bestimmte Familienstatut des Art 14 I verweist, bleibt etwa durch die Mutter und ihren Ehegatten vorgenommene Rechtswahl gem Art 14 II und III für die Findung des Abstammungsstatuts außer Betracht. Selbst bei vorgenommener Rechtswahl ist Abstammungsstatut das sich aus S 3 ergebende objektive Familienstatut.

bb) S 3 letzter Hs setzt für den Fall, daß die Geburt nach Auflösung der Ehe der Mutter durch Tod eines Ehe- 16 gatten erfolgt ist, das im Zeitpunkt dieser Auflösung maßgebliche Familienstatut im Sinne des Art 14 I als Abstammungsstatut im Sinne des S 3 an die Stelle des oben Rz 11–15 erörterten Statuts. Bei Tod des Ehemannes der Mutter vor der Geburt, aber auch bei Tod der Mutter vor der Geburt bzw Vollendung der Geburt bestimmt dann das auf diesen Zeitpunkt festzustellende Statut im Sinne von Art 14 I über die Abstammung. Das Familienstatut kommt nur zum Zuge, wenn die Ehe in diesem Sinne durch Tod eines Ehegatten aufgelöst worden ist, andere Auflösungsgründe wie Scheidung stehen nicht gleich. Nur das nach dem Tod eines Elternteils geborene Kind kommt in den Genuß des Familienstatuts als Abstammungsstatut. Für die Heranziehung des vorgeburtlich bestandenen Familienstatuts kommt es, wie aus S 3 letzter Hs hervorgeht, auf eine Frist zwischen Tod und Geburt nicht an. Es ist Sache des sich in diesem Falle aus Art 14 I ergebenden Familienstatuts, über Abstammungswirkungen einer vor der Geburt des Kindes durch Tod beendeten Mutterehe zu befinden.

3. Verhältnis der sich aus S 1–3 ergebenden Rechte zueinander. Nach Wortlaut wie Sinn und Zweck von 17 Abs I nF kann die Abstammung alternativ gem einer der durch S 1–3 berufenen Rechtsordnungen bestimmt werden. Das Gesetz schreibt eine Rang- oder Reihenfolge nicht vor, sondern gibt mit dem für S 2 und 3 verwendeten Wortlaut „kann" zu erkennen, daß die zur Verfügung stehenden Rechte grundsätzlich gleichen Rang haben und nach Wahl zur Verfügung stehen (vgl Henrich, StAZ 1998, 1, 3; Gaaz StAZ 1998, 249). Hieraus folgt zunächst, daß dann, wenn eine Abstammung noch nicht feststeht, diese nach S 1 wie nach S 3 und auch – im Verhältnis zu dem jeweiligen Elternteil – nach S 2 bestimmt werden kann; welches der ggf durch diese Regeln berufenen Rechte dann als Abstammungsstatut dient, steht gleich (BayObLG 2002, 4 = FamRZ 2002, 686; LG Leipzig StAZ 2002, 146; AG München StAZ 2002, 147; Hepting StAZ 2002, 129, 131; ders IPrax 2002, 388, 390). Anders liegt es aber dann, wenn eine Abstammung des Kindes bereits wirksam und rechtsgültig bestimmt worden ist, nach dem vernünftigen Sinn von Abs I ist dann der in diesem Absatz enthaltene Vorrat an Abstammungsstatuten bereits erschöpfend herangezogen worden, so daß es nicht mehr angeht, nunmehr ein weiteres sich aus dem Vorrat ergebendes Statut heranzuziehen. Der Gesetzeszweck liegt insoweit in der Ermöglichung einer Abstammungsfeststellung, ggf auch in der Ermöglichung der Feststellung ehelicher Abstammung; ist ihm genügt, bedarf es weiterer Rechtsanwendung nicht mehr (s BayObIG 2000, 205, 208; FamRZ 2000, 699; FamRZ 2001, 1543; FamRZ 2002, 686; Frankfurt am Main FamRZ 2002, 688; LG Leipzig StAZ 2002, 146; aber AG Hannover FPR 2002, 414; Looschelders IPRax 1999, 421; Dörner FS Henrich [2000] 119; Oprach IPRax 2001, 325). Demgemäß läßt sich für die Heranziehung und Heranziehbarkeit der von Abs I zur Verfügung gestellten Rechte ein „Prioritätsgrundsatz" bilden (ebenso Pal/Heldrich Art 19 Rz 6): Das Recht, das zuerst zur Bestimmung einer Abstammung geführt hat, ist das verbindlich gewordene Abstammungsstatut, erst dann, wenn durch Anfechtung der Abstammung oder Beseitigung der Abstammungsfeststellung auf andere Weise die Frage der Abstammung wieder offen ist (BayObLG FamRZ 2002, 686; Frankfurt aM FamRZ 2002, 688), kann eines der anderen sich aus Abs I ergebenden Rechte für eine erneute Bestimmung der Abstammung herangezogen werden; mit Differenzierungen bejahend Staud/Henrich, Art 19 [2002] Rz 57.

18 Keine Wirkung hat dieser Prioritätsgrundsatz indes dort, wo bei Elternteilen mit unterschiedlicher Staatsangehörigkeit die Abstammung zur Vaterseite und zur Mutterseite zu bestimmen ist. Hier ist nicht Alternativität, sondern konkurrierende Anwendung der Heimatrechte zur Mutterseite und zur Vaterseite hin vom Gesetz in S 2 so angelegt (zu Einzelheiten s Henrich StAZ 1996, 353, 354f). Kommen im einzelnen Fall zB als Väter mehrere Männer mit unterschiedlicher Staatsangehörigkeit in Betracht, ist die Auswahl unter den mehreren möglichen Erzeugern, die zu unterschiedlichen Rechten und damit Abstammungsstatuten führen kann, Sache des Kindes bzw des gesetzlichen Vertreters, es besteht insoweit ein Wahlrecht (ebenso Pal/Heldrich Art 19 Rz 6; aA und für ein „Günstigkeitsprinzip" BayObLG FamRZ 2002, 686; Schleswig FamRZ 2003, 781 = JuS 2003, 713 [Hohloch] = IPRax 2003, 460 m Anm Henrich; Gaaz StAZ 1998, 241, 251; auch Henrich FamRZ 1998, 1401, 1402; ähnl Hepting StAZ 2000, 33, 35; Rauscher FPR 2002, 352, 358; gegen das Günstigkeitsprinzip auch Sturm FS Stoll [2001] 451, 454).

19 **4. Anwendungsbereich. a) Abgrenzung.** Das sich aus Abs I ergebende Abstammungsstatut regelt nach dem Prinzip der grundsätzlich allumfassenden Zuständigkeit des jeweiligen Statuts den gesamten Anwendungsbereich des Abstammungsstatuts. Das Abstammungsstatut regelt so alle Fragen der Begründung einer Abstammung, dh der Entstehung eines Abstammungsverhältnisses. Nicht regelt sich nach neuem Recht die Beseitigung der Abstammung, im wesentlichen im Wege der Anfechtung, nach Art 19 I nF. Hierfür gilt Art 20 nF. Ebenso unterliegen nicht dem Geltungsbereich des gem Art 19 nF gefundenen Rechts die Wirkungen eines Abstammungsverhältnisses; sie unterliegen dem sich aus Art 21 nF ergebenden Recht der Wirkungen eines Eltern-Kind-Verhältnisses.

20 **b) Geltungsbereich. aa)** Zu den Fragen der Begründung und der Entstehung eines Abstammungsverhältnisses rechnen so die bislang dem „Ehelichkeitsstatut" gem Art 19 aF zugehörigen Fragen der Begründung ehelicher Abstammung (s Erl Art 19 aF Rz 19) und ebenso die dem bisherigen Statut nichtehelicher Kindschaft zugerechneten Fragen der Begründung solcher Abstammung (s Erl Art 20 aF Rz 13).

21 **bb)** Im einzelnen gehören hierher also die Abstammung als solche, so auch die Regelung, ob durch Vaterschafts- oder Mutterschaftsanerkennung Abstammung begründet wird (zu Mutterschaftsanerkennung franz Rechts s Erl Art 20 aF Rz 13 mwN). Da Art 19 I nF zwischen ehelicher und nichtehelicher Abstammung nicht differenziert, wird zunächst jede solche Abstammungsregelung erfaßt; dann aber werden auch diejenigen Abstammungsregeln erfaßt, die – von Recht zu Recht unterschiedlich – noch zwischen ehelicher und nichtehelicher Abstammung differenzieren. Differenziert das Abstammungsstatut, so ist dieser Differenzierung unter Beachtung der hier gegebenen Vorfragenproblematik (s Rz 6) zu folgen, ohne daß insoweit die Vorbehaltsklausel des Art 6 ins Spiel käme, da auch für das deutsche Recht die Unterscheidung vorhanden und lediglich in ihren rechtlichen Auswirkungen reduziert worden ist. Das nach Art 19 I nF maßgebliche Recht entscheidet dann weiterhin, wie schon bisher, über Beiwohnungs- und Vaterschaftsvermutungen, Empfängnisvermutungen und gesetzliche Empfängniszeiten. Ebenso unterfallen als Voraussetzungen (ehelicher) Abstammung ggf die Erforderlichkeit von Anerkenntnis, Anmeldung, Abstammungserklärung der Eltern und deren Eintragung in das Standesregister dem aus Abs I gewonnenen Recht. Als Abstammungsstatut erfaßt das aus Abs I gewonnene Recht dann auch die Regeln über die verwandtschaftlichen und schwägerschaftlichen Beziehungen des Kindes (s Erl Art 19 aF Rz 19). Unter Abs I fallen ferner die Zustimmungserfordernisse zu Abstammungserklärungen, Art 23 ist insofern zusätzlich zu beachten.

22 **cc)** Nicht unter Abs I fällt die Frage der Legitimationswirkung nachfolgender Ehe. Legitimationswirkung äußerten bislang Ehe oder andere Umstände nur dann, wenn das Kindschaftsverhältnis (zum Vater und nunmehrigen Ehemann der Mutter) schon feststand, nach Wegfall von Art 21 aF und seinem Legitimationsstatut sind dessen Aufgaben jetzt jedenfalls hinsichtlich der Legitimationswirkung von Ehe oder sonstigen Verhältnissen nicht in den Anwendungsbereich des Abstammungsstatuts (ebenso Pal/Heldrich Art 19 Rz 7), sondern ggf des Statuts des Eltern-Kind-Verhältnisses (Art 21 nF) eingegangen (unsicher zunächst die Rspr, s BayObLG 1999, 168 – primär Personalstatut des Vaters; für Beischreibung gem § 30 PStG BayObLG 1999, 163; AG Heilbronn IPRax 1999, 114; Hepting StAZ 1999, 97, 98ff). Der letztere Standpunkt hat sich durchgesetzt (s BayObLG IPRax 2000, 138; AG Heilbronn IPRax 1999, 114; Hepting StAZ 1999, 97, 98; Henrich FS Sturm [1999] 1505, 1509; Pal/Heldrich Art 19 Rz 8; aA Köln NJWE-FER 1999, 265; Stuttgart FamRZ 2000, 436, 437. Die Wirksamkeit richtet sich auch nach Art 21 (Stuttgart FamRZ 2000, 436, 437; Hepting StAZ 1999, 97, 101; Huber IPRax 2000, 116, 119; aA – Personalstatut des Kindes – Pal/Heldrich Art 19 Rz 8).

23 **dd)** Der Anwendungsbereich des aus S 3 gewonnenen, dem Familienstatut entsprechenden Abstammungsstatuts (Rz 1f) ist nicht anders zu umgrenzen. Auch das so gewonnene Recht entscheidet nicht nur über die Frage, ob die Eheleute, in deren Ehe das Kind geboren worden ist, Vater und Mutter des Kindes sind (so abw MüKo/Klinkhardt Art 19 nF Rz 22), sondern ist Abstammungsstatut wie die anderen aus S 1 und S 2 zu gewinnenden Rechte (richtig Pal/Heldrich Art 19 Rz 8). Nach dem aus S 3 sich ergebenden Recht können – theoretisch – also auch die übrigen oben Rz 20 und 21 zusammengestellten Fragen beantwortet werden, ebenso und insbesondere auch die Frage, ob ein anderer als der Ehemann der Mutter Vater des Kindes ist oder als solcher zu gelten hat oder die Vaterschaft anerkennen kann.

c) Entfallen des Ehelichkeitsstatuts und Folgerungen. Da Art 19 nF nicht mehr zwischen ehelicher und nichtehelicher Abstammung differenziert, ergibt sich Ehelichkeit des Kindes lediglich noch als Folge aus dem materiellen Recht, das durch Art 19 I nF berufen wird. Das deutsche Kollisionsrecht hat also keine Kollisionsnorm eigenständiger Prägung für die Anknüpfung der Ehelichkeit eines Kindes mehr zur Verfügung. Soweit ausländische Rechte für andere Fragen als die Abstammungsfrage (zB Unterhalt, Erbrecht) zwischen ehelicher und nichtehelicher Kindschaft unterscheiden, tritt also eine Vorfrage auf, für deren Lösung eine besondere deutsche Kollisionsnorm nicht mehr zur Verfügung steht. Selbständig anzuknüpfen ist dann nicht nur schwierig, sondern auch nicht sachnah, es empfiehlt sich daher, in solchen Fällen die Entscheidung über den Status dem Unterhalts- oder Erbstatut als dem insofern sachnahen Recht zu überlassen und insofern eine unselbständige Anknüpfung vorzunehmen (ebenso Pal/Heldrich Art 19 Rz 8; Staud/Henrich [2002] Art 19 Rz 89, 92; Hepting StAZ 1999, 97; zT abw Sturm StAZ 1998, 313; Dörner FS Henrich [2000] 119, 127). Zur Vorfrage der Wirksamkeit einer Ehe im Sinne von S 3 s Rz 6. 24

III. Statut der Vater-Mutter-Beziehung (Abs II)

1. Anknüpfungsregel. Art 19 II nF regelt heute im Grundsatz das, was nach altem Recht in Art 20 I S 2 aF geregelt war. Nach altem Recht richteten sich Verpflichtungen des Vaters gegenüber der nichtehelichen Mutter nach dem aus Art 20 I S 1 gewonnenen Statut der Mutter-Kind-Beziehung, dh nach dem Heimatrecht der Mutter. Nach neuem Recht **(Abs II)** ist nunmehr das Recht des gewöhnlichen Aufenthaltes der Mutter für die Verpflichtungen des Vaters aufgrund der Schwangerschaft maßgeblich. Maßgeblich ist damit das Recht, das gewöhnlicherweise als Recht der Lebensumwelt für den Bedarf der Mutter aufgrund der Schwangerschaft das nächstliegende ist. Der in Abs II verwandte Begriff des gewöhnlichen Aufenthalts deckt sich mit dem Begriff des gewöhnlichen Aufenthalts des Abs I und damit mit dem insoweit allgemeinen Begriff des IPR und IZPR (s Rz 9 und Erl zu Art 5 Rz 43ff). Anders als nach bisherigem Recht, das Heimatrecht der Mutter entscheiden ließ, ist damit häufiger mit Statutenwechsel zu rechnen, der beachtlich ist und die Rechtslage (ex nunc) materiellrechtlich verändern kann. Zu Rück- und Weiterverweisung s Rz 4; zum Vorrang von Art 18 bzw dem HUntÜbk auch mit den dortigen von der Anknüpfung an den gewöhnlichen Aufenthalt abweichenden Anknüpfungen im Bereich von Unterhaltsansprüchen, die Abs II unterfallen könnten, s Rz 1 (zur str Meinungslage s ebenfalls dort). Zur intertemporalrechtlichen Frage s Rz 7. 25

2. Anwendungsbereich. Verpflichtungen des Vaters gegenüber der Mutter aufgrund der Schwangerschaft können Kostenerstattungs- bzw -übernahmeverpflichtungen hinsichtlich der Kosten von Schwangerschaft und Geburt nach dem Muster von § 1615l 1 S 2 BGB sein. Insoweit ist das von Abs II berufene Recht maßgeblich. Unterhaltsverpflichtungen des Vaters während der Schwangerschaft und aus Anlaß der Geburt sowie für die Zeit nach der Geburt des Kindes dem Anwendungsbereich von Abs II zuzuordnen, macht wenig Sinn, da Unterhaltsverpflichtungen gesetzlicher Art insgesamt von Art 18 erfaßt werden und dort ihre gesetzliche Kollisionsregelung schon längst gefunden haben (insofern nicht anders die 9. Aufl zu Art 20 I S 2, dort Rz 16), auch Unterhaltsansprüche gemäß § 1615l nF sind Unterhaltsansprüche gesetzlicher Art und fallen so zwangsläufig in den Anwendungsbereich von Art 18 und nicht 19 II. Sie bei Art 19 II einordnen zu wollen, würde bedeuten, die Ansprüche der Mutter hier, nach § 1615l II S 2, V BGB nF ebenso mögliche Ansprüche des nichtehelichen Vaters, auf die Art 19 II nF dem Wortlaut nach nicht anwendbar sein kann, aber bei Art 18 einordnen zu müssen, eine nicht sinnvolle Lösung. In den Anwendungsbereich des Art 19 II nF gehören dann aber Ansprüche der Mutter bei Tot- und Fehlgeburt (zB § 1615n S 2 BGB), ebenso die gegen den Vater gerichteten Verpflichtungen zur Tragung der Beerdigungskosten, wenn die Mutter infolge der Schwangerschaft oder Entbindung stirbt (zB § 1615m BGB nF). **Nicht nur** in den Anwendungsbereich von Abs II fallen hingegen solche Ansprüche, wenn sie bei Tod des Vaters gegen die Erben gerichtet werden können (zB § 1615n S 1 BGB nF). Das aus Abs II gewonnene Recht bestimmt lediglich darüber, ob solche Ansprüche gegen den Vater bestehen, ob sie gegen den Nachlaß gerichtet werden können, ist, da sie insofern Nachlaßverbindlichkeit darstellen, Angelegenheit des nach Art 25 gegebenen Erbstatuts. Über eigentliche Schadensersatzansprüche entscheidet das Deliktstatut (Art 40), Ansprüche aus sonstiger familienrechtl Beziehung (Verlöbnis, nichtehel Lebensgemeinschaft) das dafür maßgebl Recht (s Erl Art 18 Rz 26 mwN; zu Einzelheiten Staud/Henrich, Art 19 [2002] Rz 102, 103). 26

IV. Verfahrensrecht

Die Neuregelung des internationalen Kindschaftsrechts in den Art 19–21 nF ist nicht durch ebenso weitreichende Veränderungen auf dem Gebiet des dazugehörigen internationalen Verfahrensrechts begleitet worden. Internationale Zuständigkeit für Klagen auf Feststellung des Bestehens oder Nichtbestehens eines Eltern-Kindes-Verhältnisses einschließlich der Feststellung der Wirksamkeit oder Unwirksamkeit einer Vaterschaftsanerkennung ist nach wie vor in § 640a II ZPO geregelt; für Verfahren, die als Verfahren der freiwilligen Gerichtsbarkeit ablaufen, gilt insoweit § 35b iVm § 43 I FGG. Im wesentlichen gilt insoweit folgendes (für Einzelheiten s schon MüKo/Klinkhardt Art 19 nF Rz 50ff): 27

1. Internationale Zuständigkeit. Deutsche Gerichte sind international zuständig zur Entscheidung über Klagen auf Feststellung der Vaterschaft oder Mutterschaft oder der bestreitenden Feststellung (Nichtvaterschaft, Nichtmutterschaft), wenn die Voraussetzungen des § 640 II iVm § 640a II ZPO gegeben sind. Vorrangiges Abkommensrecht besteht für Deutschland zur Zeit nicht, das **MSA** ist insofern nicht einschlägig, als die Feststellung der Abstammung nicht Schutzmaßnahme im Sinne des Abkommens ist. **EU-Gemeinschaftsrecht** enthält vorrangige Regelungen zum Abstammungsprozeß bislang auch nicht. Die **EuGVO** (Verordnung EG Nr 44/2001, s vor Art 13 Rz 2, 3) ist lediglich für Unterhaltsklagen einschlägig (Art 2 I; 5 Nr 2; 38ff, s Erl zu Art 18 Rz 44), die **EheVO** (Verordnung EG Nr 1347/2000, s vor Art 13 Rz 2, 3) betrifft in Art 3 die Abstammung auch nicht. Zuständigkeit gem 28

§ 640a II ZPO besteht, wenn auch nur eine der Parteien die deutsche Staatsangehörigkeit oder ihren gewöhnlichen Aufenthalt im Inland hat. Maßgeblich ist der Zeitpunkt der Klagerhebung (BGH IPRax 1985, 162f). Deutsche Staatsangehörigkeit haben insofern auch Mehrstaater mit deutscher Staatsangehörigkeit, ohne daß es insofern unmittelbar auf Art 5 I S 2 EGBGB ankommen kann. Der Begriff des gewöhnlichen Aufenthalts ist der allgemeine (s Erl zu Art 5 Rz 43ff). Ist das Verfahren im besonderen Fall – nach dem Tod des Vaters, der Mutter oder des Kindes – im Inland als Verfahren der freiwilligen Gerichtsbarkeit vorgesehen, gilt für die internationale Zuständigkeit bei Fehlen staatsvertraglicher Regelungen § 35b iVm § 43 FGG, die Anknüpfungspunkte sind die des § 640a II ZPO. Ob kontradiktorisches Verfahren nach der ZPO oder freiwilliges Verfahren nach FGG gegeben ist, richtet sich nach der deutschen lex fori (ebenso MüKo/Klinkhardt Art 19 nF Rz 55 mN in Fn 110; der abw Standpunkt der 9. Aufl Art 20 aF Rz 25 wird nicht aufrechterhalten).

29 **2. Anerkennung ausländischer Entscheidungen.** Die Anerkennung ausländischer Vaterschafts- und Mutterschaftsentscheidungen richtet sich hinsichtlich der Anerkennungsfähigkeit nach § 328 I ZPO, mehrseitige Abkommen mit Wirkung für Deutschland sind insofern nicht in Kraft, die oben Rz 3 angeführten CIEC-Übereinkommen sind insoweit sachlich nicht einschlägig, vgl auch Erl zu Art 20 aF Rz 3. Zu zweiseitigen Abkommen Staud/Henrich, Art 19 (2002) Rz 115. Für die Anerkennung von Entscheidungen, die als Entscheidungen auf dem Gebiet der freiwilligen Gerichtsbarkeit zu qualifizieren sind, gilt dann § 16a FGG (s BGH FamRZ 1977, 153, 155). Zur Problematik von Verstößen gegen den dt ordre public – tolerant – BGH FamRZ 1979, 495, 498; IPRax 1987, 247, 249; Zweibrücken DAVorm 1974, 531, 533f; enger und bedenklich AG Hamburg-Wandsbek DAVorm 1982, 706, 708 – interlokal DDR.

30 **3. Anerkennung von ausländischer Vaterschafts- oder Mutterschaftsanerkennung.** Anerkennungen von Vaterschaft oder Mutterschaft, die im Ausland ohne gerichtliche/behördliche Entscheidung abgegeben worden sind, sind mangels Entscheidungsqualität nicht gem Rz 29 anzuerkennen, sondern werden im Inland respektiert, wenn sie dem nach Art 19 I nF maßgeblichen materiellen Recht abgegeben worden sind (ebenso MüKo/Klinkhardt Art 19 nF Rz 56).

31 **4. Beurkundung von Mutterschafts- und Vaterschaftsfeststellung.** Für die Beurkundung von Mutterschaftsanerkennungen gilt § 29b III PStG, ergänzt durch Art 2 und 3 des CIEC-Abkommens über die mütterliche Abstammung (Rz 3). Die internat Zuständigkeit folgt aus entspr Anwendung der Regeln über die örtl Zuständigkeit, BayObLG 2000, 205, 207; 2002, 4 = FamRZ 2002, 686. Steht der Vater – durch Geburt oder Zeugung des Kindes in der Ehe oder durch vorgeburtliche Anerkennung – bei Geburt des Kindes bereits fest, ist er gem § 21 I Nr 1 PStG im ursprünglichen Geburtseintrag zu vermerken. Die Beischreibung des erst nach Geburt festgestellten oder anerkennenden Vaters erfolgt nach § 29 I PStG; zulässig ist die Beischreibung insofern nur, wenn die Feststellung/Anerkennung aus deutscher Sicht Statuswirkungen hat (s 9. Aufl Art 20 aF Rz 23; Einzelheiten bei MüKo/Klinkhardt Art 19 nF Rz 59 mwN).

20 *Anfechtung der Abstammung.*

Die Abstammung kann nach jedem Recht angefochten werden, aus dem sich ihre Voraussetzungen ergeben. Das Kind kann die Abstammung in jedem Fall nach dem Recht des Staates anfechten, in dem es seinen gewöhnlichen Aufenthalt hat.

Schrifttum: S vor Art 19–24; Henrich, Zum Schutz des Scheinvaters durch den deutschen ordre public, IPRax 2002, 118.

I. Allgemeines

1 **1. Inhalt und Zweck.** Art 20 nF ist an die Stelle von Art 19 I S 4 aF und Art 20 I aF getreten. Art 20 regelt einheitlich die Anfechtung des Statusverhältnisses der Abstammung eines Kindes – sei es von einem Mann, sei es von einer Frau. Gleich gilt Art 20 nF für die Anfechtung der Abstammung durch Geburt, sei es Geburt des Kindes in bestehender Ehe, und für die Anfechtung einer Anerkennung der Abstammung zB durch den Mann außerhalb bestehender Ehe. Als Anfechtungsstatut kommt in Betracht jedes der von Art 19 I angebotenen Abstammungsstatuten, ohne daß es darauf ankäme, ob die Abstammung sich bislang nach diesem Recht bestimmt hat. Für das Kind tritt alternativ und kumulativ noch das Recht seines gewöhnlichen Aufenthalts als Anfechtungsstatut hinzu.

2 **2. Vorgeschichte und altes Recht.** Mit der Einführung von Art 20 nF als einheitlicher Vorschrift für die Bestimmung des Anfechtungsstatuts hat sich die zuvor geltende Rechtslage deutlich verändert. Art 20 nF ist durch das KindRG v 16. 12. 1997 geschaffen worden, sie ist am 1. 7. 1998 in Kraft getreten und äußert Wirkung auch für die Anfechtung der Abstammung von Kindern, die ab 1. 7. 1998 geboren sind. Insofern besteht eine Abweichung von der zeitlichen Geltung von Art 19 nF (hierzu s Rz 7). Sachliche Abweichungen hat Art 20 nF im Verhältnis zum alten Recht insoweit gebracht, als nach bisherigem Recht das gem Art 19 I aF bestimmte Ehelichkeitsstatut, in der Regel also das das Familienstatut des Art 14 I, gleichzeitig auch das für die Bekämpfung der Ehelichkeit maßgebliche Statut war (s 9. Aufl Art 19 aF Rz 20 und 17). Gleich ist die Rechtslage insofern geblieben, als das Kind auch nach altem wie jetzt nach neuem Recht die Anfechtung seiner ehelichen Abstammung zusätzlich nach dem Recht seines gewöhnlichen Aufenthalts vornehmen konnte (Art 19 I S 4 aF). Verändert hat Art 20 nF auch die Anfechtung der Abstammung von nach altem Recht nichtehelichen Kindern. Art 20 I aF hatte primär das Heimatrecht der Mutter (Abs I S 1 aF) berufen und überdies die Anfechtung der Vaterschaft auch nach dem Recht des Mannes (Abs I S 2 aF) sowie nach dem Recht des gewöhnlichen Aufenthalts des Kindes ermöglicht. Die Neuregelung vereinfacht auch insoweit.

3 **3. Staatsvertragliche Regelungen** mit Vorrang vor Art 20 nF sind kaum vorhanden. Die bei Art 19 Rz 3 genannten mehrseitigen Abkommen betreffen die Anfechtung der Abstammung nicht. Vorrang hat wie im Anwendungsbereich von Art 19 nF das zweiseitige Deutsch-Iranische Niederlassungsabkommen vom 17. 2. 1929 (s Erl zu Art 19 nF Rz 3).

4. Geltung allgemeiner Regeln. a) Rück- und Weiterverweisung sind im Rahmen von Art 4 I beachtlich. Soweit Anfechtungsstatut eines der in S 1 genannten Abstammungsstatuten ist, gilt hinsichtlich des Vorliegens von Gesamtverweisung oder Sachnormverweisung, was insoweit zu Art 19 ausgeführt ist (Art 19 Rz 4). Soweit Anfechtungsstatut gem S 2 für das Kind das Recht seines gewöhnlichen Aufenthaltes ist, liegt grundsätzlich Gesamtverweisung vor, allerdings mit der Einschränkung, daß dadurch der Kreis der für die Anfechtung zur Verfügung stehenden Rechte nicht eingeschränkt werden darf (s auch Erl Art 19 Rz 11; auch Stuttgart FamRZ 2001, 246, 248).

b) Art 20 nF ist dem Vorbehalt des deutschen **Ordre public** (Art 6) grundsätzlich zugänglich, doch wirkt er sich praktisch nur in Randfällen aus. Keinen Verstoß gegen den ordre public stellt es nach wie vor dar, wenn das Anfechtungsstatut den Kreis der Anfechtungsberechtigten enger oder weiter als das deutsche Recht zieht (s insoweit als Kriterien des ordre public auch Art 8, 14 EMRK und die Rspr des EuGHMR [Beschwerde Nr 29/1993/ 424/503] v 27. 10. 1994, FamRZ 2003, 813 m Anm Rixe 815; auch AG Bielefeld FamRZ 2003, 885 und BVerfG v 9. 4. 2003, FamRZ 2003, 816 m Anm Huber 825 – Versagung des Anfechtungsrechts für den biolog Vater nicht zwingend ordre-public-Verstoß) oder wenn das Anfechtungsstatut die Anfechtungsfrist knapper als das deutsche Recht begrenzt (s insoweit 9. Aufl Art 19 Rz 21). Da nach neuem Recht für die im Inland erfolgende Anfechtung schon nach Art 20 S 1 nF iVm Art 19 I S 1 nF, aber dann auch nach Art 20 S 2 nF das Recht des gewöhnlichen Aufenthaltes des Kindes oder eines anderen Anfechtungsberechtigten zur Verfügung steht, was zumeist das deutsche Recht sein wird, wird die Frage der Abweichung meist nicht praktisch werden. Fehlt es hingegen an gewöhnlichem Inlandsaufenthalt nach den vorgenannten Vorschriften, wird in der Regel kein hinreichender Inlandsbezug vorhanden sein, so daß das Eingreifen der Vorbehaltsklausel aus diesem Grund zu verneinen sein wird.

c) Als **Vorfrage** kommt auch im Rahmen von Art 20 nF die Beurteilung der Rechtsgültigkeit einer Ehe von Kindeseltern in Betracht (s Erl zu Art 19 Rz 6). Es gelten dann die dort ausgeführten Regeln. Die Vorfrage der Geschäfts- und Parteifähigkeit eines Beteiligten im Anfechtungsverfahren richtet sich im Sinne selbständiger Vorfragenanknüpfung nach Art 7. Selbständig angeknüpft wird nach dem Recht des Eltern-Kind-Verhältnisses auch, ob das Kind durch Legitimation oder Ehelicherklärung nach dem über diese Institute noch verfügenden Recht einen solchen, ggf die Art und Weise der Anfechtung beeinflussenden Status verfügt (s Erl Art 19 Rz 22–24).

5. Intertemporales Recht. Die am 1. 7. 1998 in Kraft getretene Neufassung von Art 20 betrifft gem Art 224 § 1 II auch die Anfechtung der Abstammung von Kindern, die vor dem 1. 7. 1998 geboren sind (s auch Stuttgart FamRZ 2001, 246, 248; Bedenken u zT abw Dörner FS Henrich [2000] 119, 130; wie hier Staud/Henrich, Art 20 [2002] Rz 3). Folge dieser Übergangsregelung ist, daß das Kollisionsrecht der Anfechtung gem Art 19 und 20 aF für Anfechtungsfälle, die am 1. 7. 1998 noch nicht beendet waren, durch die Neuregelung des Art 20 nF ersetzt wird und daß bei Anfechtungen im übrigen ungeachtet des Geburtsdatums des Kindes die Neuregelung Platz greift. Art 19 und 20 aF sind damit hinsichtlich der Beurteilung der Anfechtung lediglich hinsichtlich der vor dem 1. 7. 1998 abgeschlossenen Anfechtungen noch maßgeblich. Ob die Abstammungsfeststellung vor oder nach dem 1. 7. 1998 erfolgt ist, ist unerheblich (BT-Drucks 13/4899,138).

6. Innerdeutsches Kollisionsrecht. Im innerdeutschen Verhältnis und für die Kollisionsregeln des innerdeutschen ILR kann Art 20 nF keine unmittelbare Bedeutung mehr erlangen, da Rechtsverschiedenheit nicht mehr besteht (s auch BGH NJW 1999, 1862). Die mittelbaren Auswirkungen, die sich erbrechtlich wegen der nicht gänzlich einheitlichen Behandlung von vor dem 1. 7. 1949 geborenen nichtehelichen Kindern ergeben könnten (s Erl Art 25 Rz 37) sind allenfalls theoretischer Natur.

II. Anknüpfung und anwendbares Recht

1. Anfechtungsstatut gem Satz 1. Das primäre Anfechtungsstatut, das allen Anfechtungsprätendenten verfügbar ist, ergibt sich aus S 1. Danach kann die Anfechtung nach dem Recht erfolgen, nach dem die Anfechtung begründet ist bzw festgestellt werden konnte. Anfechtungsstatut nach S 1 ist also nicht nur das Recht, nach dem die Abstammung festgestellt worden ist, sondern jedes weitere Recht, nach dem sich die Voraussetzungen der Abstammungsfeststellung ergeben konnten, dh nach dem die Abstammungsfeststellung ihr positives Ergebnis finden konnte. Das sind zunächst in Anfechtungsfällen, die sich auch hinsichtlich der Abstammung nach neuem Recht richten (s Erl zu Art 19 Rz 6), die in Art 19 I nF genannten Rechte, dh das sich aus der Verweisung gem Art 19 I S 1 nF auf den gewöhnlichen Aufenthalt des Kindes im Zeitpunkt der Abstammungsfeststellung unter Berücksichtigung eines ggf zu beachtenden Renvoi ergebende Abstammungsstatut, dann das sich aus Art 19 I S 2 nF unter Beachtung eventueller Rück- oder Weiterverweisung und des maßgeblichen Zeitpunktes jeweils ergebende Recht des Elternteils, dann das sich aus Art 19 I S 3 nF nach den Maßgaben von Rück- und Weiterverweisung und maßgeblichem Geburts- oder Todesfallzeitpunkt aus dem so bestimmten Familienstatut ergebende Abstammungs- und „Ehelichkeits"statut (vgl Erl zu Art 19 Rz 6, 15ff). Anfechtungsstatut im Sinne von S 1 ist dann in Fällen, in denen für die Anfechtung nicht Art 19 nF maßgeblich ist, sondern altes Recht anzuwenden ist, das sich aus der Übergangsvorschrift ergebende Abstammungsstatut, gem Art 224 § 1 I kommen so in Fällen, in denen die Abstammung weiterhin nach altem Recht (Art 19 I und 20 I aF) zu beurteilen ist, die von diesen Normen berufenen Rechte als Anfechtungsstatut in Betracht, bei Fällen, in denen nach Art 220 I und II iVm Art 224 § 1 I Recht aus der Zeit vor dem 1. 9. 1986 das Abstammungsstatut bestimmt, ist letzteres Anfechtungsstatut.

Die Anfechtung der Abstammung kann für jeden Anfechtungsprätendenten nach jedem Recht erfolgen, das auf dem eben beschriebenen Weg als angewandtes oder mögliches Abstammungsstatut zur Verfügung steht. Stehen nach dem beschriebenen Weg mehrere Rechte als Abstammungsstatut und damit auch als Anfechtungsstatut zur

Verfügung, kann die Anfechtung der Abstammung nach einem von diesen Rechten erfolgen. Verfügbare Anfechtungsstatuten sind also alternativ anwendbar, keineswegs ist kumulative Anwendung Sinn der Regelung des S 1 (auch Stuttgart FamRZ 1999, 610). Welches Recht zur Anwendung gelangt, ist Sache des über die Anfechtung befindenden Organs, ggf auch durch Wahl des Anfechtenden bestimmbar. Eine so gegebene Rechtsbestimmung ist aber nicht endgültig zu sehen, stellt sich zB heraus, daß bei Vorhandensein mehrerer Rechte für die Feststellung der Abstammung das zunächst der Anfechtung zugrunde gelegte die Anfechtung wegen Fristablaufs nicht mehr zuläßt, dann kann sie immer noch nach einem anderen erfolgen, wenn dieses sich als insofern günstiger herausstellt.

11   **2. Anfechtungsstatut gem Satz 2.** Das Kind hat darüber hinaus nach S 2 die Möglichkeit, nach dem Recht seines gewöhnlichen Aufenthaltes anzufechten. S 2 ist neben dem breiten Angebot, das sich schon aus S 1 für die Anfechtung ergibt, ein weiterer Beleg für das Interesse des Gesetzgebers an einer Feststellung der wahren Abstammung des Kindes (vgl Henrich StAZ 1996, 353, 356; ders FamRZ 1998, 1403). Das sich aus S 1 ergebende Anfechtungsstatut ergibt sich für den Zeitpunkt der Anfechtung und ist damit bis zu diesem Zeitpunkt wandelbar, es ergibt sich unter Berücksichtigung der für Rück- und Weiterverweisung oben Rz 4 gemachten Ausführungen.

III. Anwendungsbereich.

12   Der Anwendungsbereich von Art 20 nF hat sich gegenüber dem Anwendungsbereich des über die Bekämpfung von Abstammung bzw Ehelichkeit nach altem Recht maßgeblichen Statuts nicht geändert (vgl insoweit 9. Aufl Art 19 aF Rz 20–21 mwN). In den Anwendungsbereich fallen so zunächst die **Anfechtungsvoraussetzungen** (s schon BayObLG 1978, 251; AG Flensburg IPRsp 1980 Nr 115); hierher zählt so die Anfechtungsberechtigung (Alter, Personenkreis, auch Anfechtungsberechtigung von Institutionen, zB der Staatsanwaltschaft wie nach § 156 Österr AGBGB – deren Anfechtungsberechtigung sich aber im Inland allenfalls auf Anfechtung im Interesse des Kindes beschränkt –, zB auch von beliebigen Dritten im Falle eines Ehebruchskindes, s Hamm FamRZ 1965, 90; KG IPRax 1985, 48; AG Hamburg DAVorm 1985, 1035, 1036f; zum uU zu bedenkenden Eingreifen von Art 6 in solchen Fällen s Staud/Henrich Art 19 aF Rz 207 u Art 19 [2002] Rz 29–32; weitere Rspr s 9. Aufl Art 19 Rz 21; zum Eingreifen von Art 6 s schon oben Rz 5 und hinsichtlich der Beurteilung der älteren Rspr 9. Aufl Art 19 Rz 21). Ebenfalls in den Anwendungsbereich des Anfechtungsstatuts fallen die **Anfechtungsfristen** (allg M, s BGH FamRZ 1982, 917; BGH 75, 32; München IPRsp 1983 Nr 80; zum neuen Recht MüKo/Klinkhardt Art 20 nF Rz 10).

13   Zum vorsichtig einzusetzenden Vorbehalt des Ordre public insofern s Rz 5 und 9. Aufl Art 19 Rz 21; richtig hinsichtlich ganz knapper Fristen islamischer Rechte Jayme StAZ 1980, 301f). Schließlich folgen aus dem Anfechtungsstatut die **Anfechtungstatbestände** (Widerlegung der Abstammung zB durch Widerlegung einer Vermutung, Unmöglichkeit der Zeugung usw) einschließlich etwaiger Beweisregeln und Beweislastregeln (nicht hingegen Fragen der Zulässigkeit von Beweismitteln, insofern gilt lex fori). Endlich unterliegt dem aus Art 20 nF folgenden Anfechtungsstatut auch, welche Form für die Anfechtung maßgebend ist, ob Klage und ggf welche erforderlich ist (so schon 9. Aufl Art 19 Rz 22 mwN; zum neuen Recht ebenso MüKo/Klinkhardt Art 20 nF 8 mwN). Die **Verfahrensart** (Statusverfahren mit Allgemeinbindung der Feststellung der Nichtabstammung, Streitverfahren, Antragsverfahren ohne kontradiktorische Beteiligung, Inzidentfeststellung in anderen Verfahren) ist im Grundsatz ebenfalls dem Anfechtungsstatut zu entnehmen (s vor Nachw sowie Hamm IPRsp 1964/65 Nr 113; KG IPRsp 1983 Nr 77, AG Rottweil IPRax 1991, 63), so daß nach dessen Maßgaben die deutsche Verfahrensart, die am ehesten nahekommt (streitige Kindschaftssache gem § 640 II Nr 2 ZPO oder Vormundschaftssache gem §§ 35ff FGG) zu bestimmen ist. Der Verfahrensablauf untersteht dann der deutschen lex fori.

IV. Verfahrensrecht

14   1. Hinsichtlich der **internationalen Zuständigkeit**, für die zZt Abkommensrecht nicht eingreift (s Erl zu Art 19 nF Rz 3), ist im Hinblick auf die oben Rz 13 gemachten Differenzierungen zu unterscheiden, ob die Anfechtung im Inland im streitigen Verfahren gem § 640 ZPO erfolgt oder ob Angelegenheit freiwilliger Gerichtsbarkeit vorliegt. Im ersteren Falle bestimmt die internationale Zuständigkeit sich nach § 640a II ZPO, so daß Zuständigkeit deutscher Gerichte besteht, wenn einer der Beteiligten Deutscher im Sinne der Norm ist und/oder ein Beteiligter gewöhnlichen Inlandsaufenthalt hat. Erfolgt die Abstammungsbekämpfung im Verfahren der freiwilligen Gerichtsbarkeit, so besteht internationale Zuständigkeit der deutschen Gerichte, wenn das Kind Deutscher im Sinne von Art 116 I GG ist oder sich hier gewöhnlich aufhält oder weil es im Inland der gerichtlichen Fürsorge bedarf.
  2. Die **Anerkennung ausländischer Entscheidungen** regelt sich hier nach § 328 ZPO bzw § 16a FGG, inländische Zuständigkeit steht, da sie grundsätzlich nicht ausschließlich ist, der Anerkennung regelmäßig nicht entgegen (§ 640a II letzter Satz ZPO, § 35a III FGG). **EU-Gemeinschaftsrecht** greift hier noch **nicht** ein, s Erl Art 19 Rz 28. Abkommensrecht ist hier kaum erheblich (s Staud/Henrich Art 19 [2002] Rz 100ff; zu Einzelheiten s MüKo/Klinkhardt Art 20 nF Rz 12).

21 *Wirkungen des Eltern-Kind-Verhältnisses*
Das Rechtsverhältnis zwischen einem Kind und seinen Eltern unterliegt dem Recht des Staates, in dem das Kind seinen gewöhnlichen Aufenthalt hat.

Schrifttum: S vor Art 19–24.

I. Allgemeines

1   **1. Inhalt und Zweck.** Art 21 nF enthält die Kollisionsregel für die Rechtsbeziehungen von Kindern zu Personen, die nach Maßgabe des sich aus Art 19 nF und aus Art 22 ergebenden Rechts ihre Eltern sind oder als ihre

Familienrecht **Art 21 EGBGB**

Eltern gelten. Art 21 klingt seinem Wortlaut nach umfassend, hat aber in praktischer Hinsicht lediglich eingeschränkte und zumeist auf Ausschnitte dieser Rechtsbeziehungen des Eltern-Kind-Verhältnisses beschränkte Bedeutung. So werden namensrechtliche Fragen von Art 10 erfaßt, unterhaltsrechtliche Fragen unterliegen Art 18, und das Erbrecht regelt sich zwischen Eltern und Kindern nach Art 25. Im übrigbleibenden Anwendungsbereich ist Art 21 weithin durch vorrangiges Abkommensrecht, insbes das MSA, eingeschränkt, wenn dieses Abkommensrecht seinerseits räumlich und sachlich anwendbar ist. Insbesondere die letztgenannte Einschränkung macht die Anwendung der autonomrechtlichen Kollisionsnorm des Eltern-Kind-Verhältnisses seit je nicht einfach. Eine Vereinfachung hat insofern die Schaffung der Neufassung des Art 21 erzielt, mit der Anknüpfung an den gewöhnlichen Aufenthalt des Kindes ist zumindest weitgehender Gleichlauf mit Art 1, 2 MSA erzielt, so daß eine ggf fehlerhafte Anwendung von Art 21 nF im Ergebnis der Rechtsanwendung Fehler nicht notwendig produziert.

2. Vorgeschichte und altes Recht. Art 21 nF ist durch das KindRG vom 16. 12. 1997 (BGBl 1997 II 2942) neu **2** gefaßt und eingeführt worden. Die Vorschrift rückt an den Platz der ersatzlos gestrichenen, weil aus der Sicht des Inlandsrechts entbehrlich gewordenen Kollisionsnorm der Legitimation (Art 21 aF), vgl dazu vor Art 19–24 Rz 1. Sachlich ersetzt Art 21 nF die bisherigen Regelungen von Art 19 II aF und Art 20 II aF, in denen getrennt für eheliche und nichteheliche Kindschaft die Regelung des auf die Eltern-Kind-Beziehungen anwendbaren Rechts enthalten war (s 9. Aufl Art 19 Rz 23ff, Art 20 Rz 17ff). Die jetzt einheitliche Kollisionsnorm des Eltern-Kind-Verhältnisses ist durch die Aufhebung des bisherigen Statusunterschiedes Ehelichkeit – Nichtehelichkeit bedingt. Die einheitliche Unterstellung der Eltern-Kind-Beziehungen im Sinne von Art 21 nF unter das Recht des gewöhnlichen Aufenthalts des Kindes erzielt nicht nur Vereinheitlichung, sondern auch Vereinfachung und weitgehende Harmonisierung mit den Kollisionsregeln des MSA, das mit der Eltern-Kind-Kollisionsnorm des EGBGB weithin konkurriert. Die jetzige Fassung von Art 21 nF hat sich in der Vorbereitung der Reform allmählich herausgeschält.

3. Staatsvertragliche Regeln. Im Anwendungsbereich des Art 21 nF bestehen mehrseitige und zweiseitige **3** Abkommen, deren Kollisionsregeln den Kollisionsnormen der einzelnen Absätze des Art 21 nF gemäß Art 3 II vorgehen.
Als **zweiseitiges** Abkommen verdrängt das **Niederlassungsabkommen zwischen dem deutschen Reich und dem Kaiserreich Persien** (Deutsch-Iranisches Niederlassungsabkommen) vom 17. 2. 1929 (RGBl 1930 II 1002, 1006; 1931 II 9; BGBl 1955 II 829) Abs I (wie auch Abs II und III); sind alle Beteiligten (Eltern und Kind) ausschließlich (ohne deutsche Doppelstaatsangehörigkeit) iranische Staatsangehörige, kommt das Abkommen zur Anwendung (nicht bei [auch] deutscher Staatsangehörigkeit zB der Ehefrau, s BGH IPRax 1986, 382 = FamRZ 1986, 345, nicht bei Flüchtlings- oder Asylbewerberstellung, LG München IPRax 1997, Nr 100), nach dessen Art 8 III (Textabdruck bei Erl zu Art 14 Rz 35) die eheliche Abstammung und ihre Anfechtung dann dem iranischen Heimatrecht unterfallen (dazu BayObLG StAZ 1989, 48ff; s BGH 60, 68ff; BGH IPRax 1993, 102 = FamRZ 1993, 316; Celle IPRax 1989, 390; Celle NdsRpfl 1990, 47). Das Abkommen geht bei Vorliegen seiner Anwendungsvoraussetzungen auch dem **MSA** vor. Vorrang hat ansonsten das **Haager Übereinkommen über die Zuständigkeit der Behörden und das anzuwendende Recht auf dem Gebiet des Schutzes von Minderjährigen v 5. 10. 1961 (Minderjährigenschutzabkommen, MSA)**, in Kraft für die BRepD seit 17. 9. 1971 (BGBl 1971 II 219, 1150). Soweit ein Minderjähriger seinen gewöhnlichen Aufenthalt in einem der Vertragsstaaten des MSA hat, verdrängt das MSA innerhalb seines sachlichen Anwendungsbereiches, der sich mit dem des Art 21 nF überschneidet, die autonomen Kollisionsregeln. Hierzu und zum Verhältnis des MSA zu anderen, mehr- und zweiseitigen Abkommen s die Kommentierung des MSA in Erl Anh Art 24 Rz 45. Nur die internat Zuständigkeit regelt in einem Teil des Anwendungsbereichs v Art 21 die **EheVO** (Verordnung EG Nr 1347/2000, s Erl vor Art 13 Rz 2, 3, s ferner unten Rz 14, 15); bei anhängender Ehesache (zB Scheidung der Eltern) ist das Gericht gem Art 3 für zB Sorge- oder Umgangsrechtsregelung für ein gemeinsames Kind zuständig, wenn das Kind gewöhnl Aufenthalt im Mitgliedstaat des Gerichts hat. Art 3 EheVO ist zwischen den EU-Mitgliedstaaten (außer Dänemark) vorrangig ggü Abkommen zwischen diesen Staaten, vorrangig insoweit auch ggü dem MSA (Art 36, 37 EuVO).
Im Anwendungsbereich des Art 21 nF ist ferner zu beachten das Kollisionsregeln nur in Art 3 I enthaltende **Haager Übereinkommen über die zivilrechtlichen Aspekte internationaler Kindesentführung** v 25. 10. 1980 (BGBl 1990 II 206), in Kraft seit 1. 12. 1990 (Bek v 11. 12. 1990, BGBl 1991 II 329); Text und Kommentierung hierzu s Erl Anh Art 24 Rz 48. Das Abkommen wirkt im wesentlichen als Rechtshilfeabkommen, indem es die Verfahrens- und Sachregeln über die Rückführung zurückgehaltener oder entführter Kinder vereinheitlicht hat. Ferner ist im Anwendungsbereich von Art 21 nF das **Europäische Übereinkommen über die Anerkennung und Vollstreckung von Entscheidungen über das Sorgerecht für Kinder und die Wiederherstellung des Sorgeverhältnisses** vom 20. 5. 1980 (BGBl 1990 II 20), für die BRepD seit 1. 2. 1991 in Kraft (Bek v 19. 12. 1990, BGBl 1991 II 392), zu beachten, das aber kein Kollisionsrecht enthält, sondern die Rechtshilfe auf dem Gebiete des Anerkennungs- und Vollstreckungsrechts regelt. Text und Kommentierung hierzu s Erl Anh Art 24 Rz 49. Zu beiden Abkommen s das deutsche AusführungsG v 5. 4. 1990 (BGBl 1990 I 701). Das **Haager Übereinkommen über die Zuständigkeit, das anzuwendende Recht, die Anerkennung, Vollstreckung und Zusammenarbeit auf dem Gebiet der elterlichen Verantwortung und der Maßnahmen zum Schutz von Kindern v 19. 10. 1996** („Kinderschutzabkommen" – „KSÜ"), als Nachfolgeabkommen des MSA vorgesehen, ist für **Deutschland** bislang **nicht in Kraft**, s Abdruck in Übersetzung bei Jayme/Hausmann Nr 55.

4. Geltung allgemeiner Regeln. a) Rück- und Weiterverweisung sind bei Art 21 nF an sich zu beachten, da **4** Art 21 nF im Lichte von Art 4 I zu sehen ist. Daß Art 21 nF das Recht des gewöhnlichen Aufenthaltes maßgeblich sein läßt, womit eine gewisse Parallelität zu der Grundregelung des MSA (Art 1, 2 MSA) ersichtlich sein mag, zwingt indes nicht dazu, in dieser Verweisung dem Sinn der Verweisung nach eine Sachnormverweisung zu sehen (so MüKo/Klinkhardt Art 21 Rz 4). Vielmehr liegt in dieser Verweisung der allgemeinen Regel entsprechend eine Gesamtverweisung, so die heute hM (s Pal/Heldrich Art 21 Rz 1 aE; Staud/Henrich [2002] Art 21 Rz 32–35).

5 **b) Ordre public.** Art 21 nF ist der Vorbehaltsklausel des Art 6 zugänglich, die im Anwendungsbereich von Art 21 nF auch nicht unbeträchtliche Bedeutung hat. Der Ordre public im Bereich des Eltern-Kind-Verhältnisses wird heute in der Praxis und nicht zu Unrecht durch das Kindeswohl bestimmt gesehen. Der Korrektur in Anwendung der Vorbehaltsklausel ist demgemäß eine Sorgerechtsverteilung zugänglich, die das Kindeswohl außer Betracht läßt und außer Betracht läßt, bei welchem Elternteil das Kind am meisten Förderung erwarten kann (BGH IPRax 1993, 102, 103; s ferner BGH FamRZ 1993, 1053, 1054f; AG Eschwege FamRZ 1995, 565, 566; enger Saarbrücken IPRax 1993, 100, 101; s auch Henrich IPRax 1993, 81; Spickhoff JZ 1993, 210). Denkbar ist bei hinreichendem Inlandsbezug auch, daß gleichberechtigungswidrige Verteilung der elterlichen Sorge durch ein ausländisches Recht zum Verstoß gegen Art 6 führt (s Karlsruhe IPRax 1993, 97, 99; aA indes Frankfurt FamRZ 1991, 730, 732; Bremen FamRZ 1992, 343, 344). Die Entwicklung in Richtung der besonderen Berücksichtigung des Kindeswohls macht die Beiziehung älterer Belege nicht mehr stets überzeugend; dies gilt für die Verteilung der elterlichen Sorge und ebenso für Einzelansprüche, zB auf Kindesherausgabe oder Aufenthaltsbestimmung (ausführlich, insbes zum Verhältnis zu islam Rechten, Staud/Henrich [2002] Art 21 Rz 41–50).

6 **c) Vorfrage** für die Anwendung von Art 21 nF ist, ob ein Abstammungsverhältnis im Sinne von Art 19 nF vorliegt. Die Vorfrage ist insoweit selbständig anzuknüpfen (ebenso im Erg MüKo/Klinkhardt Art 21 nF Rz 18). Selbständig anzuknüpfende Vorfrage ist auch, ob das Kind den Eltern durch ein Adoptionsverhältnis verbunden ist; insofern gilt Art 22. Keine Vorfrage mehr ist, ob das Kind ehelich ist, ob es Ehelichkeit durch Legitimation oder das Vorliegen einer Elternehe hat. Da das seit 1. 7. 1998 geltende Recht diesen Fragen die Qualität von Statusfragen im Sinne der Abstammung genommen hat, unterliegt die Antwort auf eine solche Frage dem Statut der Eltern-Kind-Beziehung, dh Art 21 nF (ebenso s Erl Art 19 Rz 22 und dortige Nachw).

7 **5. Intertemporales Recht.** Art 21 nF ist zum 1. 7. 1998 in Kraft getreten. Das KindRG enthält insoweit keine spezielle Übergangsvorschrift, so daß Art 14 § 1 KindRG eingreift und die Wirkungen des Eltern-Kind-Verhältnisses ab dem 1. 7. 1998 nach dem neuen Kollisionsrecht, dh nach Art 21 nF zu beurteilen sind. Zum gleichen Ergebnis führt die Heranziehung der Art 220 I und II zugrunde liegenden Regelungsgedanken (s schon Art 19 nF Rz 7). Folge dieser Übergangsregelung und des Eingreifens von Art 21 nF ist zum einen, daß für die Zeit vor dem 1. 7. 1998 die aus Art 19 II, III und 20 II aF folgende Regelung das anwendbare Recht ergibt und daß in den Fällen, in denen nach altem Recht gem Art 19 II aF das Familienstatut der Elternehe (Art 14 I) Statut der Eltern-Kind-Beziehungen war, mit dem Übergang zu Art 21 nF am 1. 7. 1998 ein Statutenwechsel eingetreten sein kann (insofern jetzt ebenso Dörner, FS Henrich [2000] 119, 128).

8 **6. Innerdeutsches Kollisionsrecht.** Aus der Regelung von Art 21 nF ergeben sich praktisch wesentliche Folgen für das innerdeutsche Kollisionsrecht nicht. Rechtsunterschiede bestehen auf dem Gebiet der Eltern-Kind-Beziehung bei ehelicher Kindschaft schon seit dem 3. 10. 1990 nicht mehr (s 9. Aufl Art 19 Rz 12), bei der nichtehelichen Kindschaft sind die über den 2. 10. 1990 hinaus geltenden Abweichungen auf dem Gebiet der neuen Länder zum 1. 7. 1998 ebenfalls eingeebnet worden (zum alten Rechtszustand 9. Aufl Art 20 Rz 10). Für die Beurteilung von Beziehungen in der Zeit vor dem 1. 7. 1998 bleibt es bei den bislang geltenden Regeln (s 9. Aufl Art 20 Rz 10).

II. Statut der Eltern-Kind-Beziehungen

9 **1. Anknüpfungsregel und anwendbares Recht.** Die vereinfachte Regel, die in Art 21 nF nunmehr Gesetz ist, beruft als Statut der Eltern-Kind-Beziehungen nur das Recht des gewöhnlichen Aufenthaltes des Kindes. Wie bei Art 19 I S 1 nF entspricht der Begriff des gewöhnlichen Aufenthaltes auch bei Art 21 nF dem allgemein im IPR und IZPR verwandten Begriff, so daß es auf den faktischen Lebensmittelpunkt des Kindes ankommt, der für das Kind und grundsätzlich unabhängig vom gewöhnlichen Aufenthalt der Eltern oder des Elternteils zu bestimmen ist (Hamm FamRZ 1999, 1519). Es gelten deshalb die Einzelheiten, die den Begriff für Einzelfälle prägen. Dazu umfassend s Erl zu Art 5 Rz 43ff.

10 **2. Anwendungsbereich. a)** Das sich aus Art 21 ergebende Recht des gewöhnlichen Aufenthalts des Kindes regelt das Verhältnis zu beiden Eltern grundsätzlich umfassend. Ausgespart sind die Beziehungen, die zum Anwendungsbereich anderer Kollisionsregeln gehören, wie die Namensbildung (Art 10), der Unterhalt (Art 18) oder das Erbrecht (Art 25).

11 **b) Einzelheiten.** Zum **Anwendungsbereich** von Art 21 gehören so **die folgenden Teilbereiche**, die bislang
aa) entweder in den Anwendungsbereich eines ehelichen Kindschaftsverhältnisses (gem Art 19 II oder III aF) fielen: Art 19 II aF erfaßte den familienrechtlichen Inhalt des ehelichen Kindschaftsverhältnisses, soweit nicht kollisionsrechtliche Einzelregeln Teilbereiche aussparten. Einzelne Bereiche dieses Anwendungsumfanges waren die folgenden: **(1) Die allgemeinen Kindschaftswirkungen** unterfielen zT Art 19 II aF, so zB der gesetzliche Wohnsitz des Kindes (BGH FamRZ 1990, 1225; aA Staud/Henrich[12] Art 19 Rz 134–143, str); im übrigen aber unterfielen sie Art 19 aF **nicht**. Dies gilt für den Familiennamen (Art 10 und dazu Erl Art 10 Rz 10); strittig war das Statut der Vornamensbestimmung. Richtig ist auch hier, das Heimatrecht iSv Art 10 dem Statut des Eltern-Kind-Verhältnisses vorzuziehen (s Art 10 Rz 43 mwN, aA MüKo/Schwimann[1] Art 19 Rz 73, der sich auf die hM zum alten Recht stützte, die indes wegen der Bildung eines Namensstatuts in Art 10 ihr Gewicht weitgehend verloren hat). **(2) Vermögensrechtliche Kindschaftswirkungen** hingegen fielen, soweit sie nicht (Unterhalt Art 18) ausgegliedert sind, in den Anwendungsbereich von Art 19 II aF (Mithilfe im elterlichen Haushalt oder Unternehmen/Betrieb, Beitragspflichten zu den Kosten des Familienhaushalts; nicht: Heiratsgut, Ausstattung, Aussteuer, die Art 18 unterfallen). Gleiches gilt für elterliche Rechte zur Nutznießung am Kindesvermögen (zu beachten war hier indes der Vorrang des Einzelstatuts, Art 3 III, bzw der lex rei sitae). **(3)** Vor allem aber unterfiel Art 19 II, III aF der **Gesamtbereich der elterlichen Sorge** und ihrer Kontrolle, soweit nicht vorrangiges Staatsvertragsrecht, ins-

bes das MSA eingriff (zur Problematik s Anh Art 24 Rz 10, zur besonderen Problematik des Verhältnisses von Art 3 MSA zu Art 19 II aF s BGH 111, 199 und Anh Art 24 Rz 24, 27). Hierher gehören zB der Bereich der gesetzlichen Vertretungsmacht der Eltern einschließlich der Bestimmung des Wohnsitzes des Kindes (BGH FamRZ 1990, 1225, str) und der Rechte in bezug auf die religiöse Erziehung des Kindes (Henrich FS Kegel [1987] 197); der Gesamtbereich der Personensorge (Pflege, Erziehung, Aufsicht, Bestimmung des Kindesaufenthaltes, Herausgabeansprüche, Entscheidungen über Schul- und Berufswahl (BGH 54, 123; 64, 19; BayObLG 1961, 228; KG IPRax 1991, 60); der Bereich der Vermögenssorge einschließlich der Nutznießung am Kindesvermögen; **(4)** die Verteilung der elterlichen Sorge, ihre Entziehung, ihre Ergänzung durch vormundschaftsgerichtliche Genehmigungen, sowie sonstige Schutzmaßnahmen des VormG; **(5)** hierbei und bei sonstigen Schutzmaßnahmen galt jeweils die zusätzliche Anknüpfungsmöglichkeit nach Abs III.

bb) oder Folge nichtehelicher Kindschaft waren: Art 20 II aF unterstellte die Wirkungen der nichtehelichen **12** Kindschaft dem Recht am gewöhnlichen Aufenthaltsort des Kindes. Abs II betraf damit an sich den **Gesamtbereich** der Folgen der gem dem nach Abs I berufenen Recht festgestellten nichtehelichen Abstammung, doch war dieser Gesamtbereich durch Abspaltungen maßgeblicher Teilbereiche (Art 18 Unterhalt, Art 10 Namensrecht, dazu BayObLG FamRZ 1991, 1352) oder durch das regelmäßige Eingreifen vorrangiger staatsvertraglicher Kollisionsnormen (MSA für Schutzmaßnahmen im Rahmen des Anwendungsbereichs des MSA) in der Praxis **stark eingeschränkt**. Im einzelnen galt für den Anwendungsbereich des Abs II aF folgendes: **(1)** Im Grundsatz regelte Abs II die Rechtsfolgen der nichtehelichen Kindschaft im Verhältnis zur Mutter und zum Vater. Die Anknüpfung erfaßte so (abgesehen von der Abs I unterliegenden) Abstammung und ihrer Rechtswirkung selbst die verwandtschaftlichen Beziehungen zu den Familien von Mutter und Vater und die sich daraus ergebenden Rechtsfolgen (BayObLG FamRZ 1991, 219), soweit letztere nicht anderen Statuten unterfielen. Abs II aF erfaßte sodann insbesondere die **elterliche Sorge**, deren Ausgestaltung und deren Entziehung. **(2)** Nach Abs II richtete sich so, ob die nichteheliche Mutter die elterliche Sorge hatte, so daß auch ein ausl Kind mit gewöhnl Aufenthalt im Inland unter der elterlichen Sorge seiner ausl Mutter nach Maßgabe der §§ 1705ff BGB aF stand. **(3)** Das hatte zur Konsequenz, daß **auch** für ein **ausl Kind** einer ausl Mutter die **gesetzliche Vertretungsmacht bei der Mutter** lag und das **Jugendamt** gem § 1709 I BGB **Amtspfleger mit dem Aufgabenbereich des § 1706 aF** wurde (hM, BGH 111, 199; BayObLG 1990, 241, 247; ebenso Pal/Heldrich Art 20 aF Rz 11; Sturm StAZ 1987, 181, 184 und IPRax 1991, 231; Dörner JR 1988, 265; Heldrich FS Ferid, 1988, 131; wN bei v Bar IPR II 243); auf der Grundlage dieser so zu billigenden hM war insofern **Art 3 MSA nicht** zu berücksichtigen, da das Eingreifen der durch das Aufenthaltsrecht (Art 20 II) vorgesehenen Amtspflegschaft keine Schutzmaßnahme iSd MSA darstellte (s Anh Art 24 Rz 20) und Art 3 MSA keine selbständige, in ihrem Anwendungsbereich Art 20 II aF verdrängende Kollisionsnorm darstellte (BGH 111, 199, 205 und dazu die vorgenannten Stimmen sowie Brüggemann DAVorm 1990, 737; Sturm IPRax 1991, 181, 231; Brötel FamRZ 1991, 775). Die Amtspflegschaft setzte in solchen Fällen bei Geburt oder Aufenthaltsverlegung in das Inland (alte Bundesländer! s Rz 10) ab dem 1. 9. 1986 (Art 220 II) mit dem Zeitpunkt der Aufenthaltsnahme im Inland bzw mit dem 1. 9. 1986 ein (BayObLG 1988, 6, 13; LG Köln FamRZ 1988, 430; LG Hamburg DAVorm 1988, 325; AG Schöneberg DAVorm 1991, 700); sie erlosch mit Verlegung des gewöhnl Aufenthalts in das Ausland oder in das Gebiet der neuen Bundesländer (Rz 10) (str, wie hier LG Berlin DAVorm 1989, 330; Sturm IPRax 1991, 231, 235; aA LG Stuttgart DAVorm 1989, 521; LG Memmingen DAVorm 1989, 796; s ferner LG Bochum DAVorm 1989, 521). **(4) Zweiseitige Staatsverträge** konnten hinsichtlich des Eingreifens der Amtspflegschaft vorrangige **Sonderregelungen** enthalten (zum jetzt nicht mehr in Kraft befindlichen Dtsch-Öst Vormundschaftsabkommen insoweit LG Paderborn ZblJugR 1988, 98; Karlsruhe FamRZ 1989, 898; zu Art 13 ZusAbk Nato-Truppenstatut Bezirksnotariat Ulm IPRspr 1988 Nr 128; Zweibrücken FamRZ 1990, 91 und dazu Beitzke IPRax 1990, 170). **(5)** Das **MSA überlagerte** und verdrängte gem Art 3 II den Art 20 **Abs II aF**, soweit es um die Beurteilung und Anordnung von **Schutzmaßnahmen** für ein Kind mit gewöhnlichem Aufenthalt im Inland oder einem sonstigen Vertragsstaat ging (dazu Anh Art 24 Rz 20), so daß sich Schutzmaßnahmen wie Aufenthaltsbestimmung oder Änderung bestehender elterlicher Sorge nur dann nach Art 20 II aF richten konnten, wenn das Kind seinen gewöhnl Aufenthalt in einem Nichtvertragsstaat hatte und auch sonstige Zuständigkeits- und Rechtsanwendungsvorschriften des MSA (Art 4, 8) keine Anwendung fanden (s zB Hamm FamRZ 1992, 208 – ehel Kind). **Keine Anwendung** fand das MSA jedoch hinsichtlich der Beurteilung der kraft Gesetzes bestehenden elterlichen Sorge und ihrer Ausgestaltung, s oben bei (3) und (5). **(6)** Außerhalb der elterlichen Sorge erfaßte Abs II aF die Beurteilung des Wohnsitzes des nichtehelichen Kindes (Begr RegE BT-Drucks 10/504, 67, 69), das Umgangsrecht des nichtehelichen Vaters (soweit nicht das MSA eingriff), Notwendigkeit und Wirksamwerden vormundschaftsgerichtlicher Genehmigungen, Mitarbeitspflichten, Ausstattungsansprüche (soweit sie nicht unterhaltsrechtlich iSv Art 18 zu qualifizieren oder wie der Anspruch auf vorzeitigen Erbausgleich dem Erbstatut des Art 25 zuzuordnen waren; s Art 25 Rz 25), sowie Rechte der Mutter und ggf des Vaters auf Verwaltung und Nutznießung des Kindesvermögens (s auch Rz 7 zu Art 3 III).

c) Zusammenfassend gilt **heute** für den **Anwendungsbereich** von Art 21 nF in Fortführung der Qualifikati- **13** onspraxis zu Art 19 II und 20 II aF also: Erfaßt sind der **Gesamtbereich der elterlichen Sorge**, dh die Person des Sorgeberechtigten, die Auswirkungen der Eheschließung und der Ehe auf die elterliche Sorge und deren Verteilung, die Begründung und Verteilung elterlicher Sorge durch Sorgeerklärungen, der Umfang und der Inhalt der elterlichen Sorge (Aufenthaltsbestimmung, BGH FamRZ 1990, 1225; mit Bedenken BGH FamRZ 1993, 47; gesetzl Vertretungsmacht, Hamm FamRZ 2001, 1533; s auch Schirmer StAZ 2000, 57; Genehmigungsbedürftigkeit von Rechtsgeschäften der Eltern, Stuttgart NJW-RR 1996, 1288), die **Ausübung des Sorgerechts**, die Regelung von Meinungsverschiedenheiten zwischen den Eltern, die Regelung und Verteilung der elterlichen Sorge im Zusammenhang einer Trennung und Scheidung der Eltern (Zweibrücken FamRZ 2001, 920; Jena OLGRp 2002, 20, im wesentlichen zur Zuständigkeit), das Ruhen, die Verwirkung und die Beendigung der elterlichen Sorge, auch die Haftung des Kindes für Verbindlichkeiten aus der Ausübung der elterlichen Sorge (BGH NJW 1993, 2306), sodann Entscheidungen über Religionserziehung, das Bestehen und den Umfang von Umgangs- und Verkehrsrechten, jetzt auch die **Beistandschaft des JugA** auf Antrag eines Elternteils (dazu Baer DAVorm 1998, 491). In diesem Rahmen kann die oben Rz 11 und 12 erfaßte Praxis weiter benutzt werden.

III. Verfahrensrecht

14 1. **Internationale Zuständigkeit.** Im Bereich des Eltern-Kind-Verhältnisses dominiert bislang für die Zuständigkeit der deutschen Familien- und Vormundschaftsgerichte die Zuständigkeitsregelung des **MSA**, die vom Grundsatz der Zuständigkeit der Gerichte des Staats des gewöhnlichen Aufenthaltes für die sog „Schutzmaßnahmen" ausgeht (Art 1, 4–6, 8, 9 MSA; vgl die Kommentierung im Anh Art 24 Rz 10ff). Zu beachten sind insofern mit Vorrang vor dem autonomen Zuständigkeitsrecht auch die **Zuständigkeitsregelungen anderer Übereinkommen** (s Rz 4–6; insbes Haager Übereinkommen über die zivilrechtlichen Aspekte internationaler Kindesentführung vom 25. 10. 1980, Rz 3; dazu Siehr StAZ 1990, 331; Hamm FamRZ 1992, 208). Seit **1. 3. 2001 in Kraft** ist die **EheVO** (Verordnung EG Nr 1347/2000, s Erl vor Art 13 Rz 2, 3); Art 3 gibt die internat **Zuständigkeit für alle Entscheidungen, die die elterliche Verantwortung für ein gemeinsames Kind der Ehegatten** betreffen, dem Gericht der Ehesache, grundsätzlich bei gewöhnl Aufenthalt des Kindes im Mitgliedstaat des Gerichts (Abs I, s erweiternd Abs II) während Anhängigkeit der Ehesache. In diesem Bereich ist Art 3 EheVO **vorrangig** ggü MSA und weiteren Abkommen zwischen den EU-Mitgliedstaaten; als Gemeinschaftsrecht verdrängt er nationales Recht. Ist sie sachlich, zeitlich (Art 42 I) und räumlich nicht anwendbar und sind diese und andere Übereinkommen nicht anwendbar, kommt autonomes deutsches Zuständigkeitsrecht zum Zuge. Insofern ist nach dem Verfahrensgegenstand zu unterscheiden. Für **Feststellungsprozesse** bzgl Bestehens oder Nichtbestehens eines Sorgerechtsverhältnisses zwischen Kind und Elternteil gilt § 640a iVm § 640 II Nr 4 ZPO. Für Verfahren zur Gestaltung oder Kontrolle der elterlichen Sorge (s Rz 13) kann internationale Zuständigkeit der **Familiengerichte** im Rahmen von deren Verbundzuständigkeit (§§ 621, 606a ZPO) als **internationale Verbundzuständigkeit** begründet werden, sofern nicht Art 3 EheVO Vorrang hat und nicht das MSA seinerseits eingreift (BGH 75, 241, 243; BGH NJW 1982, 1940 = IPRspr 1982 Nr 66; NJW 1984, 1302 = IPRspr 1984 Nr 58 und st Rspr, zB BGH NJW 1989, 1356 und dazu Coester-Waltjen IPRax 1990, 26; Frankfurt NJW-RR 1990, 647; zuletzt BGH NJW 2002, 2955 = JuS 2003, 185 Nr 1 [Hohloch]; Nürnberg NJW-RR 2002, 1515 = JuS 2003, 406 Nr 10 [Hohloch]; vgl wN bei MüKo/Klinkhardt Art 19 Rz 65–67). Außerhalb der Verbundzuständigkeit der Familiengerichte ergibt sich in Sorgerechtsangelegenheiten die internationale Zuständigkeit der **Vormundschaftsgerichte** (bzw im Rahmen der auf § 621 ZPO gegründeten Zuständigkeit der **Familiengerichte**) aus § **35b iVm § 43 I FGG**; vorausgesetzt ist dafür, das Kind Deutscher ist oder seinen gewöhnlichen Aufenthalt im Inland hat oder der Fürsorge durch ein deutsches Gericht bedarf (s Hamm FamRZ 1992, 208; KG FamRZ 1998, 440, 442; Düsseldorf FamRZ 1999, 669; s auch Jena OLGRp 2002, 20). Die sonach begründete inländische internationale Zuständigkeit ist nicht ausschließlich (§ 35b III FGG; s BGH FamRZ 1990, 392 Anm Henrich).

15 2. Die **Anerkennung und Vollstreckung ausländischer Entscheidungen** richtet sich im begrenzten Anwendungsbereich der **EheVO** (Rz 14) zwischen den **EU-Mitgliedstaaten** nach **Art 21ff EheVO** (mit Vorrang wie Rz 14). **Zuständig** ist **im Inland** für **Vollstreckbarerklärung** von „Entscheidungen betreffend die elterliche Verantwortung für ein gemeinsames Kind" das **FamG am Sitz des OLG** des gewöhnl Aufenthalts des Vollstreckungsschuldners oder des Kindes. Das Verfahren ist in §§ 50–55 AVAG (Gesetz zur Ausführung zwischenstaatlicher Verträge und zur Durchführung von Verordnungen der EG auf dem Gebiet der Anerkennung und Vollstreckung in Zivil- und Handelssachen [Anerkennungs- u Vollstreckungsausführungsgesetz] v 19. 2. 2001 [BGBl I 288 ber 436] idF des Gesetzes v 30. 1. 2002 [BGBl I 564]) geregelt. Iü und soweit nicht Staatsverträge einschlägig sind (im Anwendungsbereich des MSA s Art 7 und dazu Anh Art 24 Rz 34; s ferner das Europäische Übereinkommen über die Anerkennung und Vollstreckung von Entscheidungen über das Sorgerecht für Kinder und die Wiederherstellung des Sorgeverhältnisses vom 20. 5. 1980, Rz 3; zu bilateralen Abkommen s Keidel/Kuntze/Winkler § 16a FGG Rz 11f), bei ausländischen Feststellungsurteilen iSv Rz 28, 29 nach **§§ 328, 722 ZPO**, bei ausländischen Akten der freiwilligen Gerichtsbarkeit nach **§ 16a FGG** (s dazu zB – Sorgerechtsentscheidungen oder Entscheidungen über die Herausgabe eines Kindes – BGH FamRZ 1983, 1008; FamRZ 1989, 378; Hamm FamRZ 1987, 506; Koblenz NJW 1989, 2201, 2203; KG DAVorm 1991, 206; Bamberg FamRZ 2000, 1098; Frankfurt am Main FamRZ 2000, 1425 s ferner Geimer FS Ferid [1988] 89; zur Anerkennung ausl Umgangsregulungen Dörner IPRax 1987, 155). § 16a FGG sieht ein besonderes Anerkennungsverfahren nicht vor, so daß die Anerkennung incidenter im Rahmen eines ansonsten im Inland anhängig gemachten Verfahrens bei Vorliegen der Anerkennungsvoraussetzungen (internationale Zuständigkeit der ausl Instanz in spiegelbildlicher Anwendung des deutschen Rechts, Gewährung rechtlichen Gehörs, keine Unvereinbarkeit mit bereits vorliegender gültiger Entscheidung – zur einstweiligen Anordnung vgl Hamburg ZBlJugR 1988, 94 – oder mit inländischer Rechtshängigkeit und Vereinbarkeit mit dem deutschen ordre public – BGH FamRZ 1989, 378, 381 –) erfolgen kann. Ist aber eine ausl Sorgerechtsregelung im Zusammenhang mit einer ausl Entscheidung über die **Auflösung einer Ehe** ergangen, bedarf es, sofern keine „Heimatstaatsentscheidung" vorliegt, der vorherigen Durchführung des in Art 7 § 1 FamRÄndG 1961 vorgesehenen förmlichen Anerkennungsverfahrens der Eheauflösungsentscheidung (s BGH 64, 19; Frankfurt/M OLGZ 1977, 141 = IPRspr 1976 Nr 202; Schleswig SchlHA 1978, 54; Frankfurt/M IPRspr 1980 Nr 159; Einzelheiten zum Verfahren s Erl Art 17 Rz 72ff). **Vorrang** hat insofern im Verhältnis **zwischen den Mitgliedstaaten der EU** (mit Ausnahme von Dänemark) die Regelung der **Art 13ff EheVO** (s oben), die **auch im Anwendungsbereich der Art 21 EheVO** (s oben) gilt (zu Einzelheiten insoweit Erl Art 17 Rz 70ff). Soll eine anzuerkennende ausl Entscheidung auf Herausgabe eines Kindes im Inland vollstreckt werden, gelten sämtliche Kautelen des inländischen Vollstreckungsrechts einschließlich der hierfür entwickelten verfassungsrechtlichen Beschränkungen (BayObLG MDR 1985, 765).

3. Die **Abänderung** ausländischer anerkennungsfähiger Sorgerechtsentscheidungen durch die zuständigen deutschen Gerichte (dazu Hamm NJW 1992, 636 = FamRZ 1991, 1466, 1468) ist bei Vorliegen deutscher internationaler Zuständigkeit und Zulässigkeit einer Abänderung nach dem vom deutschen IPR berufenen Sachrecht statthaft (s BGH 64, 19; BGH IPRax 1987, 317; KG OLGZ 1975, 119; Hamm IPRsp 1980, Nr 96; Karlsruhe FamRZ 1995, 562, 563; Frankfurt am Main FamRZ 2000, 1425, 1426; auch FamRZ 1991, 1466; s ferner Karlsruhe Justiz 1986, 496; Beitzke IPRax 1984, 314; Mansel IPRax 1987, 298).

Anhang I zu Art 19–21

19 aF *Eheliche Kindschaft*
(1) Die eheliche Abstammung eines Kindes unterliegt dem Recht, das nach Artikel 14 Abs. 1 für die allgemeinen Wirkungen der Ehe der Mutter bei der Geburt des Kindes maßgebend ist. Gehören in diesem Zeitpunkt die Ehegatten verschiedenen Staaten an, so ist das Kind auch dann ehelich, wenn es nach dem Recht eines dieser Staaten ehelich ist. Ist die Ehe vor der Geburt aufgelöst worden, so ist der Zeitpunkt der Auflösung maßgebend. Das Kind kann die Ehelichkeit auch nach dem Recht des Staates anfechten, in dem es seinen gewöhnlichen Aufenthalt hat.
(2) ...
(3) ...

Schrifttum: *Beitzke,* Neuerungen im internationalen Kindschaftsrecht, ZBlJugR 1986, 477, 537; *Brenningmeyer,* Das internationale Privatrecht der nichtehelichen Kindschaft unter besonderer Berücksichtigung des Art 6 V GG (Diss Münster 1987); *Gamillscheg,* Die Anfechtung der Ehelichkeit durch den Staatsanwalt, RabelsZ 21 (1956) 257; *Geimer,* Anerkennung ausländischer Entscheidungen auf dem Gebiet der freiwilligen Gerichtsbarkeit, FS Ferid (1988) 89; *Görgens,* Legitimation und gemeinschaftliche Adoption im internationalen Privatrecht, FamRZ 1978, 762; *Hasselmann,* Art 18 II EGBGB und Flüchtlinge mit deutschem Personalstatut, MDR 1986, 891ff; *Henrich,* Zur Anfechtung der Ehelichkeit eines Kindes im IPR, FamRZ 1958, 122; *ders,* Das „gesetzliche Gewaltverhältnis" im Spannungsfeld zwischen dem Haager Minderjährigenschutzabkommen und dem nationalen Kollisionsrecht, FS Schwind (1978) 79; *ders,* Religiöse Kindererziehung in Fällen mit Auslandsberührung, FS Kegel (1987) 197; *Hepting,* Nichtehelichkeit und Legitimation im Verhältnis zu Rechtsordnungen mit „einheitlicher Kindschaft", FS Ferid (1988) 163; *Jayme,* Zur Reform des Art 18 EGBGB, in Beitzke (Hrsg), Vorschläge und Gutachten zur Reform des deutschen internationalen Personen-, Familien- und Erbrechts (1981) 151; *Leiske,* Ehelichkeitsanfechtung und ordre public (Diss Frankfurt 1963); *Rauscher,* Neues internationales Kindschaftsrecht – Schwerpunkte der Reform, StAZ 1987, 121ff; *ders,* Ehelichkeitsanfechtung und ordre public, DAVorm 1985, 619; *Sturm,* Das neue internationale Kindschaftsrecht: Was bleibt von der Rspr des BGH?, IPRax 1987, 1.

I. Allgemeines

1. Inhalt und Zweck. Art 19 aF unterstellte in **Abs I** die **eheliche Abstammung** eines Kindes grundsätzlich dem für die Ehe der Mutter im Zeitpunkt der Geburt des Kindes maßgeblichen **Ehewirkungsstatut** iSv Art 14 I, das insofern also wiederum als „Familienstatut" wirkt (s zur Begr des „Familienstatuts" im EGBGB nF Erl vor Art 13 Rz 2, Art 14 Rz 1). Zu beachten ist, daß Abs I nur auf das objektiv bestimmte, nicht auch auf ein durch Rechtswahl seitens der Eltern festgelegtes Ehewirkungsstatut verwies (vgl Erl zu Art 14 Rz 1). **Abs I S 2** läßt im Interesse der Ehelichkeit eines Kindes aus gemischt-nationaler Ehe genügen, daß eines der Heimatrechte der Eltern die Ehelichkeit vermittelt. Art 19 I aF ist nach der zu Art 19 nF bestehenden Übergangsregelung für die Abstammung von Kindern, die vor dem 1. 7. 1998 geboren sind, weiterhin anzuwenden, so daß Abs I aF hier kommentiert wird (s Erl zu Art 19 nF Rz 7).

2. Vorgeschichte und altes Recht. Art 19 aF vereinte den Anwendungsbereich des früheren Art 18 aF, dessen Gegenstände „eheliche Abstammung" und „Anfechtung der Ehelichkeit" in Abs I der Neuregelung überführt worden sind, und den Tatbestand „Rechtsverhältnis zwischen den Eltern und einem ehelichen Kind" des früheren Art 19 aF, der in die Abs II und III überführt worden war. Inhaltlich hatte die Reform 1986 die Veränderung der Anknüpfungspunkte bewirkt. An die Stelle des Art 18, 19 aF beherrschenden Heimatrechts des Vaters bzw Ehemannes der Mutter, dessen Geltung zT als wenigstens verfassungsbedenklich anzusehen ist (s zu Art 18 aF BGH 75, 32, 35f; BayObLG StAZ 1977, 187, 189; zu Art 19 aF Frankfurt/M OLGZ 1976, 286f, 423f) und deswegen nicht mehr alle Gerichten in Anwendung war (zu Art 19 aF Stuttgart NJW 1976, 483, 485 – statt dessen gewöhnlicher Aufenthalt des Kindes), war dann das verfassungsrechtlich unbedenkliche Familienstatut des Art 14 I getreten, an dessen Stelle nach näherer Maßgabe der Abs I–III andere, im Kindesinteresse liegende Statuten treten konnten. Die in Art 19 nF Gesetz gewordene Regelung hatte den Entwurf der BReg (BT-Drucks 10/504, 64–67; auch Pirrung IPVR 157–159) unverändert verwirklicht; Abs I und II folgen wesentlich den Vorschlägen des Deutschen Rats für IPR und dem Entwurf von Kühne (§ 19 des Entwurfs).

3. Staatsvertragliche Regeln. Im Anwendungsbereich des Art 19 aF bestehen mehrseitige und zweiseitige Abkommen, deren Kollisionsregeln den Kollisionsnormen der einzelnen Absätze des Art 19 aF vorgehen (Art 3 II).
Im Anwendungsbereich von Abs I bestehen keine **mehrseitigen Abkommen**, die vorrangige Kollisionsregeln enthalten. Als **zweiseitiges** Abkommen verdrängt das **Niederlassungsabkommen zwischen dem Deutschen Reich und dem Kaiserreich Persien** (Deutsch-Iranisches Niederlassungsabkommen) vom 17. 2. 1929 (RGBl 1930 II 1002, 1006; 1931 II 9; BGBl 1955 II 829) Abs I (wie auch Abs II und III); sind alle Beteiligten (Eltern und Kind) ausschließlich (ohne deutsche Doppelstaatsangehörigkeit) iranische Staatsangehörige, kommt das

Abkommen zur Anwendung, nach dessen Art 8 III (Textabdruck bei Erl zu Art 14 Rz 35) die eheliche Abstammung und ihre Anfechtung dann dem iranischen Heimatrecht unterfallen (dazu BayObLG StAZ 1989, 48ff); zum CIEC-Übereinkommen v 14. 9. 1961 über die Erweiterung der Zuständigkeit der Behörden, vor denen nichteheliche Kinder anerkannt werden können (BGBl 1965 II 17, 19, 1162) und zum CIEC-Übereinkommen v 12. 9. 1962 über die Feststellung der mütterlichen Abstammung nichtehelicher Kinder (BGBl 1965 II 23) s Erl zu Art 20 aF Rz 3.

4 **4. Geltung allgemeiner Regeln.** Art 19 I aF ist den allgemeinen Verweisungsregeln grundsätzlich zugänglich. **a) Rück- und Weiterverweisung** sind demnach gem Art 4 I zu beachten, soweit in Art 19 aF nicht eine Sachnormverweisung angeordnet ist. Wann in Art 19 Gesamt- und wo Sachnormverweisung enthalten ist, ist freilich nicht einheitlich beantwortet (s insbes MüKo/Schwimann[1] Art 19 Rz 3ff; Kartzke IPRax 1988, 10; Rauscher NJW 1988, 2151, 2154; Ebenroth/Eyles IPRax 1989, 12; Henrich FamRZ 1986, 850; Lüderitz IPRax 1987, 74, 76). Im einzelnen hat für die von Art 19 I–III ausgesprochenen Verweisungen folgendes zu gelten: **aa)** Die in der Grundsatzregel des **Abs I S 1** für die eheliche Abstammung ausgesprochene Verweisung ist gem Art 4 I **Gesamtverweisung**; soweit das „Familienstatut" (zu dessen Bildung und zur Beachtlichkeit des Renvoi dabei s Erl zu Art 14 Rz 6, 12ff) mit seinen Kollisionsregeln für die eheliche Abstammung Rück- oder Weiterverweisung ausspricht, ist diese zu beachten. Dies gilt unstreitig dann, wenn gemeinsame Staatsangehörigkeit oder gemeinsamer gewöhnlicher Aufenthalt iSv Art 14 I Nr 1 und 2 das Familienstatut ergeben, richtiger Auffassung aber auch im Falle von Art 14 I Nr 3 (Recht der engsten Verbindung), da auch dann für die Findung des sich aus dem Ehewirkungsstatut nur ableitenden Abstammungsstatuts die allgemeinen Regeln gelten (s zu den Parallelfällen bei Art 15 Erl dort Rz 7 und Art 17 Erl dort Rz 6, 20; ebenso MüKo/Schwimann 1. Aufl, Art 19 Rz 3; Kartzke IPRax 1988, 9; aA – Sachnormverweisung – Pal/Heldrich[57] Art 19 Rz 2). Für alternative Annahme von Gesamt- oder Sachnormverweisung bei Abs I S 1 iS eines Günstigkeitsprinzips (zugunsten ehel Abstammung) geben Art 19 I aF, 14 I, 4 I nichts her (aA Hepting/Gaaz § 21 PStG Rz 172f). **bb) Abs I S 2 und 4** enthalten im Interesse, dem Kind eheliche Abstammung zu vermitteln, **alternative Anknüpfungen** auf der Grundlage des Günstigkeitsprinzips. Letzteres rechtfertigt den Verzicht auf starre Entscheidung zwischen Gesamt- und Sachnormverweisung. Dem Sinn der Verweisung nach ist Gesamt- oder Sachnormverweisung anzunehmen, je nachdem, welche Verweisungsart als Ergebnis des zur Anwendung kommenden Sachrechts eheliche Abstammung des Kindes ergibt (im Ergebnis ebenso MüKo/Schwimann[1] Art 19 Rz 5; Pal/Heldrich[57] Art 19 Rz 2; allg s Erl Art 4 Rz 19).

5 **b) Ordre public.** Art 19 aF und die in seiner Anwendung gewonnenen Anknüpfungsergebnisse stehen unter dem Vorbehalt des Art 6. S hierzu die Übersicht bei Erl Art 6 Rz 38ff sowie die unten bei den einzelnen Anknüpfungsregeln des Art 19 aF erfaßten Rechtsprechungsergebnisse.

6 **c) Vorfrage.** Art 19 aF setzt für **Abs I** die Beantwortung der Vorfrage des Bestehens einer wirksamen Ehe der Mutter des Kindes voraus; der Grundsatz der Selbständigkeit der Anknüpfung der Vorfrage ist hier im Hinblick auf das in S 2–4 wirkende Günstigkeitsprinzip modifiziert, s dazu Rz 11. Ebenso bedarf es bei **Abs II** der Beantwortung der Vorfrage der ehelichen Abstammung des Kindes. Diese ist selbständig nach Abs I anzuknüpfen. Soweit der eheliche Status durch Legitimation oder Adoption vermittelt wird, beurteilt sich das Vorliegen wirksamer Legitimation und Adoption selbständig nach den dafür bestehenden Regeln der Art 21–23.

7 **5. Intertemporales Recht.** Die bei Art 19 aF im Verhältnis zum Recht vor 1986 zu beachtenden Übergangsregeln (zum Übergangsrecht zu Art 19 nF s Rz 1 aE) ergeben sich aus Art 220 I und II. Ob für die **eheliche Abstammung** (Abs I) altes oder neues Kollisionsrecht iS der Fassung 1986 zur Anwendung kommt, bestimmt sich nach dem Zeitpunkt der Geburt („abgeschlossener Vorgang") vor oder ab dem 1. 9. 1986 (Art 220 I; s dazu BGH NJW-RR 1991, 386; Beitzke ZBlJugR 1986, 478; aA AG Rottweil FamRZ 1990, 1030). Aus der kollisionsrechtlichen Ausdeutung des Begriffs des „abgeschlossenen Vorgangs" (Hohloch JuS 1989, 81, 84; zum Streitstand Erl zu Art 220 Rz 5) folgt, daß es bei der Maßgeblichkeit des alten IPR (Art 18 aF) auch bleibt, wenn zwar die Geburt vor dem Stichtag, Auflösung der Mutterehe oder Anfechtung aber erst ab dem Stichtag erfolgt sind (str, s MüKo/Schwimann[1] Art 19 Rz 9).

8 **6. Innerdeutsches Kollisionsrecht.** Art 19 aF war im interlokalen Privatrecht anwendbar für das Verhältnis zur ehemaligen DDR (vgl Rückblick und Darstellung der gegenwärtigen Rechtslage bei Rauscher StAZ 1991, 1). Maßgebliches Recht für die Entscheidung über die **eheliche Abstammung** eines Kindes war entspr Abs I S 1 in erster Linie das gemeinsame Personalstatut der Ehegatten im Zeitpunkt der Geburt (bzw das letzte und von einem Ehegatten noch innegehabte gemeinsame Personalstatut). Das Personalstatut war, wie im ILR üblich, durch den gewöhnlichen Aufenthalt bestimmt (s dazu Art 3 Rz 29, 30). Für die **Ehelichkeitsanfechtung** stand **zusätzlich** (vgl Rz 11) das Recht am gewöhnlichen Aufenthalt des Kindes zur Verfügung. Diese Regeln sind heute **nur** noch für **Altfälle** von Bedeutung, dh für Kinder, die vor dem Stichtag des Inkrafttretens des BGB im Beitrittsgebiet am 3. 10. 1990 geboren sind. Führt in solchen Fällen die Anwendung der Regeln des eben beschriebenen ILR an sich zur Anwendbarkeit des Rechts des Beitrittsgebiets, gilt die **Übergangsregelung** des **Art 234 § 7**.

II. Eheliche Abstammung

9 **1. Grundsatzregelung (objektiv bestimmtes Ehewirkungsstatut als Ehelichkeitsstatut), Abs I S 1 aF. a) Bildung des Ehelichkeitsstatuts.** Das 1986 geschaffene IPR hatte das Ehelichkeitsstatut im Interesse unbedenklicher Verfassungsmäßigkeit mit dem objektiv bestimmten Familienstatut (Art 14 I, dazu Erl zu Art 14 Rz 12ff) der Ehe der Mutter im Zeitpunkt der Geburt des Kindes parallelgeschaltet. Die eheliche Abstammung richtet sich kraft Gesetzes also nach dem von Art 14 I bestimmten Statut (zur Beachtlichkeit von Rück- und Weiterverweisung s Rz 4). In **erster Linie** beurteilt sich die eheliche Abstammung demgemäß nach Abs I S 1 iVm

Art 14 I S 1 nach dem Recht der gemeinsamen, ggf der letzten gemeinsamen (und von einem Ehegatten noch beibehaltenen) Staatsangehörigkeit der Mutter und ihres Ehemannes, bezogen auf den Zeitpunkt der Geburt des Kindes. Als gemeinsame Staatsangehörigkeit kommt insoweit nur die iSv Art 5 I S 1 und 2 effektive Staatsangehörigkeit (dh die effektivere, S 1 oder die deutsche, S 2) in Betracht. Bei Staatenlosen und Flüchtlingen tritt an diese Stelle das in Anwendung der bei Art 5 näher erläuterten Grundsätze gebildete gemeinsame bzw letzte gemeinsame Personalstatut (s Erl zu Art 5 Rz 10, 66ff). **In zweiter Linie** beurteilt sich die eheliche Abstammung demgemäß iVm Art 14 I Nr 2 nach dem Recht des Staates, in dem beide Ehegatten zum maßgeblichen Zeitpunkt der Geburt des Kindes ihren gewöhnlichen Aufenthalt haben (zu dessen Bestimmung Art 5 Rz 43ff). Haben die Ehegatten (für die Art 14 I Nr 1 keine Anknüpfung ergeben hat) im Zeitpunkt der Geburt des Kindes keinen gemeinsamen gewöhnlichen Aufenthalt mehr, so gilt gemäß Art 14 I Nr 2 der letzte gemeinsame gewöhnliche Aufenthalt, sofern dieser wenigstens einer der Ehegatten noch im Zeitpunkt der Geburt des Kindes innegehabt ist. **In dritter Linie** gilt schließlich die Auffangklausel des Art 14 I Nr 3; führen die Anknüpfungen von Art 14 I Nr 1 und 2 nicht zum Ziel, gilt das Recht, dem die Ehegatten im Zeitpunkt der Geburt des Kindes auf andere Weise gemeinsam am engsten verbunden sind (zu dessen Bestimmung Art 14 Rz 18).

b) Unbeachtlichkeit einer Rechtswahl. Da Art 19 I S 1 aF im Interesse der Rechtssicherheit und des Kindesschutzes für das Statut der ehelichen Abstammung **unwandelbar** nur auf das objektiv gebildete Familienstatut des Art 14 I verweist, bleibt ein von den Ehegatten ggf über Art 14 II–IV durch Rechtswahl bestimmtes Familienstatut für die Bestimmung des Statuts der ehelichen Abstammung außer Betracht. Haben die Ehegatten eine solche Rechtswahl getätigt, gilt also gleichwohl das über Art 14 I Nr 1–3 zu findende Recht (das dann im konkreten Fall zwar nicht Statut der allg Wirkungen der Mutterehe, aber ungeachtet dessen Statut der ehelichen Abstammung des Kindes ist).

2. Erweiterung der anwendbaren Rechte (Abs I S 2 aF). Gem Abs I S 2 aF tritt für die Bildung des Statuts der ehelichen Abstammung als weiteres Recht **subsidiär** das Recht der Staatsangehörigkeit eines Ehegatten im Zeitpunkt der Geburt des Kindes hinzu, wenn sich aus diesem Recht die (ansonsten ggf nicht sich ergebende oder zweifelhafte) Ehelichkeit des Kindes ergibt. Die gutgemeinte Vorschrift ist unglücklich formuliert und hat deshalb zu Meinungsverschiedenheiten über ihre Tragweite Anlaß gegeben (s Dörner StAZ 1990, 1, 8; MüKo/Schwimann[1] Art 19 Rz 15; Pal/Heldrich[57] Art 19 Rz 4). Die Regel will die Ehelichkeit des Kindes fördern und gilt deshalb subsidiär dann, wenn dem aus Abs I S 1 iVm Art 14 I folgenden grundsätzlichen Statut der ehelichen Abstammung die Ehelichkeit nicht folgt. Der Geltungsumfang der Regelung des S 2 ist auf die **Förderung** der Ehelichkeit beschränkt. S 2 trägt also keine Anfechtung der Ehelichkeit nach dem Recht eines der Ehegatten, wenn sich ein Anfechtungsrecht aus dem gem S 1 bestimmten Statut der ehelichen Abstammung nicht ergibt (ebenso Pal/Heldrich[57], aaO Rz 4). Umgekehrt ergreift das aus S 2 folgende Recht (unbeschadet der Regel des S 4) den Gesamtbereich von Ehelichkeit und Ehelichkeitsanfechtung dann, wenn nur aus der Anwendung von S 2 und nicht schon aus der von S 1 die Ehelichkeit des Kindes sich ergeben läßt (s Begr RegE BT-Drucksache 10/504, 65). Anwendbares Recht gem S 2 ist das Recht der effektiven Staatsangehörigkeit eines Ehegatten iSv Art 5 I S 1 und 2. Verweist dieses seinerseits zurück und weiter, ist solcher renvoi nach allg Regeln (s Rz 4) zu beachten. An die Stelle des von S 2 berufenen Heimatrechts tritt bei Staatenlosen und Flüchtlingen dann deren aus Art 5 II entnommenes bzw das für Flüchtlinge geltende Personalstatut.

3. Abs I S 3 aF enthält für **nachgeborene Kinder** eine auf den Zeitpunkt des Eheendes verweisende Ergänzungsregel. Sie ersetzt die Geburt als maßgeblichen Zeitpunkt iSv S 1 durch den Zeitpunkt der Eheauflösung. Wann und ob die Ehe aufgelöst ist (durch Tod, Todeserklärung, Scheidung), ist durch selbständige Anknüpfung dieser Vorfrage zu beantworten (zB AG und LG Bonn StAZ 1988, 354, allg M). Zur Auflösung der Ehe durch Aufhebung, Anfechtung, Nichtigerklärung s näher MüKo/Schwimann[1] Art 19 Rz 19 mwN.

4. Anwendungsbereich. a) Voraussetzung des Bestehens einer wirksamen Ehe der Mutter. Anknüpfungsvoraussetzung des Art 19 I aF („Erstfrage") ist das **Bestehen einer wirksamen Ehe** der Mutter (BGH 43, 213, 218; 69, 387 zu Art 18 aF; allg M zu Art 19 Fassung 1986, zB BT-Drucks 10/504, 64; Kegel IPR 580f; Oberloskamp ZBlJugR 1987, 557; Rauscher StAZ 1987, 121ff; auch LG Bonn IPRax 1985, 353 – Unanwendbarkeit des Art 19 I aF auch bei irrtümlicher Scheidung der in Wahrheit noch bestehenden Ehe der Mutter; teilweise anders – für Kinder aus nichtehelichen Lebensgemeinschaft – Klinkhardt StAZ 1989, 182). Ob das Kind ungeachtet einer Ehe der Mutter nach dem insoweit maßgeblichen Recht die Rechtsstellung eines ehelichen Kindes erlangt (zB weil das Heimatrecht der Eltern zwischen ehelichen und nichtehelichen Kindern nicht unterscheidet oder weil das Heimatrecht des Vaters die sog Legitimanerkennung kennt, dazu 9. Aufl Art 21 Rz 20), ändert an der Unanwendbarkeit des Art 19 aF nichts. In der (bedenklichen, s Rz 1, 2) Konzeption des Gesetzgebers der IPR-Reform kommt für solche Sachverhalte Art 20 I aF zum Zuge (s Erl dort). Ebenfalls unanwendbar ist Art 19 I aF bei Fällen der Nichtigkeit oder Aufhebung einer Ehe vor dem nach Abs I S 1 maßgeblichen Zeitpunkt der Geburt. Ob Kinder, die in solcher Ehe oder zeitlich nach solcher Ehe geboren werden, gleichwohl ehelich sind, ist nach dem gem Art 13 I, II maßgeblichen Eheschließungsstatut (als „Eheschließungsfolgenstatut") zu beurteilen (s Erl Art 13 Rz 34ff; s ferner Pal/Heldrich[57] Art 19 Rz 6). Eine selbständig anzuknüpfende, dh wiederum nach Art 13 (bzw nach vorrangigem Staatsvertragsrecht) zu behandelnde **Vorfrage** die Frage nach dem gültigen Zustandekommen der Ehe der Mutter (so zum alten Recht BGH 43, 213; BayObLG 1966, 1; Zweibrücken FamRZ 1974, 163; Köln StAZ 1972, 140; zum neuen Recht zB Beitzke ZBlJugR 1986, 482; Rauscher StAZ 1987, 121f). Eine gültige Ehe ist für Art 19 I aF deshalb gegeben, wenn die im Inland formrichtig (Art 13 III) geschlossene Ehe nach Heimatrecht der Ehegatten wegen Formverstoßes als Nichtehe oder nichtige Ehe gewertet wird (**„hinkende Inlandsehe"**, s Art 13 Rz 34, 47), ebenso zB zum alten Recht BayObLG 1963, 265; BGH 73, 370, 372; allg M zum neuen Recht s Soergel/Kegel Art 18 aF Rz 5; Pal/Heldrich Art 19 Rz 6; Kegel IPR 581; Rauscher StAZ 1987, 122. Aus dem Bejahen der gültigen Ehe für die Vorfrage wird dann idR „hinkende Ehelichkeit" des Kindes resultieren. Strittig ist die Rechtslage bei im Inland wegen Formverstoßes (Art 13 III S 1) als Nichtehe zu beurteilender **„hinkender Auslandsehe"** (s Art 13 Rz 44). Zugunsten der Ehelichkeit der Kinder (in favorem legitimitatis) will eine in der Rspr zum Recht vor 1986 schon vertretene (KG JW 1937, 2526; Karlsruhe FamRZ 1983, 757) 19–2 und im Schrifttum zum ab 1986 geltenden Recht wieder befürwortete Auffassung (Rauscher StAZ 1985, 101; 1986, 89; Beitzke FS Kegel [1977] 99, 102; ders ZBlJugR 1986, 482; auch Siehr StAZ 1971, 205; Pal/Heldrich[57] Art 19 Rz 6); Neuhaus FamRZ 1973, 583) hier alternativ anknüpfen, um so über die Bejahung der Vorfrage der gültigen Ehe zum Ergebnis der Ehelichkeit des Kindes zu gelangen. Mit der in Rspr zum aR (von 1896) und im Schrifttum aber wohl hM ist dagegen von der Maßgeblichkeit der Inlandsanschauung über die Form- oder sonstige Wirksamkeit der Ehe auszugehen, so daß Art 19 I (Fassung 1986) bei Verneinung des Bestehens gültiger Ehe nicht zur Anwendung kommen kann (so iE BGH 43, 213; Celle FamRZ 1964, 209; BayObLG 1966, 1; Karlsruhe StAZ 1968, 103; Hamm NJW 1973, 1554; Frankfurt OLGZ 1978, 2; Soergel/Kegel[11] Art 18 aF Rz 5; MüKo/Schwimann[1] Art 19 Rz 35 – differenzierend –; Bayer/Knörzer/Wandt, FamRZ 1983, 770, 772). Art 19 I aF kann in diesen Fällen hingegen dort zur Anwendung kommen, wo (nach hier vertretener Meinung in engen Grenzen) durch Statutenwechsel **Heilung** bewirkt worden ist (s Art 13 Rz 35, 44, 45).

14   b) **Reichweite des Ehelichkeitsstatuts.** Das Ehelichkeitsstatut des Abs I aF beherrscht den Gesamtbereich der ehelichen Abstammung, also alle materiellrechtlichen (im deutschen Recht in §§ 1591–1600 BGB geregelten) Fragen der ehelichen Geburt und der Bekämpfung der Ehelichkeit (gleiche Begr RegE BT-Drucksache 10/504, 65; Pal/Heldrich[57] Art 19 Rz 7); MüKo/Schwimann[1] Art 19 Rz 12). Das nach Art 19 I aF maßgebliche Recht entscheidet so zB über Beiwohnungs- und Vaterschaftsvermutungen, Empfängnisvermutungen und gesetzliche Empfängniszeiten. Ebenso unterfallen Art 19 I als Ehelichkeitsvoraussetzungen ggf die Erforderlichkeit von Anerkenntnis, Anmeldung, Abstammungserklärung der Eltern und deren Eintragung ins Personenstandsregister (zB BGH 90, 129 = IPRspr 1984 Nr 96; BayObLG 1963, 265; AG Bielefeld IPRsp 1980 Nr 86, AG Flensburg IPRsp 1980 Nr 115). Abweichungen von den Regeln der §§ 1591ff BGB geben idR keinen Anlaß zur Heranziehung der Vorbehaltsklausel des Art 6 (unrichtig im konkreten Einzelfalle des jordanischen Rechts Buschhausen StAZ 1980, 90). So ist anzuwenden eine Regel, die kraft Gesetzes die Ehelichkeitsvermutung durchbricht (BGH NJW 1986, 3022 und Spellenberg FamRZ 1984, 118 zur „possession d'état" des franz Rechts), die Regel über die Vaterschaftsanerkenntnis durch einen Dritten (BGH 90, 129 – IPRspr 1984 Nr 96 und dazu Beitzke StAZ 1984, 198; Rauscher StAZ 1984, 306; Klinkhardt IPRax 1986, 21; zu Unrecht krit Sturm IPRax 1987, 1), auch dann, wenn dieses die Ehelichkeitsvermutung widerlegen kann (Italien, dazu BGH aaO). Ebenso sind anzuwenden ehelichkeitsvernichtende Regeln über die Registeranmeldung durch die Eltern (AG Bielefeld IPRsp 1980 Nr 86; Hamm StAZ 1982, 136). Bei Bejahung der Ehelichkeit folgen aus dem insofern maßgeblichen Recht auch die Regeln über die verwandtschaftlichen und schwägerschaftlichen Beziehungen des ehelichen Kindes (Kegel IPR[7] 502, 635).

Anhang II zu Art 19–21

20 aF *Nichteheliche Kindschaft*
(1) Die Abstammung eines nichtehelichen Kindes unterliegt dem Recht des Staates, dem die Mutter bei der Geburt des Kindes angehört. Dies gilt auch für Verpflichtungen des Vaters gegenüber der Mutter auf Grund der Schwangerschaft. Die Vaterschaft kann auch nach dem Recht des Staates, dem der Vater im Zeitpunkt der Geburt des Kindes angehört, oder nach dem Recht des Staates festgestellt werden, in dem das Kind seinen gewöhnlichen Aufenthalt hat.
(2) ...

Schrifttum: *Beitzke*, Neuerungen im internationalen Kindschaftsrecht, ZfRV 1986, 477, 537; *Henrich*, Zur Klage auf Vaterschaftsfeststellung und Zahlung von Regelunterhalt im Inland..., IPRax 1985, 207; *Klinkhardt*, Zur Feststellung der Vaterschaft nach dem neuen IPR..., StAZ 1986, 237; *Müller*, Die nichteheliche Vaterschaft im internationalen Privatrecht, StAZ 1989, 301; *Rauscher*, Neues internationales Kindschaftsrecht – Schwerpunkte der Reform, StAZ 1987, 121; *Schlosser*, Der lange Arm der deutschen Kindschafts- und Familiengerichte, IPRax 1987, 153; *Sturm*, Das neue internationale Kindschaftsrecht. Was bleibt von der Rspr des Bundesgerichtshofes? IPRax 1987, 1; *Thümmel*, Das internationale Privatrecht der nichtehelichen Kindschaft – Eine rechtsvergleichende Untersuchung (Diss Tübingen 1982); *Winkler v Mohrenfels*, Ausländisches Unterhaltsrecht im Lichte des Art 12 § 3 NEhelG, IPRax 1987, 227.

I. Allgemeines

1   **1. Inhalt und Zweck.** Art 20 aF ist mit Art 19 aF zusammenzusehen, auch im Hinblick auf seine über den 1. 7. 1998 hinausreichende Bedeutung (s Erl zu Art 19 aF Rz 1). Wie Art 19 aF die eheliche Abstammung und das Rechtsverhältnis des ehelichen Kindes zu seinen Eltern betrifft, regelt Art 20 aF die nichteheliche Abstammung (Abs I S 1, 3) und das Rechtsverhältnis zwischen dem nichtehelichen Kind und seinen Erzeugern (Abs II) sowie das Rechtsverhältnis zwischen Vater und Mutter des Kindes aufgrund der Schwangerschaft der Mutter (Abs I S 2). Zur Kritik an dieser in Art 19, 20 aF Gesetz gewordenen Lösung s Art 19 aF Rz 1, 2. Art 20 aF ergibt damit das „Statut der nichtehelichen Kindschaft" insgesamt ebensowenig, wie Art 19 aF das ehelichen Kindschaft insgesamt ergibt. Ausgeklammert bleibt, weil anderen Kollisionsnormen folgend, vor allem das Namensrecht (Art 10; s dazu LG Rottweil StAZ 1991, 230) und das Unterhaltsrecht (Art 18), zum Anwendungsbereich insgesamt s Rz 12f). Anwendbar ist Art 20 aF nur, wenn nicht vorrangiges Staatsvertragsrecht eingreift, das bei der nichtehelichen Kindschaft und ihren Folgen aufgrund mehrerer Abkommen vorhanden ist (s Rz 3). Inhaltlich ist Art 20 aF

einerseits durch die Entscheidung für das Heimatrecht der Mutter geprägt, in dem der Gesetzgeber das Gesetz der engsten Beziehung sieht (Begr RegE BT-Drucks 10/504, 67f), anderseits durch Begünstigung des Kindes; S 2 beruft für die Vaterschaftsfeststellung im Interesse des Kindes zusätzlich auch das Heimatrecht des Vaters und das Recht des gewöhnlichen Aufenthaltes des Kindes.

2. Vorgeschichte und altes Recht. Art 20 aF ersetzte wie Art 19 aF in den einschlägigen Teilbereichen die Art 20, 21 (Fassung 1896); diese waren indes im Zeitpunkt des Reformbeginnes auf wesentlichen Teilgebieten der elterlichen Sorge schon durch die moderneren Vorschriften vor allem des MSA und der Haager Unterhaltsübereinkommen von 1956 und 1973 überlagert worden (s Rz 3). Soweit sie praktisch noch zur Anwendung gelangten, beriefen sie für das Verhältnis zwischen Mutter und Kind das Heimatrecht der Mutter, für das Verhältnis zwischen Vater und Kind das Heimatrecht des Vaters. Allerdings war nach der Rspr (BGH 60, 247; 63, 219) für die Feststellung der Vaterschaft und die Rechtswirksamkeit eines Vaterschaftsanerkenntnisses im Hinblick auf § 1600a BGB (aF) stets deutsches Recht maßgeblich, sofern dieses die Unterhaltspflicht des Vaters beherrschte. Die neue Regelung des Art 20 aF war durch das Bestreben gekennzeichnet, vor dem Hintergrund unterschiedlicher Systeme in den materiellen Rechten (Anerkennungssystem, System gerichtlicher Abstammungsfeststellung, neuerdings Mischsysteme, zB §§ 1600a ff BGB aF und das heute geltende Recht der §§ 1591ff BGB) Begründung und Wirkungen der Rechtsverhältnisse der nichtehelichen Kindschaft in dem oben Rz 1 umrissenen Umfang mit einer einheitlichen Anknüpfung auszustatten. Im Meinungsstreit um die insofern richtige Anknüpfung in der Zeit der beginnenden Gesetzesreform (Vorschläge und Gutachten des Deutschen Rates zur Reform des deutschen internationalen Personen-, Familien- und Erbrechts, 1981, S 9; Entwurf Kühne § 21; s ferner zB Stellungnahme des Max-Planck-Instituts RabelsZ 47 [1983] 95, 647) hat sich der Gesetzgeber dann im Interesse einheitlicher Grundlegung des Kindschaftsrechts und in der Überzeugung von der Richtigkeit der Geltung des Staatsangehörigkeitsprinzips für die primäre Geltung des durch die Staatsangehörigkeit bestimmten Heimatrechts der Mutter ausgesprochen (Begr RegE BT-Drucks 10/504, 67f). Allerdings ist der so angelegte Entwurf 1986 nur mit einer erheblichen Verstärkung des Gewichts des Aufenthaltsrechts des Kindes in Abs I S 3 Gesetz geworden (s dazu Bericht Rechtsausschuß BT-Drucks 10/5632, 43 und Pirrung IPVR 161). Anliegen war insofern die Fortführung früherer Rspr des BGH zum Zusammentreffen der Regelungen des NEhelG (§§ 1600a BGB aF) und der Maßgeblichkeit des Aufenthaltsrechts des Kindes in Unterhaltssachen (BGH 60, 247, 251; 90, 129, 141f).

3. Staatsvertragliche Regelungen. Art 20 aF ist wie Art 19 aF in beträchtlichem Umfang durch staatsvertragliche, gemäß Art 3 II vorrangige Regelungen überlagert. Zu unterscheiden ist hinsichtlich des Statuts der Abstammungsfeststellungen des Abs I und der in Abs II geregelten Wirkungen der nichtehelichen Kindschaft. a) Im Anwendungsbereich des Abs I haben im Rahmen ihres Geltungsbereiches Vorrang: aa) Das **CIEC-Übereinkommen vom 14. 9. 1961 über die Erweiterung der Zuständigkeit der Behörden, vor denen nichteheliche Kinder anerkannt werden können** (BGBl 1965 II 19), in Kraft im Verhältnis zu Frankreich, den Niederlanden, der Schweiz, der Türkei seit 24. 7. 1965, BGBl 1965 II 1162, zu Belgien seit 16. 9. 1967 BGBl 1967 II 2376, zu Griechenland seit 22. 7. 1979, BGBl 1979 II 1024, zu Italien seit 5. 8. 1981, BGBl 1981 II 625, zu Portugal seit 4. 7. 1984 BGBl 1984 II 875, zu Spanien seit 5. 8. 1987, BGBl 1987 II 448; das Abkommen ist freilich ohne praktische Bedeutung, da seine derzeitigen Vertragsstaaten sämtlich die Anerkennung mit Standesfolge praktizieren, so daß seine – vornehmlich verfahrensrechtlichen – Regeln ins Leere gehen (s Böhmer StAZ 1974, 85, 87). Kollisionsrechtlichen Gehalt hat lediglich die für die Form der Vaterschaftsanerkennung auf das Ortsrecht verweisende und damit mit Art 11 I deckungsgleiche Norm des Art 4 I (Textabdruck s MüKo/Klinkhardt[2] Art 20 Anh I Vor Rz 1). bb) Das **CIEC-Übereinkommen v 12. 9. 1962 über die Feststellung der mütterlichen Abstammung** (BGBl 1965 II 23), in Kraft im Verhältnis zu den Niederlanden und der Schweiz seit 24. 7. 1965, BGBl 1965 II 1163, zur Türkei seit 12. 1. 1966, BGBl 1966 II 105, zu Griechenland seit 22. 7. 1979, BGBl 1979 II 1024, zu Luxemburg seit 28. 6. 1981, BGBl 1981 II 457, zu Spanien seit 16. 3. 1984 BGBl 1984 II 229, zu Niederländisch-Aruba seit 1. 1. 1986, BGBl 1986 II 934; das Abkommen enthält kein Kollisionsrecht, sondern materielles Einheitsrecht für die mütterliche Abstammung eines nichtehelichen Kindes (Art 1) und Verfahrensrecht für das nach manchen Rechtsordnungen für die Feststellung der Abstammung nötige Anerkenntnis der Mutterschaft (Art 2, 3). Insofern ist das Abkommen auch anwendbar auf Angehörige eines Nichtvertragsstaates (s BayObLG 1978, 325, 333). Zu den Streitfragen um den persönlichen Anwendungsbereich s v Sachsen Gessaphe IPRax 1991, 108; Simitis RabelsZ 33 (1969) 30, 42; ders StAZ 1969, 78f; s ferner MüKo/Klinkhardt[2] Art 20 Anh II Rz 3–6. b) Wieweit im Anwendungsbereich des Abs II Abkommen im Rahmen ihres Geltungsbereiches Vorrang hatten, ist für die Weiteranwendung von Art 20 I aF über den 30. 6. 1998 hinaus unerheblich, da insoweit Art 21 nF gilt (im übrigen 9. Aufl Erl zu Art 20 Rz 3).

4. Geltung allgemeiner Regeln. Art 20 ist den allg Verweisungsregeln grundsätzlich zugänglich. **a) Rück- und Weiterverweisung** sind demnach gem Art 4 I zu beachten, soweit in Art 20 aF nicht eine Sachnormverweisung angeordnet ist. Wann in Art 20 aF Gesamt- und wo Sachnormverweisung gegeben ist, ist parallel zu den bei Art 19 aF getroffenen Differenzierungen (s Art 19 aF Rz 4) unter Berücksichtigung des Abs I S 3 prägenden Günstigkeitsprinzips zu entscheiden. Auf dieser Grundlage gilt für die einzelnen von Art 20 I aF ausgesprochenen Verweisungen: **aa)** Die in der Grundsatzregel des **Abs I S 1 aF** für die nichteheliche Abstammung ausgesprochene Verweisung ist gem Art 4 I **Gesamtverweisung; bb)** dies gilt ebenso für die Erweiterung ihres Anwendungsbereiches durch **Abs I S 2 aF; cc)** Bei **Abs I S 3 aF** ist im Interesse der Ermöglichung einer Vaterschaftsfeststellung der grundsätzlichen Geltung des Renvoi zu modifizieren. Dem Sinn der Verweisung nach ist Gesamt- *oder* Sachnormverweisung anzunehmen, je nach dem, welche Verweisungsart als Ergebnis des zur Anwendung kommenden Sachrechts die Möglichkeit der Vaterschaftsfeststellung ergibt (s schon Art 19 aF Rz 4 mwN; ebenso hier MüKo/Klinkhardt[2] Art 20 Rz 30–32; Pal/Heldrich[57] Art 20 Rz 2; Kartzke IPRax 1988, 8f; für Sachnormverweisung hingegen Kühne FS Ferid [1988] 251, 258).

5   **b) Ordre public.** Art 20 aF und die in seiner Anwendung gewonnenen Ergebnisse stehen unter dem Vorbehalt des Art 6. S hierzu Übersicht bei Art 6 Rz 38ff sowie die unten bei den einzelnen Anknüpfungsregelungen erfaßten Rechtsprechungsergebnisse (Rz 11).

6   **c)** Art 20 aF setzt wegen seiner Geltung nur für nichteheliche Kinder die Beantwortung der **Vorfrage** voraus, ob das Kind ehelich oder nichtehelich ist. Erheblich wird diese Vorfrage dann, wenn eine Ehe der Mutter besteht oder bestand. Die Vorfrage ist dann **selbständig** anzuknüpfen, dh die Ehelichkeit bzw Nichtehelichkeit ist nach dem von Art 19 I aF berufenen Recht zu beurteilen (ebenso LG Dortmund NJW-RR 1990, 13; MüKo/Klinkhardt[2] Art 20 Rz 33; Pal/Heldrich[57] Art 20 Rz 1; aA – Anwendung von Art 20 aF – Müller StAZ 1989, 303; krit auch Hepting FS Ferid [1988] 163). Selbständige Anknüpfung über Art 13 gilt auch bei Nichtehelichkeit des Kindes, aus der das Kind stammt (s Art 19 aF Rz 13) und über Art 21 aF, 22 hinsichtlich der Frage, ob das Kind durch Legitimation, Ehelicherklärung, Adoption über den Status eines ehelichen Kindes verfügt (vgl dazu die Parallelauffassung zu Art 19 aF, dort Rz 9, 13).

7   **5. Intertemporales Recht.** Die bei Art 20 aF zu beachtenden Übergangsregeln (im Verhältnis zum Recht vor 1986) ergeben sich wie bei Art 19 aF aus Art 220 I und II, zum Übergang zur Rechtslage seit 1. 1. 1998 s Erl Art 19 aF Rz 1. Hinsichtlich der Abstammung (Abs I S 1) gilt bei vor dem 1. 9. 1986 geborenen Kindern nach Art 220 I das bisherige IPR (BGH FamRZ 1987, 583; NJW-RR 1989, 707; BayObLG 1988, 6, 11; AG Mainz DAVorm 1990, 560; Henrich IPRax 1987, 251; Künkel DAVorm 1987, 364). Gleiches muß angesichts des auf den Zeitpunkt der Geburt des Kindes abstellenden Wortlauts von Abs I S 3 entgegen den sachlich richtigen Darlegungen von Beitzke ZBlJugR 1987, 478 auch für die Feststellung der Vaterschaft gelten. Hingegen gilt hinsichtlich der Anknüpfung in Abs I S 2 (Verpflichtung des Vaters gegenüber der Mutter) wegen des vorwiegend unterhaltsrechtlichen Charakters dieser Verpflichtungen Art 220 II; die ab dem 1. 9. 1986 fällig werdenden Verpflichtungen richten sich nach den damals neuen Vorschriften (Art 20 I S 2 Fassung 1986).

8   **6. Innerdeutsches Kollisionsrecht. a)** Bis zum 3. 10. 1990 galt Art 20 aF entsprechend im ILR im Verhältnis zur ehemaligen DDR. Heimatrecht der iSv Art 20 I und II Beteiligten war ihr deutsches, durch den gewöhnlichen Aufenthalt gebildetes Personalstatut (s Erl zu Art 3 Rz 29, 30; s auch Siehr IPRax 1991, 20); in entspr Anwendung gab Art 20 auch die ggf benötigte Anknüpfung an den gewöhnlichen Aufenthalt (Art 20 I S 3, II).

9   **b)** Seit dem 3. 10. 1990 galt gem Art 8 Einigungsvertrag und Art 230 EGBGB auch für die nichteheliche Kindschaft und die Rechtsverhältnisse des nichtehelichen Kindes zu seinen Eltern einheitlich das Recht des BGB, soweit nicht Übergangsregeln gesetzt worden oder Ausnahmen getroffen sind. Eine Ausnahme galt gem Art 230 I für das im Beitrittsgebiet nicht in Kraft gesetzte Recht der Pflegschaft für nichteheliche Kinder. Demgemäß galt für nichteheliche Kinder mit gewöhnlichem Aufenthalt im Beitrittsgebiet der besondere, vom BGB abweichende Rechtszustand (str, wie hier Pal/Heldrich Art 20 Rz 1; aM Siehr IPRax 1991, 23; s ferner LG Berlin DAVorm 1991, 481). Übergangsregelungen, die zum Anwendungsbereich des Art 20 aF gehören, sind in Art 234 § 7 für die Feststellung der Abstammung eines vor dem Stichtag des 3. 10. 1990 geborenen Kindes und in Art 234 § 11 für die Beurteilung der elterlichen Sorge getroffen. Ob diese Regelungen eingreifen, richtet sich danach, ob das besondere Recht, das Art 234 für das Beitrittsgebiet in Kraft gesetzt hat, nach den Regeln des innerdeutschen, in Entsprechung zu Art 20 aF zu bildenden einschlägigen Kollisionsrechts, dh nach dem gewöhnlichen Aufenthalt der jeweiligen Anknüpfungsperson, zur Anwendung berufen ist (s Art 3 Rz 29, 30). Zur innerdeutschen Rechtslage seit 1. 7. 1998 s Erl Art 19 nF Rz 8.

II. Statut der nichtehelichen Abstammung (Abs I aF)

10   **1. Grundsatzregel: Feststellung der Abstammung nach dem Heimatrecht der Mutter (Abs I S 1 aF).** Nach Abs I S 1 aF ist die Abstammung eines nichtehelichen Kindes grundsätzlich **unwandelbar** nach dem **Heimatrecht der Mutter** im Zeitpunkt der Geburt des Kindes zu beurteilen. Für die Bestimmung des Heimatrechts gelten die zu Art 5 entwickelten Regeln; bei Doppel- und Mehrstaatsangehörigkeit der Mutter bestimmt sie die effektive Staatsangehörigkeit gem Art 5 I S 1 und 2, bei Staatenlosen gelten die oben zu Art 5 II (dort Rz 10), bei Flüchtlingen die zum Flüchtlingsstatut (Art 5 Rz 66ff) dargelegten Einzelregeln. Für Rück- und Weiterverweisung s Rz 4, für das Übergangsrecht (Art 220 I) Rz 7.

11   **2. Zusatzregel: Feststellung der Vaterschaft auch nach Heimatrecht des Vaters und Aufenthaltsrecht des Kindes (Abs I S 3 aF).** Das gem S 1 aF bestimmte Abstammungsstatut regelt die Abstammung zur Mutterseite wie zur Vaterseite. Für die Feststellung der Vaterschaft bietet aber S 3 aF im Kindesinteresse (s Rz 2 mwN) zwei Zusatzanknüpfungen. Die Vaterschaftsfeststellung kann danach auf das Heimatrecht der Mutter (S 1), auf das nach übereinstimmenden Grundsätzen **unwandelbar** bestimmte Heimatrecht des Vaters im Zeitpunkt der Geburt und **wandelbar** auf das Recht am gewöhnlichen Aufenthalt des Kindes (**Sachnormverweisung** gem Art 4 I S 1, s Rz 4 und Art 19 aF Rz 4) gestützt werden (BGH DAVorm 1991, 190 = FamRZ 1991, 426f; auch Hamm FamRZ 1991, 221). Die nach S 1 und S 3 zur Verfügung stehenden Anknüpfungen bestehen **nebeneinander**. Für die Anwendung von S 3 ist nicht erforderlich, daß das gem S 1 ermittelte Statut für die Vaterschaftsfeststellung unergiebig ist oder auch nur Schwierigkeiten aufwirft. Mittelbarer Zweck und häufiges Ergebnis des Nebeneinanders von S 1 und S 3 ist die Möglichkeit der Feststellung der Vaterschaft auf der Grundlage des deutschen Aufenthaltsrechts des Kindes iSv S 3 (ebenso Pal/Heldrich[57] Art 20 Rz 6). Ein **Wahlrecht** (der die Vaterschaft Anerkennenden) besteht insoweit allerdings **nicht** (Hamm aaO 221f; auch BayObLG FamRZ 1991, 1352). Vielmehr bestimmt über die im konkreten Fall anzuwendende Rechtsordnung das **Kindeswohl** (BT-Drucks 10/5632, 43, s Rz 2; AG Hannover DAVorm 1990, 832; Hamm aaO 221f; teilw abw Müller StAZ 1989, 305 – Reihenfolge nach Prioritätsprinzip). Welche Anknüpfung im Interesse des Kindeswohls den Vorzug verdient, wird in aller Regel nach dem Vorhandensein von Unterhaltsansprüchen des Kindes gegen den Vater zu entscheiden sein; damit kann Kongruenz zwischen der Vater-

schaftsfeststellung gem Art 20 I aF und der Anknüpfung der Vaterschaftsfeststellung zur Geltendmachung von Unterhaltsansprüchen gem Art 10 Nr 1 des Haager Unterhaltsabkommens vom 2. 10. 1973 (s Art 18 Rz 47ff) hergestellt werden, wie sie zur Grundlage der früheren BGH-Rspr und der dort statuierten „Sperrwirkung" von § 1600a BGB (BGH 60, 247; BGH 90, 129; BGH IPRax 1986, 35, 39) geworden war, deren Schutzwirkung für das Kind durch die zu S 3 führende Initiative des Rechtsausschusses (Rz 2) ins neue Recht übernommen werden sollte (ebenso iE Pal/Heldrich[57] Art 20 Rz 7; MüKo/Klinkhardt[2] Art 20 Rz 21, 24; zur Vorfragenproblematik übereinstimmend Sturm IPRax 1987, 1, 3; abw AG Duisburg DAVorm 1987, 925). Die **Reichweite** der von S 3 gebotenen Zusatzanknüpfungen ist **beschränkt** auf die **Vaterschaftsfeststellung**, ihre Wirksamkeit, ihre Wirksamkeitsvoraussetzungen und ihre Rechtswirkungen (Stuttgart FamRZ 1990, 559) sowie für ihre Anfechtung (str, s MüKo/ Klinkhardt[2] Art 20 Rz 27 mwN; für Zustimmung des Kindes gilt Art 23, für die Form Art 11 I; zur Bedeutung des CIEC-Übereinkommens vom 14. 5. 1961 über die Erweiterung der Zuständigkeit der Behörden, vor denen nichteheliche Kinder anerkannt werden können, s Rz 3).

3. Reichweite. a) Begründung der Abstammung. Das gem **Abs I S 1 aF** ermittelte Abstammungsstatut bestimmt zunächst über die Begründung der nichtehelichen Kindschaft, dh über die Abstammung nach der Mutterseite wie nach der Vaterseite. Die Verweisung ergibt somit (s Rz 2), ob ein Recht auf der Grundlage des Anerkennungssystems, des Systems gerichtlicher Feststellung oder auf der Grundlage des sog Mischsystems die nichteheliche Abstammung begründet und regelt. **aa) Abstammung zur Mutterseite.** Da Abs I S 1 aF die Abstammung zur Mutterseite regelt, bestimmt sich nach dem so zur Anwendung berufenen Recht die Regelung der Mutter-Kind-Beziehung. Das in diesem Sinne „Mutterschaftsstatut" ergibt, ob die tatsächliche Abstammung, die durch die Geburt belegt ist, die Rechtsfolge Abstammung hat oder ob – wie nach den Rechten Italiens und Frankreichs – noch eine **Mutterschaftsanerkennung** oder eine Feststellung der Mutter durch Gerichtsentscheidung mit Statuswirkung erforderlich ist (inzwischen entschärft durch die Figur des Statusbesitzes [„possession d'état"] gem Art 311–1 Cc [s dazu v Bar IPR II 216 Fn 1037 und Spellenberg FamRZ 1984, 117, 239]). Ist ein solches Recht Mutterschaftsstatut, dann regelt dieses Recht alle Einzelerfordernisse einschließlich etwa erforderlicher Zustimmungen (LG Tübingen IPRax 1982, 205; allg A). Zu beachten ist dann im Verhältnis zu den Vertragsstaaten hinsichtlich des Verfahrens und der Form der Mutterschaftsanerkennung das (in Rz 3 näher erläuterte) CIEC-Übereinkommen vom 12. 9. 1962 über die Feststellung der mütterlichen Abstammung nichtehelicher Kinder. Im übrigen gilt hinsichtlich der Form Art 11 I; die Erforderlichkeit und die Erteilung einer **Zustimmung des Kindes** oder eines Elternteils ist zusätzlich nach Art 23 auf der Grundlage des Heimatrechts des Kindes und ggf auch nach deutschem Recht zu beurteilen. Für Anerkennungen und andere Rechtswirkungen, die dem nichtehelichen Kind den Status eines ehelichen Kindes gaben, gilt Art 21 aF und das danach berufene Recht (vgl näher 9. Aufl Erl zu Art 21). **bb) Abstammung zur Vaterseite.** Das über Abs I S 1 ermittelte Statut bestimmt, soweit insoweit nicht eine der von S 3 angebotenen Anknüpfungen (s Rz 11) den Vorzug erhalten hat, auch über die Abstammung zur Vaterseite. Die Bevorzugung des Rechts der Mutter ist verfassungsrechtlich zwar nicht ganz unbedenklich (s Klinkhardt StAZ 1986, 237), aber im Hinblick auf die Zusatzanknüpfungen des S 3 wohl noch akzeptabel. Zum dann gegebenen Anwendungsbereich s schon Rz 11 aE.

b) Zu differenzieren ist dann zwischen S 1 und S 3 hinsichtlich der **Rechtswirkungen der Abstammung. aa)** Da das von **S 3 aF** berufene „Zusatzstatut" lediglich die Feststellung der Vaterschaft betrifft, bestimmt das so nach den Rz 11 gemachten Erläuterungen im konkreten Fall zur Anwendung kommende Recht **nur** die Begründung der Abstammung zur Vaterseite (durch Anerkennung oder gerichtliche Feststellung) sowie die sich daraus für die Beziehung zwischen **Vater und Kind** ableitenden **Statuswirkungen** (s Rz 12 aE). **Nicht** gilt es für sonstige Rechtswirkungen der nichtehelichen Kindschaft; soweit letztere von Abs II aF erfaßt sind und gem Abs I S 3 das gewöhnliche Aufenthaltsrecht des Kindes Abstammungsstatut zur Vaterseite geworden ist, folgt Anknüpfungsgleichklang allerdings aus den übereinstimmenden Anknüpfungen; dadurch daß andere Rechte, wie zB das Namensrecht, Art 20 aF ohnehin nicht unterfallen (s BayObLG FamRZ 1991, 1352), ist der Geltungsumfang von S 3 ohnehin eingegrenzt. **Nicht** gilt es auch für die gesamten die Abstammung und ihre Rechtswirkungen erfassenden Beziehungen zur Mutterseite. Hierfür gilt stets und auch im Falle der Feststellung der Vaterschaft gem Abs I S 3 (Rz 11) das von S 1 berufene Statut.

bb) Das von **S 1 aF** berufene „Grundstatut" hingegen erfaßt stets die ebengenannten Statuswirkungen zur Mutterseite; wird die Vaterschaft nicht getrennt gem S 3 angeknüpft, ist auch sie von der gem S 1 gegebenen Anknüpfung erfaßt. Die in Rz 13 getroffenen Abgrenzungen zu Abs II und zu getrennt angeknüpften Statuswirkungen (Art 10) gelten auch im Verhältnis zu S 1.

22 *Annahme als Kind*

(1) Die Annahme als Kind unterliegt dem Recht des Staates, dem der Annehmende bei der Annahme angehört. Die Annahme durch einen oder beide Ehegatten unterliegt dem Recht, das nach Artikel 14 Abs. 1 für die allgemeinen Wirkungen der Ehe maßgebend ist.

(2) Die Folgen der Annahme in bezug auf das Verwandtschaftsverhältnis zwischen dem Kind und dem Annehmenden sowie den Personen, zu denen das Kind in einem familienrechtlichen Verhältnis steht, unterliegen dem nach Absatz 1 anzuwendenden Recht.

(3) In Ansehung der Rechtsnachfolge von Todes wegen nach dem Annehmenden, dessen Ehegatten oder Verwandten steht der Angenommene ungeachtet des nach den Absätzen 1 und 2 anzuwendenden Rechts einem nach den deutschen Sachvorschriften angenommenen Kind gleich, wenn der Erblasser dies in der Form einer Verfügung von Todes wegen angeordnet hat und die Rechtsnachfolge deutschem Recht unterliegt. Satz 1 gilt entsprechend, wenn die Annahme auf einer ausländischen Entscheidung beruht. Die Sätze 1

und 2 finden keine Anwendung, wenn der Angenommene im Zeitpunkt der Annahme das achtzehnte Lebensjahr vollendet hatte.

Schrifttum: *Bach,* Daten und soziale Hintergründe der Adoption von Kindern aus der Dritten Welt, ZBlJugR 1988, 328; *Beitzke,* Beiträge zum Kollisionsrecht der Adoptionsfolgen, FS Firsching (1985) 9; *ders,* Vormundschaftsgerichtliche Genehmigung zur Kindeszustimmung bei Auslandsadoptionen, StAZ 1990, 68; *Benicke,* Typenmehrheit im Adoptionsrecht und deutsches IPR, Diss Heidelberg 1994; *Busch,* Adoptionswirkungsgesetz und Haager Adoptionsübereinkommen – von der Nachadoption zur Anerkennung und Wirkungsfeststellung, IPRax 2003, 13; *Conetti,* Die internationale Adoption Minderjähriger, ZfRV 29 (1988) 162; *Griep,* Anerkennung von Auslandsadoptionen (1989); *Jayme,* Deutsch-englische Adoptionen, FS Lipstein (1980) 65; *ders,* Kindesrecht und Rückverweisung im Internationalen Adoptionsrecht, IPRax 1989, 157; *ders,* Erwachsenenadoption und IPR, NJW 1989, 3069; *Klinkhardt,* Zur Anerkennung ausl Adoptionen, IPRax 1987, 157; *Krapf-Buhmann,* Die Anerkennung ausl Adoptionen im Inland, Diss Münster 1988; *Lüderitz,* Hauptfragen internationalen Adoptionsrechts, FS Beitzke (1979) 589; *v Mangoldt,* Zu den Wirkungen schwacher Auslands- oder Fernadoptionen durch Deutsche im deutschen Rechtskreis, StAZ 1985, 301; *Marx,* Perspektiven der internat Adoption (1993); *ders,* Das Haager Übereinkommen über internat Adoption, StAZ 1995, 315; *Rechberger,* Formstatut und Namensführungsstatut bei Adoption, ZfRV 28 (1987) 202; *Rudolf,* Das Haager Übereinkommen über die internationale Adoption, ZfRV 2001, 183; *Schurig,* Aktuelle Kernfragen der Anerkennung ausl Adoptionen, IPRax 1986, 221; *Sonnenberger,* Erwerb und Fortfall der Erbberechtigung adoptierter Kinder, insbes bei Adoption in den USA, Gedächtnisschrift Lüderitz (2000) 713; *Steiger,* Im alten Fahrwasser zu neuen Ufern – Neuregelungen im Recht der internationalen Adoption mit Erläuterungen für die notarielle Praxis, DNotZ 2002, 184; *Sturm,* Zur Scheinadoption volljähriger Ausländer in der BRepD und der schweizerischen Eidgenossenschaft, FS Firsching (1985) 309; *Wengler,* Zur Anwendung italienischen Adoptionsrechts durch deutsche Gerichte, IPRax 1987, 8; *Wohlgemuth,* Zustimmungsstatut und deutsch-jugoslawische Adoptionen, ROW 1988, 75.

I. Allgemeines

1 **1. Inhalt und Zweck.** Art 22 I enthält das 1986 reformierte IPR der Adoption und vergleichbarer Rechtsinstitute, durch die Eltern-Kind-Verhältnisse oder sonstige nahe Verwandtschaftsverhältnisse **begründet** werden (zB Pflege-Kindschaft des ital Rechts, s ie Rz 12). Abs I seinerseits hat seinen jetzigen Platz als Abs I erst 2001 erhalten, als im Rahmen der Umsetzung des Haager Adoptionsübereinkommens (dazu Rz 4) dem bisherigen Art 22 die neuen Absätze 2 und 3 eingefügt worden sind (s Rz 2 und 4). Im Unterschied zu Art 22 aF (vor 1986) trennt die Neufassung des jetzigen Abs I zwischen der Adoption durch Unverheiratete, die wie bisher – nunmehr allerdings iS einer allseitigen Kollisionsnorm – in **S 1** dem Personalstatut des Annehmenden unterstellt wird, und der in **S 2** geregelten Adoption durch ein Ehepaar, für die durch Verweisung auf Art 14 I im Interesse der Familieneinheit dessen **Familienstatut** maßgeblich ist. Demgemäß besteht nicht nur formal, sondern auch materiell eine Trennung zwischen den in S 1 und S 2 enthaltenen Anknüpfungen. Wie beim ehemaligen Legitimationsstatut (Art 21 aF, dazu 9. Aufl Art 21 Rz 7) ist auch beim Adoptionsstatut der Wirkungskreis begrenzt; Art 22 ergreift Voraussetzungen und Statuswirkung der Adoption, nicht die Adoptionsfolgen, die anders (Art 18, 21 nF) anzuknüpfen sind. Abs II nF bringt diese Grenzen des Anwendungsbereichs des Adoptionsstatuts jetzt zum Ausdruck (s Rz 17). Abs III nF stellt klar, daß bei Geltung deutschen Erbrechts für die Beerbung des Annehmenden die Minderjährigenadoption dem Angenommenen grundsätzlich die erbrechtliche Stellung nach den Regeln des deutschen materiellen Erbrechts gibt. Zu beachten ist stets Art 23 für erforderliche Zustimmungen.

2 Art 22 ist in der Praxis nur für einen begrenzten Teil der Adoptionen mit Auslandsberührung von unmittelbarer Bedeutung, nämlich für im **Inland** ablaufende Adoptionen. In diesen Fällen gibt das Adoptionsstatut des Art 22 die Art der Adoption (starke, bzw volle Adoption oder schwache bzw einfache Adoption) unmittelbar vor. Nach Art 22 und dem daraus folgenden Adoptionsstatut richtet sich im Grundsatz auch die Durchführung der Adoption als **Dekretadoption** oder **Vertragsadoption** (s Rz 15ff, 20ff). Hingegen ist bei **Auslandsadoptionen** durch Deutsche (oder auch Gebietseingesessene) die Problematik in den Bereich der **Anerkennung** oder auch der Bestätigung bzw Wiederholung verlagert. Vor 2001 fehlte bedauerlicherweise ein förmliches und ggf zentralisiertes Anerkennungsverfahren, ähnlich etwa Art 7 § 1 FamRÄndG (krit dazu Lüderitz IPR Rz 397; Schurig IPRax 1984, 25 sowie die Stellungnahmen in StAZ 1984, 81, 83 und IPRax 1985, 308ff). Es galt insoweit grundsätzlich § 16a FGG (s Rz 24ff). Die Lücke ist durch das AdoptionswirkungsG v 5. 11. 2001 (s Rz 3) und die Einführung eines vormundschaftsgerichtl Anerkennungsverfahrens geschlossen worden (s Rz 20, 23ff).

3 **2. Vorgeschichte und altes Recht.** Art 22 (Fassung 1986) ersetzte Art 22 aF, in dessen Abs I die Adoption zusammen mit der Legitimation iS einer einseitig formulierten, aber allseitig praktizierten Kollisionsnorm dem Heimatrecht des Annehmenden unterstellt war (hierzu Erman/Marquordt[7] Art 22 aF Rz 11ff). Der frühere Art 22 II wurde 1986 in den jetzigen Art 23 verlagert. Die Legitimation wurde 1986 in Art 21 damaliger Fassung geregelt; mit dem Wegfall der Legitimation für das deutsche Recht in der Kindschaftsrechtsreform 1998 ist auch die kollisionsrechtliche Regelung der Legitimation entfallen, so daß Art 21 dann seinen jetzigen Inhalt erhielt (s Art 21 Rz 1, 2). Im Rahmen der **Ratifikation des Haager Übereinkommens über den Schutz von Kindern und die Zusammenarbeit bei internationalen Adoptionen v 19. 5. 1993 durch das Gesetz zur Regelung von Rechtsfragen auf dem Gebiet der internationalen Adoption und zur Weiterentwicklung des Adoptionsvermittlungsgesetzes** v 5. 11. 2001 (BGBl 2001 I 2950; BGBl 2001 II 1034), die durch die Schaffung des **AdoptionswirkungsG** (Gesetz über Wirkungen der Annahme als Kind nach ausländischem Recht – Adoptionswirkungsgesetz – AdWirkG) als Art 2 des vorgenannten Gesetzes ergänzt worden ist, ist Art 22 (Fassung 1986) um die jetzigen Abs II und III ergänzt worden (dazu Busch, IPRax 2003, 13); der jetzige **Abs I** (= Art 22 Fassung 1986) enthält nach wie vor die kollisionsrechtliche Regelung der Adoption. **Abs I S 1** hat im Interesse des durch die Adoption Hauptbetroffenen die Maßgeblichkeit des Heimatrechts des Annehmenden beibehalten; andere, die lex fori bevorzugende Vorschläge (Lüderitz FS Beitzke [1979] 589, 596ff) sind nicht zum Zuge gekommen (Begr

RegE BT-Drucks 10/504, 71). **Abs I S 2** ersetzt mit der Verweisung auf das objektive Familienstatut des Art 14 I (im Zeitpunkt der Annahme) die frühere kumulierte Geltung der Heimatrechte der Ehegatten (dazu LG Berlin IPRsp 1973 Nr 101). Die Begründung aus der Familieneinheit (s Begr RegE aaO S 72; Pirrung IPVR 165, auch zum österr Recht, vgl § 26 I 1 ÖstIPRG) ist tragfähig, wie sich gezeigt hat. Im Gesetzgebungsverfahren der IPR-Reform 1986 ist auf die Entwicklung besonderer Verfahrensvorschriften für die Anerkennung und Bestätigung der Auslandsadoption verzichtet worden (s BT-Drucks 10/504, 100, 105 und 10/5632, 43f). Die Einführung eines solchen Anerkennungs- und Bestätigungsverfahrens vor den Vormundschaftsgerichten ist durch das AdWirkG (s oben) inzwischen erfolgt (§§ 1ff AdWirkG), dazu Rz 20, 23ff. **Abs II nF** ist durch das obengenannte RatifikationsG in Art 22 eingefügt worden; der neue Abs soll **klarstellen**, daß das Adoptionsstatut des Abs I auch für die unmittelbaren Rechtsfolgen der Adoption gilt, dh für die Begründung eines Verwandtschaftsverhältnisses zwischen dem Kind und dem Annehmenden und für die Auflösung und Lockerung des Verwandtschaftsverhältnisses zwischen dem Adoptierten und seinen leiblichen Eltern (Begr RegE BT-Drucks 14/6011, 58). Sachliche Änderungen zum seit 1986 praktizierten Recht nicht ein. **Abs III nF** beruht ebenfalls auf dem genannten Gesetz. Der Annehmende kann nach der Neuregelung, deren Neuerungen hierauf und auf Klarstellungen begrenzt sind, durch „testamentarische Gleichsetzungsanordnung" (S 1) bei Geltung deutschen Erbstatuts (Art 25) ungeachtet eines ausländischen Adoptionsstatuts iSv Abs I anordnen, daß das Kind einem nach den deutschen Sachvorschriften (§§ 1741ff BGB) angenommenen Kind gleichsteht. Das Kind erbt dann ebenso, wie wenn es nach deutschem Recht adoptiert worden wäre. S 2 stellt den Fall ausländischer Dekretadoption insoweit gleich, S 3 beschränkt die Regelung des Abs III auf die Annahme Minderjähriger. Zu sehen ist die Regelung des Abs III auch im Zusammenhang der Besserstellung der Auslandsadoption durch die Anerkennungs- und Bestätigungsregelungen des AdWirkG (s oben).

3. Staatsvertragliche Regelungen. Mehrseitige Staatsverträge mit eigentlich kollisionsrechtlichem Inhalt, **4** die der Regelung des Adoptionsstatuts in Art 22 I vorgehen könnten, bestehen für Deutschland **nicht**. Das Haager Übereinkommen v 15. 11. 1965 betreffend die Zuständigkeit der Behörden, das anwendbare Recht und die Anerkennung von Entscheidungen auf dem Gebiet der Adoption ist für Deutschland nicht in Kraft getreten (Text in StAZ 1965, 33; RabelsZ 30 (1966) 730 und bei Jayme /Hausmann (bis 8. Aufl unter Nr 33). Für Österreich, das Vertragsstaat war, ist es durch das untere Abkommen v 29. 5. 1993 (s unten) ersetzt. Das Übereinkommen des Europarats über die Adoption von Kindern v 24. 4. 1964 (**Europ Adoptionsabk**), in Kraft für Deutschland seit 11. 2. 1981 (BGBl 1980 II 1093; 1981 II 72) enthält **kein Kollisionsrecht**, sondern betrifft die Vereinheitlichung bzw Angleichung materiellen Adoptionsrechts. Seit dem 1. 3. 2002 ist für Deutschland das **Haager Übereinkommen über den Schutz von Kindern und die Zusammenarbeit auf dem Gebiet der internationalen Adoption v 29. 5. 1993** (BGBl 2001 II 1034) **in Kraft** (zur Entstehung Pirrung RabelsZ 63 [1993] 142; Marx StAZ 1993, 1; 1995, 315; Busch DAVorm 1997, 659). Es enthält **kein Kollisionsrecht** der Adoption, sondern ist – für den Zusammenhang mit Art 22 – Grundlage der Verbesserungen in der Behandlung von Auslandsadoptionen, s Rz 1, 2, 3. Als zweiseitiges Abkommen hat Vorrang vor Art 22 das **Deutsch-Iranische Niederlassungsabkommen** von 1929 (Text s Art 14 Rz 35); anwendbar ist es auf dem Gebiet der Adoption ebenso wie auch in anderen Gebieten nur, wenn alle Beteiligten Iraner (ohne Mehrstaatigkeit zu Deutschland und ohne Asyl- oder Flüchtlingsstatus, s Art 14 Rz 5 mwN) sind (vgl für Adoption Jayme IPRax 1984, 279, 280 in Anm zu AG Hagen).

4. Geltung allgemeiner Regeln. Art 22 ist den allgemeinen Verweisungsregeln grundsätzlich zugänglich. Zu **5** beachten ist bei Anwendung des Art 22 die Sonderanknüpfung für erforderliche Zustimmungen von Beteiligten in Art 23.
a) Rück- und Weiterverweisung sind demnach zu beachten, soweit in Art 22 oder durch die in Abs I S 2 enthaltene Verweisung auf Art 14 nicht eine Sachnormverweisung enthalten ist. Das ist nicht einheitlich beantwortet. Im einzelnen gilt folgendes: **aa) S 1** enthält mit der Verweisung auf das Heimatrecht des Annehmenden eine **Gesamtverweisung** auch auf das Kollisionsrecht des – nicht deutschen – Heimatstaats mit der Folge der Möglichkeit einer Rück- oder Weiterverweisung gem Art 4 I durch die **Adoptionskollisionsregel** dieses Rechts. **Gesamtverweisungen** ergeben sich aus der in S 2 mit Art 14 I angeordneten Maßgeblichkeit des objektiven Familienstatuts; dies gilt nach allg Ansicht für Art 14 I Nr 1 (gemeinsames Heimatrecht), für Art 14 I Nr 2 (gemeinsamer gewöhnlicher Aufenthalt), aber auch (str, s schon die Parallelproblematik bei Art 15 Rz 7, Art 17 Rz 6, 20, Art 19 Rz 7, Art 20 Rz 4, Art 21 Rz 4; aA Pal/Heldrich Art 22 Rz 2) für Art 14 I Nr 3 (Recht sonstiger engster gemeinsamer Beziehung). Führt die Verweisung so zu einem nicht deutschen Familienstatut, kann wiederum Rück- oder Weiterverweisung durch dessen IPR gem Art 4 I die Folge sein. Maßgebliche Kollisionsnorm des fremden IPR ist dessen **Adoptionskollisionsregel**, nicht die alle Eheführungen betreffende Kollisionsregel (richtig LG Hamburg FamRZ 1999, 253, 254; AG Lebach DAVorm 2000, 435, 436; ebenso Pal/Heldrich Art 22 Rz 2; Staud/ Henrich [2002] Art 22 Rz 14 m Streitstand). **bb)** Bei Art 22 stellt sich immer dort, wo die von S 1 oder S 2 ausgesprochene Verweisung in ein hier dem Domizilprinzip anhängendes und den Zuständigkeitsgesichtspunkt („jurisdiction") in den Vordergrund rückendes Recht führt, die Sonderproblematik **unechter** bzw **versteckter Rückverweisung**; auch solcher „Verweisung" ist freilich zu folgen (s schon Einl Rz 36 und Art 4 Rz 6; s ferner KG FamRZ 1960, 244, 245 – Pennsylvania, USA; LG Wuppertal FamRZ 1976, 714; KG OLGZ 1983, 129; AG Darmstadt ZBLJugR 1988, 152 – England; LG Freiburg DAVorm 1977, 60, 61 – Kanada; AG Heidelberg IPRax 1992, 327; zu den Niederlanden Lüderitz RabelsZ 45 [1981] 604, 612; zu Indien Otto StAZ 1993, 44; s ferner Beitzke RabelsZ 37 [1973] 380; 48 [1984] 623, 627; Wengler NJW 1959, 127; ausf Staud/Henrich [2002] Art 22 Rz 17–22; Soergel/Lüderitz[12] Art 22 Rz 61).

b) Ordre public. Art 22 und die in seiner Anwendung gewonnenen Ergebnisse stehen unter dem Vorbehalt des **6** Art 6. Siehe hierzu die Übersicht bei Art 6 Rz 38ff; zu Adoption durch zwei Unverheiratete s Rz 10. Bei **Inlandsadoptionen** hat die Problematik der Vereinbarkeit mit dem ordre public Bedeutung einerseits bei der Anwendbarkeit islam beeinflußter Rechte, die die Adoption nicht kennen (aber zT durch die Legitimanerkennung durch einen Nichtvater ersetzen). Ein Verstoß gegen den op kann hier aber allenfalls bei ganz besonderem Inlandsbezug angenommen werden, s Karlsruhe FamRZ 1998, 56 (bedenklich AG Hagen IPRax 1984, 279 – Iran). Hingegen wird ein Verstoß anzunehmen sein, wenn das Adoptionsstatut die Adoption durch bloße Parteierklärungen geschehen läßt (s dazu LG Berlin StAZ 1986, 70, 71 – Brasilien; AG Duisburg StAZ 1983, 249 – Thailand; Lüderitz IPR Rz 391; Staud/Henrich Art 22 Rz 78; zur „Anerkennungsproblematik" unten Rz 16ff). Toleranz ist hingegen bei der Beurteilung von **Adoptionshindernissen** zu üben (Kinderlosigkeit s AG Weilheim IPRax 1982, 161; aA AG Recklinghausen IPRax 1982, 205; Frankfurt IPRax 1984, 330; AG Wolfsburg IPRax 1984, 44; AG Siegen IPRax 1993, 184f und dazu Schnabel S 169f; s auch Art 6 Rz 38). Bei **Auslandsadoptionen** stellt sich die Problematik ähnlich im Rahmen der Beurteilungsnotwendigkeiten bei § 16a FGG bzw §§ 1ff AdWirkG (dazu s Rz 24ff).

7   c) **Vorfrage.** Die Vorfragenproblematik stellt sich im Rahmen des Art 22 bei der Frage nach der „Ehegatteneigenschaft" iSv S 2. Sie ist selbständig anzuknüpfen, so daß insofern Art 13 einzusetzen ist (zT abw MüKo/Klinkhardt Art 22 Rz 12, 25; wie hier Staud/Henrich [2002] Art 22 Rz 31; s schon bei Art 21 nF Rz 6 und Art 19 nF Rz 7). Selbständig anzuknüpfen ist auch die Frage nach dem gesetzlichen Vertreter des Kindes (bei Einwilligung, Vertragsabschluß); hierfür gelten Art 21, 24 bzw staatsvertragliche Normen – MSA –).

8   5. **Intertemporales Recht.** Die bei Art 22 zu beachtende Übergangsregelung ergibt sich wie bei Art 21 aF (dort Rz 7) aus Art 220 I. Die lediglich formelle Rechtsänderung von 2001 (s Rz 3) hat übergangsrechtlich für den jetzigen Abs I keine Bedeutung. Altes IPR gilt so für die Beurteilung des Zustandekommens und der statusverändernden Wirkungen einer vor dem 1. 9. 1986 durchgeführten Adoption (dazu Wohlgemuth aaO 87; Beitzke IPRax 1990, 36, 37; Pal/Heldrich Art 220 Rz 4; MüKo/Klinkhardt Art 22 Rz 63ff; Jayme IPRax 1987, 188). Durchgeführt vor dem 1. 9. 1986 ist die Dekretadoption, wenn der Beschluß vor diesem Zeitpunkt zugestellt worden ist (AG Höxter IPRax 1987, 124; AG Germersheim IPRax 1987, 188 mit Anm Jayme); bei Vertragsadoptionen ist die Durchführung vor dem 1. 9. 1986 nur erfolgt, wenn alle Wirksamkeitserfordernisse (Vertragserklärungen, Einwilligungen, gerichtliche Genehmigungen, Bestätigungen) vor diesem Stichtag gesetzt worden sind.

9   6. **Innerdeutsches Kollisionsrecht.** Art 22 wurde im ILR im Verhältnis zur ehemaligen DDR entsprechend angewandt, so daß das Personalstatut durch den gewöhnlichen Aufenthalt bestimmt war (s Art 3 Rz 26). Durch Art 8 EinigungsV und Art 230 ist auf dem Gebiet der Adoption seit dem 3. 10. 1990 Rechtseinheit eingetreten, mit der Folge, daß innerdeutsches Kollisionsrecht lediglich für „Altfälle" Bedeutung hat (Art 234 § 1). Insofern besteht die Übergangsregelung des Art 234 § 13, die dann zur Anwendung kommt, wenn für das vor dem 3. 10. 1990 begründete Annahmeverhältnis das Recht des Beitrittsgebietes maßgeblich war (s Erl zu Art 3 Rz 29ff).

II. Anknüpfungen (Abs I)

10 1. **Grundsatzregel: Heimatrecht des Unverheirateten (Abs I S 1).** Nach **Abs I S 1** unterliegt die Annahme als Kind dem Recht des Staates, dem der Annehmende bei der Annahme angehört. Maßgeblich ist also das gem Art 5 bestimmte Heimatrecht. Für Doppel- und Mehrstaater gilt gem Art 5 I S 1 das effektivere, bei Beteiligung deutscher Staatsangehörigkeit gem Art 5 I S 2 immer das deutsche Recht. Bei Staatenlosen gilt insofern Art 5 II, bei „Flüchtlingen" gelten die Regeln des Flüchtlingsstatuts (Erl zu Art 5 Rz 66ff; s ferner AG Lübbecke ROW 1988, 379). Es gilt **unwandelbar** das „bei der Annahme", dh das im Zeitpunkt des Eintritts des letzten für die Vollendung der Annahme geforderten Teilerfordernisses (s schon Rz 8) maßgebliche Adoptionsstatut. Zu Rück- und Weiterverweisung s Rz 5. Fraglich ist die Geltung bzw Weiterentwicklung der Regel des **Abs I S 1** für die Annahme durch mehrere unverheiratete Personen (zB Geschwisterpaar, nichtehel Lebensgemeinschaft, zulässig nach einigen Rechten, zB Niederlande, Nicaragua, vgl Staud/Henrich Art 22 Rz 6). Solche Annahme kommt in Betracht bei Übereinstimmung der Heimatrechte bzw bei übereinstimmender Zulassung der gemeinschaftlichen Adoption durch Unverheiratete. Bei genügender Inlandsbeziehung (zB Annahme deutschen Kindes im Inland) dürfte jedoch, solange der Grundsatz der Einzeladoption des § 1741 I–III BGB noch gilt (LG Bad Kreuznach StAZ 1985, 167; s aber BVerfG BGBl 1991 I 1509 = NJW 1991, 1944 zu § 1738 I) Art 6 entgegenstehen.

11 2. **Sonderregel: Familienstatut bei Annahme durch Verheiratete (Abs I S 2).** Für die praktisch vorherrschende Annahme eines Kindes durch Verheiratete (einen oder beide Ehegatten) ist in **Abs I S 2** als Sonderregel die Maßgeblichkeit des objektiv bestimmten Ehewirkungsstatuts iSv Art 14 I im Zeitpunkt der Annahme statuiert. Daß nur das Ehewirkungsstatut **im Zeitpunkt der Annahme** maßgeblich ist, folgt aus dem Zusammenhang von S 2 mit S 1 (zum maßgeblichen Zeitpunkt s Rz 10 und 8). **In erster Linie** ist maßgeblich so gem Art 14 I Nr 1 das gemeinsame Heimatrecht im Zeitpunkt der Annahme (zB Karlsruhe FamRZ 1991, 226 = IPRsp 1990 Nr 149); besteht gemeinsames Heimatrecht in diesem Zeitpunkt nicht mehr, so gilt das letzte gemeinsame und von einem Ehegatten noch beibehaltene Heimatrecht. Bei Doppel- und Mehrstaatern kann als gemeinsame nur die iSv Art 5 I s effektive bzw gem S 2 eine deutsche Staatsangehörigkeit herangezogen werden (heute allg M). Bei Versagen dieser Staatsangehörigkeitsanknüpfung gilt in **zweiter Linie** gem Art 14 I Nr 2 das Recht des gemeinsamen gewöhnlichen Aufenthaltes der Ehegatten im Zeitpunkt der Annahme (s zB BayObLG FamRZ 1990, 1392; AG Heidelberg IPRax 1992, 327 und dazu Otto S 309); besteht solcher gemeinsamer gewöhnlicher Aufenthalt nicht mehr, ist an den letzten gemeinsamen und von einem Ehegatten noch beibehaltenen gewöhnl Aufenthaltsort aus der Ehezeit anzuknüpfen (zur Bestimmung des gewöhnl Aufenthalts s Art 5 Rz 43ff). Führt auch diese Anknüpfung nicht zu einem Ergebnis, ist in **dritter** Linie gemäß Art 14 I Nr 3 das Recht berufen, mit dem die Ehegatten in sonstiger Weise gemeinsam am engsten verbunden sind (hierzu Art 14 Rz 18). **Rück- und Weiterverweisung** ist bei jeder dieser Anknüpfungen zu beachten (str, s Rz 5), da das Familienstatut des Art 14 I zweckbestimmt als Adoptionsstatut berufen. Maßgeblich ist insofern die Adoptionskollisionsregel dieses Rechts, nicht die für die allg Ehewirkungen geltende Kollisionsregel, s Rz 5. **Nicht** zu berücksichtigen ist bei S 2 eine für das Ehewirkungsstatut durch die Ehegatten getroffene **Rechtswahl** (Art 14 II–IV).

Familienrecht **Art 22 EGBGB**

III. Anwendungsbereich von Abs I

1. Annahme als Kind (Qualifikation). Art 22 regelt die Adoption und alle vergleichbaren Rechtsinstitute (s 12
Rz 1; Darstellung des Auslandsrechts bei Staud/Henrich vor Art 22 Rz 5ff). Als Annahme als
Kind ist jede Annahme (starke wie schwache Adoption, Adoption Minderjähriger wie Volljähriger, Adoption von Verwandten [zB
von Enkelkindern, Bulgarien] oder Nichtverwandten) erfaßt; erfaßt werden können in analoger Anwendung von
Art 22 auch adoptionsähnliche Rechtsinstitute wie Pflegekindschaft unter Berücksichtigung der Ausprägung einer
Nähe zur Adoption (str, s wie hier Hepting StAZ 1986, 305; ausführl mwN Staud/Henrich Art 22 Rz 2; aA –
Art 24 – MüKo/Klinkhardt Art 22 Rz 9). Annahme an Bruders Statt oder Onkels Statt käme, gäbe es sie mit
Bedeutung für das Inland noch, ebenfalls in Betracht.

2. Voraussetzungen. a) Das gem Abs I S 1 oder S 2 bestimmte Statut regelt die Voraussetzungen, unter denen 13
Adoption bzw das vergleichbare Rechtsinstitut eintreten kann. Hierzu gehören die vom maßgeblichen Recht aufgestellten
Erfordernisse der aktiven und passiven **Adoptionsfähigkeit** (insbes Altersgrenzen, Altersunterschiede,
Kinderlosigkeit, Sozialverhältnisse des Kindes und der Adoptierenden, zB IPG 1984 Nr 13 – Hamburg, Finnland;
AG Recklinghausen IPRax 1985, 110 – Türkei, abw Ordre public; AG Lübbecke ROW 1988, 379f; Heinrich
ZVglRWiss 85 [1986] 100, 105 – Südamerika; KG IPRspr 1980 Nr 118 – Indien; AG Siegen IPRax 1993, 184 –
Verstoß gegen Art 6; Hamm FamRZ 1994, 658 – Verheiratetsein; LG Hamburg FamRZ 1999, 253 – Verbot der
Alleinadoption bei gemischtnationaler Ehe); ebenso **Adoptionshindernisse** (s AG Heidelberg IPRax 1992, 327 m
krit Anm D. Otto 309; zu Art 6 s Rz 6), ebenso die Voraussetzungen für die Herstellung einer Adoptionslage
(Rückgängigmachung bzw Aufhebung früherer Adoption, Voraussetzungen und Wirkungen einer Anfechtung der
Adoption, s BayObLG 1990, 57, 118). Soll im Zusammenhang mit erneuter Adoption aufgehoben werden und
sind die Adoptionsstatuten verschieden, ist für die Frage der Herstellung einer Adoptionslage das neue Adoptionsstatut
entscheidend (Jayme IPRax 1981, 182 i Anm zu Entsch des AG München).

b) **Nicht** unter das Adoptionsstatut fällt die von **Abs I S 2** geforderte **Ehegatteneigenschaft**. Hingegen unter- 14
fällt dem Adoptionsstatut (des S 2) die Beantwortung der Frage, ob Ehegatten einzeln oder nur gemeinschaftlich
adoptieren können, ebenso, ob davon (bei Stiefkindern, vgl § 1741 II) Ausnahmen zugel sind (auch Pal/Heldrich
Art 22 Rz 8), da insofern „Adoptionsfähigkeit" in Rede steht. Als **Vorfrage** ist die Ehegatteneigenschaft **selbständig**
gem Art 13 anzuknüpfen (s Rz 7). **Selbständig** anzuknüpfen ist auch stets die **Minder- bzw Volljährigkeit**
gem Art 7 I (LG Stade FamRZ 1976, 232; IPG 1984 Nr 34 [München]; unrichtig AG Korbach StAZ 1981, 203 mit
Anm v Mangoldt).

3. Zustandekommen und Durchführung. a) Das Adoptionsstatut entscheidet auch über die **Art und Weise** 15
des Zustandekommens einer Adoption. Dem Adoptionsstatut ist so (im Grundsatz, s unten) zu entnehmen, ob die
Adoption durch **Vertrag** oder kraft eines **Dekretes** (dh kraft Gerichtsbeschlusses, s AG Tübingen StAZ 1992, 217)
erfolgt (BT-Drucks 10/504, 71; Übersicht über die Adoptionssysteme im Ausland bei Staud/Henrich vor Art 22
Rz 5ff). Das Adoptionsstatut befindet auch – ergänzt durch Art 23 – über die mitwirkenden **Personen** und über
die abzugebenden **Erklärungen** (BayObLG FamRZ 1989, 1336, 1337; FamRZ 2002, 1142; LG Kassel FamRZ
1993, 235 m abl Anm Henrich), auch über die **Rechtsfolgen** solcher Erklärungen (Celle FamRZ 1979, 861, 863;
LG Bonn FamRZ 1979, 1078, 1079 – elterl Sorge; AG Altötting StAZ 1979, 204 mit Anm Jayme 205; KG FamRZ
1993 u dazu Lorenz IPRax 1994, 193), der Grundsatz ist allerdings einzuschränken bei § 1751 BGB, s LG Stuttgart
DAVorm 1979, 193 – Eintritt der Amtsvormundschaft, diese konnte bei deutschem Adoptionsstatut erst bei
Inlandsaufenthalt des Adoptanden und Bestellung möglich werden), gleiches gilt für die auf den Inlandsbereich
beschränkte **Beistandschaft** nR; über gerichtliche Genehmigungsbedürftigkeit solcher Erklärungen (Jayme IPRax
1983, 246; AG Bonn, IPRax 1984, 36, 37; LG Tübingen StAZ 1986, 42, 43) und über die Ersetzbarkeit und Ersetzung
bzw die ausnahmslose Entbehrlichkeit solcher Erklärungen (BayObLG 1967, 443; 1978, 105, 107; FamRZ
1984, 937, 938; 1988, 868; FamRZ 2002, 1142; LG Tübingen StAZ 1986, 42; LG Bielefeld FamRZ 1989, 1338;
AG Plettenberg IPRax 1994, 219; Karlsruhe FamRZ 1999, 252; s auch AG Hamburg-Bergedorf DAVorm 1979,
195). Es entscheidet auch über die **Möglichkeit bzw Notwendigkeit der Stellvertretung** bei solchen Erklärungen
(Schurig StAZ 1973, 33, 39), wer die Stellvertretung ausübt, entscheiden hingegen die hierfür geltenden Kollisionsnormen
(Art 7, 21 nF, 24, MSA, besondere Staatsverträge s zB das ehem Dt-österr Vormundschaftsübereinkommen
BayObLG FamRZ 1984, 937, 938; s zum MSA LG Stuttgart DAVorm 1979, 867). Zur Form (Art 11 I)
solcher Erklärungen KG FamRZ 1993, 1363; s dazu Lorenz IPRax 1994, 193.

b) Differenzierungen zur Geltung des Adoptionsstatuts sind freilich angebracht, da für das Zustandekommen 16
einer Adoption nach den Vorstellungen des deutschen Rechts materielles Recht und Verfahrensrecht eng verzahnt
sind. Keine Schwierigkeiten sind dort gegeben, wo auch das (fremde) Adoptionsstatut auf dem dem heutigen deutschen
Recht zugrundeliegenden **Dekretsystem** beruht. Hier läßt sich das ausl Recht in das Antragsverfahren des
dt Rechts eingliedern; bestehen kann in den Entscheidungsformen des § 1752 BGB, der – ähnlich § 1564 BGB
(BGH 82, 34, 45; BGH NJW 1990, 2194, 2196) – materiell- und verfahrensrechtlichen Doppelcharakter hat (str,
ähnlich wie hier BayObLG 1982, 318, 320 = IPRspr 1981 Nr 121; BayObLG 1997, 88; s ferner mwN Staud/Henrich
Art 22 Rz 78; dezidiert abw v Bar IPR II Rz 327; auch MüKo/Klinkhardt Art 22 Rz 20; Soergel/Lüderitz[12]
Art 22 Rz 19) das den materiellrechtlichen Erfordernissen des Adoptionsstatuts gerechtwerdende **Dekret** erlassen
werden. Beruht das fremde Adoptionsstatut hingegen auf dem **Vertragssystem**, so bedarf es dennoch – ungeachtet
der daneben eingeschränkten Erfordernisse des Adoptionsstatuts (gänzliches Absehen von gerichtlicher
oder behördlicher Genehmigung – zT Südamerika, Heinrich ZVglRWiss 85 [1986] 100ff – oder schlichte bzw
behördliche Registrierung) – **bei Durchführung der Adoption im Inland** der **gerichtlichen Mitwirkung** (soweit
allg Auffassung). Soweit nach dem Adoptionsstatut solche staatliche Mitwirkung nicht erforderlich ist, liegt Verstoß
gegen Art 6 vor, der mit dem Eingreifen der dt Norm behoben werden kann. Für die gerichtliche Mitwirkung

bedarf es deshalb eines das **VormundschaftsG** mit der Sache befassenden **Antrages** iSv § 1752 I BGB. Es bedarf dann im Hinblick auf § 1752 auch eines gerichtlichen Beschlusses. Allerdings sind Prüfungspflicht und Beschlußinhalt dann – im Rahmen von Art 6, der freilich bei der Minderjährigenadoption das „Kindeswohl" für sich beansprucht (KG OLGZ 1983, 129; Lüderitz IPR Rz 388) – den Erfordernissen des Adoptionsstatuts anzupassen, so daß Beschlußinhalt nicht die Verfügung, sondern ggf die „Bestätigung" oder „Bewilligung" der vertraglich fundierten Adoption ist (teilw abw BayObLG FamRZ 1982, 1133f; s auch Lüderitz IPR Rz 391; zur durchaus str Meinungslage s auch MüKo/Klinkhardt Art 22 Rz 20, 57).

17 **4. Adoptionsfolgen (Abs II).** Dem Adoptionsstatut des Abs I unterliegen in unwandelbarer Anknüpfung auch die **Adoptionswirkungen** (BT-Drucks 10/504, 72; Beitzke FS Firsching 9), soweit es um die **statuslösenden** und **statusbegründenden Folgen** der Adoption geht. Der neu eingeführte **Abs II** enthält damit keine sachlich neue Regelung, sondern Klarstellung; das Adoptionsstatut entscheidet so über Auflösung oder Weiterbestehen bisheriger Verwandtschaftsverhältnisse (vgl §§ 1755, 1756, 1760 BGB; s Klinkhardt aaO 158) und über den Status in der „neuen" Familie bzw Adoptionsbeziehung sowie über das Eintreten einer Volladoption oder schwachen Adoption (Karlsruhe FamRZ 1999, 252, 253; Gestaltungswirkung des Beschlusses). Infolge der Maßgeblichkeit für diese Wirkungen entscheidet das Adoptionsstatut auch über Mängel der Adoption und ihre Folgen (BayObLG Rpfleger 1987, 108; LG Osnabrück FamRZ 1998, 54) und somit über die Aufhebung bei fehlender Einwilligung (LG Nürnberg-Fürth IPRax 1987, 179, 180; BayObLG FamRZ 1990, 1392; Hamm FamRZ 1996, 435). Über die **staatsangehörigkeitsrechtl Folgen** der Adoption entscheidet **nicht das Adoptionsstatut**, sondern das jeweils berufene **Staatsangehörigkeitsrecht** (s zB BayVGH StAZ 1996, 178; Pal/Heldrich Art 22 Rz 16, 17). Das neue Staatsangehörigkeitsgesetz – StAG – (G v 16. 7. 1999, BGBl 1999 I 1618) hat hieran nichts geändert. Die Grundregeln dieser staatsangehörigkeitsrechtlichen Folgen sind nach wie vor: Die nach deutschem Recht oder dem sonst maßgeblichen Adoptionsstatut wirksame bzw ggf anzuerkennende Voll-Adoption durch Annehmende, von denen mindestens einer Deutscher ist, vermittelt dem im Zeitpunkt des Annahmeantrags minderjährigen Kind gemäß § 6 StAG die deutsche Staatsangehörigkeit (s Hamburg FamRZ 1997, 1146; BayVGH FamRZ 1999, 91; VG Berlin StAZ 2000, 242, 243). Bei Erwerb fremder Staatsangehörigkeit im Gefolge der Adoption eines Deutschen tritt grundsätzlich gemäß § 27 StAG Verlust der deutschen Staatsangehörigkeit ein.

18 **5. Grenzen des Adoptionsstatuts. Nicht** dem Adoptionsstatut unterliegt hingegen die (Art 21 unterfallende) **Ausgestaltung des neuen Eltern-Kind-Verhältnisses**; ob das Adoptionsverhältnis zum (aus dt Sicht nicht mehr aktuellen) Status eines ehel Kindes führt, ist dann Sache des über Art 21 geltenden Rechts, das sich bei Wechsel des gew Aufenthalts iS eines Statutenwechsels wandeln kann, s Erl zu Art 21 nF Rz 7 und 9; **nicht** die (Art 10 unterliegende) **Namensbildung** (BayObLG 1986, 155 = StAZ 1986, 318; s ferner AG Karlsruhe StAZ 1990, 264; LG Gießen IPRspr 1995 Nr 13; aA – Art 22 – AG Detmold IPRax 1990, 254); **nicht der Unterhalt** (Art 18).

19 **6. Adoptionsstatut und Erbstatut sowie Gleichsetzungsanordnung (Abs III).** Die Meinungslage hinsichtlich des für die erbrechtlichen Folgen einer Adoption maßgeblichen Rechts waren und sind strittig. Zum Teil wird dem Erbstatut (Art 25) die Entscheidung darüber überantwortet, ob und in welchem Umfang zwischen Angenommenem und Annehmendem Erbrecht entsteht (so KG FamRZ 1983, 98, 99; auch FamRZ 1988, 434 m Anm Gottwald 436 und Lüderitz 481; LG Berlin IPRspr 1988 Nr 131; Beitzke FS Firsching 9 und 19; auch IPRax 1990, 36f; Staud/Firsching[12] [1991] vor Art 24–26 aF Rz 280ff). Ebenso wird zT dem Adoptionsstatut die Entscheidung darüber zugewiesen (BGH FamRZ 1989, 378f), zT wird aber auch differenziert (so 10. Aufl Art 22 Rz 19; Pal/Heldrich Art 22 Rz 6; Soergel/Lüderitz Art 22 Rz 28; Staud/Henrich [2002] Art 22 Rz 70). **Die Ergänzung des Art 22 um Abs III nF hat diesen Streit nicht entschieden**, lediglich in einer praktisch nicht unwesentlichen Frage belanglos gemacht, weil jetzt insofern gesetzgeberische Regelung vorliegt. Da Abs III ersichtlich keine umfassende Regelung trifft und die Ergänzung des bisherigen Art 22 um Abs II nF nicht so zu lesen ist, daß abgesehen von den dort geregelten unmittelbaren Statusfolgen alle anderen Wirkungen nicht dem Adoptionsstatut unterliegen, bedarf es nach wie vor einer in der Rechtsanwendung vorzunehmenden Abgrenzung. Diese ist so zu treffen, wie sie schon in der 10. Aufl im Sinne differenzierender Abgrenzung getroffen worden ist. (1) Ausgangspunkt muß sein, daß das Erbstatut darüber zu befinden hat, ob und wie das Erbrecht zwischen Annehmendem und Angenommenem besteht und entwickelt ist. Wer Erbe ist, ist bei Geltung des Prinzips grundsätzlicher Statuteinheit Angelegenheit des gem Art 25 bestimmten Erbstatuts (s Art 25 Rz 21 u 23 mwN). (2) Selbständig anzuknüpfende Vorfrage für Art 25 ist, ob Adoption vorliegt, die zu erbrechtlichen Beziehungen führen kann (s Art 25 Rz 9 mwN). (3) Ist es so, dann steht dem Adoptionsstatut, also Art 22 I, die Befugnis zu, darüber zu befinden, ob (4) die Beziehungen zwischen den Adoptionspartnern durch die Adoption so stark entwickelt sind (zB Status eines abstammenden Kindes mit allen Rechten und Pflichten), daß sie das vom Erbstatut bejahte Erbrecht tragen, und auch darüber zu befinden, ob (5) die Beziehungen zur leiblichen Familie so gelöst sind, daß von Erbrecht tragender Verwandtschaft im Rechtssinn nicht mehr gesprochen werden kann (s auch Steiger DNotZ 2002, 188; Pal/Heldrich Art 22 Rz 6). (6) Das Erbstatut seinerseits ist dann für die konkrete Ausgestaltung der erbrechtlichen Position, zB für die Intensität der Erbenstellung (zwischen den Beteiligten der Adoption oder in einem weiteren Verwandtschaftskreis), die Quote, die Pflichtteilsberechtigung, die Möglichkeit vorzeitiger Abfindung etc maßgeblich.

Die Ergänzung von Art 22 um **Abs III nF** fügt sich in dieses Verhältnis ohne weiteres ein. Handelt es sich bei einer Adoption um eine **schwache Adoption**, dann folgt daraus, daß das Adoptionsstatut des Abs I das Kind einem leiblichen Kind nicht gleichstellt, so daß es zum Kreis der Erben, in den das Erbstatut leiblichen Kindern gleichgestellte Adoptierte ggf hinzurechnet, nicht gehört. Folge ist nach den Abgrenzungen oben (1) bis (6), daß ihm ein Erbrecht gesetzlicher Art aus der Sicht des deutschen Erbstatuts nicht zukommen kann. Hier setzt der Neuregelung an. **Abs III** enthält in seinem S 1 eine **Sachnorm ergänzender Art**, die dem Erblasser durch Vornahme einer „Gleichsetzungsanordnung" durch Verfügung von Todes wegen die Möglichkeit gibt, die erbrechtliche Lücke einer schwachen Adoption ausländischen Rechts nach Maßgabe deutschen Adoptionsrechts und Erbrechts zu schließen, die „schwache Adoption" damit also mit den erbrechtlichen Wirkungen der starken Minderjährigenadoption des deutschen Rechts (§§ 1741, 1754 BGB) auszustatten. (1) Der **Anwendungsbereich** von Abs III erfaßt, wie für die Norm vorauszusetzen ist, Adoptionen, für die deutsches Recht nicht als Adoptionsstatut gemäß Abs I maßgeblich ist; bei Inlandsadoptionen durch einen unverheirateten Annehmenden kommt es zu dieser Konstellation schon über die ausländische Staatsangehörigkeit des Annehmenden (Abs I S 1), bei Adoption durch ein Ehepaar (Abs I S 2), bei Fehlen gemeinsamer deutscher Staatsangehörigkeit und Verweisung auf das fremde Recht entweder gemäß Art 14 I Nr 2 oder Nr 3. Erforderlich ist (2), daß die **Rechtsnachfolge**, in die das Kind einbezogen werden soll, dem **deutschen Recht** unterliegt. Maßgeblich ist insoweit Art 25 oder eine demgegenüber (nicht aber gegenüber der dem Adoptionsrecht zuzurechnenden Norm des Abs III S 1) vorrangige staatsvertragliche Erbkollisionsnorm, über die deutsches Erbstatut nach dem Erblasser folgt. Grund kann die Anknüpfung an das Heimatrecht (Art 25 I) sein, aber auch Rechtswahl durch einen ausländischen Erblasser (Art 25 II) oder Verweisung auf deutsches Belegenheitsrecht durch die staatsvertragliche Kollisionsnorm (insbes § 14 II Deutsch-Türk Nachlaßabkommen, s Erl Art 25 Rz 56, 57). (3) Bei Vorliegen der Voraussetzungen gem (1) und (2) stellt Abs III S 1 den Angenommenen **in Ansehung der Rechtsnachfolge von Todes wegen nach dem Annehmenden, dessen Ehegatten oder Verwandten** einem nach den deutschen Sachvorschriften, dh §§ 1741ff BGB angenommenen Kind gleich, ungeachtet des für die Inlandsadoption maßgeblichen (fremden) Adoptionsstatuts gemäß Abs I und ungeachtet dessen diesem Recht gemäß Abs II zustehender Anordnung über die statusrechtlichen Folgen der Adoption; Voraussetzung dieser Gleichstellung ist (4), daß der Erblasser, der der Annehmende, sein Ehegatte oder einer seiner Verwandten sein kann, in der Form einer **Verfügung von Todes wegen**, d h formgerecht gem Art 26 I Nr 1–5 eine „**Gleichsetzungsanordnung**" getroffen hat. Diese kann (5) als gesonderte Verfügung von Todes wegen ergehen, die sich inhaltlich auf die Erklärung der „Gleichsetzung mit einem leiblichen Kind" beschränken kann, was dann im Wege ggf erforderlicher Auslegung als Anordnung der Erbeinsetzung nach Maßgabe gesetzlicher Erbfolge erscheinen kann, (6) aber auch als Verfügung im Rahmen eines der Form genügenden und materiellrechtlich wirksamen Testaments oder Erbvertrags. Da Abs III S 1 keine besondere und entgegengesetzte Regelung insoweit trifft, bedarf es für die „Gleichsetzungsanordnung" keines durch das Gesetz vorgegebenen Wortlauts. Genügend ist, daß der Wille des Erblassers, eine „Gleichsetzungsanordnung" iSd Norm zu treffen, in der Verfügung von Todes wegen in dem Umfang zum Ausdruck gebracht ist, daß daraus in Übereinstimmung mit den bestehenden Auslegungsregeln gesetzlicher oder von der Rspr geprägter Art die Gleichsetzungsanordnung, wie sie S 1 fordert, entnommen werden kann.

Abs III S 2 ordnet die entsprechende Geltung der oben dargelegten Regelung an, wenn die Annahme als Kind auf einer **ausländischen Entscheidung** beruht. Die Norm trägt der Tatsache Rechnung, daß in der Praxis eine beträchtliche Zahl von Adoptionen im Ausland vorgenommen werden und das Adoptionsverhältnis danach im Inland gelebt wird. Voraussetzung der analogen Anwendung ist, daß die Adoption auf einer ausländischen „Entscheidung", dh Gerichts- oder Behördenakt beruht, die ihrerseits im Inland **Anerkennung** gefunden hat (dazu s Rz 23ff).

Abs III S 3 begrenzt die Möglichkeit der „Gleichsetzungsanordnung" auf den Fall der **Minderjährigenadoption**. Eine solche liegt nach der Formulierung von S 3 nicht vor, wenn der Angenommene im Zeitpunkt der Annahme das achtzehnte Lebensjahr vollendet hatte. Ausgeschlossen von der Gleichsetzungsanordnung ist damit die eindeutige Volljährigenadoption, die nach deutschem Recht grundsätzlich auch nur als schwache Adoption ausgebildet ist (§§ 1767 II und 1772 I BGB) und in einer beträchtlichen Zahl ausländ Rechte gesetzlich nicht zugelassen ist (zB Osteuropa). Keine weitere Aussage macht S 3 zur näheren Bestimmung des Zeitpunktes der Annahme. Da Abs III eine ergänzende Sachnorm des deutschen Rechts ist, ist insoweit nicht darauf abzustellen, ob das Adoptionsstatut für den „**Zeitpunkt der Annahme**" strikt auf die (gemäß S 2 stets erforderliche) „Entscheidung" abstellt oder Minderjährigkeit noch im Zeitpunkt der Antragstellung für das Verfahren genügen läßt; entsprechend heranzuziehen ist § 1772 I lit d BGB, so daß Minderjährigenadoption im Sinne von S 3 dann auch vorliegt, wenn Minderjährigkeit im Zeitpunkt der Antragstellung, nicht aber auch noch im Zeitpunkt der Entscheidung gegeben war.

IV. Internationales Verfahrensrecht

1. Inlandsadoption. a) Internationale Zuständigkeit. Regelungen des Gemeinschaftsrechts der EU und staatsvertragliche Regelungen bestehen für den Bereich der Entscheidungszuständigkeit deutscher Gerichte nicht. Weder die EheVO (VO EG Nr 1347/2000) noch die EuGVO (VO EG Nr 44/2001, zu beiden s vor Art 13 Rz 2, 3) sind für die Adoption einschlägig. Das Haager Adoptionsübereinkommen v 29. 3. 1995 (Rz 4) enthält Regelungen über die Entscheidungszuständigkeit auch nicht; es beschränkt sich insofern auf die Anerkennung ausländ Adoptionen (Rz 23ff). Zur Regelung der „Umwandlung" schwacher Auslandsadoption gem §§ 1ff AdWirkG s Rz 28ff. Deutsche Gerichte (Vormundschaftsgerichte, § 1752 BGB) sind in Adoptionsangelegenheiten nach **§ 43b I FGG** international zuständig, wenn der Annehmende, einer der annehmenden Ehegatten oder das Kind entweder Deutscher iSv Art 116 I GG ist (s dazu Art 5 Rz 22, 39) oder seinen gewöhnlichen Aufenthalt (dazu Art 5 Rz 43ff) im Inland hat (diese Zuständigkeit gem § 43b I FGG ist **nicht ausschließlich** (§ 43b S 2 FGG nF), auch nicht im Falle der Adoption eines deutschen Kindes. Die in § 43b I FGG begründete Zuständigkeit gilt für alle die Adoption betreffenden Angelegenheiten, also für die Adoption, ihre Aufhebung und für die gerichtliche Erledigung von Einzelfragen (Ersetzung der Einwilligung eines Elternteils, BayObLG FamRZ 1984, 937, 938; Bestätigung über den Eintritt der Amtsvormundschaft § 1751 I S 4, Celle FamRZ 1979, 861, 862). Eine positive **Anerkennungsprognose** für den Heimatstaat ausl Beteiligten bzw den Staat des Adoptionsstatuts ist **nicht** Voraussetzung der Bejahung der int Zuständigkeit (ebenso Pal/Heldrich Art 22 Rz 9; Staud/Henrich Art 22 Rz 74, 75; Ordelheide DAVorm 1987, 589, 592). Allerdings kann im Einzelfall bei konkreter Rückkehrabsicht aller Beteiligter in den Staat des Adoptionsstatuts der Antrag (§ 1752 I) wegen fehlenden Rechtsschutzbedürfnisses unzulässig oder wegen Unvereinbarkeit der Adoption mit dem Kindeswohl (s Rz 16; auch Jayme IPRax 1983, 132; Lüderitz aaO 601) unbegründet sein. Einer Verneinung der Zuständigkeit (so früher KG FamRZ 1973, 472 mit Anm Schwimann 477; AG Kaiserslautern IPRax 1983, 132) oder der Heranziehung der Lehre von der wesenseigenen Zuständigkeit (forum non conveniens, s Frankfurt StAZ 1975, 98; AG Würzburg IPRax 1985, 111) bedarf es hierfür im Hinblick auf § 1741 BGB nicht.

21 b) **Verfahren. aa)** Für das Verfahren in Adoptionsangelegenheiten gilt auch bei Maßgeblichkeit ausl Adoptionsstatuts die deutsche lex fori. Diese bestimmt grunds über die Verfahrensgestaltung, dh über die funktionelle Zuständigkeit des **VormG**, die Antragsnotwendigkeit (§ 1752 I BGB, zutreffend Staud/Henrich Art 22 Rz 84), die Mitwirkung des Jugendamts (§ 56d FGG – diese ersetzt eine ggf vom Adoptionsstatut vorgesehene Mitwirkung der Staatsanwaltschaft, AG Darmstadt IPRax 1983, 82 = IPRspr 1982 Nr 103) und bestimmt über die Ausgestaltung des gerichtlichen Beschlusses (§ 56e FGG, jedenfalls Festlegung der die Adoption tragenden Rechtsvorschriften). Im Hinblick auf abweichende Gegebenheiten eines ausl Adoptionsstatuts, insbes bei dessen Beruhen auf dem System der **Vertragsadoption**, ist das deutsche Verfahren indes in den Grenzen des deutschen ordre public (Art 6) auch **anzupassen** (s Rz 16; s auch BT-Drucks 10/5632, 44 und Pirrung IPVR 165). Das gilt für das Antragsrecht zur Eröffnung des Adoptionsverfahrens, für vor der Adoption zu treffende Feststellungen (Adoptionsfähigkeit, AG Mettmann IPRsp 1978 Nr 115; AG Darmstadt IPRax 1983, 82; AG Gütersloh IPRax 1985, 232; IPG 1976 Nr 35 [Freiburg]) und für die Ausgestaltung des Beschlusses als „Ausspruch" (= Verfügung, § 56e FGG) oder als bei der Vertragsadoption zu bevorzugende „Bestätigung" der Adoption (s Rz 16). **bb)** für die **personenstandsrechtliche** Behandlung der Adoption gilt § 30 PStG. Bei der Beischreibung ist bei Geltung ausl Adoptionsstatuts ein Vermerk hinsichtlich der Wirkungen bzw jedenfalls der maßgebenden Rechtsnormen angebracht (ebenso Hepting StAZ 1986, 305, 310; Staud/Henrich Art 22 Rz 103).

22 2. **Auslandsadoption und Inlandswirkungen. a) Überblick über die neue Rechtslage.** Ob die im Ausland geschehene Adoption für das Inland wirksam ist und welche Folgen und Wirkungen sie dann im Inland äußern kann, ist grundsätzlich eine Frage ihrer „Anerkennung" im Inland. Die Rechtslage hat sich auf diesem Gebiet gegenüber der in der 10. Aufl (Art 22 Rz 23ff) zugrunde gelegten zT nicht unerheblich verändert, da für Deutschland zum 1. 3. 2002 das **Haager Übereinkommen über den Schutz von Kindern und die Zusammenarbeit auf dem Gebiet der internationalen Adoption** v 29. 5. 1993 – **Haager Adoptionsübereinkommen** – in Kraft getreten ist. Die Nachweise zu der Ratifikationsgesetzgebung befinden sich in Rz 2 und 4; die deutschen Ausführungsvorschriften zum Übereinkommen befinden sich im dazugehörigen Ausführungsgesetz v 5. 11. 2001 (BGBl I 2950) – **AdÜbAG** –, allgemeine Vorschriften über die **Rechtswirkungen ausländischer Adoptionen** hat der deutsche Gesetzgeber aus diesem Anlaß der Inkraftsetzung des Abkommens für den **Anwendungsbereich des Abkommens und darüber hinaus** für die inländische Behandlung aller Auslandsadoptionen im **AdWirkG** v 5. 11. 2001 (2001 I 2953) (dazu s auch schon Rz 2–4) getroffen. Das Abkommen hat für Deutschland Wirkungen im Verhältnis zu den **Vertragsstaaten**. Das sind zZt Albanien, Andorra, Australien, Brasilien, Burkina Faso, Burundi, Chile, Costa Rica, Dänemark, Ecuador, El Salvador, Finnland, Frankreich, Georgien, Island, Israel, Italien, Kanada, Kolumbien, Litauen, Mauritius, Mexiko, Moldau, Monaco, Neuseeland, Niederlande, Norwegen, Österreich, Panama, Paraguay, Peru, Philippinen, Polen, Rumänien, Schweden, Slowakei, Spanien, Sri Lanka, Surinam, Venezuela, Zypern.

23 b) **Anerkennungsregelung und Umwandlungsregelung nach dem Abkommen (Voraussetzungen und Folgen).** Im Anwendungsbereich des Haager Adoptionsübereinkommens ist die Anerkennung der in einem Vertragsstaat geschehenen Adoption im Inland gegenüber der Regelung des allgemeinen deutschen Anerkennungsrechts deutlich erleichtert und vereinfacht worden. Maßgebliche Rechtsvorschriften sind insofern Art 23–26 des Abkommens, die die Anerkennung betreffen, und Art 27, der die Umwandlung betrifft. Nach der Grundregel des Art 23 I ist eine in einem Vertragsstaat nach den Vorschriften des Abkommens durchgeführte Adoption („**internationale Adoption**" gemäß Art 4 des Abkommens) **kraft Gesetzes in allen anderen Vertragsstaaten anzuerkennen**, wenn die zuständige Behörde des Adoptionsstaates das abkommenskonforme Zustandekommen der Adoption gemäß Art 16 bescheinigt hat. Die Bescheinigung betrifft damit die „**Anerkennungsvoraussetzungen**"; Art 23 I stellt insofern die gegenüber der Anerkennungsregel des allgemeinen deutschen Rechts (§ 16a FGG) vorrangige und einfachere Regelung dar, die nur dann nicht zur Anerkennung führen kann, wenn dieser das **Anerkennungshindernis** des Ordre public (Art 24) entgegensteht, der hier nur gefaßt ist (Widerspruch zur öffentlichen Ordnung des Aufnahmestaates unter Berücksichtigung des Wohles des Kindes). Gemäß Art 26 umfaßt die nach Art 23 erfolgende Anerkennung auch die statusrechtlichen Folgen der Adoption. Ist die Adoption im Adoptionsstaat als „starke Adoption" ausgestaltet worden, so genießt das Kind im Aufnahmestaat die Rechte entsprechend denen, die sich aus Adoptionen mit dieser (starken) Wirkung in diesem Staat ergeben. Eine entsprechende Erstreckung auf weitere Vertragsstaaten ist in Art 26 ebenfalls vorgesehen, Art 26 III enthält die Anordnung des Günstigkeitsprinzips. Die in den Art 23ff zum Abkommensinhalt gewordene vereinfachte Anerkennungsregelung ist durch die dem Verfahren zur Herbeiführung der „internationalen Adoption" gewidmeten ausführlichen und strengen Vorschriften der Art 1ff des Übereinkommens ermöglicht, in denen Kontrollmitwirkungen von Behörden unter Einschluß der Mitwirkung von Zentralstellen der Vertragsstaaten niedergelegt sind, die der Gefahr ungesteuerter, ggf als Kinderkauf sich darstellender Adoption entgegenwirken sollen und das Kindeswohl innerhalb der im Adoptionsstaat vorgenommenen, sich durch die Annehmenden schon als „internationale Adoption" darstellenden Annahme des Kindes verwirklichen wollen. **Die dargestellte Rechtslage nach dem Abkommen beschränkt sich indes auf die Anerkennungsvoraussetzungen.** Das im **Inland** für die Herbeiführung der Anerkennung geltende **Verfahren** ist in Art 23ff des Abkommens nicht geregelt. Hierfür gilt das durch §§ 2, 4, 5 AdWirkG für den Abkommensbereich und für den Nichtabkommensbereich einheitlich geregelte Verfahren der **Anerkennungs- und Wirkungsfeststellung** vor den Vormundschaftsgerichten (dazu Rz 28). Art 27 des Abkommens ist der Ermöglichung der **Umwand-**

lung einer nur schwachen Adoption im Adoptionsstaat in eine starke Adoption im Aufnahmestaat gewidmet. Die Regelung des Abkommens beschränkt sich auf die Ermöglichung der Umwandlung unter der Voraussetzung, daß das Recht des Aufnahmestaates dies gestattet, daß die notwendigen Zustimmungen vorliegen und unter entsprechender Heranziehung des Art 23 für die Anerkennung der Ausgangsadoption und ihrer Umwandlung in den beteiligten Staaten. Das Verfahren ist im Abkommen nicht geregelt; im Inland gilt insofern die für den Abkommensbereich und allgemein eingeführte Verfahrensregelung der §§ 3, 4, 5 AdWirkG, die im wesentlichen der Regelung des Verfahrens der Anerkennungs- und Wirkungserstreckung (s oben) entspricht (dazu Rz 29).

c) **Anerkennung und Wirkungserstreckung außerhalb des Übereinkommens (Voraussetzungen und Folgen).** Außerhalb des auf die Vertragsstaaten beschränkten Bereiches der Anerkennung der „internationalen Adoption" gilt für die Voraussetzungen und Folgen einer Anerkennung einer Auslandsadoption das allgemeine deutsche Anerkennungsrecht. Änderungen haben sich insofern durch die Einführung des Haager Adoptionsübereinkommens für Deutschland nicht ergeben, so daß die in diesem Absatz folgende Darstellung im wesentlichen der Darstellung der 10. Aufl entspricht. Nach wie vor ist so für die Zuerkennung von Inlandswirkungen an eine im Ausland vorgenommene Adoption zwischen der „Dekretadoption" und der „Vertragsadoption" zu unterscheiden. Für Dekretadoptionen gelten die in § 16a FGG erfaßten Anerkennungsvoraussetzungen und -hindernisse, für Vertragsadoptionen bedarf es insoweit einer abgleichenden Prüfung auf der Grundlage des kollisionsrechtlich anzuwendenden Rechts einschließlich der Kontrolle durch den inländischen Ordre public. aa) **Anerkennung von Dekretadoptionen (Voraussetzungen und Folgen).** Der Anerkennung gem den **Voraussetzungen und Hindernissen des § 16a FGG (1)** unterliegen alle im Ausland vollzogenen Adoptionen, bei denen eine **Entscheidung** eines ausl **Gerichts** oder einer ausl **Behörde** erfolgt ist, sofern sich diese Entscheidung nicht in bloßer Registrierung und jede Überprüfung der Adoption erschöpft hat (heute hM, s BayObLG 1999, 352, 356; 2000, 180, 182; FamRZ 2001, 1641, 1642; AG Duisburg StAZ 1983, 249; Henrich IPRax 1983, 194; Hepting StAZ 1986, 305, 306; MüKo/Klinkhardt Art 22 Rz 86; Pal/Heldrich Art 22 Rz 12; Staud/Henrich Art 22 Rz 86, 98). Demgemäß **gilt** Art 16a FGG für **echte Dekretadoptionen** (zB BayObLG FamRZ 1965, 95f; 1969, 225; AG Stuttgart StAZ 1979, 152; LG Tübingen StAZ 1986, 42f; Frankfurt IPRax 1987, 181; BGH FamRZ 1989, 378, 379f; vgl Übersicht bei Staud/Henrich vor Art 22 Rz 5ff) einschließlich von Entscheidungen, die das Adoptionsverfahren seiner streitigen Gerichtsbarkeit zuordnet, LG Stuttgart StAZ 2000, 47, 48; Nürnberg JAmt 2002, 194 aber auch für gerichtlich oder behördlich „**bestätigte**" bzw „**bewilligte**" **Vertragsadoptionen,** wenn derartigen Hoheitsakten eine Überprüfung der Adoption **vorangegangen** ist (s als Beispiele, deren Bezug zu einzelnen Staaten, wenn sie jetzt Vertragsstaaten des Haager Übereinkommens, Rz 22, sind, nicht mehr aktuell sein muß, zB Belgien, Beitzke StAZ 1984, 346; Türkei, IPG 1984 Nr 36 [Freiburg]; nicht Peru, LG Stuttgart StAZ 1989, 316f; Thailand, AG Duisburg StAZ 1983, 249; s ferner BVerwG StAZ 1987, 20; HessVGH FamRZ 1994, 956; Düsseldorf FamRZ 1996, 700; LG Frankfurt/Main StAZ 1995, 74; AG Schwandorf IPRax 1995, 252), **nicht** für bloß registrierte oder „reine" Vertragsadoptionen (s AG Duisburg StAZ 1983, 249; LG Berlin StAZ 1986, 70 – Brasilien; LG Stuttgart StAZ 1989, 316f – Peru; für deren „Anerkennung", dh Beachtung ist zunächst erforderlich, daß im Land der Vornahme der Adoption das dort kollisionsrechtlich maßgebliche Recht angewandt worden ist, s Rz 6 zum ordre public Rz 26, 27).

(2) **Die Anerkennungsvoraussetzungen** bestehen in (1) **internationaler Zuständigkeit** der Gerichte/Behörden des Entscheidungsstaates bei spiegelbildlicher Anwendung der deutschen Zuständigkeitsvorschriften im Zeitpunkt der ausländischen Entscheidung bzw im Zeitpunkt der Anerkennung (jetzt §§ 16a, 43b I FGG) (näher Klinkhardt aaO 160; Hepting IPRax 1987, 161, 162; s schon Rz 20), so daß es auf Staatsangehörigkeit zum Adoptionsstaat oder gewöhnl Aufenthalt bei mindestens einem der Beteiligten ankommt; in (2) der Wahrung rechtsstaatlichen Anforderungen genügender **Verfahrensgrundsätze** (Beitzke Festgabe Reichard [1984] 1, 3; Zweibrücken StAZ 1985, 132, 133; BVerwG StAZ 1987, 20); (3) darf die ausl Entscheidung nicht mit dem **dt ordre public** offensichtlich unvereinbar sein (Möglichkeit der Prüfung der Adoptionsmotive, BVerwG StAZ 1987, 20, 21 [nicht bei Adoption zum Zwecke der Erreichung einer Aufenthaltserlaubnis]; grundlegende Abweichung des Adoptionsstatuts vom dt Recht, BayObLG FamRZ 1969, 225, 226f; AG Stuttgart StAZ 1979, 152f; zu eng AG Bonn IPRax 1984, 36; AG Mainz StAZ 1984, 102; persönl Antrag AG St Ingbert StAZ 1983, 317; nicht unbedingt Kindeszustimmung, LG Tübingen IPRax 1986, 236; nicht unbedingt not beurk Form der Erklärungen LG Tübingen StAZ 1986, 42; nicht unbedingt Zustimmung der Mutter und des Vaters LG Nürnberg-Fürth IPRax 1987, 179, 180; Stuttgart IPRspr 1980 Nr 120; AG Rottweil FamRZ 1991, 229); zur Kindeswohlberücksichtigung BayObLG 2000, 180, 184; zur Blankozustimmung Steiger DNotZ 2002, 184, 198.

(3) **Keine Anerkennungsvoraussetzung** ist die Vornahme der Adoption auf der Grundlage des aus der Sicht von Art 22 anzuwendenden Adoptionsrechts (heute allg M, Pal/Heldrich Art 22 Rz 13; Schurig aaO 221ff; Staud/Henrich Art 22 Rz 86); die Adoption kann auch anerkannt werden, wenn gem Art 22 im Inland dt Recht zur Anwendung gelangt wäre (BayObLG 2000, 180, 183; AG Karlsruhe StAZ 1990, 264, 265); nicht jedoch, wenn dabei Art 23 verletzt (aA LG Offenburg StAZ 1988, 355f; LG Berlin DAVorm 1990, 811, 815f; auch Düsseldorf FamRZ 1996, 700; wie hier Beitzke StAZ 1990, 68 und Pal/Heldrich Art 22 Rz 13; LG Frankfurt/Main IPRax 1995, 44; Klinkhardt IPRax 1997, 414) und die Zustimmung nicht nachgeholt ist (Beitzke StAZ 1990, 68, 69; Celle NJW 1965, 44; Jayme StAZ 1976, 1, 4). (4) **Anerkennungsfolge** ist die Erstreckung der ausl Adoption mit ihren in der ausl Adoptionsentscheidung begründeten **Wirkungen** auf das Inland (BayVGH StAZ 1989, 287, 289; Zweibrücken StAZ 1985, 132, 133; LG Ravensburg StAZ 1984, 39, 41). Eine „schwache" Auslandsadoption eines Minderjährigen **bleibt** so auch im Inland eine **schwache Adoption** und wird durch die Anerkennung allein **nicht** in die nach Sach- und Rechtslage im Inland vorzunehmende (Voll-)Adoption mit deren Wirkungen **transformiert** (s vorige Rspr, ferner AG Schöneberg IPRax 1983, 190, 191; AG St Ingbert StAZ 1983, 317; Hepting StAZ 1986, 305, 308; v Bar IPR II Rz 319). Es treten also staatsangehörigkeitsrechtliche (BayVGH StAZ 1989, 287; zu weit HessVGH StAZ 1985, 312, 313) oder erbrechtliche (s BGH FamRZ 1989, 378, 379; KG IPRax 1985, 354; OLGZ

1988, 6) Folgen auch in der Beurteilung im Inland nicht ein. Hingegen verstoßen derartige von den Inlandsvorstellungen abweichende Adoptionen grundsätzlich **nicht gegen** den im Rahmen von § 16a FGG zu beachtenden **ordre public** (Staud/Henrich Art 22 Rz 96, 97 mwN auf die abw frühere Rspr; Pal/Heldrich Art 22 Rz 14; Zweibrücken StAZ 1985, 132, 133; auch BGH FamRZ 1989, 378, 380; zur Anerkennungsfähigkeit der Inkognitoadoption (Frankfurt IPRax 1987, 18 – Texas und dazu Hepting 161).

27   bb) **Vertragsadoption.** Läßt sich die Auslandsadoption mangels ausl Entscheidung oder wegen bloß registrierender Wirkung des staatlichen Aktes bei Rz 24 nicht einordnen, kann eine auf die Erfordernisse Rz 25–26 gem § 16a FGG beschränkte Anerkennungsprüfung nicht stattfinden. Die Wirksamkeit der Auslandsadoption im Inland hängt dann davon ab, daß die Auslandsadoption der an Art 22 ausgerichteten Prüfung (Adoption nach dem aus dt Sicht anzuwendenden Recht) einschließlich der Vereinbarkeit mit dem dt ordre public, s Rz 6, 16 standhält (ebenso Pal/Heldrich Art 22 Rz 11; Staud/Henrich Art 22 Rz 98; Hepting StAZ 1986, 305, 307; auch LG Berlin StAZ 1986, 70 – Brasilien; AG Duisburg StAZ 1983, 249 – Thailand, dazu auch Marx StAZ 1990, 89, 97f; LG Tübingen StAZ 1992, 217). Im Hinblick auf § 1752 sind solche Adoptionen mit Art 6 nicht zu vereinbaren (s AG Tübingen StAZ 1992, 217 Adoption vor kath Geistlichen im Iran); das gilt jedenfalls dann, wenn der Sachverhalt erheblichen Inlandsbezug hat oder – durch Einreise – bekommt.

28   d) **Verfahrensrecht der Anerkennung und Umwandlung der Auslandsadoption (innerhalb und außerhalb des Haager Adoptionsübereinkommens).** (1) Das Verfahrensrecht für die Anerkennung und Umwandlung einer Auslandsadoption im Inland ist durch das **AdWirkG** für **Auslandsadoptionen aller Art** in §§ 1ff AdWirkG geregelt worden. Der Gesetzgeber suchte damit einem betonten Bedürfnis der Praxis gerecht zu werden (s 10. Aufl Art 22 Rz 2). Die durch das AdWirkG getroffene Regelung, die auch für die verfahrensmäßige Behandlung der Anerkennung und Umwandlung der „internationalen Adoption" nach dem Haager Adoptionsübereinkommen gilt, ist, da sie die nur grundsätzlich getroffenen Verfahrensregeln des in Bundesrecht transformierten Abkommens nicht verändert, mit dem Abkommen vereinbar (s Steiger DNotZ 2002, 196; Pal/Heldrich Art 22 Rz 15). Sie greift für alle Anerkennungs- und Umwandlungsanträge Platz, auch für Auslandsadoptionen, die im Ausland vor dem Zeitpunkt des Inkrafttretens des Abkommens am 1. 3. 2002 und des AdWirkG am 1. 1. 2002 vorgenommen worden sind, wenn sie jetzt in das neu vorgesehene inländische Verfahren eingebracht werden (Bornhofen StAZ 2002, 5; Steiger aaO 197). (2) Das **Verfahren** des AdWirkG ist **Antragsverfahren,** § 2, 4 I AdWirkG, Antragsbefugnis haben der Annehmende/die Annehmenden, das Kind, ein bisheriger Elternteil oder der Standesbeamte (§ 4 I AdWirkG), ein Amtsverfahren ist nicht eingeführt. Das Verfahren greift gem § 1 AdWirkG nur bei der **Minderjährigenadoption** ein, es erfaßt **Dekretadoptionen** ebenso wie **Vertragsadoptionen.** Zuständig ist gem §§ 2, 5 AdWirkG das **VormG am Sitz eines OLG;** das Verfahren richtet sich nach den Vorschriften über die freiwillige Gerichtsbarkeit (§ 5 III AdWirkG). Die Zuständigkeitskonzentration aus §§ 3 III, 5 I S 1 AdWirkG greift nur dann ein, wenn auf die Annahme insgesamt, nicht auf Teil- oder Vorfragen, ausländisches Recht zur Anwendung kommt (Hamm FamRZ 2003, 1042). Ziel des Verfahrens ist die **Feststellung des Vorliegens der Anerkennungsvoraussetzungen bei einer Dekretadoption, die Feststellung der Wirksamkeit bei einer reinen Vertragsadoption** und die Feststellung, ob die Auslandsadoption sich als Volladoption darstellt, mit der das Eltern-Kind-Verhältnis zu den leiblichen Eltern erloschen ist. Wird das Vorliegen einer Volladoption festgestellt, so ist auch festzustellen, daß das Kindschaftsverhältnis einem nach deutschem Adoptionsrecht begründeten Adoptionsverhältnis gleichsteht (§ 2 II Nr 1 und 2 AdWirkG). Die Zuständigkeitskonzentration aus §§ 3 III, 5 I S 1 AdWirkG greift nur dann ein, wenn auf die Annahme insgesamt, nicht auf Teil- oder Vorfragen, ausländisches Recht zur Anwendung kommt (Hamm FamRZ 2003, 1042). Das Verfahren gilt auch für den Bereich des Haager Adoptionsübereinkommens (s oben). Je nachdem, ob das Verfahren eine Adoption aus dem Abkommensbereich oder von außerhalb betrifft, sind die zu prüfenden Anerkennungs- und Wirksamkeitsmaßstäbe verschieden (dazu Rz 22ff). Die Entscheidung des VormG ergeht als Beschluß; ist sie bezüglich des Antrags positiv, hat sie lediglich deklaratorische Bedeutung, eine rechtsbegründende Wirkung für die Inlandswirkung der geprüften Auslandsadoption hat sie weder im Abkommensbereich noch außerhalb.

29   (3) Das **Verfahren gilt entsprechend** auch für die **Umwandlung** einer gemäß den Vorschriften des Übereinkommens oder außerhalb des Abkommensbereichs anzuerkennenden und für das Inland wirksamen **schwachen Adoption.** Die Verfahrensregeln befinden sich in §§ 2ff AdWirkG. Ziel des Verfahrens ist, wenn ein **Umwandlungsanspruch** gemäß Art 27 des Übereinkommens oder gemäß § 3 AdWirkG besteht, die in diesem Falle konstitutive Feststellung, daß das Kind die **Rechtsstellung eines nach den deutschen Sachvorschriften angenommenen Kindes** erhält. Die Voraussetzungen dieser Umwandlungsfeststellung ergeben sich für alle Fälle schwacher Adoption (innerhalb und außerhalb des Abkommensbereichs eine hinsichtlich der Umwandlungsvoraussetzungen mit Art 27 des Übereinkommens deckungsgleichen § 3 I und II AdWirkG). Die **Umwandlungsvoraussetzungen** sind, daß die Umwandlung dem Kindeswohl dient (Art 27 I lit a, ggf iVm § 3 I Nr 1 AdWirkG), daß die erforderlichen Zustimmungen zu einer Annahme mit einer das Eltern-Kind-Verhältnis beendenden Wirkung erteilt sind (Art 27 I lit b, § 3 I Nr 2 AdWirkG) und daß überwiegende Interessen des Ehegatten oder der Kinder des Annehmenden oder des Angenommenen nicht entgegenstehen.

30   e) **Inlandswiederholung der Auslandsadoption?** Bei Zweifeln über die Anerkennungsfähigkeit einer Auslandsadoption und zur Ersetzung einer schwachen Auslandsadoption durch eine Volladoption des dt Rechts kam bislang „Wiederholung" der Adoption im Inland in Betracht (allg Auff, vgl AG Münster IPRspr 1973 Nr 102; AG Miesbach IPRspr 1979 Nr 130; LG Köln NJW 1983, 1982; AG Beckum StAZ 1983, 316; LG Ravensburg StAZ 1984, 39, 41 mit Anm Eichert; AG Ibbenbüren IPRax 1984, 221; AG Hagen IPRax 1984, 279; AG Höxter IPRax 1987, 124; LG Stuttgart StAZ 1989, 316 mit Anm Hohnerlein IPRax 1990, 312; Frankfurt FamRZ 1992, 985 – Einwilligung der leibl Eltern erforderlich; AG Schwandorf IPRax 1995, 252; AG Köln IPRax 1997, 128; Lüderitz aaO 603f; Schurig IPRax 1984, 25, 26; Voss StAZ 1984, 94; Staud/Henrich Art 22 [2002] Rz 100–102). Nach Einführung des Anerkennungsverfahrens gem §§ 1ff AdWirkG besteht für dieses bisherige „Verlegenheitsinstrument"

in den Fällen kein Bedürfnis mehr, in denen die Wirksamkeit der Auslandsadoption über den Feststellungsantrag gem § 4 I AdWirkG geklärt werden kann. Ist Umwandlung zulässig und begründet (§§ 3, 4 AdWirkG), bedarf es der Wiederholung ebenfalls nicht mehr (ebenso Pal/Heldrich, Art 22 Rz 15; Staud/Henrich [2002] Art 22 Rz 99). Ein gleichwohl gestellter „Wiederholungsantrag" wäre, wenn nicht iS der vorstehenden Ausführungen auslegungsfähig, unzulässig. Bei aus der Sicht des dt Rechts unwirksamer Auslandsadoption ist „Wiederholung" ebenfalls nicht zutreffend, in Betracht kommt nur Inlandsadoption (zT aber Steiger DNotZ 2002, 184, 206).

23 *Zustimmung*
Die Erforderlichkeit und die Erteilung der Zustimmung des Kindes und einer Person, zu der das Kind in einem familienrechtlichen Verhältnis steht, zu einer Abstammungserklärung, Namenserteilung oder Annahme als Kind unterliegen zusätzlich dem Recht des Staates, dem das Kind angehört. Soweit es zum Wohl des Kindes erforderlich ist, ist statt dessen das deutsche Recht anzuwenden.

Schrifttum: S Angaben zu Art 22 und vor Art 19–21 nF.

I. Allgemeines

1. Inhalt und Zweck. Art 23 stellt eine zu Art 10, 19, 22 kumulativ hinzutretende kollisionsrechtliche Sonderregelung dar für bestimmte Teilelemente der den Status eines Kindes nachhaltig (Vaterschaftsanerkennung, Mutterschaftsanerkennung, Adoption, früher auch Legitimation – Art 21 aF –) oder doch oberflächlich (Einbenennung) betreffenden, im Grundsatz in den obengenannten Artikeln bereits erfaßten Rechtsvorgänge. Notwendige Zustimmungen des Kindes oder seiner leiblichen Eltern oder sonstiger familiär nahestehender Personen zu solchen Rechtsvorgängen sind zwar schon dem nach Art 19–22 für anwendbar erklärten Recht zu entnehmen. Doch verbürgt diese Anknüpfung aus der Sicht des dt Kollisionsrechts uU keinen die Belange des Kindes und das Entstehen int wirksamer neuer Statusverhältnisse hinreichend wahrenden Schutz. Denn das Statut der Art 19–22 braucht nicht das (bisherige) Personalstatut des betroffenen Kindes zu sein. Hier setzt Art 23 an; nach **S 1** bedarf es **zusätzlich** zu den insoweit bestehenden Regelungen des nach Art 19–22 anwendbaren Rechts auch der Zustimmungen, die vom bisherigen Personalstatut des Kindes gefordert werden. **S 2** verstärkt diesen Schutz des Kindes noch durch die zur Gewährleistung des Kindeswohls fürsorglich angeordnete subsidiäre Maßgeblichkeit des dt Rechts. Fehlt eine nach Art 23 S 1 oder 2 notwendige wirksame Zustimmung, so scheitert die beabsichtigte Statusveränderung selbst dann, wenn alle von den eingangs genannten Grundstatuten gesetzten Voraussetzungen ihrerseits erfüllt sind (ebenso Pal/Heldrich Art 23 Rz 3 aE).

2. Vorgeschichte und altes Recht. Art 23 hat in der Reform von 1986 den im Grundsatz übereinstimmenden Art 22 II aF weiterentwickelt. Aus der früher einseitig formulierten Norm ist dabei eine allseits gefaßte geworden, deren Anwendungsbereich ausgeweitet worden ist. Auf der Grundlage von Vorschlägen des Deutschen Rates für IPR (Beitzke [Hrsg], Vorschläge und Gutachten zur Reform des dt int Personen-, Familien- und Erbrechts. Materialien Bd 30, 1981, S 9) hat 1986 der unverändert Gesetz gewordene RegE (BT-Drucks 10/504, 72–73; Pirrung, IPVR 165f) die Ergänzungsnorm als eigenen Artikel formuliert. Das KindRG v 16. 12. 1997 (BGBl 1977 I 2942) hat Art 23 durch Streichung der Legitimation (s vor Art 19–24 Rz 1) in die seit 1. 7. 1998 in Kraft befindliche jetzige Form gebracht. Die Veränderung von Art 22 durch die Einfügung der Abs II und III im Jahr 2001 (s Erl Art 22 Rz 1, 3, 4) hat keine Auswirkungen auf Art 23.

3. Staatsvertragliche Regeln. Nicht anwendbar ist Art 23 nur im Anwendungsbereich des Dt-iran Niederlassungsabkommens (s Art 21 Rz 3; Art 22 Rz 4). Die Inkraftsetzung des Haager Adoptionsübereinkommens (s Erl Art 22 Rz 4) hat auf Art 23 keine Auswirkungen, da das Abkommen eigentlich kollisionsrechtlichen Gehalt nicht hat. Art 23 gilt aber auch bei Umwandlungen iSv Art 27 des Abkommens, s Erl Art 22 Rz 20ff.

4. Geltung allgemeiner Regeln. a) Rück- und Weiterverweisung. Art 23 ist den allgemeinen Verweisungsregeln zugänglich. Die strittige Frage, ob Art 23 eine Gesamtverweisung (so v Bar IPR II Rz 323; Jayme IPRax 1989, 157 und IPRax 1990, 309, 310; AG Bielefeld IPRax 1989, 172) oder eine Sachnormverweisung enthält (Pal/Heldrich Art 23 Rz 2; BayObLG NJW-RR 1988, 1352 = IPRax 1989, 172, 173; LG Bielefeld FamRZ 1989, 1337, 1338; Stuttgart IPRax 1990, 332f), ist (in grundsätzlicher Übereinstimmung mit Staud/Henrich, Art 23 Rz 6 und MüKo/Klinkhardt Art 23 Rz 6 sowie Hohnerlein IPRax 1994, 197; von BayObLG 2002, 99 offengelassen) wegen des den Art 23 prägenden Günstigkeitsprinzips iSd Vorliegens einer **Gesamtverweisung** zu entscheiden; Rück- und Weiterverweisung bleiben gem Art 4 I S 1 aber unbeachtet, wenn das damit erreichte Recht von den Zustimmungserfordernissen des Heimatrechts des Kindes absieht.

b) Vorfrage. Art 23 enthält nach seinem Wortlaut eine nicht schon bei Art 19, 20 und 22 erläuterte (s dort) Vorfragenproblematik **nicht**. Da „Kind" iSv Art 23 sowohl ein Minderjähriger als auch ein Volljähriger sein kann und dann ggf unterschiedliche Adoptionsvoraussetzungen gelten (s zB §§ 1741ff, 1767ff BGB), ist insoweit auch bei Art 23 zu differenzieren. Insofern das gem Art 7 I folgende Personalstatut maßgeblich (s v Bar IPR II Rz 324). Ist das Kind danach minderjährig und bedarf es für seine Zustimmung dann des Tätigwerdens des gesetzlichen Vertreters, bestimmt sich dieses nach Art 21 oder 24 als selbständig anzuknüpfende Vorfrage (s Rz 10 mwN; zuletzt wie hier Nürnberg DAVorm 2000, 809, 810).

5. Intertemporales Recht. Art 23 idF von 1986 war gem Art 220 I nicht anzuwenden auf vor dem 1. 9. 1986 abgeschlossene Vorgänge. Die Anwendbarkeit des Art 23 hängt demgemäß insoweit davon ab, ob die Rechtsvorgänge, für die es der in Art 23 genannten Zustimmungen bedarf, vor dem 1. 9. 1986 schon abgeschlossen waren. S hierzu die Erl zu Art 19 aF Rz 7, Art 20 aF Rz 7, Art 21 nF Rz 7, Art 22 Rz 8. Mit der Abschaffung der Legitimation im deutschen Recht zum 1. 7. 1998 ist für den Bereich der Legitimation gem ausl Rechten, die sich idR nach Art 21 nF beurteilt, Kindeszustimmung ggf nach dem Recht des Eltern-Kind-Verhältnisses zu beurteilen.

7 **6. Innerdeutsches Kollisionsrecht.** Im ILR zur ehem DDR galt Art 23 entsprechend; das in S 1 berufene Heimatrecht war durch den gewöhnl Aufenthalt des Kindes bestimmt (s Art 3 Rz 27). Die subsidiäre Anordnung der Geltung dt Rechts in S 2 betraf das Recht der BRepD. Seit dem 3. 10. 1990 bedarf es der entspr Anwendung des Art 23 im innerdeutschen Kollisionsrecht nur in den bei Art 19 aF Rz 8, Art 20 aF Rz 8, 9, Art 21 aF (9. Aufl) Rz 9, Art 22 Rz 9 erläuterten „Altfällen".

II. Grundsatzregel: Zusatzanwendung des Heimatrechts des Kindes S 1

8 **1. Anknüpfung. a)** S 1 beruft das Recht des Staates, dem das Kind angehört. Dieses Heimatrecht ist nach den zu Art 5 entwickelten Regeln zu bestimmen. Ist das Kind Doppel- oder Mehrstaater, ist lediglich das iSv Art 5 I S 1 effektivere, bei auch dt Staatsangehörigkeit gem S 2 das dt Recht zur Anwendung berufen. Berufen ist das so bestimmte Recht der Staatsangehörigkeit im Zeitpunkt der Erteilung der notwendigen Zustimmung, nicht das einer durch die Statusveränderung erworbenen Staatsangehörigkeit (Frankfurt/M NJW 1988, 1472, 1473; FamRZ 1997, 243 allg M). Bei Staatenlosen gilt Art 5 II (s Art 5 Rz 10), bei Flüchtlingen mit Flüchtlingsstatus oder „abgeleitetem Flüchtlingsstatus" das gem Erl zu Art 5 Rz 66ff ermittelte Flüchtlingsstatut. **b)** Das von S 1 berufene Recht gilt immer nur **zusätzlich** zu den gem Art 19 I, 20, 21, 22 anwendbaren Statuten. Ob eine nach dem von S 1 berufenen Recht vorliegende Zustimmung eine nach den auf die Statusveränderung anwendbaren Rechten erforderliche, aber nicht vorhandene Zustimmung zu ersetzen vermag, ist eine andere Frage (dazu Art 22 Rz 15, 30).

9 **2. Anwendungsbereich. a) Zustimmende Personen.** Art 23 betrifft erforderliche Zustimmungen des „Kindes", dh der – minderjährigen oder volljährigen (Rz 5) – Person, deren Statusänderung ansteht (v Bar IPR II Rz 324); Personen, zu denen das Kind in einem familienrechtlichen Verhältnis steht, sind die leiblichen Eltern (zur str Vorfragenproblematik insoweit s Art 5 und Art 22 Rz 7 mwN; Staud/Henrich [2002] Art 23 Rz 7–10; Soergel/Lüderitz[12] Art 23 Rz 15). **Nicht** unter Art 23 S 1 (aber ggf unter Art 22) fallen Zustimmungen seitens des Ehegatten oder der ehel Kinder eines Annehmenden (dazu AG Germersheim IPRax 1987, 188 Griechenland; Burmester-Beer StAZ 1989, 249, 254 Philippinen).

10 **b) Zustimmungen.** Erfaßt werden von S 1 „Zustimmungen", dh Einwilligungen wie Genehmigungen. Das sich aus S 1 ergebende Zustimmungsstatut bestimmt über die **Erforderlichkeit** der Zustimmung zur Statusveränderung durch eine der Rz 9 genannten Personen. Es bestimmt ferner („Erteilung") über das **wirksame Vorliegen** der Zustimmung, dh über die Wirksamkeitsvoraussetzungen der Zustimmung (soweit diese nicht, wie Geschäftsfähigkeit oder Form, selbständig nach Art 7, 11 anzuknüpfen sind, Stuttgart FamRZ 1990, 559, 560), einschließlich der Genehmigungsbedürftigkeit durch Gerichte oder Behörden, die Möglichkeit der Abgabe durch Stellvertreter bzw gesetzliche Vertreter (nicht aber bestimmt es über die Person des Vertreters, insoweit handelt es sich um eine selbständig anzuknüpfende Vorfrage, s Art 22 Rz 7, 15, str s Dörner JR 1988, 265, 271 mwN; aA wohl Stuttgart StAZ 1997, 105) und der Einheitlichkeit der Zustimmung seitens des Elternteils als Elternteil und Kindesvertreter (BayObLG 1978, 325, 334; Frankfurt/M StAZ 1989, 115 = FamRZ 1989, 663); ebenso gilt **S 1** für den Zeitpunkt des notwendigen Vorliegens der Zustimmung und für die Rechtsfolgen des Fehlens oder der Fehlerhaftigkeit der Zustimmungserklärung (LG Nürnberg IPRax 1987, 179, 180), ebenso für die Frage der Ersetzbarkeit der Zustimmung (zur Rechtslage bei Wiederholung einer Adoption s Art 22 Rz 30). Zur Gesamtfolge bei Fehlen einer gem Art 23 erforderlichen Zustimmung Rz 1 aE.

11 **c) Die einzelnen Anwendungsfälle. aa)** Art 23 betrifft **Abstammungserklärungen** jeder Art, dh Vaterschaftsanerkenntnisse (Stuttgart FamRZ 1990, 559, 560) ebenso wie Mutterschaftsanerkenntnisse (s Art 20 Rz 12; Art 19 nF Rz 19ff); Zustimmungen können hier vielfach seitens des Kindes (bei dt Personalstatut §§ 1594ff BGB) erforderlich sein; zu Zustimmungserfordernissen in ausl Rechten Deinert DAVorm 1991, 365; zur gesetzlichen Vertretung bei der Zustimmung s Rz 10).

12 **bb)** Art 23 betrifft **Namenserteilungen** und ist im Zusammenhang mit Art 10 III (s Art 10 Rz 55) bei der **Einbenennung** des Kindes (Namenserteilung seitens des Stiefvaters bei Ehe mit der Mutter eines nichtehelichen Kindes) bzw der Namenserteilung durch den nichtehelichen Vater zu sehen. Außer den nach Art 10 III erforderlichen müssen dann auch die nach Art 23 erforderlichen Zustimmungen (dh bei dt Personalstatut des Kindes Zustimmung nach §§ 1617a–1618 BGB) vorliegen.

13 **cc)** Art 23 betraf dann die **Legitimation einschließlich ähnlicher Institute** (s 9. Aufl Art 21 Rz 14, 20). (1) Seit dem 1. 7. 1998 ist insofern übrig geblieben, daß die für Vaterschafts- oder Mutterschaftsanerkennung erforderlichen Zustimmungen auch Art 23 unterliegen. (2) Bei der Legitimation in anderer Weise (Art 22 Rz 20) hingegen bedarf es der Zustimmung, die insofern durch das Personalstatut des Kindes vielfach gefordert werden. Bei **dt Personalstatut des Kindes** bedarf es so für die **Legitimanerkennung** der islam Rechte (s 9. Aufl Art 21 Rz 20, 22) der **Zustimmung (Einwilligung) des Kindes** und der **vormundschaftsgerichtlichen Genehmigung dieser Zustimmung** (früher [bis 1. 7. 1998] entspr §§ 1723, 1726ff, 1740a I S 2, 1752 iVm 1741 BGB [BGH 55, 188, 197; BGH FamRZ 1982, 52 = NJW 1982, 521]; heute [seit 1. 7. 1998] in entspr Anwendung von §§ 1752, 1741 BGB). Dies gilt **auch bei Eheschließung der Eltern des Kindes** (str, aA Wengler StAZ 1964, 149, 153; Henrich StAZ 1974, 142, 146; IPG 1982 Nr 25, insbes S 260; Winkler v Mohrenfels RabelsZ 48 [1984] 352, 364; Voss StAZ 1985, 62, 64; Klinkhardt IPRax 1985, 192, 198; wie hier BayObLG IPRsp 1982 Nr 99; Köln IPRsp 1982 Nr 98 und IPRax 1987, 378); die Parallele zur Legitimation durch nachfolgende Ehe gem aR zieht insoweit nicht, da die Legitimanerkennung in diesen Fällen eben nicht durch die Ehe geschieht und Art 23 dann heute in Anlehnung an die Adoption auf die daraus folgenden Zustimmungen abstellen muß. Erforderlich sind deshalb dann die dort (s Rz 14) erforderlichen Einwilligungen.

14 **dd)** Art 23 betrifft schließlich die **Adoption** (s Art 22 Rz 1, 12). Es bedarf der Zustimmungen einschließlich vorgeschriebener gerichtlicher Genehmigungen, die vom dt VormG erteilt werden können, gemäß dem Heimatrecht des

Kindes (s Rz 10; s zum Personenkreis Staud/Henrich Art 23 Rz 25, 29). Hat das Kind dt Personalstatut, gelten §§ 1746, 1747, 1750 BGB; es bedarf der vormundschaftlichen Genehmigung der Zustimmung des Kindes (dazu Krzywon BWNotZ 1987, 58), die nachträglich erfolgen kann (Stuttgart IPRsp 1980 Nr 120; Staud/Henrich Art 23 Rz 23); die Genehmigung kann dabei unter Prüfung des Kindeswohls und bei Vorliegen der Anerkennungsvoraussetzungen gem § 16a FGG auch durch das Adoptionsdekret eines ausl Gerichtes erfolgen (BGH FamRZ 1989, 378, 380; weitergehend und bedenklich LG Berlin DAVorm 1990, 811). Nicht selten kennt das Heimatrecht des „Kindes" die Adoption als solche nicht (so die islam Rechte weitgehend, s Staud/Henrich [2002] vor Art 22 Rz 4 mwN) oder jedenfalls nicht in der begehrten Form, zB als Erwachsenenadoption (zB osteurop Staaten, Nachw bei Staud/Henrich [2002] vor Art 22 Rz 5ff). Ist sie nach dem Adoptionsstatut (Art 22 I) aber vorgesehen, so scheitert sie an der fehlenden Regelung bzw an dem Verbot durch das „unergiebige" Zustimmungsstatut jedenfalls nicht, wenn die von Art 22 I vorgesehenen Zustimmungen vorliegen (AG Ahrensburg IPRsp 1989 Nr 150; LG Wuppertal IPRsp 1992 Nr 154; Jayme NJW 1989, 3069; S. Lorenz IPRax 1994, 193; Staud/Henrich [2002] Art 23 Rz 19; Soergel/Lüderitz[12] Art 23 Rz 14). Das Zustimmungsstatut hat nicht die Macht, in dieser Weise das zur Entscheidung über die Adoption berufene Adoptionsstatut zu blockieren. Allenfalls ist eine „hinkende" Adoption die Folge. Zwingender ersatzweiser Anwendung von S 2 bedarf es auch nicht (aA AG Lahnstein FamRZ 1994, 1350); S 2 paßt seinem Zweck nach für die Volljährigenadoption nicht. Eher ist deutsches Recht über Art 6 heranzuziehen.

III. Sonderregel: Anwendung dt Rechts (S 2)

1. Bedeutung. Die **Zustimmungsregeln des dt Rechts** (s die Darstellung Rz 11–14) sind gem S 2 anstatt der 15 diesbezüglichen Regeln des von S 1 berufenen Heimatrechts des Kindes anzuwenden, soweit es zum Wohl des Kindes erforderlich ist (s Sturm StAZ 1997, 261). Als **Ausnahmevorschrift** ist die Regel **eng** auszulegen (s Celle StAZ 1989, 9, 10), sie wirkt im wesentlichen als spezielle Vorbehaltsklausel (ähnl Pal/Heldrich Art 23 Rz 6; Staud/Henrich Art 23 Rz 32) und erübrigt so die Heranziehung von Art 6 im Anwendungsbereich von Art 23.

2. Anwendungsbereich. a) S 2 und die Heranziehung des dt Rechts kommt im gesamten Anwendungsbereich 16 von S 1 in Betracht (Frankfurt FamRZ 1997, 241; NJW-FER 2000, 205), so einmal, wenn das gem S 2 anwendbare Recht des Kindes mit dem für die Statusveränderung gem Art 10, 19, 20, 22 geltenden „Grundstatut" (s Rz 1) zusammenfällt oder deckungsgleich ist und die Zustimmungserfordernisse dieses Rechts bzw dieser Rechte den Anforderungen des dt ordre public (zB bei Vaterschaftsanerkenntnis mit Standesfolge, Art 19 nF Rz 19ff, bei Adoption Art 22 Rz 5, 16) auf diesem Sektor eklatant nicht entsprechen. Zweitens ist S 2 und damit dt Recht insbes dann heranzuziehen, wenn eine Inlandsadoption eines Kindes mit ausl Personalstatut ansonsten wegen praktischer Unerfüllbarkeit von Zustimmungserfordernissen des Heimatrechts oder – sehr eng zu sehen – der Unsicherheit seiner Ermittlung scheitern würde (Magnus/Münzel StAZ 1977, 65, 68f), die Anwendbarkeit des Rechts in Anwendung von Regeln des dt Rechts (zB § 1747 IV, 1748) ersetzt oder vernachlässigt werden können (s Pal/Heldrich Art 23 Rz 6; BayObLG FamRZ 1988, 868, 870; BayObLG 1994, 337; 2002, 99; Köln FamRZ 1999, 889; LG Kassel StAZ 1992, 309; AG Lübbecke IPRax 1987, 327 mit Anm Jayme; Wohlgemuth ROW 1988, 380, 381). **b)** Da S 2 nur im Interesse des **Wohles des Kindes** bemüht werden darf, ist die Vorschrift bei Adoptionen nur bei Minderjährigenadoptionen und bei der Wiederholung schwacher Minderjährigenadoptionen aus fernen Ländern anzuwenden (ebenso v Bar IPR II Rz 325; auch AG Bielefeld IPRax 1989, 172). Als Beispiele sind in der Rspr bislang vor allem – im Sinne rascherer Erledigung – Zustimmungen auf der Grundlage des dt Rechts (s §§ 1747 IV, 1748 BGB) bei Eingliederung in Pflegefamilien so gehandhabt worden, s Frankfurt FamRZ 1997, 243; BayObLG 1994, 332, 337; 2002, 99, 106; zu großzügig AG Lahnstein FamRZ 1994, 1350.

IV. Art 23 und Anerkennungsverfahren

Die Anwendung von Art 23 ist auf inländische Verfahren, die zu Statusveränderungen iSv Rz 1, 11–15 führen, 17 begrenzt. Demgemäß gilt Art 23 auch im Verfahren der Umwandlung ausländ schwacher Adoption in eine Volladoption inländ Rechts (s Rz 3). Bei der Beurteilung ausl Entscheidungen gem § 16a FGG ist Art 23 S 2 dann zu beachten, wenn ein Verstoß gegen den dt ordre public geprüft wird (s Art 22 Rz 26, 27). Ist, wie bei reiner Vertragsadoption (s Art 22 Rz 9), das Ergebnis nichtgerichtlicher ausl Rechtsanwendung auf seine Wirkung im Inland zu prüfen, ist Art 23 (zB zusammen mit Art 22) heranzuziehen.

24 Vormundschaft, Betreuung und Pflegschaft

(1) Die Entstehung, die Änderung und das Ende der Vormundschaft, Betreuung und Pflegschaft sowie der Inhalt der gesetzlichen Vormundschaft und Pflegschaft unterliegen dem Recht des Staates, dem der Mündel, Betreute oder Pflegling angehört. Für einen Angehörigen eines fremden Staates, der seinen gewöhnlichen Aufenthalt oder, mangels eines solchen, seinen Aufenthalt im Inland hat, kann ein Betreuer nach deutschem Recht bestellt werden.

(2) Ist eine Pflegschaft erforderlich, weil nicht feststeht, wer an einer Angelegenheit beteiligt ist, oder weil ein Beteiligter sich in einem anderen Staat befindet, so ist das Recht anzuwenden, das für die Angelegenheit maßgebend ist.

(3) Vorläufige Maßregeln sowie der Inhalt der Betreuung und der angeordneten Vormundschaft und Pflegschaft unterliegen dem Recht des anordnenden Staates.

Schrifttum: *Heldrich*, Die gesetzliche Amtspflegschaft im internationalen Privatrecht, FS Ferid (1988) 131; *ders*, Haager Unterhaltsabkommen und gesetzliche Vertretung Minderjähriger IPRax 1989, 347; *Jaspersen*, Die vormundschaftsgerichtliche Genehmigung in Fällen mit Auslandsbezug, FamRZ 1996, 393; *Kegel*, Zur Reform des internationalen Vormundschafts- und Pflegschaftsrechts in der Bundesrepublik Deutschland, FS Lipstein (1980) 117; *Klinkhardt*, Zum automatischen Eintritt der Amtspflegschaft StAZ 1990, 181; *ders*, Amtspflegschaft auch über Kinder im Ausland? IPRax 1994, 285; *Kropholler*, Gesetzliche Amtspflegschaft für nichteheliche Auslandskinder, IPRax 1988, 285; *Nitzinger*, Das Betreuungsrecht im IPR 1998; *Schlemmer*, Vormundschaft über nichteheliche Kinder im deutsch-österreichischen Rechtsverkehr, IPRax 1986, 252; *Sturm*, Die gesetzliche Vertretung minderjähriger Kinder nach neuem IPR, StAZ 1987, 181; *Winkler v Mohrenfels*, Art 3 MSA und die gesetzliche Amtspflegschaft für nichteheliche Kinder, IPRax 1989, 369ff. Zum Schrifttum zu den bei Art 24 zu beachtenden Abkommen s Schrifttumsnachweise im Anhang zu Art 24; daselbst auch Nachw zu künftigen, noch nicht in Kraft befindlichen Abkommen mehrseitiger Art.

I. Allgemeines

1 1. **Inhalt und Zweck.** Art 24 stellt die erste als Kollisionsnorm für Vormundschaft, Pflegschaft und Betreuung formulierte Anknüpfungsregel des autonomen deutschen IPR dar und hat im Rahmen der IPR-Reform von 1986 den verfahrensrechtlich gefaßten Art 23 aF ersetzt. In der durch das BetreuungsG v 12. 9. 1990, BGBl I 2002, novellierten jetzigen Fassung bestimmt Art 24 das auf Vormundschaft, Betreuung und Pflegschaft anwendbare Recht. Die jetzige Fassung trägt dem Wegfall der Entmündigung im materiellen deutschen Recht und der damit zusammenhängenden Streichung von Art 8 (s Erl dort) Rechnung. Art 24 beruft grundsätzlich das Heimatrecht des Schützlings (Abs I S 1), läßt aber in den Folgeregeln für Abs I–III Spielraum für die Anwendung des Aufenthaltsrechts (Abs I S 2), des deutschen Rechts (Abs I S 2, Hs 2) und der lex fori (Abs III). Im Interesse funktionierender Pflegschaft, insbes Abwesenheitspflegschaft, tritt hierfür gem Abs II subsidiär das Recht der zu besorgenden Sache hinzu. Art 24 gilt **nicht** für die kollisionsrechtl Regelung der **Beistandschaft**. Sie findet sich in § 1717 BGB und beruft iS einseitiger Kollisionsnorm das dt Recht bei gewöhnlichem Aufenthalt des beistandsbedürftigen Kindes im Inland (vgl zur Entwicklung Begr RegE BT-Drucks 13/892, 12 u 41; Diederichsen NJW 1998, 1977, 1987). Eingreifen und Anwendungsbereich von Art 24 sind vielfach durch speziellere und vorrangige Kollisionsregeln so begrenzt, daß für Art 24 im wesentlichen nur Pflegschaft und Betreuung über Volljährige sowie kraft Gesetzes eintretende Vormundschaft und Pflegschaft über Minderjährige übrigbleibt, soweit insoweit nicht Art 21 nF vor Art 24 Vorrang hat (s Rz 3, 11, 12); zu vorrangigen staatsvertraglichen Regelungen s Rz 3.

2 2. **Vorgeschichte und altes Recht.** Art 24 ist an die Stelle von Art 23 aF getreten, der die primäre internationale Zuständigkeit des Heimatstaats des Schützlings in Vormundschafts- und Pflegschaftssachen angeordnet hatte, woraus dann auch die Maßgeblichkeit des Heimatrechts des Schützlings für Entstehung und Beendigung einer Vormundschaft oder Pflegschaft entnommen worden war. Über die Durchführung dieser Maßnahmen entschied hingegen das Recht des Entscheidungsstaats (vgl Erman/Marquordt[7] Art 23 Rz 11ff). In der IPR-Reform wurde die Vorschrift durch kollisionsrechtliche anstatt verfahrensrechtliche Fassung in die Systematik des neuen Rechts eingepaßt (Begr RegE BT-Drucks 10/504, 73); ihre endgültige Fassung hat sie (in Abs I S 2 Hs 2) in den Beratungen des Rechtsausschusses gefunden (BT-Drucks 10/5632, 44). Zu Reformmaterialien Kegel in Beitzke (Hrsg), Vorschläge und Gutachten zum dt intern Personen-, Familien- und Erbrecht 1981, 186ff; Entwurf Kühne § 27; Stellungnahme des MPI RabelsZ 47 (1983) 654f. Zur Anpassung an den Wegfall der Entmündigung in dt Recht bei Einführung der Betreuung s Rz 1.

3 3. **Staatsvertragliche Regelungen.** Art 24 ist durch staatsvertragliche Kollisionsnormen in mehrfacher Hinsicht gem Art 3 II überlagert (zum Effekt s Rz 1 aE). **a)** Als mehrseitige Abkommen haben Vorrang **aa)** das **Haager Übereinkommen über die Zuständigkeit der Behörden und das anzuwendende Recht auf dem Gebiet des Schutzes von Minderjährigen** v 5. 10. 1961, BGBl 1971 II 217 (**Minderjährigenschutzabkommen – MSA**), das Art 24 dann verdrängt, wenn der Minderjährige iSd Abkommens (Art 12) seinen gewöhnl Aufenthalt in der Bundesrepublik Deutschland oder einem sonstigen Vertragsstaat hat (Art 13) (hierzu Kommentierung im Anh Art 24 Rz 10ff); **bb)** das **Haager Abkommen zur Regelung der Vormundschaft über Minderjährige** v 12. 6. 1902, RGBl 1904, 240 (Haager Vormundschaftsübereinkommen), das wegen des Vorrangs des MSA zwischen den Mitgliedstaaten des MSA heute nur noch im Verhältnis zu **Belgien** (nicht Vertragsstaat des MSA) in Kraft ist (s Anh Art 24 Rz 1ff; Italien – s 9. Aufl Rz 3 – ist mit Wirkung v 23. 4. 1995 Vertragsstaat des MSA). **b)** Als **zweiseitige** Abkommen hatten bzw haben noch Vorrang vor Art 24 (und vor dem MSA) **aa)** das **Vormundschaftsabkommen zwischen dem Deutschen Reiche und der Republik Österreich** v 5. 2. 1927 (RGBl 1927 II 511 und BGBl 1959 II 1250 – **Deutsch-Österreichisches Vormundschaftsabkommen**), das in seinem persönlichen und sachlichen Anwendungsbereich auch dem MSA vorging (s Anh Art 24 Rz 7, 8); allerdings zum 31. 12. 2002 gekündigt worden und mit Ablauf des 30. 6. 2003 außer Kraft getreten ist (BGBl 2003 II 824; IPRax 2003, 562); **bb)** das **Deutsch-Iranische Niederlassungsabkommen** v 17. 2. 1929 (Text Art 14 Rz 35), das gem Art 8 III iVm dem Schlußprotokoll auf Angehörige der beiden Vertragsstaaten das jeweilige FamR anwendbar sein läßt, so daß ein Iraner in Deutschland nur gem seinem Heimatrecht unter Vormundschaft oder Pflegschaft gestellt werden kann. Erwachsenenvormundschaft kann auch hier durch Betreuung gem §§ 1896ff BGB zu substituieren sein (zur persönl Anwendbarkeit des Abkommens s Erl Art 14 Rz 5). **cc)** Zum deutsch-polnischen Vormundschaftsabkommen v 5. 3. 1924, das nur die Vormundschaft über Minderjährige betrifft und in seiner Geltung umstritten ist, aber Vorrang vor dem MSA hätte, s MüKo/Klinkhardt Art 24 Rz 18 mwN. Zu Konsularabkommen s ebenfalls MüKo/Klinkhardt aaO Rz 70ff; ausführlichere Darstellung der Abkommensgeltung bei Staud/Kropholler [2002] vor Art 24 Rz 2ff. Für Deutschland noch **nicht in Kraft** ist das **Haager Kinderschutzübereinkommen** v 19. 10. 1996 – KSÜ –, das an die Stelle des MSA treten soll und im Rahmen seines Anwendungsbereichs Vorrang vor Art 24 haben wird (dazu Erl Anhang Art 24 vor Rz 1 und vor Rz 9). Für Deutschland ebenfalls noch **nicht in Kraft** ist das aufbaumäßig und inhaltlich eng an das KSÜ angelehnte **Haager Erwachsenenschutzübereinkommen** v 13. 1. 2000 – ESÜ –, das nach seinem Inkrafttreten, mit dem indes vor ca 2006 nicht zu rechnen ist, Art 24 weithin verdrängen wird (s dazu Erl Anhang Art 24 vor Rz 1 und vor Rz 9).

4 4. **Geltung allgemeiner Regeln. a) Rück- und Weiterverweisung.** Art 24 I S 1 enthält mit der Berufung des Rechts des „Schützlings" gem Art 4 I eine **Gesamtverweisung**, so daß vom Heimatrecht des Schützlings ausgesprochene Rück- bzw Weiterverweisung zu beachten ist (allg M, s – altes Recht – LG Traunstein IPRax 1983, 300; BayObLG NJW 1971, 997 m Anm Röder – Teilrückverweisung). **Abs I S 2** ist ergänzende **Sachnorm**, die zum deutschen materiellen Recht führt. **Abs II** kann als **Gesamtverweisung** zu Rück- und Weiterverweisung führen, wenn das Recht der „Angelegenheit", zB das Erbstatut, Rückverweisung ausspricht (Staud/Kropholler [2002] Art 24 Rz 67). **Abs III** enthält dem Sinn der Verweisung entsprechend **Sachnormverweisung** auf das Recht des anordnenden Staates.

b) **Ordre public.** Die Anordnung einer Vormundschaft, die ein Kind im Widerspruch zu Art 6 III GG von den 5 Eltern trennt, verstößt gegen Art 6 EGBGB; Rspr ist indes nicht vorhanden (MüKo/Klinkhardt Art 24 Rz 36 mwN). Da nach Art 24 I S 2 im Inland Betreuungen auch für Ausländer eingerichtet werden können, wird aus der Abschaffung der Entmündigung im deutschen Recht wohl kein Konfliktstoff für Art 6 entstehen, wenn das Heimatrecht die Entmündigung noch vorsieht.

c) **Vorfragen**, die bei der Prüfung der Voraussetzungen einer Maßnahme iSv Art 24 zu beantworten sind, sind 6 selbständig anzuknüpfen (s Erman/Marquordt[7] Art 23 Rz 6 und allg M), so daß für Minderjährigkeit und Geschäftsfähigkeit Art 7, für das Bestehen elterlicher Sorge Art 21 nF bzw Art 19, 20 aF und das MSA zu befragen sind.

5. **Intertemporales Recht.** Nach Art 220 I richten sich die Entstehung von Vormundschaften und Pflegschaften 7 für vor dem 1. 9. 1986 als abgeschlossene Vorgänge auch weiterhin nach dem alten Recht (Art 23 aF). Hingegen sind Änderung und Ende einer am 1. 9. 1986 bestehenden Vormundschaft und Pflegschaft ab diesem Zeitpunkt ebenso wie ihr Inhalt nach dem von Art 24 nF berufenen Recht zu beurteilen (Art 220 II). Zu Sonderproblemen bei bestellten Amtsvormundschaften und Amtspflegschaften Staud/Kropholler [2002] Art 24 Rz 8 mwN), zur Umwandlung von Vormundschaften und Pflegschaften nach Maßgabe des deutschen Rechts in Betreuungen s Pal/Diederichsen[54] Einf vor § 1896 Rz 20.

6. **Innerdeutsches Kollisionsrecht.** Im alten ILR im Verhältnis zur ehem DDR galt Art 24 entsprechend; als 8 Heimatrecht war das Recht des gew Aufenthalts (Art 3 Rz 27) berufen. Seit 3. 10. 1990 besteht Rechtseinheit. Zur Überleitung von im Beitrittsgebiet im Zeitpunkt des 3. 10. 1990 bestehenden Vormundschaften und Pflegschaften besteht die Übergangsregelung des Art 234 §§ 14, 15.

II. Anwendungsbereich und Anknüpfungen

1. **Anwendungsbereich. a)** Art 24 erfaßt Vormundschaften, Pflegschaften und die Betreuung. Zur **Vormund-** 9 **schaft** rechnet sowohl die **angeordnete** wie die **gesetzliche** Vormundschaft. Für beide Arten gilt jedoch der Vorrang des MSA, bzw der anderen Abkommen (Rz 3, 4); ebenso greift (bei ausl nichtehelichen Kindern) für das Bestehen der Amtspflegschaft bzw **Amtsvormundschaft** des JugA (zB § 1791c BGB) Art 21 nF, nicht Art 24 ein (zum alten Recht BGH 111, 199, 203, s Art 20 Rz 19). Die (nach ausl Recht, zB Spanien bestehende, s Düsseldorf DAVorm 1988, 193) gesetzliche Vormundschaft der Eltern bzw von Elternteilen ist der Sache nach elterliche Sorge, so daß insoweit nicht Art 24, sondern Art 21 bzw das MSA eingreift (ebenso Staud/Kropholler Art 24 Rz 11). Da seit 1. 1. 1992 die Vormundschaft über Volljährige zugunsten der Betreuung abgeschafft ist, bleibt für Art 24 die Anordnung der Vormundschaft über Minderjährige mit gewöhnlichem Aufenthalt in einem Nichtvertragsstaat des MSA (über § 35b FGG!) bzw der Vormundschaft über nichteheliche deutsche Minderjährige mit gewöhnlichem Aufenthalt im Ausland.

b) Als **Pflegschaften** sind aa) die **angeordneten Pflegschaften** im Grundsatz erfaßt. Zu beachten ist aber auch 10 insoweit bei Pflegschaften für **Minderjährige** (Ergänzungspflegschaft, Pflegschaft für Leibesfrucht) der weitgehende Vorrang des **MSA** (s Rz 3). Bei **Pflegschaften für Volljährige** ist die Geltung des Heimatrechts durch die Abschaffung der Gebrechlichkeitspflegschaft durch das BetreuungsG (s Rz 1) durchbrochen; im Inland ist hier gem Art I 2 stets Betreuung nach Maßgabe des dt Rechts anzuordnen (ebenso v Bar IPR II Rz 348). Im übrigen Bereich der Pflegschaftsarten, die von Art 24 im Grundsatz alle erfaßt sind, sind Sondervorschriften des deutschen Rechts zu beachten, die Art 24 durchbrechen oder ergänzen (zur Abwesenheitspflegschaft § 10 ZustErgG; zur Pflegschaft für Sammelvermögen § 42 FGG, Recht am Ort der Verwahrung, s Staud/Kropholler Art 24 Rz 15, 16; zur Nachlaßpflegschaft – Recht der anordnenden Behörde – BGH 49, 1 und Staud/Kropholler Art 24 Rz 17). **bb)** Ebenso unterliegt die **gesetzliche Pflegschaft** zwar grundsätzlich Art 24 I S 1, Vorrang aber hatte vor die Amtspflegschaft Art 20 II aF. Mit dem Außerkrafttreten der Amtspflegschaft des JugA am 1. 7. 1998 (Übergangsregelung Art 223) sind deren Funktionen zT auf die **Beistandschaft** übergegangen, die nach Art 21 auch für ausl Kinder mit gewöhnl Aufenthalt im Inland zulässig ist und mit Aufenthaltswechsel ins Ausland endet, s § 1717 BGB.

c) Als **Betreuung** erfaßt Art 24 die Betreuung der §§ 1896ff BGB sowie rechtsähnliche, Erwachsenenvormund- 11 schaft und Gebrechlichkeitspflegschaft ersetzende Rechtsinstitute ausl Rechte (zB Österreich). **d) Nicht** erfaßt werden **öffentlich-rechtliche** Schutzmaßnahmen wie die frühere Fürsorgeerziehung nach JWG bzw die jetzigen Erziehungshilfen. Im Verhältnis zu Österreich gilt insoweit seit dem 1. 1. 1970 das Abkommen über Fürsorge- und Jugendwohlfahrtspflege v 17. 1. 1966, BGBl 1969 II 2, nebst Durchführungsvereinbarung v 28. 5. 1969, BGBl II 1550.

2. **Anknüpfungen und Anknüpfungsumfang der Einzelregeln. a)** Die **Grundregel des Abs I S 1** beruft als 12 Statut der Vormundschaft, Pflegschaft, Betreuung das **Heimatrecht** des Schützlings. Insofern gelten die allg Regeln des Art 5 I, so daß bei Doppel- und Mehrstaatern das effektive deutsche Recht gilt; für Staatenlose gilt Art 5 II, für „Flüchtlinge" s Erl zu Art 5 Rz 66ff. Zur Rück- und Weiterverweisung s Rz 4. Für juristische Personen und Personenvereinigungen gilt deren Personalstatut, s Anh nach Art 37. Das so ermittelte Recht bestimmt **Entstehung, Änderung und Ende** („Werdegang", s Staud/Kropholler Art 24 Rz 28ff) der Vormundschaft, Pflegschaft, Betreuung.

13 b) Über den **Inhalt** einer **angeordneten** (nicht kraft Gesetzes eintretenden) Vormundschaft, Pflegschaft bestimmt gem **Abs III** hingegen wegen des engen Zusammenhanges zwischen Inhalt und Verfahrensrecht (BT-Drucks 10/504, 73) das **Recht des anordnenden Staates** (= lex fori). Hierunter fallen **Auswahl und Bestellung** des Vormunds, Pflegers, Betreuers (KG NJW 1970, 2165 = IPRsp 1970 Nr 88; BayObLG 2001, 324; LG Berlin StAZ 1980, 23; auch LG Bochum IPRsp 1931 Nr 94), ebenso seine **Rechte, Pflichten** und die **Beaufsichtigung** (für die Deliktshaftung gilt indes Deliktstatut, Schwind StAZ 1972, 57, 62), zB Umfang der Vertretungsmacht oder der Einwilligungsvorbehalte (zum Vorrang von Art 3 III bei im Ausland belegenem Vermögen s Staud/Beitzke Art 7 Rz 50, 54; bei Mangel der Vertretungsmacht gilt Art 12 entsprechend, BT-Drucks 10/5632, 40f).

14 c) Eine **kraft Gesetzes eintretende Vormundschaft bzw Pflegschaft** unterliegt hingegen auch hinsichtlich ihres **Inhaltes** dem von **Abs I S 1** berufenen Heimatrecht. Praktische Bedeutung kommt dieser Regel indes kaum noch zu (s Rz 10, 11), da die gesetzliche Amtsvormundschaft für nichteheliche ausländische Kinder mit gewöhnlichem Aufenthalt im Inland gem Art 21 dem deutschen Recht unterliegt (BGH 111, 199, 203, s Rz 9; zur Entwicklung Staud/Kropholler Art 24 Rz 42–48).

15 d) **Abs I S 2** erstreckt die **Errichtung einer Betreuung** iSv §§ 1896ff BGB auf betreuungsbedürftige Angehörige eines fremden Staates mit gewöhnlichem (Art 5 Rz 43ff) oder schlichtem (Art 5 Rz 49) Inlandsaufenthalt. Der Wortlaut („kann") bedeutet nicht, daß das Institut der Betreuung hier alternativ zur Vormundschaft oder Pflegschaft nach Heimatrecht gem S 1 zur Verfügung steht, sondern erstreckt den Anwendungsbereich der §§ 1896ff in Einschränkung der Grundregel des S 1 auf den in S 2 genannten Personenkreis. Demgemäß unterliegen **Werdegang und Inhalt** (s Rz 13, 14) der Betreuung insgesamt dem deutschen Aufenthaltsrecht (BayObLG 2001, 324).

16 e) **Abs II** gibt für die **Pflegschaft für unbekannte oder durch Auslandsaufenthalt verhinderte Beteiligte** (vgl §§ 1911 II, 1913 BGB) eine **akzessorische**, die Grundregel des Abs I S 1 verdrängende Anknüpfung an das Statut der Angelegenheit, für die es der Pflegschaft bedarf. Bedarf es im Erbfall zB einer solchen Pflegschaft, dann gilt auch für diese Pflegschaft das Erbstatut (dessen Rück- und Weiterverweisung insoweit freilich zu beachten ist, Rz 5). Das gem **Abs II** bestimmte Statut ist maßgeblich für den **Werdegang** (Rz 13); über den **Inhalt** auch einer solchen Pflegschaft bestimmt hingegen, da **Abs III** nach Stellung und Wortlaut auch insoweit eingreift, das **Recht des anordnenden Staates** (lex fori).

17 f) **Für vorläufige Maßregeln** bei Vormundschaft und Pflegschaft (und auch bei Betreuung, § 69f FGG) gilt gem **Abs III** stets die **lex fori** (Recht des anordnenden Staates). Dies entspricht der zu Art 23 II aF geläufig gewordenen Praxis. **Maßregeln** in diesem Sinne (vgl § 1846 BGB) sind Hinterlegung von Geld, Wertpapieren, Kostbarkeiten, Inventarerrichtung, Bestellung eines Verwahrers, Kündigung von Forderungen, Arrestbetreibung, Siegellegung, Abgabe von Anfechtungserklärungen, Erwirkung von Veräußerungsverboten, Vertragsgenehmigung, Bestellung von Prozeßvertretern (s zB BayObLG IPRsp 1932 Nr 92; Tübingen DNotZ 1952, 484). **Nicht** unter Abs III fallen die **vorläufige Vormundschaft** und die **vorläufige Pflegschaft**; sie richten sich nach dem gem Abs I S 1 (bzw vorrangigen Kollisionsnormen) anwendbaren Recht (Hamm NJW 1973, 1556 = IPRsp 1973 Nr 103; BayObLG IPRsp 1971 Nr 112; s wN bei Staud/Kropholler Art 24 Rz 62, 63 mwN zum Streitstand).

III. Internationales Verfahrensrecht

18 1. **Internationale Zuständigkeit** für gerichtliches Tätigwerden im Anwendungsbereich von Vormundschaft, Pflegschaft und Betreuung ergibt sich primär aus **Abkommensrecht** (MSA, sonstige Abkommen, s Anhang zu Art 24). Soweit Abkommensregeln nicht eingreifen, gilt § 35b FGG; deutsche Gerichte sind zuständig, wenn der Schützling Deutscher ist oder seinen gewöhnlichen Aufenthalt im Inland hat (Abs I); „Fürsorgezuständigkeit" besteht gem Abs II bei Bedarf nach Fürsorge durch ein dt Gericht in sonstigen Fällen, zB bei bloß schlichtem Inlandsaufenthalt. Die so begründete int Zuständigkeit ist gem Abs III nicht ausschließlich (Hamm FamRZ 2003, 253).

19 2. **Anerkennung.** Im Ausland erfolgte Anordnungen und Aufhebungen von Vormundschaft, Betreuung, Pflegschaft sind unter den von § 16a FGG aufgestellten Voraussetzungen (s dazu schon Art 22 Rz 16, 17) anzuerkennen; § 16a FGG kommt nur zur Anwendung, wenn Abkommensrecht nicht vorrangig eingreift (insbes Art 7 MSA).

Anhang zu Art 24
Staatsverträge

I. Haager Abkommen zur Regelung der Vormundschaft über Minderjährige – Haager Vormundschaftsabkommen 1	1. Überblick 9
	2. Text des MSA mit Erläuterung der einzelnen Artikel 12
II. Haager Entmündigungsabkommen 5	
III. Vormundschaftsabkommen zwischen dem Deutschen Reiche und der Republik Österreich ... 6	V. Haager Übereinkommen über die zivilrechtlichen Aspekte internationaler Kindesentführung 48
IV. Haager Übereinkommen über die Zuständigkeit der Behörden und das anzuwendende Recht auf dem Gebiet des Schutzes von Minderjährigen – Haager Minderjährigenschutzabkommen (MSA)	VI. Europäisches Übereinkommen über die Anerkennung und Vollstreckung von Entscheidungen über das Sorgerecht für Kinder und die Wiederherstellung des Sorgeverhältnisses 49

(zum Verhältnis zu den Art 19ff siehe jeweils dort die Abschnitte I.3.)

Familienrecht Anh Art 24 EGBGB

I. Haager Abkommen zur Regelung der Vormundschaft über Minderjährige vom 12. 6. 1902 (RGBl 1904 S 240) – Haager Vormundschaftsabkommen –

1. Überblick. Das Abkommen ist für Deutschland am 31. 7. 1904 in Kraft getreten. Zu den früheren Vertragsstaaten und zur Wiederanwendung nach dem II. Weltkrieg s Erman/Marquordt[7] Anh 1 Art 23 Rz 1. Wegen des Vorrangs des **MSA** (Art 18 I) ist es heute nur noch im Verhältnis zu **Belgien**, (Bek v 14. 2. 1955, BGBl II 188) von Bedeutung (zum Abkommen Knöpfel FamRZ 1959, 483; Jayme NJW 1965, 13), da Italien (s noch 9. Aufl Rz 1) mit Wirkung vom 23. 4. 1995 Vertragsstaat des MSA geworden ist.

2. Text des Abkommens in deutscher Übersetzung (französischer Text ist maßgebend)

Artikel 1

Die Vormundschaft über einen Minderjährigen bestimmt sich nach dem Gesetze des Staates, dem er angehört (Gesetz des Heimatstaats).

Artikel 2

Sieht das Gesetz des Heimatstaates für den Fall, daß der Minderjährige seinen gewöhnlichen Aufenthalt im Ausland hat, die Anordnung einer Vormundschaft im Heimatland nicht vor, so kann der von dem Heimatstaat des Minderjährigen ermächtigte diplomatische oder konsularische Vertreter gem dem Gesetz dieses Staates die Fürsorge übernehmen, sofern der Staat, in dessen Gebiet der Minderjährige seinen gewöhnlichen Aufenthalt hat, dem nicht widerspricht.

Artikel 3

Falls eine Vormundschaft gemäß den Bestimmungen des Artikel 1 oder des Artikel 2 nicht angeordnet ist oder nicht angeordnet werden kann, so ist für die Anordnung und die Führung der Vormundschaft über einen Minderjährigen, der seinen gewöhnlichen Aufenthalt im Ausland hat, das Gesetz des Aufenthaltsorts maßgebend.

Artikel 4

(1) Ist die Vormundschaft gemäß der Bestimmung des Artikel 3 angeordnet, so kann gleichwohl eine neue Vormundschaft auf Grund des Artikels 1 oder des Artikels 2 angeordnet werden.

(2) Hiervon ist der Regierung des Staates, in welchem die Vormundschaft zuerst angeordnet wurde, sobald wie möglich Nachricht zu geben. Diese Regierung hat davon entweder die Behörde, welche die Vormundschaft angeordnet hat, oder, in Ermangelung einer solchen Behörde, den Vormund selbst zu benachrichtigen.

(3) In dem Fall, den dieser Artikel vorsieht, bestimmt sich der Zeitpunkt, in welchem die ältere Vormundschaft endigt, nach der Gesetzgebung des Staates, in dessen Gebiet diese Vormundschaft angeordnet war.

Artikel 5

In allen Fällen bestimmen sich der Zeitpunkt und die Gründe für den Beginn sowie für die Beendigung der Vormundschaft nach dem Gesetz des Heimatstaats des Minderjährigen.

Artikel 6

(1) Die vormundschaftliche Verwaltung erstreckt sich auf die Person sowie auf das gesamte Vermögen des Minderjährigen, gleichviel an welchem Ort sich die Vermögensgegenstände befinden.

(2) Von dieser Regel sind Ausnahmen zulässig in Ansehung solcher Grundstücke, welche nach dem Gesetz der belegenen Sache einer besonderen Güterordnung unterliegen.

Artikel 7

Solange die Vormundschaft nicht angeordnet ist, sowie in allen dringenden Fällen können die zuständigen Ortsbehörden die Maßregeln treffen, die zum Schutz der Person und der Interessen eines minderjährigen Ausländers erforderlich sind.

Artikel 8

(1) Liegt Anlaß vor, für einen minderjährigen Ausländer die Vormundschaft anzuordnen, so haben die Behörden des Staates, in dessen Gebiet er sich befindet, von dem Sachverhalt, sobald dieser ihnen bekannt wird, die Behörden des Staates zu benachrichtigen, dem der Minderjährige angehört.

(2) Die in solcher Art benachrichtigten Behörden sollen den Behörden, die ihnen die Mitteilung gemacht haben, sobald wie möglich Kenntnis geben, ob die Vormundschaft angeordnet ist oder angeordnet werden wird.

Artikel 9

(1) Dieses Abkommen findet nur Anwendung auf die Vormundschaft über Minderjährige, die Angehörige eines der Vertragsstaaten sind und ihren gewöhnlichen Aufenthalt im Gebiet eines dieser Staaten haben.

(2) Die Artikel 7 und 8 dieses Abkommens finden jedoch auf alle Minderjährige Anwendung, die Angehörige eines Vertragsstaats sind.

Artikel 10

Dieses Abkommen, das nur auf die europäischen Gebiete der Vertragsstaaten Anwendung findet, soll ratifiziert und die Ratifikationsurkunden sollen im Haag hinterlegt werden, sobald die Mehrzahl der Hohen vertragsschließenden Teile hierzu in der Lage sind.

Artikel 11–13

(nicht abgedruckt)

2 **3. Wesentlicher Inhalt. a)** Das Abkommen findet nach Art 8 nur **Anwendung** auf die Vormundschaft über Minderjährige, die die Staatsangehörigkeit eines der Vertragsstaaten besitzen und ihren gewöhnlichen Aufenthalt im Gebiete eines dieser Staaten haben. Die Bestimmungen des Art 7 – Anordnung vorläufiger Maßregeln zum Schutz und im Interesse des Minderjährigen – und des Art 8 – Benachrichtigungspflicht – gelten aber immer, wenn es sich um einen minderjährigen Staatsangehörigen eines der Vertragsstaaten handelt. Daß dieser auch seinen gewöhnlichen Aufenthaltsort im Gebiete eines der Vertragsstaaten hat, ist insoweit nicht erforderlich. Für Staatenlose enthält das Abkommen keine Vorschrift. Insoweit ist es nicht anwendbar.

b) Das Abkommen behandelt nur die Vormundschaft über Minderjährige. Auf die Pflegschaft, die Vormundschaft über Volljährige, die Beistandschaft und sonstige Maßnahmen des Vormundschaftsgerichts (vgl hierzu BayObLG NJW 1959 1038 = FamRZ 1959, 364) ist es nicht anwendbar. Hier gilt uneingeschränkt Art 24 oder Art 21 nF EGBGB auch im Verhältnis zu Belgien. Nicht erfaßt sind öffentlich-rechtliche Schutzmaßnahmen (vgl Art 24 Rz 12).

3 **c)** Das Abkommen führt das **Staatsangehörigkeitsprinzip** streng durch. Die Vormundschaft bestimmt sich nach den Gesetzen des Staates, dem der Minderjährige angehört. Art 5 unterstreicht den Grundsatz, indem er festlegt, daß auch dann, wenn die Vormundschaft nach Art 2 oder 3 nicht durch den Heimatstaat, sondern durch dessen Auslandsvertreter oder den Aufenthaltsstaat angeordnet und geführt wird (dazu Beitzke FamRZ 1967, 592, 603, vgl §§ 35b I, 36 II FGG), sich der Zeitpunkt und die Gründe für den Beginn sowie für die Beendigung der Vormundschaft nach dem Gesetze des Heimatstaates des Minderjährigen bestimmen. Das Heimatrecht muß also immer geprüft werden, insbesondere darauf, ob der Minderjährige nicht unter elterlicher Gewalt steht. Das Abkommen unterstreicht, daß die Verwaltungsbefugnis des Vormunds über die Grenzen des anordnenden Staates hinausgeht (Art 6 I). Auch wenn die Vormundschaft durch den Aufenthaltsstaat angeordnet wird, umfaßt sie das gesamte Vermögen des Mündels. Doch läßt Art 6 II die Berücksichtigung der lex rei sitae bei Grundstücken zu. Das Abkommen enthält keinen ordre-public-Vorbehalt; gleichwohl ist die Berufung auf Art 6 EGBGB zuzulassen; das ist auch bei anderen Haager Abkommen (Ehewirkungsabkommen v 17. 7. 1905, s Art 14 Rz 4) zugelassen worden (RG 150, 283; BGH NJW 1987, 583; FamRZ 1987, 679) (str, wie hier Staud/Kropholler vor Art 24 Rz 22; Jayme NJW 1965, 13, 17).

d) Vorläufige Maßregeln iSv **Art 7** sind auf dringende Fälle eingegrenzt. Ein dringender Fall liegt vor, wenn das Kindeswohl oder dringende öffentliche Interessen zum Handeln zwingen (RG 162, 329; LG Wiesbaden FamRZ 1965, 284 = IPRsp 1964/65 Nr 130). Anzuwenden ist dann das **Aufenthaltsrecht** (ebenso Staud/Kropholler vor Art 24 Rz 38). In diesem Rahmen läßt die Praxis auch die Anordnung einer **vorläufigen Pflegschaft** zu (Abweichung von Art 24 III EGBGB, s dort Rz 18; vgl Karlsruhe IPRsp 1968/69 Nr 157; LG Augsburg IPRsp 1972 Nr 89).

4 **e)** Die **internationale Zuständigkeit** ist durch das Abkommen nicht ausdrücklich geregelt. Zuständig sind die Behörden des Staates, dessen Recht aufgrund der Normen der Konvention anzuwenden ist. Eine weitergehende Zuständigkeit aufgrund autonomen Rechts ist durch das Abkommen nicht ausgeschlossen.

II. Haager Entmündigungsabkommen vom 17. 7. 1905

5 Das Abkommen, früher noch in Kraft im Verhältnis zu Italien, ist durch Deutschland gekündigt worden (BGBl 1992 II 272).

III. Vormundschaftsabkommen zwischen dem Deutschen Reiche und der Republik Österreich vom 5. 2. 1927 (RGBl 1927 II 511, BGBl 1959 II 1250) (außer Kraft seit Ablauf des 30. 6. 2003)

6 **1. Überblick.** Das **Deutsch-Österreichische Vormundschaftsabkommen** (s Art 24 Rz 3), das seit dem 1. 10. 1959 wieder in Anwendung war, war von dem **MSA unberührt** geblieben (Art 18 II MSA). Es hatte im Verhältnis zwischen Deutschland und Österreich **Vorrang** vor dem MSA (allg A, vgl Stuttgart FamRZ 1974, 42; BayObLG IPRsp 1984 Nr 114; AG Kamen DAVorm 1983, 157 = IPRsp 1982 Nr 111; LG Paderborn ZBlJugR 1988, 98; Karlsruhe FamRZ 1989, 898; im Erg auch Landesgericht Graz DAVorm 1982, 845). Das Vormundschaftsabkommen ist – s Art 24 Rz 3 – nach Kündigung zum 31. 12. 2002 – mit Ablauf des 30. 6. 2003 außer Kraft getreten (BGBl 2003 II 824; IPRax 2003, 562), hat aber noch Bedeutung für die Beurteilung von Altfällen und bleibt deshalb nochmals abgedruckt. S für das Verhältnis zu Österreich ferner das in Art 24 Rz 12 zit Abk über Fürsorge und Jugendwohlfahrtspflege.

2. Text

Artikel 1

7 *(1) Ein Minderjähriger, der dem einen Staat angehört (Heimatstaat), sich aber gewöhnlich in dem anderen Staat aufhält (Aufenthaltsstaat), wird von den Behörden des Aufenthaltsstaates bevormundet.*

(2) Die Behörden des Heimatstaates können jederzeit die Aufhebung der Vormundschaft verlangen. Von der Aufhebung ist der ersuchenden Behörde Mitteilung zu machen.

Artikel 2

(1) Verlegt ein Minderjähriger, der in seinem Heimatstaat bevormundet wird, seinen gewöhnlichen Aufenthalt in den anderen Staat, so ist er dort zu bevormunden, wenn die Vormundschaftsbehörde des Heimatstaates es verlangt.

(2) Von dem Eintritt der neuen Vormundschaft ist der bisherigen Vormundschaftsbehörde Mitteilung zu machen.

Artikel 3

(1) Die Vormundschaft erstreckt sich auf die Person und das gesamte Vermögen des Minderjährigen, gleichviel wo es sich befindet.

(2) Dies gilt nicht für Grundstücke, die nach dem Recht des Staates, in dem sie liegen, einer besonderen Güterordnung unterworfen sind.

Artikel 4

(1) In den Fällen der Artikel 1 und 2 ist das Recht des Heimatstaates dafür maßgebend, wann und aus welchem Grunde eine Vormundschaft beginnt oder endet.

(2) In allen übrigen Beziehungen gilt das Recht des Staates, dessen Behörde die Vormundschaft führt; dabei kommen jedoch die Vorschriften des Aufenthaltsstaates, nach denen eine Vormundschaft ohne Anordnung der Vormundschaftsbehörde eintritt, für Angehörige des anderen Staates nur in Betracht, soweit der Aufenthaltsstaat dies bestimmt.

Artikel 5

(1) Solange eine Vormundschaft noch nicht besteht, sowie in allen dringenden Fällen, haben die Ortsbehörden nach den für sie geltenden Vorschriften die Maßnahmen zu treffen, die zum Schutz der Person und des Vermögens eines minderjährigen Angehörigen des anderen Staates erforderlich sind.

(2) Von jeder Maßnahme ist der zur Führung der Vormundschaft zuständigen Behörde Mitteilung zu machen. Auf Verlangen dieser Behörde ist die Maßnahme aufzuheben.

Artikel 6

Die Bestimmungen des Vertrags über Rechtsschutz und Rechtshilfe sind auf den gegenseitigen Verkehr der Vormundschaftsbehörden auch dann anzuwenden, wenn für die den Vormundschaftsgerichten obliegenden Verrichtungen andere als gerichtliche Behörden zuständig sind.

Artikel 7

(1) In den Fällen der Artikel 1 und 2 sind der Behörde, die eine neue Vormundschaft führt, auf ihr Verlangen die Akten oder Teile davon zu überlassen; an Stelle der Urschriften können Abschriften mitgeteilt werden.

(2) Diese Bestimmungen gelten entsprechend für die im Artikel 5 bezeichneten Fälle.

Artikel 8
(vom Abdruck abgesehen)

Artikel 9

Die Bestimmungen des Haager Abkommens zur Regelung der Vormundschaft über Minderjährige vom 12. Juni 1902 finden im Verhältnis zwischen den beiden Staaten keine Anwendung.

Artikel 10
(vom Abdruck abgesehen)

3. Wesentlicher Inhalt. Das Abkommen betraf lediglich die **Vormundschaft über Minderjährige**, nicht sonstige Rechtsinstitute aus der Zuständigkeit der Vormundschaftsgerichte (nicht Pflegschaft, Kreisgericht Wels FamRZ 1969, 37, Sorgerechtsentziehung usw München HRR 1942 Nr 782; auch nicht die in Österreich durch dortige Reform des Kindschaftsrechts eingeführten neuen Institute [Sachwalterschaft, jetzt: Vertretung]). Die praktische Bedeutung des Abkommens war dadurch deutlich vermindert. **Heimatrecht** bestimmte gemäß Art 4 I Beginn und Ende der Vormundschaft, Recht des anordnenden Staates den Inhalt der Vormundschaft (LG Berlin IPRspr 1975 Nr 111; BayObLG FamRZ 1966, 323 = IPRspr 1966/67 Nr 167). **Keine Anwendung** fand das Abkommen auf **deutsch-österreichische Doppel- und Mehrstaater**, da insoweit eine Regelung fehlt. Anwendung findet hier das **MSA** (BayObLG 1981, 246 = NJW 1982, 1228 = IPRax 1982, 106 mit Anm Hüsstege S 95 = IPRspr 1981 Nr 100). Für **gesetzliche** Vormundschaft galt Art 4 II; gem § 1791c I BGB konnte deshalb gesetzliche Amtsvormundschaft des JugA über ein österreichisches Kind, dessen Eltern nicht miteinander verheiratet sind, eintreten, wenn das Kind seinen gewöhnlichen Aufenthalt im Inland hatte. Die **internationale Zuständigkeit** stand den Behörden des Aufenthaltsstaates zu (Art 1, vgl auch Art 2 I).

IV. Haager Übereinkommen über die Zuständigkeit der Behörden und das anzuwendende Recht auf dem Gebiet des Schutzes von Minderjährigen vom 5. Oktober 1961 (BGBl 1971 II 219) – Haager Minderjährigenschutzabkommen (MSA)

Schrifttum: *Allinger,* Das Haager Minderjährigenschutzabkommen. Probleme, Tendenzen, Perspektiven (1988); *Beitzke,* Sorgerechtsregelung für Doppelstaater IPRax 1984, 313; *Boelck,* Reformüberlegungen zum Haager MSA (1994); *Dörner,* Der Anwendungsbereich von Art 3 MSA, JR 1988, 265; *Heldrich,* Die gesetzliche Amtspflegschaft im IPR, FS Ferid (1988) 131; *Henrich,* Das „gesetzliche Gewaltverhältnis" im Spannungsfeld zwischen dem Haager Minderjährigenschutzabkommen und dem nationalen Kollisionsrecht, FS Schwind (1978) 79; *ders,* Kompetenzkonflikte im Recht des Minderjährigenschutzes, IPRax 1986, 364; *Hoyer,* Haager Minderjährigenschutzabkommen und Wechsel des gewöhnlichen Aufenthalts während des anhängigen Verfahrens, IPRax 1984, 164; *Jayme,* Gesetzliches Sorgerecht und Haager Minderjährigenschutzabkommen, IPRax 1985, 23; *Kropholler,* Das Haager Abkommen über den Schutz Minderjähriger (2. Aufl 1977); *ders,* Gesetzliche Amtspflegschaft für nichteheliche Ausländerkinder, IPRax 1988, 285; *ders,* Gedanken zur Reform des Haager Minderjährigenschutzabkommens RabelsZ 58 (1994) 1–19; *Mitzkus,* Internationale Zuständigkeit im Vormundschafts-, Pflegschafts- und Sorgerecht (1982); *Oberloskamp,* Haager Minderjährigenschutzabkommen 1983; *Siehr,* Gesetzliche Gewaltverhältnisse nach Art 3 MSA und neues deutsches IPR, IPRax 1987, 302.

Schrifttum zur Reform des MSA: Zum künftigen Kinderschutzübereinkommen v 19. 10. 1996 s *Bucher,* La dix-huitième session de la Conférence de la Haye de droit international privé, SZIER 1997, 67; *Kropholler,* Das Haager Kinderschutzübereinkommen v 1996 – Wesentliche Verbesserungen im Minderjährigenschutz, in Private Law in the International Arena,

Liber amicorum Siehr (2000) 379; *Lagarde*, La nouvelle convention de la Haye sur la protection des mineurs, Rev crit 86 (1997) 217; *Pirrung*, Das Haager Minderjährigenschutzübereinkommen v 19. 10. 1996, in FS Rolland (1999) 277; *M. Roth/Döring*, Das Haager Abkommen über den Schutz von Kindern, ÖstJBl 1999, 758; *dies*, FuR 1999, 195; *Siehr*, Das neue Haager Übereinkommen über den Schutz von Kindern, RabelsZ 62 (1998) 464; *ders*, Das neue Haager Kinderschutzübereinkommen von 1996, DEuFamR 2000, 125; *Sturm*, IPRax 1997, 10.

Zum künftigen Erwachsenenschutzübereinkommen v 13. 1. 2000: *Bucher*, La Convention de la Haye sur la protection internationale des adultes, SZIER 2000, 37; *Lagarde*, La Convention de la Haye de 13 janvier 2000 sur la protection internationale des adultes, Rev crit 2000, 159; *Siehr*, Das Haager Übereinkommen über den internationalen Schutz Erwachsener, RabelsZ 64 (2000) 715.

1. Überblick

9 **a) Inkrafttreten und Geltungsbereich.** Das MSA ist für die BRepD seit dem 17. 9. 1971 in Kraft (Bek v 11. 10. 1971 – BGBl II 1150). Derzeit ist es ferner in Kraft seit 4. 2. 1969 für die **Schweiz** (Vorbehalt aus Art 15 I), **Portugal** (mit **Macao** seit 1. 4. 1969), **Luxemburg** (Vorbehalt aus Art 13 III und 15 I); seit 18. 9. 1971 für die **Niederlande** und die **niederländischen Antillen** (Bek v 22. 12. 1971, BGBl 1972 II 15 und v 19. 3. 1982, BGBl II 410 – Rücknahme des Vorbehalts aus Art 13 III und 15 I, s Sumampouw IPRax 1984, 170); seit 10. 11. 1972 für **Frankreich** (Bek v 9. 11. 1972 BGBl II, 1558; Vorbehalt aus Art 15 I zurückgenommen mit Wirkung v 28. 4. 1984, Bek v 4. 4. 1984, BGBl II 460); seit 11. 5. 1975 für **Österreich** (Bek v 2. 4. 1975, BGBl II 699; Rücknahme des ursprünglichen Vorbehalts aus Art 13 III, s Bek v 20. 3. 1991, BGBl II 646); seit 16. 4. 1984 für die **Türkei** (Bek v 4. 4. 1984, BGBl II 460 – Vorbehalt nach Art 15 I –; gem Art 21 Geltung gegenüber einem anderen Vertragsstaat nur, wenn dieser den Beitritt der Türkei angenommen hat, für Deutschland der Fall); seit 1. 1. 1986 für **Aruba** (BAnz v 7. 11. 1986 Nr 217 S 15897 = DAVorm 1987, 96, 99); seit 21. 7. 1987 auch für **Spanien** (Bek v 29. 7. 1987, BGBl II 449; Vorbehalt aus Art 13 III, Bek v 6. 9. 1988, BGBl II 860). Weitere Vertragsstaaten sind inzwischen **Polen** (seit 13. 11. 1993, BGBl 1994 II 388 – Vorbehalt nach Art 15 I –; für Deutschland durch Zustimmung gem Art 21 II beachtlich) und **Italien** (seit 23. 4. 1995, BGBl 1995 II 330) sowie **Lettland** (seit 11. 9. 2001, BGBl II 1221) und **Litauen** (seit 8. 3. 2002, BGBl II 747). Für die ehem DDR war das MSA nicht in Kraft. Mit dem Beitritt (3. 10. 1990) ist es ex nunc auch für die neuen Länder in Kraft getreten. Das MSA ist in **Reform** begriffen (s Kropholler RabelsZ 58 [1994] 1ff; Siehr FamRZ 1996, 1047; ders RabelsZ 62 [1998] 464; Sturm IPRax 1997, 10); Roth/Döring FuR 1999, 195; Pirrung FS Rolland (1999) 277. Das **neue Übereinkommen** v 19. 10. 1996 über die Zuständigkeit, das anzuwendende Recht, die Anerkennung, Vollstreckung und Zusammenarbeit auf dem Gebiet der elterlichen Verantwortung und der Maßnahmen zum Schutze von Kindern („**Kinderschutzübereinkommen**" – KSÜ) ist **noch nicht in Kraft. Ebenfalls noch nicht in Kraft ist das parallel gebaute Haager Erwachsenenschutzübereinkommen** v 13. 1. 2000 (**ESÜ**). Schrifttum zu beiden Übereinkommen s oben vor dieser Rz.

b) MSA und EGBGB. Durch die deutsche IPR-Reform von 1986 ist das MSA nicht berührt worden. Anders als das Haager Unterhaltsabkommen von 1973 (s Art 18 Rz 2, 4 und das Römische Vertragsübereinkommen von 1988 (s vor Art 27 Rz 2) sind Vorschriften des MSA nicht in das EGBGB nF eingearbeitet worden; immerhin bestand bei Art 19 II aF, 20 II aF, 24 III EGBGB begrenzter „Anknüpfungsgleichklang" (s Art 19 aF Rz 4), der jetzt noch im Hinblick auf Art 21 und Art 24 III erhalten ist. Wegen des Vorrangs des Abkommens vor dem allg IPR (Art 3 II EGBGB) und aufgrund der weitgefaßten Aufenthaltsanknüpfung des Art 13 I, die den persönlichen Geltungsbereich auf alle Minderjährigen mit gewöhnlichem Aufenthalt in einem Vertragsstaat erstreckt, wurden die Kollisionsnormen der Art 19 II aF, 20 II aF und 24 durch das MSA weitgehend verdrängt. Gleiches gilt für Art 21. Sie kommen zur Anwendung nur, wenn (1) eine Regelung betroffen ist, die keine „Schutzmaßnahme" iSv Art 1 MSA darstellt, (2) der Betroffene nicht minderjährig iSv Art 12 MSA ist, (3) der Minderjährige seinen Aufenthalt in einem Nichtvertragsstaat (Art 13 MSA) hat.

10 **c) Anwendungsbereich.** Der **sachliche Anwendungsbereich** des MSA betrifft Maßnahmen zum Schutz der Person und des Vermögens von Minderjährigen (Art 1 MSA; s Erl dazu Rz 20). Der **persönliche Anwendungsbereich** erfaßt Minderjährige iSv Art 12 MSA (s dort Erl) mit gewöhnlichem Aufenthalt (s Erl zu Art 1) in einem Vertragsstaat (s Rz 9); die Staatsangehörigkeit der Minderjährigen ist unerheblich, da die BRepD vom Vorbehalt gem Art 13 III nicht erklärt hat (zur früheren Anwendbarkeit des MSA im Verhältnis zur ehem DDR s Art 13 Rz 40). Der **zeitliche Anwendungsbereich** betrifft Maßnahmen, die nach seinem Inkrafttreten (s Rz 9) zu treffen sind (Art 17 I). Das **Verhältnis zu anderen Staatsverträgen** ist in Art 18 MSA geregelt (s Erl dort).

11 **d) Inhalt und Grundregeln des MSA. aa)** Das MSA regelt die **internationale Zuständigkeit und das anzuwendende Recht** bei Maßnahmen zum Schutze der Person und des Vermögens Minderjähriger. Die nach dem Abkommen zuständigen Gerichte und Behörden des Aufenthaltsstaates (Art 1, 8, 9) oder des Heimatstaats (Art 3, 4, 5) wenden grundsätzlich ihr eigenes Recht an (Art 2, 4) – sog **Gleichlaufgrundsatz**. Das führt weithin zur Maßgeblichkeit des Rechts am **gewöhnlichen Aufenthalt** und damit wegen Art 1 zur Anwendung der **lex fori**. Eine Ausnahme zugunsten der Anwendbarkeit des **Heimatrechts** des Minderjährigen schafft Art 3 für die gesetzlichen Gewaltverhältnisse. **bb)** Das Abkommen (Art 2 I) verweist unmittelbar auf das innerstaatliche Recht (BayObLG 1975, 323), enthält also **Sachnormverweisungen.** Demgemäß kommt es bei Anwendung des Abkommens **nicht zu Rück- und Weiterverweisung** (auch nicht bei Art 3, Zweibrücken FamRZ 1974, 153; Karlsruhe NJW 1976, 485 = FamRZ 1976, 708; Kropholler, NJW 1972, 371; Henrich FS Schwind (1978) 79, 85; Jayme JR 1973, 177,181; MüKo/Siehr Anh Art 19 Rz 178; Pal/Heldrich Anh Art 24 Rz 22; Soergel/Kegel[12] vor Art 19 Rz 26; aA Ferid/Böhmer IPR § 8 Rz 239).

cc) Vorfragen sind **selbständig** (außerhalb des MSA) **anzuknüpfen**, wenn sie rechtliche Verhältnisse betreffen, die nicht in unmittelbarem sachlichen Zusammenhang mit dem sachlichen Anwendungsbereich des MSA stehen, iü sind sie im Interesse des vom MSA bezweckten internationalen Entscheidungseinklangs **unselbständig** (innerhalb des MSA) anzuknüpfen; demgemäß sind zB Ehelichkeit des Kindes, Wirksamkeit einer Adoption, Legitimation selbständig (zB Zweibrücken aaO 153; Stuttgart FamRZ 1976, 359; NJW 1980, 1229; Hamm IPRsp 1974 Nr 83; AG Münster IPRsp 1975 Nr 109), das Bestehen elterlicher Sorge oder der Befugnisse des nichtehelichen Vaters über das Kind bei Art 3 aber unselbständig, dh innerhalb des MSA (Karlsruhe NJW 1976, 485; LG Augsburg IPRsp 1972 Nr 89; Soergel/Kegel[12] vor Art 19 Rz 12; Pal/Heldrich Anh Art 24 Rz 4) anzuknüpfen. **dd)** Das MSA enthält in **Art 16** eine eigene, Art 6 EGBGB vorgehende **Ordre-public-Klausel**. Diese ist als Vorbehaltsklausel innerhalb eines mehrseitigen Abkommens mit größter Zurückhaltung anzuwenden (allerdings kommt ihr praktische Bedeutung im wesentlichen bei Art 3 zu (s bei Art 16). **ee) Minderjähriger** ist, wer sowohl nach dem innerstaatlichen Recht seines Heimatstaates wie nach dem Recht des Staates seines gewöhnlichen Aufenthalts minderjährig ist (Art 12), also zB ein 17jähriger Franzose mit gewöhnlichem Aufenthalt in der Bundesrepublik, dagegen nicht ein 19jähriger Angehöriger eines Staates, der die Volljährigkeit mit 19 Jahren eintreten läßt, mit demselben Aufenthalt in Deutschland. **ff)** Das Abkommen ist auf **alle Minderjährigen mit gewöhnlichem Aufenthalt in einem Vertragsstaat** anzuwenden (Art 13 I). Es gilt also auch für Minderjährige, die nicht die Staatsangehörigkeit des Aufenthaltsstaates oder eines anderen Vertragsstaates besitzen. **Auf die Staatsangehörigkeit kommt es bei der Frage nach der Anwendbarkeit des Abkommens nicht an** (BGH 60, 68; KG FamRZ 1972, 304; BayObLG NJW 1974, 1050). Auch Staatenlose und Flüchtlinge sind einbezogen; bei ihnen fallen Personalstatut und Aufenthaltsstatut zusammen. Die Staatsangehörigkeit ist jedoch von Bedeutung bei Art 3–5. Sie ist daher in jedem Falle festzustellen (Stuttgart FamRZ 1976, 359). Besteht **Doppel- oder Mehrfachstaatsangehörigkeit**, gilt die effektive Staatsangehörigkeit. Da das MSA insoweit keine Regelung trifft, ist auf **Art 5 EGBGB** abzustellen, dh die gem Art 5 I S 1 effektivere oder gem Art 5 I S 2 deutsche Staatsangehörigkeit ist heranzuziehen (aA – entspr Anw von Art 14 MSA – München IPRax 1988, 32 mit zust Anm Mansel S 22; abzulehnen, da die Bestimmung des Heimatrechts, wenn das MSA keine Aussage trifft, dem Vertragsstaat und seinem autonomen IPR zukommt; s auch Tomuschat IPRax 1996, 104ff).

e) MSA und EU-Gemeinschaftsrecht. Das MSA bleibt nicht unberührt durch die Vereinheitlichung des Rechts der internationalen Zuständigkeit und des Kollisionsrechts in der EU gemäß Art 65 EGV. Bislang sind die Auswirkungen indes nur partiell vorhanden. Vorrang vor den Zuständigkeitsregeln des MSA (nicht vor der Rechtsanwendungsregelung des Art 1 MSA) hat **im Verhältnis zwischen den EU-Mitgliedstaaten**, die zugleich Vertragsstaaten des MSA sind, die Zuständigkeitsregelung des Art 3 **EheVO** (VO EG Nr 1347/2000 v 29. 5. 2000, s Erl vor Art 13 Rz 2, 3 und Erl Art 17 Rz 70ff). Sie betrifft Regelungen betreffend die elterliche Verantwortung der Ehegatten, zwischen denen eine **Ehesache** gem Art 1, 2 EheVO anhängig ist, für ihre gemeinsamen Kinder. In dieser Konstellation geht Art 3 EheVO den Zuständigkeitsregeln des MSA vor (Art 37 EheVO); bedeutsam ist die Vorrangregelung insofern gerade für Schutzmaßnahmen gem Art 1 MSA. Die Ergebnisse verändern sich für die Zuständigkeit regelmäßig nicht, da auch Art 3 EheVO an den gewöhnlichen Aufenthalt des Kindes (mit-) anknüpft. Für die **Rechtsanwendung** bleibt es auch bei Vorrang der Regelung des Art 3 EheVO bei Art 2 MSA; die EheVO regelt Kollisionsrecht nicht. Zeitlich ist Art 3 gem Art 42 I, 46 EheVO lediglich für Verfahren vorrangig, die ab dem 1. 3. 2001 rechtshängig geworden sind. Die **EuGVO** (VO EG Nr 44/2001 v 21. 12. 2000, s Erl vor Art 13 Rz 2, 3) beeinträchtigt das MSA nicht, da es seinerseits für Unterhaltssachen (Art 5 Nr 2 EuGVO) nicht einschlägig ist. Da das MSA die **Vollstreckung** von Schutzmaßnahmen nicht regelt, besteht insoweit ein Konflikt mit Art 21, 28 EheVO oder Art 38ff EuGVO nicht.

f) Die **Reform des MSA** durch das an seine Stelle tretende KSÜ (Rz 9) wird die Zuständigkeits- und Rechtsanwendungsregelung des MSA, die durch die Anknüpfung an den gewöhnlichen Aufenthalt der Minderjährigen wesentlich geprägt ist, in ihren wesentlichen Linien nicht verändern. Die Reform liegt mehr in dem Ausbau der Anerkennungsregelung zwischen den Vertragsstaaten (Art 23ff KSÜ) und in einer deutlichen Verstärkung der Behördenzusammenarbeit (Art 29ff KSÜ). Mit einem Inkrafttreten des KSÜ für Deutschland braucht vor ca 2006 aus heutiger Sicht nicht gerechnet zu werden (Zur Struktur des KSÜ s auch den Überblick bei Staud/Kropholler [2002] vor Art 24 Rz 4). Das Parallelübereinkommen zum KSÜ, das ESÜ v 13. 1. 2000 (s Rz 9 aE) betrifft, da es Schutzmaßnahmen für Erwachsene betrifft, die vom MSA nicht erfaßt sind, das MSA in der Zukunft nicht unmittelbar. Seine Struktur ist der des KSÜ ähnlich; mit seinem Regelwerk wird das ESÜ nach seinem Inkrafttreten aber den Anwendungsbereich von Art 24 EGBGB in ähnlicher Weise wie jetzt das MSA und in der Zukunft das KSÜ verringern (s zur Struktur Kurzüberblick bei Staud/Kropholler [2002] Art 24 Rz 5).

2. Text des MSA (amtl deutsche Übersetzung des maßgebenden franz Textes) **mit Erl der einzelnen Artikel**   12

Artikel 1
Die Behörden, seien es Gerichte oder Verwaltungsbehörden, des Staates, in dem ein Minderjähriger seinen gewöhnlichen Aufenthalt hat, sind, vorbehaltlich der Bestimmungen der Artikel 3, 4 und 5 Absatz 3, dafür zuständig, Maßnahmen zum Schutz der Person und des Vermögens des Minderjährigen zu treffen.

(1) Allgemeines. (a) Art 1 MSA ist Zuständigkeitsnorm, die die **internationale Zuständigkeit** der Gerichte   13
oder Verwaltungsbehörden des **Aufenthaltsstaates** eines Minderjährigen für den Erlaß von „Schutzmaßnahmen" iSd Abk (Rz 20ff) begründet. Die Anknüpfung an den (idR gewöhnlichen, s aber auch Art 8) Aufenthalt des Minderjährigen für die Eröffnung der Zuständigkeit und für die Rechtsanwendung (Art 2) macht die Bedeutung wie die Praktikabilität des Abkommens wesentlich aus und ist in der Entstehungsphase auch so konzipiert worden. Unter diesem Blickwinkel erscheint Art 1 als weitgespannte Zuständigkeitsnorm, die bei gegebenem gewöhnlichen Aufenthalt grundsätzlich immer eröffnet ist. Hieraus folgt, daß der 3. Hs von Art 1 („vorbehaltlich der Bestimmungen der Art 3, 4 und 5 III") die aus dem gewöhnlichen Aufenthalt folgende Zuständigkeit in den durch die Formulierung erfaßten Fällen, dh bei Bestehen eines Gewaltverhältnisses iSv Art 3, nicht gänzlich entfallen läßt; die Zuständigkeit zum Erlaß von Schutzmaßnahmen bleibt vielmehr bestehen, letz-

14 Im Streit um die Auslegung von Art 1, 3 verdient so nach der hier vertretenen Auffassung die **Anerkennungstheorie** den Vorzug vor der von der **hM** vertretenen **Heimatrechtstheorie**, die bei Bestehen eines gesetzlichen Gewaltverhältnisses iSv Art 3 die Zuständigkeit entfallen läßt, soweit nicht die Art 8 und 9 gleichwohl die Zuständigkeit aufrecht erhalten oder eine ausfüllungsbedürftige Lücke vorliegt (für die **Anerkennungstheorie** Allinger aaO 124; Erman/Marquordt[7] Anh 2 zu Art 23 aF Rz 12; Ferid/Böhmer § 8 Rz 231; Henrich FS Schwind [1978] 82; MüKo/Siehr Anh Art 19 Rz 110; Oberloskamp aaO Rz 167; dies ZBlJugR 1985, 225; Siehr IPRax 1982, 85, 88; Stöcker DAVorm 1975, 507, 510; Sturm NJW 1975, 2121; Staud/Kropholler vor Art 18 aF Rz 408f; Staud/Kropholler [2003] vor Art 19 Rz 165ff, 187; zT auch Schurig FamRZ 1975, 459; Rspr: Stuttgart NJW 1985, 566; für die **Heimatrechtstheorie** BGH 60, 68; BGH FamRZ 1984, 686; Zweibrücken FamRZ 1975, 172; BayObLG IPRsp 1978 Nr 87; 1979 Nr 85; KG OLGZ 1979, 183; Düsseldorf FamRZ 1980, 728; Hamburg DAVorm 1983, 151; Köln FamRZ 1991, 362; Ahrens FamRZ 1976, 305; Wuppermann FamRZ 1974, 414, 418; Pal/Heldrich Anh Art 24 Rz 7). Der Theorienstreit ist freilich von begrenzter praktischer Bedeutung, da auch die der Heimatrechtstheorie grundsätzlich verhaftete Rspr heute durch weiterzige Interpretation des erwähnten Lückenbegriffes zum Erlaß von Schutzmaßnahmen in notwendigen Fällen bei Respektierung des heimatrechtlichen Gewaltverhältnisses gelangen kann (s zB BGH FamRZ 1984, 686; Hamm IPRsp 1978 Nr 90; Düsseldorf FamRZ 1980, 728; BayObLG DAVorm 1984, 931; FamRZ 1985, 737).

15 (b) Der Begriff des **gewöhnlichen Aufenthalts** iSv Art 1, 2 MSA deckt sich mit dem im deutschen autonomen Kollisionsrecht verwandten Begriff des gewöhnl Aufenthalts (s Art 5 Rz 43ff mwN auf Einzelheiten, Rspr und Schrifttum; s ferner Rz 17–19). Internationale Zuständigkeit gem Art 1 besteht, wenn und solange gewöhnl Aufenthalt im Staat des Forums besteht (s BGH FamRZ 1994, 828: Zeitpunkt der Rechtshängigkeit maßgeblich). Demgemäß führt **Aufenthaltswechsel** während eines anhängigen Verfahrens grundsätzlich zum **Wegfall** ursprünglich bestehender und zur **Begründung** neuer **Aufenthaltszuständigkeit** iSv Art 1 (so jetzt BGH NJW 2002, 2955 = JuS 2003, 185 [Hohloch]; dh perpetuatio fori tritt nicht ein; so früher auch Hamm FamRZ 1989, 1110; Stuttgart FamRZ 1989, 1110, 1111; Celle FamRZ 1991, 1221; Hamm FamRZ 1991, 1346; Köln MDR 1999, 1199; Nürnberg FamRZ 2003, 163 = JuS 2003, 406 [Hohloch] AG Bingen IPRsp 1985 Nr 73; die abw Auffassung, so früher KG NJW 1974, 424; München FamRZ 1981, 390; AG Köln IPRax 1988, 115, dürfte sich damit erledigt haben) jedenfalls in Verfahren der **freiwilligen Gerichtsbarkeit** (schwankend BayObLG NJW 1971, 2131 und FamRZ 1982, 640; offen gelassen in BGH FamRZ 1997, 1071; wie hier MüKo/Siehr Anh Art 19 Rz 38; Henrich IPRax 1986, 364, 365f), aber auch in Verfahren der **streitigen** Gerichtsbarkeit (Düsseldorf FamRZ 1981, 1005; abw und zur Problematik von § 261 III Nr 2 ZPO MüKo/Siehr aaO Rz 38). Nach Erlaß einer Schutzmaßnahme eintretender Aufenthaltswegfall muß die Zuständigkeit des Beschwerdegerichts nicht entfallen lassen (BayObLG 1976, 25; auch Hamburg IPRax 1986, 386), Verstärkung schlichten zum gewöhnl Aufenthalt in der Beschwerdeinstanz führt jedenfalls zur Zuständigkeit iSv Art 1 (Hamm FamRZ 1991, 1466; 1992, 208; zur Bedeutung des Erwerbs inländischer Staatsangehörigkeit insoweit noch BayObLG FamRZ 1976, 49).

16 (c) Die von Art 1 begründete internationale Zuständigkeit ist nicht **ausschließlich**, so daß Heimatstaatsentscheidungen auch dann anerkannt werden können, wenn der Heimatstaat nicht Vertragsstaat des MSA ist (BGH FamRZ 1979, 577; Zweibrücken OLGZ 1975, 172). **(d)** Sachliche, funktionelle und örtliche Zuständigkeiten sind durch das MSA nicht erfaßt; insofern gelten für das Tätigwerden der insbesondere in Betracht kommenden Vormundschaftsgerichte, Familiengerichte und Jugendbehörden die inländischen Zuständigkeitsregeln (insbes §§ 606, 621 II ZPO, §§ 36ff FGG). **(e) Vorrang** vor der Zuständigkeitsregelung des Art 1 hat die **Zuständigkeitsregelung** von **Art 3 EheVO** (VO EG Nr 1347/2000 v 29. 5. 2000) in ihrem Anwendungsbereich (Entscheidungen betreffend die elterliche Verantwortung für das gemeinsame Kind bei Anhängigkeit der Ehesache), s dazu Rz 11 unter e. Da Art 3 EheVO ebenfalls an den gewöhnlichen Aufenthalt des Kindes (mit-)anknüpft, wird es selten zu sachlichen Abweichungen kommen.

17 (2) Als **gewöhnl Aufenthalt** iSv Art 1, 2 MSA ist (in Übereinstimmung mit dem Begriff des autonomen Kollisionsrecht, s Rz 15 mwN) der Ort des tatsächlichen Mittelpunkts der Lebensführung **des Minderjährigen**, sein „Daseinsmittelpunkt" bzw „faktischer Wohnsitz" erfaßt, der Ort des Schwerpunktes seiner sozialen, da familiären wie beruflichen wie schulischen Bindungen (zB BGH NJW 1975, 1068; 1981, 520 und st Rspr, zuletzt etwa BGH NJW 2002, 2955; Hamm FamRZ 1991, 1466ff; Nürnberg FamRZ 2003, 163 = JuS 2003, 406 [Hohloch]). Insoweit ist zunächst auf die Erl zu Art 5 Rz 46ff und die dortigen Nachweise zu verweisen. Für den Aufenthalt des Minderjährigen verdienen die nachfolgend erfaßten Gesichtspunkte besondere Bedeutung: Abzustellen ist auf die Verhältnisse des Minderjährigen selbst, der für das MSA die entscheidende Anknüpfungsperson ist (Hamm aaO 1466ff). Eines die genannten Bindungen erfassenden Willens bedarf es grundsätzlich nicht (s die vg Entscheidungen, s ferner Hamburg FamRZ 1972, 514; BayObLG DAVorm 1984, 931; LG Zweibrücken FamRZ 1974, 140; AG Bonn IPRsp 1979 Nr 86a; zuletzt BGH FamRZ 1997, 1070), doch ist der Wille von Bedeutung bei Begründung eines auf längere Sicht geplanten Aufenthalts, der wegen dieser Planung schon zu Beginn der Aufenthaltszeit als gewöhnl Aufenthalt gewertet werden soll (BGH NJW 1981, 520; Bamberg IPRsp 1983 Nr 86; Hamburg IPRax 1986, 386; 1987, 319; Hamm FamRZ 1988, 1198; 1991, 1466; 1992, 673), ebenso bei allmählicher Verfestigung eines Aufenthalts zum gewöhnl Aufenthalt, wenn zwischen den Elternteilen hierüber Streit besteht (Hamm FamRZ 1991, 1466, 1468). Zur Problematik gewöhnl Aufenthalts bei Besuch von Internatsschule BGH NJW 1975, 1068; bei Strafhaft und zeitweiliger Unterbrechung des gewöhnl Aufenthalts bleibt ursprünglicher gewöhnl Aufenthalt solange bestehen, als die sozialen Bindungen nicht entfallen (Saarbrücken IPRsp 1976 Nr 76; Düsseldorf FamRZ 1980, 728; Stuttgart NJW 1983, 1981).

Familienrecht **Anh Art 24 EGBGB**

In den die Praxis vielfach beschäftigenden Fällen der **Kindesentführung**, dh der Verbringung eines Kindes an **18** einen anderen Ort oder der Nichtherausgabe durch den nicht sorgeberechtigten Elternteil, ist der gewöhnliche Aufenthalt des Kindes nicht anders als in den vorgenannten Situationen zu bestimmen, s schon Art 5 III EGBGB und dazu Erl Rz 44, 46 (s Siehr DAVorm 1973, 253, 259; ders DAVorm 1977, 219; IPRax 1984, 309; Wuppermann FamRZ 1974, 416; Henrich IPRax 1981, 125; Böhmer IPRax 1984, 282; Sturm FS Nagel [1987] 457; Müller–Freienfels JZ 1988, 120). Wegen seiner faktischen Natur und wegen des ihm eigenen Kontinuitätsmoments wird auch in solchen Fällen der gewöhnliche Aufenthalt nicht schon durch den Entführungsakt verändert; entgegen stehen insoweit am Beginn der Zeitaspekt, der entgegengesetzte Wille des Sorgeberechtigten, der hier Beachtung verlangen kann und der Gesichtspunkt der Nichthonorierung des idR rechtswidrigen Verhaltens des anderen Elternteils. Allerdings kann auch hier der Zeitfaktor (Richtmaß ca 6 Monate, Hamm NJW 1974, 1053; Frankfurt IPRsp 1974 Nr 93; Düsseldorf FamRZ 1984, 194; Köln FamRZ 1991, 364 – zu beurteilen für den Zeitpunkt der (letzten) tatrichterlichen Entscheidung, BGH NJW 1981, 520; Hamm FamRZ 1991, 1466f; Rostock FamRZ 2001, 642 m Anm Baetge IPRax 2001, 573), der Kindeswille, die abnehmende Intensität des Herausgabeverlangens des Sorgeberechtigten (Hamm FamRZ 1991, 1468; auch Stuttgart DAVorm 2000, 1144) und die Gesamtbeurteilung der neuen Bindungen des Kindes (Schule, Freundschaften, Eingliederung) für Begründung neuen gewöhnl Aufenthalts am neuen Wohnort sprechen (Hamm FamRZ 1991, 1466ff; reichhaltige Rspr zu Einzelaspekten, zB BGH NJW 1981, 520; BayObLG 1981, 246; Oldenburg IPRsp 1982 Nr 89; Düsseldorf FamRZ 1984, 194; Frankfurt IPRax 1986, 384; Karlsruhe IPRsp 1986 Nr 83; Hamm FamRZ 1988, 1198; 1989, 1110; Koblenz NJW 1989, 2201; Celle IPRax 1989, 390 mit Anm Siehr 373; Schrifttum zB Henrich IPRax 1981, 125; Hohloch JuS 1985, 460; ders JR 1984, 62f; 1985, 21, 23); zT wird die Frage jedoch auch enger beantwortet (Karlsruhe NJW 1976, 485; FamRZ 1979, 840). Daß an die Begr des neuen gewöhnl Aufenthalts strenge Anforderungen zu stellen sind (Hamm IPRax 1986, 45; FamRZ 1989, 1109, 1110; FamRZ 1991, 1466; Bamberg NJW-RR 1990, 775); Hamm NJW–RR 1997, 6; Stuttgart FamRZ 1997, 52; Düsseldorf NJW 1998, 3207; Bamberg FamRZ 1996, 1225; AG Würzburg FamRZ 1998, 1319; Karlsruhe NJW–RR 1999, 1383), insbes ein (dezidiert, s Hamm NJW 1991, 1466) entgegenstehender Wille des sorgeberechtigten Elternteils eher gegen die Verfestigung zum gew Aufenthalt spricht (BGH NJW 1981, 520, Bamberg IPRsp 1983 Nr 86; Düsseldorf FamRZ 1984, 194), steht mit den allgemein für die Beurteilung des gewöhnl Aufenthalts entwickelten Kriterien (s Erl Art 5 Rz 43ff) voll in Einklang (s dazu auch die entspr Auffassung von Hamm FamRZ 1999, 1519 und BVerfG NJW 1999, 631, 633).

Das **Haager Übereinkommen über die zivilrechtlichen Aspekte internationaler Kindesentführung** vom **19** 25. 10. 1980, BGBl 1990 II 206 (dazu s Abdr und Erl Rz 48), das primär die Restitution des früheren, durch die Entführung verletzten Zustandes zum Ziel hat, hat Änderungen der Definition bzw Erlangung des gewöhnl Aufenthalts, die von der strengen Einschätzung der Rz 18 genannten Rspr abweichen würden, nicht bewirkt; s dazu AG Tübingen IPRax 1992, 50 Anm Jayme. Art 13 des Abk berücksichtigt vielmehr explizit den Eintritt neuer sozialer Bindungen und des Kindeswillens, allerdings ist das Gewicht dieser Momente für die Entscheidung über Rückführung und Nichtrückführung eben auf die Konstellation des Art 13 beschränkt. Zum **Europ Übereinkommen über die Anerkennung und Vollstreckung von Entscheidungen über das Sorgerecht und die Wiederherstellung des Sorgeverhältnisses** v 20. 5. 1980, BGBl 1990 II 220, s Art 19 Rz 3 und Rz 49.

(3) Schutzmaßnahmen iSd MSA (Art 1, 4) sind alle zivil- und öffentlich-rechtlichen Maßnahmen, die dem 20 Schutz der Person oder des Vermögens eines Minderjährigen dienen (s bes Jayme JR 73, 177 und MüKo/Siehr[3] Art 19 Anh I Rz 11, 41–90). Der Begriff ist im Kindesinteresse weit zu fassen (BGH 60, 68); ausgenommen sind aber Kraft Gesetzes eintretende Rechtsfolgen eines Kindschaftsverhältnisses. **(a) Der Begriff erfaßt Maßnahmen auf dem Gebiete der elterlichen Sorge** für alle Minderjährigen, ungeachtet der Tatsache, ob sie von Eltern abstammen, die miteinander verheiratet sind oder nicht. Das MSA richtet sich insofern nach dem Familienrecht des Aufenthaltsstaats und damit im Inland heute nach §§ 1626ff nF (KindRG v 16. 12. 1997). Soweit nicht gem Art 3 die nach dem Heimatrecht für die elterliche Gewalt bestehende Rechtslage richterlicher Gestaltung entgegensteht (s dazu Erl zu Art 3 Rz 24), können alle zur Verteilung, Änderung und teilweisen Modifizierung führenden Entscheidungen und Maßregeln auf der Grundlage des Rechts des Forums (Art 1, 2 MSA) getroffen werden. Hierzu rechnet **nicht** die Begründung elterlicher Sorge kraft Gesetzes (bei Elternehe § 1626 iVm § 1626a I Hs 1, bei Fehlen einer Sorgeerklärung § 1626 II), aber ihre Begründung durch Sorgeerklärungen gem § 1626a I Nr 1. Dazu gehören in bestehender und aufgelöster Ehe der Eltern eines Kindes zB Entscheidungen gem § 1628, ebenso Entscheidungen über Kindesherausgabeverlangen gem § 1632 (reichh Rspr, Karlsruhe NJW 1976, 485; Düsseldorf FamRZ 1980, 728; Stuttgart NJW 1985, 566; Hamm FamRZ 1992, 208), auch gegenüber Dritten (Zweibrücken OLGZ 1981, 146; BayObLG 1990, 241, 245; Hamburg NJW-RR 1990, 1289; FamRZ 1998, 447), Entscheidungen über das Umgangs- und Verkehrsrecht gem § 1684 nF (Karlsruhe FamRZ 1996, 424; Bamberg FamRZ 1997, 1412; Stuttgart FamRZ 1998, 1321 – alle noch zu § 1632 aF), Entscheidungen betr die Verwaltung des Kindesvermögens gem § 1643ff (aber Art 3 III EGBGB!), Entscheidungen über den Aufenthalt und sonstige Teilfragen der §§ 1666, 1667 (zB BayObLG 1973, 331; IPRsp 1978 Nr 88; Hamm NJW 1978, 1747; Stuttgart FamRZ 1980, 1152; LG Hamburg FamRZ 1981, 309), Entscheidungen über das Sorgerecht bei Getrenntleben und Scheidung gem § 1671 nF (**vorbehaltlich Art 3 MSA**, BGH 60, 68; BayObLG 1974, 106; KG FamRZ 1974, 144; BayObLG 1978, 115; noch zu § 1672 aF BGH NJW 1981, 520; FamRZ 1984, 686; KG FamRZ 1977, 475: Hamm FamRZ 1988, 864; **Art 3 MSA auch hier zu beachten**), einschließlich von Entscheidungen über die Änderung, § 1696 (BayObLG IPRsp 1978 Nr 87; 1979, 85) auch zur Änderung ausl Entscheidungen (BGH FamRZ 1987, 317; Karlsruhe FamRZ 1995, 563; Hamm FamRZ 1997, 1295; BayObLG 1975, 218; Frankfurt FamRZ 1980, 730; Karlsruhe Justiz 1986, 496). Schutzmaßnahmen sind ferner die gem §§ 1672–1683 BGB nF ergehenden Entscheidungen der FamG über Sorgerechtsübertragung, -entzug, -verwirkung und über Verbleibensanordnungen (zB Köln FamRZ 1999, 249 – zu § 1687 nF). Einbegriffen sind auch **einstweilige Anordnungen** gem § 620 ZPO (Karlsruhe FamRZ

1979, 840; Düsseldorf FamRZ 1984, 194; Hamm FamRZ 1992, 208; Karlsruhe FamRZ 1998, 1317). S ferner insoweit zu § 1674 BayObLG 1974 491; Köln DAVorm 1991, 507 (aA für § 1673 BayObLG NJW 1976, 2076).

21 (b) Erfaßt sind ferner die **Anordnung von Vormundschaft** und die Bestellung sowie Entlassung des Vormunds, wie überhaupt die Gestaltung der Vormundschaft (BayObLG 1990, 241, 245; FamRZ 1993, 464), ebenso Anordnung von **Pflegschaft** jeder in Betracht kommenden Art und Bestellung des Pflegers (Stuttgart FamRZ 1977, 208; BayObLG StAZ 1978, 208), von **Betreuung** gem §§ 1896ff, von **öffentlichrechtlichen Schutzmaßnahmen** wie Erziehungshilfen (§§ 27ff SGB VIII), Vorläufige Unterbringung (§ 42 SGB VIII). Erfaßt sind schließlich Entscheidungen über religiöse Kindererziehung (Henrich FS Kegel, 1987, 197). **Vormundschaftsgerichtliche Genehmigungen** fallen im Grundsatz unter das MSA, wenn sie zur Durchführung einer Schutzmaßnahme dienen, also zB die Genehmigungen zum Abschluß vermögensrechtlicher Geschäfte für den Minderjährigen oder andere erforderliche Genehmigungen (zB AG Glückstadt FamRZ 1980, 824 Anm Kropholler). Sie fallen **nicht** unter das Übereinkommen, wenn sie im Zusammenhang mit einem Rechtsgebiet stehen, das nicht vom MSA erfaßt wird wie die Adoption oder §§ 112, 113. Im einzelnen s Schwimann FamRZ 1978, 303 und Staud/Kropholler vor Art 18 aF Rz 302ff.

22 (c) **Schutznahmen sind dagegen nicht** das Feststellen des Ruhens der elterlichen Sorge (§ 1673, BayObLG NJW 1976, 2076), die Pflegschaft für die Leibesfrucht (§ 1912), die Nachlaßpflegschaft (§ 1960), die Annahme als Kind (§ 1741) und die Geschäfte nach §§ 19, 25 I StAG (diese durch Art 3 des ZustG BGBl 1971 II 217 ausdrücklich ausgenommen, vgl BayObLG NJW 1976, 1040). Ebenso fallen Maßnahmen zur Verwirklichung des Unterhaltsrechts nicht unter das Übereinkommen. Das Haager Unterhaltsabkommen 1973 geht vor, zB bei Bestellung eines Vertreters für den Unterhaltsprozeß (Firsching Rpfleger 1971, 377, 383. Ausgeschlossen sind ferner die §§ 112, 113 und die Abstammungsanfechtung [§§ 1591ff] Hamm ZfJ 1998, 475). Ebenso gehört nicht hierher die kraft Gesetzes eintretende **Amtsvormundschaft** gem § 1791c BGB nF (zum alten Recht BGH 111, 199, 206; BayObLG 1978, 325; imgb 76; Düsseldorf DAVorm 1988, 193; Celle FamRZ 1988, 647), ebenso **nicht** die schon kraft Antrags eintretende **Beistandschaft** gem §§ 1712–1717 BGB nF; für diese gilt (s § 1717 BGB nF) das sich aus Art 21 nF ergebende Recht des gew Aufenthalts (str, s abw – Art 24 – Pal/Heldrich Anh Art 24 Rz 14). Ebenso nicht den Status (Adoptionsausspruch § 1752) oder die Namenseintragung (LG Bochum IPRspr 1976 Nr 85 A) oder die Staatsangehörigkeit betr Entscheidungen (KG FamRZ 1980, 625). Zu weiteren Einzelfragen Staud/Kropholler [2003] vor Art 19 Rz 108–125.

(d) Vorrang auch für die Zuständigkeit für den Erlaß solcher Schutzmaßnahmen hat im Rahmen seines Anwendungsbereichs **Art 3 EheVO** (s Rz 16 unter e und Rz 11 unter e). Eine „**Restzuständigkeit**" gem Art 8 EheVO kann sich für Schutzmaßnahmen jedoch weiterhin auch aus Art 1 MSA ergeben (s BGH DAVorm 2000, 704, 705; NJW 2002, 2955; Saarbrücken NJW-FER 2000, 8). Art 1 MSA begründet für alle anderen Schutzmaßnahmen, die sich nicht zugleich als während der Anhängigkeit der Ehesache (Art 2, 3 EheVO) zu treffende Regelungen darstellen, nach wie vor die Zuständigkeit (Nürnberg FamRZ 2003, 163 = JuS 2003, 406 [Hohloch]), so daß insofern die oben in Rz 20–22 erläuterte und abgegrenzte „Schutzmaßnahmenzuständigkeit" insoweit unbeeinträchtigt weiter praktiziert werden kann (nicht insgesamt genügend klargestellt bei Pal/Heldrich Anh Art 24 Rz 13).

Artikel 2

(1) Die nach Artikel 1 zuständigen Behörden haben die nach ihrem innerstaatlichen Recht vorgesehenen Maßnahmen zu treffen.

(2) Dieses Recht bestimmt die Voraussetzungen für die Anordnung, die Änderung und die Beendigung dieser Maßnahmen. Es regelt auch deren Wirkungen sowohl im Verhältnis zwischen dem Minderjährigen und den Personen oder den Einrichtungen, denen er anvertraut ist, als auch im Verhältnis zu Dritten.

23 (1) **Anzuwendendes Recht.** Die Gerichte und Behörden des Aufenthaltsstaates und des Heimatstaates wenden im Rahmen ihrer (internationalen) Zuständigkeit ihr eigenes „innerstaatliches Recht", dh ihr Sachrecht an (Gleichlaufprinzip, s Rz 12). Dieses Recht bestimmt sowohl die Voraussetzungen wie die Änderung und Beendigung der Schutzmaßnahme (Art 2 II S 1), aber auch deren Wirkungen, und zwar auch im Verhältnis zu Dritten (Art 2 II S 2). Wenden deutsche Gerichte ihre deutsche lex fori an, wenden sie sie grundsätzlich umfassend, dh mit Einschluß aller Schutzregeln für die Minderjährigen (Grundrechtsmündigkeit bei Herausgabebegehren, s BayObLG 1985, 145; LG Hamburg IPRax 1998, 491; dazu Knöpfel FamRZ 1985, 1211; Wieser FamRZ 1990, 693, 696) an. Zur Anknüpfung von **Vorfragen** s Rz 12.

(2) Bedarf der Minderjährige einer Schutzmaßnahme, weil er nach seinem Heimatrecht zB ohne gesetzlichen Vertreter ist (Beispiel: Unfalltod des allein sorgeberechtigten Vaters, kein gesetzlicher Übergang auf die Mutter, s Heldrich FS Ferid [1988] 131, 142), ist dieser Fall im Inland durch die Neuregelung der §§ 1626ff BGB jetzt durch Sorgerechtsübertragung gem § 1680 II nF zu lösen; die Anpassungsprobleme des aR (s 9. Aufl Rz 23) sind überwunden.

Artikel 3

Ein Gewaltverhältnis, das nach dem innerstaatlichen Recht des Staates, dem der Minderjährige angehört, kraft Gesetzes besteht, ist in allen Vertragsstaaten anzuerkennen.

24 (1) **Allgemeines.** Art 3 ist Produkt eines Kompromisses zwischen herkömmlicher Staatsangehörigkeitsanknüpfung und „modernerer" Anknüpfung an das Umweltrecht in den Haager Konventionen (s Staud/Kropholler vor Art 18 aF Rz 473, 474 mwN). Die Norm sollte ursprünglich im Interesse der Kontinuität des Minderjährigenschutzes Schutzmaßnahmen auf der Grundlage des Aufenthaltsrechts dort entbehrlich sein lassen, wo das Heimatrecht **kraft Gesetzes** für den Minderjährigen die Rechtslage auf dem Gebiet der elterlichen Sorge, der sonstigen Personensorge und der gesetzlichen Vertretung gestaltet (ex-lege- Gewaltverhältnisse). Solche Rechtsbeziehungen sind (grundsätzlich mit ihrem gesamten Inhalt, aber Vorbehalt des ordre public, Art 16, LG Berlin FamRZ 1983, 943) gem Art 3 in allen Vertragsstaaten anzuerkennen. Konsequenz von Art 3 ist, daß die mit dem Erlaß einer Schutzmaßnahme iSv Art 1, 2 MSA befaßte Instanz stets vorab das Bestehen eines solchen ex-lege-Gewaltverhältnisses prüfen muß und die Schutzmaßnahme nur dann erlassen kann, wenn sie entweder auch im Rahmen des bestehenden Gewaltverhältnisses erlassen werden kann, oder wenn die Prüfung das Nichtbestehen eines Gewaltverhältnisses iSv Art 3 ergeben hat (s den Überblick über die Rspr Rz 29, 30). Die in Art 3 geübte Anknüpfung an die Staatsangehörigkeit des Minderjährigen (krit dazu Staud/Kropholler [2003] vor Art 19 Rz 280) bedingt heute, da das autonome dt IPR in Art 19, 20 und 21 nF das Kindschaftsverhältnis nur noch sehr eingeschränkt nach der Staatsangehörigkeit und dem durch sie berufenen Recht beurteilt, im Einzelfall eine wenig glückliche Spannung zwischen der grundsätzlichen Beurteilung des – ehelichen wie nichtehelichen – Kindschaftsverhältnisses und der Inzidentbeurteilung desselben Anknüpfungsproblems bei der vor Erlaß einer Schutzmaßnahme iSd MSA anzustellenden Prüfung gem Art 3. Allerdings lassen sich diese Spannungen bei Heranziehung von Art 4, 8, 9 lösen (s BGH 111, 199, 206, 211; ähnl Pal/Heldrich Art 24 Anh Rz 21).

(2) Art 3 verlangt die Feststellung der **Staatsangehörigkeit** des Minderjährigen; hierüber entscheidet das Recht **25** des Staates, dessen Staatsangehörigkeit geprüft wird. Für solche Staatsangehörigkeit erhebliche Vorfragen (zB Legitimation, Adoption) sind dann nach dem IPR des Staates anzuknüpfen, dessen Staatsangehörigkeit geprüft wird (Stuttgart FamRZ 1976, 359). Ergibt die Prüfung der Staatsangehörigkeit **doppelte** oder **mehrfache Staatsangehörigkeit**, ist mangels einer Abkommensnorm auf Art 5 I S 1 und 2 EGBGB für die Ermittlung der effektiven Staatsangehörigkeit abzustellen (str, s Rz 5), so daß bei auch deutscher Staatsangehörigkeit des Minderjährigen allein die deutsche Staatsangehörigkeit die Anknüpfung ergibt (BGH FamRZ 1997, 1070, 1071; Hamm NJW 1992, 638; Düsseldorf FamRZ 1994, 109; Stuttgart FamRZ 1997, 1353; auch schon Hamm FamRZ 1988, 1199; BayObLG 1990, 241, 247; aM Jayme IPRax 1987, 107). Zur Anknüpfung bei Staatenlosen und Flüchtlingen s oben Rz 12 und LG München FamRZ 1997, 1354 sowie Köln JAmt 2001, 248; Wechsel der Staatsangehörigkeit ist – auch im Verfahren – zu berücksichtigen, so daß („Wandelbarkeit" des Statuts des Art 3) am Ende das neue Personalstatut entscheidet (BGH NJW 1981, 520; BayObLG FamRZ 1976, 47, 49). Das Personalstatut von Angehörigen von **Mehrrechtsstaaten** bestimmt sich nach Art 14 MSA. Art 3 ist heranzuziehen **unabhängig** davon, ob der **Heimatstaat** des Minderjährigen **Vertragsstaat oder Nichtvertragsstaat** ist (Hamm NJW 1974, 1054; 1978, 1747; Düsseldorf FamRZ 1979, 1066; 1980, 728; s aber Art 5 III).

(3) Da Art 3 das **Sachrecht** („innerstaatliches Recht") des Heimatstaats für das gesetzliche Gewaltverhältnis **26** beruft, sind **Rück- und Weiterverweisung** bei Art 3 **ausgeschlossen** (s Rz 12). Das Sachrecht des Heimatstaats befindet über Werdegang und Inhalt des Gewaltverhältnisses insgesamt (s Rz 24, s auch schon Rz 23); zur differenzierten Vorfragenanknüpfung s Rz 12); zum Vorbehalt des ordre public s Art 16. Art 16 wirkt bei Art 3 so, daß bei eklatantem Verstoß der Regelung des heimatrechtlichen Gewaltverhältnisses die Anerkennung zu versagen und statt dessen deutsches Recht anzuwenden ist (zB Zweibrücken FamRZ 1975, 172). Zum Gebot abkommenskonformer Zurückhaltung insofern schon Rz 12 und Art 16 (Rz 43).

(4) Art 3 ist in Übereinstimmung mit der **neueren Rspr des BGH** (BGH 111, 199; dazu Sturm IPRax 1991, **27** 231; v Bar IPR II Rz 340, 341 mwN auf den früheren Streit in Rspr und Schrifttum) **nicht als selbständige Kollisionsnorm** für die Anknüpfung der gesetzlichen Gewaltverhältnisse anzuwenden. Wie oben schon dargelegt (Rz 24, 25), bezweckt Art 3 lediglich, Kontinuität in den vom MSA intendierten Minderjährigenschutz zu bringen; die Norm kommt damit **nur im Zusammenhang** mit der Prüfung zur Anwendung, ob eine Schutzmaßnahme auf dem Boden des Aufenthaltsrechts (lex fori) erlassen werden kann. Außerhalb dieses konkreten, in der Praxis freilich höchst bedeutsamen Zusammenhangs ist also das **Bestehen** (nicht die Anordnung!) eines gesetzlichen Gewaltverhältnisses gem Art 21 nF, 24 EGBGB oder anderen Abkommen festzustellen. Der zutreffend hervorgehobene praktische Vorrang des MSA vor den Kollisionsnormen des EGBGB beruht eben darauf, daß die Gerichtspraxis nicht von der abstrakten Prüfung des Bestehens eines Gewaltverhältnisses, sondern von der Anordnung von (umfassend oder speziell gearteten, s Rz 20) Schutzmaßnahmen bewegt und geprägt wird, bei denen die Inzidentprüfung des Bestehens eines Gewaltverhältnisses nicht nach Art 19ff EGBGB, sondern eben nach Art 3 MSA erfolgt.

(5) Art 3 stellt auf der Grundlage der hier vertretenen **Anerkennungstheorie** keine Einschränkung der interna- **28** tionalen Zuständigkeit der Gerichte und Verwaltungsbehörden des Aufenthaltsstaates dar (s Rz 20). Art 3 äußert demgemäß auch **keine** die Zuständigkeit gemäß **Art 3 EheVO** (zu deren ggf gegebenen Vorrang ggü dem MSA s Rz 9 bei e und Rz 11 bei e) **einschränkende Wirkung**. Ob Schutzmaßnahmen bei Bestehen eines gesetzlichen Gewaltverhältnisses iSv Art 3 erfolgen können, ist zunächst auf der Grundlage des das gesetzliche Gewaltverhältnis tragenden Heimatrechts zu ermitteln. Läßt das Heimatrecht innerhalb eines an sich bestehenden Gewaltverhältnisses gerichtliches Eingreifen zur Ausfüllung der Rechtsbeziehung, zur Abänderung oder zur Einzelfallregelung zu, steht das aus Art 3 ermittelte Bestehen des Gewaltverhältnisses der Anordnung einer solchen, eine Schutzmaßnahme iSv Art 1 darstellenden Regelung **auf der Grundlage des Aufenthaltsrechts** nicht entgegen. Zum gleichen Ergebnis kommt die Rspr dann, wenn sie auf der Grundlage der Heimatrechtstheorie die Zuständigkeit zur Ausfüllung einer regelungsfähigen Lücke wiederaufleben läßt (BGH FamRZ 1984, 686; Zweibrücken, FamRZ 1972, 649; Düsseldorf FamRZ 1980, 728). Ebenso hindert nach der Konzeption des MSA Art 3 den Erlaß von Schutzmaßnahmen dann nicht, wenn die Voraussetzungen von Art 8 und 9 (Gefährdungs- und Eilmaßnahmen) vorliegen (s BayObLG FamRZ 1993, 464). Eine Bindung an Bestehen und Inhalt des gesetzlichen Gewaltverhältnisses scheidet schließlich dann aus, wenn Art 16 (ordre public) eingreift. Danach sind insbesondere jene Fälle zu lösen, in denen die Regelung des heimatrechtlichen Gewaltverhältnisses die Rechtsstellung des Minderjährigen in einer für inländische Anschauungen unzumutbaren Weise einschränkt (s mit abw Begr aus Art 1 I, 2 I GG BayObLG FamRZ 1985, 737 und dazu Knöpfel FamRZ 1985, 1211; Schütz FamRZ 1986, 528; Wieser FamRZ 1990, 693); ähnlich kann bei gröblicher Benachteiligung eines Elternteils verfahren werden.

29 (6) **Einzelfälle der Bejahung eines gesetzlichen Gewaltverhältnisses** iSv Art 3. (a) Bei Anwendbarkeit **deutschen** Rechts: elterliche Sorge verheirateter Eltern bzw der nichtehelichen Mutter bei Fehlen von Sorgeerklärungen §§ 1626, 1626a II (Hamm OLGZ 1974, 176; NJW 1978, 1747 – jeweils noch zum alten Recht); elterliche Sorge des überlebenden Elternteils § 1680 nF; durch Amtspflegschaft aR gesetzlich beschränkte elterliche Sorge der nichtehelichen Mutter, § 1705 aF (Karlsruhe StAZ 1989, 350; Stuttgart BWNotZ 1989, 93). (b) Bei Anwendbarkeit ausl Rechts: **elterliche Sorge eines oder beider Elternteile** in bestehender Ehe ([Ägypten] Zweibrücken FamRZ 1972, 649 Anm Kropholler, [Algerien] IPG 1972 Nr 24 [Köln]; [Belgien] BayObLG 1974, 491; [Iran] Frankfurt FamRZ 1980, 79; FamRZ 1991, 730; [Italien] Düsseldorf FamRZ 1979, 1066; FamRZ 1993, 97 – Ausübungsregelung; [Marokko] Koblenz IPRspr 1979 Nr 89; [Südkorea] KG IPRax 1985, 110; [islam Recht] Stuttgart DAVorm 1986, 556; [Türkei] BayObLG FamRZ 1976, 163; IPRspr 1978 Nr 88; Köln IPRax 1989, 311; FamRZ 1991, 362; Celle FamRZ 1989, 1324; Hamm FamRZ 1989, 1324 und dazu Henrich IPRax 1990, 126; Koblenz FamRZ 1990, 552; AG München IPRax 1983, 131 Stichentscheid; München FamRZ 1992, 343); elterliche Sorge **nach Ehescheidung** ([Ägypten] BayObLG NJW 1974, 2184; Stuttgart DAVorm 1986, 556; [Frankreich] LG Saarbrücken DAVorm 1977, 214; [Griechenland] Hamm FamRZ 1972, 381; Stuttgart FamRZ 1976, 359 Anm Jayme; Frankfurt FamRZ 1979, 743; IPRax 1982, 22; Stuttgart NJW 1983, 1981; [Italien] [aber Ausübungsregelung!] Hamm NJW 1974, 1053; KG NJW 1974, 423; Düsseldorf FamRZ 1979, 1066; Stuttgart NJW-RR 1989, 262; Saarbrücken FamRZ 1997, 1353; [Kanada] Hamm NJW 1975, 1083; **nicht mehr Österreich** jetzt, § 177 ABGB nF; bisherige Rspr Frankfurt OLGZ 1977, 416 betrifft altes Recht; zur neuen Rechtslage Ferrari/Pfeiler FamRZ 2002, 1079, 1080); [für Polen] Frankfurt FamRZ 1994, 716; Personensorge und gesetzliche Vertretung bei **nichtehelichen Kindern** ([England] KG DAVorm 1974, 283; LG Darmstadt DAVorm 1989, 524; [Frankreich] Karlsruhe FamRZ 1989, 896; [Griechenland] Hamm IPRspr 1978 Nr 90; dazu jetzt Neufassung Art 1915 ZGB; ehemaliges [Jugoslawien] LG Traunstein DAVorm 1984, 732; KG OLGZ 1987, 145; Stuttgart BwNotZ 1989, 93; [Philippinen] LG Darmstadt DAVorm 1989, 434; [Spanien] Düsseldorf DAVorm 1988 193).

30 (7) **Einzelfälle der Verneinung eines gesetzlichen Gewaltverhältnisses** bzw der Zulässigkeit von Schutzmaßnahmen „im Rahmen" eines gesetzlichen Gewaltverhältnisses. (a) Verteilung, Änderung und Ausübung der elterl Sorge über eheliche Kinder **in bestehender Ehe** ([Australien] BayObLG DAVorm 1980, 758; [Gambia] Frankfurt FamRZ 1995, 564; [Ghana] Hamburg FamRZ 1983, 1271; [Griechenland] Bamberg IPRspr 1983 Nr 86; [Tunesien] BGH FamRZ 1984, 686 mit Anm Jayme IPRax 1985, 23); (b) **nach Ehescheidung** ([Angola] Celle FamRZ 1982, 813; BGH 89, 325; [Belgien] AG Cloppenburg IPRspr 1973 Nr 58; [Indonesien] Hamburg IPRspr 1983 Nr 153; **Israel** LG Hannover IPRspr 1973 Nr 60; [ehem Jugoslawien] München FamRZ 1979 Nr 97; Karlsruhe FamRZ 1994, 57; BGH FamRZ 1994, 828; [Mongolei] AG Wunsiedel FamRZ 1996, 350; [Peru] AG Hamburg NJW-RR 1986, 374; [Polen] SchlH NJW-RR 1994, 586; [Schweiz] Karlsruhe NJW 1976, 485 [jetzt Neufassung v Art 298 ZGB]; [ehemalige UdSSR] Celle FamRZ 1982, 813; BGH 89, 325; [Türkei] KG OLGZ 1975, 119; Frankfurt FamRZ 1980, 730; Karlsruhe FamRZ 1991, 362; BayObLG FamRZ 1997, 955; Düsseldorf FamRZ 1998, 1318 – vorläufige Anordnung; [Tunesien] BGH FamRZ 1984, 686; IPRax 1987, 317; [USA] AG Ingolstadt DAVorm 1975, 120; LG Wiesbaden FamRZ 1977, 60); [Venezuela] Karlsruhe FamRZ 1995, 562; [Weißrußland] Stuttgart FamRZ 1997, 1353; (c) bei **nichtehelichen** Kindern ([Griechenland] LG Stuttgart DAVorm 1975, 485; [Schweiz] LG Hannover DAVorm 1973, 499 überholt; [Türkei] BayObLG FamRZ 1983, 948; LG Stuttgart IPRspr 1988 Nr 96 keine Änderung insoweit durch Reform des Türk FamR).

Artikel 4

(1) Sind die Behörden des Staates, dem der Minderjährige angehört, der Auffassung, daß das Wohl des Minderjährigen es erfordert, so können sie nach ihrem innerstaatlichen Recht zum Schutz der Person oder des Vermögens des Minderjährigen Maßnahmen treffen, nachdem sie die Behörden des Staates verständigt haben, in dem der Minderjährige seinen gewöhnlichen Aufenthalt hat.

(2) Dieses Recht bestimmt die Voraussetzungen für die Anordnung, die Änderung und die Beendigung dieser Maßnahmen. Es regelt auch deren Wirkungen sowohl im Verhältnis zwischen dem Minderjährigen und den Personen oder den Einrichtungen, denen er anvertraut ist, als auch im Verhältnis zu Dritten.

(3) Für die Durchführung der getroffenen Maßnahmen haben die Behörden des Staates zu sorgen, dem der Minderjährige angehört.

(4) Die nach den Absätzen 1 bis 3 getroffenen Maßnahmen treten an die Stelle von Maßnahmen, welche die Behörden des Staates getroffen haben, in dem der Minderjährige seinen gewöhnlichen Aufenthalt hat.

31 Artikel 4 bewirkt eine **konkurrierende Zuständigkeit** der Behörden des Heimatstaates (BayObLG NJW 1976, 1043; Stuttgart NJW 1978, 1746; Karlsruhe NJW 1979, 500; FamRZ 1994, 643; NJW–RR 1994, 1420 = JuS 1995, 358 Nr 10 [Anm Hohloch]) im Interesse der Sachnähe und des Kindeswohls. Ist das Kind Doppel- oder Mehrstaater, begründet lediglich seine – iSv Art 5 I EGBGB – effektive Staatsangehörigkeit die Heimatstaatszuständigkeit (str); bei einem dt-türk Kind mit gew Aufenthalt in der Türkei besteht deshalb an sich dt Zuständigkeit gem Art 4 I (BGH FamRZ 1997, 1070, 1071; ebenso Hamm NJW 1992, 637; Stuttgart FamRZ 1997, 1353; LG München FamRZ 1998, 1323). Das Bestehen eines gesetzlichen Gewaltverhältnisses ist nicht Voraussetzung. Voraussetzung ist aber die vorherige Verständigung der Behörden des Aufenthaltsstaates (Abs I KG NJW 1974, 425). Die aber müssen nicht tätig werden. Darüber, ob von Art 4 Gebrauch gemacht wird, sollte das **Kindeswohl** entscheiden; allerdings ist bei der Beanspruchung der Zuständigkeit **Zurückhaltung** angezeigt (BGH FamRZ 1997, 1070, 1071; NJW 1992, 637; NJW 2002, 2955; Karlsruhe FamRZ 1994, 643; Stuttgart FamRZ 1997, 51, 52; ebenso Jayme FamRZ 1979, 21; aA BayObLG 1978, 113), so daß bei größerer Sachnähe und Entscheidungsfähigkeit der Gerichte des Aufenthaltsstaats die dt Gerichte ihre Zuständigkeit i Erg verneinen können. Abs IV führt zu einer automatischen Ersetzung der Maßnahmen des Aufenthaltsstaates. Der Heimatstaat kann auch von sich aus handeln, solange nicht feststeht, daß der Aufenthaltsstaat eingreift (Karlsruhe NJW 1979, 501).

Die Zuständigkeit des Heimatstaats nach Art 4 besteht **nur im Verhältnis zu Vertragsstaaten** (Art 13 II). Minderjährige aus Nichtvertragsstaaten unterliegen allein der Aufenthaltszuständigkeit nach Art 1, für Minderjährige mit der Staatsangehörigkeit des Gerichtsstaats kann bei Aufenthalt in einem Nichtvertragsstaat im übrigen dann Heimatstaatszuständigkeit nach § 35b I Nr 1 iVm § 43 FGG in Anspruch genommen werden. Voraussetzung der Zuständigkeit gem Art 4 I ist die Erfüllung der Verständigungspflicht (KG NJW 1974, 425; BayObLG 1976, 25, 31; LG München FamRZ 1998, 1323; Hüßtege IPRax 1996, 105; offengeblieben in Stuttgart NJW 1978, 1746; auch Celle FamRZ 1993, 96); sie kann im Verfahren nachgeholt werden (str, aber zutreffend Düsseldorf FamRZ 1993, 1109). Wird die Heimatstaatszuständigkeit in Anspruch genommen, entfällt die Aufenthaltszuständigkeit des Art 1, s Vorbehalt in Art 1. Das steht der Geltung der Anerkennungstheorie für das Verhältnis von Art 1 und 3 nicht entgegen.

Artikel 5
(1) Wird der gewöhnliche Aufenthalt eines Minderjährigen aus einem Vertragsstaat in einen anderen verlegt, so bleiben die von den Behörden des Staates des früheren gewöhnlichen Aufenthalts getroffenen Maßnahmen so lange in Kraft, bis die Behörden des neuen gewöhnlichen Aufenthalts sie aufheben oder ersetzen.

(2) Die von den Behörden des Staates des früheren gewöhnlichen Aufenthalts getroffenen Maßnahmen dürfen erst nach vorheriger Verständigung dieser Behörden aufgehoben oder ersetzt werden.

(3) Wird der gewöhnliche Aufenthalt eines Minderjährigen, der unter dem Schutz der Behörden des Staates gestanden hat, dem er angehört, verlegt, so bleiben die von diesen nach ihrem innerstaatlichen Recht getroffenen Maßnahmen im Staate des neuen gewöhnlichen Aufenthaltes in Kraft.

Abs I und II regeln das Bestehenbleiben der getroffenen Maßnahmen, wenn der Minderjährige seinen gewöhnlichen Aufenthalt aus einem Vertragsstaat in einen anderen verlegt, ohne Angehöriger des Staates seines früheren Aufenthalts zu sein. Hier können die Behörden des neuen Vertragsstaats nach vorheriger Verständigung anderweitige Maßnahmen ergreifen. Hat der Minderjährige dagegen seinen Aufenthalt aus dem Vertragsstaat, dem er angehört, verlegt, so bleiben die Maßnahmen der Behörden dieses Staates **gem Abs III** in Kraft (dazu Hamm NJW 1974, 1053). Die Maßnahmen können grundsätzlich nicht abgeändert werden (Hamm NJW 1975, 1083 = IPRsp 1975 Nr 68; München FamRZ 1997, 107). Art 6 gibt aber eine Aushilfe. Wird nach dem Recht des Aufenthaltsstaates der Erlaß einer entgegengesetzten Schutzmaßnahme erforderlich, ist Aufhebung der bisherigen Maßnahme durch den Heimatstaat einvernehmlich zu erwirken (zu deutsch-niederländischer Adoption Greif-Bartovics DAVorm 1980, 520; s auch BayObLG 1976, 25; Stuttgart FamRZ 1997, 1352).

Art 5 betrifft nicht den Fall der Verlegung des gewöhnl Aufenthalts in einen Nichtvertragsstaat; hierdurch entfällt die Anwendbarkeit des Abkommens, Art 13 I; die vorher bestehende deutsche Zuständigkeit kann nach den Regeln des autonomen deutschen Zuständigkeitsrechts (zB §§ 35b, 43 FGG) fortbestehen (s Stuttgart FamRZ 1980, 1152; Düsseldorf FamRZ 1981, 1005; Frankfurt IPRax 1983, 294 mit Anm Schlosser 285; Hamburg IPRax 1987, 319 und Mansel 298, 301; KG FamRZ 1998, 441; Henrich IPRax 1986, 364, 366).

Artikel 6
(1) Die Behörden des Staates, dem der Minderjährige angehört, können im Einvernehmen mit den Behörden des Staates, in dem er seinen gewöhnlichen Aufenthalt hat oder Vermögen besitzt, diesen die Durchführung der getroffenen Maßnahmen übertragen.

(2) Die gleiche Befugnis haben die Behörden des Staates, in dem der Minderjährige seinen gewöhnlichen Aufenthalt hat, gegenüber den Behörden des Staates, in dem der Minderjährige Vermögen besitzt.

Art 6 ergänzt Art 4 III. Art 6 I eröffnet die Möglichkeit der einvernehmlicher Übertragung der Zuständigkeit von Behörden des Heimatstaates auf die des Aufenthaltsstaats (Abs I) und vice versa (Abs II).

Artikel 7
Die Maßnahmen, welche die nach den vorstehenden Artikeln zuständigen Behörden getroffen haben, sind in allen Vertragsstaaten anzuerkennen. Erfordern diese Maßnahmen jedoch Vollstreckungshandlungen in einem anderen Staat als in dem, in welchem sie getroffen worden sind, so bestimmen sich ihre Anerkennung und ihre Vollstreckung entweder nach dem innerstaatlichen Recht des Staates, in dem die Vollstreckung beantragt wird, oder nach zwischenstaatlichen Übereinkünften.

(1) Eine **Verpflichtung zur Anerkennung** (Art 7 S 1) besteht bei Maßnahmen der Gerichte und Behörden anderer Vertragsstaaten aufgrund der Art 1–6 des Übereinkommens. Maßnahmen nach Art 8 oder 9 fallen nicht unter diese Anerkennungspflicht (s Wortlaut; ebenso Pal/Heldrich Art 24 Anh Rz 37). Die Anerkennungspflicht ist nur ausgeschlossen, wenn die Anerkennung dem ordre public iS der Konvention (Art 16, s dort) entgegensteht. Bei Maßnahmen, die in einem Eheurteil mit ausgesprochen sind, zB einer Sorgerechtsregelung, muß zuvor das Anerkennungsverfahren für den die Eheauflösung betreffenden Teil des Urteils nach Art 7 § 1 FamRÄndG stattfinden (BGH 64, 19; Zweibrücken IPRsp 1994 Nr 188), soweit es sich nicht um Heimatstaatsentscheidungen handelt (s Erl zu Art 17 Rz 72); zur Anerkennung ausl Umgangsregelungen Dörner IPRax 1987, 155. Vorrang hat insoweit im Rahmen ihres Anwendungsbereiches die Anerkennungs- und Vollstreckungsregelung gemäß Art 13ff, 21, 28ff **EheVO** (dazu s Rz 9 unter e, Rz 11 unter i), die von grundsätzlich „automatischer" Anerkennung solcher, sich im Rahmen der Zuständigkeit gem **Art 3 EheVO** ergebender Entscheidungen ausgeht und ein vereinfachtes **Verfahren der Vollstreckbarerklärung** gem Art 28ff EheVO iVm §§ 50ff AVAG vor dem FamG am Sitz eines OLG vorsieht (s dazu Erl Art 17 Rz 70ff, 78ff).

(2) Die Anerkennungspflicht besteht nicht, wenn die Maßnahmen der Behörden eines Vertragsstaats in einem anderen Staat vollstreckt werden müssen. Für diesen Fall enthält das Übereinkommen keine eigenen Regeln (s Art 7 S 2). Sowohl die Anerkennung wie die Vollstreckung richten sich in diesem Fall nach dem innerstaatlichen Recht und den bilateralen Verträgen des Staates, in dem vollstreckt werden soll, also, soweit die **EheVO** (s oben) nicht Platz greift, bei Urteilen nach § 328 ZPO, bei Entscheidungen der Freiwilligen Gerichtsbarkeit nach § 16a FGG (s Erl zu Art 22 Rz 24), Vollstreckung i allg nach § 33 FGG (BGH 67, 255, Staud/Kropholler [2003] vor Art 19 Rz 443, 444). Für die Frage, ob der ordre public eingreift, ist hinsichtlich der Vollstreckung Art 6 EGBGB unmittelbar anzuwenden (Hamm NJW 1976, 2079). Seit dem 1. 2. 1991 gilt in seinem Anwendungsbereich für die Vollstreckung von Sorgerechtsentscheidungen das Europäische Übereinkommen über die Anerkennung und Vollstreckung von Entscheidungen über das Sorgerecht für Kinder und die Wiederherstellung des Sorgeverhältnisses v 20. 5. 1980, BGBl 1990 II 220 (s Rz 49) dem zwischen den Mitgliedstaaten der EU mit Ausnahme von Dänemark wiederum die Regelung gem Art 28ff EheVO im Rahmen ihres Anwendungsbereiches vorgeht.

Artikel 8
(1) Die Artikel 3, 4 und 5 Absatz 3, schließen nicht aus, daß die Behörden des Staates, in dem der Minderjährige seinen gewöhnlichen Aufenthalt hat, Maßnahmen zum Schutz des Minderjährigen treffen, soweit er in seiner Person oder in seinem Vermögen ernstlich gefährdet ist.
(2) Die Behörden der anderen Vertragsstaaten sind nicht verpflichtet, diese Maßnahmen anzuerkennen.

35 Bei Gefährdung der Person oder des Vermögens des Minderjährigen können die Gerichte und Behörden des Aufenthaltsstaates im Rahmen von Art 8 die notwendigen Schutzmaßnahmen nach eigenem Recht treffen (Satz 1) (zur Maßgeblichkeit der lex fori BayObLG NJW-RR 1997, 1299; Hamm FamRZ 1998, 447). Art 3 (dazu BGH NJW 1973, 417, 420; Frankfurt FamRZ 1979, 743, 744 und Rz 14 sowie Rz 28), Art 4 und Art 5 stehen nicht entgegen. Es muß sich um eine **ernstliche Gefährdung** handeln (BayObLG StAZ 1978, 48); eine solche liegt vor, wenn das Kindeswohl gefährdet ist, insbes iSv **§§ 1666–1667, 1680** (BGH 60, 68, 74; BayObLG 1973, 331, 336; FamRZ 1990, 780; 1991, 216, 218; 1993, 230, 465; 1994, 914; 1999, 178 u 179; Hamm FamRZ 1998, 447; Nürnberg FamRZ 1981, 707; Düsseldorf FamRZ 1998, 1318; LG Berlin FamRZ 1983, 943, 944; KG OLGZ 1986, 324, 325; Köln DAVorm 1991, 506; FamRZ 1991, 363, 364; zu den „Rückführungsfällen" eingewöhnter Kinder in ihren Heimatstaat – Türkei, Iran – Düsseldorf NJW 1985, 1291; KG NJW 1985, 68; BayObLG FamRZ 1985, 737; Celle IPRax 1989, 390); auch in den Fällen **einstweiliger Anordnungen** bei Entscheidungen über das Sorgerecht, §§ 1671, 1672, 1696 (BayObLG 1975, 291; Hamburg DAVorm 1983, 151; Karlsruhe IPRsp 1986, Nr 83). Art 8 kann den Konflikt zwischen Art 21 nF, 24 EGBGB einerseits und dem MSA (Art 3) lösen (Rz 27), indem im Rahmen seiner Zuständigkeit eine von Art 3 abweichende, durch die Anwendung des ur der lex fori identischen Aufenthaltsrechts idR den Art 21 nF, 24 entsprechende Sorgerechtsentscheidung getroffen werden kann (str, ebenso Pal/Heldrich Art 24 Rz 39; aA MüKo/Siehr Anh Art 19 Rz 319; Rauscher DAVorm 1988, 757, 760; Kropholler IPRax 1988, 285, 286; Dörner IPRax 1989, 33). Art 8 verlangt im Hinblick auf Art 1 die Feststellung der Staatsangehörigkeit des Minderjährigen nicht zwingend, es soll aber nur im Notfall auf die Ermittlung und Feststellung verzichtet werden (BayObLG 1975, 291; KG FamRZ 1977, 475). Im Rahmen der Zuständigkeit des Art 8 ist anwendbares Recht die lex fori iSv Art 2 (BayObLG FamRZ 1991, 218); NJW-RR 1997, 1299; Hamm FamRZ 1998, 447); die getroffene Maßnahme beschränkt sich nicht auf die vorläufige Maßnahme, die Gerichte können zB über das Sorgerecht endgültig entscheiden (s die Beispiele oben). Die anderen Vertragsstaaten sind durch **Abs II** (keine Anerkennungsverpflichtung) hinreichend gesichert.

Artikel 9
(1) In allen dringenden Fällen haben die Behörden jedes Vertragsstaates, in dessen Hoheitsgebiet sich der Minderjährige oder ihm gehörendes Vermögen befindet, die notwendigen Schutzmaßnahmen zu treffen.
(2) Die nach Absatz 1 getroffenen Maßnahmen treten, soweit sie keine endgültigen Wirkungen hervorgebracht haben, außer Kraft, sobald die nach diesem Übereinkommen zuständigen Behörden die durch die Umstände gebotenen Maßnahmen getroffen haben.

36 Die **Eilzuständigkeit** des Art 9 für dringende Fälle ist auch bei schlichtem Aufenthalt eines Minderjährigen (s zum Begriff Erl zu Art 5 EGBGB Rz 49) gegeben. Sie besteht ferner, wenn nur Vermögen des Minderjährigen im Gebiet des Vertragsstaates befindet (Abs I); befindet der Minderjährige oder sein Vermögen sich nicht in einem Vertragsstaat, ist Art 9 und das MSA nicht anwendbar (Hamm FamRZ 1992, 209). Ein **dringender Fall** liegt vor, wenn die Behörden am Ort des gewöhnlichen Aufenthalts nicht rechtzeitig eingreifen können (LG Berlin FamRZ 1982, 841). Die Gerichte und Behörden treffen eine Maßnahme nach Art 9 nach ihrem eigenen Recht (BayObLG StAZ 1977, 137, 138; Kropholler NJW 1971, 1721, 1725; Firsching Rpfleger 1971, 377, 385). Die Zuständigkeit der Behörden des gewöhnlichen Aufenthalts oder der Heimatbehörden entfällt durch Art 9 nicht. Gemeint sind, wie sich aus Abs II ergibt, in erster Linie Maßnahmen mit vorübergehendem Charakter (Staud/Kropholler[13] vor Art 19 Rz 469ff), die auf das unbedingt Erforderliche zu beschränken sind. Abs II regelt das Außerkrafttreten der getroffenen Maßnahmen. Sie unterliegen nicht der Anerkennungspflicht des Art 7, wohl auch Ferid RabelsZ 27 (1962/63) 411, 445; aA Staud/Kropholler [2003] vor Art 19 Rz 481. Die Bestätigungspflicht ergibt sich aus Art 11.

Artikel 10
Um die Fortdauer der dem Minderjährigen zuteil gewordenen Betreuung zu sichern, haben die Behörden eines Vertragsstaates nach Möglichkeit Maßnahmen erst dann zu treffen, nachdem sie einen Meinungsaustausch mit den Behörden der anderen Vertragsstaaten gepflogen haben, deren Entscheidungen noch wirksam sind.

37 Art 10 hat keinen verpflichtenden, sondern empfehlenden Charakter. Für die sich aus Art 4 II, 5 II, 10 und 11 ergebenden Verständigungs- und Benachrichtigungspflichten sind in der BRepD die in § 2 des Zustimmungsgesetzes vom 30. 4. 1971, BGBl II 217, festgelegten Gerichte und Behörden zuständig, in erster Linie das Vormundschaftsgericht, das Familiengericht und das Jugendamt. In der Regel ist hier unmittelbarer Verkehr zwischen den Behörden der beteiligten Staaten möglich, s MüKo/Siehr³ Art 19 Anh I Rz 346ff.

Artikel 11

(1) Die Behörden, die auf Grund dieses Übereinkommens Maßnahmen getroffen haben, haben dies unverzüglich den Behörden des Staates, dem der Minderjährige angehört, und gegebenenfalls den Behörden des Staates seines gewöhnlichen Aufenthalts mitzuteilen.

(2) Jeder Vertragsstaat bezeichnet die Behörden, welche die in Absatz 1 erwähnten Mitteilungen unmittelbar geben und empfangen können. Er notifiziert diese Bezeichnung dem Ministerium für auswärtige Angelegenheiten der Niederlande.

Anders als Art 10 begründet Art 11 eine Benachrichtigungspflicht; ihre Nichtbeachtung berührt die Wirksamkeit der getroffenen Maßnahmen nicht. S iü Erl zu Art 10. Zum Behördenverkehr s die Übersicht im BAnz sowie bei MüKo/Siehr³ Art 19 Anh I Rz 366–377. **38**

Artikel 12

Als „Minderjähriger" im Sinne des Übereinkommens ist anzusehen, wer sowohl nach dem innerstaatlichen Recht des Staates, dem er angehört, als auch nach dem innerstaatlichen Recht des Staates seines gewöhnlichen Aufenthalts minderjährig ist.

Art 12 regelt den **persönlichen Anwendungsbereich** des MSA mit der Beschränkung auf Minderjährige (s **39** Rz 11). Die Minderjährigkeit muß im Interesse einheitlicher Anwendung des Abkommens nach dem Recht sowohl des Heimatstaates als auch des Aufenthaltsstaates gegeben sein. Angesichts des klaren Wortlauts ist Rück- und Weiterverweisung durch die genannten Rechte unbeachtlich. Bei Mehrstaatern ist wie auch sonst (s Rz 12 und 25) das aus der Sicht des Entscheidungsstaats effektivere Recht zur Entscheidung über die Voll- oder Minderjährigkeit berufen, aus dt Sicht gilt also Art 5 I S 1 und 2 (effektivere bzw dt Staatsangehörigkeit bestimmt, aA MüKo/Siehr Anh Art 19 Rz 404; wie hier Pal/Heldrich Art 24 Anh Rz 46). Volljährigkeit und Emanzipation (s Erl zu Art 7) schließen die Anwendbarkeit des Abkommens aus, Teilgeschäftsfähigkeit (§§ 112, 113 BGB) berühren seine Anwendbarkeit nicht.

Artikel 13

(1) Dieses Übereinkommen ist auf alle Minderjährigen anzuwenden, die ihren gewöhnlichen Aufenthalt in einem der Vertragsstaaten haben.

(2) Die Zuständigkeiten, die nach diesem Übereinkommen den Behörden des Staates zukommen, dem der Minderjährige angehört, bleiben jedoch den Vertragsstaaten vorbehalten.

(3) Jeder Vertragsstaat kann sich vorbehalten, die Anwendung dieses Übereinkommens auf Minderjährige zu beschränken, die einem der Vertragsstaaten angehören.

Das Übereinkommen gilt für alle Minderjährigen mit gewöhnlichem Aufenthalt in einem Vertragsstaat (Rz 10), **40** dagegen nicht für Minderjährige mit gewöhnlichem Aufenthalt in einem Nichtvertragsstaat. Der Vorbehalt nach Art 13 III gilt zZt noch für Luxemburg und Spanien (s Rz 10). Zum Begriff des gewöhnl Aufenthalts s Rz 17; fehlt gewöhnl Aufenthalt in einem Vertragsstaat, ist das Abkommen nicht anwendbar; es gelten dann die allg Regeln über die int Zuständigkeit und das anwendbare Recht (s Rz 11); dann kommen die Zuständigkeitsregeln und die IPR-Regeln des autonomen Rechts zum Zuge, zB § 35b FGG (s Hamm FamRZ 1992, 209 oder Art 21 EGBGB nF). Ohne Bedeutung für die Anwendbarkeit des Abkommens ist die Staatsangehörigkeit des Minderjährigen zum Aufenthaltsstaat oder überhaupt einem Vertragsstaat (s Rz 11), da Deutschland von dem Vorbehalt des Abs III keinen Gebrauch gemacht hat (zur früheren Anwendbarkeit auf Minderjährige aus der DDR mit gewöhnl Aufenthalt in der BRepD LG Kleve FamRZ 1977, 335 u dazu Andrae IPRax 1992, 117).

Artikel 14

Stellt das innerstaatliche Recht des Staates, dem der Minderjährige angehört, keine einheitliche Rechtsordnung dar, so sind im Sinne dieses Übereinkommens als „innerstaatliches Recht des Staates, dem der Minderjährige angehört" und als „Behörden des Staates, dem der Minderjährige angehört" das Recht und die Behörden zu verstehen, die durch die im betreffenden Staat geltenden Vorschriften und, mangels solcher Vorschriften, durch die engste Bindung bestimmt werden, die der Minderjährige mit einer der Rechtsordnungen dieses Staates hat.

Art 14 regelt die **Unteranknüpfung** bei Verweisungen auf **Mehrrechtsstaaten**, eine Anknüpfungsregel für **Dop- 41 pel- und Mehrstaater** bietet er jedoch nicht, auch nicht in analoger Anwendung (aA München IPRax 1988, 32 mit zust Anm Mansel S 22, s oben Rz 25). Praktische Bedeutung kommt ihr bei der Heimatrechtsverweisung der Art 3, 12 zu; das anwendbare Teilrecht wird in erster Linie durch das einheitliche ILR des Staates, in dem verwiesen ist, bestimmt; fehlt solches, wie zumeist, gilt das Recht der engsten Bindung, dh idR des gewöhnl Aufenthaltes bzw des Domizils (s Rz 17). Vgl hierzu Einl vor Art 3 Rz 35 und Art 4 III mit Erl Rz 22. Art 14 war bis zum 3. 10. 1990 entspr im Verhältnis zur ehemaligen DDR anzuwenden (str wie hier Pal/Heldrich Art 24 Anh Rz 48; Staud/Kropholler¹⁰/¹¹ vor Art 18 aF Rz 730; Betz FamRZ 1977, 337; aA Erman/Marquordt⁷ Anh 2 zu Art 23 Rz 20).

Artikel 15

(1) Jeder Vertragsstaat, dessen Behörden dazu berufen sind, über ein Begehren auf Nichtigerklärung, Auflösung oder Lockerung des zwischen den Eltern eines Minderjährigen bestehenden Ehebandes zu entscheiden, kann sich die Zuständigkeit dieser Behörden für Maßnahmen zum Schutz der Person oder des Vermögens des Minderjährigen vorbehalten.

(2) Die Behörden der anderen Vertragsstaaten sind nicht verpflichtet, diese Maßnahmen anzuerkennen.

42 Den Vorbehalt nach Art 15 haben Frankreich, Luxemburg, die Niederlande und die Schweiz ausgesprochen, die BRepD dagegen nicht. Frankreich, die Niederlande, die Schweiz und Spanien haben den Vorbehalt zurückgenommen (s Rz 11). Die später beigetretenen Staaten **Polen** und **Türkei** haben den Vorbehalt ebenfalls ausgesprochen, so daß zZt für Luxemburg, Polen und die Türkei der Vorbehalt gilt. Zur Bedeutung bei Maßnahmen eines Staates mit diesem Vorbehalt s BGH FamRZ 1977, 126, 127; KG NJW 1980, 1226f; Siehr IPRax 1982, 85, 89; Jayme FS Keller (1989) 455; Staud/Kropholler [2003] vor Art 19 Rz 554.

Artikel 16
Die Bestimmungen dieses Übereinkommens dürfen in den Vertragsstaaten nur dann unbeachtet bleiben, wenn ihre Anwendung mit der öffentlichen Ordnung offensichtlich unvereinbar ist.

43 Art 16, sprachlich mißverständlich, geht als Spezialnorm eines internationalen Vertrages Art 6 EGBGB vor. Wie dieser will er die Anwendung eines Rechts im Einzelfall ausschließen, das mit der öffentlichen Ordnung, dem ordre public, unvereinbar ist (BGH 60, 68, 77ff; KG IPRspr 1981 Nr 91). Die Formulierung „offensichtlich unvereinbar", dieselbe wie in Art 4 Haager Unterhaltsabkommen, bedeutet keine **zusätzliche Einschränkung** gegenüber Art 6 (anders noch Erman/Marquordt[7] Anh 2 zu Art 23 Rz 22); indes ist bei der Anwendung von Recht, das durch die Abkommensregeln zur Anwendung berufen wird, zurückhaltender Gebrauch von einer Vorbehaltsklausel zu machen (s Art 6 EGBGB Rz 5). Gleichwohl hat Art 16 beträchtliche praktische Bedeutung bei der Einschränkung und Nichtanwendung von Regelungen ausl Gewaltverhältnisse iSv Art 3, die bei intensiverem Inlandsbezug unvereinbar mit inländ Recht und Grundanschauungen sein können (zB AG München IPRax 1983, 131 Türkei); seine Anwendung deckt sich idR mit der Anwendung von Art 8 zur Eingrenzung der Regeln des gesetzlichen Gewaltverhältnisses (s Köln FamRZ 1991, 362 mit Anm Henrich und Karlsruhe FamRZ 1991, 363f; auch Karlsruhe FamRZ 1991, 362). Wie Art 6 S 2 EGBGB ist auch Art 16 Einfallstor für die Aktualisierung der Grundrechte (s im Hinblick auf Stichentscheidregelungen BGH DAVorm 1992, 354; Hamm NJW-RR 1997, 6; München FamRZ 1997, 107; Karlsruhe NJW-RR 1998, 583), doch gilt hier besonders, daß der Inlandsbezug und der unvereinbare Widerspruch eklatant sein müssen: Als Konventionsvorbehaltsklausel ist Art 16 der grundsätzlichen Gleichwertigkeit der Rechtsordnungen der Abkommensstaaten verpflichtet (BGH 60, 68, 77ff; KG IPRax 1985, 110; Celle IPRax 1989, 390, 391; AG Korbach FamRZ 2002, 633).

Artikel 17
(1) Dieses Übereinkommen ist nur auf Maßnahmen anzuwenden, die nach seinem Inkrafttreten getroffen worden sind.

(2) Gewaltverhältnisse, die nach dem innerstaatlichen Recht des Staates, dem der Minderjährige angehört, kraft Gesetzes bestehen, sind vom Inkrafttreten des Übereinkommens an anzuerkennen.

44 Zum zeitlichen Anwendungsbereich s Rz 11. Vor dem 17. 9. 1971 getroffene Maßnahmen eines anderen Vertragsstaates brauchen von Deutschland nicht anerkannt zu werden (ebenso Pal/Heldrich Anh Art 24 Rz 51; aA KG FamRZ 1974, 146, 149).

Artikel 18
(1) Dieses Übereinkommen tritt im Verhältnis der Vertragsstaaten zueinander an die Stelle des am 12. Juni 1902 im Haag unterzeichneten Abkommens zur Regelung der Vormundschaft über Minderjährige.

(2) Es läßt die Bestimmungen anderer zwischenstaatlicher Übereinkünfte unberührt, die im Zeitpunkt seines Inkrafttretens zwischen den Vertragsstaaten gelten.

45 Das Abkommen hat gem Abs I keine rückwirkende Kraft. Daher gilt es nur für Maßnahmen, die nach seinem Inkrafttreten getroffen sind, und sind gesetzliche Gewaltverhältnisse erst von diesem Zeitpunkt an zu beachten (vgl Hamm FamRZ 1972, 312, 313; KG FamRZ 1972, 304). Das in Abs I ersetzte Haager Vormundschaftsabkommen von 1902 gilt noch im Verhältnis zu Belgien (s Rz 1). Da gem Abs II andere zwischen den Vertragsstaaten im Zeitpunkt des Inkrafttretens (für Deutschland 17. 9. 1971) bestehende Abkommen (einschl von Abkommen mit Drittländern, Kropholler NJW 1972, 371) unberührt bleiben, gehen dem Abkommen das oben Rz 7 erl **Dt-Österr Vormundschaftsabkommen von 1927** und das **Dt-Iran Niederlassungsabkommen von 1929** (Rz 7, Text bei Erl zu Art 14 EGBGB Rz 35) vor (anwendbar aber nur bei übereinstimmender effektiver iran Staatsangehörigkeit der Beteiligten, s KG OLGZ 1979, 187; Bremen IPRax 1985, 296 und Rz 11); da das Abkommen aber keine Zuständigkeitsregelung enthält, ist **die Zuständigkeitsregelung des Art 1 MSA** also auch bei Minderjährigen iran Staatsangehörigkeit mit gewöhnl Aufenthalt im Inland anwendbar (ebenso MüKo/Siehr Anh Art 19 Rz 507), lediglich die in Art 2ff MSA geregelte kollisionsrechtliche Rechtsanwendung weicht sodann Art 8 III des Niederlassungsabkommens iVm dem Schlußprotokoll, so daß **Art 2ff MSA nicht anzuwenden** sind, wenn die Beteiligten alle die **effektive iran Staatsangehörigkeit** haben (BayObLG StAZ 1989, 48; AG Remscheid-Lennep FamRZ 1974, 323f), aber anzuwenden sind, wenn die Beteiligten **verschiedene** oder auch nur verschiedene effektive Staatsangehörigkeiten haben (BGH 60, 68, 74f; BGH FamRZ 1993, 316; KG OLGZ 1976, 281; 1979, 187; AG Hamburg IPRspr 1974 Nr 90); s ferner Celle IPRax 1989, 390 und Siehr S 373f; FamRZ 1990, 656 und 1131; Frankfurt/M FamRZ 1991, 730 und 731; Saarbrücken FamRZ 1992, 848; s noch Krüger FamRZ 1973, 6; Coester IPRax 1991, 236; Schotten/Wittkowski FamRZ 1995, 268. Unberührt läßt das MSA auch das **Europ Fürsorgeabkommen** v 11. 12. 1953, BGBl 1956 II 563. Das **Haager Übereinkommen über die zivilrechtlichen Aspekte int Kindesentführung** v 25. 10. 1980, BGBl 1990 II 206, **geht** gem seinem **Art 34 S 1** bei der Regelung der int Zuständigkeit für die Anordnung einer Rückführung bzw für die Beurteilung der Widerrechtlichkeit einer Entführung dem MSA **vor**, s Rz 45. Mit dem Europ Übereinkommen über die Anerkennung und Vollstreckung von Entscheidungen über das Sorgerecht für Kinder und die Wiederherstellung des Sorgeverhältnisses v 20. 5. 1980

(Rz 49) bestehen keine Überschneidungen im sachlichen Anwendungsbereich. Der **Vorrang der EheVO** (VO EG Nr 1347/2000 v 29. 5. 2000, s Rz 9 unter e, Rz 11 unter e, für ihre auf Art 3 EheVO gestützte Zuständigkeitsregelung und ihre insoweit auch vorrangige Anerkennungs- und Vollstreckungsregelung gemäß Art 21, 28ff EheVO ist in **Art 37 EheVO** ausgesprochen (zwischen den Mitgliedstaaten, die Vertragsstaaten des MSA sind). In zeitlicher Hinsicht betrifft dieser Vorrang Verfahren, die gemäß Art 42 I, 46 EheVO ab dem 1. 3. 2001 eingeleitet, dh rechtshängig gemacht worden sind.

Artikel 19–24
(vom Abdruck abgesehen)

3. Deutsches Zustimmungsgesetz v 30. 4. 1971, BGBl 1971 II 217

Artikel 2

47

(1) Für die in Artikel 4 Abs. 1, Artikel 5 Abs. 2, Artikel 10 und Artikel 11 Abs. 1 des Übereinkommens vorgesehenen Mitteilungen sind die deutschen Gerichte und Behörden zuständig, bei denen ein Verfahren nach dem Übereinkommen anhängig ist oder, in den Fällen des Artikels 5 Abs. 2, zur Zeit des Aufenthaltswechsels des Minderjährigen anhängig war.

(2) Ist ein Verfahren im Geltungsbereich dieses Gesetzes nicht anhängig, so ist für den Empfang der Mitteilungen nach Artikel 4 Abs. 1 und Artikel 11 Abs. 1 das Jugendamt zuständig, in dessen Bezirk der Minderjährige seinen gewöhnlichen Aufenthalt hat. Für den Empfang der Mitteilungen, die nach Artikel 11 Abs. 1 des Übereinkommens an die Behörden des Staates zu richten sind, dem der Minderjährige angehört, ist, wenn im Geltungsbereich dieses Gesetzes weder ein Verfahren anhängig ist noch der Minderjährige seinen gewöhnlichen Aufenthalt hat, das Landesjugendamt Berlin zuständig.

(3) Die Mitteilungen können unmittelbar gegeben und empfangen werden.

(4) Die in den anderen Vertragsstaaten für die Mitteilungen nach dem Übereinkommen zuständigen Behörden sind im Bundesanzeiger bekanntzugeben.

V. Haager Übereinkommen über die zivilrechtlichen Aspekte internationaler Kindesentführung v 25. 10. 1980, BGBl 1990 II 207

Schrifttum: *Bach*, FamRZ 1997, 1051; *Bach/Gildenast*, Internationale Kindesentführung, 1999; *Baetge*, IPRax 1996, 62; *Bruch*, DEuFamR 1999, 40; *ders*, FamRZ 1993, 745; *Hohloch*, DEuFamR 1999, 55, 73ff; *ders*, in DAI (Hrsg) Brennpunkte des Familienrechts 1999; *Jorzik*, FPR 1996, 56; *Kropholler*, RabelsZ 1996, 485; *Krüger*, MDR 1998, 694; *Lowe/Perry*, FamRZ 1998, 1073; *Mansel*, NJW 1999, 2176; *Müller-Freienfels*, JZ 1988, 120; *Siehr*, StAZ 1990, 330.

1. Überblick. a) Das Abkommen – **HKÜ** – ist am 1. 12. 1990 für Deutschland in Kraft getreten (Bek v 11. 12. **48** 1990 BGBl 1991 II 329). Es gilt zZt ferner für Argentinien, Australien, die Bahamas, Belarus [Weißrußland], Belgien, Belize, Bosnien-Herzegowina, Brasilien, Burkina Faso, Chile, Dänemark, Ecuador, Estland, Finnland, Frankreich, Georgien, Griechenland, Honduras, Irland, Island, Israel, Italien, ehem Jugoslawien, Kanada, Kolumbien, Kroatien, Luxemburg, Mauritius, Mexiko, Moldau, Monaco, Neuseeland, Niederlande, Norwegen, Österreich, Panama, Paraguay, Polen, Portugal, Rumänien, Schweden, Schweiz, Simbabwe, Slowakei, Slowenien, Spanien, St. Kitts und Nevis, Südafrika, Tschechien, Türkei, Turkmenistan, Ungarn, Uruguay, Venezuela, Vereinigtes Königreich (Großbritannien), Vereinigte Staaten von Amerika (USA), Zypern. **b)** Das Abkommen ist primär Rechtshilfeabkommen, das zum Zwecke der raschen Rückführung entführter oder widerrechtlich vorenthaltener Kinder einheitliche Sach- und Verfahrensvorschriften entwickelt hat. Für bestimmte Maßnahmen im Zusammenhang der Rückführung sind in Art 13 teilw bedeutsame Regeln über die Beurteilung und insbes die Bedeutung des gewöhnl Aufenthalts enthalten; Art 3 I lit a enthält den Ansatz einer Kollisionsregel für die Beurteilung der Widerrechtlichkeit. In persönlicher Hinsicht gilt das Abkommen für Kinder unter 16 Jahren, in sachlicher Hinsicht sind die Regelungen der Art 8ff, 21ff bedeutsam; zum zeitlichen Anwendungsbereich s Art 35. Als zentrale Behörde iSv Art 6 ist durch das Ausführungsgesetz v 5. 4. 1990, BGBl I 701 (SorgerechtsübereinkommensausführungsG) der Generalbundesanwalt bestimmt (§ 1); zuständige Gerichte sind gem § 5 die Familiengerichte, ihr Verfahren ist gem § 6 das der FGG. Die Gesetzesänderung v 13. 4. 1999, BGBl I 702, hat eine Zuständigkeitskonzentration bei dem Familiengericht am Sitz des OLG, in dessen Bezirk das Kind sich aufhält, gebracht, dazu Webe NJW 2000, 267, 269; Staudinger IPRax 2000, 194, 200; Greßmann, ZfJ 2000, 63. **c)** Das Verhältnis der **EheVO** (VO EG Nr 1347/2000 v 29. 5. 2000 u Erl Rz 9 unter e, Rz 11 unter e) ergibt sich aus **Art 4 EheVO**. Danach läßt die EheVO das HKÜ unberührt, s dazu Coester-Waltjen, FS Lorenz (2001) 305; Siehr, FS Lorenz 587; Bauer IPRax 2002, 179; die am 27. 11. 2003 verabschiedete „**Gesamt-VO-Brüssel II**", s IPRax 2003 Heft 4 S VII, die am 1. 8. 2004 in Kraft treten und ab 1. 3. 2005 gelten soll, soll dann auch Verfahren anläßlich einer Kindesentführung in den Mitgliedstaaten mit Vorrang vor dem HKÜ erfassen, dazu Kohler FamRZ 2002, 709, 711; Winkler v Mohrenfels IPRax 2002, 372, 374.

2. Text des Abkommens (in amtl dt Übersetzung) (Auszug mit kurzen kommentierenden Erl)

Kapitel I Anwendungsbereich des Übereinkommens

Artikel 1

Ziel dieses Übereinkommens ist es,
a) die sofortige Rückgabe widerrechtlich in einen Vertragsstaat verbrachter oder dort zurückgehaltener Kinder sicherzustellen und
b) zu gewährleisten, daß das in einem Vertragsstaat bestehende Sorgerecht und Recht zum persönlichen Umgang in den anderen Vertragsstaaten tatsächlich beachtet wird.

Das Übk verfolgt **zwei Ziele:** a) Kindesrückgabe im Sinne schleuniger Restitution des vorherigen Zustandes, b) tatsächliche Sicherung bestehender Sorge- und Umgangsrechtsverhältnisse.

Artikel 2
Die Vertragsstaaten treffen alle geeigneten Maßnahmen, um in ihrem Hoheitsgebiet die Ziele des Übereinkommens zu verwirklichen. Zu diesem Zweck wenden sie ihre schnellstmöglichen Verfahren an.

Deutschland hat ein besonderes Verfahren nicht eingeführt. Es gelten gem §§ 5, 6 SorgeRÜbkAG die Vorschriften des FGG in dem beim FamG durchzuführenden Restitutionsverfahren.

Artikel 3
Das Verbringen oder Zurückhalten eines Kindes gilt als widerrechtlich, wenn
a) dadurch das Sorgerecht verletzt wird, das einer Person, Behörde oder sonstigen Stelle allein oder gemeinsam nach dem Recht des Staates zusteht, in dem das Kind unmittelbar vor dem Verbringen oder Zurückhalten seinen gewöhnlichen Aufenthalt hatte, und
b) dieses Recht im Zeitpunkt des Verbringens oder Zurückhaltens allein oder gemeinsam tatsächlich ausgeübt wurde oder ausgeübt worden wäre, falls das Verbringen oder Zurückhalten nicht stattgefunden hätte.

Das unter Buchstabe a genannte Sorgerecht kann insbesondere kraft Gesetzes, aufgrund einer gerichtlichen oder behördlichen Entscheidung oder aufgrund einer nach dem Recht des betreffenden Staates wirksamen Vereinbarung bestehen.

Art 3 I lit a enthält eine – versteckte – Kollisionsregel; maßgebend für das Bestehen des Sorgeverhältnisses ist gem Art 21 nF das Recht des Herkunftslandes (Gesamtverweisung), s dazu LG Augsburg FamRZ 1996, 1033; KG FamRZ 1996, 692; zu lit b Karlsruhe DAVorm 1998, 253.

Artikel 4
Das Übereinkommen wird auf jedes Kind angewendet, das unmittelbar vor einer Verletzung des Sorgerechts oder des Rechts zum persönlichen Umgang seinen gewöhnlichen Aufenthalt in einem Vertragsstaat hatte. Das Übereinkommen wird nicht mehr angewendet, sobald das Kind das 16. Lebensjahr vollendet hat.

Der Begriff des gewöhnl Aufenthalts in Art 4 ist der übliche (s Erl Art 5 Rz 43ff), s auch Stuttgart FamRZ 1997, 52 (enger).

Artikel 5
Im Sinn dieses Übereinkommens umfaßt
a) das „Sorgerecht" die Sorge für die Person des Kindes und insbesondere das Recht, den Aufenthalt des Kindes zu bestimmen;
b) das „Recht zum persönlichen Umgang" das Recht, das Kind für eine begrenzte Zeit an einen anderen Ort als seinen gewöhnlichen Aufenthaltsort zu bringen.

Sorgerecht und Umgangsrecht sind autonom definiert, s BVerfG FamRZ 1997, 1269; es genügt das Mitsorgerecht, Hamm FamRZ 1999, 948; Dresden FamRZ 2003, 468 (keine hohen Anforderungen an die Mitsorge).

Kapitel II Zentrale Behörden

Artikel 6
Jeder Vertragsstaat bestimmt eine zentrale Behörde, welche die ihr durch dieses Übereinkommen übertragenen Aufgaben wahrnimmt.

Einem Bundesstaat, einem Staat mit mehreren Rechtssystemen oder einem Staate, der aus autonomen Gebietskörperschaften besteht, steht es frei, mehrere zentrale Behörden zu bestimmen und deren räumliche Zuständigkeit festzulegen. Macht ein Staat von dieser Möglichkeit Gebrauch, so bestimmt er die zentrale Behörde, an welche die Anträge zur Übermittlung an die zuständige zentrale Behörde in diesem Staat gerichtet werden können.

Zentrale Behörde für Deutschland ist der Generalbundesanwalt (GBA), Zweigstelle Bonn (seit 1. 8. 1999). Für andere Vertragsstaaten s Fundstellennachweis B 2002 S 612 und Hinweis im Internet.

Artikel 7
Die zentralen Behörden arbeiten zusammen und fördern die Zusammenarbeit der zuständigen Behörden ihrer Staaten, um die sofortige Rückgabe von Kindern sicherzustellen und auch die anderen Ziele dieses Übereinkommens zu verwirklichen.

Insbesondere treffen sie unmittelbar oder mit Hilfe anderer alle geeigneten Maßnahmen, um
a) den Aufenthaltsort eines widerrechtlich verbrachten oder zurückgehaltenen Kindes ausfindig zu machen;
b) weitere Gefahren von dem Kind oder Nachteile von den betroffenen Parteien abzuwenden, indem sie vorläufige Maßnahmen treffen oder veranlassen;
c) die freiwillige Rückgabe des Kindes sicherzustellen oder eine gütliche Regelung der Angelegenheit herbeizuführen;
d) soweit zweckdienlich Auskünfte über die soziale Lage des Kindes auszutauschen;
e) im Zusammenhang mit der Anwendung des Übereinkommens allgemeine Auskünfte über das Recht ihrer Staaten zu erteilen;
f) ein gerichtliches oder behördliches Verfahren einzuleiten oder die Einleitung eines solchen Verfahrens zu erleichtern, um die Rückgabe des Kindes zu erwirken sowie gegebenenfalls die Durchführung oder die wirksame Ausübung des Rechts zum persönlichen Umgang zu gewährleisten;
g) soweit erforderlich die Bewilligung von Prozeßkosten- und Beratungshilfe, einschließlich der Beiordnung eines Rechtsanwalts, zu veranlassen oder zu erleichtern;
h) durch etwa notwendige und geeignete behördliche Vorkehrungen die sichere Rückgabe des Kindes zu gewährleisten;

i) einander über die Wirkungsweise des Übereinkommens zu unterrichten und Hindernisse, die seiner Anwendung entgegenstehen, soweit wie möglich auszuräumen.

Die Zentralstellen üben ihre Rechtshilfemaßnahmen im unmittelbaren Behördenverkehr miteinander aus.

Kapitel III Rückgabe von Kindern

Artikel 8

Macht eine Person, Behörde oder sonstige Stelle geltend, ein Kind sei unter Verletzung des Sorgerechts verbracht oder zurückgehalten worden, so kann sie sich entweder an die für den gewöhnlichen Aufenthalt des Kindes zuständige zentrale Behörde oder an die zentrale Behörde eines anderen Vertragsstaats wenden, um mit deren Unterstützung die Rückgabe des Kindes sicherzustellen.

Der Antrag muß enthalten:
a) Angaben über die Identität des Antragstellers, des Kindes und der Person, die das Kind angeblich verbracht oder zurückgehalten hat;
b) das Geburtsdatum des Kindes, soweit es festgestellt werden kann;
c) die Gründe, die der Antragsteller für seinen Anspruch auf Rückgabe des Kindes geltend macht;
d) alle verfügbaren Angaben über den Aufenthaltsort des Kindes und die Identität der Person, bei der sich das Kind vermutlich befindet.

Der Antrag kann wie folgt ergänzt oder es können ihm folgende Anlagen beigefügt werden:
e) eine beglaubigte Ausfertigung einer für die Sache erheblichen Entscheidung oder Vereinbarung;
f) eine Bescheinigung oder eidesstattliche Erklärung (Affidavit) über die einschlägigen Rechtsvorschriften des betreffenden Staates; sie muß von der zentralen Behörde oder einer sonstigen zuständigen Behörde des Staates, in dem sich das Kind gewöhnlich aufhält, oder von einer dazu befugten Person ausgehen;
g) jedes sonstige für die Sache erhebliche Schriftstück.

Zur Sprache vgl Art 24: Erforderlich ist Originalsprache mit Übersetzung.

Artikel 9

Hat die zentrale Behörde, bei der ein Antrag nach Artikel 8 eingeht, Grund zu der Annahme, daß sich das Kind in einem anderen Vertragsstaat befindet, so übermittelt sie den Antrag unmittelbar und unverzüglich der zentralen Behörde dieses Staates; sie unterrichtet davon die ersuchende zentrale Behörde oder gegebenenfalls den Antragsteller.

Das Übk ist auf die Vertragsstaaten beschränkt. Ist das Kind nicht in einem Vertragsstaat, ist Antragsablehnung die Folge.

Artikel 10

Die zentrale Behörde des Staates, in dem sich das Kind befindet, trifft oder veranlaßt alle geeigneten Maßnahmen, um die freiwillige Rückgabe des Kindes zu bewirken.

Eine gütliche Lösung anzustreben, sollte – mit oder ohne Mitwirkung der zentralen Behörde – stets den Vorrang haben.

Artikel 11

In Verfahren auf Rückgabe von Kindern haben die Gerichte oder Verwaltungsbehörden eines jeden Vertragsstaats mit der gebotenen Eile zu handeln.

Hat das Gericht oder die Verwaltungsbehörde, die mit der Sache befaßt sind, nicht innerhalb von sechs Wochen nach Eingang des Antrags eine Entscheidung getroffen, so kann der Antragsteller oder die zentrale Behörde des ersuchten Staates von sich aus oder auf Begehren der zentralen Behörde des ersuchenden Staates eine Darstellung der Gründe für die Verzögerung verlangen. Hat die zentrale Behörde des ersuchten Staates die Antwort erhalten, so übermittle sie diese der zentralen Behörde des ersuchenden Staates oder gegebenenfalls dem Antragsteller.

Vgl § 8 SorgeRÜbkAG; ein besonderes Verfahren gibt es bei den Gerichten nicht; einstweilige Maßnahmen und Anordnungen sind aber wesentlich; auf gütliche Regelung ist hinzuwirken, s Zweibrücken FamRZ 2001, 643, 645.

Artikel 12

Ist ein Kind im Sinn des Artikels 3 widerrechtlich verbracht oder zurückgehalten worden und ist bei Eingang des Antrags bei dem Gericht oder der Verwaltungsbehörde des Vertragsstaats, in dem sich das Kind befindet, eine Frist von weniger als einem Jahr seit dem Verbringen oder Zurückhalten verstrichen, so ordnet das zuständige Gericht oder die zuständige Verwaltungsbehörde die sofortige Rückgabe des Kindes an.

Ist der Antrag erst nach Ablauf der in Absatz 1 bezeichneten Jahresfrist eingegangen, so ordnet das Gericht oder die Verwaltungsbehörde die Rückgabe des Kindes ebenfalls an, sofern nicht erwiesen ist, daß das Kind sich in seine neue Umgebung eingelebt hat.

Maßgebend für die Jahresfrist ist der Eingang des Antrags bei Gericht, nicht bei der zentralen Behörde, KG FamRZ 1996, 692; Hamm FamRZ 1998, 306; s ferner Bach FamRZ 1997, 1055. Die Entscheidung gem Abs I ist Restitutionsentscheidung, für die das Kindeswohl nicht konkret zu prüfen ist, Stuttgart FamRZ 1996, 689. „Einleben" iSv Abs II verlangt *mehr* als gewöhnlichen Aufenthalt, Bamberg FamRZ 1995, 306; zu diesen Rückführungskriterien AG Saarbrücken FamRZ 2003, 398.

Artikel 13

Ungeachtet des Artikels 12 ist das Gericht oder die Verwaltungsbehörde des ersuchten Staates nicht verpflichtet, die Rückgabe des Kindes anzuordnen, wenn die Person, Behörde oder sonstige Stelle, die sich der Rückgabe des Kindes widersetzt, nachweist,

a) daß die Person, Behörde oder sonstige Stelle, der die Sorge für die Person des Kindes zustand, das Sorgerecht zur Zeit des Verbringens oder Zurückhaltens tatsächlich nicht ausgeübt, dem Verbringen zugestimmt oder diese nachträglich genehmigt hat oder

b) daß die Rückgabe mit der schwerwiegenden Gefahr eines körperlichen oder seelischen Schadens für das Kind verbunden ist oder das Kind auf andere Weise in eine unzumutbare Lage bringt.

Das Gericht oder die Verwaltungsbehörde kann es ferner ablehnen, die Rückgabe des Kindes anzuordnen, wenn festgestellt wird, daß sich das Kind der Rückgabe widersetzt und daß es ein Alter und eine Reife erreicht hat, angesichts deren es angebracht erscheint, seine Meinung zu berücksichtigen.

Bei Würdigung der in diesem Artikel genannten Umstände hat das Gericht oder die Verwaltungsbehörde die Auskünfte über die soziale Lage des Kindes zu berücksichtigen, die von der zentralen Behörde oder einer anderen zuständigen Behörde des Staates des gewöhnlichen Aufenthalts des Kindes erteilt worden sind.

Art 13 ist zurückhaltend anzuwenden, s BVerfG FamRZ 1999, 85, 641, 643, 642, 777; Art 13 setzt richtigerweise voraus, daß nach Abs I lit b schwerwiegende Gefahr für das Kind droht, Koblenz FamRZ 1993, 98. Schlichtes Kindeswohl bei dem entführenden Teil genügt nicht. Die Regelung widerspricht auch der **EMRK** nicht, s EGMR NJWE-FER 2001, 202; dazu Schulz IPRax 2001, 91; ders, FamRZ 2001, 1420. Zur Prüfung bei **gegenläufigen Rückführungsanträgen** BVerfG NJW 1999, 631, 633; 2175; 3621; Hohloch DEuFamR 1999, 73.

Artikel 14

Haben die Gerichte oder Verwaltungsbehörden des ersuchten Staates festzustellen, ob ein widerrechtliches Verbringen oder Zurückhalten im Sinn des Artikels 3 vorliegt, so können sie das im Staat des gewöhnlichen Aufenthalts des Kindes geltende Recht und die gerichtlichen oder behördlichen Entscheidungen, gleichviel ob sie dort förmlich anerkannt sind oder nicht, unmittelbar berücksichtigen; dabei brauchen sie die besonderen Verfahren zum Nachweis dieses Rechts oder zur Anerkennung ausländischer Entscheidungen, die sonst einzuhalten wären, nicht zu beachten.

Art 14 hat insbesondere die praktische Folge, daß ausl Sorgerechtsentscheidungen, die im Zusammenhang mit einer Elternscheidung stehen, nicht dem bes Anerkennungsverfahren gem Art 7 § 1 FamRÄndG unterworfen sind. Zur Berücksichtigung ausländ Praxis durch die deutschen Gerichte BGH 145, 100. Im Rahmen von Art 14ff **EheVO** hat das vorstehend genannte Anerkennungsverfahren keine Bedeutung, s Erl Art 17 EGBGB Rz 73, 78ff.

Artikel 15

Bevor die Gerichte oder Verwaltungsbehörden eines Vertragsstaats die Rückgabe des Kindes anordnen, können sie vom Antragsteller die Vorlage einer Entscheidung oder sonstigen Bescheinigung der Behörden des Staates des gewöhnlichen Aufenthalts des Kindes verlangen, aus der hervorgeht, daß das Verbringen oder Zurückhalten widerrechtlich im Sinn des Artikels 3 war, sofern in dem betreffenden Staat eine derartige Entscheidung oder Bescheinigung erwirkt werden kann. Die zentralen Behörden der Vertragsstaaten haben den Antragsteller beim Erwirken einer derartigen Entscheidung oder Bescheinigung soweit wie möglich zu unterstützen.

Zur Zuständigkeit im Inland s § 10 SorgeRÜbKAG; BayObLG 1996, 113; Zweibrücken FamRZ 1999, 950.

Artikel 16

Ist den Gerichten oder Verwaltungsbehörden des Vertragsstaats, in den das Kind verbracht oder in dem es zurückgehalten wurde, das widerrechtliche Verbringen oder Zurückhalten des Kindes im Sinn des Artikels 3 mitgeteilt worden, so dürfen sie eine Sachentscheidung über das Sorgerecht erst treffen, wenn entschieden ist, daß das Kind aufgrund dieses Übereinkommens nicht zurückzugeben ist, oder wenn innerhalb angemessener Frist nach der Mitteilung kein Antrag nach dem Übereinkommen gestellt wird.

Das Restitutionsverfahren unterbricht Sorgerechtsänderungsverfahren oder schiebt sie auf. Sie bleiben danach zulässig, wenn inl Zuständigkeit gegeben ist (zB Art 1 MSA, § 35b FGG – mit Vorrang Art 3 EheVO, s oben. Zur Sperrwirkung des Art 16 BGH 145, 97 = LM HKÜ Nr 1 m Anm Hohloch; KG FamRZ 2000, 374; Stuttgart FamRZ 2000, 375; Pirrung IPRax 2002, 197, 198).

Artikel 17

Der Umstand, daß eine Entscheidung über das Sorgerecht im ersuchten Staat ergangen oder dort anerkennbar ist, stellt für sich genommen keinen Grund dar, die Rückgabe eines Kindes nach Maßgabe dieses Übereinkommens abzulehnen; die Gerichte oder Verwaltungsbehörden des ersuchten Staates können jedoch bei der Anwendung des Übereinkommens die Entscheidungsgründe berücksichtigen.

Art 17 stellt klar, daß das Abkommen Rückführung, nicht Sorgerechtsentscheidung bezweckt, s schon Anmerkung zu Art 16.

Artikel 18

Die Gerichte oder Verwaltungsbehörden werden durch die Bestimmungen dieses Kapitels nicht daran gehindert, jederzeit die Rückgabe des Kindes anzuordnen.

Zur zwangsweisen Durchführung (Sache des berechtigten Elternteils) Dresden FamRZ 203, 468.

Artikel 19

Eine aufgrund dieses Übereinkommens getroffene Entscheidung über die Rückgabe des Kindes ist nicht als Entscheidung über das Sorgerecht anzusehen.

S schon Anmerkung zu Art 16, 17.

Artikel 20

Die Rückgabe des Kindes nach Artikel 12 kann abgelehnt werden, wenn sie nach den im ersuchten Staat geltenden Grundwerten über den Schutz der Menschenrechte und Grundfreiheiten unzulässig ist.

Art 20 ist Ordre-public-Vorschrift. Sie erfaßt nur eklatante Verstöße gegen Grundrechte iSv Art 1ff GG und die Grundfreiheiten der EMRK, s dazu Koblenz FamRZ 1993, 98; Frankfurt FamRZ 1996, 691 und 1994, 1340. Art 16 II GG greift gegenüber einer Rückführung sachlich nicht ein, s BVerfG NJW 1996, 1345; BVerfG NJW 1999, 2173, 3621, 3622, s auch Erl zu Art 13.

Kapitel IV Recht zum persönlichen Umgang

Artikel 21

Der Antrag auf Durchführung oder wirksame Ausübung des Rechts zum persönlichen Umgang kann in derselben Weise an die zentrale Behörde eines Vertragsstaats gerichtet werden wie ein Antrag auf Rückgabe des Kindes.

Die zentralen Behörden haben aufgrund der in Artikel 7 genannten Verpflichtung zur Zusammenarbeit die ungestörte Ausübung des Rechts zum persönlichen Umgang sowie die Erfüllung aller Bedingungen zu fördern, denen die Ausübung dieses Rechts unterliegt. Die zentralen Behörden unternehmen Schritte, um soweit wie möglich alle Hindernisse auszuräumen, die der Ausübung dieses Rechts entgegenstehen.

Die zentralen Behörden können unmittelbar oder mit Hilfe anderer die Einleitung eines Verfahrens vorbereiten oder unterstützen mit dem Ziel, das Recht zum persönlichen Umgang durchzuführen oder zu schützen und zu gewährleisten, daß die Bedingungen, von denen die Ausübung dieses Rechts abhängen kann, beachtet werden.

Kapitel V Allgemeine Bestimmungen

Artikel 22–36 *(vom Abdruck wurde abgesehen)*

Kapitel VI Schlußbestimmungen

Artikel 37–45 *(vom Abdruck wurde abgesehen)*

VI. Europäisches Übereinkommen über die Anerkennung und Vollstreckung von Entscheidungen über das Sorgerecht für Kinder und die Wiederherstellung des Sorgeverhältnisses vom 20. 5. 1980, BGBl 1990 II 220

1. Überblick. Das Abkommen ist seit dem 1. 2. 1991 (Bek v 19. 12. 1990, BGBl 1991 II 392) für Deutschland in Kraft. Es gilt ferner seit 1. 9. 1983 für Frankreich, Luxemburg und Portugal, seit 1. 1. 1984 für die Schweiz, seit 1. 9. 1984 für Spanien, seit 1. 8. 1985 für Österreich, seit 1. 2. 1986 für Belgien, seit 1. 8. 1986 für das Vereinigte Königreich, seit 1. 10. 1986 für Zypern, seit 1. 5. 1989 für Norwegen, seit 1. 7. 1989 für Schweden, seit 1. 9. 1990 für die Niederlande, seit 1. 8. 1991 für Dänemark und seit 1. 10. 1991 für Irland. Hinzugekommen sind in der Folge noch: Estland, Finnland, Griechenland, Island, Italien, Jugoslawien, Bundesrepublik, Lettland, Liechtenstein, Malta, Polen, Slowakei, Türkei, Tschechische Republik, s Fundstellennachweis B 2002, S 622. Das Abkommen gilt für Kinder unter 16 Jahren. Hauptsächlich betrifft es die Anerkennung und Vollstreckung von Sorgerechtsentscheidungen und Umgangsregelungen (Art 7; s dazu Art 21 nF Rz 14; Rspr insofern: BGH FamRZ 1998, 1507; München FamRZ 1992, 1213; Zweibrücken IPRsp 1994 Nr 188; Bremen FamRZ 1997, 107; Koblenz FamRZ 1998, 966; Celle FamRZ 1998, 110; Karlsruhe FamRZ 1999, 946); es überschneidet sich in Art 8ff mit Art 8ff des Haager Entführungsabkommens (Rz 45). Beide Abkommen gelten nebeneinander (Art 19 Europäisches Übereinkommen und Art 34 Haager Übereinkommen). Gem § 12 des dt Ausführungsgesetzes (s Rz 45) ist in Deutschland bei sachlicher Überschneidung das Haager Abkommen anzuwenden, sofern der Antragsteller nicht ausdrücklich die Anwendung des Europäischen Übereinkommens wünscht. Zum Schrifttum s Rz 45. Die Anerkennungs- und Vollstreckungsregelung der Art 13, 21, 28ff **EheVO** (VO EG Nr 1347/2000 v 29. 5. 2000, s Rz 9 unter e, Rz 11 unter e) **geht** im Anwendungsbereich der EheVO (Mitgliedstaaten der EU mit Ausnahme von Dänemark) auch der Regelung des Europ Sorgerechtsübereinkommens **vor**, s **Art 37 EheVO** iVm Art 42 I, 46 EheVO (in zeitlicher Hinsicht). Dazu s Erl Rz 9 und 11 sowie Erl Art 17 EGBGB Rz 73, 78ff.

2. Text des Abkommens (in amtl dt Übersetzung) im Auszug

Artikel 1

Im Sinn dieses Übereinkommens bedeutet:

a) Kind eine Person gleich welcher Staatsangehörigkeit, die das 16. Lebensjahr noch nicht vollendet hat und noch nicht berechtigt ist, nach dem Recht ihres gewöhnlichen Aufenthalts, dem Rechts des Staates, dem sie angehört, oder dem innerstaatlichen Recht des ersuchten Staates ihren eigenen Aufenthalt zu bestimmen;
b) Behörde ein Gericht oder eine Verwaltungsbehörde;
c) Sorgerechtsentscheidung die Entscheidung einer Behörde, soweit sie die Sorge für die Person des Kindes, einschließlich des Rechts auf Bestimmung seines Aufenthalts oder des Rechts zum persönlichen Umgang mit ihm, betrifft;
d) unzulässiges Verbringen das Verbringen eines Kindes über eine internationale Grenze, wenn dadurch eine Sorgerechtsentscheidung verletzt wird, die in einem Vertragsstaat ergangen und in einem solchen Staat vollstreckbar ist; als unzulässiges Verbringen gilt auch der Fall, in dem
 i) das Kind am Ende einer Besuchszeit oder eines sonstigen vorübergehenden Aufenthalts in einem anderen Hoheitsgebiet als dem, in dem das Sorgerecht ausgeübt wird, nicht über eine internationale Grenze zurückgebracht wird;
 ii) das Verbringen nachträglich nach Artikels 12 für widerrechtlich erklärt wird.

Teil I Zentrale Behörden

Artikel 2

(1) Jeder Vertragsstaat bestimmt eine zentrale Behörde, welche die in diesem Übereinkommen vorgesehenen Aufgaben wahrnimmt.

(2) Bundesstaaten und Staaten mit mehreren Rechtssystemen steht es frei, mehrere zentrale Behörden zu bestimmen; sie legen deren Zuständigkeit fest.

(3) Jede Bezeichnung nach diesem Artikel wird dem Generalsekretär des Europarats notifiziert.

Artikel 3

(1) Die zentralen Behörden der Vertragsstaaten arbeiten zusammen und fördern die Zusammenarbeit der zuständigen Behörden ihrer Staaten. Sie haben mit der gebotenen Eile zu handeln.

(2) Um die Durchführung dieses Übereinkommens zu erleichtern, werden die zentralen Behörden der Vertragsstaaten
a) die Übermittlung von Auskunftsersuchen sicherstellen, die von zuständigen Behörden ausgehen und sich auf Rechts- oder Tatsachenfragen in anhängigen Verfahren beziehen;
b) einander auf Ersuchen Auskünfte über ihr Recht auf dem Gebiet des Sorgerechts für Kinder und über dessen Änderungen erteilen;
c) einander über alle Schwierigkeiten unterrichten, die bei der Anwendung des Übereinkommens auftreten können, und Hindernisse, die seiner Anwendung entgegenstehen, soweit wie möglich ausräumen.

Artikel 4

(1) Wer in einem Vertragsstaat eine Sorgerechtsentscheidung erwirkt hat und sie in einem anderen Vertragsstaat anerkennen oder vollstrecken lassen will, kann zu diesem Zweck einen Antrag an die zentrale Behörde jedes beliebigen Vertragsstaats richten.

(2) Dem Antrag sind die in Artikel 13 genannten Schriftstücke beizufügen.

(3) Ist die zentrale Behörde, bei der der Antrag eingeht, nicht die zentrale Behörde des ersuchten Staates, so übermittelt sie die Schriftstücke unmittelbar und unverzüglich der letztgenannten Behörde.

(4) Die zentrale Behörde, bei der der Antrag eingeht, kann es ablehnen, tätig zu werden, wenn die Voraussetzungen nach diesem Übereinkommen offensichtlich nicht erfüllt sind.

(5) Die zentrale Behörde, bei der der Antrag eingeht, unterrichtet den Antragsteller unverzüglich über den Fortgang seines Antrags.

Artikel 5–6
(vom Abdruck wurde abgesehen)

Teil II Anerkennung und Vollstreckung von Entscheidungen und Wiederherstellung des Sorgeverhältnisses

Artikel 7

Sorgerechtsentscheidungen, die in einem Vertragsstaat ergangen sind, werden in jedem anderen Vertragsstaat anerkannt und, wenn sie im Ursprungsstaat vollstreckbar sind, für vollstreckbar erklärt.

Artikel 8

(1) Im Fall eines unzulässigen Verbringens hat die zentrale Behörde des ersuchten Staates umgehend die Wiederherstellung des Sorgeverhältnisses zu veranlassen, wenn

a) zur Zeit der Einleitung des Verfahrens in dem Staat, in dem die Entscheidung ergangen ist, oder zur Zeit des unzulässigen Verbringens, falls dieses früher erfolgte, das Kind und seine Eltern nur Angehörige dieses Staates waren und das Kind seinen gewöhnlichen Aufenthalt im Hoheitsgebiet dieses Staates hatte, und

b) der Antrag auf Wiederherstellung innerhalb von sechs Monaten nach dem unzulässigen Verbringen bei einer zentralen Behörde gestellt worden ist.

(2) Können nach dem Recht des ersuchten Staates die Voraussetzungen des Absatzes 1 nicht ohne ein gerichtliches Verfahren erfüllt werden, so finden in diesem Verfahren die in dem Übereinkommen genannten Versagungsgründe keine Anwendung.

(3) Ist in einer von einer zuständigen Behörde genehmigten Vereinbarung zwischen dem Sorgeberechtigten und einem Dritten diesem das Recht zum persönlichen Umgang eingeräumt worden und ist das ins Ausland gebrachte Kind am Ende der vereinbarten Zeit dem Sorgeberechtigten nicht zurückgegeben worden, so wird das Sorgeverhältnis nach Absatz 1 Buchstabe b und Absatz 2 wiederhergestellt. Dasselbe gilt, wenn durch Entscheidung der zuständigen Behörde ein solches Recht einer Person zuerkannt wird, die nicht sorgeberechtigt ist.

Artikel 9

(1) Ist in anderen als den in Artikel 8 genannten Fällen eines unzulässigen Verbringens ein Antrag innerhalb von sechs Monaten nach dem Verbringen bei einer zentralen Behörde gestellt worden, so können die Anerkennung und Vollstreckung nur in folgenden Fällen versagt werden:

a) wenn bei einer Entscheidung, die in Abwesenheit des Beklagten oder seines gesetzlichen Vertreters ergangen ist, dem Beklagten das das Verfahren einleitende Schriftstück oder ein gleichwertiges Schriftstück weder ordnungsgemäß noch so rechtzeitig zugestellt worden ist, daß er sich verteidigen konnte; die Nichtzustellung kann jedoch dann kein Grund für die Versagung der Anerkennung oder Vollstreckung sein, wenn die Zustellung deswegen nicht bewirkt worden ist, weil der Beklagte seinen Aufenthaltsort der Person verheimlicht hat, die das Verfahren im Ursprungsstaat eingeleitet hatte;

b) wenn bei einer Entscheidung, die in Abwesenheit des Beklagten oder seines gesetzlichen Vertreters ergangen ist, die Zuständigkeit der die Entscheidung treffenden Behörde nicht gegründet war auf
 i) den gewöhnlichen Aufenthalt des Beklagten,
 ii) den letzten gemeinsamen gewöhnlichen Aufenthalt der Eltern des Kindes, sofern wenigstens ein Elternteil seinen gewöhnlichen Aufenthalt noch dort hat, oder
 iii) den gewöhnlichen Aufenthalt des Kindes;

c) wenn die Entscheidung mit einer Sorgerechtsentscheidung unvereinbar ist, die im ersuchten Staat vor dem Verbringen des Kindes vollstreckbar wurde, es sei denn, das Kind habe während des Jahres vor seinem Verbringen den gewöhnlichen Aufenthalt im Hoheitsgebiet des ersuchenden Staates gehabt.

(2) Ist kein Antrag bei einer zentralen Behörde gestellt worden, so findet Absatz 1 auch dann Anwendung, wenn innerhalb von sechs Monaten nach dem unzulässigen Verbringen die Anerkennung und Vollstreckung beantragt wird.

(3) Auf keinen Fall darf die ausländische Entscheidung inhaltlich nachgeprüft werden.

Artikel 10

(1) In anderen als den in den Artikeln 8 und 9 genannten Fällen können die Anerkennung und Vollstreckung nicht aus den in Artikel 9 vorgesehenen, sondern auch aus einem der folgenden Gründe versagt werden:
a) wenn die Wirkungen der Entscheidung mit den Grundwerten des Familien- und Kindschaftsrechts im ersuchten Staat offensichtlich unvereinbar sind;
b) wenn aufgrund einer Änderung der Verhältnisse – dazu zählt auch der Zeitablauf, nicht aber der bloße Wechsel des Aufenthaltsorts des Kindes infolge eines unzulässigen Verbringens – die Wirkungen der ursprünglichen Entscheidung offensichtlich nicht mehr dem Wohl des Kindes entsprechen;
c) wenn zur Zeit der Einleitung des Verfahrens im Ursprungsstaat
   i) das Kind Angehöriger des ersuchten Staates war oder dort seinen gewöhnlichen Aufenthalt hatte und keine solche Beziehung um Ursprungsstaat bestand;
   ii) das Kind sowohl Angehöriger des Ursprungsstaates als auch des ersuchten Staates war und seinen gewöhnlichen Aufenthalt im ersuchten Staat hatte;
d) wenn die Entscheidung mit einer im ersuchten Staat ergangenen oder mit einer dort vollstreckbaren Entscheidung eines Drittstaates unvereinbar ist; die Entscheidung muß in einem Verfahren ergangen sein, das eingeleitet wurde, bevor der Antrag auf Anerkennung oder Vollstreckung gestellt wurde, und die Versagung muß dem Wohl des Kindes entsprechen.

(2) In diesen Fällen können Verfahren auf Anerkennung oder Vollstreckung aus einem der folgenden Gründe ausgesetzt werden:
a) wenn gegen die ursprüngliche Entscheidung ein ordentliches Rechtsmittel eingelegt worden ist;
b) wenn im ersuchten Staat ein Verfahren über das Sorgerecht für das Kind anhängig ist und dieses Verfahren vor Einleitung des Verfahrens im Ursprungsstaat eingeleitet wurde;
c) wenn eine andere Entscheidung über das Sorgerecht für das Kind Gegenstand eines Verfahrens auf Vollstreckung oder eines anderen Verfahrens auf Anerkennung der Entscheidung ist.

Artikel 11–30
(vom Abdruck wurde abgesehen)

3. Gesetz zur Ausführung von Sorgerechtsübereinkommen und zur Änderung des Gesetzes über die Angelegenheiten der freiwilligen Gerichtsbarkeit sowie anderer Gesetze vom 5. April 1990 (BGBl 1990 I 701) idF des ÄnderungsG v 13. 4. 1999 (BGBl 1999 I 702)

Artikel 1, Erster Teil, §§ 1ff
(vom Abdruck wurde abgesehen)

Zweiter Teil. Gerichtliches Verfahren

§ 5

Für die Anordnung von Maßnahmen in bezug auf die Rückgabe des Kindes oder die Wiederherstellung des Sorgeverhältnisses und in bezug auf das Recht zum persönlichen Umgang sowie für die Vollstreckbarerklärung von Entscheidungen aus anderen Vertragsstaaten des Europäischen Übereinkommens ist und bleibt, sofern beim Eingang des Antrags der zentralen Behörde eine Ehesache nicht anhängig ist, das Familiengericht am Sitz des Oberlandesgerichtes örtlich zuständig,
1. in dessen Bezirk das Kind sich zur Zeit dieses Eingangs aufhält, sonst
2. in dessen Bezirk das Bedürfnis der Fürsorge besteht.

Vierter Abschnitt

Erbrecht

Vorbemerkung Art 25, 26

I. Internationales Erbrecht im Überblick. Die den Vierten Abschnitt des EGBGB bildenden Art 25, 26 enthalten das Internationale Erbrecht. „Erbstatut" gem **Art 25**, in dem die Grundsatzanknüpfungen von Art 24, 25 aF weiterleben, ist das **Heimatrecht des Erblassers**. Dieses beherrscht die erbrechtliche Nachfolge einschließlich der Nachlaßabwicklung umfassend. Es bildet gem **Art 26 I** auch primär das erbrechtliche **Formstatut**. Abweichende Anknüpfungen bieten seit der IPR-Reform für das Erbstatut Art 25 II durch die Zulassung beschränkter Rechtswahl (Unterstellung inländischen Grundvermögens unter deutsches Recht) und für die Form letztwilliger Verfügungen Art 26 durch seinen im Interesse der Gültigkeit einer letztwilligen Verfügung errichteten Anknüpfungskatalog. **Vorrangiges Abkommensrecht** verdrängt die Regelung der Art 25, 26 in gewissen Grenzen, ohne zu tiefgreifenden Abweichungen zu führen. vor Art 26 hat Vorrang das **Haager Übereinkommen über das auf die Form letztwilliger Verfügungen anzuwendende Recht** v 5. 10. 1961, BGBl 1965 II 1145 (Haager Testamentsformabkommen), s Erl zu Art 26 Rz 13ff; sachliche Abweichungen ergeben sich indes nur in engen Grenzen, da Art 26 dem Abkommensrecht inhaltlich weitgehend entspricht. Art 25 selbst wird zZt nur durch zweiseitiges Abkommensrecht verdrängt (Iran, Türkei, ehem UdSSR); hier bestehen bei grundsätzlicher Maßgeblichkeit des Heimatrechts doch gewisse, in der Praxis bedeutsame Abweichungen (s Erl zu Art 25 Rz 4).

2 **Erbfälle mit Auslandsberührung** führen bei nichtdeutscher Staatsangehörigkeit des Erblassers so idR zur **Anwendung ausländischen Erbrechts im inländischen Verfahren.** Gegenüber dem streitigen Verfahren vor dem Prozeßgericht hat in der Praxis des int Erbrechts eindeutiges Übergewicht das der freiwilligen Gerichtsbarkeit zugehörige **Nachlaßverfahren,** insbes das Erbscheinsverfahren vor dem **Nachlaßgericht** (§§ 2353, 2369 BGB). Die vielfachen Abweichungen der nationalen Erbrechte in der grundsätzlichen Ausgestaltung des subjektiven Erbrechts und vor allem in Einzelregelungen bedingen höchste Sorgfalt in der Handhabung des Rechtsgebiets. Besonderheiten ergeben sich auch durch die Abweichungen der Erbkollisionsrechte ausl Staaten von der Struktur des **Gesamtverweisung** enthaltenden Art 25. Außerhalb Deutschlands wird vielfach nicht an die Staatsangehörigkeit, sondern an das letzte **Domizil** des Erblassers angeknüpft (zB Dänemark, Norwegen, Schweiz); dadurch sich ergebende **Rück- oder Weiterverweisung** ist gem Art 4 I zu beachten. Vielfach wird zwischen beweglichem und unbeweglichem Nachlaß in der Anknüpfung unterschieden, das Grundvermögen dem Recht des **Lageortes,** das Mobiliarvermögen indes dem Recht des **Wohnsitzes** unterstellt (Frankreich, USA, Großbritannien, Argentinien). Das führt regelmäßig zu **Nachlaßspaltung.** Aus deutscher Sicht liegen zwei getrennte und rechtlich selbständige Teilnachlässe vor. Zum selben Ergebnis der Nachlaßspaltung führt regelmäßig die **Rechtswahl** zugunsten des deutschen Rechts gem Art 25 II, die mit der IPR-Reform auf inländisches Grundvermögen beschränkten Eingang in das deutsche int Erbrecht gefunden hat.

3 **II. Die Rechtsvereinheitlichung im int Erbrecht** beschränkt sich bislang auf die Vereinheitlichung von Formregeln durch das **Haager Testamentsformabkommen** v 5. 10. 1961 (Rz 1). Auf dem Gebiet des Erbstatuts selbst, des Kollisionsrechts der Rechtsnachfolge von Todes wegen, fehlt bislang in Kraft befindliches Abkommenskollisionsrecht. Das Haager Übereinkommen über das auf die Rechtsnachfolge von Todes wegen anzuwendende Recht vom 20. 10. 1988 (Text Rev crit dr int pr 77 [1988] 807; dazu van Loon MittRhNotK 1989, 9; Kunz ZRP 1990, 212) ist bislang nirgends in Kraft gesetzt. Es würde bei einer Inkraftsetzung nicht unerhebliche Abweichungen gegenüber der bisherigen Rechtslage bewirken (Art 3 – primäre Maßgeblichkeit eines wenigstens 5jährigen Aufenthaltes im Staate des Erbfalles; erweiterte Zulassung der Rechtswahl in Art 5, 6). Für Deutschland nicht in Kraft sind auch das Haager Übereinkommen über die int Nachlaßverwaltung v 21. 10. 1972 (Text in RabelsZ 39 [1975] 104ff; dazu Lipstein RabelsZ 39 [1975] 29) und das Haager Übereinkommen über das auf Trusts anzuwendende Recht und über ihre Anerkennung v 1. 7. 1985 (Text in RabelsZ 50 [1986] 698ff – engl und franz; dt Übersetzung in IPRax 1987, 55; dazu Kötz RabelsZ 50 [1986] 562; Pirrung IPRax 1987, 52; Steinebach RIW 1986, 1); ebenfalls für Deutschland nicht in Kraft sind das Europäische Übereinkommen über die Einrichtung einer Organisation zur Registrierung von Testamenten v 16. 5. 1972 (Text in European Treaty Series No 77) und das Washingtoner Übereinkommen über ein einheitliches Recht der Form eines int Testaments v 26. 10. 1973 (Text bei Staud/Dörner vor Art 25 Rz 147); ausführl zur Lage dieser Abkommen MüKo/Birk Art 25 Rz 277–289. Die in **Art 65 EGV** eröffnete **Rechtssetzungskompetenz der EU** für das IPR und das Recht der internationalen Zuständigkeit hat zu Kollisionsrechtsvereinheitlichung auf dem Gebiet des Erbrechts bislang nicht geführt. Vorarbeiten und Vorüberlegungen sind im Gange. Nicht ausgeschlossen ist, daß sie die überkommene Maßgeblichkeit des Heimatrechts zugunsten einer Domizilanknüpfung – ähnlich uU der des Haager Übereinkommens von 1998 (s oben) oder zugunsten verstärkter Rechtswahl einschränken werden, s Hohloch, FS Stoll (2001) 533, 542f; ders, FS Schlechtriem (2003) 377ff. Die derzeitige Anknüpfung an die Staatsangehörigkeit in Art 25 I ist aber gemeinschaftsrechtskonform. Sie verstößt insbesondere nicht gegen das Diskriminierungsverbot (Art 12 EGV) (s auch v Bar I[2] S 138; MüKo-Sonnenberger Einl IPR Rz 145).

4 **III. Quellen des int und materiellen Erbrechts ausl Staaten.** Für das materielle Erbrecht und das Kollisionsrecht ausl Rechtsordnungen s Textsammlung mit Erl bei Ferid/Firsching/Lichtenberger Int Erbrecht (Loseblattsammlung); s ferner Gutachten zum ausl und int Privatrecht 1965ff (IPG); Wengler, Gutachten zum int und ausl Familien- und Erbrecht (2 Bde, 1971). Ausführliche Zusammenstellung von Literatur zu dt/ausl Erbfällen nach Ländern geordnet bei MüKo/Birk Art 25 vor Rz 1; Soergel/Schurig[12] vor Art 25 vor Rz 1; Staud/Dörner (2000) vor Art 25f vor Rz 1; Art 25 vor Rz 1; s ferner für außereuropäische Kollisionsrechte die Texte in Kropholler/Krüger/Riering/Samtleben/Siehr, Außereurop IPR-Gesetze (1999).

5 **IV. Erbschaftsteuerrecht.** Die internationalprivatrechtliche Behandlung von Nachlässen mit Auslandsbezug findet im dt Erbschaftsteuerrecht nur begrenzte Beachtung (s Martiny IStR 1998, 56). Ob im Inland ein Erbschaftsteuerfall gegeben ist, richtet sich nicht nach dem auf die erbrechtliche Nachfolge anwendbaren Recht; auch der nach ausl Erbstatut abzuwickelnde Erbfall kann ohne weiteres der dt Erbschaftsteuer unterliegen (BFH IPRspr 1977 Nr 102). Bei **Inländern** iSv § 2 I Nr 1 S 2 ErbStG (dh Deutschen und Ausländern mit Inlandswohnsitz und gewöhnlichem Aufenthalt im Inland) besteht **unbeschränkte Steuerpflicht,** durch die der ganze Erwerb erfaßt wird, mag er im In- oder Ausland anfallen (§ 2 I Nr 1 ErbstG); ist keine der beteiligten Personen Inländer im obigen Sinne, tritt **beschränkte,** nur das Inlandsvermögen (§ 121 BewG) erfassende **Steuerpflicht** ein, die durch § 4 AStG erweitert ist. In welchem Umfang Doppelbesteuerungen des Erbfalles im In- und Ausland vermieden werden kann, richtet sich nach den zweiseitigen, von der BRepD mit ausl Staaten abgeschlossenen Doppelbesteuerungsabkommen. Zum Ganzen s Meincke ErbStG (12. Aufl 1999), § 2; Vogel Doppelbesteuerungsabkommen Kommentar (4. Aufl 2003).

25 *Rechtsnachfolge von Todes wegen*

(1) Die Rechtsnachfolge von Todes wegen unterliegt dem Recht des Staates, dem der Erblasser im Zeitpunkt seines Todes angehörte.

(2) Der Erblasser kann für im Inland belegenes unbewegliches Vermögen in der Form einer Verfügung von Todes wegen deutsches Recht wählen.

Erbrecht   **Art 25 EGBGB**

I. Allgemeines
1. Inhalt und Zweck 1
2. Vorgeschichte und altes Recht 2
3. Staatsvertragliche Regelungen 3
4. Geltung allgemeiner Regeln
    a) Rück- und Weiterverweisung 5
    b) Ordre public 8
    c) Vorfragen 9
    d) Vorrang des Einzelstatuts 10
    e) Form letztwilliger Verfügungen 11
5. Intertemporales Recht 12
6. Innerdeutsches Kollisionsrecht 14

II. Bestimmung des Erbstatuts (Abs I und II)
1. Grundsatzregel: Erbstatut ist das Personalstatut des Erblassers (Abs I) 15
2. Sonderregel: Beschränkte Rechtswahl bei inländischem Grundvermögen (Abs II) 16

III. Anwendungsbereich
1. Grundsatz erbrechtlicher Qualifikation 21
2. Einzelfragen zum Anwendungsbereich 22
3. Zusätzliche Einzelfragen bei gewillkürter Erbfolge 28
4. Erbstatut, Güterstatut, Sachstatut und Gesellschaftsstatut (Abgrenzungen) 35
5. Nachlaßspaltung 36

IV. Internationales Verfahrensrecht
1. Allgemeines 39
2. Streitiges Verfahren 40
3. Nachlaßverfahren
    a) Internationale Zuständigkeit im allgemeinen .. 43
    b) Erbschein und Testamentsvollstreckerzeugnis .. 47
    c) Anerkennung ausländischer Akte 55

V. Deutsch-Türkisches Nachlaßabkommen 56

VI. Innerdeutsches Kollisionsrecht 58

Schrifttum: *Bentler*, Die Erbengemeinschaft im IPR (1993); *Berenbrok*, Int Nachlaßabwicklung. Zuständigkeit und Verfahren (1989); *Denzler*, Die Konversion eines ungültigen Erbvertrags in Einzeltestamente nach öst und ital Recht, IPRax 1982, 181; *Derstadt*, Die Notwendigkeit der Anpassung bei Nachlaßspaltung im int Erbrecht. Arbeiten zur Rvgl 187 (1998); *Dölle*, Die Rechtswahl im int Erbrecht, RabelsZ 30 (1966) 205; *Dörner*, Probleme des neuen Int Erbrechts, DNotZ 1988, 67; *Ebke*, Die Anknüpfung der Rechtsnachfolge von Todes wegen nach niederländischem Kollisionsrecht, RabelsZ 48 (1984) 319; *Ferid*, Das int gesetzliche Erbrecht, in Lauterbach (Hrsg), Vorschläge und Gutachten zur Reform des dt int Erbrechts (1969) 20; *ders*, Die gewillkürte Erbfolge im int Privatrecht, aaO 91; *ders*, Der Statutenwechsel im int Erbrecht, aaO 121; *ders*, Der Erbgang als autonome Größe im Kollisionsrecht, FS Cohn (1975) 31; *Firsching*, Zur Reform des dt int Erbrechts, in Beitzke (Hrsg), Vorschläge und Gutachten zur Reform des dt int Personen-, Familien- und Erbrechts (1981) 202; *Geimer*, Die Reform des dt int Privatrechts aus notarieller Sicht, DNotZ 1985 Sonderbeilage 102; *Griem*, Probleme des Fremdrechtserbscheins gem § 2369 BGB (1990); *Gruber*, Pflichtteilsrecht und Nachlaßspaltung, ZEV 2001, 463; *Grundmann*, Zur Errichtung eines gemeinschaftlichen Testaments durch ital Ehegatten in Deutschland, IPRax 1986, 94; *Hanisch*, Grenzüberschreitende Nachlaßinsolvenzverfahren, ZIP 1990, 1241; *Heldrich*, Int Zuständigkeit und anwendbares Recht (1969); *Jochem*, Das Erbrecht des nichtehelichen Kindes nach dt Recht bei Sachverhalten mit Auslandsberührung (1972, zugl Diss Saarbrücken); *Krzywon*, Der Begriff des unbeweglichen Vermögens in Art 25 II EGBGB, BWNotZ 1986, 154; *Kühne*, Die außerschuldvertragliche Parteiautonomie im neuen Int Privatrecht, IPRax 1987, 69; *Lange*, Rechtswahl als Gestaltungsmittel bei der Nachlaßplanung? DNotZ 2000, 332; *Stephan Lorenz*, Nachlaßspaltung im geltenden öst IPR?, IPRax 1990, 206; *Ney*, Das Spannungsverhältnis zwischen dem Güter- und dem Erbstatut (1993); *Reichelt*, Gesamtstatut und Einzelstatut im IPR (Wien 1985); *Schurig*, Erbstatut, Güterrechtsstatut, gespaltenes Vermögen und ein Pyrrhussieg, IPRax 1990, 389; *Siehr*, Das int Erbrecht nach dem Gesetz zur Neuregelung des IPR, IPRax 1987, 4; *Steiner*, Grundregeln der Testamentsgestaltung in Fällen der faktischen Nachlassspaltung, ZEV 2003, 145; *Stöcker*, Die Neuordnung des Internationalprivatrechts und das Höferecht, WM 1980, 1134; *Sturies*, Zur Nachlaßplanung bei Erbfällen mit Auslandsberührung, in Gail (Hrsg), Probleme der Rechts- und Steuerberatung in mittelständischen Unternehmen (1988) 207; *Sturm*, Die Parteiautonomie im schweiz IPR-Gesetz, FS Giger (1989) 673; *Süß*, Das Verbot gemeinschaftlicher Testamente im Internationalen Erbrecht, IPRax 2002, 22; *van Venrooy*, Inländische Wirkung ausländischer Vindikationslegate, ZVglRWiss 85 (1986) 205.

I. Allgemeines

1. Inhalt und Zweck

Art 25 I enthält die grundsätzliche (**objektive**) Anknüpfung der Erbfolge an die Staatsangehörigkeit des Erblassers im Zeitpunkt des Todes und Erbfalles. Die allseitig gefaßte Kollisionsnorm ist an die Stelle von Art 24, 25 aF getreten, die für Deutsche und Ausländer das Erbstatut, ebenfalls auf der Grundlage des Staatsangehörigkeitsprinzips, formal getrennt geregelt hatten. Die einheitliche Maßgeblichkeit des Heimatrechts für alle Erbfälle und für den Gesamtbereich der Nachlaßabwicklung ist sachgemäß und entspricht der deutschen wie der in Kontinentaleuropa überwiegenden Tradition. Sie zwingt damit allerdings in der überwiegenden Zahl der Fälle der Beerbung von Ausländern zur Anwendung und Ermittlung ausl materiellen Erbrechts (s Rz 21ff). Eine Neuerung im dt int Erbrecht stellt die Eröffnung **beschränkter Rechtswahl** zugunsten des deutschen Rechts für inl Immobiliarnachlaßvermögen in **Art 25 II** dar. Auch im int Vergleich findet sich solche **subjektive** Bestimmung des Erbstatuts erst selten (Art 90 schweiz IPRG; Gliedstaaten der USA). Der mit Ausübung der Rechtswahl erzielbare innere Entscheidungseinklang führt zu Vorteilen bei der in bezug auf das inl Grundvermögen dann dem deutschen Recht unterliegenden Nachlaßabwicklung. 1

2. Vorgeschichte und altes Recht

Das frühere Recht (Art 24, 25 aF) stand ebenfalls auf dem Boden des allumfassend die Erbfolge beherrschenden Staatsangehörigkeitsprinzips. Eine Rechtswahl war weder vorgesehen noch später von der Rspr als zulässige Weiterentwicklung akzeptiert worden (BGH NJW 1972, 1001). Hingegen enthielt das frühere Recht in Art 24 II, 25 II aF spezielle Vorbehaltsklauseln zugunsten dt Erben bei Auslandswohnsitz eines deutschen und Inlandswohnsitz eines ausl Erblassers (s dazu Erman/Marquordt⁷ Art 24, 25 aF Rz 41, 45). Ebenso wie die „Geleitvorschrift" des Art 26 aF sind diese Sondervorschriften in der IPR-Reform nicht beibehalten worden (Begr RegE BT-Drucks 10/504, 74; Pirrung IPVR 169). Im Gesetzgebungsverfahren hat sich voll durchgesetzt nur die grundsätzliche und 2 umfassende Geltung des Heimatrechts (Art 25 I nF, Prinzip der kollisionsrechtlichen Nachlaßeinheit). Der in der Reform mehrfach vorgetragene Vorschlag, für die Erbnachfolge nach verheirateten Erblassern im Interesse kollisionsrechtlichen Gleichlaufs von Erbrecht und Güterrecht (Qualifikationsproblematik zB bei § 1371 BGB, s Rz 21ff) eine Sonderregelung zu schaffen und auch für das Erbstatut insoweit das Ehewirkungsstatut des Art 14 I als Familienstatut durch gesetzesinterne Verweisung heranzuziehen (so Beitzke [Hrsg], Vorschläge und Gutachten zur Reform... S 301; Kühne Entwurf § 30), hat sich zu Recht nicht durchgesetzt. Nach manchem „Hin und Her" (Pirrung IPVR 170) ist aber durch den Rechtsausschuß in Art 25 II nF die Tür zur Rechtswahl im Erbrecht „einen Spalt geöffnet" (Ber Rechtsausschuß BT-Drucks 10/5632, 44) und eine sehr beschränkte Rechtswahl zugelassen worden. Ihr Anwendungsbereich ist begrenzt; Art 25 II kommt aber weitergehende Bedeutung durch die grundsätzliche Entscheidung für die Zulassung der Rechtswahl im int Erbrecht zu (s dazu Clausnitzer ZRP 1986, 254ff; Lichtenberger DNotZ 1986, 644, 664; Siehr aaO 6; Krzywon aaO 154; BWNotZ 1987, 4; s auch Lange DNotZ 2000, 332).

3. Staatsvertragliche Regelungen

3 **a) Mehrseitige Staatsverträge** mit Anwendungsvorrang vor Art 25 bestehen mit Wirkung für Deutschland **nicht**. Das Haager Übereinkommen über das auf die Form letztwilliger Verfügungen anzuwendende Recht v 5. 10. 1961, BGBl 1965 II 1145, – Haager Testamentsformabkommen – betrifft **nur** die **Form** von Testamenten und gehört in den Zusammenhang des **Art 26** (s vor Art 25 Rz 1; Erl zu Art 26 Rz 3). Das Haager Übereinkommen über das auf die Rechtsnachfolge von Todes wegen anzuwendende Recht v 20. 10. 1988 (s Erl vor Art 25 Rz 3) ist bislang nicht in Kraft und von Deutschland noch nicht ratifiziert. S auch Erl vor Art 25 Rz 3; ausführl Darstellung der Abkommenslage für Deutschland bei Staud/Dörner (2000) vor Art 25f Rz 21ff.

4 **b) Zweiseitige** Staatsverträge, deren Erbkollisionsregeln Art 25 (und zT Art 26, s Erl dort) gem Art 3 II vorgehen, sind in praktisch bedeutsamem Umfang vorhanden.

aa) Vorrang hat § 14 des als Anlage zum Art 20 des **Konsularvertrags zwischen dem Deutschen Reich und der Türkischen Republik** v 28. 5. 1929 (in Kraft seit 18. 11. 1931, RGBl 1930 II 747 und 1931 II 538; Text bei MüKo/Birk Art 25 Rz 298 und bei Jayme/Hausmann Nr 39) beigefügten **Deutsch-Türkischen Nachlaßabkommens** (Text von § 14 unten Rz 56). § 14 ist im Hinblick auf Art 5 I S 1 und 2 EGBGB nicht anwendbar auf dt-türk Doppelstaater (ebenso Soergel/Schurig[12] Art 25 Rz 108; aA und unrichtig AG Bad Homburg IPRspr 1977 Nr 103); sein Abs I beruft deckungsgleich mit Art 25 I Heimatrecht, sein Abs II für den unbeweglichen Nachlaß jedoch die **lex rei sitae** (Belegenheitsrecht), so daß insoweit sowohl die Heimatrechtsanknüpfung als auch die Rechtswahl gem Art 25 II EGBGB verdrängt sind (zu Einzelheiten der Rechtsanwendung und der Nachlaßabwicklung unten Abschnitt V Rz 57). **bb)** Das **Deutsch-Iranische Niederlassungsabkommen** v 17. 2. 1929, RGBl 1930 II 1006; 1931 II 9, läßt gem seinem **Art 8 III** (Textabdruck bei Art 14 Rz 35) auch in bezug auf das Erbrecht die Angehörigen des einen Staates im Gebiet des anderen Staates den Vorschriften ihrer heimischen Gesetze unterworfen bleiben. Auch auf dem Gebiet des Erbrechts, wozu gem dem Schlußprotokoll (RGBl 1930 II 1012, s Abdruck oben Art 14 Rz 35) „... testamentarische und gesetzliche Erbfolge, Nachlaßabwicklungen und Erbauseinandersetzungen..." gehören, ist der persönliche Geltungsbereich des Abkommens auf **Iraner mit nicht auch dt Staatsangehörigkeit** (dazu Hamm FamRZ 1993, 111; Schotten/Wittkowski FamRZ 1995, 268; Birmanns IPRax 1996, 320) beschränkt, so daß sich aus dt Sicht die erbrechtliche Nachfolge nach einem dt-iran Doppelstaater nicht nach dem Abkommen, sondern nach Art 25, 5 I S 2 EGBGB richtet (s IPG 1983 Nr 32 [Göttingen], 34 [Köln], 39 [Hamburg]; v Bar IPR II Rz 354). Auch auf „Flüchtlinge", Asylberechtigte, die sich insoweit dem Iran und dem Schutzbereich des Abkommens entzogen haben, kommt nicht Art 8 III, sondern Art 25 EGBGB iVm ihrem „Flüchtlingsstatut" zur Anwendung. Da Art 8 III in seinem Anwendungsbereich Vorrang hat, ist iran Erblassern Rechtswahl iSv Art 25 II EGBGB zugunsten ihres inländischen Grundvermögens versagt (hM; aA und in der Begründung [Abkommensregelung betrifft lediglich die obj Anknüpfung] nicht überzeugend Staud/Dörner [2000] vor Art 25f Rz 149; auch LG Hamburg IPRax 1991, 272f). **cc)** Der **Konsularvertrag zwischen der BRepD und der (ehem) UdSSR** v 25. 4. 1958 (in Kraft seit 24. 5. 1959, BGBl 1959 II 232, 469) unterstellt in seinem **Art 28 III** unbewegliche Nachlaßgegenstände der Rechtsvorschriften des Staates, „in dessen Gebiet diese Gegenstände belegen sind". Im übrigen gilt für Deutschland Art 25 EGBGB, so daß wegen der Berufung der lex rei sitae durch Art 28 III des Vertrags **Nachlaßspaltung** eintreten kann (s Hamm NJW 1973, 2156, 2157 = IPRspr 1973 Nr 107; Müller/Waehler RabelsZ 30 [1966] 54, 65). Nach Auflösung der UdSSR gilt der Vertrag mit der Russischen Föderation weiter. Mit Armenien, Georgien, Kasachstan, Kirgistan, Tadschikistan, Weißrußland, der Ukraine und Usbekistan ist Weiteranwendung bis auf weiteres vereinbart, mit den anderen Nachfolgestaaten (Aserbeidschan, Estland, Lettland, Litauen, Moldawien, Turkmenistan) ist eine Regelung nicht getroffen. Im Zweifel sollte hier Art 25 EGBGB angewandt werden (s MüKo/Birk[3] Art 25 Rz 302). **dd)** Konsular-, Freundschafts- und Niederlassungsverträge enthalten neben Meistbegünstigungsklauseln zumeist nur Regeln über die Befugnisse der Konsuln bei der Nachlaßsicherung und -abwicklung, die dann §§ 8–12 KonsularG v 11. 9. 1974 (BGBl I 2317) vorgehen. Art 9 Nr 3 des Deutsch-amerikanischen Freundschafts-, Handels- und Konsularvertrages v 29. 10. 1954 (BGBl 1956 II 487, 502, 763) ordnet **Inländerbehandlung** bei der Erbfolge an, was aber nicht Verdrängung von Art 25 EGBGB sondern Gleichbehandlung mit Inländern im Nachlaßverfahren bedeutet. Der **Staatsvertrag zwischen dem Großherzogtum Baden und der schweiz Eidgenossenschaft betr die gegenseitigen Bedingungen der Freizügigkeit und weitere nachbarliche Verhältnisse** v 6. 12. 1856 (dazu H. Müller FS Raape [1948] 229) ist am 28. 2. 1979 **außer Kraft** getreten (Bek v 15. 1. 1979, GBl BaWü 1979, 76; dazu Wochner RIW 1986, 134). Die Kollisionsnorm des **Art 6** des Vertrages hat jedoch noch Bedeutung für Erbschaften, deren Teilung aufgrund einer vor Aufhebung des Vertrages errichteten letztwilligen Verfügung zu erfolgen hat (s Soergel/Kegel[11] vor Art 24 aF Rz 133).

4. Geltung allg Regeln

Art 25 ist den allg Verweisungsregeln voll zugänglich. Große praktische Bedeutung kommt im int Erbrecht **5** wegen der im In- und Ausland vielfach unterschiedlichen Anknüpfung des Erbstatuts (Staatsangehörigkeit, Domizil, Wohnort, Belegenheit des Nachlasses) insbes dem Renvoi (Art 4 I) und dem Vorrang des Einzelstatuts (Art 3 III) zu.

a) Rück- und Weiterverweisung. aa) Rück- und Weiterverweisung durch die Kollisionsnormen des Heimatrechts des Erblassers, in das von **Abs I** verwiesen wird, ist zu beachten, da Abs I **Gesamtverweisung** iSv Art 4 I ausspricht (allg M; s zum alten Recht RG IPRsp 1929 Nr 1; RG 145, 85, 86f; BGH NJW 1959, 1317, 1318; NJW 1976, 2074; zum neuen Recht BGH 96, 262, 267f; BayObLG FamRZ 1988, 1100, 1101; Karlsruhe NJW 1990, 1420; Zweibrücken Rpfleger 1995, 466; MüKo/Birk Art 25 Rz 82; Pal/Heldrich Art 25 Rz 2; v Bar IPR II Rz 365; Siehr aaO 4f). **Rück- und Weiterverweisung** werden praktisch bei der Erbfolge nach Erblassern mit Staatsangehörigkeit zu Staaten, die ihrerseits an Domizil, Wohnsitz, gewöhnl Aufenthalt anknüpfen (Übersicht bei Süß ZEV 2000, 286) wie zB **Dänemark, Norwegen, Israel** (Wohnsitzanknüpfung, s Staud/Dörner Art 25 Rz 639), auch bei der **Schweiz** (BGH FamRZ 1961, 364; BayObLG 2001, 203 = ZEV 2001, 483; s zu Art 90 IPRG Schweiz Krzywon BWNotZ 1989, 153; Lorenz DNotZ 1993, 148; v Oertzen ZEV 2000, 495; Küpper ZEV 2000, 514; BayObLG 2001, 203) und den **Niederlanden** seit dortiger Rechtsreform (BayObLG NJW-RR 2001, 297; Edenfeld ZEV 2000, 482; Weber IPRax 2000, 41; Schnellenkamp MittRhNK 1997, 245). Liegt Rück- oder Weiterverweisung vor, gelten die dafür bestehenden Regeln (s Erl zu Art 4 Rz 4; Wohnsitzbestimmung aus der Sicht der ausl Rechtsordnung, iE BGH 24, 352, 355; NJW 1980, 2016, sofern das ausl Recht nicht eine Qualifikationsverweisung auf ein anderes Recht enthält, s Einl Rz 40); zur Frage, ob dann allg oder beschränkter Erbschein, dh Fremdrechtserbschein gem § 2369 BGB zu erteilen ist, s Rz 47–53.

Zu beachten sind ferner **Teilrückverweisung** und **Teilweiterverweisung**, die zu **Nachlaßspaltung** führen. Sie **6** begegnen im Verhältnis zu den Staaten, die in ihrem Kollisionsrecht nicht dem Prinzip der Nachlaßeinheit (s Rz 1) folgen, sondern Mobiliar- und Immobiliarnachlaß getrennt anknüpfen, zB Grundvermögen der **lex rei sitae**, sonstigen Nachlaß aber dem **Heimatrecht** so zB **Rumänien** [Art 66, 67 Rumän IPRG; dazu BayObLG 1974, 460 – altes Recht; 1996, 165; Hamm NJW 1977, 1591 Anm Reinartz – altes Recht] oder – öfter – dem Recht des **letzten Wohnsitzes** des Erblassers ([**Frankreich**] Saarbrücken NJW 1967, 732 Anm Mezger; Zweibrücken IPRax 1987, 108, 109; LG München I Rpfleger 1990, 167; BayObLG NJW-RR 1990, 1033; BayObLG 1995, 366; Ekkernkamp BWNotZ 1988, 158; Sipp–Mercier, Die Abwicklung dt-frz Erbfälle in der BRepD und in Frankreich [1985, zugl Diss Regensburg 1982] 17; zur Nachlaßspaltung u ihren Konsequenzen Sonnenberger IPRax 2002, 169; s ferner Werkmüller ZEV 1999, 474; [**Belgien**] Köln NJW 1986, 2199, 2200; IPRsp 1964/65 Nr 72; LG München I FamRZ 1998, 1068); bzw dem **letzten Domizil** (dazu Erl Art 5 Rz 59) des Erblassers (zB [**England**] BayObLG 1982, 331; BayObLG DNotZ 1984, 47; FamRZ 1988, 1100, 1101; Zweibrücken Rpfleger 1994, 466; [**Ghana**] BGH 96, 262, 267 und dazu Kegel IPRax 1986, 229; [**Indien**] AG Groß-Gerau IPRspr 1991 Nr 152; [**Kanada**] Huth/Zwickler ZVglRWiss 86 [1987] 338; Fleischhauer, MittRhNK 2000, 225; BayObLG FamRZ 2003, 1595; [**USA**] BGH MDR 1989, 526; NJW 2000, 2421 [inbes zum Begriff des unbewegl Vermögens]; BayObLG 1975, 86 zum Domizil; BayObLG IPRax 1982, 111, 112; Rpfleger 1984, 66; Karlsruhe NJW 1990, 1420, 1421; Brandenburg FamRZ 1998, 986; FGPrax 2001, 206; LG Erfurt FamRZ 2000, 1188; Odersky ZEV 2000, 492; Schack JZ 2000, 1060; [**Südafrika**] Zweibrücken FamRZ 1998, 263 = ZEV 1997, 512 mit Aufs Hohloch S 469; BGH NJW 1993, 1921 Jülicher ZEV 1999, 467) unterstellen. Für **Österreich** gilt insofern Besonderes: Erbstatut ist das Heimatrecht des Erblassers. Zur Nachlaßspaltung kann es aber gleichwohl kommen, weil Österr IPRG (Art 31, 32) den Rechts**erwerb** an Sachen der lex rei sitae unterstellt u es so bei Belegenheit von Nachlaßteilen in Deutschland und Österreich zu unterschiedlicher Rechtsanwendung für Mobilien und Immobilien kommen kann, teils durch Rückverweisung auf das Belegenheitsrecht, teils durch Vorrang dieser „besonderen Vorschriften" des Rechts des Lageortes (Art 3 III); s dazu österr OGH IPRax 1988, 36; 1988, 37; 1988, 246; 1993, 188; ZfRV 2000, 188; BayObLG 1967, 202 u 342; 1995, 52; v Oertzen ZEV 1995, 418; Riering DNotZ 1996, 109; s ferner Staud/Dörner (2000) Anh Art 25f Rz 484–502; Solomon, ZVglRWiss 99 (2000) 170. Zu beachten ist schließlich eine **Rück- oder Weiterverweisung, die durch eine nach dem Heimatrecht** des Erblassers (Art 25 I) **vorgesehene Rechtswahl** des Erblassers („professio iuris") eintritt (s dazu v Bar IPR II Rz 366).

bb) Die über den vollen oder teilweisen Renvoi entscheidenden Tatbestandsmerkmale der fremden Kollisions- **7** normen (Wohnsitz, Domizil, Immobiliarvermögen) sind (s schon Rz 5f) aus der Sicht des fremden Rechts zu beurteilen (BGH 24, 352, 355; NJW 1980, 2016, 2017). **cc)** Keine Rück- oder Weiterverweisung kann bei Rechtswahl gem **Abs II** eintreten, die Wahl kann nur die Sachvorschriften des deutschen Rechts ergreifen, enthält mithin eine **Sachnormverweisung** iSv Art 4 II. **dd)** Zur Nachlaßspaltung im Gefolge von Rz 5f s Rz 36.

b) Ordre public. Art 6 gilt auch im int Erbrecht, hat hier aber (ebenso wie Art 30 aF) lange Zeit so gut wie **8** keine Rspr gezeigt (s schon Art 6 Rz 46–50 mit ausführl Nachw). Gegen Art 6 verstoßen Regelungen fremder Rechte, die das Familienerbrecht oder das Erbrecht überhaupt abschaffen (s die – uneinheitliche – Rspr zum frühen Sowjetrecht, KG JW 1938, 2477 und KG JW 1925, 2142; KG DNotZ 1941, 427) und Regelungen, die – ohne Kompensation in anderen Rechtsgebieten – geschlechtsspezifisch hinsichtlich der Erbquoten differenzieren, jedenfalls dann, wenn der Inlandsbezug gänzlich dominiert (s Hamm FamRZ 1993, 111; LG Hamburg IPRspr 1991 Nr 142; wie hier wohl Lorenz IPRax 1993, 148; Dörner IPRax 1994, 35). Entsprechend ist das Erbhindernis der „Religionsverschiedenheit" (islam Recht) zu behandeln. Hinreichender Inlandsbezug (zB durch Inlandsbelegenheit des Nachlasses, dt Staatsangehörigkeit der betroffenen Hinterbliebenen) vorausgesetzt dürfte auch grobe Minderberechtigung von nichtehelichen Kindern (insbes „Ehebruchskinder") im gesetzlichen Erbrecht angesichts von Art 6 V GG gegen den ordre public verstoßen (zB Art 574 I ital Cc aF – 1977 abgeschafft –; s ferner EGMR v

28. 10. 1987 bei Engel RabelsZ 53 [1989] 3, 49 – zu weit, soweit Inlandsbezug vernachlässigt wird –). Im übrigen aber ist angesichts der Testierfreiheit von Erblassern und der begrenzten verfassungsrechtlichen Gewährleistung des Erbrechts Art 6 nur mit Vorsicht gegenüber den durch nationale Bedingtheiten vielfach geprägten Erbrechtsordnungen einsetzbar (s zB BGH NJW 1963, 46, 47; BFH NJW 1958, 766, 768; Hamm NJW 1954, 1731, 1732; Köln IPRsp 1975 Nr 116; BayObLG 1976, 151, 163; BayObLG IPRax 1981, 183; BayObLG Rpfleger 1990, 363). Insoweit hat diese ältere Rspr Recht, sie ist jedoch stets am neuen Einzelfall zu prüfen.

9   c) **Vorfragen**, die im int Erbrecht erhebliche Bedeutung haben, sind **selbständig** anzuknüpfen (BayObLG 1980, 72, 75; Düsseldorf FamRZ 1996, 699; 1998, 1629 u dazu Klinkhardt IPRax 1999, 356). **aa)** Dies gilt für das Bestehen einer für die Berufung zum Erben erheblichen statusrechtlichen Stellung, zB **Ehegatteneigenschaft** (Art 13 bzw Art 17, zB BGH 43, 213, 218; BGH IPRax 1982, 198; BayObLG, 1980, 72, 75; BayObLG 1980, 276, 284f = IPRax 1981, 100, 102 und dazu Firsching IPRax 1981, 86 und Coester IPRax 1981, 206; Frankfurt FamRZ 2002, 705 = ZEV 2001, 493 (nichtige Doppelehe – Philippinen); Celle OLGRp 2002, 111 (Ehegatteneigenschaft bei Trennung nach chilen Recht); LG Aurich FamRZ 1973, 54; aA und unzutreffend Oldenburg IPRsp 1987 Nr 107), **Abstammung** des Erbprätendenten (aA BayObLG DAVorm 1983, 757 – Erbstatut –; wie hier v Bar IPR II Rz 383), **Adoption** (BGH FamRZ 1989, 378, 379; KG IPRax 1985, 354; iE OLGZ 1988, 6; Düsseldorf FamRZ 1998, 1629 u dazu Klinckhardt IPRax 1999, 356; Frankfurt am Main FamRZ 2002, 705; zur Abgrenzung zwischen Erb- und Adoptionsstatut bei „schwacher Auslandsadoption" s Erl Art 22 Rz 19); auch **Lebenspartnerschaft**, Art 17b I. **bb)** Dies gilt in gleicher Weise für die Vorfrage der **Zugehörigkeit** von Vermögensgegenständen **zum Nachlaß**, über die regelmäßig die lex rei sitae bzw das Forderungsstatut entscheidet (BGH BB 1969, 197 Bankguthaben, auch Düsseldorf FamRZ 2002, 1102, 1103; KG OLGZ 1977, 457 = DNotZ 1977, 749, Treuhandeigentum, auch KG ZEV 2000, 500; Köln OLGZ 1975, 1), und für die Vererblichkeit von sonstigen familienrechtlichen oder persönlich geprägten Forderungen (LG Arnsberg IPRsp 1977 Nr 85 Vererblichkeit von Unterhaltspflichten und -rechten nach Art 18; Deliktsstatut idR für Vererblichkeit von Schmerzensgeldansprüchen, ebenso v Bar IPR II Rz 382), für die das jeweilige Statut zu befragen ist. **cc)** Zu den bei **Erb- und Testierfähigkeit** zu treffenden Abgrenzungen s Rz 21ff; über die Formgültigkeit einer letztwilligen Verfügung befindet Art 26, s dort.

10 d) **Vorrang des Einzelstatuts.** Die IPR-Reform hat den Inhalt von Art 27 aF nach Art 3 III verlagert (s Erl zu Art 3 Rz 13). **aa)** Als **besondere Vorschriften** iSv Art 3 III sind (ungeachtet der Streitfrage, ob dies auch für die oben Rz 6 erfaßten Fälle des teilweisen Renvoi gilt, s Art 3 Rz 17) jedenfalls solche Vorschriften des Orts der Belegenheit von Gegenständen anzusehen, die für **besondere Vermögensmassen** (zB Höfe iSd Höferechts, s Erl zu Art 3 Rz 16; s ferner Stöcker aaO 1134; zur Behandlung von Wertpapier-Depots insofern verneinend Gottwald/Stangl ZEV 1997, 217; ferner v Oertzen/Seidenfus ZEV 1996, 210; abw Solomon IPRax 1997, 81) oder für das **gesamte** im Belegenheitsstaat befindliche **Grund- oder Mobiliarvermögen** die Geltung der **lex rei sitae** anordnen (zB § 25 II RAG ehem DDR, KG OLGZ 1985, 179, 180f; auch Schleswig IPRsp 1982 Nr 112); zum Verhältnis zu **Österreich** s Rz 6 mwN. **bb)** Rechtsfolge der Anwendung von Art 3 III ist wiederum **Nachlaßspaltung**. Hierzu s Rz 36.

11 e) **Form letztwilliger Verfügungen.** Art 25 ergibt das Erbstatut; das Formstatut folgt bei letztwilligen Verfügungen jetzt aus Art 26 bzw den Regeln des Haager Testamentsformabkommens von 1961. Siehe Erl zu Art 26.

5. Intertemporales Recht

12 Art 25 knüpft das Erbstatut an die Staatsangehörigkeit des Erblassers im Zeitpunkt des Erbfalles. Dieses Recht bestimmt über die erbrechtliche Nachfolge und in diesem Zeitpunkt den wesentlichen fixierten Nachlaß. Es bestimmt insofern **unwandelbar**, dh es handelt sich um einen „abgeschlossenen Vorgang" iSv Art 220 I, der sich entweder vor dem Stichtag des 1. 9. 1986 oder ab diesem Stichtag verwirklicht hat (zum str Begriff des abgeschlossenen Vorgangs Hohloch JuS 1989, 81, 84 und Erl zu Art 220 Rz 5). Demgemäß bestimmt **neues IPR über ab dem 1. 9. 1986 eingetretene Erbfälle**, altes IPR (Art 24–29 aF) über Erbfälle, die sich vor dem **1. 9. 1986** ereignet haben. Ob die Nachlaßabwicklung andauert, ist ohne Belang (BGH FamRZ 1989, 378, 379; NJW 1995, 58; BayObLG 1986, 466, 470f; BayObLG FamRZ 1987, 526; 1988, 1100; KG FamRZ 1988, 434; ausf Dörner aaO 67ff; Sonnenberger FS Ferid [1988] 447; BGH NJW 1995, 58; die Grenzziehung gilt nicht für den Ausgleichsanspruch gem § 2313, BGH NJW 1993, 2177 und – kritisch – Solomon IPRax 1995, 29). Die Grenzziehung hat wegen der Abweichungen des neuen vom alten int Erbrecht zZt durchaus Gewicht (s Vergleiche bei Dörner aaO 67ff; Reinhart BWNotZ 1987, 97; Pünder MittRhNotK 1989, 1): Bei Erbfällen vor dem 1. 9. 1986 ist die **effektive Staatsangehörigkeit** des Erblassers ohne Rücksicht auf Art 5 I S 2 nF zu bestimmen (BayObLG Rpfleger 1983, 27), gelten Art 24 II aF und Art 25 S 2 aF („privilegium germanicum", s BGH 96, 262, 268 – ohne intertemporalen Bezug) und hat Art 25 II nF keine Geltung, so daß eine vor dem 1. 9. 1986 testamentarisch getroffene Rechtswahl unbeachtlich bleibt, wenn der Erbfall vor dem 1. 9. 1986 erfolgt ist. Ist der Erbfall indes später erfolgt, so hat eine vor dem 1. 9. 1986 bereits getroffene Rechtswahl volle Wirkung, da lediglich auf das neue Recht abzustellen ist (str wie hier Reinhart BWNotZ 1987, 104; Pünder MittRhNotk 1989, 1, 6; v Bar IPR II Rz 359; aA Dörner aaO 84 und Staud/Dörner [2000] Art 25 Rz 14 mwN; Krzywon BWNotZ 1987, 6; s noch Art 26 Rz 32, 33).

13 Anderes gilt für den durch staatsvertragliche Normen (s Rz 3, 4) geregelten Bereich. Dieser ist durch die Rechtsänderung bei Art 3–46, 220 nicht berührt worden. Für das Übergangsrecht bei der Form letztwilliger Verfügungen s Erl zu Art 26 Rz 8.

6. Innerdeutsches Kollisionsrecht

14 Seit dem 3. 10. 1990 besteht auf dem Gebiet des Erbrechts Rechtseinheit; im Beitrittsgebiet haben für vor dem 3. 10. 1990 geborene nichteheliche Kinder gem Art 235 § 1 II die im übrigen Rechtsgebiet zum 1. 4. 1998 außer

Kraft getretenen Vorschriften der §§ 1934a–1934e, 2338a BGB über den Ersatzanspruch nie Geltung gehabt, so daß sich insofern die Frage des anwendbaren Erbrechts für das innerdeutsche Kollisionsrecht stellt. Im übrigen ist die Frage des anwendbaren Erbrechts für Altfälle, dh für Erbfälle vor dem 3. 10. 1990, nach wie vor von erheblicher Bedeutung. Wegen der hier bedeutsamen zeitlichen Aspekte und der damit zusammenhängenden Einzelfragen der Rechtsanwendung ist der Gesamtkomplex im Abschnitt VI, Rz 58–61, behandelt.

II. Bestimmung des Erbstatuts (Abs I und II)

1. Grundsatzregel: Erbstatut ist das Personalstatut des Erblassers (Abs I)

Abs I unterstellt die Rechtsnachfolge von Todes wegen im Grundsatz dem Heimatrecht des Erblassers im Zeitpunkt seines Todes. Das Heimatrecht ist aus der Sicht von Abs I durch die **Staatsangehörigkeit** des Erblassers bestimmt. Insofern gelten die allg Regeln über die Bestimmung des Personalstatuts. Bei **Doppel- und Mehrstaatern** bestimmt sich das Heimatrecht gem Art 5 I S 1 und 2; es gilt ausschließlich die effektive Staatsangehörigkeit (dazu Art 5 Rz 4), ist auch deutsche Staatsangehörigkeit des Erblassers im Spiel, ist gem Art 5 I S 2 allein auf die deutsche abzustellen (zum Deutschenbegriff des Art 25 I – Art 9 II Nr 5 FamRÄndG 1961 und Art 116 GG – s Erl zu Art 5 Rz 22ff); die Anknüpfung verstößt innerhalb der EU nicht gegen das Diskriminierungsverbot (Art 12 EGV), s Rz 3. Bei Staatenlosen gelten die zu Art 5 II entwickelten Grundsätze; bei „Flüchtlingen" gelten die Regeln des Flüchtlingsstatuts (Erl zu Art 5 Rz 66ff). Demgemäß kommt es (mit der Ausnahme bei Staatenlosen und Flüchtlingen) für Art 25 I auf Wohnsitz oder gewöhnl Aufenthalt des Erblassers nicht an (zur Bedeutung bei der Prüfung des Renvoi in Ländern mit Geltung des Domizilprinzips s Rz 5–7). Bei Staatsangehörigkeit zu **Mehrrechtsstaaten** iSv Art 4 III (s Erl Art 4 Rz 21ff) gelten die für die **Unteranknüpfung** gem Art 4 III gesetzten Regeln (s Art 4 Rz 21ff; s insbes BayObLG FamRZ 1987, 526, 528; 1988, 1100; auch iE Rpfleger 1984, 66). Ebensowenig kommt es für Art 25 I auf Staatsangehörigkeit, Wohnsitz und Aufenthalt von Erben an; ebensowenig wegen des Art 25 I zugrundeliegenden Prinzips der „Nachlaßeinheit" grundsätzlich auf die Belegenheit von Nachlaßgegenständen (s aber Rz 5, 7 und 36 „Nachlaßspaltung").

2. Sonderregel: Beschränkte Rechtswahl bei inländischem Grundvermögen (Abs II)

a) Letztwillige Wahl deutschen Rechts. Die von **Abs II** für das dt int Erbrecht erstmals eröffnete **beschränkte Rechtswahl** (s Riering ZEV 1995, 404; Mankowski/Osthaus DNotZ 1997, 10; Lange DNotZ 2000, 332) kann nur zur Wahl **dt Rechts** für inl Grundvermögen des Erblassers ausgeübt werden. **aa) Wahlgegenstand** sind die **Sachvorschriften des dt Rechts** (s Rz 1, 2), dh mit der Wahl deutschen Rechts werden für den der Wahl unterworfenen Nachlaß bzw Nachlaßteil (s Rz 19) die insofern für den Erbgang geltenden Vorschriften des dt materiellen Rechts zur Anwendung berufen. Die Wahl eines anderen Rechts oder eines Erbstatuts für den Gesamtnachlaß ist wegen der Beschränkung durch Abs II grundsätzlich unbeachtlich, soweit sie über den Abs II gesteckten Rahmen hinausgeht (BayObLG 1994, 48), sie kann auch nicht als Ausfluß der materiellrechtlichen Testierfreiheit aufrechterhalten werden (BGH NJW 1972, 1001). Solche Rechtswahl kann allenfalls bei ausl Erblassern Bestand haben, deren von Abs I berufenes Heimatrecht seinerseits kollisionsrechtlich freiere Rechtswahl ermöglicht (Rz 6 aE). Die nach Abs II wie Abs I unbeachtliche Rechtswahl kann aber ggf zur Auslegung der auf ihrem Boden getroffenen, in Wahrheit aber dem Erbstatut des Abs I unterliegenden letztwilligen Verfügung herangezogen werden („Handeln unter falschem Recht", s Rz 30; s auch BGH NJW 1972, 1001).

bb) Die Rechtswahl erfolgt in der Form einer Verfügung von Todes wegen. Für die Auslegung dieses Begriffs gilt das deutsche Recht, so daß Testament (jeder Art) und Erbvertrag erfaßt sind; ihre **Formgültigkeit** richtet sich nach **Art 26 I–V** bzw den entspr Bestimmungen des Haager Testamentsformabkommens (ebenso MüKo/Birk Art 25 Rz 35; Pal/Heldrich Art 25 Rz 8; zT abw v Bar IPR II Rz 368; Dörner aaO 87). Ihr übriges Zustandekommen und ihre Wirksamkeit richtet sich allein nach dem gem Abs II nur wählbaren dt Recht (v Bar IPR II Rz 368; Pal/Heldrich Art 25 Rz 8; Tiedemann RabelsZ 55 [1991] 17, 26). Da dieses die Auslegung von Testamenten zuläßt, bedarf es einer ausdrücklichen Rechtswahl nicht (die letztwillige Verfügung kann sich indes auch in einer isolierten Rechtswahlbestimmung erschöpfen, ebenso Pal/Heldrich Art 25 Rz 7), vielmehr genügt **konkludente**, durch Auslegung der Verfügung (zB Testamentsinhalt auf deutsches Recht bezogen) zu gewinnende **Rechtswahl** (dazu Zweibrücken MittBayNot 2003, 146 m Anm Riering S 149 u Anm Süß ZEV 2003, 164). Da das dt Recht insgesamt über die Wirksamkeit der Verfügung bestimmt, richtet sich die **Testierfähigkeit** insoweit nach deutschem Recht (§§ 2229 I, 2233 I), nicht nach dem von Art 25 I oder von Art 7 berufenen Erb- bzw Personalstatut des Testators. Ebenso bestimmt deutsches Recht die **Zulässigkeit und inhaltliche Wirksamkeit** eines **Widerrufs** der Rechtswahl (Art 25 II iVm Art 26 I Nr 5 und II S 1), während über die **Formgültigkeit** jedes der von Art 26 II 2 iVm I Nr 1–5 berufenen Rechte befinden kann (str, ähnlich hier Siehr aaO 7; Lichtenberger FS Ferid [1988] 269, 286 und DNotZ 1986, 644, 665; Krzywon BWNotZ 1987, 6; zT abw Dörner aaO 91 und Staud/Dörner Art 26 Rz 49, 50; Kühne aaO 74). Eine erbvertraglich vereinbarte Rechtswahl kann deshalb nur unter den Voraussetzungen des dt Rechts wirksam aufgehoben oder verändert werden (str, wie hier v Bar IPR II Rz 368; Pal/Heldrich Art 25 Rz 8; s ferner vorgenanntes Schrifttum).

cc) Dt Recht kann für im Inland belegenes **unbewegliches Vermögen** gewählt werden. Der dem sonstigen dt Recht nicht geläufige Begriff ist bezogen auf die Erfordernisse des Art 25 II auszulegen und kann weder allein aus dem BGB noch aus anderen Rechtsgebieten (zB §§ 864, 865 ZPO) entnommen werden (ähnl v Bar IPR II Rz 369; unklar – dt Recht – Pal/Heldrich Art 25 Rz 7; s ferner Krzywon aaO 154; Reinhart BwNotZ 1987, 101; Pünder MittRhNotK 1989, 4; Tiedemann RabelsZ 55 (1991) 17, 34ff sowie vorgenannte Autoren). Im Gesetzgebungsverfahren hat der Begriff des „Grundstücks" und die Vereinfachung des Grundstücksverkehrs ganz im Vordergrund gestanden (BT-Drucks 10/5632, 44), so daß der Begriff des unbeweglichen Vermögens hieran auszurichten ist. Zum unbeweglichen Vermögen rechnen deshalb ohne weiteres Grundstückseigentum, Wohnungseigentum und grundstücksgleiche Rechte (Erbbaurecht, Bergwerkseigentum, landesrechtliche Gerechtigkeiten) samt ihren wesentlichen Bestandteilen (§ 94 BGB) sowie die beschränkten dinglichen Nutzungs- und Verwertungsrechte an Grundstücken (Hypotheken, Grundschuld, Nießbrauch, Dienstbarkeit), ebenso das Zubehör iSv § 97 BGB, wenn es nach dem auszulegenden Inhalt der letztwilligen Verfügung das Schicksal der Hauptsache teilt (str, aA v Bar IPR II Rz 369), **nicht** hingegen obligatorische Rechte auf den Besitz einer Immobilie (Miete, Leihe, Pacht, aA Dörner aaO 96), **nicht** obligatorische Ansprüche auf Erwerb der obengenannten Sachenrechte, auch nicht bei Sicherung durch Vormerkung (str, aA Dörner aaO 96), **nicht** auf Grundstück bezogene Rückerstattungs- bzw Restitutionsansprüche (BGH 144, 254 zu § 3 I VermG; zum innerdeutschen Kollisionsrecht Schotten/Johnen DtZ 1991, 257, 260; KG DtZ 1991, 298, 299; BezG Dresden DtZ 1991, 302), **nach hM nicht auf Grundstücke bezogene Gesellschafts- und Miterbenanteile** (BGH 146, 310; BayObLG 1998, 244; v Bar IPR II Rz 369; MüKo/Birk Art 25 Rz 67; Pal/Heldrich Art 25 Rz 7; Reinhart BWNotZ 1987, 101; Tiedemann RabelsZ 55 [1991] 36; aA 10. Aufl Art 25 Rz 18; Staud/Dörner [2000] Art 25 Rz 485 mwN. Die in der 10. Aufl vertretene Auffassung wird für Gesellschaften und Gemeinschaften aufrechterhalten, deren Vermögen ganz oder nahezu ganz aus unbeweglichem Vermögen besteht; s auch Döbereiner, MittBay Not 2001, 264 [bei Berührung des Güterstatuts Art 15, ebenfalls bejahend] s ferner Erl zu Art 15 Rz 28 mwN).

19 **dd)** Ist die Rechtswahl in der letztwilligen Verfügung allgemein getroffen und nicht auf inländisches Grundvermögen beschränkt, kann sie hinsichtlich dieses Grundvermögens aufrechterhalten bleiben (LG Hamburg ZEV 1999, 491, 492; Pal/Heldrich Art 25 Rz 7; Tiedemann RabelsZ 55 [1991] 17, 24; Lange DNotZ 2000, 338; s Rz 16). Statthaft ist auch die **Beschränkung** der Rechtswahl auf **einen oder mehrere Gegenstände des inländischen Grundvermögens**, so daß iü das von Art 25 I berufene Recht maßgeblich bleibt (s Parallelfall bei Art 15 II Nr 3, dort Rz 25, 28; allg M, Lichtenberger DNotZ 1986, 644, 665 und FS Ferid [1988] 269, 285; Siehr aaO 7; Reinhart BWNotZ 1987, 102; Dörner aaO 86; Pal/Heldrich Art 25 Rz 8; aA nur Kühne aaO 73).

20 **ee)** Folge statthafter und wirksamer Rechtswahl ist idR **Nachlaßspaltung** (hierzu allg Rz 36). Für das Inlandsgrundvermögen gilt dt Erbstatut, für das übrige Erblasservermögen das allg Erbstatut (Art 25 I). Abweichungen von dieser Regel ergeben sich allerdings, wenn das von Abs I berufene allg Erbstatut nach seinen Regeln ohnehin auf das Recht zurückverweist (s Rz 5–7); es bleibt dann bei umfassender Geltung des dt Rechts und bei der **Nachlaßeinheit**. Gleiches gilt, wenn die gem Art 25 II getroffene Rechtswahl ins Leere geht (bei dt Erblassern) oder wegen entgegenstehenden vorrangigen Abkommensrechts (Dt-Iran Niederlassungsabkommen, Rz 4) unbeachtlich ist.

III. Anwendungsbereich

21 **1. Grundsatz erbrechtlicher Qualifikation.** Das gem Abs I wie Abs II ermittelte Erbstatut befindet über grundsätzlich alle erbrechtlichen Fragen, die sich für den von ihm erfaßten Erbfall stellen (**kollisionsrechtliche Nachlaßeinheit**). Ist wegen der aus Abs I und/oder auch Abs II folgenden Verweisungen im einzelnen Erbfalle **Nachlaßspaltung** eingetreten, befindet jedes der für die einzelnen Spaltnachlässe berufenen Erbstatute über die Spaltnachlässe selbständig und grundsätzlich ohne Rücksicht auf das rechtliche Schicksal der anderen Spaltnachlässe über die erbrechtlichen Fragen (s jedoch noch Rz 38). Ob erbrechtliche Fragen iS der in Abs I für den Anwendungsbereich in den Mittelpunkt gerückten „Rechtsnachfolge von Todes wegen" vorliegen, ist auf der Grundlage der allg Qualifikationslehre (Einl Rz 38–40) zu beurteilen, so daß keine enge Orientierung an den Rechtsinstituten des deutschen Erbrechts, das freilich die Wertungszusammenhänge vermitteln kann, geboten ist. Mit dieser Maßgabe befindet das Erbstatut über die Rechtsnachfolge von Todes wegen vom Eintritt des Erbfalles über die Berufung aller erbrechtlich Berechtigten und deren Rechtsstellung in bezug auf den Nachlaß bis zur Verteilung des Nachlasses und dem Ende des Erbgangs. Es gibt im Anwendungsbereich des Art 25 also keine Trennung zwischen der dem Erbstatut unterstehenden Rechtsnachfolge im Todesfall an sich und einem davon getrennt zu sehenden, die Nachlaßabwicklung erfassenden und der lex fori unterstellenden „Erbgang" (in diese Richtung, zT de lege ferenda, Ferid FS Cohn [1975] 31). Soweit sich wegen des notwendigen Ineinandergreifens von Erbstatut und der lex fori unterliegendem Nachlaßverfahrensrecht Harmonieprobleme ergeben, sind diese grundsätzlich durch Anpassung des inländischen Verfahrensrechts zu lösen.

2. Einzelfragen zum Anwendungsbereich

22 **a)** Das Erbstatut befindet so zunächst über den **Eintritt** und Zeitpunkt **eines Erbfalls** einschließlich eines **Vor- und Nacherbfalls** (allg A, Kegel/Schurig IPR § 21 II). Hingegen unterliegen die den Tod und den Todeszeitpunkt betreffenden Fragen (Todesfeststellung, Verschollenheit, Ablebensvermutungen, insoweit aA Dörner IPRax 1994, 365) ihrem jeweiligen, idR mit dem Personalstatut zusammenfallenden Statut (s Erl zu Art 7 Rz 4; Art 9 Rz 14).
b) Nach dem Erbstatut beurteilt sich dann **Art und Weise und Zeitpunkt der erbrechtlichen Nachfolge**, dh des Übergangs des Nachlasses vom Erblasser auf den bzw die Erben. Hierzu zählt, ob Gesamtrechtsnachfolge (Universalsukzession) oder Einzelrechtsnachfolge eintritt (zB an Gesellschaftsanteil, v Oertzen IPRax 1994, 73, 76) und ob der Nachlaß unmittelbar kraft Gesetzes auf den Erben übergeht (Immediatsukzession) oder ob es hierfür der „Annahme" ([Österreich] BayObLG IPRax 1981, 100; BayObLG 1971, 34 – Erbserklärung; Italien BayObLG 1961, 4, 13; BayObLG NJW 1967, 447f; Rauscher DNotZ 1985, 204) oder gar einer Einweisung des Erben in die Erbschaft durch das Nachlaßgericht bedarf ([Österreich] BayObLG IPRsp 1971 Nr 51; BayObLG 1995, 47; Firsching IPRax 1981, 86, 88; Jayme ZfRV 24 [1983] 162, 166; Hoyer IPRax 1986, 345f „Einantwortung" [zur prakt Handhabung im Inland s BayObLG 1995, 47, 52 u Oertzen ZEV 1995, 418: unbedingte „Erbserklärung" genügt, s Rz 6]; zum „legal representative" – „executor" bzw „administrator" der Rechte des angloamerikanischen Rechtskreises BGH IPRax 1985, 221; BFH IPRsp 1986 Nr 112; BayObLG IPRsp 1980 Nr 124; BayObLG IPRax 1982, 111 und Anm Firsching 98; BayObLG DNotZ 1984, 47; KG ZEV 2000, 500; AG Heidelberg IPRax 1992, 171).

Zur Gleichstellung mit Immediatsukzession des eingesetzten Erben bei Identität von Erbe und „executor" bei Abwicklung inländischen Nachlasses näher Staud/Dörner (2000) Anh zu Art 25f Rz 205; Pecher, Die internationale Erbschaftsverwaltung bei deutsch-englischen Erbfällen (1995) (zu den im Erbscheinverfahren auftretenden Fragen Rz 48, 55).

c) Das Erbstatut ergibt dann die Berufung zum Erben, dh befindet über die **Erbfähigkeit** (zB der Leibesfrucht oder einer vorverstorbenen Person, BayObLG FamRZ 1988, 1100, 1102, oder einer juristischen Person bzw Personenvereinigung – hier ist die Vorfrage einer ggf erforderlichen Rechtsfähigkeit dann selbständig entsprechend Art 7 zu beurteilen, str, aA – Erbstatut – Ebke RabelsZ 48 [1984] 319, 320) und über den Kreis der **gesetzlichen Erben** und deren **Erbquoten** (zB Erbrecht des **Ehegatten** bzw des geschiedenen Ehegatten, s zB BayObLG IPRax 1981, 100, 102; KG IPRsp 1973 Nr 105; Karlsruhe NJW 1990, 1420f; BayObLG 1993, 385; auch BGH 96, 262 und BGH NJW 1996, 2096; zur selbständigen Anknüpfung der Ehegatteneigenschaft s Rz 9; Erbrecht von **ehelichen Kindern und Adoptivkindern** BGH FamRZ 1989, 37; KG FamRZ 1967, 53; FamRZ 1983, 98; KG OLGZ 1988, 6; zur Vorfrage **wirksamer Adoption** Rz 9 und BGH DNotZ 1968, 662; MDR 1989, 526; KG IPRax 1985, 354; Erbrecht **nichtehelicher Kinder** und Ausgestaltung des Erbrechts einschließlich vorzeitigen Erbausgleichs oder sonstiger Abfindung – Maßgeblichkeit des hypothetischen Erbstatuts im Zeitpunkt der Durchführung des Ausgleichs – BGH 96, 262 und Kegel IPRax 1986, 229; s auch BGH NJW 1996, 2096 – Maßgeblichkeit letzter mdl Verhandlung; abw Hamburg NJW-RR 1996, 203; Michaels IPRax 1998, 192. Erbrechtliche Qualifikation solcher erbrechtlicher Positionen bzw Ansprüche gilt auch nach der Streichung der §§ 1934a–e seit dem 1. 4. 1998; Erbrecht des **nichtehelichen Lebensgefährten** BayObLG DAVorm 1983, 757). Zum Erbrecht des eingetragenen Lebenspartners s Erl zu Art 17b.

d) Das Erbstatut befindet in Konsequenz zu c) auch über das Vorliegen eines **erbenlosen Nachlasses** und im Grundsatz auch über das gesetzliche **Erbrecht des Fiskus**, soweit letzteres als privates Erbrecht in Entsprechung zu § 1936 BGB (Schweiz und Türkei, Griechenland, Spanien, ehem UdSSR) und nicht als öffentlich-rechtliches Heimfallrecht bzw Aneignungsrecht ausgestaltet ist (s Graupner/Dreyling ZVglRWiss 82 [1983] 193; KG OLGZ 1985, 280 und dazu Firsching IPRax 1986, 25; Stuttgart IPRax 1987, 125; IPG 1973 Nr 37 [Hamburg]). Bei Ausgestaltung als Heimfallrecht (Österreich, Schweden) ist es wegen der Bindung an das Staatsterritorium im Inland nicht zu beachten; kraft (unechter) Teilrückverweisung auf den Inlandsnachlaß kommt dann § 1936 und Erbrecht des dt Fiskus zum Zuge (Stuttgart und KG aaO; Pal/Heldrich Art 25 Rz 10; Bungert MDR 1991, 713, 716; s S. Lorenz Rpfleger 1993, 433; Staud/Dörner (2000) Art 25 Rz 190ff).

e) Das Erbstatut ergibt den Kreis der **Pflichtteilsberechtigten** (BGH 9, 151, 154; NJW 1993, 1920, 1921; Hamburg DtZ 1993, 28; v Oertzen RIW 1994, 818; Klingelhöffer ZEV 1996, 258; ders ZEV 2001, 239 – Wechsel des Erbstatuts; Gruber ZEV 2001, 463 – Nachlaßspaltung) und die Ausgestaltung ihrer Rechtsstellung als gesetzliches **Noterbrecht** mit dinglicher Berechtigung am Nachlaß ([Schweiz] Taupitz IPRax 1988, 207; [Frankreich] IPG 1965/66 Nr 54; [Italien] BayObLG 1961, 4, 17; [Niederlande] Düsseldorf DNotZ 1964, 351) oder als **obligatorischer Zahlungsanspruch** ([Deutschland, Österreich] IPG 1978 Nr 36 [Kiel]; 1984 Nr 41 [Passau]; BGH FamRZ 1996, 727 – Verjährung; BGH NJW 1997, 521 – Pflichtteilsverzicht; ebenso richtet sich nach Erbstatut, ob nahe Angehörige **kein Pflichtteilsrecht** haben ([England, USA] s zur Frage des ordre public Rz 8); gleiches gilt für den Pflichtteilsergänzungsanspruch (Staud/Firsching vor Art 24–26 aF Rz 97, str; jetzt wie hier BGH NJW 2002, 2469) und dessen Verjährung (BGH FamRZ 1996, 727).

f) Das Erbstatut befindet über alle mit dem **Erwerb der Erbschaft** zusammenhängenden Fragen, so **Annahme und Ausschlagung** einschließlich der Fristen (BayObLG 1994, 49; NJW-RR 1998, 798; LG Hamburg ROW 1985, 172; Hamm NJW 1954, 1732; MüKo/Birk Art 25 Rz 238; Rauscher DNotZ 1985, 204; Hermann ZEV 2002, 259) und der Anfechtung (BayObLG 1994, 49, 53) oder eines Widerrufs (Saarbrücken ZfG 1991, 604), **Erbunwürdigkeit** (Düsseldorf NJW 1963, 2227, 2230; BayObLG 1961, 4, 16; Ferid FS Beitzke [1979] 479; zur Anwendung von Art 6 bei fehlender ausl Regelung MüKo/Birk Art 25 Rz 213 und Staud/Dörner Art 25 Rz 119); bei Erwerbsbeschränkungen erbfähiger natürlicher und juristischer Personen und Personenvereinigungen (s Rz 18) ist hingegen dann zu differenzieren, ob es sich um erbrechtlich zu qualifizierende, dem Erbstatut unterliegende (zB § 27 BeurkG) oder fremdrechtliche, lediglich territorial wirkende (zB Art 86 EGBGB) Beschränkungen handelt (eingehend MüKo/Birk Art 25 Rz 207; s auch Celle ROW 1989, 442 und dazu Wohlgemuth ROW 1989, 418; KG FamRZ 1996, 974; Naumburg FGPrax 1996, 49). Zum Verbot letztwilliger Verfügungen zugunsten von Heimträgern (nicht erbrechtlich zu qualifizieren) Oldenburg FG Prax 1999, 111 und Mankowski FamRZ 1999, 1313.

g) Das Erbstatut ergibt dann den **Umfang** des Nachlasses, dh die Zugehörigkeit von Aktiva und Passiva zu einem Nachlaß (BGH NJW 1959, 1317; Köln OLGZ 1975, 1; KG OLGZ 1977, 457). Über die Vorfrage der rechtlichen Zuordnung (Eigentum, Inhaberschaft, Vererblichkeit) entscheidet indes das jeweilige Einzelstatut (s Rz 10).

h) Ebenfalls befindet das Erbstatut über die **Rechte** des Erben gegenüber Dritten (zB **Erbschaftsanspruch** KG RzW 1972, 466; auch LG München FamRZ 1978, 364 und Nürnberg OLGZ 1981, 115 – zu § 27 ZPO int Gerichtsstand der Erbschaft) und über seine **Pflichten** und vor allem über die **Haftung des Erben** und des Nachlasses für **Nachlaßverbindlichkeiten**, deren Umfang (Erblasserschulden, Erbfallschulden, Nachlaßerbenschulden, zB BGH 9, 151, 154; BayObLG 1965, 423; KG OLGZ 1977, 309; IPG 1979 Nr 14 [Köln]) und deren Beschränkung (BayObLG 1965, 423, 431). S dazu Zillmann, Die Haftung der Erben im internationalen Erbrecht (1998).

i) Dem Erbstatut unterliegt schließlich Entstehung, Ausgestaltung und Auseinandersetzung einer **Erbengemeinschaft** (BGH NJW 1959, 1317; BGH 87, 19; BGH FamRZ 1997, 548; BayObLG 1965, 376; KG RzW 1972, 135 = IPRsp 1972 Nr 6). Es bestimmt also über die Struktur (Bruchteilsgemeinschaft, Gesamthand, BGH 9, 151, 154; Nürnberg AWD 1965, 93; LG Aachen IPRsp 1973 Nr 13 A) – bei zum Nachlaß gehörenden inländischen Grundstücken maßgeblich auch für die Eintragung der Miterben und ihrer Eigentümerstellung in das Grundbuch, s

BayObLG NJW-RR 2001, 879 = JuS 2001, 1026 Nr 9 [Hohloch], BayObLG 1992, 85, 87 – und über die aus der Struktur für Vertretung, Geschäftsführung, Einzelrechte und Pflichten sich ergebenden Regeln (BGH WM 1968, 1170; LG Dortmund NJW 1977, 2035; Oldenburg IPRsp 1979 Nr 135; s insgesamt Bentler, Die Erbengemeinschaft im IPR [1993]). Auch die Zulässigkeit eines **Erbschaftskaufs** ist Frage des Erbstatuts.

3. Zusätzliche Einzelfragen bei gewillkürter Erbfolge

28 **a) Grundsatzfragen.** Da Art 26 grundsätzlich (Ausnahme Abs V) nur die **Formgültigkeit** einer letztwilligen Verfügung betrifft, beurteilen sich alle anderen Fragen der Errichtung, Wirkung und Folgen einer letztwilligen Verfügung primär nach dem aus Art 25 folgenden Erbstatut. Angesichts der jetzt von Art 25 II zugelassenen **beschränkten Rechtswahl** (s Rz 16ff) können allerdings für eine Verfügung von Todes wegen (iS der Urkunde) im Einzelfall auch mehrere **Statuten** maßgeblich sein. Hinsichtlich der materiellen Beurteilung der Verfügung ist dann für die jeweiligen Spaltnachlässe und das für sie berufene Recht zu trennen. Im Falle des **Statutenwechsels** zwischen dem Zeitpunkt der Errichtung der Verfügung und dem Erbfall ist für die Fragen der **Gültigkeit der Errichtung und der Bindung** der Verfügung **nur** das **Errichtungsstatut** gem Art 26 V S 1 berufen. Art 26 V gehört zum sachlichen Zusammenhang des Art 25 (ebenso Pal/Heldrich Art 26 Rz 1) und hätte besser hier den Gesetzesstandort gefunden (s Einzelheiten zur Begründung der alleinigen Maßgeblichkeit des Errichtungsstatuts für mat Gültigkeit und Bindung bei Art 26 Rz 32). Liegt also im einzelnen Fall Statutenwechsel vom Errichtungsstatut zum jetzigen Erbstatut vor, sind alle Gültigkeits- und Bindungsfragen nur unter Zugrundelegen des Errichtungsstatuts zu beantworten. Es gelten deshalb die in Rz 21–27 stehenden Ausführungen auch für die gewillkürte Erbfolge; diese untersteht insofern dem Erbstatut. Zur Reichweite der Verdrängung des tatsächlichen Erbstatuts (im Erbfall) durch das Errichtungsstatut s Erl zu Art 26 Rz 24–33. Zusätzlich zu den in Rz 21–27 erl Fragen des Erbstatuts stellen sich bei Verfügungen von Todes wegen noch folgende Einzelfragen:

29 **b)** Die **Testierfähigkeit** ist (vorbehaltlich Art 26 V S 2, s dazu Erl zu Art 26 Rz 30) Angelegenheit des Erbstatuts, soweit sie als besondere erbrechtliche Frage behandelt wird (zB Testierfähigkeit des Minderjährigen), Angelegenheit des Personalstatuts, soweit sie an die Geschäftsfähigkeit geknüpft ist (str, wie hier Pal/Heldrich Art 25 Rz 16; Soergel/Kegel[11] vor Art 24 aF Rz 35; aA – Erbstatut – MüKo/Birk Art 26 Rz 13; aA – Art 7 I – van Venrooy JR 1988, 485; s ferner Art 7 Rz 10 und zu Art 26 V S 2 Erl dort Rz 22, 27).

c) Angelegenheit des Erbstatuts ist der statthafte **Inhalt** der letztwilligen Verfügung (BayObLG 1961, 13), dh Art und Weise und Inhalt der **Erbeinsetzung** einschließlich der Zulässigkeit von **Vor- und Nacherbschaft** (Celle FamRZ 1957, 273; IPG 1977 Nr 35 S 335) sowie der Möglichkeit der Bestimmung des Erben durch einen Dritten (jedenfalls wenn dieser „trustee" ist, s BGH NJW 1978, 766 (zur Errichtung eines testamentary trust Siemers/Müller ZEV 1998, 206; LG München I IPRax 2001, 459 m Aufsatz Schurig S 446); ü kann indes Art 6 berührt sein), dann von **Testamentsvollstreckung** (BayObLG 1965, 377; 1986, 466, 475) einschließlich Wirkungen und Voraussetzungen bzw Errichtung (BGH NJW 1963, 46 – interlokal –; Hamm OLGZ 1973, 289; BayObLG IPRax 1982, 111; BayObLG 1990, 51 = Rpfleger 1990, 363; dazu Roth IPRax 1991, 322; BFH IPRsp 1988 Nr 134 – executor; AG Heidelberg IPrax 1992, 171, einschließlich der Zuständigkeit der Errichtung und Benennung (BayObLG 1999, 302). Ebenso gehört in den Bereich des Erbstatuts im Grundsatz die Aussetzung von **Vermächtnissen**; hat das Erbstatut das Vermächtnis jedoch als dinglich wirkendes Vindikationslegat ausgestaltet (zB Frankreich, Italien, Rumänien, südamerikanische Rechtsordnungen), ist bei Inlandsbelegenheit des Nachlaßgegenstandes oder -teils wegen des Entgegenstehens der dt lex rei sitae (§§ 1939, 2147ff) **Umdeutung** in ein schuldrechtlich wirkendes Vermächtnis, ein Damnationslegat, erforderlich und möglich (BGH NJW 1995, 59; BayObLG 1995, 376; BayObLG 1974, 460; Köln NJW 1983, 525; Einzelheiten bei van Venrooy aaO 205; str, wie hier noch Pal/Heldrich Art 25 Rz 11; Birk ZEV 1995, 285; Dörner IPRax 1996, 26; Gröschler JZ 1996, 1030; Nishitani IPRax 1998, 74; s auch Süß RabelZ 65 [2001] 245; aM Hamm IPRsp 1993 Nr 114; Soergel/Kegel[11] vor Art 24 aF Rz 83; zur Frage der Aufnahme in den Erbschein Rz 52, 53). Ferner bestimmt das Erbstatut über sonstige Anordnungen wie **Teilungsanordnungen** (MüKo/Birk Art 26 Rz 120; s noch Karlsruhe IPRsp 1930 Nr 89) oder die **Vorausteilung** ([Italien, Frankreich] Düsseldorf IPRsp 1985 Nr 114); äußert letztere allerdings dingliche Wirkung, gelten entsprechend die oben für das Vermächtnis angeführten Regeln.

30 **d)** Das Erbstatut bestimmt über die **Auslegung des Testaments** und ergibt gesetzliche Auslegungsregeln (BGH WM 1976, 811 = IPRsp 1976 Nr 114; BFH IPRsp 1984 Nr 4; Köln NJW 1986, 2199; BayObLG 1986, 466, 473; FamRZ 1987, 526, 529), gleiches gilt für die **Testamentsanfechtung** (BGH FamRZ 1977, 786). Ebenso sind die Regeln und Rechtsinstitute des Erbstatuts für den Inhalt der Verfügung grundsätzlich ausschlaggebend, wenn diese „unter einem falschen Recht" (zB Deutscher testiert in Neuseeland unter Inanspruchnahme der Regeln des dortigen Rechts, Erbstatut aber ist gem Art 25 dt Recht) errichtet worden ist („**Handeln unter falschem Recht**", zu trennen von dem in Art 26 V geregelten Fall des **Statutenwechsels**, s Erl dort Rz 24, 33). Allerdings ist zur Ermittlung des Willens des Verfügenden der Inhalt des „falschen Rechts" heranzuziehen; in der Folge ist der so ermittelte Verfügungsgehalt mit den erbrechtlichen Instituten des „richtigen" Rechts, **dh** des Erbstatuts auszudrücken bzw zu „substituieren" (BayObLG 1980, 42 und dazu Firsching IPRax 1982, 98; LG Hamburg IPRsp 1980 Nr 190; Saarbrücken NJW 1967, 732; LG München I IPRax 1998, 117; s ferner MüKo/Spellenberg vor Art 11 Rz 130, 131), praktisch bedeutsam zB für Testamentsvollstreckung oder Vor- und Nacherbschaft, so noch Brandenburg FGPrax 2001, 206; BayObLG 2003, 68, 82; Jülicher ZEV 2001, 469; auch Czermak ZVglRWiss 87 (1988) 72.

31 **e)** Nach dem **Erbstatut** richten sich schließlich grundsätzlich (s Rz 28) die zugelassenen **Typen letztwilliger Verfügungen** und deren **Bindungswirkung** (Testament, gemeinschaftliches Testament, Kodizill – s § 553 ABGB Österreich –, Erbvertrag, auch Erbverzicht, Testiervertrag). Indes ist hier Differenzierung erforderlich. **aa) Gemeinschaftliche Testamente**, dh Testamente von Ehegatten oder sonstigen Personen, die förmlich zusammengefaßt in einer Urkunde Verfügungen treffen, die in einem gegenseitigen Abhängigkeitsverhältnis stehen (s näher

MüKo/Birk Art 26 Rz 97; Schack, Gedächtnisschrift Lüderitz [2000] 659), unterliegen dem **gemeinsamen Erbstatut** der Personen iSv Abs I oder II (bei Ehegattentestament für Inlandsgrundvermögen), das durch die übereinstimmende effektive Staatsangehörigkeit (iSv Art 5 I S 1 und 2) gebildet wird; fehlt mangels gemeinsamer Staatsangehörigkeit gemeinschaftliches Erbstatut, kann die „Anknüpfungsleiter" von Art 14 I nicht entsprechend herangezogen werden (s Rz 2); jedes der beiden Erbstatute muß dann das gemeinschaftliche Testament vorsehen (Kumulationsprinzip, s MüKo/Birk Art 26 Rz 100ff mwN; Pal/Heldrich Art 25 Rz 13), ebenso muß die Bindungswirkung nach beiden Statuten gegeben sein (offengelassen Zweibrücken FamRZ 1992, 608f – ehem Jugoslawien; wie hier Pfeiffer FamRZ 1993, 1276; Riering ZEV 1994, 226; aA – für Betrachtung jedes Ehegatten nach seinem Recht – Pal/Heldrich Art 25 Rz 13). Enthält das Erbstatut ein **Verbot** (romanische Rechtsordnungen, s Jayme IPRax 1983, 308; Umstätter DNotZ 1984, 532; Grundmann aaO 94; Süß IPRax 2002, 22), ist zu unterscheiden: Besteht das Verbot aufgrund **materiellrechtlicher** Wertung (Italien), ist das Verbot gem Art 25 I hinzunehmen, ein gemeinschaftliches Testament unter Beteiligung von Italienern also nicht statthaft (BayObLG 1957, 376; 1961, 4; Frankfurt IPRax 1986, 111; Rehm Mitt BayNot 1994, 277); betrachtet das Erbstatut das gemeinschaftliche Testieren als Formverstoß (Frankreich, Niederlande, Portugal), kann das Testament im Inland gem Art 26 formgültig errichtet werden (KG FamRZ 2001, 794; MüKo/Birk Art 26 Rz 93; Riering ZEV 1994, 227; Riering/Marck ZEV 1995, 90). Ob es Wirkungen, insbes Bindungswirkungen äußern kann, entscheidet sich freilich auch dann nach dem Erbstatut (bzw dem Errichtungsstatut iSv Art 26 V), s Düsseldorf NJW 1963, 2227; Hamm NJW 1964, 553 – Niederlande; BayObLG IPRsp 1975 Nr 114 – Schweiz; AG Bad Homburg IPRsp 1977 Nr 103; s ferner IPG 1980/81 Nr 43 – Hamburg, Italien; Jayme IPRax 1983, 308.

bb) Erbverträge unterliegen dem Erb- bzw Errichtungsstatut des Erblassers (BGH 19, 315f; BGH WM 1978, 171; BayObLG 1981, 178; BayObLG Rpfleger 1983, 27; BayObLG 1995, 51; LG Frankfurt am Main IPRsp 1997 Nr 122). Beim **zweiseitigen** Erbvertrag (beide Vertragspartner treffen letztwillige Verfügung) müssen beide Erbstatuten (bzw Errichtungsstatuten) die Zulässigkeit bejahen; aA Staud/Dörner Art 25 Rz 329; wie hier MüKo/Birk Art 25 Rz 136). Enthält das maßgebende Statut oder eines der beiden Statuten ein materiellrechtlich zu qualifizierendes **Verbot** des Erbvertrages (Frankreich, Italien, Niederlande, auch Polen, sonstige romanische Länder), kommt ggf **Umdeutung in gemeinschaftliches Testament** in Betracht (BGH NJW 1954, 508; KG IPRsp 1962/63 Nr 144; Düsseldorf NJW 1963, 2229 = DNotZ 1964, 347; IPG 1980/81 Nr 45 [Bonn]), sofern und soweit das jeweilige Statut dies vorsieht (MüKo/Birk Art 25 Rz 106). Bei Koppelung eines Erbvertrages mit einem Ehevertrag ist jeder Vertragsteil nach seinem eigenen Statut, der erbvertragliche Teil also nach Erbstatut zu behandeln (Düsseldorf DNotZ 1964, 351; s ferner MüKo/Birk Art 26 Rz 137).

cc) Für den **Erbverzicht**, seine Zulässigkeit und Verzichtswirkung ist das **Erbstatut** entscheidend (IPG 1978 Nr 35 [München]; Riering ZEV 1998, 248; Erman/Marquordt[7] Art 24, 25 aF Rz 34 mwN); nicht für den zugrunde liegenden **Abfindungsvertrag** (Hamm ZEV 2000, 507, 508), der schuldrechtlich zu qualifizieren ist (Art 27, 28). Das Personalstatut des Verzichtenden bleibt außer Betracht. Die Geschäftsfähigkeit beurteilt sich nach Art 7.

dd) Gleiches gilt für **Testierverträge**; entscheidend ist das Erbstatut des Verpflichteten (MüKo/Birk Art 26 Rz 145; Pal/Heldrich Art 25 Rz 13; aA – Schuldstatut – van Venrooy JZ 1985, 609; ausf Scheuermann, Statutenwechsel im int Erbrecht [1969] 110ff; Hepp, Der amerikan Testiervertrag – contract to make a will ... 5ff).

f) Schenkungen von Todes wegen unterliegen, soweit sie beim Tod des Schenkers noch nicht vollzogen sind (insoweit Schenkungsstatut) dem Erbstatut (BGH NJW 1959, 1317; BFH IPRsp 1950/51 Nr 11; s noch BGH 87, 19, 22 – offengelassen –; Winkler v Mohrenfels IPRax 1991, 237, 239; St. Lorenz ZEV 1996, 407). Über Zeitpunkt und Erfordernisse der Vollziehung entscheidet indes das für den Rechtserwerb maßgebliche Recht (zB Sachstatut, Abtretungs- und Forderungsstatut, s Düsseldorf FamRZ 1997, 61; Düsseldorf FamRZ 2001, 1102; krit dazu Henrich ZEV 2001, 486; auch zu den Qualifikationsproblemen Henrich FS Firsching [1985] 111, 118; s ferner MüKo/Birk Art 26 Rz 154).

4. Erbstatut, Güterstatut, Sachstatut und Gesellschaftsstatut (Abgrenzungen)

Das Erbstatut erfaßt nur erbrechtlich zu qualifizierende Fragen (Rz 21–34). **a)** Die Abgrenzung zum **Güterstatut** betrifft im wesentlichen die Frage der Teilhabe des überlebenden Ehegatten am Erblasservermögen. Die Einordnung von **§ 1371 BGB** und vergleichbaren Ausgleichsmechanismen ist bei Erl zu Art 15 Rz 37ff im Sinne **grundsätzlich güterrechtlicher** (s Karlsruhe NJW 1990, 1420 = IPRsp 1989 Nr 164 = IPRax 1990, 407 mit Aufsatz Schurig 389) **Qualifikation** vorgenommen worden. Zu Randfragen s noch MüKo/Birk Art 25 Rz 150ff. **b)** Für das Verhältnis **Erbstatut – Sachstatut** gilt Ähnliches wie für das Verhältnis Güterstatut – Sachstatut (s Erl Art 15 Rz 36). Als Gesamtstatut kann sich das Erbstatut hinsichtlich dinglicher Wirkungen nur in dem Umfang durchsetzen, den die inl lex rei sitae konzediert (s BGH IPRsp 1985, 221 „trust"; zur „joint tenancy" des angloamerikanischen Rechts Ferid DNotZ 1964, 517; Henrich FS Riesenfeld [1983] 103; Czermak ZVglRWiss 87 [1988] 58; Firsching IPRax 1982, 98). S ferner Rz 29; zum Staatserbrecht Rz 23. Bedeutsam bleibt Erbstatut für die Eintragung der „Eigentumsqualität" bei Erbengemeinschaft ausländ Rechts in das Grundbuch. Die Eintragung hat diese zu verlautbaren, s Rz 27. **c)** Im Spannungsfeld zwischen Erb- und **Gesellschaftsstatut** bestimmt das Gesellschaftsstatut als Statut der „Sonderrechtsnachfolge" über die Auflösung oder Fortführung einer (Personen-)Gesellschaft beim Tode eines Gesellschafters und die Gestaltung der Nachfolge, LG München I IPRax 2001, 459 mit Aufs Schurig 446f; hingegen befindet das Erbstatut über Person und Anteile des bzw der Erben; zu Einzelheiten s Staud/Großfeld[13] IntGesR Rz 356; Staud/Dörner Art 25 Rz 60.

5. Nachlaßspaltung

a) Entstehung. Die tatsächliche Nachlaßeinheit hat eine Entsprechung in rechtlicher Nachlaßeinheit auf der Grundlage eines einheitlichen Erbstatuts nicht mehr, wenn Nachlaßspaltung eingetreten ist. Hierzu kann es aus den verschiedenen oben einzeln behandelten Gründen kommen: **aa)** Kraft **staatsvertraglicher Regelung**, die von Art 25 abweicht und für beweglichen und unbeweglichen Nachlaß unterschiedlich anknüpft (Deutschland – Türkei, s Rz 4 und 56, 57; Deutschland – ehem UdSSR, s Rz 4); **bb)** Kraft Ausübung der **Rechtswahl** gem **Art 25 II** durch Erblasser mit nichtdeutschem Erbstatut (s Rz 16); **cc)** Kraft **Teilrückverweisung** oder Teilweiterverweisung bei gespaltener Anknüpfung für das Erbrecht zB bzgl Mobilien und Immobilien im Heimatrecht des Erblassers („kollisionsrechtliche Nachlaßspaltung", s Rz 6); **dd)** Kraft Vorrangs des „Einzelstatuts vor dem Gesamtstatut" gem Art 3 III durch Anordnung der Maßgeblichkeit der lex rei sitae für Nachlaßgegenstände oder Sondervermögen im Belegenheitsstaat (s Rz 10 und Art 3 Rz 17).

37 **b) Selbständigkeit der Teilnachlässe.** Durch Nachlaßspaltung entstehen Teilnachlässe („Spaltnachlässe"), die grundsätzlich als **rechtlich selbständige Nachlässe** zu betrachten sind. Jeder Spaltnachlaß ist demgemäß als eigenständiger Nachlaß anzusehen, auf den im oben Rz 21–34 geschilderten Umfang die **Regelungen seines Erbstatuts** (bzw ggf auch des Errichtungsstatuts, s Rz 28 und Erl Art 26 Rz 24ff) **anzuwenden** sind (BGH 24, 352; BayObLG 1995, 88; 1999, 302; FamRZ 1996, 766; Zweibrücken ZEV 1997, 512 = FamRZ 1998, 264; dazu Hohloch ZEV 1997, 467; Kartzke IPRax 1999, 98; Sonnenberger IPRax 2002, 171; Gruber ZEV 2001, 463). Jedes Erbstatut befindet so eigenständig über den Kreis der gesetzlichen und der als solche berufenen Erben und über die durch letztwillige Verfügung berufbaren Erben (BGH 24, 352; 50, 63; BayObLG 1971, 34). Der Erblasser kann auch für jeden Spaltnachlaß getrennt testieren (BayObLG 1959, 390, 401 = NJW 1960, 775; FamRZ 1997, 392; Zweibrücken aaO. In der Regel aber bezieht der Testierwille sich auf den Gesamtnachlaß, s Hohloch ZEV 1997, 467, 472; Hamm FamRZ 1998, 121; auch KG FamRZ 1996, 1574; BayOBLG NJW 2000, 440, 441). Ebenso sind Wirksamkeit, einzelne Anordnungen, Auslegung, Anfechtung der letztwilligen Verfügung nach dem jeweiligen Erbstatut zu beurteilen (BayObLG 1980, 42 und dazu Firsching IPRax 1982, 98), so daß ggf hinsichtlich des einen Nachlasses Wirksamkeit, hinsichtlich des anderen Unwirksamkeit der Verfügung gegeben sein kann (vgl BayObLG 1995, 89: tw gesetzliche, tw testamentarische Erbfolge; nur im Ergebnis richtig Dresden IPRsp 1931 Nr 95). Für den Nachlaß, dessen Verfügung unwirksam ist, tritt gesetzliche Erbfolge ein, für den anderen Nachlaß gilt die Verfügung in ihrem vollen durch das Erbstatut vorgesehenen Umfang (so daß diese ggf über Anfechtung mit den für diesen Spaltnachlaß vorgesehenen Anfechtungsfolgen entscheidet). Selbständigkeit gilt auch in bezug auf die Bildung von **Erbengemeinschaften** und und die Rechte und Pflichten der Erben, insbes für die Haftung für **Nachlaßverbindlichkeiten**; ebenso für die Berechtigung von **Pflichtteilsberechtigten** (OLG Hamburg DtZ 1993, 28) und für die Art und Weise ihrer Berechtigung (Noterbrecht, s Frankreich oder obligatorischer Anspruch). Über die **Formgültigkeit** der letztwilligen Verfügung entscheiden auch bei Nachlaßspaltung die gem Art 26 (bzw Haager Testamentsformabkommen) berufenen Rechte (s auch Beitzke FS Lewald [1953] 235).

38 **c) Beziehungen zwischen den Spaltnachlässen.** Die rechtliche Selbständigkeit verschiedener Spaltnachlässe ist Folge des Kollisionsrechts und als solche grundsätzlich hinzunehmen, so daß auch ungünstige Folgen in Kauf genommen werden müssen, die sich insbes aus unterschiedlicher Beurteilung der Wirksamkeit von Verfügungen, der Haftung für Nachlaßverbindlichkeiten, des Ausgleichs für Vorempfänge und der Berechtigung von Pflichtteilsberechtigten ergeben können (Hohloch Anm zu BGH LM 17 zu BGB § 1577). Ist die Entstehung einer Nachlaßspaltung bei EU-Angehörigen Folge von Staatsangehörigkeitsanknüpfung u tw Rückverweisung, liegt darin kein Verstoß gegen das Diskriminierungsverbot des Art 12 EGV. Den ungünstigen Folgen kann grundsätzlich **nicht**, allenfalls im **abnorm gestörten Einzelfall** abgeholfen werden (s ausführliche Vorschläge bei Derstadt, Die Notwendigkeit der Anpassung bei Nachlaßspaltung im int Erbrecht [1998]; auch Henle, Kollisionsrechtliche Nachlaßspaltung im Deutsch-Franz Rechtsverkehr, Diss München 1975, 125; Dörner aaO 101; MüKo/Birk Art 25 Rz 127ff; Soergel/Schurig[12] Art 25 Rz 96ff; Staud/Dörner Art 25 Rz 730ff; zur Vorbeugung durch entsprechende Testamentsgestaltung Sonnenberger IPRax 2002, 171; Steiner ZEV 2001, 477; ders ZEV 2003, 145). Gegen Nichtigkeit der Verfügung wird so nichts helfen, bei Pflichtteilsberechtigung (einschließlich -ergänzung), Ausgleichung für Vorempfänge und Regreß für Leistungen auf Nachlaßverbindlichkeiten aber kann im Extremfall zu Ansprüchen auf Ausgleichung auf der Grundlage der lex fori gegriffen werden (insoweit tw anders Derstadt 137ff mit Fallgruppenbildung).

IV. Internationales Verfahrensrecht

39 **1. Allgemeines.** Über die Abgrenzung zwischen streitiger Gerichtsbarkeit und Gerichtsbarkeit in Nachlaßsachen (freiwillige Gerichtsbarkeit) entscheidet nach allgemeinen Grundsätzen die **lex fori**. Die Anschauung des dt Rechts entscheidet also grundsätzlich, ob ein Anspruch im Prozeßwege oder im FGG-Verfahren geltend zu machen ist.

40 **2. Streitiges Verfahren. a) Int Zuständigkeit. aa)** Staatsverträge, die die int Zuständigkeit auf dem Gebiet erbrechtlicher Streitigkeiten regeln, sind nur sehr vereinzelt vorhanden. **Mehrseitige Abkommen** auf diesem Gebiet sind für die BRepD **nicht in Kraft** (s vor Art 25 Rz 3). Das Europäische Gerichtsstands- und Vollstreckungsabkommen (EuGVÜ) galt gem seinem Art 1 II Nr 1 nicht für das „Gebiet des Erbrechts einschließlich des Testamentsrechts"; gleiches gilt für das Luganer Übereinkommen (LGVÜ); **Gemeinschaftsrecht der EU** besteht auch nicht; auch die seit 1. 3. 2002 an die Stelle des EuGVÜ getretene **EuGVO** (VO [EG] Nr 44/2001 des Rates über die gerichtliche Zuständigkeit und die Anerkennung und Vollstreckung von Entscheidungen in Zivil- und Handelssachen v 22. 12. 2000, ABl EG 2001 Nr L 12 S 1) enthält die Bereichsausnahme für das Erb- und Testamentsrecht (Art 1 I lit a). Keine Regelung insoweit enthält auch die **EheVO** (VO [EG] Nr 1347/2000 des Rates über die Zuständigkeit und die Anerkennung und Vollstreckung von Entscheidungen in Ehesachen und in Verfahren betreffend die elterliche Verantwortung für die gemeinsamen Kinder der Ehegatten v 29. 5. 2000, ABl EG 2000 Nr L 160 S 19). Da die EheVO das Güterrecht nicht betrifft, hat sie auch keine mittelbare Bedeutung für eine evtl güterrechtliche Verstärkung des Ehegattenerbrechts. Bedeutsam ist sie für das **Ende des Ehegattenerbrechts**

bei Auslandsscheidung durch die Beseitigung des Anerkennungsverfahrens nach Art 7 § 1 FamRÄndG in Art 14 EheVO; zur Reformarbeit insoweit s IPRax 1994, 67ff. Der in Vorbereitung befindliche Rechtsakt „Brüssel III" wird eine europ Zuständigkeitsregelung bringen, ist vor 2006 aber nicht zu erwarten. Als **zweiseitiger Staatsvertrag** enthält zZt nur das **Nachlaßabkommen** des **Deutsch-Türkischen Konsularvertrags** von 1929 (Rz 4 und 56) begrenzt eingreifende Zuständigkeitsregeln in § 8 (Zuständigkeit der Gerichte des Belegenheitsstaats bei Ansprüchen gegen den Nachlaß) und § 15 (Zuständigkeit der Gerichte des Heimatstaats für Klagen auf Feststellung des Erbrechts, von Erbrechtsansprüchen, von Ansprüchen aus Vermächtnissen und für Pflichtteilsansprüche bei beweglichem Nachlaß, des Belegenheitsstaats bei unbeweglichem Nachlaß). Das Deutsch-Österreichische Nachlaßabkommen vom 5. 2. 1927 (RGBl II 505) ist nicht mehr in Kraft, der Staatsvertrag zwischen der Schweiz und dem Großherzogtum Baden von 1856 ebenfalls nicht mehr (Rz 4). **bb)** Iü gelten die **autonomen Zuständigkeitsregeln**, die in Anlehnung an §§ 12ff ZPO zu bilden sind; hervorzuheben ist § 27 ZPO (Gerichtsstand der Erbschaft).

b) Verfahren. Ist gem Rz 40 int Zuständigkeit gegeben, können erbrechtlich zu qualifizierende Klagen auf der Grundlage jedes materiellen Erbrechts verhandelt werden. Sieht das fremde Erbrecht die Durchsetzung erbrechtlicher Berechtigungen durch Klagen vor, die dem dt Recht so nicht bekannt sind (zB „Herabsetzungsklagen" zur Durchsetzung des Pflichtteilsrechts bzw Noterbrechts [Italien, Frankreich, Schweiz, Niederlande] s BayObLG 1961, 4; Düsseldorf DNotZ 1964, 351; Johnen MittRhNotK 1986, 57; Taupitz IPRax 1988, 207; „Teilungsklagen" zwecks Auseinandersetzung der Erbengemeinschaft ital Rechts), gilt gleichwohl **dt Verfahrensrecht**, das ggf durch **Anpassung** den Erfordernissen des Erbstatuts anzupassen ist. 41

c) Anerkennung und Vollstreckung. Die Anerkennung ausl Urteile richtet sich nach § 328 ZPO, soweit nicht vorrangiges Abkommensrecht gegeben ist. Mehrseitige Abkommen sind für Deutschland zZt nicht in Kraft, EuGVÜ/LGVÜ und EuGVO betrafen bzw betreffen auch die Anerkennung und Vollstreckung erbrechtlicher Entscheidungen nicht. Als **zweiseitiges** Abkommen auf dem Gebiet des Erbrechts enthält das Nachlaßabkommen zum Deutsch-Türkischen Konsularvertrag (Rz 40) in § 15 S 2 eine Anerkennungsregel (s Text Rz 56). Die von Deutschland mit anderen Staaten abgeschlossenen Anerkennungs- und Vollstreckungsabkommen gelten regelmäßig auch für erbrechtliche Entscheidungen aus streitigen Verfahren (zB Schweiz – mit Einschränkungen – Art 1, 2; Italien, Art 1, 2; Österreich Art 1; Belgien Art 1; Großbritannien mit Einschränkungen Art 1 I, II; 2 I; Griechenland Art 1; Niederlande Art 1; Tunesien Art 27ff; Israel Art 1; Norwegen Art 1 I, III; Spanien Art 1, 3; s teilw Abdruck bei Baumbach/Lauterbach/Albers/Hartmann ZPO[60] Schlußanhang V B). 42

3. Nachlaßverfahren a) Int Zuständigkeit im allgemeinen. aa) Für die Gerichtsbarkeit in Nachlaßsachen gilt nach bisher fester Praxis der Grundsatz des Gleichlaufs zwischen materiellem Recht und Verfahrensrecht – **Gleichlaufgrundsatz: Die dt Gerichtsbarkeit in Nachlaßsachen geht genauso weit wie die Herrschaft des dt Erbrechts** (BGH 49, 1; 52, 153; KG JW 1937, 1728; OLGZ 1977, 309; BayObLG 1956, 119; 1958, 34; 1967, 1; 1976, 151; BayObLG DAVorm 1983, 757; BayObLG 1999, 303; 2001, 203; Zweibrücken OLGZ 1985, 413; FamRZ 1998, 263 = ZEV 1997, 467 und dazu Hohloch ZEV 1997, 512, 515f; Zweibrücken ZEV 2001, 488; KG FamRZ 2001, 794). Int Zuständigkeit ist damit in weniger weit Umfang als in der streitigen Gerichtsbarkeit gegeben; im Gegensatz zu dort (s Rz 40 dd) wird sie nicht auf entspr Anwendung der Vorschriften des FGG über die örtliche Zuständigkeit (§ 73 FGG) gestützt, so daß eine int Zuständigkeit am allg Gerichtsstand (Wohnsitz) der Beteiligten grundsätzlich nicht anerkannt ist. **bb)** Der Gesetzgeber der IPR-Reform hat sich trotz deutlicher, jahrelanger Kritik des Schrifttums an dieser grundsätzlichen Einstellung der Gerichte (s schon M. Wolff IPR 235; Neuhaus JZ 1951, 644, 645; Lewald IPR 333; später Heldrich, Int Zuständigkeit und anwendbares Recht [1969] § 10 IV; Kegel/Schurig IPR § 21 IV; Drobnig JZ 1959, 317, 318; Wiethölter in Lauterbach [Hrsg] Vorschläge und Gutachten zur Reform des dt int Erbrechts [1969] 141) zu gesetzlicher Überarbeitung des Rechts der int Zuständigkeit in Nachlaßangelegenheiten nicht veranlaßt und in der Lage gesehen (Begr RegE BT-Drucks 10/504, 92). **cc)** Demgemäß praktiziert die Gerichtspraxis auch derzeit die überkommene Grundsatzeinstellung (zB BayObLG 1986, 469 = NJW 1987, 1148f; BayObLG NJW-RR 1991, 1099; wN am Beginn der Rz und bei Berenbrok aaO 16ff), wobei sie „Gleichlauf" und Zuständigkeit auch dort und insoweit bejaht, wo und wie dt Erbrecht über Rückverweisung, Rechtswahl oder Art 3 III zur Anwendung kommt (s Zweibrücken aaO 467, 468). 43

dd) Die Rspr hat sich seit BayObLG NJW 1967, 447 (dazu Heldrich NJW 1967, 417 und Neuhaus NJW 1967, 1167) indes im Interesse der Gewährung weitergehenden Rechtsschutzes bei ausl Erbstatut, aber im Inland ansässigen Erben bzw Beteiligten der auf entsprechende Anwendung von § 73 FGG abzielenden Kritik aus dem Schrifttum in begrenztem Ausmaß angenähert. Inländische int Zuständigkeit in Nachlaßsachen wird demgemäß heute bei Vorliegen örtlicher Zuständigkeit iSd § 73 FGG trotz fehlenden Gleichlaufes dann bejaht, wenn die Ablehnung der int Zuständigkeit zu **Rechtsverweigerung** führen würde (BayObLG 1965, 423; 1967, 447) oder wenn aus Gründen der **Fürsorge** oder der Gewährung von **Notzuständigkeit** ein Gerichtsstand zu geben ist (so Hamm OLGZ 1973, 289; Frankfurt OLGZ 1977, 180; BayObLG 1994, 50 – Entgegennahme von Ausschlagungserklärung; LG Hagen FamRZ 1997, 645 – Ausschlagung), sofern die dem dt Gericht abverlangte Tätigkeit **nicht** (vor dem Hintergrund der Institute des dt Nachlaßverfahrens – und Erbrechts) **wesensfremd** ist. Auf der Grundlage dieses „Ausnahmegrundsatzes" wird die Zuständigkeit der dt Gerichte inzwischen für eine Vielzahl verschiedenartiger Nachlaßangelegenheiten, insbes solcher, die als vorläufig sichernde Maßregeln einzuordnen sind, jedenfalls von Teilen der Rspr dann bejaht, wenn die og allg Gesichtspunkte der Fürsorge, der Notzuständigkeit oder der Rechtsverweigerung bejaht werden können. Die Rechtslage ist freilich alles andere als übersichtlich: Bestellung von Nachlaßpfleger zugunsten der Erben (BGH 49, 1; BayObLG 1963, 52); Anordnung von Nachlaßpflegschaft zugunsten Nachlaßgläubiger (BGH und BayObLG aaO; aA BayObLG IPRax 1983, 82); Eröffnung einer Verfügung von Todes wegen eines Ausländers (BayObLG OLGE 40, 160); Inventarerrichtung (BayObLG 1965, 423); Anordnung der 44

Nachlaßverwaltung (administration) zur Vermeidung der Rechtsverweigerung (BayObLG 1976, 151; aA KG OLGZ 1977, 309; KG IPRsp 1972 Nr 113; BayObLG IPRsp 1976 Nr 115); Annahme einer unbedingten Erbserklärung ([Österreich] BayObLG 1967, 197; 338; aA BayObLG IPRsp 1971 Nr 51); Ausschlagung der Erbschaft (BayObLG 1965, 423, 429; 1994, 50; LG Hagen FamRZ 1997, 645); Anfechtung eines Testaments (KG JR 1976, 200, aA BayObLG IPRax 1982, 111); Verwahrung eines Testaments (KG NJW 1970, 390 interlokal); Entlassung eines Testamentsvollstreckers (Frankfurt OLGZ 1977, 180; Hamm OLGZ 1973, 289).

45 ee) In Anbetracht dieser Entwicklung kann heute von einschränkungsloser Herrschaft der Gleichlauftheorie nicht mehr gesprochen werden. Richtiger ist die Einschätzung, daß überall dort, wo ein echtes Bedürfnis zu bejahen ist, auch Zuständigkeit bejaht wird. Die Gleichlauftheorie relativiert sich damit (s Hohloch ZEV 1997, 467ff; MüKo/Birk Art 25 Rz 316). Entgegen dem Gleichlaufgrundsatz ist bei Vorliegen der von § 73 FGG für örtliche Zuständigkeit geforderten Voraussetzungen trotz Anwendbarkeit fremden Erbrechts die int Zuständigkeit jedenfalls dann gegeben, wenn vorläufig sichernde Maßregeln begehrt werden, die nicht ohne weiteres auch im Statutsstaat erlangt werden und dann hier Beachtung finden (§ 16a FGG) können. Ebenso sollte sie bei Vorliegen örtlicher Zuständigkeit dann bejaht werden, wenn ein Tätigwerden verlangt wird, das dt Gerichten der freiwilligen Gerichtsbarkeit nicht wesensfremd ist (Testamentseröffnung, Inventarerrichtung, Entgegennahme von Annahme- und Ausschlagungserklärungen, Verwahrung von letztwilligen Verfügungen). Auch insofern wirkt – bei inl Belegenheit von Nachlaßteilen oder bei Inlandswohnsitz des Erblassers oder von Erben der solche Zuständigkeit tragende Fürsorgegedanke (str, s enger zB v Bar IPR II Rz 389; weiter MüKo/Birk Art 25 Rz 308). Hingegen ist eine **allgemein und einschränkungslos auf entsprechender Anwendung von § 73 FGG aufbauende int Zuständigkeit** der dt Nachlaßgerichte ohne entspr gesetzliche oder völkervertragliche bzw EU-gemeinschaftsrechtliche Grundlagen **abzulehnen**. Wird die Zuständigkeit bejaht, sind **vorläufig sichernde Maßregeln** auf der Grundlage der **lex fori** zu erlassen, **andere Maßnahmen** sind hingegen am **Erbstatut** auszurichten (str, s mit jeweils eigenem, von hier abw Standpunkt aus neuerer Zeit insbes v Bar IPR II Rz 385, 389; MüKo/Birk Art 25 Rz 312ff). Zu den – insofern speziellen – Fragen internationaler Nachlaßverwaltung und internationaler Nachlaßkonkurse MüKo/Birk Art 25 Rz 367–371; Bünning, Nachlaßverwaltung und Nachlaßkonkurs im int Privat- und Verfahrensrecht (1998).

46 ff) Ob im Rahmen der Gleichlauftheorie dt Recht aufgrund dt Staatsangehörigkeit des Erblassers (Art 25 I), aufgrund Rechtswahl (Art 25 II), aufgrund von Rückverweisung oder Teilrückverweisung oder aufgrund von Art 3 III anzuwendendes Recht ist, bleibt sich für die Bejahung der Gleichlaufzuständigkeit gleich (s schon Rz 43 aE und LG Lübeck SchlHA 1958, 334; ebenso Pal/Heldrich Art 25 Rz 18).

47 **b) Erbschein und Testamentsvollstreckerzeugnis. aa) Int Zuständigkeit.** Im Verfahren auf Erteilung eines Erbscheins oder Testamentsvollstreckerzeugnisses ist die andere Nachlaßverfahren prägende Gleichlauftheorie (Rz 43) durch die gesetzliche Regelung, die in §§ 2353, 2369 BGB zwischen dem **allgemeinen Erbschein** (§ 2353 BGB) und dem gegenständlich beschränkten oder **Fremdrechtserbschein** (§ 2369 BGB) trennt, ergänzt. **(1)** Internationale Zuständigkeit für die Erteilung eines allg Erbscheins iSv § 2353 BGB erfordert iS der Gleichlauftheorie die Maßgeblichkeit dt Erbrechts für den Erbfall als Ergebnis der Anwendung der dt Kollisionsnormen (einschließlich staatsvertraglicher Kollisionsnormen). Ob der Erblasser **Deutscher** oder **Ausländer** ist, ist dabei **unerheblich**. Bei Anwendbarkeit dt Rechts besteht int Zuständigkeit nach den allg, ungeschriebenen Regeln (Rz 43). Wie es zur Anwendbarkeit dt Rechts kommt (s Rz 46), ist für die Frage der int Zuständigkeit unerheblich. Unterschiede können sich aus der Art der Berufung des dt Rechts indes für die Ausgestaltung des Erbscheines (unbeschränkter Erbschein, auf im Inland belegenen Nachlaß beschränkter Erbschein) ergeben (s dazu unten Rz 50ff und grundsätzlich wie auch de lege ferenda Hohloch, FS Schlechtriem [2003] 377; Hohloch, FS Stoll [2001] 533, 542f).

48 **(2) Int Zuständigkeit für die Erteilung eines Fremdrechtserbscheins** besteht gem § 2369 BGB bei **ausl Erbstatut** und **inl Belegenheit** (s dazu § 2369 II BGB) von Nachlaßgegenständen. § 2369 BGB rechtfertigt sich aus der Notwendigkeit des Schutzes des dt Rechtsverkehrs (so schon Erman/Marquordt[7] Art 24, 25 aF Rz 53; ie ist die dogmatische Einordnung strittig, s dazu Soergel/Schurig[12] Art 25 Rz 62ff, 76; MüKo/Birk Art 25 Rz 326ff; Raape[5] IPR 444, 448) und zeigt auch mit seiner Existenz die Notwendigkeit einer relativierten Sicht des Gleichlaufprinzips. Wie es zur Anwendbarkeit des ausl Rechts kommt (Art 25 oder staatsvertragliche Norm), ist auch hier unerheblich. Zur Ausgestaltung des Erbscheins s Rz 53.

49 **(3) Int Zuständigkeit für die Erteilung eines allg Erbscheins gem § 2353 BGB bei dt Erblasser, aber ausl Erbstatut** besteht **im Ausnahmefall** bei drohender Rechtsverweigerung oder in Ausübung von Fürsorgezuständigkeit (BayObLG FamRZ 1997, 319). Der Fall kann eintreten, wenn für ausl, gem Art 3 III ausl Sachstatut unterliegendem Spaltnachlaß eines dt Erblassers ein Erbschein begehrt wird (vgl Zweibrücken OLGZ 1985, 413 – iE ablehnend – und dazu Witz/Bopp IPRax 1987, 83; zust Pal/Heldrich Art 25 Rz 20; abl MüKo/Birk Art 25 Rz 338, 339; ebenso dann – i Erg wieder ablehnend – Zweibrücken FamRZ 1998, 263 = ZEV 1997, 512 und insofern zust Hohloch ZEV aaO 467, 469; s ferner Hohloch, FS Schlechtriem [2003] 377ff; bei den Entscheidungen BayObLG 1961, 176; 1964, 291, 292; 1967, 197 handelt es sich um Sonderfälle [Sudetendeutsche, uU Lösung über Unteranknüpfung im Mehrrechtsstaat kraft ILR]).

50 **bb) Verfahren und Ausgestaltung des Erbscheins. (1)** Der Erbschein ist, ob allg Erbschein (Eigenrechtserbschein) oder Fremdrechtserbschein, ein **Rechtsinstitut des dt Rechts**, das auf der Grundlage der lex fori das **Erbrecht** bezeugt. Demgemäß richtet sich seine **Gestaltung nach dt Recht**. Liegen die Voraussetzungen der §§ 2353ff, 2369ff BGB vor, ist ein Erbschein ohne Rücksicht darauf, ob das Erbstatut die Einrichtung des Erbscheins kennt, auszustellen (BayObLG 1976, 181; allg M, zB Ferid/Böhmer IPR § 9–100).

(2) **Eigenrechtserbschein** (§ 2353 BGB) und **Fremdrechtserbschein** (§ 2369 BGB) können bei der Beerbung 51 eines Ausländers, der im Wege der Nachlaßspaltung (zum Entstehen s Rz 36) hinsichtlich seines inl Mobiliarnachlasses nach Heimatrecht, hinsichtlich seines Inlandgrundvermögens nach dt Recht beerbt wird, gleichzeitig ausgestellt und **in einer Urkunde verbunden** werden (s KG OLGZ 1984, 428, 431; BayObLG 1971, 34, 39; 1975, 86; BayObLG DNotZ 1984, 47; allg A).

(3) Die **Ausgestaltung des Eigenrechtserbscheins** iSv Rz 47 ist durch die Art und Weise des Zustandekom- 52 mens der Maßgeblichkeit des dt Erbstatuts bedingt. Bei dt Erblasser und dt Erbstatut, das nicht durch Nachlaßspaltung in seiner Gesamtmaßgeblichkeit beeinträchtigt ist, ist der Erbschein in der für §§ 2353ff BGB allg üblichen Weise auszustellen. Bei ausl Erblassern mit nur dt Erbstatut (durch umf Rückverweisung, s Rz 5) gilt dasselbe (ebenso MüKo/Birk Art 25 Rz 331ff). Kommt es hingegen bei ausl Erblassern zur Maßgeblichkeit des dt Rechts durch Nachlaßspaltung (durch Teilrückverweisung, Rechtswahl oder gem Art 3 III, s Rz 36), dann ist im Interesse der Rechtsklarheit und -sicherheit die **Beschränkung** auf den Inlandsnachlaß oder die dem dt Recht unterliegenden Nachlaßteile zu vermerken (s BayObLG NJW 1960, 775; BayObLG 1967, 1, 8; 418, 430; 1980, 42; KG IPRsp 1977 Nr 187; Siehr aaO 7; Schotten Rpfleger 1991, 181, 188f). Gleiches gilt grundsätzlich, wenn für einen dt Erblasser ein Eigenrechtserbschein erteilt wird, durch Nachlaßspaltung aber ausl Vermögen fremdem Erbstatut untersteht. Hier ist Vermerk der Beschränkung angezeigt (Hohloch ZEV 1997, 467ff; zu den Einzelheiten Hohloch, FS Schlechtriem [2003] 377ff; auch MüKo/Birk Art 25 Rz 339; aM LG München I IPRsp 1989 Nr 165 = Rpfleger 1990 S 167 mit Anm S. Lorenz); von ihr ist allerdings dann abzusehen, wenn der Erbschein durch Bejahung einer ausnahmsweisen Zuständigkeit (s Rz 49) auf das dem fremden Statut unterliegende Auslandsvermögen erstreckt wird (mangels inl Belegenheit handelt es sich insoweit nicht um einen Fremdrechtserbschein!).

(4) Die **Ausgestaltung des Fremdrechtserbscheins**, der Erbrechtszeugnis iSd dt Verfahrensrechts ist, aber eine 53 unter ausl Recht erworbene Erbrechtsposition (zunächst für den dt Rechtsverkehr, s KG OLGZ 1984, 428, 431f; Zweibrücken OLGZ 1985, 413; s ferner v Bar IPR II Rz 387 Fn 222) verlautbaren soll (Saarbrücken NJW 1967, 732f), kann im Einzelfall zu Schwierigkeiten führen, die durch eine „Gleichwertigkeitsprüfung" zu lösen sind. Anzugeben ist deshalb stets die **Rechtsordnung, nach der sich die Erbfolge beurteilt** (BayObLG 1961, 4, 21f; 176; KG IPRsp 1977 Nr 187) und die **Beschränkung auf das im Inland belegene Vermögen** (KG IPRsp 1934 Nr 71; BayObLG 1967, 418, 430; Düsseldorf NJW 1963, 2227, 2230), bei auf inl Einzelgrundstücke beschränkter Rechtswahl iSv Art 25 II auch der entsprechende Vermögensgegenstand (Siehe aaO 7). Zur Klarstellung sind ferner Abweichungen des Erbstatuts vom dt Recht („Erbengemeinschaft als Bruchteilsgemeinschaft ital Rechts") und dem inl Recht vergleichbare Verfügungsbeschränkungen aufzunehmen (Soergel/Schurig[12] Art 25 Rz 68; MüKo/Birk Art 25 Rz 333; Staud/Dörner Art 25 Rz 832ff – berichtend –). Durch die genannte Gleichwertigkeitsprüfung ist zu entscheiden, ob **Erbenstellung** gegeben ist (nein bei Erbschaft öst Rechts ohne Erbserklärung und Einantwortung, BayObLG IPRax 1981, 100, 101; Firsching IPRax 1981, 86, 88; Jayme ZfRV 24 [1983] 162; nein bei execution und administration im angloamerikanischen Rechtskreis, wenn nicht Personenidentität mit „beneficiary" BayObLG IPRax 1982, 111, 113f; DNotZ 1984, 47; KG IPRsp 1972 Nr 123; nein bei Vindikationslegaten Köln NJW 1983, 525; BayObLG 1974, 460, 466; LG Frankfurt IPRsp 1976 Nr 204; Hamm IPRsp 1989 Nr 162 [LG Münster aaO 353 aufhebend] ja beim Noterben des schweiz Rechts und der romanischen Rechte, bei Erfüllung der Voraussetzungen der Geltendmachung des Noterbrechts, s oben Rz 24 und Johnen MittRhNotK 1986, 57; zu Schweden s Johansson SchlHA 1960, 332); ebenso kann so der Treuhänderschaft (trustee) oder der vorgeschalteten Verwaltung des Nachlasses (administration, execution) durch Aufnahme eines – modifizierten – Testamentsvollstreckervermerks getragen werden (s BayObLG IPRax 1982, 111, 113), doch ist hier stets sorgsamst auf Gleichwertigkeit hin zu prüfen.

cc) **Testamentsvollstreckerzeugnisse** sind wie Erbscheine zu behandeln, § 2368 III BGB; danach ist ein 54 beschränktes Testamentsvollstreckerzeugnis bei ausl Erbstatut möglich (BGH NJW 1976, 2074; BayObLG 1965, 376, 377). Ob ein Testamentsvollstrecker bei Maßgeblichkeit ausl Rechts hingegen ernannt werden kann, ist nach den Ausführungen oben Rz 44–45 zu beurteilen. Das Zeugnis kann bei Maßgeblichkeit fremden Erbrechts aber nur bei ungefährer Gleichwertigkeit der Verwalterperson des ausl Rechts (executor, trustee, administrator, s Frankfurt IPRsp 1972 Nr 125; s ferner Rz 53) mit dem Testamentsvollstrecker des dt Rechts erteilt werden. Stets ist seine Kompetenz im Zeugnis näher zu umschreiben.

c) **Anerkennung ausl Akte.** Maßgeblich ist insofern, soweit nicht Abkommensrecht vorgeht (s Rz 42, ja bei 55 Türkei § 17; nein bei Schweiz, Stuttgart IPRax 1990, 233; nein Italien; ja Österreich Art 1; ja Belgien Art 1; nein Großbritannien Art I II; ja Griechenland Art 1, ja Niederlande; ja Tunesien; nein Israel Art 4 I Nr 2; nein Norwegen Art 1; mE nein Spanien Art 1 I) **§ 16a FGG**. Zu dessen grundsätzlichen Anforderungen Erl bei Art 22 Rz 26 und Kaufhold ZEV 1997, 401. Vorrangiges **EU-Recht** besteht bislang nicht, da „Brüssel III" noch aussteht (s Rz 40). Durch die Anerkennung werden die verfahrensrechtlichen Wirkungen der ausl Entscheidung auf das Inland erstreckt. Das kommt zB bei der **Anordnung einer Inventarerrichtung** durch ein ausl Gericht in Betracht. Sind **ausl Erbrechts- oder Testamentsvollstreckerzeugnisse**, die von einer ausl Behörde erteilt werden, von dem zugrundeliegenden Recht **nicht** mit vergleichbarer Beweis- und Legitimationswirkung ausgestattet, kommt ihre Anerkennung **nicht** in Betracht (so wohl MüKo/Birk Art 25 Rz 358ff; gänzlich ablehnend Geimer FS Ferid [1988] 89, 117 Fn 23, da der Erbschein keine Rechtskraftwirkung äußern könne). Im übrigen können sie aber Anerkennung finden (ebenso Pal/Heldrich Art 25 Rz 22; Krzywon BWNotZ 1989, 133); anzuerkennen ist so die Einantwortung Österreichs (Zweibrücken Rpfleger 1990, 121), die Erbbescheinigung der Schweiz (BayObLG NJW-RR 1991, 1098); jedenfalls Beweiskraft für das Erbrecht kann den Zeugnissen anderer Staaten zukommen (zB München WM 1967, 812, 815). Eine andere Frage ist, ob das dt Recht seinerseits einen anerkannten ausl Erbschein für ein bestimmtes inl Verfahren genügen läßt (nein bei § 35 GBO; Eintragung des Erben nur bei Vorlage dt Erbscheins, KG JFG 17 (1938) 342; KG JR 1954, 186, 464; s ferner KG NJW-RR 1997, 1095 u dazu krit Kaufhold

ZEV 1997, 402); ebenso ist das dt Nachlaßgericht bei bestehender int Zuständigkeit nicht an Erteilung eigenen Erbscheines (ohne Bindung an den ausl Erbschein, BayObLG 1965, 376, 377; NJW-RR 1991, 1098, 1099; KG IPRspr 1973 Nr 105) oder auch eines – ggf auf der ausländ Bescheinigung aufbauenden – Testamentsvollstreckerzeugnisses gemäß § 2368 III (dazu Gruber, Rpfleger 2000, 250) gehindert.

V. Deutsch-Türkisches Nachlaßabkommen

56 **1. Überblick und Text** (im Auszug). Das oben Rz 4 schon eingeführte, als Anlage zum Konsularvertrag v 28. 5. 1929 bestehende Nachlaßabkommen (dazu Dörner ZEV 1996, 90; Staud/Dörner vor Art 25f Rz 164ff) enthält in § 14 eine von Art 25 abweichende Kollisionsnorm, in § 16 eine von Art 26 zT abweichende Formkollisionsnorm (dazu s Art 26 Rz 5), in §§ 8, 15 S 1 Bestimmungen über die int Zuständigkeit für das streitige Verfahren und in §§ 15 S 2, 17 Vorschriften über die Anerkennung von Entscheidungen im streitigen Verfahren und von Erbscheinen und Testamentsvollstreckerzeugnissen:

§ 14
(1) Die erbrechtlichen Verhältnisse bestimmen sich in Ansehung des beweglichen Nachlasses nach den Gesetzen des Landes, dem der Erblasser zur Zeit seines Todes angehörte.
(2) Die erbrechtlichen Verhältnisse in Ansehung des unbeweglichen Nachlasses bestimmen sich nach den Gesetzen des Landes, in dem dieser Nachlaß liegt, und zwar in der gleichen Weise, wie wenn der Erblasser zur Zeit seines Todes Angehöriger dieses Landes gewesen wäre.

§ 16
(1) Verfügungen von Todes wegen sind, was ihre Form anlangt, gültig, wenn die Gesetze des Landes beachtet sind, wo die Verfügungen errichtet sind, oder die Gesetze des Staates, dem der Erblasser zur Zeit der Errichtung angehörte.
(2) Das gleiche gilt für den Widerruf solcher Verfügungen von Todes wegen.

§ 8
Streitigkeiten infolge von Ansprüchen gegen den Nachlaß sind bei den zuständigen Behörden des Landes, in dem dieser sich befindet, anhängig zu machen und von diesen zu entscheiden.

§ 15
Klagen, welche die Feststellung des Erbrechts, Erbschaftsansprüche, Ansprüche aus Vermächtnissen sowie Pflichtteilsansprüche zum Gegenstand haben, sind, soweit es sich um beweglichen Nachlaß handelt, bei den Gerichten des Staates anhängig zu machen, dem der Erblasser zur Zeit seines Todes angehörte, soweit es sich um unbeweglichen Nachlaß handelt, bei den Gerichten des Staates, in dessen Gebiet sich der unbewegliche Nachlaß befindet. Ihre Entscheidungen sind von dem anderen Staate anzuerkennen.

§ 17
Ein Zeugnis über ein erbrechtliches Verhältnis, insbesondere über das Recht des Erben oder eines Testamentsvollstreckers, das von der zuständigen Behörde des Staates, dem der Erblasser angehörte, nach dessen Gesetzen ausgestellt ist, genügt, soweit es sich um beweglichen Nachlaß handelt, zum Nachweis dieser Rechtsverhältnisse auch für das Gebiet des anderen Staates. Zum Beweis der Echtheit genügt die Beglaubigung durch einen Konsul oder einen diplomatischen Vertreter des Staates, dem der Erblasser angehörte.

57 **2. Erläuterungen.** a) § 14 I beruft im Sinne einer **Sachnormverweisung** Heimatrecht des Erblassers, § 14 II – ebenfalls als **Sachnormverweisung** – die lex rei sitae, dh Belegenheitsrecht. § 14 hat bei der Beurteilung der Erbfolge nach Erblasser mit türk Staatsangehörigkeit (iSv Art 5 I S 1 und 2 EGBGB, das Abk enthält keine Regelung der Mehrfachstaatsangehörigkeit) Vorrang vor Art 25 I und II EGBGB, so daß türk Erblassern im Inland eine Rechtswahl gem Art 25 II EGBGB nicht zusteht. Im Hinblick auf § 14 II, der für das Inlandsgrundvermögen die Geltung der lex rei sitae beruft, die gem § 12 III des Abk über die Abgrenzung zwischen beweglichem und unbeweglichem Nachlaß befindet, bedarf es solcher Rechtswahl aber nicht. Vielmehr tritt, wenn Inlandsgrundvermögen vorhanden ist, regelmäßig Nachlaßspaltung ein. Dies kann sich mit Bedeutung für die Praxis ändern, wenn in Zukunft deutsch-türkische Doppelstaater in steigender Zahl vorhanden sind. Im Inland sind sie als Deutsche (Art 5 I S 2 EGBGB) zu betrachten, so daß gem Art 25 beweglicher wie unbeweglicher Inlandsnachlaß deutschem Erbrecht unterliegen. In der Türkei belegenes Grundvermögen untersteht aber weiterhin dem türkischen Recht, da insofern Art 5 I S 2 EGBGB die für Art 14 wesentliche Staatsangehörigkeit nicht prägen kann, Art 14 II also abkommensgemäß zur Anwendung gelangt. Die Anwendung des Abkommens ist im Inland auf türk Erblasser beschränkt. Das Erbstatut zB des Ehegatten bei dt/türk Ehe bestimmt sich nach Art 25 EGBGB.
b) Die Bestimmungen über die int Zuständigkeit für Streitverfahren (§§ 8, 15) sind zT einschränkend auszulegen. Das Abkommen will in § 15 S 1 mit der Anordnung der Heimatstaatzuständigkeit die Angehörigen des jeweils anderen Staates schützen. Auf dt Erben (auch iSv Art 5 I S 2 EGBGB) braucht § 15 S 1 deshalb nicht angewandt zu werden, so daß insofern int Zuständigkeit auch inl Gerichte entspr § 27 ZPO in Anspruch genommen werden kann.
c) Die durch §§ 1–11 dem Konsul eingeräumten Befugnisse bei der Nachlaßsicherung und -regelung (dazu München IPRax 1981, 215; 216; LG Augsburg IPRax 1981, 215 und Kremer IPRax 1981, 205; AG Bad Homburg IPRspr 1977 Nr 103; Reinhart BWNotZ 1987, 98) hindern nach dem Wortlaut des Abkommens Erben eines türk Erblassers nicht, die dt Nachlaßgerichte in Anspruch zu nehmen. Die dem Konsul in §§ 1–4 eingeräumten Befugnisse greifen nach allg Konsularvölkerrecht erst dann, wenn der Staatsangehörige oder ein Nichtstaatsangehöriger im Interesse des Nachlasses eines Staatsangehörigen den Schutz und das Tätigwerden des Konsuls beansprucht. Ist dies nicht der Fall, sind die inl Nachlaßgerichte nicht gehindert, auf Antrag von Erben im Rahmen ihrer Zuständig-

keit Fremdrechts- und Eigenrechtserbscheine nach Maßgabe der Erl oben Rz 47ff auszustellen (zust Staud/Dörner [2000] vor Art 25f Rz 190). Für deren Anerkennung gilt § 17. Abdruck des geltenden **materiellen türk Erbrechts** gemäß TürkZGB geltender Fassung bei Ferid/Firsching/Lichtenberger/Davran/Davran, Bd VI „Türkei"; Serozan ZEV 1997, 473; wN bei Staud/Dörner (2000) Anh Art 25f Rz 682.

VI. Innerdeutsches Kollisionsrecht

1. Kollisionsregeln und heutige Bedeutung. a) Im innerdeutschen Kollisionsrecht (dazu Andrae NJ 1998, 113ff und 175ff; Schlüter/Fegeler FamRZ 1998, 1337; Märker ZEV 1999, 245) galten **vor dem 3. 10. 1990 Art 24 aF** und ab 1. 9. 1986 **Art 25 nF** als Regeln des ILR **entsprechend** (s BGH FamRZ 1977, 786, 787; KG FamRZ 1967, 53, 54; Hamm OLGZ 1973, 289, 290; Erman/Marquordt⁷ Art 24, 25 aF Rz 61; Dörner DNotZ 1977, 324ff; Kringe NJW 1983, 2292, 2293; Wähler FS Mampel [1983] 191; Wohlgemuth ROW 1985, 162; BayObLG 1991, 105; Frankfurt DtZ 1991, 300, 301); die Staatsangehörigkeit war als Anknüpfungsmoment durch den letzten gewöhnl Aufenthalt des Erblassers ersetzt, so daß Erbstatut das Recht des letzten gewöhnl Aufenthalts des Erblassers war.

b) Seit dem 3. 10. 1990 war durch die Abweichungen des Rechts des Beitrittsgebiets gem Art 235 § 1 II vom allg Bundesrecht auf dem Gebiet des Erbrechts nichtehelicher Kinder (stets gesetzliches Erbrecht und Pflichtteilsrecht, keine Ersetzung durch das Recht des Erbersatzanspruchs, s Rz 14) **teilweise Erbrechtsverschiedenheit** gegeben (s Eberhardt/Lübchen DtZ 1992, 206). Im Erbfall ab dem 3. 10. 1990 kam dieses Recht des Beitrittsgebiets auf nichteheliche Kinder, die vor dem 3. 10. 1990 geboren sind, als **fiktives Erbstatut** zur Anwendung, wenn der **Erblasser am 3. 10. 1990** (Schutzzweck des Art 235 § 1 II) **seinen gewöhnl Aufenthalt im Beitrittsgebiet** hatte (wie hier zB LG Berlin FamRZ 1992, 1105; Köln FamRZ 1993, 484; Pal/Heldrich⁵⁷ Art 25 Rz 23; Schotten/ Johnen DtZ 1991, 225, 233; Böhringer Rpfleger 1991, 275, 279; Wandel BwNotZ 1991, 1, 27; Pal/Edenhofer Art 235 Rz 2; aA Henrich IPRax 1991, 14). Gleiches galt im umgekehrten Falle bei Tod des nichtehelichen Kindes für das Erbrecht des am 3. 10. 1990 mit gewöhnl Aufenthalt in der ehemaligen DDR ansässigen Vaters und entspr Art 3 III iVm § 25 II RAG (s Rz 59) bei Nachlaßzugehörigkeit eines im Beitrittsgebiet belegenen Grundstücks.

c) Heutige Bedeutung. Das ErbGleichG v 16. 12. 1997, BGBl I 2968, hat mit Wirkung ab dem 1. 4. 1998 **grundsätzliche Rechtseinheit** auf dem Gesamtgebiet des Erbrecht dadurch hergestellt, daß §§ 1934a–e BGB außer Kraft getreten sind. **aa)** Demgemäß sind für **Erbfälle ab dem 1. 4. 1998** die oben (Rz 58) dargestellten Kollisionsregeln des ILR grundsätzlich nicht mehr von Bedeutung. Auf der Grundlage der jetzigen Fassung des BGB erben eheliche wie nichteheliche Abkömmlinge nach übereinstimmenden, hinsichtlich der – abgeschafften – Statusverschiedenheit nicht mehr differenzierenden Regeln (§§ 1924ff BGB). **bb)** Die Kollisionsregeln des oben (Rz 58 unter b) dargestellten, seit 3. 10. 1990 praktizierten ILR bleiben aber von Bedeutung für solche ab dem 1. 4. 1998 eintretende Erbfälle, in denen vor dem 1. 7. 1949 geborene Kinder als gesetzliche Erben in Betracht kommen. Art 12 § 10 II NEhelG hat für das Beitrittsgebiet keine Geltung erhalten, das Recht der DDR (§ 365 ZGB und Überleitungsrecht) kannte eine solche oder andere Altersgrenze nicht, so daß insofern nach wie vor völlige Rechtseinheit nicht besteht (ebenso Pal/Edenhofer Art 235 § 1 Rz 3). Folge dieser Rechtsverschiedenheit ist, daß das (insofern günstigere) Recht des Beitrittsgebiets unter den oben (Rz 58 unter b) dargestellten Voraussetzungen in solchen Erbfällen weiterhin zur Anwendung gelangt und zB ein am 3. 10. 1990 mit gewöhnl Aufenthalt im Beitrittsgebiet ausgestatteter Erblasser auch von vor dem 1. 7. 1949 geborenen nichtehelichen Kindern nach den insoweit geltenden Regeln des Kindesrechts beerbt wird. **cc)** Weiter bleiben die Regeln Rz 58 unter b von Bedeutung für den Geltungsbereich von Art 227, der Übergangsvorschrift zum ErbGleichG. Danach sind die Vorschriften der §§ 1934a–e, 2338a aF über das Erbrecht des nichtehel Kindes weiter anzuwenden, wenn der Erblasser vor dem 1. 4. 1998 gestorben oder vor diesem Zeitpunkt eine wirksame Regelung über den vorzeitigen Erbausgleich getroffen worden ist. Da die genannten §§ des BGB diese Weiteranwendung in dem ihnen durch Art 235 § 1 II versperrten Beitrittsgebiet nicht erfahren können, ist auch in solchen Fällen das anzuwendende Recht über die in Rz 58 unter b dargestellten Regeln zu bestimmen (ebenso Pal/Heldrich Art 25 Rz 23, 24).

2. Altfälle (Erbfälle vor dem Beitritt – 3. 10. 1990). a) Grundregel. Die oben (Rz 58 unter a) dargestellte Kollisionsregel der Maßgeblichkeit des letzten gewöhnl Aufenthalts des Erblassers ist heute auch Ausgangspunkt der interlokalrechtlichen Behandlung von innerdeutschen Altfällen, dh von Erbfällen, die vor dem 3. 10. 1990 eingetreten sind. Entsprechend Art 25 (Fassung 1986) bzw Art 220 I (Fassung 1986) iVm Art 24 (Fassung 1896) entscheidet sich grundsätzlich nach dem **letzten gewöhnl Aufenthalt des Erblassers**, ob Erbrecht des BGB oder gem Art 235 § 1 I das Erbrecht der früheren DDR (ZGB, in Geltung seit 1. 1. 1976, bzw früher geltendes Recht) in „Altfällen" dieser Art Erbstatut ist (BGH 124, 273; FamRZ 2001, 993, 994; BayObLG 1992, 64; Frankfurt DtZ 1991, 301; Hamm FamRZ 1995, 759; Brandenburg FamRZ 1997, 1024, 1030; FamRZ 1999, 188, 190 u 1461, 1462; ZEV 2002, 283; BayObLG FamRZ 2000, 989). Nur die auf der Grundlage von Art 25, 220 (Fassung 1986), ggf iVm Art 24 aF gebildeten Regeln des ILR bilden als **einheitliches ILR** mit deren einheitlicher intertemporalrechtlicher Regelung heute die Grundlage der Behandlung dieser Altfälle (s BGH 124, 270; 128, 41 und seither st Rspr, vgl Art 236 Rz 9 mwN). Die Regel lautet demnach, daß die Rechtsnachfolge von Todes wegen nach einem deutschen Erblasser bei einem Erbfall vor dem 3. 10. 1990 sich nach den Bestimmungen derjenigen Teilrechtsordnung richtet, deren räumlichem Geltungsbereich der Erblasser mit seinem gewöhnl Aufenthalt angehörte. Hatte der Erblasser im Todeszeitpunkt letzten gewöhnl Aufenthalt im späteren Beitrittsgebiet, beruft die Regel Recht der DDR, hatte der Erblasser letzten gewöhnl Aufenthalt im Gebiet der alten Bundesrepublik, ist Recht des BGB berufen.

b) Abweichungen von den mit der Grundregel erzielten Rechtsanwendungsergebnissen ergeben sich aber dann, wenn der Erblasser **Grundvermögen** im Gebiet der DDR hinterlassen hat. Hier ist in zeitlicher Hinsicht zu differenzieren, da zu den Regeln des innerdeutsch geltenden ILR auch die seit 1976 in der alten BRepD praktizierte Regel zählte, die Erbfolge in Grundstücke mit Belegenheit in der ehem DDR in Aufnahme der in § 25 II des am

1. 1. 1976 in Kraft getretenen RAG der DDR enthaltenen **Situsregel** (Maßgeblichkeit des Rechts des Lageortes für die Erbfolge in Grundstücke) dem Recht der ehem DDR zu unterstellen.

    aa) Ist der Erbfall **vor dem 1. 1. 1976** (Zeitpunkt des Inkrafttretens des RAG der ehem DDR) eingetreten, ist **Erbstatut** für den Gesamtnachlaß das **Heimatrecht** (iS der Ausprägung im ILR, Recht des gewöhnl Aufenthalts) des Erblassers im Zeitpunkt des Erbfalles (Frankfurt DtZ 1991, 300, 301; Zweibrücken Rpfleger 1992, 107; BayObLG 1994, 47; 1995, 85; KG DtZ 1996, 213; Dresden MittRhNotK 1997, 267.

62   **bb)** Ist der Erbfall **ab dem 1. 1. 1976** bis vor dem 3. 10. 1990 eingetreten, tritt wegen der Unterstellung von Grundeigentum und anderen dinglichen Rechten an Grundstücken und Gebäuden unter das Recht der DDR durch § 25 II RAG **Nachlaßspaltung** entspr Art 3 III ein, wenn der Erblasser seinen letzten gewöhnl Aufenthalt im ehem Bundesgebiet gehabt hat. Es gilt dann insoweit als Erbstatut das ZGB der ehem DDR. Zur Erbscheinerteilung (Teilerbschein) Oldenburg NdsRpfl 1992, 179. Die Erlangung der kollisionsrechtlichen Rechtseinheit und das Außerkrafttreten des RAG zum 3. 10. 1990 hat an dieser Beurteilung (s Art 237 Rz 5, 10) auch für die Gegenwart nichts geändert (zunächst BayObLG 1991, 105 = NJW 1991, 1237; LG Berlin NJW 1991, 1238; KG DtZ 1992, 187f. Dann: BGH FamRZ 1995, 481; BGH 131, 26; BayObLG FamRZ 1997, 391; KG FamRZ 1996, 570 und 1573; 1998, 125; Hamm FamRZ 1998, 122; Karlsruhe DtZ 1995, 338; auch noch BayObLG NJW-RR 2001, 950; FamRZ 2002, 1293; Hamm ZEV 2000, 507, 508; Frankfurt am Main FamRZ 2001, 1173). Die durch die Nachlaßspaltung entstehenden Teilnachlässe („Spaltnachlässe") unterliegen ebenso, wie dies im **IPR** der Fall ist (s Rz 36–38), getrennt dem Regelbestand des jeweiligen Statuts (BayObLG NJW 2000, 440, 441), so daß für den DDR-Recht unterliegenden Spaltnachlaß die erbrechtlichen Regeln des DDR-Erbrechts (ZGB) anzuwenden sind (vgl aus der reichhaltigen Rspr: Annahme und Ausschlagung sowie Anfechtung: BGH NJW 1998, 227 keine wirksame Ausschlagung bei Erklärung vor „westdeutschem" Gericht, BayObLG 1995, 79; KG FamRZ 1992, 612; ZEV 1997, 155; Testamentsanfechtung: BGH 124, 270; KG FamRZ 1996, 571; Auslegung des Testaments: Köln OLGZ 1994, 336; KG FamRZ 1996, 125; Hamm FamRZ 1996, 1577; Vor- und Nacherbfolge: KG FamRZ 1996, 1574; Erbschaftsanspruch: Brandenburg ZEV 1997, 158; gemeinschaftliches Testament: KG FamRZ 1998, 124 [Errichtungsstatut für Bindung maßgeblich]; Bestehen von Pflichtteilsansprüchen: Hamburg DtZ 1993, 28; Dresden FamRZ 1999, 406 – Haftung der Miterben gegenüber übergangenen Erben; BayObLG FamRZ 1999, 1470; Düsseldorf FamRZ 1999, 1395 Rechtsnachfolge in Grundvermögen). Zur Vererbung von Bodenreformgrundstücken BGH ZEV 1999, 275; BayObLG FamRZ 2003, 1327.

63   **cc) Umfang des Spaltnachlasses.** Der Spaltnachlaß gem § 25 II RAG betrifft nur das **Eigentum an Grundstücken** und dingliche Rechte an Grundstücken und Gebäuden aus der Sicht des § 25 II RAG, **nicht Ansprüche des Rechtsnachfolgers** des Erblassers auf das Eigentum mit Einschluß der durch § 3 I VermG v 29. 9. 1990 eingeräumten schuldrechtlichen Ansprüche auf Restitution und Rückübertragung von Eigentumsrechten an Grundstücken und Gebäuden (s dazu, zunächst materiellrechtlich KG DtZ 1991, 298, 299; BezG Dresden DtZ 1991, 302; dann BGH 131, 28 sowie BGH 123, 81 und 144, 251 = NJW 2000, 2421; Koblenz DtZ 1993, 254; BayObLG FamRZ 1996, 189; NJW 2000, 440; NJW-RR 2001, 950). Art 25 II RAG kann in dieser praktisch bedeutsamen und strittig behandelten Frage richtiger Auffassung nach nicht eingreifen, da aus § 3 I VermG folgende Ansprüche nicht Gegenstand des Nachlasses eines Erblassers sind, sondern gem VermG originär in der Person des am Stichtag (29. 9. 1990) Berechtigten entstehen (so BGH 131, 28; BayObLG FamRZ 1997, 391; Düsseldorf NJW 1998, 2608; KG ZEV 2000, 499, 500; BayObLG NJW 2000, 442); w Rspr bei Pal/Heldrich Art 25 Rz 24; richtig kritisiert Pal/Heldrich Art 25 Rz 24 die Gegenauffassung, die insoweit über Anwendung von § 25 II RAG und damit zum Erbrecht des ZGB gelangt (zB S. Lorenz ZEV 1995, 436; Bestelmeyer FamRZ 1994, 610; Dieckmann ZEV 1994, 199; Solomon IPRax 1997, 24; de Leve FamRZ 1996, 201; Kuchinke DtZ 1996, 195; Umbeck IPRax 2002, 34) damit, sie bringe § 25 II RAG zur Anwendung, obwohl die Norm im Zeitpunkt des Erbfalles weder aus der Sicht des bundesdeutschen Rechts noch aus der Sicht des Rechts der DDR damals zur Anwendung gelangen konnte.

64   **c)** Zur früheren Zuständigkeitspraxis der Nachlaßgerichte im interlokalen Verkehr, die auf Vorliegen von Fürsorgebedürfnis abstellten (s Hamm OLGZ 1973, 289), s Erman/Marquordt[7] Art 24, 25 aF Rz 63. Zur Anerkennung von in der ehem DDR früher ausgestellten Erbscheinen s Graf DtZ 1991, 370, 371; Schotten/Johnen DtZ 1991, 257, 260; Dörner IPRax 1991, 394. Seit dem 3. 10. 1990 ist Rechtseinheit eingetreten, so daß die Frage der interlokalen Zuständigkeit sich so nicht mehr stellt (BayObLG 1992, 54; KG OLGZ 1992, 291. Sie stellt sich ggf zur Erweiterung des bereits erteilten Erbscheines oder zur Erteilung weiterer Ausfertigungen; zuständig ist dann das Gericht, das ursprünglich den Erbschein erteilt hat, KG OLGZ 1993, 17; 1993, 293. Ergibt sich aus den Regeln des ILR Nachlaßspaltung (s Rz 62), ist (entspr § 2369) gegenständlich beschränkter Erbschein für einen Spaltnachlaß die Folge (BGH 146, 310; LG München FamRZ 1991, 1489; KG FamRZ 1992, 612; Hamm FamRZ 1995, 758; BayObLG NJW-RR 2001, 950, 952); ist für beide Spaltnachlässe Erbschein zu erteilen, ist ggf in einer Urkunde verbundener Doppelerbschein die Folge (AG Aachen Rpfleger 1991, 460 und Trittel DNotZ 1992, 451). Vor dem 3. 10. 1990 im alten Bundesgebiet erteilte allg Erbscheine sind grundsätzlich weiterhin gültig (AG Erfurt DtZ 1994, 77 – ablehnend dazu Brakebusch aaO 61); einen allg Erbschein iSv § 2353 stellt auch der Erbschein dar, der die Erbfolge nach den Regeln oben Rz 60ff insgesamt dem Recht der ehemaligen DDR (aus heutiger Sicht einer nach ILR anzuwendenden deutschen Teilrechtsordnung) unterstellt (LG Hamburg FamRZ 1992, 1476; Pal/Heldrich Art 25 Rz 25 aE).

65   **d)** Text von § 25 II RAG ehem DDR (außer Kraft seit 3. 10. 1990):

    Die erbrechtlichen Verhältnisse in bezug auf das Eigentum und andere Rechte an Grundstücken und Gebäuden, die sich in der Deutschen Demokratischen Republik befinden, bestimmen sich nach dem Recht der Deutschen Demokratischen Republik.

26 *Verfügungen von Todes wegen*
(1) Eine letztwillige Verfügung ist, auch wenn sie von mehreren Personen in derselben Urkunde errichtet wird, hinsichtlich ihrer Form gültig, wenn diese den Formerfordernissen entspricht
1. des Rechts eines Staates, dem der Erblasser ungeachtet des Artikels 5 Abs. 1 im Zeitpunkt, in dem er letztwillig verfügt hat, oder im Zeitpunkt seines Todes angehörte,
2. des Rechts des Ortes, an dem der Erblasser letztwillig verfügt hat,
3. des Rechts eines Ortes, an dem der Erblasser im Zeitpunkt seines Todes seinen Wohnsitz oder gewöhnlichen Aufenthalt hatte,
4. des Rechts des Ortes, an dem sich unbewegliches Vermögen befindet, soweit es sich um dieses handelt, oder
5. des Rechts, das auf die Rechtsnachfolge von Todes wegen anzuwenden ist oder im Zeitpunkt der Verfügung anzuwenden wäre.
Ob der Erblasser an einem bestimmten Ort einen Wohnsitz hatte, regelt das an diesem Ort geltende Recht.
(2) Absatz 1 ist auch auf letztwillige Verfügungen anzuwenden, durch die eine frühere letztwillige Verfügung widerrufen wird. Der Widerruf ist hinsichtlich seiner Form auch dann gültig, wenn diese einer der Rechtsordnungen entspricht, nach denen die widerrufene letztwillige Verfügung gemäß Absatz 1 gültig war.
(3) Die Vorschriften, welche die für letztwillige Verfügungen zugelassenen Formen mit Beziehung auf das Alter, die Staatsangehörigkeit oder andere persönliche Eigenschaften des Erblassers beschränken, werden als zur Form gehörend angesehen. Das gleiche gilt für Eigenschaften, welche die für die Gültigkeit einer letztwilligen Verfügung erforderlichen Zeugen besitzen müssen.
(4) Die Absätze 1 bis 3 gelten für andere Verfügungen von Todes wegen entsprechend.
(5) Im übrigen unterliegen die Gültigkeit der Errichtung einer Verfügung von Todes wegen und die Bindung an sie dem Recht, das im Zeitpunkt der Verfügung auf die Rechtsnachfolge von Todes wegen anzuwenden wäre. Die einmal erlangte Testierfähigkeit wird durch Erwerb oder Verlust der Rechtsstellung als Deutscher nicht beeinträchtigt.

Schrifttum: *Breemhaar*, Das Haager Testamentsabkommen und Art 992 des niederl Zivilgesetzbuches IPRax 1983, 93f; *Ferid*, Die 9. Haager Konferenz RabelsZ 27 (1962) 411; *Huth/Zwickler*, Das gesonderte kanad Vermächtnis-Testament von Deutschen mit Vermögen in Kanada ZVglRWiss 86 (1987) 338; *v Schack*, Das Haager Übereinkommen über das auf die Form letztwilliger Verfügungen anzuwendende Recht DNotZ 1966, 131; *Scheucher*, Das Haager Testamentsabkommen ZfRV 1964, 216; 1965, 85; *Scheuermann*, Statutenwechsel im internationalen Erbrecht (1969); s ferner die Hinweise zu Art 25 (vor Rz 1).

I. Allgemeines

1. Inhalt und Zweck

Art 26 enthält zweierlei: **Abs I–IV** enthalten **Regeln des Formstatuts** der letztwilligen Verfügung. **Abs V** hingegen regelt mit dem **Errichtungsstatut** (Vornahmestatut, Anfangsstatut) einen Teil der materiellen Seite einer letztwilligen Verfügung, nämlich das für ihre Gültigkeit und Bindungswirkung maßgebliche Recht. In beiderlei Hinsicht kann die Norm nicht völlig befriedigen. **Abs V** betrifft keine Frage der Form, sondern materielle Voraussetzungen der „Rechtsnachfolge von Todes wegen", die in Art 25 ihren Platz hat. Schon wegen des nicht einfachen Verhältnisses zwischen Errichtungsstatut und Erbstatut bei Statutenwechsel wäre die Anfügung von Abs V an Art 25 vorzuziehen gewesen. Art 26 betrifft dann in seiner Gesetz gewordenen Fassung nicht, wie die amtliche Überschrift vorgibt, das Statut der „Verfügungen von Todes wegen" insgesamt. Das über die Wirkungen entscheidende Recht, das Erbstatut, ergibt sich auch bei gewillkürter Erbfolge aus Art 25. Verständnis- wie Anwendungsprobleme ergeben sich in anderer Hinsicht. **Art 26 I–III** „übernehmen der Sache nach" (Ber RA BT-Drucks 10/ 5632, 44) die Vorschriften des **Haager Übereinkommens vom 5. 10. 1961 über das auf die Form letztwilliger Verfügungen anzuwendende Recht** – Haager Testamentsformabkommen (HTestFA) –, BGBl 1965 II 1145. Derartige „Übernahme" ist aber ein nur bedingt geeigneter Weg, das in der Praxis anzuwendende Recht im Hinblick auf den Anwendungsvorrang des Haager Testamentsformabkommens gem Art 3 II klar zu erkennen zu geben. Da Art 26 I–IV in Einzelaspekten den Regelungen des Testamentsformabkommens nicht völlig entsprechen, bedarf es in einzelnen Konstellationen genauer Prüfung der Anwendbarkeit der einen (zu Art 26 gehörenden) oder der anderen (sich aus dem Abkommen ergebenden) Formkollisionsregel.

Die praktische Bedeutung von Art 26 ist hoch. Die nationalen Erbrechtsordnungen weisen in der Ausgestaltung der Form von Verfügungen von Todes wegen ausgesprochene Vielfalt auf, die von der Mündlichkeit (islam Rechte, s zB IPG 1980/81 Nr 42 [Hamburg] [Ägypten], aber auch Österreich, s LG München I ZEV 1999, 489 = FamRZ 1999, 1307 = JuS 2000, 191 Nr 11 [Anm Hohloch]) über die in der Praxis beliebte Handschriftlichkeit bis zum Vorrang des Notartestaments (etwa Dänemark, Niederlande) reicht (Erstüberblick bei v Bar IPR II Rz 391). Andere Länder kennen auch das auf Videotonband gespeicherte Testament (Art 17 ErbG VR China, s Manthe OER 1985, 200). Ist im Einzelfall nicht dt Recht gem Art 26 I–IV zweifelsfrei einziges als Formstatut in Betracht kommendes Recht und sind die Formerfordernisse des gem Art 26 I–IV (auch) maßgeblichen dt Rechts nicht voll erfüllt, bedarf bei der weiteren Prüfung der Beachtung, daß nicht nur Formenvielfalt herrscht, sondern nahezu jedes Recht seine Formerfordernisse unterschiedlich ausgestaltet hat (s als Einstieg jeweils Landesbericht in Ferid–Firsching Int ErbR).

2. Vorgeschichte und altes Recht

Das EGBGB aF enthielt keinen Vorläufer, der speziell die Form letztwilliger Verfügungen regelte. Art 11 aF, dessen Formregeln ursprünglich auch das Formstatut der Verfügungen von Todes wegen ergaben, war für den

Bereich der Form einer letztwilligen Verfügung schon ab dem 1. 1. 1966 durch das Inkrafttreten des als loi uniforme gefaßten (Art 6) und alle Erbfälle seit seinem Inkrafttreten erfassenden Haager Testamentsformabkommens (s Rz 3) weithin ersetzt worden. Dem Reformgesetzgeber mußte es deshalb darum gehen, eine gesetzliche Regelung des Formstatuts zu finden, die dem Bestehen der staatsvertraglichen Bindungen durch das Abkommen Rechnung trug. Dies hätte in einfacher Weise durch eine Geltungsverweisung des EGBGB nF auf das Abkommen geschehen können (so Entwurf Kühne § 31). Der Gesetzgeber hat sich demgegenüber dazu entschlossen, „der Sache nach" die Vorschriften des Haager Abkommens zu übernehmen (s Rz 1). So enthält Abs I den Inhalt der Art 1 I, III und Art 4, Abs II den Inhalt von Art 2 des Abkommens, und Abs III entspricht sachlich Art 5 des Abkommens. Abs IV erstreckt diese Formvorschriften auf **Erbverträge**, die **vom Haager Testamentsformabkommen nicht erfaßt** sind (zB BayObLG 1975, 90; Staud/Dörner vor Art 25 Rz 82 mwN). Zur Bedeutung der „Übernahme" für das Verhältnis von Art 26 zum Haager Abkommen hat sich der Gesetzgeber nur undeutlich geäußert. Art 26 will keine Verdrängungswirkung ausüben, sondern „sachlich entsprechen" und den Anwendungsvorrang des Abk (Art 3 II) nicht in Frage stellen, gleichwohl aber die Rechtsanwendung durch den einfacheren Zugriff auf die in das EGBGB eingestellten Parallelregeln erleichtern (Begr RegE BT-Drucks 10/504, 76; Pirrung IPVR 172; Böhmer JA 1986, 235, 237). Zu den Streitfragen, die sich daraus ergeben haben, und ihrer Lösung s Rz 3.

3. Staatsvertragliche Regelung

3 **a)** Als **mehrseitiges** Übereinkommen ist für Deutschland das bereits mehrfach genannte Haager Übereinkommen über das auf die Form letztwilliger Verfügungen anzuwendende Recht vom 5. 10. 1961 – Haager Testamentsformabkommen (HTestFA) –, BGBl 1965 II 1144, seit dem **1. 1. 1966** in Kraft (Bek v 29. 12. 1965 BGBl 1966 II 11). Das Abkommen (Text im Auszug [amtl dt Übersetzung] Rz 34) ist inzwischen für knapp 40 weitere Vertragsstaaten in Kraft (s Fundstellennachweis B 2002 S 456 zum BGBl II, sowie Bek v 28. 11. 2001, BGBl 2002 II S 49; s ferner Text und Übersicht über die Vertragsstaaten bei Jayme/Haussmann Nr 39 Fn 6). Das Abkommen gilt gem seinem Art 6 **allseitig** (loi uniforme), zB BGH FamRZ 1994, 1585; Hamm und LG Münster IPRsp 1993 Nr 114, dh auch dann, wenn die Beteiligten nicht Staatsangehörige eines Vertragsstaats sind oder das aufgrund des Abkommens anwendbare Recht nicht das eines Vertragsstaates ist (Art 6 S 2) (zur Bedeutung für die Zeit vor dem 1. 9. 1986 s Rz 8). Gem Art 3 II EGBGB hat es Vorrang vor innerstaatlich gesetztem IPR, so daß es innerhalb seines sachlichen, zeitlichen und persönlichen Anwendungsbereichs Vorrang sowohl vor Art 11 aF wie auch vor Art 26 nF hat. Hierüber besteht, soweit ersichtlich, Einigkeit (Zweibrücken FamRZ 1992, 608, 609 implicite; BT-Drucks 10/504, 76; Pirrung IPVR 176; insofern auch Pal/Heldrich Art 26 Rz 1; MüKo/Birk Art 26 Rz 2; Soergel/Schurig[12] Art 26 Rz 3; Staud/Dörner Art 26 Rz 12, 18ff; Kropholler IPR § 51 IV 3; Jayme IPRax 1986, 265, 266; Mansel StAZ 1986, 315, 316; Basedow NJW 1986, 2891, 2975; Siehr IPRax 1987, 4, 6; Reinhart BWNotZ 1987, 98; Hohloch JuS 1989, 81, 87, 90; im Erg auch Schurig JZ 1987, 764; differenzierend – Art 26 I Nr 1–3 lex specialis zu Art 3 II – v Bar IPR I Rz 203, II Rz 356). Da die Geltung des Abk im dt Gesetzgeber aber nicht hindern konnte, innerstaatliches „Parallelrecht" in Art 26 zu setzen, ist dessen Anwendung ungeachtet des gem Art 3 II bestehenden Vorrangs der Abkommensregeln jedenfalls im Ergebnis unschädlich (ebenso Kropholler aaO; im Ergebnis Zweibrücken aaO 609; Pal/Heldrich Art 26 Rz 1 „Art 26 genügt").

4 Wird mit diesem Grundverständnis Art 26 als schneller greifbare Norm angewandt, ist freilich stets auf die bestehenden Abweichungen zwischen dem Abkommen und Art 26 zu achten. Wo die Abkommensregelung von Art 26 nicht völlig nachvollzogen worden ist, hat die Abkommensregelung wegen ihres Vorrangs auch zur Anwendung zu gelangen. Art 26 anzuwenden, „genügt" dann nicht (ebenso Pal/Heldrich aaO). **Stets anzuwendende Abkommensregeln** in diesem Sinne sind **Art 1 II** (Unteranknüpfung bei Mehrrechtsstaaten, keine völlige Übereinstimmung mit Art 4 III EGBGB und deshalb anzuwenden, s Rz 14) und **Art 7** (ordre-public-Klausel, im Wortlaut von Art 6 EGBGB abw, s Rz 7). Diese Vorrangproblematik ist nicht gegeben bei den Abweichungen, mit denen Art 26 über die Abkommensregelungen hinausgeht. Insofern ist Art 26 eindeutig anwendbar, da das Abkommen keinen Ausschließlichkeitsanspruch für das Formstatut bei letztwilligen Verfügungen erhebt (Art 3). So liegt es bei **Abs I Nr 5** (s dazu BT-Drucks 10/5632, 44) und bei **Abs IV** (Erbverträge ua, s Rz 19). **Abs V** enthält keine Formregelung und ergibt sich in den Sachzusammenhang vor Art 25 (s Rz 1 und 24).

5 **b)** Weitere mehrseitige Abkommen sind zZt nicht in Kraft (s vor Art 25 Rz 3). Als **zweiseitiges** Abkommen enthält das **Nachlaßabkommen zum Dt-Türk Konsularvertrag** von 1929 in § 16 eine Formregel (s Textabdruck bei Art 25 Rz 56; vgl IPG 1977 Nr 36 [Hamburg]). Seit dem 22. 10. 1983 (Inkrafttreten des Haager Testamentsformabkommens für die Türkei – BGBl 1983 II 720 –) ist § 16 durch die Regeln des Haager Testamentsformabkommens verdrängt; auf Erbfälle ab diesem Zeitpunkt (Art 8 HTestFA), auf die das Nachlaßabkommen an sich Anwendung findet (Erl Art 25 Rz 57), ist § 16 nicht mehr anzuwenden (ebenso v Bar IPR II Rz 393; anderes gilt für die Form von Erbverträgen türkischer Erblasser, das HTestFA ergreift Erbverträge nicht (s Rz 2), § 16 verdrängt dann Art 26 IV EGBGB, s Staud/Dörner Art 26 Rz 30). Die übrigen der vor Art 25 Rz 4 erl zweiseitigen Staatsverträge enthalten Formregeln nicht. Für das Dt-iran Niederlassungsabkommen von 1929 (Textabdruck bei Art 14 Rz 35) ergibt sich die Nichteinbeziehung der Form aus der Eingrenzung auf das „Personalstatut" im Schlußprotokoll zu Art 8 III (vgl aaO).

4. Geltung allgemeiner Regeln

6 Art 26 I–IV geben Formanwendungsregeln und damit selbst Regeln allg Art, so daß insoweit das Verhältnis zu den in Art 3–6 und im allg IPR angesiedelten Regeln von untergeordneter Bedeutung ist. Für Abs V hingegen gelten grundsätzlich die insofern zu Art 25 Rz 5–10 gemachten Erläuterungen.

a) Rück- und Weiterverweisung. Die Formanknüpfungen von Abs I S 1 Nr 1–4, S 2 Abs II, III entsprechen den Regeln von Art 1 I, III, Art 2, Art 4 und 5 HTestFA. Dieses enthält Sachnormverweisungen; ebenso enthält

Art 26 insofern **Sachnormverweisungen**. Hingegen ist bei **Abs I S 1 Nr 5 Rück- und Weiterverweisung**, die das Erbstatut bzw das Errichtungsstatut mit Auswirkung für die Form (lediglich abw formulierend Staud/Dörner Art 26 Rz 27) ausspricht, gem Art 4 I (autonomes Recht!) zu beachten (allg M, s BT-Drucks 10/5632, 44; Pal/ Heldrich Art 26 Rz 2; s zum aR BayObLG IPRsp 1975 Nr 115). Ebenso gilt **Rück- und Weiterverweisung** bei **Abs V S 1**.

b) **Ordre public**. Soweit Art 26 Regeln des HTestFA nachgebildet ist (Rz 4), ist eine Prüfung des Ordre public jedenfalls an den Erfordernissen von Art 7 HTestFA (s Rz 34) zu orientieren. Im übrigen Bereich von Art 26 gilt Art 6 allgemein. Anwendungsprobleme ergeben sich trotz des Wortlautunterschieds von Art 7 HTestFA zu Art 6 jedoch nicht, wenn der staatsvertragliche Hintergrund von Abs I bis IV (auch für Abs I S 1 Nr 5, s Art 3 HTestFA und für Abs IV „entsprechend") beachtet wird. Rspr, die unter Heranziehung der Vorbehaltsklausel (gegenüber der benutzten Form; zur Formenvielfalt s Rz 1) eine Verfügung hat scheitern lassen, die nach dem Anknüpfungskatalog von Abs I S 1 Nr 1–5 formrichtig errichtet worden ist, ist nicht ersichtlich. Bei der gebotenen zurückhaltenden Anwendung von Art 6 (bzw Art 7 HTestFA) gegenüber einer Regelung, die durch den „favor testamenti" geprägt ist, und beim Verzicht auf die Einlegung des Vorbehalts gem Art 10 HTestFA durch Deutschland (anders Großbritannien, BGBl 1966 II 11, 191, 296; 1968 II 94, 808; anders Schweiz BGBl 1971 II 1149 ua) ist für die Vorbehaltsklausel auch kaum Anwendungsbedarf. Im kritischen Fall des mündlichen oder auf Ton- bzw Bildträger gesprochenen (zB §§ 17, 18 ErbG VR China, s Rz 1) Testaments wird im Blick auf Art 10 HTestFA idR die Anwendung der Beweisregeln der lex fori zu befriedigenden Ergebnissen führen und die Anwendung der Vorbehaltsklausel erübrigen (s zB Frankfurt OLGZ 1977, 385f).

5. Intertemporales Recht 8

Hinsichtlich des zeitlichen Anwendungsbereiches von Art 26 ist wie folgt zu differenzieren: a) Bei **Testamenten** gelten die **Formregeln** des Haager Abkommens gem dessen Art 8 in allen Erbfällen, die ab dem Zeitpunkt des Inkrafttretens des Abkommens für Deutschland, dh ab einschließlich dem 1. 1. 1966 sich ereignet haben. Das Inkrafttreten des Art 26 am 1. 9. 1986 ist, soweit er sich mit dem Abk inhaltlich deckt, ohne Bedeutung (s Rz 4). Art 26 I S 1 Nr 5 erfaßt gegen Art 220 I Erbfälle ab dem 1. 9. 1986 (materiell tritt indes trotz der Anwendung von Art 11 aF auf frühere Erbfälle keine Änderung ein, s BayObLG IPRsp 1975 Nr 115 zum Renvoi durch das Heimatrecht). Bei Erbfällen vor dem 1. 1. 1966 beurteilt sich die Formgültigkeit weiterhin gem Art 220 I nach Art 11 aF. b) Bei **Erbverträgen** und anderen Art 26 IV unterfallenden Verfügungen von Todes wegen (s Rz 19) ist Stichtag der 1. 9. 1986. In Erbfällen ab diesem Zeitpunkt beurteilt sich die Formgültigkeit eines (auch vor dem 1. 9. 1986 abgeschlossenen) Erbvertrages nach Art 26 IV, nicht nach Art 11 aF (str, wie hier v Bar IPR II Rz 360; aA Dörner DNotZ 1988, 67, 84 und Staud/Dörner [2000] Art 26 Rz 5, 6). Bei Erbfällen vor dem 1. 9. 1986 bleibt es bei Art 11 aF. c) **Art 26 V** kommt gem Art 220 I nur bei Erbfällen ab dem 1. 9. 1986 zur Anwendung. In Erbfällen vor dem 1. 9. 1986 ergeben sich bei Statutenwechsel Gültigkeit, Bindungswirkung und Aufrechterhaltung einmal vorhandener Testierfähigkeit nach den zu Art 24 III S 1 aF entwickelten Einzelregeln (s dazu Erman/Marquordt[7] Art 24, 25 aF Rz 16–21; Soergel/Kegel[11] vor Art 24 aF Rz 33–39 mwN).

6. Innerdeutsches Kollisionsrecht

a) Seit dem 3. 10. 1990 ist auf dem Gebiet des Erbrechts weitgehende und dann seit dem 1. 4. 1998 nahezu völlige Rechtseinheit eingekehrt, Art 235 § 1 und Art 227, so daß ab dem 3. 10. 1990 bzw dem 1. 4. 1998 eingetretene Erbfälle einheitlich dem Recht des BGB unterstehen (s Art 25 Rz 58ff); **Formkollisionsprobleme** bestehen insoweit im Zusammenhang mit der Überleitungsvorschrift des Art 235 § 2, die für vor dem 3. 10. 1990 errichtete oder aufgehobene Verfügungen von Todes wegen das im Zeitpunkt der Errichtung oder Aufhebung geltende Recht als über die Formgültigkeit befindendes Recht weiterhin maßgeblich sein läßt. Art 235 § 2 kommt indes nur in solchen Erbfällen zur Anwendung, bei denen der Erblasser im Zeitpunkt des Wirksamwerdens des Beitritts (3. 10. 1990) seinen gewöhnlichen Aufenthalt im Beitrittsgebiet hatte (s Art 25 Rz 58ff); in Fällen dieser Art ist für die Form maßgebliches Recht das Recht des ZGB (für dessen Geltungszeit 1. 1. 1976–2. 10. 1990) oder des BGB (für die Zeit davor) oder eines Rechts, das nach den Kollisionsregeln der ehem DDR für die Form maßgeblich war (insoweit seit 21. 9. 1974 Haager Testamentsformabkommen, BGBl 1974 II 1461; vor dem 21. 9. 1974 Art 11 EGBGB aF).

b) In **Altfällen**, dh Erbfällen vor dem 3. 10. 1990, ist das Formstatut nach den Regeln des früheren ILR, dh grundsätzlich in entsprechender Anwendung von Art 26 zu beurteilen. Daß die ehem DDR seit 21. 9. 1974 Vertragsstaat des Haager Testamentsformabkommens war, s vor Rz aE, führt nicht zu unmittelbarer, sondern wegen des Vorrangs des ILR für das dt-dt Verhältnis zu entspr Anwendung seiner Regeln auf Erbfälle zwischen dem 1. 1. 1966 und dem 3. 10. 1990. In Erbfällen vor dem 1. 1. 1966 ist Art 11 aF entsprechend heranzuziehen; Art 11 aF gilt entsprechend bei Erbfällen auch bis zum 31. 8. 1986, bei denen Art 26 IV entspr Art 220 I zeitlich nicht eingreift. Praktische Bedeutung kommt diesen Regeln für Testamente zu, die nach dem Recht der ehem DDR in der Zeit der Geltung des ZGB (1. 1. 1976–2. 10. 1990) errichtet oder aufgehoben worden sind (zu Einzelauswirkungen s Dörner DNotZ 1977, 324, 337ff; LG Hamburg ROW 1985, 172f; MüKo/Birk Art 25 Rz 378ff; Schotten/Johnen DtZ 1991, 225).

c) Für das Errichtungsstatut iSv **Art 26 V** gilt das zu Rz 9, 10 Ausgeführte im Ansatz entsprechend. Bei Erbfällen ab dem 3. 10. 1990 ist für eine entsprechende Anwendung von Art 26 V als Regel des innerdeutschen Kollisionsrechts kaum Bedarf. Art 235 § 2 unterstellt bei Erbfällen, die in den Anwendungsbereich des Art 235 fallen (s Rz 9), Errichtung und Aufhebung einer Verfügung von Todes wegen und Erblasserbindung beim gemeinschaftlichen Testament dem Recht der ehem DDR als Errichtungsstatut (s zur Testamentsaufhebung KG FamRZ 1998, 124; zur Bindungswirkung des gem Testaments BGH NJW 1995, 1087; Anm Leipold dazu in ZEV 1995, 222;

EGBGB Art 26   Internationales Privatrecht

zum Bindungsumfang nach DDR-Recht BGH 124, 270 und dazu Pfeiffer FamRZ 1993, 1266; zum Widerruf nach ZGB Limmer ZEV 1994, 290). Art 235 § 2 deckt damit den Anwendungsbereich ab, den Art 26 V – entspr angewandt – dem Recht der DDR (einschl eines durch Renvoi anwendbaren Rechts, s Rz 6) vermitteln könnte. Art 26 V könnte so allenfalls bei vor dem 3. 10. 1990 errichteten dt-dt gemeinschaftlichen Testamenten oder (nach dem Recht der DDR nicht statthaften) Erbverträgen für die Ermittlung des gemeinsamen oder kumulativen Errichtungsstatuts (s Art 25 Rz 31, 32) Bedeutung erlangen. Bei **Altfällen**, dh Erbfällen ab dem 1. 9. 1986 bis zum Ablauf des 2. 10. 1990, gilt Art 26 V interlokal entsprechend. Für Erbfälle vor dem 1. 9. 1986 s Rz 8 aE.

II. Anknüpfung der Form (Abs I–IV, Haager Testamentsformabkommen)

12   **1. Anknüpfungsgrundsätze. a)** Art 26 I–IV und das hinter Art 26 stehende HTestFA stellen für die Form von letztwilligen Verfügungen einen Katalog verschiedenartiger Anknüpfungen bereit, dessen Zusammensetzung (Heimatrecht, Ortsrecht, Recht des gewöhnl Aufenthalts, Recht des belegenen Immobiliarvermögens, Erbstatut, Errichtungsstatut) dem Interesse von Erblasser und int Erbrecht an möglichst weitergehender Sicherung formgültiger Errichtung einer Verfügung von Todes wegen („kollisionsrechtlicher favor testamenti") Rechnung trägt. Die angebotenen Anknüpfungen stehen **nebeneinander** zur Verfügung, sie decken sich häufig und führen in der Praxis oftmals zum selben Recht. Die letztwillige Verfügung ist formgültig, wenn sie den Formerfordernissen *eines* Rechts aus dem Gesamtkatalog genügt. Der Katalog ist reichhaltig; bis zu 12 Rechtsordnungen kommen für Abs I S 1 Nr 1–5 in Betracht (ebenso MüKo/Birk Art 26 Rz 39). Das Recht, das Formstatut ist, bestimmt über die Formgültigkeit der letztwilligen Verfügung für den gesamten, der Verfügung unterliegenden Nachlaß. Ist die letztwillige Verfügung nach mehreren der von Nr 1–5 angebotenen Rechten formwirksam, ist das grundsätzlich ohne Belang.

13   **b)** Ob die durch formgültige Testierung bewirkte Rechtsnachfolge von Todes wegen zu Nachlaßeinheit oder zu Nachlaßspaltung führt, ist für Art 26 I–IV unerheblich, da insoweit nur die Form betroffen ist. Auch bei Nachlaßspaltung ist die Formgültigkeit der Verfügung nicht einer Kontrolle durch die Statuten der Spaltnachlässe unterworfen. So kann zB über ein in Frankreich belegenes Grundstück durch Ehegatten in Deutschland formwirksam in gemeinschaftlichem Testament mittestiert werden, auch wenn bzgl des Grundstücks gem Art 3 III Nachlaßspaltung und Erbfolge kraft franz Rechts eintritt und das franz Recht das gemeinsame Testament als Testamentsform nicht kennt (Erl zu Art 25 Rz 31, 32). Zu trennen hiervon ist, daß **Formgültigkeit nur für Spaltnachlässe** gem Abs I S 1 Nr 4 eintritt, wenn nur die Form der lex rei sitae, nicht aber die Form eines der Rechte gewahrt ist, die gem Nr 1–3, 5 das Formstatut für den „Gesamtnachlaß" geben können. Gleiches Ergebnis kann im seltenen Fall bei Nr 5 dann auftreten, wenn Nachlaßspaltung gem Erläuterungen zu Art 25 Rz 36 eintritt und die letztwillige Verfügung nicht den Formerfordernissen jedes zur Anwendung berufenen Erb- oder Errichtungsstatuts entspricht *und* auch die Formerfordernisse von Nr 1–3 nicht gewahrt sind. Rechtsfolge derartiger „Teilformgültigkeit" ist gewillkürte Rechtsnachfolge in den Spaltnachlaß, für den die Verfügung Formgültigkeit besitzt, und gesetzliche Erbfolge für jenen Spaltnachlaß, für den eine formgültige Verfügung nicht vorliegt.

14   **2. Die Einzelregeln (Abs I S 1 Nr 1–5, S 2). a)** Der Anknüpfungskatalog des S 1 umfaßt in Nr 1 die **Heimatrechtsanknüpfung** (entspr **Art 1 I lit b HTestFA**). Danach ist die letztwillige Verfügung formgültig, wenn sie den für die Form geltenden **Sachnormen** (Rz 6) eines Rechts genügt, dem der Erblasser im Zeitpunkt der Errichtung der Verfügung oder im Zeitpunkt seines Todes angehört hat. Da **Nr 1** Art 5 I beiseite schiebt, kommen bei Doppel- und Mehrstaatern auch iSv Art 5 I S 1 und 2 nicht effektive Rechte (s Art 5 Rz 4, 7) als Formstatut in Betracht (vgl Hamburg IPRax 1982, 252). Zeitpunkt der Verfügung ist der Zeitpunkt, in dem die Verfügung abgeschlossen worden ist. Hat der Erblasser mehrere sich ergänzende Verfügungen zu verschiedenen Zeitpunkten und nach Eintritt von Statutenwechsel getroffen, beurteilt sich die Form nach dem jeweils zeitlich maßgeblichen Recht. **Alternativ** beurteilt sich die Form der Verfügung nach den Sachnormen der Rechte, denen der Erblasser im Zeitpunkt des Todes durch Staatsangehörigkeit verbunden war. Bei Staatenlosen und Flüchtlingen bedarf es der Heranziehung von Nr 1 unter Beachtung der Regeln des Art 5 II und des Flüchtlingsstatuts (Art 5 Rz 66) an sich nicht, da **Nr 3** zum übereinstimmenden Ergebnis führt. Bei Staatsangehörigkeit zu einem **Mehrrechtsstaat** ist die maßgebliche Teilrechtsordnung gem Art 1 II HTestFA, nicht gem Art 4 III zu ermitteln, s Rz 4 (s dazu v Schack DNotZ 1966, 131, 142; BayObLG 1967, 425; FamRZ 2003, 1594 – New York). Bei **gemeinschaftlichen Testamenten** (zu Erbverträgen Rz 19) ist die Formanknüpfung der Nr 1 durch S 1 erleichtert. Sie sind formgültig, wenn die Formvorschriften eines der aufgeführten Rechte bezogen auf **einen** Erblasser (vgl Wortlaut S 1 „auch wenn") eingehalten sind (ebenso **Art 4 HTestFA**; wie hier zB Pal/Heldrich Art 26 Rz 2; MüKo/Birk Art 26 Rz 64; Scheucher ZfRV 5 [1964] 216, 219f).

15   **b)** Das gem **Nr 2** (entspr **Art 1 I lit a HTestFA**) ebenfalls anwendbare Recht des Ortes, an dem der Erblasser letztwillig verfügt hat, ist bei Testamenten der idR einfach zu bestimmende **Vornahmeort** (Beispiel BayObLG 1982, 331, 336; AG Hildesheim IPRsp 1985 Nr 117; Soergel/Schurig Art 26 Rz 8), zB der Ort der Unterschriftsleistung beim privatschriftlichen Testament, der Ort der Errichtung bzw Siegelung oder sonstigen Vollendung beim Notar- oder Anwaltstestament, der Ort der Verlautbarung beim mündlichen Testament (IPG 1980/81 Nr 42 [Hamburg], Rz 1). „Aufenthalt" oder gar „gewöhnlicher Aufenthalt" im Anknüpfungssinn ist für das Vorhandensein am Vornahmeort nicht gefordert, zB mündliches Testament einer Deutschen bei Ausflug in Salzburg (LG München I ZEV 1999, 489 = JuS 2000, 191 Nr 11 [Anm Hohloch]). Gesetzesumgehung liegt nicht vor, wenn der Testator den Vornahmeort gezielt zur Gewinnung einer dort gegebenen Form bzw. Formlosigkeit aufsucht. Bei der Abfassung eines gemeinschaftlichen Testaments an verschiedenen Orten genügt die Wahrung einer Ortsform (entspr Art 11 II, der wegen seines Abkommenshintergrundes, s Art 11 Rz 26, 30, zur Auslegung von Nr 1 herangezogen werden kann).

16   **c)** Nr 3 (entspr **Art 1 I lit c und d HTestFA**) unterstellt die Form ferner dem Recht des **Wohnsitzes** oder des **gewöhnl Aufenthaltes** des Erblassers im Zeitpunkt der letztwilligen Verfügung oder des Todes des Erblassers. Der gewöhnl **Aufenthalt** definiert sich in Übereinstimmung mit der sonst im dt IPR üblich gewordenen Begriffsbestimmung (dh ohne Vorgaben durch das HTestFA, ebenso zB Soergel/Schurig Art 26 Rz 11) als „Daseinsmittelpunkt" bzw faktischer Wohnsitz (s Art 5 Rz 43ff und Art 24 Anh Rz 17ff). Getrennt von der Anknüpfung an den gewöhnl Aufenthalt ist die Wohnsitzanknüpfung zu sehen. Wo und ob der Erblasser seinen Wohnsitz hat bzw hatte (s oben), bestimmt sich gem **S 2** (entspr **Art 1 III HTestFA**) nach dem an einem solchen Ort geltenden Recht (s Düsseldorf IPRsp 1985 Nr 114; BayObLG IPRax 1982, 111, 113; auch Zweibrücken FamRZ 1992, 608 = NJW-RR 1992, 587); zum wohnsitzlosen Erblasser Scheucher ZfRV 6 [1965] 85, 93; zum Erblasser mit mehreren Wohnsitzen v Bar IPR II Rz 397; zum gemeinschaftlichen Testament Zweibrücken aaO 609).

d) **Nr 4** (entspr **Art 1 I lit e HTestFA**) beruft **nur für das unbewegliche Vermögen** auch das Recht des Lageortes. Was unbewegliches Vermögen ist, beurteilt sich hier nach der lex rei sitae (allg A, Ferid RabelsZ 27 [1962/63] 411, 420; Pal/Heldrich Art 26 Rz 4; Soergel/Schurig Art 26 Rz 12; Staud/Dörner Art 26 Rz 46; s auch BGH 144, 254), so daß bei im Ausland belegenem Vermögen die Erläuterungen zu Art 25 II (dort Rz 18) trotz der gleichen Zielrichtung (frz Text des HTestFA: „immeubles") nicht abschließend herangezogen werden können (abw Kegel/Schurig IPR § 21 III 2a: nur Grundstücke). Das Recht des Lageorts entscheidet nur über die Formgültigkeit hinsichtlich des in seinem Geltungsgebiet belegenen Immobiliarvermögens; ob die Verfügung im übrigen formgültig ist, bestimmt sich nach den anderen Anknüpfungen in Abs I (zu den Folgen bei Teilformgültigkeit Rz 13). 17

e) **Nr 5** (veranlaßt durch **Art 3 HTestFA**) beruft über die Anknüpfungen des Abkommens hinaus zusätzlich das Erbstatut und das Errichtungsstatut iSv Art 25 und Art 26 V S 1. Rück- und Weiterverweisungen durch die nach Art 25, 26 V S 1 maßgeblichen Heimatrechte sind zu beachten (BT-Drucks 10/5632, 44 und allg A). Bei Rechtswahl iSv Art 25 II wird nur das von **Nr 4** schon für das Formstatut erreichte Ergebnis erzielt (zu möglichen Folgen s Rz 13). 18

III. Anwendungsbereich des Formstatuts (Abs I–IV)

1. Gesamtanwendungsbereich (Abs IV). Der Gesamtanwendungsbereich der Formregel des Art 26 ergibt sich aus Abs IV mit Abs I. Art 26 regelt das Formstatut für Verfügungen von Todes wegen aller Art (hierzu Art 25 Rz 31). Hierunter fallen Testamente aller Art einschl der **gemeinschaftlichen Testamente**; insoweit besteht Deckung mit Art 1 I, Art 4 HTestFA. Durch Abs IV sind einbezogen **Erbverträge**, Schenkungen von Todes wegen, (soweit letztere erbrechtlich zu qualifizieren sind, s Art 25 Rz 34 und deshalb der Form einer letztwilligen Verfügung [zB § 2301 I BGB] bedürfen). Bei zweiseitigen Erbverträgen genügt zur Formgültigkeit in den Fällen von Abs I S 1 Nr 1, 2, 3 und 5 die Erfüllung der Formerfordernisse nach dem Recht des Staates, Wohnsitzes, gewöhnl Aufenthaltes, Erb- oder Errichtungsstatuts **eines** Vertragsschließenden oder eines Vornahmeortes (zur Begr s Rz 15 zum gemeinschaftlichen Testament; aA v Bar IPR II Rz 396; Staud/Dörner [2000] Art 26 Rz 40). **Nicht** erfaßt durch Art 26 sind, da sie nicht „andere Verfügungen von Todes wegen" iSv Abs IV darstellen, **andere erbrechtliche Rechtsgeschäfte** (Annahme und Ausschlagung, Testiervereinbarungen, Erbverzicht, Ausübung des Vorkaufsrechts des Miterben, Erbschaftskauf); ihre Form bestimmt sich, da Art 25, 26 keine speziellen Formregeln enthalten, **nach Art 11** (Geschäftsform oder Ortsform). 19

2. Form des Widerrufstestaments (Abs II). Abs II (entspr **Art 2 HTestFA**) regelt, in seinem Anwendungsbereich durch Abs IV erweitert, das für die Form einer früheren Verfügung von Todes wegen widerrufenden Verfügung von Todes wegen maßgebende Recht. Die Form einer solchen „Widerrufsverfügung" beurteilt sich gem **S 1** nach den von Abs I angebotenen Rechten (s Rz 14–18). Nach **S 2** genügt auch, daß die Form eines Rechts gewahrt ist, nach dem die widerrufene Verfügung gem Abs I gültig, dh formgültig war. In Verbindung mit Abs IV betrifft Abs II die Form des Widerrufs von Testamenten iSv Rz 19, von Erbverträgen (die zwar keine einseitigen [§ 1937 BGB], aber doch Verfügungen von Todes wegen sind) (im Erg ebenso v Bar IPR II Rz 393; aA, aber Abs IV nicht berücksichtigend und § 1937 überinterpretierend Pal/Heldrich Art 26 Rz 5) und Schenkungen von Todes wegen im oben (Rz 19) erfaßten Rahmen. Erfaßt ist von Abs II nur die Form einer **widerrufenden Verfügung von Todes wegen**, dh eines **Widerrufstestaments**, aber auch eines **Erbvertrages**, mit dem eine frühere Verfügung von Todes wegen (Testament, gemeinschaftliches Testament, Erbvertrag) aufgehoben wird; letzteres folgt aus der nicht eingeschränkten Erstreckung von Abs II auf alle Verfügungen von Todes wegen durch Abs IV. Die Doppelregel des Abs II gilt für die Form der widerrufenden Verfügung nur bzgl der Widerrufswirkung (negative Wirkung). Setzt die widerrufende Verfügung eine neue (positive) Verfügung an die Stelle der widerrufenen, beurteilt sich deren Formwirksamkeit allein nach Abs I. Auf andere Handlungen, Tatsachen und rechtliche Ereignisse, die zum Erlöschen einer Verfügung von Todes wegen führen (zB Vernichtung der Urkunde, Rücknahme aus amtlicher Verwahrung, Ehescheidung), ist Abs II nicht anzuwenden; ihre Wirkungen ergeben sich aus dem Erbstatut (ebenso MüKo/Birk Art 26 Rz 63; tw abw Staud/Dörner [2000] Art 26 Rz 73). 20

3. Anknüpfungsgegenstand („Form"). a) Grundsatzregel. Was Form und Formerfordernisse iSv Art 26 sind, sagt Art 26 nur für den Sonderbereich des Abs III (hierzu Rz 22f). **Form iSv Art 26 erfaßt die Anforderungen an die äußere Erscheinung einer Verfügung von Todes wegen**. Die nationalen Erbrechtsordnungen (die gem Art 26 ohne Einschränkung als Formstatut in Frage kommen) zeigen ein höchst verschiedenes Erscheinungsbild, was die Schriftlichkeit, Eigenhändigkeit, Genügen bloßer Mündlichkeit, Benutzbarkeit von Tonträgern, Bezeugung, gerichtliche, notarielle, anwaltliche oder behördliche Beurkundung und Hinterlegung von ordentlichen und außerordentlichen Verfügungen von Todes wegen anlangt (s mwN Rz 1). All dies gehört zur Form. Ebenso kann zur Form das Verbot des gemeinschaftlichen Testaments oder des Erbvertrags gehören, wenn das Erb- bzw Errichtungsstatut seinerseits so qualifiziert (Frankreich, s Art 25 Rz 31, 32; Grundmann IPRax 1986, 94, 95; evtl auch ehem Jugoslawien, offen in Zweibrücken FamRZ 1992, 608, 609). Zur Form gehören ferner die Folgen des Formverstoßes für den Bestand der Verfügung von Todes wegen (s Soergel/Schurig[12] Art 26 Rz 18, 19, 25). Nicht zur Form gehören Willensmängel bei der Errichtung (Verschreiben) und die Zulässigkeit der Stellvertretung in der Erklärung (Kegel/Schurig IPR § 21 III 2c). 21

22 b) **Abs III** (entspr **Art 5 HTestFA**) qualifiziert ergänzend zu den bei Rz 21 erfaßten Formmerkmalen als zur Form gehörig im Grenzbereich des Formstatuts stehende Fragen. So erfaßt **Abs III** Regelungen, die mit Bezug auf das **Alter** des Testators die Benutzung verfügbarer Testamentsformen einschränken (zur Form gehört also §§ 2233 I, 2247 IV BGB, so daß ein 16jähriger Deutscher ggf nach einem der anderen gem Abs I verfügbaren Formrechte formwirksam eigenhändig testieren kann, wenn dieses Formstatut dies ermöglicht). Hingegen betrifft Abs III mit dem Altersbezug die **Testierfähigkeit** als solche **nicht** (zur Maßgeblichkeit des Erbstatuts für die Frage, ob der 16jährige Deutsche überhaupt testieren kann, Erl zu Art 25 Rz 28; zur Maßgeblichkeit des Personalstatuts bei Koppelung mit der Geschäftsfähigkeit s ebenfalls dort), s ebenso Pal/Heldrich Art 26 Rz 6; MüKo/Birk Art 26 Rz 71. Abs III erfaßt **für das Formstatut** ferner Beschränkungen der Benutzung Verfügungen von Todes wegen mit Bezug auf die **Staatsangehörigkeit** (Beispiel früher Art 992 I BW Niederlande, BGH NJW 1967, 1177f, seit 1982 außer Kraft; jetzt noch Verbot gemeinschaftlichen Testaments für Niederländer, gleichwohl formwirksam bei Abfassung im Ausland, aber ohne Bindung, s Kegel FS Jahrreiss (1964) 143, 157f und oben Art 25 Rz 31; Verbot des Erbvertrages zwischen Griechen in Griechenland; dazu Georgiades DNotZ 1975, 354f; Kegel IPR § 21 III 2c S 661; MüKo/Birk Art 26 Rz 70; Staud/Dörner vor Art 25f Rz 87, 88–89 und Art 25 Rz 308–311). Beschränkungen mit Bezug auf **persönliche Eigenschaften** betreffen zB Schreibunkundigkeit, Taubstummheit, Blindheit.

23 Zur Form rechnen gem **Abs III S 2** Vorschriften über die persönliche Qualifikation von Testamentszeugen (Geschäftsfähigkeit, Hindernisse der Verwandtschaft, der Verehelichung mit dem Erblasser, Staatsangehörigkeit, Abhängigkeit von der Urkundsperson usw) und die Vereinbarkeit der Erbeinsetzung oder Bedenkung im Testament mit der Testamentsbezeugung oder der Einsetzung zum Testamentsvollstrecker (vgl BayObLG 1967, 418, 428; zur Abgrenzung bei §§ 7, 27 BeurkG – Einsetzung des Notars zum Testamentsvollstrecker – richtig Kegel/Schurig, IPR § 21 III 2a S 865: Erbstatut, nicht Formstatut).

IV. Erbstatut und Errichtungsstatut (Statutenwechsel) Abs V

24 **1. Allgemeines.** Abs V betrifft nicht das Formstatut und hat keinen unmittelbaren sachlichen Zusammenhang mit dem übrigen Inhalt von Art 26 (Abs I–IV) (s Rz 1, 2). **S 1** tritt mit allseitiger Fassung an die Stelle von Art 24 III S 1 Hs 1 aF und regelt die Maßgeblichkeit des Errichtungsstatuts (Vornahmestatuts), dh des Erbstatuts im Zeitpunkt der Errichtung der Verfügung von Todes wegen für deren (materielle) Gültigkeit und Bindungswirkung (zur früheren Regel Erman/Marquordt[7] Art 24, 25 aF Rz 16ff). Zur Anwendbarkeit im **innerdeutschen Kollisionsrecht** s Rz 11 sowie KG FamRZ 1998, 124; LG Leipzig NJW 2000, 438, 439. **S 2** regelt (seinem Wortlaut nach iS eines Eingangs- und Ausgangsstatutenwechsels) in Ersetzung von Art 24 III S 1 Hs 2 aF und vergleichbar zu Art 7 II das Bestehenbleiben erreichter Testierfähigkeit bei Erwerb oder Verlust der Rechtsstellung eines Deutschen. Keine Regelung enthält Abs V für die schwierige Frage der Abgrenzung des Anwendungsbereichs von Errichtungsstatut und Erbstatut bei tatsächlichem Eintritt des Statutenwechsels; ebenfalls keine ausdrückliche Regelung ist für die Frage etwaiger Validierung von materiell unwirksamen Verfügungen durch Statutenwechsel angeordnet.

25 **2. Anwendungsbereich. a) Maßgeblichkeit des Errichtungsstatuts (Satz 1). aa)** Abs V S 1 modifiziert Art 25. Das Erbstatut herrscht gem Art 25 I über die Rechtsnachfolge von Todes wegen. Maßgeblich ist insoweit das Erbstatut, idR das Heimatrecht des Erblassers im Zeitpunkt seines Todes. Es betrifft dann nahezu uneingeschränkt die **erbrechtlichen Wirkungen** des Todes und Erbfalles. Art 25 unterscheidet insofern nicht zwischen gesetzlicher und gewillkürter Erbfolge, so daß auch die **Wirkungen** einseitiger oder vertraglicher Verfügungen von Todes wegen nach diesem Erbstatut (im Zeitpunkt des Erbfalles) zu beurteilen sind. Über die **Gültigkeit** und die **Bindungswirkung** einer Verfügung von Todes wegen kann jedoch nicht das Erbstatut im Erbfallzeitpunkt, sondern muß das Erbstatut im Zeitpunkt der Vornahme der Verfügung (= Errichtungsstatut) entscheiden. Das erfordert das Vertrauensinteresse des Erblassers (beim Erbvertrag und gemeinschaftlichen Testament auch des Partners). Er muß wissen, wie er **im Zeitpunkt der Verfügung** nicht nur formwirksam (das regelt Art 26 I–IV), sondern auch inhaltlich wirksam letztwillig verfügen kann. Gem Abs V S 1 (und in Übereinstimmung mit bisheriger Regelung, s Rz 24, sowie in Übereinstimmung mit der in Art 214 enthaltenen Grundsatzregel des intertemporalen Erbrechts) gilt deshalb insoweit das Errichtungsstatut.

26 **bb) Errichtungsstatut** ist das Erbstatut des Erblassers im Zeitpunkt der Errichtung der Verfügung (zum Zeitpunkt s Art 25 Rz 15, 16 und oben Rz 14ff). Es bestimmt sich, da es um nichts anderes als die Bestimmung eines vorgezogenen Erbstatuts geht, nach den dafür geltenden Regeln (Art 25 Rz 15, 16; für gemeinschaftliche Testamente s dort Rz 31, für Erbverträge s dort Rz 32). Errichtungsstatut und Erbstatut können so und werden so idR identisch sein; sie fallen auseinander, wenn sich (durch Wechsel der Staatsangehörigkeit, ggf auch des Domizils, Art 25 Rz 5, 6, uU auch durch späteren Erwerb von Auslandsvermögen, Art 25 Rz 6) bis zum Zeitpunkt des Erbfalles die Anknüpfungsmomente für das auf die Rechtsnachfolge von Todes wegen (insgesamt oder für Spaltnachlässe) anwendbare Recht geändert haben (**Statutenwechsel**).

27 **b) Reichweite des Errichtungsstatuts.** Das Errichtungsstatut betrifft die Gültigkeit einer Verfügung von Todes wegen und die Bindung an sie. **aa)** Zur **Gültigkeit** iSv **S 1** zählt (vgl „im übrigen") **nicht die Form** der Verfügung (hierfür Abs I–IV). Die Reichweite des Begriffs ist vom Gesetzgeber offengelassen worden (BT-Drucks 10/504, 76). Zur Gültigkeit rechnen die **Testierfähigkeit**, soweit sie dem Erbstatut untersteht (Testieralter, zur Abgrenzung vom Anwendungsbereich des Formstatuts s Rz 22; str, aA van Venrooy JR 1988, 485, 486f, s iü Rz 22 und Art 25 Rz 28), ferner die (materiellen) **Wirksamkeitsvoraussetzungen** einer Verfügung von Todes wegen (dh der Verfügung im ganzen oder ihrer Einzelanordnungen) wie Errichtung der Verfügung als Willenserklärung, Willensmängel (zB iSv § 2078, nicht § 2079, ebenso Kühne Entwurf 166; gegliederte Beispiele bei MüKo/Birk Art 26 Rz 17–31; str hinsichtlich der Anwendbarkeit des Erbstatuts im Erbfallzeitpunkt, s v Bar IPR II Rz 381; Rspr BGH IPRspr 1977 Nr 184b; BayObLG IPRax 1982, 111, 114 ist mangels Statutenwechsels nicht aussagefähig), wie Zugangs-

und Widerrufsfragen (zB §§ 2271, 2296) oder die Zulässigkeit der Stellvertretung (s Staud/Firsching vor Art 24–26 aF Rz 85). Ebenso gehört hierher die **Zulässigkeit von gemeinschaftlichem Testament und Erbvertrag** (nicht erst das Statut im Todeszeitpunkt befindet, ebenso Kegel/Schurig IPR § 21 III 2 S 865; Pal/Heldrich Art 26 Rz 8), **soweit sie nicht als bloße Formfrage** zu qualifizieren ist (s Rz 21 und Art 25 Rz 31, 32); dabei dann auch der Kreis der Partner (Ehegatten, Verwandte, Sonstige).

bb) Zur **Bindung** iSv S 1 gehören die Zulässigkeit und die Voraussetzungen eines Widerrufs (nicht die Form, s 28 Rz 20) und einer Aufhebung, sowohl bei Testamenten (einschl gemeinschaftlicher Testamente) als auch beim Erbvertrag. Das Errichtungsstatut befindet hierbei auch über die Folgen der Unzulässigkeit, zB Nichtigkeit und/oder Umdeutung (s zB BayObLG IPRspr 1975 Nr 114; Frankfurt/M IPRax 1986, 111f. Bei der Anfechtung ist zwischen anfänglichen Mängeln (zB § 2078), für die das Errichtungsstatut gilt, und anderen Anfechtungsgründen (vgl § 2079), für die nur das Statut im Erbfallzeitpunkt maßgeblich ist, zu unterscheiden (str, s oben).

cc) Abs V S 1 und 2 gilt entsprechend für die Beurteilung der Zulässigkeit und der Verzichtswirkung eines Erb- 29 verzichts und der Zulässigkeit und Bindungswirkung von Testierverträgen (ebenso Pal/Heldrich Art 26 Rz 7; Rspr: Hamm NJW-RR 1996, 906; Hamburg NJW-RR 1996, 204); auch der vorzeitige Erbausgleich gegenüber dem nichtehelichen Kind (zB § 1934d aF) richtet sich nach dem Errichtungsstatut als hypothetischem bzw fiktivem Erbstatut (s BGH 96, 262, 269f und Art 25 Rz 23).

c) Erhalt einmal erlangter Testierfähigkeit (S 2). S 2 regelt (in Erweiterung von S 1, der die Testierfähigkeit 30 dem Errichtungsstatut unterstellt, s Rz 27) den Erhalt einmal erlangter Rechtsstellung bei Erwerb oder Verlust der Rechtsstellung eines Deutschen iSv Art 9 FamRÄndG bzw Art 116 I GG (dazu Art 5 Rz 22ff). Unerheblich ist, ob der Testierfähige im Zeitpunkt des Statutenwechsels bereits eine Verfügung von Todes wegen getroffen hat oder nicht (insoweit Abweichung vom früheren Recht, s dazu Erman/Marquordt[7] Art 24, 25 aF Rz 18; zur Begr s Beitzke (Hrsg), Vorschläge und Gutachten zur Reform des dt int Personen-, Familien- und Erbrechts [1981] S 13f). S 2 betrifft nur den Fall, daß das neue Recht den Testierstatus dieser Person als solchen anders regelt; nicht von S 2 geregelt ist der Verlust der Testierfähigkeit durch in der Person eintretende Umstände, zB geistige Gebrechen, Taubstummheit. Hierüber befindet, soweit nicht ohnehin Abs III eingreift (Rz 22), das jeweilige Statut. **S 2** ist zur allseitigen Regel auszubauen (ebenso wie bei Art 7 II, s dort Erl Rz 22; aA Siehr IPRax 1987, 4, 6).

3. Auswirkungen eines Statutenwechsels. Abs V wird erheblich nur dann, wenn Errichtungsstatut und Erbsta- 31 tut im Erbfallzeitpunkt durch Statutenwechsel auseinanderfallen (s Rz 26). S 2 führt nicht zu Anwendungsproblemen, da gem seiner Regelung eine nach Statutenwechsel getroffene Verfügung von Todes wegen an den abweichenden Anforderungen des neuen Statuts an die Testierfähigkeit nicht scheitert. S 1 ist in seiner Anwendung im Verhältnis zum Erbstatut indes nicht ohne Probleme. Hier gilt folgendes: **(1)** Da über die Gültigkeit und die Bindung der getroffenen Verfügung das Errichtungsstatut befindet, kann die nach dem Errichtungsstatut gegebene Gültigkeit und Bindung (im Umfang der oben Rz 27, 28 definierten Reichweite) bei Statutenwechsel durch abweichende Regeln des endgültigen Statuts nicht beeinträchtigt werden (allg A).

(2) Hingegen kann der Statutenwechsel nicht zur Gültigkeit und Bindung der getroffenen Verfügung auf der 32 Grundlage des endgültigen Statuts (im Erbfallzeitpunkt) führen, wenn die Verfügung nach Maßgabe des Errichtungsstatuts Gültigkeit oder Bindung (im Umfang von Rz 27, 28) nicht hatte. Validierung der unwirksamen oder nicht bindenden Verfügung findet durch den in Abs V S 1 geregelten Statutenwechsel nicht statt (wohl allg A; s zum aR Erman/Marquordt Art 24, 25 aF Rz 16; Soergel/Kegel vor Art 24 aF Rz 34; Staud/Raape[9] S 668f; zum nR v Bar IPR II Rz 379; Kegel/Schurig § 21 III 2 S 865; Kropholler IPR § 53 IV 1; MüKo/Birk Art 26 Rz 16, 29; wohl auch Pal/Heldrich Art 26 Rz 8). Dies entspricht der für erbrechtliche Statutenwechsel in Art 214 allgemein gesetzten Regel; die entgegengesetzte Regel, die für die Formgültigkeit Errichtungs- und Erbfallsstatut alternativ beruft (Art 26 I S 1 Nr 1) ist in Abs V S 1 nicht wiederholt. Daß außerhalb des Erbrechts der Statutenwechsel heilende oder rechtsvollendende Wirkung haben kann (s zB Erl zu Art 13 Rz 45 und Art 43 Rz 28), ist ohne Einfluß auf das durch das Vertrauensinteresse geprägte int Erbrecht; anders kann das indes da sein, wo Rechtswahl durch Statutenwechsel ermöglicht wird, hier kann es zu Validierung ursprünglich unwirksamer Testierung kommen, s zB LG Hamburg IPRspr 1991 Nr 142 und Erl Art 25 Rz 12.

(3) Da sich die **erbrechtlichen Wirkungen** der Verfügung, dh alle oben Rz 27, 28 nicht erfaßten Wirkungen 33 (zB Rechtsstellung des Testamentserben, Vermächtnisnehmers, Rechtsstellung von Pflichtteilsberechtigten und des Testamentsvollstreckers usw, s Art 25 Rz 21–24) einschl der **Auswirkungen** der Ungültigkeit und fehlenden Bindung (zB Eintritt und Ausgestaltung der gesetzlichen Erbfolge) nach dem **Erbstatut** (im Zeitpunkt des Erbfalles) richten, kann es bei Statutenwechsel zu **Auslegungsproblemen** in bezug auf die – aus der Sicht des Erbfalles – unter einem „falschen Recht" getroffenen Verfügungen und Anordnungen kommen. Diese sind nach den bei Art 25 Rz 30 gemachten Erläuterungen zu beheben. Für derartige Fälle in ausländischen Erbrechten vorgesehene besondere Regeln sind heranzuziehen (zB Köln NJW 1986, 2199, 2200).

Anhang zu Art 26

Haager Übereinkommen über das auf die Form letztwilliger Verfügungen von Todes wegen anzuwendende 34 Recht v 5. 10. 1961 (BGBl 1965 II 1145) – Haager Testamentsformabkommen (HTestFA). Das Übk ist seit 1. 1. 1966 für die Bundesrepublik Deutschland in Kraft; zu den heutigen Vertragsstaaten s Rz 3 und Jayme/Hausmann Nr 39 Fn 6. Für die ehem DDR war das Übk am 21. 9. 1974 in Kraft getreten (Bek v 19. 11. 1974, BGBl 1974 II 1461).

Text der amtlichen dt Übersetzung (franz Text ist maßgebend)

Artikel 1

(1) Eine letztwillige Verfügung ist hinsichtlich ihrer Form gültig, wenn diese dem innerstaatlichen Recht entspricht:
a) des Ortes, an dem der Erblasser letztwillig verfügt hat, oder
b) eines Staates, dessen Staatsangehörigkeit der Erblasser im Zeitpunkt, in dem er letztwillig verfügt hat, oder im Zeitpunkt seines Todes besessen hat, oder
c) eines Ortes, an dem der Erblasser im Zeitpunkt, in dem er letztwillig verfügt hat, oder im Zeitpunkt seines Todes seinen Wohnsitz gehabt hat, oder
d) des Ortes, an dem der Erblasser im Zeitpunkt, in dem er letztwillig verfügt hat, oder im Zeitpunkt seines Todes seinen gewöhnlichen Aufenthalt gehabt hat, oder
e) soweit es sich um unbewegliches Vermögen handelt, des Ortes, an dem sich dieses befindet.

(2) Ist die Rechtsordnung, die auf Grund der Staatsangehörigkeit anzuwenden ist, nicht vereinheitlicht, so wird für den Bereich dieses Übereinkommens das anzuwendende Recht durch die innerhalb dieser Rechtsordnung geltenden Vorschriften, mangels solcher Vorschriften durch die engste Bindung bestimmt, die der Erblasser zu einer der Teilrechtsordnungen gehabt hat, aus denen sich die Rechtsordnung zusammensetzt.

(3) Die Frage, ob der Erblasser an einem bestimmten Ort einen Wohnsitz gehabt hat, wird durch das an diesem Ort geltende Recht geregelt.

Artikel 2

(1) Artikel 1 ist auch auf letztwillige Verfügungen anzuwenden, durch die eine frühere letztwillige Verfügung widerrufen wird.

(2) Der Widerruf ist hinsichtlich seiner Form auch dann gültig, wenn diese einer der Rechtsordnungen entspricht, nach denen die widerrufene letztwillige Verfügung gem Artikel 1 gültig gewesen ist.

Artikel 3

Dieses Übereinkommen berührt bestehende oder künftige Vorschriften der Vertragsstaaten nicht, wodurch letztwillige Verfügungen anerkannt werden, die der Form nach entsprechend einer in den vorangehenden Artikeln nicht vorgesehenen Rechtsordnung errichtet worden sind.

Artikel 4

Dieses Übereinkommen ist auch auf die Form letztwilliger Verfügungen anzuwenden, die zwei oder mehrere Personen in derselben Urkunde errichtet haben.

Artikel 5

Für den Bereich dieses Übereinkommens werden die Vorschriften, welche die für letztwillige Verfügungen zugelassenen Formen mit Beziehung auf das Alter, die Staatsangehörigkeit oder andere persönliche Eigenschaften des Erblassers beschränken, als zur Form gehörend angesehen. Das gleiche gilt für Eigenschaften, welche die für die Gültigkeit einer letztwilligen Verfügung erforderlichen Zeugen besitzen müssen.

Artikel 6

Die Anwendung der in diesem Übereinkommen aufgestellten Regeln über das anzuwendende Recht hängt nicht von der Gegenseitigkeit ab. Das Übereinkommen ist auch dann anzuwenden, wenn die Beteiligten nicht Staatsangehörige eines Vertragsstaates sind oder das auf Grund der vorangehenden Artikel anzuwendende Recht nicht das eines Vertragsstaates ist.

Artikel 7

Die Anwendung eines durch dieses Übereinkommen für maßgebend erklärten Rechtes darf nur abgelehnt werden, wenn sie mit der öffentlichen Ordnung offensichtlich unvereinbar ist.

Artikel 8

Dieses Übereinkommen ist in allen Fällen anzuwenden, in denen der Erblasser nach dem Inkrafttreten des Übereinkommens gestorben ist.

Artikel 9

Jeder Vertragsstaat kann sich, abweichend von Artikel 1 Abs. 3, das Recht vorbehalten, den Ort, an dem der Erblasser seinen Wohnsitz gehabt hat, nach dem am Gerichtsort geltenden Recht zu bestimmen.

Artikel 10

Jeder Vertragsstaat kann sich das Recht vorbehalten, letztwillige Verfügungen nicht anzuerkennen, die einer seiner Staatsangehörigen, der keine andere Staatsangehörigkeit besaß, ausgenommen den Fall außergewöhnlicher Umstände, in mündlicher Form errichtet hat.

Artikel 11

(1) Jeder Vertragsstaat kann sich das Recht vorbehalten, bestimmte Formen im Ausland errichteter letztwilliger Verfügungen auf Grund der einschlägigen Vorschriften seines Rechtes nicht anzuerkennen, wenn sämtliche der folgenden Voraussetzungen erfüllt sind:
a) Die letztwillige Verfügung ist hinsichtlich ihrer Form nur nach einem Recht gültig, das ausschließlich auf Grund des Ortes anzuwenden ist, an dem der Erblasser sie errichtet hat,
b) der Erblasser war Staatsangehöriger des Staates, der den Vorbehalt erklärt hat,

c) der Erblasser hatte in diesem Staat einen Wohnsitz oder seinen gewöhnlichen Aufenthalt und
d) der Erblasser ist in einem anderen Staate gestorben als in dem, wo er letztwillig verfügt hatte.

(2) Dieser Vorbehalt ist nur für das Vermögen wirksam, das sich in dem Staate befindet, der den Vorbehalt erklärt hat.

Artikel 12
Jeder Vertragsstaat kann sich das Recht vorbehalten, die Anwendung dieses Übereinkommens auf Anordnungen in einer letztwilligen Verfügung auszuschließen, die nach seinem Rechte nicht erbrechtlicher Art sind.

Artikel 13
Jeder Vertragsstaat kann sich, abweichend von Artikel 8, das Recht vorbehalten, dieses Übereinkommen nur auf letztwillige Verfügungen anzuwenden, die nach dessen Inkrafttreten errichtet worden sind.

Artikel 14 – Artikel 20
(vom Abdruck abgesehen)

Fünfter Abschnitt
Schuldrecht

Erster Unterabschnitt
Vertragliche Schuldverhältnisse

Vorbemerkung Art 27–37

I. Rechtsquellen und Rechtsentwicklung

1. Früheres Recht. Die Art 27–37 stellen die erstmalige gesetzliche Niederlegung des dt int Schuldvertragsrechts dar. In das EGBGB aF waren Kollisionsregeln für Schuldverträge (die noch Bestandteil der Entwurfsarbeit gewesen waren) bewußt nicht aufgenommen worden (s dazu Kegel/Schurig IPR § 4 I 1; Hartwieg/Korkisch, Die geheimen Materialien zur Kodifikation des dt IPR 1881–1896 [1973]); in der Rspr zum int Schuldvertragsrecht wurden alsbald Anknüpfungen an den ausdrücklichen oder stillschweigenden, in dritter Linie an den hypothetischen Parteiwillen herrschend (zB RG 120, 70, 72 = IPRsp 1928 Nr 75; RG 161, 296, 298 = IPRsp 1935–1944 Nr 41). Sie ersetzten die im 19. Jh verbreitet angewandte „Zweirechtsanknüpfung" an den Erfüllungsort des einzelnen Anspruchs (s Anhäuser, Das int Obligationenrecht in der höchstrichterlichen Rspr des 19. Jh [1986] 90ff), die nur in letzter Linie noch beibehalten wurde (RG 108, 241, 242f; BGH 57, 72, 75). Im Zeitpunkt des Inkrafttretens der Art 27–37 galt Gewohnheitsrecht mit gestaffelter Anknüpfung: ausdrückliche Rechtswahl, stillschweigende Rechtswahl, hypothetische Rechtswahl, wobei die ursprüngliche Anknüpfung an einen vermeintlichen subjektiven Parteiwillen – s RG aaO – in der Rspr des BGH immer stärker durch eine Anknüpfung an den objektiv ermittelten Schwerpunkt des Vertrages und die „vertragstypische" bzw „charakteristische" Leistung ersetzt wurde (zB BGH 19, 110, 112f; 44, 183, 186; 61, 221, 223; BGH NJW 1987, 1141 = JR 1987, 198 mit Anm Dörner); zu Einzelheiten des vor der Reform geltenden Gewohnheitsrechts Erman/Arndt[7] vor Art 12 aF Rz 1ff. **1**

2. Reform des int Schuldrechts. Gesetzgeberischer Hintergrund der Art 27–37 ist das Römische EG-Übereinkommen v 19. 6. 1980 über das auf vertragliche Schuldverhältnisse anzuwendende Recht – EVÜ –. Diesem Übereinkommen lag im Frühstadium der Konventionsüberlegungen die Konzeption der Schaffung EG-einheitlichen Kollisionsrechts für den Gesamtbereich des Schuldrechts (einschl des Deliktsrechts) zugrunde (Vorentwurf eines Übereinkommens über das auf vertragliche und außervertragliche Schuldverhältnisse anwendbare Recht v 1972, erläutert im Bericht von Giuliano/Lagarde, s dt Text in RabelsZ 38 [1974] 211; s Lando/v Hoffmann/Siehr [Hrsg], European Private International Law of Obligations [1975] 220ff; König EuR 1975, 289). Nach der dann folgenden Erweiterung der EG (um Dänemark, Großbritannien, Irland) wurden die Abkommensarbeiten auf das Kollisionsrecht der Schuldverträge beschränkt; sie erzielten das am 19. 6. 1980 in Rom aufgelegte „Römische Schuldvertragsübereinkommen" (s oben), das dann von der BRepD (mit Gesetz v 25. 7. 1986, BGBl 1986 II 809, 810), Belgien (Gesetz v 14. 7. 1987, innerstaatlich in Kraft seit 1. 1. 1988), Dänemark (AusfG v 9. 5. 1984), Frankreich, Griechenland (gem Staatsvertrag v 10. 4. 1984, BGBl 1988 II 562), Großbritannien, Italien und Luxemburg ratifiziert worden und für die BRepD und die übrigen Vertragsstaaten am 1. 4. 1991 völkerrechtlich in Kraft getreten ist (Bek v 12. 7. 1991 BGBl 1991 II 871, 872; dazu Jayme/Kohler IPRax 1991, 361; Martiny ZEuP 2001, 308). Die weiteren Mitgliedstaaten der EU sind dem Abkommen nach und nach auch beigetreten (Niederlande 1. 9. 1991; Irland 1. 1. 1992; Portugal und Spanien 18. 5. 1992, im Verhältnis zu Deutschland in Kraft seit 1. 9. 1995; Finnland, Österreich [dazu Rudisch RabelsZ 69 [1999] 70], Schweden iG Gesetz v 16. 7. 1998, BGBl II 1411 [Abkommen in Kraft für Deutschland seit 1. 1. 1999, Bek v 3. 12. 1998, BGBl 1999 II 7]). Hierzu insgesamter Nachweis in Fundstellen Nachw B 2002 S 608; auch Bek v 27. 5. 2002, BGBl 2002 II 1584. Zu den 1998 für die **EU** wieder intensivierten Arbeiten an einer **Vergemeinschaftung** des gesamten internationalen Schuldrechts einschließlich des Kollisionsrechts der außervertraglichen Schuldverhältnisse („Rom II") s auch vor Art 38 Rz 8, im Überblick **2**

auch Jayme/Kohler IPRax 1999, 401. Diese Arbeiten zielen auf eine nicht unerhebliche **Revision** des bestehenden Römer Übereinkommens („Rom I") ab, die zwar die vorhandenen Anknüpfungen im Grundsatz bestehen läßt, aber uU auch die Stellvertretung (bislang gemäß Art 37 Nr 3 nicht im EGBGB positivrechtlich geregelt) einbezieht und die vorhandenen Sonderanknüpfungen für „Eingriffsnormen" (Art 34 EGBGB) erweitern und auf neue Grundlagen stellen soll. Änderung ist auch insoweit zu erwarten, daß die Revision an die Stelle des bisherigen Übereinkommens als „Rom II" eine in allen Mitgliedstaaten (einschließlich der zur Aufnahme anstehenden Anrainerstaaten Mittel-, Mittelost- und Osteuropas) unmittelbar geltende **EU-Verordnung** (VO) treten lassen wird, die inhaltlich – uU schon auf den ersten Schritt, erwartbar aber jedenfalls im zweiten Schritt – das Kollisionsrecht sowohl der Vertragsschuldverhältnisse als auch der außervertraglichen Schuldverhältnisse umfassen wird. Hierzu existiert nunmehr als Vorschlag der Kommission der „Vorschlag" für eine Verordnung des europäischen Parlaments und des Rates über das auf außervertragliche Schuldverhältnisse anzuwendende Recht („Rom II") v 22. 7. 2003, KOM (2003) 427 endgültig; Junker IPRax 2000, 65; Wagner IPRax 2000, 249, 252; Staudinger ZfRV 2000, 93, 103; Jayme/Kohler IPRax 2001, 501, 510; Hohloch, Kollisionsrecht in der Staatengemeinschaft. Zu den Strukturen eines internationalen Privat- und Verfahrensrechts in der Europäischen Union, in FS Stoll (2001) 533; Wilderspin in Baur/Mansel, Systemwechsel im europäischen Kollisionsrecht (2002) 77; Jayme/Kohler, Europäisches Kollisionsrecht 2002: Zur Wiederkehr des Internationalen Privatrechts, IPRax 2002, 461; Thorn, Entwicklungen des internationalen Privatrechts 2000–2001, IPRax 2002, 349; Sonnenberger, Privatrecht und Internationales Privatrecht im künftigen Europa: Fragen und Perspektiven, RIW 2002, 489; Benecke RiW 2003, 830.

3 Das Römische Übereinkommen hat (in Art 1–21) allseitige Kollisionsnormen für das auf Schuldverträge anwendbare Recht, einschließlich Regelungen über Form (Art 9), Rechts-, Handlungs- und Geschäftsfähigkeit (Art 11) sowie Forderungsabtretung und gesetzlichen Forderungsübergang (Art 12, 13) geschaffen. Es ist als loi uniforme konzipiert. Ob diese Regeln für die einzelnen Vertragsstaaten in innerstaatlich anwendbares Recht transformiert worden sind, so daß sie selbst die jeweiligen Kollisionsnormen des Rechts des jeweiligen Staates darstellen, ist für jeden einzelnen Vertragsstaat gesondert zu prüfen (wenn dessen Schuldvertragskollisionsnormen erheblich werden), Nachw bei Soergel/v Hoffmann[12] vor Art 27 Rz 12. **Für die BRepD sind die Artikel des Römischen Übereinkommens nicht in innerstaatlich maßgebendes Recht transformiert worden, so daß sie als dt Kollisionsrecht unmittelbar anwendbar sind.** Dies ergibt sich aus Art 1 II des Zustimmungsgesetzes v 25. 7. 1986. („Die Zustimmung erfolgt nur mit der Maßgabe, daß die in den Artikeln 1–21 des Übereinkommens enthaltenen Vorschriften innerstaatlich keine unmittelbare Anwendung finden.") Dieses seitens der BRepD gewählte, ihrer sonstigen Ratifikationspraxis nicht entsprechende Verfahren ist mit dem Ziel gewählt worden, den – inhaltlich den Abkommensvorschriften entsprechenden und auf der Grundlage des Abkommens geschaffenen – Kollisionsnormen der Art 27–37 nF (und ebenso den über das int Schuldvertragsrecht hinausgreifenden Art 11 I–IV, 12 S 1) ungestörten Anwendungsbereich zu sichern und die mit der Reform beabsichtigte Übersichtlichkeit der anwendbaren Kollisionsnormen des autonomen int Schuldvertragsrechts durch Art 3 II und den Anwendungsvorrang staatsvertraglicher Kollisionsnormen nicht beeinträchtigen zu lassen. Das gewählte Verfahren ist im Vorfeld der Ratifikationsgesetzgebung erheblich kritisiert worden (EG-Kommission IPRax 1985, 178; Stellungnahme MPI für ausl und int Privatrecht RabelsZ 47 [1983] 595, 665ff; v Hoffmann IPRax 1984, 10; Beitzke RabelsZ 48 [1984] 623, 637; Kohler EuR 1984, 155, 162; Nolte IPRax 1985, 71; w Nachw in den abwägenden Beurteilungen von Sandrock RIW 1986, 841, 842, und Pirrung in v Bar, Europ Gemeinschaftsrecht und IPR [1991] 21). Aus dem Abstand von einigen Jahren zu der gleichzeitigen Verabschiedung der IPR-Reform und des Zustimmungsgesetzes im Jahr 1986 betrachtet, ist zu dem Gesetzgeber für das gewählte Verfahren Verständnis entgegenzubringen. Da durch die Versagung der Transformation der Art 1–21 des Abkommens deren Anwendung ausgeschlossen ist, bedarf es im int Schuldvertragsrecht der bei Art 18 (im Verhältnis zum Haager Unterhaltsabkommen von 1973, s Erl zu Art 18 Rz 2) und bei Art 26 (im Verhältnis zum Haager Testamentsformabkommen von 1961, s Erl zu Art 26 Rz 3, 4) in der Rspr üblich gewordenen verlegenen „Sowohl-als-auch-Anwendung" (zu Art 18 zB Braunschweig NJW-RR 1989, 1097; Bamberg NJW-RR 1990, 196; zu Art 26 Zweibrücken FamRZ 1992, 608f) von Abkommens-IPR und autonomem IPR nicht. Dem staatsvertraglichen Hintergrund der Art 27–37 kann durch Beachtung von Art 36, der sich an Art 18 des Abkommens anlehnt, hinreichend Rechnung getragen werden. Zu den Protokollen vom 19. 12. 1988 (ABl EG Nr 2 48/1989 S 1 und 17) zur Auslegung des EG-Schuldvertragsübereinkommens durch den EuGH s Jayme/Kohler IPRax 1989, 337, 343; sie sind von der Bundesrepublik Deutschland ratifiziert (G v 16. 11. 1995 BGBl II 914), indes nach wie vor nicht in Kraft getreten (s dazu Martiny ZEuP 2001, 308, 332; Pirrung, FS Lorenz [2001] 403; Jayme/Hausmann, Internat Privat- u Verfahrensrecht 11. Aufl 2002, S 181, 185). Die Problematik innerstaatlicher oder nicht innerstaatlicher Geltung wird mit der oben Rz 2 dargelegten Revision und der Ersetzung durch unmittelbar geltendes EU-Verordnungsrecht („Rom II") gelöst sein.

4 **3. Rechtsquellen außerhalb des EGBGB.** Art 27–37 EGBGB erfassen nicht den Gesamtbereich des int Schuldvertragsrechts; für bestimmte Anwendungsbereiche sind sie auch durch vorgehendes Abkommensrecht überlagert. **a)** Art 27–37 gelten, wie sich aus der Ausnahme des Art 37 S 1 Nr 2 ergibt, nur für **Austauschverträge**. **Gesellschaftsverträge** und Satzungen von juristischen Personen wie von Personenvereinigungen ohne eigene Rechtspersönlichkeit sind durch **Art 37 S 1 Nr 2** ausdrücklich aus dem Anwendungsbereich herausgenommen (hierzu Anh Art 37). **b)** Art 27–37 gelten ferner **nicht** für **Versicherungsverträge** der in **Art 37 S 1 Nr 4** genannten Art (im Bereich der EWG belegene Risiken mit Ausnahme der Rückversicherung). Hierfür gilt inzwischen EG-Richtlinienrecht (Zweite Richtlinie des Rates v 22. 6. 1988 zur Koordinierung der Rechts- und Verwaltungsvorschriften für die Direktversicherung [mit Ausnahme der Lebensversicherung] und zur Erleichterung der tatsächlichen Ausübung des freien Dienstleistungsverkehrs sowie zur Änderung der Richtlinie 73/239/EWG, ABl EG 1988 Nr L 172/1), das in Art 7–14 EGVVG idF des Gesetzes v 28. 6. 1990, BGBl I 1249, umgesetzt worden

Schuldrecht – Vertragliche Schuldverhältnisse Vor Art 27 EGBGB

ist (s Erl Art 37 Rz 8); zum Stand der EG-Richtlinien Fahr VersR 1992, 1033; Dörner, Int Versicherungsvertragsrecht 1997, mwN; s ferner Mankowski VersR 1999, 923; Gruber, Internationales Versicherungsvertragsrecht (1999); Winter VersR 2001, 1461, 1466; Hübner ZVersW 2001, 371. Geltung haben Art 27ff für Versicherungsverträge zur Deckung von Risiken außerhalb von EU/EG und EWR und für Rückversicherungsverträge (s BGH NJW 1999, 950, 951; Basedow NJW 1991, 785, 788). **c) Vorrang** vor Art 27–37 haben die **Abkommensregelungen** auf dem Gebiet des **Rechts des grenzüberschreitenden Personen- und Warenverkehrs** (CMR, CIM, COTIF, WA), soweit in diesen Abkommen Kollisionsregeln enthalten sind (dazu näher Art 28 IV Rz 40–46). **d)** Vorrang vor Art 27–37 hat schließlich das Kollisionsrecht, das sich für den Bereich der Schiedsgerichtsbarkeit aus Abkommen über das Schiedswesen ergibt. Sein Vorrang kommt bei der Beurteilung der Gültigkeit der Vereinbarung einer Schiedsklausel und bei der Prüfung des durch ein Schiedsgericht anzuwendenden Rechts zum Tragen. Für das dt Recht kommen insoweit insbesondere Art 6, 7 des Genfer Europäischen Übereinkommens v 21. 4. 1961 über die int Handelsschiedsgerichtsbarkeit, BGBl 1964 II 426 (Text bei Jayme/Hausmann Nr 114), Art 5 I, II des New Yorker UN-Übereinkommens über die Anerkennung und Vollstreckung ausl Schiedssprüche v 10. 6. 1958, BGBl 1961 II 122 (Text bei Jayme/Hausmann Nr 113) sowie Art 28 I des UNCITRAL-Modellgesetzes über die int Handelsschiedsgerichtsbarkeit v 21. 6. 1985 (dazu Böckstiegel RIW 1984, 670, 676) sowie § 1051 ZPO nF in Betracht. Einzelheiten dazu bei Staud/Magnus (2001) Art 27 Rz 9, 13. Zum Kollisionsrecht der Handelsschiedsgerichtsbarkeit näher MüKo/Martiny vor Art 27 Rz 83–102 mit ausf Nachw. Das Haager Übereinkommen v 15. 6. 1955 betreffend das auf int Kaufverträge über bewegliche Sachen anzuwendende Recht (dazu Kegel/Schurig IPR § 4 III S 210f) und das (als Nachfolgeabkommen gedachte) Haager Übereinkommen über das auf int Warenkäufe anwendbare Recht v 22. 12. 1986 (dazu Kegel/Schurig § 4 III S 213 [und S 673]; Lando RabelsZ 51 [1987] 60; Text daselbst 196) sind für Deutschland nicht in Kraft.

II. Int Schuldvertragsrecht und vereinheitlichtes Schuldvertragsrecht

Das int Schuldvertragsrecht der Art 27ff tritt gem Art 3 II zurück, wo sachgleiche Regelungen in völkerrechtlichen Vereinbarungen, die unmittelbar anwendbares innerstaatliches Recht geworden sind, den Vorrang beanspruchen. Dieser Vorrang gilt auch für die **int Einheitsrecht**, das kraft völkerrechtlicher Vereinbarung für die BRepD wirksam und innerstaatlich in Kraft gesetzt worden ist (vgl Einl vor Art 3 Rz 7). Einheitliches Schuldvertragsrecht besteht **nicht für den Gesamtbereich der schuldrechtlich einzuordnenden Vertragstypen**, aber doch für wichtige **Teilgebiete**. Zur Entschließung des Europ Parlaments zur Vorbereitung eines Europäischen Zivilgesetzbuchs s ABl EG (158/400–401; EuZP 1995, 669; zu den in Arbeit befindl privaten Entwürfen s UNIDROIT-Principles und dazu Text ZEuP 1997, 890 sowie Ferrari JZ 1998, 9; zu den Arbeiten der „Lando-Gruppe" ZEuP 1995, 864; zur Study Group on a European Civil Code s AnwBl 1998, 63, 66. Diese Ansätze haben einheitlich (für die EU oder andere Staatengruppen) geltendes Vertragsrecht bislang nicht hervorgebracht (s zu den Stufen der Harmonisierungsarbeit die Mitteilung der EG-Kommission v 11. 7. 2001, die Resolution des Europ Parlaments v 15. 11. 2001 und den Aktionsplan der Kommission vom 12. 2. 2003, ABl EG 2003 C 63/01; dazu Staudenmayer EuZW 2001, 485; ders EuZW 2003, 165; Leible EWS 2001, 471; Grundmann RIW 2002, 329; Schmidt-Kessel RiW 2003, 481; Sonnenberger RIW 2002, 489). Die inzwischen vorhandenen „Regelwerke" der „UNIDROIT-Principles" und der anderen Entwürfe stellen entsprechend geltendes Recht demgemäß nicht dar. Sie sind – bislang private – Entwürfe eines allgemeinen Vertragsrechts oder von Teilen daraus und haben im Zusammenhang der kollisionsrechtlich gesteuerten Anwendung von materiellem Privatrecht (noch) keine praxiserhebliche Bedeutung, es sei denn, Vertragsparteien würden im Rahmen ihrer Dispositionsbefugnis und Vertragsautonomie (durch materiellrechtliche Verweisung!) als „maßgebende Rechtsordnung" derartiges „nichtstaatliches Recht" berufen, zB die „UNIDROIT-Principles" oder die „Principles of European Contract Law", vgl dazu Canaris in Basedow, Europäische Vertragsrechtsvereinheitlichung und deutsches Recht (2001) 17; Blase, Die Grundregeln des Europäischen Vertragsrechts als Recht grenzüberschreitender Verträge (2001). Angesichts der Lückenhaftigkeit dieser Regelwerke ist solches Vorgehen aber riskant und kann die Geltung eines im Hintergrund berufenen staatlichen Rechts nicht voll ersetzen. Derart vorrangiges Einheitsrecht besteht auf dem Gebiet des **grenzüberschreitenden Personen- und Warenverkehrs**; in seinem Anwendungsbereich sind die Anknüpfungsregeln von Art 28 I, II, IV weithin verdrängt (s Rz 4 und Art 28 Rz 40–46).

Weithin verdrängt sind Art 27ff aber vor allem beim **int Warenkauf**. Vorrang hat hier innerhalb seines gegenständlichen und räumlich-persönlichen Anwendungsbereichs das **UN-Übereinkommen vom 11. 4. 1980 über Verträge über den int Warenkauf** (BGBl 1989 II 588, berichtigt BGBl 1990 II 1699) (= UNCITRAL-Kaufrecht, Wiener Kaufrecht, CISG). Das Abkommen ist für die BRepD am 1. 1. 1991 in Kraft getreten (Bek v 23. 10. 1990, BGBl II 1477). Weitere Vertragsstaaten sind zZt 62 Staaten (2003), so Ägypten, Argentinien, Australien, Belgien, Bosnien-Herzegowina, Bulgarien, Burundi, Chile, China, Dänemark, Ecuador, Estland, Finnland, Frankreich, Ghana, Griechenland, Georgien, Guinea, St. Vincent und Grenada, Irak, Island, Israel, Italien, ehem Jugoslawien, Kanada, Kirgistan, Kolumbien, Kroatien, Kuba, Lesotho, Lettland, Litauen, Luxemburg, Mauretanien, Mexiko, Moldawien, Mongolei, Neuseeland, Niederlande, Norwegen, Österreich, Peru, Polen, Rumänien, Sambia, Schweden, Schweiz, Rußland in Rechtsnachfolge der ehem Sowjetunion, Sambia, Schweden, Schweiz, Singapur, Slowakei, Slowenien, Spanien, Syrien, ehem Tschechoslowakei, Tschechische Republik, Uganda, Ukraine, Ungarn, Uruguay, USA, Usbekistan, Venezuela, Weißrußland (Bek v 23. 10. 1990, BGBl II 1477 und v 1. 4. 1991, BGBl II 675, für den derzeitigen Stand (2003) s Fundstellennachweis B 2002 S 604 und Bek v 27. 2. 2002, BGBl 2002 II S 776) (s als Überblicksaufsätze aus der Zeit des Inkrafttretens zB Asam JbItalR 1990, 1; Schwenzer NJW 1990, 602; Bonell RIW 1990, 693; Schlechtriem JZ 1988, 1037; ders IPRax 1988, 776; Kindler RIW 1988, 776; Reinhart IPRax 1990, 289; ferner Magnus ZEuP 1995, 202; Stadler Jura 1997, 505; Sieg RIW 1997, 812; Menne JuS 1998, 715; zu allen Einzelfragen vgl die CISG-Kommentare, insbesondere Schlechtriem CISG[3]). Für das Gebiet der **ehem DDR** war das Abkommen bereits am 1. 3. 1990 in Kraft getreten; gem Art 11 EinigungsV erstreckte sich in

EGBGB Vor Art 27 Internationales Privatrecht

der Zeit vom 3. 10. bis zum 31. 12. 1990 der für die BRepD geltende Rechtszustand (Abk noch nicht in Kraft, s oben) auch auf das Beitrittsgebiet, so daß in dieser Zeitspanne auch insoweit Art 27ff oder – in seinem Anwendungsbereich – das EKG (s unten) galten (str; s v Bar IPR II Rz 404 Fn 21; Herber BB-Beilage 37 zu Heft 30/1990 S 1; Enderlein/Graefrath BB-Beilage 6 zu Heft 6/1991 S 8; Herber BB-Beilage 14 zu Heft 18/1991 S 7).

7 Mit dem Inkrafttreten des UN-Kaufrechts ist das zuvor für die BRepD in Kraft befindliche **Haager Einheitliche Kaufrecht außer Kraft getreten.** Gem der Unvereinbarkeitsregelung von Art 99 III–VI des UN-Übereinkommens hat die BRepD die Haager Übereinkommen v 1. 7. 1964 zur Einführung eines Einheitlichen Gesetzes über den Abschluß von int Kaufverträgen über bewegliche Sachen bzw zur Einführung eines Einheitlichen Gesetzes über den int Kauf beweglicher Sachen gekündigt (Bek v 30. 10. 1990, BGBl II 1482). Das **EAG** und das **EKG** sind mit dem 31. 12. 1990 **aufgehoben** worden (Bek v 12. 12. 1990 BGBl I 2894 und 2895). Beachtlich bleibt das Haager Einheitliche Kaufrecht derzeit in zweierlei Hinsicht:

8 (1) **Kraft Übergangsrechts** gilt (Haager) Einheitliches Kaufrecht stets bei Verträgen, die vor dem 1. 1. 1988 (völkerrechtliches Inkrafttreten des UN-Kaufrechtsübereinkommens) im Anwendungsbereich von EKG und EAG abgeschlossen worden sind, soweit nicht die Anwendung des einheitlichen Kaufrechts ausgeschlossen worden ist. Ob der Vertragsstaat der Niederlassung des anderen Vertragspartners zwischen dem 1. 1. 1988 und dem 1. 1. 1991 (Zeitpunkt des Inkrafttretens für Deutschland) das UN-Kaufrecht für sich in Kraft gesetzt hat, ist ohne Belang (zB BGH NJW 1989, 3097f; Hamburg IPRax 1989, 247). Zwischen dem 1. 1. 1988 und dem 1. 1. 1991 abgeschlossene Verträge (zur Sonderproblematik für das Gebiet der ehem DDR s Rz 6) unterliegen dem Einheitlichen Kaufrecht als dt Sachrecht nur dann, wenn dessen Tatbestandsvoraussetzungen im Zeitpunkt des Vertragsschlusses noch vorlagen, dh beide Staaten in diesem Zeitpunkt noch Vertragsstaaten des einheitlichen Kaufrechts waren (vgl Art 4 II ZustG zum UN-Übereinkommen, BGBl 1989 II 586). Im anderen Fall ist über Art 27ff das anwendbare Recht zu ermitteln; dieses kann bei Geltung ausl Sachrechts dann das für den ausl Staat bereits in Kraft befindliche UN-Kaufrecht sein, das dann als fremdes Sachrecht anzuwenden ist, ggf aber auch das ebenso als fremdes Sachrecht berufene Einheitliche Kaufrecht, wenn dieses im anderen Staat noch in Kraft ist (s zB LG Aachen RIW 1990, 491; LG Hamburg RIW 1990, 1015; LG Bielefeld IPRax 1990, 315; LG München I aaO 316; LG Stuttgart aaO 317; LG Frankfurt RIW 1991, 591; AG Oldenburg IPRax 1991, 336; Schleswig RIW 1992, 582; s ferner Vékas IPRax 1987, 342, 345; Schlechtriem JZ 1988, 1037, 1039; Jayme IPRax 1989, 128f; Reinhart IPRax 1990, 289).

9 (2) **Als geltendes Recht** kommt Haager Einheitliches Kaufrecht aus dt Sicht nur noch zum Tragen, wenn Art 27ff auf das Recht eines Staates verweisen, dessen dann anwendbares Sachrecht (Art 35!) das Einheitliche Kaufrecht ist. Das kann zZt noch für Gambia, San Marino und Großbritannien der Fall sein (s v Bar IPR II Rz 410, aber jeweils aktuellen Beitrittstand zum UN-Kaufrecht [s Rz 6] beachten!).

10 (3) Anwendbar ist als dt Recht mit Vorrang vor Art 27ff das **UN-Kaufrecht** dann, wenn sein **gegenständlicher Anwendungsbereich** (Art 2, 3; Warenkaufverträge einschließlich von Verträgen über die Lieferung herzustellender oder zu erzeugender Ware) und sein **räumlich-persönlicher Anwendungsbereich** (Art 1; dazu Siehr RabelsZ 52 [1988] 587; Vékas IPRax 1987, 342; Schlechtriem JZ 1988, 1037) gegeben ist. Gem **Art 1 I lit a**, der insoweit Art 1 EKG weitgehend entspricht, kommt das UN-Kaufrecht grundsätzlich (s Art 1 II) immer dann zur Anwendung, wenn ein Warenkauf vorliegt zwischen Parteien, die ihre Niederlassung (s auch Art 10) in verschiedenen Vertragsstaaten haben. Staatsangehörigkeit und Kaufmannseigenschaft sind unerheblich. Gem **Art 1 I lit b** kommt das UN-Kaufrecht ferner in jenen Fällen zur Anwendung, in denen die Parteien ihre Niederlassung in verschiedenen **Staaten** (dh nicht notwendig Vertragsstaaten) haben; zur Anwendung des UN-Kaufrechts kommt es hier (jedenfalls im Erg, zu den str Einzelheiten s Siehr aaO 593; Schlechtriem aaO 1037ff; Czerwenka, Rechtsanwendungsprobleme im int Kaufrecht [1988] 135) zum einen, wenn durch die Verweisungsregeln der Art 27ff dt Recht und damit das „Auslandskaufrecht" des UN-Kaufrechts zur Anwendung berufen ist, zB BGH NJW 1997, 3310; NJW 1999, 1259, 1260. Ist Recht eines anderen Vertragsstaats berufen, gilt im Grundsatz dasselbe (Anwendung als ausl Sachrecht, zB Düsseldorf RIW 1993, 325; Köln RIW 1994, 972; Frankfurt am Main RIW 2001, 383), es sei denn, der Vertragsstaat habe durch Vorbehalt gem Art 95 Art 1 I lit b derartige Rechtsanwendung für sich ausgeschlossen.

11 Stets ist schließlich zu beachten, daß gem **Art 6** das UN-Kaufrecht **abdingbar** ist (s dazu Holthausen RIW 1989, 513). Für Einzelheiten vgl jeweils das unter Rz 15 aufgeführte Kommentarschrifttum sowie Erl Art 28 Rz 28, 29.

III. Intertemporales Recht

12 Bei Schuldverträgen, die aus der Sicht des insoweit maßgeblichen dt Rechts (s Sandrock RIW 1986, 841, 854) **vor dem 1. 9. 1986** abgeschlossen worden sind (**Art 220 I** – zum abgeschlossenen Vorgang s dort Erl 1, 3), ist das (ursprüngliche, s aber Art 27 II) Vertragsstatut nach den ungeschriebenen Anknüpfungsregeln des alten Vertrags-IPR (s dazu Erman/Arndt[7] vor Art 12 aF Rz 1ff) zu bestimmen (BGH NJW-RR 1990, 248, 249; NJW 1992, 619; 1996, 2569; st Rspr, zB Koblenz RIW 1989, 815, 816; Bamberg RIW 1989, 221, 222; Karlsruhe NJW-RR 1989, 367; München RIW 1989, 743, 745; RIW 1996, 155; Celle RIW 1990, 320, 321f; Hamm RIW 1991, 155, 156; Dörner JR 1987, 201; Kindler RIW 1987, 660, 665). Dies gilt im Grundsatz auch für **Dauerschuldverhältnisse**, dh insbes auch für den jetzt gem Art 30 anzuknüpfenden Arbeitsvertrag (str, offengeblieben in BGH NJW 1993, 2754; s befürwortend Koblenz RIW 1993, 935; Sandrock RIW 1986, 841, 854f; Hönsch NZA 1988, 119; E. Lorenz RdA 1989, 220, 228; aA bzw einschränkend BAG IPRax 1994, 123 m krit Anm Mankowski S 88; LAG Hamburg IPRsp 1988 Nr 52b; Däubler RIW 1987, 249, 256; Sonnenberger FS Ferid [1988] 447, 457; Junker IPRax 1990, 303, 305). Statutenwechsel kann insofern nachträglich jedoch durch Rechtswahl gem Art 27 II und in Ausnahmefällen eintreten (s Erl dort Rz 22 und bei Art 30 Rz 6).

IV. Innerdeutsches Kollisionsrecht

Mit dem 3. 10. 1990 ist für das Gebiet des Schuldvertragsrechts gem Art 230 grundsätzlich Rechtseinheit einge- 13
kehrt, so daß es insoweit innerdeutscher Kollisionsregeln nicht mehr bedarf. Soweit gem Art 232 §§ 1–9 für vor
dem 3. 10. 1990 eingegangene und am 3. 10. 1990 bestehende Schuldverhältnisse Übergangsregelungen bestehen,
kommen diese nach den allg Regeln des innerdeutschen Kollisionsrechts (Erl Art 3 Rz 27ff) dann zur Anwendung,
wenn das Recht des Beitrittsgebietes zur Anwendung kommt; dies bestimmt sich in entsprechender Anwendung
der Art 27ff. Für neue Umstände, die sich nicht aus der inneren Entwicklung des Schuldverhältnisses ergeben, gilt
nach dieser Übergangsregelung das BGB, s BGH 123, 63; BGH NJW-RR 1997, 690; s noch Fischer IPRax 1995,
161. Gleiches gilt im Ergebnis für die Abwicklung von **Altfällen**, in denen das Schuldverhältnis vor dem 3. 10.
1990 eingegangen und beendet war. Das anwendbare Recht ergibt sich insoweit bei Vorgängen, die nicht vor dem
1. 9. 1986 abgeschlossen waren, in entspr Anwendung der Art 27ff als Regeln des ILR (ebenso zB Pal/Heldrich
Art 27 Rz 2), bei vor dem 1. 9. 1986 abgeschlossenen Vorgängen nach den aus den zuvor geltenden gewohnheitsrechtlichen Regeln gebildeten Regelungen des ILR (dazu ie Erman/Arndt[6] vor Art 12 aF Rz 8; MüKo/Martiny vor
Art 27 Rz 34, 35); s etwa BGH NJW-RR 1992, 855; NJW 1993, 260; DtZ 1993, 58; WM 1995, 1422; DtZ 1996,
51; 1997, 200.

V. Internationales Verfahrensrecht

Auf int Verfahrensrecht in Streitsachen aus Schuldverhältnissen mit Auslandsberührung ist hier im Hinblick auf 14
den Umfang des Gebiets nur hinzuweisen. Int Zuständigkeit, Anerkennung und Vollstreckung waren für den
Bereich der EU-Staaten durch die Regeln des **EG-Übereinkommens über die gerichtliche Zuständigkeit und
die Vollstreckung gerichtlicher Entscheidungen in Zivil- und Handelssachen v 27. 9. 1968 (EuGVÜ)** in dessen
geltender, durch insgesamt 4 Beitrittsabkommen geprägter Fassung beherrscht. Das **Luganer Übereinkommen
über die gerichtliche Zuständigkeit und die Vollstreckung gerichtlicher Entscheidungen in Zivil- und Handelssachen – LGVÜ** – v 16. 9. 1988 (ABl EG 1988 Nr L 319/9), das die Regeln des EuGVÜ mit Modifikationen
auf die EFTA-Staaten erstreckt, hat heute Bedeutung für das Verhältnis zu Norwegen und zur Schweiz. Für Finnland, Schweden, Österreich ist das LGVÜ für die Zeit bedeutsam, in der diese Staaten dem LGVÜ, aber noch
nicht dem EuGVÜ beigetreten waren. Das EuGVÜ zwischen den Mitgliedstaaten der EU (mit Ausnahme von
Dänemark) ist seit dem 1. 3. 2002 durch die grundsätzlich, jedenfalls in allen Zuständigkeits- und Anerkennungs-
wie Vollstreckungsregelungen übereinstimmende **VO (EG) Nr 44/2001 des Rates über die gerichtliche Zuständigkeit und die Anerkennung und Vollstreckung von Entscheidungen in Zivil- und Handelssachen v
22. 12. 2000**, ABl EG 2001 Nr 12, S 1, ersetzt (**EuGVO**). Die EuGVO ist seit 1. 3. 2002 für die Mitgliedstaaten
der EU (mit Ausnahme von Dänemark) in Kraft, die zeitliche Anwendbarkeit (zB im Verhältnis zum EuGVÜ)
richtet sich nach Art 66 EuGVO. Regelungen der int Zuständigkeiten ergeben sich ferner aus den Übereinkommen
auf dem Gebiet des int Personen- und Warenverkehrs (CMR, CIV, CIM, COTIF, WA). Aus zweiseitigen Staatsverträgen, die für die BRepD in Kraft sind, folgen Regelungen über int Entscheidungszuständigkeiten nicht selten. Für
den Gesamtbereich ist auf das einschlägige Schrifttum zu verweisen (zB Geimer, Int Zivilprozeßrecht [1987];
Kropholler, Europ Zivilprozeßrecht [6. Aufl 1998; 7. Aufl 2002]; Schütze, Dt int Zivilprozeßrecht [1985]; Schack,
Int Zivilverfahrensrecht [3. Aufl 2002]; Geimer/Schütze, Europ Zivilverfahrensrecht 1997).

VI. Einzeldarstellungen zum int Schuldvertragsrecht

a) **Allgemeines:** *Gamillscheg*, Int Arbeitsrecht (1959); *Großfeld*, Int Unternehmensrecht (1986); *Großfeld/Neumann*, 15
Schwerpunkte des int Vertragsrechts in der wirtschaftlichen Praxis (1981); *J. Hartmann*, Das Vertragsstatut in der dt Rspr seit
1945 (Diss Freiburg 1972); *Kreuzer*, Das IPR des Warenkaufs in der dt Rspr (1964); *ders*, Ausl Wirtschaftsrecht vor dt Gerichten (1986); *Kropholler*, Int Einheitsrecht (1975); *Lüthge*, Die kollisionsrechtliche Funktion der Schiedsgerichtsvereinbarung
(1975); *Reithmann/Martiny*, Int Vertragsrecht (5. Aufl 1996; 6. Aufl 2004); *Sandrock*, Handbuch der int Vertragsgestaltung,
2 Bde (1980); *Weitnauer*, Der Vertragsschwerpunkt (1981).

b) **Zum UN-Kaufrecht:** *Schlechtriem*, Kommentar zum UN-Kaufrecht CISG (3. Aufl 2000); *Doralt* (Hrsg), Das UNCI-
TRAL-Kaufrecht im Vergleich zum österr Recht (Wien 1985); *Herber/Czerwenka*, Internat Kaufrecht, UN-Übereinkommen
über Verträge über den internat Warenkauf, Kommentar (1991); *Loewe*, Internat Kaufrecht, Wiener UN-Kaufrechtsüberein-
kommen v 11. 4. 1980 und New Yorker UN-Verjährungsübereinkommen v 14. 6. 1974 (Wien 1989).

27 *Freie Rechtswahl*

(1) Der Vertrag unterliegt dem von den Parteien gewählten Recht. Die Rechtswahl muß ausdrücklich sein oder sich mit hinreichender Sicherheit aus den Bestimmungen des Vertrages oder aus den Umständen des Falles ergeben. Die Parteien können die Rechtswahl für den ganzen Vertrag oder nur für einen Teil
treffen.

(2) Die Parteien können jederzeit vereinbaren, daß der Vertrag einem anderen Recht unterliegen soll als
dem, das zuvor auf Grund einer früheren Rechtswahl oder auf Grund anderer Vorschriften dieses Unterabschnitts für ihn maßgebend war. Die Formgültigkeit des Vertrages nach Artikel 11 und Rechte Dritter werden durch eine Änderung der Bestimmung des anzuwendenden Rechts nach Vertragsabschluß nicht
berührt.

(3) Ist der sonstige Sachverhalt im Zeitpunkt der Rechtswahl nur mit einem Staat verbunden, so kann
die Wahl des Rechts eines anderen Staates – auch wenn sie durch die Vereinbarung der Zuständigkeit eines
Gerichts eines anderen Staates ergänzt ist – die Bestimmungen nicht berühren, von denen nach dem Recht
jenes Staates durch Vertrag nicht abgewichen werden kann (zwingende Bestimmungen).

(4) Auf das Zustandekommen und die Wirksamkeit der Einigung der Parteien über das anzuwendende Recht sind die Artikel 11, 12, 29 Abs. 3 und Artikel 31 anzuwenden.

Schrifttum: *Basedow*, Das Statut der Gerichtsstandsvereinbarung nach der IPR-Reform, IPRax 1988, 15; *Batiffol*, Zur Parteiautonomie im IPR, ZfRV 1 (1960) 49; *Blaurock*, Übernationales Recht des Internationalen Handels, ZEuP 1993, 247; *Bonell*, Die UNIDROIT-Prinzipien der internationalen Handelsverträge – Eine neue lex mercatoria? ZfRV 37 (1996) 152; *Brunner*, Allgemeine Geschäftsbedingungen im Internationalen Privatrecht (Diss Zürich 1985); *Buchta*, Die nachträgliche Bestimmung des Schuldstatuts durch Prozeßverhalten im deutschen, österreichischen und schweizerischen IPR (1986); *Drobnig*, AGB im internationalen Handelsverkehr, FS Mann (1977) 591; *Firsching*, Übereinkommen über das auf vertragliche Schuldverhältnisse anzuwendende Recht v 11. 6. 1980, IPRax 1981, 31; *Fudickar*, Die nachträgliche Rechtswahl im internationalen Schuldvertragsrecht (Diss Bonn 1983); *Gottwald*, Die einseitig bindende Prorogation nach Art 17 III EuGVÜ, IPRax 1987, 81; *Grundmann*, Europ Schuldvertragsrecht (1999); *ders*, Binnenmarktkollisionsrecht – vom klassischen IPR zur Integrationsordnung, RabelsZ 64 (2000) 458; *Heini*, Die Rechtswahl im Vertragsrecht und das neue IPR-Gesetz, FS Moser (1987) 67; *v Hoffmann*, Inländische Sachnormen mit zwingendem internationalem Anwendungsbereich, IPRax 1989, 261; *Hohloch/Kjelland*, Abändernde stillschweigende Rechtswahl und Rechtswahlbewußtsein, IPRax 2002, 30; *Juenger*, Parteiautonomie und objektive Anknüpfung im EG-Übereinkommen zum Internationalen Vertragsrecht, RabelsZ 46 (1982) 57; *Keller*, Schutz des Schwächeren im Internationalen Vertragsrecht, FS Vischer (1983) 175; *Kreuzer*, Berichtigungsklauseln im Internationalen Privatrecht, FS Zajtay (1982) 295; *Kroeger*, Der Schutz der „marktschwächeren" Partei im Internationalen Vertragsrecht (1984); *Kropholler*, Das kollisionsrechtliche System des Schutzes der schwächeren Vertragspartei, RabelsZ 42 (1978) 634; *E. Lorenz*, Die Rechtswahlfreiheit im internationalen Schuldvertragsrecht, RIW 1987, 569; *W. Lorenz*, Vom alten zum neuen im internationalen Schuldvertragsrecht, IPRax 1987, 269; *Lüderitz*, Der Wechsel der Anknüpfung im bestehenden Schuldvertrag, FS Keller (1989) 459; *Mankowski*, Das Internet im Internationalen Vertrags- und Deliktsrecht, RabelsZ 63 (1999) 206; *ders*, Überlegungen zur sach- und interessengerechten Rechtswahl für Verträge des internationalen Wirtschaftsverkehrs, RIW 2003, 2; *Meyer-Sparenberg*, Rechtswahlvereinbarungen in Allgemeinen Geschäftsbedingungen, RIW 1989, 347; *Raape*, Nachträgliche Vereinbarung des Schuldstatuts, FS Boehmer (1954) 111; *Sandrock*, „Versteinerungsklauseln" in Rechtswahlvereinbarungen für internationale Handelsverträge, FS Riesenfeld (1983) 211; *ders*, Zu Fragen der Änderung von Rechtswahlvereinbarungen, JZ 2000, 1118; *Schröder/Wenner*, Int Vertragsrecht. Das Kollisionsrecht der int Wirtschaftsverträge[2] (1998); *Schurig*, Zwingendes Recht, „Eingriffsnormen" und neues IPR, RabelsZ 54 (1990) 217; *H. Stoll*, Internationalprivatrechtliche Probleme bei Verwendung Allgemeiner Geschäftsbedingungen, FS Beitzke (1979) 759; *ders*, Rechtliche Inhaltskontrolle bei internationalen Handelsgeschäften, FS Kegel (1987) 623; *Vischer*, Veränderungen des Vertragsstatuts und ihre Folgen, FS Keller (1989) 547; *Volz*, Harmonisierung des Rechts der individuellen Rechtswahl ... im Europ Wirtschaftsraum (1993); *Wolf*, Auslegung und Inhaltskontrolle von AGB im internationalen kaufmännischen Verkehr, ZHR 153 (1989) 300; *C.U. Wolf*, Das Statut der harten Patronatserklärung, IPRax 2000, 477.

I. Allgemeines

1 **1. Inhalt und Zweck. Vorgeschichte.** Art 27 kodifiziert als Grundnorm des neuen int Schuldvertragsrechts die vor der Reform gewohnheitsrechtlich geltenden Grundregeln der **parteiautonomen Rechtswahl** (s vor Art 27 Rz 1, 2; zum früheren Recht Erman/Arndt[7] vor Art 12 aF Rz 1ff; zu Vereinbarkeit mit EG-Recht und zu Gewährleistung durch die Grundfreiheiten v Wilmowsky RabelsZ 62 [1998] 1). Art 27 entspricht inhaltlich Art 3 des Römischen Übereinkommens (s vor Art 27 Rz 2). **Abs I** enthält die Grundsatzregel der Maßgeblichkeit ausdrücklicher oder auch nur stillschweigender, ggf nur partieller Rechtswahl (S 2 und 3). **Abs II S 1** verbürgt die Zulässigkeit auch nachträglicher, ggf erneuter Rechtswahl; **S 2** regelt das Verhältnis zum Formstatut und zur Rechtsstellung Dritter. **Abs III** regelt einen Teilaspekt der Geltung zwingenden Rechts; Hintergrund und Zweck der Regel ist, künstliche Internationalisierung reiner Inlandssachverhalte scheitern zu lassen (s Bericht Giuliano/Lagarde, in BT-Drucks 10/503, 50), und stellt systematisch auch im Zusammenhang mit Art 34, der stete Maßgeblichkeit zwingenden inl Rechts auch bei entgegenstehender Rechtswahl anordnet (s Erl dort). **Abs IV** regelt das Zustandekommen der Rechtswahl durch **kollisionsrechtlichen Verweisungsvertrag** (s unten Rz 27; kritisch zur Konstruktion Stoll FS Heini [1995] 433). Art 27 ist als Grundregel bei entsprechender Gestaltung des zu regelnden Sachverhalts durch die Einzelregeln der Art 29, 30 überlagert bzw ergänzt.

2 Die in Art 27 Gesetz gewordene Regel der primären Maßgeblichkeit parteiautonomer Rechtswahl entspricht der heutigen theoretischen Anerkennung wie der praktischen Verbreitung im In- und Ausland (s Überblick bei v Bar/Mankowski IPR I[2] S 592ff und v Bar IPR II Rz 412, 413 mit zahlreichen weiterführenden Nachw; s ferner die eingehende Darstellung des Auslandsrechts bei Staud/Firsching[12] vor Art 27–37 Rz 1–139).

3 **2. Geltung allg Regeln. a)** Art 27 enthält **Sachnormverweisungen** (Art 35 I, Art 4 II), so daß **Rück- und Weiterverweisung** grunds **ausgeschlossen** sind. Indes kann in engen Grenzen auch die Vereinbarung einer das Kollisionsrecht der gewählten Rechtsordnung einschließenden Rechtswahl bejaht werden; zwingende Gründe für strikte Begrenzung des Verweisungsinhalts auch gegen den Willen von Parteien sind nicht gegeben (str, s schon Art 4 Rz 13; ausf Art 35 Rz 2; ähnlich wie hier J. Schröder IPRax 1987, 90, 92; zT auch v Bar IPR II Rz 424; MüKo/Martiny Art 35 Rz 4; aA Pirrung IPVR 184; W. Lorenz aaO 276; Pal/Heldrich Art 27 Rz 2). Führt die Sachnormverweisung in das Recht eines Staates mit territorialer Rechtsspaltung, bestimmt sich das anwendbare Recht nach Art 35 II (s dort Rz 3).

4 **b) Ordre public.** Die von Art 27 ausgesprochene Verweisung steht unter dem Vorbehalt von Art 6. Die Vorbehaltsklausel des Art 16 des Römischen Übereinkommens hat in Art 27–37 keine gesonderte Nachbildung erfahren; da sie selbst nicht unmittelbar anwendbar ist (vor Art 27 Rz 2, 3), gilt Art 6. Infolge der weitgehenden Disponibilität der Vorschriften des materiellen Schuldrechts bedarf es der Anwendung von Art 6 bislang nur in seltenen Fällen (Beispiele: punitive damages als Hindernis der Vollstreckbarerklärung, BGH 118, 312; Inanspruchnahme des zuvor hinsichtlich des Hauptschuldners enteigneten Bürgen, BGH 104, 240; s ferner Staud/Magnus [2001] Art 27

Schuldrecht – Vertragliche Schuldverhältnisse   Art 27 EGBGB

Rz 17–19). Zur bisherigen Anwendung in der Rspr (im wesentlichen Rspr zu Art 30 aF) s Erl zu Art 6 Rz 52ff. Im int Schuldvertragsrecht bedarf es der Heranziehung von Art 6 zur Durchsetzung eigenen zwingenden Rechts nicht, hierfür steht die Sonderanknüpfung des Art 34 zur Verfügung (zur Meinungslage um das Verhältnis von Art 34 zu Art 6 – Sonderanknüpfungslehre – s Erl zu Art 34 Rz 3, 17ff, 24).

c) Vorfragen. Abgrenzungen zu anderen Statuten. Art 27 ergibt das für den Schuldvertrag als Statut der Entstehung wie als **Wirkungsstatut** maßgebliche Recht. Vorfragen, die im Zusammenhang mit Schuldverträgen zahlreich auftreten können, sind **selbständig** anzuknüpfen (zB Geschäftsfähigkeit Art 7; nach Art 13 zu beurteilende Wirksamkeit der Eheschließung bei Zustimmungsbedürftigkeit eines Vertrages). Der **Anwendungsbereich** des Vertragsstatuts ergibt sich aus Art 32; Art 31 erstreckt das Vertragsstatut gem Abs I auch auf das wirksame Zustandekommen, gibt aber in Abs II im Schutzinteresse von Vertragsparteien insofern auch eine Sonderanknüpfung. Gesondert angeknüpft wird ferner die Vollmacht, deren Statut (bislang, s vor Art 27–37 Rz 2 – „Rom II" –) eine gesetzliche Regelung nicht gefunden hat (Art 37 Nr 3); s dazu Erl zu Anh Art 37 Rz 6, 10–20. Nicht das Schuldvertragsstatut, sondern das Sachstatut regelt das Entstehen und Bestehen sachenrechtlicher Tatbestände aufgrund schuldvertraglicher Vereinbarungen (dazu Erl zu Art 32 Rz 7 und Erl zu Art 43–46 nF, insbes Art 43 Rz 7ff). 5

3. Intertemporales Recht. Innerdeutsches Kollisionsrecht. a) Die Anwendung alten oder neuen Kollisionsrechts ergibt sich aus Art 220 I; „abgeschlossener Vorgang" iSv Art 220 I ist nur ein solcher Vertrag, bei dem der Vertragsschluß vor dem 1. 9. 1986 erfolgte (s grunds Erl vor Art 27 Rz 12). Ist bei Distanzverträgen Angebot und Annahme über den 1. 9. 1986 hinweg erfolgt, kommt demnach das neue Recht der Art 27ff zum Zuge. Über die Vollendung des Vertragsschlusses ist in diesem Zusammenhang aus der Sicht der lex fori zu entscheiden (ebenso vor Art 27 Rz 12 und Sandrock RIW 1986, 841, 854; aA W. Lorenz aaO 276 – Schuldstatut), da Art 220 I, dh dt IPR, nicht das Vertragsstatut anzuwenden ist. Zur Möglichkeit der Schuldstatutänderung durch nachträgliche Rechtswahl gem Abs II s Rz 22. Zur Regelung bei Dauerschuldverhältnissen s Erl vor Art 27 Rz 12 (ausführlich Staud/Magnus [2001] vor Art 27–37 Rz 47, 48). **b)** Zum **innerdt Kollisionsrecht** s schon Erl vor Art 27 Rz 13. 6

II. Rechtswahl (Abs I)

1. Grundsatz (Abs I S 1)

a) Freie Rechtswahl. Abs I S 1 enthält den **Grundsatz der freien Rechtswahl**. Rechtswahl durch die Parteien ist die **Primäranknüpfung** des **Vertragsstatuts** (das ist das Statut des schuldrechtlichen Vertrages). Auf der Grundlage des **Grundsatzes der Parteiautonomie**, der schon im alten Recht die gewohnheitsrechtlich geltende Anknüpfung an den übereinstimmenden Parteiwillen getragen hatte (s aus der Rspr zB RG 120, 70, 72; 126, 196, 201; 167, 376; BGH 19, 110, 111; 52, 239, 241; 53, 189, 191; 73, 391, 393; s ferner Staud/Firsching[10/11] vor Art 12 aF Rz 311f) und seiner weitgehend übereinstimmenden Geltung in den europ Ländern auch zur Hauptanknüpfung des Römischen Übereinkommens (Art 3) geworden war (s Lando RabelsZ 38 [1974] 6, 11f), bestimmt S 1 in allg Form die Maßgeblichkeit des von den Parteien gewählten Rechts für den Vertrag. Die Rechtswahl durch die Parteien ist **frei** (s Mankowski RIW 1994, 422). Zur Wahl steht jedes beliebige Recht. Eines besonderen Interesses für die Wahl des gewählten Rechts, das sich aus dem Vertrag ergeben müßte, bedarf es nicht. Dem zT für erforderlich gehaltenen berechtigten Parteiinteresse („intérêt légitime"; zB Hamburg IPRspr 1964/65 Nr 46; Ferid IPR § 6–27, 2) ist jedenfalls schon durch die den Parteien freistehende Wahl und die Ausübung dieser Wahl Rechnung getragen (ähnl Kegel/Schurig IPR § 18 I 1c S 570; auch Sandrock RIW 1994, 385). 7

b) Wahlgegenstand. Da die von Art 27 I ermöglichte Rechtswahl frei ist, steht im Grundsatz jedes beliebige Recht zur Wahl. Die Rechtswahl vermag allerdings die ihr gesetzlich aufgegebenen Schranken (Art 27 III, 29, 30, 34, 6) nicht zu durchbrechen. Von diesen Begrenzungen abgesehen aber haben die Parteien jede Wahl. **aa)** Aus der Wahlfreiheit folgt so die Wahl auch eines **neutralen Rechts**, zu dem weder das Vertragsverhältnis noch die Parteien noch Vertragsumstände eine Beziehung aufweisen (heute allg Auffassung, zB München IPRspr 1985 Nr 35 = IPRax 1986, 178 m Anm Jayme; E. Lorenz aaO 569; v Bar IPR I Rz 575; Pal/Heldrich Art 27 Rz 3; tw abw Kindler RIW 1987, 660, 661f). Häufig ist solche Wahl Ergebnis eines vernünftigen Kompromisses zwischen den nur so einigungsfähigen Vertragsparteien. 8

bb) Gewählt werden kann jedes **staatliche Recht**. Eine staatliches Recht gänzlich verdrängende Wahl eines nichtstaatlichen Klauselwerks (zB INCOTERMS; wN bei Reithmann/Martiny[5] Rz 59ff) oder die Unterstellung des Vertrags unter die Grundsätze einer „Lex Mercatoria" oder die Ersetzung jeder Rechtsordnung durch eine „Billigkeitsklausel" ist nur bedingt anzuerkennen. Zwar kann im Verein mit der Vereinbarung einer Schiedsklausel einem Schiedsgericht die Begrenzung der Entscheidungsfindung auf solche Grundlagen aufgegeben werden, die aber für und unter einem solchen Vertrag Entscheidungen durch staatliche Gerichte zu treffen, tritt das bei objektiver Anknüpfung gem Art 28 anwendbare Recht kraft seiner stets subsidiär vorhandenen Geltung hinzu (durchaus str, s v Bar/Mankowski IPR I[2] S 600; v Bar IPR II Rz 425; Kegel/Schurig IPR § 18 I 1c S 569ff; E. Lorenz aaO 573; J. Schröder, Int Vertragsrecht [1984] 24; ausf MüKo/Martiny Art 27 Rz 23–29; auch Kappus IPRax 1993, 137; Mankowski RIW 2003, 2, 5f). 9

cc) Zu differenzieren ist bei **Versteinerungsklauseln** und **Stabilisierungsklauseln**. Wird eine Rechtsordnung gewählt, findet sie Anwendung in jenem Zustand, den sie einschl der Wirkung ihrer intertemporalen Rechtsregeln im Zeitpunkt der Entscheidungsfindung erreicht hat (hierzu Staud/Firsching[10/11] vor Art 12 aF Rz 332). **Versteinerungsklauseln** sind, da die Rechtswahl nicht zu einem „toten" Recht führen soll (hierzu Staud/Firsching[10/11] vor Art 12 aF Rz 332), grundsätzlich unbeachtlich. Zulässig sind sie allerdings als „materiellrechtliche Verweisung" insoweit, als das gewählte Recht seinerseits die Festschreibung des Rechtszustands auf einen fixierten Zeitpunkt gestattet (zB Wahl dt Rechts vor dem 1. 1. 1991 unter Ausschluß des gem Art 6 abdingbaren UN-Kaufrechts, s vor Art 27 Rz 11; ie str, vgl Sandrock aaO 211; 10

J. Schröder, Int Vertragsrecht [1984] 28; Simitis JuS 1966, 209; Vischer aaO 438); zulässig sind sie im Ausnahmefall ferner bei grundstürzenden Veränderungen in der bezogenen Rechtsordnung (zB Souveränitätswechsel, RG 121, 337, 341, 344; 131, 41, 48; Revolution BayObLG JW 1928, 2030; Schiedsordnungsneufassung Hamburg VersR 1983, 299 [LS]). **Stabilisierungsklauseln** („stabilization clauses") in Verträgen zwischen dem Staat der Rechtsordnung und einem ausl Investor hingegen sind so beachtlich wie zT auch notwendig (s Mengel RIW 1983, 739; Jutta Stoll, Vereinbarungen zwischen Staat und ausl Investor [1982]; Hohloch BegD GesVR 34 [1996] 197; Staud/Magnus [2001] Art 27 Rz 42).

2. Ausdrückliche und stillschweigende Rechtswahl (S 2)

11 **a) Grundsätze.** S 2 verlangt ausdrückliche Rechtswahl oder Rechtswahl, die sich mit hinreichender Sicherheit aus den Bestimmungen des Vertrages oder aus den Umständen des Falles ergibt. Ausdrückliche und konkludente Rechtswahl haben gleiches Gewicht. Für beide von S 2 zugelassenen Arten der Rechtswahl ist das Vorliegen eines **realen Parteiwillens** erforderlich. In welcher Weise er geäußert worden ist, ist demgegenüber von nachrangiger Bedeutung. Er kann ausdrücklich geäußert sein (s Rz 12), gleich steht aber die konkludente Rechtswahl; letztere jedoch muß sich „mit hinreichender Sicherheit aus den Bestimmungen des Vertrages oder aus den Umständen des Falles ergeben". Damit sind von Abs I S 2 die Grenzen, innerhalb derer die Rechtswahl angenommen werden kann, in zweierlei Hinsicht enger gezogen, als dies im früheren Recht mit seiner gewohnheitsrechtlichen Anknüpfung an den Parteiwillen der Fall war. Stillschweigende Rechtswahl muß nach dem einengenden Tatbestandsmerkmal des S 2 „mit hinreichender Sicherheit" angenommen werden können. Demnach muß die Rechtswahl mit Bestimmtheit aus konkreten Umständen sich ergeben und genügen vage Anhaltspunkte für eine reale Betätigung eines dahingehenden Parteiwillens ebensowenig wie Erwartungen der Geltung eines Rechts, die an Parteien bloß unterstellt werden. Die „Geltungsannahme" kann also der stillschweigenden Rechtswahl nicht gleichgesetzt werden (Hohloch/Kjelland, IPRax 2002, 30, 32). Da in Art 27 nur der reale Parteiwille als Anknüpfungspunkt akzeptiert ist, **scheidet** unter der Geltung des neuen Rechts der früher in sekundärer Hinsicht für die Anknüpfung maßgeblich gewesene **hypothetische Parteiwille aus**. Die Erforschung eines mutmaßlichen, hypothetischen Parteiwillens ist für die Anknüpfung gem Art 27 unstatthaft. **Fehlt realer Parteiwille** oder läßt sich solcher nicht mit der erforderlichen hinreichenden Sicherheit ermitteln, **ist gem Art 28 objektiv anzuknüpfen**.

Da das neue Recht die Anknüpfung an den Parteiwillen enger gefaßt hat, sind jene Entscheidungen und Stimmen zum früheren Recht, die die Anknüpfung an den hypothetischen Parteiwillen ausgeformt haben, für Art 27 ebensowenig weiter verwendbar wie jene, die die Grenzziehung zwischen realem und mutmaßlichem Parteiwillen verwischt haben (s zB Koblenz IPRax 1989, 232, 233 = DB 1988, 2357 [LS]). Sie bleiben allerdings von Bedeutung für die Bestimmung der objektiven Anknüpfungspunkte iS der Anwendung des Rechts der engsten Verbindung iSv Art 28.

12 **b) Ausdrückliche Rechtswahl** kann als Individualabrede oder als Rechtswahlklausel in AGB gestaltet sein. Als ausdrückliche Rechtswahl gilt nur eine Klausel oder Abrede, in der das auf den Vertrag (oder Teilbereiche, S 3) anwendbare Recht festgelegt ist; Gerichtsstandsklauseln oder formularmäßige Benutzung der Rechtssprache oder Hinweise auf bestimmte Normen eines Rechts stellen ausdrückliche Rechtswahl iSv S 2 nicht dar. Ausdrückliche Rechtswahl kann auch als nachträgliche Rechtswahl iSv Abs II, zB durch übereinstimmende Parteierklärung in Erscheinung treten. Zur Wirksamkeit s Rz 22f, zum Zustandekommen kraft Einbeziehung von AGB s Rz 16. Wird eine Rechtswahlklausel durch Parteien aufgestellt, bedarf sie klarer Vereinbarung des gewählten Rechts (s insbes J. Schröder, Int Vertragsrecht [1984] 32; auch W. Lorenz IPRax 1989, 22, 24 zu Mehrrechtsstaaten; zur Einbeziehung oder Ausschließung des UN-Kaufrechts bei Wahl zB „deutschen" Rechts [Art 1, 6 UN-Kaufrecht] s BGH NJW 1981, 1156f und 2640, 2641 – zum Haager Kaufrecht; BGH NJW 1997, 3310; Hamm RIW 1983, 952f; s allg BGH 9, 34, 37; 52, 239, 241f; 53, 189, 194; 57, 337, 339f; BGH NJW 1971, 320f; München RIW 1990, 226, 228 = IPRax 1990, 320, 323 mit Aufs Spellenberg 295; zur ausnahmsweisen Erstreckung der Rechtswahl auf die Kollisionsnormen des gewählten Rechts s Art 35 EG; zur Frage, ob die Rechtswahl auch Deliktsansprüche betrifft, verneinend BGH IPRax 1996, 124 mit abl Aufsatz Huber S 91). Wie die Rechtswahl durchgeführt wird, steht den Parteien frei; sie können sich auch des Losentscheids bedienen (BGH WM 1956, 1432, 1434) (zur vergleichbaren Situation bei Art 42 nF dort Rz 7).

13 **c) Konkludente Rechtswahl. aa)** Konkludente bzw stillschweigende Rechtswahl iSv **S 2** erfordert ein Verhalten der Vertragsparteien, aus dem auf die reale Vornahme einer Rechtswahl geschlossen werden kann. Es muß sich aus dem Parteiverhalten im Zeitpunkt des Vertragsabschlusses (**anfängl Rechtswahl**) oder in einem späteren Zeitpunkt (**nachträgl Rechtswahl**) ergeben. Da mutmaßlicher Parteiwille (iS der früher genügenden hypothetischen Rechtswahl) nicht ausreicht, müssen die in der oder für bestimmtes Recht sprechenden **Indizien** so viel Gewicht haben, daß aus ihnen auf ein **Erklärungsbewußtsein** der Parteien für die Anwendbarkeit dieser Rechtsordnung geschlossen werden kann (BGH NJW 1991, 1292, 1293 – iE soll rügeloses Hinnehmen der Urteilsbegründung genügen, sehr weitgehend –, auch BGH NJW-RR 2000, 1002, 1004, s ferner Schack NJW 1984, 2736; Sandrock RIW 1986, 841, 848; Mansel ZVglRWiss 86 [1987] 1, 12; s auch W. Lorenz aaO 273; v Hoffmann IPR[6] S 373; krit Hohloch NZV 1988, 161, 167 – Wahl des Deliktsstatuts; großzügiger v Hoffmann IPRax 1988, 306, 307, und noch Erman/Arndt[7] vor Art 12 aF Rz 2). Ist ein solcher Schluß nicht verläßlich zu ziehen, ist objektiv iSv Art 28 anzuknüpfen; objektive Anknüpfung und Rechtswahl schließen sich gegenseitig aus (MüKo/Martiny Art 27 Rz 45).

14 **bb)** Für **anfängliche** stillschweigende Rechtswahl sprechen insbes die folgenden Bestandteile bzw Elemente des zwischen den Parteien geschlossenen Vertrages: **(1)** Ist im Vertrag eine einheitliche **Gerichtsstandsklausel** enthalten oder haben die Parteien für ihre Vertragsbeziehung oder -beziehungen eine einheitliche Gerichtsstandsvereinbarung gesondert getroffen, so kann ihr idR die Bedeutung auch stillschweigender Rechtswahl gegeben werden (st Rspr RG JW 1906, 452; IPRsp 1931 Nr 31; 1933 Nr 10; BGH NJW 1961, 1061, 1062; WM 1964, 1023f;

Schuldrecht – Vertragliche Schuldverhältnisse   Art 27 EGBGB

RIW 1976, 447f; Hamburg RIW 1982, 205, 206; RIW 1986, 462, 463; Frankfurt MDR 1983, 578; Bamberg RIW 1989, 221, 223 = IPRax 1990, 105 mit Anm Prinzing 83, 85; Hamm OLGRp 1992, 221; Frankfurt RIW 1998, 477; Hamm IPRsp 1993 Nr 30). Allerdings ist der Schluß nicht unbesehen zu treffen, da Gerichtsstandsklauseln bzw -vereinbarungen und Rechtswahlvereinbarungen unterschiedliche Funktion haben können (zust v Bar IPR II Rz 469, 470, zu eng jedoch dessen Auffassung, es müßten weitere Indizien hinzukommen); demgemäß ist Vorsicht gegenüber der Annahme stillschweigender Rechtswahl dann angebracht, wenn die Gerichtsstandsklausel lediglich formularmäßig auf der Rechnung in Erscheinung tritt (BGH LM Art 7ff Nr 33), wenn sie lediglich im Hinblick auf die Klärung der Rechtsanwendungsfrage getroffen worden ist (Düsseldorf WM 1971, 168, 170), wenn sie nicht einheitlich, sondern nur als Gerichtsstand des jeweiligen Beklagten vereinbart ist und dann, wenn der Kläger in Abweichung von der Vereinbarung eines (nicht ausschließlichen) ausl Gerichtsstandes im Inland klagt (mE keine durchschlagende Indizwirkung für dt Recht, s aber BGH NJW-RR 1986, 456, 457 = IPRax 1986, 292, 293 mit Anm Schack 272; aA MüKo/Martiny Art 27 Rz 47; wie hier Staud/Magnus [2001] Art 27 Rz 64, 79, 80).

(2) Ähnliches gilt für die Vereinbarung einer **Schiedsklausel** (BGH IPRsp 1964/65 Nr 38). Indizwirkung iS der **15** oben (Rz 14) beschriebenen Art hat die Vereinbarung eines Schiedsgerichts nur bei Wahl eines institutionellen Schiedsgerichts an einem institutionellen Schiedsplatz; hier ist – unter Beachtung abweichender Regeln der für das Schiedsgericht maßgeblichen Schiedsordnung – idR von der Anwendung des Rechts des Schiedsgerichts (lex arbitri) auszugehen (zB BGH IPRsp 1964/65 Nr 38 – Schiedsgericht bei IHK in BRepD; s ferner BGH NJW 1983, 1267f; WM 1987, 1153, 1154; Hamburg AWD 1958, 249, 250 – Schiedsgericht Getreidebörse HH; Hamburg IPRsp 1978 Nr 189; BGH AWD 1970, 31 – Schiedsgericht Warenbörse HH; Dt Seeschiedsgericht IPRsp 1976 Nr 26 = VersR 1977, 447, 448; Schiedsgericht HK Hamburg NJW 1996, 3230; RIW 1999, 395). Demgemäß kann bei der Vereinbarung eines Schiedsgerichts, dessen Schiedsgerichtsordnung bei Fehlen einer ausdrücklichen Rechtswahlvereinbarung das anzuwendende Recht nach den Regeln des aus seiner Sicht anzuwendenden Kollisionsrechts bestimmt, der Schiedsklausel **keine Indizwirkung** (für das Recht des Schiedsplatzes oder des ständigen Sitzes der das Schiedsgericht tragenden Institution) zukommen (so zB Schiedsgericht der IHK [ICC] Paris, Stuttgart AWD 1960, 246, 247 = IPRsp 1960/61 Nr 25; s ferner Böckstiegel FS Beitzke [1979] 443, 446f; Vischer, Int Vertragsrecht [1962] 71; Lüthge, Die kollisionsrechtliche Funktion der Schiedsgerichtsvereinbarung [1975]).

(3) Stillschweigende Rechtswahl kann ferner in der Vereinbarung der Geltung von AGB einer Partei liegen **16** (BGH RIW 1976, 447f; RIW 1999, 537 (VOB); München RIW 1983, 957, 958; Hamburg RIW 1986, 462, 463; 1991, 61, 62; Schleswig NJW-RR 1988, 283, 284; München IPRax 1989, 42, 44; Hamm IPRsp 1994 Nr 140; AG Hamburg NJW-RR 2000, 352; s ferner – zT enger Meyer–Sparenberg RIW 1989, 347, 348); ebenso in der Verwendung von auf einer Rechtsordnung aufbauenden Formularen oder sonstiger Bezugnahme auf Vorschriften einer Rechtsordnung (schon RG 95, 164, 165f; BGH JZ 1963, 167f mit Anm Lüderitz 169; BGH NJW 1997, 399; BGH NJW-RR 1996, 1034; BGH NJW 2001, 1936; Köln RIW 1993, 415 – not Beurkundung; Hamburg RIW 1986, 462, 463; Köln NJW 1987, 1151, 1152), nicht aber, wenn solche Formulare oder Rechtswendungen int branchenüblich sind (zB Seekonnossemente u LG Hamburg MDR 1954, 422; Hamburg 1955, 109 = IPRsp 1954/55 Nr 34a, b; Hamburg OLGRp 2002, 151; großzügiger Köln OLGRp 2000, 436). Rechtswahl kann idR gesehen werden in der Bezugnahme auf Rechtsvorschriften (des ausl oder inl Rechts) in der Vertragsurkunde (BGH DNotZ 1969, 300f; BAG NJW 1970, 2180f; Köln RIW 1984, 314, 315; LG Waldshut-Tiengen IPRax 1984, 100; LG München I IPRax 1984, 318 und Kritik von Schröder IPRax 1985, 131), uU, aber selten bei Orientierung des Vertrages an den Gepflogenheiten des gemeinsamen Heimatlandes, Köln NJW-RR 1994, 200. **(4)** Die genannten Grundsätze gelten für den **gesamten Bereich des Vertragsstatuts**, so daß auch das für **Arbeitsverträge** geltende Recht ggf über die Geltung zugrundeliegender Tarifverträge erschlossen werden kann (BAG AP GewO § 124 Nr 2; auch BAGE 7, 357; 13, 121, 125; BAG NJW 1985, 2910 = EWiR § 611 BGB 3/85, 659 [Birk]).

cc) Im Grundsatz kann sich stillschweigende Rechtswahl auch aus **nachträglichem Parteiverhalten**, insbes **17** **Prozeßverhalten** ergeben. (1) Dies gilt jedenfalls bei gemeinsamer Behandlung der Angelegenheit **nach ausl Recht** (BGH NJW-RR 1990, 248, 249; Celle RIW 1990, 320, 322); hier kann je nach Fallgestaltung anfängliche oder nachträgliche Rechtswahl vorliegen (zB BGH 53, 189, 193; Koblenz RIW 1987, 629, 630 = IPRax 1987, 381 mit Anm Henrich). (2) Grundsätzlich gleich liegt es bei gemeinsamer Behandlung **nach dt Recht** (BGH NJW 1962, 1005 mit abl Anm Maier 1345; BGH 40, 320, 323f; NJW-RR 1986, 456, 457; WM 1987, 1501, 1502; NJW 1988, 1592; RIW 1990, 929, 930; NJW 1991, 1292, 1293; Koblenz IPRax 1989, 175 Anm v Hoffmann; München RIW 1989, 650, 651; NJW-RR 1991, 230, 231; BGH FamRZ 1993, 290; NJW 1994, 187; RIW 1995, 412), doch ist hier stets zu prüfen, ob die Anwendung des dt Rechts den allg Grundsätzen entspricht, die für eine Rechtswahl zu fordern sind (s Rz 13, 14), (s zum Erklärungsbewußtsein Rz 13 und Schack IPRax 1986, 272; Mansel ZVglRWiss 86 [1987] 1, 11), so daß irrtümliche oder rügelose Anführung dt Rechtsnormen (– auch bei Vertretung durch Anwälte, bei denen iü die Vertretungsmacht zu prüfen ist, Schack IPRax 1984, 2736, 2739) nicht als Betätigung eines Rechtswahlwillens zu werten ist (LG Hamburg RIW 1977, 787, 788; Köln NJW 1987, 1151, 1152; auch BGH NJW 1993, 1126 und dazu Ullmann NJW 1995, 1140; zur stillschweigenden abändernden Rechtswahl im Prozeß BGH NJW-RR 2000, 1004 und dazu – enger – Hohloch/Kjelland, IPRax 2002, 30, 32; s ferner Sandrock JZ 2000, 1118, 1119; Karlsruhe MDR 1999, 1471); s ferner Buchta, Die nachträgliche Bestimmung des Schuldstatuts durch Rechtswahl (1986); s ferner Sandrock RIW 1986, 848; Straub IPRax 1995, 433.

d) Ebenso kann **frühere Vertragspraxis** für eine entsprechende Rechtswahl sprechen (Ferid IPR § 6–25, 11; **18** Vetter ZVglRWiss 87 [1988] 248, 257f; auch BGH IPRsp 1956/57 Nr 55); hingegen reichen Indizien wie **Vertragssprache** (BGH 19, 110), Vereinbarung gemeinsamen Erfüllungsortes (auch BGH NJW 1985, 560) oder Festlegung einer Währung, in der zu leisten ist (BGH DB 1981, 1279; NJW-RR 1990, 183f; LG Limburg NJW 1990, 2206), **regelmäßig nicht** (BGH NJW 2001, 1936, 1937; Celle IPRsp 1999 Nr 31; Brandenburg NJ 2001, 257, 258), wenn nicht weitere Indizien hinzukommen (s dazu Reithmann/Martiny[5] Rz 75, 100).

3. Partielle Rechtswahl (S 3)

19 **a) Grundsätze.** Gem S 3 haben die Vertragsparteien den Umfang der Rechtswahl in der Hand. Sie können die Rechtswahl für den ganzen Vertrag oder nur für einen Teil treffen. Entscheiden sie sich iS der zweiten Alternative von S 3, kann „Spaltung des Vertragsstatuts" (Pal/Heldrich Art 27 Rz 9) die Folge sein. Es gilt dann das gewählte Recht im Umfang der Rechtswahl, iü ist das maßgebliche Recht durch objektive Anknüpfung (iSv Art 28, 29, 30) zu gewinnen. Die Parteien können ihren Rechtswahlwillen aber übereinstimmend auch in verschiedene Richtungen betätigen und damit für verschiedene Vertragsbereiche unterschiedliches Recht gem Art 27 zur Geltung berufen. S 3 gilt für den Fall ausdrücklicher Rechtswahl ebenso wie für den Fall stillschweigender Rechtswahl; Spaltung des Vertragsstatuts durch stillschweigende Rechtswahl wird aber eher seltene Ausnahme sein, da die Parteien idR den Vertrag einer einheitlichen Rechtsordnung unterstellen wollen, so daß die Vermutung gegen eine Teilverweisung spricht (in diese Richtung BGH JZ 1961, 261 Anm Henrich; ebenso, aber im Rahmen hypothetischer Anknüpfung gem aR BGH DB 1969, 653 und RG 68, 203, 206f). Partielle Rechtswahl kann anfänglich wie nachträglich geschehen (s Rz 14).

20 **b) Praktisches Vorkommen.** In der Praxis begegnet derartige Rechtswahl vor allem als Wahl verschiedener Rechte für den Bereich des Vertragsschlusses einerseits (wobei noch zwischen formeller und materieller Seite getrennt werden kann, zB LG Aurich AWD 1974, 282; Hamm NJW-RR 1996, 1145; Frank BWNotZ 1978, 95; in BGH 52, 239, 242f offengeblieben; s ferner BGH 57, 337ff = NJW 1972, 385 mit Anm Jayme 1618 – stillschweigender Ausschluß der Ortsform) und der Vertragserfüllung andererseits (s – obiter – BGH IPRax 1981, 93, 94 mit Anm Spellenberg 75); zur praktischen Bedeutung beim Grundstückskauf BGH NJW-RR 1990, 248, 249 und Lichtenberger, FS Hagen (1999) 145, 149). Die Rechtswahl iSv S 3 ist in Fällen dieser Art nicht zu verwechseln mit der kraft Gesetzes eintretenden Geltung zwingender Normen (Art 27 III, Art 34); bleibt deren Geltung im Rahmen einer Rechtswahlvereinbarung „vorbehalten" (s zB BAG NJW 1985, 2910, 2911 = EWiR § 611 BGB 3/85, 659 [Birk]; BGH IPRspr 1980 Nr 3; München IPRspr 1981 Nr 13 = IPRax 1983, 120, 123 mit Anm Jayme 105; s ferner Stoll FS Kegel [1987] 623, 647), liegt gleichwohl einfache Rechtswahl zugunsten des ganzen Vertrages vor. Praktisch bedeutsam sind ferner Fälle der Trennung zwischen einem Recht unterstellten Gerichtsstandsvereinbarung und der Rechtswahlvereinbarung für den Vertrag (Hamburg MDR 1973, 1025f = AWD 1974, 278), sowie der Anordnung der Geltung verschiedener Rechte für die Schiedsvereinbarung und den Hauptvertrag (BGH 40, 320, 323).

21 **c) Aufspaltungsgrenzen.** Aufgespaltene Rechtswahl iSv S 3 kann als kollisionsrechtliche Rechtswahl erfolgen, die für einen abgegrenzten Vertragsteil das gewählte Recht insgesamt beruft und als materiellrechtliche Rechtswahl, bei der eine einzelne Rechtsfrage einer bestimmten Rechtsordnung überantwortet wird (ebenso MüKo/Martiny Art 27 Rz 34). Erforderlich ist stets **Abspaltbarkeit** der Teilfrage; indes ist hier Großzügigkeit am Platze, da S 3 Folge der für das Vertragsstatut prinzipiell geltenden Rechtswahlfreiheit ist, die richterliche Toleranz auch gegenüber nicht sinnvoller, ggf zu Widersprüchlichkeit führender Rechtswahl seitens der Parteien (zB Geltung unterschiedlicher Rechte für die jeweiligen Pflichten der Vertragspartner) fordert; (zT ähnl MüKo/Martiny Art 27 Rz 36; W. Lorenz aaO 272; enger Jayme FS Kegel [1987] 253, 263; Pal/Heldrich Art 27 Rz 9). Ggf ist der Widerspruch durch Anpassung, hier bereits auf der Ebene des Kollisionsrechts durch sinnvollere Abgrenzung der berufenen Statuten, sonst auf der Ebene des materiellen Rechts zu lösen zu versuchen. Bei unüberwindlicher Widersprüchlichkeit (Perplexität) kann die Rechtswahl insgesamt mit der Folge dann objektiver Anknüpfung gem Art 28ff unwirksam sein.

4. Jederzeitige Rechtswahl (anfängliche, nachträgliche, wiederholte Rechtswahl), Abs II

22 **a) Grundsätze.** Abs II läßt, wie schon das alte Recht (dazu RG JW 1935, 3289; BGH 17, 74, 77; grundsätzlich Raape FS Boehmer aaO 111; s ferner Erman/Arndt[7] vor Art 12 aF Rz 1), in S 1 die nachträgliche Rechtswahl (als erste oder auch als abändernde Rechtswahl, s BGH NJW-RR 2000, 1002, 1004 und Hohloch/Kjelland IPRax 2002, 30) zu. Sie kann vorprozessual wie innerhalb des rechtshängigen Verfahrens getroffen werden; ihre Zulässigkeit richtet sich im Inland nach Art 27, nicht nach dem für den Vertrag sonst (durch Rechtswahl oder objektiv) maßgeblichen Recht und auch nicht nach dem Kollisionsrecht des bisherigen Vertragsstatuts (ebenso MüKo/Martiny Art 27 Rz 56 mwN). Sie kann als einheitliche oder partielle Rechtswahl iSv Abs I S 3 (s Rz 19) erfolgen. Sie bindet die Parteien bis zu einer erneuten Rechtswahländerung, dh bei Rechtswahl im Prozeß auch über die Instanz hinaus (i Erg auch Düsseldorf RIW 1987, 793). Zulässig ist die Rechtswahl auch noch im Revisionsverfahren (BGH NJW 1991, 1292, 1293 obiter). Zur nicht voll entsprechenden Rechtslage im int Deliktsrecht s Art 42 nF (lediglich nachträgliche Rechtswahl zulässig); zu den ggf auftretenden Konkurrenzfragen s dort Rz 8.

23 **b) Einzelheiten.** Die im Prozeß zu beachtende, während Rechtshängigkeit getroffene Rechtswahl bedarf der Einführung in das Verfahren gem den hierfür bestehenden Verfahrensvorschriften der lex fori (zB Beachtlichkeit nachträglichen Vorbringens, s Düsseldorf RIW 1987, 793 zu § 528 II ZPO); ob sie materiellrechtlich wirksam zustande gekommen ist, richtet sich nach dem für die Rechtswahlvereinbarung maßgebenden Recht (unzutreffend Ber Giuliano/Lagarde Denkschrift BT-Drucks 10/503, 50). Ob die nachträgliche Rechtswahl ex tunc oder ex nunc wirkt, ist durch Auslegung zu ermitteln. In der Regel wird von den Parteien **ex-tunc-Wirkung** gewollt sein, da nachträgliche Rechtswahl im allgemeinen zur Ausräumung aufgetretener Zweifel oder Schwierigkeiten durchgeführt wird (s BAG NJW 1965, 319; BGH WM 1970, 1454; Saarbrücken OLGZ 1966, 142, 145f; Bremen VersR 1978, 277; Koblenz RIW 1982, 354 = IPRax 1982, 20f mit Anm Rehbinder 7; auch LG Itzehoe IPRspr 1984 Nr 27; Siehr FS Keller [1989] 496; Lüderitz ebenda 462; Stadler JURA 1997, 509; MüKo/Martiny Art 27 Rz 59; Pal/Heldrich Art 27 Rz 10; aA Frankfurt IPRax 1992, 317; W. Lorenz aaO 273. Aus S 2 kann insofern nichts Gegenteiliges hergeleitet werden. Nachträgliche Rechtswahl kann so erst wirksames Zustandekommen des Vertrages

Schuldrecht – Vertragliche Schuldverhältnisse Art 27 EGBGB

bewirken (zB Koblenz RIW 1982, 354) oder auch zur Nichtigkeit des Vertrages führen (BGH 52, 239, 241ff = NJW 1969, 1760, 1761; BGH 73, 391, 394). Im letzteren Falle kann durch erneute Rechtswahl die Unwirksamkeit beseitigt werden. Die Entscheidung über die Rückwirkung liegt bei den Parteien, die sie auch konkludent treffen können (LG Essen RIW 2001, 943).

c) Grenzen. S 2 hat den früher bestehenden Streit über den Bestandsschutz für Dritte (für Bestandsschutz **24** Raape aaO 115f; Gamillscheg AcP 157 [1958/59] 303, 315; aA Soergel/Kegel[11] vor Art 7 aF Rz 383) grundsätzlich zugunsten des Bestandsschutzes gelöst. Nach altem Vertragsstatut iVm Art 11 gegebene **Formwirksamkeit** gem Geschäftsrechtsform bleibt danach erhalten, auch wenn die nachträgliche Rechtswahl in ein strengeres Recht führt, das die Geschäftsrecht Formunwirksamkeit bewirken würde. S 2 ist zwingendes Recht, indes kann bei bewußtem „Hineinwählen" in das nicht erfüllte strengere Recht auch Auslegung als „Aufhebungsvertrag" in Betracht kommen (s v Bar IPR II Rz 480). **Rechte Dritter** auf der Grundlage des alten Vertragsstatuts können durch den gewillkürten Statutenwechsel des Abs II S 1 nicht beeinträchtigt werden; das gilt strikt, so daß die Position des Bürgen, des Zedenten oder des aus Vertrag (mit Schutzwirkung) zugunsten Dritter Begünstigten nicht im Nachhinein geschmälert werden kann (krit Kegel/Schurig IPR § 18 I 1c S 572); idR soll sie allerdings auch nicht verbessert werden (s Frankfurt IPRsp 1984 Nr 26; Mansel ZVglRWiss 86 [1987] 1, 6; Reithmann/Martiny[5] Rz 94); zur Konkurrenz der Rechtswahl für Ansprüche aus unerlaubter Handlung s Art 42 Rz 8.

III. Rechtswahl und zwingendes Recht bei eindeutig lokalisierten Fällen (Abs III)

1. Grundsätze, Anwendungsbereich. Vorbild von Abs III ist Art 3 III des Röm Übereinkommens (s dazu **25** Denkschrift BT-Drucks 10/503, 21–31, abgedruckt bei Pirrung IPVR 336). Geregelt ist hier der Sonderfall einer Rechtswahl bei Sachverhalten, die abgesehen von der Bezugnahme der Parteien auf fremdes Recht keine Auslandsberührung haben. Abs III enthält so eine Beschränkung der grundsätzlich freien Rechtswahl (s Rz 7). Bei eindeutig lokalisierten Fällen, bei denen dem reinen Inlandsfall (zB Mietvertrag über inl Grundstück zwischen inl Vertragspartnern bei Abschluß im Inland) nur durch den Kunstgriff einer Rechtswahlklausel (und ggf noch einer Gerichtsstandsklausel) „Auslandsberührung" iSv Art 3 I vermittelt wird (s dazu MüKo/Martiny Art 27 Rz 63 und – tw abw – Kindler RIW 1987, 660, 661), kann die Rechtswahl den Fall nicht gänzlich aus der Rechtsordnung hinauskatapultieren, in die er seiner Lokalisation nach an sich gehört. Die gültige Rechtswahl gibt dem Vertrag zwar ein fremdes Vertragsstatut, es bleiben aber die zwingenden Bestimmungen des Rechts des Staates, zu dem der Vertrag seine eindeutige Beziehung aufweist (im oa Beispiel: des Inlands), anwendbar (BGH 123, 384; LG Hildesheim IPRax 1993, 174). Neben den eindeutigen Inlandsfällen (s obiges Beispiel) ergreift Abs III auch Verträge, die aus dt Sicht eindeutig lokalisierte Auslandsfälle mit gewillkürter Rechtswahl sind (zB Mietvertrag über franz Grundstück zwischen Franzosen bei Abschluß in Frankreich und Vereinbarung schweiz Rechts); ebenso MüKo/Martiny Art 27 Rz 66; auch Pal/Heldrich Art 27 Rz 4; unklar und verkürzend E. Lorenz aaO 574; Kegel/Schurig IPR § 18 I 1c S 572f. Abs III ist von Art 34 getrennt zu sehen. Abs III gibt nicht lediglich die Normen des „Einbettungsstatuts" den Vorrang vor den – milderen – Regeln des gewählten Statuts. Besteht Konflikt zwischen fremden zwingenden Normen, die nach Abs III Anwendung finden, und zwingenden dt Normen, die gem Art 34 Anwendung finden, gehen Art 34 und die Bestimmungen des dt Rechts vor (s Erl zu Art 34 Rz 25; s auch Junker IPRax 1989, 69, 73; Pal/Heldrich Art 27 Rz 4; Staud/Magnus [2001] Art 27 Rz 134).

2. Voraussetzungen, Folgen. a) Die Rechtswahlbeschränkung des Abs III greift nur ein, wenn der Sachverhalt **26** abgesehen vom „Kontakt" der Rechtswahl und der ggf noch vereinbarten Gerichtsstandsvereinbarung eindeutig in eine Rechtsordnung eingebettet ist (LG Hamburg RIW 1990, 1020, 1021). Weisen nicht alle wo objektiver Anknüpfung gem Art 28 zu beachtenden Anknüpfungspunkte (s Erl dort) in *eine* Rechtsordnung, dann ist Abs III nicht anwendbar (Wagner IPRax 2000, 249, 251); es bleibt dann bei Art 27 I, 31, 32, 34, 6. Erheblich wird die Eingrenzung vor allem, wenn der Abschlußort im Gebiet der für den Vertrag gewählten Rechtsordnung liegt. Der Streit über die Anwendbarkeit von Abs III (nein Celle RIW 1991, 421; Taupitz BB 1990, 642, 648; MüKo/Martiny Art 27 Rz 71, 72; Pal/Heldrich Art 27 Rz 4; ja Frankfurt NJW-RR 1989, 1018 = IPRax 1990, 236, 238 mit Anm Lüderitz 216; LG Hamburg IPRax 1990, 239, 240f; NJW-RR 1990, 695, 696; LG Hildesheim IPRax 1993, 174) ist vermittelnd so zu entscheiden, daß Abs III gleichwohl zur Anwendung kommt, wenn der Einklang von Abschlußort und Rechtswahl bewußt herbeigeführt worden ist. Zufällig bestehende Kontakte des Sachverhalts, die ebenso auf das gewählte Recht verweisen, können iü außer Betracht bleiben (s Schurig aaO 223). **b) Zwingende Bestimmungen** iS der von Abs III gegebenen Legaldefinition sind nichtdispositive Bestimmungen des „Einbettungsstatuts"; ob sie gesetzlicher, gewohnheitsrechtlicher oder richterrechtlicher Natur sind, ist unerheblich (s Reithmann/Martiny Rz 96, 97), ebenso ohne Belang ist die Einordnung im heimischen Privatrecht oder öffentliche Recht; wesentlich ist die Wirkung der Bestimmungen für Schuldverträge (zB die Regelung der Schranken für AGB, früher im dt Recht durch das AGBG, jetzt durch §§ 305ff BGB, s Frankfurt IPRax 1990, 236, 237f; Wolf aaO 302). Zu Normen des EG-Rechts s MüKo/Martiny Art 27 Rz 67. Die zwingenden Bestimmungen des „Einbettungsstatuts" bleiben ungeachtet der getroffenen Rechtswahl anzuwenden. Ob sie „zwingend" sind, ist durch Auslegung im Rahmen des „Einbettungsstatuts" zu ermitteln. Abs III ist indes nicht die Handhabe für die Durchsetzung (noch) nicht umgesetzten EU-Richtlinienrechts (aA Kropholler, IPR § 40 IV 3a; Lando RabelsZ 57 [1993] 155, 163; Michaels/Kamann JZ 1997, 601, 603f); hierfür besteht Art 29a (ebenso Staud/Magnus [2001] Art 27 Rz 127), iü ist die EU heute noch kein einheitlicher Staat iSv Abs III.

IV. Zustandekommen und Wirksamkeit der Rechtswahlvereinbarung (Abs IV)

a) Allgemeines. Die Rechtswahl iSv Art 27 wird durch einen **kollisionsrechtlichen Verweisungsvertrag** vor- **27** genommen, dh der Parteiwille ist Anknüpfungsmoment, dessen Berücksichtigung in der Kollisionsnorm des Art 27 die Zulässigkeit und Beachtlichkeit einer Rechtswahl für das dt IPR belegt (s Kegel/Schurig IPR § 18 I 1c

S 572; v Bar IPR II Rz 412, 413; aus der Rspr schon RG 95, 164, 165f; 108, 241, 243). Demgemäß unterliegt der dt lex fori die Beurteilung, ob eine Rechtswahl iSv Art 27 vorliegt. Nach Art 27 und den dort erfaßten Erläuterungen beurteilt sich, ob eine Rechtswahl ausdrücklich oder stillschweigend getroffen worden ist. Nach Abs IV beurteilt sich dann die Frage, ob solche Rechtswahl wirksam zustande gekommen ist (dazu Rz 28f). Zu unterscheiden hiervon ist die **materiellrechtliche Verweisung**, die Vorschriften der bestimmten Rechtsordnung zum Vertragsinhalt macht und nur insoweit wirksam ist, als die kollisionsrechtlich maßgebliche Rechtsordnung dies gestattet (s Kegel/Schurig IPR § 18 I 1c S 572f; zu Unrecht krit Mincke IPRax 1985, 313; s auch Stoll FS Heini [1995] 433).

28 **b) Zustandekommen und Wirksamkeit** der (gem Art 27 I aus dt Sicht beachtlichen) Rechtswahl unterliegt als „professio iuris" gem **Abs IV iVm Art 31** dem von den Parteien **gewählten Recht, nicht der lex fori** (Kegel/Schurig IPR § 18 I 1c S 573; BT-Drucks 10/504, 77). **(1)** Das gewählte Recht bestimmt so im Vorgriff auf das gewählte Recht grundsätzlich über das Zustandekommen der Rechtswahlvereinbarung (wirksame Einigung, BGH 99, 207, 208f = NJW 1987, 1145 = IPRax 1988, 26); auch bei AGB (BGH 123, 383; NJW 1994, 2700; 1997, 1698; KG MDR 1998, 760; abw AG Langenfeld NJW-RR 1998, 1524), bei denen jedoch die Sonderanknüpfungen gem Art 29 I und gem Art 29a (früher § 12 AGBG) zu berücksichtigen sind, s dazu Hamm NJW-RR 1989, 496f; LG Limburg NJW-RR 1989, 119; Wolf aaO 302; s auch Meyer–Sparenberg RIW 1989, 347; Heiss RabelsZ 65 (2001) 634; zum „Sprachrisiko" bei Verwendung von AGB gegenüber ausl Partner BGH MDR 1983, 656f; München NJW 1974, 1659, 1660; 2181f; Hamburg TranspR 1996, 40; Karlsruhe NJW-RR 1993, 568; LG Duisburg RIW 1996, 775; BGH NJW 1995, 190; gem der Verweisung in Abs IV auf Art 31 II ist **zusätzlich zu dem Vertragsstatut auch das Recht am gewöhnlichen Aufenthaltsort** (s Erl Art 5 Rz 43ff) **einer Partei anzuwenden**, wenn diese sich darauf beruft, sie habe dem Vertrag nicht zugestimmt und es nach den Umständen des Falles unbillig wäre, die Rechtswirkungen ihres Verhaltens allein nach dem Vertragsstatut zu beurteilen (zum Schweigen auf eine Rechtswahlklausel in AGB BGH NJW 1973, 2154f; WM 1974, 1118, 1119; RIW 1982, 55; Hamburg IPRsp 1979 Nr 15; Frankfurt WM 1983, 129, 130; Hamm RIW 1983, 56, 57f). **(2)** Da die materielle Wirksamkeit der Rechtswahlvereinbarung ebenfalls dem gewählten Recht unterliegt, sind Willensmängel und sonstige Nichtigkeitsgründe, mit Entfallen über Grundsätze des Leistungsstörungsrechts im weiteren Sinne (zB Geschäftsgrundlage, Lüderitz aaO 469f) auf der Grundlage dieses Rechts zu prüfen (zB BGH WM 1987, 273; IPRax 1988, 26f; auch LG Hamburg RIW 1990, 664, 666f).

29 **(3)** Über die **Form** der Rechtswahlvereinbarung bestimmt gem Abs IV **Art 11**, bei Verbraucherverträgen tritt einschränkend Art 29 III hinzu. Das dt Kollisionsrecht verlangt also (Ortsform Art 11 I) für die Rechtswahlvereinbarung keine Förmlichkeiten; eine Bindung an die Form des Hauptvertrages besteht nicht (wichtig bei Grundstückskaufverträgen BGH 57, 337, 338; 73, 391, 394; DB 1997, 773 u dazu Spickhoff IPRax 1998, 464; s ie v Bar IPR II Rz 478). **(4)** Geschäftsfähigkeit für den Abschluß einer Rechtswahlvereinbarung bestimmt sich nach allg Grundsätzen über Art 7; Abs IV beruft im Verkehrsschutzinteresse Art 12; dazu Hamm NJW-RR 1996, 1144.

V. Verfahrensrecht

30 In verfahrensrechtlicher Hinsicht ist im Zusammenhang des Art 27 die Revisibilität seiner Anwendung von Bedeutung. Rechtsfehlerhafte Anwendung von Art 27 ist, da das dt int Privatrecht revisibel ist, der Überprüfung durch das Revisionsgericht zugänglich. Das Revisionsgericht kann so prüfen, ob eine stillschweigende Rechtswahl rechtsfehlerhaft angenommen wurde; ist die vom BerGer insofern vorgenommene Auslegung des Vertrages möglich, bindet sie das Revisionsgericht (BGH IPRsp 1968/69 Nr 170; RIW 1976, 447f = IPRsp 1976 Nr 134; NJW 1979, 1773; BAG RIW 1975, 521, 522 beachte auch 523f = IPRsp 1975 Nr 30b). Zur Revisibilität der Bestimmung des hypothetischen Parteiwillens (altes Recht) vgl Reithmann/Martiny[5] Rz 75 mwN.

28 *Mangels Rechtswahl anzuwendendes Recht*

(1) Soweit das auf den Vertrag anzuwendende Recht nicht nach Artikel 27 vereinbart worden ist, unterliegt der Vertrag dem Recht des Staates, mit dem er die engsten Verbindungen aufweist. Läßt sich jedoch ein Teil des Vertrages von dem Rest des Vertrages trennen und weist dieser Teil eine engere Verbindung mit einem anderen Staat auf, so kann auf ihn ausnahmsweise das Recht dieses anderen Staates angewandt werden.

(2) Es wird vermutet, daß der Vertrag die engsten Verbindungen mit dem Staat aufweist, in dem die Partei, welche die charakteristische Leistung zu erbringen hat, im Zeitpunkt des Vertragsabschlusses ihren gewöhnlichen Aufenthalt oder, wenn es sich um eine Gesellschaft, einen Verein oder eine juristische Person handelt, ihre Hauptverwaltung hat. Ist der Vertrag jedoch in Ausübung einer beruflichen oder gewerblichen Tätigkeit dieser Partei geschlossen worden, so wird vermutet, daß er die engsten Verbindungen zu dem Staat aufweist, in dem sich deren Hauptniederlassung befindet oder in dem, wenn die Leistung nach dem Vertrag von einer anderen als der Hauptniederlassung zu erbringen ist, sich die andere Niederlassung befindet. Dieser Absatz ist nicht anzuwenden, wenn sich die charakteristische Leistung nicht bestimmen läßt.

(3) Soweit der Vertrag ein dingliches Recht an einem Grundstück oder ein Recht zur Nutzung eines Grundstücks zum Gegenstand hat, wird vermutet, daß er die engsten Verbindungen zu dem Staat aufweist, in dem das Grundstück belegen ist.

(4) Bei Güterbeförderungsverträgen wird vermutet, daß sie mit dem Staat die engsten Verbindungen aufweisen, in dem der Beförderer im Zeitpunkt des Vertragsabschlusses seine Hauptniederlassung hat, sofern sich in diesem Staat auch der Verladeort oder der Entladeort oder die Hauptniederlassung des Absenders befindet. Als Güterbeförderungsverträge gelten für die Anwendung dieses Absatzes auch Charterverträge für eine einzige Reise und andere Verträge, die in der Hauptsache der Güterbeförderung dienen.

(5) Die Vermutungen nach den Absätzen 2, 3 und 4 gelten nicht, wenn sich aus der Gesamtheit der Umstände ergibt, daß der Vertrag engere Verbindungen mit einem anderen Staat aufweist.

I. Allgemeines
1. Inhalt und Zweck, Vorgeschichte 1
2. Staatsvertragliche Regelungen 4
3. Geltung allgemeiner Regelungen
   a) Rück- und Weiterverweisung 5
   b) Ordre public 6
   c) Abgrenzung zu anderen Statuten, Statutenwechsel 7
4. Intertemporales Recht, Innerdeutsches Kollisionsrecht 8

II. Recht der engsten Verbindung – Anwendungsgrundsätze, Anknüpfungspunkte (Abs I–V)
1. Grundsatz der engsten Verbindung (Abs I) 9
2. Handhabung des Art 28
   a) Primäre Anwendung der Vermutungsregeln (Abs II–IV) 16
   b) Korrektur der Vermutungsregeln durch Ausweichklausel (Abs V) 17
   c) Primäre Gesamtabwägung bei Unanwendbarkeit der Vermutungsregeln (Abs II S 3) 18
   d) Einheitliches Vertragsstatut und Abspaltung von Vertragsteilen (Abs I S 2) 19
   e) Zeitpunkt 20
3. Die Regelanknüpfungen (Abs II–IV)
   a) Grundsatzanknüpfung an die charakteristische Leistung (Abs II) 21
   b) Grundstücksverträge und Belegenheitsrecht (Abs III) 24
   c) Güterbeförderungsverträge und Recht der Hauptniederlassung (Abs IV) 25
4. Vermutungswirkung und Darlegungs- sowie Beweislast 27

III. Einzelne Vertragstypen
1. Kaufvertrag (Warenkauf, Grundstückskauf, Kauf im allgemeinen) 28
2. Tausch 33
3. Schenkung 34
4. Miete, Pacht, Leihe, Leasing 35
5. Darlehen 37
6. Dienstverträge 38
7. Werkvertrag, Bau- und Anlagenbauvertrag 39
8. Beförderungsverträge 40
9. Auftrag und Geschäftsbesorgung 47
10. Maklervertrag 48
11. Verwahrung, Hinterlegung 49
12. Beherbergungsvertrag 50
13. Bürgschaft und Garantie 51
14. Handelsrechtliche Vertragstypen 53
15. Verträge über Immaterialgüterrechte 54
16. Bank- und Börsengeschäfte 56

IV. Verfahrensrecht 58

Schrifttum: Vgl Schrifttum vor Art 27 und bei Art 27 vor Rz 1; s ferner *Basedow*, Der Transportvertrag (1987); *Böckstiegel*, Die Bestimmung des anwendbaren Rechts in der Praxis internationaler Schiedsgerichtsverfahren, FS Beitzke (1979) 443; *Hübner*, Vertragsschluß und Probleme des Internationalen Privatrechts beim E-Commerce, ZVersWiss 2001, 351; *Jayme*, Kollisionsrechtliche Techniken für Langzeitverträge mit Auslandsberührung, in Nicklisch (Hrsg), Der komplexe Langzeitvertrag (1987) 311; *Kaufmann/Kohler*, La prestation caractéristique en droit international privé des contrats et l'influence de la Suisse, Schweiz JbIntR 45 (1989) 195; *Kreuzer*, Know-how-Verträge im dt IPR, FS v Caemmerer (1978) 705; *ders*, Kollisionsrechtliche Probleme der Produkthaftung, IPRax 1982, 1; *Mankowski*, Das IPR der Providerverträge, in Spindler (Hrsg), Vertragsrecht der Internetprovider (2000) 161; *Marsch*, Der Favor Negotii im dt IPR (1976); *Reich*, Grundgesetz und internat Vertragsrecht, NJW 1994, 2128; *Reithmann/Martiny*, Internat Vertragsrecht, 5. Aufl 1996; *J. Schröder*, Zur Anziehungskraft der Grundstücksbelegenheit im int Privat- und Verfahrensrecht, IPRax 1985, 145; *ders*, Vom Sinn der Verweisung im int Schuldvertragsrecht, IPRax 1987, 90; *Schwander*, Int Vertragsschuldrecht – Direkte Zuständigkeit und objektive Anknüpfung, in Beiträge zum neuen IPR des Sachen-, Schuld- und Gesellschaftsrechts, FS Moser (Zürich 1987) 79; *ders*, Die Behandlung der Innominatverträge im int Privatrecht, in Innominatverträge – Festgabe Schluep (Zürich 1988) 501; *Schwimann*, Fragen der gesetzlichen Anknüpfung im int Schuldvertragsrecht, in Möglichkeiten und Grenzen der Rechtsordnung, FS Strasser (Wien 1985) 895; *von der Seipen*, Akzessorische Anknüpfung und engste Verbindung im Kollisionsrecht der komplexen Vertragsverhältnisse (1989); *Uebersax*, Der Schutz der schwächeren Partei im int Vertragsrecht (Diss Basel 1976); *Weitnauer*, Der Vertragsschwerpunkt (1981); *v Westphalen*, Fallstricke bei Verträgen und Prozessen mit Auslandsberührung, NJW 1994, 2113; *Zahn/Ehrlich/Neumann*, Zahlung und Zahlungssicherung im Außenhandel (7. Aufl 2001); Schrifttum zur Anknüpfung einzelner Vertragstypen s unten in Abschnitt III.

I. Allgemeines

1. Inhalt und Zweck, Vorgeschichte. Art 28 enthält die **Sekundäranknüpfung** des dt int Schuldvertrags- 1 rechts. Aufbauend auf Art 4 des Röm Übks (vor Art 27 Rz 2) bestimmt Art 28 das Vertragsstatut für Sachverhalte, für die keine Rechtswahl iSv Art 27 das anwendbare Recht hierzu parteiautonom festlegt, iS einer **objektiven Anknüpfung**. Maßgebend ist dann das Recht, zu dem der Sachverhalt iS einer vernünftigen Interessenabwägung auf objektiver Grundlage die engsten Verbindungen aufweist (s Begr RegE BT-Drucks 10/504, 77–79; Pirrung IPVR 175–177). Mit dieser Lösung hat sich das neue IPR auch terminologisch von den Vorstellungen des Rechts vor der Reform gelöst. Die offene Anknüpfung an die engste Beziehung tritt an die Stelle der – bei Fehlen einer realen (ausdrücklichen oder konkludenten) Rechtswahl – sekundär das Vertragsstatut ergebenden Anknüpfung an den „hypothetischen" bzw „mutmaßlichen Parteiwillen" des früheren Rechts. Indes ist ein sachlicher Unterschied zu den früher – jedenfalls im dt IPR – erreichten Anknüpfungsergebnissen kaum vorhanden, da der BGH sich in seiner Judikatur immer stärker von der ursprünglich „subjektiven Theorie" des RG (zB RG 68, 203, 205; 161, 296, 298) entfernt und hinter der weiter benutzten Formel von dem hypothetischen Parteiwillen sich auf eine objektive Anknüpfung an den Schwerpunkt des Vertrages zu bewegt hatte (zB BGH 7, 231, 235; 9, 221, 222f; 19, 110, 112; 44, 183, 186; 61, 221, 223 = JR 1974, 239 Anm Kühne; noch BGH NJW 1987, 1141 = JR 1987, 198 Anm Dörner = IPRax 1988, 27 Anm Kreuzer S 16; BGH NJW 1992, 618 = JuS 1992, 612 Anm Hohloch; wN bei Weitnauer, 150ff und Erman/Arndt[7] vor Art 12 Rz 4ff). Demgemäß bleiben die früher erreichten Anknüpfungsergebnisse auch unter der Geltung des neuen Rechts vielfach weiter verwendbar. Unterschiede bestehen zu früherem Recht jedoch im ausl IPR, wenn Art 4 des Röm Übk dort formale Anknüpfungen (zB Abschlußort) ersetzt hat (s Soergel/v Hoffmann[12] Art 28 Rz 4).

Die Anknüpfung an die engsten Verbindungen, die Art 28 und schon Art 4 Röm Übk zugrundeliegt, entspricht 2 der heute auch int vorherrschenden Schuldvertragsanknüpfung (Recht der engsten Beziehung, proper law of the contract, most significant relationship). Sie ist von Art 28 nicht in einen Katalog vorbestimmter Anknüpfungen für einzelne gebräuchliche Vertragstypen aufgelöst, sondern als anpassungsfähigere Lösung ausgebildet worden, „die es dem Richter überläßt, im Einzelfall unter den verschiedenen Merkmalen des Vertrages und den Umständen des Einzelfalls jenes Anknüpfungsmerkmal auszuwählen, das im Hinblick auf die Bestimmung des auf den Vertrag anzuwendenden Rechts vorherrschend und ausschlaggebend ist" (Ber Giuliano-Lagarde, BT-Drucks 10/503, 52). Das Gesetz hat insofern dann indes einen Mittelweg gewählt, indem es den in **Abs I** niedergelegten Anknüpfungsgrundsatz der Maßgeblichkeit des Rechts der engsten Verbindung (entspr Art 4 I S 1 Röm Übk) in **Abs II–IV** durch Aufstellung von **drei Vermutungsregeln** konkretisiert: Abs II gibt als Regelanknüpfung für grundsätzlich alle Schuldverträge die Anknüpfung an die charakteristische Leistung (entspr Art 4 II Röm Übk); damit hat sich die in der Rechtslehre insbes der Schweiz begründete Auffassung von der charakteristischen oder vertragstypischen Leistung (A. F. Schnitzer Hdb des IPR Bd II4 [Basel 1958] S 639ff; F. Vischer Int Vertragsrecht [Bern 1962] 108ff), als Gesetz durchgesetzt (s Kegel/Schurig IPR § 18 I S 575; Kropholler, IPR § 52 III S 398). Abs III beruft für Grundstücksverträge das Recht der Grundstücksbelegenheit (entspr Art 4 III Röm Übk), in Abs II S 2 erhält für Verträge, die in Ausübung gewerblicher Tätigkeit abgeschlossen werden, der Niederlassungsort des gewerblich tätigen Vertragspartners das ausschlaggebende Gewicht (entspr Art 4 II 2 Röm Übk), gleiches gilt in Abs IV für die dort gesondert erfaßten Güterbeförderungsverträge und Charterverträge (entspr Art 4 IV Röm Übk). Für diejenigen Sachverhalte, in denen die in Abs II–IV enthaltenen Vermutungen durch die Gesamtheit der Umstände entkräftet sind, gibt die **Auffangklausel des Abs V**, die im Wortlaut, aber nicht in ihrer Bedeutung von Art 4 V Röm Übk abweicht, die Freiheit zur Bestimmung der engsten Verbindungen durch eine Gesamtabwägung aller **Berührungspunkte** des Sachverhalts.

3 Art 28 enthält die Grundregeln der Sekundäranknüpfung für Verträge aller Art. Als leges speciales haben Vorrang indes die Sonderregelungen, die in Art 29 II für Verbraucherverträge und in Art 30 II für Arbeitsverträge Gesetz geworden sind. Hierzu s Erl dort.

4 2. **Staatsvertragliche Regelungen.** Für das Eingreifen staatsvertraglicher Regelungen im Anwendungsbereich von Art 28 s schon vor Art 27 Rz 2, 4 und Erl zu Art 27 Rz 1. Da Art 4 des Röm Übk im Inland nicht unmittelbar anwendbar ist (s vor Art 27 Rz 2), besteht insoweit kein Anwendungsvorrang. In seinem Anwendungsbereich gemäß Art 1 I lit a CISG hat das UNCITRAL-Kaufrecht (Wiener Kaufrecht, CISG) als dt Recht des „Auslandskaufs" Vorrang vor Art 28 (s vor Art 27 Rz 5 und Art 27 Rz 10). Bei Verträgen mit Abschluß vor dem 1. 1. 1991 (Zeitpunkt des Inkrafttretens des Wiener Kaufrechts für die BRepD, s vor Art 27 Rz 6) kann die aus Art 28 folgende Verweisung auf fremdes Recht ggf das Wiener Kaufrecht als fremdes Sachrecht zur Anwendung berufen (s dazu vor Art 27 Rz 8).

5 3. **Geltung allg Regeln. a) Rück- und Weiterverweisung. Unteranknüpfung.** Art 28 enthält mit der Bezugnahme auf das Recht der engsten Verbindung gem Art 35 I eine **Sachnormverweisung**. Rück- und Weiterverweisung sind ausgeschlossen. Für die bei Art 27 insofern angebrachte Differenzierung (s dort Rz 3) ist bei Art 28 kein Platz, da das objektiv räumlich bestgeeignete Recht zur Anwendung berufen wird (allg A; s zB Pal/Heldrich Art 28 Rz 1; MüKo/Martiny Art 28 Rz 273). Verweist die Anknüpfung auf das Recht eines Mehrrechtsstaates, ist Unteranknüpfung nicht gem Art 4 III, sondern gem Art 35 II (s Erl dort) vorzunehmen.

6 b) **Ordre public.** Vgl hierzu die Erl zu Art 27 Rz 4 und die bei Art 6 Rz 52ff zusammengestellte Rsp. Da Art 16 des Röm Übk im Inland nicht unmittelbar anwendbar ist und Art 28–37 eine gesonderte Vorbehaltsklausel nicht enthalten, ist Art 6 in dem Rahmen, den Art 29, 30, 34 lassen, und unter Berücksichtigung des staatsvertraglichen Hintergrundes der Art 27ff anwendbar. Die praktische Bedeutung ist nicht höher als im Anwendungsbereich von Art 27 (s dort Rz 4).

7 c) **Abgrenzung zu anderen Statuten. Statutenwechsel.** Das gem Art 28 ermittelte Vertragsstatut ist für den Vertrag sowohl Entstehungsstatut als auch Wirkungsstatut, s Art 31, 32. Hinsichtlich der Grenzziehung zum Personalstatut (Geschäftsfähigkeit) oder zum Sachstatut gilt nichts anderes als bei Rechtswahl gem Art 27; s Erl dort Rz 5 und Art 43 Rz 11. In seltenen Fällen ist das gem Abs II S 1 („im Zeitpunkt . . .") **unwandelbare Vertragsstatut** durch Statutenwechsel wandelbar (s Lüderitz FS Keller [1989] 459, 462ff und vor Art 27 Rz 12 mwN; Hamm IPRax 1996, 33 mit Aufs Otto = RIW 1994, 513; auch BGH GRUR Int 1980, 230 = IPRspr 1979 Nr 175 zur Sitzverlegung).

8 4. **Intertemporales Recht. Innerdt Kollisionsrecht. a) In intertemporaler Hinsicht** ist Art 28 gem Art 220 I auf alle mit Beginn des 1. 9. 1986 noch nicht voll wirksam abgeschlossenen gewesene Verträge anwendbar. Bei Verträgen, die vor dem 1. 9. 1986 voll wirksam abgeschlossen worden sind, bleibt es bei der Geltung des alten, ungeschriebenen Kollisionsrechts, so daß bei fehlender Rechtswahl an den hypothetischen Parteiwillen in der damaligen Ausprägung dieser Anknüpfung durch die Rspr (s Rz 1) und in letzter Linie an den Erfüllungsort der geltend gemachten Vertragspflicht (s dazu Erman/Arndt[7] vor Art 12 Rz 5) anzuknüpfen ist (s BGH NJW 1992, 618 = JuS 1992, 612 [Hohloch]). Zur Problematik bei Dauerschuldverhältnissen s Art 27 Rz 6. b) Im **innerdt Kollisionsrecht** gelten die Erl zu Art 27 Rz 6 und vor Art 27 Rz 13 entsprechend. Art 28 bietet heute in entsprechender Anwendung die Rechtsgrundlage für erforderliche objektive Anknüpfungen in Altfällen. Für diejenigen Altfälle, auf die intertemporal ILR aus der Zeit vor dem 1. 8. 1986 anzuwenden ist, gelten die Vorläuferregeln des Art 28 (Anknüpfung an den hypothetischen Parteiwillen, Anknüpfung an den Erfüllungsort, s oben a).

II. Recht der engsten Verbindung – Anwendungsgrundsätze, Anknüpfungspunkte (Abs I–V)

1. Grundsatz der engsten Verbindung (Abs I)

9 a) **Generalklausel.** Der Art 28 zugrunde gelegte Grundsatz der Maßgeblichkeit des Rechts der engsten Verbindung ist im Gesetz nicht definiert und auch nicht näher erläutert. Es handelt sich um eine ausfüllungsbedürftige

Leerformel (Kegel/Schurig IPR § 6 I S 258) von generalklauselartigem Charakter. Sie ist durch Abwägung der bei einem Vertrag gegebenen verschiedenartigsten Anknüpfungspunkte (dazu Rz 10–14) in der Weise auszufüllen, daß die Rechtsordnung berufen wird, in der der Vertrag bei Würdigung aller Umstände des Einzelfalles seinen **Schwerpunkt** hat. Schwerpunktermittlung und Ermittlung des Rechts der engsten Verbindung sind somit deckungsgleich; demgemäß kann, soweit in der Praxis nicht schon mit Hilfe der Anwendung der Vermutungsregelungen der Abs II–IV auf vereinfachtem Wege ein befriedigendes Rechtsanwendungsergebnis erreicht wird, die engstverbundene Rechtsordnung im Einzelfall auch unter Rückgriff auf die zum alten Recht entwickelte Praxis ermittelt werden (Rz 1 und 14).

b) **Anknüpfungspunkte, Kontakte, Verbindungen.** aa) Das Gesetz läßt offen, welche Umstände für die engste Verbindung in Betracht kommen. Allerdings geben die dem Grundsatz des Abs I untergeordneten Vermutungsregeln der Abs II–IV den allg und auch außerhalb ihres Anwendungsbereiches verwendbaren Hinweis, daß für eine enge, wenn nicht engste Verbindung zu einer Rechtsordnung das Recht der Partei spricht, die die **vertragstypische** Leistung zu erbringen hat und deren Erfüllung sich auf den **Niederlassungsort** ihres Schuldners konzentriert; bei Grundstücksgeschäften kommt wegen der Interessen des Belegenheitsstaates dem Moment der **Belegenheit** ähnlich prägende Bedeutung zu. Darüber hinaus aber kommen alle Berührungspunkte („Kontakte") in Betracht, aus denen eine **objektive Anknüpfung**, wie sie von Art 28 bezweckt ist, sich ergeben kann. Ein einzelner Berührungspunkt wird hierfür regelmäßig nicht ausreichen, vielmehr wird eine Gesamtabwägung erforderlich, die zumindest die überwiegenden Beziehungen des Vertrages zu einer Rechtsordnung festlegt und damit ein Rechtsanwendungsergebnis erzielt. Auf ein **non liquet** kann sich die Gesamtabwägung nicht zurückziehen; Art 28 ist zweite und **letzte Anknüpfungsstufe** des Vertragsstatuts, die tertiäre Anknüpfung des früheren Rechts an den **Erfüllungsort** der geltend gemachten Verpflichtung ist in das geltende Recht **nicht übernommen** worden. Dem Erfüllungsort kommt jedoch nach wie vor das Gewicht eines Berührungspunktes innerhalb der Gesamtabwägung zu, allerdings kann er nicht isoliert die Anknüpfung vorgeben (unzutr LG Dortmund IPRax 1989, 51 Anm Jayme).

bb) Im übrigen sind diejenigen Berührungspunkte abzuwägen, in denen sich **Rechtsanwendungsinteressen der Parteien** manifestieren. (1) Da idR jede Partei an der Maßgeblichkeit „ihres" Rechts interessiert ist, kommen so als Berührungspunkte **Staatsangehörigkeit, gewöhnl Aufenthalt, Wohnsitz** der Vertragspartner in Betracht (für Arbeitsverträge BAG IPRax 1994, 123, 127), bei gewerblich Tätigen, Geschäftsleuten und Freiberuflern das Recht des **Geschäftssitzes** bzw der gewerblichen oder beruflichen **Niederlassung**; dies gilt im Grundsatz auch bei Vertragsabschluß im Internet (s Mankowski RabelZ 1999, 220; Sandrock ZVerglRWiss 1999, 236). Dem Gesichtspunkt der **Staatsangehörigkeit** kommt dieses Gewicht dann zu, wenn sie auf beiden Seiten **übereinstimmt** (s zB BGH WM 1977, 793 – Kauf beweglicher Sache; Nürnberg IPRspr 1978 Nr 16 – Bankkonto in Türkei; LG Waldshut-Tiengen IPRspr 1979 Nr 17 – Schuldversprechen unter Ausländern; s ferner Weitnauer 155f) und der Vertrag im wesentlichen privatgeschäftlichen Charakter hat (zB IPG 1967/68 Nr 9 Hamburg; IPG 1971 Nr 3 Hamburg; gemeinsames Konto und gemeinsame Kontenberechtigung griech Eheleute nach griech Recht, Stuttgart FamRZ 2001, 1371 = IPRax 2001, 152 Anm Grothe S 119 [Art 15?]); stets aber ist sie gegenüber dem gewöhnl Aufenthalt abzuwägen, dem längerer Verweildauer auch in solchen Fällen steigendes bzw ggf ausschlaggebendes Gewicht zukommt (Düsseldorf FamRZ 1983, 1229 = IPRax 1984, 270 abl Anm Fudickar 253 – Schenkung unter Verlobten; LG Hamburg IPRspr 1972 Nr 15 – Vertragsübernahme; IPRspr 1975 Nr 14 – Darlehen; LG Stuttgart IPRax 1996, 140 – Belegenheit des Vermögenswertes). Ähnl ist abzuwägen bei Geschäften, die ausl Geschäftsleute bzw Firmen mit im Inland ansässigen Landsleuten tätigen (s LG Frankfurt IPRspr 1964/65 Nr 39 – Handelsvertreter; LG Zweibrücken RIW 1983, 454 – Kreditkauf; IPG 1980, 81 Nr 10 Freiburg – KfZ-Versicherung). (2) Bei Verträgen unter Einschaltung **amtlicher Stellen** (LG Hamburg RIW 1977, 787 – ausl Notar; Köln AWD 1960, 246 – ausl Rechtsanwalt; LG Amberg IPRax 1982, 29 Anm Jayme; s ferner RG Warn 1917 Nr 151) und unter Beteiligung der **öffentl Hand** (KG IPRspr 1954/55 Nr 28; Hamburg WM 1969, 709, 711; Koblenz OLGZ 1975, 379; Frankfurt IPRspr 1979 Nr 10b) kommt dem Recht des Staates bzw der amtlichen Stelle idR das entscheidende Gewicht zu, doch ist auch hier von Fall zu Fall und unter Abwägung aller Gesichtspunkte zu unterscheiden (s Gamillscheg RabelsZ 27 [1962/63] 585, 591; KG IPRax 1998, 283; v Hoffmann BerGesVR 25 [1984] 35, 37f; s ferner mwN MüKo/Martiny Art 28 Rz 82, 85).

(3) Von geringerer, im Einzelfall aber mitzuberücksichtigender Bedeutung sind **Gerichtsstandsklauseln** und **Schiedsklauseln**, sofern sie nicht iS stillschweigender Rechtswahl gem Art 27 den Ausschlag geben (zB BGH NJW 1961, 25; Düsseldorf AWD 1961, 126 = IPRspr 1960/61 Nr 219; Hamburg RIW 1979, 482; s ferner Art 27 Rz 14); noch weniger Aussagekraft kommt (jeweils für sich allein genommen) zu: der **Vertragssprache** (BGH 19, 110, 112; LG Frankfurt IPRax 1981, 134; als unterstützendes Moment: BGH RIW 1977, 294; LG Würzburg NJW-RR 1988, 1324), dem **Abschlußort** (RG 61, 343, 345; BGH NJW 1976, 1581; LG Frankfurt IPRax 1981, 134), dem **Marktort** oder **Messeort** (BGH NJW 1961, 25; Frankfurt NJW 1970, 1010; Hamburg AWD 1973, 557; München NJW-RR 1989, 663), es sei denn, es handle sich um Börsengeschäfte (dazu Rz 57), dem **Erfüllungsort** (zu seiner Bestimmung aus der mutmaßlich anzuwendenden Rechtsordnung MüKo/Martiny, Art 28 Rz 81), der **Währung** (BGH 19, 110, 113; BGH NJW 1981, 1899; Hamburg VersR 1978, 918; Hamm RIW 1979, 205; LG Hagen RIW 1981, 628 = IPRspr 1979 Nr 16; insges nur geringe unterstützende Bedeutung).

(4) Keine Bedeutung sollte mE der Gesichtspunkt haben, das Recht anzuwenden, unter dem das Geschäft gültig wird („favor negotii"), da der Gesichtspunkt des „better law" keinen Eingang in die Gesetzeslage der Art 27ff gefunden hat (str, s zT aber BGH WM 1977, 793 Außenwirtschaftsrecht; BGH NJW 1961, 25 = JZ 1961, 261 krit Anm Henrich, inl Einfuhrbestimmungen; diff Staud/Magnus [2001] Art 28 Rz 54).

cc) Bei Beachtung dieser Maßgabe der steten Überprüfung der Gesamtlage kann ergänzend die **frühere**, in 7. Aufl vor Art 12 Rz 4 zusammengestellte **Rsp** weiterverwandt werden: dt Recht anwendbar auf Schuldverhältnisse zwischen Deutschen, die im Ausland begründet, aber ganz oder teilw im Inland zu erfüllen sind: RG Warn 33, 140; HRR 1930, 299; auch bei Erfüllung im Ausland: RAG JW 1931, 159; Österr Recht auf Gesellschaftsvertrag, der in Wien zwischen Österreichern zwecks Erwerb dt Grundstücke geschlossen wurde, RG IPRsp 1933 Nr 16; Provisionsvertrag dt Gesellschaft mit Deutschen nach dt Recht, obwohl im Ausland geschlossen und dort in ausl Währung zu erfüllen, RG IPRsp 1930 Nr 32; ein Vertragspartner Deutscher, Vertrag in Deutschland geschlossen und zu erfüllen: dt Recht Karlsruhe HRR 1934, 431; Anwendung dt Rechts auf einen zwischen Deutschen geschlossenen Vertrag über österr Grundstücke und dort zu gründende Gesellschaften bei Vereinbarung eines dt Gerichtsstandes, BayObLG IPRsp 1934 Nr 25 (zur Bedeutung gleicher Staatsangehörigkeit der Vertragspartner vgl krit KG NJW 1957, 347); Schwerpunkt einer hypothekarisch gesicherten Darlehensforderung idR am Ort des belasteten Grundstücks, BGH 17, 94; Anwendung engl Rechts auf in Italien zwischen Italienern und Russen geschlossenen Chartervertrag, weil das betreffende Formular im wesentlichen unter Verwendung engl Rechtsbegriffe abgefaßt war, Hamburg HansGZ 1934 B 303 (vgl auch Hamburg VersR 1970, 1129); die Formulierungen „fob Hamburg" und „Zahlung gegen Dokumente" als Indiz für inl Schwerpunkt: Stuttgart AWD 1960, 246; Lizenzvertrag zwischen dt Lizenzgeber und österr Lizenznehmer trotz Vereinbarung österr Schiedsgerichts nach dt Recht beurteilt, RG HRR 1933, 1935; Vertrag zwischen Inländern über Verwertung ausl Patente: dt Recht, RG IPRsp 1931 Nr 103; Kauf von Investmentzertifikaten einer luxemburg Gesellschaft durch deren dt Vertriebsgesellschaft: dt Recht (BGH WM 1973, 98; IPRsp 1972 Nr 14) Verlagsvertrag zwischen dt Verleger und ausl Verfasser nach dt Recht beurteilt, trotz ausl Sprache und ausl Zahlungsorts des in ausl Währung zu zahlenden Honorars BGH 19, 110; Verpflichtung eines in Spanien ansässigen Kommissionärs gegenüber dt Kommittenten nach span Recht beurteilt, RG HansGZ 1932 B 632; ähnl allg für das Recht der Niederlassung des Kommissionärs BGH IPRsp 1964/65 Nr 40; Lebensversicherungsverträge eines Österr mit dt Gesellschaft nach dt Recht beurteilt, obwohl zwingendes österr Versicherungsrecht zum Vertragsinhalt gemacht wurde, RG JW 1933, 1657; vgl ferner Stettin IPRsp 1932 Nr 35; Königsberg IPRsp 1931 Nr 37; ferner BGH 17, 74, 77: Recht am Sitz der Zweigniederlassung; Versicherungsvertrag zwischen dt und engl Firma, der in Abhängigkeitsverhältnis zu einem dem engl Recht unterworfenen Vertrag steht, nach engl Recht beurteilt RG SeuffA 86 Nr 60; Frachtvertrag in engl Sprache zwischen Deutschen: dt Recht jedoch Auslegung englischrechtlicher Klauseln nach engl Auffassung, LG Hamburg MDR 1954, 422; bei st Betrauung eines in Deutschland ansässigen, dort für Fernverkehrstransporte zugelassenen Unternehmens: Düsseldorf VersR 1957, 305; bei Verträgen mit Personen, deren Beruf öffentlich-rechtlich geregelt ist, wie den Rechtsanwälten, entscheidet das Recht der beruflichen Niederlassung, RG 151, 193, 199 und KG NJW 1958, 1685; bei Handelsvertretern idR der Ort der Tätigkeit, BGH 53, 332, 337.

15 c) **Zusammenfassung.** Bei der Gesamtabwägung haben die oben (Rz 10–14) erfaßten Gesichtspunkte (Berührungspunkte) unterschiedliches Gewicht. Welches Gewicht dem einzelnen Berührungspunkt zukommt, kann nicht abstrakt festgelegt werden; die jeweilige Bedeutung hängt nicht zuletzt von der Eigenart des jeweiligen Vertragsverhältnisses ab, zB kommt der – auch gemeinsamen – Staatsangehörigkeit von Parteien bei einem Mietvertrag wohl stets weniger Gewicht zu als bei einem Privatdarlehen zwischen Partnern aus einem ausl Familienverband (s zB LG Hamburg IPRsp 1975 Nr 14, auch LG Waldshut-Tiengen IPRsp 1979 Nr 17 – Schuldversprechen). **Bedeutung kommt der Gesamtabwägung iS einer Kontrollerwägung** immer dann zu, wenn die Anwendung der Vermutungen der Abs II–IV zu unbefriedigendem Ergebnis führt (s Rz 17, 21ff), das iS der Berichtigungsklausel des Abs V korrekturbedürftig erscheint; stets bedarf es ferner der Gesamtabwägung, wenn sich der Vertrag in Ermangelung einer charakteristischen Leistung iSv Abs II der Regelung der Rechtsanwendung mit Hilfe der gesetzlichen Vermutung von vornherein entzieht (zB beim Tausch, s Rz 18), so daß auf die Grundnorm des Abs I zurückzugreifen ist.

2. Handhabung des Art 28

16 a) **Primäre Anwendung der Vermutungsregeln (Abs II–IV).** Dem Aufbau des Art 28 kann entnommen werden, daß der Gesetzgeber für die Ermittlung des Rechts der engsten Verbindung eine bestimmte Vorgehensweise festlegen wollte. Abs I S 1 enthält den Anknüpfungsgrundsatz und ist in seiner Funktion auch darauf beschränkt (s Ber Giuliano/Lagarde, BT-Drucks 10/503, 53). In der praktischen Handhabung des Art 28 ist deshalb, wenn dieser Weg nach der Vertragsnatur gangbar ist (s Rz 15 aE), bei der für den jeweiligen **Vertragstyp** einschlägigen Vermutungsregelung der Abs II–IV anzusetzen, dh bei Grundstücksverträgen bei Abs III, bei Güterbeförderungsverträgen und denen gleichgestellten Verträgen bei Abs IV, bei allen anderen Verträgen bei Abs II (ebenso Ferid IPR § 6 Rz 39). Die Zuordnung des einzelnen konkreten Vertrages zu der Typenregelung der Abs II–IV erfolgt nach den für die **Qualifikation** allg geltenden Regeln, dh auf dem Boden der Begriffswelt des dt Rechts, wobei jedoch die Begriffe der Abs II–IV (zB Vertrag über Grundstück) weit zu fassen sind (s Einl Rz 38, 39; auch Sandrock RIW 1986, 841, 850f). Bei Anwendung einer Vermutungsregelung ist nur auf die Tatbestandsmerkmale der Vermutung, nicht auch auf andere Berührungspunkte (s die Übersicht Rz 10–14) abzuheben; die Anwendung der Vermutungsregelung ergibt dann als Rechtsfolge das iSv Abs II, III, IV anwendbare Recht, **das als Recht der engsten Verbindung iSv Abs I vermutet wird** und so im Regelfall anzuwenden ist.

17 b) **Korrektur der Vermutungsregeln durch Ausweichklausel (Abs V). aa)** Im Durchschnitt der Rechtsanwendungsfälle ergibt die Anwendung der Vermutungsregelungen der Abs II–IV das richtige oder doch ein befriedigendes Rechtsanwendungsergebnis. Hierauf ist ihre Wirkung beschränkt. Der Gesetzgeber hat im Gefolge der Lösungen des Röm Übereinkommens einen Katalog von starren Anknüpfungen für die einzelnen Vertragstypen bewußt abgelehnt. Zwecks besserer Verwirklichung der Anwendung des Rechts der engsten Verbindung ist statt dessen der Regel-Ausnahme-Mechanismus der Abs II–V Gesetz geworden, mit dem – im Regelfall durch schlichte Anwendung der einschlägigen Vermutungsregel der Abs II–IV, in besonders gelagerten Einzelfall durch das Vermutungsergebnis korrigierenden Einsatz der Ausweichklausel des Abs V – das den Grundsatz des Abs I (Recht engster Verbindung) verwirklichende Rechtsanwendungsergebnis erzielt werden kann (zT abw bzgl der Handhabung von Abs II–IV - stete Gesamtabwägung erforderlich - v Bar, IPR II Rz 488ff). Daß bei Sachverhalten, die sich nicht von vornherein der Anwendung von Abs II–IV entziehen, zwischen Abs II–IV einerseits und Abs V andererseits ein solches **Regel-Ausnahme-Verhältnis** besteht, muß die Handhabung der Ausweichklausel des Abs V leiten, i Erg auch Soergel/v Hoffmann[12] Art 28 Rz 17, 18. Das Vorliegen von in der Vermutungsregelung nicht berücksichtigten und für das anwendbare Recht in andere Richtung weisenden Berührungspunkten muß als solches noch nicht zur Aufhebung der Ergebnisse der Anwendung der Vermutungsregel führen. Flüchtigere, den wirtschaftlichen Gegebenheiten nicht entsprechende abw Berührungspunkte können so unberücksichtigt bleiben. Gewichtigere der Vermutung entgegengesetzte Berührungspunkte (zB gemeinsame Staatsangehörigkeit oder gemeinsamer gewöhnl Aufenthalt und vor allem die Kumulation dieser in andere Richtung als die Vermutung weisenden Aspekte, s Rz 10) indes sind geeignet, die Vermutungswirkung aufzuheben und ein anderes Rechtsanwendungsergebnis zu bewirken. Entscheidend ist dabei stets die Gesamtabwägung auf der Grundlage des konkreten Rechtsverhältnisses (ebenso Staud/Magnus [2001] Art 28 Rz 130). **bb)** Rspr-Ergebnisse zu Abs V liegen in verwertbarem Umfang nicht vor (s aber etwa LG Würzburg NJW-RR 1988, 1324; auch noch LG Aachen RIW 1990, 491, 492; Stuttgart NJW-RR 1990, 1082; Düsseldorf RIW 1996, 958 [abl beim Handelsvertretervertrag; Hamm IPRsp 1993 Nr 20 [Hauptvertrag – Vorvertrag]). Mit Vorbehalt ist Vorschlägen zu beggenen, die die Ausweichklausel strukturieren und in Fallgruppen aufgliedern wollen (Kreuzer FS Zaytay [1982] 295, 324f; MüKo/Martiny Art 28 Rz 94); bei genügender Kasuistik, die zZt noch nicht vorliegt, ggf aber durch Rückgriff insbes auf frühere Rspr zur Bedeutung gemeinsamer Staatsangehörigkeit und gemeinsamen Aufenthaltes das Vertragsstatut (Rz 10) vorbereitet werden kann, ist solche Aufgliederung begrenzt hilfreich. Sie darf aber nicht die Gesamtabwägung auf der Basis des Einzelfalles, die Zweck von Abs V ist, erübrigen. Auf deren Basis lassen sich die Vermutungsregelungen der Abs II–IV im Einzelfall korrigieren, vgl. Miete eines Ferienhauses im Ausland zwischen Inländern, BGH IPRax 1990, 318; Untermaklervertrag nach dem Recht des Hauptmaklervertrages, Düsseldorf RIW 1997, 780; s ferner mit Nachweisen auf Praxis im Anwendungsraum des Röm Übereinkommens Staud/ Magnus [2001] Art 28 Rz 132–135. Zu den parallel gestalteten Ausweichklauseln des Art 41 nF (außervertragl Schuldverhältnisse) und Art 46 (Sachenrecht) s Erl jeweils dort.

c) Primäre Gesamtabwägung bei Unanwendbarkeit der Vermutungsregeln (Abs II S 3). aa) Das Zusammenspiel zwischen Vermutung und Ausweichklausel (Rz 16f) ist ausgeschaltet, wenn der Vertrag, für den das anzuwendende Recht zu ermitteln ist, seinem Typ nach bei Abs III (Grundstücksverträge) und Abs IV (Güterbeförderungsverträge) nicht einzuordnen ist und er auch einer vertragscharakteristischen Leistung iSv Abs II S 1, 2 entbehrt. Gem **Abs II S 3** ist Abs II dann unanwendbar. Das anwendbare Recht iSv Abs I ist dann durch unmittelbar und primär stattfindende Gesamtabwägung iS der oben (Rz 10–14) gegebenen Erl zu ermitteln. Des Zugriffs auf die Ausweichklausel des Abs V bedarf es in diesen Fällen regelmäßig nicht, da die Vermutung, die über die Ausweichklausel korrigiert werden soll, wegen fehlender tatbestandlicher Voraussetzungen nicht eingreift (s aber im Sinne auch fallgruppenorientierter Heranziehung von Abs V Quay, Der Consultingvertrag im IPR, Diss Freiburg 1999); allerdings würde der Weg über Abs V zu anderen Ergebnissen nicht führen, da hier wie da Gesamtabwägung erforderlich ist. **bb)** Anwendungsfälle von Abs II S 3 sind insbes **Tauschgeschäfte** (auch in der Form des „Kompensationsgeschäftes", soweit hier die regelmäßig gegebene Rechtswahl nicht erfolgt ist), aber auch **atypische, individuell gestaltete Verträge**, die einem gesetzlich vorgesehenen oder durch Rechtsfortbildung entwickelten Vertragstyp nicht entsprechen und auch eine charakteristische Leistung iSv Abs II S 1 nicht erkennen lassen (s dazu noch Rz 33, 35). 18

d) Einheitliches Vertragsstatut und Abspaltung von Vertragsteilen (Abs I S 2). Regelmäßig hat der Vertrag im ganzen eine einheitliche engste Verbindung zu **einer Rechtsordnung**. Insofern entspricht Abs I S 1 der Grundregel des Art 27 I S 1 und 2 im Falle der Rechtswahl (Art 27 Rz 7). So wie dort aber gem Art 27 I S 3 die Möglichkeit der Spaltung des Vertragsstatuts vorgesehen ist (Art 27 Rz 19–21), kann auch die objektive Anknüpfung zur Spaltung des Vertragsstatuts führen. **Voraussetzung** ist, daß ein abtrennbarer Vertragsteil eine engere Verbindung zu einer anderen Rechtsordnung aufweist als der Vertrag iü. Praktisch in Betracht kommt derartige Vertragsspaltung bei Lizenzaustauschverträgen (s Düsseldorf AWD 1961, 295) und bei komplexen Vertragswerken, die mehrere Länder in der Weise berühren, daß die charakteristische Leistung (s Rz 21) in verschiedenen Ländern und unter verschiedenen Rechtsordnungen erbracht wird (zB bei gesellschaftsrechtlichen Kooperationsverträgen, s Frankfurt am Main RIW 1998, 807). Indes ist bei der Annahme derartiger Anknüpfungsspaltung im Interesse des Vertragsgleichgewichts Zurückhaltung zu üben. 19

e) Maßgeblicher **Zeitpunkt** für die Festlegung der objektiven Anknüpfung ist im Regelfall der Vermutung des Abs II S 1 der Zeitpunkt des Vertragsschlusses; für Abs IV besteht die gleiche gesetzliche Festlegung. Auch im übrigen Anwendungsbereich des Art 28 ist das Vertragsstatut **unwandelbar** im Zeitpunkt des Vertragsschlusses festgelegt (zu Ausnahmefällen s Rz 7 und vor Art 27 Rz 12; s auch Staud/Magnus [2001] Art 28 Rz 61). 20

3. Die Regelanknüpfungen (Abs II–IV)

a) Grundsatzanknüpfung an die charakteristische Leistung (Abs II). aa) Nach Abs II S 1 wird vermutet, daß ein Vertrag die engsten Verbindungen mit dem Staat aufweist, in dem die Partei, welche die charakteristische Leistung zu erbringen hat, im Zeitpunkt des Vertragsabschlusses ihren gewöhnl Aufenthalt bzw ihre Hauptverwaltung hat. Der Begriff der charakteristischen Leistung, dem EGBGB (und auch nicht im Röm Übk) nicht definiert ist, entspricht den Vorstellungen der Vertragstypenlehre (s Ber Giuliano/Lagarde, BT-Drucks 10/503, 52ff). Grundthese dieser Auffassung ist, daß die Eigenart des jeweiligen Vertragsverhältnisses und nicht äußere Umstände von zufälligem Charakter (zB Abschlußort) das anwendbare Recht vorgeben sollen. In der Anknüpfung an die vertragscharakteristische Leistung konkretisiert sich so die Maßgeblichkeit des Rechts der engsten Verbindung (BGH NJW 1987, 1141 = JR 1987, 198 Anm Dörner = IPRax 1988, 27 Anm Kreuzer S 16) in typisierter, die Anwendung 21 erleichternder Weise. Abs II erfaßt grundsätzlich **alle Schuldvertragstypen**, bei denen sich eine charakteristische Leistung festlegen läßt; verdrängt wird die Regelvermutung des Abs II durch die „konkreter" gefaßten Vermutungsregelungen der Abs III und IV. Soweit letztere gemäß dem erfaßten Vertragstyp eingreifen, kommt Abs II S 1–2 nicht mehr zum Zuge.

22   bb) Charakteristische Leistung in einem Vertragsverhältnis ist diejenige Leistung, durch die sich der Vertragstyp von anderen Vertragstypen unterscheidet, die ihm seine „Eigenart" (= „Typik") gibt; für die Qualifikation gilt insoweit das oben (Rz 10) Ausgeführte. Charakteristische Leistung bei einem **entgeltlichen Vertrag** ist demgemäß nicht die Geldleistung, sondern die den Vertrag einem Vertragstyp zuordnende, spezifische Sach-, Tätigkeits-, Zeitleistung (MüKo/Martiny, Art 28 Rz 30 „Naturalleistung"): bei Kauf Verkäuferleistung, bei Werkvertrag Unternehmerleistung, bei Mietvertrag Vermieterleistung usw (s Einzelüberblick unten III Rz 35). Bei unentgeltlichen Verträgen ist naturgemäß die Hauptleistung der leistungsverpflichtenden Seite (zB Leihe), bei einseitig verpflichtenden Verträgen die Schuldnerleistung (zB Bürgenleistung) die charakteristische Leistung.

cc) Rechtsfolge der Identifizierung der für den individuellen Vertrag so charakteristischen Leistung ist im Rahmen der Vermutungswirkung des Abs II S 1 die Maßgeblichkeit des Rechts des Orts, an dem **bei privatgeschäftlicher Tätigkeit** der **Schuldner** dieser Leistung seinen **gewöhnl Aufenthalt** hat (zu dessen Bestimmung s Erl Art 5 Rz 43ff). Ist Schuldnerin der charakteristischen Leistung eine Gesellschaft, ein Verein oder eine juristische Person (**S 1 Alt 2**), dann kommt das Recht des Ortes zur Anwendung, an dem deren **Hauptverwaltung** besteht. Der Gesellschaftsbegriff ist weit zu fassen; es genügt insofern jede Vereinigung (oder auch Vermögensmasse), die sich nach ihrem Personalstatut vertraglich verpflichten kann (s am Rande BGH 109, 29, 36). Bei Zugehörigkeit des Vertrags zur **geschäftlichen** (gewerblichen oder beruflichen) **Tätigkeit** der die charakteristische Leistung erbringenden Vertragspartei führt die Vermutung gem **Abs II S 2** zu dem Recht des Ortes, an dem die **Hauptniederlassung** dieser Partei besteht; ist die Leistung von einer **anderen Niederlassung** der Partei zu erbringen, gilt das Recht dieser anderen Niederlassung. Als Hauptniederlassung ist der Platz anzunehmen, der den Mittelpunkt der geschäftlichen Tätigkeit der Partei darstellt. Als andere Niederlassung gilt eine außerhalb der Hauptniederlassung bestehende Einrichtung, von der aus nach außen gerichtete geschäftliche Tätigkeit ermöglicht wird (vgl zu § 21 ZPO BGH NJW 1987, 3081 = RIW 1987, 790) und die auf gewisse Dauer eingerichtet ist (vgl BGH 9, 34, 41 und 17, 74, 77 für Versicherungsverträge; s ferner Kegel FS Rudolf Schmidt [1966] 215, 233ff). Nicht als Niederlassung idS gilt eine bloße Agentur, hingegen sind sog **faktische Außenstellen** der anderen Niederlassung gleichzustellen (s MüKo/Martiny, Art 28 Rz 51). Die Anknüpfung an den gewöhnlichen Aufenthalt bzw Sitz gilt als gesetzliche Regelvermutung zunächst auch dort, wo solche faktische Präsenz für den Vertragsabschluß weniger bedeutsam ist, so bei **Vertragsabschluß** über das **Internet**, s Mankowski RabelsZ 63 (1999) 206, 220; Sandrock ZVglRWiss 98 (1999) 227, 236; Junker RIW 1999, 809, 818. Auch insoweit gilt freilich die auf Abs V gestützte Korrekturmöglichkeit.

23   dd) Konsequenz der Regelanknüpfung des Abs II ist Bevorzugung der Partei, die die charakteristische Leistung erbringt. Dies ist im Gesetz angelegt und hinzunehmen; eine gewisse Korrektur zugunsten des (die Geldzahlung leistenden) „Kunden" ist bei Verbraucherverträgen über **Art 29**, iü über Art 29a (bei Geltung alten Rechts ggf § 12 AGBG) gewährleistet (s Erl zu Art 29, 29a). Ein genereller „Schutz des Schwächeren" ist in Art 28 ebensowenig wie in Art 27 angelegt (s mwN Art 29 Rz 3); indes kann ggf über Abs V und die anzustellende Gesamtabwägung im Einzelfall die Anwendung des Rechts des Schwächeren erreicht werden (s Schwander FS Moser 80; zum Teilzahlungskauf s Fischer ZVglRWiss 88 [1989] 14). ee) Fehlt dem individuellen Vertrag die charakteristische Leistung, ist gem **S 3 Abs II** unanwendbar (s Rz 18).

24   b) **Grundstücksverträge und Belegenheitsrecht (Abs III).** Schuldverträge, die ein dingliches Recht an einem Grundstück zum Gegenstand haben (Kaufverträge, Schenkung, Hypothekenbestellungsvertrag usw), unterliegen bei Fehlen einer Rechtswahl gem Abs III dem Recht am Lageort des Grundstücks als vermutetem Recht engster Verbindung, zB BGH NJW-RR 1996, 1034; Frankfurt NJW-RR 1993, 183; KG IPRax 1998, 283; Düsseldorf NJW-RR 1998, 1159; Celle IPRspr 1999 Nr 31; gleiches gilt für Schuldverträge, die ein Recht zur Nutzung des Grundstücks betreffen (Miet- und Pachtverträge, Time-Sharing-Verträge [dazu auch Art 29a Rz 18ff] usw), das keinen dinglichen Charakter (aus der Sicht des zur Qualifikation berufenen dt Rechts) hat. Grunderwerb oder Nutzung müssen der wesentliche Vertragszweck sein, so daß Abs III Verträge mit anderem Profil, die sich auf Grundstücke beziehen, **nicht** erfaßt (zB Bau- und Reparaturvertrag, BGH RIW 1999, 456; Hausverwaltungsvertrag, Staud/Magnus [2001] Art 28 Rz 103). Die regelmäßige Geltung der lex rei sitae rechtfertigt sich aus der engen faktischen Verbindung des Schuldvertrags mit dem rechtlichen Schicksal des Grundstücks, das nach den Regeln des Internationalen Sachenrechts stets durch die **lex rei sitae** bestimmt ist (vgl Anh Art 38 Rz 1; s ferner J. Schröder IPRax 1985, 145, 147). Allerdings ist die **Vermutungsregelung** des Abs III heute für den wichtigen Teilbereich des **Vertragsabschlusses zwischen inl Parteien** (Kaufverträge über ausl Grundstücke und insbes Anmietung von im Ausland belegenen Ferienhäusern und -wohnungen bei inl Vermietern oder Reiseveranstaltern) in Anwendung von Abs V vielfach und weitgehend zugunsten der Anwendung des gemeinsamen Heimatrechts der Vertragsparteien oder auch aufgrund zumindest stillschweigender Rechtswahl **eingeschränkt** (s Rz 10, 11 und Einzelüberblick Rz 30, 35). Abs III regelt lediglich die Rechtsanwendung auf den schuldrechtlich qualifizierten „Grundstücksvertrag"; dessen Vollzug und Erfüllung durch Entstehung bzw Übertragung eines **dinglichen Rechts** richtet sich nach Art 43, Gleichlauf ist damit allerdings erzielt, sofern nicht auf der schuldrechtlichen Seite die Vermutungsregelung gemäß Abs V korrigiert wird (s die „Ferienhausrspr", BGH 109, 29, 36; 119, 158; Hamm NJW-RR 1996, 1144).

25   c) **Güterbeförderungsverträge und Recht der Hauptniederlassung (Abs IV).** Bei Güterbeförderungsverträgen geht die Vermutung des Abs IV zum Recht der **Hauptniederlassung** (s Rz 22) des Beförderers im Zeitpunkt des Vertragsabschlusses, **sofern sich im gleichen Staat** (nicht erforderlich: am gleichen Ort!) **auch der Verla-**

deort oder der Entladeort oder die Hauptniederlassung des Absenders befindet (s zur Notwendigkeit dieser Kumulation Ber Giuliano/Lagarde BT-Drucks 10/503, 54; Rspr insofern: BGH RIW 1995, 411; Düsseldorf TranspR 1995, 350; Braunschweig TranspR 1996, 387; Köln VersR 1999, 640; Nürnberg IPRsp 1998 Nr 150; Dresden IPrax 2000, 121, 122; Fischer TranspR 1996, 416). Liegen diese im letzten Hs von Abs IV S 1 genannten zusätzlichen Voraussetzungen nicht vor, soll nach allgM (BT-Drucks 10/504, 79; Basedow IPRax 1987, 333, 340; MüKo/Martiny Art 28 Rz 58; Pal/Heldrich Art 28 Rz 6) das anwendbare Recht unmittelbar über Abs I unter Ausschaltung von Abs II zu ermitteln sein, da Abs II durch Abs IV gänzlich verdrängt werde (München NJW-RR 1998, 550; aA Frankfurt NJW-RR 1993, 809 und Bremen VersR 1996, 868). Das überzeugt trotz Stellung und Wortlauts von Abs II und IV; das dann anwendbare Recht ist, da das Vertragsverhältnis bei Abs IV nicht einzuordnen ist, über Abs I zu ermitteln. Der Gesamtabwägung kommt wie bei Abs V hier freilich erhebliches Gewicht zu. Diese Auffassung rechtfertigt sich vor allem wegen der Beweislastfrage (s Rz 27; s auch v Bar IPR II Rz 524). Als **Güterbeförderungsverträge** einzuordnen sind **Verträge über den Transport** von Gütern (Waren, Sachen) von einem Ort zu einem anderen. **Beförderungsart und -mittel sind ohne Belang**, ebenso die Zahl und die Unterschiedlichkeit der Transportmittel („multimodale Transporte"), bei denen ggf gespalten anzuknüpfen ist (s hierzu Basedow, FS Herber [1999] 15, 31; Drews TransportR 2003, 12; Koller VersR 2000, 1187, 1188; Otte, FS Kegel [2002] 141). Als Güterbeförderungsvertrag gilt ferner der **Speditionsvertrag** (Hamburg IPRsp 1989 Nr 62; Hamm IPRsp 1998 Nr 49 A), da die Beförderung durch den Vertragspartner selbst nicht vorausgesetzt ist (Ber Giuliano/Lagarde, BT-Drucks 10/503, 54). Gem **S 2** gelten als Güterbeförderungsverträge iSv S 1 auch **Charterverträge** (Zurverfügungstellung eines **Gütertransportmittels**) für eine einzige Reise (= Beförderungsvorgang) und andere Verträge, die in der Hauptsache der Güterbeförderung dienen (zur Eingrenzung MüKo/Martiny Art 28 Rz 64, 65; Reithmann/Martiny/van Dieken[5] Int VertragsR Rz 1170). **Abs IV gilt nicht für die Personenbeförderung, die nach Abs II anzuknüpfen ist.**

Abs IV hat Bedeutung für den nichtvereinheitlichten Bereich des Gütertransportrechts. Soweit durch int vereinheitlichtes Transportrecht **Einheitsrecht** (CMR, WA etc) besteht, bedarf es der Stellung der Rechtsanwendungsfrage nicht (s Rz 4). Zur „Lückenschließung" aus dem Einheitsrecht heraus oder über das Kollisionsrecht in den von Rechtsvereinheitlichung nicht erfaßten Teilbereichen s Reithmann/Martiny/van Dieken[5] Int VertragsR Rz 1170f. Abs V ist im Gesamtbereich des Abs IV voll anwendbar (Rz 18). 26

4. Vermutungswirkung und Darlegungs- sowie Beweislast

Abs II–IV enthalten **Rechtsvermutungen** (Lüderitz IPR Rz 280; v Bar IPR II Rz 492), die den Richter von der Ermittlung des anwendbaren Rechts und der Anstellung einer Gesamtabwägung iSv Abs V nicht entheben. Ist bei Anstellung solcher Gesamtabwägung iSv Abs V indes durch die zusätzlichen Berührungspunkte die Vermutungsregel nicht voll erschüttert, bleibt es bei der Anwendung des von Abs II, III, IV erzielten Vermutungsergebnisses. 27

III. Einzelne Vertragstypen

1. Kaufvertrag (Warenkauf, Grundstückskauf, Kauf im allgemeinen)

a) Warenkauf

Schrifttum: *Czerwenka*, Rechtsanwendungsprobleme im int Kaufrecht: Das Kollisionsrecht bei grenzüberschreitenden Kaufverträgen und der Anwendungsbereich der int Kaufrechtsübereinkommen (1988).

Seit Inkrafttreten des zwischen Vertragsstaaten (s vor Art 27 Rz 6) als loi uniforme geltenden materiellen Einheitsrechts des **UN-Übereinkommens über Verträge über den int Warenkauf** vom 11. 4. 1980 (BGBl 1989 II 588; BGBl 1990 II 1699) – UNCITRAL-Kaufrecht, Wiener Kaufrecht – CISG – für die BRepD am 1. 1. 1991 (s vor Art 27 Rz 6) sind in dessen Anwendungsbereich die Art 27ff gem Art 3 II verdrängt bzw unerheblich. Bei einem „internat Warenkauf" iS von Art 1–3 CISG mit Berührung zu zwei Vertragsstaaten über die Vertragsparteien kommt das Einheitsrecht der CISG gemäß Art 1 I a) CISG ohne Vorschaltung des Kollisionsrechts, dh unmittelbar zur Anwendung. Der Anwendung von Art 28 und einer auf dt Recht hinführenden objektiven Anknüpfung bedarf es hierfür nicht, so daß insofern unerheblich ist, ob Käufer oder Verkäufer inländischen Sitz/Aufenthalt hat. Ebenso wenig bedarf es insofern einer Rechtswahl gemäß Art 27. Haben die Parteien eine auf dt Recht verweisende Rechtswahlvereinbarung getroffen und das UN-Kaufrecht **nicht** iS dessen **Art 6 abbedungen**, sind seine Regeln als bes Kaufrecht für den int Kauf ebenfalls anwendbar (s vor Art 27 Rz 11; zu Einzelheiten Schlechtriem/Ferrari CISG[3] Art 6 Rz 21, 22; Rspr: Köln IPRsp 1997 Nr 217; BGH NJW 1997, 3309; wN bei Staud/Magnus [2001] Art 28 Rz 152). Zur Anwendbarkeit des UN-Kaufrechts auf Verträge vor dem 1. 1. 1991 s vor Art 27 Rz 8–10. Das CISG-Kaufrecht ist ferner gemäß Art 1 I lit b CISG anwendbar, wenn Regeln des IPR zur Anwendung des Kaufrechts eines Vertragsstaats führen, zB Düsseldorf RIW 1993, 325; Frankfurt am Main RIW 2001, 383, so bei Maßgeblichkeit deutschen Rechts (gemäß Art 28 II oder – bei fehlender Abbedingung der CISG-Normen – gemäß Art 27), s BGH NJW 1997, 3309, 3310; 1999, 1259, 1260; Hamburg IPRspr 1997 Nr 176. Es ist dann als „besonderes Kaufrecht" des Vertragsstaats für den grenzüberschreitenden Kauf zur Anwendung berufen. 28

Allgemeines dt Kaufrecht (BGB, HGB) kommt bei grundsätzlicher Anwendbarkeit des UN-Kaufrechts durch objektive Anknüpfung iSv Art 28 1, 2, 5 zur Anwendung, wenn die Anknüpfung des Abs II oder auch die Gesamtabwägung des Abs V zum dt Recht führt und Lücken des Abkommensrechts gem Art 7 II des Abk über das dt IPR zum deutschen Recht führen (BGH NJW 1997, 3310; 1999, 1260; Hamm RIW 1996, 690; BGH LM CISG Nr 4 Anm Magnus; Hamm WiB 1996, 857 [Abtretung]; Stoll IPRax 1993, 75; Diedrich RIW 1995, 353), so daß sie durch Anwendung der lex fori (Art 28 EGBGB und dt Sachrecht) zu schließen sind (s Kappus RIW 1990, 788). Die Praxis ist insoweit umfangreich, s zB zur Aufrechnung Hamm IPRsp 1997 Nr 160 A; Düsseldorf IPRsp 1997 Nr 145; zu Verzugszinsen Rostock IPRax 2000, 230; zur Zession Gebauer IPRax 1999, 432, 433; zur Einbezie- 29 hung von AGB BGH 149, 113. Iü behält Art 28 für den Fall Bedeutung, daß Vertragsparteien zwar das UN-Kaufrecht gem dessen Art 6 abbedungen, eine Rechtswahl iSv Art 27 aber nicht getroffen haben (zum umgekehrten Fall s Jena IPRsp 1999 Nr 25 – bedenklich –). Das auf den Kauf anwendbare unvereinheitlichte Recht ist dann gem Art 28 zu ermitteln. Die Vermutungsregelung des Abs II führt zum Recht des gewöhnl Aufenthalts des Verkäufers, bei geschäftlichen Abschlüssen zum Recht seiner Haupt- oder anderen Niederlassung (s Rz 22; vgl zB Hamburg RIW 1990, 225; Koblenz RIW 1990, 316, 318; Frankfurt RIW 1991, 591; Düsseldorf RIW 2001, 303, 304). Bei übereinstimmender Staatsangehörigkeit beider Vertragsparteien und Unanwendbarkeit des UN-Kaufrechts kann gem Abs V das gemeinsame Heimatrecht als Recht engerer Verbindung zur Anwendung gelangen (vgl BGH WM 1977, 793; s auch LG Hamburg IPRsp 1973 Nr 16 Gaststättenkauf). Zum Auktionskauf s Düsseldorf NJW 1991, 1492. Bei **Verbraucherkaufverträgen** gilt die Art 28 vorgehende Sonderregel des Art 29 (s Erl dort). Zur Berücksichtigung des dt AGB-Rechts s Art 29 Rz 2 und Art 31 Rz 8. UN-Kaufrecht ist hier nicht anwendbar.

b) Grundstückskauf

Schrifttum: *Böhringer*, Grundstückserwerb mit Auslandsberührung aus der Sicht des Notars und Grundbuchamts, BWNotZ 1988, 49; *Cornut*, Der Grundstückskauf im IPR (1987); *v Hoffmann*, Das Recht des Grundstückskaufs (1982); *Hohloch*, in Schönhofer/Böhner, Haus- und Grundbesitz im Ausland (1990, 4. Aufl 1996) 1–103; *Küppers*, Grunderwerb im Ausland, DNotZ 1973, 645; *Löber*, Kaufverträge über Spanien-Immobilien zwischen Ausländern, NJW 1980, 496; *Schröder*, Zur Anziehungskraft der Grundstücksbelegenheit im int Privat- und Verfahrensrecht, IPRax 1985, 145; *Spellenberg*, Atypischer Grundstücksvertrag, Teilrechtswahl und nicht ausgeübte Vollmacht, IPRax 1990, 295; Überblick über **materielles Liegenschaftsrecht** bei *Lando*, Int Encycl Comp Law III 24 (1976); ausf **Gesamtdarstellung** *Reithmann/Martiny/Limmer[5]*, Int VertragsR Rz 847ff.

30   aa) Zur Vermutungsregelung (Recht der Belegenheit des Grundstücks) gem Abs III s Rz 24. Rsp: BGH NJW-RR 1996, 1034; Frankfurt NJW-RR 1993, 183; KG IPRax 1998, 283; Düsseldorf NJW-RR 1998, 1159. Dem Kauf eines Grundstücks steht Kauf von Wohnungseigentum und von sonstigen dinglichen Rechten, die Gegenstand eines Kaufvertrages sein können, gleich. Für Miete gilt mithin entsprechendes, s Rz 35; ebenda auch zum Time-Sharing. Zur Qualifikation im allg s Rz 16. Bei Kaufverträgen zwischen inl Parteien (übereinstimmende dt Staatsangehörigkeit, uU auch nur übereinstimmender gewöhnl Inlandsaufenthalt) über ein im Ausland belegenes Grundstück liegt bei Abschlußort im Inland uU die konkludente Wahl des inl Rechts nahe (zum alten Recht BGH 52, 239, 241; 53, 189, 191; 73, 391; zu Abs III Nürnberg NJW-RR 1997, 1484). Ist die Rechtswahl nicht hinreichend sicher iSv Art 27 I S 2, kann (muß aber nicht! s Celle RIW 1988, 137f) Gesamtabwägung iSv Abs V zu Maßgeblichkeit dt Rechts kraft objektiver Anknüpfung führen (s dazu LG Aurich AWD 1974, 282 zum alten Recht; Köln RIW 1975, 350 zum alten Recht; Köln OLGZ 1977, 201, 205 zum alten Recht; Düsseldorf NJW 1981, 529; LG Oldenburg RIW 1985, 576; Celle RIW 1988, 137; München NJW-RR 1989, 663; Hamm DNotI-Report 1996, 55; Frankfurt NJW-RR 1993, 182; s zur Vermutungsregel einerseits zB KG IPRax 1998, 283; Düsseldorf NJW-RR 1998, 1159; Celle IPRsp 1999 Nr 31 und ihrer Verdrängung andererseits [Abs V] zB BGH 109, 29, 36; 119, 152, 158; Hamm NJW-RR 1996, 1144; s ferner Löber NJW 1980, 496; Meyer ZVglRWiss 83 [1984] 72; Bendref AnwBl 1986, 11 und MDR 1980, 639; Bungert RIW 1990, 461; Reckhorn-Hengemühle ZVglRWiss 90 [1991] 155; Prinz v Sachsen Gessaphe RIW 1991, 299, alle zum Kauf span Immobilien). Dt Recht kann als zwingendes Recht ggf trotz Vereinbarung fremden Schuldstatuts gem Art 34 anwendbar bleiben (s Hamm NJW 1977, 1594: BauträgerVO trotz Geltung span Rechts über – altes Recht – Ordre-public-Vorbehalt angewandt).

31   bb) **Für dingliche Rechtsgeschäfte**, die in Erfüllung eines Grundstücksvertrages geschlossen werden, gilt stets die **lex rei sitae** – dh auch dann, wenn der Schuldvertrag abw von der Vermutung des Abs III nicht der lex rei sitae untersteht. Für die **Form** von Grundstücksverträgen gilt Art 11 IV (s Erl Art 11 Rz 32ff). Ob die von Art 11 IV zur Anwendung berufene lex rei sitae ohne Rücksicht auf den Abschlußort und das maßgebende Geschäftsrecht Anwendung ihrer Formvorschriften fordert, ist der jeweiligen lex rei sitae durch Auslegung zu entnehmen. Die **dt lex rei sitae** erhebt diesen Anspruch **für schuldrechtliche Verträge nicht**. Nicht Art 11 IV, sondern Art 11 V gilt für die Form der Auflassung dt Grundstücke (s Erl Art 11 Rz 34); ebenso gilt Art 11 V für Grundstücksverträge, die nach ihrer Rechtsordnung nicht nur schuldrechtliche, sondern auch dingliche Wirkung haben (s unten Erl Art 43 Rz 11).

32   c) **Sonstige Kaufverträge.** Soweit UN-Kaufrecht nicht eingreift, gilt für Warenkäufe das Recht des gew Aufenthalts des Verkäufers, Abs II, zB BGH NJW 1997, 2322; Karlsruhe NJW-RR 1993, 568 und 1316; KG RIW 1994, 683; Düsseldorf RIW 1995, 54; Köln NJW-RR 1997, 183; Hamm RIW 1997, 154; Düsseldorf RIW 2001, 303, 304. Zur Anknüpfung der Schutzvorschriften zugunsten von Zwischenhändlern Gruber NJW 2002, 1180. Bei **Forderungskauf** und **Rechtskauf** gilt gem Abs II charakteristische Leistung das Recht des Zedenten bzw Rechtsinhabers (vgl dazu BGH JR 1987, 198 Anm Dörner 201 aR). Zum **Unternehmenskauf** Düsseldorf AG 1976, 107 und ausführlich Reithmann/Martiny/Merkt[5] Int VertragsR Rz 760ff; zum Anteilsverkauf ("share deal") Merkt RIW 1995, 533; ders FS Sandrock (1995) 135; Triebel RIW 1998, 6; Picot/Land DB 1998, 1601; Dürig RIW 1999, 746; zum Auktionskauf Düsseldorf NJW 1991, 1492 und Siehr IPRax 1992, 220; zum Praxisverkauf Hamm WiB 1995, 266 Anm v d Seipen. Zum Softwareüberlassungsvertrag Klimek/Sieber ZUM 1998, 902.

33   **2. Tausch.** Auf den Tauschvertrag ist Abs II gem S 3 unanwendbar, da die beiden Hauptleistungspflichten sich gleichstehen. Recht engster Verbindung ist hier durch Gesamtabwägung der Berührungspunkte zu gewinnen (vgl Niggemann RIW 1987, 169; Schobeß, Barter- und Gegengeschäftsverträge ... Anwendbares Recht ... [1996] zu Kompensationsgeschäften). Beim grenzüberschreitenden Grundstückstausch ist Abs III unanwendbar, da die sich widersprechenden Hinweise auf die jeweilige lex rei sitae gegenseitig aufheben (andere Begr Pal/Heldrich Art 28 Rz 9: kein Vertrag über Recht *an* Grundstück, mE abzulehnen). Regelmäßig passend sein kann das Recht der Urkundsperson (LG Amberg IPRax 1982, 29 [LS] Anm Jayme; s ferner Jayme IPRax 1984, 53 – int Zuständigkeit). Aufspaltung (so

LG Berlin IPRsp 1929 Nr 27) ist unter geltendem Recht nicht mehr angebracht. Nach hM ist CISG-Recht auf den Tausch nicht anzuwenden, Schlechtriem/Ferrari, CISG[3] (2000) Art 1 Rz 30; aA mit differenzierter Begründung Schobeß aaO passim und Lurger ZfRV 1991, 415, 421ff.

3. Schenkung

Schrifttum: *Fudickar*, Ansprüche des Brautvaters bei Auflösung des Verlöbnisses türkischer Verlobter, IPRax 1984, 253; *Schwind*, Zur Wirksamkeit eines Schenkungsvertrages bezüglich in Italien belegener Liegenschaften, IPRax 1986, 191.

Die Schenkung bewegl Sachen ist durch die Zuwendung seitens des Schenkers gekennzeichnet, so daß dessen **34** gewöhnl Aufenthalt die Rechtsordnung gibt (BGH IPRsp 1983 Nr 36; Düsseldorf FamRZ 1983, 1229 = IPRax 1984 270 mit abl Anm Fudickar 253; s auch Frankfurt IPRsp 1964/65 Nr 37; Köln NJW-RR 1994, 1026 – Brautgeld; Frankfurt GRUR 1998, 142). Bei Schenkung von Immobilien gilt, sofern Rechtswahl nicht getroffen, regelmäßig gem Abs III lex rei sitae (allg M; abw nur Weitnauer, Vertragsschwerpunkt 1982, 185); engere Verbindung iSv Abs V zB zum Heimatrecht kann aber auch hier durch Überwiegen der Gesichtspunkte von Rz 30, 31 bestehen. Zu Schenkungen unter Ehegatten und Schenkungsverboten Art 14 Rz 32 und Kühne, FamRZ 1969, 371; zu „unbenannten Zuwendungen" (Art 28 II, nicht 15) BGH FamRZ 1993, 290; aA Winkler v Mohrenfels IPRax 1995, 379. Der **dingliche Vollzug** der Schenkung folgt den Regeln des Int Sachenrechts (s Erl Art 43 Rz 11), zur **Form** s Rz 31. Zu Schenkungen von Todes wegen Erl Art 25 Rz 34.

4. Miete, Pacht, Leihe, Leasing

a) Miete, Pacht, Leihe

Schrifttum: *Leue*, Die grenzüberschreitende „reine Mietzinsklage" beim Ferienhaus, NJW 1983, 1242; *Lindacher*, Anm zu BGH 1990,658, BB 1990, 661; *W. Lorenz*, AGB-Kontrolle bei gewerbsmäßiger Überlassung von Ferienwohnungen im Ausland: Internationale Zuständigkeit für Verbandsklage, IPRax 1990, 292; *Trenk-Hinterberger*, Int Wohnungsmietrecht (1977); *ders*, Grundprobleme des int Mietrechts, ZMR 1973, 1.

Für **Miete beweglicher Sachen** gilt bei fehlender Rechtswahl gem Abs II das Recht am gewöhnl Aufenthalt des **35** Vermieters; dieser erbringt die charakteristische Leistung. Denkbar ist auch hier Gesamtabwägung gem Abs V zugunsten gemeinsamen Heimatrechts. Überholt ist frühere Rspr und Lit, die auf den Benutzungsort abstellt (BGH IPRsp 1958/59 Nr 100 = NJW 1958, 1390), im Ausnahmefall (Abs V) bleibt Benutzungs- oder Überlassungsort jedoch brauchbarer Anknüpfungspunkt. Für **Grundstücksmiete** und **Miete grundstücksgleicher Sachen** einschl der Raummiete (auch Campingplatzbenutzung, Frankfurt NJW-RR 1986, 108) gilt gem Abs III lex rei sitae, sofern nicht Gesamtabwägung gem Abs V zu anderer Anknüpfung, insbes zur Maßgeblichkeit des gemeinsamen Heimatrechts oder gemeinsamen Umweltrechts führt (so für die Anmietung von Ferienwohnungen unter Inländern BGH 109, 29, 36; dazu W. Lorenz IPRax 1990, 294; Lindacher BB 1990, 661; auch Celle RIW 1990, 320, 321; s ferner – Ausländer im Inland – LG Hamburg IPRsp 1972 Nr 15 – Nachmieter; LG Bonn IPRsp 1973 Nr 135; zur Bereitstellung von Ferienwohnungen durch Reiseveranstalter noch [Abs V] BGH 119, 158; Hamm NJW-RR 1996, 1144; KG IPRsp 1994 Nr 21; Düsseldorf NJW-RR 1998, 1159; Celle IPRsp 1999 Nr 31; zur Stellplatzmiete AG Delmenhorst IPRsp 1994 Nr 45). Die internat Zuständigkeit verteilt sich im Anwendungsbereich von Art 22 EuGVO (bzw Art 16 Nr 1 lit a und b EuGVÜ/LGVÜ) so, daß nach Art 22 Nr 1 EuGVO (bzw Art 16 Nr 1 lit b EuGVÜ/LGVÜ) für kurzfristige Gebrauchsüberlassungsverträge Wohnsitzstaatszuständigkeit wieder besteht (zum alten Recht s 9. Aufl Art 28 Rz 35 mwN). Zwingende Vorschriften des dt Mietrechts bleiben bei ausl Mietstatut für im Inland belegene Sachen gem Art 34 zu beachten, ebenso kann die Vereinbarung dt Mietrechts die Geltung solcher zwingender Vorschriften des Auslandsrechts nicht verdrängen, die sich wegen der Belegenheit der Mietsache ohne weiteres Geltung verschaffen können, s Art 34 Rz 15. Für die **Form** s oben Rz 7, 15 und Trenk–Hinterberger ZMR 1973, 1, 5. Für die **Pacht** gilt Entsprechendes; für den **Leihvertrag** ist die (unentgeltliche) Gebrauchsüberlassung durch den Vermieter die charakteristische Leistung (Recht am Aufenthalts- bzw Niederlassungsort des Verleihers, s IPG 1977 Nr 3 Hamburg); bei Grundstücken gilt lex rei sitae (s aber für engere Heimatrechtsbeziehungen – Abwohnvereinbarung dt Grundstück – BGH JZ 1955, 702). **Time-Sharing-Verträge** fallen unter Abs III, ungeachtet ihrer schuldrechtlichen oder gesellschaftsrechtlichen Ausgestaltung, vgl Frankfurt RIW 1995, 1033; LG Detmold NJW 1994, 3301 = IPRax 1995, 249 mit Aufs Jayme S 234; zur Rechtswahl BGH NJW 1997, 1697. S auch Rz 24 mwN. Seit Inkrafttreten von § 8 TzWrG bzw jetzt (seit 2000) Art 29a ist dessen Schutz (Anwendung des dt Rechts) auch bei ausl Belegenheit der Wohnung/des Gebäudes im EU-Raum verbürgt. Dingliche Fragen regelt das Sachstatut (Art 43–46), Beitrittsfragen können dem Vereins- oder Gesellschaftsstatut unterliegen. Dazu Mankowski RIW 1995, 365. Für die **Leihe** gelten die zur Miete dargestellten Regeln (auch Staud/Magnus [2001] Art 28 Rz 219; Soergel/v Hoffmann[12] Art 28 Rz 182).

b) Leasing

Schrifttum: *Ebenroth*, Leasing im grenzüberschreitenden Verkehr, in Kramer (Hrsg), Neue Vertragsformen der Wirtschaft (Bern 1985), 97; *Girsberger*, Grenzüberschreitendes Finanzierungsleasing (1997); *Hövel*, Internationale Leasingtransaktionen unter besonderer Berücksichtigung der Vertragsgestaltung, DB 1991, 1029; *Kissner/Feinen/Bittman*, Leasing, Forfaitierung, Factoring im Auslandsgeschäft (1982); *Linder*, Vertragsschluß beim grenzüberschreitenden Verbraucherleasing (1999); *Sonnenberger*, Leasing-Generalbericht, in v Marschall (Hrsg), Leasingverträge im int Handelsverkehr (1980) 9; *Graf v Westphalen*, Grenzüberschreitendes Finanzierungsleasing, RIW 1992, 257.

Der Leasingvertrag ist kollisionsrechtlich als Gebrauchsüberlassungsvertrag eigener Art einzuordnen, so daß **36** das Recht am Aufenthalts- bzw Niederlassungsort des Leasinggebers als Recht der charakteristischen Leistung maßgeblich ist (BezG Zürich, Schweiz JZ 1987, 184f; Hövel DB 1991, 1032; Knebel RIW 1992, 538). Für Franchising s Bräutigam WiB 1997, 899 (Recht des Franchisegebers). Bei Immobilienleasing gilt entspr die lex rei sitae. Unter dem Voraussetzungen des Art 29 ist das Recht am gewöhnl Aufenthalt des Leasingnehmers maßgeblich. Zur Konvention von Ottawa v 28. 5. 1988 (für Deutschland nicht in Kraft) s Reithmann/Martiny/Dageförde[5] Int VertragsR Rz 971.

5. Darlehen

Schrifttum: *Ebenroth*, Das Vertragsrecht der int Konsortialkredite und Projektfinanzierungen, JZ 1986, 731; *Kleiner*, Int Devisen-Schuldrecht (Zürich 1985); *Lochner*, Darlehen und Anleihe im IPR (1954); *Schwarze* (Hrsg), Kredit und Währung im Lichte des int Rechts (1987).

37 Ist Rechtswahl, die zulässig ist (BGH RIW 1997, 426; Düsseldorf WM 1992, 1898; München RIW 1996, 329, 330), nicht getroffen, ist Darlehensstatut das Recht am Aufenthalts- bzw Niederlassungsort des Darlehensgebers (bei Bankfiliale ggf der Ort der Zweigniederlassung, München RIW 1996, 329), da die Hingabe der Kreditsumme, nicht deren Nutzung die charakteristische Leistung darstellt (LG und Hamburg IPRsp 1984 Nr 24a und b; Celle NJW-RR 1987, 1190; LG Hamburg NJW-RR 1995, 183; Düsseldorf NJW-RR 1995, 756; 1998, 1146; aA Weitnauer, Vertragsschwerpunkt 184f). Beim **Verbraucherkredit** ist Art 29 II zu beachten (vgl Rosenau RIW 1992, 879). Beim hypothekarisch gesicherten **Realkredit** gilt idR die lex rei sitae (BGH 17, 89, 94 interlokal; KG NJW 1957, 347 = RabelsZ 23 [1958] 280 Anm Stoll S 283; Frankfurt WM 1963, 872). Zur Haftungsübernahmeerklärung BGH RIW 1981, 194 = IPRax 1982, 116 (LS) krit Anm v Hoffmann; zum Recht eines dabei abgegebenen Schuldanerkenntnisses oder Schuldversprechens (akzessor Anknüpfung) Geimer IPRax 1999, 153. Zum Konsortialkredit MüKo/Martiny Art 28 Rz 135, 136 mwN; zum Innenverhältnis insoweit Schücking WM 1996, 281, 283. S auch unten Rz 56.

6. Dienstverträge

Schrifttum: *Borggreve*, Mehrfache Zulassung eines Rechtsanwalts im Bereich der EG, RIW 1984, 988; *Commichau*, Fragen zum Europ Anwaltsrecht, IPRax 1989, 12; *Heß*, NJW 1999, 2485; *Könning-Feil*, Das internationale Arzthaftungsrecht – Eine kollisionsrechtliche Darstellung auf sachrechtsvergleichender Grundlage (1992); *Mankowski*, Anwendbares Recht beim Mandatsverhältnis einer internationalen Anwaltssozietät, AnwBl 2001, 249; *Rabe*, Int Anwaltsrecht – Dienstleistung und Niederlassung, NJW 1987, 2185; *Sieg*, Internat Anwaltshaftung (1996); *Zuck*, Int AnwaltsR, NJW 1987, 3033.

38 Beim Dienstvertrag ist Zusage bzw Erbringung der Dienstleistung die charakteristische Leistung (BGH 128, 48). Bei Fehlen von – zulässiger – Rechtswahl und Unerheblichkeit von Berührungspunkten iSv Abs V (gem Heimatrecht, s Rz 17 und Deutsch, Das IPR der Arzthaftung, FS Ferid [1978] 117) unterliegen Dienstverträge mit **Anwälten, Ärzten und sonstigen Freiberuflern** dem Recht des Praxisortes (RG 149, 121; 151, 193, 199; BGH NJW 1957, 184; IPRsp 1969, 453; BGH 44, 183; LG Saarbrücken IPRsp 1977 Nr 175; LG München I IPRax 1982, 117 [LS] Anm Jayme Anwaltsvertrag; BGH NJW 1981, 1176; NJW 1982, 2733 = IPRax 1983, 67 Anm Stoll 52; Frankfurt RIW 1977, 432 – Patentanwaltsvertrag; BGH 22, 162; München SeuffA 75 Nr 179; Deutsch aaO 117; zum Arztvertrag noch Hübner/Linden VersR 1998, 793; zum Anwaltsvertrag LG Paderborn EWS 1995, 248; KG Rpfleger 2000, 85; LG Hamburg NJW-RR 2000, 510; Berger NJW 2001, 1530, 1533; v Westphalen, FS Geimer (2002) 1485, 1491; Heß NJW 1999, 2485; zur Haftung des Anwalts Gruson RIW 2002, 596, 601; Henssler JZ 1994, 185; zur Situation bei der internat Großkanzlei Heß NJW 1999, 2485; Mankowski AnwBl 2001, 249; zur Anwendbarkeit von Abs V bei Tätigwerden mehrerer Niederlassungen der beauftragten Kanzlei in mehreren Ländern auch Staud/Magnus [2001] Art 28 Rz 252). Art 29 kann bei anwaltlicher Tätigkeit in Privatangelegenheit des Mandanten eingreifen (LG Hamburg NJW-RR 2000, 510). Art 34, 6 sind bei der Honorarfrage (Erfolgshonorar) zu beachten, BGH 118, 312, 332 = IPRax 1993, 310 m Aufs Koch/Zekoll S 288). Bei Unterrichtsverträgen, bei Lehrgängen und Kursen ist die Unterrichtung die charakteristische Leistung (AG Heidelberg IPRax 1987, 25 Anm Boll 11); Art 29 ist zu beachten. § 11 FernUSG ist zum 1. 6. 1999 außer Kraft getreten. Zum Architektenvertrag Wenner RIW 1998, 173 (Recht des Büros); zur HOAI BGH NJW 2001, 1936, 1937 (zwingendes Recht, s Art 34); s ferner Brandenburg OLG-NL 2002, 3; zum Geschäftsführervertrag (GmbH) Celle NZG 2000, 595; zum Wirtschaftsprüfervertrag Ebke, FS Sandrock (2000) 251. Zum **Arbeitsvertrag** s Art 30 und Erl dort.

7. Werkvertrag, Bau- und Anlagenbauvertrag

Schrifttum: *Böckstiegel* (Hrsg), Vertragsgestaltung Streiterledigung in der Bauindustrie und im Anlagenbau (1984); *Dünnweber*, Vertrag zur Errichtung einer schlüsselfertigen Industrieanlage im int Wirtschaftsverkehr (1984); *Glavinis*, Le contrat international de Construction (Paris 1993); *Hök*, Neues zum Internationalen Privatrecht des Bauvertrages, ZfBR 2000, 7; *Jayme*, Der Subunternehmervertrag im dt-frz Rechtsverkehr, IPRax 1985, 372; *Reithmann*, Bauträgervertrag und Bauherren-Modell im IPR, FS Ferid (1988) 363.

39 Ist Rechtswahl nicht getroffen, unterliegen **Werkverträge** – vorbehaltlich einer Anknüpfung gem Abs V – dem Recht am gewöhnl Aufenthalt bzw Niederlassungsort des Werkunternehmers, der die charakteristische Leistung erbringt (LG Hamburg IPRsp 1974 Nr 189; LG Köln RIW 1979, 128f = IPRsp 1978 Nr 180; AG Mainz IPRax 1983, 299 [LS] mit Anm Jayme; Jayme FS Pleyer [1986] 371, 376; LG Kaiserslautern NJW 1988, 652 = IPRax 1987, 368 mit Anm Mezger 346; Schleswig IPRax 1993, 95; Nürnberg IPRsp 1993 Nr 31; Hamm IPRax 1995, 106; LG Berlin IPRax 1996, 416). Art 29 ist beim Verbrauchervertrag zu beachten. Zum Werklieferungsvertrag, sofern nicht UN-Kaufrecht (CISG) gilt, ebenso, Frankfurt NJW 1992, 634; Düsseldorf RIW 1993, 845. Bei **Bauverträgen** gelten im Grundsatz die gleichen Regeln (BGH NJW 1999, 2443 = JuS 2000, 90 Nr 12 [Anm Hohloch]) – kein „Recht der Baustelle"; Hamm NJW-RR 1996, 1144; Österr OGH IPRax 1995, 326 u dazu W. Lorenz IPRax 1995, 331). Aus Vereinbarung der VOB kann auf Rechtswahl iSv Art 27 I S 2 geschlossen werden (Nicklisch IPRax 1987, 286, 287; Thode ZfBR 1989, 43, 45; zur int Zuständigkeit BGH 94, 156 = IPRax 1987, 305 und dazu

Nicklisch aaO). Ebenso ist regelmäßig beim **Subunternehmervertrag** anzuknüpfen (Pulkowski IPRax 2001, 306, 307); durch Rechtswahl oder auch über Abs V kann dieser Vertrag jedoch dem Recht des Hauptunternehmervertrags unterstehen (s vor allem Vetter, NJW 1987, 2124; ders ZVglRWiss 87 [1988] 248; abw Jayme FS Pleyer [1986] 371, 377 und v d Seipen aaO [vor Rz 1] § 7 II, die – abzulehnen – „akzessorische Anknüpfung" nach Maßgabe des Statuts des Hauptvertrags vertreten). Beim **Anlagenbauvertrag**, dh dem Vertrag auf Errichtung bzw gar schlüsselfertige Errichtung („turn-key-project") einer Bau-, Industrie- oder sonstigen komplexen Anlage paßt Abs II nicht; die Anknüpfung an die Hauptniederlassung des Auftragnehmers läßt außer acht, daß der Schwerpunkt bei solchen Verträgen am **Errichtungsort** liegt (ähnlich iE Reithmann/Martiny/Thode[5] Rz 958; aA – Sitz des Unternehmens – Hamm OLGRp 1993, 161; Staud/Magnus [2001] Art 28 Rz 317 mwN). In aller Regel ist das Problem durch ausdrückl Rechtswahl vermieden (s dazu Goedel, Die FIDIC-Bauvertragsbedingungen im int Baurecht, RIW 1982, 81; ders, Aspekte der Streiterledigung bei int Bauverträgen und das Arbitral-Referee-Verfahren, in Böckstiegel aaO 33; Wiegand RIW 1981, 738). Für den **Reisevertrag** gilt, vorbehaltlich Art 29, Recht des Sitzes des Veranstalters, BGH NJW 1996, 54; KG IPRsp 1994 Nr 21b; s ferner Tonner, Reiserecht in Europa (1992) 215; zur Rechtsangleichung aufgrund der „Pauschalreise-Richtlinie 90/314 EG" s MüKo/Martiny Art 28 Rz 147. Das Brüsseler Übereinkommen über den Reisevertrag v 23. 4. 1970 ist nicht in Kraft.

8. Beförderungsverträge

a) Unterscheidungen. Die kollisionsrechtliche Behandlung des Beförderungsvertrags unterscheidet sich nach dem Inhalt der Beförderung (Personenbeförderung, Güterbeförderung), zT auch nach dem benutzten Transportweg und -mittel (Landtransport, Seetransport, Lufttransport, multimodaler Transport). Nur für die **Güterbeförderung** kommt – bei Vorliegen der dortigen Tatbestandsvoraussetzungen – die standardisierte Anknüpfung mit Vermutungscharakter des Abs IV in Betracht (s Rz 25). Mangels bes kollisionsrechtlicher Erfassung in Art 28 gilt für die **Personenbeförderung** hingegen die Regelanknüpfung des Abs II; charakteristische Leistung ist dann die Leistung des Beförderungsunternehmers, so daß das Recht an dessen gewöhnl Aufenthalt oder Niederlassung maßgeblich ist (Frankfurt IPRax 1998, 36; AG Frankfurt/Main NJW–RR 1996, 1336). Die praktische Bedeutung des Kollisionsrechts ist auf dem Gesamtgebiet der grenzüberschreitenden Güter- und Personenbeförderung durch das gem Art 3 II vorrangige Eingreifen int vereinheitlichten Sachrechts eingeschränkt (s vor Art 27 Rz 4). EU-Gemeinschaftsrecht regelt weitgehend den Marktzugang und die Preisbildung, s VO Nr 3118/93, VO Nr 684/92, VO Nr 2454/92 zum Kabotage- und Grenzverkehr auch VO Nr 4058/89 des Rates v 21. 12. 1989 über die Preisbildung im Güterkraftverkehr zwischen den Mitgliedstaaten. Für die bedeutsamsten Arten des Beförderungsvertrages gilt im Überblick folgendes: 40

b) Speditionsvertrag

Schrifttum: Helm, Speditionsrecht, 2. Aufl 1986; *Hepting*, Die ADSp im int Speditionsverkehr, RIW 1975, 457; *Koller*, Transportrecht (4. Aufl 2000); *ders*, Die Verweisung der §§ 412, 413 HGB auf die CMR, VersR 1987, 1058; *Protsch*, Der Gerichtsstand und die Vollstreckung im int Speditions- und Frachtrecht (1989).

Den Speditionsvertrag charakterisiert die Pflicht des Spediteurs, im eigenen Namen, aber für fremde Rechnung Güterversendung durch Frachtführer oder Verfrachter zu besorgen; bei Hinzutreten der Tatbestandsmerkmale des Abs IV gilt die dortige Vermutung für das Recht der Hauptniederlassung des Spediteurs (insoweit weiter verwendbar München VersR 1975, 249; Frankfurt IPRax 1988, 99 Anm Schwenzer S 86; zum Hauptspediteur BGH VersR 1981, 975 = IPRax 1982, 77 [LS] mit Anm v Hofmann; s auch Hamburg VersR 1988, 177; wie hier für den Sitz des Spediteurs – ohne Heranziehung von Abs IV – Staud/Magnus [2001] Art 28 Rz 481). Ist Abs IV nicht anwendbar, gilt Gesamtabwägung gem Abs I, V; hierfür ist frühere Rspr weiterverwendbar; vielfach wird es auf die Rechtsordnung, in der Leistung des Spediteurs zu erbringen ist, hinauslaufen (vgl zum alten Recht BGH NJW 1981, 1905; Bremen RIW 1978, 747; den **ADSp** kommt mangels Rechtsnormqualität nur bei Einbeziehung (vgl Art 31 Rz 8, 9) Bedeutung, auch für die Rechtswahl, bis zu auch Schwenzer IPRax 1988, 86; großzügiger insoweit [Geltungsvermutung] Hamburg TranspR 1996, 40). Zur Anwendbarkeit der **CMR** auf den Spediteur (bei Handeln als Frachtführer) BGH 65, 340; 83, 96, 99 = IPRax 1982, 240 mit Anm Helm S 225; BGH NJW 1982, 1944; s auch Koller VersR 1987, 1058 und 1988, 556; zur Anwendbarkeit des **WA** BGH 96, 136; Frankfurt RIW 1989, 226. 41

c) Straßengüterbeförderung

Schrifttum: Glöckner, Leitfaden zur CMR 7. Aufl 1991; *Groth*, Übersicht über die int Rspr zur CMR (1982); *Koller*, Die Ergänzung der CMR durch die KVO, TranspR 1987, 317; *Thume*, Kommentar zur CMR (1994).

Bei int Straßengüterbeförderung und fehlender Rechtswahl (s Düsseldorf IPRsp 1992 Nr 65; 1993 Nr 46 = IPRax 1995, 402 – Kronke) kommt Art 28 nur zur Anwendung, soweit das vereinheitlichte Recht des „Übereinkommens über den Beförderungsvertrag im int Straßengüterverkehr (CMR)" v 19. 5. 1956 (BGBl 1961 II 1119) idF v 28. 12. 1980 (BGBl 1980 II 1443) dem autonomen Recht noch Raum läßt (zum Umfang der Vereinheitlichung und zur kollisionsrechtlichen Handhabung der CMR BGH 75, 92; Frankfurt RIW 1984, 395; Reithmann/Martiny/van Dieken[5] Rz 597 mwN). Art 28 und autonomes materielles Recht gilt insbes für den Erfüllungsort von Schadensersatzansprüchen (Hamm RIW 1987, 470, 471; IPRsp 1993 Nr 47 = TranspR 1994, 62), für Ansprüche aus pFV (dh jetzt aus § 280 BGB bei Geltung deutschen Rechts) (Düsseldorf RIW 1984, 234, 235; BGH 123, 200, 207; Bremen VersR 1996, 868), für Abtretung von Ansprüchen (BGH RIW 1988, 649). Zu Gefahrguttransporten s Schrötter NJW 1982, 1186; zur Abkommenslage insoweit Renger VersR 1992, 778. Art 28 führt gem Abs IV bei Vorliegen von dessen Voraussetzungen zum Recht der Niederlassung des Frachtführers, insoweit ist auf frühere Rspr (BGH NJW 1974, 412; RIW 1988, 649) zurückzugreifen; greift Abs IV nicht ein, wird Gesamtabwägung 42

EGBGB Art 28 Internationales Privatrecht

vielfach zum Recht des Abladeortes führen (Düsseldorf VersR 1975, 232; TranspR 1989, 10; aA LG Hamburg RIW 1978, 549).

43   d) **Personenbeförderung auf der Straße.** Einheitsrecht ist für Deutschland nicht in Kraft. Zum „Übereinkommen über den Vertrag über die int Beförderung von Personen und Gepäck auf der Straße" (CVR) v 1. 3. 1973 s MüKo/Martiny Art 28 Rz 168. Anwendbares Recht ist gem Abs II das Recht am Niederlassungsort des Transportunternehmers. Zum **Pauschalreisevertrag** s Rz 39 sowie Art 29 IV und Erl dort.

e) **Luftbeförderung**

Schrifttum: *Basedow,* Haftungshöchstsummen im int Lufttransport, TranspR 1988, 353; *Brand,* Verfassungswidrigkeit der Haftungsbegrenzung im int Lufttransport, IPRax 1987, 193; *Giemulla/Lau/Mölls/Schmid,* Kommentar zum Luftverkehrsrecht Bd 1–3 (1986ff); *Giesen,* Frühstück in London, Lunch in New York . . ., ZVglRWiss 82 (1983) 31; *Kadletz,* Das neue Montrealer Übereinkommen . . . („Neues Warschauer Abkommen"), VersR 2000, 927; *Lindacher,* Zur Inhaltskontrolle „int" Flugbeförderungsbedingungen, IPRax 1984, 301; *Müko-HGB/Krontze,* WA (1997); *Ruhwedel,* Der Luftbeförderungsvertrag, 3. Aufl 1998; *Saenger,* Harmonisierung des internationalen Luftprivatrechts, NJW 2000, 169; *Schmid/Müller-Rostin,* Das Montrealer Übereinkommen von 1999: Ein neues Haftungsregime für internationale Lufttransporte ist in Kraft getreten, NJW 2003, 3516.

44   Bei int Luftbeförderung (Personen wie Güter) gilt vereinheitlichtes Recht vor allem für die Regulierung bestimmter durch die Gefahren und Eigenheiten des Flugverkehrs bedingter Personen-, Sach- und Vermögensschäden (Körperschaden, Gepäckverlust etc), **§ 51 LuftVG.** Rechtsquelle ist insoweit innerhalb seines räumlich personellen wie sachlichen Anwendungsbereiches das **Warschauer Abkommen zur Vereinheitlichung von Regeln über die Beförderung im int Luftverkehr (WA)** v 12. 10. 1929 (RGBl 1933 II 1039) in seiner derzeit geltenden Fassung, ergänzt durch seine Zusatzabkommen (s Giemulla/Lau/Mölls/Schmid, Warschauer Abkommen. Loseblattausgabe 1988ff; Schmid/Brautlacht ZLW 36 [1987] 351). Zur Ersetzung des WA durch ein neues Haftungssystem Kadletz IPRax 1998, 9; EuZW 1999, 386; v Nagy NJW 1999, 3542; Schmid/Müller-Rostin NJW 2003, 3516; Überblick dazu auch bei Staud/Magnus [2001] Art 28 Rz 444ff; zur Entwicklung im EU-Recht MüKo/Martiny Art 28 Rz 170. Das neue Haftungssystem des Montrealer Abkommens v 1999 ist seit 4. 11. 2003 völkerrechtlich in Kraft, Deutschland und die meisten EU-Staaten haben aber ihr Ratifikationsverfahren noch nicht abgeschlossen. Das WA erfaßt nicht zB Form und Zustandekommen des Luftbeförderungsvertrags, Überbuchungsschäden (BGH NJW 1979, 495; Frankfurt IPRspr 1984 Nr 41); Ansprüche auf Verzugszinsen (Mann/Kurth RIW 1988, 251) und schließt Ansprüche aus §§ 651d, e BGB nicht aus (LG Frankfurt NJW-RR 1986, 216; LG Hannover NJW 1985, 2903; Überblick bei Schmid/Leffers NJW 1998, 1911, 1917). Insoweit und darüber hinaus (s MüKo/Martiny Art 28 Rz 172ff) ist bei fehlender Rechtswahl das gem Art 28 ermittelte **Statut des Luftbeförderungsvertrages** maßgeblich. Bei Güterbeförderung gilt Abs IV, bei **Personenbeförderung** Abs II und damit idR das Recht der Hauptniederlassung der Fluggesellschaft (BGH NJW 1976, 1581, 1582; LG München IPRspr 1977 Nr 31a; AG Köln IPRspr 1980 Nr 48 [LS]; auch Frankfurt RIW 1994, 68; Düsseldorf RIW 1995, 420); denn Abs V kann Gesamtabwägung auch zum Recht des Bestimmungsorts führen (Frankfurt ZLW 33 [1984] 177) s ferner Kahlert/Hast VersR 2001, 559; Mühlbauer VersR 2001, 1480, 1482. Zu Haftungsfragen s ferner LG Köln VersR 1979, 461; BGH VersR 1980, 129 (Sonderanknüpfung für Zwangsversicherung gem § 50 LuftVG); Böckstiegel NJW 1974, 1017; Müller-Rostin DB 1977, 1173; VersR 1979, 594; Giesen ZVglRWiss 82 (1983) 31. Die IATA-Bedingungen sind AGB; zu ihrer Inhaltskontrolle BGH 86, 284 = IPRax 1984, 316 mit Anm Lindacher 301; Stoll FS Kegel (1987) 623, 639; zur Anwendbarkeit von § 12 AGBG Böckstiegel FS A. Meyer (1975) 57.

45   f) **Eisenbahnbeförderung.** Bei int Bahnbeförderung von Personen und Gütern sind Vertrags- wie Haftungsrecht weitgehend durch Einheits- und Kollisionsrecht auf staatsvertraglicher Grundlage geregelt: Übereinkommen über den int Eisenbahnverkehr (COTIF) v 9. 5. 1980, für Deutschland in Kraft seit 1. 5. 1985 (BGBl 1985 II 132, 1001) mit den Anhängen der „Einheitlichen Rechtsvorschriften für den Vertrag über die int Eisenbahnbeförderung von Personen und Gepäck (ER-CIV)", BGBl 1985 II 178, und den „Einheitlichen Rechtsvorschriften für den Vertrag über die int Eisenbahnbeförderung von Gütern (ER-CIM)", BGBl 1985 II 224. Soweit das Abkommensrecht einheitliches Sachrecht enthält, sind dessen Kollisionsregeln zu beachten. Der weit gespannte Anwendungsbereich des Abkommensrechts erübrigt die Anwendung autonomen Rechts weitgehend. Kommt es darauf an (zB bei Ansprüchen aus „Vertrags- bzw Pflichtverletzung", früher pFV, s BGH NJW-RR 1992, 853), ist das Vertragsstatut über Abs IV bzw II, V zu ermitteln. Regelmäßig gilt das Recht der befördernden Bahn (wN bei MüKo/Martiny Art 28 Rz 188; zur Rechtswahl BGH NJW-RR 1992, 853; Düsseldorf VersR 1997, 602).

46   g) **Seetransport.** Das Gütertransportrecht ist auf der Grundlage der „Haager Regeln" und der „Visby-Regeln" int weitgehend vereinheitlicht. Ausgangspunkt der Rechtsanwendung aus dt Sicht ist der ihren Anwendungsbereich festlegende Art 6 EGHGB. Für die **Passagierbeförderung** besteht das von der BRepD nicht ratifizierte Athener Übereinkommen über die Beförderung von Reisenden und ihrem Gepäck auf See v 13. 12. 1974, dessen Regeln im wesentlichen in die Anlage zu § 664 HGB übernommen worden sind. Hierzu vgl Basedow, IPRax 1987, 333, 341; Ebenroth/Fischer/Sorek ZVglRWiss 88 (1989) 124, 135. S iü MüKo/Martiny Art 28 Rz 189ff; Staud/Magnus (2001) Art 28 Rz 380ff.

9. Auftrag und Geschäftsbesorgung

47   Charakteristische Leistung im Auftragsverhältnis ist die Leistung des Beauftragten, so daß das Recht dessen gewöhnl Aufenthaltsorts bzw Niederlassungsorts gilt. Frühere Rspr ist insoweit weiterverwendbar, Hamburg IPRspr 1974 Nr 11 A; KG IPRspr 1979 Nr 13 A; s weiter Hamm RIW 1994, 515; NJW-RR 1997, 1008. Gleiches gilt für die entgeltliche Geschäftsbesorgung (BGH NJW 1987, 1825f; BGH DtZ 1996, 51). In bes Fällen (gemeinsames Heimatrecht) ist Abs V zu beachten (vgl IPG 1967/68 Nr 9 Hamburg). Zur **Geschäftsführung ohne Auftrag** s Erl zu Art 39 nF.

10. Maklervertrag

Es gilt gem Abs II das Recht des Zivilmaklers (s München IPRsp 1974 Nr 146; LG Oldenburg RIW 1985, 576; **48** LG Frankfurt/Main RIW 1994, 778). Zum Handelsmakler s Rz 53. Das Statut des vermittelten Vertrags entscheidet über dessen Wirksamkeit, wovon Provisionsanpruch abhängt (BGH NJW-RR 1991, 1073).

11. Verwahrung, Hinterlegung

Verwahrung und Hinterlegung unterliegen gem Abs II dem Recht am gewöhnl Aufenthalts- bzw Niederlas- **49** sungsort des Verwahrers. Gleiches gilt für einen „Archivierungsvertrag" (KG ZUM 1986, 550; s zu treuhänd Verwahrung Hamm RIW 1994, 516; zum Termingeldkonto LG Aachen RIW 1999, 304). Diese Anknüpfung gilt grundsätzlich auch für sonstige **Treuhand**verhältnisse, auch den „Trust", s Hamm RIW 1994, 513, 516 m Aufsatz Otto IPRax 1996, 22; zum „Trust" des angloamerik Rechtskreises BGH IPRax 1985, 221 m Aufs Kötz S 205.

12. Beherbergungsvertrag

Die vertragstypische Leistung iSv Abs II wird durch den Gastwirt (Herbergswirt) erbracht, so daß sein Recht, **50** dh idR Recht des Unterkunftsorts gilt (BGH VersR 1964, 191 = IPRsp 1962/63 Nr 33; BGH 71, 175; auch LG Hamburg IPRspr 1991 Nr 33; AG Bernkastel-Kues IPRsp 1993 Nr 28). Nicht das Recht des Unterkunftsortes, sondern gemeinsames Heimatrecht kann gem Abs V zur Anwendung kommen bei Überlassung von Feriendomizil im Rahmen eines Beherbergungsvertrages (s Rz 35). Abweichend betrachtet v Bar IPR II Rz 515 den Beherbergungsvertrag kollisionsrechtlich als Mietvertrag, so daß bei Ferienhausnutzung Abs III eingreifen soll. Die Ergebnisse bleiben indes gleich. Art 29 gilt (vgl Abs IV Nr 2) bei Vertrag mit ausl Hotel nicht, indes kann Art 29a Anwendung finden. Das Statut des Beherbergungsvertrages erfaßt auch die – vertragliche wie gesetzliche – Gastwirtshaftung (ebenso Staud/Magnus [2001] Art 28 Rz 334); zu beachten ist hier europäische Rechtsvereinheitlichung auf der Basis des Europaratsübereinkommens über die Haftung der Gastwirte für die von ihren Gästen eingebrachten Sachen v 17. 12. 1962 (vgl §§ 701ff BGB); das Abkommen gilt auch in Belgien, Bosnien-Herzegowina, Frankreich, Irland, Italien, Restjugoslawien, Polen, Kroatien, Luxemburg, Malta, Slowenien, Zypern und Großbritannien. Für Pauschalreise s Rz 39 und Art 29 IV und Erl dort.

13. Bürgschaft und Garantie

Schrifttum: Zur Bürgschaft: *Hanisch*, Bürgschaft mit Auslandsbezug, IPRax 1987, 47; *Kühn/Rotthege*, Inanspruchnahme des dt Bürgen bei Devisensperre im Lande des Schuldners, NJW 1983, 1233; *Rüßmann*, Auslandskredite, Transferverbote und Bürgschaftssicherung, WM 1983, 1126; *Wandt*, Zum Rückgriff im IPR, ZVglRWiss 86 (1987) 272; **zur Garantie:** *Blaurock*, Mißbräuchliche Inanspruchnahme einer Bankgarantie, IPRax 1985, 204; *Coing*, Probleme der int Bankgarantie ZHR 147 (1983) 125; *Hahn*, Völkerrechtliche Darlehens- und Garantieabkommen, in FS Seidl-Hohenveldern (1988) 173; *Heldrich*, Kollisionsrechtliche Aspekte des Mißbrauchs von Bankgarantien, FS Kegel (1987) 175; *Severain*, Die Bürgschaft im deutschen internationalen Privatrecht (Mainz 1990).

Bürgschafts- und Garantieverträge unterliegen, sofern eine Rechtswahl gem Art 27 nicht getroffen worden ist **51** (dazu BGH NJW 1977, 1011; Düsseldorf NJW 1990, 640), dem Recht des gewöhnl Aufenthaltsorts bzw Niederlassungsorts des Bürgen oder Garanten (BGH NJW 1993, 1126; auch BGH NJW 1999, 2372, 2373 = JuS 2000, 95 Nr 17 [Anm Hohloch]; Frankfurt RIW 1995, 1033; Saarbrücken NJW 1998, 2466). Für Prozeßbürgschaft gilt gleiches, Pal/Heldrich Art 28 Rz 20; aA Fuchs RIW 1996, 288 (lex fori). Das Statut der Hauptschuld, für die gebürgt oder garantiert wird, erstreckt sich idR nicht auf Bürgschaft und Garantie (s oben und Oldenburg IPRsp 1975 Nr 15; s ferner Mülbert ZIP 1985, 1101, 1113; Heldrich FS Kegel [1987] 175, 184). Das **Bürgschaftsstatut** befindet über die Leistungspflicht des Bürgen (Art der Haftung, zB Vorausklage RG 54, 311, 316, Tilgungswirkung, BGH NJW 1977, 1011) und über die Folgen der Inanspruchnahme (Bürgenregreß uä Wandt ZVglRWiss 86 [1987] 272, 284ff), hingegen bestimmt das Statut der **Hauptschuld** über den Umfang der Bürgenhaftung (RG 137, 1, 11). Zur Anwendbarkeit von Art 6 s BGH 104, 240 = JuS 1988, 990 [Hohloch] und Rz 6 mwN; dazu auch Dörner, FS Sandrock (2000) 205. Die Form folgt aus Art 11. Interzessionsbeschränkungen bei Ehegatten sind als Vorfrage selbständig nach Art 14, 15 anzuknüpfen (s Art 14 Rz 30), s auch Kühne JZ 1977, 439; Graue FS Schnitzer (1979) 139; aA BGH NJW 1977, 1011.

Bei der **Bankgarantie** (auch „Stand-by Letters of Credit") gilt idR schon durch Vereinbarung gem Nr 26 I S 2 **52** AGB-Banken das Recht der Niederlassung der garantierenden Bank. Bei objektiver Anknüpfung folgt gleiches Ergebnis aus Art 28 II (s BGH NJW 1996, 2570; Ahrens IPRax 1998, 93; Hamburg RIW 1978, 615; Stuttgart RIW 1980, 729; Frankfurt RIW 1985, 407; RIW 1990, 477). Zu Produktgarantien s BGH IPRax 1981, 13; zur Scheckgarantie Grundmann IPRax 1997, 34. Für Patronatserklärungen gelten dieselben Regeln (Frankfurt IPRsp 1979 Nr 10b; D. Hoffmann, Die Patronatserklärung im dt und öster Recht [1989]; Jander/Hess RIW 1995, 735); Wolf IPRax 2000, 477. Die „UN-Convention on Independent Guarantees and Stand-by Letters of Credit" v 11. 12. 1995 ist für Deutschland nicht in Kraft; sie will Einheitsrecht, nicht Kollisionsrecht schaffen; dazu Staud/Magnus (2001) Art 28 Rz 505ff mwN.

14. Handelsrechtliche Vertragstypen

Schrifttum: *Detzer/Ullrich*, Gestaltung von Verträgen mit ausländischen Handelsvertretern und Vertragshändlern (2000); *Ebenroth*, Kollisionsrechtliche Anknüpfung der Vertragsverhältnisse von Handelsvertretern, Kommissionsagenten, Vertragshändlern und Handelsmaklern, RIW 1984, 165; *Nicole Grieben*, Der Handelsvertretervertrag im IPR (Diss Freiburg 1997); *Kindler*, Der Ausgleichsanspruch des Handelsvertreters im dt-ital Warenverkehr (1987); *ders*, Zur Anknüpfung von Handelsvertreter- und Vertragshändlerverträgen im neuen bundesdeutschen IPR, RIW 1987, 660.

53 Der **Kommissionsvertrag** (Stoll, RabelsZ 24 [1959] 601) unterliegt gem Abs II dem Recht der gewerblichen Niederlassung des Kommissionärs, ebenso im Erg BGH IPRsp 1964/65 Nr 40; BGH NJW 1981, 918; auch BGH NJW 1996, 1819 = WiB 1996, 874 mit Anm Kaum. Der **Handelsvertretervertrag** ist durch die Leistung des Handelsvertreters gegenüber dem Prinzipal geprägt, so daß das Recht seiner Niederlassung zur Anwendung kommt (ganz hM, s BGH NJW 1998, 1861 – Rechtswahl; BGH NJW 1993, 2754; 1995, 319; Koblenz RIW 1996, 152; Düsseldorf RIW 1996, 959; Stuttgart IPRax 1999, 103; zum alten Recht BGH 53, 332, 337; BGH NJW 1988, 1466; Hamm RIW 1979, 205; Sura DB 1981, 1269, 1271; Kindler RIW 1987, 660, 663; Kränzlin ZVglRWiss 83 [1984] 257, 277f). Zur Abdingbarkeit zwingender Schutzvorschriften bei Tätigkeit außerhalb der EG s § 92c HGB und dazu Karlsruhe IPRsp 1980 Nr 24; Wengler ZHR 146 (1982) 30, 35; Hepting/Detzer RIW 1989, 337, 340. Der **Handelsmaklervertrag** folgt den gleichen Grundsätzen (s LG Essen RIW 1983, 619; Düsseldorf RIW 1997, 780 und das vg Schrifttum), ebenso der **Eigenhändlervertrag**, da der Eigenhändler mit Lagerhaltung, Marktpflege und Absatz die iSv Abs II charakteristische Leistung erbringt (hM, s Hamm NJW 1983, 523; BGH 127, 368; Koblenz IPRax 1994, 46 m Aufs Schurig S 27ff; Düsseldorf RIW 1996, 959; Hamm IPRax 1997 Nr 160 A; Stuttgart IPRax 1999, 103. Abs V kann zu anderer Beurteilung führen. Kindler RIW 1987, 660, 665; Müller–Feldhammer RIW 1994, 928; zu abw Meinungen vgl MüKo/Martiny Art 28 Rz 159, 160 mwN). Die Einzellieferungen zwischen dem Handelsvertreter/Vertragshändler und dem Hersteller unterliegen dem Vertragsstatut zB des Kaufs, Düsseldorf RIW 1996, 959, das durch stillschweigende Rechtswahl gewonnen werden kann, Hamburg IPRsp 1998 Nr 34 (Statut des Rahmenvertrages). Zwingend und, auch wenn der Handelsvertretervertrag/Eigenhändlervertrag dem Recht eines Drittstaats unterstellt wird, in dem der Unternehmer seinen Sitz hat, die Bestimmungen der **EG-Richtlinie** Nr 86/653 v 18. 12. 1986 über den Ausgleichsanspruch des selbständigen Handelsvertreters anzuwenden, EuGH NJW 2001, 2007; Jayme IPRax 2001, 190; Kindler BB 2001, 11; Freitag/Leible RIW 2001, 287; Staudinger NJW 2001, 1974; Schwarz ZVglRWiss 101 (2002) 45. Bei Geltung deutschen Rechts gilt § 92c I HGB mit Ausschlußmöglichkeit, München RIW 2002, 319; aA Thorn IPRax 2002, 349. 360. Der **Franchising-Vertrag** untersteht dem Recht des Franchise-Nehmers (Schlemmer IPRax 1988, 252; s ferner Jb Franchising 1999/2000 S 22; str), **der Alleinvertriebsvertrag** folgt der Regelung des Eigenhändlervertrages, beim „Sponsoring" steht idR der Zuwendungsempfänger im Mittelpunkt, so daß das Recht seines Sitzes/Aufenthaltes gilt.

15. Verträge über Immaterialgüterrechte

Schrifttum: *Beier*, Die internationalprivatrechtliche Beurteilung von Verträgen über gewerbliche Schutzrechte, in Holl/Klinke, Int Privatrecht – Int Wirtschaftsrecht (1985) S 287; *Birk*, Der angestellte Urheber im Kollisionsrecht, Ufita 108 (1988) 101; *Junker*, Anwendbares Recht und internationale Zuständigkeit bei Urheberrechtsverletzungen im Internet (2002); *Hausmann*, Möglichkeiten und Grenzen der Rechtswahl in int Urheberrechtsverträgen, in FS W. Schwarz (1988) 47; *v Hoffmann*, Verträge über gewerbliche Schutzrechte im IPR, RabelsZ 40 (1976) 208; *Intveen*, Int Urheberrecht und Internet: zur Frage des anzuwendenden Urheberrechts bei grenzüberschreitenden Datenübertragungen (1999); *Kleine*, Urheberrechtsverträge im IPR (1986); *Stumpf*, Der Know-how-Vertrag, 3. Aufl 1977; *Ulmer*, Die Immaterialgüterrechte im IPR (1975); *ders*, Fremdenrecht und IPR im gewerblichen Rechtsschutz und Urheberrecht, in Holl/Klinke, aaO S 257.

54 Das Recht der Immaterialgüterrechte ist in erheblichem Umfang durch Abkommensrecht vereinheitlicht; den Abkommen liegt im wesentlichen das Prinzip der Maßgeblichkeit des Rechts des Schutzlandes zugrunde (s dazu MüKo/Kreuzer Nach Art 38 Anh II). Es bestimmt Entstehung, Inhalt, Wirkung und Erlöschen des Rechts, dh die „dingliche Seite" (zB BGH 136, 380, 387; RIW 2001, 937). Für **schuldrechtliche** Verträge hingegen gilt Art 28, soweit nicht Rechtswahl gem Art 27 vorliegt. Hinsichtlich einzelner Vertragstypen gilt: **a)** Der **Verlagsvertrag** unterliegt bei Anknüpfung gem Abs II dem Recht am Sitz des Verlegers, da dessen Verbreitungsverpflichtung charakteristischer als die Überlassungsverpflichtung des Autors ist (hM, s BGH 19, 110, 113; BGH IPRsp 1958/59 Nr 44; BGH RIW 2001, 937, 938; Kleine aaO, 66ff; Schricker/Katzenberger Vor § 120ff UrhG Rz 99). Auch bei **sonstigen Urheberrechtsverträgen** ist das Recht dessen, den die Vervielfältigungs- und Verbreitungspflicht trifft, gem Abs II auf die schuldrechtliche Seite anzuwenden (Filmverwertungsvertrag: BGH Ufita 23 [1957] 88, 89f; 32 [1960] 186f; Kabelweiterversendung, BGH NJW 1998, 1395; zur dinglichen Seite Karlsruhe GRUR Int 1987, 788f; s ferner mwN MüKo/Martiny Art 28 Rz 263). **b)** Bei **Lizenzverträgen** zur zeitweiligen Gestattung der Benutzung eines gewerblichen Schutzrechts ist angesichts der str Rechtslage Rechtswahl zu empfehlen. In Ermangelung einer Rechtswahl sollte gem Abs II das Recht des **Lizenzgebers** gelten, sofern nicht gem Abs V das Recht des Landes des Lizenzeinsatzes den Vorzug verdient (str, wie hier BGH 129, 236; v Hoffmann RabelsZ 40 [1976] 208, 214; v Bar IPR II Rz 498; aA Düsseldorf GRUR Int 1962, 256 = AWD 1961, 295; MüKo/Martiny Art 28 Rz 269 mwN). Zum Statut der deliktischen Immaterialgüterrechtsverletzung s Erl zu Art 40 Rz 54–56.

55 **c)** Bei **Know-how-Verträgen** ist zu differenzieren. Soweit nicht Rechtswahl getroffen ist, gilt grundsätzlich das Recht des Know-how-Gebers, da dieser die charakteristische Leistung erbringt (Kreuzer, FS v Caemmerer [1978] 705; aA Stumpf, Der Know-how-Vertrag, 3. Aufl 1977, 156). Bei Verlagerung des wirtschaftlichen Schwerpunktes des Geschäfts in das Land des Know-how-Nehmers durch mit Ausschließlichkeitsbindungen ist gem Abs V das Recht seiner Niederlassung maßgeblich (IPG 1978 Nr 6 München). Zu Management- und Consulting-Verträgen s Rz 38, 39 und Schlüter, Management- und Consultingverträge (1987) 210f (Recht des Tätigkeitsorts bzw des Sitzes des Unternehmers sowie Quay, Der Consultingvertrag im IPR [Diss Freiburg 1999]). Zum **Franchise-Vertrag** s Rz 36 aE und MüKo/Martiny Art 28 Rz 161 und Vischer, FS Schluep (1988) 515, 527; Jayme, IPRax 1983, 105; Kleinschmidt, Zur Anwendbarkeit zwingenden Rechts im int Vertragsrecht unter bes Berücksichtigung von Absatzmittlerverträgen (1985).

16. Bank- und Börsengeschäfte

Schrifttum: Zum Bankgeschäft: *v Bar*, Kollisionsrechtliche Aspekte der Vereinbarung und Inanspruchnahme von Dokumentenakkreditiven, ZHR 152 (1988) 38; *Böhner*, Factoring im dt-frz Rechtsverkehr, IPRax 1985, 15; *Drobnig*, Vergleichende und kollisionsrechtliche Probleme der Girosammelverwahrung von Wertpapieren im Verhältnis Deutschland – Frankreich, FS Zweigert (1981) 73; *Nielsen/Schütze*, Zahlungssicherung und Rechtsverfolgung im Außenhandel, 3. Aufl 1985; *Steindorff*, Das Akkreditiv im IPR der Schuldverträge, FS v Caemmerer (1978) 761; **zum Börsengeschäft:** *W. H. Roth*, Termingeschäfte an ausl Börsen und § 63 Börsengesetz, IPRax 1987, 147; *Samtleben*, Warentermingeschäfte im Ausland – ein Glücksspiel? IPRax 1989, 148; *Schwark*, Zur Durchsetzung inl Rechts gegenüber Gerichtsstandsvereinbarungen ausl Gerichte bei Börsentermingeschäften, ZGR 1985, 466. **Zur Rechtsvereinheitlichung in der EU:** Jayme/Kohler IPRax 1996, 388; *Bader* in Hadding/Welter (Hrsg), Rechtsfragen bei Bankleistungen im europ Binnenmarkt (1994) 173.

a) Bankgeschäfte werden idR durch **Rechtswahl** gem Art 27 (Nr 26 I AGB-Banken, BGH NJW 1987, 1825, mit § 9 AGBG, jetzt § 307 BGB vereinbar) dem Recht am Sitz der Bank unterworfen (bei Kunden gewöhnl Aufenthalt im Ausl s Art 31 II und dazu Heldrich, FS Kegel [1987] 175, 184). Fehlt Rechtswahl, führt objektive Anknüpfung gem Abs II zum Recht der Niederlassung der Bank, da diese die charakteristische Leistung erbringt (allg A). Beim Geschäftsverkehr zwischen Banken gilt gem Abs II das Recht der beauftragten Bank, da diese die typische Bankleistung erbringt (BGH 108, 353, 362; Hamburg VersR 1983, 350; Köln RIW 1993, 1025; München RIW 1996, 330; Düsseldorf RIW 1996, 155; LG Aachen RIW 1999, 304; Pleyer/Wallach RIW 1988, 172, 174; Heldrich FS Kegel [1987] 175, 189; Kegel, Gedächtnisschrift R. Schmidt [1966] 215, 225; Kaiser EuZW 1991, 83, 84). Einzelne Bankgeschäfte: **aa) Einlagen-, Giro- und Diskontgeschäft:** Recht der beauftragten Bank, auch im Verkehr zwischen den Banken, BGH WM 1957, 1574f; WM 1983, 411 = IPRax 1984, 330 (LS) mit Anm Firsching; WM 1987, 530; Frankfurt WM 1984, 20 = IPRax 1985, 34 mit Anm v Hoffmann/Pauli S 13; BGH 108, 362); **bb) Dokumentenakkreditiv:** Im Verhältnis zwischen Begünstigtem und beauftragter Bank Recht der Bank, idR aber einheitliche Bedingungen durch Anwendung der „Einheitliche Richtlinien und Gebräuche für Dokumenten-Akkreditive idF v 1993 (ICC-Richtlinien), s Frankfurt RIW 1992, 316; Thorn IPRax 1996, 259; Eschmann RIW 1996, 914; auch schon Eberth FS Neumayer (1985), 199; Nielsen ZIP 1984, 230; v Bar ZHR 152 (1988), 38ff; Schütze RIW 1988, 343; W. Lorenz, FS Steindorff (1990) 405; s ferner Frankfurt WM 1988, 254f (Recht der inl Zahlstelle) und dazu Schefold IPRax 1990, 20. **cc) Factoring:** Recht am Niederlassungsort der Factorbank, s Schwander FS Schluep (1988) 501, 507f; Rechtswahl zwischen Factor und Gläubiger der Forderung des Schuldners darf Rechtsstellung des Schuldners nicht beeinträchtigen, s Köln NJW 1987, 1151 = IPRax 1987, 239 mit Anm Sonnenberger S 221; LG Kiel IPRax 1985, 35 mit Anm Böhner S 15. **dd) Andere Bankgeschäfte:** das Inkassogeschäft unterliegt idR den „Einheitlichen Richtlinien für Inkassi von Handelspapieren" (ERI-Revision 1995; ICC-Richtlinien). Zur Wirksamkeit der Abtretung der Exportkaufpreisforderungen an die Einreicherbank gem Art 33 s BGH 95, 149 = NJW 1985, 2649; zum Depotvertrag (Recht am Sitz der Bank) Drobnig FS Zweigert (1981) 73, 89f; für Forfaitierungsgeschäfte gilt das Recht der forfaitierenden Bank (s dazu Schütze, WM 1979, 962, 963; v Westphalen RIW 1977, 80, 84; Hakenberg RIW 1998, 909); für Bankauskünfte gilt idR das Recht der auskunftgebenden Bank (Dörner WM 1977, 962f; s auch München NJW 1974, 583, 586); zur kollisionsrechtlichen Behandlung von Neuentwicklungen im Bankgeschäft s Ebenroth, FS Keller (1989) 391; Einsele, Wertpapierrecht als Schuldrecht (1995) 392. Zu Verträgen über Kapitalmarktprodukte Spindler IPRax 2001, 400. Zur Haftung im Wertpapierhandel mit dem Verbraucher bei Verletzung der Informationsverpflichtungen des dt Rechts (§ 37d WpHG) s Rz 57.

b) Börsengeschäfte unterliegen bei fehlender Rechtswahl idR gem Abs II dem Recht des Börsenplatzes (allg A), dies gilt im Grundsatz auch für Termingeschäfte an ausl Börse (s Starp, Die Börsentermingeschäfte an Auslandsbörsen (1985) 65ff; W. H. Roth IPRax 1987, 147). Unter der Geltung von § 61 BörsenG aF hatte die Rspr jedoch mit Einsatz des Vorbehalts des ordre public Grundsätze entwickelt, deren Anwendung zur Unwirksamkeit solcher Termingeschäfte von Nichtkaufleuten aus inl Sicht führte (s dazu BGH NJW 1984, 2037 = IPRax 1985, 216 mit Anm G. H. Roth S 198; BGH NJW 1987, 3193 = IPRax 1989, 163 mit Anm Samtleben S 148; BGH 94, 262 = IPRax 1987, 173 mit Anm W. H. Roth S 147; BGH 101, 296; BGH 86, 115; s ferner Rückblick bei MüKo/ Martiny Art 28 Rz 251–258a). Die Neufassung des **§ 61 BörsG** (Gesetz v 11. 7. 1989, BGBl 1989 I 1412), in Kraft seit 1. 8. 1989, hatte die Norm als **besondere Vorbehaltsklausel** ausgestaltet. Bei Vorliegen der genannten Voraussetzungen des § 61 idF v 1989 (insbes fehlende Kaufmannseigenschaft oder sonst fehlende Termingeschäftsfähigkeit) war **Termineinwand** und **Differenzeinwand** nach dt Recht gegeben, ohne daß sie im ausl Recht gegeben sein mußten. § 61 BörsG idF v 1989 ging als spezielle Vorbehaltsklausel Art 6 vor, vgl BGH NJW 1998, 2358. Näheres zu Art 61 idF v 1989 s 10. Aufl Art 29 Rz 57. Das 4. FinanzmarktförderungsG v 21. 6. 2002, BGBl I 2010, führte zur Neufassung des BörsG. Der bisherige Abschnitt IV des BörsG (§§ 50–70 aF) über den Terminhandel ist nunmehr in §§ 37d–37g WpHG geregelt (näher dazu BT-Drucks 14/ 8017; Fleischer NJW 2002, 2977; Samtleben ZBB 2003, 69; Schäfer/Lang BKR 2002, 197). In der jetzigen Neufassung ist eine Vorbehaltsklausel, wie sie § 61 BörsG aF noch darstellte, nicht mehr vorgesehen (s auch Samtleben ZBB 2003, 69, 75). Die funktionell an ihre Stelle getretene, verbraucherschützende Vorschrift über „Information bei Finanztermingeschäften" (§ 37d WpHG) gilt aber nach § 37d VI WpHG auch „für Unternehmen mit Sitz im Ausland, die Finanztermingeschäfte abschließen oder solche Geschäfte anschaffen, veräußern, vermitteln oder nachweisen, soweit der Verbraucher seinen gewöhnlichen Aufenthalt oder seine Geschäftsleitung im Inland hat. Dies gilt nicht, sofern die Leistung einschließlich der damit im Zusammenhang stehenden Nebenleistungen ausschließlich im Ausland erbracht wird." Als zwingende Sachnorm des deutschen Rechts greift sie über Art 29, ggf auch über Art 34 bei gewöhnlichem Inlandsaufenthalt des Kunden, der die persönlichen Voraussetzungen des Abs VI erfüllt, ein.

IV. Verfahrensrecht

Die richtige Auslegung und Anwendung von Art 28 ist eine Rechtsfrage, die in vollem Umfang der **Nachprüfung des Revisionsgerichts** unterliegt (so schon zum alten Recht BGH NJW 1952, 540, 541; BGH 44, 183, 186;

zu den vom BGH ie gezogenen Grenzen Erman/Arndt[7] vor Art 12 Rz 4; Kreuzer Warenkauf 242ff); so ist voll überprüfbar die Konkretisierung der Vermutungsregelungen der Abs II–IV wie auch die ie Fall zu treffende Gesamtabwägung (BGH NJW 1987, 1141 = JR 1987, 198 mit Anm Dörner = IPRax 1988, 27 mit Anm Kreuzer S 16).

29 *Verbraucherverträge*

(1) Bei Verträgen über die Lieferung beweglicher Sachen oder die Erbringung von Dienstleistungen zu einem Zweck, der nicht der beruflichen oder gewerblichen Tätigkeit des Berechtigten (Verbrauchers) zugerechnet werden kann, sowie bei Verträgen zur Finanzierung eines solchen Geschäfts darf eine Rechtswahl der Parteien nicht dazu führen, daß dem Verbraucher der durch die zwingenden Bestimmungen des Rechts des Staates, in dem er seinen gewöhnlichen Aufenthalt hat, gewährte Schutz entzogen wird,
1. wenn dem Vertragsabschluß ein ausdrückliches Angebot oder eine Werbung in diesem Staat vorausgegangen ist und wenn der Verbraucher in diesem Staat die zum Abschluß des Vertrages erforderlichen Rechtshandlungen vorgenommen hat,
2. wenn der Vertragspartner des Verbrauchers oder sein Vertreter die Bestellung des Verbrauchers in diesem Staat entgegengenommen hat oder
3. wenn der Vertrag den Verkauf von Waren betrifft und der Verbraucher von diesem Staat in einen anderen Staat gereist ist und dort seine Bestellung aufgegeben hat, sofern diese Reise vom Verkäufer mit dem Ziel herbeigeführt worden ist, den Verbraucher zum Vertragsabschluß zu veranlassen.

(2) Mangels einer Rechtswahl unterliegen Verbraucherverträge, die unter den in Absatz 1 bezeichneten Umständen zustande gekommen sind, dem Recht des Staates, in dem der Verbraucher seinen gewöhnlichen Aufenthalt hat.

(3) Auf Verbraucherverträge, die unter den in Absatz 1 bezeichneten Umständen geschlossen worden sind, ist Artikel 11 Abs. 1 bis 3 nicht anzuwenden. Die Form dieser Verträge unterliegt dem Recht des Staates, in dem der Verbraucher seinen gewöhnlichen Aufenthalt hat.

(4) Die vorstehenden Absätze gelten nicht für
1. Beförderungsverträge,
2. Verträge über die Erbringung von Dienstleistungen, wenn die dem Verbraucher geschuldeten Dienstleistungen ausschließlich in einem anderen als dem Staat erbracht werden müssen, in dem der Verbraucher seinen gewöhnlichen Aufenthalt hat.

Sie gelten jedoch für Reiseverträge, die für einen Pauschalpreis kombinierte Beförderungs- und Unterbringungsleistungen vorsehen.

Schrifttum: *W. Fischer,* Die Bestimmung der charakteristischen Leistung bei Abzahlungsgeschäften ..., ZVglRWiss 88 (1989) 14; *v Hoffmann,* Über den Schutz des Schwächeren bei int Schuldverträgen, RabelsZ 38 (1974) 396; *ders,* Inl Sachnormen mit zwingendem int Anwendungsbereich, IPRax 1989, 261; *Jayme,* Die int Zuständigkeit bei Haustürgeschäften, FS Nagel (1987) 123; *Kroeger,* Der Schutz der „marktschwächeren" Partei im Int Vertragsrecht (1984); *Kropholler,* Das kollisionsrechtliche System des Schutzes der schwächeren Vertragspartei, RabelsZ 42 (1978) 634; *Mankowski,* E-Commerce und Internationales Verbraucherschutzrecht, MMR-Beilage 7/2000, 22; *Mäsch,* Rechtswahlfreiheit und Verbraucherschutz (1993); *U. Mayer,* Die Vereinbarung Allgemeiner Geschäftsbedingungen bei Geschäften mit ausl Kontrahenten (Diss Tübingen 1984); *H.-H. Otto,* Allg Geschäftsbedingungen im IPR (1984); *Spindler,* Internationales Verbraucherschutzrecht im Internet, MMR 2000, 185; *Stoll,* Rechtliche Inhaltskontrolle bei int Handelsgeschäften, FS Kegel (1987) 623; s ferner Schrifttum Art 27 und 28 jew vor Rz 1; *Thorn,* Verbraucherschutz bei Verträgen im Fernabsatz, IPRax 1999, 1.

I. Allgemeines

1. Inhalt, Zweck und Vorgeschichte

1   Art 29 hat in Übereinstimmung mit dem Röm Übk (Abs I, II und IV entspr Art 5 Röm Übk, Abs III entspr Art 9 Röm Übk) eine Sonderregelung für Verbraucherverträge in die Kodifikation des IPR eingeführt (zum Röm Übk Ber Giuliano/Lagarde BT-Drucks 10/503, 55f; Lando RabelsZ 38 [1974] 6, 32f; zur Gesetzgebungsgeschichte des Art 29 Begr RegE BT-Drucks 10/504, 79f; Pirrung IPVR 177–179). Bestreben der Vorschrift ist einmal, durch Einschränkung der Parteiautonomie die Gefahren einer Rechtswahl (iSv Art 27) für den bei den Verbrauchergeschäften idR „marktschwächeren" Endverbraucher (Konsumenten) zu begrenzen. Dies geschieht durch Einführung eines **Günstigkeitsprinzips** in die Anknüpfung des Verbrauchervertrags; durch Rechtswahl kann dem Verbraucher bei Vorliegen der weiteren Voraussetzungen des Abs I der Schutz der zwingenden Vorschriften seines Umweltrechts nicht entzogen werden. In die gleiche Richtung zielt Abs II, der bei Fehlen einer Rechtswahl durch die objektive Anknüpfung, die sich ansonsten für den betreffenden Vertragstyp aus Art 28 ergeben würde (s die Einzelübersicht zu Art 28 Rz 28ff) durch Anwendung des Umweltrechts des Verbrauchers auf den Vertrag, dh durch Berufung des Rechts der in diesen Fällen regelmäßig marktschwächeren Partei ersetzt. Die eher einseitige Anknüpfung an das Umweltrecht als das günstigere (Abs I) oder doch vertraute (Abs II) Recht einer Vertragspartei ist eine für das Vertragsstatut keineswegs typische Anknüpfung (s zu den allg Anknüpfungsgrundsätzen im int Vertragsrecht Erl zu Art 27 Rz 1, Art 28 Rz 1), innerhalb der begrenzten Möglichkeiten des Kollisionsrechts, der „schwächeren Vertragspartei" den ihr zukommenden Schutz der Rechtsordnung zu gewährleisten, stellt sie jedoch eine wirksame Variante dar (s zur Entwicklung zB v Hoffmann RabelsZ 38 [1974] 396ff; Kroeger aaO passim; Kropholler aaO 634ff).

2   Art 29 hat erstmals eine Verbraucherschutzregelung in die Kodifikation des IPR eingestellt. Im alten Recht waren Rechtswahlbeschränkungen zugunsten des Verbrauchers gesetzlich in § 10 Nr 8 AGBG aF (s Erman/Arndt[7] vor Art 12 Rz 16; aufgehoben durch IPR-NeuregelungsG) enthalten; außerhalb seines Anwendungsbereichs

konnte durch Anwendung der Vorbehaltsklausel des Art 30 aF zwingender Inlandsschutz auch gegenüber einer Rechtswahl durchgesetzt werden (zB Hamm NJW 1977, 1594: BauträgerVO trotz Wahl span Rechts vereinbart). Verbraucherschützend wirkte schließlich bis zu seiner Ersetzung durch Art 29a **§ 12 AGBG**; die Geltung dieser Vorschrift (und ihrer – seit 1. 6. 1999 außer Kraft getretenen – Parallelvorschrift in **§ 11 FernUSG**) war durch Art 29 nicht berührt. Sie hatte in ihrer Neufassung von 1996 im Rahmen der Umsetzung der Richtlinie v 5. 4. 1993 über mißbräuchliche Klauseln in Verbraucherverträgen (Art 6 II) allerdings nur noch in solchen Fällen Bedeutung, die nicht in den Anwendungsbereich des Art 29 fielen.

Das **Verhältnis von Art 29 zu Art 29a** beruht auf solcher Anreicherung des Verbraucherschutzrechts durch **2a** Sonderkollisionsnormen, die einzelgesetzlich im Gefolge der Umsetzung von EG-Richtlinien geschaffen wurden und den durch die Richtlinien gewährleisteten Standard auch gegenüber der Wahl des Rechts eines Drittstaats außerhalb der EU durchsetzten (§ 12 AGBG aF; § 8 TzWrG aF; Art 12 Fernabsatz-Richtlinie v 20. 5. 1997) und anläßlich der Umsetzung der Fernabsatzrichtlinie durch Art 2 des Gesetzes über Fernabsatzverträge v 27. 6. 2000, BGBl 2000 I S 897 in Art 29a zusammengefaßt wurden (ergänzt durch Art 29a IV in Umsetzung von Art 7 II Verbrauchsgüter-Richtlinie v 25. 5. 1999 durch das SchuldModG v 26. 11. 2001, BGBl 2001 I 3138). Art 29 ist deshalb vor Art 29a zu prüfen (BT-Drucks 14/2658, 50; Staudinger RIW 2000, 419; Tonner BB 2000, 1419). Ergibt sich über die Anwendung von Art 29 schon die Anwendbarkeit des Rechts eines EU-Staats mit richtlinienkonformem Verbraucherschutzstandard, bedarf es der Heranziehung des Art 29a, der auch hier zu diesem Ziel führen könnte, nicht mehr.

Das im Entstehen befindliche „**Recht des E-Commerce**" hat bislang zusätzliche Kollisionsnormen, die mit **2b** Art 29 hinsichtlich der Rechtsanwendung auf „Verbraucherverträge" in Konkurrenz treten könnten, nicht eingeführt. Berührung zwischen „e-commerce" und „Verbrauchervertrag" ergibt sich zwar im Bereich zB des „Teleshopping" bei Benutzung des Internet (s Rz 11), aus der teilweisen Neuregelung des „e-commerce" durch **EU-Recht** (Richtlinie 2000/31/EG des Europ Parlaments u des Rates v 8. 6. 2000 über bestimmte rechtliche Aspekte der Dienste der Informationsgesellschaft, insbes des elektronischen Geschäftsverkehrs, im Binnenmarkt, ABl EG Nr L 178 v 17. 7. 2000 S 1 – E-Commerce-Richtlinie, ECRL) und seiner Umsetzung durch das G über rechtliche Rahmenbedingungen für den elektronischen Geschäftsverkehr v 14. 12. 2001 – EEG (BGBl 2001 I 372) haben sich zusätzliche Kollisionsnormen, die bei Art 29 beachtlich wären, nicht ergeben. Das **Herkunftslandprinzip** des Art 3 II ECRL, wonach Diensteanbieter mit Sitz in einem EU-Mitgliedstaat nur den Anforderungen ihres eigenen Rechts unterliegen, das über die Neufassung des TeledienstesG (TDG) durch Art 1 EEG in §§ 2 VI u 4 I, II TDG Eingang gefunden hat, **berührt Art 29 und die verbraucherschützende Maßgeblichkeit des Rechts des gew Aufenthalts des Verbrauchers nicht**. Der Streit um eine kollisionsrechtliche Bedeutung des so geregelten „Herkunftslandsprinzips" (zB Mankowski IPRax 2002, 257, 266; Spindler RabelsZ 66 [2002] 633, 648; Fezer/Koos IPRax 2000, 349, 352) beschränkt sich auf das internationale Wettbewerbsrecht (s Erl Art 40 Rz 51, 56 und dortige Hinweise).

Der Anwendungsbereich des Art 29 ist begrenzt. Der besonderen Anknüpfung iSv Rz 1 unterliegen **Lieferver-** **3** **träge, Dienstleistungsverträge** und Verträge zu deren **Finanzierung**; die Sonderregelung greift allerdings nur ein, wenn die **nahe Beziehung** des Vertrags zur Rechtsordnung des **gewöhnl Aufenthalts des Verbrauchers** (dazu Erl Art 5 Rz 43ff) durch das Vorliegen eines der in Abs I Nr 1–3 aufgeführten **Abschlußtatbestände** dokumentiert ist. Gem Abs IV S 2 gilt die besondere Anknüpfung des Art 29 I–III ferner für **Pauschalreiseverträge**, sofern auch hier durch das Vorliegen eines solchen Abschlußtatbestands die nahe Beziehung zum Umweltrecht des Pauschalreisenden gewahrt ist. Nicht erfaßt sind gem **Abs IV S 1** Beförderungsverträge aller Art sowie Verträge über Dienstleistungen, die insgesamt außerhalb des Domizilstaats des Berechtigten erbracht werden. Abs III stellt den Verbraucher im Anwendungsbereich des Art 29 auch hinsichtlich der Form günstiger. Art 11 I–III sind verdrängt durch ausschließliche Maßgeblichkeit der Form des Umweltrechts des Verbrauchers.

2. Geltung allg Regeln

a) **Staatsvertragliche Regeln** mit Vorrang (Art 3 II) vor Art 29 sind nicht ersichtlich. Die Parallelregeln des **4** Röm Übk (Rz 1) haben im Inland keine unmittelbare Geltung (vor Art 27 Rz 3). Die Regeln des UNCITRAL-Kaufrechts (vor Art 27 Rz 6) sind gem **Art 2 lit a UN-Kaufrecht** (CISG) auf Verbraucherkaufverträge grundsätzlich nicht anwendbar. Das Abkommensrecht gilt nicht für den Kauf von Ware für den persönlichen Gebrauch oder den Gebrauch in der Familie oder im Haushalt, es sei denn, daß der Verkäufer vor oder bei Vertragsschluß weder wußte noch wissen mußte, daß die Ware für einen solchen Gebrauch gekauft wurde. Die Beweislast für die Erkennbarkeit regelt sich nach den Vorschriften des anwendbaren, dh über Art 29 zu bestimmenden Rechts. Vom Haager Abkommen über das auf bestimmte Kaufverträge mit Verbrauchern anzuwendende Recht v 25. 10. 1980 existiert nur der Entwurf (Text RabelsZ 46 [1982] 794). Die Verbraucherrecht vereinheitlichenden **Richtlinien der EU** (Richtlinie v 5. 4. 1993, s Rz 2; Richtlinie v 20. 5. 1997 über den Verbraucherschutz bei Vertragsabschlüssen im Fernabsatz [Art 12 II]; Richtlinie v 26. 10. 1994 zum Schutze der Erwerber im Hinblick auf bestimmte Aspekte an Verträgen über den Erwerb von Teilnutzungsrechten an Immobilien [Art 9]; Richtlinienvorschlag über Verbrauchergüterkauf und -garantien v 23. 4. 1996 [Art 6 II] und Art 7 II der Richtlinie über den Verbrauchsgüterkauf v 25. 5. 1999 haben Art 29 nicht unmittelbar berührt. Ihr Inhalt und Standard findet kollisionsrechtliche Berücksichtigung durch **Art 29a** (s Rz 2a sowie Erl zu Art 29a Rz 1ff; zur Zeit vor Inkrafttreten von Art 29a s 10. Aufl Art 29 Rz 4).

b) **Rück- und Weiterverweisung** sind bei den von Art 29 ausgesprochenen Verweisungen (Abs I–III) ausge- **5** schlossen; die Norm spricht gem Art 35 I **Sachnormverweisung** aus. Es gelten die materiellrechtlichen Vorschriften des Rechts, in das verwiesen ist. Führt die Verweisung in einen Mehrrechtsstaat, ist Unteranknüpfung gem Art 35 II vorzunehmen (s Erl dort). Reformfragen in bezug auf Art 29 erörtert Stoll, FS MPI Hamburg (2001) 463.

6 c) Ordre public. Art 29 enthebt durch die Anordnung des Günstigkeitsvergleichs in Abs I und durch die Berufung des Umweltrechts des Verbrauchers idR von der Notwendigkeit, verbraucherfeindliche Vorschriften oder Auswirkungen des Vertragsstatuts mit Hilfe der allg Ordre-public-Klausel des Art 6 zu korrigieren. Ältere Judikatur, die so vorgegangen ist (s zB Rz 2), ist in dieser Handhabung des Art 6 (bzw Art 30 aF) nicht mehr weiter zu verwenden. Sie ist jedoch noch geeignet, Hinweise für die Bewertung der Verbraucherfeindlichkeit zu geben; das anwendbare „Umweltrecht" folgt dann aber aus Art 29 unmittelbar. Im Ausnahmefall nur, wenn sowohl das über Art 27, 28 bestimmte Recht als auch das aus Art 29 ergebende Statut nicht dt Recht sind, kann bei Widerspruch zu den von Art 6 getroffenen Wertungen die Notwendigkeit zum Einsatz der allg Vorbehaltsklausel bestehen. Rspr liegt dazu nicht vor, s aber LG Zweibrücken RIW 1983, 454 = IPRsp 1983 Nr 23. Die in der Anfangszeit der Geltung von Art 29 vorhandene Bereitschaft, unterschiedliche „Umsetzungsgeschwindigkeit" bei EG-Richtlinien in den EU-Staaten mit Art 6 zu korrigieren (zB Celle IPRax 1991, 334; AG Lichtenfels IPRax 1990, 235 m Aufs Lüderitz S 216; LG Bamberg NJW-RR 1990, 694) ist in der Rspr inzwischen mit Recht geringer geworden (s Düsseldorf NJW-RR 1995, 1396 u LG Düsseldorf RIW 1995, 415). Art 6 hat solchen Zweck richtigerweise nicht (Staud/Magnus [2001] Art 29 Rz 15), versperrt ist dieser Weg insdes nicht ganz grundsätzlich, s BGH 135, 124, 139f).

3. Intertemporales und innerdt Recht

7 a) Die **intertemporale** Anwendung von Art 29 folgt der für Art 27, 28 bereits ausgeführten Übergangsregelung. Art 29 kommt auf alle Verbraucherverträge zur Anwendung, die am Beginn des 1. 9. 1986 noch keinen „abgeschlossenen Vorgang" iSv Art 220 I darstellten, s dazu Art 27 Rz 6 und Art 28 Rz 8. **b)** Zur entspr Geltung auch des Art 29 im innerdt Kollisionsrecht und im früheren ILR s Erl Art 27 Rz 6 und Art 28 Rz 8.

II. Anknüpfungsgehalt des Art 29 (Abs I–III)

1. Einschränkung der freien Rechtswahl (Abs I)

8 a) Allgemeines. Verhältnis von Abs I zu den Sonderanknüpfungen des Art 27 III, des Art 31 II, des Art 34 und des Art 29a. Art 29 I stellt auch für Verbraucherverträge (dazu Rz 22) die Zulässigkeit der Rechtswahl nicht grundsätzlich in Frage (ebenso Kroeger, aaO S 162; Pal/Heldrich, Art 29 Rz 4). Die Norm geht von ihrer Statthaftigkeit auch in diesem Bereich aus, so daß auch für einen „Verbrauchervertrag" an sich jedes iSv Art 27 wählbare Recht (s Art 27 Rz 8) in Betracht gezogen werden kann, sucht dann aber („. . . darf nicht dazu führen, . . .") für die in Nr 1–3 näher erläuterten Abschlußtatbestände den Schutz des Verbrauchers durch Begrenzung der Rechtswahlwirkung zu sichern. Begrenzt wird die Rechtswahl durch die Weitergeltung der den Verbraucher schützenden zwingenden Bestimmungen des Rechts des Staates seines gewöhnl Aufenthalts. Art 29 I steht damit auf der Ebene der anderen Sonderanknüpfungsregeln des int Vertragsrechts (Art 27 III, 31 II, 34), so daß zunächst das Verhältnis zu klären ist, in dem die Vorschriften zueinander stehen. Insofern gilt folgendes: **aa)** Art 27 III sucht „künstlicher Internationalisierung" eindeutig lokalisierter Fälle zu steuern und ordnet deshalb die Geltung der zwingenden Normen des objektiv anzuknüpfenden Vertragsstatuts an (Art 27 Rz 25). Wird im Wege derartiger Rechtswahl ein Verbrauchervertrag „künstlich" in eine andere Rechtsordnung verlegt, ist dies nach Art 27 wie Art 29 zulässig. Neben den zwingenden Normen des gewählten Statuts gelten die zwingenden Normen des objektiv angeknüpften Statuts (zum Konfliktfall Art 27 Rz 25). Deckt sich dieses mit dem Recht des gewöhnl Aufenthalts des Verbrauchers, kommt es auf das Verhältnis von Art 29 zu Art 27 III nicht an. Deckt es sich im Ausnahmefall nicht (möglich insbes bei Art 29 I Nr 3), haben die von Art 29 I berufenen zwingenden Vorschriften den Vorrang vor denen gem Art 27 III, wenn erstere dem Verbraucher iSv Art 29 I „günstiger" sind (str, ähnl hier wohl E. Lorenz FS Kegel [1987] 303, 337; aA – Vorrang von Art 27 III – MüKo/Martiny Art 29 Rz 26). **bb)** Im Verhältnis zu Art 31 II besteht eine Konfliktlage hinsichtlich der zur Anwendung kommenden Rechtsordnungen nicht, da Art 29 I wie 31 II jeweils das Recht des gewöhnl Aufenthalts berufen. Art 31 II eröffnet für den Bereich des Vertragsschlusses (des Verbrauchervertrages wie der zur Anwendung des Vertragsstatuts führenden Rechtswahlvereinbarung, s ie Rz 10) dem Verbraucher bei anderen Vertragsschließenden die Möglichkeit der Berufung auf das Recht seines gewöhnl Aufenthalts und hat damit für diesen Teilbereich des Vertragsstatuts (mit Einschluß des Statuts des Verbrauchervertrags) als spezielle Norm Anwendungsvorrang (insoweit zutr LG Aachen, NJW 1991, 2221f). Soweit es nicht um das wirksame Zustandekommen einer vertraglichen Vereinbarung geht, ist Art 29 I durch Art 31 II nicht berührt (ebenso jetzt BGH NJW 1997, 1697 = JZ 1967, 612 mit Aufs Michaels/Kamann S 601). **cc)** Das Verhältnis zwischen Art 29 I und Art 34 gewinnt für den Fall Bedeutung, daß die zwingenden Bestimmungen iSv Art 29 I nicht dem dt Recht, sondern wegen des gewöhnl Aufenthalts des Verbrauchers einem fremden Recht zugehören. Zwingende Normen des dt Rechts, die unabhängig vom Vertragsstatut Geltung beanspruchen, gelten dann auch für den Verbrauchervertrag (aM Magnus IPRax 1990, 141, 145; im Grundsatz wie hier Pal/Heldrich Art 34 Rz 3). Haben sie allerdings iSd Art 29 I geringere Schutzintensität als die zwingenden Bestimmungen des von Art 29 I berufenen Umweltrechts, sind letztere ohne Rücksicht auf Art 34 anzuwenden; anders wäre gem Art 6 – im wohl theoretischen Fall – zu verfahren, daß der Verbraucherschutz durch das Umweltrecht seiner Intensität wegen hier anstößig erschiene (s auch Erl Art 34 Rz 25). **dd)** Zum Verhältnis zu Art 29a s Rz 2a; ausführlich und tw abweichend Staud/Magnus (2001) Art 29 Rz 24, 25.

9 b) Abschlußtatbestände des Abs I (Nr 1–3). aa) Grundlagen. Die Anwendbarkeit der zwingenden Bestimmungen des Umweltrechts des Verbrauchers setzt voraus, daß es zum Abschluß des Verbrauchervertrages nach einem der drei in Nr 1–3 erfaßten Abschlußtatbestände gekommen ist. Nr 1–3 stehen nebeneinander. Betrifft der Verbrauchervertrag den Verkauf von Waren, so genügt, daß einer der drei Tatbestände verwirklicht ist, betrifft er Dienstleistungen, so scheidet Nr 3 aus, es muß dann Nr 1 oder Nr 2 erfüllt sein. Sinn der Nr 1–3 ist, die Anwendung des Umweltrechts des Verbrauchers auf die Tatbestände zu begrenzen, in denen der Verbraucher des Schutzes der ihm vertrauten Rechtsordnung bedürftig erscheint. An solcher Schutzbedürftigkeit fehlt es dann, wenn ein Verbraucher sich aus eigenem Antrieb in das Gebiet einer fremden Rechtsordnung begibt und dort Verträge iSd Abs I abschließt. Er muß dann mit dem Recht des Marktes, auf den er sich begibt, vorliebnehmen und kann nicht die Erwartung hegen, den Schutz der heimischen Rechtsordnung mitnehmen zu können (s Begr RegE BT-Drucks 10/504, 80; auch Kroeger, aaO 177). Umgekehrt aber kommt ihm dieser Schutz dann zu, wenn der Vertragsgegner **im Verbraucherland Absatztätigkeit** entfaltet, „zum Verbraucher kommt", so daß dieser von der Maßgeblichkeit seines Umweltrechts für ein unter solchen Umständen abgeschlossenes Geschäft ausgehen kann (Begr RegE aaO 79). Nr 1–3 suchen solche Fälle zu erfassen; Nr 1 und 2 betreffen wegen des Abschlusses oder der weitgehenden Vorbereitung eines solchen Abschlusses im Inland Geschäfte, die dem Verbraucher als Inlandsgeschäfte erscheinen, bei Nr 3 erscheint Gleichbehandlung angemessen, da hier der Vertragspartner den Verbraucher mit dem Ziel des Geschäftsabschlusses aus der vertrauten Rechtsordnung herausgeholt hat (ebenso MüKo/Martiny Art 29 Rz 11; Pal/Heldrich Art 29 Rz 5).

bb) Analoge erweiternde Anwendbarkeit? Abs I Nr 1–3 formuliert 3 spezielle Tatbestände, die sich seitens **10** des Vertragspartners des Verbrauchers durch abw Ausgestaltung des Zustandekommens des Vertrages und durch Aufspaltung des aus der Sicht des Verbrauchers wirtschaftlich einheitlichen Geschäfts in verschiedene Geschäfte mit verschiedenen Vertragspartnern leicht vermeiden lassen. Demgemäß ist für die Praxis alsbald die Frage der Zulässigkeit und der Grenzen analoger Anwendung des Art 29 I aufgetreten (s Rz 12 und 14). Entgegen der zT abweichenden Auffassung in Rspr und Lit (abl insbes Hamm NJW-RR 1989, 496 – keine Stellungnahme dazu in BGH 113, 11 = NJW 1991, 1054 –; auch Celle RIW 1991, 421f; AG Lichtenfels IPRax 1990, 235f; LG Düsseldorf NJW 1991, 2220f; Taupitz, BB 1990, 642, 648f; Mankowski IPRax 1991, 305; auch Pal/Heldrich Art 29 Rz 5; Sonnenberger ZEuP 1996, 389) steht einer analogen Anwendung von Art 29 I ein absolutes Verbot nicht entgegen (ebenso MüKo/Martiny Art 29 Rz 8, 18a; Lüderitz, IPRax 1990, 216, 219; Rsp: Frankfurt NJW-RR 1989, 1018f = WRP 1990, 180 = RIW 1989, 646 mit Anm Huff – keine definitive Stellungnahme dazu in BGH 112, 204 = NJW 1991, 36, 39 –; Stuttgart NJW-RR 1990, 1081, 1083; LG Hamburg IPRax 1990, 239, 241 und NJW-RR 1990, 695, 696). Indes ist **Art 29 insoweit nicht analogiefähig**, als er nicht auf andere als die in Art 29 erfaßten Geschäftstypen ausgedehnt werden kann (BGH 135, 124, 135ff = NJW 1997, 1697 = JuS 1997, 943 Nr 7 Anm Hohloch – keine Anwendbarkeit auf Time-Sharing-Vertrag; insoweit auch schon BGH 123, 380, 387 – keine Anwendung auf Wertpapiere). Insoweit ist die Rechtslage jetzt auf der Basis der Rspr des BGH eindeutig, s auch LG Hamburg RIW 1999, 391, 392; LG Bielefeld NJW-RR 1999, 1282, 1283; Heldrich, FS BGH (2000) II 733, 766; Pal/Heldrich Art 29 Rz 5; Staud/Magnus (2001) Art 29 Rz 66. Zu bejahen ist aber ein praktisches Bedürfnis, durch Bejahung analoger Anwendbarkeit von Abs I der Ausschaltung des Schutzzwecks dann entgegenzuwirken, wenn auch das abw von Nr 1–3 gestaltete Vertriebsgeschäft die oben (Rz 9) ausgeführte intensive Beziehung zum Aufenthaltsland des Verbrauchers durch dorthin zielende Absatztätigkeit wahrt (im Grundsatz ebenso E. Lorenz RIW 1987, 569, 572; eher zurückhaltend zur Erweiterung von Sonderanknüpfungen v Hoffmann IPRax 1989, 261, 264f). Die Bejahung so beschränkter Analogiefähigkeit hilft, die wenig geglückte Konzeption des Art 29 I (s schon v Bar IPR II Rz 429; Sandrock RIW 1986, 841, 853) praktikabel zu erhalten; ähnlich MüKo/Martiny Art 29 Rz 32a. Die entspr Heranziehung von Art 29 auf Geschäfte, die typmäßig Abs I unterfallen und sich der Sache nach als Verbrauchergeschäfte darstellen, verdient ihrer größeren Sachnähe wegen den Vorrang vor der gelegentlich gewählten Konstruktion über Art 27 III (s Frankfurt aaO); Art 31 II wird idR nicht eingreifen, da es um den **wirksamen** Abschluß, nicht um die Auslegung des Käuferverhaltens als Vertragserklärung geht (unklar LG Limburg, NJW 1990, 2206 = JuS 1991, 247 [Hohloch]); gegenüber Art 34 verdient insofern die entspr Anwendung von Art 29 I den Vorzug, da damit der Eigenschaft des Vertrages als Verbrauchergeschäft Rechnung getragen wird (s dazu Rz 15).

Im einzelnen setzen Nr 1–3 (einschl analoger Anwendung iSv Rz 10) folgendes voraus:

cc) Der Abschlußtatbestand der **Nr 1** verlangt typische **Absatztätigkeit im Staate des Verbrauchers**. Es **11** bedarf eines ausdrücklichen Angebots oder einer Werbung in diesem Staat. **(1) Angebot** bedeutet die bei Annahme zum Vertrag führende Erklärung des Vertragsgegners; nicht notwendig erscheint, den Begriff des Angebots von der Begriffsbedeutung des materiellen Rechts abzukoppeln und Vorstufen wie die Einladung zum Angebot (invitatio ad offerendum) hier einzubeziehen (so aber MüKo/Martiny Art 29 Rz 12; Wach/Weberpals AG 1989, 199). **(2)** Derartige Vorstufen, die Vertragserklärungen dann hervorbringen können, sind besser unter dem Begriff der **Werbung** zu erfassen; Werbung iSv Nr 1 erfaßt absatzfördernde Handlungen aller Art, von Prospektverteilung über Medienwerbung bis zur Telefonwerbung oder Zusendung von „Angeboten" der vorgenannten unverbindlichen Art (BGH 123, 380, 390; zum Teleshopping Wagner WM 1995, 1129; zur Anwendung deutschen Rechts für die Geltendmachung eines Anspruchs auf Erfüllung einer Gewinnzusage [§ 661a BGB] gegen ein ausländ Unternehmen, Hamm RIW 2003, 305 u NJW-RR 2003, 717). **(3)** Angebot oder Werbung müssen im Staat des gewöhnl Aufenthalts des Verbrauchers ergangen sein. Es genügt dafür, daß das Angebot dem Verbraucher in seinem Staat zugegangen ist; bei grenzüberschreitender Werbung genügt, daß sie sich auf den Aufenthaltsstaat gerichtet hat (Ber Giuliano/Lagarde BT-Drucks 10/503, 56; s ferner Lüderitz FS Riesenfeld [1983] 147, 158). Im Sinne dieser Interpretation von Nr 1 ist dann auch ausreichend das Angebot auf einer entsprechenden Website im **Internet**; die weltweite Wirkung des Netzes steht nicht entgegen, die Information richtet sich jedenfalls auch an den Aufenthaltsstaat des Verbrauchers, s dazu Mankowski RabelsZ 1999, 234; Gruber DB 1999, 1437; Sandrock ZVglRWiss 1999, 238; Taupitz/Kritter JuS 1999, 844; Junker RIW 1999, 809, 815; Hübner ZVersW 2001, 371; enger aber Borges ZIP 1999, 569; zu Varianten Mankowski aaO 250; ausführlich und im Erg wie hier Staud/Magnus (2001) Art 29 Rz 71. **(4)** Weiter bedarf es der Vornahme der zum Abschluß des Vertrages erforderlichen Rechtshandlungen des Verbrauchers in diesem Staate. So liegt es bei der Annahme des Angebots; ihre Absendung im Verbraucherstaat genügt, der Zugang kann außerhalb liegen. Es genügt ferner jede sonstige auf Vertragsabschluß hinzielende Vertragserklärung des Verbrauchers, zB die Abgabe des Angebots, der Bestellung auf die durch den Vertragsgegner betriebene Werbung (Lüderitz aaO S 158). Bei Vertragsschluß durch Vertreter gilt Art 11 III entspr (Pal/Heldrich Art 29 Rz 5; MüKo/Martiny Art 29 Rz 14).

12 **dd)** Der Abschlußtatbestand der **Nr 2 (Entgegennahme von Bestellungen)** erfordert nur scheinbar weniger. Erforderlich ist die Entgegennahme der Bestellung durch den Vertragsgegner oder seinen Vertreter im Staate des gewöhnl Aufenthalts des Verbrauchers. Erfaßt werden hierdurch vor allem Bestellungen auf einem Messestand (ebenso MüKo/Martiny Art 29 Rz 15; Pal/Heldrich Art 29 Rz 5); auch hier hat der Vertragspartner dem Verbraucher auf dessen Markt die Gelegenheit zum Abschluß gegeben. Eben deshalb erschien der Rspr zumindest **entsprechende Anwendung** von Nr 2 in den Fällen gerechtfertigt, in denen die Geschäftsanbahnung nebst Entgegennahme der Bestellung nicht im Staat des gewöhnl Aufenthalts des Verbrauchers, sondern im Ausland stattgefunden hat, jedoch die Annahme des Vertragsangebots durch den Vertragspartner im Staat des gewöhnl Aufenthalts des Verbrauchers durch Zusendung einer Auftragsbestätigung erfolgt ist (zB Entgegennahme der Bestellung eines dt Urlaubers in Spanien, Auftragsbestätigung in Deutschland, so die Rsp, s Frankfurt NJW-RR 1989, 1018f; LG Hamburg NJW-RR 1990, 696 = IPRax 1990, 239, 241 mit Anm Lüderitz 216, 219); nach der **Ablehnung** dieser Sicht durch **BGH** 135, 124ff = NJW 1997, 1697 (ebenso Pal/Heldrich Art 29 Rz 5; LG Düsseldorf NJW 1991, 2220; s schon Rz 10) wird hieran nicht mehr festgehalten.

13 **ee)** Der Abschlußtatbestand der **Nr 3** betrifft Verkaufsreisen („Kaffeefahrten"). Nr 3 erfaßt lediglich den **Warenkauf**, nicht andere Verbraucherverträge. Die Variante Nr 3 läßt in Abweichung von Nr 1 und 2 zwar die Vornahme der Vertragsabschlußerklärungen außerhalb des Verbraucherstaates genügen, verlangt aber, um die zugrundeliegende Beziehung zur Absatztätigkeit im Verbraucherstaat zu wahren (Rz 9), daß der Verbraucher aus dem Staat seines gewöhnl Aufenthalts in den Staat des Verkaufes gereist ist (bei Reiseantritt in Drittstaat s Düsseldorf NJW-RR 1995, 1396 – Anwendung von Art 27, 28) und daß diese Reise vom Verkäufer mit dem Ziel herbeigeführt worden ist, den Verbraucher zum Vertragsschluß zu veranlassen. Unproblematisch erfaßt werden von Nr 3 jene Verkaufsfahrten, bei denen die Erfüllung des Tatbestandes auf der Hand liegt: Organisation und Durchführung der Reise vom Verbraucherstaat in einen anderen Staat, dort mit der Reise verbundene Verkaufsveranstaltung, auf der der Vertragsschluß getätigt wird (typische „Kaffeefahrt"). Unerheblich ist dabei, ob der Verkäufer die Beförderung des Verbrauchers selbst durchführt oder dafür ein Beförderungsunternehmen zwischenschaltet (allg A, s schon Ber Giuliano/Lagarde BT-Drucks 10/503, 56).

14 Schwierigkeiten bereiten jene im Ausland durchgeführten Verkaufsveranstaltungen, bei denen die Veranlassung der Reise durch den Verkäufer und die finale Verbindung zwischen Reise und Verkaufsgeschäft so deutlich nicht in Erscheinung tritt. Hier gilt: **(1) Nicht** unter Nr 3 fällt eine durch einen Dritten organisierte Reise, an deren Zielort es dem Reisenden freisteht, bei einem beliebigen Verkäufer Waren zu erwerben (zB während Fahrtpause oder freier Zeit am Zielort, ebenso MüKo/Martiny Art 29 Rz 17). **(2) Nicht** erfüllt ist Nr 3, wenn der Veranstalter der Reise (unerheblich, ob Beförderungs- oder Reisevertrag) während der Reise oder am Zielort (selbst oder durch Erfüllungsgehilfen/Vertreter/Repräsentanten) im wirtschaftlichen Eigeninteresse (zB Gewinnbeteiligung) zum Zustandekommen von Warenkäufen bei Ortsansässigen durch Verschaffung von Gelegenheit oder Beratung beiträgt (aA LG Limburg NJW 1990, 2206 = JuS 1991, 247 [Hohloch]; wie hier LG Düsseldorf NJW 1991, 2220; LG Hamburg RIW 1999, 392; auch Pal/Heldrich Art 29 Rz 5; MüKo/Martiny Art 29 Rz 249). Der unmittelbare Zusammenhang zwischen der Reise und der Verschaffung der Kaufgelegenheit, die idR vergleichbare psychologische Situation und das der Kaffeefahrt vergleichbare Gewinninteresse des Verkäufers wie des die Reise Veranstaltenden liegen wohl vor, es fehlt jedoch an der Zielrichtung auf Absatz im Verbraucherstaat. Ggf kann der Durchsetzung von Ansprüchen aus dem Vertrag aber über Art 34 anzuknüpfendes int zwingendes dt Recht entgegenstehen (vgl v Hoffmann IPRax 1989, 268; Jayme IPRax 1990, 222; Pal/Heldrich Art 34 Rz 3; str, s Erl Art 34 Rz 15).

15 **(3)** Hingegen ist Art 29 I **entsprechend** (s Rz 10) anwendbar auf Warenkäufe, die von dt Verbrauchern im Ausland mit dort ansässigen Vertragspartnern abgeschlossen, jedoch erst nach der Rückkehr des Verbrauchers in den Verbraucherstaat (Deutschland) von einem im Verbraucherstaat ansässigen Lieferanten (auf Geheiß oder im Zusammenhang mit dem Vertragspartner) erfüllt werden. Die Zielrichtung auf den Inlandsabsatz rechtfertigt hier auch unter Beachtung der von BGH NJW 1997, 1697 (s Rz 10) gezogenen Analogiegrenzen die entspr Anwendung von Nr 3 (s auch Rz 12 zu Nr 2); die Rechtslage ist jedoch durchaus strittig; wie hier zB Stuttgart NJW-RR 1990, 1081, 1083; MüKo/Martiny Art 29 Rz 26–32a (umfassende Darstellung); aA Pal/Heldrich Art 29 Rz 5 und die oben (Rz 10) gegen Analogie angeführte Rspr und Lit. Ablehnend auch Hamm NJW-RR 1989, 493 (dazu BGH 113, 11; LG Hamburg RIW 1999, 392; LG Bielefeld NJW-RR 1999, 1283). Sf (abzulehnen) LG Würzburg NJW-RR 1988, 1324 (für Art 28 I, II, V), LG Bamberg NJW-RR 1990, 694 (Art 6); für unmittelbare Anwendung der EG-Richtlinie AG Bremerhaven EuZW 1990, 294; LG Wiesbaden MDR 1991, 156; Celle RIW 1991, 421; siehe auch Jayme IPRax 1990, 220; Kohte EuZW 1990, 151; Ebke in v Bar Europ Gemeinschaftsrecht im IPR (1991) 97; zuletzt Ebke IPRax 1998, 263; Mankowski RIW 1998, 287, 289.

16 **(4)** Von Nr 3 ist dem Wortlaut nach stets vorausgesetzt, daß der Verbraucher die Reise vom Staat seines gewöhnl Aufenthalts aus angetreten hat. Das führt zu zutreffenden, dem Sinn des Gesetzes (Rz 10) entspr Ergebnissen im Regelfall der Verkaufsweise (Rz 14 unter [1]). Entspr Anwendung, die zur Anwendung des Rechts des gewöhnl Aufenthalts führt, sollte der Vorrang vor der Regelanknüpfung (Art 27, 28) in den Fällen gegeben werden, in denen der Verbraucher aus einem Drittstaat in das Verkaufsland gereist ist (zB Deutscher mit gewöhnl Inlandsaufenthalt reist von der Schweiz aus nach Spanien). Fällt hingegen gewöhnl Aufenthalt und Zielrichtung des Absatzes auseinander, ist entspr Anwendung nicht möglich (zB Schweizer schließt sich in Deutschland Reise nach Österreich an); hier kann Recht des „gewöhnl Absatzmarktes" ggf über die Regelanknüpfung der Art 27, 28 angewandt werden (in diese Richtung auch MüKo/Martiny Art 29 Rz 24a).

Schuldrecht – Vertragliche Schuldverhältnisse **Art 29 EGBGB**

c) Sonderanknüpfung verbrauchergünstigen Aufenthaltsrechts. Günstigkeitsvergleich. Ist bei einem Verbrauchervertrag iSd Abs I einer der Abschlußtatbestände der Nr 1–3 (auch entspr) erfüllt (Rz 9–16), bleibt dem Verbraucher auch bei davon wegführender Rechtswahl der Schutz erhalten, den ihm die zwingenden Bestimmungen des Rechts des Staates seines gewöhnl Aufenthaltes gewähren. **aa)** Im Grundsatz gilt so das gewählte Recht. Die Sonderanknüpfung betrifft **nicht abdingbare** (vgl Art 27 III und dort Rz 25, 26) **verbraucherschützende Normen** des Aufenthaltsstaates. „Verbraucherschützend" iSv Abs I sind alle Normen vertragsrechtlichen Charakters (Vertragsabschluß, Bindung, Vertragsinhalt und Inhaltskontrolle), in denen entweder ausdrücklich Konsumentenschutz geregelt wird (zB § 312 BGB [früher HausTWG], §§ 491ff BGB [früher VerbrKrG]) oder der Schutz schwächerer Vertragsparteien allg zum Ausdruck kommt. Hierzu zählen auch Regeln des allg Schuldrechts, zB gläubigerbegünstigende Beweislastregelungen (zB § 280 I S 2 BGB), zwingende Bestimmungen des Reisevertragsrechts (AG Waldshut-Tiengen NJW-RR 1988, 953; Kartzke NJW 1994, 825), **nicht** aber zwingende Bestimmungen, die andere Zielrichtungen verfolgen (zB außenwirtschaftliche, devisenrechtliche Ziele); insofern kann Art 34 eingreifen. **bb)** Zur Anwendung kommen die Bestimmungen des Aufenthaltsstaates nur dann, wenn der verbraucherschützende Gehalt des Vertragsstatuts hinter dem Standard des Aufenthaltsrechts, bezogen auf den **konkreten Sachverhalt** und das konkrete Anliegen des Verbrauchers (zB mangelnde Bindung, Unwirksamkeit einer Klausel, Schadensersatz) zurückbleibt (allg A zB MüKo/Martiny Art 29 Rz 28, 29; Pal/Heldrich Art 29 Rz 4; E. Lorenz RIW 1987, 570ff; Schurig RabelsZ 54 [1990] 217, 225). Anzustellen ist also ein **Günstigkeitsvergleich** (der id Rspr in der gesicherten Erwartung des stärkeren Verbraucherschutzes des dt Rechts freilich regelmäßig unterbleibt, s zB LG Limburg NJW 1990, 2206). Ist das Aufenthaltsrecht dem Verbraucher günstiger, führt die Sonderanknüpfung zur Anwendung seiner Normen; im anderen Fall, daß das Vertragsstatut verbrauchergünstiger ist, führt die Sonderanknüpfung ins Leere (allg A). Zwingende Normen des dt Rechts können im Anwendungsbereich des Art 34 gleichwohl Geltung haben (s Erl Art 34 Rz 15).

cc) Gem der oben (Rz 8) vorgenommenen Grenzziehung zwischen Art 29 I und 31 II kommt Art 31 II der Anwendungsvorrang vor Art 29 I zu, wenn sein Anwendungsbereich eröffnet ist, der die vertragliche Einigung durch Willenserklärung der Parteien und die Verkehrsbedeutung des Parteiverhaltens erfaßt (s Ber Giuliano/Lagarde BT-Drucks 10/503, 60; s Erl Art 31 Rz 1, 5ff). Nicht über Art 31 II, sondern über Art 29 I Nr 1–3, ggf auch über Art 34, ist deshalb die Anwendbarkeit des Widerrufsrechts aus § 312 BGB auf den Vertrag oder auch dessen Rechtswahlvereinbarung (insoweit aA Taupitz BB 1990, 642f; wie hier nunmehr Pal/Heldrich Art 29 Rz 6) zu prüfen (zB LG Limburg NJW 1990, 2206; insoweit ebenso Pal/Heldrich aaO; unzutr insoweit LG Stuttgart NJW-RR 1990, 1394; LG Aachen NJW 1991, 2221; Düsseldorf RIW 1994, 420 mit abl Anm Mankowski; LG Gießen NJW 1995, 406; LG Koblenz NJW-RR 1995, 1355; LG Rottweil NJW-RR 1996, 1401); gleiches gilt für die Beurteilung der inhaltlichen Wirksamkeit der vertraglichen Einigung. Zur Anwendung der §§ 305ff BGB ist parallel auch über Art 29a zu gelangen, wenn dessen Voraussetzungen vorliegen. Zum Verhältnis von Art 29 und Art 29a s aber Rz 2a. Über Abs I kommen bei gewöhnl Aufenthalt im Inland auch die weiteren zwingenden Vorschriften des Inlandsrechts im Rahmen des Günstigkeitsvergleichs (s Rz 17) zur Anwendung, zB §§ 491ff, 655aff, §§ 651aff BGB. Die Anknüpfung von Unterlassungs- und Widerrufsansprüchen des Verbrauchers bzw von Verbraucherorganisationen gem § 1 UKlaG richtet sich nach Art 40–42.

2. Verdrängung der objektiven Anknüpfung bei fehlender Rechtswahl (Abs II)

a) Haben die Parteien des Verbrauchervertrags (dazu Rz 22) von der durch Art 29 I nicht grundsätzlich verwehrten Möglichkeit der Rechtswahl iSv Art 27 keinen Gebrauch gemacht oder ist die getroffene Rechtswahl (gem Art 27 IV iVm Art 31 II oder gem Art 29 III) unwirksam, bestimmt sich das Statut des Verbrauchervertrags nach Art 29 II. Abs II ersetzt für den Verbrauchervertrag die objektive Anknüpfung des Art 28 und bringt iS einer Sachnormverweisung (Rz 5) **vertragstypenunabhängig** das Recht des Staates des gewöhnl Aufenthalts des Verbrauchers zur Anwendung. Bezweckt ist mit dieser speziellen Anknüpfung die Verdrängung des sonst idR zur Anwendung kommenden Rechts des gewerblich tätigen Anbieters (Art 28 II) im Interesse des Verbrauchers, dem wegen der Zielrichtung der Absatztätigkeit des Vertragspartners auf den Markt des Aufenthaltsstaates (s Rz 9) dessen Verbraucherschutzstandard gewährleistet bleiben soll (s Begr RegE BT-Drucks 10/504, 80; s auch BT-Drucks 10/503, 27). Wegen dieses Zweckes ist bei fehlender Rechtswahl und Anwendung von Abs II kein Platz für den bei Abs I anzustellenden Günstigkeitsvergleich. Das über Abs II berufene Recht ist dann „objektives" und „einziges Verbrauchervertragsstatut", ein Günstigkeitsvergleich zu einem über Art 28 ermittelten Statut kann mangels Anwendbarkeit von Art 28 nicht stattfinden. Das kann im besonderen Fall bei geringerer Entwicklung des Verbraucherschutzes im Aufenthaltsstaat unbefriedigende Ergebnisse liefern, doch beruhen diese auf der Gesetzesregel (s MüKo/Martiny Art 29 Rz 40; Soergel/v Hoffmann Art 29 Rz 39). Bei hinreichendem Inlandsbezug kann dann Art 6 korrigierend helfen, auch Art 34 ist von Abs II nicht ausgeschlossen (ebenso Pal/Heldrich Art 29 Rz 7).

b) Nach Abs II sind Verbraucherverträge nur anzuknüpfen, wenn einer der **Abschlußtatbestände des Abs I Nr 1–3** gegeben ist (s dazu Rz 10–16). Außerhalb deren Anwendungsbereich gilt Art 28. Der Begriff des **gewöhnl Aufenthalts** in Abs II bestimmt sich wie in Abs I nach den allg dafür geltenden Regeln (s Erl Art 5 Rz 43ff). Das gem Abs II maßgebliche Recht ist vollumfängliches Vertragsstatut, es bestimmt über Abschluß, Wirksamkeit, Inhalt und Abwicklung des Vertrages, s Art 31 und 32.

3. Sonderanknüpfung der Formgültigkeit (Abs III)

Verbraucherverträge iSd Art 29 unterliegen nach Abs III S 2 hinsichtlich ihrer Formgültigkeit **ausschließlich dem Recht des Staates, in dem der Verbraucher seinen gewöhnl Aufenthalt hat** (dazu s Art 5 Rz 43ff). Abs III sorgt für Geltung des dem Verbraucher am ehesten bekannten Formrechts. Art 11 I–III ist gem Abs III S 1 nicht anwendbar, so daß hier weder die Ortsformregel noch die Geschäftsformregel gilt, noch – bei Vertreterhandeln – das Recht am Ort des Vertreters anwendbar ist. Die Formregel des Abs III gilt für den Verbrauchervertrag selbst und für eine Rechtswahlvereinbarung (vgl Art 27 IV; allg A, s Pal/Heldrich Art 29 Rz 8).

III. Anwendungsbereich

22 **1. Verbraucherverträge iSv Abs I–III. a) Allgemeines.** Der kollisionsrechtliche Begriff des Verbrauchervertrages ist einerseits in Abs I durch den Begriff des Verbrauchers definiert, zum anderen in Abs I und IV durch positive oder negative Erwähnung einzelner Vertragstypen eingegrenzt. Art 29 verlangt für alle seiner Anwendung unterliegenden Vertragstypen **Verbrauchereigenschaft des Berechtigten** (= Gläubigers) der vertragstypischen Leistung (Lieferung, Dienstleistung, Finanzierung, Reiseleistung). **aa)** Abs I grenzt insofern negativ ab; der Vertragszweck darf keiner beruflichen oder gewerblichen Tätigkeit des Berechtigten zugerechnet werden. Somit scheiden als „berufliche" Abschlüsse die Geschäfte aus, die Freiberufler und Selbständige Nichtgewerbetreibende (zB Autoren) im Rahmen ihrer Berufstätigkeit abschließen (zB Kauf ausl Fachliteratur), ebenso vergleichbare Geschäfte von selbständigen Gewerbebenden (zum Börsentermingeschäft eines Arztes Düsseldorf RIW 1995, 769). Verbrauchervertrag ist jedoch zB der Kauf von Arbeitsgerät und -kleidung durch Arbeitnehmer (s näher E. Lorenz RIW 1987, 570, 576; Reinhart FS Trinkner [1995] 657ff; Junker IPRax 1998, 68). Entscheidend sind die dem Verpflichteten objektiv erkennbaren Umstände (Pal/Heldrich Art 29 Rz 3). Bei teilw Zuordnung zur privaten und zur gewerblichen Sphäre des Berechtigten entscheidet der überwiegende Zweck (Begr RegE BT-Drucks 10/504, 79). **bb)** Unerheblich ist hingegen, ob der Vertrag für den Vertragsgegner des Berechtigten zur geschäftlichen oder privaten Sphäre gehört. Art 29 greift auch ein, wenn zwei Verbraucher miteinander kontrahieren (Begr RegE aaO S 79; Pal/Heldrich Art 29 Rz 3; MüKo/Martiny Art 29 Rz 6; krit Kroeger aaO 53; abl E. Lorenz RIW 1987, 570, 576); das entspricht der Anwendung verbraucherschützender Normen zwischen Verbrauchern im materiellen Recht (zB § 312 I BGB – Ansprache durch Privatperson in Straßenbahn).

23 **b) Einzelfälle. aa)** Art 29 betrifft Verträge über die **Lieferung von beweglichen Sachen**, dh den **Warenkauf** und wohl auch den **Tausch**. Kauf anderer Gegenstände (Grundstück, Forderungen, Rechte, Wertpapiere) ist nicht erfaßt (BGH 123, 387 – Wertpapiere; LG Darmstadt IPRax 1995, 320). Miete wird nicht erfaßt (E. Lorenz RIW 1987, 570, 576; Staud/Magnus [2001] Art 29 Rz 47), **Leasingvertrag** kann, wenn er atypisch als Mietkauf ausgestaltet ist, hierhergehören (MüKo/Martiny Art 29 Rz 9; Pal/Heldrich Art 29 Rz 2 ohne Eingrenzung), auch der Werklieferungsvertrag, jedenfalls bei Lieferung der Grundstoffe durch den Unternehmer. Ob der Warenkauf **Barkauf, Teilzahlungskauf oder Kreditkauf** ist, ist unerheblich (s Rspr Rz 10–14). Zum Warentermingeschäft als Verbrauchervertrag s BGH NJW 1987, 3193 = IPRax 1989, 163 mit Anm Samtleben 148; Köln ZIP 1989, 838 zu Art 13 EuGVÜ (s zur geänderten Rechtslage gem § 37d WpHG Erl Art 28 Rz 56, 57). Auch der **Auktionskauf** kann hierher rechnen, zB bei Internetauktion (Staud/Magnus [2001] Art 29 Rz 49).

24 **bb)** Art 29 erfaßt Verträge über die Erbringung von **Dienstleistungen** aller Art, allerdings mit **Ausnahme** der in **Abs IV S 1 Nr 2** aus seinem Anwendungsbereich herausgenommenen Sachverhalte reiner „Auslandsdienstleistung". Wie in Art 13 I Nr 3 EuGVÜ (weiter jetzt Art 15 I lit c EuGVO) gehört hierher der reine **Dienstvertrag** (Arztvertrag, Anwaltsvertrag, Unterrichtsvertrag jeder Art, zB Sprachkurs, Skikurs, Vertrag mit Bergführer), auch der **Beherbergungsvertrag** und der **Auftrag** (zum Geschäftsbesorgungsvertrag BGH 123, 380; zum Werkvertrag aaO 385; zur Brokertätigkeit bei Börsentermingeschäften Düsseldorf RIW 1994, 420; WM 1995, 1349; RIW 1996, 683; kritisch Aden RIW 1997, 723). In all diesen Fällen ist **Art 29 I–III** aber wegen Abs IV S 1 Nr 2 dort **regelmäßig unanwendbar**, wo solche Dienstleistungen nach dem regelmäßigen Vertragsinhalt ausschließlich in einem anderen Staat als dem Aufenthaltsstaat des Verbrauchers erbracht werden und erbracht werden müssen (zB Hotelunterkunft, Arztleistung, Skikurs). Die Ausschlußregelung des Abs IV S 1 Nr 2 führt bei derartigen Dienstleistungsverträgen zu Nachteilen für den Verbraucher, da auch sie immer mehr im Wege eines Abschlusses gem Abs I Nr 1–3 zustandekommen (zB Hotelinserat). Bei inländischer Rechtsverfolgung kann indes Art 34, ggf auch Art 29a eingreifen. Nicht unter Abs IV S 1 Nr 2 fallen Ferienhausverträge mit inl **Reiseveranstaltern**; hier kann, soweit nicht Mietvertrag vorliegt (s Art 28 Rz 34, 50), Dienstleistungsvertrag/Beherbergungsvertrag vorliegen, bei dem Dienstleistung des Veranstalters auch teilw im Inland zu erbringen ist (s Lindacher BB 1990, 661, BGH 109, 29). Nicht unter den Dienstleistungsbegriff fallen **Time-Sharing-Verträge** (BGH NJW 1997, 1697, s Rz 10); hier galt § 8 TzWrG (s Art 28 Rz 35 aE) und gilt heute Art 29a, so daß es auf den Umfang begleitender Dienstleistungen (so noch MüKo/Martiny Art 29 Rz 11a mwN) im Ergebnis der Anwendbarkeit des Aufenthaltsrechts des Verbrauchers nicht mehr ankommt. Dienstleistungsverträge iSv Art 29 sind auch **Versicherungsverträge** (s Soergel/v Hoffmann Art 29 Rz 7), soweit nicht Art 37 Nr 4 eingreift (s zu Art 7ff EGVVG Art 37 Rz 8, 9) und Bankgeschäfte außerhalb des Darlehensgeschäfts; insofern gilt jedoch regelmäßig Abs IV S 1 Nr 2. Soweit Art 29 IV S 2 Nr 2 reicht, bleibt es bei der Geltung von Art 27, 28 für derartige Dienstleistungsverträge. Zwingendes dt Recht hat Geltung über Art 27 III, 31 II, 34 und 6.

25 **cc) Finanzierungsverträge** sind Verbraucherverträge nur in den Grenzen des Abs I, dh wenn sie einen als Verbrauchervertrag zu qualifizierenden Warenkauf oder Dienstleistungsvertrag iSv Rz 23 und 24 finanzieren. Erfaßt ist so der Kreditkauf und der Teilzahlungskauf auch hinsichtlich der Finanzierungsseite, auch dann, wenn Verkäufer und Finanzierungsinstitut auseinanderfallen. Gleiches gilt für finanzierte Dienstleistungsverträge (zB finanzierter Ferienhausvertrag, s Rz 24 und AG Hamburg NJW-RR 2000, 352, 353, oder finanzierter Pauschalreisevertrag, Abs I iVm Abs IV S 2). **Unanwendbar** ist Art 29 auf den reinen **Verbraucherkredit**. Zwingendes Inlandsrecht (zB §§ 488ff BGB) ist über Art 34 anwendbar (s auch v Hoffmann IPRax 1989, 261, 269, 271).

26 **2. Unanwendbarkeit auf Beförderungsverträge (Abs IV S 1 Nr 1).** Auf alle Beförderungsverträge ohne Unterschied des Transportmittels und ohne Unterschied zwischen Personen- und Gütertransport ist Art 29 gem

Abs IV S 1 Nr 1 **unanwendbar**. Die Ausnahme rechtfertigt sich aus der Unanwendbarkeit des verbraucherabhängigen Domizilrechts im Massenverkehr. Zu Transportverträgen s Art 28 Rz 40ff.

3. Pauschalreisen (Abs IV S 2). a) Begriff. Hingegen bleiben **Pauschalreiseverträge** als heute typische Verbraucherverträge den Regeln des Art 29 zugänglich. Erfaßt werden Reiseverträge, bei denen die Veranstalterleistung aus Beförderungs- und Unterbringungsleistung kombiniert ist (s AG Waldshut-Tiengen VersR 1989, 920 = NJW-RR 1988, 953; Kartzke NJW 1994, 825). Für die Beurteilung des für den Reisevertrag typischen Vorliegens einer solchen Kombination und für die Abgrenzung zur bloßen, Art 29 IV S 2 nicht unterfallenden Reise- und Unterkunftsvermittlung kann auf die für § 651a BGB geltenden Abgrenzungen zurückgegriffen werden, soweit nicht für § 651a BGB auf die Kombination von Beförderung und Unterbringung verzichtet ist (s Erl zu § 651a BGB); zu Art 5 V Röm Übk, der Abs IV S 2 zugrundeliegt, sind eigenständige Qualifikationsgrenzen, die gem Art 36 zu beachten wären, nicht entwickelt worden (s Ber Giuliano/Lagarde BT-Drucks 10/503, 57). Unerheblich ist für Abs IV S 2, ob die Reise im Staat des gewöhnl Aufenthalts des Reisenden ihren Anfang nimmt. S 2 bezieht sich auf Abs IV S 1 Nr 2 und hebt dessen für die Auslandsdienstleistung geltende Unanwendbarkeitsregel für den Pauschalreisevertrag als besonderen Dienstleistungsvertrag wieder auf (zu Einzelvoraussetzungen iSv Abs I Nr 1 oder 2 LG Konstanz NJW-RR 1993, 638 = IPRax 1994, 448 mit Aufs Thorn S 426). **b) Verbraucherschutz**. Der Pauschalreisevertrag iSv a genießt die kollisionsrechtliche Behandlung des Art 29 dann, wenn er mit einem **Abschlußtatbestand** gem Abs I Nr 1–2 (Dienstleistung!) zustandegekommen ist. Bei Rechtswahl gilt Abs I, bei fehlender Rechtswahl Abs II, für die Form stets Abs III. 27

IV. Int Verfahrensrecht

Für Verbrauchersachen iSv Art 29 gilt im Inland innerhalb ihres Anwendungsbereichs vorrangig die Zuständigkeitsregelung der Art 15–17 EuGVO (altes Recht: Art 13–15 EuGVÜ), im Verhältnis zu den Vertragsstaaten des LugÜbk Art 13–15 dieses insoweit parallel gestalteten Abkommens (Schweiz, Norwegen, Polen). (Art 15 Verbrauchersachen, Art 16 Gerichtsstand für Klagen des Verbrauchers an seinem Wohnsitz oder dem des Vertragsgegners, für Klagen gegen den Verbraucher an seinem Wohnsitz, Art 17 Einschränkung der Gerichtsstandvereinbarung). Bei Unanwendbarkeit staatsvertraglicher Regeln und Maßgeblichkeit des autonomen Zuständigkeitsrechts sind für int Zuständigkeit die Klägergerichtsstände des Verbrauchers, zB § 29c ZPO, von Bedeutung. 28

29a *Verbraucherschutz für besondere Gebiete*

(1) Unterliegt ein Vertrag auf Grund einer Rechtswahl nicht dem Recht eines Mitgliedstaats der Europäischen Union oder eines anderen Vertragsstaats des Abkommens über den Europäischen Wirtschaftsraum, weist der Vertrag jedoch einen engen Zusammenhang mit dem Gebiet eines dieser Staaten auf, so sind die im Gebiet dieses Staats geltenden Bestimmungen zur Umsetzung der Verbraucherschutzrichtlinien gleichwohl anzuwenden.

(2) Ein enger Zusammenhang ist insbesondere anzunehmen, wenn
1. der Vertrag auf Grund eines öffentlichen Angebots, einer öffentlichen Werbung oder einer ähnlichen geschäftlichen Tätigkeit zustande kommt, die in einem Mitgliedstaat der Europäischen Union oder einem anderen Vertragsstaat des Abkommens über den Europäischen Wirtschaftsraum entfaltet wird, und
2. der andere Teil bei Abgabe seiner auf den Vertragsschluss gerichteten Erklärung seinen gewöhnlichen Aufenthalt in einem Mitgliedstaat der Europäischen Union oder einem anderen Vertragsstaat des Abkommens über den Europäischen Wirtschaftsraum hat.

(3) Die Vorschriften des Bürgerlichen Gesetzbuchs über Teilzeit-Wohnrechteverträge sind auf einen Vertrag, der nicht dem Recht eines Mitgliedstaats der Europäischen Union oder eines anderen Vertragsstaats des Abkommens über den Europäischen Wirtschaftsraum unterliegt, auch anzuwenden, wenn das Wohngebäude im Hoheitsgebiet eines dieser Staaten liegt.

(4) Verbraucherschutzrichtlinien im Sinne dieser Vorschrift sind in ihrer jeweils geltenden Fassung:
1. die Richtlinie 93/13/EWG des Rates vom 5. April 1993 über mißbräuchliche Klauseln in Verbraucherverträgen (ABl. EG Nr. L 95 S. 29);
2. die Richtlinie 94/47/EG des Europäischen Parlaments und des Rates vom 26. Oktober 1994 zum Schutz der Erwerber im Hinblick auf bestimmte Aspekte von Verträgen über den Erwerb von Teilzeitnutzungsrechten an Immobilien (ABl. EG Nr. L 280 S. 83);
3. die Richtlinie 97/7/EG des Europäischen Parlaments und des Rates vom 20. Mai 1997 über den Verbraucherschutz bei Vertragsabschlüssen im Fernabsatz (ABl. EG Nr. L 144 S. 19);
4. die Richtlinie 1999/44/EG des Europäischen Parlaments und des Rates vom 25. Mai 1999 zu bestimmten Aspekten des Verbrauchsgüterkaufs und der Garantien für Verbrauchsgüter (ABl. EG Nr. L 171 S. 12).

Schrifttum: *Bitterich, K.*, Die Neuregelung des Internationalen Verbrauchervertragsrechts in Art 29a EGBGB, Frankfurt aM (2003); *ders*, Die analoge Anwendung des Art 29a I, II EGBGB auf Verbraucherschutzrichtlinien ohne kollisionsrechtlichen Rechtsetzungsauftrag: zugleich eine Besprechung von EuGH, v 9. 11. 2000, Rs C-381/98 (Ingmar GBLtd/Eaton Leonhard Technologies Inc), VuR 2002, 155–163; *Coester-Waltjen, D./Mäsch, G.*, Übungen im Internationalen Privatrecht und Rechtsvergleichung (2001); *Freitag, R./Leible, S.*; Ergänzung des kollisionsrechtlichen Verbraucherschutzes durch Art 29a EGBGB; EWS 2000, 342–350; *dies*, Von den Schwierigkeiten der Umsetzung kollisionsrechtlicher Richtlinienbestimmungen: einige Anmerkungen zum Entwurf eines Art 29a EGBGB, ZIP 1999, 1296–1301; *Glatt, C.*, Vertragsschluß im Internet (2002); *Grabitz, E./Hilf, M.*, Das Recht der Europäischen Union, Bd III, Sekundärrecht, Stand Februar 2002; *Horn, C.*, Verbraucherschutz bei Internetgeschäften, MMR 2002, 209–214; *Jayme, E./Kohler, C.*, Europäisches Kollisionsrecht 2000: Interlokales Privatrecht oder universelles Gemeinschaftsrecht?, IPRax 2000, 454–465; *dies*, Europäisches Kollisionsrecht 1999 – Die Abendstunde der

Staatsverträge IPRax, 1999, 401–413; *Kropholler, J.*, Europäisches Zivilprozeßrecht, 7. Aufl 2002; *Mankowski, P.*, E-Commerce und Internationales Verbraucherschutzrecht, MMR-Beilage 7/2000, 22–37; *ders*, in Spindler, G./Wiebe. A, Internet-Auktionen, Rechtliche Rahmenbedingungen (2001), 157; *Martinek, M.*, Timesharingrichtlinie, in Grabitz/Hilf A 13 – Stand 13. EL, Mai 1999; *Martiny, D.*, Internationales Vertragsrecht im Schatten des Europäischen Gemeinschaftsrechts, ZEuP 2001, 308–336; *Micklitz, H.-W*, Fernabsatzrichtlinie, in Grabitz/Hilf A 3 – Stand 15. EL, Jan 2000; *Micklitz, H.-W./Reich, N.*, Umsetzung der EG-Fernabsatzrichtlinie – Im Blickpunkt: Referentenentwurf eines Fernabsatzgesetzes, BB 1999, 2093–2100; *Paefgen*, Kollisionsrechtlicher Verbraucherschutz im Internationalen Vertragsrecht und europäisches Gemeinschaftsrecht, ZEuP 2003, 266; *Pfeiffer, T.*, Klauselrichtlinie, in Grabitz/Hilf A 5 – Stand 13. EL, Mai 1999; *Pützhoven, A.*, Europäischer Verbraucherschutz im Fernabsatz – Die Richtlinie 97/7/EG und ihre Einbindung in nationales Verbraucherrecht (2001); *Reich, N./Nordhausen, A.*, Verbraucher und Recht im elektronischen Geschäftsverkehr (eG) (2000); *Roth, B./Schulze, G.*, Verbraucherschutz im Electronic Commerce – Schutzmechanismen und grenzüberschreitende Geschäfte nach dem Referentenentwurf eines Fernabsatzgesetzes, RIW 1999, 924–933; *Rusche, T.*, Der enge Zusammenhang im Sinne des Art 29a EGBGB, IPRax 2001, 420–425; *Staudinger, A.*, Art. 29a EGBGB des Referentenentwurfs zum Fernabsatzgesetz, IPRax 1999, 414–420; *ders*, Internationales Verbraucherschutzrecht made in Germany – Im Blickpunkt: der neue Art 29a EGBGB, RIW 2000, 416–421; *ders*, Die ungeschriebenen kollisionsrechtlichen Regelungsgebote der Handelsvertreter-, Haustürwiderrufs- und Produkthaftungsrichtlinie, NJW 2001, 1974–1978; *ders*, Das Transportrechtsreformgesetz und seine Bedeutung für das Internationale Privatrecht, IPRax 2001, 183–190; *Siehr, K.*, Internationales Privatrecht (2001); *Thorn, K.*, Verbraucherschutz bei Verträgen im Fernabsatz, IPRax 1999, 1–9; *Tonner, K.*, Das neue Fernabsatzgesetz – oder – System statt Flickenteppich, BB 2000, 1413–1420; *Ulmer, P./Brandner, H.E. /Hensen, H.-D.*, AGB-Gesetz, Kommentar, 9. Aufl 2001, *Wagner, R.*, Zusammenführung verbraucherschützender Kollisionsnormen aufgrund EG-Richtlinien in einem neuen Art 29a EGBGB: ein Beitrag zur internationalprivatrechtlichen Umsetzung der Fernabsatz-Richtlinie, IPRax 2000, 249–258; *Wegner, H.*, Das Fernabsatzgesetz und andere neue Verbraucherschutzvorschriften, NJ 2000, 407–410; *dies*, Internationaler Verbraucherschutz für Time-Sharing-Erwerber nach dem neuen Art 29a EGBGB, VuR 2000, 227–230; *Wolf, M./Horn, C./Lindacher, W.F.*, AGB-Gesetz, Kommentar, 4. Aufl 1999.

1   I. Allgemeines. 1. Inhalt und Zweck. Art 29a ist durch Art 2 II Nr 1 des Gesetzes über Fernabsatzverträge und andere Fragen des Verbraucherrechts sowie zur Umstellung der Vorschriften auf Euro v 27. 6. 2000, BGBl I 897 (berichtigt BGBl 2000 I 1139) in das EGBGB eingeführt worden und am 30. 6. 2000 in Kraft getreten, s zur Gesetzgebungsgeschichte des Art 29a BT-Drucks 14/2658, Regierungsentwurf; BT-Drucks 14/2920, BR-Drucks 25/00, 134ff, Stellungnahme des Bundesrates und Gegenäußerung der Bundesregierung; BT-Drucks 14/3195, Bericht des Rechtsausschusses; zur Entstehungsgeschichte ausführlich Wagner IPRax 2000, 249ff. Eine erste redaktionelle Folgeänderung erfolgte durch das Schuldrechtsmodernisierungsgesetz – SchuldModG – v 26. 11. 2001, BGBl I 3138 (dazu BT-Drucks 14/6040, 272). Dabei wurde zum einen in Abs III der Vorschrift eine Anpassung vorgenommen, die durch die Integration des TzWrG in das BGB erforderlich wurde. Nunmehr wird an Stelle des aufgehobenen TzWrG auf die Vorschriften des BGB über Teilzeit-Wohnrechteverträge, §§ 481–487, verwiesen. Zum anderen wurde durch das SchuldModG in Abs IV Nr 4 die Richtlinie 99/44/EG vom 25. 5. 1999 zu bestimmten Aspekten des Verbrauchsgüterkaufs und der Garantien für Verbrauchsgüter neu eingeführt. Dies dient der Umsetzung der in dieser Richtlinie enthaltenen Sonderkollisionsnorm (Art 7 II der Richtlinie). Nach seiner Überschrift regelt Art 29a den „Verbraucherschutz für besondere Gebiete". Die Vorschrift will für Verbraucher im europäischen Binnenmarkt einen einheitlichen Mindeststandard an Verbraucherschutzvorschriften gewährleisten, indem sie als Ergänzung zu Art 29 die Geltung bestimmter Richtlinien gegen Abbedingung durch Wahl eines weniger strengen Drittstaatenrechts sichert (s zum Ziel der Richtlinien Rusche IPRax 2001, 420, 422; Pützhoven S 94). Voraussetzung ist nach Abs I ein enger Zusammenhang zum Gebiet eines EU/EWR-Staates, welcher in Abs II der Vorschrift beispielhaft umschrieben ist: danach ist für die den engen Zusammenhang die Vertragsanbahnung im EU/EWR-Gebiet bei gleichzeitiger Ansässigkeit des Verbrauchers in diesem Gebiet erforderlich.

2   2. Vorgeschichte und altes Recht. Anlaß für die Neuregelung des Art 29a war der Umsetzungsbedarf bei Art 12 II der Richtlinie 97/7/EG v 20. 5. 1997 über den Verbraucherschutz bei Vertragsabschlüssen im Fernabsatz (vgl zum Umsetzungsbedarf Thorn IPRax 1999, 1, 7ff). Diese Regelung entspricht fast wortgleich Art 6 II der Richtlinie 93/13/EWG vom 5. 4. 1993 über mißbräuchliche Klauseln in Verbraucherverträgen, der in § 12 AGBG umgesetzt wurde, sowie teilweise der Regelung in Art 9 der Richtlinie 94/47/EG vom 26. 10. 1994 zum Schutz der Erwerber im Hinblick auf bestimmte Aspekte von Verträgen über den Erwerb von Teilzeitnutzungsrechten an Immobilien, die in § 8 TzWrG umgesetzt wurde. Art 29a dient dazu, diesem allgemeinen Modell entsprechend die „bisher in den einzelnen Verbraucherschutzgesetzen ... verstreuten Sonderkollisionsnormen, die einander ähnlich und fast wortgleich sind, in einer Vorschrift im EGBGB zusammenzufassen" (Regierungsbegründung, BT-Drucks 14/2658, 28, 50). Die bisherigen Sonderanknüpfungen in § 12 AGBG und § 8 TzWrG sind dadurch ersetzt worden. Allerdings ist die Neuregelung im Hinblick auf die geplante Reform des internationalen Vertragsrechts auf EU-Ebene eine „bloße Übergangslösung" (BT-Drucks 14/2558, 28, 50; vgl Aktionsplan des Rates und der Kommission zur bestmöglichen Umsetzung der Bestimmungen des Amsterdamer Vertrages über den Aufbau eines Raumes der Freiheit, der Sicherheit und des Rechts v 3. 12. 1998, Teil II B Nr 40c, ABl EG 1999 Nr C 19/1 v 23. 1. 1999, IPRax 1999, 288). Derzeit stellt Art 29a mit seinem europarechtlichen Hintergrund einen Fremdkörper im System der ihn umgebenden Art 27–37, die staatsvertraglichen Ursprungs sind, dar (s zur Auslegungsproblematik auch Rz 4). Auch der Gesetzgeber sieht diese Problematik und will nach einer Reform auf EU-Ebene „prüfen, ob und inwieweit die auf unterschiedlichen Rechtsgrundlagen beruhenden kollisionsrechtlichen Vorschriften im internationalen Recht der Schuldverträge besser aufeinander abgestimmt werden können" (BT-Drucks aaO). Hierzu ist es bislang noch nicht gekommen. Zum Stand der Arbeiten an „Rom II" bzw zur Überarbeitung des Röm Übk s vor Art 27 Rz 2. Im Zuge des Gesetzgebungsverfahrens wurde Art 29a I zu einer mehrseitigen Kollisionsnorm ausgebaut. Die im Referentenentwurf noch vorgesehene Rechtsfolge (stets Anwendung der deutschen lex fori bei engem EU/EWR-Bezug) wurde wegen der Gefahr, daß ein Sachverhalt deutschem Recht unterstellt wird, obwohl hinreichende, eine solche Anknüpfung rechtfertigende Bezugspunkte zu diesem Recht fehlen, im Regierungsentwurf geändert (vgl zur Kritik am Referentenentwurf Freitag/Leible ZIP 1999, 1296; Jayme/Kohler IPRax 1999, 401, 403, 412; Mankowski MMR-Beilage 7/2000, 22, 36; Micklitz/Reich BB 1999, 2093, 2098f; zu Art 12 II FARL auch Micklitz in Grabitz/Hilf A3 Rz 202; Roth/Schulze RIW 1999, 924, 930f; Staudinger IPRax 1999, 415, 417), s auch 10. Aufl Art 29 Rz 3). Dagegen wandte sich der Bundesrat in seiner Stellungnahme mit dem Argument, daß es zu aufwendig sei, das jeweilige Richtlinienrecht in seiner Fassung im engst verbundenen Mitgliedstaat zu ermitteln (BT-Drucks 14/2920, 7). Im übrigen sei das ausländische Sachrecht nahezu deckungsgleich, weil die in Abs IV genannten Verbraucherschutzrichtlinien in allen EU-Mitgliedstaaten bzw EWR-Vertragsstaaten umzusetzen seien.

Die Gegenäußerung der Bundesregierung verwies darauf, daß dem Gesichtspunkt der Praktikabilität kein Vorrang gegenüber den internationalprivatrechtlichen Interessen eingeräumt werden könne. Zudem seien die aufgrund der Richtlinien-Vorgaben umgesetzten Vorschriften des deutschen und ausländischen Rechts auch nicht identisch, da die Richtlinien lediglich Mindeststandards aufstellen und daher unterschiedlich umgesetzt werden könnten (BT-Drucks 14/2920, 16). Der Rechtsausschuß hat Art 29a unverändert gelassen (BT-Drucks 14/3195 11f).

3. Nach Art 3 II vorrangig zu berücksichtigende **staatsvertragliche Regelungen** sind nicht ersichtlich. Die Regeln des UNICITRAL-Kaufrechts sind gem Art 2 lit a UN-Kaufrecht (CISG) auf Verbraucherkaufverträge grundsätzlich nicht anwendbar (s Art 29 Rz 4). Zum EU-Gemeinschaftsrecht s Rz 2 und Art 29 Rz 2, 2a.

4. Geltung allgemeiner Regeln. a) Auslegung. Art 29a wurde in den Unterabschnitt über vertragliche Schuldverhältnisse (Art 27–37) eingefügt. Die ihn umgebenden Normen dieses Abschnitts beruhen auf dem Römischen Schuldvertragsübereinkommen. Art 29a hingegen, der Bestimmungen in EG-Richtlinien umsetzt, ist sekundärrechtlichen Ursprungs, so daß folgerichtig der neue Satz 2 in Art 36 klarstellt, daß das Gebot „vertragsautonomer" einheitlicher Auslegung für Art 29a nicht gilt (s Art 36 Rz 1; zur Kritik am RefE Freitag/Leible ZIP 1999, 1296, 1298; Jayme/Kohler IPRax 1999, 401, 403; Roth/Schulze RIW 1999, 924, 931; Staudinger IPRax 1999, 414, 419). Diesem europarechtlichen Ursprung entsprechend hat der deutsche Richter vorrangig eine richtlinienkonforme Interpretation des Art 29a vorzunehmen; etwaige Auslegungsfragen sind gem Art 234 EGV dem EuGH vorzulegen (ebenso Staud/Magnus Art 29a Rz 19f; Pal/Heldrich Art 29a Rz 1; Bamberger/Roth/Spickhoff Art 29a Rz 3f; Freitag/Leible EWS 2000, 342, 349; dies RIW 1999, 1296, 1298; Staudinger RIW 2000, 416, 420; Tonner BB 2000, 1413, 1419; Glatt S 153; ausführlich zur teleologisch-autonomen Auslegung des „engen Zusammenhangs" iSv Art 29a Rusche IPRax 2001, 410ff).

b) Verweisung, Rück- und Weiterverweisung. Bei der von Art 29a I ausgesprochenen Verweisung handelt es sich um eine Sachnormverweisung; Rück- und Weiterverweisung sind ausgeschlossen. Der Renvoi-Ausschluß des Art 35 I gilt auch für Art 29a (ebenso Pal/Heldrich Art 29a Rz 5; Staud/Magnus [2001] Art 29a Rz 21; Bamberger/Roth/Spickhoff Art 29a Rz 15). Es gelten die materiellrechtlichen Vorschriften des Rechts, in das verwiesen wird. Führt die Verweisung in einen Mehrrechtsstaat, ist eine Unteranknüpfung gem Art 35 II vorzunehmen (s Art 35 Rz 3).

c) Ordre public. aa) Verhältnis zu Art 6. Grundsätzlich ist der Rückgriff auf Art 6 nicht versperrt (so auch Pal/Heldrich Art 29a Rz 7; Staud/Magnus Art 29a Rz 22; einschränkend Bamberger/Roth/Spickhoff Art 29a Rz 7, 16). Anders als noch in der Begründung zum Referentenentwurf (dazu Freitag/Leible ZIP 1999, 1296, 1298f) fehlt in der Begründung zum Regierungsentwurf eine Qualifikation als „spezielle ordre public-Klausel". Verweist Art 29a allerdings auf ein richtlinienwidriges Vertragsstatut (s dazu Rz 22), so kann Art 6 nur eingreifen, wenn der erforderliche Inlandsbezug (s Art 6 Rz 16) vorliegt (vgl Pal/Heldrich Art 29a Rz 5 „in krassen Fällen"; kritisch Staudinger RIW 2000, 416, 417 „in der Regel nicht", 420, zweifelnd unter Hinweis auf die Möglichkeit einer Staatshaftungsklage Staud/Magnus Art 29a Rz 22).

bb) Verhältnis zu Art 34. Soweit zwingende Verbraucherschutzbestimmungen die in den Richtlinien geregelten Gebiete betreffen, scheidet eine Anwendung von Art 34 aus. Die Sonderregelung des Art 29a ist insofern lex specialis gegenüber Art 34 und dient gerade der Durchsetzung zwingenden Richtlinienrechts gegenüber drittstaatlichem Recht (in diesem Sinne auch Staud/Magnus Art 29a Rz 27; Pal/Heldrich Art 29a Rz 7 Art 34 Rz 3a; Bamberger/Roth/Spickhoff Art 29a Rz 7, 16; Roth/Schulze RIW 1999, 924, 932; ähnlich zu § 12 AGBG aF Schmidt in Ulmer/Brandner/Hensen § 12 AGBG Rz 12; Lindacher in Wolf/Horn/Lindacher § 12 AGBG Rz 34; vgl zum Verhältnis von Art 29a und Art 34 auch Wagner IPRax 2000, 249, 251f). Soweit aber der Anwendungsbereich von Art 29a nicht betroffen ist, können zwingende deutsche Vorschriften nach Art 34 durchgesetzt werden (so auch Pal/Heldrich Art 34 Rz 3a). Zum Konflikt ausländischer und inländischer zwingender Bestimmungen s Art 34 Rz 25. Eine Durchsetzung der deutschen lex fori über Art 34 im Falle der Verweisung von Art 29a I auf ein richtlinienwidriges Vertragsstatut (s Rz 22) ist nicht möglich (Staudinger RIW 2000, 416, 417; ders IPRax 2001, 183, 188 gegen Einordnung des Art 29a als Eingriffsnorm; Pal/Heldrich Art 29 Rz 5; Staud/Magnus Art 29a Rz 32).

5. Intertemporales Recht. Eine besondere Übergangsvorschrift enthält die Gesetzesnovelle nicht. Sie erscheint nach der Gesetzesbegründung entbehrlich, da erforderlichenfalls die Grundsätze des Art 220 ergänzend herangezogen werden können (BT-Drucks 14/2658, 50; so auch Pal/Heldrich Art 29a Rz 1; Staud/Magnus Art 29a Rz 23f; Bamberger/Roth/Spickhoff Art 29a Rz 17). Auf vor dem 30. 6. 2000 (Inkrafttreten der Vorschrift) **„abgeschlossene Vorgänge"** bleibt damit das bisherige IPR anwendbar, dh die früheren Sonderkollisionsnormen des § 12 AGBG, § 8 TzWrG (aA § 12 AGBG auch auf Altverträge nicht mehr anzuwenden, Schmidt in Ulmer/Brandner/Hensen § 12 AGBG Rz 1). Für später abgeschlossene Vorgänge gilt entsprechend das neue IPR, also Art 29a. Maßgeblich ist dabei der Zeitpunkt des Vertragsschlusses. Dies gilt im Grundsatz auch für die Anknüpfung von **Dauerschuldverhältnissen** wie dem Erwerb von obligatorischen Wohnnutzungsrechten (s auch vor Art 27 Rz 12; Art 220 Rz 12; anders Staudinger RIW 2000, 416, 420 für „intertemporalen Gleichlauf" von sach- und kollisionsrechtlichen Bestimmungen, dh Anwendung von Art 29a nur auf nach dem Inkrafttreten geschlossene Verträge, anders auch Staud/Magnus Art 29a Rz 24 – Beurteilung nach neuem Recht, auch wenn diese Verträge vor dem Stichtag abgeschlossen wurden).

9 6. Für **innerdeutsches Kollisionsrecht** ist die Vorschrift im Hinblick auf ihre Einführung im Jahr 2000 ohne Belang (s grundsätzlich zum innerdeutschen Kollisionsrecht Art 3 Rz 27ff; vor Art 27 Rz 13).

10 **II. Tatbestand und Anwendungsbereich. 1. Anwendungsvoraussetzungen. a) Sachliche Anwendungsvoraussetzungen. aa) Verträge.** Der sachliche Anwendungsbereich des Art 29a I erfaßt grundsätzlich nicht nur bestimmte Vertragstypen, sondern im Unterschied zu Art 29 Verträge aller Art (Pal/Heldrich Art 29a Rz 3; Staud/Magnus [2001] Art 29a Rz 30; zur Anwendbarkeit auf Transportverträge s Staudinger IPRax 2001, 186). Einschränkungen ergeben sich allerdings indirekt durch die unterschiedlichen materiellrechtlichen Verbraucherschutzregeln, die der Umsetzung der in Abs IV genannten Richtlinien dienen. Ob alle oder nur bestimmte Vertragstypen erfaßt werden, beurteilt sich nach der im Einzelfall betroffenen Richtlinie (Staud/Magnus Art 29a Rz 30; Bamberger/Roth/Spickhoff Art 29a Rz 9; Freitag/Leible EWS 2000, 342, 344 im Ergebnis gleich, aber für teleologische Reduktion des Art 29a I selbst und Beschränkung auf solche Verträge, die von den Richtlinien des Abs IV erfaßt werden; Glatt S 154ff für Erweiterung auch auf Verträge, die von den Umsetzungsbestimmungen des Staates, zu dem ein enger Zusammenhang besteht, erfaßt werden).

11 **bb) Rechtswahl.** Art 29a I erfordert, daß die Parteien das Recht eines Staates gewählt haben, der nicht der EU oder dem Abkommen über den EWR angehört. Die Vorschrift gilt nicht, wenn die Parteien das Recht eines EU/EWR-Staates gewählt haben oder wenn das Recht eines Drittstaates kraft objektiver Anknüpfung (zB Art 28, 29 II) anwendbar ist. Die **Wirksamkeit der Rechtswahlvereinbarung** beurteilt sich gem **Art 27 IV iVm Art 31** nach dem Recht des Hauptvertrages. Bei Verbraucherverträgen ist Art 29 zu berücksichtigen (zum Verhältnis von Art 29 und 29a s Art 29 Rz 2a). Im Gegensatz zu Art 29, der die Anwendbarkeit aller verbraucherschützenden Normen regelt, bezieht sich Art 29a I nur auf die Anwendbarkeit der jeweiligen mitgliedsstaatlichen Bestimmungen zur Umsetzung der Verbraucherschutzrichtlinien. Diese sind in Abs IV der Vorschrift aufgeführt. Die Auflistung in Art 29a IV ist „dynamisch" ausgestaltet: maßgeblich sind die Richtlinien „in ihrer jeweils geltenden Fassung". Dennoch ist eine vorherige Umsetzung in nationales Recht erforderlich (so auch Pal/Heldrich Art 29a Rz 2; anders wohl Staudinger RIW 2000, 416, 419). Die Liste ist abschließend und läßt sich bei Bedarf erweitern, wie mit der Einfügung von Nr 4 durch das SchuldModG bereits erstmals geschehen (ebenso Staud/Magnus Art 29a, Rz 5; Pal/Heldrich Art 29a Rz 2; für analoge Anwendung auf weitere Richtlinien Bitterich VuR 2002, 155, 162f, s dazu Rz 26). So kann Art 29a auch dem Umsetzungsbedarf weiterer geplanter Richtlinien dienen, wie zB zur Umsetzung der Richtlinie über den Fernabsatz von Finanzdienstleistungen an Verbraucher, 2002/65/EG, ABl EG Nr L 271 v 9. 10. 2002, S 16. Die Richtlinie ist bis zum 9. 10. 2004 umzusetzen, s auch Heiss IPRax 2003, 100; Härting DB 2003, 1777; Jayme/Kohler IPRax 2000, 454, 456.

12 **b) Persönliche Anwendungsvoraussetzungen.** Der persönliche Anwendungsbereich von Art 29a selbst ist anders als in Art 29 **nicht nur auf Verbraucher begrenzt**. Grundsätzlich können die Vertragsparteien natürliche oder juristische Personen sein; nur das Regelbeispiel des engen Zusammenhangs in Abs II erfordert, daß der andere Teil eine natürliche Person ist, da eine juristische Person oder Gesellschaft keinen gewöhnlichen Aufenthalt haben kann. Ferner ist nach Art 29a selbst grundsätzlich irrelevant, ob die Parteien Unternehmer oder Kaufleute sind oder iR einer beruflichen oder gewerblichen Tätigkeit den Vertrag schließen. Allerdings finden sich wiederum Einschränkungen in den in Abs IV genannten Richtlinien, so daß im Ergebnis der von Art 29a beabsichtigte Schutz nur einem Verbraucher gewährt wird (ebenso Staud/Magnus Art 29a Rz 3; Pal/Heldrich Art 29a Rz 2; im Ergebnis gleich, aber für Beschränkung des Art 29a selbst auf Verbraucher, Freitag/Leible EWS 2000, 342, 344). Anders als der frühere § 12 AGBG erfaßt Art 29a keine Verträge zwischen zwei Verbrauchern; den in Abs IV genannten Richtlinien ist gemeinsam, daß dem Verbraucher immer ein beruflich bzw gewerblich Handelnder gegenübersteht (so auch Staudinger RIW 2000, 416, 419; ders zum RefE IPRax 1999, 415, 416; Freitag/Leible EWS, 342, 344; Glatt S 154).

13 **c) Räumliche Anwendungsvoraussetzungen.** Räumlich ausschlaggebend ist der enge Zusammenhang des Vertrages mit einem Staat der EU oder einem anderen Vertragsstaat des Abkommens über den Europäischen Wirtschaftsraum. Dem bereits in § 12 AGBG verwendeten Modell folgend wird der in Abs I generalklauselartig geforderte „enge Zusammenhang" in Abs II durch ein Regelbeispiel konkretisiert. Damit wird einerseits dem Gebot der Rechtssicherheit Rechnung getragen und andererseits eine hinreichende Flexibilität erreicht (ebenso v Hoffmann IPR S 418; Freitag/Leible EWS 2000, 342, 345; Pfeiffer in Grabitz/Hilf, A 5 Rz 23 zu § 12 AGBG). **aa) Europäischer Wirtschaftsraum.** Der EWR umfaßt außer den EU-Staaten noch Island, Liechtenstein und Norwegen. Diese Nicht-EU-Staaten müssen alle in den Anhängen zu dem Abkommen über den EWR genannten Richtlinien in ihr innerstaatliches Recht umsetzten (vgl Art 7, 72 und Anhang XIX des Abkommens über den Europäischen Wirtschaftsraum v 2. 5. 1992, BGBl 1993 II 267 idF des Anpassungsprotokolls v 17. 3. 1993, BGBl 1993 II 1294, in Kraft seit 1. 1. 1994). Dazu gehören auch die in Abs IV aufgeführten Richtlinien. **bb) Enger Zusammenhang iSv Abs II.** Ein „enger Zusammenhang" ist nach Abs II insbesondere anzunehmen, wenn kumulativ die Voraussetzungen der Nr 1 und der Nr 2 vorliegen. Diese Aufzählung ist dem Wortlaut nach („insbesondere") nicht abschließend sondern nur beispielhaft (so auch Pal/Heldrich Art 29a Rz 3; Staud/Magnus Art 29a Rz 42; Kropholler IPR S 464; Martiny ZEuP 2001, 308, 323). Zur Ermittlung des engen Zusammenhangs enthalten die Richtlinien keine weitergehenden Vorgaben. Grundsätzlich ist der Begriff europäisch-autonom auszulegen, wobei eine Orientierung an den Anknüpfungskriterien des Röm Übk bzw EGBGB sinnvoll erscheint (ebenso Staudinger RIW 2000, 416, 418; Freitag/Leible EWS 2000, 342, 345; ausführlich zur teleologisch-autonomen Auslegung Rusche IPRax 2001, 420ff). Die in Art 29 und Art 29a übereinstimmenden Begriffe (Angebot, Werbung, Vertragsschluß, gewöhnlicher Aufenthalt) sollten möglichst einheitlich und insgesamt europäisch-einheitlich ausgelegt werden, wobei auch die

Umsetzungsakte in anderen Mitgliedstaaten Anhaltspunkte liefern können (dazu Staud/Magnus Art 29a Rz 40; in diesem Sinne zu Art 6 II KlauselRL Pfeiffer in Grabitz/Hilf, A 5 Rz 22, 28).

cc) Einzelheiten. Im einzelnen setzen Abs II Nr 1 und Nr 2 folgendes voraus: Für die Absatztätigkeit des **14** Anbieters nennt Abs II Nr 1 beispielhaft ein öffentliches Angebot, eine öffentliche Werbung oder eine ähnliche geschäftliche Tätigkeit auf Grund dessen der Vertrag zustande kommt. Diese Absatztätigkeit muß im EU/EWR-Gebiet entfaltet worden sein; nicht ausreichend ist, wenn sie nur außerhalb dieses Gebietes entfaltet wird (ebenso Pal/Heldrich Art 29a Rz 3). Zum Begriff des Angebots und der Werbung s Art 29 Rz 11. Erforderlich ist ein „öffentliches" Anbieten oder Werben, dh eine Tätigkeit des Anbieters, die von einem unbestimmten Personenkreis wahrgenommen werden kann wie zB Versendung von Preislisten, Plakatierungen etc (ähnlich Staud/Magnus Art 29a Rz 43; vgl zu § 12 AGBG aF Erman/Werner[10] § 12 AGBG Rz 8; anders Glatt S 157 auch individuell ausgerichtete Aktivität werde erfaßt). Auch ein Angebot oder eine Werbung auf einer Website im Internet genügt und wird „entfaltet" im Sinne von Nr 1, wenn der Verbraucher die Information innerhalb des EU/EWR-Gebietes abrufen kann (s auch Art 29 Rz 11; ebenso Pal/Heldrich Art 29a Rz 3; Staud/Magnus Art 29a Rz 43; Roth/Schulze RIW 1999, 924, 932; Freitag/Leible EWS 2000, 342, 345; ähnlich Glatt S 158, aber nur bei tatsächlichem Abruf).

Abs II Nr 2 erfordert, daß der Vertrag „auf Grund" der Absatztätigkeit zustande kommt. Dies verlangt jedoch **15** keine Kausalität im strikten Sinne (so aber wohl Pal/Heldrich Art 29a Rz 3; Freitag/Leible EWS 2000, 342, 345). Im Hinblick auf den Gesetzeszweck und eventuell auftretende Beweisschwierigkeiten genügt vielmehr eine Mitursächlichkeit in dem Sinne, daß die Absatztätigkeit zu Verträgen der abgeschlossenen Art führen konnte (ebenso Staud/Magnus Art 29a Rz 45; Bamberger/Roth/Spickhoff Art 29a Rz 11; Roth/Schulze RIW 1999, 924, 930; Glatt S 159; zu § 12 AGBG aF Erman/Werner[10] § 12 AGBG Rz 10). Abs II Nr 2 verlangt kumulativ („und"), daß der andere Teil – also der Verbraucher (s Rz 12) – bei Abgabe seiner auf den Vertragsschluß gerichteten Erklärung seinen gewöhnlichen Aufenthalt im EU/EWR-Gebiet hat. Anknüpfungskriterium des Abs II Nr 2 ist der gewöhnliche Aufenthalt. Dieser Begriff bestimmt sich nach den allgemein dafür geltenden Regeln und ist im gleichen Sinn wie in Art 28 oder 29 zu verstehen (s dazu Art 5 Rz 43ff). Der Vergleich von Art 29a II Nr 2 („in ... einem Staat") mit der Formulierung in Art 29 I („in diesem Staat") zeigt, daß der enge Zusammenhang nach Art 29a II anders als bei Art 29 I auch dann besteht, wenn der Verbraucher seine Erklärung nicht in dem Staat der Werbung sondern in einem anderen Staat abgegeben hat. Art 29a II Nr 2 verlangt auch nicht, daß der Verbraucher seine Erklärung im EU/EWR-Gebiet abgibt (Bamberger/Roth/Spickhoff Art 29a Rz 12; Freitag/Leible ZIP 1999, 1296, 1297; Micklitz/Reich BB 1999, 2093, 2099; Glatt S 159). Art 29a schützt also auch den „aktiven" Verbraucher, der grenzüberschreitend agiert (so auch Pfeiffer zu Art 6 II KlauselRL in Grabitz/Hilf A 5 Rz 21; Pützhoven S 189; Reich/Nordhausen S 99; zu den erheblichen Konsequenzen bei der Nutzung moderner Kommunikationsmittel Glatt S 160f; anders Mankowski in Spindler/Wiebe S 203 – nur Schutz des passiven Verbrauchers, ders MMR-Beilage 7/2000, 16, 37). Anders als in Art 29 I (s Art 29 Rz 9, 11) muß der enge Bezug nicht zum Aufenthaltsstaat des Verbrauchers bestehen. Ein Anbieter kann sich also nicht darauf berufen, daß er nicht am gewöhnlichen Aufenthalt des Verbrauchers erworben habe, sondern nur in anderen Regionen der EU oder des EWR (in diesem Sinne auch v Hoffmann S 419, Siehr S 160; Staudinger RIW 2000, 416; Freitag/Leible EWS 2000, 342, 345; Staud/Magnus Art 29a Rz 42, 46; Pal/Heldrich Art 29a Rz 3).

dd) Sonstige Fälle. Auch wenn die beiden Voraussetzungen des in Abs II genannten Regelbeispiels nicht vor- **16** liegen, kann ein enger Zusammenhang iSv Abs I auf Grund einer Gesamtwürdigung aller Umstände gegeben sein. Kriterien sind dabei zB Staatsangehörigkeit oder gewöhnlicher Aufenthalt des Verbrauchers, Sitz der anderen Partei, Abschlußort des Vertrages, Erfüllungsort der jeweiligen Leistungen, Belegenheitsort des Vertragsgegenstandes, Vertragssprache, Währung, etc (ebenso Pal/Heldrich Art 29a Rz 3; Staud/Magnus Art 29a Rz 48; Bamberger/Roth/Spickhoff Art 29a Rz 10; Glatt S 161f; für Art 6 II KlauselRL Pfeiffer in Grabitz/Hilf A 5 Rz 29).

Problematisch ist, ob auch **Verbraucher aus Drittstaaten** vom Schutzbereich des Art 29a I und II umfaßt sind oder ob ein enger Zusammenhang allein bei einem Verbraucher mit gewöhnlichem Aufenthalt in einem EU bzw EWR-Staat angenommen werden kann. Letzteres erscheint im Hinblick auf den Zweck der zugrundeliegenden Richtlinien, die in der EU ansässigen Verbraucher zu schützen, vorzugswürdig (so auch Staud/Magnus Art 29a Rz 50; Staudinger IPRax 1999, 414, 416; offen gelassen Staudinger RIW 2000, 416, 418; aA für Art 6 II KlauselRL: Geltung auch für drittstaatliche Verbraucher Pfeiffer in Grabitz/Hilf Rz 24, 38). Zur abweichenden Beurteilung der Problematik bei Abs III s Rz 19.

ee) Bezüge zu mehreren Staaten. Problematisch erscheint, ob es erforderlich ist, daß die Bezüge zu einem ein- **17** zigen Mitgliedstaat bestehen. Der Wortlaut der Norm ist mehrdeutig und richtlinienkonform dahingehend auszulegen, daß auch räumliche Bezüge zu verschiedenen Mitgliedstaaten ausreichen. Dies entspricht den Vorgaben der umzusetzenden Richtlinien (vgl Art 6 II KlauselRL: enger Zusammenhang „mit dem Gebiet der Mitgliedstaaten", Art 12 II FernabsatzRL: Bezug zum „Gebiet eines oder mehrerer Mitgliedstaaten") und dem Willen des deutschen Gesetzgebers (vgl BT-Drucks 14/2658, 50 „mindestens"). Weist der Sachverhalt also Bezüge nicht nur zu einem einzigen, sondern zu mehreren EU/EWR-Staaten auf, so ist das Recht desjenigen Staates maßgeblich, zu dem der engste Zusammenhang besteht (Regierungsbegründung, BT-Drucks 14/2658, 50; Pal/Heldrich Art 29a Rz 5; Staud/Magnus Art 29a Rz 38, 52; Bamberger/Roth/Spickhoff Art 29a Rz 13; Freitag/Leible EWS 2000, 342, 345; ähnlich mit Vorrang für Aufenthaltsrecht Mankowski MMR-Beilage 7/2000, 16, 37, anders Staudinger RIW 2000, 416, 418 – Orientierung an Art 5 II, III Röm Übk; anders auch v. Hoffmann S 420 – Staat, in dem der Kontakt zwischen Verbraucher und Unternehmer zustande gekommen ist, sei dasjenige Rechtsordnung für beide Parteien vorhersehbar sei und der Unternehmer somit sein Haftungsrisiko kalkulieren könne). Bei engen Bezügen zu sowohl einem EU/EWR-Staat als auch zu einem Drittstaat ist nur das Richtlinienrecht des EU/EWR-Staates maßgeblich, da es ausreichend ist, wenn überhaupt nur ein enger Bezug diesem Gebiet vorliegt (so auch Staud/Magnus Art 29a Rz 39, 52).

18 d) Sonderanknüpfung für Time-Sharing-Verträge (Abs III). aa) Allgemeines. Eine objektive Sonderanknüpfung verbraucherschützender Normen enthält Art 29a III lediglich für Time-Sharing-Verträge iSv § 481 I BGB, nicht aber grundsätzlich wie zB Art 29 II. Nach Abs III, der § 8 Nr 1 TzWrG ersetzt, führt die Belegenheit eines Wohngebäudes im Hoheitsgebiet eines EU- bzw EWR-Staates zwingend zur Anwendung der Vorschriften des BGB über Teilzeit-Wohnrechteverträge. Diese differenzierende Lösung erscheint im Hinblick auf die Parteiinteressen und aus systematischen Gründen zwar als unbefriedigend (so auch kritisch v. Hoffmann S 419), ist aber durch die zugrunde liegende Richtlinienbestimmung (Art 9 RL 94/47/EG) vorgegeben. Diese setzt keinen „engen Zusammenhang des Vertrages" mit einem EU-Staat voraus und konnte daher nicht in Art 29a I integriert werden (BT-Drucks 14/2920, 16). Die einseitige Sonderanknüpfung der deutschen lex fori in Abs III wird zu Recht vielfach kritisiert, da nach der Vorschrift unabhängig von der Belegenheit des Grundstücks stets die deutschen Vorschriften über Teilzeit-Wohnrechtsverträge anwendbar sind (vgl v. Hoffmann S 420; Siehr S 161 „Verabsolutierung" des deutschen TzWrG; Kropholler S 464; Freitag/Leible EWS 2000, 342, 348f; Martiny ZEuP 2001, 308, 323; Staudinger RIW 2000, 416, 418f; Wegner NJ 2000, 407, 410; dies VuR 2000, 227, 229).

19 bb) Verhältnis zu Abs I und II. Das Zusammenspiel der verschiedenen Abs von Art 29a ist unklar. Der Wortlaut des Abs III („auch anzuwenden") legt nahe, daß der Schutz der Erwerber von Teilzeit-Wohnrechten über die Abs I und II hinaus erweitert werden soll. Zudem zählt die Time-Sharing-RL nach Abs IV zu den in der allgemeinen Regelung des Abs I genannten Verbraucherschutzrichtlinien. Auch dies spricht dagegen, in Abs III eine ausschließliche Regelung zu sehen (ebenso Pal/Heldrich Art 29a Rz 6; Staud/Magnus 2001 Art 29a Rz 57, 61; Bamberger/Roth/Spickhoff Art 29a Rz 14; Freitag/Leible EWS 2000, 342, 348; aA Siehr S 161, 162: Abs III als lex specialis zu den Abs I und II, da diese restriktive Interpretation es vermeide, über Art 29a I und II Time-Sharing-Verträge die in Art 29 I genannten Verträgen gleichzustellen, obwohl sie nicht unter Art 29 fallen). Vielmehr ist **Abs III nur anzuwenden, wenn die Voraussetzungen des Abs I nicht gegeben** sind. Besteht nämlich nach Abs I und II ein enger Zusammenhang zu einem anderen EU/EWR-Staat, der zB durch die Belegenheit des Objektes indiziert wird, gilt nach Abs I die Time-Sharing-RL in ihrer dortigen Fassung. Ein Rückgriff auf die einseitige Regelung in Abs III ist dann nicht nötig (so auch Staud/Magnus 2001 Art 29a Rz 61; Freitag/Leible EWS 2000, 342, 348; Wegner NJ 2000, 407, 410 Abs III als „Auffangregelung"; dies VuR 2000, 227, 228; Bitterich VuR 2002, 155 in Fn 7; wohl auch Staudinger RIW 2000, 416, 418f). Diese Schutzbereichserweiterung in Form der Erstreckung des Abs I auf Time-Sharing-Verträge ist allerdings im Hinblick auf Art 20 Röm Übk nicht unproblematisch (s dazu Freitag/Leible EWS 2000, 342, 345 in Fn 29; dies ZIP 1999, 1296, 1298 in Fn 11; Wegner VuR 2000, 227, 230). Die praktische Relevanz der Norm ist gering, da als möglicher Anwendungsbereich nur der seltene Fall übrig bleibt, in dem das Objekt im EU/EWR-Bereich liegt, die Parteien das Recht eines Drittstaates gewählt haben, aber dennoch kein enger Zusammenhang nach Abs I besteht (dazu Staud/Magnus 2001 Art 29a Rz 62; anders Freitag/Leible EWS 2000, 342, 348: Geltung des Abs III lediglich dann, wenn kein Rechtswahlvertrag vorliegt). Dies ist etwa beim Vertragsschluß eines Drittstaatenverbrauchers in seinem Heimatstaat möglich. Anders als in Abs II (s dazu Rz 16) verlangt Abs III seinem eindeutigen Wortlaut nach keine weitere Verbindung des Erwerbers mit dem EU/EWR-Gebiet, so daß nach Abs III auch Erwerber aus Drittstaaten geschützt werden (so auch Staud/Magnus aaO, allerdings einschränkend nur bei hinreichendem Inlandsbezug, dh bei Belegenheit des Objektes in Deutschland; anders Staudinger RIW 2000, 416, 419 ohne Differenzierung nach den einzelnen Absätzen der Vorschrift). Im Rahmen von Abs III ist also grundsätzlich auch eine **Rechtswahl der Parteien zulässig** und beachtlich. Wählen die Parteien das Recht eines EU/EWR-Staates, ist Abs III nicht anwendbar. Es gilt vielmehr das Recht dieses Staates einschließlich der dortigen Umsetzungsvorschriften zur Time-SharingRL; eine zusätzliche Sonderanknüpfung des deutschen TzWrG oder der Verbraucherschutzvorschriften der lex rei sitae scheidet aus (ebenso Pal/Heldrich Art 29a Rz 6; Staud/Magnus Art 29a Rz 60). Der Formulierung des Abs III ist aber keine Beschränkung auf Fälle der Wahl eines Drittstaatenrechts zu entnehmen. Es genügt auch, wenn drittstaatliches Recht kraft objektiver Anknüpfung gilt (so auch Staud/Magnus Art 29a Rz 64; Staudinger RIW 2000, 342, 349; Wegner VuR 2000, 227, 228). In der Regel ist allerdings gem Art 28 III das Recht des Lageortes, dh das Recht des EU/EWR-Staates, in dem das Objekt liegt, maßgeblich. Dann ist aber kein Drittstaatenrecht anwendbar, wie es Art 29a III voraussetzt, so daß eine Anwendung von Art 29a III nur im Rahmen von Art 28 V möglich scheint (s dazu Staud/Magnus Art 29a Rz 64; Wegner VuR 2000, 227, 229). Abs III greift nicht ein, wenn das Timesharingobjekt nicht im EU/EWR-Gebiet belegen ist. Allerdings kommt eine Anwendung von Abs I in Betracht, wenn der erforderliche enge Zusammenhang zum EU/EWR-Gebiet zu begründen ist (Pal/Heldrich Art 29a Rz 6; Staud/Magnus Art 29a Rz 63).

20 2. Wirkung. a) Anwendbares Recht. Liegen die Voraussetzungen des engen Zusammenhangs zu einem EU/EWR-Staat und der Rechtswahl eines Drittstaatenrechts vor, sind nach Abs I der Vorschrift die im Gebiet dieses Staates geltenden Bestimmungen zur Umsetzung der in Abs IV genannten Verbraucherschutzrichtlinien „gleichwohl anzuwenden" und zwar in „ihrer jeweils geltenden Fassung". Anders als noch in §§ 12 AGBG, 8 TzWrG und in Abweichung vom Referentenentwurf (s Rz 3) ist die Norm mehrseitig formuliert und vermeidet so ein „Heimwärtsstreben". Führt die Anknüpfung nach Abs I zur Anwendung des deutschen Rechts, sind die Vorschriften des BGB anzuwenden, die der Umsetzung der in Abs IV genannten Richtlinien dienen: nunmehr für die KlauselRL §§ 305ff BGB sowie §§ 13, 14 BGB; für die Time-SharingRL §§ 481ff BGB sowie §§ 355, 357 BGB; für die FernabsatzRL §§ 312bff BGB; für die VerbrauchsgüterkaufRL §§ 474ff BGB.

21 b) Kein Günstigkeitsvergleich. Anders als in Art 29 I (s Art 29 Rz 1, 17) ist dem Wortlaut des Art 29a nach („sind anzuwenden") kein Günstigkeitsvergleich mit den verbraucherschützenden Normen des gewählten Vertragsstatuts oder des deutschen Rechts vorgesehen (Staud/Magnus Art 29a Rz 54; Pal/Heldrich Art 29a Rz 5; Bamberger/Roth/Spickhoff Art 29a Rz 13; Freitag/Leible EWS 2000, 342, 37; Tonner BB 2000, 1413, 1419; Wagner IPRax 2000, 249, 255; Glatt S 153). Das nach Art 29a I maßgebliche Recht des jeweiligen EU- bzw EWR-Staates ist demnach auch dann anzuwenden, wenn das gewählte Drittstaatenrecht oder auch das deutsche umgesetzte Recht für den Verbraucher günstiger ist. Dies entspricht nicht den Vorgaben der Richtlinien und stellt einen Verstoß gegen das europäische Sekundärrecht dar (anders Tonner BB 2000, 1413, 1419 in Fn 53). Der eindeutige Wille des deutschen Gesetzgebers spricht aber gegen eine richtlinienkonforme Auslegung (kritisch ebenso Staud/Magnus Art 29a Rz 54; Pal/Heldrich Art 29a Rz 5; Bamberger/Roth/Spickhoff Art 29a Rz 5; v. Hoffmann S 420; Horn MMR 2002, 209, 214; Staudinger RIW 2000, 416, 418; ders IPRax 1999, 415, 417; Freitag/Leible EWS 2000, 342, 347; dies ZIP 1999, 1296, 1299; anders Siehr S 159, der das günstigere Recht anwenden will; zur Problematik der richtlinienkonformen Rechtsfortbildung s zB Canaris, FS Bydlinski [2002], S 47; Hellert, Der Einfluß des EG-Rechts auf die Anwendung nationalen Rechts [2001], S 108ff).

c) Fehlende oder fehlerhafte Umsetzung der Richtlinien. Probleme ergeben sich, wenn auf ein Recht verwiesen wird, in dem die Umsetzung der entsprechenden Richtlinien verspätet oder zwar rechtzeitig aber fehlerhaft erfolgt ist. Im Falle einer solchen Verweisung aus Art 29a auf ein solches zwar mitgliedstaatliches aber richtlinienwidriges Recht ist vorrangig eine richtlinienkonforme Interpretation dieses Rechts vorzunehmen; s dazu grundsätzlich auch Gebauer, Nationales Europarecht: Zur Anwendung „ausländischen" Europarechts durch deutsche Gerichte, in Jayme (Hrsg), Kulturelle Identität und Internationales Privatrecht [2003], 187ff. Scheitert diese, so verbleibt dem Verbraucher die Möglichkeit einer Staatshaftungsklage gegen den säumigen Mitgliedstaat (wie hier Freitag/Leible EWS 2000, 342, 347; Staudinger RIW 2000, 416, 417; in diesem Sinne auch Staud/Magnus Art 29a Rz 22, 32, 53; ebenso schon zu § 12 AGBG Lindacher in Wolf/Horn/Lindacher § 12 AGBG Rz 35); anders Pfeiffer in Grabitz/Hilf A 5 Rz 42 für Anwendung der eigenen richtlinienkonformen lex fori). Eine Durchsetzung der deutschen lex fori über Art 34 ist nicht möglich (s Rz 7; dazu Staudinger RIW 2000, 416, 417, Pal/Heldrich Art 29 Rz 5; Staud/Magnus Art 29a Rz 32), für besondere Fälle kann Art 6 helfen (s Rz 6).

3. Reichweite. a) Allgemeines. Das nach Art 29a I maßgebliche Recht ist kein vollumfängliches Vertragsstatut; die Verweisung ist vielmehr auf „die geltenden Bestimmungen zur Umsetzung der Verbraucherschutzrichtlinien" beschränkt. Alle übrigen den schuldrechtlichen Inhalt des Vertrages betreffenden Fragen sind nach den allgemeinen Regeln (Art 27ff) anzuknüpfen. Auch das Formstatut ist grundsätzlich zunächst nach Art 11 zu ermitteln; zusätzlich sind dann die Anforderungen der Vorschriften zur Umsetzung der Richtlinien zu prüfen (so auch Pal/Heldrich Art 29 Rz 7).

b) Verhältnis zu Art 29. Nach dem Willen des Gesetzgebers ist Art 29 vor Art 29a zu prüfen (BT-Drucks 14/2658, 50, dem folgend Freitag/Leible EWS 2000, 342, 346; Horn MMR 2002, 209, 214; Mankowski MMR-Beilage 7/2000, 16, 37; ders in Spindler/Wiebe S 202; Martiny ZEuP 2001, 308, 322). Das ist grundsätzlich richtig, s Art 29 Rz 2a. Daraus allerdings einen generellen Vorrang von Art 29 abzuleiten (so wohl Pal/Heldrich Art 29a Rz 7; Staudinger RIW 2000, 416, 419; ders IPRax 2001, 183, 188 „bloße Annexfunktion des Art 29a"; Tonner BB 2000, 1413, 1419; Coester-Waltjen S 102; Glatt S 152), läßt außer acht, daß nach Art 20 Röm Übk (Art 3 II S 2) dem Gemeinschaftsrecht, und damit auch dem in Richtlinien enthaltenen Kollisionsrecht, Vorrang gebührt (s allgemein Einl vor Art 3 Rz 16). Unter Berücksichtigung des jeweiligen Ursprungs der Transformationsnormen kann also Art 29a – soweit sein Schutz reicht – Art 29 grundsätzlich vorgehen (ebenso Staud/Magnus 2001 Art 29a Rz 25; v. Hoffmann IPR S 418 Art 29a als lex specialis zu Art 29; Kropholler S 463, Sonderanknüpfung, die dem Art 29 gem Art 20 Röm Übk vorgeht; Wagner IPRax 2000, 249, 250; ähnlich auch zum früheren Verhältnis von Art 12 AGBG und Art 29 Pfeiffer in Grabitz/Hilf A 5 Rz 49). Allerdings ist im Rahmen von Art 29a I zunächst zu ermitteln, ob die Parteien drittstaatliches Recht gewählt haben. Dies erfolgt nach den Art 27ff (s Rz 23), dh auch unter Berücksichtigung von Art 29.

Wenn im Rahmen von Art 29 I der Günstigkeitsvergleich zur Anwendung des gewählten Drittstaatenrechts als das im Vergleich zum Aufenthaltsrecht günstigere Recht führt, bleibt ein Rückgriff auf Art 29a I versperrt. Dies entspricht dem Zweck von Art 29 und Art 29a, dem Verbraucher auch auf kollisionsrechtlicher Ebene den größtmöglichen Schutz zu gewähren (in diesem Sinne ebenso Staud/Magnus Art 29a Rz 25; Staudinger RIW 2000, 416, 419; Freitag/Leible EWS 2000, 342, 346). Andernfalls würde über Art 29a I zwingend (und ohne Günstigkeitsvergleich, s Rz 21) genau jenes Recht eines EU bzw EWR-Staates zur Anwendung berufen, auch wenn es ein geringeres Schutzniveau als das gewählte Drittstaatenrecht enthält. Wenn aber andererseits der enge EU/EWR-Bezug zu einem Staat führt, dessen Umsetzung des Richtlinienrechts für den Verbraucher günstiger ist als die im Aufenthaltsstaat des Verbrauchers, dann ist über Art 29a dieses günstigere Recht anzuwenden (so auch Staud/Magnus Art 29a Rz 26).

c) Art 37. Nach der im neuen Satz 2 von Art 37 beschriebenen Rückausnahme gilt Art 29a auch für die in Art 37 aufgeführten Rechtsgebiete (s Art 37 Rz 1). Relevant wird dies zB für gesellschafts- oder vereinsrechtliche Time-Sharing-Verträge und für die Klauselkontrolle in grenzüberschreitenden Gesellschafts- und Versicherungsverträgen.

d) Analoge Anwendung? aa) Auf Fälle objektiver Anknüpfung. Nach dem eindeutigen Wortlaut des Abs I wird der Schutz der Richtlinien nur im Falle einer abweichenden Rechtswahl für ein Drittstaatenrecht gewährt. Problematisch erscheint, ob eine Ausdehnung des Richtlinienschutzes auf Fälle objektiver Anknüpfung möglich ist (so zB für Art 6 II KlauselRL Pfeiffer in Grabitz/Hilf A 5 Rz 33ff). Dabei ist aber bereits das Vorliegen einer planwidrigen Lücke zu verneinen. Der frühere § 12 AGBG war nämlich nicht auf die Fälle der Rechtswahl beschränkt und ging damit über die Anforderungen des Art 6 II KlauselRL hinaus (s Erman/Werner[10] Art 12 AGBG Rz 1). Diese weite Regelung hat der Gesetzgeber aber bewußt nicht beibehalten (BT-Drucks 14/2658, 50, vgl auch ablehnend zur analogen Anwendung des Richtlinien-IPR und auch zum Problem der „überschießenden" Umsetzung von Richtlinien Rusche IPRax 2001, 420, 424). **bb) Auf andere Verbraucherschutzrichtlinien.** Fraglich ist, ob eine analoge Anwendung des Art 29a I und II auf Verbraucherschutzrichtlinien, die keine ausdrückliche kollisionsrechtliche Regelung enthalten, wie zB die Richtlinien zu den Haustürgeschäften, zum Verbraucherkredit oder auch zu den Reiseverträgen, möglich ist (vgl dazu bejahend im Hinblick auf die Entscheidung des EuGH v 9. 11. 2000 – Rs C381/98 [Ingmar GB Ltd/Eaton Leonhard Technologies Inc] Bitterich VuR 2002, 155ff).

Allerdings gilt auch hier, daß der Gesetzgeber in der Neuregelung des Abs IV bewußt nur die dort genannten Richtlinien aufgeführt hat, so daß es schon an einer Regelungslücke mangelt (ebenso eine Analogie ablehnend Staud/Magnus 2001 Art 29a Rz 55; Bamberger/Roth/Spickhoff Art 29a Rz 8; Coester-Waltjen/Mäsch S 103). Letztlich bleibt nur, die Liste des Abs IV entsprechend zu ergänzen (vgl Staudinger NJW 2001, 1974, 1977 für Ergänzung des Art 29a IV um die HaustürwiderrufsRL 85/577/EWG und die VerbraucherkreditRL 87/102/EWG).

27 **III. Verfahrensfragen/Verfahrensrecht.** Für Verbrauchersachen iSv Art 29a gelten nunmehr mit Inkrafttreten der Verordnung Nr 44/2001 über die gerichtliche Zuständigkeit und die Anerkennung und Vollstreckung von Entscheidungen in Zivil- und Handelssachen (EuGVO) v 22. 12. 2000, ABl EG 2001 L 12, 1 (in Kraft seit 1. 3. 2002) innerhalb ihres Anwendungsbereichs die Regelungen des Abschnitts 4 der Verordnung über die Zuständigkeit bei Verbrauchersachen (Art 15–17 EuGVO). Die Verordnung gilt unmittelbar und einheitlich in allen Mitgliedsstaaten der EU und hat Vorrang gegenüber dem nationalen Zivilprozeßrecht. In der Neuregelung des Art 15 I lit c EuGVO ist der Anwendungsbereich im Vergleich zur Vorgängernorm des Art 13 I Nr 3 EuGVÜ erweitert worden, so daß zB auch der Vertrieb von Teilnutzungsrechten an Immobilien erfaßt wird (s Kropholler Europäisches Zivilprozeßrecht[7] Art 15 Rz 20).

Zu berücksichtigen sind weiterhin für Mitgliedsstaaten des LGVÜ die Art 13–15 LGVÜ (näher zum Verhältnis der EuGVO zum LGVÜ s Kropholler Europäisches Zivilprozeßrecht Einl Rz 67ff). Zum autonomen deutschen Recht s § 29c ZPO.

30 *Arbeitsverträge und Arbeitsverhältnisse von Einzelpersonen*

(1) Bei Arbeitsverträgen und Arbeitsverhältnissen darf die Rechtswahl der Parteien nicht dazu führen, daß dem Arbeitnehmer der Schutz entzogen wird, der ihm durch die zwingenden Bestimmungen des Rechts gewährt wird, das nach Absatz 2 mangels einer Rechtswahl anzuwenden wäre.

(2) Mangels einer Rechtswahl unterliegen Arbeitsverträge und Arbeitsverhältnisse dem Recht des Staates,

1. in dem der Arbeitnehmer in Erfüllung des Vertrages gewöhnlich seine Arbeit verrichtet, selbst wenn er vorübergehend in einen anderen Staat entsandt ist, oder

2. in dem sich die Niederlassung befindet, die den Arbeitnehmer eingestellt hat, sofern dieser seine Arbeit gewöhnlich nicht in ein und demselben Staat verrichtet,

es sei denn, daß sich aus der Gesamtheit der Umstände ergibt, daß der Arbeitsvertrag oder das Arbeitsverhältnis engere Verbindungen zu einem anderen Staat aufweist; in diesem Fall ist das Recht dieses anderen Staates anzuwenden.

Schrifttum: *Agel-Pahlke,* Der int Geltungsbereich des BetrVerfG (1988); *Behr,* Zum österr und dt int Arbeitsvertragsrecht, IPRax 1989, 319; *Benecke,* Anknüpfung und Sonderanknüpfung im Internationalen Arbeitsrecht, IPRax 2001, 449; *Birk,* Betriebsangehörigkeit bei Auslandstätigkeit, FS K. Molitor (1988) 19; *ders,* Das Arbeitskollisionsrecht der BRepD, RdA 1984, 129; *ders,* Die Bedeutung der Parteiautonomie im internationalen Arbeitsrecht, RdA 1989, 201; *ders,* Betriebliche Regelungen im internationalen Arbeitsrecht, in FS Trinkner (1995) 461; *ders,* Arbeitsrecht und internationales Privatrecht, RdA 1999, 13; *ders,* Internationales und europäisches Arbeitsrecht, in Richardi/Wlotzke (Hrsg), Münchener Handbuch zum Arbeitsrecht I (2. Aufl 2000) 190 (zit MüHdbArbR/Birk); *Däubler,* Das neue int Arbeitsrecht, RIW 1987, 249; *ders,* Neue Akzente im Arbeitskollisionsrecht, RIW 2000, 255; *Eser,* Kollisionsrechtliche Probleme bei grenzüberschreitenden Arbeitsverhältnissen, RIW 1992, 1; *Franzen,* Kündigungsschutz im transnational tätigen Konzern, IPRax 2000, 506; *Gamillscheg,* Int Arbeitsrecht (1959); *Hohloch,* Arbeitsverhältnisse mit Auslandsbezug und Vergütungspflicht, RIW 1987, 353; *Hönsch,* Die Neuregelung des IPR aus arbeitsrechtlicher Sicht, NZA 1988, 113; *Junker,* Die „zwingenden Bestimmungen" im neuen int Arbeitsrecht, IPRax 1989, 69; *ders,* Int Arbeitsrecht: Vertragsstatut, Haftung, Arbeitnehmervertretung, RdA 1990, 212; *ders,* Die freie Rechtswahl und ihre Grenzen, IPRax 1993, 1; *Krebber,* Die Bedeutung von Entsenderichtlinie und Arbeitnehmer-Entsendegesetz für das Arbeitskollisionsrecht, IPRax 2001, 22; *E. Lorenz,* Das objektive Arbeitsstatut nach dem Gesetz zur Neuregelung des IPR, RdA 1989, 220; *Mankowski,* Der gewöhnliche Arbeitsort im Internationalen Privat- u Prozeßrecht, IPRax 1999, 332; *Mook,* Einseitig vorformulierte Rechtswahlklauseln in Arbeitsverträgen, DB 1987, 2252; *Schlachter,* Grenzüberschreitende Arbeitsverhältnisse, NZA 2000, 57; *Taschner,* Arbeitsvertragsstatut und zwingende Bestimmungen nach dem Europäischen Schuldvertragsübereinkommen – Einheitliche Auslegung (2002); *Twesten,* Entgeltfortzahlung im Krankheitsfall bei Auslandsbezug des Arbeitsverhältnisses, Die Leistungen 2003, 65; *Weber,* Das Zwingende an den zwingenden Vorschriften im neuen int Arbeitsrecht, IPRax 1988, 82; *Wimmer,* Neuere Entwicklungen im internat Arbeitsrecht, IPRax 1995, 207.

I. Allgemeines

1 **1. Inhalt, Zweck, Vorgeschichte.** Art 30 kodifiziert das Statut des Arbeitsvertrages und des Arbeitsverhältnisses. Die Norm entspricht Art 6 des Röm Übk (s Begr RegE BT-Drucks 10/504, 80f; s schon vor Art 27 Rz 3). Der oben abgedruckte Gesetzestext ist der der Berichtigung durch Bek v 5. 5. 1997, BGBl I 1061, mit der durch Bek v 21. 9. 1994, BGBl I 2494 verfälschte Text (Druckfehler) der Fassung 1986 wiederhergestellt worden ist. Zur 9. Aufl von 1993 bestehen also keine Abweichungen. Sie enthält im Interesse des Arbeitnehmers als der im Arbeitsverhältnis idR „schwächeren Partei" (s dazu Art 29 Rz 1) eine Sonderregelung im Verhältnis zu Art 27, 28. Auch das Statut des Arbeitsvertrages kann durch Rechtswahl gem Art 27 bestimmt werden. Ähnlich strukturiert wie Art 29 I will **Abs I** verhindern, daß dem Arbeitnehmer durch Rechtswahl der Schutz entzogen wird, den ihm die zwingenden Bestimmungen des Rechts gewähren, das ohne eine Rechtswahl nach Abs II als objektives Arbeitsvertragsstatut zur Anwendung käme (s zB Gamillscheg ZfA 1983, 307; Kronke DB 1984, 404; Däubler

aaO 249; Hohloch aaO 353). Diese bleiben, grundsätzlich aufgrund eines „Günstigkeitsvergleichs" (s Art 29 Rz 17 und unten Rz 11) auch bei Geltung eines frei gewählten Vertragsstatuts anwendbar. **Abs II** enthält die objektive Anknüpfung, die bei Fehlen einer Rechtswahl iSv Abs I Platz greift. Anders als Art 28 enthält Abs II keine Vermutungsregelungen, sondern sieht für zwei typische Fallgruppen des Arbeitsvertrages mit Auslandsberührung in Nr 1 und Nr 2 eine jeweils unterschiedliche objektive Anknüpfung vor (Begr RegE BT-Drucks 10/504, 81; Pirrung IPVR 180). Nr 1 knüpft an den „gewöhnl Arbeitsort" an, dessen Recht auch bei vorübergehender „Entsendung" gilt. Nr 2 betrifft den Arbeitnehmer mit wechselndem Auslandseinsatz. Für ihn gilt idR im Interesse der Vermeidung laufenden Statutenwechsels das Recht am Ort der ihn einstellenden Niederlassung des Arbeitgebers, dh die **„lex loci contractus"**. Abs II kehrt am Ende des 1. Hs um im 2. Hs dann in einer Ausweichklausel (s Art 28 Rz 17) zum Prinzip der konkret engsten Verbindung, wie es Art 28 I, V zugrundeliegt, zurück. Folgt aus den Gesamtumständen eine engere Verbindung zu einem anderen Staat als dem durch Nr 1 oder Nr 2 vorgesehenen, kommt dessen Rechtsordnung zur Anwendung.

Art 30 stimmt mit dem bis 1. 9. 1986 geübten Gewohnheitsrecht weithin überein. Auch nach altem Recht war 2 Rechtswahl zulässig (RAG 12, 131; BAG 2, 18; 13, 121; BAG NJW 1977, 2039 = IPRsp 1977 Nr 43 und st Rspr) und führte bei fehlender Rechtswahl die Anknüpfung an den hypothetischen Parteiwillen zur Maßgeblichkeit des Rechts des Schwerpunkts des Arbeitsverhältnisses, dh zur Maßgeblichkeit des Rechts des Arbeitsortes (lex loci laboris; BAG 7, 357 und 362; 16, 215 = IPRsp 1964/65 Nr 68); s dazu Erman/Arndt[7] vor Art 12 Rz 13; Gamillscheg aaO 101, 127, 140; Reithmann/Martiny[3] Rz 514, 517. Umstritten war indes Geltungsgrund und Reichweite der zwingenden Bestimmungen des „objektiven Arbeitsstatuts" (s MüKo/Martiny Art 30 Rz 3 mwN).

2. Staatsvertragliche Regeln. Staatsvertragliche **Kollisionsregeln** mit Vorrang gem Art 3 II vor Art 30 3 bestehen **nicht**. Art 6 Röm Übk ist im Inland nicht unmittelbar anwendbar (s vor Art 27 Rz 3). Der „Geänderte Vorschlag einer VO des Rates (der EG) über das auf Arbeitsverhältnisse innerhalb der Gemeinschaft anzuwendende Konfliktrecht v 28. 4. 1976" ist als VO der EG nicht in Kraft gesetzt worden (Text RdA 1978, 57; dazu Gamillscheg RIW 1979, 225; Kronke RabelsZ 45 [1981] 301, 308). Zur **Vereinheitlichung materiellen Arbeitsrechts** durch die „Int Arbeitsorganisation" (ILO) s Morhard, Die Rechtsnatur der Übereinkommen der Int Arbeitsorganisation (1988). Die **EU** hat bislang nur begrenzte Zuständigkeit zur gesetzlichen Regelung des Individual- u Kollektivarbeitsrechts (zur früheren Rechtslage s 10. Aufl Art 30 Rz 3). Rechtssetzungskompetenz für Angleichung im Interesse ordnungsgemäßen Funktionierens des Binnenmarktes ist in Art 3 lit h EGV iVm Art 94, 95 EGV angelegt. Als Regelungsannex anderer Bereiche (Art 136ff EGV) hat es wegen der Berührung der Arbeitnehmerfreizügigkeit (Art 39ff EGV) erhebliche Bedeutung, die sich in der Schaffung von Richtlinien (dazu MüHdbArbR/Birk §§ 18, 19) und in Rspr des EuGH (zB EuGH NJW 1996, 505 – Bosman) ausgerichtet hat. Zur EG-Entsenderichtlinie (Richtlinie 96/71/EG v 16. 12. 1996, ABl EG 1997 Nr L 18/1) Franzen ZEuP 1997, 1055ff; Däubler EuZW 1997, 613ff; Birk RdA 1999, 17; Mayer BB 1999, 842; MüKo/Martiny Art 30 Rz 5 mwN; Krebber IPRax 2001, 22. Auf der Richtlinie beruht das Arbeitnehmer-Entsende-Gesetz – AEntG –; dazu Borgmann IPRax 1996, 315ff; Krebber IPRax 2001, 22.

3. Geltung allg Regeln. a) Rück- und Weiterverweisung. Art 30 enthält gem Art 35 I **Sachnormverweisung**, 4 so daß Rück- und Weiterverweisung nicht stattfindet. Führt die von Art 30 ausgesprochene Verweisung in einen Mehrrechtsstaat, richtet sich die Unteranknüpfung nach Art 35 II, nicht 4 III (s Erl Art 35).

b) Ordre public. Art 6 ist im Anwendungsbereich des Art 30 einsetzbar. Indes ist seine Bedeutung reduziert 5 durch Art 30 selbst. Der bei Abs I anzustellende Günstigkeitsvergleich und die Geltung der arbeitnehmerschützenden Bestimmungen des objektiven Arbeitsstatuts des Abs II führt vielfach zu Rechtsanwendungsergebnissen, die einen Einsatz von Art 6 erübrigen. Weiterhin ist bei unverträglich erscheinenden Ergebnissen des Arbeitsstatuts Art 34 zu beachten (s Erl Art 34 Rz 16). Über Art 34 ist auch das – jedenfalls bis zur Umsetzung der Entsenderichtlinie – geltende Arbeitnehmer-Entsende-Gesetz (AEntG) v 26. 2. 1996, BGBl 1996 I 227, zur Anwendung zu bringen, soweit dessen § 1 zur Anwendung gelangen kann, s Hohloch FS Heiermann (1995) 143; Soergel/v Hoffmann Art 30 Rz 16. In Ausnahmefällen eklatant abw Regelungen des Arbeitsstatuts und hinreichend starker Inlandsbeziehung ist indes auch heute Korrektur über Art 6 angezeigt (s LAG Köln IPRsp 1982 Nr 40 Verbot von Frauenarbeit in Saudi-Arabien; LAG Düsseldorf RIW 1987, 61; s ferner BAG NJW 1985, 2910 = AP IPRArbR Nr 23 mit Anm Beitzke; BAG 63, 17, 30f = IPRax 1991, 407 mit Aufs Magnus S 382; LAG München IPRax 1992, 97; auch Gamillscheg ZfA 1983, 314ff; Bendref RIW 1986, 186; Hohloch aaO 353ff; Hönsch aaO 115f; Deinert RdA 1996, 343f; s auch Erl Art 6 Rz 52).

4. Intertemporales Recht. Innerdt Kollisionsrecht. a) In **intertemporaler Hinsicht** ist nach der Grundregel 6 des **Art 220 I** auf bis zum Beginn des 1. 9. 1986 wirksam abgeschlossene Arbeitsverträge das alte IPR anzuwenden, da insoweit abgeschlossene Vorgänge vorliegen (s vor Art 27 Rz 12, Art 27 Rz 6, Art 28 Rz 6); Art 30 erfaßt alle Arbeitsverträge und Arbeitsverhältnisse, die erst mit dem oder nach dem 1. 9. 1986 wirksam abgeschlossen worden sind. **Gewillkürter Statutenwechsel** ist durch nachträgliche Rechtswahl jederzeit möglich, da solche Rechtswahl sowohl nach früherem IPR (s BAG 16, 215; Gamillscheg aaO 101) als auch nach Art 30 (Rz 8) zulässig ist. Vor dem 1. 9. 1986 eingegangene, über diesen Stichtag aber hinausdauernde Arbeitsverhältnisse sind in ihren ab dem 1. 9. 1986 eingetretenen oder eintretenden Wirkungen dem neuen IPR, dh Art 30 unterworfen (jetzt allg M, s BAG 71, 297, 307f = IPRax 1994, 123 m Aufs Mankowski S 88; Staud/Dörner [1996] Art 220 Rz 62; Staud/Magnus [2001] Art 30 Rz 26 mwN).

b) Im früheren ILR und jetzigen innerdt Kollisionsrecht gilt (seit 3. 10. 1990) Art 30 entsprechend (s Art 3 7 Rz 27 und vor Art 27 Rz 13, Art 27 Rz 7, Art 28 Rz 7). Zum ILR vor dem 1. 9. 1986 s Soergel/Kegel[11] vor Art 7 Rz 510; auch LAG Bremen AP 1951 Nr 273 Anm Beitzke. Für Arbeitsverträge, die bis zum 3. 10. 1990 nach Recht der DDR zu beurteilen waren, gelten seither gem **Art 232 § 5 I** die Vorschriften des BGB mit Ausnahme der gem Art 230 im Gebiet der ehem DDR derzeit nicht geltenden Bestimmungen (§§ 616 II, III, 622 BGB), s ferner Art 232 § 5 II. Zum derzeitigen Arbeitsrechtszustand gem Art 232 § 5 und gem Kap VIII der Anl I und II des Einigungsvertrages s Erl zu Art 232 § 5 und Walker, Arbeitsrecht in den neuen Bundesländern (1991). Für die Zeit der Währungs-, Wirtschafts- und Sozialunion seit 1. 7. 1990 s Mansel DtZ 1990, 231. Zum interlokalen Tarifrecht Kempen AuR 1991, 129. Ob ab dem 3. 10. 1990 abgeschlossene Arbeitsverträge dem gem Art 230 I und gem Kap VIII der Anlage I und II des Einigungsvertrages zT abweichenden Arbeitsrecht der neuen Bundesländer unterliegen, ist entspr Art 30 (s Art 3 Rz 29) zu bestimmen. Die Rechtsanwendung bei Arbeitsverhältnissen, die in der DDR mit Auslandsberührung begründet wurden, richtet sich gemäß Art 236 § 1 bis zum 2. 10. 1990 nach dem IPR der damaligen DDR (§ 27 RAG), seither nach Art 30 EGBGB (BAG NZA 1994, 622).

II. Anknüpfungsgehalt von Art 30 (Abs I und II)

1. Einschränkung der freien Rechtswahl (Abs I)

8 **a) Zulässigkeit der Rechtswahl.** Auch bei einem Arbeitsvertrag oder Arbeitsverhältnis iSv Art 30 ist Rechtswahl grundsätzlich zulässig (BAG NJW-RR 1988, 482, 483; NZA 1998, 995; NZA 2002, 734); es gelten insoweit zunächst keine Besonderheiten im Verhältnis zur Rechtswahl im uneingeschränkten Anwendungsbereich des Art 27, so daß **ausdrückliche, stillschweigende, ursprüngliche wie nachträgliche Rechtswahl** iSd Erl zu Art 27 Rz 11ff auch für das Arbeitsstatut **zulässig** ist (s BAG NZA 1998, 995; schon BAG NJW-RR 1988, 483; Behr aaO 321; Hönsch aaO 113, 115; zur Notwendigkeit des Rechtswahlbewußtseins Schlachter NZA 2000, 57, 59). Ebenfalls gelten die Ausführungen bei Art 27 Rz 8 zum „Wahlgegenstand"; es kann jedes Recht, auch das sog neutrale Recht als Arbeitsstatut gewählt werden (E. Lorenz aaO, 221; zB LAG Frankfurt IPRspr 1958/59 Nr 180). Für die Frage, ob die Vereinbarung ausl Rechts **Auslandsberührung** voraussetze (so – praktisch jedoch nicht erheblich – BAG 7, 357 = IPRspr 1958/59 Nr 50 und st Rspr, zB noch BAG IPRax 1985 Nr 49; Trinkner AWD 1973, 33f; Reithmann/Martiny[5] IVR Rz 1341), gelten die Erl zu Art 27 III (dort Rz 8f). Die Rechtswahl kann den Sachverhalt nur in den dort erlaubten Grenzen aus der Rechtsordnung, in der er objektiv lokalisiert ist, in die gewählte Rechtsordnung verpflanzen (wohl enger Däubler aaO 250; Schmidt-Hermesdorf RIW 1988, 938f; wie hier grundsätzlich Pal/Heldrich Art 30 Rz 4); indes bedarf es im konkreten Fall der Prüfung des Art 27 III beim Arbeitsvertrag oder Arbeitsverhältnis iSd Art 30 regelmäßig nicht, da Art 30 I als spezielle Norm für das Arbeitsstatut den gleichen Schutzgehalt (Geltung der zwingenden Schutzbestimmungen des objektiven Arbeitsstatuts, Art 30 I iVm 30 II) hat (ebenso Pal/Heldrich Art 30 Rz 4). In den allg Grenzen (Art 27 Rz 19) ist auch die **teilweise Rechtswahl** (Art 27 I S 3) zulässig (BAG MDR 1998, 543; tw abweichend Krebber IPRax 1999, 165). Im Hinblick auf die Vorbehalte des Art 30 I ist sie allenfalls inopportun, nicht schädlich (s Hönsch aaO 115; auch BAG NJW 1987, 211 = AP KSchG 1969 § 1 Nr 33 krit Anm Gamillscheg).

9 **b) Form der Rechtswahl.** Art 30 enthält im Unterschied zu Art 29 III keine besondere Formbestimmung. Es gelten deshalb Art 27 IV für die Rechtswahlvereinbarung (s Art 27 Rz 29; Lüderitz IPR Rz 289) und Art 11 für den Arbeitsvertrag selbst. Einer besonderen, strengeren Formbehandlung des int Arbeitsvertrages, wie sie zT gefordert wird (für Ausschluß der Ortsform Birk RdA 1984, 129, 132 mwN, auch RdA 1989, 201, 203; für bes Einbeziehungskontrolle entspr § 3 AGBG Mook DB 1987, 2252) bedarf es mE nicht. Dem Schutz des Arbeitnehmers ist durch die Schutzanordnungen der Art 30 I (ggf auch des Art 27 III, 31 II, 34) hinreichend Rechnung getragen.

10 **c) Wirkung und Wirkungsgrenzen der Rechtswahl.** Durch wirksame Rechtswahl iSv Rz 8, 9 wird das gewählte Recht Arbeitsvertragsstatut und Arbeitsstatut. Es bestimmt über den ihm unterliegenden Arbeitssachverhalt in dem durch Art 27, 31, 32 bestimmten Umfang (Entstehen, Inhalt, Beendigung, s unten Abschn III). Abs I versagt der Rechtswahl jedoch die Wirkung insoweit, als dadurch dem Arbeitnehmer der Schutz entzogen wird, den ihm die zwingenden Vorschriften der Rechtsordnung gewähren, die ohne die Rechtswahl maßgebend wäre. Zweck dieser Beschränkung der Rechtswahl ist der Schutz des Arbeitnehmers gegen einseitig gewillkürte Unterstellung des Arbeitsverhältnisses unter ein Recht mit geringerem Arbeitnehmerschutzstandard (s Rz 1 und Hohloch aaO 353ff).
aa) Was **zwingende Bestimmungen** iSv Art 30 I sind, führt die Norm nicht näher aus. Allgemein gilt dafür das zu Art 27 III Ausgeführte (dazu Art 27 Rz 26); sie dürfen für die Parteien vertraglich **nicht abdingbar** sein (Junker IPRax 1989, 69, 72). Inhaltlich müssen die zwingenden Bestimmungen entweder arbeitsrechtlichen oder allg vertragsrechtlichen Charakter haben (zu letzteren vgl Art 29 Rz 17). Als **arbeitsrechtliche Schutzvorschriften** sind solche Vorschriften anzusehen, die in der Rechtsstellung von Arbeitnehmern, die idR schwächeren Arbeitgebern gegenüber geschützt wird. Sie finden sich in einer Vielzahl im gesamten Arbeitsrecht; entscheidend stets, daß die jeweilige Bestimmung Auswirkungen auf das Arbeitsverhältnis (Beginn, Bestand, Inhalt) zeigt (s Ber Giuliano/Lagarde BT-Drucks 10/503, 57; auch MüKo/Martiny Art 30 Rz 20). Ob sie **privatrechtlicher** oder **öffentlichrechtlicher** Natur ist, ist hingegen ohne Belang (Hohloch aaO 357f; Kronke DB 1984, 405; Einzelbeispiele BAG IPRax 1994 Nr 64; MDR 1998, 543 [Kündigungsschutz]; Düsseldorf OLGRp 2003, 298 [analoge Anwendung von Art 30 bei Auslegung des Anstellungsvertrages eines GmbH-Geschäftsführers]; LAG Köln RIW 1992, 934 [Vertragsübergang § 613a]; BAG 71, 297 = IPRax 1994, 123, 126 [Arbeitnehmerschutz beim Betriebsübergang, Insolvenzschutz für Arbeitnehmer und sonstige Schutzbestimmungen [zB Jugend- und Mutterschutz], Junker IPRax 1989, 69, 72; Staud/Magnus [2001] Art 30 Rz 79). Ebenso kommen als zwingende Vorschriften Bestimmungen eines **Tarifvertrages** in Betracht, an den eine Vertragspartei gebunden ist (Ber Giuliano/Lagarde aaO S 57; Gamillscheg ZfA 1983, 307, 336; Reithmann/Martiny[5] IVR Rz 1343). Zu einzelnen zwingenden Vorschriften aus der Sicht des dt Rechts s unten Abschn III im Rahmen der Darstellung des Anwendungsbereichs von Art 30.

11 **bb)** Art 30 I verlangt insofern regelmäßig einen **Günstigkeitsvergleich**. Insoweit entspr Art 30 Art 29. Die Rechtswahl berührt nicht die dem Arbeitnehmer im Vergleich mit den Regeln des gewählten Arbeitsstatuts günstigeren zwingenden Bestimmungen des gem Abs II objektiv zur Anwendung gelangenden Statuts. Es geht für Art 30 I also nicht um die Anwendung der lex fori, wiewohl das Statut gem Abs II und die lex fori vielfach identisch sein werden. Welches Recht das Vergleichsstatut ist, ist über Abs II für den konkreten Sachverhalt zu bestimmen. Es gilt, je nach Sachverhalt, Nr 1 oder Nr 2 oder die Gesamtabwägung gem Abs II Hs 2 (BAG DB 1990, 1666 = RIW 1990, 754; s Rz 15–17). In vielen Fällen wird mit einer ungeprüften, ohne Günstigkeitsvergleich durchgeführten Anwendung der Schutzbestimmungen des aus Art 30 II folgenden Rechts das konkret richtige Ergebnis erreicht (ebenso Reithmann/Martiny[5] IVR Rz 1344; s auch Art 29 Rz 17). Dem Sinngehalt von Art 30 I entspricht jedoch die Anstellung des Vergleiches (allg A, vgl Kronke DB 1984, 405; Philip FS Mann [1977] 257, 260; Hohloch aaO 355ff – allerdings auf die Grenzen hinweisend –; MüKo/Martiny Art 30 Rz 23; Pal/Heldrich Art 30 Rz 5). Es ist die nach einem Vergleich günstigere Rechtsordnung aus Abs I und Abs II mit ihren Schutzbestimmungen anzuwenden. Bietet das gewählte Recht denselben oder höheren Standard als das objektiv angeknüpfte Statut, bleibt es bei der uneingeschränkten Maßgeblichkeit des ersteren (s obige Nachw und Gamillscheg ZfA 1983, 307, 335). Kennt das gewählte Recht indes keine dem objektiv maßgeblichen Recht entspr Schutzvorschrift oder hat es insoweit minderen Standard, werden die Schutzvorschriften des Rechts aus Abs II maßgeblich, so daß es zu einer **Spaltung des anwendbaren Rechts** kommt (s schon Art 27 Rz 21, 26).

cc) Der Günstigkeitsvergleich ist grundsätzlich bezogen auf den konkreten Einzelfall und das konkrete Schutzproblem anzustellen. Das im Erg günstigere Recht findet dann zur Lösung des konkreten Schutzproblems Anwendung (im Grundsatz allg A; Hohloch aaO 357f; Hönsch aaO 116; Schurig, RabelsZ 54 [1990] 217, 225; MüKo/Martiny, Art 30 Rz 26; Pal/Heldrich Art 30 Rz 5). Indes kann das Günstigkeitsprinzip nicht iS einer „Rosinentheorie" (Däubler AWD 1972, 10) zur ungeprüften Kumulation aller Vorteile der jeweiligen Rechte führen (Hohloch aaO, 358; auch MüKo/Martiny Art 30 Rz 26). Vielmehr ist bei der Prüfung der Günstigkeit der zusammengehörige Komplex (zB Mehrarbeitsvergütung und Arbeitszeitregelung) als einheitliche Frage iS eines „Gruppenvergleichs" (Staud/Magnus [2001] Art 30 Rz 84; MüHdbArbR/Birk § 20 Rz 24 mwN) zu behandeln und einer Rechtsordnung zu unterstellen (näher Hohloch aaO 357ff, ebenso BAG IPRax 1994, 126; Reithmann/Martiny[5] IVR Rz 1344; tw aber, weil für engeren Vergleich Schurig RabelsZ 54 [1990], 225; Eser BB 1994, 1992, auch zur Handhabung von Art 6 im äußersten Fall).

d) **Verhältnis zu Art 34.** Art 30 I schließt die Anwendung von Art 34 (Vorbehalt zwingender inl Normen) nicht aus; Art 34 bleibt anwendbar dann, wenn Art 30 II in ein anderes als das dt Recht führt (Reithmann/Martiny[5] IVR Rz 1365). Ist auch das aus Art 30 II folgende Recht das deutsche, braucht Art 34 hinsichtlich arbeitsrechtlicher Schutzbestimmungen (Rz 11) nicht bemüht zu werden; Art 30 I hat dann als lex specialis Anwendungsvorrang (ebenso Reithmann/Martiny aaO). Art 34 bleibt aber Eingangstor für nichtarbeitsrechtliche Schutzbestimmungen, die Geltung fordern (zB Regeln allg wirtschaftspolitischer Art, s Art 34 Rz 14, 15; s auch oben Rz 5).

2. Objektive Bestimmung des Arbeitsstatuts bei fehlender Rechtswahl (Abs II)

a) **Allgemeines.** Fehlt es an einer Rechtswahl iSv Abs I, sei es weil die Parteien – idR vernünftigerweise – von Rechtswahl abgesehen haben, sei es, weil die Rechtswahl nicht wirksam zustandegekommen ist (Rz 8, 9), greift objektive Anknüpfung des Arbeitsstatuts gem **Abs II** ein. Abs II ist lex specialis im Verhältnis zu Art 28. Dessen Regeln sind für Arbeitsverträge und Arbeitsverhältnisse insgesamt unanwendbar. Abs II enthält in Nr 1 und Nr 2 Anknüpfungsregeln für die beiden häufigsten Sachverhaltsgruppen des Arbeitsvertrages mit Auslandsberührung; ergibt keine von beiden im konkreten Fall das räumlich richtige Recht, ist dieses über die individuelle Gesamtabwägung gem Abs II letzter Hs zu bestimmen.

b) **Recht des gewöhnl Arbeitsortes Abs II Nr 1.** Nr 1 knüpft in grundsätzlicher Übereinstimmung mit der zum alten Recht schon entwickelten hM (s Rz 2) für den typischen Fall des Arbeitsverhältnisses mit Auslandsberührung an den **gewöhnlichen Arbeitsort** an. aa) Arbeitsstatut ist so die **lex loci laboris (communis)**, das rechtfertigt sich aus der besonders prägenden Wirkung des Arbeitsortes für die Gestaltung des Arbeitsverhältnisses, insbes bei der für Art 30 typischen Eingliederung des einzelnen Arbeitsverhältnisses in die Gesamtheit des Betriebs, dessen Lokalisierung dann den Schwerpunkt gibt (s Birk RabelsZ 46 [1982] 384, 392 und RdA 1984, 129, 131; leicht abw Behr aaO 322 – Platz der Arbeitsleistung). **Gewöhnl Arbeitsort** ist der Ort, wo für den Arbeitnehmer das „Zentrum seiner arbeitsrechtlichen Beziehungen" angesiedelt ist. Das ist regelmäßig der **Betrieb** des Arbeitgebers (s schon BAG 16, 215; BAG NJW 1985, 2910 = EWiR 1985, 659 Anm Birk; BAG DB 1990, 1666, 1667 = RIW 1990, 754; BAG v 12. 12. 1989 – 3 AZR 783/87 unveröffentlicht; für im Inland beschäftigte ausl Arbeitnehmer eines dt Betriebs ArbG Wesel IPRsp 1995 Nr 58; für Grenzgänger Weth/Kerwer RdA 1998, 236); bei Arbeitnehmern, die in einer **Zweigstelle** des Betriebs beschäftigt sind, ist dann zu entscheiden, ob der Hauptbetrieb oder die Filiale für den Arbeitnehmer das „Zentrum" im genannten Sinne darstellt (MüKo/Martiny Art 30 Rz 32). Mit dieser Ausformung des gewöhnl Arbeitsortes wird iü grundsätzlicher Gleichlauf mit der Rspr des EuGH zu Art 5 Nr 1 EuGVÜ (jetzt Art 5 Nr 1 EuGVO) bei Bestimmung des Gerichtsstands des Erfüllungsorts des Arbeitsvertrages erzielt (EuGH Slg 1993 I 4075, 4105 – Mülox/Geels, EuZW 1997, 143, 144 – Rutten/Cross Medical Ltd; s ferner Mankowski IPRax 1999, 332). bb) Nr 1 ist anzuwendende Kollisionsnorm für das Arbeitsverhältnis von **Innendienstbeschäftigten**, dh Arbeitnehmern, die ihre Arbeit am Sitz des Betriebs bzw seiner Zweigstelle (s oben) verrichten; Nr 1 gilt auch für solche **Außendienstmitarbeiter**, deren Arbeitszeit im wesentlichen außerhalb des Betriebes abläuft (zB Handelsreisender, der Angestellter und nicht selbständiger Handelsvertreter – dazu Art 28 Rz 53 – ist, Klima RIW 1987, 796f, s noch BAG RIW 1987, 464), für die der Betrieb aber gleichwohl als Ausgangspunkt der regelmäßigen Arbeit das Zentrum darstellt. Konsequent ergibt sich bei „**Heimarbeitern**" der gewöhnliche Arbeitsort zu Hause, wo der Ort der tatsächlichen Arbeitsleistung ist (ähnlich MüKo/Martiny Art 30 Rz 31; Staud/Magnus [2001] Art 30 Rz 100; Erfurter Komm/Schlachter Art 27ff EGBGB Rz 8; MüHdbArbR/Birk § 20 Rz 33). Bei **Leiharbeitnehmern** ist der Ort der realen Betätigung maßgebend, bei

Telearbeitern der Ort der gewöhnlichen tatsächlichen Eingabe der Daten, nicht der Standort des Servers (näher Mankowski DB 1999, 1854, 1856).

16 cc) Auf dieser Grundlage gilt für internationalprivatrechtlich besonders herauszuhebende Arbeitnehmergruppen folgendes: **(1)** Sog **Ortskräfte**, dh am ausl Arbeitsort angeworbene Arbeitnehmer (zB an Baustellen von Unternehmen aus anderem Sitzland, Beitzke AR-Blattei B I 6d; zB in dt Auslandsvertretungen BAG 13, 121; LAG Düsseldorf IPRsp 1956/57 Nr 26; zB in Auslandsstudios dt Medien LAG Rheinland-Pfalz IPRsp 1981 Nr 44; auch dt Ortskräfte in ausl Vertretungen im Inland IPG 1980/81 Nr 46 Köln) unterstehen so voll dem Recht am Arbeitsort (ggf aber auch Geltung zwingenden dt Rechts über Art 34, zB dt Feiertagsregelung in ergänzender Geltung, soweit dies nicht durch Inhalt des Rechts ohne Zugriff auf materiellrechtliche Verweisung vorweggenommen ist; s dazu Junker RdA 1998, 42, 45; Mankowski IPRax 2001, 123). **(2)** Für **entsandte Kräfte** (zB Baustellenleiter, Filialleiter, Monteure), deren Arbeitsverhältnis gleichwohl mit dem entsendenden Betrieb verbunden bleibt, bleibt es unter dem Gesichtspunkt des vorübergehenden Charakters der Entsendung bei der Geltung des Rechts des Betriebs gem Nr 1 (zum alten Recht bei Rechtswahl BAG BB 1967, 1290 LS Anm Trinkner = AP IPR-ArbR Nr 10 Anm Gamillscheg; s ferner zum Montageverhältnis Beitzke RIW 1954, 44; v Beringe RIW 1955, 122; Isele FS Ficker [1967] 241; Hohloch aaO 353ff – Begr aus Hs 2 – S 356). Nach BAG DB 1978, 1840 = AP IPR-ArbR Nr 16 Anm Simitis und Steinmeyer DB 1980, 1541f gilt das auch bei fester Eingliederung in Betriebsorganisation am Tätigkeitsort, ohne daß ein Zeitlimit gesetzt wird (für Zeitlimit jedoch Kraushaar BB 1989, 2121, 2124 – nicht länger als 2–3 Jahre –; s ferner zu EWG-VO Nr 1408/71 – 1 Jahr – Birk FS Molitor [1988] 19, 30ff; Schmidt-Hermesdorf RIW 1988, 938, 940). Es kommt hier sehr auf den Einzelfall an, Korrekturen zugunsten des Rechts des entsendenden Betriebs sind immer über Abs II Hs 2 möglich (Hohloch aaO 356); zu entsandten Kräften multinationaler Unternehmen BAG NJW 1975, 408 = IPRsp 1974 Nr 42b; Rehbinder, Dt Beiträge zum IX. Int Kongreß für Rvgl 1974, 122, 134; Birk BerDGesVR 18 (1978) 296, 299.

(3) Bei nur **vorübergehender, kurzfristiger Entsendung** (s E. Lorenz RdA 1989, 223; Junker/Wichmann NZA 1996, 506) bleibt es bei der Maßgeblichkeit des Rechts des gewöhnl Arbeitsortes ohnehin (s Nr 1; zum alten Recht – Fälle der Aus- und Einstrahlung MüKo/Martiny Art 30 Rz 36).

17 **(4)** Für die Bestimmung des Anknüpfungspunkts bei **Flugpersonal** bestand bislang keine klare Linie; soweit Rechtswahl nicht getroffen war oder das gem Abs II maßgebliche Recht wegen seiner zwingenden Bestimmungen festzustellen war, wurde zT Maßgeblichkeit des Registerlandes angedeutet (BAG RIW 1975, 521 = IPRsp 1975 Nr 30b = AP Nr 12 IPRArbR Anm Beitzke) diese Anknüpfung ist heute überholt. Regelmäßig wird hier **nicht Nr 1, sondern Nr 2** (Recht der einstellenden Niederlassung) in Betracht kommen (ebenso Pal/Heldrich Art 30 Rz 7), so daß von geänderter praktischer Handhabung auszugehen ist (vgl für Flugpersonal BAG NZA 2002, 734; LAG Hessen NZA-RR 2000, 401, 402; Benecke IPRax 2001, 449, 450); ggf kann bei Dauereinsatz im Teilbereich gem Abs II Hs 2 aber Recht des Einsatzortes den Vorzug verdienen (Däubler aaO 251). **(5)** Zu Seeleuten s unten c).

18 c) **Recht der einstellenden Niederlassung, Abs II Nr 2.** Verrichtet der Arbeitnehmer seine Arbeit gewöhnl nicht in ein und demselben Staat, so kommt nach Nr 2 das Recht der Niederlassung zur Anwendung, die den Arbeitnehmer eingestellt hat (zur Begr der Anknüpfung Rz 1) **aa)** Niederlassung iSv Nr 2 ist der Betrieb des Arbeitgebers; eigene Rechtspersönlichkeit muß er nicht besitzen. Handelt es sich um eine Zweigniederlassung, so gilt grundsätzlich die Abgrenzung von Rz 15. Gem dem Wortlaut von Nr 2 gilt das Recht der **einstellenden Niederlassung**; wird der Arbeitnehmer von ihrem Ausgangspunkt aus eingesetzt, entstehen Auslegungsprobleme nicht. Stellt bei einem gegliederten Unternehmen aber eine Niederlassung ein und kommt der Arbeitnehmer erstmals sofort bei einer anderen Niederlassung zum Einsatz, so gilt das Recht der „Einsatzniederlassung" (i Erg Gamillscheg ZfA 1983, 307, 334; Däubler aaO 251; Behr IPRax aaO 323).

19 bb) Das Recht der Einstellungsniederlassung gilt für Arbeitnehmer, die gewöhnl in verschiedenen Staaten eingesetzt werden. Einzuordnen sind hier **(1) Monteure** und ähnliche Beschäftigte mit wiederkehrend wechselndem Einsatzort (s auch LAG Bremen RIW 1996, 1038); **(2)** das **fliegende Personal** von Luftfahrtunternehmen (Rz 17); **(3) Seeleute** sind nach richtiger Ansicht hier einzuordnen (str, für Recht der Flagge – aR – BAG NJW 1979, 1791; offengelassen in BAG DB 1990, 1666 = RIW 1990, 754; grundsätzlich wohl für Flaggenrecht Däubler aaO 251; E. Lorenz aaO 224; Magnus IPRax 1990, 141, 144; Mankowski RabelsZ 53 [1989] 487, 504); wie hier Pal/Heldrich Art 30 Rz 7; Ebenroth/Fischer/Sorek ZVglRWiss 88 (1989) 124, 138, 140ff; wohl auch Reithmann/Martiny[5] IVR Rz 1358. Für die Anwendung von Nr 2 und gegen grundsätzliche Anwendung des Flaggenrechts spricht die Entstehungsgeschichte von Nr 2 (Ber Giuliano/Lagarde, BT-Drucks 10/503, 58) und auch § 21 IV FlaggenrechtsG v 4. 7. 1990, BGBl I 1342 (keine automatische Geltung dt Rechts für Arbeitsverhältnisse mit nicht im Inland lebenden Besatzungsmitgliedern bei Führen der Bundesflagge auf Schiffen mit Eintragung im Int Schiffahrtsregister), s dazu BVerfG 92, 39; BAG NZA 1995, 1192; NZA 2002, 734 (s Rz 17); Lagoni JZ 1995, 502; Puttfarken RIW 1995, 623; Tomuschat IPRax 1996, 85; EuGH IPRax 1994, 199 mit Aufs Magnus S 178. Zur Zulässigkeit der Rechtswahl (obiter BAG DB 1990, 1666 = RIW 1990, 754, 756) s Puttfarken, See-Arbeitsrecht – Neues im IPR (1988); ausführl Staud/Magnus [2001] Art 30 Rz 139ff.

20 d) **Ausweichklausel Abs II Hs 2.** Die aus Nr 1 und Nr 2 folgenden Anknüpfungen sind im Einzelfall nach Maßgabe einer Gesamtabwägung iSv Abs II Hs 2 zugunsten der Maßgeblichkeit eines Rechts engerer Verbindung nachgiebig. **aa)** Hs 2 enthält („es sei denn") eine **Ausnahmeklausel** (Hohloch aaO 356; ebenso Behr aaO 324; aA – Gleichrang – Hönsch aaO 114), so daß nicht schon jeder in andere Richtung als Nr 1 bzw Nr 2 führende Berührungspunkt des konkreten Falles Anlaß zur Abkehr von der an sich einschlägigen Grundregel der Nr 1 bzw Nr 2 gibt (s auch oben Erl Art 28 V Rz 17; das gilt ungeachtet der Ergebnisse der Leitentscheidungen des BAG zu Art 30, denen jeweils Abs II Hs 2 zugrunde liegt, vgl BAG 63, 17; 71, 297; IPRax 1996, 416). Nicht soll über Hs 2 das günstigere bzw „bessere" Recht, das gem Nr 1 oder Nr 2 nicht zur Anwendung kommt, Eingang in die Anknüpfung finden (so – abzulehnen – Pocar Rec des Cours 188 [1984 V] 388); hierfür dient Art 34 und ggf Art 6 (auch Gamillscheg ZfA 1983, 307, 340). Ansonsten aber können iSd von Hs 2 vorgehaltenen Abwägung der Gesamtumstände **Berührungspunkte aller Art** Bedeutung erlangen (s MüHdbArbR/Birk § 20 Rz 52ff).

bb) Praktisch bedeutsam geworden ist Hs 2 – bzw entspr gewohnheitsrechtliche Praxis alten Rechts – bislang 21 vor allem dort – wo **gemeinsames Heimatrecht** in andere Richtung als Nr 1 und 2 (und vor allem zum dt Recht!) führt (s – dt Recht – LAG BadWürtt RIW 1981, 272 mit Anm Winkler 274 = IPRsp 1980 Nr 51; BAG IPRsp 1966/67 Nr 52; BAG 13, 121 = IPRsp 1962/63 Nr 19 – stillschweigende Rechtswahl; s – ausl Recht – BAG IPRsp 1975 Nr 30b = RIW 1975, 521 = AP Nr 12 IPR-Arb mit Anm Beitzke; LAG Rheinland-Pfalz IPRsp 1981 Nr 44; obiter auch BAG DB 1990, 1666, 1667; BAG Urt v 9. 7. 2003 – 10 AZR 593/02); indes ist hier zu differenzieren: kann nicht Rechtswahl angenommen werden, ist Bedeutung gemeinsamer Staatsangehörigkeit nicht hoch zu veranschlagen, wenn gewöhnl Aufenthalt damit nicht übereinstimmt (s schon LAG Düsseldorf IPRsp 1956/57 Nr 26; ArbG Kaiserslautern IPRax 1988, 250 [LS] mit Anm Jayme; Hohloch aaO 356). Bedeutsam kann außerdem der **Einsatzort** (s Rz 17) und – als Gegengewicht gegen Eingliederung am Einsatzort – die **besondere Ausgestaltung der Vertragsbeziehung** zur Betriebszentrale sein (Rz 16; hierzu auch LAG Frankfurt IPRax 1992 Nr 11; zu weiteren Kriterien wie Sprache, Staatsangehörigkeit, Arbeitgebersitz, Kranken- und Altersversorgung s BAG NZA 1995, 1192; ZIP 1996, 2033; BAG v 9. 7. 2003 – 10 AZR 593/02; LAG Köln RIW 1992, 934; LAG Bremen RIW 1997, 1040; LAG Düsseldorf RIW 1992, 402; LAG Bremen RIW 1996, 1040).

III. Anwendungsbereich

1. Arbeitsverträge und Arbeitsverhältnisse. Art 30 betrifft Arbeitsverträge; **Arbeitsverträge** idS sind Dienst- 22 verträge, dh Vereinbarungen zwischen Arbeitgeber und Arbeitnehmer, die eine weisungsgebundene, sozial abhängige Tätigkeit zum Gegenstand haben (ie v Bar IPR II Rz 447; Mankowski BB 1997, 465). Verträge über Dienstleistungen, die in wirtschaftlicher und sozialer Selbständigkeit erbracht werden, gehören deshalb nicht zu den Arbeitsverträgen und erhalten ihre Anknüpfung aus Art 27, 28 (zum Dienstvertrag, Maklervertrag, Handelsvertretervertrag Art 28 Rz 38, 48, 53; zum Handelsvertreter und Art 30 Klima RIW 1987, 796f; allg Hohloch aaO 353; wie hier Pal/Heldrich Art 30 Rz 2; MüKo/Martiny Art 30 Rz 8). Die Erwähnung der **Arbeitsverhältnisse** in Art 30 beruht auf der dt Fassung von Art 6 Röm Übk, damit wird der dt Terminologie und Praxis Rechnung getragen, die Arbeitsrecht auf der Arbeitsverhältnisse ohne vertragliche Grundlage (faktische Arbeitsverhältnisse) und Arbeitsverhältnisse auf der Grundlage nichtiger, aber in Vollzug gesetzter Verträge anwendet (s Ber Giuliano/Lagarde, BT-Drucks 10/503, 57f). Das findet sich in Art 32 I Nr 5 wieder (s Gamillscheg ZfA 1983, 307, 332f). Zur Anknüpfung von Ansprüchen von Zwangsarbeitern Stuttgart NJW 2000, 2680, 2681.

2. Reichweite und Umfang im einzelnen. a) Grundsatz. Das **Arbeitsstatut**, dh das aus Abs I (Rechtswahl) 23 oder Abs II (objektive Anknüpfung) folgende, auf den Arbeitsvertrag bzw das Arbeitsverhältnis anwendbare Recht regelt **grundsätzlich alle Fragen** der Beziehung zwischen Arbeitgeber und Arbeitnehmer, mit Ausnahme selbständig anzuknüpfender **Vorfragen** (zB Geschäftsfähigkeit) und mit Ausnahme (1) der sich gegen die Rechtswahl gem Abs I durchsetzenden zwingenden Bestimmungen des vom gewählten Statut verschiedenen objektiven Statuts iSv Abs II, (2) der gem Art 34 gesondert anzuknüpfenden sonstigen zwingenden Bestimmungen des dt Rechts. Innerhalb dieses Rahmens regelt das Arbeitsstatut gem Art 31, 32, die auch auf Art 30 unterliegende Verträge anwendbar sind, **alle mit Begründung, Inhalt, Erfüllung, Störung und Beendigung eines Arbeitsverhältnisses zusammenhängenden Fragen** (Hohloch aaO 353; Däubler aaO 255; Pal/Heldrich Art 30 Rz 3). Insoweit kann grundsätzlich auf Art 31, 32 und dortige Erl verwiesen werden.

b) Einzelfragen zum Umfang. Arbeitsstatut und zwingendes Recht. Da für den Arbeitsvertrag und das son- 24 stige Arbeitsverhältnis bei Rechtswahl die Gemengelage von Arbeitsstatut gem Abs I und zwingendem Recht gem Abs II (und Art 34) eine im Vergleich zur Rechtslage bei anderen Schuldverträgen abw Situation schafft, werden folgende Einzelaspekte gesondert und unabhängig von Erl zu Art 31, 32 erläutert.

aa) Die **Begründung** des Arbeitsvertrages unterliegt im Grundsatz dem Vertragsstatut (Art 31 I). Dieses befin- 25 det über die Voraussetzungen wirksamen Zustandekommens (rechtsgeschäftliche Seite, auch vorvertragliche Pflichten, zB Pflicht zu wahrheitsgemäßen Angaben, s ebenso Staud/Magnus [2001] Art 30 Rz 215; aA MüHdbArbR/Birk § 20 Rz 121: Recht am Betriebssitz), und grundsätzlich über den zulässigen Typ des Arbeitsverhältnisses (unbefristete, befristete Arbeitsverhältnisse). Befristungsverbote und -beschränkungen des aus Abs II folgenden Rechts setzen sich ihrer Schutzfunktion wegen jedoch gegenüber den Regelungen des gewählten Statuts durch (Reithmann/Martiny[5] IVR Rz 1371; Birk RdA 1984, 129, 132). Nicht das Verhältnis Abs I und II, sondern Art 6 ist betroffen bei eklatanten Abweichungen wie zB dem Verbot der Frauenarbeit (vgl LAG Köln IPRsp 1982 Nr 40). Das Arbeitsstatut regelt auch die **Fortsetzung** von Arbeitsverhältnissen beim **Betriebsübergang** (Gamillscheg aaO 235; BAG 71, 297 = IPRax 1994, 123, 126). Ungünstigeres Recht für den Arbeitnehmer (vgl Sachverhalt LAG Hamburg IPRsp 1979 Nr 36 = IPRax 1981, 175 Anm Kronke 157) wird gem Abs I, II verdrängt. Kennt das objektive Arbeitsstatut solche Regelungen nicht, kann bei hinreichendem Inlandsbezug Sonderanknüpfung von § 613a über Art 34 in Betracht kommen (vgl Kronke aaO 159f; s – abw Birk RdA 1984, 129, 133; Koch RIW 1984, 592, 594; s ferner MüKo/Martiny Art 30 Rz 50). Zur **Form** s Rz 9.

bb) Der **Inhalt** des Arbeitsvertrages unterliegt (vgl Art 32) im Grundsatz dem Vertragsstatut. Bei Rechtswahl 26 ist indes sorgsam iSd Günstigkeitsvergleichs zu prüfen, ob sich Regelungen des objektiven Statuts (Abs II) als günstigere Schutzbestimmungen durchsetzen. Das betrifft den **Vergütungsanspruch**, der grundsätzlich aus dem Vertragsstatut folgt (BAG NJW 1985, 2910 = EWiR 1985, 659 Anm Birk). Zu Nebenansprüchen auf Umzugskostenersatz BAG NJW 1996, 741. Lohnansprüche für Feiertage, Mehrarbeit, in der Höhe garantierte Ansprüche

(Mindestlöhne) folgen indes aus Schutzbestimmungen und sind gem Abs II gegenüber Abs I durchschlagend (Hohloch aaO 358; zust Reithmann/Martiny⁵ IVR Rz 1373; Pal/Heldrich Art 30 Rz 3). Ansprüche auf **Lohnfortzahlung** gem LFZG sind bei Entsandten und bei Inlandsbeschäftigten mit ausl Arbeitsstatut nach Art 34 anzuknüpfen (Gamillscheg ZfA 1983, 307, 360; str, s MüHdbArbR/Birk § 20 Rz 92, 148; Staud/Magnus [2001] Art 30 Rz 223); s auch EWG-VO Nr 1408/71 (12 Monate Maßgeblichkeit des Entsendungsorts bei Entsendung im EG-Bereich); zum Mutterschaftsgeld s (ebenso) Reithmann/Martiny⁵ IVR Rz 1375; zum Konkursausfallgeld LSG München IPRax 1982, 191 mit Anm Kronke 177; BSG ZIP 1984, 469 = IPRspr 1983 Nr 47. Zu den Sonderregelungen des AEntG bei Arbeitnehmerentsendung (Bauleistungen, Seeschiffahrtsassistent) ins Inland s Borgmann IPRax 1996, 315ff; Erfurter Komm/Hanau, AEntG; Krebber IPRax 2001, 22; ferner BAG NZA 2003, 275; zur Vereinbarkeit mit Art 49, 50 EGV EuGH EuZW 2000, 88; IPRax 2002, 210; EuZW 2002, 245; s auch Krebber ZEuP 2001, 365, 366; Franzen IPRax 2002, 186; v Danwitz EuZW 2002, 237; s zum Inhalt (Auskunft, Beitrag) LAG Frankfurt am Main AR-Blattei ES 370.3 Nr 3. Auch der **Urlaubsanspruch** folgt aus dem Vertragsstatut (BAG 16, 215 = NJW 1965, 319; BAG IPRax 1994, 123, 126; ArbG Frankfurt IPRspr 1971 Nr 32; Birk RdA 1984, 129, 134; Schmidt-Hermesdorf RIW 1988, 938, 941). Mindesturlaubsregelungen sind Schutzbestimmungen iSv Abs I (Hohloch aaO 353ff; zu Art 34 Reithmann/Martiny⁵ IVR Rz 1365). Ebenso unterliegt die Behandlung der **Arbeitnehmererfindung** dem Vertragsstatut (hM, Birk RabelsZ 46 [1982] 384, 400; Sack RIW 1989, 612; Straus GRUR Int 1984, 1; Reithmann/Martiny⁵ IVR Rz 1378). Zur Nettolohnvereinbarung LAG Hamm 24. 2. 2000, Bibl BAG (Gründe).

27 cc) **Bestand und Beendigung** des Arbeitsverhältnisses unterliegen dem Vertragsstatut. Das gilt im Grundsatz für das **Ruhen des Arbeitsverhältnisses** (zwingende Anwendung der Ruhensregelung aber bei Wehrdienst, s Reithmann/Martiny⁵ IVR Rz 1379; für Türken BAG DB 1983, 1602 und BAG 43, 263 = DB 1984, 132). **Kündigung, Kündigungsfristen und Kündigungsschutz** unterstehen dem Vertragsstatut (BAG 63, 17 = IPRax 1991, 407 m Aufs Magnus S 382; zum aR BAG AWD 1967, 411 = IPRspr 1966/67 Nr 50b; BAG RIW 1975, 521 = IPRspr 1975 Nr 30b = AP Nr 12 IPR-ArbR mit Anm Beitzke; BAG IPRspr 1977 Nr 47 = NJW 1978, 1124 = SAE 1978, 236 mit krit Anm Birk 239; BAG NJW 1987, 211 = DB 1986, 2498; BAG IPRspr 1988 Nr 51; LAG Frankfurt RIW 1988, 59; s ferner Wollenschläger/Frölich AuR 1990, 314). Ist dt Recht objektives Arbeitsstatut gem Abs II, gelten als zwingendes Recht gleichwohl die zwingenden Regeln des KSchG (Hohloch aaO 358; zust Reithmann/Martiny⁵ IVR Rz 1380; MüKo/Martiny Art 30 Rz 60; Hönsch aaO 116; Schmidt-Hermesdorf RIW 1988, 938, 941). S ferner Sauveplanne IPRax 1989, 119; Junker IPRax 1989, 69, 75. Zur Kleinbetriebsklausel § 23 I 2 KSchG BAG 86, 374; LAG Hamm IPRspr 1990 Nr 59, 118; kritisch Junker RIW 2001, 94, 104f; s Staud/Magnus [2001] Art 30 Rz 237. Gleiches gilt grundsätzlich für den besonderen Kündigungsschutz gem SGB IX, MuSchG, BetrVG, s BAG NJW 1987, 2766 und BAG 17, 1 = IPRspr 1964/65 Nr 69; Überblick bei MüKo/Martiny Art 30 Rz 61, 72, 73. Gleiches gilt für nachvertragliche Wettbewerbsverbote (Celle NZG 2001, 131; LAG Frankfurt am Main 14. 8. 2000, Bibl BAG [Gründe]; Däubler aaO 254; Junker IPRax 1993, 6; abw Eichenhofer IPRax 1992, 76) und für die betriebliche Altersversorgung (BAG 2, 18; DB 1968, 713; Schwerdtner ZfA 1987, 163; auch Birk FS G. Müller [1981] 29; ders IPRax 1984, 137).

28 3. **Zwingende Vorschriften des dt Rechts.** Nichtarbeitsrechtlich zwingende Vorschriften des dt Rechts üben im Bereich des Arbeitsschutzes Einfluß auf das Arbeitsverhältnis aus (Beschäftigungsverbot für Schwangere, Höchstarbeitszeiten, Unfallverhütungsvorschriften); sie sind über Art 34 durchzusetzen (s Hohloch aaO 353, 356ff; Birk RdA 1984, 129, 135; Reithmann/Martiny⁵ IVR Rz 1385; zu ausl zwingenden Vorschriften und ihrer Durchsetzung im Inland Hohloch aaO 353ff).

29 4. **Kollektives Arbeitsrecht.** Art 30 betrifft **nicht** das kollektive Arbeitsrecht. Dessen Anwendbarkeit ist durch das Territorialitätsprinzip bestimmt (BAG NJW 1987, 2766; DB 1990, 992; wN bei Agel–Pahlke aaO passim; s auch Reithmann/Martiny⁵ IVR Rz 1387ff) und gilt im Inland und bei Ausstrahlung deshalb unabhängig vom Arbeitsstatut (BAG NJW 1978, 1124 = AP IPR ArbR Nr 13 mit Anm Beitzke; LG Stuttgart RIW 1993, 851), dagegen nicht im Ausland, auch nicht bei Teilbetrieben (BAG 55, 236 = NJW 1987, 2766). Zum Anwendungsbereich des MitbestG Schmidt-Hermesdorf RIW 1988, 938, 943; zum Kollisionsrecht der Tarifverträge nicht mehr aktuell BAG NJW 1977, 2039 aber BAG IPRspr 1991 Nr 67 = MDR 1992, 270 = IPRax 1994, 44, 45 m Aufs Junker S 21; auch BAG BB 2000, 982 u Junker RIW 2001, 94, 106f; Grimmer IPRax 1995, 211; ausführlich Staud/Magnus [2001] Art 30 Rz 250ff; differenzierend mwN MüHdbArbR/Birk § 21 Rz 28ff; s zum Günstigkeitsprinzip insofern Gamillscheg ZfA 1983, 336), Ebenroth/Fischer/Sorek ZVglRWiss 88 (1989) 124, 144; zu § 11 AEntG s oben Rz 5 und Pal/Heldrich Art 30 Rz 3 aE; zur kollisionsrechtlichen Beurteilung von Arbeitskämpfen Hergenröder, Der Arbeitskampf mit Auslandsberührung (1987); Birk IPRax 1987, 14, 16. Zu Arbeitsverhältnissen mit int Organisationen Elwan/Ost IPRax 1995, 1; BAG IPRax 1995, 33 mit Aufs Seidl-Hohenveldern S 14.

IV. Verfahrensrecht

30 Die Neufassung des Art 5 Nr 1 EuGVÜ durch das Beitrittsübereinkommen v 26. 5. 1989 und parallel dazu Art 5 Nr 1 des Luganer Abk von 1988 brachten eine Sonderregelung der Erfüllungsort-Zuständigkeit in arbeitsvertraglichen Streitigkeiten; Gerichtsstand besteht am gewöhnlichen Arbeitsort und alternativ am Ort der Niederlassung, die den Arbeitnehmer eingestellt hat (Art 5 Nr 1 EuGVÜ: nur für Klagen des Arbeitnehmers). Mit der Ersetzung des EuGVÜ durch die **EuGVO** seit 1. 3. 2002 gilt jetzt ohne sachliche Änderung Art 5 Nr 1b) zweiter Spiegelstrich EuGVO.

31 *Einigung und materielle Wirksamkeit*
(1) Das Zustandekommen und die Wirksamkeit des Vertrages oder einer seiner Bestimmungen beurteilen sich nach dem Recht, das anzuwenden wäre, wenn der Vertrag oder die Bestimmung wirksam wäre.

(2) Ergibt sich jedoch aus den Umständen, daß es nicht gerechtfertigt wäre, die Wirkung des Verhaltens einer Partei nach dem in Absatz 1 bezeichneten Recht zu bestimmen, so kann sich diese Partei für die Behauptung, sie habe dem Vertrag nicht zugestimmt, auf das Recht des Staates ihres gewöhnlichen Aufenthaltsorts berufen.

Schrifttum: *Basedow*, Rechtswahl und Gerichtsstandsvereinbarungen nach neuem Recht (1987); *Beckmann*, Das Sprachenstatut bei int Geschäftsverträgen (Diss Bochum 1980); *Drobnig*, Allg Geschäftsbedingungen im int Handelsverkehr, FS Mann (1977) 591; *Eckert*, Zur Wirksamkeit einer Rechtswahlvereinbarung, EWiR 2001, 1051; *Freitag*, Sprachenzwang, Sprachrisiko und Formanforderungen im IPR, IPRax 1999, 142; *v Hoffmann*, Vertragsannahme durch Schweigen im int Schuldrecht, RabelsZ 36 (1972) 510; *Jancke*, Das Sprachrisiko des ausl Arbeitnehmers im Arbeitsrecht (1988); *Jayme*, Allg Geschäftsbedingungen und IPR, ZHR 142 (1978) 105; *Linke*, Sonderanknüpfung der Willenserklärung? ZVglRWiss 79 (1980) 1; *W. Lorenz*, Konsensprobleme bei int-schuldrechtlichen Distanzverträgen, AcP 159 (1960/61) 193; *H.H. Otto*, Allg Geschäftsbedingungen und Int Privatrecht (1984); *Schlechtriem*, Das Sprachrisiko – ein neues Problem? FS Weitnauer (1980) 129; *ders*, Kollidierende Geschäftsbedingungen im internationalen Vertragsrecht, in FS Herber (1999) 36; *Spellenberg*, Fremdsprache und Rechtsgeschäft, FS Ferid (1988) 463; *Stoll*, Internationalprivatrechtliche Probleme bei Verwendung Allg Geschäftsbedingungen, FS Beitzke (1979) 759; *ders*, Rechtliche Inhaltskontrolle bei int Handelsgeschäften, FS Kegel (1987) 623.

I. Allgemeines

1. Inhalt, Zweck und Vorgeschichte. Art 31 enthält zusammen mit Art 32 die in die Kodifikation eingeflossene Regelung des Umfangs des Vertragsstatuts. Art 31 betrifft innerhalb dieses Gesamtbereichs das Zustandekommen des Schuldvertrags, ergibt also das **Entstehungsstatut**. Vorbild der Norm ist Art 8 des Röm Übk (s Ber Giuliano/Lagarde BT-Drucks 10/503, 60; Begr RegE BT-Drucks 10/504, 81f), der seinerseits im Inland nicht unmittelbar in Kraft gesetzt ist (s vor Art 27 Rz 2, 3). Die Vorschrift bestimmt in ihrem **Abs I** im Interesse der einheitlichen Geltung nur einer Rechtsordnung für das gesamte Rechtsgeschäft, daß die Voraussetzungen des Zustandekommens und die Voraussetzungen materieller Wirksamkeit des Vertrags nach demjenigen Recht zu beurteilen sind, dem der Vertrag im Falle seiner Wirksamkeit unterliegt oder unterliegen würde. Art 31 bewirkt also Einheitlichkeit von Entstehungsstatut und Wirkungsstatut (s Pirrung IPVR 180; Sandrock RIW 1986, 841, 846). Unerheblich ist dafür, ob das Vertragsstatut durch Rechtswahl oder objektiv bestimmt wird. Die Maßgeblichkeit des Vertragsstatuts gilt nach Art 27 IV auch für die für den Vertrag (= Hauptvertrag) geschlossene Rechtswahlvereinbarung. Die Regelung des Abs I entspricht der herrschenden Auffassung des alten Rechts, das ebenfalls von der Einheitlichkeit des Wirkungsstatuts ausging (zB BGH 57, 337; s ferner Soergel/Lüderitz[11] vor Art 7 Rz 279 mwN), in der Zulassung von Sonderanknüpfungen für die Rechtswahlvereinbarung (s BGH 53, 189, 191 und Mann NJW 1984, 2740) und die „vorkonsensuelle Phase" (Ferid IPR § 5–92) aber unschlüssig geworden war (s mwN Soergel/Lüderitz[11] vor Art 7 Rz 280 mwN).

Abs II ist im Anschluß an Art 8 II Röm Übk Reaktion des Gesetzgebers auf diese Unsicherheit (s dazu Lando RabelsZ 38 [1974] 6, 21; Linke ZVglRWiss 79 [1980] 1, 51ff). In Übereinstimmung mit der in anderen Rechtsordnungen stattgehabten Entwicklung (vgl Art 123 Schweiz IPRG) gibt Abs II eine **ergänzende Sonderanknüpfung**, mit der auf der Grundlage des Umweltrechts das vertragskonstituierende Verhalten einer Partei bezogen auf den Einzelfall iS der Berücksichtigung eines „Korrekturstatuts" sachgerecht gewürdigt werden kann, ohne daß der Grundsatz der Einheitlichkeit von Entstehungsstatut und Wirkungsstatut im Bereich des Vertragsstatuts verlassen wird. Sie soll vor allem in den Fällen eine sachgerechte Entscheidung ermöglichen, in denen das Vertragsstatut an das Schweigen einer Vertragspartei Rechtswirkungen knüpft, die das am gewöhnl Aufenthalt geltende „Umweltrecht" dieser Partei hierfür nicht vorsieht (BT-Drucks 10/504, 82).

2. Geltung allg Regeln. Für Art 31 als Teil des Vertragsstatuts gelten die für Art 27ff geltenden allg Regeln. Zu Staatsverträgen s vor Art 27 Rz 4ff; von praktischer Bedeutung ist insofern das **Wiener Übereinkommen v 11. 4. 1980** über **Verträge über den internationalen Warenkauf – CISG –**, s ebenda. Unterliegt ein Vertrag (idR Kaufvertrag) nach Art 1 I lit a CISG dem Recht der CISG, entscheiden die Art 14–24 CISG, nicht das nach Art 31 lit a EGBGB ggf maßgebliche nationale Recht, über das materiell wirksame Zustandekommen des Vertrages (LG Hamburg RIW 1990, 1015 = IPRax 1991, 400 m Aufs Reinhart S 376; Staud/Magnus [2001] Art 31 Rz 7. Das gilt auch für die Einbeziehung von AGB (Schlechtriem, CISG[3] [2000] vor Art 14 Rz 1; aA Koblenz IPRax 1994, 46f). Zur Behandlung widersprechender AGB insofern Sieg RIW 1997, 811, 814; AG Kehl NJW-RR 1996, 565f. Art 31 I und II bleiben freilich anwendbar, wenn das Recht der CISG über Art 1 I lit b CISG „kollisionsrechtlich" gefunden ist; das sich aus Art 31 I wie II ergebende nationale Recht ist nicht verdrängt, soweit es nicht um das „Zustandekommen", sondern um die inhaltliche Wirksamkeit des Vertrages geht, s dazu Köln RIW 1994, 972 = IPRax 1995, 393 m Aufs Reinhart S 365; auch Hamburg IPRspr 1998 Nr 34 – Anfechtung; Braunschweig IPRspr 1999 Nr 130. **Rück- und Weiterverweisung** sind wie bei Art 27–30, deren Anwendungsumfang Art 31 regelt, ausgeschlossen, s dort. Art 6 (Ordre public) ist auch auf Fragen des Zustandekommens und der Wirksamkeit des Schuldvertrags grundsätzlich anwendbar (s auch MüKo/Martiny Art 31 Rz 30), doch kommt er wegen der Schutzregelungen in Art 27 III, 29 und 30 und in 31 II kaum zum Zuge. Denkbar ist Eingreifen von Art 6 aber, wo das Vertragsstatut der Willensfreiheit der Vertragsparteien nicht hinnehmbar keine Rechnung trägt, zB durch Versagung von Anfechtung wegen Täuschung oder Drohung (zB RG IPRspr 1928 Nr 10; LAG Düsseldorf RIW 1987, 61). An Art 31 angrenzende **Vorfrage** betrifft (**selbständig nach Art 7, 12 anzuknüpfen**) die Geschäftsfähigkeit der Vertragschließenden. Zum intertemporalen und innerdeutschen Kollisionsrecht s Erl vor Art 27 Rz 12, 13 und bei Art 27–30.

II. Grundregel: Vertragsstatut ist Entstehungsstatut (Abs I)

1. Bestimmung des Entstehungsstatuts. Entstehungsstatut eines Schuldvertrags ist gem Abs I das für den Vertrag selbst maßgebende Recht. Dieses bestimmt das Zustandekommen und die materielle Wirksamkeit des Vertrages. Als Statut des **Hauptvertrages** bestimmt es (Art 27 IV) auch über Zustandekommen und materielle Wirksamkeit des **kollisionsrechtlichen Verweisungsvertrages**, der Rechtswahlvereinbarung. Das nach Abs I anzuwendende Recht bestimmt sich nach den Art 27–30, die das auf den konkreten Vertrag anzuwendende Recht ergeben. Zu beachten ist für Abs I, daß aus der Regelung der Art 27–30 Spaltung des auf den Vertrag anzuwendenden Rechts folgen kann (partielle Rechtswahl Art 27 I 3; Vorrang von zwingenden Normen Art 27 III; Vorrang von Schutzbestimmungen Art 29 I, 30 I) und daß Art 34 bestimmte zwingende Normen des dt Rechts auch gegen das Vertragsstatut zur Anwendung bringt. Betreffen derartige, zum eigentlichen Vertragsstatut nicht zählende Bestimmungen das Zustandekommen und die Wirksamkeit des Vertrages iSv Abs I, zählen sie iSd Absatzes zum „Entstehungsstatut" (Beispiel s Art 30 Rz 25). Gleiche Wirkung für Abs I haben das Zustandekommen und die Wirksamkeit des Vertrages betreffende Vorschriften des dt Rechts, die über Art 34 bei ausl Vertragsstatut zur Anwendung kommen. § 12 AGBG Fassung 1996 war für die Verbindlichkeit von AGB bei ausl Vertragsstatut ergänzend heranzuziehen, sofern sein Anwendungsbereich nicht durch Art 29 mit Vorrang abgedeckt war (s Art 29 Rz 2). Jetzt ist insofern Art 29a heranzuziehen (s Erl zu Art 29 Rz 2).

5 **2. Reichweite. a) Zustandekommen und Wirksamkeit.** Abs I betrifft Zustandekommen und materielle Wirksamkeit des Vertrages. Beides untersteht dem Entstehungsstatut iSv Rz 4. Da Abs II nur für das Zustandekommen der vertraglichen Einigung, nicht aber für die Wirksamkeit des Vertrages die Korrektur durch das Umweltrecht der die Vertragserklärung abgebenden Vertragspartei vorsieht (zutr Ber Giuliano/Lagarde BT-Drucks 10/503, 60; MüKo/Martiny Art 31 Rz 13; unzutr LG Aachen NJW 1990, 2221f; zu weit Pal/Heldrich Art 31 Rz 5), bedarf es zwar nicht im Rahmen von Abs I, aber doch von Abs II der begrifflichen Scheidung der beiden Tatbestandsteile des Abs I (s Rz 6 und 7). Besonderer Darlegung bedarf die Behandlung von **AGB** im Rahmen des Abs I und der Bedeutung von Abs II für AGB im Spannungsfeld zwischen Vertragsstatut und Aufenthaltsstatut des Verwenders und Empfängers von AGB (Rz 8ff).

6 **b)** Das „Zustandekommen" iSv Abs I beschränkt sich so auf den (in Rspr und Lehre zum aR zT so bezeichneten oder verstandenen, BGH 49, 384; 57, 72 = NJW 1972, 391 Anm Geimer und Schmidt–Salzer = LM Art 7 Nr 39 Anm Mormann; s ferner MüKo/Spellenberg vor Art 11 Rz 44ff mwN) **äußeren Vertragsabschlußtatbestand, das zum Vertragsschluß führende oder den Vertragsschluß modifizierende Handeln der Parteien**. **(1)** Hierzu gehören zweifelsfrei **Angebot und Annahme** samt Ablehnung und Gegenangebot (s LG Mainz AWD 1972, 298) einschl ihrer Vorstufen (Einladung zum Angebot) und der an eine Bindung (Absendung, Zugang, Gegenleistungserfordernis – consideration – v Bar IPR II Rz 536) zu stellenden Anforderungen; auch Dissens und darauf beruhendes Nichtzustandekommen des Vertrages rechnet hierher (anders noch die 10. Aufl Art 31 Rz 7). Insbes gehört so auch die Bedeutung des Bestätigungsschreibens und einer Auftragsbestätigung für das Zustandekommen des Vertrages hierher (Abs I). Ebenso rechnet zum Zustandekommen das Auftreten in eigenem oder unter fremdem Namen (Hamburg TranspR 1996, 40), die Bedeutung des Schweigens einer Partei auf ein Angebot wie auf ein Bestätigungsschreiben für den Abschluß des Vertrages. Das gemäß Art 31 I maßgebliche Recht regelt auch den „Internet-Vertragsschluß", mithin den Ablauf des Zustandekommens des Vertrages, der dem Kunde auf den Inhalt der Website per e-mail idR initiiert und dem nach Maßgabe des maßgeblichen Rechts die „Annahme" im elektronischen Geschäftsverkehr zu folgen hat (zur kollisionsrechtlichen Seite Mankowski RabelsZ 63 (1999) 206; Wagner WM 1995, 1129; Gruber DB 1999, 1437; Junker RIW 1999, 809. Zu den Lösungen des deutschen materiellen Rechts Taupitz/Kritter JuS 1999, 839; Langer EuLF 2000, 117). S ferner Art 29 Rz 11. **(2)** Nicht zum Zustandekommen, sondern zur „Wirksamkeit" iSv Abs I gehören so die **Folgen von Willensmängeln** und darüber hinaus der **gesamte innere Vertragsabschlußtatbestand**. **(3)** Zum Zustandekommen gehört, weil für den äußeren Vertragsabschlußtatbestand bedeutsam, die **Einbeziehung von AGB** durch den Verwender wie vor allem durch die Gegenpartei; nicht hingegen ist eine Frage des Zustandekommens die Wirksamkeit der Klausel nach Durchführung einer Inhaltskontrolle. Hierbei geht es wiederum um die Frage der Wirksamkeit des Vertrages und seiner Bestimmungen.

7 **c) Wirksamkeit** iSv Abs I bedeutet „materielle Wirksamkeit" des Vertrages und seiner Bestimmungen. Negativ abgegrenzt gehört alles hierher, was nicht zum Zustandekommen (iSv Rz 6) und zur Form des Vertrages rechnet (ebenso MüKo/Martiny Art 31 Rz 12). Im einzelnen gehören hierher **Willensmängel und ihre Wirkungen und Folgen**, dh geheimer Vorbehalt, Scherz, Irrtum, arglistige Täuschung und Drohung (Hamburg IPRsp 1999 Nr 34; MüKo/Martiny Art 30 Rz 16; MüKo/Spellenberg vor Art 11 Rz 51; offen bei Pal/Heldrich Art 31 Rz 3 und München WM 1988, 1408; aA – Zustandekommen – v Bar IPR II Rz 536; w Rspr bei Staud/Magnus [2001] Art 31 Rz 21) und das **Scheingeschäft** (Frankfurt AWD 1972, 629); über die Folgen der Geltendmachung bestimmt das Vertragsstatut gem Art 32 I Nr 5; ebenso bestimmt es über die Art und Weise der Geltendmachung (zB Gestaltungsklage, s Frankfurt am Main NJW-RR 1993, 182 = IPRsp 1992, Nr 40). Ferner gehören hierher Bedingungen, Wirkungen eines Verstoßes gegen Gesetze und die guten Sitten (BGH IPRsp 1980 Nr 3; BGH 94, 268 = RIW 1985, 653 mit abl Anm Knapp RIW 1986, 999 = IPRax 1987, 110 mit Anm Fikentscher/Waibl 86; Hamburg TranspR 1996, 40; Hamm RIW 1995, 682), Wirkungen mangelnder oder beschränkter Geschäftsfähigkeit (s Erl zu Art 7 Rz 8), die Möglichkeit der Umdeutung als Voraussetzung der Wirksamkeit eines sonst nichtigen Vertrages (Hamburg IPRax 1999, 170; Pal/Heldrich Art 31 Rz 3).

8 **d)** Auch die **Verwendung von AGB** gehört in den Anwendungsbereich von Abs I, dh es bestimmt über ihre Geltung für den Vertrag das Vertragsstatut bzw das insoweit gem Art 27–30 auf den Vertrag anwendbare Recht (s oben Rz 4). Hierüber besteht heute Einigkeit (v Bar IPR II Rz 537; MüKo/Martiny Art 31 Rz 8; Kropholler IPR § 52 I 3; Pal/Heldrich Art 31 Rz 3; Soergel/v Hoffmann Art 31 Rz 15, 16). Die vor der Reform in verschiedenen Schattierungen vertretene Sonderanknüpfungslehre (s BGH 57, 72, 77; abw BGH NJW 1971, 2126 und zuletzt BGH WM 1987, 530 = IPRax 1987, 372 Anm Schlechtriem 356; zusammenfassend MüKo/Martiny² Art 31 Rz 21ff) hat im neuen Recht ihren Niederschlag in der Überlagerung des Vertragsstatuts durch die ergänzende

Anknüpfung des Art 31 II (dazu Rz 10ff) gefunden. Das nach Abs I maßgebliche Recht erfaßt so als Frage des **Zustandekommens** die **Einbeziehung** von AGB (Karlsruhe NJW-RR 1993, 568; LG Duisburg RIW 1996, 775); als Frage der **Wirksamkeit** ist die **Inhaltskontrolle** und ihr Ergebnis (Wirksamkeit oder Unwirksamkeit der Klausel) Angelegenheit des nach Abs I maßgeblichen Rechts. Ob die AGB den Hauptvertrag oder (durch Rechtswahlklausel) den Verweisungsvertrag betreffen, macht grundsätzlich keinen Unterschied. **Die §§ 305ff BGB** kommen gem Abs I so nur zur Anwendung, wenn insofern gem Abs I anwendbares Recht (s Rz 4) das dt Recht ist. Ist gewähltes Recht ein anderes Recht und kommt dt Recht auch nicht als Recht der schützenden Bestimmungen iSv Art 27, 29 I, 30 I (s Rz 4) zur Anwendung, kann bei Vorliegen seiner Voraussetzungen Art 29a zur Berücksichtigung der §§ 305ff BGB führen. Fehlt es auch an dessen Voraussetzungen, dann ist über Einbeziehung und Geltung der AGB gem Abs I (zur Wirkung von Abs II s Rz 10ff) nur aus der Sicht des gem Rz 4 maßgeblichen Rechts zu befinden. Das auf dessen Grundlage gefundene Ergebnis unterliegt dann indes der Kontrolle durch die Vorbehaltsklausel des Art 6 (BGH DB 1966, 936; AWD 1971, 294). In der Revisionsinstanz ist weder die Anwendung noch die Auslegung ausl AGB überprüfbar (BGH NJW-RR 1987, 43; DB 1986, 1063 = ZIP 1986, 653).

Aus den Ausführungen Rz 8 folgt, daß die Beurteilung der Verbindlichkeit von AGB nicht Gegenstand einer **9** Sonderanknüpfung, sondern Sache des gem Rz 8 und Rz 10 anwendbaren Rechts ist. Ist danach anwendbares Recht iSv Abs I **deutsches Recht**, so gelten für die Einbeziehung von AGB dessen für int Sachverhalte entwickelte **Einzelregeln**: **(1)** Gelten nach den Regeln des dt Rechts die §§ 305ff BGB, so regeln sich danach die Einbeziehungsvoraussetzungen. Im Anwendungsbereich von § 310 BGB gelten die dafür entwickelten ähnlichen Grundsätze. **(2)** Im einzelnen gilt: Ausdrückliche Anerkennung durch den Partner des AGB-Verwenders bedeutet dann Vereinbarung der AGB. Erforderlich ist **Ausdrücklichkeit** für **Gerichtsstandsvereinbarungen** iSv Art 17 EuGVÜ (EuGH NJW 1977, 494) (jetzt Art 23 EuGVO) und für **Schiedsgerichtsvereinbarung** gem Art 2 II UN-Kaufrecht (s Lindacher FS Habscheid [1989] 167). Mangels Ausdrücklichkeit ist in den anderen Fällen auf Kennen oder Kennenmüssen auf der Seite des Verwenders abzustellen (BGH NJW 1973, 2154). Bei **Kenntnis** der Verwendung von AGB ist auch der Ausl wie eine dt Partei zu behandeln. Bei fehlender Kenntnis von der Verwendung von AGB bedarf es eines verständlichen, regelmäßig in der Verhandlungssprache oder doch zumindest einer Weltsprache gegebenen Hinweises auf die Verwendung von AGB (BGH NJW 1976, 2075 mit Anm Buchmüller 1977, 501; Hamburg NJW 1980, 1233; Hamm NJW 1983, 524; Kronke NJW 1977, 992; s auch München RIW 1976, 447; Koblenz IPRsp 1974 Nr 159). Einer Übersetzung bedarf es in aller Regel nicht (BGH 87, 112, 114 = RIW 1983, 454 mit krit Anm Schubert JR 1983, 456, 459; differenzierend MüKo/Spellenberg vor Art 11 Rz 159f), insbes dann nicht, wenn die AGB in der Sprache der Vertragsverhandlungen abgefaßt sind (Hamburg aaO 1232f; Stuttgart IPRax 1988, 293); eher umgekehrt liegt es, wenn die AGB in anderer als der Vertragssprache abgefaßt sind (s BGH NJW 1996, 1819; München NJW 1974, 2181; AG Kehl NJW-RR 1996, 565; Jayme ZHR 142 [1978] 105, 110; Reithmann/Martiny[5] IVR Rz 206; Schlechtriem FS Weitnauer [1980] 129, 134). Doch kommt es auf die einzelne Fallgestaltung an, zB Kenntnis der AGB-Sprache (Stuttgart aaO; Frankfurt RIW 1981, 411 = IPRax 1982, 242 mit Anm Reinhart 226; strenger insofern BGH NJW 1995, 190). Zu den **ADSp** BGH NJW 1976, 2075 (keine Einbeziehung gegenüber ausl Partei ohne Fachkenntnis), BGH NJW 1981, 1905 = IPRax 1981, 218 mit Anm v Hoffmann; VersR 1981, 975 = IPRax 1982, 77 mit Anm v Hoffmann; Hamburg VersR 1986, 808 mit Anm Lau; Schleswig NJW-RR 1988, 283. Zu den **AGB-Banken** BGH WM 1971, 987; NJW 1987, 1825f = IPRax 1987, 372 mit Anm Schlechtriem 356.

III. Ergänzende Sonderanknüpfung zugunsten des Umweltrechts (Abs II)

1. Bedeutung. Abs II läßt aus Billigkeitsgründen für die Frage, ob zwischen den Parteien der zum Vertragsschluß erforderliche Konsens (äußerer Vertragsabschlußtatbestand, s Rz 6) besteht, ausnahmsweise eine isolierte, **10** das Vertragsstatut des Abs I ergänzende isolierte Anknüpfung zu (BT-Drucks 10/504, 82). Eine Partei, die dartun will, daß sie dem Vertrag nicht zugestimmt habe, kann sich auf das Recht am Ort ihres gewöhnl Aufenthalts berufen, wenn es nach den Umständen des Falles nicht gerechtfertigt wäre, die Wirkungen ihres Verhaltens nach dem Geschäftsstatut zu bestimmen. Die Art 8 II Röm Übk entspr Vorschrift (Rz 2) sucht jedenfalls im Ansatz die Bedürfnisse zu erfüllen, die im aR zu den Bemühungen um Sonderanknüpfung des Abschlußverhaltens von Vertragsparteien und um Berufung des Rechts des gewöhnl Aufenthaltsrechts für die Entstehung des Vertrags geführt hatten (zum aR Erman/Arndt[7] vor Art 12 Rz 10; ausf Staud/Firsching[10/11] vor Art 12 Rz 155).

2. Voraussetzungen und Anwendungsbereich. a) Grundsatz. Die ergänzende Sonderanknüpfung des Abs II **11** betrifft lediglich die Frage der Zustimmung bzw Nichtzustimmung zu dem Vertrag, also einen Teilbereich dessen, was oben (Rz 6) unter „Zustandekommen des Vertrages" erfaßt worden ist. Keineswegs überlagert Abs II den gesamten Anwendungsbereich des **Abs I**. Die Überlagerung geschieht lediglich für die Frage, ob die Parteien überhaupt zu einer vertraglichen Einigung gekommen sind (soweit übereinstimmend Pal/Heldrich Art 31 Rz 4; wie hier MüKo/Spellenberg Art 31 Rz 7; s auch MüKo/Spellenberg vor Art 11 Rz 54–56). Da Abs II überlagert und keine echte, das Vertragsstatut von Anfang an verdrängende Sonderanknüpfung enthält, sind **vier Grundvoraussetzungen** der Anwendung von Abs II zu beachten: (1) das auf den Vertrag gem Rz 4 anwendbare und für die vertragliche Einigung iSv Abs I maßgebliche Recht darf nicht das Recht des gewöhnl Aufenthalts (= Umweltrecht; zur Bestimmung s Erl Art 5 Rz 43ff) der Partei sein, die sich gegen das wirksame Zustandekommen des Vertrages wendet; (2) nach dem gem Abs I anwendbaren Recht (Rz 4) muß der Vertrag zustandegekommen sein; (3) nach den Gesamtumständen des konkreten Sachverhalts muß ungerechtfertigt erscheinen, das zum Vertragsschluß führende Verhalten der sich gegen das Zustandekommen bestreitenden Partei nach dem Recht des aus Abs I zu beurteilen (Köln RIW 1996, 778). (4) Diese Partei muß sich ausdrücklich gegen das Zustandekommen des Vertrages wenden. Hierfür bedarf es zwar nicht der Berufung auf Rechtsbestimmungen des Aufenthaltsrechts, aber doch der Geltendmachung der fehlenden Zustimmung (ebenso MüKo/Martiny Art 31 Rz 68ff; Pal/Heldrich Art 31 Rz 4).

EGBGB Art 31   Internationales Privatrecht

12   Unerheblich ist, ob das Recht des gewöhnl Aufenthalts der den Vertragsschluß in Abrede stellenden Partei zugleich die lex fori ist; Abs II kommt mit Fug auch dann zur Anwendung, wenn dt Recht Vertragsstatut iSv Abs I ist und die im Ausland domizilierte Partei sich gegen die Vertragsgeltung auf das Recht ihres gewöhnl Aufenthalts beruft (heute allgM, s MüKo/Martiny Art 31 Rz 66). Hingegen kann Abs II nicht umgekehrt dann eingesetzt werden, wenn nach dem Vertragsstatut vertragliche Einigung fehlt, das Aufenthaltsrecht aber Zustandekommen des Vertrages ergeben würde (Ber Giuliano/Lagarde BT-Drucks 10/503, 60); Abs II wendet sich immer gegen wirksames Zustandekommen und kann nicht fehlende Einigung heilen (ebenso Schwenzer IPRax 1988, 86, 88).

13   **b) Anwendungsbereich. aa)** Abs II gibt dem Recht des gewöhnlichen Aufenthalts Raum zur Beurteilung des Fehlens der Zustimmung der Partei zum Vertragsschluß. Abs II greift also nicht im Gesamtanwendungsbereich von Abs I (Rz 5f), sondern nur hinsichtlich des Zustandekommens, dh der Erzielung eines Konsens (iSv Rz 6) ein. Das ergibt sich entgegen der abw und weitergehenden Auffassung, wie sie zT in Rspr und Schrifttum vertreten wird (Frankfurt NJW-RR 1989, 1018; LG Aachen NJW 1991, 2221; dazu auch Art 29 Rz 18; teilw auch Pal/Heldrich Art 31 Rz 5; v Bar IPR II Rz 536), aus dem Zweck von Abs II, der Partei für ihr Vertragsabschlußverhalten ihr Umweltrecht zugute kommen zu lassen (s MüKo/Spellenberg vor Art 11 Rz 51) und aus der Erfahrung zum alten Recht, unter dessen Geltung die Rspr zuletzt das Aufenthaltsrecht ergänzend nur für den Vertragsschluß und für vertragsergänzendes Verhalten (Einbeziehung von AGB, Schweigen auf Bestätigungsschreiben) herangezogen hatte (BGH NJW 1976, 2075; BGH IPRax 1983, 68 Anm Albert 55; s auch BT-Drucks 10/504, 82).

14   **bb)** Demgemäß kann gem Abs II überprüft werden: **(1)** Vorliegen von Angebot und Annahme im allgemeinen; **(2)** Einbeziehung von AGB, insbes Bedeutung des Schweigens des Kundens und Anforderungen an Einbeziehung auf der Seite des Kundens, vor allem im Falle der Verwendung aus der Sicht des Kunden ausl AGB (s Rz 9 und BGH NJW 1997, 1700; Hamm RIW 1994, 1047; LG Köln DtZ 1995, 452; Mankowski RIW 1996, 1001; Thorn IPRax 1997, 104; auch noch Sandrock RIW 1986, 841, 849; Schwenzer IPRax 1988, 86); **(3)** Bedeutung des Schweigens auf kaufmännisches Bestätigungsschreiben (zB Koblenz RIW 1982, 354 = IPRax 1982, 20; AG Heidelberg IPRax 1987, 25 Anm Boll 11; s mwN MüKo/Spellenberg vor Art 11 Rz 95; s ferner die Rspr zu AGB, diese Rz oben).

15   **cc)** Nicht kann das Aufenthaltsrecht hingegen zur Durchsetzung von Willensmängeln (aA Pal/Heldrich Art 31 Rz 5; wohl wie hier MüKo/Spellenberg vor Art 11 Rz 62, 60 und auch Staud/Magnus [2001] Art 31 Rz 46), zur Begr einer Rechtsscheinhaftung (dazu Fischer IPRax 1989, 215, 216) oder gar zur Überprüfung der oben (Rz 7, 8) erfaßten Wirksamkeitsfragen herangezogen werden (aA und insoweit unzutr Frankfurt NJW-RR 1989, 1018; LG Aachen NJW 1991, 2221; LG Gießen NJW 1995, 406; LG Stuttgart RIW 1996, 425; LG Koblenz NJW-RR 1995, 1335; LG Rottweil NJW-RR 1996, 1401; seit BGH 135, 124, 137 ist die Frage so eindeutig geklärt, dazu Art 29 Rz 18; insoweit wie hier Pal/Heldrich Art 31 Rz 5).

16   **c) Interessenabwägung.** Abs II läßt das Aufenthaltsrecht das Vertragsstatut nicht in jedem Fall und nicht bedingungslos majorisieren. Es kann mit seinen die vertragliche Einigung verneinenden Regeln vielmehr erst nach Durchführung einer **Gesamtabwägung der Umstände**, dh der Interessen der Parteien und der Interessen des Rechtsverkehrs, zum Zuge kommen, s Köln RIW 1996, 778; Soergel/v Hoffmann Art 31 Rz 35. Für das Eingreifen des Aufenthaltsrechts spricht Unerfahrenheit der Partei mit den Regeln und Gepflogenheiten des Vertragsstatuts (BGH 57, 77), uU erst kurzes Verweilen im Inland (str, s MüKo/Spellenberg vor Art 11 Rz 71 mwN); eher gegen Eingreifen von Abs II ist bei Vorliegen von Geschäftsbeziehungen zu entscheiden (ebenso Soergel/v Hoffmann Art 31 Rz 41; fragwürdig deshalb München IPRax 1991, 46, 49, 50; wie hier insoweit LG Aachen NJW 1991, 885) und dann, wenn eine gültige Rechtswahl zugunsten des Vertragsstatuts getroffen worden ist. Indes ist bei erstmaligem Kontakt für die Gültigkeit der Rechtswahlvereinbarung Art 31 II idR, aber nicht ohne Prüfung des Einzelfalles dann einsetzbar, wenn die Rechtswahl in AGB enthalten ist oder schlüssig aus Gerichtsstands- oder Schiedsklausel folgen soll (s dazu als Rspr zum aR BGH 57, 72, 77; BGH NJW 1976, 2075; BGH IPRax 1982, 77; Koblenz RIW 1982, 20; Hamm RIW 1983, 57, 59; auch Frankfurt NJW-RR 1989, 1018). Bei individueller Rechtswahlabrede ist Anwendung von Abs II hingegen idR unangebracht; indes kann Abs II herangezogen werden zur Bewertung des Schweigens auf Rechtswahlangebot (s dazu auch Stoll FS Beitzke [1979] 759, 770ff). Weitere Beisp und Fallgruppen bei Staud/Magnus [2001] Art 31 Rz 63ff.

IV. Entsprechende Anwendung von Art 31?

17   Art 31 betrifft seinem Ursprung in Art 8 Röm Übk und seiner systematischen Stellung nach Schuldverträge. Das Zustandekommen von Verträgen im Anwendungsbereich des Sachstatuts, Familienstatuts und Erbstatuts beurteilt sich nach dem jeweils maßgeblichen Statut. Für analoge Anwendung von Abs II, die grundsätzlich nicht ausgeschlossen ist, besteht dort kein erkennbarer Bedarf (zB zum Erbvertrag und seinem Zustandekommen Art 25 Rz 32, Art 26 Rz 27).

32   *Geltungsbereich des auf den Vertrag anzuwendenden Rechts*
(1) Das nach den Artikeln 27 bis 30 und nach Artikel 33 Abs. 1 und 2 auf einen Vertrag anzuwendende Recht ist insbesondere maßgebend für
1. **seine Auslegung**
2. **die Erfüllung der durch ihn begründeten Verpflichtungen,**
3. **die Folgen der vollständigen oder teilweisen Nichterfüllung dieser Verpflichtungen einschließlich der Schadensbemessung, soweit sie nach Rechtsvorschriften erfolgt, innerhalb der durch das deutsche Verfahrensrecht gezogenen Grenzen,**

4. die verschiedenen Arten des Erlöschens der Verpflichtungen sowie die Verjährung und die Rechtsverluste, die sich aus dem Ablauf einer Frist ergeben,
5. die Folgen der Nichtigkeit des Vertrages.

(2) In bezug auf die Art und Weise der Erfüllung und die vom Gläubiger im Fall mangelhafter Erfüllung zu treffenden Maßnahmen ist das Recht des Staates, in dem die Erfüllung erfolgt, zu berücksichtigen.

(3) Das für den Vertrag maßgebende Recht ist insoweit anzuwenden, als es für vertragliche Schuldverhältnisse gesetzliche Vermutungen aufstellt oder die Beweislast verteilt. Zum Beweis eines Rechtsgeschäfts sind alle Beweismittel des deutschen Verfahrensrechts und, sofern dieses nicht entgegensteht, eines der nach Artikel 11 und 29 Abs. 3 maßgeblichen Rechte, nach denen das Rechtsgeschäft formgültig ist, zulässig.

Schrifttum: *Ahlt*, Die Aufrechnung im IPR (Diss Regensburg 1977); *Berger*, Vertragsstrafen und Schadenspauschalierungen im Internationalen Wirtschaftsrecht, RIW 1999, 401; *Bernstein*, Kollisionsrechtliche Fragen der culpa in contrahendo, RabelsZ 41 (1977) 281; *Coester-Waltjen*, Int Beweisrecht (1983); *Geimer*, EuGVÜ und Aufrechnung, IPRax 1986, 208; *Gottwald*, Die Prozeßaufrechnung im europ Zivilprozeß, IPRax 1986, 10; *Kreuzer*, Zur Anknüpfung der Sachwalterhaftung, IPRax 1988, 16; *Nicklisch*, Die Ausfüllung von Vertragslücken durch das Schiedsgericht, RIW 1989, 15; *Roßmeier*, Schadensersatz und Zinsen nach UN-Kaufrecht – Art 74–78 CISG, RIW 2000, 407; *Sandrock*, Zur ergänzenden Vertragsauslegung im materiellen und int Schuldvertragsrecht (1966); *Schack*, Der Erfüllungsort im, ausl und int Privat- und Zivilprozeßrecht (1985); *Spickhoff*, Verjährungsunterbrechung durch ausländische Beweissicherungsverfahren, IPRax 2001, 37; *Stoll*, Internationalprivatrechtliche Fragen bei der landesrechtlichen Ergänzung des Einheitlichen Kaufrechts, FS Ferid (1988) 495; *Will*, Verwirkung im IPR, RabelsZ 42 (1978) 211. S ferner die Nachweise Art 27–31.

I. Allgemeines

1. Inhalt, Zweck, Vorgeschichte. Art 32 verdeutlicht im Anschluß an Art 31 (Entstehungsstatut, dort Rz 1), 1 daß das Vertragsstatut auch und vor allem **Wirkungsstatut** ist. Vorbild der Norm sind Art 10, 14 des Röm Übk (s vor Art 27 Rz 2; Ber Giuliano/Lagarde, BT-Drucks 10/503, 64; Begr RegE BT-Drucks 10/504, 82; Pirrung IPVR 181f), die ihrerseits im Inland keine unmittelbare Geltung haben (vor Art 27 Rz 3). Die Vorschrift bestimmt den Anwendungsbereich des für einen Schuldvertrag maßgebenden Rechts **(Umfang des Vertragsstatuts)**; welches Recht für den Schuldvertrag maßgeblich ist, ist nach Art 27–30 zu beurteilen. Für Fragen der Zession ergibt es sich aus Art 33 I und II. **Abs I** steckt den Anwendungsbereich des Vertragsstatuts grundsätzlich ab; sein Katalog ist in Nr 1–5 darauf angelegt, die umfassende Geltung des Vertragsstatuts für das Gesamtschicksal des Vertrages durch beispielhafte Aufschlüsselung („insbesondere") deutlich zu machen (Ber Giuliano/Lagarde aaO S 64). **Abs II** konzediert dann im Interesse der Vertraglichkeit des Vertragsstatuts mit der am Erfüllungsort herrschenden Rechtsordnung deren Berücksichtigungsfähigkeit für die Art und Weise der Erfüllung (Ber Giuliano/Lagarde aaO S 65; Pirrung IPVR 181). **Abs III**, der auf Art 14 Röm Übk beruht (vgl Begr RegE aaO S 82), gibt grundsätzliche Anhaltspunkte für das Beweisstatut des Vertrages. Vermutungen und Beweislastverteilung folgen aus dem Vertragsstatut (Abs III S 1). Die zulässigen Beweismittel ergeben sich grundsätzlich aus der lex fori, doch können gem der in Art 14 Röm Übk und damit auch in Art 32 III zum Zuge gekommenen Lehre des franz IZPR vom „maximum des preuves" (Ber Giuliano/Lagarde aaO S 69; zutr Krit dazu Coester-Waltjen aaO Rz 147ff, 501ff) im Interesse des Schutzes von Parteiwartungen auch Beweismittel des Formstatuts (Art 11, 29 III) verwertet werden, soweit die dt lex fori nicht entgegensteht.

Abs I und Abs II bringen gegenüber dem alten Recht keine Änderungen. Die Geltung des Vertragsstatuts für 2 den Vertrag („Von der Wiege bis zum Grabe", s Kegel/Schurig IPR § 17 V 1) stand auch früher gewohnheitsrechtlich fest (zB BGH DB 1969, 1840 = AWD 1969, 329; BGH 87, 19, 23 und st Rspr s Erman/Arndt[7] vor Art 12 Rz 11). Neu ist Abs III, doch bleibt Verträglichkeit mit den Regeln der lex fori über Beweismittel durch deren Vetorecht (S 2 „sofern dieses nicht entgegensteht") gewahrt (s Begr RegE aaO S 82).

2. Geltung allg Regeln. Für Art 32 als Teil des Vertragsstatuts gelten die für Art 27ff geltenden allg Regeln. Zu 3 Staatsverträgen s vor Art 27 Rz 4ff; **Rück- und Weiterverweisung** sind wie bei Art 27–30, 33, deren Anwendungsumfang Art 32 regelt, **ausgeschlossen**, s dort. **Art 6** ist auf die vom Art 32 erfaßten Fragen des Vertragsrechts grundsätzlich anwendbar (s auch MüKo/Martiny Art 32 Rz 70), Bedarf herrscht jedoch selten, da sich Inlandsrecht in wichtigen Fragen vielfach schon über Art 27 III, 29 II, 30 II, 31 II durchsetzt (s Erl dort). Zu Anwendungsfällen in der Rspr s Erl Art 6 Rz 51ff; zutr für **Zurückhaltung** Stoll FS Kegel [1987] 623, 634; s auch Soergel/Lüderitz[11] vor Art 7 Rz 322; MüKo/Spellenberg Art 32 Rz 152; Staud/Magnus [2001] Art 32 Rz 20. An Art 32 angrenzende, **selbständig anzuknüpfende Vorfrage** betrifft die **Geschäftsfähigkeit** (Art 7, 12, s Erl Art 7 Rz 8) der Vertragsschließenden. Zum wirksamen Zustandekommen des Vertrags s Art 31 und dort Erl, zur **Form** Art 11 und 29 III, s ferner Art 29a und Erl jeweils dort.

Zum intertemporalen und innerdeutschen Kollisionsrecht s Erl vor Art 27 Rz 12, 13 und jeweils bei Art 27–30. 4 Das Vertragsstatut ist auch als Wirkungsstatut grundsätzlich nicht wandelbar (s vor Art 27 Rz 12 und Art 30 Rz 6); Änderungen des berufenen materiellen Vertragsrechts sind freilich im Rahmen von dessen intertemporalem Recht zu beachten (s Pal/Heldrich Art 32 Rz 1).

II. Anwendungsbereich des Vertragsstatuts (Abs I, II)

1. Vertragsstatut. Art 32 regelt gem seinem Abs I den Anwendungsbereich des nach Art 27–30 und 33 I, II 5 anzuwendenden Rechts. Für Schuldverträge aller Art wird in Abs I also der Anwendungsumfang des jeweils anwendbaren Rechts abgesteckt. Welches Recht insoweit anzuwenden ist, ergibt sich aus den in Abs I in Bezug genommenen Artikeln. Sie ergeben, ggf ergänzt durch Art 34, ob ein durch Rechtswahl (Art 27, 29 I, 30 I) bestimmtes oder sich aus objektiver Anknüpfung (Art 28 I, 29 II, 30 II) ergebendes Recht alleine über den Vertrag herrscht, oder ob für Vertragsteile oder Teilfragen gesondert angeknüpftes Recht (Art 27 III, 29 I, 29a, 30 I, 34) den Vorrang vor dem eigentlichen Vertragsstatut beansprucht. Das sonach jeweils maßgebliche Recht äußert dann auf den Vertrag die in Art 32 I exemplarisch (s Rz 1) katalogisierten Wirkungen.

6 **2. Der Anwendungsbereich im einzelnen (Abs I Nr 1–5). a) Auslegung nach dem Vertragsstatut (Nr 1).** In Übereinstimmung mit dem hergebrachten **Grundsatz der Auslegung nach der lex causae** (Kegel/Schurig IPR § 15 III S 442ff) und mit dem vor der Geltungszeit von Art 32 geltend gewesenen Gewohnheitsrecht (BGH AWD 1969, 415 = IPRsp 1968/69 Nr 3; BGH RIW 1981, 194; BGH 87, 19, 23; Koblenz IPRsp 1976 Nr 139) entscheidet das für den Vertrag maßgebende Recht über die **Auslegung des Vertrages** (BGH NJW-RR 1990, 249 zum alten Recht; München RIW 1990, 585), so daß dessen Auslegungsregeln anzuwenden sind. Dies gilt in vollem Umfang für den Hauptvertrag (s vorherige Rsp) auch für einseitige Haftungsversprechen (Patronatserklärung uä, BGH RIW 1981, 194; Wolf IPRax 2000, 477). Der Grundsatz schließt jedoch nicht aus, bei der Auslegung von Vertragsklauseln deren sprachliche Herkunft und ihre Bedeutung im Recht dieser Sprache auch dann zu berücksichtigen und ggf unter Berücksichtigung der zum „Handeln unter falschem Recht" entwickelten Regeln (s Erl Art 25 Rz 30) auszulegen, wenn sie Rechtsvorstellungen jenes vom Vertragsstatut verschiedenen Rechts enthalten (Hamburg GRUR Int 1990, 388; insbes zur engl Sprache RG 39, 65, 67; 71, 9; 122, 233 = IPRsp 1929 Nr 32; BGH NJW 1987, 591; Hamburg VersR 1996, 229; enger München IPRsp 1993 Nr 48; s ferner München NJWE-WettbR 1996, 181; Reithmann/Martiny[5] IVR Rz 232; Gruber DZWiR 1997, 353). Handelt es sich um int übliche Klauseln oder AGB, dann ist auch bei Auslegung nach dt Recht dieser int Sinngehalt zu berücksichtigen (s Horn, Recht der int Anleihen, 1972, 500ff; Wolf ZHR 153 [1989] 300, 305ff). Nr 1 betrifft nur Auslegung, nicht Anfechtung und Umdeutung von Willenserklärungen, hierfür gilt Art 31 I (s dort Rz 6, 7); zur Auslegung von Rechtswahlklauseln E. Lorenz RIW 1992, 697 sowie Erl zu Art 27 Rz 27, 28.

7 **b) Inhalt und Erfüllung des Vertrags (Nr 2 und Abs II).** In Übereinstimmung mit dem früheren Recht unterwirft Nr 2 den Erfüllung des Vertrages dem Vertragsstatut. Die beispielhafte Erwähnung der Erfüllung in Nr 2 (s Rz 1) ist auf den Vertragsinhalt zu erweitern. **aa)** Das Vertragsstatut entscheidet so über die Zuordnung des konkreten Vertrags zu einem gesetzlich oder sonst anerkannten und fixierten **Vertragstyp** (zB BGH WM 1977, 793f = IPRsp 1977 Nr 17 Abgrenzung Kauf-Kommission; LG Karlsruhe RIW 1982, 668 Handelsvertreter-Vertragshändler; LG Aschaffenburg IPRsp 1983 Nr 44 Hafenspedition), und über die Einordnung eines Rechtsgeschäfts als Kausalgeschäft oder abstraktes Geschäft (MüKo/Martiny[3] Art 32 Rz 15); ebenso über die Bedeutung von Treu und Glauben (Soergel/v Hoffmann Art 32 Rz 37), die Einbeziehung Dritter (Mankowski IPRax 1996, 428). Über dingliche Wirkungen entscheidet nicht das Vertragsstatut, sondern das Sachstatut (s Anh Art 38). **bb)** Da es über die **Erfüllung** befindet, bestimmt es über die **Ansprüche** aus dem Vertrag, auch über **Neben- und vorbereitende Ansprüche** wie den Auskunfts-, Wertermittlungs- und Rechnungslegungsanspruch (s BGH WM 1964, 83 = IPRsp 1962/63 Nr 172; Hamburg VersR 1983, 350; LG Frankfurt IPRax 1981, 134 mit Anm Martiny 118f; kennt das Statut des Hauptanspruchs einen Auskunftsanspruch nicht, ist, soweit der Anspruch nicht gleichwohl herleitbar ist, die ersatzweise Gewährung eines Anspruchs nach der lex fori aus Gründen der Prozeßökonomie zu erwägen). Bei diesen Ansprüchen bzw Verpflichtungen entscheidet es über **Gläubiger** und **Schuldner** einschl etwaiger Gläubiger- und Schuldnermehrheit (Stoll FS Müller-Freienfels [1986] 631, 646); ferner über **Leistungszeit** (BGH AWD 1969, 329 = IPRsp 1968/69 Nr 1) einschließlich der Fälligkeit und Stundung (Bamberg RIW 1989, 221) und **Leistungs- und Erfüllungsort** (BGH 9, 34; BGH NJW 1981, 1905; IPRax 1981, 93 mit Anm Spellenberg 75; Stuttgart RIW 1982, 591; zum Erfüllungsort in ausl Rechten Schack aaO Rz 259ff), sowie über Leistungs-, Preis- und Versendungsgefahr (MüKo/Martiny Art 32 Rz 20) und über die Zulässigkeit von Teilleistungen oder Leistungen durch Dritte (W. Lorenz FS Zweigert [1981] 199, 214). Ebenso über die Währung, in der zu erfüllen ist, Hamm FamRZ 1991, 1320; BGH FamRZ 1987, 370; Grunsky FS Merz (1992) 149. Zur Bedeutung der Einführung des **Euro** s Rz 19.

8 **cc)** Hinsichtlich der „**Art und Weise der Erfüllung**" (= Erfüllungsmodalität) ist zusätzlich zu dem hierüber grundsätzlich befindenden Vertragsstatut (Nr 2) das **Recht am Ort der Erfüllung zu berücksichtigen (Abs II)**. Maßgeblich ist insofern der **tatsächliche Erfüllungsort** (Lüderitz IPR Rz 296). Sein Recht ist zB bei Regeln über die Geschäftszeit, Feiertage, über Untersuchungs- und Rügepflichten und über die Pflicht zur Aufbewahrung nicht angenommener Ware (vgl BT-Drucks 10/504, 82) zu berücksichtigen. „**Berücksichtigen**" bedeutet keinen steten Anwendungsvorrang, aber Anwendung in den Fällen, in denen (zB durch die „örtliche Verknüpfung", s auch Art 29a II Nr 2) die Anwendung des Ortsrechts geboten erscheint (s Kegel/Schurig § 17 V S 535f). Abs II gilt nicht für Erfüllungshindernisse aus Preis-, Devisen- und Bewirtschaftungsvorschriften des Erfüllungsortsrechts; hierfür gilt Art 34 und sein Regelungsgehalt (str wie hier MüKo/Martiny[2] Art 32 Rz 21 und BT-Drucks 10/504, 82; aA Kegel/Schurig aaO 536; Lüderitz IPR Rz 296).

9 **c) Nichterfüllung, Leistungsstörungen (Nr 3).** Übereinstimmung mit dem früheren Recht besteht auch in der Zuweisung der Nichterfüllung durch Nr 3 zum Vertragsstatut, die auf den Bereich der Leistungsstörungen zu erweitern ist (zum alten Recht Erman/Arndt[7] vor Art 12 Rz 11; Reithmann IVR[3] Rz 126ff). **aa)** Das Vertragsstatut regelt so die **Voraussetzungen der Leistungsstörungen** (Köln RIW 1993, 415; 1996, 779), dh der Pflichtverletzung i allg oder zB der Unmöglichkeit (BGH 83, 197; WM 1983, 841 = IPRax 1984, 91 mit Anm Roth 76), des Verzugs (RG 96, 262, 264), der positiven Vertragsverletzung (BGH 123, 207; LG Stuttgart IPRax 1993, 109; Düsseldorf VersR 1982, 1202 = RIW 1984, 234; IPG 1971 Nr 6 Freiburg) oder sonstiger vom dt Recht abw Arten des Vertragsbruchs und der Nichterfüllung (zB breach of contract, frustration of contract). Erfaßt ist von Nr 3 auch Wegfall der Geschäftsgrundlage (BGH AWD 1962, 112 = IPRsp 1962/63 Nr 18; WM 1969, 1140; NJW 1984, 1746 = IPRax 1986, 154 mit Anm Mülbert 140; IPG 1976 Nr 7 Köln). Als Statut dieser Voraussetzungen bestimmt es über die Einzelvoraussetzungen (zB Mahnung, Termin = Mahnung, Verschulden und Verschuldensarten, Düsseldorf IPRsp 1970 Nr 15), über die Haftung für den Erfüllungsgehilfen, den Rücktritt als Voraussetzung der Gel-

Schuldrecht – Vertragliche Schuldverhältnisse   Art 32 EGBGB

tendmachung von Leistungsverweigerungsrechten (Hamm FamRZ 1994, 1259) oder die Einrede des nicht erfüllten Vertrages, auch über die Zulässigkeit der Vereinbarung von Haftungsausschlüssen (Hamburg IPRsp 1975 Nr 27). Zur Pflicht zur Einholung von staatlichen Genehmigungen Böckstiegel RIW 1984, 1, 7.

bb) Über die **Folgen der Leistungsstörung** entscheidet ebenfalls das Vertragsstatut. Hierzu gehören Leistungsbefreiung wegen Unmöglichkeit, Rücktritt und Ausübung des Rücktritts (RG Warn Rspr 1925 Nr 32; Hamm FamRZ 1994, 1259), Vertragsanpassung bei Wegfall der Geschäftsgrundlage oder bei Eingreifen von sog Hardship-Klauseln bei Langzeitverträgen (Böckstiegel RIW 1984, 1ff), Folgen höherer Gewalt (Böckstiegel NJW 1975, 1580f). Verlangt das Vertragsstatut für Rücktritt oder sonstige Vertragsauflösung in Abweichung von der lex fori richterliche Mitwirkung (zB richterliches Urteil auf Vertragsauflösung), so hat das dt Gericht dem im Rahmen seines Verfahrensrechts, ggf durch Anpassung seiner Regelungen zu entsprechen (zB LG Freiburg IPRsp 1966/67 Nr 34 A; LG Hamburg RIW 1977, 787 = IPRsp 1977 Nr 16; Celle RIW 1988, 137). 10

cc) Vor allem entscheidet das Vertragsstatut über **Voraussetzungen, Inhalt, Umfang und einzelne Bemessung des Schadensersatzes** (zB BGH VersR 1976, 832 = IPRsp 1976 Nr 2; JR 1977, 19, Anm Berg = IPRsp 1976 Nr 16; Karlsruhe VersR 1975, 1042 = IPRsp 1975 Nr 9; LG Oldenburg RIW 1985, 576; Hamm FamRZ 1994, 1259; zu Vertragsstrafen und Schadenspauschalierungen Berger RIW 1999, 401, 402). (1) Eine Begrenzung nach Art und Höhe durch die Vorstellungen der lex fori ist in Nr 3 nicht vorgesehen, sie kann jedoch bei eklatanter Abweichung nach oben oder unten aus Art 6 folgen (ie Siehr BerDGesVR 27 [1986] 45, 114f), sofern nicht Art 40 III vorrangig zur Anwendung gelangt, s Erl zu Art 40 Rz 66ff. Keine Anwendung finden vor dem inl Forum Bemessungsregeln eines aul Verfahrensrechts, die ausschließlich verfahrensrechtlich zu qualifizieren sind (s Ber Giuliano/Lagarde BT-Drucks 10/503, 65). An deren Stelle treten §§ 286, 287 ZPO. Kennt das Vertragsstatut keine Bemessungsregeln, ist der Schaden mit den Regeln der lex fori zu bemessen. § 287 ZPO gilt darüber hinaus stets als Vorschrift der Schadensermittlung (Kegel IPR § 17 V S 393; s auch LG Hamburg EutW 1991, 1259). 11

(2) Das Vertragsstatut bestimmt so auch über den **Verzugsschaden**, dh Verzinsung in Höhe der Vorschriften des Vertragsstatuts (BGH WM 1964, 879, 881; Karlsruhe WM 1966, 1312; Frankfurt IPRax 1988, 99 mit Anm Schwenzer 86; Bamberg RIW 1989, 221; Köln RIW 1996, 779; LG Frankfurt/Main RIW 1994, 780; Koblenz IPRsp 1999 Nr 36; Rostock IPRax 2000, 230; Stuttgart IPRax 2001, 152; LG Dortmund RIW 2002, 69; Düsseldorf v 23. 11. 2003 – 23 U 218/02; Grothe IPRax 2002, 119, 120; Gruber MDR 1994, 759; Königer, Die Bestimmung der Zinshöhe nach dem deutschen IPR (1997); aA, eher abzulehnen Grunsky FS Merz (1992) 152; Berger RabelsZ 1997, 326; Pal/Heldrich Art 32 Rz 5), über die Ersatzfähigkeit sonstiger Verzögerungsschäden (BGH RIW 1976, 229 Kursschaden, s auch RG JW 1938, 946); zum Zinseszins v Hoffmann IPRax 1989, 261, 265. Ebenso unterliegen **Rechtshängigkeitszinsen** dem Vertragsstatut (hM, zB MüKo/Martiny[3] Art 32 Rz 35 mwN in Fn 89; unzutr – lex fori LG Aschaffenburg IPRsp 1952/53 Nr 38). Gleiches gilt für **Vertragsstrafen** zur Sicherung von Vertragspflichten (Koblenz IPRsp 1976 Nr 139; aA LG Aachen IPRax 1985, 45 [LS] Anm Jayme). Gem Art 6 entscheidet dt Recht über Herabsetzung, wenn das Vertragsstatut Herabsetzung übermäßiger Vertragsstrafen nicht vorsieht (s Stoll FS Kegel [1987] 623, 659; s auch Hamburg OLGE 6 [1903] 231 und Berger RIW 1999, 402). 12

d) Erlöschen des Schuldverhältnisses, Verjährung, Fristablauf und Präklusion, Nr 4. Wie bisher regelt das Vertragsstatut auch die verschiedenen Arten des Erlöschens der Verpflichtungen der Parteien (zum alten Recht Erman/Arndt[7] vor Art 12 Rz 11). Zur **Erfüllung** s schon Nr 2 (Rz 7, 8); ihre Erlöschenswirkung untersteht gem Nr 4 ebenfalls dem Vertragsstatut. Iü erfaßt Nr 4 die **Erfüllungssurrogate** (zB Aufrechnung, Erlaß, s Hamm RIW 1999, 622, Hinterlegung, Kündigung). **aa)** Die **Aufrechnung** unterliegt so, gleichviel ob Haupt- und Gegenforderung demselben oder verschiedenen Rechten unterliegen, der für die Hauptforderung (Forderung, gegen die aufgerechnet wird) maßgeblichen Rechtsordnung (zum aR BGH 38, 254, 256; Hamm NJW 1983, 523; Koblenz RIW 1987, 629 = IPRax 1987, 381 [LS] mit Anm Henrich; zum neuen Recht BGH NJW 1994, 1416; Koblenz RIW 1992, 61; 1993, 937; Düsseldorf RIW 1995, 55; Stuttgart RIW 1996, 944; München RIW 1998, 560). Für Nr 4 wird die Aufrechnung auch dann materiellrechtlich qualifiziert, wenn das Vertragsstatut sie zum Prozeßrecht rechnet (allg A, s MüKo/Martiny[3] Art 32 Rz 50, 51). Das Aufrechnungsstatut bestimmt über Aufrechnungslage, -befugnis usw (keine Aufrechnung mangels Gleichartigkeit nach dt Recht mit Fremdwährungsschulden, KG NJW 1988, 2181 = RIW 1989, 815, ohne Ersetzungsbefugnis des Schuldners LG Hamburg IPRax 1981, 174 mit Anm v Hoffmann 155). Über die Zulässigkeit und prozessuale Wirkung der Aufrechnung im Prozeß bestimmt die lex fori (BGH 38, 254, 258; 60, 85, 87), in der Insolvenz das Insolvenzstatut (BGH 95, 256, 273; zur Aufrechnung im Insolvenzverfahren Bork ZIP 2002, 690). Zur Aufrechnung von Forderungen bei Währungsverschiedenheit Gruber MDR 1992, 121; Vorpeil RIW 1993, 529; zum Aufrechnungsverbot Gebauer IPRax 1998, 79. Zur „konventionsinternen Aufrechnung" von Haupt- und Gegenforderung im Anwendungsbereich der CISG ohne Zwischenschaltung des IPR s Düsseldorf NJW-RR 1994, 506; München RIW 1994, 595; LG Trier NJW-RR 1996, 564; Magnus ZEuP 1997, 823, 831f. Zur Aufrechnung im int Schiedsverfahren s Köhne/Langner RIW 2003, 361. Aufrechnung setzt internationale Zuständigkeit bei Prozeßaufrechnung voraus, BGH NJW 1993, 2753; BGH NJW 2002, 2182 = JuS 2002, 1024 [Hohloch] (str). Ebenso entscheidet das Vertragsstatut über **Erlaß** und **Aufhebung** (Bamberg RIW 1989, 221), **Verzicht** (Kreuzer IPRax 1982, 1, 4), **Kündigung** (BGH FamRZ 1997, 548; München IPRax 1983, 120 [LS] mit Anm Jayme) und **Hinterlegung** (Stettin JW 1926, 385 = IPRsp 1926/27 Nr 38). 13

bb) Die **Verjährung** unterliegt stets und in allen Einzelfragen (zB Beginn, Dauer, Unterbrechung, Hemmung) dem Vertragsstatut, dazu Otte IPRax 1993, 209; unerheblich ist, ob dieses die Verjährung prozeßrechtlich einordnet (RG 145, 121, 128f; BGH NJW 1958, 750; NJW 1960, 1720; Frankfurt RIW 1987, 217 = IPRax 1988, 99 mit Anm Schwenzer 86; Schack RIW 1981, 301). Ausl Urteile haben bei dt Schuldstatut Unterbrechungswirkung nur bei positiver Anerkennungsprognose (RG 129, 385, 389; LG Deggendorf IPRax 1983, 125; LG Duisburg IPRsp 1985 Nr 43; Pal/Heldrich Art 32 Rz 6; aA Schack RIW 1981, 301; Frank IPRax 1983, 108; Geimer IPRax 1984, 14

83; Linke FS Nagel [1987] 209), für den umgekehrten Fall gilt Entsprechendes; Prozeßhandlungen iSv § 204 BGB (früher § 209 II BGB) haben Hemmungs- (früher Unterbrechungs-)wirkung bei Gleichwertigkeit (Köln RIW 1980, 877; Düsseldorf RIW 1989, 743; Looschelders IPRax 1998, 300; zum Beweissicherungsverfahren LG Hamburg IPRax 2001, 45 m krit Aufs Spickhoff S 37). **cc)** Auch **Verwirkung** unterfällt dem Schuldstatut (Frankfurt RIW 1982, 914; für Berücksichtigung des Umweltrechts Will aaO 211). **dd)** Dem Schuldstatut unterliegt auch der **Ablauf einer Frist** und die daraus sich ergebenden **Rechtsverluste**. Nr 4 erfaßt insoweit zB Präklusion von Gestaltungsrechten, den Verlust von Rügerechten und seine Folgen (zB §§ 377, 378 HGB) oder nicht als Verjährung zu qualifizierende Fristabläufe ausl Rechte.

15 **e) Nichtigkeitsfolgen Nr 5.** Dem Vertragsstatut unterliegt gem Art 31 I grundsätzlich die Beurteilung der Wirksamkeit des Vertrages. Hierzu rechnet die Unwirksamkeit wegen Gesetzes- oder Sittenverstoßes oder aus sonstigen im Abschluß liegenden Gründen (vgl Art 31 Rz 7, 8). Für alle Fälle der Nichtigkeit des Vertrages (einschl fehlender Geschäftsfähigkeit, Formnichtigkeit) erfaßt das Vertragsstatut die Folgen der Nichtigkeit gem Nr 5. Das Vertragsstatut regelt so die Wirkungen einer Umdeutung (s Art 31 Rz 6) und die Rückabwicklung der vertraglichen Leistung. Ob die Rückabwicklung auf Vertragsgrundlage oder iS eines außervertraglichen Rückabwicklungsverhältnisses erfolgt, ist unerheblich (BT-Drucks 10/504, 82). Nr 5 ist damit auch Rechtsgrundlage der bereicherungsrechtlichen Rückabwicklung von Leistungen bei Nichtigkeit eines Vertrages (**Rückabwicklungskondiktion**). Abs I Nr 5 ist **durch** das Inkrafttreten von **Art 38 I nF nicht berührt**. Nr 5 geht im Rahmen seines bisherigen Anwendungsbereichs für die bereicherungsrechtliche Rückabwicklung Art 38 I nF vor, s Erl zu Art 38 Rz 3, 8 und vor Art 38 Rz 4. Rspr zur Rückabwicklungskondiktion: BGH DtZ 1995, 253; Köln NJW-RR 1994, 1026; Hamm FamRZ 1994, 1259, 1260; Frankfurt WM 1996, 2109; LG Aachen RIW 1999, 304. Nr 5 ist entspr heranzuziehen für die Bestimmung des Statuts des einen anderen Vertrag ersetzenden **Vergleichs** (Hamm IPRsp 1985 Nr 28), soweit nicht Rechtswahl oder engere Verbindung iSv Art 28 V besteht (s Art 28 Rz 18).

III. Beweisfragen (Abs III)

16 **1. Grundsatz.** Beweisfragen unterliegen nach allg Regeln des int Verfahrensrechts der lex fori (s Einl Rz 48, 57). Davon ist auch Art 14 Röm Übk ausgegangen, dem Abs III nachgebildet ist (Ber Giuliano/Lagarde BT-Drucks 10/503, 68). Abs III greift so nur einige besonders wichtige Beweisprobleme auf und sollte als solche partielle Regelung auch gehandhabt werden (ähnl MüKo/Martiny Art 32 Rz 54).

17 **2. Vermutungen und Beweislastregeln (S 1).** S 1 unterstellt gesetzliche Vermutungen und Beweislastverteilungsregeln dem Vertragsstatut, soweit solche Regeln entweder für Vertragsschuldverhältnisse speziell aufgestellt sind oder als allg Regeln auch für Vertragsverhältnisse einschl von Rückabwicklungsverhältnissen (Abs I Nr 5) gelten (Ber Giuliano/Lagarde aaO S 68). Für andere Regeln dieser Art (zB deliktsrechtliche Verschuldensvermutung BGH 42, 385) gilt Abs III S 1 nicht. Erfaßt werden **gesetzliche Vermutungen und Fiktionen, nicht** tatsächliche Vermutungen wie der **Anscheinsbeweis** (lex fori, s IPG 1980/81 Nr 8 Göttingen; offen in IPG 1979 Nr 1 Köln; aA Coester-Waltjen aaO Rz 353; MüKo/Martiny Art 32 Rz 57), **nicht** prozessuale Vermutungen (lex fori), **hingegen** Regeln der **objektiven Beweislast** (BGH AWD 1969, 329; Köln RIW 1996, 779, s auf Geimer IZPR Rz 2125f) und der **subjektiven Beweisführungslast** (s ie Geimer aaO Rz 2127; Coester-Waltjen aaO Rz 389ff).

18 **3. Beweismittel (S 2).** Die dt lex fori entscheidet nach allg Regeln des int Verfahrensrechts über die zum Beweis von Fragen des Vertragsstatuts zulässigen Beweismittel. S 2 läßt darüber hinaus die Beweismittel einer der nach Art 11 (Geschäftsrecht oder Ortsrecht) oder Art 29 III (Aufenthaltsrecht des Verbrauchers) als **Formstatut** berufenen Rechtsordnungen zu, **sofern das Rechtsgeschäft nach diesem Recht formgültig ist und das dt Verfahrensrecht der Zulassung des angebotenen Beweismittels nicht entgegensteht**. Ratio des S 2 ist, den Parteien die Beweisbarkeit des Vertrages mit den Regeln des Rechts zu ermöglichen, dessen Formvorschriften sie bei Vertragsschluß eingehalten haben. Die Schranke des dt Verfahrensrechts schließt zB die Verwertung des Zeugenbeweises im Urkundenprozeß oder die Vernehmung einer Partei als Zeuge aus (s Begr RegE BT-Drucks 10/504, 82). S 2 ist so eine eher entbehrliche, jedenfalls aber kritikwürdige Vorschrift (s Coester–Waltjen aaO Rz 520).

IV. Weiterer Anwendungsbereich des Vertragsstatuts

19 **1. Währungsstatut.** Art 32 enthält keine Aussage zu der wichtigen Frage, in welcher Währung eine Zahlungsverpflichtung geschuldet wird. Nach hergebrachten Regeln des aR, die auch unter der Geltung von Art 27ff übernommen werden können, bestimmt das Vertragsstatut, in welcher Währung geschuldet wird (s Soergel/Kegel[11] vor Art 7 Rz 893ff; Maier–Reimer NJW 1985, 2048, 2055; Remien RabelsZ 53 [1989] 248; auch Hamm FamRZ 1991, 1321; Grothe, Fremdwährungsverbindlichkeiten [1999] 97). Bei Zahlung gemäß Vertrag im Inland ist § 244 BGB zu beachten, s ie Staud/Magnus [2001] Art 32 Rz 137). Die durch das Vertragsstatut bestimmte Währung unterliegt dem für sie maßgeblichen Währungsrecht; dieses bestimmt über Währungsumstellung, -schnitt und -aufwertung (RG 118, 370; zu den Grenzen BGH 43, 162; s krit Mann JZ 1965, 450; SchwJbIntR 1980, 102). Zur int und innerstaatlichen Zulässigkeit von Fremdwährungsschulden und -klauseln Seetzen AWD 1969, 253; zur Umrechnungsbefugnis bei Fremdwährungsschulden LG Hamburg IPRax 1981, 174; Ahlt aaO 129ff; Ferid IPR § 6–118; s ferner Zehetner, Geldwertklauseln im grenzüberschreitenden Wirtschaftsverkehr (1976). Zu Fragen der **Einführung des Euro** Clausius NJW 1998, 3148; Wißkirchen DB 1998, 809; Schorkopf NJW 2001, 3734.

20 **2. Statut der culpa in contrahendo. a) Grundsatz.** Die „culpa in contrahendo" hat als Fallgruppe der Haftung zwischen Vertragsrecht und außervertraglicher Haftung im deutschen Recht durch die Schuldrechtsreform kodifikatorische Positivierung in §§ 311 II, III, 241, 280 BGB erhalten. Diese gesetzliche Neuerung im deutschen materiellen Recht hat für die **Qualifikation** der cic-Haftung im IPR, die ihren eigenen, weiteren Regeln und Begriffsbildungen folgt (s Einl Art 3 Rz 38, 39), Änderungsnotwendigkeiten nicht zur Folge. Nach wie vor ist nach dem Grundverständnis des deutschen Rechts mit „culpa in contrahendo" ein Rechtsinstitut gemeint, das als gesetzliches

Schuldverhältnis erscheint, das im Vorfelde eines – möglichen, aber nicht zwingend folgenden – Vertragsschlusses durch „vorvertragliches Verschulden" entsteht und dessen Einzelregeln dem Vertragsrecht entnommen werden. Vom Ausgangspunkt der Sanktionierung von Pflichtverletzungen in der Vertragsanbahnungsphase aus hat die „cic" immer weiteren Anwendungsumfang erhalten und ist vor der Kodifikation ehestens fallgruppenweise erfaßt worden (s Stoll FS v Caemmerer [1978] 435ff; Hohloch NJW 1979, 2369). Diese Fallgruppen sind jetzt in § 311 II, III BGB integriert. Da die in § 311 II Nr 1 und 2 BGB erfaßten Konstellationen im Grunde eine Fallgruppe bilden, bestehen auch nach der Neuregelung im deutschen materiellen Recht vier größere und sich unterscheidende Teilbereiche, die haftungsrechtlich mit „cic" bewältigt werden. **(1)** Ein wesentlicher Bereich ist die haftungsrechtliche Bewältigung der Verletzung von Pflichten in der Vertragsanbahnungsphase, die Scheitern des Vertrages oder einen Vertragsabschluß mit Schadensfolgen, die sich insbes als primäre, dh nicht aus der Verletzung subjektiver Rechte folgende Vermögensschäden darstellen (im dt materiellen Recht § 311 II Nr 2 einschließl Nr 1 BGB [Aufnahme von Vertragsverhandlungen, Anbahnung eines Vertrages]). **(2)** Weiter entfernt von eigentlicher Vertragsanbahnung (s eben [1]) ist „geschäftlicher Kontakt", am ehesten im Rahmen von entstehenden Gefälligkeitsverhältnissen mit rechtsgeschäftlichem oder rechtsgeschäftsähnlichem Charakter denkbar und in Fällen, die nach fremdem Recht zu beurteilen sind, nicht immer von eigentlich nur „sozialen Kontakten" zu trennen. Beide Fallgruppen verbindet die Nähe zur Vertragshaftung, was im Kollisionsrecht vertragsrechtliche Qualifikation zur Folge haben sollte. **(3)** Als „cic" zu qualifizieren ist aber auch der Bereich, in dem sich aus Pflichtverletzungen in Lebensverhältnissen, die sich bei (1) und (2) einordnen lassen, nicht „primäre Vermögensschäden", sondern Verletzungen des Integritätsinteresses des Partners oder auch eines mitgeschützten Dritten ergeben (Bsp: „Linoleumrollenfall", „Bananenschalenfälle", „Gemüseblattfälle"); die „cic" dient in solchen Konstellationen der haftungsrechtlichen Bewältigung von Schädigungen an Rechtsgütern wie Gesundheit, Leben, Eigentum ... Hier füllt Haftung aus „cic" – ungeachtet ihrer Einordnung im reformierten dt Recht bei § 311 II Nr 1–3 und III S 1 mit § 241 II BGB – Schutzlücken des Deliktsrechts, was anders als bei (1) und (2) eine deliktsrechtliche Qualifikation zur Folge haben sollte. **(4)** Eigenständigen Charakter hat die „Vertrauenshaftung" des Sachwalters, Repräsentanten, Vertreters (im dt Recht jetzt § 311 III S 2 BGB); hier wird nach Vertragsgrundsätzen auf Schadensersatz gehaftet, obwohl ein Vertrag mit dem Schädiger und Haftpflichtigen bei regulärem Ablauf nicht zustande kommen würde.

b) Anknüpfung. Die kollisionsrechtliche Beurteilung der cic hat auf diese Unterschiede innerhalb des Instituts der culpa in contrahendo Rücksicht zu nehmen und an der Funktion des jeweiligen Teilbereichs anzusetzen. Deshalb ist **entgegen der noch hM**, die die cic insgesamt in entsprechender Anwendung von Art 31 I und 32 I Nr 3, 5 nach den für das Vertragsstatut geltenden Regeln (Art 27–30) anknüpft (so zB BGH NJW 1987, 1141; München AWD 1956, 127; Frankfurt IPRax 1986, 373, 377, alle zum alten Recht; zum neuen Recht LG Düsseldorf WM 2000, 1191, 1194; LG Braunschweig IPRax 2002, 213; Degner, Kollisionsrechtliche Probleme zum Quasikontrakt; Kegel/Schurig IPR § 18 I 1; Pal/Heldrich Art 32 Rz 8) und entgegen Dörner, der Aufenthaltsrecht entspr Art 31 II heranziehen will (JR 1987, 201, 203), nach dem Einsatzzweck zu differenzieren: **(1) Im Kernbereich** der Verletzung von Aufklärungs- und Beratungspflichten bei **der Vertragsanbahnung** (Rz 20 Fallgruppen [1] und [2]) untersteht die cic **entspr Art 31 I, 32 I Nr 3 und 5** dem Statut des in Aussicht genommenen oder mit Schadensfolgen zustandegekommenen Vertrages (s Bernstein aaO 289–298; ihm folgend Stoll FS Ferid [1988] 495, 505; Kreuzer IPRax 1988, 17; grundsätzlich auch Fischer JZ 1991, 168); **(2)** hingegen ist die oben (3) aufgeführte Gruppe **(Verletzung des Integritätsinteresses an den dort bezeichneten Rechtsgütern wie Gesundheit, Eigentum usw)** deliktsrechtlich zu qualifizieren und **als Fallgruppe des Deliktsstatuts** zu behandeln, so daß nach den Regeln des int Deliktsrechts (Art 40–42 nF, s Erl dort, zur deliktsrechtlichen Qualifikation dieser cic Art 40 Rz 57, zur Tragweite „akzessorischer Anknüpfung" insoweit Art 41 Rz 11) anzuknüpfen ist (s zum bisherigen Recht vor Inkrafttreten der Art 40–42 nF die Vorgenannten sowie Canaris FS Larenz [1983] 26, 109; Grundmann RabelsZ 54 [1990] 283, 310; Mankowski, RIW 1994, 424; tw auch Pal/Heldrich Art 32 Rz 8; Rsp: Frankfurt IPRax 1986, 373, 378; München WM 1983, 1094; auch LG Dortmund IPRsp 1998 Nr 139). **(3) Die Haftung des Sachwalters** bzw Repräsentanten ist, da insoweit vertragliche Haftung nicht in Rede steht, nach den **Regeln des Deliktsstatuts** anzuknüpfen (Frankfurt IPRax 1986, 373, 378; Kreuzer aaO 20; grundsätzlich auch Reder, Die Eigenhaftung vertragsfremder Dritter im IPR, 1989, 266ff und dazu Hohloch RabelsZ 56 [1992] 344; aA – Recht des gewöhnl Aufenthalts – Dörner JR 1987, 201, 202; MüKo/Martiny Art 32 Rz 34; aA – Vertragsstatut – Ahrens IPRax 1986, 355); s auch Fischer JZ 1991, 174.

33 *Übertragung der Forderung. Gesetzlicher Forderungsübergang*

(1) Bei Abtretung einer Forderung ist für die Verpflichtungen zwischen dem bisherigen und dem neuen Gläubiger das Recht maßgebend, dem der Vertrag zwischen ihnen unterliegt.

(2) Das Recht, dem die übertragene Forderung unterliegt, bestimmt ihre Übertragbarkeit, das Verhältnis zwischen neuem Gläubiger und Schuldner, die Voraussetzungen, unter denen die Übertragung dem Schuldner entgegengehalten werden kann, und die befreiende Wirkung einer Leistung durch den Schuldner.

(3) Hat ein Dritter die Verpflichtung, den Gläubiger einer Forderung zu befriedigen, so bestimmt das für die Verpflichtung des Dritten maßgebende Recht, ob er die Forderung des Gläubigers gegen den Schuldner gemäß dem für deren Beziehungen maßgebenden Recht ganz oder zu einem Teil geltend zu machen berechtigt ist. Dies gilt auch, wenn mehrere Personen dieselbe Forderung zu erfüllen haben und der Gläubiger von einer dieser Personen befriedigt worden ist.

Schrifttum: *Aubin,* Zur Qualifikation der „signification" (Art 1690 Cc) im dt IPR, FS Neumayer (1985) 31; *v Bar,* Abtretung und Legalzession im neuen dt IPR, RabelsZ 53 (1989) 462; *Bette,* Vertraglicher Abtretungsausschluß im deutschen und grenzüberschreitenden Geschäftsverkehr, WM 1994, 1909–1921; *Birk,* Die Einklagung fremder Rechte (action oblique, azione surrogatoria, accion subrogatoria) im int Privat- und Prozeßrecht, ZZP 82 (1969) 70; *Danielewsky/Lehmann,* Die UNCITRAL-

Konvention über internationale Forderungsabtretungen und ihre Auswirkungen auf Asset-Backed-Transaktionen; *Eichenhofer*, Int Sozialrecht und IPR (1987); *U. Hübner*, Der Direktanspruch gegen den Kraftfahrzeughaftpflichtversicherer im IPR, VersR 1977, 1069; *Kieninger*, RabelsZ 62 (1998) 678; *v Marschall*, Kollisionsrechtliche Probleme von Schadensverlagerung und Regreß, in v Caemmerer (Hrsg), Vorschläge und Gutachten zur Reform des dt int Privatrechts der außervertraglichen Schuldverhältnisse (1983) 190; *Mummenhoff*, Unfälle ausl Arbeitnehmer im Inland, IPRax 1988, 215; *Plänker*, Der Gesamtschuldnerausgleich im internationalen Deliktsrecht (1998); *Schack*, Subrogation und Prozeßstandschaft ..., IPRax 1995, 158–161; *v Schwind*, Das IPR des Haftungsübergangs bei Vermögensübertragung, FS v Caemmerer (1978) 756; *Sonnenberger*, Affacturage (Factoring) und Zession im dt-frz Handelsverkehr, IPRax 1987, 221; *Stadler*, Der Streit um das Zessionsstatut – eine endlose Geschichte, IPRax 2000, 104; *Stoll*, Rechtskollisionen bei Schuldnermehrheit, FS Müller-Freienfels (1986) 631; *Wandt*, Zum Rückgriff im IPR, ZVglRWiss 86 (1987) 272.

I. Allgemeines

1 **1. Inhalt, Zweck, Vorgeschichte.** Art 33 bestimmt in **Abs I und II** das im Falle der **Zession** anwendbare Recht; Hintergrund ist Art 12 Röm Übk. **Abs III** bestimmt das auf den **gesetzlichen Forderungsübergang** anzuwendende Recht; Hintergrund hierfür ist Art 13 Röm Übk (s Begr RegE BT-Drucks 10/504, 82f; Pirrung IPVR 182; Ber Giuliano/Lagarde BT-Drucks 10/503,67). Art 33 gibt so die Anknüpfungen für die mit rechtsgeschäftlichem bzw gesetzlichem Forderungsübergang zusammenhängenden Problemstellungen: **Abs I** regelt die Rechtsanwendung auf das der Abtretung zugrundeliegende schuldrechtliche Verhältnis zwischen Altgläubiger und Neugläubiger (zB Forderungskauf) und läßt für diese Rechtsbeziehung das hierfür geltende Vertragsstatut (Art 27ff) maßgeblich sein; **Abs II** enthält das **Statut der Forderungsabtretung** und läßt insofern (Abtretbarkeit, Art und Weise der Abtretung) in Übereinstimmung mit der zum aR herrschend gewordenen Anschauung (BGH 87, 19, 22f; für die Gegenauffassung – Schuldnerwohnsitz maßgeblich – Zweigert RabelsZ 23 [1958] 643, 653) das der Forderung zugrundeliegende Statut als **Forderungsstatut** maßgeblich sein. **Abs III** hat die Anknüpfung des gesetzlichen Forderungsübergangs in **S 1** zugunsten des Rechts des „Zessionsgrundes" vorgenommen; das Recht, das über die Leistungspflicht des Dritten gegenüber dem Gläubiger des Schuldners entscheidet, ist für den Rechtsübergang auf den Dritten maßgeblich. Nicht zum Zuge kommen so das Recht des Schuldnerwohnsitzes oder das Recht der übergehenden Forderung (zur Entwicklung s Wandt ZVglRWiss 86 [1987] 272, 281ff). Art 33 regelt nicht alle Fälle des Schuldner- und Gläubigerwechsels. Zur Schuldübernahme s unten IV (Rz 12, 13).

2 **2. Geltung allg Regeln.** Staatsvertragliche Regeln berühren Art 33 nur im Umfang der Ausführungen oben (vor Art 27 Rz 4ff). Für den Forderungsübergang im Zusammenhang mit **Leistungen der sozialen Sicherheit innerhalb der EG** gilt mit Vorrang vor Art 33 die gemeinschaftsrechtliche Sonderregelung der **Art 93** der „Verordnung (EWG Nr 1408/71) über die Anwendung der Systeme der sozialen Sicherheit auf Arbeitnehmer und Selbständige sowie deren Familienangehörige, die innerhalb der Gemeinschaft zu- und abwandern" (ABl EG 1983 Nr L 230/8; Text in Sartorius II Nr 185 und bei MüKo/Martiny Art 33 Rz 33). Auch diese Vorschrift folgt dem Prinzip der Maßgeblichkeit des Rechts des Zessionsgrundes (zur Vorläufernorm Art 52 EWG-VO Nr 3 BGH VersR 1978, 231 = IPRsp 1977 Nr 29). Hinsichtlich **Rück- und Weiterverweisung** gelten die zu Art 27ff dargelegten Regeln; Renvoi ist gem Art 35 I grundsätzlich ausgeschlossen (s Art 27 Rz 3). Art 6 ist anwendbar, aber praktisch nicht erheblich angesichts der in Art 27 III, 29 I, 30 I, 34 und (bei Forderungen aus Delikt) 40 III nF enthaltenen Schutzbestimmungen. Zum intertemporalen und innerdeutschen Kollisionsrecht s vor Art 27 Rz 12, 13 und Art 40 Rz 19, 20.

II. Statut der Forderungsabtretung (Abs I und II)

3 **1. Grundverhältnis Altgläubiger – Neugläubiger (Abs I).** Bei Abtretung einer Forderung ist für die Verpflichtungen zwischen dem bisherigen Gläubiger (Altgläubiger, Zedent) und dem neuen Gläubiger (Neugläubiger, Zessionar) das Recht anzuwenden, dem der Vertrag zwischen diesen Parteien unterliegt. Abs I betrifft damit das Grundgeschäft, das der Abtretung zugrundeliegende kausale Geschäft (zB Forderungskauf, -schenkung usw). Welches Recht insoweit anzuwenden ist, bestimmt sich nach Art 27–30 (s dort). Als Vertragsstatut bestimmt es die schuldrechtliche Seite (s Koziol DZWiR 1993, 353, 356, nicht die Abtretung als Verfügungsgeschäft (hierfür s Abs II und Rz 4, 5; aA und insofern unzutr Einsele ZVglRWiss 90 [1991] 1). Sein Anwendungsbereich betrifft gem Art 31, 32 den gesamten Bereich des Grundgeschäfts, beim Forderungskauf als typischem Grundgeschäft die Einstandspflicht für „Verität und Bonität" (ebenso MüKo/Martiny Art 33 Rz 4). Der Rechtsgrund der Forderung, auf die sich das Verpflichtungsgeschäft bezieht, ist für Abs I unerheblich; die Forderung kann aus Vertrag, Delikt oder einem sonstigen Schuldgrund herrühren (s v Bar RabelsZ 53 [1989] 462, 469). Abs I bringt damit keine Änderung zum früheren Recht (dazu Ferid IPR § 6–122).

4 **2. Abtretung und Forderungsstatut (Abs II). a) Anknüpfung. aa)** Die Abtretung einer Forderung bestimmt sich gem Abs II nach dem Recht, dem die übertragene (besser: zu übertragende) Forderung unterliegt, dh dem **Forderungsstatut**. Das Gesetz nennt insoweit nicht schlicht die Abtretung bzw Übertragung, sondern gibt mit der Nennung der typischen Einzelfragen einer Abtretung zugleich einen Überblick über den Anwendungsbereich des Forderungsstatuts (s Rz 5). Welches Recht Forderungsstatut ist, ergibt sich durch Ermittlung des für die Forderung im Zeitpunkt ihrer Übertragung (iSv Abs II) geltenden Statuts. Bei einer für Abtretung vorgesehenen Forderung aus einem schuldrechtlichen Vertrag ergibt also die auf diesen Vertrag und seine einzelnen Verpflichtungen gem Art 27–30 anwendbare Rechtsordnung unmittelbar und ohne weiteres auch das Forderungsstatut als Statut der Abtretung („Rechtsobjektbezogene Anknüpfung", v Bar IPR I Rz 532; Rsp: Düsseldorf RIW 1995, 509; Hamm RIW 1997, 154 – zur Notwendigkeit der Schuldnerbenachrichtigung, dagegen Koziol aaO 356; BGH NJW 1991, 1414 – zu Mängeln des Kausalgeschäfts, zutreffend krit v Bar IPRax 1992, 20 und Ebenroth EWiR 1991, 61; s ferner Stuttgart RIW 1991, 160 und Rz 6); ebenso bei Deliktsforderung (Deliktsstatut BGH 108, 353, 360, 362;

NJW 1988, 3095; Karlsruhe RIW 1993, 505; Hamburg NJW-RR 1993, 40 mit Aufs Wandt NZV 1993, 56; Hamm RIW 1997, 154; Koblenz RIW 1996, 152; die Neuregelung der Art 40–42 hat insofern nichts geändert, s Begr RegE BT-Drucks 14/343, 8, 9; Hohloch JuS 2000, 922f). **bb)** Das Abtretungsstatut kann durch Rechtswahl zwischen Alt- und Neugläubiger wegen des entgegenstehenden Schutzinteresses des Schuldners *nicht* vom Forderungsstatut gelöst („abgekoppelt") werden (BGH RIW 1985, 154 = IPRax 1985, 221 Anm Kötz 205; BGH 108, 353 = ZIP 1990, 569 = DB 1990, 781; Köln NJW 1987, 1151 = IPRax 1987, 239 mit Anm Sonnenberger 221); stimmt der Schuldner zu, besteht hingegen kein Hinderungsgrund. **cc)** Unterliegt die abzutretende Forderung **Einheitsrecht**, das (wie die einheitlichen Kaufrechte EKG und UN-Kaufrecht, s vor Art 27 Rz 6ff) die Abtretung mit seinem Regelwerk nicht regelt, bedarf es für die Bestimmung des Forderungsstatuts insofern einer konkreten und isolierten Ermittlung des auf den Vertrag unbeschadet der Geltung von Einheitsrecht anwendbaren Rechts über Art 27ff (Stoll FS Ferid [1988] 495, 506f).

b) Anwendungsbereich. aa) Als **Übertragung** iSv Abs II ist nicht nur die rechtsgeschäftliche Abtretung des dt **5** Rechts zu qualifizieren, sondern jede vergleichbare oder verwandte Erscheinungsform der Übertragung einer Forderung (zB Subrogation franz Recht, Sonnenberger aaO 221; zum ital Recht Birk ZZP 82 [1969] 70). Ebenso rechnet hierher die **Sicherungszession** (LG Hamburg IPRsp 1980 Nr 53; Staud/Stoll IntSachenrecht Rz 292; IPG 1973 Nr 16 München) einschl der **Vorausabtretung** bei Vereinbarung verlängerten Eigentumsvorbehalts (IPG 1967/68 Nr 15 Hamburg; str, aA LG Hamburg aaO).

bb) Das Forderungsstatut bestimmt nach Abs II die **Übertragbarkeit** (vgl BGH 104, 145, 149 = IPRax 1989, **6** 170 mit Anm Schlechtriem 155 Wechselforderung altes Recht) und als Übertragbarkeitsfrage die Abtretbarkeit künftiger und bedingter Forderungen (IPG 1967/68 Nr 15 Hamburg); zur Vorausabtretung s noch MüKo/Martiny Art 33 Rz 14 mwN; gleiche Grundsätze gelten für die **Einziehungsermächtigung** (BGH 125, 205). Ebenso regelt Abs II das **Verhältnis** zwischen **Neugläubiger** (Zessionar) und **Schuldner**, dh den Inhalt der zedierten Forderung (Stuttgart RIW 1991, 159, 160; BGH NJW-RR 2001, 307). Folge dieser Anknüpfung ist grundsätzlich unveränderter Inhalt der Forderung (zu besonderen Fällen Hamburg IPRsp 1974 Nr 11 A; Frankfurt RIW 1984, 919; Ferid IPR § 6–121). Das Forderungsstatut bestimmt über die Voraussetzungen, unter denen die Übertragung dem Schuldner entgegengehalten werden kann, dh über **Art und Weise der Vornahme** (Schuldnerbenachrichtigung, s BGH 95, 149; Köln NJW 1987, 1151; Koblenz RIW 1987, 629; Aubin FS Neumayer [1985] 31, 40; Pal/Heldrich Art 33 Rz 2), über den Einfluß von Mängeln des Kausalgeschäfts auf die Abtretung (Abstraktionsprinzip, BGH NJW 1991, 1414 = EWiR 1991, 161 mit Anm Ebenroth) und über die Möglichkeit der befreienden Leistung durch den Schuldner. Hierher gehört auch die Beurteilung des Rangverhältnisses bei **Mehrfachabtretung** (BGH RIW 1990, 670 = WM 1990, 1577 = IPRax 1991, 223 mit Anm Stoll; BGH NJW 1999, 940 mit Kritik Kieninger JZ 1999, 405 und Stadler IPRax 2000, 104). Zum **Factoring** s Basedow ZEuP 1997, 615; zur Rechtsvereinheitlichung insoweit UNIDROIT-Übereinkommen über das internationale Factoring v 28. 5. 1988, BGBl 1998 II 172; in Kraft seit 1. 12. 1998, Bek v 31. 8. 1998, BGBl II 2375; dazu Hakenberg RIW 1998, 906, 909; Weller RIW 1999, 161.

cc) Für die **Form** der Abtretung gilt Art 11, dh Geschäftsrecht oder Ortsrecht in den durch Art 11 III–IV gezo- **7** genen Grenzen (vgl zB BGH 87, 19, 23).

III. Gesetzlicher Forderungsübergang (Abs III)

1. Regelungsumfang. Abs III regelt zwei Fallgruppen des gesetzlichen Forderungsübergangs. **a)** S 1 enthält das **8** Statut des Regresses bei subsidiären Verpflichtungen; Musterfälle sind Leistung durch den Bürgen (Pal/Heldrich Art 33 Rz 3, Leistung des Versicherers aus Versicherungsvertrag, Leistung des Sozialversicherungsträgers gem §§ 115, 116 SGB X (Wandt aaO 278), des Dienstherrn gem Beamtenrecht (zB § 87a BBG, s dazu BGH NJW 1966, 1620; s ferner Oldenburg IPRsp 1983 Nr 34). **b)** S 2 regelt den Regreß bei gleichrangigen Verpflichtungen; Hauptanwendungsfall ist Leistung des Gesamtschuldners (s BT-Drucks 10/504, 88), in Betracht kommen auch sonstige Ausgleichsregeln zwischen grundsätzlich Gleichrangigen (zB Bürge und Pfandschuldner, Sicherungseigentümer, vgl noch Wandt aaO 290ff).

2. Anknüpfung. Für S 1 wie S 2 gilt die gleiche Anknüpfungsregel. Maßgebliches Recht der Regreßberechti- **9** gung ist das **Zessionsgrundstatut**, nicht das Forderungsstatut (wie in Abs II). **a)** Nach S 1 hat der Dritte, der gegenüber dem Gläubiger oder dem Schuldner anstelle des Schuldners zu leisten verpflichtet ist (zB Haftpflichtversicherer, gegenüber Gläubiger § 3 PflVG, gegenüber Schuldner Versicherungsvertrag, vgl Wandt aaO 279), ein Recht zum Regreß dann, wenn das Recht, das über seine Verpflichtung zur Befriedigung des Gläubigers bestimmt (zB Bürgschaftsstatut als Zessionsgrundstatut), ihm ein solches Regreßrecht einräumt (BGH NJW 1998, 3205; Düsseldorf VersR 2000, 460, 462 = JuS 2000, 922 [Hohloch]; s schon Stoll FS Müller-Freienfels [1986] 631, 633; zum alten Recht s Hamburg VersR 1967, 505; Beemelmans RabelsZ 29 [1965] 510, 512). **b)** Die gleiche Regel – Maßgeblichkeit des Zessionsgrundstatuts, nicht des Forderungsstatuts – gilt auch für die von S 2 erfaßten Sachverhalte (s ie Stoll aaO 633f).

3. Anwendungsbereich. a) Die Regel des **S 1** erfaßt nicht nur die eigentliche Legalzession, sondern auch ver- **10** gleichbare Institute fremder Rechte (zB gesetzliche Subrogation der romanischen Rechte, s Rz 5 mwN). Systemwidrig erfaßt S 1 sowohl vertragliche als auch sonstige Forderungen (zB Deliktsansprüche), s v Bar aaO 481 und oben Rz 4. Das Inkrafttreten von Art 38 III und 39 II nF hat hieran nichts geändert. Zum Regreß gegen den Unterhaltsschuldner s aber Art 18 VI Nr 3 und Erl dort Rz 38. **aa)** Im einzelnen bestimmt das **Zessionsgrundstatut** (s Rz 9) über die Berechtigung des Dritten (Zessionars) zur Geltendmachung, sowohl der Gesamtforderung als auch eines Teils. Das Zessionsgrundstatut bestimmt so über die Erfüllung der Voraussetzungen des gesetzlichen Forderungsübergangs (Wandt aaO 281) einschl des Ausmaßes, in dem die Forderung übergeht (Ber Giuliano/Lagarde aaO S 67). **bb)** Hingegen bestimmt im Interesse des Schuldnerschutzes, da Abs III insofern schweigt (s MüKo/

Martiny Art 33 Rz 25), nicht das Zessionsgrundstatut, sondern das Forderungsstatut (s Rz 4) über den Schuldnerschutz auch bei Legalzession (vgl Art 39 II nF und dort Rz 9, 10). Über Schuldnerbenachrichtigung, befreiende Wirkung der Leistung an den Altgläubiger und Übertragbarkeit der Forderung bestimmt so das **Forderungsstatut** (ebenso H. Keller, Zessionsstatut im Lichte des Übereinkommens über das auf vertragliche Schuldverhältnisse anzuwendende Recht vom 19. 6. 1980, Diss München 1985, 164; MüKo/Martiny Art 33 Rz 26; Pal/Heldrich Art 33 Rz 3; tw abw Wandt aaO 280f). Ebenso bestimmt das Forderungsstatut über den **Inhalt** der Forderung einschl Verjährung, Aufrechenbarkeit usw.

11 b) Für die Regel des S 2 gilt Entsprechendes. Der Rückgriff des leistenden Schuldners gegenüber einem Mitschuldner zB bei Gesamtschuld unterliegt dem Schuldstatut des Leistenden im Außenverhältnis zum Gläubiger (Stoll aaO 659); s ferner Reithmann/Martiny⁵ IVR Rz 321; zum Rückgriff im Bereicherungsrecht s Art 38 Rz 16; zum Rückgriff bei unterschiedlichem Statut unterliegenden Forderungen gegen Deliktstäter s Art 40 Rz 62.

IV. Statut der Schuldübernahme

12 **1. Grundsatz.** Das neue IPR enthält keine gesetzliche Regelung des auf Schuldübernahme anwendbaren Rechts (Ber Giuliano/Lagarde aaO S 68). Insofern ist vergleichbar zur Anknüpfungsregelung der Zession anzuknüpfen. Wie zum aR (dazu RG IPRsp 1932 Nr 34; Girsberger ZVglWiss 88 [1989] 31, 34) ist davon auszugehen, daß die Schuldübernahme (Schuldnerwechsel wie Schuldbeitritt) **das Statut der übernommenen Schuld nicht verändert** (s v Bar IPRax 1991, 199). Hingegen kann das Schuldübernahmegeschäft einem anderen Recht als dem der übernommenen Schuld unterstehen (ebenso Pal/Heldrich Art 33 Rz 4).

13 **2. Einzelheiten. a)** Bei **privativer Schuldübernahme** bestimmt das Statut der übernommenen Schuld über das Freiwerden des Altschuldners und die dafür erforderlichen Voraussetzungen (RG JW 1932, 3810 = IPRsp 1932 Nr 122; aA v Bar IPRax 1991, 197, 199) sowie die Leistungspflicht des Neuschuldners (zu den str Einzelheiten Girsberger 37ff). Bei **kumulativer Schuldübernahme** unterliegt die Verpflichtung des Neuschuldners idR (entspr Art 28 II) dem Recht seines gewöhnl Aufenthalts, ggf (entspr Art 28 V) dem Statut der übernommenen Schuld (s Kegel IPR § 18 VII 3; v Bar IPRax 1991, 197 zu öst OGH IPRax 1991, 193). Bei Rechtswahl gilt dieses Statut, Köln RIW 1998, 148, s ferner Koblenz RIW 1992, 491; Rostock TranspR 1997, 115. Zum Schuldanerkenntnis München RIW 1998, 508 (Rechtswahl, ansonsten Recht der anerkannten Forderung).
b) Die **Vertragsübernahme** unterliegt bei Fehlen einer Rechtswahl dem Recht des übernommenen Vertrages (MüKo/Martiny Art 33 Rz 38 mwN). Für die **Vermögensübernahme** (nach Art von § 419 aF) und die Unternehmensübernahme (§ 25 HGB) ist idR das Recht der Belegenheit des Vermögens maßgeblich (s Kegel aaO; MüKo/Martiny Art 33 Rz 39; v Schwind FS v Caemmerer [1978] 756ff; abw Koblenz, RIW 1989, 61 = IPRax 1989, 175 mit abl Anm v Hoffmann; s auch Girsberger aaO 42); s ferner Merkt/Dunckel RIW 1996, 533, zT anders Busch-Müller ZVglRWiss 1995, 157; Ebenroth/Offenloch RIW 1997, 8 (Wohnsitz des Veräußerers); Schnelle RIW 1997, 284.

34 Zwingende Vorschriften
Dieser Unterabschnitt berührt nicht die Anwendung der Bestimmungen des deutschen Rechts, die ohne Rücksicht auf das auf den Vertrag anzuwendende Recht den Sachverhalt zwingend regeln.

Schrifttum: *v Bar*, Int Wettbewerbsbeschränkungsrecht zwischen Sach- und Kollisionsrecht, FS Ferid (1988) 13; *Basedow*, Wirtschaftskollisionsrecht, RabelsZ 52 (1988) 8; *ders*, Entwicklungslinien des int Kartellrechts, NJW 1989, 627; *Baum*, Faktische und potentielle Eingriffsnormen, RabelsZ 53 (1989) 152; *Coester*, Die Berücksichtigung fremden zwingenden Rechts neben dem Vertragsstatut, ZVglRWiss 82 (1983) 1; *Coing*, Zur Anwendung zwingenden ausl Verträge – Art 7 des Übereinkommens über das auf vertragliche Schuldverhältnisse anzuwendende Recht, WM 1981, 810; *Drobnig*, Die Beachtung von ausl Eingriffsgesetzen – eine Interessenanalyse, FS Neumayer (1985) 159; *Grundmann*, Binnenmarktkollisionsrecht – vom klassischen IPR zur Integrationsordnung, RabelsZ 64 (2000) 457; *Habscheid*, Territoriale Grenzen der staatl Rechtsetzung, BerDGVR 11 (1971) 47; *Hanisch*, Internationalprivatrechtliche Fragen im Kunsthandel, FS Müller-Freienfels (1986) 193; *Hentzen*, Zur Anwendung fremden Eingriffsrechts seit der IPR-Reform, RIW 1988, 508; *v Hoffmann*, Inl Sachnormen mit zwingendem int Anwendungsbereich, IPRax 1989, 261; *Junker*, Die „zwingenden Bestimmungen" im neuen int Arbeitsrecht, IPRax 1989, 69; *ders*, Empfiehlt es sich, Art 7 EVÜ zu revidieren oder aufgrund bisheriger Erfahrungen zu präzisieren?, IPRax 2000, 65; *Kegel*, Die Rolle des öffentl Rechts im Int Privatrecht, in Völkerrecht, Recht der Int Organisationen, Weltwirtschaftsrecht, FS Seidl-Hohenveldern (1988) 243; *Kleinschmidt*, Zur Anwendbarkeit zwingenden Rechts im int Vertragsrecht unter besonderer Berücksichtigung von Absatzmittlerverträgen (1985); *Kreuzer*, Ausl Wirtschaftsrecht vor dt Gerichten (1986); *R. Lehmann*, Zwingendes Recht dritter Staaten im int Vertragsrecht (1986); *Mann*, Sonderanknüpfung und zwingendes Recht im IPR, FS Beitzke (1979) 607; *Mestmäcker*, Staatliche Souveränität und offene Märkte, RabelsZ 52 (1988) 205; *Mülbert*, Ausl Eingriffsnormen als Datum, IPRax 1986, 140; *Obergfell*, Deutscher Urheberschutz auf internationalem Kollisionskurs, K&R 2003, 118; *W.H. Roth*, Zur Anwendung der §§ 134 und 306 BGB bei Importverboten, IPRax 1984, 76; *Schäfer*, Eingriffsnormen im deutschen IPR – eine neverending story? Festgabe Sandrock (1995) 37–53; *M. Schubert*, Int Verträge und Eingriffsrecht, RIW 1987, 729; *Schurig*, Kollisionsnormen und Sachrecht (1981); *Schwung*, Die Grenzen der freien Rechtswahl im Int Vertragsrecht, WM 1984, 1301; *Siehr*, Ausl Eingriffsnormen im inl Wirtschaftskollisionsrecht, RabelsZ 52 (1988) 41; *Steindorff*, Sachnormen im IPR (1958); *Tiemann*, Eine Anknüpfungsleiter für das Wirtschaftskollisionsrecht. Alternativen zu Sonderanknüpfung und Interessenabwägung, Diss Bielefeld 1993; *Wengler*, Die Anknüpfung des zwingenden Schuldrechts im IPR, ZVglWiss 54 (1941) 168; *ders*, Sonderanknüpfung, positiver und negativer ordre public, JZ 1979, 175.

I. Allgemeines

1 **1. Inhalt, Zweck, Vorgeschichte. a) Grundlagen.** Art 34 regelt, wie auch Art 27 III, 29, 30, einen „Ausschnitt" (Pal/Heldrich Art 34 Rz 1) aus der Problematik der Auswirkungen zwingender Vorschriften auf das Ver-

tragsverhältnis mit Auslandsbezug. Die auf Art 7 II Röm Übk beruhende Norm ermöglicht eine **Sonderanknüpfung** zur Durchsetzung zwingender **dt** Vorschriften in Bereichen des Vertragsrechts, in denen nicht schon gem Art 27 III, 29 I und 30 I zwingende Vorschriften (des dt Rechts) ohne Rücksicht darauf zu beachten sind, ob die Parteien die Geltung eines anderen Rechts vereinbart haben (BT-Drucks 10/504, 83; Pirrung IPVR 182). Frühere Auflagen (Erman/Arndt[7] vor Art 12 Rz 12) hatten sich zu dem von Art 34 jetzt tw gesetzlich normierten Bereich der Geltung sog **Eingriffsnormen** noch sehr allg geäußert: „Solche ‚Exklusivnormen' ... lassen sich nicht nach dem Gegenstand abgrenzen, sondern sind in allen Rechtsgebieten denkbar; sie können auch nicht ... mit der Nichtanwendung ausl öffentl Rechts erklärt werden, weil ein solcher allg Grundsatz nicht besteht ... Für derartige Normen ist eine enge Verknüpfung mit dem Staat ihres Ursprungs in wirtschaftlicher und politischer Beziehung zu fordern, ferner muß unter int Maßstäben – besonders im Hinblick auf mögliche Gegenseitigkeit und bei rechtsvergleichender Betrachtung – der vom nationalen Gesetzgeber erhobene Anspruch auf Geltung berechtigt sein."

b) Art 27ff und zwingende Normen. Inzwischen ist, nicht zuletzt durch die Arbeit am Röm Übk, die in dessen 2 Art 7 (Abs I und II) ihr Resultat gefunden (s dazu Ber Giuliano/Lagarde BT-Drucks 10/503, 58f; s ferner Kleinschmidt aaO 207ff; Lando RabelsZ 38 [1974] 6, 33ff) und damit auch die dt Praxis wie Literatur und schließlich die Kodifikation des IPR befruchtet hat, jedenfalls eine gewisse Gliederung und gesetzliche Strukturierung der Problematik des Geltungsanspruchs zwingender Normen im Bereich des Vertragsrechts erreicht worden. Zu unterscheiden sind innerhalb der Gesamtproblematik der Anwendung zwingender Vorschriften der Rechtsordnungen, die für einen Schuldvertrag Beachtung heischen können, insgesamt vier Teilbereiche, die in der Kodifikation der Art 27–37 unterschiedlich und an verschiedener Stelle geregelt worden sind (zT abw Einteilung bei MüKo/Martiny Art 34 Rz 2 mwN):

aa) Regelmäßige Folge einer Rechtswahl oder objektiven Anknüpfung iSd Art 27–33 für einen Vertrag ist, daß 3 die so als Vertragsstatut bestimmte Rechtsordnung jedenfalls mit allen ihren auf den Vertragstyp zugeschnittenen Bestimmungen, seien sie zwingender oder nicht zwingender Natur, zur Anwendung kommt. Noch nicht gesagt ist damit, ob die Kollisionsnorm sämtliche Ge- und Verbotsnormen der berufenen Rechtsordnung mitbegreift (dazu Rz 11). Eine zweite Frage ist dann, ob die inl Rechtsordnung den Geltungsanspruch der Normen des Vertragsstatuts in jedem Falle akzeptiert oder ob dem eigene, abweichende Rechtsausprägungen entgegengesetzt werden; das kann über Art 34 und – außerhalb des Anwendungsbereichs von Art 34 – über Art 6 geschehen.

bb) Art 27 III, 29 I, 30 I regeln einen Teilbereich von Rz 2 unter aa gesondert. Art 27 III wendet sich gegen 4 völlig freie künstliche Verpflanzung eines Vertragssachverhalts in eine Wahlrechtsordnung und hält deshalb die Geltung der zwingenden, dh nicht abdingbaren Bestimmungen des objektiv angeknüpften Vertragsstatuts aufrecht (vgl Art 27 Rz 25). Gem Art 29 I und 30 I bleibt es in deren Anwendungsbereich (Verbraucherverträge, Arbeitsvertrag) bei der Geltung der den vertragstypisch schwächeren Vertragspartner schützenden zwingenden Bestimmungen nach Maßgabe des Günstigkeitsprinzips. Anwendung finden können so zwingende Normen des gewählten wie des objektiv angeknüpften Statuts (vgl Art 29 Rz 17; Art 30 Rz 11). Art 29a setzt darüber hinaus in seinem Anwendungsbereich Schutzstandards, die im EU-Raum Geltung haben, ggü schwächerem Drittstaatenrecht durch, s Erl zu Art 29a Rz 5ff.

cc) Der Anwendungsbereich von Art 34 hingegen ist dort eröffnet, wo sich die Frage der Anwendbarkeit zwin- 5 gender Vorschriften der (deutschen) lex fori bei einem Vertragsstatut stellt, das nicht die (deutsche) lex fori ist. Art 34 hat diese Frage positiv und positivrechtlich in dem Sinne entschieden, daß Art 27–37 die Anwendung der Bestimmungen des dt Rechts nicht berühren, die ohne Rücksicht auf das auf den Sachverhalt anzuwendende Recht den Sachverhalt zwingend regeln.

dd) Keine positivrechtliche Regelung hat hingegen die Frage der Anwendung nicht vertragsrechtlicher zwin- 6 gender Normen des fremden Statutsstaats oder eines Drittstaats erhalten. Art 7 I Röm Übk enthält hierfür zwar eine Abkommensregelung, die eine weitgehende, in das Ermessen des Richters gestellte Anwendung der zwingenden Rechtsvorschriften einer jeden Rechtsordnung ermöglichte, zu welcher der Sachverhalt eine enge Verbindung aufweist, ist aber nach Art 34 nicht übernommen worden. Die Fassung des RegE, die Art 7 I Röm Übk in den ursprünglichen Abs I des Art 34 (RegE) überführt hatte, ist nach durchgreifenden Bedenken im Gesetzgebungsverfahren (Gefahr erheblicher Rechtsunsicherheit, unangebrachte Wahrung eines ausl Ordre public) fallengelassen worden (vgl abl Stellungnahme BR BT-Drucks 10/504, 100; zust Gegenäußerung BReg aaO S 106; Ber RA BT-Drucks 10/5632, 45), so daß die jetzige, nur auf Art 7 II Röm Übk beruhende Fassung des Art 34 Gesetz geworden ist (krit dazu zB Kreuzer IPRax 1984, 293; v Westphalen ZIP 1986, 1497, 1504; Däubler RIW 1987, 249, 256; Lehmann ZRP 1987, 319; Hentzen RIW 1988, 508, 509; s ferner Coester ZVglRWiss 82 [1983] 1ff; v Bar FS Ferid [1988] 13, 30; Sonnenberger FS Rebmann [1989] 819, 824). Gegen Art 7 I Röm Übk hat die BRepD bei der Ratifizierung einen Vorbehalt eingelegt (s BGBl 1986 II 809, 810; dazu MüKo/Martiny Art 34 Rz 44). Zu gegenwärtigen Reformüberlegungen Junker IPRax 2000, 65.

2. Anwendungsbereich. a) Umfassende Anwendung. Art 34 läßt in allg Form die zwingenden Bestimmungen 7 des dt Rechts durch die Vorschriften der Art 27–37 unberührt. Welchem Gebiet des dt Rechts die zwingenden Bestimmungen zugehören, ist in Art 34 offengeblieben. Auszugehen ist für die diesbezügliche Auslegung der Norm von den Materialien, nach denen „in Betracht kommen ohne Rücksicht auf ihre privat- oder öffentlichrechtliche Natur sowohl zwingende Vorschriften wirtschaftspolitischen Gehalts, beispielsweise Ein- und Ausfuhrbestimmungen, Preis- und Devisenvorschriften oder Vorschriften des Kartellrechts, als auch sozialpolitische Vorschriften zum Schutz einzelner, zB Mieterschutzvorschriften, Vorschriften zum Schutz der Erwerber von Eigenheimen usw" (Begr RegE BT-Drucks 10/504, 83). Art 34 ist demgemäß weitgespannt und in der Lage, die vor der IPR-Reform zur Geltung zwingender Vorschriften des dt Rechts entstandene Praxis einzubinden.

EGBGB Art 34   Internationales Privatrecht

8 b) **Sondergebiete.** Als gegenüber Art 34 durch Spezialität vorrangige Sonderanknüpfungsnormen können sich Art 27 III, 29 I, 30 I auswirken (s insbes Art 29 Rz 8), wenn sie als sachnähere Sonderanknüpfungsregel des jeweiligen Vertragstyps im Rahmen ihres Anwendungsbereichs zur Anwendung zwingenden dt Rechts verpflichten.

9 Im Verhältnis zu dem durch Art 29a abgelösten § 12 AGBG ging Art 34 im Rahmen seines Anwendungsbereichs vor. Sonderanknüpfungsnormen außerhalb des EGBGB, die Art 34 vorgehen können, sind hingegen nicht ersichtlich. Die für das int **Devisenrecht** bestehende Sonderanknüpfungsnorm (s MüKo/Martiny Nach Art 34 Anh II Rz 11) des Art VIII Abschnitt 2 (b) des 1976 neu gefaßten „Abkommens über den Internationalen Währungsfonds" (IWF) vom 1./22. 7. 1944 (Abk von Bretton Woods), BGBl 1952 II 728 (ZustG v 28. 7. 1952, aaO 637, 645; Neufassung durch IWF-Gesetz v 9. 1. 1978, BGBl II 13 mit Text und Übersetzung des Übk) **geht Art 34 nicht vor**, da das Abk die Devisenbestimmungen der lex fori nicht erfaßt, vielmehr auf ausl Devisenvorschriften beschränkt ist (zutr MüKo/Martiny, aaO Rz 6 mwN in Fn 27–30; aA offensichtlich Pal/Heldrich Art 34 Rz 2, wo keine Differenzierung zwischen in- und ausl Vorschriften stattfindet). Hierzu kann hier Kommentierung nicht erfolgen, s die ausführl Darstellungen bei MüKo/Martiny Nach Art 34 Anh I (Währungsrecht) und Anh II (Devisenrecht) sowie bei Soergel/v Hoffmann Art 34 Abschnitt V (Währungsrecht) und Abschnitt VI (Devisenrecht); s auch Ebke ZVglRWiss 100 (2001) 170.

10 c) **Wirtschaftskollisionsrecht?** In neuerer Zeit sind Ansätze für ein eigenständiges **Wirtschaftskollisionsrecht** zu ersehen, das sich von der oben (Rz 3–6) nachgezeichneten Gliederung tw zu lösen und insbes die in Art 34 nicht geregelte Behandlung der ausl Kollisionsnormen kollisionsrechtlich in den Griff zu bekommen versucht (s insbes die Beiträge und Berichte von Drobnig, Basedow, Siehr, Mestmäcker ua in RabelsZ 52 [1988] 1, 8, 41, 205 und 256; s ferner etwa v Bar FS Ferid [1988] 13; Kreuzer aaO; Veelken, Interessenabwägung im Wirtschaftskollisionsrecht [1988]; Schnyder, Wirschaftskollisionsrecht [1990]; Schnyder, RabelsZ 59 (1995) 293; Gamauf ZfRV 2000, 41). S hierzu unten III Rz 24.

II. Sonderanknüpfung zwingender dt Vorschriften (= Art 34)

11 1. **Grundsätze. Int zwingende Bestimmungen. a)** Nach Art 34 sind unabhängig von dem für einen Schuldvertrag nach Art 27–30 geltenden Recht (das sind das eigentliche Vertragsstatut und auch die gem Art 27 III, 29 I, 30 I zur Anwendung berufenen Bestimmungen einer von dem dt lex fori verschiedenen Rechtsordnung, s Rz 4) diejenigen Vorschriften des dt Rechts anzuwenden, die den Sachverhalt ohne Rücksicht auf das zur Anwendung auf den Vertrag berufene Recht **int zwingend regeln**, dh als **Eingriffsnormen des dt Rechts** Geltung beanspruchen. Zwingende Bestimmungen iSv Art 34 sind nicht alle zwingenden, dh durch Parteien nicht abdingbaren Normen der dt Rechtsordnung; nicht hierher gehören die „intern zwingenden Vorschriften" (= einfache zwingende Vorschriften, s dazu zB Radtke ZVglRWiss 84 [1985] 325, 329; Drobnig aaO 167; v Hoffmann aaO 261), die zwar bei Geltung dt Rechts zwingend sind, im Rahmen kollisionsrechtlicher Verweisung aber durch die Anwendung eines anderen Rechts mit dessen einfach zwingenden Normen ausgeschaltet werden können. Dazu und nicht zum Anwendungsbereich von Art 34 rechnet die große Masse des zwingenden Privatrechts (zB Verjährungsregeln, s § 202 BGB, Formregeln, s Art 11 I Ersetzung durch Geschäfts- oder Ortsform [dazu BGH NJW 1993, 1128] usw). Hingegen sind **int zwingende Normen** und damit zwingende Bestimmungen iSv Art 34 nur jene zwingenden Vorschriften des dt Rechts, die einen in ihren Anwendungsbereich fallenden Sachverhalt oder **Sachverhaltsteil** ungeachtet der ihn treffenden und kennzeichnenden Auslandsberührung zwingend regeln wollen.

12 b) In einem Versuch allg Definition gehören hierher jene Normen, die ihre Geltung auch oder gerade für den Sachverhalt mit Auslandsbezug ausdrücklich anordnen, sowie solche Normen, deren Geltungswille für solche, gem Art 27ff einem fremden Recht unterliegende Sachverhalte sich durch (konventionskonforme, s Art 36 und dazu dort Rz 3 mwN) Auslegung des Gesetzes aufdecken läßt (s dazu vor allem v Hoffmann aaO 263f; Junker IPRax 1989, 69, 73; ausf MüKo/Martiny Art 34 Rz 7, 8; Reithmann/Martiny/Limmer[5] IVR Rz 387ff; Soergel/ v Hoffmann Art 34 Rz 3ff). Eine Unterscheidung danach, ob die Norm öffentlichrechtlicher oder privatrechtlicher Natur ist, ist nicht zu treffen (s Begr RegE BT-Drucks 10/504, 83; auch schon Neumayer RabelsZ 25 [1960] 649f; jetzt noch BAG DB 1990, 1666, 1668). Im Einklang mit der Begr zu Art 34 (s soeben S 83), die sich bei ihrer zusammenfassenden Beschreibung der für Art 34 in Betracht gezogenen zwingenden Normen auf die im Schrifttum zum aR wohl herrschend gewordene Eingrenzung der **Eingriffsnormen** stützen kann (s zB Neumayer BerDGVR 2 [1958] 35, 45 und RabelsZ 25 [1960] 649, 653f; v Bar IPR II Rz 452; Kropholler IPR § 3 II, 12 V, 52 VII; Staud/Firsching[10/11] vor Art 12 Rz 381, 382), sind int zwingend in diesem Sinne Normen, die hauptsächlich **staats- und wirtschaftspolitischen Interessen** dienen oder aus **sozial- und gesellschaftspolitischen Gründen** (Arbeitnehmerschutz, Verbraucherschutz, Mieterschutz, auch Kulturgüterschutz) erlassen worden sind. Hingegen kommt es auf Strafbewehrung der Vorschrift oder ihre Durchsetzung von Amts wegen nicht an.

13 c) Ob eine int zwingende Norm vorliegt und ob der Einsatz der Norm gem Art 34 auf den konkreten Sachverhalt erforderlich ist, ist im Zweifelsfall, wenn die Geltung nicht ausdrücklich angeordnet ist oder sich aus der ratio der Vorschrift ergibt, durch **Gesamtabwägung** unter **Beachtung des Inlandsbezugs** (s E. Lorenz RdA 1989, 220, 227; auch BGH 123, 391; BGH NJW 1997, 1699) und der Bedeutung und des Gewichts der von der Norm geschützten Interessen (enger – nur öffentl Interessen Pal/Heldrich Art 34 Rz 3 und Kohte EuZW 1990, 150, 153) zu entscheiden. Dabei ist auf die Rz 12 aE genannten Zielvorstellungen entscheidend abzuheben. Typische **Generalklauseln** wie §§ 138, 242 BGB sind so über **Art 34 nicht** zur Anwendung zu bringen, s BGH NJW 1997, 1697, 1700 („Time-Sharing-Entscheidung"), sondern ggf über Art 6 (dazu Jayme IPRax 1995, 236; Mankowski RIW 1996, 8; Rauscher EuZW 1996, 652). Dies gilt jedenfalls dann, wenn mit der Generalklausel nicht gerade (und ohne andere Ansatzmöglichkeit) eines der oben (Rz 12 aE) genannten Ziele verwirklicht werden soll.

14 2. **Einzelgebiete. a) Normen staats- und wirtschaftspolitischer Zielsetzung.** Beschränkungen der Freiheit des **Außenhandels** durch das **AWG** und die zu seiner Ausführung ergangene Verordnung sind typische Beispiele zwingender Vorschriften iSv Art 34, zB BGH RIW 1981, 194; auch Kropholler IPR § 52 VII 2a; Remien RabelsZ 54 (1990) 431, 463; ebenso gehören hierher Verbote und Beschränkungen gem § 34c GewO und § 12 MaklerBVO, s Reithmann FS Ferid (1988) 368. Vor allem die Anwendung des **GWB** auf im Ausland veranlaßte Wettbewerbsbeschränkungen (§§ 98 II, 120 II GWB aF; jetzt § 130 II GWB nF), s BGH 74, 322; KG RIW 1981, 403, 406; Karlsruhe RIW 1981, 124; KG WM 1984, 1195; KG IPRsp 1999 Nr 116). Weitere Anwendungsfälle: Embargo-Bestimmungen des dt Rechts (Oeter IPRax 1996, 77); Devisenbewirtschaftung dt Rechts (BGH NJW 1995, 320 – innerdeutsch); Vorschriften des Kapitalmarktrechts, s Göthel IPRax 2001, 411, 416; Geldwertsicherungsvorschriften, s Grothe WM 2002, 22; zu § 1 AEntG s Art 30 Rz 5 – ja –; hierzu rechnen auch Ein- und Ausfuhrbestimmungen auf staatsvertragl oder (EU-)gemeinschaftsrechtlicher Grundlage, die insoweit zum deutschen Recht rechnen, zB Vorschriften des Übereinkommens über die Welthandelsorganisation (WTO), s Jansen EuZW 1994, 162; Vorschriften des Washingtoner Artenschutzübereinkommens von 1973 (als Gemeinschaftsrecht, s näher MüKo/Martiny Art 34 Rz 64 mwN). Rspr insoweit (Embargo-Fälle): BGH 125, 27; LG Bonn EuZW 1992, 455; LG Limburg WM 1992, 1399. Zu international zwingenden Vorschriften des UrhRechts v Welser IPRax 2002, 364; zu versicherungsrechtlichen Eingriffsnormen Gruber NVersZ 2001, 442.

b) **Normen sozialpolitischer Zielsetzung.** Die Gesamtabwägung iSv Rz 13 ist vorzuschalten bei Vorschriften mit sozialpolitischer Zielsetzung wie den Gesetzen mit verbraucherschützendem Charakter (soweit in dieser Beziehung nicht aus Art 29 I, 31, 32 bereits Anwendungszwang folgt, s Art 29 Rz 17, Art 31 Rz 11). **aa)** Im einzelnen gilt dies bei Vorliegen des Rz 13 betonten **Inlandsbezugs** etwa für § 312 BGB (früher **§§ 1ff HTWiG**) (s Art 29 Rz 18); ebenso v Hoffmann aaO 268; Jayme IPRax 1990, 220, 222; auch Kohte EuZW 1990, 150, 154; Pal/Heldrich Art 34 Rz 3; krit Mankowski RIW 1998, 289; aA – Anwendung ggf über Art 29 I (s dazu oben) oder (unzutreffend, dazu Art 31 Rz 13) über Art 31 II – Hamm NJW-RR 1989, 496; LG Hamburg NJW-RR 1990, 695, 696; AG Lichtenfels IPRax 1990, 235, 236; Celle RIW 1991, 421, 422; Taupitz BB 1990, 649; Lüderitz IPRax 1990, 216, 218; auch für §§ 355ff BGB (früher **VerbrKG**) und für §§ 488, 490, 491ff BGB (dazu BGH ZIP 1999, 103, 104; Staudinger RIW 1999, 915, 919; aM Felke RIW 2001, 30); für § 661a BGB, s Lorenz IPRax 2002, 192, 196. Ebenso die Unzulässigkeit eines Erfolgshonorars nach § 49b BRAGO, s Frankfurt am Main NJW-RR 2000, 1367; Heß NJW 1999, 2485; Krapfl IPRax 2002, 380; bei Vorliegen nötigen Inlandsbezuges das RBerG, s Armbrüster RIW 2000, 583, 585; Mankowski AnwBl 2001, 73 (aA LG Dortmund IPRsp 1998 Nr 125; zur HOIA Wenner RIW 1998, 176; BGH NJW 1997, 1937; BGH NJW 2003, 2020); für die **Vorschriften des Mieterschutzes** (Begr RegE BT-Drucks 10/504, 83 und Pal/Heldrich Art 34 Rz 3).

bb) Ebenso bei Gesamtabwägung iSv Rz 13 für **arbeitnehmerschützende Vorschriften** (zum KSchG s Art 30 Rz 27 und Hohloch RIW 1987, 353, 358; aA BAG DB 1990, 1666, 1668; offen Birk RdA 1989, 200, 207; zu Art 6 EHGB s Mann NJW 1988, 3074; Ebenroth/Sorek RIW 1989, 165) einschl von Vorschriften über Arbeitsschutz, Unfallverhütung und Aufsichtsmaßnahmen (s dazu Art 30 Rz 10, 26; BAG NZA 2002, 734 [§ 14 I MuSchG und § 3 EFZG sind Eingriffsnormen iSv Art 34] m Anm Franzen IPRax 2003, 239; s ferner Benecke IPRax 2001, 449); zum Mitbestimmungsrecht (str) Großfeld/Johannemann IPRax 1994, 272; zum arbeitsrechtl Gleichbehandlungsgrundsatz Bittner NZA 1993, 165 und Junker IPRax 1996, 26; zum Bestandsschutz nach § 613a BAG IPRax 1994, 128 und Art 30 Rz 10–13; zur Frage ob allgemeinverbindliche Tarifverträge Eingriffsnormen darstellen BAG v 9. 7. 2003 – 10 AZR 593/02. Hierher gehören grundsätzlich auch Vorschriften über den **Anlegerschutz** (zB § 2 AuslInvestG, s MüKo/Martiny Art 34 Rz 77; Hopt FS Lorenz [1991] 422), den Schutz des **Boden- und Grundstücksverkehrs** (s Reithmann/Martiny/Limmer[5] IVR Rz 405), die Zulassung zu **Erwerbs- und Berufstätigkeit** (Reithmann/Martiny/Limmer[5] IVR Rz 407) und über den **Kulturgüterschutz** durch Ein- und Ausfuhrverbote (s Kegel/Schurig IPR § 23 X; Hanisch aaO 199ff; Siehr FS Trinkner [1995] 703; ders ZVglRWiss 1996, 170; Jayme ZVglRWiss 1996, 158).

III. Ausländische zwingende Bestimmungen (Maßgeblichkeit ausländischer Eingriffsnormen)

1. Grundlagen und Grundsätze. Art 7 I Röm Übk ist der Versuch einer Allgemeinregelung für die Anwendung der zwingenden Bestimmungen auch ausl Rechtsordnungen. Da die Regel des Abk im Gesetzgebungsverfahren für die Art 27–37 von der „Inkorporation" ausgespart und ihre Verbindlichkeit für die BRepD durch den dazu erklärten Vorbehalt (Rz 6) verweigert worden ist (zur Lage in den anderen Abkommensstaaten s MüKo/Martiny Art 34 Rz 44), ist eine **gesetzlich gefaßte Kollisionsnorm**, die die Maßgeblichkeit ausl Eingriffsnormen aus der Sicht des dt Kollisionsrechts allg regelt, auch im reformierten IPR **nicht vorhanden.** Ihr Fehlen bedeutet indes nicht, daß für das geltende Kollisionsrecht von der Unbeachtlichkeit ausl zwingender Bestimmungen ausgegangen werden kann. Für die grundsätzliche Bewältigung des praktisch bedeutsamen Problems (zB Auswirkung ausl Embargoregeln, s BGH 34, 169, 171 und BGH NJW 1962, 1436; zB Ausfuhrverbote für Kulturgut kraft int Abkommen, BGH 59, 82, 86) sind vielmehr differenzierte Lösungen zu entwickeln, für die zT die Regelungen des Art 27ff (dh Art 27 III, 29 I, 30 I) benutzt werden können; für die durch den Ausfall des nicht hinreichend ausgereiften Art 7 I Röm Übk (s Rz 6) ohne positivierte Regelung gebliebenen Fälle der eigentlichen ausl Eingriffsnormen aber müssen im Zusammenwirken von Rspr und Schrifttum noch Lösungen gefunden werden.

2. In der Kodifikation geregelte Fälle. a) Die im EGBGB getroffene Regelung für die Geltung ausl zwingender Bestimmungen ist begrenzt. Soweit durch Rechtswahl oder kraft objektiver Anknüpfung fremdes Recht für einen Vertrag maßgeblich ist (zB Art 27 I, 28 II), kommen ohne weiteres nur die „einfach zwingenden Normen" des fremden Rechts, dh im wesentlichen das zwingende fremde Privatrecht zur Anwendung. Das folgt e contrario aus Art 34, der nur für die zwingenden Normen des dt Rechts einschlägig ist (s hierzu Kropholler IPR § 52 VII). Keine Einigkeit besteht bei derartiger Ausgangsbasis über die Behandlung von int zwingenden Vorschriften jener Rechtsordnung, dh von Vorschriften mit staatspolitischem, wirtschaftspolitischem oder sozialpolitischem Gehalt, die als – vom Vertragsrecht evtl unabhängige – Teile jener Rechtsordnung oder auch einer dritten Rechtsordnung Beachtung verlangen.

19 b) Vereinfacht ist die Rechtslage auch im Anwendungsbereich von Art 27 III, 29 I, 30 I. Der Vorrang, den Art 27 III den unabdingbaren Normen des objektiv angeknüpften Vertragsstatuts gibt, beschränkt sich freilich wiederum auf die einfachen zwingenden Normen jener Rechtsordnung (s Art 27 Rz 25). Ebenso bewirkt das in Art 29 I, 30 I wirkende Günstigkeitsprinzip nur den Vorrang der günstigeren verbraucherschützenden bzw arbeitnehmerschützenden Normen des objektiv angeknüpften Vertragsstatuts (s Art 29 Rz 17 und Art 30 Rz 11). Immerhin aber ist durch die hier genannten Kollisionsregeln eine **kollisionsrechtliche Regelung** der Anwendung fremden zwingenden Rechts geworden. Soweit durch Art 27 III, 29 I, 30 I im konkreten Fall zwingenden Bestimmungen des vom dt Recht verschiedenen objektiven Vertragsstatuts Geltung verschafft wird, die mit ihrer materiellrechtlichen Zielsetzung sowohl zwingenden Charakter innerhalb der Regelung des Vertragstyps haben als auch als Eingriffsnormen zB sozialpolitischer Zielsetzung gelten können, ist dann zugleich ein Teilbereich der Problematik der Anwendung ausl Eingriffsnormen einer gesetzlichen Lösung zugeführt (i Erg ähnl insoweit MüKo/Martiny Art 34 Rz 25; Kropholler RabelsZ 42 [1978] 634, 655ff; s auch Soergel/v Hoffmann Art 34 Rz 78ff).

20 **3. Von der Kodifikation nicht geregelte Sachverhalte.** Der unter Rz 19 dargestellte Bereich deckt zwar einen erheblichen Teil der auch praktisch relevanten Fälle ab und entschärft so das Problem, es bleibt als grundsätzlich ungeregelter Bereich aber immer noch die Frage der **Anwendung** der von einzelnen Vertragstyp unabhängigen und unabhängig gesetzten **ausl Eingriffsnorm von int zwingendem Charakter**. Die Lösungsansätze dieser Problematik sind unterschiedlich und bedürfen zum Verständnis der hier vertretenen Lösung wenigstens strukturmäßiger Darstellung.

21 a) Nur die sog **Schuldstatuttheorie**, die die Eingriffsnormen als von der internationalvertragsrechtlichen Verweisung (Einheitsanknüpfung) mit erfaßt ansieht, kommt hier zu grundsätzlicher Mitberufung durch die Kollisionsnorm der Art 27ff (so heute Pal/Heldrich Art 34 Rz 6; Mann FS Wahl [1973] 139; Stoll FS Kegel [1987] 623, 628). Ihr nahe steht die **Machttheorie**, die vom gleichen Ausgangspunkt der Einheitsanknüpfung ausgeht, für die Anwendung der fremden Eingriffsnorm aber zusätzlich den Durchsetzbarkeit für den konkreten Vertrag durch den Staat der Eingriffsnorm fordert (so Soergel/Kegel[11] vor Art 7 Rz 397; in diese Richtung auch Sonnenberger FS Rebmann [1989] 819, 826; Schurig RabelsZ 54 [1990] 217, 244; s ferner Darstellung bei Soergel/v Hoffmann Art 34 Rz 83, 85ff). Allg Kontrollgrenze ist für beide Ansätze jeweils Art 6, wenn die zur Anwendung anstehende fremde Eingriffsnorm gegen den dt Ordre public verstößt (Soergel/Kegel[11] vor Art 7 Rz 397).

22 b) **Die Rspr vornehmlich des BGH** geht unterschiedliche Wege. **aa)** Eine **kollisionsrechtliche Lösung** benutzt sie dort, wo ihr eine positivierte Regel mit (zumindest auch) kollisionsrechtlichem Gehalt zur Verfügung steht. Das ist einmal in den oben dargelegten Fallgruppen gegeben, die sich zu Art 29 I, 30 I bilden (s oben Rz 4 und 19), zum anderen im **int Devisenrecht**, für das Art VIII Abschn 2 b des Abkommens von Bretton Woods (Rz 9) eine Norm zugunsten der **Anwendung ausl zwingenden Devisenrechts** (zum dt materiellen Devisenrecht Rz 9) gibt. S dazu BGH LM Int Währungsfonds Nr 1–4; BGH NJW 1980, 520; 1988, 3095; WM 1991, 1009; München NJW-RR 1989, 1139 und dazu Ebke JZ 1991, 335; Düsseldorf RIW 1989, 987; LG Hamburg WM 1991, 1671; Ebenroth/Neiss, RIW 1991, 617; Ebke, Int Devisenrecht 1991; Unteregge, Ausl Devisenrecht und int Kreditverträge (1991).

23 bb) Im gesamten übrigen Bereich, der durch das Fehlen positivierter Kollisionsnormen mit Spiegelbildcharakter zu Art 34 geprägt ist, bekennt sich der **BGH** zu der **Ausgangsthese**, daß dt Gerichte ausl öffentliches Recht nicht anzuwenden hätten (BGH 31, 367, 371). Die Rspr kommt dann jedoch **bei Geltung dt Vertragsstatuts** zu **materiellrechtlicher Berücksichtigung** des ausl Eingriffsrechts durch **faktische Verwertung der Eingriffsnormen (Verbote) als Tatsachen (Daten) bei Vorliegen hinreichender tatsächlicher Beziehungen zu der ausl Rechtsordnung**. Einstiegsnorm für die Verwertung der ausl Verbots-, Nichtigkeits-, Strafvorschrift kann dann nur eine **Norm des dt materiellen Rechts** sein. **§ 134 BGB** kommt nicht in Betracht, da insoweit inl Verbotsgesetz gefordert ist (RG 108, 241; BGH 59, 85; 69, 295 – interlokal; Düsseldorf WM 1977, 546), wohl aber kommen die **Generalklauseln des § 138** (BGH 34, 169; 59, 85; 69, 295; 94, 268 und dazu Fikentscher/Waibl IPRax 1987, 86; NJW 1962, 1436) und des **§ 826** (BGH NJW 1991, 634 und 1993, 195 ausl Embargo, dazu Junker JZ 1991, 699) zur Anwendung. Die Rechtsfolgen ergeben sich so aus den Regeln des dt Rechts. Im Vordergrund steht die Unwirksamkeit des Vertrages (BGH 34, 169, 177; 69, 295; 94, 268; 128, 53), das fremde Verbot kann jedoch auch zu einem Leistungshindernis (RG 93, 182, 184 und Möglichkeit) und zur Anpassung des Vertrages über den Wegfall der Geschäftsgrundlage (BGH NJW 1984, 1746 = IPRax 1986, 154 Anm Mülbert 140 = RabelsZ 53 [1989] 146 Anm Baum und noch Wieling JuS 1986, 272) führen.

24 c) **Kollisionsrechtliche Sonderanknüpfung?** Art 7 I Röm Übk, dessen Übernahme nach Art 34 das Ende der materiellrechtlichen Lösung der Rspr zur Folge gehabt hätte, ist nicht Gesetz geworden. Seine zu große Flexibilität und die wegen seiner vagen Formulierungen zu befürchtende erhebliche Rechtsunsicherheit waren berechtigtes Motiv der Ablehnung durch den Gesetzgeber (ebenso Kegel IPR[7] § 6 I 4; Pal/Heldrich Art 34 Rz 1; krit hingegen Kreuzer IPRax 1984, 293; MPI RabelsZ 47 [1983] 668ff; Kropholler IPR § 52 VIII 3). Die Ablehnung, Art 7 I Röm Übk mit Gesetzeskraft auszustatten, hindert jedoch nicht, die im Schrifttum seit längerem vertretene kollisionsrechtliche Sonderanknüpfung von fremden Eingriffsnormen, die nach dem Recht des Ursprungslandes angewandt sein wollen, in vereinfachter Form weiterzuverfolgen (s dazu auch Junker IPRax 2000, 65, 72; Leible ZVglRWiss 97 (1998) 286, 299). Auf der Grundlage der bisherigen Vorschläge (s vor allem Wengler ZVglRWiss 54 [1941] 168, 185ff; Überblick bei MüKo/Martiny Art 34 Rz 25ff, 38ff; Schurig RabelsZ 1990, 234; Hüffer IPRax 1991, 84; Leible ZVglRWiss 1998, 299; Brüning, Die Beachtlichkeit des fremden ordre public [1997]) bedarf es als **Grundvoraussetzung** der Anwendung der fremden Eingriffsnorm der **engen Verbindung** zum Sachverhalt und eines grundsätzlichen **Interessen- und Wertegleichklangs** (so Art 19 Schweiz IPRG, s dazu Vischer

RabelsZ 53 [1989] 438, 452ff). Praktisch verwendbar wird eine solche, auf dieser Grundlage aufgebaute Sonderanknüpfungsnorm indes nur, wenn an die Stelle der in Art 7 I S 2 Röm Übk auch nur enthaltenen weiten Ermächtigungsklausel stärker differenzierte Regeln gesetzt werden (ebenso insoweit Kropholler IPR § 52 VIII 3; Martiny IPRax 1987, 277; abw Piehl RIW 1988, 841). Die Differenzierung hat dabei auf folgendes Bedacht zu nehmen: (1) Bei Eingriffsnormen aus dem Recht eines Drittstaates ist das Kriterium der engen Verbindung idR als Anwendungsgrundlage geeignet, bei Eingriffsnormen des Staats des Vertragsstatuts ist die Verbindung idR nur enger, so daß auch insofern hinreichend enger Bezug gegeben ist (s Kreuzer, Ausl WirtschaftsR 69f; Kleinschmidt aaO 288f; Radtke ZVglRWiss 84 (1985) 325, 332f. (2) Differenzierung aber bedarf die Rechtsanweisungsnorm hinsichtlich der einzelnen Arten und Erscheinungsformen der fremden Eingriffsnormen (zu weit noch auf der Basis eines solchen Ansatzes BGH NJW 1998, 2453). Nur beispielhaft sei dazu ausgeführt, daß **Aus- und Einfuhrverbote** aus Gründen des **Artenschutzes**, des Schutzes von **Kulturgütern** oder auf der Basis der **Friedenssicherung** grundsätzlich zu akzeptieren und anzuwenden sind als entspr Verbote, die auf wirtschaftspolitischer, außenpolitischer oder justizpolitischer Grundlage gesetzt worden sind (zu anderen Teilbereichen s MüKo/Martiny Art 34 Rz 46, 62ff; s ferner Kreuzer aaO 13ff sowie das in Rz 10 aufgeführte Schrifttum). (3) Im Einzelfall kann bei Nichteingreifen der kollisionsrechtlichen Lösung die Anwendung der materiellrechtlichen Generalklausel dann zum Endergebnis der Rechtsanwendung führen (ähnl Kropholler IPR § 52 VIII S 424f).

IV. Konflikt ausl und inl zwingender Bestimmungen

Bei der Rechtsanwendung auf Schuldverträge kann gem den Anknüpfungen der Art 27–30 und gem Art 34 **25** sowie der oben (Rz 24) vertretenen kollisionsrechtlichen Sonderanknüpfung zwingender ausl Bestimmungen im Einzelfall ein Anwendungskonflikt entstehen. Zur Lösung des Konflikts zwischen Art 29, 30 einerseits und Art 34 andererseits s schon Art 29 Rz 8, Art 30 Rz 13. Die von Art 34 erfaßten zwingenden Bestimmungen des dt Rechts haben in diesem Fall Vorrang. Dasselbe Rangverhältnis besteht dann, wenn sowohl gem Art 34 zwingende Bestimmungen des dt Rechts als auch gem kollisionsrechtlicher Sonderanknüpfung Eingriffsnormen einer anderen Rechtsordnung zur Anwendung kommen wollen. Soweit die Rechtsfolge nicht ohnehin identisch ist, hat auch insoweit Art 34 Vorrang.

35 *Rück- und Weiterverweisung. Rechtsspaltung*
(1) Unter dem nach diesem Unterabschnitt anzuwendenden Recht eines Staates sind die in diesem Staat geltenden Sachvorschriften zu verstehen.
(2) Umfaßt ein Staat mehrere Gebietseinheiten, von denen jede für vertragliche Schuldverhältnisse ihre eigenen Rechtsvorschriften hat, so gilt für die Bestimmung des nach diesem Unterabschnitt anzuwendenden Rechts jede Gebietseinheit als Staat.

Schrifttum: *W. Bauer*, Renvoi im int Schuld- und Sachenrecht (1985); *Ebenroth/Eyles*, Der Renvoi nach der Novellierung des dt IPR, IPRax 1989, 1; *Rauscher*, Die Ausschaltung fremden interlokalen Rechts durch Art 4 III 1 EGBGB, IPRax 1987, 206; ders, Sachnormverweisungen aus dem Sinn der Verweisung, NJW 1988, 2151; *J. Schröder*, Vom Sinn der Verweisung im int Schuldvertragsrecht, IPRax 1987, 90; **zum alten Recht:** *Graue*, Rück- und Weiterverweisung im int Vertragsrecht AWD 1968, 121; *Hartwieg*, Der Renvoi im dt int Vertragsrecht (1967); s ferner Schrifttum zu Art 4.

I. Allgemeines. Art 35 enthält für Rück- und Weiterverweisung im int Schuldvertragsrecht und für die Unteran- **1** knüpfung bei Mehrrechtsstaaten, aus deren Rechten das Vertragsstatut zu entnehmen ist, eine **besondere, von Art 4 zT abweichende** und dieser Norm **als lex specialis vorgehende Regelung**. Die Vorschrift beruht auf Art 15, 19 Röm Übk und hat den Sinn, im Herrschaftsbereich des Vertragsstatuts die Bestimmung des anwendbaren Rechts nicht mit der Untersuchung des Kollisionsrechts der Rechtsordnung zu belasten, in die durch die Vertragskollisionsnorm verwiesen ist (Ber Giuliano/Lagarde BT-Drucks 10/503, 69; Begr RegE BT-Drucks 10/504, 84; Pirrung IPVR 183f). Bei Bestimmung des Vertragsstatuts durch (ausdrückliche oder stillschweigende) Rechtswahl bringt Abs I keine Änderung gegenüber aR (s Bauer aaO 79ff; Erman/Arndt[7] vor Art 12 Rz 14), bei objektiver Anknüpfung hat die Norm den unklaren Rechtszustand behoben (s Erman/Arndt aaO; Staud/Firsching[10/11] vor Art 12 Rz 350). Hinsichtlich der Geltung allg Regeln gilt entsprechend das zu Art 27ff jeweils Ausgeführte. Ohne Rücksicht darauf, daß Art 19 S 2 Röm Übk (dazu v Hoffmann IPRax 1984, 10, 12) nicht übernommen worden ist, ist Abs II im innerdt Kollisionsrecht unerheblich (Jayme/Kohler IPRax 1990, 360); welches Recht bei den zT noch vorhandenen Rechtsabweichungen anzuwenden ist, ergibt sich in entspr Anwendung von Art 27–30 (s vor Art 27 Rz 13). In die Art 38–42 nF ist eine Art 35 I entsprechende, Sachnormverweisung anordnende Vorschrift nicht übernommen worden, so daß dort von Kollisionsnorm zu Kollisionsnorm über die – aus Art 4 folgende – Verweisungsart zu entscheiden ist, s jeweils Erl zu Art 38–42 (unter I. 4.).

II. Ausschluß des Renvoi (Abs I). Abs I definiert die in den Art 27ff ausgesprochenen Verweisungen als **Sach-** **2** **normverweisung. Anwendbar** ist Abs I **nur auf die Art 27ff**, nicht auch auf die anderen, aus dem Röm Übk entnommenen, aber im EGBGB generalisierten Verweisungsnormen (Art 11, 12). Für letztere gelten Art 3, 4, wobei dann nach Sinn und Zweck der Verweisung jeweils eine Sachnormverweisung anzunehmen ist (aA Lüderitz IPR Rz 291; MüKo/Martiny Art 35 Rz 2; s Erl Art 4 Rz 11, 13 und Art 11 Rz 5, 32). Abs I **erfaßt** sowohl die Bestimmung des Vertragsstatuts durch **Rechtswahl** (Art 27, 29 I, 30 I) als auch dessen **objektive Anknüpfung** (Hamburg RIW 1990, 225; auch LG Aachen, RIW 1990, 491 – UN-Kaufrecht als ital Recht; LG Hamburg NJW-RR 1990, 695 = RIW 1990, 664f). Hinsichtlich der Wahl des Vertragsstatuts entspricht der von Abs I gewollte Ausschluß der Gesamtverweisung in aller Regel dem Willen von Vertragsparteien, der auf die Anwendung von materiellem Recht abzielt. Abs I läßt sich aber vor dem Hintergrund seiner Entstehung aus Art 15 Röm Übk **kein absolutes Verbot** einer das Kollisionsrecht des gewählten Rechts ergreifenden Rechtswahl entnehmen (str, s Erl

EGBGB Art 35 Internationales Privatrecht

Art 4 Rz 13; wie hier Ferid IPR § 6–36; Schröder aaO 92; MüKo/Martiny Art 35 Rz 5; s auch Stoll IPRax 1984, 1, 2 und Rauscher NJW 1988, 2151; auch Staud/Hausmann [2001] Art 35 Rz 8; aA Siehr BerDGVR 27 (1986) 102ff; Pal/Heldrich Art 35 Rz 2). Deshalb ist jedenfalls die ausdrückl Bestimmung einer Gesamtverweisung, die im Einzelfall den Parteien nützlich erscheinen kann (Schiedsgerichtswesen, s Schröder aaO 92) rechtswirksam zu vereinbaren. Bei objektiver Bestimmung des Vertragsstatuts ist hingegen die Annahme einer Gesamtverweisung stets ausgeschlossen; aus der objektiven Bestimmung folgt stets (auch im Bereich von Art 29 II, 30 II) das aus der Sicht des Gesetzgebers räumlich bestgeeignete Recht, eine Korrektur durch Rück- und Weiterverweisung stets erübrigt (s auch MüKo/Martiny Art 35 Rz 7). Zum Unterschied zum alten Recht s Rz 1. Zur entsprechenden Situation bei Art 42 nF und Art 46 nF s Erl dort (jeweils I. 4.).

3 **III. Verweisung auf Mehrrechtsstaaten (Abs II).** In Abs II kommt die kollisionsrechtsvereinheitlichende Zielbestimmung des Röm Übk, auf dessen Art 19 I sie beruht (s Rz 1), deutlich zum Ausdruck. Abs II ist **lex specialis** im Verhältnis **zu Art 4 III**, von dessen Regelung der Unteranknüpfung bei Mehrrechtsstaaten sie abweicht. Abs II enthebt von der Befragung des interlokalen Kollisionsrechts des Staates, in dessen Recht durch Art 27ff verwiesen ist (so sekundär Art 4 III, s dort Rz 23) und läßt statt dessen die lex fori (Art 27ff) selbst über die maßgebliche Teilrechtsordnung des Staates, in die die Verweisung führt, bestimmen. Dies geschieht in der Weise, daß für Abs II bei Staaten, die auf dem Gebiet des Schuldvertragsrechts für verschiedene Gebietseinheiten (dh territorial abgegrenzte Staatsteile mit nur hier geltendem Recht) jeweils eigenes Recht (geschriebenes oder gewohnheitsrechtlich geltendes Recht, s MüKo/Martiny Art 35 Rz 13) in Geltung haben, die Gebietseinheit als Staat iSv Art 27–30 gilt. Abs II gilt sowohl für **Rechtswahl** bzgl des Vertragsstatuts (Art 27, 29 I, 30 I) als auch für den Fall von dessen **objektiver Anknüpfung** (Art 28, 29 II, 30 II). **(1)** Bei parteiautonomer Bestimmung führt die **Rechtswahl** so (als ausdrückliche oder stillschweigende Rechtswahl) unmittelbar zum Recht der Gebietseinheit (zB engl Recht innerhalb Großbritanniens). Fehlt ausdrückliche Rechtswahl, oder ist diese nicht hinreichend bestimmt (zB München IPRspr 1981 Nr 13 = IPRax 1983, 120 Anm Jayme 105), so ist Vorliegen stillschweigender Rechtswahl nach allg Regeln (Art 27 Rz 13) zu prüfen. Bei negativem Ergebnis ist objektiv iSv Abs II und Art 28ff anzuknüpfen. **(2)** Fehlt Rechtswahl, so ist **nach Maßgabe von Art 28, 29 II, 30 II** die anwendbare Teilrechtsordnung unmittelbar aus der Sicht der Kollisionsregeln durch **objektive Anknüpfung** zu bestimmen (zB Werkvertrag mit Unternehmer in New Jersey gem Art 28 II Recht von New Jersey). **(3)** Unerheblich ist für Abs II die Zugehörigkeit des Staats der Gebietseinheit zum Kreis der Vertragsstaaten des Röm Übk. Abs II verdrängt Art 4 III für den Anwendungsbereich des Vertragsstatuts insgesamt, nicht aber darüber hinaus (zu Art 11, 12 s oben Rz 2 und Art 36 Rz 2).

36 *Einheitliche Auslegung*

Bei der Auslegung und Anwendung der für vertragliche Schuldverhältnisse geltenden Vorschriften dieses Kapitels mit Ausnahme von Artikel 29a ist zu berücksichtigen, daß die ihnen zugrunde liegenden Regelungen des Übereinkommens vom 19. Juni 1980 über das auf vertragliche Schuldverhältnisse anzuwendende Recht (BGBl. 1986 II S. 809) in den Vertragsstaaten einheitlich ausgelegt und angewandt werden sollen.

Schrifttum: *v Hoffmann*, Empfiehlt es sich, das EG-Übereinkommen über das auf vertragliche Schuldverhältnisse anzuwendende Recht in das dt IPR-Gesetz zu inkorporieren? IPRax 1984, 10; *Junker*, Die „zwingenden Bestimmungen" im neuen int Arbeitsrecht, IPRax 1989, 69; *Kropholler*, Europ Zivilprozeßrecht[3] (1991); *Meyer-Sparenberg*, Staatsvertragliche Kollisionsnormen (1990); *H.J. Weber*, Das Zwingende an den zwingenden Vorschriften im neuen int Arbeitsrecht, IPRax 1988, 82.

1 **I. Allgemeines.** Art 36 beruht auf Art 18 Röm Übk, nach dem bei der Auslegung und Anwendung der Bestimmung des Abkommens deren int Charakter und dem Wunsche Rechnung zu tragen ist, eine einheitliche Auslegung und Anwendung dieser Vorschriften zu erreichen (dazu Ber Giuliano/Lagarde, BT-Drucks 10/503, 70). Stellung und Formulierung von Art 36 gehen auf die besondere und atypische Art der Umsetzung des Röm Übk für das dt IPR durch Nichttransformation und Ersetzung der Abkommensregeln durch Art 27ff zurück (s vor Art 27 Rz 2ff; Begr RegE BT-Drucks 10/504, 84 sowie die Materialien aaO S 100, 101, 106 und aaO 10/5632, 45; s Pirrung IPVR 184f). Durch Art 2 II Nr 2 des Gesetzes über Fernabsatzverträge und anderen Fragen des Verbraucherrechts sowie zur Umstellung auf Euro v 27. 6. 2000 (BGBl 2000 I S 897) ist Art 36 um den Zusatz „mit Ausnahme von Artikel 29a" ergänzt worden; die Ergänzung macht deutlich, daß Art 29a (s Erl Art 29a Rz 1–2) nicht dem Röm Übereinkommen entstammt und damit an der „einheitlichen Auslegung" nicht Teil hat. Im Zusammenhang mit dem Röm Übk besteht die „Erste Protokoll betreffend die Auslegung des am 19. 6. 1980 in Rom zur Unterzeichnung aufgelegten Übereinkommens über das auf vertragliche Schuldverhältnisse anzuwendende Recht durch den Gerichtshof der Europ Gemeinschaften" v 19. 12. 1988 (ABl EG 1989 Nr L 48/1) und das „Zweite Protokoll zur Übertragung bestimmter Zuständigkeiten für die Auslegung des am 19. 6. 1980 in Rom zur Unterzeichnung aufgelegten Übereinkommen über das auf vertragliche Schuldverhältnisse anzuwendende Recht auf den Gerichtshof der Europ Gemeinschaften" v 19. 12. 1988 (ABl EG 1989 Nr L 48/17) (s dazu Jayme/Kohler IPRax 1989, 337, 343). Die Protokolle gelten noch nicht, so daß das darin festgelegte, dem Vorabentscheidungsverfahren des EuGH gem Art 177 EWG-Vertrag (jetzt Art 234 EGV) ähnelnde Verfahren noch nicht beschritten werden kann. Der Weg dorthin ist jetzt aber – für Deutschland – geöffnet, s Ratifikation des Beitrittsabkommens Finnland, Österreich, Schweden v 16. 7. 1998 (s vor Art 27–37 Rz 2). Praktisch werden wird die Auslegungskompetenz des EuGH wohl erst dann, wenn an die Stelle des Röm Übereinkommens (als „Rom II") die umgeformte EG-VO getreten ist (s vor Art 27 Rz 2, 3), die unmittelbar in der Prüfkompetenz des EuGH liegen wird.

2 **II. Anwendung des Art 36. 1. Anwendungsbereich und Auftrag zur einheitlichen Auslegung.** Art 18 Röm Übk will die einheitliche Anwendung und Auslegung der Kollisionsnormen des Abk in den Vertragsstaaten sichern (s vor Art 27 Rz 2–4). Art 36 zielt auf diese Zwecksetzung des Art 18 Röm Übk für die durch die Art der dt Gesetzgebung nicht unmittelbar sich aus dem Abk ergebenden Art 27–37 ab. Auch bei ihrer Auslegung und Anwendung soll die Abkommensherkunft und die Zielsetzung von Art 18 Röm Übk berücksichtigt werden. Die dt Gerichte haben damit einen **bindenden Auftrag** zur einheitlichen Auslegung der Art 27–37 erhalten; Art 27–37 sind insgesamt erfaßt (auch die „zwingenden Vorschriften" der Art 27 III, 29 II, 30 I, 34; str wie hier Junker aaO 74; Meyer-Sparenberg aaO 179; Pal/Heldrich Art 36 Rz 1; MüKo/Martiny Art 36 Rz 11; aA Weber IPRax 1988, 83), soweit sie Regelungen für Vertragsschuldverhältnisse enthalten oder als solche auf Vertragsschuldverhältnisse anzuwenden sind (bedeutsam für Art 33, s dort Rz 4 und 10). Soweit Regeln des Röm Übk außerhalb von Art 27–37 stehenden Vorschriften (mit) zugrundeliegen (Art 11, 12) oder allg Regeln wie Art 6 auf Art 27–37 einwirken sollen, kann auf Art 36 dann zurückgegriffen werden, wenn vertragliche Schuldverhältnisse betroffen sind. Der befürchteten Schwierigkeit der praktischen Handhabung solcher Differenzierung (MüKo/Martiny Art 36 Rz 10; Jayme IPRax 1986, 265, 266; Sandrock RIW 1986, 841, 844) sollte bei vernünftiger Handhabung von Art 36 einerseits und Beachtung des Sinngehalts von Art 3 II andererseits gesteuert werden können.

2. Einheitliche Auslegung und Anwendung. Die von Art 36 geforderte Berücksichtigung der Abkommensregelung und ihrer Zielsetzung bedingt, bei der Handhabung von Art 36 die für int Einheitskollisionsrecht entwickelten Auslegungs- und Anwendungsgrundsätze zu beachten. Auch insofern gelten zunächst freilich die üblichen Grundsätze der grammatischen, systematischen, historischen und teleologischen Auslegung. So ist bei der Wortlautinterpretation von Art 27–29, 30–36 auch der Wortlaut der in den anderen Gemeinschaftssprachen verkündeten Fassungen des Röm Übk zu beachten (s Nolte IPRax 1985, 71, 73; BGH 123, 384; BGH NJW 1997, 1697, 1699). Erhebliche Bedeutung kommt den **Materialien** des Röm Übk und seiner Vorgeschichte zu (dazu vor Art 27 Rz 1–4). Gem der Zielsetzung des Röm Übk, das Kollisionsrecht der Vertragsschuldverhältnisse für die EG-Staaten zu vereinheitlichen, ist bei der Auslegung von Art 27–37 durch die dt Gerichte dann in Zweifelsfällen auch die in anderen Vertragsstaaten entstehende oder entstandene Gerichtspraxis zu den zugrundeliegenden Normen des Röm Übk zu beachten (s Thode ZfBR 1989, 43; Hohloch JuS 1989, 81, 83, 87f; s auch Weber aaO 82 zT abw). Insofern gelten die Regeln rechtsvergleichender Auslegung (s dazu Kropholler aaO Einl Rz 37 und Siehr Ber DGesVR 27 [1986] 126). 3

37 *Ausnahmen*
Die Vorschriften dieses Unterabschnitts sind nicht anzuwenden auf
1. Verpflichtungen aus Wechseln, Schecks und anderen Inhaber- oder Orderpapieren, sofern die Verpflichtungen aus diesen anderen Wertpapieren aus deren Handelbarkeit entstehen;
2. Fragen betreffend das Gesellschaftsrecht, das Vereinsrecht und das Recht der juristischen Personen, wie zum Beispiel die Errichtung, die Rechts- und Handlungsfähigkeit, die innere Verfassung und die Auflösung von Gesellschaften, Vereinen und juristischen Personen sowie die persönliche gesetzliche Haftung der Gesellschafter und der Organe für die Schulden der Gesellschaft, des Vereins oder der juristischen Person;
3. die Frage, ob ein Vertreter die Person, für deren Rechnung er zu handeln vorgibt, Dritten gegenüber verpflichten kann, oder ob das Organ einer Gesellschaft, eines Vereins oder einer juristischen Person diese Gesellschaft, diesen Verein oder diese juristische Person gegenüber Dritten verpflichten kann;
4. Versicherungsverträge, die in dem Geltungsbereich des Vertrages zur Gründung der Europäischen Wirtschaftsgemeinschaft oder des Abkommens über den Europäischen Wirtschaftsraum belegene Risiken decken, mit Ausnahme von Rückversicherungsverträgen. Ist zu entscheiden, ob ein Risiko in diesem Gebiet belegen ist, so wendet das Gericht sein Recht an.

Artikel 29a findet auch in den Fällen des Satzes 1 Anwendung.

1. Allgemeines, Inhalt und Zweck 1	3. Ausnahmen von der Maßgeblichkeit des Sitzrechts 27
2. Die Ausschlußtatbestände der Nr 1–4	4. Sitzwechsel und Statutenwechsel auf der Grundlage der Sitztheorie 28
a) Wertpapierrechtliche Verpflichtungen (Nr 1) . . . 2	5. Anerkennung ausländischer juristischer Personen (auf der Grundlage der Sitztheorie) 29
b) Gesellschaftsrecht (Nr 2) 4	
c) Vertretungsmacht (Nr 3) 6	
d) Versicherungsverträge (Nr 4) 8	
Anhang I:	**III. Gesellschaftsstatut (Sitztheorie) und europäisches Recht**
Vollmachtstatut 10	1. Rechtsentwicklung 32
1. Allgemeines 11	2. Derzeitiger Stand und Zukunftsperspektiven
2. Selbständige Anknüpfung der Vollmacht 13	a) Grundsätzliche Folgerungen 36
3. Anwendungsbereich 19	b) Keine Geltung im Verhältnis zu Drittstaaten, keine Auswirkung auf vorrangige staatsvertragliche Regelungen 37
Anhang II:	
Statut der juristischen Personen und Gesellschaften (Int Gesellschaftsrecht)	3. Materielles europäisches Gesellschaftsrecht 37c
I. Allgemeines 22	IV. Anwendungsbereich des Gesellschaftsstatuts (Personalstatuts) 38
II. Grundsatzanknüpfung bei juristischen Personen (Ausgestaltung der Sitztheorie)	V. Handelsrechtliche Gesellschaften ohne Rechtsfähigkeit 40
1. Sitzanknüpfung 25	
2. Sitzbestimmung 26	

EGGBGB Art 37 Internationales Privatrecht

Schrifttum: *Jayme*, Das neue IPR-Gesetz – Brennpunkte der Reform, IPRax 1986, 265; s ferner die Hinweise vor Art 27 Rz 15 und Art 27 vor Rz 1. Zu den Ausnahmebereichen der Nr 1–4 und zu den Anhängen (Anh I Stellvertretung und Vollmacht; Anh II Int Gesellschaftsrecht) s die Schrifttumshinweise jeweils dort.

1. Allgemeines. Inhalt und Zweck

1   Art 37 klammert in S 1 Nr 1–4 von der Anwendung des Unterabschnitts Schuldvertragsrecht (Art 27–37) vier Gebiete aus, die ihrer Rechtsnatur nach entweder überwiegend anderen Teilgebieten des IPR als dem Int Vertragsrecht zuzuordnen sind oder ihrer speziellen Beschaffenheit wegen eigenständiger Kollisionsregeln bedürfen. Als Motiv hinzugekommen ist, daß einzelne Gebiete – in allerdings unterschiedlichem Maße – Gegenstand schon zurückliegender oder in der jüngeren Vergangenheit erst begonnener Vereinheitlichungsbestrebungen auf dem Gebiet des Kollisionsrechts oder des materiellen Rechts waren bzw sind (s Begr RegE BT-Drucks 10/504, 84; Pirrung IPVR 185). Mit der Formulierung von **Ausschlußtatbeständen** greift Art 37 auf die Regelung des Art 1 Röm Übk zurück, der in Abs II–IV bestimmte Bereiche vom Anwendungsbereich der Kollisionsnormen des Abk ausschließt (Ber Giuliano/Lagarde BT-Drucks 10/503, 45; zur Technik des Art 37 s MüKo/Martiny Art 37 Rz 19 und Sandrock RIW 1986, 844ff). Folge des Ausschlusses der Anwendung von Art 27ff auf die den Ausnahmebereichen zugehörigen Rechtsverhältnisse ist zunächst, daß deren kollisionsrechtliche Regelung in Art 27ff, dh den Regeln des kodifizierten Schuldvertragsrechts nicht enthalten ist. Nach alg Regeln ist es deshalb für die Ausschlußtatbestände bei der Kollisionsrechtslage vor der Neufassung des EGBGB geblieben (Jayme IPRax 1986, 265, 266). Soweit das Kollisionsrecht der Ausschlußtatbestände nur gewohnheitsrechtliche Geltung hat, war und ist die Gerichtspraxis jedoch nicht gehindert, dessen Weiterentwicklung in Anlehnung an neuere Strukturprinzipien des in Art 27ff eingeführten allg Vertragskollisionsrechts zu betreiben. Zutr hat der **BGH** so bereits unter Hinweis auf Art 27 IV, 31 I beim Orderkonnossement und dann beim Wechsel die Gültigkeit der Rechtswahlvereinbarung auf der Grundlage des Statuts der Vereinbarung geprüft (BGH 99, 207, 210 = NJW 1987, 1145f, 1145 = IPRax 1988, 26f, 26 mit Anm Basedow 15 in Abw von BGH IPRax 1985, 27ff, 27f mit Anm Trappe 8ff, 9, s dazu Mankowski TranspR 1988, 410 und noch BGH RIW 1990, 397ff, 398; BGH NJW 1994, 187 – Wechsel; s auch Hamm NJW-RR 1992, 499). Nicht gehindert wäre die Rspr so zB auch, den Regelungsgehalt des Art 31 II oder des Art 35 I (Sachnormverweisung auch bei objektiver Anknüpfung) auf die Ausschlußtatbestände bei Vorliegen der sachlichen Voraussetzungen zu erstrecken. Weitere Folge der Unanwendbarkeit des Abschnittes ist, daß das Kollisionsrecht der Ausschlußtatbestände seine eigenständige gesetzliche Weiterentwicklung nehmen kann. Bei Nr 4 (Versicherungsverträge) ist dies inzwischen durch die Neufassung der Art 7–14 EGVVG geschehen (s Rz 7, 8). Art 37 hat in S 1 Nr 1–4 schließlich nur vier der insgesamt neun Ausschlußtatbestände des Art 1 II–IV Röm Übk übernommen. Da die übrigen für das Schuldvertragsrecht unerheblich sind, kommt dem keine praktisch erhebliche Bedeutung zu (s zu den nicht übernommenen MüKo/Martiny Art 37 Rz 7–11 mwN). Die heutige Fassung von Art 37 beruht hinsichtlich der Erstreckung auf das Gebiet des Europäischen Wirtschaftsraums in S 1 Nr 4 auf Art 4 des Dritten Durchführungsgesetzes/EWG zum VAG (BGBl 1994 I 1630, 1633), hinsichtlich der Anfügung von S 2 auf Art 2 II Nr 3 des Gesetzes über Fernabsatzverträge und anderen Fragen des Verbraucherrechts sowie zur Umstellung auf Euro v 27. 6. 2000 (BGBl 2000 I 897). Die Rückausnahme des S 2 bezweckt die Geltung von Art 29a auch für die wertpapier-, gesellschafts-, vertretungs- und versicherungsvertragsrechtlichen Fragen, die nicht den Regeln der Art 27ff, sondern eigenen, zT gewohnheitsrechtlichen Kollisionsregeln unterstehen. Praktische Bedeutung kann die Geltung von Art 29a insbesondere für Time-Sharing-Verhältnisse mit vereinsrechtlicher oder gesellschaftsrechtlicher Konstruktion bekommen, s Staud/Magnus (2001) Art 37 Rz 66.

2. Die Ausschlußtatbestände der Nr 1–4

2   **a) Wertpapierrechtliche Verpflichtungen Nr 1.** Nr 1 betrifft wertpapierrechtliche Verpflichtungen, dh die schuldrechtlichen Verpflichtungen aus Wechseln, Schecks und anderen Inhaber- und Orderpapieren, sofern die Verpflichtungen aus diesen anderen Wertpapieren aus deren Handelbarkeit entstehen. Demgemäß ist bei Nr 1 zu trennen: **aa)** Verpflichtungen aus Wechseln (Tratte wie Eigenwechsel) und Schecks sind der Anwendung der Art 27ff gänzlich und insgesamt entzogen. **Der Ausschluß des EGBGB rechtfertigt sich aus der abschließenden kollisionsrechtlichen Regelung der Art 91–98 WG für den Wechsel und der Art 60–66 ScheckG für den Scheck.** Beide Kollisionsrechtsregelungen beruhen auf dem einheitlichen Wechsel- und Scheckrecht der jeweiligen **Genfer Abkommen** vom 7. 6. 1930 (drei Wechselrechtsabkommen) und vom 19. 3. 1931 (drei Scheckrechtsabkommen). Für eine unmittelbare Anwendung der Art 27ff ist daneben kein Raum; Art 27ff behalten jedoch ihre Bedeutung für Verträge nicht wechsel- oder scheckrechtlicher Art, die im Zusammenhang mit Wechsel- und Scheckgeschäften stehen, zB für den Girovertrag und die Beurteilung von vertraglichen Schadensersatzansprüchen aus fehlerhafter Wechsel- oder insbes Scheckeinlösung (s zB LG Köln RIW/AWD 1980, 215). Zur Möglichkeit der Heranziehung von Grundsätzen der Art 27ff auf die Weiterentwicklung s Rz 1 mwN.

Zum Wechsel- und Scheckkollisionsrecht s Kurzüberblick MüKo/Martiny Art 37 Rz 14–30; s sonst Baumbach/Hefermehl Wechsel- und Scheckgesetz 21. Aufl 1998 vor Art 91 WG sowie Kommentierung zu Art 91ff WG und Art 60ff SchG; zu Einzelfragen des kollisionsrechtlichen Gehalts Czempiel/Kurth, Schiedsvereinbarung und Wechselforderung in dt und int Privatrecht NJW 1987, 2118; Furtak, Wechselrückgriff und Art 5 Nr 1 EuGVÜ IPRax 1989, 212; Liesecke, Der int Wechsel, WM 1973, 442; Schefold, Zur Rechtswahl im int Scheckrecht, IPRax 1987, 150; Schlechtriem, Zur Abdingbarkeit von Art 93 I WG, IPRax 1989, 155.

3   **bb) Verpflichtungen aus anderen Inhaber- und Orderpapieren** unterliegen dann nicht Art 27ff, wenn sie aus der **Handelbarkeit** dieser Papiere entstehen. **Erfaßt** sind damit die **genuin wertpapierrechtlichen Funktionen** dieser Papiere, dh alle schuldrechtlichen Verpflichtungen aus dem Wertpapier, die im Interesse seiner **Verkehrsfähigkeit** besonders ausgestaltet sind (s Begr RegE BT-Drucks 10/504, 84); hierunter fallen die schuldrechtlichen

Verpflichtungen, die bei Übertragung des Papiers zustandekommen und durch Einwendungsausschlüsse besonders ausgestaltet sind, beim **Orderkonnossement** so die Verpflichtung zur Herausgabe der Güter an den Indossatar (BGH 99, 207, 209, s Rz 1), ebenso beim **Ladeschein** und **Lagerschein**. Für sie bleibt es bei der Geltung ungeschriebenen int Schuldrechts. Es steht indes nichts entgegen, dieses nach Maßgabe der oben (Rz 1) dargelegten Regeln für die Bildung und Entwicklung von Gewohnheits- und Richterrecht zu formen. **Nicht erfaßt** durch den Ausschlußtatbestand sind hingegen die Verpflichtungen, die keine Verkörperung in einer handelbaren, dh verkehrsfähigen Urkunde gefunden haben; hierunter fallen insbes die der Schaffung und Inverkehrgabe des Papiers zugrundeliegenden Verträge. Insoweit sind Art 27ff voll und unmittelbar anwendbar (s Ferid IPR § 6 Rz 61, 1).

b) Gesellschaftsrecht Nr 2. Nach Nr 2 ist die Anwendung der Art 27ff auf das Gesellschaftsrecht, das Vereins- **4** recht und das Recht der juristischen Personen weitgehend ausgeschlossen. Der Ausschluß betrifft alle Rechtsakte, die die Errichtung, die juristische Struktur (Rechtspersönlichkeit), die innere Verfassung und die Auflösung angehen, sowie die Haftung der Gesellschafter und Mitglieder für die Schulden des Rechtsgebildes. Damit ist das gesamte **int Gesellschaftsrecht** aus Art 27ff ausgegliedert. Aus dt Sicht rechtfertigt sich das durch die nahezu vollständige Emanzipation des int Gesellschaftsrechts aus dem int Schuldrecht (s Staud/Großfeld, Int Gesellschaftsrecht[13] Rz 13). Das int Gesellschaftsrecht ist im Überblick als Anh II zu Art 37 unten Rz 21ff dargestellt.

Die Ausschlußwirkung der Nr 2 gilt nicht für Verträge und Rechtshandlungen, deren einziges Ziel die Begr von **5** Verpflichtungen zwischen den interessierten Parteien im Hinblick auf die Errichtung eines Vereins oder einer juristischen Person ist (Ber Giuliano/Lagarde aaO S 44). Demgemäß sind **Gründungsvorverträge** nach den Art 27ff anzuknüpfen (s auch BGH IPRspr 1975 Nr 6 S 11, str, s Staud/Großfeld, IntGesR Rz 186). Ebenso unterliegen dem Schuldstatut der Art 27ff die sog **Gelegenheitsgesellschaften** (= Gesellschaften ohne eigene Organisation), (s BGH WM 1967, 419f, 419 = IPRspr 1966/67 Nr 16; Staud/Großfeld IntGesR Rz 548; Ebenroth JZ 1988, 18ff, 24; Pal/Heldrich Art 28 Rz 19); was Statut dieser Gesellschaften ist, ergibt sich aus **Rechtswahl** (Düsseldorf NJW-RR 1987, 483f, 483) oder objektiver Anknüpfung gem Art 28 I (s zum Ausschluß von Abs II Frankfurt RIW 1998, 808; zu Konsortialverträgen Schücking WM 1996, 285); letztere wird idR auf den Ort der gemeinsamen Zweckverfolgung hinauslaufen (s MüKo/Martiny Art 37 Rz 32 mwN; Ferid FS A. Hueck [1959] 43, 349; s noch Nürnberg IPRspr 1978 Nr 16 S 27 – Konto in Türkei). Bei Grundstücksgesellschaften liegt Anwendung der lex rei sitae nahe (Pal/Heldrich Art 28 Rz 19; MüKo/Martiny Art 37 Rz 32).

c) Vertretungsmacht Nr 3. Nr 3 nimmt von der Anwendung der Art 27ff die Stellvertretung insofern aus, als **6** es um die Frage geht, ob und inwieweit natürliche Personen und juristische Personen durch Stellvertreter Dritten gegenüber verpflichtet werden können. Ausgeschlossen ist von Art 27ff demnach nur die **Frage der Vertretungsmacht**. Für das dt IPR ergeben sich Probleme aus diesem Ausschluß nicht, da Stellvertretung und Vollmacht traditionell nicht zum int Vertragsrecht, sondern zum IPR der Rechtsgeschäftslehre gerechnet werden. Dessen nur ansatzweise Kodifizierung in Art 12, 16 hat Raum für die Weitergeltung des bisherigen Gewohnheitsrechts gelassen. Zum Statut der Vollmacht s Anh I zu Art 37 (Rz 9ff).

Der in Nr 3 gefaßte Ausschluß aus der Geltung der Art 27ff erfaßt nur den eben (Rz 5) beschriebenen Sektor der **7** Vertretungsmacht und ihrer Wirkung gegenüber dem Dritten. Das vertragliche Grundverhältnis zwischen Geschäftsherrn bzw Vertretenem und dem Vertreter ist hingegen der Anwendung der Art 27ff unterworfen (Begr RegE BT-Drucks 10/504, 84). Es steht der Rechtswahl offen; zur objektiven Anknüpfung s Anh I (Rz 13, 19 und Art 28 Rz 47).

d) Versicherungsverträge Nr 4. aa) Die Herausnahme der Versicherungsverträge, die in dem Geltungsbereich **8** des EWG-Vertrages belegene Risiken decken und keine Rückversicherungsverträge sind, beruht auf der tiefgreifenden Veränderung der Versicherungsrechtslandschaft in der EG/EU, wie sie durch die Richtliniengebung des Rates in den zurückliegenden Jahren erfolgt ist (dazu s zunächst Angerer VersR 1987, 325ff). Die Richtliniengebung des Rates der EG hat inzwischen in Zusammenwirkung mit der Art 37 Nr 4 zugrundeliegenden Abkommensregelung des Art 1 III Röm Übk zu erheblicher Neuformulierung auch des Kollisionsrechts der Versicherungsverträge geführt. Rechtsquelle des EG-Rechts ist insofern die Zweite Direktversicherungsrichtlinie 88/357/EWG v 22. 6. 1988 (Zweite Richtlinie zur Koordinierung der Rechts- und Verwaltungsvorschriften für die Direktversicherung [mit Ausnahme der Lebensversicherung] und zur Erleichterung der tatsächlichen Ausübung des freien Dienstleistungsverkehrs sowie zur Änderung der Richtlinie 73/239/EWG, ABl EG 1988 Nr L 172/1). In Kraft ist auch die Zweite Richtlinie für die Lebensversicherung (Zweite Richtlinie des Rates zur Koordinierung der Rechts- und Verwaltungsvorschriften für die Direktversicherung [Lebensversicherung] und zur Erleichterung der tatsächlichen Ausübung des freien Dienstleistungsverkehrs sowie zur Änderung der Richtlinien 79/267/EWG und 90/619 EWG, ABl EG Nr 330/50 v 29. 11. 1990). Die Zweite Direktversicherungsrichtlinie v 22. 6. 1988 ist durch **Art 7–14 EGVVG** idF d Gesetzes v 28. 6. 1990 (BGBl I 1249, 1257ff) und des Gesetzes v 21. 7. 1994 (BGBl I 1630) in nationales dt Recht umgesetzt worden. Zu den Richtlinien der „Dritten Generation", die Kollisionsrecht nicht enthalten, Fahr VersR 1992, 1033.

bb) Für das dt Kollisionsrecht der Versicherungsverträge ergibt sich zZt folgendes Bild: (1) Besonderes „euro- **9** päisiertes" Kollisionsrecht der Art 7–14 EGVVG erfaßt die **Direktversicherung** für Risiken, die im Gebiet der EWG belegen sind. Über die Risikobelegenheit entscheidet insoweit gem Art 37 Nr 4 S 2 die lex fori. (2) Für Direktversicherungen, für die Art 7–14 EGVVG gem oben (1) nicht anwendbar sind, bleibt es bei der Geltung der Art 27ff EGBGB. Nachdem die Lebensversicherungsrichtlinie (Rz 8) inzwischen umgesetzt ist, gilt das auch für die Lebensversicherung. (3) Für die Rückversicherung bleibt es insgesamt bei der Anwendung der Art 27ff.

Schrifttum: Zur Kollisionsrechtslage ie und zu den Anknüpfungen für die Versicherungssparten: *Angerer*, Aufsichtsrechtliche Ausgangspunkte der Dienstleistungsfreiheit für Versicherungsunternehmen im Gemeinsamen Markt, VersR 1987, 325; *Basedow/Drasch*, Das neue Int Versicherungsvertragsrecht, NJW 1991, 785; *Dörner*, Internationales Versicherungsvertragsrecht (1997) mwN; *Fricke*, Die Neuregelung des IPR der Versicherungsverträge im EGVVG durch das Gesetz zur Durchführung versicherungsrechtlicher Richtlinien des Rates der Europ Gemeinschaften, IPRax 1990, 361; *Hübner*, IPR des Versicherungsvertrages und EG-Recht, ZVersWiss 1983, 21; *ders*, in v Bar, Europ Gemeinschaftsrecht und IPR (1991) 111; *E. Lorenz*, Zum neuen int Vertragsrecht aus versicherungsvertraglicher Sicht, FS Kegel 1987, 303; *ders*, Das auf grenzüberschreitende Lebensversicherungsverträge anwendbare Recht – eine Übersicht über die kollisionsrechtlichen Grundlagen, ZVersWiss 1991, 121, 125ff *MüKo/Martiny*, Art 37 Rz 35–75 (Überblick); *Reichert-Facilides*, Zur Kodifikation des dt int Versicherungsvertragsrechts, IPRax 1990, 1; *W.-H. Roth*, Int Versicherungsvertragsrecht (1985); *A.K. Schnyder*, Int Versicherungsaufsicht zwischen Kollisionsrecht und Wirtschaftsrecht (1989).

Anhang I
Vollmachtstatut

10 **Schrifttum:** *Basedow*, Das Vertretungsrecht im Spiegel konkurrierender Harmonisierungsentwürfe, RabelsZ 45 (1981) 196; *v Caemmerer*, Die Vollmacht für schuldrechtliche Geschäfte im dt IPR, RabelsZ 24 (1959) 201; *Ebenroth*, Kollisionsrechtliche Anknüpfung kaufmännischer Vollmachten, JZ 1983, 821; *Fischer*, Rechtsscheinhaftung im IPR, IPRax 1989, 215; *Lüderitz*, Prinzipien im int Vertretungsrecht, FS Coing (1982) II 305; *Spellenberg*, Geschäftsstatut und Vollmacht im IPR (1979); *Steding*, Die Anknüpfung der Vollmacht im IPR, ZVglRWiss 86 (1987) 25.

1. Allgemeines

11 a) **Fehlen gesetzlicher Regelung.** Art 37 Nr 3 enthält, wie (Rz 6) ausgeführt, eine Regelung der Anknüpfung der Vollmacht nicht. Auch ansonsten besteht im EGBGB eine umfassende gesetzliche Regelung der Anknüpfung der Vertretung nicht. Gesetzlich geregelt ist die **gesetzliche Vertretung** in Art 21 nF (Art 21 Rz 11–13) für Minderjährige und in Art 24 in der Erscheinungsform der Vormundschaft und der Betreuung (Art 24 Rz 10). Art 12 regelt bei gesetzlicher Vertretung ausl Rechts den Verkehrsschutz (Art 12 Rz 8, 13). **Keine positivrechtliche Regelung** hat aber die **organschaftliche Vertretung** von juristischen Personen und Personenhandelsgesellschaften, die Angelegenheit des Int Gesellschaftsrechts ist (s Rz 34), und die **rechtsgeschäftliche Vertretung** gefunden. Die **Meinungslage** zu letzterer war noch im Zeitpunkt der IPR-Reform durch **erhebliche Vielfalt** gekennzeichnet, in der die verschiedenen Anknüpfungsmöglichkeiten für die Vollmacht zum Ausdruck kommen (vgl nur Rabel RabelsZ 3 [1929] 807, 812ff: Recht des Grundverhältnisses, Sitzrecht des Prinzipals, Recht am Ort der Vollmachterteilung, Sitzrecht des Vertreters, Recht am Abschlußort des Hauptvertrages, Sitzrecht des Dritten, Recht des Wirkungslands der Vollmacht und Recht des Hauptvertrags, s auch Kropholler, IPR § 41 I S 267ff). Da die Reform die rechtsgeschäftliche Vertretung nur in dem minimalen Punkt der Anwendung von Art 27 auf das Grundverhältnis bzw Innenverhältnis (idR Auftrag) berührt hat (Rz 7), kann der Darstellung des Vollmachtstatuts ohne grundsätzliche Unterscheidung zwischen altem und neuem Recht geschehen.

12 b) **Fehlen staatsvertraglicher Regelung.** Staatsvertragliche Regeln der Vollmachtsanknüpfung sind für Deutschland nicht in Kraft. Das Haager Übereinkommen über das auf die Stellvertretung anwendbare Recht vom 14. 3. 1978 (Text in RabelsZ 43 [1979] 176; dazu Müller-Freienfels ebenda 80ff = Müller-Freienfels, Stellvertretungsregelungen in Einheit und Vielfalt [1982] 359; Basedow RabelsZ 45 [1981] 196, 206; s auch Kegel, IPR § 17 V S 400; ratifiziert von Frankreich und Portugal) ist von Deutschland nicht ratifiziert (zum Übk und seinem Geltungsgebiet Reithmann/Martiny/Hausmann[5] Rz 1775ff).

2. Selbständige Anknüpfung der Vollmacht

13 a) **Grundsatzanknüpfung.** Die Rspr und hM knüpft seit langem die rechtsgeschäftlich erteilte Vollmacht **selbständig**, dh **unabhängig vom Geschäftsstatut** (des für das vom Vertreter vorgenommene bzw vorzunehmende Geschäft anwendbaren Rechts) und abhängig von ihrem Grundverhältnis (idR Auftrag oder Dienst-/Arbeitsvertrag) an (so BGH 43, 21, 26; 64, 183, 192; BGH IPRax 1983, 67, 68 = NJW 1982, 2733; Frankfurt IPRax 1986, 373, 375; Köln IPRspr 1966/67 Nr 25 S 80; München RIW 1990, 226ff, 227 und dazu Spellenberg IPRax 1990, 295ff, 295f). Ihr Anknüpfungspunkt ist ebenso traditionell das **Wirkungsland**, so daß als Grundsatzregel gilt: Vollmachtstatut ist grundsätzlich das Recht des **Wirkungslands der Vollmacht** (so RG 134, 67, 69; BGH NJW 1954, 1571; BGH 43, 21, 27; 64, 183, 191f; BGH NJW 1982, 2733f, 2733 = IPRax 1983, 67f; NJW 1990, 3088; DNotZ 1994, 487; BGH 128, 47; s ferner München NJW-RR 1989, 664; LG Karlsruhe RIW 2002, 153; Schäfer RIW 1996, 189). Für diese sowohl selbständige als auch auf den Gebrauchsort der Vollmacht bezogene Anknüpfung spricht das **Verkehrsschutzinteresse** des Geschäftsgegners wie des Publikums (Vertrauen auf den Bestand der Vollmacht, Notwendigkeit der Abstraktion der Vollmacht vom Grundgeschäft, auch Bedürfnis der Berücksichtigung des Haftungsaspekts bei nichtiger oder sonst fehlender rechtsgeschäftlicher Vollmacht, s Koblenz IPRax 1989, 232, 234 Anm Fischer 215ff). Die Auffassung der Rspr wird im heutigen Schrifttum weithin geteilt (v Bar IPR II Rz 585–587; Kropholler, IPR § 41 I S 268; Pal/Heldrich Anh Art 32 Rz 1) und verdient Zustimmung (ebenso schon Erman/Arndt[7] vor Art 12 Rz 13).

14 b) Gleichwohl werden auch heute **abweichende Auffassungen** in erheblicher Zahl vertreten; so für grundsätzliche Anknüpfung an Aufenthalt des Vollmachtgebers Müller RIW/AWD 1979, 377, 382; Ebenroth JZ 1983, 821, 824f, Kegel IPR § 17 V S 398; zuletzt Dorsel MittRhNotK 1997, 9; für kumulative Anwendung des Rechts des Wirkungslandes und des Aufenthaltsrechts des Vollmachtgebers Luther RabelsZ 38 (1974) 421, 436ff, Ferid IPR § 5 Rz 147ff; für Anwendung des Geschäftsstatuts MüKo/Spellenberg vor Art 11 Rz 268 und Spellenberg,

Geschäftsstatut und Vollmacht im IPR (1979) 271; für Anwendung des Rechts, unter dem der Vertreter auftritt, IPR 293 und in FS Coing 1982 II 305, 318ff; s ferner Gesamtüberblick bei v Caemmerer RabelsZ 24 (1959) 201ff. Zur Ehegattenvollmacht für Recht des gew Aufenthalts BGH NJW-RR 1990, 250, s Rz 17.

c) Rechtswahl. Die oben (Rz 12) dargelegte Grundsatzanknüpfung kann im Einzelfall zwischen Vertretenem **15** und Geschäftspartner parteiautonom entspr Art 27 durch Wahl eines Vollmachtsstatuts verdrängt werden (so v Bar IPR II Rz 457 und 586; Reithmann/Martiny/Hausmann IVR[5] Rz 1722), wenngleich sich dafür nur selten praktisches Bedürfnis zeigen wird (Kropholler aaO, 271).

d) Gebrauchsort (Wirkungsland). Gebrauchsort ist der Platz, an dem der Vertreter tätig wird. Deckt sich **16** geplanter und tatsächlicher Gebrauchsort nicht, ist der tatsächliche Gebrauchsort maßgebend (ebenso v Bar IPR II Rz 588; einschränkend Müller RIW/AWD 1979, 377), es sei denn, der Geschäftspartner hätte gewußt oder wissen können (Art 12), wo der Vertreter von seiner Vollmacht Gebrauch machen sollte. Bei Distanzgeschäften ist Gebrauchsort der Ort der Abgabe, nicht des Zugangs der Vertretererklärung (s auch Erl Art 11 Rz 26).

e) Umfassende Geltung der Gebrauchsortanknüpfung. Rspr und Lit weisen der Maßgeblichkeit des Rechts **17** des Wirkungslandes bzw Gebrauchsorts umfassende Bedeutung zu. Für die Prozeßvollmacht gilt das Recht des Gerichtsorts (BGH IPRsp 1958/59 Nr 38; NJW 1990, 3088; LG Frankfurt MDR 1979, 411), für die Anwaltsvollmacht der Gebrauchsort (BGH 64, 183, 192), ebenso gilt bei Vollmachten zu Grundstücksgeschäften (schuldrechtliche Verträge) der Gebrauchsort (v Bar IPR II Rz 591); daß die Vollmacht zur Verfügung über die dingliche Seite des Grundstücksgeschäfts einheitlich der lex rei sitae unterstellt wird (zB RG 149, 93f; KG HRR 1931 Nr 1051; Stuttgart IPRsp 1980 Nr 12; München RIW 1990, 226f), läßt sich als Anknüpfung an den Gebrauchsort auch werten (s auch Sieghörtner ZEV 1999, 461, 464). Gegen die zZt durchaus **hM**, die hier schon bei Vertretern mit st fester Niederlassung (Handelsvertreter, Agenten, Prokuristen, Immobilienverwalter) eine **Ausnahme zugunsten des Rechts des gewöhnlichen Tätigkeitsorts des ständigen Vertreters** machen will, auch wenn die Vollmacht im Einzelfall in einem anderen Land gebraucht wird (s schon Staud/Firsching[10/11] vor Art 12 Rz 228; Reithmann/Martiny/Hausmann IVR[5] Rz 1730; Kropholler aaO 270; LG Bielefeld IPRax 1990, 315; auch LG Hamburg RIW/AWD 1978, 124) wird von der **Gegenauffassung** durchaus **zutreffend** auf das Vertrauensschutzinteresse des Dritten und darauf hingewiesen, daß in BGH JZ 1963, 167f die Differenzierung Gebrauchsort – ständige Niederlassung nicht erheblich war (zutr v Bar IPR II Rz 591; s auch Frankfurt IPRsp 1968/69 Nr 21 und IPRax 1986, 373, 375; ferner Steding ZVglRWiss 86 [1987] 25, 45). Es sollte deshalb in allen Fällen (auch bei rechtsgeschäftlicher Dauervollmacht von Ehegatten – aA wohl BGH NJW-RR 1990, 250) an den **Gebrauchsort der Vollmacht** angeknüpft werden. Einzige kraft Tradition anzuerkennende Ausnahme ist dann die Maßgeblichkeit des Flaggenrechts für die Vollmacht des Kapitäns (so zB LG Hamburg IPRsp 1962/63 Nr 48; auch BGH DB 1963, 1496 und KG OLGZ 1976, 226ff; dies gilt auch bei Billigflaggen, Kegel/Schurig IPR § 17 V S 399f).

f) Sachnormverweisung. Ob die Verweisung auf das Recht des Wirkungslandes Gesamt- oder Sachnormver- **18** weisung ist, ist strittig (für Gesamtverweisung Soergel/Lüderitz[12] Art 10 Anh Rz 112; aA Kropholler, aaO 271; v Bar IPR II Rz 589). Richtig dürfte Sachnormverweisung gem Art 4 I 1 vorliegen. Dies ergibt sich aus dem die Maßgeblichkeit des Gebrauchsrechts prägenden Verkehrsschutzinteresse und auch aus dem Vergleich zu Art 27ff, die für Verträge gem Art 35 I auf die Sachvorschriften verweisen.

3. Anwendungsbereich

a) Das Vollmachtstatut (Recht des Wirkungslandes bzw gewähltes Recht, s Rz 14) entscheidet umfassend über **19** die Vollmacht. Es befindet über das Bestehen (Erteilung und Wirksamkeit BGH JZ 1963, 167f; BGH 64, 183, 192; BGH NJW 1982, 2733; Koblenz RIW 1996, 152; Köln NJW-RR 1996, 411), den Umfang (s vorg Entsch und BGH WM 1958, 557, 558f; s ferner München IPRax 1990, 321f; zur Zulässigkeit des Selbstkontrahierens RG JW 1928, 2013 und BGH NJW 1992, 618; s ferner Pal/Heldrich Anh Art 32 Rz 3) und das Erlöschen (BGH JZ 1963, 167f). Es entscheidet über die Art und Auslegung der Vollmacht, ob Duldungsvollmacht gegeben ist (Frankfurt IPRsp 1968/69 Nr 21) oder Anscheinsvollmacht vorliegt (BGH 43, 21, 27). Vollmachtstatut ist bei Duldungs- oder Anscheinsvollmacht das Recht des Landes, wo Vertrauen geweckt und ein Rechtsschein gesetzt worden ist, also das Recht des tatsächlichen Wirkungslandes (s Rz 15; offengelassen in BGH NJW-RR 1990, 250; s auch Kropholler NJW 1965, 1641; aA Leible IPRax 1998, 260). Art 31 II kann zugunsten des Vertretenen nicht herangezogen werden, da eine Wirksamkeitsfrage des Vertrags berührt ist (s Art 31 Rz 15; aA Fischer IPRax 1989, 216 zu Koblenz IPRax 1989, 232). Bei **Vertretung ohne Vertretungsmacht** ist zu differenzieren: Die Wirkungen des Handelns des falsus procurator für das Vertretergeschäft und für den Vertretenen (Genehmigungsrecht) bestimmen sich als Fragen des Vertretergeschäfts nach dem Geschäftsstatut (so BGH IPRsp 1964/65 Nr 34; BGH NJW 1992, 618f; BGH 128, 48; KG IPRax 1998, 283; Celle WM 1984, 494, 500); ebenso bestimmt das Geschäftsstatut (so v Bar IPR II Rz 593; Reithmann/Martiny/Hausmann IVR[5] Rz 1773) und nicht das Vollmachtstatut (so Kropholler NJW 1965, 1641, 1645; Hamburg VersR 1987, 1216f, 1216; Steding, ZVglRWiss 86 [1987] 25, 47) über die Haftung des vollmachtlosen Vertreters. Es geht um Erfüllung oder Schadensersatz, also Geschäfts-, nicht Vollmachtsfragen. Durchaus strittig, s auch Hamburg VersR 1987, 1216; Steding ZVglRWiss 1987, 47; Fischer IPRax 1996, 335; Leible IPRax 1998, 259.

b) Das Vollmachtstatut entscheidet als Geschäftsrecht iSv **Art 11** über die **Form**. Daneben gilt die Ortsform **20** (Hamburg RIW 1979, 482; Stuttgart OLGZ 1981, 164, 165f und erneut in derselben Sache Rpfleger 1982, 137f, 137; München RIW 1990, 226f = NJW-RR 1989, 663 und dazu Spellenberg IPRax 1990, 295 Auflassungsvollmacht). Die Vollmacht bedarf so nicht der Form des Wirkungslandes (zur Form der Auflassungsvollmacht s Art 11 Rz 31, 34).

Anhang II
Statut der juristischen Personen und Gesellschaften (Int Gesellschaftsrecht)

21 **Schrifttum: a) Gesamtdarstellungen:** *Großfeld*, Internat und Europ Unternehmensrecht (2. Aufl 1995); *Hachenburg/ Behrens*, GmbHG (8. Aufl 1992) Bd I; *Rowedder/Schmidt-Leithoff*, GmbHG (4. Aufl 2002), Bd I (Einl Rz 78ff); *Scholz/Westermann*, GmbHG (9. Aufl 2000); *Wiedemann*, Gesellschaftsrecht Bd I (1980);

b) Einzeldarstellungen: *Behrens*, Die Gesellschaft mit beschränkter Haftung im int und ausl Recht (1976); *ders*, Niederlassungsfreiheit und Int Gesellschaftsrecht, RabelsZ 52 (1988) 498; *ders*, Die grenzüberschreitende Sitzverlegung von Gesellschaften in der EWG, IPRax 1989, 354; *Ebenroth*, Konzernkollisionsrecht im Wandel außenwirtschaftlicher Ziele (1978); *ders*, Neuere Entwicklung zum dt int Gesellschaftsrecht, JZ 1988, 18, 75; *Ebenroth/Sura*, Das Problem der Anerkennung im int Gesellschaftsrecht, RabelsZ 43 (1979) 315; *v Falkenhausen*, Durchgriffshaftung mit Hilfe der Sitztheorie des Int Gesellschaftsrechts, RIW 1987, 818; *Großfeld*, Int Unternehmensrecht (1986); *Jaeger*, Grenzüberschreitende Sitzverlegung von Kapitalgesellschaften im MERCOSUR und im EU-Recht, Diss Freiburg (2003); *Knobbe-Keuk*, Umzug von Gesellschaften in Europa, ZHR 154 (1990) 325; *Koppensteiner*, Int Unternehmen im dt Gesellschaftsrecht (1971); *Sandrock*, Die multinationalen Unternehmen im Int Privatrecht BerDGVR 18 (1978) 169; *ders*, Die Bedeutung des Gesetzes zur Neuregelung des IPR für die Unternehmenspraxis, RIW 1986, 841; *Zimmer*, Internat Gesellschaftsrecht (1996). **Zum Auslandsrecht (mit Kollisionsrecht)** *Hohloch*, EU-Handbuch Gesellschaftsrecht (1995ff).

I. Allgemeines

22 **1. Standort, gewohnheitsrechtliche Geltung.** Das dt int Gesellschaftsrecht beruhte in der Zeit vor der IPR-Reform auf **Gewohnheitsrecht**. Art 10 aF, der nur bedeutungslose Randfragen geregelt hatte, war durch § 30 I Nr 4 VereinsG v 5. 8. 1964 (BGBl I 593) aufgehoben worden. Die Neuregelung des IPR von 1986 hat an dieser Ausgangslage nichts geändert. Kollisionsnormen für die Bestimmung der Rechtsordnung, nach der die gesellschaftsrechtlichen Beziehungen bzw die Rechtsverhältnisse von jur Personen zu bestimmen sind, sind nicht getroffen worden (s Begr RegE BT-Drucks 10/504, 29). Art 37 Nr 2 spart darüber hinaus den Gesamtbereich des Int Gesellschaftsrechts vom Anwendungsbereich der Art 27ff aus (dazu Rz 4). Vorschläge und Vorarbeiten für eine gesetzliche Regelung liegen in Form der Vorschläge und Gutachten zur Reform des dt int Personen- und Sachenrechts (hrsg im Auftrag des Deutschen Rats für IPR durch Lauterbach, 1972) vor. Ein Grund für die bisherige Zurückhaltung des Gesetzgebers ist die Schwierigkeit und Komplexität der Materie, die den Erlaß von gesetzlichen Kollisionsnormen schwierig macht, die über die Festschreibung der vorhandenen gewohnheitsrechtlichen Grundregeln und Grundlagen, die in nicht unbeträchtlichem Umfang in Zweifel gezogen werden (Sitztheorie oder modifizierte Formen der Gründungsrechtstheorie), hinausgehen könnten. Ein zweiter Grund liegt in der 1972 geschehenen Ratifizierung des allerdings nicht in Kraft getretenen EG-Übereinkommens über die gegenseitige Anerkennung von Gesellschaften und jur Personen vom 29. 2. 1968 (BGBl 1972 II 369, dazu Rz 30). Demgemäß bleibt die Rechtsanwendung auf die Verhältnisse der jur Personen und Personenvereinigungen (= Int Gesellschaftsrecht) bislang und unberührt durch die IPR-Reform der die gewohnheitsrechtlichen Regeln handhabenden und weiterentwickelnden Praxis und Wissenschaft des int Gesellschaftsrechts überlassen. Die Einflußnahme des EU-Rechts wird diese Situation aber über kurz oder lang im Sinne einer europäischen Regelung verändern.

23 **2. Grundpositionen, Grundsatzanknüpfung.** Die Hauptfrage des int Gesellschaftsrechts, die Frage nach dem für die Rechtsfähigkeit einer jur Person oder Personenvereinigung maßgebenden Recht, wird in Deutschland von Rspr und hA im Schrifttum iSd **Sitztheorie** beantwortet: es entscheidet das Heimatrecht, und dieses ist das Recht des Sitzes der Vereinigung, BGH 53, 181, 183. Während die auf dem europ Kontinent vorherrschende Sitztheorie also eine Art Domizilprinzip anwendet, folgen vor allem die Rechte des angloamerikanischen Rechtskreises der **Gründungs- oder Inkorporationstheorie** und lassen die Rechtsordnung des Staates entscheiden, auf deren Grundlage die Vereinigung gegründet wurde. Als Vorteile der Sitztheorie erscheinen die Maßgeblichkeit der Rechtsordnung, in deren Geltungsgebiet der Schwerpunkt der tatsächlichen geschäftlichen Aktivitäten der jur Person bzw Gesellschaft liegt, ihre damit nicht erweisbare Sachnähe, und die Möglichkeit der Kontrolle durch den Staat der durch den Sitz hauptbeteiligten Rechtsordnung. Vorteile der Gründungsrechtstheorie liegen in dem Spielraum, den sie durch die Wahl von Gründungsstaat und Gründungsrecht der Parteiautonomie gibt; allerdings öffnet sie mit der Überantwortung der Rechtsverhältnisse der Gesellschaft an das gewählte Gründungsrecht auch der Manipulation die Türe. Bei der Gegenüberstellung der Ausgangstheorien ist die unterschiedliche Motivation der jeweiligen Entwicklung durch den Bezug auf das Inland (Kontinentaleuropa) bzw auf das ehemalige Kolonialreich des brit Empire mitzuberücksichtigen.

24 Die Rspr ist grundsätzlich fest auf dem Boden der Sitztheorie verankert (s dazu Rz 25); im Schrifttum der letzten vier Jahrzehnte hat die Gründungsrechtstheorie jedoch, vor allem durch Ausbildung verschiedener Kompromißtheorien (insbes Überlagerungstheorie, dazu Sandrock RabelsZ 42 [1978] 227 und öfter; s die Übersichten über Sitz- und Gründungsrechtstheorie zB bei Staud/Großfeld, Int GesR Rz 26ff, MüKo/Kindler[3] IntGesR Rz 43 oder v Bar IPR II Rz 619ff; aus neuerer Zeit etwa für Gründungsrechtstheorie als Ausgangspunkt Hachenburg/ Behrens GmbHG Einl Rz 125; Ansay FS Ferid [1978] 3 für Gastarbeitergesellschaften; Knobbe–Keuk ZHR 154 [1990] 325 aus steuerrechtlicher Sicht; iSd Überlagerungstheorie Sandrock RIW 1989, 249, 505 mwN; Bungert AG 1995, 491; Teipel Festgabe Sandrock (1995) 125; für Fallgruppenbildung Wiedemann FS Kegel [1977] 194; Zimmer Internat GesellschaftsR 437; Haas DB 1997, 1501) an Boden gewonnen; es konnte aber dann gleichwohl nicht angenommen werden, daß sich in Deutschland ein grundlegendes Umschwenken von der Sitztheorie zu einer – auch modifizierten – Gründungsrechtstheorie vollziehen könnte. Lange Zeit (so auch schon Erman/Arndt[7] Art 10 Rz 1) wurde in der dt Praxis weder in der einen noch der anderen Richtung versucht oder das Bedürfnis

empfunden, jur Personen nach dem vom Sitzrecht abweichenden Inkorporationsstatut zu gründen. Das mahnte in der Vergangenheit gegenüber den in verschiedenen Entwürfen (Rz 30) und in der Schrifttumskritik (s zB ausf Knobbe-Keuk ZHR 154 [1990] 325) enthaltenen Anregungen zur Vorsicht. Der Dt Rat für int Privatrecht hatte sich 1972 ebenfalls für das bisherige Prinzip („. . . in dem die Verwaltung geführt wird") ausgesprochen: (Vorschläge und Gutachten zur Reform des dt int Personen- und Sachenrechts [oben Rz 22] S 3, 19 – vgl dort Gutachten Beitzke 94 und 126). Ob für das Verhältnis zu den EWG-Mitgliedern die Beachtung des Gründungsstatuts dagegen angemessen gewesen wäre (so Großfeld RabelsZ 31 [1967] 1ff), konnte so lange Zeit dahinstehen; das EG-Übereinkommen vom 29. 2. 1968 (dazu Rz 22) trug der Sitztheorie Rechnung; sie schlägt in Art 2 I des dt Zustimmungsgesetzes v 18. 5. 1972 (BGBl 1972 II 369) durch (s auch v Bar IPR II Rz 620). Eine solche Sichtweise kann für die jetzt begonnene Zukunft aber nicht mehr aufrechterhalten bleiben. Die an der Niederlassungsfreiheit des EGV orientierte Rspr des EuGH zwingt zu neuer Betrachtung und auch zur Schaffung zumindest teilweise und bedingt neuer Kollisionsregeln, zumindest für den Raum der EU, solange einheitliches Gesellschaftsrecht noch nicht an die Stelle der nationalen Gesellschaftsrechte getreten ist. Zu dieser Entwicklung und ihrer Verarbeitung im deutschen internationalen Gesellschaftsrecht s Rz 32ff.

II. Grundsatzanknüpfung bei jur Personen (Ausgestaltung der Sitztheorie)

1. Sitzanknüpfung. a) Anknüpfungspunkt für die Rechtsverhältnisse der jur Person (iS eines „Personalstatuts **25** der jur Person") ist nicht, was in der Satzung steht (der satzungsmäßige Sitz hat indes Bedeutung für den Gerichtsstand, § 17 ZPO iVm § 24 BGB und für Behördenzuständigkeiten an §§ 22, 23, 25 BGB bzw den Vorschriften des AktG und des GmbHG), sondern der **tatsächliche Sitz der Hauptverwaltung** (Rspr: RG 117, 215, 217; BGH 53, 181, 183; 78, 318, 334; 97, 269 und öfter; zuletzt noch BGH EuZW 2000, 412 = RIW 2000, 555 = JuS 2000, 1230 Nr 13 [Hohloch] und BGH 151, 204 = NJW 2002, 3539 = JuS 2003, 88 Nr 6 [Hohloch]; s ferner zB Saarbrücken NJW 1990, 647; Oldenburg NJW 1990, 1422; Frankfurt NJW 1990, 2204; hM im Schrifttum: zB Erman/Arndt[7] Art 10 Rz 1; Staud/Großfeld IntGesR Rz 61; MüKo/Ebenroth Nach Art 10 Rz 177ff; MüKo/Kindler, IntGesR Rz 312ff; Roewedder/Rittner GmbHG Einl Rz 269; Scholz/Westermann GmbHG Einl Rz 85; Kölner Komm/Zöllner AktG Einl Rz 190; Pal/Heldrich Anh Art 12 Rz 2; v Bar IPR II Rz 620; grundsätzl auch Soergel/Lüderitz[12] Art 10 Anh Rz 8f; zu den abw Auffassungen oben Rz 23). **b)** Die Sitzanknüpfung ist mit dem Gemeinschaftsrecht der EG (Niederlassungsfreiheit Art 52, 58 EWG-Vertrag aF = Art 43, 48 EGV nF) im Grundsatz verträglich erschienen (s EuGH RIW 1989, 304; MüKo/Ebenroth Nach Art 10 Rz 201; Pal/Heldrich Anh Art 12 Rz 3; Hachenburg/Behrens GmbHG Einl Rz 123; Großfeld/Luttermann JZ 1989, 386; Ebenroth/Auer DNotZ 1990, 139, 151; zweifelnd Sack JuS 1990, 352, auch KG NJW 1989, 3101; aA Wessel/Ziegenhain GmbHR 1988, 423, 427; Sandrock RIW 1989, 508; Knobbe-Keuk aaO 325; Meilicke RIW 1990, 449; Drobnig in v Bar Europ Gemeinschaftsrecht und IPR [1991] 194). Verträglich ist sie auch mit der EMRK, s zB Bungert EWS 93, 17; Engel ZEuP 1993, 152; Großfeld/Boin JZ 1993, 370; v Bar BerDGesVR 33 (1994) 200. Die hM hat sie demgemäß bis in das Jahr 2003 hinein grundsätzlich einschränkungslos praktiziert und der Registerpraxis zB mit der Folge zugrunde gelegt, daß im Inland andere Gesellschaftstypen als die des deutschen Gesellschaftsrechts nicht registriert werden (s zB LG Frankenthal NJW 2003, 762, aufgehoben aber durch Zweibrücken BB 2003, 864).

2. Sitzbestimmung. Maßgebend ist als Sitz der tatsächliche (effektive) Verwaltungssitz, dh der **Schwerpunkt 26 des körperschaftlichen Lebens**, der Ort, von dem aus die jur Person **tatsächlich gelenkt** wird (BGH 97, 269, 272). Zu ermitteln ist dieser Ort unter Heranziehung aller Umstände des Einzelfalles (dh Unerheblichkeit eines nominellen Sitzes, Briefkastenadresse, wenn Sitz der Leitung der Verwaltung, Sitzungen des Vorstandes und der Aufsichtsgremien oder die Hauptversammlung an anderem, übereinstimmendem Ort stattfinden, s dazu BayObLG 1985, 272, 280; FG Düsseldorf IPRsp 1986 Nr 23; s dazu etwa Ebenroth/Bippus JZ 1988, 677; v Falkenhausen RIW 1987, 818, 819f); die Rspr läßt im Zweifel aber den Ort der erkennbaren Organisation das Recht des Staates, nach dem sie erkennbar organisiert ist, entscheiden (München NJW 1986, 2197; vgl auch Oldenburg NJW 1990, 1422; Frankfurt NJW 1990, 2205; KG IPRsp 1997 Nr 21; mit beachtlichen Gründen aA Ebenroth/Bippus aaO 681; zum Umfang der Prüfung des Registergerichts Thümmel DZWiR 1997, 335). Auf den **Betriebssitz** kommt es **nicht** an (zB Nürnberg DB 1967, 1411). Wird die Verwaltung an mehreren Orten geführt, kommt es auf den Sitz der Hauptverwaltung bzw der effektiven Verwaltung an (zur Unbeachtlichkeit sekundärer Tätigkeit LG Essen NJW 1995, 1500; Hamm RIW 1995, 154 – Grundbuchverfahren). Unerheblich ist für die Sitzbestimmung die Einbindung einer jur Person in einen **Konzern**; der Sitz jeder Konzerngesellschaft ist selbständig nach den genannten Gesichtspunkten zu bestimmen (s insbes Ebenroth JZ 1988, 18, 23); allerdings gilt für Rechtsverhältnisse zwischen der abhängigen und der herrschenden Gesellschaft das Gesellschaftsstatut der letzteren (Kölner Komm-AktG/Zöllner Einl Rz 200) als Vertragsstatut iSv Art 28 I, V 8 (str; s noch Zimmer IPRax 1998, 188; Wiedemann aaO § 14 III). Zum Personalstatut der abhängigen Gesellschaft als Statut des Beherrschungsvertrags Frankfurt EWiR 1988, 587; kumulativ: Einsele ZGR 1996, 40; differenzierend Rundshagen/Strunk RIW 1995, 666.

3. Ausnahmen von der Maßgeblichkeit des Sitzrechts

a) Gesetzliche Ausnahmeregeln. Ausnahmen vom Sitzprinzip enthalten die §§ 23 und 86 S 1 BGB, beides ver- **27** steckte Kollisionsnormen. Die praktische Bedeutung beider Vorschriften ist gering. Die Verleihung bzw Genehmigung schafft örtlich begrenzte Rechtsfähigkeit: außer in den Ländern, deren Recht auf dem Boden des Gründungsprinzips steht, und in Deutschland sind derartige Vereine und Stiftungen nicht rechtsfähig (Bsp: Trägerverein einer dt Auslandsschule).

b) Rück- und Weiterverweisung. Die Sitzanknüpfung ergibt gem Art 4 I eine Gesamtverweisung, so daß Rück- und Weiterverweisung durch das Sitzrecht zu befolgen sind (s Staud/Großfeld IntGesR Rz 103; Pal/Heldrich Anh Art 12 Rz 4; Rspr: Hamburg RIW 1988, 816; Frankfurt/M NJW 1990, 2204, 2205; Hamm RIW 1997, 875; Hamm NZG 2001, 563; s ferner Ebenroth/Eyles IPRax 1989, 1, 9; mit Einschr auch Soergel/Lüderitz[12] Anh Art 10

Rz 76). Praktische Bedeutung kommt dem Renvoi zu, wenn der Sitzstaat der Gründungsrechtstheorie folgt (Übersicht dazu bei Staud/Großfeld IntGesR Rz 118ff).

c) Ordre public. Nach Art 6 kann die Anwendung ausl Sitzrechts ausgeschlossen sein, wenn es gegen den inl ordre public verstößt (s dazu Serick RabelsZ 23 [1958] 623, 626, 632; dazu MüKo/Ebenroth Nach Art 10 Rz 153ff); Verneinung des Verstoßes gegen den ordre public in BGH WM 1979, 692, 693 – Steuerersparnis als Motiv.

d) Staatsvertragliche abweichende Regelung. Anforderungen an die Gründung oder den Sitz von Gesellschaften können Gegenstand staatsvertraglicher Regelung sein, insbesondere im Hinblick auf eine „Anerkennung" einer ausländischen Gesellschaft. Solche Abkommen legen überwiegend die „Sitztheorie" zugrunde (s Rz 30). Abweichend beruht auf der Anknüpfung der „Gründungsrechtstheorie" **Art XXV Abs V S 2 des Freundschafts-, Handels- und Schiffahrtsvertrages zwischen der BRepDeutschland und den Vereinigten Staaten von Amerika** v 29. 10. 1954 (BGBl 1956 II 487). Folge ist, daß im bilateralen Verhältnis zu den USA nicht die Sitztheorie, sondern die Maßgeblichkeit des Gründungsrechts gilt, so jetzt auch BGH 29. 1. 2003, NJW 2003, 1607 = JuS 2003, 1028 [Hohloch].

4. Sitzwechsel und Statutenwechsel auf der Grundlage der Sitztheorie

28 Die Sitzverlegung in ein anderes Land hat auf dem Boden der Sitztheorie einen Statutenwechsel zur Folge (BGH 97, 269, 271f; Hamm RIW 1997, 875); auch noch BGH EuZW 2000, 412.

a) Der Statutenwechsel kann zweierlei Folgen bewirken: (1) Die jur Person besteht unter Wahrung ihrer Identität fort, wenn dies nach den Regeln sowohl des alten wie des neuen Sitzes statthaft ist (BGH 97, 269, 271f; Frankfurt/M NJW 1990, 2204f; Zweibrücken DB 1990, 1660; ThürOLG Jena DB 1998, 1178; s näher Großfeld/Königs IPRax 1991, 380; Kösters NZG 1998, 243 und Kegel/Schurig IPR § 17 II S 508f mwN). (2) Läßt hingegen entweder das alte oder das neue Recht die jur Person mit Sitzverlegung in ein anderes Land untergehen, dann ist dies beachtlich; es kommt dann nur Auflösung mit Abwicklung und Neugründung in Betracht (BGH 97, 269, 271; Nürnberg WM 1985, 259f; München NJW 1986, 2198f; aA Wessel/Ziegenhain aaO 427; s ferner Großfeld/Jasper RabelsZ 53 [1989] 52; Rehbinder IPRax 1985, 324; Buyer DB 1990, 1682; Kronke ZGR 1994, 26; Bellingwout RIW 1997, 550; Mankowski WiB 1997, 1243; Bechtel IPRax 1998, 349); zur Vereinbarkeit dieser Regeln mit Art 52, 58 EWG-Vertrag aF = Art 43, 48 EGV nF EuGH JZ 1989, 384; s dazu Großfeld JZ 1989, 386; Sandrock/Austmann RIW 1989, 249; Sack JuS 1990, 352; Knobbe-Keuk ZHR 154 (1990) 325; Drobnig, aaO 201; s auch Rz 25, 32ff mwN. Zum Richtlinienvorschlag zur Verlegung des Gesellschaftssitzes innerhalb der EU ZIP 1997, 1721; s ferner Ebke JZ 1999, 656ff; Hohloch in Schwarze (Hrsg), Wirtschaftsverfassungsrechtliche Garantien für Unternehmen im europäischen Binnenmarkt (2001) 121ff. **b)** Aus der Sicht des dt Rechts bewirkt so sowohl die Sitzverlegung der jur Person aus dem Inland ins Ausland wie auch die Verlegung des Sitzes vom Ausland ins Inland Auflösung und Neugründung mit den gesellschaftsrechtlichen wie steuerrechtlichen Folgen, die an diese Akte geknüpft sind (s BGH 97, 269, 271; Nürnberg WM 1985, 259f; München NJW 1986, 2197f; Zweibrücken JuS 2001, 820 Nr 13 [Hohloch]; Hamm NJW 2001, 2183 = JuS 2001, 1024 Nr 8 [Hohloch]; s auch Kegel aaO S 368). Besondere Regeln wurden für die Rückwanderung dt Gesellschaften aus abgetrennten Gebieten des Deutschen Reiches entwickelt (s Erman/Arndt[7] Art 10 Rz 9 und RG 107, 94; BGH 25, 134). Zur Fusion s Hachenburg/Behrens GmbHG Einl Rz 102ff; zur Beurteilung multi- und transnationaler Unternehmen etwa Großfeld ZGR 1987, 504; Ebenroth/Wilken ZVglRWiss 90 (1991) 235. **c)** Zur **Aufhebung** der jur Person durch den Sitzstaat, die grundsätzlich anzuerkennen ist (RG 129, 98, 100 und st Rspr), und den Konsequenzen für das Vermögen und die Mitgliedschaftsrechte („Spaltgesellschaft") s Anh Art 46 Rz 11.

5. Anerkennung ausl jur Personen (auf der Grundlage der Sitztheorie)

29 Der Begriff der „Anerkennung" einer ausl jur Person ist nicht bedeutungsgleich mit der „Anerkennung" iSd Int Verfahrensrechts. Es geht im int Gesellschaftsrecht nur um die Frage, ob einem Rechtsgebilde, das nach einem ausl Personalstatut (s Rz 25) errichtet worden ist oder besteht, aus der Sicht der dt Rechtsordnung Rechtspersönlichkeit, dh Rechtsfähigkeit zuerkannt wird. Die Beantwortung dieser Frage kann sich nach staatsvertraglichen oder autonomen Regeln richten.

30 **a) Staatsvertragliche Regeln aus zweiseitigen Abkommen** bestimmen über solche Anerkennung im Verhältnis zu einer großen Anzahl anderer Staaten (Zusammenstellung bei Soergel/Lüderitz[12] Anh Art 10 Rz 12, 13, 78; s ferner Beitzke FS M. Luther 1976, 1, 4–6). Die Abkommen folgen zT der Sitztheorie, so daß nach ihrem Sitzrecht rechtsfähige jur Personen und Gesellschaften im Inland Rechtsfähigkeit haben, zT der Gründungsrechtstheorie, so daß Rechtsfähigkeit nach dem Gründungsrecht auch im Inland zugebilligt ist (s Einteilung bei Soergel/Lüderitz aaO; s dazu auch v Bar IPR II Rz 629, 630); Rspr zB zu Art XXV Abs V Dt-Amerik Freundschaftsvertrag von 1954 (BGBl 1956 II 487): schon Düsseldorf RIW 1995, 510; NJW-RR 1995, 1184; RIW 1996, 859, jetzt BGH NJW 2003, 1607 = JuS 2003, 1028 [Hohloch], s oben Rz 27; s auch Pal/Heldrich Anh Art 12 Rz 21. **Mehrseitige Abkommen** sind für Deutschland **nicht in Kraft**. Das Abkommen über die Anerkennung der Rechtsfähigkeit ausl Körperschaften und Stiftungen von 1956, aufgestellt durch die 7. Haager Konferenz für IPR 1952 (RabelsZ 17 [1952] 279), ist von der Bundesrepublik noch nicht ratifiziert worden; einen Entwurf über das IPR der Aktiengesellschaften hat die International Law Association beschlossen (Kommissionsbericht 1960), einen anderen das Institut de Droit International 1966 (RabelsZ 31 [1967] 549). Das am 29. 2. 1968 unterzeichnete Übereinkommen der EWG-Staaten über die gegenseitige Anerkennung von Gesellschaften und jur Personen (BGBl 1972 II 369, 857) knüpft grundsätzlich an den satzungsmäßigen Sitz an, läßt aber Anknüpfung an den tatsächlichen (= Hauptverwaltungs-)Sitz zu (vgl Hachenburg/Behrens GmbHG Einl Rz 79, 86, 96), die im dt Zustimmungsgesetz realisiert worden ist (Art 2 I ZustimmungsG, s Rz 24). Das Abkommen ist nicht in Kraft und wird in seiner jetzigen Form nie in Kraft treten. Das primäre EU-Recht (heute EGV) selbst enthält Anerkennungsverpflichtungen nicht, s BayObLG 1985, 280 (aM Großfeld IntGesR Rz 161, s aber oben Rz 25).

b) Das **autonome dt Recht** ist ähnlich großzügig wie die aus den in Kraft befindlichen Abkommen erkennbaren Grundregeln. Ob eine jur Person besteht und rechtsfähig ist, beurteilt sich nach ihrem Personalstatut. Ausl jur Personen, die nach ihrem Personalstatut rechtswirksam gegründet worden sind, besitzen ohne Voraussetzung eines besonderen Anerkennungsaktes schon nach den Grundregeln des int Gesellschaftsrechts ihre Rechtsfähigkeit auch im Inland (RG 83, 367, 368 und st Rspr, zB BayObLG 1986, 61, 63 und dazu Großfeld IPRax 1986, 351; Ebke ZGR 1987, 245; Schmidt-Hermesdorf RIW 1990, 707; Saarbrücken JZ 1989, 904f zur Beteiligungsfähigkeit an dt KG, dazu Ebenroth/Hopp JZ 1989, 883 und Ebenroth/Auer DNotZ 1990, 139). Zur Rechtsfähigkeit jur Personen ausl öffentl Rechts s BGH NJW 1965, 1664. Ob die als rechtsfähig beurteilte ausl jur Person dann im Inland in vollem Umfang am Rechtsverkehr teilhaben kann, können Regeln des Fremdenrechts bestimmen, s zB den Restbestand von Art 86 derzeitiger Fassung; Art 87 ist weggefallen. Da das Personalstatut das Recht des Sitzes iSv Rz 25, 26 ist, hängt die Rechtsfähigkeit von der Aussage des Sitzrechts ab. Ergibt diese Prüfung des Sitzes, daß der effektive Sitz im Inland liegt (wie es sich bei Gesellschaftsgründungen zB in Liechtenstein ergeben kann), dann entscheidet nach bisheriger Auffassung das dt Recht und nicht (mehr) das ausl Recht, nach dem die Gründung erfolgt ist (KG NJW 1989, 3100, 3101; Oldenburg NJW 1990, 1422 = JuS 1990, 1021 [Hohloch]. Fehlt dann im Inland Rechtsfähigkeit, richtet sich die Haftung der Gesellschafter/Mitglieder (s dazu Rz 39) nach den für den am ehesten vergleichbaren Typ der nicht rechtsfähigen Personengesellschaft des dt Rechts entwickelten Haftungsregeln (zB § 128 HGB, § 11 II GmbHG, s Fischer IPRax 1991, 100; Pal/Heldrich Anh Art 12 Rz 18; ggf auch, aber nur bei Nichteingreifen näherliegender Regeln § 179 BGB; insofern zT abw LG Stuttgart IPRax 1991, 118, 119; s noch Bogler DB 1991, 848, 850). Rspr: Düsseldorf RIW 1995, 508, 509; s ferner Eidenmüller/Rehm ZGR 1997, 99; Müller ZIP 1997, 1053; Kösters NZG 1998, 246. Zur ersatzweisen Heranziehung der Regeln für die GbR als jetzt „teilrechtsfähige" Gesellschaft s BGH 151, 181 u Kindler FS Lorenz (2001) 343; enger Nürnberg NZG 2002, 874. Zu den Veränderungen insoweit im europäischen Rechtsraum (EU und EWR) s Rz 32ff.

III. Gesellschaftsstatut (Sitztheorie) und europäisches Recht

1. Rechtsentwicklung. Die Sitzanknüpfung des dt int Gesellschaftsrechts (und anderer kontinentaler Mitgliedstaatenrechte) ist mit dem Gemeinschaftsrecht der EG/EU lange für verträglich gehalten worden (s Rz 25 bei b). Die Rspr des EuGH hat inzwischen zu einer Einschränkung dieser Verträglichkeit geführt.

Durch die Entscheidung vom 27. 9. 1988 („Daily Mail") Slg 1988, 5505 = RIW 1989, 304 = IPRax 1989, 381, war die Sitztheorie im Hinblick auf Art 52, 58 EWG-Vertrag aF (Niederlassungsfreiheit von Gesellschaften) in ihrer Vereinbarkeit mit EU-Recht nicht wesentlich eingeschränkt worden, s dazu Hamm RIW 1997, 874; BayObLG DB 1998, 2318 = NZG 1998, 936 = NJW-RR 1999, 401 = JuS 1999, 823 [Hohloch]; s ferner aus dem überbordenden Schrifttum Koch NJW 1992, 412; Ebenroth/Auer JZ 1993, 374; Sonnenberger ZVglRWiss 1996, 221; jedenfalls für die Gegenwart mit der Möglichkeit der Veränderung in der Zukunft Roth ZEuP 1994, 21; zweifelnd bislang neben den in Rz 25 genannten noch zB Schümann EuZW 1994, 269; Brödermann/Iversen Europ Gemeinschaftsrecht und IPR (1994) Rz 279; Blaurock ZEuP 1998, 482; zur Vereinbarkeit mit Art 14 EMRK Engel ZEuP 1993, 152; Großfeld/Boin JZ 1993, 370; Ebenroth/Auer JZ 1993, 176; v Bar BerDGesVR 33 (1994) 191, 200; aA Meilicke BB 1995 Beilage 9.

Auch die Entscheidung des EuGH v 9. 3. 1999 („Centros"), NJW 1999, 2027 = EuZW 1999, 216, Bespr Freitag = NZG 1999, 298 mit Anm Leible = DB 1999, 625 mit Anm Meilicke = EWiR 1999, 259 mit Anm Neye = ZIP 1999, 438 mit Anm Werlauff = JZ 1999, 669 mit Aufs Ebke S 656 = BB 1999, 809 mit Anm Sedemund/Hausmann (s ferner Kindler NJW 1999, 1993; Roth ZIP 1999, 861) hat nicht zur Aufgabe der Sitzanknüpfung und der Sitztheorie gezwungen (ebenso Kindler aaO 1999; Ebke aaO 660; Pal/Heldrich Anh Art 12 Rz 2; grundsätzlich auch Roth ZIP 1999, 861; Lange DNotZ 1999, 606; Sonnenberger/Großerichter RIW 1999, 721; Bungert DB 1999, 1841). AA Sandrock BB 1999, 1341; Geyrhalter EWS 1999, 202; Freitag EuZW 1999, 267; Sedemund/Hausmann aaO 810; Meilicke DB 1999, 627; Risse MDR 1999, 753; Höfling DB 1999, 1206; Kieninger ZGR 1999, 724; Behrens IPRax 1999, 323. Wesentlicher Gehalt von „Centros" war, daß sie von der Niederlassungsfreiheit einer nach dänischem Recht (das der Gründungsrechtstheorie folgt), wirksamen Gesellschaft englischen Rechts ausgehen konnte, die somit zur Errichtung einer Zweigniederlassung in Dänemark befugt sein mußte. Die Frage der Vereinbarkeit der Sitztheorie mit der Niederlassungsfreiheit des Art 43 EGV war somit von „Centros" nicht beantwortet. Zur Schrifttums- und Rspr-Kontroverse s die folgende Fülle von Äußerungen: S wie vorstehend Brandenburg ZIP 2000, 1616, 1617; LG Potsdam RIW 2000, 145; Düsseldorf NZG 2001, 506; Hamm NZG 2001, 562 (jedenfalls für Sitzverlegung einer im Inland gegründeten Gesellschaft im EG-Ausland); LG Stuttgart NZG 2002, 240; Kindler NJW 1999, 1993; Ebke JZ 1999, 656, 660 (vgl aber auch JZ 2000, 204, 204); ders FS BGH 2000 II 799, 817; grundsätzlich auch Roth ZIP 1999, 861; ZGR 2000, 311; Lange DNotZ 1999, 599, 606; Sonnenberger/Großerichter RIW 1999, 721; Bungert DB 1999, 1841; Mäsch JZ 2000, 201; Mülbert/Schmolke ZVglRWiss 2001, 233, 261; Schurig FS Kegel 2002, 199, sehr strittig; die Aussage einer Unvereinbarkeit der Sitztheorie mit Art 43 EGV entnehmen hingegen österr OGH RIW 2000, 378 u EuZW 2000, 156; Sandrock BB 1999, 1337, 1341; Kieninger ZGR 1999, 724; Behrens IPRax 1999, 323; Steindorff JZ 1999, 1140, 1142; Brödermann ZZP Int 1999, 259; Zimmer ZHR 2000, 23; Borges RIW 2000, 167, 176; ders NZG 2000, 106; Puszkajler IPRax 2000, 79; Forsthoff EuR 2000, 167; Horn Gedächtnisschrift Lüderitz (2000) 303, 305; Leible NZG 2001, 460, 461; vgl dazu auch München ZIP 1999, 1558, 1559; ferner LG München ZIP 1999, 1680; RIW 2000, 146, 147; Zweibrücken RIW 2001, 373; Flessner ZEuP 2000, 1; Buxbaum FS Sandrock (2000) 149; Steiding NZG 2000, 913; Thorn IPRax 2001, 102; zu den steuerrechtlichen Konsequenzen Sörgel DB 1999, 2236; Koblenzer EWS 1999, 418; Fock RIW 2000, 42; Streck ua AG 2000, 128.

Nächster Schritt dieser Entwicklung war die Vorlegung der Frage der Vereinbarkeit der Sitztheorie mit Art 43, 48 EGV an den EuGH zur Vorabentscheidung durch den BGH zur Beurteilung der Parteifähigkeit einer niederländ

B.V., die ihren Sitz ins Inland verlegt und damit nach herrschender dt Ansicht ihre Rechts- und Parteifähigkeit in dem im Inland geführten Zivilrechtsstreit verloren hatte (BGH EuZW 2000, 412 = JuS 2000, 1230 Nr 13 [Hohloch]; vgl dazu Behrens EuZW 2000, 385; IPRax 2000, 384; Bous NZG 2000, 1025; Roth ZIP 2000, 1597; Kindler RIW 2000, 649; Luttermann EWS 2000, 375; Jaeger NZG 2000, 918; Heidenhain LM § 50 ZPO Nr 51; Forsthoff DB 2000, 1109; Zimmer BB 2000, 1361; Neye EWiR 2000, 1155; Bechtel NZG 2001, 21; Kieninger NZG 2001, 610, 611; Schwarz NZG 2001, 613, 615.

Nach Vorlage der Schlußanträge des **Generalanwalts Colomer** (NZG 2002, 16) ist am **15. 11. 2002** die **Entscheidung des EuGH** in dieser Sache „Überseering" erfolgt (EuZW 2002, 754 = NJW 2002, 3614). Kernaussage des EuGH ist, daß **mit der Niederlassungsfreiheit und der Freizügigkeit in der EU unvereinbar ist, bei Sitzverlegung ins Inland Rechts- und Parteifähigkeit für die Beurteilung eines Gerichtsverfahrens zu verlieren.** Eine Aussage des Inhalts, daß die Sitztheorie generell mit übergeordnetem EU-Recht unvereinbar sei, ist der Entscheidung hingegen nicht zu entnehmen. Der **BGH** hat mit seinem Urteil v 13. 3. 2003, NJW 2003, 1461 = JuS 2003, 821 [Hohloch] in seinem Ausgangsverfahren die Konsequenz gezogen und die Sache unter Bejahung der Partei- und Rechtsfähigkeit der im Inland domizilierten B.V. an das Berufungsgericht zurückverwiesen. „Überseering" hat naturgemäß erhebliche Resonanz ausgelöst (s Behrens, Editorial EuZW 24/2002; Eidenmüller ZIP 2002, 82; Forsthoff DB 2002, 2471; Forsthoff BB 2002, 318; Forsthoff NJW-Editorial 3/2003; Kallmeyer DB 2002, 2521; Leible/Hoffmann RIW 2002, 925; Lutter BB 2003, 7; Mücklitz „Die erste Seite", EWS 12/2002; Neye EWiR 2002, 1003; Wernicke EuZW 2002, 754, 758; Zimmer BB 2003, 1; s ferner Behrens IPRax 2003, 193; Weller IPRax 2003, 207; Roth IPRax 2003, 117), ohne daß zugleich konsentierte Lösungen für Folgerungen aus „Überseering" für das – nach wie vor deutsche – internationale Gesellschaftsrecht und sein künftiges Anknüpfungssystem deutlich geworden sind. Die zuletzt ergangene **Entscheidung des EuGH v 30. 9. 2003** in der Sache „Inspire Art" (EuZW 2003, 687 = NJW 2003, 3331; dazu Leible/Hoffmann EuZW 2003, 677; Maul/Schmidt BB 2003, 2297 und Weller DStR 2003, 1800) bringt darüber hinaus nichts wesentlich Neues, sondern stellt eine konsequente Fortentwicklung der bisherigen Entscheidungen des EuGH dar. Sie bezieht sich auf eine Gesellschaft mit beschränkter Haftung englischen Rechts, die ihrer Geschäftstätigkeit jedoch mittels ihrer Zweigniederlassung ausschließlich in den Niederlanden nachgeht. Der EuGH sah einen **Verstoß gegen die Niederlassungsfreiheit, wenn ein EU-Mitgliedstaat die Errichtung einer** solchen **Zweitniederlassung im Inland erschwert, indem er sie von bestimmten Voraussetzungen abhängig macht, die im innerstaatlichen Recht für die Gründung von Gesellschaften bzgl des Mindestkapitals und der Haftung der Geschäftsführer vorgesehen sind** und stellte klar, daß die Niederlassungsfreiheit auch einer „Briefkastengesellschaft" zugute kommt, wenn ihr kein Mißbrauch nachgewiesen wird. Die „Stigmatisierung" einer solchen Gesellschaft als „formal ausländische Gesellschaft" maß der EuGH nicht an der Niederlassungsfreiheit, sondern sah darin einen Verstoß gegen die Elfte Richtlinie (89/666/EWG) zur Offenlegung von Zweigniederlassungen (ABl EG Nr L 395 v 30. 12. 1989, S 36), weil ein EU-Mitgliedstaat den **Zweigniederlassungen einer in einem EU-Mitgliedstaat errichteten Gesellschaft keine Offenlegungspflichten auferlegen dürfe,** die über die Elfte Richtlinie hinausgehen.

36 2. Derzeitiger Stand und Zukunftsperspektiven. a) Grundsätzliche Folgerungen. Der mit „Überseering" und „Inspire Art" erreichte Stand der Rspr des EuGH hat die „Sitztheorie" des dt internat Gesellschaftsrechts nicht weniger als erschüttert. Sie gilt heute nicht mehr uneingeschränkt als Grundlage und Grundregel des anzuwendenden dt Gesellschaftskollisionsrechts. Ihre „gewohnheitsrechtliche Geltung" besteht im Bereich der „Entscheidungsgegenstände" der beiden EuGH-Entscheidungen nicht mehr. Die Sitztheorie hat so in folgender Hinsicht keine die inländische Rechtsanwendung lenkende Bedeutung mehr: (1) Eine Sitzverlegung (im Sinne der Verlegung des tatsächlichen Sitzes) ins Inland hat als solche für eine nach ihrem Heimat- oder Gründungsrecht rechtsfähige Gesellschaft den Verlust ihrer Rechts- und Parteifähigkeit für ein inländisches Gerichtsverfahren nicht zur Folge. (2) Eine Erschwerung der Errichtung von Zweigniederlassungen ausländischer Gesellschaften, die dort dann nurmehr als „Briefkastengesellschaften" residieren, ist mit dem Argument der Verhinderung von Briefkastenfirmen nicht zu begründen. (3) Der Ansiedlung von Gesellschaften, die in einem Mitgliedstaat nach dem dort zulässigen Recht gegründet worden sind, im Inland durch Verlegung des tatsächlichen Sitzes in das Inland kann mit dem Hinweis auf die Sitztheorie und ihre – bisherigen – Folgerungen für eine Sitzverlegung in das Inland nicht mehr begegnet werden; die zeitweilige Erwägung, sie „nur" als teilrechtsfähige Personenvereinigungen gemäß Inlandsrecht einzuordnen (BGH EuZW 2000, 412 u NJW 2003, 1461; BGH 151, 181) ist so nicht mehr tragfähig. (4) Richtig ist auch, daß Zweigniederlassungen im Inland gegründet werden können, ohne daß die nach ihrem Gründungsrecht gegründete Gesellschaft je ihren faktischen Sitz im Staat des Gründungsrechts gehabt hätte (s Zweibrücken NZG 2003, 537 und LG Trier NZG 2003, 778).

Weitere unmittelbare Konsequenzen für das Weiterbestehen des bisher praktizierten, auf der Sitztheorie beruhenden Gewohnheitsrechts sind in den Entscheidungen des EuGH nicht angeordnet. Rechtlich zulässig ist deshalb die Folgerung, es – ohne Tätigwerden des Gesetzgebers oder des EU-Richtliniengebers – bei der bisherigen Rechtslage bewenden zu lassen, soweit sie nicht im unzulässigen Widerspruch zu gemeinschaftsrechtlichen Vorgaben steht und ein Tätigwerden des Gesetzgebers oder des Richtliniengebers abzuwarten. Mit einer derartigen Position ist jedoch Rechtsunsicherheit ebenfalls nicht vermieden, da „Überseering" wie „Inspire Art" zu Spekulation über ihre möglichen Auswirkungen auf die rechtliche Regelung des „Gesellschaftslebens" einer nach ausländischem Recht gegründeten, ins Inland durch Sitzverlegung zugewanderten Gesellschaft mit Rechtsfähigkeit nach ausländischem Recht nachgerade einladen. Notwendig ist demgemäß schon heute, Stellung zu notwendigen, sinnvollen oder nur sich anbietenden Folgerungen aus der mit „Überseering" und „Inspire Art" eingetretenen Veränderung des früheren Gewohnheitsrechtsbildes zu beziehen.

37 b) Keine Geltung im Verhältnis zu Drittstaaten, keine Auswirkung auf vorrangige staatsvertragliche Regelungen. aa) Die Entwicklung der EuGH-Rspr und die in ihrem Gefolge stattfindende Diskussion um Grenzen, Weiterbestehen und Für und Wider der Sitztheorie des dt Rechts ist europabezogen, dh auf das Verhältnis zu den EU-Mitgliedstaaten sowie zu den EWR-Staaten (zB Liechtenstein) und zu den Beitrittskandidaten (insofern im Hinblick auf deren Anspruch auf den „acquis européen") bezogen zu sehen. Im Verhältnis zu Nicht-EU-Staaten hat die zur Sitzverlegung erfolgte Rspr des EuGH keine zwingende Bedeutung, insofern hat sie nicht einmal die Statik des auf der Sitztheorie errichteten deutschen Gewohnheitsrechts zu erschüttern vermocht. Ohne Einschreiten des Gesetzgebers ist die Praxis insofern nicht veranlaßt, vom bisher angewandten, mit grundsätzlich gewohnheitsrechtlicher Geltung ausgestatteten Regelwerk (Rz 26, 28–31) abzugehen (so BayObLG DB 2003, 819; Pal/Heldrich[63] Anh Art 12 Rz 9; str, für Anwendung einer Gründungsrechtstheorie generell Eidenmüller ZIP 2002, 2244; Behrens IPRax 2003, 205; wohl auch Leible/Hoffmann ZIP 2003, 930). Ein Tätigwerden des Gesetzgebers steht insoweit nicht unmittelbar an, über erste Vorbereitungen (zB Befassung beratender Gremien wie des „Deutschen Rats für IPR") hinaus sind Schritte in Richtung auf ein zukünftiges Gesetzgebungsverfahren noch nicht unternommen. In Rechtsgrundlagen angelegte Sachgründe für ein Abgehen von bisheriger Praxis bestehen auch nicht; Verbürgung von Niederlassungsfreiheit und Folgerungen aus Richtlinien der EU ergeben sich im Verhältnis zu Drittstaaten nicht.

bb) Auf staatsvertraglicher Grundlage bestehende, von der Sitztheorie abweichende Anknüpfungsregelungen sind durch die europabezogene Entwicklung der **EuGH**-Rspr ebenfalls nicht berührt. Im Verhältnis zu den **USA** gilt demgemäß weiterhin uneingeschränkt die „Gründungsrechtstheorie", soweit Art XXV Abs V S 2 des Deutsch-Amerik Freundschaftsvertrages ihr Anwendungsraum gibt (s Rz 27, 30). Soweit diese Sonderregelung gilt und Anwendung zu finden hat, ist die Kollisionsrechtslage wie eine etwaige „Anerkennungsrechtslage" verschieden von der allgemeinen, durch die Sitztheorie geprägten Rechtslage des internationalen Gesellschaftsrechts. Es besteht eine mit Vorrang ausgestattete Sonderregelung. **37a**

cc) Besteht kein unmittelbarer Anlaß, außerhalb möglicher Einwirkungen des europäischen Rechts und außerhalb der verbindlichen Reichweite seiner Auslegung durch den EuGH das bestehende gewohnheitsrechtlich fundierte Regelwerk des Gesellschaftskollisionsrechts aufzugeben oder – ohne Tätigwerden des dazu ehestens berufenen Gesetzgebers – zu verändern, dann folgt aus der in „Überseering" und „Inspire Art" kulminierten Rspr des EuGH das Bestehen besonderer Kollisions- und Anknüpfungsregeln im Verhältnis zu den anderen Mitgliedstaaten und den EWR-Staaten, die gemäß Art 3 II S 2 als gemeinschaftsrechtliche Regeln Vorrang haben und in ihrem Anwendungsbereich zur Handhabung von Regeln zwingen, die von den allgemeinen Regeln abweichen. Die neue Ausgangslage ist insoweit nicht anders, als sie im Verhältnis zwischen der allgemeinen Kollisionsrechtslage (Rz 37), wie sie gegenüber Drittstaaten weiter bestehen bleibt, zu der unter Rz 37a erfaßten besonderen Rechtslage gegenüber Staaten besteht, denen gegenüber besondere und abweichende staatsvertragliche Regeln anzuwenden sind. Zu entscheiden ist vor diesem allgemeinen Hintergrund, welche Reichweite die besonderen Regeln haben, welchen Anwendungsbereich sie abdecken. Reichweite wie Anwendungsbereich der besonderen Regeln, die durch die aus Art 43, 48 EGV begründeten Erfordernisse des Gemeinschaftsrechts (Niederlassungsfreiheit, Freizügigkeit) veranlaßt sind, sind nach eben diesen Erfordernissen zu bestimmen. Das bedeutet, daß nicht notwendig der Gesamtanwendungsbereich des bislang durch die Sitztheorie bestimmten und so mit ihrem „Personalstatut" deckungsgleichem Gesellschaftsstatuts, das über Errichtung und Bestehen, Rechts- und Handlungsfähigkeit, innere Verfassung, Auflösung und Beendigung, Haftung in der Gesellschaft und Haftung für die Gesellschaft zu bestimmen hat (s zur überkommenen, auf der Grundlage der Sitztheorie entwickelten Grundauffassung Rz 38), einer neuen, der Sitztheorie nicht mehr verpflichteten Anknüpfungsregel zu unterwerfen ist. Ein gänzlicher Schwenk zu einer „Gründungsrechtstheorie", die im Sinne „kollisionsrechtlicher Statuteinheit" das „Gesellschaftsstatut" insgesamt beherrschen müßte, ist durch die EuGH-Rspr bislang nicht veranlaßt (so wohl auch Kindler NJW 2003, 1077; Zimmer BB 2003, 3; AG Hamburg ZIP 2003, 1008; weitergehend Behrens IPRax 2003, 204). Vielmehr ist – bis zu allfälliger gesetzgeberischer und dann ggf weitergehender Lösung – Sektor für Sektor des Gesamtbereichs getrennt zu prüfen und mit jeweiligen Lösungsvorschlägen zu versehen, die freilich eine Linie einhalten müssen. Diese können aus heutiger und hiesiger Sicht wie folgt aussehen, wobei sie hier lediglich als Skizzen präsentiert werden können: (1) Aus der Interpretation der Niederlassungsfreiheit und Freizügigkeit des EGV in den Entscheidungen „Überseering" und „Inspire Art" folgt zunächst, daß der Sektor „Errichtung" des bisherigen „Personalstatuts" insgesamt von den Erfordernissen der Sitztheorie entkleidet werden muß. Hier herrscht jetzt eine „Gründungsrechtstheorie". Aus der Rspr des EuGH ist die Notwendigkeit zu folgern, der im jeweiligen Mitgliedstaat nach den dort geltenden Vorschriften errichteten und dort rechtsfähigen Gesellschaft den Umzug ins Inland ohne Verlust der Rechtsfähigkeit und unter Beibehaltung der Gesellschaftsform ihres Gründungsrechts bzw Personalstatuts zu ermöglichen. Die geschehene Umsetzung der EuGH-Rspr in der deutschen Judikatur hat die Voraussetzungen für die Respektierung faktischer Sitzverlegung bereits grundsätzlich erfüllt. Im Lichte der EuGH-Interpretation von Art 43, 48 EGV ist „Sitzverlegung" im weiteren Sinn auch dadurch erfüllt, daß im Gründungsstaat ein faktischer Sitz nicht eingerichtet wird und die Zweigniederlassung als Sitz dient (s Rz 36 mwN). Konsequenz muß sein, daß Zuzugs- und Wegzugsfälle nicht grundsätzlich unterschiedlich zu behandeln sind (s Wertenbruch NZG 2003, 620; Roth IPRax 2003, 121; Großerichter DStR 2003, 167). Erforderlich ist zusätzlich die Schaffung der Voraussetzungen für eine Verlegung des Registersitzes. Nicht zweckmäßig wird in dieser Hinsicht eine der – nicht in Kraft befindlichen – „Sitzverlegungsrichtlinie" verpflichtete Regel sein; mit dem schwerfälligen Verfahren von Art 11 des letzten Vorentwurfs ist den Anforderungen des EuGH nicht gedient (s Hohloch in Schwarze [Hrsg] Wirtschaftsverfassungsrechtliche Garantien für Unternehmen im europ Binnenmarkt [2001] 121, 130f). (2) Nicht folgt hingegen aus der bisherigen EuGH-Rspr die Notwendigkeit, im Inland für die Gründung als solche zur „Gründungsrechtstheorie" überzugehen und im Inland die registerrechtlichen Voraussetzungen für die Errichtung von rechtsfähigen Gesellschaften des Rechts der anderen Mitgliedstaaten zu schaffen. Zu derartiger Öffnung des Gesellschaftsrechts verpflichtet die derzeitige Interpretation der Freiheiten des EGV nicht. (3) Aus der Zulassung **37b**

der Sitzverlegung in das Inland folgt das „Bestehen" der Gesellschaft ausländischer Rechtsform und Sitzverlegung im Inland. Folge daraus ist – neben der Möglichkeit eines Wettbewerbes in- und ausländischer Gesellschaftsformen – das Bestehenbleiben „innerer Verfassung" der ausländischen Gesellschaft, dh eine ggf von den zugelassenen Regelungen des internen Rechts abweichende Mindestkapitalausstattung. Diese Konsequenz ist im Grundsatz hinzunehmen; hier werden Korrekturen über Haftungsdurchgriffe zulässig und zu entwickeln sein. (4) Schwierigkeiten werden sich, soweit registermäßige Publizität nicht schon schaffen läßt, für die Handhabung der Vertretung der ausländischen rechtsfähigen Gesellschaft durch ihre Organe und etwaiger Beschränkungen von deren Vertretungsmacht ergeben. Hat die ausländische Gesellschaft ihren Sitz im Inland, kann angesichts der Verkehrsschutznotwendigkeiten die Grundregel, daß das Personalstatut der Gesellschaft insoweit ihre Haftung ergibt, nicht mehr uneingeschränkt gelten. Verkehrsschutzregeln in Entsprechung zu Art 12 zumindest müssen hier eingreifen dürfen, soweit sie den Anforderungen der „zwingenden Gründe des Gemeinwohls" gerecht werden. Wo die Grenzen für Gläubigerinteressen, Arbeitnehmer- und Minderheitsgesellschafterinteressen insoweit liegen, ist noch auszuloten (s Eidenmüller JZ 2003, 528; Weller IPRax 2003, 209; Schulz NJW 2003, 2708). (5) Sitzverlegung in das Inland hat zu bedeuten, daß rechtsformübergreifende Verfassungsregeln des inländischen Rechts (insbes Arbeitnehmermitbestimmung) auch die Gesellschaft ausländischer Rechtsform mit Inlandssitz betreffen. (6) Beendigung dem ausländischen Gesellschaftsstatut zu überlassen, wird zulässig und angebracht sein, soweit nicht – dem Verfahrensrecht zuzuordnen – Registerregeln betroffen sind. Nachhaftungsregelungen des inländischen Rechts dürften, soweit sie bei rechtsfähigen Gesellschaften bestehen, aus Verkehrsschutzgründen heranzuziehen sein.

37c **3. Materielles europäisches Gesellschaftsrecht. a) Rechtsangleichung durch Richtlinien.** Von der Durchdringung des internationalen Gesellschaftsrecht durch die Grundfreiheiten des EGV (Rz 37–37b) ist die Rechtsangleichung des materiellen Gesellschaftsrechts zu trennen, die in einer Vielzahl von Richtlinien, die jeweils einzelne Sektoren des Gesellschaftsrechts erfaßt haben, erfolgt ist. S dazu etwa Hohloch, GesellschaftsR (2002) S 8–28. **b) Europäisches Einheitsrecht.** Einheitliches europäisches Gesellschaftsrecht hat bislang zwei Gesellschaftsformen hervorgebracht. Die „**Europäische Wirtschaftliche Interessenvereinigung**" EWiV) beruht auf der VO (EWG) Nr 2137/85 v 25. 7. 1985 Abl EG Nr L 199 v 31. 7. 1985 S 1ff (s Hohloch aaO S 29–31). Das Statut der **Europäischen Aktiengesellschaft** („ Societas Europaea") ist am 8. 10. 2001 verabschiedet worden (ABl EG Nr L 294 v 10. 11. 2001 S 1ff) und tritt am 8. 10. 2004 in Kraft (s Hohloch aaO S 31–34). Zu projektierten Vorhaben aaO S 35ff. **c)** Gesellschaftsrecht der Mitgliedstaaten. Die nationalen Rechte der EU-Mitgliedstaaten und ihre EG-rechtlichen Grundlagen sind dargestellt in Hohloch (Hrsg) Hdb EU-Gesellschaftsrecht (1997ff).

IV. Anwendungsbereich des Gesellschaftsstatuts (Personalstatuts)

38 **1. Grundsatz.** Das Sitzrecht hat nach bisheriger Rechtslage (Rz 22ff) umfassend über alle Fragen der Gründung, Verfassung und Haftung der Person oder Personenvereinigung iSd Rz 25ff entschieden. Der von Art 37 Nr 2 umrissene Ausschlußbereich definiert zugleich diese Reichweite des Personalstatuts der jur Person und Gesellschaft: Errichtung und Bestehen, Rechts- und Handlungsfähigkeit, innere Verfassung, Auflösung und Beendigung, Haftung in der jur Person bzw Gesellschaft und für die jur Person bzw Gesellschaft (so allg Auff, s BGH 25, 134, 144; v Bar IPR II Rz 634; Staud/Großfeld IntGesR[12] (1998) Rz 249ff; Pal/Heldrich Anh 12 Rz 6; Soergel/Lüderitz[12] Anh Art 10 Rz 16ff). Dieser Grundsatz gilt auch jetzt und aus heutiger Sicht für die Zukunft unbeeinträchtigt im Verhältnis zu Nicht-EU-Staaten. Bestehen durch Sitzverlegung oder „Gründungsrechtsgründung" im Inland rechtsfähige Gesellschaften ausländ Rechtsform mit im Inland bestehendem Sitz (zZt faktischem Sitz, s Rz 36), gilt diese Grundsatzregel der Sitzrechtsgeltung für diese Gesellschaftsform so nicht. Die in der Folge (unter Rz 39) dargestellte „Einzelanweisung" der erläuterten Grundsatzregel beruht grundsätzlich auf der herkömmlichen, der Sitztheorie verpflichteten und „Gesellschaftsstatut" mit „Sitzrecht" identifizierenden dt Praxis. Wird „Sitzrecht" durch „Gesellschaftsstatut" ersetzt, gelten die nachfolgend zusammengestellten Einzelregeln indes grundsätzlich auch für solche Gesellschaften, eben mit der Modifikation, daß sie nicht dem Sitzrecht, sondern dem jeweiligen Gesellschaftsstatut zu entnehmen sind. Wo das Ortsrecht das mit dem Recht des Sitzes nicht identische Gesellschaftsstatut überlagern darf, ergibt sich aus den oben Rz 37b dargelegten Grenzen der Gründungstheorie des EuGH.

39 **2. Einzelanwendung. a)** Das Gesellschaftsstatut bestimmt so über das **Bestehen** und die **Bestehensvoraussetzungen** (RG 92, 73, 74) und über den Typ der jur Person (BGH 53, 181, 183), sowie über ihre „Nationalität" (Hamburg IPRspr 1977 Nr 5 Stiftung), über die Gründung einschließlich der Gründerhaftung (KG NJW 1989, 3100, 3101 zum Gründungsvertrag s Rz 5) sowie über **Umfang und Beginn der allg Rechtsfähigkeit** (BGH 128, 44; zB Hamburg IPRspr 1977 Nr 5; LG Rottweil IPRax 1986, 110, 111; KG NJW 1989, 3100, 3101) einschl von Teilrechtsfähigkeit (BGH IPRax 1985, 221, 223; Hamburg RIW 1988, 816f) und besonderer Rechtsfähigkeit wie der Beteiligungsfähigkeit an anderer Gesellschaft (BayObLG 1986, 61, 66; Saarbrücken JZ 1989, 904, 905; Hamm DNotZ 1988, 59f; LG Stuttgart RIW 1993, 850; KG RIW 1987, 599 mit Aufs Bungert IPRax 1998, 339; s ferner Grothe, Die ausl Kapitalgesellschaft & Co [1989] 204), s dazu Rz 31, 40f mwN; s ferner Großfeld/Strotmann IPRax 1990, 298, 299f; Kronke RIW 1990, 799, 800ff). Ist nach dem Personalstatut der Umfang der gestatteten Geschäfte satzungsmäßig beschränkt (ultra-vires-Lehre, England, s BGH NJW 1998, 2452, auch zum Verkehrsschutz gem Art 12; s ferner Düsseldorf IPRspr 1964/65 Nr 21; Staud/Großfeld IntGesR Rz 192; s ferner Celle ZIP 1984, 594), gilt Art 12 entspr. **b)** Ebenso bestimmt sich der **Name** hiernach (BayObLG 1986, 61, 63f). **c)** Das Gesellschaftsstatut bestimmt über die körperschaftliche Verfassung einschließlich der Organisation und der Mitbestimmung (s Däubler RabelsZ 39 [1975] 444, 453ff; Lutter FS Zweigert [1981] 251, 256f; s ferner Pal/Heldrich Anh Art 12 Rz 9 mwN). **d)** Das Personalstatut bestimmt ferner über **Geschäftsführung** und **Vertretung von Organen** (BGH 40, 197, 199 – Vertretungsmacht des Organs; BGH IPRax 1985, 221, 222; NJW 1992, 618 und 628; DNotZ 1994, 487; BGH 128, 44; NJW 2001, 305; Hamm RIW 1994, 514; Düsseldorf RIW 1995, 325 mit

Aufs Großfeld/Wilde IPRax 1995, 374; AG Duisburg RIW 1996, 329; auch Hamm ZIP 1984, 1382, 1383; Frankfurt/M IPRsp 1984 Nr 1; s dazu Kneip, Geschäftsführungsverträge im IPR [1983]); zur Haftung zuletzt BGH NJW-RR 2002, 1359; für andere Vertreter gilt das Vollmachtsstatut, s oben Anh I. **e)** Das Gesellschaftsstatut bestimmt sodann über die Haftung der Gesellschafter und Mitglieder gegenüber Dritten (s v Bar IPR II Rz 641 zur Abgrenzung von Personalstatut [Zurechnung] zu Schuld- oder Deliktsstatut [Voraussetzungen]); auch die Frage des Durchgriffs beurteilt sich so (s BGH IPRax 1981, 130, 134; WM 1957, 1047, 1049; Düsseldorf RIW 1995, 508; s ferner v Falkenhausen RIW 1987, 818), ebenso der „umgekehrte Durchgriff" (BGH IPRax 1981, 130, 134; BGH NJW 1992, 2030; NJW-RR 1995, 767); s ferner KG NJW 1989, 1300f; s ferner MüKo/Ebenroth[2] nach Art 10 Rz 328ff; W. Lorenz IPRax 1983, 85f (Durchgriff auf die Muttergesellschaft). **f)** Ebenfalls beurteilt sich die Rechtswirksamkeit und **Form der Satzung** und von Abänderungen bis hin zur Umstrukturierung (Kronke ZGR 1994, 31; Großfeld AG 1996, 302; Kallmeyer ZIP 1996, 535) nach dem Personalstatut (hinsichtlich der Form s aber Art 11 Rz 19); zur Fassung und Wirksamkeit von Beschlüssen von Mitgliederversammlungen Overrath ZGR 1974, 86; Kaligin DB 1985, 1449, 1453. **g)** Die **Voraussetzungen der Übertragung von Anteilen** beurteilen sich entspr Art 33 II nach dem Personalstatut („Forderungsstatut") (s Karlsruhe IPRsp 1983 Nr 20; Celle WM 1984, 494, 500); das schuldrechtliche Geschäft folgt aber Art 27ff. Zum Erwerb von Anteilsrechten an einer Gesellschaft durch eine andere Gesellschaft s oben a; s ferner Spickhoff BB 1997, 2593 (Verbot des Rückerwerbs). **h)** Das Personalstatut bestimmt schließlich über die **Beendigung** der Rechtsfähigkeit (BGH 51, 27, 28), zB durch Entziehung (RG 129, 98, 100ff). Für die „sterbende jur Person" gilt bis zur Beendigung der Liquidation das Personalstatut ebenfalls (Stuttgart NJW 1974, 1627, 1628). **i)** Zu Stimmverträgen s RG 161, 296, 299; Overrath ZGR 1974, 86; zur Maßgeblichkeit des Rechts der abhängigen Gesellschaft für Voraussetzungen und Folgen eines Beherrschungsvertrages Hamm IPRspr 1997 Nr 18; Horn ZIP 2000, 476; für das Vertragsstatut Hahn IPRax 2002, 107. Zum Enteignungsrecht s Anh Art 46 Rz 11.

V. Handelsrechtliche Gesellschaften ohne Rechtsfähigkeit

1. Sie spielen als oHG, Kartelle, Trusts, Gewerkschaften, Verbände, Interessengemeinschaften, Syndikate usw **40** im int Verkehr eine beträchtliche Rolle. Zunächst ist zu prüfen, ob es sich bei ihnen nur um ein schuldrechtliches Vertragsverhältnis iSe einfachen Gesellschaft handelt; dann können die Parteien das geltende Recht kraft des das Obligationenrecht beherrschenden Grundsatzes der Parteiautonomie bestimmen (vgl BGH MDR 1967, 197: innergesellschaftliche Ansprüche bei einer beendeten [elsässischen] Personalgesellschaft wurden nach dem am Sitzort [völkerrechtswidrig] geltenden dt Recht auch kraft hypothetischen Parteiwillens beurteilt, s dazu Rz 5).

2. Liegt eine festere Personalvereinigung vor, so müssen für sie die gleichen Grundsätze gelten wie für die jur **41** Person (vgl die eindringliche Darstellung von Rabel, Conflict of Laws II 93ff; Rsp: BGH NJW 1967, 36, 38; Frankfurt IPRax 1986, 373, 374 mit Anm Ahrens 355, 357; KG NJW 1989, 3100, 3101; Oldenburg NJW 1990, 1422 = JuS 1990, 1021 [Hohloch]; Düsseldorf RIW 1995, 53). Besonders spricht dafür die Tatsache, daß die Frage, ob die Hauptgruppe der genannten Gebilde, die OHG, rechtsfähig ist oder nicht, in den einzelnen Rechten ohne sachliche Gründe verschieden beantwortet wird. Die Geltung der internationalprivatrechtlichen Regelung darf nicht von Zufälligkeiten der Konstruktion abhängen. In Deutschland und den Ländern der Sitztheorie ist also das am Sitz geltende Recht Personalstatut (RG 36, 393; BGH LM Art 7 Nr 31; vgl auch BGH LM Nr 7 zu § 105 HGB). Alle derartigen Zwischenformen zwischen der jur Person und der einfachen Gesellschaft genießen also im Inland „Anerkennung" in dem Umfang, in dem das Recht ihres Sitzes (oder das von jenem bezeichnete Recht) ihnen Rechte gewährt. Domizil und Staatsangehörigkeit der Partner sind ohne Bedeutung. Das Personalstatut ist für das Gesellschaftsvertrag, Geschäftsführung, Vertretung, Haftung usw maßgebend. Doch ist auch für diese Gebilde, soweit es sich um nach dt Recht zu beurteilende Rechtsverhältnisse handelt, § 54 S 2 BGB anzuwenden (Ferid IPR § 5 Rz 77). Art 12 ist zum Schutz des Inlandsverkehrs analog anzuwenden (vgl dazu Westermann ZGR 1975, 68). Zum Umfang des Gesellschaftsstatuts s Rz 38, 39. Angesichts der in der Rspr heute bejahten „Teilrechtsfähigkeit" aller „organisierten" Personalvereinigungen ohne volle Rechtsfähigkeit spielen Folgerungen aus der EuGH-Rspr (s Rz 34ff) für diesen Bereich der Gesellschaften keine herausragende Rolle. Die Sitzverlegung ohne Rechtsformänderung in das neue Sitzrecht hinein ist rechtlich denkbar, allerdings angesichts der „Sitzgebundenheit" von Gesellschaftern nicht sehr praktikabel.

Zweiter Unterabschnitt

Außervertragliche Schuldverhältnisse

Vorbemerkung Art 38–42

I. IPR-Reform und Kollisionsrecht der außervertraglichen Schuldverhältnisse
1. Normenbestand in der IPR-Reform von 1986

Die Neufassung der gesetzlichen IPR-Regeln in der IPR-Reform von 1986 endete mit Art 38 nF, der seinerseits **1** den lediglich umnummerierten, inhaltlich aber nicht veränderten Art 12 aF wiedergab. Die gesetzliche Regelung des IPR der außervertraglichen Schuldverhältnisse in der IPR-Reform von 1986 beschränkte sich auf dieses Regelungsbruchstück, das nach dem Willen des Gesetzgebers 1986 für eine begrenzte Zeitdauer mitübernommen wurde (s Begr RegE BT-Drucks 10/504, 86; Pirrung IPVR 185f) und auf Art 32 I Nr 5, soweit in dieser Vorschrift

EGBGB Vor Art 38   Internationales Privatrecht

auch die Anknüpfung der bereicherungsrechtlichen Rückabwicklungsschuldverhältnisse (Leistungskondiktion) geregelt ist (s Art 32 Rz 15). Eine für die Anknüpfung außervertraglicher Schadensersatzansprüche bedeutsame gesetzliche Normierung enthielt seit langem die **„VO über die Rechtsanwendung bei Schädigungen dt Staatsangehöriger außerhalb des Reichsgebiets"** vom 7. 12. 1942 (RGBl I 706/BGBl III 400-1-1) – **RechtsanwendungsVO**. Die 1942 ohne Zeitbegrenzung in Kraft gesetzte Rechtsanwendungsverordnung war für das Gebiet der alten BRepD (im Gegensatz zu Österreich, dort Bundesgesetz v 12. 6. 1952, ö BGBl 128) nicht aufgehoben worden, sie enthielt auch inhaltlich keine auf die Zeit des Zweiten Weltkrieges zugeschnittenen oder durch nationalsozialistisches Gedankengut geprägten Rechtsregeln, so daß sie weiterhin (und für das Beitrittsgebiet seit dem 3. 10. 1990 wieder) in Geltung war (so die hM, s BGH 34, 222 und zB 87, 95, st Rspr, s Nachw insgesamt bei Hohloch, Das Deliktsstatut [1984] 205f; aM Beitzke NJW 1961, 1993 und JuS 1966, 139, 144; zweifelnd schon Ballerstedt JZ 1951, 323). Die Praxis ging über die zeitbedingte, einerseits zu eng, andererseits zu großzügig erscheinende Anknüpfung von § 1 RechtsanwendungsVO an die gemeinsame dt Staatsangehörigkeit indes seit längerem hinaus; so stellte § 1 RechtsanwendungsVO mit der Zeit nur noch einen Teil des Fundamentes der sog „Auflockerung" des Deliktsstatuts dar, mit der Gerichtspraxis und Schrifttum über 30 Jahre lang die Geltung der sog „Tatortregel" (lex loci delicti commissi) zugunsten anderer, in einzelnen Fallgruppen besser geeigneter Anknüpfungen einzugrenzen unternahmen (zum ganzen s Binder RabelsZ 20 [1955] 401, 410f; Kropholler RabelsZ 33 [1969] 601ff; Hohloch aaO 207ff; ders JuS 1980, 18; ders JuS 1989, 81, 85ff; Weick NJW 1984, 1993, 1995; Müller JZ 1986, 212, 216; zur Fallgruppenbildung s Art 40 Rz 44–56.

2. Lückenfüllung durch Gewohnheitsrecht

2   Nur in dem schmalen Ausschnitt, für den Art 38 und Art 32 I Nr 5 eine kollisionsrechtliche Regelung vorhielten, war deshalb ab 1986 Gesetzesrecht vorhanden und auch von die Rechtsanwendung prägender Bedeutung. Im nahezu gesamten übrigen Bereich der außervertraglichen Schuldverhältnisse herrschte weiterhin **Gewohnheitsrecht** (s noch bei Rz 3). Dieses war im Fluß, soweit der praktisch wichtigste Bereich außervertraglicher Schuldverhältnisse, das **int Deliktsrecht**, betroffen war (dazu Erl zu Art 40). Durchaus umstrittener Bestand hatten wegen nur spärlicher praktischer Bewährung die für das Anwendungsgebiet der Bereicherungsschuldverhältnisse vorrätig gehaltenen, ebenfalls (mit Ausnahme des seit 1986 geltenden Art 32 I Nr 5) gewohnheitsrechtlich entwickelten Regeln des **Bereicherungskollisionsrechts** (dazu Art 38 Rz 1, 2). Gleiches galt für die kollisionsrechtliche Erfassung der Schuldverhältnisse aus **Geschäftsführung ohne Auftrag** (dazu Rz 4).

3. Gesetzliche Ergänzung der IPR-Reform durch das Gesetz zum IPR für außervertragliche Schuldverhältnisse und für Sachen von 1999

3   **a) Reformbereitschaft.** In der Beratung des IPR-NeuregelungsG v 25. 7. 1986 (BGBl I 1142) waren Vorschriften über außervertragliche Schuldverhältnisse ausgespart geblieben. Einerseits erschien die Neuregelung hier nicht so dringend, andererseits waren die Vorstellungen einer Neuregelung auch noch nicht bis zur Gesetzesreife vorangebracht, so daß der Verzicht auf sofortige Mitregelung in der Neukodifikation ex post als richtig zu bewerten ist. Die gleichwohl in Aussicht genommene Kodifikation dieses Bereichs sollte vielmehr zusammen mit gesetzlicher Regelung des int Sachenrechts als Art 38ff nF in das EGBGB Eingang finden. Ein Referentenentwurf dazu lag seit längerem (dh seit 15. 5. 1984) vor (im Auszug abgedruckt in 9. Aufl vor Art 38 Rz 5); der Entwurf beherzigte für das int Deliktsrecht in seinen Art 40, 41 im wesentlichen die Ergebnisse der jüngeren, in der Auseinandersetzung mit dem vielfältigen Schrifttum entstandenen Gerichtspraxis („Auflockerung des Deliktsstatuts", s Rz 1), ansonsten aber auch Vorarbeiten zum Röm Übk über das auf vertragliche Schuldverhältnisse anwendbare Recht v 19. 6. 1980 (s vor Art 27 Rz 2) und vor allem die Vorschläge und Gutachten des Dt Rats für int Privatrecht zur Reform des dt Int Privatrechts der außervertraglichen Schuldverhältnisse (hrsg v Caemmerer 1983). Ebenso wurden für die Anknüpfung der Konditionen (Art 38) und der GoA (Art 39) begrenzt gegliederte Kollisionsnormen formuliert. Zu den Reformvorstellungen s Stellungnahme des Max-Planck-Instituts für ausl und int Patent-, Urheber- und Wettbewerbsrecht GRUR Int 1985, 104 (dazu krit Schack GRUR Int 1985, 523); Spickhoff VersR 1985, 124; Hohloch Deliktsstatut 221; W. Lorenz IPRax 1985, 87; Schlechtriem IPRax 1995, 65 (Bereicherungsrecht); v Hoffmann IPRax 1996, 1 (Haftungsrecht); s ferner MüKo/Kreuzer[3] vor Art 38 Rz 4–6; Staud/v Hoffmann (2001) Vorbem 1–5 zu Art 38ff; v Hoffmann[7] IPR S 446f.

4   **b) Gesetzliche Neuregelung.** Die genannten Reformerwägungen hat der Gesetzgeber dann mit dem „Gesetz zum Internationalen Privatrecht für außervertragliche Schuldverhältnisse und für Sachen" v 21. 5. 1999 (BGBl I 1026) in eine Gesetz gewordene und seit 1. 6. 1999 in Kraft befindliche Ergänzung des EGBGB (Art 38–46 nF) einfließen lassen. (Materialien: RefE eines Gesetzes zur Ergänzung des Internationalen Privatrechts [außervertragliche Schuldverhältnisse und Sachen] vgl 9. Aufl vor Art 38 Rz 5 [Stand 1984]; MüKo/Kreuzer[3] vor Art 38 Rz 6 [Stand 1993]; Begründung RegE BT-Drucks 14/343 [1. 2. 1999]; Beschlußempfehlung Rechtsausschuß BT-Drucks 14/654 [24. 3. 1999]; Gesetzesbeschluß Bundestag Bundesratsdrucks 210/99 [9. 4. 1999]). Erstmals in der Geschichte des BGB liegt seither eine gesetzliche Regelung des deutschen Internationalen Privatrechts vor, die das materielle Recht des BGB für die „Fälle mit Auslandsberührung" (Art 3) nahezu insgesamt begleitet. Das Gesetz schließt seinem Willen nach die für das internationale außervertragliche Schuldrecht und für das internationale Sachenrecht bislang bestehende Gesetzeslücke insgesamt (Begründung RegE aaO S 6). Mit knappen und generell formulierten Regelungen ist das IPR der **Bereicherung** (Art 38 nF) und der **Geschäftsführung ohne Auftrag** (Art 39 nF) gesetzlicher Regelung zugeführt. Die Reformerwägungen der vergangenen Jahre sind im wesentlichen Gesetz geworden; zur Regelung dieser beiden Gebiete gehört dann auch noch die „Ausweichklausel" („Ausnahmeklausel", „Berichtigungsklausel") des Art 41 nF, soweit die Norm in ihren Abs I und II auch für Schuldverhältnisse aus ungerechtfertigter Bereicherung und Geschäftsführung ohne Auftrag Geltung beansprucht. **Rechtswahl** sieht Art 42 nF in seinen Grenzen ebenfalls als zulässig an. Die Neuregelung des Art 38 läßt die in Art 32 I Nr 5 bereits bestehende gesetzliche Regelung der **Rückabwicklungskondiktion** bei nichtigem Schuldvertrag **unberührt**; insofern ist nach wie vor Art 32 I Nr 5 maßgebliche Kollisionsrechtsgrundlage. Die praktisch bedeutsamsten Teile der Neuregelung innerhalb der Art 38–42 nF stellen dann Art 40, 41, 42 nF dar, soweit sie die Anknüpfung der „**unerlaubten Handlungen**" („Deliktsstatut") betreffen.

Der Gesetzgeber hat sich auch insofern für eine knappe und generell gehaltene sowie einfach geartete Regelung entschieden. **Art 40 I nF** enthält die grundsätzliche Deliktskollisionsnorm, die auf der lang überkommenen „**Tatortregel** („lex loci delicti commissi")" aufbaut (Begründung RegE aaO S 10). Neu und anders gegenüber der bis zum 31. 5. 1999 währenden Vergangenheit ist, daß der Gesetzgeber des **Art 40 I nF** sich für den „**Handlungsort**" als ggf verengten „Tatort" entschieden hat. (Noch der RefE von 1993 [s Rz 4] hatte auf der Grundlage der Beratungen des Deutschen Rats für IPR und in sprachlicher Anlehnung an Art 5 Nr 3 EuGVÜ das Recht des Staates berufen, „in dem das der Haftung zugrunde liegende Ereignis eingetreten ist"). Bei „Platzdelikten" wie zB Unfällen hat die neue gesetzliche Regelung zu Änderungen an der bisherigen Praxis grundsätzlich nicht geführt (s Art 40 Rz 22); Änderungen ergeben sich seither aber für die Anknüpfung von „Distanzdelikten" („Grenzdelikten") im allgemeinen, die über eine Rechtsgrenze hinweg verwirklicht werden (zB „Schuß über die Grenze"), da Art 40 I nF das mit dem („Günstigkeitsprinzip" verbundene „Ubiquitätsprinzip" bisheriger deutscher Prägung (ausführlich 9. Aufl Art 38 Rz 17–20) aufgegeben hat. „Handlungsort" und „Erfolgsort" stehen im geltenden Recht nicht mehr gleich, dem Verletzten ist vielmehr im Interesse der Entlastung der Gerichte von der meist nicht einfachen, früher aber von Amts wegen vorzunehmenden „Günstigkeitsprüfung" (s 9. Aufl Art 38 Rz 20 mwN) nur noch ein Bestimmungsrecht zugunsten des ihm gegenüber dem „Handlungsortsrecht" günstiger erscheinenden „Erfolgsortsrechts" eingeräumt (Abs I S 2), bei dessen Ausübung die engen zeitlichen Grenzen des **Abs I Satz 3** zu beachten sind (vgl Begründung RegE aaO S 11). Vereinfacht gegenüber der Handhabung im alten Recht ist auch die in Art 40 II nF Gesetz gewordene „**Auflockerungsregel**". Aufgelockert, dh mit Vorrang vor dem Tatortprinzip wird an den „**gemeinsamen gewöhnlichen Aufenthalt**" als das Recht einer gemeinsamen Rechtsumwelt angeknüpft. Abs II ersetzt der Sache nach die aus der RechtsanwendungsVO 1942 (s Rz 1) entwickelte „Umweltanknüpfung" (vgl schon 9. Aufl Art 38 Rz 22ff) und erstrebt nach Möglichkeit praxisverträgliche Einfachheit und Rechtssicherheit (vgl Begründung RegE aaO S 12); die Richtigkeit einer solchen Anknüpfung läßt sich dann im Einzelfall über die „Ausweichklausel" des Art 41 überprüfen. **Art 40 III** nF hat ins neue Recht hinübergerettet, was an der bis zuletzt umstrittenen „Sperrklausel" des Art 38 aF richtig und angemessen war: eine unangemessene „Deutschenschutzklausel" ist in Art 40 III nicht mehr Gesetz geworden, sondern eine spezialisierte Ordre-public-Vorschrift, mit der unangemessene und zivilrechtsfremde Deliktsfolgen fremder Rechte (zB „punitive damages" des US-Rechts) abgewehrt werden können (vgl Begründung RegE aaO S 12, 13), ohne daß noch Bedenken gegen eine ausländerdiskriminierende Kollisionsregelung zum Zuge kommen könnten. **Art 40 IV nF** hat im Sinne salomonischer Regelung den alten Streit um die Anknüpfung des Direktanspruchs gegen den Haftpflichtversicherer beendet; alternativ kann er seit 1999 über das Deliktsstatut der Art 40ff nF oder über das Statut des Versicherungsvertrages des Schädigers und seines Versicherers gewonnen werden (vgl Begründung RegE aaO S 13; 9. Aufl Art 38 Rz 52). **Art 41 nF** enthält auf der Grundlage, daß auch im Bereich der unerlaubten Handlungen das „Recht der engsten Verbindung" zur Anwendung kommen soll, eine umfassend formulierte „Ausweichklausel" („Ausnahmeklausel", „Berichtigungsklausel"). Ihre Existenz korrespondiert mit dem Regelungsgrundsatz, der den Gesetzgeber bei der Formulierung der einfach und generell gehaltenen Anknüpfungsregeln der Art 40 I und II nF geleitet hat. Als Ausweichklausel ermöglicht sie so (vgl Abs II Nr 1) zB im Einzelfall auch die gesetzlich nicht unmittelbar geregelte – „akzessorische Anknüpfung", wie sie zum alten Recht in Rspr und Lit gewisse Anklänge gefunden hatte (vgl Begründung RegE aaO S 13f; 9. Aufl Art 38 Rz 33, 34).

Die in **Art 42 nF** Gesetz gewordene **Rechtswahlmöglichkeit** im Sinne „nachträglicher Rechtswahl" eingerechnet (dazu Begründung RegE aaO S 14), enthält das **neue Recht vier Deliktskollisionsregeln:** (1) die grundsätzliche Kollisionsnorm der Maßgeblichkeit des Handlungsortsrechts, verbunden mit einem Bestimmungsrecht des Verletzten zugunsten eines ihm günstiger erscheinenden Erfolgsortsrechts, (2) die der Anknüpfung von (1) vorgehende Maßgeblichkeit des Rechts gemeinsamer Rechtsumwelt, (3) die Korrekturanknüpfung gem Art 41 nF („Ausweichklausel") und schließlich (4) die davon unabhängige Geltung des Parteiwillens in der Rechtswahlklausel des Art 42 nF.

c) Weiterentwicklung. Aufgabe von Rspr und Rechtswissenschaft war es, mit diesen neuen und erstmals als Gesetz vorhandenen Deliktskollisionsnormen umzugehen (hierzu Wagner IPRax 1999, 210ff; ders IPRax 1998, 429; Spickhoff NJW 1999, 2209; Staudinger DB 1999, 1589; Spickhoff IPRax 2000, 1; Hohloch JuS 2000, 1133; Junker RIW 2000, 241; Kreuzer RabelsZ 2001, 383, 386). Bislang hat sich ergeben, daß das Konzept des Gesetzgebers aufgeht, von besonderen Regelungen für besondere Deliktstypen (zB Persönlichkeitsrechtsverletzung, Produkthaftung, Immaterialgüterrechtsschutz, unlauterer Wettbewerb) abzusehen und diese entweder als einbezogen (so für den Persönlichkeitsrechtsverletzung, Produkthaftung) oder als weiterhin speziell gewohnheitsrechtlich geregelt (so für den Immaterialgüterrechtsschutz, vgl Hohloch Anknüpfungsregeln des IPR bei grenzüberschreitenden Medien, in Schwarze [Hrsg] Rechtsschutz gegen Urheberrechtsverletzungen und Wettbewerbsverstöße in grenzüberschreitenden Medien [2000] S 93ff) zu betrachten (vgl Begründung RegE aaO S 10f) (s dazu Art 40 Rz 54ff).

4. Kollisionsrechtsvereinheitlichung in der EU

Das deutsche Recht hat mit der gesetzlichen Neuregelung der Art 38–42 nF einen Schritt getan, den vor ihm eine beträchtliche Anzahl der europäischen Staaten im Rahmen der Neuregelung ihres IPR auch vollzogen haben. Der deutsche Gesetzgeber hat diese Regelungen bei der Konzeption seiner Neuregelung im Blick gehabt (vgl Begründung RegE aaO S 7 und öfter) und keine grundsätzlich abweichende deutsche Regelung angestrebt. Abzusehen ist heute indes, daß die Art 38–42 nF in der nächsten Zeit vereinheitlichten Kollisionsregeln auf europäischer Rechtsgrundlage nach dem Muster des Römer Übereinkommens über das auf vertragliche Schuldverhältnisse anzuwendende Recht von 1980 – EVÜ – (dazu vor Art 27ff Rz 11ff), aber auf der Grundlage einer in den EU-Staaten unmittelbar geltenden **EU-Verordnung ("Rom II")** weichen werden müssen. **Art 65 EGV** in der Neufassung des Vertrags von Amsterdam hat die Rechtsgrundlage für eine Vergemeinschaftung dieses Bereichs geschaffen (vgl Begründung RegE aaO S 6). Die Arbeiten an einer solchen vereinheitlichten Regelung ("Rom II") sind (so zB in Beratungen des Deutschen Rates für IPR seit 1998) im Gange (vgl Dethloff JZ 2000, 179, 180; nach einem Vorentwurf der EG-Kommission v 3. 5. 2002 (abrufbar über die Website der Kommission), liegt nun ein VO-Vorschlag der Kommission vor (Vorschlag für eine Verordnung des europäischen Parlaments und des Rates über das auf außervertragliche Schuldverhältnisse anzuwendende Recht ("Rom II") vom 22. 7. 2003, KOM (2003) 427 endgültig). Eine VO auf der Grundlage des Vorschlags soll nach derzeitiger Planung voraussichtlich am 1. 1. 2005 in Kraft treten. Sie erfaßt dann (nur) das Kollisionsrecht der außervertraglichen Schuldverhältnisse (unerlaubte Handlung, ungerechtfertigte Bereicherung, Geschäftsführung ohne Auftrag) und wird die Art 38ff EGBGB innerhalb ihres Anwendungsbereichs ersetzen (zu den einzelnen Regelungen s Benecke RIW 2003, 830).

II. Gesetzliche und staatsvertragliche Rechtsquellen außerhalb der Art 38–42 EGBGB

9   Mit dem Inkrafttreten der Art 38–46 nF ist der frühere Streit um die Fortgeltung der **RechtsanwendungsVO** über das Jahr 1945 hinaus (Rz 1) endgültig beendet. Art 4 des Gesetzes vom 21. 5. 1999 hat ihre Aufhebung verfügt. Als autonom innerstaatliche Kollisionsnormen für den **Kernbereich** außervertraglicher Schuldverhältnisse ist somit außerhalb der Art 38–42 nF als Norm des EGBGB lediglich noch **Art 32 I Nr 5** (Rückabwicklung nichtiger Verträge nach Konditionsrecht) von Bedeutung (s Art 38 Rz 8 und Art 32 Rz 15). Sie hat **Vorrang** vor Art 38 nF, ohne daß es insoweit auf ihren Zwittercharakter als auch auf staatsvertraglicher Grundlage beruhender Norm (s vor Art 27–37 Rz 3, Art 36 Rz 1, 2) entscheidend ankäme. Einen **Nebenbereich** regelt nunmehr ohne Inhaltsveränderung § 130 II GWB nF anstelle des bisherigen § 98 II GWB (aF) als einseitige Kollisionsnorm, die das GWB auf alle Wettbewerbsbeschränkungen für anwendbar erklärt, die sich in dessen Geltungsbereich auswirken; soweit sich solche wettbewerbsbeschränkenden Handlungen als unerlaubte Handlungen darstellen, geht § 130 II GWB nF wie früher schon § 98 II GWB aF den allgemeinen Regeln der Art 40–42 vor. Ebenfalls einen Nebenbereich des außervertraglichen Schuldrechts regelt **§ 339 InsO** für die **Insolvenzanfechtung** (zu der Neuregelung des dt int Insolvenzrechts in §§ 335–358 InsO s Liersch NZI 2003, 302). Es gilt insoweit heute eine Kumulation der Anfechtungsvoraussetzungen nach der lex fori concursus und dem Recht des Staates, dem die Rechtshandlung selbst unterliegt (lex causae) näher Liersch NZI 2003, 302, 305 (aus der Zeit vor der Neuregelung und vor Inkrafttreten von Art 102 II EGInsO LG Berlin NJW-RR 1994, 1525 = JuS 1995, 79f Anm Hohloch; Hohloch IPRax 1995, 306; auch BGH JZ 1997, 569; zur früheren, strittigen Rechtslage ausführlich Schmidt–Räntsch, Gläubigeranfechtung außerhalb des Konkursverfahrens 1984). **Staatsvertragliches Kollisionsrecht** ist für den Gesamtbereich der außervertraglichen Schuldverhältnisse nur am Rande vorhanden. Hierauf wird bei Art 38ff im jeweiligen Sachzusammenhang eingegangen, gleiches gilt insoweit für Staatsverträge, die materielles Recht vereinheitlicht haben.

38 *Ungerechtfertigte Bereicherung*
(1) Bereicherungsansprüche wegen erbrachter Leistung unterliegen dem Recht, das auf das Rechtsverhältnis anzuwenden ist, auf das die Leistung bezogen ist.
(2) Ansprüche wegen Bereicherung durch Eingriff in ein geschütztes Interesse unterliegen dem Recht des Staates, in dem der Eingriff geschehen ist.
(3) In sonstigen Fällen unterliegen Ansprüche aus ungerechtfertigter Bereicherung dem Recht des Staates, in dem die Bereicherung eingetreten ist.

Schrifttum: *Busse,* Internationales Bereicherungsrecht 1998; *Degner,* Kollisionsrechtliche Anknüpfung der Geschäftsführung ohne Auftrag, des Bereicherungsrechts und der culpa in contrahendo, RIW 1983, 825; *ders,* Kollisionsrechtliche Probleme zum Quasikontrakt (Diss Tübingen 1984); *Einsele,* Das Kollisionsrecht der ungerechtfertigten Bereicherung, JZ 1993, 1025; *Hay,* Ungerechtfertigte Bereicherung im IPR (1978); *Knoch,* Die Aufgliederung der Kondiktionen in der modernen Zivilrechtsdogmatik in ihren Auswirkungen auf das IPR (Diss Münster 1963); *W. Lorenz,* Der Bereicherungsausgleich im dt IPR und in rechtsvergleichender Sicht, FS Zweigert (1981) 199; *Plaßmeier,* Ungerechtfertigte Bereicherung im IPR und aus rechtsvergleichender Sicht 1996; *Schlechtriem,* Bereicherungsansprüche im IPR, in v Caemmerer (Hrsg), Vorschläge und Gutachten zur Reform des dt int Privatrechts der außervertraglichen Schuldverhältnisse (1983) 29; *ders,* Zur bereicherungsrechtlichen Rückabwicklung fehlerhafter Banküberweisungen im IPR, IPRax 1987, 356; *ders,* Internationales Bereicherungsrecht. Ein Beitrag zu Anknüpfung von Bereicherungsansprüchen im deutschen IPR, IPRax 1995, 65; *Wagner,* Das internationale Bereicherungsrecht bei Eingriffen in Persönlichkeitsrechte, RIW 1994, 195; *Wandt,* Zum Rückgriff im IPR, ZVglRWiss 86 (1987) 272.

I. Allgemeines

1   **1. Inhalt und Zweck.** Art 38 enthält die seit 1. 6. 1999 in Kraft befindliche gesetzliche Neuregelung des Kollisionsrechts der ungerechtfertigten Bereicherung (vgl vor Art 38 Rz 1ff). Erfaßt werden von der Norm mit ihren drei Absätzen grundsätzlich alle Fälle der ungerechtfertigten Bereicherung, in **Abs I** die Fälle der **Leistungskondiktion**, in **Abs II** die Fälle der **Eingriffskondiktion**, in **Abs III** sonstige Konditionsfälle wie insbesondere die **Verwendungskondiktion**. Vorrang vor Art 38 I hat für die Fälle der konditionsrechtlichen Rückabwicklung nichtiger Schuldverträge in systematischer Betrachtung **Art 32 I Nr 5** (s vor Art 38 Rz 9; ebenso Pal/Heldrich Rz 2; Spickhoff NJW 1999, 2211; abw und nicht zutreffend Busse RIW 1999, 18); in der Regel wird aus Art 32 I Nr 5, der die Rückabwicklung dem Vertragsstatut unterstellt (s Art 32 Rz 15), aber ein anderes Anknüpfungsergeb-

nis nicht folgen, da Art 38 I in Fortführung bisherigen Gewohnheitsrechts die Leistungskondiktion dem Recht unterstellt, das auf das Rechtsverhältnis anzuwenden ist, auf das die Leistung bezogen ist („**Statut des Leistungsgrundverhältnisses**"). Letzteres ist, wenn es um Kondiktion von Leistungen auf der Grundlage zB gescheiterter vertraglicher Beziehung geht, im Ergebnis wiederum das Vertragsstatut. **Art 38 II** beruft für die Fälle der Eingriffskondiktion das **Recht des Eingriffsortes** und setzt damit die bislang hM in eine gesetzliche Regel um. **Art 38 III** erfaßt im Sinne einer Auffangnorm die von Abs I und II (oder auch von Art 32 I Nr 5) nicht schon erfaßten Kondiktionsfälle und unterstellt sie dem Recht des Staates, in dem die Bereicherung eingetreten ist (**Statut des Bereicherungseintritts**). Der Anwendungsbereich dieses Absatzes ist eher gering und auf Fälle zB der Verwendungskondiktion beschränkt, da die voranstehenden Absätze und auch Art 32 I Nr 5 die Fälle des Bereicherungsausgleichs weitgehend schon abdecken.

2. Vorgeschichte und altes Recht. Art 38 nF enthält erstmals in der Geltungszeit von BGB und EGBGB eine umfassende Kollisionsnorm des Bereicherungsausgleichs. Vor seinem Inkrafttreten waren gesetzlicher Kollisionsrechtsregelung lediglich die Fälle der Rückabwicklungskondiktion bei nichtigem Schuldvertrag (Art 32 I Nr 5, s oben Rz 1) unterworfen, während im übrigen gewohnheitsrechtliche Kollisionsregeln unterschiedlicher Geltungs- und Überzeugungskraft herrschten (vgl 9. Aufl vor Art 38 Rz 3 mwN). Art 38 nF ist im Rahmen der Ergänzung des EGBGB um die Art 38–46 nF durch das IPR-Ergänzungsgesetz v 21. 5. 1999 (vgl vor Art 38 Rz 1) eingefügt worden und ist seit 1. 6. 1999 in Kraft. Art 38 nF hat damit den früheren Art 38 platzmäßig und inhaltlich verdrängt. Der Inhalt des ehemaligen, internationales Deliktsrecht enthaltenden Art 38 („Sperrklausel") ist jetzt in eingeschränkter Form in Art 40 III nF enthalten. Art 38 nF beruht mit seinem heutigen Inhalt weitgehend auf der Idee kodifikatorischer Erfassung der bisherigen gewohnheitsrechtlichen Regelung zum Zwecke der Vollendung der bislang lückenhaft gebliebenen IPR-Kodifikation des 1986 reformierten EGBGB (vgl Begründung RegE BT-Drucks 14/343, 6, 7). Fortgeführt ist in der jetzigen Gesetzesregel die bisherige Aufgliederung der Bereicherungsfälle in der Dogmatik des deutschen materiellen wie internationalen Bereicherungsrechts (s 9. Aufl vor Art 38 Rz 3 und 10. Aufl Art 38 Rz 2). **Abs I** führt somit die frühere ungeschriebene Regelung fort, daß Bereicherungsansprüche wegen erbrachter Leistung dem Recht des Schuldverhältnisses unterliegen, auf das hin geleistet worden ist (Rspr: BGH NJW 1987, 1825; DtZ 1995, 250, 253; München RIW 1998, 559; wN 9. Aufl vor Art 38 Rz 3). **Abs II** sucht mit der Entscheidung für die Anknüpfung an den Eingriffsort eine langwährende Erörterung um die sachgemäße Anknüpfung der „Kondiktionen in sonstiger Weise" jedenfalls für die Eingriffskondiktion zu beenden, für welche bislang neben der Maßgeblichkeit des Rechts des Eingriffsortes insbesondere die Maßgeblichkeit des Ortes der Vermögensverschiebung vertreten worden war (Nachw s 9. Aufl vor Art 38 Rz 3 bei bb), zum alten Recht weiter BAG IPRax 1992, 94; Einsele JZ 1993, 1030). **Abs III** führt mit dem Bekenntnis zur Maßgeblichkeit des Rechts am Ort des Bereicherungseintritts die insoweit schon zum alten – ungeschriebenen – Recht herrschende Auffassung fort (vgl 9. Aufl vor Art 38 Rz 3 aE). Zu den Materialien aus der Gesetzgebungsgeschichte s oben vor Art 38 Rz 2; ferner zu den verschiedenen Entwürfen und Formulierungen der RefEntwürfe Schlechtriem IPRax 1995, 65ff. Angesichts der grundsätzlichen Fortführung der gewohnheitsrechtlich gebildeten Regelungen durch Art 38 nF läßt sich die zum alten Rechtszustand ergangene Rspr auch jetzt noch im Grundsatz für die Entscheidung von Einzelfragen heranziehen.

3. Staatsvertragliche Regelungen und europäisches Recht. a) Mehrseitige Staatsverträge mit Anwendungsvorrang vor Art 38 nF bestehen mit Wirkung für Deutschland **nicht** (s vor Art 38 Rz 9). Zu beachten ist der Vorrang von Art 32 I Nr 5 vor Art 38 I im Rahmen seines Anwendungsbereichs (Rz 1). Art 32 I Nr 5 ist zwar keine staatsvertragliche Kollisionsnorm, entspricht aber wegen der zum Römer Übereinkommen (EVÜ) vorgenommenen „Inkorporation" (s vor Art 27 Rz 2ff) dem dortigen Art 10 I lit e EVÜ, mit der Folge der dort geltenden besonderen Auslegungsregel (Art 36).

b) Zweiseitige Staatsverträge mit Anwendungsvorrang vor Art 38 nF sind nicht vorhanden.

c) Europäische Rechtsvereinheitlichung. Gestützt auf Art 65 EGV ist in der Europäischen Union der Erlaß eines Rechtsaktes (VO) zur Regelung des Kollisionsrechts der außervertraglichen Schuldverhältnisse in Vorbereitung, der auch die Anknüpfung im Gebiet der ungerechtfertigten Bereicherung umfaßt. Diese VO wird voraussichtlich am 1. 1. 2005 in Kraft treten und in ihrem Anwendungsbereich die Art 38ff EGBGB ersetzen. Zum [internen] Entwurf zu einer VO über das auf außervertragliche Schuldverhältnisse anwendbare Recht v 21. 6. 1999 s ausführlich mit Abdruck und krit Beleuchtung Staud/v Hoffmann (2001) Vorbem Art 38ff Rz 16ff; zum Vorentwurf der EG-Kommission v 3. 5. 2002 und zu ihrem VO-Vorschlag v 22. 7. 2003 s vor Art 38 Rz 8).

4. Geltung allgemeiner Regeln. a) Grundsätze. Art 38 nF ist den allgemeinen Verweisungsregeln des EGBGB voll zugänglich. Im Unterschied zur Regelung des vorausgehenden Unterabschnitts des EGBGB (Art 27–37) enthält der mit Art 38 nF beginnende Unterabschnitt keine ausdrückliche Bestimmung über die Einordnung seiner Verweisungen als **Gesamt- oder Sachnormverweisungen**. Ob Gesamt- oder Sachnormverweisung vorliegt, bestimmt sich so für Art 38 nF nach der allgemeinen Regelung des Art 4 I. Ebenso hat der Vorbehalt des **ordre public** (Art 6) Geltung, eine praktisch bedeutsame Rolle spielt er aber hier, wie schon im alten Recht (s 9. Aufl vor Art 38 Rz 3) nicht. Immerhin könnte Art 6 aber, da Art 40 III für Art 38 nF nicht einschlägig ist, die Funktion einer „Kappungsgrenze" bei exorbitanten „Abschöpfungsansprüchen" anderer Rechte zuwachsen (aM Busse RIW 1999, 20; wie hier auch Pal/Heldrich Rz 5). Wie andere Statuten beansprucht auch das Bereicherungsstatut grundsätzlich umfassende Geltung für Voraussetzungen, Inhalt und Umfang des Bereicherungsanspruchs, ebenso für Nebenansprüche wie Verzugs- oder Rechtshängigkeitszinsen (s Rz 15).

b) Rück- und Weiterverweisung insbesondere. Im Grundsatz ist wie schon zum alten ungeschriebenen Recht (s 9. Aufl vor Art 38 Rz 3) hinsichtlich des Eintretens von Rück- und Weiterverweisung zu unterscheiden. **aa)** Da das Statut der **Leistungskondiktion** der Abwicklung gescheiterter bzw fehlerhafter Vertragsbeziehungen diente, galten insoweit die für das Vertragsstatut geltenden allg Regeln; Art 32 I Nr 5 erstreckte bislang das Vertragsstatut auch auf die Rückabwicklung nichtiger Verträge gem Bereicherungsrecht. Insoweit lag und liegt gem Art 35 I Sachnormverweisung vor, so daß Rück- und Weiterverweisung nicht in Betracht kommen. In anderen Fällen der Leistungskondiktion galt, sei es über Art 35 I, sei es über Art 4 II (Sinn der Verweisung), entsprechendes. Hieran ist auch für Abs I nF festzuhalten. Anwendbar ist insoweit das Recht der Leistungsbeziehung im Sinne „akzessorischer" Anknüpfung (so Begründung RegE aaO S 9f) oder ist im Hinblick auf den umfassenden Geltungsanspruch eines Grundstatuts eine Rück- oder Weiterverweisung nach dem Sinn der Verweisung ausgeschlossen. Art 38 I enthält somit eine **Sachnormverweisung** auf das Recht des Rechtsverhältnisses, auf das die Leistung bezogen ist (i Erg im wesentlichen übereinstimmend Pal/Heldrich Art 38 Rz 1). **bb)** Für die **Eingriffskondiktion** des Abs II gilt dieser Konnex zum Statut eines Grundverhältnisses nicht. Demgemäß liegt nach Art 4 I **Gesamtverweisung** vor mit der Folge, daß Rück- und Weiterverweisung in Betracht kommen. In Fällen der Konkurrenz des Bereicherungsanspruchs mit anderen Ansprüchen (zB Delikt) mag nach Akzessorietätsprinzipien auch (Sinn der Verweisung) Sachnormverweisung richtiger sein (s zum bisherigen Recht näher MüKo/Kreuzer I vor Art 38 Rz 7). Sachnormverweisung liegt für die Eingriffskondiktion jedenfalls dann vor, wenn Art 41 II Nr 1 zum Zuge kommt (Begründung RegE aaO S 10) oder wenn ihr Statut an die durch Rechtswahl iSv Art 42 nF bestimmt wird (vgl Art 4 II). In den übrigen Fällen (und so auch bei Heranziehung von Art 41 II Nr 2 nF) bleibt es so bei der nach Art 4 I grundsätzlichen Lösung, daß eine Gesamtverweisung mit der Möglichkeit des Renvoi gegeben ist. Daß damit im Einzelfall der grundsätzlich wünschenswerte Gleichlauf mit der Anknüpfung von Deliktsansprüchen, die konkurrieren können, nicht mehr erreicht wird, ist hinzunehmen. Der Grund liegt wesentlich in dem durch das Bestimmungsrecht in Art 40 I S 2 ermöglichten Auseinanderfallen des „Eingriffsortes" einerseits, des Tatorts andererseits, ebenso Wagner IPRax 1999, 210 (aA Fischer IPRax 2002, 1, 9). **cc)** Gleiches gilt für die weiteren Fälle der Kondiktion in sonstiger Weise des **Abs III**.

6   **c) Rechtswahl.** Art 42 nF erfaßt den Anwendungsbereich von Art 38 nF insgesamt. Das Statut aller Bereicherungsansprüche steht als Statut einer schuldrechtlichen Beziehung zur Disposition der Parteien. Durch (nachträgliche) Rechtswahl können die Parteien unbeschadet entstandener Rechte Dritter das Statut des Bereicherungsausgleichs grundsätzlich parteiautonom festlegen (Sachnormverweisung!).

7   **5. Intertemporales Recht.** Art 38 nF ist gem Art 6 des IPR-Ergänzungsgesetzes vom 21. 5. 1999 am 1. 6. 1999 in Kraft getreten. Das IPR-Ergänzungsgesetz enthält eine besondere Übergangsregelung nicht, so daß die Frage der intertemporalen Geltung nach allgemeinen Regeln und damit nach **Art 220 I** zu beantworten ist. Es gelten demgemäß die für schuldrechtlich zu qualifizierende Sachverhalte aus Art 220 I zu entnehmenden Regeln. Vor dem 1. 6. 1999 „abgeschlossene Vorgänge" unterfallen der bisherigen – gewohnheitsrechtlichen – Kollisionsregel (s dazu Art 220 Rz 5ff), alle anderen der Neuregelung des Art 38 nF (s dazu Art 27 Rz 6). Bei der Leistungskondiktion des Abs I ist die Entscheidung also danach zu treffen, zu welchem Zeitpunkt die zugrunde liegende Leistungsbeziehung errichtet worden ist. Ist sie als „Distanzvertrag" mit Angebot vor dem 1. 6. 1999 und Annahme ab dem 1. 6. 1999 zustande gekommen, kommt, da ein abgeschlossener Vorgang nicht vorliegt, neues Recht zum Zuge (s die entspr Auffassung zu Art 27ff bei Art 27 Rz 6 mwN). Durch nachträgliche Rechtswahl gem Art 42 nF können die Parteien der Leistungsbeziehung unbeschadet der Rechte Dritter eine Bereicherungsstatutsänderung herbeiführen. Für die Eingriffskondiktion des Abs II gilt entsprechend, ob der Eingriff vor oder ab dem 1. 6. 1999 erfolgt ist; gleiches gilt dann für den Bereicherungseintritt iSd Abs III.

II. Bestimmung des Bereicherungsstatuts (Abs I–III)

8   **1. Leistungskondiktion (Abs I). a) Ausgangslage.** Bereicherungsansprüche wegen erbrachter Leistung unterliegen dem **Recht des Schuldverhältnisses, auf das hin geleistet worden ist** (Rspr: BGH NJW 1959, 1317; WM 1976, 792; 1977, 398; NJW 1987, 1825; zuletzt WM 1995, 124, 129; Köln OLGZ 1977, 20 I; Frankfurt MDR 1979, 503; Düsseldorf NJW 1981, 529; WM 1989, 55; München RIW 1998, 59). Bei konditionsrechtlicher **Rückabwicklung nichtiger Verträge** folgte und folgt dies unmittelbar aus **Art 32 I Nr 5** (s Art 32 Rz 15); für andere Anwendungsfälle der Leistungskondiktion (Zuvielleistung, Nichtzustandekommen des Vertrages; auch Rückabwicklung bei gesetzlichen Schuldverhältnissen, zB Rückforderung zuviel geleisteten Unterhalts, Schadensersatzes uä) folgte die Anknüpfung aus der grundsätzlichen Allzuständigkeit des jeweiligen Grundstatuts, wofür die Gesetzesregel des Art 32 I Nr 5 nur ein Beispiel war (9. Aufl vor Art 38 Rz 3; 10. Aufl Art 38 Rz 8).

b) Jetzige Rechtslage. Das Inkrafttreten der Art 38 I nF hat hieran nichts geändert. Das Rechtsverhältnis, „auf das die Leistung bezogen ist", ist das Rechtsverhältnis (Schuldverhältnis), auf das hin geleistet wird. Entscheidender Grund für diese Anknüpfung ist – zum alten wie zum neuen Recht –, daß Bereicherungsansprüche iSv Leistungskondiktionsansprüchen lediglich einen Ausschnitt aus den Rechtsfolgen gescheiterter Schuldbeziehungen darstellen (Begründung RegE aaO S 8) und im Sinne möglichst bruchloser Abwicklung des Gesamtverhältnisses dem Recht der Grundbeziehung unterliegen sollten. Diese Grundsätze gelten auch für umfassendere bereicherungsrechtliche Vorgänge.

Bei der konditionsrechtlichen Rückabwicklung von **Leistungen im Mehrpersonenverhältnis** (Dreiecksverhältnisse und mehrgliedrige Beziehungen) bedarf es zur Wahrung des objektiven Anknüpfungsgrundsatzes der Zuordnung der Leistung zu einer der mehreren in Betracht kommenden obligatorischen Beziehungen. So gilt für Rückforderung einer auf vermeintliche eigene Schuld geleisteten Zahlung das Statut der dem Gläubiger (ggf von einem Dritten) zu leistenden Verbindlichkeit (zB Rückforderung durch Scheinvater vom eigentlichen Unterhaltsschuldner, s Schlechtriem Bereicherungsansprüche 78). Für Bereicherungsansprüche wegen irrtümlicher Zahlung fremder Schulden gilt das Statut der zu tilgenden Verpflichtung (s W. Lorenz FS Zweigert 214; Schlechtriem aaO 77). Zum Ausgleich unter Gesamtschuldnern und zum Rückgriff gegen den primär Verpflichteten (zB Bürgenregreß gegen Hauptschuldner gemäß Bürgschaftsstatut) s Erl zu Art 33 Rz 9 und 10 und Busse RIW 1999, 20. Die rechtstechnische Ausgestaltung des Rückgriffs (Legalzession oder Bereicherungsausgleich oder Aufwendungsersatz) ist in diesen Fällen ohne Belang. Maßgeblich ist das **Zessionsgrundstatut** (s Art 33 Rz 9, 10). Über bereicherungsrechtliche Rückabwicklungsansprüche in **Anweisungsfällen** entscheidet grundsätzlich das jeweils auf das Deckungs- bzw Valutaverhältnis anwendbare Recht. Für Ansprüche des Anweisenden gegen den Zuweisungsempfänger gilt deshalb das Statut des Valutaverhältnisses (s W. Lorenz aaO 221); Bereicherungsansprüche im Deckungsverhältnis zwischen Anweisendem und Angewiesenem unterliegen dem für das Deckungsverhältnis (zB Girovertrag) maßgeblichen Statut (W. Lorenz aaO 221; Schlechtriem aaO 75 und in IPRax 1987, 356f). Unklarheit herrschte über das Statut von Ansprüchen zwischen Angewiesenem und Zuwendungsempfänger (für Maßgeblichkeit des Deckungsverhältnisses wohl BGH NJW 1987, 1825 = IPRax 1987, 372 zust Anm Schlechtriem 356f; für Valutaverhältnis Jayme IPRax 1987, 186f); grundsätzlich sollte hier nach altem Recht indes wegen des Direktzugriffs ohne Leistungsverhältnis Empfängerrecht als Recht des Bereicherungsorts gelten (wohl auch BGH NJW 1987, 185 = IPRsp 1986 Nr 35b mit krit Anm Jayme IPRax 1987, 186f; wie BGH Hamburg IPRsp 1986 Nr 35a; W. Lorenz aaO 222; diff MüKo/Kreuzer I vor Art 38 Rz 21). Hieran ist auch für das neue Recht festzuhalten (aA Busse RIW 1999, 20; Pal/Heldrich Rz 2; fallgruppenweise gehen vor Staud/v Hoffmann/Fuchs Art 38 Rz 7, 8, 18ff).

2. Eingriffskondiktion. a) Ausgangslage. Für Eingriffskondiktionen (Kondiktionen in sonstiger Weise) ist bislang gerne eine einheitliche Anknüpfung an den Ort der Vermögensverschiebung (BGH DB 1967, 1851 = IPRsp 1966/67 Nr 28; Hamburg ZIP 1983, 46 = IPRsp 1982 Nr 24), des Bereicherungseintritts (BGH NJW 1987, 185 = IPRsp 1986 Nr 35b; LG Hamburg IPRax 1985, 343 Anm W. Lorenz 328) praktiziert worden oder auch der gewöhnl Aufenthalt des Bereicherten vorgeschlagen worden (s auch Pal/Heldrich vor Art 38 Rz 3). Schon der RefE (Art 38) und auch MüKo/Kreuzer I vor Art 38 Rz 23 differenzieren jedoch zum alten Recht zu Recht nach Fallgruppen. Bei der Eingriffskondiktion (wegen Bereicherung durch Nutzung, Verwendung, Verbrauch fremder Sachen im Widerspruch zum Zuweisungsgehalt des Rechts, und zum Ausgleich für Verbindung, Vermischung, Verarbeitung) ist so richtigerweise der Eingriffsort entscheidend (auch MüKo/Kreuzer I vor Art 38 Rz 25), der freilich vielfach mit der lex rei sitae zusammenfällt (dafür BGH 35, 267; LG Hamburg RIW/AWD 1980, 517 = IPRsp 1977 Nr 23). Bei Eingriffen in andere Rechte (zB Persönlichkeitsrecht) galt der Eingriffsort (München IPRsp 1958/59 Nr 59; bei Immaterialgütern Recht des Schutzlandes, BGH 99, 244, 246 der Sache nach; Martiny RabelsZ 40 [1976], 218). Geschah der Eingriff grenzüberschreitend, galt **Ubiquitätsprinzip**, so daß das dem Gläubiger günstigere Recht des Handlungs- oder Erfolgsortes zur Anwendung gelangte (ebenso MüKo/Kreuzer I vor Art 38 Rz 24). Bei Verfügung eines Nichtberechtigten galt das für die Verfügung maßgebliche Recht (BGH NJW 1960, 774; DB 1970, 2020 jetzt WM 2001, 954, 956; NJW 2001, 2968 = BB 2001, 2289; Hamburg ZIP 1983, 46 = IPRsp 1982 Nr 24), das sich idR mit dem Recht des Eingriffsorts (dafür MüKo/Kreuzer I vor Art 38 Rz 25) deckt.

9

b) Neues Recht. aa) Diese im Schrifttum und Teilen der Rspr praktizierte Maßgeblichkeit des **Rechts des Eingriffsortes** ist jetzt in Abs II aus den Gründen, die oben dargelegt sind, Gesetz geworden (Begründung RegE aaO S 8, 9). So können jedenfalls die Erfahrungen, die aus der oben beschriebenen Auffassung bislang gewonnen worden sind, weiterhin benutzt werden (s Wagner IPRax 1999, 210). Für Eingriffe in den Zuordnungsgehalt von Rechten an Sachen wird mit dieser Anknüpfung Gleichlauf mit der internationalsachenrechtlichen Behandlung (Art 43 I, 44 nF) bewirkt, überdies in der Regel auch Gleichlauf mit dem für den deliktsrechtlichen Schutz (Art 40 I nF) grundsätzlich maßgeblichen Tatortrecht (zB bisher bei Eingriffen in Urheber- und sonstige Immaterialgüterrechte, noch zum alten Recht insofern BGH 129, 66, 75 – Mauerbilder; BGH WM 1998, 200, 203 – Spielbankaffäre). Die Anknüpfung an den Eingriffsort und der durch sie vermittelte Gleichlauf vermeidet so weitgehend Diskrepanzen durch unterschiedliche Rechtsanwendung für sachenrechtlich, deliktsrechtlich und bereicherungsrechtlich zu qualifizierende Ansprüche auf Rechtsgüterschutz; möglich ist auch so – ggf auch unter Heranziehung von Art 41 – bei Einziehung einer fremden Forderung, für die sich der Eingriffsort nicht ohne weiteres lokalisieren läßt, die Maßgeblichkeit des Statuts der getilgten Forderung (BGH NJW 1999, 940; Stadler IPRax 2000, 104, 110). Die insofern unterschiedlichen Sichtweisen zB des deutschen, französischen, englischen oder US-amerikanischen Rechts lassen sich durch die Maßgeblichkeit des Rechts des Eingriffsortes kollisionsrechtlich in befriedigender Weise auffangen.

10

bb) Eingriff in ein geschütztes Interesse. Abs II unterstellt Eingriffe „in ein geschütztes Interesse" dem Recht des Eingriffsortes. Der bewußt weit gefaßte Begriff (Begründung RegE aaO S 9) erfaßt Sachen als körperlich faßbare Gegenstände, absolute Rechte an Sachen, Vermögensrechte sonstiger Art mit Zuordnungscharakter, aber auch sonstige absolute Rechte, die, wie das allgemeine Persönlichkeitsrecht, nicht notwendig disponibel oder mit Geldwert ausgestattet sein müssen. Nach der Gesetzesbegründung zu Abs II sollen hingegen Eingriffe in Immaterialgüterrechte (s die oben berichtete Rspr des BGH) „von der Neuregelung generell nicht erfaßt werden" (Begründung RegE aaO S 9 zu Abs II aE). Diesem Willen der Gesetzesverfasser, der sich aus Zuständigkeitsverteilung innerhalb des BMJ und des Bundestages ergeben haben kann, mag man folgen. Zu eigenständiger, im Ergebnis mit der Maßgeblichkeit des Rechts des Eingriffsortes übereinstimmender Statutbestimmung läßt sich ggf aber auch kommen über eine insoweit fallgruppenweise konzipierte Heranziehung der „Ausweichklausel" des Art 41 nF. Dieses Ergebnis würde einen Bruch mit der bisherigen Anknüpfung dieser Fallgruppe (s die oben zit Rspr des BGH) im übrigen nicht bewirken (vgl Hohloch, in Schwarze [Hrsg] Rechtsschutz gegen Urheberrechtsverletzungen [oben Rz 7] S 98, 105f).

11

3. Kondiktion in sonstiger Weise (III). a) Ausgangslage. Für Kondiktionsfälle außerhab der Leistungkondiktion und der Eingriffskondiktion ist schon vor dem Inkrafttreten von Art 38 III die Maßgeblichkeit des Ortes des Bereicherungseintritts vertreten worden (s RefE [1987/1993] Art 38 III; 9. Aufl vor Art 38 Rz 3 aE).

12

b) Neues Recht. Unter der Geltung von Abs III nF ändert sich an dieser Rechtslage nichts. Abs III kommt zur Anwendung nur in den Fällen, die von Abs I und II nicht erfaßt werden. Keine Bedeutung hat Abs III so für den

13

gesamten Bereich der Leistungskondiktion, ebensowenig für den von Abs II erfaßten Bereich der Eingriffskondiktion. Es bleiben so für Abs III nur schmale Randbereiche übrig, die sich nicht in den Anwendungsbereich von Abs II und Abs III einordnen lassen („abgeirrte Leistungen", bei denen es an einem Leistungsverhältnis fehlt, zB Kontobewegung nach falscher Eingabe am Überweisungsautomaten der Bank, s Begründung RegE aaO S 9; rechtsgrundlose Verwendung auf fremdes Gut, die die rechtliche Zuordnung unberührt läßt [ansonsten Eingriffskondiktionsstatut gem Abs II]). Maßgeblich ist dann das **Recht am Ort des Bereicherungseintritts**, dh des Vermögensgewinnes des Bereicherten. Regelmäßig ist so das **Recht des Wohnsitzes** bzw Sitzes **des Bereicherungsschuldners** berufen; ihn in dieser Weise zu begünstigen, rechtfertigt sich (s Begründung RegE aaO S 9) aus der Tatsache, daß ihm die Bereicherung ohne eigenes Zutun oder eigene Veranlassung, häufig sogar „aufgedrängt" zufällt (Begründung RegE aaO S 9).

III. Anwendungsbereich

14 **1. Grundsatz bereicherungsrechtlicher Qualifikation.** Das aus Art 38 I–III nF folgende Recht befindet über grundsätzlich alle Fragen, die sich für den von ihm erfaßten Bereicherungsfall stellen, soweit sie sich bereicherungsrechtlich qualifizieren oder als mit dem Bereicherungsanspruch in unmittelbarem Zusammenhang stehend einordnen lassen. Die Qualifikation folgt den allgemeinen Regeln, s Einl Art 3 Rz 46, 47; mangels bereicherungsrechtlicher Einwendung gilt Art 38 so **weder** für die **Insolvenzanfechtung** (§ 339 InsO aF; s Einl Art 3 Rz 9). Zum früheren Recht (Art 102 II EGInsO aF) s BGH JZ 1997, 568, 569; Gottwald/Pfaller IPRax 1998, 170; Sonnentag IPRax 1998, 330; Habscheid ZZP 2001, 167; Hanisch FS Stoll (2001) 503, **noch** für die **Gläubigeranfechtung** außerhalb der Insolvenz; für letztere ist grundsätzlich das Statut des anzufechtenden Erwerbsvorgangs maßgeblich, s BGH JZ 1997, 568, 569; NJW 1999, 1395, 1396; Düsseldorf IPRax 2000, 534, 537; Kubis IPRax 2000, 501. Rechtsgrundlage ist seit 1999 § 19 AnfG, s Einl Art 3 Rz 9.

a) **Statut der Leistungskondiktion.** Das aus **Abs I** ermittelte Statut erfaßt so den Ausgleich von Wertverschiebungen, die durch eine Leistungsbeziehung zwischen mindestens zwei Parteien (Gläubiger und Schuldner) hervorgerufen worden sind. **Vertraglicher Natur** muß diese Leistungsbeziehung nicht zwingend sein, es genügt als Leistungsbeziehung auch ein **gesetzliches Schuldverhältnis**, bei dem Rückabwicklung erforderlich werden kann, zB eine Unterhalts-, Delikts- oder Erbschaftsobligation (Schlechtriem Vorschläge S 35f; Einsele aaO 1025f). Notwendig ist für die Bejahung eines Leistungsverhältnisses dieser Art ein Leistungsbewußtsein der leistenden Seite zumindest aus der Sicht des Leistungsempfängers; fehlt es an dieser Minimalvoraussetzung einer „Leistungsbeziehung", kann Abs I nicht eingreifen (s zur Entwicklung noch vor Inkrafttreten von Art 38 nF MüKo/Kreuzer vor Art 38 Rz 9–12 mwN). Abs I kommt so bei **Zweipersonenbeziehungen** mit einem Leistungsverhältnis zur Anwendung und bei den oben Rz 8 erfaßten **Mehrpersonenverhältnissen**; beim **Vertrag zugunsten Dritter** entscheidet so über Ansprüche des Versprechenden wegen einer von ihm erbrachten Zuwendung das Deckungsverhältnis (Schlechtriem IPRax 1995, 66 Fn 14; MüKo/Kreuzer vor Art 38 Rz 20; Staud/v Hoffmann/Fuchs Art 38 Rz 23), über **Verfolgungsansprüche** gegenüber Drittempfängern („Weitergabekondiktion"; zB §§ 816 I S 2 oder 822 BGB) entscheidet dann das „Weitergabestatut", dh das Recht, das das Verhältnis zwischen dem Erst- und dem Drittempfänger beherrscht (MüKo/Kreuzer vor Art 38 Rz 22 mwN; Staud/v Hoffmann/Fuchs Art 38 Rz 28; IPG 1973 Nr 8 Heidelberg).

b) **Statut der Eingriffskondiktion.** Abs II erfaßt so die als Nichtleistungskondiktionen zu bewertenden Eingriffskondiktionen. Vgl insofern zunächst Rz 10 und 11. Neben den dort bereits aufgeführten Kondiktionsfallgruppen wird man unter Abs II auch Ansprüche aus Eigentums- bzw Rechtsverlust wegen Verbindung, Vermischung, Verarbeitung und Ansprüche aus Verfügung von Nichtberechtigten rechnen können (der Sache nach nicht anders die 10. Aufl vor Art 38 Rz 3, wo auf den einen Eingriffsort ergebende lex rei sitae abgestellt ist ebenso die 10. Aufl Art 38 Rz 14 und Düsseldorf VersR 2000, 460, 461; auch Pal/Heldrich[62] Rz 3); zum Eingriffsort bei Eingriffen in die Forderungszuständigkeit s MüKo/Kreuzer vor Art 38 Rz 25 mwN.

c) **Statut der sonstigen Nichtleistungskondiktion.** S Rz 12; für die besonderen Fälle von Bereicherungsausgleich zwischen Beteiligten eines Zwangsversteigerungsverfahrens (BGH 35, 267, 269) und des Insolvenzverfahrens (BGH 88, 147) s Soergel/Lüderitz Art 38 Anh I Rz 42 und 48, MüKo/Kreuzer vor Art 38 Rz 28.

15 **2. Reichweite des Bereicherungsstatuts.** Das für das Bereicherungsverhältnis aus Abs I–III ermittelte Statut erfaßt (s Rz 13) das Schuldverhältnis in grundsätzlich voller Breite. Der Geltungsumfang läßt sich in vorsichtiger Anlehnung an die Regelungen des Art 32 I–III bestimmen, soweit ihre Anwendung (wie zB Art 32 I Nr 5) nicht der Sache nach ausgeschlossen ist. **Auslegung, Inhalt und Erfüllung** folgen so aus dem **Bereicherungsstatut** (vgl Art 32 I Nr 1–2 und II), gleiches gilt für die **Nichterfüllung** und deren Folgen (Art 32 I Nr 3) sowie für das **Erlöschen des Schuldverhältnisses**, seine **Verjährung, Präklusionsbestimmungen** und **Fristlaufbestimmungen** (Art 32 I Nr 4). Ebenso sind **Beweisfragen** in Anlehnung an Art 32 III im Grundsatz aus dem Statut des Bereicherungsausgleichs zu beantworten (s zu den Einzelbeispielen Art 32 Rz 5ff; zur Reichweite des Bereicherungsstatuts selbst Karlsruhe IPRsp 1992 Nr 52b; Einsele aaO S 1026; Schlechtriem IPRax 1995, 70; Reithmann/Martiny Rz 338).

IV. Vorrang von Art 41 und 42

16 Art 38 I–III enthalten für ihre jeweilige Kondiktionsfallgruppe die generell aufgefaßte und objektiv bestimmte Anknüpfungsregel. Als Recht engerer Beziehung ersetzt im Einzelfall oder in einer typischen Einzelfallgruppe das sich aus Art 41 I und II ergebende Recht das sich nach den Regeln des Art 38 I–III maßgebliche Recht. Auch nach neuem Recht ist insofern freilich Zurückhaltung zu üben. Fälle der Leistungskondiktion, in denen zB das gemeinsame Umweltrecht von Gläubiger und Schuldner als Recht engerer Verbindung zum Tragen kommen kann (s BGH DB 1967, 1851), werden auch nach neuem Recht selten sein. Ebenso ist zB im Grundsatz zu verneinen, daß das – fremde – Güterstatut im Sinne von Art 41 I Nr 1 ohne weiteres auch das Statut des bereicherungsrechtlichen Ausgleichs von Schenkungen oder unbenannten Zuwendungen zwischen Ehegatten dominiert. Möglich ist aber die „akzessorische" Anknüpfung an das Statut einer parallel gegebenen Vertragsbeziehung (s Fischer IPRax 2002, 1, 5). Die nach Art 42 nF zulässige Rechtswahl indes verdrängt innerhalb ihrer Grenzen das aus Art 38 nF folgende objektive Statut ohne weiteres (Rz 6). Das gilt – s den Wortlaut von Art 42 – ohne weiteres für die *nachträgliche* Rechtswahl; über den Wortlaut hinaus sollte im Anwendungsbereich des Art 38 aber auch eine *vorherige* Rechtswahl zulässig sein. Die bei der Deliktsanknüpfung schon nicht recht überzeugenden Gründe für die im neuen Recht eingetretene Verengung greifen bei Art 38 noch weniger ein (s Art 42 Rz 1ff).

39 *Geschäftsführung ohne Auftrag*
(1) Gesetzliche Ansprüche aus der Besorgung eines fremden Geschäfts unterliegen dem Recht des Staates, in dem das Geschäft vorgenommen worden ist.
(2) Ansprüche aus der Tilgung einer fremden Verbindlichkeit unterliegen dem Recht, das auf die Verbindlichkeit anzuwenden ist.

Schrifttum: *Fischer*, Die Neuregelung des Kollisionsrechts der ungerechtfertigten Bereicherung und der Geschäftsführung ohne Auftrag im IPR-Reformgesetz von 1999, IPRax 2002, 1; *v Hoffmann*, Das auf die Geschäftsführung ohne Auftrag anzuwendende Recht, in v Caemmerer (Hrsg), Vorschläge und Gutachten zur Reform des deutschen Internationalen Privatrechts der außervertraglichen Schuldverhältnisse (1983) (s Rz 3 am Beginn) S 80; *Kreuzer*, RabelsZ 65 (2001) 383–462; *Wandt*, Die Geschäftsführung ohne Auftrag im IPR (1989); *ders*, Zum Rückgriff im IPR, ZVglRWiss 86 (1987) 272; s ferner Schrifttum oben Art 38 vor Rz 1.

I. Allgemeines

1. Inhalt und Zweck. Art 39 nF enthält die seit 1. 6. 1999 in Kraft befindliche gesetzliche Neuregelung des **1** Kollisionsrechts der Geschäftsführung ohne Auftrag (GoA). Die neue gesetzliche Kollisionsregel will die verschiedenen Typen der GoA, die kollisionsrechtlich auch bislang schon nicht einheitlich zu erfassen waren, mit den beiden sich aus Abs I und II ergebenden Regeln erfassen. **Abs I** orientiert sich an den Ausgleichsproblemen, die in Fällen der Hilfe für andere sowie der Einwirkung auf fremde Güter entstehen. Anzuwenden ist insoweit das **Recht, das am Ort der Geschäftsbesorgung** gilt. **Abs II** beruft für den davon verschieden zu sehenden Fall der Tilgung fremder Verbindlichkeiten das Recht, dem die Verbindlichkeit unterliegt, also deren **Schuldstatut**. Weitere und spezialisierte Anknüpfungsregeln für besondere Sachlagen der Geschäftsbesorgung ohne Auftrag enthält Art 39 nF bewußt nicht. Insbesondere ist davon abgesehen worden, eine Sonderregelung für Ansprüche wegen Hilfeleistung auf hoher See vorzusehen (vgl Begründung RegE BT-Drucks 14/343 S 9), dazu Rz 3 u 11. Vorrang vor Art 39 nF hat im Rahmen seines Anwendungsbereichs (Geltendmachung von Unterhaltsansprüchen nach dem „Erstattungsstatut") Art 18 VI Nr 3 (vgl Art 18 Rz 38).

2. Vorgeschichte und altes Recht. Art 39 nF ist die erste geschriebene allgemeine Kollisionsnorm der auftrag- **2** losen Geschäftsführung in der Geltungszeit von BGB und EGBGB. Vor seinem Inkrafttreten waren Ansprüche aus GoA lediglich im Anwendungsbereich von Art 18 VI Nr 3 (s Rz 1) einer gesetzlichen Kollisionsregel unterworfen, im übrigen galt auf der Basis von Gewohnheitsrecht Richterrecht von unterschiedlicher Geltungs- und Überzeugungskraft (vgl 9. Aufl vor Art 38 Rz 4). Art 39 nF ist im Rahmen der Ergänzung des EGBGB um die Art 38–46 nF durch das IPR-Ergänzungsgesetz v 21. 5. 1999 (vgl vor Art 38 Rz 1) eingeführt worden und seit 1. 6. 1999 in Kraft. Art 39 nF beruht mit anderem Inhalt jetzt Gesetz gewordenen Inhalt weitgehend auf der Idee kodifikatorischer Erfassung der bisherigen gewohnheitsrechtlichen Regelung zum Zwecke der Vollendung der bislang lückenhaft gebliebenen IPR-Kodifikation des 1986 reformierten EGBGB (vgl Besprechung RegE aaO S 6, 7). In beiden Absätzen der jetzigen Norm ist die bisherige Praxis nach Prüfung und Systematisierung in der Gesetzesvorplanung (s insbes v Hoffmann Vorschläge ... S 80) zugrunde gelegt worden. Fortgeführt ist so in **Abs I** die bisherige Anknüpfung an den **Vornahmeort** (s 9. Aufl vor Art 38 Rz 4), in **Abs II** die Maßgeblichkeit des Statuts der getilgten Verbindlichkeit (s 9. Aufl vor Art 38 Rz 4). Ausführliche Darstellungen zum alten Recht bei MüKo/ Kreuzer II vor Art 38 Rz 2ff; Soergel/Lüderitz¹² Art 38 Anh I Rz 1ff; Staud/v Hoffmann/Thorn Art 39 Rz 4–8.

3. Staatsvertragliche Regelungen und europäisches Recht. a) Mehrseitige Staatsverträge kollisionsrechtli- **3** cher Art bestehen im Anwendungsbereich von Art 39 nF für Deutschland nicht. Zu dem hinter Art 18 VI Nr 3 stehenden Haager Übereinkommen über das auf Unterhaltspflichten anzuwendende Recht v 2. 10. 1973 s Art 18 Rz 38. Das „Brüsseler Übereinkommen v 23. 9. 1910 zur einheitlichen Feststellung von Regeln über die Hilfeleistung und Bergung in Seenot" (RGBl 1913 S 66) hatte Sachrecht vereinheitlicht (inkorporiert soweit Privatrecht betroffen, in das Seerecht des HGB, mit späteren Änderungen, s Rabe FS Herber [1999] 215, 227ff; Staud/v Hoffmann/Thorn Art 39 Rz 22, 23) und enthielt Kollisionsregeln nicht (vgl MüKo/Kreuzer II vor Art 38 Rz 10; Begründung RegE aaO S 9). Kein Kollisionsrecht enthält auch das neue „Internationale Übereinkommen über Bergung v 28. 4. 1989", in Kraft seit 14. 7. 1996, für Deutschland in Kraft gesetzt zum 1. 7. 2002, s ZustimmungsG v 18. 5. 2001, BGBl 2001 II 510; dazu Staud/v Hoffmann/Thorn Art 39 Rz 25 mwN.
b) Zweiseitige Staatsverträge sind ebenfalls nicht in Kraft.
c) Europäische Rechtsvereinheitlichung. Gestützt auf Art 65 EGV wird voraussichtlich am 1. 1. 2005 eine EU-Verordnung zur Regelung des Kollisionsrechts der außervertraglichen Schuldverhältnisse in Kraft treten, die auch die Anknüpfung im Gebiet der Geschäftsführung ohne Auftrag umfaßt (zu dem entsprechenden VO-Entwurf der EG-Kommission v 22. 7. 2003 s vor Art 38 Rz 8).

4. Geltung allgemeiner Regeln. a) Grundsätze. Art 39 nF ist den allgemeinen Verweisungsregeln des **4** EGBGB voll zugänglich (s auch Art 38 Rz 4). Ob Gesamt- oder Sachnormverweisung vorliegt, bestimmt sich so nach Art 4. Der Vorbehalt des ordre public (Art 6) kann eingreifen und kann im Vergleich mit dem alten Recht, in dem GoA-Ansprüche auf Schadensersatz durch Art 38 aF als spezielle Sperrklausel beschränkt waren (s 9. Aufl Erl Art 6 Rz 51, 56 und Erl Art 38 Rz 46), erhöhte Bedeutung dadurch erlangen, daß Art 40 III nF als Nachfolgenorm zu Art 38 aF ihrer systematischen Stellung wegen auf Ansprüche, die von Art 39 nF erfaßt werden, nicht zur Anwendung gelangen kann. Das über Art 40 III nF erzielbare „Sperrergebnis" läßt sich unter Heranziehung der Allgemeinnorm des Art 6 indes ebenfalls befriedigend erzielen. Wie andere Statuten beansprucht auch das Statut der GoA nach Abs I wie Abs II grundsätzlich umfassende Geltung für Voraussetzungen, Inhalt und Umfang des jeweiligen Anspruchs, ebenso für Nebenansprüche wie Verzugs- oder Rechtshängigkeitszinsen (s noch Rz 12).

5   b) **Rück- und Weiterverweisung** sind, da Art 39 nF als Sachnormverweisung nicht ausdrücklich ausgebildet worden ist, nach der Grundregel des Art 4 I auch nach neuem Recht grundsätzlich in Erwägung zu ziehen (zum alten Recht 9. Aufl vor Art 38 Rz 4 bei bb). Ebenso wie bei Art 38 nF (s Art 38 Rz 5) gilt jedoch auch für Art 39, daß in **Abs II**, der das Statut der getilgten Verbindlichkeit zur Anwendung beruft, dem Sinn der Verweisung nach eine **Sachnormverweisung** enthalten ist (s Begründung RegE aaO S 8). Die in **Abs I** enthaltene Verweisung ist hingegen **Gesamtverweisung**, so daß es hier uU zum Renvoi kommen könnte (zumeist indes nicht zu erwarten, da in den benachbarten Rechtsordnungen idR auch das Recht des Vornahmeortes [Geschäftsortes] berufen wird, vgl Nachw bei MüKo/Kreuzer II vor Art 38 Rz 2). **Sachnormverweisungen** liegen dann wieder dort vor, wo das Statut der GoA über Art 41 II Nr 1 (Recht engerer Beziehung) oder Art 42 (Rechtswahl nachträglicher Art) gebildet wird (ebenso Begründung RegE aaO S 8).

6   c) **Rechtswahl.** Art 42 nF läßt nachträgliche Rechtswahl zu. Dies entspricht insoweit bisheriger Rechtslage (9. Aufl vor Art 38 Rz 4), die mit Art 42 nF eingetretene Verengung auf die nachträgliche Rechtswahl ist indes hier ebensowenig überzeugend wie bei Art 38 (s Art 38 Rz 16).

7   **5. Intertemporales Recht.** Vgl insoweit zunächst Erläuterung zu Art 38 Rz 7: Art 39 nF ist seit 1. 6. 1999 in Kraft und hat Rückwirkung nicht beigelegt erhalten. Die Regelung intertemporaler Anwendung ergibt sich aus Art 220 I. Soweit die Geschäftsführung oder die Tilgung der fremden Verbindlichkeit nicht zum 1. 6. 1999 „abgeschlossen" war, gilt demgemäß stets Art 39 nF als jetzt geltendes Recht. Bei Altfällen der genannten Art gelten die ungeschriebenen Kollisionsregeln des alten Rechts; angesichts ihrer weitgehenden sachlichen Übereinstimmung kommt es insoweit zu Abweichungen in der Rechtsanwendung nicht (zum alten Recht s Rz 2 und 9. Aufl vor Art 38 Rz 4).

II. Bestimmung des Statuts der auftraglosen Geschäftsführung (Abs I–II)

8   **1. Grundregel der Anknüpfung (Abs I). a) Grundsätze.** Wichtigster Anknüpfungsaspekt der auftraglosen Besorgung eines fremden Geschäfts ist der Ort, wo das Geschäft vorgenommen worden ist; demgemäß ist im Grundsatz auf den **Vornahmeort** als neutralen, keine Seite, weder Geschäftsherr noch Geschäftsführer begünstigenden Anknüpfungspunkt abzustellen (hM schon vor Einführung von Art 39 nF, s zB Düsseldorf MDR 1983, 132 = IPRspr 1982 Nr 25; Hamburg IPRsp 1988 Nr 36; MüKo/Kreuzer II vor Art 38 Rz 2; Soergel/Lüderitz[12] Art 38 Anh I Rz 1; v Hoffmann aaO S 82f). Andere Anknüpfungspunkte wie gewöhnlicher Aufenthalt des Geschäftsführers (so Degner RIW 1983, 825) oder des Geschäftsherrn (so RG SeuffA 82, 205 = IPRsp 1928 Nr 37; Hamburg IPRsp 1974 Nr 18; ArbG Düsseldorf IPRax 1990, 330 krit Anm Junker 308; Pal/Heldrich[58] Art 28 Rz 16) haben demgegenüber weniger Gewicht, so daß sie schon nach altem Recht lediglich in vereinzelten Entscheidungen die Anknüpfung ergaben. An der bislang überwiegend beobachteten Praxis und hM hält das neue Recht in **Abs I** fest, der eindeutig auf den Ort der Vornahme des Geschäfts abstellt.

b) **Einzelfälle.** Eine besondere Fallgruppe der GoA bildet die **Nothilfe**. Maßgebliches Recht ist das Recht am Platz der Vornahme der Geschäftsbesorgung. Berührt die Nothilfe mehrere Rechtsordnungen, bleibt es aus Zweckmäßigkeitsgründen beim Recht des ersten Staates (so v Hoffmann aaO S 89; MüKo/Kreuzer II vor Art 38; aA Begründung RegE aaO S 9: Ermittlung des Schwerpunkts im Einzelfall; dazu – und für den Fall der Nothilfe auf hoher See mit Recht – Fischer IPRax 2002, 1, 14). Das Recht der Vornahme der Geschäftsbesorgung gilt auch für die Bestimmung der Ansprüche aus Einwirkung auf fremde Güter.

9   **2. Tilgung fremder Verbindlichkeit (Abs II).** Ob bei **freiwilliger Tilgung fremder Schulden** Aufwendungsersatzanspruch für den Zahlenden anfällt, richtet sich gem **Abs II** nach dem Statut der getilgten Verbindlichkeit (so schon Celle NJW 1967, 783 = FamRZ 1967, 156; LG München I FamRZ 1974, 473). Ebenso entscheidet in **Rückgriffsfällen** das Zessionsgrundstatut über das Bestehen eines Anspruchs aus GoA (s Art 33 Rz 10). Dies entspricht (vgl Begründung RegE aaO S 10 oben) dem materiellrechtlichen Grundsatz, daß der Regreß an der Befreiung von der ursprünglichen Schuld ansetzt.

10   **3. Sonderregeln.** Die oben Rz 8 dargestellte Grundregel der Maßgeblichkeit des Rechts des Vornahmeortes wird, wie es schon zum alten Recht praktiziert oder doch gefordert worden ist (s Koblenz NJW 1992, 2367 = VersR 1992, 612 Anm Wandt; 9. Aufl vor Art 38 Rz 4; MüKo/Kreuzer II vor Art 38 Rz 3–5) gemäß Art 41 nF im Einzelfall durch ein dem Sachverhalt enger verbundenes Recht verdrängt. Das gilt insbesondere dann, wenn die Geschäftsführung im Zusammenhang mit einer vertraglichen oder auch sachen- bzw. familienrechtlichen Beziehung zwischen Geschäftsherr und Geschäftsführer steht; dann gilt im Sinne akzessorischer Anknüpfung das Vertragsstatut bzw das Statut der „prägenden Rahmenbeziehung" (Art 41 I, II Nr 1 nF; zum alten Recht so Koblenz aaO; Soergel/Lüderitz[12] Art 38 Anh I Rz 4 mwN; s zB zur Maßgeblichkeit des Rechts des Miteigentümerverhältnisses BGH NJW 1998, 1322). Ebenso wird das Deliktsstatut zum Statut der GoA, soweit Ansprüche aus GoA im Zusammenhang mit einem deliktischen Schuldverhältnis entstehen (MüKo/Kreuzer II vor Art 38 Rz 5). Gemeinsamer gewöhnlicher Aufenthalt von Geschäftsherr und Geschäftsführer kann wie nach altem Recht (Nürnberg IPRspr 1991 Nr 50; Düsseldorf RIW 1984, 481 = IPRspr 1982 Nr 25; Koblenz aaO) im Sinne des Art 41 II Nr 2 auch jetzt noch „Recht engerer Beziehung" sein, das dann die Anknüpfung an den Vornahmeort verdrängt (zB gemeinsames Flaggenrecht bei Hilfeleistung auf hoher See, s Fischer IPRax 2002, 1, 14; Pal/Heldrich[62] Rz 1). **Rechtswahl** ver-

drängt nach Art 42 nF in dessen Grenzen die objektive Anknüpfung des Abs I nach wie vor. Für die Bildung des Statuts der Tilgung fremder Verbindlichkeit (Abs II) spielen diese Sonderregeln ersichtlich keine wesentliche Rolle, da die in Abs II praktizierte Anlehnung an das Schuldstatut ganz grundsätzlich das Recht auch der konkret engsten Beziehung ist. Da es sich als Recht gem einer im Grundsatz Art 41 II Nr 1 schon entsprechenden Anknüpfung darstellt, bedarf es dieser Sonderregel nicht mehr. Die Anwendung von Art 41 II Nr 2 ist zwar denkbar, aber als Recht „engerer Beziehung" nicht plausibel. Rechtswahl gem Art 42 nF hingegen kann hier zur Trennung zwischen Schuld- und Tilgungsstatut führen, praktischer Gewinn wird sich hieraus indes kaum ziehen lassen.

III. Anwendungsbereich

1. Fallgruppen der GoA. Die in Rz 8–10 beschriebenen Anknüpfungen gelten für die dort bereits aufgeführten 11 Fallgruppen. **Abs I** erfaßt, vorbehaltlich eines Eingreifens einer der in Rz 10 dargestellten Sonderregeln, die **Nothilfe** (einschließlich der Hilfe aus Seenot, s MüKo/Kreuzer II vor Art 38 Rz 10 mwN; zum Bergelohn s das oben Rz 3 genannte Brüsseler Übereinkommen sowie Art 12ff des Übereinkommens von 1989, s Rz 3) und insoweit dann die Ansprüche von Geschäftsführer und Geschäftsherrn; soweit aus der **Verwendung auf fremde Güter** oder aus deren Veräußerung oder Verwertung/Nutzung Ansprüche nach Regeln der GoA entstehen (zB § 547 II BGB aF, § 539 I BGB nF), entscheidet ebenfalls das Recht des Geschäftsbesorgungsortes (v Hoffmann aaO S 92, 95; Wandt 135; 9. Aufl vor Art 38 Rz 4); die Anknüpfung ergibt regelmäßig den erwünschten Gleichklang mit dem Sachstatut (Art 43 I nF), dem Deliktsstatut (Art 40 I nF) und dem Statut der Eingriffskondiktion (Art 38 II nF). **Abs II** erfaßt, was bisher als freiwillige Tilgung fremder Schulden verstanden worden ist (Überblick bei MüKo/Kreuzer II vor Art 38 Rz 11), insbes ist der Aufwendungsersatzanspruch dessen erfaßt, der eine fremde Schuld tilgt, ohne dazu verpflichtet oder berechtigt zu sein (zum alten Recht s Rz 9, ferner ArbG Düsseldorf IPrax 1990, 328, 330; LG München I FamRZ 1974, 473; LG Münster IPRsp 1973 Nr 44; Einzelfälle auch bei Staud/v Hoffmann/Thorn Rz 62, 64 sowie 45). Zum Vorrang des Art 18 VI Nr 3 s oben Rz 3.

2. Reichweite des Statuts. Das aus Art 39 oder einer Sonderregel (s Rz 10) sich ergebende Statut der GoA erfaßt Ansprüche von Geschäftsherrn und Geschäftsführer in voller Breite und gleichermaßen. Im Interesse des notwendigen Gleichklangs sind sie – nach Art 39 I oder einer Sonderregel – gleich anzuknüpfen (Koblenz NJW 1992, 2367 = VersR 1992, 612 Anm Wandt). Dem Statut unterliegen die Voraussetzungen für die Berechtigung der Tätigkeit, die sonstigen Anspruchsvoraussetzungen sowie das Schicksal des jeweiligen Anspruchs (Erfüllung, Nichterfüllung mit Nichterfüllungsfolgen), im Grundsatz nicht anders, als dies für Ansprüche aus Vertragsschuldverhältnissen in Art 32 geregelt ist und auch für Bereicherungsansprüche entsprechend entwickelt worden ist (Erläuterung zu Art 38 Rz 15).

40 *Unerlaubte Handlung*

(1) Ansprüche aus unerlaubter Handlung unterliegen dem Recht des Staates, in dem der Ersatzpflichtige gehandelt hat. Der Verletzte kann verlangen, daß anstelle dieses Rechts das Recht des Staates angewandt wird, in dem der Erfolg eingetreten ist. Das Bestimmungsrecht kann nur im ersten Rechtszug bis zum Ende des frühen ersten Termins oder dem Ende des schriftlichen Vorverfahrens ausgeübt werden.

(2) Hatten der Ersatzpflichtige und der Verletzte zur Zeit des Haftungsereignisses ihren gewöhnlichen Aufenthalt in demselben Staat, so ist das Recht dieses Staates anzuwenden. Handelt es sich um Gesellschaften, Vereine oder juristische Personen, so steht dem gewöhnlichen Aufenthalt der Ort gleich, an dem sich die Hauptverwaltung oder, wenn eine Niederlassung beteiligt ist, an dem sich diese befindet.

(3) Ansprüche, die dem Recht eines anderen Staates unterliegen, können nicht geltend gemacht werden, soweit sie
1. wesentlich weiter gehen als zur angemessenen Entschädigung des Verletzten erforderlich,
2. offensichtlich anderen Zwecken als einer angemessenen Entschädigung des Verletzten dienen oder
3. haftungsrechtlichen Regelungen eines für die Bundesrepublik Deutschland verbindlichen Übereinkommens widersprechen.

(4) Der Verletzte kann seinen Anspruch unmittelbar gegen einen Versicherer des Ersatzpflichtigen geltend machen, wenn das auf die unerlaubte Handlung anzuwendende Recht oder das Recht, dem der Versicherungsvertrag unterliegt, dies vorsieht.

I. Allgemeines	3. Vorrang gemeinsamen Umweltrechts (Abs II) . . . 32
1. Inhalt und Zweck 1	4. Andere Anknüpfungen 42
2. Vorgeschichte und altes Recht 4	5. Anknüpfung von Verkehrsregeln und Sicherheits-
3. Deliktskollisionsnormen außerhalb des EGBGB . . 9	vorschriften 43
4. Staatsvertragliche Regeln und europäisches Recht . 10	**III. Einzelne Sachgebiete und Deliktsgruppen**
5. Geltung allgemeiner Regeln	1. Straßenverkehrsunfälle 44
a) Grundsätze 11	2. Andere Verkehrsarten (Luft-, See-, Bahnverkehr) . 47
b) Rück- und Weiterverweisung 12	3. Umweltschäden 50
c) Ordre public 17	4. Wettbewerbsdelikte 51
d) Vorfrage 18	5. Produkthaftung 52
6. Intertemporales Recht 19	6. Persönlichkeitsrechtsverletzung 53
7. Innerdeutsches Kollisionsrecht 20	7. Immaterialgüterrechtsschutz 54
II. Anknüpfungen (Abs I und II)	8. Deliktsrechtsschutz gegenüber „neuen Medien" . . 56
1. Übersicht 21	**IV. Qualifikation und Anwendungsbereich** 57
2. Grundregel der Maßgeblichkeit des Tatortrechts	**V. Schrankenwirkung des Abs III**
(Anknüpfung an den Tatort/Begehungsort, Abs I) . 22	

EGBGB Art 40 Internationales Privatrecht

1. Inhalt und Zweck 66	e) Die Vorbehaltsschranken der Nr 1–3 72
2. Vorgeschichte und altes Recht 67	f) Wirkungsweise von Abs III 76
3. Anwendungsvoraussetzungen des Abs III	g) Einsetzbarkeit von Abs III bei Anerkennung und
a) Vergleichsprüfung 68	Vollstreckung ausländischer Entscheidungen . . 77
b) Sperrklausel ohne typische Inländerschutz-	**VI. Statut des Direktanspruchs (Abs IV)** 78
funktion 69	Anhang:
c) Anwendbarkeit gegenüber Ansprüchen nach	Haager Übereinkommen über das auf Straßenverkehrs-
ausländischem Recht 70	unfälle anzuwendende Recht 80
d) Sperrgrenze des deutschen Rechts 71	

Schrifttum: A. Grundlagen, altes Recht, Reform: *v Bar*, Grundfragen des int Deliktsrechts, JZ 1985, 961; *Beitzke*, Kollisionsrechtliches zur Deliktshaftung juristischer Personen, FS Mann (1977), 107; *Binder*, Zur Auflockerung des Deliktsstatuts, RabelsZ 20 (1955), 401; *R. Birk*, Schadensersatz und sonstige Restitutionsformen im int Privatrecht (1969); *v Caemmerer* (Hrsg), Vorschläge und Gutachten zur Reform des dt int Privatrechts der außervertraglichen Schuldverhältnisse (1983) (mit Beiträgen zum int Deliktsrecht von Deutsch, Firsching, Heldrich, W. Lorenz, Frhr v Marschall, Sonnenberger, Stoll); *Deutsch*, Das Int Privatrecht der Arzthaftung, FS Ferid (1978), S 117; *Hillgenberg*, Das IPR der Gefährdungshaftung für Atomschäden, Diss Bonn 1963; *Hohloch*, Auflockerung als „Lippenbekenntnis"? Zur Konsolidierung der Tatortregel im int Deliktsrecht – BGH NJW 1977, 496 –, JuS 1980, 18; *ders*, Das Deliktsstatut – Grundlagen und Grundlinien des int Deliktsrechts (1984); *ders*, Grenzen der Auflockerung des Tatortprinzips im int Deliktsrecht, IPRax 1984, 14; *ders*, Rechtswahl im int Deliktsrecht, NZV 1988, 161; *ders*, Erste Erfahrungen mit der Neuregelung des IPR in der BRepD, JuS 1989, 81; *ders*, Harmonisierung der Produkthaftung in der EG und Kollisionsrecht, FS Max Keller (1989), S 433; *Kropholler*, Ein Anknüpfungssystem für das Deliktsstatut, RabelsZ 33 (1969), 601; *W. Lorenz*, Einige Überlegungen zur Reform des dt int Deliktsrechts, FS Coing Bd II (1982) 257; *ders*, Fortschritte bei der Auflockerung des Deliktsstatuts im int Verkehrsunfallrecht, IPRax 1985, 85; *Mansel*, Kollisions- und zuständigkeitsrechtlicher Gleichlauf der vertraglichen und deliktischen Haftung, ZVglRWiss 86 (1987), 1; *K. Müller*, Delikte mit Auslandsberührung, JZ 1986, 212; *v Overbeck/Volken*, Das int Deliktsrecht im Vorentwurf der EWG, RabelsZ 38 (1974) 56; *Stoll*, Anknüpfungsgrundsätze bei der Haftung für Straßenverkehrsunfälle und der Produktenhaftung nach der neueren Entwicklung im int Deliktsrechts, FS Kegel (1977), S 113; *ders*, Deliktsstatut und Tatbestandswirkung ausl Rechts, FS Lipstein (1980) 259; *ders*, Zweispurige Anknüpfung von Verschuldens- und Gefährdungshaftung im int Deliktsrecht? FS Ferid (1978) 397; *ders*, Rechtskollisionen bei Schuldnermehrheit, FS Müller-Freienfels (1986), S 631; *E. Wagner*, Statutenwechsel und dépecage im int Deliktsrecht (1988); *Weick*, Das Tatortprinzip und seine Einschränkung bei int Verkehrsunfällen, NJW 1984, 1993. Ausf Nachw auch des älteren Schrifttums bei Hohloch, Das Deliktsstatut (1984) LXIIIff.

B. Reform von 1999 und Neues Recht: *Dörner*, Alte und neue Probleme des Internationalen Deliktsrechts, in FS Stoll (2001), 491; *Freitag/Leible*, Das Bestimmungsrecht des Art 40 I EGBGB im Gefüge der Parteiautonomie im Internationalen Deliktsrecht, ZVglRWiss 99 (2000), 101; *Heiderhoff*, Bestimmungsrecht nach Art 40 I S 2 EGBGB und Anwaltshaftung, IPRax 2002, 366; *Hohloch*, Neues IPR der außervertraglichen Schuldverhältnisse und des Sachenrechts – Zur Neuregelung der Art 38–46 EGBGB, JuS 2000, 1133; *Junker*, Das Internationale Unfallrecht nach der IPR-Reform von 1999, JZ 2000, 477; *Koch*, Zur Neuregelung des Internationalen Deliktsrechts: Beschränkung des Günstigkeitsprinzips und Einführung der vertragsakzessorischen Bestimmung des Deliktsstatuts, VersR 1999, 1453; *Looschelders*, Die Beurteilung von Straßenverkehrsunfällen mit Auslandsberührung nach dem neuen internationalen Deliktsrecht, VersR 1999, 1316; *Pfeiffer*, Die Entwicklung des Internationalen Vertrags-, Schuld- und Sachenrechts 1997–1999, NJW 1999, 3674; *Schurig*, Ein ungünstiges Günstigkeitsprinzip . . ., in Gedächtnisschrift Lüderitz (2000) 699; *Spickhoff*, Die Restkodifikation des Internationalen Privatrechts: Außervertragliches Schuld- und Sachenrecht, NJW 1999, 2209; *ders*, Die Tatortregel im neuen Deliktskollisionsrecht, IPRax 2000, 1; *Stoll*, Handlungsort und Erfolgsort im internationalen Deliktsrecht, Überlegungen zu Art 40 I EGBGB, in Gedächtnisschrift Lüderitz (2000) 733; *Wagner*, Zum Inkrafttreten des Gesetzes zum Internationalen Privatrecht für außervertragliche Schuldverhältnisse und für Sachen, IPRax 1999, 210; zum RegE zu diesem Gesetz Wagner IPRax 1998, 429.

C. Zum Einfluß von EG-Recht: *Benecke*, Auf dem Weg zu „Rom II" – Der Vorschlag für eine Verordnung zur Angleichung des IPR der außervertraglichen Schuldverhältnisse, RIW 2003, 830; *Hein*, Rechtswahlfreiheit im Internationalen Deliktsrecht, RabelsZ 64 (2000), 601, 606; *Fuchs*, Opferschutz bei Verkehrsunfällen im Ausland – Die Vierte Kraftfahrzeughaftpflicht-Richtlinie im Überblick, IPRax 2001, 425; *Koch*, Das Tatortprinzip des Internationalen Deliktsrechts und Europäischen Gemeinschaftsrechts, in FS Koppensteiner (2001) 609; *Schaub*, Die Neuregelung des Internationalen Deliktsrechts in Deutschland und das europäische Gemeinschaftsrecht, RabelsZ 66 (2002), 18.

I. Allgemeines

1. Inhalt und Zweck

1   Art 40 nF enthält in Abs I und II die grundsätzlichen Anknüpfungsregeln für die „unerlaubten Handlungen". Erstmals in der Geschichte von BGB und EGBGB liegt mit diesen neuen Normen geschriebenes Deliktskollisionsrecht mit umfassendem Geltungsanspruch vor. Die zum 1. 6. 1999 eingeführte Norm ist das Ergebnis eines lang währenden Gesetzgebungsverfahrens, das wenigstens bis 1984 zurückreicht (s Rz 2 und 9. Aufl Art 38 Rz 1). **Abs I** enthält, im Grundsatz die Tatortanknüpfung des bisherigen Gewohnheitsrechts fortführend, nach wie vor das „Tatortprinzip" („lex loci delicti commissi") als Basis und Grundlage des Deliktskollisionsrechts. **Satz 1** enthält als grundsätzliche Anknüpfung die Anknüpfung an den „Handlungsort". Teilweise aufgegeben ist damit das die Tatortanknüpfung bislang bei „Distanzdelikten", dh Delikten, die sich über eine Rechtsgrenze hinweg verwirklichen und vollenden, beherrschende, um das „Günstigkeitsprinzip" ergänzte „Ubiquitätsprinzip". Der „Erfolgsort" als anderer Teil des Tatorts, der nach bisherigem Gewohnheitsrecht dem Handlungsort als Anknüpfungspunkt völlig gleichstand, ist in den Hintergrund gedrängt. Das Recht des „Erfolgsortes" kommt nach **Satz 2** lediglich dann zur Anwendung, wenn der Verletzte von seinem ihm insoweit eingeräumten einseitigen Bestimmungsrecht Gebrauch macht. Insoweit ist das bisherige „Ubiquitätsprinzip" auch im neuen Recht aufrechterhalten (Staud/v

Hoffmann Rz 5; Vogelsang NZV 1999, 497, 500; zu weitgehend Spickhoff IPRax 2000, 1, 3, 4). Dies muß aus Gründen der Prozeßökonomie vor Gericht alsbald, nämlich in der Frist von **Satz 3**, geschehen. **Abs II** ist heute Sitz und Quelle der „Auflockerung des Deliktsstatuts". Tatortrecht im Sinne von Abs I wird verdrängt durch das Recht „gemeinsamen gewöhnlichen Aufenthalts" der Deliktsbeteiligten. Der Gesetzgeber hat sich damit für eine einfache und klare und generelle Auflockerungsregel entschieden, wie sie zum alten Recht schon früh vorgeschlagen (mit Einschränkungen Kropholler RabelsZ 33 [1969], 601; generell Hohloch JuS 1980, 18, 21), von der Gerichtspraxis aber erst nach und nach akzeptiert worden war (s 9. Aufl Art 38 Rz 21ff). **Abs III** tritt im neuen Recht an die Stelle der bislang geltenden „Sperrklausel" des Art 38 aF (Fassung 1986, zuvor Art 12 Fassung 1896). Die Norm sucht einen Mittelweg zwischen dem bisherigen, zT stark kritisierten starren Inländerschutz des jetzt außer Kraft getretenen Art 38 aF und den Vorschlägen aus der Gesetzesvorbereitungsphase, gänzlich auf eine Sperrklausel zu verzichten, zu gehen. Mit Abs III, der insbesondere gegen unangemessen übersetzt erscheinende Schmerzensgeldbeträge auf der Basis ausländischen Schadensrechts und gegen die „Strafschadensersatzbeträge" („punitive damages") angloamerikanischer Provenienz zum Einsatz kommen kann, orientiert sich mit seinen Kappungs- und Verbotsmöglichkeiten an vergleichbaren Regelungen, die andere europäische IPR-Gesetzgeber (Schweiz, Italien) in der jüngeren Vergangenheit im Rahmen dortiger IPR-Reformen erlassen haben. **Abs IV** dient sachgemäßer Beruhigung eines langwierigen Meinungsstreits; der für den Verletzten bei der Unfallregulierung höchst bedeutsame Direktanspruch gegen den Haftpflichtversicherer des Schädigers kann nunmehr alternativ dem auf die unerlaubte Handlung anwendbaren Recht („Deliktsstatut") oder dem Recht des Versicherungsvertrages zwischen Schädiger und Versicherer („Versicherungsvertragsstatut") entnommen werden. So ist in der Regel dafür gesorgt, daß der Geschädigte jedenfalls aus einem der beiden Statuten über einen Direktanspruch verfügt.

Art 40 nF ist nicht isoliert zu sehen. Der Gesetzgeber hat sich bei der Abfassung und Vorbereitung des neuen 2 Deliktskollisionsrechts zwar für eine grundsätzliche und generell alle unerlaubten Handlungen erfassende Deliktskollisionsnorm (Art 40 nF) und gegen einen Katalog von Kollisionsnormen für einzelne Deliktstypen (zB Produkthaftung, Persönlichkeitsrechtsverletzung, unlauterer Wettbewerb) entschieden, doch ist Art 40 nF stets und in jedem Anknüpfungsfall auch im Zusammenhang mit der „Ausweichklausel" („Berichtigungsklausel") des **Art 41 nF** zu sehen, der bei wesentlich engerer Verbindung des Deliktssachverhalts zu einer anderen Rechtsordnung als den über Art 40 I und II nF gewonnenen Rechten dieses Recht der dann „engsten Verbindung" zur Anwendung bringt. Art 41 nF wird sowohl im einzelnen Deliktsfall seine Korrekturfunktion übernehmen, solche aber auch für ganze Deliktsgruppen entwickeln können, in denen die starre Anwendung des Handlungs- und Erfolgsortrechts gem Art 40 I ggf unangemessene Ergebnisse produzieren könnte (so zB bei der Produkthaftung, s Rz 52). Ebenso ist für die Deliktsanknüpfung objektiver Art, wie sie Art 40 und 41 nF vorsehen, noch zu berücksichtigen, daß Art 42 nF dem Parteiwillen der Deliktsbeteiligten die Möglichkeit zu parteiautonomer (nachträglicher) Rechtswahl gibt. Art 42 nF hat im Rahmen seines Anwendungsbereichs dann Vorrang vor der sich aus Art 40, 41 nF ergebenden objektiven Anknüpfung, nicht anders als dies im Bereich des Vertragsstatuts gem Art 27 der Fall ist.

Das über Art 40–42 nF ermittelte Deliktsstatut hat grundsätzlich umfassenden Geltungsanspruch. Es beherrscht 3 die Voraussetzungen wie die Folgen einer unerlaubten Handlung. Der Begriff der „unerlaubten Handlung" ist wie schon im alten Recht weit gezogen. Zur „unerlaubten Handlung" im Sinne des IPR rechnen die Tatbestände einer außervertraglichen Verschuldenshaftung ebenso wie Tatbestände der Gefährdungshaftung oder sonstiger verschuldensunabhängiger außervertraglicher Haftung (s Rz 57). Der Anwendungsbereich der Art 40–42 ist auch nicht auf Schadensersatzansprüche beschränkt; andere sich aus solcher „unerlaubter Handlung" ergebende Ansprüche wie zB Unterlassungs- oder Beseitigungsansprüche sind ebenso anzuknüpfen. **Art 44 nF** gibt als Regelung innerhalb des internationalen Sachenrechts (Art 43–46 nF) hinsichtlich der Immissionsabwehransprüche, die Art 40 I nF unterstellt werden, ein positivrechtlich normiertes Beispiel für diese „Reichweite des Deliktsstatuts".

2. Vorgeschichte und altes Recht

Art 40–42 nF sind am 1. 6. 1999 auf der Grundlage des IPR-Ergänzungsgesetzes vom 21. 5. 1999 (vor Art 38 4 Rz 1) in Kraft getreten. Es ist damit der bisherige Art 38 aF, der einziges Regelungsbruchstück für das Gebiet der unerlaubten Handlung im Rahmen der IPR-Reform von 1986 gewesen ist, abgeschafft und im Sinne komplett gedachter Regelung des Deliktskollisionsrechts ersetzt worden. Art 40–42 nF sind das Ergebnis der in der IPR-Reform von 1986 nicht bewältigten und für eine spätere Ergänzung der damals geschaffenen Art 3–38 verschobenen Reform auch des IPR des außervertraglichen Schuldrechts und des Sachenrechts. Das in den Art 40–42 nF jetzt vorliegende Gesetzesrecht beruht auf der sorgsamen Vorbereitung der Materie in den Verhandlungen des Deutschen Rats für IPR (s Schrifttum vor Rz 1) und den seit 1983 immer wieder überarbeiteten Referentenentwürfen (dazu s 9. Aufl Art 38 Rz 2 und hier vor Art 38 Rz 2 und 5). Zur Entwicklung insbes auch Wagner IPRax 1999, 210ff; Hohloch JuS 2000, 1133ff.

Art 40–42 nF bringen keine grundsätzlichen Veränderungen im Verhältnis zum ersetzten bisherigen gewohn- 5 heitsrechtlich vorhandenen Deliktskollisionsrecht (hierzu ausführlich 9. Aufl Art 38 Rz 10ff). Gewisse Veränderungen sind indes festzustellen und hier zu beleuchten: **a)** Bei grundsätzlicher Weitergeltung der Tatortregel als deliktsrechtliche Grundsatzkollisionsnorm ist jetzt die Anknüpfung an den **Handlungsort** die Grundsatzanknüpfung (Art 40 I S 1). Zwar dient gem Abs I S 2 auch der Erfolgsort weiterhin als alternativ möglicher Anknüpfungspunkt, doch bedarf es zur Anwendung des Erfolgsortsrechts statt des Handlungsortsrechts jetzt der aktiven Bestimmung dieses Rechts zum maßgeblichen Recht durch den Verletzten innerhalb der knapp bemessenen Frist des Abs I S 3. Das bisherige Ubiquitätsprinzip ist also im neuen Recht nur noch mit dieser Einschränkung wirksam; wichtiger ist, daß das „Günstigkeitsprinzip" des bisherigen Rechts mit der Regelung des Abs I S 2–3 ebenfalls verändert worden ist. Die Prüfung des Erfolgsortsrechts auf seine „Günstigkeit" für den Verletzten/Geschädigten ist nicht mehr Sache des von Amts wegen prüfenden Gerichts, sondern Chance und Risiko des Verletzten/Geschädigten, der sein Bestimmungsrecht auf der Grundlage eigener Abwägung, welches Recht das für ihn günstigere ist, auszuüben hat (kritisch dazu Schurig, Gedächtnisschrift Lüderitz [2000] 699).

6 **b)** Mit dieser an sich behutsamen und die Gerichte in gewissem Umfang entlastenden Veränderung hängen mögliche Veränderungen zusammen, die sich durch das neue Recht für einzelne Deliktstypen und Deliktsfallgruppen ergeben können. Da nach Abs I S 1 der Handlungsort die Anknüpfung grundsätzlich ergibt, ist bei besonderen Deliktsgruppen wie der Produkthaftung oder der Haftung für Persönlichkeitsrechtsverletzung, aber auch für den Bereich des unlauteren Wettbewerbs und des Immaterialgüterschutzes auszuloten, ob mit dem neuen Recht, das spezielle Deliktskollisionsnormen für die genannten und andere Bereiche nicht für notwendig und sinnvoll erachtet, Veränderungen an der dort bislang geübten Anknüpfungspraxis angezeigt und vorzunehmen sind (Rz 51, 54).

7 **c)** Vereinfacht im Verhältnis zum alten Recht stellt sich die aus **Abs II** folgende, gegenüber dem Tatortrecht des Abs I vorrangige Maßgeblichkeit des gemeinsamen Umweltrechts der Deliktsbeteiligten dar. Verdrängt wird das Tatortrecht nunmehr schon, wenn die Deliktbeteiligten **gemeinsamen gewöhnlichen Aufenthalt** haben. Es bedarf für dieses „Auflockerungsergebnis" nun nicht mehr der vorherigen, vielfach einzelfallbezogenen Abwägung der einzelnen Anknüpfungsgesichtspunkte eines Deliktsfalles, wie sie für die BGH-Rsp lange Zeit und eigentlich bis zuletzt bedeutsam gewesen war (s 9. Aufl Art 38 Rz 21ff). Allenfalls ist nun umgekehrt vorzugehen und kann im Einzelfall eine Korrektur der aus Abs II gewonnenen Anknüpfung über die Ausweichklausel des Art 41 (Recht engerer Beziehung) vorgenommen werden.

8 **d)** Nicht insgesamt fortgeführt werden kann die bisherige in Anwendung von Art 38 aF (vormals Art 12 aF – 1896 –) geübte Praxis des Inländerschutzes. Hatte Art 38 aF als besondere Ausprägung des Ordre-public-Vorbehalts die Geltendmachung weiterer Schadensersatzansprüche, als sie nach deutschem Recht gegeben sind, gegen Deutsche verhindert (hierzu s 9. Aufl Art 38 Rz 46ff), so ist die jetzige Vorbehaltsklausel (**Abs III**) ihres typischen Inländerschutzes entkleidet und orientiert sich inhaltlich zum Teil anders. Die Praxis zu Art 38 aF bleibt so nur eingeschränkt weiterverwertbar. Dies gilt dann auch für die Frage der Heranziehung des **Abs III** gegenüber der Inlandsvollstreckung ausländischer Titel (s Rz 77).

3. Deliktskollisionsnormen außerhalb des EGBGB

9 § 1 RechtsanwendungsVO (s vor Art 38 Rz 1), der bislang für die Anwendung gemeinsamen Umweltrechts anstelle des Tatortrechts noch mittelbare Bedeutung hatte (s 9. Aufl Art 38 Rz 21ff), ist seit Inkrafttreten der Art 40–42 nF nicht mehr in Kraft (s Erl vor Art 38 Rz 9). Für „Altfälle" behält die Norm, soweit intertemporalrechtlich „altes IPR" zur Anwendung zu gelangen hat (hierzu Rz 19) ihre bisherige Bedeutung (s 9. Aufl Art 38 Rz 3, 21ff). Als Deliktskollisionsnorm autonomgesetzlicher Art wirkt jetzt nur noch der an die Stelle von § 98 II GWB aF getretene inhaltsgleiche § 130 II GWB nF, der als einseitige Kollisionsnorm das GWB auf alle Wettbewerbsbeschränkungen für anwendbar erklärt, die sich in dessen Geltungsbereich auswirken. Soweit solche Wettbewerbsbeschränkungen als unerlaubte Handlungen iSd int Deliktsrechts zu qualifizieren sind, geht § 130 II GWB nF wie bislang § 98 II GWB aF den Kollisionsregeln des hier dargestellten allg int Deliktsrechts vor (zB bei Schadensersatzanspruch aus Schutzgesetzverstoß gem § 35 GWB, s MüKo/Immenga Nach Art 37 Rz 12–27).

4. Staatsvertragliche Regeln und europäisches Recht

10 Mehrseitige Staatsverträge, die das Deliktskollisionsrecht vereinheitlichen, sind für die BRepD nicht in Kraft. Das Röm Übk über das auf vertragliche Schuldverhältnisse anzuwendende Recht vom 19. 6. 1980 (s vor Art 27 Rz 2) enthält kein Deliktskollisionsrecht, nachdem im Hinblick auf die erheblichen Vereinheitlichungsschwierigkeiten der ursprüngliche Vorentwurf eines EG-Übereinkommens über das auf vertragliche und außervertragliche Schuldverhältnisse anwendbare Recht von 1973 nur noch in seinem vertragsschuldrechtlichen Teil zur Abkommensreife gebracht worden war (s schon vor Art 27 Rz 2). Zu den gegenwärtigen Bestrebungen um die Vergemeinschaftung des internationalen Schuldrechts („**Rom II**") s vor Art 38 Rz 8 (vgl die Schrifttumsnachweise speziell zum int Deliktsrecht vor Rz 1). Auch Abkommen zur Kollisionsrechtsvereinheitlichung auf Teilgebieten sind nicht in Kraft. Das gilt vor allem für das Haager Übk über das auf Straßenverkehrsunfälle anzuwendende Recht v 4. 5. 1971 und das Haager Übk über das auf die Produkthaftpflicht anzuwendende Recht v 2. 10. 1973, die allerdings als ausl Kollisionsrecht dort zu beachten sind, wo nicht vereinheitlichte und ungeschriebene dt Deliktskollisionsrecht eine Gesamtverweisung auf das Recht eines Landes ausspricht, für das das in Betracht kommende Übk in Kraft ist. Zu Gesamt- und Sachnormverweisung s Rz 12–16. Zu den Haager Abk s bei den jeweiligen Sachgebieten unten II 3 Rz 36 und 44. In Kraft sind für die BRepD hingegen verschiedene **zweiseitige** Staatsverträge mit Inhalten, die für das int Deliktsrecht erheblich sind. Auf sie ist bei der Erörterung der besonderen Deliktsfallgruppen hingewiesen (s unten II 3).

Für Teilgebiete des Schadensausgleichs bei Sachverhalten mit Auslandsbezug (insbes Transportschäden) sind ferner mehrseitige Abk (CMR, COTIF, WA) zu beachten, die das materielle Schadensersatzrecht in ihrem Anwendungsbereich weitgehend vereinheitlicht haben, für Teilfragen und zur Lückenfüllung aber auch Raum für nichtvereinheitlichtes Recht lassen, dessen Anwendbarkeit dann mit Hilfe entweder der autonomen Kollisionsregeln oder spezieller, sich aus den Abk ergebender Kollisionsregelungen zu ermitteln ist. Die Abk sind im jeweiligen Sachzusammenhang unten Abschnitt II 3 mitbehandelt.

5. Geltung allgemeiner Regeln

11 **a) Grundsätze.** Für die Anknüpfung von unerlaubten Handlungen gelten auch nach der gesetzlichen Neuregelung des Gebiets die gesetzlichen und anderen Allgemeinregeln des Allgemeinen Teils des IPR der Art 3ff. Die bisherige Frage, inwieweit die Lücke nach Art 38 aF bisher füllendes Gewohnheitsrecht den allgemeinen Regeln der 1986 in Kraft getretenen Art 3ff unterworfen war (s 9. Aufl Art 38 Rz 7), ist nunmehr obsolet geworden. Für Altfälle, auf die (Rz 19) bisheriges Recht anwendbar bleibt, ändert sich nichts (9. Aufl Art 38 Rz 7).

b) Rück- und Weiterverweisung

Schrifttum (teilweise zum alten Recht): *W. Bauer*, Renvoi im int Schuld- und Sachenrecht (1985), 137; *Beitzke*, Rück- und Weiterverweisung im int Deliktsrecht?, FS Wilburg (1975), 31; *Dessauer*, Zum renvoi im int Deliktsrecht, ZVglRWiss 81 (1982), 215; *Dörner*, Alte und neue Probleme des Internationalen Deliktsrechts, FS Stoll (2001) 491, 495; *v Hein*, Rück- und Weiterverweisung im neuen deutschen Internationalen Deliktsrecht, ZVglRWiss 99 (2000) 251; **allg** *Sonnentag*, Der Renvoi im internationalen Privatrecht (2001).

aa) Grundproblematik. Nach Art 4 I geht das geltende dt IPR von der **Gesamtverweisung** als dem Regelfall 12 der Verweisung aus. Diese Grundregel greift jedenfalls im Grundsatz auch für das neue int Deliktsrecht der Art 40–42 nF. Der Gesetzgeber hat in den die gesetzlichen Schuldverhältnisse betreffenden Zweiten Unterabschnitt eine Art 35 entsprechende Vorschrift, die das Vorliegen von Sachnormverweisungen anordnet, nicht eingestellt. Eine Notwendigkeit war auch nicht ersichtlich, der zu den Art 27–37 gegebene Sachzusammenhang ist nicht so eng, daß er die Ausgestaltung der Deliktskollisionsnormen als bloße Sachnormverweisungen zwingend erforderlich gemacht hätte. Die Neuregelung hat insofern bewirkt, daß manche Streitfrage, die zum alten Recht bis zuletzt strittig geblieben ist (s 9. Aufl Art 38 Rz 8–10) sich mit dem Inkrafttreten des neuen Rechts von selbst gelöst hat. Die umfassende Erörterung, die für die Problematik noch in der Vorauflage erforderlich war, ist deshalb seit 1. 6. 1999 so nicht mehr gefordert. Soweit sie nach Grundsätzen intertemporaler Rechtsanwendung für Altfälle noch heranzuziehen ist (s Rz 19), ist auf die 9. Aufl aaO zu verweisen. Auch für das neue Recht kann indes nicht von einheitlich vorliegender Gesamtverweisung im Sinne des Art 4 I ausgegangen werden; ähnlich wie für Art 38 und 39 nF gilt auch für Art 40 nF, daß für die einzelnen von Abs I–IV beherzigten Anknüpfungen jeweils getrennt über die Einordnung als Gesamt- oder Sachnormverweisung zu entscheiden ist (s schon Begründung RegE BT-Drucks 14/343, 8).

bb) Die einzelnen Verweisungen. Vor dem Hintergrund der zu Rz 12 gemachten Ausführungen hat demgemäß 13 für die in Art 40 nF enthaltenen Verweisungen folgendes zu gelten: **(1)** Die in **Abs I Satz 1** enthaltene Grundkollisionsnorm, die auf das Recht des Handlungsortes verweist, ist **Gesamtverweisung** gem dem Grundsatz des Art 4 I jedenfalls dann, wenn der Handlungsort für den Tatort insgesamt steht. Das ist bei den sog „Platzdelikten", bei denen sich das Delikt innerhalb einer Rechtsordnung vollendet (zB Auslandsunfall) der Fall; hier enthält die als „Tatortregel" anzusprechende Verweisung wenig materiellen Gehalt (s Erl Rz 22) und bedarf so zur Erzielung des notwendigen internationalen Entscheidungseinklangs der Ausgestaltung als Gesamtverweisung, so eine ggf durch das Tatortrecht ausgesprochene Rück- oder Weiterverweisung zu beachten ist (insoweit allg M, vgl aus der Rspr Frankfurt am Main NJW 2000, 1202; s auch Pal/Heldrich[62] Art 40 Rz 1; Looschelders VersR 1999, 1316, 1324; v Hein ZVglRWiss 99 (2000) 251, 272).

(2) Offen ist die Frage derzeit aber dort, wo Handlungsort und Erfolgsort auseinanderfallen, wie dies bei den „Distanzdelikten" (mit Deliktsverwirklichung über eine Rechtsgrenze hinweg) der Fall ist. Art 40 I und die dazu vorhandenen Gesetzgebungsmaterialien geben keinen eindeutigen Aufschluß über den Standpunkt des Gesetzgebers (s Wagner IPRax 1999, 210, 211). Für Vorliegen einer Gesamtverweisung in der Anknüpfung an den Handlungsort und (wahlweise) den Erfolgsort (Abs I Satz 1 und 2) spricht der freilich eher formale Gesichtspunkt, daß der Gesetzgeber den in der Gesetzesvorbereitung entwickelten Standpunkt, auch im int Deliktsrecht vom Vorliegen von Sachnormverweisungen auszugehen (noch RefE [1993] Art 42 II), in der späteren Phase des Gesetzgebungsverfahrens nicht mehr aufrechterhalten, die Vorschrift vielmehr in den RegE nicht mehr übernommen hat. Dem entspricht weiter, daß die Begründung zum RegE ohne gegensätzlichen Kommentar aus Bundestag und Bundesrat insofern (aaO S 8) verlautbart, jenseits der in ihr enumeriert aufgezählten Fälle „akzessorischer Deliktsstatutsbestimmung" oder Maßgeblichkeit der Rechtswahl (iSv Art 42 nF) bestehe kein Anlaß, vom Grundprinzip der Gesamtverweisung abzuweichen. Dem ist freilich entgegenzuhalten, daß zum alten Recht Einigkeit in diesem Punkt nicht bestanden hat (vgl 9. Aufl Art 38 Rz 8 und 9 mwN; MüKo/Kreuzer Art 38 Rz 26; Staud/v Hoffmann Art 38 Rz 162 jeweils mwN) und insbes ein höchstrichterlicher Standpunkt abschließend nicht entwickelt worden ist (s die auf obiter dicta beschränkten Äußerungen des BGH in BGH 90, 294, 296 = LM Art 12 EGBGB Nr 19 Anm Steffen; BGH 87, 95 Anm Hohloch JR 1984, 23; BGH 93, 214, 221 = NJW 1985, 1285f). Ein höchstrichterlicher Standpunkt ist aber indes auch deshalb nicht entwickelt worden, weil die zitierte Rspr des BGH zu Unfällen und zur Frage des Verweisungsgehalts bei der Anknüpfung an das gemeinsame Heimatrecht/Umweltrecht und nicht zu Distanzdelikten ergangen ist. Die Gesetz gewordene Fassung von Abs I Satz 1 und 2, die dem Geschädigten (und nicht mehr dem Gericht) die (einseitige) Wahl bei der Ausübung seines Bestimmungsrechts abfordert, läßt so eine Auslegung durchaus zu, die die zum alten – ungeschriebenen – Ubiquitäts- und Günstigkeitsprinzip entwickelte und dort für richtig erkannte Auffassung fortschreibt. Wie zum alten Recht hat dann zu gelten, daß bei der Möglichkeit alternativer Anknüpfung an den Handlungsort oder den Erfolgsort die Verweisung „ihrem Sinne nach" Sachnormverweisung sein muß, damit der Verletzten der ihm kraft seines Bestimmungsrechts eingeräumte Günstigkeitsvergleich auch sachgemäß erfolgen kann. Zum Vergleich stehen in einem solchen Vergleichsfalle die beiden Sachrechte, nicht etwa darf es insofern auf Weiterungen, zB die Rückverweisung des Erfolgsortsrechts auf das Recht des Handlungsortes, ankommen, die das dem Verletzten eingeräumte Recht zur Wahl des günstigeren von an sich zwei Rechten seines Sinnes entleeren würde. Es ist deshalb insoweit für das neue Recht festzuhalten, daß **bei Auseinanderfallen von Handlungsort und Erfolgsort** die von Abs I (Satz 1 mit Satz 2) angeordneten Verweisungen jeweils **Sachnormverweisungen** darstellen (so zum alten Recht Karlsruhe MDR 1978, 61; Saarbrücken NJW 1958, 752, 753; auch BGH NJW 1964, 2012; im Schrifttum zuletzt Staud/v Hoffmann Art 38 Rz 164; MüKo/Kreuzer Art 38 Rz 26 jeweils mwN; aA Pal/Heldrich[62] Art 40 Rz 1; Looschelders VersR 1999, 1324; v Hein ZVglRWiss 2000, 251, 272; Dörner FS Stoll (2001) 491, 495; wie hier insoweit Freitag/Leible ZVglRWiss 2000, 101, 140).

(3) Als **Gesamtverweisung** ist dann wieder die in **Abs II Satz 1** geregelte Anknüpfung an das Recht des 14 gemeinsamen gewöhnlichen Aufenthaltes aufzufassen. Der Gesetzgeber läßt bei der Ausdeutung dieser jetzt gesetzlichen Regelung angesichts der Grundsatzvorgabe des **Art 4 I** nicht mehr die Möglichkeit offen, hier, wie in der 9. Aufl (Erl zu Art 38 Rz 10 mwN; ebenso MüKo/Kreuzer Art 38 Rz 26, 27; Staud/v Hoffmann Art 38 Rz 164) die an sich bessere Auffassung zu vertreten, es liege Sachnormverweisung vor (hierzu Hohloch Deliktsstatut 204ff). Abs II Satz 1 verweist ohne Andeutung, daß lediglich die Sachvorschriften gemeint seien, auf den gemeinsamen gewöhnlichen Aufenthalt. Es muß dann, wie dies auch bei den anderen Regeln (außerhalb der Art 27ff) der Fall ist (zB Art 14 I Nr 2), diese Verweisung als Gesamtverweisung hingenommen werden, so daß es zu einem Renvoi kommen kann. Die Nachteile dieser Konsequenz aus dem Verzicht auf eine ausdrückliche Regelung des Verweisungsgehalts (wie noch in Art 42 II RefE 1993 vorhanden) halten sich indessen in Grenzen. Liegt der gemeinsame gewöhnliche Aufenthalt der Deliktsbeteiligten im Inland, gilt nach Art 4 I ohnehin und ohne weiteres deutsches Recht. Liegt der gemeinsame gewöhnliche Aufenthalt im europäischen Ausland, wird die Verweisung jedenfalls – ohne Renvoi – dann und dort angenommen, wo das in Bezug genommene fremde IPR ebenso anknüpft. Dies ist vielfach der Fall. Zum Renvoi wird es nur dort kommen, wo das fremde IPR ohne Auflockerung die Tatortregel handhabt; weil deutscher Tatort (vielfach = Unfallort) ist dann inländisches Recht berufen. Letzteres Ergebnis kann schließlich auch dann herauskommen, wenn das fremde IPR seinerseits Abkommensregeln (zB Art 4, 5 Haager Übk über das auf Straßenverkehrsunfälle anwendbare Recht, Rz 10) zugrunde legt. Praktisches Beispiel Frankfurt am Main NJW 2000, 1202.

15 (4) Nach wie vor **Sachnormverweisungen** liegen außerhalb von Art 40 I und II dann vor, wenn das Deliktsstatut „akzessorisch" über Art 4 I, II Nr 1 gebildet wird. Das Deliktsstatut hängt sich hier ohne weiteres zB an das Vertrags- oder Familienstatut als Recht „wesentlich engerer Beziehung" an (hierzu Erl zu Art 41 Rz 11; zur Übereinstimmung mit der bisherigen Rechtslage 9. Aufl Art 38 Rz 10). Ebenso liegt Sachnormverweisung vor, wo das Deliktsstatut durch **Rechtswahl gem Art 42 nF** gebildet wird (hierzu Erl zu Art 42 Rz 5; zur Übereinstimmung mit der bisherigen Rechtslage insoweit 9. Aufl Art 38 Rz 10; Hohloch NZV 1988, 166ff).

16 (5) Der Verweisungsgehalt des **Art 40 IV** schließlich kann nicht gem den Ausführungen zu (1) und (4) entschieden werden. Soweit Abs IV für den Direktanspruch auf das Deliktsstatut verweist, ist er ohne weitere Anknüpfungsprüfung dem Recht zu entnehmen, das als Deliktsstatut aus der Anwendung der Deliktskollisionsregeln der Art 40–42 nF für den Ausgangsfall der unerlaubten Handlung folgt; soweit Abs IV alternativ auf das Versicherungsstatut verweist, gilt das über die Sachnormverweisungen des internationalen Versicherungsvertragsrechts (s Art 37 Rz 7, 8, 9 mwN) gefundene Versicherungsstatut.

17 c) **Ordre public.** Auch Rechtsanwendungsergebnisse im Anwendungsgebiet des IDR sind an den Schranken der allg Vorbehaltsklausel des Art 6 zu messen. Indes bedarf es des Rückgriffs auf Art 6 überall dort nicht, wo Art 40 III als spezielle Vorbehaltsklausel seine Sperrwirkung äußert und inhaltlich auch noch Unvereinbarkeit mit Art 6 vorliegt (dazu s Abschnitt IV Rz 66ff). Auch außerhalb des Anwendungsbereichs von Art 40 III kommt Art 6 zum Zuge, wenn das Rechtsanwendungsergebnis in eklatant hohem Maße abweicht und die übrigen Voraussetzungen der Norm gegeben sind. Zu den denkbaren Konstellationen s Erl Art 6 Rz 56.

18 d) **Vorfrage.** Das Deliktsstatut, dh das durch die Anknüpfung des IDR gefundene Recht, hat umfassende Geltung für den Deliktsanspruch; es bestimmt über Haftungsvoraussetzungen wie -umfang (s Abschnitt III Rz 48ff) und somit auch über die Person und den Kreis der Ersatzberechtigten (RG JW 1906, 297) einschließlich der Frage, ob der Anspruch des Verletzten vererblich ist (MüKo/Kreuzer Art 38 Rz 288). Die Neuregelung durch Art 40–42 hat insoweit Veränderungen zum alten Recht nicht bewirkt, da eine auf das Deliktsrecht bezogene Vorfragenregelung nicht aufgenommen worden ist und im allg IPR (Art 3–6) eine gesetzliche Vorfragenregelung nach wie vor nicht besteht. **Selbständig anzuknüpfende Vorfrage** (s Einl Rz 41ff) ist hingegen zB die Frage, wer als Erbe für den Anspruch in Betracht kommt (erbrechtlich anzuknüpfende Vorfrage, Art 25); gleiches gilt für die Frage nach dem Verpflichteten (aA MüKo/Kreuzer aaO). Bei Ansprüchen mittelbar Geschädigter (Ansprüche der Hinterbliebenen) bei Tötung und Verletzung von Angehörigen (zB §§ 844, 845 BGB) ist die Vorfrage des Bestehens von Unterhaltsansprüchen gegen den Getöteten (und auch der Pflicht zur Tragung der Beerdigungskosten) selbständig anzuknüpfen (BGH 57, 265 = IPRsp 1971 Nr 18; BGH NJW 1976, 1588; VersR 1978, 346; NJW-RR 1987, 147 = VersR 1987, 200; LG München I IPRax 1982, 78 [LS] Anm Jayme; München NJW-RR 1991, 925; Köln FamRZ 1995, 1200 = JuS 1996, 171 Nr 6 Anm Hohloch; unklar Hamm NZV 1989, 271; das Schrifttum stimmt mit der Rspr überein, s MüKo/Kreuzer Art 38 Rz 291; Pal/Heldrich Rz 18; Staud/v Hoffmann Art 38 Rz 159; zT abw aber Stoll FS Lipstein [1980] 259, 270f, dessen materiellrechtliche Lösung eher aber der Beurteilung von Sicherheits- und Verhaltensnormen am Tatort gerecht wird [dazu Rz 35]). Normenmangel bei Verneinung von Unterhaltsanspruch, aber Bejahung eigenen Schadensersatzanspruchs des Angehörigen durch das Unterhaltsstatut (Art 18) ist durch Anpassung (Celle VersR 1980, 169), primär aber durch sachgerechte Qualifikation des Anspruchs, die Anpassungsnotwendigkeit vermeidet, zu lösen.

6. Intertemporales Recht

19 Bis zum Inkrafttreten der Art 40–42 nF stellte sich die Frage einer Übergangsregelung zwischen altem und neuem IPR (Art 220 I) für das IDR nicht, da die IPR-Reform von 1986 das Gebiet (von der „Umnumerierung" des Art 12 aF zu Art 38 jetzt aF abgesehen) nicht erfaßt hatte. Mit der zum 1. 6. 1999 in Kraft getretenen Neuregelung auch dieses Gebiets, die eine eigene Übergangsregelung nicht enthält (s Erl vor Art 38 Rz 8), ist nun auch im IDR die Rechtsanwendung für „Altfälle" mit den aus Art 220 I folgenden Regeln zu beantworten (s Erl zu Art 220 Rz 1ff). Das zum 1. 6. 1999 außer Kraft getretene – überwiegend gewohnheitsrechtlich gebildete – IDR kommt so weiterhin auf unerlaubte Handlungen zur Anwendung, die einen zu diesem Zeitpunkt „abgeschlossenen Vorgang" darstellen. Das ist überall dort der Fall, wo der Deliktstatbestand vor dem 1. 6. 1999 vollendet worden ist, dh wo die **Deliktshandlung** wie der **Deliktserfolg** (, dh die **Rechtsgutverletzung** oder die Verletzung des rechtlich geschützten Interesses [bei Sachrechten, die eine spezialisierte Rechtsgutverletzung für die Bejahung einer uner-

laubten Handlung nicht verlangen]) vor dem 1. 6. 1999 zustande gekommen sind. Ob in diesen Fällen **Schaden** vor dem 1. 6. 1999 in abgeschlossener Form entstanden ist, ist insofern unerheblich; erst ab dem 1. 6. 1999 eintretende Folgeschäden, mittelbare Schäden, Spätschäden bewirken die Anwendbarkeit der neuen Art 40–42 dort nicht, wo der Deliktstatbestand seinen Ersterfolg noch vor dem 1. 6. 1999 erlebt hat. Gleiches gilt für Folgeansprüche (Renten, Schmerzensgeldrenten) und für Ansprüche mittelbar Geschädigter.

Kein abgeschlossener Vorgang liegt dann aber folgerichtig immer dort vor, wo das Delikt „über die Zeitgrenze hinweg" verwirklicht worden ist. Neues IDR gilt so dann, wenn der aus der vor dem 1. 6. 1999 begangenen Deliktshandlung resultierende Deliktserfolg erst ab dem 1. 6. 1999 eingetreten ist. Dies gilt für Distanzdelikte (zB ehrenrühriger Brief) wie auch für Platzdelikte (zB der bei einem Unfall vor dem 1. 6. 1999 Verletzte verstirbt am 1. 6. 1999 oder später: an den Tod anknüpfende Ansprüche „mittelbar Geschädigter" ergeben sich aus dem Recht, das über das neue IDR zu ermitteln ist). Zulässig bleibt in solchen wie in allen Fällen, in denen sich die Frage nach dem intertemporalrechtlich maßgeblichen Deliktskollisionsrecht stellt, die parteiautonome Bestimmung des anzuwendenden IDR. Das ergibt sich a maiore ad minus aus der Zulässigkeit nachträglicher Rechtswahl (Art 42 nF).

7. Innerdeutsches Kollisionsrecht

a) Im ILR vor dem 3. 10. 1990 herrschte die Tatortregel (BGH FamRZ 1961, 261; Düsseldorf VersR 1975, **20** 1124; KG VersR 1990, 394, 395 Anm E. Lorenz und Rupf = IPRax 1990, 166 Anm Wandt). Bei gemeinsamer ausschl dt Staatsangehörigkeit nach §§ 1ff RuStAG wurde in entspr Heranziehung von § 1 RechtsanwendungsVO das bundesdeutsche Recht angewandt (KG IPRsp 1975 Nr 21; BayObLG 1990, 159, 161). Richtiger Ansicht nach hatte das auch zu geschehen bei nur übereinstimmendem gewöhnl Aufenthalt in der BRepD (KG VerkMitt 1979, 80; Frankfurt NJWE-VHR 1997, 36 – Unfall zwischen Deutschem und türk Gastarbeiter mit Wohnsitz in der BRepD/in der DDR; aA Pal/Heldrich Art 38 Rz 29; tw abw – bei Angehörigen der ehem DDR – Staud/v Hoffmann Art 38 Rz 11). **b)** Sind heute (ab dem 3. 10. 1990) Altfälle, dh unerlaubte Handlungen iSd IDR, bei denen die Rechtsgutverletzung vor Ablauf des 2. 10. 1990 abgeschlossen war, mit innerdt Aspekt zu regeln, dann ist das auf sie anwendbare Recht stets und von allen dt Gerichten nach den Regeln des seit dem 3. 10. 1990 einheitlichen interlokalen Privatrechts – ohne Einschaltung von Art 236 § 1 und des RAG – zu ermitteln (sehr str, wie hier Pal/Heldrich Art 236 Rz 4; aA Staud/v Hoffmann Art 38 Rz 10; s ferner Böhm DAR 1990, 36; Bauer DtZ 1990, 16; 1991, 85; Amend NZV 1990, 452; Bek v 24. 8. 1990 BAnz Nr 162 v 30. 8. 1990). Zur str Grundproblematik s Art 236 und Erl dort. Die Neuregelung der Art 40–42 nF bleibt für dieses seit dem 3. 10. 1990 geltende ILR außer Betracht, da lediglich Altfälle noch dieser interlokalrechtlichen Behandlung unterliegen. **c)** Seit dem 3. 10. 1990 besteht auf dem Gebiet des Rechts der unerlaubten Handlungen Rechtseinheit, s Art 232 § 10 und dazu Sabaß ZfS 1990, 334. Gleiches gilt für die übrigen bundesrechtlichen Vorschriften des Haftungsrechts. Für innerdt Deliktskollisionsrecht ist so kein Bedarf mehr, so daß aus den neuen Art 40–42 auch keine Veränderungen der analog den IPR-Regeln gebildeten ILR-Regeln zu folgen hat.

II. Anknüpfungen (Abs I und II)

1. Übersicht

Abs I wie Abs II enthalten jetzt in gesetzlicher Fassung Anknüpfungsregeln, die im Grundsatz so bislang schon **21** gegolten haben (s Rz 22ff). Abs I beruht auf dem **Tatortprinzip**. Die **Tatortregel** („lex loci delicti commissi") war seit langem praktizierte, ungeschriebene Grundregel des IDR (zur Entwicklung s Hohloch, Deliktsstatut 30ff, 55ff). Sie lag nach der Konzeption des EGBGB aF schon Art 12 aF, dann Art 38 aF zugrunde, ohne je positivrechtliche Anerkennung gefunden zu haben (Hohloch aaO 55 mwN), und hat die Rechtsanwendung in der Geltungszeit des BGB ca 40 Jahre lang in der Gerichtspraxis unangefochten beherrscht (RG 96, 96, 98). Mit § 1 RechtsanwendungsVO 1942, einer ursprünglich kriegsbedingten, ephemer gedachten Ausnahmeregel (Hohloch aaO 205 mwN), sind dann im dt IDR (ohne unmittelbaren Bezug) Anknüpfungsideen von der besseren **Geeignetheit des gemeinsamen Heimatrechts** in die Gerichtspraxis eingedrungen, die zuvor in Deutschland und Europa nur am Rande, aber immerhin stetig vertreten worden waren (Nachw bei Hohloch aaO 44–48). Ab der Mitte der 50er Jahre ist, später unter dem zusätzlichen Einfluß von Entwicklungen in England und den USA (s ausf Hohloch aaO 90ff), die Anknüpfung an das gemeinsame Heimatrecht im größeren Zusammenhang der Maßgeblichkeit des Rechts der engsten Beziehung („proper law of the tort", „most significant contacts") gesehen worden (s Binder RabelsZ 20 [1955] 401; Kropholler aaO 601ff; wN bei Hohloch aaO 189ff). Resultate waren die Anknüpfung an die soziale Umwelt, in die das Delikt eingebettet ist (Reisegruppen, „Käseglockentheorie", Ferid IPR § 6–170), vor allem aber die Umformung der Anknüpfung an die gemeinsame Staatsangehörigkeit zur Anknüpfung an das Deliktsbeteiligten **gemeinsame Umweltrecht** (BGH NJW 1977, 496; BGH 87, 95 und nachfolgende Rsp), in dem der gemeinsame gewöhnl Aufenthalt der gemeinsamen Staatsangehörigkeit den Rang abzulaufen begonnen hat (s Hohloch JuS 1980, 18; IPRax 1984, 14; JR 1984, 63, 64; JR 1985, 23). Entwickelt hat sich dabei die sog „Auflockerung des Deliktsstatuts", worunter das Entstehen eines mehrere Anknüpfungen erfassenden und diese je nach Vorliegen der Voraussetzungen einsetzenden Anknüpfungssystems zu verstehen ist (Ausdr von Binder aaO 401; zutr Kritik an der Formulierung auch bei MüKo/Kreuzer Art 38 Rz 13 Fn 25). Basis dieses Anknüpfungssystems war in der Sicht der ganz hM nach wie vor die Tatortanknüpfung, wobei jedoch der Tatort Differenzierung erfuhr (s Rz 23), grundsätzlichen Vorrang vor der Tatortanknüpfung erhielt dann aber die Anknüpfung an das gemeinsame Umweltrecht (Rz 32). Den Deliktsbeteiligten stand aber auch die Möglichkeit der **Rechtswahl** frei (Rz 3); als weitere Anknüpfung innerhalb des gesamten Anknüpfungssystems kam jedenfalls für das Schrifttum die **akzessorische** Anknüpfung des Delikts nach Maßgabe der Anknüpfung für das im Vordergrund stehende Rechtsverhältnis, überwiegend einen dem Vertragsstatut unterstehenden Schuldvertrag der Parteien, hinzu (Rz 33, 34). Nach ca 4 Jahrzehnten dauernder Befassung von Rspr und Schrifttum mit derart aufgelockerter, an die Stelle ehedem starrer Maßgeblichkeit der Tatortregel getretener Anknüpfung war ein Netzwerk richterrechtlicher Regeln entstanden, die zT schon gewohnheitsrechtlichen Charakter hatten. Die Auseinandersetzung in Rspr und Schrifttum hatte am Ende dieser Entwicklung bewirkt, daß das bis dahin entstandene Regelwerk sowohl der Rechtssicherheit und der Abschätzbarkeit des anzuwendenden Rechts als auch dem Gesichtspunkt hinreichender Einzelfallberücksichtigung in insgesamt angemessenem Umfang Rechnung trug (krit insoweit noch Hohloch JuS 1980, 18ff und IPRax 1984, 14; s auch noch Pal/Heldrich[58] Art 38 Rz 11 und Dörner VersR 1989, 557; JURA 1990, 57, 59). Die 1986 noch verschobene, in der Reform in Kraft gesetzte Regelung des Art 40 beruht damit in allen ihren Anknüpfungsmomenten auf soliden Grundlagen.

2. Grundregel der Maßgeblichkeit des Tatortrechts (Anknüpfung an den Tatort/Begehungsort, Abs I)

22   **a) Begriffe, Definitionen, Funktionen in Abs I.** Abs I Satz 1 läßt im Sinne der Grundregel des IDR seit 1. 6. 1999 auf Ansprüche aus unerlaubter Handlung das Recht des Staates zur Anwendung kommen, in dem der Ersatzpflichtige gehandelt hat. Diese Anknüpfung an den **Handlungsort** entspricht als Grundregel und Grundform der Deliktsanknüpfung der bisherigen Anknüpfung an den **Tatort**. Tatort ist der **Begehungsort** der unerlaubten Handlung, der Deliktsort. Durch Anknüpfung an den Tatort wird als **Deliktsstatut** das am Begehungsort zum Zeitpunkt der Vollendung des Deliktstatbestands geltende Recht berufen (allg A seit alters, s etwa RG 36, 27, 28; 96, 96, 98; 138, 243, 246; 140, 25, 29; 150, 265, 270; BGH 57, 265; BGH NJW 1977, 496, dazu Hohloch JuS 1980, 18; BGH 87, 95, 97 = LM Art 12 EGBGB Anm Steffen = IPRax 1984, 30 Anm Hohloch 14, 16; BGH 90, 294, 297; 93, 214, 216 = LM Art 12 EGBGB Nr 20 Anm Bischoff; wN bei MüKo/Kreuzer Art 38 Rz 35 Fn 99). Die Qualifikation des Tatorts ist nach allem wie neuem Recht Sache des IPR der lex fori (ebenso Pal/Heldrich[62] Art 40 Rz 3). Die Bestimmung des Tatorts macht dort keine Schwierigkeiten, wo die Tatbegehung innerhalb des Geltungsgebiets **einer** Rechtsordnung stattfindet. Das Delikt ist dann Inlandsdelikt oder Auslandsdelikt (MüKo/Kreuzer Art 38 Rz 39: „Punktdelikt", „Platzdelikt"); vergleichbar angesiedelt ist das Delikt im staatsfreien Raum (Hohe See, Weltraum), bei dem eine Ersatzanknüpfung stattzufinden hat. Schwieriger gestaltet sich die Tatortbestimmung, wo das Delikt **grenzüberschreitend**, als „Distanzdelikt" erfolgt und **Handlungsort** und **Erfolgsort** auseinanderfallen, ggf sogar mehrere oder viele Erfolgsorte bestehen (zB Ehrverletzung durch kontinental verbreitete TV-Sendung) möglich erscheinen. In allen genannten Erscheinungsformen aber ist der Tatort mit der Funktion des grundsätzlichen Anknüpfungspunktes ausgestattet, den seine Neutralität gegenüber den Parteiinteressen, seine Objektivität und der Umstand zum Anknüpfungsmoment geeignet machen, daß das an ihm geltende Recht, das **Tatortrecht**, zur Beurteilung des Delikts und dessen Folgen seiner Sachnähe wegen grundsätzlich geeignet erscheint (BGH 57, 265; 87, 95, 97 und st Rspr, s Hohloch JuS 1980, 18ff; ders, Deliktsstatut 258). An dieser Einschätzung des bisherigen Gewohnheitsrechts rüttelt die neue Norm (Abs I) nicht. Die Gründe für die Grundentscheidung für das Tatortprinzip sind unverändert geblieben (s Begründung RegE aaO S 6; Wagner IPRax 1999, 210f); die Tatortregel ist neutral und objektiv und insoweit sachgerecht im Sinne enger räumlicher Verbindung.

23   **b)** Abs I steht in der überkommenen deutschen Tradition, so daß der Gesetzgeber dort, wo **Handlungsort und Erfolgsort** in verschiedene Rechtsordnungen fallen, eine einseitige Entscheidung für den Handlungsort oder den Erfolgsort (anders als manche ausländische Rechtsordnungen) nicht getroffen hat, sondern in beiden Erscheinungsformen des Begehungsortes einen für die Anknüpfung jeweils tauglichen „Tatort" sieht. Für die Bestimmung, was „Handlungsort" und was „Erfolgsort" ist, kann deshalb jedenfalls im Grundsatz noch auf die gewohnheitsrechtlich gewonnenen Ergebnisse des alten Rechts zurückgegriffen werden (so Begründung RegE aaO S 11). Wesentlich ist die Unterscheidung allein für den Typ der grenzüberschreitenden Delikts, bei dem das Handeln des Schädigers (jetzt: des „Ersatzpflichtigen") und der Eintritt des schädigenden Erfolges in zwei Rechtsordnungen fallen. Das Auseinanderfallen ist typisch für die **unerlaubten Handlungen im eigentlichen Sinne** (zB §§ 823ff BGB), bei denen Täterverhalten (Handlung oder Unterlassen) zum Handlungserfolg führt (zB BGH NJW 1996, 1128 für Pressedelikte [Erscheinungsort]), die Trennung zwischen Handlungs- und Erfolgsort ist aber ebenfalls möglich bei **Gefährdungshaftungsdelikten**, unschwer bei jenen wie §§ 7ff StVG, bei denen Verletzungshandlung und Verletzungserfolg erkennbar zu trennen sind (Gefährdungshaftung beim Tankwagenunfall unmittelbar an der Grenze), aber auch bei der **Anlagenhaftung**, wo die Anlage, für die gehaftet wird, diesseits der Grenze außer Kontrolle gerät und zu Verletzungserfolg jenseits der Grenze führt (zB Saarbrücken NJW 1958, 752, 753; AG Bonn NJW 1988, 1393, 1395; Hohloch aaO 107ff; MüKo/Kreuzer Art 38 Rz 41).

24   **aa) Handlungsort** ist jeder Ort, an dem jemand eine unerlaubte Handlung entweder selbst oder durch andere (BGH 29, 237, 239; BGH WM 1957, 1047, 1049; Celle NJW 1966, 302 Anm Dunz), für die er nach dem Recht des Handlungsortes haftet (MüKo/Kreuzer Art 38 Rz 44), ausführt. **Kein Handlungsort** ist der Ort bloßer Vorbereitungshandlungen (BGH 35, 329, 333f; BGH MDR 1957, 31, 33); die Abgrenzung hat grundsätzlich danach zu erfolgen, ob an dem Ort schon das durch den Deliktstatbestand geschützte Rechtsgut konkret gefährdet worden ist (Stoll IPRax 1989, 89, 90). Beim **Unterlassungsdelikt** ist der **Ort der Unterlassung** Handlungsort; als solcher ist der Ort anzusehen, an dem gem dem am Verletzungsort geltenden Recht hätte gehandelt werden müssen (MüKo/Kreuzer Art 38 Rz 45; zT weiter RG 36, 27, 28; 57, 142, 145; 150, 265, 270f; obiter auch LG Köln IPRspr 1978 Nr 33; aber Pal/Heldrich Rz 4). Kommen so mehrere Handlungsorte in verschiedenen Staaten in Betracht, galt bisher hinsichtlich des maßgeblichen Handlungsortes die Ubiquitätsregel mit Günstigkeitsprinzip. So ist im Grundsatz auch nach neuem Recht zu verfahren; indes wird der Günstigkeitsvergleich zwischen den verschiedenen in Betracht kommenden Handlungsortsrechten jetzt nicht mehr dem Gericht von Amts wegen obliegen, sondern in entsprechender Heranziehung der aus Abs I Satz 2 und 3 fließenden Regel Sache des Bestimmungsrechts des Verletzten sein. Da Handlungsort jeder Ort ist, an dem eine unerlaubte Handlung „ausgeführt" worden ist (s oben), kann sich die Bestimmung des Handlungsorts durchaus deliktstypisch einfärben und so für die Persönlichkeitsrechtsverletzung zB weiter gefaßt werden als für die grenzüberschreitend verwirklichte Grundstücksimmission (s die Erörterung im Rechtsausschuß des Bundestags und im Bundesrat, vgl Prüfbitte des Bundesrats, BT-Drucks 14/ 343, 20 und Gegenäußerung der BReg, aaO S 22; ebenso wohl Wagner IPRax 1999, 210, 211). Hierzu unten im Abschnitt III.

bb) Erfolgsort ist auch nach neuem Recht (Abs I Satz 2) der Ort des Eintritts der Rechtsgutverletzung bzw der **25** Ort der Verletzung des rechtlich geschützten Interesses (Begründung RegE aaO S 11; zum alten Recht BGH 131, 332, 335; 132, 105, 117f; aus früherer Rspr BGH 70, 7 = VersR 1978, 231, 233; BGH IPRspr 1977 Nr 29; 9. Aufl Art 38 Rz 19; MüKo/Kreuzer Art 38 Rz 40; Soergel/Lüderitz[12] Art 38 Rz 3; Staud/v Hoffmann Art 38 Rz 119). Schlagwortartig formuliert ist der „Schadensort" nicht auch noch Erfolgsort iS dieser Anknüpfung. Dies gilt so stets dort, wo aus Rechtsgutverletzung erst Schaden (Vermögensschaden wie Nichtvermögensschaden) folgt (zB Unfall mit Körperverletzung in Belgien, anschließende Krankenhausbehandlung in Deutschland mit Kostenfolge, Erfolgsort nur Belgien, Ort des Folgeschadens kein erheblicher Erfolgsort mehr, s zum bisherigen Recht BGH 52, 108, 111; BGH NJW 1977, 1590 zu § 32 ZPO; aA früher R. Schmidt FS Lehmann 1937 S 175, 181). Der „Schadensort" ist Erfolgsort hingegen dort, wo für einen Delikttyp, der eine Verletzung eines konkretisierten Rechtsguts nicht fordert (zB § 826 BGB, auf den Ersatz „primärer Vermögensschäden" ausgerichtete Delikttypen anderer Rechte), der Schadenseintritt erst die Bewirkung des Deliktstatbestands erbringt. Aber auch in Fällen dieser Art ist nicht jeder Schadensort „Erfolgsort"; Vermögensfolgeschäden, die in einem anderen Land als die im Erstland bewirkten primären Vermögensschaden resultieren, begründen dort keinen weiteren Erfolgsort. Die Abgrenzung ist insoweit parallel zu der Eingrenzung vorzunehmen, die für die Bestimmung der Zuständigkeit am „Ort des schädigenden Ereignisses" gem Art 5 Nr 3 EuGVÜ/LGVÜ gilt (EuGH NJW 1977, 493 – „Mines Potasse d'Alsace"; NJW 1991, 631 – „Dumez ./. Heloba"; NJW 1995, 1881 – „Shevill"; IPRax 1997, 331 Nr 30 – „Marinari" mit Aufs Hohloch 312ff; Stuttgart RIW 1998, 809). Diese Abgrenzung gilt für Delikte jeglicher Einordnung, für die „unerlaubten Handlungen" auch auf der Basis einer Verschuldenshaftung ebenso wie für die Tatbestände der Gefährdungs- und Risikohaftung (wie zum bisherigen Recht, s insofern 9. Aufl Art 38 Rz 19; MüKo/Kreuzer Art 38 Rz 48 mwN). Beim Unterlassungsdelikt liegt der Erfolgsort dort, wo das durch die Schadensabwendungspflicht geschützte Rechtsgut liegt (Soergel/Lüderitz[12] Art 38 Rz 10).

c) Ubiquitätsregel und Günstigkeitsprinzip (Konkurrenz von Handlungs- und Erfolgsorten). **aa) Grundlagen 26 und altes Recht.** Liegen Handlungsort und Erfolgsort oder mehrere Handlungs- und Erfolgsorte in verschiedenen Rechtsordnungen, so liegen nach bisherigem und eingeschränkt auch jetzigem Recht mehrere grundsätzlich mit gleichem Anknüpfungsgehalt und -gewicht ausgestattete Tatorte vor (**Ubiquitätsregel** bzw Ubiquitätsprinzip). Die in Deutschland hM hat dann nicht dem Handlungsort *oder* dem Erfolgsort den Vorzug gegeben (so andere Rechtsordnungen, s Hohloch aaO 55ff; Staud/v Hoffmann Art 38 Rz 27ff), lediglich für bestimmte Delikttypen und -gruppen ist zT der Handlungs- *oder* Erfolgsort favorisiert worden (dazu Rz 44ff). Anzuwenden war iS einer Grundregel dann das materielle Recht (s Rz 12) des Ortes, das dem Geschädigten günstiger ist (**Günstigkeitsprinzip**, BGH NJW 1964, 2012; NJW 1981, 1606; BAGE 15, 79, 82; Karlsruhe IPRspr 1976 Nr 13; MDR 1978, 61; München IPRspr 1975 Nr 23; WM 1985, 188, 189; hM im Schrifttum, zT abw v Bar JZ 1985, 961, 964 nur Vorsatzdelikte). Welches Recht dem Geschädigten günstiger ist, war durch vergleichende Prüfung (**Günstigkeitsvergleich**) der in Betracht kommenden Rechte unter konkretem Bezug auf den zu entscheidenden Einzelfall zu ermitteln, ohne daß hierbei schon Art 38 aF (Sperrklausel) einbezogen werden durfte (insoweit im Ansatz, aber wohl nicht im Erg abw Pal/Heldrich[58] Art 38 Rz 3). Dieser Günstigkeitsvergleich kann aufwendig und schwierig sein (zB Saarbrücken NJW 1958, 752; LG Saarbrücken IPRspr 1960/61 Nr 38), so daß schon zum bisherigen Recht strittig geworden war, ob das **Gericht** in jedem Fall die Pflicht zu amtsweger Günstigkeitsprüfung traf (so RG 138, 243, 246; München IPRspr 1975 Nr 23; Soergel/Lüderitz Art 38 Rz 24), oder ob dem **Geschädigten** ein das Gericht entlastende **Wahlbefugnis** zuzuerkennen war (dafür BGH NJW 1964, 2012; NJW 1981, 1606; Düsseldorf NJW 1980, 533 Anm Kropholler; München WM 1985, 189, 191; Saarbrücken NJW 1958, 752; AG Bonn NJW 1988, 1393, 1395, hM im Schrifttum, s MüKo/Kreuzer Art 38 mwN). Gesetzliche Vorgabe war lediglich, daß gem § 293 ZPO die IPR- und Auslandsrechtsanwendung zur Pflicht des Gerichts gehört (Einl Rz 51ff); anders als bei Art 29, 30 geht es im IDR nicht um den Schutz des Schwächeren, sondern um die Präferenz für den als Opfer freundlicher Behandelten. Das ließ nicht nur zweckmäßig, sondern auch rechtlich richtig erscheinen, dem Geschädigten die das Gericht entlastende **Wahlbefugnis** zuzuerkennen. Das gewählte oder durch Amtsprüfung als günstiger befundene Recht bestimmte als Deliktsstatut dann über den geprüften Anspruch insgesamt, es kam nicht zu einer Anwendungsvielfalt, wie dies bei Art 29, 30 der Fall sein kann (sog **elektive Konkurrenz** MüKo/Kreuzer Art 38 Rz 50, 52).

bb) Neues Recht (Abs I). Der Gesetzgeber des Art 40 I ist auf diesem Weg weitergegangen. Er hat das Ubiqui- **27** tätsprinzip im wesentlichen weiter bestehen lassen, so daß auch heute dort, wo Handlungsort und Erfolgsort auseinanderfallen, mehrere Tatorte als taugliche Anknüpfungspunkte zur Verfügung stehen. Die neue Regelung des **Abs I** hat sich dann jedoch dafür entschieden, den **Handlungsort** mit **Präferenz** auszustatten und ihn in den Fällen des Auseinanderfallens von Handlungsort und Erfolgsort zum primären Anknüpfungspunkt zu erheben (**Satz 1**). Diese Lösung entspricht einer – nicht einheitlichen – Tendenz in der neueren IPR-Gesetzgebung benachbarter Staaten (zB § 48 I österr IPRG, Art 61 Ital IPRG), läßt sich weiterhin auch damit rechtfertigen, daß die deliktische Handlung idR das schwerer wiegende Deliktselement ist und weist den nicht unwesentlichen Vorzug auf, daß der Handlungsort gegenüber dem Erfolgsort leichter zu bestimmen und leichter einer Rechtsordnung zuzuordnen ist als der Erfolgsort (oder gar mehrere in Betracht kommende Erfolgsorte, s dazu Begründung RegE aaO S 11). **Primärer Anknüpfungspunkt** ist innerhalb des Abs I und der hier geregelten Tatortanknüpfung deshalb der Handlungsort. Zur Definition des Handlungsortes s bei Rz 24. Maßgeblich ist für Abs I Satz 1 dann der Ort der Handlung des „Ersatzpflichtigen". Ist als **Ersatzpflichtiger** der unmittelbare Täter in Anspruch genommen, so bestimmt dessen Handeln den Handlungsort. Ist als Ersatzpflichtiger der Hintermann (Geschäftsherr, Halter, Anlagenbetreiber, mittelbarer Täter, Anstifter) in Anspruch genommen, so ist Handlungsort gleichwohl jener Ort, wo ein „Handeln" die Außenwelt in dem Sinne erreicht hat, daß der zur Verletzung des rechtlich geschützten Interesses führende Akt in die Welt gesetzt worden ist (s zur Abgrenzung, die insoweit dem alten Recht folgen kann, Rz 24 nach aa); zT abweichend Looschelders VersR 1999, 1316, 1319; v Hein RIW 2000, 820, 828; wie hier Pal/Heldrich Rz 3.

28 Bei dieser aus Abs I Satz 1 folgenden Präferenz für den Handlungsort ist es nach Abs I Satz 2 Sache des Verletzten, das als Deliktsstatut alternativ verfügbare Recht des Erfolgsortes (zur Sachnormverweisung auf den Erfolgsort s Rz 14) anstatt des primär anzuwendenden Rechts des Handlungsortes zur Anwendung zu bringen. Zur Anwendung kommt Erfolgsortrecht dann kraft Ausübung des **Bestimmungsrechts** durch den Verletzten gem **Abs I Satz 2**. Die Regelung des Satz 2 stellt die konsequente Fortführung der schon zum alten Recht sichtbar gewordenen Lösung dar, an die Stelle amtswegig und pflichtmäßig erfolgenden Günstigkeitsvergleichs des Gerichts eine Wahlbefugnis des Verletzten/Geschädigten zu setzen (s Rz 26). Dem Verletzten das Bestimmungsrecht zu geben, hat prozeßökonomische Entlastungswirkung; der Gesetzgeber hat richtig erkannt, daß eine – sich ggf von Instanz zu Instanz wiederholende gerichtliche – Günstigkeitsprüfung durch internationalprivatrechtliche Gerechtigkeitsinteressen nicht veranlaßt ist (s Begr RegE aaO S 11: „überzogen"). Da Satz 2 dem Verletzten eine Bestimmungsbefugnis gibt, trifft ihn – wie nach altem Recht (s 9. Aufl Art 38 Rz 20) – keine Wahlpflicht oder Bestimmungspflicht; er hat eben die Befugnis zur Ausübung seines Rechts, von der er Gebrauch machen kann oder nicht. Da Satz 2 bewußt zur Entlastung des Gerichts seine jetzige Gestalt erhalten hat, kann das Gericht sich seinerseits einer Günstigkeitsprüfung gänzlich enthalten. Optiert der Verletzte kraft seiner aus Satz 2 folgenden Bestimmungsbefugnis für das Erfolgsortrecht, bindet diese Bestimmung ihn ebenso wie das Gericht und andere Verfahrensbeteiligte. Das anzuwendende Recht liegt dann vor, ist aber dann nur nur die unerlaubte Handlung anzuwendende Recht (s auch Hein NJW 1999, 3175; Spickhoff IPRax 2000, 1, 5ff). Da die Bestimmung **Prozeßhandlung** ist, kann sie – zB im Fall, daß sich dann ergibt, daß das Erfolgsortrecht nicht günstiger ist – grundsätzlich nicht durch Widerruf oder Anfechtung rückgängig gemacht werden (aA, aber nicht zutreffend Lorenz NJW 1999, 2217; wie hier jetzt Pal/Heldrich[62] Art 40 Rz 4; Junker FS Lorenz [2001] 321, 337; Dörner FS Stoll [2001] 491, 495; Heiderhoff IPRax 2002, 366; aA Vogelsang NZV 1999, 497, 502; Freitag/Leible ZVglRWiss 99 [2000] 101, 123). Eine Änderung des in Abs I so anwendbar gewonnenen Rechts ist dann nur noch über die – zwischen den Verfahrensbeteiligten zu vereinbarende – nachträgliche Rechtswahl iSv Art 42 nF möglich. Unbeachtlich und folgenlos bleibt die Ausübung des Bestimmungsrecht indes dann, wenn der Verletzte (und ggf auch das Gericht und weitere Verfahrensbeteiligte) die Bestimmung gem Satz 2 getroffen hat, das Deliktsstatut im konkreten Fall aber nicht aus Abs I, sondern aus Abs II („gemeinsames Umweltrecht") zu gewinnen ist. Die Bestimmung geht dann ins Leere und bleibt unbeachtlich und folgenlos, ähnlich wie dies für eine iSv Art 25 unzulässige Rechtsunterstellung („professio iuris") eines Erblassers der Fall ist (vgl Erl zu Art 25 Rz 15).

29 Der dem Verletzten anheimgegebene **Günstigkeitsvergleich** folgt unter der jetzigen Geltung von Satz 2 anderen Regeln nicht, als diese schon zum alten Recht entwickelt waren (Rz 26). Dem Verletzten ist das Erfolgsortrecht günstiger, wenn es unter konkretem Bezug auf den zu entscheidenden Einzelfall die ihm günstigere Anspruchsposition vermittelt. Je nach Fallgestaltung wird sich die durch den Verletzten durchzuführende Prüfung auf die Anspruchsvoraussetzungen (Verschuldenshaftung, Haftung für vermutetes Verschulden, Gefährdungshaftung, einzelne Tatbestands- und auch Rechtswidrigkeitsmerkmale), die Anspruchsinhalte (Art und Inhalt des Schadensersatzes, bei Beseitigungsansprüchen Tragweite zB eines Widerrufs) und den Anspruchsumfang (Höhe des Schadensersatzes, Ersatzfähigkeit einzelner Schadensposten, Ersatzfähigkeit des Nichtvermögensschadens) sowie auf die Durchsetzbarkeit des Anspruchs (zB Verjährung, Verwirkung) erstrecken. Da die Bestimmung und die Günstigkeitsprüfung nicht mehr Angelegenheit des Gerichts, sondern des Verletzten ist, spielen frühere Streitfragen um die Berücksichtigung von Schutzklauseln (Art 38 aF, s Rz 26) jetzt keine Rolle mehr; hat der Verletzte ein Erfolgsortrecht wählen können, das ihn schadensersatzrechtlich besser stellt als das Recht des Handlungsortes, können seine Ansprüche gleichwohl gemäß Art 40 III wie auch gem Art 6 zu begrenzen oder zu kappen oder gänzlich zu verweigern sein; kritisch zur jetzigen Regelung Schurig, Gedächtnisschrift Lüderitz (2000) 699.

30 Die Ausübung des Bestimmungsrechts ist dann nach Satz 3, wiederum aus den genannten Gesichtspunkten der Verfahrensökonomie und eines in Grenzen zu haltenden Verletztenschutzes, zeitlich begrenzt. Die Bestimmung kann im Interesse der Verfahrensbeschleunigung lediglich im ersten Rechtszug eines gerichtlichen Verfahrens (Zivilverfahren, arbeitsgerichtliches Verfahren, Adhäsionsverfahren etc) erklärt werden und während des Prozesses nur bis zum Ende des frühen ersten Termins (§ 275 ZPO) oder dem Ende des schriftlichen Vorverfahrens (§ 276 ZPO). Im schriftlichen Verfahren (§ 128 II ZPO) gilt insoweit das Ende der Schriftsatzfrist (Freitag/Leible ZVglRWiss 99 [2000] 101, 132). Keine Begrenzung vor dem Verfahren, so Dörner FS Stoll (2001) 491, 494. Hinsichtlich der Entscheidung über letztere Möglichkeiten dem Gericht obliegt (§ 272 II ZPO), sind die Möglichkeiten des Verletzten auch insofern eingeengt (Konsequenz einer alsbald anzustrebenden Waffengleichheit im konkreten Verfahren, s Begründung RegE aaO S 11). Hinsichtlich der Ausübung seines Bestimmungsrechts ist der Verletzte im Verfahren weitestgehend auf sich allein gestellt. Keineswegs ist das Gericht generell verpflichtet, den Verletzten auf das sich für ihn aus Abs I Satz 2 ergebende und sich gem Satz 3 verfristende Bestimmungsrecht hinzuweisen. Aus §§ 139, 278 III ZPO folgen solche Hinweispflichten nicht, insbes darf das Gericht einen Hinweis nicht so geben, daß sich hieraus schon der Hinweis auf die günstigere Rechtslage nach dem Erfolgsortrecht ergibt. Unbenommen bleibt dem Gericht andererseits die Aufklärung von Sachverhalt und anwendbarem Recht gem §§ 273 I, 278 III ZPO bei unklarem und hinsichtlich der Rechtsanwendung notleidendem Parteivortrag.

31 Das Bestimmungsrecht des Abs I Satz 2 steht dem „Verletzten" zu. Da es entscheidend im Prozeß geltend zu machen ist, ist der Begriff des Verletzten auch im Hinblick auf die mögliche Verfahrensbeteiligung eines Deliktsbeteiligten auszulegen. **Verletzter** und Inhaber des Bestimmungsrechts ist so der durch die Rechtsgutverletzung unmittelbar Betroffene, dh der zB in seinem Eigentum, seiner persönlichen Integrität oder auch einem sonstigen geschützten Interesse Verletzte, dh der unmittelbar Geschädigte. Orientiert an der Möglichkeit der Geltendmachung des Bestimmungsrechts im Schadensersatzprozeß oder einem sonstigen Verfahren wegen unerlaubter Handlung, ist „Verletzter" in diesem Sinne auch der „mittelbar Geschädigte", dem in dieser Eigenschaft ein eigener, gerichtlich verfolgbarer Anspruch zustehen kann (zB § 844 BGB), insgesamt betrachtet jeder, der in der Lage ist, einen Anspruch wegen unerlaubter Handlung prozessual zu erheben und im Verfahren geltend zu machen.

3. Vorrang gemeinsamen Umweltrechts (Abs II)

a) Ausgangslage und Grundlagen. In der Neuregelung des IDR in den Art 40–42 nF kommt der Tatortregel 32 des Abs I die Funktion der Basisanknüpfung, der grundsätzlichen Bestimmung des Deliktsstatuts zu, das sich aus dem Tatortrecht ergibt. Diese Sichtweise entspricht voll dem Verständnis der Tatortregel in der jüngeren Rspr (BGH NJW 1977, 496; BGH 87, 95, 98; 90, 294; 93, 214). Ließen aber engere gemeinsame Beziehungen der Deliktsbeteiligten zu einer anderen Rechtsordnung, „insbesondere eine gemeinsame Staatsangehörigkeit und ein gemeinsamer gewöhnl Aufenthalt", die Anknüpfung an den Tatort als „unangemessen" erscheinen, so kamen für die Rspr „Ausnahmen von dem in Art 38 vorausgesetzten" Grundsatz der Maßgeblichkeit des Tatortrechts in Frage. Bei Vorliegen der Ausnahmevoraussetzungen erfolgte dann Verdrängung des Grundregel durch die ausnahmsweise Berufung des gemeinsamen Umweltrechts als dann den Sachverhalt beherrschendes Deliktsstatut (zB BGH 93, 214, 216). Methodisch gleich erfolgte die Verdrängung des Tatortrechts durch ein anderes Recht bei Maßgeblichkeit einer der anderen besonderen Anknüpfungen (Rechtswahl, akzessorische Anknüpfung, s unten). Dieser Ansatz der jüngeren Rspr seit BGH 57, 265 war im Grundsatz zu billigen. Nicht hinreichend deutlich kam in den von der Rspr gebrauchten Formulierungen allerdings die Problematik des aufgebauten Regel-Ausnahme-Verhältnisses zum Ausdruck. Löst man sich von der rückblickend-historischen Betrachtung, die Tatortregel als zunächst starren Ausgangspunkt des gesamten IDR zeigt, der dann Teilbereiche an die neueren Anknüpfungen hat abgeben müssen (Rz 15), dann erscheint das Regel-Ausnahme-Verhältnis so deutlich nicht, wie es der BGH für seine das alte Recht prägende Rspr zum Ausdruck gebracht hat. Es läßt sich der Ansatz auch umgekehrt vornehmen und die Tatortregel auf den subsidiär noch vorhandenen, von den spezielleren Anknüpfungen wie der an die gemeinsame Rechtsumwelt nicht ergriffenen Restbereich zurückschneiden, so daß sie lediglich subsidiär geltende Schlußanknüpfungsregel ist (so insbes Kropholler aaO 601). Die praktische Auswirkung des Ansatzunterschieds ist gering; immerhin aber hätte ihm Bedeutung zB bei der Fassung der neuen positivrechtlichen Regelung zukommen können. Richtig ist an der Gegenauffassung, daß für die Tatortregel nur noch beschränkter Anwendungsbedarf bleibt, wenn Anknüpfungen für die besonderen Sachverhaltsgestaltungen ausgebaut worden sind. Gleichwohl ist keine der anderen Anknüpfungen in der Lage, die Funktion einer Grundregel der Deliktsanknüpfung zu übernehmen. Dies gilt für die Rechtswahl ebenso wie für die „gemeinsame Rechtsumwelt". In dieser Lage ist es richtig, der Tatortregel mit Rücksicht auf ihren materialen Gehalt (Geltung unabhängig, objektiv keine Partei bevorzugenden, neutralen Rechts des Staates des Ereignisses (Hohloch aaO 228ff, 236) die Funktion der Grundregel zu geben, auf der aufbauend spezielle Anknüpfungen besonders gelagerte Fallgestaltungen nach dem Grundsatz des Vorrangs der speziellen Regel ergreifen können. Mit derartigem Verständnis und entsprechender Normbildung ist auch sachgemäße Nähe zu der Regelbildung im int Schuldvertragsrecht (vgl Art 28 II, V, 29, 30) erreicht.

b) Gemeinsames Umweltrecht. aa) Grundsatz. Nach **Abs II Satz 1** verdrängt das Recht einer den Deliktsbe- 33 teiligten gemeinsamen Rechtsumwelt, die durch einen gemeinsamen gewöhnlichen Aufenthalt gebildet wird, das Tatortrecht des Abs I aus seiner Funktion der Bestimmung des auf das Delikt anzuwendenden Rechts. Es erscheint dann als das räumlich angemessenere Recht, da es insbesondere die Schadensregulierung erleichtert und damit die Fallabwicklung, die in solchen Fällen wegen überwiegend im Staat dieser gemeinsamen Rechtsumwelt erfolgt, zu beschleunigen vermag (sog „folgenorientierte Anknüpfung" s Hohloch JuS 1980, 18, 21f). Der Gesetzgeber hat damit die Konsequenzen aus der Entwicklung gezogen, die zwischen ca 1960 und der Gegenwart das Gewohnheits- und Richterrecht des Deliktsstatuts geprägt hat. Wesentlicher Vorzug der jetzigen gesetzlichen Regelung ist ihre einfache Anknüpfung und der Verzicht auf das frühere Regel-Ausnahme-Schema (s auch Heldrich FS 50 Jahre BGH [2000] Bd II 733, 758 sowie BGH NJW 2000, 1188, 1190).

bb) Entstehung der Anknüpfung. Die Anfänge der Anknüpfung an das durch den gemeinsamen gewöhnli- 34 chen Aufenthalt der Deliktsbeteiligten vermittelte gemeinsame Umweltrecht liegen für die deutsche Gerichtspraxis in der Zeit des Bestehens der Bundesrepublik Deutschland bei § 1 RechtsanwendungsVO. Die seit 1. 6. 1999 definitiv nicht mehr geltendes Recht darstellende Norm (Abdruck 9. Aufl Art 38 vor Rz 1) gab den Gerichten wie dem überwiegenden Schrifttum den Ansatzpunkt für die Verdrängung von Tatortrecht durch Umweltrecht. **(1)** Entgegen seinem Wortlaut, der ausschließlich dt Staatsangehörigkeit von Schädiger und Geschädigtem fordert (damit begnügten sich Peuster VersR 1977, 795, 797 und wohl auch Hamm VersR 1979, 926) wurde für die Anwendung von § 1 der VO alsbald grundsätzlich mit der Staatsangehörigkeit übereinstimmendes Vorliegen gemeinsamen gewöhnl Inlandsaufenthalts gefordert (s im Erg BGH 57, 265, 268; BGH NJW 1977, 496f; BGH 87, 95, 98 = LM Art 12 EGBGB Nr 18a Anm Steffen = IPRax 1984, 30 Anm Hohloch 14; BGH NJW 1983, 2771 = JR 1984, 63 Anm Hohloch; BGH 90, 294, 300 = JR 1985, 21 Anm Hohloch 23; BGH 93, 214, 216 = JR 1985, 371 Anm Hohloch 372 = JZ 1985, 441 Anm W. Lorenz; incidenter BGH 103, 298, 303 = NJW 1988, 1380; Düsseldorf VersR 1966, 504; Karlsruhe NJW 1964, 55; KG NJW 1981, 1162). **(2)** Derartige Handhabung von § 1 RechtsanwendungsVO bedingte zugleich den Ausbau der Norm von der einseitigen Kollisionsnorm (so die Fassung der VO) zur **allseitigen Kollisionsnorm** (so die dann herrschend gewordene Auffassung, s die vorg Rspr und ferner etwa BGH NJW 1988, 648; Hamm VersR 1979, 926; Köln NJW-RR 1988, 30; s dazu Hohloch Deliktsstatut 208; Kegel IPR § 18 IV S 465–467; K. Müller JZ 1986, 212, 217; zurückh Stoll FS Kegel [1977] 113ff; abl Mummenhoff NJW 1975, 476, 479; Peuster VersR 1977, 795, 797), so daß **jede gemeinsame Staatsangehörigkeit**, die durch übereinstimmenden gewöhnl Aufenthalt im Staatsangehörigkeitsstaat verstärkt ist, genügte (s die vorg Belege seit BGH 57, 265, 268). **(3)** Bei Anwendung von § 1 RechtsanwendungsVO kam als gemeinsame Staatsangehörigkeit lediglich die **effektive Staatsangehörigkeit** iSv Art 5 I S 1 und 2 in Betracht (MüKo/Kreuzer Art 38 Rz 79). **(4) Gemeinsamer gewöhnl Aufenthalt** im Staatsangehörigkeitsstaat mußte hinzukommen; dieser beurteilte sich nach den allgemein zum Begriff des gewöhnl Aufenthalts entwickelten Merkmalen (s Art 5 Rz 43ff), so daß die Anwendung gemeinsamen Umweltrechts als Deliktsstatut scheiterte, wenn einer oder beide Deliktsbeteiligten ihren Wohnsitz oder gewöhnl Aufenthalt außerhalb des Staatsangehörigkeitsstaats hatten (BGH NJW 1983, 2771 = JR 1984, 63 Anm Hohloch; dazu auch Weick NJW 1984, 1993, 1995; v Hoffmann IPRax 1984, 328). **(5)** Gemeinsames Umweltrecht im vorg Sinne mußte nach dieser Auffassung **im Zeitpunkt der Rechtsgutverletzung** vorliegen (zum Zeitpunkt BGH NJW 1983, 2771f = JR 1984, 63 Anm Hohloch; Celle FamRZ 1968, 524, 525; s auch Hohloch IPRax 1984, 14, 15) und mußte für die **Beteiligten der konkreten Deliktsbeziehung** vorliegen (zB für Opfer und Halter bei Halterhaftung, s AG Bonn VersR 1975, 528, 529; für Opfer und Geschäftsherrn bei Haftung für den Verrichtungsgehilfen – aber MüKo/Kreuzer Art 38 Rz 84 –; für Opfer und Verrichtungsgehilfen bei Inanspruchnahme des Verrichtungsgehilfen). **(6)** Aus (1)–(5) ergab sich schließlich, daß die Tat sich als **Auslandstat**, dh als Tatereignis außerhalb des Staats der gemeinsamen Staatsangehörigkeit und des gemeinsamen gewöhnl Aufenthalts darstellen mußte. **(7)** § 1 II Nr 1 und 2 RechtsanwendungsVO erstreckten die Anwendbarkeit des gemeinsamen Umweltrechts auch auf dt jur Personen des öffentlichen oder privaten Rechts auf Schädiger- wie Geschädigtenseite (BayObLG RIW 1982, 199; VersR 1986, 299; Düsseldorf NJW-RR 1991, 55). Aus Nr 2 folgte ferner die Anwendbarkeit der Anknüpfung auf Handelsgesellschaften und Personenvereinigungen, die nicht juristische Personen sind, aber im Rechtsverkehr diesen ähnlich behandelt werden (Däubler DJ 1943, 36, 37; Schaeffer DR 1942, 959; s ferner Amtl Begr DJ 1943, 20); so fielen hierunter die OHG, KG und nichtrechtsfähige Vereine mit strukturierter Organisation.

35 **(8) Gewohnheitsrechtlicher Ansatz und richterrechtliche Kasuistik.** § 1 RechtsanwendungsVO prägte mit dem ihm vom Gesetzgeber gegebenen Gehalt, Delikte zwischen Deutschen im Ausland aus Gründen der Vereinfachung nach dt Recht zu behandeln, der noch in BGH 34, 222 erheblich war, die sich auf ihn zT noch berufende Praxis in Wirklichkeit seit langem kaum noch. Die Anknüpfung an die gemeinsame Rechtsumwelt hatte sich vielmehr spätestens seit der die Staatsangehörigkeit ergänzenden Heranziehung des Rechts des gewöhnl Aufenthalts und dem Ausbau zur allseitigen Kollisionsnorm (s Rz 34) von den eigentlichen Grundlagen der VO gelöst und hatte, ohne dies völlig offenzulegen, ein in der Tradition des IDR lange zurückreichendes Anknüpfungsprinzip belebt (s Rz 32 und Hohloch Deliktsstatut 44, 205), das für die Reform des Gebiets in seiner zweckmäßigen Ausformung als gemeinsames Umweltrecht zusammen mit der Grundregel des Tatortprinzips und den Anknüpfungen an den Parteiwillen (Rechtswahl) sowie das Hauptstatut (akzessorische Anknüpfung) die gewohnheitsrechtlich geltende und so im wesentlichen zu kodifizierende Basis des IDR bildete.

Die **Gerichtspraxis** unterschied vor diesem Hintergrund bis zuletzt, und ohne gänzlich zur Verdrängung der Tatortanknüpfung durch das Recht eines „gemeinsamen gewöhnlichen Aufenthaltes" überzugehen, eine Reihe nach und nach gebildeter **Fallgruppen**, in denen zugunsten des Rechts einer solchen gemeinsamen Rechtsumwelt vom Tatortprinzip abgewichen wurde, in anderen Fallgruppen blieb es aber trotz gemeinsamen gewöhnlichen Aufenthaltes der Deliktsbeteiligten auch bei der Geltung des Tatortrechts (s ausführliche Darstellung der Fallgruppen in 9. Aufl Art 38 Rz 24–29 mN; Pal/Heldrich[58] Art 38 Rz 6–11, 18).

36 **(9) Stellungnahme.** Durch die Fallgruppenbildung wurde für einen erheblichen Teil der praktisch sich ergebenden Konstellationen des Auslandsdelikts (und auch für die seltenere Konstellation, daß beim grenzüberschreitenden Delikt die Deliktsbeteiligten gemeinsames Umweltrecht haben) die Maßgeblichkeit der Tatortregel durchbrochen und eine Orientierung der Deliktsregulierung an dem hierfür angemessenen (Gesichtspunkt der Mitorientierung an den Folgen des Delikts, s Hohloch JuS 1980, 18; IPRax 1984, 14) Recht der gemeinsamen Umwelt erreicht. Dies war ein bemerkenswerter Fortschritt gegenüber der früheren starren Maßgeblichkeit des Tatortrechts. Freilich war die so gebildete Kasuistik durch nicht unbeträchtliche Schwerfälligkeit und Kompliziertheit gekennzeichnet (so zB Pal/Heldrich[58] Art 38 Rz 11). Allerdings waren auch Gegenvorschläge aus jüngerer Zeit, die die Kompliziertheit der derzeitigen Rechtsprechungslage kritisierten (Weick NJW 1984, 1993, 1998; Wagner MDR 1987, 195; Dörner VersR 1989, 557; Jura 1990, 57, 59; Wandt VersR 1990, 1301, 1304), nicht frei von solcher Kompliziertheit (krit auch W. Lorenz IPRax 1985, 85, 87; JZ 1985, 443, 444; s auch v Bar JZ 1984, 671). Vermieden werden konnten die Abgrenzungsschwierigkeiten, die in der Rsp-Entwicklung insbesondere auch des BGH (BGH 57, 265; NJW 1977, 496; BGH 87, 95; 90, 294; 93, 214; 108, 200) deutlich geworden waren, durch eine einfachere, gewiß auch vergröbernde Regelung der schlichten, auf weitere Elemente verzichtenden Anwendung gemeinsamen Umweltrechts. Der BGH hatte ab BGH 87, 95 dem gewöhnl Aufenthalt die bestimmende Bedeutung für die „gemeinsame Rechtsumwelt" gegeben und damit dem für das Deliktsstatut maßgeblichen Gesichtspunkt Rechnung getragen, daß das Delikt als Lebenssachverhalt nicht nur durch das Deliktsereignis, sondern in erheblichem Maße durch seine Folgen und deren Regulierung geprägt ist (dazu Hohloch JuS 1980, 18 und IPRax 1984, 14). In der Erkenntnis, daß als gesetzliche Anknüpfungsregelung nur eine hinreichend einfache Regelung trägt, schlug dann auch der RefE in Art 40 II (Text s 9. Aufl vor Art 38 Rz 2, 5) ebenfalls die Anknüpfung an den gewöhnl Aufenthalt vor, die in Art 41 RefE – in Entsprechung zur Ausweichklausel des Art 28 V – um eine Ausweichklausel zugunsten des Rechts einer (noch) engeren Beziehung ergänzt wurde. Dieses Konzept ist nun in Art 40 II (ergänzt um die Ausweichklausel des Art 41 I, II Nr 1) seit 1. 6. 1999 geltendes Gesetz geworden.

37 **c) Die Anknüpfung des Abs II Satz 1 im einzelnen. aa)** Abs II S 1 knüpft an den **gemeinsamen gewöhnlichen Aufenthalt** im selben Staat an. Dieser beurteilt sich, wie schon vor Inkrafttreten von Abs II Satz 1 (s Rz 34), nach den allgemein für die Bestimmung eines gewöhnlichen Aufenthalts geltenden Regeln (s Erl Art 5 Rz 43ff); erforderlich ist so, daß Ersatzpflichtiger und Verletzter übereinstimmend ihren „Daseinsmittelpunkt" bzw ihre

soziale Verankerung im selben Staat und zur selben Zeit des Haftungsereignisses haben, mehr nicht mehr (s BGH NJW 2000, 1188, 1190). Es gilt insofern also im Grundsatz eine objektive Betrachtung, und es finden die auch ansonsten geltenden Grundregeln Anwendung, daß regelmäßig sechs Monate währender Aufenthalt gewöhnlichen Aufenthalt vermuten läßt (hierzu und zu den Abweichungen in besonderen Fällen s Art 5 Rz 45–52).

bb) Notwendig ist nach Satz 1 **gemeinsamer gewöhnlicher Aufenthalt des Verletzten und des Ersatzpflichtigen**. Die Bestimmung dieser Beteiligten, für die die Übereinstimmung des gewöhnlichen Aufenthalts vorliegen muß, ist im einfachen Deliktsfall, in dem sich der unmittelbare Täter („Handelnder") und der Geschädigte als Ersatzpflichtiger und Verletzter gegenüberstehen, einfach. Täter und Verletzter sind die Deliktsbeteiligten, so daß es auf ihren gemeinsamen gewöhnlichen Aufenthaltsort ankommt. Keine ausdrückliche Regelung sieht Abs II für die Fälle vor, in denen als Ersatzpflichtiger nicht der unmittelbare Täter, sondern der Hintermann (Geschäftsherr, Halter, Anlagenbetreiber) in Anspruch genommen werden soll. Hier kommt es dann, dem Wortlaut wie der Logik von Satz 1 (zusammen mit Satz 2 für juristische Personen und Gesellschaften) entsprechend, auf einen dem Aufenthalt des Verletzten entsprechenden gewöhnlichen Aufenthalt des ersatzpflichtigen Hintermannes (bzw Sitz der jur Person bzw Gesellschaft) an (Bsp: Deutscher Kfz-Fahrer wird in Frankreich durch gegnerisches Kfz eines Unternehmens mit Sitz in Deutschland verletzt; deutsches Recht anwendbar, ohne Rücksicht darauf, ob Fahrer des gegnerischen Kfz in Frankreich oder Luxemburg seinen gewöhnlichen Aufenthalt hat). Besonderheiten entstehen auch nicht in den Fällen, daß mittelbar Geschädigte (zB Hinterbliebene gem § 844 BGB) Ansprüche erheben. Ob hier gemeinsames Umweltrecht nach Abs II anstatt des Tatortrechts über die Deliktsbeziehung entscheidet, richtet sich danach, ob der **unmittelbar Verletzte** und der Ersatzpflichtige übereinstimmend gewöhnlichen Aufenthalt haben bzw hatten. Das so gefundene Deliktsstatut entscheidet dann seinerseits darüber, ob es Ansprüche mittelbar Geschädigter gibt. Die Neuregelung erbringt insoweit keine Änderung zur bisherigen Rechtslage (s Rz 64, s ferner 9. Aufl Art 38 Rz 12; Staud/v Hoffmann Art 38 Rz 192; Stoll FS Lipstein [1980] 185; Pal/Heldrich[58] Art 38 Rz 26). 38

cc) Notwendig ist nach Satz 1 ferner **gemeinsamer gewöhnlicher Aufenthalt zur Zeit des Haftungsereignisses. Haftungsereignis** iS der Norm ist die unerlaubte Handlung, dh das Delikt, das die Anspruchsbeziehung zwischen Ersatzpflichtigem und Verletztem begründet. Maßgeblicher Zeitpunkt ist so die Begehung der Tat, aus der die Haftung folgt. Wie zum alten Recht ist auch jetzt für Satz 1 der Zeitpunkt der Rechtsgutverletzung der entscheidende Zeitpunkt (zum alten Recht BGH 87, 95, 103 = NJW 1983, 1972 = IPRax 1984, 30 mit Aufs Hohloch S 14). Auf den Zeitpunkt des Handelns des Ersatzpflichtigen allein kann es insoweit nicht ankommen, da „Handeln" allein ein Haftungsereignis noch nicht ergibt. Wie die hM zum alten Recht war, ist die Begründung gemeinsamen gewöhnlichen Aufenthalts durch den Geschädigten nach dem Eintritt des Haftungsereignisses unerheblich (so schon BGH IPRspr 1983 Nr 32 = NJW 1983, 2771 = JR 1984, 62 Anm Hohloch). Hieraus folgt, daß das Deliktsstatut des Abs II grundsätzlich **unwandelbar** ist. Sonderfälle, für die zum alten Recht ausnahmsweise Wandelbarkeit vertreten worden ist (Hohloch IPRax 1984, 14, 15f; E. Wagner Statutenwechsel und dépeçage im int Deliktsrecht [1988] 172), lassen sich heute besser und gesetzlich ermöglicht über Art 41 II Nr 1 dem richtigen Recht zuführen. Angesichts der Notwendigkeit des zeitlich richtigen gemeinsamen gewöhnlichen Aufenthalts von Verletztem und Ersatzpflichtigem kann auch für Ersatzansprüche mittelbar Geschädigter deren gewöhnlicher Aufenthalt auch im vorliegenden Zeitzusammenhang außer Betracht bleiben. Ob solche Ansprüche bestehen, folgt (s Rz 38) erst aus dem nach Satz 1 zu ermittelnden Statut. 39

dd) Satz 2: Sitz und Niederlassung statt gewöhnlichen Aufenthalts. Satz 2 stellt, wenn als Verletzter oder Ersatzpflichtiger Gesellschaften, Vereine oder jur Personen Deliktsbeteiligte sind, auf den Sitz ab. Nach welchem Recht über den „Sitz" zu befinden ist, sagt Satz 2 nicht. Ebenso schweigt die Begründung des Gesetzes (s Begründung RegE aaO S 12). Richtig wird sein, über den „Sitz" insofern iS selbständiger Anknüpfung zu entscheiden, um die Rechtszuständigkeit des Sitzinhaber für Anspruchsberechtigung oder Haftung im Einklang zwischen dem Statut der Korporation und den Anspruchsmöglichkeiten zu sichern. Gleiches gilt, soweit als Deliktsbeteiligte iSv Satz 2 eine Niederlassung in Betracht kommt. 40

ee) Unbeachtlichkeit weiterer Anknüpfungsmerkmale. Da Abs II jetzt allein und generell auf Übereinstimmung des gewöhnlichen Aufenthalts bzw des Sitzes bzw der Niederlassung abstellt, haben für die nach Abs II erfolgende Bildung des Deliktsstatuts alle anderen Aspekte des Haftungsereignisses außer Betracht zu bleiben. Die nach altem Recht ggf erforderlich gewesene konkrete Abwägung mit weiteren Anknüpfungspunkten des Sachverhalts (vgl 9. Aufl Art 38 Rz 24–29) erübrigt sich. Im Einzelfall sind sie freilich für die Heranziehung von Art 41 I, II Nr 1 nF von Bedeutung (s Art 41 Rz 11). 41

4. Andere Anknüpfungen

Art 40 II hat die „Auflockerung" der Deliktsanknüpfung auf die das Tatortrecht verdrängende Maßgeblichkeit des Rechts des gemeinsamen gewöhnlichen Aufenthaltsortes beschränkt. Wie in Rz 41 schon erläutert, kommen also seit 1. 6. 1999 alle anderen von der Tatortregel und der Anknüpfung nach Abs II abweichenden objektiven Anknüpfungen, für die ohne Vorliegen einer kodifizierten Regelung Platz vorhanden schien, definitiv in Wegfall. Das gilt so für „gemeinsame Zulassung". Die Anknüpfung an die **übereinstimmende Registrierung** (von Kfz), die „lex stabuli", ist jetzt **definitiv überholt**. Das diese Anknüpfung enthaltende Haager Straßenverkehrsübereinkommen ist von Deutschland nicht ratifiziert; Ratifikationsaussichten bestehen nicht. Die von AG Ulm RIW 1975, 109 praktizierte Anknüpfung ist in der Folgezeit zumeist abgelehnt worden (BGH NJW 1977, 496; LG Darmstadt IPRspr 1975 Nr 24; Hamm IPRspr 1978 Nr 22; KG VersR 1983, 495; Celle VersR 1983, 642; für derartige Anknüpfung des Verkehrsunfallschadens indes W. Lorenz JZ 1985, 443, 444; in diese Richtung früher schon Stoll FS Kegel [1977] 113, 139). Beachtlich bleibt solche Anknüpfung freilich innerhalb eines Renvoi, wenn das Land, auf dessen Recht Art 40 I, II verweisen, seinerseits Abkommenstaat ist (das Abkommen wirkt als „loi uniforme" 42 auch gegenüber Nichtvertragsstaaten). Gleiches gilt für die **gemeinsame Staatsangehörigkeit**. Sie ist nach Aufhebung von § 1 RechtsanwendungsVO definitiv kein besonderer Anknüpfungspunkt des IDR mehr. Ebenso wie die gemeinsame Kfz-Registrierung kann sie nach neuem Recht nur noch für ein Eingreifen der Ausweichklausel (Art 41 nF) berücksichtigt werden. Gleiches gilt für die „akzessorische Anknüpfung" bisheriger Rechtslage (zum alten Recht 9. Aufl Rz 33–34; zum neuen Recht Art 41 Rz 11). Zum Eingreifen der Rechtswahl (zum alten Recht 9. Aufl Art 38 Rz 32 mwN) s jetzt Art 42 nF.

5. Anknüpfung von Verkehrsregeln und Sicherheitsvorschriften

43   a) **Verkehrsregeln.** Verkehrsrechtliche Verhaltensnormen sind ortsgebunden und deswegen stets, dh auch bei sonstiger Geltung des gemeinsamen Umweltrechts, einer Rechtswahl oder akzessorischer Anknüpfung, dem Recht des Tatorts zu entnehmen. Das ist als einzig vernünftige Möglichkeit – zum alten wie zum neuen Recht – unbestritten (s BGH 42, 385, 388 = IPRspr 1964/65 Nr 62; BGH 57, 265, 267 = IPRspr 1971 Nr 18; BayObLG IPRspr 1972 Nr 20; München, NJW 1977, 502; BGH NJW-RR 1996, 732; LG Mainz NJW-RR 2000, 31; zum Beweis des ersten Anscheins KG VerkehrsMitt 1979, 71 und noch Erl zu Art 32 III Rz 17; MüKo/Kreuzer Art 38 Rz 290; Pal/Heldrich Art 40 Rz 8; Staud/v Hoffmann[12] Art 38 Rz 153). Die Begründung liegt in der Tatbestandswirkung, die diese Regeln als „local data" haben (s Stoll in v Caemmerer Vorschläge . . . 160, 164; ders FS Lipstein [1980] 259, 263; ders IPRax 1989, 92; v Bar IPR I Rz 220; Deutsch NJW 1962, 1680). Gleiches gilt für Regeln des Nichtstraßenverkehrs (Skibetrieb s Köln IPRspr 1968/69 Nr 36; München, NJW 1977, 502; Hamm NJW-RR 2001, 1537 [FIS-Regeln]; Schiffahrt Hamburg IPRspr 1968/69 Nr 49). Art 40–42 nF haben bewußt auf eine Kodifizierung verzichtet (Begründung RegE aaO S 11). Die Begründung liegt in der Selbstverständlichkeit der Regelung.

b) **Sicherheitsvorschriften.** Zu differenzieren hiervon ist hingegen bei örtlich nicht gebundenen Sicherheitsvorschriften (Anlegen des Sicherheitsgurts, Blutalkoholgrenzen, Lenkzeiten usw). Sie beurteilen sich, wenn sie personenbezogen sind und zwischen den Beteiligten einer Sonderbeziehung (gemeinsame Reise, gemeinsames Umweltrecht) bestehen, zB für die Frage des Mitverschuldens, nach dem Deliktsstatut (Karlsruhe IPRspr 1984 Nr 34 = VersR 1985, 788 Gurtanlegepflicht; KG VersR 1982, 1199; BGH VersR 1978, 541 Blutalkohol). Zu weiteren Anwendungsfällen s Staud/v Hoffmann[13] Art 38 Rz 155 und Stoll in v Caemmerer Vorschläge . . . 178 und IPRax 1989, 89, 92.

III. Einzelne Sachgebiete und Deliktsgruppen

1. Straßenverkehrsunfälle

44   a) **Besonderes Kollisionsrecht.** Das IDR des Straßenverkehrsunfalls folgt im wesentlichen den oben II dargelegten Anknüpfungsregeln für das Delikt im allgemeinen. Gewisse Besonderheiten ergeben sich aus der Geltung von **Staatsverträgen** für Teilbereiche. Umfassende Kollisionsrechtsvereinheitlichung fehlt freilich, da das Haager Übk über das auf Straßenverkehrsunfälle anzuwendende Recht v 4. 5. 1971 in der BRepD nicht in Geltung ist (Text RabelsZ 33 [1969] 342, Abdruck im Auszug unten Rz 80; dt Übersetzung Jayme/Hausmann Nr 53; Vertragsstaaten sind zZt Belgien, Frankreich, früheres Jugoslawien, Luxemburg, Niederlande, Österreich, Portugal, Schweiz, Spanien, Tschechien, Slowakei, Bosnien-Herzegowina, Kroatien, Mazedonien, Slowenien, Weißrußland; Lettland; s dazu Beitzke RabelsZ 33 [1969] 204; wN bei Kegel/Schurig IPR § 18 IV 3 S 645). Ob dieses Abk als fremdes Kollisionsrecht bei Rechtsanwendung in Deutschland zu beachten ist, hängt von der Stellungnahme zum Renvoi im IDR ab. Hierzu vgl Rz 12ff. Da nach neuem Recht die Verweisung auf den Tatort (Unfallort) oder das Recht gemeinsamen gewöhnlichen Aufenthalts Gesamtverweisung ist, ist das Abkommensrecht (vgl die Zahl der benachbarten Vertragsstaaten) nicht selten zu beachten und kann über seine Art 4, 5 einen Renvoi herbeiführen. Bei **Schäden an beförderten Gütern** ist aber die Sachrechtsvereinheitlichung durch die **CMR** zu beachten (Art 28 Rz 42), die sich gem Art 17, 28, 32 I CMR auf Inhalt, Umfang, Verjährung auch der nach den Regeln des IDR (s auch Rz 33, 34) anzuknüpfenden Deliktsansprüche auswirken kann (s BGH RIW 1988, 307, 310; Frankfurt, VersR 1983, 141, 142 Anm Reiß; näher Hohloch Deliktsstatut 226 mwN und MüKo/Kreuzer Art 38 Rz 104 mwN). Zu **zweiseitigen** kollisionsrechtsvereinheitlichenden Staatsverträgen s MüKo/Kreuzer Art 38 Rz 108 (Schweiz, Österreich). Praktische Bedeutung hat der Vertrag vom 30. 5. 1969 zwischen der BRepD und der schweiz Eidgenossenschaft (BGBl 1971 II 90) für die versicherungsrechtliche Deckung (s MüKo/Kreuzer Art 38 Rz 108 mwN).

45   b) **Kollisionsregeln.** Die für den Straßenverkehrsunfall anzuwendenden Kollisionsregeln sind demgemäß grundsätzlich die des vorstehend (bis Rz 43) dargelegten allg IDR. Es gelten deshalb die folgenden Anknüpfungsregeln: (1) Das Statut des Verkehrsunfallschadensausgleichs kann durch **Rechtswahl** bestimmt werden, Art 42 nF – nachträgliche Rechtswahl – (zum bisherigen Recht ebenso BGH NJW-RR 1988, 534, 535 = IPRax 1988, 306 und st Rspr, s Art 42 nF Rz 7ff). (2) **Gemeinsames Umweltrecht** (Recht übereinstimmenden gewöhnlichen Aufenthalts) gilt im Rahmen von Art 40 II nF ohne die **bisherige**, nach Fallgruppen differenzierende **Rsp** (s Erl 9. Aufl Art 38 Rz 37) ist insoweit **überholt**. Abweichungen von den Regeln von Art 40 I und II sind nach Art 41, 42 nF zu praktizieren. Es gelten bei Straßenverkehrsunfällen aber keine gegenüber den allgemeinen Regeln besonderen Grundsätze der Anknüpfung, so daß hier eine Abweichung über Art 41 nicht schneller als ansonsten erzielt werden kann; übereinstimmende Registrierung der Kfz im selben Zulassungsstaat führt für sich allein noch nicht zum Recht des Zulassungsstaates (großzügiger LG Berlin NJW-RR 2002, 1107; ähnlich großzügig auch Spickhoff IPRax 2000, 1, 3; Ziegert ZfS 2000, 5, 6; enger und damit mit ihr Junker JZ 2000, 477, 481; Looschelders VersR 1999, 1316, 1321; Rehm DAR 2001, 531, 535; Pal/Heldrich[62] Art 40 Rz 8). (3) Die genannten Regeln gelten so auch für Ansprüche von **Mitfahrern** (BGH VersR 1963, 241; 1967, 882, 283; BGH 90, 294; Köln NJW-RR 1988, 30) und von Fußgängern (AG Köln VersR 1979, 728, 729). (4) Gemeinsame Registrierung der unfall-

beteiligten Kfz in einem Rechtsgebiet ergibt aus dt Sicht keine Anknüpfungsregel (s Rz 42); Bedeutung kann sie im Wege beachtlicher Rückverweisung erlangen (s Rz 12ff), wenn das Land, zu dessen Recht die aus Art 40 I, II nF folgende Verweisung führt, Vertragsstaat des Haager Straßenverkehrsabkommens ist (s Rz 44; dazu LG Nürnberg/Fürth VersR 1980, 955; LG Schweinfurt IPRax 1981, 26, 27; LG München I VersR 1983, 645f; Frankfurt am Main NJW 2000, 1202). (5) Zur Anknüpfung von **Verkehrs- und Sicherheitsvorschriften** s Rz 43. (6) Nach den gem (1)–(5) bestimmten Statuten beurteilt sich auch das Vorliegen eines Direktanspruchs gegen den KH-Versicherer, soweit es nach Abs IV auf das Deliktsstatut ankommt (zum alten Recht BGH 57, 265, 269f; BGH NJW 1974, 495; 1977, 495, 496; BGH 108, 200, 202; s noch Rz 78, 79).

c) **Auslandsrecht.** Übersichten über die Unfallregulierung im (europ) Ausland geben Böhm DAR 1983, 116 **46** (Schmerzensgeld); Neidhardt, Unfall im Ausland – Schadensregulierung, 5. Aufl 1995; Zwerger/Heirich DAR 1983, 12; Sieghörtner, Internat Straßenverkehrsunfallrecht (2002). Zum Int Mietwagenunfall s Sieghörtner NZV 2003, 105. Übersicht über das Schrifttum zum Recht einzelner Länder bei MüKo/Kreuzer Art 38 Rz 109 Fn 272; Übersicht über das IDR im Ausland bei Staud/v Hoffmann[13] Art 38 Rz 27–99; s ferner v Bar Deliktsrecht in Europa 1994.

2. Andere Verkehrsarten

a) **Luftverkehr.** Deliktsrechtliche Schadensersatzansprüche bei int Luftbeförderung unterliegen bei **Bestehen** **47** **eines Beförderungsvertrages kraft akzessorischer Anknüpfung** dem Statut des Beförderungsvertrags (s dazu Art 28 Rz 44), BGH IPRspr 1985 Nr 44; bei Beförderung gefälligkeitshalber gilt auch nach neuem Recht das Anknüpfungssystem des allg IDR (demgemäß auch zum neuen Recht noch zu verwenden BGH 76, 32, 33; s Urwantschky, Flugzeugunfälle mit Auslandsberührung [1986]; s näher Hohloch Deliktsstatut 228, und ausf MüKo/Kreuzer Art 38 Rz 185). Bei Flugzeugzusammenstößen in der Luft gelten die allg Regeln des IDR (s näher MüKo/Kreuzer Art 38 Rz 182, 183). Zur Weltraumhaftung Stoffel NJW 1991, 2181. Zum Eingreifen von Einheitsrecht (WA) s Erl Art 28 Rz 44.

b) **Seeverkehr.** Bei Schiffszusammenstoß **auf hoher See** galten bislang beide Schiffe als Begehungsort (RG **48** 138, 243, 246), bei gleicher Flagge galt gemeinsames Flaggenrecht (RG 49, 182, 187); ist die Flagge verschieden, ließ die hM das dem Kl günstigere Recht zur Anwendung kommen (RG 138, 243; Hamburg VersR 1975, 761f; aA – Recht der Flagge des Bekl – E. Lorenz FS Duden [1977] 229, 260ff mit Begrenzung durch Klägerrecht; aA – lex fori – Soergel/Lüderitz Art 38 Rz 40). Für Ansprüche aus Schäden bei Bergung gilt nach LG Hamburg IPRspr 1988, Nr 49 das Recht der Flagge des Schädigers. Hieran ändert sich nach dem Willen des Gesetzgebers grundsätzlich nichts (Begründung RegE aaO S 10); gemeinsames Flaggenrecht kann über Art 41 II Nr 1 weiterhin Geltung beanspruchen. Dort, wo „günstigeres" Recht zur Anwendung zu kommen hat, ist entsprechend Art 40 I Satz 2, 3 die Bestimmung dem Verletzten zu überlassen. **In dt Hoheitsgewässern ist nach bislang geltender hM** dt Recht ohne Rücksicht auf die Nationalität der Schiffe anzuwenden (BGH 3, 321, 324; VersR 1962, 514, 515; IPRax 1981, 99; Hamburg IPRspr 1977 Nr 38 und 39; Pal/Heldrich[58] Art 38 Rz 20); indes sollte auch insoweit jetzt Art 40 II Satz 1 und 2 zur Anwendung kommen, so daß gemeinsames Aufenthalts- oder Sitzrecht maßgeblich ist. Für in ausl Hoheitsgewässern stattfindende Zusammenstöße gilt grundsätzlich **Ortsrecht** (in den Grenzen von Art 40 III), auch hinsichtlich der Haftungsbeschränkung der Reeder (BGH 29, 237, 239); bei Zusammenstößen dt Schiffe galt (– hier in entspr Anwendung von § 1 Rechtsanwendungs-VO –) dt Recht (BGH 34, 222, 223. Zur Haftung bei Zusammenstößen auf dem Rhein BGH 42, 385; MDR 1973, 743). § 1 RechtsanwendungsVO ist jetzt durch Art 40 II zu ersetzen. Zu für Seezusammenstöße eingreifendem Abkommensrecht (Int Übk zur einheitlichen Feststellung von Regeln über den Zusammenstoß von Schiffen v 23. 9. 1910 (RGBl 1913 S 57) s BGH MDR 1974, 743; VersR 1976, 681. Zur Haftung für den **Transport von Gefahrstoffen auf See** s Hohloch Deliktsstatut 225 und ausf MüKo/Kreuzer Art 38 Rz 151; zu Ölverschmutzungsschäden MüKo/Kreuzer Art 38 Rz 175 mwN.

c) **Bahnverkehr.** Die vertragliche Haftung im int Personentransport durch Eisenbahn ist durch int Abkommen **49** (COTIF, s Art 28 Rz 45) weitgehend vereinheitlicht. Nicht voll erfaßt ist durch das Einheitsrecht die deliktsrechtliche Haftung. Soweit Deliktsansprüche auf Rechtsgrundlagen außerhalb des Abkommensrechts gestützt werden sollen, sind sie nach den Regeln des IDR der lex fori anzuknüpfen, das Abkommensrecht äußert jedoch seinen Einfluß durch Vorgabe von Höchstbeträgen, Haftungsbeschränkungen und Verjährungsfristen (s dazu Hohloch Deliktsstatut 228, ausf MüKo/Kreuzer Art 38 Rz 141ff). Art 40–42 nF erbringen insoweit keine Änderung.

3. Umweltschäden

Schrifttum: *Bothe ua*, Rechtsfragen grenzüberschreitender Umweltbelastungen (1984) 183; *Kloepfer*, Grenzüberschreitende Umweltbelastungen als Rechtsproblem, DVBl 1984, 245; *Kreuzer*, Umweltstörungen und Umweltschäden im Kollisionsrecht, Ber DGesVR 32 (1992) 245ff; *Lummert*, Zur Frage des anwendbaren Rechts bei zivilrechtlichen Schadensersatz- und Unterlassungsklagen wegen grenzüberschreitender Umweltbeeinträchtigungen, NuR 1982, 241; *Rest*, Der Sandoz-Brand und die Rheinverseuchung, UPR 1987, 363; *Rest/Leinemann*, Die Ölpest der „Exxon Valdez", UPR 1989, 364; *Siehr*, RabelsZ 45 (1981) 377; *Wolfrum*, Die grenzüberschreitende Luftverschmutzung im Schnittpunkt von nationalem Recht und Völkerrecht, DVBl 1984, 493.

Für Ersatzansprüche wegen grenzüberschreitender Schädigung von umweltrelevanten Rechtsgütern gelten **50** grundsätzlich die allg Regeln des IDR, jetzt also die Regelung der Art 40–42 (mit 44). Im Vordergrund der Problematik steht die Bestimmung des maßgeblichen Begehungsorts, da bei diesen typischen Fällen des Distanzdelikts (s Rz 16) Handlungsort und Erfolgsort regelmäßig auseinanderfallen. Die für das allg IDR entwickelte **Ubiquitätsregel** und die Entscheidung der Rechtsanwendung nach dem **Günstigkeitsprinzip** war nach altem Recht auch hier zu beachten (LG Saarbrücken IPRspr 1962/63 Nr 38; Gewässerschaden). Nach **anderer Ansicht** sollte hingegen beim grenzüberschreitenden Delikt mit Schäden an umweltrelevanten Rechtsgütern, die durch schädliche Immissionen hervorgerufen werden, die Ubiquitätsregel nicht angewandt und als Tatort lediglich der **Erfolgsort** angesehen werden (so Kohler in v Moltke ua [Hrsg] Grenzüberschreitender Umweltschutz in Europa [1984] 78, 81; Roßbach NJW 1988, 590, 591; Rest NJW 1989, 2153, 2159). Nach wieder anderer Ansicht sollte hingegen bei der **Anlagenhaftung** (zB § 1 UmweltHG) ausschließlich an den Handlungsort als den Ort, wo die Anlage emittiert oder außer Kontrolle gerät, angeknüpft werden (Kreuzer Ber DGesVR 32 [1992] 245, 280, 311). Beide Differenzierungs- und Konkretisierungsversuche überzeugen schon zum alten Recht nicht, da sie dem Geschädigten den gerade in Schadensfällen dieser Art benötigten Schutz durch die günstigere Rechtsordnung entzogen (vgl 9. Aufl Art 38 Rz 42). Nach neuem Recht gilt Art 40 hier uneingeschränkt (Begründung RegE aaO S 10). Demgemäß ist primär Handlungsortsrecht anwendbar (wo die Emission entsteht). Ubiquitätsregel und Günstigkeitsprinzip gelten mit den Maßgaben des Abs I Satz 2 und 3. Auch gemeinsames Aufenthalts- bzw Sitzrecht kann im Einzelfall zur Anwendung gelangen. Es gelten insoweit die allgemeinen Regeln (s Rz 17ff). Zur Berücksichtigung **behördlicher Genehmigung** s Roßbach NJW 1988, 590, 592; Hager RabelsZ 53 (1989) 293; Rest NJW 1989, 2153, 2159; Wandt VersR 1998, 533; Staud/v Hoffmann[13] Art 38 Rz 614; zur Notwendigkeit des Umdenkens bei den Voraussetzungen und der „Anerkennung" ausländischer öffentlich-rechtlicher Genehmigung Staud/v Hoffmann (2001) Art 40 Rz 168ff. Zur Haftung und Entschädigung bei staatsvertraglich gestatteten grenzüberschreitenden Immissionen BGH 87, 321. Zur Haftung bei grenzüberschreitenden Schäden aus **Kernreaktorunfällen** AG Bonn NJW 1988, 1393; LG Bonn NJW 1989, 1225; Pelzer NJW 1986, 1664; Rest VersR 1986, 609, 933; Kühne NJW 1986, 2139; Gornig JZ 1986, 1986, 979; Schneider/Stoll BB 1986, 1233; Mansel IPRax 1986, 214; Gündling IPRax 1988, 338; zu **Chemieunfällen** mit Grenzüberschreitung Rest VersR 1987, A6; Ladeur NJW 1987, 1236; s ferner Däubler, Haftung für gefährliche Technologien (1988). Dem wie hier (oben) bestimmten Statut des Schadensersatzanspruchs sind sämtliche Ersatz- und **Abwehransprüche** zu unterstellen (s Erl zu Art 44 nF).

4. Wettbewerbsdelikte

51 **a) Bisherige Rechtslage.** Auch bei Wettbewerbsdelikten galt bislang im Grundsatz die Tatortregel (BGH 40, 391). Indessen ist die Tatortregel hier zweckgerecht eingegrenzt worden. Der Begehungsort eines Wettbewerbsdelikts liegt nur dort, wo die wettbewerblichen Interessen der Konkurrenten aufeinanderstoßen (BGH 35, 329; 40, 391; NJW 1988, 645; BGH 113, 15 = IPRax 1992, 45 und dazu Sack S 24–29 = JuS 1991, 605 [Hohloch]; Hamburg RIW 1989, 144; KG NJW-RR 1991, 301; s ferner Sack GRUR Int 1988, 322; Reuther RIW 1989, 144). Hieraus folgt Geltung des Rechts des Marktes dann, wenn zwei inl Unternehmen auf ausl Markt konkurrieren, selbst dann, wenn das auswärtige Wettbewerbsverhalten aus dem Inland gesteuert wird; die Rspr verneinte bislang eine allg Verpflichtung von inl Unternehmen, ihren Wettbewerb auf einen ausl Markt nach den Regeln des inl Wettbewerbsrechts auszurichten (BGH 40, 391), so daß sie für eine Anwendung von § 1 RechtsanwendungsVO (dazu verneinend BGH GRUR 1982, 495, 496; auch BGH 113, 15) oder sonstige Anwendung gemeinsamen Umweltrechts (s Rz 23, 29) keinen Raum sah (s dazu Hohloch JuS 1991, 605; Sack GRUR Int 1988, 320, 322). Gemeinsames Umweltrecht galt aber dann, wenn der Wettbewerb auf dem ausl Markt ausschließlich mit inl Wettbewerbern stattfindet oder die Wettbewerbshandlung sich gezielt gegen den inl Konkurrenten richtet (BGH 40, 397; Frankfurt DB 1978, 1535f; Nürnberg IPRsp 1983 Nr 123; LG Weiden IPRax 1983, 192). Ausf Darstellung und Schrifttumshinweise zum bisherigen Recht bei MüKo/Kreuzer Art 38 Rz 226ff.

b) Neues Recht. Die Neuregelung durch die Art 40–42 soll nach dem Willen des Gesetzgebers hieran grundsätzlich nichts ändern (Begründung RegE aaO S 10). Diesem Anliegen kann mit dem neuen Recht dadurch Rechnung getragen werden, daß wie bislang schon der **Handlungsort** (als Marktort) wettbewerbsspezifisch ausgeprägt wird, in Fortführung bisheriger Rspr (so zum alten Recht zuletzt Köln NJWE-Wettb 1999, 194; zum neuen Recht daran festhaltend Sack WRP 2000, 269, 272; auch München NJOZ 2003, 1097, 1101). Die bislang nur eingegrenzt zugelassene Anwendung gemeinsamen Heimat- oder Sitzrechts läßt sich auch nach neuem Recht dadurch erreichen, daß in den Fällen, in denen Marktrecht und nicht gemeinsames Sitzrecht zur Anwendung zu gelangen hat, Art 41 II Nr 1 zur Anwendung gebracht und somit der Anwendungsbereich von Art 40 II fallgruppenspezifisch eingeengt wird (ebenso i Erg Pal/Heldrich Rz 11). Die Anknüpfung an den Marktort ist mit der Warenverkehrsfreiheit (Art 28, 30 EGV) vereinbar, s Pal/Heldrich[62] Art 40 Rz 11; v Hoffmann, IPR[7] § 1 Rz 108; aA Dethloff, Europäisierung des Wettbewerbs (2001) 215; Schaub RabelsZ 66 (2002) 18, 52; Martiny FS Drobnig (1998) 389, 397. Ansatzweise Vorschläge für europäische Wettbewerbskollisionsnormen bei Dethloff JZ 2000, 179. Zur Behandlung von Wettbewerbsverstößen auf der Ebene der Rechtsberatung (Geltungsbereich des RBeratG) Armbrüster RIW 2000, 583, 585; Budzikiewicz IPRax 2001, 218.

c) E-Commerce. Andere Struktur hat die Anknüpfung des wettbewerblichen Verhaltens im Anwendungsbereich der „E-Commerce-Richtlinie" v 8. 6. 2000, ABL EG Nr L 178 v 17. 7. 2000 erhalten. Die Umsetzung der Richtlinie ist durch das G über rechtliche Rahmenbedingungen für den elektronischen Geschäftsverkehr – EGG – v 14. 12. 2001 (BGBl 2001 I 3721) erfolgt (s Fezer/Koos, Das gemeinschaftsrechtliche Herkunftslandprinzip und die e-commerce-Richtlinie, IPRax 2000, 349; Mankowski, Herkunftslandprinzip und deutsches Umsetzungsgesetz zur e-commerce-Richtlinie; IPRax 2002, 257; Naskret, Das Verhältnis zwischen Herkunftslandprinzip und Internationalem Privatrecht in der Richtlinie zum elektronischen Geschäftsverkehr (2003); Sack, Herkunftslandprinzip und internationale elektronische Werbung nach der Novellierung des Teledienstegesetzes, WRP 2002, 271; Spindler, Das Gesetz zum elektronischen Geschäftsverkehr – Verantwortlichkeit der Diensteanbieter und Herkunftslandprinzip, NJW 2002, 921; ders, Herkunftslandprinzip und Kollisionsrecht – Binnenmarktintegration ohne Harmonisierung?: die Folgen der Richtlinie im elektronischen Geschäftsverkehr für das Kollisionsrecht, RabelsZ 66 (2002), 633; Spindler/Fallenböck, Das Herkunftslandprinzip der E-Commerce-Richtlinie und seine Umsetzung in Deutschland und Österreich, ZfRV 2002, 214; Thünken, Das kollisionsrechtliche Herkunftslandprinzip (2003); ders, Die EG-Richtlinie über den elektronischen Geschäftsverkehr und das internationale Privatrecht des unlauteren Wettbewerbs, IPRax 2991, 15). Die RL enthält ihrer eigenen Zielsetzung nach kein Kollisionsrecht, Art 1 IV, sie gibt jedoch in Art 3 II ein **Herkunftslandprinzip** vor, **wonach Diensteanbieter mit Sitz in einem EU-Mitgliedstaat nur den Anforderungen ihres eigenen Rechts unterliegen**. Für das deutsche Recht sind die Regeln des Art 3 II durch Art 1 EEG in die Neufassung des TeledienstG (§§ 2 VI und 4 I, II) eingebracht worden. Die „Sachnormverweisung" der §§ 2 VI, 4 I, II auf das Herkunftsland bewirkt iErg für Wettbewerbsverstöße im Binnenmarkt eine Modifizierung der Marktortanknüpfung; nicht das Marktrecht, sondern das Herkunftsrecht ergibt die wettbewerbliche Haftung (so iErg auch Mankowski IPRax 2002, 257; Spindler RIW 2002, 185; NJW 2002, 185; aA, für sachrechtliche Wirkung Sack WRP 2002, 271; Ahrens, FS Tilmann [2003] 745; Ohly GRUR Int 2002, 899; Halfmeier ZEuP 2001, 863). Bewirkt wird durch die Regelung ein „EU-einheitliches Euromarketing online" auf der Grundlage des jeweiligen Herkunftsrechtes. Die sachliche Geltung des Herkunftslandsprinzips gemäß §§ 2 VI und 4 I, II TeledienstG ist auf den Wettbewerbsverstoß beschränkt, Verträge mit Diensteanbietern unterliegen Art 27, 28 und – mit Verbrauchern – ggf Art 29 (s dort Rz 2b, § 4 III Nr 1, 2 TeledienstG). Die Regelung gilt räumlich in der EU, darüber hinaus bleibt es für den elektronischen Geschäftsverkehr wettbewerblich beim Marktortprinzip; zur Marktortbeschränkung durch Sprachgebrauch, Symbolgebrauch und „Disclaimer" s KG GRUR Int 2002, 448; Mankowski GRUR Int 2002, 448; Löffler WRP 2001, 381; s ferner Köhler/Arndt Recht des Internet 2. Aufl 2000.

5. Produkthaftung

a) **Bisherige Rechtslage**. Auf dem Gebiet des Kollisionsrechts der Produkthaftung besteht das am 1. 10. 1977 in **52** Kraft getretene Haager Übk über das auf die Produktehaftpflicht anwendbare Recht v 2. 10. 1973 (Text RabelsZ 37 [1973] 594). Das Abk ist von Deutschland nicht gezeichnet; in Kraft ist es für Frankreich, Luxemburg, Niederlande, Norwegen, Spanien, Jugoslawien (hierzu Lorenz RabelsZ 1993, 195; Siehr FS Reichert-Facilides [1995] 111). Für das autonome Kollisionsrecht gelten auch nach der Vereinheitlichung des materiellen Produkthaftungsrechts durch die EG-Richtlinie v 25. 7. 1985 zur Angleichung der Rechts- und Verwaltungsvorschriften über die Haftung für fehlerhafte Produkte (ABl EG Nr L 210 v 7. 8. 1985, S 29ff) und die in ihrer Umsetzung ergangenen nationalen Rechtsvorschriften (ProdHaftG, s dort), die Kollisionsregeln des nationalen Rechts (s Sack VersR 1988, 439, 440; Hohloch FS Keller [1989] 433; Mayer DAR 1991, 81). Ansprüche auf vertraglicher Grundlage folgen deshalb nach wie vor den Regeln zur Bildung des Vertragsstatuts; über die Anknüpfung von Deliktsansprüchen bestand schon zur bisherigen Rechtslage wenig Klarheit (s Überblick über das Schrifttum MüKo/Kreuzer Art 38 Rz 201), die Rspr hat bislang in Anwendung der Tatortregel im Erg das Recht des dt Erfolgsorts angewandt (Celle BB 1979, 392ff und dazu BGH NJW 1981, 1606ff = IPRax 1982, 13 Anm Kreuzer 1; Düsseldorf NJW 1980, 533 Anm Kropholler; wN bei Schmidt–Salzer, Entscheidungssammlung Produkthaftung II [1979] 417, 438, 440; s auch BGH WM 1987, 176ff IPR nicht erörtert; Zweibrücken NJW 1987, 2684). b) **Neues Recht**. Hieran ist im Grundsatz auch für das neue Recht, das von einer besonderen Anknüpfungsregel für die Produkthaftung abgesehen hat (Begründung RegE aaO S 10, 11), festzuhalten, da die Ubiquitätsregel den Geschädigten begünstigt. Tatort ist dann gem Abs I Satz 1 der Ort der Herstellung und des Inverkehrsbringens („Handlungsort") und der Rechtsgutverletzung („Erfolgsort"); zum alten Recht insofern Köln RIW 1993, 326); Erfolgsort ist idR der Unfallort (Düsseldorf NJW-RR 2000, 833, 834), nicht schon der „Erwerbsort" (dafür Thorn IPRax 2001, 561, 565). Eine Beschränkung der Tatortregel auf den Marktort erscheint nicht angebracht (tw abw Pal/Heldrich Rz 10). Allerdings ist die Konstellation der Produkthaftung geeigneter Anwendungsfall **akzessorischer Anknüpfung** im Sinne von Art 41 II Nr 1 (zum alten Recht W. Lorenz RabelsZ 37 [1973] 330; Pal/Heldrich Rz 10; MüKo/Kreuzer Art 38 Rz 203, wN in Rz 201; aA München RIW 1996, 955), auch die Anwendung gemeinsamen Umweltrechts im Sinne von Art 40 II kommt in Betracht. Bestimmung des Statuts durch **Rechtswahl** nach Art 42 ist ebenfalls zulässig. Zur Bedeutung der Warenverkehrsfreiheit (Art 28 EGV) Roth, Gedächtnisschrift Lüderitz (2000) 647; A Staudinger NJW 2001, 1977; Freitag, Der Einfluß des Europäischen Gemeinschaftsrechts auf das internationale Produkthaftungsrecht (2000) 201.

6. Persönlichkeitsrechtsverletzung

Für Ansprüche aus der Verletzung des allg Persönlichkeitsrechts gelten ebenfalls die Regeln des IDR (s **zum** **53** **alten Recht** Köln OLGZ 1973, 330; Oldenburg NJW 1989, 400, 401; auch BGH NJW 1977, 1590f; BGH NJW 1996, 1128; LG Frankfurt/M NJW-RR 1994, 1493; LG Hamburg NJW-RR 1995, 792; Looschelders ZVglRWiss 1996, 48; Ehmann/Thorn AfP 1996, 20; Nixdorf GRUR 1996, 842; s Schack Ufita 108 [1988] 51; Rolf Wagner, Das dt int Privatrecht bei Persönlichkeitsverletzungen [1986]; Heldrich FS Zajtay [1982] 215 = v Caemmerer Vorschläge ... 361; Hohloch in Rundfunk und Fernsehen im Lichte der Entwicklung des nationalen und internationalen Rechts [1986] 149; ders ZUM 1986, 165; ders, Persönlichkeitsschutz und Satellitenfernsehen aus der Sicht des IPR, in Rechtsprobleme grenzüberschreitender Rundfunksendungen am Beispiel des Satellitenfernsehens [1984]; ders, Schnellverfahren im Medienrecht, in FS Ule [1988] 71). Keine einhellige Auffassung bestand insoweit über die Festlegung des Tatorts (nach hier vertretener Auffassung: Erscheinungsort, Ort des Lebensmittelpunkts des Verletzten, ggf Zielort der Sendung; zur Meinungsvielfalt s MüKo/Kreuzer Art 38 Rz 210, 213, 216). Die Auflockerungsregeln konnten nach bisheriger Rechtslage auch insoweit Anwendung finden. Zum **Datenschutz** s Bergmann, Grenzüberschreitender Datenschutz (1985) 245; Knauth WM 1990, 209ff. Das **neue Recht** bringt insofern grundsätzliche Änderungen nicht, der Gesetzgeber, der von einer besonderen Kollisionsnorm abgesehen hat (vgl Begründung RegE), hat solche auch nicht beabsichtigt. Demgemäß gilt primär als **Recht des Herstellungs- und Erscheinungsortes** als Recht des Handlungsorts, nach Maßgabe von Abs I Satz 2 auch das **Recht des Lebensmittelpunktes des Betroffenen** oder auch einer relevanten **Verbreitung** als Recht des Erfolgsortes iSv Abs I Satz 2 und 3; ebenso Mankowski RabelsZ 61 (1999) 206, 274; enger Stoll, Gedächtnisschrift Lüderitz (2000) 733, 744. Gemeinsames Umweltrecht iSv Abs II ist voll einsetzbar, für Art 41 wird sich hier eher wenig Anwendungsraum finden, s noch Hohloch in Schwarze (Hrsg) Rechtsschutz gegen Urheberrechtsverletzungen (vor Art 38 Rz 7) S 102ff. Allgemein noch Sonnenberger FS Henrich (2000) 575.

7. Immaterialgüterrechtsschutz

54 Für **Immaterialgüterrechte** gilt das Territorialitätsprinzip, da sie von einem Staat bewilligt werden und deshalb von anderen Staaten nach Maßgabe ihrer weitgehend durch mehrseitige Abkommen geregelten Normierung der Anerkennung bedürfen. Insofern galtbislang das Prinzip der Anknüpfung an das **Recht des Schutzlandes** (s dazu aus der Rspr zuletzt BGH 129, 66, 75 – Mauerbilder; BGH WM 1998, 200, 203 – Spielbankaffäre; MüKo/Kreuzer Nach Art 38 Anh II; Pal/Heldrich[58] Art 38 Rz 15; Ulmer, Die Immaterialgüterrechte im IPR [1975]; s ferner Neuhaus ua RabelsZ 40 [1976] 189; Max-Planck-Institut für ausl und int Urheberrecht GRUR Int 1985 104, 106; zum RefE 1984 oben Rz 3; zum Urheberrecht noch Schack IPRax 1991, 347, 348).

55 Art 40–42 nF ändern an dieser Anknüpfungslage jedenfalls im Ergebnis nichts. Nach dem Willen des Gesetzgebers (Begründung RegE aaO S 10) erfaßt die Neuregelung das Kollisionsrecht des Immaterialgüterschutzes nicht, so daß es insoweit beim – gewohnheitsrechtlich entwickelten und geltenden – Schutzlandprinzip bleibt, das auch gemeinsames Umweltrecht und Rechtswahl nicht zum Einsatz kommen läßt. Das Ergebnis bleibt gleich, wenn für den Gesamtbereich zur Bildung einer fallgruppenspezifischen Anknüpfung Art 41 I, II Nr 1 nF herangezogen wird (s jetzt dazu Hohloch in Schwarze [Hrsg] Rechtsschutz gegen Urheberrechtsverletzungen (vor Art 38 Rz 7) S 104f. Zu Kennzeichenkonflikten im Internet Thum GRUR Int 2001, 9. Allg zur kollisionsrechtlichen Behandlung von Urheberrechtsverletzungen im Internet Schack MMR 2000, 59; Spindler IPRax 2003, 412; ferner M. Junker, Anwendbares Recht und internationale Zuständigkeit bei Urheberrechtsverletzungen im Internet (Kassel 2002).

8. Deliktsrechtsschutz gegenüber „neuen Medien"

56 Die Normen des IDR regeln auch den Rechtsschutz für unerlaubte Handlungen in sog „neuen Medien", Online-Diensten oder im „Internet". Maßgeblich für die Rechtsanwendung ist auch insoweit der „Begehungsort" oder „Tatort". Gem **Abs I Satz 1** ist als **Recht des Handlungsortes** maßgeblich der Standort des „Servers" und des „Providers" (KG NJW 1997, 3321; LG Düsseldorf NJW-RR 1998, 979; Spindler NJW 1997, 3198), als **Recht des Erfolgsortes** iSv Abs I Satz 2 der Ort der bestimmungsgemäßen Kenntnisnahme durch Dritte (LG Düsseldorf NJW-RR 1998, 979; für Internet-Werbung Frankfurt EWiR § 1 UWG 7/99, 471; LG München I RIW 2000, 467; Hohloch in Schwarze [Hrsg] vor Art 38 Rz 7). Zur Maßgeblichkeit des Inlandsrechts bei auf den deutschen Markt zielenden Online-Diensten Dieselhorst ZUM 1998, 293; s auch – einschränkend – Dethloff NJW 1998, 1596. Auf dieser Grundlage ergeben sich Anknüpfungsunterschiede zur Meinungslage zum alten Recht nicht; s noch Mankowski RabelsZ 1999, 256; v Hinden, Persönlichkeitsverletzungen im Internet (1999); s aber auch – für eine schon im Vorfeld ansetzende Anknüpfung – Boele-Woelki BerDGesVöR 39 (2000) 340. Zur Bedeutung der E-Commerce-Richtlinie v 8. 6. 2000, ABl EG Nr L 178 v 17. 7. 2000 (Umsetzung durch das Gesetz über rechtliche Rahmenbedingungen für den elektronischen Geschäftsverkehr [EGG] v 14. 12. 2001, BGBl I 3721) allgemein s Art 29 Rz 2b und oben Rz 51 bei c.

IV. Qualifikation und Anwendungsbereich

57 **1. Delikt iSd IDR (Qualifikation). a)** Die Qualifikation eines „Geschehens" (Pal/Heldrich[58] Art 38 Rz 2) als unerlaubte Handlung richtet sich, den allg Qualifikationsregeln entspr (Einl Rz 38), nach dt Recht (RG 138, 243, 245f und st Rspr). Dessen Vorstellungen entscheiden demgemäß darüber, ob die Verursachung und Abwicklung eines Schadensereignisses als „Delikt" bzw „unerlaubte Handlung" einzuordnen ist. Die Einführung der Art 40–42 nF hat hiermit Änderungen nicht erbracht (s Begründung RegE aaO S 11). Bei dem für die Qualifikation üblichen breiten Verständnis des Begriffs rechnet so die Haftung für zurechenbare Schädigung außerhalb eines Vertrages grundsätzlich hierher (zum Begriff Larenz II § 71). Deshalb sind (1) Haftungstatbestände, die nach Art der §§ 823ff BGB an **schuldhaftes Verhalten** außerhalb von Vertragsverhältnissen (dazu Stoll FS Ferid [1978] 397; Mansel VersR 1984, 97ff) Schadensersatzfolgen knüpfen, grundsätzlich als Delikt iSd IDR anzusprechen (BGH 23, 65, 67), sofern sie nicht einer spezielleren Kategorie zugehören (zB Aufwendungs- und Schadensersatzhaftung bei GoA, s Art 39 Rz 1ff; Haftung aus cic, sofern nicht dem Deliktsstatut zugerechnet, s Art 32 Rz 21; sofern Ansprüche letzterer Art deliktsrechtlich qualifiziert werden, folgt die Anwendbarkeit der Art 40–42 nF unmittelbar aus dieser Qualifikation, im anderen Falle ergibt bei GoA-Ansprüchen die aus Art 39 I, 41 II Nr 2 ggf folgende Anknüpfung dasselbe Ergebnis wie zum alten Recht s 9. Aufl Art 38 Rz 23). (2) Gleiches gilt für Tatbestände der verschuldensfreien Haftung (Gefährdungshaftung, Risikohaftungen, Kausalhaftungen), s BGH 23, 65, 67 = MDR 1957, 278f Anm Beitzke; BGH NJW 1976, 1588f (RHaftpflG); BGH 80, 1, 3 = IPRax 1982, 158 Anm v Hoffmann (§ 22 II WHG), BGH 87, 95, 97 = IPRax 1984, 30 Anm Hohloch 14. (3) Gleiches gilt schließlich für die Qualifikation der Haftung für ausnahmsweise erlaubtes schädigendes Tun (MüKo/Kreuzer Art 38 Rz 21). Wie die durch die dt Kollisionsnorm berufene lex causae ihrerseits den Tatbestand qualifiziert (Regelbeispiel Verlöbnisbruch = Tatbestand des Verlöbniskollisionsrechts vor Art 13 oder Delikt im Sinne der lex causae), ist unerheblich. Die Qualifikation nach der lex fori setzt sich durch. Die Qualifikationsregeln des IDR gelten auch im Adhäsionsprozeß (§§ 403ff StPO; s Hohloch, Deliktsstatut 101). Aus (1)–(3) folgt, daß Haftung des unmittelbaren Täters ebenso wie Haftung für Leute (BAGE 15, 79, 82f) oder Sachen und die Haftung von jur Personen dem Deliktsstatut unterstehen (zB Beitzke FS Mann [1977] 107, 113ff; hingegen unterliegen Durchgriffsfragen bei der jur Person dem Personalstatut/Gesellschaftsstatut, s Art 37 Anh II Rz 34). Gleiches gilt für die Haftung Aufsichtspflichtiger (Stoll FS Lipstein [1980] 267) und die Billigkeitshaftung nicht Deliktsfähiger sowie für besondere Haftungstatbestände aus der irrtümlichen Annahme oder Überschreitung von Selbstverteidigungs- und Selbsthilferechten (Notwehrexzeß, Putativnotwehr ... Selbsthilfe) einschließlich des Schadensersatzes aus der Anordnung von vorläufigem Rechtsschutz (zB § 945 ZPO, s Düsseldorf VersR 1961, 1144, 1145). Dem Geltungsbereich des Deliktsstatuts im Sinne von Art 40 I sind durch Art 44 jetzt auch Grundstücksemissionen und ihre schadensrechtlichen wie sonstigen Folgen unterstellt, s Art 44 Rz 1ff.

b) Nicht als Delikt iSd IDR rechnet die **Staatshaftung** und die Haftung des Amtsträgers aus Amtspflichtverletzung, auch dann, wenn sie aus im Ausland begangener Amtspflichtverletzung resultiert (s hierzu ausf unter Darstellung der staatsvertraglichen und autonomrechtlichen Grundlagen MüKo/Kreuzer Art 38 Rz 275). Es gilt das **Recht des Amtsstaats**, auch wenn die Amtspflichtverletzung im Ausland begangen wurde (s Schurig JZ 1982, 385; Schlemmer ÖstZVR 1986, 27; Beitzke ZfRV 1977, 136; aA Grasmann JZ 1969, 454, 458). Gleich ist die Rechtslage für die Haftung des Amtsträgers jedenfalls bei hoheitlichem Handeln (BGH NJW 1976, 2074; VersR 1982, 185f; Köln NJW 1999, 1556; LG Rostock NJ 1995, 490; auch BGH 76, 387, 396f enteignungsgleicher Eingriff). Zu fremdenrechtlichen Beschränkungen der dt Staatshaftung s Erl zu § 839 BGB sowie BGH 99, 62 = IPRspr 1986 Nr 37 und Gramlich NVwZ 1986, 448; soweit die öffentliche Hand wegen Verletzung privatrechtlicher Pflichten nach Grundsätzen des allg Haftungsrechts haftet, bestimmt sich die kollisionsrechtliche Beurteilung nach den Regeln des IDR (s Schurig JZ 1982, 385ff) – Ausführungen galten freilich der Rechtslage bei Geltung des für nichtig erklärten StaatshaftungsG (BGBl 1981 I 553; BGBl 1982 I 1493). Zu Delikten von Angehörigen der Stationierungsstreitkräfte s Staud/v Hoffmann Art 38 Rz 230. 58

2. Reichweite des Deliktsstatuts. a) Grundsatz. Das Deliktstatut hat grundsätzlich umf Anwendungsbereich; es gilt für Voraussetzungen wie Folgen der unerlaubten Handlung und herrscht jedenfalls grundsätzlich einheitlich über das Delikt im Ganzen, da diese Einheitlichkeit die Ausgewogenheit der Schadensregulierung am ehesten gewährleistet (Hohloch IPRax 1984, 14, 17; ebenso MüKo/Kreuzer Art 38 Rz 281; Staud/v Hoffmann[13] Art 38 Rz 170; auch BGH VersR 1960, 990, 991). Die Art 40–42 nF haben diese grundsätzliche Sichtweise nicht verändert (s Begründung RegE aaO S 10, 11). Eine Aufspaltung der einheitlichen Anknüpfung des Deliktstatbestands in Einzel- und Sonderanknüpfungen von Einzelfragen, wie sie insbesondere im ausl IDR erwogen worden ist (s Hohloch, Deliktstatut 91ff, 183ff mwN), ist regelmäßig nicht hilfreich (Hamburg IPRspr 1958/59 Nr 72). Für Ausnahmesituationen mag jedoch, sofern nicht über Art 41 nF das „richtige" Recht zu finden ist (s Rz 39), auch eine Trennung zwischen den Haftungsvoraussetzungen und den Haftungsfolgen erwogen werden (Hohloch IPRax 1984, 14, 17f; ähnl v Bar JZ 1985, 961, 965ff; E. Wagner, Statutenwechsel und dépeçage im int Deliktsrecht [1988] 173f; aA Staud/v Hoffmann[13] Art 38 Rz 171). 59

b) Haftungsvoraussetzungen. aa) Das Deliktstatut bestimmt demgemäß über die **Tatbestandsmäßigkeit** (Celle VersR 1967, 164f), dh über Arten der geschützten Rechtsgüter und Interessen, Tätereigenschaft (zB Haltereigenschaft LG München I IPRax 1984, 101 Anm Jayme), tatbestandsmäßiges Verhalten und über alle Fragen der Kausalität (OGHZ 4, 194, 196f und 203 bzw 204f = NJW 1951, 27f; Celle VersR 1967, 164f; München VersR 1974, 443f). Ebenso unterliegt die **Rechtswidrigkeit** (Hohloch Deliktstatut 102; Soergel/Lüderitz[11] Art 12 Rz 55; MüKo/Kreuzer Art 38 Rz 282) einschl der Rechtfertigungsgründe grundsätzlich dem Deliktstatut (BGH NJW 1964, 650, 651; Celle VersR 1967, 164f; zu Ausnahmen Böhmer aaO 126f). Außerdem bestimmt sich der **Gesamtbereich des Verschuldens** nach dem Deliktstatut, zB Deliktsfähigkeit (Kegel/Schurig IPR § 18 IV 2; Pal/Heldrich[58] Art 38 Rz 22 einschl der Deliktsfähigkeit, dh Haftungsfähigkeit nach jur Personen (hM s BGH WM 1957, 1047, 1049; Schleswig IPRspr 1970 Nr 19; AG Bonn, NJW 1988, 1393, 1395; Köln NZG 1998, 350; Stoll FS Ferid [1978] 397, 404 mwN; Staud/Großfeld[13] Int GesR Rz 229), Verschulden und Verschuldensformen nebst Schuldausschließungsgründen (Celle NJW 1967, 164f); und Mitverschulden (Celle aaO; MüKo/Kreuzer Art 38 Rz 282 Fn 920). Wie auch sonst erfaßt auch das Deliktstatut Haftungsausschlüsse, Verjährung (BGH NJW 1983, 2771f; NJW 1978, 1426; wN bei Hohloch, Deliktstatut 94) und sonstige materiellrechtliche Gründe der Nichthaftung). 60

bb) Wer Täter und Teilnehmer ist, ob Gesamtschuld oder Teilschuld resultiert, ob subsidiäre oder primäre Haftung besteht, sagt das Deliktstatut ebenfalls (s Stoll FS Müller-Freienfels [1986], 631, 646) ebenso befindet es über die Haftung des Geschäftsherrn (BGH 80, 1, 3 = IPRax 1982, 158 Anm v Hoffmann, schon Rz 46), des Aufsichtspflichtigen (BGH 71, 175 über die Aufsichtspflicht entscheidet das Aufsichtsstatut – Art 21, 24 –, über das Aufsichtsbedürfnis das Deliktstatut, s Stoll FS Lipstein (1980) 268f; unzutr Celle NJW 1966, 302 Anm Dunz). 61

cc) Ebenso bestimmt sich die Anspruchsberechtigung nach dem Deliktstatut (Köln NJW-RR 1988, 30f; zur **Vorfragenproblematik** Rz 18); gleiches gilt für Übertragbarkeit, Vererblichkeit, Höchstpersönlichkeit (s MüKo/Kreuzer Art 38 Rz 288 mwN).

dd) Bei **mehreren Schädigern** bzw **Geschädigten** ist das anzuwendende Recht grundsätzlich iS gesonderter Bestimmung der Deliktsstatute für jedes Zweipersonenverhältnis **getrennt** zu bestimmen (AG Bonn VersR 1975, 528f; auch BGH 23, 65; MüKo/Kreuzer Art 38 Rz 94). Wo die Voraussetzungen vorliegen, ist – zB im Interesse der Regreßvereinfachung – mit Vorrang vor Art 40 gem Art 41 einheitlich anzuknüpfen. Zu Einzelfragen s Plänker, Der Gesamtschuldnerausgleich im Deliktsrecht 1998. 62

c) Haftungsfolgen. Nach dem Deliktstatut beurteilen sich ungeachtet des Inkrafttretens von Art 40–42 nF auch alle Rechtsfolgen der unerlaubten Handlung (s Überblick bei Firsching in v Caemmerer Vorschläge . . . 188): Dies gilt für Art und Höhe des Schadensersatzes (BGH IPRspr 1960/61 Nr 52; IPRspr 1962/63 Nr 47; BGH 131, 335; NJW 1998, 2142; Bremen IPRspr 1983 Nr 45), auch des Schmerzensgeldes (Koblenz NJW-RR 2002, 1030; KG NJW-RR 2002, 1031 – keine Aufstockung bei US-amerikanischen Verletzten) für das Vorliegen summenmäßiger Beschränkungen (BGH aaO), für Vorteilsausgleichung (BGH VersR 1967, 1154f; LG Frankfurt IPRspr 1974 Nr 21), für die Reihenfolge von Geldersatz und Naturalrestitution (BGH 14, 212, 217; BGH 87, 95, 97), für die Gewährung merkantilen Minderwerts und von Nutzungsausfallentschädigung (s – auch zur Bewertung bei „Auslandssachverhalten" und zum Ausgleich von Wertgefällen – Staud/v Hoffmann[13] Art 38 Rz 189 mwN; s dazu auch AG Göppingen VersR 1985, 748; v Bar JZ 1985, 961, 968), für die Schadensersatzwährung (Remien RabelsZ 53 [1989] 245; Alberts NJW 1989, 609; s ferner BGH VersR 1989, 54, 56; v Hoffmann FS Firsching [1985] 125), für Unterhalts- und Dienstleistungsausfall (BGH NJW 1976, 1588; VersR 1966, 283, 284; Frankfurt IPRspr 1981 Nr 26) und für den Ersatz immateriellen Schadens (BGH 93, 218; 119, 142; Celle IPRspr 1982 Nr 26; KG VersR 63

1983, 495f). Ist in Fällen des Unterhalts-, Dienstleistungs- und Nichtvermögensschadens nicht ohnehin das gemeinsame Umweltrecht Deliktsstatut (s BGH 93, 214, 215 und Vorinstanz München VersR 1984, 745f), ist die Bemessung der Höhe des zu ersetzenden Schadens jedenfalls unter Berücksichtigung der wirtschaftlichen Verhältnisse im Land des gewöhnl Aufenthalts des Geschädigten vorzunehmen (BGH 119, 142; München VersR 1984, 745 mit Anm Mansel 747; s AG Göppingen VersR 1985, 748; v Bar JZ 1985, 968); bei entspr Konstellation (Begr gemeinsamen gewöhnl Aufenthalts nach der Tat) ist uU als Ausnahme **Statutenwechsel** in Abweichung vom Grundsatz der Unwandelbarkeit des Deliktsstatuts in Betracht zu ziehen (Hohloch, IPRax 1984, 14, 17; abl Pal/Heldrich[58] Art 38 Rz 13; Staud/v Hoffmann[12] Art 38 Rz 171). Gewährt das fremde Deliktsstatut Schadensersatzposten, die in ihrer Art von den nach der lex fori geläufigen abweichen, bedarf es zunächst der Qualifikationsfrage, ob ein Schadensersatzanspruch oder etwas anderes (Strafe, Privatstrafe) vorliegt. Nur im erstgenannten Fall ist wegen der Maßgeblichkeit des Deliktsstatuts der Ersatzposten einzubeziehen, im anderen Fall nicht. Bei Einbezug (s zu „punitive damages" v Westphalen RIW 1981, 141; Stiefel/Stürner VersR 1987, 829) kommt Art 40 III (wie früher Art 38 aF) als Sperrgrenze in Betracht. Zur Frage der Rechtshilfe in amerikanischen punitive-damages-Verfahren München RIW 1989, 483 = IPRax 1990, 175 und dazu Stürner/Stadler ebenda; s ferner Siehr RIW 1991, 705, 708; s auch Staud/v Hoffmann[12] Art 38 Rz 206. Schließlich rechnen auch andere Deliktsfolgen wie Ansprüche auf Beseitigung, Gegendarstellung (Hohloch ZUM 1986, 165, 176), Unterlassung (Freiburg IPRspr 1950/51 Nr 117), Auskunft, Urteilsveröffentlichung ebenfalls hierher (s Stadler JZ 1994, 642).

64 d) **Anspruchsberechtigung.** Das nach Art 40–42 gefundene Deliktsstatut regelt nicht nur die Ansprüche des „Verletzten" gegen den „Ersatzpflichtigen" iSd Art 40, sondern befindet auch über den Kreis der Anspruchsberechtigten. Ansprüche „mittelbar" Geschädigter (zB §§ 844, 845 BGB) richten sich so nach dem gem Art 40 I oder II (oder auch 41) für den „Verletzten" maßgeblichen Statut und sind **nicht getrennt anzuknüpfen**, s Rz 61 und Rz 31. Zur dabei auftretenden Vorfragenproblematik s Rz 31.

65 e) **Direktanspruch.** Der nach altem Recht überwiegend deliktsrechtlich qualifizierte Direktanspruch des Geschädigten gegen den KH-Versicherer (BGH 57, 265 und st Rspr; s 9. Aufl Art 38 Rz 52) ist jetzt in Abs IV nF positivrechtlich geregelt, s hierzu unten V (Rz 78, 79).

V. Schrankenwirkung des Abs III

1. Inhalt und Zweck

66 Abs III ist im neuen Recht an die Stelle des bisherigen Art 38 aF (bis 1986 Art 12 Fassung 1896) getreten. Nach der Begründung des RegE (aaO S 12) war Art 38 aF jedenfalls in seinen „gerechtfertigt erscheinenden Grundansätzen" beizubehalten; er „verbietet als spezielle Ordre-public-Norm gegenüber jedermann die Anwendung fremden Rechts, das etwa zu mehrfachem Schadensersatz (Nr 1) oder Strafschadensersatz (Nr 2) führen würde". Als Ordre-public-Norm will Abs III freilich – wie Art 6 oder der außer Kraft getretene Art 38 aF – nicht jede derartige Abweichung vom Inlandsrecht kappen; seine Anwendung ist auf gravierende Abweichungen von den Grundvorstellungen des deutschen Rechts begrenzt und auch in Zukunft zu begrenzen.

2. Vorgeschichte und altes Recht

67 Art 38 aF bezweckte als Inländerschutzklausel den Schutz des Inländers bei der Haftung für Auslandsdelikte (zB Ferid § 6 Rz 183; MüKo/Kreuzer Art 38 Rz 303). Sie stellte eine spezielle Vorbehaltsklausel dar (s 9. Aufl Art 38 Rz 53 und Art 6 Rz 8 und BAG NJW 1964, 990f; allg A), die in ihrem Anwendungsbereich die allg Vorbehaltsklausel des Art 6 verdrängte (zu dessen Restanwendungsbereich s oben Rz 17). Sie wirkte als Haftungsbeschränkungsnorm, die den dt Bekl davor schützte, aufgrund eines nichtdt Deliktsstatuts in höherem Umfang nach den Vorschriften des dt Recht in Anspruch genommen zu werden. Ihre Fortgeltung war im Schrifttum im Hinblick auf einen möglichen Verstoß gegen Art 7 EWG-Vertrag lange umstritten (gegen Fortgeltung Raape/Sturm, IPR I § 13 III 3; für Fortgeltung Kropholler RabelsZ 33 [1969] 601, 614, 616; Erman/Arndt[7], Art 12 aF Rz 13; Soergel/Lüderitz[11] Art 12 Rz 65; MüKo/Kreuzer Art 38 Rz 304). Generell war sie jedenfalls nicht unwirksam, da ein Diskriminierungsverbot nur gegenüber Staatsangehörigen aus EWG-Staaten bestanden hätte (Niessen NJW 1968, 2170); aber auch sachlich war Art 38 nicht vom Anwendungsbereich von Art 7 EWG-Vertrag betroffen, der das allg Deliktsrecht nicht erfaßt (str, wie hier Erman/Arndt[7] Art 12 Rz 13; MüKo/Kreuzer Art 38 Rz 304; aA v Bar JZ 1985, 963; Pal/Heldrich[58] Art 38 Rz 28; Roßbach NJW 1988, 590f; Sack GRUR Int 1988, 320, 331; – soweit Wirtschaftsdeliktsrecht betroffen ist, mag dies zutreffen). Ob Art 38 abdingbar war, ist zweifelhaft (dafür MüKo/Kreuzer Art 38 Rz 305; Soergel/Lüderitz[11] Art 12 Rz 70; dagegen Hohloch NZV 1988, 161, 166; jedenfalls aber blieb die Schranke des Art 6). Ebenfalls zweifelhaft war bis zum Inkrafttreten des Art 40 nF, ob de lege ferenda auf Art 38 verzichtet werden sollte, wie es der RefE 1984, getragen von der hM, angestrebt hatte (s Binder RabelsZ 20 [1955] 401, 467; Kegel/Schurig § 18 IV 1; MüKo/Kreuzer Art 38 Rz 306; W. Lorenz in v Caemmerer Vorschläge . . . 126f). Mit der Einfügung von Art 40 III nF ist demgegenüber zutreffend bedacht worden, daß Art 38 aF in Rechtsgebieten, auf denen zwischen der deutschen und den anderen kontinentalen Rechtsordnungen einerseits und anderen Rechten (insbes des angloamerikanischen Rechtskreises andererseits) erhebliche Auffassungs- und Einschätzungsunterschiede bestehen (Produkthaftung, Persönlichkeitsverletzung, Wettbewerbsbehinderung) zur Eingrenzung überzogener Schadensersatzvorstellungen hilfreicher war als die Wertungsklausel von Art 6 oder die Neueinführung der Sperrklausel in Art 135 II, 137 II Schweiz IPRG und dazu Hohloch FS Keller [1989] 433, 446ff; s ferner zur Abwehr von punitive damages Stiefel/Stürner VersR 1987, 829, 835ff; Lörtscher ZVglRWiss 88 [1989] 71, 81ff).

3. Anwendungsvoraussetzungen des Abs III

68 a) **Vergleichsprüfung.** Art 38 aF setzte zum Zweck seines Eingreifens eine Vergleichsprüfung des dt Rechts und des ausl Deliktsstatuts voraus. Zu vergleichen waren die Rechtsfolgen. Überstiegen die nach ausl Statut

Schuldrecht – Außervertragliche Schuldverhältnisse   Art 40 EGBGB

begründeten Forderungen die nach dt Recht gegebenen Ansprüche, so war insoweit Reduktion auf das Maß des dt Rechts erforderlich. Im Grundsatz aber und unterhalb der Sperrschranke blieb es – anders als bei Art 6 – bei der Anwendung des berufenen Statuts. Von diesem Ansatz geht auch Abs III nF aus, wenn jetzt formuliert ist, daß Ansprüche, die dem Recht eines anderen Staates unterliegen, nicht geltend gemacht werden können, „**soweit** sie . . ." (weiter gehen). Abs III setzt also nicht Ansprüche nach deutschem Recht an die Stelle von Ansprüchen nach anderem Recht, sondern läßt diese entweder bis zu einer gewissen Kappungsgrenze bestehen (so vielfach bei Nr 1) oder hindert ihre Geltendmachung im Inland (so Nr 2, insoweit typische Funktion des Vorbehalts des Ordre public).

b) Sperrklausel ohne typische Inländerschutzfunktion. Von Art 38 aF geschützt waren **in Anspruch** **69** **genommene Deutsche** (zB BGH 29, 237, 240, 243). Deutsche iSv Art 38 aF waren dt Staatsangehörige, bei Mehrstaatern galt Art 5 I 2, ebenfalls Deutsche iSv Art 116 I GG (MüKo/Kreuzer Art 38 Rz 310 Fn 1040), auch die Erben dt Inanspruchgenommener bei ebenfalls dt Staatsangehörigkeit (BGH VersR 1961, 518f, str), ebenso jur Personen mit Sitz in Deutschland (RG 129, 385, 387f) und nichtrechtsfähige Personenvereinigungen mit Sitz in Deutschland (OHG) oder mit dt Gesellschaftern (BGH VersR 1958, 109f). Da Art 38 Exklusivnorm zugunsten der Deutschen war, wirkte er nicht für Staatenlose, Flüchtlinge und gleichgestellte Personen (s Art 5 Rz 14). Art 40 III ist von diesem – fragwürdig gewordenen (s Rz 67) – Inländerschutz befreit worden, ist damit nicht mehr Exklusivnorm, sondern dem Ordre public verpflichtete Sperrklausel des deutschen IPR, die im Rahmen ihres Anwendungsbereichs jeden Ersatzpflichtigen schützt, ohne daß es auf deutsche Staatsangehörigkeit oder Sitz bzw Niederlassung im Inland noch ankäme. Im Inland kann sich so jeder auf Schadensersatz aus unerlaubter Handlung (s zum Begriff Rz 57) in Anspruch Genommene des Schutzes des Abs III bedienen. Da Abs III Ordre-public-Norm ist, hat das deutsche Gericht seine Anwendung von Amts wegen und nicht erst kraft Einrede oder Bestimmung des Ersatzpflichtigen vorzunehmen (s schon 9. Aufl Art 38 Rz 54). Eine „umgekehrte Anlehnung" an das in Abs I vorgesehene Bestimmungsrecht des „Opfers" ist hier (für den „Täter") nicht vorgesehen. Abs III kann darüber hinaus auch im Ausland Beachtung und Anwendung verlangen, wenn dort – ggf im Wege der Rückverweisung – Anwendung der Art 40–42 zu erfolgen hat.

c) Anwendbarkeit gegenüber Ansprüchen nach ausländischem Recht. Art 38 aF schützte nur gegen **70** Ansprüche aus einer Auslandstat und griff seiner Herkunft nach nur gegenüber ausländischem Tatortrecht ein (s 9. Aufl Art 38 Rz 54). Art 40 III nF ist insoweit weiter. Er greift gegenüber **Ansprüchen aus unerlaubter Handlung**; die insofern erforderliche Qualifikation folgt den oben Rz 57 erläuterten Regeln, da Art 40 III dt Kollisionsnorm ist (zum alten Recht, aber jetzt noch richtig BGH 86, 234, 237f mwN und dazu v Hoffmann IPRax 1983, 298). Art 40 III ist aber auf die Limitierung von Deliktsansprüchen beschränkt, so daß er **nicht** – auch nicht entsprechend – **auf Ansprüche aus sonstigem Rechtsgrund** (zB Bereicherung, GoA, Vertrag) **anwendbar** ist (allg A). Zum alten Recht ist auch die Anwendung auf deliktsähnliche Ansprüche (Gründerhaftung bei der AG; dafür Düsseldorf RIW/AWD 1976, 452; Pal/Heldrich[58] Art 38 Rz 28) von MüKo/Kreuzer Art 38 Rz 314 mit der Begr aus dem Charakter als Exklusivnorm verneint worden. Diese Ablehnung ist jetzt nicht mehr berechtigt, da Art 40 III Exklusivnorm nicht mehr ist (Rz 69). Eine „Auslandstat" ist ebenfalls nicht mehr vorausgesetzt, es genügt jede unerlaubte Handlung, auf die nach der Regelung des Art 40 ausländisches Recht zur Anwendung berufen wird, also auch das Distanzdelikt, das im Inland beginnt (s Fälle der Persönlichkeitsrechtsverletzung oder die Produkthaftungsfälle, in denen inländische Hersteller Schutz gegen ausländisches Recht verlangen), aber an einem ausländischen „Erfolgsort" vollendet wird, ebenso die Inlandstat, auf die nach der allseitigen Kollisionsnorm des Abs II fremdes Recht als Recht gemeinsamen gewöhnlichen Aufenthalts zur Anwendung kommt, schließlich und natürlich auch die reine Auslandstat.

d) Sperrgrenze des deutschen Rechts. Als Sperrgrenze wirkt das dt Recht mit seinem ganzen **Normenbe- 71 stand**, aus dem sich für den Sachverhalt Ansprüche ergeben könnten. Die Vergleichsprüfung muß also wie früher zu Art 38 aF (s 9. Aufl Art 38 Rz 54) nicht nur dt Deliktsrecht, sondern alle weiteren Anspruchsmöglichkeiten einbeziehen (Vertrag, Bereicherung, Aufwendungsersatz, sonstige Ansprüche aus echter und unechter GoA, Kostenerstattungsansprüche usw) und getrennt für jeden in Betracht kommenden Anspruch Voraussetzungen, Inhalt, Umfang, Anwendbarkeit prüfen (zB BGH 71, 175, 177; RG 118, 141; 129, 385; LG Hechingen IPRsp 1962/63 Nr 37). Erst wenn sich aus dieser das ganze deutsche Recht ergreifenden Vergleichsprüfung ergibt, daß die nach ausländischem Recht erhobenen Ansprüche nach Inlandsrecht nicht bestehen würden, ist die weitere Prüfung veranlaßt, ob die aus ausländischem Recht hergeleiteten Ansprüche im Ergebnis an Abs III Nr 1–3 scheitern. Im anderen Falle liegt der Verstoß gegen den inländischen Ordre public ersichtlich nicht vor, der das gesamte inländische Recht und nicht nur das inländische Recht der „unerlaubten Handlungen" im Blick hat.

e) Die Vorbehaltsschranken der Nr 1–3. aa) Grundsätze. Art 40 III nF weicht dann von Art 38 aF insbeson- **72** dere dadurch ab, daß er das deutsche Recht nicht mehr als Höchstgrenze genereller Art beruft. Art 40 III verwehrt nicht generell, daß ausländisches Recht weitergehende Ansprüche gibt, die deliktsrechtlich zu qualifizieren sind, oder höhere oder andere Anspruchsinhalte (Schadensersatzleistungen, sonstige Anspruchsinhalte) vermittelt. Solchen Ansprüchen ist, sofern sie nicht an den enumerierten Vorbehalten der Nr 1–3 scheitern, stattzugeben, es sei denn, Art 6 könne als allgemeine Ordre-public-Norm, die durch Art 40 III für das Gebiet der „unerlaubten Handlung" nicht generell ausgeschlossen ist (s Rz 67), aus anderen Gründen eingreifen (s Erl Art 6 Rz 56).

bb) Nach Nr 1 können Ansprüche nicht geltend gemacht werden, soweit sie wesentlich weiter gehen als zum **73** Ersatz des Schadens erforderlich. Nr 1 beruht auf dem inländischen Grundverständnis, daß dem Schadensersatz primär und ganz wesentlich und unter nahezu völliger Verdrängung aller sonstigen Funktionen seit ca 150 Jahren eine **Ausgleichsfunktion** zukommt. Diese Sicht nimmt im Inland zZt Ordre-public-Funktion ein, so daß eine eklatante Abweichung eines fremden Rechts, das zB „mehrfachen Schadensersatz" („multiple damages") zuerkennt, im Inland gem Nr 1 scheitert. Der fremdem Recht unterliegende Anspruch wird dann auf „inländisches Normalmaß" gekappt, deutsches Recht wirkt hier als „Kappungsgrenze" bzw „Höchstgrenze". Einzelfälle sind auf „multiple damages", „treble damages" gerichtete Ansprüche der Rechte des angloamerikanischen Rechtskreises (vgl die Sichtweise des schweizerischen IPR zum insoweit funktionell gleichartigen Art 135 II Schweiz IPRG, s IPRG-Kommentar/Volken [1993] Art 135 Rz 50, 51). Ebenso ist Nr 1 einsetzbar, wenn ausländisches Recht zB für erlittenen Nichtvermögensschaden (zB als „general damages" Geldsummen in einer Höhe ansetzt, die nach inländischem Rechtsverständnis unter Berücksichtigung von Kompensationsfunktion, Genugtuungsfunktion und Präventionsfunktion des Schmerzensgeldes (s BGH NJW 1996, 984; BGH 128, 1; 132, 13) exorbitant und nicht mehr angemessen erscheint. Indes wird in diese Prüfung der „Erforderlichkeit" nach Nr 1 in besonderem Maße die Frage des **Inlandsbezuges** einzubeziehen sein. Je mehr der Fall sich als Inlandsfall darstellt, desto weniger ist die eklatante Abweichung zu tolerieren, liegt hingegen typische „Auslandstat" vor, hat inländischer ordre public traditionell auch Nr 1 geringere Sperrwirkung. Hingegen ist Nr 1 nicht einsetzbar, wenn fremdes Recht Ansprüche auf der Basis der unerlaubten Handlung in weiterem Umfang als das deutsche Recht gibt. Gibt ein fremdes Recht zB Ansprüche wegen „mittelbarer Schädigung" einem weiteren Personenkreis als dies nach § 844 BGB der Fall ist, greift Nr 1 nicht ein. Es kann nicht gesagt werden, die Entschädigung zB von Geschwistern (Art 433 Ital Codice civile) sei zur Schadensbeseitigung nicht erforderlich. Hier hilft allenfalls Art 6. Ebenso deckt Nr 1 den gesamten weiteren Bereich nicht mehr ab, in dem nach altem Recht Art 38 aF zugunsten des inländischen Ersatzpflichtigen als Höchst- und Sperrgrenze wirkte (s 9. Aufl Art 38 Rz 54; MüKo/Kreuzer Art 38 Rz 315, 316). Art 38 aF ist insoweit ersatzlos weggefallen, so daß insoweit auch der Inländer jetzt schärferem ausländischen Deliktsrecht in vollem Umfang ausgesetzt ist, es sei denn, Art 6 könne Einsatz finden, was aber wiederum sowohl eklatante Abweichung als auch erheblichen Inlandsbezug fordert.

74 cc) Nach **Nr 2** können Ansprüche nicht geltend gemacht werden, soweit sie „offensichtlich anderen Zwecken als einer angemessenen Entschädigung des Verletzten dienen". Wie Nr 1 beruht auch Nr 2 auf dem inländischen Grundverständnis der vornehmlichen Ausgleichsfunktion eines entpönalisierten Schadensersatzes. Nr 2 bringt so jene Deliktsfolgen ausländischer Herkunft zu Fall, die im Gewande einer an den Verletzten fließenden Entschädigungssumme Straffunktion haben. Diese vom Entschädigungscharakter des Schadensersatzes aufgrund unerlaubter Handlung abweichende Funktion muß nach Nr 2 „offensichtlich" sein, also auf der Hand liegen. Bejaht wird dies zu Recht bei der Deliktsfolge „punitive damages" der Rechte des angloamerikanischen Rechtskreises (s Stiefel/Stürner VersR 1987, 829, 835ff; v Westphalen RIW 1981, 141ff), so daß solche Ansprüche bei Geltendmachung im Inland insgesamt nicht durchsetzbar sind. Bedeutung erlangt Nr 2 insbesondere bei Ansprüchen aus Persönlichkeitsverletzung und gegen den inländischen Hersteller aus exportierter Produkthaftung; zur Abwehr insoweit ist die Norm, ähnlich Art 135 II Schweiz IPRG, auch im EGBGB als Ersatz für Art 38 aF stehen geblieben (s Rz 73). Neueres Schrifttum insoweit: Wagner IPRax 1998, 429, 433; Dethloff FS Stoll (2001) 481; Spickhoff NJW 1999, 2209, 2213; Kropholler/v Hein FS Stoll (2001) 553, 563; Heß JZ 2000, 373, 379; A. Staudinger DB 1999, 1589, 1592.

75 dd) Nach **Nr 3** können Ansprüche nicht geltend gemacht werden, soweit sie „haftungsrechtlichen Regelungen eines für die BRepD verbindlichen Übereinkommens widersprechen". Nr 3 setzt daran an, daß Deutschland Vertragsstaat – multilateraler – völkerrechtlicher Verträge ist, die für bestimmte unerlaubte Handlungen ihr eigenes Haftungssystem (materiellrechtlicher Art) haben. Dieses verdrängt im Rahmen seiner Anwendbarkeit das allgemeine IPR (der Art 40ff) und das dadurch berufene materielle Recht. Die Haftungsregelung kann – zB durch summenmäßige Limitierung der Haftung – günstiger als nach allgemeinem Recht außerhalb dieser Sonderordnung sein. So ist es bei Haftungsbeschränkungen aufgrund seeschiffahrtsrechtlicher Übereinkommen (Int Übereinkommen von 1992 über die zivilrechtliche Haftung für Ölverschmutzungsschäden, idF des Protokolls v 27. 11. 1992, das seit 30. 5. 1996 für Deutschland in Ersetzung des Abkommens von 1969 (dazu 9. Aufl Art 38 Rz 40) in Kraft ist, BGBl 1996 II 1150 u Bek v 23. 4. 1996, BGBl II 670 [s Rz 48, 50]) oder aufgrund der „Haftungskanalisierung" in atomrechtlichen Übereinkommen (Art 6 des Übereinkommens vom 29. 7. 1960 über die Haftung gegenüber Dritten auf dem Gebiet der Kernenergie [Bek der Neufassung BGBl 1985 II S 963, 965f]). Kommt es in einem Deliktsfall auf dem Sachgebiet eines solchen Abkommens zur Anwendbarkeit des Rechts eines Nichtvertragsstaats, dessen Haftungsregelung den Ersatzpflichtigen stärker belastet, wird eine solche – seltene – Sachlage von Nr 3 als Ungleichbehandlung verstanden, vor der der Ersatzpflichtige zu schützen ist (Begründung RegE aaO S 13). Die Abkommensregelung, deren Ergebnisse auf den Sachverhalt dann zum Vergleich heranzuziehen sind, wirkt dann zugunsten des Ersatzpflichtigen als Höchst- und Kappungsgrenze, wie dies schon die Funktion von Art 38 aF sein konnte.

76 f) **Wirkungsweise von Abs III.** Innerhalb seines – schmäleren – Anwendungsbereichs wirkt Abs III wie früher Art 38 aF. Ansprüche auf höheren Schadensersatz, die an Nr 1 scheitern, werden an der Kappungsgrenze gekappt bzw ggf gänzlich versagt (so zu Art 38 aF BGH VersR 1966, 283, 285; Karlsruhe VersR 1981, 739, 740). Schadensersatzarten, die keine Entsprechung im deutschen Recht haben und deshalb an Nr 2 scheitern, können, soweit ihnen diese Entsprechung fehlt, insgesamt nicht geltend gemacht werden. Nr 3 schließlich wirkt als Kappungs- und Höchstgrenze. Auf diese Abwehrfunktion wird Abs III begrenzt. Zu Ersatzlösungen, wie sie im sonstigen Anwendungsbereich von Art 6 praktiziert werden (s Erl zu Art 6 Rz 26), kommt es nicht.

77 g) **Einsetzbarkeit von III bei Anerkennung und Vollstreckung ausländischer Entscheidungen. aa)** Ob Art 38 aF auch bei der Anerkennung ausl Entscheidungen zu berücksichtigen war, wurde nicht einheitlich beantwortet. Die zutreffende hM verneinte die Anwendbarkeit der Norm jedenfalls bei Entscheidungen, die aufgrund ausl Zuständigkeit **gem Art 5 Nr 3 EuGVÜ** zustandegekommen waren und einen dt Schädiger auf der Grundlage ausl Tatortrechts zu höheren Leistungen als nach dt Recht möglich verurteilt hatten (BGH 88, 17, 24 = LM Nr 18 EuGVÜ Anm Merz, obiter bestätigt durch BGH v 4. 6, 1992, ZIP 1992, 1256 = EWiR 1992, 827; Vorinstanz Düsseldorf VersR 1991, 1161). Durch den Beitritt zum EuGVÜ und später auch zum Luganer Übereinkommen (LGVÜ) hatte die BRepD dem Geschädigten die Wahl des Ortes der Rechtsverfolgung freigestellt. Art 38 durfte dann nicht dazu dienen, die Freizügigkeit in der Benutzung der rechtlich verfügbar gemachten Gerichtsstände zu konterkarieren (s zu BGH 88, 17, 24; Kropholler JZ 1983, 905; Roth IPRax 1984, 183; einschr Schack VersR 1984, 422). Die Nichtanwendung von Art 38 bedeutete freilich nicht, daß nicht Art 27 Nr 1 EuGVÜ und Art 6 in Betracht zu ziehen waren (s vor Belege). Zutreffend wurde auch diese Gedankenführung auch auf Entscheidungen erstreckt, die aufgrund sonst gegebener ausländ (und gem § 328 I Nr 4 ZPO anzuerkennender) int Zuständigkeit erlassen wurden (BGH v 4. 6. 1992 aaO 1263 zu § 328 I Nr 4 ZPO sowie hM im Schrifttum und LG Berlin RIW 1989, 988f; aA MüKo/Kreuzer Art 38 Rz 318; Schütze FS Nagel 400; Schack IZVR Rz 869; ders VersR aaO 423).

bb) Hiervon zu trennen ist die andere Frage, ob und inwieweit ausl Entscheidungen der Anerkennung fähig waren, wenn sie zu einer „Schadenersatzleistung" verurteilten, die ihrer Art nach dem inländischen materiellen ordre public widerspricht. Hier war nicht Art 38, sondern Art 6 heranzuziehen und gem § 328 I Nr 4 ZPO die **Anerkennung insgesamt zu versagen** (BGH v 4. 6. 1992 aaO 1268f; zur Teilanerkennung bei einheitlichen Ansprüchen verneinend LG Berlin RIW 1989, 988, 990; aA Stiefel/Stürner VersR 1987, 829, 842; Zekoll RIW 1990, 302; s ferner Stürner/Stadler IPRax 1990, 157, 159).

cc) Art 40 III verändert diese für Anerkennung und Vollstreckung bisher geltende Praxis in ihren Ergebnissen kaum. Da die Neuregelung erheblich enger als Art 38 aF ist, zieht das Argument, an dem die Einsetzbarkeit von Art 38 aF bislang scheiterte, so nicht mehr. Abs III Nr 1–3 enthält echte Ordre-public-Schranken, die als solche auch im Rahmen von Art 34 Nr 1 EuGVO bzw Art 27 Nr 1 LGVÜ oder § 328 I Nr 4 ZPO einsetzbar sind. Auf Art 6 ist dann insoweit nicht mehr abzustellen.

VI. Statut des Direktanspruchs (Abs IV)

Abs IV erübrigt für das neue Recht die Erörterung des Streits um die Anknüpfung des Direktanspruchs des Geschädigten, der bislang gepflegt worden ist. 78

1. Bisherige Rechtslage. Während der Anspruch auf Schadensdeckung bei der einfachen Haftpflichtversicherung dem gem Art 7ff EGVVG oder nach allg Vertragsstatutregeln zu bestimmenden Versicherungsstatut zu entnehmen war und ist (s Art 37 Rz 9), wurde bei der obligatorischen KH-Versicherung der Direktanspruch (action directe) als überwiegend deliktsrechtlich qualifiziert (BGH 57, 265 und st Rspr; für Alternativanknüpfung an Delikts- oder Versicherungsstatut Hübner VersR 1977, 1069, 1075; MüKo/Kreuzer, Art 38 Rz 292, 124, 125). Der Anwendungsbereich des für einen Sachverhalt geltenden konkreten Deliktsstatuts (zu Straßenverkehrsunfällen Rz 44, 45) erfaßte so auch die Frage des Bestehens des Direktanspruchs (BGH NJW 1974, 495; 1977, 496; BGH 108, 200, 202); s ferner Mansel, Direktanspruch gegen den Haftpflichtversicherer (1986). S iü die ausf Kommentierungen bei MüKo/Kreuzer Art 38 Rz 123ff mwN und Staud/v Hoffmann[12] Art 38 Rz 286 mwN. Zur Rechtsanwendung auf Vertrauenshaftungsansprüche gegen den Versicherer bei fehlerhaften Abschlüssen von Versicherungen im Grüne-Karte-System (Europa-Klausel) BGH 108, 200, 202 = JuS 1990, 326 Anm Hohloch.

2. Veränderungen durch Abs IV. Abs IV läßt jetzt im Einklang mit der bisherigen Mindermeinung den Direktanspruch alternativ entweder dem (nach Art 40–41) gebildeten „objektiven" Deliktsstatut oder dem Statut des Versicherungsvertrages zwischen dem Ersatzpflichtigen und seinem Versicherer entnehmen. Im Interesse des Verletzten/Geschädigten ist so zumeist (und immer dann, wenn der Versicherungsvertrag deutschem Recht unterliegt) der Direktanspruch (dann gem § 3 PflVersG) gegeben. Bei Rechtswahl von Art 42 nF ist zu beachten, daß die Rechtswahl, sofern sie ohne Einverständnis des Versicherers erfolgt (und uU gleichwohl gültig ist), auch insofern nicht zum Nachteil des KH-Versicherers wirken kann. Zur Art der Verweisung bei Abs IV s Rz 16. 79

Anhang zu Art 40

Text des „**Haager Übereinkommens über das auf Straßenverkehrsunfälle anzuwendende Recht v 4. 5. 1971**" im Auszug (Vertragsstaaten: Belgien, Frankreich, Österreich [jeweils seit 3. 6. 1975], Jugoslawien [seit 16. 12. 1975], Niederlande [seit 30. 12. 1978], Luxemburg [seit 13. 12. 1980], Schweiz [seit 2. 1. 1987], Spanien [seit 21. 11. 1987], Slowenien [seit 25. 6. 1991], Mazedonien [seit 17. 9. 1991], Kroatien [seit 8. 10. 1991], Bosnien-Herzegowina [seit 6. 3. 1992]; Slowakei, Tschechische Republik [jeweils seit 1. 1. 1993]; Weißrußland, Lettland [seit 2001]). 80

Artikel 1

(1) Dieses Übereinkommen bestimmt das auf die außervertragliche zivilrechtliche Haftung aus einem Straßenverkehrsunfall anzuwendende Recht, unabhängig von der Art des Verfahrens, in dem darüber befunden wird.

(2) Unter Straßenverkehrsunfall im Sinne dieses Übereinkommens ist jeder Unfall zu verstehen, an dem ein oder mehrere Fahrzeuge, ob Motorfahrzeuge oder nicht, beteiligt sind und der mit dem Verkehr auf öffentlichen Straßen, auf öffentlich zugänglichem Gelände oder auf nichtöffentlichem, aber einer gewissen Anzahl befugter Personen zugänglichem Gelände zusammenhängt.

Artikel 2

Dieses Übereinkommen ist nicht anzuwenden
1. auf die Haftung von Fahrzeugherstellern, -verkäufern und -reparaturunternehmern;
2. auf die Haftung des Eigentümers des Verkehrswegs oder jeder anderen Person, die für die Instandhaltung des Weges oder die Sicherheit der Benutzer zu sorgen hat;
3. auf die Haftung für Dritte, ausgenommen die Haftung des Fahrzeugeigentümers oder des Geschäftsherrn;

4. auf Rückgriffsansprüche zwischen haftpflichtigen Personen;
5. auf Rückgriffsansprüche und den Übergang von Ansprüchen, soweit Versicherer betroffen sind;
6. auf Ansprüche und Rückgriffsansprüche, die von Einrichtungen der sozialen Sicherheit, Trägern der Sozialversicherung oder anderen ähnlichen Einrichtungen und öffentlichen Kraftfahrzeug-Garantiefonds oder gegen sie geltend gemacht werden, sowie auf jeden Haftungsausschluß, der in dem für diese Einrichtungen maßgebenden Recht vorgesehen ist.

Artikel 3

Das anzuwendende Recht ist das innerstaatliche Recht des Staates, in dessen Hoheitsgebiet sich der Unfall ereignet hat.

Artikel 4

Vorbehaltlich des Artikels 5 wird in folgenden Fällen von Artikel 3 abgewichen:

a) Ist nur ein Fahrzeug an dem Unfall beteiligt und ist dieses Fahrzeug in einem anderen als dem Staat zugelassen, in dessen Hoheitsgebiet sich der Unfall ereignet hat, so ist das innerstaatliche Recht des Zulassungsstaates anzuwenden auf die Haftung
 – gegenüber dem Fahrzeugführer, dem Halter, dem Eigentümer oder jeder anderen Person, die hinsichtlich des Fahrzeuges ein Recht hat, ohne Rücksicht auf ihren gewöhnlichen Aufenthalt;
 – gegenüber einem Geschädigten, der Fahrgast war, wenn er seinen gewöhnlichen Aufenthalt in einem anderen als dem Staat hatte, in dessen Hoheitsgebiet sich der Unfall ereignet hat;
 – gegenüber einem Geschädigten, der sich am Unfallort außerhalb des Fahrzeuges befand, wenn er seinen gewöhnlichen Aufenthalt im Zulassungsstaat hatte.

Im Falle mehrerer Geschädigter wird das anzuwendende Recht für jeden von ihnen gesondert bestimmt.

b) Sind mehrere Fahrzeuge an dem Unfall beteiligt, so ist Buchstabe a nur anzuwenden, wenn alle Fahrzeuge im selben Staat zugelassen sind.

c) Sind Personen an dem Unfall beteiligt, die sich am Unfallort außerhalb der Fahrzeuge befanden, so sind die Buchstaben a und b nur anzuwenden, wenn alle diese Personen ihren gewöhnlichen Aufenthalt im Zulassungsstaat hatten. Dies gilt selbst dann, wenn diese Personen auch Geschädigte des Unfalls sind.

Artikel 5

(1) Das Recht, das nach den Artikeln 3 und 4 auf die Haftung gegenüber dem Fahrgast anzuwenden ist, regelt auch die Haftung für Schäden an den mit dem Fahrzeug beförderten Sachen, die dem Fahrgast gehören oder ihm anvertraut worden sind.

(2) Das Recht, das nach den Artikeln 3 und 4 auf die Haftung gegenüber dem Fahrzeugeigentümer anzuwenden ist, regelt die Haftung für Schäden an anderen als den in Absatz 1 bezeichneten mit dem Fahrzeug beförderten Sachen.

(3) Das Recht, das auf die Haftung für Schäden an außerhalb des oder der Fahrzeuge befindlichen Sachen anzuwenden ist, ist das Recht des Staates, in dessen Hoheitsgebiet sich der Unfall ereignet hat. Die Haftung für Schäden an der außerhalb der Fahrzeuge befindlichen persönlichen Habe des Geschädigten unterliegt jedoch dem innerstaatlichen Recht des Zulassungsstaates, wenn dieses Recht auf die Haftung gegenüber dem Geschädigten nach Artikel 4 anzuwenden ist.

Artikel 6

Bei nicht zugelassenen oder in mehreren Staaten zugelassenen Fahrzeugen tritt an die Stelle des innerstaatlichen Rechts des Zulassungsstaates das Recht des Staates des gewöhnlichen Standorts. Das gleiche gilt, wenn weder der Eigentümer noch der Halter noch der Führer des Fahrzeugs zur Zeit des Unfalls ihren gewöhnlichen Aufenthalt im Zulassungsstaat hatten.

Artikel 7

Unabhängig von dem anzuwendenden Recht sind bei der Bestimmung der Haftung die am Ort und zur Zeit des Unfalls geltenden Verkehrs- und Sicherheitsvorschriften zu berücksichtigen.

Artikel 8

Das anzuwendende Recht bestimmt insbesondere
1. die Voraussetzungen und den Umfang der Haftung;
2. die Haftungsausschlußgründe sowie jede Beschränkung und jede Aufteilung der Haftung;
3. das Vorhandensein und die Art zu ersetzender Schäden;
4. die Art und den Umfang des Ersatzes;
5. die Übertragbarkeit des Ersatzanspruchs;
6. die Personen, die Anspruch auf Ersatz des persönlich erlittenen Schadens haben;
7. die Haftung des Geschäftsherrn für seinen Gehilfen;
8. die Verjährung und den auf Zeitablauf beruhenden Rechtsverlust, einschließlich des Beginns, der Unterbrechung und der Hemmung der Fristen.

Artikel 9

(1) Die geschädigten Personen haben ein unmittelbares Klagerecht gegen den Versicherer des Haftpflichtigen, wenn ihnen ein solches Recht nach dem gemäß Artikel 3, 4 oder 5 anzuwendenden Recht zusteht.

(2) Sieht das nach Artikel 4 oder 5 anzuwendende Recht des Zulassungsstaats ein unmittelbares Klagerecht nicht vor, so kann es gleichwohl ausgeübt werden, wenn es vom innerstaatlichen Recht des Staates zugelassen ist, in dessen Hoheitsgebiet sich der Unfall ereignet hat.

(3) Sieht keines dieser Rechte ein solches Klagerecht vor, so kann es ausgeübt werden, wenn es von dem Recht zugelassen ist, das für den Versicherungsvertrag maßgebend ist.

Artikel 10

Die Anwendung eines der durch dieses Übereinkommen für anwendbar erklärten Rechte kann nur ausgeschlossen werden, wenn sie mit der öffentlichen Ordnung offensichtlich unvereinbar ist.

Artikel 11

Die Anwendung der Artikel 1 bis 10 ist unabhängig vom Erfordernis der Gegenseitigkeit. Das Übereinkommen ist auch anzuwenden, wenn das anzuwendende Recht nicht das Recht eines Vertragsstaats ist.

Artikel 12–21

(nicht abgedruckt)

41 Wesentlich engere Verbindung

(1) Besteht mit dem Recht eines Staates eine wesentlich engere Verbindung als mit dem Recht, das nach den Artikeln 38 bis 40 Abs. 2 maßgebend wäre, so ist jenes Recht anzuwenden.

(2) Eine wesentlich engere Verbindung kann sich insbesondere ergeben
1. aus einer besonderen rechtlichen oder tatsächlichen Beziehung zwischen den Beteiligten im Zusammenhang mit dem Schuldverhältnis oder
2. in den Fällen des Artikels 38 Abs. 2 und 3 und des Artikels 39 aus dem gewöhnlichen Aufenthalt der Beteiligten in demselben Staat im Zeitpunkt des rechtserheblichen Geschehens; Artikel 40 Abs. 2 Satz 2 gilt entsprechend.

Schrifttum: S vor Art 40.

I. Allgemeines

1. Inhalt und Zweck. Die Anknüpfungsregeln des IPR suchen das Recht zur Anwendung zu bringen, zu dem 1 ein Sachverhalt mit Auslandsberührung die engste Verbindung hat (s Einl vor Art 3 Rz 1ff). Dies gilt auch für die neugeschaffenen Art 38–40. Da die in Art 38–40 nF geschaffenen Anknüpfungsregeln ihrerseits generalisieren, bedarf es zur Herstellung von Anknüpfungsgerechtigkeit auch im besonders gelagerten Einzelfall einer Korrekturmöglichkeit durch eine „Ausweichklausel" („Berichtigungsklausel"). Art 28 V hat diese Lösung für den Bereich des internationalen Schuldvertragsrechts vorgezeichnet. Der Gesetzgeber ist diesen Weg jetzt durch Einfügung des Art 41 nF auch für den Bereich des internationalen Deliktsrechts gegangen. Ebenso wie Art 28 V dient Art 41 nF aber nicht einer generellen und in jedem Einzelfall zur Anwendung zu bringenden Aufweichung der in den Art 38–40 nF Gesetz gewordenen Anknüpfungsregeln. Der Sachverhalt, in dem von der sich aus Art 38–40 nF ergebenden Anknüpfung abgewichen werden soll, muß iSd Art 41 nF besonders gelagert sein, so daß sich eine Abweichung von der Allgemeinregelung eben wegen der Besonderheit der Anknüpfungslage des Falles oder auch einer spezifischen Fallgruppe auch wirklich rechtfertigt (s mit ebensolcher Akzentuierung Begründung RegE BT-Drucks 14/343, 13).

2. Vorgeschichte und altes Recht. Art 41 hat im bislang gesetzlich nicht geregelten IPR der außervertraglichen 2 Schuldverhältnisse naturgemäß keinen Vorläufer gehabt. Im IPR der Bereicherung und der GoA ist angesichts der geringen Zahl der nicht schon von Art 32 I Nr 5 erfaßten und dann nach Gewohnheitsrecht zu beurteilenden Fälle eine für Art 41 nF relevante Problematik in der Praxis eigentlich nicht entstanden. Im int Deliktsrecht wurde eine Ausweichklausel in der jüngeren Vergangenheit deshalb nicht explizit benötigt, weil dieses Gebiet sich nur sukzessive von der ursprünglich allein anzuwendenden und dann starr angewandten Tatortregel löste und die „Auflockerung" der Tatortregel immer nur für den Fall bzw die Fallgruppe praktizierte, in der die Abkehr von der Tatortregel eben unter dem Gesichtspunkt richtig erschien, daß dann und damit das Recht der eigentlich engsten Beziehung zur Anwendung zu bringen war (s 9. Aufl Art 38 Rz 21ff). Diese Praxis bewirkte in den letztgenannten Gebiet Rechtssicherheit und Voraussehbarkeit der anzuwendenden Kollisionsregel nicht. Gegenstand vertiefter Erörterung in der lang währenden Phase der Vorbereitung der jetzt Gesetz gewordenen Kollisionsnormen war deshalb die Gestaltung solcher Kollisionsnormen. Neben der jetzt Gesetz gewordenen Form, die einen knappen Bestand genereller Kollisionsnormen geschaffen hat, die jeweils eine Fallgruppe von allgemeinem Zuschnitt abdeckt, war lange Zeit auch das Modell im Gespräch, zum einen weitere Kollisionsregeln „auflockernder Art" zu schaffen oder die allgemeinen Kollisionsnormen durch speziellere Kollisionsnormen für einzelne Tatbestände der Kondiktion, der GoA und insbesondere der unerlaubten Handlung (zB Persönlichkeitsverletzung, Produkthaftung, Wettbewerbsdelikte) zu ergänzen. Gesetz geworden ist indessen aus den Gründen, daß der Katalog von speziellen Anknüpfungsregeln für einzelne Deliktstypen nicht recht eingrenzbar erschien und daß die dann geltenden Kollisionsregeln sich uU nur in Nuancen von den allgemeinen Kollisionsnormen unterschieden hätten, das jetzige Modell einer begrenzten Zahl von sich ergänzenden allgemeinen Kollisionsnormen, die typübergreifend Anwendbarkeit haben. Bei dieser grundsätzlichen Lösung erschien dem Gesetzgeber dann auch die Aufnahme einer Ausweichklausel richtig. Der Ansatz ist damit der des int Vertragsschuldrechts (Art 28 V), indes gibt Art 41 nF, der in Abs I das Grundprinzip des Vorrangs des Rechts formuliert, das als Recht „wesentlich engerer Verbindung" den Vorzug verdient, dann – und insoweit abweichend von Art 28 V – in Abs II zwei Beispiele (Nr 1 und Nr 2), woraus sich eine solche „wesentlich engere Verbindung" ergeben kann. Der knappe Katalog des Abs II ist also weder abschließend noch verbindlich (zur Sicht des Gesetzgebers s Begründung RegE aaO S 13f; zur Vorgeschichte insoweit 9. Aufl Art 38 Rz 33; Staud/v Hoffmann [1998] Art 38 Rz 7).

3. Staatsvertragliche Regeln. Art 41 nF ist durch staatsvertragliche Regeln nicht in weiterem Umfang betrof- 3 fen als die Kollisionsnormen der Art 38, 39, 40. Zu vorrangigen staatsvertraglichen Regeln s jeweils dort bei I. 3.

4 4. Geltung allgemeiner Regeln. Art 41 ist als Kollisionsnorm des EGBGB den allgemeinen Regeln der Art 4ff nicht anders als Art 38–40 II unterworfen. **aa) Rück- und Weiterverweisung** sind nach Art 4 I also dort zu berücksichtigen, wo sich die aus Art 41 nF folgende Verweisung als Gesamtverweisung darstellt. **Gesamtverweisung** liegt nach der Konzeption der Art 40–42 nF indes, legt man den Willen des Gesetzgebers zugrunde, **nur** im Falle des **Art 41 II Nr 2** vor, da der Gesetzgeber die aus der Anknüpfung an den gemeinsamen gewöhnlichen Aufenthalt folgende Verweisung als Gesamtverweisung sieht (s Begründung RegE aaO S 8; zur Kritik insoweit s Art 40 Rz 13; so i Erg auch Fischer IPRax 2001, 1, 10). Der gesetzgeberischen Entscheidung ist zu folgen, auch wenn sie kaum gerechtfertigt erscheint; die Konsequenzen sind indes nicht sehr erheblich, so daß eine Auslegung gegen den Willen des Gesetzgebers nicht zwingend geboten ist (s Art 40 Rz 13). In allen anderen Fällen, dh im Beispielsfall des Abs II Nr 1 und in anderen Fällen, in denen sich aus anderen Gesichtspunkten ein Recht „wesentlich engerer Verbindung" ergeben kann, liegt indes „dem Sinn der Verweisung nach" **Sachnormverweisung** vor (s auch Art 40 Rz 13 und v Hein ZVglRWiss 99 [2000] 251, 274).

5 bb) Ordre public. An sich unterliegt auch das „Recht wesentlich engerer Verbindung" dem Ordre-public-Vorbehalt des Art 6; denkbar ist ebenfalls, daß Art 40 III zur Anwendung gelangen kann – dann mit Vorrang vor Art 6. Indes wird eine solche Konstellation selten sein und selten auch den für Art 6 wie Art 40 III erforderlichen Inlandsbezug haben (s Art 40 Rz 71ff). Ein Beispiel kann indes sein, daß die Deliktshaftung akzessorisch an ein ausländisches Vertragsstatut angeknüpft wird, so daß dessen Delikts- und Schadensersatznormen, die ihrerseits Abweichungen iSv Art 40 III Nr 1 oder 2 hervorbringen, an sich anzuwenden sind. Hier bedarf es dann der Korrektur, im Grundsatz nicht anders, als sich die Korrekturnotwendigkeit bei Anwendung der Kollisionsnormen des Art 40 ergeben kann.

6 5. Intertemporales Recht. Art 41 nF ist ebenso wie Art 38–40 seit 1. 6. 1999 geltendes Recht (s jeweils Art 38–40 bei I. 5.). Demgemäß kommt Art 41 ebenfalls nur auf solche Sachverhalte zur Anwendung, die am 1. 6. 1999 sich als abgeschlossene Vorgänge iSv **Art 220 I** nicht darstellen (s die Erl zu Art 38, 39, 40 jeweils bei I. 5.). Bei „abgeschlossenen Vorgängen" in diesem Sinne ist altes Recht anzuwenden, das eine konkretisierte Ausweichklausel nicht gekannt hat, aber seinerseits fallgruppenweise um die Anwendung des richtigen Rechts besorgt war (s 9. Aufl vor Art 38 Rz 3, 4 und Art 38 Rz 21ff). Mit diesen Regeln ist dann – im Ergebnis kaum unterschiedlich – das maßgebliche Recht zu finden (ein Unterschied kann sich bei Anwendung des Rechts des gemeinsamen gewöhnlichen Aufenthalts auf Kondiktions- und GoA-Fälle ergeben, dessen Anknüpfung nach altem Recht richtig als **Sachnormverweisung** verstanden wurde).

III. Anwendungsvoraussetzungen im einzelnen

7 1. Grundsatzregel des Abs I. Abs I verwirklicht das gesetzgeberische Konzept der Aufnahme einer Ausweichklausel im Grundsatz. Wie schon bei Rz 1 und 2 dargelegt, korrespondiert Abs I mit den generellen Anknüpfungen, die Art 38–40 II dem Gebiet der außervertraglichen Schuldverhältnisse geben. Bei der Anwendung von **Abs I** im Einzelfall ist demgemäß so vorzugehen, daß zunächst das über Art 38–40 II sich ergebende Recht ermittelt wird. Erscheint in solcher **Einzelfall** dem Recht eines anderen Staates im Sinne „wesentlich engerer Verbindung" besser und richtiger zuzuordnen zu sein, dann ist das Recht dieses Staates über Abs I heranziehbar. Das an sich aus Art 38–40 II sich ergebende Statut wird dann durch das sich aus Abs I ergebende Statut **insgesamt verdrängt**, so daß das anzuwendende Recht allein das Recht dieses Staates der „wesentlich engeren Verbindung" ist. Ähnlich wie bei Art 27 V dient Art 41 I aber nicht der Korrekturmöglichkeit jedes Einzelfalles, sondern nur der Fälle, in denen die Verbindung **wesentlich** enger erscheint. Die zu Art 27 V in der Zwischenzeit entstandene Praxis hat gezeigt, daß dort die Sachverhalte eher gering an der Zahl bemessen waren, in denen die dortige Ausweichklausel mit Erfolg zum Einsatz zu bringen war. Das wird hier nicht anders sein.

8 Abs I kann nach der Auffassung des Gesetzgebers dann auch für einzelne Typen außervertraglicher **Schuldverhältnisse** zu einer **typweisen** Korrektur der sich aus Art 38–40 II ergebenden Normalanknüpfung führen (s Begründung RegE aaO S 13). Erhebliches Bedürfnis hierfür besteht nach der hier vertretenen Auffassung indes ebenfalls nicht. Wie sich aus der Kommentierung zu Art 38 (dort Rz 16), Art 39 (dort Rz 10 aE) und 40 (dort Rz 44ff) ergibt, lassen sich die allermeisten Fallgruppen der Bereicherung, der GoA und der Delikte mit den sich aus Art 38–40 II ergebenden Regeln sachgemäß bewältigen. Art 41 I dient, wie bei Art 40 Rz 44ff deliktsgruppenweise ausgeführt, so bei **Wettbewerbsdelikten** und dem Schutz der **Immaterialgüterrechte** der Findung der eigentlich angemessenen Anknüpfung, soweit man nicht ohnehin vorzieht, diese Deliktsgruppen als durch Art 40–42 nF gar nicht erfaßt zu betrachten (s Art 40 Rz 54f).

9 2. Abs II: Beispielsfälle möglicher wesentlich engerer Verbindung. a) Grundsätze. Abs II Nr 1 und 2 verwirklichen dann das Konzept des Gesetzgebers, weder verbindliche noch abschließend gedachte Beispielsfälle für solche engere Verbindung in die gesetzliche Regelung einzustellen. **Nr 1** will für Bereicherung, GoA und Delikt gelten, **Nr 2** erstreckt die sich für Delikte aus Art 40 II ergebende, dort verbindliche Kollisionsregel als Ansatzpunkt möglicher Auflockerung auch auf Bereicherung aus Eingriff und in sonstiger Weise (Art 38 II und III) und GoA (Art 39). Die Praxis ist durch die Beispielsregeln weder verpflichtet, in diesen Fällen stets von der allgemeinen Regel abzuweichen, noch gehindert, weitere Gesichtspunkte aufzunehmen, aus denen sich eine Abweichung zugunsten des Rechts der „wesentlich engeren Verbindung" ergibt. Es wird sich freilich zeigen, daß solche Abweichungen sich in großer Häufigkeit nicht ergeben werden.

10 b) Wesentlich engere Verbindung gem Nr 1. Nr 1 läßt eine wesentlich engere Verbindung sich ergeben iS einer „Fakultativmöglichkeit" „aus einer besonderen rechtlichen oder tatsächlichen Beziehung zwischen den Beteiligten in Zusammenhang mit dem Schuldverhältnis". Nr 1 gilt für Art 38 II und III, Art 39 und Art 40, dh für Bereicherung, GoA und Delikt gleichermaßen. Indes wird hier wie folgt zu unterscheiden sein: **aa)** Eine **beson-**

dere rechtliche Beziehung** wird regelmäßig ein Vertragsverhältnis schuldrechtlicher Art sein, das die Beteiligten der von Art 38 II oder III geregelten **Kondiktionsbeziehung** (s dazu Art 38 Rz 10) verbindet. Prägt es die Beziehung zwischen den Kondiktionsbeteiligten so, daß diese Vertragsbeziehung im Vordergrund zu stehen scheint, dann ist das Vertragsstatut iS der von Nr 1 angebotenen Korrekturmöglichkeit auch „akzessorisch gefundenes" Statut der Eingriffskondiktion oder der Kondiktion in sonstiger Weise. Erscheint es nicht prägend, dann bleibt es für die Kondiktion bei dem – ggf vom Vertragsstatut abweichenden – Bereicherungsstatut. Ebenso verhält es sich beim Einsatz von Nr 1 auf die **Geschäftsführung ohne Auftrag**. Denkbar ist, daß zwischen Geschäftsführer und Geschäftsherr eine Vertragsbeziehung, zB ein Arbeitsverhältnis oder eine werkvertragliche Beziehung oder ein Verwahrungsverhältnis besteht; erfaßt dieses Grundverhältnis nicht als Nebenverpflichtungen schon bestimmte, vorweg nicht bedachte oder geregelte Handlungsinteressen des Arbeitnehmers, Verwahrers oder Unternehmers, können solche Handlungsinteressen (zB Beschaffung von Arbeitsmaterialien, Erweiterung des Auftrags aus Gefahrvermeidungsgesichtspunkten) doch GoA sein. Hier wird es in der Regel angemessen sein, Ansprüche aus der GoA im Interesse eines Gleichlaufs mit dem sich aus dem Vertragsverhältnis ergebenden Verpflichtungen und Ansprüchen dem Statut der vertraglichen Beziehung „akzessorisch" zu unterstellen. Erforderlich ist dies freilich erst, wenn sich dieses Statut als das Recht der in concreto wesentlich engeren Verbindung darstellt. Bei Deliktsschuldverhältnissen ist bei Nr 1 die **„akzessorische Anknüpfung"**, die hier seit längerem diskutiert worden ist, einzustellen.

Eine **akzessorische Anknüpfung des Delikts**, dh die Anlehnung des Deliktsstatuts an das Statut einer den **11** Sachverhalt dominierenden rechtlichen Konstellation (zB Vertrag, familiäres Innenverhältnis) ist in der dt Rspr zum alten Recht bislang nicht anerkannt worden (s BGH VersR 1961, 518; JR 1977, 19 Anm Berg; KG IPRspr 1954/55 Nr 28; Frankfurt IPRax 1986, 373; auch die jüngere Rspr des BGH zeigte wenig Neigung, hielt sich die Frage aber offen, s BGH 87, 95, 103f = IPRax 1984, 30 Anm Hohloch 14; BGH 90, 294 = IPRax 1985, 104 Anm Lorenz 84 = JR 1985, 21 Anm Hohloch; BGH NJW-RR 1988, 534 = IPRax 1988, 306 [LS] Anm v Hoffmann). Das Schrifttum befürwortete die Zulassung akzessorischer Anknüpfung hingegen ganz überwiegend (W. Lorenz in v Caemmerer Vorschläge . . . 97, 152ff; Deutsch ebenda 464; Jayme, Die Familie im Recht der unerlaubten Handlungen [1971] 269; Weick NJW 1984, 1996f; P. Fischer, Die akzessorische Anknüpfung des Deliktsstatuts [1989]; Pal/Heldrich[58] Art 38 Rz 14; mit Einschränkungen MüKo/Kreuzer Art 38 Rz 66; Hohloch Deliktsstatut 228; ders JuS 1980, 220; Stoll FS Kegel [1977] 113, 137ff; ders FS Ferid [1988] 510; ders IPRax 1989, 89; abl Soergel/ Lüderitz[11], Art 12 Rz 45). Die Tragweite der Problematik akzessorischer Anknüpfung darf auch jetzt, unter Geltung von Nr 1, nicht überschätzt werden. Vielfach ist durch Auslegung einer von Parteien eines Schuldvertrages getroffenen ausdrücklichen oder stillschweigenden, auch nachträglichen **Rechtswahl** (s Art 42 Rz 7) der von den Befürwortern akzessorischer Bestimmung des Deliktsstatuts gewünschte Gleichklang der Anknüpfung von vertraglichen und deliktischen Ersatzansprüchen erzielbar, ohne daß es des Zugriffs auf den Gedanken der „Anlehnung des Statuts" bedarf. Ebenfalls ist bei Ausdeutung des gemeinsamen Umweltrechts iSd Art 40 II die Erörterung akzessorischer Anknüpfung vielfach erübrigt. Insbesondere darf Nr 1 nicht dazu dienen, die zum alten Recht sukzessive durch Tatortregel gelösten Fallgruppen (s 9. Aufl Art 38 Rz 21ff) jetzt zum Teil aus Art 40 II nF herauszulösen. Im übrigen aber ist hinsichtlich der Benutzung der Figur der akzessorischen Anknüpfung zu unterscheiden. (1) Das Deliktsstatut soll dann an das Statut des Gesamtsachverhalts angelehnt werden, wenn sich aus der Anlehnung die Maßgeblichkeit eines Rechts für Schadensersatzansprüche jeder rechtlichen Herkunft ergibt. Ist der Vertrag als Hauptsachverhalt durch Einheitsrecht geprägt (UN-Kaufrecht, CMR usw s Art 28 Rz 4, 28, 40ff), dann kann mit akzessorischer Anknüpfung der gewünschte Erfolg nicht erzielt werden (so zutr MüKo/Kreuzer Art 38 Rz 66). (2) Platz für sinnrichtige Anwendung des Gedankens besteht aber dort, wo der **Vertrag als Sonderordnung eines Gesamtsachverhalts** Pflichten entwickelt, die auch die allg Verhaltenspflichten prägen, die deliktsrechtlich sanktioniert sind (zB gefahrgeneigte Arbeit beim Arbeitsvertrag, MüKo/Kreuzer Art 38 Rz 67; Deliktsanknüpfung innerhalb der nichtvereinheitlichten Teils des int Transportrechts, s MüKo/Kreuzer aaO; Hohloch Deliktsstatut 225ff; Staud/v Hoffmann[13] Art 38 Rz 140, 141). Ebenfalls erscheint es zweckmäßig, **Delikte innerhalb der Familie**, die typisch auf die Innenbeziehung zwischen den Familienmitgliedern bezogen sind, dem Ehewirkungsstatut und nicht dem Tatortrecht oder dem (für die Außenbeziehung allerdings geltenden) gemeinsamen Umweltrecht (Recht des gewöhnl Aufenthalts, s Art 40 Rz 37ff) zu unterstellen (s jetzt Staud/v Hoffmann[13] Art 38 Rz 143, der zum alten Recht richtig auf Art 6 als Mittel zur Korrektur unangepaßter Ergebnisse verweist); zum neuen Recht Staud/v Hoffmann Rz 24; s ferner Junker JZ 2000, 477, 484 (enger und wie hier); s auch noch Spickhoff IPRax 2000, 1, 2; Vogelsang NZV 1999, 497, 500. (3) Nicht jede Sonderverbindung kann für jeden Anspruch die Akzessorietätswirkung ausüben. Steht innerhalb der Sonderverbindung die allg Verhaltenspflicht, die den Schutz allg geschützter Integritätsinteressen bezweckt, im Vordergrund, wie bei der Art 32 Rz 20, 21 dargestellten zweiten Fallgruppe der **cic**, dann ist für eine Anlehnung des Deliktsstatuts an das Vertragsstatut kein Raum. Vielmehr ist der auf das Institut der cic gestützte Anspruch dann deliktsrechtlich, dh nach den Regeln des IDR (s Art 40 Rz 22ff) anzuknüpfen (ebenso MüKo/Kreuzer Art 38 Rz 68; im Ansatz schon Hohloch Deliktsstatut 211, 258ff; Reder, Die Eigenhaftung vertragsfremder Dritter im IPR [1989] 171f und dazu Hohloch RabelsZ 56 [1992] 344; aA Staud/v Hoffmann[13] Art 38 Rz 139 mwN). Nicht ausgereift erscheint bislang der Vorschlag, auch Massenschäden (zB aus Massenkarambolage von Kfz oder aus einem Bahn-Unglück) über Abs II S 1 einheitlichem Recht zuzuführen (Wagner IPRax 1999, 211). Allenfalls gerechtfertigt ist solche Lösung, wenn eine individuelle Beziehung zwischen Schädiger und dazugehörigem Geschädigten nicht herstellbar ist.

bb) Die eben für Delikte vorgenommene restriktive Unterstellung unter das Familienstatut würde dort Unter- **12** stellung unter eine auch **„tatsächliche"** Beziehung bedeuten. Für Bereicherung und GoA ist insoweit ebenfalls zurückhaltend akzessorisch anzuknüpfen. ZB ist nicht zwingend, den uU bereicherungsrechtlichen Rückabwicklungsvorgang einer „unbenannten Zuwendung" akzessorisch dem Güterstatut oder Familienstatut zu unterstellen.

EGBGB Art 41 Internationales Privatrecht

Der Schwerpunkt wird hier eher bei dem schuldrechtlichen Sondervorgang als bei dem Familien- oder Güterstatut liegen.

13   c) **Wesentlich engere Verbindung, Nr 2.** Nr 2 läßt dann das Prinzip wesentlich engerer Verbindung „in den Fällen des Art 38 II und III und des Art 39 aus dem gewöhnlichen Aufenthalt der Beteiligten in demselben Staat im Zeitpunkt des rechtserheblichen Geschehens" fließen. Nr 2 macht damit – im Sinne eines „Kann" – auf die erfaßten Bereicherungs- und GoA-Fallgruppen das für Delikte sich aus Art 40 III ergebende Statut des „gemeinsamen gewöhnlichen Aufenthalts" einsetzbar; der letzte Halbsatz von Nr 2 erstreckt die Möglichkeit sachgemäß auf Vereine, Gesellschaften, jur Personen als Partner einer solchen schuldrechtlichen Beziehung. Zumeist wird der „Eingriffsort" sich indes mit dem gewöhnlichen Aufenthalt des einen Beteiligten decken, so daß Nr 2 große praktische Bedeutung nicht zu erlangen braucht.

IV. Anwendungsbereich

14   Ergibt sich aus Art 41 für den Einzelfall oder für den Typ des außervertraglichen Schuldverhältnisses ein von Art 38–40 II abweichendes Statut, ist dieses das „Konditionsstatut", „GoA-Statut", „Deliktsstatut". Es beherrscht den jeweiligen Sachverhalt bzw Typ dann nicht anders als dies in den Rubriken „Anwendungsbereich" für Art 38, 39, 40 erläutert worden ist (s Erl jeweils dort).

42 *Rechtswahl*
Nach Eintritt des Ereignisses, durch das ein außervertragliches Schuldverhältnis entstanden ist, können die Parteien das Recht wählen, dem es unterliegen soll. Rechte Dritter bleiben unberührt.

Schrifttum: S Art 40 vor Rz 1; ferner *Hohloch*, Rechtswahl im internationalen Deliktsrecht, NZV 1988, 161 ff.

I. Allgemeines

1   **1. Inhalt und Zweck.** Art 42 nF erstreckt die Möglichkeit zu parteiautonomer Bestimmung des Schuldstatuts jetzt auch auf das Recht der außervertraglichen Schuldverhältnisse. Die Rechtswahl wird eingeschränkt auf die nachträgliche Rechtswahl zugelassen. Damit ist der wesentliche Anwendungsfall, nämlich die nach der Entstehung des Schuldverhältnisses zu treffende Bestimmung des Statuts des außervertraglichen Schuldverhältnisses ins positive Recht übernommen. Die nachträgliche Rechtswahl erleichtert, da sie idR zur Abwicklung des Schuldverhältnisses, auch im Prozeß, getroffen wird, die Regulierung des Schuldverhältnisses; regelmäßig wird im letzteren Falle die Maßgeblichkeit der lex fori vereinbart. Insoweit stellt sich die tatsächliche Situation häufig anders dar als bei Vertragsschuldverhältnissen, bei denen parteiautonome Bestimmung des Schuldstatuts im vorhinein iS vorsorgender Gestaltung bedeutsam ist.

2   **2. Vorgeschichte und altes Recht.** Parteiautonome Rechtswahl konnte auch nach altem Recht das Statut eines außervertraglich begründeten Schuldverhältnisses bestimmen. Die Rechtswahl war insoweit im Zeitpunkt des Beginns der Arbeiten an der gesetzlichen Fassung der jetzigen Art 38–42 gewohnheitsrechtlich gesichert (s 9. Aufl vor Art 38 Rz 3, 4 für Bereicherung und GoA, Art 38 Rz 32 für unerlaubte Handlungen). Abweichend von der jetzt engeren Zulassung der Rechtswahl auf den Fall nachträglicher Rechtswahl war nach altem Recht Rechtswahl vor wie nach dem Entstehen eines außervertraglichen Schuldverhältnisses überwiegend für zulässig erachtet (s 9. Aufl Art 38 Rz 32). Art 42 nF ist demgemäß jetzt enger. Die Gründe liegen darin, daß bei außervertraglichen Schuldverhältnissen idR ein Bedarf oder auch nur eine Gelegenheit für die vorherige Absprache des insoweit anzuwendenden Rechts nicht gegeben sein wird. Weitere Gründe für den Gesetzgeber lagen in dem „Schutzcharakter" außervertraglicher Schuldverhältnisse (Begründung RegE BT-Drucks 14/343 S 14), die aus diesen Schutzinteressen heraus jedenfalls bis zum Falle nachträglicher Disposition über das dann idR überschaubare Schutzinteresse dem objektiv zu bestimmenden Statut unterstehen müssen.

3   **3. Staatsvertragliche Regelungen**, die Vorrang vor Art 42 nF beanspruchen könnten, bestehen lediglich in dem schmalen Umfang, in dem für die BRepD auf dem Gebiet des Bereicherungsrechts, der GoA und des Deliktsrechts kollisionsrechtlich relevantes Abkommensrecht vorhanden ist, s bei Art 38, 39, 40 jeweils bei Abschnitt I. 3.

4   **4. Geltung allgemeiner Regeln. a) Rück- und Weiterverweisung.** Gem Art 42 nF wird das auf das außervertragliche Schuldverhältnis anzuwendende Recht durch Rechtswahl bestimmt. Nach der Allgemeinregel des Art 4 II liegt damit **Sachnormverweisung** vor, so daß lediglich die Sachvorschriften des zur Anwendung berufenen Rechts Ziel der Verweisung sind. Ebenso wie im Falle des Art 35 wird man hier freilich eine Rechtswahl, der die Parteien ausdrücklich den Charakter einer Gesamtverweisung beilegen, nicht deshalb für unwirksam halten können. Das von den Parteien der Rechtswahlvereinbarung zu vertretende Interesse an solcher atypischer Ausformung der Rechtswahl rechtfertigt im Einzelfalle diese besondere Gestaltung (s zu Art 35 dort Rz 2). **b) Ordre public.** Auch ein durch Rechtswahl gewonnenes Statut eines außervertraglichen Schuldverhältnisses ist der Überprüfung der so sich ergebenden Ergebnisse anhand von Art 6 und 40 III nicht gänzlich verschlossen. Indes greift dort, wo die Rechtswahl Rechte Dritter beeinträchtigen kann, **Satz 2** mit Vorrang vor den genannten Ordre-public-Klauseln ein. Im übrigen wird sich der Partner einer Rechtswahlvereinbarung regelmäßig schwertun, die parteiautonom herbeigeführte Geltung eines fremden Rechts als mit dem Ordre public nicht vereinbar darzutun. Ausgeschlossen ist das Eingreifen von Art 6 wie Art 40 III indes nicht, zB in einem Fall, in dem die Rechtswahlvereinbarung, die zwischen den Parteien zur Verminderung des Streitpotentials getroffen wird, lediglich das Recht zur Anwendung beruft, das schon bei voller Handhabung der objektiven Anknüpfungsregeln zur Anwendung gelangt wäre. Sf die Parallele zur Anwendung von Art 6 auf Vertragsschuldverhältnisse (Art 6 Rz 52–54, Art 27 Rz 4).

5. Intertemporales Recht. Es gelten hier die Regeln, die für Art 41 (dort Rz 6) ausgeführt worden sind. Erheblich werden kann die seit 1. 6. 1999 bestehende Geltung von Art 42 nF allerdings lediglich dort, wo es um die Beachtlichkeit vorheriger Rechtswahl geht. Im übrigen bestehen zwischen der nach altem Recht ungeschrieben zulässigen Rechtswahl und Art 42 nF, der sie jetzt kodifiziert enthält, keine Unterschiede.

II. Voraussetzungen und Folgen zulässiger Rechtswahl

1. Voraussetzungen. a) Bisherige Rechtslage. aa) Wahl des Deliktsstatuts. Die im int Schuldrecht herrschende Parteiautonomie ergriff nach bislang herrschender Auffassung auch das IDR. Demgemäß konnten die Beteiligten eines Delikts und seiner Regulierung **vor und nach** der Begehung der unerlaubten Handlung durch **Rechtswahlvereinbarung** (kollisionsrechtliche Verweisung) über das auf die unerlaubte Handlung anzuwendende Recht bestimmen (BGH 42, 389; 87, 95, 103; 98, 274; BGH NJW 1974, 410; IPRspr 1976 Nr 23; NJW 1981, 1606 = IPRax 1982, 13 Anm Kreuzer 1, 4; Reichert–Facilides FS Hartmann 1976, 205, 209, W. Lorenz IPRax 1985, 85, 88; ders in v Caemmerer Vorschläge . . ., 98, 135f; Hepting DAR 1983, 97; Schack NJW 1984, 2736; Hohloch NZV 1988, 161 mwN; MüKo/Kreuzer Art 38 Rz 57 mwN; Pal/Heldrich[58] Art 38 Rz 13; Staud/v Hoffmann[13] Art 38 Rz 145; abw für materiellrechtliche Verweisung Raape FS Boehmer [1954], 111; Kegel/Schurig IPR § 18 IV; gegen Rechtswahl im int Wettbewerbsrecht Sack GRUR Int 1988, 329). Die Rechtswahl konnte total oder partiell sein (s W. Lorenz v Caemmerer Vorschläge . . . 134), wählbar war jede, auch die neutrale Rechtsordnung (Hohloch NZV 1988, 165). Die Rechtswahl ließ, ob vor oder nach dem Delikt getroffen, die Rechte Dritter unberührt (Staud/v Hoffmann[13] Art 38 Rz 148). Nach allg Regeln, die für den Bereich des int Schuldvertragsrechts in Art 27 I S 2 Ausdruck gefunden haben, konnte die Rechtswahl sowohl ausdrücklich als auch stillschweigend erfolgen. Ausdrückliche, das Deliktsstatut ergreifende Rechtswahl war eher selten (s zB BGH VersR 1960, 907; Hamburg IPRspr 1960/61 Nr 37 = VersR 1961, 822; LG Hamburg IPRspr 1973 Nr 18). Die **stillschweigende Rechtswahl im Prozeß**, zu der die Mehrzahl der Gerichtsentscheidungen ergangen ist, war ein legitimes Mittel, den Prozeßstoff und die Rechtsfindung zu vereinfachen, da derartige Rechtswahl in aller Regel als Wahl der lex fori gesehen wird und damit idR auch „Heimwärtsstreben" ausdrückt (s Hohloch NZV 1988, 161, 166). **bb) Wahl des Bereicherungsstatuts und des Statuts der GoA.** Gleiche Grundsätze gelten – auch außerhalb des Anwendungsbereichs von Art 32 I Nr 5 – auch für die Wahl des Bereicherungsstatuts (s 9. Aufl vor Art 38 Rz 3) und die Wahl des GoA-Statuts (9. Aufl vor Art 38 Rz 4).

b) Änderungen im Gefolge von Art 42 nF. Diese Rechtslage ist durch das Inkrafttreten von Art 42 nF kaum verändert worden. **aa)** Für die **nachträgliche** Rechtswahl, die von Art 42 nF zugelassen wird, gilt, daß sie jederzeit, total, partiell und wiederholt zulässig ist. Sie kann ausdrücklich oder stillschweigend, insbesondere durch konkludentes Parteiverhalten im Prozeß erfolgen. Notwendig für solche konkludent vorgenommene (bzw häufig „angenommene") Rechtswahl ist indes das Vorliegen der erforderlichen rechtsgeschäftlichen Verhaltens, das Bewußtsein vom Bestehen einer Wahlmöglichkeit voraussetzt (s Mansel ZVglRWiss 1987, 12; Schlosser JR 1987, 161; Schack ZZP 1987, 450f; Hohloch NZV 1988, 167). Die Rspr geht bislang hiervon auch aus (BGH NJW 1974, 410; 1981, 1607; BGH 98, 263, 274; BGH NJW-RR 1988, 534 = IPRax 1988, 306 [LS] Anm v Hoffmann; BGH NJW 1994, 1409), läßt jedoch auch Grenzverwischung zu, anstatt bei stetem Verhandeln auf der Basis der lex fori dem späteren Einwand fehlender Rechtswahl mit prozessualen Mitteln [Präklusion] zu begegnen, s Staud/v Hoffmann[13] Art 38 Rz 151 gegen Schack ZZP 1987, 450f und NJW 1984, 2736). Zulässig wird – wie im Bereich des Vertragsstatuts – auch Bestimmung des anzuwendenden Rechts durch Sie sein. Wählbar ist jedes Recht, auch das „neutrale" Recht. Zur Absicherung, daß Rechtswahl durch das Gericht nicht eigenmächtig zur Erleichterung des Fortgangs des Verfahrens bei Schweigen der Parteien und Verhandeln auf der Basis der lex fori unterstellt wird, sollten angesichts der nicht verschiedenen Interessenlage und da in Art 27 I S 2 eine insoweit allgemein Platz ergreifende Eingrenzung Gesetz geworden ist, auch für den Anwendungsbereich des Art 42 nF darauf abgestellt werden, daß „stillschweigende" Rechtswahl sich dort „mit hinreichender Sicherheit" ergeben muß is insoweit Erl zu Art 27 Rz 11, 13–18). Bedeutsam ist dann, daß Art 42 nF eine Präklusionsregelung iSv Art 40 I S 3 nicht enthält. Die Rechtswahl kann als nachträgliche Rechtswahl demgemäß in jeder Lage des Verfahrens, auch noch in der Revisionsinstanz erfolgen.

bb) Nicht mehr zugelassen wird von Art 42 nF die früher für zulässig erachtete **vorherige** Rechtswahl (zu den Gründen s Rz 2). Angesichts des eindeutigen Wortlauts von Art 41 S 1 ist die vorher getroffene Rechtswahl jetzt nach dem Gesetz **unwirksam**. Die von Satz 1 vorgenommene Einschränkung bedeutet indes nicht, daß eine vorher vorgenommene Rechtswahl nach Entstehen des außervertraglichen Schuldverhältnisses stets unbeachtlich bleibt. Den Parteien bleibt stets unbenommen, eine solche Rechtswahlvereinbarung durch erneute – konkludente – Willensbetätigung als nachträgliche Rechtswahl aufrechtzuerhalten. Auch kommt ggf in Betracht, das mit der Rechtswahl erzielbare Ergebnis im Wege „akzessorischer Anknüpfung" gem Art 41 II Nr 1, dh auf anderem Wege zu erreichen. Schließlich ist denkbar, das von den Parteien unwirksam vereinbarte Recht im Einzelfalle als Recht „wesentlich engerer Verbindung" iSv Art 41 I für das Rechtsverhältnis zur Anwendung kommen zu lassen. Im übrigen kommt insbesondere für Bereicherungs- und Geschäftsführungsansprüche im Sinne von Art 38, 39 auch die vorherige Rechtswahl als zulässige Rechtssache in Betracht, auch wenn sie – über die vorstehend angeführten Möglichkeiten hinaus – praktisch große Rolle nicht haben wird (ähnlich v Hein RabelsZ 66 [2000] 595).

2. Folgen. Das durch Rechtswahl gewonnene Statut ist Bereicherungsstatut, GoA-Statut, Deliktsstatut wie das über die objektiven Anknüpfungen der Art 38–41 gewonnene Statut. Sein Umfang und Anwendungsbereich bestimmen sich demgemäß wie dort (vgl die Erl zu Art 38, 39, 40, 41 „Anwendungsbereich"). Eine Einschränkung betrifft nach Satz 2 die Rechte Dritter, die durch die Rechtswahl nicht berührt werden. Ersichtlich bleibt so bei der Wahl des Deliktsstatuts die Geltung örtlicher Verkehrsregeln unberührt (MüKo/Kreuzer Art 38 Rz 63; Freitag/Leible ZVglRWiss 99 [2000] 106, 108; Junker JZ 2000, 477, 486); unberührt bleibt insbesondere auch die Rechtsstellung des Haftpflichtversicherers. Anders liegt dies indes dann, wenn die Rechtswahlvereinbarung unter Mitwirkung dieses Versicherers getroffen worden ist und eine besondere Regelung, daß seine Rechtsstellung nicht berührt ist, nicht getroffen worden ist.

Sechster Abschnitt

Sachenrecht

Vorbemerkung Art 43–46

Schrifttum zum internationalen Sachenrecht: *v Caemmerer*, Internationales Sachenrecht, FS Zepos II (Athen 1973) 25; *Drobnig*, Entwicklungstendenzen des deutschen internationalen Sachenrechts, FS Kegel (1977) 141; *ders*, Eigentumsvorbehalte bei Importlieferungen nach Deutschland, RabelsZ 32 (1968) 450; *Hanisch*, Internationalprivatrechtliche Fragen im Kunsthandel, FS Müller-Freienfels (1986) 193; *v Hoffmann*, Das Recht des Grundstückskaufs (1982); *Hübner*, Internationalprivatrechtliche Probleme der Anerkennung und Substitution bei globalen Sicherungsrechten an Unternehmen, FS Pleyer (1986) 41; *Schönhofer/Böhner*, Haus- und Grundbesitz im Ausland (Loseblattsammlung seit 1983); *Schröder*, Zur Anziehungskraft der Grundstücksbelegenheit im internationalen Privat- und Verfahrensrecht, IPRax 1985, 145; *Shook/Wiercimok*, Eigentumsvorbehalt nebst Verlängerung im deutsch-amerikanischen Rechtsverkehr, RIW 1986, 954; *Siehr*, Das Lösungsrecht des gutgläubigen Käufers im IPR, ZVglRWiss 83 (1984) 100; *Stoll*, Der Schutz der Sachenrechte nach Internationalem Privatrecht, RabelsZ 37 (1973) 357; *ders*, Rechtskollisionen beim Gebietswechsel beweglicher Sachen, RabelsZ 38 (1974) 450; *ders*, Probleme des Statutenwechsels nach Erwerb eines Lösungsrechtes an einer gestohlenen Sache, IPRax 1987, 357; *Stumpf/Fichna/Zimmermann*, Eigentumsvorbehalt und Sicherungsübertragung im Ausland (4. Aufl 1980); *Rolf Weber*, Parteiautonomie im internationalen Sachenrecht? RabelsZ 44 (1980) 510; *Witz*, Entwicklung und Stand des französischen Rechts der Mobiliarsicherheiten, Gedächtnisschrift Schultz (1987) 399; *Zweigert/Drobnig*, Das Statut der Schiffsgläubigerrechte, VersR 1971, 581.

Zum neuen Recht: *Stoll*, Zur gesetzlichen Regelung des internationalen Sachenrechts in Art 43–46 EGBGB, IPRax 2000, 259; *Pfeiffer*, Der Stand des Internationalen Sachenrechts nach seiner Kodifikation, IPRax 2000, 270; *Kreuzer*, Die Vollendung der Kodifikation des deutschen Internationalen Privatrechts durch das Gesetz zum Internationalen Privatrecht der außervertraglichen Schuldverhältnisse und Sachen vom 21. 5. 1999, RabelsZ 65 [2001] 383; *Armbrüster*, Privatrechtliche Ansprüche auf Rückführung von Kulturgütern ins Ausland, NJW 2001, 3581; *Hohloch*, Veräußerung eines Schiffes durch Nichtberechtigten im Ausland, JuS 2001, 299; *Schlüter*, Der Eigentumsvorbehalt im europäischen und internationalen Recht – Zu den Grenzen besitzloser Mobiliarsicherheiten im grenzüberschreitenden Handel, IHR 2001, 141; *Hobe*, Enteignung zu Zwecken des Umweltschutzes . . ., IPRax 2002, 249; *Henrichs*, Das Übereinkommen über internationale Sicherungsrechte an beweglicher Ausrüstung, IPRax 2003, 210.

1 **1. Neukodifikation 1999.** Art 43–46 sind mit Wirkung ab dem 1. 6. 1999 durch das Gesetz zum Internationalen Privatrecht für außervertragliche Schuldverhältnisse und für Sachen vom 21. 5. 1999, BGBl I S 1026ff, in das EGBGB eingestellt worden (zum IPR-Ergänzungsgesetz v 21. 5. 1999 s vor Art 38 Rz 1ff). Erstmals in der Geschichte des BGB und EGBGB enthält das deutsche IPR damit kodifizierte Regelungen auf dem Gebiet des „Internationalen Sachenrechts". Die Art 43–46 nF ersetzen das bislang insoweit geübte gewohnheitsrechtlich geformte internationale Sachenrecht, das in der 9. Aufl (1993) noch als „Anhang nach Art 38 EGBGB" abgedruckt ist. Die sachlichen Änderungen, die durch die Neukodifikation gegenüber dem bisherigen Gewohnheitsrecht eingetreten sind, sind nicht sehr erheblich. Sie betreffen die grundsätzliche Anknüpfung, die überkommene Situs-Regel, die jetzt in Art 43 ihren Platz hat, nicht. Es gilt also auch nach neuem IPR im internationalen Sachenrecht (IntSR) der Grundsatz der Maßgeblichkeit der **lex rei sitae**. Auf dieser Grundregel beruhen auch die in Art 43 II und III kodifizierten Regeln des Schutzes und der situskonformen Behandlung „wohlerworbener Sachenrechte" (Abs II) und der Rechtsvollendung eines noch nicht vollerworbenen Rechts bei „Situswechsel" nach dem Recht des neuen Lageortes (Abs III). Neu ist dann **Art 44 nF**, der zum Zwecke des Gleichlaufes mit dem Deliktsschutz den sachenrechtlichen Rechtsschutz gegen Grundstücksemissionen dem Deliktsstatut des Art 40 I überantwortet. Der Gesetzgeber suchte damit Rechtsklarheit in eine bislang rechtlich umstrittene Teilfrage zu bringen, die als Teil des Umweltrechtsschutzes eine jedenfalls gewisse praktische Bedeutung hat. Nur der Form, nicht der Sache nach neu ist **Art 45 nF**, der für Transportmittel, nicht für alle „res in transitu" eine gesetzliche Regelung erbringt. Art 46 beschließt die knappe Zahl der neuen internationalsachenrechtlichen Normen mit einer Ausweichklausel zugunsten des Rechtes eines Staates einer „wesentlich engeren Verbindung". Der gesetzgeberische Gleichlauf mit Art 27 V und Art 41 nF ist ersichtlich. Motiv des Gesetzgebers ist, angesichts der generell gehaltenen und grundsätzlich die lex rei sitae (= Recht des [aktuellen] Lageortes) berufenden Kollisionsnormen der Art 43–45 für den klar abweichend gelagerten Einzelfall eine angemessenere und richtigere Anknüpfung zu ermöglichen.

2 **2. Begriff und Gegenstand.** Das internationale Sachenrecht (IntSR) der Art 42–46 nF stellt die Gesamtheit der internationalprivatrechtlichen Vorschriften dar, die die Rechtsanwendung auf sachenrechtliche Fragen betreffen. Was sachenrechtliche Fragen sind, entscheidet die Rechtsordnung des Staates, um dessen Kollisionsrecht es geht (Staud/Stoll[13] IntSR Rz 1). Aus der Sicht des deutschen Rechts werden als Fragen des internationalen Sachenrechts insbesondere Ansprüche und Rechtsverhältnisse des Eigentums, des Besitzes und der beschränkten dinglichen Rechte qualifiziert. Gegenstand des internationalen Sachenrechts sind nur Sachen iSv körperlichen Gegenständen; an dieses Sachstatut grenzt aber das „Wertpapierstatut" bei verbrieften Rechten an, das von Art 42–46 nF allerdings nicht als Regelungsgegenstand unmittelbar erfaßt worden ist.

Sachenrecht **Vor Art 43 EGBGB**

3. Bisherige Rechtslage. a) Gewohnheitsrechtliche Grundregeln. Gesetzliche Grundlagen des internationalen Sachenrechts waren vor dem Inkrafttreten der Art 43–46 nF nur vereinzelt für Seitengebiete vorhanden. Das EGBGB enthielt seit seinem Inkrafttreten keine positivrechtliche Regelung; Vorschläge aus der Zeit der Gesetzesvorbereitung waren nicht ins geltende Recht umgesetzt worden (s mwN Staud/Stoll[11] IntSR Rz 6–9). Es galt jedoch im Gesamtbereich des BGB und des EGBGB unangefochten die gewohnheitsrechtliche **Situs-Regel (lex rei sitae, Recht der Belegenheit der Sache)**; sie beherrschte als **Gewohnheitsrecht** das **Sachstatut** (zB BGH 39, 173, 174 = IPRsp 1962/63 Nr 60; BGH IPRsp 1966/67 Nr 55b = AWD 1968, 62; BGH 52, 239, 240; 73, 391, 395; ebenso Erman/Arndt[7] Anm 2 zu Art 12 Rz 1; Kegel IPR § 19 I S 484; MüKo/Kreuzer Nach Art 38 Anh I Rz 12–15; Pal/Heldrich[58] Anh II zu Art 38 Rz 2; Staud/Stoll[13] IntSR Rz 123).

b) Gesetzliche Einzelregeln. Vereinzelte Kollisionsregeln bestanden in Nebengesetzen: § 1 II des Gesetzes über Rechte an eingetragenen Schiffen und Schiffsbauwerken vom 15. 11. 1940 – SchiffsRG – unterwarf den Eigentumserwerb und -verlust an Schiffen und Schiffsbauwerken, die im Schiffsregister eines deutschen Gerichts eingetragen sind, dem deutschen Recht. Sonst war das Recht des Heimathafens maßgebend (dazu Kegel/Schurig IPR § 19 V; Staud/Stoll[12] IntSR Rz 318). Die Norm (§ 1 II) ist durch Art 5 des IPR-Ergänzungsgesetzes vom 21. 5. 1999 (s Rz 1) mit Wirkung zum 1. 6. 1999 aufgehoben worden; es gilt insoweit jetzt Art 45 I Nr 2 und Art 45 II. §§ 103–106 des Gesetzes über Rechte an Luftfahrzeugen vom 26. 2. 1959 (BGBl I 57) – LuftfahrzeugRG – betreffen Sicherungsrechte an Luftfahrzeugen; es gilt der Grundsatz, daß Rechte, die nach dem Recht der Registerzugehörigkeit wirksam entstanden sind, vom deutschen Recht anerkannt werden. Für **Kulturgüter** besteht eine sachlich begrenzte Sonderregelung; in Umsetzung der EG-Richtlinie vom 15. 3. 1993 über die Rückgabe von unrechtmäßig aus dem Hoheitsgebiet eines Mitgliedstaates verbrachten Kulturgütern (s Art 43 Rz 10) hat das KulturgüterrückgabeG v 15. 10. 1998 BGBl I 3162, besondere Kollisionsnormen in §§ 4 und 8 getroffen. Das Eigentum an Kulturgut richtet sich nach erfolgter Rückgabe nach dem Recht des ersuchenden Staates. Dazu BT-Drucks 14/343, 15; s dazu Siehr FS Trinkner (1995) 703; Jayme ZVglRWiss 95 (1996) 158, 167; Fuchs IPRax 2000, 281, 285; Pfeiffer IPRax 2000, 270, 278.

c) Staatsvertragliche Regeln und EU-Recht. Abkommensrecht hat für das deutsche internationale Sachenrecht kaum Bedeutung. Die BRepD ist Vertragsstaat des Genfer Abkommens über die internationale Anerkennung von Rechten an Luftfahrzeugen vom 19. 6. 1948 (G v 26. 2. 1959 BGBl II 129, s Rz 3). Zu Vereinheitlichungsbestrebungen im Rahmen der Haager Konferenz und der EG (Entwurf einer Richtlinie über die Anerkennung von Mobiliarsicherheiten; [früherer] EG-Entwurf eines Übereinkommens über den Konkurs, Vergleiche und ähnliche Verfahren von 1980, s ausführlich Staud/Stoll[13] IntSR Rz 114). Diese staatsvertraglichen Regelungen sind durch Art 43–46 nF nicht berührt. Soweit sie Geltung haben, gelten sie ungeachtet der Neukodifikation des autonomen internationalen Sachenrechts weiter. Ebenso ist das Verhältnis zum **Gemeinschaftsrecht** der EU/EG. Eine gemeinschaftsrechtliche Regelung des internationalen Sachenrechts im Rahmen einer EG-VO nach dem Muster von „Rom II" (s vor Art 38 Rz 8) steht bevor und ist für die Zukunft zu berücksichtigen. Berührung zum internationalen Sachenrecht hat das in seinem Anwendungsbereich vorrangige vereinheitlichte **internationale Insolvenzrecht der EU/EG**. Die insofern heute maßgebliche **Verordnung (EG) Nr 1346/2000 des Rates über Insolvenzverfahren** v 29. 5. 2000 – **EuInsVO** – (ABl EG Nr L 160 S 1) ist für die Mitgliedstaaten der EU mit Ausnahme von Dänemark seit 31. 5. 2002 in Kraft. Sie steht an der Stelle der früheren Versuche, das internationale Insolvenzrecht im Abkommenswege zu regeln. Zu den Neuregelungen im dt Recht in Folge dieser VO durch das Gesetz zur Neuregelung des Internationalen Insolvenzrechts v 14. 3. 2003 (Einführung der §§ 335ff InsO nF) s Liersch NZI 2003, 302.

4. Gang der Reformgesetzgebung. In der Neuregelung des IPR durch das Gesetz zur Neuregelung des IPR vom 25. 7. 1986 (BGBl I 1142) war das IntSR (ebenso wie das IDR und das IPR anderw gesetzlicher Schuldverhältnisse, s vor Art 38 Rz 1ff und Art 38, 39, 40 jeweils Rz 1–2) ausgespart geblieben. Der Referentenentwurf eines Gesetzes zur Ergänzung des IPR (außervertragliche Schuldverhältnisse und Sachen, Stand 15. 5. 1984, dazu s vor Art 38 Rz 2ff, id Folge RefE) sah eine Normierung in Art 43–45 vor. Die auf Vorarbeiten des Deutschen Rates für IPR beruhenden Regeln des Entwurfs sind Stand (1984/87) in der 9. Aufl (Anhang nach Art 38 Rz 5) abgedruckt. Auf der Basis eines überarbeiteten RefE von 1993 (s vor Art 38 Rz 1ff) ist dann 1998 der RegE entstanden, dessen Formulierungen (der Art 43–46 RegE) in der Folge zur Grundlage der jetzt geltenden Art 43–46 nF geworden sind.

Materialien: RefE 1984 (abgedruckt 9. Aufl Anh Art 38 Rz 5); RefE 1993 (abgedruckt zB bei Staud/Stoll[13] IntSR Rz 19); RegE 1998 mit Begründung, BT-Drucks 14/343 vom 1. 2. 1999; dazu Beschlußempfehlung und Bericht des Rechtsausschusses v 24. 3. 1999, BT-Drucks 14/654; Gesetzesbeschluß des Deutschen Bundestags vom 9. 4. 1999, BR-Drucks 210/99.

5. Ergebnisse der Reform für das internationale Sachenrecht. Die Art 43–46 nF sind jetzt als „Sechster Abschnitt" Teil der Kodifikation des deutschen IPR im EGBGB. Damit ist die Kodifikation des das klassische Zivilrecht des BGB begleitenden IPR abgeschlossen. Es fehlen für eine Gesamtkodifikation mit Vollständigkeitsanspruch zwar noch besondere Materien wie das Internationale Gesellschaftsrecht (s Anh Art 37 Rz 21ff) oder der in Art 37 Nr 3 (Vollmacht) ausgesparte Bereich, deren Fehlen berührt die Tatsache, daß das „Kern-IPR" jetzt geschlossen vorliegt, indes eher nicht.

Als Teil des EGBGB unterliegen die Art 43–46 nF auch den Regeln des Allgemeinen Teils des IPR (insbesondere Art 3–6). Eine besondere Betrachtung ist insoweit jetzt, anders als für die bislang geübten Regeln des Gewohnheitsrechts (s 9. Aufl Anh Art 38 Rz 6 am Beginn), nicht mehr erforderlich. Zu Rückverweisung, Ordre public, Rechtswahl s jeweils die Kommentierung zu Art 43–46.

6. Intertemporales Recht. War 1986 bei Inkrafttreten der damals reformierten Art 3–38 die Beantwortung intertemporalrechtlicher Fragen für das IntSR angesichts dessen gewohnheitsrechtlicher Weitergeltung nicht veranlaßt (s 9. Aufl Anh nach Art 38 Rz 6), so stellen die Fragen sich jetzt. Eine Übergangsgesetzgebung ist der Neuregelung aber nicht beigegeben worden. Sie ergibt sich in entsprechender Heranziehung des bestehenden Übergangsrechts wie für die Art 38–42 nF im Grundsatz so, daß vor dem 1. 6. 1999 abgeschlossene sachenrechtliche Vorgänge gem **Art 220 I** weiterhin mit den alten gewohnheitsrechtlich geübten Regeln zu behandeln sind, während alle übrigen, vor dem 1. 6. 1999 noch nicht (voll) abgeschlossenen Vorgänge jetzt und für die Zukunft nach den geschriebenen Regeln der Art 43–46 zu behandeln sind. Angesichts des inhaltlichen Gleichlaufs insbesondere von Art 43 und 45 mit dem bisher geübten und sondergesetzlich geregelten Kollisionsrecht sind die sich aus der Rechtsänderung ergebenden Unterschiede in den Ergebnissen idR nicht spürbar.

9   **7. Innerdeutsches Recht.** Im innerdeutschen Kollisionsrecht gab die Situs-Regel (lex rei sitae) vor dem 3. 10. 1990 die interlokale Anknüpfungsregel (s BGH NJW 1989, 1352; KG NJW 1988, 341); zur Durchsetzungskraft des Belegenheitsrechts im interlokalen Erbrecht entsprechend Art 3 III (§ 25 II RAG DDR) s Art 25 Rz 59. Seit dem 3. 10. 1990 besteht auf dem Gebiet des Sachenrechts in Deutschland Rechtseinheit. Zur Übergangsregelung s Art 233 § 1–8 und dortige Erl. Zu den kollisionsrechtlichen Anwendungsvoraussetzungen des Art 233 s Erl Art 3 Rz 27ff und Art 236 Rz 1ff. Angesichts dieser bisherigen Rechtslage hat die Neukodifikation für innerdeutsche Rechtsverhältnisse keine Auswirkungen mehr.

43 *Rechte an einer Sache*

(1) Rechte an einer Sache unterliegen dem Recht des Staates, in dem sich die Sache befindet.
(2) Gelangt eine Sache, an der Rechte begründet sind, in einen anderen Staat, so können diese Rechte nicht im Widerspruch zu der Rechtsordnung dieses Staates ausgeübt werden.
(3) Ist ein Recht an einer Sache, die in das Inland gelangt, nicht schon vorher erworben worden, so sind für einen solchen Erwerb im Inland Vorgänge in einem anderen Staat wie inländische zu berücksichtigen.

Schrifttum: S vor Art 43 vor Rz 1.

I. Allgemeines

1   **1. Inhalt und Zweck.** Art 43 nF enthält die Hauptkollisionsnorm des internationalen Sachenrechts. **Abs I** kodifiziert in allgemeiner und umfassender Form die hergebrachte Kollisionsregel der Geltung des Rechts des Lageorts („lex rei sitae") für sachenrechtliche Verhältnisse. Eine andere Kollisionsregel als die Situs-Regel ist auch nicht denkbar. Die lex rei sitae beherrscht Voraussetzungen, Inhalt und Umfang sachenrechtlicher Berechtigungen und Rechtsänderungen. Abs I knüpft so nahtlos an die bisherige gewohnheitsrechtliche Regelung an. **Abs II** regelt sodann den Statutenwechsel und dessen sachenrechtliche Folgen. Es gilt insoweit der Gedanke des Schutzes wohlerworbener Rechte sowie der Grundsatz der Transposition (Überleitung) in das neue Belegenheitsrecht. **Abs III** beruht schließlich auf dem Gedanken, daß der Statutenwechsel den Erwerb sachenrechtlicher Berechtigungen nicht hindert, sondern ihn im Rahmen der rechtlichen Möglichkeiten des neuen Belegenheitsrechts vollendet.

2   **2. Vorgeschichte und altes Recht.** Abs I bis III haben frühere Praxis zum IntSR kodifiziert. Inhaltliche Veränderungen hat das IntSR durch die Aufnahme der Norm in die Kodifikation nicht erfahren. Bisherige Judikatur läßt sich also weiter heranziehen. Der Wortlaut der jetzigen Norm hat erst spät zu seiner jetzigen Form gefunden (s zum RefE 1984 9. Aufl Anh Art 38 Rz 5; zu den Verhandlungen bei der Verabschiedung des Gesetzes s Wagner IPRax 1999, 210f).

3   **3. Staatsvertragliche Kollisionsregeln.** Vorrangiges Staatsvertragsrecht besteht nicht, s vor Art 43 Rz 3.

4   **4. Geltung allgemeiner Regeln.** S zunächst Erl vor Art 43 Rz 4, 5. Als Bestandteil des EGBGB unterliegt Art 43 den allgemeinen Regeln der Art 3–6.
a) Rück- und Weiterverweisung. Gem Art 4 I ist so auch für das IntSR vom grundsätzlichen Vorliegen einer **Gesamtverweisung** auszugehen (so früher LG Kiel IPRsp 1958/59 Nr 54; LG Frankfurt/M IPRsp 1958/59 Nr 109 = AWD 1958, 190; jetzt BGH 108, 354, 357; BGH NJW 1995, 2097f; NJW 1997, 461, 464; KG NJW 1988, 341; Schrifttum: MüKo/Kreuzer Nach Art 38 Anh I Rz 20 und 21; Raape/Sturm[6] IPR I 166; Pal/Heldrich vor Art 43 Rz 1; Staud/Stoll[13] IntSR Rz 134). Rück- und Weiterverweisung kommen freilich wegen der weltweiten Verbreitung der Situs-Regel (Anknüpfung an den Belegenheitsort) kaum zum Tragen. Bedeutung hat der Renvoi dort, wo das fremde Sachstatut bei Mobilien nicht an den Belegenheitsort anknüpft (dazu zB IPG 1967/68 Nr 16 Köln) und dort, wo das als Statut der Orts- oder Geschäftsform berufene Sachstatut (Art 11 I S 1 und 2) für die Form des täglichen Rechtsgeschäfts die loci actus für maßgeblich oder ausreichend erachtet (Staud/Stoll[13] IntSR Rz 134). **Sachnormverweisung** liegt (mit Staud/Stoll[13] IntSR Rz 136) hingegen vor, wenn das Sachstatut heute im Anwendungsbereich von Art 46 ausnahmsweise nach dem Günstigkeitsprinzip oder durch Rechtswahl oder ansonsten im Sinne „wesentlich engerer Beziehung" bestimmt wird (s dazu noch Rz 7). Der RefE wollte in § 45 II durch Verweis auf Art 35 generell Sachnormverweisung einführen. Das erschien angesichts des Gleichklangs der Situs-Regel weltweit unnötig und für die besonderen Sachlagen (s oben) unangemessen (ebenso Staud/Stoll[13] IntSR Rz 70a) und ist, wie Art 43 nF zeigt, nicht weiter verfolgt worden.

5   **b) Ordre public.** Die Anwendung des ausländischen Belegenheitsrechts steht nach wie vor unter dem Vorbehalt des Art 6; MüKo/Kreuzer Nach Art 38 Anh I Rz 22; Staud/Stoll[13] IntSR Rz 138). Indessen ist bei der Anwendung der Vorbehaltsklausel Zurückhaltung zu üben. Bei Statutenwechsel (s unten III) bedarf es idR nicht der Anwendung von Art 6 zur Beurteilung von mit dem neuen Statut unverträglichen Rechtsinstituten (s Rz 32 und Staud/Stoll[13] IntSR Rz 138). Zur praktischen Handhabung des Art 6 im IntSR s Art 6 Rz 58, 58.

6   **c) Rechtswahl.** Anders als im internationalen Schuldrecht (s Art 27 I und Erl zu Art 42 nF) ist im IntSR die Möglichkeit der Bestimmung des Sachstatuts durch Rechtswahl grundsätzlich ausgeschlossen. Das gilt für Immobilien wie für Mobilien und entspricht dem vordringlichen Interesse an Rechts- und Verkehrssicherheit im interna-

tionalen Sachenrecht (s zum alten Recht Soergel/Kegel[11] vor Art 7 Rz 553; MüKo/Kreuzer Nach Art 38 Anh I Rz 35 und 37; 9. Aufl Anh Art 38 Rz 8). Für besondere Sachlagen ist zum alten Recht jedoch die Rechtswahl in gewissen Grenzen empfohlen worden (9. Aufl Anh Art 38 Rz 8; ebenso Staud/Stoll[13] IntSR Rz 130; Drobnig FS Kegel [1977] 141, 150; Weber RabelsZ 44 [1980] 510, 519f; Siehr ZVglRWiss 83 [1984] 100). Für Art 43 sind diese Empfehlungen bewußt nicht berücksichtigt worden (vgl BT-Drucks 14/343, 16; Wagner IPRax 1998, 429, 435; Junker RIW 2000, 241, 252). Allenfalls läßt sich eine Rechtswahl heute mittelbar, durch Bestimmung des Sachstatuts gem Art 46 nF in „akzessorischer Form", erzielen (s Art 46 Rz 8). Die Entscheidung des Gesetzgebers ist mit Verkehrssicherheitsgesichtspunkten begründet, indes bei Blick auf die Zukunft und eine weitergehende Vereinheitlichung des Kollisionsrechts und des materiellen Sachenrechts in der EU nicht bedenkenfrei (kritisch auch Stoll IPRax 2000, 264).

5. Intertemporales Recht. Innerdeutsches Recht. S hierzu vor Art 43 Rz 5–7. S im übrigen Erl zu Art 233 und Art 236.

II. Die Anknüpfungsregeln im einzelnen

1. Abs I: Geltung und Geltungsumfang der Situs-Regel

a) Inhalt des Abs I. aa) Abs I unterstellt Rechte an einer Sache dem Recht des Staates, in dem sich die Sache 7 befindet. Die Norm befolgt damit zum einen die gewohnheitsrechtliche und nahezu weltweit herrschende **Situsregel** (**Maßgeblichkeit des Rechts des Lageortes**, Geltung der **lex rei sitae**), s vor Art 43 Rz 1, 2. Abs I befolgt damit zum anderen den Grundsatz der Einheit des Sachenrechtsstatuts. Die Situs-Regel gilt nicht nur für Grundstücke (zB BGH 52, 239; BGH NJW 1995, 58, 59; NJW 1996, 2233, 2234; Düsseldorf NJW 1981, 529; München NJW-RR 1989, 663, 664), sondern auch für bewegliche Sachen (BGH 39, 173f; WM 1980, 410; BGH 100, 321, 324; BGH NJW 1989, 1352 und 2543; Hamburg IPRspr 1964/65 Nr 73; Hamm IPRspr 1985 Nr 143; Koblenz RIW 1989, 384, 386; Staud/Stoll[13] IntSR Rz 139, 218, 256 mwN): Für die Frage der Rückverweisung ist zu beachten, daß wenige ausl Rechte bewegliche Sachen noch (Statutentheorie „mobilia ossibus inhaerent") dem Personalstatut des Eigentümers unterstellen oder bis in die jüngere Vergangenheit unterstellt haben (näher bei Staud/Stoll[13] IntSR Rz 12–45). Die Unterscheidung zwischen beweglichen und unbeweglichen Sachen ist grundsätzlich nach den Normen zu beurteilen, die diese Unterscheidung machen. Für die Anknüpfung ist die Qualifikation nach der Rechtsordnung vorzunehmen, deren Kollisionsnormen darauf abheben (Staud/Stoll[13] IntSR Rz 145), dh dt Recht befindet insofern die insoweit wegen der Gleichbehandlung grundsätzlich unerhebliche Differenzierung, wenn aus dt Sicht anzuknüpfen ist. Das Sachstatut, in das die Verweisung führt, befindet über die Unterscheidung, soweit sie von materiellrechtlicher Bedeutung ist. Das Sachstatut befindet ebenfalls darüber, wenn nach seinen Kollisionsnormen für die Frage der Rückverweisung die Einordnung als unbewegliche oder bewegliche Sache von Bedeutung ist (RG 145, 85; zur Differenzierung bei der Abgrenzung zu ausl Gesamtstatuten [Kindschafts-, Güter-, Erbstatut] s BGH 24, 352; Staud/Stoll[13] IntSR Rz 145; MüKo/Kreuzer Anh I nach Art 38 Rz 16 mwN).

bb) Abs I betrifft Rechte an einer „Sache" und damit Rechte an grundsätzlich körperlich faßbaren Gegen- 8 ständen des Rechtsverkehrs. Art 43 I läßt sich damit auch für die Fortführung der bisherigen Rechtsauffassung zur Beurteilung von **Rechten an Wertpapieren** heranziehen, auch wenn die Begründung des RegE (BT-Drucks 14/343, 13f) insofern schweigt. Die Situs-Regel des Art 43 I gilt demgemäß, soweit nicht eine vorrangige gesetzliche Kollisionsnorm eingreift, nach wie vor bei Wertpapieren für die Beurteilung des Rechts am Papier (**Wertpapierstatut**), BGH 108, 356; BFH IPRspr 1986 Nr 39; das verbriefte Recht hingegen unterliegt dem jeweiligen Forderungsstatut (**Wertpapierrechtsstatut**). Maßgeblicher Zeitpunkt für die Anknüpfung ist der Zeitpunkt der konkret zu beurteilenden Rechtsfrage, zB der Zeitpunkt der Entstehung, des Erwerbs, des Verlusts eines Rechts (BGH 39, 173, 174; 45, 99; BGH NJW 1989, 1352). Eine kollisionsrechtliche Sonderregelung besteht nach Art 17a DepotG (eingefügt durch Gesetz v 8. 12. 1999, BGBl I 2384) für Verfügungen über Wertpapiere, die mit rechtsbegründender Wirkung in ein Register eingetragen oder auf einem Konto verbucht werden (Recht des Register- bzw Kontoortes), s dazu Keller WM 2000, 1269, 1281; Schefold IPRax 2000, 468; Einsele WM 2001, 7, 15 und 2415. Das im Entwurf vorliegende neue Haager Übereinkommen über die auf bestimmte Rechte in bezug auf Intermediärverwahrte Wertpapiere anzuwendende Rechtsordnung v 13. 12. 2002 legt grundsätzlich das „Recht der Kontovereinbarung" zugrunde, Art 4; zu dem Abk-Entwurf Textabdruck IPRax 2003, 550ff u dazu Reuschle IPRax 2003, 495; Merkt/Roßbach ZVerglRWiss 2003, 33.

cc) Bestimmung des Lageortes. Lageort einer Sache iSv Abs I ist der Ort, an dem sie sich im für die Anknüp- 9 fung maßgeblichen Zeitpunkt „physisch" befindet (v Bar IPR II Rz 754), an dem sie **belegen** ist. Dies gilt nicht nur, wie selbstverständlich, bei Grundstücken und bei anderen unbeweglichen Sachen, sondern auch für bewegliche Sachen. Gleichgültig ist, wie und warum die Sache an den Lageort verbracht worden ist (so der Sache nach BGH IPRax 1987, 374 abl Anm Mansel IPRax 1988, 268, 271 bei gutgläubigem Erwerb abhandengekommener Sache; zuletzt BGH WM 2000, 1640 = NJW-RR 2000, 1583 = JuS 2001, 299, 300 [Hohloch]). Lageort beschränkt dinglicher Rechte an einer Sache, die dem Eigentümer einer anderen Sache zustehen, ist der Ort der belasteten Sache (Soergel/Lüderitz[12] Art 38 Anh II Rz 31). Bei Sachen in staatsfreiem Gebiet an Bord von Beförderungsmitteln (Flugzeug, Schiff, auch Bohrinsel) gilt als Recht der Belegenheit Recht der Flagge bzw Recht des Sitzes des Eigners (Staud/Stoll[13] IntSR Rz 265). Zu Überseekabeln s MüKo/Kreuzer Anh I Art 38 Rz 176.

b) Geltungsumfang (Anwendungsbereich) des Sachstatuts des Abs I. aa) Die Situs-Regel gilt für alle 10 **sachenrechtlichen Tatbestände.** Sie entscheidet, ob eine **Sache iSd IntSR** vorliegt, und befindet über die Einteilung in bewegliche und unbewegliche Sachen (s aber Rz 4); sie nimmt für das dt IntSR diese Einteilung anhand von §§ 90ff BGB vor, so daß das deutsche Recht mit seiner Begriffswelt, aber mit begrifflicher Großzügigkeit über die Qualifikation als Sache befindet (zB Wertpapierübereignung nach Maßgabe des Sachstatuts, s BGH WM

1989, 1756 [Scheck]; zur Übereignung von Bargeld s v Bar IPR II Rz 773 und östOGH öJBl 1984, 320). Ebenso befindet das Sachstatut über den Bestandteilsbegriff (s LG München I WM 1957, 1378 = IPRsp 1956/57 Nr 97), den Zubehörbegriff (Staud/Stoll[13] IntSR Rz 143) und über den Umfang des Haftungsverbandes eines Sicherungsrechts Staud/Stoll[13] IntSR Rz 143, 218). Auch die Einteilung in verbrauchbare oder vertretbare Sachen sowie die **Handelbarkeit** der Sache („res extra commercium") unterliegt dem Sachstatut (s MüKo/Kreuzer Nach Art 38 Anh I Rz 25; zur Handelbarkeit bei Kunstgegenständen KG FamRZ 1973, 307; näher Hanisch FS Müller-Freienfels [1986] 193ff; s auch Art 34 Rz 16). Zur Richtlinie 93/7/EWG des Rates v 15. 3. 1993 über die Rückgabe von unrechtmäßig aus dem Hoheitsgebiet eines Mitgliedsstaates verbrachten **Kulturgütern** (ABl EG Nr L 74 S 74) und ihrer Kollisionsnorm (Art 12) s Jayme ZVglRWiss 95 (1996) 159, 167f; Siehr ZVglRWiss 95 (1996) 170, 180f. Zur Umsetzung der Richtlinie durch das KulturgüterrückgabeG s vor Art 43 Rz 4; dazu Fuchs IPRax 2000, 281, 284; Pfeiffer IPRax 2000, 270, 278; s auch Armbrüster NJW 2001, 3581 (Sonderanknüpfung an Recht des Exportstaates bei verbotswidrig ausgeführten Stücken). Am Rande gehört hierher auch § 20 KulturgutSchutzG nF (dazu und zur Verbindlichkeit von Rückgabezusagen Pieroth/Hartmann NJW 2000, 2129; Hirsch NJW 2001, 1627). Zur Schaffung von Einheitsrecht s UNIDROIT-Übereinkommen v 24. 6. 1995 über gestohlene oder rechtswidrig ausgeführte Kulturgüter, Abdruck ZVglRWiss 95 (1996) 203ff. Dazu Heuer NJW 1999, 2558, 2562; Müller-Katzenburg NJW 1999, 2551, 2554; auch Schoen NJW 2001, 537, 540; Armbrüster NJW 2001, 3581. Das Belegenheitsrecht befindet ebenso darüber, welche Rechte dinglicher Art an der Sache bestehen können (zB Miteigentum, BGH NJW 1998, 1322; Stoll IPRax 1999, 29; IPRax 2000, 259, 260; BGH WM 2000, 1640 = JuS 2001, 299, 300 [Hohloch]), und welchen Umfang der Katalog seiner – in der Regel in beschränkter Zahl vorhandenen – dinglichen Rechte hat (beschränkt dingliche Rechte, besondere Eigentumsarten).

11 bb) **Das Sachstatut befindet über die Voraussetzungen der Entstehung, Änderung und Übertragung eines dinglichen Rechts.** (1) Dies gilt zunächst für den **gesetzlichen Eigentumserwerb**. Das Belegenheitsrecht entscheidet über dessen Voraussetzungen, dessen typenmäßige Begrenzung (Ersitzung – s schweiz BG AWD 1970, 81 –, Aneignung, Fund – Düsseldorf RIW 1984, 481, dazu und zur Maßgeblichkeit des gemeinsamen Personalstatuts zutreffend Staud/Stoll[13] IntSR Rz 267 –, Vermischung, Verarbeitung, Verbindung) und über den gesetzlich vorgesehenen Ausgleich für den Eigentumsverlust (Staud/Stoll[13] IntSR Rz 140, 267). (2) Das gilt ferner für die **rechtsgeschäftliche Eigentumsübertragung.** Die lex rei sitae befindet über die Erfordernisse des Übergangs des dinglichen Rechts (Erforderlichkeit dinglicher Einigung, s östOGH ZfRV 1986, 226; BGH WM 1967,1198; BGH NJW 1996, 2234; Erforderlichkeit der Übergabe, s Koblenz RIW 1989, 384, 386; KG NJW 1988, 341, 342) und über die Wirksamkeitsvoraussetzungen der dinglichen Verfügung, insbes ihrer kausalen oder abstrakten Ausgestaltung (BGH IPRsp 1980 Nr 3; Celle IPRax 1991, 115 Anm Witz/Zierau). Das Sachstatut bestimmt insofern insbesondere über die Frage der Abhängigkeit des dinglichen Geschäfts von der Wirksamkeit des kausalen Grundgeschäfts; die **Wirksamkeit des Grundgeschäfts** ist nach überwiegender Auffassung selbständig anzuknüpfende **Vorfrage** (BGH 53, 239, 240ff; MüKo/Kreuzer Nach Art 38 Anh I Rz 28; s auch Staud/Stoll[13] IntSR Rz 166 für Immobilien). Hieraus folgt für die dt Sicht, daß der einem Recht mit Geltung des Kausalitäts- bzw Konsensualprinzips unterliegende Vertrag in einen verpflichtenden und einen dinglichen Teil aufzuspalten ist. Das Vertragsstatut befindet gem Art 31, 32 über Zustandekommen und Wirksamkeit der schuldrechtlichen Seite, einschließlich der Erfüllungs- und Nichterfüllungsfragen, das Sachstatut befindet über die Folgen für die dingliche Seite. Bei der nahezu durchgängig geltenden objektiven Bestimmung des Sachstatuts (zur früheren Ausnahme des § 13 RAG s v Bar II Rz 753 Fn 38, Rz 775) bleibt es insoweit dann in aller Regel bei der Maßgeblichkeit des Belegenheitsrechts (unzutreffend Düsseldorf IPRsp 1970 Nr 42).

12 Das Belegenheitsrecht befindet ferner über die Modalitäten des Eigentumsübergangs, zB das Vorhandensein von Übergabesurrogaten wie Besitzkonstitut (BGH 50, 45, 47), Registereintragung (BGH 39, 173), Urkundenausfertigung (Köln OLGZ 1977, 201) oder Abtretung des Herausgabeanspruchs (die zugrundeliegenden schuldrechtlichen Vorgänge unterliegen dem Schuldstatut, Pal/Heldrich Art 43 Rz 3, 5). Deshalb bestimmt das Belegenheitsrecht auch über die Zulässigkeit und Voraussetzungen von Eigentumsvorbehalt und Sicherungsübereignung (s unten III.). Es befindet über die Rechtsfolgen etwaiger Mängel des dinglichen Geschäfts, über die Bedeutung von Rechts- und Geschäftsfähigkeit für die dingliche Rechtsänderung (Staud/Stoll[13] IntSR Rz 229), über das Vorliegen von Verfügungsbefugnis (BayObLG 1972, 204, 208ff; 1982, 348, 352 – interlokal), über den Erwerb vom Nichtberechtigten (BGH NJW 1960, 774; WM 1967, 1198; BGH 100, 321, 324 = NJW 1987, 3077, 3079; Celle JZ 1979, 608; KG NJW 1988, 341; Koblenz RIW 1993, 503; BGH RIW 2000, 704 = WM 2000, 1640 = JuS 2001, 299, 300 [Hohloch]; Köln VersR 2000, 462, 463; LG Hamburg RIW 1998, 892 aA; bei gestohlenen Sachen Mansel IPRax 1988, 268). Ebenso beurteilen sich nach dem Sachstatut Anfechtungsmöglichkeiten für den Erwerb von Mobilien durch Gläubiger des Veräußerers (Gläubigeranfechtung, AnfG s v Bar IPR II Rz 777 und östOGH öJBl 1985, 299), die Eigentumsvermutungen und ihre Voraussetzungen und Wirkungen (BGH NJW 1960, 774; Hamburg IPRsp 1964/65 Nr 73; Köln IPRax 1990, 46 Anm Armbrüster 25; BGH NJW 1994, 940; 1996, 2234; RIW 2000, 704 = JuS 2001, 299 [Hohloch]), der gutgläubig lastenfreie Erwerb (BGH 50, 45, 47) und das Bestehen von Herausgabe- und Unterlassungsansprüchen und Grundbuchberichtigungsansprüchen (KG NJW 1988, 341; BGH NJW 1989, 1352; Schleswig SchlHA 1983, 13, 14). Auch das Lösungsrecht des ehemaligen Eigentümers bei gutgläubigem Erwerb einer abhanden gekommenen Sache gehört hierher (zB schweizerisches Recht BGH 100, 321, 324 und dazu noch Siehr ZVglRWiss 83 [1984] 100; Stoll IPRax 1987, 357). Das Belegenheitsrecht befindet so auch über die Möglichkeit des rechtsgeschäftlichen Eigentums durch den zahlenden Versicherer, s zB § 13 VII AKB; s Benecke ZVglRWiss 2002, 362, 368; Pal/Heldrich Rz 3 (aA Looschelders/Bottek VersR 2001, 401: Anwendung von Art 46).

13 cc) Die Ausführungen oben Rz 10–12 zum Eigentum gelten grundsätzlich auch für **beschränkte dingliche Rechte.** Das Recht des Lageortes entscheidet darüber, welche Rechte überhaupt an einer Sache erworben werden können (RG HRR 1930 Nr 2066; BGH NJW 1998, 1322 u dazu Stoll IPRax 1999, 29 Miteigentum; KG OLGZ 1977, 457, 459 spanisches Wohnungseigentum; Ferid IPR § 7 Rz 9) und damit auch über die Entstehungsvoraussetzungen von **Pfandrechten** einschließlich **gesetzlicher Pfandrechte**, soweit letztere nicht Art 45 II unterfallen, auf das Statut der gesicherten Forderung kommt es nicht an (obiter LG München I IPRsp 1956/57 Nr 97; LG Aschaffenburg IPRsp 1952/53 Nr 38; aA Düsseldorf VersR 1977, 1047, 1048; tw abw Staud/Stoll[13] IntSR Rz 274ff); bei beschränkten dinglichen Rechten an Grundstücken gilt grundsätzlich das Lageortsrecht des belasteten Grundstücks (s BayObLGZ 1962, 70, 73 interlokal; zu Grundpfandrechten s BGH 1, 109, 113; LG Karlsruhe IPRsp 1956/57 Nr 28a; zum Nießbrauch RG HRR 1930 Nr 2066). Gleiches gilt für **Vorzugsrechte** (Generalprivilegien, Spezialprivilegien, s dazu Drobnig ZfRV 1972, 130, 133f; Hübner ZIP 1980, 825, 827), dingliche **Zurückbehaltungsrechte** (s MüKo/Kreuzer Nach Art 38 Anh I Rz 110) sowie dinglich zu qualifizierende **Verfolgungs- und Rücknahmerechte** (s Staud/Stoll[13] IntSR Rz 309ff; MüKo/Kreuzer aaO Rz 111ff mwN). Das Entstehen von rechtsgeschäftlichen Schiffsgläubigerrechten unterliegt nach hA ebenfalls der lex rei sitae (RG 81, 283, 285, wohl auch BGH 35, 267, 269 [= Recht der Flagge]; BGH NJW 1991, 1418, 1419; MüKo/Kreuzer aaO Rz 105 Fn 452; Pal/Heldrich Art 43 Rz 3), nach aA dem Schuldstatut der gesicherten Forderung (Hamburg VersR 1975, 826; 1979, 933; 1987, 1088, 1089; RIW 1990, 225f). Bei Anwendbarkeit verschiedener Rechtsordnungen auf verschiedene Schiffsgläubigerrechte soll sich die Rangordnung nach der lex fori richten (LG Oldenburg VersR 1975, 271; aA LG Hamburg MDR 1963, 765f). Die Einführung von Art 45 II nF ändert an dieser Rechtslage für andere als gesetzliche Rechte iS dieser Vorschrift nichts; die Norm betrifft lediglich die Entstehung gesetzlicher Sicherungsrechte (s Art 45 Rz 11).

dd) Die lex rei sitae bestimmt über den zulässigen **Inhalt** des Sachenrechts (BGH 45, 95, 97; BGH WM 1967, **14** 419f; allg A) und damit über seine Akzessorietät (BGH 1, 109, 113f; Hamburg IPRsp 1964/65 Nr 73; LG München I WM 1957, 1378, 1379; Staud/Stoll[13] IntSR Rz 147). Hierzu gehören auch die Ausübung und der Schutz der dinglichen Rechte (s schon Rz 14; BGH 108, 355, 357; BGH NJW 1998, 1321, Koblenz RIW 1992, 1020; s ferner BGH DVBl 1979, 226, 227 Anm Küppers 228; NJW 1989, 1352f; Bremen IPRsp 1958/59 Nr 7 A; KG NJW 1988, 341, 342; Düsseldorf VersR 2000, 460, 461 – Schadensersatzansprüche aus Eigentümer-Besitzer-Verhältnis; LG Waldshut-Tiengen UPR 1983, 14, 15 und dazu BVerfG 72, 66; s ferner zu Verwirkung ablehnend Stoll JZ 1995, 786; Spickhoff NJW 1999, 2214). Zu differenzieren ist jedoch im Bereich des internationalen **Nachbarrechts und des Schutzes gegen grenzüberschreitende Immissionen**. Die Grundregel der Maßgeblichkeit des Rechts der belegenen Sache reicht aus bei der Frage des Nachbarschutzes von Grenzanliegergrundstücken. Die typisch nachbarrechtlichen Inhaltsbeschränkungen folgen aus dem sich aus Art 43 I ergebenden Recht der Belegenheit des „pflichtigen Grundstücks" (zB Notweg, Überbau, Bepflanzungsabstände, s MüKo/Kreuzer Nach Art 38 Anh I Rz 43). Hingegen fällt die Abwehr von und die Entschädigung für grenzüberschreitende Immissionen, die von einem Grundstück ausgehen, jetzt in den Anwendungsbereich von Art 44 nF; maßgeblich ist damit insoweit das sich aus Art 40 I ergebende „Tatortrecht" (s Erl zu Art 44 Rz 6ff); zum bisherigen Recht s 9. Aufl Anh nach Art 38 Rz 17, 18.

ee) Ebenfalls unterliegt der **Besitz** samt den Besitzschutzansprüchen dem Sachstatut (LG München I WM **15** 1963, 1365f; Braunschweig IPRsp 1968/69 Nr 61).

c) Grenzbereich. Der Anwendungsbereich des Sachstatuts ist für Vorfragen, Teilfragen und im Verhältnis zum **16** Anwendungsumfang von anderen Statuten abzugrenzen. **Rechts- und Geschäftsfähigkeit** richten sich nach Art 7; ob sie für den sachenrechtlichen Vorgang erforderlich sind, entscheidet hingegen die lex rei sitae, diese befindet auch über die Wirkungen von Mängeln (s Rz 11, 12). Das Gesellschafts- und Gemeinschaftsstatut (zB Erbengemeinschaft) befindet über das Entstehen von Gesamt- oder Bruchteilseigentum an einer der Gesellschaft/Gemeinschaft zugehörigen Sache (s Art 37 Rz 34). Das **Formstatut** folgt aus Art 11 V (s Erl dort). Zur Maßgeblichkeit der lex rei sitae für die **Form des Grundstückskaufvertrages** s Art 11 IV und Erl zu Art 11 Rz 32. Im Verhältnis zu den Gesamtstatuten (Erbstatut, Gesellschaftsstatut, Sorgestatut, Ehegüterstatut) kommt diesen hinsichtlich des unmittelbaren Eingreifens von dinglichen Wirkungen der Vorrang vor dem sachenrechtlichen Einzelstatut zu (s Art 3 Rz 14, s ferner die Erl bei Art 15, 19, 25 und Art 37 Anh II jeweils bei „Anwendungsbereich"). Das Sachstatut als Einzelstatut setzt sich hingegen dort durch, wo das fremde Gesamtstatut subjektive Sachenrechte an dem Gesamtstatut unterliegenden Inlandsvermögen gewährt, die mit der Sachenrechtsordnung des Belegenheitsrechts nicht verträglich sind (zB bei Legalhypothek des Ehegatten, s Art 15 Rz 36, Art 14 Rz 32, s ferner v Bar IPR II Rz 191; zB bei Legalnießbrauchsrechten und Vindikationslegaten des überlebenden Ehegatten, s Art 25 Rz 35 und v Bar IPR II Rz 377). Zur Abgrenzung zum Deliktsstatut s Rz 14 sowie Art 44 Rz 10–12.

2. Abs II: Statutenwechsel und Auswirkungen

a) Regelungsinhalt des Abs II. Abs II trägt der Tatsache Rechnung, daß bewegliche Sachen als Verkehrsgüter **17** von einer Rechtsordnung in die andere verbracht werden können. Anders als Grundstücke unterliegen sie also einem „Statutenwechsel". Die Grundregel des Abs I, die Rechte an – beweglichen wie unbeweglichen – Sachen der Rechtsordnung von deren Lageort unterstellt, bedarf insofern der Ergänzung um Regeln, die Aussagen darüber machen, wie sich das an einer beweglichen Sache bestehende bzw erworbene Sachenrecht darstellt, wenn der Lageort und damit die Sachenrechtsordnung wechselt; da die Sachenrechtsordnungen nicht übereinstimmende Rechtsinhalte kennen müssen, bedarf es der Regelung, wie sich das in der einen Rechtsordnung so gestaltete Recht an der Sache in der neuen Rechtsordnung darstellt. Abs II folgt mit seinem Regelungsgehalt der überkommenen gewohnheitsrechtlichen Regel, daß Rechte, die nach der ursprünglichen Lageortsrechtsordnung begründet sind, ihren Bestand trotz des Lageortswechsels behalten, nun aber den rechtlichen Regelungen der neuen Lageortsrechtsordnung unterliegen. Abs II bringt diesen überkommenen Grundsatz mit seiner allseitig negativen Fassung zum Ausdruck (dazu Begründung RegE aaO S 16); das Gesetz läßt damit seinem Wortlaut nach offen, ob mit dem

Wechsel des Lageortes die Rechtsfigur der einen Rechtsordnung im Rahmen der neuen Rechtsordnung erhalten bleibt oder jetzt in die Rechtsfigur der neuen Rechtsordnung umgeformt ist. Da Abs II sich der Tradition verpflichtet sieht, gilt für den vom ihm erfaßten Statutenwechsel und seine Auswirkungen die Rechtsauffassung der bisherigen hM weiter. Das bedeutet:

18 **b) Begriff des Statutenwechsels unverändert.** Der Begriff des Statutenwechsels betrifft im IntSR nach wie vor das Schicksal der an einer beweglichen Sache bestehenden Sachenrechtsverhältnisse in dem Fall, daß die Sache in ein anderes Rechtsgebiet gelangt und damit der dort geltenden Sachenrechtsordnung unterworfen wird. Wie auch sonst im IPR sind im IntSR die Gründe für den Statutenwechsel unerheblich (zB grenzüberschreitendes Verkehrsgeschäft); sie sollten deshalb bei der Beurteilung des Statutenwechsels auch nach neuem Recht außer Betracht bleiben. Brauchbar erscheint zur Kennzeichnung dessen nach wie vor die klarstellende Bezeichnung „schlichter Statutenwechsel" (Staud/Stoll[13] Rz 278 für den Grundtatbestand [dazu unten c)]). Von diesem Grundtatbestand sind sinnvoll zu trennen die int Verkehrsgeschäfte, bei denen die Übertragung des dinglichen Rechts vom alten auf den neuen Rechtsinhaber typischerweise unter Wechsel der Sachenrechtsordnung geschieht (zB Versendungskauf [s unten d)]), ebenso die damit verbundene Sonderproblematik der Voraussetzungen und Wirkungen eines Eigentumsvorbehalts im Rahmen eines solchen Verkehrsgeschäftes, die jetzt in Abs III ihre Regelungsgrundlage erhalten hat. Besondere Sachlagen kennzeichnen ferner die rollende Ware „res in transitu", die vom Abgangs- bis zum Bestimmungsort unter Umständen mehrere Rechtsordnungen durchquert, und die Rechtsverhältnisse der Transportmittel selbst, die im Umlauf des Transports irgendwann an den Ausgangsort und in die Verfügungsgewalt des Eigners zurückzukehren pflegen. Zu beiden Regelungskomplexen s Art 45 und dortige Kommentierung.

19 **c) Schlichter Statutenwechsel. aa) Grundregel und Unterscheidungen.** Bei einem schlichten Statutenwechsel gem Rz 18 ist nach der Situs-Regel zunächst das alte Statut, später allein das neue Statut maßgeblich. Dieses entscheidet über die sachenrechtliche Prägung der Sache nach seinen sachenrechtlichen Regeln; letztere entscheiden ab Grenzübertritt über den Inhalt der Rechte und Pflichten, die sich aus der dinglichen Rechtslage an der Sache ergeben (s zB BGH 39, 173f; 45, 95; 100, 321, 326; 108, 353, 355; BGH RIW 1991, 517; KG NJW 1988, 341; Köln IPRax 1990, 46; Hamburg VersR 1991, 604; Kegel/Schurig IPR § 19 III; v Bar II Rz 755, 756). Hinsichtlich der Bedeutung des Grundsatzes ist jedoch zwischen nicht abgeschlossenen und abgeschlossenen Tatbeständen zu differenzieren. Ob die Vorbringung rechtmäßig oder rechtswidrig ist, ist insoweit unerheblich, s Düsseldorf NVersZ 1999, 39.

20 **bb) Nicht abgeschlossene Tatbestände.** Als maßgebliches Statut hat es dann das neue Statut in der Hand, wie es den Tatbestand einer bei Eintritt des Statutenwechsels noch nicht abgeschlossenen Entstehung eines dinglichen Rechts beurteilt. Es kann die bisherigen Entstehungsbestandteile als „Auslandssachverhalt" seiner eigenen Regelung involvieren und damit dann die Rechtsentstehung im Rahmen seiner eigenen Regelung zum Abschluß bringen. Das ist die Regel (s Staud/Stoll IntSR[12] Rz 352ff; IPG 1972 Nr 11 [Hamburg]). Das neue Statut war insofern indes frei. Art 43 erfaßt diesen Tatbestand jetzt in Abs III (s Rz 26ff).

21 **cc) Abgeschlossene Tatbestände.** Bei abgeschlossenen Tatbeständen galt bislang der Grundsatz der **Überleitung** und die grundsätzliche Anerkennung bestehender Rechtslagen. Das neue Statut greift im Zweifel in die bestehende Rechtslage nicht ein (s Staud/Stoll[13] Rz 354 mwN), so daß vom Ausland abgelehnter Erwerb eines dinglichen Rechts immer dann auch vom neuen Statut verneint wird, wenn der Tatbestand schon unter der Geltung des alten Statuts als abgeschlossen zu bewerten war (Raape IPR[5] 596: Nein bleibt Nein! zB Versagung gutgläubigen Erwerbs nach altem Statut bleibt bestehen auch unter neuem Statut, Ferid IPR § 7 Rz 61). Nach altem Statut entstandene Sachenrechte können nach dem Gebietswechsel immer nur in Übereinstimmung mit dem neuen Statut geltend gemacht werden. Dieses ist frei, kann einen Typ gänzlich ablehnen, einen anderen in der Form eines äquivalenten Typs des eigenen Rechtskatalogs akzeptieren. Die hA folgt insoweit der **Transpositionslehre** (s etwa Lewald IPR 184–186; MüKo/Kreuzer Nach Art 38 Anh I Rz 62; Soergel/Lüderitz[12] Art 38 Anh II Rz 50, 53), nach der alle dinglichen Recht kraft Gesetzes in die entsprechenden Sachenrechtstypen des neuen Statuts übergeleitet werden (krit dazu Staud/Stoll[13] IntSR Rz 352ff und RabelsZ 38 [1974] 450, 459, der dem neuen Rechtsordnung aber immerhin auch ein „Veto" geben will). Richtig wird hier sein, bei Eigentum und Besitz die Überleitung in das Eigentum und den Besitz des deutschen Rechts (§ 903, § 854 BGB) zu bejahen (Staud/Stoll[13] IntSR Rz 354: int zwingender Charakter dieser Rechte), im übrigen aber das fremde beschränkte dingliche Recht als solches bestehen zu lassen und die Ausübung in Verträglichkeit mit den Vorstellungen des dt Rechts, das hierfür die **Inlandsprägung** gibt, zu gestatten (s Brandenburg NJW-RR 2001, 597 = JuS 2001, 609, 610 [Hohloch]). Abs II zwingt nicht zu anderer Behandlung; der Gesetzgeber hat dazu ausgeführt, der Empfangsstaat „übernehme" die Rechte und statte sie mit den Wirkungen seiner „entsprechenden" Rechte aus (vgl Begründung RegE aaO S 16). Zum Einfluß des EG-Rechts s Stoll IPRax 2000, 259, 262.

22 Von Bedeutung ist das insbes bei der Behandlung **besitzloser Mobiliarpfandrechte** ausl Recht, die im Inland wegen der Einschränkung des Faustpfandprinzips durch die rechtsfortbildende Entstehung der **Sicherungsübereignung** als wirksam akzeptiert und iü in ihren Wirkungen nach den der Sicherungsübereignung oder anderen besitzlosen Pfandrechten eigenen Wirkungen beurteilt werden können (s BGH 39, 173f – frz Registerpfandrecht und dazu Drobnig FS Kegel [1977] 141, 142; BGH 45, 95, 97 – relativ wirksamer Eigentumsvorbehalts ital Rechts; BGH RIW 1991, 517 = NJW 1991, 1415 = JuS 1991, 779 Anm Hohloch – ital Autohypothek; BGH 100, 325, 326; dazu Stoll IPRax 1987, 357, 359 und noch Siehr ZVglRWiss 83 [1984] 110 – schweiz Lösungsrecht; Rauscher RIW 1985, 265 – Sicherungsübereignug deutschen Rechts bei Verbringung der Sache nach Österreich, aA östOGH IPRax 1985, 165; s ferner dazu Martiny IPRax 1985, 168; Schwind FS Kegel [1987] 599; zum Freiverkauf eines Faustpfandes Frankfurt IPRax 1993 Nr 50). Fehlt es hingegen an dieser Verträglichkeit, dann **ruht** das nach dem fremden Statut entstandene Recht während der Belegenheit der Sache im Gebiet des neuen Statuts (zB ausl Unternehmenspfandrecht zB „floating charge" England, s ter Meulen Die Floating Charge [1963] 80f; Lange WM 1990, 701; Hübner FS Pleyer [1986] 41).

d) Abs II und grenzüberschreitende Eigentumsübertragung (Versendungskauf/dingliche Seite). aa) Die 23 hM behandelte bislang nach dem Grundmuster des schlichten Statutenwechsels auch den Eigentumsübergang beim grenzüberscheitenden Verkehrsgeschäft, insbesondere Versendungskauf. Wurde bei einem solchen Geschäft nach dem Recht des Absendestaates bereits durch die Versendung Eigentum übertragen, erwarb der Käufer schon damit Eigentum, auch wenn nach dem Recht des Empfangsstaates die Übereignung zusätzlich die Übergabe voraussetzte. Wurde umgekehrt aus einem Land versandt, nach dessen Recht das Eigentum erst mit der Übergabe überging, dann ging das Eigentum erst mit Überschreiten der Grenze zu dem insofern weniger verlangenden Bestimmungsland über (RG 103, 30, 31; BGH WM 1967, 1198; 1980, 410, 411; Celle JZ 1979, 608; KG NJW 1988, 341f; MüKo/Kreuzer Nach Art 38 Anh I Rz 72 mwN; Soergel/Kegel[11] vor Art 7 Rz 565 mwN.

bb) Seit jeher war die Richtigkeit dieser Anwendung der Situs-Regel auf das internationale Verkehrsgeschäft in 24 Zweifel gezogen worden (s die Übersichten bei MüKo/Kreuzer Nach Art 38 Anh I Rz 72, 72 und Staud/Stoll[13] IntSR Rz 288ff, 292ff). Von den gegen die hM entwickelten Vorschlägen (Begrenzung der Situs-Regel auf Dritte, Anwendung des erwerbsfreundlichen Rechts, Recht engster Verbindung, Ausdehnung des Statuts des Schuldvertrags, s MüKo/Kreuzer aaO Rz 73 mwN überzeugte Stolls Vorschlag, hier **gegenständlich beschränkte** Rechtswahl (wählbar die Rechte räumlicher Beziehung) das Sachstatut bestimmen zu lassen, am meisten (Staud/Stoll[13] IntSR Rz 282–284, 292). Die 9. Aufl vertrat hierzu den Standpunkt, angesichts der seit je uneinheitlichen Meinungslage ließe sich auch schon de lege lata zu diesem Vorschlag übergehen (ebenso MüKo/Kreuzer aaO Rz 74), jedenfalls wenn die Wahlmöglichkeit auf das **Vertragstatut** beschränkt bliebe. Kreuzer war freilich insofern Recht zu geben, daß er den richtigen Weg zur Lösung der Problematik in Vereinheitlichung des Kollisionsrechts sieht (aaO Rz 47).

cc) Abs II hat diese Vorschläge nicht Gesetz werden lassen, sondern hält im Interesse der Verkehrssicherheit an 25 der objektiven Bestimmung des Sachstatuts und damit an der Situsregel sowie am Statutenwechsel und seinen Auswirkungen fest (s auch BGH NJW 1997, 461, 462). Daraus folgt, daß grenzüberschreitende Eigentumsübertragung je nach Fallgestaltung von Abs II oder III erfaßt wird. Ist (s Rz 23 erster Fall) nach dem Recht des Versendestaates schon Eigentum übertragen, bleibt es auch im Empfangsstaat nach Abs II ohne die Notwendigkeit des Hinzutretens weiterer Umstände und Übertragungsmodalitäten (zB Übergabe) bei der erreichten Eigentumslage. Im zweiten Fall ist jetzt zusätzlich **Abs III** heranzuziehen, der den entstandenen Übertragungsteiltatbestand schützt und den Rechtserwerb nach den Regeln des neuen Lagerechts sich vollenden läßt.

3. Abs III: Anerkennung, Ablehnung und Vollendung von unvollendetem Rechtserwerb

a) Inhalt von Abs III. Abs III erfaßt in Ergänzung von Abs II den bei Lageortswechsel noch nicht vollendeten 26 Rechtserwerb. Die Norm hat, so wie sie formuliert ist, einen doppelten Inhalt. Zum einen regelt sie in negativer Form weiter, was schon Inhalt von Abs II ist: Soweit im ersten Lageortsstaat ein Rechtserwerb stattgefunden hat, wird dieser respektiert – unter der Voraussetzung, daß der zweite Lageortsstaat sich mit seinen entsprechenden Rechtsinstituten dazu in der Lage sieht. Zum anderen regelt Abs III den Fall des unvollendeten Rechtserwerbs. Regelungsinhalt ist wie nach bisherigem Recht, daß die im ersten Lageortsstaat entstandenen Teilvorgänge im Inland wie inländische Teilvorgänge zu berücksichtigen sind (Koblenz DAR 2003, 459). Es gilt insoweit also eine Art „Anrechnungsprinzip". Seine praktische Bedeutung hat Abs III zum einen für die oben Rz 23 behandelten internationalen Übertragungsgeschäfte, dann aber insbesondere für die Beurteilung des Eigentumsvorbehalts an versandter Ware und für die Sicherungsübereignung, da beide Rechtsinstitute im Inland und Ausland an unterschiedliche Voraussetzungen gebunden sind.

b) Eigentumsvorbehalt. aa) Grundlagen. Voraussetzungen und dingliche Wirkungen des Eigentumsvorbe- 27 halts beurteilen sich im Rahmen eines int Verkehrsgeschäfts zu Abs II und III nach den für das int Verkehrsgeschäft (Rz 23–26) dargelegten Regeln. Die Vereinbarung eines Eigentumsvorbehalts wird als abgeschlossener Tatbestand begriffen. Bis zum Zeitpunkt des Grenzübertritts entscheidet das Recht des Absendestaates, ab dem Grenzübertritt zum Bestimmungsland beurteilen sich die Eigentumsverhältnisse nach dem Recht des Bestimmungslandes; die schuldrechtliche Seite beurteilt sich einheitlich nach dem Vertragsstatut. So wird der **„exportierte" Eigentumsvorbehalt** ab Grenzübertritt nach dem Recht des Bestimmungslandes betrachtet (zB LG Köln IPRsp 1962/63 Nr 225) und wegen seiner fehlenden Publizität vielfach nicht anerkannt (so Belgien, Italien und Schweiz [bei verfehlter Anpassungsfrist gem Art 102 II schweiz IPRG]; Anerkennung findet er in den Niederlanden und uU in Frankreich, iü **ruht** er (Erfassung des Schrifttums zur kollisionsrechtlichen und materiellrechtlichen Lage zB MüKo/Kreuzer Nach Art 38 Anh I Rz 82; Staud/Stoll[13] IntSR Rz 324ff).

Hingegen wird der **„importierte" Eigentumsvorbehalt** hier idR anerkannt, ein nach dem Recht des Absende- 28 landes nur relativer Eigentumsvorbehalt erstarkt dann zum absolut wirkenden Eigentumsvorbehalt, sobald der Käufer Besitz begründet hat (BGH 45, 95); richtig ist das insoweit, als der Eigentumsvorbehalt bereits mit Grenzübertritt durch antizipierte Erfüllung der Inlandsvoraussetzungen die vollen Wirkungen eines deutschen Eigentumsvorbehalts entfaltet (im einzelnen str hinsichtlich der Begründung, s LG Hamburg IPRsp 1978 Nr 42; Hamm NJW-RR 1990, 489; Siehr AWD 1971, 10, 20; Schilling, Besitzlose Mobiliarsicherheiten im nationalen und internationalen Privatrecht [1985]; s ferner MüKo/Kreuzer aaO Rz 91, 92; Staud/Stoll[13] IntSR Rz 280ff; Pal/Heldrich Art 43 Rz 7, 8). Die Wirksamkeit eines verlängerten Eigentumsvorbehalts durch Sicherungsabtretung richtet sich nach dem Vertragsstatut, das für die Beziehungen zwischen Vorbehaltskäufer und -verkäufer gilt (ebenso Pal/Heldrich aaO Rz 8; aA [Recht der Niederlassung des Vorbehaltskäufers] LG Hamburg IPRsp 1980 Nr 53; Staud/Stoll[13] IntSR Rz 334; MüKo/Kreuzer aaO Rz 93).

29 bb) **Abs II und III** des neuen Rechts bringen insoweit Änderungen nicht. Gem Abs II ist der ausländische und hierher ins Inland importierte Eigentumsvorbehalt bestandsfest, er wird im Inland nach den Regeln für die dingliche Wirkung des deutschen Eigentumsvorbehalts behandelt. Abs III ist hierfür zunächst in dem Sinne heranzuziehen, daß die Norm in umgekehrter Wiederholung von Abs II diese Bestandskraft ergibt; weiter erfaßt Abs III heute den Fall, daß im Ausland der Eigentumsvorbehalt noch nicht voll entstanden ist, weil die Parteien sich insofern von Vorstellungen des deutschen Rechts haben leiten lassen. Mit Grenzübertritt ins Inland bringt die Berücksichtigungsfunktion von Abs III dann den Eigentumsvorbehalt nach Maßgabe des deutschen Rechts zustande. Auch für die Rechtslage des aus Deutschland „exportierten" Eigentumsvorbehalts folgen aus der Neuregelung Änderungen nicht. Abs III ist als „einseitige Kollisionsnorm" formuliert, die lediglich über die Berücksichtigung ausländischer Erwerbsvorgänge im Inland befindet. Ein Ausbau zur allseitigen Norm, die die Berücksichtigung im Inland geschehener Erwerbsvorgänge im Ausland regeln wollte, verbietet sich ersichtlich, da Eingriffe in ausländische Sachenrechtsordnungen die Folge sein könnten (s Begründung RegE aaO S 16; Kreuzer, in Vorschläge ... S 37, 73; ebenso Junker RIW 2000, 241, 254; Kreuzer RabelsZ 65 [2001] 383, 449; Pal/Heldrich Rz 11; aM Staudinger DB 1999, 1589, 1594; ähnlich zu hier auch Stoll IPRax 2000, 259, 263).

30 c) **Sicherungseigentum und sonstige dingliche Rechte.** Für besitz- und publizitätsloses Sicherungseigentum gilt im Hinblick auf Abs III (und Abs II) Entsprechendes. Das dt Sicherungseigentum ist dort wirkungslos, wo kein entsprechendes Sicherungseigentum bekannt ist; so liegt es in den meisten Nachbarländern (s öOGH IPRax 1985, 165, bestr s Rz 24; Schweiz s Art 715 ZGB; Frankreich). „Importiertes" Sicherungseigentum kann gem Abs II Anerkennung finden, doch ist es praktisch nicht bedeutsam, da es nur in wenigen ausl Rechten eingeführt ist (s MüKo/Kreuzer Nach Art 38 Anh I Rz 95). Abs III hat hier, wie auch sonst bei der Entstehung und Übertragung anderer dinglicher Rechtspositionen, lediglich die Funktion, im Ausland begonnene, aber nicht abgeschlossene Entstehungsvorgänge für die Inlandswirkung zu berücksichtigen. Über das Schicksal deutscher Rechte im Ausland befindet (s Rz 29) das dortige IntSR.

44 *Grundstücksimmissionen*
Für Ansprüche aus beeinträchtigenden Einwirkungen, die von einem Grundstück ausgehen, gilt Artikel 40 Abs. 1 entsprechend.

Schrifttum: S vor Art 43 vor Rz 1.

I. Allgemeines

1 **1. Inhalt und Zweck.** Art 44 nF ist inhaltlich wie als Norm des kodifizierten IntSR neu. Die Regel geht auf Vorschläge in der Frühzeit der Reform des IntSR zurück, die darauf beruhen, daß die sachenrechtliche Einordnung der Immissionsabwehr, wie sie das deutsche Recht (zB in §§ 1004, 906 BGB) vornimmt, so im Ausland kaum wiederkehrt. Häufig wird dort der Rechtsschutz gegen von Grundstücken ausgehende Emissionen und Immissionen nicht (nur) dem Sachenrecht zugeschlagen, sondern insbesondere (auch) deliktsrechtlich qualifiziert. Das Deliktsstatut erfaßt aber ohnehin schon, auch nach der Vorstellung des dt IPR, die aus der Immission uU resultierenden Entschädigungs- bzw Schadensersatzpflichten gem eingreifender Delikts- oder Gefährdungshaftung (zB § 1 UmwHG). Im Vorfeld der Reform ist so zT vorgeschlagen worden, die Immissionsabwehr insgesamt dem Deliktsstatut zuzuschlagen (Stoll RabelsZ 37 [1973] 357, 360ff; wN bei Staud/Stoll[13] IntSR Rz 231, 232). Dieser Anstoß ist in der Reform des IntSR aufgenommen worden. Ergebnis ist Art 44 nF (s ebenso Pfeiffer IPRax 2000, 270, 274).

2 **2. Vorgeschichte und altes Recht.** Zur Reform und der Übernahme von Art 44 nF ins seit 1. 6. 1999 geltende Recht s Rz 1. Zum bislang geltenden Recht ist die in Art 44 nF Gesetz gewordene Anknüpfung zwar vertreten worden (grundlegend Stoll aaO und Staud/Stoll[12] aaO Rz 162 – hier mit Einschränkungen –; s ferner Hager RabelsZ 53 [1989] 293, 297f; Küppers ZRP 1976, 260, 262; Lummert NuR 1982, 241, 242f; uU BGH DVBl 1979, 226, 227, Stoll zitierend; insofern auch MüKo/Kreuzer aaO Rz 41, 42 mwN auf den Streitstand; s ferner wegen des Gleichklangs zum Deliktsstatut Art 38 Rz 42; zu Abwehrrechten von Umwelthaftungsfonds Hohloch Informationsdienst Umweltrecht 1992, 73ff); die – spärliche – Rspr folgte indes bislang ganz überwiegend der grundsätzlichen sachenrechtlichen Einordnung und entnahm den Rechtsschutz im Prinzip dem Sachenrecht des Störungsstaats (dh die lex rei sitae der Belegenheit des Grundstücks, auf das eingewirkt wird), so LG Passau IPRspr 1952–53 Nr 33; BGH IPRspr 1978 Nr 40 = DVBl 1979, 226, 227 jedenfalls im Ergebnis; LG Waldshut-Tiengen UPR 1983, 14; wN zur Meinungslage und ihrer Entwicklung bei Staud/Stoll[13] IntSR Rz 232, 234, 235.

3 **3. Staatsvertragliche Regelungen** mit Vorrang vor Art 44 nF bestehen zZt nicht.

4 **4. Geltung allgemeiner Regeln.** Art 44 ist als Kollisionsnorm den allgemeinen Regelungen (Art 3–6) grundsätzlich zugänglich. **a)** Rück- und Weiterverweisung sind, da Art 44 in seinem Anwendungsbereich das sich aus Art 40 I ergebende Deliktsstatut maßgeblich sein läßt, lediglich dort zu erwarten, wo sich aus Art 40 I eine Gesamtverweisung ergibt. Vgl Art 40 Rz 12ff. Nach den dort getroffenen Unterscheidungen liegt nach hier vertretener Auffassung (zum Meinungsstand s Art 40 Rz 14) **Sachnormverweisung** vor, da die Immission sich grenzüberschreitend und damit iS eines Distanztatbestandes zeigt, der wie ein „Distanzdelikt" zu behandeln ist. **b)** Die Ordre-public-Klausel kann grundsätzlich zum Tragen kommen, zu denken ist zB an den – unerwünschten – Fall, daß das Recht des (ausländischen) Handlungsortes Einwirkungen auf Grundstücke, die aus seiner Sicht im Ausland liegen, gänzlich von einer Immissionsschutzregelung ausnimmt.

5 **5. Intertemporales Recht.** Art 44 nF ist wie das gesamte kodifizierte IntSR am 1. 6. 1999 ohne Rückwirkung in Kraft getreten. Abgeschlossene Vorgänge iSv Art 220 I sind demgemäß seiner Regelung entzogen. Auswirkun-

gen muß dieser Umstand für Altfälle indes nicht haben, wenn mit der hier schon für das alte Recht favorisierten Schrifttumsauffassung (s Rz 2; 9. Aufl Anh Art 38 Rz 18) in der dem neuen Gesetzesrecht entsprechenden Weise angeknüpft wird.

II. Anknüpfungsgehalt und Anknüpfungsbereich

1. Maßgeblichkeit des Rechts des Ein- und Auswirkungsortes. a) Grundsatz. Art 44 nF bringt für Ansprü- 6
che aus beeinträchtigenden Einwirkungen, die von einem Grundstück ausgehen, das Tatortrecht iS der Art 40 I nF zur Anwendung. Notwendig sind demgemäß von einem Grundstück ausgehende Einwirkungen. Sowohl der **Grundstücksbegriff** als auch der **Einwirkungsbegriff** orientiert sich für Art 44 nF an dem zu solcher Qualifikation berufenen deutschen Recht iS großzügiger Handhabung beider Begriffe (s Art 43 Rz 7ff). Dem Grundstück stehen soweit Grundstücksteile wie Eigentumswohnungen oder grundstücksgleiche Rechte (Erbbaurechtsgrundstücke) gleich. Der Einwirkungsbegriff ist an § 906 BGB orientiert, so daß Art 44 nF zunächst Emissionen iSv Imponderabilien (Gase, Gerüche, Lärm, Laubfall etc) erfaßt. Nicht steht indes entgegen, auch „grobkörperliche Emissionen" (Steinbrocken bei Sprengungen) oder auch beeinträchtigende Einwirkungen zB durch umstürzende Bäume, Wasserzuflüsse, Schlammlawinen und ähnliches) oder auch „ideelle" Beeinträchtigungen (zB Beeinträchtigung des sittlichen oder ästhetischen Empfindens, Pal/Heldrich Art 44 Rz 1: Bordellbetrieb, Schrottplatz) zu subsumieren. Dem Sachstatut haben (s Art 43 Rz 20) lediglich die typischen Abgrenzungen (Notweg, Überbau ...) zu verbleiben.

b) Recht des „Handlungsortes". Anwendbares Recht iSv Art 44 nF ist dann das sich aus Art 40 I insoweit 7
ergebende Recht. Das ist einerseits das Recht des Grundstücks, von dem die Einwirkung ihren Ausgang nimmt, von dem aus die Einwirkung auf die Außenwelt einwirken kann. Dieses Recht entspricht dann dem „Recht des Handlungsortes" bei Tatbeständen unerlaubter Handlung (Art 40 I S 1).

c) Recht des „Erfolgsortes". Andererseits ergibt sich aus der Verweisung auf Art 40 I, daß das aus Abs I 8
Satz 2 folgende Erfolgsortsrecht ebenfalls und alternativ zur Anwendung gelangt. Erfolgsort ist dann, wie im unmittelbaren Anwendungsbereich von Art 40 I S 2 der Ort der Rechtsgutverletzung, der Ort der Verletzung des rechtlich geschützten Interesses. Sollen Ansprüche abwehrender Art für ein Grundstück geltend gemacht werden, ist der Lageort des beeinträchtigten Grundstücks somit „Erfolgsort". Sollen Ansprüche auf Abwehr von Gesundheitsverletzungen oder sonstige Abwehransprüche geltend gemacht werden, ist der Platz, an dem sich diese Rechtsbeeinträchtigung lokalisiert, „Erfolgsort"; bei Gesundheitsverletzungen so zB der gewöhnliche Aufenthalt, auch der Arbeitsort, der Ort der Mietwohnung des beeinträchtigten Mieters. Im Grundsatz bestimmt der Erfolgsort sich also so, wie das für die „unerlaubte Handlung" iSv Art 40 auch der Fall ist.

d) Aus der Verweisung in Art 44 auf Art 40 I ergibt sich dann, daß die Alternative zwischen Recht des Hand- 9
lungsortes und Recht des Erfolgsortes iS der heute für Art 40 I geltenden Ubiquitäts- und Günstigkeitsregel zu entscheiden ist, also durch Ausübung des dem durch die Einwirkung Betroffenen zustehenden Bestimmungsrechts (s Art 40 Rz 28). Betroffener in diesem Sinne ist jeder, dessen Rechtsgut oder geschützte Interessenssphäre durch die Einwirkung beeinträchtigt wird, also ein Eigentümer eines Grundstücks bzw Grundstücksrechts ebenso wie ein Mieter oder ein sonstiger Verletzter. Was bei Vorhandensein von mehr als einer Mehrheit von Beeinträchtigten anwendbares Recht ist, bestimmt sich grundsätzlich nach der Zweipersonenbeziehung Einwirkungsverantwortlicher – Beeinträchtigter. Bei Massenphänomenen wie Summationsemissionen oder Immissionen auf eine Vielzahl von Grundstücken wird, sofern sich das Problem der Konkurrenz von mehr als zwei Rechten überhaupt stellt, im besonderen Fall über Art 46 ein Recht als Recht „wesentlich engerer Verbindung" die Lösung ergeben können. Die Frage ist aber, so wie das von Art 44 vorausgesetzte Einwirkungsverständnis sich darstellt, eher keine praktisch vorkommende Frage.

2. Anwendungsbereich. Art 44 nF regelt das Statut von Ansprüchen aus beeinträchtigenden Einwirkungen, die 10
von einem Grundstück ausgehen. Da Schadensersatzansprüche aus unerlaubter Handlung und vergleichbar zu qualifizierende Ansprüche (aus Anlagenhaftung) sowie Entschädigungsansprüche, die sich deliktsrechtlich qualifizieren lassen, schon von Art 40–42 nF geregelt sind, bleiben sie für Art 44 nF außer Betracht. Art 44 nF erfaßt demgemäß Abwehransprüche auf eigentlich sachenrechtlicher Grundlage, die sich deliktsrechtlicher Qualifikation entziehen, also den Eigentumsfreiheitsanspruch (vgl § 1004 BGB) des Eigentümers, vergleichbar funktionierende Ansprüche sonstiger dinglich Berechtigter (zB beschränkte dingliche Rechte), Schutzansprüche des Besitzers (zB §§ 861, 862 BGB) und Abwehransprüche Dritter gegen Emissionen (zB bei Gesundheitsverletzung), soweit sich die letzteren Ansprüche nicht schon deliktsrechtlich qualifizieren lassen. Weiter werden insoweit vorbereitende Auskunftsansprüche zu nennen sein, mit denen abwehrende Klagen vorbereitet werden. Ebenso kommen Ausgleichsansprüche in Betracht, die an die Stelle versagter Abwehransprüche treten und Schadensausgleich iSd Deliktsrechts nicht zum Inhalt haben.

Wie in Art 40 I regelt auch im Anwendungsbereich von Art 44 das sich aus Art 40 I ergebende „Abwehrstatut" 11
Voraussetzungen, Inhalt und Umfang des Anspruchs (s insoweit Art 40 Rz 57ff). Zu der Frage der Auswirkung behördlicher Genehmigung s dort (Art 40 Rz 46); s ferner Staud/Stoll[13] IntSR Rz 237, 238, 239, 240 mwN. Soweit die Eigentumslage oder eine sonstige dingliche Berechtigung Voraussetzung der Geltendmachung eines Anspruchs ist, ist indes (Regelung einer Vor- oder Teilfrage) das sich aus Art 43 I nF ergebende Sachstatut zur Regelung berufen.

3. Verhältnis zu anderen Anknüpfungsregeln. Art 44 nF bringt das sich aus Art 40 I ergebende Deliktsstatut 12
zur Anwendung. Die insoweit beschränkte Verweisung hat zur Folge, daß Rechtswahl und das sich aus Art 40 II ergebende Recht gemeinsamen gewöhnlichen Aufenthalts nicht zur Anwendung gelangen. Zu beachten ist indes, daß Art 46 nF (Recht „wesentlich engerer Verbindung") auch im Anwendungsbereich von Art 44 nF zur Anwendung gelangen kann (zu einem möglichen Anwendungsfall s oben Rz 9 aE).

45 *Transportmittel*

(1) Rechte an Luft-, Wasser- und Schienenfahrzeugen unterliegen dem Recht des Herkunftsstaats. Das ist
1. **bei Luftfahrzeugen der Staat ihrer Staatszugehörigkeit,**
2. **bei Wasserfahrzeugen der Staat der Registereintragung, sonst des Heimathafens oder des Heimatorts,**
3. **bei Schienenfahrzeugen der Staat der Zulassung.**

(2) Die Entstehung gesetzlicher Sicherungsrechte an diesen Fahrzeugen unterliegt dem Recht, das auf die zu sichernde Forderung anzuwenden ist. Für die Rangfolge mehrerer Sicherungsrechte gilt Artikel 43 Abs. 1.

Schrifttum: S vor Art 43 vor Rz 1.

I. Allgemeines

1 **1. Inhalt und Zweck.** Art 45 nF enthält Sonderregeln für die Anknüpfung der Rechte an Transportmitteln („Beförderungsmitteln"). Abs I unterstellt diese Rechte dem „Recht des Herkunftsstaates" und spezifiziert diese Anknüpfung in Nr 1–3 für Luftfahrzeuge, Wasserfahrzeuge und Schienenfahrzeuge. Eine besondere Spezifizierung der aus Abs I Satz 1 folgenden Anknüpfung (Recht des Herkunftsstaates) für nicht schienengebundene Landfahrzeuge besteht nicht. Abs II unterstellt als Vorschrift, die § 1 II des Gesetzes über Rechte an eingetragenen Schiffen und Schiffsbauwerken ersetzt (s Rz 2) Sicherungsrechte, die kraft Gesetzes entstehen, an Fahrzeugen iSv Abs I dem Recht der zu sichernden Forderung. Art 45 nF ist als Sonderregelung für Sachen mit besonderer Zweckbestimmung, die dieser Bestimmung entsprechend oftmals ihren Stand- bzw Lageort wechseln, Gesetz geworden; andere Sonderanknüpfungsregeln (zB für „res in transitu") sind nicht Gesetz geworden. Insoweit gilt Art 43 nF.

2 **2. Vorgeschichte und altes Recht.** Die Norm entspricht einer Empfehlung des Deutschen Rats für IPR und ist aus den dort vorgetragenen Gründen vom RegE beherzigt worden (Begründung RegE BT-Drucks 14/343, 17). Die jetzt Gesetz gewordene Fassung, die so schon im RegE vorgesehen war, weicht nicht unerheblich von Vorschlägen der Referentenentwürfe ab (s zum RefE 1984 9. Aufl Anh Art 38 Rz 1). Das alte Recht ist im Grundsatz in 9. Aufl Anh Art 38 Rz 30 und 31 beschrieben. Anerkannt war schon im alten Recht, für Beförderungsmittel von der ungeprüften grundsätzlichen Maßgeblichkeit jedes, auch des zufälligen oder vorübergehenden Lageortes abzusehen und statt dessen eine konstantere Anknüpfung zu wählen. Streit bestand aber insoweit, ob sie insgesamt einschließlich der privaten Beförderungsmittel dem Recht des Ausgangsstandortes unterstellt sein sollten (so Drobnig FS Kegel [1977] 141, 145; Soergel/Kegel[11] vor Art 7 Rz 574) oder ob dies nur für gewerbliche Beförderungsmittel sein sollte (so Pal/Heldrich[58] Anh II zu Art 38 Rz 10). Richtig erschien hier, hier wegen der verkehrsmittelspezifischen Sonderregeln für die einzelnen Verkehrsmittel zu unterscheiden (MüKo/Kreuzer Nach Art 38 Anh I Rz 131), für Kraftfahrzeuge an der Situs–Regel festzuhalten (zB Celle JZ 1979, 608; LG Ravensburg IPRsp 1954/55 Nr 75) und bei Eisenbahnmaterial das Recht des Herkunftslandes, für gesetzliche Pfandrechte und Vollstreckungsakte aber die lex rei sitae entscheiden zu lassen; zur Rechtslage bei Schiffen s MüKo/Kreuzer Nach Art 38 Anh I Rz 138ff. Erwerb und Verlust richteten sich bei einem im dt Schiffsregister eingetragenen Schiff nach dt Recht, § 1 II SchiffsregG (s Rz 3).

3 **3. Staatsvertragliche Regelung,** die für Deutschland in Kraft ist, ist lediglich das Genfer „Abkommen v 19. 6. 1948 über die internationale Anerkennung von Rechten an Luftfahrzeugen", BGBl 1959 II S 129; dazu und zu den sonst vorhandenen, für Deutschland aber nicht in Kraft befindlichen Abkommen MüKo/Kreuzer Nach Art 38 Anh I Rz 6–8. Auf das zitierte Genfer Abkommen gehen die §§ 103–106 LuftFzRG zurück. Zum Übereinkommen v 16. 11. 2001 über internationale Sicherungsrechte an beweglicher Ausrüstung Henrichs IPRax 2003, 210.

4 **4. Geltung allgemeiner Regeln. a)** Auch Art 45 nF ist den allgemeinen Regeln von Art 3–6 zugänglich, s Art 43 Rz 4. Demgemäß enthält **Abs I Gesamtverweisungen** mit der Möglichkeit der Rück- und Weiterverweisung. Abs II ist hingegen als akzessorische Verweisung **Sachnormverweisung.** Zur Anwendung kommt das Recht, das über das Forderungsstatut als Sachrecht für die Forderung zur Anwendung gelangt. **b)** Ebenso ist Art 45 nF der Vorbehaltsklausel des Art 6 (ordre public) zugänglich. Ein praktischer Anwendungsfall ist insoweit aber nicht sichtbar geworden.

5 **5. Intertemporales Recht.** Art 45 ist mit den anderen Vorschriften des IntSR am 1. 6. 1999 in Kraft getreten. Es gilt für intertemporalrechtlich erhebliche Sachverhalte, was zu Art 43 Rz 5 ausgeführt ist. Zur früheren Rechtslage s Rz 2.

II. Anknüpfungsregeln und Anwendungsbereich

6 **1. Abs I: Maßgeblichkeit des Rechts des Herkunftsstaats. a) Grundlagen.** Abs I hat dem in der Vergangenheit spürbar gewordenen Bedürfnis Rechnung getragen, für Beförderungsmittel des Luft-, Wasser- und Schienenverkehrs die Maßgeblichkeit der (jeweiligen) lex rei sitae einzuschränken (s Rz 2). Demgemäß wird hier, in grundsätzlicher Fortsetzung bisheriger Praxis, an das Herkunftsland angeknüpft, es gilt für sachenrechtliche Rechtsverhältnisse das Recht des Herkunftsstaates (Satz 1). **Abs I Satz 1 gilt nicht für** nicht schienengebundene Luftfahrzeuge, das insbesondere **Kraftfahrzeuge** des Straßenverkehrs. Hier führt die allgemeine Situs-Regel des Art 43 nF zu angemessenen Ergebnissen (s Begr RegE aaO S 17), so daß insoweit der jeweilige Lageort von entscheidender Bedeutung ist (zu Rspr s Rz 2); ebenso jetzt Kreuzer RabelsZ 65 (2001) 383, 452; Pal/Heldrich Art 45 Rz 1; mit Einschränkung auch Pfeiffer IPRax 2000, 270, 275; abweichend Spickhoff NJW 1999, 2209, 2214.

7 **b) Die einzelnen Anknüpfungen. aa)** Satz 2 **Nr 1** unterstellt **Luftfahrzeuge** insoweit dem Recht des Staates ihrer Staatszugehörigkeit. Diese Anknüpfung entspricht Art 17 des Übereinkommens v 7. 12. 1944 über die internationale Zivilluftfahrt (BGBl 1956 II 411) und ist mit der Regelung der §§ 103–106 LuftfzRG (Gesetz über

Rechte an Luftfahrzeugen v 26. 2. 1959, BGBl I S 57, 223) vereinbar. Staat ihrer Staatszugehörigkeit ist der Staat, in dem sie registriert sind.

bb) Satz 2 **Nr 2** unterstellt **Wasserfahrzeuge** in erster Linie dem Recht des Staates der Registereintragung. Das entspricht bisheriger, auf § 1 II des Gesetzes über Rechte an eingetragenen Schiffen und Schiffsbauwerken beruhenden Praxis (s Soergel/Lüderitz[12] Art 38 Anh II Rz 82; Staud/Stoll[13] IntSR Rz 386; BGH NJW 1995, 2097, 2098; RIW 2000, 704, 705 = JuS 2001, 299, 300 [Hohloch]). Bei Eintragung eines Schiffes in zwei Register („Ausflaggung") kommt es auf das Recht des Registers an, in dem dingliche Rechte eingetragen werden. **Nr 2** sieht für nicht registrierte Wasserfahrzeuge die Anknüpfung an den regelmäßigen Standort vor. Das ist entweder der Heimathafen (vgl § 480 HGB) oder der Heimatort, von dem aus das Schiff eingesetzt wird. Ggf kommt insoweit auch Art 46 nF noch in Betracht.

Schiffsbauwerke sind von Nr 2 **nicht** erfaßt, für sie gilt die allgemeine Regel des Art 43 (s Staud/Stoll[13] IntSR Rz 316).

cc) Nr 3 unterstellt **Schienenfahrzeuge** dem Staat ihrer Zulassung. Das wird idR der Staat des Sitzes der zuständigen Eisenbahnverwaltung sein. Die spezifizierte Anknüpfung entspricht dem Vorschlag von Kreuzer in Vorschläge . . . (1991) 37, 132f und wird sich idR mit der im Schrifttum zum alten Recht befürworteten Anknüpfung an den regelmäßigen Standort decken (so Staud/Stoll[13] IntSR Rz 410).

c) Anwendungsbereich. Der sachliche Anwendungsbereich der sich aus Art 45 I ergebenden Anknüpfungen deckt sich mit dem Anwendungsbereich des Sachstatuts, das sich für Sachen im allgemeinen aus Art 43 I ergibt. Eigentum, Übereignung, sonstiger Rechtserwerb und sonstige Rechtsänderungen fallen ebenso unter die Vorschrift wie sachenrechtlicher Rechtsschutz, s zum Vergleich Art 43 Rz 11ff. Die in Abs I Satz 1 benutzten Begriffe für Wasserfahrzeuge, Luftfahrzeuge, Schienenfahrzeuge sind weit zu verstehen. Bei Luftfahrzeugen wie Schienenfahrzeugen sind motorisierte wie nicht motorisierte Fahrzeuge erfaßt, als Wasserfahrzeuge werden registrierte wie nicht registrierte See- und Binnenschiffe erfaßt, so daß auch Sport- und sonstige Boote des privaten Gebrauchs nach Abs I Satz 2 Nr 2 ihr Statut finden (s BGH NJW 1995, 2097, 2098).

2. Abs II: Gesetzliche Sicherungsrechte. Abs II dient heute insbesondere der Regelung von gesetzlichen dinglichen Sicherungsrechten an Wasserfahrzeugen. Die Vorschrift will, was auf internationaler Ebene Abkommensregeln vereinbart worden sind, für das dt Kollisionsrecht eine rechtsklare Regelung schaffen und sieht diese in der Anknüpfung der **gesetzlichen** Sicherungsrechte (vgl § 755 I S 1 HGB) an das **Recht der gesicherten Forderung**. Das entspricht bisheriger gefestigter Rspr (s Hamburg VersR 1975, 826, 830; VersR 1979, 933; VersR 1989, 1164f; RIW 1990, 225; Bremen IPRsp 1994 Nr 60b; Koblenz VersR 1987, 1088, 1089). Nach **Abs II Satz 2** regelt die lex rei sitae im Zeitpunkt der Geltendmachung eines solchen Sicherungsrechts seine Rangstellung. Aus der Vorschrift folgt, daß die Geltendmachung eines solchen Sicherungsrechts vor einem deutschen Gericht regelmäßig das deutsche Recht als lex fori über die Rangfolge entscheiden läßt. Zur Bedeutung für die Schiffsgläubigerrechte Stoll IPRax 2000, 259, 267; Hamburg RIW 1990, 225.

Spezialregelungen wie §§ 103, 104 LuftfzRG gehen vor.

3. Res in transitu sind Sachen, die sich im Transport befinden. Ihre int sachenrechtliche Behandlung ist seit jeher hoch streitig (s Nw bei Markianos RabelsZ 23 [1958] 21, 25ff; MüKo/Kreuzer Nach Art 38 Anh I Rz 126; Staud/Stoll[13] IntSR Rz 365f), die praktische Bedeutung des Streits ist umgekehrt gering, Rspr ist kaum vorhanden (RG Recht 1911, Nr 3475, 3476, 3497; OGH 2, 226 = NJW 1949, 784 Anm Abraham; noch RG 119, 215 – keine res in transitu). Maßgeblich sollte, soweit nicht auch hier durch Rechtswahl (s Staud/Stoll[13] IntSR Rz 368) das anwendbare Recht bestimmt werden kann, das **Recht des Bestimmungsortes** sein (hM); allerdings gilt für Rechte Dritter (zB Pfandrecht des Beförderungsunternehmers, des Spediteurs, des Lagerhalters) und für Vollstreckungsakte das Recht des jeweiligen Durchgangslandes.

46 Wesentlich engere Verbindung

Besteht mit dem Recht eines Staates eine wesentlich engere Verbindung als mit dem Recht, das nach den Artikeln 43 bis 45 maßgebend wäre, so ist jenes Recht anzuwenden.

Schrifttum: S vor Art 43 vor Rz 1.

I. Allgemeines. 1. Inhalt und Zweck. Das IPR-Ergänzungsgesetz v 21. 5. 1999 (s vor Art 43 Rz 1) hat „Ausweichklauseln" („Berichtigungsklauseln") nach dem Muster des Art 28 V für die Regelung des Rechts der außervertraglichen Schuldverhältnisse wie des internationalen Sachenrechts vorgesehen. Zweck ist, wie ausführlich vor Art 38 Rz 5 und bei Art 41 nF erläutert ist, die Möglichkeit der Korrektur der Anknüpfung dort, wo die generell und starr gefaßte allgemeine Anknüpfungsregel das räumlich richtige Anknüpfungsergebnis im Einzelfall oder in der einzelnen Fallgruppe nicht ergibt. Hier greift auf dem Gebiet des Sachstatuts (Art 43–45) in dieser Weise korrigierend Art 46 ein, der das Recht zur Geltung bringt, zu dem der Sachverhalt die „wesentlich engere Verbindung" hat. Art 46 bringt damit gegenwärtiges Bewußtsein des IPR-Gesetzgebers zum Ausdruck, der auch im Sachenrecht die frühere starre und unverrückbare Geltung der lex rei sitae für den Gesamtbereich der sachenrechtlichen Rechtsverhältnisse nicht mehr für richtig und zeitgemäß hält (Begr RegE BT-Drucks 14/343, 18f). Art 46 entspricht den Empfehlungen des Deutschen Rats für Internationales Privatrecht.

2. Vorgeschichte und altes Recht. Ausweichklauseln sind dem bisherigen ungeschriebenen IntSR nicht geläufig gewesen, im Schrifttum ist fallgruppenbezogene Anknüpfung zT indes, auch unter Einsatz von Rechtswahlmöglichkeiten, erörtert worden (s vor Art 43 Rz 4f). Im Gesetzgebungsverfahren ist die Tendenz zur Aufnahme von Ausweichklauseln früh sichtbar geworden (vgl RefE 1984 Art 43 I S 2, 9. Aufl Anh Art 38 Rz 5).

3. Staatsvertragliche Regelungen. Art 46 nF hat kein staatsvertragliches Regelungspendant. Art 46 nF ist dort nicht einsetzbar, wo die Art 43–45 durch staatsvertragliche Regelungen ausgeschlossen sind (s Art 45 Rz 3).

4. Geltung allgemeiner Regeln. Art 46 nF ist ebenso wie Art 43–45 nF den allgemeinen Regeln der Art 3–6 zugänglich. **a)** Rück- und Weiterverweisung ist dort, wo Art 46 das maßgebliche Recht bestimmt, „dem Sinn der Verweisung nach" nicht möglich (Art 4 I), da Art 46 nF als „materiellrechtlich aufgeladene" Anknüpfung **Sachnormverweisung** und nicht Gesamtverweisung ist. Die Rechtslage entspricht insoweit Art 41 I, II Nr 1 (s Erl Art 41 Rz 4ff). Die Vorbehaltsklausel des Art 6 (Ordre public) ist einsetzbar, praktischer Anwendungsbereich ist aber ebenso wie bei Art 41 I kaum sichtbar (s Art 41 Rz 4, 5).

5. Intertemporales Recht. Es gelten die zu Art 43 Rz 5, 6 gemachten Erläuterungen. Art 46 nF ist zum 1. 6. 1999 in Kraft getreten und äußert Rückwirkung nicht.

II. Die Anknüpfungsvoraussetzungen. 1. Grundsätze. Wie Art 41 I und Art 28 V beruht Art 46 nF auf dem Grundprinzip der Anwendung des räumlich richtigen Rechts durch die Regeln des IPR. Diese richtige Rechtsanwendung wird zwar idR durch die allgemeinen Kollisionsregeln der Art 43–45 auf dem Gebiet des IntSR erzielt, die Ausweichklausel dient dann aber der Korrektur einer Anknüpfung in einem Einzelfall oder in einer einzelnen Fallgruppe, für welche die generell anwendbare Kollisionsnorm nicht die Rechtsanwendungsergebnisse erbringt, die angemessen erscheinen. Art 46 nF dient so sowohl der Einzelfallkorrektur wie der korrigierten Anknüpfung für eine ganze Fallgruppe. Wie für Art 28 V und Art 41 I gilt jedoch auch für Art 46 nF, daß die Ausweichklausel mit positiver Wirkung nur dort zum Einsatz kommt, wo eine andere als die sich aus Art 43–45 ergebende Anknüpfung sich als Ergebnis „**wesentlich** engerer Verbindung" darstellen kann. Das wird im IntSR, das insgesamt auf Rechtssicherheit und Rechtsklarheit angelegt sein muß, eher die seltene Ausnahme sein; ebenso jetzt Junker RIW 2000, 241, 252; Pfeiffer IPRax 2000, 270, 274. Zu Zukunftsüberlegungen s Stoll IPRax 2000, 259, 264 sowie Art 43 Rz 6 mwN.

2. Einzelfälle mögen indes denkbar sein. **Weniger** ist dies **für** die Rechte an **Grundstücken** anzunehmen, für die Rechtslage wie Rechtserwerb auf Klarheit und auch Publizität gegenüber Dritten angelegt sind. Möglich erscheint der Einsatz von Art 46 nF hier indes zur Korrektur im Einzelfall des Anwendungsbereichs von Art 44 nF, wenn ein **Massenereignis** Gleichlauf von Deliktsstatut und Einwirkungsstatut für viele Beteiligte erfordert (s insofern Wagner IPRax 1999, 210, 211 für entsprechendes Anliegen in der Gesetzesberatung). Bei der Rechtsanwendung auf Mobilien kann Art 46 nF aber zB die im Einzelfall interessengerechte Anwendung gemeinsamen gewöhnlichen Aufenthaltsrechts auf Rechtsübertragungsvorgänge im Ausland (Transaktionen unter Touristen) bewirken, auch für die Rechtsanwendung bezüglich von Rechtsänderungen an Landbeförderungsmitteln (Kfz) oder „res in transitu" (s Art 45 Rz 11, 12) kommt Art 46 mit korrigierender Einzelfallwirkung in Betracht. Hingegen wird sich mit Art 46 ein Gleichlauf von Vertragsstatut und Sachstatut regelmäßig nicht ermöglichen lassen.

3. Statutumfang. Das gem Art 46 sich ergebende Sachstatut verdrängt das ansonsten aus Art 43–45 folgende Statut insgesamt im Anwendungsbereich des Sachstatuts. Das aus Art 46 folgende Statut regelt somit Voraussetzungen und Inhalt von Sachenrechten und deren Änderung und Übertragung; s insofern und zur Möglichkeit des Eigentumserwerbs des Versicherers Art 43 Rz 12 mwN.

Anhang zu Art 46
Internationales Enteignungsrecht

Schrifttum: Flume, Juristische Person und Enteignung im IPR, FS Mann (1977) 143; *Hahn,* Konfiskation von Mitgliedschaftsrechten, FS Beitzke (1979) 491; *Kegel/Seidl-Hohenveldern,* Zum Territorialitätsprinzip im internationalen öffentlichen Recht, FS Ferid (1978) 233; *Seidl-Hohenveldern,* Internationales Konfiskations- und Enteignungsrecht 1952; *ders,* Internationales Enteignungsrecht, FS Kegel (1977) 265; *Wiedemann,* Entwicklung und Ergebnisse der Rspr zu den Spaltgesellschaften, FS Beitzke (1979) 811; s ferner die Schriftumsverzeichnisse bei Kegel/Schurig IPR § 23 II S 941ff; Staud/Stoll[13] IntSR Rz 196.

1. Territorialitätsprinzip. Im Interesse der internationalen Ordnung werden fremde Staatseingriffe in private Rechte anerkannt, soweit sie der fremde Staat in den Grenzen seiner auf sein Staatsgebiet sich beschränkenden Macht getätigt hat. Es gilt dann das sog **Territorialitätsprinzip** (BVerfG NJW 1991, 1600; BGH 25, 134; 32, 99, 256; 39, 220; Hamm NJW RR 1986, 1047f). Gem dem Territorialitätsprinzip ergreifen staatliche enteignende Maßnahmen private Rechte nur insoweit, als diese der Staatsmacht territorial unterworfen sind. Das führt ggf zu **Spaltung** dieser privaten Rechte. Sie bleiben außerhalb des Territoriums des enteignenden Staates durch die Enteignungsmaßnahme unberührt. In den durch das Territorialitätsprinzip gezogenen Grenzen aber werden staatliche Maßnahmen auch dann anerkannt, wenn sie Vermögen aus politischen oder speziell wirtschaftspolitischen Gründen enteignen. In Ausnahmefällen hilft der ordre public gegen die Anerkennung der Enteignung.

2. Begrenzung auf belegene Vermögenswerte. Die Anerkennung fremder Enteignungen bei Einhaltung der Grenzen seiner Macht durch den fremden Staat bedeutet zugleich die Beschränkung der Enteignungswirkung auf im Zeitpunkt der Enteignung im Gebiet des enteignenden Staates belegene Sachen und sonstige Vermögenswerte. Insofern gilt eine enteignungsrechtliche Situs-Regel. Diese erfaßt unstreitig neben dem belegenen Eigentum auch im Enteignungsstaat belegene beschränkte dingliche Rechte, zB Hypotheken (BGH LM Art 7ff EGBGB Nr 23 [Enteignung]). Bei der Enteignung von Forderungen ist für die Wirksamkeit die Lage des Schuldnervermögens im enteignenden Staat entscheidend (BGH NJW 1967, 36; WM 1972, 394, 396; s früher BGH 5, 35, 38; 25, 134, 138;

zuletzt BGH NJW 2002, 2389 – Lageort im Enteignungsstaat bei Wohnsitz des Schuldners im Ausland nicht ausreichend). Die Enteignung wirkt nur gegen den Schuldner; die Bürgenhaftung und die Haftung des Mitschuldners bleiben bestehen (BGH 31, 168; 32, 97 – Bürge; BGH MDR 1958, 88 – Mitschuldner). Gegen doppelte Inanspruchnahme des inländischen Schuldners/Bürgen/Mitschuldners kann § 242 helfen (BGH 23, 337; 25, 152; NJW 1953, 861).

3. Spaltgesellschaft. Enteignungen ergreifen nach hM das im Machtbereich belegene **Gesellschaftsvermögen** 11 (BGH 33, 195, 197). Das führt zu entsprechenden Folgen wie bei Forderungen. Da das Vermögen und Mitgliedschaftsrechte außerhalb des Machtbereichs unberührt bleiben, besteht insoweit eine als „**Spaltgesellschaft**" bezeichnete **Restgesellschaft** (BGH 56, 66, 69; BGH 62, 340, 343; BGH IPRax 1985, 342 Anm Großfeld/Lohmann 324; BGH WM 1985, 1415; DtZ 1991, 95; Rspr Übersicht bei Wiedemann FS Beitzke [1979] 811; Ebenroth JZ 1988, 86). Macht später der enteignende Staat eine gegen die enteignete Gesellschaft begründete Forderung gegen die Spaltgesellschaft geltend, kann gem § 242 abzuwehrender Rechtsmißbrauch vorliegen (BGH 56, 66). Im übrigen haftet aber die Spaltgesellschaft grundsätzlich weiterhin sämtlichen Gläubigern (s Soergel/v Hoffmann[12] Anh III Art 38 Rz 72ff; BGH 56, 66; BGH WM 1977, 730 = IPRspr 1977 Nr 4). Zur Haftung des enteignenden Staates s Mann FS Zweigert (1981) 275.

4. Ordre Public. Entschädigungslose Enteignung verstößt bei Vorliegen der erforderlichen Inlandsbeziehung 12 gegen den ordre public iSv Art 6 S 2 (BGH 104, 244; KG NJW 1988, 343; s dazu auch BGH NJW 1989, 1352 und Kreuzer IPRax 1990, 365). Nach BVerfG NJW 1991, 1600 krit Anm Leisner 1571 liegt ausreichende Inlandsberührung nicht vor, wenn die Enteignung nur Objekte im Staatsgebiet des enteignenden Staates betrifft. Völkerrechtswidrigkeit soll nach hM nicht genügen, einen Verstoß gegen den ordre public zu begründen, s LG und OLG Bremen AWD 1959, 105, 107; LG Hamburg AWD 1973, 163 – Chile-Kupfer; s dazu Meessen AWD 1973, 177 und AWD 1974, 494; Seidl-Hohenveldern AWD 1974, 421, auch in FS Kegel (1977) 265; s ferner Mann NJW 1961, 705 und FS Duden (1977) 287.

5. Kriegsfolgenrecht. S dazu 7. Aufl Art 10 Rz 10 und Kegel § 23 II 5 S 730 mwN sowie Soergel/v Hoff- 13 mann[12] Anh III Art 38 Rz 79–88.

6. Innerdeutsches Recht. Auch im innerdeutschen Verhältnis galten die vorgenannten Regelungen (s BGH 5, 14 37; 20, 4; 23, 236; 31, 168; s Art 6 Grundlagenvertrag v 21. 12. 1972). Zu Maßnahmen mit enteignungsgleicher Wirkung BGH NJW 1989, 1353 und KG NJW 1988, 341; Armbrüster/Jopen ROW 1989, 332. Der Bewältigung dieser Enteignungen etc dient Art 41, Anl III EinigungsV sowie die Gesetzgebung in der Form des VermG v 23. 9. 1990 in der Fassung der Bek v 4. 8. 1997, BGBl 1997 I 1974 nebst AnmeldeVO v 11. 7. 1990, GBl DDR 1990 S 718 idF der Bek v 11. 10. 1990, BGBl 1990 I 2162, geändert durch 2. VermRÄndG v 14. 7. 1992, BGBl 1992 I 1268, sowie EALG v 27. 9. 1994, BGBl 1994 I 2624. S dazu Einl BGB. Zum Ausschluß der Rückabwicklung von Enteignungen in der Zeit von 1945–1949 seitens der sowjetischen Besatzungsmacht BVerfG NJW 1991, 1597; dazu Leisner NJW 1991, 1569; Märker VIZ 1999, 460; Schweisfurth VIZ 2000, 505.

47-49 (Änderung anderer Vorschriften)

Zweiter bis Vierter Teil (Art 50–218)

(nicht abgedruckt)

Fünfter Teil

Übergangsvorschriften aus Anlaß jüngerer Änderungen des Bürgerlichen Gesetzbuchs und dieses Einführungsgesetzes

219 *(nicht abgedruckt)*

220 *Übergangsvorschrift zum Gesetz vom 25. Juli 1986 zur Neuregelung des Internationalen Privatrechts*
(1) **Auf vor dem 1. September 1986 abgeschlossene Vorgänge bleibt das bisherige Internationale Privatrecht anwendbar.**
(2) Die Wirkungen familienrechtlicher Rechtsverhältnisse unterliegen von dem in Absatz 1 genannten Tag an den Vorschriften des Zweiten Kapitels des Ersten Teils.
(3) Die güterrechtlichen Wirkungen von Ehen, die nach dem 31. März 1953 und vor dem 9. April 1983 geschlossen worden sind, unterliegen bis zum 8. April 1983
1. dem Recht des Staates, dem beide Ehegatten bei der Eheschließung angehörten, sonst
2. dem Recht, dem die Ehegatten sich unterstellt haben oder von dessen Anwendung sie ausgegangen sind, insbesondere nach dem sie einen Ehevertrag geschlossen haben, hilfsweise
3. dem Recht des Staates, dem der Ehemann bei der Eheschließung angehörte.

EGBGB Art 220 — Neuregelung des Internationalen Privatrechts

Für die Zeit nach dem 8. April 1983 ist Artikel 15 anzuwenden. Dabei tritt für Ehen, auf die vorher Satz 1 Nr. 3 anzuwenden war, an die Stelle des Zeitpunkts der Eheschließung der 9. April 1983. Soweit sich allein aus einem Wechsel des anzuwendenden Rechts zum Ablauf des 8. April 1983 Ansprüche wegen der Beendigung des früheren Güterstandes ergeben würden, gelten sie bis zu dem in Absatz 1 genannten Tag als gestundet. Auf die güterrechtlichen Wirkungen von Ehen, die nach dem 8. April 1983 geschlossen worden sind, ist Artikel 15 anzuwenden. Die güterrechtlichen Wirkungen von Ehen, die vor dem 1. April 1953 geschlossen worden sind, bleiben unberührt; die Ehegatten können jedoch eine Rechtswahl nach Artikel 15 Abs. 2, 3 treffen.
(4) (weggefallen)
(5) (weggefallen)

Schrifttum: *Hepting*, Was sind „abgeschlossene Vorgänge" iSd Art 220 I EGBGB? StAZ 1987, 188ff; *Kaum*, Zur Auslegung von Art 220 I EGBGB, IPRax 1987, 280; *Siemer-Krantz*, Das intertemporale Recht im int Familienrecht Deutschlands, Frankreichs und der Schweiz (1984); *Sonnenberger*, Intertemporales Privatrecht fürs Int Privatrecht, FS Ferid (1988) 447.

I. Allgemeines

1 Art 220 firmiert als Vorschrift des Fünften Teils des EGBGB unter der Kapitelüberschrift „Übergangsvorschriften ..." und trägt die amtl Kennzeichnung „Übergangsvorschrift zum Gesetz v 25. 7. 1986 zur Neuregelung des Int Privatrechts". Diese **intertemporalen Regelungen** enthalten die heute noch in Kraft befindlichen **Abs I–III** der Norm. Sie dienen der zeitlichen Abgrenzung der Anwendung des durch die IPR-Reform geschaffenen neuen IPR im Verhältnis zu den mit Beginn des 1. 9. 1986 außer Kraft getretenen Recht der Art 7–31 EGBGB aF (s zur Reform und Vorgeschichte Einl Rz 19ff). **Abs IV–V** der ursprünglich in Kraft gesetzten Fassung hingegen enthielten Bestimmungen mit überwiegendem **Sachnormcharakter** auf dem Gebiet des dt int Namensrechts. Hierzu s 9. Aufl Art 220 Rz 1 und Art 10 Rz 38ff. Abs IV und V sind durch das FamNamRG v 16. 12. 1993, BGBl 1993 I 2054, mit Wirkung zum 1. 4. 1994 gestrichen worden, vgl Erl zu Art 10 Rz 1 und 2. Art 220 ist an sich lediglich Übergangsregelung zwischen dem am 31. 8. 1986 bestehenden und dem am 1. 9. 1986 in Kraft gesetzten IPR; die seitherigen Veränderungen des IPR durch die Kindschaftsrechtsreform (KindRG v 16. 12. 1997, BGBl 1997 I 2942), die zur Veränderung der Art 10, 19–21 geführt haben, sind übergangsrechtlich teilweise in Art 224 berücksichtigt, iü aber lassen sich aus Art 220 I–II die zur Lückenfüllung erforderlichen weiteren Regeln gewinnen, s Erl zu Art 10 Rz 5, Art 19 Rz 5, Art 20 Rz 5 und Art 21 Rz 5. Art 220 gilt dann auch nicht unmittelbar für die Übergangsfragen anläßlich des Inkrafttretens der Art 38–46 nF am 1. 6. 1999. Auch hierzu lassen sich indes die zur Lückenfüllung erforderlichen Regeln aus Art 220 I und II gewinnen, s Erl vor Art 38 Rz 5 sowie Erl zu den Art 38–46, jeweils dort im Abschnitt I. 5. („Intertemporales Recht").

2 Mit Rücksicht auf den sachlichen Zusammenhang ist die Kommentierung von Abs III im Rahmen der Erl zu **Art 15** (Güterrecht) erfolgt (s dort Rz 40ff).

II. Grundsatz der Nichtrückwirkung (Abs I)

3 **1. Grundlage der gesetzlichen Regelung.** Nach Abs I bleibt auf vor dem 1. 9. 1986 abgeschlossene Vorgänge das bisherige IPR anwendbar. Diese Regel der Nichtrückwirkung des neuen Kollisionsrechts entspr geläufigen Übergangsregelungen auf dem Gebiet des Privatrechts (vgl Art 163ff); zugrunde liegt der allg Rechtsgedanke (Vertrauensschutz), daß Inhalt und Wirkung von Rechtsverhältnissen nach dem Recht zu beurteilen sind, das zZt der Verwirklichung seines Entstehungstatbestandes galt (BGH 10, 391, 394; 44, 192, 194), es sei denn, eine in rechtlichen Grenzen zul Rückwirkung ist ausnahmsweise geboten. Abs I übernimmt diesen Grundsatz als Ausgangspunkt der durch die IPR-Reform notwendig gewordenen allg Übergangsregelung nach Abs I (s Begr RegE BT-Drucks 10/504, 85, mit Hinweis auf Art 153ff; s auch Pirrung IPVR 188, 191) und formuliert hier seine Geltung in der Weise, daß auf abgeschlossene Vorgänge das bisherige IPR anwendbar bleibt.

4 **2. Anwendungsbereich.** Abs I gilt grundsätzlich für sämtliche Teilgebiete des IPR. Für das Familien- und Erbrecht genau so wie für das IPR der Rechtsgeschäfte, der Person oder der vertraglichen Schuldverhältnisse (Art 27–37 enthalten eine eigene Übergangsregelung nicht, s vor Art 27 Rz 12). Für die von der Reform zunächst ausgeklammerten Teilgebiete der außervertraglichen Schuldverhältnisse und des Sachenrechts wurde die Regel nur dort aktuell, wo Regeln aus dem Bereich der Art 3–38 außervertragliche Schuldverhältnisse oder sachenrechtliche Rechtsverhältnisse betrafen (zB Art 4 I Renvoi im int Deliktsrecht, s 9. Aufl Art 38 Rz 10; Art 33 II Abtretung von Forderung aus unerlaubter Handlung s Art 33 Rz 4). In diesen Anwendungsfällen war die Abgrenzung zwischen der Anwendung neuen und alten IPRs ebenso nach Art 220 I zu treffen wie dort, wo neues Gesetzesrecht altes Gesetzesrecht oder gewohnheits- und richterrechtlich entwickeltes Recht ersetzt hat. Zur Anwendung von Art 220 auf die nach dem 1. 9. 1986 getroffenen gesetzlichen Änderungen im Bereich der Art 3–46 (Art 10 nF, Art 19–21 nF, Art 38–46 nF) s Rz 1.

Offenbleiben kann die intertemporale Frage des Abs I im konkreten Fall dann, wenn alte und neue Kollisionsnorm zum gleichen Rechtsanwendungsergebnis führen (ebenso BGH NJW 1990, 2194, 2196; NJW 1991, 3088, 3090 = FamRZ 1991, 300, 302; MüKo/Sonnenberger Art 220 Rz 7).

5 **3. Abgeschlossener Vorgang.** Abs I läßt auf abgeschlossene Vorgänge das bisherige IPR anwendbar bleiben. Lediglich beispielhaft haben die Materialien der IPR-Reform diesen Begriff erläutert. Als abgeschlossene Vorgänge erscheinen dort „insbes unwandelbar angeknüpfte Vorgänge, vor allem Statusbegründungen und -änderungen einschl der unmittelbar durch sie bewirkten Statusfolgen, aber auch zB ... Erbfälle" sowie das Bestehenbleiben von einmal erlangter Geschäftsfähigkeit oder erbrechtlicher Testierfähigkeit (s Begr RegE BT-Drucks 10/504, 85). Diese Beispiele geben nicht viel her für die zu Abs I gebotene **Auslegung**. Diese hat sich auf Abs I zu bezie-

hen und die Auslegung des Abs I zur nötigen Präzisierung und Definition des „abgeschlossenen Vorgangs" zu führen. Keine einheitliche Auffassung ist bislang dazu eingekehrt, ob der Begriff des abgeschlossenen Vorgangs aus kollisionsrechtlicher Sicht zu verstehen (kollisionsrechtliches Begriffsverständnis, so die hM, Pal/Heldrich Art 220 Rz 2; Hohloch JuS 1989, 81, 84 und die Rspr des BGH, BGH FamRZ 1987, 583 und 793f; FamRZ 1990, 32, 33f = NJW 1990, 636f = JuS 1990, 415f Anm Hohloch; BGH NJW-RR 1991, 386; BGH NJW 1991, 3087, 3088 = JuS 1992, 156 Anm Hohloch; BGH NJW 1993, 2306; 1994, 2360; FamRZ 1997, 543; BayObLG 1986, 466, 470; KG FamRZ 1987, 859, 860; s auch Hamm FamRZ 1988, 314, 317; StAZ 1990, 260, 261) oder mit der Gegenauffassung als sachlichrechtlicher Begriff, als Sachnormtatbestand zu verstehen sein soll, bei dem nicht nur die Anknüpfung, sondern der Vorgang selbst abgeschlossen sein müsse (materiellrechtliches Begriffsverständnis, so Karlsruhe FamRZ 1988, 296, 298; Celle FamRZ 1987, 159, 260 = IPRax 1987, 185f Anm Jayme 167f; Vorinstanz zu BGH FamRZ 1990, 32 s oben; Hepting IPRax 1988, 153, 159 und StAZ 1987, 188, 189; Kaum IPRax 1987, 280, 282ff; Kegel/Schurig IPR § 20 VII 2b; Rauscher IPRax 1987, 137f; ders IPRax 1989, 224, 225; Dörner IPRax 1988, 222, 224ff und DNotZ 1988, 67, 69ff; Prinz v Sachsen Gessaphe IPRax 1991, 107f).

An der herrschend gewordenen kollisionsrechtlichen Auffassung ist trotz der Kritik festzuhalten. Art 220 I konkretisiert den bislang für Übergangsfragen des materiellen Rechts kodifizierten (Art 163ff, 170) Grundsatz der Nichtrückwirkung neuen Rechts auf abgeschlossene Entstehungstatbestände (s Rz 3) erstmals in allgemeingesetzlicher Form für das Kollisionsrecht. Maßgebend ist also das Begriffsverständnis des Kollisionsrechts und zwar des neuen Kollisionsrechts, das den Begriff formuliert hat und für sich und seinen Normenbestand die Anwendbarkeit in zeitlicher Hinsicht festlegt. Abs I kann so iS der Gegenauffassung Tatbestände, die am Stichtag abgelaufen, aber noch nicht abgeschlossen sind, der Neuregelung zuschlagen. Ob dies aber der Fall ist, wenn die Übergangsnorm selbst keine ins einzelne gehende Aussage macht, hängt dann allerdings stets vom Geltungswillen der neuen Kollisionsnorm, dh von *ihrer* durch Auslegung zu ermittelnden Reichweite ab. Dem kann nicht durch den Rückgriff auf ein materiellrechtliches Begriffsverständnis Genüge getan werden, da das anwendbare materielle Recht noch nicht feststeht (ebenso Pal/Heldrich Art 220 Rz 2; aA insoweit auch MüKo/Sonnenberger² Art 220 Rz 12). Vielmehr ist insoweit die kollisionsrechtliche Sicht entscheidend; das Kollisionsrecht betrachtet als abgeschlossen einen Vorgang, für den das anzuwendende Sachrecht durch die Art der kollisionsrechtlichen Erfassung des Anknüpfungstatbestandes bereits abschließend bestimmt, dh unwandelbar fixiert (so Pal/Heldrich Art 220 Rz 3) ist. Vor dem 1. 9. 1986 „abgeschlossene Vorgänge", für welche nach Abs I weiterhin altes IPR anzuwenden ist, sind deshalb alle unwandelbar angeknüpften (bzw anzuknüpfenden) Rechtsverhältnisse, bei denen der konkret in Frage stehende Anknüpfungstatbestand sich aus der Sicht des neuen IPR vor diesem Stichtag verwirklicht hat (s hierfür die oben Rz 5 für die kollisionsrechtliche Auffassung angeführten Belege). Ob das alte oder das neue Recht diesen Maßstab für die Unwandelbarkeit abgeben, ist in der überwiegenden Zahl der erheblichen Fälle ohne Auswirkung, da die IPR-Reform insoweit nur in wenigen Fällen, zB Art 14, von den Auffassungen und Grundlagen des alten Rechts abweicht (s zB Hamm FamRZ 1992, 826, 828f; s Pal/Heldrich Art 220 Rz 3). S dazu jeweils die Erl unter I. 5. („Intertemporales Recht") bei Art 7–46.

4. Anwendung des bisherigen IPR. Auf abgeschlossene Vorgänge gem Rz 5, 6 ist das bisherige IPR anzuwenden; anzuwenden sind die Kollisionsnormen des alten Rechts (Art 7–31 aF), sowohl gesetzlich positivierte als auch gewohnheitsrechtlich gehandhabte Regeln. Das alte Recht ist in der Gestalt anzuwenden, in der es vor dem 1. 9. 1986 Anwendung gefunden hatte. Hieraus folgt, daß vor dem 1. 9. 1986 für verfassungswidrig erachtetes Kollisionsrecht selbstverständlich nicht anzuwenden ist; anzuwenden sind insoweit die richterrechtlich aus dem verfassungsmäßigen Restbestand entwickelten Ersatzkollisionsregeln (BGH FamRZ 1990, 32, 34 = JuS 1990, 415f Anm Hohloch). Gleich wird zu verfahren sein, wenn sich die Verfassungswidrigkeit der alten Kollisionsnorm erst in der Betrachtung des Falles ab dem 1. 9. 1986 ergibt (s zB BGH NJW 1987, 583, 584f = JuS 1987, 316, 317 Anm Hohloch; BGH IPRax 1988, 173). Nicht hingegen kann schlicht die entspr Kollisionsregel der Art 3–38 nF als verfassungskonforme Ersatzanknüpfung herangezogen werden (so Basedow NJW 1986, 2971, 2973; wie hier MüKo/Sonnenberger Art 200 Rz 15).

5. Einzelfälle. Für die Behandlung von Einzelfällen kann auf die Darstellung der intertemporalen Fragen bei den einzelnen Art von Art 7–46 (s schon Rz 6 aE) verwiesen werden. Im übrigen gilt noch folgendes:

a) Altes IPR gilt für die Beurteilung der Rechtsfolgen eines vor dem 1. 9. 1986 eingegangenen **Verlöbnisses** (LG Bochum FamRZ 1990, 882) und für die Wirksamkeit einer vor dem 1. 9. 1986 geschlossenen **Ehe** (s BGH FamRZ 1997, 543; Hamm StAZ 1986, 352, 353; Hamburg StAZ 1987, 311; München IPRax 1988, 354, 356; Düsseldorf FamRZ 1993, 188; Frankfurt am Main FamRZ 2002, 705; zuletzt BGH NJW-RR 2003, 850 = JuS 2003, 921 [Hohloch] – Nichtehe mit Folgen).

b) Erwerb und Verlust des **Familiennamens** werden nach dem bisherigen IPR beurteilt, wenn sie auf einem familienrechtlichen Vorgang beruhen, der vor dem 1. 9. 1986 eingetreten und abgeschlossen worden ist (zB Geburt, Eheschließung, Adoption, Legitimation), s BGH NJW 1991, 1417, 1418; BayObLG 1987, 102, 105; StAZ 1987, 73, 74; KG StAZ 1987, 75, 76; 1988, 325; Köln StAZ 1988, 296f; LG Stuttgart StAZ 1990, 19; Hamm StAZ 1990, 260, 261 mit krit Anm v Mangoldt 245, 246; abw für Anwendung des neuen IPR Grasmann StAZ 1989, 126, 129. Bei späterer Änderung des Familiennamens aufgrund neuer Umstände galt jedoch Art 10 zusammen mit Art 220 IV und V (s Art 10 Rz 38), bei vor dem 1. 9. 1986 geschlossener Ehe konnte die Erklärung zur Bestimmung des Ehenamens gem Art 220 IV S 2 nachträglich in öffentlich beglaubigter Form gegenüber dem Standesbeamten abgegeben werden (s 9. Aufl Art 10 Rz 38ff; s ferner Hepting StAZ 1987, 188, 195; LG Bonn StAZ 1988, 328f; LG Berlin StAZ 1989, 315; Stuttgart StAZ 1990, 19). Zu den Auswirkungen der durch das FamNamRG und das KindRG 1994 und 1998 bewirkten Änderungen des Art 10 in intertemporaler Hinsicht s die ausführl Darstellung bei Art 10 Rz 35.

III. Anknüpfungswechsel bei familienrechtlichen Verhältnissen (Abs II)

10 **1. Grundsatz.** Abs II läßt bei familienrechtlichen Verhältnissen, die vor dem 1. 9. 1986 entstanden sind, ab dem Stichtag des 1. 9. 1986 einen Kollisionsrechtswechsel vom alten zum neuen Recht und damit ggf auch einen **Anknüpfungs- und Statutenwechsel** eintreten. Ab dem 1. 9. 1986 beurteilen sich die Wirkungen dieser Verhältnisse nach den neuen Kollisionsnormen. Die Reform hat damit eine im allg intertemporalen Recht zT schon praktizierte Regelung des Rechtswechsels (zB Art 171, 199) praktiziert, der gegen eine Rechtszersplitterung gleichzeitig gelebter Rechtsverhältnisse wirkt und vor Versteinerung des Rechtszustandes bei derartigen Dauerverhältnissen schützt.

11 **2. Einzelfälle.** Abs II betrifft familienrechtliche Verhältnisse aller Art. Er gilt für die **Ehewirkungen** gem Art 14 (s BGH FamRZ 1987, 463, 464 – Morgengabe). Er gilt ferner für die **Unterhaltsbeziehung**; Unterhaltsansprüche beurteilen sich ab dem 1. 9. 1986 in Bestehen und Ausmaß gem Abs II und Art 18 (st Rspr s BGH FamRZ 1987, 682f; DAVorm 1991, 671, 674; Karlsruhe FamRZ 1987, 1149; KG FamRZ 1988, 167, 168f; Oldenburg FamRZ 1988, 170, 171; Hamm FamRZ 1989, 1084, 1085; Braunschweig NJW-RR 1989, 1097), s auch schon Art 18 Rz 12. Abs II gilt für das **Eltern-Kind-Verhältnis** und für familienrechtliche Verhältnisse gem Art 24, s zunächst die Erl in 9. Aufl zu Art 19 Rz 11, Art 20 Rz 8, Art 24 Rz 8 und dann die Erl jeweils im Abschnitt I. 5. bei Art 19–21. Praktisch bedeutsam ist, daß Art 19, 20 nF hinsichtlich der Abstammung, ihrer Feststellung und ihrer Anfechtung lediglich für ab dem 1. 7. 1998 geborene Kinder gelten, so daß iü auf Art 19 I, 20 I aF weiterhin abzustellen ist, daß aber Art 21 nF für die Eltern-Kind-Beziehung jedes am 1. 7. 1998 schon bestehende Eltern-Kind-Verhältnis auch (ggf mit der Folge eines Statutenwechsels) erfaßt hat (zuletzt Hamm FamRZ 2001, 1631).

IV. Sonstige Dauerverhältnisse

12 Art 220 hat keine Übergangsregelung für nichtfamilienrechtliche Dauerverhältnisse, die im Bereich des Schuldrechts und auch des Sachen- und Erbrechts vorkommen, geschaffen. Für Dauerschuldverhältnisse bleibt es so regelmäßig gem Abs I bei der Maßgeblichkeit des Zeitpunkts, in dem der Vorgang, idR der Vertragsschluß abgeschlossen war (BGH NJW-RR 1990, 248, 249; NJW 1992, 619; NJW 1996, 259; BB 2002, 1227; wN bei Pal/Heldrich[62] Art 220 Rz 4; zweifelnd MüKo/Sonnenberger Rz 16, 23). Für besondere Situationen ist jedoch Statutenwechsel denkbar, s dazu Erl vor Art 27 Rz 27, Art 28 Rz 8, Art 30 Rz 6.

Keine Regelung enthält Art 220 auch für nichtfamilienrechtliche Statusfragen wie die Behandlung nach altem IPR bereits erlangter Rechts-, Geschäfts- oder Testierfähigkeit. In entspr Anwendung von Art 7 II, 26 V S 2 und 163, 215 I berührt der Wechsel vom alten zum neuen IPR eine bereits erlangte derartige Fähigkeit nicht (s auch Begr RegE BT-Drucks 10/504, 85; ähnl Pal/Heldrich Art 220 Rz 8).

221-228 *(von Abdruck und Kommentierung abgesehen)*

229 *Weitere Überleitungsvorschriften*

Art 229 § 3 wird im Anh vor § 535 kommentiert, Art 229 §§ 5 und 7 im Anh Einl § 241 und Art 229 § 6 im Anh vor § 194. Im übrigen wurde von Abdruck und Kommentierung abgesehen.

Sechster Teil

Inkrafttreten und Übergangsrecht aus Anlaß der Einführung des Bürgerlichen Gesetzbuchs und dieses Einführungsgesetzes in dem in Artikel 3 des Einigungsvertrages genannten Gebiet

230-235 *(Vom Abdruck abgesehen. Die im Zusammenhang der Art 3–46 EGBGB erforderliche Kommentierung der Vorschriften ist jeweils dort [im Abschnitt „Innerdeutsches Kollisionsrecht"] erfolgt.)*

236 *Einführungsgesetz – Internationales Privatrecht*

§ 1 Abgeschlossene Vorgänge

Auf vor dem Wirksamwerden des Beitritts abgeschlossene Vorgänge bleibt das bisherige Internationale Privatrecht anwendbar.

§ 2 Wirkungen familienrechtlicher Rechtsverhältnisse

Die Wirkungen familienrechtlicher Rechtsverhältnisse unterliegen von dem Wirksamwerden des Beitritts an den Vorschriften des Zweiten Kapitels des Ersten Teils.

§ 3 Güterstand

Die güterrechtlichen Wirkungen von Ehen, die vor dem Wirksamwerden des Beitritts geschlossen worden sind, unterliegen von diesem Tag an dem Artikel 15; dabei tritt an die Stelle des Zeitpunkts der Eheschließung der Tag des Wirksamwerdens des Beitritts. Soweit sich allein aus einem Wechsel des anzuwendenden Rechts nach Satz 1 Ansprüche wegen der Beendigung des früheren Güterstandes ergeben würden, gelten sie bis zum Ablauf von zwei Jahren nach Wirksamwerden des Beitritts als gestundet.

Schrifttum: *Dörner/Meyer-Sparenberg*, Rechtsanwendungsprobleme im Privatrecht des vereinten Deutschlands, DtZ 1991, 1; *Drobnig*, Innerdeutsches und interlokales Kollisionsrecht nach der Einigung Deutschlands, RabelsZ 55 (1991) 268; *Henrich*, Probleme des interlokalen und internationalen Ehegüter- und Erbrechts nach dem Einigungsvertrag, IPRax 1991, 14; *v Hoffmann*, IPR im Einigungsvertrag, IPRax 1991, 1; *Jayme*, Allgemeine Ehewirkungen und Ehescheidung nach dem Einigungsvertrag, innerdeutsches Kollisionsrecht und IPR, IPRax 1991, 11; *Mansel*, Staatsverträge und autonomes internationales Privat- und Verfahrensrecht nach der Wiedervereinigung, JR 1990, 441; *ders*, Intertemporales IPR des Einigungsvertrages. Zur Auslegung des Einigungsvertrages, in Jayme (Hrsg), Der Weg zur deutschen Rechtseinheit (1991); *Pirrung*, Einigungsvertrag und Kollisionsrecht, Zum Verständnis der Art 230 II und 236 EGBGB, RabelsZ 55 (1991) 211; *Rauscher*, Intertemporale Bestimmungen zum internationalen Ehegüterrecht im Einigungsvertrag, DtZ 1991, 20; *Siehr*, Das Kindschaftsrecht im Einigungsvertrag, IPRax 1991, 20; *Stoll*, Kollisionsrechtliche Aspekte des Vertrages über die deutsche Einigung, FS W. Lorenz (1991) 577; *Klaus Wähler*, Kollisionsrechtliche Probleme des innerdeutschen Erbrechts und Nachlaßverfahrens, in Veröffentlichungen der Gesellschaft für Deutschlandforschung (1991).

I. Allgemeines

1. Überleitung des IPR des EGBGB. a) Durch den Beitritt der DDR zum Grundgesetz ist am 3. 10. 1990 im Gebiet der früheren DDR das Recht der BRepD in Kraft getreten. Zu dem übergeleiteten Recht der BRepD gehören auch die von Rspr und Lehre im Wege der Rechtsfortbildung entwickelten ungeschriebenen Rechtsgrundsätze. Die nähere Regelung, die neben Ausnahmeregelungen insbesondere Übergangsregelungen enthält, ist als Sechster Teil in das EGBGB eingefügt. Die diesen Teil ausmachenden Art 230–236 gelten als Teil des EGBGB nicht nur in der ehemaligen DDR, sondern im gesamten Bundesgebiet. Art 236 enthält die das IPR betreffende Regelung. Wiewohl Art 230–236 im gesamten Bundesgebiet geltendes Recht enthalten, betreffen sie doch ausschließlich Rechtsverhältnisse, auf die vor dem 3. 10. 1990 das Recht der ehemaligen DDR anwendbar war. Für die Anwendung der Art 230–236 auf ein konkretes Rechtsverhältnis bedarf es deshalb der vorgeschalteten Klärung der räumlichen Anwendbarkeit dieser Normen auf das Rechtsverhältnis. Die Antwort hierauf geben die Regeln des **innerdeutschen Kollisionsrechts**. Seit dem 3. 10. 1990 ist dessen frühere Spaltung (Anwendung ungeschriebener Regeln des interlokalen Rechts aus der Sicht der Bundesrepublik Deutschland, Anwendung der internationalprivatrechtlichen Regeln des Rechtsanwendungsgesetzes vom 5. 12. 1975 – RAG [GBl DDR I 748, zuletzt idF dG v 11. 1. 1990 GBl I 10] aus der Sicht der ehemaligen DDR) überwunden. Die Rechtsanwendungsregeln des IPR des EGBGB bieten seit dessen Inkrafttreten im Beitrittsgebiet die Grundlage der durch Analogie dazu gebildeten Kollisionsregeln des heute überwiegend so genannten „innerdeutschen Kollisionsrechts" (s dazu grundsätzlich Einl Rz 58 und Art 3 Rz 27). Ist nach den Regeln des (ungeschriebenen) innerdeutschen Kollisionsrechts und nach den von ihm zur Anwendung berufenen Überleitungs- und Übergangsregelungen der Art 230–236 das Recht der ehemaligen DDR auf einen konkreten Sachverhalt anzuwenden, dann gilt es (jedenfalls auf dem Gebiet des bürgerlichen Rechts iSv Art 74 Nr 1 GG) als partielles Bundesrecht, das auch von Gerichten und Behörden der alten Bundesländer zu beachten ist.

b) Für Art 236, die dem IPR gewidmete Überleitungsvorschrift, folgt aus diesen Ausführungen zur grundsätzlichen Rechtslage: Gem Art 8 Einigungsvertrag und Art 230 II ist mit dem 3. 10. 1990 **auf dem Gebiet des IPR** in der gesamten Bundesrepublik **Rechtseinheit** eingetreten. **Es gelten seither einheitlich die damaligen Art 3–38 und die dazu in Rspr und Lehre entwickelten Regeln.** Ebenfalls galt der nicht kodifizierte Teil des IPR der BRepD (außervertragliche Schuldverhältnisse, Sachenrecht); er galt bis zum Inkrafttreten der Art 38–46 EGBGB am 1. 6. 1999 gewohnheitsrechtlich. Im übrigen erstrecken sich nach dem „Prinzip der beweglichen Vertragsgrenzen" die von der BRepD vor dem Beitritt abgeschlossenen Staatsverträge kollisionsrechtlichen Inhalts gem Art 11 V Einigungsvertrag jetzt auch auf das Gebiet der früheren DDR. Sie haben auch insoweit gem Art 3 II Vorrang. Die nach dem 3. 10. 1990 eingetretenen Veränderungen des gesetzlichen IPR (Art 10 nF, Art 19–21 nF, Art 38–46 nF) haben als Bundesrecht Geltung für das gesamte Bundesgebiet erlangt. **Das IPR der ehemaligen DDR** ist hingegen mit dem Wirksamwerden des Beitritts am 3. 10. 1990 **außer Kraft** getreten. **Als partielles Bundesrecht sind die Regeln des RAG und anderer Rechtsgrundlagen des IPR der ehemaligen DDR lediglich nach Maßgabe von Art 236 noch anzuwenden.** Ihre Anwendung kommt so nur in Betracht, wenn der Sachverhalt (1) Auslandsberührung iSd bundesdeutschen IPR hat, (2) nach den ungeschriebenen Regeln des innerdeutschen Kollisionsrechts Recht der ehemaligen DDR anzuwenden ist und (3) Art 236 mit seiner Übergangsregelung das IPR der früheren DDR in zeitlicher Hinsicht noch zur Anwendung beruft. Nach dem Zuschnitt der Regelung des Art 236 ist dies nur in begrenztem und mit der Zeit kleiner werdendem Umfang der Fall: Gem § 1 bleibt für vor dem 3. 10. 1990 abgeschlossene Vorgänge das bisherige IPR, dh IPR der ehemaligen DDR, anwendbar (s unten Rz 11, 12); gem § 2 hat das bisherige IPR der ehemaligen DDR seine Geltung für die Wirkungen familienrechtlicher Verhältnisse mit dem 3. 10. 1990 verloren (Rz 14); gem § 3 ist im Gesamtbereich des Güterrechts ein Anknüpfungswechsel eingetreten (Rz 15). Der Güterstand auch von Ehen, die am 3. 10. 1990 schon geschlossen waren, beurteilt sich seither wie bei Neuehen nach Art 15.

2. Rechtsgrundlagen des außer Kraft gesetzten IPR der ehemaligen DDR. a) Ist gem den in Rz 2 dargelegten Regeln das IPR der ehemaligen DDR zur Ermittlung des anwendbaren Sachrechts heranzuziehen, dann ist

EGBGB Art 236 Übergangsrecht aufgrund des Einigungsvertrags

grundsätzlich das **Rechtsanwendungsgesetz vom 5. 12. 1975** – RAG – (GBl DDR I 748, zuletzt geändert durch G v 11. 1. 1990 GBl I 10) anzuwenden. Zum vor dem Inkrafttreten des RAG im Gebiet der ehemaligen DDR geltenden alten IPR (EGBGB und EGFGB) s Einl Rz 58 mwN. Zum RAG s Kommentar zum RAG (1989); Lübchen/Posch Zivilrechtsverhältnisse mit Auslandsberührung (1979); Rudolph/Strohbach Die rechtliche Regelung der intersystemaren Wirtschaftsbeziehungen der DDR (1982). Mit Vorrang vor dem RAG anzuwenden ist in Teilbereichen gem Art 2 II RAG das von der ehemaligen DDR auf Abkommensgrundlage eingeführte und in Kraft gesetzte einheitliche Sachrecht (zum UN-Kaufrecht s vor Art 27 Rz 6ff). **Autonomes Sonderprivatrecht** für Wirtschaftsverträge hatte die ehemalige DDR in dem (außer Kraft getretenen) „Gesetz über internationale Wirtschaftsverträge" – GIW – vom 5. 12. 1976, GBl DDR I 61 geschaffen, das ab 1. 7. 1990 gem Gesetz vom 28. 6. 1990, GBl DDR I 483, noch kurzfristig als „Gesetz über Wirtschaftsverträge" in Kraft war (s Einl Rz 58).

4   b) Gegenüber dem RAG gem dessen § 2 II **vorrangige Sonderregelungen des IPR** hatten die von der ehemaligen DDR vielfach abgeschlossenen, in der Regel **zweiseitigen Staatsverträge über Rechtshilfe** gebildet (s Übersicht bei RAG – Kommentar Lübchen [1989] 106). aa) Die aus diesen Abkommen herrührenden völkerrechtlichen Verpflichtungen sind mit dem auch den durch den Beitritt zum Grundgesetz erfolgten Untergang der DDR nicht generell, aber grundsätzlich erloschen (Böhmer StAZ 1991, 62, 63; Heldrich/Eidenmüller ÖstJBl 1991, 276; wohl auch Pirrung RabelsZ 55 [1991] 211, 225; zT abw iS teilweiser Fortgeltung v Hoffmann IPRax 1991, 1, 9; Drobnig DtZ 1991, 76, 78f – Vermutung des Fortbestehens; ders RabelsZ 55 [1991] 268ff; Siehr RabelsZ 55 [1991] 240 – Fortgeltung der Anerkennungsregeln; aA Herber TranspR 1990, 253; Dannemann DtZ 1991, 130, 135); im Hinblick auf Art 12 EinigungsV (Verhandlungen, „um ihre Fortgeltung, Anpassung oder ihr Erlöschen zu regeln bzw festzustellen") war aber in allen Fällen des Vorhandenseins eines solchen Vertrages seine Haltung „in der Schwebe", dh es war bis zur Klärung der Haltung des vereinten Deutschlands (s Begründung zu Art 3 Gesetz über den EinigungsV vom 23. 9. 1990 (BGBl II 858, BT-Drucks 11/7760 S V) ihre Anwendbarkeit jedenfalls bis zu entsprechender Erklärung der Bundesregierung über Erlöschen oder Fortgeltung **suspendiert**. Derartige Bekanntmachungen über das Erlöschen sind inzwischen erfolgt für die Verträge mit Japan, Singapur, UdSSR, USA, Rumänien, Großbritannien, s Bek v 1. 8. 1991 (BGBl II 921ff), mit Ungarn, Bek v 13. 8. 1991 (BGBl II 1957), mit Syrien, Finnland, Bulgarien und Finnland, Bek v 2. 9. 1991 (BGBl II 1002 und 1019ff). Auch hinsichtlich der weiteren Abkommen bestand dann keine Neigung, die Fortgeltung bekanntzumachen, so daß seit 1999/2000 von Nichtfortgeltung insgesamt auszugehen ist (s zuletzt Bek v 5. 8. 1998, BGBl 1998 II 2596); zum Fall des Eintritts in einen solchen Staatsvertrag BVerfG VIZ 2001, 33. bb) Von der Frage der Fortgeltung ist die Frage der Anwendung für die Zeit vor dem 3. 10. 1990 zu trennen. Diese ist zu bejahen, so daß bei Anwendbarkeit des IPR der DDR der jeweilige Vertrag bei Vorliegen seiner Anwendungsvoraussetzungen auch heute gem den Maßgaben von Art 236 §§ 1–3 das anwendbare Sachrecht ergibt.

5   3. **Innerdeutsches Kollisionsrecht. a) Bildung der Kollisionsregeln des innerdeutschen Kollisionsrechts im Grundsatz.** Mit der staatlichen und grundsätzlich auch rechtlichen Einheit Deutschlands seit dem 3. 10. 1990 ist die vorher vorhandene Spaltung des innerdeutschen Kollisionsrechts überwunden worden. Die Kollisionsnormen des (interlokalen) innerdeutschen Kollisionsrechts ergeben sich seit dem 3. 10. 1990 aus Analogie zu den Kollisionsnormen des IPR (Art 3ff EGBGB, s Rz 1). Über derartige einheitliche Herleitung dieser interlokalen Kollisionsnormen herrscht Einhelligkeit jedenfalls für Sachverhalte, die als „Neufälle" auf der Grundlage des seit dem 3. 10. 1990 geschaffenen Rechtszustandes anzusehen sind, s zB BGH NJW 1993, 1858; FamRZ 1998, 44; DtZ 1996, 51. Indes ist deren Zahl angesichts der beschränkten und seither weiter reduzierten Weitergeltung von DDR-Recht für ab dem 3. 10. 1990 eintretende Neusachverhalte begrenzt.

6   b) **Innerdeutsches Kollisionsrecht der Altfälle. In hohem Maße streitig** war hingegen die Bildung von innerdeutschen Kollisionsnormen für **Altfälle**. Es standen sich zwei Grundauffassungen gegenüber, die sich im wesentlichen um die Heranziehung des **RAG** für die Bildung innerdeutscher Kollisionsnormen durch Altfälle und um die Bedeutung des Art 236 für das innerdeutsche Kollisionsrecht stritten. Der Meinungsstreit ist von Gewicht, da nach der unten aa) darzustellenden Auffassung für Altfälle interlokal gespaltenes innerdeutsches Kollisionsrecht für die alten Bundesländer einerseits, das Beitrittsgebiet andererseits die Folge war, während die andere Auffassung sowohl die gegenständliche als auch die räumliche Zersplitterung des Binnenkollisionsrechts vermeidet.

7   aa) Für ein territorial gespaltenes Kollisionsrecht für Altfälle in entsprechender Anwendung von Art 236 haben sich nach dem 3. 10. 1990 ausgesprochen: Böhmer StAZ 1990, 357, 359; Adlerstein/Wagenitz FamRZ 1990, 1169; Pirrung RabelsZ 55 (1991) 211, 235; Jayme IPRax 1991, 11, 12; Henrich IPRax 1991, 14, 15 und 18; FamRZ 1991, 873, 874; Siehr IPRax 1991, 20, 22; Dörner/Meyer-Sparenberg DtZ 1991, 1, 2; Schotten/Johnen DtZ 1991, 225, 231; Lübchen Kommentar vom 6. Teil des EGBGB (1991) 186; v Hoffmann IPRax 1991, 1, 4). Die Vertreter dieser Auffassung kamen mit Nuancen im Ansatz über die entsprechende Anwendung von Art 236 zu der Heranziehung des **RAG** (unmittelbar oder entsprechend, s Wähler Kollisionsrechtliche Probleme ... 2a) durch Gerichte und Behörden des Beitrittsgebietes und damit zu zweierlei innerdeutschem Kollisionsrecht in den alten Bundesländern und im Beitrittsgebiet.

8   bb) Für ein territorial einheitliches innerdeutsches Kollisionsrecht auch für Altfälle haben sich nach dem 3. 10. 1990 mit Abweichungen im einzelnen ausgesprochen: v Bar IPR II Rz 127, 218; Drobnig RabelsZ 55 (1991), 268, 281; Strunk FamRZ 1991, 653, 655; Rauscher StAZ 1991, 1, 3; DtZ 1991, 20f; DNotZ 1991, 209, 210; Wasmuth DtZ 1991, 46, 50; Graf DtZ 1991, 370; Steiner DtZ 1991, 372; Coester-Waltjen Jura 1991, 516; Bosch FamRZ 1991, 1001, 1002; MüKo/Sonnenberger EinigungsV Rz 730; Mansel DtZ 1991, 124, 129 („Superkollisionsrecht"); Pal/Heldrich Art 236 § 3 Rz 4; Pal/Heinrichs Art 230 Rz 3. Dieser Auffassung nach ist Art 236 im innerdeutschen Kollisionsrecht nicht anwendbar, **da Art 236 das IPR betreffe und für eine entsprechende Heranziehung auf das interlokale Privatrecht kein Bedürfnis bestehe**, da dessen Einheitlichkeit zur Vermeidung von forum shopping (gezielte Auswahl des passenden unter mehreren zur Verfügung stehenden Gerichtsständen) und zur Trennung von Kollisionsrecht für Alt- und Neufälle den Vorrang verdiene.

cc) Stellungnahme. Der zweiterwähnten Auffassung ist zuzustimmen. Art 236 ist vom Gesetzgeber nicht hinreichend erkennbar (s BT-Drucks 11/7817, 37) als Regelung innerdeutschen Kollisionsrechts vorgesehen worden (wie hier MüKo/Sonnenberger EinheitsV Rz 730; abw Siehr IPRax 1991, 22; Dörner/Meyer-Sparenberg DtZ 1991, 1, 2 und 4; v Hoffmann IPRax 1991, 1, 3f). Dessen aber hätte es bedurft, wenn im Rahmen des Einigungsvertrages die der ununterbrochenen interlokalrechtlichen Praxis der BRepD entgegengesetzte Auffassung der ehemaligen DDR, das für internationale Rechtskonflikte geschaffene und aus der gescheiterten Sicht der ehemaligen DDR deshalb auch auf das Verhältnis zur BRepD angewandte RAG anzuwenden, eine Garantie auch für die Zeit der Einheit hätte bekommen sollen (s auch MüKo/Sonnenberger aaO Rz 30; v Bar IPR II Rz 127; 218). Aus der fehlenden Aussage des Einigungsvertrages und der in seiner Erfüllung geschaffenen Art 230–236 für eine Aufrechterhaltung auch der DDR-Rechtspraxis zur Handhabung des RAG gegenüber der BRepD ist deshalb grundsätzlich von der Erstreckung auch des – schon früher bundesrechtlichen – interlokalen Kollisionsrechts auch für Altfälle auszugehen. Mit dem Vertrauensschutzgedanken (s Pirrung RabelsZ 55 [1991] 211, 236; s auch Stoll FS W. Lorenz 577) ist die damit verbundene begrenzte Rückwirkung des bundesdeutschen interlokalen Rechts im Hinblick auf die Sondersituation des ehemaligen deutsch-deutschen Verhältnisses und auf die Umstände der Vereinigung vereinbar (s auch Drobnig aaO 279–281). Sollten aus dieser rückwirkenden Handhabung nicht vertretbare Eingriffe in erworbene Rechtspositionen folgen, ist im Einzelfall – aber nur im Einzelfall und nicht a priori für die gesamte Rechtsanwendung – an eine Korrektur und Benutzung des verfassungsrechtlich gewährleisteten Vertrauensschutzgebots zu denken (insoweit ähnl MüKo/Sonnenberger EinigungsV Rz 730). Diese Auffassung hat sich seither in der Rspr durchgesetzt, s die Rspr des BGH: BGH 124, 270; 127, 370; 128, 43; 131, 26; s dazu Thode JZ 1994, 472. Für eine Anwendung der Kollisionsnormen des RAG ist demgemäß auch in Altfällen seit dem 3. 10. 1990 grundsätzlich kein Raum mehr. Zur Ausnahme beim Erbstatut im Hinblick auf Art 25 II RAG s Rz 10 und dortige Verweisungen.

dd) Folgerungen. Nach den Regeln des auf Art 3ff aufbauenden **einheitlichen innerdeutschen Kollisionsrechts** ist deshalb zu beurteilen, ob ein Sachverhalt vorliegt, auf den Recht der ehemaligen DDR zur Anwendung gelangen kann. Zu den Regeln und Anknüpfungen des innerdeutschen Kollisionsrechts (Ersetzung der Staatsangehörigkeit durch den gewöhnlichen Aufenthalt, ggf die engste Verbindung einer Person im maßgeblichen Zeitpunkt) s Art 3 Rz 30. Es bleibt deshalb bei der Wandelbarkeit des Scheidungsfolgenstatuts bei in der früheren DDR geschiedenen Ehen (s Art 17 Rz 86; s ferner BT-Drucks 11/7817, 37). Besonderheiten in der Anknüpfung liegen ferner in der Maßgeblichkeit des gewöhnlichen Aufenthalts des Erblassers im Zeitpunkt des Erbfalls für das Erbstatut (Art 25 Rz 59) und der zweckbestimmten Anknüpfung an den gewöhnlichen Erblasseraufenthalt am 3. 10. 1990 für die Bestimmung des Statuts des gesetzlichen Erb- und Pflichtteilsrechts nichtehelicher Kinder. Eine weitere Besonderheit liegt ferner in der Maßgeblichkeit des Rechts der DDR für die Vererbung von in der ehemaligen DDR belegenen Grundstücken gem § 25 II RAG bei Erbfällen aus der Zeit zwischen dem 1. 1. 1976 und dem 3. 10. 1990 (s Art 25 Rz 59). Bei dieser Anwendung des RAG geht es indes nicht um die Spaltung des innerdeutschen Kollisionsrechts gem Rz 7, sondern um den entsprechend Art 3 III beachtlichen Durchsetzungswillen des Einzelstatuts gegenüber dem nach üblichen Regeln des interlokalen Rechts angeknüpften Gesamtstatut der Erbschaft.

II. Die Regelung des Art 236 im einzelnen

1. Beschränkung des Art 236 auf Sachverhalte mit Auslandsberührung. Aus den obigen Ausführungen folgt, daß Art 236 auf die Überleitung des IPR auf das Gebiet der ehemaligen DDR beschränkt bleibt. Art 236 entwickelt Bedeutung und kann zur Anwendung gelangen demgemäß nur, wenn der Sachverhalt Auslandsberührung iSv heute Art 3 I hat. Innerdeutsche Kollisionsrechtserheblichkeit reicht (s Rz 9, 10) nicht aus. Liegt ein derartiger Sachverhalt mit Auslandsbezug vor, gelten vorderhand die Art 3ff, die das geltende deutsche IPR enthalten. Da das deutsche IPR jedoch seit dem 3. 10. 1990 hinsichtlich der Behandlung von „Altfällen" in der Art räumlich gespalten ist, daß auf „DDR-Altfälle" in den Grenzen des Art 236 IPR der ehemaligen DDR anwendbar geblieben ist, während auf sonstige „Altfälle", dh Sachverhalte mit Bezug zur Zeit vor dem 3. 10. 1990 ungebrochen das IPR der Art 3ff zur Anwendung kommt, ist nach Feststellung des Auslandsbezuges mit den Regeln des innerdeutschen Kollisionsrechts (s Rz 10) die Anwendbarkeit des Art 236 zu prüfen. Findet diese Prüfung das Ergebnis, daß ein nach dem Recht der ehemaligen DDR zu behandelnder Sachverhalt vorliegt, gibt Art 236 die Antwort auf die Frage, ob neues oder altes IPR auf den Sachverhalt anzuwenden ist. Nur in den von §§ 1–3 gesteckten engen Grenzen beurteilt sich die internationalprivatrechtliche Rechtsanwendungsfrage nach dem – insoweit partielles Bundesrecht darstellenden – IPR der ehemaligen DDR (zu dessen Bestand s Rz 3). Dieses ergibt dann das anwendbare Sachrecht – Recht der ehemaligen DDR, ggf als besonderes Bundesrecht gem Art 230–235, oder ausländisches Recht.

2. Grundsatz der Nichtrückwirkung (§ 1). § 1 sieht diese Weiteranwendung des bisherigen IPR der DDR nach dem auch Art 220 I zugrundeliegenden (s Art 220 Rz 3) und bei der Schaffung des Art 236 § 1 von dort übernommenen (Pirrung RabelsZ 55 [1991], 236), im IPR sinnvollen **Grundsatz der Nichtrückwirkung** für Vorgänge vor, die im Zeitpunkt des Wirksamwerden des Beitritts bereits abgeschlossen waren.

a) Der Begriff des abgeschlossenen Vorganges iSv § 1 ist wegen seines Bezugs aus Art 220 I grundsätzlich in dort definierten Sinne zu interpretieren. Daß Art 236 nur über die Vorschaltung der interlokalen Komponente zum Zug kommt, führt zu keiner Modifikation der Bewertung des abgeschlossenen Vorganges. Wie bei Art 220 I bedeutet der Begriff ein am Stichtag (3. 10. 1990) unwandelbar angeknüpftes Rechtsverhältnis, dh ein Rechtsverhältnis, dessen **Anknüpfungstatbestand** sich aus der Sicht des für diese Beurteilung zuständigen neuen IPR (dh der Art 3ff) **vor dem Stichtag vollendet** (s BGH FamRZ 1990, 32, 33f = JuS 1990, 415f Anm Hohloch). S hierzu Art 220 Rz 5; zur Beurteilung des abgeschlossenen Vorgangs bei den einzelnen Anknüpfungstatbeständen kann auf die in den Erl zu Art 3–38 (jeweils Rubrik „Intertemporales Recht") erfaßten Beispiele verwiesen werden.

13 **b)** Liegt ein abgeschlossener Vorgang vor, ist auf ihn das „bisherige IPR" weiterhin anwendbar. Bisheriges IPR der DDR sind das RAG und die anderen Quellen des IPR der ehemaligen DDR. Diese sind grundsätzlich in der Weise anzuwenden, wie sie in der Zeit ihrer Geltung Anwendung gefunden haben. Insoweit gilt entsprechendes wie zu Art 220 I. Indes ist auch insoweit Modifikation nicht ausgeschlossen. Die Anwendung auch des bisherigen IPR steht unter dem Vorbehalt der Verfassungsmäßigkeit (s entspr bei Art 220 Rz 7). Stellt das RAG auf die Staatsbürgerschaft der DDR ab, die untergegangen ist, ist insoweit deutsche Staatsangehörigkeit zu lesen. Die Anwendungsvoraussetzungen des RAG iS der Regeln des innerdeutschen Kollisionsrechts berücksichtigen den gewöhnlichen Aufenthalt im Anwendungsbereich des Personalstatuts vorweg.

14 **3. Anknüpfungswechsel bei familienrechtlichen Verhältnissen (§ 2).** Neues IPR erfaßt seit dem Stichtag des 3. 10. 1990 die Wirkungen familienrechtlicher Verhältnisse. § 2 entspricht in seinem Anwendungsumfang seinem Regelungsvorbild Art 220 II. Als Wirkungen solcher familienrechtlicher Verhältnisse zählen etwa allgemeine Ehewirkungen, Name, Unterhalt, Wirkungen des Eltern-Kind-Verhältnisses, Wirkungen von Vormundschaft und Pflegschaft (hierzu s Art 220 II Rz 8). Gilt gem den von § 2 seit dem 3. 10. 1990 berufenen Kollisionsregeln der Art 3ff deutsches Recht, sind bei Vorliegen der § 2 zugrundeliegenden interlokalen Bezüge die Regeln des Art 234 mit berufen.

15 **4. Güterrechtliche Wirkungen von Ehen (§ 3).** § 3 unterstellt die güterrechtlichen Wirkungen von Ehen, die vor dem Wirksamwerden des Beitritts geschlossen worden sind, ab diesem Zeitpunkt Art 15. Für ab dem 3. 10. 1990 geschlossene Ehen gilt ausschließlich Art 15. § 3 ergibt also einen Wechsel in der kollisionsrechtlichen Behandlung dieser „Altehen". Der für sie bis zum Ablauf des 2. 10. 1990 maßgebliche Güterstand bestimmte sich unter den oben (Rz 11) dargelegten Grundvoraussetzungen nach § 19 RAG bzw in Normen der Rechtshilfeverträge, ab dem 3. 10. 1990 bestimmt er sich nach Art 15. Für die Bestimmung des Güterstatuts tritt dabei der Zeitpunkt des Wirksamwerdens des Beitritts (3. 10. 1990) an die Stelle des in Art 15 dafür vorgesehenen Zeitpunkts der Eheschließung. Das in diesem Fall objektiv bestimmte Güterstatut beurteilt sich also gem Art 15 I iVm Art 14 I Nr 1–3 und nach Maßgabe von § 3 S 1 Hs 2 nach der Anknüpfungsleiter des Familienstatuts (gemeinsame Staatsangehörigkeit am 3. 10. 1990 unter Beachtung von Art 5 I, ersatzweise gemeinsamer gewöhnlicher Aufenthalt, ersatzweise gemeinsame engste Verbindung zu diesem Zeitpunkt, dazu s Art 15 Rz 17). Die Anwendung von Art 15 ab dem 3. 10. 1990 anstelle des vorher anzuwendenden § 19 RAG kann **Statutenwechsel** zur Folge haben, Rauscher DtZ 1991, 20, 21 (s dazu noch Art 15 Rz 11, 15). Aus der Beendigung des alten Güterstandes können sich in diesem Fall Ansprüche (auf Auseinandersetzung, Ausgleich ...) ergeben; § 3 S 2 ordnet nach dem Vorbild von Art 220 III S 4 Stundung an. Demgemäß ist die Verjährung bis zum 3. 10. 1990 gehemmt gewesen (s noch die Erl zu Art 220 III bei Art 15 Rz 40, 48; s ferner hierzu MüKo/Siehr EinigungsV Rz 801–805). Hinzuweisen ist darauf, daß Art 236 § 3 den Güterstand von Ehen mit Auslandsberührung betrifft. Ob Ehegatten mit Personalstatut der DDR, die am 2. 10. 1990 im gesetzlichen Güterstand der §§ 13ff FGB-DDR gelebt haben, diesen Güterstand (durch Option) beibehalten haben, regelt sich nach Art 234 §§ 4 und 4a (s dazu ausführliche Kommentierung von Soergel/Hohloch[12] Nachträge Einl Vor § 1363 Rz 14–84.

237 *(von Abdruck und Kommentierung wurde abgesehen)*

Siebter Teil
Durchführung des Bürgerlichen Gesetzbuchs, Verordnungsermächtigungen

238-245 *(von Abdruck und Kommentierung wurde abgesehen)*

Stichwortverzeichnis

Bearbeiterin: Rechtsanwältin Verena Reithmann

Fette Zahlen ohne Zusatz verweisen auf die Paragraphen des Bürgerlichen Gesetzbuchs. Fette Zahlen mit Zusatz beziehen sich auf die Paragraphen/Artikel der folgenden Gesetze: **BeurkG** = Beurkundungsgesetz, S. 5122 (Band II); **EGBGB** = Einführungsgesetz zum Bürgerlichen Gesetzbuch, S. 5357 (Band II); **ErbbauVO** = Erbbaurechtsverordnung, S. 3452 (Band II); **HausratsVO** = Hausratsverordnung, S. 4083 (Band II); **LPartG** = Lebenspartnerschaftsgesetz, S. 4207 (Band II); **ProdHaftG** = Produkthaftungsgesetz, S. 3175 (Band II); **UKlaG** = Unterlassungsklagengesetz, S. 2926 (Band I); **VAHRG** = Gesetz zur Regelung von Härten im Versorgungsausgleich, S. 4184 (Band II); **WEG** = Wohnungseigentumsgesetz, S. 5273 (Band II).

Magere Zahlen bezeichnen die Randzahlen.

ab Kai 447 8, 448 5
ab Schiff 447 8, 448 5
ab Werk 447 8, 448 5
Abbildungsfreiheit; Aufhebung **Anh 12** 187ff; als Beiwerk **Anh 12** 184ff; Kunst und Wissenschaft **Anh 12** 186; Persönlichkeiten der Zeitgeschichte **Anh 12** 176ff; Versammlungen/Aufzüge **Anh 12** 185
Abbuchungsauftrag 151 4f; Inhaltskontrolle 307 139
Abbuchungsermächtigung s Lastschriftverfahren
Abernteberechtigung vor 581 20
Abfindung 611 411; Abkömmlinge, Anrechnung bei Auseinandersetzung Gütergemeinschaft 1495; Gesellschaft 138 66, 115, 738 11ff; Gesellschafter, Ausscheiden 738 4ff
Abfindungserklärung, Versicherung 305 6
Abfindungsvergleich, unzulässige Rechtsausübung 242 135
Abgabe einer Willenserklärung, s Willenserklärung, Wirksamwerden
Abgaben, öffentliche –, Verteilung bei Grundstückskauf 436 1ff; des Verpächters **586a**
Abgekürzte Lieferung, Bereicherungsausgleich 812 25, 39
Abhandenkommen, gutgläubiger Erwerb 935; Hypothekenbrief 1162; qualifizierte Legitimationspapiere (hinkende Inhaberpapiere) 808 7; Schuldverschreibung 794 1, 799 1; Zins-, Renten-, Gewinnanteilscheine 804 1
Abhängigkeit 611 4ff; persönliche – 611 5, 56ff; wirtschaftliche – 611, 6
Abhören, Schutz gegen – **Anh 12** 123ff; Verwertungsverbot **Anh 12** 237
Abhörgerät Anh 12 125
Ablaufhemmung, Verjährung s Verjährung, Ablaufhemmung
Ablösesumme 453 25
Ablösevereinbarung, Sittenverstoß 138 167
Ablösezahlung, Satzungsklausel 25 4
Ablösungsrecht Dritter 268
Abmahnung 323 16ff; Kündigungserfordernis 626 46ff; Wettbewerbsverstöße, Kostenerstattung 677 13
Abnahme der Kaufsache 433 52ff
Abnahme, Werkvertrag 631 12, 46, 640; Begriff 640 3; und Fälligkeit Vergütung 641; Fertigstellungsbescheinigung 641a; körperliche Entgegennahme/Ingebrauchnahme 640 6; Pflicht zur – 640 11ff; Rechtsfolgen Nichterfüllung –pflicht 640 15ff; Rechtsnatur 640 6; stillschweigende/konkludente – 640 5ff; -unfähigkeit 640 7ff, 646; Verlust Mängelrechte bei – 640 21ff; VOB 640 23f; Vollendung statt – 646; Wirkungen 640 2
Abnutzung, , vertragsgemäße – der Mietsache 538
Abonnementvertrag 505 14; Inhaltskontrolle 307 48
Abrechnung vor 387 6; Mietnebenkosten 535 81ff, 556 8ff, **556a**; Schuldversprechen 782 2
Abschlagszahlung, Verjährung Neubeginn 212 9
Abschleppkosten 249 98

Abschlußvertreter, Haftung, Klauselverbote 309 139ff
Abschlußzwang s Kontrahierungszwang
Abschnittsfinanzierung, Verbraucherdarlehen 491 8
Abstammung, anonyme Abgabe und Geburt **vor 1741** 27; Feststellung **vor 1589** 6; Mutter **1591**; Personenstand **vor 1589** 2; Recht auf Kenntnis der – **1589** 6ff; Vater **1592**
Abstammung, IPR EGBGB 19f; Allgemeines **EGBGB** 19 1ff; Anerkennung ausländischer Entscheidungen **EGBGB** 19 29f; Anfechtung **EGBGB 20**; -statut **EGBGB** 19 9ff; Statut der Vater-Mutter-Beziehung **EGBGB** 19 25f; Verfahrensrecht **EGBGB** 19 27ff; Zustimmung des Kindes **EGBGB 23**
Abstammungsbegutachtung 1600c 4ff, 1600d 7ff
Abstraktes Rechtsgeschäft Einl 104 21
Abstraktes Schuldversprechen, Gesamtschuldnerausgleich 426 86; Sicherungsgesamtschuld 421 50ff
Abstraktes Sicherungsversprechen 421 50ff
Abtreibung, s Schwangerschaftsabbruch
Abtretung 398ff; abgeschwächte – 398 5; Abstraktheit 398 27; Abtretungsanzeige 409; Abtretungsurkunde 403; anderer Rechte 413; Annahme Vertragsantrag 151 5; Auskunftspflichten 402 4; -ausschluß s dort; Bezeichnung/Bestimmbarkeit der Forderung 398 10; fiduziarische – 398 30ff; Forderung 242 136, 399 5f (aus beiderseitigem Handelsgeschäft), **EGBGB 33** 11f; Form 398 8; Freistellungsansprüche 399 6; Gesamtgläubigerschaft Zedent/Zessionar 428 21; Gesamtrechtsnachfolge unter Lebenden 412 2; gesetzlicher Forderungsübergang 412 1ff; Hilfs- und Nebenrechte 399 10ff; Hilfspflichten 402 1; höchstpersönliche Rechte 399 14; Inhalt 398 2f; Inhaltsänderung durch Gläubigerwechsel 399 6; und Insolvenz 398 12; Mantelzession 398 10; Maximalzession 398 10; Nichtabtretbarkeit 399 1ff; Parteien 398 1; Scheingeschäft 117 18; Sicherungsabtretung 398 6f; Sittenwidrigkeit 138 67; Sparbuchforderung 808 3; stille – 398 6f; Teil- 398 10, 399 7, 402 6, 406 6; Übergang der Nebenrechte 401, 7 (Abdingbarkeit); Übergang fällige Schadensersatzansprüche 401 5; Übergang Vorzugsrecht 401 6; Übersicht 398; Umdeutung einer -erklärung 140 20; unpfändbare Forderungen 400; Unterlassen störender Eingriffe 402 7; Verbot der – 449 48; Verbotsgesetz, Verstoß 134 22; und Verjährung 197 18; und Verjährung des Anspruchs 194 25; Verstoß gegen Treu und Glauben 242 136; Verwandtenunterhalt **vor 1601** 15; Vorausabtretung 398 11ff; Wirkung 398 28f; zukünftiger Forderung 398 11ff, 15ff (Arbeitslohn), 16 (Buchforderungen), 16 (Devidenenansprüche); Zweckbindung einer Zahlung 399 6; s Abtretung, Schuldnerschutz
Abtretung, Schuldnerschutz 404ff, Abdingbarkeit 404 8; „Annahme" der Abtretung 404 9; Anzeige durch Gläubiger 409; und Aufrechnung 404 2, 406; Begründetheit der Einrede zZt der Abtretung 404 5; Bezüge/Ruhegehalt, Abtretung 411; Einwendungen 404, 6 (Einreden

zw Zessionar und Zedent), 7 (Einreden Schuldner aus eigenem Recht); Leistung an Zedenten **407**; Leistung gegen Urkundenaushändigung **410**; Mehrfachabtretung **408**; nach Rechtshängigkeit **407** 7, 8; nach Rechtskraft **407** 9; Schuldnerschutz **404ff**; Schuldurkunde, Gutglaubensschutz **405**; Verjährung **404** 5; Verzicht **404** 9f

Abtretungsausschluß, **399** 1ff; AGB **305c** 31, **399** 1; höchstpersönliche Rechte **399** 14; Inhaltsänderung durch Gläubigerwechsel **399** 6; nachträgliche Vereinbarung **399** 13; unpfändbare Forderungen **400**; Wirkung **399** 3f; Zweck **399** 2

Abtretungsverbot 449 48; Abtretungsausschluß **307** 50f; Sittenwidrigkeit **138** 68; überraschende Klauseln **305c** 14

Abwasserbeseitigung, Amtshaftung **839** 95a

Abwehranspruch, Eigentümer 1004; absolute Rechte **1004** 8; Anwendungsbereich **1004** 4ff; Ausgleichsanspruch, nachbarrechtlicher **1004** 94ff; Ausschluß kraft öffentlichen Rechts **1004** 49ff; Baugenehmigung **1004** 55; Baulasten **1004** 43ff; Beeinträchtigung des Eigentums **1004** 12ff; Berechtigter **1004** 103ff; Beschädigung/Zerstörung einer Sache **1004** 27f; Beseitigungsanspruch **1004** 64ff; bei Dereliktion **1004** 130ff; dingliche Eingriffsrechte **1004** 44; Duldungspflicht **1004** 32ff, 39ff; ehrkränkende und kreditschädigende Tatsachenbehauptungen **1004** 35, 152ff; einfache negative Einwirkungen **1004** 18f; Fotografieren **1004** 25; Genehmigung einer gewerblichen Anlage **1004** 56; gesetzlich gestattete Eingriffe **1004** 40; Grunddienstbarkeit, Beeinträchtigung **1027**; Grundstück, Störung **1004** 16; ideelle/immaterielle Einwirkungen **1004** 20ff; Immissionen **1004** 16; Konkurrenzen **1004** 181ff; mehrere Störer **1004** 137ff; nachbarliches Gemeinschaftsverhältnis **1004** 42; nachbarrechtlicher Ausgleichsanspruch **1004** 60f; Naturereignisse **1004** 17; Prozessuales **1004** 176ff; quasinegatorischer – **1004** 10, 151ff; Rechtsgüter, rechtlich geschützte Interessen **1004** 10; bei Rechtsnachfolge **1004** 44, 130ff; Rechtswidrigkeit **1004** 32ff; Schadensersatzanspruch, Abgrenzung **1004** 82ff; schuldrechtliche Gestattung **1004** 45f; Untätigkeitsstörer **1004** 119ff; Unterlassungsanspruch **1004** 76ff; Verjährung **1004** 174ff; Vermieter **1004** 45f; Verpflichteter/Störer **1004** 106ff; Vorbereitungshandlungen **1004** 29ff; Zugangs-/Nutzungsbehinderung **1004** 26

Abwerben, Arbeitskräfte **826** 29f; Sittenwidrigkeit **138** 69

Abwesenheitspfleger 1911, 1921

Abwicklung von Verträgen, Klauselverbote **308** 58ff s Übersicht dort

Abzahlungskauf als Geschäfte des täglichen Lebens **105a** 6

Abzahlungsgeschäft, effektiver Jahreszins **246** 7

Abzahlungshypothek vor 1113 16

Abzahlungskauf, unzulässige Rechtsausübung **242** 137

Abzug neu für alt 249 84a, 92

actio pro socio 705 57ff

Adäquanztheorie vor 249 31ff, 47

Adelsbezeichnung, Namensrecht **12** 9; Sittenwidrigkeit rechtsgeschäftlicher Erwerb **138** 70

Adelstitel 1616 12

Adhäsionsverfahren, Verjährungshemmung **204** 11

Adoption, Ehe mit Adoptivkind **1308, 1766**; gesetzliche Erbfolge **1924** 3ff, **1925** 6ff, **1926** 4ff; Minderjährigens dort; Name **12** 3; Reformen **Einl 1297** 30, 45; Sittenwidrigkeit **138** 71; Verbotsgesetz, Verstoß **134** 23; Volljährigen- s dort

Adoption, IPR EGBGB 22; Allgemeines **EGBGB 22** 1ff; Anknüpfungen **EGBGB 22** 10f; Anwendungsbereich **EGBGB 22** 12ff; Auslands- **EGBGB 22** 22ff; Inlands- **EGBGB 22** 20f; Inlandswiederholung der Auslands- **EGBGB 22** 30; internationales Verfahrensrecht **EGBGB 22** 20f; ordre public **EGBGB 6** 38ff, **22** 6; Vertrags- **EGBGB 22** 27; Zustimmung des Kindes **EGBGB 23**

Adoptionsgesetz, Übergangsvorschriften **vor 1741** 3ff

Adoptionspflege 1744; bei anonymer Abgabe und Geburt **vor 1741** 27

Adoptionsvermittlung 677 9, **vor 1741** 15ff; gesetzeswidrige – **1741** 18ff

Adoptionsvermittlungsgesetz vor 1741 20; Verbotsgesetz **134** 23

Adressenmaterial Verwendung, 305c 14, **307** 102

Affektionsinteresse 249 33

AGB vor 305–310; Abänderung **305** 43, 51; Anfechtbarkeit **119** 36; Anwendungsbereich **310**, 5ff (Verträge mit Unternehmern), 9 (Versorgungsbedingungen), 10ff (Verbraucherverträge); Arbeitnehmer **611** 182; Auslegung **133** 9, 40, **157** 4, 5, 26; Bedeutung **vor 305** 1; und Dissens **155** 4; EG-Klauselrichtlinie **vor 305** 7f, **305b** 13, **306** 3, **vor 307** 5ff, **308** 30, 38, **309** 18, 27, 33a, 33a, 52, 61, 79, 133, 138, 155, **Anh 305–310** (Text); Irrtumsanfechtung **119** 36; Kollision **150** 9, **305** 46ff; Neuwagenkauf **307** 23; Normzweck **vor 305** 2; Rechtsentwicklung **vor 305** 5ff; Schadensersatzansprüche, Pauschalierung **309** 41ff; Schriftformklausel **125** 10; SchuldModG **vor 305** 9f; Sittenwidrigkeit **138** 72; Synopse **vor 305** 12; Teilnichtigkeit **139** 4; überraschende Klauseln s AGB, überraschende Klauseln; Umgehungsverbot **306a**; Unklarheitenregel **305c** 3, 6, 27ff, 30 (Einzelfälle); unzulässige Rechtsausübung **242** 138ff; Verjährungsklauseln **202** 13; Verstoß gegen die guten Sitten **138** 8; Vertragsauslegung bei Klauselunwirksamkeit **157** 2f; Verweisung auf unterschiedliche – bei Vertragsschluß **150** 9; vorformulierte Vertragsbedingungen **vor 305** 3; Vorrang der Individualabrede **305b**, 7ff (Einzelfälle); Zugangsfiktion **130** 28

AGB, Auslegung 305c 19ff; Beispiele **305c** 26; ergänzende – **305c** 2; Fachbegriffe **305c** 25; Grundsätze **305c** 20ff; objektiv-normative – **305c** 20; keine restriktive/geltungserhaltende – **305c** 24; Revisibilität **305c** 33; unbeachtliche -alternativen **305c** 22; Wortlaut, Sinn und Zweck **305c** 21

AGB, Begriff 305 3ff; behördliche Genehmigung **305** 4; Beweislast **305** 58; einseitige rechtsgeschäftliche Erklärungen **305** 6; ergänzungs-/ausfüllungsbedürftige Klauseln **305** 10; keine Individualvereinbarungen/Aushandeln **305** 17ff; Rechtsnormen **305** 7; Stellen **305** 12ff; Vertragsabschlußklauseln **305** 5; Vertragsbedingungen **305** 3ff; Vielzahl von Verträgen **305** 11; Vorformulierung **305** 9ff; vorvertragliche Beziehungen, Regelung **305** 5

AGB, Einbeziehung 305 25ff, 42; Abänderung AGB **305** 43, 51; ausdrücklicher Hinweis **305** 26ff, 30 (maßgeblicher Zeitpunkt); Aushang, deutlich sichtbarer **305** 31; Auslandsberührung **305** 57; Beweislast **305** 59; branchenübliche Verwendung **305** 49; Einbeziehungsabrede **305** 25; Einverständnis **305** 41; Entbehrlichkeit bei Handelsbrauch **305** 53; erkennbare Behinderung Vertragspartei **305** 39; Internet/Teleshopping **305** 29, 37; Kenntnisnahme, zumutbare **305** 33ff, 50; Kollision von – **305** 54ff; mündlicher/fernmündlicher Vertragsabschluß **305** 28, 35f; nachträgliche – **305** 42; Nichteinbeziehung/Unwirksamkeit **306**; schriftlicher Vertragsabschluß **305** 27, 34; Sonderfälle **305a**; überraschende Klauseln **305c** 1ff; im unternehmerischen Verkehr **305** 47; Verhandlungs- und Vertragssprache **305** 33

AGB, Gewährleistung 309 80ff; Ausschluß und Verweisung auf Dritte **309** 90ff; Ausschlußfrist für Mängelanzeige **309** 113ff; Erleichterung der Verjährung **309** 118ff; Nacherfüllung **309** 100ff (Beschränkung auf), 106ff (Aufwendungen), 109ff (Vorenthalten der)

AGB, Inhaltskontrolle; Allgemeines **vor 307** 1ff; Anwendungsbereiche **vor 307** 14ff; Prüfungsreihenfolge

307 2; Rechtsfolgen **vor 307** 16ff, 19 (Schadensersatzpflicht); Verfahrensfragen **vor 307** 20ff
AGB, Inhaltskontrolle Generalklausel 307; Abweichung von wesentlichen Grundgedanken **307** 24ff; Einschränkung wesentlicher Rechte und Pflichten **307** 31ff; Entgelthöhe **307** 17; gesetzliche Leitbilder **307** 27ff; kollektiv „ausgehandelte" AGB **307** 15; Kompensation/ganzer Inhalt **307** 11; Rationalisierungsinteresse **307** 12; Risikoverteilung/Versicherungsschutz **307** 13; Transparenzgebot **307** 18ff; Übersicht einzelne Klauseln **307** 47; unangemessene Benachteiligung **307** 7ff, 10ff (Gesichtspunkte der Interessenabwägung); unternehmerischer Geschäftsverkehr **307** 35ff; Verkehrssitte **307** 14; Vertragsstrafe **339** 2
AGB, Inhaltskontrolle Klauselverbote 308, 309; Abwicklung von Verträgen **308** 58ff; Änderungsvorbehalt **308** 31ff; Annahme- und Leistungsfrist **308** 1ff; Aufrechnungsverbot **309** 28ff; Beweislast **309** 145ff; Dauerschuldverhältnisse, Laufzeit **309** 124ff; fingierte Erklärungen **308** 39ff; Form von Anzeigen und Erklärungen **309** 156ff; Gewährleistung s AGB, Gewährleistung; Haftung **309** 62ff (grobes Verschulden), 62ff (Verletzung Leben, Körper, Gesundheit), 72ff (leichte Fahrlässigkeit), 139ff (des Abschlußvertreters); Leistungsverweigerungsrechte **309** 19ff; Mahnung, Fristsetzung **309** 34ff; Nachfrist **308** 13ff; Nichtverfügbarkeit von Leistungen **308** 69; Preiserhöhung, kurzfristige **309** 1; Rücktrittsvorbehalt **308** 17ff; sonstige Haftungsausschlüsse bei Pflichtverletzung **309** 80ff; unternehmerischer Geschäftsverkehr **308** 12, 16, 29, 51, 57, **309** 17, 26, 33, 40, 51, 58f, 76ff, 105, 108, 123, 132, 137, 144, 154; Vertragsstrafe **309** 53ff s Übersicht dort; Vorleistungspflicht **309** 21; Wechsel des Vertragspartners **309** 134ff; ohne Wertungsmöglichkeit **309**; mit Wertungsmöglichkeiten **308**; Zugangsfiktion **308** 52ff
AGB, Inhaltskontrolle Schranken 307 38ff; deklaratorische Klauseln **307** 39ff; Leistungsbeschreibung **307** 42ff; preisbestimmende Klauseln **307** 45ff
AGB, Kaufvertrag 306 12; Eigentumsvorbehalt **449** 3, 47 (verlängerter), 68 (weitergeleiteter); Einschränkung der Gewährleistung des Händlers durch Herstellergarantie **443** 16; Freizeichnungsklauseln **444** 1ff; Gebrauchtwagenkauf **305c** 30; Inhaltskontrolle **307** 123ff; Kontokorrentvorbehalt **449** 63; Mängelrügefrist **305c** 32; Nachbewertungsklausel **307** 46; Rücknahmerecht hinsichtlich der Kaufsache **449** 14; Vorleistungspflicht **309** 22; Wiederkaufpreis **456** 13
AGB, Nichteinbeziehung/Unwirksamkeit, 306; ergänzende Vertragsauslegung **306** 13ff; keine geltungserhaltende Reduktion **306** 8ff; Gesamtunwirksamkeit **306** 16ff; personale Teilunwirksamkeit **306** 15; Restvertrag, Wirksamkeit **306** 4f; salvatorische Klauseln **306** 20; Teilunwirksamkeit **306** 11f; vertragliche Regelung **306** 20; Vertragsinhalt **306** 6ff
AGB, überraschende Klauseln, 305c 1ff, 8ff; ausdrücklicher Hinweis **305c** 12; besondere drucktechnische Gestaltung **305c** 12; Beweislast **305c** 33; Einzelfälle **305c** 14ff; Fallgestaltungen **305c** 13; individuelle Begleitumstände des Vertragsabschlusses **305c** 11f; Überraschungswirkung **305c** 10; Ungewöhnlichkeit **305c** 9; Verhältnis zu anderen Vorschriften **305c** 6
AGB, Unterlassungs-/Widerrufsanspruch, Abmahnung **UKlaG 5** 4; Anerkenntnis **UKlaG 5** 4; Anhörung **UKlaG 8** 5ff; anspruchsberechtigte Stellen **UKlaG** 3f; Anspruchsgegner **UKlaG 1** 2ff; Arbeitsrecht **UKlaG 15**; Auskunftsanspruch **UKlaG 13f**; einstweilige Verfügung **UKlaG 5** 6; Einwendungen bei abweichender Entscheidung **UKlaG 10**; Feststellungsklage **UKlaG 5** 5; Gegenstand **UKlaG 1** 6ff; Klageänderung **UKlaG 8** 3; Klageantrag **UKlaG 5** 2, **8**; Rechtsfolge **UKlaG 1** 10f; Rechtsschutzbedürfnis **UKlaG 5** 3; Streitwertbestimmung **UKlaG 5** 7; Überleitungsvorschriften **UKlaG 16**; Urteilsformel **UKlaG 9**; Urteilswirkungen **UKlaG 11**; Verfahrensrecht, anwendbares **UKlaG 5**; Verjährung **UKlaG 1** 12ff; Veröffentlichungsbefugnis **UKlaG 7**; Vollstreckung **UKlaG 5** 8; Zuständigkeit **UKlaG 6**
AGB-Banken, Änderung **305** 43; Bankgeheimnis/Bankauskunft **307** 64; Darlehensverträge **307** 72; ec-Kartenbedingungen **307** 71; Entgelte **307** 47; fingierte Erklärungen **308** 49; Girovertrag **307** 70; Haftung **307** 65; Inhaltskontrolle **307** 23, 63ff, **308** 35; Kontokorrentkonto, Rechnungsabschluß **307** 66; Kosten der Bankdienstleistungen **307** 68; Kündigungsrecht **307** 69; mangelnde Geschäftsfähigkeit des Kunden **vor 104** 14; Pfandrecht **vor 1204** 14; Stornobuchungen/Berichtigungsbuchungen **307** 67; Substitutionsklausel **307** 65; Wertstellungsklauseln **307** 47, 70
AGB-Sparkassen, Inhaltskontrolle **307** 63ff
Agenturvertrag 433 50, **480** 5
Agio vor 488 39, 46, **488** 60
Aids, Arbeitsschutz **618** 19
AIDS-Test, Persönlichkeitsschutz **Anh 12** 271
Akkordkolonne vor 420 29
Akkordlohn 611 439ff
Akkreditiv 328 24, **433** 48; und Anweisung **vor 783** 7
Akten, Herausgabeanspruch des Auftraggebers **667** 23; Wissenszurechnung **166** 10
Aktien, Nießbrauch an – **1081** 4ff; Rechtskauf **453** 2, 5
Aktiengesellschaft, Testamentsvollstreckung **2205** 37
Akzeptkredit vor 488 57; Finanzierungshilfe **499** 11
Aliud-Lieferung 241a 11, 40ff, **434** 59ff
Alkohol, außerordentliche Kündigung **626** 72; Entgeltfortzahlung **616** 117
Alkohol (Drogen), außerordentliche Kündigung **626** 54, 70
Alleinvertriebsvertrag, IPR **EGBGB 28** 53
Alleinverwaltung des Gesamtgutes 1458, 1472
Allgemeines Persönlichkeitsrecht vor 1 3, **Anh 12** 1ff sa Übersicht dort, 317ff, **vor 823** 3, **823** 48; angemaßte Fremdgeschäftsführung **Anh 12** 361ff; ärztlicher Heileingriff, unbefugter **Anh 12** 270; Begriff **Anh 12** 1; Beseitigungsanspruch/Widerruf **Anh 12** 333ff (Anspruchsgrundlage), 334ff (Anspruchsvoraussetzungen), 338ff (Widerruf, Voraussetzungen/Funktion), 343ff (Widerruf, Inhalt), 349 (Widerruf, Form und Umfang), 350 (Aktivlegitimation), 350 (Passivlegitimation), 351 (Verfahrensrecht); Ehrenschutz **Anh 12** 18ff sa dort; Entscheidungsfreiheit, Beeinträchtigung **Anh 12** 272; und Freiheitsschutz **Anh 12** 269ff; Identitätsschutz **Anh 12** 104ff sa dort; Informationsfreiheit, negative **Anh 12** 278ff; Internet, Persönlichkeitsverletzungen s dort; IPR **Anh 12** 316, **EGBGB 40** 53; kommerzielle Auswertung, Schutz vor **Anh 12** 241ff sa dort; Leichnam **vor 1** 3; Nichtleistungskondiktion **812** 69; Oduktion **vor 1** 3; Organentnahme/Entnahme von Körpersubstanzen, unbefugte **Anh 12** 271; Persönlichkeitsschutz, postmortaler s dort; Privatgeheimnisse, Schutz gegen Verbreitung/Auswertung s dort; Privatgeheimnisse, Schutz vor Ausspähung s dort; quasinegatorischer Abwehranspruch bei Verletzung **1004** 171ff; Recht auf informationelle, sexuelle, wirtschaftliche und sonstige Selbstbestimmung **Anh 12** 273f; Rechtswidrigkeit, Indikation **Anh 12** 7; Schadensersatz **Anh 12** 368ff sa Allgemeines Persönlichkeitsrecht, Geldentschädigung; Allgemeines Persönlichkeitsrecht, Schadensersatz; Schutz vor Belästigungen **Anh 12** 281ff; Schutzbereichsbildung **Anh 12** 2ff; Vererblichkeit **1922** 9; Verfälschung des Persönlichkeitsbildes **Anh 12** 104ff sa Identitätsschutz; verfassungsrechtliches/bürgerlich-rechtliches **Anh 12** 9ff sa Allgemeines Persönlich-

Stichwortverzeichnis

keitsrecht, verfassungsrechliches; Verletzung, Gewinnabschöpfung **687** 17; und vorsätzlich sittenwidrige Schädigung **826** 53f; s Persönlichkeitsschutz, Personenvereinigungen
Allgemeines Persönlichkeitsrecht, Bereicherung, Anh 12 352ff; Konkurrenzen **Anh 12** 354 (Bereicherungsschuld keine Schadensschuld); keine Schadensschuld **Anh 12** 352 (Verwertungsrechte, Nutzung ausschließlicher); Umfang **Anh 12** 355 (unmoralischer Nutzen); unmoralischer Nutzen **Anh 12** 356ff (Umfang der Bereicherung); Verwertungsrechte, Nutzung ausschließlicher **Anh 12** 360 (Konkurrenzen)
Allgemeines Persönlichkeitsrecht, Geldentschädigung Anh 12; Ausgleichs-, Genugtuungs-, Präventionsfunktion **Anh 12** 380; Bemessungskriterien **Anh 12** 382; Gewinnabschöpfung oder Strafschadensersatz **Anh 12** 383; Höhe **Anh 12** 387ff; vom Schmerzensgeld zur Geldentschädigung **Anh 12** 381; schwere Verletzung/ schweres Verschulden **Anh 12** 384; Subsidiarität **Anh 12** 385; Voraussetzungen **Anh 12** 382
Allgemeines Persönlichkeitsrecht, Rechtsfolgen, Beseitigungsanspruch/Widerruf **Anh 12** 395 (Gegendarstellung)
Allgemeines Persönlichkeitsrecht, Schadensersatz Anh 12 368ff; Abwehrmaßnahmen, Abwehr eigener **Anh 12** 370f; Analogie **Anh 12** 377; Anspruchsgrundlagen **Anh 12** 368; Auskunftsanspruch **Anh 12** 394; Berechnung, dreifache **Anh 12** 372ff; in Geld **Anh 12** 378ff sa Allgemeines Persönlichkeitsrecht, Geldentschädigung; Gewinnherausgabe **Anh 12** 376; Herausgeber/Chefredakteur **Anh 12** 391; Informant **Anh 12** 393; Lizenzanaloge **Anh 12** 374f; materielle Schäden **Anh 12** 369ff; mehrere Täter **Anh 12** 394; Organhaftung **Anh 12** 389; Organisationsverschulden **Anh 12** 389; Passivlegitimation **Anh 12** 388; Schmerzensgeld **Anh 12** 378ff sa Allgemeines Persönlichkeitsrecht, Geldentschädigung; Verrichtungsgehilfen **Anh 12** 390
Allgemeines Persönlichkeitsrecht, Unterlassungsklage, Anh 12 317ff; Aktivlegitimation **Anh 12** 325; Anspruchsgrundlagen **Anh 12** 317; Antrag/Urteil, Formulierung **Anh 12** 329; Begehungs-/Wiederholungsgefahr **Anh 12** 320f; Darlegungs- und Beweislast **Anh 12** 327; Inhalt und Umfang des Anspruchs **Anh 12** 322; Passivlegitimation **Anh 12** 326; Rechtsweg **Anh 12** 330; rechtswidrige Verletzung **Anh 12** 318f; Schranken des Anspruchs **Anh 12** 323f; Veröffentlichung Unterlassungsverpflichtung **Anh 12** 332; Zuständigkeiten **Anh 12** 331
Allgemeines Persönlichkeitsrecht, verfassungsrechtliches Anh 12 9ff; Drittwirkung, mittelbare **Anh 12** 12; Drittwirkung, unmittelbare **Anh 12** 11; Funktionen **Anh 12** 10; Gleichwertigkeit der Gegeninteressen **Anh 12** 14; Heck'sche Formel **Anh 12** 16; Rechtsanwendung/-gestaltung, Grenze **Anh 12** 13; Verfassungsbeschwerde **Anh 12** 15ff; Verhältnismäßigkeitsgrundsatz **Anh 12** 14
Altenheimvertrag, 308 42, **vor** 535 27
Altenteilsvertrag 1093 5, **1105** 12, **1111** 3f; Störung der Geschäftsgrundlage 313 48
Alter der Kaufsache **434** 9
Altersunterhalt 1571, Altersgrenze **1571** 2; Bedürftigkeit **1571** 10; Beweislast **1571** 18; Einsatzzeitpunkt **1571** 7; Erwerbsobliegenheit **1571** 3; Kausalität **1571** 6; Konkurrenzen **1571** 12ff; Teilunterhalt **1571** 4f; Verzehr Vermögen **1571** 9
Altersversorgung 611 182; unzulässige Rechtsausübung **242** 144; Verbotsgesetz **134** 40
Altersversorgung, betriebliche 611 477ff; Betriebsübergang **613a** 44f; Drittwirkung **328** 21; Versorgungsausgleich **1587a** 42ff s Übersicht dort
Altlasten 434 31; Überplanung, Amtspflichtverletzung **839** 56

Ambulante ärztliche Behandlung, Ersatzpflicht **249** 40; Mitverschulden **254** 32
Amt, öffentliches, Sittenwidrigkeit, rechtsgeschäftlicher Erwerb **138** 70
Amtsarzt, Amtshaftung **839** 97
Amtsempfangsbedürftige Willenserklärung, Anwendung von § 180 **180** 2; Anwendung von § 181 **181** 16; geheimer Vorbehalt **116** 6; Scheingeschäft **117** 2
Amtshaftung 839, Amtspflichten **839** 42ff; Amtspflichtverletzung **839** 41ff; Ausgleichung **841**, Ausübung eines öffentlichen Amts **839** 36; Beamtenbegriff, haftungsrechtlicher **839** 37ff; Drittbezogenheit der Amtspflicht **839** 50ff; Eigenhaftung Beamter **839** 6ff; Entwicklung **839** 10ff; europäisches Staatshaftungsrecht **839** 16ff; haftender Verwaltungsträger **839** 84ff; Haftungsausschlüsse **839** 61ff, 78f (sondergesetzliche); unter Hoheitsträgern **839** 54; Inhalt und Umfang Schadensersatzanspruch **839** 81ff; Kausalität **839** 57; Mitverschulden **839** 70ff; für normatives Unrecht **839** 55; öffentliches Amt **839** 21ff; Problematik **839** 11f; prozessuale Durchsetzung **839** 91ff; Rechtslage neue Länder **839** 14; Reformbestrebungen **839** 13; Regreß **839** 95; Subsidiaritätsklausel **839** 66ff; Übersicht **839**, bei „Urteil in Rechtssachen" **839** 61ff; Verhältnis zu anderen Haftungsnormen **839** 5; Verjährung **195** 22, **839** 80; Verschulden **839** 58ff; Voraussetzungen **839** 20ff
Amtsmißbrauch, Amtshaftung **839** 53
Amtspflichtverletzung 839 41ff
Amtsvormerkung 883 6
Anderkonto 328 20, **362** 15, **387** 31
Änderungskosten, Aufwendungsersatz Teilzahlungsgeschäft **503** 24
Änderungsvertrag, Form **311b** 56ff
Änderungsvorbehalt, Klauselverbote **308** 31ff
Aneignung 958ff; bewegliche Sachen **958**; Bienenschwarm **961**ff, **964** (Einzug in fremde besetzte Wohnung); Eigentumsaufgabe **959**; gezähmte Tiere **960** 8; Vereinigung mehrerer **963**; Verfolgung **962**; wilde Tiere **960**
Aneignungsrecht, sonstiges Recht **823** 39
Anerkenntnis, Grundstücksübertragung **311b** 25; negatives **397** 11; Verjährung Neubeginn **212**; s Schuldanerkenntnis
Anerkennung, Auslandsscheidung **EGBGB 17** 70ff
Anerkennungsvertrag, unzulässige Rechtsausübung **242** 141
Anfängliches Leistungshindernis 311a sa Leistungshindernis, anfängliches
Anfangsvermögen 1374; abweichende Vereinbarungen **1374** 11; Auskunftsanspruch **1379** 1ff; Einkünfte **1374** 10; Forderungen **1374** 8; Hinzurechnung zum Anfangsvermögen **1374** 6; Lebensversicherungssumme **1374** 9; Lottogewinn **1374** 9; Nacherbenstellung **1374** 6; negatives **1374** 5; Schmerzensgeld **1374** 9; Verbindlichkeiten **1374** 4; Vermutungsregel **1377** 5; Verzeichnis **1377;** Zuwendungen der Eltern **1374** 8; Zuwendungen unter Ehegatten **1374** 7, **1380** 1ff
Anfangsvermögen, Bewertung 1376 2; land- und forstwirtschaftliche Betriebe **1376** 10; maßgeblicher Zeitpunkt **1384**; Unternehmen/Unternehmensbeteiligungen **1376** 6ff; Vermögen und Verbindlichkeiten **1376** 5
Anfechtbares Rechtsgeschäft Einl 104 26; Bestätigung **144** 1ff, sa Bestätigung, anfechtbares Rechtsgeschäft
Anfechtbarkeit Willenserklärung vor 116 14, 21; arglistige Täuschung s dort; Drohung, widerrechtliche s dort; Irrtum s Irrtumsanfechtung; und Mängelgewährleistung/-haftung beim Kauf **vor 437** 19ff; sa Anfechtung
Anfechtbarkeitseinrede 2083
Anfechtung, Anmietrecht **vor 535** 65; Arbeitsvertrag **611** 262ff; der Ausübung eines Wiederkaufrechts **456** 10; Erbvertrag **2281**; Inhaberschuldverschreibung **793** 8;

Leistungsbestimmung durch Dritte **318**; Testament **2078ff**; Verfügung von Todes wegen **vor 2064** 18
Anfechtung, Schadensersatz 122 1ff; Analogie **122** 3; Anspruchsberechtigter **122** 4; Berechnung **122** 8; Beweislast **122** 12; bewußte Falschübermittlung **122** 3; und cic **122** 6; Ersatzpflicht **122** 5ff; Kenntnis/Kennenmüssen des Anfechtungsgrundes **122** 9; Verjährung **122** 9; Vertrauensschaden **122** 5ff
Anfechtung Testament 2078ff; Ausschluß **2078** 13; -begründende Willensmängel **2078** 5ff; Behauptungslast **2078** 14; -berechtigte **2080**; -erklärung **2081**; -frist **2082**; -gegner **2081**; Leistungsverweigerungsrecht des Anfechtungsberechtigten **2083**; Übergehung eines Pflichtteilsberechtigten **2079**; Umfang **2078** 4; Vereinbarung über -recht **2078** 12; Vertrauensschaden **2078** 15; widerrechtliche Drohung **2078** 11
Anfechtung, unrichtige Übermittlung 120 1ff; Anfechtbarkeit **120** 6; Bedeutung **120** 1; bewußt unrichtige Übermittlung **120** 3, **122** 3; und falsa demonstratio **120** 4; Fehler bei Stellvertretung **120** 2; -frist **121** 1ff sa dort; Haftung **120** 7 (des Erklärenden), 7 (des Übermittlers); Kausalität **120** 5; Kenntnis des Empfängers **120** 4; Schadensersatz **122** 1ff sa Anfechtung, Schadensersatz; unbewußt unrichtige Übermittlung **120** 3
Anfechtungsberechtigung 143 4, 5
Anfechtungserklärung 142 1ff, **143** 1ff; Anfechtung nur Erfüllungsgeschäft **142** 7; Anfechtung nur Verpflichtungsgeschäft **142** 6; Anfechtung Verpflichtungs-/Erfüllungsgeschäft **142** 8; Anfechtungsberechtigung **143** 4, 5; Anfechtungsgegner **143** 6ff; Angabe des Anfechtungsgrundes **143** 1; Anwendungsbereich des § 142 **142** 1; ausdrückliche oder schlüssige **143** 1; Ausnahmen von der Rückwirkung **142** 10; bedingungsfeindliche – **143** 3; formlose – **143** 2; Gutglaubensschutz **142** 11; Nichtigkeit von Anfang an **142** 2f, 5; Rücknahme **142** 9; Teilanfechtung **142** 5, **143** 1; Umdeutung **140** 20; Wirkung gegenüber jedermann **142** 4
Anfechtungsfrist 121 1ff, **124** 1ff; Anfechtung unter Abwesenden **121** 4; bei arglistiger Täuschung/widerrechtlicher Drohung **124** 1ff; Ausschluß- **121** 2, 6; Beweislast **121** 5; bei Irrtum/unrichtiger Übermittlung **121** 1ff; Kenntnis Anfechtungsgrund **121** 2; Stellvertretung bei Anfechtung **121** 3; Unverzüglichkeit **121** 3
Anfechtungsgegner 143 6ff
Angebot, Vertrags- 145 sa Antrag
Angehörige, Aufnahme in Mietwohnung **540** 6; Begriff **vor 1589** 8
Angehörigenprivileg vor 249 185f; und Forderungsübergang bei Gesamtschuld **426** 29
Angestellte 611 109ff; kaufmännische/technische – **611** 116; leitende – **611** 117; im öffentlichen Dienst, Amtshaftung **839** 38
Animierlokal, Sittenwidrigkeit **138** 73
Ankaufspflicht 463 5
Ankaufsrecht 456 4; Annahmefrist **147** 20; Bedeutung **vor 158** 4; Erbbaurecht **ErbbauVO 2** 10f; Form **311b** 42; Vormerkung **883** 17
Anlageberatung 675 7, 37ff; und cic **311** 42; Pflichtverletzung/Schadensersatz **280** 48ff; Sorgfaltspflicht/Fahrlässigkeit **276** 34; vorsätzliche sittenwidrige Schädigung **826** 41
Anlagegeschäft, Haftung Banken **675** 37ff
Anlagen auf Nachbargrundstück **907**
Anlagenbauvertrag, IPR **EGBGB 28** 39
Anlagenvertrag vor 631 24
Anlagevermittlung, Pflichtverletzung/Schadensersatz **280** 48ff; Rechtsbindungswille **vor 145** 7, **vor 241** 17
Anleihebedingungen, Inhaltskontrolle **307** 122
Anlernlinge 611 134
Anliegergebrauch 903 7
Anliegerpflichten, Verkehrssicherungspflichten **823** 94

Annahme, als Kind s Adoption; mangelhafte Mietsache **536b** 6
Annahme Erbschaft 1943 2ff; Ablaufhemmung Verjährung **211**; Berufungsgrund, Irrtum über **1949**; mehrere Berufungsgründe **1948**; Schutz vor Inanspruchnahme vor Annahme **1958**; Teilbarkeit/Unteilbarkeit – und Ausschlagung **1948** 1, **1950, 1951**; Zeitpunkt **1946**
Annahme Erbschaft, Anfechtung 1954ff; Form **1955**; Fristversäumung **1956**; Wirkung **1957**
Annahme Vertragsantrag, unter Abwesenden **147** 16 (e-mail, Telefax), 18; Ankaufsrecht **147** 20; unter Anwesenden **147** 16f; ausschließlich vorteilhafte Angebote **151** 3; bei Beurkundung, notarieller **152** 1f; Dissens s dort; Empfangsbedürftigkeit **147** 2, **151** 1; Empfangsbedürftigkeit, Enfallen der **151** 3ff, 4 (Verzicht), 5f (Betätigung des Annahmewillens), 7 (Widerruf), 9 (Anfechtung); mit Erweiterung/Einschränkung **150** 3ff, 3ff, 9 (unterschiedliche AGB); Frist **148** 1 (in AGB), 4 (Form), 5 (Zugang), 6 (Beginn), **308** 1ff (Klauselverbot); Handelsverkehr **151** 3; invitatio **145** 12; kaufmännisches Bestätigungsschreiben **147** 5ff, sa Bestätigungsschreiben, kaufmännisches; laufende Geschäftsverbindung **147** 3; durch Schweigen **147** 3, **150** 7f, **151** 9; Tod/Geschäftsunfähigkeit **153** 1ff (des Antragenden), 7 (des Antragsgegners); unentgeltliche Zuwendungen **151** 3; unregelmäßige Beförderung **149** 1f; Verhinderung des rechtzeitige Zugangs **147** 21, **148** 6; verspätete – **149** 1, 2 (Anzeigenobliegenheit), 3f (Schwebezustand), 5 (Beweislast), **150**; durch Vertreter ohne Vertretungsmacht **148** 7; Vorhand **147** 20; Zeitpunkt **147** 1ff, 16ff, 22; Zusendung unbestellter Ware s unbestellte Leistung
Annahme– und Leistungsfrist, Klauselverbote 308 1ff
Annahmeverzug 293–304; Besitzaufgabe **303**; Dienstvertrag **615**; Ende **293** 8; Entbehrlichkeit des Angebots **296**; Gesamtschuld, Wirkung **424** 1; Inhaltskontrolle **307** 52; kalendermäßig bestimmbare Mitwirkungshandlung **296**; beim Kauf **vor 433** 3, **433** 56; Leistungsverzug, Verhältnis **vor 293** 7f; Mehraufwendungsersatz **304**; Nutzungen, Wirkung **302**; Prozessuales **vor 293** 11; und pVV **vor 293** 10; und Rücktrittsrecht bei nicht/ nicht vertragsgemäßer Leistung **323** 32; tatsächliches Angebot **294**; und Unmöglichkeit **vor 293** 4ff, **326** 14; bei Unvermögen Schuldner **297**; unzulässige Rechtsausübung **242** 142; Verschulden Schuldner **300**; Verzinsung, Wegfall **301**; Voraussetzungen **293** 1ff; vorübergehende Annahmeverhinderung **299**; Wirkungen **300ff**; wörtliches Angebot **295**; Zug-um-Zug-Leistungen **298**
Anrechnung vor 387 6; Zuwendungen auf Pflichtteil **2315**
Anscheinsvollmacht 167 7ff; bei nicht voll Geschäftsfähigen **vor 104** 12; sa Duldungs-/Anscheinsvollmacht
Anschlußunterhalt 1573 28ff; Beweislast **1573** 61; Zeitgrenzen aus Billigkeitsgründen **1573** 40ff, 63
Ansparvertrag 505 15
Anspruch, Definition **194** 2
Anspruchsverfolgungskosten, Ersatzfähigkeit **249** 99ff
Anstalt, juristische Person **vor 21** 13
Ansteckungsgefahr, Verkehrssicherungspflichten **823** 90
Anstiftung 830, 840
Antennenanlage und Wohnungseigentümergemeinschaft **WEG 10** 9
Antiquitäten 434 41
Antiquitätenhandel, Garantieübernahme bei Verkauf **437** 36; Untersuchungspflicht Verkäufer **437** 27
Antrag, Vertrags- 145; Abbruch der Verhandlungen **145** 20; Ablehnung **146** 2, 3 (Anfechtung); an Abwesenden **147** 18; Annahme **147**; Annahme s Annahme Vertragsantrag; an Anwesenden **147** 16f; Aufforderung zur Abgabe eines – **145** 4; Auslagen im Selbstbedienungsgeschäft **145** 10; Auslagen in Hotels/Hotelzimmern **145**

Stichwortverzeichnis

11; Automatenaufstellung **145** 8; bestimmt/bestimmbar **145** 2; Dissens s dort; einseitig empfangsbedürftige Willenserklärung **145** 1; Erlöschen **146**; „freibleibend" **145** 17; Gebundenheit an – **145** 3ff, 14, 15 (Frist), 16ff (Ausschluß), **147** (Frist), **148** 1ff (Frist); invitatio ad offerendum **145** 4; invitation ad incertas personas **145** 4; Kataloge/Preislisten/Werbeprospekte, Übersendung **145** 6; Konzertankündigung **145** 5; Rechtsbindungswillen **145** 3ff; Rechtsmacht zur Annahme **145** 19; Rechtsstellung Angebotsempfänger **145** 19; Schaufensterauslagen **145** 10; Tod/Geschäftsunfähigkeit des Antragenden **153** 1ff; Tod/Geschäftsunfähigkeit des Antragsgegners **153** 7; Umdeutung in – **145** 13; Verkehrsunternehmen, öffentliche **145** 9; verspätete Annahme **149** 1, **150**; Zusendung unbestellter Ware **145** 6

Anwachsung, Erbteil 1490f; Ausfall eines eingesetzten Erben **2094f, 2099, 2110** (Umfang der Nacherbschaft); Ausfall Vermächtnisnehmer **2158f**; Beschwerungen **1935**

Anwaltskosten, Ersatzfähigkeit **249** 82, 92

Anwartschaftsrecht 449 sa Übersicht dort, **Einl 854** 12; Abwehransprüche **446** 6, **449** 36f; Auflassung **925** 55ff; Eigentumsvorbehalt, Veräußerung **449** 28ff; Einräumung **449** 6; Erlöschen **449** 39, **925** 67; Erstarken zum Vollrecht **449** 21, 31, 39; gutgläubiger Erwerb **449** 31ff, **925** 61, **929** 24; Hypothek, Grundstückszubehör **929** 21, **1120** 9; Kauf **433** 10; des Nacherben **2100** 9ff, **2108**; Pfandrechtsbestellung **1274** 2; Pfändung **449** 19, 35, **925** 64, **929** 22; im Pfandverband **449** 34; als Recht iSd **936 449** 24; Recht zum Besitz **929** 23; Rechtskauf **453** 15; Rechtsnatur **449** 28; Sicherungsübereignung **449** 53 (eines Warenlagers), **Anh 929–931** 2; sonstiges Recht iSd **823 449** 37, **823** 42; beim Streckengeschäft **449** 42; Übereignung **929** 19; Übertragung **925** 59; bei Verarbeitungsklausel **449** 44f; Veräußerung **449** 28ff; Vererblichkeit **1922** 18; Verfügung über – **929** 29; Vermieterpfandrecht **929** 21; Verpfändung **925** 62

Anweisung 783–792; Akkreditiv **vor 783** 7; Allgemeines **vor 783** 1ff; Annahme **783** 4, **784** 1ff; Aushändigung der Urkunde **783** 8, **785**; Bereicherungsausgleich **812** 19ff; Deckungsverhältnis **vor 783** 4, **787**; Einwendungen/Einreden **784** 8, 10; Erlöschensgründe **790** 5, **791**; Ermächtigung **vor 783** 3; gefälschte Urkunde **783** 10; Gewährleistung **788** 3; kaufmännische – **vor 783** 6; Kondiktion **784** 9; Kreditbrief **vor 783** 6; Kreditkarte **vor 783** 6; Leistungs-/Annahmeverweigerung, Anzeigepflicht **789**; Rechte aus der – **783**; Scheck **vor 783** 6; auf Schuld **787** 2; Tod/Geschäftsunfähigkeit Beteiligter **791**; Übertragung **792**; Valutaverhältnis **vor 783** 4, **788**; Wechsel **vor 783** 6; Wertpapiere **vor 783** 9; Widerruf **790** 5; keine Zahlung **788** 2

Anwesenheitsprämie 612a 4; Entgeltfortzahlung **616** 64

Anzahlung 336 3

Anzahlungsbürgschaft vor 765 10

Anzeige, Ehrenschutz **Anh 12** 47

Anzeige- und Informationspflichten, Arbeitnehmer **611** 505ff

Anzeigen und Erklärungen, Form, Klauselverbote **309** 156ff

Anzeigen- und Anzeigenvermittlungsvertrag 675 7; Inhaltskontrolle **307** 53; überraschende Klauseln **305c** 14; Werkvertrag **vor 631** 24

Anzeigepflicht, des Mieters bei Mängeln **536c**; des Mieters bei Wegnahme **539** 14, **548**; Schadenersatz wegen Pflichtverletzung **280** 45, 48ff

Apotheke, Pacht **vor 581** 23f; Sittenverstoß **138** 75; Verbotsgesetz **134** 24

APR s Allgemeines Persönlichkeitsrecht

Äquivalenztheorie vor 249 30

Arbeiter 611 109ff; im öffentlichen Dienst, Amtshaftung **839** 38

Arbeitgeber 611 73ff; Fürsorgepflicht **611** 482ff; Krankenfürsorgepflicht **617**; Leistungsbestimmung durch – **315** 24; mittelbarer – **611** 105ff; Schutzmaßnahmen, Pflicht zu **618**; zeugnisergänzende Auskünfte an neuen – **630** 27

Arbeitgeberdarlehen vor 488 20, **611** 467ff; Verbraucherdarlehen **491** 29

Arbeitgebergruppe 611 88f

Arbeitnehmer 611 108ff; Anzeige- und Informationspflichten **611** 505ff; Arbeiter/Angestellte **611** 109ff; Besitzdiener **855** 12; Betriebsgruppe/Eigengruppe **611** 126ff; Beweislast bei Pflichtverletzung **280** 32; Erfüllungsgehilfe **278** 35; Grundrechte **611** 165ff; Haftung s Arbeitnehmerhaftung; Informationspflichten **242** 97; kaufmännische/technische Angestellte **611** 116; Leistungsverweigerungsrecht **276** 29aff; leitende Angestellte **611** 117; persönliche Dienstleistungspflicht **613** 1ff; Teilzeitarbeitnehmer **611** 120ff sa dort; Treuepflicht **611** 490ff; Verbraucher **13** 15; Verschwiegenheitspflicht **611** 494ff, **626** 69; Wettbewerbsverbot, nachvertragliches **611** 502ff

Arbeitnehmerähnliche Personen 611 135ff; AGB-Inhaltskontrolle, Anwendbarkeit **147**; Arbeitsrecht, Anwendbarkeit **611** 143; in Heimarbeit **611** 140ff

Arbeitnehmererfindung, -gesetz **611** 182; Vergütung **612** 3, 3

Arbeitnehmerhaftung 611 336ff; Beweislast **611** 347, **619a**; Eigenschäden **611** 348; Freistellungsanspruch **611** 344; Manko- **611** 349f, **688** 11; Privilegierung **611** 339, 346 (Anwendungsbereich); Umfang **611** 340

Arbeitnehmerüberlassung 611 92ff; Annahmeverzug Dienstberechtigter **615** 9; unzulässige Leiharbeit **611** 101; verbotene, Bereicherungsausgleich **817** 12, **818** 25; Verbotsgesetz **134** 27

Arbeitsamt, Amtshaftung **839** 96

Arbeitsbefreiung 611 316ff

Arbeitsbereitschaft 611 289

Arbeitsbeschaffungsmaßnahme, außerordentliche Kündigung **626** 7

Arbeitserlaubnis, Verbotsgesetz, Verstoß **134** 31

Arbeitsgemeinschaft 611 88f; GbR **vor 705** 36

Arbeitskampf, Arbeitskampfrisikolehre **615** 64ff; Arbeitsniederlegung, außerordentliche Kündigung **626** 56; Betriebsrisikolehre **615** 60ff; Entgeltfortzahlung **616** 35; Koalitionsfreiheit **611** 175; und Kurzarbeit **615** 56ff; Recht am eingerichteten und ausgeübten Gewerbebetrieb **823** 58; Streikbruchprämie **612a** 4; Verkehrspflichten **823** 107; vorsätzlich sittenwidrige Schädigung **826** 59

Arbeitskampfklauseln 308 25; Inhaltskontrolle **307** 54

Arbeitskraft, Nutzungspflicht und Schadensminderungspflicht **254** 63ff; Verlust **249** 53, **843** (Rente) sa Erwerbsschaden, Rente

Arbeitsleistung, Bereicherungsausgleich zweckverfehlter – **812** 55; Schenkung **516** 13b

Arbeitslosenunterhalt 1573 1, 6ff; Beweislast **1573** 59; Dauer **1573** 20; Erwerbsbemühungen **1573** 10ff; Fallkonstellationen **1573** 4; Fortbildung **1573** 17; nachträglicher Verlust Erwerbstätigkeit **1573** 31ff; öffentliche Förderung **1573** 18; persönliche Arbeitshindernisgründe **1573** 16; Studium **1573** 19; Zeitgrenzen aus Billigkeitsgründen **1573** 40ff, 63

Arbeitsniederlegung, außerordentliche Kündigung **626** 56

Arbeitspflicht 611 282ff; Anpassung Arbeitszeit an Arbeitsanfall **611** 300ff; Arbeitort **611** 284; Arbeitsplatzteilung **611** 312ff; Arbeitszeit, Lage **611** 286ff; Art der Arbeitsleistung **611** 285; Befreiung von – **611** 316ff; Direktions- und Weisungsrecht **611** 282; Durchsetzung **611** 322ff; einseitige Leistungsbestimmung **611** 290ff; Kurzarbeit **611** 287; Nichterfüllung **611** 333ff, 399ff; Schlechterfüllung **611** 336ff, 405ff sa Arbeitnehmerhaf-

tung, **619a;** Suspendierung **611** 316ff; Vertragsstrafe **611** 323ff
Arbeitsplatz Ausschreibung, geschlechtsbezogene **611b** 1ff; Recht am – **823** 60; -teilung **611** 312ff
Arbeitsrecht, Anwendbarkeit AGB-Vorschriften **310** 32ff; Störung der Geschäftsgrundlage **313** 49; unzulässige Rechtsausübung **242** 143; Verbotsgesetze **134** 25ff
Arbeitsschutz 611 489, **618, 619;** actio negatoria **618** 31; Allgemeines **618** 1ff; Arbeitsunfähigkeit und Annahmeverzug Dienstberechtigter **615** 25; Einzelfälle **618** 19; Entgeltfortzahlung **616** sa dort; Grenzen **618** 15ff; in häusliche Gemeinschaft aufgenommene **618** 20; Informations- und Beschwerderecht **618** 25; Inhalt der Schutzpflicht **618** 9ff; Kündigung **618** 32; Leistungsverweigerungsrecht **618** 22ff; Mitbestimmung Betriebsrat **618** 14; Schadensersatz **618** 26ff; Strafrecht **618** 33; Unbadingbarkeit **619;** Verletzung **618** 21ff
Arbeitsunfähigkeit und Annahmeverzug Dienstberechtigter **615** 25; Entgeltfortzahlung **616** 94ff sa Entgeltfortzahlung, Arbeitsunfähigkeit Arbeitnehmer; und Unmöglichkeit **275** 16
Arbeitsverdienst, Vorteilsausgleichung **vor 249** 107
Arbeitsverhältnis, AGB-Kontrolle **611** 182; Altersversorgung, betriebliche **328** 21; Anfechtungswirkung **142** 10; Arbeitgeber **611** 73ff; Arbeitnehmer **611** 108ff sa dort; Austausche- oder personenrechtliches Gemeinschaftsverhältnis **611** 69ff; Beschäftigungsanspruch **611** 351ff sa dort; Dienst- und Arbeitspflicht **611** 282ff sa Arbeitspflicht; Geschäftsbesorgungsverhältnis **vor 662** 72ff; als Gesellschaftsverhältnis **vor 705** 9; und Grundrechte **611** 165ff; Kind bei Eltern **1619** 14ff; Merkmale **611** 53ff; Minderjähriger **113** 1ff (Ermächtigung zum Eintritt), 9 (Anfechtung/Kündigung); Schenkungen Arbeitgeber an Arbeitnehmer **516** 12; Schutz nicht voll Geschäftsfähiger **vor 104** 15; Sittenverstoß **138** 57, 76; Teilunwirksamkeit **139** 6; Treue- und Fürsorgepflicht **611** 482ff; Umdeutung von Rechtsgeschäften **140** 21; Unmöglichkeit **611** 400ff; Unwirksamkeit **134** 14, 28, **138** 57, 76, **139** 6; Verbotsgesetz, Verstoß **134** 25ff; zwingende Gestaltung **611** 162ff
Arbeitsverhältnis, faktisches 611 267ff
Arbeitsverhältnis, fehlerhaftes 134 14, 28, **138** 57, 76, **139** 6, **142** 10
Arbeitsvermittlung, Provision, Herabsetzung unverhältnismäßiger **655;** Verbotsgesetz **134** 26
Arbeitsvertrag 611 53ff; Abschluß **611** 242ff; Abschlußgebote **611** 243ff; Abschlußverbote **611** 255f; AGB-Kontrolle **611** 182; Änderungs- und Fortsetzungsverträge **611** 270ff; Anfechtung/Nichtigkeit **611** 262ff; Auslegung **611** 257ff; Beendigung **620** 69ff; Befristung **620** sa Befristung Arbeitsverhältnis; und betriebliche Übung **611** 274ff, 280; und Betriebsvereinbarung **611** 212ff; Billigkeitskontrolle **611** 238ff; faktisches Arbeitsverhältnis **611** 267ff; Form **125** 12; Fortsetzung nach Ablauf Dienstzeit/Probezeit **625;** Fragerecht Arbeitgeber/Aufklärungspflichten Arbeitnehmer **123** 20f; Geschäftsbesorgungsvertrag **675** 7; Gleichbehandlungsgrundsatz **611** 219ff sa Gleichbehandlung Arbeitsrecht; und Grundrechte **611** 165ff; Haustürgeschäft **312** 31; Inhaltskontrolle **309** 56; Kündigung **620** 70ff sa Kündigung, Dienstverhältnis; Nachweispflicht **611** 242; persönliche Dienstleistungspflicht **613** 1ff; Schlechterfüllung **611** 336ff sa Arbeitnehmerhaftung, **619a;** Schriftformklausel **611** 273; und Tarifvertrag **611** 186ff; Übersicht **611** 53ff; Verbotsgesetz, Verstoß **134** 28; Vergütung **611** 387ff sa Vergütung Dienstvertrag; Verschulden bei Vertragsschluß **611** 261; Vertragsstrafe **611** 323ff, 323ff; zwingende Gestaltung **611** 162ff
Arbeitsvertrag, IPR EGBGB 30; Allgemeines **EGBGB 30** 1ff; Anwendungsbereich **EGBGB 30** 22ff; Einschränkung der freien Rechtswahl **EGBGB 30** 8ff; fehlende Rechtswahl **EGBGB 30** 14ff; kollektives Arbeitsrecht **EGBGB 30** 29; ordre public **EGBGB 30** 5; Verfahrensrecht **EGBGB 30** 30

Arbeitszeit, Anpassung an Arbeitsanfall **611** 300ff; Arbeitsbereitschaft **611** 289; Bereitschaftsdienst **611** 289; Dienstreisezeiten **611** 289; flexible Gestaltung **614** 11f; Kurzarbeit **611** 287; Lage **611** 286ff; -modelle **614** 11f; Rufbereitschaft **611** 289; Verbotsgesetz **134** 29
Arbeitszeugnis, s Zeugnis
Architektenbindungsklausel, Nichtigkeit wegen Gesetzesverstoßes **631** 19ff; Verbotsgesetz, Verstoß **134** 41
Architektenvertrag vor 631 10ff; AGB **305c** 26; Aufklärungs- und Informationspflichten **242** 96; und Bauhandwerker, Gesamtschuldner **421** 22; Beratungs- und Aufklärungspflichten **675** 7; Berufshaftung **823** 130; Form **631** 11; Gesamtschuldnerausgleich **426** 62; Geschäftsbesorgungsverhältnis **vor 662** 90; Geschäftsbesorgungsvertrag **675** 7; Herausgabepflicht von Bauakten **667** 25; HOAI, Vergütungssätze **632** 28; Inhaltskontrolle **307** 55, **308** 65; Kündigung Besteller **649** 17; Leistungsbilder der HOAI **675** 7; Sorgfaltspflicht/Fahrlässigkeit **276** 35; Störung der Geschäftsgrundlage **313** 49; Verbotsgesetz, Verstoß **134** 41; Verdienstausfall **252** 18; Werkvertrag **vor 631** 24
Arglist bei arglistiger Täuschung **123** 27ff; Zurechnung des Wissens anderer Personen **166** 9
Arglisteinrede, unerlaubte Handlung **853**
Arglistige Täuschung 123 1ff; und andere Anfechtungsmöglichkeiten **123** 3; Anfechtungsgegenstand **123** 10; Anwendungsbereich **123** 2; Arbeitsvertrag **611** 263ff; Arglist **123** 27ff; Ausschluß der Anfechtung **123** 44ff; Beweislast **123** 53; und cic **123** 8; Dauerschuldverhältnisse **123** 48; durch Dritte **123** 31ff; und Gewährleistung **123** 6; -handlung **123** 11ff; Kauf **vor 437** 26, **438** 16, **442** 16, **444** 7; Kausalität **123** 4; und Kündigung/Rücktritt **123** 5; Miete **536b** 4; durch positives Tun **123** 11f; Rechtsfolgen **123** 47ff; und Sittenwidrigkeit **123** 4; und Spezialvorschriften **123** 2a (Erbrecht, Familienrecht, Versicherungsvertrag); und unerlaubte Handlung **123** 7; durch Unterlassen/Verschweigen trotz Offenbarungspflicht **123** 11, 13ff; Verzicht/Verwirkung **123** 45; Voraussetzungen, weitere **123** 43; Widerrechtlichkeit der Täuschung **123** 20f; s Anfechtbarkeit Willenserklärung, arglistige Täuschung
Arglistige Täuschung, Aufklärungspflicht, 123 14ff; Interessenwahrung **123** 17; Nachfrage **123** 14; öffentlich bedeutsame Umstände **123** 18; Schutzbedürftigkeit **123** 16; Treu und Glauben **123** 19; Vertrauensstellung **123** 16; Vertrauensverhältnis **123** 15
Arglistiges Verschweigen von Mängeln der Mietsache **536b** 4
Arglistiges Verschweigen, Kauf 438 16ff, **442** 16, **444** 7
Arrest, Verjährungshemmung **204** 23ff, 47
Arresthypothek 1113 19
Arzneimittelhaftung 823 110, **ProdHaftG 15**
Arzneimittelrecht, Verbotsgesetz **134** 42
Arzt, Abtretung Honorarforderung **134** 43, **399** 8; Amtshaftung **839** 31, 97; Arbeitnehmer **611** 67; Belegarztvertrag **vor 535** 31; Erfüllungsgehilfe **278** 27; Krankenblatteinsicht **810;** und Patient, Arzthaftung **611** 47ff, **vor 631** 24; Praxisverkauf **134** 43; Verdienstausfall **252** 18; Vergütung, GOÄ **612** 11ff; Zahn-, GOZ **612** 20
Arztgeheimnis Anh 12 146, 154ff; deliktsrechtlicher Schutz **Anh 12** 206f; postmortaler Persönlichkeitsschutz **Anh 12** 309
Arzthaftung, sa Übersicht **823; 280** 54, **823** 126ff; und allgemeine Berufshaftung **823** 126; angestellter Ärzte **823** 129; Aufklärungspflichtverletzung **823** 132, 137ff; Behandlungsfehler **823** 131ff; Beratungspflichten **823** 134; Berufsanfänger **823** 133; Beweislast **280** 32, **823** 141ff; Chirurgen- und Anästhesiefehler **823** 133; Ein-

willigung in Behandlung **823** 135, 147; Geräteeinsatz **823** 133; Gutachter- und Schlichtungsstelle **823** 144; Gynäkologe **823** 133; Heilpraktiker **823** 145; Hilfskräfte **823** 133; Krankenhausträger **823** 129; medizinische Standards **823** 132; Prozessuales **823** 141ff; Sorgfaltspflicht/Fahrlässigkeit **276** 36ff; Telefonbehandlung **823** 133; Tierarzt **823** 145; Verschreibung Medikamente **823** 133; Verschulden, Gesamtschuld **425** 18; Zahnarzt **823** 145

Ärztliche Bescheinigung, Geheimnisschutz **Anh 12** 146

Ärztlicher Eingriff 677 10, **679** 3; unbefugter – **Anh 12** 270

Arztpraxis, GbR **vor 705** 28, 31ff

Arzttermin, Entgeltfortzahlung **616** 27, 44, 105

Arztvertrag, Anwendbarkeit AGBG **305** 6; Aufklärungs- und Informationspflichten **242** 95; Geschäftsbesorgungsvertrag **675** 7; Inhaltskontrolle **307** 56ff, **308** 35; Schlüsselgewalt **1357** 14; Sittenwidrigkeit **138** 77; Teilschuld **420** 15; überraschende Klauseln **305c** 14; zugunsten Dritter **328** 22

Asbest, Arbeitsschutz **618** 19

Aufbauschulden Wohnungseigentümer, Teilschuld **420** 11

Aufbauverpflichtung, Wohnungseigentümergemeinschaft **WEG 22** 6f

Aufbewahrungspflicht des Käufers **433** 59

Aufenthalt EGBGB 5 43ff; schlichter – **EGBGB 5** 57; ständiger – **7** 2; Wohnsitz, Abgrenzung **7** 11

Aufenthaltsanknüpfung EGBGB 5 18ff

Aufenthaltsbestimmung, Unterbringung **1906** 5ff; -recht für Kinder **1631** 13ff

Aufgebot vor 1310 2; von Anweisungsurkunden **790** 5; von Inhaberschuldverschreibungen **799** 3; Nachlaßgläubiger s Nachlaßgläubiger, Aufgebot; von qualifizierten Legitimationspapieren **808**; von Schuldverschreibungen **799** 2; Vorkaufsrecht **464** 5

Aufgebotsverfahren, Eigentumserwerb Grundstück **927**; Reallasten **1112**; bei unbekanntem Vormerkungsgläubiger **887**; Vorkaufsrecht, dingliches **1104**

Aufhebung, Rechtsgeschäft, Form **125** 6

Aufhebungsvertrag, Form **311b** 56

Aufklärungspflicht 241 14ff; Bankdarlehen **vor 488** 48f; des Käufers **433** 60; Schadenersatz wg Pflichtverletzung **280** 45, 48ff; Verkäufer **433** 24f, **453** 14, 23; zur Vermeidung arglistiger Täuschung s arglistige Täuschung, Aufklärungspflicht; bei Vorkaufsrecht **464** 5

Auflage 2192–2196; Allgemeines **vor 2192**; Anpassung an neue wirtschaftliche Verhältnisse **2192** 3; anwendbare Vorschriften **2192**; Bestimmung des Begünstigten **2193**, 2 (durch Beschwerten); Erbschaftsteuer **vor 2192** 4; Fristbestimmung zur Vollziehung **2193** 3; Inhalt **2192** 1; Teilungsanordnung, Abgrenzung **2048** 8; Testament **1940**; Unmöglichkeit der Vollziehung **2196**; Unwirksamkeit **2195**; und Vermächtnis **vor 2192** 3; Vollziehungsverlangen **2194**; und Zuwendung; Zweckbestimmung **vor 2192** 2

Auflassung, Abtretung des Anspruchs **311b** 15; Anwartschaftsrecht **925** 55ff; Aufhebung **925** 74; Auslegung **925** 37; Bedingung/Zeitbestimmung **925** 41ff; Beurkundung **925** 25; Bindung an – **925** 50; und Eintragung **925** 68ff; Erklärung **925** 24f; Ersetzung durch Urteil **925** 35; Folgen **925** 51ff; Form **925** 16ff; Gegenstand **925** 3ff; gleichzeitige Anwesenheit **925** 27f, 34; Inhalt **925** 37ff; Irrtum, Dissens, falsa demonstratio **925** 38; Kondiktion **925** 39; Kosten **448** 6; an mehrere Erwerber **925** 33; Mitwirkung der zuständigen Stelle **925** 26; durch Nichtverfügungsberechtigten **925** 33; staatliche Genehmigung **925** 77; Unbedenklichkeitsbescheinigung, steuerliche **925** 78; und Urkunde über Grundgeschäft **925a**; Verjährung Anspruch **196** 2; Vertretung **925** 28ff; -vollmacht **311b** 15; vormundschaftsgerichtliche Genehmigung **925** 77; zugunsten eines Dritten **925** 40; zuständige Stellen **925** 16ff; Zustimmung, Erklärungsempfänger **182** 3

Auflassungsvormerkung 883; Kosten **448** 6; sa Vormerkung

Aufopferung, -anspruch **vor 823** 7; öffentlich-rechtliche **670** 32; Verjährung **195** 22

Aufrechnung 387–396; Abgrenzung **vor 387** 5ff; gegen Ansprüche auf Sozialleistungen **394** 6; Ausschluß **387** 22ff; Barzahlungsklauseln **387** 30; Bedingungsfeindlichkeit **388** 3; Begriff, Bedeutung **vor 387** 1ff; bei Beschlagnahme/Pfändung **392** 1ff; Beschränkung, Natur der Rechtsbeziehungen **387** 34; Beweislast **387** 44; CISG **vor 387** 10; Durchsetzbarkeit der Gegenforderung **387** 17ff; einredebehaftete Forderung als Aktivforderung **390** 1f; Erfüllbarkeit Hauptforderung **387** 21ff; Erfüllung Gesamtschuld **422** 10; Erklärung **388** 1ff; Fälligkeit der Gegenforderung **387** 19; Forderungsmehrheit **396**; Form **388** 2; Fremdwährungsverbindlichkeit **244** 13, 22; Funktion **vor 387** 3; Gegenseitigkeit **387** 2ff, 9ff (Ausnahmen); Gesellschaftsschuldner mit Forderung gegen Gesellschafter **719** 6; Gleichartigkeit **387** 10f; Grenzen -beschränkung **387** 40; in Insolvenz/Krise **387** 43; IPR **vor 387** 10; Kontokorrent **388** 22; Konzernverrechnungsklauseln **388** 24; -lage **vor 387** 4, **387** 1ff; Leistungsort/-zeit **271** 15, **391** 1f; maßgebender Zeitpunkt **387** 16; Miete **579** 4; Nachlaßverbindlichkeit und Erbenschulden **1977**; gegen nicht übertragbare Forderungen **394** 7; durch öffentliche Kassen **395**; öffentliches Recht **vor 387** 9; Rückwirkung **389** 6ff; Skontration **388** 23; Steuerrecht **vor 387** 9, **395**; Teilaufrechnung **389** 2; UNIDROIT **vor 387** 10; unzulässige Rechtsausübung **242** 145; und Verjährung **214** 10, 215, **388** 17; Verjährungsneubeginn **212** 10; -vertrag **vor 387** 5, **388** 18ff; bei Verwandtenunterhalt **vor 1601** 10ff; Wiederkauf **407** 12; Wirkung **389**; Zahlungsgarantie **387** 30; und Zurückbehaltungsrecht **vor 387** 8

Aufrechnung im Prozeß 388 4ff; Beschwer **388** 17; Eventual- **388** 6; Gerichtsstands-/Schiedsvereinbarung **388** 12; internationaler Zivilprozeß **388** 11; Rechtshängigkeit **388** 13; Rechtskraft **388** 14; Rechtsmittel **388** 17; rechtswegfremde Forderungen **388** 9f; und Verjährung **388** 17; Vollstreckungsabwehrklage **388** 16

Aufrechnungsverbot 387 22ff; AGB **306** 12; Forderungen aus vorsätzlich unerlaubter Handlung **393**; gesetzliches – **387** 23ff; Grenzen **387** 40; Klauselverbote **309** 28ff; Natur der Rechtsbeziehungen **387** 34; Rechtsmißbrauch **387** 37ff; unpfändbare Forderungen **394** 1ff; Verstoß gegen Treu und Glauben **242** 145; vertragliches – **387** 27ff; Zweckgebundenheit, aufrechnungshindernde **387** 35f

Aufrechnungsvertrag vor 387 5, **388** 18ff; und Pfändung **392** 8

Aufsichtspflichtverletzung, Haftung für vermutetes Verschulden **832**; Mithaftung Gesamtschuldnerausgleich **426** 59

Aufsichtsratsvertrag 675 7

Aufsichtsverschulden, Haftung für vermutetes **832**

Aufstellungskosten, Aufwendungsersatz Teilzahlungsgeschäft **503** 33

Aufstockungsunterhalt 1573 2, 21ff; Beweislast **1573** 60; Ergänzungsunterhalt **1573** 5; Fallkonstellationen **1573** 4; gleiche Teilhabe **1573** 3; Zeitgrenzen aus Billigkeitsgründen **1573** 40ff, 63

Auftrag 662–676; Abgrenzung **611** 18f (Dienstvertrag), **vor 662** 18ff; Abtretung des Ausführungsanspruchs **664** 24f; Antwortpflicht bei Sich-Erbieten **663**; Anzeigepflicht bei Ablehnung **663**; Beendigung **662** 29f, **671** 15, **674**; Besitzmittlungsverhältnis **868** 14; Beweislast **665** 44; Dauer der Geschäftsbesorgung **vor 662** 46; Definition **vor 662** 16; Drittschadensliquidation **664** 19;

im eigenen oder fremden Namen **664** 19; Erfüllungsgehilfe **664** 16 (Abgrenzung), 22f (Besorgung durch); Fiktion des Fortbestehens **674**; Form **311b** 26ff, **662** 10; Fremd- und Eigeninteresse **vor 662** 51ff; Gefälligkeit, Abgrenzung **vor 662** 87, **662** 3ff; Gefälligkeitsempfehlungen, Haftungsausschluß **675** 9; Geschäftsbesorgung (Inhalt, Gegenstand und Dauer) **662** 11ff; Geschäftsbesorgung, Gegenstände der **vor 662** 47; Geschäftsbesorgungsbegriff, enger/weiter **vor 662** 21ff; Geschäftsbesorgungsmacht, Entstehungsgrundlagen **vor 662** 55ff; Geschäftsbesorgungsvertrag sa Übersicht **vor 662** 13ff sa dort; Gestattung **664** 13ff; Haftung **662** 16ff, **664** 20ff; IPR **EGBGB 28** 47; Kündigungsrecht des Beauftragten **671** 10ff, **672** 7; Machtbefugnisse, Inhalt und Umfang **vor 662** 33ff; Nichtübertragbarkeit **664**; Prüfungs-, Warn- und Rückfragepflichten **665** 14ff; Rechte und Pflichten **662** 14ff; Schuldübernahme, Abgrenzung **664** 17; Substitution **664** 13ff, 14f (AGB-Banken, Gestattung); Tod des Beauftragten **673**; Tod/ Geschäftsunfähigkeit des Auftraggebers **672**; und Treuhand **vor 662** 96ff; Typenlehre der Geschäftsbesorgung **vor 662** 26ff; Übertragung des gesamten Geschäfts **664** 18; Unentgeltlichkeit **662** 1ff; Verzinsungspflicht **668**; und Vollmacht **vor 662** 94ff; Vorschußpflicht für Aufwendungen **669**; Weisungen **665** (des Auftraggebers), 22ff (Abweichungsbefugnis), 34ff (Rechtsfolgen); Weisungsbefugnis **665** 4ff; Weisungsgebundenheit **665** 11ff; Widerrufsrecht des Auftraggebers **671** 2ff; Zustandekommen des Vertrags **662** 9

Auftrag, Aufwendungsersatz 670; Anspruchsvoraussetzungen **670** 5ff; und arbeitsrechtliche Haftungsgrundsätze **670** 23ff; Art und Umfang des Ersatzes **670** 33ff; Aufopferung, öffentlich-rechtliche **670** 32; Beweislast **670** 39; Geltungsbereich **670** 4; Schäden als Aufwendungen **670** 12ff; und sozialversicherungsrechtliche Regelung **670** 31; Übersicht **670**; unverschuldete Zufallsschäden des Geschäftsbesorgers **670** 14ff; Verjährung **670** 39

Auftrag, Auskunfts- und Rechenschaftsansprüche, Auskunftsanspruch **666** 24ff; Beendigung **666** 49ff; Benachrichtigungsanspruch **666** 20ff; berufsbezogene Auskunftsansprüche/-pflichten **666** 59; Beweislast **666** 60; und Entlastung **666** 53; Grenzen **666** 43ff; Informations- und Schadensersatzklage **666** 54ff; Informationsansprüche **666** 1ff, 35ff (Rechenschaftspflicht); Leistungsort **666** 26; mehrere Auskunftsberechtigte/ -pflichtige **666** 46ff; Rechenschaftspflicht **666** 27ff; Übersicht **666**; Verjährung **666** 52; Zurückbehaltungsrecht **666** 58

Auftrag, Herausgabeanspruch, Abtretbarkeit **667** 40; sonstige Ansprüche **667** 22ff; Aufrechnungsbefugnis **667** 42; vom Auftraggeber Erhaltenes **667** 4ff; Beweislast **667** 45; aus Geschäftsbesorgung Erlangtes **667** 11ff; im Giroverkehr **667** 30ff; Leistungsort **667** 28; Leistungszeit **667** 27; Verjährung **667** 44; Zurückbehaltungsrecht **667** 41

Auftragsbestätigung 147 15; AGB **305** 27, 42, 47; Schweigen auf – **147** 3

Aufwendung, ersparte, Vorteilsausgleichung **vor 249** 108ff

Aufwendungsersatz 974; Abwicklung von Verträgen, Klauselverbote **308** 61, 66; Auftrag **670** sa Auftrag, Aufwendungsersatz; Befreiung von Verbindlichkeit **257**; Begriff **256** 1f; Betreuer **1908e, 1908h**; elterliche Sorge **1648**; Erbe **1978**; Erbschaftsbesitzer **2022**; Erbschaftskauf **2381**; für Finder **970**; Fremdwährungsverbindlichkeit **244** 12; GoA **683** 1ff; Kauf **437** 41f; Makler **652** 56; Mehraufwendungen bei Annahmeverzug **304**; Miete **536a** 17ff, **539, 548** 12ff, **554** 19; durch Nacherfüllung **309** 106ff; Nachlaßpfleger **1960** 25; Natural-/Geldersatz **256** 6; bei Rücktritt vom Teilzahlungsgeschäft **503** 15ff sa Teilzahlungsgeschäft, Aufwendungsersatz; Testamentsvollstrecker **2218** 7, 10, **2221** 17; Übertragungsvertrag **676** 7; Überweisungsvertrag **676a** 42; Umfang **256** 3ff; Unterhaltsgewährung **685**; Unternehmer gegen Lieferant bei Verbrauchsgüterkauf **478** 12ff; Vereinsvorstand **27** 6; bei Verlöbnisrücktritt **1298**; Verwahrung **693**; Verzinsung **256**

Aufwendungsersatz wegen Pflichtverletzung 284; Allgemeines **284** 1ff; Anwendungsbereich **284** 2; Beweislast **284** 11; ersatzfähige Aufwendungen **284** 6ff; Rechtsfolgen **284** 9f; Voraussetzungen **284** 4ff

Aufwertung, Währung, Störung der Geschäftsgrundlage **313** 49

Aufzüge, Abbildungsfreiheit **Anh 12** 185

Auktion, s Versteigerung

Auktionator vor 433 26; Geschäftsbesorgung **675** 7

Ausbeutung, Wucher 138 19ff; besondere Lage **138** 19f; erhebliche Willensschwäche **138** 24; Mangel an Urteilsvermögen **138** 23; Unerfahrenheit **138** 22; Zwangslage **138** 21

Ausbildung, elterliche Sorge **1631a**

Ausbildungsunterhalt 1575; Aufnahme der Ausbildung während der Ehe **1575** 3; Ausbildungsverhältnis **1575** 15; berufliche Ausbildung **1575** 10ff; Beweislast **1575** 28; Erfolgsaussicht **1575** 16; Fortbildung/Umschulung **1575** 18ff; Konkurrenzen **1575** 25; Risiko Erwerbslosigkeit nach Abschluß **1575** 22; Voraussetzungen **1575** 7ff, 18ff; Zeitraum **1575** 17

Ausbildungsverhältnis 611 129ff; Vergütung **611** 389

Ausbildungsvertrag, Sittenwidrigkeit **138** 76; Verbotsgesetz, Verstoß **134** 30

Auseinandersetzung, Gesamtgut **1471ff, 1497ff** (fortgesetzte Gütergemeinschaft); mit Kindern bei Wiederheiratung **1493**; Miterbengemeinschaft s Miterbengemeinschaft, Auseinandersetzung

Auseinandersetzungsanordnung 2048; und Auflage **2048** 8; und Vorausvermächtnis **2048** 2ff

Auseinandersetzungsklage 2042 16

Auseinandersetzungsplan 2204 4f

Auseinandersetzungszeugnis vor 1306 4, **vor 1310** 4

Ausfallbürgschaft vor 765 11

Ausgleich unter Abkömmlingen **1503**; Zugewinn- **1371ff**, **1385**, sa Zugewinnausgleich

Ausgleichsanspruch, nachbarrechtlicher **1004** 94ff

Ausgleichsergänzungsanspruch, Zugewinnausgleich **1390**

Ausgleichsgemeinschaft und Erbrecht **LPartG 10** 5f; Vereinbarung **LPartG 7** 2ff

Ausgleichsquittung 397 9

Ausgleichungsanspruch, Erbauseinandersetzung, Leistungen, die Nachlaß erhalten/vermehrt haben **2057a**

Ausgleichungspflicht, Erbauseinandersetzung; Anrechnung auf Erbteil **2055**; Auseinandersetzung Miterbengemeinschaft **2050f**; Auskunftspflicht **2057**; Auslegungsregel bei Einsetzung auf gesetzliche Erbteile **2052**; Ausstattung **2050** 6; Berufsausbildung **2050** 8; Durchführung **2055**; Leistungen, die Nachlaß erhalten/ vermehrt haben **2057a**; Pflichtteilsberechtigte **2316**; bei Wegfall eines Abkömmlings **2051**; Zuschüsse **2050** 7; Zuwendung **2053** (an entferntere Abkömmlinge), **2054** (aus Gesamtgut), **2056** (übersteigenden Erteilswert)

Aushangpflicht 611a 19

Aushilfsarbeitsverhältnis, Kündigungsfrist **622** 9

Auskunft, Amtshaftung **839** 98; Gefälligkeitsempfehlungen, Haftungsausschluß **675** 9; sa Rechenschaftslegung

Auskunfts- und Ermittlungskosten, Aufwendungsersatz Teilzahlungsgeschäft **503** 21

Auskunftsanspruch zur Durchführung von Unterlassungsklagen **UKlaG 13f**; Eltern untereinander **1686**; bei Erbvertrag **2287** 11; Geschiedenenunterhalt **1580**;

Nacherbschaft 2113 7, **2127**; des potentiellen Erben **2127** 3; des Unterhaltsberechtigten **1605**; Vereinsmitglieder außerhalb Mitgliederversammlung **32** 1; Vermächtnis **2174** 7; Versorgungsausgleich **1587e** 1ff; **VAHRG 3a** 10, **10a** 23, **11**; Verwandtenunterhalt **1605**

Auskunftserteilung vor 631 24

Auskunftspflicht 666 sa Auftrag, Auskunfts- und Rechenschaftsansprüche; Abtretbarkeit Anspruch **259/260** 15; Abtretung **402** 4; allgemeine **259/260** 7; Allgemeines **259/260** 1ff; berufsbezogener Index **666** 59; Besitzer von Nachlaßsachen **2027** 2; Beweislast **259/260** 23; Ehegatte, Endvermögen **1379**; eidesstattliche Versicherung **259/260** 20; Einzelfälle **259/260** 5, 10; Erbe gegenüber Pflichtteilsberechtigten **2314**; Erbschaftsbesitzer **2027** 1; Erfüllung **259/260** 12; Gesamtgut, Verwaltung **1435** 2; häusliche Gemeinschaft mit Erblasser **2028**; Inbegriff von Gegenständen **259/260** 6; inhaltliche Begrenzung/Fortfall **259/260** 18f; Leistungsort **259/260** 16; mehrere Forderungsberechtigte **259/260** 14; Miterben über erhaltene Zuwendungen **2057**; Rechtsgrundlagen **259/260** 4ff; Testamentsvollstrecker **2218** 3; unrichtige/unvollständige Auskunft **259/260** 17ff; Verfahrensfragen **259/260** 22ff; des Verpflichteten beim Vorkaufsfall **469** 5; Vollstreckung **259/260** 24; Vormund **1839**

Auskunftsvertrag 675 7; Vertrag zugunsten Dritter **328** 20

Ausländer, beschränkte Geschäftsfähigkeit **106** 3; Eheschließung, Ehefähigkeitszeugnis **1309**; Geschäftsunfähigkeit **vor 104** 17; Namensschutz **12** 11; -sperrklausel **25** 4

Auslegung, Testament 133 9, 15, 26

Auslegung, Vertrag 157; AGB **157** 26, **305c** 19ff; Änderung des Wertmaßstabs **157** 31; Beweislast **157** 32; bei Dissens **154** 8; einfache – **157** 15ff; ergänzende – **157** 14; ergänzende – s dort; formgebundene Rechtsgeschäfte **125** 14ff; gesetzliche -regeln **157** 14; Gewohnheitsrecht **157** 8; Handelsbrauch **157** 8; Interzessionsgeschäfte **157** 28; maßgeblicher Zeitpunkt **157** 30; Prozeusales **157** 32ff; Revision, Nachprüfung **157** 33f; Treu und Glauben **157** 6f, 21; Verkehrssitte **157** 8ff; Vertrag mit Schutzwirkung für Dritte **157** 29; Vertragsgegenstand Einschränkung **157** 23; bei Wegfall von AGB **157** 26

Auslegung, Willenserklärung 133 1ff; Abgrenzung des § 133 gegenüber anderen Bestimmungen **133** 5ff; abstrakte Willenserklärungen **133** 2; AGB **305c** 19ff; AGB, Formularverträge **133** 40; Allgemeines/Bedeutung **133** 1; Anwendungsbereich **133** 2–4; Arten der Auslegung **133** 9; DDR-Willenserklärungen **133** 2, 23; einfache – **133** 13; ergänzende – s dort; formgebundene Willenserklärung **125** 14ff, **133** 2, 23; Gegenstand der – **133** 10ff; geschäftsähnliche Handlung **133** 2; Gesellschaftsbeschluß **133** 37; Grundbucherklärung **133** 3, 39; -methode **133** 13ff, 23ff; natürliche – **133** 14; normative – **133** 13, 19; Normenvertrag **133** 2, 36; öffentlich-rechtliche Erklärung **133** 4; im Prozeß, Darlegungs- und Beweislast **133** 41ff; Prozeßerklärung/Prozeßhandlung **133** 3, 39; Satzung **133** 2, 37; schlüssige Willenserklärung **133** 2; aus der Sicht des Erklärenden **133** 15, 26; aus der Sicht des Erklärungsempfängers **133** 16ff, 27ff; Sonderfälle **133** 35ff; Unterlassungsvertrag **133** 40; Verfügungsgeschäft **133** 2; Wechsel und sonstige Wertpapiere **133** 38; Zivilrecht **133** 2

Auslegung, Willenserklärung, Auslegungsgesichtspunkte, 133 23ff; Interessen der Beteiligten **133** 33; möglichst gesetzeskonform **133** 30; Regeln für Einzelfälle **133** 34; Verkehrssitte, Handelsbräuche **133** 31; Vorrang wirklichen Willens, falsa demonstratio **133** 17f, 27f; wirtschaftlicher Zweck **133** 32

Auslobung 657–661; Belohnung **657** 3; Beteiligung mehrerer am Erfolg **660**; Entgeltlichkeit **657** 5; Gewinnzusage **661a**; mehrmalige Ausführung der Handlung **659**; öffentliche Bekanntmachung **657** 2; Preisausschreiben **661**; Vornahme einer Handlung **657** 4; Widerruf **658**

Ausschlagung Erbschaft vor 1942, 1942ff; Anfechtung Pflichtteilsberechtigter **2308**; Annahme **1943** 2ff; Bedingung/Zeitbestimmung **1947**; Berufungsgrund, Irrtum über **1949**; zugunsten eines Dritten **1947** 4; Eintritt des Erbfalls **1946**; Empfangsbescheinigung **1945** 9; Erklärung gegenüber Nachlaßgericht **1945**; Folge **1953** 2ff; Form **1945**; Frist **1944** 1ff; bei Gesamtgutsverwaltung **1455**; bei gesetzlichem Güterstand **1371**; mehrere Berufungsgründe **1948**; mehrere Erbteile **1951**; Nacherbschaft **2142**; Teilbarkeit/Unteilbarkeit Annahme und Ausschlagung **1948** 1, **1950, 1951**; Vererblichkeit Ausschlagungsrecht **1952**; durch nicht verwaltenden Ehegatten **1432**; Zeitpunkt **1946**

Ausschlagung Erbschaft, Anfechtung 1954ff; Form **1955**; Fristversäumung **1956**; Wirkung **1957**

Ausschlagung Vermächtnis 2180

Ausschlußfrist 469 10; bei Anfechtung **121** 2, 6, **124** 8, 9; Arbeitsvertrag **611** 421ff; für Lohnschulden der Gesellschaft bei Gesamtschuld **425** 29; mißbräuchliches Berufen auf den Ablauf von – **242** 114ff; unzulässige Rechtsausübung **242** 146, 204; Verjährung, Abgrenzung **vor 194** 9ff; Wiederkaufsrecht **462** 1

Ausschreibung 305 11; geschlechterbezogene **611b** 1ff; sittenwidrige Abschreibung **138** 85

Ausschreibungsverfahren und cic **311** 35; Verstoß, Folgen für Werkvertrag **631** 20

Ausschuß, Vereinbarung **434** 49

Außendienstmitarbeiter 611 66

Außenvollmacht 167 2, 6, 11, 25, 29, 31, 48, **170** 1ff; Anfechtung **167** 25ff; Auslegung **167** 6, 29, 31; Begriff **167** 2; Erlöschen **168** 1f; Gutglaubensschutz **169** 1ff; **170** 1ff; konkludente Erteilung **167** 11

Außenwirtschaftsverkehr, Verbotsgesetz, Verstoß **134** 44

Ausspielvertrag 763

Ausstattung 516 13d, **1624f**; Ausgleichungspflicht bei Erbauseinandersetzung **2050** 6, **2316**; bei Gütergemeinschaft **1444, 1466**

Aussteuer 1624 2

Aussteuersortiment, Lieferung 505 14

Auswahlverschulden bei Kfz-Reparatur **249** 77

Automaten, Anbringungsvertrag **vor 535** 38; Besitzmittlungsverhältnis **868** 37; Mietkauf **vor 535** 38; Mietvertrag **vor 535** 38; Spielhalle **vor 535** 38; Übereignung Geld **929** 29; Vertragsangebot **145** 8

Automatenaufstellvertrag 138 81, **305c** 26, **307** 60f, **vor 535** 37ff; Abgrenzung andere Verträge **vor 535** 38; AGB **vor 535** 54; Betriebsveräußerung **vor 535** 41; Kündigung **vor 535** 50; Nebenpflichten Betriebsinhaber **vor 535** 40; Rechtsnatur **vor 535** 39; Schadensersatzpflicht, Betriebsinhaber **vor 535** 52; Schriftform **vor 535** 42ff; Sittenverstoß **vor 535** 53

Autorenvertrag 611 51

Autowaschanlage 307 62; Einbeziehung AGB **305** 32

Avalkredit, Finanzierungshilfe **499** 10

Babyklappe vor 1741 27

Bagatelldarlehen, Verbraucherdarlehen **491** 26

Bagatellschäden 434 37f; merkantiler Minderwert **251** 9

Bahn, Amtshaftung **839** 34; Rechtsform **vor 21** 12

Bahnverkehr, IPR **EGBGB 40** 49

Bank, AGB s AGB-Banken; Herausgabepflichten im Giroverkehr **667** 30ff; Prüfungs-, Warn- und Rückfragepflichten **665** 15f; Sorgfaltspflicht/Fahrlässigkeit **276** 33ff; unzulässige Rechtsausübung **242** 147

Bank, Informationspflichten 242 96, 96, **675a**; Abweichung, vertragliche **675a** 18; Anwendungsbereich **675a** 17ff; Ausnahme **675a** 8; bargeldloser Zahlungsverkehr

675a 1ff; BGB-InfoV **675a** 10ff; Entgeltliche und Auslagen **675a** 5; Kreditinstitute **675a** 10ff; Schriftlichkeit **675a** 6; Standardgeschäft **675a** 2; Transparenz **675a** 7; Verstoß **675a** 14ff
Bankauskunft 307 64, **675** 28ff
Bankbürgschaft s Bürgschaft
Bankdarlehen vor 488 38; Agio und Disagio **vor 488** 39, 46, **488** 60; Akzeptdarlehen **vor 488** 57; Aufklärungspflichten **vor 488** 48f; effektiver Jahreszins **vor 488** 39f, 43, **488** 56; Festgeld **vor 488** 56; Genossenschaftsbanken **vor 488** 61; Gläubiger der Konten **vor 488** 59; Haftung für Angestellte **vor 488** 47ff; Kundeneinlagen **vor 488** 56; Kündigung **vor 488** 51ff; Mehrheit von Gläubigern **vor 488** 60; Neutralitätspflicht **vor 488** 50; Pensionsgeschäfte **vor 488** 58; Rahmenvertrag **vor 488** 38; Restschuldversicherung **vor 488** 54; Sittenwidrigkeit von Abreden **vor 488** 41ff; Wechseldiskontierung **vor 488** 57; Wertpapiere **vor 488** 58
Bankdienstleistungen, Kosten **307** 62
Bankenaufsicht, Versicherungsaufsicht, Amtshaftung **839** 53
Bankgarantie, Anweisung **vor 783** 7; Finanzierungshilfe **499** 10; und Schuldversprechen **vor 783** 7
Bankgeheimnis 307 64, **675** 28ff
Bankgeschäfte, IPR EGBGB **28** 56; Kundenbeschwerden UKlaG **14**; Vertrag zugunsten Dritter **328** 24
Bankgeschäfte, Haftung 307 65, **675** 26ff; Anlagegeschäft **675** 37ff; Auskünfte, falsche **675** 28ff; Execution-Only-Business **675** 43; Geheimnisbruch **675** 28ff; gegenüber Kreditnehmern **675** 35ff; Lastschriftverfahren **675** 27; Prospekthaftung **675** 44; Überweisungsverkehr, mehrgliedriger **675** 26
Bankkunde, Sorgfaltspflicht/Fahrlässigkeit **276** 45
Banknoten, Ersatz für beschädigte – **798** 2
Bankschließfach, Nutzungsvertrag **vor 535** 17
Banküberweisung, s Überweisungsvertrag
Bankverkehr, Mitverschulden **254** 28
Bankvertrag, Geschäftsbesorgungsvertrag **675** 7; Girovertrag s dort; Schufa-Klausel **305c** 32; Sittenwidrigkeit **138** 82; zugunsten Dritter auf den Todesfall **331** 9
Bankvertrag, IPR EGBGB **28** 56
Bargeldloser Zahlungsverkehr, Informationspflichten Bank **675a** 1ff
Barrierefreiheit, Wohnraum **554a**
Bartervertrag 675 7; s Tauschhandelssystem
Barwert-Verordnung Einl **1297** 28, **Anh 1587a**; Altersbestimmung **Anh 1587a** 2; Anwendungsbereich **Anh 1587a** 1; laufende Leistung **Anh 1587a** 6; Rechenweg **Anh 1587a** 4; Struktur **Anh 1587a** 2f; Text **Anh 1587a**; zeitlich begrenzte Anrechte **Anh 1587a** 7
Barzahlung als Bedingung **158** 8; -klausel **387** 30; -konto **272**
Basiszinssatz 247; Altansprüche vor 1. 1. 2002 **247** 5; Anwendungsbereich **247** 2; dynamische Verweisungen **247** 6; Publizität **247** 4; Unterschiede **247** 3
Bau auf fremdem Grund **812** 40, 54, **814** 3
Bauarbeiten, Mitverschulden/Verkehrssicherungspflichten **254** 45
Bauaufsicht, Amtshaftung **839** 100
Baubeschränkung, öffentlich-rechtliche **434** 7; Rechtsmangel **435** 12f
Baubetreuung vor 631 16, **675** 7; AGB **305** 15; Inhaltskontrolle **307** 77ff; Verbotsgesetz **134** 48
Baudispens vor 145 21
Baugenehmigung 434 32; Amtspflichtverletzung **839** 53; fehlende –, Fehler **434** 5; Rechtsmangel **435** 12f
Baugesetzbuch Einl **854** 29
Baugrundstück, Verkehrssicherungspflichten **823** 92
Bauhandwerker, und Architekt, Gesamtschuldner **421** 22; Gesamtschuldnerausgleich **426** 62; -sicherungshypothek, Ausschluß **307** 89

Bauherrengemeinschaft vor 705 37
Bauherrenmodell, AGB **305** 15, **305c** 30; Betreuungsvertrag **307** 77ff, **311b** 29; Form **631** 10; Inhaltskontrolle **307** 77ff; überraschende Klauseln **305c** 14
Baukostenzuschuß, Mieter **vor 488** 19
Baulärm 536 10
Baulast 1004 43ff, **Einl 1018** 10; Übernahme **1018** 16
Bauleitplanung, Amtshaftung **839** 53
Bauliche Veränderung und Wohnungseigentümergemeinschaft **WEG 10** 9, **22** 2ff, 9 (Beispiele)
Baum, Früchte, Überfall **911**; Nachbarrecht **907** 7; Schadensersatz **249** 25ff; Überwuchs, Selbsthilferecht **910**; Verkehrssicherungspflichten **249** 27, **823** 90
Baumaterialien, Mängel, Verjährung **438** 7ff
Bauordnungsrecht, Verbotsgesetz, Verstoß **134** 46
Bauplanung, Amtshaftung **839** 100
Bauplanungsrecht, Nachbarrecht **906** 26ff, 68f; Verbotsgesetz **134** 47
Baurecht, Eigentumsbeschränkung **vor 903** 9, **903** 6, **906** 7; Nachbarrecht **906** 26ff, 68f
Bausatz, mangelhafte Montageanleitung **434** 54ff
Bausatzvertrag 505 9, 23
Bausparvertrag 328 26, **vor 488** 25; AGB **307** 23; Inhaltskontrolle **307** 82, **308** 35; Verbraucherdarlehen **491** 3
Baustoffe, Verarbeitung **951** 5ff
Bauträgervertrag vor 631 16; Bedingung Hauserstellung/Grundstückskauf **158** 9; Drittwirkung zugunsten Nachbar **328** 25; Freizeichnungsklausel **242** 164; Inhaltskontrolle **307** 80f, **308** 5; Rechtsberatungsgesetz, Verstoß gegen **631** 18; Verbotsgesetz, Verstoß **134** 48; Vertragsart **vor 311** 17
Bauunternehmer, Berufshaftung **823** 130; Verdienstausfall **252** 18; -vertrag **vor 631** 15ff
Bauvertrag vor 631 15ff; Abnahme **640** 23ff; AGB **305c** 31, **306a** 4, **307** 46; Drittwirkung zugunsten Vermieter **328** 25; Erfüllungsgehilfe **278** 31; Gefahrtragung **644** 7, **645** 12; Inhaltskontrolle **307** 83ff, **308** 5, 35, 65; IPR EGBGB **28** 39; Kündigung Besteller **649** 14f; Mitwirkung Besteller **642** 11; überraschende Klauseln **305c** 14; Vergütung **632** 20ff, **641** 9ff; Vertragsstrafe **vor 339** 3; Vertragsstrafeklausel, Inhaltskontrolle **339** 2; VOB/B, Text **Anh 651**
Bauwerk, Mängel, Verjährung **438** 5f; Vertrag über die Errichtung **vor 433** 22
Beamtenhaftung s Amtshaftung
Beamtenrecht, Verbotsgesetz **134** 49
Beamtenversorgung, Versorgungsausgleich **1587a** 5ff s Übersicht dort
Beamter 611 29; Besitzdiener **855** 12; Fürsorgepflicht des Dienstherrn **839** 106; unzulässige Rechtsausübung **242** 188; Verbraucher **13** 15
Bearbeitungsgebühr, Abwicklung von Verträgen, Klauselverbote **308** 62; und Zins **246** 4
Bebaubarkeit 434 31
Bebauungsplan, Amtspflichtverletzung **839** 56
Bedarfsschaden, Rente **843**, 11ff; Anspruchsübergang **843** 13; Dauerschaden **843** 1; Entstehung **843** 12; Kapitalabfindung **843** 18ff; Pfändbarkeit **843** 26; Prozessuales **843** 21ff; Vorteilsausgleichung, versagte **843** 20
Bedienungsanleitung, mangelhafte **434** 58
Bedingung, absichtliches Herbeiführen -eintritt **162** 1ff; Anwartschaftsrecht **158** 3f; auflösende – **vor 158** 1, **158** 1, 5f, **465** 2, **572** 3 (Wohnraummietvertrag), **620** 11ff; auflösend/aufschiebende – zugleich **158** 7; aufschiebende – **vor 158** 1, **158** 1, 3f, **465** 2; Auslegung **vor 158** 3; Barzahlung **158** 8; befristetes Rechtsgeschäft **163** 1ff; bereits eingetretene – **vor 158** 6; betagte Verbindlichkeit **163** 4; Beweislast **158** 12; Definition **vor 158** 1; Eintritt in Publikums-KG **158** 9; Eintritt und Ausfall **158** 10; -feindliche Rechtsgeschäfte **vor 158** 18f; Ge-

schäfts-, gewöhnliche **vor 158** 4; Geschäftsgrundlage, Abgrenzung **vor 158** 2; Grundgeschäft/Erfüllungsgeschäft **158** 2; notwendige **vor 158** 7; Optionsrecht **vor 158** 14ff; Parteibedingung **vor 158** 17; Potestativ- und Wollens- **vor 158** 12ff; Rechts- **vor 158** 5; Rückbeziehung, Vereinbarung **158** 4; Rücktritt, Abgrenzung **158** 6; Rückwirkung -eintritt, Vereinbarung **159** 1f; Schwebezustand **158** 3f, **160** 1ff (Haftung während), **161** 1f (Verfügungen des bedingt Verpflichteten); Termin, Abhängigkeit von Eintritt **163** 1ff; uneigentliche – **vor 158** 3ff; unerlaubte/unsittliche – **vor 158** 9; unmögliche – **vor 158** 8; unnütze – **vor 158** 10; unverständliche – **vor 158** 11; unzulässige Rechtsausübung **242** 149; verbundenes Geschäft **158** 9; Verhinderung -eintritt **162** 1ff; Verzicht **158** 11; Widerrufsvorbehalt, Abgrenzung **158** 6; Wollensbedingung **162** 3; Zerstörung/Beschädigung des Rechtes, Schadensersatz **160** 1ff
Beerdigungskosten 844 6ff, **846, 1968;** unverheiratete Mutter **1615m**
Beförderungsbedingungen, Einbeziehung AGB **305a** 3; Inhaltskontrolle **309** 70
Beförderungsentgelt, erhöhtes **309** 56
Beförderungsvertrag 328 27, **vor 631** 17f; IPR **EGBGB 28** 40ff; Kontrahierungszwang **vor 145** 27; Vertragsschluß **vor 145** 42
Befreiungsanspruch als Aufwendungsersatz **257**
Befriedigungsrecht Dritter **268**
Befristung, Rechtsgeschäft **163** 1ff
Befristung Arbeitsverhältnis 620 1ff; Anwendungsbereich **620** 3f; Arten der Befristung **620** 5ff; auflösende Bedingung **620** 11ff; Beweislast **620** 67; Doppelbefristung **620** 17; Einzelabreden, Befristung **620** 19; Grundsatz **620** 1f; im Hochschulbereich **620** 22, 61ff; Kettenverträge **620** 59; Nachschieben von Gründen **620;** nachträgliche – **620** 18; Prozessuales **620** 68; aus sachlichem Grund **620** 20ff; ohne sachlichen Grund **620** 57ff; tarifvertragliche Befristungsregelungen **620** 64f; unzulässige – **620** 66
Befristung Arbeitsverhältnis, Sachgründe 620 20ff, 30ff; im Anschluß an Ausbildung/Studium **620** 32f; Arbeitsbeschaffungs- und Strukturmaßnahmen **620** 53; Eigenart der Arbeitsleistung **620** 37ff; Erprobung **620** 41; gerichtlicher Vergleich **620** 52; gesetzliche Sonderregeln **620** 54ff; Gründe in Person des Arbeitnehmers **620** 42ff; haushaltsrechtliche Gründe **620** 50f; personelle Kontinuität Betriebsrat **620** 53; TzBfG **620** 30ff; übergangsweise Beschäftigung **620** 53; Vertretung **620** 34ff; vorübergehender betrieblicher Bedarf **620** 30f
Befruchtung, künstliche **Einl 1297** 52
Beglaubigung, s Form, öffentliche Beglaubigung
Beglaubigung, öffentliche, 125 2, **129,** 1ff; Abgrenzung/Verhältnis zur notariellen Beurkundung **129** 4; Abtretungsurkunde **403**; Allgemeines/Bedeutung **129** 1; Verfahren **129** 3; Zweck **129** 2
Begutachtungsverfahren, vereinbartes, Hemmung der Verjährung **204** 21f, 46
Behandlungsfehler 823 126ff sa Arzthaftung, 131ff; Mitverschulden Patient **254** 32; Sorgfaltspflicht/Fahrlässigkeit **276** 36ff
Behandlungskosten, ambulant **249** 40; Krankenhausbehandlung **249** 41ff; von Tieren **251** 26; Wertersatzanspruch **251** 25f
Behandlungsvertrag, zugunsten Dritter **328** 22
Behauptung, Abwehranspruch, ehrkränkende/kreditschädigende – **1004** 35, 152ff; Begriff **824** 5; kredit-, erwerbsgefährdende **824**
Beheizungsanlage, wesentlicher Bestandteil **94** 9
Beherbergungsvertrag vor 311 17, **vor 535** 22; Einbringung von Sachen **vor 701ff**, sa Gastwirt, Einbringung von Sachen; IPR **EGBGB 28** 50

Behindertengerechter Wohnraum 554a
Behindertentestament vor 2064 16; Sittenwidrigkeit **138** 105
Behörde, Wissenszurechnung **166** 11
Behördengänge, Entgeltfortzahlung **616** 25, 44
Beifahrer, Mitverschulden **254** 50f
Beihilfe 830, 840
Beirat, Wohnungseigentümergemeinschaft **WEG 10** 9, 29
Beistand, Verjährungshemmung Ansprüche Kind gegen – **207** 14
Beistandschaft 1712ff; Allgemeines **vor 1712**; Antragsberechtigung **1713** 1; Aufgaben **1712** 6ff; Beendigung **1715**; Eintritt der – **1714**; und elterliche Sorge **1716**; gewöhnlicher Aufenthalt des Kindes **1717**; Unterhaltssicherung **1712** 11; Vaterschaftsfeststellung **1712** 7; Wirkungen **1716**
Beistandschaftsgesetz Einl 1297 40
Beiwohnung, außereheliche **1300** 1
Bekanntmachung, Güterrechtsregister **1562**
Belastung mit Verbindlichkeiten, Ersatzfähigkeit **249** 61
Belegarztvertrag vor 535 31
Belegenheitsrecht EGBGB 43 7ff
Belegschaftsaktien 611 461ff
Belegungsvertrag der Sozialversicherungsträger **vor 535** 30
Beleidigung, außerordentliche Kündigung **626** 61; s Ehrenschutz
Beliehene, Amtshaftung **839** 39
Benachteiligung, Allgemeinheit, Sittenwidrigkeit **138** 84; Dritter, Sittenwidrigkeit **138** 85; Verbot, Allgemeines **612a**
Benachteiligung, geschlechterbezogene 611a 1ff, 6ff; Anwendungsbereich **611a** 3ff; Aushangspflicht **611a** 19; Ausnahmetatbestand **611a** 11f; Ausschreibung **611b** 1ff; Beweislast für Motiv **611a** 13f; EG-Richtlinie, Verhältnis **611a** 1f, **612** 24; Lohngleichheit **612** 24ff; positive/umgekehrte Diskriminierung **611a** 15; Quotierung **611a** 15f; Sanktionen **611a** 16ff
Benutzungsbedingungen 305 8
Benutzungsbeschränkungen 434 31; Fehler des Grundstücks **434** 5; Rechtsmangel **435** 10
Benutzungsdienstbarkeit 1018 13ff
Benzin, -verbrauch **434** 24, 36; Verwechslung Normal/Super **vor 437** 13
Beratervertrag, selbständiger Dienstvertrag **611** 39
Beratungspflicht beim Kauf **433** 24, **vor 437** 11; bei Vorkaufsrecht **464** 5
Beratungsverhältnisse, Mitverschulden **254** 29
Beratungsvertrag 434 42; konkludenter Vertragsschluß **280** 49; Verjährung **195** 18; Vertrag zugunsten Dritter **328** 20
Bereicherung des Gesamtgutes **1457**; ungerechtfertigte s Ungerechtfertigte Bereicherung
Bereicherungsanspruch, Fund **977**; GoA **684**; Schenkung, beeinträchtigende **2287** 7; Schenkungsabsicht **685**; Unterhaltsgewährung **685**; Verarbeitung **951**
Bereitschaftsdienst 611 289
Bereitstellungszinsen 307 72, **309** 47, **488** 49, 52; und Zins **246** 4
Bergwerk, Nießbrauch **1038**
Bergwerkseigentum Einl 854 18
Berichtigung des Gesamtguts **1459**ff, **1475, 1481**
Berichtigungsbuchungen 307 67
Berliner Tabelle 1610 68
Berliner Testament 2269 1; Wiederheiratsklausel **2269** 11
Beruf, elterliche Sorge **1631a**
Berufsausbildung 611 129ff, **2316**; Ausgleichungspflicht Aufwendungen bei Erbauseinandersetzung **2050** 8
Berufsausbildungsvertrag, außerordentliche Kündigung **626** 5; Form **125** 12; eines Minderjährigen **113** 5
Berufsbildung 611 129ff

Berufsbildungsgesetz, Verbotsgesetz **134** 30
Berufsfreiheit 611 176ff
Berufsgeheimnis Anh 12 154ff
Berufshaftung, deliktische **823** 126ff; Übersicht **823**; sa Arzthaftung
Berufsrecht, berufsständische Satzung als Teil der Sittenordnung **138** 86; als Verbotsgesetz **134** 8, 50
Berufsschulbesuch, Entgeltfortzahlung **616** 7
Berufssportler, Arbeitnehmer **611** 67
Berufsständische Altersversorgung, Versorgungsausgleich **1587a** 55ff, **VAHRG 1** 2
Beschaffenheitsgarantie 443 2; Beweislast **443** 17; Einschränkung der Gewährleistungsrechte durch Garantie **443** 16; Inhalt **443** 9ff; Kostenbeitrag des Käufers **443** 14; Leistungsstörung **443** 15; Mängelrechte, Verhältnis **443** 16; Rechte aus der Garantie **443** 13f
Beschaffenheitsirrtum 119 39f
Beschaffenheitsvereinbarung, Kauf 434 2ff; Alter **434** 9; Baubeschränkungen, öffentlich-rechtliche **434** 7; Beschaffenheit **434** 2ff; Beziehungen zur Umwelt **434** 4; Herkunft **434** 6; negative Abweichung **434** 29ff; rechtliche Verhältnisse **434** 5; Steuervorteile **434** 8; Umsätze/Erträge **434** 10; Verdacht abweichender Beschaffenheit **434** 6; Vereinbarung **434** 12f
Beschaffungskosten, Aufwendungsersatz Teilzahlungsgeschäft **503** 24
Beschaffungsrisiko, Übernahme 276 2, 19ff, **280** 18; und Gattungsschuld **276** 19
Beschaffungsschuld 243 6
Beschäftigung, selbständige/unselbständige 611 4ff; Doppelstatus **611** 10
Beschäftigungsanspruch 611 351ff; Beginn **611** 364, 373; betriebsverfassungsrechtliche und personalvertretungsrechtliche Sonderregelung **611** 360ff; Durchsetzung **611** 366, 374f; Einwendungen Arbeitgeber **611** 368f, 376f; Ende **611** 370, 378ff; Rückabwicklung **611** 381f; Schadensersatz **611** 383f; streitiges Arbeitsverhältnis, allgemeiner Beschäftigungsanspruch **611** 371ff; unstreitiges Arbeitsverhältnis **611** 351ff, 385 (streitiger Inhalt der Arbeitspflicht); Wirkung **611** 365
BeschäftigungsförderungsG 611 182
Beschäftigungsverbote 611 256
Beschäftigungsverhältnisse 611 2ff; Abgrenzung **611** 12ff, 31 (im Sozialversicherungsrecht), 32 (im Steuerrecht); öffentlich-rechtliche **611** 29f
Beschlagnahme 134 12, **446** 8, **447** 12; und Aufrechnung **392** 1ff; Besitzmittlungsverhältnis **868** 15; -recht **435** 10, **446** 8, **447** 12
Beschränkte Geschäftsfähigkeit, s Geschäftsfähigkeit, beschränkte
Beseitigungsanspruch, Allgemeines Persönlichkeitsrecht **Anh 12** 333ff; Eigentümer s Abwehranspruch, Eigentümer
Besichtigung einer Sache **809**
Besitz Einl 854 11; Allein- und Mit- **vor 854** 6; Aufgaben **vor 854** 8; Beendigung **856**; Begriff **vor 854** 1; Eigen- und Fremd- **vor 854** 5, **872**; beim Eigentumsvorbehaltskauf **449** 16; Erben, Übergang auf **857**; Gegenstand **vor 854** 2; am Gesamtgut **1422, 1450**; Kondizierbarkeit **812** 7; Neben- **vor 854** 6; Recht **vor 854** 3; Rechts- **vor 854** 7; ursprünglicher **vor 854** 8; im Strafrecht **vor 854** 9; sonstiges Recht **823** 43; im Strafrecht **vor 854** 9; unmittelbarer/mittelbarer – **vor 854** 4; Vererblichkeit **1922** 17; Voll- und Teilbesitz **vor 854** 6
Besitz, mittelbarer vor 854 4, **868**; Ansprüche bei verbotener Eigenmacht **869**; Beendigung **868** 41f; Besitzmittlungsverhältnis **868** 4ff; Einzelfälle **868** 11ff; Entstehung **868** 39; Häufung der Besitzmittlungsverhältnisse **871**; Rechtsfolgen **868** 3; Übertragung **868** 40, **870**; Wesen **868** 2
Besitz, unmittelbarer vor 854 4, **854**; Begriff **854** 1; Ehegatten, Besitzverhältnisse **854** 8; Einzelfälle **854** 4; Erwerb **854** 9ff; Gesamthandsgemeinschaft **854** 6; gesetzlicher Vertreter **854** 7; juristische Personen **854** 5; Stellvertretung beim Erwerb **854** 17; tatsächliche Gewalt **854** 2f; verschlossener Raum/Behältnis **854** 4
Besitzaufgabe bei Annahmeverzug **303**
Besitzdiener 855
Besitzer, Eigentumsvermutung Eigenbesitz **1006**; einer Grunddienstbarkeit, Schutz **1029**; Herausgabeanspruch des früheren/besseren Besitzers **1007**
Besitzer, Haftung 987–993; Allgemeines **vor 987**; und allgemeines Schuldrecht **vor 987** 88ff; Anwendungsbereich **vor 987** 16ff; Besitz, Definition **vor 987** 13ff; Besitzer, Definition **vor 987** 8ff; Deliktsbesitzer **992**; Fremdbesitzer **vor 987** 1, **991**; und GoA **vor 987** 93f; grob fahrlässige Unkenntnis Besitzer **990** 11ff; Haftungssystem **vor 987** 48ff; Konkurrenzen **vor 987** 69ff; redlicher unrechtmäßiger Besitzer **993**; Übermaßfrüchte **993** 5; und unerlaubte Handlung **vor 987** 79ff; und ungerechtfertigte Bereicherung **vor 987** 82ff; bei verbotener Eigenmacht **992**; Verzug **990** 28ff; Zurechnung Gut-/Bösgläubigkeit Dritter **990** 21ff
Besitzer, Haftung, Nutzungen, bösgläubiger Besitzer **990**; Fremdbesitzer **991**; Fremdbesitzer mit vermeintlichem Nutzungsrecht **988**; Herausgabe **987** 17ff, **988** 11ff; Konkurrenzen **987** 23; nach Rechtshängigkeit **987**; unentgeltlicher Besitzer **988**; Verjährung **987** 22
Besitzer, Haftung, Schadensersatz, bei Unmöglichkeit der Herausgabe **989**; bösgläubiger Besitzer **990**; Fremdbesitzer **991**; bei Untergang **989** 10; bei Verschlechterung **989** 6ff
Besitzer, Verwendungsanspruch 994; Abtrennungs- und Aneignungsrecht bei Verbindung **997**; Allgemeines **vor 994**; Anwendungsbereich **vor 994** 12ff; Arbeitsleistung, geldwerte **994** 9; Ausschlußfrist **1002**; Befreiungsrecht des Eigentümers **1001** 3; Erhaltungskosten **994** 16; Haftungssystem Überblick **vor 994** 23ff; Konkurrenzen **vor 994** 33ff; Kosten für Erwerb **994** 10; landwirtschaftlicher Grundstücke, Bestellungskosten **998**; Lasten, Bestreitung von **995**; nicht notwendige/nützliche Verwendungen **996**; sachändernde Verwendungen **994** 11; selbständiges Befriedigungsrecht **1003**; Vorbesitzer, Übergang der Verwendungsersatzansprüche **999**; Wiedererlangung durch Eigentümer **1001**; Zurückbehaltungsrecht **1000**
Besitzerwerb, Wissenszurechnung **166** 9
Besitzkehr 859 4, **869** 4
Besitzmittlungsverhältnis 868 4ff, **930**; antizipiertes Besitzkonstitut **930** 6; beim Eigentumsvorbehaltskauf **449** 16; gesetzliches – **930** 5; gutgläubiger Erwerb **933**; Übereignung **930**
Besitzrecht vor 854 3; beim Eigentumsvorbehaltskauf **449** 16
Besitzschutz 858ff; Ausschluß der Verteidigung mit dem Recht zum Besitz **863**; Ausschlußfrist **864**; Beseitigungsanspruch **862**; Besitzdiener **860**; Besitzkehr **859** 4; Besitzwehr **859** 3; Duldungsanspruch des Grundstückseigentümers **867**; Einwendungen Entzieher/Störer **863**; fehlerhafter Besitz **858** 11ff; Grunddienstbarkeit, Besitzer **1029**; Herausgabeanspruch **861**; Mitbesitz **866**; mittelbarer Besitzer **869**; Selbsthilfe **1**; Teilbesitz **865**; unmittelbarer Besitz **858** 1f; Unterlassungsanspruch **862**; verbotene Eigenmacht **858** 3ff; Verfolgungsrecht des Besitzeres **867**; Widerrechtlichkeit der Beeinträchtigung **858** 5ff
Besitzstörung 858 3f
Besitzwehr 859 3, **869** 4
Besondere Vertriebsformen vor 312, **312ff**; elektronischer Geschäftsverkehr, Verträge im **312e** sa dort; Fernabsatzverträge **312b**ff sa dort; Haustürgeschäfte **312** sa dort; IPR **vor 312** 12; Umgehungsverbot **312f** 9ff; Unabdingbarkeitsregel **312f** 2ff

Bestandteile, wesentliche, Abtrennungs- und Aneignungsrecht des Besitzers **997**; Begriff **93** 2; Beheizungsanlage **94** 9; Einbauküche **93** 9; Einrichtungsgegenstände **94** 10; des Erbbaurechts **94** 7; Erzeugnisse **94** 6; feste Verbindung **93** 5; eines Gebäudes **94** 4f, 8ff; Giebelmauer **94** 5; eines Grundstückes **94** 2f, **95, 96**; Kraftfahrzeug **93** 6; kunstgewerbliche Erzeugnisse **94** 11; Lüftungsanlage **94** 9; Maschine **93** 7f, **94** 12f; maßgeblicher Zeitpunkt **94** 15; Motor **93** 6ff, **94** 13f; nichtwesentliche – **93** 17; Pfändung **93** 11; Rechte **93** 3; Rechte, Grundstück **96**; rechtliche Bedeutung **93** 10, **94** 16, **95** 8ff, **96** 2; Schiffsmotor **94** 14; schuldrechtliche Verträge **93** 15; Sonderbesitz **93** 13; Überbau **94** 4; Übereignung **93** 11, sa Bestandteile, wesentliche, Erwerb; Urheberrecht **93** 14; Verbindung durch Ausübung eines Rechts **95** 6; Verbindung mit beweglichen Sachen **947** 4ff; Verbindung mit einem Grundstück **946**; Verbindung zu vorübergehendem Zweck **95** 1ff; Verbindung, Vermischung, Verarbeitung **946–952**, sa dort; vorübergehende Trennung **93** 5a; wesentlich **93** 4ff; und Zubehör **93** 9; Zwangsversteigerung **93** 12; Zweck **93** 1a

Bestandteile, wesentliche, Erwerb bei Aneignungsgestattung **956, 957** (gutgläubiger Erwerb); bei Besitzüberlassung der Muttersache **956** 9; dinglich Nutzungsberechtigter **954**; gutgläubiger Eigentumserwerb an Sachfrüchten **955**; Trennung **vor 953, 953**

Bestätigung anfechtbares Rechtsgeschäft **144**; -klausel **305b** 12, **307** 88; nichtiges Rechtsgeschäft **141**

Bestätigungsschreiben, kaufmännisches 147 5ff, Absender **147** 7; Abweichungen **147** 11f; AGB **147** 12, **305** 47, **305b** 16; Anfechtung **119** 36, **147** 14; Auftragsbestätigung, Abgrenzung **147** 15; bewußt falsche Bestätigung **147** 12; Empfänger **147** 6; unter Nichtkaufleuten **147** 6; unmittelbarer zeitlicher Zusammenhang **147** 9; Vertragsverhandlungen **147** 8, 10; Widerspruch, unverzüglicher **147** 13; Zugang **147** 9

Bestattung, Kosten **844** 6ff, **846, 1968**; Verstorbenenwille **vor 1** 3

Bestechung, Sittenwidrigkeit **138** 87, **631** 22

Bestechungsgelder 667 17

Bestellung, Begriff **241a** 10; Kosten **596a** 4; nichtige – **241a** 12; provozierte – **241a** 10

Bestimmung der Leistung, s Leistungsbestimmung

Betagte Verbindlichkeit 163 4

Betäubungsmittelgesetz, Verbotsgesetz **134** 51

Betreuer, Aufwendungsvorschuß, -ersatz, -pauschale, Übersicht **1908i** 31; Beamter, Religionsdiener **1908** 7; Behörden- **1908h** (Aufwendungsersatz); **1908g** (Zwangsgeld); Berichtspflicht bei entgeltlicher Betreuung **1908k**; Berufs- **vor 1897** 3; Besprechungspflicht **1901** 27; Bestellung **1896** 71, **1908c** (eines neuen -); Betreuungsverein **1898** 8 (Betreuungsbehörde), **1900** (Betreuungsbehörde), **1908f** (Anerkennung), **1908i** 9; Bevollmächtigung **1902** 16; Eignung **1908b** 3; Entlassung **1908bf**; Ersatz- **1899** 6ff; Garantiestellung **1901** 26; Kontroll- **1896** 46; mehrere – **1899**; Mitteilungspflicht **1901** 29, **1908k**; Mitwirkung bei Bestellung **1898** 7; Nebenpflicht **1901** 28; Pflichten **1901**; Schenkungen **1908i** 44ff; Sonder- nach anderen Gesetzen **1896** 97; Tod **1908c**; Typen, Allgemeines **vor 1897**; Urlaubsvertretung **1899** 8; Vergütung s Betreuer, Vergütung; Verlängerung der Bestellung **1896** 96; Vertretungsmacht im Aufgabenkreis **1902**; Vertretungsmacht, Beschränkung **1902** 8ff; Vorrang der Einzelbetreuung **1900** 2, 6; Vorschlag des Betroffenen **1900** 8; Zwangsbefugnisse **1901** 13ff, **1906**

Betreuer, Auswahl 1897; Ausschlußgrund **1897** 11; Beamter, Religionsdiener **1898** 3; Berufs- **1897** 10; Beschwerde gegen Auswahlverfügung **1898** 6; Eignung **1897** 13f; Rangfolge für Einzel- **1897** 3ff; Übernahmepflicht **1898**; Verfahrenspfleger **1897** 12; Vorrang der Einzelbetreuung **1897** 3f; Vorschlag des Betroffenen **1897** 3f

Betreuer, Vergütung vor 1835 1, **1836** 40; Behörden- **1908h**; Berufs- **1836** 3ff, **1836a, 1836b**; Berufsvormündervergütungs G **1836a** 5; Übersicht **vor 1835, 1908i** 31; Vereins- **1908e**, sa Vormund über Minderjährige, Entschädigung und Vergütung

Betreuung, IPR **EGBGB 24**; Verjährungshemmung Ansprüche zw Betreuer/Betreutem **207** 12

Betreuung, rechtliche, Allgemeines **vor 1773, vor 1896**; Allgemeines s Übersicht **vor 1896**; Altfälle **vor 1896** 17ff; Aufgabenkreise, Einschränkung **1908d** 6; Aufhebung **1908d**; Ausstattung aus dem Vermögen des Betreuten, Genehmigung Vormundschaftsgericht **1908**; Auswahl Betreuer **1897** sa Betreuer, Auswahl; Befristung **vor 1896** 21; Beschwerde **1908b** 18; Beschwerde **1898** 6 (gegen Auswahlverfügung); Bestellung des Betreuers **1896** 71; Betreuungsbehördengesetz **vor 1896** 12; Betreuungsrechtsänderungsgesetz **vor 1896** 25ff; Betreuungsverfügung **1901a** 2, 6; Dauer **1896** 70; Doppelkompetenz von Betreuer und geschäftsfähigem Betreuten **1902** 18ff; Einwilligungsvorbehalt **vor 1896** 20; entspr Anwendung der Vorschriften für Minderjährige **108** 10, **109** 7, **110** 7, **111** 7, **112** 11, **113** 20, **131** 7; Ersatzbetreuung **1899** 6–8; Erweiterung **1908d** 7; Genehmigung des Vormundschaftsgerichts **1902** 13ff; Geschäftsunfähigkeit **104** 7; Gesundheitssorge **1901** 20; Kontrollbetreuer **1896** 46; Minderjährige **1908a**; Organisation Betreuungswesen **vor 1897** 5; Patiententestament **1901a** 6; Prozeßrecht **1896** 74; Reform **Einl 1297** 36; Sonderbetreuer nach anderen Gesetzen **1896** 97; Statuswirkung **1896** 72; Sterilisation s dort; Tod des Betreuten **1908d** 2; Übernahmepflicht **1898**; Übersichten **vor 1896, 1896, 1896–1908k**; Umfang der vergütungsfähigen Tätigkeiten **1901**; Unterbringung des Betreuten **1906** sa dort; Verfahrenspfleger **vor 1896** 26, **1897** 12, **vor 1909** 12; Verweisungen auf Vormundschaftsrecht **1908i**; Vorsorgevollmacht **vor 1896** 31, **1896** 40, 42, **1901a** 2; Wahlrecht, politisches **vor 1896** 22; Willensvorrang des Betreuten **1897** 3, **1900** 8, **1901** 10, 11ff (Grenzen), **1902** 17 (Vertretungsmacht); Wohl des Betreuten **1901** 6ff; Wohnraummietvertrag Kündigung, Genehmigung Vormundschaftsgericht **1907**

Betreuung, rechtliche, Aufgabenkreis 1896 51ff; Aufenthaltsbestimmung **1896** 59; Aufgabenkreise **1896** 54ff; Beaufsichtigung **1896** 64a; Ehesachen, Verfahren **1896** 63f; Eheschließung **1896** 61; Ehevertrag **1896** 62; Erforderlichkeitsgrundsatz **1896** 53; Gesundheitsfürsorge **1896** 60; Grenzen **1896** 69; Personen- und Vermögenssorge **1896** 56; Post, Öffnen/Anhalten **1896** 66; Prozessuales **1896** 67ff; Totalbetreuung **1896** 54, 57; Umgangsbestimmung **1896** 59; Unterbringung **1896** 59; Vermögenssorge **1896** 65

Betreuung, rechtliche, Betreuungstatbestand, **1896** 4ff; Betreuungsbedarf **1896** 35; Betreuungsbedürftigkeit ieS **1896** 25; Drittinteresse **1896** 50; Eingriffsschwelle **1896** 26f; Einwilligungsfähigkeit **1896** 25; und elterliche Sorge **1896** 22f; Erforderlichkeit **1896** 35ff; „Erlanger Baby" **1896** 17; und Geschäftsunfähigkeit **1896** 31ff; Krankheitsuneinsichtigkeit **1896** 30; medizinischer Befund **1896** 5ff; Rechtsangelegenheiten des Betreuten **1896** 19–23; sozio-juridisches Defizit **1896** 18ff; Subsidiarität gegenüber öffentlich-rechtlichen Hilfen **1896** 36; Subsidiarität gegenüber privat-rechtlichen Hilfen **1896** 37ff; Übersicht **1896**; Vorsorgevollmacht **1896** 40, 42; Wahlrecht, politisches **1896** 16

Betreuung, rechtliche, Einwilligungsvorbehalt 1903; Arztbesuch **1903** 40; Aufenthaltsbestimmung **1903** 7, 37ff; Beschwerde **1903** 51; Drittinteresse **1903** 10; Eheschließung **1903** 26; Eingriffstiefe **1903** 14ff; Erbvertrag **1903** 35; Geschäftsunfähigkeit **1903** 12; Prozeßhandlungen **1903** 36; Rechtsgeschäfte nach Anordnung **1903** 19ff; Rechtsmittel **1903** 51; Schwangerschaftsabbruch/Sterilisation **1903** 39; Statuswirkung **1903** 43f; Umfang **1903** 13; Unterbringung **1903** 41; Verfahren **1903** 45ff; Verfügung von Todes wegen **1903** 24, 26; Voraussetzungen **1903** 6ff; vorbehaltsfreie Rechtshandlungen **1903** 24ff; Wahlrecht, politisches **1903** 42

Betreuung, rechtliche, medizinische Maßnahmen 1904; Abbruch lebenserhaltender Maßnahmen **1904** 22ff; Einwilligungszuständigkeit Betreuer **1904** 2ff; Gefahr einer schwerwiegenden Folge **1904** 9ff; Gefahr in Verzug **1904** 30f; Genehmigung des Vormundschaftsgerichts **1904** 25; gerichtliche Entscheidung **1904** 28; Handlungsmöglichkeiten des Betreuers in Zweifelsfällen **1904** 26; medizinische Maßnahmen **1904** 12ff; Sterilisation **1905** sa Verfahren **1904** 27; Verweigerung der Einwilligung durch Betreuer **1904** 24; Vorsorgevollmacht, Anwendbarkeit **1904** 32; Zwangsbehandlung **1904** 29

Betreuung, rechtliche, Verfahren, 1896 75ff; von Amts wegen **1896** 80; Anhörung des Betroffenen **1896** 82; Antragsrecht **1896** 76ff; ärztliches Zeugnis **1896** 85; Bekanntmachung **1896** 92; Eilfälle **1896** 90f; Entscheidung, Inhalt **1896** 93; Gelegenheit zur Äußerung **1896** 83; Gerichtskosten **1896** 94; Gutachten **1896** 84ff; Rechtsmittel **1896** 95; Übersicht **1896**; Verfahrenspfleger **1896** 81; Verlängerung der Bestellung **1896** 96; Wirksamwerden Betreuerbestellung **1896** 89; Zuständigkeit **1896** 75

Betreuungsbehördengesetz vor 1896 12
Betreuungsrechtsänderungsgesetz vor 1896 25ff
Betreuungsunterhalt vor 1569 2, **1570**, Abdingbarkeit/Verzicht **1570** 19; Anspruchsende **1570** 18; berechtigte Betreuung **1570** 13; Betreuungsaufwand **1570** 16; Betreuungsbedürftigkeit **1570** 15; Beweislast **1570** 24; eheliches Kind **1570** 11; gemeinsames Kind **1570** 10; Konkurrenzen **1570** 20ff; nicht gemeinschaftliche Kinder **1576** 8f; nichtehelicher Elternteil **1570** 8ff; Pflege oder Erziehung **1570** 12; volljähriges Kind **1570** 17; Vorzüge **1570** 2

Betreuungsverfügung 1901a,
Betrieb 611 75ff
Betriebsgeheimnis, Recht am eingerichteten und ausgeübten Gewerbebetrieb **823** 57, 73
Betriebliche Altersversorgung 611 477ff; Betriebsübergang **613a** 44f; Versorgungsausgleich **1587a** 42ff, s Übersicht dort
Betriebliche Übung 611 274ff
Betriebsaufspaltung 611 77
Betriebserlaubnis, Fehlen, Fehler **434** 5
Betriebsführungsvertrag 675 7
Betriebsgeheimnis, arbeitsvertragliche Verschwiegenheitspflicht **611** 494ff, **626** 69
Betriebsgruppe 611 126
Betriebsinhaberwechsel 613a; sa Betriebsübergang
Betriebskosten 535 62; Kosten-/Kostenelementklauseln **535** 72, **557b** 2; bei Miete s Mietnebenkosten; Wohnraummietvertrag **556** (Vereinbarungen), 8ff (Abrechnung), 556a (Abrechnung), 560 (Veränderung)
Betriebspacht 581 7ff, **585** 3
Betriebsrisikolehre 615 60ff
Betriebsübergang 613a; Abweichende Vereinbarungen **613a** 64ff; Betrieb/Betriebsteil **613a** 13ff; betriebliche Umstrukturierung, analoge Anwendung **613a** 76; Betriebsinhaber **613a** 6ff; Betriebsinhaberwechsel **613a** 6ff; betriebsverfassungsrechtliche Auswirkungen **613a** 71ff, 77ff; betroffene Arbeitsverhältnisse **613a** 42ff; Beweislast **613a** 39; Bodenabfertigungsdienste auf Flughäfen **613a** 16ff; Einzelfälle **613a** 16ff; Entstehung und Entwicklung **613a** 1f; gesamtschuldnerische Haftung alter/neuer Betriebsinhaber **613a** 100ff; Insolvenzverfahren **613a** 32ff; Klarstellung durch Richtlinie 98/56 **613a** 22; maßgeblicher Zeitpunkt **613a** 41; öffentliche Dienstleistungen **613a** 23ff; Rechtsgeschäft **613a** 29ff; Sinn und Zweck **613a** 3f; Testamentsvollstreckung **613a** 38; Übergang der Arbeitsverhältnisse **613a** 40ff; Unterrichtungspflicht Arbeitgeber **613a** 123ff; Verhältnis zu anderen Haftungsgründen **613a** 68ff; Verpachtung eines Betriebes **613a** 10; Versorgungsansprüche **613a** 44f; Wechsel der Gläubiger-/Schuldnerstellung auf Arbeitgeberseite **613a** 58ff; Weitergeltung Tarifverträge, Betriebsvereinbarungen, Dienstvereinbarungen **613a** 71ff, 81ff, 87ff, 93f; Weiterhaftung des bisherigen Betriebsinhabers **613a** 95ff; Widerspruchsrecht der Arbeitnehmer **613a** 47ff; Zwangsverwaltung **613a** 37; Zwangsvollstreckung **613a** 36

Betriebsübergang, Kündigungsverbot 613a 104ff; Geltungsbereich **613a** 107f; Kündigung aus anderen Gründen **613a** 109f; Prozessuales **613a** 117ff; sanierende Betriebsübernahme **613a** 111ff; Wiedereinstellung **613a** 122

Betriebsvereinbarung, Auslegung **133** 36; Betriebsübergang, Weitergeltung **613a** 71ff, 81ff, 87ff, 93f; und Gestaltung Arbeitsverhältnis **611** 212ff; Schriftform **125** 12; Verbotsgesetz **134** 8

Betriebsverfassungsrecht, Entgeltfortzahlung bei Wahrnehmung von Pflichten **616** 7

Betriebsvermögen, Auseinandersetzung Miterbengemeinschaft **2042** 23

Betriebswirt, Verdienstausfall **252** 18
Betrug, außerordentliche Kündigung **626** 62
Beurkundung, notarielle, 125 2, **128** 1ff; Auflassung **925** 25; Ehevertrag **1410**; Erbschaftskauf **2371**; Erbvertrag, Besonderheiten **BeurkG 33**; Erbverzicht **2348**; Ersetzung durch Prozeßvergleich **127a** 1ff; ohne gleichzeitige Anwesenheit, Zustandekommen Vertrag **152** 1f, 4; Grundstück, Eigentumsübertragung **313b**; Grundstücksverträge **311b** 61ff sa Grundstücksverträge, Form; Haustürgeschäft **312** 90f; Irrtum über Notwendigkeit **154** 11; Niederschrift ohne Unterschrift des Notars **BeurkG 35**; und öffentliche Beglaubigung **129** 4; Schenkung **518** 2f; Sprachunkundige **BeurkG 32**; Testament, öffentliches **2232f**; Übergabe einer Schrift **BeurkG 30f**; Vaterschaftsanerkennung **1597**; Vereinbarung **154** 10ff; Verfügungen von Todes wegen, Besonderheiten **BeurkG 27f**; Vermögensübertragung **311b** 83ff, 88ff; Verschleierung, Verwahrung **BeurkG 34**; Zeugen, zweiter Notar **BeurkG 29**

Bewachungsvertrag 611 40, vor **631** 24, **688** 10a; Inhaltskontrolle **307** 93

Bewegliche Sachen, Eigentumserwerb s dort; Miete **535** 25; Pacht **581** 3

Beweislast, IPR **EGBGB 32** 16ff; Klauselverbote **309** 145ff; Umkehr bei Verbrauchsgüterkauf **476**

Beweislast, Schadensrecht vor 249 189–196; Beweis des ersten Anscheins **vor 249** 200ff; Beweissicherungskosten, Ersatzfähigkeit **249** 104; Beweiswürdigung **vor 249** 204ff; entgangener Gewinn **252** 6, 10ff, 14; bei Mitverschulden **254** 115; Umkehr **vor 249** 197ff; Wertersatzanspruch **251** 28

Beweissicherungskosten, Ersatzfähigkeit **249** 104
Beweisverfahren, selbständiges, Verjährungshemmung **204** 20, 45

Bewilligungsverfahren, öffentlich-rechtliche 906 63ff; Übersicht **906**

Bewirtungsvertrag vor 631 24
Bewußtlosigkeit, Willenserklärungen bei – **105** 5
Beziehungssurrogation, Miterbengemeinschaft **2041** 4
Bezugsbedingungen 305 8
Bezugsbindung 307 94f, **1018** 17; sa Bierbezugsvertrag

Stichwortverzeichnis

Bezugsvertrag vor 145 53; AGB **306** 10; sa Bierbezugsvertrag
BGB-Gesellschaft, s Gesellschaft bürgerlichen Rechts
BGB-InfoV Anh 312c, Anh 312e, Anh 355, Anh 482 651a 38, Time sharing **482** 9ff, **484** 6f
Bienenschwarm, Einzug in fremde besetzte Wohnung **964**; herrenloser – **961**; Vereinigung mehrerer – **963**; Verfolgung **962**
Bierbezugsvertrag vor 488 21ff, **505** 17, 24f, **vor 581** 33ff; Inhaltskontrolle **307** 94f; Sittenwidrigkeit **138** 88; Vertragsstrafe, Inhaltskontrolle **339** 2; sa auch Bezugsbindung, Bezugsvertrag
Bietungsabkommen 138 85; Sittenwidrigkeit **138** 89
Bilder, Fälschung **Anh 12** 108
Bildnisschutz, Angehörigen, Interesse **Anh 12** 191; Darstellung anderer/Doku-Drama **Anh 12** 174; Double **Anh 12** 172; Einwilligung **Anh 12** 193; Gegenstand des Bildnisschutzes **Anh 12** 171; geschütztes Rechtsgut **Anh 12** 168; Herstellung **Anh 12** 139ff; inneres Bild **Anh 12** 175; Leichenbildnisse **Anh 12** 191; öffentlich-rechtliches Eingriffsrecht **Anh 12** 192; Rechtsfolgen **Anh 12** 195; Schauspieler **Anh 12** 173; Übertragung des Rechtes **Anh 12** 194; Verbreitung/Zurschaustellung **Anh 12** 165ff, 170; Verwertungsverbot heimlicher Aufnahmen **Anh 12** 190
Bildnisschutz, Abbildungsfreiheit, Aufhebung **Anh 12** 187ff; als Beiwerk **Anh 12** 184ff; Kunst und Wissenschaft **Anh 12** 186; Persönlichkeiten der Zeitgeschichte **Anh 12** 176ff; in Versammlungen/Aufzügen **Anh 12** 185
Bildungsurlaub, Entgeltfortzahlung **616** 7
Billigkeitshaftung 829
Billigkeitsunterhalt 1581; angemessener Eigenbedarf **1581** 21; Beweislast **1581** 28; Billigkeitsentscheidung **1581** 22ff; erforderliches Einkommen **1581** 8ff; Harmonisierungsbedarf **1581** 27; Hausmann-Rspr **1581** 16; Mangelfall, absoluter **1581** 26; Rangverhältnis bei Wiederheirat **1582**; verteilbares Einkommen **1581** 12ff
Billigung beim Kauf auf Probe **454** 2–6, **455** 1, 3f
Bindungsklausel 307 72
Biologischer Anbau 434 6
Blankett/Blankoerklärung/Blankounterschrift, Form **126** 8; und In-sich-Geschäft **181** 24; Irrtumsanfechtung **119** 11, 33, 35; öffentliche Beglaubigung **129** 3; Unterzeichnung **126** 8; Vollmacht, Form **167** 4; bei Vollmachtsurkunde **172** 5, 16
Blankozession 398 3
Bodenabbauverträge vor 581 3
Bodenabfertigungsdienste auf Flughäfen **613a** 27
Bodenspekulationen 456 1
Bordell, Pacht **581** 10, **817** 21; Veräußerung **817** 21
Börse, Mißbrauch von Informationen **826** 44
Börsengeschäfte, IPR **EGBGB 28** 57
Börsenpreis 433 42
Börsentermingeschäft, falsche Auskünfte, vorsätzliche sittenwidrige Schädigung **826** 41; Rückabwicklung fehlerhafter **818** 40b; Termingeschäftsfähigkeit bei Oder-Konto **428** 9; als Finanzgeschäft
Bote, Anwendung von §§ 174, 177 **174** 9, **177** 8; ohne Botenmacht **177** 8, **179** 21; Empfangs- **130** 12, 13, **131** 2; Geschäftsfähigkeit/beschränkte Geschäftsfähigkeit/Geschäftsunfähigkeit **165** 8; Geschäftsunfähigkeit **105** 3; und unmittelbare Stellvertretung **vor 164** 23ff, **164** 2, 25; unrichtiger Übermittlung, Anfechtbarkeit **120** 2
Boykott, Recht am eingerichteten und ausgeübten Gewerbebetrieb **823** 58, 74; vorsätzlich sittenwidrige Schädigung **826** 60f
BRAGO 612 10
Brandmauer 921 2, **922**
Brandversicherung, Mitversicherung Mieter **538** 5
Breitbandkabel, Anschlußvertrag **vor 535** 3; Inhaltskontrolle **307** 139

Brief, Anspruch auf Vorlage beim Grundbuchamt **896**; Zugang **130** 8
Briefgeheimnis Anh 12 115ff, 209; postmortaler Persönlichkeitsschutz **Anh 12** 309
Briefhypothek vor 1113 14, **1116**
Briefkastenwerbung Anh 12 282ff
Bringschuld, Kostentragung **448** 2; Leistungsort **269** 1
Bruchteilsberechtigte, Gesamtschuldnerausgleich **426** 43
Bruchteilsgemeinschaft, Abgrenzung Gesellschaft bürgerlichen Rechts **vor 705** 4f; Aktiv- und Passivseite **vor 420** 20ff; Anspruch auf Aufhebung, Verjährung **194** 22; Ansprüche aus dem Eigentum, Geltendmachung **1011**; Ausmaß des Gebrauchs **743** 6ff; Begriff **741** 1; Belastung Anteil **vor 1008** 8, **1008** 2; Belastung der ganzen Sache **1009** 1; Beschluß über Verwaltung/Benutzung **745**; Beschluß, Wirkung gegen Sondernachfolger **746**; Bruchteilsgläubigerschaft **vor 420** 21; entsprechende Anwendung **741** 18; Entstehung **741** 15ff; Forderungen aus Rechtsgeschäften **vor 420** 22; Früchteanteil **743** 1ff; Gegenstand **741** 4ff; als Gesamtgläubiger **428** 13; Gesamthand, Abgrenzung **741** 2; Gesamtschuldnerausgleich **vor 420** 20ff, **426** 43, **741–758**, **vor 1008** 3–12, **1008–1011**; Gesellschaft, Abgrenzung **741** 2; an Gesellschaftsanteilen **741** 8; gesetzliche Forderungen und Sekundäransprüche **vor 420** 23; Gewährleistung bei Zuteilung Gemeinschaftsgegenstand **757**; Grundstücksübertragung **311b** 23; Innenverhältnis Teilhaber **743**; Lasten-/Kostentragung **748**; als Mietvertragspartei **535** 5f; Miteigentum **741** 5, **1008–1011**, sa dort; an Miteigentumsanteil **1008** 4; als Mitgläubiger **432** 15; notwendige Erhaltungsmaßregeln **744** 7; Passivseite **vor 420** 24f; rechtliche Wirkungen **741** 3; Schuldenberichtigung **755f**; Stimmenmehrheit **745** 1; gleiche Teilhaberanteile **742**; Time-sharing-Modelle **741** 6; Übertragung Anteil **vor 1008** 7, **1008** 2; Vereinbarung über Verwaltung/Benutzung, Grundbuch **1010**; Verfügung über Anteil **747** 1ff; Verfügung über gemeinschaftliche Gegenstände **746**; Verwaltungsbefugnis **744ff**; Vorratsteilung **1008** 4; Wohnungseigentum **741** 6; sa Mehrheit von Schuldnern und Gläubigern
Bruchteilsgemeinschaft, Aufhebung, Anspruch **749, 758** (Verjährung); Ausschluß im Todesfall **750**; Ausschluß und Sondernachfolger **751**; Forderungsverkauf **754**; Gewährleistung bei Zuteilung Gemeinschaftsgegenstand **757**; Grundstücke, Zwangsversteigerung **753** 4; Schuldenberichtigung **755f**; Teilung durch Verkauf **753f**; Teilung in Natur **752**
Buchclub 505 16
Bücher, Fehler **434** 42
Buchersitzung ErbbauVO vor 1 16
Buchforderung, Sicherheitsleistung durch Verpfändung **236**; Vorausabtretung **398** 16
Buchreihe, Liefervertrag 505 9
Buchwertklausel 738 16
Bühnenaufführungsvertrag vor 581 13
BundesdatenschutzG 611 182
Bundesnaturschutzgesetz Einl 854 30
Bundesraumordnungsgesetz Einl 854 28
Bundeswehr, Amtshaftung **839** 35, 102
Bürge, Tauglichkeit **239**
Bürgerstiftung vor 80 26
Bürgschaft vor 765ff, 9ff, 20ff; Abtretbarkeit **765** 16; AGB **305c** 30, 32, **306** 14; Akzessorietät **vor 765** 3f, **765** 15, **767**; Anfechtungstatbestände **765** 14; Annahme Vertragsantrag **151** 5; Anzahlungs- **vor 765** 10; auf alle Ansprüche des Gläubigers **vor 488** 10; auf erstes Anfordern **vor 765** 12; Aufgabe von Sicherheiten durch Gläubiger **776**; Ausfall- **vor 765** 11, **769** 3; Ausgleich Bürge – Schuldmitübernehmer **426** 80; Ausgleich Hauptschuldner – Bürge **426** 76ff; Befreiungsanspruch des Bürgen **775**; Befriedigungsversuche durch Zwangs-

Stichwortverzeichnis

vollstreckung 772; Bereicherungsausgleich 812 30; Bürgenleistung 422 12; und cic 311 41; und Delkredere vor 765 25; unter Ehegatten vor 1353 3; Erfüllungsort 765 16; ergänzende Vertragsauslegung 157 28; Erstreckung auf Rechtsgeschäfte nach Übernahme 767 9; Finanzierungshilfe 499 10; Forderungsübergang 774; Form 311b 41; für Ansprüche aus Leasingverträgen Anh 535 35; und Garantievertrag vor 765 20ff; für Gesamtschulden 422 12ff, 14 (Ausschluß der gesamtschuldnerischen Haftung); Gesamtschuldnerausgleich unter Bürgen 426 41; Gesamtschuldnerausgleich unter Mitbürgen 426 51; Gesellschafterbürgschaft, gesetzliche Beschränkungen 765 12; Gewährleistungs- vor 765 13; Gläubigeridentität vor 765 5; -gleiche Haftung vor 765 19; und Hauptschuld, Sicherungsgesamtschuld 421 48f; Haustürgeschäft 312 26ff; Heilung Formmangel 766 8; Höchstbetrags- vor 765 14; Inhaltskontrolle 307 96ff; innerhalb nichtehelicher Lebensgemeinschaft vor 1353 22; IPR EGBGB 32 51f; Konkurrenz dingliche Sicherungsrechte 774 15; Kredit- vor 765 15; bei Kreditauftrag 778; Mietbürgschaft 307 23; Mit- 769, 774 14; Nachbürge vor 765 16; und Patronatserklärung vor 765 26; Pflicht zur Risikoaufklärung 276 44; Pflichten des Bürgen 765 5ff; Pflichten des Gläubigers 765 10ff; Prozeß- 328 24, vor 765 17; Rechtsverhältnis Bürge – Hauptschuldner vor 765 8, 774 12, 775; Rechtsverhältnis Gläubiger – Bürge vor 765 6; Rechtsverhältnis Gläubiger – Hauptschuldner vor 765 7; Rück- vor 765 18; Rückgewähransprüche aus gesetzlichen Rücktrittsrechten 767 10; Schriftform 766 1ff; und Schuldbeitritt vor 414 10, vor 765 25; und Schuldversprechen 780 3; Sekundäransprüche 767 8; selbstschuldnerische – 773; sicherbare Verbindlichkeiten 765 3; Sicherheitsleistung des Bürgen 422 13; Sittenverstoß 765 13; Steuer- vor 765 19; Störung der Geschäftsgrundlage 313 50, 765 15; Störung des -vertrages 765 12ff; Teil- vor 765 19; Übergang bei Forderungsabtretung 401 2; überraschende Klauseln 305c 14; Umfang -schuld 767 1ff; unwirksame Klauseln, Rechtsfolge 306 12, 14, 17; -urkunde, Inhalt 765 3ff; für Verbraucherdarlehen 491 21, 765 12; Verjährung 765 16; -vertrag, Zustandekommen 765 2; Vollmacht, Form 167 4; Vorvertrag vor 145 48; und Wechsel- und Scheck- vor 765 27; Wesen vor 765 1ff; Zeit- 777; Zweck der Sicherheitsleistung vor 765 19

Bürgschaft, Einreden der Anfechtbarkeit 770; der Aufrechenbarkeit 770 5; der Bürgen 768; Gestaltungsrechte des Hauptschuldners 770; Haftungsbeschränkung des Erben 768 7; des Hauptschuldners 768 1ff; Verzicht des Bürgen 768 6; Verzicht des Hauptschuldners 768 5; der Vorausklage 771, 773 (Ausschlußgründe)

Bürgschaft, Sittenwidrigkeit 138 90ff; von Angehörigen 138 91; von Arbeitnehmern 138 94; von Ausländern 138 92; Einzelfragen 138 95; von Gesellschaftern 138 94; von Kindern 138 93; von Organpersonen von Gesellschaftern 138 94

Bürgschaftsforderung, unzulässige Rechtsausübung 242 150

Bürgschaftsurkunde 766 3ff
Bürgschaftsvertrag, Risikoaufklärung 675 7

Campingvertrag vor 535 23
CFR 448 5
Charakterfehler, Eigenschaftsirrtum 119 45
Chartervertrag vor 631 24, 675 7
Chefarztvertrag, Inhaltskontrolle 308 35
Chemischreiniger 307 151
Cic s Culpa in contrahendo
CIF 447 8f, 448 5

CISG vor 433 33; Verbraucherdarlehensvertrag vor 491 18ff
Commodum, stellvertretendes 243 13
Computerkauf, Fehler 434 48; Untersuchungspflicht des Verkäufers 433 28, 437 27; Verwendung 434 19
Computerprogramm, Sache 90 3
Computerverträge 307 100
Condictio, s Ungerechtfertigte Bereicherung
Countertrading 480 3
Culpa in concreto 1359
Culpa in contrahendo vor 241 8, 311 15ff; Abbruch der Vertragsverhandlungen 145 20; Abbruch von Vertragsverhandlungen 311 34; Abschluß nachteiliger/unangemessener Vertrag 311 37; ähnliche geschäftliche Kontakte 311 22; Allgemeines 311 15ff; und Anfechtung 123 8 (Täuschung, Drohung), 311 44; Anwendung der §§ 164ff vor 164 9, 164 18; Anwendungsbereich 311 18; Arbeitsvertrag 611 261; Aufklärungspflichtverletzung 311 29ff; Aufnahme Vertragsverhandlungen 311 20; Fallgruppen 311 28ff; und Gewährleistung 311 45; Haftungsausschluß 311 27; Informationspflichten 311 17; beim Kauf vor 433 9; Konkurrenzen 311 44ff; Nichtzustandekommen des Vertrages 311 29ff; öffentliche Ausschreibungen 311 35; Pflichtverletzung 311 23; Rechtsfolgen 311 25, 36, 43; rechtsgeschäftsähnliches Schuldverhältnis mit Verhaltenspflichten 311 19ff; und Schadensersatzanspruch bei Anfechtung/Nichtigkeit einer Willenserklärung 122 6; Schenkung 521 3; Schmerzensgeld 311 17; Schutzpflichtverletzung 311 28; Verjährung 311 17, 26; vermeintlich wirksamer Vertrag 311 30ff; Vertragsanbahnung 311 21; Vertretenmüssen 311 24ff; Vertreter, Inanspruchnahme vor 241 8; Voraussetzungen 311 19ff

Culpa in contrahendo, Dritthaftung 311 47ff; Einzelfälle 311 49; Gebrauchtwagenhändler 311 51; Inanspruchnahme besonderen persönlichen Vertrauens 311 48; Prospekthaftung 311 52; unmittelbares wirtschaftliches Eigeninteresse 311 50

Dachlawine 823 90
Damnum 246 5, 488 60
Darlehen 488ff; Abgrenzung andere Verträge vor 488 64ff; Abnahmepflicht 488 9f; Abtretung Forderungen aus – 399 8a; AGB 305c 30, 307 23, vor 488 6; Agio und Disagio vor 488 39, 46, 488 60; Arbeitgeber- 488 20; Aufklärungspflicht Banken 675 35ff; Aufrechnungsausschluß mit -valuta vor 488 12; Ausländer 488 19; in ausländischer Währung 488 17f; Automatenaufstellvertrag 138 81, 307 60f, vor 535 46; Bank- vor 488 37ff sa dort; Bankkreditgeschäft sa dort; Bausparvertrag vor 488 25; Besserungsklausel 488 45; Beweislast 488 45; und cic 311 41; Damnum 488 60; Dritte, Einschaltung bei Abwicklung 488 11ff; Dritter als Valutaempfänger vor 488 14, 488 3; effektiver Jahreszins vor 488 39f, 488 56, sa dort; von Eheleuten gemeinsam aufgenommen 1353 15; Entreicherungseinwand bei Rückabwicklung 818 34; Erkundigungs-/Beratungs-/Warnpflichten der Bank 280 51ff; -eröffnungsvertrag vor 488 5, 38; Factoring vor 488 33ff sa dort; Fälligkeit, Laufzeit vor 488 31, 488 61; freie Verfügung vor 488 11; Fußball, Handgeld vor 488 24; -geber, Pflichten 488 6f; Gebrauchsvorteile 346 29; Gefahrtragung 488 16; Geld-/Sach-, Abgrenzung vor 488 1; Gesamtschuldnerausgleich Mitdarlehensnehmer 426 39; als Geschäfte des täglichen Lebens 105a 6; Gesellschafter- vor 488 63; Getränkebezugsverpflichtung vor 488 21ff, sa Bierbezugsvertrag; auf Grundlage privatrechtlicher Bindungen vor 488 18ff; Haftung Banken 675 35ff; Haustürgeschäfte vor 488 8; Inhaltskontrolle 307 48, 72ff, 308

Stichwortverzeichnis

5, 49, **309** 47; IPR **EGBGB 28** 37; und Kauf **vor 433** 24; Kontokorrent- **vor 488** 29f; Kreditlinie **vor 488** 5; laufende Gebühren **488** 59; Lohnabtretungsklausel **305c** 16; Lombard- **vor 488** 26; mehrere -nehmer, Gesamtschuld **488** 4; Miet- und Baukostenzuschüsse **vor 488** 19; -nehmer, Pflichten **488** 8f; Nichtabnahmeentschädigung **488** 59; öffentlich-rechtliche Leistungsverwaltung **vor 488** 16f; Pachtdarlehen **vor 488** 27; partiarisches – **vor 488** 64, **488** 49; Pfändbarkeit **vor 488** 13; Pfandleihe **vor 488** 62; Rahmenvertrag **vor 488** 5, 38; Ratenvor **488** 28 sa Teilzahlungsdarlehen; im Reisegewerbe **vor 488** 8; Rückerstattung **488** 61ff; Rückschein **vor 488** 69; Sach- s dort; Schlüsselgewalt **1357** 15; Schufa-Klausel **vor 488** 7; -schuldner **488** 3; Schuldrechtsmodernisierung **vor 488** 1; Schuldschein **vor 488** 71; Sicherung der -ansprüche **vor 488** 69ff; Sicherungen **vor 488** 10; sittenwidriger Vertrag, Rückabwicklung **817** 20, **818** 11a; Sittenwidrigkeit **138** 96; Speicherung von Daten **vor 488** 7; Störung der Geschäftsgrundlage **313** 51, 51; Synopse **vor 488** 4; Teilzahlungsdarlehen **vor 488** 28 sa dort; Überleitungsvorschriften **vor 488** 4; überraschende Klauseln **305c** 15; Überziehungsprovisionsansprüche **488** 54; Umwandlung Schuld in -schuld **488** 20ff, **780** 2; unwirksame Klauseln, Rechtsfolge **306** 12; -valuta erreicht Empfänger nicht **488** 3ff, 11ff; verbundene Verträge **358** 6ff s Verbraucherverträge, verbundene Geschäfte; Verjährung **488** 46; Vertragsparteien **488** 2ff; Vorfälligkeitsentschädigung **vor 488** 32, **490** 13; Vorvertrag **vor 488** 72; Wucher **138** 96; wucherähnliche, vorsätzlich sittenwidrige Schädigung **826** 47; Zinsklauseln **307** 46f; zugunsten Dritter **328** 24

Darlehen, Kündigung Darlehensgeber, Änderungskündigung **488** 68; außerordentliche – **vor 488** 52f, **488** 67, **490** 1ff (bei Vermögensverschlechterung); Beweislast **488** 74; Frist **488** 71; ordentliche – **vor 488** 51f, **488** 63ff; Rechtsfolge **488** 73; Störung der Geschäftsgrundlage **490** 14; Tilgungsdarlehen **488** 69; bei Versteigerung Grundstück **488** 70; zinslose Darlehen **488** 72

Darlehen, Kündigung Darlehensnehmer, außerordentliche – **490** 1, 10, 14; ordentliche – **489**; Rückzahlungsfrist, zweiwöchige **489** 11; Störung der Geschäftsgrundlage **490** 14; Unabdingbarkeit **489** 12; Zinsbindung **489** 4ff, Zinssatz veränderlich **489** 3

Darlehen, Nichtigkeit **488** 29ff; Gesetzesverstoß **488** 30; Rückforderung **488** 38ff; Sicherungsabreden **488** 43; Sittenwidrigkeit **488** 31ff, 35ff (bei finanzierten Geschäften); zu Spielzwecken **488** 40; Wegfall der Geschäftsgrundlage **488** 44; Wucher **488** 31ff, 42, 56

Darlehen, Zinsen **488** 47; Bereitstellungszinsen **488** 59, 52; Damnum **488** 60; Disagio **488** 60; Höhe **488** 49; Nichtabnahmeentschädigung **488** 59; nach Rückzahlung **488** 53; Sittenwidrigkeit **488** 56; sonstige Leistungen **488** 58; Tilgungsstreckung **488** 60; Überziehungsprovisionsansprüche **488** 54; Vereinbarung **488** 50; Verzicht **488** 55; Verzugszinsen **488** 52

Darleheneröffnungsvertrag **vor 488** 5, 38, **491** 4

Darlehensvermittlungsvertrag **655aff**; abweichende Vereinbarungen **655e**; Anwendungsbereich **655a** 1f; Nebenentgelte **655d**; Schriftform **655b**; Umschuldungsdarlehen Vergütungsanspruch **655c** 4ff; Vergütung **655c**

Daseinsvorsorge, Leistungsbeziehungen der – **vor 145** 42ff; Amtshaftung **839** 30; Beförderungsverhältnis **vor 145** 42f; Bundesbahn, Benutzungsverhältnis **vor 145** 42f; faktischer Vertrag **vor 145** 42; Leistungsbestimmungsrecht **315** 12; öffentlich-rechtliche Anstalt, Zulassung **vor 145** 42; protestatio facto contraria non valet **vor 145** 43; sozialtypisches Verhalten **vor 145** 42; Stromversorgung **vor 145** 42f; Vertragsmängel **vor 145** 42; Vertragsschluß **vor 145** 42; Vorbehalt **vor 145** 43; Willensmangel **vor 145** 44

Datenschutz, Darlehen **vor 488** 7; Inhaltskontrolle **307** 101f

Datenschutzrecht, Verbotsgesetz **134** 52

Datenspeicher, Informationen, Wissenszurechnung **166** 10

Datenverarbeitung, elektronische s EDV

Datenweitergabe, Inhaltskontrolle **307** 101f

Dauerlieferungsvertrag **vor 145** 53, **vor 433** 30

Dauernutzungsrecht Einl **1018** 9

Dauerschuldverhältnis **vor 241** 20; Anfechtung wegen arglistiger Täuschung/Drohung **123** 48; Anfechtungswirkung **142** 10; Einschränkung der Nichtigkeit **134** 14, 28, 59, **138** 28, 55, 57, 81, 97; Erlöschen **vor 362** 5; als Geschäfte des täglichen Lebens **105a** 6; Irrtumsanfechtung **119** 8; Kündigung, unzulässige Rechtsausübung **242** 183; Laufzeit, Klauselverbote **309** 124ff; Nichtigkeits- und Anfechtungsfolgen **vor 145** 41; Preisklauseln **309** 8; Rücktritt bei Verletzung Schuldnerpflichten **323** 9; Sittenwidrigkeit **138** 97; Störung der Geschäftsgrundlage **313** 52; Unmöglichkeit **275** 11, **286** 6, **326** 7

Dauerschuldverhältnis, Kündigung aus wichtigem Grund **314**; Abdingbarkeit **314** 3; Abgrenzung **314** 15f; Abwicklung **314** 20; und Anfechtung/Rücktritt **314** 18; Anwendungsbereich **314** 12ff; Fristgebundenheit **314** 10; intertemporale Anwendung **314** 21; Kündigungserklärung **314** 11; pflichtwidriges Verhalten **314** 6ff; und Schadensersatz **314** 19; Sukzessivlieferungsvertrag **314** 14; wesentliche Änderung der Verhältnisse **314** 5; wichtiger Grund, Begriff **314** 4; Wirkung **314** 17

Dauertestamentsvollstreckung **2209f**

Dauerwohnrecht **vor 481** 6, Einl **1018** 9, **WEG 31ff**; Ansprüche Berechtigter **WEG 34**; Ansprüche Eigentümer **WEG 34**; Begriffsbestimmung **WEG 31**; Belastung eines Erbbaurechtes **WEG 42**; Eintragungsvoraussetzungen **WEG 32**; Eintritt in das Rechtsverhältnis **WEG 38**; Haftung des Entgelts **WEG 40**; Heimfallanspruch **WEG 36**; Inhalt **WEG 33**; langfristiges, besondere Vorschriften **WEG 41**; Veräußerungsbeschränkung **WEG 35**; Vermietung **WEG 37**; Zwangsversteigerung **WEG 39**

Deckenlassen **vor 631** 24

Deckungsgeschäft **280** 34, **281** 28ff

Deliktsrecht s Unerlaubte Handlung

Delkredere **vor 765** 25

Demonstration, Verkehrssicherungspflichten **823** 106

Demoskopie und Sittenordnung **138** 32

Deputatland **vor 581** 18

Dereliktion **959**; und Abwehranspruch Eigentümer **1004** 130ff

Derivate Anh **764** 1

Detektivvertrag **611** 40; überraschende Klauseln **305c** 15

Deutsche Staatsangehörigkeit **EGBGB 5** 22ff; Ansprüche auf Erwerb der –/Einbürgerung **EGBGB 5** 35ff; und DDR-Staatsbürgerschaft **EGBGB 5** 26; kollisionsrechtliche Gleichstellung Statusdeutsche **EGBGB 5** 39; Reichweite **EGBGB 5** 27ff; Vertriebene, Flüchtlinge, Spätaussiedler **EGBGB 5** 37

Deutscher Wetterdienst, Amtshaftung **839** 35

Devisenfuturegeschäft Anh **764** 1, 2

Devisenfutureoptionsgeschäft Anh **764** 1

Devisenoptionsgeschäft Anh **764** 1

Devisentermingeschäft Anh **764** 1, 2

Devisenswapoptionsgeschäft Anh **764** 1

Dieb und Hehler, Gesamtschuldner **421** 24; Herausgabe- und Schadenersatzansprüche **421** 28; Legalzession und Abtretungskonstruktion **421** 28; Schadenersatzansprüche **421** 28

Diebesgut, Erwerb, Bereicherungsausgleich **812** 86

Diebstahl, außerordentliche Kündigung **626** 62; und gutgläubiger Erwerb **935**
Dienstbarkeit 1090ff; Allgemeines **Einl 1018;** Arten **Einl 1018** 4ff; Baulasten **Einl 1018** 10, **1018** 16; beschränkt persönliche – s dort **Einl 1018** 6ff; Dauernutzungsrecht **Einl 1018** 9; Dauerwohnrecht **Einl 1018** 9; beim Erbbau **ErbbauVO 2** 12; Grund- s dort; Mitbenutzungsrecht **Einl 1018** 11f, **1018** 15; und Überbau **916**
Dienstbarkeit, beschränkte persönliche Einl 1018 6ff, **1090ff;** Allgemeines **vor 1090;** belasteter Gegenstand **1090** 1; Berechtigter **1090** 2ff, **1093** 7ff; Inhalt **1090** 5ff, **1093** 2ff; Löschung **1093** 16; Übertragung/Überlassung **1092;** Umfang **1091**
Dienstbarkeit, beschränkte persönliche, Wohnrecht, (Aufnahme Familienangehörige/Hauspersonal **1093** 10; **1093;** maßgebliche Vorschriften **1093** 5; Mitbenutzungsrecht Gemeinschaftsanlagen **1093** 15; Zerstörung des Gebäudes **1093** 12
Dienste, entgangene **845f**
Dienstleistung, familienrechtliche **611** 27; gesellschafts- und vereinsrechtliche **611** 20ff; Verletzung leistungsbezogener Pflichten **280** 44, 48ff
Dienstpflicht 611 282ff sa Arbeitspflicht
Dienstreisezeiten 611 289
Dienstverhältnis, öffentlich-rechtliches, Minderjähriger, Ermächtigung **113** 5
Dienstvertrag 611ff; Abgrenzung **611** 2ff (Arten), 12ff (andere Beschäftigungsverhältnisse); Arbeitspflicht **611** 282ff; Beendigung **620** 69ff; Befristung **620;** Befristung s Übersicht **620** sa Befristung Arbeitsverhältnis; Beschäftigungsanspruch **611** 351ff sa dort; Beschäftigungsverhältnisse Übersicht **611** 2ff; Betriebsübergang **613a**, sa dort; Dienstleistung an Dritte **613** 5; Einfluß auf Einordnung **611** 10; Entgeltfortzahlung bei Verhinderung **616** sa dort; Erkrankung von in häusliche Gemeinschaft aufgenommenen Verpflichteten **617;** falsche Einordnung durch Beteiligte **611** 11; Fortsetzung nach Ablauf Dienstzeit/Probezeit **625;** Freistellung nach Kündigung **629;** Inhaltskontrolle **308** 65; IPR **EGBGB 28** 38; und Kauf **vor 433** 15; Kündigung **620** 70ff sa Kündigung, Dienstverhältnis; Kündigung aus wichtigem Grund **626** sa Kündigung Dienstverhältnis, außerordentliche; Minderjähriger, Aufhebung/Kündigung **113** 9; Minderjähriger, Ermächtigung **113** 1ff; und Pachtvertrag **vor 581** 4; persönliche Dienstleistungspflicht **613** 1ff; Rechtsformzwang **611** 9ff; Schutz vor Gefahren **618, 619** sa Arbeitsschutz; selbständiger **611** 34ff (Gegenstände/Rechtsgrundlagen), 52 (Parteien); Tod des Dienstpflichtigen **613** 2; Treue- und Fürsorgepflicht **611** 482ff; Umdeutung von Rechtsgeschäften **140** 21; Unmöglichkeit der Dienste **615** 24; Unübertragbarkeit des Dienstleistungsanspruchs **613** 4; unwirksame Klauseln, Rechtsfolge **306** 17; Zeugnis **630** sa dort; sa Arbeitsvertrag
Dienstvertrag, Annahmeverzug Dienstberechtigter s Übersicht **615; 615;** Abdingbarkeit **615** 3; Annahmeverweigerung nach Angebot **615** 7ff; Anrechnung anderweitiges Einkommen **615** 41ff; Anrechnung Ersparnisse **615** 39f; Anwendungsbereich **615** 2; Arbeitskampf **615** 60ff (Betriebsrisikolehre), 64f (Arbeitskampfrisikolehre); und Arbeitsunfähigkeit **615** 25; böswillig unterlassener Erwerb **615** 44ff; Ende **615** 29ff; erfüllbares Dienstverhältnis **615** 5; Kurzarbeit **615** 51ff, 56ff (und Arbeitskampf); Rechtsfolgen **615** 33; Unmöglichkeit der Dienste **615** 24ff; Verjährung **615** 50; verweigerte Mitwirkungshandlung **615** 21ff; Verzicht **615** 4; Voraussetzungen **615** 5ff
Dienstvertrag, Kündigungsfristen 621; Altverträge **622** 22; Arbeitsverträge **622;** Aushilfsarbeitsverhältnisse **622** 9; außerordentliche Kündigung **626** 92ff; einzelvertragliche Regelungen **622** 5ff, 11, 20ff; Kleinunternehmen **622** 10; bei Lebenszeitverträgen/langfristigen Verträgen **624;** Probezeit **622** 8; tarifvertragliche Regelungen **622** 11ff; Übergangsregelungen **622** 22; Verlängerung Kündigungsfristen, einzelvertragliche **622** 20ff
Dienstwohnung 576b
Differenzgeschäft 762 5a, **764;** und Kontokorrent **781** 3; und Schuldanerkenntnis **780** 12
DIN-Normen 434 22, **437** 40; Schutzgesetz **823** 156
Dingliche Ansprüche, Allgemeiner Teil, Anwendbarkeit **Einl 854** 13f; Behandlung des dinglichen Anspruchs **Einl 854** 13f; Merkmale **Einl 854** 2ff; unzulässige Rechtsausübung **242** 151
Dingliche Rechte, Rechtskauf **453** 2; Vererblichkeit **1922** 13
Direktunterricht 611 45
Disagio 246 5, **vor 488** 39, 46, **488** 60
Diskontspesen, Aufwendungsersatz Teilzahlungsgeschäft **503** 22
Diskriminierung von Personen oder Personengruppen **138** 50, 99
Diskriminierungsverbot vor 145 28, **vor 241** 10; Arbeitsrecht **611af** sa Gleichbehandlungsgebot, Arbeitsrecht
Dispositionskredit, Informationspflichten des Kreditinstituts **493** 8ff, 8ff; Verbraucherdarlehen **491** 11, 11, **493** 2ff, 2ff
Dissens 154, 155; AGB **155** 4; Aufzeichnung einzelner Punkte **154** 6; Berufung auf –, Verstoß gegen Treu und Glauben **154** 9; Beweislast **154** 5, **155** 7; bei einheitlichem Gesamtvertrag **154** 3; Einigungswille **154** 4; Erklärungs- **155** 3; essentialia negotii, Nichteinigung über **154** 2; und falsa demonstratio **155** 2; und Irrtum **155** 4, 8; Irrtum über Notwendigkeit notarieller Beurkundung **154** 11; und Irrtumsanfechtung **155** 2; mehrdeutiger Inhalt der Erklärungen **155** 3; offener – **154** 2; offener/bewußter – **154;** Punktation **154** 6; Rechtsfolgen **155** 5f; Schadensersatz **155** 10; Scheindissens **155** 3; Unbestimmtheit der Erklärungen **155** 4, 8; Unvollständigkeit, versehentliche **155** 3; Vereinbarung notarieller Beurkundung **154** 10ff; versteckter – **155**, bei Vertragsänderung **154** 3; und Vertragsauslegung, ergänzende **154** 8; und Vertragsdurchführung **154** 7
Dividendenanspruch, Vorausabtretung **398** 16
Doktortitel 677 9
Dokumentenakkreditiv 307 103; Fremdwährungsverbindlichkeit **244** 13; IPR **EGBGB 28** 56
Dokumentenklauseln 271 9
Dolo agit-Einwand 242 111ff
Domainadresse 12 15, **826** 36
Domizil EGBGB 5 59
Doppelehe vor 1306 2, **1306, 1315** 9, **1318** 5, 7
Doppelvermietung/-verpachtung vor 535 5, **535** 27, **536** 22, **vor 581** 2
Dorftestament 2249, 2252; gemeinschaftliches Testament **2266f**
Draufgabe 336–338; Anrechnung oder Rückgabe **337;** bei zu vertretender Unmöglichkeit **338**
Dreißigster, Erbverzicht **2346** 8; für Haus- und Familiengemeinschaft **1969;** Lebenspartner **LPartG 10** 14
Dreizeugentestament 2250, 2252; gemeinschaftliches Testament **2266f**
Dritte, Ablösungsrecht **268;** Leistung durch **267**
Drittfinanzierte Geschäfte, s Verbraucherverträge, verbundene Verträge
Dritthaftungsklauseln 309 94ff
Drittschaden 447 14
Drittschadensliquidation vor 249 137–149, **664** 19; Alleingesellschafter Kapitalgesellschaft **vor 249** 147; Einzelfälle **vor 249** 146ff, 148f; Fallgruppen **vor 249** 139ff; Geschäftsbesorgungsvertrag **675** 25; Grundsatz

Stichwortverzeichnis

vor 249 137ff; mittelbare Stellvertretung vor 249 140; Obhutsverhältnisse vor 249 143; obligatorische Gefahrentlastung vor 249 142; Rechtsverhältnis Erblasser – Erbe vor 249 146; Treuhandverhältnisse vor 249 141; Umfang vor 249 145; vertragliche Vereinbarung vor 249 144

Drittwiderspruchsklage, unzulässige Rechtsausübung 242 200

Drogenmißbrauch, Entgeltfortzahlung 616 117

Drogensucht, außerordentliche Kündigung 626 72

Drohung, widerrechtliche vor 116 24, 123 1, 54ff, 57f; und andere Anfechtungsmöglichkeiten 119 18, 123 3; Anfechtbarkeit Willenserklärung 123 1, 54ff; Anfechtungsfrist 124 1ff sa dort; Anfechtungsgegenstand 123 55; Anwendungsbereich 123 2; Beweislast 123 74; und cic 123 8; durch Dritte 123 72; und Familien- und Erbrecht, Spezialvorschriften 123 2a; bei Fehler der Kaufsache vor 437 26; und Gewährleistungsrechte 123 6; Kausalität 123 59; Kündigung, Drohung mit 123 68; und Kündigung/Rücktritt 123 5; Rechtsfolgen 123 47ff; und Sittenwidrigkeit 123 4; Strafanzeige, Drohung mit 123 66f; subjektive Voraussetzungen 123 69ff; und unerlaubte Handlung 123 7; Vermögensgesetz, Ausschluß der Anfechtung 123 54; weitere Voraussetzungen 123 43ff; Widerrechtlichkeit der Drohung 123 60ff

Duldungs-/Anscheinsvollmacht 167 7ff; Abgrenzung 167 8ff (schlüssige Vollmachtserteilung); Arbeits- und Dienstvertragsrecht 167 23a; Bauvertragsrecht 167 23b; Begriff 167 7; Einwilligung, Anwendung der Grundsätze auf 183 5; Einzelfälle 167 23aff; Familien- und Erbrecht 167 23c; Handels- und Gesellschaftsrecht 167 23d; Kaufrecht 167 23e; Maklerrecht 167 23f; maßgeblicher Zeitpunkt 167 21; Minderjähriger 167 19; objektiver Rechtsscheinstatbestand 167 13ff; öffentliches Recht 167 23g; Rechtsanwalt 167 23i; Scheckrecht 167 23j; Versicherungsrecht 167 23h; Vertrauen auf Rechtsschein durch Gegner 167 21; und Vertretung ohne Vertretungsmacht 177 3, 179 3; Voraussetzungen 167 13ff; Wechselrecht 167 23j; Willensmängel bei Veranlassung des Rechtsscheins 167 20; Wirkungen 167 23; zurechenbare Veranlassung des Rechtsscheins 167 18ff; Zustimmungsfiktion 182 7; sa Vollmacht

Duldungspflicht 241 7; bei Abwehranspruch 1004 32ff, 39ff; des Landpächters 588; des Mieters 535 114

Düngemittelgesetz, Pfandrecht vor 1204 13

Dünger 98 8

Durchgangserwerb 449 30

Durchgriff, gesellschafterfreundlicher – vor 21 7

Durchgriffshaftung, juristische Person vor 21 3ff; Konzern vor 21 6; unzulässige Rechtsausübung 242 173

Dürftigkeitseinrede des Erben **1990f**

Düsseldorfer Tabelle 1610 27ff, 67

E-Commerce 312e sa Elektronischer Geschäftsverkehr

e-mail und formbedürftigen Erklärungen 126 11; Persönlichkeitsschutz s Internet, Persönlichkeitsverletzungen; Werbung, Persönlichkeitsschutz Anh 12 286

EC-Karte 676h 15ff; Geldkarte 307 71, 328 24; sa Kreditkartenvertrag

EDV/Hardware/Software-Vertrag vor 581 9, vor 631 22f; Inhaltskontrolle 307 100; Sorgfaltspflicht/Fahrlässigkeit Lieferant 276 46

Effektiver Jahreszins, 360-Tage-Methode 492 45; 246 7, vor 488 39f, 488 56, 492 32ff, 43ff, 502 12; AIBD-Methode/aktuarische Methode 492 47f; Angabengenauigkeit 492 51; Berechnung 492 44ff; Definition 492 43; einzurechnende Faktoren 492 49; nicht einzurechnende Faktoren 492 50; Sanktionen bei zu niedriger Angabe 494 19ff, 502 34ff; s Übersicht dort

Effektivklauseln 611 211

EG-Klauselrichtlinie vor 305 7f, 305b 13, 306 3, vor 307 5ff, 308 30, 38, 309 18, 27, 33a, 52, 61, 79, 133, 138, 155, UKlaG vor 1 3; Text Anh 305–310

EG-Unterlassungsklagenrichtlinie UKlaG vor 1 3, Anh 1–16

EG-Verbraucherkreditrichtlinie vor 491 4ff

Ehe, Allgemeines Einl 1297 10, vor 1303; Ausländer, -fähigkeitszeugnis 1309; Besitzmittlungsverhältnis 868 16; Eingriffe der – 1303–1312; Eingriffe Dritter, Schadensersatz 1353 30ff; Erwerbstätigkeit 1356 13ff; Gewaltschutz Einl 1297 55; und Grundgesetz Einl 1297 10; Hausfrauen- Einl 1297 22; Haushaltsführung 1356 4ff; Lebensgemeinschaft, Verpflichtung zur ehelichen 1353 3, 24–29 (Grenzen) sa Eheliche Lebensgemeinschaft; Namensrecht Einl 1297 23; Reformen vor 1303 3ff; Schein- 1310 6ff; Sittenverstoß 138 100; und Völkerrecht Einl 1297 11; Wiederheirat nach Todeserklärung 1319f; Wiederholung Eheschließung bei Gültigkeitszweifeln 1306 7

Ehe, Scheitern, Allgemeines 1565 1ff; Beweislast 1565 15; Eheanalyse/Eheprognose 1565 7; einseitige Abwendung 1565 8; Feststellung durch Tatrichter 1565 8; Fortsetzung unzumutbare Härte 1565 12ff; geistige Fähigkeit 1565 6; Getrenntleben 1567; Trennungsfristen 1567 5; Trennungszeit 1565 10f; unwiderlegbare Vermutung 1566; Versöhnungschance 1565 9; Voraussetzungen 1565 3ff

Ehe, Scheitern, Vermutung, beiderseitiger Antrag 1566 3; Beweislast 1566 2; Trennungsfristen 1566; Zustimmung des anderen 1566 3

Ehe, Trennung, Bedeutung für Scheidungsrecht 1567 1; Berechnung Trennungsfristen 1567 5ff; Beweislast 1567 6; Ehewohnung 1361b, HausratsVO 18a sa dort; Haushaltsgegenstände 1361a; und häusliche Gemeinschaft 1567 2ff; Hausrat HausratsVO 18a; Trennungswille 1567 3; Unterhalt 1361; Versöhnungsversuch 1567 5ff; vorzeitiger Zugewinnausgleich 1385

Eheaufhebung vor 1313–1318; Antragsberechtigung 1316; Antragsfrist 1317; Aufhebungsgründe vor 1313 5; Ausschluß der Aufhebung 1315; Bestätigung 1315 2ff; Doppelehe 1315 9; Heilung von Formmängeln 1315 10; Rechtsfolgen fehlerhafter Ehen vor 1313 2; Scheinehe 1310 6ff; Sicherheitsleistung nach Klageerhebung auf vorzeitigen Zugewinnausgleich 1389f; unzulässige Rechtsausübung 242 157; Verfahren 1313

Eheaufhebung, Folgen 1318; Doppelehe 1318 5, 7; Ehegüterrecht 1318 6f; Erbrecht 1318 9f; Hausrat 1318 8; Namensrecht 1318 11; Unterhaltsansprüche 1318 3ff

Eheaufhebung, Gründe 1314; Scheinehe 1314 11, 1315 8; Verstoß gegen Regeln über Eheschließung 1314 2; Willensmängel 1314 3f

Ehefähigkeit 1303f; Befreiung durch Familiengericht 1303 3ff; Ehefähigkeitszeugnis 1309; Folge fehlende Genehmigung 1303 14; Geschäftsunfähigkeit 1304; IPR, ordre public EGBGB 6 34; Volljährigkeit 1303 2ff; Widerspruch des gesetzlichen Vertreters/Personensorgeberechtigte 1303 9ff

Ehefähigkeitszeugnis 1309; für deutsche Staatsangehörige 1309 17; konsularisches – 1309 5; Länder 1309 6

Ehefähigkeitszeugnis, Befreiung 1309 8ff; Anerkennung Inlandsscheidung 1309 12; Berücksichtigung ausländischer Normen 1309 10f; Ermessen 1309 10; Gültigkeitsdauer 1309 15; bei Unzumutbarkeit 1309 14; Wirkung 1309 16; Zuständigkeit 1309 8

Ehegatten, Arbeitsleistung 516 13b; Arbeitsverhältnis zw – 611 27; Aufnahme in Mietwohnung 540 6; GbR vor 705 29, 49, 705 20; als Gesamtgläubiger 428 12; Gesamtschuldnerausgleich 426 39; Girokonten, gemeinsame 426 50, 428 8ff; Leistungen unter –, Kondiktion

812 49; als Mitgläubiger **432** 12, 18; Mitmieter **426** 38; Tilgung gemeinsamer Schulden **426** 48; Übereignung zw – **929** 29; Verbraucherdarlehen **491** 18; Verjährungshemmung Ansprüche zw – **207** 5; Verwaltung, Nutzung und Kosten **426** 47; Verwaltung/Benutzung gemeinsames Hausgrundstück nach Trennung **745** 6; Zuwendungen **516** 13, **518** 5a

Ehegatten, Mitarbeit 1356 16ff; Bereicherungsausgleich 812 56, **1356** 24; Dienstvertrag ausdrücklicher/stillschweigender **1356** 25; Entgeltanspruch **1356** 21ff; Gesellschaftsvertrag ausdrücklicher/stillschweigender **1356** 26; Schäden im Rahmen der Mitarbeit **1356** 17; Tötung/Verletzung des mitarbeitenden Ehegatten **1356** 18ff; Umfang **1356** 16; Verpflichtung **1356** 16

Ehegatten-Innengesellschaft vor 705 50; bei Mitarbeit im Geschäft des Ehegatten **1356** 16ff, sa Ehegatten, Mitarbeit

Ehegattenerbrecht 1931–1934; allgemeine Voraussetzungen **1931** 2ff; DDR **1931** 47ff; Ehegatte voller Erbe **1931** 12; Gütergemeinschaft **1931** 45f; Gütertrennung **1931** 41ff; Hochzeitsgeschenke **1932;** Lebenspartner **1931** 51, **1932** 17, **1933** 8, LPartG **10**, 9ff (Ausschluß), 18f; mehrfaches – **1934;** Pflichtteilsentziehung **2335;** Scheidungsantrag/-voraussetzungen **1931** 15ff; Umfang **1931** 15ff, Voraus, Haushaltsgegenstände **1932**

Ehegattenerbrecht, Zugewinngemeinschaft 1931 20ff; Erbscheinsverfahren **1931** 39; güterrechtliche Lösung **1931** 34ff; Höhe des Erbteils **1931** 24ff; IPR **1931** 29; Rechtsnatur des erhöhten Erbteils **1931** 28; steuerliche Behandlung **1931** 40; tatsächlicher Zugewinn **1931** 30

Ehegattenschenkung, Störung der Geschäftsgrundlage **313** 55

Ehegattentestament, s Testament, gemeinschaftliches

Ehegattenunterhalt 1360ff; Rechtsreform **Einl 1297** 26f; Übersicht **1360a;** s Unterhalt, Familien-; sa Unterhalt, Familien-

Eheherstellungsklage 1353 19ff; Grenzen **1353** 24ff

Eheliche Kinder, Ehelichkeitsanfechtung, APR **242** 158; Name **12** 3

Eheliche Lebensgemeinschaft 1353 3ff; Begriff **1565** 4ff; Darlehen, gemeinsame **1353** 15; eheliche Lebensgemeinschaft **1353**, 3ff; Ehewohnung **1353** 8 (Aufnahme Dritter), 16, 22f; Eingriffe Dritter, Schadensersatz **1353** 30ff; Einkommensteuerveranlagung **1353** 13f; gemeinsame Entscheidungen **1353** 6, 9; gerichtliche Entscheidung bei Meinungsverschiedeneiten **1353** 10; Gesundheitszustand, Erhaltung **1353** 10; Haftung gegenüber Dritten **1353** 35; häusliche Gemeinschaft **1353** 7; Herstellungsklage **1353** 19ff, 24ff (Grenzen); Hilfs- und Beistandspflicht **1353** 11; Inhalt der Verpflichtung zur – **1353** 4ff; Pflicht zur Rücksichtnahme **1353** 12; Rechtsreformen **Einl 1297** 24f; und Scheitern der Ehe **1353** 29; Stiefkinder **1353** 12; Vermögensbereich, Auswirkungen **1353** 13ff

Eheliches Güterrecht Einl 1297 24, **1363–1563**, **1408–1518**, sa dort; Allgemeines **Einl 1363;** Ehevertrag s dort; gesetzliches **vor 1363** 1ff; Gütergemeinschaft **1415ff**, sa dort; Güterrechtsregister **1559ff**, sa dort; unzulässige Rechtsausübung **242** 159; verfahrensrechtliche Behandlung **Einl 1363** 10; vertragsmäßiges Güterrecht **vor 1408;** Zugewinngemeinschaft **1363–1390,** sa dort

Eheliches Güterrecht, Ehevertrag; Gütergemeinschaft **1415ff;** Gütertrennung **vor 1414, 1414;** Gutglaubensschutz Dritter **1412**

Eheliches Güterrecht, IPR; Allgemeines **EGBGB 15** 1ff; ausländisches Güterrecht und Inlandsverkehr **EGBGB 16** 6ff; Geltungsumfang **EGBGB 15** 32ff; Güterrechtsbestimmung durch Familienstatut **EGBGB 15** 17ff; ordre public **EGBGB 6** 36, **15** 9; Rechtswahl **EGBGB 15** 22ff; Schutz des Inlandsverkehrs bei fremdem Ehewirkungs- oder Güterstatut **EGBGB 16** 17ff; Statutenwechsel **EGBGB 15** 11f, 47f; Übergangsrecht **EGBGB 15** 40ff; Vertriebene, Flüchtlinge, Aus- und Übersiedler **EGBGB 15** 51f

Ehemaklervertrag, s Ehevermittlungsvertrag

Ehenamen 1355 1ff; Begleitname **1355** 10ff; Doppelname **1355** 8f; IPR **EGBGB 6** 30 (ordre public), **10** 19ff; unwiderruflich/unanfechtbar **1355** 9; Wahl **1355** 5ff

Eherecht, IPR, ordre public **EGBGB 6** 33

Ehescheidung s Scheidung

Eheschließung 1310–1312; Allgemeines **vor 1310;** Anmeldungsverfahren **vor 1310** 3f; Aufgebot **vor 1310** 2; Ausländer, Ehefähigkeitszeugnis **1309;** Entgeltfortzahlung **616** 26; fehlerhafte Ehe, Folgen **1310** 10ff, **vor 1313** 2 sa Ehe, Aufhebung; Formerfordernisse Eheschließungsakt **1311f;** Gleichgeschlechtlichkeit **1310** 14; Heilung fehlerhafter Ehe **1310** 11; hinkende Ehe **1310** 10ff; persönliche Erklärung **1311;** vor Schein-Standesbeamten **1310** 9; Scheinehe **1310** 6ff, **1314** 11, **1315** 8; Standesbeamter **vor 1310** 6, **1310** 2f; Trauung, Eintragung **1312;** Wiederholung Eheschließung bei Gültigkeitszweifeln **1306** 7

Eheschließung, IPR EGBGB 13; Abkommensrecht **EGBGB 13** 64ff; Allgemeines **EGBGB 13** 1ff; Auslands- **EGBGB 13** 56, 62 (Anerkennung); Ehehindernisse, -verbote **EGBGB 13** 25ff; Folgen fehlender Voraussetzungen **EGBGB 13** 34ff; Form **EGBGB 13** 42ff; Geltungsumfang -statut **EGBGB 13** 23ff; Handschuhehe, Erklärungsvertreter **EGBGB 13** 59; Inlandsehe Form **EGBGB 13** 42ff; konsularische – Deutscher **EGBGB 13** 60; Maßgeblichkeit deutschen Rechts **EGBGB 13** 16ff; Morgengabe **EGBGB 13** 33; ordre public **EGBGB 13** 9; Personenstandsbücher **EGBGB 13** 61; sachliche Voraussetzungen **EGBGB 13** 12ff; Scheinehe **EGBGB 13** 63; staatsvertragliche Sonderregelung **EGBGB 13** 4ff; Verfahrensfragen **EGBGB 13** 61ff; Verfahrensrecht **EGBGB 13** 39ff; Willensbildung **EGBGB 13** 24

Ehestörung 823 45, **1353** 30ff

Eheverbote 1306–1308; Adoptivkind, Ehe mit **1308**, 1766; Auseinandersetzungszeugnis **vor 1306** 4, **vor 1310** 4; Doppelehe **vor 1306** 2, **1306**, **1315** 9, **1318** 5, 7; Schwägerschaft **vor 1306** 1; Verwandtschaft **vor 1306** 2, **1307;** Wartezeit **vor 1306** 4; Wiederholung Eheschließung bei Gültigkeitszweifeln **1306** 7

Ehevermittlungsvertrag/Partnerschafts– 656, 12, **vor 705** 54; drittfinanziert **358** 4 sa Verbraucherverträge, verbundene Geschäfte; Inhaltskontrolle **307** 47, 104, **308** 65; Laufzeitklausel **305c** 32; Maklerlohn **vor 241** 23; Vorleistungspflicht, Klausel **309** 22

Ehevertrag 1408 1ff; Abschluß **408** 3; beschränkt Geschäftsfähige **1411** 1; Dauer **1408** 3; Form **1410;** Geschäftsunfähige **1411** 2; Grenzen der Vertragsfreiheit **1408** 5ff; Gütergemeinschaft **1415ff**, sa dort; Güterrecht, Vereinbarungen s dort; Gütertrennung **1414, 1414;** Gutglaubensschutz Dritter **1412, 1449, 1470;** Rechtsnatur **1408** 2; Stellvertretung **1411** 3; Überlassung der Vermögensverwaltung, **1413;** Vereinbarungen über Versorgungsausgleich **1408** 8ff, sa Versorgungsausgleich, Vereinbarungen; Verweisung auf früheres oder ausländisches Recht **1409**

Ehewirkungen 1353–1362; Bürgschaften **vor 1353** 3; Darlehen, gemeinsame **1353** 15; eheliche Lebensgemeinschaft s dort; eheliche Wohnung **1353** 16, 22f; Ehenamen **1355** 1ff, **EGBGB 10** 19ff; Eigentumsvermutung **1362;** Einkommensteuerveranlagung **1353** 13; Erwerbstätigkeit **1356** 13ff; Geschäfte zur Deckung des Lebensbedarfs **1357** 1ff, sa Schlüsselgewalt; Haftungsbeschränkung **1359;** Haftungsmaßstab **vor 1353** 5ff; Haushaltsführung **1356** 4ff; Lebenszeitehe **1353** 2; Mitarbeit in Beruf/Geschäft des Ehegatten **1356** 16ff, sa Ehegatten, Mitarbeit; persönliche Beziehung **vor 1353** 2; Prozeßrecht **vor 1353** 9; Schenkungen **vor 1353** 4; Schlüsselgewalt **1357** sa dort; Staatsangehörigkeitsrecht **vor 1353** 8; Steuerrecht **vor 1353** 8

Ehewirkungen, IPR EGBGB 14; Anwendungsbereich und Reichweite **EGBGB 14** 27ff; Ehewohnung **EGBGB 14** 33, **17a**; Hausrat **EGBGB 14** 33, **17a**; objektive Anknüpfung **EGBGB 14** 12ff; ordre public **EGBGB 6** 35, **14** 8; Rechtswahl **EGBGB 14** 19ff; Schutz Auslandsverkehr **EGBGB 16** 25; Schutz des Inlandsverkehrs bei fremdem Ehewirkungs- oder Güterstatut **EGBGB 16** 17ff; Schutz Dritter **EGBGB 16**; Statutenwechsel **EGBGB 14** 10

Ehewohnung 1353 16, 22f, **WEG 60**; Änderung der Entscheidung **HausratsVO 17**; Aufhebung, Nichtigerklärung der Ehe **HausratsVO 25**; Begriff **HausratsVO 1** 6f; Beteiligte **HausratsVO 7**; Dienst- und Werkwohnung **HausratsVO 4**; Durchführung der Entscheidung **HausratsVO 15**; Eigentumslage **HausratsVO vor 1** 8; Entscheidungsgrundsätze **HausratsVO 2**; Gestaltung der Rechtsverhältnisse **HausratsVO 5**; Getrenntleben der Ehegatten **HausratsVO 18a**; Gewaltschutzgesetz **HausratsVO vor 1** 13; Herausgabeklage **HausratsVO vor 1** 10; und Insolvenzverfahren **HausratsVO vor 1** 14; IPR **EGBGB 14** 33, **17a**, **HausratsVO vor 1** 14; Nutzungsregelung **HausratsVO vor 1** 11; Nutzungsüberlassung, unwiderlegliche Vermutung **1361b** 18; Nutzungsvergütung **1361b** 15ff; Rechtsstreit **HausratsVO 18**; Scheidung, Regelung durch Richter **HausratsVO 1** 1ff; Scheidung/Eheaufhebung **HausratsVO vor 1**; Teilung der Wohnung **HausratsVO 6**; Tod des Ehegatten **563, 563a**; bei Trennung **1361b**; Überlassung bei häuslicher Gewalt **1361b** 12f; Verfahren **1361b** 19; Wohlverhaltensgebot **1361b** 14; Wohnung im eigenen Haus eines Ehegatten **HausratsVO 3**; Zuweisung bei Trennung **1361b** 6ff; sa Hausratsverfahren

Ehrenschutz Anh 12 18ff; Abschaffung **Anh 12** 22; Anzeigen **Anh 12** 47; Behaupten und Verbreiten **Anh 12** 43ff; Deutungsmethode BVerfG **Anh 12** 39; Erklärungsinhalt, Bestimmung/Deutung **Anh 12** 39ff; Familienehre **Anh 12** 24f; Gegendarstellung **Anh 12** 34; Grenzen **Anh 12** 48ff sa Ehrenschutz, Grenzen; innere Ehre **Anh 12** 21; Kollektivbeleidigungen **Anh 12** 26ff; Leserbriefe **Anh 12** 47; Meinungsäußerungen **Anh 12** 20, 30ff sa dort; normativ-faktischer Ehrbegriff **Anh 12** 19; Personenvereinigungen **Anh 12** 293ff; Rechtsgrundlagen **Anh 12** 18; Schmähkritik **Anh 12** 20, 84, 85ff; sozialer Achtungsanspruch **Anh 12** 20; straf- und zivilrechtliche Tatbestandsbestimmung **Anh 12** 40; Tatsachenbehauptungen **Anh 12** 20, 23, 30ff sa dort; Widerruf **Anh 12** 34; zu eigen Machen **Anh 12** 45; Zurechnung der Äußerungen anderer **Anh 12** 41

Ehrenschutz, Grenzen, Äußerungen in Familie und im engsten Kreis **Anh 12** 99; berechtigte Gegeninteressen, Wahr **Anh 12** 48ff; Indemnitätsschutz **Anh 12** 98; Kunstfreiheit **Anh 12** 90ff sa dort; Meinungsfreiheit **Anh 12** 63, 64ff sa dort; Presse **Anh 12** 52ff; Pressefreiheit **Anh 12** 64ff sa Meinungsfreiheit; Rechtfertigungsgründe **Anh 12** 48; Tatsachenbehauptungen **Anh 12** 51ff; Theater-, Kunst- und Wissenschaftskritik **Anh 12** 97; Verfahrensäußerungen **Anh 12** 100ff; Wissenschaftsfreiheit **Anh 12** 96

Eidesstattliche Versicherung, Inhalt **261** 2; materielle Voraussetzungen **259/260** 20; Verfahrensfragen **259/260** 24, **261** 1ff

Eidesverweigerungsrecht, Kind **1626** 19ff

Eigenbedarfskündigung 573 13ff

Eigenbesitz, Eigentumsvermutung **1006**; und Fremdbesitz **vor 854** 5, **872**

Eigengeschäftsführung, angemaßte 687 3ff; Ausschließlichkeitsrechte **687** 18; dreifache Schadensberechnung **687** 12ff; Geschäfte in unwirksam erworbenem Betrieb **687** 23; Geschäftsführungsbefugnis, Mißbrauch **687** 22; Gewinnabschöpfung **687** 12ff; Haftung **687** 18ff; Monopol-, Alleinvertriebsrechte **687** 21; Persönlichkeitsrechtsverletzungen **687** 17; Schmiergelder, Herausgabe **687** 7, 24; schuldrechtliche Verpflichtungen **687** 19; unlauterer Wettbewerb, Gewinne **687** 25; Urheberrechts-/Patentverletzung **687** 10f; Vermietung/Untervermietung **687** 20; Voraussetzungen **687** 4ff; Warenzeichenverletzung **687** 15; Wettbewerbsverbote **687** 21

Eigengeschäftsführung, irrtümliche 687 2

Eigengruppe 611 127f

Eigenhändlervertrag vor 433 15; IPR **EGBGB 28** 53; Sittenwidrigkeit **138** 101

Eigenkapitalersatz, Nutzungsüberlassung, Hypothekenhaftung **1123** 6

Eigenmacht, verbotene 858 3ff; Haftung **vor 987** 18ff, **992**; mittelbarer Besitzer, Ansprüche **869**

Eigenreparatur 249 83

Eigenschaften 119 42; Verkehrswesentlichkeit **119** 43

Eigenschaftsirrtum 119 41ff; Charakterfehler **119** 45; Eigenschaften **119** 42; Eigenschaften dritter Personen oder Gegenstände **119** 49; fachliche Qualifikation **119** 45; Fehler der Kaufsache **vor 437** 20ff; Geschlecht **119** 45; Gesundheitszustand **119** 45; Grundstücke/Grundstücksrechte **119** 48; Kreditwürdigkeit **119** 45; Leistungsfähigkeit **119** 45; Person, verkehrswesentliche Eigenschaft **119** 44f; politische Einstellung **119** 45; Religionszugehörigkeit **119** 45; Sacheigenschaften, verkehrswesentliche **119** 46ff; Sektenmitgliedschaft **119** 45; Verkehrswesentlichkeit **119** 43; Zahlungsunfähigkeit **119** 45; Zuverlässigkeit **119** 45; sa Irrtumsanfechtung

Eigentum 903ff; aggressiver Notstand **904**; Allgemeines **vor 903** 1ff; Anliegergebrauch **903** 7; Aufgabe des Grundstückseigentums **928**; auflösend bedingtes **868** 12; aufschiebend bedingtes **868** 13; Aufopferungsanspruch **vor 903** 6, **903** 4 (bürgerlich-rechtlicher); Ausgleichsanspruch **903** 9; -beschränkungen **903** 2ff (allgemeine); Einwirkungen **906f**; Enteignung **vor 903** 5ff, **906** 4ff (hoheitliche Immissionen); -erwerb, bewegliche Sachen s dort; -erwerb, Grundstücke s dort; Formen **903** 9; Gegenstand **903** 8; Gemeingebrauch **905** 7; Immissionen **906f**; Nachbarrecht **906ff**; nachbarrechtliche Ausgleichsansprüche **903** 3, **906**; öffentliches – **vor 903** 3; räumliche Herrschaftsgrenzen **905**; Übersicht **906**; verfassungsmäßige -garantie **vor 903** 5ff; -verlust, Grundstücke **vor 925** 8ff; Vermutung bei Eheleuten **1362**

Eigentum, Ansprüche aus 985ff; Abwehranspruch gegen Störer **1004**, sa Eigentümer; Allgemeines **vor 985**; Haftung des Besitzers **987–993**, sa Besitzer, Haftung; Recht zum Besitz und ungerechtfertigte Bereicherung **vor 812** 11ff

Eigentum, Enteignung, Aufopferungsanspruch **vor 903** 6; ausgleichspflichtige Bestimmungen des Eigentumsinhalts **vor 903** 12; Begriff **vor 903** 5; enteignender/enteignungsgleicher Eingriff **vor 903** 10ff; Entschädigungsbeteiligte **vor 903** 16; Gegenstand **vor 903** 7; Grundeigentum **vor 903** 9; Höhe der Entschädigung **vor 903** 13ff; Inhalts- und Schrankenbestimmung, Abgrenzung **vor 903** 8ff; Rechtsweg **vor 903** 17

Eigentum, Herausgabeanspruch 985; Anwendbarkeit allgemeines Schuldrecht **985** 31; Berechtigter **985** 6ff; Gegenrechte **985** 17; Inhalt **985** 21ff; Konkurrenzen **985** 26ff; Prozessuales **985** 32ff; Recht zum Besitz **986**; Verjährung **985** 25; Verpflichteter **985** 13ff; vindikationsfähige Sachen **985** 2ff

Eigentümergemeinschaft, Streitigkeiten, Fehler der Wohnung **434** 34

Eigentümergrundschuld 1177, 1196; bei fehlender Hypothekenforderung **1163;** Inhalt **1177** 2; Löschungsanspruch bei fremden Rechten **1179a** 8; Löschungsvormerkung **1179;** Umwandlung **1177** 4; Verfügungen **1177** 3; bei Verzicht des Gläubigers **1168;** vorläufige – **1163** 11; Zinsausschluß **1197** 3; Zwangsvollstreckung, Ausschluß **1197** 2

Eigentümerrecht 889

Eigentumsaufgabe 959; und Abwehranspruch Eigentümer **1004** 130ff

Eigentumserwerb, bewegliche Sachen, 929ff; gutgläubiger – **932–936** sa Gutgläubiger Erwerb; rechtsgeschäftlicher **vor 929** 1, **929;** rechtsgeschäftlicher – **vor 929** 1, **929–931,** sa Übereignung

Eigentumserwerb, Grundstücke, 925ff sa Auflassung, Eigentumserwerb, Grundstücke; Allgemeines **vor 925;** Aneignung Bundesland **928** 9ff; Aufgabe des Eigentums **928;** Eigenbesitz, dreißigjähriger **927;** Gegenstand der Auflassung **925** 3ff; Rechte Dritter **926** 7; staatliche Genehmigung **925** 77; Unbedenklichkeitsbescheinigung, steuerliche **925** 78; Verlust des Eigentums **vor 925** 8ff; vormundschaftsgerichtliche Genehmigung **925** 77; Wechsel des Rechtsträgers **925** 11ff; Zubehör **926,** 6 (Erwerb vom Nichtberechtigten)

Eigentumsübergang kraft Gesetzes **vor 929** 3

Eigentumsverletzung 823 25ff; Übersicht **823**

Eigentumsvermutung 1006; bei Eheleuten **1362;** Lebenspartner **LPartG** 8; bei Verkauf Pfandsache **1248**

Eigentumsvorbehalt 433 21, **449** sa Übersicht dort, **929** 7a; AGB **305** 56, **307** 105ff, **449** 3; Anwartschaftsrecht s dort; Aufbewahrungs-, Auskunftspflicht des Käufers **449** 15; Auslegung **449** 7; Aussonderungsanspruch des Verkäufers **449** 18, 20; Beendigung **449** 21; Beschränkung auf bewegliche Sachen **449** 7; Besitzmittlungsverhältnis **868** 13; Besitzverhältnisse **449** 16f; Erlöschen **449** 39ff; erweiterter – **307** 111, **449** 6; gutgläubiger Erwerb eines Dritten **449** 40; Herausgabeanspruch des Verkäufers nach **449** 18, **985** 8; Herausgabeverlangen ohne Rücktritt **449** 14; Hypothekenhaftung an Zubehör unter – **1120** 9; Insolvenz **449** 18 (Käufer), 20 (Käufer), 26 (Verkäufer); IPR **EGBGB** 43 27; Käufer, Rechtsstellung **449** 22ff; Kollision **398** 18aff, **449** 52ff, **vor 488** 34ff; Kombination von verlängertem und erweitertem – **449** 67; Kontokorrentvorbehalt **449** 61ff; Konzernvorbehalt **449** 66; nachträglicher – **449** 6; Rücktrittsrecht/Schadensersatz Verkäufer **449** 11ff; Sachgesamtheit **449** 7; beim Streckengeschäft **449** 42; überraschende Klauseln **305c** 15; und Verarbeitung **950** 3, 8ff; und Verbindung beweglicher Sachen **947** 13; Verfügungsermächtigung Käufer **449** 22, 40, 46; Verkäuferpflichten **449** 8ff; verlängerter s Eigentumsvorbehalt, verlängerter; Verlust des Eigentums des Verkäufers **449** 40; vertragswidriger – **449** 2f, 47; Verzicht **449** 41; Wegfall des Kaufvertrages **449** 41; weitergeleiteter – **449** 68; Zustandekommen **449** 1ff; und Zwangsvollstreckung **449** 19, 25

Eigentumsvorbehalt, erweiterter 449 59ff; Kombination mit verlängertem – **449** 67; Kontokorrentvorbehalt **449** 61ff; Konzernvorbehalt **449** 66

Eigentumsvorbehalt, verlängerter 398 18ff, **449** 43ff; AGB **307** 107ff; mit Einziehungsermächtigung **398** 39; und Factoring **398** 23ff, **449** 56ff, **vor 488** 34ff; und Globalzession **398** 18ff, **449** 54ff; Kollision **398** 18aff, 21f, **449** 52ff, **vor 488** 34ff; Kombination mit erweitertem – **449** 67; Poolvertrag **449** 51; Sittenwidrigkeit **138** 162, 190; Übersicherung **398** 18aff, **449** 52ff; Verarbeitungsklausel **449** 44f; Verfügungsermächtigung **449** 46; vertragswidriger **449** 47; Vorausabtretung **449** 47ff

Eigentumswohnung, Fehler **434** 31ff; Mieteinnahmen, Beschaffenheit **434** 12; Wohnfläche **434** 35

Eignung, Kaufsache für die gewöhnliche Verwendung **434** 19; zur vertraglich vorausgesetzten Verwendung **434** 17f

Ein-Mann-GmbH, In-sich-Geschäft **181** 11

Einbaufall, Bereicherungsausgleich **812** 39f, 86

Einbauküche, Montagefehler **434** 50; Restzahlung vor Montage **309** 22; wesentlicher Bestandteil **93** 9

Eingetragene Lebenspartnerschaft s Lebenspartnerschaft

Eingriffskondiktion s Ungerechtfertigte Bereicherung

Einigung 873 12ff; Divergenz zw – und Eintragung **873** 25

Einigung, Übereignung 929 3ff, 16; Bedingung/Befristung **929** 7ff; Eigentumsvorbehalt **929** 7a; Stellvertretung **929** 25; nach Übergabe **929** 5, 5; zugunsten eines Dritten **929** 6, 28

Einigungsmangel s Dissens

Einigungsstelle bei verbraucherschutzwidrigen Praktiken **UKlaG 12**

Einkaufsausweis, Sittenwidrigkeit **138** 102

Einkaufsbedingungen 307 128f; Abtretungsverbot **307** 51

Einkommen, Frage nach bisherigem –, Arbeitsvertrag **611** 263

Einkommen, unterhaltsrechtliches vor 1569 41ff, **1577** 4ff, **1578** 13ff; Anrechnungsregeln **1577** 13ff; Bemessungszeitraum **vor 1569** 43; Beweislast **1577** 33; Einkommensänderungen **1578** 16; Erwerbs- **vor 1569** 46, **1577** 9, **1581** 13ff; Erwerbstätigenbonus **vor 1569** 59, **1577** 7, **1578** 32; Erziehungsgeld/Kindergeld **vor 1569** 51, **1578** 22; und Grundsicherung **vor 1569** 30; Haushaltsführung **1578** 19ff; Hausmann-Rspr **1578** 16; Netto- **vor 1569** 53ff; obligatorisches/überobligatorisches – **vor 1569** 45, **1577** 18ff, **1578** 15; prägender Unterhalt **1578** 29ff; Schulden **vor 1569** 58, **1577** 5f, **1578** 23ff, **1581** 19; sonstiges – **vor 1569** 50, **1577** 11, **1581** 18; tatsächliches/fiktives – **vor 1569** 44, **1577** 8, **1578** 14; Vermögens- **vor 1569** 47, **1577** 10, **1581** 17; Vermögensverwertung **vor 1569** 49, **1577** 10, 25ff, **1581** 17; verteilbares – **1581** 12ff; wechselndes -/Bedürftigkeit **1577** 30; Wohnvorteil **vor 1569** 48, **1577** 8, **1578** 18; Zuwendungen Dritter **vor 1569** 52, **1577** 12, **1578** 17

Einkommensteuerveranlagung, Ehegatten **1353** 13f

Einrede der beschränkten Haftung **1990ff;** der besonderen Leistungserschwerung **275** 21ff, 34f, **283, 285;** bei Hingabevereinbarung/Hingabe an Erfüllungs Statt **364** 9; mißbräuchliches Berufen auf den Ablauf von **242** 114ff; der Überbeschwerung **1992;** ungerechtfertigte Bereicherung **821;** der Unzumutbarkeit aus persönlichen Gründen **275** 30ff, 34f, **276 283, 285;** Verjährung **194** 14; der Vorleistungspflichtigen bei Vermögensverschlechterung **321** sa Unsicherheitseinrede

Einrede des Erben, Anfechtbarkeits- **2083;** – des Aufgebotsverfahrens **2015ff;** aufschiebende – **2014–2017;** Ausschluß der – bei unbeschränkter Erbenhaftung **2016;** Ausschluß- und Erschöpfungs- **1973** 5ff; – der beschränkten Haftung **1990f;** Dreimonats- **2014, 2016f;** Dürftigkeits- **1990f;** Erschöpfungs- **1989, 1990** 5; – der Überbeschwerung **1992;** Verschweigungs- **1974**

Einrede der Nichterfüllung 320; Anwendungsbereich **320** 3; Mehrpersonenverhältnisse **320** 9f; nicht gehörig erfüllter Vertrag **320** 14; Rechtsfolgen **320** 17; bei Teilleistung **320** 11ff; Treuwidrigkeit **320** 24f; Vertragstreue, Bedeutung **320** 7; Verzicht **320** 24f; Voraussetzungen **320** 4ff; Vorleistungspflicht **320** 19ff; Zug-um-Zug-Verurteilung **322**

Einrichtung des Landpächters **591a;** des Mieters, Wegnahmerecht **539** 8ff, **548, 552;** Nutzung öffentlicher – **vor 145** 16, 18; unrichtige Übermittlung, Anfechtbarkeit **120** 2; Wegnahmerecht und Herstellung des früheren Zustandes **258**

Stichwortverzeichnis

Einschreibebrief, Zugang **130** 8
Einseitiges Rechtsgeschäft Einl 104 11; Auslegung **157** 4; von beschränkt Geschäftsfähigen **111** 1ff; als Gegenstand einer Zustimmung **vor 182** 5, **182** 8; nicht voll Geschäftsfähiger **Einl 104** 11
Einseitiges Rechtsgeschäft, Vertreter, Anwendung von §§ 177, 179 **177** 2; Anwendung von §§ 177, 180 **178** 7; Zurückweisung **174** 1ff; sa Vertretung, einseitiges Rechtsgeschäft
Einseitiges Rechtsgeschäft, Vertreter ohne Vertretungsmacht 180 1ff; sa Vertretung ohne Vertretungsmacht, einseitige Rechtsgeschäfte
Einsicht, Urkunde **810**
Einstweilige Verfügung, Verjährungshemmung **204** 23ff, 47
Eintragung 873 22ff; Bezugnahme auf -bewilligung **874**; Divergenz zw Einigung und – **873** 25
Eintragungsbewilligung, AGBKontrolle **305** 6
Eintrittskarte 807 5; Rechtskauf **433** 32, **453** 2, 14
Eintrittsrecht 727 13ff
Einwendung, Rechtsmißbrauch **242** 114ff
Einwilligung 107 9, **183** 1ff; Allgemeines **183** 1; Begriff **vor 182** 2; Einigungsermächtig **185** 16; Erlöschen **183** 2ff, 2 (durch anderen Erlöschungsgrund), 3ff (durch Widerruf); gewillkürte Prozeßstandschaft **185** 17; Gutglaubensschutz bei Erlöschen **183** 5; des Patienten in Behandlung **276** 41; Unwiderruflichkeit **183** 4; in Verfügung eines Nichtberechtigten **185** 7; Verpflichtungermächtigung **185** 18; und Vollmacht **183** 1; Wirkung des Widerrufs **183** 5; Wirkung einer Einwilligung/Verweigerung der Genehmigung **vor 182** 7; sa Verfügung Nichtberechtigter, Wirksamkeit, Zustimmung
Einwilligung bei Minderjährigen 107 1ff; Anspruch auf – **107** 11; Erklärung der – **107** 5; General- **107** 10; des gesetzlichen Vertreters **107** 1; – gesetzlicher Vertreter **107** 9, **111** 1; Umfang **107** 10; Vorlage bei einseitigen Rechtsgeschäften eines Minderjährigen **111** 1
Einwilligung, stillschweigende, Mitverschulden **254** 52
Einwilligungsvorbehalt im Betreuungsrecht vor 1896 20, **1903**; Anwendung von §§ 104ff **108** 10, **110** 7, **111** 7, **131** 7
Einwirkungen 906ff; sa Nachbarrecht
Einziehungsermächtigung 185 16, **398** 37ff, **676f** 54ff sa Lastschriftverfahren; Anwendbarkeit AGB-Vorschriften **305** 6; Begriff **398** 37; Behandlung **398** 39ff; Beweislast **398** 42; Inhaltskontrolle **307** 139; Inkassozession, Abgrenzung **398** 37; Leistungsort **270** 1; und Nichtabtretbarkeit **399** 4; Sorgfaltspflicht/Fahrlässigkeit Banken **276** 45; unpfändbare Forderungen **400** 2; Widerspruch, Schädigung **826** 49; Zulässigkeit **398** 38
Eisenbahnbeförderung, IPR **EGBGB 28** 45
Eisenbahnverkehr, Mitverschulden **254** 35
Elektrischer Strom 90 2
Elektrizitätsversorgungsunternehmen, Anwendbarkeit AGB-Vorschriften **310** 3
Elektronische Datenverarbeitung, Inhaltskontrolle s EDV
Elektronische Form 125 2, **126a**, Allgemeines/Bedeutung **126a** 1; Anwendungsbereich **126a** 2; Beweislast **126a** 8; Einverständnis des Adressaten **126a** 2; Leibrente **761**; Ratenlieferungsvertrag **505** 20; Rechtsfolgen bei Unregelmäßigkeiten **126a** 9; Schuldversprechen/Schuldanerkenntnis **780** 5, **781** 7; Signatur, elektronische **126a** 5; Time sharing **484** 1; Verbraucherdarlehen **492** 4; Vereinbarung **127** 7; beim Vertrag **126a** 7; Voraussetzungen **126a** 3ff
Elektronische Signatur 126a 5, **127** 7
Elektronischer Geschäftsverkehr, Umgehungsverbot **312f** 9ff; Unabdingbarkeitsregel **312f** 2ff
Elektronischer Geschäftsverkehr, Verträge im 312e; Anwendungsbereich **312e** 4ff; Ausnahmen **312e** 22ff; Bereitstellungspflichten **312e** 14ff; Informationspflichten Unternehmer **312e** 14ff, 26ff, **Anh 312e**; IPR **vor 312** 12; Mediendienste **312e** 9; Pflichten des Unternehmers **312e** 3ff; Rechtsfolgen Verstoß **312e** 28ff; Teledienste **312e** 8; Zweck der Vorschrift **312e** 1
Elektronischer Rechtsverkehr vor 116 5; Abgabe einer Willenserklärung **130** 2; Anfechtbarkeit **119** 33; Form des Rechtsgeschäfts **126** 11, **126a** sa Elektronische Form, **127** 6; unrichtige Übermittlung einer Willenserklärung **120** 2, 7; Wirksamwerden/Zugang einer Willenserklärung **126** 11, **130** 4ff, 9, 24
Elterliche Sorge 1626ff, Allgemeines **vor 1626**, **1626** 1ff; Aufenthaltsbestimmungsrecht **1631** 13ff; Aufgabenteilung **1627** 3ff; Aufwendungsersatz **1648**; Ausbildung **1631a**; Auskunftsrecht der Eltern untereinander **1686**; Ausübung **1627**; Auswahl Pfleger/Vormund **1697**; Befugnisse des Ehegatten des allein sorgeberechtigten Elternteils **1687b**; Beistandschaft **1716**; Beruf **1631a**; eheliche/nichteheliche Kinder **1626** 4; Ende **1698f**; Entscheidungsbefugnisse bei Umgangsrecht **1687a**; Entscheidungsbefugnisse Pflegeperson **1688**; Familienpflege **1688**; Fortführung bei Tod des Kindes **1698b**; Fortführung der Geschäfte in Unkenntnis der Beendigung **1698a**; Geltendmachung Unterhaltsforderungen **1629** 18ff; gemeinsame Sorge **vor 1626** 8f; Geschäftsunfähigkeit/beschränkte Geschäftsfähigkeit Eltern **1673, 1675, 1678, 1682**; bei Getrenntlebenden **1687**; Grenzen **1629** 11ff, 15ff; Haftung der Eltern **1664**; Herausgabeanspruch, Kind **1632** 1ff; Lebenspartner, Befugnisse **LPartG 9**; Maßnahmen bei Gefährdung Kindesvermögen **1667**; Maßnahmen bei subjektiver Ungeeignetheit Eltern **1666** 1ff, 15ff, **1667**, **1696** (Aufhebung/Abänderung); Maßstab des Kindeswohls **1697a**; Meinungsverschiedenheiten der Eltern **1627** 10, **1628**; Namensgebung **12** 3, 5; nichteheliche Kinder **Einl 1297** 19, **1626a-e**, 10f (Übergangsregelung); Personensorge **1626** 15, **1631** (Inhalt und Grenzen); bei Pflegschaft **1630**; Recht auf gewaltfreie Erziehung **Einl 1297** 54; und rechtliche Betreuung **1896** 22f; Rechtsnatur **1626** 1ff; Reformen **Einl 1297** 32, 42; religiöse Erziehung **1631** 17ff; Ruhen bei Ausübungshindernis **1674, 1675, 1678, 1682**; Schenkung an Kind **1629** 13; sonstiges Recht **823** 46; Sorgerechtsentzug **1666a**; Sorgerechtsmißbrauch **1666** 8ff; Sterilisation **1631c**; Tod eines Elternteils **1677, 1680f, 1682**; Transsexuelle **vor 1** 2; Trennung von Familie **1666a**; Übertragung bei nichtehelichen Kindern **1672**; Übertragung bei Trennung **1671** sa Elterliche Sorge, Übertragung bei Trennung; Umfang **1629** 5; Umgang des Kindes **1632** 18ff; Umgangsrecht **1684ff** sa dort, **1687a**; Unterbringung mit Freiheitsentziehung **1631b**; Unterstützung durch Vormundschaftsgericht **1631** 16f; unverschuldetes Versagen der Eltern **1666** 12; Vereinbarung über **138** 100, **313** 59; Verfahren **1666** 25ff; Verfahrensrecht **vor 1626** 8c; bei verheirateten Kindern **1633**; Verhinderung beider Eltern **1693**; Vermögenssorge **1626** 17f, **1638–1649**, sa dort; Vernachlässigung **1666** 10f; Vertretung des Kindes **1629**, 22f (Entzug der Vertretungsmacht); Vertretung in Personensorgesachen **1626** 16; Vollzug ausländischer Entscheidungen **1632** 29; wachsende Einsichtsfähigkeit/Selbständigkeit **1626** 22; Wegnahme von Pflegeperson **1632** 24ff; Wohnsitz des Kindes **11** 1ff; zeitliche Reichweite **1626** 5ff
Elterliche Sorge, IPR EGBGB 21; Europäisches Übereinkommen über Anerkennung und Vollstreckung von Sorgerechtsentscheidungen **EGBGB Anh 24** 49
Elterliche Sorge, Trennung 1671; Antrag **1671** 28; Bestandskraft **1671** 33ff; Entscheidung **1671** 30; Geltungsbereich **1671** 10ff; gemeinsame Ausübung **1687**; Getrenntleben **1671** 15; Kindeswohl **1671** 20ff; Ruhen/Verhinderung der Sorge **1671** 17; und Scheidung **1671**

35; uns Sorgeentzug **1671** 18; Übereinstimmung der Eltern **1671** 19; Umstände, die Übertragung hindern **1671** 16ff; Verfahrensgrundsätze **1671** 37ff; Voraussetzungen **1671** 19ff; Widerspruch des Kindes **1671** 31; Wiederheirat **1671** 36; Wiederherstellung Lebensgemeinschaft **1671** 34; Zustimmung **1671** 29

Eltern, Auskunftsrecht der Eltern untereinander **1686**; Begriff **Einl 1616** 9; Betreuung/Umgang mit Enkelkindern **1618a** 9f; Elterliche Sorge **1626ff** sa dort; Geschäftsunfähigkeit/beschränkte Geschäftsfähigkeit **1673, 1675, 1678, 1682**; Haftung, elterliche Sorge **1664**; Kauf mit Mitteln des Kindes **929** 30; Pflicht zu Beistand und Rücksichtnahme **1618a**; Umgangsrecht **1684ff** sa dort; Unterhaltspflicht s Unterhalt, Verwandten-; Verhältnis zum Kind, IPR **EGBGB 21**; Züchtigungsrecht **1631** 8

Eltern-Kind-Verhältnis, IPR **EGBGB 21**; Besitzmittlungsverhältnis **868** 18

Elternrecht Einl 1297 10, **vor 1626** 9ff

Embryonenschutzgesetz, Verbotsgesetz **134** 53

Emissionstheorie vor 793 9

Empfangsbedürftige Willenserklärung, Auslegung **133** 1ff, 27ff; beim geheimen Vorbehalt **116** 3; beim Scheingeschäft **117** 2; Wirksamwerden mit Zugang **130** 3, 5ff, 16ff

Empfangsermächtigung 185 16

Empfehlung, Haftungsausschluß **675** 8ff

Endvermögen 1375; Abweichende Vereinbarung **1375** 10; Ausgleichsergänzungsanspruch bei Zuwendungen an Dritte **1390**; Auskunftsanspruch **1379** 1ff; Benachteiligungsabsicht **1375** 8; Hinzurechnung zum – **1375** 5ff, 9; maßgeblicher Zeitpunkt **1375** 3; Verbindlichkeiten **1375** 4; Vermutungsregel **1377** 5; Verschwendung **1375** 7; Versorgungsanwartschaften **1375** 2; vertragliche Abänderung **1376** 11; Zuwendungen **1375** 6, **1380** 1ff (unter Ehegatten)

Endvermögen, Bewertung 1376 2, 4; land- und forstwirtschaftliche Betriebe **1376** 10; maßgeblicher Zeitpunkt **1384**; Unternehmen/Unternehmensbeteiligungen **1376** 6ff; Vermögen und Verbindlichkeiten **1376** 5; vertragliche Abänderung **1376** 11

Energielieferungsvertrag 505 19; Preisklauseln **309** 12; Sittenwidrigkeit **138** 103, 140; unzulässige Rechtsausübung **242** 196

Energiewirtschaftsgesetz, Verbotsgesetz **134** 54

Enkelkinder, Betreuung/Umgang **1618a** 9f

Enteignung vor 903 5ff; ausgleichspflichtige Bestimmungen des Eigentumsinhalts **vor 903** 12; enteignender/enteignungsgleicher Eingriff **vor 903** 10ff; Entschädigungsbeteiligte **vor 903** 16; Gegenstand **vor 903** 7; Grundeigentum **vor 903** 9; Höhe der Entschädigung **vor 903** 13ff; hoheitliche Immissionen **906** 48ff; Inhalts- und Schrankenbestimmung, Abgrenzung **vor 903** 8ff; international **EGBGB 46** 9ff; Rechtsweg **vor 903** 17

Enteignungsentschädigung, Verjährung **195** 22

Enterbung ohne Erbeinsetzung **1938**

Entfernung von Sachen des Mieters **562a, 562b**

Entgangener Gewinn 252; Berechnung **252** 5, 15; Beweisregelung **252** 6, 10ff, 14; vor Eintritt ins Berufsleben **252** 2a; Einzelfälle **252** 13, 18; Ersatzpflicht **252** 2ff; Fallgruppen **252** 2ff; Fortkommensschaden **252** 2f; Gewinnphasenverschiebungsschaden **252** 2a; in Kapitalgesellschaft **252** 19; nicht ersatzfähige Gewinne **252** 7ff; Urheber-, Patent- und Markenrecht **252** 15; Verdienstausfall **252** 2, **254** 63ff sa dort

Entgeltfortzahlung, Alkoholismus **616** 116f; Ansteckungsgefahr **616** 103; Arbeitskampf **616** 35; Arbeitsunfähigkeit Arbeitnehmer **616** 94ff sa Entgeltfortzahlung, Arbeitsunfähigkeit Arbeitnehmer; Arzttermin **616** 27, 44, 105; Behördengänge **616** 25, 44; Berufsschulbesuch **616** 7; Bildungsurlaub **616** 7; Bundestags-/Landtagskandidaten **616** 8; Drogenmißbrauch **616** 116; Eheschließung **616** 26; entstellte Erscheinung **616** 29; Erholungsurlaub **616** 7; Erkrankung **616** 22, 50; Erkrankung Kind/Angehöriger **616** 26, 49; Fahrprüfung **616** 25; Fahrverbote **616** 33; Familienfeier **616** 26; Feiertag **616** 7; Geschlechtskrankheiten **616** 111; Gewissenskonflikte **616** 28; Heilbehandlungstermin **616** 27, 44; Heimarbeiter **616** 9; Hungerkuren **616** 119; Infektionserkrankungen **616** 111; Musterung **616** 7; Mutterschutz **616** 7, 35; Naturkatastrophe **616** 33; Niederkunft **616** 26; Organtransplantation **616** 104; Rehabilitation **616** 107; Schönheitsoperation **616** 104; Schonungszeiten **616** 107; Schwangerschaftsabbruch **616** 23, 42, 106, 123; Sportverletzung **616** 115; Stellensuche **616** 14, 27; Sterilisation **616** 23, 42, 106, 123; Straßenglätte **616** 33; Suchtkrankheiten **616** 117; TÜV-Termin **616** 25; Umzug **616** 27, 44; Unfallverletzung **616** 112ff, 114 (Straßenverkehr); Unfallverletzung: Gesamtschuld mit Schädiger **421** 34; Untersuchungshaft **616** 43; Verkehrsstörungen **616** 33; Verkehrsunfall Beteiligung **616** 25; Verletzung bei Straftaten **616** 120; Verpassen öffentlicher Verkehrsmittel **616** 33; Vorsorgeuntersuchung **616** 107; Vorsorgeuntersuchungen **616** 7; bei Wahrnehmung von betriebsverfassungsrechtlichen Pflichten **616** 7; Wehrübung **616** 7; Wiedereingliederung **616** 32, 108; Zeuge/Sachverständige/ehrenamtliche Richter **616** 25; Zivilschutzübung **616** 7

Entgeltfortzahlung, Arbeitsunfähigkeit 616 94ff; Abdingbarkeit **616** 97; Anwendungsbereich **616** 95; Anzeigepflichten **616** 140ff; Arbeitsunfähigkeit infolge Erkrankung **616** 100ff; Beweislast **616** 154ff; Einwendungen des Arbeitgebers **616** 148ff; Gesamtschuld mit Schädiger **421** 34; Mindestbestand Arbeitsverhältnis **616** 125; Monokausalität **616** 109; Nachweispflichten **616** 140ff; Rechtsmißbrauch **616** 73; Regreß **616** 151ff; schuldhafte Verlängerung der AU **616** 121; teilweise AU **616** 108; Umfang der Fortzahlung **616** 143ff; Unverschulden **616** 110ff; Verwirkung **616** 78; Voraussetzungen **616** 99ff; vorzeitiges Ende der Fortzahlung **616** 135ff; wiederholte AU **616** 132ff; Zeitraum der Fortzahlung/Sechswochenfrist **616** 126ff

Entgeltfortzahlung, Verhinderung 616; Abdingbarkeit **616** 11ff; und Ansprüche des Dienstschuldners gegen Dritte **616** 79ff; Arbeitnehmer **616** 1, 4, 94ff sa Entgeltfortzahlung, Arbeitsunfähigkeit Arbeitnehmer; Auszubildende **616** 6; Benachrichtigungspflicht **616** 54; Bestand des Dienstverhältnisses **616** 38; Beweislast **616** 86ff; Dauer der Verhinderung **616** 46ff; Dienstunfähigkeit wegen Erkrankung **616** 22; Einwendungen des Dienstberechtigten **616** 70ff; in Gleitzeit **616** 30; Heimarbeit **616** 9; Monokausalität **616** 34ff; Nachweispflicht **616** 55; objektive Störungen **616** 33; Rechtsmißbrauch **616** 73; Rechtsnatur **616** 10; Seeleute **616** 5; Spezialgesetze **616** 7; und System der Leistungsstörungen **616** 1a; tatsächliche Unmöglichkeit **616** 21; teilweise AU **616** 32; Umfang der Fortzahlung **616** 56ff; Unzumutbarkeit **616** 24ff; Verschulden **616** 39ff; Verwirkung **616** 78; Voraussetzungen **616** 17ff

Entmündigung, Geschäftsfähigkeit **104** 7; IPR **EGBGB 8**

Entscheidungsfreiheit, Persönlichkeitsschutz **Anh 12** 272

Entwertungsschaden 249 33

Entwicklungsleistungen, Dienst-/Werkvertrag **611** 51

Erbauseinandersetzungsklage 2042 16

Erbbaurecht, Abweichung gegenüber BGB-Regeln **ErbbauVO vor 1** 27; Allgemeines **ErbbauVO vor 1**; Ankaufsrecht, -pflicht **ErbbauVO 2** 10f; auflösende Bedingung **ErbbauVO 1** 20f; Bauwerk **ErbbauVO 12** (Bestandteile), **13** (Untergang), **34**; Beendigung **Erb-**

Stichwortverzeichnis

bauVO 26ff, (Aufhebung); Belastung **ErbbauVO vor 1** 21f, **29, WEG 42**; Beleihung **ErbbauVO 18ff** (Mündelhypothek), **21** (Sicherheitsgrenze für sonstige Beleihungen); Berechtigter **ErbbauVO 1** 15f; Beschränkung auf Teil **ErbbauVO 1** 11f, 19; Besitzmittlungsverhältnis **868** 19; Besteller **ErbbauVO 1** 17f; Buchersitzung **ErbbauVO vor 1** 16; Dienstbarkeiten **ErbbauVO 2** 12; Enteignung **ErbbauVO vor 1** 17; Entschädigung für Bauwerk **ErbbauVO 27f**; Entstehung **ErbbauVO vor 1** 10; Erlöschen **ErbbauVO vor 1** 24; Erneuerung **ErbbauVO 31**; Errichtung, Instandhaltung, Verwendung des Bauwerks **ErbbauVO 2** 3; Feuerversicherung **ErbbauVO 23**; Form **311b** 16; Gesamt- **ErbbauVO 1** 5, 4; gesetzlicher Inhalt **ErbbauVO 1** 3; Grundbuchvorschriften **ErbbauVO 14ff**; Grundstücksrecht, Anwendung **ErbbauVO 11**; Inanspruchnahme des Nebenlandes **ErbbauVO 1** 13f; Inhaltsänderung **ErbbauVO vor 1** 20; Kauf **448** 7; Miet- und Pachtverträge **ErbbauVO 30**; öffentliche Lasten **ErbbauVO 2** 5; öffentliche, Verteilung **436** 1; Rangstelle **ErbbauVO 10**; Rechtskauf **453** 15; Schlußbestimmungen **ErbbauVO 35ff**; schuldrechtliche Verpflichtung zur Aufgabe **ErbbauVO 1** 23; Sittenwidrigkeit **138** 104; Teilung **ErbbauVO vor 1** 19; und Überbau **916**; Übertragung **ErbbauVO vor 1** 18; Umdeutung eines Rechtsgeschäfts **140** 24; Untererbbaurecht **ErbbauVO vor 1** 22; unzulässige Rechtsausübung **242** 160; Veräußerung bei Vermietung **566** 2; Verhältnis Erbbaugrundbuch – Grundstücksgrundbuch **ErbbauVO vor 1** 26; Versicherung des Bauwerks **ErbbauVO 2** 4; vertragsmäßiger Inhalt **ErbbauVO 2**; Vertragsstrafen **ErbbauVO 2** 8, 4; Vorrecht zur Erneuerung **ErbbauVO 2** 9; wesentlicher Bestandteil **94** 7; Wohnungs- **WEG 30**; Zeitablauf **ErbbauVO 27**; Zustimmung zur Veräußerung des Grundstücks **ErbbauVO 5ff**; Zwangsversteigerung **ErbbauVO 24** (–), **25** (Grundstück); Zwangsvollstreckung ins – **ErbbauVO 8**

Erbbaurecht, Heimfall **ErbbauVO 2** 6f, 3f, **9** 22, **32f**; Bauwerk **ErbbauVO 34**; Belastungen **ErbbauVO 33**; Vergütung **ErbbauVO 32** 1

Erbbauzins ErbbauVO 9f; Bauwerk zu Wohnzwecken, Billigkeitsschranke **ErbbauVO 9a**; dingliche Sicherung **ErbbauVO 9** 4, 14; fehlende Änderungs- oder Anpassungsklausel **ErbbauVO 9** 17; gleitender **ErbbauVO 9** 2, 4f; Hypothekenhaftung **1126**; Reallast **ErbbauVO 9** 3; schuldrechtliche Vereinbarungen, Anpassung **ErbbauVO 9** 6ff; Vormerkungsfähigkeit für neu festzusetzenden – **ErbbauVO 9** 14f; wesentlicher Bestandteil des Grundstücks **ErbbauVO 9** 21; Zinsen **ErbbauVO 9** 23; Zwangsversteigerung, Rangvorbehalt **ErbbauVO 9** 24ff

Erbe, Anspruch auf Nachlaßrest **1986**; aufschiebende Einrede **vor 2014, 2014–2017**; Aufwendungsersatzanspruch **1978**; Berufung zu mehreren Erbteilen **1951** 1, **2007**; Einreden s Einreden des Erben; Ermittlung **1964** 2; Haftung für Nachlaßverbindlichkeiten **1967ff, 2007** (mehrere Erbteile), **2013** (unbeschränkte), s Nachlaßverbindlichkeiten; Haftungsbeschränkung **1975ff, 1978**, sa Erbe, Haftungsbeschränkung; Inventarerrichtung **1993ff**, sa dort; Mehrheit von Erben **2032–2063**, sa Miterbengemeinschaft; des Mieters **563** 3, **563a** 2, **564**; öffentliche Aufforderung **1965**; rechtliche Stellung **Einl 1942, 1942ff**; Staat, Feststellung **1964, 1966**; unbekannt/bekannt **1960** 3; Vorkauf, Ausschluß bei Verkauf an einen gesetzlichen Erben **470**

Erbe, Haftungsbeschränkung vor 1975, 1975ff, 1978; Aufrechnung mit Erbenschulden **1977**; Aufschiebende Einreden **vor 2014, 2014–2017**; Dürftigkeitseinrede **1990f**; Einrede der beschränkten Haftung **1990f**; Einrede der Überbeschwerung **1992**; Einreden s Einreden des Erben; Folge unbeschränkter Haftung **2013**; Inventarerrichtung **1993ff**, sa dort; keine – bei vorgemerkten Ansprüchen **884**; Nachlaßinsolvenzverfahren **1975** 6ff, **1989** 1ff; Nachlaßsonderung **vor 1975** 2ff; Nachlaßverwalter, Aufgabe **1975** 3ff; Tilgung Nachlaßschulden aus Eigenmitteln des Erben **1979**; Überschuldung durch Vermächtnisse und Auflagen **1992**; Verfahren zur beschränkten Haftung **vor 1975** 12; Verteidigung im Erkenntnisverfahren **1990** 7; Verteidigung im Zwangsvollstreckungsverfahren **1990** 8

Erbe, vorläufiger 1942; Annahme s Annahme, Erbschaft; Ausschlagung s Ausschlagung, Erbschaft; Rechte und Pflichten **1959** 1; Schutz vor Inanspruchnahme **1958**; Verfügungsgeschäfte **1959** 4; Verpflichtungsgeschäfte **1959** 5

Erbeinsetzung 2087–2099; alleinige Erben, Bruchteile erschöpfen nicht das Ganze **2089**; Anwachsung bei Ausfall eines eingesetzten Erben **2094f, 2099**; Bruchteile übersteigen das Ganze **2090**; Einsetzung auf Bruchteile **2088**; Erhöhung der Bruchteile **2089**; Ersatzerbe **2096f, 2098**; Ersatzerbe (Erben gegenseitig), **2099** (und Anwachsung); Ersatzerbe/Nacherbeinsetzung, Auslegung **2102**; gemeinsame Einsetzung auf einen Bruchteil **2093**; gemeinschaftlicher Erbteil **2093**; Minderung der Bruchteile **2090**; Nacherbeinsetzung **2100–2146**, sa dort; nicht gezeugter Nacherbe **2101**; Pflichtteil, Zuwendung **2087** 7; teilweise Bruchteile, teilweise der Höhe nach offen **2092**; testamentarische und gesetzliche Erbfolge nebeneinander **2087** 1; Übergehung naher Angehöriger **2088** 2; unbestimmte Bruchteile **2091**; und Vermächtnis, Auslegung **2087**; Vermögenserwerb nach Testamentserrichtung **2088** 3; Zuwendung des Vermögens oder Bruchteil des Vermögens **2087**; Zuwendung einzelner Gegenstände **2087** 5

Erben, gesetzliche 1934a-e 1; Abkömmlinge **1924** 1f; Adoption **1924** 3ff, **1925** 6ff, **1926** 4ff; dritter Ordnung **1926**; Ehegattenerbrecht **1931–1934**, sa dort; Eltern **1925** 1ff; erster Ordnung **1924**; fernere Ordnungen **1929**; Großeltern und Abkömmlinge **1926**; Lebenspartner **1931** 51, **1932** 17, **1933** 8; Rangfolge der Ordnungen **1930**; Staat **1936, 1964, 1966, 2011**; Stiefkinder **1924** 2; Urgroßeltern und Abkömmlinge **1928**; vierter Ordnung **1928**; zweiter Ordnung **1925**

Erbenbesitz 857

Erbengemeinschaft, s Miterbengemeinschaft

Erbensucher 677 4, **683** 3

Erbersatzanspruch, nichteheliche Kinder **1934a-e** 1ff

Erbfähigkeit 1923 1ff; Beschränkung **1923** 5; Leibesfrucht **1923** 3

Erbfall 1922 1ff

Erbfolge 1922–1941; Berufung zu mehreren Erbteilen **1951** 1, **2007**; Ehegattenerbrecht **1931–1934**, sa dort; Erbfall **1922** 1ff; Erbrecht **1922** 6ff, sa dort; Erbvertrag **1941**, sa dort; Erhöhung/Anwachsung mit Beschwerungen **1935**; Gesamtnachfolge **1922** 52; gesetzliche – **1924ff**; Lebenspartner **LPartG 10** 1ff; Mehrheit von Erben **2032–2063**, sa Miterbengemeinschaft; nichteheliche Kinder **1934a-e** 1ff; Parentel- und Ordnungssystem **vor 1924** 5; Repräsentationsprinzip **vor 1924** 8f; Staatserbrecht **1936, 1964, 1966, 2011**; Stammes- und Liniensystem **vor 1924** 7; Testament **1937ff** sa dort; Überblick **vor 1922, vor 1924**; Vereinbarungen über – **vor 2064** 20; Vererbliches Vermögen **1922** 7ff; Vorrang der gewillkürten – **vor 1924** 1; Wegfall eines Erben **1935**

Erbfolge, Sondererbfolge 1922 53ff; Gesellschaftsvertrag **1922** 55; Heimstättengesetz **1922** 54; Höfeordnung **1922** 53; Mietverhältnis **1922** 56; Sozialrecht **1922** 57

Erbrecht, Allgemeines **Einl 1922**; DDR **Einl 1922**, **1922** 58, **1931** 10; Erben, rechtliche Stellung **Einl 1942, 1942ff**; Erbfolge **1922–1941**, sa dort; Erbschaftskauf **2371–2385**, sa dort; Erbschaftsteuer **Einl 1922**

29 ff; Erbschein **2353–2370**, sa dort; Erbunwürdigkeit **2339–2345**, sa dort; Erbverzicht **2346–2352**, sa dort; IPR sa Erbstatut; Lebenspartner s Lebenspartnerschaft, Erbrecht; Nachlaßgericht **Einl 1922** 51 ff; Pflichtteil **2303–2338a**, sa Pflichtteil; Reform **Einl 1922** 25 ff; Sittenwidrigkeit erbrechtlicher Rechtsgeschäfte **138** 105; Teilnichtigkeit Rechtsgeschäft **139** 3; Umdeutung eines Rechtsgeschäfts **140** 22; unzulässige Rechtsausübung **242** 161; Vereinbarungen über **vor 2064** 20; verfassungsrechtliche Garantie **Einl 1922** 11 f

Erbrecht, IPR EGBGB 25f; Allgemeines **EGBGB vor 25**; Erbschaftsteuer **EGBGB vor 25** 5; Erbstatut **EGBGB 25** sa dort; ordre public **EGBGB 6** 46 ff, **25** 8, **26** 7; Verfügung von Todes wegen **EGBGB 26**

Erbrechtliche Verträge, Anwendbarkeit AGB-Vorschriften **310** 26

Erbschaft 1922 6ff, 7ff; Anfall **1942**; Annahme **1943** 2 ff, **1949**, sa Annahme, Erbschaft; Ausschlagung **vor 1942**, **1942** ff, sa Ausschlagung, Erbschaft; bei gemeinschaftlicher Gesamtgutsverwaltung **1455**; für den nicht verwaltenden Ehgatten **1432**; Nießbrauch an einer – **1089**; Sicherung des Nachlasses **1960**; Vererblichkeit von nicht vermögensrechtlichen Rechtspositionen **1922** 11 ff; und Verjährung **211**; Vorbehaltsgut/Sondergut **1439**; vorläufiger Erbe **1942**, sa Erbe, vorläufiger

Erbschaft, Anfall, vorzeitiger, Vorteilsausgleichung **vor 249** 125 ff

Erbschaftsanspruch 2018–2031; Allgemeines **vor 2018**; Aufwendungsersatz **2022**; Auskunftspflicht Erbschaftsbesitzer **2027**; Auskunftspflicht, häusliche Gemeinschaft **2028**; Bereicherungsgrundsätze **2021**; Besitzer zur Herausgabe außerstande **2021**; Beweislast **2018** 6; dingliche Surrogation **2019**; Einreden **2018** 4; aus der Erbschaft erlangt **2018** 3, **2019**; Erbschaftsbesitzer **2018** 2; Ersitzung **2026** 2; Früchte **2020**; des für tot Erklärten **2031**; Gläubiger **2018** 1; Haftung des Erbschaftsbesitzers, Einzelansprüche **2029**; Herausgabepflicht des Erbschaftserwerbers **2030**; Nutzungen **2020**; verbotene Eigenmacht **2025**; Verjährung **197** 7, **2026** 1; verschärfte Haftung des Bösgläubigen **2024**; verschärfte Haftung nach Rechtshängigkeit **2023**; Verwendungsersatz **2022**

Erbschaftskauf 2371–2385; Allgemeines **vor 2371** 1 ff; Anzeige gegenüber Gläubigern **2384**; Aufwendungsersatz **2381**; Auslegung Vertragsumfang **2373**; Erbschaftsschenkung **2385** 2; Gefahrtragung **2380**; dem Käufer zustehende Vorteile **2372**; Kettenverkauf **2385**; Konfusion und Konsolidation **2377**; Nachlaßverbindlichkeiten **2378**, **2382f**; Nutzungen/Lasten **2379**; Rechtsmängelhaftung **2376** 1; Rechtsnatur **vor 2371** 4; Sachmängelhaftung **2376** 2; Schuldenhaftung **vor 2371** 5; Urkundenform **2371**; Verbrauch von Erbschaftsgegenständen **2375**; dem Verkäufer verbleibende Teile **2372**; Verschaffungspflicht des Verkäufers **2374**; Verwendungsersatz **2381**; Wegfall Vermächtnis/Auflage **2372**; Wiederaufleben erloschener Rechtsverhältnisse **2377**

Erbschaftsschenkung 2385 2

Erbschaftsteuer Einl 1922 29 ff; Freibeträge **Einl 1922** 41 ff; internationale Behandlung **EGBGB vor 25** 5 ff; Steuerklassen **Einl 1922** 45 ff; Steuersatz **Einl 1922** 49

Erbschaftsvertrag, nichtiger **311b** 93 ff; zulässiger **311b** 96 f

Erbschein 2353–2370; Allgemeines **vor 2353**; Anhörung von Betroffenen **2360**; Antrag **2353** 9; Antragsberechtigung **2353** 7 f; Antragsverfahren mit Ermittlungspflicht **2358** 1; Beweislast **2359** 4; Einziehung **2361** 3 ff; Empfänger **2353** 6; Erteilung **2353** 12; Erteilungsvoraussetzung **2359**; Fremdrechts- **2369**; gegenständlich beschränkter – **2369**; Gutglaubensschutz bei Erwerb von Erbschaftsgegenständen **2366**; Gutglaubensschutz bei Leistungen an Erben **2367**; Herausgabenspruch des wahren Erben **2362**; Inhalt **2353** 10 f; Kosten **2353** 12; Kraftloserklärung **2361** 8; mehrere Erben **2357**; öffentliche Aufforderung des Nachlaßgerichtes **2358** 2; öffentlicher Glaube des Erbscheins **2365**; Rechtsmittel **2353** 14, 15 ff; Rechtsschein der Todeserklärung **2370**; Rechtsstreit über Erbrecht **2360**; Testamentsvollstrecker **2364**; Testamentsvollstreckerzeugnis **2368**; Unrichtigkeit **2361** 1 f; Vorbescheid **2353** 13; des Vorerben **2363**; Vorerbenstellung **2100** 13, **2102** 5, **2136** 4; Zuständigkeit **2353** 17

Erbschein, erforderliche Angaben 2354 f; eidesstattliche Versicherung **2356** 5; öffentliche Urkunden **2356** 1

Erbstatut EGBGB 25; Abgrenzung **EGBGB 25** 35 (Güterstatut, Sachstatut, Gesellschaftsstatut); Allgemeines **EGBGB 25** 1 ff; Anwendungsbereich **EGBGB 25** 21 ff; Bestimmung **EGBGB 25** 15 ff; Deutsch-Türkisches Nachlaßabkommen **EGBGB 25** 56 f; gewillkürte Erbfolge **EGBGB 25** 28 ff; innerdeutsches Kollisionsrecht **EGBGB 25** 58 ff; internationales Verfahrensrecht **EGBGB 25** 39 ff; Nachlaßspaltung **EGBGB 25** 36 ff; ordre public **EGBGB 25** 8; Rechtswahl bei inländischem Grundvermögen **EGBGB 25** 16 ff

Erbteil 1922 61; Annahme/Ausschlagung bei mehreren Erbteilen **1951**; mehrere Erbteile bei mehrfacher Verwandtschaft **1927**; mehrfaches Erbrecht der Ehegatten **1934**; mehrfaches Erbrecht und Haftung **2007**; Pfandrechtsbestellung **1274** 5

Erbunwürdigkeit 2339–2345; Allgemeines **vor 2339**; Anfechtungsberechtigung **2341**; Anfechtungsklage **2340** 1 f, **2342**; Gründe **2339** 2 ff; Rechtsfolge des Urteils **2344**; Vermächtnis- und Pflichtteilsgläubiger **2345**; Verzeihung **2343**

Erbvertrag 1941, **vor 2064** 6, **2274–2302**; Ablieferung **2300** 2; Abschluß **vor 2274** 3; Aktenverwahrung, gewöhnliche **2277** 3; Änderungsvorbehalt **2278** 4; Ausschlagungsverpflichtung **2302** 3; Begriff **1941** 1; Bedeutung **vor 2274** 1; Bindungswirkung **2289** 1; Ehegatten-, Auslegungsregeln **2280**; Ehevertrag, Verbindung mit **2276** 5 ff; einseitige letztwillige Verfügungen **2299**; einseitige Verfügungen **2278** 5; Eröffnung und Verkündung **2300** 3; Eröffnungsfrist **2300a**; Form **2276**; formlose Übergabe- und – **2276** 8; frühere letztwillige Verfügungen **2289** 2 ff; Geschäftsfähigkeit **2275** 1, 2 (Ehegatten und Verlobte); höchstpersönlicher Abschluß **2274** 1; Hofübergabevertrag **1941** 4; Inhalt **vor 2274** 2, **2278**; Lebenspartner **LPartG 10** 17; Prozeßvergleich **2274** 2; Rechtsgeschäfte unter Lebenden, Verbindung **2278** 6; Schenkung auf den Todesfall, vollzogene **2301** 7 ff; Schenkungsversprechen auf den Todesfall **2301** 3 ff; Sittenwidrigkeit **138** 105; spätere Verfügungen von Todes wegen **2289** 5 ff; Testamentsrecht, anzuwendende Vorschriften **2279**; Übergabevertrag **vor 2274** 4; Verbindung mit anderen Verträgen **2276** 7; Vermächtnisnehmer, Schutz des vertragsmäßigen **2288**; Vertrag über Testamentserrichtung/-aufhebung **2302**; Vertrag zugunsten Dritter auf den Todesfall **2301** 12 ff; vertragsmäßige Verfügungen **2278** 2; Verwahrung **2300** 1 f; Verwahrung, amtliche **2277**; Voraussetzungen **2275**; Wechselbezüglichkeit, Vermutung der **2298**; Wiederverwahrung **2300** 4; Zuwendungen auf den Todesfall **2301**

Erbvertrag, Anfechtung 2281; Anfechtungsgrund **2281** 3 ff; Bestätigung eines anfechtbaren – **2284**; durch Dritte **2285**; Form **2281** 6, **2282** 3; Frist **2283**; Wirkung **2281** 7

Erbvertrag, Aufhebung, Aufhebungstestament **2291**, **2292** (gemeinschaftliches); Aufhebungsvertrag **2290**

Erbvertrag, Freiheit zu Rechtsgeschäften unter Lebenden 2286; Einzelfälle **2287** 5; Mißbrauch **2286** 2; Rechtsstellung des Bedachten **2286** 3; und Schenkung, beeinträchtigende **2287**; Sicherungsmöglichkeiten **2286** 4; Verfügungsunterlassungsverträge **2286** 4

Erbvertrag, Rücktritt, Rücktrittserklärung **2296**; Rücktrittsrecht bei Aufhebung der Gegenverpflichtung **2295**; Rücktrittsrecht bei Verfehlungen des Bedachten **2294**; Rücktrittstestament nach Tod des Vertragspartners **2297**; Rücktrittsvorbehalt **2293**, **2298** 3f
Erbvertrag, Schenkungen, beeinträchtigende 2287; Auskunftsanspruch **2287** 11; Ausschluß **2287** 9; Bereicherungsanspruch, Inhalt und Umfang **2287** 7; Beweiserleichterungen **2287** 10
Erbverzicht 2346–2352; Allgemeines **vor 2346**; Aufhebung **2351**; auf Dreißigsten **2346** 8; bei Erbeinsetzung durch Testament **2352**; Erstreckung auf Abkömmlinge **2349**; Genehmigung Vormundschaftsgericht **2347**; Prüfung der Wirksamkeit **vor 2346** 7; Störung der Geschäftsgrundlage **313** 53; Umfang **2346** 3ff; Urkundenform **2348**; des Vermächtnisgläubigers **2352**; Verhältnis zur Abfindung **vor 2346** 3f; und Verpflichtung zur Ausschlagung **2346** 12; Vertragspartner **2346** 2; Vertretung des Erblassers **2347** 2; Verzicht auf Zuwendungen **2352**; auf Voraus **2346** 8; Wirkung **2346** 11; zugunsten eines anderen **2350**
Erfindung, s Arbeitnehmererfindung
Erfolgsabwendungspflicht 823 13
Erfüllung 362–371; Anderkonto, Leistung auf **362** 15; Annahme als Erfüllung **363**; Anrechnung bei mehreren Schuldverhältnisssen **366**; Anrechnung bei Zinsen und Kostenforderung **367**; Aufrechnung s dort; Befriedigung durch Zwangsvollstreckung **362** 16; Begriff **362** 1; Beweislast **362** 17, **363**; erlaubtes In-sich-Geschäft **181** 27; durch Forderungsabtretung **364** 13; Hingabe an Erfüllungs Statt **364f**; Hingabe erfüllungshalber **364** 1, 10ff; Hingabe von Forderungen/Rechten gegen Dritten **365**; Hingabevereinbarung **364f**; Hinterlegung s dort; Leistungsbestimmung **366**; Leistungsempfänger **362** 14ff; Leistungsvorbehalt **362** 13; an Minderjährigen **107** 7, **110** 1f; Novation **782** 6; Quittung **368ff**; Rechtsnatur **362** 2; Schuldschein **371**; Voraussetzung Erfüllungswirkung **362** 7ff
Erfüllungsgehilfe 278; Abhängigkeit vom Schuldner **278** 24; Arbeitnehmer **278** 35; bedient sich eines – **278** 25; Begriff **278** 14ff; Beweislast **278** 51; Erfüllung Verbindlichkeit des Schuldners **278** 17ff; Erfüllung von Nebenleistungs- und Schutzpflichten **278** 22f; Fallbeispiele **278** 27ff; Gefälligkeitsverhältnis **278** 4; Gesamtvertretung **278** 13; Grundstücksnachbarn **278** 6; Haftung gegenüber Dritten **278** 43; Haftungsausschluß **278** 52, **309** 62ff; bei höchstpersönlichen Pflichten **278** 48f; beim Leasingvertrag **Anh 535** 20, 22; beim Mietvertrag **535** 121f; mitwirkendes Verschulden **254** 71ff, **278** 46; bei Obliegenheiten **278** 47; öffentliches Recht **278** 44f; Sachenrecht **278** 5; Umfang der Übertragung auf – **278** 26; Verschulden des Gehilfen **278** 42; Zusammenhang mit Pflichterfüllung **278** 39ff
Erfüllungsort beim Kauf **447** 4f
Erfüllungsübernahme 329, **vor 414** 1, 12, **415** 7
Ergänzende Auslegung, Willenserklärung **133** 20ff
Ergänzende Auslegung, Vertrag, Haftungsbeschränkung durch – **157** 27; Lückenausfüllung **157** 21f; Regelungslücke **157** 16ff; Schranken **157** 23ff
Ergänzende Auslegung, Willenserklärung 133 20ff; Allgemeines/Bedeutung **133** 20; bei beiderseitigem Motivirrtum **vor 116** 23; Feststellung einer Regelungslücke **133** 21; nach dem hypothetischen Parteiwillen **133** 22; Methode **133** 21ff; Schließen der Regelungslücke **133** 22; sa Auslegung einer Willenserklärung
Ergänzungspflegschaft vor 1909 6, **1909** 1ff; anzuwendende Vorschriften **1915**, **1916**; Bedürfnis **1909** 12ff; Beobachtungspflegschaft **1909** 13; rechtliche Verhinderung **1909** 3ff; tatsächliche Verhinderung **1909** 10ff; Verwaltungspflegschaft **1909** 15; auf Wunsch des gesetzlichen Vertreters **1909** 14; sa Pflegschaft
Erhaltungsmaßnahmen, Duldungspflicht Mieter **554** 2ff

Erhaltungspflicht, Verkäufer **433** 29
Erhaltungspflicht, Mietsache 535 46ff; Überbürdungsregelung auf Mieter **535** 87ff, **538** 3
Erhöhung, Erbteil, Beschwerungen **1935**
Erholungsurlaub 611 183; Entgeltfortzahlung **616** 7
Erklärung, fingierte, Klauselverbote **309** 39ff
Erklärung, Form, Klauselverbote **309** 156ff
Erklärungsbewußtsein/Erklärungswille vor 116 3, 14; Anfechtbarkeit wegen fehlenden Erklärungsbewußtseins **119** 24; Schadensersatz bei Anfechtung **vor 116** 3, **122** 3
Erklärungshandlung vor 116 5, 9
Erklärungsirrtum vor 116 21, **119** 33; sa Anfechtbarkeit Willenserklärung, Irrtum
Erklärungsmittel vor 116 5
Erklärungstheorie vor 116 1
Erlaß 397, **463** 18; Abfindungsangebot Schuldner **397** 8; Abgrenzung **397** 2; und Aufhebungsvertrag **397** 2; Beweislast **397** 14; Erlaßverbot **397** 13; Folge **397** 10; konkludenter – **397** 7; negatives Anerkenntnis **397** 11; Verfügungsgeschäft **397** 1; Vertrag zugunsten Dritter **397** 5; Vertragsparteien **397** 4; zukünftiger Rechte **397** 3; Zustandekommen **397** 6
Erlaubnis, privatrechtliche **vor 182** 3
Erlöschen, Vollmacht 170 1ff, **171** 1ff, **172** 1ff, **173** 1ff; Fortdauer der Wirkungen **169** 1ff; Gründe **168** 2ff
Ermächtigung, Abgrenzung zur unmittelbaren Stellvertretung **vor 164** 22; zum Empfang der Leistung, Quittung **370**; eines Minderjährigen **112** 1ff (Betrieb Erwerbsgeschäft), **113** 1ff (in Dienst/Arbeit zu treten)
Erneuerungsschein 805 1
Ernstlichkeit mangelnde – **118** 1ff sa Scherzerklärung, sa Scherzerklärung
Ernteberechtigung vor 581 20
Ersatz, Herausgabe bei Unmöglichkeit/besondere Leistungserschwerung/Unzumutbarkeit aus persönlichen Gründen **285**
Ersatz- und Tragemuttervertrag 1741 16
Ersatzauftragsklausel 307 91
Ersatzerbe 2096f; und Anwachsung **2099**; Auslegungsregel **2097**; Erben gegenseitig **2098**; und Nacherbe, Auslegung gemeinschaftliches Testament **2102**; Pflichtteilsberechtigter als – **2306** 7
Ersatzmieterklausel 537 7f
Ersatzpflegschaft vor 1909 6, **1909** 16; sa Pflegschaft
Ersatzsurrogation, Miterbengemeinschaft **2041** 3
Ersatzteile, Vorhaltung von – **433** 36, **478** 20
Ersatzvermächtnis 2190
Ersatzvornahme 280 34
Erschließungsbeiträge als öffentliche Last **436** 1ff
Erschließungskosten, Fehler **434** 4
Erschließungsvertrag, Verbotsgesetz, Verstoß **134** 47
Erschöpfungseinrede des Erben **1989**, **1990** 5
Ersetzungsbefugnis 243 4, **262** 2, 9, **263** 5; durch Inzahlungnahme **433** 50, **480** 5; Wahlschuld **275** 4
Ersitzung 937–945; Eigenbesitz eines Dritten durch Rechtsnachfolge **943**; Erbgang **943**; Erbschaftsbesitzer **937** 12, **944**; gesetzliche Vermutung für Zwischenzeit **938**; Grundeigentum **900**; guter Glaube **937** 7; Hemmung **939**; Nießbrauch **937** 2; Rechte Dritter **945**; Rechtsfolgen **937** 8ff, **945** 4f; unbestellt zugesandter Waren **937** 13; und vertragliche Rückgabeansprüche **937** 10f
Ersitzung, Unterbrechung durch Verlust des Eigenbesitzes **940**; durch Vollstreckungshandlung **941**; Wirkung **942**
Ertrag, Beschaffenheit der Kaufsache **434** 10
Erwerbsfähigkeit, Verlust **249** 53, **842** 1ff, **843** (Rente) sa Erwerbsschaden, Rente
Erwerbsgeschäft 112 2f, **1431**, **1456**
Erwerbsschaden, Rente 843; Anspruchsübergang **843** 13f; Bemessung **843** 7; Dauerschaden **843** 1; Haushalts-

tätigkeit **843** 4f, 8f; Kapitalabfindung **843** 18ff; maßgeblicher Zeitpunkt **843** 15; Pfändbarkeit **843** 26; Prozessuales **843** 21ff; Sicherheitsleistung **843** 17; Verwertung verbleibende Arbeitskraft **843** 10; Voraussetzungen **843** 3ff; Vorteilsausgleichung, versagte **843** 20; Zahlung drei Monate im Voraus **843** 17; zeitliche Begrenzung **843** 16
Erwerbstätigkeit beider Ehegatten 1356 13ff
Erwerbsunfähigkeitsrente 843 sa Erwerbsschaden, Rente
Erwerbsverbot 135/136 15, **888** 16; sa Veräußerungsverbot
Erzeugnisse, Erwerb 953; Erwerb bei Aneignungsgestattung **956, 957** (gutgläubiger Erwerb); Erwerb bei Besitzüberlassung der Muttersache **956** 9; Erwerb des dinglich Nutzungsberechtigten **954**; gutgläubiger Eigentumserwerb an Sachfrüchten **955**; Trennung vor **953–957**
Erzeugnisse, landwirtschaftliche 98 7
Erziehung, Recht auf gewaltfreie – **1631** 8
Erziehungsurlaub 611 183; Befristung Arbeitsverhältnis Vertretung **620** 36
essentialia negotii vor 145 4
Euro; Einführung **244** 4; Optionen/Wertpapierpensionsgeschäfte **244** 5; Rechtsgrundlage **244** 5; Störung der Geschäftsgrundlage **313** 82; Umrechnungskurse **244** 4; Vertragskontinuität **244** 6; Wertsicherungsvereinbarungen **244** 7
Europäisches Gemeinschaftsrecht, Schriftform **126** 2
Europäisches Recht und Sittenordnung **138** 33, 106; als Verbotsgesetz **134** 8, 56
Exceptio doli specialis 242 108ff
Existenzgründerdarlehen 507
Exklusivvertrag zur kommerziellen Verwertung, APR **Anh 12** 265f

Fabrikationsfehler 434 36
Fachhandwerkerklausel 535 101
fachliche Qualifikation, Eigenschaftsirrtum **119** 45
Factoring vor 488, 33ff; echtes – **398** 24, **449** 56f, **vor 488** 35; Geschäftsbesorgungsvertrag **675** 7; Inhaltskontrolle **307** 112; IPR **EGBGB 28** 56; und Kauf **vor 433** 24; Sittenwidrigkeit **138** 107; unechtes – **398** 25, **449** 58, **vor 488** 33f; und verlängerter Eigentumsvorbehalt **398** 23ff, **449** 56ff, **vor 488** 34ff
Facultas alternativa, s Ersetzungsbefugnis
Fahrbahnverschmutzung vor 249 68
Fahrer, Zurechnung Mitverschulden **254** 79
Fahrgäste in öffentlichen Verkehrsmitteln, Mitverschulden **254** 42
Fahrgemeinschaft, Rechtsbindungswille **vor 145** 7, **vor 241** 17
Fahrlässigkeit 276 10ff, Begriff **276** 10; einfache/leichte – **276** 25; Grade **276** 15ff; grobe – **276** 16; Irrtum **276** 14; Maßstab **276** 10ff; Sorgfaltspflicht bestimmter Personengruppen **276** 27ff
Fahrprüfung, Entgeltfortzahlung **616** 25
Fahrschule, Inhaltskontrolle **307** 168, **308** 65
Fahrverbote, Entgeltfortzahlung **616** 33
Fahrzeughalter mehrere, Gesamtschuldner **421** 17
Faktischer Vertrag vor 145 41
Faktisches Vertragsverhältnis, Miete **535** 16
Fälligkeitshypothek vor 1113 16
Fälligkeitsklausel 305c 32, **307** 47
Falsa demonstratio 133 17, 27f, **155** 2; Auslegung bei – **133** 17, 27f; beim formbedürftigen Rechtsgeschäft **125** 14ff; und In-sich-Geschäft **181** 28; Irrtumsanfechtung **119** 5, 31, 35, 38; und Scheingeschäft **117** 11; und unrichtige Übermittlung einer Willenserklärung **120** 4
Familie, Begriff **Einl 1616** 7

Familienangehörige, Sonderechtsnachfolge beim Tod des Wohnraummieters **563** 11
Familienehre Anh 12 24f
Familienfeier, Entgeltfortzahlung **616** 26
Familienname 1616 24ff
Familienpflege und elterliche Sorge **1630**; Entscheidungsbefugnisse Pflegeperson **1688**
Familienrecht, Allgemeines **Einl 1297** 2ff; und Grundgesetz **Einl 1297** 10; Mediation **Einl 1297** 6; Reformen **Einl 1297** 12ff; strafrechtlicher Schutz **Einl 1297** 7f; Umdeutung von Rechtsgeschäften **140** 22; Verfahren **Einl 1297** 6, 29, 46, 52; und Völkerrecht **Einl 1297** 11; s Übersicht dort
Familienrecht, IPR **EGBGB 13ff**; ordre public s dort
Familienrechtliche Verträge, Anwendbarkeit AGB-Vorschriften **310** 26
Familienrechtliche Beziehungen, vorsätzlich sittenwidrige Schädigung **826** 53f
Familienrechtliche Dienstleistung 611 27
Familienstiftung vor 80 17
Familienunterhalt 1360ff, Angemessenheit **1360a** 5; Art der Unterhaltsleistung **1360a** 12; bedürftige Verwandte des Ehegatten **1360a** 7ff; Berechtigte **1360a** 11; Ehegattenunterhalt IPR sa Ehegattenunterhalt, IPR; Geltendmachung **1360a** 33; bei Getrenntlebenden **1361**, sa Unterhalt, Getrenntlebende; bei Gütergemeinschaft aus Gesamtgut, Vorbehaltsgut und Sondergut **1420**; Haushaltsführung **1360** 5; Haushaltskosten **1360a** 3; IPR **EGBGB 18** sa Unterhalt, IPR; Kindesunterhalt **1360a** 6; Maß **1360a** 14; persönliche Bedürfnisse **1360a** 4; Pfändbarkeit **1360a** 33; Prozeßkostenvorschuß **1360a** 17ff; Rechtsnatur **1360a** 33; Steuerrückerstattungen, Ausgleich **1360b** 2; Taschengeld **1360a** 4, 33; Übersicht **1360a**, Umfang **1360a** 2ff; für Vergangenheit **1360a** 15; Verhältnis zu Unterhalt bei Getrenntlebenden und Geschiedenen **1360a** 37f; vertragliche Vereinbarungen **1360a** 39; Verzicht für Zukunft **1360a** 15; Wirtschaftsgeld **1360a** 13; Zuvielleistung **1360b** 1ff
Fangprämie 249 73, **309** 56
Fangschaltung Anh 12 132
FAS 447 8, **448** 5
Faxwerbung Anh 12 286
FCA 447 8, **448** 5
Fehldiagnose 823 126ff sa Arzthaftung, 133
Fehler der Mietsache **536**
Fehlerhafte Gesellschaft 705 73ff
Fehlerhafter Vertrag Einl 104 10
Fehlerhaftes Rechtsgeschäft Einl 104 23ff
Feiertag 193 5; Entgeltfortzahlung **616** 7
Fensterhersteller, Vorleistungspflicht, Klausel **309** 22
Ferienhausvermietung vor 535 24
Ferienhausvermittlung vor 631 24
Fernabsatzvertrag 312bff; Anwendungsbereich **312b** 2ff; Begriff **312b** 2ff; Bereichsausnahmen **312b** 8ff sa Fernabsatzverträge, Bereichsausnahmen; Fernkommunikationsmittel **312b** 7; IPR **vor 312** 12; regelmäßiger Einsatz von Fernkommunikationstechniken **312b** 4ff; und Teilzahlungsgeschäft **502** 16ff; Umgehungsverbot **312f** 9ff; Unabdingbarkeitsregel **312f** 2ff; Zweck der Vorschrift **312b** 1
Fernabsatzvertrag, Bereichsausnahmen 312b 8ff; Dienstleistungen der genannten Arten **312b** 18ff; Fernunterrichtsverträge **312b** 9; Finanzgeschäfte **312b** 11; Grundstücksveräußerung/Immobiliengeschäfte **312b** 12ff; öffentliche Fernsprecher **312b** 23; Time sharing **312b** 10; Warenautomaten **312b** 22; Warenlieferungen Lebensmittel/Haushaltsgegenstände **312b** 16f
Fernabsatzvertrag, Verbraucherinformationen 312c, **Anh 312c**; Art und Weise der Information **312c** 18ff, 35f; Ausnahmen **312c** 38ff; Berücksichtigung besonde-

rer Regelungen **312c** 44; Einzelheiten des Vertrages **312c** 5ff; geschäftliche Zwecke des Vertrages **312c** 17; Verstoßfolge **312c** 27, 37; vertragliche Informationspflichten **312c** 28ff; vorvertragliche Informationspflichten **312c** 4ff
Fernabsatzvertrag, Widerrufs- und Rückgaberecht **312d**; Ausschluß **312d** 19ff, 21ff (besondere Beschaffenheit), 21ff (Kundenspezifikation), 25 (entsiegelte Datenträger), 26 (Printmedien), 27 (Wett- und Lotterie-Dienstleistungen), 28 (Versteigerung); Erlöschen bei Dienstleistungen **312d** 14ff; Frist, modifizierte **312d** 6ff; Subsidiarität **312d** 29ff
Fernkommunikationsmittel 312b 7
Fernmeldegeheimnis Anh 12 123
Fernsehanstalt, privat/hoheitlich **89** 5
Fernsehempfang, Beeinträchtigung, Abwehranspruch **1004** 18; Miete **535** 32f
Fernsehmitarbeiter 611 62
Fernunterrichtsvertrag 307 167; Sittenwidrigkeit **138** 186; Verbotsgesetz **134** 57
Fernwärme 433 9, **505** 19; Verbrauchsgüterkauf **474** 5
Fernwärmeunternehmen, Anwendbarkeit AGB-Vorschriften **310**
Fertigbauweise, Fehler **434** 33
Fertighausvertrag vor 433 22, **505** 9; Form **631** 9
Fertigstellungsbescheinigung 631 12, **641a**
Festdarlehen, Verbraucherdarlehen **491** 9
Festgeld vor 488 56
Festgeschäfte, sa Börsentermingeschäfte
Feuerversicherung ErbbauVO **23**; Mitversicherung Mieter **538** 5
Feuerwehr, Amtshaftung **839** 35, 103; Aufwendungsersatz **683** 7; Haftung **680** 2
Feuerwerk, Verkehrssicherungspflichten **823** 100
Fideikommißauflösungsstiftung vor 80 17
Fiktion des Zugangs 130 25; Klauselverbot **308** 52ff
Fiktionen, Klauselverbote **308** 39ff
Filmherstellungs- und Verwertungsvertrag vor 631 24
Filmverleihvertrag vor 581 12
Filmverwertungsvertrag vor 581 11
Finanzierungen, unzulässige Rechtsausübung **242** 162
Finanzierungshilfe, abweichende Vereinbarungen **506**; Anwendung Regelungen Verbraucherdarlehen **499** 9ff; Existenzgründerdarlehen **507**; Verbraucherdarlehen **491** 24, 28; Verbraucherverträge, Widerrufs- und Rückgaberecht **358** sa Verbraucherverträge, verbundene Geschäfte
Finanzierungskosten 249 105; Aufwendungsersatz Teilzahlungsgeschäft **503** 23
Finanzierungsleasing 499 13ff, **500**, **Anh 535** 2, 10ff; Abzinsung **Anh 535** 40, 46; Andienungsrecht **Anh 535** 13; Aufwendungen, laufzeitabhängige **Anh 535** 49; Ausgleichszahlung bei Teilamortisation **Anh 535** 37ff; Beendigung des Leasingvertrages **Anh 535** 36; Bürgschaft **Anh 535** 35; Einordnung, rechtliche **Anh 535** 15; Einwendungsdurchgriff **359** 17; Elemente, typusprägende **Anh 535** 10; Erfüllungsgehilfe **Anh 535** 20ff; Finanzierungshilfe **Anh 535** 16ff; Fortfall der Geschäftsgrundlage **Anh 535** 31; Freizeichnungsklausel **242** 164; Gewinn, entgangener **Anh 535** 40, 47; Grundmietzeit **Anh 535** 13; Insolvenzrisiko des Lieferanten **Anh 535** 33; Kaskoversicherungsleistung **Anh 535** 24; Kfz-Leasing **Anh 535** 41; Kilometer-Abrechnungsvertrag **Anh 535** 13, 42; Kumulierung, unangemessene **Anh 535** 35; kündbarer -vertrag **Anh 535** 14; Kündigungsschaden **Anh 535** 43ff; Leasingerlasse **Anh 535** 11; Lieferant **Anh 535** 19ff; Lieferverzug **Anh 535** 26; Mängel der Leasingsache **Anh 535** 28ff; Mängelrüge **Anh 535** 30; Mehrerlös **Anh 535** 41; mietrechtliche Gewährleistung **Anh 535** 34; Nichtlieferung des Lieferanten **Anh 535** 25; Refinanzierung **Anh 535** 40, 46; Restwert **Anh 535** 40, 50; Restwertabsicherung **Anh 535** 41; Restwertgarantie **Anh 535** 13; Rückgabe/verspätete Rückgabe **Anh 535** 36; und Sachgefahr/Gegenleistungsgefahr **Anh 535** 23ff; Schadensersatz wegen Auflösungsverschuldens **Anh 535** 43ff; Schadensminderungspflicht des Leasinggebers **Anh 535** 50; Sittenwidrigkeit **Anh 535** 17; steuerrechtliche u betriebswirtschaftliche Problematik **Anh 535** 11; Teilamortisationsvertrag **Anh 535** 13; Teilleistung des Leasinggebers **Anh 535** 27; Übernahmebestätigung **Anh 535** 22; Umsatzsteuer **Anh 535** 38, 51; unwirksame Klauseln, Rechtsfolge **Anh 535** 43; Verbraucherverträge, Widerrufs- und Rückgaberecht **358** 12 sa Verbraucherverträge, verbundene Geschäfte; Verjährung der Ansprüche aus dem Leasingvertrag **Anh 535** 52; Verlängerungsoption **Anh 535** 13; Verwertungsbemühungen, zumutbare **Anh 535** 50; Verwertungsgeschäft, Bonitäts- u Insolvenzrisiko **Anh 535** 13; Verzugszinsen **Anh 535** 51; Vollamortisationsvertrag **Anh 535** 12; Vorfälligkeitsentschädigung **Anh 535** 40, 48; Wandelungsklage **Anh 535** 30; Wandelungsvollzug **Anh 535** 31ff; Zahlungsverzug **Anh 535** 35; Zustandekommens des -vertrags **Anh 535** 18; sa Leasing
Finanztermingeschäft 762 5; Abschluß durch Vertreter **Anh 764** 9; Beteiligte **Anh 764** 5; Gerichtsstands- und Schiedsvereinbarungen **Anh 764** 26f; grenzüberschreitende Geschäfte **Anh 764** 23; Informationspflicht **Anh 764** 1ff; Schadensersatzanspruch **Anh 764** 10ff; Spieleinwand, Ausschluß **Anh 764** 24; Unterrichtungspflicht, Ausnahmen **Anh 764** 8; Unterrichtungsschrift Inhalt/Unterzeichnung **Anh 764** 6; verbotene Geschäfte **Anh 764** 25; Zeitpunkt Unterrichtung **Anh 764** 7
Finanzverwaltung, Amtshaftung **839** 104
Findelkind 1773 10; Name **1**, **1616** 13; Wohnsitz **11** 9
Finder, Besitzmittlungsverhältnis **868** 20
Finderlohn 971, 972, 974
Firma, Namensschutz **12** 11 (nach Wiedervereinigung), 13, 35; Vererblichkeit **1922** 15; Verpfändung **1274** 4a
Fischereipacht vor 581 27, **585** 2
Fiskushypothek 1113 19
Fitneßvertrag 307 164; überraschende Klauseln **305c** 17
Fixgeschäft 271 17, **275** 10, 13, **286** 5, **323** 19ff
Flächenangabe, Miete **536** 18
Flaschenpfand 448 3, **1204** 4; Eigentumsverhältnisse **929** 29
Fluchthelfervertrag 242 164; Sittenwidrigkeit **138** 110
Flüchtlingsrecht internationales EGBGB 5 66ff
Flüchtlingsstatut EGBGB 5 66ff
Flugbeförderungsbedingungen, Inhaltskontrolle **307** 113, **308** 35
Flughafen, Bodenabfertigungsdienst **613a** 27
Flugzeug, bewegliche Sachen **vor 90** 4; IPR **EGBGB 45**; Zubehör **97** 10f
FOB 447 8f, **448** 5
Folgekostenvertrag vor 145 21
Forderung, Bestimmtheit/Bestimmbarkeit **449** 47; Rechtskauf **453** 15
Forderungsabtretung, s Abtretung
Forderungskauf, Rechtskauf **453** 2, 5
Forderungsrecht 241 4ff; Bestimmbarkeit **241** 5; positives Tun/Unterlassen **241** 6
Forderungsübergang, gesetzlicher **412**; Fälle **412** 1ff; IPR **EGBGB 33** 8ff; Schuldnerschutz **404** 11, **405** 5, **407** 10, **408** 2, **409** 6; bei Vergütung Vormund aus Staatskasse **1836e**; Verwandtenunterhalt **1607**
Forderungsvermächtnis 2173
Form, Änderungen/Ergänzungen **125** 5; Änderungsvertrag **311b** 56ff; Anweisung **vor 783** 5, **792** 2; Anwendungsbereich -vorschriften **125** 11ff, 12 (Arbeitsrecht), 13 (juristische Personen des öffentlichen Rechts); von Anzeigen und Erklärungen, Klauselverbote **309** 156ff; Arten **125** 2; Aufhebung Rechtsgeschäft **125** 6; Aufhe-

bungsvertrag **311b** 56; Auslegung -bedürftiger Rechtsgeschäfte **125** 14ff, **133** 2, 23; Beglaubigung, öffentliche s dort; Beurkundung, notarielle s dort; Ehevertrag **1410**; elektronische – s dort; Erbvertrag **2276**; falsa demonstratio beim -bedürftigen Rechtsgeschäft **125** 14ff; Grundstücks-/Raummiet- u -pachtverträge **581**; Grundstücksvertrag s Grundstücksvertrag, Form; Heilung -mangel **125** 20, **311b** 71ff; Kauf **433** 5; Landpachtvertrag **585a**; Leibrente **761**; Mietvertrag **535** 19, **550**; Nebenabreden **125** 4; Nichtbeachtung **125** 18ff (gesetzliche Formvorschriften), 22 (rechtsgeschäftlich vereinbarter Form), **311b** 63ff (gesetzliche Formvorschriften); Nichtigkeit **242** 117ff (mißbräuchliche Ausnutzung), **311** 32 (und cic); Schenkung **518** 2f; Schrift- s dort; Schuldanerkenntnis **781** 7; Schuldbeitritt **vor 414** 8; Schuldversprechen/Schuldanerkenntnis **780** 5, **782**; Teilzahlungsgeschäfte **502** 2f; Testament **2231**, **vor 2265** 6; Text- s dort; Treu und Glauben **125** 23ff; unzulässige Rechtsausübung **242** 163; Verbraucherdarlehen **492** 3ff; Vergleich **779** 18; -verletzung **125** 18ff (bei gesetzlicher Form), **311b** 63ff (bei gesetzlicher Form); Vermögensübertragung **311b** 83ff, 88ff; Vermutung der Richtigkeit und Vollständigkeit der Urkunde **125** 17; Vollmacht **167** 3ff sa Vollmacht, Form; Vorkaufsrecht **463** 5; Vorvertrag **vor 145** 48; Wiederkauf **456** 7; Wohnraummietvertrag **550**; -zwang s dort; Zweck **125** 1
Form, IPR EGBGB 11; Allgemeines **EGBGB 11** 1ff; Anwendungsbereich, Qualifikation **EGBGB 11** 11ff; Distanzverträge **EGBGB 11** 30; Geschäftsform/Ortsform **EGBGB 11** 8ff; Geschäftsrecht, Maßgeblichkeit **EGBGB 11** 15ff; gesellschaftsrechtliche Geschäfte **EGBGB 11** 19; Grundstücksgeschäfte **EGBGB 11** 17f, 32, 34; Ortsrecht, Maßgeblichkeit **EGBGB 11** 23ff; sachenrechtliche Geschäfte **EGBGB 11** 33; und Sonder- Zusatzregeln **EGBGB 11** 29ff; Vertreterhandeln **EGBGB 11** 31
Formalbeleidigung Anh 12 84
Formaldehyd, Mietobjekt 536 6, **569** 6
Formgebundene Willenserklärung, Auslegung **133** 2, 23; falsa demonstratio **125** 14ff
Formwechsel, Verein, rechtsfähiger **41** 5
Formzwang, 125 3ff; Aufhebung **125** 8ff, **127** 5; Ausgestaltung **127** 3; Begründung **127** 2; Erleicherungen **127** 6–8; Umfang **125** 3ff, 3–6 (gesetzliche Form), 7ff (kraft Rechtsgeschäft)
Formzwang, Durchbrechung, 125 23ff; arglistige Täuschung über – **125** 26; einseitiger Schutzzweck **125** 29; einseitiges Rechtsgeschäft **125** 31; sachgemäße Rückabwicklung unmöglich **125** 30; Verfügung **125** 32; Verletzung besonderer Fürsorgepflicht **125** 28
Forschungs- und Entwicklungsverträge 611 51
Forschungsleistungen, Dienst-/Werkvertrag **611** 51
Förster, Besitzdiener **855** 12
Forstrecht Einl 854 24
Forstwirtschaft, Amtshaftung **839** 105
Fortbildung 611 132
Fortgesetzte Gütergemeinschaft, s Gütergemeinschaft, fortgesetzte
Fortsetzungsklausel 727 6ff, **736**
Fortsetzungsverlangen, Wohnraummietvertrag 574a; Inhalt **574b** 2; auf unbestimmte Zeit **574c**
Fotografieren, Abwehranspruch Eigentümer **1004** 25; Schutz gegen Herstellung von Bildaufnahmen **Anh 12** 139ff
Frachtführer, Besitzmittlungsverhältnis **868** 21
Frachtvertrag, Freizeichnungsklausel **242** 164; Geschäftsbesorgungsvertrag **675** 7; Inhaltskontrolle **307** 161ff
Franchisevertrag 505 24, **vor 581** 14f, **611** 44; Inhaltskontrolle **307** 114; IPR **EGBGB 28** 53; und Kauf **vor 433** 16; Ratenlieferungsvertrag **505** 18; Sittenwidrigkeit **138** 111, 196

frei Baustelle 448 5
frei Haus 448 5
Freiberufler, GbR **vor 705** 28, 31ff; Konkurrenzschutz bei Raummiete **535** 43; und Recht am eingerichteten und ausgeübten Gewerbebetrieb **823** 60
Freiberuflersozietät, Haftung **425** 17ff
Freibleibend-Klausel 145 17, **315** 22
Freie Mitarbeiter, und Arbeitnehmer **611** 53ff; bei Rechtsanwalt **611** 68
Freie Willensbestimmung, Ausschluß der – **104** 6
Freigabeklauseln 307 157
Freihändiger Verkauf 385
Freiheitsschutz Anh 12 269ff
Freiheitsverletzung 823 23ff; bei Unterbringung eines Kindes **1631b**
Freistellung zur Stellungssuche **629**
Freistellungsanspruch, Abtretbarkeit **399** 6
Freizeichnungsklausel 305 41; **305c** 31; **306** 10, 14; Dritten, Zurechnung **328** 17; gestörter Gesamtschuldnerausgleich **426** 67; Kauf **444** 1ff, 7ff (Grenzen); Klauselverbote **309** 62ff; beim Leasingvertrag **Anh 535** 28; für leichte Fahrlässigkeit **309** 72ff; unzulässige Rechtsausübung **242** 164; sa Haftungsausschluß/Haftungsbeschränkungen
Freizeit zur Stellungssuche 629
Freizeitveranstaltung, Vertragsanbahnung anläßlich **312** 44ff
Freizeitverlust, Ersatzfähigkeit **249** 54
Freizügigkeit, Behinderung, Sittenwidrigkeit **138** 112; Beschränkung, Sittenwidrigkeit **138** 197
Fremdbesitz des Vorbehaltskäufers **449** 18
Fremdreparatur 249 82
Fremdwährungsschuld 244 sa Geldschuld, Fremdwährungsverbindlichkeiten
Friedhof, Verkehrssicherungspflichten **823** 95
Frist in AGB **305c** 30, **306** 12
Fristen, Termine vor 186, 186ff; abweichende Verkehrsauffassung oder Parteibestimmung **186** 1, **187** 2, **193** 3; Anwendungsbereich der §§ 186ff **vor 186** 5; Anwendungsgrundsätze **186** 2, **188** 4, 7; Auslegungsvorschriften **186** 1; durch Endtermin bestimmte Frist **188** 5; Frist **187** 1f, **188** 1ff, **189** 1f, **190** 1f; Frist, Begriff **vor 186** 1; Fristbeginn **187** 1, 3ff, **190** 1f; Fristende **188** 1ff; Gesetzliche Zeit **vor 186** 6; gesetzlicher Feiertag **193** 5; Grundlage **vor 186** 3; nach Jahren/Teilen von Jahren **189** 1; Kündigungen **193** 2; Lebensalter **187** 5; Mitwirkung des anderen Teils **188** 4; nach Monaten/Teilen von Monaten **188** 2, **189** 1f; Monatsanfang, Monatsmitte, Monatsende **192** 1f; „bis morgen früh" **188** 6; nicht zusammenhängende Zeiträume **188** 7; Prozeßhandlungen **193** 2; Samstag, Sonn- oder Feiertag, Fristende **193** 1ff; Sonderfälle **186** 6, **192** 1; nach Stunden, Minuten **187** 3; nach Tagen/Teilen von Tagen **187** 3, **188** 1; Termin, Begriff **vor 186** 4; Umdeutung **188** 5; unzulässige Rechtsausübung **242** 165; in die Vergangenheit **187** 6; Verlängerung **190** 1f; nach Wochen **188** 2; Zeitraum, Berechnung **188** 7, **191** 1f; Zweck einer Frist **vor 186** 2
Fristsetzung zur Herstellung, Geldersatz **250** 1ff
Fristverlängerung 190
Früchte 99, 911; Begriff **99** 1; Gebrauchsvorteile **100** 2; Grenzbaum **923**; Kosten der Gewinnung **102**; mittelbare **99** 9; Nießbrauch **1039**; Nutzungen **100**; bei Pacht **581** 2; Rechts- **99** 7f; Sach- **99** 4ff; Unternehmen **100** 5; Verpächterpfandrecht bei Landpacht **592**; Verteilung **101**
Frustrationsschäden, Ersatzfähigkeit **249** 66–69
Fund 965–984, Aufwendungsersatz **970**, **972**, **974**; Befreiung des Finders **969**; in Behörde oder Verkehrsanstalt **978**, **979f** (Versteigerung); Bekanntmachung **982**; Bereicherungsanspruch **977**; besitzlose Sache **965** 3ff; Besitzmittlungsverhältnis **868** 20; Eigentumserwerb,

Frist **973**; Finder **965** 7; Finderlohn **971, 972, 974**; Haftung des Finders **968**; herrenlose Sache **965** 2; Pflichten Finder **965** 9f; Rechte Finder **965** 10; Schatz **984**; verlorene Sache **965** 1f; Versteigerung **966** 2, **975, 979f**; Versteigerungserlös **981**; Versteigerungserlös, Ablieferung **967**; Verwahrungspflicht **966** 1; Verzicht auf Eigentumserwerb **976**; Zurückbehaltungsrecht Finder **972**

Fürsorgepflicht, Arbeitsrecht **611** 428ff, 482ff, **688** 11; bei Miete **535** 52

Fußball, Handgeld **vor 488** 24; -spieler **252** 18 (Verdienstausfall), **611** 67 (Arbeitnehmer); Toto **763** 8

Fußgänger, Mitverschulden **254** 37a, 46

Futures, sa Börsentermingeschäfte

Garantie, allgemeine Anpreisungen **437** 29; Berechnung Schadensersatz bei **437** 21; Beschaffenheits- **443** 2, 2; eines Dritten **443** 6f; Fachmann/Hersteller, Erklärungen von **437** 30; Grundstückskauf **437** 32; Gütezeichen **437** 40; und Haftungsausschluß bei Kenntnis des Mangels **442** 16; und Haftungsausschluß/Beschränkung **444** 11; Haltbarkeits- **443** 3ff, 3f; per Handelsbrauch **437** 40; Hersteller- **443** 6f; Industrienormen **437** 40; Kraftfahrzeuge **437** 33ff; Kunst-/Antiquitätenhandel **437** 36; Marken, Verwendung von **437** 39; ohne ausdrückliche Übernahme **437** 30; bei Pfandversteigerung **445** 3; Produktbeschreibung **437** 30; Qualitätsangaben **437** 40; Rechtskauf **453** 14; Tausch **480** 6; Tierhandel **437** 38; Unternehmens-/Praxiskauf **437** 37; beim Verbrauchsgüterkauf, Sonderbestimmungen **477**; Verkauf selbstgenutzter Sachen **437** 31; als Vertrag zugunsten Dritter **443** 8; Warenbezeichnungen **437** 39; für zukünftige Beschaffenheit der Kaufsache **443** 18; Zwischenhändler **443** 6, 6

Garantieversicherungen 443 19, **276** 2, 23f, **280** 17, **437**, 29ff

Garantieversprechen/Garantievertrag vor 339 9, **vor 765** 20ff; Form **311b** 41; Gesamtschuld mit Schädiger **421** 37; IPR **EGBGB 28** 51f; Klauselverbot **309** 54; Schuldbeitritt, Abgrenzung **vor 414** 11; Verjährung **195** 18

Garderobenablage 688 10; Haftung des Wirtes **vor 701** 6

Garderobenpächter, Besitzdiener **855** 12

Garten, Schadensersatz bei Beschädigung **249** 25ff

Gartengestaltung WEG 10 9

Gartenteich, Verkehrspflichten **823** 96

Gaslieferungsvertrag 433 9, 11, **505** 19; Sittenwidrigkeit **138** 103, **140**; unzulässige Rechtsausübung **242** 196; Verbrauchsgüterkauf **474** 5

Gastaufnahmevertrag vor 535 22; Erfüllungsgehilfe **278** 34

Gastschulaufenthalt 651l

Gaststättenbesuch, Mitverschulden **254** 30

Gaststättenkonzession, Versagung, Rechtsmangel **435** 13

Gastwirt, Einbringung von Sachen bei, Allgemeines **vor 701**; Beherbergungsbetriebe **701** 4; eingebrachte Sachen **701** 5; Erfolgshaftung für Betriebsgefahr **701** 1ff, **703** (Anzeige); Haftung des Gastes **vor 701** 10; Haftungsausschluß **701** 12ff, **702a**; Höchstbetrag **702** 1; Mitverschulden des Gastes **702** 2; Personal **701** 8ff; Pfandrecht **704**; Verkehrssicherungspflichten **vor 701** 11, **823** 94f; Verschulden des Wirtes **702** 3

Gasversorgungsunternehmen, Anwendbarkeit AGB-Vorschriften **310** 3

Gattungskauf, Abnahme der Kaufsache **433** 52; Aliud-Lieferung **434** 59f; Kenntnis des Käufers von einem Mangel **442** 3; Nachlieferungsanspruch **439** sa Nacherfüllungsanspruch, Kauf; Übergang der Leistungsgefahr **vor 433** 3

Gattungsschuld 243, 447 11; Begriff und Inhalt **243** 4; Beschaffungsrisiko, Haftungsmaßstab **243** 9; Beschaffungsschuld **243** 6; Bringschuld **243** 17; Gefahrtragung **243** 16; Gegenstand **243** 6; Holschuld **243** 15; vor Konzentration **243** 6ff; Konzentration/Konkretisierung, Folgen **243** 14ff; Leistungsbehinderungen, Vorbeugung **243** 12; marktbezogene - **243** 10; mittlere Art und Güte **243** 8; Nachlieferungsrecht, zweite Andienung **243** 8; Recht zur Repartierung **243** 12; Rekonzentration **243** 19; Schickschuld **243** 16; stellvertretendes commodum, Anspruch **243** 13; und Übernahme Beschaffungsrisiko **276** 19f, **280** 18; Umwandlung in Stückschuld **243** 7, 18; unbeschränkte - **243** 10; Untergang der Gattung **243** 7; Vorratsschuld **243** 7, 11f

Gattungsvermächtnis vor 2147 6, **2155**

Gattungsvollmacht 167 28ff

GbR, s Gesellschaft bürgerlichen Rechts

Gebäude, drohende Gefahr vom Nachbargrundstück **908**; merkantiler Minderwert **251** 7; Mitverschulden und Verletzung Verkehrssicherungspflicht **254** 44; Verkehrssicherungspflichten **823** 89f; Wertersatzanspruch **251** 21; als wesentlicher Bestandteil **94** 4f, 8ff

Gebäude, Haftung des Besitzers 836ff; Ablösung von Teilen **836** 9ff; Beobachtung der erforderlichen Sorgfalt **836** 9ff; Ersatzpflichtige **836** 8, **837**; fehlerhafte Errichtung, mangelhafte Unterhaltung **836** 6; vertragliche Übernahme der Unterhaltung **838**

Gebäudereinigung vor 631 24

Gebäudeschäden, Ersatz **249** 29

Gebäudeversicherung 1128; Hypothekenhaftung **1127**; Mitversicherung Mieter **538** 5

Gebot 156 2f

Gebrauchsanleitung, mangelhafte 434 58

Gebrauchsgestattung aus Gefälligkeit **vor 598** 2

Gebrauchsmuster, Rechtskauf **453** 2

Gebrauchsregelung, Wohnungseigentümergemeinschaft **WEG 10** 9, 15

Gebrauchsüberlassung, fehlerhafte, Herausgabe der Nutzungen **818** 10; unentgeltliche **516** 10; Wertersatz bei Unmöglichkeit der Herausgabe **818** 26f

Gebrauchsvorteile, Berechnung **346** 23ff

Gebrauchte Sachen, Fehler **434** 46

Gebrauchtwagenkauf, AGB **305c** 30; Aufklärungspflichten **123** 18; Besichtigungspflicht des Käufers **442** 13; Dritthaftung Händler **311** 51; Entreicherungseinwand bei Unfall **818** 33; Fehler **434** 37f; Freizeichnung **242** 182; Garantie **437** 30, 34f; Inhaltskontrolle **307** 126; von Privatmann **437** 35; Probefahrt **442** 13; Umgehung Verbrauchsgüterkauf **475** 7; Untersuchungspflicht des Händlers **433** 28, **437** 27

Geburt, anonyme - **vor 1741** 27

Gedinge 611 447f

Gefahr, Leistungsgefahr **vor 433** 3; Preisgefahr **vor 433** 3, **446** 1, **447** 1

Gefährdungshaftung vor 823 5f

Gefahrübergang mit Übergabe der Kaufsache **446**; beim Versendungskauf **447**

Gefälligkeit vor 145 7, **vor 823** 28; Anwendung §§ 164ff **164** 1; Auftrag, Abgrenzung **vor 662** 87, **662** 3ff; Gebrauchsgestattung **vor 598** 2; Gefälligkeitsschuldverhältnis **vor 241** 16ff; Haftung für Erfüllungsgehilfen **278** 4

Gefälligkeitsfahrt vor 823 28; unzulässige Rechtsausübung **242** 165

Gegendarstellung Anh 12 34

Gegendarstellungsrecht Anh 12 395

Gegenseitiger Vertrag 320ff; Abhängigkeit der wechselseitigen Verpflichtung **vor 320** 10ff; Allgemeines **vor 320**; Begriff **vor 320** 6f, 10ff; Einrede der Nichterfüllung **320**; Leistungsverweigerungsrecht des Vorleistungspflichtigen bei Vermögensverschlechterung **321**

sa Unsicherheitseinrede; Rücktritt wegen Nebenpflichtverletzung **324** sa Rücktritt, Nebenpflichtverletzung; Rücktrittsrecht bei Nicht-/nicht vertragsgemäßer Leistung **323** s Rücktritt, Nicht-/nicht vertragsgemäße Leistung; Rücktrittsrecht bei Unmöglichkeit **326** 19f; Schadensersatz und Rücktritt **325**; Unmöglichkeit **326** sa dort; Zug-um-Zug-Verurteilung **322**

Gegenstand vor 90 2

Gegenvormund 1792, 1915 5; Anhörung **1826**; Annahme einer geschuldeten Leistung **1813**; Aufsichtsorgan **1799**; Beendigung **1895**; Genehmigung des – **1832**; Haftung **1833**; mündelsichere Anlagen **1809, 1810**; Rechnungsprüfung **1842, 1891**; Tod des – **1894**; Verfügungen über Forderungen/Rechte **1812**

Geheimer Vorbehalt vor 116 16, **116** 1ff; Abgrenzung **116** 2 (Irrtumsanfechtung), 8, 8 (Scherzerklärung), **118** 4 (Scherzerklärung); Allgemeines/Bedeutung **116** 1f; Anwendungsbereich **116** 3; Arten **116** 2; Beweislast **116** 7; Geheimhaltungswille **116** 5; Kenntnis des Erklärungsempfängers **116** 6; mehrdeutige Erklärung **116** 5; offener Vorbehalt **116** 8; bei Stellvertretung **116** 5; Voraussetzungen **116** 3ff

Geheimnisse, Schutz vor Ausspähung **Anh 12** 113ff sa Privatgeheimnisse, Schutz vor Ausspähung

Geheimnisse, Schutz gegen Verbreitung/Auswertung **Anh 12** 153ff sa Privatgeheimnisse, Schutz gegen Verbreitung/Auswertung

Geisteskrankheit, s Geschäftsunfähigkeit

Geistesschwäche, s Geschäftsunfähigkeit

Geistestätigkeit, krankhafte Störung 104 3; Zugang von Willenserklärungen **131** 2, 8

Geistliche, Amtshaftung **839** 107

Geld, Begriff **244** 2ff; elektronisches – **244** 2; zur Euroeinführung **244** 4ff sa Euro; gutgläubiger Erwerb **935** 8; Nutzungen, Herausgabe **818** 11; Übereingung bei Geschäftsbesorgung **929** 29

Geldentschädigung, Allgemeines Persönlichkeitsrecht, Verletzung **Anh 12** 378ff sa Allgemeines Persönlichkeitsrecht, Geldentschädigung

Geldentwertung, Störung der Geschäftsgrundlage **313** 60ff

Geldkarte 676h 15ff sa Kreditkartenvertrag; Erfüllung Geldschuld **362** 12; Geschäftsbesorgungsvertrag **675** 7; Sorgfaltspflicht/Fahrlässigkeit Banken **276** 45

Geldrente, Erwerbs- und Bedarfsschaden **843** sa Erwerbsschaden, Rente; Unterhaltsersatzanspruch **844** sa dort; vermehrte Bedürfnisse **843**

Geldschuld, Begriff **244** 1; Buchgeld/bargeldlose Zahlung **244** 2; elektronische Systeme, Nutzung **362** 12; elektronisches Geld **244** 2; Erfüllung **362** 7ff; Geldkarte **362** 12; Geldsummenschuld **244** 2, 9; Geldwertschuld **244** 2; Inhalt **244** 2ff; Lastschriftverfahren **362** 11; Nennbetragsschuld **244** 9; Scheck-Wechsel-Deckung **362** 7; Schickschuld **244** 2; Überweisung **362** 8ff; uneigentliche Geldsortenschuld **245** 1ff; und Währungsrecht **244** 3ff sa Euro; Wertsicherungsvereinbarungen **244** 7

Geldschuld, Fremdwährungsverbindlichkeiten 244 11ff; Akkreditiv **244** 13; Aufrechnung **244** 14, 22; Aufwendungsersatz **244** 12; effektive Valutaschuld **244** 16; Ersetzungsbefugnis des Schuldners **244** 18f; gesetzliche Zahlungspflichten **244** 12; Grundpfandrecht **244** 13; Leistungsstörung **244** 14; Schadensersatz **244** 12; Umrechnung **244** 20ff; ungerechtfertigte Bereicherung **244** 12; Unterhalt **244** 12; Voraussetzungen/Bedeutung **244** 11; Zahlbarkeit **244** 15

Geldsortenschuld 245 1ff

Geldverkehr, Mitverschulden **254** 28, 28

Geliebtentestament vor 2064 15; und gute Sitten **138** 107; Sittenwidrigkeit **138** 105

Gellasystem 762 5c

GEMA 687 16

Gemeingebrauch 903 7

Gemeingebrauch, Sachen vor 90 12; Verkehrsfähigkeit **vor 90** 12

Gemeingebrauch, Teilhabe am, sonstiges Recht **823** 44

Gemeinschaft 741–758; Abgrenzung Gesellschaft bürgerlichen Rechts **vor 705** 4f; Anspruch auf Aufhebung, Verjährung **194** 22; Grundstücksübertragung **311b** 23; Wohnungseigentümer- s dort; sa Bruchteilsgemeinschaft

Gemeinschaftliche Schulden vor 420 26ff; Akkordkolonne **vor 420** 29; Fehlbehauptung **vor 420** 26; Gesamthands- oder Gesamtschuld **vor 420** 28; Glasbetondecke **vor 420** 27; sa Mehrheit von Schuldnern und Gläubigern

Gemeinschaftliches Testament, s Testament, gemeinschaftliches

Gemeinschaftsanlagen, Mitbenutzungsrecht bei Wohnrecht **1093** 15

Gemeinschaftseigentum, Begriff **WEG 1** 5f

Gemeinschaftsordnung, AGB **305** 8

Gemeinschaftsverhältnis, nachbarrechtliches 906 74ff, **1004** 42

Gemeinwichtige Betriebe 906 72f

Gemischte Schenkung 516 16; als Vorkaufsfall **463** 8

Genehmigung, öffentlich-rechtliche vor 182 4; Allgemeines/Bedeutung **vor 182** 4; Anwendbarkeit §§ **182ff vor 182** 4, **184** 5; Schwebezustand bis zur Genehmigung **vor 182** 4, **184** 5; sa Vormundschaftsgerichtliche Genehmigung

Genehmigung, privatrechtliche 108 3, **177** 13ff, **vor 182** 2, 7, **184** 1ff, **185** 1ff; Allgemeines **vor 182** 7, **182** 5f, **184** 1; Anspruch auf Genehmigung **181** 22; Anwendung im Prozeßrecht **184** 2, **185** 17; Aufforderung zur Genehmigung **108** 5f, 8, **177** 24ff; Begriff **vor 182** 2, **184** 1; Berechtigung **177** 18 (bei Gesamtvertretung); Einseitiges Rechtsgeschäft, Genehmigungsfähigkeit **vor 182** 7; Folgen der Erteilung **177** 19ff, **vor 182** 7; Folgen der Verweigerung **177** 23, **vor 182** 7; Folgen des Fehlens **177** 12, **vor 182** 7, **184** 2; Form **108** 3, **177** 14, **182** 4; Gegenstand **184** 2; eines In-sich-Geschäfts **181** 21f; eines Kaufvertrages **433** 6, **463** 14; mehrere Verfügungen verschiedener Nichtberechtigter **185** 10; durch schlüssiges Handeln **177** 15; durch schlüssiges Verhalten/Schweigen **182** 5f; schwebende Unwirksamkeit, Rechte und Pflichten **184** 4; während Schwebezeit **177** 17; Teilgenehmigung **177** 16, **vor 182** 7, **184** 2; Unwiderruflichkeit **184** 1; unzulässige Rechtsausübung **242** 167; Verfügung eines Nichtberechtigten **185** 1, 8ff; Vertragsschluß, beschränkt Geschäftsfähiger **108** 2ff, 8; Vertretung ohne Vertretungsmacht **177** 13ff; Verweigerung, Folgen **108** 4, 7; Voraussetzungen einer wirksamen Genehmigung **184** 3; Widerrufsrecht bis zur Genehmigung **109** 1ff, **178** 1ff; Wirkung **108** 3 (Rückwirkung), **177** 19ff, **184** 7f, 7 (Rückwirkung), 8 (keine Rückwirkung), **185** 8ff, 9 (keine Rückwirkung), 9 (Rückwirkung); Zwischenverfügungen/Schutz Dritter **184** 9f, **185** 14; sa Verfügung eines Nichtberechtigten; sa Vertretung ohne Vertretungsmacht, Genehmigung; sa Zustimmung

Genehmigungserfordernis, Unmöglichkeit **275** 7ff; Vertrag **275** 7ff

Genehmigungsverfahren, öffentlich-rechtliche 906 63ff

Generalübernehmer vor 631 16

Generalvollmacht 167 28ff, **181** 24; Ausschluß des Widerrufsrechtes **168** 18

Genossenschaft, Testamentsvollstreckung **2205** 38

Gentherapie, Verbotsgesetz **134** 58

Gentlemen's Agreement vor 145 8, **vor 241** 17

Genußmöglichkeiten, Verlust 249 69

Genußscheinbedingungen 306a 5; Inhaltskontrolle **307** 122; überraschende Klauseln **305c** 15

Stichwortverzeichnis

Gerätesicherheit 823 110
Gerichtliches Verfahren, Sittenwidrigkeit verfahrensbezogener Rechtsgeschäfte **138** 114
Gerichtsstandsklausel 305c 31; Inhaltskontrolle **307** 115f; überraschende – **305c** 15; unzulässige Rechtsausübung **242** 168
Gerichtsvollzieher, Amtshaftung **839** 122; Erfüllungsgehilfe **278** 33
Geruchsbelästigung, Fehler des Grundstücks **434** 4
Gerüstmiete vor 535 18
Gesamterbbaurecht ErbbauVO 1 5, 10
Gesamtfälligstellung, Verbraucherdarlehen s Verbraucherdarlehen, Gesamtfälligstellung
Gesamtgläubiger vor 420 9, **428ff**; Abtretung **429** 5; Ausgleich zw – **430**; dingliche Rechte **428** 24ff; Eheleute als Gläubiger **428** 12; Eintritt mehrerer – in Mietvertrag **428** 23; Einzel- oder Gesamtwirkung **429** 1f; Erfüllung und Erfüllungssurrogate **429** 3; Erlaß, Vergleich **429** 4; Fallgruppenbildung/Kriterien der Begriffsbildung **428** 3; gegenseitige Bevollmächtigung **428** 5; Gesamtgläubigerabrede **428** 4; Gesamthands- oder Bruchteilsgemeinschaft **428** 13; identische Leistungen **428** 15; Kasuistik **428** 8; kraft Gesetzes **428** 6f; mehrere Ersatzberechtigte **428** 14 (mehrere Herausgabeansprüche), 16ff (Schadensersatzansprüche), 17 (Unterhaltsansprüche), 18 (Wohnungseigentümergemeinschaft, Gewährleistungsansprüche), 19 (Kostengläubiger, mehrere); Mitgläubiger **432**, sa dort; Oder-Konto **428** 8ff, 8 (Zweckgemeinschaft der Inhaber), 9 (Einzelverfügungsbefugnis), 10 (Zwangsvollstreckung), **430** 1 (Innenverhältnis); Regreß der Mitbürgen **428** 20; Schuldnerverzug **429** 6; Sozialversicherungsträger, mehrere **428** 7; Tatbestand und Rechtsfolgen **428** 1; Unmöglichkeit **429** 6; Verjährung **429** 6; Vermächtnisnehmer, mehrere **428** 6; Verschulden **429** 6; Vertrag zugunsten Dritter **428** 22; Zedent und Zessionar **428** 21
Gesamtgut 1416 1ff; Ansprüche und Schulden des Verwalters **1446** 2, **1468**; Aufrechnung gegen Forderung aus Gesamtgut **1419** 5; Auseinandersetzung **1471–1482**, sa Gesamtgut, Auseinandersetzung; Begründung Gesamtguteigentum **1416** 4; Familienunterhalt **1420**; fortgesetzte Gütergemeinschaft **1462**, s Gütergemeinschaft, fortgesetzte; Gesamthandsgemeinschaft **1419**; Kosten eines Rechtsstreites **1443, 1465**; Schulden des nicht verwaltenden Ehegatten **1446** 3; Verfügung über Anteil am Gesamtgut **1421ff**; Verwaltung **1421ff**, sa Gesamtgut, Verwaltung; Verwendung von Mitteln aus Gesamtgut für Vorbehaltsgut/Sondergut **1445, 1467**; Zuordnung Gesamtgutsverbindlichkeiten im Innenverhältnis **1441f, 1464f**; Zwangsvollstreckung in das – **1437** 3, **1455** 6, **1459** 4, **1471** 4
Gesamtgut, Auseinandersetzung 1471–1482; Allgemeines **1471** 1ff; Anspruch **1471** 2; Berichtigung Gesamtgutsverbindlichkeiten **1475** 1, **1480f**; Drittschutz **1472** 3, **1473** 2; Ersatzpflicht aus Gesamtgut **1475** 1; Fortführung der früheren Verwaltung **1472** 3f; gemeinschaftliche Verwaltung **1472** 1; Haftung gegenüber Gläubigern **1480f**; Inhalt der – **1474**; maßgeblicher Zeitpunkt bei Aufhebung durch Urteil **1479**; Mitwirkungspflicht **1472** 2; Rückerstattung der Eingebrachten bei Scheidung **1478**; Tod eines Ehegatten **1482**, sa Gütergemeinschaft, fortgesetzte; Übernahmerecht, persönliche Sachen **1477** 2; Überschuß, Teilung **1476**, **1477** 1; Zuordnung Erwerbungen nach Beendigung **1473** 1; Zwangsvollstreckung und Insolvenz **1471** 4
Gesamtgut, Haftung, 1437 1, **1459** 1; Ausstattung eines Kindes **1444, 1466**; persönliche Haftung der Ehegatten **1459** 3; Rechtsgeschäfte eines Ehegatten **1460**; -verbindlichkeiten **1437, 1459**; Verbindlichkeiten aus Erbschaft/Vermächtnis **1439, 1461**; Verbindlichkeiten betr Sondergut **1440** 2, **1462**; Verbindlichkeiten betr Vorbehaltsgut **1440** 1; Verbindlichkeiten des nicht vewaltenden Ehegatten **1438**
Gesamtgut, Verwaltung 1421ff; Allgemeines **1422** 1f, **1450** 1; Auskunftspflicht **1435** 2; Ausstattung eines Kindes **1444, 1466**; Bereicherung des – **1434, 1457**; Beschränkung der Rechte des Verwalters durch Ehevertrag **1422** 6; Besitz am Gesamtgut **1422** 3, **1450** 2; Bestimmung im Ehevertrag **1421**; elterliche Sorge/Vormundschaft **1458**; Erbschaft/Vermächtnis **1432, 1455**; Erhaltungsmaßnahmen **1455** 7; Ersatzpflicht bei schuldhafter Verminderung **1435** 3; Erwerbsgeschäft, Zustimmung **1431, 1456**; fehlende Einwilligung **1427f, 1434, 1453, 1457** 5; fortgesetzte Gütergemeinschaft **1485**; Fortsetzung anhängiger Rechtsstreit **1433, 1455** 4; gemeinschaftliche – **1450–1470, 1472** 1; Grundsatz der Haftung des Gesamtgutes **1437** 1; Haftungsbeschränkung **1435** 5; Insolvenz **1437** 4, **1459** 5; Kosten eines Rechtsstreites; ordnungsgemäße – **1435, 1451**; persönliche Haftung der -verwalters **1437** 2; Prozeßführung **1422** 4, **1450**; Rechtsgeschäfte gegenüber Ehegatten **1455** 3; Rechtsgeschäfte über – im ganzen **1423**; Rechtsgeschäfte über Grundstücke **1424**; Schenkungen **1425, 1455**; Schutz gutgläubiger Dritter **1422** 5, **1472** 3f; Unterrichtungspflicht **1435** 1; Verhinderung -verwalter **1429, 1454**; Verwaltung durch einen -verwalter **1422–1449**; Verwendung von Mitteln aus – für Vorbehaltsgut/Sondergut **1445**; Wahrnehmung der Verwaltungsrechte durch Vormund, Pfleger oder Betreuer **1436**; Widerspruch gegen Zwangsvollstreckung **1455** 6; Willenserklärung gegenüber Dritten **1450** 4; Zustimmungsersetzung durch Vormundschaftsgericht **1426, 1430, 1452**
Gesamthänderklage, externe **705** 62; interne **705** 57ff
Gesamthandsgemeinschaft vor 420 12ff; auf Aktiv- und Passivseite **vor 420** 12; als Besitzer **854** 6; Bruchteilsgemeinschaft, Abgrenzung **741** 2; als Gesamtgläubiger **428** 13; Gesamthandsgläubigerschaft **vor 420** 13 (kraft Rechtsgeschäft), 14; Gesamthandsschulden **vor 420** 15ff, 15 (Schuld oder Haftung), 16 (BGB-Gesellschaft); kraft Gesetzes **vor 420** 14; Haftung **vor 420** 18; Haftung vertragl Verpflichtungen der Gesamthand **vor 420** 18ff; als Mitgläubiger **432** 10; Verbraucher **13** 6; als Vorkaufsberechtigter **472** 5; als Wiederkaufsberechtigter **461** 3; sa Mehrheit von Schuldnern und Gläubigern
Gesamthandsverhältnisse und juristische Person **vor 21** 8
Gesamthypothek vor 1113 15, **1132, 1172–1175**; Eigentümergesamtrecht **1172**; Gläubigerverzicht **1175**; Inhaltsänderung **1132** 12; Nachverpfändung **1132** 8ff; unterschiedliche Bedingungen **1132** 3; Verteilung der – **1132** 14
Gesamtkaufpreis 467 2
Gesamtrechtsnachfolge unter Lebenden **412** 2
Gesamtschuld vor 420 30ff, **421ff**; Abtretung einer Einzelforderung **421** 79; andere Tatsachen, Einzelwirkung **425**; Annahmeverzug, Beendigung **424** 2; Annahmeverzug, Gesamtwirkung **424** 1; Ausgleich zw Gesamtschuldnern s Übersicht **426** sa Gesamtschuld, Forderungsübergang; Gesamtschuld, Regreßanspruch; Ausschlußfristen für Lohnschulden der Gesellschaft, Wirkung **425** 29; bedingtes Einzelschuldverhältnis **421** 76; Bereicherungsausgleich **812** 42; drei Tatbestände **vor 420** 45, **421** 4; Einzelwirkung anderer Tatsachen **425**; Entstehung durch Vertrag **427**; Entwicklung **vor 420** 30ff; Erfüllung **422**, sa Gesamtschuld, Erfüllung; Erfüllung und Regreß, Verschiedenheit **vor 420** 46ff; Erlaß **423**, sa Gesamtschuld, Erlaß; Folgen des verengten Begriffs **421** 3; Gestaltungsrechte **421** 80; gestörte – **421** 81; gleichgründige – **421** 5, **427** 4ff, sa Gesamtschuld, gleichgründige; hinkende – **421** 82; historische

Entwicklung **vor 420** 32ff; Interzessionsobligationen **vor 420** 35; Konfusion **425** 30; kumulierte Schuldverhältnisse, Abgrenzung **vor 420** 30; Kündigung, Wirkung **425** 7ff; Mieterhöhung, Wirkung **425** 10; bei Mietverträgen **535** 5ff, 9; offener Oberbegriff **vor 420** 30f; Pfändungs- und Überweisungsbeschluß, Wirkung **425** 31; Rechtsfolgen **421** 69; Rechtskraft eines Urteils, Wirkung **425** 32; Rechtswohltat der Teilung **421** 75; Regreßbehinderungsverbot **421** 74; Rücktritt und sonstige Gestaltungsrechte, Wirkung **425** 11ff; Schutz- und Unterlassungspflichten **421** 83; Schutzzweck- **421** 6ff, sa Gesamtschuld, Schutzzweck-; Sicherungs- **421** 40ff, sa Gesamtschuld, Sicherungs-; Streitgenossenschaft **421** 84; Subsidiarität von Schuldverhältnissen **421** 77; unechte – **vor 420** 31, **421** 62ff, **677** 11f; unteilbare Leistung **431**; Unwirksamkeit eines Einzelschuldverhältnisses **421** 78; Verjährung, Wirkung **425** 26ff; Verschulden, Wirkung **425** 16ff; Vertragsänderungsverlangen, Wirkung **425** 10; Verzug, Wirkung **425** 22ff; Widerruf von Verbraucherdarlehen und Sicherungsrechten, Wirkung **425** 13; Wille des BGB-Gesetzgebers **vor 420** 36ff; Zugriffsproblem **421** 69ff; Zweck der Regelung **421** 1ff

Gesamtschuld, Erfüllung 422; Bürge für – **422** 12ff, 14 (Ausschluß der gesamtschuldnerischen Haftung); Bürgenleistung **422** 12; Erfüllungssurrogate **422** 10f, 10 (Aufrechnung), 11 (Hinterlegung); Gesamtwirkung, Grund **422** 1ff; Leistung eines Dritten **422** 9; Sicherheitsleistung des Bürgen **422** 13; Tilgungsbestimmung und Teilleistungen **422** 8; Voraussetzungen und Wirkungen **422** 6ff, 6 (Erfüllung eines Gesamtschuldners); zwingendes Recht **422** 7

Gesamtschuld, Erlaß 423 1ff; Auslegungsregeln **423** 7ff, 13 (Bürgen- und Gesellschafterschuld); Gesamtwirkung kraft Vermutung und Vereinbarung **423** 9; Gestaltungsmöglichkeiten **423** 1, 2 (Einzelwirkung ohne Regreßausschluß); Gestaltungsmöglichkeiten **423** 1 (Gesamtwirkungen); in Höhe der Binnenquote **423** 10; pactum de non petendo **423** 4; und Regreß **423** 6; Regreßausschluß und Regreßbehinderungsverbot **423** 5; Teilungsabkommen **423** 12; teilweise Erfüllung und Erlaß vergleichshalber **423** 3; teilweise Erfüllung und Erlaß im Versicherungsrecht **423** 11; im Zweifel Einzelwirkung **423** 8

Gesamtschuld, Forderungsübergang 426 25ff; Abtretungsverbote **426** 28; Angehörigenprivileg **426** 29; Anspruchskonkurrenz der Regreßansprüche **426** 32ff; Gläubigerprivileg **426** 30; Regreßverbot **426** 29; Spaltung der übergegangenen Forderung **426** 27; Übergang Sicherungsrechte **426** 31; Zeitpunkt **426** 26; Zweck **426** 25

Gesamtschuld, gleichgründige 421 5, **427** 4ff; Einheits- oder Mehrheitstheorie **427** 7; gemeinsamer Gesellschaftszweck **427** 5; gemeinsames Versprechen **427** 4; Gesellschafter als Gesamtschuldner **427** 10ff; Kasuistik **427** 6; kumulierte Schuldverhältnisse, Abgrenzung **427** 13f; Regreß **427** 6, 35ff, **427** 8; Rückabwicklungs- und Schadensersatzverbindlichkeiten **427** 16ff; Schutzpflichten **427** 21; Sicherungsgesamtschulden, Abgrenzung **427** 15; und Einzelschuldverhältnisse **427** 9

Gesamtschuld, Regreßanspruch 426 86ff; abstrakte Sicherungsversprechen **426** 86ff; Allgemeines **426** 1ff; Anspruchsgrundlagen **426** 14f; Anspruchskonkurrenz der Regreßansprüche **426** 32ff; Ausfall eines Gesamtschuldners **426** 23; Bauhandwerker, mehrere **426** 62; Bruchteilsberechtigte **426** 43; Bürge – Hauptschuldner **426** 76ff; Bürgschaft für Gesamtschuldner **426** 80; dingliche Sicherungsgeber – persönliche Schuldner **426** 81ff; Ehegatten **426** 45ff; Entstehung Ausgleichsverhältnis **426** 16f; und Erfüllung **426** 12; Forderungsübergang **426** 25ff; Gesamthypothek/Gesamtgrundschuld **426** 84; Gesellschafter-Bürgschaften **426** 42; gestörter Gesamtschuldnerausgleich **426** 65ff, 66 (gesetzliche Haftungsfreistellung), 67 (vertraglicher Haftungsausschluß), 68ff (zivilrechtliche Haftungsbeschränkungen); gleichgründige Gesamtschulden **426** 7, 35ff; Grundsätze der Regreßbestimmung **426** 6ff; Inhalt Ausgleichsanspruch **426** 18; Kfz-Haftpflichtgesamtschuldner **426** 63; mehrere Sicherungsgeber **426** 94; Mitbürgen **426** 51, 90ff; Mitbürgen ua Sicherungsgesamtschuldner **426** 21; Mitdarlehensnehmer **426** 39; Miterben **426** 40; Mitgesellschafter GbR **426** 41; Mitmieter **426** 38; nichteheliche Lebensgemeinschaft **426** 49; Oder-Konto **428** 8ff; Reallast **426** 85; Regreßschuldner – Teilschuldner **426** 22; Schuldmitübernahme **426** 51; Schuldmitübernehmer **426** 90ff; Schuldmitübernehmer – Hauptschuldner **426** 79; Schutzzweckgesamtschulden **426** 8ff, 53ff, 53 (Schadensbeiträge und Zweck der Schutzpflichten), 54ff (Maß der Verursachung/des Verschuldens), 58 (Haftung für Verrichtungsgehilfen/Deliktsunfähige), 59 (Mithaftung wegen Aufsichtspflichtverletzung), 60 (Mithaftung wegen vermuteten Verschuldens), 61 (Mithaftung für fremdes Verschulden), 72 (Mitverschulden bei mehreren Schädigern), 73 (Haftungs- oder Zurechnungseinheiten), 74 (Verschulden Dritter); Sicherungseigentum **426** 89; Sicherungsgesamtschuld **426** 75ff; Sicherungsgesamtschulden **426** 11; Streitgenossen **426** 52; Verjährung **426** 24; Versicherer/ähnliche Schutzpflichten **426** 64; Voraussetzungen **426** 19ff; Wohnungseigentümer **426** 44

Gesamtschuld, Schutzzweck- 421 6ff; Ansprüche aus unerlaubter Handlung und Bereicherung **421** 24; Architekt/Bauhandwerker **421** 22; Definition **421** 6; Deliktsobligationen, mehrere **421** 11ff; Dieb und fahrlässiger Verwahrer, Ansprüche **421** 28; Garantieversprechen **421** 37; Gefährdungshaftungstatbestände, Schadensersatzansprüche aus – **421** 17ff; Gegenleistungsansprüche, sonstige fiktive **421** 35; gemeinsamer Schutzzweck **421** 20; gemeinsamer Schutzzweck von Sekundärverpflichtungen **421** 21; Geschäftsführungspflichten, Verletzung von **421** 15f; Grundlage des Begriffs **421** 8ff; KfZ-Haftpflichtversicherung, Direktanspruch **421** 32; Kirchenbaulastpflichten, Ansprüche aus – **421** 38; Lohnfortzahlungsansprüche gegen Arbeitgeber **421** 34; praktische Anerkennung des Begriffs **421** 7; Schadensersatzpflichten aus kumulierten Schuldverhältnissen **421** 21; Schadensersatzansprüche, vertragliche und gesetzliche **421** 20ff, 23 (Kasuistik), 26 (Schadensversicherer, Ersatzanspruch **421** 30; Schönheitsreparaturen **421** 21; Schutzversprechen und Schadenersatzansprüche **421** 29; Sozialversicherungsansprüche **421** 33; Summenversicherung, Ansprüche aus **421** 31; Unterhaltspflicht, familiäre **421** 36; verschiedene Tatbestände **421** 11ff; Zustandsstörer und Handlungsstörer **421** 39

Gesamtschuld, Sicherungs- 421 40ff; abstraktes Schuldversprechen **421** 50ff; Bürgschaft und Hauptschuld **421** 48f; Definition **421** 40; dingliche Verwertungsrechte **421** 55ff; gleichgründige Gesamtschuld, Abgrenzung **427** 15; Grundlage des Begriffs **421** 43ff; mehrere verschiedene Sicherungsrechte **421** 61; Mitbürgen **421** 46; praktische Anerkennung des Begriffs **421** 41f; Reallast **421** 58; Schuldmitübernahme **421** 47; Sicherungseigentum **421** 59; Tatbestände **421** 46ff

Gesamtvertretung, Gesamtvollmacht 167 33ff, **174** 2; beim In-sich-Geschäft **181** 19; bei Vertretung ohne Vertretungsmacht **177** 18

Geschäft wen es angeht 164 9ff

Geschäfte des täglichen Lebens 105a 1ff, 4ff; Beweislast **105a** 16; Gefahr für Person **105a** 10; Gefahr für Vermögen **105a** 11; geringwertige Mittel **105a** 7; Geschäftsbedingungen **105a** 6; Geschäftsgegenstand **105a** 5; Kreditgeschäfte **105a** 6; Leistungen bewirkt **105a** 9; sonstige vertragliche Rechte und Pflichten **105a** 14;

Stichwortverzeichnis

Vertreterbestellung **105a** 8; volljährige Geschäftsunfähige **105a** 2ff
Geschäftsähnliche Handlungen Einl 104 6; Anfechtbarkeit wegen Irrtums **119** 27; Anwendbarkeit der Bestimmungen über Rechtsgeschäfte **vor 164** 9, **164** 1; Anzeige Erlöschen der Vollmacht **170** 4; Auslegung **133** 2, **157** 4; beschränkt Geschäftsfähiger **111** 2; einseitige Handlung **174** 9, **180** 2 (ohne Vertretungsmacht); geheimer Vorbehalt **116** 3; In-sich-Geschäft **181** 6; Wissenszurechnung **166** 9
Geschäftsanteile, Nießbrauch an – **1081** 4ff; Rechtskauf **453** 2, 6
Geschäftsbesorgung, Abgrenzung **vor 662** 13, 18ff; als Agenturvertrag **480** 5; Allgemeines **675** 1ff; Arbeitsverhältnis **vor 662** 72ff; Aufklärungs- und Informationspflichten **242** 96; Begriff, enger/weiter **vor 662** 21ff; BGB-InfoV **675a** 10ff, 14ff (Verstoß); Dauer **vor 662** 46; Definition **vor 662** 14ff; Entgelt **675** 5; Form **311b** 26ff; Fremd- und Eigeninteresse **vor 662** 51ff; Gegenstände der Geschäftsbesorgung **vor 662** 47; Geld, Übergabe **929** 29; Informationsanspruch bei öffentlichem Sich-Erbieten/Bestellung **675a;** -macht, Entstehungsgrundlagen **vor 662** 55ff; Machtbefugnisse, Inhalt und Umfang **vor 662** 33ff; Rechtsnatur **vor 662** 92f; und Treuhand **vor 662** 96ff; Typenlehre **vor 662** 26ff; sa Übersicht **vor 662, 675;** Übertragungsvertrag, Kündigung **676** 1ff; und Vollmacht **vor 662** 94f; Wertpapierweiterleitung, Kündigung **676** 1ff
Geschäftsbesorgung, Haftung 675 8ff; bankrechtliche Haftung **675** 26ff sa Bankgeschäfte, Haftung; aufgrund beruflicher Stellung **675** 24; Drittschadensliquidation **675** 25; einmaliger Auskunftskontakt **675** 9; Gefälligkeitsempfehlungen **675** 13ff; gesetzliche Haftung **675** 13ff; IPR **EGBGB 28** 47; Vertrag „wen es angeht" **675** 23; Vertrag mit Schutzwirkung zugunsten Dritter **675** 16ff; vertragliche Haftung **675** 10ff
Geschäftsfähigkeit/Geschäftsunfähigkeit vor 104 1ff, **104ff;** Ablaufhemmung Verjährung **210;** Abgrenzung **vor 104** 2; Anwendungsbereich **vor 104** 17; Arbeitsverhältnis **vor 104** 15; Ausländer/EU **vor 104** 17, **106** 3; Begriff/Bedeutung **vor 104** 1; beschränkte Geschäftsfähigkeit **vor 104** 4, sa Geschäftsfähigkeit, beschränkte; Beweislast **vor 104** 18; Ermächtigung zum Betrieb Erwerbsgeschäft **112** 1; Feststellung über **BeurkG 28**; Gesellschaftsrecht **vor 104** 15; im Wechselrecht **vor 104** 13; Minderjährigenhaftungsbeschränkungsgesetz **vor 104** 16; Prozeßrecht **vor 104** 11, **104** 8; Rechte des Geschäftsgegners **vor 104** 6ff; Rechte des nicht voll Geschäftsfähigen **vor 104** 15f; Rechtsscheinprinzip **vor 104** 10ff; Schutzzweck und Auswirkungen **vor 104** 6–16; Stufen **vor 104** 3–5; volle Geschäftsfähigkeit **vor 104** 5; sa Geschäftsunfähigkeit
Geschäftsfähigkeit, beschränkte vor 104 1ff, **106ff;** Ablaufhemmung Verjährung **210;** Allgemeines **vor 104** 4, **vor 106** 2; Anerkennung Vaterschaft **111** 3; Arbeitsverhältnis **vor 104** 15; von Ausländern **106** 3; Bedeutung **106** 1, **107** 1; Beendigung des Schwebezustandes **108** 5ff; Betreuungsrecht, Anwendung der Vorschriften **108** 10, **109** 7, **110** 7, **111** 7; Beweislast **vor 104** 18; bei Ehevertrag **1411;** einseitige Rechtsgeschäfte **111** 1ff, 2 (Unwirksamkeit wg fehlender Einwilligung), 3 (lediglich begünstigendes), 4 (Unwirksamkeit wg Zurückweisung), 6 (Beweislast); Einwilligung als Generaleinwilligung **107** 10; Einwilligung gesetzlicher Vertreter **107** 1, 9; Einwilligung im Erbrecht **107** 2; Einwilligung im Familienrecht **107** 2; Einwilligungsanspruch **107** 11; Einwilligungsumfang **107** 10; Erfüllung Vertragspflichten durch Minderjährigen **110** 1ff; Erfüllungsgeschäfte **107** 7; Ermächtigung zum Betrieb Erwerbsgeschäft **112** 1ff; Ermächtigung zum Eintritt in Dienst/Arbeit **113** 1ff; Genehmigung des gesetzlichen Vertreters **108** 2f;

Genehmigung durch Minderjährigen **108** 8; Genehmigungsverweigerung **108** 4; geschäftsähnliche Handlung **Einl 104** 6, **111** 2; Gesellschaftsrecht **vor 104** 15; gesetzliche Vertreter, Mitwirkung **106** 2, **108** 2ff; Handeln eines Minderjährigen **106** 1, **107** 1ff; Minderjähriger als Stellvertreter **106** 3; Minderjährigenhaftungsbeschränkungsgesetz **vor 104** 16; neutrale Geschäfte **107** 8; Prozeßfähigkeit **106** 3; bei Realakten **107** 2; Rechte des Geschäftsgegners **vor 104** 6ff; Rechte des nicht voll Geschäftsfähigen **vor 104** 15f; bei rechtlich nachteiligen Geschäften **107** 1; bei rechtlich vorteilhaften Geschäften **107** 1, 3ff; bei rechtsgeschäftsähnlichen Handlungen **107** 2; Rechtsscheinprinzip **vor 104** 10ff; schwebende Unwirksamkeit **108** 1ff, **109** 1, sa dort; Spezialvorschriften **106** 3; Verfügungsgeschäfte **107** 6; Verpflichtungsgeschäfte **107** 5; des Vertreters **165** 1ff, sa Vertretung, beschränkte Geschäftsfähigkeit des Vertreters; Voraussetzungen **106** 1; Vormundschaftsgericht, Mitwirkung **107** 2, 11; Wechsel **111** 3; Widerrufsrecht bei schwebender Unwirksamkeit **109** 1f sa Widerrufsrecht; Wirksamkeit von Willenserklärungen **106** 2f; Zugang von Willenserklärungen **131** 3ff; Zwangsvollstreckungsunterwerfung **111** 3
Geschäftsfähigkeit, IPR EGBGB 7 8ff; Statutenwechsel **EGBGB 7** 18ff; Verfahrensrecht, internationales **EGBGB 7** 27ff; Verkehrsschutz bei fehlender **EGBGB 12**
Geschäftsfähigkeit, Vertreter 165 1ff; sa Vertretung, beschränkte Geschäftsfähigkeit des Vertreters
Geschäftsfähigkeit, volle kraft Ermächtigung **112** 1, 6, **113** 6ff
Geschäftsführer, Geschäftsbesorgungsvertrag **675** 7
Geschäftsführung, Einzelgeschäftsführung mehrerer Gesellschafter **711;** Entziehung/Kündigung Geschäftsführungsbefugnis **712;** bei der Gesellschaft **709ff;** Gesellschaftergeschäftsführer, Rechte und Pflichten **713;** Mißbrauch Befugnis **687** 22; Vertretungsmacht **714;** Widerspruchsrecht **711;** Zuweisung Befugnis durch Gesellschaftsvertrag **710;** sa Gesellschaft bürgerlichen Rechts, Geschäftsführung
Geschäftsführung ohne Auftrag 677–687; angemaßte Eigengeschäftsführung **687** 3ff sa Eigengeschäftsführung, angemaßte; Anzeigepflicht **681** 1; ärztlicher Eingriff **677** 10; **679** 3; Aufwendungsersatz **683** 1ff; ausländische Rechtsordnungen **vor 677** 2; Beendigung der Geschäftsbesorgung **677** 19; Begriff **vor 677** 1; berechtigte **vor 677,** 6; Besitzmittlungsverhältnis **868** 22; Erstattungsansprüche Abmahnkosten **677** 13; Fallgruppen, überdehnter Anwendungsbereich **677** 9ff; Fremdgeschäftsführungswille **677** 6f; Fremdheit des Geschäfts **677** 3ff; Geschäftsfähigkeit Geschäftsführer **682;** Grundlagen **vor 677** 1; Haftung für Übernahmeverschulden **678;** Haftungsminderung bei dringender Gefahr **680;** Herausgabe des Erlangten **667, 681, 684;** Irrtum über Person des Geschäftsherrn **686;** irrtümliche Eigengeschäftsführung **687** 2; irrtümliche/angemaßte Fremdgeschäftsführung **vor 677** 9; nichtige Verträge **677** 9; Nothelfer, berufsmäßige **680** 2; im öffentlichen Interesse **679, 683** 4; ohne Auftrag **677** 8; Pflichten des Geschäftsführers **677** 16f; Rechnungslegung **666** sa Auftrag, Auskunfts- und Rechenschaftsansprüche; als Regreßinstrument statt Gesamtschuld **677** 11f; Schadensersatz bei Pflichtverletzung **677** 18; Schenkungsabsicht **685;** Selbstaufopferung im Straßenverkehr **vor 677** 5, **677** 14, **683** 5; Selbstmord, Verhinderung **679** 5; Sorgfaltspflicht **677** 17; Tatbestandsvoraussetzungen **vor 677** 5, **677** 1ff; Tod des Geschäftsführers **677** 19; Übersicht **vor 677;** unberechtigte **vor 677** 6, 8; unechte Gesamtschuld **677** 11f; und ungerechtfertigte Bereicherung **vor 812** 10f; Unterhaltsgewährung **685;** Unterhaltspflicht des Geschäftsherrn **679** 4; Verjährung

vor 677 21; Versionsklage **677** 10; Verwendungsersatz **683** 9; Verzinsung **668, 681;** vorrangige Vorschriften **vor 677** 11; sa Eigengeschäftsführung, angemaßte
Geschäftsführung ohne Auftrag, IPR EGBGB 39; engere Verbindung **EGBGB 41;** Rechtswahl **EGBGB 42**
Geschäftsführung ohne Auftrag, öffentliches Recht vor 677 12ff; Abschlepper/Falschparker **vor 677** 13; Ärzte gegen Krankenkasse **vor 677** 15; Bauftragter gegen Störer **vor 677** 13; Behörde für Behörde **vor 677** 17; Behörde für Private **vor 677** 18ff; Bürger gegen Verwaltung **vor 677** 14; Nothelfer **vor 677** 16, **677** 15
Geschäftsführungspflichten, Verletzung von, Gesamtschuld **421** 15f
Geschäftsgeheimnis, arbeitsvertragliche Verschwiegenheitspflicht **611** 494ff, **626** 69; Recht am eingerichteten und ausgeübten Gewerbebetrieb **823** 57, 73
Geschäftsgehilfe vor 164 26
Geschäftsgrundlage, Bedingung, Abgrenzung **vor 158** 2; beiderseitiger Irrtum **vor 116** 23, **119** 52; Störung s Störung der Geschäftsgrundlage
Geschäftsräume, Verkehrssicherungspflichten **823** 95
Geschäftsraummiete vor 535 6ff
Geschäftsschulden, Nachlaßverbindlichkeiten **1967** 10ff
Geschäftsunfähigkeit vor 104 1ff, **105** 1ff; nach Abgabe von Willenserklärungen **130** 19f; Allgemeines **vor 104** 3, **104** 1; bei Ausschluß der freien Willensbestimmung **104** 6; und Betreuungsrecht **104** 7; und Bevollmächtigung **105** 3; Beweislast **104** 8; bei Bewußtlosigkeit **105** 5; eines Boten **105** 3; von Eltern **1673;** Empfang von Willenserklärungen **105** 4; bei Entmündigung **104** 7; Folgen **105** 1; Geisteskrankheit **104** 3; Geistesschwäche **104** 3; Geschäfte des täglichen Lebens **105a** 1ff sa dort; gesetzliche Vertretung **105** 2; bei Kindern **104** 2; lichter Augenblick **104** 4, **105a** 15; Minderjährigenhaftungsbeschränkungsgesetz **vor 104** 16; Nichtigkeit von Willenserklärungen **105** 1; Nichtigkeit von Willenserklärungen für andere **105** 3; partielle **104** 5; bei Realakten **105** 4; Rechte des Geschäftsgegners **vor 104** 6ff; Rechte des Geschäftsunfähigen **vor 104** 15f; und Rechtsscheinsprinzip **vor 104** 10ff, **105** 1; relative **104** 5; eines Stellvertreters **105** 3, **165** 1, 5; Störung der Geistestätigkeit **104** 3f, **105** 6; Umfang **104** 5; und Vollmachtserteilung **105** 3, **105a** 8; Voraussetzungen **vor 104** 2ff; Zugang von Willenserklärungen **131** 1f, 8; sa Geschäftsfähigkeit/Geschäftsunfähigkeit
Geschäftsverbindungen, AGB **305** 44, 48, 51
Geschäftsverkehr, Mitverschulden **254** 31; Schadensminderungspflicht **254** 67
Geschäftswille vor 116 4, 15; beim Scheingeschäft **117** 3; Vortäuschung **117** 3
Geschiedenenunterhalt 1570ff; Altersunterhalt **1571,** sa dort; Anschlußunterhalt **1573** 28ff; Arbeitslosenunterhalt **1573,** sa dort; Aufstockungsunterhalt **1573** 3, 21ff; Aufwendungen infolge Körper- oder Gesundheitsschaden **1578a;** Ausbildung **1573** 17ff, **1574** 3, 10ff; Ausbildungsobliegenheit **1574** 10ff; Ausbildungsunterhalt **1575,** sa dort; Auskunftsanspruch **1580;** Bedürftigkeit **1569** 4, **1577** 3ff, sa Unterhaltsrechtliches Einkommen; Betreuungsunterhalt **1570;** Beweislast **1573** 59ff, **1578** 57, **1579** 45, **1581** 28, **1585** 12, **1585c** 32; Billigkeitsklausel, positive **1576** 1ff; Darlehen **1585** 3; DDR-Ehen **vor 1569** 72; Einkünfte und Vermögen des Gläubigers **1577,** sa Unterhaltsrechtliches Einkommen; Einsatzzeitpunkte **1569** 7; Erlöschen durch Wiederheirat, Tod **1586;** Erwerbsbemühungen **1573** 10ff; Fortbildungs-, Umschulungsunterhalt **1575** 18ff; gleiche Teilhabe **1573** 3, **1578** 11; Grundlagen **vor 1569** 67ff; Gütergemeinschaft bei Wiederheirat **1583;** IPR sa Ehegattenunterhalt, IPR, **EGBGB 18** sa Unterhalt, IPR; Kapitalabfindung **1585** 2, 5f; Krankheitsunterhalt **1572,** sa dort; Lebensstandardgarantie **vor 1569** 69, **1573** 3, **1578** 5; Leistung ins Ausland **1585** 11; Leistungsfähigkeit des Schuldners **1581,** sa Billigkeitsunterhalt, Mangelfall **1581;** mehrfache Berechtigung **1569** 5; nachträglicher Verlust Erwerbstätigkeit **1573** 31ff; Rangverhältnis bei Wiederheirat **1582;** Rangverhältnis mehrerer Verpflichteter **1584;** Reformen **Einl 1297** 34; Sicherheitsleistung **1585a;** Sonderbedarf **1585b** 4; Stamm- und Anschlußunterhalt **1569** 6; Tod des Verpflichteten **1586b;** Unterhalt für die Vergangenheit **1585b;** Unterhaltsrente **1585** 2ff; Verfahren **1578** 56; Verwandtenunterhalt, Verhältnis **1584;** Voraussetzungen **1569** 3ff; wechselndes Einkommen/Bedürftigkeit **1577** 30ff; Wiederaufleben bei Tod/Scheidung der neuen Ehe **1586a**
Geschiedenenunterhalt, angemessene Erwerbstätigkeit 1574; Ausbildungsobliegenheit **1574** 10ff; Bemühungen um **1573** 10ff; Beweislast **1574** 18; eheliche Lebensverhältnisse **1574** 6ff; Kriterien **1574** 2ff; Verlust Erwerbstätigkeit **1573** 31ff
Geschiedenenunterhalt, Bedarf vor 1569 9ff, **1578** 37ff; Ausbildung/Fortbildung/Umschulung **1578** 38; Bemessung **1578** 37ff; Berechnungsschema **1578** 45; Beweislast **1578** 57; Herabsetzung **1578** 46ff; Kranken- und Pflegeversicherung **1578** 39; Lebensbedarf **1578** 37; Mehrbedarf, trennungsbedingter **1578** 43; Prozeßkostenvorschuß **1578** 44; Sonderbedarf **1578** 43, **1585b** 4; Unbilligkeitsprüfung **1578** 50f; Verfahrensfragen **1578** 56; Vorsorgeunterhalt **1578** 40ff
Geschiedenenunterhalt, eheliche Lebensverhältnisse 1578; Auslegungsgrundsätze **1578** 6ff; Begriff **1578** 12; Beurteilungszeitpunkt **1578** 10; Einkommen **1578** 13ff, sa Unterhaltsrechtliches Einkommen; Einkommensänderungen **1578** 16; Erwerbstätigenbonus **1578** 32; Gleichberechtigung **1578** 11; Haushaltsführung **1578** 19ff; Kindergeld **1578** 22; prägender Unterhalt **1578** 29ff; Verbindlichkeiten **1578** 23ff; Wohnvorteil **1578** 18; Zuwendungen Dritter **1578** 17
Geschiedenenunterhalt, Härteklausel 1579; Auffangtatbestand **1579** 30ff; Beweislast **1579** 45; Ehe von kurzer Dauer **1579** 7ff; Fehlverhalten gegen den Verpflichteten **1579** 26ff; Herbeiführung der Bedürftigkeit **1579** 17ff; Kindsbelange **1579** 36ff; Mißachtung Vermögensinteressen des Verpflichteten **1579** 20ff; Straftaten gegen Verpflichteten **1579** 12ff; Verhältnis der Tatbestände zueinander **1579** 33; Verletzung Pflicht, zum Familienunterhalt beizutragen **1579** 23ff; Wirkungsweise **1579** 34ff
Geschiedenenunterhalt, Vereinbarungen 1585c; Änderung der Geschäftsgrundlage **1585c** 21ff; Beamtenrecht **1585c** 24; Begründung von Unterhalt **1585c** 10f; Beweislast **1585c** 32; Konkretisierung **1585c** 12f; Sozialhilfe **1585c** 19f; Sozialversicherungsrecht **1585c** 21ff; Steuerrecht **1585c** 30; Verfahren **1585c** 31ff; Vertragsanpassung **1585c** 25ff; Verzicht **1585c** 14ff, 18 (Verwandtenunterhalt), 25 (Schadensersatzanspruch)
Geschlecht, Eigenschaftsirrtum **119** 45
Geschlechterdiskriminierung 611af sa Gleichbehandlungsgebot, Arbeitsrecht
Geschlechtsumwandlung vor 1 2
Geschmacksmuster, Rechtskauf **453** 2
Gesellschaft, Beitritt, Haustürgeschäft **312** 24f
Gesellschaft, fehlerhafte 705 73ff
Gesellschaft bürgerlichen Rechts vor 705ff; Abgrenzung **vor 705** 4ff; Anwachsung bei Ausscheiden eines Gesellschafters **738;** Aufrechnung Gesellschaftsschuldner mit Forderung gegen Gesellschafter **719** 6; Auftreten im Rechtsverkehr **705** 64ff; und Austauschvertrag **vor 705** 6ff; Beendigung **730** 14; als Besitzer **854** 6; Bruchteilsgemeinschaft, Abgrenzung **741** 2; Eintrittsrecht **727** 13ff; Entstehung **705** 1ff; Erscheinungsformen **vor 705** 26ff; fehlerhafte Gesellschaft **705** 73ff; Förderungspflicht **705** 33; Fortsetzung der Gesellschaft

736; Fortsetzungsklausel **727** 6ff; Gemeinschaft zur gesamten Hand **719**; als Gesamthandsschuldner **vor 420** 16; Gesamtschuldnerausgleich Gesellschafter **426** 41; Gewinn- und Verlustverteilung **721**f; Grundbuchfähigkeit **705** 72; Haftung **vor 420** 18ff; Haftungsbeschränkung **vor 420** 18; Haftungsverfassung **vor 705** 20; und Handelsgesellschaften **vor 705** 12ff; Insolvenzfähigkeit **705** 71; und Konzernbildung **vor 705** 42ff; Mehrheitsmacht, Mißbrauch **826** 58; und Miete **vor 535** 19; als Mietvertragspartei **535** 7, 9, **542** 10; Mitgläubiger **432** 14; Nachfolgeklausel **727** 7ff; Nachhaftung, Begrenzung nach Ausscheiden und Auflösung **736** 6ff; Name **705** 69f; und nicht rechtsfähiger Verein **vor 705** 17; Nichtübertragbarkeit **717**; Organschaftsrechte **717**; Organhaftung, Anwendbarkeit **31** 1; Organisation **vor 705** 21ff; und Pacht **vor 581** 6; Parteifähigkeit **vor 705** 18ff, **705** 71ff, **718** 11ff; Rechnungsabschluß **721**; Rechtsfähigkeit **vor 420** 16, **vor 705** 18ff, **705** 71ff, **718** 11ff; Selbstorganschaft **vor 705** 22, **709** 3f; steuerrechtliche Behandlung **vor 705** 20; Testamentsvollstreckung **2205** 34; Übernahmerecht durch Gesellschafter **730** 17ff, **737** 8ff; Übertragung der Mitgliedschaft **719** 7ff; Umwandlung **705** 3f; und ungerechtfertigte Bereicherung **818** 5; Unterbeteiligung **vor 705** 39ff; Unternehmer **14** 7; Verbraucher **13** 6; wesentliche Charakteristika **vor 705** 18ff; Willensbildung, Organisation **vor 705** 23ff; Zurechnung Verschulden Gesellschafter **vor 420** 19; Zweck, gemeinsamer **705** 29ff

Gesellschaft bürgerlichen Rechts, Auflösung 723ff; Bedingungseintritt **723** 4; Beschluß **723** 4; Fortsetzungsklausel **727** 6ff, **736**; Insolvenzverfahren **728**; Kündigung **723** 1ff, 7ff; Nachfolgeklausel **727** 7ff; Nachhaftungsbegrenzung **736** 6ff; sofortige Vollbeendigung **723** 5; Tod eines Gesellschafters **727**; Unmöglichwerden der Erreichung des Gesellschaftszwecks **726**; Zeitablauf **723** 2f; Zurückverwandlung in werbende Gesellschaft **723** 6; Zweckerreichung **726**

Gesellschaft bürgerlichen Rechts, Auseinandersetzung/ Abwicklung 730ff; Abdingbarkeit gesetzliche Regelung **730** 16; Abrechnung unter Gesellschaftern **730** 11ff; Abwicklungsstadium **730** 5ff; und Beendigung **730** 14; Beiträge offene **730** 9; Gesamthandsschulden, Berichtigung **733** 1ff; Geschäftsführung **730** 7ff; Nachschußpflicht **735**; Rückerstattung von Einlagen **733** 5ff; Rückgabe überlassener Sachen **732**; Schlußabrechnung **730** 15; Übernahmerecht durch Gesellschafter **730** 17ff, **737** 8ff; Überschuß **734**; Verfahren **731**

Gesellschaft bürgerlichen Rechts, Beiträge 706; Belastungsverbot **707** 1; Dienste als Beiträge **706** 9; Einziehung im Abwicklungsstadium **730** 9; Erhöhung **707**

Gesellschaft bürgerlichen Rechts, Geschäftsführung 709ff; Begriff/Umfang **709** 5ff; Einzelgeschäftsführung mehrerer Gesellschafter **711**; Entziehung/Kündigung Geschäftsführungsbefugnis **712**; Gesamtgeschäftsführung **709** 9; Geschäftsführungsbefugnis eines Gesellschafters **710**; Gesellschafter, Recht und Pflicht zur **709** 11ff; Gesellschafterbeschlüsse **709** 18ff; Rechte und Pflichten **713**; Selbstorganschaft **709** 3f; Vergütungsanspruch **709** 14f; Vertretungsmacht **714**; Widerspruchsrecht **711**; Willensbildung **709** 1; Zuständigkeit **709** 7ff

Gesellschaft bürgerlichen Rechts, Gesellschafter, Nichtübertragbarkeit von Gesellschafterrechte **717**

Gesellschaft bürgerlichen Rechts, Gesellschafterbeschlüsse 709 18ff; Anfechtung **709** 39; Bedeutung **709** 18; Mängel **709** 37f; Mehrheit, Berechnung **709** 32; Mehrheitsklauseln **709** 30f; Mehrheitsrecht, Grenzen der Ausübung **709** 33f; Rechtsnatur **709** 19; Stimmabgabe **709** 28; Stimmberechtigung **709** 20ff; Stimmbindungsverträge **709** 21f; Stimmrechtsbeschränkung, vertragliche **709** 24f; Stimmrechtsvollmacht **709** 23;

Stimmverbote **709** 26; Verfahren bei Beschlußfassung **709** 27ff; Zustimmungspflicht **709** 35f

Gesellschaft bürgerlichen Rechts, Gesellschaftsvermögen 718; Erwerb Gesamthandsvermögen **718** 4ff, 6 (Erbgang); Gemeinschaft zur gesamten Hand **718** 1ff; Rechtsformwechsel **718** 7; Schuldenhaftung **718** 9ff; Schutz des gutgläubigen Schuldners **720**; Teilungsanspruch **719** 5; und Veränderung im Gesellschafterbestand **718** 3f; Verfügung über Anteil an **719**

Gesellschaft bürgerlichen Rechts, Gesellschaftsvertrag 705 6ff; Abfindungsregelungen bei Ausscheiden **738** 11ff; Anwendbarkeit Leistungsstörungsrecht, allgemeines **705** 44ff; Auslegung und Anwendung **705** 34ff; Buchwertklausel **738** 16; Eintrittsrecht **727** 13ff; fehlerhafte Änderung **705** 84; fehlerhafte Gesellschaft **705** 73ff; Form **705** 10ff; Fortsetzungsklausel **727** 6ff; als gegenseitiger Vertrag **705** 43ff; geltungserhaltende Reduktion **705** 42; konkludenter Abschluß **705** 7; Mängel **705** 14ff, 73ff; Maßstäbe der Inhalts- und Ausübungskontrolle **705** 39f; Nachfolgeklausel **727** 7ff; Übernahmerecht durch Gesellschafter **730** 17ff, **737** 8ff; Vorvertrag **705** 9

Gesellschaft bürgerlichen Rechts, Haftung vor 705 20, **705** 65f, **718** 9ff; Ausgleich Gesellschafter – Gesamthand **714** 24f; Freistellungsanspruch Gesellschafter **714** 24; Gesamtschuld **714** 23ff; der Gesellschafter **714** 11ff; Haftungsbeschränkung **714** 18f; Haftungsbeschränkung für Gesellschafter **708**; Inhalt **714** 20

Gesellschaft bürgerlichen Rechts, Kündigung 723 1ff, 7ff; Anwendungsbereich **723** 8; bedingte **723** 9; Beschränkung Kündigungsfolgen **723** 23; einseitige Gestaltungserklärung **723** 9; fristlose **723** 10ff; Gesellschaft auf Lebenszeit **724**; Nachschieben Kündigungsgründe **723** 14; bei Pfändung des Gesellschaftsanteils **725**; und Schadensersatzhaftung **723** 15, 20; Schranken Kündigungsrecht, gesetzliche **723** 19ff; vertraglicher Ausschluß **723** 22ff; Verwirkung Kündigungsrecht **723** 14; wichtiger Grund, vertragliche Regelung **723** 24

Gesellschaft bürgerlichen Rechts, Vertretung, Entziehung der Vertretungsmacht **715**; Umfang und Beschränkung Vertretungsmacht **714** 8ff; Vertretungsmacht **714**; Voraussetzung **714** 5ff

Gesellschafter 705 17ff; actio pro socio **705** 57ff; Ansprüche unter Mitgesellschaftern **705** 63; Anteile am Gewinn und Verlust **722**; Anzahl **705** 23; Ausgleich Gesellschafter-Gesamthand **714** 24f; Ehegatten **705** 20; Einzelgeschäftsführung mehrerer Gesellschafter **711**; Entziehung der Vertretungsmacht **715**; Entziehung/Kündigung Geschäftsführungsbefugnis **712**; Erbengemeinschaft **705** 22; Erbringung von Einlagen **vor 433** 25; fehlerhafter Beitritt **705** 85; fehlerhaftes Ausscheiden **705** 86; Forderungen aus Drittgeschäften **705** 62; Freistellungsanspruch Gesellschafter **714** 24; als Gesamtschuldner **427** 10ff, 17, **714** 23ff; Geschäftsführungsbefugnis/-pflicht **709** 11ff; Gesellschaftergeschäftsführer **709** 11ff; Gesellschafterinsolvenz **728** 6ff; Haftung **708**, **714** 11ff, **718** 9ff; Höchstpersönlichkeit **705** 48; Informationsrecht/Kontrollrecht **716**; nicht volle Geschäftsfähigkeit **705** 18f; Nießbrauch an Beteiligung **705** 28; als Organe und Arbeitnehmer **611** 20ff; Personenverbände **705** 21; Rechnungsabschluß **721**; Rechte und Pflichten **705** 46ff, 61 (aus außergesellschaftlichen Rechtsverhältnissen); Sozialansprüche/-verbindlichkeiten **705** 53ff; Stimmberechtigung **709** 20ff; Teilungsanspruch Gesellschaftsvermögen **719** 5; Tod eines Gesellschafters **727**, **736**; treuhänderisch gehaltene Mitgliedschaft **705** 25ff; Treupflicht **705** 49ff; Übernahmerecht **730** 17ff, **737** 8ff, 8ff; Übertragung der Mitgliedschaft **719** 7ff; unzulässige Rechtsausübung **242** 169ff; Veränderung im Gesellschafterbestand **718** 3; Verein **705** 22; Verfügung

über Gesellschaftsvermögen **719**; Vertretungsmacht **714**; Verwertung der gesamthänderischen Berechtigung **719** 1ff; Zuweisung Geschäftsführungsbefugnis **710**
Gesellschafter, Ausscheiden 738, Abfindungsanspruch **738** 4ff; Abfindungsvereinbarung **138** 66, 115, **738** 11ff; Anwachsung **738** 3; Buchwertklausel **738** 16; Nachschußpflicht **739**; Teilnahme an Gewinn und Verlust aus schwebenden Geschäften **740**; Tod eines Gesellschafters **738** 13
Gesellschafter, Ausschließung 737
Gesellschafterdarlehen vor 488 63
Gesellschaftergeschäftsführer 713
Gesellschaftsanteile, Erwerb, Existenzgründerdarlehen **507** 6; Rechtskauf **453** 2, 6
Gesellschaftsbeteiligung, Nießbrauch an – **1069** 6ff
Gesellschaftsrecht, Anwendbarkeit AGB-Vorschriften **310** 27ff; Auslegung von Beschlüssen **133** 37; fehlerhafter Gesellschaftsvertrag **138** 55, 57; fehlerhafte Gesellschaft **138** 115; Handeln für noch zu gründende Gesellschaft **177** 11; In-sich-Geschäft **181** 3, 6, 11ff, 25 (Gestattung); Nichtigkeit des Gesellschaftsvertrages **134** 59, **138** 57, 115; Nichtigkeit des Gesellschaftsvertrages erst ex nunc bei fehlerhafter Gesellschaft **vor 145** 41; Umdeutung eines Rechtsgeschäfts **140** 23; unzulässige Rechtsausübung **242** 169ff; Verbotsgesetz **134** 59
Gesellschaftsrecht, IPR EGBGB 37 4, 21ff; Allgemeines EGBGB **37** 22ff; Anwendungsbereich Gesellschaftsstatut EGBGB **37** 38f; Gesellschaftsstatut und europäisches Recht EGBGB **37** 32; Grundsatzanknüpfung jur Personen EGBGB **37** 25f; handelsrechtliche Gesellschaften ohne Rechtsfähigkeit EGBGB **37** 40
Gesellschaftsrechtliche Dienstleistung 611 20ff
Gesellschaftsrechtliche Gestaltungen, mißbräuchliche **826** 52
Gesellschaftsvertrag 705, AGB **306a** 5 (Umgehungsverbot); Drittwirkung **328** 28; zw Eheleuten bei Mitarbeit im Geschäft des Ehegatten **1356** 16ff, sa Ehegatten, Mitarbeit; fehlerhafter **134** 14, 59; Form **311b** 19ff; und Kauf **vor 433** 25; Sondererbfolge, Vereinbarung **1922** 55ff; Störung der Geschäftsgrundlage **313** 78; Vorvertrag **vor 145** 48
Gesellschaftsvertrag, fehlerhafter 134 14, 59
Gesetzliche Erben 1924ff; sa Erben, gesetzliche
Gesetzliche Vertretung, s Vertretung, gesetzliche
Gesetzliche Zeit (MEZ) **vor 186** 6
Gesetzlicher Feiertag 193 5
Gesetzliches Veräußerungsverbot 135/136 1ff; sa Veräußerungsverbot
Gesetzliches Verbot, Verstoß eines Rechtsgeschäfts gegen –, s Verbotsgesetz, Verstoß
Gespräch, Schutz gegen Abhören/Mithören **Anh 12** 123ff; Verwertungsverbot **Anh 12** 239
Gestaltungsrechte, unselbständige, Abtretung **399** 12
Gestörter Innenausgleich, Mitverschuldensabwägung **254** 108ff
Gesundheitsbereich, Schutz von Informationen Anh 12 146
Gesundheitsgefährdung, fristlose Mieterkündigung **569** 2ff
Gesundheitsschäden, Schadensminderungspflicht **254** 61
Gesundheitszustand, Eigenschaftsirrtum **119** 45
Getränkebezugsvertrag vor 488 21ff, **505** 17, 24f, **vor 581** 33ff; Inhaltskontrolle **307** 94f; Sittenwidrigkeit **138** 88; Vertragsstrafe **339** 2; sa auch Bezugsbindung, Bezugsvertrag
Getrenntleben 1567; sa Ehe, Trennung
Gewährleistung 2182f; Aufwendungen bei Nacherfüllung **309** 106ff; Ausschluß s Haftungsausschluß, Haftungsbeschränkungen; Ausschluß und Verweisung auf Dritte **309** 90ff; Ausschlußfrist für Mängelanzeige **309** 113ff; Beschränkung auf Nacherfüllung **309** 100ff; Erleichterung der Verjährung **309** 118ff; Klauselverbote **309** 80ff; bei Landpacht **586** 8; bei Leasing **Anh 535** 28ff; bei Miete **536ff**; wegen Rechtsmängeln, s dort; wegen Sachmängeln s dort; Verhältnis zur Irrtumsanfechtung **119** 6, 19; Vermächtnis, s dort; Vorenthalten der Nacherfüllung **309** 109ff
Gewährleistungsbürgschaft vor 765 13
Gewährschaftsansprüche, Übergang bei Forderungsabtretung **401** 2
Gewaltschutz, Ehe **Einl 1297** 55; Erziehung **Einl 1297** 54
Gewässer, Einführen schädlicher Stoffe, Gesamtschuld **421** 17
Gewerbebetrieb, Recht am eingerichteten und ausgeübten 812 70; **vor 823** 3, **823** 49ff; angemaßte Eigengeschäftsführung **687** 23; Äußerungen über fremde gewerbliche/berufliche Leistung **823** 71ff; Äußerungsdelikte **823** 56; Betriebsbezogenheit **823** 63ff; Betriebsgeheimnisse/Geschäftsinterna **823** 57; Boykottaufruf/Streik **823** 58, 74; Fallgruppen **823** 68ff; Freiberufler, Anwendbarkeit **823** 60; Güter- und Interessenabwägung **823** 66f; Idealverein **823** 60; Recht am Arbeitsplatz **823** 60; Ruf des Unternehmens **823** 57; Schutzrechtsverwarnung, unbegründete **823** 68ff; Schutzumfang **823** 54ff; Subsidiarität **823** 61; Voraussetzungen **823** 49ff
Gewerbebetriebsbeschränkung 1018 17
Gewerberecht, Verbotsgesetz **134** 60
Gewerbliche Nutzung und Wohnungseigentümergemeinschaft **WEG 10** 9
Gewerbliche Schutzrechte, unzulässige Rechtsausübung **242** 174; Vererblichkeit **1922** 14
Gewerkschaft, Ausschluß **25** 11; Minderjähriger, Beitritt **113** 13; Namensschutz **12** 12
Gewinn, entgangener, s entgangener Gewinn
Gewinnbeteiligung 611 457ff
Gewinnerwartung, Mietmangel **536** 11
Gewinnzusage 661a
Gewohnheitsrecht, Verbotsgesetz **134** 8
Giebelmauer 921 2, 5, **922**; wesentlicher Bestandteil **94** 5
Girokonto 676f 6ff; Eigenkonto/Fremdkonto **676f** 7; Einzelkonto/gemeinsames von Ehegatten **426** 50; Fehlbuchung **676f** 10; gemeinsames von Ehegatten **426** 50; Kontokorrentkonto **676f** 10; Oder-Konto **428** 8ff, **676f** 8; Und-Konto **676f** 9; Wertstellung/Valutierung **676f** 11
Girovertrag 676f; AGB-Banken **307** 70; Definition **676f** 1; Entgeltpflicht **676f** 12; Gutschrift **676f** 1f; Haftung **676f** 4; Herausgabeansprüche im – **667** 30ff; Kontoeröffnung **676f** 1; Lastschriftverfahren **676f** 53ff sa dort; Minderjähriger, Abschluß **113** 12; Online Banking **676f** 71ff; Rechte und Pflichten, sonstige **676f** 5ff; Scheckvertrag **676f** 31ff sa dort; Sittenwidrigkeit **138** 82; Überweisung ohne Girovertrag **676f** 78; Überweisungsauftrag **676f** 13ff sa Überweisungsvertrag; und Überweisungsvertrag **676f** 1; Weiterleitungspflicht **676f** 4
Glasbetondecke vor 420 27
Gläubigeranfechtung, Wissenszurechnung **166** 9
Gläubigergefährdung, – benachteiligung 826 31ff; Sicherungsübereignung **Anh 929–931** 19; Sittenverstoß **138** 117, 163f
Gläubigermehrheit, s Mehrheit von Schuldnern und Gläubigern
Gläubigerverzug, s Annahmeverzug
Gleichbehandlung, Arbeitsrecht 611 219ff; Anwendungsbereich **611a** 3ff; Aushangspflicht **611a** 19; Ausnahmetatbestand **611a** 11f; Ausschreibung, geschlechterbezogene **611b** 1ff; Benachteiligung wegen des Geschlechts **611a** 6ff; Benachteiligungsverbot, allgemeines **612a**; Beweislast für Motiv **611a** 13f; Differenzierungsgründe **611** 224ff, 228 (Nachschieben); EG-Richtlinie, Verhältnis **611a** 1f, **612** 24; Einzelfälle **611** 237; Lohn-

gleichheit **612** 24ff; von Männern und Frauen **611af**; „positive"/umgekehrte Diskriminierung **611a** 15; Quotierung **611a** 15f; Rechtsfolgen Verletzung **611** 232ff; Rechtsgrundlagen **611** 220ff; Sanktionen **611a** 16ff; stichtagsbezogene Leistungsverbesserung/-verschlechterung **611** 229f; Teilzeitarbeitarbeitnehmer **611** 120
Gleichbehandlungsgrundsatz und Sittenwidrigkeit **138** 99; Verbotsgesetz **134** 34
Gleitender Preis 433 42
Gleitklausel bei Miete **64**ff
Globalabtretung, s Globalzession
Globalsicherung, formularmäßig bestellte, revolvierende **Anh 929–931** 16
Globalzession, Sittenverstoß **138** 159, 160, 162 sa Sicherungsabtretung; Übersicherung **398** 18aff, **449** 54f; und verlängerter Eigentumsvorbehalt **398** 18ff, **449** 54f, **vor 488** 34ff
Glücksspielvertrag, Bereicherungsausgleich **817** 23; Sittenverstoß **138** 119; Verbotsgesetz **134** 61
Glykol-Beimischung 434 6
GmbH, Durchgriff, gesellschafterfreundlicher **vor 21** 7; Testamentsvollstreckung **2205** 36
GmbH-Geschäftsanteile, Nießbrauch an – **1081** 4ff; Rechtskauf **453** 2, 6
GmbH-Geschäftsführer, Abtretung Forderungen gegen GmbH **399** 8a
GOÄ 612 11ff
Graphologisches Gutachten Anh 12 151
Gratifikation 611 453ff; Kürzung bei Fehlzeiten **612a** 4
Grenzabmarkung 919
Grenzbaum 923
Grenzeinrichtungen, Benutzungsrecht **921**
Grenzscheidung bei Grenzverwirrung **920**
Grenzüberbau, s Überbau
Grundbuch 899; Anwendung § 139 **139** 8; Anwendung § 140 **140** 3; Auslegung von Grundbucherklärungen **133** 3, 39; Berichtigungsanspruch **894f**; Eigentumsersitzung **900**; Nacherbenvermerk **2100** 14, **2102** 5, **2113** 19, **2136** 4, **2139** 5; öffentlicher Glaube **891** sa Grundbuch, Vermutung; Versitzung **901**; Widerspruch gegen Richtigkeit des Grundbuchs **892** 24ff; Wohnungseigentum **WEG** 7, 9
Grundbuch, Vermutung 891ff; Geltendmachung **891** 17; und gutgläubiger Erwerb **892**; Leistungsbewirkung aufgrund eines im Grundbuch eingetragenen Rechts **893** 2ff; negative – bei gelöschtem Recht **891** 15f; positive – bei eingetragenen Rechten **891** 17; Verfügungen über ein Recht **893** 6ff; Vollständigkeitsvermutung für Rechte und Verfügungsbeschränkungen **892**; Widerlegung **891** 18ff
Grundbuchamt, Amtshaftung **839** 117
Grundbuchberichtigungsanspruch 194 20, **894**ff; andere Anspruchsgrundlagen **894** 42; Anspruchsinhalt **894** 27ff; Berechtigter **894** 16ff; Einwendungen und Einreden **894** 31ff; Hilfsanspruch, notwendige Voreintragung **895**; Hilfsanspruch, Vorlage Hypotheken-, Grundschuld-, Rentenschuldbrief **896**; des Käufers **435** 17ff; Kostentragung **897**; prozessuale Fragen **894** 38ff; Schuldner **894** 23ff; Unrichtigkeit des Grundbuchs **894** 6ff; unzulässige Rechtsausübung **242** 153; Verjährung **898**; Widerspruch **899**
Grundbucherklärung, Auslegung **157** 4, 5
Grundbuchfähigkeit vor 873 17; Außen-GbR **vor 420** 16
Grundbuchwiderspruch 892 24ff, **899**
Grunddienstbarkeiten 1018ff; Allgemeines **Einl 1018** 4, **vor 1018**; Beeinträchtigung **1027, 1028** (durch Anlage), sa Abwehranspruch, Eigentümer; belasteter Gegenstand **1018** 2f; Benutzungsdienstbarkeit **1018** 13ff; Berechtigter/„herrschendes Grundstück" **1018** 4ff; Besitzschutz **1029**; Entstehung **vor 1018** 4ff; Erlöschen **vor 1018** 15ff; gesetzliches Schuldverhältnis **vor 1020**; Inhalt **vor 1018** 2; Inhalt, zulässiger **1018** 8, 20; Inhaltsänderung **vor 1018** 13; Inhaltsanpassung **1018** 10ff; Inhaltsbestimmung **1018** 9ff; Nichtleistungskondiktion **812** 72; Rechtsausschlußdienstbarkeit **1018** 19; schonende Ausübung **1020**; und schuldrechtliche Vereinbarung **vor 1018** 19; Teilung des belasteten Grundstücks **1026**; Teilung des berechtigten Grundstücks **1025**; Übertragung **vor 1018** 14; Unterhaltungspflicht **1020** 3, **1021f**; Unterlassungsdienstbarkeit **1018** 16ff; unzulässige Rechtsausübung **242** 153; Verlegung, Anspruch auf – **1023**; Vorteil **1019**; und Wohnungseigentümergemeinschaft **WEG 10** 9; Zusammentreffen mehrerer gleichrangiger Grunddienstbarkeiten **1024**
Grundeigentum, Eigentumsbeschränkung **903** 2ff; Enteignung **vor 903** 9
Grunderwerbsteuer 448 6, **925** 78
Grundgesetz als gesetzliches Verbot **134** 25, 62; Sittenordnung **138** 33, 120
Grundpfandrechte 1113–1203; Abzahlungshypothek **vor 1113** 16; Aufgabe und Wesen **vor 1113** 1ff; Briefhypothek **vor 1113** 14; Fälligkeitshypothek **vor 1113** 16; Fremdwährungsverbindlichkeit **244** 13; Gesamthypothek **vor 1113** 15, **1132**; Grundschuld **vor 1113** 9, **1191**ff, sa dort; Hypothek **vor 1113** 7f, **1113–1191**, sa dort; Inhaltskontrolle **307** 117ff; Pfändung **1113** 23; Rechtsgrund **vor 1113** 6; Rechtsnatur **vor 1113** 3ff; Rentenschuld **vor 1113** 10, **1199**ff, sa dort; Sicherungshypothek **vor 1113** 13; Sittenwidrigkeit **138** 121; Überleitung DDR-Recht **vor 1113** 17ff; Umwandlung **1198**; Verkehrshypothek **vor 1113** 11f
Grundrechte, Allgemeines Persönlichkeitsrecht **Anh 12** 9ff sa Allgemeines Persönlichkeitsrecht, verfassungsrechtliches; und Treu und Glauben **242** 29ff; unzulässige Rechtsausübung **242** 177; zwingende Gestaltung Arbeitsverhältnis **611** 165ff
Grundschuld vor 1113 9, **1191**ff; Abstraktionsgrundsatz **1191** 2; anwendbare Vorschriften **1192**; Bestellung **1191** 4; Eigentümergrundschuld **1196**; Fälligkeit bei Kündigung **1193**; Inhaber- **1195**; Kausalgeschäft **1191** 3; Nießbrauch an einer – **1080**; Sicherungsgesamtschuld **421** 55f; Sicherungs- s dort; stehengelassene, Verjährung **196** 3; Übernahme **416** 2; Übernahme durch Käufer **433** 51; Umwandlung **1198, 1203**; Wesen **1191** 1; Zahlungsort **1194**
Grundschuldbestellung, Inhaltskontrolle **307** 48
Grundschuldbrief, Anspruch auf Vorlage beim Grundbuchamt **896**; Eigentumsübergang **952** 7
Grundsteuer als öffentliche Last **436** 1, 8
Grundsteuern, Miete **535** 55
Grundstück, Aneignung Bundesland **928** 9ff; Aufgabe des Eigentums **928**; Bauherrenmodell, Betreuungsvertrag **311b** 29; Bebaubarkeit Nachbargrundstück, Fehler **434** 4; Eigenschaftsirrtum **119** 48; Eigentumserwerb **925**ff, sa Auflassung, Eigentumserwerb, Grundstücke; Eigentumsübertragung, Form **313b** sa Grundstücksverträge, Form; Gebrauchsgestattung als Zufahrt **vor 598** 2; Geruchsbelästigungen, Fehler **434** 4; Haftung des Besitzers **836**; Herausgabe **818** 6f; nichtwesentliche Bestandteile **93** 17; Parzellierungsvertrag **311b** 5; Störung, Abwehranspruch **1004** 16; Teilungsversteigerung **753** 4; Verkehrssicherungspflichten **823** 89ff; Verlust des Eigentums **vor 925** 8ff; Verpfändung Anspruch auf Übereignung **1274** 3; Wertersatzanspruch **251** 21; wesentlicher Bestandteil **94** 2f, **95** (Verbindung zu vorübergehendem Zweck), **96** (Rechte)
Grundstücksgeschäfte, IPR **EGBGB 11** 17f, 32, 34; Verkehrsschutz bei Geschäftsunfähigkeit **EGBGB 11**
Grundstücksimmissionen, IPR **EGBGB 44**
Grundstückskauf vor 422 8, **433** 16; Angaben über Mieteinnahmen **437** 29, 31, 32; Besichtigungspflicht des

Käufers 442 12; durch Ehegatten, Teilbarkeit der Leistung 420 5; Fehler 434 4 (Lärmbelästigungen), 5 (Benutzungsbeschränkungen), 31ff; Fernsicht, Verbauung 433 36; finanzierter, verbundener Vertrag 358 9f; Garantieübernahmen 437 32; Kostenverteilung 448 6ff; Mängel an Bauwerk, Verjährung 438 5f; Mängel, Verjährungsbeginn 438 12; Mieteinnahmen, Beschaffenheit 434 12; Nachbewertungsklausel 307 46; öffentliche Lasten, Verteilung 436 1ff; Preisgefahr 446 6, 12; Rechtsmängel 435 5ff; Scheingeschäft 117 18; Sittenwidrigkeit 138 122; Übergabe 433 14; überraschende Klauseln 305c 15; Umdeutung eines Rechtsgeschäfts 140 24; Vorkaufsrecht 463 1ff, 7f, 14, 464 1, 7, 10, 467 1, 468 3; Vorvertrag vor 145 48

Grundstückskauf, IPR EGBGB 28 30

Grundstücksmiete vor 535 6; anzuwendende Vorschriften 578 3; Fälligkeit 579; Veräußerung 566ff sa Miete, Veräußerung Objekt

Grundstücksnießbrauch vor 1030 5

Grundstücksniveau, Veränderung 909

Grundstückspacht 581 4

Grundstücksrechte vor 873, 873ff; Änderungen 877; Aufhebung 875, 876; Divergenz zw Einigung und Eintragung 873 25; Eigenschaftsirrtum 119 48; Eigentümerrecht 889; Eigentumsersitzung 900; Einigung 873 12ff; Eintragung 873 22ff, 874 (Bezugnahme auf Eintragungsbewilligung); eintragungsfähige Rechte vor 873 9ff; bei Erbengemeinschaft 2032 3; Erlöschen durch Zuschlag 882; gesellschaftsrechtliche Änderungen 873 7ff; und Grundbuchfähigkeit vor 873 17; Grundstücksbegriff vor 873 1f; grundstücksgleiche Rechte vor 873 5; Liegenschafts- und Grundbuchrecht, Grundsätze vor 873 6ff; Liegenschaftsrecht, Begriffe vor 873 1ff; Teilung 890 13ff; Übertragung 453 5, 873; Vereinigung von Grundstücken 890; Verfügungsbeschränkung vor 873 10ff, 878; Verjährung 194 18f, 196 1ff; Verjährung der Ansprüche aus eingetragenen Rechten 902; Versitzung 901; Vormerkung 883ff sa dort, sa dort; Zuschreibung 890

Grundstücksrechte, Rang 879; abweichende Bestimmung des Rangverhältnisses 879 18ff; fehlerhafte Eintragung, Folgen 879 21f; gesetzliche Bestimmung 879 8ff; Rangänderung 880; Rangrücktritt 880; Rangvorbehalt 881; Vormerkungswirkung 883 46ff

Grundstücksteilung 890; und Grunddienstbarkeiten 1025f; und Vorkaufsrechte 1094 8

Grundstücksvereinigung 890

Grundstücksverkehr, Amtshaftung 839 108; Sittenwidrigkeit eines Rechtsgeschäfts 138 122; Umdeutung eines Rechtsgeschäfts 140 24

Grundstücksverkehrsgesetz Einl 854 20f

Grundstücksverträge, Form **311b;** Änderungsvertrag **311b** 56ff; Anerkenntnis **311b** 25; Anwendungsbereich **311b** 3ff; Aufhebungsvertrag **311b** 56; Auflassungsanspruch, Abtretung **311b** 15; Auflassungsvollmacht **311b** 40; Auftrag/Geschäftsbesorgungsvertrag **311b** 26ff; ausländische Grundstücke **311b** 17; Belastungsverpflichtung **311b** 13; Bürgschaft **311b** 41; Erbbaurecht **311b** 16; Erwerbs- und Veräußerungspflicht **311b** 6; Formmangel, Folgen **311b** 63ff; Formzwecke **311b** 2; Garantieversprechen **311b** 41; Gegenstand der Übertragung **311b** 14ff; Gemeinschaft **311b** 23; Gesellschaftsvertrag Personengesellschaft **311b** 19ff; Grundstücksteilflächen **311b** 16; Gütergemeinschaft **311b** 23; Heilung **311b** 71ff; IPR **EGBGB 28** 24; Letter of Intend **311b** 13; Miteigentumsanteile **311b** 16; Mitgliedschaftsrechte, Übertragung **311b** 14; notarielle Beurkundung **311b** 61ff; Offertvertrag **311b** 13; Satzung juristische Person **311b** 22; Schuldübernahme **311b** 41; Sondereigentum **311b** 16; Umfang des Formzwangs **311b** 43ff; Vergleich **311b** 24; Vollmacht **167** 4, **311b** 31ff; Vorkaufs-/Ankaufs-/Wiederkaufs-/Wiederverkaufsrecht **311b** 42; Vorvertrag **311b** 13

Grundwassersenkung 909

Gruppenreise, Teilschuld 420 12

Gurt, Mitverschulden bei Nichtbenutzung 254 38ff

Gutachten, s Sachverständige, s Auskunftsvertrag

Gute Sitten, s Sittenwidriges Rechtsgeschäft

Güterbeförderungsverträge, Recht der Hauptniederlassung **EGBGB 28** 25

Gütergemeinschaft 1415ff; Allgemeines **vor 1415;** Aufhebung bei Bestellung eines Betreuers 1447 5, 1469 6; Aufhebung bei eigenmächtigem Handeln 1469 2; Aufhebung wegen Mitwirkungsverweigerung 1469 3; Aufhebung wegen Überschuldung 1447 4, 1448, 1469 5; Aufhebung wegen Unfähigkeit Verwalter oder Mißbrauch 1447 2; Aufhebung wegen Verletzung Unterhaltspflicht 1447 3, 1469 4; Aufhebungsklage 1447 6, 1449, 1469 7, 1470; Auflösung 311b 23; Aufrechnung gegen Forderung aus Gesamtgut 1419 5; Auseinandersetzung s Gesamtgut, Auseinandersetzung; Beendigung, allgemein 1447 1, 1469 1; Begründung Gesamtguteigentum 1416 4; Ehegattenerbrecht 1931 45f; Einzelfragen Grundbuchrecht 1416 5; Familienunterhalt aus Gesamtgut, Vorbehaltsgut und Sondergut 1420; fortgesetzte – 1483–1518, sa Gütergemeinschaft, fortgesetzte; Gesamtgut 1416 1ff; Gesamthandsgemeinschaft 1419; Gütertrennung bei Aufhebung durch Urteil 1448, 1470; Inventarerrichtung für Gesamtgut 2008; Kosten eines Rechtsstreites 1443; Mitgläubiger 432 12; Pflichtteilsergänzungsanspruch bei Zuwendungen aus Gesamtgut 2331; Rechtsstellung zum Gesamtgut 1416 2; Sondergut 1417; Umdeutung eines Rechtsgeschäfts 140 25; und Unterhaltsanspruch von früheren Ehegatten 1583; und Unterhaltspflicht 1604; Verbraucher 13 7; Verfügung über Anteil am Gesamtgut 1419; Verwaltung Gesamtgut 1421ff, sa Gesamtgut, Verwaltung; Vorbehaltsgut 1418

Gütergemeinschaft, fortgesetzte, Ablehnung durch Überlebenden 1484; Allgemeines **vor 1483;** Aufhebung 1492; Auseinandersetzung 1497ff; Ausschluß durch letztwillige Verfügung 1509ff, 1516; einseitige Abkömmlinge 1483 4; entsprechende Anwendung der Pflichtteilsergänzung 1505; Entziehung des Abkömmlingsanteils 1513, 1516; Erbunwürdigkeit eines Abkömmlings 1506; gemeinschaftliche Abkömmlinge 1483 2; Gesamtgut 1485; Gesamtgutsverbindlichkeiten 1488; Haftung für Nachlaßverbindlichkeiten 1483 6; Herabsetzung des Abkömmlingsanteils 1512, 1516; Klage auf Aufhebung 1495f; Landgut im Gesamtgut 1515 2, 1516; persönliche Haftung für Gesamtgutsverbindlichkeiten 1487 8; Pfändung Anteilsrecht 1487 8; Rechte und Pflichten Ehegatte/Abkömmling 1487; Teilung zw Abkömmlingen 1503ff; Tod des Überlebenden 1494; Tod eines Abkömmlings 1490; Übernahmerecht aufgrund letztwilliger Verfügung 1515, 1516; Übernahmerecht der Abkömmlinge 1502 2; Übernahmerecht des Überlebenden 1502 1; Vereinbarung 1483 1, 1518; Verzicht des Abkömmlings 1491, 1501, 1517; Wiederheirat 1493; Zeugnis des Nachlaßgerichts 1507; Zuordnung Gesamtgutsverbindlichkeiten im Innenverhältnis 1499f; Zuwendung an Dritte 1514, 1516; Zwangsvollstreckung in das Gesamtgut 1488 2

Güterkraftverkehr, Verbotsgesetz 134 63

Güterrecht, Lebenspartnerschaft **LPartG 6**

Güterrecht, eheliches s Eheliches Güterrecht

Güterrecht, ehevertragliche Veränderung, Gütergemeinschaft s dort; Gutglaubensschutz Dritter 1449, 1470

Güterrechtsregister, Allgemeines **vor 1558** 1ff; Antrag 1561; Antragserfordernis 1560; Bekanntmachung 1562; Einsichtnahme 1563; Eintragungsfähigkeit **vor 1558** 2; Wohnsitzwechsel 1559; Zuständigkeit 1558

Stichwortverzeichnis

Güterstand, s Eheliches Güterrecht
Gütertransport vor 631 18
Gütertrennung vor 1414, 1414; bei Aufhebung Gütergemeinschaft durch Urteil **1448, 1470;** Ehegattenerbrecht **1931** 41ff; als Folge Ausschluß Versorgungsausgleich **1408** 14; als Folge vorzeitigen Zugewinnausgleichs **1388**
Gütesiegel 434 22
Güteverfahren, Hemmung der Verjährung **204** 16f, 43
Gütezeichen 437 40
Gutgläubiger Erwerb, abhanden gekommene Sachen **935;** bei Abtretung Herausgabeanspruch **934;** Allgemeines **vor 932;** Anwartschaftsrecht **929** 24; Eigentum an Pfandsache **1244;** Geld **935** 8; grobe Fahrlässigkeit, Einzelfälle **932** 11; Grundgeschäft **932** 4; von Grundstücken und Rechten an Grundstücken **892;** Gutgläubigkeit **932** 5ff; Kraftfahrzeugbrief **932** 11; der Lastenfreiheit **936;** Nachprüfungspflicht **932** 10f; vom nicht verfügungsberechtigten Erben **2211** 5; öffentliche Versteigerung **935** 10; Orderpapiere **935** 9; Pfandrecht an beweglichen Sachen **1207;** beim relativen Veräußerungsverbot **135/136** 12ff, sa Veräußerungsverbot; Schiff **932a;** bei Stellvertretung **932** 7; Übergabe **932** 2f; bei Vereinbarung Besitzmittlungsverhältnis **933;** Vormerkung **883** 23ff; bei Weggabe bei Geschäftsunfähigkeit **935** 4; bei Weggabe durch Besitzdiener **935** 6; bei Weggabe durch mittelbaren Besitzer **935** 5; wesentliche Bestandteile, Erzeugnisse **955, 957**
Gutgläubigkeit bei Anfechtbarkeit eines Rechtsgeschäfts **142** 11
Gutschein 807; Zahlung mit **433** 49
Gutschrift 447 15

Haager Einheitliches Kaufrecht vor 433 34
Haager Übereinkommen vor 145 13
Haftpflichtversicherung vor 823 10
Haftung des Abschlußvertreters, Klauselverbote **309** 139ff; Arbeitnehmer **611** 336ff sa Arbeitnehmerhaftung, **619a;** für Erfüllungsgehilfen s dort; Erweiterungen/Erleichterungen **276** 17ff, 25ff; für gesetzlichen Vertreter **278;** bei grobem Verschulden, Klauselverbote **309** 62ff; bei Herausgabepflicht **292;** bei leichter Fahrlässigkeit, Vertragsklauseln **309** 72ff; Miete/Landpacht **586** (für Rechtsmängel); für Sachmängel **586;** des Schuldners **276ff;** bei Übernahme Garantie/Beschaffungsrisiko **276** 2, 19ff; bei Verletzung von Leben, Körper, Gesundheit **309** 62ff; für Verschulden **276** 1ff; des Vertreters **164** 20; Werkvertrag s Werkvertrag, Unternehmerhaftung
Haftung für Dritte 278 1ff sa Erfüllungsgehilfe
Haftungsausschluß/-beschränkung vor 249 7ff; AGB **305** 41, **305c** 31, **306** 10, 14, **309** 62ff; Ausschluß bei Pfandverkauf in öffentlicher Versteigerung **445;** Ausschluß und Verweisung auf Dritte **309** 90ff; Eheleute **1359;** Fahrer/Fahrgast, Sittenwidrigkeit **138** 123; Freizeichnungsklauseln **444** 1ff; durch Garantie **443** 16; gestörter Gesamtschuldnerausgleich **426** 65ff; Grenzen der Freizeichnung **444** 7ff; bei grob fahrlässiger Unkenntnis des Mangels **442** 10ff; Haftung des Wiederverkäufers **457** 9; bei Kenntnis des Mangels **442** 4ff; Minderjährige bei Vertretung durch Eltern **1629a;** nach Minderjährigenhaftungsbeschränkungsgesetz **vor 104** 16; der Minderung, s dort; nachträglicher **444** 10; der Rechtsmängelhaftung **436** 5f, 10f; und Teilnichtigkeit **139** 7; unzulässige Rechtsausübung **242** 140
Haftungsausschluß/-beschränkung, Miete 536a 21ff, 24ff, 29ff, **536d;** bei Kenntnis des Mangels **536b;** und Mängelanzeigepflicht Mieter **536c;** Überbürdungsregelung für Erhaltungspflichten **536a** 87ff, **538** 3; durch Übernahme der Versicherungskosten **538** 5

Haftungserleichterung 276 25ff; Dritte, Zurechnung **328** 17
Haftungsprivilegierung 277
Haftungsverschärfung gemäß Inhalt des Schuldverhältnisses **276** 19; Übernahme Garantie/Beschaffungsrisiko **276** 19ff
Halmtaxe 596a 3
Haltbarkeitsangaben 434 24
Haltbarkeitsgarantie 443 3ff; Beweislast **443** 17; Einschränkung der Gewährleistungsrechte durch Garantie **443** 16; Inhalt **443** 9ff; Kostenbeitrag des Käufers **443** 14; Leistungsstörung **443** 15; Mängelrechte, Verhältnis **443** 16; Rechte aus der Garantie **443** 13f
Handeln auf eigene Gefahr **254** 32, 49ff, **276** 29, **vor 823** 29; im eigenen und fremden Namen **164** 3ff, 21; unter fremdem Namen **164** 8, **177** 7, **179** 21; für nicht existierende Person **177** 11, **179** 19
Handelsbrauch 437 40; und AGB **310** 8; als Auslegungsgesichtspunkt **133** 31
Handelskauf vor 433 3
Handelsmaklervertrag, IPR EGBGB 28 53
Handelsrecht, Verbotsgesetz **134** 64
Handelsverkehr, Klauseln **447** 8, **448** 5
Handelsvertreter 611 42, 66; Geschäftsbesorgungsvertrag **675** 7; Inhaltskontrolle **307** 120; IPR **EGBGB 28** 53; Kündigung aus wichtigem Grund **626** 4; Provision, unzulässige Rechtsausübung **242** 178; Sittenwidrigkeit **138** 124; überraschende Klauseln **305c** 15; Verdienstausfall **252** 18; Vererblichkeit Ausgleichsanspruch **1922** 46
Handgeschäfte vor 145 2
Handlungen, geschäftsähnliche Einl 104 6, 111 2
Handschuhehe EGBGB 13 59
Handwerker, GbR **vor 705** 35
Handwerkskammer, Amtshaftung **839** 35
Handwerksrecht, Verbotsgesetz **134** 60
Hardware vor 581 9, **vor 631** 22f; Anleitungspflicht des Verkäufers **433** 26; Sorgfaltspflicht/Fahrlässigkeit Lieferant **276** 46; Untersuchungspflicht des Verkäufers **433** 28, **437** 27
Hausabbruch vor 631 24
Hausangestellte, Besitzdiener **855** 12
Hausbesuche, Persönlichkeitsschutz **Anh 12** 287
Hausbock 434 31
Hausgewerbetreibende 611 140ff; Anwendbarkeit Arbeitsrecht **611** 145
Haushalt, Aufwendungen Kind für elterlichen – **1620;** Mithilfe der Kinder **1619**
Haushaltsführung, Familienunterhalt **1360** 5
Haushaltsgegenstände, Ersatz von –, Eigentum **1370;** Verfügungsbeschränkung bei Zugewinngemeinschaft **1369**
Haushaltsrecht und Sittenwidrigkeit **138** 143; Verbotsgesetz **134** 65
Haushaltstätigkeit, Entschädigung 843 4ff, 8f, **1356** 9ff
Hausordnung, Wohnungseigentümergemeinschaft **WEG 10** 9, **21** 5
Hausrat, Alleineigentum eines Ehegatten **HausratsVO 9;** Änderung der Entscheidung **HausratsVO 17;** Aufhebung, Nichtigerklärung der Ehe **HausratsVO 25;** Begriff **HausratsVO 1** 8ff; Besitzmittlungsverhältnis **868** 16; Durchführung der Entscheidung **HausratsVO 15;** Eigentumslage **HausratsVO vor 1** 8; gemeinsames Eigentum beider Ehegatten **HausratsVO 8;** Getrenntleben der Ehegatten **HausratsVO 18a;** Gläubigerrechte **HausratsVO 10;** Herausgabeklage **HausratsVO vor 1** 10; und Insolvenzverfahren **HausratsVO vor 1** 14; Lebenspartner Trennung **LPartG 13;** Lebenspartnerschaft Aufhebung **LPartG 17, 19;** Nutzungsregelung **HausratsVO vor 1** 11; Rechtsstreit über Ehewohnung und Hausrat **HausratsVO 18;** Scheidung, Regelung durch

Richter **HausratsVO 1** 1ff; Scheidung/Eheaufhebung, Allgemeines **HausratsVO vor 1, vor 8;** sa Hausratsverfahren; Zugewinnverfahren, Abgrenzung **HausratsVO vor 1** 9
Hausrat, IPR HausratsVO vor 1 14; **EGBGB 14** 33, **17a**
Hausratsteilung, Sittenwidrigkeit **138** 100
Hausratsverfahren HausratsVO 1; Änderung der Entscheidung **HausratsVO 17;** Antrag **HausratsVO 1** 17f; Aufhebung, Nichtigerklärung der Ehe **HausratsVO 25;** Durchführung der Entscheidung **HausratsVO 15;** Einigungsmangel **HausratsVO 1** 15; Entscheidungsgrundsätze **HausratsVO 2;** Kostenvorschriften **HausratsVO 20–23;** Rechtskraft und Vollstreckbarkeit **HausratsVO 16;** Rechtsmittel **HausratsVO 14;** und Rechtsstreit über Ehewohnung und Hausrat **HausratsVO 18;** bei Trennung **HausratsVO 18a;** Verfahrensvorschriften **HausratsVO 11ff, 13;** Zeitpunkt der Antragstellung **HausratsVO 12;** Zuständigkeit **HausratsVO 11**
Hausschwamm 434 6, 31
Haustierhaltung WEG 10 9
Haustürgeschäft, Belehrung **312** 65ff; IPR **vor 312** 12; Umgehungsverbot **312f** 9ff; Unabdingbarkeitsregel **312f** 2ff; Verbraucherdarlehen **491** 25
Haustürgeschäft, Ausnahmen 312 66ff; Beweislast **312** 92; Leistung sofort/höchstens 40 Euro **312** 88f; notarielle Beurkundung **312** 90f; Versicherungsverträge **312** 67ff; vorhergehende Bestellung **312** 69ff, 74 (Bitte um Katalog/Prospekt/Warenprobe), 76f (bei unverlangtem Telefonanruf), 78 (aufgrund Werbung in Presse), 79 (durch schlüssiges Verhalten), 81f (Informationsbesuch), 81f (unverbindliche Beratung), 83ff (Konkretisierung Verhandlungsgegenstand)
Haustürgeschäft, Widerrufsrecht, Allgemeines **312;** Anwendungsbereich **312** 3ff; Arbeitsvertrag **312** 31; Ausnahmen **312** 66ff sa Haustürgeschäfte, Ausnahmen; Beitritt zu Verein/Gesellschaft **312** 22; „bestimmt" zum Abschluß des Vertrages **312** 32ff; Beweislast **312** 61, 92; Bürgschaft **312** 26ff; bei Ehegatten **312** 7; Freizeitveranstaltung, Vertragsanbahnung anläßlich **312** 44ff; mehrere Personen als Gesamtschuldner **312** 6; bei Miete von Immobilien **312** 21; mündliche Verhandlungen an Arbeitsplatz/Privatwohnung **312** 36; Rechtsfolge **312** 62f; Rückgaberecht **312** 63; Sicherungsgeschäfte, sonstige **312** 30; situative Anwendungsvoraussetzungen **312** 34ff; Stellvertretung auf seiten Verbraucher **312** 8ff; Verbraucher-Unternehmer-Vertrag **312** 4ff; Verhältnis zu anderen Vorschriften **312a;** Verkaufsfahrten **312** 53ff; Verkehrsmittel/öffentliche Verkehrsflächen **312** 57ff; Vertrag über „entgeltliche Leistung" **312** 17ff; Zweck der Vorschrift **312** 2
Hauswart-/Hausmeisterwohnung und Wohnungseigentümergemeinschaft **WEG 10** 9
Hecke, Schadensersatz **249** 25ff
Hedgegeschäft 762 5b; sa Börsentermingeschäfte
Hehler und Dieb, Gesamtschuldner **421** 24
Heilbehandlung, Einwilligung bei Vormundschaft **1793** 11; Sittenwidrigkeit **138** 77
Heilbehandlungskosten, ambulant **249** 40; Krankenhausbehandlung **249** 41ff; von Tieren **251** 26; Wertersatzanspruch **251** 25f
Heilbehandlungsvertrag, Verbotsgesetz, Verstoß **134** 66
Heilpraktiker, Ausbildung **306a** 4; Haftung **823** 145
Heilung bei Formmangel **125** 20, **311b** 71ff
Heimarbeiter 611 140ff; Anwendbarkeit Arbeitsrecht **611** 145; Entgeltfortzahlung **616** 9
Heimfall ErbbauVO 2 6f, **32f;** Bauwerk **ErbbauVO 34;** Belastungen **ErbbauVO 33;** Vergütung **ErbbauVO 32** 1
Heimgesetz, Verbotsgesetz **134** 67
Heimvertrag vor 535 27; Inhaltskontrolle **307** 121
Heiratsvermittlung 656
Heizkörper WEG 10 9

Heizkosten 535 86
Heizölbestellung als GbR **vor 705** 29; gemeinsame, Teilschuld **420** 14
Heizungsanlage, Verkehrssicherungspflichten **823** 92; wesentlicher Bestandteil **94** 9
Helm, Mitverschulden bei Nichtbenutzung **254** 41f
Hemmung, Verjährung **203ff** sa Verjährung, Hemmung
Herausforderungsfälle, Beweislast **vor 249** 193; Schadenszurechnung **vor 249** 63f
Herausgabeanspruch des Eigentümers **985;** Fehlen eines berechtigten Interesses **242** 112; des früheren/besseren Besitzers **1007;** Gesamtgläubiger **428** 14; Gestattung von Aufsuchung und Wegschaffung vom Grundstück **1005;** Kind **1632** 1ff; Kindesvermögen **1698;** mehrere, Mitgläubiger **432** 33; Nutzungen, Wirkung Annahmeverzug **302;** Prozessuales **985** 32ff; Recht zum Besitz **986;** Rechtshängigkeit, materiell-rechtliche Wirkung **292;** Surrogat bei Unmöglichkeit/besondere Leistungserschwerung/Unzumutbarkeit aus persönlichen Gründen **285;** unzulässige Rechtsausübung **242** 152; Verjährung **194** 5, **197** 2ff; Verwendungsanspruch des Besitzers **994–1003;** sa Verwendungsanspruch, Besitzer
Herausgabeanspruch, Abtretung, gutgläubiger Erwerb **934;** Lieferschein **931** 10; Traditionspapiere **931** 8, **936** 3; anstelle Übergabe zur Übereignung **931**
Herausgebervertrag, Geschäftsbesorgungsvertrag **675** 7
Herkunft der Kaufsache, Fehler **434** 6
Herrenlose Sache, Aneignung **958ff;** sa Aneignung
Hersteller, Begriff **823** 123; Benennung **433** 36
Herstellergarantie 328 6, 36, **434** 36, **443** 6f; fehlende, Fehler **434** 4
Herstellungsklage, eheliche Lebensgemeinschaft **1353** 19ff, 24ff (Grenzen)
Herstellungskosten, Aufwendungsersatz Teilzahlungsgeschäft **503** 24
Heuerlingsvertrag vor 581 17
Heuerverhältnis, außerordentliche Kündigung **626** 6
Hilfspersonen, Schadenszurechnung **vor 249** 70f
Hinterlegung 372–386; Allgemeines **vor 372;** bei Annahmeverzug **372** 1; Anzeige **374** 2; Ausschlußfrist, Gläubigeranspruch **382;** Berechtigung **372** 3, 5; Besitzmittlungsverhältnis **868** 23; Darlehen, Abgrenzung **vor 488** 68; Empfangsberechtigung, Nachweis **380;** Erfüllung Gesamtschuld **422** 11; Geld oder Wertpapieren **232** 1, **233, 234** 1 (Geeignetheit Wertpapiere); Hinterlegungsgegenstände **372** 4; Hinterlegungsstelle **vor 372** 4, **372;** IPR **EGBGB 28** 49; des Kaufgegenstandes **vor 433** 3, **433** 57; Kosten **381;** Rücknahmerecht **376ff, 377** (Pfändungsverbot), **378** (Ausschluß), **379** (kein Ausschluß); Selbsthilfeverkauf **383–386** sa dort; Tausch Geld/Wertpapiere **235;** Übersendung durch Post **375;** Ungewißheit über Person des Gläubigers **372** 2; Verfahren **vor 372** 4; des Versteigerungserlöses **vor 433** 3; Verweisungsrecht auf Hinterlegung **379;** Vorbehalt, Gegenleistung **373;** Wertgrenze **234** 4; Wirkung **233;** Zustimmungserklärung zur Herausgabe **380**
Hinterlegungsschein 808 8
Hinweispflicht, Time sharing, Prospekte **482** 20ff
Hinweispflichten, Bankdarlehen **vor 488** 48f
Hinweisschilder, Wohnungseigentümergemeinschaft **WEG 10** 9
HOAI 632 28; Fälligkeit Vergütung **641** 14; Verbotsgesetz **134** 41
Hochschule, Amtshaftung **839** 32; Rahmengesetz, Befristung Arbeitsverträge **620** 61ff
Höchstbetragsbürgschaft vor 765 14; AGB **305c** 30, **306** 14; Gesamtschuldnerausgleich **426** 92
Höchstbetragshypothek 1190 1ff; Abtretung **1190** 15; Aufhebung **1190** 17; Umwandlung **1190** 14; verdeckte – **1190** 3
Hochzeitsgeschenke 516 13, 13d; Ehegattenerbrecht **1932**

Stichwortverzeichnis

Hof, Zubehör **98** 9
Höfeordnung, Erbverzicht **2346** 9; Pflichtteilsrecht **vor 2303** 6, **2311** 10; Vermächtnis **vor 2147** 10, **2174** 8, **2176** 2
Hoferbfolge, Ausschlagung **1951** 6
Höferecht, Störung der Geschäftsgrundlage **313** 53
Hofübergabevertrag 1941 4, **vor 2064** 7
Höhere-Gewalt-Klausel 308 25
Holschuld beim Kauf **447** 4; Kostentragung **448** 4; Leistungsort **269** 1
Holzschlag 596a 5
Honorarvereinbarung 612 14ff; Sittenwidrigkeit **138** 86, 146
Hotelaufenthalt, Mitverschulden **254** 30
Hotelreservierungsvertrag vor 535 22; Annahme Vertragsantrag **151** 3
Hufschmied vor 631 24
Hydrasystem 762 5c
Hypothek 232 4f, **vor 1113** 7f, **1113–1191**; Aufhebung durch Rechtsgeschäft **1183**; Auslegung dingliche Einigung **1113** 16; Bedingung **1113** 15; Befriedigung aus dem Grundstück **1147ff**, **1181f**, sa Hypothek, Zwangsvollstreckung; Befriedigung durch den Eigentümer **1142ff**; Belastung Bruchteilsmiteigentum **1114** 1ff; Belastung Grundstücksteil **1114**; Belastungsgegenstand **1113** 1; Eigentümergrundschuld **1163**, **1177**, sa dort; Entstehung **1113** 14ff, 20 (kraft Gesetzes); Entstehung durch Zwangsvollstreckung **1113** 19; Erlöschen **1113** 22; Gefährdung der Sicherheit der – **1133–1135**; gesetzliche Zinsen, Haftung **1118** 2; gesicherte Forderung **1113** 2ff; Gläubiger Hypothek/Forderung **1113** 9; Gläubigerbefriedigung **1113** 21; Gläubigermehrheit **1113** 10; Grundbucheintragung **1113** 18; gutgläubiger Erwerb **1114** 11, **1138**; Höchstbetragshypothek **1190**; Hypothekenbrief **1116f**, sa dort; Kosten der Kündigung, Haftung **1118** 3; Kosten der Rechtsverfolgung **1118** 5; Kündigung **1141**; Löschungsanspruch bei fremden Rechten **1179a**; Löschungsanspruch beim eigenen Recht **1179b**; Löschungsvormerkung **1179**; persönlicher Schuldner, Stellung **1164ff**, **1176**; Pfändung **1113** 23; Rangänderung bei Tielhypotheken **1151**; Recht zur Befriedigung **1142**; Schuldner **1113** 13; Sicherungsgesamtschuld **421** 55ff; Sicherungshypothek **1184ff**, sa dort; Tilgung, Verrechnung von Leistungen **367** 3; Übergang bei Forderungsabtretung **401**; Übernahme **414** 3, **416**; Übertragung **1153**, sa Hypothekenforderung; Umwandlung **1198**; unbekannter Gläubiger, Aufgebot **1170f**; Unterlassungsklage bei Gefährdung **1134**; unzulässige Rechtsausübung **242** 154; Veräußerungs- und Belastungsverbote **1136**; und Verjährung des gesicherten Anspruchs **214** 9, **216**; Verteidigungsmöglichkeiten gegen die – **1137**; Verzicht auf **1168**; Verzichtsanspruch wegen Einrede auf Dauer **1169**; Verzugszinsen **1146**; Wertpapierhypothek **1187ff**; Widerspruch, unterbliebene Darlehensauszahlung **1139**; Zinserhöhung **1119**; Zubehör, Rechtsverschlechterung **1135**
Hypothek, Grundbucheintragung, Inhalt **1115**; unrichtige und Brief **1140**
Hypothek, Haftung, Allgemeines **vor 1120** 1ff; Beschlagnahme **1121** 5, **1123** 5; Bestandteile **1120** 1ff, **1121**, **1122** 1; eigenkapitalersetzende Nutzungsüberlassung **1123** 6; Ersatzansprüche als Surrogat **1127**; Erzeugnisse **1120** 1ff, **1121**, **1122** 1; Folgen der Haftung **vor 1120** 2; Gesamthypothek **1132**; Grenzüberbau **1120** 1; gutgläubiger Erwerb **1121** 6; Miet- und Pachtforderungen **1123–1125**; Recht auf wiederkehrende Leistung **1126**; Veränderungen im Grundstücksbestand **1131** 1ff; Versicherungsforderungen als Surrogat **1127–1130** (Gebäudeversicherung); Verteidigungsmöglichkeiten **1137**; Zubehör **1120** 6ff, 9 (unter Eigentumsvorbehalt), **1121**, **1122** 2; Zuschreibung eines Grundstücks **1131**

Hypothek, Zwangsvollstreckung 1147ff; Eigentümer im Grundbuch **1148**; Erlöschen der Hypothek **1181f**; Schutz Rechte Dritter **1150**; Titel **1147** 2; Verfallabrede **1149**; Zwangsversteigerung/Zwangsverwaltung **1147** 8
Hypothekenbestellung, Inhaltskontrolle **307** 118
Hypothekenbrief 1116; Abhandenkommen/Vernichtung **1162**; Anspruch auf Vorlage beim Grundbuchamt **896**; Aushändigungsvereinbarung **1117** 5; Ausschluß der Brieferteilung **1116** 6f; Ausstellung **1116** 4; Bedeutung **1116** 3; Briefübergabe **1117**; Eigentümer **1116** 5; Eigentumsübergang **952** 7; Gutglaubensschutz **1155**; Herausgabeanspruch nach Befriedigung **1144f**; Sicherungshypothek **1185**; Teil- **1152**; Umwandlung in Buchhypothek **1116** 8; und Unrichtigkeit des Grundbuchs **1140**; Vorlage **1160f**
Hypothekenforderung, Briefübergabe **1155**; Einwendungen/Einreden **1156f**; Forderungsauswechslung **1180**; nicht entstandene/erloschene **1163**; Pfandrechtsbestellung **1274** 6; auf Rückstände von Zinsen/Nebenleistungen **1159**, **1178**; Teilung **1151f**; Übertragung **1153**; auf Zinsen/Nebenleistungen **1158**
Hypothekenforderung, Abtretung 1154; Beglaubigung **1154** 10; Briefübergabe **1154** 5; Buchhypothek **1154** 11; vor Eintragung **1154** 7; Teil- **1154** 8
Hypothetische Kausalität vor 249 78–89
Hypothetischer Parteiwille bei der ergänzenden Auslegung **133** 22; bei Umdeutung eines nichtigen Rechtsgeschäfts **140** 15ff; bei Umdeutung nichtiges Rechtsgeschäft **140** 1; Vorrang bei Teilnichtigkeit **139** 10, 35

Idealverein, s Verein
Identitätsschutz Anh 12 104ff; Double **Anh 12** 172; falsche Signatur **Anh 12** 108; Gegeninteressen **Anh 12** 105; geschütztes Rechtsgut **Anh 12** 104; Kasuistik **Anh 12** 106f
Immaterialgüterrecht, Nichtleistungskondiktion **812** 69; als Rechtsmangel **435** 6; Rechtsschutz, IPR **EGBGB 40** 54f; sonstiges Recht **823** 40f; Verträge über, IPR **EGBGB 28** 54
Immaterielle Schäden, echte Naturalrestitution **249** 11–15; gesetzliche Sonderregelungen **253** 7; Naturalrestitution **253** 4; Schadensersatz **253** sa Schmerzensgeld; Schadensersatz in Geld **253** 3; bei Verletzung des APR **253** 15; aufgrund Vertragsverletzung **253**
Immissionen 906ff; Abwehranspruch Eigentümer **1004** 16; hoheitliche **906** 46ff; IPR **EGBGB 44**; und Wohnungseigentümergemeinschaft **WEG 10** 9; sa Nachbarrecht
Immobiliendarlehen, verbundener Vertrag **358** 9f
Immobilienfonds, geschlossener, Pflichten Treuhänder **vor 662** 98
Immobilienmakler, Provision, unzulässige Rechtsausübung **242** 180; s Mäklervertrag
In-sich-Geschäft 181 1ff; sa Vertretung, In-sich-Geschäft
Incoterms vor 433 32, **447** 8, 16
Indemnitätsschutz Anh 12 98
Indexierung, Verbot der 244 5, 7
Indexmiete 557b
Individualvereinbarungen 305 17ff; Vorrang vor AGB **305b**
Indossament, Umdeutung **140** 29
Industrienormen 437 40
Informationsanspruch, allgemeiner 666 10ff; berufsbezogene Auskunftspflichten, Index **666** 59
Informationsbeschaffungsfreiheit Anh 12 113, 115, 117, 123, 126f, 134, 211; Mittel der Informationsbeschaffung **Anh 12** 125, 150; Verwertungs- und Veröffentlichungsverbot **Anh 12** 228f (rechtswidrig erlangte Informationen)

Informationsbesuch 312 81
Informationsfreiheit, negative Anh 12 278ff
Informationspflichten 241 14ff; Arbeitnehmer **611** 505ff; Bankvertrag s Bankvertrag, Informationspflichten; Finanztermingeschäft **Anh 764** 1ff; Schadensersatz wegen Pflichtverletzung **280** 45, 48ff; Wertpapierdienstleistungsunternehmen **Anh 764** 15ff
Informationspflichten-Verordnung s BGB-InfoV
Informationsrecht, Gesellschafter 716
Informationsschutz, s Bildnisschutz; Privatgeheimnisse, Schutz gegen Verbreitung/Auswertung; Privatgeheimnisse, Schutz vor Ausspähung
Ingenieurbindungsklausel, Nichtigkeit Vertrag wegen Gesetzesverstoßes **631** 19ff
Ingenieurvertrag vor 631 24; Inhaltskontrolle **307** 55; Verbotsgesetz **134** 41
Inhaberpapier, Abtretbarkeit Ansprüche **398** 9; Eigentumsübergang **952** 4f; Nießbrauch **1081–1084**; Pfandrecht **1204** 3, **1292–1296**; Rechtskauf **453** 2, 5
Inhaberschuldverschreibung, s Schuldverschreibung auf den Inhaber
Inhaltsirrtum vor 116 21; Anfechtbarkeit **119** 34f
Inhaltskontrolle und Vertragsfreiheit **vor 241** 11
Inkassogeschäft, IPR EGBGB 28 56
Inkassokosten, Aufwendungsersatz Teilzahlungsgeschäft **503** 25
Inkassovertrag, Geschäftsbesorgungsvertrag **675** 7
Inkassozession 398 36; Einziehungsermächtigung, Abgrenzung **398** 37
Inkognito 12 10
Innengesellschaft zw Eheleuten bei Mitarbeit im Geschäft des Ehegatten **1356** 16ff, sa Ehegatten, Mitarbeit
Innenvollmacht, Anfechtung **167** 25ff; Auslegung **167** 6, 30; Begriff **167** 2; Erlöschen **168** 1ff; Erteilung durch schlüssiges Verhalten **167** 11; Fortdauer der Wirkung/ Gutglaubensschutz **169** 1ff; **171** 1ff, **172** 1ff; Mißbrauch **167** 47ff
Inserat, Ehrenschutz **Anh 12** 47
Insiderhandel, vorsätzliche sittenwidrige Schädigung **826** 44
Insolvenz, Amtshaftung Gericht **839**; Arbeitsverhältnis in – **611** 185; und Aufrechnung **387** 43; Ausschluß des Vorkaufsrechts **471**; Eigentumsvorbehalt **449** 18 (Käufer), 20 (Käufer), 26 (Verkäufer), 50 (Käufer); Kündigung Dienstverhältnisse **626** 84; Übergang Vorzugsrecht bei Forderungsabtretung **401** 6; unzulässige Rechtsausübung **242** 181; Verein, eingetragener **75**; Verein, rechtsfähiger **42**, 4 (Verlust Rechtsfähigkeit), 5 (Auflösungswirkung), 6 (Eröffnungsgründe), 7 (Antragspflicht), 7 (Antragspflichtverletzung); Verjährung, -tabelle **197**, 16, **201** 4; Verjährungshemmung **204** 26, 48; -vermerk **892** 39; Vertrag zugunsten Dritter **328** 35; -verschleppung, Sittenwidrigkeit **138** 125, 164; Verwalter **31** 1 (Organhaftung), **278** 11 (Haftung für)
Instandhaltungs-/Instandsetzungspflicht, Mietsache 535 47; Duldungspflicht Mieter **554** 2ff; Überbürdungsregelung auf Mieter **535** 87ff, **538** 3
Instandhaltungsrücklage, Wohnungseigentümergemeinschaft **WEG 21** 8
Instvertrag vor 581 17
Integritätsinteresse des Geschädigten **249** 87a; bei KfZ-Reparatur **249** 86f
Integritätszuschlag 249 87a
Internationaler Warenkauf vor 145 13, **vor 433** 32f
Internationales Privatrecht, Anknüpfung **EGBGB Einl 3** 3; außervertragliche Schuldverhältnisse **EGBGB 38ff**; Beitrittsgebiet **EGBGB Einl 3** 58, **3** 21ff; Einzelstatut bricht Gesamtstatut **EGBGB 3** 13ff; Entstehungsgeschichte **EGBGB Einl 3** 19ff; Gegenstand **EGBGB Einl 3** 1; Gesamtverweisung **EGBGB 3** 4f, **4** 1, 4ff; innerdeutsches Kollisionsrecht **EGBGB 3** 24ff; Kollisionsnormen **EGBGB Einl 3** 3; Konventionskonflikte **EGBGB 3** 12; mangels Rechtswahl anzuwendendes Recht **EGBGB 28**; Nachbargebiete, Abgrenzung **EGBGB Einl 3** 5ff; Personalstatut **EGBGB 5** sa dort; Quellen **EGBGB Einl 3** 9ff; Rechtswahl **EGBGB 27**; Rückverweisung/Renvoi **EGBGB 4** 2, 4ff, 35, Sachenrecht s Sachenrecht, IPR; Sachnormverweisung **EGBGB 3** 4f, **4** 11ff; Schuldrecht s Schuldrecht, IPR; spezielle Vorbehaltsklauseln **EGBGB 6** 8ff; Unteranknüpfung bei Mehrrechtsstaaten **EGBGB 4** 21ff; Vorrang Gemeinschaftsrecht **EGBGB 3** 11; Vorrang staatsvertraglicher Kollisionsnormen **EGBGB 3** 6ff; Weiterverweisung **EGBGB 4** 4ff, 35
Internationales Privatrecht, Geschäftsfähigkeit vor 104 17
Internationales Privatrecht, Grundzüge EGBGB Einl 3; Angleichung **EGBGB Einl 3** 46; Anknüpfungsgrundregeln **EGBGB Einl 3** 29ff; Anknüpfungszeitpunkte **EGBGB Einl 3** 32ff; Anpassung **EGBGB Einl 3** 46; Anwendungsbereich **EGBGB 3** 2ff; Beitrittsgebiet **EGBGB Einl 3** 58, **3** 21ff; Ermittlung ausländischen Rechts **EGBGB Einl 3** 51ff; und Europäisches Gemeinschaftsrecht **EGBGB Einl 3** 59ff, **3** 11; Funktion **EGBGB 3** 2ff; Gesetzesumgehung/fraudulöse Anknüpfung **EGBGB Einl 3** 45; prozessuale Behandlung ausländischen Rechts **EGBGB Einl 3** 57; Qualifikation **EGBGB Einl 3** 38ff; Statutenwechsel **EGBGB Einl 3** 32; Substitution **EGBGB Einl 3** 47; Unwandelbarkeit/ Versteinerung Statut **EGBGB Einl 3** 33f; Verfahrensrecht der lex fori **EGBGB Einl 3** 48; Verweisung **EGBGB Einl 3** 35ff; Vorfragen **EGBGB Einl 3** 41ff; zwingende Natur des IPR **EGBGB Einl 3** 49f
Internationales Privatrecht, ordre public EGBGB 6; Adoption **EGBGB 6** 38ff; allgemeine Bestimmungen der Rechtsgeschäftslehre **EGBGB 6** 29; Allgemeines **EGBGB 6** 1ff; Anwendungsbereich **EGBGB 6** 6, 24ff; Anwendungspraxis **EGBGB 6** 27ff; Auswirkungen der Vorbehaltsklausel **EGBGB 6** 26; Ehefähigkeit **EGBGB 6** 34; Ehegüterrecht **EGBGB 6** 36; Ehenamen, Vornamen **EGBGB 6** 30; Eherecht **EGBGB 6** 33; Ehescheidung **EGBGB 6** 37; Ehewirkungen **EGBGB 6** 35; Erbrecht, internationales **EGBGB 6** 46ff; Familienrecht, internationales **EGBGB 6** 31ff; Kindschaftsrecht **EGBGB 6** 38ff; Personenrecht, internationales **EGBGB 6** 28; und Rechtswahl **EGBGB 27** 4; Retorsion **EGBGB 6** 60f; Sachenrecht, internationales **EGBGB 6** 57ff; Schuldrecht, internationales **EGBGB 6** 51ff; Unterhaltsrecht **EGBGB 6** 43ff; Verlöbnis **EGBGB 6** 32; Voraussetzungen Vorbehaltsklausel **EGBGB 6** 11ff; Wirkungsweise **EGBGB 6** 2ff
Internationales Privatrecht, Übergangsvorschriften EGBGB 219ff, 230ff; Neuregelung IPR 1986 **EGBGB** 220
Internatsvertrag 306 14, **vor 535** 28
Internet, AGB bei Vertragsabschluß im – **305** 29, 37; Deliktrechtsschutz, IPR **EGBGB 40** 56; Domainadresse **12** 15; und formbedürftige Erklärungen **126** 11; Name **12** 15; Warenangebot auf Website **145** 7
Internet, Persönlichkeitsverletzung Anh 12 45, 314ff; Anspruchsgegner **Anh 12** 315; Rechtsfolgen **Anh 12** 315b; Verletzungsformen **Anh 12** 314
Interventionskosten, Aufwendungsersatz Teilzahlungsgeschäft **503** 26
Inventar, gewerbliches **98** 2f; Kauf mit Wiederkaufsrecht **vor 582** 4; bei Landpacht **585** 5f; landwirtschaftliches **98** 4ff; Mitverpachtung **582**; bei Pacht **vor 582** 3 (Definition); Übernahme zum Schätzwert **582a**
Inventarerrichtung vor 1993, 1993ff; amtliche Mitwirkung bei Aufnahme durch Erben **2002**; Antrag auf amtliche Aufnahme **2003**; bereits vorhandenes Inventar **2004**; eidesstattliche Versicherung **2006**; Fiskus **2011**;

Stichwortverzeichnis

Frist **1995–1997**; bei Gesamtgut der Gütergemeinschaft **2008**; Gläubigerantrag **1994** 2; Inhalt Inventar **2001**; Inventarfrist **1994ff;** Inventaruntreue **2005** 1ff; Miterben **2063**; Mitteilung an Vormundschaftsgericht **1999**; Nachlaßpflegschaft/Nachlaßverwaltung **2012**; Nachlaßverwaltung/Nachlaßinsolvenzverfahren **2000**; Recht auf Einsichtnahme **2010**; Tod des Erben vor Fristablauf **1998**; Unvollständigkeit **2005** 6; Vollständigkeitsvermutung bei rechtzeitiger Errichtung **2009**

Investmentanteilschein, Inhaberschuldverschreibung **793** 12

Invitatio ad offerendum 145 4

Inzahlungnahme, Hemmung der Verjährung **205** 4; als Vereinbarung einer Ersetzungsbefugnis **243** 4, **433** 50, **480** 5

Inzestverbot vor 1306 2, **1307** 2

IPR s Internationales Privatrecht

Irrtumsanfechtung 119 1ff, **147** 14; bei AGB **119** 36; und arglistige Täuschung **119** 1; und Auslegung **119** 4f; Bedeutung **119** 1; Beschaffenheitsirrtum **119** 39f; Beweislast **119** 56; bei Blanketterklärung **119** 33, 35; Eigenschaftsirrtum **119** 41ff sa dort; im elektronischen Rechtsverkehr **119** 33; Erklärungsirrtum **119** 33; und falsa demonstratio **119** 5, 31, 35, 38; Frist **121** 1ff, sa Anfechtungsfrist; -gründe **119** 21ff; Irrtum **119** 31ff; Kalkulationsirrtum **119** 38; Kausalität **119** 53–55; Motivirrtum **119** 50ff; im öffentlichen Recht **119** 3; im Privatrecht **119** 2; im Prozeßrecht **119** 2; Rechtsfolgeirrtum **119** 37; und Rücktrittsrecht **119** 20; und Sachmängelhaftung **119** 19; Schadensersatzanspruch **122** 1ff sa Anfechtbarkeit Willenserklärung, Schadensersatzanspruch; bei Schweigen **119** 36; Steuersatz, Irrtum über **119** 38; Unterschreiben nichtgelesene Urkunde **119** 35; Voraussetzungen der Anfechtbarkeit **119** 21ff; und Widerrufs- oder Rückgaberecht **119** 20; Zusammenhang Irrtum/Erklärung **119** 53ff

Irrtumsanfechtung, Anfechtungsgegner/anfechtbare Erklärung 119 22ff; AGB **119** 36; fingierte Willenserklärung **119** 26; geschäftsähnliche Handlung **119** 27; Realakt **119** 27; Unterlassen einer Willenserklärung **119** 30; unwiderleglich vermutete Willenserklärung **119** 26; Verzeihung **119** 28; Willenserklärung **119** 22, 23 (Schweigen), 24 (ohne Erklärungsbewußtsein); Wissenserklärung **119** 29

Irrtumsanfechtung, Ausschluß/Einschränkung 119 6ff; bei Blanketterklärung **119** 11, 33; bei Dauerrechtsverhältnissen **119** 12; Erbrecht **119** 12; Familienrecht **119** 13; bei fingierter Willenserklärung **119** 10, 26; Gewährleistungsrecht für Sachmängel **119** 19; bei Handelsgeschäft **119** 10; Rücktrittsrecht **119** 20; Schenkung **119** 15; Schiedsvertrag **119** 16; durch Spezialregelungen **119** 6 (im Gewährleistungsrecht für Sachmängel), 12ff; bei Unterlassen einer Willenserklärung **119** 30; bei unwiderleglich vermuteten Willenserklärungen **119** 26; Vergleich **119** 14; Vermögensgesetz **119** 20; Versicherungsrecht **119** 17; bei Verstoß gegen Treu und Glauben/Verwirkung **119** 7; bei Verzicht **119** 6; bei der Vollmacht **119** 8, **167** 25ff; Wertpapierrecht **119** 9; Widerrufsrecht **119** 20; bei Wissenserklärungen **119** 29

Irrtumsarten vor 116 21, **119** 31ff; Beschaffenheitsirrtum **119** 39f; Eigenschaftsirrtum **119** 41ff sa dort; Erklärungsirrtum **vor 116** 21, **119** 33; Inhaltsirrtum **vor 116** 21, **119** 34f; Kalkulationsirrtum **119** 38; Motivirrtum **vor 116** 23f, **119** 50ff; Rechtsfolgeirrtum **119** 37; sa Anfechtbarkeit Willenserklärung, Irrtum

Jagd, Amtshaftung **839** 105; Verkehrspflichten **823** 99, 105
Jagdaufseher, Besitzdiener **855** 12

Jagdpacht vor 581 25f
Jagdrecht Einl 854 24; Verbotsgesetz **134** 69
Jahresabrechnung, WEG **10** 9, **28** 4
Job-pairing 611 313
Job-sharing 611 312ff
Job-splitting 611 313
Jugendarbeitsschutz, Verbotsgesetz, Verstoß **134** 35
Jugendgefährdende Schriften, Bundesprüfstelle für, Amtshaftung **839** 101
Jugendliche, Mitverschulden im Straßenverkehr **254** 37b–37e; Sorgfaltspflicht/Fahrlässigkeit **276** 27
Jugendschutz, Verbotsgesetz **134** 70
Jugendwohnheime 549 9
Juristische Person vor 21; Arten **vor 21** 11; Bedeutung **vor 21** 1; Begriff **vor 21** 2; als Besitzer **854** 5; Durchgriff **vor 21** 3ff; Einbringung Grundstück **311b** 22; erlaubtes In-sich-Geschäft **181** 25; und Gesamthandsverhältnisse **vor 21** 8; Handeln für noch zu gründende juristische Person **177** 11; IPR **vor 21** 15, **EGBGB 37** 21ff; Namensschutz **12** 12; des öffentlichen Rechts sa Juristische Person des öffentlichen Rechts; Persönlichkeitsschutz **Anh 12** 290ff sa Persönlichkeitsschutz, Personenvereinigungen; Rechtsfähigkeit **vor 1** 1; Rechtsfähigkeit, Umfang **vor 21** 10; und Rechtsgemeinschaft **vor 21** 9; Unternehmer **14** 6; Verbraucher **13** 5; Wissenszurechnung **166** 11, 17
Juristische Person des öffentlichen Rechts vor 21 11, **89** 2; Anwendbarkeit AGB-Vorschriften **310** 6; besondere Handlungsvoraussetzungen, Abgrenzung zu § **134** 6; Fiskus **89** 2; Form bei Rechtsgeschäften **125** 13; Insolvenzfähigkeit **89** 11; Organhaftung **89** 1ff; privates/hoheitliches Handeln **89** 3ff; Vertretung bei Rechtsgeschäften **125** 13; Zwangsvollstreckung gegen – **89** 11; Wissenszurechnung **166** 11
Justitiar, Geschäftsbesorgungsvertrag **675** 7
Justiz, Amtshaftung **839** 61ff, 109ff

Kabelfernsehen WEG **10** 9
Kaffeefahrten 312 53ff, 75, **EGBGB 29** 13
Kalkulationsgrundlage 480 2
Kalkulationsirrtum 119 38, **433** 44; und cic **311** 40; bei Werkvertrag **631** 25, **632** 11; sa Anfechtung Willenserklärung, Irrtum
Kaminkehrergebühren, Miete **535** 55
Kampfsport, Verkehrspflichten **823** 104
Kanal, Amtshaftung **839** 95a; Anschlußgebühren, als öffentliche Last **436** 1
Kapitalabfindung 843
Kapitalanlage und cic **311** 42; Inhaltskontrolle **307** 122; Werbung **675** 44
Karenztage 616 12
Kartell und GbR **vor 705** 43
Kartellrecht, marktordnender Vertrag **vor 145** 3; und Sittenordnung **138** 126; Verbotsgesetz **134** 71
Kartellvertrag, Form **125** 3
Karten 807
Kartenzahlung s Kreditkartenvertrag
Kassageschäft 762 5b, **Anh 764** 4
Kasse gegen Dokumente 447 20
Katalog, Beschreibung der Kaufsache in – **434** 22; Vertragsangebot **145** 6
Katasterverwaltung, Amtshaftung **839** 127
Kauf 433–514; allgemeine Regeln, Anwendbarkeit **vor 433** 1ff; und andere Vertragstypen **vor 433** 10ff; Angebot und Annahme **433** 1ff; aufschiebend bedingter **454** 6; Beschaffenheitsvereinbarung **434** 2ff; Besitzmittlungsverhältnis **868** 24; und cic **311** 39; Eigentumsvorbehalt, s dort; Forderungskauf, s dort; Formerfordernisse **433** 5; Freizeichnungsklausel **242** 164; Gattungs-

kauf, s dort; Gebrauchtwagenkauf, s dort; Gefahr- und Lastenübergang **446**; Gefahrübergang beim Versendungskauf **447**; Gefahrübergang, s dort; Genehmigung **433** 6, **463** 14; und Geschäftsbesorgungsvertrag **675** 7; Gewährleistung, s dort; Grundstückskauf, s dort; Handelskauf **vor 433** 3; Inhaltskontrolle **307** 123ff; Internationaler Warenkauf **vor 433** 32ff; IPR **EGBGB 28** 28ff; Kaufgegenstände **433** 10ff; Kaufpreis, s dort; Kontrahierungszwang **433** 9; Kosten Übergabe **448** 1ff; Kraftfahrzeug s dort, Gebrauchtwagenkauf, Neuwagenkauf; Kraftfahrzeugbrief s dort; Leistungsort **vor 433** 2; Leistungszeit **vor 433** 2; Mängelgewährleistung/-haftung **437f** s Kauf, Mängelgewährleistung/-haftung; Minderung, s dort; Parteien **433** 7; Pfandverkauf, s dort; Pferdekauf, s dort; Praxisverkauf, s dort; Preisgefahr **446** 1; auf Probe s dort; Rechtskauf s dort; Rechtsmängel s dort; Sachkauf, s dort; Sachmangel s dort; Schiffskauf, s dort; Schutzwirkung zugunsten Begleitperson **328** 29; Selbsthilfeverkauf **vor 433** 3, **433** 57; Sicherungsabrede **vor 433** 27; Sittenwidrigkeit **138** 127; Störung der Geschäftsgrundlage **313** 70; Streckengeschäft, s dort; Stückkauf, s dort; Übergabe **446** 5; UN-Kaufrecht **vor 145** 13; Unmöglichkeit, s dort; Unternehmenskauf, s dort; unzulässige Rechtsausübung **242** 182; Veräußerungsketten **vor 433** 28; Verbrauchsgüterkauf **474–479** sa dort; Verjährung **195** 17; Versendungskauf, s dort; Vertragspflichten, typische **vor 433** 10; Vertragsschluß **433** 1ff; Vorkauf, s dort; Vorvertrag **433** 8; Wiederkauf, s dort

Kauf, Käuferpflichten 433 37ff; Abnahme **433** 52ff; Aufbewahrungspflichten **433** 59; Aufklärungspflichten **433** 60; Kaufpreiszahlung **433** 38ff, 48ff; Untersuchungspflichten **433** 61, **442** 11ff; weitere Pflichten **433** 58ff

Kauf, Mängelgewährleistung/-haftung 437f; Abtretung **437** 46; und allgemeines Leistungsstörungsrecht **vor 437** 4ff; und Anfechtung **vor 437** 19ff; Anwendungsbereich **vor 437** 1ff; Aufwendungsersatz **437** 41f; Ausschluß bei Pfandverkauf in öffentlicher Versteigerung **445** 3; Ausschluß beim Wiederkauf **457** 3; Beratungspflichten, Verletzung **vor 437** 11; Beweislast **442** 24; und Deliktsrecht **vor 437** 31ff, **438** 2; Geschäftsgrundlage, Störung der **vor 437** 16ff; bei im Grundbuch eingetragenen Rechten **442** 22; und Haftung wegen vorvertraglicher Pflichtverletzung **vor 437** 27ff; Haftungsausschluß s dort; Minderung **437** 10, **441** sa Minderung, Kauf; Nacherfüllungsanspruch **433** 1ff, **439** sa Nacherfüllungsanspruch, Kauf; Nebenpflichten, Verletzung **vor 437** 12ff; Rechtskauf **453** 9ff; Rücktrittsrecht **437** 4ff, **440**; Sachgesamtheit **453** 24; Schadensersatz **437** 11ff, **440** sa Kauf, Schadensersatz wg Mängel; Unternehmenskauf **453** 24; Verhältnis Rechtsbehelfe untereinander **437** 43ff; Verjährung **438** sa Kauf, Mängelgewährleistung/-haftung, Verjährung

Kauf, Mängelgewährleistung/-haftung, Verjährung, 2-jährige Verjährung **438** 10; **438**, Abdingbarkeit **438** 26; bei Arglist des Verkäufers **438** 16ff, **442** 16; Baumaterialien **438** 7ff; Bauwerke **438** 5f; Beginn **438** 11ff, 12 (Grundstückskauf), 13ff (Sachkauf), 15 (Montage); erfaßte Ansprüche **438** 1f; Garantie s dort; Beschaffenheitsgarantie; Haltbarkeitsgarantie; Mangelfolgeschäden **438** 1; Minderung **438** 21ff; Rechtsmängel **438** 3f; Rücktritt **438** 2

Kauf mit Montageverpflichtung 651 13

Kauf auf Probe vor 433 18, **454**; Eigentumsvorbehalt **449** 8; Frist für Billigung **455**

Kauf, Schadensersatz wg Mängel 437 11ff, **440**; Berechnung bei Garantie/Zusicherung **437** 21; Berechnung - statt Leistung **437** 16ff; einfacher - **437** 20; Fehlschlagen der Nacherfüllung **440** 4; Minderung, Verhältnis **441** 13; Nacherfüllung, Selbstvornahme des Käufers **437** 3; Nachfristsetzung **437** 14f, **440** 2ff; Pflichtverletzung **437** 12f; Unzumutbarkeit der Nacherfüllung **440** 3; bei Vertragsschluß behebbare/später auftretende Mängel **437** 12ff; bei Vertragsschluß unbehebbare Mängel **437** 11; Vertretenmüssen des Verkäufers **437** 22ff, 26ff (Untersuchungspflicht des Verkäufers), 29ff (bei Garantie) sa Garantie; Verweigerung der Nacherfüllung **440** 2

Kauf, Verkäuferpflichten 433 13ff; bei Änderung der Werbung **433** 27; Anleitungspflicht **433** 26; Benennung des Herstellers **433** 36; Beratungs- und Aufklärungspflichten **433** 24f, 26, **437** 27ff; Besitzverschaffung **433** 14; Durchführbarkeit des Vertrages **433** 31; Eigentumserwerb kraft guten Glaubens **433** 19; Frei von Sach- und Rechtsmängeln **433** 22; Haftung für unrichtige Angaben **433** 25; bei Produktänderung **433** 27; Rechnungserstellung **433** 36; Übereignung **433** 17ff, **435** 2; Übergabe **433** 14; Übergabe von Dokumenten **433** 32; Umsatzsteuer, Abführung **433** 36; Umtausch/Gutschrift **433** 33ff; Untersuchungspflichten **433** 28, **437** 26ff; Verpackung, gehörige **433** 30; Versicherung der Waren **433** 29; Verwahrungs- und Erhaltungspflicht vor Übergabe **433** 29; Warnpflicht **433** 26; weitere Pflichten **433** 36

Kaufähnlicher Vertrag vor 433 5, **453** 3; Kosten **448** 7; Übergabe der Preisgefahr **446** 3; Verjährung, s dort; als Vorkaufsfall **463** 8

Kaufgegenstand 433 10ff

Kaufinteressent, Begleitperson 328 29

Kaufmann, Anwendbarkeit AGB-Vorschriften **310** 2; Verdienstausfall **252** 18

Kaufmännisches Bestätigungsschreiben 147 5ff; sa Bestätigungsschreiben, kaufmännisches

Kaufmannseigenschaft, überraschende Klauseln **305c** 18

Kaufpreis 433 3, 38ff; Klauseln **433** 38ff; Mehrwertsteuer **433** 43; Preisvorbehalt **433** 39; Stundung **480** 5; Zahlung **vor 433** 10, **433** 48ff

Kaufsache, Beschaffenheit **434** 2ff

Kaufvertrag, überraschende Klauseln **305c** 15

Kaufvertrag, finanzierter, Entreicherung **818** 40a; sa Verbraucherdarlehen

Kausales Rechtsgeschäft Einl 104 20, 22

Kausalität bei arglistiger Täuschung **123** 22ff; bei widerrechtlicher Drohung **123** 59; sa Schadenszurechnung

Kaution, Miete 551, 566a; und verjährte Ansprüche **548** 10

Kellerverteilung WEG 10 9

Kenntnis der Anfechtbarkeit 142 11; Anfechtungsgrund **121** 2; Anfechtungsfrist **124** 6; bei arglistige Täuschung/Drohung eines Dritten **123** 31ff, 72; beim einseitigen Rechtsgeschäft eines Minderjährigen **111** 4; beim Erlöschen der Vertretungsmacht/Vollmacht **169** 1f, **173** 3; bei geheimem Vorbehalt **116** 6; des Käufers von einem Mangel **442** 1, 4ff; bei Mietmängeln **536b**; beim Schadensersatzanspruch aus § 122 **122** 9; beim Schadensersatzanspruch wegen fehlender Vertretungsmacht **179** 11, 15; beim Vertreter **166** 5, 14, **442** 17; beim Widerrufsrecht **109** 3, **178** 3; Wissenszurechnung **166** 5, 17f

Kennzeichnung der Kaufsache über Eigenschaften **434** 22ff

Kettenauffahrunfall vor 249 68

Kfz, s Kraftfahrzeug

KG, Namensschutz **12** 12; Testamentsvollstreckung **2205** 34; Verbraucher **13** 6

Kiesabbau, Bodenabbauvertrag **vor 581** 3

Kind, Ablaufhemmung Verjährung **210**; anonyme Abgabe und Geburt **vor 1741** 27; Arbeitsverhältnis bei Eltern **1619** 14ff; Aufenthaltsbestimmungsrecht Stiefeltern/Bezugspersonen **1682**; Ausstattung **1624f**; Begriff **Einl 1616** 8; Beitragsleistung volljähriger **1620**; Dienstleistungspflicht gegenüber Eltern **1619** 1ff; elterliche Sorge **1626ff**, sa dort; Erkrankung, Entgeltfortzahlung **616** 26, 49; Familienname **1616** 24ff; Geschäftsunfähigkeit **104** 2; Haftung für vermutetes Aufsichtsverschulden **832**; Haftungsbeschränkung bei Vertretung durch Eltern **1629a;** Herausgabeanspruch **1632** 1ff; Kauf mit Mitteln des Kindes **929** 30; Mitarbeitspflicht **611** 28; Mitverschulden im Straßenverkehr **254** 37b–37e; Namensrecht **vor 1616ff, 1752** 16, **1757, 1765,** sa Namensrecht, Kinder; Pflicht zu Beistand und Rücksichtnahme **1618a;** Recht auf gewaltfreie Erziehung **1631** 8; Rechtsverhältnis Eltern/Kind **Einl 1616, 1616ff;** religiöse Erziehung **1631** 17ff; Rückführung zu Elternteil ins Ausland **1632** 29; Sorgerechtsmißbrauch **1666** 8ff; Sterilisation **1631c;** Straßenverkehr Beaufsichtigung **832** 7; Straßenverkehr, Verschulden **828** 2a; Trennung von Familie **1666a;** Umfang **1629** 5; Umgang **1632** 18ff; Umgangsberechtigte Personen **1626** 26; Umgangsrecht **1684ff** sa dort; ungezeugtes, Zuwendung von Rechten **1** 3; Unterbringung bei Freiheitsentziehung **1631b;** Unterhalt s dort; Verjährungshemmung Ansprüche **207** 9f (gegen Eltern), 14 (gegen Beistand); Vernachlässigung **1666** 10f; Vertretung **1629,** 13 (Schenkung an Kind), 15ff (Grenzen), 18ff (Geltendmachung Unterhaltsforderungen), 22f (Entzug der Vertretungsmacht); Vorname **1616** 14ff; Wegnahme von Pflegeperson **1632** 24ff; Wohnsitz **7** 9, **8** 2, **11** 1ff; Zeugnis- und Eidesverweigerungsrecht **1626** 19ff; Züchtigung **1631** 8

Kind als Schaden 1 2, **249** 62ff, **823** 18, 22, 134, **825**

Kinder- und Jugendhilfe Einl 1297 35

Kindergeld und Unterhalt **1612b**

Kinderspielplatz, Verkehrssicherungspflichten **823** 96

Kindesentführung, Haager Übereinkommen über zivilrechtliche Aspekte internationaler – **EGBGB Anh 24** 48; Zuständigkeit **EGBGB Anh 24** 18f

Kindsausstattung 516 13

Kindschaftsrecht, IPR EGBGB 19 aF (Anh I zu 19–21), 21; ordre public **EGBGB 6** 38ff

Kindschaftssachen vor 1589 6, **1589** 6ff

Kirche, Amtshaftung **839** 35, 107; außerordentliche Kündigung **626** 60; Baulast, Gesamtschuld mit Schädiger **421** 38; Namensrecht **12** 12; Rechtsform **vor 21** 12

Klagbarkeit, Ausschluß der vor 145 10

Klarstellungsvermerk 873 24, **894** 7; sa Wirksamkeitsvermerk

Klassenfahrt, Teilschuld **420** 13

Klauseln, überraschende s AGB, überraschende Klauseln

Kleiderordnung 626 70

Kleingarten, Leihe **vor 598** 4; Pacht **vor 581** 28ff

Kleinreparaturen 535 92

Knebelung 138 161; Sittenwidrigkeit **138** 50, 128

Know-how-Vertrag 453 25, **vor 581** 8, IPR **EGBGB 28** 55

Koalitionsfreiheit 611 175

Kollegialgerichtsrichtlinie 839 59

Kollektivbeleidigung Anh 12 26ff

Kollisionsrecht, s Internationales Privatrecht

Kollusion, Sittenwidrigkeit **138** 50, 84f, 129

Kommanditgesellschaft, Eintritt unter Bedingung **158** 9

Kommerzielle Auswertung, Schutz vor Anh 12 241ff; Doppelverletzung **Anh 12** 263; Einwilligung **Anh 12** 252ff; Exklusivverträge **Anh 12** 265f; Kunstfreiheit, Rechtfertigung **Anh 12** 262; Lizenzanalogie **Anh 12** 246; Persönlichkeit der Zeitgeschichte **Anh 12** 258ff; Rechtswidrigkeit **Anh 12** 250ff; Übertragbarkeit **Anh 12** 265f; verfassungsrechtliche Grenzen **Anh 12** 247; vermögenswerte Bestandteile **Anh 12** 242, 248f

Kommission, Besitzmittlungsverhältnis **868** 25; Geschäftsbesorgungsvertrag **675** 7; IPR **EGBGB 28** 53; und Kauf **vor 433** 17

Kommunalaufsicht, Amtshaftung **839** 53

Kommunmauer 921 2, 5, **922**

Kompensationsgeschäft 480 3

Kondiktion, s Ungerechtfertigte Bereicherung

Konditionsgeschäft und Kauf **vor 433** 18

Konfessionswahl und Sittenwidrigkeit **138** 131

Konfusion vor 362 3; bei Gesamtschuld **425** 30

Kongruentes Deckungsgeschäft 433 20

Kongruenz, sachliche **vor 249** 172–188; zeitliche **vor 249** 171

Konkludente Willenserklärung vor 116 7

Konkretisierung 447 11

Konkurrenzklausel, Sittenwidrigkeit **138** 132, 196

Konkurrenzpreis 433 42

Konkurrenzschutz bei Gewerberaummiete **535** 36ff; und Wohnungseigentümergemeinschaft **WEG 10** 9

Konnossement 433 15, **447** 11, 20, **448** 5

Konsens, Willenserklärungen **vor 145** 12

Konsortium vor 705 46ff

Konstruktionsfehler 434 36

Kontoauszug vor 488 30

Kontokorrent 388 22, **676f** 10; Anrechnung der Leistungen **366** 5; Hemmung der Verjährung **205** 7; Rechnungsabschluß **307** 66; Saldoanerkenntnis **364** 8; -vorbehalt **449** 61ff

Kontokorrentartige Darlehen, Verbraucherdarlehen **491** 10

Kontokorrentdarlehen vor 488 29f, **493** 3

Kontokorrentratenkredit, Verbraucherdarlehen **491** 13

Kontoüberziehung, geduldete, Verbraucherdarlehen **491** 12, **493** 14ff

Kontrahierungszwang vor 145 27ff, **vor 241** 10, **433** 9, **826** 56f; allgemeiner **vor 145** 28f; und diktierter Vertrag **vor 145** 30, **vor 241** 9; Diskriminierungsverbot **vor 145** 28; gesetzliche Anordnung **vor 145** 27; nach GWB **vor 145** 28; bei Markenartikeln **433** 9; Monopole **vor 145** 27f; öffentliche Versorgungsaufgaben **vor 145** 28; Personenbeförderung **vor 145** 27; Post **vor 145** 27; Rechtsanwälte **vor 145** 27; Rechtsfolgen **vor 145** 31; Schadensersatzpflicht **vor 145** 31; Tagespresse **vor 145** 29; Verband, Aufnahme in **vor 145** 29

Kontrollbetreuer 1896 46

Konzern 611 83ff; Betriebsverfassungsrecht **611** 87; Durchgriffshaftung **vor 21** 6; und GbR **vor 705** 42ff; Kündigungsschutz **611** 85

Konzernverrechnungsklauseln 388 24

Konzernvorbehalt 449 66

Konzertankündigung, Vertragsangebot **145** 5

Konzertveranstaltung, Inhaltskontrolle **307** 130

Konzessionsvertrag 307 46, **vor 535** 35

Koppelungsgeschäft, gesetzliches Verbot **134** 73; Sittenwidrigkeit **138** 133

Koppelungsverbot 631 19

Körper, Vererblichkeit **1922** 34

Körperschaften öffentlichen Rechts vor 21 12

Körperverletzung, Schadensersatz in Geld **249** 39ff sa Personenschaden, Geldersatz; Schadensersatz, unerlaubte Handlung **842ff** sa Schadensersatz, unerlaubte Handlung

Kosten-Gesamtschulden 421 67f

Kosten-/Kostenelementklauseln 535 72, **557b** 2

Kostenrechnung, Notar, Verjährung **197** 15

Kostenregelung WEG 10 9, 16

Kostenvoranschlag 650

Kraftfahrzeug, Abstellen bei Gastwirt **vor 701** 8; Abstellen in Parkhaus **688** 9; Fehlen der Betriebserlaubnis **434** 5; Fehler **434** 36ff; Haftpflicht, Gesamtschuldnerausgleich **426** 63; Kauf **433** 50, sa Gebrauchtwagenkauf, Neuwagenkauf; Kraftfahrzeugbrief, Zubehör **97** 14; Leasing **Anh 535** 24; merkantiler Minderwert **251** 7ff sa Merkantiler Minderwert; Nutzungen **346** 28; Nutzungsausfallschaden **249** 56ff; Schaden an **249** 75ff sa Kraftfahrzeugschaden, Geldersatz; technischer Minderwert **251** 6; Unfall, unzulässige Rechtsausübung **242** 135; Verkehrssicherungspflichten **823** 99; Vorhaltekosten, Ersatzfahrzeuge **249** 58, 72f; wesentliche Bestandteile **93** 6

Kraftfahrzeug, Haftpflichtversicherung, Direktanspruch, Gesamtschuld mit Schädiger **421** 32

Kraftfahrzeugbrief, gutgläubiger Erwerb **932** 11; Kauf eines Kraftfahrzeugs **433** 13, 19, 32; Zubehör **97** 14

Kraftfahrzeugmiete, AGB **305c** 30, 31

Kraftfahrzeugnutzung, Vermögens-/Nichtvermögensschaden **vor 249** 17

Kraftfahrzeugschaden, Geldersatz, Abschleppkosten **249** 98; Abzug „neu für alt" **249** 84a, 92; Anspruchsverfolgungskosten **249** 99ff; Auswahlverschulden bei Reparatur **249** 77; Berechnungsmöglichkeiten **249** 81; Beschaffung Ersatzsache **249** 79; Beweissicherungskosten **249** 104; Eigenreparatur **249** 83; Einzelposten **249** 98ff; Ersatz Reparaturkosten **249** 76ff; Finanzierungs- und Kreditkosten **249** 105; Fremdreparatur **249** 82; Herstellung wird durchgeführt **249** 81ff; Herstellung wird nicht durchgeführt **249** 85ff; Integritätsinteresse **249** 86f; Mehrwertsteuer **249** 120; Mietwagen/Leasingfahrzeug **249** 76a; Mietwagenkosten **249** 106ff sa dort; Neufahrzeuge **249** 88, 95; Restwert **249** 96; Risikozuschlag für Gebrauchtfahrzeug **249** 118f; Schadensabwicklungskosten **249**; Totalschaden **249** 76, 78f; Verkauf ohne Reparatur **249** 76; Versicherungsnachteile **249** 112ff sa dort; Verwendungsfreiheit **249** 80; Voraussetzungen **249** 76f; Wertermittlung **249** 90ff; Wiederbeschaffungswert **249** 92; wirtschaftliche Grenze **249** 77ff

Kraftloserklärung einer Vollmachtsurkunde 176 1ff

Krankenakte, deliktsrechtlicher Schutz **Anh 12** 206f; Geheimnisschutz **Anh 12** 146, 154ff

Krankenblatt, Anspruch auf Einsicht **810**; Herausgabeanspruch des Auftraggebers **667** 24

Krankenfahrstuhl und Wohnungseigentümergemeinschaft **WEG 10** 9

Krankenhaus, Behandlungskosten und Nebenkosten **249** 41ff; Mitverschulden **254** 32; Pflegesätze **612** 18; privates/hoheitliches Handeln **89** 5; Sorge für Unfallverletzte **vor 677** 4; Wahlleistungen **612** 19

Krankenhausträger, Rechtsverhältnis Patient **611** 47ff; Sorgfaltspflicht/Fahrlässigkeit **276** 47f

Krankenhausvertrag vor 535 29; AGB **305c** 30, **307** 23, 46; Aufklärungs- und Informationspflichten **242** 95; Inhaltskontrolle **307** 56ff, **308** 49; Sittenwidrigkeit **138** 134; Teilschuld **420** 15; überraschende Klauseln **305c** 14; zugunsten Dritter **328** 22

Krankenschwester, Erfüllungsgehilfe **278** 27

Krankentransport, privater **683** 3

Krankhafte Störung der Geistestätigkeit, Geschäftsunfähigkeit **104** 3

Krankheit, außerordentliche Kündigung **626** 75; Entgeltfortzahlung **616** sa dort; Frage nach –, Arbeitsvertrag **611** 263; Fragerecht Arbeitgeber/Aufklärungspflicht Arbeitnehmer **123** 21; von in häusliche Gemeinschaft aufgenommenen Verpflichteten **617, 619**; Übersicht **616**

Krankheitsunterhalt 1572, Beweislast **1572** 15; Einsatzzeitpunkte **1572** 6ff; Kausalität **1572** 5; und Krankengeld **1572** 14; krankheitsbedingte Erwerbsunfähigkeit **1572** 2ff; Verzehr Vermögen **1572** 13; sa Unterhalt, Krankheits-

Kreditauftrag, Schuldbeitritt, Abgrenzung **vor 414** 11

Kreditauskunft, vorsätzliche sittenwidrige Schädigung **826** 39

Kreditbetrug, Sicherungsübereignung **Anh 929–931** 18

Kreditbrief, Anweisung **vor 783** 6

Kreditbürgschaft vor 765 15

Kreditgeschäfte s Darlehen

Kreditinstitute, Informationspflichten **675a** 10ff

Kreditkarte 244 2

Kreditkartenvertrag 307 71, **328** 29, **433** 49, **676h**; Akquisitionsvertrag **676h** 6ff; Anweisung **vor 783** 6; Anwendungsbereich zeitlicher **676h** 33; Beteiligte **676h** 1; Beweislast **676h** 34; Deckungsverhältnis **676h** 5; Geldkarte – POS-Systeme – ec-Karte **676h** 15ff; Geschäftsbesorgungsvertrag **675** 7; Inhaltskontrolle **307** 131, **308** 65; Leistungsort **270** 5; Mißbrauch **676h** 23ff; rechtliche Einordnung **676h** 2ff; Sittenwidrigkeit **138** 135; Streitigkeiten über Mißbrauch, Schlichtungsstelle **UKlaG 14**; überraschende Klauseln **305c** 15; Valutaverhältnis **676h** 3f; weitere Rechte und Pflichten **676h** 9ff; Zahlung mittels, verbundener Vertrag **358** 13f; Zahlungsaufschub **499** 7

Kreditkauf, Lohnabtretungsklausel **305c** 16

Kreditkosten zur Schadensbeseitigung **249** 105; zur Schadensminderung **254** 55

Kreditlinie vor 488 5

Kredittäuschung 826 33

Kreditunwürdigkeitsklausel 308 20f

Kreditvertrag, s Darlehen

Kreditwesen, Schuldbestätigung **780** 3, **781** 8; Verbotsgesetz **134** 74

Kreditwürdigkeit, Eigenschaftsirrtum **119** 45

Krise und Aufrechnung **387** 43

Kritik, Theater/Kunst/Wissenschaft Anh 12 97

Kühlhausmiete vor 535 17

Kundenbeschwerden, Behandlung **UKlaG 14**

Kundeninformationspflichten, Verordnung über **675a** 10ff; Abweichung, vertragliche **675a** 18; Verstoß **675a** 14ff

Kündigung, Darlehen s dort; Dauerschuldverhältnis aus wichtigem Grund **314** sa Dauerschuldverhältnis, Kündigung aus wichtigem Grund; Drohung mit **123** 68; Fristen, Sonn- und Feiertage **193** 2; -klausel **307** 47; Landpacht s dort; Mietvertrag s Mietkündigung; Pacht s dort; Wirkung bei Gesamtschuld **425** 7 (gleichgründige Gesamtschulden, Kündigungserklärung), 8 (Kündigungsgrund), 9 (ungleichgründige Gesamtschulden)

Kündigung Arbeitgeber, allgemeines Benachteiligungsverbot **612a**; Vergeltungskündigung **612a** 4

Kündigung Arbeitsverhältnis, Umdeutung **140** 21

Kündigung Arbeitsvertrag 620 100ff; Anhörung **620** 113; Arbeitnehmervertretung, Beteiligung **620** 109ff; Aushilfsarbeitsverhältnisse **622** 9; Ausschluß der ordentlichen Kündigung **620** 104; außerordentliche **626** s Kündigung Dienstverhältnis, außerordentliche; Behördenzustimmung **620** 105; eingeschränkte außerordentliche Kündigung **620** 107; einzelvertragliche Regelungen **622** 5ff, 11, 20ff; Form **623**; Fristen, Termine **622**, 22 (Altverträge); Kettenkündigungen **620** 106; Kleinunternehmen **622** 10; Kündigungsschutz **620** 102ff; bei Lebenszeitverträgen/langfristigen Verträgen **624**; Massenentlassungen **620** 108; Probezeit **622** 8; soziale Rechtfertigung **620** 102ff; tarifvertragliche Regelungen **622** 11ff; Übergangsregelungen **622** 22; ultima ratio **620** 101; Verlängerung Kündigungsfristen, einzelvertragliche **622** 20ff; sa Kündigung Dienstverhältnis

Kündigung Dienstverhältnis 620 70ff; Anfechtbarkeit Kündigungserklärung **620** 93; Arbeitsvertrag, Besonderheiten **620** 100ff sa Kündigung Arbeitsvertrag; Ausschluß/Beschränkung durch Vereinbarung **620** 120ff; bedingte **620** 123; Freistellung nach **629**; Fristen, Termine **621**; Inhalt Kündigungserklärung **620** 88ff; konzernweiter Kündigungsschutz **611** 85; Kündigungsberechtigter **620** 73ff; bei Lebenszeitverträgen/langfristigen Verträgen **624**; Minderjährige **113** 9; Ort und Zeitpunkt **620** 98ff; Stellvertretung **620** 77ff; Teilkündigung/Widerrufsvorbehalt **620** 72; Umdeutung

Kündigungserklärung **620** 97; Unwirksamkeit und Kündigungsmängel **620** 114ff; Widerruf **620** 94ff; Zeugnis **630** sa dort; Zugang **620** 87

Kündigung Dienstverhältnis, außerordentliche, 626; 626; Abgrenzung **626** 10ff; Abmahnung **626** 46ff; Allgemeines **626** 1ff; Anspruch auf Teilvergütung **628** 1ff; Anwendungsbereich **626** 2f; Ausnahmevorschriften **626** 9; Ausschluß/Erweiterung/Beschränkung Kündigungsrecht **626** 18ff; betriebsverfassungsrechtliche Funktionsträger **626** 88; Einzelfälle **626** 51ff sa Kündigung Dienstverhältnis, außerordentliche – Einzelfälle; Erklärungsfrist **626** 92ff; kollektiv-/öffentlich-rechtliche Beschränkungen **626** 15ff; Kündigungserklärung **626** 23ff; Nachschieben von Kündigungsgründen **626** 31; ordentliche Unkündbarkeit und wichtiger Grund **626** 87; prozessuale Fragen **626** 89ff; Schadensersatz **628** 16ff; Sonderfragen **626** 87ff; Sonderregelungen **626** 4ff; Umdeutung **626** 25; Verhältnismäßigkeit **626** 45; bei Vertrauensstellung/Diensten höherer Art **627**; Wegfall Kündigungsgrund/Wiedereinstellungsanspruch **626** 35; wichtiger Grund **626** 28ff, 37ff, 41; Zustimmungserfordernisse **626** 15ff

Kündigung Dienstverhältnis, außerordentliche – Einzelfälle 626 51ff; Abkehrwille **626** 52; Abwerbung **626** 53; Alkohol- und Drogenkonsum **626** 54; Alkoholverbot **626** 70; Anschwärzen/Anzeigen gegen AG **626** 55; Arbeitsniederlegung/Arbeitskampf **626** 56; Arbeitsversäumnis **626** 57; Arbeitsverweigerung **626** 58; ausländerfeindliches Verhalten **626** 61; außerdienstliche Verhaltensweise **626** 59; behördlich verfügte Betriebsschließung **626** 81; Beleidigungen **626** 61; betriebliche Ordnung, Verstöße gegen **626** 70; Betriebs-/Geschäftsgeheimnisse, Verrat **626** 69; betriebsbedingte Kündigungsgründe **626** 79ff; Betriebsstillegung/Einschränkung/Stockung **626** 80; Betriebsveräußerung **626** 82; Betrug **626** 62; Diebstahl **626** 62; Druckkündigung **626** 83; fehlende Arbeitserlaubnis **626** 74; fehlende Eignung/mangelnde Fähigkeit **626** 73; Fitneßvertrag **626** 51; freier Dienstvertrag **626** 51ff; Gründe des AN **626** 85f; Insolvenz **626** 84; Kirchen/Tendenzbetriebe **626** 60; Kleiderordnung **626** 70; Krankheit **626** 75f; Kritik an betrieblichen Verhältnissen **626** 68; Nebentätigkeiten **626** 64; personenbedingte Kündigungsgründe **626** 71ff; politische Betätigung **626** 65; Rauchverbot **626** 70; Schlechtleistungen **626** 66; sexuelle Belästigung **626** 51; Straftat **626** 77; Tätlichkeiten **626** 61; Tod des AG **626** 82; Treuepflichtverletzungen **626** 67; Trunk- und Drogensucht **626** 72; Unterschlagung **626** 62; Untersuchungshaft **626** 77; Untreue **626** 62; Urkundenfälschung **626** 62; Verdachtskündigung **626** 78; verhaltensbedingte Kündigungsgründe **626** 52ff; Wettbewerbs-/Konkurrenztätigkeit **626** 64

Kündigungsrechte, Ausschluß, Klauselverbote **309** 80ff

Kündigungsverbot, Betriebsübergang 613a 104ff; Geltungsbereich **613a** 107f; Kündigung aus anderen Gründen **613a** 109f; Prozessuales **613a** 117ff; sanierende Betriebsübernahme **613a** 111ff; Wiedereinstellung **613a** 122

Kunstfehler 823 126ff sa Arzthaftung; Mitverschulden Patient **254** 32; Sorgfaltspflicht/Fahrlässigkeit **276** 18ff

Kunstfreiheit Anh 12 90ff, 262; Abwägung **Anh 12** 94; Inhalt und Form der Aussage **Anh 12** 93; Kunstbegriff **Anh 12** 90; Schranken **Anh 12** 91; Werkbereich/Wirkbereich **Anh 12** 92

Kunsthandel, Garantieübernahme bei Verkauf **437** 36; Untersuchungspflicht Käufer **442** 15; Untersuchungspflicht Verkäufer **437** 27

Kunstkritik Anh 12 97

Kunstwerk, Fehler **434** 41; Garantieübernahme bei Verkauf **437** 36; Schadensersatz **249** 22ff, 92, **251** 3

Kuranstalt, Aufnahme **vor 535** 29

Kurierservice, Zugang **130** 8

Kurzarbeit 611 287, **615** 51ff; und Arbeitskampf **615** 56ff

Ladendiebstahl, Fangprämie **309** 56

Ladenpreis 433 42

Ladeschein 433 15

Lage des Grundstücks 434 31, 33

Lagervertrag 688 15; Besitzmittlungsverhältnis **868** 26; Inhaltskontrolle **307** 138; und Mietvertrag **vor 535** 16

Land- und forstwirtschaftlicher Betrieb, Bewertung für Zugewinnausgleich **1376** 10; GbR **vor 705** 34

Landgut, Übernahme eines **2049, 2312;** Zubehör **98** 4

Lando-Principles vor 145 13

Landpacht vor 581 22ff, **vor 582** 1, **vor 585, vor 1204** 12; Änderung der landwirtschaftlichen Bestimmung **590** 1f; Anspruch auf Vertragsänderung **593**; Anzeigepflicht des Pächters **586**; Ausbesserungen, gewöhnliche **586** 4; Ausgleichsanspruch bei vorzeitigem Vertragsende **596a** 1; Belastung des verpachteten Grundstücks **593b**; Berufsunfähigkeit des Pächters **594c**; Beschreibung der Pachtsache **585b**; Bestellungskosten **596a** 4; Betriebspflicht **586** 7; Definition **585** 4; Duldungspflicht des Pächters **588** 1ff; Ende des Pachtverhältnisses **594** 1; Erhaltungsmaßnahmen **586** 5; Errichtung von Gebäuden **590** 3; Erwerbsgartenbau **585** 2; Fälligkeit der Pacht **587**; Forstwirtschaft **585** 3; Halmtaxe **596a** 3; Hauptpflichten des Verpächters **586** 2; Herausgabeanspruch gegen Dritte **596** 5; Holzschlag **596a** 5; Inventar **585** 5; Inventarveränderung **590** 6; Kündigung **594a–f;** Kündigung, vorzeitige **594d, 595;** Kündigungsschutz **594d, 595;** Kündigungsfristen **594a;** Landwirtschaft, Definition **585** 2; Landwirtschaftlicher Betrieb **585** 3; Lasten der Pachtsache **586a;** Lebenszeitverträge **594b;** Mängelhaftung **586;** Milchkontingent **586** 3, **591b** 1, **593** 2; Nebenbetrieb **585** 2; Nutzungsentschädigung bei Vorenthaltung **597;** Nutzungsüberlassung an Dritte **589** 1f; Pachterhöhung aufgrund von Verbesserungsmaßnahmen **588** 5; Rückgabe der Pachtsache **596ff;** Rücklassungspflicht **596b;** Schriftform **585a, 594f;** Tod des Pächters **594d;** Übergabe bei vorweggenommener Erbfolge **593a;** Veräußerung des Pachtgrundstücks **593b;** Verhinderte Nutzung **587;** Verjährung **591b;** Verlängerung des Pachtvertrages **594** 3; Verpächterpfandrecht **592;** verspätete Rückgabe **597;** Vertragsaufhebung **594f** 2; Vertragsfortsetzung, Anspruch des Pächters **594d** 4, **595;** vertragswidriger Gebrauch **590a;** Verwendungen **590b;** Wegnahmerecht des Pächters **591a;** Zusammenschluß zur gemeinsamen Nutzung **589** 1

Landpachtverkehrsgesetz Einl 854 22

Landwirt, Alterssicherung, Versorgungsausgleich **1587a** 55ff, **VAHRG 1** 2; Verdienstausfall **252** 18

Landwirtschaft 585 2; Amtshaftung **839** 105; Betrieb **585** 3; Grundstücksverkehrsgesetz **Einl 854** 20f

Landwirtschaftliche Grundstücke, Pfandrecht am Inventar des Pächters **vor 1204** 12

Landwirtschaftsgericht, Auseinandersetzung Miterbengemeinschaft **2042** 19

Lärm, Fehler des Grundstücks **434** 4; fristlose Mieterkündigung **569** 6; Mietmangel **536** 10; in Mieträumen, Unterlassungsklage **541** 5; Nachbarrecht **906** 10, 17ff

Lasten bei Landpacht **586a;** öffentliche, Verteilung bei Grundstückskauf **436** 1ff, 1ff; Sachen/Rechte **103;** Übergang **446** 11

Lastenfreiheit bei Übereignung **936**

Lastentragung, Miete **535** 55f

Lastschriftklauseln 307 139

Lastschriftverfahren 362 11, **676f** 53ff, 54ff; Abbuchungsverfahren **151** 4f; Bereicherungsausgleich **812**

24; Einziehungsermächtigung-/Abbuchungsverfahren **676f** 54ff; Erfüllungsgehilfe **278** 28; Haftung **675** 27; Informationspflichten Bank **675a** 1ff; Interbankenverhältnis **676f** 67; Leistungsort **270** 1; Valutaverhältnis Schuldner/Gläubiger **676f** 68f; Verhältnis Gläubiger/Schuldnerbank **676f** 70; Verhältnis Schuldner/Schuldnerbank **676f** 58ff; Widerspruch, Schädigung **826** 49; Widerspruch/Widerruf **676f** 62ff; zugunsten Dritter **328** 24

Laub, zurechenbare Immission **906** 15

Laufender Preis 433 42

Laufzeit, s Vertragslaufzeit

Lauschangriff Anh 12 123ff, 135

Leasing, AGB **305c** 30, **306** 12; Allgemeines **Anh 535** 1; unter Bedingung Übernahmebestätigung des Lieferanten **158** 9; Besitzmittlungsverhältnis **868** 27; Finanzierungsleasing **499** 13ff, **500**, sa dort; Freizeichnungsklausel **242** 164; Geschäftsbesorgungsvertrag **675** 7; hersteller-/händlerabhängiges Leasing **Anh 535** 5; Hersteller-/Händlerleasing **Anh 535** 4; Immobilienleasing **Anh 535** 3; Inhaltskontrolle **307** 51, **308** 5; IPR **EGBGB 28** 36; und Kauf **vor 433** 12; Null-Leasing **Anh 535** 9; Operatingleasing **Anh 535** 8; Privatleasing **Anh 535** 6; Sale-and-lease-back **Anh 535** 7; Schadensersatz, Kfz **249** 76a; Sittenwidrigkeit **138** 136; überraschende Klauseln **305c** 16; unwirksame Klauseln, Rechtsfolge **306** 14

Lebensalter, Berechnung **187** 5

Lebensgefährte, Aufnahme in Mietwohnung **540** 7

Lebensgemeinschaft, s Eheliche Lebensgemeinschaft; Partnerschaftliche Lebensgemeinschaft

Lebensgemeinschaft, nichteheliche, s Nichteheliche Lebensgemeinschaft

Lebensmittel, Fehler **434** 39; Lieferung **505** 14; Mindesthaltbarkeitsdatum **442** 11

Lebenspartner LPartG; Aufnahme in Mietwohnung **540** 6; IPR **EGBGB 17b**; Verjährungshemmung Ansprüche **207** 6 (zw Lebenspartnern), 10 (zw Lebenspartner und Kind); Wohnraummietvertrag, Fortsetzung **LPartG 10** 22

Lebenspartner, Erbrecht 1931 51, **1932** 17, **1933** 8

Lebenspartnerschaft LPartG 2; Adoption **1741** 29; Allgemeines **LPartG vor 1**; Begründung **LPartG 1**; Begründungsmängel, Rechtsfolgen **LPartG 1** 11; Eigentumsvermutung **LPartG 8** 2; Hindernisse **LPartG 1** 6ff; Lebensgemeinschaft **LPartG 2**; Lebenspartnerschaftsvertrag **LPartG 7**; Name **LPartG 3**; Schlüsselgewalt **LPartG 8** 4f; Sorgerecht **LPartG 9**; Sorgfaltspflicht, Umfang **LPartG 2**; Unterhaltspflicht **LPartG 5**; Verfügungsbeschränkungen **LPartG 8** 6; Vermögensstand, Erklärungen **LPartG 6**; Vertrag **LPartG 7**; Wirkung **LPartG 2ff**

Lebenspartnerschaft, Aufhebung LPartG 15; wegen besonderer Härte **LPartG 15** 9; gerichtliches Verfahren **LPartG 15** 11f; Hausratsverteilung **LPartG 17, 19**; Nichtfortsetzungserklärung **LPartG 15** 4ff; Unterhalt **LPartG 16**; Vereinbarungen, abweichende **LPartG 15** 10; Voraussetzungen **LPartG 15** 3ff; Wohnungszuweisung **LPartG 17f**

Lebenspartnerschaft, Erbrecht 1931 51, **1932** 17, **1933** 8, **LPartG 10**; Ausgleichsgemeinschaft, pauschaler Überschußausgleich **LPartG 10** 5f; Ausschluß des Erbrechts **LPartG 10** 9ff, 18f; Dreißigster **LPartG 10** 14; Erbvertrag **LPartG 10** 17; Erbverzicht **LPartG 10** 20; gemeinschaftliches Testament **2265** 1, **LPartG 10** 16; gesetzliche Erbfolge **LPartG 10** 1ff; gewillkürte Erbfolge **LPartG 10** 15ff; Pflichtteil **vor 2303** 2, **LPartG 10** 12f; Steuer **LPartG 10** 21; Vermögenstrennung **LPartG 10** 7; Voraus **LPartG 10** 8

Lebenspartnerschaft, Trennung LPartG 12ff; Hausratsverteilung **LPartG 13**; Unterhalt **LPartG 12**; Wohnungszuweisung **LPartG 14**

Lebensrisiko, allgemeines vor 249 77

Lebensversicherung 330 2ff; Bezugsberechtigung **330** 4ff; Ehegatten als Bezugsberechtigte, Scheidung **2077** 7; für fremde Rechnung **330** 9; Inhaltskontrolle **308** 5; Nachlaß **1922** 41; Realteilung, Versorgungsausgleich **VAHRG 1** 3; Tod vor Zugang Annahmeerklärung **153** 3; Zwangsvollstreckung **330** 8

Leergut, Eigentumsverhältnisse **929** 29; Schadenspauschalierung **309** 47

Leerverkäufe Anh 764 4

Legalzession, Erwerbs-/Bedarfsschaden, Rente **843** 13f

Lehrer 611 61

Lehrling 611 129ff

Leibesfrucht, Erbfähigkeit **1923** 3; Pfleger für **1912**; Rechte **1** 2; Rechtsfähigkeit **1** 2; Verletzung **1** 2

Leibrente 330 10, **759ff**; Anpassung **759** 13; Begriff **759** 1; Bestimmtheit **759** 4; Dauer **759** 2f; dogmatische Einordnung **759** 7ff; Fälligkeit, Zahlungsweise **760**; Inhalt der Leibrentenleistung **759** 5; Nießbrauch an einer – **1073**; und Rentenrecht **759** 6; Schriftform **761**; Sittenwidrigkeit **138** 182; Steuerrecht **759** 14; Störung der Geschäftsgrundlage **313** 71; Verfügungen **759** 12; Verjährung **194** 4; Versorgungsausgleich **1587a** 55

Leichnam, Persönlichkeitsrecht, allgemeines **vor 1** 3; Sache **90** 6; Schutz **Anh 12** 302; Totenruhe **vor 1** 3

Leiharbeit 611 92ff; Annahmeverzug Dienstberechtigter **615** 9; unzulässige – **611** 101

Leiharbeitnehmer, Erfüllungsgehilfe **278** 30

Leihe, Abgrenzung zu anderen Rechtsverhältnissen **vor 598** 5ff; Abgrenzung zu anderen Verträgen **vor 535** 15; Allgemeines **vor 598** 1ff; Besitzmittlungsverhältnis **868** 28; Erfüllungsgehilfe, Gebrauchsgestattung durch – **598** 2; Erhaltungspflicht **601**; Fruchtziehung **598** 4; Gebrauchspflicht **598** 4; Gefälligkeitsverhältnis **vor 598** 2; Gegenstand der Leihe **598** 1; Haftung **599**; Inhalt des Vertrages **598** 3; IPR **EGBGB 28** 35; Kündigung, Verleiher **605**; Leitungen auf fremden Grundstücken **vor 598** 3; öffentliche Benutzung von Sachen **vor 598** 3; Rückgabe **604**; Sach- oder Rechtsmängel **600**; Überlassung an Dritte **603** 2f; Unentgeltlichkeit **598** 5; unmittelbarer Besitz **598** 6; Verjährung **195** 15, **604** 6, **606**; Verschlechterung/Veränderung der Sache **602**; vertragsgemäßer Gebrauch **603**; Verwendungsersatz **601**

Leihhausschein 808 8

Leihmutter 138 137, **1591** 2, **1741** 16

Leistung durch Dritte, Grundsatz **267** 1ff; Rückgriffsrech des Dritten **267** 9ff; Voraussetzungen **267** 3ff; Wirkungen **267** 8ff

Leistungen, Nichtverfügbarkeit von, Klauselverbote **308** 69; unbestellte **241a** sa Unbestellte Leistungen; wiederkehrende, Verjährung **194** 4, **197** 9, 17

Leistungsbestimmung 241 5, **309** 2ff; Anfechtung **318, 362** 3; im Arbeitsrecht **611** 290ff; durch Dritten **317ff**, **319** (Unwirksamkeit/Ersetzung); Inhaltskontrolle **307** 140ff, 178; Schiedsgutachtenvertrag **317** 4ff; durch Vertragspartei **315f**, 13ff (Erklärung), 16 (Pflicht zur Bestimmung), 17ff (billiges Ermessen), 21 (Beweislast), 22ff (Einzelfälle), **316** (Gegenleistung)

Leistungsbewirkung, aufgrund eines im Grundbuch eingetragenen Rechts **893** 2ff

Leistungserschwerung, besondere 275 21ff, 21ff; Beweislast **275** 28; Einzelfälle **275** 29; Geamtaufwand **275** 25; grobe Unverhältnismäßigkeit **275** 27; Herausgabe Surrogat **285**; Leistungsinteresse **275** 25; Rechtsfolgen **275** 33ff; Schadensersatz **283**; Vertretenmüssen **275** 26; Voraussetzungen **275** 24ff

Leistungsfähigkeit, Eigenschaftsirrtum **119** 45

Leistungsfrist, Klauselverbote **308** 1ff, 7ff

Leistungsgefahr vor 433 3

Leistungshindernis, anfängliches 311a; und cic **311a** 11; Entlastungsbeweis **311a** 7; und Irrtumsanfechtung

311a 11; Kenntnis des Gläubigers **311a** 10; Rechtsfolgen **311a** 5; Schadensersatzanspruch **311a** 6ff; teilweise/qualitative Unmöglichkeit **311a** 9
Leistungskondiktion, s Ungerechtfertigte Bereicherung
Leistungsort 269 14; Bedeutung **269** 5ff; Bestimmung **269** 7ff; Beweislast **269** 7, **270** 12; Geldschulden **270**, 10 (Transportkosten); beim Kauf **vor 433** 2; kaufmännischer Verkehr **269** 11; Natur des Schuldverhältnisses **269** 12f; für Nebenpflichten **269** 4; Platzgeschäft **269** 2; unterschiedliche **269** 3; vertragliche Regelung **269** 9ff, 15 (Änderung, spätere)
Leistungspflicht des Schuldners 241 1ff
Leistungsstörungen vor 275, 275ff; Anwendungsbereich **vor 275** 9f; im Arbeitsrecht **276** 29aff; Nicht-Erbringung der Leistung **vor 275** 5 sa dort; Rechtsfolgen **vor 275** 7; Schadensersatz wegen Pflichtverletzung **280** sa dort; Übersicht **vor 275** 4ff; Unmöglichkeit **vor 275** 4, **275** sa dort; Unvermögen **vor 275** 4; Verzug **vor 275** 5 sa dort
Leistungstreuepflichten 280 46; Unterlassen **241** 8
Leistungsverweigerung, ernsthafte und endgültige 323 11, 18
Leistungsverweigerungsrecht, Einrede der besonderen Leistungserschwerung **275** 21ff, 34f, **283, 285**; Einrede der Nichterfüllung **320**; Einrede der Unzumutbarkeit aus persönlichen Gründen **275** 30ff, 34f, **276** 29aff, **283, 285**; Klauselverbote **309** 19ff; pflichtteilsberechtigter Miterbe **2319**; Pflichtteilsschuldner wegen Vermächtnis/Auflagen **2318**; unzulässige Rechtsausübung **242** 215; Vereinbarung, Hemmung der Verjährung **205** 1ff; Verjährung **194** 14; Zug-um-Zug-Verurteilung **322**
Leistungsvorbehalt 557b 2; Wertsicherungsklausel **535** 68, **557b** 2
Leistungszeit, Beweislast **271** 18f; einseitige Bestimmung **271** 14; Einzelfälle **271** 3–10; Stundung **271** 11ff, 18f
Leistungverweigerungsrecht bei Teilleistung **320** 11ff; Vorleistungpflicht **320** 19ff; des Vorleistungspflichtigen bei Vermögensverschlechterung **321** sa Unsicherheitseinrede
Leitungen auf fremden Grundstücken, Gebrauchsgestattung **vor 598** 3
Leitungswasserversicherung, Mitversicherung Mieter **538** 5
Leitzinssätze 244 5
Leserbrief, Ehrenschutz **Anh 12** 47
Letter of Intent vor 145 9; Form **311b** 7
Letztwillige Verfügung, Arten **vor 2064** 5; sa Testament
lex rei sitae EGBGB 43 7ff
Lexikon, Liefervertrag **505** 9
Lieferfähigkeitsklausel 308 23ff
Lieferfrist, Klauselverbote **308** 1ff, 7ff
Lieferketten 478 21, **479** 4
Lieferschein, Abtretung Herausgabeanspruch **931** 10; bedingte Übereignung, Erklärung **449** 2f
Lieferung, abgekürzte, Bereicherungsausgleich **812** 25, 39
Lieferungskauf 651 12
Liegenschaftsrecht, Begriffe **vor 873** 1ff; eintragungsfähige Rechte **vor 873** 9ff; und Grundbuchfähigkeit **vor 873** 17; Grundsätze **vor 873** 6ff; Grundstücksbegriff **vor 873** 1f; grundstücksgleiche Rechte **vor 873** 5; Rechte an Grundstücken **vor 873** 4; Verfügungsbeschränkungen **vor 873** 10ff
Listenpreis 433 40
Lizenz, Verpfändung **1274** 4c
Lizenzspieler, Transfer **453** 25
Lizenzvertrag vor 433 14, **453** 3, **vor 581** 7; IPR **EGBGB 28** 54
Lohn Arbeitnehmer, **611** 387ff sa Vergütung Dienstvertrag, **612**; Arbeitnehmererfindung **612** 3; Fehlen einer Vereinbarung **612** 1f; flexible Arbeitszeitregelungen **614** 8ff; Lohngleichheit von Männern und Frauen **612** 24ff; Maßregelungsverbot **612a**; Störung der Geschäftsgrundlage **313** 49; Taxe **612** 9ff; Üblichkeit **612** 22; Verfügungsrecht Minderjährige **113** 12; Vorausabtretung **398** 15ff; Vorleistungspflicht **614** 1ff; Vorschuß und Abschlag **614** 6ff; zwingender Mindestlohn **612** 21
Lohn- und Gehaltsabtretungsklauseln, Inhaltskontrolle **307** 159; überraschende Klauseln **305c** 16
Lohnfortzahlung s Entgeltfortzahlung
Lohngleichheit 612 24ff
Lohnpfändung und Lohnabschlag **614** 9
Lohnüberzahlung, Entreicherungseinwand **818** 34, 38
Lohnwucher 138 76
Lombarddarlehen vor 488 26
Loseblattergänzungen 505 14
Lotterie- und Ausspielverträge 309 70, **763**
Lotto, Gewinn, Hinzurechnung zum Anfangsvermögen **1374** 9; Inhaberschuldverschreibung **793** 11
Lottospielgemeinschaft vor 705 29; Rechtsbindungswille **vor 145** 7, **vor 241** 17
Luftbeförderung, IPR **EGBGB 28** 44
Luftfahrttechnischer Betrieb, Amtshaftung **839** 35
Luftfahrzeuge, Belastung **Einl 1204** 11; bewegliche Sachen **vor 90** 4; IPR **EGBGB 45**; Stundung des Kaufpreises **468** 2
Lüftungsanlage, wesentlicher Bestandteil **94** 9
Luftverkehr, IPR **EGBGB 40** 47
Lügendetektor Anh 12 151

Mahnbescheid, Hemmung der Verjährung **204** 13ff, 42
Mahnkosten, Aufwendungsersatz Teilzahlungsgeschäft **503** 27
Mahnung 286 28ff; Entbehrlichkeit **286** 37ff, 50ff; Klauselverbote **309** 34ff
Mahnverfahren, Wohnungseigentumssachen **WEG 46a**
Mäklervertrag 652ff; Abdingbarkeit der Vorschriften **vor 652** 28ff; Abgrenzung **vor 652** 9ff; AGB-Recht **vor 652** 29ff; Allgemeines **vor 652** 1ff; Arbeitsvermittlung, Herabsetzung unverhältnismäßiger Provision **655**; Arten der Makler **vor 652** 9ff; Auftragserteilung **vor 652** 21ff; Auftragsübernahme **vor 652** 25ff; Aufwendungen des Maklers **652** 56; Beendigung **vor 652** 38ff; Darlehensvermittlungsvertrag **655aff** sa dort; die guten Sitten **138** 138; Doppeltätigkeit, vertragswidrige **654**; Ehemaklervertrag **656**; fehlende vertragliche Provisionsregelung **653**; Form **125** 3; Geschäftsbesorgungsvertrag **675** 7; Gesetz zur Regelung der Wohnungsvermittlung **vor 652** 3; Gesetzesverstoß **vor 652** 35f; Inhaltskontrolle **308** 61, **309** 42; IPR **EGBGB 28** 48; konkludente Auftragserteilung **vor 652** 22ff; konkludente Auftragsübernahme **vor 652** 25ff; Makler als Erfüllungsgehilfe **278** 38; Maklerkosten **464** 7, 9; Maklertätigkeit, Gegenstand **vor 652** 5ff; Nebenpflichten Auftraggeber **652** 66; Nebenpflichten Makler **652** 57ff; Provisionsanspruch **328** 30; Rechtsnatur **vor 652** 17f; Sittenwidrigkeit **vor 652** 33f; Taxe/üblicher Lohn **653** 6; überraschende Klauseln **305c** 16; Verbotsgesetz **134** 76; Vertragsabschluß **vor 652** 20f; Zusammenarbeit mehrerer Makler **vor 652** 12ff
Mäklervertrag, Provisionsanspruch 652; Abbedingung Maklerleistung **652** 20ff; Abbedingung Provisionspflicht **652** 6; Abwälzen Provisionspflicht **652** 5; Alleinauftrag **652** 20ff; Arbeitsvermittlung, Herabsetzung unverhältnismäßiger Provision **655**; Aufwendungen **652** 56; Beweislast **652** 67; Doppeltätigkeit, vertragswidrige **654**; Erbringung der Maklerleistung **652** 9ff; erfolgsunabhängige Provision **652** 47; bei fehlender Vereinbarung **653**; gleichwertiger Hauptvertrag **652** 45f; Nachweismaklervertrag **652** 12ff, 50f; Provisions-

pflichtiger **652** 4; Stellung Makler zu Parteien des Hauptvertrages **652** 31ff; üblicher Lohn **653** 6; Umfang **652** 53ff; Ursächlichkeit **652** 48; Verjährung **652** 68; Vermittlungsmakler **652** 17ff, 49, 51; Verwirkung **652** 63ff; Voraussetzungen **652** 1; Wirksamkeit Hauptvertrag **652** 35ff; Zustandekommen Hauptvertrag **652** 30ff

Managementvertrag 675 7

Mangel, grob fahrlässige Unkenntnis **442** 2; Kaufsache s Kauf, Mängelgewährleistung; Mietsache s Mietmangel; Werkvertrag s Werkvertrag, Unternehmerhaftung

Mängelanzeige, Ausschlußfrist, Klauselverbote **309** 113ff; Frist, AGB **305c** 32

Mängelbeseitigungsabreden 442 9

Mangelfall 1610 67; Einsatzbeträge **1609** 19ff; Verteilung, Struktur **1609** 16ff; Verteilungsmasse **1609** 27; Verwandtenunterhalt **1609**

Mangelfolgeschaden, Mangelschaden, Abgrenzung **280** 14f, 42

Mängelgewährleistung/-haftung, Kauf **437f** s Kauf, Mängelgewährleistung/-haftung

Mangelschaden, Mangelfolgeschaden, Abgrenzung **280** 14f, 42

Mankohaftung, Arbeitnehmer **611** 349, **688** 11

Marken 807; Garantie durch Verwendung von **437** 39; Namensschutz **12** 26; Rechtskauf **453** 2; Verpfändung **1274** 4b

Markierungsvertrag Anh 929–931 6

Marktforschungsinstitut 307 102

Marktpreis 456 1

Maschine, wesentlicher Bestandteil **93** 7f, **94** 12f

Massenentlassung 620 108

Massenverkehr, s Daseinsvorsorge, Leistungsbeziehungen der

Maßregelungsverbot, Arbeitsrecht 612a

Mediation Einl 1297 6; Geschäftsbesorgungsvertrag **675** 7

Mediendienste 312e 9

Mehrdeutige Erklärung 116 8

Mehrheit von Schuldnern und Gläubigern vor 420 1ff, **428ff, 432**; Bruchteilsgemeinschaften **vor 420** 20ff; gemeinschaftliche Schulden, **vor 420** 26ff; Gesamtgläubiger **vor 420** 9; Gesamthandsgemeinschaften **vor 420** 12ff; Gesamtschuld **vor 420** 7 sa dort; Innenverhältnisse **vor 420** 11; Mitgläubiger **vor 420** 10; Teilgläubiger **vor 420** 8; Teilschuld **vor 420** 6, **420** 1ff sa dort

Mehrheitsklauseln 709 30ff

Mehrseitiges Rechtsgeschäft Einl 104 12

Mehrvertretung, s Vertretung, In-sich-Geschäft

Mehrwertsteuer s Umsatzsteuer

Meinungsäußerungen, Abgrenzungskriterien **Anh 12** 33ff; und APR **Anh 12** 20, 30ff; Definition **Anh 12** 31; Frageformen **Anh 12** 36ff; gewerblicher Bereich **Anh 12** 37ff; Personenvereinigungen, Schutz **Anh 12** 294; Sachverständigengutachten **Anh 12** 38, 103; und Tatsachenbehauptung, Funktion der Unterscheidung **Anh 12** 30; sa Ehrenschutz

Meinungsfreiheit Anh 12 63, 64ff; Abwägungserfordernis **Anh 12** 89; Bedeutung **Anh 12** 64; Begriff/Umfang Pressefreiheit **Anh 12** 65; Beschränkung des Ehrenschutzes **Anh 12** 82; Bewertungsvorrang über richtige/ falsche Meinungen **Anh 12** 80; dreifache Berücksichtigung der – **Anh 12** 76; Ehre – Meinungsfreiheit, Gleichwertigkeit **Anh 12** 78f; Formalbeleidigungen **Anh 12** 84; Gebot des mildesten Mittels **Anh 12** 71; Höherrangigkeit öffentlicher Interessen **Anh 12** 73; Recht zum Gegenschlag **Anh 12** 72; Schmähkritik **Anh 12** 84ff; Substantiierungspflicht **Anh 12** 75; Umkehrung § 193 StGB durch Art 5 I und 2 GG **Anh 12** 66; verfassungsrechtlicher Ehrenschutz **Anh 12** 77; Verfassungsrspr, Grundsätze **Anh 12** 67ff; Verhältnismäßigkeitsgrundsatz **Anh 12** 81; Verletzung der Menschenwürde **Anh 12** 83; Vermeidung abschreckender Effekte **Anh 12** 70; Vermutung für freie Rede **Anh 12** 74; Wechselwirkungslehre **Anh 12** 69

Mensch, Sache **90** 5f

Merkantiler Minderwert 251 7ff, **434** 37f; Berechnungsmethoden **251** 10ff; Blechschäden/Bagatellschäden **251** 9; für Gebäude **251** 7; maßgeblicher Zeitpunkt **251** 8; für Musikinstrumente **251** 7; für Nutzfahrzeuge **251** 8, 14

Mietanpassung außerhalb Wohnraummiete 535 64ff; Kosten-/Kostenelementklauseln **535** 72; Leistungsvorbehalte **535** 68ff; Spannungsklauseln **535** 71; Treu u Glauben entsprechend **535** 74; ohne Wertsicherungsklausel **535** 74; Wertsicherungsklauseln **535** 65ff; Wirkung bei Gesamtschuld **425** 10; Zeitpunkt der Anpassung **535** 73

Mietbürgschaft, AGB **307** 23

Mietdarlehen vor 488 19

Mietdatenbank 558a 9, **558e**

Miete vor 535 1, **535ff**, 57ff; Abgrenzung zur Pacht u zu anderen Verträgen **vor 535** 11ff; Abnutzung durch vertragsgemäßen Gebrauch **538**; Abschluß **535** 16; AGB **306** 12, **307** 46, 46f; Änderungen **535** 18, **550** 8, 10ff; Ankündigungsklausel **579** 4; Anmietrecht **vor 535** 65; Anpassung s Mietanpassung; Anwendbare Vorschriften, Überblick **578** 2ff; Art der – **535** 58; Aufrechnungsverbotsklausel **579** 4; Aufwendungsersatzanspruch Mieter **539**; Bankschließfachmiete **vor 535** 17; Beendigung **542**; Beendigung durch Kündigung s Mietkündigung; Begriffsdefinitionen **535** 75f; Beitrittsgebiet **535** 23; Belastung Wohnraum **567ff**; Besitzmittlungsverhältnis **868** 29; bewegliche Sachen **535** 25, **578** 5 (anzuwendende Vorschriften); bei Bruchteilsberechtigten, Teilbarkeit der Leistung **420** 6; Dauerschuldverhältnis **vor 535** 2, 2; Definition **535** 2; Doppelvermietung **vor 535** 5, **535** 27, **536** 22; Eintritt, mehrere Erwerber, Mitgläubiger **428** 23; Entrichtung bei persönlicher Verhinderung des Mieters **537**, 5f (Anrechnung ersparter Aufwendungen/Vorteile), 7f (Ersatzmieterklausel), 9 (Gebrauchsüberlassung an Dritten); Erfüllungsgehilfen des Vermieters **278** 37; Erhöhung s Zinserhöhung; Ersatzmieterklausel **537** 7f; Erstattung bei Wertverbesserung durch Mieter **539** 6; Fälligkeit **535** 63, **579**; Ferienhäuser/-wohnungen **vor 535** 24; Form **535** 19, **550**; Gegenstand **535** 25; Gerüstmiete **vor 535** 18; Gesamtschuldnerausgleich unter Mitmietern **426** 38; Geschäftsraummiete **vor 535** 6ff, **578** 4; Gestufte Mietverhältnisse **540** 4f, 9, **565**; Gewährleistung **536ff**; Gewährleistungsausschluß **vor 536** 21ff, **536** 29ff; Grenzen Vertragsfreiheit **535** 20ff, 61; Grundstücksmiete **vor 535** 6, **578** 3; Haftung für Verschulden Dritter **535** 121ff, **540** 18ff; Hausstürgeschäft **312** 21; Höhe **535** 59ff; Hypothekenhaftung **1123ff**; Indexmiete **557b**; Inhaltskontrolle **308** 35, **309** 32, 47; IPR **EGBGB 28** 35; und Kauf **vor 433** 12f; Kraftfahrzeug **305c** 30, 31; Kühlhausmiete **vor 535** 17; Mieterpflichten s dort; Mietrat **vor 535** 70; Mieterumbauten, Sicherungsvorkehrungen **328** 25; Mieterversammlung **vor 535** 70; Mietkauf s dort; Mietoption **vor 535** 66ff; Mietvertragsparteien **535** 3ff; Minderjährige Vertragspartner **vor 535** 4; Minderung **536**; Mindestmiete **535** 16; Mischmietverhältnisse **vor 535** 10; einer nichtehelichen Lebensgemeinschaft **vor 1353** 16f; Nutzungsänderung Mieträume **535** 30; Optionsklausel zur Verlängerung **vor 158** 16; Parkplatzmiete **vor 535** 17; Personenmehrheit als Vertragspartner **535** 5ff, **542** 10; preisgebundener Wohnraum **535** 22, 61; Raummiete **vor 535** 6; Rundfunk-/Fernsehempfang **535** 32f; Schickschuld **535** 63; Schiffe, eingetragene, anzuwendende Vorschriften **578a**; Schranken **535** 22, 61; Schutzbereich **535** 116ff, **536a** 10, **540** 4; Sittenwidrigkeit **138** 139; Sondererbfolge **1922** 56; Staffel- **535** 59,

59, **557a**; Störung der Geschäftsgrundlage **313** 72; Teilnichtigkeit **139** 6; Tierhaltung **535** 31, **541** 6; Tierhaltungsverbot **306** 10; Time-sharing-Vertrag **vor 481** 13; überraschende Klauseln **305c** 16; Umdeutung eines Rechtsgeschäfts **140** 25; Umsatz- **535** 60; Umsatzsteuer **535** 62; Unterlassungsklage, vertragswidriger Gebrauch **541**; Untervermietung **540** 4ff; Untervermietung, unerlaubte **536** 22, **540** 12, **543** 16; unzulässige Rechtsausübung **242** 185f; Veräußerung des Grundstücks **566ff** sa Miete, Veräußerung Objekt; Verbotsgesetz, Verstoß **134** 77; Vereinbarung Endtermin **542** 4; Verjährung **195** 15; Verjährung Ersatzansprüche **548**; Verlängerung befristeter Mietverhältnisse **542** 5, 5; Verlängerungsfiktion **545**; Verlängerungsoption **vor 535** 68f; Vermieterpfandrecht **562ff** sa dort; Vermieterpflichten s dort; vertragsgemäßer Gebrauch **535** 29ff; Verwalter **vor 535** 71; Verwendungsrisiko **537**; Vorauszahlungsklausel **579** 4; Vorhand **vor 535** 65; Vormietrecht **vor 535** 60ff; Wechsel der Mietvertragsparteien **535** 13; Wesen, Rechtsnatur **vor 535** 1ff; Wirkung zugunsten Dritter **328** 31; Wohngemeinschaften **535** 12; über Wohnraum s Wohnraummietvertrag; Wohnraum- **556ff** sa Wohnraummietvertrag, Miete; Wohnraummiete **vor 535** 6ff; Wucher, Bereicherungsausgleich **817** 21; -zeit **542** 4; Zeltmiete **vor 535** 18; Zustand bei Rückgabe **546** 6; Zweckentfremdung von Wohnraum **vor 535** 9, **535** 21, **536** 13; Zwischenvermietung von Wohnraum **vor 535** 7, **540** 5, **565**

Miete, Abwicklung, Abdingbarkeit **547** 2; Aufwendungsersatz Verjährung **548** 12ff; Bauwerke im Beitrittsgebiet **546** 6; Beweislast **546** 17, **546a** 11; gegen Dritten, Rückgabeanspruch **546** 13ff; Durchsetzung Räumungs- und Herausgabeanspruch **546** 11; Erfüllungsort Rückgabe **546** 9; Inhalt der Rückgabeverpflichtung **546** 4ff; Insolvenz des Mieters **546** 8; Kaution und verjährte Ansprüche **548** 10; Rückerstattung Baukostenzuschuß **547** 8; Rückerstattung Mietvorauszahlung **547**; Rückgabeanspruch **546** 3; Schlechterfüllung Rückgabe **546a** 12; Teilrückgabe **546** 7; Verjährung **548**; verspätete Rückgabe **546** 12, **546a**; Wegnahmerecht Mieter **539**, **548** 12ff, **552**; Zeitpunkt der Rückgabe **546** 10; Zustand bei Rückgabe **546** 6

Miete, Gebrauchsüberlassung an Dritte; Abdingbarkeit **540** 2; Abtretung der Mieterrechte **540** 10; zum Alleingebrauch **540** 8; Allgemeines **540** 1; Aufnahme Angehörige/Lebensgefährten **540** 6f; Beweislast **540** 18; Erlaubnis **540** 11 (Erteilung), **540** 13 (Widerruf), 14 (Verweigerung); Gebrauchsüberlassung **540** 6ff; Haftung des Mieters **540** 17; Kündigungsrecht Mieter **540** 11; zum Mitgebrauch **540** 8; und persönliche Verhinderung des Mieters **537** 9; Rechtsformänderung **540** 9; Rückgabeanspruch **546** 13ff; unbefugte **540** 12; Unterlassungsklage **541** 5; Untervermietung **540** 4ff, **543** 17; bei Wohnraummietvertrag Gestattung **553**

Miete, Kündigung 542 6ff; bedingungsfeindlich **542** 7; Begründung **542** 12; Form **542** 11; Fristen **542** 13, **580a**; Kündigungsarten **542** 16ff; Kündigungsberechtigter **542** 8; Kündigungsgegner **542** 9; Personenmehrheiten **542** 10; Tatbestände **540** 15f; Teilkündigungen **542** 14; Umdeutung **542** 19; unbegründete **542** 20; Widerruf **542** 15; Wohnraummietvertrag Sonderregeln **568ff** sa Wohnraummietvertrag, Kündigung

Miete, Kündigung außerodentliche, 30 Jahre Mietzeit **544**; **543**f; Abdingbarkeit **543** 2; Abhilfefrist **543** 28ff; Abmahnung **543** 30f; Ausschluß des Kündigungsrechtes **543** 32; Beweislast **543** 9, 13, 18, 27; Einzelfälle **543** 5ff; fristlose aus wichtigem Grund **542** 18, **543**; Konkurrenzen **543** 3; mit gesetzlicher Frist **542** 17, **544**; Nichtgewährung/Einschränkung des vertragsgemäßen Gebrauchs **543** 11f; Tatbestand **543** 4ff, 10; Tod des Mieters **580**; Vertragsverletzungen durch den Mieter **543** 14ff; Wohnraummietvertrag Sonderregeln **568ff** sa Wohnraummietvertrag, Kündung außerordentliche; Zahlungsverzug **543** 19ff, 25f (Ausschluß der Kündigung/Heilung)

Miete, Mieterpflichten 535 57ff; Bezahlung **535** 57ff

Miete, Veräußerung Objekt 566ff; Aufrechnung durch Mieter **566d**; Belastung Wohnraum **567ff**; Beweislast **566** 15; Haftung Vermieter nach Veräußerung **566** 13f; Kauf bricht nicht Miete, Voraussetzungen **566** 4ff; Mietsicherheit/Kaution **566a**; Mitteilung Eigentumsübergang **566e**; Rechtsfolgen, Eintritt **566** 9ff; vor Überlassung Wohnraum **567a**; Vereinbarungen über Miete **566c**; Vorausverfügung über Miete **566b**; Weiterveräußerung durch Erwerber **567b**

Miete, Vermieterpflichten 535 25ff; Erhaltungspflichten **535** 46ff, 87ff (Überbürdung), **538** 3 (Überbürdung); Fürsorge- u Sicherungspflicht **535** 52; Gebrauchsgewährungspflicht **535** 25ff; Instandhaltungs-/Instandsetzungspflicht **535** 47, 87ff (Überbürdung), **538** 3 (Überbürdung); Konkurrenzschutz bei gewerblicher Nutzung **535** 36ff, **536** 10; Lastentragungspflicht **535** 55f; Mitteilungspflicht Erhaltungs- und Modernisierungsmaßnahmen **554** 17f; Modernisierungspflicht **535** 53; Verkehrssicherungspflicht **535** 49, 52; zusätzliche Leistungspflichten **535** 54

Mieteinnahmen, Angaben über **437** 29, 31, 32; Beschaffenheit der Kaufsache **434** 11

Mieter, Besitzschutz **865**

Mieterpflichten, Abnahme- u Gebrauchspflicht **535** 111; Anzeige der Wegnahme **539** 14, **548**; Anzeigepflicht **535** 113; Duldungspflicht **535** 114, **554** (Erhaltungs- und Modernisierungsmaßnahmen); Erhaltungspflichten, überbürdete **535** 87ff, **538** 3; Kleinreparaturen **535** 92; Mängelanzeigepflicht **536c**; Miete s dort; Mietnebenkosten s dort; Obhutspflichten **535** 112; Räumungs- u Rückgabepflicht **535** 115, **546**; Reparaturpflicht **535** 113; Schönheitsreparaturen **421** 21, **535** 93ff sa dort; Untersuchungspflicht **536b** 5; Wartung technischer Geräte **535** 91

Mietkauf vor 433 12, **vor 535** 32; Finanzierungshilfe **499** 12

Mietkaution 551, **566a**; und verjährte Ansprüche **548** 10

Mietmangel vor 536 1ff; und allgemeine Leistungsstörungsvorschriften **vor 536** 6ff; Anfangsmangel **536a** 4; und Anfechtung **vor 536** 19ff; Ankündigungsklausel **536** 30; Aufwendungsersatzanspruch **536a** 17ff, **548** 12ff; Ausschluß der Minderung **536** 29ff; bestimmte Größe **536** 18; Betriebskosten und Minderung **536** 24; Darlegungs- und Beweislast **536** 33ff; Duldungspflicht Erhaltungs- und Modernisierungsmaßnahmen **554** 21; Eigenschaft, zugesicherte **536** 16ff; Einrede des nicht erfüllten Vertrages **vor 536** 1; Erfüllungsanspruch **vor 536**; Erheblichkeit des Mangels **536** 16; Fehlerbegriff **536** 3ff; fristlose Kündigung **vor 536** 5; Gebrauchshindernisse, öffentl-rechtl **536** 12ff; Gewährleistung **536ff**; Gewährleistungsausschluß **vor 536** 21ff, **536** 29ff, **536** 24ff, **536b**, **536c**, **536d**; Haftung gegenüber Dritten **536a** 10; Haftungsbeschränkungen **536a** 24ff, **536d**; Kenntnis des Mieters **536b**, Mangel, zu vertretender **536a** 8; Mängelanzeigepflicht Mieter **536c**; Mietminderung **536**; Minderung vor **536** 2, **536** 23ff; Nichterfüllungsschaden **536a** 12; notwendige Aufwendungen **vor 536** 4; Rechtsmängel **536** 20ff; Sachmangel **536**; Schadensersatz **vor 536** 4, **536a** 3ff; Schadensersatzpflicht Mieter bei unterlassener Anzeige **536c** 6f; Selbsthilferecht des Mieters **536a** 17ff, 26; Selbsthilferecht/Aufwendungsersatz, Vorschuß **vor 536** 4; Umweltfehler **536** 7; Untervermietung, unerlaubte **536** 22; Verschweigen von Mängeln, arglistiges **536b** 4; Verzug mit Mängelbeseitigung **536a** 9; Volle Zahlung bei geminderter Miete **536** 27; Vorschußanspruch **536a** 23;

und Wiederherstellungspflicht Mieter **536** 5, 30; Zusicherung nach Vertragsschluß **536** 19

Mietnebenkosten 535 75ff, **556;** Abrechnung **535** 81ff, **556** 8ff, **556a;** Begriffsdefinitionen **535** 75f; Betriebskosten **535** 62, **560;** Fälligkeit **535** 85; Heizkosten **535** 86; Pauschale **535** 76, **556** 5, **560;** Überbürdungsabrede **535** 79, **556** 2f; Umlegungsmaßstab **535** 80, **560** 5; Umsatzsteuer **535** 84; Veränderung **560;** Verjährung **535** 85; Verwirkung **535** 85; Vorauszahlungen **535** 75f, **556** 6ff, **560** 9

Mietoption vor 535 66ff; Ausübung, Form **125** 3

Mietrecht, Rechtskauf **453** 15

Mietshaus, Verkehrssicherungspflichten **823** 95

Mietspiegel 558a 6ff, **558c;** qualifizierter **558a** 12, **558d**

Mietvertrag, Vorvertrag **vor 535** 55ff

Mietwagenkosten, Eigenersparnis **249** 110; Ersatzpflicht **249** 106ff; gewerblich genutzte Fahrzeuge **249** 111; Haftungsfreistellungsprämie **249** 109; oder Interimsfahrzeug **249** 107; Preisvergleiche **249** 108; und Schadensersatz **249** 76a; Typ **249** 108; für Urlaubsreise **249** 107

Mietwucher, Bereicherungsausgleich **817** 21

Milchpachtvertrag vor 581 21

Minderjährige, Deliktshaftung **829;** Geschäftsfähigkeit s Minderjährige, beschränkte Geschäftsfähigkeit; Haftung für vermutetes Aufsichtsverschulden **832;** Haftungsbeschränkung bei Vertretung durch Eltern **1629a;** Mietverträge **535** 4; Prozeßfähigkeit **106** 3; Testierfähigkeit **2229** 3, 5

Minderjährige, beschränkte Geschäftsfähigkeit 106 1ff; Ablaufhemmung Verjährung **210;** Erfüllung von Vertragspflichten **110** 1ff; Ermächtigung zum Betrieb Erwerbsgeschäft **112** 1ff; Ermächtigung zum Eintritt in Dienst/Arbeit **113** 1ff; schwebende Unwirksamkeit von Verträgen **108** 1ff; sa Ermächtigung, Geschäftsfähigkeit, beschränkte; Taschengeldparagraph

Minderjährigenadoption vor 1741ff, 1741–1766; Adoptionsgesetz, Übergangsvorschriften **vor 1741** 3ff; Amtsvormundschaft des Jugendamts **1751;** Änderung Personenstand/Name **1752** 16; Annahme durch einen Ehegatten **1749, 1750;** Annahmefähigkeit **1741** 33; anonyme Abgabe und Geburt **vor 1741** 27; -beschluß **1752** 1ff; Eheschließung Annehmender mit Angenommenem **1308, 1766;** durch eingetragene Lebenspartner **1741** 29; Einwilligung des Anzunehmenden **1746, 1750;** Einwilligung Ehegatte **1749;** Einwilligungserklärung **1750;** Ersatz- und Tragemuttervertrag **1741** 16; Familienname des Kindes **1757;** Folge **1756;** Gegeninteressen Kinder **1745;** des gemeinschaftlichen Kindes nach Scheidung **1741** 31; Grundvoraussetzungen **1741** 2; Mehrfach-, Ausschluß **1742;** Mindestalter Annehmende **1743;** negative Statuswirkung, bisherige Verwandtschaftsverhältnisse **1755f, 1756f** 5 (erbrechtliche Folgen); Offenbarungs- und Ausforschungsverbot **1758;** Pflegeverhältnis, Vorschaltung **1744;** positive Statuswirkung, gemeinschaftliches Kind **1754;** Probezeit **1744;** Regreßanspruch -bewerber für Unterhaltsleistung **1751** 15; Rück- **1741** 32, **1742** 3ff; Scheitern der - **1751** 17f; Stiefkind- **1755** 11, **1756** 8; Stiefkindzweit- **1756** 9; nach Tod des Annehmenden **1753** 5ff; nach Tod des Kindes **1753** 4; Übergangsrecht, DDR-Annahmeverhältnisse **vor 1741** 24ff; Übersicht **vor 1741;** Umgangsrecht **1751** 9; Unterhaltspflicht des Annehmenden **1751** 10ff; durch einen Unverheirateten **1741** 28f; Verfahren Vormundschaftsgericht **1752** 5ff; durch Verheiratete **1741** 21ff; -vermittlung **vor 1741** 15ff, **1741** 18ff; Willensmängel **1760, 1761**

Minderjährigenadoption, Aufhebung 1759ff; von Amts wegen **1763;** Antragsberechtigung **1762** 2; Antragsfrist **1762** 4ff; wegen fehlender Erklärungen **1760;** Form, Antrag **1762** 3; Hindernisse **1761;** Namensführung **1765;** Willensmängel **1760, 1761;** Wirkung **1764**

Minderjährigenadoption, Einwilligung der Eltern 1747; Achtwochenfrist **1747** 4; anhaltend gröbliche Pflichtverletzung **1748** 7ff; besonders schwere Pflichtverletzung **1748** 13; Blankoeinwilligung, Verbot **1747** 5f; Einwilligung Ehegatte **1749;** Einwilligungserklärung **1750;** Entbehrlichkeit **1747** 16f; Ersetzung, Vormundschaftsgericht **1748,** 29ff (Verfahren); Gleichgültigkeit **1748** 14ff; Inkognito **1747** 7; Kindeswohlgefährdung **1748** 18; nichtehelicher Vater **1747** 11ff, **1748** 27, 29; offene/halboffene/geöffnete – **1747** 9; psychische Krankheit oder geistige oder seelische Behinderung, Krankheit **1748** 24ff; Scheitern **1751** 18; subjektive Vorwerfbarkeit **1748** 17; Unauffindbarkeit des Elternteils **1748** 15; unverhältnismäßiger Nachteil für das Kind **1748** 19ff; Wirkung **1751**

Minderjährigenhaftungsbeschränkungsgesetz vor 104 16

Minderjährigenschutzabkommen, Haager EGBGB Anh 24 9ff; Anerkennung von Maßnahmen **EGBGB Anh 24** 34; Anwendungsgebiet **EGBGB Anh 24** 40; Anzeige an Heimatbehörde des Heimatstaates **EGBGB Anh 24** 38; anzuwendendes Recht **EGBGB Anh 24** 23; deutsches Zustimmungsgesetz **EGBGB Anh 24** 47; Eilzuständigkeit **EGBGB Anh 24** 36; Eingreifen der Heimatbehörden **EGBGB Anh 24** 31; nach Heimatrecht bestehende Gewaltverhältnisse **EGBGB Anh 24** 24ff; Maßnahmen bei Gefährdung des Kindes **EGBGB Anh 24** 35; Meinungsaustausch der Behörden **EGBGB Anh 24** 37; Minderjährigenbegriff **EGBGB Anh 24** 39; ordre public **EGBGB Anh 24** 43; Schutzmaßnahmen **EGBGB Anh 24** 20f; Überblick **EGBGB Anh 24** 9ff; Übertragung der Durchführung von Maßnahmen **EGBGB Anh 24** 33; Uneinheitlichkeit des Heimatrechts des Minderjährigen **EGBGB Anh 24** 41; Verlegung des Aufenthalts in einen anderen Vertragsstaat **EGBGB Anh 24** 32; Vorbehalt zugunsten der Ehegerichte **EGBGB Anh 24** 42; Zuständigkeit bei Kindesentführung **EGBGB Anh 24** 18f; Zuständigkeit der Gerichte/Verwaltungsbehörden des Aufenthaltsstaates **EGBGB Anh 24** 13; Zuständigkeit, konkurrierende **EGBGB Anh 24** 31

Minderung, Ausschluß, Klauselverbote **309** 91

Minderung, Kauf **437** 10, **441;** Abdingbarkeit **441** 14; Beteiligung mehrerer Verkäufer/Käufer **441** 3; Erklärung **441** 2; Mitverantwortung des Käufers **441** 9; neuer Preis, Berechnung **441** 4ff; Reparaturkosten **441** 4; Teilklage/Teilabtretung/Teilstundung **441** 10f; Überzahlung **441** 12; Verhältnis zum Schadensersatzanspruch **441** 13; Verjährung **438** 21ff; völlig wertlose Kaufsache **441** 6; Voraussetzungen **441** 1; Wirkung **441** 4ff

Minderung, Miete 536

Minderwert, merkantiler **251** 7ff sa Merkantiler Minderwert; technischer **251** 6

Mischmietverhältnisse vor 535 10

Mißbrauch der Vollmacht 167 46ff, **177** 9

Mißverhältnis Leistung und Gegenleistung 138 14ff, 39, 199

Mitarbeit der Familie, Zweckverfehlung, Bereicherungsausgleich **812** 56

Mitbenutzungsrecht Einl 1018 11f, **1018** 15; Gemeinschaftsanlagen bei Wohnrecht **1093** 15

Mitbesitz vor 854 6; Besitzschutz **866**

Mitbürgen, Gesamtgläubiger **428** 20

Mitbürgschaft 769, 774 14; Gesamtschuldnerausgleich, Schuldmitübernehmer **426** 90f; Sicherungsgesamtschuld **421** 46

Miteigentum 741 5, **1008–1011;** Allgemeines **vor 1008;** Ansprüche aus dem Eigentum, Geltendmachung **1011;** Belastung **vor 1008** 8, **1008** 2, **1009;** Bruchteilsgemeinschaft **vor 1008** 3–12, **1008–1011,** sa dort; Entstehung **vor 1008** 6; Gesamthandseigentum **vor 1008** 13f; Nieß-

Stichwortverzeichnis

brauch an Miteigentumsanteil **1066**; Pfandrecht an Miteigentumsanteil **1272**; Übertragung **vor 1008** 7, **1008** 2; Vereinbarung über Verwaltung/Benutzung, Grundbuch **1010**; Vorratsteilung **1008** 4; Wohnungseigentum **vor 1008** 11, **1008** 5; Zwangsvollstreckung **vor 1008** 9

Miterben, Haftung vor **2058, 2058ff;** Antrag auf Nachlaßverwaltung **2062;** aufschiebende Einrede der beschränkten Erbenhaftung **2059** 3; Beschränkung auf Miterbenanteil **2058** 3; Gesamtschuldklage/Gesamthandsklage **vor 420** 15, **2058** 2, **2059** 9; Gesamtschuldner **2058** 1ff; Hoferbe **vor 2058** 18; Inventarerrichtung **2063;** Miterbengläubiger, Stellung **2058** 4; nach Nachlaßteilung **vor 2058** 8ff; bis Nachlaßteilung **2059, 2060;** Nachlaßteilung, Begriff **2059** 7f; Privataufgebot **2061;** Überblick **vor 2058;** Verteidigung des gesamtschuldnerischen Miterben **2059** 1ff

Miterbengemeinschaft 2032–2063; Allgemeines **vor 2032;** Anspruch auf Aufhebung, Verjährung **194** 22; Antrag auf Nachlaßverwaltung **2062;** Auflösung **311b** 23; Aufrechnung **2040** 5; Auseinandersetzung s Miterbengemeinschaft, Auseinandersetzung; Außenverhältnis **2038** 11ff; dingliche Surrogation **2041;** GbR **705** 22; gesetzliche Einziehungs- und Prozeßführungsermächtigung, Nachlaßansprüche **2039;** Innenverhältnis **2038** 2ff; Inventarerrichtung **2063;** als Kaufmann/Gesellschafter **2032** 4; als Mietvertragspartei **535** 5f; Miterbenvorkaufsrecht **2034ff**, sa dort; als Mitgläubiger **432** 11; Nachlaßforderungen **2039;** Notverfügungsrecht **2040** 6; Sondervermögen **2032** 1ff; unerlaubte Handlungen **2032** 5; Verbraucher **13** 7; Verfügung über Anspruch auf Auseinandersetzungsguthaben **2033** 10; Verfügung über Anteil an Nachlaßgegenständen **2033** 9; Verfügung über Nachlaßanteil **2033** 1ff; Verfügung über Nachlaßgegenstand **2040;** Verhältnis zu Nachlaßgläubigern **vor 2058, 2058ff**, sa Miterben, Haftung; Verwaltung des Nachlasses **2038**

Miterbengemeinschaft, Auseinandersetzung; Anspruch **2042** 1ff; Antrag auf Zwangsversteigerung **2042** 20; Arten, Überblick **2042** 7; Aufschub bis Ablauf Aufgebot/Aufforderung **2045;** Auseinandersatzungsklage **2042** 16; Auseinandersetzungsanordnungen des Erblassers **2048;** Auseinandersetzungsregeln **2042** 3ff; Ausgleichungsanspruch für Leistungen, die Nachlaß erhalten/vermehrt haben **2057a;** Ausgleichungspflicht Zuwendungen **2050ff**, sa Ausgleichungspflicht, Erbauseinandersetzung, sa Ausgleichungspflicht; Ausschluß **2042** 2, **2043** (zeitweiliger), **2044** (durch Erblasser); Betriebsvermögen **2042** 23; Einfluß Teilung auf Pfandrecht am Miterbenanteil **2047** 2; zu erwartende Geburt eines Miterben **2043;** Familienerinnerungsstücke **2047** 3; durch nachlaßgerichtliches Vermittlungsverfahren **2042** 14; Teilauseinandersetzung **2042** 17ff; durch Testamentsvollstrecker **2042** 13; Tilgung der Nachlaßverbindlichkeiten **2046;** Übernahme eines Landgutes **2049;** Überschuß, Teilung **2047;** Verjährung **2042** 21; durch Vertrag der Miterben **2042** 8ff; Wiederherstellung **2042** 22; durch Zuweisung durch das Landwirtschaftsgericht **2042** 15

Miterbenvorkaufsrecht 2034ff; Berechtigte **2034** 3ff; Erlöschen **2034** 7; Frist **2034** 6; und Haftung des Erbteilsverkäufers **2036;** gegenüber Käufer **2035;** Voraussetzungen **2034** 2; Weiterveräußerung Erbteil **2037;** Zweck **2034** 1

Mitfahrt im Auto, Mitverschulden **254** 50f

Mitgesellschafter, Gesamtschuldnerausgleich **426** 91

Mitgift 1624 3

Mitgläubiger vor 420 10, **432** 1ff; Bruchteilsgemeinschaft **432** 15; Dienstleistungsberechtigte, mehrere **432** 32; Ehegemeinschaft **432** 18; eheliche Gütergemeinschaft **432** 12; Erbengemeinschaft **432** 11; GbR **432** 14; gemeinsamer Vertrag **432** 16; Gesamthandsgemeinschaft **432** 10; kraft Gesetzes/Surrogation **432** 7; Haupterwerbsansprüche **432** 6; Herausgabe- oder Ersatzberechtigte, mehrere **432** 33; Lebensgemeinschaften **432** 19; Personenhandelsgesellschaften **432** 13; Rechtsfolgen **432** 35ff; Rechtsgemeinschaft, sonstige **432** 17; unteilbare Geldschuld **432** 5; Wohngemeinschaft **432** 20; Wohnungseigentümergemeinschaft **432** 21ff; „Zweckgemeinschaft" **432** 9ff

Mitgliederversammlung, Verein 32 sa Verein, Mitgliederversammlung

Mitgliedschaftsrechte, Form **311b** 14; sonstiges Recht **823** 41; Vererblichkeit **1922** 19ff

Mithören, Schutz gegen – **Anh 12** 123ff; Verwertungsverbot **Anh 12** 238f

Mitschuldner, Sittenwidrigkeit **138** 155

Mittäterschaft 830, 840; und Mitverschulden **254** 101

Mittelbare Stellvertretung 165 6; Abgrenzung zur unmittelbaren Stellvertretung **vor 164** 14; Drittschadensliquidation **vor 249** 140

Mittelbare Willenserklärung vor 116 7

Mitverschulden 254 s Übersicht dort; Anwendungsbereiche **254** 6ff; Arzt-Patient-Verhältnis **254** 32; Bank- und Geldverkehr **254** 28; Beratungs- und Vertrauensverhältnisse **254** 29; und Beweislast **254** 115; Einstehen für das Mitverschulden Dritter **254** 71ff sa Mitverschulden Dritter; Einzelfälle, sonstige **254** 34; Eisenbahnverkehr **254** 35ff; Fahrgäste in öffentlichen Verkehrsmitteln **254** 42; Fußgänger **254** 37a; Geschäftsverkehr **254** 31; Grundlagen **254** 1ff; Handeln auf eigene Gefahr **254** 49f; Hotel- und Gaststättenbesuche **254** 30; Kinder/Jugendliche **254** 37bff; Kraftfahrer **254** 47; Mehrheit von Schädigern **254** 101ff; Mittäter **254** 101; Obliegenheitsverletzung **254** 21; prozessuale Fragen **254** 112ff; Radfahrer **254** 37f, 41a; Rechtsfolgen **254** 83ff sa Mitverschulden, Rechtsfolgen; Reise **254** 30; Schadensabwendungspflicht **254** 53ff, 56ff sa dort; bei Schadensentstehung, Voraussetzungen **254** 20ff; Schadensminderungspflicht **254** 53ff, 60ff sa dort; Schutzhelm, Nichtbenutzung **254** 41f; Selbstgefährdungsfälle **254** 34; Sicherheitsgurt, Nichtanlegen **254** 38ff; stillschweigende Einwilligung **254** 52; Straßenverkehr **254** 35ff; Tätlichkeiten **254** 48; Teilnahme am Rechts- und Geschäftsverkehr **254** 27ff; Tiere **254** 33; Unanwendbarkeit **254** 15ff; Verkehrssicherungspflichten, Verletzung **254** 43ff; Zurechnungsfähigkeit/ §§ 827–829 **254** 25f

Mitverschulden Dritter 254 71ff; Allgemeines **254** 71f; Bewahrgehilfe **254** 79; Fahrer – Halter Verhältnis **254** 79; gesetzliche Vertreter **254** 78; mittelbar Geschädigte **254** 82; Schadensentstehung **254** 73ff; Schadensminderung/Schadensabwendung **254** 80f; schuldrechtliche Beziehung/Vertrag **254** 72f; Sonderverbindung **254** 74, 76; Verrichtungsgehilfen **254** 77

Mitverschulden, Rechtsfolgen 254 83ff; Abwägungsgrundsätze **254** 92ff; Abwägungskriterien **254** 85ff; Gefährdungshaftung **254** 88ff; gestörter Innenausgleich **254** 108ff; Mehrheit von Schädigern **254** 101ff; Mittäterschaft **254** 101; Nebentäterschaft **254** 102f; Verschulden **254** 87; Verursachung **254** 86; Ziel **254** 83f; Zurechnungseinheiten **254** 104ff

Mitversicherung des Mieters **538** 5

Mitwirkendes Verschulden, s Mitverschulden

Mitwirkung des anderen Teils, Frist **188** 4

Möbelkauf, Fehler **434** 49; Garantie/Warenbezeichnung **437** 39; Inhaltskontrolle **307** 127, **308** 5, 19, 35

Mobilfunkvertrag, Bearbeitungsgebühren **307** 47

Möblierter Wohnraum 549 5

Modernisierung, Duldungspflicht Mieter **554** 9ff; Mieterhöhung wegen **559;** Pflicht Vermieter **535** 53

Mofa, Verkehrssicherungspflichten **823** 99

Monatsanfang, Monatsmitte, Monatsende 192 1

Money-Back-Garantie 676b 17ff, **676e** 3f

Feststellung des Staatserbrecht **1964**; Nachlaßsicherung **1960**; Zuständigkeit **1962**
Nachlaßgläubiger, Aufgebot vor **1967** 12, **vor 1970, 1970ff**; Aufgebotsverfahren **1970** 2ff; Aufschub Auseinandersetzung der Miterbengemeischaft **2045**; ausgeschlossene Forderungen, Rechtsnatur **1973** 2; Ausschluß- und Erschöpfungseinrede **1973** 5ff; Aussonderungsberechtigte **1971**; Einrede des Aufgebotsverfahren **2015**; Geltendmachung später als 5 Jahre **1974**; Nachlaßüberschuß **1973** 3; nicht betroffene Gläubiger **1971**; nicht betroffene Rechte **1972**; Pfandgläubiger **1971**; Pflichtteilsrechte, Vermächtnisse, Auflagen **1972**; Privataufgebot Miterben **2061**; Rechtsfolgen **1970** 4; Vollstreckungseinwendungen **1973** 9; Vollstreckungspreisgabe **1973** 4; Wirkung des Ausschlußurteils **1973** 1
Nachlaßinsolvenzverfahren 1975 6ff, **1980**; Antragspflicht Erben **1980**; Aufrechnung mit Erbenschulden **1977**; und Erbenhaftung **1978**; Eröffnungsgründe **1975** 9; Erschöpfungseinrede des Erben **1989, 1990** 5; Folgen **1976ff**; Konfusion/Konsolidation **1976** 1; Nachlaßverbindlichkeiten **1975** 10; Verfahren **1975** 8
Nachlaßpfleger 1960 19ff; Haftung des – **1960** 24ff; Haftung für – **278** 11; Prozeßpflegschaft **1961**; Sicherungspflegschaft **1960** 8ff; und Testamentsvollstreckung **1913** 10; Vergütung/Aufwendungsersatz **1960** 25; Zuständigkeit Nachlaßgericht **1962**
Nachlaßpflegschaft vor 1909 11, **1913** 4ff, **1960** 8ff; Genehmigung Geschäft durch Nachlaßgericht **1960** 26; Nachlaßpfleger **1960** 19ff
Nachlaßsonderung vor 1975 2ff; Verfahren zur beschränkten Haftung **vor 1975** 12
Nachlaßüberschuß 1973 3
Nachlaßverbindlichkeiten 1967ff; Arten **1967** 2; Aufgebot der Nachlaßgläubiger **vor 1967** 12, **1970ff**; Beerdigungskosten **1968**; Berichtigung aus Eigenmitteln **1979**; Dreißigster für Haus und Familiengemeinschaft **1969**; Eigenschulden der Erben **1967** 8; Erbenhaftung, Allgemeines **vor 1967**; Erbenhaftung, System **vor 1967** 7ff; Erbfallschulden **1967** 6; Erblasserschulden **1967** 3; Erbschaftskäufer Haftung **2382f**; Erbschaftsverwaltungs- oder Nachlaßkostenschulden **1967** 7; Frist zur Geltendmachung **1974**; Gesamtschulden **1967** 10ff; Haftungsbeschränkung **1975ff**, sa Erbe, Haftungsbeschränkung; Nachlaß-Erbenschulden **1967** 9; Nachlaßgläubiger, Aufgebot sa dort; Schulden des Erblassers gegenüber Erben **1967** 16; Unterhaltsanspruch der werdenden Mutter eines Erben **1963, 2141**; Verschweigungseinrede **1974**
Nachlaßverwalter, Aufgabe **1975** 3; Berichtigung Nachlaßverbindlichkeiten **1985** 4; Pflichten **1985** 2; Rechtsmacht nach außen **1985** 3; Stellung **1985** 1; Verantwortlichkeit **1985** 5; Vergütung **1987**
Nachlaßverwaltung, Ablehnung mangels Masse **1982**; Anspruch auf Nachlaßrest **1986**; Antrag **1975** 1, **1981, 2062** (Miterbengemeinschaft); Aufhebung mangels Masse **1988**; Aufrechnung mit Erbenschulden **1977**; Beendigung **1975** 4, **1986, 1988** (durch Eröffnung Insolvenzverfahren); Bekanntmachung der Anordnung **1983**; und Erbenhaftung **1978**; Folgen **1976ff, 1984**; Konfusion/Konsolidation **1976** 1; Verfügungsbeschränkung Erben **1984** 3; Vergütung **1987**; Zweck und Wirkungen **vor 1975** 3ff
Nachlaßverzeichnis vor 1967 11; des Testamentsvollstreckers **2215**
Nachlieferungsrecht 243 8
Nachnahmeklausel 306 12
Nachnahmesendung beim Versendungskauf **447** 20
Nachschußpflicht, Auflösung der Gesellschaft **735**; Ausscheiden eines Gesellschafters **739**
Nachvermächtnis 2191

Nachweisgesetz 611 242
Nachweisrichtlinie 611 242
Nadelbaum, zurechenbare Immission **906** 15
Name 12 sa Namensschutz; Adelsprädikat **12** 9; Änderung **12** 7f; Ausländer **12** 11; Begriff **12** 1; Ehename **1355** 1ff, **EGBGB 10** 19ff; Familienname, Feststellung **12** 4; GbR **705** 69f; Kinder **12** 3, sa Namensrecht Kinder; Lebenspartnerschaftsname **LPartG 3**; Recht am **12** 2; Rechtsschutz **12** 37f; Verpfändung **1274** 4a; Vorname **12** 5
Name, IPR EGBGB 10; Allgemeines **EGBGB 10** 1ff; Ehegatten, Namensführung **EGBGB 10** 19ff; innerdeutsches Kollisionsrecht **EGBGB 10** 36; intertemporales Recht **EGBGB 10** 35ff; Kinder, Namensbildung **EGBGB 10** 28ff; Maßgeblichkeit des Heimatrechts **EGBGB 10** 8ff; Namensänderung **EGBGB 10** 13f; Namensbildung, -führung **EGBGB 10** 10ff; Namensschutz **EGBGB 10** 16; ordre public **EGBGB 6** 30; Standesregister **EGBGB 10** 17; Statutenwechsel **EGBGB 10** 6, 15
Namensaktien, vinkulierte, Pfandrechtsbestellung **1274** 7
Namensänderung, Transsexuelle **vor 1** 2
Namensrecht 12 1ff; bei Adoption **1752** 16, **1757**; bei Adoptionsaufhebung **1765**; Einbenennung **vor 1618**; Familienname **1616** 24ff; Kinder **vor 1616, 1616ff**; IPR **EGBGB 10** 28ff (Kinder); nachträgliche Bestimmung Ehenamen **1617c**; Namensbestimmung bei fehlendem Ehenamen **1617, 1617af**; Übertragbarkeit **12** 30; Vornamen **1616** 14ff; sa Name
Namensschutz 12 10ff; Abkürzungen **12** 14; Beschaffenheitsangabe **12** 24; Beseitigung/Unterlassen **12** 31; Bestreiten **12** 18; Bezeichnung eines anderen mit Namen eines Dritten **12** 21; Domainadresse **12** 15; nach Ehescheidung **12** 27; Ende **12** 22; Firma **12** 13f; Firma nach Wiedervereinigung **12** 11; und Firmen-/Warenzeichenrecht **12** 35; Geschäftsbezeichnungen **12** 14; Gestattung Gebrauch **12** 19, 30; Gewerkschaft **12** 12, 20; Gleichnamige, Verwechslung **12** 23; Inkognito **12** 10; Internet **12** 15; juristische Personen **12** 12; Kinder **12** 21; Kirche **12** 12; Marken **12** 26; Namensteile **12** 14; Orts-, Kreis- und Ländernamen **12** 17; Partei **12** 12, 20; Personen der Zeitgeschichte **12** 29; Personenvereinigungen **12** 12; postmortaler Persönlichkeitsschutz **Anh 12** 308; Pseudonym **12** 10; Rechtsschutz **12** 31; Schadensersatz **12** 34; schutzwürdiges Interesse **12** 25ff; Spitzname **12** 10; Störer **12** 32; Übertragbarkeit Namensrecht **12** 30; unbefugt, Begriff **12** 23; unbefugter Gebrauch **12** 19ff; Verein **12** 12; Verstorbene **12** 22; Verwässerung, Schutz vor **12** 26; Verwirkung, Namensrecht **12** 33; Wappen **12** 36; Warenbezeichnungen **12** 16; weitverbreitete Namen **12** 28; und Wettbewerbsrecht **12** 35; sa Name; Namensrecht
Nasciturus, Rechtsfähigkeit **1** 2; Verletzung **1** 2
Naturalobligation, Sittenwidrigkeit **138** 141
Naturalrestitution 249 1ff; Gebäudeschäden **249** 29; Geldersatz nach Fristsetzung **250** 1ff; Grenzen **249** 7; und Kompensation **249** 10; bei Mischfällen **249** 21; bei Nichtvermögensschäden **249** 11ff; ökologische Schäden **249** 28; bei reinen Vermögensschäden **249** 17; bei Sachschäden **249** 18ff; bei Schäden an Bäumen/Hecken/Garten **249** 25ff; bei Schäden an Unikaten **249** 22ff, 92, **251** 3; ungenügende **251** 16; Unmöglichkeit **251** 2ff; Unverhältnismäßigkeit **251** 17ff; Unzumutbarkeit **251** 15; Wahlrecht des Gläubigers **249** 5; Wege **249** 2ff
Naturereignis, Schäden durch **1004** 17
Naturkatastrophe, Entgeltfortzahlung **616** 33
Naturschutzbehörde, Amtshaftung **839** 128
Nebenabreden, Form **125** 3
Nebenkosten, s Mietnebenkosten

Monopolstellung, Ausnutzung **138** 50, 103, 140; Mißbrauch **826** 56
Montage vor 631 24; Anleitung mangelhaft **434** 54ff; Fehler **434** 50ff; Kosten Aufwendungsersatz Teilzahlungsgeschäft **503** 33
Morgengabe EGBGB **13** 33
Motivirrtum vor 116 23f, **119** 50ff
Motor, wesentlicher Bestandteil **93** 6ff, **94** 13f
Müllabfuhrgebühren 436 8; Miete **535** 55
Mündel, -sichere Anlagen **1807, 1809f, 1811;** Verjährungshemmung Ansprüche gegen Vormund **207** 11
Musikausübung, Miete **535** 33
Musikinstrumente, merkantiler Minderwert **251** 7
Musizieren und Wohnungseigentümergemeinschaft **WEG 10** 9
Musterung, Entgeltfortzahlung **616** 7
Mutterschaft 1591; Feststellung der Mutterschaft **1591** 4
Mutterschutz, Frist, Entgeltfortzahlung **616** 7, 35; Verbotsgesetz **134** 78

Nachbarrecht 906ff; Anbau **921** 8ff; Anlagen auf Nachbargrundstücken **907;** Beweislast **906** 41; und Deliktsrecht **906** 5; drohende Gefahr vom Nachbargrundstück **908;** Früchte, Überfall **911;** Funktionsabgrenzung/Harmonisierung pivates/öffentliches Nachbarrecht **906** 29ff; gemeinwichtige Betriebe **906** 72f; Giebelmauer **921** 2, **922;** Grenzabmarkung **919;** Grenzbaum **923;** Grenzeinrichtungen, Benutzungsrecht **921, 922;** Grenzscheidung bei Grenzverwirrung **920;** hoheitliche Immissionen **906** 46ff; Klage/Urteil **906** 42; der Länder **906** 83f; nachbarliches Gemeinschaftsverhältnis **906** 74ff; nachbarrechtlicher Ausgleichsanspruch **906** 35ff, 43ff (analoge Anwendung), **1004** 94ff; Notwegrente **917** 6; Planfeststellungs-, Genehmigungs-, Bewilligungsverfahren, gesteigerte Duldungspflicht **906** 62ff; Rechtsfolgen der Duldungspflicht **906** 35ff; Selbsthilferecht **906** 79ff; summierte Beeinträchtigungen **906** 21, 37; Überbau **912ff** sa dort; Überwuchs, Selbsthilferecht **910;** unwesentliche Beeinträchtigungen **906** 5ff; unzulässige Rechtsausübung **242** 187; Verjährung **194** 21, **906** 78, **924;** Vertiefung des Bodens **909;** wesentliche, ortsübliche, nicht zu verhindernde Beeinträchtigungen **906** 22ff; Zugangsnot **917f**
Nachbarrechtlicher Ausgleichsanspruch 903 3, **906** 35ff, **1004** 94ff; analoge Anwendung auf andere Immissionen **906** 35ff; sa Nachbarrecht
Nachbarrechtliches Gemeinschaftsverhältnis 906 74ff
Nachbarschutz, baurechtlicher **903** 6, **906** 7
Nachbarwand 921 5
Nachbesserung, Kauf **439** 2
Nachbewertungsklausel 307 46
Nachbürge vor 765 16
Nacherbe, Stellung **2100** 8ff; Zustimmung zu Veräußerung durch Vorerbe **182** 3
Nacherbeinsetzung 2100–2146; Abkömmlinge des Erblassers als Vorerben **2107;** Allgemeines **vor 2100;** Anlage des Nachlaßkapitals **2119;** Anordnung Erbteil herauszugeben **2103;** Anwartschaft **2100** 9ff; Anzeige des Nacherbfalls **2146;** Auskunftsanspruch, Bestand der Erbschaft **2127;** Ausschlagung durch Nacherben **2142;** außerordentliche Lasten **2126;** außerordentliche Nutzungen, Ausgleich **2133;** Bedingung/Befristung **2100** 1; befreite Vorerbschaft **2136f;** Definition **2100** 1; dinglich-geschäftliche Surrogation **2111;** Eintritt der Nacherbfolge, kein Ereignis bestimmt **2106;** Eintritt in Miet- und Pachtverhältnisse **2135;** Entzug der Verwaltung durch Vorerben **2129;** Erbeinsetzung eines Nichterzeugten **2101;** Erbschaft **2111;** Erbschein des Vorerben **2100** 13, **2102** 5, **2136** 4; Erhaltungskosten gewöhnliche/außergewöhnliche **2124;** und Ersatzerbe **2102;** Erstreckung auf erhöhten Erbteil des Vorerben **2110;** gemeinschaftliches Testament **2100** 4, **2102** 3 (Auslegung); gesetzliche Erben als Nacherben **2104;** gesetzliche Erben als Vorerben **2105;** Grundbuch Nacherbenvermerk **2100** 14, **2102** 5, **2113** 19, **2136** 4; Herausgabepflicht bei Eintritt Nacherbfolge **2130, 2138;** Hinterlegung von Inhaberpapieren **2116f;** Hinzurechnung zum Anfangsvermögen **1374** 6; Insolvenz über Vermögen des Vorerben **2100** 7; Kenntnis vom Nacherbfall **2140;** kinderloser Vorerbe **2107;** konstruktive Nacherbenberufung **2104;** konstruktive Vorerbenberufung **2105;** Nacherbe, Stellung **2100** 8ff; nur Nacherben benannt **2105;** Nacherbenvermerk im Schuldbuch **2118;** Nacherbfall **2139;** Nacherbfall vor Geburt des erzeugten Nacherben **2141;** Nachlaßverbindlichkeiten, Nacherbenhaftung **2144;** Nachlaßverbindlichkeiten, Vorerbenhaftung nach Eintritt Nacherbfall **2145;** Nachlaßverzeichnis **2121;** ordnungsgemäße Verwaltung, Einwilligung des Nacherben **2120;** Pflichtteilsberechtigter als Nacherbe **2306** 6; Schranke von 30 Jahren **2109;** Sicherheitsleistung des Vorerben **2128;** Sorgfalt wie in eigenen Angelegenheiten **2131;** Teilungsanordnung **2103** 2; Testamentsvollstrecker für Nacherben **2222;** Testierfreiheit Vorerbe **2112** 3; Tod des Nacherben vor Erbfall **2108;** Unwirksamkeit der Nacherbschaft **2109;** Veränderungen/Verschlechterungen der Erbschaftssache **2132;** Vererblichkeit Anwartschaftsrecht **2108** 3ff; Verfügungen nach Eintritt Nacherbfall **2140;** Verfügungen, Vorerbe s Vorerbe Verfügungen; Verfügungsbeschränkungen Vorerbe **2113–2115;** Verfügungsfreiheit Vorerbe **2112** 2; Verpflichtungsfreiheit Vorerbe **2112** 1; Verwendungen des Vorerben **2125;** Vorausvermächtnis des Vorerben **2110;** Vorerbe, Stellung **2100** 5ff; nur Vorerben benannt **2104;** Wald, Bergwerk, Wirtschaftsplan **2123;** Wegnahmerecht Einrichtung **2125** 2; Wertausgleich für Substanzverlust **2134;** Wiederaufleben erloschener Rechtsverhältnisse bei Nacherbfall **2143;** Zustandsfeststellung Nachlaßgegenstände **2122;** Zwangsvollstreckung bei Vorerben **2115**
Nacherfüllungsanspruch 281 8; bei Stückschuld **243** 5; Unmöglichkeit **275** 4
Nacherfüllungsanspruch, Kauf 437 1ff, **439;** Abdingbarkeit **439** 13; Arten der Nacherfüllung **439** 2ff; Auswahl unter Nacherfüllungsarten **439** 6ff; Beseitigung des Mangels/Nachbesserung **439** 2; Durchführung **439** 11; Erfüllungsanspruch, Verhältnis **439** 1; Fehlschlagen der Nacherfüllung **440** 4; Kostentragungspflicht **439** 4f; Leistungsstörung bei Durchführung **439** 12; Lieferung mangelfreier Sache **439** 3; Recht des Verkäufers auf andere Nacherfüllungsart **439** 7ff; Selbstvornahme des Käufers **437** 3; Stückkauf **439** 3; Unzumutbarkeit der Nacherfüllung **440** 3; Verweigerung der Nacherfüllung **440** 2; Verweigerungsrecht des Verkäufers **439** 10; Wahlrecht des Käufers **439** 6
Nachfolgeklausel 727 7ff; bei Miete **547** 11
Nachfrist, Klauselverbote **308** 13ff
Nachfristsetzung 323 14ff; Klauselverbote **309** 37ff; Verhalten Gläubiger nach Fristablauf **323** 22ff
Nachhaftungsbegrenzung Gesellschaft 736 6ff
Nachkommen, ungezeugte, Zuwendung von Rechten **1** 3
Nachlaß, Herausgabe **1986;** Sicherung durch Nachlaßgericht **1960;** Überschuldung durch Vermächtnisse und Auflagen **1992;** Umgehung durch Vertrag zugunsten Dritter **331** 3; Vertrag über Nachlaß. eines Dritten **311b** 93ff
Nachlaßanspruch, Ablaufhemmung Verjährung **211**
Nachlaßanteil, Verfügung über **2033** 1ff
Nachlaßgericht Einl **1922** 51ff; Amtshaftung **839** 115; Auseinandersetzung Miterbengemeinschaft **2042** 14;

Nebenpflichten, Arten **242** 68ff; Aufbewahrungspflicht **242** 76, 80; Aufklärungs- und Informationspflichten **242** 93ff; Erhaltungspflicht **242** 76, 80; gesetzliche Anordnung **242** 66; hauptpflichtbezogene Pflichten **242** 76ff; Leistungstreuepflicht **242** 76ff; Mitwirkungspflichten **242** 82ff; nachvertragliche **242** 72; Nebenleistungs-/Verhaltenspflichten **242** 74f; Obhutspflicht **242** 76; Obhutspflichten **242** 87ff; Rechenschafts- und Auskunftspflichten **242** 100f; Rechtsquellen **242** 64ff; Schutzpflichten **242** 74f, 87ff; aufgrund Treu und Glauben **242** 67; Unterlassen **241** 8; vertragliche Begründung **242** 65; vorvertragliche **242** 71; Weiterentwicklung zu Hauptpflichten **242** 99f
Nebenpflichten, Treu und Glauben, s dort
Nebentäter, Mitverschuldensbeitrag **254** 102f
Nebentätigkeit, außerordentliche Kündigung **626** 64
Nennbetrag, Darlehen 492 14
Nettodarlehensbetrag 492 14
Neue Bundesländer bei Miete **573** 30
Neue Medien, Deliktsrechtsschutz gegenüber, IPR **EGBGB 40** 56
Neuroseschäden vor 249 56
Neutralitätspflicht, Bankdarlehen **vor 488** 50
Neuwagenkauf, AGB **307** 23; Fehler **434** 36; Garantie **437** 30, 33; Inhaltskontrolle **307** 126, **308** 5, **309** 47; Inzahlunggabe Gebrauchtwagen **243** 4; Preisklauseln **309** 10; Tagespreisklausel **157** 26, **306** 14, **307** 47, **433** 40
Neuwagenverkauf, Inhaltskontrolle **308** 19
Nicht wie geschuldet erbrachte Leistung, Schadensersatz **281** 1ff, 8ff sa Schadensersatz wegen Nichterbringung; und Schuldnerverzug **280** 35
Nichtabnahmeentschädigung 307 72, **309** 47, **488** 59; und Zins **246** 4
Nichteheliche Kinder, Anspruch auf Prozeßkostenvorschuß gegen Eltern **1360a** 21; Beistandschaft **1712ff,** sa dort; elterliche Sorge **1626** 4; elterliche Sorge, Sorgeerklärung **1626a–e,** 10f (Übergangsregelung); Erbrecht **1934a–e** 1ff; Erbrecht, Reform **Einl 1297** 38; IPR **EGBGB 20** aF (**Anh I zu 19–21**), **21** 12; nachträgliche Bestimmung Ehenamen **1617c;** Name **12** 3, 21, **1618** (Einbenennung in Ehe); Namensbestimmung bei fehlendem Ehenamen **1617, 1617af;** Rechtsreform **Einl 1297** 41ff; Übertragung elterliche Sorge **1672;** Verwandtenunterhalt **1615a, 1615o**
Nichteheliche Lebensgemeinschaft vor 1353 12ff; Auseinandersetzung **vor 1353** 19ff; Bereicherungsausgleich **812** 57; Bürgschaftsübernahme **vor 1353** 22; Ehegattenerbrecht **1931** 11; erbrechtliche Zugewinnausgleich **1371** 26; GbR **vor 705** 51ff; Gesamtschuldnerausgleich **426** 49; IPR **EGBGB vor 13** 10ff; Mietverhältnisse **535** 11, **563** 12, **vor 1353** 16f; als Mitgläubiger **432** 19; rechtliche Qualifizierung **vor 1353** 13ff; Schadensersatzansprüche **vor 1353** 21; Sozialrecht **vor 1353** 24ff; Steuerrecht **vor 1353** 25ff; Unterhaltsproblematik **vor 1353** 26; Vereinbarungen Sittenwidrigkeit **138** 142; Verjährungshemmung Ansprüche innerhalb – **207** 7; Verpflichtungsermächtigung **vor 1353** 18ff; Versicherungen Rückgriff gegen Partner **vor 1353** 23; Zuwendungen **516** 13d
Nichtempfangsbedürftige Willenserklärung, geheimer Vorbehalt **116** 3, 5
Nichterbringung, Schadensersatz wegen s Schadensersatz wegen Nichterbringung
Nichterfüllung, s Schadensersatz wegen Nichterfüllung
Nichterfüllung, Einrede der, s Einrede der Nichterfüllung
Nichterfüllung, Strafversprechen für 340
Nichternstlichkeit einer Willenserklärung s Scherzerklärung
Nichtigkeit Rechtsgeschäft Einl 104 23f; bei anfänglicher Unmöglichkeit **311a** sa Leistungshindernis, anfängliches; Anfechtung **142** 2ff; Bestätigung **141** 1ff, sa Bestätigung, nichtiges Rechtsgeschäft; einseitiges, beschränkt Geschäftsfähiger **111** 1ff; Form, Nichteinhaltung **125** 18ff, 22, **311b** 63ff; und GoA **677** 9; Scheingeschäft **117** 6; Scherzerklärung **118** 3, **122** 1ff (Schadensersatz) sa Anfechtbarkeit Willenserklärung, Schadensersatzanspruch; Sittenwidrigkeit **138** 1ff, 25ff, 51ff, sa sittenwidriges Rechtsgeschäft; Teilnichtigkeit **139** 1ff, sa dort; Umdeutung **140** 1ff, sa Umdeutung, nichtiges Rechtsgeschäft; Verbotsgesetz **134** 1ff, sa dort; Vermögensübertragung **311b** 83ff, 88ff; Vertrag über Nachlaß eines Dritten **311b** 93ff
Nichtigkeit Rechtsgeschäft, Beschränkung der Nichtigkeit 134 11, 14, 28, 59, 81, **138** 28, 55, 57, **142** 10; beim Dauerschuldverhältnis **138** 55, 57, 97, **142** 10; beim fehlerhaften Arbeitsvertrag **134** 14, 28, **138** 55, 57, 76, **142** 10; beim fehlerhaften Gesellschaftsvertrag **134** 14, 59, **138** 55, 57, 115; im Preisrecht **134** 14, 81; quantitativ **134** 14, 81, **138** 28, 55, 97; zeitlich **134** 14, 28, 59, **138** 28, 55, 57; nach dem Zweck des Verbotsgesetzes **134** 11, **138** 55
Nichtigkeit Rechtsgeschäft, einseitiges Rechtsgeschäft eines Vertreters bei Zurückweisung **174** 5; eines Vertreters ohne Vertretungsmacht **180** 3
Nichtraucherschutz 618 19
Nichtstun als Willenserklärung **vor 116** 8ff
Nichtverfügbarkeit von Leistungen, Klauselverbote **308** 69
Niederkunft, Entgeltfortzahlung **616** 26
Niederlassung 7 5; ständige **7** 6
Niederschlagswasser, zurechenbare Immission **906** 12
Nießbrauch Einl 1018 5; an GbR **705** 28; Vererblichkeit **1922** 45; Verjährung **195** 15; an Vermögen, Form **311b** 88ff; an zukünftigem Vermögen, Form **311b** 83ff
Nießbrauch an Rechten 1068–1084; Allgemeines **vor 1030, vor 1068;** Aufhebung der Rechte **1071;** Beendigung **1072;** Begriff **vor 1030** 1; Bestellung **vor 1030** 10f, **1069;** dingliche Surrogation bei Leistung durch Schuldner **1075;** Entstehung **vor 1030** 7ff; Erlöschen **vor 1030** 14ff; Forderung mit Zinspflicht **1076–1079;** Forderungseinziehung **1074;** an Gesellschaftsbeteiligungen **717** 8ff, **1069** 6ff; an Grundschuld **1080;** Inhaberpapiere **1081–1084;** Kündigungsrecht **1074;** an Leibrente **1073;** Leistungsrechte **1070;** Orderpapiere **1081–1084;** an Rentenschuld **1080**
Nießbrauch an Sachen 1030–1067; Allgemeines **vor 1030;** Aufhebung **1062, 1064;** außergewöhnliche Ausbesserung/Erneuerung **1043, 1044;** Befristung/Bestung **vor 1030** 11, **1030** 5; Beeinträchtigung Nießbrauchsrechte **1065;** Begriff **vor 1030** 1; Berechtigte **1030** 5; Bergwerk **1038** 2; Beschränkung **1030** 10; Besteller, Vermutung als Eigentümer **1058;** nach Bruchteilen **1030** 5; an eigener Sache **1030** 6; Entstehung **1030** 7ff; Erhaltung der Sache **1041;** Erlöschen **vor 1030** 14ff, **1061, 1063;** Ersitzung **1033;** Erweiterung **1030** 11; Fruchtziehung **1039;** Grundstücksnießbrauch **vor 1030** 5; gutgläubiger Erwerb **1032;** Inhalt **1030** 7ff; Inventar **1048;** Juristische Person, Berechtigte **1059a–1059e, 1061** 2; landesrechtliche Vorbehalte **vor 1030** 18; Lasten, öffentliche/privatrechtliche **1047;** am Miteigentumsanteil **1066;** notwendige Erhaltungsmaßnahmen, Anzeigepflicht **1042;** Recht auf Besitz **1036;** Rückgabe **1055;** an Sachinbegriff **1035;** Schätze **1040;** schuldrechtliches Verhältnis **vor 1030** 16; Sicherheitsleistung bei Gefährdung durch Nießbraucher **1051;** Sicherungsnießbrauch **vor 1030** 5; Tod des Nießbrauchers **1061;** Übergabe **1032;** Überlassung der Ausübung **1059** 3ff; Übertragbarkeit **1059** 1f, **1059a–1059e;** Umgestaltung **1037;** unbefugter Gebrauch **1053;** Veränderungen/Verschlechterungen **1050;** verbrauchbare Sachen **1067;** Verjährung **1057;** Vermie-

tung/Verpachtung **1056**; Versicherungspflicht **1045f**; Versorgungsnießbrauch **vor 1030** 5; vertragliche Abbedingung des Gesetzes **vor 1030** 17; Verwendungsersatz **1049**; Wald **1038** 1; am Zubehör **1031, 1062**; Zusammentreffen mit anderen Nutzungsrehten **1060**; Zustand, Feststellung **1034**; Zwangsverwaltung wegen Rechtsverletzung **1054**

Nießbrauch an Vermögen 1085–1089; Allgemeines **vor 1030, vor 1085**; Begriff **vor 1030** 1; Bestellung **1085** 2f; Entstehung **vor 1030** 7ff; an Erbschaft **1089**; Erlöschen **vor 1030** 14ff; an Ertrag eines Unternehmens **1085** 11; Gläubigerstellung **1086**; Rückgabe/Zurückbehaltung von geschuldeten Gegenständen **1087**; an Unternehmen **1085** 4ff; verzinsliche Altforderungen **1088**

Normenvertrag, normähnliche Regelung, Auslegung **133** 2, 36

Notar und AGB **305** 13; Amtshaftung **839** 123ff; Ausschließung des Notars **BeurkG 27**; Darlehen, Empfangnahme **488** 15; Erfüllungsgehilfe **278** 29; Geschäftsbesorgungsvertrag **675** 7; Sorgfaltspflicht/Fahrlässigkeit **276** 51; sa Beurkundung, notarielle

Notaranderkonto, Zahlungen auf **433** 49

Notariat, Betriebsübergang **613a** 26

Notarielle Beurkundung, s Beurkundung, notarielle

Notarzt, Aufwendungsersatz **683** 7; Haftung **680** 2

Notgeschäftsführer 683 6

Nothelfer, Aufwendungsersatz **683** 7; Haftung **680** 2

Nothilfe 227 5, **vor 677** 16, **677** 15; Beweislast **vor 249** 193; Schadenszurechnung **vor 249** 62

Notstand 228, 823 148; aggressiver **904**; Darlegungs- und Beweislast **228** 11; Irrtum des Handelnden **228** 10; Jagdschutz **228** 1; Notstandshandlung **228** 5ff; Notstandshilfe **228** 1; Notstandslage **228** 2ff; Rechtsfolgen **228** 8f; Schadensersatz **228** 9; Selbstopferung **228** 9

Notstandshilfe 228 1

Nottestament, beschränkte Gültigkeitsdauer **2252**; Dreizeugentestament **2250**; Gemeindetestament **2249**; gemeinschaftliches Testament **2266f**; Seetestament **2251**

Notweg 917f, -rente **917** 6

Notwehr 227, 823 148; Allgemeines **227** 1f; Angriff/Notwehrlage **227** 3ff; Angriffsobjekt **227** 6ff; Darlegungs- und Beweislast **227** 19; Demonstration, Angriff **227** 9; Erforderlichkeit der Verteidigung/Notwehrhandlung **227** 10; Gebot des mildesten Mittels **227** 13; Gegenwärtigkeit des Angriffs **227** 7; Irrtum des Verteidigers **227** 17f; Nothilfe **227** 5; Notwehrprovokation **227** 15; Prügelei **227** 9; Rechtsfolgen **227** 16; Rechtswidrigkeit des Angriffs **227** 8; Selbstschußanlage **227** 13; unrechtmäßige Amtshandlungen **227** 9; Verbot unzulässiger Rechtsausübung **227** 14; Verhältnismäßigkeit der Verteidigung **227** 11f; Verteidigungswille **227** 10; Vollstreckung fehlerhafter Verwaltungsakte/Urteile **227** 9

Novation 311 10ff, **364** 7, **488** 20ff; Verbraucherdarlehen **491** 3

Null-Leasing Anh 535 9

Nullgeschäft 449 46

Nutzungen 100; Ansprüche Eigentümer **987f, 990** (bösgläubiger Besitzer); Berechnung **346** 23ff; Eigenbesitzer **988**; Fremdbesitzer **991**; Fremdbesitzer mit vermeintlichem Nutzungsrecht **988**; Gebrauchsvorteile **100** 2; Herausgabe **987**; rechtliche Bedeutung **100** 5; Übergang beim Kauf **446** 11; Unternehmen **100** 5

Nutzungsänderung, Wohnungseigentümergemeinschaft **WEG 10** 9

Nutzungsausfallschaden, andere Sachen **249** 59f; gewerbliche Nutzung **249** 58; Kraftfahrzeug **249** 56ff; Vorhaltekosten **249** 58

Nutzungsbeschränkungen, Fehler des Grundstücks **434** 5; Rechtsmangel **435** 10

Nutzungsersatzanspruch, Annahmeverzug Wirkung **302**; Rechtshängigkeit, materiell-rechtliche Wirkung **292**

Nutzungspfandrecht 1213f

Nutzungsrecht, verbrauchbare Sachen **92** 5

Obduktion vor 1 3

Objektverbrauch 434 8

Oder-Konto 676f 8; Einzelverfügungsbefugnis **428** 9; Gesamtgläubiger **428** 8ff; Innenverhältnis **430** 1; Zwangsvollstreckung **428** 10; Zweckgemeinschaft der Inhaber **428** 8

Offenbarungspflicht bei arglistiger Täuschung **123** 13ff; des Verkäufers **433** 24, **444** 7; und vorsätzliche sittenwidrige Schädigung **826** 35

Offener Vorbehalt 116 1ff, 10

Offenkundigkeitsprinzip, Stellvertretung **vor 164** 5

Öffentlich-rechtliche Genehmigung 134 5, **vor 182** 4; sa Genehmigung, öffentlich-rechtliche Zustimmung

Öffentlich-rechtliche Verwahrung 688 16ff

Öffentlich-rechtliche Vertrag, AGB **305** 8

Öffentlich-rechtliches Dienstverhältnis, Versorgungsausgleich **1587a** 5ff; s Übersicht dort

Öffentliche Äußerungen des Herstellers 434 22ff; Berichtigung **434** 26f

Öffentliche Beglaubigung, s Beglaubigung öffentliche

Öffentliche Hand, Verträge **vor 145** 14ff; Auftragsvergabe **vor 145** 16; Eingriffsverwaltung **vor 145** 14; Leistungsverwaltung **vor 145** 16; Nutzung öffentlicher Einrichtungen **vor 145** 16, 18; öffentlich-/privatrechtliche Handlungsformen **vor 145** 14ff; öffentlichrechtliche Bindung bei privatrechtlichem Handeln **vor 145** 24; Rechtsweg **vor 145** 25; subordinationsrechtlicher Verwaltungsvertrag **vor 145** 20ff sa dort; Subventionen **vor 145** 16, 17

Öffentliche Verkehrsmittel, Mitverschulden Fahrgäste **254** 42

Öffentliche Verkehrswege, Vertragsanbahnung durch Ansprechen **312** 57ff

Öffentliche Wege und Straßen, Verkehrssicherungspflichtverletzung und Mitverschulden **254** 46; sa Straße, öffentliche

Öffentlicher Dienst, unzulässige Rechtsausübung **242** 188

Öffentliches Recht vor 194 17, **195** 20ff; als Rechtsmangel **435** 10ff

Öffentliches Recht, Anwendbarkeit Vorschriften zur Anfechtung wegen arglistiger Täuschung/Drohung **123** 2; zur Auslegung **133** 4; cic **311** 18; zur Form von Rechtsgeschäften **125** 13; zum geheimen Vorbehalt **116** 3; zum gesetzlichen Verbot **134** 6, 79; Haftung für Erfüllungsgehilfen **278** 44f; zum In-sich-Geschäft **181** 5; zur Irrtumsanfechtung **119** 3; über Rechtsgeschäfte **Einl 104** 28; Schadensersatz wegen Pflichtverletzung **280** 7; zur Sittenwidrigkeit **138** 31, 143; zur Teilnichtigkeit **139** 9; zur Umdeutung **140** 4; Verzug **286** 16

Öffnungsklausel WEG 10 9

OHG, Namensschutz **12** 12; Testamentsvollstreckung **2205** 29ff; Verbraucher **13** 6

Ökologische Schäden, Ersatz **249** 28

Öl 434 49

Online Banking 676f 71ff

Online-Dienste, Deliktrechtsschutz, IPR **EGBGB 40** 56

Operatingleasing Anh 535 8

Operation, Schadensminderungspflicht **254** 62

Option bei Miete **vor 535** 66ff; bei Pacht **vor 581** 2; Schriftsteller/Verleger **138** 154

Optionen, Euroeinführung **244** 8

Optionsgeschäfte, s Börsentermingeschäfte

Optionsrecht vor 158 14ff, **456** 4, **463** 5, **464** 4

Optionsscheine Anh 764 3; Rechtskauf **453** 2, 5; sa Börsentermingeschäfte

Optionsvertrag vor 145 52
Order-Lagerschein 433 15
Orderpapier, Abtretung **398** 9; Eigentumsübergang **952** 4f; gutgläubiger Erwerb **935** 9; Nießbrauch an **1081–1084**; Pfandrecht an **1204** 3, **1292–1296**; Rechtskauf **453** 2
Ordre public EGBGB 6; Adoption **EGBGB 6** 38ff; allgemeine Bestimmungen der Rechtsgeschäftslehre **EGBGB 6** 29; Allgemeines **EGBGB 6** 1ff; Anwendungsbereich **EGBGB 6** 6, 24ff; Anwendungspraxis **EGBGB 6** 27ff; Ehefähigkeit **EGBGB 6** 34; Ehegüterrecht **EGBGB 6** 36; Ehenamen, Vornamen **EGBGB 6** 30; Eherecht **EGBGB 6** 33; Erbrecht **EGBGB 6** 46ff; Familienrecht **EGBGB 6** 31ff; Kindschaftsrecht **EGBGB 6** 38ff; Personenrecht **EGBGB 6** 28; und Rechtswahl **EGBGB 27** 4; Retorsion **EGBGB 6** 60f; Sachenrecht **EGBGB 6** 57ff; Schuldrecht **EGBGB 6** 51ff; und Sittenordnung **138** 35; spezielle Vorbehaltsklauseln **EGBGB 6** 8ff; Unterhaltsrecht **EGBGB 6** 43ff; Verlöbnis **EGBGB 6** 32; Vorbehaltsklausel, Auswirkungen **EGBGB 6** 26; Vorbehaltsklausel, Voraussetzungen **EGBGB 6** 11ff; Wirkungsweise **EGBGB 6** 2ff
Organe, Transplantation, Entgeltfortzahlung **616** 104; Vererblichkeit **1922** 36
Organentnahme 1 5; Persönlichkeitsschutz **Anh 12** 271
Organhaftung, juristische Person **31**; Anspruchsinhalt **31** 8, **89** 10; in Ausführung der Verrichtung **31** 5; in Ausübung des Amtes **89** 8f; BGB-Gesellschaft, Anwendbarkeit **31** 1; des öffentlichen Rechts **89** 1ff; eigenverantwortliche Erfüllung bedeutsamer Funktionen **31** 4; entsandte Personen **31** 5; Gesamtvertretungsbefugnis **31** 3; Haftungsausschluß **31** 2; Haftungsbeschränkungen, arbeitsrechtliche **611** 158; Haftungstatbestände **31** 6; Handelndenhaftung **31** 9; Insolvenzverwalter **31** 1; Konkurrenzen **31** 10; Organisationsverschulden **31** 7; Personengesellschaft **31** 1, 3; Prokurist **31** 3; verfassungsmäßig berufener Vertreter **31** 3, **89** 6f; Vertretungsmacht, Überschreiten **89** 9
Organmitglieder juristischer Personen 611 149ff; als Arbeitnehmer **611** 20ff; fehlerhaftes Anstellungsverhältnis **611** 159; Haftungsbeschränkungen, arbeitsrechtliche **611** 158; Kündigung Anstellungsverhältnis **611** 153f; Urlaub **611** 157; Verjährung Vergütungsansprüche **611** 160; Wettbewerbsverbot **611** 156; Zeugnis **611** 155
Organschaftliche Vertretung, Begriff **vor 164** 13; Geltung von § 166, Wissenszurechnung **166** 11, 11, 17; Geschäftsfähigkeit/beschränkte Geschäftsfähigkeit des Vertreters **165** 3

Pacht 581ff, **587**; Abgrenzung zu anderen Verträgen **vor 535** 11ff, **vor 581** 1ff; Anschlußpachtvertrag **vor 582** 5; anwendbare Mietvorschriften **581** 22f; Apotheken- **vor 581** 23f; Begriff, Wesen **vor 581** 1; Beitrittsgebiet **vor 581** 1, 28; Besitzmittlungsverhältnis **868** 29; Betriebs-/Gebrauchspflicht **581** 19; bewegliche Sachen **581** 3; Bezugsverpflichtungen, verbundene **vor 581** 33ff; Bodenabbauverträge **581** 4; Bordell- **581** 10; -darlehen **vor 488** 27; Doppelverpachtung **vor 488** 27; Erhöhung aufgrund von Verbesserungsmaßnahmen **588** 5; Fischerei- **vor 581** 27; Gegenstand des Vertrages **581** 3ff; Grundstücks- **581** 3; Hypothekenhaftung **1123ff**; Inventar, s Pachtinventar; IPR **EGBGB 28** 35; Jagd- **vor 581** 25f; und Kauf **vor 433** 13; Kleingartenpacht **vor 581** 28ff; von Konzessionen **581** 6; Kündigung **584**, **584a**; Kündigungsfristen **584**; Landpacht, s dort; Milch- **vor 581** 21; Nutzungsentschädigung bei Vorenthaltung **584b**; Option **vor 581** 2; Pächterpflichten **581** 16ff; -vorvertrag **vor 581** 2; Raum- **581** 5; Rechts- **581** 6;

Rechtskauf **453** 15; von Reklameflächen **581** 6; Sittenwidrigkeit **138** 139; Störung der Geschäftsgrundlage **313** 73; Teilnichtigkeit **139** 6; Umdeutung **140** 25; Unternehmenspacht **581** 7ff; Unter- **584a**; Verjährung **195** 15; Verpächterpflichten **581** 11ff; Vor- **vor 581** 2; Wettbewerbsverbot **581** 21
Pachtdarlehen vor 488 27
Pachtinventar vor 582–583a; Ausbesserungskosten **582**; Erhaltungspflichten **582** 2; Ersatzbeschaffung **582** 3f; Gefahrtragung **582** 3; Kauf durch den Pächter **vor 582** 4; Mitverpachtung, schlichte **582**; Pächterpfandrecht **583**; Übernahme zum Schätzpreis **582a**; Verfügungsbeschränkungen **583a**
pactum de non petendo 499 4; bei Gesamtschuld **423** 4; Hemmung der Verjährung **205** 5
Parkfläche WEG 10 9
Parkhaus 688 9; Einbeziehung AGB **305** 32; von Gastwirt **vor 701** 8
Parkplatz, bewachter – **688** 9; von Gastwirt **vor 701** 8; Miete **vor 535** 17
Partei, Ausschluß **25** 11; juristische Person **vor 21** 14; Namensschutz **12** 12; Wechsel des Vertragspartners, Klauselverbote **309** 134ff
Partei kraft Amtes, Abgrenzung zur unmittelbaren Stellvertretung **vor 164** 28; Anwendung von §§ 177ff, 181 **177** 10, **181** 7, 16
Parteifähigkeit vor 1 1, **EGBGB 7** 24f; GbR **vor 705** 18ff, **705** 71ff, **718** 11ff
Parteispenden 516 11
Partiarisches Darlehen vor 488 64, **488** 49
Partielle Geschäftsfähigkeit 104 5
Partnerschaft, eingetragene, s Lebenspartnerschaft **1741** 29
Partnerschaftliche Lebensgemeinschaft s Lebenspartnerschaft
Partnerschafts-Service-Vertrag 656 12
Partnerschaftsvermittlungsvertrag s Ehevermittlungsvertrag
Parzellierungsvertrag 311b 5
Patent, Pfandrechtsbestellung **1274** 4
Patentanwalt, Geschäftsbesorgungsvertrag **675** 7; Verbotsgesetz, Verstoß **134** 80
Patente, Rechtskauf **453** 2, 17
Patentrecht, Störung der Geschäftsgrundlage **313** 74; unzulässige Rechtsausübung **242** 189
Patentverletzung, Gewinnabschöpfung **687** 10f
Patient, Mitverschulden **254** 32
Patientenakte, deliktsrechtlicher Schutz **Anh 12** 206f; Geheimnisschutz **Anh 12** 146, 154ff
Patiententestament 1901a
Patronatserklärung vor 765 26
Pauschalierung von Schadensersatzansprüchen, Klauselverbote **309** 41ff
Pauschalreisen EGBGB 29 27; überraschende Klauseln **305c** 16; sa Reisevertrag
Pay-TV 505 14
PECL vor 145 13
Peep-Show, Verträge, Sittenwidrigkeit **138** 158
Pendler, Wohnsitz **7** 9
Pensionsgeschäfte vor 488 58
Pensionsvertrag vor 535 22
Personalakte 611 486f
Personalfragebogen 611 264
Personalsicherheit 232 10, 239
Personalstatut EGBGB 5; Aufenthaltsanknüpfung **EGBGB 5** 18ff; Domizil **EGBGB 5** 59; Doppel- und Mehrstaater **EGBGB 5** 4ff; Erwerb/Verlust der deutschen Staatsangehörigkeit – kollisionsrechtliche Auswirkungen **EGBGB 5** 22ff; Flüchtlingsrecht, internationales **EGBGB 5** 66ff; gewöhnlicher Aufenthalt **EGBGB 5** 43ff; schlichter Aufenthalt **EGBGB 5** 57; Staatenlose **EGBGB 5** 10ff, **EGBGB 5** 60 (Abkom-

mensrecht); Staatsangehörigkeitsprinzip **EGBGB 5** 1ff; volksdeutsche Flüchtlinge, Vertriebene und Spätaussiedler, Gleichstellung **EGBGB 5** 39ff; Wohnsitz **EGBGB 5** 58

Personen vor 1 1; natürliche/juristische **vor 1** 1; Parteifähigkeit **vor 1** 2; Rechtsfähigkeit **vor 1** 1; Träger von Rechten/Pflichten **vor 1** 2; sa Juristische Person

Personenbeförderung, IPR **EGBGB 28** 43

Personengesellschaft, Einbringung Grundstück **311b** 19ff; Mängel Gesellschaftsvertrag **vor 145** 41; Mitgläubiger **432** 13; Organhaftung **31** 1, 3; Testamentsvollstreckung **2205** 28ff; Unternehmer **14** 7; Verbraucher **13** 6; sa Gesellschaft bürgerlichen Rechts

Personenhandelsgesellschaft, Verbraucher **13** 6

Personenschaden, Geldersatz 249 39ff; ambulante ärztliche Behandlung **249** 40; Besuchskosten **249** 43ff; Folgeschäden **249** 47; Krankenhausbehandlung **249** 41; Nebenkosten **249** 43ff; psychische Folgeschäden **249** 45a; unerlaubte Handlung **842ff** sa Schadensersatz, unerlaubte Handlung; Verwendung des Geldersatzes **249** 46; Wertersatzanspruch **251** 25

Personensorgerecht 1631ff; sa Elterliche Sorge

Personenstand vor 1589 2; bei Adoption **1752** 16

Personentransport vor 631 19

Personenvereinigung, Namensschutz **12** 12, **Anh 12** 297; Persönlichkeitsschutz **Anh 12** 290ff sa Persönlichkeitsschutz, Personenvereinigungen

Persönlichkeiten der Zeitgeschichte, Abbildungsfreiheit **Anh 12** 176ff; Schutz vor kommerzieller Auswertung **Anh 12** 258ff

Persönlichkeitsbild, Schutz vor Verfälschung **Anh 12** 104ff sa Identitätsschutz

Persönlichkeitsrecht, allgemeines, s Allgemeines Persönlichkeitsrecht

Persönlichkeitsschutz, s Allgemeines Persönlichkeitsrecht; Persönlichkeitsschutz, Personenvereinigungen; Persönlichkeitsschutz, postmortaler

Persönlichkeitsschutz, Personenvereinigungen, Anh 12 290ff, 290ff; Ehrenschutz **Anh 12** 293ff, 296; geschütztes Rechtsgut **Anh 12** 291; Meinungsäußerungen **Anh 12** 294; Namensnutzung, unbefugte **Anh 12** 297; Pressefreiheit als Gegeninteresse **Anh 12** 295; Rechtsfolgen, Besonderheiten **Anh 12** 300; Scherzartikel, Namensmißbrauch **Anh 12** 298; Schutzbereiche **Anh 12** 292ff; Tatsachenbehauptungen **Anh 12** 293

Persönlichkeitsschutz, Postmortaler, Anh 12 300ff, 300ff; Geheimnisschutz **Anh 12** 309; des Geistes und des Vermögens **Anh 12** 303ff; Herz- oder Hirntod **Anh 12** 301; ideelle Interessen **Anh 12** 307; kommerzielle Interessen **Anh 12** 305; Leichnam, Schutz **Anh 12** 302; Namensrecht **Anh 12** 308; negatorische Rechte, Beschränkung auf **Anh 12** 311; Rechtsfolgen **Anh 12** 313; Tagebücher/Briefe **Anh 12** 309; Wahrnehmung durch Angehörige/Bevollmächtigte **Anh 12** 310; zeitliche Grenze **Anh 12** 312

Pfandbrief, mündelsichere Anlage **1807** 14ff

Pfandflaschen, s Flaschenpfand

Pfandgeschäft 456 1

Pfandleihe vor 488 62, **vor 1204** 14

Pfandrecht 1204ff; Akzessorietät **Einl 1204** 7; Allgemeines **Einl 1204**; Arten **Einl 1204** 12ff; Beteiligte **Einl 1204** 8; Gegenstand **Einl 1204** 9ff; gesetzliches **Einl 1204** 13, **1257, 1273** 9; Landverpächter **592**; Pächter **583**; Pfändungspfandrecht **Einl 1204** 14ff, **1210** 4, **1273** 10; Publizität **Einl 1204** 6; an Rechten **1273ff**, sa Pfandrecht, Rechte; Sicherungsgesamtschuld **421** 55ff; Übergang bei Forderungsabtretung **401**; Unternehmer Werkvertrag **305c** 18, **647**; unzulässige Rechtsausübung **242** 155; und Verjährung des gesicherten Anspruchs **214** 9, **216**; Vermieter **562ff** sa Vermieterpfandrecht; Vertragspfandrecht **Einl 1204** 12

Pfandrecht, bewegliche Sachen 1204ff; Ablösungsrecht Dritter **1249**; AGB-Banken **vor 1204** 14; Allgemeines **vor 1204** 1; Androhung des Verkaufs **1234**; Anspruch auf andere Art des Pfandverkaufs **1246**; Anwartschaftsrecht **1204** 3; Aufhebung, rechtsgeschäftliche **1255**; Aufrechnung **1224**; Befriedigung **1204** 12; Benachrichtigung vom Verkaufsergebnis **1241**; Bestellung **1205**; dauernde Einreden **1254**; drohender Verderb, Wertminderung **1218f**; Düngemittelgesetz **vor 1204** 13; Eigentumserwerb bei rechtmäßiger Veräußerung **1242, 1244** (gutgläubiger Erwerb); Eigentumsvermutung bei Verkauf **1248**; Einigung **1205** 3ff, 5a (in AGB); Einwendungen des Pfandgläubigers **1211**; Erlös **1247**; Erlöschen **1252f, 1256**; Erzeugnisse **1212**; Flaschenpfand **1204** 4; freihändiger Verkauf **1221**; Früchte **1212** 2; Gegenstand **1204** 2ff; gesetzliche Pfandrechte **1257**; gesetzlicher Forderungsübergang auf Verpfänder **1225**; gutgläubiger Erwerb **1207**; Herausgabe zum Verkauf **1231**; Herausgabeanspruch des neuen Pfandgläubigers **1251**; Hinterlegung **1224**; Inhaber- und Orderpapiere **1204** 3; Inhaberpapiere **1293**; künftige Forderung **1204** 11; landwirtschaftliche Grundstücke, Inventar des Pächters **vor 1204** 12; an mehreren Sachen **1222**; an Miteigentumsanteil **1272**; Nutzungspfandrecht **1213f**; Pfandhaltervertrag **1206** 5; Pfandleiher **vor 1204** 14; Pfandreife **1228** 4f; Pfandverkauf **1233**; Pflichtverletzung des Pfandgläubigers **1217**; Rang des Pfandrechts **1209**; ranggleiche Pfandrechte, Zusammentreffen **1232** 1; rangverschiedene Pfandrechte, Zusammentreffen **1232** 2; Rektapapier **1204** 6; Rückgabepflicht **1223**; Schiffe **vor 1204** 11; Schutzrechte wie Eigentümer **1227**; zu sichernde Forderung **1204** 9f; Übergabe **1205** 6ff, **1206**; Übergang des Pfandrechts **1250**; Übersicherung **1222** 2; Umfang der Haftung **1210**; Verbot übermäßigen Verkaufs **1230** 2; Verfallvertrag **1229**; Verjährung **1226**; Verkaufsbestimmungen **1238**, Verkaufsvereinbarung, abweichende **1245**; Versteigerung **1220, 1235, 1236** (Ort), **1237** (Benachrichtigung, öffentliche Bekanntmachung), **1239** (Berechtigung zum Mitbieten), **1240** (Gold- und Silbersachen); Verstoß gegen Verfahrenspflichten **1243**; Verwahrungspflicht **1215**; Verwendungsersatz **1216**; Verwertungsrecht des Pfandgläubigers **1228**; Vorrang kraft guten Glaubens **1208**; Wahl unter mehreren Pfändern **1230**; wesentliche Bestandteile **1212** 1; Zubehör **1212** 3

Pfandrecht, Forderung vor 1279–1290; Anzeige an Schuldner **1280**; Benachrichtigungspflicht des Pfandgläubigers **1285** 3; Bestellung **1274** 2, **vor 1279** 1; Einziehungspflicht des Pfandgläubigers **1285** 2; Grund- und Rentenschuld **1291**; Kündigungspflicht **1286**; Kündigungsrecht der verpfändeten Forderung **1283, 1284**; Leistung nach Eintritt Pfandreife **1282, 1284**; Leistung vor Eintritt Pfandreife **1281, 1284**; Leistung, Wirkung **1287**; Mitwirkungspflicht an Einziehung **1285**; Zahlungswirkung **1288**; Zinsen **1289**; Zusammentreffen mehrerer Pfandrechte **1290**

Pfandrecht, Rechte 1273ff; Allgemeines **vor 1273**; Anwartschaftsrecht **1274** 8; anzuwendende Vorschriften **1273** 4ff; Aufhebung/Änderung des belasteten Rechts **1276**; Befriedigung, Voraussetzungen **1277**; Bestellung **1274**; Erbteil **1274** 5; Erlöschen durch Rückgabe **1278**; Forderung **1274** 2, **1279–1290**, sa Pfandrecht, Forderung; Gegenstand **1273** 1f; gesetzliches Pfandrecht **1273** 9; GmbH-Anteil **1274** 7; Grund- und Rentenschuld **1291**; Hypothekenforderung **1274** 6; Leistungsanspruch, Verpfändung **1275**; Lizenzen **1274** 4c; Marken **1274** 4b; Mitgliedschaft **1274** 7; Name/Firma **1274** 4a; Namensaktien, vinkulierte **1274** 7; Order- und Inhaberpapiere **1292–1296**; Patente **1274** 4; Pfändungspfandrecht **1273** 10; schuldrechtlicher Anspruch auf Grundstücksübereignung **1274** 3; Unübertragbarkeit **1274** 12ff; Versicherungsforderungen **1274** 3; Wechsel **1292–1296**

Pfändung, Anwartschaftsrecht **929** 22; und Aufrechnung **392** 1ff; Besitzmittlungsverhältnis **868** 30; Darlehen **vor 488** 13; Gesellschaftsanteil, Kündigung **725**; wesentliche Bestandteile **93** 11
Pfändungs- und Überweisungsbeschluß, Wirkung bei Gesamtschuld **425** 31
Pfändungsverbote 394 3; Aufrechnungsverbot **394** 1ff
Pfandverkauf, Ausschluß der Mängelhaftung **445**; Ausschluß von Käufern **450f**; Garantie **445** 3
Pferdekauf, Billigung bei ordnungsgemäßer Beschaffenheit der Kaufsache **454** 4
Pfleger, Vergütung **vor 1835** 1, **1836** 40; sa Vormund über Minderjährige, Entschädigung und Vergütung
Pflegesatz 612 18
Pflegeversicherung, Kontrahierungszwang **vor 145** 27
Pflegevertrag, Inhaltskontrolle **307** 121
Pflegschaft 1909; Abgrenzung Vormundschaft **vor 1909** 1; Abwesenheitspfleger **1911, 1921**; Allgemeines **vor 1773, vor 1909**; anwendbare Vorschriften **vor 1909** 9, **1915f**; Arten **vor 1909** 6; Aufhebung **1919, 1921**; Beendigung **1909** 19f, **1918, 1921**; Benennung durch letztwillige Verfügung/Zuwendung **1917**; besondere Pflegschaftsfälle **vor 1909** 13; und elterliche Sorge **1630**; Ergänzungspflegschaft **vor 1909** 6; Ersatzpflegschaft **vor 1909** 6, **1909** 16; Familienrecht **vor 1909** 10; Gegenvormund **1915** 5; IPR **EGBGB 24**; Jugendamt, Mitwirkung **vor 1909** 17; Leibesfrucht, Pfleger für **1912**; Nachlaßpflegschaft **vor 1909** 11, **1913** 4ff; Nichtigkeit/Aufhebbarkeit **1909** 18; Pfleger und Pflegebefohlener **207** 13; Prozeßpfleger **vor 1909** 15; Übersicht Pflegschaften außerhalb Pflegschaftsrecht **vor 1909** 16; für unbekannte oder ungewisse Beteiligte **1913**; Ungezeugte, Pflegschaft für **1913** 6f; Verfahren **vor 1909** 16a, **1909** 17f; Verfahrenspfleger **vor 1909** 12; Vermögen durch öffentliche Sammlung, Pfleger für **1914**; Zuständigkeit **vor 1909** 16b
Pflegschaft, Ergänzungs- 1909 1ff; anzuwendende Vorschriften **1915, 1916**; Bedürfnis **1909** 12ff; Beobachtungspflegschaft **1909** 13; rechtliche Verhinderung **1909** 3ff; tatsächliche Verhinderung **1909** 10ff; Verwaltungspflegschaft **1909** 15; auf Wunsch des gesetzlichen Vertreters **1909** 14
Pflichtteil 2303–2338a, Anfechtung der Ausschlagung **2308**; Auskunftserteilungspflicht des Erben **2314**; Berechnung **vor 2303** 6, **2310–2316**, sa Pflichtteil, Berechnung; Beschränkung wegen Verschwendung **2338**; Beschränkungen/Beschwerungen des Erbteils **2306** 1ff, **2308**; DDR **2303**; Eltern des Erblassers **2309** 2; entfernte Abkömmlinge **2309** 1; Entstehung Pflichtteilsanspruch **2317**; Entziehung **2333ff**, sa Pflichtteilsentziehung; Erbschaftsteuer **vor 2303** 4; Erbunwürdigkeit **2345**; und Erbverzicht **2346** 3; Ersatzerbe, Pflichtteilsberechtigter als **2306** 7; Höferecht **vor 2303** 6, **2311** 10; Lebenspartnerschaft **vor 2303** 2, **LPartG 10** 12f; Leistungsverweigerungsrecht pflichtteilsberechtigter Miterben **2319**; Leistungsverweigerungsrecht Pflichtteilsschuldners wegen Vermächtnis/Auflagen **2318**; Nacherbe, Pflichtteilsberechtigter als **2306** 6; nichteheliche Kinder **2338a**; Pflichtteilsanspruch **2305**; Pflichtteilsberechtigung **2303** 2; Pflichtteilsergänzungsanspruch **2325–2331**, sa dort; Pflichtteilsschuldner **2318** 1, sa dort; Sicherung des vollen Pflichtteils **vor 2303** 5; Überblick **vor 2303** 2; Übertragbarkeit/Vererblichkeit Pflichtteilsanspruch **2317**; Umfang **2303** 5; Unwürdigkeit **2345**; Verjährung **197** 8, **2332**; Vermächtnis, Pflichtteilsberechtigter mit – bedacht **2307**; Vertrag über einen – **311b** 94; und Verwirkungsklausel **2303** 4; Verzichtsvertrag, Tod vor Zugang Annahmeerklärung **153** 3; Voraussetzungen **2303** 3; Zugewinngemeinschaft **2303** 6ff, sa Zugewinngemeinschaft, Erbrecht; Zuwendung des Pflichtteils, Auslegung **2304**

Pflichtteil, Berechnung vor 2303 6, **2310–2316**; Aktivbestand **2311** 1ff; Anrechnungspflicht Zuwendungen des Erblassers **2315**; Ausgleichungspflicht Ausstattungen, Zuschüsse **2316**; Auskunftserteilungspflicht des Erben **2314**; bedingte Verbindlichkeiten **2313** 1f; Berechnung des Erbteils **2310**; Einfluß gesellschaftsrechtlicher Abfindungsregelungen **2311** 7; Eltern, Pflichtteil der **2311** 8; Landgut, Übernahme **2312**; nichteheliche Kinder **2311** 9; Passivbestand **2311** 5; Stichtagsprinzip **2311** 6; ungewisse Verbindlichkeiten **2313** 3; Wert des Nachlasses **2311** 1ff
Pflichtteilsentziehung 2333ff; Abkömmlinge **2333**; Beschränkung wegen Verschwendung **2338**; Beweislast **2336**; Ehegatten **2335**; Erbunwürdigkeit **2345**; Form **2336**; letztwillige Verfügung **2336**; Mutter **2334**; Unwirksamwerden **2336**; Vater **2334**; Verzeihung **2337**
Pflichtteilsergänzungsanspruch vor 2325–2331; Berechnung **2325** 2; Bewertungsstichtag **2325** 3; bei Erbeinsetzung auf Pflichtteil **2326** 1ff; gemischte Schenkung **2325** 1; Geschenke an Pflichtteilsberechtigten **2327**; Pflicht- und Anstandsschenkung **2330**; Schenkung an Dritte **2325** 1; Schuldner **vor 2325** 8 (Erben), **2329** (Beschenkter); Sicherung des Pflichtteils des Schuldners **2328**; bei Stiftung **2325** 1; Stundung **2331a**; Verjährung **2332** 4f; bei Vermächtnis an Pflichtteilsberechtigten **2326** 6; Zehnjahresfrist **2325** 4; Zuwendung aus Gesamtgut **2331**
Pflichtteilsschuldner 2318 1; Anordnungen Erblasser zur Pflichtteilslast **2324**; Außenverhältnis Gesamtschuld **2318** 1, **2320** 1; Innenverhältnis, Verteilung Pflichtteilslast **2320–2322**; Leistungsverweigerungsrecht pflichtteilsberechtigter Miterben **2319**; Leistungsverweigerungsrecht wegen Vermächtnis/Auflagen **2318**, **2323**; Sicherung Pflichtteil der Pflichtteilsschuldner **2319**
Pilzbefall, Mietobjekt **536** 6, **569** 6
Pkw, s Kraftfahrzeug
Planfeststellungsverfahren 906 63ff
Platzgeschäft 447 6
Politische Einstellung, Eigenschaftsirrtum **119** 45
Polizei, Amtshaftung **839** 129
Polizei- und Ordnungsrecht, Amtshaftung **839** 53
Poolvertrag 449 51, **470** 1, **vor 705** 42, 44f; Sittenwidrigkeit **138** 144
Pornographie, Sittenverstoß **138** 158
POS-Systeme 676h 20ff sa Kreditkartenvertrag
Positive Vertragsverletzung 280 40; Annahmeverzug, Verhältnis **vor 293** 10; beim Kauf **vor 433** 9, **449** 46 (des Vorbehaltskäufers); Schenkung **521** 3; sa Schadensersatz wegen Pflichtverletzung
Post vor 631 20; AGB, Einbeziehung **305a** 4; Amtshaftung **839** 33; Kontrahierungszwang **vor 145** 27; Rechtsform **vor 21** 12
Postfachmiete vor 535 17
Postgeheimnis Anh 12 115ff, 209
Postmortaler Persönlichkeitsschutz Anh 12 300ff sa Persönlichkeitsschutz, postmortaler
POZ 676h 22ff sa Kreditkartenvertrag
Praktikanten 611 133
Prämienanpassungsklausel 307 141
Prämienlohn 611 444; Entgeltfortzahlung **616** 62
Praxisgemeinschaft, GbR **vor 705** 28, 31ff
Praxiskauf 453 19ff; Abtretung von Honorarforderungen **vor 433** 7, **453** 21; Garantieübernahme **437** 37; Patienten-/Mandantenunterlagen **vor 433** 7, **453** 21; Rückgang des Vertragsbestands **434** 10; Sittenwidrigkeit **138** 86; Umsatz- und Ertragsangaben **434** 10
Praxisräume, Verkehrssicherungspflichten **823** 95
Preisausschreiben 661
Preisbestimmende Klauseln, Schranken der Inhaltskontrolle **307** 45ff
Preisbindung, unzulässige Rechtsausübung **242** 174

Stichwortverzeichnis

Preise freibleibend 433 39
Preisgefahr vor 433 3, **446** 1, **447** 1
Preisklauseln 244 5, 7, **306** 14, **307** 47, 178, **433** 38ff; Klauselverbote **309** 2
Preisliste 433 42; Vertragsangebot **145** 6
Preisrecht als gesetzliches Verbot **134** 81; Teilnichtigkeit **139** 7
Preisvorbehalt 433 39
Presse, Ehrenschutz Grenzen **Anh 12** 52ff, 64ff; -freiheit **Anh 12** 64ff sa Meinungsfreiheit; unzulässige Rechtsausübung **242** 190; Verbotsgesetz **134** 82
Principles of European Contract Law vor 145 13
Privataufgebot eines Miterben **2061**
Privatautonomie Einl 104 1, **vor 145** 26ff, **vor 241** 10; sa Vertragsfreiheit
Privatgeheimnisse, Schutz gegen Verbreitung/Auswertung, Anh 12 153ff, 153ff; arbeitsvertragliche Schweigepflicht, Grenzen **Anh 12** 202; Arzt-/Berufsgeheimnisse **Anh 12** 154ff, 206f; Bildnisschutz **Anh 12** 165ff sa dort; deliktsrechtlicher Schutz **Anh 12** 204ff, 205 (Abartigkeiten), 205 (Scientology), 206f (gesundheitlicher Bereich), 208 (totale, existenzvernichtende Preisgabe), 209 (geschriebenes Wort), 211 (gesprochenes Wort); Gegeninteressen **Anh 12** 153; Geheim- und Intimsphäre, allgemeiner Schutz **Anh 12** 200ff; geschütztes Rechtsgut **Anh 12** 153; heilende Kraft der Zeit **Anh 12** 222f; Jugendsünden **Anh 12** 222; Katastrophen und Unglücksfälle, Berichte über **Anh 12** 215ff; Resozialisierung **Anh 12** 223; Stasi-Informationen, Berichte über **Anh 12** 224; Strafverfahren, Berichte über **Anh 12** 215; übermäßige Anprangerung **Anh 12** 214; übermäßige Verbreitung **Anh 12** 212f; Urheber- und Urheberpersönlichkeitsrecht **Anh 12** 163; Verdachtsberichterstattung **Anh 12** 217; vertraglicher Vertrauensbruch **Anh 12** 201; Verwertungs- und Veröffentlichungsverbot **Anh 12** 225ff, 225ff (Zweckbindung), 225ff (Datenschutzrecht), 228f (rechtswidrig erlangte Informationen), 230 (Datenschutzrecht), 230 (Stasi-Akten), 231ff (Prozeßrecht)
Privatgeheimnisse, Schutz vor Ausspähung, Anh 12 113ff, 113ff; Auskunftsansprüche/Recht auf Information **Anh 12** 152; Bildaufnahmen **Anh 12** 139ff; Gegeninteressen **Anh 12** 113; geschriebenes Wort **Anh 12** 115ff; geschütztes Rechtsgut **Anh 12** 113; gesprochenes Wort **Anh 12** 123ff; Gesundheitsbereich **Anh 12** 146; Rechtswidrigkeit, Vermutung **Anh 12** 114; sexueller Bereich **Anh 12** 147; sozial-wissenschaftliche Informationserhebung **Anh 12** 150f; Zeugenvernehmung geschändeter Kinder **Anh 12** 148f
Privatperson, Amtshaftung **839** 39
Privatsphäre, Schutz **vor 823** 13
Probearbeitsverhältnis 620 41; Fortsetzung nach Beendigung **625** 2ff
Probefahrt 311 24, **vor 598** 11; Freizeichnungsklausel **242** 164
Probelauf 438 15, **442** 15
Probezeit 622 8
Produktänderung, Verkäuferpflichten **433** 27
Produktbeschreibung 437 30
Produkthaftung ProdHaftG; Arzneimittelhaftung **ProdHaftG 15;** Auslegungsgrundsätze **ProdHaftG vor 1** 5; Beweislast **ProdHaftG 1** 12; Erlöschen von Ansprüchen **ProdHaftG 13;** Fehler **ProdHaftG 3;** Gesetzesentwicklung **ProdHaftG vor 1** 1; Haftung **ProdHaftG 1;** Haftung nach anderen Vorschriften **ProdHaftG 15;** Haftungsausschluß **ProdHaftG 1** 5ff, 11f; Haftungshöchstbetrag **ProdHaftG 10;** Haftungsminderung **ProdHaftG 6;** Hersteller **ProdHaftG 4;** Importeure **ProdHaftG 4** 5; IPR **EGBGB 40** 52; Konkurrenzen **ProdHaftG vor 1** 6; Lieferantenhaftung **ProdHaftG 4** 6; mehrere Ersatzpflichtige **ProdHaftG 5;** Produkt

ProdHaftG 2; Quasihersteller **ProdHaftG 4** 4; Regelungsgehalt **ProdHaftG vor 1** 2ff; Schadensersatz durch Geldrente **ProdHaftG 9;** Selbstbeteiligung bei Sachbeschädigung **ProdHaftG 11;** Umfang der Ersatzpflicht bei Körperverletzung **ProdHaftG 8;** Umfang der Ersatzpflicht bei Tötung **ProdHaftG 7;** Unabdingbarkeit **ProdHaftG 14;** Verjährung **ProdHaftG 12**
Produzentenhaftung vor 433 28, **823** 108ff; Beweislastregeln **823** 121; deliktische/außerdeliktische Haftung **823** 108f; Ersatzumfang **823** 124f; Fabrikationsfehler **823** 115, 117; Herstellbegriff **823** 123; Instruktions- und Produktbeobachtungsfehler **823** 115, 118f; Konstruktionsfehler **823** 115f; Produktinformationen **823** 114; Rechtsfortbildung durch BGH **823** 111; Rückrufpflicht **823** 119; Spezialgesetze **823** 110; Umweltgefahren **823** 120; Verschulden **823** 113; weiterfressende Mängel **823** 125; Wirkungslosigkeit **823** 114
Programmherstellung, Vertrag **vor 631** 22f
Prokura und Gesamtvertretung/Gesamtvollmacht **167** 33
Prokurist, Organhaftung **31** 3
Prospekthaftung, Bank **675** 44; Dritthaftung **311** 52; zivilrechtliche **280** 53f
Prospektpflicht, Time sharing **482** sa Time sharing, Prospektpflicht
Prostitution vor 241 23; Sittenwidrigkeit **138** 158
Provision 611 449ff, **667** 19; Aufwendungsersatz Teilzahlungsgeschäft **503** 28; Makler **652** sa Mäklervertrag, Provisionsanspruch; Sittenwidrigkeit **138** 86
Prozeßaufrechnung, Hemmung der Verjährung **204** 18, 44
Prozeßbürgschaft vor 765 17
Prozeßfähigkeit vor 104 17, **104** 8, **106** 3; bei Ermächtigung Minderjährige zum Betrieb Erwerbsgeschäft **112** 7; bei Ermächtigung Minderjährige zum Eintritt in Dienst/Arbeit **113** 16; IPR **EGBGB 7** 24f
Prozeßführungsbefugnis, Testamentsvollstrecker **2212**
Prozeßhandlung, Fristen, Sonn- und Feiertage **193** 2; geheimer Vorbehalt **116** 4; Irrtumsanfechtung **119** 2
Prozeßkosten, Aufwendungsersatz Teilzahlungsgeschäft **503** 29; Ersatzfähigkeit **vor 249** 76; Gesamtschulden **421** 68
Prozeßkostenhilfeantrag, Hemmung der Verjährung **204** 35ff, 52
Prozeßkostenvorschuß, Geltendmachung **1360a** 33; Geschiedenenunterhalt **1578** 44; nichteheliche Mutter **1360a** 21; Verwandtenunterhalt **1610** 11f; Vorschußpflicht Eheleute/Familie **1360a** 17ff
Prozeßnachlaßpflegschaft 1961
Prozeßpfleger vor 1909 15
Prozeßrecht, Anfechtung wegen arglistiger Täuschung/Drohung **123** 2; Anfechtung wegen Irrtums **119** 2; Anwendbarkeit Vorschriften über Rechtsgeschäft **Einl 104** 29; Auslegung von Willenserklärungen **133** 3, 39; einseitiges Rechtsgeschäft eines Vertreters ohne Vertretungsmacht **180** 2; Fristen und Termine **vor 186** 5; Genehmigung/Zustimmung **184** 2, **185** 17; Geschäftsunfähigkeit **vor 104** 17, **104** 8; In-sich-Geschäft **181** 4; Schriftformerfordernis **126** 2; Teilnichtigkeit **139** 8; Umdeutung **140** 3
Prozeßstandschaft, Prozeßführungsermächtigung 185 17
Prozeßvergleich 779 31; Anfechtbarkeit wegen Irrtums **119** 2; Ersetzung der notariellen Beurkundung **127a** 1ff
Prozeßvertrag, Auslegung **157** 4
Prozeßvertretung vor 164 29; durch beschränkt Geschäftsfähigen **165** 7
Prozeßvollmacht 167 45
Prozeßzinsen 291
Prüfungsauftrag, Vertrag zugunsten Dritter **328** 20a
Prügelei, Notwehr **227** 9
Pseudonym 12 10
Psychatrische Untersuchung Anh 12 151

Psychische Verletzung 823 19ff
Psychologischer Test Anh 12 151
Punktation 154 6

Qualitätsangaben 437 40
Quasi-Splitting 1587b 11ff, **VAHRG 1** 6ff; s Übersicht dort
Quasinegatorischer Abwehranspruch 1004 10, 151ff; allgemeines Persönlichkeitsrecht, Verletzung **1004** 171ff; ehrkränkende und kreditschädigende Tatsachenbehauptungen **1004** 35, 152ff
Quittung 368; Kosten **369;** und Schuldschein **371;** Überbringer **370**
Quotenregelung, Einstellung von Frauen **611a** 15f
Quotenvorrecht vor 249 187

Rabattgesetz, Verbotsgesetz **134** 83
Radfahrer, Mitverschulden im Straßenverkehr **254** 37f, 41a
Radioempfang, Beeinträchtigung, Abwehranspruch **1004** 18
Rahmenvereinbarung 305 44f, 52, **vor 311** 13
Rangrücktritt 880
Rangverhältnis Grundstücksrechte 879; abweichende Bestimmung des Rangverhältnisses **879** 18ff; fehlerhafte Eintragung, Folgen **879** 21f; gesetzliche Bestimmung **879** 8ff; Rangänderung **880;** Rangrücktritt **880;** Rangvorbehalt **881;** Vormerkungswirkung **883** 46ff
Rangvorbehalt 881
Rat, Haftungsausschluß **675** 8ff
Ratendarlehen vor 488 28 sa Teilzahlungsdarlehen; Verbraucherdarlehen **491** 7
Ratenkredit, Sittenwidrigkeit, Zinsvergleich **246** 7
Ratenlieferungsvertrag vor 145 53, **vor 433** 29, **505;** abweichende Vereinbarungen **506;** Anwendungsbereich, persönlicher **505** 3; Anwendungsbereich, sachlicher **505** 4; Arten **505** 8ff; Bagatellgrenze **505** 5; elektronische Form **505** 20; Existenzgründerdarlehen **507;** Formvorschriften **505** 20, 21 (Verstoßfolgen); Rechtsfolgen **505** 22ff; Rückgaberecht **505** 31; Übergangsregelung **505** 36ff; Umgehung **505** 7, 10; Verbraucherdarlehen **491** 24, 28; Verhältnis zu anderen Vorschriften **505** 32ff; Widerrufsrecht **505** 22f
Rauchverbot 626 70; Persönlichkeitsschutz **Anh 12** 289
Räum- und Streupflicht, Anlieger **823** 94; öffentliche Straßen **823** 98
Raumsicherungsvertrag Anh 929–931 6
Realakt Einl 104 7f; Anfechtbarkeit wegen Irrtums **119** 27; und Geschäftsunfähigkeit **105** 4
Realdarlehen, Konditionenanpassung **492** 8; Verbraucherdarlehen **491** 8
Reallasten, 1105ff, 1111 3f; Allgemeines **vor 1105;** Altenteilsverträge **1105** 12; Aufgebotsverfahren **1112;** Begriff **vor 1105** 1; belasteter Gegenstand **1105** 2; Berechtigter **1105** 3ff; Bruchteil, Belastung **1106;** Entstehung **1105** 9; Erlöschen **1105** 11; Gesamtschuldnerausgleich **426** 85; Haftung Grundstückseigentümer **1108;** Hypothekenhaftung **1126;** Inhalt **1105** 6ff; Sicherungsgesamtschuld **421** 58; subjektiv-persönliche Reallast, Veräußerung/Vererblichkeit **1111;** Teilung des Grundstücks des Berechtigten **1109;** Übergang auf neuen Eigentümer **1110**
Reallasten, Einzelleistungen, Erlöschen **1107** 3; Geltendmachung **1107** 4f; Übertragung **1107** 2
Realsicherheiten 232 1ff
Realteilung VAHRG 1 2ff; Gesellschaft, Auseinandersetzung **730** 16

Rechenschaftsanspruch 666 27ff
Rechenschaftslegung, Rechenschaft, Abtretbarkeit Anspruch **259/260** 15; Allgemeines **259/260** 1ff; Beweislast **259/260** 23; eidesstattliche Versicherung **259/260** 20; Einzelfälle **259/260** 10f; Erfüllung **259/260** 13; inhaltliche Begrenzung/Fortfall **259/260** 18f; Leistungsort **259/260** 16; mehrere Forderungsberechtigte **259/260** 14; Rechtsgrundlage **259/260** 8–11; unrichtige/unvollständige **259/260** 17f; Verfahrensfragen **259/260** 22ff; Vollstreckung **259/260** 24; sa Auskunft
Rechnungsabschluß, Gesellschaft **721;** Kontokorrentkonto **307** 66
Rechnungserstellung 433 36
Rechte, Abgrenzung Sachen **vor 90** 3; Bestandteile einer Sache **93** 3; Früchte **99** 7f; Lastenverteilung **103;** Rechtsgesamtheit **vor 90** 6
Rechtlicher Vorteil, In-sich-Geschäft **181** 10, 18
Rechtsänderung, Störung der Geschäftsgrundlage **313** 65ff
Rechtsanwalt, Aufklärungs- und Informationspflichten **242** 96; Duldungs-/Anscheinsvollmacht **167** 23i; Geschäftsbesorgungsvertrag **675** 7; Kontrahierungszwang **vor 145** 27; unwiderrufliche Vollmacht **168** 18; Verjährung, Ansprüche gegen **195** 16
Rechtsanwaltskosten, Ersatzfähigkeit **249** 82, 92, 102
Rechtsanwaltssozietäten, GbR **vor 705** 28, 31ff; Haftung **425** 17
Rechtsanwaltsvertrag, Erfüllungsgehilfe **278** 29; freie Mitarbeiter **611** 68; Honorarabtretung **399** 8a; Inhaltskontrolle **307** 148, **309** 32; Pflichtverletzung **280** 54; Sittenverstoß **138** 146; Sorgfaltspflicht/Fahrlässigkeit **276** 49f; Stundenhonorar **307,** 23; überraschende Klauseln **305c** 16; unzulässige Rechtsausübung **242** 191; Verbotsgesetz, Verstoß **134** 50, 84; Vergütung, BRAGO **612** 10; Vertragsart **vor 631** 24
Rechtsausschlußdienstbarkeit 1018 19
Rechtsausübung, unzulässige 242 101ff; sa unzulässige Rechtsausübung
Rechtsbeistand, Ersatzfähigkeit der Kosten **249** 103
Rechtsberatung, Geschäftsbesorgungsvertrag **675** 7; selbständiger Dienstvertrag **611** 35f; Verbotsgesetz, Verstoß **134** 85
Rechtsbindungswille vor 145 4ff; Gefälligkeiten **vor 145** 7, **vor 241** 16ff; Gentlemen's Agreement **vor 145** 8, **vor 241** 17; Letter of Intent **vor 145** 9; Unverbindlichkeit, Kenntnis **vor 145** 5; unvollkommene Verbindlichkeit **vor 145** 10; vermeintliche Unverbindlichkeit **vor 145** 6
Rechtsfähigkeit vor 1 1, **1** 1; ausländische Gesellschaften **vor 420** 16; GbR **vor 705** 18ff, **705** 71ff, **718** 11ff; juristische Person **vor 21** 10; Leibesfrucht **1** 2; natürliche/juristische Personen **vor 1** 1; Tod **1** 4ff; Ungezeugte **1** 2; Wohnungseigentümergemeinschaft **WEG 10** 11
Rechtsfähigkeit, IPR EGBGB 7 1, 4ff; Statutenwechsel **EGBGB 7** 17; Verkehrsschutz bei fehlender **EGBGB 12**
Rechtsfolgeirrtum 119 37
Rechtsgemeinschaft und juristische Person **vor 21** 9
Rechtsgesamtheit vor 90 6
Rechtsgeschäft Einl 104 1ff; abstraktes – **Einl 104** 21–22; Allgemeines **Einl 104** 1; anfechtbares **Einl 104** 26; anfechtbares, Bestätigung **144** 1ff; Anwendungsbereich der Vorschriften **Einl 104** 27ff; Arten **Einl 104** 11–22; Begriff **Einl 104** 2; einseitiges **Einl 104** 11, **111** 1ff (von beschränkt Geschäftsfähigen); fehlerhaftes **Einl 104** 23ff; Form **125** 1ff, sa Form; geschäftsähnliche Handlungen **Einl 104** 6, **111** 2; kausales **Einl 104** 20, 22; unter Lebenden (für den Todesfall) **Einl 104** 14; mehrseitiges **Einl 104** 12; nichtiges **Einl 104** 23f, sa Nichtigkeit; nichtiges, Bestätigung **141** 1ff, sa Bestätigung, nichtiges Rechtsgeschäft; nichtiges, Umdeutung

Stichwortverzeichnis

140 1ff, sa Umdeutung, nichtiges Rechtsgeschäft; Privatautonomie **Einl 104** 1; Realakte **Einl 104** 7f; Rechtshandlungen, Abgrenzung **Einl 104** 5–9; relativ unwirksames **Einl 104** 24, 24; schwebend unwirksames **Einl 104** 25, **108** 1, **177** 12, **180** 8f, **vor 182** 7, **184** 4; sozialtypisches Verhalten **Einl 104** 10; von Todes wegen **Einl 104** 13; Unwirksamkeit **Einl 104** 24; Verfügungsgeschäft **Einl 104** 16–19, 17 (Zwangsvollstreckung), 19 (Gestaltungsgeschäft); Verpflichtungsgeschäft **Einl 104** 15; Verzeihung **Einl 104** 9; Willenserklärung **Einl 104** 2; Wirksamkeitsvoraussetzungen **Einl 104** 3f
Rechtsgeschäftliches Veräußerungsverbot 137 1ff; sa Verfügungsbeschränkung, rechtsgeschäftliche
Rechtshängigkeit und Abtretung **399** 1
Rechtshängigkeitsvermerk 892 26
Rechtskauf 433 10, Aufklärungspflicht Verkäufer **453** 14; erfaßte Rechte **453** 2f; Garantieübernahme **453** 14; Kostentragung **453** 13; Leistungsstörung **453** 7; Nebenpflichten des Verkäufers **453** 14; Pflichten des Verkäufers **453** 4ff; Rechtsmängelhaftung **453** 9f; Rechtsverschaffung **453** 4ff; Sachmängelhaftung **453** 12; Timesharing-Vertrag **vor 481** 12; Übergang der Preisgefahr **446** 3, **447** 2; Verjährung Erfüllungsanspruch **453** 8; Verkauf eines Rechts, das zum Besitz einer Sache berechtigt **453** 15ff; Wiederkauf **457** 5
Rechtskraft eines Urteils, Wirkung bei Gesamtschuld **425** 32
Rechtsmangel, Abdingbarkeit **435** 20; Beweislast **435** 21; dingliche Rechte **435** 5; Immaterialgüterrechte **435** 6; beim Kauf **435** 1ff, **436** 1ff, **446** 8 (durch Beschlagnahmerecht), 9 (Eigentumsvorbehalt); bei Landpacht **586**; Mängelgewährleistung/-haftung **437**f s Kauf, Mängelgewährleistung/-haftung; maßgeblicher Zeitpunkt **435** 15f; bei Miete s Mietmangel; nicht bestehende, im Grundbuch eingetragene Rechte **435** 17ff; obligatorische Rechte **435** 7; öffentliche Rechte **435** 10; Pflicht zur Eigentumsverschaffung, Abgrenzung **435** 2; Rechte des Käufers **435** 9; beim Verkauf von Sachgesamtheiten **435** 14; beim Wiederkauf **458**
Rechtspfleger, Amtshaftung **839** 111
Rechtsscheinprinzip bei nicht voll Geschäftsfähigen **vor 104** 10ff, **105** 1
Rechtsscheinvollmacht 167 7ff, **177** 3, **179** 3; sa Duldungs-/Anscheinsvollmacht; Vollmacht
Rechtssurrogation, Miterbengemeinschaft **2041** 2
Rechtsverfolgung, Kosten, Inhaltskontrolle **307** 149 und Schadensminderungspflicht **254** 69f
Rechtsverordnung als Verbotsgesetz **134** 8
Rechtswahl EGBGB 27ff; anfängliche/nachträgliche/ wiederholte **EGBGB 27** 22ff; ausdrückliche/konkludente **EGBGB 27** 11ff; mangels Rechtswahl anzuwendendes Recht **EGBGB 28**; und ordre public **EGBGB 27** 4; partielle **EGBGB 27** 19ff; überraschende Klauseln **305c** 16; Verfahrensrecht **EGBGB 27** 30; Zustandekommen/Wirksamkeit **EGBGB 27** 27ff; zwingendes Recht bei eindeutig lokalisierten Fällen **EGBGB 27** 25ff
Rechtsweg, Verträge der öffentlichen Hand **vor 145** 25
Rechtswidrigkeit und Verschulden **276** 4ff
Regelbetrag-Verordnung 1612a 12
Regelungslücke, ergänzende Auslegung s dort
Regierungsakte, Amtshaftung für – **839** 26
Registergericht, Amtshaftung **839** 118
Registerrecht, Anwendung **139** 8
Regreßverzichtsabkommen 328 18
Rehabilitation, Entgeltfortzahlung **616** 107
Reichssiedlungsgesetz Einl 854 26
Reinigung 307 151; Freizeichnungsklausel **242** 164
Reiseveranstalter 651a 6; Aufklärungs- und Informationspflichten **242** 96; Haftung nach Vorschriften Beherbergungsvertrag **vor 701** 12

Reisevermittlungsvertrag, Geschäftsbesorgungsvertrag **675** 7
Reisevertrag vor 631 24, **651a**ff; Absage der Reise **651a** 29ff; abweichende Vereinbarungen **651m**; AGB-Recht **vor 651a** 5; BGB-InfoV **651a** 38; Buchung **651a** 15; Eintritt eines Dritten **651b** 1ff; Gastschulaufenthalte **651l**; gemeinschaftlicher **420** 12; Gesamtheit von Reiseleistungen **651a** 4; Inhaltskontrolle **307** 24, 51, **308** 35, 49, **309** 67; Kollisionsrecht **vor 651a** 6; Kündigungsrecht bei erheblicher Erschwerung, Gefährdung, Beeinträchtigung **651j**; Landesüblichkeitsklausel **651a** 20; Leistungsänderungen **651a** 24ff; Leistungsträger **651a** 8ff; Mitverschulden bei Schäden **254** 30; mündliche Erklärungen **651a** 18; Pauschalreise **305c** 16, **vor 651a** 2, **EGBGB 29** 27; Pflichten des Reisenden **651a** 32ff; Pflichten des Reiseveranstalters **651a** 21ff; positive Forderungsverletzung **vor 651c** 7; Preisklauseln **309** 8; Prospekt **651a** 16f; Reisebestätigung **651a** 15; Reiseleistung **651a** 3; Reisender **651a** 7; Reiseveranstalter **651a** 6; Reiseveranstaltungsvertrag **651a** 14; Reisevermittlung **651a** 13; Schriftformklausel **651a** 19; Störung der Geschäftsgrundlage **vor 651c** 9; überraschende Klauseln **305c** 16; Unmöglichkeit **vor 651c** 4f; Vermittlerklausel **651a** 35ff; Verschulden bei Vertragsverhandlungen **vor 651c** 8; Verzug **vor 651c** 6; Vorleistungspflicht, Klausel **309** 22; vorvertragliches Stadium, Vertragsabschluß **651a** 15ff
Reisevertrag, Gewährleistungsrecht 651cff; Abhilfe **651c** 10; abweichende Vereinbarungen **651m**; Alleinverursachung durch Reisenden **vor 651c** 5; Ausschlußfrist **651g** 1ff; Beweislast **651c** 13; Entschädigung für nutzlos aufgewendete Urlaubszeit **651f** 6ff; Erfüllung **651c** 9; Fehlerbegriff **651c** 2; Kündigungsrecht **651e**; Minderung **651d**; Mitverursachung durch Reisenden **651c** 8; Schadensersatz **651f** 1ff; Selbsthilfe, Selbstabhilfe **651c** 11; Verhältnis zu allgemeinen Vorschriften **vor 651c** 2ff; Verhältnis zu anderen Vertragshaftungen **vor 651c** 10; Verjährung **651g** 4ff; zugesicherte Eigenschaft **651c** 3
Reisevertrag, Gewährleistungsrecht, Beispiele Mängel 651c 4ff; Beförderung **651c** 4; Hotelpersonal/Hotelgäste **651c** 7; Mahlzeiten, sonstige Versorgung **651c** 6; Reiseprogramm **651c** 6; Ruhe/Lärm **651c** 7; Unterkunft **651c** 5
Reisevertrag, Haftungsbeschränkung 651h; Verhältnis zum AGB-Recht **651h** 6
Reisevertrag, Reiserücktritt 651i; Beweislast **651i** 9; Pauschalierung der Entschädigung **651i** 6; Rechtsfolgen **651i** 4ff; Verhältnis zum AGB-Recht **651i** 8; Versicherung **651i** 10; Voraussetzungen **651i** 2ff
Reisevertrag, Zahlungsunfähigkeit/Insolvenz Veranstalter 651k; Allgemeines **651k** 1ff; Anspruch gegen Vermittler **651k** 11; Aufwendungseratz Rückreisekosten **651k** 7f; ausländische Veranstalter **651k** 15; Inkassoermächtigung des Vermittlers **651k** 12; Rechtsfolgen Nichterfüllung **651k** 10; Reisepreiserstattung **651k** 6; Sicherstellung, Arten **651k** 8ff; Sicherungsschein, Übergabe **651k** 13f
Reitsport, Handeln auf eigene Gefahr **833** 6
Reklamekosten, Aufwendungsersatz Teilzahlungsgeschäft **503** 30
Reklamevertrag vor 631 24
Rektapapier, Eigentumsübergang **952** 7ff; Pfandrecht an **1204** 6; Rechtskauf **453** 2
Relative Geschäftsfähigkeit 104 5
Relative Unwirksamkeit Einl 104 24, 24
Relatives Veräußerungsverbot 135/136 1, 3; Abgrenzung zu § 134 **134** 4
Religion, religiöse Erziehung **1631** 17ff
Religionsgemeinschaften, Amtshaftung **839** 35, 107
Religionszugehörigkeit, Eigenschaftsirrtum **119** 45

Remboursdarlehen 488 17
Rennwetten 763 8
Rente, Erwerbs- und Bedarfsschaden **843** sa Erwerbsschaden, Rente; Unterhaltsersatzanspruch **844** sa dort; vermehrte Bedürfnisse **843**
Rentenkauf vor 488 67
Rentenneurose vor 249 56
Rentenschuld vor 1113 10, **1199–1203;** Ablösungsrecht **1201**f; Ablösungssumme **1199** 2, **1200** 2; anzuwendende Vorschriften **1200;** Begriff **1199** 1; Einreden **1199** 1; Entstehen **1199** 3; Kündigung **1202;** Nießbrauch an einer – **1080;** Umwandlung **1203**
Rentenschuldbrief, Anspruch auf Vorlage beim Grundbuchamt **896;** Eigentumsübergang **952** 7
Rentensplitting 1587b 7ff; s Übersicht dort
Rentenversicherung, gesetzliche, Versorgungsausgleich **1587a** 25ff; s Übersicht dort
Rentenversprechen, Erlöschen **520**
Reparaturkosten Kfz, Ersatzpflicht **249** 76ff; Versicherung **308** 49; Minderung, Kauf **441** 4
Reparaturvertrag 307 152ff; Inhaltskontrolle **308** 35; Vorleistungspflicht, Klausel **309** 22
Repartierung 243 12
Repräsentantenhaftung 31 sa Organhaftung, juristische Person
Repräsentationsprinzip vor 164 7
Res sacrae, Verkehrsfähigkeit **vor 90** 14
Reserveursache vor 249 78–89
Reservierung von Zimmern vor 535 22
Restschuldversicherung vor 488 54, **492** 14, 37; Prämie und Zins **246** 4
Restwert 249 96
Retorsion EGBGB 6 60f
Rettungsdienst, Amtshaftung **839** 35, 130
Reuegeld 309 54, **336**
Reversvertrag, Sittenwidrigkeit **138** 147
Richter, Amtshaftung **839** 61ff, 110; Sorgfaltspflicht **839** 117ff
Risikogeschäft 433 24
Risikozuschläge für Gebrauchtfahrzeuge **249** 118f
Rohstoffgehaltsangaben 437 39
Rollende Ware 447 8f
Rückabwicklung von Verträgen, Klauselverbote **308** 62f; s Übersicht dort
Rückbürgschaft vor 765 18
Rückgabepflicht, Mietsache **546;** Zustand bei Rückgabe **546** 6
Rückgaberecht bei Fernabsatzvertägen **312d** sa Fernabsatzverträge, Widerrufs- und Rückgaberecht; bei Haustürgeschäft **312** 63
Rückgriff, Unternehmer beim Lieferanten **478** sa Verbrauchsgüterkauf, Rückgriff Unternehmer
Rücknahmerecht 449 14
Rückrufpflicht 823 119
Rückschein vor 488 69
Rückstufungsschäden 249 112ff sa Versicherungsnachteile
Rücktritt 346–361; Allgemeines **vor 346** 1ff; Anwendungsbereich **vor 346** 2ff; auflösende Bedingung, Abgrenzung **158** 6; Aufrechnung nach Nichterfüllung **352;** Beweislast **346** 39; Fristsetzung, Erlöschen nach **350;** Herausgabe eines Ersatzes **346** 38; beim Kauf unter Eigentumsvorbehalt **449** 11, 14; Kauf, Verjährung **438** 21ff; Nutzungen **346** 23ff; Nutzungen und Verwendungen nach – **347;** gegen Reuegeld **353;** Rückgewährpflicht, Grundlagen **346** 2f; Rücktrittserklärung **349;** Schadensersatz **346** 31ff; Unmöglichkeit **326** 19f; Unteilbarkeit des Rücktrittsrechtes **351;** Unwirksamkeit bei Anspruchsverjährung **218;** Verhältnis zur Irrtumsanfechtung **119** 20; Verwirkungsklausel **354;** vom Vorkauf **465** 2; Wegfall des Rücktrittsrechtes **350–355;** Wertersatz durch Rückgewährschuldner **346** 4ff; Wertersatz, Entfallen des **346** 13ff; Wirkung bei Gesamtschuld **425** 11ff; Zug-um-Zug-Erfüllung **348;** s Übersicht dort
Rücktritt, Nebenpflichtverletzung 324; Abmahnung **324** 7; Rechtsfolgen **324** 8; und Schadensersatz **325;** Unzumutbarkeit der Pflichtverletzung **324** 6; vorvertragliche Pflichten **324** 4
Rücktritt, nicht erbrachte/nicht vertragsgemäße Leistung 323, Abmahnung **323** 16ff; Allgemeines **323** 1ff; Annahmeverzug **323** 32; Anwendungsbereich **323** 8ff; Ausschluß Rücktrittsrecht **323** 28ff; Beweislast **323** 33; Dauerschuldverhältnis **323** 9; ernsthafte Gefährdung der Erfüllung **323** 12; Fälligkeit und Durchsetzbarkeit **323** 10f; Fixgeschäft **323** 19ff; Leistungsverweigerung, ernsthafte und endgültige **323** 11, 18; Mitwirkungspflichten Gläubiger **323** 30; Nachfristsetzung **323** 14ff; Rechtslage bei Teil- und Schlechtleistung **323** 25ff; und Schadensersatz **325;** überwiegende Verantwortlichkeit des Gläubigers **323** 29ff; unerhebliche Pflichtverletzung **323** 27; Verhalten Gläubiger nach Fristablauf **323** 22ff; verletzte Schuldnerpflichten **323** 5f; Vertragsuntreue Gläubiger **323** 31; Voraussetzungen **323** 10ff
Rücktrittsklausel 306 12
Rücktrittsrecht, Ausschluß, Klauselverbote **309** 80ff; Vermieter Wohnraum, vereinbartes **572;** beim Vorkaufsrecht **463** 15
Rücktrittsrecht, Kauf 437 4ff, **440;** Ausschluß **437** 7ff; Fehlschlagen der Nacherfüllung **440** 4; Nachfristsetzung **440** 2ff (Entbehrlichkeit); Unzumutbarkeit der Nacherfüllung **440** 3; Verweigerung der Nacherfüllung **440** 2
Rücktrittsvorbehalt 308 17ff
Rückübereignungsanspruch, Vormerkung **883** 18
Rufbereitschaft 611 289
Ruhegeld, Störung der Geschäftsgrundlage **313** 49; unzulässige Rechtsausübung **242** 144
Rundfunk- und Fernsehmitarbeiter 611 62
Rundfunkanstalt, privates/hoheitliches Handeln **89** 5
Rundfunkempfang, Miete **535** 32f

Saatgutverkehrsgesetz, Verbotsgesetz **134** 86
Sabbatical 614 13
Sachbeschädigung, Selbsthilfe **229**
Sachdarlehen 607ff; Allgemeines **vor 607;** Entgelt, Fälligkeit **609;** Fälligkeit der Rückerstattung **608** 2ff; Gegenstand **607** 2; Kündigung **608;** Pflichten der Parteien **607** 3ff
Sachen, Abgrenzung Rechte **vor 90** 3; Begriff **90,** 1; Beschränkung Verkehrsfähigkeit **vor 90** 9ff; besitzlose **965** 3ff; bewegliche/unbewegliche **vor 90** 4; Computerprogramme **90** 3; Einteilung **vor 90** 4; elektrischer Strom **90** 2; Früchte **99;** Gemeingebrauch **vor 90** 12; herrenlose **965** 2; herrenlose, Aneignung **958**ff, sa Aneignung; Körperlichkeit **90** 1; Lastenverteilung **103;** Leichnam **90** 6; Mensch **90** 5; nichtbeherrschbare **vor 90** 10; nichtwesentliche Bestandteile **93** 17; öffentliche **vor 90** 11, 15; Rechtsgesamtheit **vor 90** 6; res sacrae **vor 90** 14; Sachgesamtheit **vor 90** 6; Tiere **vor 90a;** verbrauchbare **92;** verlorene **965** 1; vertretbare **91;** Verwaltungsvermögen **vor 90** 13; Vorlegen **809–811;** wesentliche Bestandteile **93,** sa Bestandteile wesentliche; Wirtschaftsgut **vor 90** 8; Zubehör **97**f
Sachenrecht, Abstraktionsprinzip **Einl 854** 9; ergänzende Vorschriften **Einl 854** 15ff; und ordre public **EGBGB 6** 57ff; Wesen, Gegenstand **Einl 854** 1ff
Sachenrecht, IPR EGBGB 43ff; Allgemeines **EGBGB vor 43;** Anerkennung, Ablehnung und Vollendung von unvollendetem Rechtserwerb **EGBGB 43** 26ff; Belegenheitsrecht **EGBGB 43** 7ff; Eigentumsvorbehalt

EGBGB 43 27; Enteignungsrecht, internationales **EGBGB 46** 9ff; Grundstücksimmissionen **EGBGB 44;** Recht an einer Sache **EGBGB 43;** Sicherungsübereignung **EGBGB 43** 30; Situs-Regel, Geltung und Geltungsumfang **EGBGB 43** 7ff; Statutenwechsel und Auswirkungen **EGBGB 43** 17ff; Transportmittel **EGBGB 45;** wesentlich engere Verbindung **EGBGB 46**

Sachgesamtheit vor 90 5; als Mietgegenstand **535** 25; Möglichkeit eines Eigentumsvorbehalts **449** 7; Rechtsmängel beim Kauf **435** 14; Übergang der Preisgefahr **446** 3, **447** 2; Verkauf **453** 19ff

Sachkauf vor 433 3f, **433** 10ff, 14; Offenbarungspflicht des Verkäufers **433** 24; Übergang der Preisgefahr **446** 3, **447** 2

Sachmangel 434; Aliud-Lieferung **434** 59ff; Beschaffenheit, die Käufer erwarten kann **434** 21; Beschaffenheitsvereinbarung **434** 2ff sa Beschaffenheitsvereinbarung, Kauf, 29ff (negative Abweichung); Beweislast **434** 69f; als Eigenschaftsirrtum **vor 437** 20ff; Eignung für die gewöhnliche Verwendung **434** 19; Eignung zur vertraglich vorausgesetzten Verwendung **434** 17f; Einzelfälle **434** 30ff; europarechtliche Grundlage **434** 1; beim Kauf unter Eigentumsvorbehalt **449** 9; Leihe **600;** Mängelgewährleistung/-haftung **437f** s Kauf, Mängelgewährleistung/-haftung; maßgeblicher Zeitpunkt **434** 65ff; bei Miete **536ff** (s Mietmangel); Minderung, s dort; Montageanleitung, mangelhafte **434** 54ff; Montagefehler **434** 50ff; öffentliche Äußerungen des Herstellers **434** 22ff; Sonderfälle **434** 50ff; übliche Beschaffenheit **434** 20; Wandelung, s dort; Zuviel-Lieferung **434** 64; Zuwenig-Lieferung **434** 62f

Sachmangel, Miete, s Mietmangel

Sachschaden, Naturalrestitution **249** 18ff; Schadensminderungspflicht **254** 68

Sachschaden, Geldersatz 249 75ff; Abzug „neu für alt" **249** 84a, 92; Berechnungsmöglichkeiten **249** 81ff; Beschaffung Ersatzsache **249** 79; Herstellung wird durchgeführt **249** 81ff; Herstellung wird nicht durchgeführt **249** 85ff; Integritätszuschlag **249** 87a; Mehrwertsteuer **249** 120; Restwert **249** 96; bei vertretbaren Sachen **249** 79; Verwendungsfreiheit **249** 80; Voraussetzungen **249** 76f; Wertermittlung **249** 90ff; Wiederbeschaffungswert **249** 92; wirtschaftliche Grenze **249** 77ff

Sachverständige, Berufshaftung **823** 129; gerichtlich ernannte, Haftung **839a;** privates/hoheitliches Handeln **89** 5; vorsätzlich sittenwidrige Schädigung **826** 40

Sachverständigengutachten zur Begründung einer Mieterhöhung **558a** 10; und Ehrenschutz **Anh 12** 38, 103

Sachverständigenvertrag, Geschäftsbesorgungsvertrag **675** 7

Sachzuwendungen 611 470ff

Saldenmitteilung vor 488 30

Saldoanerkenntnis 781 3, **782**

Sale and lease back 449 46

Salvatorische Klausel 306 20; bei Teilnichtigkeit **139** 10

Sammelladung 243 16, **447** 11

Sammelvermögen, Abgrenzung Stiftung **vor 80** 13

Sammlung 138 148; Sittenverstoß **138** 148; Verbotsgesetz **134** 8

Sanatorium, Aufnahme vor 535 29

Sanierungskredit und Gläubigergefährdung **826** 34

Satzung, Auslegung **133** 2, 37

Satzung, öffentlich-rechtliche, Verbotsgesetz **134** 8

Schaden vor 249; Arten **vor 249** 16ff; Begriff **vor 249** 15; Beweislast/Beweiswürdigung **vor 249** 189–206 sa Beweislast, Schadensrecht; Drittschadensliquidation **vor 249** 137–149 sa dort; Ermittlung **vor 249** 25; Ersatzberechtigter **vor 249** 130–149 sa Drittschadensliquidation; infolge hoheitlichen Eingriffs **vor 249** 72ff; Legalzession **vor 249** 134ff; mittelbarer/unmittelbarer – **vor 249** 19ff; positives/negatives Interesse **vor 249** 18; realer/normativer – **vor 249** 24; Verlagerung, Rückgriffsmöglichkeiten **vor 249** 153ff s Schadensverlagerung, Rückgriffsmöglichkeiten; Vermögens-/Nichtvermögensschaden **vor 249** 17; Vorteilsausgleichung **vor 249** 90–129 sa dort; infolge Willensentscheidung des Geschädigten **vor 249** 61ff; infolge Willensentscheidung Dritter **vor 249** 65ff; Zurechnung/Kausalität **vor 249** 28–89 sa Schadenszurechnung

Schadensabwendungspflicht 254 53ff, 56ff; Kosten der Schadensabwendung **254** 54; Unterlassungsverschulden **254** 53; Vorschußanspruch/Kreditaufnahme **254** 55; Warnpflicht **254** 56

Schadensabwicklungskosten 249 116

Schadensanlagen, physischer Art **vor 249** 51ff, 83; wirtschaftlicher Art **vor 249** 50, 83

Schadensbearbeitungskosten 249 54, 73

Schadensersatz vor 249, 249ff, Abgrenzungen **vor 249** 11ff; allgemeines Persönlichkeitsrecht, Verletzung **Anh 12** 368ff sa Allgemeines Persönlichkeitsrecht, Schadensersatz; entgangener Gewinn **252** sa dort; Ersatzansprüchen gegen Dritte, Abtretungspflicht **255** 2ff; Fremdwährungsverbindlichkeit **244** 12; in Geld **249** 30ff (Berechnung) sa Schadensersatz in Geld, Berechnung; in Geld nach Fristsetzung **250** 1ff; in Geld ohne Fristsetzung **251**; Haushaltsführender, Tötung/Verletzung **843** 5ff, **1356** 9ff; immaterielle Schäden/Schmerzensgeld **253** sa Immaterielle Schäden; Schmerzensgeld; Kauf **437** 11ff sa Kauf, Schadensersatz wg Mängel, und Nachbesserungsanspruch **vor 249** 14; Naturalrestitution **249** 1ff sa dort; pauschalierter **vor 249** 11; Pauschalierung, Klauselverbote **309** 41ff; Sachbeschädigung **249** 75ff sa Kraftfahrzeugschaden, Geldersatz; Sachschaden, Geldersatz; Schuldnerverzug **280** 33ff sa dort, **287** 8; sozialer Wandel **vor 249** 150ff; Totalreparation **vor 249** 5; unerlaubte Handlung, Spezialregeln **842ff** sa Schadensersatz, unerlaubte Handlung; Unverhältnismäßigkeit Naturalrestitution **249** 15ff; unzulässige Rechtsausübung **242** 192; wegen unzulässiger AGB **vor 307** 19; und Vertragsstrafe **vor 249** 12; und vorbeugender Rechtsschutz **vor 249** 13; Wertersatzanspruch **251** sa dort

Schadensersatz, Anfechtung/Nichtigkeit, Willenserklärung, 122 1ff; Anspruchsberechtigter **122** 4; Berechnung **122** 8; Beweislast **122** 12; bewußte Falschübermittlung **122** 3; und cic **122** 6; entsprechende Anwendung **122** 7; Ersatzpflicht **122** 5ff; Kenntnis/Kennenmüssen des Anfechtungsgrundes **122** 9; Verjährung **122** 9; Vertrauensschadensersatz **122** 5–8

Schadensersatz in Geld, Berechnung **249** 30ff; Affektionsinteresse **249** 33; Einzel- und Gesamtvermögensschaden **249** 32; Entwertungsschaden **249** 33; Interesse, Begriff **249** 31; konkrete/abstrakte **249** 37f; Kraftfahrzeugschaden **249** 75ff sa Kraftfahrzeugschaden, Geldersatz; Sachschaden **249** 75ff sa Sachschaden, Geldersatz; subjektives/objektives Interesse **249** 33; Verletzung einer Person **vor 249** 39ff sa Personenschaden, Geldersatz; Vermögensschäden **249** 48ff sa Vermögensschaden, Geldersatz; Zeitpunkt, maßgeblicher **249** 34ff

Schadensersatz wegen Nichterbringung 281; Allgemeines **281** 1ff; Anwendungsbereich **281** 4f; Berechnung **281** 24ff, 24ff (Surrogations- und Differenzmethode), 28ff (konkret und abstrakt), 28ff (Rentabilitätsvermutung, Bedeutung), 35ff (großer und kleiner Schadensersatz); Beweislast **281** 39; eigene Leistungsbereitschaft des Gläubigers **281** 6; Leasing **Anh 535** 43ff; Miete **536a** 10ff; Nacherfüllungsanspruch **281** 8; Nachfristsetzung **281** 11ff, 11 (Voraussetzungen), 12 (Inhalt), 13 (Angemessenheit der Frist), 14 (Abmahnung statt Nachfristsetzung), 15ff (Entbehrlichkeit); „nicht wie geschuldet" erbrachte Leistung **281** 8ff; Nichtbringung; Schadensersatz statt Leistung **281** 23; Teilleistung **281** 7; Teilschlechtleistung **281** 10; bei Unmöglichkeit/besondere Leistungserschwerung/Unzumutbarkeit aus persönlichen Gründen **283**; Verhaltenspflichten/Nebenpflichten **282**; Vorgehen des Gläubigers **281** 11ff; Wahlmöglichkeit des Gläubigers **281** 19ff

Schadensersatz wegen Nichterfüllung 281

Schadensersatz wegen Pflichtverletzung 280; Anwendungsbereich **280** 5ff; und Aufwendungsersatzanspruch **284** sa Aufwendungsersatz wegen Pflichtverletzung; Beweislast **280** 26ff, 27 (Beweis einer Pflichtverletzung), 28 (Anscheinsbeweis der Ursächlichkeit), 29f (Unterscheidung nach Typen von Pflichtverletzungen), 30 (grobe Verletzung von Berufspflichten), 31 (Entlastungsbeweis Schuldner), 32 (Ausnahmefälle); einzelne Pflichtverletzungen/Fallgruppen **280** 40ff; Haftung für Mangel- und Mangelfolgeschaden **280** 14f, 42; Informations-, Anzeige-, Aufklärungs- und Warnpflichten, Verletzung **280** 45, 48ff; Leistungstreuepflichten **280** 46; Nebenpflichtverletzung **280** 13; „nicht wie geschuldet" erbrachte Leistung s Schadensersatz wegen Nichterbringung; Nichtbringung s Schadensersatz wegen Nichterbringung; Normzweck **280** 1ff; Pflichtverletzung/Fahrlässigkeit, Verhältnis **280** 8f; Rechtsfolgen **280** 20ff, 20ff (Schadensersatz neben Erfüllung), 25 (weitere der Pflichtverletzung); Schlechterfüllung **280** 42f, **326** 8ff; Schuldnerverzug **280** 33ff sa dort, **287** 8; Schutz- und Obhutspflichten **280** 47; Typen der Pflichtverletzung **280** 10ff; bei Unmöglichkeit/besondere Leistungserschwerung/Unzumutbarkeit aus persönlichen Gründen **283**; Verhältnis der Anspruchsgrundlagen **280** 11; Verletzung leistungsbezogener Pflichten im Dienstleistungsbereich **280** 44, 48ff; Vertretenmüssen **280** 16ff, 16 (allgemeiner Verantwortlichkeitsmaßstab), 17 (Garantie), 18 (Gattungsschuld, Beschaffungsrisiko)

Schadensersatz wegen Verhaltenspflichtverletzung 282

Schadensersatz, unerlaubte Handlung 842ff; Anspruchsübergang auf kollektive Schadensträger, Regreß **843** 13ff; Beerdigungskosten **844** 6ff, **846**; Erwerbsfähigkeit, Verlust **842** 1ff, **843**; gesetzliche Pflicht zur Dienstleistung gegenüber einem Dritten, Rente **845**, **846**; Hauhaltstätigkeit, Entschädigung **843** 5ff; Haushaltstätigkeit, Entschädigung **1356** 9ff; Rente, vermehrte Bedürfnisse **843** 11f; Umfang **842**ff; Unterhaltsersatzanspruch **844** 8ff, **846**; Verdienstausfall **842** 1ff

Schadensminderungspflicht 254 53ff, 60–70; Erwerbsobliegenheit Witwe **254** 66; Gesundheitsschaden **254** 61; Kosten **254** 54f; Nutzung der Arbeitskraft **254** 63ff; Operation **254** 62; Rechts- und Geschäftsverkehr **254** 67; Rechtsbehelfe/Einreden/Widerspruch **254** 70; Rechtsverfolgung **254** 69f; Sachschäden **254** 68; Unterlassungsunschulden **254** 53; Vorschußanspruch/Kreditaufnahme **254** 55

Schadenspauschalierungsabrede vor 249 11; Vertragsstrafe, Abgrenzung **vor 339** 2

Schadensverlagerung, Rückgriffsmöglichkeiten vor 249 153–188; Angehörigenprivileg **vor 249** 185f; Pauschalierung übergegangener Ansprüche **vor 249** 188; Quotenvorrecht **vor 249** 187; Rückgriffsregelungen **vor 249** 154–170; sachliche Kongruenz **vor 249** 172–188; übergehende Ansprüche **vor 249** 160ff; zeitliche Kongruenz **vor 249** 171; Zeitpunkt des Übergangs **vor 249** 165ff

Schadensversicherer, Ersatzanspruch, Gesamtschuld **421** 30; Gesamtschuldnerausgleich **426** 64

Schadenszurechnung vor 249 28–89; Abgrenzung allgemeines Lebensrisiko **vor 249** 77; Adäquanztheorie **vor 249** 31ff; Äquivalenztheorie **vor 249** 30; fehlende Kausalität, Einzelfälle **vor 249** 46ff; haftungsbegründende/haftungsausfüllende Kausalität **vor 249** 28; Herausforderungsfälle, sonstige **vor 249** 64; hypothetische Kausalität **vor 249** 78–89; infolge hoheitlichen Eingriffs **vor 249** 72ff; Mehrheit von Ursachen **vor 249** 40ff; mittelbare Ursachen **vor 249** 45; Neuroseschäden **vor 249** 56; Nothilfefälle **vor 249** 62; Reservursache **vor 249** 78–89; Schäden durch Hilfspersonen **vor 249** 70f; bei Schadensanlagen, physischer Art **vor 249** 51ff, 83; bei Schadensanlagen, wirtschaftlicher Art **vor 249** 50, 83; Schaffung von Gefahrenlagen durch Dritte **vor 249** 65ff; Schockschaden **vor 249** 57ff; Schutzzwecklehre **vor 249** 35ff; bei Unterlassungen **vor 249** 39; Verfolgungsfälle **vor 249** 63; bei Willensentscheidung des Geschädigten **vor 249** 61ff; bei Willensentscheidung Dritter **vor 249** 65ff

Schallplattenring 505 16

Schankwirtschaft, Eigentumsverhältnisse **929** 29

Schattenwurf, Abwehranspruch Eigentümer **1004** 18

Schatz, Rechte des Nießbrauchers **1040**

Schatzfund 984

Schaufensterauslagen, Vertragsangebot **145** 10

Schauspieler, Bildnisschutz **Anh 12** 173

Scheck 328 24, **364** 10f, **676f** 31ff; abstrakte Zahlungsanweisung **676f** 34; Annahmevermerk **780** 4; Anweisung **vor 783** 6; Benachrichtigung bei Nichteinlösen **676f** 36; Bereicherungsausgleich **812** 19ff; Fälschung **676f** 38f; und Girovertrag **676f** 33; Gutschrift unter Vorbehalt **676f** 37; Informationspflichten Bank **675a** 1ff; Inhaberschuldverschreibung **793** 11; Leistungsort **270** 4; Mißbrauch **826** 48; Rechtzeitigkeit der Leistungshandlung **270** 8; Scheck-AGB **676f** 35; Scheckreiterei **138** 149; Schecksperre **676f** 40; Sorgfaltspflicht/Fahrlässigkeit Banken **276** 45; Umdeutung **140** 29; Valutaverhältnis **676f** 41f; Verhältnis Einreicher/Inkassobank **676f** 43f; Widerruf **665** 20; Zahlung mit **433** 48

Scheckbürgschaft vor 765 27

Scheckeinlösungszusage, Verbotsgesetz **134** 88

Scheckkarte, Schuldversprechen **780** 3; unzulässige Rechtsausübung **242** 147

Scheckreiterei, Sittenwidrigkeit **138** 149

Scheidung 1564; Abgrenzung Aufhebung, Nichtigkeit **vor 1564** 1; Antrag auf – und Ehegattenerbrecht **1933**; Antrag/Gegenantrag **1564** 8; ausländisches Sachrecht **1564** 14; Auslands-, Anerkennung **vor 1564** 10, **EGBGB 17** 70ff; bestehende Ehe **1564** 3ff; DDR-Recht **vor 1564** 12; Ehegattenerbrecht **1933**; Entstehungsgeschichte Scheidungsrecht **vor 1564** 2ff; erschlichenes -urteil **1564** 10; Gestaltungswirkung Urteil **1564** 9; Härtefall-Vereinbarung **1564** 19; IPR **vor 1564** 2; Namensschutz nach **12** 27; Privat- **vor 1564** 11; prozeßrechtliche Besonderheiten **1564** 15; Rechtsreform **Einl 1297** 25; Rechtsregeln **vor 1564** 6; Scheidbarkeit der Ehe **1564** 2; Scheitern der Ehe **1565ff** sa Ehe, Scheitern; Störung der Geschäftsgrundlage **313** 54ff; Vereinbarungen über Voraussetzungen **1564** 16ff; Verfahren **1564** 7; Verfahrensrecht **vor 1564** 7, 9; Voraussetzungen **1564** 13, **vor 1565–1568, 1565–1568**; Wiederaufnahmeverfahren **1564** 11; Wirkungen; s Ehescheidung

Scheidung, Härteklausel 1568; Anwendungsgrundsätze **1568** 4ff; Beweislast **1568** 19f; Ehegattenschutzklausel **1568** 12ff; Kinderschutzklausel **1568** 7ff; Vereinbarung über – **1564** 19; Verfahren **1568** 19f; Zweck der Vorschrift **1568** 1ff

Scheidung, IPR EGBGB 17; Allgemeines **EGBGB 17** 1ff; Auslands-, Anerkennung **EGBGB 17** 70ff; -ausspruch **EGBGB 17** 41f; -folgen **EGBGB 17** 36ff; Geltungsumfang **EGBGB 17** 33ff; Inlands- bei „Privatscheidungsstatut" **EGBGB 17** 46; Inlands- bei ausländischem -statut, Durchführung **EGBGB 17** 43ff; innerdeutsches Kollisionsrecht **EGBGB 17** 84ff; internationales Verfahrensrecht der Inlands- **EGBGB 17** 64ff; -monopol deutscher Gerichte **EGBGB 17** 27ff; ordre public **EGBGB 6** 37, **17** 9, 46f; – in regelwidriger

Anwendung deutschen Rechts **EGBGB 17** 22ff; Scheidbarkeit und Scheidungsgründe **EGBGB 17** 34f; -statut folgt Familienstatut **EGBGB 17** 16ff; Statutenwechsel **EGBGB 17** 11; Versorgungsausgleich **EGBGB 17** 49ff
Scheidungsantrag, Ehegattenerbrecht **1933**
Scheidungsvereinbarung, Sittenwidrigkeit **138** 100
Scheinehe 1310 6ff, **1314** 11, **1315** 8; mit Auslandsberührung **EGBGB 13** 61
Scheinerklärung/Scheingeschäft vor 116 18, **117** 1ff; Abgrenzung **117** 11 (falsa demonstratio), 12 (Treuhand), 13 (Strohmanngeschäft), 14 (Umgehungsgeschäft), **118** 4 (Scherzerklärung); Abtretung **117** 18; Allgemeines, Begriff **117** 1; bei amtsempfangsbedürftigen Willenserklärungen **117** 2; Arglisteinrede **117** 10; Beweislast **117** 19; Einvernehmen des Erklärungsempfängers **117** 4; Grundstückskauf **117** 18; Nichtigkeit **117** 6; Rechtsfolge **117** 6; Schutz Dritter **117** 7ff; Spezialregelungen **117** 5; unerlaubte Handlung **117** 8; und verdecktes Geschäft **117** 15–18; Voraussetzungen **117** 2–4; Vortäuschung des Geschäftswillens **117** 3
Scheinselbständigkeit, Verbotsgesetz **134** 32
Schenkung, s Übersicht bei **516**; **516–534**; Annahme Vertragsantrag **151** 2; Arbeitsleistungen **516** 13b; Aufnahme eines Gesellschafters **516** 11; Aufnahme stiller Gesellschafter ohne Einlage **518** 5b; belohnende/remuneratorische **516** 17; Bereicherung **516** 6; Bestellung einer Sicherheit **516** 10; Beurkundungspflicht, Schenkungsversprechen **518** 2f; cic **521** 3; Einigsein über Unentgeltlichkeit der Zuwendung **516** 7; Einigung nach Zuwendungsvollzug **516** 18; Entreicherung **516** 5; Erbschaftsausschlagung **517;** Erfüllungsverweigerung, Notlage **519**; Gebrauchsüberlassung, unentgeltliche **516** 10; gemischte – **516** 16; aus dem Gesamtgut **1425;** als Geschäfte des täglichen Lebens **105a** 6; Haftung des Schenkers **521ff**; Handschenkung **516** 3; Heilung Formmangel **518** 5; Hochzeitsgeschenke **516** 13d; IPR **EGBGB 34**; Irrtumsanfechtung **119** 15; eines Kindes **1641**; Kindsausstattung **516** 13d; Kommanditanteil, Verschaffung **516** 11; Legaldefinition **516** 3ff; Leistungen Arbeitgeber an Arbeitnehmer **516** 12; mittelbare – **516** 15; Notbedarfseinrede **519**; Parteispenden **516** 11; positive Forderungsverletzung **521** 3; Rechtsmängelhaftung **523**; Rechtsverzicht **517;** Rentenversprechen, Erlöschen **520;** Sachmängelhaftung **524**; Schuldanerkenntnis/Schuldversprechen schenkweise **518** 4; Störung der Geschäftsgrundlage **313** 55f, 75; von Todes wegen **516** 17; auf den Todesfall **2301;** Übergabeverträge **516** 13; unter Ehegatten **vor 1353** 4; unterlassener Vermögenserwerb **517;** Verhältnis Zuwendung – Einigung **516** 9; verschleierte – **516** 15; Vertrag zugunsten Dritter **516** 12, **518** 5a; Verzugszinsen **522**; als Vorkaufsfall **463** 8; durch Vormund **1804;** Widerruf, s Schenkung, Widerruf; wiederkehrende Leistung **520;** Zuwendung **516** 4; Zuwendung unter Ehegatten **516** 13, **518** 5a; Zuwendungen, nichteheliche Lebensgemeinschaft **516** 13d; Zweckschenkung **516** 17
Schenkung unter Auflage 516 17, **525ff;** Abgrenzungen **525** 6; Auflagenvollzug im öffentlichen Interesse **525** 5; Erfüllungsanspruch Schenker **525** 4; Nichtvollziehung der Auflage **527;** Verweigerung der Auflagenvollziehung **526**
Schenkung, Rückforderung 528f; Ausschluß Rückforderungsanspruch **529;** Beweislast **528** 7; Erlaß/Verzicht **528** 6; Ersetzungsbefugnis **528** 4; Herausgabe **528** 3; Konkurrenzen **528** 7; mehrere Beschenkte **528** 5; Pflicht- und Anstandsschenkungen **534**; Verarmung, Vermögensbilanzierung **528** 2; Verhältnis zur Sozialhilfe **528** 8
Schenkung, Widerruf 530ff; Ausschluß des Widerrufs **532;** Ausübung **531** 1; grober Undank **530** 2; Konkurrenzen **530** 6; Pflicht- und Anstandsschenkungen **534; **Rechtsfolge **531** 2; Verzicht **533;** Widerrufsrecht **530** 5
Scherzerklärung vor 116 17, **116** 8; Abgrenzung **118** 4 (geheimer Vorbehalt), 4 (Scheinerklärung); Anwendungsbereich **118** 1; Beweislast **118** 5; Erwartung des Erklärenden **118** 2; mangelnde Ernstlichkeit/Nichternstlichkeit **118** 2; Nichtigkeit als Rechtsfolge **118** 3; Schadensersatzanspruch **122** 1ff sa Anfechtbarkeit Willenserklärung, Schadensersatzanspruch
Schickschuld beim Kauf **447** 4, 10; Leistungsort **269** 1
Schiedsabrede, Schriftform **126** 2
Schiedsgutachten, Geschäftsbesorgungsvertrag **675** 7; Inhaltskontrolle **307** 156; Leistungsbestimmung **317** 4ff, **319** (Unwirksamkeit/Ersetzung); Wirkung zugunsten Dritter **328** 32
Schiedsklausel bei aufschiebender Bedingung im Testament **2075**; Inhaltskontrolle **307** 155; Übergang bei Forderungsabtretung **401** 2
Schiedsrichtervertrag, Geschäftsbesorgungsvertrag **675** 7
Schiedsverfahren, Hemmung der Verjährung **204** 27ff, 49
Schiedsvertrag, Irrtumsanfechtung **119** 16; Leistungsbestimmung **317** 4ff, **319** (Unwirksamkeit/Ersetzung); Sittenwidrigkeit **138** 150
Schienenfahrzeuge, IPR **EGBGB 45**
Schiff, bewegliche Sachen **vor 90** 4; gutgläubiger Erwerb **932a;** IPR **EGBGB 45;** Pfandrecht **vor 1204** 11, **1259–1272** 1; Sachenrecht **Einl 854** 16; Übereignung **929a**; Zubehör **97** 10
Schiffschartervertrag vor 535 26
Schiffshypothek 232 4; Übergang bei Forderungsabtretung **401**; und Verjährung des gesicherten Anspruchs **214** 9, **216**
Schiffskauf 452; Vorkaufsrecht **468** 4
Schiffsmiete, anzuwendende Vorschriften **578a;** Fälligkeit **579**
Schiffspart 929a 1
Schiffsregister, Berichtigungsanspruch **194** 20, **929a–931** 1ff
Schiffsreisevertrag vor 535 25
Schikaneverbot 226
Schimmelpilz 536 6, **569** 6
Schlafwagenvertrag vor 535 25
Schlägerei, Mitverschulden **254** 48
Schlechterfüllung, Folgen **326** 8ff; sa Schadensersatz wg Pflichtverletzung
Schlichtungsstelle, Kundenbeschwerden, Behandlung **UKlaG 14**
Schließfach, Aushang AGB **305** 32; Miete **vor 535** 17
Schlüssel, Übergabe, Besitzverhältnisse **929** 29
Schlüsselgewalt 1357; Arztbehandlungsverträge **1357** 14; Ausschließung **1357** 20f; Außenverhältnis **1357** 7; betroffene Geschäfte **1357** 10ff; Beweislast **1357** 17; Einzelfälle **1357** 13; Fernabsatzverträge **1357** 16; häusliche Gemeinschaft **1357** 9; Haustürgeschäfte **1357** 16; Kreditgeschäfte **1357** 15; Lebenspartner **LPartG 8** 4f; Rechtsfolgen **1357** 18f; wechselseitige Berechtigungs- und Verpflichtungsmacht **1357** 6; und Widerrufsrecht Haustürgeschäfte **312** 7
Schlüssiges Verhalten als Bestätigung **141** 3f, **144** 2f; als Bevollmächtigung **167** 3, 6ff; Genehmigung durch **177** 15; als Willenserklärung **vor 116** 7; als Zustimmung, Einwilligung, Genehmigung **182** 5f
Schmähkritik Anh 12 84, 85ff; und APR **Anh 12** 20
Schmerzensgeld 253, **847;** Bemessungskriterien – Geschädigter **253** 20ff; Bemessungskriterien – Schädiger **253** 26ff; Billigkeitsschranke **253** 11; prozessuale Fragen **253** 29ff; Rechtsnatur/Grundsatz **253** 16ff; Tabellen **253** 30; Vererblichkeit **1922** 39
Schmiergelder 667 17; Herausgabe **687** 7, 24; Sittenwidrigkeit **138** 85, 151; **631** 22

Schmuggelgeschäfte, Sittenwidrigkeit **138** 152
Schneeballsystem 762 5c; Sittenwidrigkeit **138** 153
Schockschaden vor 249 57ff
Schönheitsoperation, Entgeltfortzahlung **616** 104
Schönheitsreparaturen 535 93ff, **538** 3; Abwälzung auf Mieter **535** 96f; Anpassung an technische Entwicklung **535** 94; Ausführung durch Nachmieter **535** 108; Ausführungsart **535** 101; Begriffsdefinition **535** 93; Beweislast **535** 110; Fachhandwerkerklausel **535** 101; Fälligkeit **535** 99ff; Fristenplan **535** 100; gesetzliche Reparaturverpflichtung des Vermieters **535** 95; Inhaltskontrolle Abwälzungsklausel **535** 97; bei Miete, Gesamtschuld **421** 21; Miträume **535** 93; Kostenbeteiligung **535** 98; Nichterfüllung, Folgen **535** 102ff; Schaden, Kostenaufwand **535** 109; Übergabeverhandlungen/-protokoll **535** 110; überraschende Klauseln **305c** 16; Umbau des Mietobjektes **535** 107
Schonungszeiten, Entgeltfortzahlung **616** 107
Schornsteinfeger, Amtshaftung **839** 35
Schriftform, 125 2; qualifizierte -klausel **125** 9
Schriftform kraft Gesetzes 125 2, **126** 1ff; Anwendungsbereich **126** 2, 2 (Europäisches Gemeinschaftsrecht), 2 (Prozeßrecht), 2 (Schiedsgerichtsabrede); Bedeutung **126** 1; Eigenhändigkeit der Unterschrift **126** 11; elektronischer Rechtsverkehr **126** 11, **126a** sa Form, elektronische Form; Erfordernisse **126** 3ff; Ersetzung der – **126** 14; Handzeichen **126** 10; Namensunterschrift **126** 9; Unterschrift **126** 7, 13 (beim Vertrag); Unterzeichnung **126** 7ff, 8 (mit Blankounterschrift); Urkunde **126** 3ff, 4 (Herstellung), 5 (Inhalt), 6 (Einheitlichkeit); durch Vertreter **126** 12
Schriftform kraft Rechtsgeschäfts 127 1ff; Allgemeines/Bedeutung **127** 1; Beweislast **127** 9; Briefwechsel **127** 7; und deklaratorische/konstitutive Form **127** 4; elektronische Form, Vereinbarung **127** 7; elektronischer Rechtsverkehr **127** 6; Formzwang s dort
Schriftformklausel 305b 11f, **305c** 30; Arbeitsvertrag **611** 273; qualifizierte **125** 9; überraschende Klauseln **305c** 17
Schufa-Klausel 305c 32, **vor 488** 7
Schuldanerkenntnis 781f; abstraktes **781** 1ff; Allgemeines **vor 780** 7ff; Anerkenntnis im Prozeß **781** 14; Begriff **781** 1; deklaratorisches **781** 8ff; Einreden/Einwendungen **780** 8ff, **781** 5; Form **780** 5, **781** 7, **782**; Gegenstand **781** 2; Inhaltskontrolle **307** 49; Kondiktion **vor 780** 6, **812** 58ff; Loslösung vom Grundgeschäft **vor 780** 4; Saldoanerkennung **781** 3; Saldofeststellung **782**; schenkweises – **518** 4; Schuldbestätigung im Kreditwesen **780** 3, **781** 8; Schuldversprechen, Unterscheidung **vor 780** 7; Verjährung Neubeginn **212** 1ff; verneinender Schuldanerkenntnis-Vertrag **781** 6; Vorvertrag **vor 145** 48
Schuldbeitritt vor 414 6ff; Bürgschaft, Abgrenzung **vor 414** 10, **vor 765** 25; Form **125** 3, 3, **vor 414** 8; Garantieversprechen, Abgrenzung **vor 414** 11; In-sich-Geschäft **181** 18; Inhalt der Verpflichtung **vor 414** 9; Kreditauftrag, Abgrenzung **vor 414** 11; als Mobiliarsicherheit **vor 414** 7; Schuldübernahme, Abgrenzung **vor 414** 3; Sittenwidrigkeit **138** 155; zugunsten Dritter **328** 33
Schuldbuchforderung vor 793 16
Schuldenbereinigungsvertrag, Sittenwidrigkeit **138** 156
Schuldmitübernahme, Ausgleich Bürge Schuldmitübernehmer **426** 80; Ausgleich Hauptschuldner Schuldmitübernehmer **426** 79; Gesamtschuldnerausgleich **426** 51; Sicherungsgesamtschuld **421** 47; Sittenwidrigkeit **138** 155
Schuldnermehrheit, s Mehrheit von Schuldnern und Gläubigern
Schuldnerverzug, 30-Tage-Frist **286** 50ff; **280** 33ff, **286ff**; Allgemeines **286** 1ff; Anwendungsbereich **286** 14ff; Beginn **286** 67ff; Beweislast **286** 57, 77, **287** 9; Deckungsgeschäft **280** 34; Einreden des Schuldners **286** 20ff; Ende **286** 71ff; Entbehrlichkeit der Mahnung **286** 37ff; Ersatzvornahme **280** 34; Fälligkeit des Anspruchs **286** 26; und Gläubigerverzug **286** 13, **vor 293** 7f; Inhalt des Schadensersatzanspruchs **280** 36ff; Klageerhebung/Mahnbescheid Zustellung **286** 36; Leistung nicht wie geschuldet **280** 35; Mahnung **286** 28ff; Mitwirkungpflichten Gläubiger **286** 27ff; und Nacherfüllungspflicht **280** 35; positive Vertragsverletzung, Abgrenzung **286** 12; Schadensersatz **280** 33ff, **287** 8; Unmöglichkeit, Abgrenzung **286** 4ff; Verschulden **287**; Vertretenmüssen **286** 55ff; Voraussetzungen **286** 18ff; weitere Rechtsfolgen **280** 39; Wirkung bei Gesamtschuld **425** 22, 23 (Verspätungsschaden bei gleichgründiger Gesamtschuld), 24 (Schadensersatz wegen Nichterfüllung), 25 (ungleichgründige Gesamtschulden); Zinsen **288ff**, 9ff (Höhe), 13ff (weiterer Schaden), **289** (Zinseszinsverbot), **290** (Wertersatz), **291** (Prozeßzinsen); Zinsen, Schenkung **522**; sa Mahnung
Schuldnerverzug beim Kauf vor 433 3; beim Eigentumsvorbehaltskauf **449** 7, 11, 14, 16; beim Kauf auf Probe **454** 6; Teilleistung **vor 433** 29; Verzug mit Abnahme **433** 52f
w>**Schuldrecht, IPR EGBGB 27ff**; Abtretung **EGBGB 33** 1ff; Allgemeines **EGBGB vor 27**; Anwendungsbereich Vertragsstatut **EGBGB 32**; Ausnahmen **EGBGB 37**; außervertragliche Schuldverhältnisse **EGBGB 38ff**; Belegenheitsrechte **EGBGB 28** 24; Beweisfragen **EGBGB 32** 16ff; charakteristische Leistung, Anknüpfung **EGBGB 28** 21ff; einheitliche Auslegung **EGBGB 36**; Einigung und materielle Wirksamkeit **EGBGB 31**; Forderungsübergang **EGBGB 33** 8ff; Grundstücksverträge **EGBGB 28** 24; Güterbeförderungsverträge **EGBGB 28** 25; innerdeutsche Kollisionsrecht **EGBGB vor 27** 13; internationales Verfahrensrecht **EGBGB vor 27** 14; mangels Rechtswahl anzuwendendes Recht **EGBGB 28**; ordre public **EGBGB 6** 51ff; Recht der engsten Verbindung **EGBGB 28** 9ff; Recht der Hauptniederlassung **EGBGB 28** 25; Rechtsspaltung **EGBGB 35**; Rechtswahl **EGBGB 27ff**, Schuldübernahme **EGBGB 33** 12f; Vorrang völkerrechtlicher Vereinbarungen **EGBGB vor 27** 5ff; Währungsstatut **EGBGB 32** 19; zwingende Vorschriften **EGBGB 34**
Schuldrechtsreform vor 241 26ff
Schuldschein 371; Eigentumsübergang **952**
Schuldscheindarlehen vor 488 71
Schuldübernahme 414–418, Ablehnung durch Gläubiger **415** 6; Allgemeines **vor 414** 1; Anfechtung, Wandelung, Minderung der übernommenen Verpflichtung **417** 5; Arten **vor 414** 1; befreiende – **vor 414** 4; Bürgschaft, Abgrenzung **vor 414** 10; Einreden aus dem Grundverhältnis **417** 7; Einwendungen des Übernehmers **417**; Erfüllungsübernahme, Abgrenzung **vor 414** 1, 12; ergänzende Vertragsauslegung **157** 28; Form **311b** 41, **414** 2; Garantieversprechen, Abgrenzung **vor 414** 11; Genehmigung durch Gläubiger **415** 5; Hypothekenübernahme **414** 3, **416**; Insolvenzvorzugsrechte, Erlöschen **418** 4; IPR **EGBGB 33** 12f; Kreditauftrag, Abgrenzung **vor 414** 11; Mängel des Übernahmegeschäftes **417** 3f; Mitteilung der – **415** 4; Nebenrechte, Erlöschen **418** 1ff; Rechtsnatur **vor 414** 5; Schuldbeitritt, Abgrenzung **vor 414** 6ff, **414** 3; Verbraucherdarlehen **491** 20; Vertrag mit Gläubiger **414**; Vertrag mit Schuldner **415**; Vertragsparteien **414** 1; Vorzugsrechte, Erlöschen **418** 4; Wechsel des Vertragspartners, Klauselverbote **309** 135; Zustimmung, Erklärungsempfänger **182** 3
Schuldumschaffung 311 10ff, **364** 7, **488** 20ff; Verbraucherdarlehen **491** 3
Schuldverhältnis, Aufhebung **311** 14; Begriff **vor 241** 5; Begründung **311** 1f; Begründung aus Rechtsverhältnis der Vertragsverhandlungen, cic sa culpa in contra-

hendo; Begründung durch sozialtypisches Verhalten **vor 241** 16ff; cic s dort; Dauerschuldverhältnis, Verhaltenspflichten **vor 241** 20; im engeren/weiteren Sinne **vor 241** 5; Entstehung, Vertragsfreiheit **vor 241** 9ff sa Vertragsfreiheit; Erlöschen **vor 362**, 362–397, sa Schuldverhältnisse, Erlöschen; Forderungsrecht **241** 4ff; Gefälligkeitsverhältnis **vor 241** 16; durch hoheitliche Entscheidung **vor 241** 9; Inhaltsänderung **311** 3ff; Leistungspflicht des Schuldners **241** 1; Nebenleistungspflichten **vor 241** 7; relative Wirkung **vor 241** 6; Verhaltenspflichten **vor 241** 7, **241** 10ff sa dort; aus Verträgen **311**ff; sa Vertrag

Schuldverhältnisse, Erlöschen vor 362, 362–397; Allgemeines **vor 362** 1ff; Dauerschuldverhältnisse **vor 362** 5; Konfusion **vor 362** 2; Zweckerreichung **vor 362** 3; sa Aufrechnung, Erfüllung, Erlaß, Hinterlegung, Selbsthilfeverkauf

Schuldverhältnisse, Recht der vor 241 1ff; Schuld und Haftung **vor 241** 22ff; Schuld und Obliegenheit **vor 241** 24; Verbindlichkeiten aus **vor 241** 22ff

Schuldverschreibung auf den Inhaber 793–808; Allgemeines **vor 793** 1ff; Anfechtung **793** 8; Aufgebotsverfahren bei Verlust **799**f; Banknoten **793** 11; besondere Schuldverschreibungen, Gesetze **vor 793** 14; Einwendungen des Ausstellers **796**; Erlöschen **801**; Erneuerungsscheine (Talon) **805** 1; Geschäftsunfähigkeit/Verfügungsbeschränkung **793** 10, **794** 2; Gutglaubensschutz **794**; Haftung des Ausstellers **794**; Hinterlegungsscheine **808** 8; Investmentanteilschein **793** 12; Karten/Marken/Gutscheine **807**; Kraftloserklärung **799**f; Leihhausschein **808** 8; Leistung gegen Aushändigung Inhaberschuldverschreibung **797**; Leistung gegen Urkunde **808**; Lotterielose **793** 11; Namenspapiere mit Inhaberklausel **808**; Nießbrauch an **1081** 1; Pfandrecht an **1204** 3, **1292–1296**; Rechte aus der – **793**; Rechtskauf **453** 2, 5; Reformdiskussion **vor 793** 17; Sammelverwahrung/Sammelurkunden **vor 793** 16; Scheck **793** 11; und Schuldbuchforderung **vor 793** 16; Spareinlagen **808** 4ff; Umschreibung **806**; Umtausch bei Beschädigung **798**; Urkunde, Inhalt **793** 4; Verjährung **802**, **804**; Versicherungsschein auf den Inhaber **808** 8; Vorlegungsfrist **808** 7; Wechsel **793** 11; Wirksamwerden Verpflichtung **vor 793** 7ff, **793** 2; Zahlungssperre **802**; Zinsscheine **803**ff

Schuldversprechen 780, 782; in AGB **780** 3; Allgemeines **vor 780** 1ff; Anerkenntnis im Prozeß **780** 9ff; Bankgarantie, Abgrenzung **vor 783** 7; Beweislast **780** 15; Bürgschaft, Abgrenzung **780** 3; Einreden, Einwendungen **780** 8ff; Form **780** 5ff, **782**; Kondiktion **vor 780** 6, **780** 13f, **812** 58ff; Loslösung vom Grundgeschäft **vor 780** 6; Saldofeststellung **782**; Scheck, Annahmevermerk **780** 4; Scheckkartenbenutzung **780** 3; schenkweises – **518** 4; Schuldanerkenntnis, Unterscheidung **vor 780** 7; Schuldbestätigung im Kreditwesen **780** 3, **781** 8; Vereinbarungsdarlehen, Abgrenzung **488** 20ff, **780** 3; Verjährung **780** 15, **781** 5; Wechsel **780** 4

Schüleraustausch 307 23

Schulverhältnis, Amtshaftung **839** 32

Schußwaffe, Verkehrssicherungspflichten **823** 99

Schutz- und Obhutspflichten 280 47

Schutzgesetzverletzung, s Übersicht **823** 153ff; **823**, 153ff; Funktion **823** 153; Richterrecht **823** 155; Schutzgesetze **823** 154ff, 160 (Aufzählung); Schutzzweck/-bereich **823** 157f; Verschulden **823** 159

Schutzhelm, Mitverschulden bei Nichtbenutzung **254** 41f

Schutzpflichten 241 11, **280** 47; Haftungsmaßstab **241** 12; Rechtsfolge **241** 13

Schutzrechtsverwarnung, unbegründete **823** 68ff

Schutzzweckgesamtschulden 421 6ff; sa Gesamtschulden, Schutzzweck

Schutzzwecklehre vor 249 35ff, 48

Schwägerschaft 1590

Schwangerschaft, Frage nach –, Arbeitsvertrag **611** 264; Fragerecht Arbeitgeber/Aufklärungspflicht Arbeitnehmer **123** 21; ungewollte – **823** 18, **825**

Schwangerschaftsabbruch, Betreuung, rechtliche **1903** 39, **1904** 19; Entgeltfortzahlung **616** 23, 42, 106, 123; fehlgeschlagener **249** 64ff, **823** 18, 22, 134; Kind als Schaden **1** 2, **249** 64ff, **823** 18, 22, 134; Verbotsgesetz **134** 21

Schwarzarbeit, Bereicherungsausgleich **817** 15; und GoA **677** 9; Nichtigkeit Vertrag wegen Gesetzesverstoßes **631** 16ff; Verbotsgesetz **134** 89

Schwarzfahrer, erhöhtes Beförderungsentgelt **309** 56

Schwebende Unwirksamkeit Einl **104** 25, **178** 1ff, **vor 182** 7, **184** 4; Abkürzung durch Aufforderung zur Genehmigung **177** 24ff; Aufforderung zur Genehmigung **108** 5ff; Beendigung **108** 2 (durch gesetzlichen Vertreter), 8 (durch Minderjährigen), **110** 1, 5 (durch Minderjährigen), **177** 13ff (durch vollmachtlos Vertretenen); Beweislast **108** 9, **110** 6, **177** 27; einseitige Rechtsgeschäfte **vor 182** 7; einseitige Rechtsgeschäfte ohne Vertretungsmacht **180** 8f; Einwilligungsvorbehalt im Betreuungsrecht **108** 10; Genehmigung **108** 3, **177** 13ff, sa Genehmigung, privatrechtliche, 19ff, **vor 182** 7, **184** 7f, **185** 8ff; Genehmigung, fehlende öffentlich-rechtliche **vor 182** 4, **184** 5; Genehmigungsverweigerung **108** 4, **177** 13ff, 23, **vor 182** 7; In-sich-Geschäft **181** 21f; Rechte und Pflichten im Schwebezustand **184** 4; Verträge Minderjähriger **108** 1, **110** 1, 5; Vertretung ohne Vertretungsmacht **177** 12; Widerrufsrecht während Schwebezustand **109** 1f

Schweigen als Zustimmung, Einwilligung, Genehmigung **182** 6

Schweigen, Vertragsannahme 147 3; kaufmännisches Bestätigungsschreiben **147** 5ff, sa Bestätigungsschreiben, kaufmännisches; auf sachlich geänderte Annahme **150** 7f

Schweigen als Willenserklärung vor 116 9–12; Anfechtbarkeit wegen Irrtums **119** 23, 36; des Käufers beim Kauf auf Probe **455** 3

Schweigevertrag, Sittenwidrigkeit **138** 157

Schwerbehindertengesetz 611 184

Schwerbehindertenrecht, Verbotsgesetz **134** 90

Schwerbehinderung, Frage nach –, Arbeitsvertrag **611** 263; Fragerecht Arbeitgeber/Aufklärungspflicht Arbeitnehmer **123** 21

Schwerpunktzins 246 7

Schwimmbecken, Verkehrspflichten **823** 96

Scientology, Geheimnisschutz **Anh 12** 205

Seefracht, Freizeichnungsklausel **242** 164

Seeschiff, Übereignung **929a**

Seetestament 2251, 2252; gemeinschaftliches Testament **2266**f

Seetransport, IPR EGBGB 28 46

Seeverkehr, IPR EGBGB 40 48

Sektenmitgliedschaft, Eigenschaftsirrtum **119** 45

Selbständige, Verdienstausfall **252** 16ff, **254** 65

Selbstbelieferung 433 20

Selbstbelieferungsvorbehalt 308 23

Selbstbestimmungsrecht Anh 12 273f; als APR **Anh 12** 9; sexuelles **253** 10

Selbstgefährdung, Mitverschulden **254** 34

Selbstgeltungsklausel 305 48

Selbsthilfe 229–230, 823 148; Allgemeines **229** 1ff; Beweislast **229** 9, **231** 2; Grenzen **230**, 1 (Erforderlichkeit Selbsthilfehandlung), 2 (nachträgliche Legitimation), 3 (Freigabe); irrtümliche **231**; des Mieters **536a** 17f; Rechtsfolgen **229** 9; Risikohaftung **231**; Schadensersatz **230**; Selbsthilfehandlung **229** 6ff; Selbsthilfelage **229** 2ff; des Vermieters **562b**

Selbsthilfeverkauf 383–386, vor 433 3, **433** 57; Androhung **384** 1; Börsen- oder Marktpreis **385**; Folgen **383**

4f; Freihändiger Verkauf **385;** Gegenstände **383** 1; Kosten **386;** öffentliche Versteigerung **383** 3
Selbstkontrahieren, s Vertretung, In-sich-Geschäft
Selbstkostenpreis 433 41
Selbstmord, Bemühen um Verhinderung **679** 5
Selbststopferung 228 9
Selbstschußanlage 227 13
Selbstverteidigung 227f
Sequestration, Besitzmittlungsverhältnis **868** 31
Sexualität, sexueller Bezug, Sittenverstoß **138** 158
Sexuelle Selbstbestimmung 253 10
Shopping-Center, Konkurrenzschutz **535** 41
Sicherheitsetiketten 433 36
Sicherheitsgewerbe 611 40, **vor 631** 24, **688** 10a; Vertragsklauseln, Inhaltskontrolle **307** 93
Sicherheitsgurt, Mitverschulden bei Nichtbenutzung **254** 38ff
Sicherheitsleistung vor 232, 232–240; abweichende Vereinbarung **vor 232** 4, **232** 9; Anspruch Unternehmer, Werkvertrag **648a;** Bestimmungsrecht **232** 8; Beweislast **232** 11; Bürge **239;** Ergänzungspflicht/Umtausch **240;** Grundstückshypotheken **232** 5f; Hinterlegung von Geld oder Wertpapieren **232** 1, **233–235, 234** (Geeignetheit), **235** (Umtausch); Hinterlegung, Wirkung **233;** bei Miete **548** 10, **551, 562c, 566a;** Personalsicherheit **232** 10, **239;** prozessuale **vor 232** 3; Schiffshypothek, Bestellung **232** 4; Verjährung Neubeginn **212** 9; Verpfändung beweglicher Sachen **232** 3, **237;** Verpfändung Hypothekenforderung, Grund- oder Rentenschulden **232** 7, **238;** Verpfändung von Buchforderungen **232** 2, **236**
Sicherheitsvorschriften, Abweichung **434** 49
Sicherungsabrede, Bürgschaft **vor 765** 7, 12; als Vorkaufsfall **463** 8
Sicherungsabtretung 398 6f, 32ff; AGB **307** 23; Inhaltskontrolle **307** 158f; Sicherungsgesamtschuld **421** 52; Übergang bei Forderungsabtretung **401** 4
Sicherungseigentum, Gesamtschuldnerausgleich **426** 89; Sicherungsgesamtschuld **421** 59
Sicherungsgesamtschuld 421 40ff; sa Gesamtschuld, Sicherungs-
Sicherungsgeschäft, Einschränkung der Freiheit des Schuldners **138** 161; Gläubigerbenachteiligung **138** 164; In-sich-Geschäft **181** 20; und Kauf **vor 433** 27; Sittenwidrigkeit **138** 159ff; Täuschung Dritter über Kreditwürdigkeit **138** 163; Übersicherung **138** 160; Umdeutung eines Sicherungsgeschäfts **140** 26ff; sa Bürgschaft, Schuldübernahme
Sicherungsgrundschuld, sa Übersicht bei **1191; 1191ff;** Abstraktionsgrundsatz **1191** 2; Änderung Sicherungsvertrag **1191** 33ff; Beendigung Sicherungsvertrag **1191** 114; Befriedigung der Gläubigers **1191** 83ff; Einreden **1191** 53ff; Form der Abrede **1191** 11; freihändige Verwertung der Grundschuld **1191** 99ff; Grundbucheintragung **1191** 12f; Grundschuldzinsen **1191** 104ff; gutgläubiger Erwerb **1191** 58f; Haustürgeschäft **312** 30; Haustürgeschäfte/Verbraucherdarlehen **1191** 47ff; Inhaltskontrolle **307** 117; Kündigung Sicherungsabrede **1191** 43ff; Nichtigkeit Sicherungsabrede und gesicherte Forderung **1191** 51; Parteien des Sicherungsvertrages **1191** 6ff; persönliches Schuldversprechen **1191** 108ff; Rechtsnachfolge **1191** 37ff; Sicherungsabrede **1191** 5; Sicherungszweck **305c** 17, 26, **307** 96, 117; Sittenwidrigkeit **1191** 51; Tilgungsbestimmung **1191** 90ff; überraschende Klauseln **305c** 17; Vermögensloser **1191** 51; Verrechnungsvereinbarung **1191** 95f; Wegfall der Geschäftsgrundlage **1191** 50; Zwangsvollstreckungsunterwerfung **1191** 110ff
Sicherungsgrundschuld, Rückgewähranspruch 1191 61ff; Abtretung **1191** 73ff; Einschränkung Wahlrecht **1191** 63ff; mehrere Gläubiger **1191** 69ff; Pfändung/Verpfändung **1191** 82; gegen späteren Grundschuldgläubiger **1191** 67; Wahlrecht Sicherungsgeber **1191** 62f
Sicherungsgrundschuld, Sicherungszweck 1191 14ff; Beweislast **1191** 30; Einbeziehung aller Drittverbindlichkeiten **1191** 29; Einbeziehung persönlicher Darlehen eines Gesellschafters **1191** 27; fremde Schuld **1191** 19ff; künftige Forderungen **1191** 15ff; mehrere Zweckerklärungen **1191** 24; überraschende Klauseln **1191** 20ff, 31 (Folge)
Sicherungshypothek vor 1113 13, **1184ff;** Begriff **1184** 1; Entstehung kraft Gesetzes **1184** 5; Höchstbetragshypothek **1190;** Hypothekenbrief **1185;** rechtsgeschäftliche Begründung **1184** 4; Umwandlung **1186;** Werkvertrag, Unternehmeranspruch **648;** Wertpapierhypothek **1187ff**
Sicherungsinteresse, sonstiges Recht **823** 38
Sicherungsklauseln, Inhaltskontrolle **307** 157ff
Sicherungsnießbrauch vor 1030 5
Sicherungsübereignung Anh 929–931 1ff, EGBGB **43** 30; Anwartschaftsrecht **Anh 929–931** 2; Begriff **Anh 929–931** 1; Besitzmittlungsverhältnis **868** 12; Bestehen der gesicherten Forderung **Anh 929–931** 3; und Eigentumsvorbehalt **449** 52f; Gegenstand **Anh 929–931** 2; Gläubiger, sonstige **Anh 929–931** 17f; Gläubigergefährdung **Anh 929–931** 19; Globalsicherung **Anh 929–931** 16; Grenzen Zulässigkeit **Anh 929–931** 16ff; Inhaltskontrolle **307** 160; Innenverhältnis **Anh 929–931** 13; Knebelung **Anh 929–931** 16; und Kreditbetrug **Anh 929–931** 18; künftiger Sachen **Anh 929–931** 7, **930** 7; Sicherungsvertrag **Anh 929–931** 3; Stellung Sicherungsnehmer **Anh 929–931** 9; Übereignung, Vollziehung **Anh 929–931** 4; Übergang bei Forderungsabtretung **401** 4; und Verarbeitung **950** 3, 8ff; verbrauchbare Sachen **92** 5; Verwertungsrecht **Anh 929–931** 15; Warenlager/Sachgesamtheit **Anh 929–931** 6ff, 14; Zwangsvollstreckung **Anh 929–931** 10f
Sicherungszweckerklärung 305c 17, 26, **307** 96, 117, **1191** 14ff
Siedlerpachtvertrag vor 581 16
Siegelung, Weinhandel **929** 29
Signatur, elektronische 126a 5, **127** 7
Signatur, falsche Anh 12 108
Sittenverstoß, vorsätzliche Schädigung **826** sa Unerlaubte Handlung, sittenwidrige Schädigung
Sittenwidriges Rechtsgeschäft 138 1ff; Ansprüche bei Unwirksamkeit Verfügungsgeschäft/Verpflichtungsgeschäft **138** 63; Auslandsbezug, Rechtsgeschäfte mit **138** 80; und Auslegung **138** 2; Bedeutung **138** 1; Benachteiligung des Geschäftspartners **138** 50, 199; Benachteiligung Dritter **138** 50; Beweggründe für das Rechtsgeschäft **138** 36, 44f; Beweislast **138** 64; und cic **138** 61; und DDR **138** 98; und Deliktsrecht **138** 62; Diskriminierung von Personen-/Personengruppen **138** 50, 99; Einschränkung der Freiheit des Geschäftspartners **138** 115; Einzelbeispiele **138** 65ff; Einzelmerkmale **138** 36ff; Erscheinungsformen **138** 65ff; Fallgruppen **138** 50; Gesamtcharakter des Rechtsgeschäfts **138** 36; Gesamtschau aller Momente **138** 41f, 44f; gegen Grundlagen des Staatswesens/des Zusammenlebens in der Gesellschaft **138** 50; Inhalt des Rechtsgeschäfts **138** 36, 38ff; Knebelung des Geschäftspartners **138** 50, 128; Kollusion zu Lasten der Allgemeinheit/Dritter **138** 50, 129; maßgeblicher Zeitpunkt **138** 49, 58ff; Monopolstellung, Ausnutzung **138** 50, 103, 140; Rechtsfolgen **138** 51ff; Rechtsgeschäfte unter Benachteiligung Dritter **138** 85, 199; Rechtsgeschäfte zu Lasten der Allgemeinheit **138** 50, 84; Spezialregelungen, Verhältnis **138** 3ff; subjektive Merkmale **138** 40ff; und Treu und Glauben **138** 2; Umstände beim Zustandekommen **138** 37, 41; unzulässige Kommerzialisierung **138** 50, 70, 120; Verhalten aller Beteiligten **138** 46f; Verhalten eines Be-

teiligten **138** 46, 48; Wucher **138** 11ff sa dort; wucherähnliches Geschäft **138** 50, 199; Zweck des Rechtsgeschäfts **138** 36
Sittenwidriges Rechtsgeschäft, Sittenordnung 138 32ff; Berufsrecht/Standesrecht **138** 86; DDR **138** 98; Demoskopie **138** 32; Europarecht **138** 33, 106; Grundgesetz **138** 33, 120; Kartellrecht **138** 126; und ordre public **138** 35; Rechtsordnung **138** 33; Wandelbarkeit **138** 34
Sitz Verein 24
Skisport, Verkehrspflichten **823** 103
Skonto, Barzahlungs- 272
Skontration 388 23
Softwarevertrag vor 631 22f; Anleitungspflicht des Verkäufers **433** 26; Beratungspflicht des Verkäufers **433** 23; Kauf **vor 433** 23, **433** 12; Probelauf **442** 15; Sorgfaltspflicht/Fahrlässigkeit Lieferant **276** 46; Unterscheidung Individual- und Standardsoftware **vor 433** 23
solange Vorrat reicht, Inhaltskontrolle **308** 24
Soldat, Amtshaftung **839** 35, 102; Besitzdiener **855** 12
Sonderbedarf vor 1569 26, **1578** 43, **1585b** 4, **1610** 51, **1613** 23ff
Sondereigentum, Einräumung **WEG 3**; Form **311b** 16; Formvorschriften **WEG 4**; Gegenstand und Inhalt **WEG 5**; Grundbuch **WEG 7, 9**; Unselbständigkeit **WEG 6**
Sondererbfolge 1922 53ff; Gesellschaftsvertrag **1922** 55; Mietverhältnis **1922** 56
Sondergut 1417; Familienunterhalt **1420**; fortgesetzte Gütergemeinschaft **1486** 2
Sondernutzungsrechte WEG 10 9, **15** 7ff
Sorgeerklärung 1626a-e; Übergangsregelung **1626a** 10f
Sorgerecht, Lebenspartner, Befugnisse **LPartG 9**; sonstiges Recht **823** 46; Transsexuelle **vor 1** 2; sa Elterliche Sorge
Sorgerechtsvereinbarung 138 100; Störung der Geschäftsgrundlage **313** 59
Sozialgesetzbuch, Verbotsgesetz **134** 90
Sozialklausel bei Wohnraummiete **574ff** sa Wohnraummiete, Kündigungswiderspruch
Sozialleistungen, Rechtsgeschäft zu Lasten **138** 165
Sozialtypisches Verhalten Einl 104 10, **vor 116** 7, **vor 241** 16; Miete **535** 16
Sozialversicherung, Arbeitnehmer **611** 394f; Teilzeitbeschäftigte **611** 125
Sozialversicherungsansprüche, Gesamtschuld mit Schädiger **421** 33
Sozialversicherungsrecht, unzulässige Rechtsausübung **242** 193
Sozialversicherungsträger, mehrere als Gesamtgläubiger **428** 7
Spaltung, Verein, rechtsfähiger **41** 5
Spannungsklauseln 313 64, **535** 71, **557b** 2
Sparbuch 808 5; Kennwort **808** 7; Liberationswirkung **808** 6; Sperrvermerk **808** 7; Übertragung von Forderungen **808** 3
Spareinlagen 808 4
Sparkassen AGB, Inhaltskontrolle **307** 63ff
Sparkonto auf Namen eines Dritten **328** 34
Spediteur, Besitzdiener **855** 12; Besitzmittlungsverhältnis **868** 33
Speditionsvertrag 611 46; Inhaltskontrolle **305c** 30, **307** 161ff; IPR **EGBGB 28** 41; unzulässige Rechtsausübung **242** 194
Spekulation, Differenzgeschäft **764**
Spezialvollmacht 167 28ff
Speziesschuld 243 1, 3
Sphärentheorie 254 3
Spiel 762; Begriff **762** 3; IPR **762** 13; Lotterie oder Ausspielverträge **763**; Nebenabreden und andere Verträge **762** 9f; Rechtsfolgen **762** 6; Rückforderung des Geleisteten **762** 7; Verbindlichkeiten an Erfüllungs Statt **762** 8; Verbots- und Sittenwidrigkeit **762** 11

Spielbank 763 8; Darlehensgewährung **138** 166
Spielhalle vor 535 38
Spielplatz, Verkehrssicherungspflichten **823** 96; und Wohnungseigentümergemeinschaft **WEG 10** 9
Spielschulden vor 241 23
Spitzname 12 10
Sport, Sittenverstoß **138** 167; Verbotsgesetz **134** 91; Verkehrpflichten **823** 102ff
Sport- und Wettkampfbedingungen 305 8
Sportanlage, Verkehrssicherungspflichten **823** 96
Sportcenterverträge 307 164; überraschende Klauseln **305c** 17
Sportverein 21 2, 5; Ablösezahlungen, Satzungsklauseln **25** 4; Ausländersperrklauseln **25** 4
Sportverletzung, Entgeltfortzahlung **616** 115
Staat als Erbe **1936, 2011**
Staatenlose EGBGB 5 10ff; Abkommensrecht **EGBGB 5** 60
Staatsangehörigkeitsprinzip EGBGB 5 1ff; Erwerb/Verlust der deutschen Staatsangehörigkeit – kollisionsrechtliche Auswirkungen **EGBGB 5** 22ff; volksdeutsche Flüchtlinge, Vertriebene und Spätaussiedler, Gleichstellung **EGBGB 5** 39ff
Staatsangehörigkeitsrecht, deutsches EGBGB 5 22ff; Ansprüche auf Erwerb deutsche Staatsangehörigkeit – Einbürgerung **EGBGB 5** 35ff; kollisionsrechtliche Gleichstellung Statusdeutsche **EGBGB 5** 39; Reichweite deutsche Staatsangehörigkeit **EGBGB 5** 27ff; und Staatsbürgerschaft DDR **EGBGB 5** 26; Vertriebene, Flüchtlinge, Spätaussiedler **EGBGB 5** 37
Staatsanwaltschaft, Amtshaftung **839** 53, 120
Staatshaftung, Amtshaftung **839** sa dort, **841**; europäische **839** 16ff
Staffelmiete 535 59, **557a**
Stahlkammerfachvertrag vor 535 17
Standesbeamte, Amtshaftung **839** 131
Standort, Wohnsitz Soldaten **9**
Stasi-Akten, Verwertung **Anh 12** 230
Stasi-Informationen, Berichte über **Anh 12** 224
Stasi-Tätigkeit, Fragerecht Arbeitgeber/Aufklärungspflicht Arbeitnehmer **123** 21
Statiker vor 631 24
Stationärvertrag vor 535 33
Steinschlag, Verkehrssicherungspflichten **823** 90
Stellenausschreibung, geschlechterbezogene 611b 1ff
Stellensuche, Entgeltfortzahlung **616** 14, 27; Freistellung nach Kündigung **629**
Stellplatz, Inanspruchnahme fremder – **818** 26
Stellplatzpflicht, Ablösung **vor 145** 21
Stellvertretung, s Vertretung
Sterilisation, Betreuung, rechtliche **1903** 39; Entgeltfortzahlung **616** 23, 42, 106, 123; fehlgeschlagene **249** 62ff, **823** 18, 22, 134; eines Kindes **1631c**; Sittenverstoß **138** 169
Sterilisation des Betreuten 1905; Praxis **1905** 31; Rechtsmittel **1905** 29; von Männern **1905** 23f; Minderjähriger **1905** 26; Verfahren **1905** 27f; Voraussetzungen **1905** 9ff
Steuer, Kostentragung beim Kauf **448** 2f
Steuer-Gesamtschulden 421 66
Steuerberatervertrag, Dienstvertrag, selbständiger **611** 37; Geschäftsbesorgungsvertrag **675** 7; Honorarabtretung **399** 8a; Inhaltskontrolle **307** 165; Sittenverstoß **138** 86; Verbotsgesetz **134** 35, 92; Verjährung **195** 16; Vertragsart **vor 631** 24
Steuerbürgschaft vor 765 19
Steuerhinterziehung, Sittenverstoß **138** 171; Verbotsgesetz **134** 93
Steuerrecht, unzulässige Rechtsausübung **242** 195
Steuerrückerstattung, Ausgleich zw Eheleuten **1360b** 2
Steuersatz, Irrtum über **119** 38

Steuerverwaltung, Amtshaftung **839** 104
Steuervorteil und Beschaffenheitsvereinbarung **434** 8; Vorteilsausgleichung **vor 249** 128f
Stiefkinder und eheliche Lebensgemeinschaft **1353** 12; erbrechtlicher Zugewinnausgleich **1371** 18ff
Stiftung, Abgrenzung, andere Institute **vor 80** 11ff; Anerkennung **80** 6ff, 9ff; Anerkennung nach Tod des Stifters **84;** Arten **vor 80** 14ff; Aufhebung **87;** Aufsicht **vor 80** 30; ausländische **80** 14ff, **86** 3; Besteuerung **vor 80** 31ff, **80** 8; Bürgerstiftung **vor 80** 26; Dauer **vor 80** 8; Destinatäre **vor 80** 9, **85** 6f; Eigenstiftung **vor 80** 28; Einschreitenstatbestände **87** 3f; Einwirkung des Stifters **81** 22; Entstehung **80** 1; Familienstiftung **vor 80** 17, 33; Fideikommissauflösungsstiftung **vor 80** 17; Insolvenzverfahren **86** 9, **88** 2; juristische Person **vor 21** 13f; kirchliche **vor 80** 18, **80** 15; Konzessionssystem **80** 1; Landesrecht **vor 80** 29; Liquidation **88** 4; Rechtsfähigkeit **vor 80** 7; Rechtsnatur **vor 80** 7ff; Selbstzweckstiftung **vor 80** 25; Stiftung & Co. **vor 80** 21; Stiftungsgeschäft **80** 3f, **81;** Stiftungsvermögen **81** 16; Stiftungszweck **80** 8, **81** 14f; Umwandlung **87** 4; unselbständige/fiduziarische **vor 80** 12; Unternehmensträgerstiftung **vor 80** 19; unternehmensverbundene **vor 80** 19; Verbrauchsstiftung **vor 80** 24; Vermögen **vor 80** 10; Vermögensanfall bei Erlöschen **88;** Vermögensübertragung **82;** Verweigerung der Anerkennung **81** 24; Vorstand **vor 80** 9, **81** 17ff, **86** 4; Vorstiftung **vor 80** 22; Widerruf **81** 23; auf Zeit **vor 80** 23; Zustiftung **vor 80** 27; Zweck **vor 80** 2ff; Zweckänderung **87** 4
Stiftung, Organisation vor 80 9, **86** 1; Behördenverwaltung **86** 7
Stiftung von Todes wegen 83f
Stiftungssatzung 81 7ff, **85** 4f; Name **81** 8f; Sitz **81** 10ff; Stiftungsvermögen **81** 16; Stiftungszweck **81** 14f; Vorstand **81** 17ff
Stiftungsverfassung 85
Stille Gesellschaft, Aufnahme ohne Einlage **518** 5b; Testamentsvollstreckung **2205** 35
Stillhalteabkommen 499 4; bei Gesamtschuld **423** 4; Hemmung der Verjährung **205** 5
Stillschweigende Einwilligung, Mitverschulden **254** 52
Stillschweigende Verlängerung des Mietvertrages **545**
Stillschweigender Haftungsausschluß vor 249 8
Stimmbindung, Verein **32** 5
Stimmbindungsvertrag vor 705 44, **709** 21f; Sittenverstoß **138** 172
Stimmrecht, Ausübung **709** 28; der Gesellschafter **709** 20ff; Stimmbindungsverträge **138** 172; Stimmrechtsbeschränkung **709** 24f; Verein Mitgliederversammlung **32** 5, 34 (Ausschluß)
Stimmrechtsausschluß, Verein **34**
Stimmrechtsvollmacht, Ausschluß des Widerrufsrechtes **168** 18
Stimmverbot 709 26
Stockwerkseigentum 903 9
Störer, Abwehranspruch des Eigentümers **1004;** Gesamtschuld **421** 39; sa Abwehranspruch, Eigentümer
Stornobuchungen 307 67
Stornogebühren, Abwicklung von Verträgen, Klauselverbote **308** 626; s Übersicht dort
Störung der Geschäftsgrundlage 313; Abgrenzung **313** 32ff; Allgemeines **313** 1ff; Anpassungsklage **313** 40ff; Anwendungsbereich **313** 12ff; Äquivalenzstörung **313** 29; Beweislast **313** 45; Fehlen der Geschäftsgrundlage **313** 30f; intertemporales Recht **313** 46; Rechtsfolgen **313** 40ff; Risikoverteilung und Vertragsgestaltung **313** 19ff; Rücktritt/Kündigung **313** 44; schwerwiegende Veränderung **313** 22ff; Unzumutbarkeit **313** 27f; Veränderung Vertragsgrundlage **313** 17ff; Verfahrensrecht **313** 45; und Vertragshilferecht **313** 84; Voraussetzungen **313** 11ff; Wegfall der Geschäftsgrundlage **313** 16ff

Störung der Geschäftsgrundlage, Fallgruppen/Einzelfälle 313 47ff, 69ff; Arbeitsrecht **313** 49; Dauerschuldverhältnis **313** 52; und Deutsche Einheit **313** 83; erbrechtliche Verhältnisse **313** 53; familienrechtliche Verhältnisse **313** 54ff; bei Fehler der Kaufsache **437** 16ff; Geldentwertung **313** 60ff; Gesellschaftsvertrag **313** 78; Kauf **313** 70, **vor 433** 9; Leibrente **313** 71; Miete **313** 72; Pacht **313** 73; Patentrecht **313** 74; Rechtsänderung **313** 65ff; Sachleistungserschwerung/-erleichterung **313** 68; Schenkung 75; Vergleich **313** 76f; Vermögensverfall **313** 79; beim Vorkauf **463** 12, **465** 2; Vorvertrag **313** 80; Währungsprobleme/-umstellung **313** 81; Wiederkaufpreis **456** 13
Strafanzeige, Drohung mit **123** 66f
Strafbare Handlung, Sittenverstoß **138** 173
Strafgericht, Amtshaftung **839** 113
Strafrecht, Verbotsgesetz **134** 94
Strafverfahren, Geheimnisschutz **Anh 12** 215ff
Strafversprechen, selbständiges **309** 54, **vor 339** 6
Straße, öffentliche, Sondernutzung **vor 535** 35ff; Verkehrssicherungspflichten **823** 97, 101, **839** 133
Straßenanliegerbeiträge, Miete **535** 55; als öffentliche Last **436** 1
Straßenbau 89 4
Straßenglätte, Entgeltfortzahlung **616** 33
Straßengüterbeförderung, IPR EGBGB 28 42
Straßenreinigungsgebühren 436 8
Straßenreinigungspflicht 535 56
Straßenverkehr, Amtshaftung **839** 28; Amtshaftung bei Teilnahme **839** 53; Falschparker/Abschlepper **vor 677** 14; und familienrechtliche Haftungsbeschränkung **1359** 4; Haftungsbeschränkung, gestörter Gesamtschuldnerausgleich **426** 69; Hinweis Verkehrsteilnehmer auf Verkehrsgefährdung **677** 2; Kinder Beaufsichtigung **832** 7; Kinder, Verschulden **828** 2a; Mitverschulden **254** 35ff, 47; Selbstaufopferung im Straßenverkehr **vor 677** 16, **677** 14, **683** 5; Sorge für Unfallverletzte/Vorsorgekosten **vor 677** 4
Straßenverkehrsbehörden, Amtshaftung **839** 132
Straßenverkehrsunfälle, IPR EGBGB 40 44, 80
Strauch, Nachbarrecht **907** 7; Überfall **911;** Überwuchs, Selbsthilferecht **910**
Streckengeschäft 433 19, **446** 5, **447** 5; Eigentumsvorbehalt **449** 42
Streik, außerordentliche Kündigung **626** 56
Streikbruchprämie 612a 4
Streitgenossen, Gesamtschuldnerausgleich **426** 52
Streitverkündung, Hemmung der Verjährung **204** 19, 44
Streupflicht, Anlieger **823** 94; öffentliche Straßen **823** 98
Strohmanngeschäft, Abgrenzung Scheingeschäft **117** 13; Abgrenzung zur unmittelbaren Stellvertretung **vor 164** 21; Begriff **vor 164** 21
Strom 90 2; sa Energielieferungsvertrag
Stromkabelfall 823 29
Stromlieferungsvertrag 433 9, 11, **505** 19; Anwendbarkeit AGB-Vorschriften **310** 3; aus unerlaubten Energien **433** 9; Kauf **433** 47; Sittenwidrigkeit **138** 140; unzulässige Rechtsausübung **242** 196; Zählerverwechslung **684** 2
Stromverbrauch 434 24
Stromversorgung, s Daseinsvorsorge, Leistungsbeziehungen
Strukturvertrieb 675 36
Stückkauf, Aliud-Lieferung **434** 61; Nacherfüllungsanspruch **439** 3
Stückschuld 243 1, 3, 18; Nacherfüllungsanspruch **243** 5
Stückvermächtnis vor 2147 6
Studenten- und Jugendwohnheime 549 9
Studienplatzabrede, Sittenwidrigkeit **138** 174
Stundung 271 11f, 18f; Hemmung der Verjährung **205** 3; des Kaufpreises **468**

Stichwortverzeichnis

Submissionsbetrug, Teilnichtigkeit 139 7
Subordinationsrechtlicher Verwaltungsvertrag vor 145 20ff; Inhalt **vor 145** 21; Privatrecht, Anwendbarkeit **vor 145** 22; privatrechtlicher Vertrag, Abgrenzung **vor 145** 23; Zulässigkeit **vor 145** 20; sa Öffentliche Hand, Verträge
Substitutionsklausel 307 65
Subunternehmer, Erfüllungsgehilfe 278 31
Subventionen vor 145 16, 17
Subventionsabrede, Verbotsgesetz, Verstoß 134 95
Suchtkrankheiten, Entgeltfortzahlung 616 117
Sukzessivlieferungsvertrag vor 145 53f, **vor 433** 29f; AGB 305 44; Begriff **vor 241** 20; Dauerschuldverhältnis 314 14; Unmöglichkeit 326 7
Summenversicherung, Gesamtschuld mit Schädiger 421 31
Super-Realteilung VAHRG 3b
Supersplitting VAHRG 3b
Surrogat, Herausgabe 818 14
Surrogat, Herausgabe bei Unmöglichkeit/besonderer Leistungserschwerung/Unzumutbarkeit aus persönlichen Gründen 285
Suspendierung 611 316ff
Syndikatspreis 433 42

Tagebuch, Geheimnisschutz **Anh 12** 120ff, 209f; postmortaler Persönlichkeitsschutz **Anh 12** 309; Verwertungsverbot **Anh 12** 232
Tagespreisklausel 306 14, 307 47, 309 2, 433 40; Lückenfüllung 157 26
Tagespresse vor 145 29
Talon 805 1
Tankanlagen, Verkehrssicherungspflichten 823 92
Tankstellenvertrag 307 94, **vor 535** 33; Sittenwidrigkeit 138 175
Tantiemen 667 21
Tarifvertrag, Allgemeinverbindlicherklärung 611 189; Auslegung 133 2, 36, 157 4, 5; Ausschlußfristen 611 208; Befristung Arbeitsverhältnis, Regelungen 620 64ff; Betriebsübergang, Weitergeltung 613a 71ff, 81ff, 87ff, 93f; Drittwirkung 328 21; Effektivklauseln 611 211; Gestaltung Arbeitsverhältnis 611 186ff; günstigere Arbeitsverträge 611 210; Ruhestandsverhältnis 611 193; Schriftform 125 12; Tarifgebundenheit 611 188ff; Verbotsgesetz 134 8, 37; Vereinbarung der Geltung 611 199ff; Verhältnis zu Bundes- und Landesgesetzen 611 204ff; Vorruhestandsregelung 611 198; Vorvertrag **vor 145** 48
Taschengeld 1360a 4, 33; Pfändbarkeit **1360a** 33
Taschengeldparagraph 110 1ff; Allgemeines/Bedeutung 110 1; Beschränkung/Rücknahme/Widerruf der Zweckbestimmung/Überlassung 110 5; Beweislast 110 6; Erfüllung durch Minderjährigen 110 1f; Leistung bewirkt 110 2; Rechtswirkung der Erfüllung 110 1, 5; schwebende Unwirksamkeit bis zur Erfüllung 110 1; Überlassung zur freien Verfügung/für bestimmten Zweck 110 3
Tathandlung Einl 104 7f
Tätlichkeiten, Mitverschulden 254 48
Tatsachenbehauptungen Anh 12 23; Abgrenzungskriterien **Anh 12** 33ff; und APR **Anh 12** 20, 30ff; Definition **Anh 12** 31; Frageformen **Anh 12** 36ff; gewerblicher Bereich **Anh 12** 37ff; Grenzen des Ehrenschutzes **Anh 12** 51ff; IPR **EGBGB 28** 33; und Meinungsäußerung **Anh 12** 30; Meinungsfreiheit, Rechtfertigung durch **Anh 12** 63 sa Meinungsfreiheit; Personenvereinigungen, Schutz **Anh 12** 293; Presse **Anh 12** 52ff; Sachverständigengutachten **Anh 12** 38, 103; sa Ehrenschutz
Tatsachenbehauptungen, ehrkränkende und kreditschädigende, Widerrufsanspruch 1004 35

Taubstumme 829; Deliktshaftung 828 2ff
Tausch 480; Anwendbare Rechtsregeln 480 6ff; Begriffsbestimmung 480 1ff; Garantie 480 6; Gefahrübergang 480 6; Gewährleistung 480 6; und Kauf **vor 433** 11, 480 2ff; Minderung 480 6; Ringtausch 480 4; und Vertrag zugunsten Dritter 480 4; als Vorkaufsfall 463 8
Tauschhandelssystem, AGB 307 23
Tauschring 480 4
Täuschung, Anfechtung wegen arglistiger 123 1ff sa Anfechtbarkeit Willenserklärung, arglistige Täuschung
Täuschung, vorsätzliche sittenwidrige Schädigung 826 35
Taxe 612 9ff
Taxikonzession, Verkauf 453 19
Technischer Minderwert 251 6
Technisches Hilfswerk, Amtshaftung 839 134
Teich, Verkehrspflichten 823 96
Teilbarkeit des Rechtsgeschäfts 139 13ff
Teilbesitz vor 854 6; Besitzschutz 865
Teilbürgschaft vor 765 19
Teileigentum, Begriffsbestimmung **WEG 1**
Teilforderung 266 7
Teilgeschäftsfähigkeit 104 5
Teilleistung 266; Begriff 266 2ff; bei Gesamtschuld 422 8; Kauf **vor 433** 29; und Leistungsverweigerungsrecht 320 11ff; Prozeß, Bewilligung im 266 8; Rechtsfolgen 266 6f; Verbraucherdarlehen 497 33ff
Teillieferungsvertrag vor 145 53
Teilnichtigkeit eines Rechtsgeschäfts 139 1ff; Abgrenzung 139 10f; Anwendungsbereich 139 2ff; beiderseitige Kenntnis von der Teilnichtigkeit 139 34; Beweis- und Darlegungslast 139 36; einseitige Auswirkung der Teilnichtigkeit 139 33; ergänzende Auslegung 139 11; Fehlen einer Regelung 139 10, 29ff; Folgen der Teilnichtigkeit 139 31ff; keine Gesamtnichtigkeit 139 10, 31ff; Nichtigkeit eines abtrennbaren Teils 139 25ff; Nichtigkeit eines bedeutungslosen Teils 139 32; Nichtigkeit eines geringfügigen Teils 139 31; Salvatorische Klausel 139 10; Teilbarkeit des Rechtsgeschäfts 139 13ff; Umdeutung 140; Voraussetzungen 139 12ff; Vorrang des hypothetischen Parteiwillens 139 10, 35; Vorrang des wirklichen Willens 139 10, 29
Teilrückgabe bei Miete 546 7
Teilschuld 420 1ff; Anteilsvermutung 420 3; Arzt- und Krankenhausverträge 420 15; Ausübung von Gestaltungsrechten 420 19; Doppelvermutung 420 2; einheitliches Schuldverhältnis 420 1; Gruppenreise 420 12; Heizölbestellung, gemeinsame 420 14; Klassenfahrt 420 13; Rechtsfolgen 420 18; Reise- und sonstige gemeinschaftliche Verträge 420 12; Vermutung der Teilgläubigerschaft 420 17; Wohnungseigentümer, Aufbauschulden 420 11
Teilschuld, Teilbarkeit der Leistung 420 4; Einzelfälle 420 7; Grundstückskauf durch Ehegatten 420 5; Kriterien 420 4; Vermietung durch Bruchteilsberechtigte 420 6
Teilschuld, Vermutung der – 420 8ff; Abgrenzung Auslegungsfrage 420 16; ausnahmsweise Teilschulden 420 11ff; notwendige Gesamtschuld 420 10; Redaktionsversehen 420 8; im Zweifel Gesamtschuld 420 9
Teilungsanordnung 2048, 2150 6; Auflage, Abgrenzung 2048 8; Vorausvermächtnis, Abgrenzung 2048 2ff
Teilungserklärung WEG 8; AGB 305 8
Teilungsgenehmigung, Amtspflichtverletzung 839 53
Teilungsversteigerung, Grundstück 753 4
Teilverzicht, dinglicher **449** 55
Teilweise Unmöglichkeit, s Unmöglichkeit
Teilzahlungsdarlehen vor 488 28
Teilzahlungsgeschäfte 499 13, 18ff, **501, 503**; abweichende Vereinbarungen 506; Ansprüche Unternehmer nach Rücktritt 503 11ff; Ansprüche Verbraucher nach

Rücktritt **503** 57ff; Anwendbarkeit auf andere Finanzierungen **503** 87; Aufwendungsersatz Unternehmer **503** 15ff sa Teilzahlungsgeschäft, Aufwendungsersatz; effektiver Jahreszins, zu niedrige Angabe **502** 34ff; Erfüllung Ansprüche aus Abwicklungsverhältnis **503** 61ff; Existenzgründerdarlehen **507**; fehlende Pflichtangaben, Sanktionen **502** 30ff; Fernabsatzprivileg **502** 16ff; Form **502** 2f; Heilung **502** 25ff; Nichtigkeit **502** 22ff; Nutzungsvergütung, Anspruch auf **503** 38ff; Pflichtangaben **502** 4ff; Rückgaberecht Verbraucher **502** 4f; Rücktrittsfiktion **503** 65ff; Rücktrittsfiktion bei verbundenen Geschäften **503** 83ff; Rücktrittsrecht Unternehmer **503** 3ff, 8 (Gesprächsangebot Unternehmer), 9 (Ausübung), 10ff (Folgen); teilweise vorzeitige Zahlung **504** 11; Verbraucherdarlehen **491** 28; Verbraucherverträge, Widerrufs- und Rückgaberecht **358** sa Verbraucherverträge, verbundene Geschäfte; Vereinbarung über Vergütung des gewöhnlichen Verkaufswertes **503** 79; Verhältnis zu anderen Unwirksamkeitsgründen **502** 29; Verzugsschadensersatz **503** 56; vorzeitige Zahlung **504**; Wiederansichnahme **503** 65ff

Teilzahlungsgeschäfte, Aufwendungsersatz 503 15ff; Änderungskosten **503** 24; Aufstellungskosten **503** 33; Auskunfts- und Ermittlungskosten **503** 21; Beschaffungskosten **503** 24; Diskontspesen **503** 22; Finanzierungskosten **503** 23; Herstellungskosten **503** 24; Inkassokosten **503** 25; Interventionskosten **503** 26; Mahnkosten **503** 27; Montagekosten **503** 28; Provisionen **503** 28; Prozeßkosten **503** 29; Reklamekosten **503** 30; Transportkosten **503** 31; Umsatzsteuer **503** 32; Verpackungskosten **503** 33; Versicherungskosten **503** 34; Vertragskosten **503** 35; Wechselkosten **503** 36; Wechselprotestkosten **503** 36; Zwangsvollstreckungskosten **503** 29

Teilzeit-Wohnrechtevertrag 481–487 sa Time sharing

Teilzeitarbeit, Rechtsanspruch auf **611** 124

Teilzeitarbeitnehmer 611 120; Gebot des proportionalen Entgelts **611** 120; Gleichbehandlungsgrundsatz **611** 120; Höchstarbeitszeit **611** 123; Kündigungsschutz **611** 122; Rechtsanspruch auf Teilzeitarbeit **611** 124; Sozialversicherung **611** 125

tel quel 243 8

Teledienste 312e 8

Telefax, Zugang **130** 9

Telefonanrufe, Persönlichkeitsschutz **Anh 12** 285

Telefondienstvertrag, Inhaltskontrolle **308** 35, 49

Telefongespräch, Abhören/Mithören **Anh 12** 123ff, 132; Verwertungsverbot **Anh 12** 237f; Zugang der Willenserklärung **130** 9

Telefonischer Vertragsabschluß, unverlangter Telefonanruf **312** 76f

Telefontarif, Sittenwidrigkeit **138** 176

Telefonwerbung Anh 12 286

Telegramm, Zugang **130** 8

Telekom, Rechtsform **vor 21** 12

Telekommunikationswesen, Einbeziehung AGB **305a** 4

Teleshopping 312 43; Einbeziehung AGB **305** 29, 37

Tendenzbetrieb 611 76; außerordentliche Kündigung **626** 60

Teppichboden, fehlerhafte Verlegung **434** 53

Termin, Begriff **vor 186** 4; sa Fristen/Termine

Termingeschäft Anh 764 2

Terminhandel, s Börsentermingeschäfte

Testament 1937ff, vor 2064 5; Abgrenzungen **1937** 4; Ablieferungspflicht des Besitzers **2259**; Anwendbarkeit allgemeiner Vorschriften über Willenserklärungen **vor 2064** 10ff; Auflage **1940, 2192–2196**, sa dort; Auslegung **2066ff, 2084** sa Testament, Auslegung; Behindertentestament **138** 105, **vor 2064** 16; DDR **vor 2064** 22; Ehegatteneinsetzung **2077**; Enterbung ohne Erbeinsetzung **1938**; Erbeinsetzung **1937** 4, 6 (Anfechtbarkeit/Unwirksamkeit), **2087–2099**, sa dort; Errichtung und Aufhebung **2229–2264**, sa Testament, Errichtung/Aufhebung; Geliebtentestament **138** 105, 107, **vor 2064** 15; gemeinschaftliches **2265–2273**, s Testament, gemeinschaftliches; Nacherbeinsetzung **2100–2146**, sa dort; Prozeßvergleich, Errichtung durch **2064** 2; Recht auf Einsichtnahme und Abschriften **2264**; Scheidung/Heirat als Bedingung **2074** 6; Scheingeschäft **117** 2; Schiedsklausel für Bedingung **2074** 10; Sittenwidrigkeit **138** 105, **vor 2064** 13ff, **2074** 5f; Teilnichtigkeit **139** 3; Teilunwirksamkeitsklausel **2085**; Testamentsvollstrecker **2197–2228**, sa dort; Testierfreiheit **vor 2064** 4; Testierrecht, Höchstpersönlichkeit **vor 2064** 2, **2064**; Übergehen von Angehörigen **vor 2064** 15, **2088** 2; Unwirksamkeit einzelner Verfügungen **2085** 1ff; Verlobtenerbeinsetzung **2077** 4; verlorengegangenes **vor 2064** 19; vernichtetes/beiseite geschafftes **2255** 8; Vermächtnis **1939, 2147–2191**; Verwirkungsklausel **2074** 7; Vorbehalt einer Ergänzung **2086**; zulässiger Inhalt **1937** 1; Zuwendungen an Dritte **2077** 7; sa Erbvertrag

Testament, Anfechtung vor 2064 18, **2078ff**; anfechtungsbegründende Willensmängel **2078** 5ff; Anfechtungsberechtigte **2080**; Anfechtungserklärung **2081**; Anfechtungsfrist **2082**; Anfechtungsgegner **2081**; Ausschluß **2078** 13; Behauptungslast **2078** 14; Leistungsverweigerungsrecht des Anfechtungsberechtigten **2083**; Übergehung eines Pflichtteilsberechtigten **2079**; Umfang **2078** 4; Vereinbarung über Anfechtungsrecht **2078** 12; Vertrauensschaden, Ersatz **2078** 15; widerrechtliche Drohung **2078** 11

Testament, Auslegung 133 9, 15, 26, **2066ff**; Abkömmlinge eines Dritten **2070**; Andeutungstheorie **2084** 3f; Arme/Bedürftige **2072**; aufschiebende Bedingung **2074**; Auslegungsvertrag **2084** 12; Bedingung zum Vorteil eines Dritten **2076**; Ehegatteneinsetzung **2077**; Einsetzung auf Bruchteile **2088**; Erbeinsetzung/Vermächtnis **2087**; ergänzende Auslegung **2084** 7; erläuternde Auslegung **2084** 6; Ersatzerbe **2092**; Ersatzerbe/Nacherbeinsetzung **2102**; gesetzliche Erben, Aufteilung **2066** 2; Kinder **2068**; Lebenspartner, gesetzlicher Erbe **2066** 7; Mehrdeutige Personenbezeichnung **2073**; Nichteheliche Kinder **2066** 4; zur Niederschrift des Notars **2232, BeurkG 30**; Personengruppe **2071**; durch Richter **2084** 11; stillschweigende Ersatzberufung der Abkömmlinge **2069**; bei Teilunwirksamkeit **2085**; Umdeutung **2084** 10; Verlobtenerbeinsetzung **2077** 4; Vermögenserwerb nach Testamentserrichtung **2088** 3; Verwandten **2067**; zugunsten Wirksamkeit **2084**; wohlwollende Auslegung **2084** 8; Wollens- oder Potestativbedingung **2075**; Zuwendung unter aufschiebender Bedingung/unter Bestimmung eines Anfangstermins **2066**; Zuwendungen an Dritte **2077** 7

Testament, Ausschluß der Fremdbestimmung 2065; Bestimmung über Geltung einer Verfügung **2065** 5; Bestimmung Zuwendungsempfänger **2065** 6ff; Bestimmung Zuwendungsgegenstand **2065** 10

Testament, Eröffnung 2260ff; durch anderes Gericht **2261**; Benachrichtigung der Beteiligten durch Nachlaßgericht **2262**; Eröffnungsfrist **2263a**; Eröffnungsverbot **2263**; gemeinschaftliches Testament **2273**; durch Nachlaßgericht **2260**

Testament, Errichtung/Aufhebung 2229–2264; Allgemeines **vor 2229**; Ausschließung des Notars **BeurkG 27**; Dorftestament **2249, 2252, 2266f**; Dreizeugentestament **2250, 2252, 2266f**; Festellung über Geschäftsfähigkeit **BeurkG 28**; Form **2231**; Gemeindetestament **2249, 2252, 2266f**; internationales Erbrecht **vor 2229** 7; Konsulartestament **vor 2229** 5; Leseunfähige **2233** 3; Minderjährige **2233** 2; Niederschrift ohne Unterschrift des Notars **BeurkG 35**; Nottestament **2249f, 2252, 2266**; öffentliches Testament **2232f**, (Verfahrensrecht) sa Beurkundung, notarielle; Seetestament **2251, 2252**;

Sprachunkundige **BeurkG 32**; Sprechunfähige **2233** 4, **BeurkG 31**; Verfahrensrecht sa Beurkundung, notarielle; Verfolgentestament **vor 2229** 6; widersprechendes Testament **2258**; Zeugen, zweiter Notar **BeurkG 29**

Testament, Errichtung/Aufhebung, privatschriftliches **2247**; amtliche Verwahrung **2248**; Beweisfragen **2247** 13f; eigenhändige Niederschrift **2247** 3f; eigenhändige Unterschrift **2247** 5ff; gemeinschaftliches Testament **2267**; Leseunfähige **2247** 11; Minderjährige **2247** 11; Nachträge **2247** 10; Nichtigkeit **2247** 12

Testament, Errichtung/Aufhebung, Testierfähigkeit, Beschwerdeverfahren **2229** 10; Betreuung **2229** 2; Beweisfragen **2229** 9; Entmündigte **2229** 6; Geistesgestörte/Geistesschwache **2229** 7; Leseunfähige/Schreibunfähige **2229** 4; Mehrfachbehinderte **2229** 8; Minderjährige **2229** 3, 5; Nachträge **vor 2064** 3; Pflegschaft **2229** 2; Stumme **2229** 8; Voraussetzungen **2229** 1ff; Vormundschaft **2229** 2

Testament, Errichtung/Aufhebung, Verwahrung, Annahme/Herausgabe **2258b**; Verschließung **BeurkG 33**; Zuständigkeit **2258a**

Testament, Errichtung/Aufhebung, Widerruf 2253ff; Anfechtung des Widerrufs **2257** 3; gemeinschaftliches Testament **2255** 10; Rücknahme aus amtlicher Verwahrung **2256**; durch Testament **2254**; Veränderung **2255** 3; Vernichtung **2255** 1f; Widerruf des späteren Testaments **2258** 5; Widerruf des Widerrufs **2257**

Testament, gemeinschaftliches 2265–2273; Abgrenzung **vor 2265** 8f; Allgemeines **vor 2265**; Anfechtung **2271** 14ff; Auslegung gegenseitige Erbeinsetzung **2269** 4ff; Berliner Testament **2269** 1; Beweis **vor 2265** 7; Ehegatten **2265**; Ehenichtigkeit/-auflösung, Wirkung **2268**; Form **vor 2265** 6; Formmängel **2267** 3; Fortgeltungswille nach Auflösung der Ehe **2268** 5; Freistellungsklausel für überlebenden Ehegatten **2270** 3; gegenseitige Einsetzung **2269**; gegenseitiges (reziprokes) Testament **vor 2265** 4; gleichzeitiges Testament **vor 2265** 3; Lebenspartner, eingetragene **2265** 1, **LPartG 10** 16; Nacherbe/Ersatzerbe, Auslegung **2102**; Nacherbeinsetzung **2100** 4, **2102** 3; Nachträge **2267** 2; Nießbrauchsvermächtnis und Vollerbschaft eines Dritten **2269** 3; Nottestament **2266**; Pflichtteilsrechte **2269** 15f; privatschriftliches **2267**; Rechtsgeschäfte unter Lebenden **2271** 18f; Rücknahme aus amtlicher Verwahrung **2272**; Testamentseröffnung **2273**; Testierfreiheit bei Wiederheirat **2269** 14; Unverheiratete **2265** 2; unzulässige Rechtsausübung **242** 161; bei Verlöbnis **vor 1297** 19; Vermächtnis im Berliner Testament, Auslegung **2269** 17f; Vor- und Nacherbfolge, Trennungslösung **2269** 2; wechselbezügliches (korrespektives) Testament **vor 2265** 5; Wechselbezüglichkeit **2270**; Widerruf **2269** 5, **2271**, 2ff (zu Lebzeiten beider Ehegatten), 7f (nach erstem Erbfall), 9 (Ausübung einer vorbehaltenen Änderung), 10f (Aufhebung der Bindung); Wiederheiratsklauseln **2269** 10ff

Testament, IPR EGBGB 26; Allgemeines **EGBGB 26** 1ff; Anknüpfung der Form **EGBGB 26** 12ff; Anwendungsbereich des Formstatuts **EGBGB 26** 19ff; Erbstatut **EGBGB 25** 28ff sa dort; Statutenwechsel **EGBGB 26** 24ff; Haager Testamentsformabkommen **EGBGB 26** 12ff, 34; innerdeutsches Kollisionsrecht **EGBGB 26** 9ff; ordre public **EGBGB 26** 7

Testamentsvollstrecker 2197–2228; Abgrenzung **2197** 2; Akteneinsicht bei rechtlichem Interesse **2228**; Allgemeines **vor 2197**; Anfechtbarkeit der Anordnung **2197** 5; Annahme/Ablehnung des Amtes **2202**; Anordnung **2197** 1; Anspruch der Erben auf Überlassung von Nachlaßgegenständen **2217**; Aufgabenkreis **vor 2197** 4, **2203**; Aufwendungsersatz **2218** 7, 10, **2221** 17; Auseinandersetzung Miterbengemeinschaft **2042** 13; Auseinandersetzungsplan **2204** 4f; Auskunftserteilung **2218** 3; Bedenken gegen Gültigkeit von Anordnungen **2203** 5; Beendigung des Amtes **2225**; Befreiungsverbot **2220**; Bestimmung durch Dritte **2198**; und Eigengläubiger des Erben **2214**; eigenmächtige Freigabe von Nachlaßgegenständen **2217** 4; Entlassung durch Nachlaßgericht auf Antrag der Beteiligten **2227**; Entlassung **2218** 4; Erbauseinandersetzung **2204**; Erbschein **vor 2197** 6; Ernennung durch Nachlaßgericht **2200**; Ersatzbenennung **2197** 6; Gesamtvollstrecker **2223** 1; Grundbuch **vor 2197** 6; Haftung **2219**; Haftung für – **278** 11; Handeln im eigenen Namen **vor 2197** 2; Handelsregister **vor 2197** 6; Herausgabepflicht nach Beendigung **2218** 5; Insichgeschäft **181** 25; Kündigung des Amtes **2226**; mehrere Testamentsvollstrecker **2224**; Mitvollstrecker **2199**; für Nacherben bestellter **2222**; Nachlaßverwaltung **vor 2197** 5, **2205** sa Testamentsvollstrecker, Nachlaßverwaltung; Nachlaßverzeichnis **2215**; Nachvermächtnisvollstrecker **2223** 2; natürliche/juristische Person **2197** 3; Passivprozesse **2213**; Prozeßführungsbefugnis **2212**; Rechnungslegung **2218** 3; Rechtsstellung **vor 2197** 3; Rechtsverhältnis zu Erben **2218**; als Schiedsrichter **2203** 6; Streit über Auslegung von Anordnungen **2203** 4; Testamentsvollstreckerzeugnis **vor 2197** 6, **2368**; Tod **2218** 8; Umfang der Tätigkeit **2197** 4; Unwirksamkeit Ernennung **2201**; und Verfügungsrecht Erben **2211**; Vermächtnisvollstrecker **2223** 2; Verwaltungs- oder Dauertestamentsvollstreckung **2209f**; Vollmacht, transmortale **vor 2197** 7ff; für Vorerben **2112** 4; Weisungen der Erben **2203** 3; Zwangsvollstreckung in Nachlaß **2213** 9ff

Testamentsvollstrecker, Anordnungen des Erblassers 2216 4ff

Testamentsvollstrecker, Beschränkungen 2208; auf beaufsichtigende Tätigkeit **2208** 5; gegenständliche **2208** 4; inhaltliche **2208** 3; Insichgeschäfte **2205** 18; Verfügungen, unentgeltliche **2205** 9ff; Verfügungsbeschränkungen, gesetzliche **2205** 17; Verfügungsbeschränkungen, testamentarische **2205** 16; Verfügungsrecht **2205** 19 (Mißbrauch); zeitliche **2208** 2

Testamentsvollstrecker, Eingehen von Verbindlichkeiten 2206; Befreiung von Beschränkungen **2207**; zur Verfügung über Nachlaßgegenstände **2206** 2

Testamentsvollstrecker, Nachlaßverwaltung 2205; Aktiengesellschaft **2205** 37; Anfechtungsrecht **2205** 6; Anlage von Nachlaßvermögen **2216** 3; Anordnungen des Erblassers **2216** 4ff; Aufgaben der Verwaltung **2205** 1ff; gemeinsame Befugnis **2205** 4; Genossenschaft **2205** 38; GmbH **2205** 36; bei Handelsgeschäften **2205** 19, 20ff; Inbesitznahme **2205** 7; Insichgeschäfte **2205** 18; Mitgliedschaftsrecht, Erwerb **2205** 41; Nachlaßverbindlichkeiten, Berichtigung **2205** 5; Personengesellschaften **2205** 28ff; Pflicht zur ordnungsgemäßen Verwaltung **2216** 1ff; Unternehmensrechtsreform, Änderungen **2205** 40; Verein **2205** 39; Verfügungen, unentgeltliche **2205** 9ff; Verfügungsbeschränkungen, gesetzliche **2205** 17; Verfügungsbeschränkungen, testamentarische **2205** 16; Verfügungsrecht **2205** 8, 19 (Mißbrauch)

Testamentsvollstrecker, Vergütung 2221; Einkommensteuer **2221** 19; Fälligkeit **2221** 11ff; mehrere Testamentsvollstrecker **2221** 10; Umsatzsteuer **2221** 20; vermeintlicher **2221** 18

Testamentsvollstreckerzeugnis vor 2197 6, **2368**
Testat, Schutzwirkung zugunsten Dritter **328** 20a
Testierfähigkeit vor 2064 3
Testierrecht vor 2064 2, **2064**
Textform, 125 2, **126b**, 1; Abschluß der Erklärung **126b** 5; Anforderungen **126b** 3; Anwendungsbereich **126b** 2; Beweislast **126b** 7; Ersetzung der – **126b** 6; Nennung der Person des Erklärenden **126b** 4
Textilreinigung 307 151

Theaterkritik Anh 12 97
Theaterveranstaltung, Inhaltskontrolle AGB **307** 130
Tierarzt, deliktische Haftung **823** 145; Sittenwidrigkeit **138** 77
Tiere 90a; gezähmte, Aneignung **960** 8; Mitverschulden **254** 33; wilde, Aneignung **960**
Tierhalterhaftung 833; Beaufsichtigung durch Dritten **833** 14; Beweislast **833** 17; Halter **833** 7f; Handeln auf eigene Gefahr **833** 6; mehrere Halter **833** 16; Mitverschulden des Verletzten **254** 49, **833** 15; Schutzzweck der Norm **833** 6; Verschuldenshaftung für Beruf/Erwerbstätigkeit dienende Tiere **833** 9ff; vertragliche Übernahme der Aufsichtsführung **834;** Verwirklichung der spezifischen Tiergefahr **833** 4
Tierhaltung in Mieträumen **535** 31, **541** 6
Tierhandel, Garantieübernahme **437** 38
Tierschutz 903 10
Tierzuchtvertrag vor 433 20
Tilgungsbestimmung 307 72; Anfechtung **362** 3; bei Gesamtschuld **422** 8
Tilgungsklausel 305c 32
Tilgungsplan 307 73
Tilgungsverrechnungsklauseln 307 47, 73
Time sharing vor 481 2ff, **481–487, 741** 6; abweichende Vereinbarungen **487;** AGB **481** 20; Allgemeines **vor 481** 1; Anzahlungsverbot **486;** Begriff Teilzeit-Wohnrechtevertrag **481** 1ff; Bruchteilseigentum mit Benutzungsordnung **vor 481** 8; Dauerwohnrecht **vor 481** 6; dingliche Ausgestaltung **vor 481** 6; Gestaltungsmöglichkeiten **vor 481** 5ff; Haustürgeschäft **481** 19; IPR EGBGB **28** 35, **29a** 18ff; Kausalgeschäft, rechtliche Einordnung **vor 481** 12ff; Kommunikationssprache **483** 5; Miete **vor 481** 13; Miteigentümer, Nutzer als **vor 481** 7; mitgliedschaftliche Ausgestaltung **vor 481** 10; persönlicher Anwendungsbereich **481** 2ff; Rechtskauf **vor 481** 12f; Rücktrittsrecht des Unternehmers **485** 17; sachlicher Anwendungsbereich **481** 6ff; schuldrechtliche Ausgestaltung **vor 481** 9; Sittenwidrigkeit **138** 178, **481** 21; typengemischter Vertrag **vor 481** 14; überraschende Klauseln **305c** 17; unwirksame Klauseln, Rechtsfolge **306** 17; Vereinsmodell **vor 481** 10, 11 (Austritt); Vertragsaufhebung, Anspruch des Unternehmers **485** 17; Vertragsauflösung wegen Verletzung vorvertraglicher Pflichten **481** 22; Vertragsinhalt **484** 3ff; Vertragssprache **482** 14f, **483** 1ff, 6 (Übersetzung bei Beurkundung); Wirksamkeit des Vertrages **481** 17ff; zeitlicher Anwendungsbereich **481** 16
Time sharing, Prospektpflicht 482; Allgemeines **482** 1; Änderung Prospektangaben **482** 17f, **484** 4; Anspruch auf Aushändigung **482** 6; Hinweispflicht **482** 20ff; Inhalt der Pflicht **482** 3; Inhalt des Prospektes **482** 8ff; Rechtsfolgen **482** 4ff, 7, 15f, 18, 22; Schadensersatzhaftung **482** 5; Sprache **482** 1, 14f; Voraussetzungen **482** 2; Werbung **482** 20ff; Widerrufsfrist, Verlängerung **482** 4; Zeitpunkt **482** 3
Time sharing, Schriftform 481 18, **484;** Änderungen der Prospektangaben **482** 17f, **484** 4; Aushändigungspflichten **484** 9ff; elektronische Form **484** 1; Rechtsfolgen **484** 5, 8, 12; Reichweite **484** 2; Vertragsinhalt **484** 3ff
Time sharing, Widerruf 481 18f, **485;** und Anfechtung **485** 16; Beurkundungskosten **485** 13; und Darlehensvertrag **485** 15; Entstehung des Rechts **485** 2; Erklärungsempfänger **485** 8; fristgerechte Ausübung **485** 3ff; und Gewährleistungsrechte **485** 17; Nutzungen, Herausgabe **485** 12; ordnungsgemäße Belehrung **485** 5, 9; Rechtsfolgen **485** 10ff; Rückgewährverpflichtungen **485** 11; Vergütungsanspruch für Nutzungen/geleistete Dienste **485** 12; Vertragskosten **485** 14; Zurverfügungstellung der Vertragserklärung **485** 6; Widerrufsrecht **481** 18f
Time sharing, IPR, Anwendbarkeit deutschen Rechts **vor 481** 2ff

Tippgemeinschaft vor 705 29
Titel, Kauf **138** 70; sittenwidrige Ausnutzung rechtskräftiger **826** 45ff
Tod, postmortaler Persönlichkeitsschutz **Anh 12** 300ff sa Persönlichkeitsschutz, postmortaler; Rechtsfähigkeit, Ende **1** 4ff; vor Zugang einer Willenserklärung **130** 19
Tod, Feststellung, IPR EGBGB **9** 13
Todeserklärung 1 6; IPR EGBGB **9;** Rechtsschein der – **2370;** zu Unrecht, Hersausgabeanspruch Erbschaft **2031;** Wiederheirat nach – **1319f**
Todeszeitpunkt 1 5; IPR EGBGB **9** 13
Tonbandaufnahme, Schutz gegen – **Anh 12** 128
Totalschaden, echter **249** 76; wirtschaftlicher **249** 77, 92
Totenruhe vor 1 3
Traditionspapiere 433 15, **446** 5, **447** 11, **931** 8, **936** 3
Tragemuttervertrag 1741 16
Träger-Bewerber-Vertrag vor 581 16
Transferentschädigung, Sittenverstoß **138** 167
Transparenzgebot 307 18ff
Transplantation 1 5, **823** 47; Persönlichkeitsschutz **Anh 12** 271; Verbotsgesetz **134** 97
Transport, Sammelladung **243** 16
Transportkosten, Aufwendungsersatz Teilzahlungsgeschäft **503** 31
Transportmittel, IPR EGBGB **45**
Transportperson 447 10, 11, 16
Transportrisiko 447 1, 12
Transportversicherung 447 16, **448** 3, 5
Transportvertrag, Inhaltskontrolle **307** 161ff
Transsexuelle, Sorgerecht **vor 1** 2
Transsexuellengesetz vor 1 2
Treibstofftankanlage, wesentlicher Bestandteil **94** 9
Trennung der Ehegatten, s Ehe, Trennung
Treu und Glauben, Abdingbarkeit **242** 19; Abgrenzung **242** 20ff; allgemeines Rechtsprinzip **242** 1; Anwendungsvoraussetzungen **242** 12f; und Auslegung **242** 21; Einzelfälle **242** 134ff; und Europäisches Privatrecht **242** 59f; Fehlen und Wegfall der Geschäftsgrundlage s Störung der Geschäftsgrundlage; Funktionen **242** 18; Generalklausel **242** 5ff; und Grundgesetz **242** 4; und Grundrechte **242** 29ff; und Inhaltskontrolle von Verträgen **242** 25; Nebenpflichten, s dort; Rechenschafts- und Auskunftspflichten **242** 100f; als rechtsethische Anforderungen **242** 3; und Schikane **242** 24; als Schranke der Rechtsausübung **242** 4; und Sittenverstoß **242** 23; und sittenwidrige Rechtsausübung **242** 24; Sonderverbindung, Erfordernis einer **242** 15f; unzulässige Rechtsausübung, s dort; und Verbotsgesetz **242** 22; Verkehrssitte **242** 12f; und Vertragshilfe **242** 28; und Wegfall der Geschäftsgrundlage/Kündigungs-/Rücktrittsrecht **242** 26; Wirkungsweise **242** 17
Treu und Glauben, Anwendungsbereich 242 41ff; Arbeitsrecht **242** 47; Art und Weise der Leistung **242** 61ff; Erbrecht **242** 46; Europäisches Privatrecht **242** 59f; Familienrecht **242** 45; Gesellschafts- und Vereinsrecht **242** 49; Handelsrecht **242** 48; Nebenpflichten **242** 20; Nebenpflichten im Schuldverhältnis **242** 64ff; öffentliches Recht **242** 55ff; Sachenrecht **242** 44; Schuldrecht **242** 43; Steuerrecht **242** 58; Urheber-, Erfinder- und Verlagsrecht **242** 50; Verfahrensrecht **242** 52ff; Versicherungsrecht **242** 51; Vertragsauslegung **157** 6f; Wertpapierrecht **242** 50; Wettbewerbs- und Warenzeichenrecht **242** 50
Treue- und Fürsorgepflicht, Arbeitsrecht 611 482ff
Treupflichten, Gesellschafter 242 170f; **705** 49ff
Treuhandabrede, Form **125** 3
Treuhandanstalt, Vertragsstrafen bei Unternehmensverkäufen **339** 2
Treuhänder vor 433 8; Besitzmittlungsverhältnis **868** 34
Treuhandverhältnisse, Drittschadensliquidation **vor 249** 141

Stichwortverzeichnis

Treuhandvertrag 328 35; Abgrenzung Scheingeschäft **117** 12; Abgrenzung zur unmittelbaren Stellvertretung **vor 164** 15; AGB **305** 6; Arten der Treuhand **vor 164** 16; Geschäftsbesorgung und – **vor 662** 96ff; Insolvenz und Zwangsvollstreckung **vor 164** 19f; und rechtsgeschäftliche Verfügungsbeschränkung **137** 5; Rechtsstellung **vor 164** 17 (Treuhänder), 18 (Treugeber); Sittenwidrigkeit eines Treuhandgeschäfts **138** 179
Trinkgeld 667 16
TÜV, Amtshaftung **839** 35, 135
TÜV-Termin, Entgeltfortzahlung **616** 25

Überbau 912ff; Abkauf Grundstücksteil **915**; durch Anbau **921** 6ff; Duldungspflicht **912** 8; Eigentumsverhältnisse Gebäude **912** 9f; Eintragung **912** 12; entsprechende Anwendung **912** 13; Erbbaurecht/Dienstbarkeit, Beeinträchtigung **916**; Hypothekenhaftung als Bestandteil **1120** 1; Rentenanspruch **922** 11; wesentlicher Bestandteil **94** 4; Wissenszurechnung **166** 9; und Wohnungseigentum **WEG 1** 12
Überbaurente 912 11; Rang **914**; Zahlung **913**
Überbeschwerung, Einrede der 1992
Übereignung, Sachen, Abgrenzung bedingt/unbedingt **449** 2; Anwartschaftsrechte **929** 19ff; Bestimmtheitsgrundsatz **929** 2; zw Ehegatten **929** 29; Einigung **929** 3ff, 16; Einzelfälle **929** 29ff; Kauf **433** 17ff; und Lastenfreiheit **936**; Schiffe **929a**; Stellvertretung **929** 25; Übergabe **929** 9ff; sa Übergabe, Übereignung; Versendungskauf **929** 30
Überforderung des Schuldners 138 180
Übergabe, Kosten **448** 1ff
Übergabe, Übereignung 929 9ff; Abtretung Herausgabeanspruch anstelle – **931, 934**; Besitzdiener **929** 12; besitzlose Sachen **931** 2; Besitzmittler **929** 13; Besitzmittlungsverhältnis anstelle – **930, 933**; Erkennbarkeit Besitzveränderung **929** 15; Geheißpersonen **929** 13a; Kauf **433** 14ff, 446 5; Mitbesitz **929** 11; Offenlegungszwang **930** 7; Stellvertretung **929** 25; von Traditionspapieren **931** 8, **936** 3
Übergabeeinschreiben, Zugang **130** 8
Übergabevertrag vor 2064 8; Schenkung **516** 13
Überhang 910
Überlegungsfrist bei Vormiet- und Vorpachtrechten **469** 11; beim Vorkaufsfall **469** 1f, 4, 9, 10
Übermittlungsfehler, Anfechtbarkeit **120** 1ff sa Anfechtbarkeit Willenserklärung
Übernahmerecht Gesellschafter **730** 17ff, **737** 8ff
Übersetzung vor 631 24
Übersicherung, Kollision verlängerter Eigentumsvorbehalt/Globalzession **398** 18aff, **449** 52ff, **vor 488** 34ff; Sittenwidrigkeit eines Rechtsgeschäfts **138** 160, 181
Übertragsvertrag, Sittenwidrigkeit **138** 182
Übertragung, Forderung, s Abtretung
Übertragungsvertrag, Kündigung 676 1ff; Aufwendungsersatz **676** 7; Haftung bei Transportverlust **676** 8
Überweisung, richterliche 405 5, **407** 10, **408** 2, **412** 4; Schuldnerschutz **404** 11
Überweisungsvertrag 675 26, **676af**; Ablehnung Auftrag **676a** 7ff; Anweisung **vor 783** 8; Aufwendungsersatz **676a** 42; Ausführungsfrist, Gutschrift **676g** 1ff, sa Überweisungsvertrag, Ausführungsfristen; Auslandsüberweisung, Haftungsbegrenzung **676c** 7; Barüberweisung **676a** 16; Bereicherungsausgleich **812** 19ff; bisheriges System des Girovertrages **676f** 26ff; Embargo-Bestimmungen **676a** 12; Empfänger ohne Konto **676f** 78; Erfüllung Geldschuld **362** 8ff; Erstattungspflicht bei Nichtausführung Zahlungsauftrag **676g** 8; Fälschungsrisiko **676f** 18; Fehlbetrag, Gutschrift **676g** 7; GeldwäscheG **676a** 12; Gutschrift, geschuldete **676a** 13f; Haftung bei höhere Gewalt **676b** 28ff; Haftung des vom Überweisenden bestimmten Kreditinstituts **676b** 26f; Haftung für zwischengeschaltete Kreditinstitute **676a** 15, **676c** 14; Haftung, Konkurrenzen **676c** 2ff; Haftungsbegrenzung **676g** 13; Haftungsbegrenzung durch Kreditinstitut **676c** 9ff; Haftungsfortfall **676b** 25; Herausgabeansprüche im Giroverkehr **667** 30ff; Informationspflichten Bank **675a** 1ff; Kontrahierungszwang **676a** 11; Kündigung, keine Entgeltpflicht **676b** 24; Kündigung, Überweiser **676a** 37ff, 41 (Kündigungserklärung, Weiterleitung), **676b** 21; Kündigungsrecht, Kreditinstitut **676a** 32ff, **676b** 22; Leistungsort **270** 3; Money-Back-Garantie **676b** 17ff, sa Zahlungsvertrag; Nebenpflichten **676f** 16; Rechtzeitigkeit der Überweisung **270** 7; Rechtzeitigkeit Überweisung **676f** 23ff; Sorgfaltspflicht **676f** 13ff; Sorgfaltspflicht Überweisender **676f** 17; Sorgfaltspflicht/Fahrlässigkeit Banken **276** 45; Terminologie **676a** 5ff; Typologie **676a** 1; ungekürzte Überweisungspflicht **676b** 12ff; unwirksame Klauseln **306** 12; Valutaverhältnis Überweisender/Begünstigter **676f** 22ff; Verhältnis Empfänger/Kreditinstitut **676f** 19ff; verschuldensunabhängige Haftung **676c** 1; Verspätungsschaden, Ersatz **676b** 1ff; Verzinsungsanspruch **676b** 3; Verzinsungspflicht **676b** 20; weitergehende Ansprüche **676g** 12; Wertstellung **676g** 6; Zahlungsverkehrssysteme, Besonderheiten **676a** 36, 40; Zustandekommen **676a** 6a
Überweisungsvertrag, Ausführungsfristen 676a 7ff, 17ff; anderweitige Vereinbarung **676a** 23ff; baldmöglichstes Bewirken **676a** 30ff; richterliche Inhaltskontrolle **676a** 27ff
Überwuchs, Selbsthilferecht **910**
Überziehung, Konto, Verbraucherdarlehen **491** 12, **493**
Überziehungsgebühr 309 55
Überziehungskredit, Verbraucherdarlehen **491** 11, **493**
Überziehungsprovisionsanspruch 488 54
Umdeutung nichtiges Rechtsgeschäft 140 1ff; Abgrenzung **140** 5ff; Anwendungsbereich **140** 2; Grundbuchrecht **140** 3; hypothetischer Parteiwille als Maßstab **140** 1, 15f; öffentliches Recht **140** 4; Prozeßrecht **140** 3; prozessuale Behandlung **140** 18; Voraussetzungen **140** 8ff; wirksames Ersatzgeschäft **140** 12ff; Zivilrecht **140** 2
Umdeutung nichtiges Rechtsgeschäft, Einzelbeispiele 140 19ff; Abtretung **140** 20; Anfechtung **140** 20; Arbeits-/Dienstvertrag **140** 21; Erb- und Familienrecht **140** 22; Gesellschaftsrecht **140** 23; Grundstücksgeschäfte **140** 24; Gütergemeinschaft **140** 25; Miet- und Pachtrecht **140** 25; Sicherungsrechte **140** 26ff; Wertpapierrecht **140** 29
Umgangsrecht 1684ff; Allgemeines **1684** 1ff; berechtigte Personen **1626** 26; nach Einwilligung zur Adoption **1751** 9; Entscheidung des Gerichts **1684** 37; Entscheidungsbefugnisse des nicht sorgeberechtigten **1687a**; Großeltern, Geschwister, Stiefeltern **1685**; Inhalt **1684** 8; IPR **1684** 38; Kindeswille **1684** 22f; Umfang und Zweck **1684** 6; Umgangsausschluss **Einl 1297** 10, **1684** 28ff; Umgangsrecht **1684** 30; Unverzichtbarkeit **1684** 5; Verfahrensgrundsätze **1684** 31ff; Vollstreckung **1684** 36; Vormünder/Pfleger **1684** 7; Wesen **1684** 4
Umgangsregelung 1684 9ff; gegenüber Dritten **1684** 19; durch Familiengericht **1684** 15ff; Scheidung **1684** 14; durch Vereinbarung **1684** 10ff
Umgehungsgeschäft, Abgrenzung Scheingeschäft **117** 14; Sittenwidrigkeit **138** 183; Verbotsgesetz **134** 18
Umgehungsverbot, AGB **306a**
Umrechnung, Euro **244** 4; Fremdwährungsverbindlichkeit **244** 20ff; einer Nebenleistung in Geld **466** 2f
Umsatz, Beschaffenheit der Kaufsache **434** 10
Umsatzerwartung, Mietmangel **536** 11
Umsatzsteuer 307 47; Abführung durch Verkäufer **433** 36; Aufwendungsersatz Teilzahlungsgeschäft **503** 32;

Erhöhung, Störung der Geschäftsgrundlage **313** 67; Ersatzfähigkeit **249** 120; Inhaltskontrolle **309** 6; beim Leasing **Anh 535** 38, 51; bei Miete **535** 62; Mietnebenkosten **535** 84; Teil des Kaufpreises **433** 43
Umschuldungsdarlehen, Vermittlungsvergütung **655c** 4ff
Umtausch der Kaufsache **433** 33ff
Umwandlung, Verein, rechtsfähiger **41** 2ff
Umweltgefahren, Produzentenhaftung **823** 120
Umwelthaftung vor 823 16; Gesamtschuld **421** 17
Umweltrecht, IPR EGBGB 31 10ff, **40** 32ff, 50
Umweltschäden, IPR EGBGB 40 50
Umzug, Entgeltfortzahlung **616** 27, 44
Umzugspauschale und Wohnungseigentümergemeinschaft **WEG 10** 9
Umzugsvertrag, Inhaltskontrolle **308** 65
UN-Kaufrecht vor 145 13, **EGBGB vor 27** 6ff, 15; Verbraucherdarlehensvertrag **vor 491** 18ff
Unbedenklichkeitsbescheinigung, steuerliche **925** 78
Unbestellte Leistung 241a; Abdingbarkeit **241a** 46; „Aliud"-Lieferung **241a** 40ff; Annahme Vertragsantrag **147** 4, **241a** 13ff; Ansprüche des Empfängers **241a** 17ff; Ansprüche des Versenders **241a** 20ff; Ansprüche eines Dritten an Empfänger **241a** 34; Beweislast **241a** 45; Drittveräußerung **241a** 33; Drittvermietung **241a** 32; Entstehungsgeschichte **241a** 1; Erbringung sonstiger Leistungen **241a** 8f; und Ersitzung **937** 13; Interessenlage **241a** 1; irrtümliche Zusendung **241a** 35ff; Lieferung von Sachen **241a** 7; Nutzungsrecht **241a** 18; persönlicher Anwendungsbereich **241a** 4f; Rechtsfolge **241a** 16ff; sachlicher Anwendungsbereich **241a** 6ff; unbestellt **241a** 10ff, 10 (provozierte Bestellung), 11 (Abgrenzung Gewohnheiten der Parteien), 11 (aliud-Lieferung), 11 (richtige Ware zu höherem Preis), 12 (nichtige Bestellung); Verfassungsmäßigkeit **241a** 2f; Vertragsschluß **241a** 13ff; Vertriebssystem **241a** 9; Voraussetzungen **241a** 4ff
Und-Konto 676f 9
Uneheliche Kinder, s Nichteheliche Kinder
Unerlaubte Handlung, sa Übersichten **vor 823ff**, **823, 826, 839, 841**; Amtshaftung **839** sa dort; Angriff auf berufliche/gewerbliche Existenz **vor 823** 14; Arbeitskampf **823** 58, **826** 59ff; Arbeitsplatz, Recht am **823** 60; Arglisteinrede **853**; Aufopferungsanspruch **vor 823** 7; Beamtenhaftung **839** sa Amtshaftung, **841**; Bestimmung zu sexuellen Handlungen **825**; Beweislast **vor 823** 32; Deliktsrecht außerhalb BGB **vor 823** 35; Eigentumsverletzung **823** 25ff; erwerbs-, kreditgefährdende Behauptung **824**; Europäisierung des Deliktsrechts **vor 823** 36; familienrechtliche Beziehungen, Schutz **826** 53f; fehlende Delikts-, Verschuldens- oder Zurechnungsfähigkeit **829**; Freiheitsverletzung **823** 23f; andere Funktionen des Deliktsrechts **vor 823** 12ff; Gebäude, Haftung für Einsturz usw. **836ff**; Gefährdungshaftung **vor 823** 5f; gesetzliches System **vor 823** 1ff; Gesundheitsverletzung **823** 19; Gewerbebetrieb, Recht am eingerichteten und ausgeübten **823** 49ff sa dort; Haftung für vermutetes Aufsichtsverschulden **832**; Haftungsausschluß **vor 823** 27f; Handeln auf eigene Gefahr **vor 823** 29; IPR **vor 823** 34, sa Unerlaubte Handlung, IPR; Kausalität **823** 14; Körper, Verletzung **823** 17; Leben, Verletzung **823** 16; und Mängelgewährleistung/-haftung, Kauf **vor 437** 31ff, **438** 2; Mehrheit von Schädigen **830**; Mehrheit von Schädigern **840f**; Minderjährige **829**; Mittäterschaft **830, 840**; Nutzungsschäden **823** 31ff; positives Tun/Unterlassen **823** 13, 77, **826** 13; Produkthaftung s Produkthaftungsgesetz; Produzentenhaftung **823** 108ff sa dort; Prozessuales **vor 823** 31ff; psychische Störung/Folgeschäden **823** 19f; Rechtsfolgen Deliktsanspruch **vor 823** 17ff; Sanktionsgesichtspunkt **vor 823** 15; Schaden **823** 15; Schadensersatz, Umfang **249ff**; Schutz Privatsphäre/persönliches Ansehen **vor 823** 13; Schutzgesetzverletzung **823** 153ff sa dort; Schwangerschaft, ungewollte **823** 18; sonstiges Recht, Verletzung **823** 35ff Tatbestandsvoraussetzungen **823** 12ff; Taubstumme **829**; Tierhalterhaftung **833**; Tierhüterhaftung **834**; Überblick **823** 1ff; und Unfallrecht **vor 823** 8ff; Verjährung **852, 853** (unzulässige Rechtsausübung); Verkehrspflichten **823** 75ff; Verrichtungsgehilfen, Haftung für, s dort; Verschulden **823** 152ff, 159; Verschuldensprinzip und Haftung ohne Verschulden **vor 823** 4ff; Wildschadenshaftung **835**
Unerlaubte Handlung, Haftungsausschluß, Billigkeitshaftung **829**; fehlende Delikts-, Verschuldens- oder Zurechnungsfähigkeit **827**; Minderjährige **828**; Taubstumme **828**
Unerlaubte Handlung, IPR vor 823 34, **EGBGB 40**; Allgemeines **EGBGB 40** 1ff; Anknüpfung an Tatort/Begehungsort **EGBGB 40** 22ff; Anknüpfung von Verkehrsregeln/Sicherheitsvorschriften **EGBGB 40** 43f; Anknüpfungen **EGBGB 40** 21ff; Bahnverkehr **EGBGB 40** 49; engere Verbindung **EGBGB 41**; Geltung allgemeiner Regeln **EGBGB 40** 11ff; Immaterialgüterrechtsschutz **EGBGB 40** 54f; Luftverkehr **EGBGB 40** 47; neue Medien, Deliktsrechtsschutz gegenüber **EGBGB 40** 56; Persönlichkeitsrechtsverletzung **EGBGB 40** 53; Produkthaftung **EGBGB 40** 52; Qualifikation und Anwendungsbereich **EGBGB 40** 57ff; Rechtswahl **EGBGB 42**; Schranke, Inländerschutz **EGBGB 40** 66ff; Seeverkehr **EGBGB 40** 48; Statut des Direktanspruchs **EGBGB 40** 78f; Straßenverkehrsunfälle **EGBGB 40** 44, 80; Umweltrecht **EGBGB 40** 32ff; Umweltschäden **EGBGB 40** 50; Wettbewerbsdelikte **EGBGB 40** 51
Unerlaubte Handlung, Rechtswidrigkeit 823, 146ff; Einwilligung, Rechtsnatur **823** 147; Rechtfertigungsgründe, gesetzliche **823** 148ff; Reichweite der Indikation **823** 146
Unerlaubte Handlung, Rückgabepflicht 848ff; Schutz des gutgläubigen Ersatzpflichtigen **851**; Verwendungsersatz, Zurückbehaltungsrecht **850**; Verzinsung der Ersatzsumme **849**
Unerlaubte Handlung, Schadensersatz, Anspruchsübergang auf kollektive Schadensträger, Regreß **843** 13ff; Beerdigungskosten **844** 6ff, **846**; Erwerbsfähigkeit, Verlust **842** 1ff, **843**; gesetzliche Pflicht zur Dienstleistung gegenüber einem Dritten, Rente **845f**, **846**; Haushaltstätigkeit, Entschädigung **843** 5ff; Rente, vermehrte Bedürfnisse **843** 11f; Umfang **842ff**; Unterhaltsersatzanspruch **844** 8ff, **846**; Verdienstausfall **842** 1ff
Unerlaubte Handlung, Schmerzensgeld 827
Unerlaubte Handlung, sittenwidrige Schädigung 826; Abwerbung von Arbeitskräften **826** 29; Arbeitskampf-/Wettbewerbsregeln, grobe Missachtung **826** 59f; Ausnutzung rechtskräftiger Titel/Urteilserschleichung **826** 45ff; Bewußtsein der Sittenwidrigkeit **826** 11; Doppelverkauf **826** 29; Ersatzanspruch Inhalt **826** 18ff; Fallgruppen **826** 27ff; familienrechtliche Beziehungen, Schutz **826** 53f; Funktion **826** 1f; Gläubigergefährdung/-benachteiligung **826** 31ff; Haftung für Dritte **826** 17; Konkurrenzen **826** 23ff; Mißbrauch fremden Vertrauens **826** 43ff; Mißbrauch fremder Arbeitsergebnisse **826** 50ff; Mißbrauch Monopol- und Verbandsmacht **826** 56ff; Mißbrauch Wechsel/Scheck **826** 48f; Mißbrauch Widerspruchsrecht Lastschriftverfahren **826** 47; und Offenbarungspflichten **826** 35; Persönlichkeitsschutz **826** 53f; Rechtsfolgen **826** 16ff; Rechtswidrigkeitszusammenhang **826** 16; Sittenverstoß **826** 3ff; subjektive Momente **826** 10f; Täuschungen/Verfälschungen, andere **826** 35ff; treuwidrige Irreleitung durch Fehlinformation **826** 38ff; Unterlassen **826** 13; Vereitelung von Vertragsbeziehungen **826** 28; Verleitung zum Vertragsbruch **826** 28f; Vorsatz **826** 14f; Ziel/Mittel/Ziel-Mittel-Relation **826** 8f

Unfallrecht und Deliktsrecht **vor 823** 8ff
Unfallschäden, Fehler **434** 37f
Unfallverhütungsvorschriften, Schutzgesetz **823** 156
Ungeborene, Verletzung **823** 22
Ungerechtfertigte Bereicherung, sa Übersicht **818**; **812**; Allgemeines **vor 812**; Anwendungsgebiete **vor 812** 8ff; Arbeitsrecht **vor 812** 16f; Auskunftserteilung **818** 54; Beweislast **812** 90, **818** 53; bei einer BGB-Gesellschaft **818** 5; Bordellveräußerung, -verpachtung **817** 21; und Eigentümer-Besitzer-Verhältnis **vor 812** 11ff; Einrede der – **821**; Erfüllung einer betagten Verbindlichkeit **813** 5f; Erfüllung einer verjährten Verbindlichkeit **813** 4; Erfüllung trotz Einreden **813** 2f; erlangtes Etwas und Bereicherung **818** 2; „etwas erlangt" **818** 2; Fremdwährungsverbindlichkeit **244** 12; und GoA **vor 812** 10f; Geschichte **vor 812** 4; Grundgedanke **vor 812** 1ff; Grundstück, Herausgabe **818** 6f; Herausgabepflicht Dritter **822**; Herausgabepflicht, Modalitäten **818** 4f; Kenntnis der Rechtsgrundlosigkeit, Haftungsverschärfung **819** 1ff; Konkurrenzen **vor 812** 8ff, 25f; Leistungsannahme durch Nichtberechtigten **816** 14ff; Mitarbeit, familienhafter **812** 56; Nichterfolg, Haftungsverschärfung **820**; Nutzungen, Herausgabe **818** 9ff; öffentliches Recht **vor 812** 19ff; ohne rechtlichen Grund **812** 44ff; Persönlichkeits- und Immaterialgüterrecht **812** 69; Rechtsfolge **812** 89; Rechtsfolgen, allgemein **vor 812** 22ff; Rechtsgrundwegfall **815** 2; Rechtshängigkeit, verschärfte Haftung **818** 49ff; Schuldnermehrheit **818** 4; Schuldversprechen **812** 58ff; Schutzgesetzverstoß **812** 87; Schwarzarbeit **817** 15; sittenwidrige Leistung **818** 25; Surrogate, Herausgabe **818** 14; System, gesetzliches **vor 812** 6; und unentgeltliche Zuwendungen an Dritte **822**; Unmöglichkeit der Zweckerreichung **815** 2; unzulässige Rechtsausübung **242** 197; das ursprünglich Erlangte **818** 6f; verbotene Arbeitnehmerüberlassung **817** 12; verbots- oder sittenwidrige Annahme einer Leistung **817**; verbots- oder sittenwidriger Empfang, Haftungsverschärfung **819** 7ff; Vereitelung des Erfolges **815** 3; Verhältnis Leistungs-/Eingriffskondiktion **812** 83ff; Verjährung **vor 812** 23; Verwirkung und Verzicht **vor 812** 24; und Verzug **818** 51; Voraussetzungen, grundsätzliche **812** 1f; Wegfall des Rechtsgrundes, Haftungsverschärfung **820**; Wegfall des rechtlichen Grundes **812** 47ff; Wertersatz bei Unmöglichkeit der Herausgabe **818** 3, 15ff; Zinsen **818** 52; zweckverfehlte Dienst- und Arbeitsleistungen **812** 55; Zweckverfehlung **812** 50ff
Ungerechtfertigte Bereicherung, Bereicherungsgegenstand 812 3ff; Befreiung von Pflichten/Lasten **812** 8; Besitz **812** 7; Ersparnis von Aufwendungen **812** 9; „etwas erlangt" **812** 3ff; nicht vermögenswerte Positionen **812** 6
Ungerechtfertigte Bereicherung, Dreipersonenverhältnisse 812 16ff; abgekürzte Lieferung **812** 25, 39; Anweisungsfälle **812** 19ff; Bebauung fremdes Grundstück **812** 40; Begleichung fremder Schulden **812** 26ff; Doppelmangel **812** 37f; Einzelfälle **812** 40ff; Gesamtschuldverhältnis **812** 42; Handwerksleistung an Mieter **812** 41; Rückgriffskondiktion **812** 26; Stellvertretung, wirksame **812** 18; und Stornorecht **812** 23; Unterhaltszahlungen **812** 43; Vertrag zugunsten Dritter **812** 33ff; Werk- und Dienstleistung **812** 40
Ungerechtfertigte Bereicherung, Entreicherungseinwand 818 31ff; Anrechnung der Gegenleistung **818** 41ff; Anrechnung von Aufwendungen **818** 39; Anrechnung von Verlusten **818** 35ff; Begriff der Bereicherung **818** 31ff; Börsentermingeschäft, Rückabwicklung **818** 40b; Darlehen Rückabwicklung **818** 34; Durchführung Ausgleich **818** 47; ersparte Aufwendungen **818** 35; finanzierter Kaufvertrag **818** 40a; Gebrauchtwagenkauf, Unfall **818** 33; Lohnüberzahlung **818** 34, 38; Schäden **818** 37; unberechtigter Forderungseinzug durch Bank **818** 36a; Unterhaltszahlung, rechtsgrundlose **818** 38; Weggabe des Bereicherungsgegenstandes **818** 36
Ungerechtfertigte Bereicherung, IPR vor 812 26, **EGBGB 38**; engere Verbindung **EGBGB 41**; Rechtswahl **EGBGB 42**
Ungerechtfertigte Bereicherung, Kenntnis der Nichtschuld 814 1ff; aufgedrängte Bereicherung **814** 2f; Begleichung fremder Schulden **814** 4; Kenntnis **814** 7f; Leistung **814** 9; Rückgriffskondiktion **814** 4; Schuldanerkenntnis **814** 10; Sittenpflicht oder Anstandsrücksicht **814** 11; Verwendungen auf fremde Sachen **814** 5f
Ungerechtfertigte Bereicherung, Leistung 812 10ff; Begriff **812** 11; zur Erfüllung einer Verbindlichkeit **813** 1; Schuldversprechen **812** 58ff; Zurechnung vom Empfängerhorizont **814** 12f; Zweckbestimmtheit **812** 12
Ungerechtfertigte Bereicherung, Nichtleistungskondiktion 812 63ff; Anwendungsbereich **812** 65f; Bereicherung kraft gesetzlicher Vorschrift **812** 80f; eigene Handlung des Bereicherten **812** 67; Gewerbebetrieb, eingerichteter und ausgeübter **812** 70; Handlung des Entreicherten **812** 73; Handlung des Dritten/Amtshandlungen **812** 74ff; Handlungsunwert **812** 66; durch Naturvorgang **812** 82; Persönlichkeits- und Immaterialgüterrechte **812** 69; Untervermietung, unberechtigte **812** 71
Ungerechtfertigte Bereicherung, Verfügung eines Nichtberechtigten 816 1ff; Beweislast **816** 22; Hoheitsakte **816** 5; Rechtsfolge **816** 18ff; Unentgeltlichkeit **816** 12f; Verpflichtungsgeschäfte **816** 4; Wirksamkeit der Verfügung **816** 6ff
Ungerechtfertigte Bereicherung, Wertersatz bei Unmöglichkeit 818 15ff; Arbeitnehmerüberlassungsvertrag **818** 25; Bauwerk **818** 23; Beförderungsleistung Inanspruchnahme **818** 26ff; Besitz **818** 30; Darbietung **818** 26; Dienst- und Arbeitsleistung **818** 24; Ge-/Verbrauch fremden Guts **818** 26; Patente/Urheberrechte/Persönlichkeitsrechte **818** 29; Stellplatz Inanspruchnahme **818** 26; Zeitpunkt Wertberechnung **818** 21
Unikate 251 3; Schadensersatz **249** 22ff, 92, 92
Universal-/Quotenvermächtnis vor 2147 5
Unkenntnis, fahrlässige von einem Mangel **442** 18; grob fahrlässige **442** 2, 10ff
Unkraut, zurechenbare Immission **906** 15
Unkrautvernichtungsmittel, Verkehrspflicht **823** 100
Unlauterer Wettbewerb, Abtretung **399** 10; Gewinne, angemaßte Eigengeschäftsführung **687** 25; und Namensrecht **12** 35; Sittenwidrigkeit **138** 184; Verbotsgesetz **134** 99; und vorsätzliche sittenwidrige Schädigung **826** 25
Unmittelbare Stellvertretung beim Rechtsgeschäft, s Vertretung
Unmöglichkeit 326; anfängliche **311a** sa Leistungshindernis, anfängliches; Annahmeverzug **326** 14; Annahmeverzug, Verhältnis **vor 293** 4ff; Aufrechterhaltung Gegenleistungsanspruch **326** 11ff; besondere Leistungserschwerung **275** 21ff sa Leistungserschwerung, besondere; Beweislast **326** 21f; Erfordernis einer Genehmigung **275** 7; bei Ersatzungsbefugnis **275** 4; Folgen **326** 4ff; Geltungsbereich **275** 2; Herausgabe Surrogat **285**; beim Kauf **446** 1, 8, **447** 1, **457** 3 (Wiederkauf), **460** (Wiederkauf); Klauselverbote s Übersicht dort; Leistungsgefahr/Gegenleistungsgefahr **275** 1; Nacherfüllungsanspruch **275** 4; Rechtsfolgen **275** 33ff; Rückforderungsanspruch nach Rücktritt **326** 18; Rücktrittsrecht **326** 19f; Schadensersatz **283**; Schlechterfüllung **326** 8; Schuldnerverzug, Abgrenzung **286** 4ff; und Störung der Geschäftsgrundlage **313** 32ff; Sukzessivlieferungsvertrag **326** 7; teilweise **vor 275** 6, **275** 18ff, 18ff, **283** 6, 10, **326** 6; teilweise/qualitative **311a** 9; und Unvermögen **275** 3f, 15ff; Unzumutbarkeit aus persönlichen Gründen **275** 30ff; Ursachen **275** 5ff; Verstoß gegen Unterlassungspflichten **275** 14; vorübergehende

vor 275 6, **275** 12; bei Wahlschuld **275** 4; Wirkung bei Gesamtschuld **425** 14f; wirtschaftliche/praktische **275** 21ff sa Leistungserschwerung, besondere; Zeitmoment, Bedeutung **275** 10ff
Unredliches Verhalten, Rechtserwerb 242 108ff
Unrichtige Übermittlung, Willenserklärung vor 116 21; Anfechtbarkeit **120** 1ff sa Anfechtbarkeit Willenserklärung, unrichtige Übermittlung
Unsicherheitseinrede 321; abweichende Vereinbarung **321** 14; Anwendungsbereich **321** 3; Leistungsverweigerungsrecht **321** 11; Rechtsfolgen **321** 11ff; Rücktrittsrecht **321** 12f; Unsicherheit beseitigende Umstände **321** 8f; Voraussetzungen **321** 4ff
Unterbeteiligung, GbR **vor 705** 39ff
Unterbringung des Betreuten, sa Übersicht bei **1906; 1896** 59, **1903** 41, **1906;** ambulante Pflegedienste **1906** 35; und Aufenthaltsbestimmung **1906** 5ff; Beendigung **1906** 55ff; Bekanntmachung **1906** 52; Eilfälle **1906** 49; Einweisung mit Willen des Betreuten **1906** 7; Entscheidung, Inhalt/Begründung **1906** 51; Ermessen des Betreuers **1906** 24; Familienpflege **1906** 34; Fehlen Mitwirkung Betreuer/Vormundschaftsgericht **1906** 44; fürsorgliche Unterbringung **1906** 13f; medizinische Unterbringung **1906** 15ff; Rechtsmittel **1906** 53; Stellung des Betreuers **1906** 40ff; Unterbringung, Begriff **1906** 5ff; unterbringungsähnliche Maßnahmen **1906** 25ff; Unterbringungsgrund **1906** 13ff; Verfahren gerichtliche Genehmigung **1906** 45ff; Verlängerung **1906** 55ff; Vollzug **1906** 54; kraft Vorsorgevollmacht **1906** 60ff
Unterbringung mit Freiheitsentziehung 1631b
Untererbbaurecht ErbbauVO vor 1 22
Untergang 446 8, 10
Unterhalt 1569ff; Allgemeines, Überblick **vor 1569;** Alters- s dort; Anspruchsende **vor 1569** 28; Arbeitslosen- s dort; Aufstockungs- s dort; Bedarf **vor 1569** 9ff; Bereicherungsausgleich **812** 43; Betreuungs- s dort; Billigkeits- s dort; Dreißigster für Haus und Familiengemeinschaft **1969;** Einkommen, unterhaltsrechtliches **vor 1569** 41ff, sa dort; Ersparnis, Vorteilsausgleichung **vor 249** 111; Familien- s dort; Form der Gewährung **vor 1569** 21ff; Fremdwährungsverbindlichkeit **244** 12; Geschiedenen- s dort; Kinds-, vertragliche Übernahme **1592** 20; Krankheits- s dort; nachpartnerschaftlicher – **LPartG 16;** Rückforderung **vor 1569** 60ff; Schaden **1** 2, **249** 62ff, **823** 18, 22, 134; Sonderbedarf **vor 1569** 26; Sozialhilfe **vor 1569** 29; Unterhaltsarten **vor 1569** 2; der unverheirateten Mutter **Einl 1297** 33, 48, **1615lff**, **1615n** (Tod des Vaters), (Totgeburt), **1615o** (einstweilige Verfügung), **1963, 2141;** des unverheirateten Vaters **Einl 1297** 33, 48, **1615l** 23ff; unzulässige Rechtsausübung **242** 198; Vereinbarung zugunsten Kind **328** 37; Vereinbarungen **vor 1569** 27; Verfahrensrecht **vor 1569** 31ff; Verwandten- s dort
Unterhalt, Getrenntlebende, sa Übersicht bei **1361;** Bedürftigkeit, Herbeiführung **1361** 30f; Darlegungs- und Beweislast **1361** 7, 35; IPR **EGBGB 18** sa Unterhalt, IPR; Einkommen, Berechnung **1361** 14ff; freiwillige Erwerbstätigkeit des Berechtigten **1361** 20f; gerichtliche Geltendmachung **1361** 40ff; gröbliche Verletzung Unterhaltspflicht **1361** 32; Herabsetzung aus Billigkeitsgründen **1361** 27ff; Höhe **1361** 7ff (Grundsätze); Kinderbetreuung durch Berechtigten **1361** 36; kurze Ehedauer **1361** 28; Lebenspartner **LPartG 12;** Mangelfälle **1361** 19; Pflicht zum Selbstunterhalt **1361** 8, 23ff; Selbstbehalt **1361** 12, 19; Sozialhilfebedürftigkeit Schuldner **1361** 8; Tabellen über Unterhaltsrichtsätze **1361** 13; Unterhaltsrente **1361** 37ff; Unterschiede Familienunterhalt **1361** 6; Verbrechen/Vergehen **1361** 29; Vermögenssubstanz **1361** 10; Vorsorgeunterhalt **1361** 22

Unterhalt, IPR EGBGB 18; Allgemeines **EGBGB 18** 1ff; Aufenthaltsrecht oder gemeinsames Heimatrecht **EGBGB 18** 14ff; deutsches Unterhaltsstatut bei starkem Inlandsbezug **EGBGB 18** 24; Geltungsbereich **EGBGB 18** 25ff; Geschiedenen- s dort; Haager Übereinkommen **EGBGB 18** 47; innerdeutsches Kollisionsrecht **EGBGB 18** 46; internationales Verfahrensrecht **EGBGB 18** 40ff; nachehelicher Unterhalt, Statut **EGBGB 18** 20ff; ordre public **EGBGB 6** 43ff; subsidiäre Geltung deutschen Rechts **EGBGB 18** 18; Unterhaltsbemessung **EGBGB 18** 39; Unterhaltsstatut bei entfernteren Beziehungen **EGBGB 18** 19
Unterhalt, Lebenspartner LPartG 5
Unterhalt, Mutter Einl 1297 33, 48, **1615l, 1963, 2141;** einstweilige Verfügung **1615o;** Prozeßkostenvorschuß **1360a** 21; Tod des Vaters **1615n;** Totgeburt **1615n**
Unterhaltsanspruch, Verjährung **197** 9
Unterhaltsersatzanspruch 844 8ff; Alleinverdiener **844** 12; Dauer der Rentenzahlung **844** 18; Doppelverdienerehe **844** 15; Höhe **844** 11ff; Mitverschulden **846;** Nur-Hausfrau **844** 13; Vorteilsausgleichung **844** 16f
Unterhaltspflicht, Gesamtschuld mit Schädiger **421** 36
Unterhaltsrechtliches Einkommen vor 1569 41ff, **1577** 4ff; **1578** 13ff, Anrechnungsregeln **1577** 13ff; Bemessungszeitraum **vor 1569** 43; Beweislast **1577** 33; Einkommensänderungen **1578** 16; Erwerbseinkommen **vor 1569** 46, **1577** 9, **1581** 13ff; Erwerbstätigenbonus **vor 1569** 59, **1577** 7, **1578** 32; Erziehungsgeld/Kindergeld **vor 1569** 51, **1578** 22; und Grundsicherung **vor 1569** 30; Haushaltsführung **1578** 19ff; Hausmann-Rechtsprechung **1581** 16; Nettoeinkommen **vor 1569** 53ff; obligatorisches/überobligatorisches **vor 1569** 45, **1577** 18ff, **1578** 15; prägender Unterhalt **1578** 29ff; Schulden **vor 1569** 58, **1577** 5f, **1578** 23ff, **1581** 19; sonstiges Einkommen **vor 1569** 50, **1577** 11, **1581** 18; tatsächliches/fiktives **vor 1569** 44, **1577** 8, **1578** 14; Vermögenseinkommen **vor 1569** 47, **1577** 10, **1581** 17; Vermögensverwertung **vor 1569** 49, **1577** 10, 25ff, **1581** 17; verteilbares Einkommen **1581** 12ff; wechselndes Einkommen/Bedürftigkeit **1577** 30; Wohnvorteil **vor 1569** 48, **1577** 8, **1578** 18; Zuwendungen Dritter **vor 1569** 52, **1577** 12, **1578** 17
Unterhaltsverfahren, vereinfachtes, Hemmung der Verjährung **204** 12, 41
Unterhaltsvertrag, Sittenwidrigkeit **138** 100, 185; Störung der Geschäftsgrundlage **313** 57
Unterhaltsverzicht, Sittenwidrigkeit **138** 100
Unterhaltsvorschußgesetz vor 1601 29f
Unterhaltszahlungen, Bereicherungsausgleich **812** 43
Unterlassen, Irrtumsanfechtung **119** 30; unerlaubte Handlung **823** 13, 77, **826** 19
Unterlassungsanspruch 241 6; Abtretung **399** 11; bei AGB **UKlaG 1** sa AGB, Unterlassungs- und Widerrufsanspruch; bei verbraucherschutzgesetzwidrigen Praktiken **UKlaG 2** sa AGB, Unterlassungs- und Widerrufsanspruch, 12
Unterlassungsanspruch, Eigentümer, s Abwehranspruch, Eigentümer
Unterlassungsdienstbarkeit 1018 16ff
Unterlassungsklage, Allgemeines Persönlichkeitsrecht **Anh 12** 317ff
Unterlassungsklagengesetz, Allgemeines **UKlaG vor 1** 1ff; EG-Unterlassungsklagenrichtlinie **UKlaG vor 1** 3; Paragraphensynopse **UKlaG vor 1** 4; Sinn und Zweck **UKlaG vor 1** 2; Unterlassungs- und Widerrufsanspruch bei AGB **UKlaG 1** sa AGB, Unterlassungs- und Widerrufsanspruch; Unterlassungsanspruch bei verbraucherschutzwidrigen Praktiken **UKlaG 2, 12**
Unterlassungsverschulden, Schadensminderungspflicht **254** 53
Unterlassungsvertrag, Auslegung **133** 40

Untermiete s Untervermietung
Untermietzuschlag 540 17
Unternehmen 611 81f; Bewertung für Zugewinnausgleich **1376** 6ff; Früchte/Nutzungen **100** 4; Nießbrauch an − **1085** 4ff; Nießbrauch an Ertrag des − **1085** 11; Pacht **581** 7ff; Recht am eingerichteten und ausgeübten Gewerbebetrieb **vor 823** 3, **823** 49ff sa Gewerbebetrieb, Recht am eingerichteten und ausgeübten; Rechtsgesamtheit **vor 90** 7
Unternehmensbeteiligung, Bewertung für Zugewinnausgleich **1376** 6ff
Unternehmensbezogenes Handeln 164 5f
Unternehmenskauf 433 44, **453** 19ff; Abgrenzung Verkauf Mitgliedschaftsrechte **453** 20; Angaben zu Steuern/Steuervorteilen **434** 8; Aufklärungspflicht Verkäufer **453** 23; Besichtigungspflicht des Käufers **442** 14; Fehler **434** 43ff; Garantieübernahme **437** 37; Gewährleistung **453** 24; Sachmängel **434** 43ff; Rechtsmängel **435** 14; Rückabwicklung **818** 7; Rückgang des Vertragsbestands **434** 10; Übergang der Preisgefahr **446** 3; Umsatz- und Ertragsangaben **434** 10; Wettbewerbsverbot **453** 19
Unternehmensträgerstiftung vor 80 19
Unternehmer 14 1ff; Anwendbarkeit AGB-Vorschriften **310** 5ff; Anwendungsbereich **14** 3; Begriff **14** 1; Existenzgründer **14** 14; gewerbliche Tätigkeit **14** 9ff; juristische Personen **14** 6; maßgeblicher Zeitpunkt **14** 18; Personengesellschaft **14** 7; Personenqualität des Handelnden **14** 4; sachlicher Anwendungsbereich **14** 19; selbständige berufliche Tätigkeit **14** 15f; Verhältnis zu HGB **14** 2; Vermutung für sachlichen Zusammenhang **14** 17
Unternehmerarbeit 611 91ff
Unternehmerpfandrecht, Werkvertrag **647**
Unterpacht bei Landpacht **589**, **596**
Unterrichtsvertrag, Inhaltskontrolle **307** 167, **308** 35; Sittenverstoß **138** 186
Unterschlagung, außerordentliche Kündigung **626** 62
Untersuchung des Gegenstandes beim Kauf auf Probe **454** 6
Untersuchungshaft, außerordentliche Kündigung **626** 77; Entgeltfortzahlung **616** 43
Untersuchungspflichten des Käufers **433** 61, **442** 11ff; des Mieters **536b** 5; des Verkäufers **433** 28, **437** 26ff
Untervermächtnis 2186
Untervermietung 536 22, **540** 4ff, 12, **543** 16; angemaßte Eigengeschäftsführung **687** 20; Mietzuschlag **540** 17; Nichtleistungskondiktion **812** 71; Räumungsverlangen, Treu und Glauben **242** 185; Rückgabeanspruch **546** 13ff; und Wohnungseigentümergemeinschaft **WEG 10** 9
Untervertreter, Haftung bei fehlender Vertretungsmacht **179** 3; In-sich-Geschäft **181** 15, 25 (Gestattung)
Untervollmacht 167 39ff
Unterwerfungserklärung, AGB **305** 4, **307** 119; überraschende Klauseln **305c** 15
Unterzeichnung einer Urkunde 126 7ff; elektronische Signatur **126a** 5, **127** 7; mit Namen des Vertretenen **164** 8; sa Form
Untreue, außerordentliche Kündigung **626** 62
Unverbindlichkeit, Willenserklärung **vor 145** 5; unvollkommene Verbindlichkeit **vor 145** 10; vermeintliche **vor 145** 6
Unverhältnismäßigkeit der Kosten einer Naturalrestitution **251** 15ff
Unvermögen 275 15ff; und Annahmeverzug **297**; und Unmöglichkeit **275** 3f
Unverzüglichkeit, Absendung/Erklärung einer Anfechtung **121** 3f
Unwirksames Rechtsgeschäft Einl 104 24
Unwirksamkeit, einseitiges Rechtsgeschäft 180 3, 8f; wegen fehlender Vertretungsmacht **180** 3; wegen Zurückweisung durch den Erklärungsempfänger **180** 6

Unwirksamkeit, schwebende, s Schwebende Unwirksamkeit
Unwirksamkeit Rechtsgeschäft, einseitiges, beschränkt Geschäftsfähiger **111** 1ff
Unzulässige Rechtsausübung 242 101ff; Allgemeines **242** 101ff; Anwendungsbereich **242** 103; außerordentlicher Rechtsbehelf **242** 104; Einzelfälle **242** 134ff; Fehlen eines berechtigten Interesses **242** 111ff; Formnichtigkeit, mißbräuchliche Ausnutzung **242** 117ff; mißbräuchliche Rechtsausübung **242** 128f; mißbräuchliches Berufen auf den Ablauf von Ausschlußfristen, Einwendungen und Einreden **242** 114ff, 146, 204; Notwehrhandlung **227** 14; Rechtsfolgen **242** 130ff; Schikaneverbot **226;** unredliches Verhalten, Rechtserwerb kraft **242** 108ff; Verjährungseinrede **214** 9ff; Verwirkung **242** 123ff, sa dort; widersprüchliches Verhalten **242** 106ff
Unzumutbarkeit der Naturalrestitution **251** 15
Unzumutbarkeit der Leistung; besondere Leistungserschwerung **275** 21ff sa Leistungserschwerung, besondere; Herausgabe Surrogat **285;** aus persönlichen Gründen **275** 30ff, **276** 29aff; Rechtsfolgen **275** 33ff; Schadensersatz **283**
Urheberpersönlichkeitsrecht Anh 12 163
Urheberrecht und APR **Anh 12** 163; Verbandsklage **UKlaG 2a**
Urheberrechtsverletzung, Gewinnabschöpfung **687** 10f; und vorsätzliche sittenwidrige Schädigung **826** 25
Urheberrechtsvertrag, IPR EGBGB 28 54
Urkunde 126 3ff; Eigenhändigkeit der Unterschrift **126** 11; Einheitlichkeit **126** 6; Einsichtsanspruch **810;** Herstellung **126** 4; Inhalt **126** 5; Unterzeichnung **126** 7ff; sa Form
Urkunde, vollstreckbare, Verjährung **197** 13f, **201** 3
Urkundenfälschung, außerordentliche Kündigung **626** 62
Urkundsbeamter der Geschäftsstelle, Amtshaftung **839** 121
Urlaub 611 183
Urlaubsanspruch, Verbotsgesetz **134** 38
Urlaubsverlust, Ersatzfähigkeit **249** 55
Urteil, Amtshaftung **839** 61ff; ausländische Gerichte, Verjährung **197** 11; Wirkung bei Gesamtschuld **425** 32
Urteilserschleichung 826 45ff

VAHRG; s Versorgungsausgleich
Valuta- oder Sortenkauf 244 9
Valutaschuld, s Geldschuld, Fremdwährungsverbindlichkeit
Valutierung, Girokonto **676f** 11
Vaterschaft vor 1589 6, **1589** 6ff, **1592ff;** Abstammungsbegutachtung **1600c** 4ff, **1600d** 5ff; Anerkennung **1592** 4, **1594ff**, sa Vaterschaft, Anerkennung; Anfechtung **1599ff**, sa Vaterschaft, Anfechtung; Ehebruchskind **1592** 21; Feststellung **1592** 4, **1600df**, sa Vaterschaft, Feststellung; Grenzen der Sperrwirkung **1592** 17ff; Sperrwirkung **1592** 6ff; Tod des Ehemanns vor der Geburt **1593**; Wiederheirat vor Geburt **1593** 5
Vaterschaft, Anerkennung 1592 4, **1594ff;** Bedingung, Befristung **1594** 5; eheliches Kind nach Anerkennung **1594** 7; und entgegenstehende rechtskräftige Entscheidung **1594** 11; geschäftsunfähige/nicht voll geschäftsfähige **1596**; Heilung Mängel durch Eintragung in Personenstandsbuch **1598** 9; öffentliche Beurkundung **1597;** postmortale **1594** 9; präkonzeptionelle **1594** 8; pränatale **1594** 9; Unwirksamkeit der Anerkennung **1598;** Widerruf **1597** 4f; Willensmangel **1594** 10, **1600c** 18ff; Zustimmung der Mutter **1595** 2; Zustimmung des Ehemanns **1595** 8; Zustimmung des Kindes **1595** 3
Vaterschaft, Anfechtung 1599ff; Abstammungsbegutachtung, genetische und biostatische Grundlagen **1600c**

4ff; Anfechtungsberechtigung **1600**; durch Bevollmächtigten **1600a**; genetische Untersuchung nach erfolgreicher Anfechtung **1599** 5; Geschäftsunfähigkeit/beschränkte Geschäftsfähigkeit **1600a** 3ff; Gestaltungsurteil **1599** 4; künstliche Befruchtung **1600** 5ff; postmortale **1600e** 6f; Rückwirkung **1599** 7; Scheidung und Anerkennung **1599** 12; Umfang der Rechtskraft **1599** 6; und Umgang mit dem Kind **1599** 3; Untersuchungsgrundsatz **1600b** 22, **1600c** 3; unzulässige Rechtsausübung **242** 158; Vaterschaftsvermutung, Bedeutung **1600c** 2; Willensmangel bei Anerkennung **1600c** 18ff; Wirkung auf Unterhaltspflichten **1599** 8ff; Zuständigkeit **1600e** 1ff

Vaterschaft, Anfechtung, Frist 1600b; Ablaufhemmung **1600b** 14ff; Berechnung **1600b** 5ff; Rechtsirrtum **1600b** 11; Rechtsschutzinteresse, substantiierte Darlegung **1600b** 19; volljährige Kinder **1600b** 20

Vaterschaft, Feststellung 1600df; Begutachtungsverfahren **1600d** 7ff, 20ff; Beistandschaft **1712** 7; Feststellungswiderklage **1600d** 5; gesetzliche Empfängniszeit **1600d** 32ff; Methode der Blutgruppenbegutachtung **1600d** 7ff; Nachrang der Vaterschaftsvermutung **1600d** 6; negative Feststellungsklage **1600d** 4, 31; positive Feststellungsklage **1600d** 3, 30; postmortale **1600e** 6f; schwerwiegende Zweifel **1600d** 25; Verfahren **1600d** 26ff; Zeugungsvermutung **1600d** 24; Zuständigkeit **1600e** 1ff

VDE-Vorschriften, Abweichung **434** 49

venire contra factum proprium 242 106ff

Veränderungsvorbehalt, Wohnungseigentümergemeinschaft **WEG 10** 9

Verarbeitung 950; Allgemeines **vor 946**; von Baustoffen **951** 5ff; Bereicherungsanspruch **951**; Dreipersonenverhältnisse **951** 4ff; und Eigentumsvorbehalt/Sicherungsübereignung **950** 3, 8ff; und Eigentumsvorbehaltskauf **449** 40; Hersteller **950** 7ff; lastenfreier Erwerb **949**; Rechtsfolgen **950** 11ff; Verbindung **947** 18; Voraussetzungen **950** 4ff; Wertverhältnis **950** 6; Wiederherstellung des früheren Zustands **951**

Verarbeitung, Ausgleichsansprüche 950 13; Ansprüche gegen Vormann **951** 24; deliktische Ansprüche **951** 21; Entreicherung **951** 16; Geschäftsanmaßung **951** 22; Vergütungspflicht **951** 12ff; Verwendungsersatz **951** 23; Wegnahmerechte **951** 17ff; Wertersatz, Berechnung **951** 14f

Verarbeitungsklausel 307 110, **449** 44f, **950** 3, 8ff

Veräußerung des vermieteten/verpachteten Grundstücks **566ff** sa Miete, Veräußerung Objekt

Veräußerungsketten vor 433 28

Veräußerungsverbot 135/136 1ff; Abgrenzung **135/136** 4ff; Arten **135/136** 1ff; Erwerbsverbot **135/136** 15; und Gutglaubensschutz **135/136** 12ff; relative Unwirksamkeit **135/136** 7ff; beim Vorkauf **473** 2; und Zwangsvollstreckung **135/136** 11

Verband, Aufnahme, Kontrahierungszwang **vor 145** 29; Aufnahmezwang **826** 57

Verbandsklageverfahren bei AGB **UKlaG 1**; urheberrechtliches **UKlaG 2a**; verbraucherschutzrechtliches **UKlaG 2**

Verbindlichkeit, betagte 163 4

Verbindlichkeit, unvollkommen vor 241 23

Verbindung mit einem Grundstück 946; Einfügung in Ausübung eines dinglichen Rechts **946** 8; lastenfreier Erwerb **949**; Rechtsfolgen **946** 1; Scheinbestandteile **946** 7f; zu vorübergehenden Zwecken verbundene Sachen **946** 7; wesentliche Bestandteile **946** 5ff

Verbindung, Vermischung, Verarbeitung 946–952, 948; Abtrennungs- und Aneignungsrecht des Besitzers **997**; Allgemeines **vor 946**; Bestandteile **947** 4ff (wesentliche), Bestandteile **947** 11 (einfache); mit beweglichen Sachen **947**; Dreipersonenverhältnisse **951** 4ff; Eigentumsvorbehalt **449** 40, **947** 13; Hypotheken-, Grundschuld- und Rentenschuldbriefe Klauseln **947** 14ff; **952**; lastenfreier Erwerb **949**; Rechtsfolgen **947** 7ff; Schuldscheine **952**; Verarbeitung, s dort; Wiederherstellung des früheren Zustands **951**

Verbindung, Vermischung, Verarbeitung; Ausgleichsansprüche, Bereicherungsanspruch **951**; deliktische Ansprüche **951** 21; Entreicherung **951** 16; Geschäftsanmaßung **951** 22; Vergütungspflicht **951** 12ff; Verwendungsersatz **951** 23; gegen Vormann **951** 24; Wegnahmerechte **951** 17ff; Wertersatz, Berechnung **951** 14f

Verbotene Eigenmacht 858 3ff; mittelbarer Besitzer, Ansprüche **869**

Verbotsdienstbarkeit 1018 17

Verbotsgesetz, Verstoß 134 1ff; Abgrenzung § 134 zu anderen Regelungen **134** 2–6; Allgemeines/Bedeutung **134** 1; Anwendungsvoraussetzungen **134** 7–10; Einzelbeispiele, alphabetisch **134** 19ff; objektiver/subjektiver Verstoß **134** 10; Rechtsfolgen **134** 11–17; Umgehungsgeschäft **134** 18f

Verbotsgesetz, Verstoß, Rechtsfolgen, Bestimmung durch das Verbotsgesetz **134** 11; Nichtigkeit Verfügungsgeschäft **134** 13; Nichtigkeit Verpflichtungsgeschäft **134** 13; Nichtigkeit von Anfang an **134** 12; quantitative oder zeitliche Beschränkung der Nichtigkeit **134** 14; Zeitpunkt und Zeitraum der Nichtigkeit **134** 15

Verbraucher 13 1ff, **310** 11; Anwendungsbereich **13** 3; Arbeitnehmer **13** 15; Beamte **13** 15; Begriff **13** 2; Beteiligung Dritter **13** 9ff; Beweislast **13** 20; Erbengemeinschaft **13** 7; Existenzgründergeschäfte **13** 16; GbR **13** 6; gemischte Zwecke **13** 17; Gesamthandsgemeinschaft **13** 6; gewerbliche Tätigkeit **13** 13; Grundgemeinschaft **13** 7; juristische Personen **13** 5; maßgeblicher Zeitpunkt **13** 19; Personengesellschaft **13** 6; Personenhandelsgesellschaft **13** 6; Personenmehrheit mit gemischten Zwecken **13** 18; Personenqualität des Handelnden **13** 5; persönlicher Anwendungsbereich **13** 4ff; private Vermögensverwaltung **13** 14; sachlicher Anwendungsbereich **13** 21f; selbständig beruflich Tätige **13** 15; bei Sicherungsgeschäft **13** 9; bei Stellvertretung **13** 11; bei verbundenen Verträgen **13** 10; Verein **13** 5, 8; bei Vertrag zugunsten Dritter **13** 12

Verbraucherdarlehen 491–506; abweichende Vereinbarungen **506**; Allgemeines **vor 491** 1ff; EG-Verbraucherkreditrichtlinie **vor 491** 4ff; Einwendungsverzicht **496** 2ff; Existenzgründerdarlehen **507**; IPR **vor 491** 15ff; Paragraphensynopse **vor 491** 12; Teilleistungen und Anrechnung **497** 33ff; Titulierung von Verzugszinsen **497** 47ff; Überziehungskredit **493**; Verbraucherdarlehen **vor 491** 4ff; Verhältnis zu anderen Regelungen **vor 491** 14; Verjährung **497** 45f; Verzinsung Verzugsschaden **497** 28ff; Vollmachten, Formerfordernisse/Mindestangabepflichten **492** 53ff; Wechsel- und Scheckverbot **496** 6ff; Widerrufsrecht **358** sa Verbraucherverträge, verbundene Geschäfte; Widerruf bei Gesamtschuld **425** 13; Widerrufsrecht **495**; Zinsen nach Verzugseintritt **497** 24ff; zur Verfügungstellen Vertragsabschrift **492** 52; Zweck **vor 491** 13

Verbraucherdarlehen, Anwendungsbereich, Anwendungsbereich, Ausnahmen **491** 24ff; Anwendungsbereich, Beweislast **491** 23, 37; Anwendungsbereich, persönlicher **491** 14ff; Anwendungsbereich, sachlicher **491** 2ff; Arbeitgeberdarlehen **491** 29; Bagatelldarlehen/Nettodarlehensbetrag **491** 26ff; Beteiligung Dritter am Vertrag **491** 17ff; Darlehen, Begriff **491** 2; Darlehenseröffnungsvertrag **491** 4; Darlehensformen **491** 7ff; Eheleute **491** 18; Entgeltlichkeit **491** 6; Finanzierungshilfen **491** 24, 28; gerichtlich protokollierte/notariell beurkundete Darlehensverträge **491** 31; Haustürgeschäft **491** 25; mehrere Gesamtschuldner **491** 17, 19; Rahmenvertrag

491 4; Ratenlieferungsverträge 491 24, 28; Teilzahlungsgeschäfte 491 28; Unternehmer 491 14; Verbraucher 491 15; Vertreter, Abschluß durch 491 22; Vorvertrag 491 5; Wertpapiere/Devisen/Edelmetalle, Darlehen zum Erwerb 491 35f; Wohnungsbauförderdarlehen 491 30; Zahlungsaufschub 491 28
Verbraucherdarlehen, Form 492 3ff; Abmilderung Schriftform 492 5; elektronische Form 492 4; Konditionenanpassung 492 7; Laufzeitverlängerung/Tilgungsstreckung 492 8; Rechtsfolge Nichteinhaltung 492 9; Schriftform 492 3; Vertragsänderungen 492 6ff; zur Verfügungstellen Vertragsabschrift 492 52; Vollmacht **167** 4f
Verbraucherdarlehen, Formmängel Rechtsfolgen 494; andere Unwirksamkeitsgründe 494 10; effektiver Jahreszins, zu niedrige Angabe 494 19ff; fehlende Pflichtangaben, Sanktionen 494 11ff; sa Verbraucherdarlehen, Pflichtangaben; gesetzlicher Zins als Untergrenze 494 21; Heilung, Empfang/Inanspruchnahme des Darlehens 494 4ff; Heilung, Schuldbeitritt 494 9; negativer Nominalzins 494 21; Nichtigkeit 494 2ff
Verbraucherdarlehen, Gesamtfälligstellung 498; Anwendungsbereich 498 1ff, 44; Gesprächsangebot 498 27ff; Kündigung aus anderen Gründen 498 43ff; Kündigung wegen Zahlungsverzugs 498 32ff; Mindestbetrag des Zahlungsrückstandes 498 17ff; Nachfristsetzung 498 27ff; Verzug mit 2 Teilzahlungen 498 8ff; Voraussetzungen 498 5ff
Verbraucherdarlehen, internationale; IPR **vor 491** 15ff; UN-Kaufrecht/CISG **vor 491** 18ff
Verbraucherdarlehen, Pflichtangaben 492 10ff; Änderung preisbestimmender Faktoren 492 35; Art und Weise der Rückzahlung 492 27; effektiver Jahreszins, zu niedrige Angabe 494 19ff; anfänglicher effektiver Jahreszins 492 32ff sa effektiver Jahreszins; Fehlen, Sanktionen 494 11ff; fiktiver Gesamtbetrag, Berechnung 492 19; Gesamtbetrag aller Zahlungen 492 15ff; Grundstücksdarlehen 492 22ff; Kapitallebensversicherung 492 39; Nettodarlehensbetrag 492 14; Rahmendarlehen 492 21; Restschuldversicherung 492 14, 37; Sicherheiten, zu bestellende 492 42; Verrechnungszeitraum für mitfinanzierte Einmalkosten 492 36; Versicherungskosten 492 37; Zinssatz sonstiger Kosten 492 28ff
Verbraucherdarlehen, Verzugsschadensberechnung 497 5ff; abstrakte Schadensberechnung 497 10ff; Basiszinssatz 497 17; geschuldeter Betrag 497 9; Immobiliardarlehensverträge, Sonderregelung 497 18; kein Anreiz zum Vertragsbruch 497 15; konkrete Schadensberechnung 497 20ff; prozessuale Probleme 497 19; Titulierung von Verzugszinsen 497 47ff; Verzinsung 497 28ff; Verzug mit Zahlungen aufgrund des Darlehensvertrages 497 7f; Zinsen nach Verzugseintritt 497 24ff
Verbraucherinformation bei Fernabsatzverträgen **312c** sa Fernabsatzverträge, Verbraucherinformation
Verbraucherschutz und Teilnichtigkeit **139** 7; Verbandsklageverfahren **UKlaG 2;** und Vertragsfreiheit **vor 241** 12f
Verbraucherschutzgesetzwidrige Praktiken, Unterlassungsanspruch UKlaG 2 sa AGB, Unterlassungs- und Widerrufsanspruch, **12**
Verbraucherverträge, Anwendbarkeit AGB-Vorschriften 310; Berücksichtigung begleitender Umstände **310** 22ff; Drittbedingungen **310** 13ff; Einmalbedingungen **310** 18ff; Einzelverträge, Inhaltskontrolle von – **310** 18ff; öffentlich-rechtlicher Bereich **310** 11ff; Verbraucher **310** 11; Vertragsinhalt **310** 12
Verbraucherverträge, IPR EGBGB 29; Absatztätigkeit im Staate des Verbrauchers **EGBGB 29** 11; Anwendungsbereich **EGBGB 29** 22ff; Beförderungsverträge **EGBGB 29** 26; Dienstleistungen **EGBGB 29** 24; Einschränkung der freien Rechtswahl **EGBGB 29** 8ff; Entgegennahme von Bestellungen **EGBGB 29** 12; fehlende Rechtswahl **EGBGB 29** 19; Finanzierungsverträge **EGBGB 29** 25; internationales Verfahrensrecht **EGBGB 29** 28; ordre public **EGBGB 29** 6; Pauschalreisen **EGBGB 29** 27; Sonderanknüpfung der Formgültigkeit **EGBGB 29** 21; Sonderanknüpfung verbrauchergünstigen Aufenthaltsrechts **EGBGB 29** 17; Verbraucherschutz für besondere Gebiete **EGBGB 29a;** Verbraucherverträge **EGBGB 29** 22ff; Warenkauf, Kaffeefahrten **EGBGB 29** 13
Verbraucherverträge, Rückgaberecht 356; Abdingbarkeit **vor 355** 6; Anwendungsbereich **vor 355** 3 (sachlicher), 4f (zeitlicher), **356** 3 (sachlicher); Ausübung **356** 8; Belehrung **356** 5; Beweislast **356** 11, **357** 24; Musterbelehrung **Anh 355** 3; Rechtsfolgen **357,** 2 (Rückgewährschuldverhältnis), 3f (Unternehmerpflichten), 5ff (Verbraucherpflichten), 8ff (Kosten/Gefahrtragung Rücksendung), 12f (Herausgabe Nutzungen/Verwendungen), 14ff (Ersatz der Wertminderung); Rücknahmeverlangen **356** 9; Umgehungsverbot **357** 23; Voraussetzungen **356** 4ff; Zweck **vor 355** 1, **356** 1f
Verbraucherverträge, verbundene Verträge 358f; Anwendungsbereich **358** 4f; Auswirkungen anderer Mängel des Darlehens auf das finanzierte Geschäft **358** 26; Beweislast **358** 27; Definition verbundener Vertrag **358** 6ff; Dreipersonenbeziehung **358** 11; drittfinanzierte Geschäfte **358** 1; Einwendungsdurchgriff **359,** 12 (Ausschluß), 14ff (Subsidiarität), 17 (Leasing); Finanzierungsleasing **358** 12; Immobiliendarlehensverträge **358** 9f; Nichtigkeit finanziertes Geschäft nach Anfechtung **359** 5; Nichtigkeit finanziertes Geschäft von Anfang an **359** 4; Nichtlieferung Ware/Nichterbringung der finanzierten Leistung **359** 6; Rückabwicklung nach Widerruf/Rückgabe **358** 20ff; Rückgriff des Darlehensgebers **358** 25; Schadensersatzanspruch wg Mangelhaftigkeit der Leistung/Verschulden bei Vertragsschluß **359** 11; Schlechtleistung **359** 7ff; Verbindungselement **358** 7f; Widerruf **358** 6ff, 15 (finanzierter Vertrag), 16 (Darlehensvertrag); Widerrufsbelehrung, erweiterte **358** 18f; Zahlung mittels Kreditkarte **358** 13f; Zweck **358** 2
Verbraucherverträge, Widerrufsrecht 355ff; Abdingbarkeit **vor 355** 6; Anwendungsbereich **vor 355** 3 (sachlicher), 4f (zeitlicher), **355** 3 (sachlicher); Ausschlußfrist **355** 15ff; Ausübung **355** 7; Belehrung **355** 9ff; Beweislast **355** 21, **357** 24; Musterbelehrung **355** 12, **Anh 355** 2; Rechtsfolgen **357,** 2 (Rückgewährschuldverhältnis), 3f (Unternehmerpflichten), 5ff (Verbraucherpflichten), 8ff (Kosten/Gefahrtragung Rücksendung), 12f (Herausgabe Nutzungen/Verwendungen), 14ff (Ersatz der Wertminderung); Rechtsnatur **355** 4f; Umgehungsverbot **357** 23; Verhältnis zu anderen Rechtsbehelfen **355** 20; Voraussetzungen **355** 6; Widerrufsfrist **355** 8ff; Zweck **vor 355** 1, **355** 1
Verbrauchsgüterkauf 307 125ff, **474–479;** Beweislastumkehr **476;** Definition **474** 2; EU-Richtlinie **vor 433** 34; Garantien, Sonderbestimmungen **477;** Pfandverkauf **474** 8; Sachkauf **474** 3f; Schadensersatzansprüche, Abänderung **475** 10; Umgehung **475** 7f; Unternehmer, Rückgriff beim Lieferanten **478** sa Verbrauchsgüterkauf, Rückgriff Unternehmer; Vereinbarungen, abweichende **475;** Verjährungsregeln, Abänderung **475** 9; Verjährungsvereinbarungen **202** 12; Versendungskauf **474** 9; Versteigerung, öffentliche **474** 6f; Wasser/Gas/Fernwärme **474** 5
Verbrauchsgüterkauf, Rückgriff Unternehmer 478, abweichende Vereinbarungen **478** 16ff; Aufwendungsersatzanspruch **478** 12ff; Beweislastumkehr **478** 15; Entbehrlichkeit der Fristsetzung **478** 2ff; Lieferant **478** 10; Lieferketten **478** 21, **479** 4; Nacherfüllung des Letztverkäufers **478** 7f; nicht an Verbraucher gelangte Ware **478**

9; Rechtsfolge **478** 11; Rücknahme der Kaufsache/Minderung **478** 3ff; Rügelast **478** 22; Umgehung **478** 19; Verjährung **479**; Verkauf neu hergestellter Sachen **478** 2
Verbundene Verträge, Verbraucherverträge Widerruf/Rückgabe **358**f sa Verbraucherverträge, verbundene Verträge
Verbundenes Geschäft, Bedingung **158** 9
Verdachtsberichterstattung Anh 12 217
Verdecktes Geschäft 117 15–18
Verdienstausfall 249 53, **842** 1ff; Arbeitnehmer **252** 20, **254** 63; Rente **843** sa Erwerbsschaden, Rente; Selbständiger **252** 16ff
Verdrängende Vollmacht vor 164 7; als rechtsgeschäftliches Veräußerungsverbot **137** 5
Verein, Auflösung, Anfall an Fiskus **46**; Anfall des Vereinsvermögens **45** 1ff; Anfallberechtigter, Bestimmung **45** 3; Formwechsel **41** 5; Gründe **41** 6; Insolvenzverfahren **42**; Liquidation **47**ff sa Verein, Liquidation; Sitzverlegung ins Ausland **41** 1; Spaltung **41** 5; Verschmelzung **41** 2; Wirkung **41** 7
Verein, Beitritt, Haustürgeschäft **312** 22f
Verein, eingetragener 55ff; Anlagen, Anmeldung **59** 2; Anmeldung durch Vorstand **59** 1; Auflösung **74**; Bescheinigung Mitgliederzahl **72**; Eintragung **55**, **64**, **66** (Bekanntmachung); Insolvenzverfahren **75**; Mindestmitgliederzahl **56**, **73**; Name **57** 2f, **65**; und Recht am eingerichteten und ausgeübten Gewerbebetrieb **823** 60; Satzung, Inhalt **57** 1ff, **58**; Satzungsänderung **71**; Testamentsvollstreckung **2205** 39; Vereinsregister **55a**, **68** (negative Publizität), **70** (negative Publizität), **79** (Einsicht); Vorstand Zusammensetzung **67** (Änderung); Vorstand, Beschränkung Vertretungsmacht **70**; Vorstand, Zusammensetzung **69** (Nachweis); Zurückweisung Eintragungsantrag **60**; Zwangsgeld **78**
Verein, Liquidation 47ff; Aushändigung an Anfallberechtigten **49** 3, **51**; bekannte Gläubiger **52** 1; Bekanntmachung/Aufforderung zur Mitteilung **50**; Fortbestehen in Grenzen Liquidationszweck **49** 5; Geschäftskreis Liquidator **49** 1; Gläubigersicherung **52**; Liquidatoren **48** 1, **76**f; Pflichtverletzung Liquidator **53**; Schlußabrechnung **49** 4; Sperrjahr **51**; Stellung Liquidator **48** 2; Vertretungsmacht Liquidator **49** 2; durch Vorstand **48** 1
Verein, Mitgliederversammlung 32; Auskunftsanspruch außerhalb **32** 1; Beschlußfassung **32** 2; Dringlichkeitsanträge **32** 3; Einberufung **32** 3, **36f**, **37** (auf Verlangen); Migliederpflichten **33** 3; fehlerhafter Beschluß **32** 6f; Leitung **32** 4; Mehrheitsprinzip **32** 2; Satzungsänderung **33** 1ff; Sonderrechte, Beeinträchtigung **35**; Stimmbindungsverträge **32** 5; Stimmrechte **32** 5, **34**; Stimmrechtsverbot **34**; Stimmrechtsvollmacht **32** 5; Tagesordnung **32** 3; Zweckänderung **33** 1ff
Verein, Mitgliedschaft 38 1; Aufnahme **38** 4, 6 (Anspruch auf), 7 (Erschwerung); Ausschluß **39** 4ff, 5 (Satzungsregelung), 7 (aus wichtigem Grund); Austritt **39** 1, 2 (Erklärung), 2 (Frist), 3 (Wirkung), 3 (Beitragspflicht); Eintrittsrecht **38** 2; Ende **38** 8; Erwerb **38** 3f, 3 (Willensmängel); Mitgliedsfähigkeit **38** 2; Übertragbarkeit **38** 2; Namensschutz **54** 5; Organisation **38** 5; Verletzung der **38** 9, 10 (Eigenhaftung Vorstandsmitglieder)
Verein, nicht rechtsfähiger 54; Begriff **54** 3; Einstimmigkeit/Mehrheitsprinzip **54** 7; Ende **54** 19; Grundbuchfähigkeit **54** 8; Haftung der Mitglieder **54** 12ff, **54** 12b; Haftungsausschluß **54** 18; Handelndenhaftung **54** 17; Mitgliederversammlung **54** 7, sa Verein, Mitgliederversammlung; Mitgliedschaft **54** 7, sa Verein, Mitgliedschaft; Namensschutz **54** 5; Organhaftung **54** 15; Parteifähigkeit **54** 9f; Satzung **54** 6; Vermögen **54** 8 (Anwachsung), 8; Wechselfähigkeit **54** 8; Zwangsvollstreckung in Vereinsvermögen **54** 11
Verein, rechtsfähiger 21ff; Amtslöschung **21** 8; Auflösung **41** sa Verein, Auflösung; Ausgliederung unternehmerischer Teilfunktionen **21** 6; ausländische Vereine **23**; Ausschluß aus dem **25** 10f, **39** 4ff; Ausschluß aus dem **– 39** 5 (Satzungsregelung), 7 (aus wichtigem Grund); Austritt **39** 1; Beitritt, Rechtsgeschäft **25** 14; besonderer Vertreter **30**; Einbindung in christliche Religionsgemeinschaft **25** 2; Eintragung, nichtwirtschaftlicher **21** 1, 8; Entziehung Rechtsfähigkeit **43**, 3 (Gründe), 4 (Folgen), **44** (Zuständigkeit), (Verfahren), **45** 1ff (Anfall Vereinsvermögen); Formwechsel **41** 5; Geschäftsordnung **25** 1; Insolvenzverfahren **42**, 4 (Verlust Rechtsfähigkeit), 5 (Auflösungswirkung), 6 (Eröffnungsgründe), 7 (Antragspflicht), 7 (Antragspflichtverletzung); juristische Person **vor 21** 14; konstitutive Wirkung fehlerhafter Eintragung **21** 8; Mitgliederversammlung **32** sa Verein, Mitgliederversammlung; Mitgliedschaft **38** sa Verein, Mitgliedschaft, s Verein, Mitgliedschaft; Namensschutz **12** 12; Nebenzweckprivileg **21** 3; Ordnungen **25** 3; Organhaftung **31** s Organhaftung, juristische Person; Satzung **25** 1, 3 (Inhalt), 4 (Formerfordernis), 4 (Inhaltskontrolle), 12 (Feststellung, Rechtsgeschäft), 13 (Teilnichtigkeit), **33** 1ff (Änderung); Schiedsklauseln **25** 6; Sitz **24**; Sitzverlegung ins Ausland **41** 1; Sonderrechte, Beeinträchtigung **35**; Spaltung **41** 5; Sport- **21** 2, 5, **25** 4; Strafgewalt über Mitglieder **25** 5, 7; untergeordneter wirtschaftlicher Geschäftsbetrieb **21** 3; Verbandsorganisation **38** 5; Vereins-/Verbandsgerichtsbarkeit **25** 5f, 5 (staatsgerichtliche Kontrolle), 9 (staatsgerichtliche Kontrolle); Vereinsautonomie **25** 2, 40 (Grenze); Vereinsstrafe **25** 8f; Verfassung **25** 1, 2 (Inhalt); Verleihung, wirtschaftlicher **22** 1ff; Verschmelzung **41** 2; Verzicht auf Rechtsfähigkeit **41** 8, **47** 2; Vorstand **26**ff sa Vereinsvorstand, sa Vereinsvorstand; Vorverein **21** 10; wirtschaftlicher/nicht- Geschäftsbetrieb, Abgrenzung **21** 2ff, 7 (Prüfung durch Verwaltungsbehörden); Zweckänderung **21** 9, **33** 1ff
Vereinbarungsdarlehen 780 3; Schuldversprechen, Abgrenzung **488** 20ff
Vereinsgesetz vor 21 17
Vereinsrecht, Sittenverstoß **138** 187; Verbotsgesetz **134** 59
Vereinsrechtliche Dienstleistung 611 20ff
Vereinsregister 55a; Datenübermittlung auf Abruf **79** 3; Einsicht **79**; negative Publizität **68**, **70**
Vereinsvorstand 26ff; Amtsniederlegung **27** 5; Anstellung **27** 2; Aufwendungsersatz **27** 6; Auskunftspflicht **27** 6; Beendigung Organstellung **27** 4; Besetzung **26** 3; besonderer Vertreter **30**; Bestellung **27** 1, 2 (Zuständigkeit), 4 (Widerruf), **29** 1f (durch Amtsgericht); Bestellung, bedingte **27** 1; Entlastung **27** 8; Geschäftsbesorgungsvertrag **27** 6; Innenverhältnis **27** 1, 6f; juristische Person als **– 27** 3; mehrgliedriger Vorstand **28** 1f, 2 (Beschlußfassung); Notbestellung **29** 1f; Notwendigkeit **26** 1; Organhaftung **31** s Organhaftung, juristische Person; Passivvertretung **28** 3; Person des Bestellten **27** 3; Sorgfaltspflichtverletzung **27** 7; Vegütung **27** 6; Vertretungsmacht **26** 4; Wissenszurechnung **28** 3; Zusammensetzung **26** 3
Vereinte Nationen, Übereinkommen über Verträge über den internationalen Warenkauf **vor 433** 33
Verfahrenspfleger vor 1909 12
Verfahrensrecht, unzulässige Rechtsausübung **242** 199ff
Verfall und Herausgabepflicht des Erlangten **667** 20
Verfallbereinigung 339 6
Verfallerklärung 134 12
Verfallklausel 307 23, **309** 54, **vor 339** 2
Verfassungsbeschwerde, Allgemeines Persönlichkeitsrecht **Anh 12** 15ff; Heck'sche Formel **Anh 12** 16
Verfolgungsfälle, Beweislast **vor 249** 193; Schadenszurechnung **vor 249** 63
Verfolgungsrecht des Besitzers **867**; des Eigentümers **1005**

Verfügung Einl 854 7ff
Verfügung, einstweilige, s Einstweilige Verfügung,
Verfügung, letztwillige, s Testament
Verfügung eines Nichtberechtigten, Wirksamkeit 185 1ff; Allgemeines/Bedeutung **185** 1; Beerbung des Verfügenden durch Berechtigten **185** 13; Beteiligung des Berechtigten **185** 6ff; Einwilligung des Berechtigten **185** 7; Genehmigung bei mehreren Verfügungen **185** 10; Genehmigung des Berechtigten **185** 8ff; nachträglicher Erwerb durch den Verfügenden **185** 11f; Rückwirkung der Genehmigung **185** 9; unwirksame Verfügung eines Nichtberechtigten **185** 2ff; widersprechende Verfügungen, Wirksamkeit **185** 14, sa Genehmigung, privatrechtliche
Verfügung von Todes wegen vor 2064 1ff; Anfechtung **vor 2064** 18, **2078ff;** Anwendbarkeit allgemeiner Vorschriften über Willenserklärungen **vor 2064** 10ff; Behindertentestament **vor 2064** 16; DDR **vor 2064** 22; Erbvertrag **vor 2064** 6, sa dort; Geliebtentestament **vor 2064** 15; Hofübergabevertrag **vor 2064** 7; Sittenwidrigkeit **vor 2064** 13ff; Testament **vor 2064** 5, sa dort; Testierfähigkeit **vor 2064** 3; Testierfreiheit **vor 2064** 4; Testierrecht **vor 2064** 2; Übergabevertrag **vor 2064** 8; Übergehen von Angehörigen **vor 2064** 15, **2088** 2; Vereinbarungen über Erbfolge oder Erbrechte **vor 2064** 20; Verlorengegangene – **vor 2064** 19 sa Erbvertrag
Verfügung von Todes wegen, IPR, Allgemeines **EGBGB 26** 1ff; Anknüpfung der Form **EGBGB 26** 12ff; Anwendungsbereich des Formstatuts **EGBGB 26** 19ff; Besonderheiten Beurkundung **BeurkG 27ff;** Erbstatut **EGBGB 25** 28ff; Erbstatut und Errichtungsstatut, Statutenwechsel **EGBGB 26** 24ff; Haager Testamentsformabkommen **EGBGB 26** 12ff, 34; innerdeutsches Kollisionsrecht **EGBGB 26** 9ff; ordre public **EGBGB 26** 7
Verfügungsbeschränkung vor 873 10ff; wg Güterstand **1365,** Lebenspartner **LPartG 8** 6; Vollständigkeitsvermutung des Grundbuchs **892** 1ff, 39ff
Verfügungsbeschränkung, rechtsgeschäftliche 137 1ff; Abgrenzung/Verhältnis zu Spezialvorschriften **137** 4; Allgemeines/Bedeutung **137** 1; Beispiele **137** 5, 8; Folgen **137** 9; Obligatorische Wirksamkeit **137** 1, 6ff; im Treuhandverhältnis **137** 5; Unzulässigkeit **137** 2ff; bei der verdrängenden Vollmacht **137** 5
Verfügungsermächtigung des Eigentumsvorbehaltskäufers **449** 22, 40; des Vorbehaltskäufers **449** 46
Verfügungsgeschäft Einl 104 16–19; Auslegung **133** 2; Gestaltungsgeschäft **Einl 104** 19; lediglich rechtlich vorteilhaft **107** 6; Nichtigkeit bei **134** 13f (Verstoß gegen ein gesetzliches Verbot); Sittenwidrigkeit **138** 53f; Zwangsvollstreckung **Einl 104** 18
Verfügungsvertrag vor **311** 4
Vergaberecht, Sittenverstoß **138** 188; Verbotsgesetz **134** 100
Vergabeverfahren, Verstoß, Folgen für Werkvertrag **631** 20
Vergebliche Aufwendungen, Ersatzfähigkeit **249** 66ff
Vergleich 779; Anfechtung **779** 28; Arbeitsrecht **779** 6; außergerichtlicher **779** 31; Familienrecht **779** 5; Form **779** 18; gegenseitiger Vertrag **779** 22; gegenseitiges Nachgeben **779** 22; Grundstücksübertragung **311b** 24; Insolvenzverfahren **779** 30; Irrtumsanfechtung **119** 14; Legitimation zum Abschluß **779** 19; Merkmale **779** 3ff; über nichtige Rechtsverhältnisse **779** 10; öffentliches Recht **779** 7f; Prozeßrecht **779** 9; Prozeßvergleich **779** 31; Störung der Geschäftsgrundlage **313** 76f, **779** 29; Streit oder Ungewißheit über Rechtslage **779** 12ff; Umfang **779** 11; Unwirksamkeitsgrund **779** 23ff; Verstoß gegen gute Sitten **138** 189; Vertrag zugunsten Dritter **328** 35; Wirkungen **779** 20f

Vergleich, vollstreckbarer, Verjährung **197** 13f, **201** 3
Vergleichswohnungen 558a 11
Vergütung, Abwicklung von Verträgen, Klauselverbote **308** 62ff; s Übersicht dort
Vergütung Dienstvertrag, s Übersicht **611;** 13. Monatsgehalt **611** 453ff; **611** 387ff, **612,** Abfindungen **611** 411f; Akkord **611** 439ff; Änderung/Widerruf **611** 428ff; Annahmeverzug s Übersicht **615;** Arbeitgeberdarlehen **611** 467ff; Arbeitnehmererfindung **612** 3; Aufwendungsersatz **611** 410ff; Ausbildungsverhältnis **611** 389; Ausschlußfristen **611** 421ff; Begriff **611** 387; Bemessung **611** 388; betriebliche Altersversorgung **611** 477ff; Brutto-/Nettovergütung **611** 393; durch Dritten **611** 390; Fehlen einer Vereinbarung **612** 1f; flexible Arbeitszeitregelungen **611** 447f; Gedinge **611** 447f; Gewinnbeteiligung **611** 457ff; Gratifikation **611** 453ff; Grundsatz der Vorleistungspflicht **614** 1ff; Inhalt **611** 387, 391; Leistungsvergütung **611** 439ff; Lohngleichheit von Männern und Frauen **612** 24ff; Maßregelungsverbot **612a;** bei Nichtleistung **611** 399ff; Prämie **611** 444ff; Provision **611** 449ff; Rückgewähr **611** 417ff; Sachzuwendungen **611** 470ff; bei Schlechtleistung **611** 405ff; Sozialversicherung Beitragspflicht **611** 394f; Taxe **612** 9ff; Üblichkeit **612** 22; Vergütungsklage **611** 413ff; Vermögensbeteiligung **611** 461ff; vermögenswirksame Leistungen **611** 466; Vorschuß und Abschlag **614** 6ff; Wucher **612** 21; Zeitvergütung **611** 435ff; zwingender Mindestlohn **612** 21
Vergütungsvereinbarung, Form **125** 3
Verhaltenspflichten 241 10ff; Haftungsmaßstab **241** 12; Informations- und Aufklärungspflichten **241** 14ff; Schadensersatz statt Leistung bei Verletzung **282;** Schutzpflichten **241** 11
Verhandlungsgehilfe/sonstige Hilfspersonen, Wissenszurechnung **166** 8
Verjährung 194–225; absolutes Recht **194** 5, 10; und Abtretung **197** 18, 25; Angebot **194** 16; Anspruch im prozessualen Sinn **194** 8; des Anspruchs **122** 11, **vor 194** 1, **194** 1f; Ausschluß **vor 194** 7, **202** 1ff sa Verjährung, Vereinbarung; Ausschlußfrist, Abgrenzung **vor 194** 9ff; Besitzrechte **194** 13; Dauerschuldverhältnis **194** 4; Deliktsrecht **852;** dingliche, familien-/erbrechtliche Ansprüche **194** 6, 10; Eigentumsherausgabeanspruch **194** 5; Einreden **194** 14; familienrechtliche Verhältnisse **194** 23; Geltendmachung **vor 194** 8; Gemeinschaft, Aufhebungsanspruch **194** 22; Gestaltungsrechte **194** 11; Gewährleistung, Klauselverbote **309** 118ff; Grundbuchberichtigungsanspruch **194** 20; Grundstücksrechte **194** 18f, **196** 1ff; Herausgabeanspruch aus dinglichen Rechten **197** 2ff; Kaufrecht **195** 17; Konkurrenz **194** 9; Landpacht **591b;** Leasing **Anh 535** 52; Leihe **195** 15; Leistungsverweigerungsrecht **194** 14; Mängelansprüche **vor 194** 6; Miete, Pacht **195** 15; nachbarrechtliche Ansprüche **194** 21; von Nebenleistungen **217;** Neuregelung, Überblick **vor 194** 6ff; Nießbrauch **195** 15; Obliegenheiten **194** 15; öffentliches Recht **vor 194** 18, **195** 20ff; Recht des Schuldners **vor 194** 8; Rechtsanwälte/Steuerberater/Wirtschaftsprüfer, Ansprüche gegen **195** 16; rechtskräftig festgestellte Ansprüche **197** 10ff, **201** 1ff; bei Rechtsnachfolge **198;** regelmäßige **195** 1ff sa Verjährung, regelmäßige; regelmäßige Verjährungsfrist **vor 194** 6; relatives Recht **194** 3; Schuldrechtsmodernisierung **vor 194** 3ff; Steuerrecht **vor 194** 18; Übergangsvorschriften **vor 194** 17; überraschende Klauseln **305c** 18; und ungerechtfertigte Bereicherung **812** 4; unklagbare Ansprüche **vor 194** 7; unverjährbare Ansprüche **194** 17ff; unvordenkliche **vor 194** 15; unzulässige Rechtsausübung **242** 202; Vertragsfreiheit Erleichterungen/Erschwerungen **vor 194** 7, **202** 1ff sa Verjährung, Vereinbarung; Vertreterhaftung **179** 10, 13; Verwaltungsakt, unanfechtbarer **197** 20; Verwirkung **vor 194**

14, 242 126; Werkvertragsrecht 195 17; wiederkehrende Leistungen 194 4, 197 9, 17; Wirkung bei Gesamtschuld 425 26ff; zivilrechtliche Ansprüche 194 24; Zweck vor 194 2
Verjährung, Ablaufhemmung, Nachlaßfälle 211; bei nicht voll Geschäftsfähigen 210
Verjährung, Beginn, andere Verjährungsfristen 200; festgestellte Ansprüche 201 1ff; regelmäßige Verjährung 199 1ff sa Verjährung, regelmäßige, Beginn; Unterlassungsansprüche 201 6
Verjährung, Hemmung 203ff; Ablaufhemmung s Verjährung, Ablaufhemmung; Anmeldung im Insolvenzverfahren 204 26, 48; Ansprüche 207 5 (zw Ehegatten), 6 (zw Lebenspartnern), 7 (nichteheliche Lebensgemeinschaft), 9f (zw Eltern und Kindern), 10 (zw Lebenspartner Vater/Mutter und Kind), 11 (zw Vormund und Mündel), 12 (zw Betreuer und Betreutem), 13 (zw Pfleger und Pflegebefohlenem), 14 (zw Kind und Beistand); Arrest/einstweilige Verfügung 204 23ff; Beendigung der Hemmung 204 38ff; Dauer 204 38ff; entsprechende Anwendung 205 8; aus familiären und ähnlichen Gründen 207; fehlende Mittel zur Rechtsverfolgung 206 8; Güteverfahren 204 16f, 43; Hemmung der 6-Monats-Frist 204 58; höhere Gewalt 206 1ff, 7 (Einzelfälle); Inzahlungnahme 205 4; Klageerhebung 204 (Gerichtsarten, Sonderfälle), 2ff, 2 (Art der Klage), 3 (fehlerhafte Klage), 4 (Parteien des Rechtsstreits), 5, 6 (nachgeholte Zustellung), 7ff (Umfang der Hemmungswirkung), 10 (Sekundäransprüche), 11 (Adhäsionsverfahren), 40; Kontokorrent 205 7; bei Leistungsverweigerungsrecht 205 1ff; Mahnbescheid 204 13ff, 42; Nachlauffrist, 6 Monate 204 53; Prozeßaufrechnung 204 18, 44; Prozeßkostenhilfeantrag 204 35ff, 52; Rechtsverfolgung 204, 38f; Schiedsverfahren 204 27ff, 49; selbständiges Beweisverfahren 204 20, 45; Stillhalteabkommen 205 5; Stillstand der Rechtspflege 206 6; Stillstand des Verfahrens 204 54ff; Streitverkündung 204 19, 44; Stundung 205 3; Unterhaltsverfahren, vereinfachtes 204 12, 41; vereinbartes Begutachtungsverfahren 204 21f, 46; bei Verhandlungen 203 1ff, 3 (Anspruch, Begriff), 4 (Verhandlung, Begriff), 5 (Ende der Verhandlungen), 6 (Hemmung für Gegenstand der Verhandlung), 7 (durch Dritte), 8 (Ablaufhemmung); bei Verletzung der sexuellen Selbstbestimmung 208; Vertragsverhandlungen 205 6; Verwaltungsvorverfahren 204 31ff, 50; Wiederaufnahme des Verfahrens 204 57; Wirkung 209; Wirkungserstreckung 213; Zuständigkeitsbestimmung durch höheres Gericht 204 34, 51
Verjährung, Höchstfristen 199 31ff; doppeltes Fristenregime 199 39ff; Sinn 199 31f; sonstige Ansprüche 199 42; Unterlassungsansprüche 199 43; Verletzung anderer Rechtsgüter 199 37ff; Verletzung höchstpersönlicher Rechtsgüter 199 33ff
Verjährung, Mängelgewährleistung/-haftung, Kauf 438 sa Kauf, Mängelgewährleistung/-haftung, Verjährung
Verjährung, Neubeginn 212f; Abgrenzung 212 11 (Vereinbarung über Verjährung); Abschlagszahlung 212 9; Anerkennung 212 5ff; Anfechtung Anerkenntnis 212 12; Aufrechnung 212 10; Bedeutung 212 2; Sicherheitsleistung 212 9; Umfang 212 8; nach Verjährung 212 4; Vollstreckungshandlung/Zwangsvollstreckungsantrag 212 1ff, 2ff; Wirkungserstreckung 213; Zinszahlung 212 9
Verjährung, regelmäßige 195 1ff; Amtshaftungsansprüche 195 22; Aufopferung 195 22; Ausnahmen 195 19; Enteignungsentschädigung 195 22; familien- und erbrechtliche Ansprüche 195 10, 197 6f; gemischttypische Verträge 195 7; gesetzliche Schuldverhältnisse 195 8; Handelsgeschäfte, Ansprüche aus 195 11; mehrere konkurrierende Ansprüche 195 14; sachenrechtliche Ansprüche 195 9; Sondergesetze, Verweisung 195 12; Veränderung des Schuldverhältnisses 195 13; vertragliche Schuldverhältnisse 195 5f
Verjährung, regelmäßige, Beginn 199 1ff; Abhängigkeit von Verhalten Gläubiger/Dritter 199 6f; anspruchsbegründende Umstände 199 21; Ausmaß des Schadens 199 23; Entstehen des Anspruchs 199 3ff; Fälligkeit 199 5; geschäftsunfähiger/beschränkt geschäftsfähiger Gläubiger 199 13; Gläubigermehrheit 199 16; Gläubigerwechsel 199 17; grob fahrlässige Unkenntnis 199 19f; mit Jahresschluß/Ultimo-Verjährung 199 30; juristische Person als Gläubiger 199 14; Kenntnis 199 18; Kenntnis Erfüllungs- oder Verrichtungsgehilfe 199 29; Kenntnis vom Schaden 199 22; Kenntnis von Person des Schuldners 199 26f; Kenntnis/grob fahrlässige Unkenntnis von Anspruchsgrundlage 199 12ff; Schadensersatzansprüche 199 8f; Schuldnermehrheit 199 28; Unterlassungsansprüche 199 43; wiederholte Pflichtverletzung 199 24; Wissenszurechnung anderer Personen 199 13ff
Verjährung, Vereinbarungen vor 194 7, 202 1ff; Abgrenzung 212 11 (Neubeginnn wg Anerkenntnis); AGB 202 13; Einredeverzicht 202 15, 15, 214 4ff; Form 202 3; bzgl Frist 202 4; Grenzen der Verlängerung 202 14; Haftung wegen Fahrlässigkeit 202 9; Haftung wegen Vorsatzes 202 8; bzgl Lauf der Verjährung 202 4; Nichtigkeit Verstoßfolge 202 11; Umfang 202 6; für unverjährbare Ansprüche 202 7; verjährungserschwerende 202 10; Zeitpunkt der Vereinbarung 202 5; bei zwingenden gesetzlichen Verjährungsregeln 202 12
Verjährung, Wirkung 214; Aufrechnung 214 10, 215; Einredeverzicht 202 15, 214 4ff; bei gesicherten Ansprüchen 216; Hypotheken/Pfandrechte 214 9, 216; und Mängeleinrede 218 9; und Minderung 218 10; auf Nebenleistungen 217; öffentlich-rechtliche Ansprüche 214 14; Rückforderung bei Leistung trotz Einrede 214 7f; Unwirksamkeit des Rücktritts 218; unzulässige Rechtsausübung 214 11ff; Wert des verjährten Anspruchs 214 2f; Zurückbehaltungsrecht 215
Verkäufergarantie 443 5ff
Verkaufsfahrten 312 53ff, 75
Verkaufsveranstaltungen 312 53ff, 75; im Ausland 312 55
Verkehrshypothek vor 1113 11f
Verkehrspflichten, sa Übersicht 823; vor 823 3, 823 75ff sa dort; Amtshaftung 839 53, 133; Aufsichts-, Überwachungs-, Organisationspflichten 823 83f; Beherrschung eines Gefahrenbereiches 823 89f; Berufshaftung 823 126ff sa Arzthaftung; Fallgruppen 823 88ff; Kausalität 823 87; Produzentenhaftung 823 108ff sa dort; Übertragung auf anderen 823 85f; Unterlassen, Haftung für 823 77; Voraussetzungen Verletzung 823 79ff; Zumutbarkeitserwägungen 823 80
Verkehrsschutz, IPR EGBGB 12
Verkehrssicherungspflicht bei Miete 535 49, 52; Mitverschulden bei Verletzung 254 44ff; des Verkäufers 433 36; s Verkehrspflichten
Verkehrssicherungspflicht, öffentliche Straßen und Wege, Amtshaftung 839 29, 133
Verkehrssitte 133 31, 157 8ff, 242 12f
Verkehrsstörungen, Entgeltfortzahlung 616 33
Verkehrstarife, Einbeziehung AGB 305a 3
Verkehrsunfallrecht, familienrechtliche Haftungsbeschränkung 1359 4
Verkehrsunternehmen, öffentliche 145 9
Verkehrswege, öffentliche, Verkehrssicherungspflichten 823 97, 101, 839 133
Verkehrswesentlichkeit von Eigenschaften 119 43
Verladungsanzeige 447 11
Verlagsvertrag vor 581 10, vor 631 24; IPR EGBGB 28 54; Neubearbeitung vor 631 24
Verlängerter Eigentumsvorbehalt, s Eigentumsvorbehalt, verlängerter

Stichwortverzeichnis

Verleihung, Rechtsfähigkeit, ausländischer Verein **23**; Rechtsfähigkeit, wirtschaftlicher Verein **22** 1ff
Verleitung zum Vertragsbruch 138 69, 85, 191
Verlöbnis, Allgemeines **vor 1297**; Beendigung **1298** 1; Bereicherungsansprüche **1298** 17, **1301**; Ersatzpflicht bei Rücktritt **1298**; geheimer Vorbehalt **vor 1297** 15; gemeinschaftliches Testament **vor 1297** 19; Geschenke, Rückgabe **1301**; Irrtum **vor 1297** 16; Kinder **vor 1297** 20; Mietvertrag **vor 1297** 22; Nichtigkeit **vor 1297** 17; Nichtigkeit Strafversprechen **1297**; Rechtsnatur **vor 1297** 4ff; Rücktritt aus Verschulden des anderen Teils **1299**; Rücktritt, einseitiger **1298f**; Schadensersatzansprüche **1298** 11ff; Unklagbarkeit **1297**; Verjährung **1302**; Voraussetzungen **vor 1297** 12ff; Wirkungen **vor 1297** 18ff; Zeugnis- und Aussageverweigerungsrecht **vor 1297** 23
Verlöbnis, IPR EGBGB vor 13 4ff; ordre public **EGBGB 6** 32, **vor 13** 6, 9
Vermächtnis 1939, 2147–2191, 2156; Allgemeines **vor 2147**; Anfall **vor 2147** 7, **2176**; Anfechtung der Ausschlagung **2308**; Anwachsung **2158f**; aufgeschobenes **2177, 2179**; Auflage, Abgrenzung **vor 2192** 3; Auskunftsanspruch des Bedachten **2174** 7; Ausschlagung **2180**; Auswahl des Bedachten durch Beschwerten **2151f**; Bedachter zur Zeit des Erbfalls noch nicht erzeugt **2178, 2179**; Bedingung/Befristung **2177, 2179**; Begünstigter **vor 2147** 3; Beschwerter **vor 2147** 4, **2147** 2f; Besitz, Vermächtnis **2169** 2; Bestimmung der Persönlichkeit des Bedachten durch nach dem Erbfall eintretendes Ereignis **2178, 2179**; Bestimmung des zugewendeten Gegenstandes durch Beschwerten **2153**; Bestimmung, daß Gegenstand nicht dem eingesetzten Erben zufallen soll **2149**; dreißigjährige Frist **2162f**; und Erbeinsetzung, Auslegung **2087**; Erbschaftsteuer **vor 2147** 12; Erbunwürdigkeit **2345**; Ersatzansprüche **2164** 2; Ersatzvermächtnis **2190**; Fälligkeit **vor 2147** 7, **2181**; einer Forderung oder Recht gegen den Erben **2175**; Forderungsvermächtnis **2173**; Früchte **2184** 1; Gattungsvermächtnis **vor 2147** 6, **2155, 2182f** (Gewährleistung); Gegenstand **vor 2147** 5; gemeinschaftliches Vermächtnis **2157**; Haftung mehrerer Miterben **2148** 2 (Außenverhältnis), 3 (Innenverhältnis); Haftungsbeschränkung des Hauptbedachten **2187**; Höfeordnung **vor 2147** 10, **2174** 8, **2176** 2; Kürzung durch Hauptbedachten **2188**; mehrere Beschwerte **2148**; mehrere Vermächtnisnehmer, Gesamtgläubiger **428** 6; Mithaftung bei Lastenausgleich **vor 2147** 11; Nachvermächtnis **2191**; Nachvermächtnisvollstrecker **2223** 2; nicht zur Erbschaft gehörende Gegenstände **2169**; Nutzungen **2184** 2; Pflichtteilsberechtigter bedacht **2307**; Pflichtteilsberechtigter beschwert **2306** 1, **2308**; Rangordnung für Beschwerungen **2189**; Stückvermächtnis **vor 2147** 6; Universal-/Quotenvermächtnis **vor 2147** 5; Unmöglichkeit **2171**; Untervermächtnis **2186**; Verbindung, Vermischung oder Verarbeitung des vermachten Gegenstandes **2172**; Verjährung **197** 7; Vermächtnisforderung **2174**; Vermächtnisvollstrecker **2223** 2; Verschaffungsvermächtnis **vor 2147** 6, **2169f, 2182** (Gewährleistung); Verstoß gegen gesetzliches Verbot **2171** 2; Verteilung der dinglichen Belastung **2165–2168a**; Vertrag über ein – **311b** 94; Verwendungen, Aufwendungen **2185**; Vorausvermächtnis **2150**; Vorversterben des Bedachten **2160**; Wahlvermächtnis **vor 2147** 6, **2154**; Wegfall des Beschwerten **2161**; Zubehör **2164**; Zweckvermächtnis **vor 2147** 6
Vermächtnisunwürdigkeit 2345
Vermengung s Verbindung, Vermischung, Verarbeitung
Vermessungskosten 448 6
Vermieterpfandrecht 562ff; Abwendung durch Sicherheitsleistung **562c**; Anwartschaftsrecht **929** 21; Beweislast **562** 17; Erlöschen **562a**; Gegenstand des Pfandrechts **562** 6ff; gesicherte Forderungen **562** 14ff; Inhalt **562** 3ff; Pfandgläubiger **562** 13; und Pfändung durch Dritte **562d**; Rückschaffungs-/Herausgabeanspruch **562b** 3; Selbsthilferecht Vermieter **562b** 2
Vermieterpflichten, Duldungspflicht **539** 12 (Wegnahme der Einrichtungen), **548** (Wegnahme der Einrichtungen), **552** (Wegnahme der Einrichtungen)
Vermietungsbeschränkungen, Wohnungseigentümergemeinschaft **WEG 10** 9
Vermittler vor 164 26; Abgrenzung zur unmittelbaren Stellvertretung **vor 164** 26; Wissenszurechnung **166** 8
Vermittlungsvertrag über Verbraucherdarlehen 655aff sa Darlehensvermittlungsvertrag
Vermögens- und Gewinnbeteiligung 611 457ff
Vermögensberatung, Pflichtverletzung/Schadensersatz **280** 48ff
Vermögensgesetz, Verhältnis zur Anfechtung **119** 20, **123** 54
Vermögensschaden, Geldersatz 249 48ff; Arbeitskraft **249** 53; Belastung mit Verbindlichkeiten **249** 61; Einzelfälle **249** 52–74; Freizeitverlust **249** 54; Frustrationsschäden **249** 66ff; GEMA-Rechtsprechung **249** 74; Genußmöglichkeiten, Verlust **249** 69; konkreter/allgemeiner Vermögensschaden **249** 49; Nutzungsausfallschaden Kfz **249** 56ff; Nutzungsausfall, andere Sachen **249** 59f; Schadensbearbeitungskosten/Fangprämie **249** 73; Schadensermittlung **249** 51; unerlaubte Handlung, Spezialregeln **842ff** sa Schadensersatz, unerlaubte Handlung; Unterhaltsbelastung **249** 62ff; Urlaub, Verlust **249** 55; vergebliche Aufwendungen **249** 66ff; Vorhaltekosten Kfz **249** 58, 71f; Vorsorgemaßnahmen für Schadensfall **249** 70ff
Vermögensschaden, Naturalrestitution 249 17
Vermögenssorge 1626 17f, **1638–1649**; Anordnungen Familiengericht **1667**; Aufwendungen für elterliche Sorge **1648**; Bedürfnis familiengerichtliche Genehmigung **1643** 1, 4ff, **1644**; Beschränkung durch Schenker/Erblasser **1638** 8, **1639**; Ende **1698f**; Erwerb mit Mitteln des Kindes **1646**; Fortführung bei Tod des Kindes **1698b**; Fortführung der Geschäfte in Unkenntnis der Beendigung **1698a**; Neugründung eines Erwerbsgeschäftes **1645**; Schenkungen in Vertretung des Kindes **1641**; Vermögensgemeinschaft und Wiederverheiratung **1683**; Vermögensverzeichnis **1640, 1667**; Verwendung der Vermögenseinkünfte **1649** 1, 4ff; Verwendung Erwerbseinkünfte **1649** 8; wirtschaftliche Vermögensverwaltung **1642**
Vermögensübertragung, Vermögen, Form **311b** 88ff; zukünftiges Vermögen, Form **311b** 83ff
Vermögensverfall, Störung der Geschäftsgrundlage **313** 79
Vermögensvermischung, unzulässige Rechtsausübung **242** 173
Vermögensverwaltung, Geschäftsbesorgungsvertrag **675** 7; Überlassung an Ehegatten **1413**
Vermögensverwaltungsgesellschaft, GbR **vor 705** 29
Vernehmung, Zeugen und APR **Anh 12** 148f
Verordnungen, Schutzgesetz **823** 156
Verpächterpfandrecht 583, 592
Verpackung der Kaufsache **433** 30, **434** 49, **447** 16, 21, **448** 3, 5
Verpackungskosten, Aufwendungsersatz Teilzahlungsgeschäft **503** 33
Verpartnerung, s Lebenspartnerschaft
Verpfändung, bewegliche Sachen **232** 3, **237**; Buchforderungen **232** 2, **236**; Hypothekenforderung, Grund- oder Rentenschulden **232** 7, **238**; Mitgliedschaft, Gesellschaft **717** 10, **719** 4
Verpflichtungsermächtigung 185 18
Verpflichtungsgeschäft Einl 104 15, **vor 311** 4; lediglich rechtlich vorteilhaft **107** 5; und Verfügungsgeschäft **Einl 104** 17ff

Stichwortverzeichnis

Verpflichtungsvollmacht, Ausschluß des Widerrufsrechtes **168** 18
Verrichtungsgehilfe, Mitverschulden **254** 77
Verrichtungsgehilfe, Haftung für 831; andere Haftungsvoraussetzungen **831** 13ff; Anwendungsbereich **831** 4; Aufsichts- und Organisationspflichten **831** 25f; in Ausführung der Verrichtung **831** 11ff; Bestellung zu einer Verrichtung **831** 5ff; Beweislast **831** 29; Entlastungsbeweis **831** 16ff; Gesamtschuldnerausgleich **426** 58; geschädigter Dritter **831** 15; mehrere Gehilfen **831** 14; Verschulden des Gehilfen **831** 13; vertragliche Übernahme der Auswahl **831** 27
Versammlung, Abbildungsfreiheit **Anh 12** 185
Versammlungsorganisation WEG 10 9
Verschaffungsvermächtnis vor 2147 6, **2169f**; Gewährleistung **2182**
Verschlechterung, zufällige **446** 9f
Verschleiß 434 40
Verschließung, öffentliches Testament **BeurkG 34**
Verschmelzung, Verein, rechtsfähiger **41** 2
Verschulden, Allgemeines **276** 1ff; beim Annahmeverzug **300**; Fahrlässigkeit s dort; Haftung s dort; Haftung für Verschulden Dritter **278** sa Erfüllungsgehilfe; Landpacht, Haftung für Verschulden Dritter **589** 3; Leasingvertrag **Anh 535** 19ff; Miete **535** 121ff, **540** 17; positive Vertragsverletzung s dort; und Rechtswidrigkeit **276** 4ff; beim Schuldnerverzug **287**; bei Vertragsverhandlungen s cic; Vorsatz s dort; Wirkung bei Gesamtschuld **425** 16 (Gesamthänder), 16 (gleichgündige Gesamtschuldner), 17 (Rechtsanwaltssozietät), 18 (Arztpraxis), 19 (gleichgründige Gesamtschulden, Kündigungserklärung), 20 (ungleichgründige Schutz- oder Sicherungsgesamtschulden), 21 (Zurechnung Mitverschulden)
Verschulden bei Vertragsschluß s Culpa in contrahendo
Verschwiegenheitspflicht 280 55
Verschwiegenheitspflicht, Arbeitnehmer 611 494ff; und Anzeige- und Informationspflichten **611** 505ff; außerordentliche Kündigung **626** 69; und Wettbewerbsverbot, nachvertragliches **611** 502ff
Versendungskauf 447; Anweisungen des Käufers für Versendung **447** 18; Auslieferung an Transportperson **447** 10; besondere Pflichten des Verkäufers **447** 16f; Beweislast **447** 22; Folgen Gefahrübergang **447** 12ff, 12 (typisches Transportrisiko), 13 (Zufall), 14 (Drittschadenssituation), 15 (Herausgabe des Surrogats); Gattungsschulden, Konkretisierung **447** 11; Klauseln des Handelsverkehrs **447** 8ff; Kosten **448** 3; Rechtsmängel **435** 16; Rücksendung der Ware **447** 21; Sammelladung **447** 11; Transport durch eigene Leute **447** 10; Übereignung **433** 19, **929** 30; Übergabe der Kaufsache **433** 14; Verkäuferpflichten, besondere **447** 16f; Verpackungsmaterial **447** 21; Versendung an anderen als Erfüllungsort **447** 4ff; Versendung auf Verlangen des Käufers **447** 7; Versendung innerhalb Lieferfrist **447** 19; Versendung von anderem als Erfüllungsort **447** 5; Voraussetzungen für Gefahrübergang **447** 3ff; Zug-um-Zug-Leistung **447** 20
Versicherung, Besonderheiten Vertragsschluß **151** 3f; der Kaufsache **447** 16, **448** 3, 5; Mitversicherung Mieter **538** 5
Versicherungsagent, Geschäftsbesorgungsvertrag **675** 7
Versicherungsbedingungen 305c 26, 30; Inhaltskontrolle **307** 23, 169ff, **308** 42; Prämienanpassungsklausel **307** 141; Preisklauseln **309** 10; überraschende Klauseln **305c** 18; unwirksame Klauseln, Rechtsfolge **306** 14, 17
Versicherungsforderung, Hypothekenhaftung **1127–1130**; Verpfändung **1274** 3
Versicherungskosten, Aufwendungsersatz Teilzahlungsgeschäft **503** 34
Versicherungsnachteile 249 112ff; Haftpflichtversicherung **249** 113; Kaskoversicherung **249** 114; Lebensversicherung **249** 115a; private Krankenversicherung **249** 115; Unfallversicherung **249** 115
Versicherungspflicht, Nießbrauchsberechtigter **1045**; des Verkäufers für Waren **433** 29; Wohnungseigentümergemeinschaft **WEG 10** 7, 9
Versicherungsrecht, unzulässige Rechtsausübung **242** 203
Versicherungsschein auf den Inhaber **808** 8
Versicherungsvertrag, Annahme des Antrags **147** 3; arglistige Täuschung **123** 2a; Aufklärungs- und Informationspflichten **242** 96; cic **311** 33; IPR **EGBGB 37** 8f; Irrtumsanfechtung **119** 17; Sittenwidrigkeit **138** 192; überraschende Klauseln **305c** 18; Verbotsgesetz, Verstoß **134** 101; Wissenszurechnung **166** 9
Versicherungsvertreter, Erfüllungsgehilfe **278** 32
Versitzung 901
Versorgungsanspruch, Betriebsübergang **613a** 44f
Versorgungsausgleich, s Übersicht **vor 1587**; **1587a, 1587b**; Abänderung s Übersicht dort; Allgemeines **1587** 1, **1587a** 1f; Anwendbarkeit der BGB-Vorschriften **VAHRG** 3; Anwendungsbereich, gegenständlicher **1587** 2ff; Ausgleichsanspruch **1587a** 3; Ausgleichsformen **1587b**, s Übersicht dort; Ausgleichsverpflichteter **1587a** 3; Auskunftsansprüche **1587e** 1ff, **VAHRG 3a** 10, **10a** 23, **11**; Auslandsbezug **vor 1587** 32ff; ausschließliche Anwendung **1587** 18; Beitragsentrichtungspflicht, Ersetzung **VAHRG** 1; Beitragserstattung vor Abschluß des Verfahrens **VAHRG 10d**; Bewertung der Anwartschaften s Übersicht dort; Durchführung s Übersicht dort; Durchführung bei Auslandsberührung **EGBGB 17** 59ff; Ehezeit **1587** 8ff, 9 (In-Prinzip), 15ff (Berechnung); Entwicklung **vor 1587** 6ff; Erlöschen des Ausgleichsanspruchs/Anspruch auf Beitragsentrichtung **1587e** 6f; familienstandsbezogene Leistungselemente, Nichtberücksichtigung **1587a** 87; isolierte Durchführung nach Anerkennung Auslandsscheidung **EGBGB 17** 63; Kindererziehungszeiten **1587** 6f; Lebensversicherung, Halbteilung **VAHRG** 1 3; neue Bundesländer, Überleitung des Versorgungsausgleichs **vor 1587** 26ff; Parteivereinbarungen **1587o**, **VAHRG 10a** 30 (Abänderung); Quasi-Splitting s Übersicht dort; Rechtsreform **Einl 1297** 28; Rentenauskunft **1587e** 5ff; Ruhen der Verpflichtung zur Begründung von Rentenanwartschaften **1587d**; Schutz des Versorgungsschuldners **1587p**; Störung der Geschäftsgrundlage **313** 59; Übergangsrecht **vor 1587** 36ff; **VAHRG VAHRG**; Vereinbarung, Sittenwidrigkeit **138** 100; Verfahren **vor 1587** 17ff, s Übersicht dort, **VAHRG** 9; Verfassungsmäßigkeit **vor 1587** 10ff; Verhältnis zu sonstigen Scheidungsfolgen **vor 1587** 14f; Wartezeiten, Nichtberücksichtigung **1587a** 85ff; Ziele **vor 1587** 1f
Versorgungsausgleich, Abänderung VAHRG 10a; Änderung der Ausgleichsform **VAHRG 10a** 13; Auskunftspflichten **VAHRG 10a** 23; Billigkeitskorrektiv **VAHRG 10a** 18f; Gründe **VAHRG 10a** 5ff; und Kapitalleistung **VAHRG 10a** 27f; Konkurrenzen **VAHRG 10a** 3; Reichweite **VAHRG 10a** 2; Rückwirkung **VAHRG 10a** 25f; Vereinbarungen über Versorgungsausgleich **VAHRG 10a** 30; Verfahren **VAHRG 10a** 4, 20ff; Verfallbarkeitsklausel **VAHRG 10a** 12; Wartezeitwirkungen **VAHRG 10a** 24; Wertabweichung **VAHRG 10a** 6ff; Wesentlichkeitserfordernis **VAHRG 10a** 14ff; Zweck **VAHRG 10a** 1
Versorgungsausgleich, Ausschluß, Härteklausel 1587c; Bagatellausgleich **1587c** 13; Bedürftigkeit des Verpflichteten **1587c** 14; grobe Unbilligkeit **1587c** 11ff; gröbliche Verletzung der Unterhaltspflicht **1587c** 24ff; Manipulation des Versorgungstatbestandes **1587c** 22f; persönliche Gründe **1587c** 15; Rechtsfolgen **1587c** 27f; Schematisierung bei Bewertung **1587c** 20; steuerliche Ungleichheiten **1587c** 16; Studentenehe **1587c** 17;

Trennungszeit **1587c** 18ff; Verfahren **1587c** 29; Verhältnis zu anderen Regelungen **1587c** 6ff; Verhältnis zu sonstigen Scheidungsfolgen **1587c** 19; Versorgungsbedürfnis des Berechtigten **1587c** 21

Versorgungsausgleich, Bewertung Anwartschaften 1587a 4ff, 4ff; atypische Anrechte **1587a** 68ff; Barwert-Verordnung, Text **Anh 1587a;** berufsständische Altersversorgung **1587a** 55ff; betriebliche Versorgungsanrechte **1587a** 42ff; Dynamisierung, Barwert-Verordnung **Einl 1297** 28; familienstandsbezogene Leistungselemente, Nichtberücksichtigung **1587a** 87; gesetzliche Rentenversicherung **1587a** 25ff; Landwirte, Alterssicherung **1587a** 55ff; Lebensversicherung, private **1587a** 61ff; Leibrente **1587a** 55; öffentlich-rechtliche Dienstverhältnisse/Beamte **1587a** 5ff; sonstige Anrechte außerhalb Lebensversicherung **1587a** 55ff; Umwertung nicht volldynamischer Versorgungsanrechte **1587a** 70ff; Wartezeiten, Nichtberücksichtigung **1587a** 85ff; Zusammentreffen verschiedener Anrechte **1587a** 77ff

Versorgungsausgleich, Durchführung 1587b; Abänderung **VAHRG 10a** sa Versorgungsausgleich, Abänderung; Ausgleich in anderer Weise bei Zweckverfehlung/Unwirtschaftlichkeit **1587b** 18ff; Ausschluß fremder Anrechte **VAHRG 3b** 10; Begründung von Rentenanrechten durch Beitragszahlung **1587b** 15f; Beitragszahlung, Ausgleich durch – **VAHRG 3b** 7ff; Einmalausgleich und Verrechnung **1587b** 17; Entscheidung durch Leistungsträger **VAHRG 9;** erweiterter öffentlich-rechtlicher **VAHRG 3b** 4f; Härtekorrektur bei Realteilung **VAHRG 10;** Höchstbetrag **1587b** 24ff; Nachzahlungen **VAHRG 6;** Quasi-Splitting **1587b** 11ff, **VAHRG 1** 6ff; Realteilung **VAHRG 1** 2ff; Rentensplitting **1587b** 7ff; Rückausgleich im Fall der Nachversicherung **VAHRG 4** 4; Rückausgleich im Falle Vorversterbens des Ausgleichsberechtigten **VAHRG 4** 1ff; Rückzahlung der geleisteten Beiträge **VAHRG 7;** Rückzahlung von Wiederauffüllungsleistungen **VAHRG 8;** Super-Realteilung **VAHRG 3b;** Supersplitting **VAHRG 3b;** Umrechnung in Entgeltpunkte **1587b** 27; und Unterhaltspflicht **VAHRG 5;** sa Versorgungsausgleich, schuldrechtlicher; Versorgungsausgleich, verlängerter schuldrechtlicher

Versorgungsausgleich, IPR EGBGB 17 49ff; Durchführung **EGBGB 17** 59ff; Heimatrecht, Ausgleich nach **EGBGB 17** 50f; isolierte Durchführung nach Anerkennung Auslandsscheidung **EGBGB 17** 67; Maßgeblichkeit Scheidungsstatut **EGBGB 17** 49; regelwidrige Durchführung nach deutschem Recht **EGBGB 17** 54ff

Versorgungsausgleich, schuldrechtlicher 1587f–1587n, VAHRG 2; Abfindung künftiger Ausgleichsansprüche **1587l;** Abtretung von Versorgungsansprüchen **1587i;** Anrechnung auf Unterhaltsanspruch **1587n;** Anspruch auf Rentenzahlung **1587g;** anwendbare Vorschriften **1587k;** Ausgleichstatbestände **1587f** 4; Beschränkung/Wegfall **1587h;** Erlöschen Ausgleichsanspruch **1587k;** Erlöschen des Abfindungsanspruchs **1587m;** Subsidiarität **1587f** 2; Verfahren **1587f** 3; Voraussetzungen/Wirkungen **1587f** 1

Versorgungsausgleich, Vereinbarungen 1408 8ff; Anfechtung **1408** 13; Ausschluß, völliger **1408** 9; in Ehevertrag **1408** 9; gesetzliche Schranken **1408** 15; Gütertrennung, Folge **1408** 14; Modifizierung **1408** 9; Scheidungsantrag innerhalb eines Jahres **1408** 12; Teilausschluß **1408** 10f; verlängerter **1408** 8ff

Versorgungsausgleich, verlängerter schuldrechtlicher VAHRG 3a; Allgemeines **VAHRG 3a** 1; Auskunftsansprüche **VAHRG 3a** 10; fremde Anrechte **VAHRG 3a** 7; Kürzungsregelung **VAHRG 3a** 6; Schuldnerschutz **VAHRG 3a** 9; Verfahren **VAHRG 3a** 11; Verweisungen **VAHRG 3a** 8; Voraussetzungen **VAHRG 3a** 2ff

Versorgungsbedingungen, Anwendbarkeit AGB-Vorschriften **310** 3

Versorgungsnießbrauch vor 1030 5

Versorgungsregelung, Verbotsgesetz **134** 40

Versorgungsunternehmen, Freizeichnungsklausel **242** 164; sittenwidriger Mißbrauch Monopolstellung **138** 103, 140; unzulässige Rechtsausübung **242** 196

Versorgungszusage 611 477ff; unzulässige Rechtsausübung **242** 205

Versprechen, bindendes 657 sa Auslobung

Versteigerung, Ausgebot als bindender Antrag **156** 6; Aushang AGB **305** 31; Ausschluß der Mängelhaftung **445;** Ausschluß vom Bieten **450f** 1ff; Auswahl unter Bietern **156** 6; Bindung an Gebot **156** 3; Ersteigerungsauftrag **156** 4; Gebote während Auktion **156** 4; gutgläubiger Erwerb **935** 10; Inhaltskontrolle **307** 59; und Kauf **vor 433** 26; schuldnerfremder Sachen, Kondiktion **812** 74f; Selbsthilfeverkauf **383–386** sa dort; Verbotsgesetz **134** 102; Vorleistungspflicht, Klausel **309** 22; Zustandekommen Vertrag durch Zuschlag **156;** Zwangsversteigerung **156** 1; im Zwangsvollstreckungsverfahren **156** 1

Versteigerung, Wohnungseigentum, Verfahren **WEG 53ff;** Antrag **WEG 54;** Rechtsmittel **WEG 58;** Terminsbestimmung **WEG 55;** Versteigerungsbedingungen **WEG 54;** Versteigerungstermin **WEG 56;** Zuschlag **WEG 57;** Zuständigkeit **WEG 53**

Versteigerungshypothek 1113 19

Versteigerungsverfälschung, vorsätzliche sittenwidrige Schädigung **826** 37

Verteidigungskosten, Ersatzfähigkeit **vor 249** 76

Verteilung Anzeigenblatt **vor 631** 24

Vertiefung des Bodens **909**

Vertrag vor 145ff, **vor 311**ff, **vor 320;** abstrakter **vor 311** 5; Allgemeines **vor 320;** Allgemeines, Arten **vor 311;** Antrag **145** sa dort; Antrag/Annahme **vor 145** 11; Anwendungsbereich **vor 145** 1f; atypischer **vor 433** 10; Aufhebung **311** 14; cic s dort; Daseinsvorsorge, Leistungsbeziehungen der **vor 145** 42ff, sa Daseinsvorsorge, Leistungsbeziehungen der; diktierter **vor 145** 30, **vor 241** 9; Dissens s dort; einseitiger/mehrseitiger/unvollkommen zweiseitiger **vor 145** 2; entgeltlicher/unentgeltlicher **vor 311** 6; faktischer **vor 145** 41; faktischer – **vor 145** 42; fehlerhafter **Einl 104** 10; gegenseitiger **320**ff, sa Gegenseitiger Vertrag; gemischter **vor 311** 15ff; Genehmigungserfordernis **275** 7ff; Handgeschäfte **vor 145** 2; Inhaltsänderung **311** 3ff; kausaler **vor 311** 5; Konsensualvertrag **vor 311** 7; marktordnender/organisatorischer **vor 145** 3; Novation **311** 10ff; öffentlich-rechtlicher **vor 145** 14ff, **278** 44f, sa Öffentliche Hand, Verträge; öffentlich-rechtlicher/privatrechtlicher, Abgrenzung **vor 145** 14ff, sa Öffentliche Hand, Verträge; Optionsvertrag **vor 145** 52; Principles of European Contract Law **vor 145** 13; Rahmenvereinbarung **vor 311** 13; Realvertrag **vor 311** 7; Rechtsbindungswille **vor 145** 4ff; Schuldvertrag **vor 145** 1; sozialtypisches Verhalten **vor 145** 42; subordinationsrechtlicher Verwaltungsvertrag **vor 145** 20ff sa Subordinationsrechtlicher Verwaltungsvertrag; sui generis **480** 1; Sukzessivlieferungsvertrag **vor 145** 53f; Teillieferungsvertrag **vor 145** 53; typischer/atypischer **vor 311** 9f; typisierte Leistungen des Massenverkehrs **vor 145** 42ff sa Daseinsvorsorge, Leistungsbeziehungen der; Übereinstimmung der Willenserklärungen **vor 145** 12; verbundene **vor 311** 13; Verpflichtung/Verfügung **vor 311** 4; Vertragsfreiheit s dort; Vertragsfreiheit und Kontrahierungszwang **vor 145** 26ff sa Kontrahierungszwang; Vertragsfreiheit; Vertragsmängel **vor 145** 39ff, s dort; Vorverhandlungen **vor 145** 51; Vorvertrag **vor 145** 46ff, s dort; Willenseinigung **vor 145** 4, 11; zusammengesetzter **vor 311** 14; Zustandekommen **vor 145** 11f

Vertrag mit Schutzwirkung zugunsten Dritter 157 29, **vor 328** 9f, **328** 10ff, **535** 116ff, **536a** 10; Art des ersetzbaren Schadens **328** 16; Auslegung **328** 12; Beweislast **328** 19; Einzelfälle **328** 20ff; Erkennbarkeit/Zumutbarkeit **328** 15; Geschäftsbesorgungsvertrag **675** 16ff; Interesse des Gläubigers **328** 13f; Mitverschulden **328** 16; Revisibilität **328** 19; Schutzinteresse des Dritten **328** 13f; tatsächliche Leistungsnähe des Dritten **328** 13; Voraussetzungen **328** 13ff

Vertrag zu Lasten Dritter vor 328 11

Vertrag zugunsten Dritter 328–335; Abtretung, Anspruch **399** 9; Allgemeines **vor 328**; Anfechtung **328** 8; Auslegung **328** 10; Bereicherungsausgleich **vor 328** 8, **812** 33ff; Bestimmung des Dritten **328** 6; Beweislast; Deckungsverhältnis **vor 328** 5; Einwendungen des Schuldners **334**; Einzelfälle **328** 20ff; Erfüllungsübernahme **329**; Forderungsrecht Versprechensempfänger **335**; Form **328** 5, **329** 4, **331** 4; Gesamtgläubiger **428** 22; Lebensversicherungsvertrag **330** 2 sa dort; Leibrentenvertrag **330** 10; Leistung bei Tod des Versprechensempfängers **331f, 332** (Änderung Bezugsberechtigung durch Verfügung von Todes wegen); öffentliches Recht **vor 328** 3; Rechtsstellung des Dritten **328** 7; Schenkung **516** 12, **518** 5a; und Tausch **480** 4; Valuta-Verhältnis **vor 328** 5; Vereinbarung **328** 4; Verfügungsgeschäfte **328** 2; Vertrag mit Schutzwirkung zugunsten Dritter 157 29, **vor 328** 9f, **328** 10ff sa dort; Vertrag zu Lasten Dritter **vor 328** 11; Vollzugsverhältnis **vor 328** 6; Widerrufserklärung **328** 4; Wiederkaufsrecht **456** 8; Zurückweisungsrecht des Dritten **333**; Zweck **vor 328** 4

Vertragsänderungsverlangen, Wirkung bei Gesamtschuld **425** 10

Vertragsauslegung 157; sa Auslegung, Vertrag

Vertragsbeitritt vor 414 2

Vertragsbruch, Verleitung zum 826 28f

Vertragsfreiheit vor 145 26ff, **vor 241** 10; Abschlußverbote **vor 145** 32; AGB **vor 145** 38; Beendigung, erschwerte **vor 145** 32; und diktierter Vertrag **vor 145** 30, **vor 241** 9; Grenzen **vor 241** 10ff; GWB **vor 145** 37; inhaltliche Gestaltungsfreiheit **vor 145** 33; und Inhaltskontrolle **vor 241** 11; internationaler Geschäftsverkehr **vor 145** 35; Kontrahierungszwang **vor 145** 27ff sa dort, 28 (nach GWB); Koordinierung auf dem Markt **vor 145** 37; Monopole **vor 145** 27f; Richtigkeitsgewähr **vor 145** 36ff; Schadensersatzpflicht **vor 145** 31; soziale Schutzbestimmungen **vor 145** 38; Typenfreiheit **vor 145** 34; und Verbraucherschutz **vor 241** 12f

Vertragshändlervertrag **456** 5; Geschäftsbesorgungsvertrag **675** 7; Inhaltskontrolle **307** 47, 172f, **308** 37; selbständiger Dienstvertrag **611** 41

Vertragshilfe **242** 28, **313** 84

Vertragskosten, Aufwendungsersatz Teilzahlungsgeschäft **503** 35

Vertragslaufzeit **305c** 30, 32, **306** 10; Dauerschuldverhältnisse, Klauselverbote **309** 124ff

Vertragsmängel im Arbeitsrecht **vor 145** 41; bei Leistungsbeziehungen der Daseinsvorsorge **vor 145** 42; bei Personengesellschaften **vor 145** 41

Vertragsparteien, Wechsel des Vertragspartners, Klauselverbote **309** 134ff

Vertragspfandrecht Einl 1204 12

Vertragsstrafe **309** 42, **339–345**; Allgemeines **vor 339** 1ff; andere als Geldleistung **342**; Arbeitsverhältnis **611** 323ff, 323ff; Auslegung **339** 9; Begriff **vor 339** 4; Beweislast **345**; Garantieversprechen **vor 339** 9; Herabsetzung durch Urteil **343**; Inhalt **339** 3; Klauselverbote **309** 53ff; öffentliche Strafe, Abgrenzung **vor 339** 10; Schadensersatz **vor 249** 12; Schadenspauschalierungsabrede, Abgrenzung **vor 339** 2; selbständiges Strafversprechen **vor 339** 6; Sittenwidrigkeit **138** 193; Strafversprechen für nicht durchsetzbare Leistungen **344**; Strafversprechen für nicht gehörige Erfüllung **341**; Strafversprechen für Nichterfüllung **340**; Strafversprechen, Vertrag/Erklärung **339** 1; Treuhandanstalt, Unternehmensverkäufe **339** 2; bei Unterlassen als Hauptverpflichtung **339** 8; unwirksame Klausel **306** 12; Verfallbereinigung **339** 6; Verfallklausel **vor 339** 2; Verhältnis zu sonstigen Gläubigerrechten **340f**; Verjährung **339** 5; Verschulden **339** 7; Verwirkung **339** 4; Verwirkungsklausel **vor 339** 8; Vorbehaltszwang bei Annahme **341** 3; Vorfälligkeitsklausel **vor 339** 7; bei Wohnraummiete **555**; Zweck **vor 339** 1

Vertragsübernahme **311** 5, **398** 2, **vor 414** 1; Form **125** 3; Klauselverbote **309** 135

Vertragsverhandlungen, Abbruch **311** 34; Hemmung der Verjährung **205** 6

Vertragsverhandlungen, Verschulden bei, s Culpa in contrahendo

Vertrauens- und Verkehrsschutz, unzulässige Rechtsausübung **242** 206 sa dort

Vertrauensverhältnisse, Mitverschulden **254** 29

Vertretbare Sachen 91; als Mietgegenstand **535** 25

Vertreter, Verdienstausfall **252** 18

Vertreter ohne Vertretungsmacht, Vertreterhaftung aus GoA **677** 10

Vertretung vor 164 1ff, **164ff**; Abgrenzung **vor 164** 14 (mittelbare Stellvertretung), 15 (Treuhand), 21 (Strohmann), 22 (Ermächtigung/Einziehungsermächtigung/Verfügungsmächtigung), 23ff (Bote), 26 (Geschäftsgehilfe), 26 (Vermittler), 27 (Wissensvertreter), 28 (Partei kraft Amtes), 29 (Prozeßvertretung); Abstraktionsprinzip **vor 164** 6, **164** 14; Allgemeines/Bedeutung/Zweck **vor 164** 1; Anwendungsbereich **vor 164** 9; Arten der Vertretungsmacht **vor 164** 10ff; Ausschluß der Stellvertretung **vor 164** 30; bei formbedürftigen Erklärungen **126** 12; geschäftsähnliche Handlung **vor 164** 9; des Geschäftsgegners **vor 164** 2; durch Geschäftsunfähigen **105** 3; Grundprinzipien der Stellvertretung **vor 164** 5ff; Haftung des Abschlußvertreters, Klauselverbote **309** 139ff; Haftung für Verschulden des gesetzlichen – **278** 7ff; Interessenlage **vor 164** 2ff; durch Minderjährigen **106** 3; Offenkundigkeit **vor 164** 5, **164** 3; persönliche Eigenschaften, Zurechnung **166** 12; Repräsentation **vor 164** 7; Übermittlungsfehler **120** 2; und Verbrauchereigenschaft **13** 11; Vertrauensschutz **164** 8; des Vertretenen (Geschäftsherrn) **vor 164** 3; des Vertreters **vor 164** 4; vorvertragliches Vertrauensverhältnis **vor 164** 9

Vertretung, aktive unmittelbare 164 1ff; Anwendungsbereich **164** 1; Bargeschäfte des täglichen Lebens **164** 9; Beweislast **164** 26; eigene Willenserklärung des Vertreters **164** 2; Eigenhaftung des Vertreters **164** 20; Folgen Nichterkennbarkeit des Vertretungswillens **164** 22f; Folgen wirksamer Vertretung **164** 17ff; Handeln beim Geschäft, wen es angeht **164** 9ff; Handeln im eigenen und fremden Namen **164** 7, 21; Handeln im Namen des Vertretenen (Offenkundigkeit) **164** 3ff; Handeln in fremdem Interesse **164** 6; Handeln unter fremdem Namen **164** 8; nachträgliche Bestimmung des Vertretenen **164** 3; Name des Vertretenen, Nennung **164** 3; unternehmensbezogenes Handeln **164** 5f; Vertretungsmacht **164** 12ff; Vertretungswillen **164** 2f; Voraussetzungen wirksamer Stellvertretung **164** 1ff

Vertretung, beschränkte Geschäftsfähigkeit des Vertreters 165 1ff; Abgrenzung/Verhältnis der Regelung **165** 5–8, 5 (Handeln eines Geschäftsunfähigen), 6 (mittelbaren Stellvertretung), 7 (Prozeßvertretung), 8 (Bote); Allgemeines/Bedeutung/Zweck der Regelung **165** 1; Anwendungsbereich **165** 2–4

Vertretung, einseitiges Rechtsgeschäft 174 1ff; Allgemeines/Bedeutung **174** 1; Anwendung/entsprechende Anwendung **174** 2; Beweislast **174** 10; entsprechende Anwendung 174 9; Zurückweisungsrecht 174 2–4 (Voraussetzungen), 5 (Wirkung), 6f (Ausschluß), 8 (Wirkung)

Vertretung, gesetzliche 107 1ff, **108ff**; Anwendung von § 166 **166** 3, 17; Begriff **vor 164** 12, **164** 13; Einwilligung in Rechtsgeschäft **107** 1, 9ff; Einwilligung in Rechtsgeschäft **111** 1; Ermächtigung eines Minderjährigen **111** 3, **112** 1ff, **113** 1ff; Genehmigung Vertrag **108** 2ff sa Genehmigung, privatrechtliche; Geschäftsunfähige **105** 2; Geschäftsunfähigkeit/beschränkte Geschäftsfähigkeit des Vertreters **165** 3; Haftungsausschluß, Klauselverbot **309** 62ff; bei Minderjährigen **106** 2

Vertretung, In-sich-Geschäft 181 1ff; Allgemeines/Bedeutung/Begriff/Regelungszweck **181** 1f; amtsempfangsbedürftigen Willenserklärung **181** 16; Anwendung/eingeschränkte **181** 2, 10ff; Anwendungsbereich **181** 3ff; Auftreten auf beiden Seiten **181** 8; Ausnahmetatbestand **181** 23ff; bei Beschlüssen von Gesellschaften und Vereinen **181** 12f; bei Beteiligung eines Untervertreters **181** 15; Beweislast **181** 29; bei Einmann-GmbH **181** 11; bei Einräumung einer Sicherheit für eigene Schuld **181** 20; Erfordernis hinreichender Erkennbarkeit **181** 28; Erfüllung einer Verbindlichkeit **181** 27; Erkennbarkeit des Rechtsgeschäfts beim gestatteten In-sich-Geschäft **181** 2, 18; erlaubtes In-sich-Geschäft **181** 23ff, 24ff (Gestattung), 27 (Erfüllung einer Verbindlichkeit); falsa demonstratio und Erkennbarkeit beim gestatteten In-sich-Geschäft **181** 28; Folgen **181** 21f; Form **181** 24; Genehmigung **181** 21f, 22 (durch schlüssiges Verhalten); Genehmigungsanspruch **181** 22; Genehmigungsberechtigung **181** 22; Generalvollmacht und In-sich-Geschäft **181** 24; bei Gesamtvertretung **181** 19; Gesamtvertretung und In-sich-Geschäft **181** 19; geschäftsähnliche Handlungen **181** 6; im Gesellschaftsrecht § 181 **181** 3, 6, 11ff, 25; Gestattung **181** 24 (bei Blankettausfüllung); bei Gestattung durch Gesetz **181** 26; bei Gestattung durch Rechtsgeschäft des Vertretenen **181** 11, 24f; Interessenkollision und In-sich-Geschäft **181** 2, 12, 14, 17, 21; bei juristischer Person **181** 25; bei lediglich vorteilhaftem Rechtsgeschäft **181** 10; bei Mehrheit von möglichen Erklärungsempfängern **181** 17; Mehrvertretung und In-sich-Geschäft **181** 1f, 8, 12; Ordnungsvorschrift, § 181 als – **181** 2; auf die Partei kraft Amtes **181** 7, 16; Personenidentität und In-sich-Geschäft **181** 2, 11, 14, 16ff; Rechtsgeschäft **181** 6; Selbstkontrahieren **181** 1f, 8; Testamentsvollstrecker **181** 25; bei Übernahme einer eigenen Schuld **181** 18; Untervertreter und In-sich-Geschäft **181** 15, 25; Voraussetzungen **181** 6ff

Vertretung, passive unmittelbare 164 24ff; Abgrenzung vom Empfangsboten **164** 25; Allgemeines/Bedeutung/Zweck **164** 24; Beweislast **164** 26

Vertretung, Wissenszurechnung 166 1ff; Allgemeines/Bedeutung/Zweck der Regelung **166** 1; Anwendungsbereich **166** 2, 11ff; Anwendungsvoraussetzungen **166** I **166** 3–6; Anwendungsvoraussetzungen **166** II **166** 13ff; entsprechende Anwendung von § 166 I **166** 6ff; entsprechende Anwendung von § 166 II **166** 17f; sa Wissenszurechnung

Vertretung ohne Vertretungsmacht 177 1ff; Abkürzung Schwebezustand **177** 24ff; Allgemeines **177** 1; Anwendung/Entsprechende Anwendung **177** 2, 7–11; Anwendungsvoraussetzungen **177** 27; Beispiele **177** 6; Beweislast **177** 27; Folge **177** 12 (schwebende Unwirksamkeit); Genehmigung/Genehmigungsverweigerung des Vertretenen **177** 13ff sa Genehmigung, privatrechtliche; Handeln unter fremdem Namen **177** 7; Mißbrauch der Vertretungsmacht **177** 9; und Rechtsscheinsvollmacht **177** 3; Unterschriftsfälschung **177** 7; Vertreterhaftung **177** 28; Vertreterhaftung **179** sa Vertretung ohne Vertretungsmacht, Vertreterhaftung; Verwaltungsverfahren **177** 11; Voraussetzungen **177** 2ff; Widerrufsrecht des anderen Teils **178** 1ff sa Vertretung ohne Vertretungsmacht, Widerrufsrecht

Vertretung ohne Vertretungsmacht, einseitiges Rechtsgeschäft 177 2, **180** 1ff; Allgemeines/Bedeutung **180** 1; Anwendbarkeit **180** 2ff; Anwendungsvoraussetzungen **180** 2ff; Beweislast **180** 10; Einverständnis des Empfängers **180** 7, 9; Nichtbeanstandung durch Empfänger **180** 6; Rechtsfolgen **180** 3 (Nichtigkeit), 4ff (Ausnahmen bei aktiver Vertretung); schwebende Unwirksamkeit und Widerrufsrecht **180** 8f

Vertretung ohne Vertretungsmacht, Vertretenenhaftung 177 28

Vertretung ohne Vertretungsmacht, Vertreterhaftung 179 1ff; Allgemeines/Bedeutung **179** 1; Anwendung, entsprechende **179** 19ff; bei Ausübung Widerrufsrecht **179** 17; Beweislast **179** 27f; Bote ohne Botenmacht **179** 21; Genehmigungsverweigerung **179** 4; Haftungsausschluß **179** 5, 15ff; Haftungseinschränkung nach **179** II **179** 11; Haftungsfolgen **179** 7ff, 12; Haftungsvoraussetzungen **179** 28; Handeln für nicht entstandene juristische Person **179** 19; Handeln für nicht existierende Person **179** 19; Handeln für zu gründende Personenhandelsgesellschaft **179** 19; Handeln kraft vermeintlichen Amtes **179** 21; Handeln unter fremdem Namen **179** 21; Kenntnis/Kennenmüssen beim Geschäftsgegner **179** 15; Konkurrenzen **179** 22ff; Minderjähriger Vertreter **179** 16; Prozeßrecht **179** 27f; Unterschriftsfälschung **179** 20; Untervertreter, Anwendung beim **179** 3; Verjährung **179** 10, 13; Vertretungsmangel außerhalb Erkenntnis- und Beurteilungsmöglichkeit des Vertreters **179** 18; Voraussetzungen **179** 2ff; Wahlmöglichkeit Geschäftsgegner **179** 8f; weitere Haftungsgrundlagen **179** 5, 14, 16

Vertretung ohne Vertretungsmacht, Widerrufsrecht 178 1ff; Allgemeines/Bedeutung **178** 1; und Anfechtung **178** 6; Anwendung, entsprechende **178** 7; Ausübung **178** 4; Folgen **178** 5; Widerrufsvoraussetzungen **178** 2f

Vertretungsmacht, Begründung **164** 13; Inhalt **164** 14; IPR EGBGB **37** 6f, 10ff; Mißbrauch **167** 46ff, **177** 9, **826** 43; rechtsgeschäftliche, Irrtumsanfechtung **119** 8; Umfang **164** 15

Vertretungsmacht, Arten, vor 164 10ff; gesetzliche **vor 164** 12; organschaftliche **vor 164** 13; rechtsgeschäftliche (Vollmacht) **vor 164** 11, **164** 13

Vertretungsmacht kraft Rechtsgeschäft, s Vollmacht

Vertretungsmacht kraft Rechtsgeschäft, Arten der Vollmacht, verdrängende Vollmacht **137** 5

Vertriebsformen, besondere – s dort

Vertriebshändlervertrag, IPR EGBGB 28 53

Vertriebssystem, Sittenwidrigkeit **138** 153

Verwahrung, Besitzmittlungsverhältnis **868** 35; Erbvertrag **2277**; fahrlässige und Diebstahl **421** 28; öffentliches Testament **BeurkG 34**; privatschriftliches Testament **2248**; Rücknahme aus amtlicher Verwahrung **2256, 2272**

Verwahrungspflicht, Verkäufer **433** 29

Verwahrungsvertrag 688ff; Abgrenzung **688** 6ff; Änderung Aufbewahrungsart **692**; Arten **688** 14; Aufwendungsersatz **693**; Drittverwahrung **691**; Einzelfälle **688** 9ff; Gehilfenzuziehung **691** 4; Haftung des unentgeltlich Verwahrenden **690**; handelsrechtliche Sonderformen **688** 15; Inhalt, Tatbestand **688** 1ff; IPR **EGBGB 28** 49; Leistungsort Rückgabe **697**; und Mietvertrag **vor 535** 16; öffentlich-rechtliche – **688** 14ff; Pflicht des Verkäufers **433** 29; Pflichten des Hinterlegers **688** 13; Pflichten des Verwahrers **688** 12; Rückgabeanspruch **695**; Rücknahmeverlangen **696**; Schadensersatz des Hinterlegers **694**; Unmöglichkeit Rückgabe **695** 4; unregelmäßige Verwahrung **700** 1ff; Vergütung **689, 699**; Verzinsung hinterlegten Geldes **698**

Verwalter, Besitzdiener **855** 12; Besitzmittlungsverhältnis **868** 36

Verwaltervertrag, Geschäftsbesorgungsvertrag **675** 7

Verwaltungsakt, Schutzgesetz **823** 156; Verjährung **197** 20
Verwaltungsbeirat, Wohnungseigentümergemeinschaft **WEG 10** 9, 29
Verwaltungshelfer, Amtshaftung **839** 39
Verwaltungsrecht, unzulässige Rechtsausübung **242** 207
Verwaltungsschulden Wohnungseigentümer **420** 11
Verwaltungstestamentsvollstreckung 2209f
Verwaltungsverfahren, Genehmigung **184** 2; Sittenwidrigkeit **138** 194
Verwaltungsvermögen vor 90 13
Verwaltungsvertrag, Geschäftsbesorgungsvertrag **675** 7
Verwaltungsvertrag, subordinationsrechtlicher vor 145 20ff sa Subordinationsrechtlicher Verwaltungsvertrag
Verwaltungsvorverfahren, Hemmung der Verjährung **204** 31ff, 50
Verwandtenunterhalt 1601ff; Abtretung **vor 1601** 15; Allgemeines **vor 1601**; Art der Gewährung **1612, 1612a** (minderjährige Kinder); Aufrechnung **vor 1601** 10ff; Ausgleich zw Eltern **1606** 34ff; Auskunftsanspruch **1605**; Bedarf s Verwandtenunterhalt Bedarf; Bedürftigkeit s Verwandtenunterhalt Bedürftigkeit; Berliner Tabelle **1610** 68; Beschränkung/Wegfall, fehlende Unterstützungswürdigkeit **1611**; Deckungsvermutung bei schadensbedingten Mehraufwendungen **1610a**; Düsseldorfer Tabelle **1610** 67; elterliche Unterhaltsbestimmung **1612** 12ff; Ersatzhaftung **1607**; Freistellungsvereinbarungen **1606** 32f; Geld-/Naturalunterhalt **1612**; gesetzlicher Forderungsübergang **1607**; bei Gütergemeinschaft **1604**; IPR **EGBGB 18** sa Unterhalt, IPR; Kindergeld **1612b**; Kindergeldsurrogate **1612c**; Mangelfall **1606** 27, **1610** 67; Mangelverteilung, Struktur **1609** 16ff; minderjährige Kinder **1612a** (Regelbetragsystem); nichteheliche Kinder **1615a, 1615o** (einstweilige Verfügung); Rangordnung der Berechtigten **1609**; Rangordnung der Verpflichteten **1606ff, 1608** (Ehegatten/Lebenspartner); Rangverhältnis mehrerer Verpflichteter **1584**; Reformen **Einl 1297** 31, 54; Regelbetrag-Verordnung **1612a** 12; Rückforderung bei Zuvielleistung **vor 1601** 16ff; Sozialeinkünfte des Berechtigten **1610a**; Sozialeinkünfte des Verpflichteten **1610a**; Tod des Berechtigten/Verpflichteten **1615**; Unterhaltssicherung, Beistandschaft **1712** 11; Unterhaltsvorschußgesetz **vor 1601** 29f; für Vergangenheit **1613**, 23ff (Sonderbedarf); Verhältnis zu Geschiedenenunterhalt **1584**; Verjährung **vor 1601** 7; Verpflichtete **1601**; Verträge/Vereinbarungen **vor 1601** 26ff; Verwirkung **vor 1601** 8; Verzicht **1614** 7; Vorausleistung **1614** 7; Zurückbehaltungsrecht **vor 1601** 9

Verwandtenunterhalt, Bedarf 1610; Ausland, Kind lebt im **1610** 43; Begrenzung **1610** 13ff; Berufsausbildung, Unterhalt wegen **1610** 53ff; Düsseldorfer Tabelle **1610** 27ff, 67; Höhe **1610** 17ff; Mehrbedarf **1610** 46ff; Mindestbedarf **1610** 52; Pauschalierung **1610** 26ff; Prozeßkostenvorschuss **1610** 11f; Sonderbedarf **1610** 51; Vorsorgebedarf **1610** 6ff

Verwandtenunterhalt, Bedürftigkeit 1602 1ff; Einkünfte des Berechtigten **1602** 7ff; Erwerbsobliegenheit des Berechtigten **1602** 14ff; fiktive Einkünfte des Berechtigten **1602** 13ff; Kinderbetreuung **1602** 22; mietfreies Wohnen **1602** 23ff; aufgrund von Schulden **1602** 42; Sozialeinkünfte des Berechtigten **1602** 30ff; Unterhaltsleistungen/Zuwendungen Dritter **1602** 28f; Vermögen **1602** 43ff; Vermögenserträge des Berechtigten **1602** 27

Verwandtenunterhalt, Leistungsfähigkeit 1603; Einkünfte **1603** 7ff; fiktive Einkünfte **1603** 62ff; geringfügige Beschäftigung **1603** 73; gesteigerte Unterhaltspflicht, minderjährige Kinder **1603** 113ff; Kindergeld **1603** 61; Leistungen Dritter **1603** 50ff; maßgeblicher Zeitpunkt **1603** 6; Selbstbehalt **1603** 95ff; Selbstbehalt ggü minderjährigen Kindern **1603** 113ff; sonstige Verpflichtungen **1603** 83ff; Sozialeinkünfte des Verpflichteten **1603** 35ff; Steigerung Erwerbsobliegenheit **1603** 125ff; Steuern **1603** 56ff; überobligatorische Tätigkeit **1603** 31ff; Unterhaltsleistungen, Einkommen aus **1603** 113; Unterhaltsverbindlichkeiten ggü Dritten **1603** 84ff; Vermietung/Verpachtung **1603** 42ff; Vermögenserträge **1603** 41; Vermögensverwertung **1603** 76ff; Versicherungsbeiträge **1603** 90; Wohnvorteil **1603** 46ff

Verwandtschaft 1589ff; Abstammung **1591ff**, sa dort; Allgemeines **vor 1589** 1ff; Definition **1589** 2ff; in gerader Linie **1589** 3; Klage auf Feststellung des Verwandtschaftsverhältnisses **vor 1589** 5, **1591** 4; Rechtsfolgen **vor 1589** 4; Schwägerschaft **1590**

Verwendungsanspruch, Besitzer 994–1003; Abtrennungs- und Aneignungsrecht bei Verbindung **997**; Allgemeines **vor 994**; Anwendungsbereich **vor 994** 12ff; Arbeitsleistung, geldwerte **994** 9; Ausschlußfrist **1002**; Befreiungsrecht des Eigentümers **1001** 3; Erhaltungskosten **994** 16; Haftungssystem Überblick **vor 994** 23ff; Konkurrenzen **vor 994** 33ff; Kosten für Erwerb **994** 10; landwirtschaftlicher Grundstücke, Bestellungskosten **998**; Lasten, Bestreitung von **995**; nicht notwendige/nützliche Verwendungen **996**; sachändernde Verwendungen **994** 11; selbständiges Befriedigungsrecht **1003**; Vorbesitzer, Übergang der Verwendungsersatzansprüche **999**; Wiedererlangung durch Eigentümer **1001**; Zurückbehaltungsrecht **1000**

Verwendungsersatz, Landpacht **590b, 591**; Leihe **601**; Miete **539**; Pfandgläubiger **1216**; materiell-rechtliche Wirkung **292**; Wiederverkäufer **459** 1

Verwertungskündigung 573 23ff, 28

Verwertungsverbot, Datenschutzrecht **Anh 12** 225ff, 230; Prozeßrecht **Anh 12** 231ff; rechtswidrig erlangte Informationen **Anh 12** 228f; Stasi-Akten **Anh 12** 230; Zweckbindung **Anh 12** 225ff

Verwirkung 242 123ff; des Anfechtungsrechts **119** 7; Einzelfälle, alphabetisch **242** 134ff; Rechtsfolgen **242** 133; unzulässige Rechtsausübung **242** 123ff; und Verjährung **242** 126; Verjährung, Abgrenzung **vor 194** 14; Verwirkungsklausel **vor 339** 8

Verwirkungsklausel vor 339 8; und Pflichtteilsanspruch **2303** 4

Verzicht auf Eigentumsvorbehalt **449** 41

Verzichtsklauseln 307 174

Verzögerungsschaden, Verantwortlichkeit für 280 33ff sa Schuldnerverzug

Verzug, s Annahmeverzug

Verzugsschaden, Verzugsschadenspauschalen **309** 47

Verzugszinsen 288ff; Höhe **246** 11f, **288** 9ff; Prozeßzinsen **291**; Schenkung **522**; weiterer Schaden **288** 13ff; Wertersatz **290**; Zinseszinsverbot **289**; s Übersicht dort

Videoüberwachung und Wohnungseigentümergemeinschaft **WEG 10** 9

Vieh, landwirtschaftliches Zubehör **98** 5

Viehgräsungsvertrag vor 581 19

Viehverstellungsvertrag 581 3

VOB 307 83, **309** 121, **vor 631** 6, **640** 23ff; fingierte Erklärungen **308** 48; Gefahrtragung **644** 7, **645** 12; Kündigung Besteller **649** 14f; Mitwirkung Besteller **642** 11; Text **Anh 651**; Vergütung **632** 20f, **641** 9

Völkerrecht, Verbotsgesetz **134** 8

Volljährigenadoption 1767–1772; Anträge Vormundschaftsgericht **1768**; Asylbewerber **1767** 13; Aufhebung **1771**; Gegeninteressen von Kindern **1769**; Grundvoraussetzungen **1767** 3ff; sittliche Rechtfertigung **1767** 10ff; Wirkungen **1770, 1772**

Volljährigkeit 2 1; Folgen **2** 4

Vollmacht 167 1ff; Allgemeines/Begriff **vor 164** 11, **167** 1; Anfechtbarkeit **119** 8, **167** 25ff; Anfechtung wegen arglistiger Täuschung **123** 46; Beweislast **167** 52; Erteilung **167** 2ff; Form **167** 3ff sa Vollmacht, Form; Geschäftsbesorgung und – **vor 662** 94f; Inhaltskontrolle Vollmachtsklauseln, AGB **167** 27; konkludente **167** 3, 6ff, 8ff; Mängel der Erteilung **167** 24ff; Mißbrauch **167** 46ff, **177** 9; Tod des Vollmachtgebers **1922** 49ff; unwiderrufliche Vollmacht **168** 16ff; unzulässige Rechtsausübung **242** 209; -urkunde s dort; Wohnungseigentümergemeinschaft **WEG 10** 9

Vollmacht, Arten, Außenvollmacht **167** 2, 6, 11, 25, 30f, 48, **170** 1ff; bedingte/befristete **167** 2, **168** 1f; Duldungs-/Anscheinsvollmacht **167** 7ff sa dort; Gattungsvollmacht **167** 28ff; Generalvollmacht **167** 28ff, **168** 18; Gesamtvertretung/Gesamtvollmacht **167** 33ff, **174** 2; Innenvollmacht **167** 2, 6, 11, 16, 25, 30f, 48, **171** 1ff; isolierte Vollmacht **vor 164** 6; postmortale/transmortale **167** 4, **168** 5, **vor 2197** 7ff; Prozeßvollmacht **167** 45; Spezialvollmacht **167** 28ff; Untervollmacht **167** 39ff; verdrängende Vollmacht **vor 164** 7; Verpflichtungsvollmacht **168** 18; Vorsorgevollmacht **168** 6

Vollmacht, Erlöschen 168 1ff; bei Beendigung gesetzliche Vertretungsmacht des Vollmachtgebers **168** 8; Beweislast **168** 21, **170** 7, **172** 17, **173** 7; Erlöschensgründe **168** 2ff, 2 (in Vollmacht selbst), 3ff (aus Grundverhältnis); Fortdauer der Wirkung **168** 1ff; Fortdauer der Wirkungen **169** 1ff, **170** 1ff, **171** 1ff, **172** 1ff; keine Fortdauer der Wirkungen bei bösgläubigem Dritten **173** 1ff; Gründe **168** 1ff; Insolvenz des Bevollmächtigten **168** 13; Insolvenz Vollmachtgeber **168** 7; Kenntnis, Kennenmüssen **173** 1ff, 2–4 (Vorausetzungen), 5 (Folge), 6 (entsprechende Anwendung); durch Niederlegung **168** 1; Personengesellschaft **168** 10; Tod des Bevollmächtigten **168** 11; Tod des Vollmachtgebers **168** 5; Verlust Geschäftsfähigkeit Bevollmächtigter **168** 12; Verlust Geschäftsfähigkeit Vollmachtgeber **168** 6; Verlust Rechtspersönlichkeit einer juristischen Person **168** 9, 14; durch Verzicht **168** 1; Vollmachtsurkunde, Rückgabe **172** 1ff; durch Widerruf **168** 15ff; durch Zweckerreichung **168** 2; sa Vollmacht, Erlöschen

Vollmacht, Erteilung, Anwendbarkeit AGB Recht **305** 6; durch Geschäftsunfähigen **105** 3, **105a** 8

Vollmacht, Form, 125 3, **167**, 3ff; Bürgschaft **167** 4; Ehevertrag **167** 3; Folgen der Nichtbeachtung **167** 5; Geschäftsanteile, Veräußerung **167** 4; GmbH-Vorvertrag **167** 4; Grundstücksgeschäft **167** 3, 4, **311b** 31ff; postmortale Vollmacht **167** 4; Scheck- oder Wechselblankett **167** 4; Verbraucherdarlehensvertrag **167** 4, 5

Vollmacht, Umfang 167 28ff; Bankverkehr **167** 32; Gattungsvollmacht **167** 28ff; Generalvollmacht **167** 28ff; Gesamtvertretung/Gesamtvollmacht **167** 33ff, **174** 2; Gesellschaftsrecht **167** 32; Grundstücksgeschäfte **167** 32; Kaufrecht **167** 32; Mieter **167** 32; Postvollmacht **167** 32; privates Baurecht **167** 32; Spezialvollmacht **167** 28ff; WEG-Verwalter **167** 32

Vollmachtsklauseln 306 12; Inhaltskontrolle **307** 175ff; Mietvertrag **535** 10

Vollmachtsstatut EGBGB 37 10ff

Vollmachtsurkunde, Beendigung Wirkung **172** 12ff; Begriff **172** 4; Beweislast **172** 17; in elektronischer Form **172** 10, **175** 2; Kraftloserklärung **176** 1ff; Nichtvorlage beim einseitigen Rechtsgeschäft **174** 1ff; Rückgabeanspruch **175** 1ff; Wirkung, Beendigung **172** 12ff, sa Vertretung, einseitiges Rechtsgeschäft; Wirkung, Fortdauer **172** 1ff

Vollständigkeitsklauseln 305b 10ff

Vollstreckungsabwehrklage und Aufrechnung **388** 16

Vollstreckungsunterwerfung und Wohnungseigentümergemeinschaft **WEG 10** 9

Volontäre 611 134

Vorausabtretung 11ff; und Factoring **vor 488** 34ff

Vorausabtretungsklausel 449 47ff

Vorausvermächtnis 2150; Teilungsanordnung, Abgrenzung **2048** 2ff, **2150** 6; Umfang der Nacherbschaft **2110**

Vorbehalt der Gegenleistung bei Hinterlegung **373**

Vorbehalt, geheimer vor 116 16, **116**; s Geheimer Vorbehalt; sa Geheimer Vorbehalt

Vorbehaltsgut 1418; Familienunterhalt **1420**; fortgesetzte Gütergemeinschaft **1486** 1

Vorbeugender Rechtsschutz, Schadensersatz **vor 249** 13

Vorenthaltung der Pachtsache **584b**

Vorerbe, Anlage des Nachlaßkapitals **2119**; Anzeige des Nacherbfalls **2146**; Auskunftsanspruch, Bestand der Erbschaft **2127**; Ausschlagung durch Nacherben **2142**; außerordentliche Lasten **2126**; außerordentliche Nutzungen, Ausgleich **2133**; befreite Vorerbschaft **2136**f; Entzug der Verwaltung **2129**; Erbschein **2100** 13, **2102** 5, **2136** 4, **2139** 5; Erhaltungskosten gewöhnliche/außergewöhnliche **2124**; Herausgabepflicht bei Eintritt Nacherbfolge **2130**, **2138**; Hinterlegung von Inhaberpapieren **2116**f; Insolvenz über Vermögen des Vorerben **2100** 7; Kenntnis vom Nacherbfall **2140**; kinderloser **2107**; Nacherbenvermerk im Schuldbuch **2118**; Nacherbfall **2139**; Nacherbfall vor Geburt des erzeugten Nacherben **2141**; Nachlaßverbindlichkeiten, Vorerbenhaftung nach Eintritt Nacherbfall **2145**; Nachlaßverzeichnis **2121**; ordnungsgemäße Verwaltung, Einwilligung des Nacherben **2128**; Sicherheitsleistung des Vorerben **2128**; Sorgfalt wie in eigenen Angelegenheiten **2131**; Stellung **2100** 5ff; Veränderungen/Verschlechterungen der Erbschaftssache **2132**; Verfügungen nach Eintritt Nacherbfall **2140**; Verwendungen des Vorerben **2125**; Wald, Bergwerk, Wirtschaftsplan **2123**; Wegnahmerecht Einrichtung **2125** 2; Wertausgleich für Substanzverlust **2134**; Zustandsfeststellung Nachlaßgegenstände **2122**; Zwangsvollstreckung bei Vorerben **2115**

Vorerbe, Verfügungen 2113 2; über Anteil am Nachlaß **2113** 12; Auskunftsanspruch des Nacherben **2113** 8; über Gegenstände einer Gesamthand **2113** 10; Generalvollmacht an Vorerben **2112** 5; über Gesamthandsanteil **2113** 11; Grundstücke, Grundstücksrechte **2113** 9; Gutglaubensschutz **2113** 21; Herausgabeanspruch des Nacherben **2113** 8; Hypothekenforderungen, Grund- und Rentenschulden **2114**; Rechtsstreitigkeiten **2112** 6; Schenkungen, zulässige **2113** 18; Testamentsvollstrecker für Vorerben **2112** 4; Testierfreiheit **2112** 3; Testierfreiheit, unentgeltliche **2113**; unentgeltliche **2113** 13ff; Verfügungsbeschränkungen **2113**–**2115**; Verfügungsfreiheit **2112** 2; Verpflichtungsfreiheit **2112** 1; Zwangsvollstreckung bei Vorerben **2115**

Vorerben, gesetzliche Erben als Vorerben **2105**

Vorerbschaft, befreite 2136f

Vorfälligkeitsentschädigung 307 75, **309** 47, 47, **vor 488** 32, **490** 13; beim Leasingvertrag **Anh 535** 48; und Zins **246** 4

Vorfälligkeitsklausel 307 76, **309**, **vor 339** 7

Vorformulierte Vertragsbedingungen vor 305 3

Vorhaltekosten, Kfz **249** 58, 72f

Vorhand 463 5, **vor 535** 65; Annahmefrist **147** 20

Vorkaufsrecht, Ausübung, Form **125** 3, **311b** 42; Umdeutung eines Rechtsgeschäfts **140** 24; Vormerkung **883** 17; Wohnungseigentümergemeinschaft **WEG 10** 9

Vorkaufsrecht, dingliches 1094–**1104**; Abgrenzung zum schuldrechtlichen **463** 4; Aufgebotsverfahren **1104**; Ausübung des Vorkaufsrechts **1100**–**1102**; Beendigung **1094** 7; Befreiung Berechtigter **1101**; Befreiung Zahlungspflicht Erstkäufer **1102**; belasteter Gegenstand **1094** 2; Berechtigter **1094** 3; Bruchteilsbelastung **1095**; Entstehung **1094** 4; Grundstücksteilung **1094** 8; Haftung Drittkäufer **1098** 9; Kaufpreiserstattung **1100**f; Mitteilungspflicht des neuen Eigentümers **1099** 1; Mitteilungspflicht des Vorkaufsverpflichteten **1099** 2; subjektiv-dingliches **1103** 1f; subjektiv-persönliches **1094** 3; Übertragbarkeit **1094** 6; Vererblichkeit **1094** 6; Verhältnis Verpflichteter – Käufer **1098** 10; Verhältnis Vor-

kaufsberechtigter – Verpflichteter **1098** 1ff; Verkaufsfälle **1097**; Wirkung gegenüber Dritten **1098** 7; Zubehör, Erstreckung auf **1096**
Vorkaufsrecht, schuldrechtliches 463–473, 464; Abgrenzung zum dinglichen **463** 4; Aufklärungspflichten **464** 5; Auskünfte der Verpflichteten **469** 5; Ausschluß bei Insolvenz **471**; Ausschluß bei Verkauf an gesetzlichen Erben **470**; Ausschluß bei Zwangsvollstreckung **471**; Ausübung **464**; bei bedingtem Kaufvertrag **463** 13; Belastungen des Kaufgegenstandes **463** 20; Beratungspflichten **464** 5; für einen Verkauf **463** 10; Formbedürftigkeit **463** 7; „Fremdkörper" im Vertrag **464** 7; Gesamthandsgemeinschaften als Berechtigte **472** 5; Gesamtpreis **467**; gesetzliches **463** 2; Grundstückskauf **463** 1ff, 7f, 14, **464** 1, 7, 10, **467** 1, **468** 3; Konfusion, Erlöschen durch **463** 19; Maklerkosten **464** 7, 9; Mehrheit von Berechtigten **472** 1–3; Mehrheit von Verpflichteten **472** 6; Miterben **2034ff**, sa Miterbenvorkaufsrecht; Mitteilungspflicht **469**; Nebenleistungen **466**; Notarkosten **464** 9; Optionsrecht **463** 5; Rechtsnatur **463** 3; und Rücktrittsrecht **463** 15; und Störung der Geschäftsgrundlage **463** 12; Stundung **468**; Teilfläche eines Grundstücks **467** 1; Teilverkauf **463** 21; Überlegungsfrist des Berechtigten **469** 1f, 4, 9f, **472** 2; Unübertragbarkeit **473** 1f, 4; Unvererbbarkeit **473** 1, 3f; Unwirksamkeit von Vereinbarungen **465**; unzulässige Rechtsausübung **242** 210; Veranlassung eines Dritten zum Kauf **463** 16; Verträge vor Begründung – **463** 17; vertragliches **463** 7ff; Verzicht **463** 7, 14, **464** 1, 7, 10, **465** 3; Vorkaufsfall **463** 8ff, **469** 7; Vorkaufsrechte auf bestimmte Zeit **473** 1, 4; wirksamer Kaufvertrag **463** 11; Wirkung der Ausübungserklärung **464** 4ff; des Wohnraummieters **577**
Vorlegung von Sachen 809–811; Allgemeines **vor 809**; Ort **811**; Urkunde, Einsehen **810**
Vorleistungsklauseln 307 47, 84, 153; Umgehungsverbot **306a** 4
Vorleistungspflicht 320 19ff; Klauselverbot **309** 21; Leistungsverweigerungsrecht bei Vermögensverschlechterung **321** sa Unsicherheitseinrede; Zug-um-Zug-Verurteilung **322**
Vormerkung 883ff; Amtsvormerkung **883** 6; Ankaufsrecht **883** 17; Anspruch auf Zustimmung des Drittererbers **888**; bedingte, befristete Ansprüche **883** 15; Beseitigungsanspruch bei dauernder Einrede gegen vorgemerkten Anspruch **886**; einstweilige Verfügung **885** 10ff; Eintragung **885** 17ff; Eintragungsbewilligung **885** 2ff; Erlöschen der Vormerkung, Gründe **886** 6ff; Erlöschen des gesicherten Anspruchs **886** 6ff; erneute Bewilligung einer unwirksamen Eintragung **885** 19; Erwerbsverbot **888** 16ff; gutgläubiger Erwerb **883** 23ff; Heilung einer vormerkungsbedingten Unwirksamkeit **883** 50; und Insolvenz **883** 45; Kosten einer Auflassungsvormerkung **448** 6; Rangwirkung **883** 46ff; relative Unwirksamkeit anderer Verfügungen **883** 30ff, **888**; Rückübereignungsanspruch **883** 18f; zu sichernder Anspruch **883** 9ff; unbekannter Vormerkungsgläubiger, Aufgebotsverfahren **887**; unbeschränkte Erbenhaftung **884**; Veräußerungsverbote **888** 13f; Verwirklichung des vorgemerkten Anspruchs **888**; Voraussetzungen **883** 8ff, **885**; vormerkungswidrige Verfügungen **883** 35ff; Wiederkaufsrecht **456** 9; Wirkungen **883** 30ff; und Zwangsvollstreckung **883** 41ff
Vormietrecht vor 535 60ff
Vormietrechte 463 6, **469** 11
Vormund, Verjährungshemmung Ansprüche Mündel **207** 11
Vormund über Minderjährige 1773–1795; Abgrenzung Pflegschaft **vor 1909** 1ff; Allgemeines **vor 1773**; Anhörung von Verwandten und Verschwägerten **1847**; Bestallung **1893**; Eheschließung des Vormundes **1845**; Eil- und Ersatzkompetenz des Vormundschaftsgerichtes **1846**; Gegenvormund **1826, 1842, 1894f**; Mitteilung an Jugendamt **1851**; Organ **vor 1773** 6; verfassungsrechtliche Stellung **vor 1773** 7; Zeugnis über Bestellung **1893**
Vormund über Minderjährige, Aufsicht Vormundschaftsgericht 1837 7ff; Amtshaftung Vormundschaftsgericht **1837** 18; Auskunftserteilung gegenüber Vormundschaftsgericht **1839**; Beratung des Vormundes durch Vormundschaftsgericht **1837** 2ff; Berichts- und Rechnungslegungspflicht gegenüber Vormundschaftsgericht **1840**; Gegenvormund **1842**; Haftpflichtversicherung Vormund **1837** 19; Maßregeln des Vormundschaftsgerichts **1837** 11ff; Rechnungsprüfung durch Gegenvormund/Vormundschaftsgericht **1842ff**
Vormund über Minderjährige, Beendigung 1895; Bestallung **1893**; Entlassung Beamter/Religionsdiener **1888, 1889**; Entlassung Einzelvormund **1886, 1889**; Entlassung Jugendamt/Verein als Vormund **1887**; Herausgabe des verwalteten Vermögens **1890**; Kenntnis von Beendigung **1893**; Schlußrechnung **1890** 3, **1891f**; Tod des Vormundes **1894**; Tod/Verschollenheit des Mündels **1884**; Zeugnis über Bestellung **1893**
Vormund über Minderjährige, Begründung Vormundschaft, Ablehnung, grundlose **1787**; Ablehnungsrecht Vormundschaft **1786**; Alleinvormundschaft **1775**; Anordnung Vormundschaftsgericht **1773** 9, **1774**, 6 (von Amts wegen); Auswahl durch Vormundschaftsgericht **1779**; Beamte/Religionsdiener **1784**; Bedingung/Zeitbestimmung **1790**; Benennungsrecht der Eltern **1776f**, **1778** (Umgehung des Berufenen); Beschwerdebefugnis **1774** 10ff, **1779** 14; Bestallung **1791**; Bestallung/Verpflichtung des Vormundes **1789**; Ehegattenvormundschaft **1775**; Gegenvormund **1792**; gesetzliche Amtsvormundschaft für Nichtehelichen **1791c**; Jugendamt als Vormund **1791b**; rechtsfähiger Verein **1791a**; Übernahmepflicht **1785, 1788** (Durchsetzung, Zwangsgeld); Unfähigkeit/Untauglichkeit **1780ff**; durch unzuständiges Gericht **1774** 9; Verfahren **1779** 12f; Voraussetzungen **1773** 2ff; Zeugnis über Bestellung **1791**; Zuständigkeit **1774** 7
Vormund über Minderjährige, Entschädigung und Vergütung, s Übersicht **vor 1835–1836e**; **1835–1836e**; Allgemeines **vor 1835–1836e**; Aufwendungsersatz **1835**; Ausschlußfrist **1836** 30f; berufsmäßiger Vormund **1836** 3ff; Bewilligung der Vergütung **1836** 8ff; Bewilligungsverfahren **1836** 34ff; Einsatz Mittel des Mündels **1836c**; Forderungsübergang bei Vergütung aus Staatskasse **1836e**; gerichtliche Geltendmachung **vor 1835** 13ff; Hilfskräfte **1836** 21; mittelloses Mündel **1836d**; nicht berufsmäßiger Vormund **1836** 26ff; pauschale Mindestaufwandsentschädigung **1835a**; Prüfung Abrechnung **1836** 25; Schreib- und Büroarbeit **1836** 21; Tod des Mündels **1836** 39; Vergütung **1836, 1836a**; vergütungsfähiger Zeitaufwand **1836** 14ff; Verjährung **1836** 33; Verzinsung **1836** 32; Zeitbegrenzung **1836b**
Vormund über Minderjährige, Führung Vormundschaft, Annahme einer geschuldeten Leistung **1813**; Aufgabe des Vormundes **1793**; Befreiung **1817**; Beschränkung der Vertretungsmacht **1793** 11ff, **1795**; Entfallen der Vertretungsmacht **1793** 12ff; Entzug der Vertretungsmacht bei Interessengegensatz **1796**; Erleichterung der Führung **1817**; Gegenvormund **1799, 1809, 1810, 1812, 1832**; gesetzlicher Vertreter, Vormund als **1793** 7; Haftung Vormund **1833**; Heilbehandlung, Einwilligung in **1793** 11; Hinterlegung von Inhaberpapieren **1814, 1819**; Hinterlegungspflicht, Ausdehnung **1818, 1819**; Höchstpersönlichkeit der Vormundschaftstätigkeit **1793** 29; mehrerer Vormünder **1797** (verteilte Wirkungskreise), 6ff (Meinungsverschiedenheiten), **1798** (Meinungsverschiedenheiten); Mündelhaftung **1793** 8f; Personensorge **1793** 3, **1800**; religiöse Erziehung, Sorge für **1801**; Schenkungen des Vormundes **1804**; Selbstän-

digkeit des Vormundes **1793** 28; Umschreibung/Umwandlung von Inhaberpapieren **1815, 1820**; unentgeltliche Arbeit des Mündels **1805** 6; Verfügungen über Forderungen, Rechte **1812**; Vermögenssorge **1793** 4ff, **1794** (und Pflegschaft); Vermögensverwaltung bei Erbschaft/Schenkung **1803**; Vermögensverzeichnis **1802**; Vormundschaftsvermerk im Schuldbuch **1816**

Vormund über Minderjährige, Genehmigung Vormundschaftsgericht, allgemeine Ermächtigungen des – **1825**; amtsempfangsbedürftige Erklärungen **1831** 2; Anhörung Gegenvormund **1826**; Behauptung der Genehmigung, wahrheitswidrige **1830**; einseitige Rechtsgeschäfte ohne Genehmigung **1831**; Erklärung gegenüber Vormund **1828**; Erwerbsgeschäft Gründung/Auflösung **1823**; nachträgliche Genehmigung **1829**; Rechtsgeschäften über Grundstücke **1821**; bei sonstigen Rechtsgeschäften **1822**; Überlassung von Gegenständen zur freien Verfügung an das Mündel **1824**

Vormund über Minderjährige, Mündelgeld, Anlegung **1806ff**; Ausgabengeld/Verfügungsgeld **1806** 2; Befreiung **1817**; Gegenvormund **1809, 1810** mündelsichere Anlagen **1807**; Pfandbriefe **1807** 14ff; Trennungsprinzip **1805**; Verwendung von Mündelgeld **1834**; Vormundschaftsgericht, Gestattung anderer Anlegung **1811**

Vormundschaft, befreite 1852ff; Anordnung **1852** (durch Vater), **1855** (durch Mutter); Außerkraftsetzung durch Vormundschaftsgericht **1857**; Befreiung von Hinterlegung und Sperrvermerk **1852–1854** 3; Befreiung von Rechnungslegung **1852–1854** 4; Jugendamt/Verein **1857a**; widersprüchliche Anordnungen der Eltern **1856**

Vormundschaft, Betreuung, Pflegschaft, Haager Minderjährigenschutzabkommen s Minderjährigenschutzabkommen, Haager

Vormundschaft, IPR EGBGB 24; Deutsch-Österreichisches Vormundschaftsabkommen **EGBGB Anh 24** 6ff; Europäisches Übereinkommen über Anerkennung und Vollstreckung von Sorgerechtsentscheidungen **EGBGB Anh 24** 49; Haager Minderjährigenschutzabkommen **EGBGB Anh 24** 9ff; Haager Übereinkommen über zivilrechtliche Aspekte internationaler Kindesentführung **EGBGB Anh 24** 48; Haager Vormundschaftsabkommen **EGBGB Anh 24** 1ff; Staatsverträge **EGBGB Anh 24**

Vormundschaftsgericht, allgemeine Ermächtigungen des – **1825**; Allgemeines **vor 1773**; Amtshaftung **839** 119, **1837** 18; Anhörung Gegenvormund **1826**; Anordnung der Vormundschaft **1773** 9, **1774**, 6 (von Amts wegen), 7 (Zuständigkeit), 9 (durch unzuständiges Gericht); Aufsicht des Vormundschaftsgerichts **1837** 7ff; Auskunftserteilung des Vormundes **1839**; Ausstattung aus dem Vermögen des Betreuten, Genehmigung **1908**; Auswahl Betreuer **1897**; Auswahl Vormund **1779**, 12f (Verfahren); Beratung des Vormundes **1837** 2ff; Berichts- und Rechnungslegungspflicht des Vormundes **1840f**; Betreuungssachen, Zuständigkeit **1896** 75; Eil- und Ersatzkompetenz **1846**; Einwilligungsvorbehalt Betreuung, Anordnung durch Vormundschaftsgericht **1903**; Entziehung der religiösen Erziehung **1801**; Entzug der Vertretungsmacht bei Interessengegensatz **1796**; Erklärung Genehmigung gegenüber Vormund **1828**; Genehmigung Vormundschaftsgericht zu Rechtsakten des Betreuten **1902** 13ff; Genehmigung zum Betrieb Erwerbsgeschäft durch Minderjährigen **112** 5, 8; Genehmigung, Anwendbarkeit der **vor 182** 4, **182ff**; Gestattung von Geldanlagen **1811**; Maßregeln des Vormundschaftsgerichts **1837** 11ff; medizinische Maßnahmen bei Betreutem, Zustimmung **1904** 25; Mitteilung an Jugendamt **1851**; nachträgliche Genehmigung **1829**; Ordnungsstrafrecht **1788**; Rechnungsprüfung durch Vormundschaftsgericht **1842ff**; bei Rechtsgeschäften über Grundstücke, Genehmigung **1821**; bei sonstigen Rechtsgeschäften, Genehmigung **1822**; Sterilisation des Betreuten, Genehmigung **1905** 27ff; Unterbringung, Zuständigkeit **1906** 45; Wohnraummietvertrag des Betreuten Kündigung, Genehmigung **1907**

Vormundshypothek 1113 19

Vorname 12 5, **1616** 14ff; Änderung **vor 1** 2, **12** 5, 7f; Rufname **12** 6

Vorpachtrechte 463 6, **469** 11

Vorratsklauseln 308 24

Vorratsschuld 243 7, 11f

Vorsatz 276 7ff; Begriff **276** 7

Vorschuß vor 488 65

Vorschußklausel 305c 31

Vorsorgemaßnahmen für Schäden **249** 70ff

Vorsorgeuntersuchung, Entgeltfortzahlung **616** 7, 107

Vorsorgeverfügung 1901a

Vorsorgevollmacht 168 6, **vor 1896** 31, **1896** 40, 42, **1901a**; und medizinische Maßnahmen **1904** 32; Unterbringung kraft – **1906** 60ff

Vorstand, Haftung für **278** 9; Verein **26ff** sa Vereinsvorstand

Vorstrafen 611 264; Fragerecht Arbeitgeber/Aufklärungspflicht Arbeitnehmer **123** 21

Vorteilsausgleichung vor 249, 90–129; Allgemeines/Grundgedanke **vor 249** 90ff; Arbeitsverdienst **vor 249** 107; Beweislast **vor 249** 91a; Durchführung **vor 249** 95ff; bei eigenen Leistungen/Aufwendungen/Ersparnissen des Geschädigten **vor 249** 107ff; Erbschaftsanfall, vorzeitiger **vor 249** 125ff; ersparte Aufwendungen **vor 249** 108ff; Gewinne des Geschädigten **vor 249** 108ff; bei immateriellen Schäden **vor 249** 100; keine – **vor 249** 102 (bei Legalzession), 103 (bei Pflicht zur Abtretung), 104 (bei abstrakter Schadensberechnung); und Leistungen Dritter **vor 249** 115ff; Nutzungen **vor 249** 113; Steuervorteile **vor 249** 128f; Unterhaltsersparnis **vor 249** 111; Wertsteigerungen **vor 249** 114; Wertungsgesichtspunkte **vor 249** 92ff

Vorverein 21 10

Vorverhandlungen, Vertrag vor 145 51; Vertragsschluß durch Schweigen nach – **147** 3

Vorvertrag vor 145 46ff, **433** 8, **464** 4; Bestimmtheitserfordernis **vor 145** 47; Bürgschaft **vor 145** 48; Definition **vor 145** 46; Form **125** 3, **vor 145** 48, **154** 10, **311b** 13; Gesellschaftsvertrag **vor 145** 48; Grundstückskauf **vor 145** 48; Klage aus – **vor 145** 50; Miete **vor 535** 55; Optionsvertrag, Abgrenzung **vor 145** 52; Pacht **vor 581** 2; Pflichten der Parteien **vor 145** 49; Schuldanerkenntnis **vor 145** 48; Störung der Geschäftsgrundlage **313** 80; Tarifvertrag **vor 145** 48; unzulässige Rechtsausübung **242** 211; Vorverhandlungen, Abgrenzung **vor 145** 51; Zulässigkeit **vor 145** 46

Wahlleistung 612 19

Wahlschuld 243 4f, **262–265**; Ausübung der Wahl **263**; Grundlagen **262**; Teilunmöglichkeit **265**; Unmöglichkeit **275** 4; Verzug des Wahlberechtigten **264**; Wahlberechtigte **262** 6, **263** 3

Wahlvermächtnis vor 2147 6, **2154**

Währungsprobleme, Störung der Geschäftsgrundlage **313** 81

Währungsrecht, Verbotsgesetz **134** 103

Währungsstatut EGBGB 32 19

Währungsswapgeschäft Anh 764 1

Währungsumstellung, Störung der Geschäftsgrundlage **313** 81

Wald, Nießbrauch **1038**

Wandelung, Ausschluß, Klauselverbote **309** 91

Wandelung, Kauf bei Sukzessivlieferungsverträgen **vor 433** 29

Wandelung, Leasingvertrag Anh 535 30ff

Wanzen Anh 12 125
Wappen, Namensschutz 12 36
Warenautomat, Besitzmittlungsverhältnis 868 37
Warenbezeichnungen 437 39; Namensschutz 12 16
Warenkauf, internationaler, UN-Übereinkommen EGBGB vor 27 6ff, 15; Kaffeefahrten EGBGB 29 13; Verbraucherdarlehensvertrag vor 491 18ff
Warenkauf, IPR EGBGB 28 28f
Warensendung, Annahme 151 5; unbestellte 147 4, 241a sa Unbestellte Leistungen
Warentermingeschäft, Aufklärungspflichten 433 24
Warentest, fehlerhafter, vorsätzliche sittenwidrige Schädigung 826 40
Warenzeichenverletzung, Gewinnabschöpfung 687 15
Wärmetauscher 434 49
Warnpflicht zur Schadensabwendung 254 56ff; Schadensersatz wegen Pflichtverletzung 280 45, 48ff; Verkäufer 433 26
Wartung, technischer Geräte, Mieterpflicht 535 91
Wartungsanleitung, mangelhafte 434 58
Wartungsvertrag 611 51; Inhaltskontrolle 307 178
Waschmaschine, Anschluß 434 50
Wasser, Verbrauchsgüterkauf 474 5; zurechenbare Immission 906 12
Wasserfahrzeuge, IPR EGBGB 45
Wasserlieferungsvertrag 433 9, 11, 505 19
Wasserrecht Einl 854 25
Wasserrechtliche Bewilligung 906 66
Wasserstraßen, Verkehrssicherungspflichten 823 97
Wasserversorgung, s Daseinsvorsorge, Leistungsbeziehungen der
Wasserversorgungsunternehmen, Anwendbarkeit AGB-Vorschriften 310 3; Preisklauseln 309 12
Website, Warenangebot auf – 145 7
Wechsel 364 10, 13; Anweisung vor 783 6; Auslegung 133 38; Diskontierung vor 433 24, vor 488 57; In-sich-Geschäft 181 6; Inhaberschuldverschreibung 793 11; mangelnde Geschäftsfähigkeit des Schuldners vor 104 13; eines Minderjährigen 111 3; Mißbrauch 826 48; Pfandrecht an 1204 3, 1292–1296; Schuldversprechen 780 4; Sittenwidrigkeit 138 195; Umdeutung 140 29; Unterschriftsfälschung 179 20; Zahlung mit 433 48
Wechsel- und Scheckbürgschaft vor 765 27
Wechselkosten, Aufwendungsersatz Teilzahlungsgeschäft 503 36
Wechselprotestkosten, Aufwendungsersatz Teilzahlungsgeschäft 503 36
Wegfall der Geschäftsgrundlage, s Störung der Geschäftsgrundlage
Wegnahmerecht und Herstellung des früheren Zustandes 258; bei Landpacht 591a; bei Miete, Einrichtungen 539 8ff, 548, 552
Wehrübung, Entgeltfortzahlung 616 7
Weinhandel, Siegelung 929 29
Weisung, Handeln nach, Willensmängel bei Weisung 166 18; Wissenszurechnung 166 16
Weiterbeschäftigungsanspruch, streitiges Arbeitsverhältnis 611 371ff
Werbeagentur vor 631 24; Geschäftsbesorgungsvertrag 675 7
Werbefahrten 312 53ff, 75
Werbeprospekt, Vertragsangebot 145 6
Werbespot, Veräußerung von 453 25
Werbung, Berichtigung 434 26f; des Herstellers, Sachmangel 434 22ff; Verkäuferpflichten bei Änderung der – 433 27; und Wohnungseigentümergemeinschaft WEG 10 9
Werkdienstwohnungen 576b
Werkförderungsvertrag vor 535 34
Werklieferungsvertrag 651; Erfüllungsgehilfe 278 31; und Kauf vor 433 19ff; Rechtsfolgen 651 14ff

Werksland vor 581 18; s Deputatland
Werkstattrisiko bei Kfz-Reparatur 249 77
Werkverschaffungsvertrag vor 631 24
Werkvertrag 611 51, 631 1ff; Abgrenzung Dienstvertrag 611 13ff; Abgrenzung zu verwandten Verträgen vor 631 7ff; Abnahmepflicht 631 46, 640, 11ff, 646 sa Werkvertrag, Abnahme; AGB 307 46; Allgemeines vor 631, 631 1ff; Anfechtbarkeit 631 24ff; Annahmeverzug 642; Architektenvertrag vor 631 10ff; Bauverträge/Bauunternehmerverträge vor 631 15ff; Beförderungsverträge vor 631 17f; Besitzmittlungsverhältnis 868 38; EDV-Computeranlagen, Verträge über vor 631 22f; Einzelfälle Verträge vor 631 10ff, 10ff, 24; Erfüllungsgehilfe bei 278 31; Fertigstellungsbescheinigung 612, 641a; Form 631 7ff; Freizeichnungsklausel 242 164; Haftungsausschluß 639; Hauptpflichten des Bestellers 631 20ff; Haftungsausschluß 639; Hauptpflichten des Unternehmers 631 29ff; Inhalt 631 27; Inhaltskontrolle 307 152ff, 308 65, 309 177; IPR EGBGB 28 39; und Kauf vor 433 19ff; Kostenanschlag 307 153, 650; und Miete vor 535 18; Nebenpflichten des Bestellers 631 47; Nebenpflichten des Unternehmers 631 33ff; Nichtigkeit wegen Gesetzesverstoßes 631 15ff; und Pacht vor 581 5; Preisklauseln 309 10; Schuldrechtsmodernisierung Auswirkungen vor 631 1ff; Sittenwidrigkeit 631 21ff; überraschende Klauseln 305c 18; Unmöglichkeit 631 13f; unzulässige Rechtsausübung 242 212; Verjährung 195 17, vor 631 3; Vertragsstrafe vor 339 3; Vorleistungspflicht, Klausel 309 22; Vorschußklausel 305c 31; Wirkung zugunsten Dritter 328 38; Zustandekommen 631 2ff
Werkvertrag, Abnahme 631 12, 46, 640; Abnahmeunfähigkeit 640 7ff, 646; Baurecht/VOB Sonderregelung 640 23f; Begriff 640 3; und Fälligkeit Vergütung 641; Fertigstellungsbescheinigung 641a; körperliche Entgegennahme/Ingebrauchnahme 640 6; Pflicht zur 640 11ff; Rechtsfolgen Nichterfüllung Abnahmepflicht 640 15ff; Rechtsnatur 640 6; stillschweigende/konkludente 640 5ff; Verlust Mängelrechte bei 640 21ff; Vollendung statt Abnahme 646; Wirkungen 640 2
Werkvertrag, Gefahrtragung 644, 645; Baurecht 644 7, 645 12
Werkvertrag, Kündigung Besteller 649; Architektenvertrag 649 17; Ausschluß Kündigungsrecht 649 8ff; Baurecht, Sonderregelung 649 14ff; pauschalierte Reinerträge, Vereinbarung 649 7; Rechtsfolgen 649 5ff; Vergütungsanspruch Unternehmer 649 6, 10; Verhältnis zu anderen Rechtsbehelfen 649 11; Voraussetzungen 649 2f
Werkvertrag, Materialbeschaffung durch Unternehmer 651; und Kauf mit Montageverpflichtung 651 13; und Lieferungskauf 651 12; Rechtsfolgen 651 14ff
Werkvertrag, Minderung 634 6ff, 638; Berechnung 638 7ff; mehrere Beteiligte 638 5; Rechtsfolgen 638 6ff; Voraussetzungen 638 3f
Werkvertrag, Mitwirkung Besteller 642; Baurecht, Sonderregelung 642 11; Entschädigung des Unternehmers 642 5; Fristsetzung, Kündigung 643; weitere Rechte Unternehmer 642 7ff
Werkvertrag, Nacherfüllung 634 4, 635; Anspruchsumfang 635 5ff; Ausschluß Nacherfüllungsanspruch 635 12ff; fehlgeschlagene und Rücktritt 636 12; Kostentragung 635 8ff; Rückgewähranspruch Unternehmer 635 17f; Unverhältnismäßigkeit Nacherfüllungskosten 635 15f
Werkvertrag, Rücktritt 636; Ausschluß Rücktrittsrecht 636 14ff; Erfüllungsverweigerung 636 10; fehlgeschlagene Nacherfüllung 636 12; Folgen 636 18; Nachfristsetzung/Entbehrlichkeit 636 6; nicht vertragsgemäße Leistungserbringung 636 5
Werkvertrag, Schadensersatz 634 15, 636 19ff; Nachfristsetzung 636 21; Pflichtverletzung 636 19; Umfang 636 23ff; Vertretenmüssen 636 20

Werkvertrag, Schlechterfüllung 633ff; aliud **633** 18; Aufwendungsersatz **634** 15, **636** 27, **637** 9f; Beweislast **633** 20, **634** 16; Haftungsausschluß **639**; Herstellung in zu geringer Menge **633** 18; Mangelfreiheit Leistungspflicht **633** 6ff; Minderung **634** 6ff, 6ff; Nacherfüllung **634** 4, **635**; Rechte des Bestellers **634**; Rechtsmangel **633** 19; Rücktritt **634** 6ff, **636**; Sachmangel **633** 10ff; Schadensersatz **634** 15, **636** 19ff; Schuldrechtsmodernisierung **633** 1ff, 1ff; Selbstvornahme **634** 5, **637** sa Werkvertrag, Selbstvornahme; Verjährung Mängelansprüche **634a**; vorausgesetzte/gewöhnliche Verwendungseignung **633** 16
Werkvertrag, Selbstvornahme 637; Aufwendungsersatz **637** 9f; Fristablauf **637** 8; Fristsetzung **637** 3ff; Nacherfüllungsanspruch **637** 2; prozessuales **637** 16f; Verhältnis zu anderen Vorschriften **637** 18; Verweigerungsrecht des Unternehmers **637** 7; Vorschuß, Anspruch auf **637** 11ff
Werkvertrag, Sicherung Unternehmer, Pfandrecht des Unternehmers **647;** Sicherheitsleistung, Bauhandwerker **648a;** Sicherungshypothek des Bauunternehmers **648**
Werkvertrag, Unternehmerhaftung, Inhaltskontrolle **309** 80ff sa AGB, Gewährleistung
Werkvertrag, Vergütung 632; Abschlagszahlung **632a;** Abtretung Vergütungsanspruch **632** 16; Architekten **632** 28; Art der Vergütung **632** 3; Baurecht, Sonderregelungen **632** 20ff, **641** 9ff; Beweislast **632** 26; Bindung an vereinbarte Höhe **632** 10ff; Einheitspreis **631** 45, **632** 4; Grenzen der Privatautonomie **631** 43; Höhe **631** 42, **632** 4ff; Kalkulationsfehler **631** 25, **632** 11; Kostenanschlag **307** 153, **650;** Mehrwertsteuer **632** 4; nach billigem Ermessen **632** 8; Pauschal- oder Festpreis **631** 44, **632** 4; Preisgleitklauseln **632** 5; Preisvorbehalt **632** 5; Rechtzeitigkeit der Zahlung **641** 13; Selbstkostenpreisverträge **631** 45; Stundenlohnvereinbarung **631** 45, **632** 4; Taxe/Üblichkeit **632** 6ff; überhöhte, Sittenwidrigkeit **631** 23; Üblichkeit **632** 6; Vereinbarung **632** 1f; ohne Vergütungsvereinbarung **631** 39f; Verjährung **632** 17f; Vorarbeiten **632** 2; Vorauszahlung, Begriff **632a** 3f
Werkvertrag, Vergütung Fälligkeit 632 9, **641;** Abnahme **641** 4ff; Haupt-/Subunternehmer **641** 15f; HOAI **641** 14; Leistungsort **641** 6; Rechnungserteilung **641** 4; Rechtzeitigkeit der Zahlung **641** 13; Schlußzahlung **641** 11; Teilabnahme **641** 7; Vereinbarung **641** 3; Verzinsung **641** 8; Vollendung des Werks **641** 5, **646;** Vorauszahlung **641** 10
Werkwohnungen, Sonderregeln Mietrecht **576ff** sa Wohnraummietvertrag, Werkwohnungen
Werterhöhung 459 2
Wertersatzanspruch, analoge Anwendung auf Abwehranspruch **251** 27; Beweislast **251** 28; Einzelteile aus Sachgesamtheit **251** 22a; Grundstücks-/Gebäudeschäden **251** 22; Heilbehandlungskosten **251** 25f; Kfz-Schaden **251** 21; bei Nutzfahrzeugen **251** 21; ungenügende Naturalrestitution **251** 16; Unmöglichkeit Naturalrestitution **251** 2ff; Unverhältnismäßigkeit Naturalrestitution **251** 17ff; Unzumutbarkeit Naturalrestitution **251** 15; Vermögensverhältnisse des Schädigers **251** 23; und Verschulden **251** 23
Wertminderung 251 5ff sa Merkantiler Minderwert
Wertminderungspauschale 309 45
Wertpapier, Anweisung vor **783** 9; Ausgabebedingungen **305** 11; Begriff vor **793** 2; Einteilung vor **793** 3ff; Entstehen der Verpflichtung vor **793** 7ff; Haftung bei Transportverlust **676** 8; Inhaberpapier vor **793** 6; Kündigung Rechtsverhältnis über Herausgabe/Weiterleitung **676** 1ff; Orderpapier vor **793** 5; Qualifizierte Legitimationspapiere vor **793** 6; Rechtskauf **453** 2; Rektapapier vor **793** 4; Verwahrung **688** 15
Wertpapierdienstleistungsunternehmen, Informationspflichten, allgemeine Anh **764** 15ff

Wertpapiererklärung, Auslegung **133** 38; Umdeutung **140** 29
Wertpapierhypothek 1187ff
Wertpapierpensionsgeschäfte, Euroeinführung **244** 8
Wertpapierrechtliche Verpflichtungen, IPR EGBGB 37 2
Wertsicherungsklauseln 244 7; Kauf **433** 46; bei Miete **535** 64ff, **557b** 2; Störung der Geschäftsgrundlage **313** 64; Verbotsgesetz **134** 103
Wertsteigerung, Vorteilsausgleichung vor **249** 114
Wertstellung, Girokonto **676f** 11
Wertstellungsklausel 307 23, 47, 70
Wettbewerbsdelikte, IPR EGBGB 40 51
Wettbewerbsrecht, Abtretung **399** 10; Gewinne, angemaßte Eigengeschäftsführung **687** 25; und Namensrecht **12** 35; Sittenwidrigkeit **138** 184; Verbotsgesetz **134** 99; und vorsätzliche sittenwidrige Schädigung **826** 25
Wettbewerbsverbot in Grunddienstbarkeit **1018** 17; Sittenwidrigkeit in Rechtsgeschäften **138** 196ff; Unternehmenskauf **453** 19; Unternehmensverkauf **433** 36; Verschwiegenheitspflicht und nachvertragliches – **611** 502ff; Vertragsstrafe vor **339** 3; und Wohnungseigentümergemeinschaft **WEG 10** 9
Wettbüro, Einbeziehung AGB **305** 32
Wette 762; Abgrenzung **762** 5ff; Begriff **762** 4; IPR **762** 13; Lotterie oder Ausspielverträge **763;** Nebenabreden und andere Verträge **762** 9f; Rechtsfolgen **762** 6; Rückforderung des Geleisteten **762** 7; Verbindlichkeiten an Erfüllungs Statt **762** 8; Verbots- und Sittenwidrigkeit **762** 11
Wettschulden vor **241** 23
Widerrechtliche Drohung 123 60ff; sa Anfechtbarkeit Willenserklärung, widerrechtliche Drohung
Widerruf, Allgemeines Persönlichkeitsrecht **Anh 12** 34, 333ff; Gegendarstellungsrecht **Anh 12** 395
Widerruf einer Willenserklärung 178 4; Ausübung **109** 4; Beweislast **109** 6, **178** 8; und Irrtumsanfechtung **119** 20; bei schwebender Unwirksamkeit **109** 1f, **178** 1ff; der Untervermieterlaubnis **540** 10; Verbraucherdarlehen **495;** Voraussetzungen **109** 2f, **178** 2f; Wirkung Ausübung **109** 5; Wirkung der Ausübung **178** 5, **179** 17; vor Zugang **130** 15
Widerrufsanspruch, ehrkränkende und kreditschädigende Tatsachenbehauptungen **1004** 152ff; bei Empfehlung von AGB **UKlaG 1** sa AGB, Unterlassungs- und Widerrufsanspruch
Widerrufsrecht bei Fernabsatzverträgen **312d** sa Fernabsatzverträge, Widerrufs- und Rückgaberecht; Verbraucherdarlehen **495**
Widerrufsrecht bei Haustürgeschäften 312 sa Haustürgeschäfte, Widerrufsrecht
Widerrufsvorbehalt, auflösende Bedingung, Abgrenzung **158** 6
Widerspruch, Grundbuch- 899
Widersprüchliches Verhalten 242 106ff
wie besehen 243 8
wie besichtigt 444 4
Wiederansichnahme, Teilzahlungsgeschäft, Rücktrittsfiktion **503** 65ff
Wiederaufbau, Wohnungseigentümergemeinschaft **WEG 22** 6f
Wiederbeschaffungswert bei Sachschäden **249** 92
Wiedereingliederung 616 32; Entgeltfortzahlung **616** 108
Wiedereinstellungsanspruch bei Wegfall Kündigungsgrund **626** 35
Wiederheirat nach Todeserklärung 1319f
Wiederheiratsklauseln 2269 11
Wiederkauf/Wiederkaufsrecht 456–462; Ausübung **456** 10; Beseitigung von Rechten Dritter durch den Wieder-

verkäufer **458**; Ersatz von Verwendungen **459**; Form **311b** 42; Formbedürftigkeit **456** 7; Frist **462**; gesetzliches **456** 2; Haftung für Verschlechterung, Unmöglichkeit, Veränderung **457** 3ff; Herausgabe des gekauften Gegenstandes **457** 1; Herausgabe des Zubehörs **457** 2; mehrere Berechtigte **461**; Schätzungswert **460**; Übertragbarkeit **456** 12; Unwirksamkeit von Vereinbarungen **465** 5; unzulässige Rechtsausübung **242** 213; ursprünglicher Kaufvertrag **456** 11; Vererblichkeit **456** 12; als Vertrag zugunsten Dritter **456** 8; vertragliches **456** 3, 7ff; Vormerkung **456** 9, **883** 18; Wiederkaufpreis **456** 13, **460**

Wiederkehrende Leistungen, Verjährung **197** 9, 17

Wiederkehrschuldverhältnis, AGB **305** 44; Begriff **vor 241** 20; Preisklauseln **309** 8

Wildschadenshaftung 835

Willenseinigung vor 145 4, 11; Rechtsbindungswille **vor 145** 4ff

Willenserklärung vor 116 1ff, **vor 145** 4; Abgabe **130** 3f; anfechtbare **vor 116** 14, 21, sa Anfechtbarkeit Willenserklärung; Anwendungsbereich §§ 116ff **vor 116** 26ff; Arten der Willenserklärung **vor 116** 6–12; ausdrückliche **vor 116** 6; Auseinanderfallen Wille – Erklärung **vor 116** 1, 16ff; Auslegung **133** 1ff, 1ff, sa Auslegung, Willenserklärung; Auslegung, ergänzende **vor 116** 23; Begriff **vor 116** 1; Beweislast **vor 116** 25; bei Bewußtlosigkeit/Störung der Geistestätigkeit **105** 5f; elektronische **vor 116** 5; Erklärungsbewußtsein/Erklärungswille **vor 116** 3, 3, 14; Erklärungshandlung **vor 116** 5, 9; Erklärungsirrtum **vor 116** 21; Erklärungsmittel **vor 116** 5; Erklärungstheorie **vor 116** 1; falsa demonstratio **155** 2; fingierte Willenserklärung, Anfechtbarkeit **119** 26; fingierte, Anfechtbarkeit **119** 10; und geheimer Vorbehalt **vor 116** 16, **116** 1ff, sa Geheimer Vorbehalt; Gentlemen's Agreement **vor 145** 8; und Geschäftsgrundlage **vor 116** 23; eines Geschäftsunfähigen **105** 1–3; Geschäftswille **vor 116** 4, 15; Handlungswille **vor 116** 2, 13; Inhaltsirrtum **vor 116** 21; Irrtum im Inhalt **vor 116** 21; Irrtum im Motiv **vor 116** 23f; Irrtum in der Erklärung **vor 116** 21; Irrtumsanfechtung s Anfechtbarkeit Willenserklärung, Irrtum; konkludente (schlüssige, mittelbare) Willenserklärung **vor 116** 7, **308** 43; Letter of Intent **vor 145** 9; mehrdeutige **155** 5; eines Minderjährigen **107** 1ff; Motivirrtum **vor 116** 23f; Nichtigkeit sa Nichtigkeit Rechtsgeschäft; Nichtstun als Willenserklärung **vor 116** 8ff; Rechtsfolgewillen **vor 145** 4ff; und Rechtsgeschäft **Einl 104** 2; Scheinerklärung **vor 116** 18, **117** 1ff, sa dort; Scherzerklärung **vor 116** 17, **118** 1ff sa dort; durch schlüssiges Verhalten **vor 116** 7; Schweigen als Willenserklärung **vor 116** 8–12; und sozialtypisches Verhalten **vor 116** 7; Übereinstimmung der – **vor 145** 12; unverbindliche **vor 145** 5; unvollkommene Verbindlichkeit **vor 145** 10; unwiderleglich vermutete Willenserklärung, Anfechtbarkeit **119** 26; Verhältnis zum Rechtsgeschäft **vor 116** 1; vermeintlich unverbindliche **vor 145** 6; Wille **vor 116** 2; Willensmängel **vor 116** 13ff, 19ff, **119** 31ff; Willensmängel beim Vertreter **166** 4; Wirksamwerden s Willenserklärung, Wirksamwerden; Zugang **130** 5ff, **132** 1ff; Zugangsstörungen **130** 22–25; Zustellung **132** 3f

Willenserklärung, Wirksamwerden 130 1ff; Abgabe **130** 3f; Beweislast **130** 27f; bei nicht voll Geschäftsfähigen **131** 1ff; Zugang **130** 1ff, sa Zugang Willenserklärung

Willensmängel vor 116 13ff, 19ff, **119** 31ff; Auseinanderfallen Wille – Erklärung **vor 116** 16ff, 19ff; Beschaffenheitsirrtum **119** 39f; Beweislast **vor 116** 25; Eigenschaftsirrtum **119** 41ff sa dort; Erklärungsirrtum **vor 116** 21; Erklärungswille, fehlender **vor 116** 14; geheimer Vorbehalt **vor 116** 16; Handlungswille, fehlender **vor 116** 13; Inhaltsirrtum **vor 116** 21; Irrtumsanfechtung s Anfechtbarkeit Willenserklärung, Irrtum; Kalkulationsirrtum **119** 38; Motivirrtum **119** 50ff; Motivirrtum, beiderseitiger **vor 116** 23; Motivirrtum, einseitiger **vor 116** 24; Rechtsfolgeirrtum **119** 37; Scheinerklärung/Scheingeschäft **vor 116** 18; Scherzerklärung **vor 116** 17, **118** 1ff sa dort; Übermittlungsfehler **120** 1ff sa Anfechtbarkeit Willenserklärung, unrichtige Übermittlung; unrichtige Übermittlung **vor 116** 21; beim Vertreter **166** 4; Willensbildung, Mängel bei **vor 116** 22ff; sa Anfechtbarkeit Willenserklärung, Irrtum

Willenstheorie vor 116 1

Wirksamkeitsvermerk 882 8, **883** 50

Wirtschaftsaufsicht, Amtshaftung **839** 53

Wirtschaftsplan, Wohnungseigentümergemeinschaft **WEG 21** 9, **28** 2

Wirtschaftsprüfer, Geschäftsbesorgungsvertrag **675** 7; selbständiger Dienstvertrag **611** 38; Verjährung, Ansprüche gegen **195** 16

Wirtschaftsprüfervertrag, Inhaltskontrolle **307** 166

Wissenschaftsfreiheit Anh 12 96

Wissensvertreter, Abgrenzung zur unmittelbaren Stellvertretung **vor 164** 27

Wissenszurechnung vor 164 27, **166** 1ff; Anwendung Regelung über – **166** 6ff; bei arbeitsteilig organisierten Beteiligten **166** 11, 17; bei Arglist als Anspruchsvoraussetzung **166** 9; Ausnahmen **166** 13ff; bei Behörden **166** 11; bei Besitzerwerb **166** 9; entsprechende Anwendung **166** 17f; geschäftsähnliche Handlungen **166** 9; bei gesetzlichen Vertretern **166** 17; Gläubigeranfechtung **166** 9; bei Handeln nach Weisung **166** 16; bei Informationen in Akten/Datenspeichern pp **166** 10; bei juristischen Personen **166** 11, 17; bei Kenntnis Dritter **166** 8; bei Organvertretern **166** 11, 17; bei persönlichen Eigenschaften **166** 12; prozessuale Willenserklärung **166** 9; in sonstigen Fällen **166** 9; beim Überbau **166** 9; bei Verhandlungsgehilfen und sonstigen Hilfspersonen **166** 8; bei Vermittlern **166** 8; im Versicherungsrecht **166** 9; bei Willensmängel bei Weisung/Spezialvollmacht **166** 18

Witwe, Eigenerwerbsobliegenheit und Schadensminderungspflicht **254** 66

Wohnfläche, Eigentumswohnung **434** 35

Wohnflächenberechnung WEG 1 14

Wohngeldrückstände, Wohnungseigentümergemeinschaft **WEG 10** 9

Wohngemeinschaft 535 12; GbR **vor 705** 53; als Mitgläubiger **432** 21ff

Wohnlaube Leihe **vor 598** 4

Wohnraummietvertrag vor 535 6ff; Abwendung Wegnahmerecht **552**; Änderungen **550** 8, 10ff; anwendbare Vorschriften **549**, **578** 2; auflösende Bedingung **572** 3; Barrierefreiheit **554a**; behindertengerechte Nutzung **554a**; Belastung Wohnraum **567ff**; Eintrittsrecht bei Mietertod **563**, **563b**; Energieeinsparungsmaßnahmen **554** 11, **559** 5, 8; Erhaltungs- und Modernisierungsmaßnahmen **554** (Duldungspflicht), 17 (Mitteilungspflicht), 18 (Sonderkündigungsrecht), 19 (Aufwendungsersatz), 20 (Zurückbehaltungsrecht des Mieters), 21 (Gewährleistungsrechte), 22 (Beweislast), **559**; Form **550**; Fortsetzung mit Erben **564**; Fortsetzung mit Lebenspartner, eingetr **LPartG 10** 22; Fortsetzung mit überlebenden Mietern **563a**, **563b**; Fortsetzungsverlangen **574a**, **574b** 2, **574c** (auf unbestimmte Zeit); Gebrauchsüberlassung an Dritte, Gestattung **535**; möblierter Wohnraum **549** 5; Rücktrittsrecht, vereinbartes **572**; Schaffung neuen Wohnraums **554** 13; Studenten- und Jugendwohnheime **549** 9; Untervermietung durch juristische Personen des öffentlichen Rechts/private Träger der Wohlfahrtspflege **549** 6f; Veräußerung des Wohnraums **566ff** sa Miete, Veräußerung Objekt; Verbesserungsmaßnahmen **554** 10, **559**; Vermieterpfandrecht

Stichwortverzeichnis

562ff sa dort; Vertragsstrafe 555; vorübergehender Gebrauch 549 4; wassersparende Maßnahmen 554 12, 559 5, 9; Wohnungseigentum, Begründung 573 29, 577, 577a; Zwischenvermietung 565

Wohnraummietvertrag, Abwicklung, Ausschluß des Zurückbehaltungsrechts 570; Schadensersatz bei verspäteter Rückgabe 571

Wohnraummietvertrag, Kaution, Anlage 551 7ff; Auffüllen 551 11; Auskehrung 551 12; Auskunftspflicht 551 10; Fälligkeit 551 6; Höhe 551 4; Kaution 551; Veräußerung Wohnraum 551 13; Vereinbarung 551 3; Zinsen 551 8

Wohnraummietvertrag, Kündigung, Änderungskündigung zur Mieterhöhung 573 27; Ausschlüsse 573 27ff; Begründung 568 7, 573 33f, 573a 7; Beitrittsgebiet 573 30; berechtigtes Interesse des Vermieters 573 7ff, 573a; Beweislast 573 35, 573a 11; Eigenbedarf 573 13ff; erleichterte Kündigung des Vermieters 573a; bei Fortsetzung mit Erben 564 7ff; Fristen 573c; Konkurrenzen 573a 10; Mieterkündigung bei Tod Mitmieter 563a 3; ordentliche 573; Schadensersatzpflicht Vermieter 573 36; Schriftform 568 3ff, 573 32, 573a 7; mittels Schriftsatz 568 5; schuldhafte Verletzung Mieterpflichten 573 9ff; Sonderkündigungsrecht Mieter bei Mieterhöhung 561; Sozialklausel 574ff; Teilkündigung des Vermieters 573b; treuwidrige Kündigungen 573 31; Vermieterkündigung bei Eintritt nach Mietertod 563 18; Verwertungskündigung 573 23ff, 28; Widerspruchsbelehrung 568 8; Wohnungseigentum, Begründung 573 29, 577a; Zahlungsverzug 573 12

Wohnraummietvertrag, Kündigung außerordentliche, Begründungszwang 569 22; wegen eheblicher Gesundheitsgefährdung 569 2ff; mit gesetzlicher Frist 573d, 575a; nachhaltige Störung des Hausfriedens 569 11; aus wichtigem Grund 569; Zahlungsverzug 569 16ff

Wohnraummietvertrag, Kündigungswiderspruch 573a 9, 574; Begründung 574b 4; Beweislast 574 13, 574b 6; Form 574b 3; Fortsetzungsverlangen 574a, 574c (auf unbestimmte Zeit); Frist 574b 5; Inhalt Widerspruch/Fortsetzungsverlangen 574b 2; Interessenabwägung 574 6ff; Voraussetzungen 574 5ff; Werkwohnungen Besonderheiten 576a; Wirkung 574 12

Wohnraummietvertrag, Miete; Aufrechnungs- und Zurückbehaltungsausschluß, Einschränkung 556b; Betriebskosten 556 8ff (Abrechnung), 556a (Abrechnung), 560 (Veränderung); Betriebskosten, Vereinbarungen über 556; Fälligkeit 556b 2ff; Herabsetzung von Betriebskostenvorschüssen 560 2

Wohnraummietvertrag, Mieterhöhung, Ablauf der Preisbindung 558 6; Änderung des Umlegungsmaßstabs 560 5; durch Änderungskündigung 573 27; Anspruch auf Zustimmung 558 3; Auskunft aus Datenbank 558a 9, 558e, Ausschluß 557 9f; wegen baulicher Maßnahmen 559 5ff, 10; Begründung 558a 5; Begründungsmittel 558a 6ff; Betriebskostenvorschüsse 560 9; Direktabrechnung von Betriebskosten 560 9; Drittmittel zur Modernisierung 558 12, 559a; wegen Einsparung von Heizenergie 559 5, 8; wegen erhöhter Betriebskosten 560; Erhöhungsverlangen 558a 2ff, 559, 559b 2ff; nach Gesetz 557 8; Indexmiete 557b; Kappungsgrenze 558 8ff, 10f (Ausschluß); Klagefrist 558b 6; wegen Maßnahmen zur Einsparung von Wasser 559 5, 9; Mietspiegel 558a 6ff, 12 (qualifizierter), 558c, 558d; bei Modernisierung 559; Nachbesserung Erhöhungsverlangen 558b 8; ortsübliche Vergleichsmiete 558 7f; Sachverständigengutachten 558a 10; Sonderkündigungsrecht Mieter 561; Sperrfrist 558 4; Staffelmiete 557a; Teilinklusivmiete 560 2; nach Vereinbarung 557 3ff; Vergleichswohnungen 558a 11; Wartefrist 558 5; Wirkung 559b 5; Wirkung bei Gesamtschuld 425 10; Zustimmung zu Erhöhung 558b

Wohnraummietvertrag, Werkwohnungen 576ff; Beweislast 576 13; Kündigung Mietverhältnis 576 7ff; Werkdienstwohnungen 576b; Werkmietwohnung 576 4ff; Widerspruchsrecht Besonderheiten 576a

Wohnraummietvertrag, Zeitmietvertrag 575; Auskunftsanspruch Mieter 575 8; außerordentliche Kündigung mit gesetzlicher Frist 575a; Befristungsgründe 575 3ff, 10 (Wechsel/Änderung), 11 (Fortfall); Beweislast 575 12; Rechtsfolgen 575 9; verspäteter Eintritt 575 11

Wohnrecht 1093; mit Altenteil 1093 5; Aufnahme Familienangehörige/Hauspersonal 1093 10; Berechtigter 1093 7ff; Inhalt 1093 2ff; Löschung 1093 16; maßgebliche Vorschriften 1093 5; und Miete **vor 535** 20; und Mietvertrag 1093 5; Mitbenutzungsrecht Gemeinschaftsanlagen 1093 15; Zerstörung des Gebäudes 1093 12

Wohnrecht, dingliches, unzulässige Rechtsausübung 242 155

Wohnsitz 7 1; Aufenthalt, Abgrenzung 7 11; Aufhebung 7 8; Begründung 7 3; Beschränkung 7 10; Geschäftsunfähige 8 1; gewillkürter 7 4; IPR **EGBGB 5** 58; Kind 8 2; Kinder 11 1ff; Kinder nach Trennung Eltern 7 9; mehrfacher 7 9; minderjährige Ehegatten 8 5; Niederlassung 7 7; Ort 7 12; Pendler 7 9; rechtliche Bedeutung 7 13; Soldaten 9

Wohnsitzverbot, Sittenwidrigkeit 138 197

Wohnungsbauförderdarlehen, Verbraucherdarlehen 491 30

Wohnungsbauförderungsrecht Einl 854 27

Wohnungsbindungsgesetz, Verbotsgesetz 134 104

Wohnungseigentum 741 6, **WEG;** Aufbauschulden, Teilschuld 420 11; Begriffsbestimmung **WEG 1;** Begründung **WEG 2;** Besitzschutz 865; einheitliches Grundstück **WEG 1** 11; ergänzende Bestimmungen **WEG 59ff;** Formvorschriften **WEG 4;** Gesamtschuldnerausgleich, Miteigentümer 426 44; Grundbuch **WEG 7, 9;** Nutzungsregelungen, Sittenwidrigkeit 138 198; öffentliche Lasten, Verteilung bei Kauf 436 1ff; Sondereigentum s dort; Teilungserklärung **WEG 8;** und Überbau **WEG 1** 12; Übertragung, Umdeutung 140 24; Verwaltungsschulden 420 11; Wohn- und Nutzflächenberechnung **WEG 1** 14

Wohnungseigentum, Begründung, Kündigung 573 29, 577a; Vorkaufsrecht Mieter 577

Wohnungseigentümergemeinschaft WEG 10ff; Allgemeine Grundsätze **WEG 10;** Anteil bei Aufhebung **WEG 17;** Beschlüsse **WEG 10 9,** 2f; Entziehung Eigentum **WEG 18f;** Gebrauchsregelung **WEG 15;** Gesamtgläubigerschaft für Gewährleistungsansprüche 428 18; als Mitgläubiger 432 21ff; Nutzungen, Lasten, Kosten **WEG 16;** Pflichten Wohnungseigentümer **WEG 14;** Rechte Wohnungseigentümer **WEG 13;** Rechtsfähigkeit **WEG 10** 11; Stimmrecht des Nießbrauchers 1066 1; Unauflöslichkeit **WEG 11;** unzulässige Rechtsausübung 242 214; Veräußerungsbeschränkung **WEG 12;** Vereinbarungen **WEG 10 9;** Verwaltungsbeirat **WEG 29;** werdende/faktische **WEG 10** 10; s Wohnungseigentümergemeinschaft, Beschlüsse/Vereinbarungen

Wohnungseigentümergemeinschaft, Beschlüsse/Vereinbarungen, Antennenanlage **WEG 10** 9; bauliche Veränderung **WEG 10** 9, 22 2ff; bauliche Veränderungen **WEG 22** 9 (Beispiele); Beirat **WEG 10** 9, 29; Beschlußfassung **WEG 23** 2ff; Gartengestaltung **WEG 10** 9; Gebrauchsregelung **WEG 10** 9; Gemeinschaftsordnung 305 8; Gewährleistungsrechte **WEG 10** 9; gewerbliche Nutzung **WEG 10** 9; Grunddienstbarkeiten **WEG 10** 9; Hausordnung **WEG 10** 9; Haustierhaltung **WEG 10** 9; Hauswart-/Hausmeisterwohnung **WEG 10** 9; Heizkörper **WEG 10** 9; Hinweisschilder **WEG 10** 9; Immissionen **WEG 10** 9; Jahresabrechnung **WEG 10** 9, 28 4; Kabelfernsehen **WEG 10** 9; Kellerverteilung

WEG 10 9; Konkurrenzschutzklausel WEG 10 9; Kostenregelung WEG 10 9, 16; Krankenfahrstuhl WEG 10 9; Musizieren WEG 10 9; Nutzungsänderung WEG 10 9; Öffnungsklausel WEG 10 9; Parkfläche WEG 10 9; Sanktionen/Strafen WEG 10 9; Sondernutzungsrechte WEG 10 9, 15 7ff; Spielplatz WEG 10 9; Umzugspauschale WEG 10 9; Ungültigerklärung/Nichtigkeit WEG 23 5ff; Untervermietung WEG 10 9; Veränderungsvorbehalt WEG 10 9; Vermietung/Vermietungsbeschränkungen WEG 10 9; Versammlungsorganisation WEG 10 9; Versicherungspflicht WEG 10 9; Videoüberwachung WEG 10 9; Vollmacht WEG 10 9; Vollstreckungsunterwerfung WEG 10 9; Vorkaufsrecht WEG 10 9; Vormietrecht WEG 10 9; Werbung WEG 10 9; Wettbewerbsverbot WEG 10 9; Wohngeldrückstände WEG 10 9; Zaun WEG 10 9; Zugangsregelung WEG 10 9; Zustimmungsfiktion WEG 10 9; Zustimmungsvorbehalt WEG 10 9

Wohnungseigentümergemeinschaft, Versammlung WEG 23; Beschlußfähigkeit WEG 25 6f; Beschlußfassung WEG 23 2ff; Einberufung WEG 24 1ff; Geschäftsordnungsfragen WEG 25 10; Mehrheitsbeschluß WEG 25; Protokoll WEG 24 7; Stimmabgabe WEG 25 3ff; Stimmenmehrheit WEG 25 2; Stimmrechtsausschluß WEG 25 8f; Vorsitz WEG 24 6

Wohnungseigentümergemeinschaft, Verwalter, WEG; Aufgaben und Befugnisse WEG 27; Bestellung/Abberufung WEG 26; Jahresabrechnung WEG 28 4; Rechnungslegung WEG 28 5; Wirtschaftsplan WEG 28 2; Wohngeldvorschuss WEG 28 3

Wohnungseigentümergemeinschaft, Verwaltung WEG 20ff; Ansprüche/Haftung WEG 21 11; bauliche Veränderungen WEG 22 2ff, 9 (Beispiele); besondere Aufwendungen WEG 22; Duldung von Maßnahmen WEG 21 10; Gliederung WEG 20; Hausordnung WEG 21 5; Instandhaltung/Instandsetzung WEG 21 6, 22 9; Instandhaltungsrücklage WEG 21 8; Notgeschäftsführung WEG 21 2f; steckengebliebene Bauten WEG 22 7; Versicherungspflicht WEG 21 7; Wiederaufbau WEG 22 6f; Wirtschaftsplan WEG 21 9, 28 2; durch Wohnungseigentümer WEG 21

Wohnungseigentumssachen, Verfahrensrecht WEG 43ff; Beteiligtengemeinschaft WEG 43 10; Entscheidung durch Richter WEG 43; Kosten des Prozeßverfahrens WEG 50; Kosten des Verfahrens WEG 48; Kostenentscheidung WEG 47; Mahnverfahren WEG 46a; Negativbeschluß WEG 43 7; Rechtsanwaltsgebühren WEG 49; Rechtskraft WEG 45; Rechtsmittel WEG 45; Verfahrensvorschriften/-grundsätze WEG 43 9, 44; Verhältnis zu Rechtsstreitigkeiten WEG 46; Versteigerung Wohnungseigentum WEG 53ff; Zuständigkeit WEG 51f

Wohnungseinweisung, Besitzklage 868 29
Wohnungserbbaurecht WEG 30
Wohnungsgröße, Zusicherung 536 18
Wohnungsvermittlungsgesetz, Verbotsgesetz 134 105
Wohnungszuweisung, Lebenspartner Trennung LPartG 14; Lebenspartnerschaft Aufhebung LPartG 17f
Wort, Schutz des geschriebenen Anh 12 115ff, 209f; Schutz des gesprochenen Anh 12 123ff, 211
WoVermittG vor 652 3
wrongful live 1 2, 249 64, 823 18, 22, 134
Wucher 138 11ff, 199, 488 31ff, 42, 56, Ausbeutung 138 19ff; Bereicherungsausgleich 817 21; erhebliche Willensschwäche 138 24; Kreditwucher 138 96; Lohnwucher 138 76; Mangels an Urteilsvermögen 138 23; maßgeblicher Zeitpunkt 138 17, 29; Mißverhältnis, auffälliges 138 14ff; objektive Voraussetzungen 138 12ff; Rechtsfolgen 138 25; und sittenwidriges Rechtsgeschäft 138 11; Subjektive Voraussetzungen 138 18ff; Unerfahrenheit 138 22; Zwangslage 138 21

Wucherähnliches Geschäft 138 50, 199,
Wurzeln, Überwuchs, Selbsthilferecht 910; zurechenbare Einwirkung 906 15

Zahlkarte 676h sa Kreditkartenvertrag
Zahlungsaufschub, abweichende Vereinbarungen 506; Anwendung Regelungen Verbraucherdarlehen 499 4ff; Existenzgründerdarlehen 507; Verbraucherdarlehen 491 28; Verbraucherverträge, Widerrufs- und Rückgaberecht 358 sa Verbraucherverträge, verbundene Geschäfte
Zahlungsbedingungen, Inhaltskontrolle 307 47
Zahlungsfähigkeit des Käufers 433 60
Zahlungsgarantie 387 30
Zahlungsort 270; Transportkosten 270 10
Zahlungsunfähigkeit, Eigenschaftsirrtum 119 45
Zahlungsvertrag 676df; Definition 676d 1; fehlerhafte oder unvollständige Weisung 676e 5; Forschen nach Überweisungsbetrag 676e 7; Money-back-Garantie 676e 3f; Nachüberweisung 676e 2; Regreßpflicht im Innenverhältnis bei zwischengeschalteten Kreditinstituten 676e 1; Rückleitungspflicht 676d 4; verschuldensunabhängige Haftung 676e 6; Verzinsungspflicht 676e 10; Vorschreiben des zwischengeschalteten Kreditinstituts 676e 10; Weiterleitungspflicht 676d 2; sa Überweisungsvertrag
Zahnarzt, deliktische Haftung 823 145; Gebühren GOZ 612 20; Sittenwidrigkeit 138 77, 200; Verdienstausfall 252 18
Zahnarzthonorar, Abtretung 399 8
Zahntechniker, Verdienstausfall 252 18
Zeitbürgschaft 777
Zeitraum 191 1f; (Berechnung) 188 7
Zeitschriftenabonnement 505 14
Zeitschriftenhandel, Konditionsgeschäft **vor** 433 18
Zeitschriftenzustellungsvertrag 307 48, 505 14
Zeitungsbezugsvertrag 433 12, 505 14
Zeltmiete vor 535 18
Zerstörung der Mietsache, Darlegungs- u Beweislast 538
Zession, s Abtretung
Zeuge, Entgeltfortzahlung 616 25; Sittenverstoß 138 114
Zeugenvernehmung und APR Anh 12 148f
Zeugnis 630; Anfechtbarkeit, Widerruf 630 22; Anspruchsgegner 630 4; Anspruchsvoraussetzungen 630 5f; berechtigter Personenkreis 630 3; einfaches Zeugnis 630 9; Einreden 630 18f; Ersatzansprüche gegen Aussteller 630 25f; Form, äußere 630 16; Klageverfahren 630 23f; Leistungsort 630 17; qualifiziertes Zeugnis 630 10ff; Untergang 630 20f; vorsätzliche sittenwidrige Schädigung 826 42; zeugnisergänzende Auskünfte 630 27; Zwangsvollstreckung 630 24
Zeugnisverweigerungsrecht, Kind 1626 19ff
Zins 246 sa Zinsschuld; Basiszinssatz 247 sa dort; und Bearbeitungsgebühr 246 4; Begriff 246 3; und Bereitstellungszinsen 246 4; Damnum/Disagio 246 5; effektiver 246 7; und Nichtabnahmeentschädigung 246 4; und Restschuldversicherungsprämie 246 4; Schwerpunktzins 246 7; und Vorfälligkeitsentschädigung 246 4; Zinseszinsverbot 248
Zinsanpassungserklärung 309 12
Zinsanpassungsklauseln 307 74, 142f; Verbraucherdarlehen 492 35
Zinsberechnungsklausel 307 46, 73
Zinsen 288ff; während Annahmeverzug 301; Höhe 288 9ff; Inhaltskontrolle 307 46f; Prozeßzinsen 291; Verzug, Schenkung 522; weiterer Schaden 288 13ff; Wertersatz 290; Zinseszinsverbot 248, 289
Zinseszinsverbot 248, 289
Zinsgleitklauseln, Verbraucherdarlehen 492 35

Stichwortverzeichnis

Zinsklauseln 307 46f
Zinsschuld 246; abdingbares Recht 247 6; Abhängigkeit von Kapitalschuld **246** 3; Begriff Zins **246** 3; effektiver Jahreszins **246** 7, sa dort; Entstehen **246** 8f; Höhe und Berechnung **246** 10ff; Laufzeitabhängigkeit **246** 3; Verzug **246** 11f; Zinseszinsverbot **248**; Zinssatz **246** 10ff
Zinszahlung, Verjährung Neubeginn **212** 9
Zivildienst, Amtshaftung **839** 136
Zivilgericht, Amtshaftung **839** 112
Zivilschutzübung, Entgeltfortzahlung **616** 7
Zölibatsklausel, Sittenwidrigkeit **138** 100
Zölle, Kostentragung beim Kauf **448** 2f
Zubehör 97f; Abgrenzung wesentlicher Bestandteil **93** 9; Begriff **97** 2ff; dauernde Zweckbestimmung **97** 7; Eigentumserwerb am – **926**; entgegenstehende Verkehrsauffassung **97** 10; Ersatz von Verwendungen des Wiederverkäufers **459** 2; Erstreckung auf **311c**; Erwerb vom Nichtberechtigten **926** 6; Erzeugnisse **98** 7; Flugzeuge **97** 10f; gewerbliches – **98** 2; Hauptsache **97** 2b; Herausgabe beim Wiederkauf **457** 2; Kraftfahrzeugbrief **97** 14; landwirtschaftliches – **98** 4; mehrerer Hauptsachen **97** 11; bei Miete **535** 28; Nebenzweck **97** 13; räumliche Beziehung **97** 8; Rechte Dritter **926** 7; rechtliche Bedeutung **97** 15; Schiffe **97** 10; Vieh **98** 5; vorübergehende Trennung **97** 9; wirtschaftlichem Zweck dienend **97** 3ff
Züchtigungsrecht 823 151
Züchtigungsrecht Eltern 1631 8
Zuchtvertrag vor 631 24
Zug-um-Zug, Annahmeverzug **298**; bei Hinterlegung 373; beim Kauf **vor** 433 8, 433 57, 449 4f; beim Versendungskauf 447 20
Zug-um-Zug-Verurteilung 322
Zugabeverordnung, Verbotsgesetz **134** 106
Zugang, Willenserklärung 130 1ff; AGB **130** 28; Allgemeines/Bedeutung **130** 1, 3f; amtsempfangsbedürftige Willenserklärung **130** 21; Aushang **130** 10; beschränkt Geschäftsfähiger **131** 3ff; Betreuter mit Einwilligungsvorbehalt **131** 7; Beweislast **130** 27f; Bewußtloser oder vorübergehend Geistesgestörter **131** 8; Brief **130** 8; Einschreibebrief **130** 8; im elektronischen Rechtsverkehr **130** 5, 8; über Empfangsboten **130** 12; über Empfangsvertreter **130** 11; über Erklärungsboten **130** 13; Fiktion des Zugangs **130** 25, **308** 52ff (Klauselverbot); formbedürftige Willenserklärung **130** 14; gegenüber Abwesenden **130** 6ff; gegenüber Anwesenden **130** 16ff; Geschäftsunfähiger **131** 2; Kurierservice per Post **130** 8; Niederlegung bei Post **130** 8; durch öffentliche Zustellung **132** 3f; schriftliche Willenserklärung **130** 8; Sprachrisiko **130** 7; Telefax **130** 9; Telefongespräch **130** 9; Telegramm **130** 9; Tod/Geschäftsunfähigkeit des Erklärenden **130** 19; eines Widerrufs **130** 15; Zugangsstörungen **130** 22–25, 23 (durch Verweigerung der Annahme), 24 (durch objektives Zugangshindernis), 24 (durch Zugangsvereitelung); Zugangsvereinbarung der Parteien **130** 14, 26; Zustellung **132** 1ff, 2 (durch Vermittlung des Gerichtsvollziehers)
Zugangsregelung und Wohnungseigentümergemeinschaft **WEG 10** 9
Zugesicherte Eigenschaften, s Eigenschaften, zugesicherte und Zusicherung
Zugewinn, Begriff **1373**
Zugewinnausgleich 1372–1390; Anfangsvermögen **1374**, sa dort; Ausgleichsergänzungsanspruch bei Zuwendungen an Dritte **1390**; Ausgleichsforderung **1378** 1ff, sa Zugewinnausgleich, Ausgleichsforderung; Beendigung Güterstand durch andere Gründe als Tod **1372** 2; Endvermögen **1375**, sa dort; maßgeblicher Zeitpunkt **1384**; Sicherheitsleistung **1389**; Überblick **1372** 1; unzulässige Rechtsausübung **242** 159; Vereinbarung über **138** 100; Vereinbarung über – **1372** 4ff; vorzeitiger – **1385**– 1389; Zugewinn, Begriff **1373**, sa Zugewinnausgleich, vorzeitiger

Zugewinnausgleich, Ausgleichsforderung 1378 1ff; Abänderung **138** 10; Anrechnung von Zuwendungen 1380; Antrag auf Übertragung von Vermögensgegenständen **1383**; Ausgleichsergänzungsanspruch bei Zuwendungen an Dritte **1390**; Begrenzung **1378** 4ff; Entstehung **1378** 7; Leistungsverweigerung wegen grober Unbilligkeit **1381** 1ff; Leistungsverweigerung wegen schuldhaften Verhaltens **1381** 2; Sicherheitsleistung bei Gefährdung des Anspruchs **1389**; Stundung **1382** 1ff; Verjährung **1378** 9; Verpflichtungs- oder Verfügungsgeschäfte über – **1378** 8; Verzinsung bei Stundung **1382** 5
Zugewinnausgleich, erbrechtlicher 1371; Allgemeines **1371** 1ff; Anrechnung von Zuwendungen **1371** 17; Auslegung von Testamenten **1371** 17; erbrechtliche Löschung **1371** 12; erbrechtliche Lösung **2303** 6ff; Geltendmachung Ausgleichsforderung **1371** 13; güterrechtliche Lösung **1371** 12; nichteheliche Lebensgemeinschaft **1371** 26; Pflichtteil trotz Ausschlagung **1371** 16, **2303** 16; Pflichtteilsregelung **1371** 14, **2303** 6ff; Stiefkinder **1371** 18ff; sa Zugewinngemeinschaft, Erbrecht
Zugewinnausgleich, vorzeitiger 1385–1388, 1386 4; bei dreijähriger Trennung **1385**; Gefährdung Ausgleichsforderung durch unzulässige Vermögensmaßnahmen **1386** 2; grundlose Verweigerung der Unterrichtung über Vermögensverhältnisse **1386** 3; Gütertrennung, Folge **1388**; maßgeblicher Zeitpunkt **1387**; schuldhafte Nichterfüllung der wirtschaftlichen Verpflichtungen **1386** 1; Sicherheitsleistung **1389**; Verfahren **1385** 3
Zugewinngemeinschaft 1363–1390; Beginn/Ende **1363** 2; Begriff **1363** 1; Ehegattenerbrecht **1931** 20ff sa Ehegattenerbrecht, Zugewinngemeinschaft; Ersatz von Haushaltsgegenständen, Eigentum **1370**; gemeinsamer Erwerb der Ehegatten **1363** 4; Innengesellschaft **1363** 5; Mitarbeit im Betrieb des Ehegatten **1363** 5; Pflichtteilsrecht **2303** 6ff; Überlassung der Vermögensverwaltung, **1413**; Vermögensverwaltung **1364**; Zugewinnausgleich, erbrechtlicher **1371**, **2303** 6ff, sa dort; Zuwendungen **1363** 4; Zwangsvollstreckung in gemeinschaftliches Vermögen **1363** 7; Zwangsvollstreckung in Vermögensgegenstände der Ehegatten **1364** 5; sa Zugewinngemeinschaft, Erbrecht
Zugewinngemeinschaft, Erbrecht, sa Zugewinnausgleich, erbrechtlicher; kleiner und großer Pflichtteil **2303** 7ff; und Stellung Abkömmlinge/Eltern **2303** 28; Steuer **2303** 32; Tod nach Scheidung/Aufhebung **2303** 31; Tod während Scheidungs-/Aufhebungsverfahren **2303** 30; überlebender Ehegatte als gesetzlicher Erbe **2303** 10ff; überlebender Ehegatte als gewillkürter Erbe **2303** 18f; überlebender Ehegatte als Vermächtnisnehmer **2303** 20; überlebender Ehegatte enterbt **2303** 21ff; Zugewinnausgleich, erbrechtliche Lösung **1371**, **2303** 6
Zugewinngemeinschaft, Verfügung über Haushaltsgegenstände, Ersatz von Haushaltsgegenständen, Eigentum **1370**; Geltendmachung der Unwirksamkeit **1368**; Rechtsfolgen **1366**–1368, 1367, 1368; Schwebezustand **1366** 2; Verfügungsbeschränkung **1369**; Verträge Genehmigung **1366**; Verträge Schwebezustand **1366** 8
Zugewinngemeinschaft, Verfügungen über Vermögen im ganzen 1365; Erbrecht **1365** 19ff; Erweiterung Verfügungsbeschränkung **1365** 24; Gesellschaftsrecht **1365** 15ff; Grundstücksgeschäfte **1365** 11ff; Rechtsfolgen **1365** 21; Schutz des Vertragspartners **1365** 10; weitere Einzelfälle **1365** 20; Zustimmung Vormundschaftsgericht **1365** 23; Zwangsvollstreckung **1365** 22
Zurechnungseinheiten, Mitverschuldensabwägung **254** 104ff
Zurückbehaltungsrecht 273f; Abgrenzung **273** 4ff; Abtretung Gegenanspruch **273** 12; Anwendungsbereich

273 8; Ausschluß bei Rückgabe Wohnraum **570;** Ausschluß bei Vollmachtsurkunde **175** 3; Ausschlußfälle **273** 18ff; Ausübung **273** 31; Bürge, Geltendmachung **273** 12; Fälligkeit Gegenanspruch **273** 14; Gegenstand **273** 9; Gläubigergemeinschaft für Gegenanspruch **273** 12; Herausgabe eines Gegenstandes **273** 26ff; Klauselverbote **309** 24; Konnexität **273** 15ff; bei Landpacht **596** 4; des Mieters **554** 20; Pfändung Gegenanspruch **273** 12; prozessuale Geltendmachung **274** 1ff; Sicherheitsleistung **273** 30f; Übergang bei Forderungsabtretung **401** 3; unzulässige Rechtsausübung **242** 215, 215; verjährter Gegenanspruch **273** 12; und Verjährung **215;** Vertrag zugunsten Dritter **273** 12; vertragliches **273** 3; bei Verwandtenunterhalt **vor 1601** 9; Voraussetzungen **273** 10ff; Wirkung **274** 4ff; Wirkung, materielle **273** 32; Ziel **273** 1ff
Zurückweisung, einseitiges Rechtsgeschäft 174 1ff, 2f, 6f; gegenüber Bevollmächtigtem **174** 1, 4; Folgen **174** 5; gegenüber sonstigen Personen **174** 9; bei Vertretung ohne Vertretungsmacht **180** 6
Zurückweisung einseitigen Rechtsgeschäfts 111 1ff; gegenüber einem Minderjährigen **111** 1
Zuschlag 156 2ff
Zuschüsse 2316; Ausgleichungspflicht bei Erbauseinandersetzung **2050** 7
Zusicherung, Berechnung Schadensersatz bei **437** 21; von Eigenschaften einer Sache **443** 2
Zuständigkeitsbestimmung, Hemmung der Verjährung **204** 34, 51
Zustandsstörer und Handlungsstörer, Gesamtschuld **421** 39
Zustellung einer Willenserklärung 132 1ff; Allgemeines/Bedeutung **132** 1; Öffentliche Zustellung **132** 3f; Zustellung durch Vermittlung des Gerichtsvollziehers **132** 2
Zustiftung vor 80 27
Zustimmung, Rechtsgeschäft vor 182 1ff; Abgrenzung **vor 182** 3ff, 3 (Billigung), 3 (Erlaubnis, privatrechtliche), 3 (vereinbarte Zustimmung eines Dritten), 3 (vereins- oder gesellschaftsrechtliche Zustimmung), 4 (öffentlich-rechtliche Genehmigung); Allgemeines/Bedeutung **vor 182** 1; Anwendbarkeit allgemeine Vorschriften **vor 182** 6, **182** 9; Begriffe **vor 182** 2, 2 (Einwilligung), 2 (Genehmigung), **183** 1 (Einwilligung); einseitige empfangsbedürftige Willenserklärung **vor 182** 5, **182** 9; einseitiges Rechtsgeschäft als Zustimmungsgegenstand **vor 182** 7, **182** 8; Empfänger der Erklärung **182** 1ff; Form **182** 4; Gegenstand der Zustimmung **vor 182** 7; Inhalt der Zustimmungserklärung **vor 182** 7, **182** 5–6; Rechtsscheinshaftung **182** 7; durch schlüssiges Verhalten **182** 5f; schwebende Unwirksamkeit bei (noch) fehlender Zustimmung **vor 182** 7; durch Schweigen **182** 6; Teilzustimmung **vor 182** 7; Treu/Glauben Verstoß durch Berufung auf fehlende – **182** 7; Widerruf Zustimmungsverweigerung **182** 9; Willensmängel **vor 182** 6, **182** 9; Wirkung der Genehmigung/Zustimmung bzw. deren Verweigerung **vor 182** 7
Zustimmungsfiktion und Wohnungseigentümergemeinschaft **WEG 10** 9
Zustimmungsvorbehalt und Wohnungseigentümergemeinschaft **WEG 10** 9
Zuverlässigkeit, Eigenschaftsirrtum **119** 45
Zuviel-Lieferung 434 64

Zuwendung, Anrechnung auf Pflichtteil **2315;** an Dritte, Ausgleichsergänzungsanspruch **1390;** Störung der Geschäftsgrundlage **313** 55f; unbenannte, Störung der Geschäftsgrundlage **313** 55; unentgeltliche **330** 11; in Zugewinngemeinschaft **1363** 4, **1374** 7f, **1380** 1ff
Zuwendung unter Lebenden, Sittenwidrigkeit **138** 201
Zuwendung auf den Todesfall 2301; Einzelfälle **2301** 14; Schenkung auf den Todesfall, vollzogene **2301** 7ff; Schenkungsversprechen auf den Todesfall **2301** 3ff; Vertrag zugunsten Dritter auf den Todesfall **2301** 12ff
Zuwendungsverzicht, Störung der Geschäftsgrundlage **313** 53
Zuwenig-Lieferung 434 62f
Zwangsarbeit 611 29f
Zwangshypothek 1113 19
Zwangsversteigerung in das Erbbaurecht **ErbbauVO 24;** in das Erbbaurecht-Grundstück **ErbbauVO 25;** und Grundpfandrechte, Erlöschen **1113** 24; Kauf **vor 433** 26; Kondiktion mangelhafter Erlösverteilung **812** 76; Kondiktion untergegangener Rechte **812** 77; schuldnerfremder Sachen, Kondiktion **812** 74f; Sittenwidrigkeit von Rechtsgeschäften **138** 202; Verbotsgesetz **134** 107; wesentliche Bestandteile **93** 12
Zwangsversteigerungskatalog 505 14
Zwangsvollstreckung, Anrechnung der Leistungen auf Schuld **366** 5; Ausschluß des Vorkaufsrechts **471;** Ausschluß vom Bieten **450f** 1ff; bei Eheleuten **1364** 5; bei Eheleuten, Eigentumsvermutung **1362;** von Eigengläubigern des Erben **2214;** beim Eigentumsvorbehaltskauf **449** 19, 25; in das Erbbaurecht **ErbbauVO 8;** in gemeinschaftliches Vermögen der Zugewinngemeinschaft **1363** 7; Kondiktion mangelhafter Erlösverteilung **812** 76; in Nachlaß bei Testamentsvollstreckung **2213** 9ff; Sittenwidrigkeit von Rechtsgeschäften **138** 202; Übergang Vorzugsrecht bei Forderungsabtretung **401** 6; und Veräußerungsverbot **135/136** 11; Verbotsgesetz, Verstoß **134** 108; als Verfügungsgeschäft **Einl 104** 18; bei Vorerben **2115**
Zwangsvollstreckungsantrag, Verjährung Neubeginn **212** 13ff
Zwangsvollstreckungsgericht, Amtshaftung **839** 114
Zwangsvollstreckungskosten, Aufwendungsersatz Teilzahlungsgeschäft **503** 29
Zwangsvollstreckungsunterwerfung eines Minderjährigen **111** 3
Zweckbestimmungserklärung 307 157
Zweckbindung bei Geldersatz **249** 80, 85
Zweckerklärung, s Sicherungszweckerklärung
Zweckerreichung vor 362 3
Zweckvermächtnis vor 2147 6, **2156**
Zweige, Überwuchs, Selbsthilferecht **910**
Zweithandzuschlag, Ersatzfähigkeit **249** 118f
Zwingende Vorschriften, IPR, Allgemeines **EGBGB 34** 1ff; ausländische Vorschriften **EGBGB 34** 17ff; deutsche Vorschriften **EGBGB 34** 11ff; Konflikt ausländische/deutsche Vorschriften **EGBGB 25**
Zwischenhandel bei Eigentumsvorbehalt **449** 22, 40
Zwischenhändler, Herstellergarantie **443** 6, 8; Untersuchungspflicht **433** 28, **437** 28; bei Veräußerungskette **vor 433** 28
Zwischenvermietung, gewerbliche vor 535 7, **540** 5; Rückgabeanspruch **546** 16; Wohnraum **565**
Zwischenzinsen 272
Zwitter vor 1 2

Notizen

Notizen

Erman, BGB, 11. Auflage

● Hinweise und Anregungen: _____
_____
_____
_____

● Auf Seite _____ § _____ Rz _____ Zeile _____ von oben/unten
muß es statt _____
_____
_____

richtig heißen: _____
_____
_____

Erman, BGB, 11. Auflage

● Hinweise und Anregungen: _____
_____
_____
_____

● Auf Seite _____ § _____ Rz _____ Zeile _____ von oben/unten
muß es statt _____
_____
_____

richtig heißen: _____
_____
_____

Absender:

_____

_____

_____

_____

So können Sie uns auch erreichen:
lektorat@otto-schmidt.de

Wichtig: Bitte immer den Titel
des Werks angeben!

Antwortkarte

Aschendorff Rechtsverlag
– Lektorat –
Unter den Ulmen 96-98

50968 Köln

Absender:

_____

_____

_____

_____

So können Sie uns auch erreichen:
lektorat@otto-schmidt.de

Wichtig: Bitte immer den Titel
des Werks angeben!

Antwortkarte

Aschendorff Rechtsverlag
– Lektorat –
Unter den Ulmen 96-98

50968 Köln